ALTE KLÖSTER – NEUE HERREN

ALTE KLÖSTER
NEUE HERREN

DIE SÄKULARISATION IM
DEUTSCHEN SÜDWESTEN 1803

Große Landesausstellung Baden-Württemberg 2003 in Bad Schussenried
vom 12. April bis 5. Oktober 2003

BEGLEITBÜCHER
BAND 1: Ausstellungskatalog
BAND 2.1 und 2.2: Aufsätze

Herausgegeben von
VOLKER HIMMELEIN *und*
HANS ULRICH RUDOLF
unter Mitwirkung von
PETER BLICKLE,
KONSTANTIN MAIER,
FRANZ QUARTHAL *und*
RUDOLF SCHLÖGL

Im Auftrag der Gesellschaft Oberschwaben e.V.
und des Württembergischen Landesmuseums Stuttgart

Gefördert durch die
Stiftung Oberschwaben

ALTE KLÖSTER NEUE HERREN

DIE SÄKULARISATION IM DEUTSCHEN SÜDWESTEN 1803

AUFSÄTZE

Erster Teil

Vorgeschichte und Verlauf der Säkularisation

Herausgegeben von
HANS ULRICH RUDOLF
unter redaktioneller Mitarbeit von
MARKUS BLATT

JAN THORBECKE VERLAG 2003

Bibliografische Information Der Deutschen Bibliothek
Die Deutsche Bibliothek verzeichnet diese Publikation in der Deutschen Nationalbibliografie; detaillierte bibliografische Daten sind im Internet über http://dnb.ddb.de abrufbar.

www.thorbecke.de · info@thorbecke.de

Dieses Buch ist aus alterungsbeständigem Papier nach DIN-ISO 9706 hergestellt.

Satz: Schwabenverlag mediagmbh, Ostfildern
Druck: Süddeutsche Verlagsgesellschaft, Ulm
Printed in Germany

ISBN 3-7995-0212-2 (Pappband)
ISBN 3-7995-0213-0 (Leinenband)

Grußwort

Kunst und Kultur sind wichtig für das Zugehörigkeitsgefühl der Menschen zu ihrem Land und zu ihrer Heimat. Diesem Anspruch tragen besonders die Großen Landesausstellungen Rechnung. Sie arbeiten seit der Staufer-Ausstellung 1977 herausragende landesgeschichtliche Ereignisse für ein breites Publikum auf. Die Großen Landesausstellungen bilden damit einen wichtigen Schwerpunkt der Kulturpolitik unseres Landes.

Im Jahre 2003 jährt sich die Säkularisation zum 200. Mal. Sie markiert einen für den deutschen Südwesten wichtigen Umbruch. Bis heute bedeutsame Auswirkungen gingen von der Säkularisation unter anderem auf unsere Bildungslandschaft aus.

Ich freue mich deshalb, dass das Württembergische Landesmuseum mit seiner Ausstellung »Alte Klöster – Neue Herren« die Tradition der Großen Landesausstellungen fortsetzt und dieses wichtige Thema im Neuen Kloster in Bad Schussenried präsentiert.

Für die Realisierung dieses umfangreichen Gesamtprojekts haben sich zwei Partner zusammengeschlossen: das Württembergische Landesmuseum, das für die Planung, Organisation und Durchführung der Ausstellung zuständig ist, und die Gesellschaft Oberschwaben für Geschichte und Kultur e. V., die die Erforschung und Dokumentation des vielschichtigen Themenkomplexes leistet.

Die Gesellschaft Oberschwaben hat als außerordentlich kompetenter Partner das Württembergische Landesmuseum bei der Durchführung der diesjährigen Großen Landesausstellung »Alte Klöster – Neue Herren« unterstützt. Sie übernimmt dabei den wichtigen Part der wissenschaftlichen Begleitung und trägt darüber hinaus über die Stiftung Oberschwaben sämtliche Kosten für die Erstellung und Drucklegung der Begleitbücher zur Ausstellung. Dafür danke ich der Gesellschaft Oberschwaben und der Stiftung Oberschwaben sehr.

Das Ergebnis der mehrjährigen Planung und Forschung kann sich sehen lassen. Es liegt jetzt in Form eines außerordentlich umfangreichen, thematisch breit gefächerten Aufsatzbandes vor. Den 99 Autoren der 108 Beiträge, die im Wesentlichen ehrenamtlich gearbeitet haben, danke ich sehr für ihr außerordentliches Engagement. Besonderer Dank gilt dem neu gegründeten Institut für Regionalforschung an der Pädagogischen Hochschule Weingarten unter Leitung von Herrn Prof. Dr. Hans Ulrich Rudolf, der im Auftrag der Gesellschaft Oberschwaben das umfangreiche Gesamtwerk redigiert und herausgegeben hat.

Den Besucherinnen und Besuchern der Ausstellung in Bad Schussenried sowie den Leserinnen und Lesern der außerordentlich interessanten Beiträge wünsche ich viele neue Eindrücke über unser Land und viel Vergnügen beim Schauen und Lesen.

Prof. Dr. Peter Frankenberg
Minister für Wissenschaft, Forschung
und Kunst des Landes Baden-Württemberg

Einleitung des Herausgebers

Habent sua fata libelli!

Die 1996 gegründete *Gesellschaft Oberschwaben für Geschichte und Kultur e.V.* hatte den 200. Jahrestag des sog. Reichsdeputationshauptschlusses schon früh ins Auge gefasst. Die große Säkularisation und die Mediatisierung der Reichsstädte in den Jahren 1802/03, die für die politische Neustrukturierung, den gesellschaftlichen Wandel und die kulturelle Umprägung des oberschwäbischen Raumes von so grundsätzlicher Bedeutung waren, sollten in umfassender Weise wissenschaftlich und publizistisch gewürdigt werden.

Nachdem Ministerpräsident Teufel versprochen hatte, die Große Landesausstellung 2003 in Oberschwaben selbst zu veranstalten, bot die *Gesellschaft* an, sich an der Erstellung der Ausstellungskonzeption sowie an der wissenschaftlichen Aufarbeitung des Themas zu beteiligen und versammelte, um die Möglichkeiten der Mitarbeit auszuloten, 1999 zweimal potentielle Mitarbeiter. Das Projekt fand dabei großes Interesse, und es ergab sich Konsens darin, dass Ausstellung und Publikationen sich nicht auf die Säkularisation beschränken, sondern die gesamte Umbruchszeit zwischen 1802 und 1810 mit ihren staatlichen, gesellschaftlichen, kirchlichen und kulturellen Ebenen und Auswirkungen berücksichtigen sollte.

Im Gedankenaustausch zwischen der *Gesellschaft* und dem Württembergischen Landesmuseums erwies sich jedoch eine so weit gespannte Konzeption als finanziell und organisatorisch schwer realisierbar. Beide Institutionen vereinbarten daher im April 2000 eine ***arbeitsteilige Kooperation***: Das Landesmuseum übernahm die Planung und Durchführung einer Ausstellung zur Säkularisation, die *Gesellschaft* die Herausgabe eines im o. g. Sinne thematisch umfassenden wissenschaftlichen Aufsatzbandes. Erleichtert wurde diese Funktionsteilung durch die Anfang 2000 auf Initiative des Ravensburger Landrats Dr. Guntram Blaser zur »Erforschung der Geschichte und Kultur Oberschwabens« gegründete *Stiftung Oberschwaben*, die Ausstellungskatalog und Aufsatzband finanzieren wollte.

Zur Vorbereitung des wissenschaftlichen Begleitbandes berief die *Gesellschaft* die Professoren Dr. Peter Blickle/Bern, Dr. Volker Himmelein/WLM, Dr. Konstantin Maier/Eichstätt, Dr. Franz Quarthal/Stuttgart, Dr. Hans Ulrich Rudolf/Weingarten und Dr. Rudolf Schlögl/Konstanz in ein **Expertenteam**, das die ***konzeptionelle und thematische Planung*** bis Ende 2001 weitgehend abschloss.

Die Beiträge sollten inhaltlich-thematisch zwar die Ausstellung »Alte Klöster – Neue Herren. Die Säkularisation im deutschen Südwesten 1803« eng umrahmen, sie zugleich aber in den Kontext der staatlichen, gesellschaftlichen, kirchlichen und kulturellen Veränderungen im Gefolge von Säkularisation und Mediatisierung (1802–1810) einordnen. Damit war die Mediatisierung der Reichsstädte (1803), der Reichsritter, Reichsgrafen und kleineren Fürsten mit dem Ende des Heiligen Römischen Reiches (1806) sowie die Säkularisation des Evangelischen Kirchenguts in Württemberg ebenso zu thematisieren wie übergreifende Fragestellungen.

Räumlich-thematisch war nicht nur Oberschwaben zu berücksichtigen, sondern – entsprechend dem Anspruch einer »Großen Landesausstellung« – alle von Säkularisation und Mediatisierung geprägten Land-

schaften des Bundeslandes sowie – entsprechend dem von der *Gesellschaft* vertretenen weiten Landschaftsbegriff »Oberschwaben«, auch Bayerisch-Schwaben.

Bei der ***Verwirklichung*** des anspruchsvollen Vorhabens mussten konzeptionelle Abstriche hingenommen werden: Von den bis Ende 2001 rund 120 Autoren sagten im Laufe des Jahres 2002 mehr als 20 wieder ab. Infolge Zeitknappheit – Termin der Manuskriptabgabe war der 17. März 2002 – gelang es nur selten, die entstandenen Lücken zu schließen. Hinzu kam, dass Themen auch von den Autoren modifiziert, eingegrenzt oder ausgeweitet, wurden. Herausgeber und Autoren glauben trotzdem, ein interessantes und preiswertes Werk vorzulegen.

Die ***Redaktionsarbeit*** an den letztendlich 108 Beiträgen von 99 Autoren erfolgte an dem derzeit vom Herausgeber geleiteten *Institut für Regionalforschung* der Pädagogischen Hochschule Weingarten. Sie hatte
– die eingegangenen Manuskripte im Interesse des Lesers weitestgehend zu normieren, insbesondere also Abkürzungen, Archiv- , Bibliotheks-, Buch- und Zeitschriftensiglen sowie Zitierweisen zu vereinheitlichen. Dazu zählt auch die konsequente Anwendung der neuen Rechtschreiberegeln.
– im Interesse größtmöglicher Anschaulichkeit für eine adäquate Illustration zu sorgen.
– zur besseren Lesbarkeit und Übersichtlichkeit auf griffige Beitragstitel und Zwischentitel zu achten.
– auch individuellen formalen und sprachlichen Gewohnheiten der Autoren Raum zu lassen.
Der schleppende Eingang der Manuskripte – das erste kam Ende 2001, das letzte Ende Oktober 2002 – und der knappe Zeitplan erforderten eine unkonventionelle und nicht unproblematische redaktionelle Bearbeitung: Nie lagen alle Beiträge gleichzeitig und im gleichen Bearbeitungszustand vor. Die Manuskripte mussten vielmehr nach Eingang möglichst rasch zum Satz fertiggemacht werden, damit die Abgabeverzögerungen nicht gegen Ende einen gewaltigen Arbeitsüberhang und die Verschiebung der Fertigstellung bewirkten. Somit waren rasche pragmatische Entscheidungen gefordert. Ruhiges Abwägen von Alternativen war unter diesen Umständen kaum möglich.

Das ***Register*** musste in kürzester Zeit erstellt werden. Der Umbruch wurde am 20. Dezember abgeschlossen, die Drucklegung begann am 7. Januar 2003. Mancher Fehler, manche Lücke oder Ungenauigkeit seien dadurch erklärt und entschuldigt.

Dem Herausgeber ist es ein Anliegen, abschließend vielfältig Dank zu sagen
– dem Expertenteam für die konzeptionelle Vorbereitung,
– den Autoren für ihre engagierte Mitarbeit,
– den Archiven, Bibliotheken, Bildagenturen, Museen, v. a. dem WLM, sowie Klöstern, Pfarreien und Privatpersonen in ganz Europa für die geduldige Unterstützung bei der Beschaffung der Bildvorlagen,
– der Pädagogischen Hochschule Weingarten für die Überlassung des Instituts für Regionalforschung als idealen institutionellen Rahmen,
– dem Arbeitsamt Ravensburg und dem Wissenschaftsministerium für die personelle Ausstattung des Instituts über AB-Maßnahmen.
– der Stiftung Oberschwaben für die Finanzierung,
– dem Verlag Thorbecke, stellvertretend Herrn Laakmann, für die angenehme Zusammenarbeit.

Zu danken habe ich schließlich meinen Mitarbeitern im Institut für Regionalforschung, Herrn Markus Blatt M.A. und Frau Gertrud Grundtner, für ihren unermüdlichen Einsatz. Ohne das Engagement Herrn Blatts, v. a. bei der Kontaktierung der Autoren, der Bildbeschaffung und der Institutsverwaltung, wäre die termingemäße Fertigstellung dieses Werks nicht gelungen.

Weingarten, den 6. Januar 2003

Hans Ulrich Rudolf

Inhalt

Erster Teilband

Teil II

Hochstifte, Reichsabteien und Ritterorden als Entschädigungsmasse Die Liquidation der Reichskirche 1802/03 (bis 1809)

Historische und politische Voraussetzungen

Die Bistümer und Hochstifte 1802/03

Die Reichsstifte 1802/03

Zweiter Teilband

Teil IV

Das Ende des Heiligen Römischen Reichs 1802–1806
Die Mediatisierung der Reichsstädte sowie des Reichsadels und der Fürsten

Inhalt

Zweiter Teilband

Teil IV

Das Ende des Heiligen Römischen Reichs 1802–1806
Die Mediatisierung der Reichsstädte sowie des Reichsadels und der Fürsten

Die Reichsstädte 1802/03

Reichsritter, Reichsgrafen und Fürsten 1805/06

Teil V

Kontinuität und Wandel
Zu Auswirkungen von Säkularisation und Mediatisierung

Durch Dekret des Generallandeskommissiariats von Schwaben vom 28. Februar 1803 wurde das Kapitel aufgelöst und zugleich verkündet, dass der Kurfürst von Bayern, *nachdem Sie dero Wunsch der vollkommensten Billigkeit in diesen Sustentations- und Pensions-Bestimmungen Genüge zu leisten, mit dem zerrütteten Finanz-Zustande der gefürsteten Abtey Kempten, so viel möglich, zu vereinigen gesucht haben*, dem Fürstabt 12.000 fl. Pension nebst einer lebenslänglichen Rente von 800 fl. aus den Schatullegeldern sowie die vom Kommissariat vorgeschlagenen Nießbrauchsrechte eingeräumt habe. Für den Großdekan und *ehemaligen Regierungspräsidenten* Maurus Frh. v. Tänzl waren 1.800 fl., für die beiden Pröpste in Lautrach und Grönenbach 2.000 fl. und für die übrigen Kapitulare 1.500 fl. Pension vorgesehen. Der Kapitular Basilius v. Ow sollte wegen seiner als Statthalter im Jahre 1800 erworbenen Verdienste zusätzlich 300 fl. Pension beziehen.[52] Pensioniert wurden aus Anlass der Auflösung der klösterlichen Gemeinschaft auch die Hofkapläne, die als Lehrer am Stiftsgymnasium dienenden Piaristen-Patres, die Chorvikare, der Hofbeichtvater und ein alter Sprachmeister. Deren Bezüge fielen aber mit 150 bis 500 fl. jährlich wesentlich spärlicher aus.[53] Während die beiden Pröpste schriftlich informiert wurden, wurde das Auflösungs- und Pensionsdekret dem Fürstabt am 7. März, den übrigen in Kempten anwesenden Betroffenen am darauffolgenden Tag persönlich bekanntgegeben. Sie nahmen die Entscheidung überwiegend resigniert hin, ja die Chorvikare, unter denen sich nach dem Eindruck des mit dem Vollzug des Dekrets beauftragten neuen Kammerpräsidenten v. Neumayr *einige junge fähige Leute* befanden, waren laut dem Bericht erfreut über die ihnen angekündigte Aussicht, künftig als Prediger an der ehemaligen Stifts- und nunmehrigen Stadtpfarrkirche Verwendung zu finden. Den bisher die Predigten haltenden Franziskanern traute die bayerische Verwaltung nämlich so wenig, dass ihre Ablösung schon zum kommenden Sonntag verfügt wurde. Auch sonst fühlten sich die neuen Herren nicht ganz sicher; so sagte Neumayr den Kapitularen, die in Kempten zu verbleiben wünschten, zu, dass sie ihre Wohnräume behalten könnten, er empfahl aber, die beiden Pröpste an ihren bisherigen Wohnsitzen nicht weiter zu dulden, *da sie ohne Aufsicht in einem entfernten Orte, wo sie bisher wie Fürsten zu regieren gewöhnt waren, leicht ihr Ansehen zu Einmischungen, Usurpationen, Aufhetzungen gegen die Regierung etc. etc. benützen könnten*.[54] Die vorgesetzte Stelle in Ulm wies Neumayr jedoch an, die Pröpste als *Privatpersonen* in Grönenbach und Lautrach wohnen zu lassen; die von ihnen bisher genutzten Möbel, die dem Stift gehörten, sollten aber veräußert werden.[55]

Fürstabt Castolus widersprach dem Pensionsdekret mit der Begründung, als dem ersten der Fürstäbte des Reiches stünden ihm die im RDH als Mindestsumme für Fürstbischöfe festgesetzten 20.000 fl. zu; außerdem dürfe er hinsichtlich der Schatullegelder nun nicht dadurch Schaden leiden, dass er zum Nutzen des Landes und aus Liebe zu den vom Hofzahlamt ihren Lohn empfangenden Bediensteten diese Gelder bei dieser Kasse habe stehen lassen. Der Fürstabt machte geltend, eine genauere Untersuchung werde ergeben, dass der Finanzstatus des Stifts keineswegs so schlecht sei, wie er sich bei oberflächlicher Betrachtung darbiete und dass der hohe Schuldenstand aus *zufälligen und äusseren Ursachen* entstanden sei; außerdem habe die Administration teilweise darunter gelitten, dass er in der Wahl der leitenden Beamten nicht frei gewesen sei, sondern sich an das aus nur wenigen Mitgliedern bestehende Kapitel habe halten müssen.[56] Dessen Mitglieder verliehen in einem Schreiben ihrer eigenen Bestürzung über den vorgefundenen Zustand des Finanzwesens Ausdruck und verbanden damit die in sehr zurückhaltender Form vorgetragene Bitte, ihre Pensionen aufzubessern, falls eine eingehende Prüfung der wirtschaftlichen Zustände ein besseres Bild ergeben sollte.[57]

Kurfürst Max IV. Joseph gab dem Protest des Fürstabts wenigstens insofern statt, als er die Pension auf 20.000 fl. erhöhte und hinsichtlich der strittigen Schatullegelder auf dessen Vorschlag einging, statt derer Möbel zu übereignen und noch dazu ein bei Kempten gelegenes Kameralgut, das keinen Reinertrag abwerfe, zu freiem Eigentum einzuräumen.[58] Castolus v. Reichlin erklärte sich daraufhin sogar bereit, gegen Erweiterung des Gartens und Einräumung des Eigentums daran auf das Landgut zu verzichten.[59] Das Generallandeskommissariat empfahl diesen Plan dem Kurfürsten um so lieber zur Annahme, als der Wert der eigentümlich überlassenen Mobilien und Immo-

Castolus Reichlin von Meldegg (1793–1802/03, † 1804)
Porträt des letzten Fürstabts von Kempten.
Druckgrafik.
StA Kempten, Graphiksammlung.

bilien um gut 4.000 fl. unter dem der rückständigen Schatullegelder liege und auf diesem Wege die Gefahr beseitigt werde, dass die Erben des Fürstabts aus einem Landgut eine adelige Grundherrschaft bilden würden *und wodurch sich der Grund zu einem adelichen Landschaftsausschusse bilden könnte, ein Zuwachs, der sehr entbehrlich ist.*[60] Nach kurfürstlicher Genehmigung[61] wurde auf dieser Grundlage am 14. September 1803 zwischen dem Fürstabt und Neumayr in München ein förmlicher Abfindungs- und Vermögensausscheidungsvertrag geschlossen.[62]

Zusammenfassung

Wenn auch, wie schon eingangs festgehalten, die Verhältnisse des Fürststifts Kempten in vielem für die schwäbischen Reichsabteien nicht typisch sind, so können doch einige Merkmale des Geschehens in Kempten zwischen dem Frühjahr 1802 und Sommer 1803 als allgemeine Phänomene gelten:

1. Weder der Fürstabt noch irgendwelche Mitglieder des Kapitels dachten an passiven oder gar aktiven Widerstand. Zu letzterem fehlten die Machtmittel, aber dass eine hinhaltende Obstruktion wohl doch möglich gewesen wäre, zeigen diesbezügliche Befürchtungen der bayerischen Behörden. Gerade im Stift Kempten hätte die Einbindung der Kapitulare in den Regierungsapparat die Chance geboten, Vermögenswerte noch in letzter Stunde etwa auf Kirchenstiftungen oder österreichische Klöster zu übertragen. Nichts derartiges geschah. Auch die geistlichen Mitglieder der bisherigen Oberbehörden verhielten sich, teils schon vor der Zivilbesitznahme, gegenüber Bayern loyal.[63]
2. Als eifrige Mithelfer bei der Säkularisation erwiesen sich aufklärerisch gesinnte Beamte der geistlichen Staatswesen, wie im Falle des Stiftes Kempten der hochstiftisch-augsburgische Geheime Rat v. Bräuning und die stiftischen Beamten Hofrat Renz und Hofkammerrat v. Merlet. Obwohl auch sie zu den Nutznießern der seit 1798 vorgenommenen Besoldungserhöhungen gehört haben dürften, waren sie geneigt, sich gegenüber ihren früheren Wohltätern äußerst kleinlich zu erweisen und die bayerischen Behörden geradezu anzustiften, die Pensionen des Fürstabts und der Kapitulare möglichst niedrig anzusetzen. Offenbar hatten sie binnen weniger Tage die Rolle von Sachwaltern ihres neuen Dienstherrn mit besonderem Eifer verinnerlicht, wobei sie anscheinend ein gutes Gespür dafür bewiesen, dass in dem vom leitenden Minister Montgelas geprägten neuen bayerischen Staat das höhere Beamtentum zur staatstragenden Schicht auserkoren war. Dass bei der Pensionsfestsetzung für die Opfer der Säkularisation die einschlägigen Bestimmungen des RDH am Ende doch großzügig interpretiert werden sollten, war dem Kurfürsten Max IV. Joseph zu verdanken.[64]
3. Die ganze Vorgehensweise der bayerischen Behörden offenbart den absoluten Vorrang pekuniärer Gewinnerwartungen. Nicht ein staats- und kirchenpolitisches Reformprogrammm wie einst bei Kaiser Joseph II., sondern allein finanzielle Überlegungen wa-

ren handlungsleitend, auch schon während der Mediatisierung der geistlichen Reichsstände. Dass dadurch der Weg zu einer sinnvollen Neugestaltung des Verhältnisses von Staatsgewalt und Kirche zunächst versperrt war und man auf diese bis zum bayerischen Konkordat von 1817 warten musste, war eine notwendige Folge dieses Fiskalismus.

[1] Ein Hinweis auf diese begrifflich notwendige Unterscheidung findet sich bei *Eberhard Weis*, Die Begründung des modernen bayerischen Staates unter König Max I., (1799–1825), in: *Max Spindler* (Hg.), Handbuch der Bayerischen Geschichte. Bd. IV/1: Das neue Bayern. 1800–1970. Staat und Politik. München 1974, 3–86, hier 40 Anm. 1.

[2] Die ältere Darstellung von *Josef Rottenkolber*, Die Fürstabtei Kempten am Vorabend der Säkularisation und ihr Übergang an Bayern, Kempten 1927, ist in vielen Einzelheiten fehlerhaft.

[3] Ribaupierre an Kurfürst Max IV. Joseph, Kaufbeuren, 21.05.1802 (Bayerisches Hauptstaatsarchiv [künftig: HSA München], Ministerium des Äußern [künftig: MA] 667, fol. 42v–45); Ribaupierre an Montgelas, München, 09.06.1802 (HSA München, MA 120, fol. 30–31v). Ribaupierre empfahl auch, die Iller als künftige westliche Verteidigungslinie Bayerns durch den Ausbau Ulms und Kemptens zu Festungen zu sichern. Vgl. auch *Theodor Rolle*, Bayerns Griff nach Ostschwaben. Zur Mission des Freiherrn Wilhelm von Hertling bei den schwäbischen Reichsständen in den Jahren 1802/03, in: ZHV Schwaben 85 (1992), 157–208, hier 161.

[4] Ebd., 177.

[5] Formular in zwei Varianten in: HSA München, MA 39001, fol. 3–5v.

[6] *Franz-Rasso Böck*, Kempten vom Übergang an Bayern bis 1848, in: *Volker Dotterweich* u. a. (Hgg.), Geschichte der Stadt Kempten. Kempten 1989, 349–371, hier 353.

[7] Bericht Hertlings, München, 08.11.1802, mit Randentschließungen Montgelas', in: HSA München, MA 39001, fol. 13–20.

[8] Hertling gab in einem weiteren Bericht d.d. München, 10.11.1802 (HSA München, MA 39001, fol. 21–25v) zu bedenken: *Obgleich diese drei Männer, welchen es an Eifer für das Interesse des neuen Landesherren nicht zu fehlen scheint, Mitglieder des Hochstifts* [sic] *und Kapitels selbst sind, so werden dieselben doch im ersten Augenblick schwehr zu ersetzen sein.* (Ebd., fol. 21v). Zweyer und Ow hatten beide bei der letzten Abtwahl im Jahre 1793 zu einer dann knapp unterlegenen Gruppe gehört, die die Umwandlung des Stifts aus einem Benediktinerkloster in ein analog zu einem Domkapitel organisiertes Kollegiatstift befürwortet hatte. Vgl. *Franz Quarthal*, Der vorderösterreichische Regierungspräsident Joseph Thaddäus von Sumeraw als kaiserlicher Wahlkommissar in Kempten und Basel (1793 und 1794), in: FDA 100 (1980), 351–377. Montgelas ging in seiner Randentschließung auf das Problem der Weiterverwendung Geistlicher in Regierungsämtern gar nicht ein, sondern konzentrierte sich ganz auf die von Hertling im Folgenden angeschnittene Frage der Regelung der Gehälter der Regierungsbeamten. Hinsichtlich des Kammerpräsidenten Zweyer v. Evenbach erledigte sich das Problem alsbald von selbst, denn dieser legte auf Anraten Hertlings sein Amt nieder und bezog die ihm schon vor einiger Zeit verliehene Propstei Grönenbach (Zweyer an Hertling, Grönenbach, 12.11.1802, in: SA Augsburg, Regierung 3064 II, fol. 29–29v).

[9] Ow an Hertling, Kempten, 04. u. 13.10.1802 (SA Augsburg, Regierung 3064 II, fol. 33–34 bzw. 37–37v).

[10] SA Augsburg, Regierung 3064 II, fol. 166–185.

[11] HSA München, MA 39001, fol. 44–45.

[12] SA Augsburg, Prov. Kammer Kempten 16.

[13] SA Augsburg, Landesdirektion Ulm 346, fol. 150–163.

[14] Protokoll Bräunings (SA Augsburg, Regierung 3064 II, fol. 84–94).

[15] SA Augsburg, Regierung 3063. Die von den Beamten, Ammännern, Hauptleuten und Gerichtsbeisitzern unterschriebenen Eidesformeln in: SA Augsburg, Regierung 3065.

[16] SA Augsburg, Regierung 3064 II, fol. 94v–96v.

[17] SA Augsburg, Regierung 3064 II, fol. 97–101.

[18] SA Augsburg, Regierung 3064 II, fol. 101v–104.

[19] SA Augsburg, Regierung 3064 II, fol. 104v–106.

[20] SA Augsburg, Regierung 3064 II, fol. 106v–109.

[21] SA Augsburg, Regierung 3064 II, fol. 109v–111v.

[22] SA Augsburg, Regierung 3064 II, fol. 112–116.

[23] SA Augsburg, Regierung 3064 II, fol. 116v–119. Zu den finanziellen Verhältnissen vgl. auch *Josef Rottenkolber*, Geschichte des hochfürstlichen Stiftes Kempten. Kempten 1933, 242f. Die Kriegskosten stellten aber im Grunde genommen nur einen durchlaufenden Posten in Form von Lastenausgleichsforderungen von Untertanen, die von Requirierungen, Quartierlasten u.ä. bes. betroffen gewesen waren, dar; das zu ihrer Bezahlung nötige Geld war von Minderbelasteten wieder hereinzubringen. Lerchenfeld teilt mit, es sei von der fürststiftischen Regierung und dem Landschaftsausschuss schon 1801 beschlossen worden, *zur Aufrechterhaltung des Credito der Landkasse* die Summe auf die Pfarreien nach dem Anlagsfuss umzulegen, von denen sie binnen drei Jahren *ausgeglichen* werden solle. Dass diese Operation erfolgreich war, erhellt aus der Tatsache, dass die Landschaftskasse am 20.08.1806 nur mehr Schulden in Höhe von 895.865 fl. hatte, denen noch Guthaben in Höhe von 299.010 fl. gegenüberstanden (SA Augsburg, Regierung 3065a).

[24] Dessen Besitznahme durch Bayern erfolgte am 06.12.1802 (SA Augsburg, Regierung 3064 II, fol. 72–74v).

[25] SA Augsburg, Regierung 3064 II, fol. 119v–124v.

[26] SA Augsburg, Regierung 3064 II, fol. 125–128v. Vgl. *Rottenkolber*, Säkularisation (wie Anm. 2), 10ff.

[27] SA Augsburg, Regierung 3064 II, fol. 129–131v.

[28] SA Augsburg, Regierung 3064 II, fol. 132–136v.

[29] SA Augsburg, Regierung 3064 II, fol. 137–138.

[30] SA Augsburg, Regierung 3064 II, fol. 139–143.

[31] SA Augsburg, Regierung 3064 II, fol. 143–144.

[32] Bericht Abeles vom 08.12.1802 (SA Augsburg, Landesdirektion Ulm 329, fol. 1–14); *Rottenkolber*, Säkularisation (wie Anm. 2), 43f.

[33] SA Augsburg, Regierung 3064 II, fol. 123.

[34] SA Augsburg, Prov. Regierung Dillingen 4; SA Augsburg, Regierung 3064 II, fol. 67–70; *Rottenkolber*, Säkularisation (wie Anm. 2), 43.

[35] Bericht vom 19.12.1802 (SA Augsburg, Regierung 3064 I, fol. 43–52v).

[36] SA Augsburg, Regierung 3064 II, fol. 155–162.

[37] Diese hätten laut den Stiftsstatuten jährlich nur 50 fl. Taschengeld erhalten sollen und lediglich der Vizedekan 150 fl. und der Großdekan und die beiden Pröpste jeweils 300 fl.; tatsächlich hätten aber zuletzt alle Kapitulare 300 fl. erhalten.

[38] SA Augsburg, Landesdirektion Ulm 346, fol. 164–173. Das Gutachten ist nicht datiert, trägt aber einen Präsentatum-Vermerk vom 19.12.1802.
[39] SA Augsburg, Prov. Kammer Kempten 16.
[40] SA Augsburg, Regierung 1339.
[41] Prov. Regierung an Prov. Kammer, 07. 01. 1803 (SA Augsburg, Prov. Kammer Kempten 8).
[42] Prov. Regierung an Prov. Kammer, 021. 01. 1803 (SA Augsburg, Prov. Kammer Kempten 8). Dort auch die Richtlinien vom 24.03.1803.
[43] Kapitel an Kurfürst Max IV. Joseph, Kempten, 14.12.1802 (HSA München, MA 7907, Prod. Nr. 24).
[44] SA Augsburg, Landesdirektion Ulm 346, fol. 147–149v.
[45] *Rottenkolber*, Säkularisation (wie Anm. 2), 45.
[46] Gutachten Lerchenfelds, Ulm, 03. 01. 1803 (SA Augsburg, Regierung 3064 II, fol. 225–225v).
[47] SA Augsburg, Regierung 3064 II, fol. 226–226v.
[48] SA Augsburg, Regierung 3064 II, fol. 229–230.
[49] Generallandeskommissariat an Max IV. Joseph, Ulm, 08. 01. 1803 (SA Augsburg, Landesdirektion Ulm 346, fol. 30–34).
[50] SA Augsburg, Landesdirektion Ulm 346, fol. 36–39.
[51] SA Augsburg, Landesdirektion Ulm 346, fol. 10–13v.
[52] Dies entsprach einer Anregung Lerchenfelds (SA Augsburg Regierung 3064 II, fol. 230v–231).
[53] SA Augsburg, Prov. Kammer Kempten 12; *Rottenkolber*, Säkularisation (wie Anm. 2), 45f.
[54] Kammerdirektor v. Neumayr an Generallandeskommissariat, Kempten, 10.03.1803 (SA Augsburg, Landesdirektion Ulm 346, fol. 54–58).
[55] Generallandeskommissariat an Neumayr, Ulm, 12.03.1803 (SA Augsburg, Landesdirektion Ulm 346, fol. 65–66v).
[56] Castolus an Frh. v. Hertling, Kempten, 11.03.1803 (SA Augsburg, Landesdirektion Ulm 346, fol. 51–53v).
[57] Kapitulare an Hertling, Kempten, 11.03.1803 (SA Augsburg, Landesdirektion Ulm 346, fol. 67–68).
[58] Max IV. Joseph an Generallandeskommissariat, München, 02.04.1803 (SA Augsburg, Landesdirektion Ulm 346, fol. 71–72); *Rottenkolber*, Säkularisation (wie Anm. 2), 46.
[59] Castolus an Hertling, Kempten, 17.06.1803 (SA Augsburg, Landesdirektion Ulm 346, fol. 76–77).
[60] Generallandeskommissariat an Max IV. Joseph, Ulm, 30.04.1803 (SA Augsburg, Landesdirektion Ulm 346, fol. 87–90v).
[61] Max IV. Joseph an Generallandeskommissariat, München, 07.05.1803 (SA Augsburg, Landesdirektion Ulm 346, fol. 91–91v).
[62] SA Augsburg, Landesdirektion Ulm 346, fol. 118–125.
[63] Eigenartig war die Rolle des letzten Großdekans und Regierungspräsidenten Maurus Frh. v. Tänzl, der sich offenbar erfolgreich bemühte, das letztere Amt so lange als möglich festzuhalten. Noch ein Bericht der Provisorischen Regierung Kempten an das Generallandeskommissariat vom 08.07.1803 ist gemeinsam von Tänzl und Renz unterschrieben, wobei in dem Bericht von einem »Regierungspraesidium« die Rede ist, bei dem die neu ernannten Beamten sich gemeldet hätten (SA Augsburg, Regierung 3289). Dies stand eindeutig im Widerspruch zu dem kurfürstlichen Dekret vom 23.04.1803, durch das Renz zum Regierungsdirektor ernannt wurde, ohne dass von einem Präsidenten die Rede war (Ebd.; vgl. auch *Böck*, Kempten [wie Anm. 6], 192f.), wie zum Dekret über die Pensionierung des Kapitels, in dem Tänzl als *ehemaliger Regierungspräsident* bezeichnet war. Unklar bleiben die Motive Tänzls für sein Verhalten ebenso wie die des Generallandeskommissariats für dessen Duldung. Dass es im Kapitel auch der Säkularisation innerlich widerstrebende Kräfte gab, zeigt die Tatsache, dass zumindest einige Stiftsherren, offenbar heimlich, den Papst um Dispens baten, um trotz der abgelegten Mönchsgelübde Eigentum besitzen und darüber testieren zu dürfen. Bekannt ist der Vorgang aber nur durch das Testament eines Kapitulars, das sehr kritische Äußerungen über die Säkularisation enthält, die dieser aber bezeichnenderweise nur seinem eigenhändig geschriebenen Letzten Willen anvertrauen wollte; vgl. *Gerhard Immler*, Das benediktinische Leben im Stift Kempten, in: Allgäuer Geschichtsfreund 95 (1995), 19–47, hier 46f.
[64] Über dessen Freigebigkeit, besonders bei persönlichen Kontakten, vgl. *Richard Bauer*, Max I. Joseph. Der König und seine Residenzstadt, in: *Alois Schmid/Katharina Weigang* (Hgg.), Die Herrscher Bayerns. 25 historische Portraits von Tassilo III. bis Ludwig III. München 2001, 295–309, hier 309. Dass Fürstabt Castolus persönlich zu den abschließenden Verhandlungen nach München gefahren war, scheint sich bewährt zu haben.

Zur Schadloshaltung für die Einkünfte der Reichsposten in den an Frankreich abgetretenen Gebieten …

Die Prämonstratenserabtei Marchtal als Entschädigungsgut für das Haus Thurn und Taxis

von Claudia Neesen

Die Fürsten von Thurn und Taxis und die Säkularisation in Südwestdeutschland

Vorgeschichte

Nach Ausbruch der Revolution in Frankreich 1789 versuchten die europäischen Monarchen mit dem habsburgischen Kaiser an der Spitze, dieser mit kriegerischen Mitteln entgegenzutreten. Der seit dem 20. April 1792 andauernde sogenannte Erste Koalitionskrieg zwischen Frankreich und Österreich endete 1797 mit dem Frieden von Campo Formio. Österreich musste infolgedessen Besitzungen an Frankreich abtreten und einer französischen Herrschaft über linksrheinische Gebiete zustimmen; somit wurde die faktische Annexion des linksrheinischen Reichsgebietes durch Frankreich ohne die Grundlage eines Friedensvertrages mit dem Heiligen Römischen Reich bestätigt. Näheres sollte bei den ab dem 9. Dezember 1797 in Rastatt stattfindenden Friedensverhandlungen geklärt werden. Die dort bis 1799 tagende Reichsdeputation stimmte prinzipiell der Abtretung des linken Rheinufers an Frankreich, der Entschädigung der hiervon betroffenen deutschen Fürsten sowie der Säkularisation der geistlichen Herrschaften zu.[1] Preußen hatte bereits 1795 die Kampfhandlungen gegen Frankreich eingestellt. Daher blieb es beim Zweiten Koalitionskrieg, den Österreich seit 1798 gegen Frankreich führte, auch neutral. Das napoleonische Frankreich und Österreich beendeten diesen Krieg mit dem Frieden von Lunéville, der auch für das Reich galt, und bestätigten darin die Vereinbarungen von Campo Formio vom 17. Oktober 1797. Das linke Rheinufer wurde französisch, die dadurch geschädigten Landesfürsten wurden mit dem Reichsdeputationshauptschluss (RDH) vom 25. Februar 1803 kompensiert.[2] Eine Wiedergutmachung war bereits in Artikel 7 des Friedensvertrags von Lunéville festgelegt worden. Durch die im RDH beschlossene Säkularisierung und Mediatisierung wurde die Zahl der deutschen Staaten verringert. Dies geschah nicht zuletzt auf Druck Napoleons. Von der Enteignung einiger geistlicher und weltlicher Fürsten zur Entschädigung derer, die linksrheinische Gebiete im Frieden von Lunéville vom 9. Februar 1801 an Frankreich verloren hatten, profitieren vor allem die großen Reichsstände.

Das Haus Thurn und Taxis bis Ende des 18. Jhs.

Seine eigentliche Macht begründete das Haus Thurn und Taxis, das über lange Zeit keine Liegenschaften auf dem Boden des Deutschen Reiches besessen hatte, durch das Postwesen, das auch dessen wirtschaftliches Fundament bildete.[3] Schon 1501 war Franz v. Taxis *capitaine et maître* der Posten Philipps des Schönen, Erzherzogs von Österreich und Regenten der Niederlande und Burgunds. 1505 wurde ein Postnetz zwischen den Niederlanden, dem Hofe Maximilians, dem spanischen Hof und der jeweiligen Residenz des französischen Königs gespannt; ein Jahr später wurde auch Italien integriert. 1543 ernannte Kaiser Karl V. Leonhard v. Taxis zum Generalpostmeister, 1595 folgte die Bestellung zum Generaloberpostmeister im Heiligen Römischen Reich und in den Niederlanden.
Die Voraussetzungen für den weiteren wirtschaftlichen und sozialen Aufstieg des Hauses wurden durch

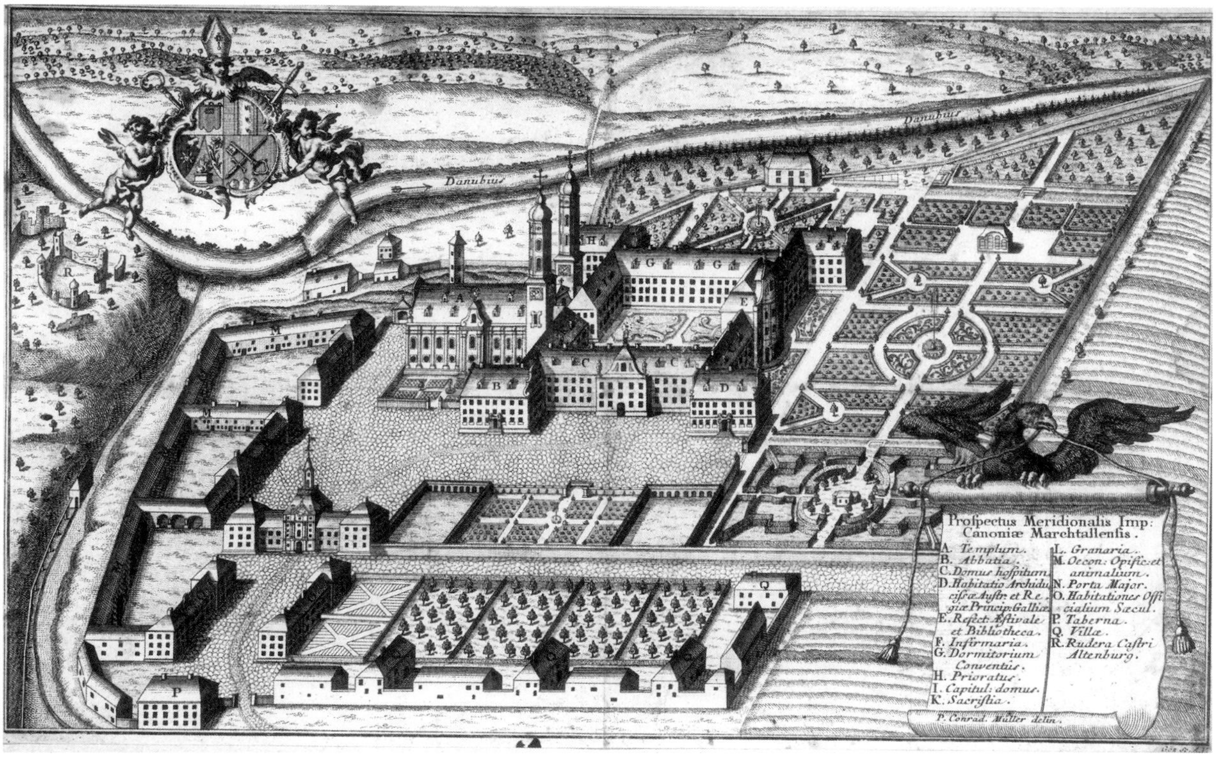

Das Prämonstratenserkloster (Ober-)Marchtal aus der Vogelschau
Kupferstich, Gottfried Bernhard Göz nach P. Conrad Müller, Augsburg, ca. 1770.
Abgebildet ist ein Nachdruck. Das Klosterwappen verweist auf die Zeit Abt Bernard Kempters (1796–1802).
WLB Stuttgart.

die Erhebung Leonhards I. v. Thurn und Taxis in den erblichen Reichsfreiherrenstand, besiegelt durch ein Diplom Kaiser Rudolfs II. vom 16. Januar 1608, eingeleitet. 1615 erfolgte außerdem die Verleihung des Reichspostgeneralats durch Kaiser Matthias als erbliches Lehen, im Jahr 1624 die Verleihung des erblichen Reichsgrafenstandes durch Kaiser Ferdinand II. 1695 schließlich wurden die Thurn und Taxis zu erblichen Reichsfürsten und 1704 auf der kurrheinischen Fürstenbank aufgenommen. Diese Schritte waren allerdings bei den anderen Reichsfürsten nicht unumstritten, da bis zu diesem Zeitpunkt die Fürsten von Thurn und Taxis auf dem Boden des deutschen Reiches keine Liegenschaften erworben hatten. Daher kauften sie seit den 1720er Jahren entsprechenden Besitz an – zunächst kleinere adelige Herrschaften im Norden des östlichen Schwabens –, der jedoch nicht ausreichte, um die Aufnahme in den Reichsfürstenrat zu erreichen.[4] Erst die Umwandlung und Erhebung des Reichspostregals zu einem Reichsthronlehen ermöglichte diesen Schritt, der allerdings zahlreiche Proteste der Reichsstände auslöste, die erst mit dem von Thurn und Taxis geleisteten Versprechen des Erwerbs reichsunmittelbaren und fürstenmäßigen Besitzes beigelegt werden konnten. Die Suche danach führte Carl Anselm – seit 1773 Chef des Fürstenhauses – nach Oberschwaben.[5] Dort erwarb man 1785 zuerst die Grafschaft Friedberg nebst den Herrschaften Scheer, Dürmentingen und Bussen von den Grafen v. Waldburg; es folgten 1789 die Herrschaft Grundsheim mit Willenhofen der Reichsfrhn. v. Bissingen-Nippenburg, 1790 die Reichsherrschaft Göffingen der Herren v. Hornstein-Hertenstein und die reichsritterschaftliche Herrschaft Heudorf der Herren v. Stotzingen.

Die Bedeutung Marchtals für Thurn und Taxis

Das Fürstenhaus Thurn und Taxis hatte durch den Friedensschluss von Lunéville nicht nur den Sequester über seine Besitzungen in den Österreichischen Niederlanden verloren, sondern auch mehrere gewinnbringende linksrheinische Oberpostamtsbezirke des kaiserlichen Reichspostgeneralats wie Köln, Koblenz und Mainz. Für diese Verluste erhoffte es nun entsprechende Entschädigungslande. Bereits unmittelbar nach dem Frieden von Lunéville machte man sich deshalb Gedanken über mögliche Entschädigungen. Vorteilhaft erschienen vor allem erstens solche Besitzungen, die *auswärtige klösterliche Besitzungen in den hochfürstlichen Reichslanden mit selbigen consolidiren* oder zweitens solche, *die nebst guten Revenuen in der Nähe*

Kloster (Ober-)Marchtal aus der Luft
Blick von Nordosten über die Klosterkirche auf die Klosteranlage über der Donau.

derselben gelegen sind oder angränzen, weil dadurch niedrigere Verwaltungskosten entstünden, oder drittens solche, die ohne größeren Aufwand für eine Residenz des Fürsten in Frage kämen.[6] Bei der zweiten Gruppe dachte man an das Kloster Neresheim, das Reichsstift Buchau, das Oberamt Ostrach des Klosters Salem, das Kloster Schussenried, das Kloster Ochsenhausen und nicht zuletzt an das Kloster Marchtal. Für das Fürstenhaus Thurn und Taxis brachte der anstehende Erwerb der Herrschaft Marchtal also zahlreiche Vorteile mit sich, da es bereits umfangreichen Besitz in Oberschwaben besaß und sich Marchtal nahtlos an dieses Gebiet anschloss; dies bedeutete ferner eine große Verwaltungserleichterung. Ebenso hatte das Stift keine Schulden und brachte gute Einkünfte. Das Kloster bot außerdem die Möglichkeit, zur Residenz der Fürsten umgewandelt zu werden. Graf Alexander v. Westerholt, späterer Besitzergreifungskommissär, urteilte insgesamt: *Die Lage von Marchtall ist übrigens schön und gesund, die Gebäude geräumig, und sich zu einer hochfürstlichen Residenz qualifizierend. Der Garten ist groß, und gewährt die Möglichkeit zu einer sehr interessanten englischen Anlage; unten an der Mauer desselben läßt sich ein kleiner Thiergarten frylich anbringen. Die bisherige Administration scheint sorgfältig und gut gewesen zu seyn. Das Stift hat keine Schulden, sondern noch etwas Activfoderungen. Der unselige Krieg hat zwar auf die Landschaft eine Schuldenlast von 147.000 fl. gewälzt; durch Ordnung und Credit kann aber hier leicht wieder geholfen werden.*[7]

Wie bereits erwähnt, wurde die Verteilung der nicht nur von Thurn und Taxis heiß begehrten Gebiete durch eine sog. *Reichsdeputation* geregelt, einen Ausschuss des Regensburger Reichstages. Eine entscheidende Rolle bei diesen Beratungen und Verhandlungen der Deputation spielten die beiden »vermittelnden Mächte« Frankreich und Russland. Wegen des Krieges gegen England hatte Napoleon die Annäherung an den Zaren gesucht, und so vereinbarten die beiden Mächte im Oktober 1801 eine geheime Absprache. Frankreich lag bei den Entschädigungsregelungen an der Schwächung des Kaisers und an einem Gewinn der deutschen Fürsten als Verbündete; das konnte durch Mediatisierung der Reichsstädte und Säkularisierung der Klöster und Hochstifte – eine traditionell habsburgische Klientel – und eine Entschädigung auf deren Kosten geschehen. Aufgrund der engen verwandtschaftlichen Beziehungen Russlands zu Baden und Württemberg lag dem Zaren vor allem an deren Stärkung; beide Absichten waren also gut in Einklang zu bringen. So existierte bereits vor der ersten Deputationssitzung ein französisch-russischer Entschädigungsplan der einen Großteil der thurn- und taxisschen Wünsche berücksichtigte.[8]

Übernahme Marchtals durch das Fürstenhaus Thurn und Taxis

Provisorische Inbesitznahme am 3./4. Oktober 1802

Noch bevor die Reichsdeputation eine endgültige Entscheidung über die Entschädigungslande getroffen hatte, sich aber die Wiedergutmachungen für das Haus Thurn und Taxis bereits konkret abzeichneten, ließ der fürstliche Regierungs- und Hofgerichtspräsident Graf Alexander Ferdinand v. Westerholt in den intendierten Gebieten einerseits die Stimmung gegenüber dem neuen Herrscherhaus sondieren – gegebenenfalls sollte auch eine gewisse Begeisterung für den Fürsten v. Thurn und Taxis geweckt werden -, andererseits hielt er es für wichtig, Wachsamkeit gegenüber den Anstalten anderer Herrschaften – insbesondere Württembergs und Badens –, walten zu lassen, die möglicherweise die betreffenden Gebiete ebenfalls in Besitz nehmen wollten.[9] Deshalb setzte er sich Ende August 1802 mit dem Hofrat und Oberamtmann von Scheer, Josef Anton Grimm, in Verbindung und beauftragte diesen, die Lage aufmerksam zu beobachten sowie *darüber sichre und verläßlige Nachrichten, jedoch mit größter Behutsamkeit und in der Stille einzuziehen.*[10] Sollten sich entsprechende Aktivitäten seitens Württembergs, Badens oder anderer Herrschaften abzeichnen, verlangte er ferner, dass er *unverzüglich mittelst Staffette davon zu benachrichtigen* sei. Außerdem war Westerholt die Stimmung der künftigen Untertanen gegenüber dem Fürstenhaus sehr wichtig; diese sollte Grimm sozusagen inoffiziell und inkognito erkunden, und er trug ihm daher auf: *Nehmen Sie dazu Besuche in der Nachbarschaft mit der Frau Hofräthin zum Vorwand. Sie können jedoch auf eine delicate Weise, und lediglich für sich – (: ja*

nicht als hätten Sie Auftrag dazu erhalten :) insinuieren, daß es etwa angenehmer und zweckmäßig seyn dürfte, wenn man sich an den Fürsten jetzt gleich schon mit Vertrauen wendete und dadurch demselben eine Art von Anhänglichkeit beweise.[11]

Josef Anton Grimm machte sich umgehend an die Ausführung dieser Aufträge, musste aber schnell erkennen, dass der eigentliche Anlass der mit seiner Gattin durchgeführten Besuche in Marchtal und auch Buchau sofort durchschaut wurde, und stellte daher konsterniert fest: *aber an beeden Orten glaubte man, es sey visite wohl nur Vorwand.*[12] Immerhin konnte er über Marchtals Prälat und Konvent berichten, dass diese über eine Inbesitznahme durch Württemberg wenig begeistert wären und die Stimmung *für das Hochf[ür]stli[che] Hauß* sei. Auch die Beamten und die Untertanen im Marchthalischen würden sich auf ihren künftigen Landesfürsten freuen.

Im September erhielt Westerholt dann ein *Verzeichnis der Reichs-Stift Marchtallischen Besitzungen*, das der marchtalische Rentmeister Leopold Carl v. Blocken zusammengestellt hatte.[13] Aufgelistet waren diese nach kreiskollektablen Ortschaften, Kameralhöfen (Alleshausen, Mittenhausen, Herlighofen), ritterschaftlich-kollektablen Ortschaften (Uttenweiler, Minderreuti, Dobel, Dietershausen, Bremelau), Kameralhöfen im Auswärtigen sowie vom Kloster selbst genutzten Patronaten. Ferner wurde eine *Generaltabelle über die iährlichen Ausgaben der Reichsabtei Marchtall, mit Ausnahme der Pfarreien und Fabriken* erstellt. Ebenso existiert eine solche Tabelle über die Einnahmen, die jährlich 101.073 fl. und 48 kr. betrugen.[14]

Der geheime Rat Alexander Frh.v. Vrints-Berberich wandte sich aber ebenso im Namen des Fürsten auch an den marchtalischen Reichsprälaten und brachte diesem gegenüber die Unvermeidbarkeit der kommenden Ereignisse zum Ausdruck.[15] *Das Kriegs-Unglück*, so schrieb er, *hat über Deutschland das traurige Schicksal unvermeidlicher Veränderungen verhängt. So willig ich mich meinem, wenn schon für mich und mein fürstliches Haus harten Loos unterworfen hätte, wenn man allgemein von dem Entschädigungs-Grundsatz abstrahiert hätte, so wenig konnte ich bei dem übergroßen Verlust, welchen das Reichs Post-Generalat erlitten hat, und der dadurch, daß das französische Gouvernement meine niederländische Besitzungen an sich gezogen hat, nicht unbedeutend erhöhet wird, allein zurückstehen, ohne mir selbst den größten Nachtheil zuzufügen, und mich gegen meine Nachkommenschaft aufs äußerste verantwortlich zu machen.*[16] Außerdem bat er um eine ungestörte Abwicklung der Angelegenheit sowie um Ordnung und Ruhe. Abt Friedrich Walter reagierte auf diese Ausführungen sehr moderat, wie Vrints-Berberich am 2. Oktober 1802 an Graf v. Westerholt zu berichten wusste: *Das Schreiben des Herrn Reichs Prälaten von Marchthal vom 24. des vorigen* [Monats] *scheinet allerdings Offenheit und Redlichkeit zu erproben, und kann als wahres Gegenstück von der Frau Äbtissin von Buchau betrachtet werden.*[17]

Zur eigentlichen provisorischen Inbesitznahme kam es am 3. Oktober 1802, als im Auftrag des Fürsten Carl Anselm v. Thurn und Taxis Graf Alexander Ferdinand v. Westerholt in Marchtal erschien, wo man sich offenbar fast erfreut über die neue Herrschaft zeigte.[18] Von der Gestaltung des Ablaufes konnte Westerholt seinem Fürsten nur Positives berichten.[19] Begonnen hatte dieser Tag damit, dass der Kommissär um zwölf Uhr mittags in Marchtal eintraf und vom noch amtierenden Abt Friedrich, einigen geistlichen Herren und der Beamtung, die alle zusammengerufen worden waren, *auf das zuvorkommendste u*[nd] *freundschaftlichste* empfangen wurde. Er händigte dem Prälaten auch ein persönliches Schreiben des Fürsten von Thurn und Taxis aus; jener äußerte daraufhin, er sei *vollkommen gefaßt, und schätze sich überaus glücklich, S*[eine]*r hochfürstlichen Durchlaucht von Thurn und Taxis, höchstderen großmüthige und humane Denkungsart allgemein bekannt sei, und verehrt werde, anheim zu fallen. Weniger um sich, als um das Wohl seiner rechtschaffenen Unterthanen bekümmert, sei es für ihn trostvolle Beruhigung, daß diese nach eben den milden und weisen Regierungsgrundsätzen, wie die übrigen hochfürstlichen Unterthanen behandelt werden würden. Er empfehle übrigens sich, sämmtliche Geistlichen, seine Beamtung, Diener und Unterthanen dem höchsten Schutz und den huldreichen und gerechten Gesinnungen S*[eine]*r hochfürstlichen Durchlaucht.* Am nächsten Tag verlas Westerholt die Vollmacht, das Stift mit allem, was dazugehörte, provisorisch in Besitz zu nehmen, sowie die Proklamation Abt Friedrichs und ließ diese durch den Hof- und Regierungsrat v. Dollé anschlagen. Abt Fried-

rich Walter soll dem fürstlichen Kommissär auf dessen Aufforderung zur Übergabe des Klosters und der zugehörigen Besitzungen geantwortet haben, *die Güter des Klosters seien weder sein, noch des Kapitels Eigenthum, er könne daher dieselben auch nicht abtreten; dabei sei er weit entfernt, sich dem zu widersetzen, was höhern Orts hierüber werde verfügt werden; habe die Vorsehung die Aufhebung seines Stiftes verhängt, so werde und müsse er sich als Christ dieser unterwerfen* und betonte, dass dies seiner tiefsten religiösen Überzeugung entspräche.[20] Insgesamt benahm er sich *mit so viel Ruhe, Anstand und Würde, dass ihm selbst die Fertigung des Inventars und die Ausscheidung des ihm als Prälaten gehörigen Eigenthums überlassen wurde.* Nach der Besitzergreifung wurde getafelt, auf das Wohl des Fürsten v. Thurn und Taxis das Glas erhoben und die Klosterkirche, einige Abteigebäude und der Garten besichtigt. Nach fünf Uhr nachmittags reiste Westerholt dann ins Schloss Heudorf zurück. Insgesamt zeigte er sich über die hohe Zustimmung, die ihm und dem Fürstenhaus im Allgemeinen entgegengebracht wurde, hoch erfreut.

Zivilbesitznahme im Dezember 1802

In einem gleichlautenden Schreiben wurde Ende November der Fürstin zu Buchau sowie den Reichsprälaten zu Marchtal und Neresheim die anstehende Zivilbesitznahme angekündigt: *Der Zeitpunkt ist herangenaht, daß nach den Bestimmungen der vermittlenden Mächte, und nach den Beschlüssen der versammelten Reichsdeputation von den bestimmten Entschädigungs Landen ein endlicher und Civil Besitz ergriffen werden soll. Ich habe zu dieser endlichen Besitz Ergreiffung abermalen meinen geheimen Rath, Regierungs Präsidenten Alexander Graf von Westerholt Auftrag und Vollmacht ertheilet, und ihn besonders auch angewiesen, Euer p*[erge] *in meinem Namen solche Eröffnungen in Hinsicht dero eigenen Persone dero Stifts Untergebenen der Beamten und der Unterthanen p*[erge] *zu machen, von denen ich im voraus versichert seyn kann, daß sie denenselben vollkommene Zufriedenheit und Beruhigung verschaffen wird.*[21] Mit Datum vom 22. November 1802 erhielt Graf Westerholt die Vollmacht zur Zivilbesitznahme der fürstlichen Entschädigungslande. Darin heißt es *Da Wir* [i.e. Carl Anselm v. Thurn und Taxis] *nach den Bestimmungen der vermittelnden Mächte Rußland und Frankreich, und nach den Beschlüssen der außerordentlichen Reichsdeputation zu Regensburg ermächtigt sind, von den bekannten, Uns zugetheilten Entschädigungs Landen einen endlichen Civil Besitz ergreiffen zu lassen; So haben Wir hierzu abermalen* [...] *Unsern geheimen Rath, Regierungs= und Hofgerichts Präsidenten, Alexander Grafen von Westerholt ausersehen; ernennen und bevollmächtigen denselben ammit zu Unsern Besitz Ergreiffungs Commissaire, und verweisen ihn hierbey auf die genaue Erfüllung der ihme* [...] *ertheilten vollständigen Instruction und Anweisung, welche vorzüglich dahin gehet, denen bisherigen Besitzern Unserer Entschädigungs Lande die sie – ihre Stifts Untergebenen, Beamte und Dienerschaft p*[erge] *Betreffende Eröffnungen zu machen, die bisherige stiftische Beamte, Diener und Unterthanen in Unsere fürstliche Pflichten zu nehmen, die Verhältnisse dieser Entschädigungen näher einzusehen, und hiernach sodann des weitere in Unserm Namen anzuordnen und zu verfügen.*[22] In den betreffenden Instruktionen, die Westerholt bekam, wurden die näheren Umstände und Vorstellungen des Fürsten folgendermaßen geregelt[23]: Erstens hatte er zu erklären, dass das Reichsstift Buchau sowie die Reichsabteien Marchtal und Neresheim endgültig aufgehoben seien und den fürstlichen Besitzungen einverleibt würden, zweitens, dass ab dem Tag der Zivilbesitznahme *alle Regierungs-Rechte und landesherr*[lichen] *Einkünfte in Anspruch und Zuneigung* genommen würden und alle bisherigen Landesregierungen aufhörten zu existieren, und drittens, was mit den einzelnen *Individuen* der übernommenen Herrschaften geschehen solle. Für die Reichsprälatur Marchtal wurde hierzu im Detail folgendes geregelt, im Einzelnen jedoch nicht genauso in die Tat umgesetzt:

a) daß solche sobalde immer möglich, jedoch es bey der gegenwärtigen Jahreszeit mit der Ausräumung zu übertreiben, nach vollbrachter Aufhebung gänzlich geleert werde, und nur etwas soviel Geistliche außer dem Klosterstand daselbst verbleiben, als für den Gottesdienst unentbehrlich nothwendig sind, und diese werden wir nach einem von dem Herrn geheimen Rath noch erwartenden Bericht, auf einen anständigen, jedoch für Uns nicht verbindlichen Fuß setzten lassen.

b) Dem bisherigen Reichprälaten weisen wir seine künftige Wohnung in Scheer an, und wollen ihm eine jährl[iche] Pension von 4.000 f[l]. höchstens, angedeihen lassen.
c) Denjenigen Kloster Conventualen, die auf Pfarreyen sind, können als Pfarrer daselbst verbleiben;
d) Jene, welche austretten wollen, erhalten ein Pensions Maximum von 400 f[l]. und der Prior in diesem Falle 500 f[l]., wenn sonst keine besondere Verhältnisse dabey zu berücksichtigen sind. Bey diesem behalten Wir Uns aber vor, sie gelegenheitlich noch anständig verwenden zu können. Jenen Kloster-Geistlichen endlich, welche noch gerne in einer geistlichen Gemeinschaft leben mögten, wollen Wir die Gelegenheit hierzu in dem Uns ebenfalls zufallenden Kloster Neresheim verschaffen, in der Art, welche Wir im nachfolgenden Abschnitt näher bestimmen werden.

Die Zivilbesitznahme, die als konstitutiv angesehen wurde, erfolgte schließlich in Marchtal am 6. Dezember 1802 und zwar nicht durch Graf Westerholt, der aus gesundheitlichen Gründen verhindert war – er wurde von einem Gichtanfall heimgesucht und musste daher im Schloss Trugenhofen bleiben –, sondern durch den Kommissär Hofrat Franz Anton v. Dollé.[24] Am Vormittag versammelte sich das gesamte Kapitel, Abt Friedrich und Prior Eberhard Steinhart traten alle Rechte und Einkünfte an die Fürsten v. Thurn und Taxis ab, entließen ihre Beamten, Bediensteten, Lehensleute und Untertanen aus ihren Pflichten und übergaben sie den neuen Herren. Die ehemals marchtalischen Beamten und Diener leisteten unterschriftlich den Treueid gegenüber dem neuen Eigentümer. Die Konventualen erhielten als Abfindung Pensionen. Das Haus Thurn und Taxis richtete in den übernommenen Obermarchtaler Klostergebäuden die Verwaltungszentrale für seine in Oberschwaben neu erhaltenen Besitzungen ein.[25]

Von Abt Friedrich wird überliefert, dass er sich wie schon bei der provisorischen Inbesitznahme »mit so viel Ruhe, Anstand und Würde« benahm.[26] Nach der Zivilbesitznahme zeigte sich Vrints-Berberich gegenüber Graf Westerholt über die reibungslose Abwicklung erleichtert: *Euer Hochgebohrn bestätige ich anmit den Empfang des verehrlichen Schreibens vom 9ten dieses* [Monats] *über die Civil-Besitznahme von Marchthal* [...] *und freue mich daß nun dieses wichtige Geschäfte allenthalben vollendet ist. In vorgestriger Reichs Tags Sitzung wurde der Verlaß zur Abstimmung über den HauptRezeß der außerordentl*[ichen] *Reichs-Deputation auf den 7ten Jänner k[ommenden] J*[ahres] *vestgesetzt; Es ist vorauszusehen, daß dieser Gegenstand auch bey der Reichs-Versammlung seine baldige Erledigung erhalten und der Rezeß werde angenommen werden.*[27]

Abt Friedrich Walter (3. 5.–7. 12. 1802)
Der letzte Abt Marchtals starb 1841.
Druckgrafik, nach 1837 (Verleihung des württ. Kronenordens).

Anfang Januar 1803 traf Graf Westerholt in Marchtal ein und kündigte an, dass die 41 Prämonstratenser bis zum 31. März 1803 das Kloster geräumt haben mussten, da Carl Anselm v. Thurn und Taxis hier seine Residenz einrichten wolle.[28] Zum 1. April wurde die Klosterkirche gesperrt und das Sanktissimum in die Pfarrkirche geflüchtet.[29] Am 2. Juni 1803 wurde erst-

mals in den neuerworbenen Gebieten der Geburtstag Carl Anselms mit Hochamt und Te Deum gefeiert.[30]

Erbhuldigung am 20. August 1803

Am 30. Juli forderte Carl Anselm v. Thurn und Taxis die neuen Untertanen auf, *nachdem wir gedachte Reichslande und Herrschaften bereits in wirklichen Besitz genommem und unserem fürstlichen Hause für jetzt und ewige Zeiten einverleibt haben*, ihm und seinen Nachkommen als ihrem nunmehrigen rechtmäßigen Fürsten, Landes- und Lehnsherrn den Eid der Treue und der Untertänigkeit zu leisten. Da der Fürst selbst verhindert war, diesen Eid persönlich zu empfangen, ermächtigte er Graf Alexander v. Westerholt, die Erbhuldigung an seiner Stelle entgegenzunehmen. Anfang August wurde das Oberamt Marchtal mit weiteren Anweisungen über den Zeitpunkt, Ablauf und die Durchführung der Veranstaltung versehen.[31] Als Termin wurde der 20. August bestimmt. Weil nicht die Möglichkeit bestand, dass alle Einwohner an dem Akt teilnahmen, sollten entsprechende Deputierte bestimmt werden, die dann *ihre Ankunft zu Protokoll* zu geben und *sich mit den erforderlichen hinlänglichen Vollmachten als solche gehörig auszuweisen und zu legitimieren* hatten. Jedes marchtalische Amt hatte zuvor an Westerholt Listen von der bei der Huldigung erscheinenden Geistlichkeit und den Deputierten abzugeben, letztere wurden am Tag der Feierlichkeit auf herrschaftliche Kosten versorgt. Am Huldigungsakt teilnehmen sollten die gesamte Geistlichkeit und Beamtung, die Gemeinden durch *genügsam Bevollmächtigte* vertreten werden. Sie alle und die bereits verpflichteten Diener hatten nur die Handtreue zu leisten, die übrigen Untertanen und Einwohner öffentlich den vollständigen Huldigungseid. Außerdem wurde erwartet, dass man es *an der erforderlichen Feyerlichkeit, äußeren Würde, und dem gehörigen Anstand nicht werde ermangeln lassen sowie ein feierliches Te Deum und eine zweckmäßige Predigt* gehalten werde. Zur Vorbereitung der Feierlichkeiten erging an das Ober- und Rentamt Marchtal für den 16. August eine Einladung zu einer Konferenz in Heudorf.

Das Huldigungspatent wurde *in vidimirter Abschrift auf Papier u*[nd] *mit dem Oberamts Signette versehen* am 14. August 1803 am Schlosstor zu Marchtal auch ausgehängt, damit die Bevölkerung ebenfalls Kenntnis von der bevorstehenden Huldigung erlangte. Darin wurden die neuen Untertanen aufgefordert, *ihrem ernannten Huldigungs-Commissair, dem H[errn] geh*[eimen] *Rathe, Regierungs- und Hofgerichtspräsidenten p*[erge] *p*[erge] *Alexander Grafen von Westerholt den Eid der Treue, und der Unterthänigkeit durch eigene Deputierte abzulegen.*[32] Einen Tag vor der Erbhuldigung bekam das Oberamt Marchtal die entsprechende Eidesformel zugestellt.[33]

Der eigentliche Huldigungstag gestaltete sich wie folgt[34]: Der von Scheer und Dürmentingen herkommende Kommissionszug, bestehend aus sieben Wagen und einer Deputation, wurde an der ehemals marchtalischen Grenze empfangen. Gesäumt war die Straße von zweihundert marchtalischen Bauern zu Pferd, die Spalier standen. In Marchtal hatte man das Tor, das Schlossportal und die große Eingangstüre der Kirche mit Inschriften verziert. Nach dem Frühstück leisteten die Beamten und die niedere Dienerschaft die Handtreue gegenüber Graf v. Westerholt. In der Stiftskirche ließ er die Huldigungsformel verlesen, die Deputierten der neuen fürstlichen Untertanen aus Marchtal, Schemmerberg und Frankenhofen huldigten sodann dem Landesvater. Es folgte eine Predigt und das Te Deum. Ein Mahl und ein Ball beschlossen den Tag. Der Hofrat und Oberamtmann zu Marchtal, Franz Conrad Ackermann, hielt anlässlich der Feier der Erbhuldigung eine Dank- und Empfehlungsrede, die mit den Worten begann: *Nun ist es volbracht das wichtige Werk, geschlossen ist der heilige, unverbrüchliche Bund zwischen dem Landes Herrn, und den Unterthanen, zwischen Vater und Söhnen.*[35]

Im Zusammenhang mit der Huldigung bewilligte Fürst Carl Anselm außerdem der marchtalischen Landschaft einen Nachlass von 2.000 fl. an unverzinslichen, der thurn- und taxisschen Herrschaft schuldigen Kapitalien.[36] Das Rentamt Marchtal sollte diese Summe als Ausgabe verrechnen und die betreffenden Schuldverschreibungen der Landschaft zurückstellen.

Erbhuldigung an Carl Anselm von Thurn und Taxis

Anfang März 1804 fasste Carl Anselm konkrete Reisepläne für seinen ersten Besuch in Marchtal, die in

Begleitung seiner Kinder und Enkel im Mai realisiert werden sollten. Der den Fürsten begleitende Hofstaat sollte über 150 Personen umfassen.[37] Größter Aufwand entstand durch die Herrichtung des Marchtaler Schlosses in einen für so viele Leute bewohnbaren Zustand. Im Vorfeld dieser Reise mussten umfangreiche Vorbereitungen getroffen werden. So wurde am 17. Mai sämtlichen Gemeinden, am 18. Mai 1804 nochmals den marchtalischen Gemeinden Gütelhofen, Luppenhofen, Hausen und Unterwachingen *der stärkeste Befehl* erteilt, den entsprechenden Fahrtweg – soweit es die Kürze der Zeit erlaube – auszubessern und instand zu setzen; vor allem ging es hier um eine Bekiesung der Haupt- und Gemeindestraßen.[38] Gegen saumselige Orte behielt man sich entsprechende Strafmaßnahmen vor. Ebenso wurden an sämtliche Gemeinden ausführliche Vorschriften erlassen, beispielsweise wie sich die Bevölkerung oder die Garden zu kleiden hatten.[39] Die Leute sollten dunkel- oder hellblaue Röcke tragen, die Kragen aufgeschlagen und von anderer Farbe sein, jeder sollte generell *das beste, und schönste von seiner Kleidung anziehen*. Marchtal hatte Leute zu Fuß und zu Pferd abzustellen. Kavallerie und Infanterie mussten auf einer brachliegenden Ösche unweit des Schlossgartens aufmarschieren und dort auf weitere Befehle warten. Der Kavallerie war es verboten, Hengste zu reiten, *weil sonst leicht eine Unordnung, od*[er] *Unglück geschehen könnte*. Auch Schimmel waren nicht erwünscht, um eine gewisse Einheitlichkeit und Gleichfarbigkeit der Pferde zu gewährleisten. Die Hüte der Kavalleristen bzw. Infanteristen waren linksseitig aufzustülpen und mit Eichenlaub – später entschied man sich für Buchenlaub – zu bestecken. Deren Uniformen sollten aus blauem Rock, rotem *Leibel*, schwarzen Hosen und weißen Strümpfen bzw. Stiefeln bei der Kavallerie bestehen. Die Infanterie hatte Anweisung, *ihr Ober- und Untergewöhr rein geputzt* mitzubringen, diese mit drei blinden Patronen zu versehen sowie das Abfeuern der Salven entsprechend zu üben. Die Kavallerie war zudem für das Futter für ihre Pferde selbst verantwortlich. Insgesamt wurden Infanterie und Kavallerie ermahnt, *sich ordent*[lich], *nüchter, und bescheiden* zu benehmen, *und alles sorglichst* [zu] *vermeiden, was eine Verwirrung, Lärmung od*[er] *Unglück verursachen könnte*. In den Wochen und Tagen vor der Ankunft Carl Anselms ergingen fast täglich weitere Anordnungen und Befehle. So wurden die Kavallerie und Infanterie aufgefordert, sich am 18. Mai 1804 um acht Uhr morgens in Marchtal einzufinden. Zum selben Zeitpunkt sollten sich dort die Gerichtsmänner *mit ihren rein geputzten Plauten und ihrer gewöhnlichen schönsten Kleidung, und dreieckigen Hüten* im Wirtshaus »Adler« versammeln, um weiteren Einweisungen entgegenzusehen.[40] Bei der Exerzierübung der Infanterie und Kavallerie im Schlosshof stellte man vonseiten des Oberamts übrigens entsetzt fest, dass sich darunter *Buben von 14 bis 16 Jahren* befanden. Da diese einem Fürsten keine Ehre erweisen könnten, andererseits eine Gefahr bedeuteten, weil sie die Pferde nicht genügend im Griff hätten, forderte man die Gemeinden auf, die Bürger selbst oder wenigstens Knechte zu stellen.

Auch um die allgemeine Sicherheit machte man sich Sorgen, weshalb jeder Ortsvorsteher sich an den entsprechenden Tagen darum zu kümmern hatte, *besonders weil es dermalen in der Gegend sehr unsicher ist, eine patrullirende Wache mit Ober- und Untergewöhr, und zwar nach Größe der Ortschaften, mit 2, 4, bis 6 Mann* aufzustellen, *damit der Ort gedeckt bleibe, und das schlechte Gesindel die Abwesenheit der übrigen Bürger nicht mißbrauchen könne*.[41] Jegliches Schießen

Fürst Carl Anselm von Thurn und Taxis (1733–1805)
Porträt des Fürsten mit Obermarchtal im Hintergrund. Miniatur, J. B. Faz, Regensburg. FZA Regensburg.

– außer den drei Salutschüssen – war jedoch verboten, weshalb auch das Mitführen von Schusswaffen untersagt wurde; Zuwiderhandeln führte nicht nur zum Einzug der Waffen, sondern zog auch schärfste Strafen nach sich. Ebenso wurde auch *alles Juchzen und Johlen, und überhaupt alles unanständige Betragen durchaus bei schwerster Strafe verboten.* Außerdem beschloss das hochfürstliche Oberamt zu Marchtal, dass am 20. Mai nach dem vormittäglichen Gottesdienst in allen Kirchen des Oberamtsbezirks ein feierliches *Te Deum* wegen der Ankunft Carl Anselms v. Thurn und Taxis abgehalten werden solle.

Die Feier am 18. Mai 1804 lief dann ohne Zwischenfälle ab. Nachmittags gegen halb drei kam der Fürst, der tags zuvor von seinem Schloss Trugenhofen aus

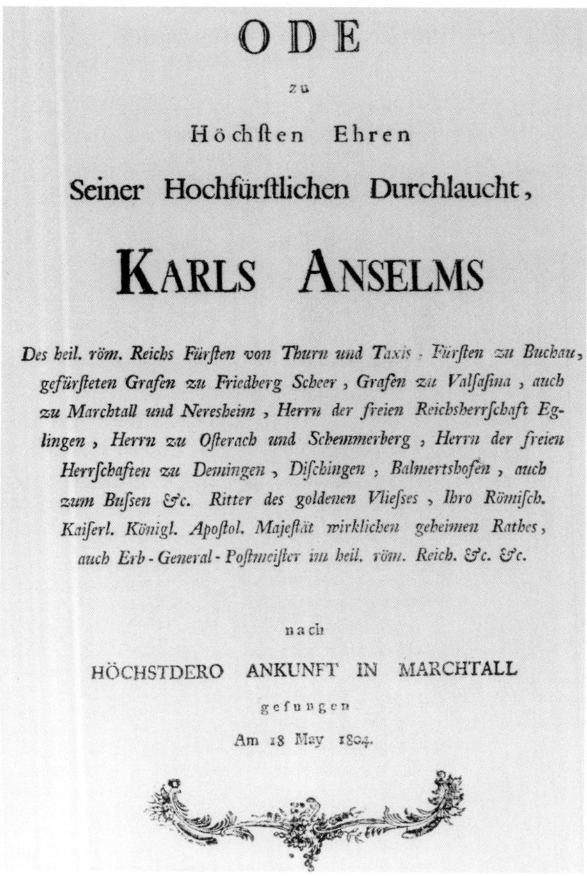

ODE

zu

Höchſten Ehren

Seiner Hochfürſtlichen Durchlaucht,

KARLS ANSELMS

Des heil. röm. Reichs Fürſten von Thurn und Taxis, Fürſten zu Buchau, gefürſteten Grafen zu Friedberg Scheer, Grafen zu Valſaſina, auch zu Marchtall und Neresheim, Herrn der freien Reichsherrſchaft Eglingen, Herrn zu Oſterach und Schemmerberg, Herrn der freien Herrſchaften zu Demingen, Diſchingen, Balmertshofen, auch zum Buſſen &c. Ritter des goldenen Vlieſſes, Ihro Römiſch. Kaiſerl. Königl. Apoſtol. Majeſtät wirklichen geheimen Rathes, auch Erb-General-Poſtmeiſter im heil. röm. Reich. &c. &c.

nach

HÖCHSTDERO ANKUNFT IN MARCHTALL

geſungen

Am 18 May 1804.

»Ode zu höchsten Ehren«
Gedicht auf den neuen Herrn Marchtals, Fürst Carl Anselm von Thurn und Taxis, zu dessen Besuch Marchtals am 18. Mai 1804. FZA Regensburg.

aufgebrochen war, an den Grenzen von Untermarchtal an, wo man für ihn eine Ehrenpforte mit Inschrift aufgebaut hatte.[42] Dort waren sämtliche Beamte des Ober- und Rentamtes sowie des Oberforstamtes zum Empfang des neuen Landesherren versammelt. Oberamtmann v. Ackermann hielt zunächst eine Willkommensrede, die von Carl Anselm erwidert wurde. Dann zog die ganze Gruppe – der Fürst zusammen mit dem geheimen Rat Alexander Frh. v. Vrints-Berberich im Wagen – unter den Jubelrufen des Volkes und an beiden Straßenseiten gesäumt von sechshundert Mann bürgerlicher Kavallerie zum Schlosstor. Dort befand sich der zweite Triumphbogen mit Inschrift. Als Carl Anselm aus dem Wagen stieg, läuteten die Glocken, das Volk jubelte und die Infanterie und Kavallerie standen Parade; die Beamten sowie die Orts- und Landgeistlichkeit machten dem Fürsten ihre Aufwartung. Der Weg führte sie zum Hauptportal der Residenz, wo ein weiterer Triumphbogen aufgebaut war. Im großen Saal der Residenz standen blumenstreuende Landmädchen bereit. Beim Eintritt des Fürsten überreichte ihm die Tochter Ackermanns ein Körbchen mit Blumen, Ackermann selbst hielt nach dem Eintreffen aller Gäste eine Ansprache. Um halb vier wurde ein Festessen veranstaltet, danach dem Fürsten eine auf Atlas gedruckte Ode übergeben und hierauf der Ausschuss der Landschaft zum Handkuss gelassen. Carl Anselm zeigte sich von all diesen Geschehnissen gerührt. Abends ertönte ein *Te Deum*.

Die Folgen für Marchtal

Der Prälat und der Konvent

Schon während der Zivilbesitzergreifung hatte Abt Friedrich dem neuen Landesherren gegenüber deutlich gemacht, dass er baldmöglichst seine und die Zukunft des Konventes geregelt sehen wollte, d. h. die künftige Existenzgrundlage und die Frage der Sustentationen [Unterhalt].[43] Anfang Januar 1803 führte Westerholt ein Gespräch mit Prälat Friedrich Walter über dessen künftige Versorgung.[44] Dabei versuchte der Graf dem Geistlichen *die ihm zugedachten Bedingungen annehmlich zu machen.* Das hieß u. a., dass Abt Friedrich künftig entweder im Schloss Scheer oder

Schemmerberg wohnen sollte; der Geistliche hatte aber durchaus eigene Vorstellungen. Mit Hinweis auf die gute finanzielle Lage des Stiftes und darauf, wie der Reichsprälat zu Neresheim behandelt worden war, erbat der Marchtaler Abt für sich und die von ihm zu versorgenden Verwandten seine ehemalige Pfarrei Kirchbierlingen als Wohnsitz – wobei er zwei Klostergeistliche pensionsfrei übernehmen wollte – sowie eine Jahrespension von 5.500 fl. nebst dem Üblichen. Für sieben ältere und teils kränkelnde Mitbrüder hoffte er auf je 600 fl. Jahrespension; die Versorgung von acht Patres wäre durch ihre Pfarreien gewährleistet. Für die Novizen erbat er die nach dem RDH gängige dreijährige Pensionszulage. Letztlich zeigte sich Carl Anselm als großzügiger Fürst. Am 18. Januar 1803 erhielt der resignierte Abt Friedrich die *Versicherungsurkunde*, in der die von Thurn und Taxis zu zahlende Pension und alles Weitere einvernehmlich geregelt waren: Abt Friedrich erhielt die Pfarrei Kirchbierlingen mit zwei Marchtaler Konventualen, eine lebenslange Pension in geforderter Höhe, das dortige Wohn- bzw. Pfarrhaus sowie vier Pferde samt Wagen und Fourage, bis zu vierzig Klafter Brennholz und einen Zuschuss zum Unterhalt eines Kutschers. Die Konventualen erhielten zwischen 500 und 700 fl. Jahrespension, die Novizen 400, die Fratres canonici 300 und die Laienbrüder 250. Am 29. Januar berichtete darüber auch ausführlich die *Staats- und gelehrte Zeitung des Hamburgischen unpartheyischen Correspondenten.*[45]

Wappen des Hauses Thurn und Taxis von ca. 1805
FZA Regensburg.

Herrschaften und Rechte, Verwaltung

Nach der Zivilbesitznahme im Dezember 1802, infolge derer Thurn und Taxis nunmehr in den betreffenden Gebieten die Landeshoheit, innere Verwaltung und Rechtspflege ausübte sowie die Einkünfte bezog, erfolgte nicht sofort eine Neuregelung der vorhandenen Verwaltungsstrukturen. Seinerzeit schrieb Vrints-Berberich an Graf Westerholt diesbezüglich: *Auf meine indessen eingezogene weitere Erkundigungen vernehme ich, daß jene Stände, nach deren Benehmen wir uns zeithero meistens richteten, die überkommende Lande zur Zeit noch nicht neu organisirten, bis sie eine mehrere und genauere Lokal- und Verfassungs-Kenntniß hievon zuvor erhielten, und bis während deme auch die Ratifikation des Rezesses von der Reichsversammlung erfolgt seyn werde. Zu gleicher Zeit würden alsdann erst auch die Neue Titulaturen und Wappen angenommen, und somit alles für beendiget angesehen werde.*[46]

Eine Instruktion vom 11. Januar 1803 regelte die Verwaltungsstrukturen in den marchtalischen Besitzungen neu.[47] Hier wurden – wie in den anderen oberschwäbischen Ländereien – als untere Verwaltungsbehörden Ober- und Rentämter eingerichtet. Die Oberämter waren zunächst Justizbehörden; in ihren Zuständigkeitsbereich fielen ferner alle Publika und Polizeisachen, das Waisen-, Armen- und Schulwesen, die geistlichen Verwaltungen, der Straßenbau und Zoll. Die Rentämter waren klar von diesen geschieden. Ihnen oblag »die Aufsicht über das gesamte Camerale, die Erstellung der Rechnungen, die Erhebung der Gefälle und die Aufsicht über die herrschaftlichen Gebäude«.

Dienerschaft

Im November 1802 erhielt der Besitzergreifungskommissär Westerholt bezüglich der Dienerschaft die In-

struktion: *Diese wollen wir zur Zeit völlig beibehalten, mit der Voraussetzung jedoch, daß solche nachfindenden lokal Umstände und zum Besten Unsers Diensts, jedoch auch ohne eigenthlichen Nachtheil des Dieners, anderwo verwendet, oder versetzt werden könne.* Dies bedeutete auch, dass er *alle und jede neu überkommende Beamte, das Militär und sogar jene Geistliche, bis zur anderweiten Verfügung oder Anstellung weltlicher Beamten gleich bei der Ergreiffung des Civil Besitzes in Unsern Pflichten zu nehmen, welche im oeconomischen oder einem anderen Fache eine Verwaltung oder sonstige Verrichtung haben. Sämtliche diese Beamte sind sonach auch ihrem bisherigen Rang und Verhältniß nach, von Uns zu caracterisieren und zu decretieren, worüber sich der Herr Commissarius vor der Hand nach mit Unserer geheimen Kanzley zu benehmen, und Uns seiner Zeit die Dekrete zur Unterzeichnung vorzulegen hat.* Den Beamten, die bisher eine gewisse *Anhänglichkeit* gezeigt hatten, wurde ein kleines *Angedenken* in Aussicht gestellt.[48]

Kurz nach der Zivilbesitznahme Anfang Dezember 1802 beschloss man von thurn- und taxisscher Seite, nachdem bereits das bisherige Oberamtspersonal *ohne Ausnahme in seinen Verrichtungen und Verwaltungen bis auf weitere Anordnung* bestätigt worden war, diese Vorgehensweise auch auf die Dienerschaft, auf sämtliche Vorgesetzte, Jäger, Holzwarte und weitere Diener auszuweiten.[49] Hierzu erschienen die Betroffenen in Marchtal und wurden von Hof- und Regierungsrat Franz Anton v. Dollé *zum Handgelübde an Eydes Statt* aufgefordert.

Mitte Januar 1803 erhielten dann viele ehemals marchtalische höhere Beamte ein thurn- und taxissches Anstellungsdekret, so z. B. Hofrat und Oberamtmann v. Ackermann, Hofrat Felix Widmann als Oberamtsrat, Hofkammerrat und Rentmeister Leopold Carl v. Blocken, Wilibald v. Blocken als Oberamtsregistrator und Franz Sales Egle als fürstlicher Landschaftsprovisor. Kontingentsleutnant Münch bekam ferner ein Pensionsdekret ausgehändigt.[50]

Anfang April 1803 wurde einem Großteil der niederen Marchtaler Stiftsdienerschaft durch das Ober- und Rentamt Marchtal die Entlassung mitgeteilt.[51] Vierzig Personen waren davon betroffen, unter ihnen der Stiftschirurg, Apotheker und Metzger. Um soziale Härten abzufedern, schlug das Rentamt Marchtal Pensionen und Abfindungen für die oft lange Jahre in stiftischen Diensten stehenden Personen vor.[52]

Der Klosterbesitz

Nachdem der RDH im Februar 1803 allgemein publiziert worden war und damit die Verteilung der Säkularisationsgüter auch seine rechtliche Grundlage erhalten hatte, und nachdem die Konventualen im März 1803 ihre bisherige Marchtaler Wohnstätte verlassen hatten, konnte man von thurn- und taxisscher Seite weitere Schritte für die Verwendung des Stiftes bzw. seiner Mobilien in die Wege leiten. Marchtal wurde auf mehrfache Anregung Westerholts zur Residenz in den oberschwäbischen thurn- und taxisschen Besitzungen als äußerst geeignet betrachtet.[53] Daher entschloss man sich zu Umgestaltung und Ausbau Marchtals zur fürstlichen Residenz und richtete dafür eine eigene Hofökonomiekommission ein. Weiteren Aufschwung erhielt dieser sich als sehr aufwendig erweisende Plan durch den – wie bereits ausführlich geschildert – Aufenthalt des Fürsten Carl Anselm im Frühjahr 1804. Dieser nutzte allerdings seine neue Residenz nur dieses einzige Mal; bereits im November 1805 verstarb er überraschend. Danach hatte das Gebäude vor allem durch Einquartierungen und die Einrichtung eines Militärspitals zu leiden.

Die Bibliothek wurde in späteren Jahren nach Regensburg gebracht, weil, wie der damalige Hofbibliothekar Keyser erkannte, diese die Regensburger Hofbibliothek bereichern und ergänzen würde.[54] Die Mobilien ereilte größtenteils dasselbe Schicksal.

Zusammenfassung

Thurn und Taxis erhielt mit der Prämonstratenserabtei Marchtal ein in vieler Hinsicht vorteilhaftes Säkularisationsgut. Nicht nur hatte Marchtal keine Schulden, sondern es konnte sogar Aktiva vorweisen. Ferner gliederte es sich auch aufgrund seiner Lage vorzüglich in die bisher erworbenen Besitzungen des Fürstenhauses in Oberschwaben ein, was eine verwaltungsmäßige Erleichterung bedeutete. Zudem konnte mit dem Schloss Marchtal eine neue Residenz für den Fürsten geschaffen werden, wenn sie letztendlich auch selten genutzt wurde.

[1] Hierzu *Peter Hersche* (Hg.), Napoleonische Friedensverträge: Campo Formio 1797 – Lunéville 1801 – Amiens 1802-Pressburg 1805 – Tilsit 1807 – Wien-Schönbrunn 1809. Bern 2. neubearb. Aufl. 1973. Zum Rastatter Kongress und Frieden von Lunéville: *Klaus Dieter Hömig*, Der Reichsdeputationshauptschluß vom 25. Februar 1803 und seine Bedeutung für Staat und Kirche unter besonderer Berücksichtigung württembergischer Verhältnisse. Tübingen 1969, 24–25; *Matthias Erzberger*, Die Säkularisation in Württemberg von 1802 bis 1810. Ihr Verlauf und ihre Nachwirkungen. Stuttgart 1902 (ND Aalen 1974), 11–22.

[2] Hierzu *Peter Wolf*, Reichsdeputationshauptschluß und das Ende des Reichstags, in: Thurn und Taxis-Studien 20 (2001), 63–75; *Ernst Walder* (Bearb.), Das Ende des alten Reiches. Der Reichsdeputationshauptschluß von 1803 und die Rheinbundakte von 1806 nebst zugehörigen Aktenstücken. Bern/Frankfurt a.M. 3. Aufl. 1975; *Hömig*, Reichsdeputationshauptschluß (wie Anm. 1).

[3] Zur Geschichte des Hauses Thurn und Taxis allg. *Rudolf Reiser*, Die Thurn und Taxis. Das Privatleben einer Fürstendynastie. Regensburg 1998; *Wolfgang Behringer*, Thurn und Taxis. Die Geschichte ihrer Post und ihrer Unternehmen. München 1990; *Max Piendl*, Das fürstliche Haus Thurn und Taxis. Zur Geschichte des Hauses und der Thurn und Taxis-Post. Regensburg 1980; *Max Piendl*, Thurn und Taxis 1517–1867. Zur Geschichte des fürstlichen Hauses und der Thurn und Taxisschen Post. Frankfurt a. M. 1967; *J*[ohann] *B*[aptist] *Mehler*, Das fürstliche Haus Thurn und Taxis in Regensburg. Zum 150jährigen Residenz=Jubiläum. Regensburg 1898; *Anton Lohner*, Geschichte und Rechtsverhältnisse des Fürstenhauses Thurn und Taxis. Regensburg 1895. Schwerpunktmäßig zur thurn- und taxisschen Postgeschichte: *Wolfgang Vollrath*, Das Haus Thurn und Taxis, die Reichspost und das Ende des Heiligen Römischen Reiches 1790–1806. Diss. Münster 1939. (Druck: Lengerich/Westf. 1940).

[4] Hierzu *Behringer*, Thurn und Taxis (wie Anm. 3), 246–249; *Franz Herberhold*, Das fürstliche Haus Thurn und Taxis in Oberschwaben. Ein Beitrag zur Besitz-, Verwaltungs- und Archivgeschichte, in: ZWLG 13 (1954), 262–300 (hier: 263–264).

[5] Zur Erwerbungspolitik der Thurn und Taxis in Oberschwaben ausführlich: *Behringer*, Thurn und Taxis (wie Anm. 3), 249–260; *Herberhold*, Thurn und Taxis in Oberschwaben (wie Anm. 4), 264–268. Zu Carl Anselm v. Thurn und Taxis (* 1733, † 1805): *Reiser*, Thurn und Taxis (wie Anm. 3), 52–58; *Mehler*, Thurn und Taxis in Regensburg (wie Anm. 3), 74–86.

[6] FZA Regensburg, DK 21069. Hierzu auch: *Martin Dallmeier*, Das oberschwäbische Schloß Marchtal der Fürsten von Thurn und Taxis im 19. Jh., in: *Max Müller/Rudolf Reinhardt/Wilfried Schöntag* (Hgg.), Marchtal. Prämonstratenserabtei, fürstliches Schloß, kirchliche Akademie. Festgabe zum 300jährigen Bestehen der Stiftskirche St. Peter und Paul (1692–1992). Ulm 1992, 321–353 (hier: 321).

[7] FZA Regensburg, DK 20070.

[8] Zu Einzelheiten dieses von Frankreich und Russland ausgearbeiteten Entschädigungsplanes vom 18.08.1802: *Wolf*, Reichsdeputationshauptschluß (wie Anm. 2), 67; *Erzberger*, Säkularisation (wie Anm. 1), 27.

[9] Graf Alexander Ferdinand v. Westerholt (*1763, † 1827) studierte bis 1783 in Straßburg und trat danach in fürstlich thurn- und taxissche Dienste. 1786 wurde er Leiter der Hofbibliothek in Regensburg, 1788 Oberamtmann von Dischingen, 1798 Leiter der Pagerie, Regierungs- und Hofgerichtspräsident und von 1808 bis zu seinem Tod hatte er die Oberaufsicht über die fürstliche Gesamtverwaltung inne. Zu Westerholt: *Martin Dallmeier/Manfred Knedlik/Peter Styra*, »Dieser glänzende deutsche Hof …« 250 Jahre Thurn und Taxis in Regensburg. Regensburg 1998, 18–19; *Dallmeier*, Schloß Marchtal (wie Anm. 6), 351, Anm. 91; *Ernst Heinrich Kneschke* (Hg.), Neues allgemeines deutsches Adels-Lexicon. Bd. 9. Leipzig 1870, 550–552.

[10] Joseph Anton Grimm (* um 1750, † 13.07.1814) hatte in Innsbruck Rechtswissenschaften studiert. Von 1786 bis 1793 war er Oberamtmann zu Dürmentingen und Forstkommissar zu Dürmentingen (i.e. Forst und Jägerei der unteren Landschaft; das Forstkommissariat gehörte damals zum Oberamt). 1793 wurde er Oberamtmann bzw. später Patrimonialobervogt in Scheer, wo er auch wohnte. Zu Grimm: FZA Regensburg, Personalakten 2785–2787 (zit. nach *Dallmeier*, Schloß Marchtal (wie Anm. 6), 349, Anm. 15); SAS Dep. 30/13 T 5, Nr. 22 und Nr. 59; *Jürgen Nordmann*, Kodifikationsbestrebungen in der Grafschaft Friedberg-Scheer am Ende des 18. Jhs., in: ZWLG 28 (1969), 265–342 (hier: 287); *Herberhold*, Thurn und Taxis in Oberschwaben (wie Anm. 4), 282.

[11] FZA Regensburg, DK 21069 (Schreiben an Grimm vom 26.08.1802. Die Unterstreichungen sind so im Originaltext vorhanden). Ferner schreibt er: *Eurer Wohlgeboren übermache ich anbey* […] *die Entschädigungs Acte welche von Rußland und Frankreich der kgl. Deputation vorgelegt worden ist. Und von beyden mit allem Nachdruck sontenirt* [?] *und durch gesetzt werden wird. Sie werden daraus mit Vergügen ersehen, wie das Hochfürstl*[iche] *Haus bedacht worden ist, zu gleich aber bemerken daß Würtemberg (Welches sein Aug von Marchthal noch nicht weggewendet hat:) wegen Zwyfalten, Baden wegen Salmansweyler, Hessen* [Oranien-Nasssau] *wegen Weingarten* […] *wird zu sehr nahe Verhältniß mit uns gerathen.*

[12] FZA Regensburg, DK 21069 (Brief Grimms an Westerholt, datiert vom 02.09.1802).

[13] FZA Regensburg, DK 21070. Leopold Carl Edler v. Blocken (*1753), Reichsritter, war fürstlicher Hofkammerrat und Rentmeister zu Marchtal, zuvor reichsstiftischer Rat und Kanzleiverwalter sowie Landschaftskassier; seit 02.01.1803 stand er in fürstlichen Diensten. Er wurde 1825 pensioniert und verstarb im 84. Lebensjahr zu Freudenstadt. Zu ihm: *Dallmeier*, Schloß Marchtal (wie Anm. 6), 349 Anm. 17.

[14] FZA Regensburg, DK 21070.

[15] Alexander Frh. v. Vrints-Berberich (* 1764, † 1843), dessen Familie schon seit dem 30-j. Krieg im Dienst der Reichspost stand, wurde 21-jährig nach akadem. Ausbildung in Straßburg und Jurastudium in Göttingen Oberpostamtsdirektor in Frankfurt. 1797 wurde er als Dirigierender Geheimer Rat nach Regensburg berufen und übernahm die Leitung der Zentralverwaltung. Außerdem übernahm er diplomat. Aufgaben: 1799 wirkte er als Bevollmächtigter des Hauses Thurn und Taxis auf dem Rastatter Kongress und von 1803 bis zum Ende des Alten Reiches als Gesandter auf dem Reichstag. 1811 wurde er zum Generalpostdirektor ernannt. Zu Vrints-Berberich: *Dallmeier/Knedlik/Styra*, 250 Jahre Thurn und Taxis (wie Anm. 9), 37; *Behringer*, Thurn und Taxis (wie Anm. 3), 152ff.

[16] FZA Regensburg, DK 21070. Und weiter schreibt Vrints-Berberich: *Aus der der Reichs Deputation zur Annahme vorgelegten Entschädigungs Acte werden Eure Hochwürden bereits ersehen haben, was mir und meinem fürstlichen Haus für Indemnitäten angewiesen worden sind; Gern hätte ich das Resultat der Berathschlagungen der Reichs Deputation abgewartet, um mich in derselben Besitz zu setzen; allein da allenthalben zur Besitznahme geschritten wird, so darf auch ich nicht säumen, mir dasjenige zuzueignen, was mir zugeschieden worden ist. In dieser Hinsicht erwarte ich, daß Eure Hochwürden der provisorischen Besitznehmung der mir zugetheilten Lande. Und der zu dem Ende von mir angeordneten Affizierung beykommender Proclamation nicht das mindeste im Wege legen, sondern vielmehr sich selbst bestreben werden, überall gute ordnung und Ruhe zu erhalten.*

[17] FZA Regensburg, DK 21069 (Schreiben vom 02.10.1802 von Vrints-Berberich an Graf v. Westerholt). Zu Abt Friedrich v. Walter: *Max Müller*, Die Pröpste und Äbte des Klosters Marchtal, in: *Müller/Reinhardt/Schöntag* (Hgg.), Marchtal (wie Anm. 6), 65–94 (hier: 93–94);

Thomas Hermann, Pröpste und Äbte des Klosters Marchtal, in: *Max Müller* (Hg.), Marchtaler Lehrerakademie. Festschrift zur Eröffnung der Kirchlichen Akademie der Lehrerfortbildung Obermarchtal. Ulm 1978, 212–227 (hier: 227); *Matthias Erzberger*, Säkularisation (wie Anm. 1), 353–355; *J*[ohann] *N*[epomuk] *von Vanotti*, Kurzer Abriß des Lebens und Wirkens Friedrichs von Walter, Kommenthurs des Ordens der Württemb. Krone, letzten Prälaten des ehemaligen Reichsstifts Obermarchthal, Prämonstratenser-Ordens, und Pfarrer zu Kirchbierlingen bei Ehingen an der Donau; gestorben den 28. März 1841. Ehingen 1841, in: Aus der Geschichte des Klosters Obermarchtal, hg. v. *Geschichtsverein Raum Munderkingen*. Bad Buchau 1985, 430–453; *[Friedrich v. Walter]*, Kurze Geschichte von dem Prämonstratenserstifte Obermarchtall. Von seinem Unfange 1171 bis zu seiner Auflösung 1802. Zus.getr. von einem Mitgliede dieses Stiftes. Ehingen 1835, in: Aus der Geschichte des Klosters Obermarchtal. Ebd., 57–429 (hier: 219–231).

[18] Hierzu *Dallmeier*, Schloß Marchtal (wie Anm. 6), 323; *Herberhold*, Thurn und Taxis in Oberschwaben (wie Anm. 4), 267; *Erzberger*, Säkularisation (wie Anm. 1), 347, 350–351; *[v. Walter]*, Kurze Geschichte Obermarchtall (wie Anm. 17), 221–223 (hier eine ausführl. Beschreibung der provisor. Inbesitznahme).

[19] Hierzu und im Folgenden: FZA Regensburg, DK 21070; FZA Regensburg, Rentamt Marchtal 162.

[20] Auch im Folgenden s. *von Vanotti*, Abriß (wie Anm. 17), 437–438.

[21] FZA Regensburg, DK 21069 (Abschrift des hochfürstlichen Schreibens an die Frau Fürstin zu Buchau, den Reichsprälaten zu Neresheim und den Reichsprälaten zu Marchtal, datiert Schloss Trugenhofen am 22.11.1802).

[22] FZA Regensburg, DK 21069.

[23] FZA Regensburg, DK 21069.

[24] FZA Regensburg, Schwäbische Akten 810; FZA Regensburg, DK 21070. Hierzu *Dallmeier*, Schloß Marchtal (wie Anm. 6), 323; *Erzberger*, Säkularisation (wie Anm. 1), 351; *von Vanotti*, Abriß (wie Anm. 17), 438. – Franz Anton v. Dollé (*1760) war Hofrat und Regierungsrat in Regensburg, führte die Besitzergreifungen in Buchau und Marchtal durch und gehörte später der Fürstlichen Regierung in Buchau an. Zu Dollé: FZA Regensburg, Personalakten 1578–1580 (zit. nach *Dallmeier*, Schloß Marchtal >wie Anm. 6<, 350, Anm. 28); *Kneschke* (Hg.), Adels-Lexicon (wie Anm. 9), Bd. 2, 539.

[25] Laut am 11.01.1803 gefasster Instruktion der Regierung wurde zu Marchtal als Unterbehörde ein Ober- und Rentamt eingerichtet. Hierzu *Behringer*, Thurn und Taxis (wie Anm. 3), 260–262; *Herberhold*, Thurn und Taxis in Oberschwaben (wie Anm. 4), 276–282.

[26] *Von Vanotti*, Abriß (wie Anm. 17), 438.

[27] FZA Regensburg, DK 21069 (Brief vom 12.12.1802 von Vrints-Berberich an Westerholt).

[28] *Erzberger*, Säkularisation (wie Anm. 1), 351.

[29] Während des Sommers 1803 durfte die Kirche nur sonn- und feiertags an Vormittagen für den Gottesdienst benutzt werden, erst ab 15. 01.1804 stand sie wieder allen für den Pfarrgottesdienst offen; *Dallmeier*, Schloß Marchtal (wie Anm. 6), 328; *Erzberger*, Säkularisation (wie Anm. 1), 351; *Max Birkler*, Die Kirchen in Obermarchtal. Eine Jubiläumsgabe zum 200j. Bestande der ehemaligen Prämonstratenser- und jetzigen Schloss- und Pfarrkirche. Stuttgart 1893, 55.

[30] Schwäbische Chronik (23.06.1803); SAS Dep. 30/12 T 8, Nr. 275.

[31] Hierzu und im Folgenden: SAS Dep. 30/12 T 8, Nr. 267. Die Ermächtigung Westerholts, die Erbhuldigung an des Fürsten Statt entgegen zu nehmen: SAS Dep. 30/12, Nr. 268.

[32] SAS Dep. 30/12 T 8, Nr. 267 (dort auch der vollständige Text des Huldigungspatentes).

[33] Der volle Wortlaut der Huldigungsformel ist zu finden in: SAS Dep. 30/12 T 8, Nr. 271. Dort auch eine Auslegung des Huldigungseides.

[34] FZA Regensburg, Schwäbische Akten 814; *Dallmeier*, Schloß Marchtal (wie Anm. 6), 334.

[35] SAS Dep. 30/12 T 8, Nr. 271.

[36] SAS Dep. 30/12 T 8, Nr. 75.

[37] *Martin Dallmeier*, Schloß Marchtal (wie Anm. 6), 336–337.

[38] SAS Dep. 30/12 T 8, Nr. 11 und Nr. 276.

[39] Hierzu und im Folgenden SAS Dep. 30/12 T 8, Nr. 276.

[40] Eine Plaute ist eine Schweizer Seitenwaffe des 16. und 17. Jhs. mit leicht gekrümmter Rückenklinge und Degengefäß.

[41] SAS Dep. 30/12 T 8, Nr. 276.

[42] Eine ausführl. Beschreibung des 18.05.1804 in: Schwäbische Chronik (30.05.1804), 221–222. Auch *Dallmeier*, Schloß Marchtal (wie Anm. 6), 336–337.

[43] FZA Regensburg, Schwäbische Akten 810 Prod. 87. Insgesamt hierzu *Dallmeier*, Schloß Marchtal (wie Anm. 6), 326–327.

[44] Hierzu und im Folgenden: FZA Regensburg, DK 21071; auch: FZA Regensburg, Schwäbische Akten 810 Prod. 123. Ferner *Dallmeier*, Schloß Marchtal (wie Anm. 6), 326–327; *Erzberger*, Säkularisation (wie Anm. 1), 352–354; *von Vanotti*, Abriß (wie Anm. 17), 438–439; *[von Walter]*, Kurze Geschichte Obermarchtall (wie Anm. 17), 223–226. – Zu den thurn- und taxisschen Vorstellungen siehe auch Kap. 2.2.

[45] Abschrift in: FZA Regensburg, DK 21071: *Das Schicksal der bisherigen Reichs=Prälatur Obermarchthal ist nun entschieden. Der Prälat erhält jährlich von dem liberalen Fürsten von Thurn und Taxis 5.500 f*[l.] *nebst 4 Pferden, einen Kutscher und Bedienten; dem Prior, Subprior und dem Senior des Convents jeder 600 f*[l.]*, die übrigen Patres aber 550 f*[l.]. *Jeder empfing überdies noch zu einer neuen Kleidung 50 f*[l.]. *baar auf die Hand. Alle bezeugten über diese Großmuth ihren inningsten Dank. Auf den 1ten April muß die Prälatur von ihnen geräumt seyn. Die sämtlichen Patres belaufen sich auf 70. Dem Prälaten wurde zum künftigen Aufenthalte das Schloß zu Scheer oder jenes zu Heudorff angeboten; er wählte aber den Pfarrhof zu Kirchbierlingen, wo er vorher Pfarrer war; Ohngeachtet die Reichsprälatur von Marchthal durch den letzten Krieg stark mitgenommen worden, so beläuft sich doch der Werth der in derselben vorgefundenen Effecten auf 300.000 f*[l.]. *worunter aber die Vorräthe von Getreide und Wein nicht mit*[be]*griffen sind. Schulden sind gar keine vorhanden. Es ist entschieden, daß Marchthal zur künftigen Residenz des Fürsten von Thurn und Taxis, Buchau aber zum Sitz der Hochfürstl.*[ichen] *Regierung auserlesen ist.*

[46] FZA Regensburg, DK 21069 (Brief vom 12.12.1802 von Vrints-Berberich an Graf Westerholt).

[47] Hierzu ausführlich *Herberhold*, Thurn und Taxis in Oberschwaben (wie Anm. 4), 276–282 (zitiert: 281), auch *Behringer*, Thurn und Taxis (wie Anm. 3), 260ff.

[48] FZA Regensburg, DK 21069.

[49] SAS Dep. 30/12 T 8, Nr. 266.

[50] FZA Regensburg, DK 21071.

[51] *Dallmeier*, Schloß Marchtal (wie Anm. 6), 328–329.

[52] Pensionsbittgesuchen siehe: SAS Dep. 30/12 T 8, Nr. 109, Nr. 225.

[53] *Dallmeier*, Schloß Marchtal (wie Anm. 6), 334–339.

[54] *Dallmeier/ Knedlik/ Styra*, 250 Jahre Thurn und Taxis (wie Anm. 9), 31–35; *Erwin Probst*, Fürstliche Bibliotheken und ihre Bibliothekare 1770–1834, in: Thurn und Taxis-Studien 3 (1963), 127–228 (hier: 212ff.).

Im Banne der *Sturmglocke der allgemeinen politischen Erschütterung …*

Die Säkularisation der Benediktiner-Reichsabtei Ochsenhausen[1]

von Konstantin Maier

In der Pfarrkirche Untersulmetingen (Niederkirch) findet sich auf dem Grabstein des letzten Reichsprälaten von Ochsenhausen, Abt Romuald Weltin (1767–1802, † 1805), die vielsagende Inschrift: *Dem die Kriege die Ruhe, der Friede aber das Land entriss.*[2] In den Jahrzehnten der *Ruhe* war Weltin ein großzügiger Förderer der Klosterbibliothek. Seinen wissenschaftlich interessierten Konventualen stellte er erhebliche finanzielle Mittel bereit, um im Geist der Aufklärung die Naturwissenschaften oder das Studium der orientalischen Sprachen zu fördern.[3] Noch aber fehlte im Kloster Ochsenhausen eine moderne Zentralbibliothek. So ließ Weltin nach den Plänen des Neresheimer Architekten Thomas Schaidhauf (1735–1807) zwischen 1785 und 1787 den klassizistischen Bibliotheks- und Kapitelsaal erbauen. Das besondere Interesse des Reichsprälaten galt auch der Astronomie. Ein Armarium als praktischer Experimentiersaal mit physikalischen und astronomischen Instrumenten sollte das Kloster neben der Bibliothek als Sitz der göttlichen Weisheit und dem zur Vernunft verpflichteten Studium bereichern. 1793 gelang Weltin mit dem gelehrten Astronomen und Mechanikus, P. Basilius Perger (1734–1807), die Verwirklichung des ehrgeizigen Projekts einer eigenen – später berühmten – Sternwarte, die dem am besten ausgerüsteten Observatorium Deutschlands in Gotha (Sachsen) in nichts nachstand.[4]

Als Direktor des Schwäbischen Reichsprälatenkollegiums (seit 1784) trug Weltin eine große politische Verantwortung. An seiner Seite stand der im Säkularisationsgeschäft sehr einflussreiche Kanzler und Syndikus, Joseph v. Schott. Nach dem Frieden von Lunéville (9. Februar 1801) war das Schicksal der Prälaten endgültig besiegelt. Die Koalitionskriege hatten dem Kloster Ochsenhausen *die Ruhe* genommen. Die Zeiten der Besetzung durch das französische Militär gingen an die wirtschaftliche und finanzielle Substanz. Als im Kriegsjahr 1800 ca. 58.000 fl. an Kriegskontributionen aufgebracht werden mussten, blieben Abt und Konvent nichts anderes übrig, als Pretiosen und Kirchensilber zu veräußern. Schmerzlich muss im selben Jahr der Verkauf der großen, kostbaren Monstranz für inflationäre 8.000 fl. gewesen sein.[5] Im letzten Jahr seines Bestehens (1802) musste das Kloster zudem den Großzehnten sowie den Kirchensatz der Pfarrei Achstetten für 54.000 fl. veräußern.[6] Auf Drängen des Konventes hatte sich Abt Romuald 1797 und wohl auch 1800 vor den Franzosen in Sicherheit gebracht. Im März 1801 musste er jedoch von Kanzler Joseph v. Schott aus der französischen Gefangenschaft befreit werden.[7]

Den schweren Zeiten der Koalitionskriege fiel im Jahre 1800 auch die 700-Jahr-Feier des Benediktinerklosters Ochsenhausen zum Opfer.[8] Der Klosterchronist Georg Geisenhof (1780–1861) kommentierte 1829 im Rückblick auf jene schwere Zeiten vor der Auflösung: *Das Jahr 1800, in welchem das Stift Ochsenhausen die siebente Sekular=Feyer von seiner Entstehung hätte begehen sollen, brachte uns mit dem feindlichen Heere ungleich mehrere und größere Leiden, und der bekannte Friede zu Luneville – das größte, nemlich die Auflösung des durch 7 Jahrhunderte rühmlichst bestandenen Stiftes. – Wer kann ohne Thränen dessen nur erwähnen?*[9]

Die Reichsabtei als Entschädigungsobjekt

Die außerordentliche Reichsdeputation in Regensburg bestellte am 17. Oktober 1802 die württemberg-badische Subdelegationskommission mit Sitz in Ochsenhausen, um die am linken Rheinufer begüterten Reichsfürsten und Reichsgrafen mit oberschwäbischem Klosterbesitz zu entschädigen. Der Ochsenhausener Kanzler und Syndikus, Joseph v. Schott, wurde im November 1802 zum Oberadministrator der Kommissionshöfe berufen. Die besagte Kommission hatte den Auftrag, den Besitz der schwäbischen Frauen- und Männerklöster Ochsenhausen, Rot an der Rot, Schussenried, Gutenzell, Heggbach, Baindt und Isny sowie der Reichsstadt Isny in exakten sog. *Fassionen* zu erfassen. Diese Tabellen bildeten die Grundlage des Entschädigungsplanes für die Verluste der Reichsgrafen links des Rheins, unter denen die katholisch-westfälischen Reichsgrafen am meisten betroffen waren.[10] Der Direktor des dortigen katholischen Grafenkollegiums war der am Kaiserhof einflussreiche Franz Georg Graf v. Metternich-Winneburg-Beilstein und Herr zu Königswart (Kynăwart) (1756–1818). Als kaiserlicher *Plenipotentarius* [Bevollmächtigter] hatte er mit seinem Sohn Graf Clemens Wenzeslaus (1773–1859) an den Rastatter Friedensverhandlungen (1797–1799) teilgenommen und die Diskussion um die Entschädigung der linksrheinischen Gebiete erlebt.[11] Metternich drängte als Direktor des oben genannten Grafenkollegiums im Sommer 1802, die erlittenen Besitzverluste links des Rheins schnell zu entschädigen. Mit dem zugeteilten *»Los Schwaben«* schien er zum Retter der beraubten rheinischen Grafen zu werden.[12]

Oberadministrator Schott galt als sehr bewährter Klosterbeamter. Als Syndikus der Reichsprälaten koordinierte er deren Politik gegenüber dem kaiserlichen Hof in Wien und Paris.[13] Für die heikle Aufgabe der Ablösung des oberschwäbischen Klosterbesitzes an die Reichsgrafen war er der geeignete Mann. Schott kannte die wirtschaftlichen Verhältnisse der Klöster ebenso gut wie das schwierige politische Terrain, auf dem er sich zu bewegen hatte. Die katholisch-westfälischen Grafen verfochten – wie auch andere Reichsstände – ihre Besitzansprüche mit der Gesandtschaft der Metternisch'schen Räte Knodt und Rief in Regensburg. Die Beamten sollten im Oktober 1802 nach Ochsenhausen reisen, um vor Ort die Arbeit der Subdelegationskommission zu verfolgen.[14] Regelmäßig informierte Schott den Grafen Metternich über seine Arbeit in der Kommission und die Besitzgelüste anderer Bewerber; auf diese Weise konnte er das Vertrauen des Reichsgrafen gewinnen.[15]

Seit Sommer 1802 spekulierten die rheinischen Reichsgrafen über mögliche geistliche Entschädigungsobjekte. Vergeblich hoffte jedoch auch Graf Metternich auf den Zuschlag des niederen Hochstifts Münster, der Abteien Corvey oder Erbach, der Propstei in Meppen oder nicht zuletzt der Reichsabtei Ochsenhausen. Das schwäbische Benediktinerkloster war bis zum endgültigen Beschluss der Reichsdeputation offenbar ein begehrtes Objekt. Nicht nur Graf Sickingen, sondern auch sein Standesgenosse, der bayerische Graf Ludwig Kolb v. Wartenberg und Graf Quadt zu Wykradt waren auf der ›Jagd‹ nach Ochsenhausen.[16] Für große Unruhe sorgte in diesen Monaten auch das in die Schlagzeilen geratene Projekt *»Österreich-Toskana«*. In einem Arrondissement mit Vorderösterreich sollten zehn geistliche Reichsstände Oberschwabens ungeteilt an das Erzhaus gehen. Diese Absprache hätte die Reichsgrafen um alle Chancen gebracht.[17] Auch für das hoch verschuldete Haus Metternich wäre dadurch die Situation äußerst bedrohlich geworden. Am linken Rheinufer waren die Reichsgrafschaften Winneburg und Beilstein verloren gegangen, ebenso die Herrschaften Reinhardsstein und Pousseur (zu den Kellereien Mainz, Koblenz, Trier und Oberehe gehörende Orte). Der jährliche Ertrag der Revenuen wurde auf 79.300 fl. und der durchschnittliche Kapitalwert zwischen 1794 und 1802 sowie der Verlust an Kriegsschäden und Revenuen auf 497.200 fl. beziffert. Metternich forderte für den Verlust seiner Herrschaften ein mit gleichen Rechten verbundenes Äquivalent an reichsständischen und landesherrlichen Besitzungen im Wert seines Verlustes (79.300 fl.), eine besondere Entschädigung für die nicht berücksichtigten Lehen, Patronate und Fundationen, die Rücksichtnahme auf das Einkommen der ritterschaftlichen Güter und die Nichtübertragung des zu erhaltenden Territoriums mit den Schulden des Hauses.[18]

Oberadministrator Schott ließ seit 1802 nichts unversucht, die Reichsabtei Ochsenhausen Metternich zu-

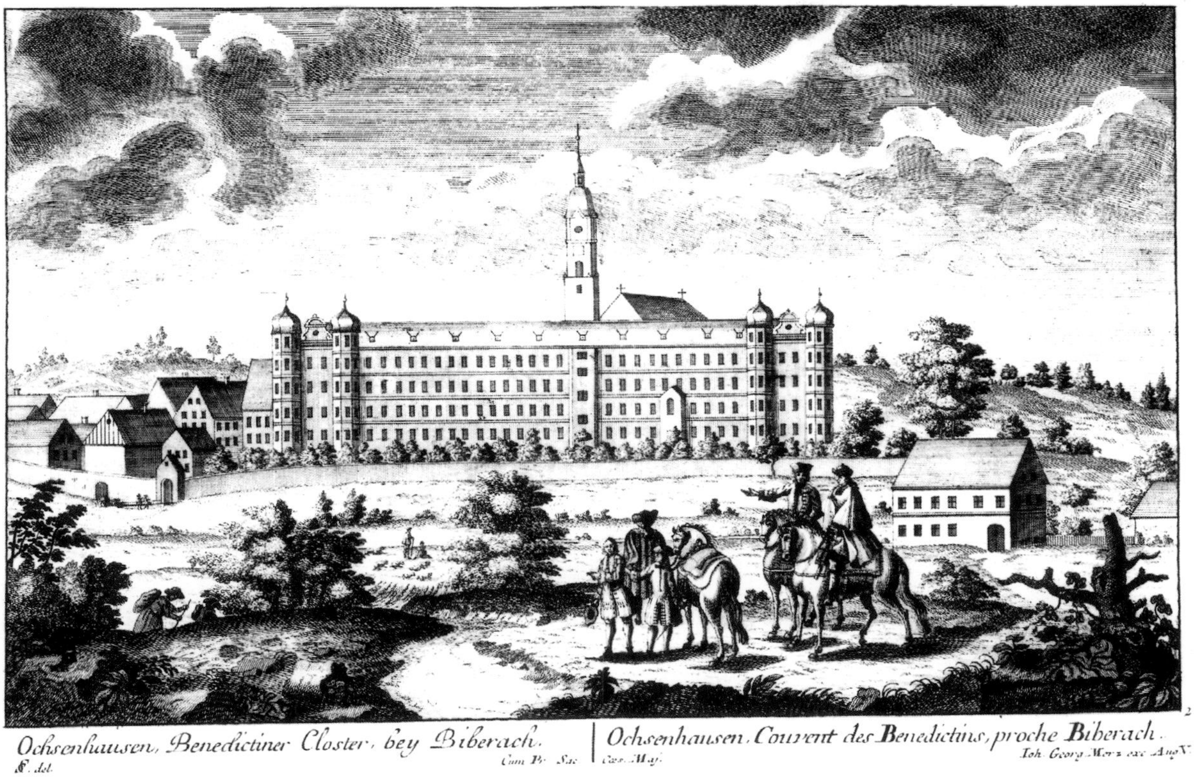

Ochsenhausen
Ansicht der Schaufront der Anlage, also von Osten.
Kupferstich, Johann Georg Merz, Augsburg, um 1740.

zuspielen. Schon im August desselben Jahres reisten er und Subprior Leonhard Stropp, der mit der klösterlichen Rentamts- und Kameralverwaltung bestens vertraut war, zu Graf Metternich nach Regensburg. Dort legten sie die Ochsenhausener Verhältnisse offen, um den Bewerber von der Güte des Objektes zu überzeugen, zumal es vom Abt so gut wie schuldenfrei übergeben werden konnte. In der Gewissheit, den Kampf um Herrschaft und Besitz verloren zu haben, unterstützten auch Abt Weltin und sein Konvent die Anliegen der Beamten.[19] Am 15. November 1802 erfolgte die provisorische Besitznahme von Ochsenhausen durch die Subdelegation.[20]

Beinahe wäre im Januar 1803 jedoch das von Schott auch in der Subdelegationskommission betriebene Geschäft mit dem Kloster Ochsenhausen doch noch gescheitert. Der Metternich'sche Gesandtschaftsrat Rief hatte dem Reichsgrafen die Prämonstratenserabtei Schussenried als profitableres Objekt empfohlen. Dieser Rat schien schon deshalb empfehlenswert, da Schott das Einkommen von Schussenried viel zu hoch angeschlagen habe und daher für eine Entschädigung Metternichs nicht mehr in Frage komme. Erbost über die Machenschaften Riefs hielt Schott ein leidenschaftliches Plädoyer zugunsten von Ochsenhausen. Er verwies darauf, was er in den letzten Monaten im Geheimen alles unternommen habe, um das Objekt zu *»decken«* und um eine höhere Veranschlagung zu verhindern. Alles spreche für Ochsenhausen: die gute Kameralsituation des Klosters, die angenehme Lage auf den Schlössern Hersberg bei Meersburg und Obersulmetingen – im Gegensatz zu Schussenried:

das Fehlen mächtiger Nachbarn und der ausschließliche Besitz von Exposituren in der Ochsenhausener Herrschaft. Es musste auch ein Argument sein, dass der bereits 80-jährige Prälat dem neuen Besitzer wahrscheinlich nur noch kurze Zeit mit der Pension zur Last fallen werde.[21] Überhaupt herrschte unter den Reichsgrafen eine große Unzufriedenheit bezüglich der Zuteilungen von Seiten der Subdelegation. Schott drängte auf eine zügige Abwicklung des ungeliebten Geschäftes und hoffte, so den angedrohten Regressklagen zu entgehen. Von der Reichsdeputation war keine Veränderung der am 14. Februar 1803 beschlossenen Zuweisungen der Kommissionshöfe Kurwürttemberg und Kurbaden zu erwarten.[22]

Die Besitzergreifung oder das Schicksal des ›Civil-Todes‹

Oberadministrator Schott konnte Genugtuung darüber empfinden, dass nach seinen ganzen Bemühungen zumindest in Ochsenhausen die Sache gut lief. Einen Wermutstropfen musste er allerdings hinnehmen: Das Klosterterritorium mit einem Umfang von vier QM, 8.000 Einwohnern und 87.798 fl. Einkommen wurde zu Lasten Metternichs unter drei Reichsgrafen aufgeteilt. Den größten Teil mit einem jährlich geschätzten Ertrag von 73.112 fl. erhielt Franz Georg Graf v. Metternich mit den Ämtern Ochsenhausen, Ummendorf, Obersulmetingen und den Weingütern Schloss Hersberg und Immenstadt bei Meersburg. Das Amt Tannheim (15.000 fl.) fiel an den Grafen Schaesberg, und mit dem zu Tannheim gehörenden Dorf Winterrieden (2.500 fl.) wurde Graf Sinzendorf entschädigt. Hohe jährliche Rentenzahlungen in Höhe von 20.000 fl. wurden jedoch dem Grafen Metternich auferlegt: Graf Quadt-Wykradt sollte 11.000 fl. erhalten, Wartenberg 8.150 fl. und Aspermont-Linden 850 fl. Weitere Rentenzahlungen wurden an die Grafen Schaesberg, Sinzendorf und Halberg fällig.[23] Schott war sich darüber im Klaren, daß der Verlust von Tannheim sowie die jährlichen Renten eine schwere Hypothek für die Zukunft Metternichs darstellten. Er gab sich jedoch zuversichtlich, dass dem neuen Landesherrn zumindest ein jährliches Einkommen von etwa 60.000 bis 70.000 fl. erhalten bliebe.[24]

Franz Georg Reichsgraf v. Metternich-Winneburg-Beilstein ergriff mit einem Patent an alle Untertanen am 20. Februar 1803 von seiner neuen Herrschaft Ochsenhausen Besitz. Im Namen des Reichsgrafen vollzog der jetzt Metternich'sche Regierungsrat Schott die Besitzergreifung am 1. und 2. März 1803 in Ochsenhausen, Ummendorf, Horn-Fischbach sowie Ober- und Untersulmetingen.[25] Am selben Tag (20. Februar) bedankte sich Metternich beim kaiserlichen Plenipotentiarius der Reichsdeputation, Frhn. Johann Aloys v. Hügel (1754–1824), und bei Kaiser Franz II. (1792–1806, † 1835) im Namen der katholisch-westfälischen Reichsgrafen für den Vollzug der Entschädigung. Sie sei trotz der vielen Verwicklungen mit festen Grundsätzen und der notwendigen diplomatischen *Contenance* zu Ende gebracht worden.[26] Auch Abt Romuald Weltin und sein Konvent mussten sich dem nun unwiderruflich gekommenen Ende ihres Klosters beugen. Sie vergewisserten dem neuen Landesherrn ihre Loyalität mit der Gewissheit, dass die Regierung in keine besseren Hände hätte fallen können.[27] Metternich bedauerte gegenüber Weltin, dass die *Sturmglocke der allgemeinen politischen Erschütterung* angezogen wurde und zur Umwälzung des europäischen Staatensystems geführt habe. Die Macht der Umstände sei das Gesetz, dem sich alle zu unterwerfen hätten.[28]

Reichsgraf Metternich garantierte bei seiner Besitzergreifung den 44 (46) Geistlichen und vier Laienbrüdern den Fortbestand des gemeinschaftlichen Lebens im bisherigen Kloster.[29] Nach dem Willen der Subdelegation wurden Abt Romuald Weltin mit 7.000 fl. jährlich, die im Kloster lebenden 30 (31) Konventualen mit je 550 fl. und die Laienbrüder mit jährlich 275 fl. entschädigt.[30] Im ersten Jahr entrichtete Metternich sogar eine Zulage: Abt Weltin erhielt demnach 7.500 fl., die Geistlichen 600 fl. und die Laienbrüder 400 fl.[31] Der Reichsgraf erlaubte den Konventualen, über die Pensionen und auch – entgegen der Ordensregel – über anderen Besitz frei zu verfügen; zudem sicherte er ihnen die Freiheit zu, darüber ein Testament anzufertigen.

Kanzler Schott konnte Weltin schon beizeiten überzeugen, am 1. März 1803 aus der Prälatur auszuziehen und den Alterssitz auf Schloss Obersulmetingen einzunehmen. Er war überzeugt, dass die Trennung zwischen Abt und Konvent für die künftigen Regierungsge-

schäfte von großem Vorteil sei.[32] Erstmals in der 700-jährigen Klostergeschichte wählte der Konvent am 8. März 1803 aus seiner Mitte Hermann Hermann zum Prior und Aemilian Rosengart zum Subprior. Noch am gleichen Tag erbaten sich die Neugewählten die landesherrliche Bestätigung in der Zuversicht, dass der Konvent in bester Ordnung gehalten werde. Einen Tag später rief man an Metternichs Geburtstag mit der großen Glocke zu einem festlichen Gottesdienst, den der Prior als neuer Vorstand des Konvents erstmals abhielt.[33]

Der Herrschaftswechsel vollzog sich ohne größere Komplikationen. Es schien, als hätte der Ochsenhausener Konvent auch unter der weltlichen Herrschaft vorläufig eine Zukunft. Bei einzelnen Konventualen herrschte sogar eine Art Aufbruchsstimmung. Metternich erkannte die Chance, diese noch bestehende geistliche Institution mit den Begabungen der Exkonventualen für seine Herrschaft zu nützen. Er erwartete vom Konvent ein der Gegenwart angepasstes, gemeinschaftlich-monastisches Leben mit reduzierten Chorverpflichtungen sowie den Einsatz in Seelsorge und Schule. Auch das Stiftsgymnasium sollte fortgeführt werden. Zum Zweck der geistlichen und weltlichen Wohlfahrt wurde den Konventualen der Zugang zur Bibliothek, zum Armarium und zur Sternwarte weiterhin gewährt.[34] Diese wissenschaftlichen Einrichtungen gehörten jedoch unverzichtbar zum neuen Herrschaftssystem. Aus der Klosterbibliothek war eine herrschaftliche Bibliothek geworden, die vom Konvent und den Beamten gleichermaßen genutzt werden sollte. Die Regierung stellte sogar Gelder zum Kauf von Büchern und Periodica zur Verfügung und erließ im Juni 1803 eine neue Benutzerordnung.[35] Geradezu beflügelt vom Herrschaftswechsel zeigte sich Basilius Perger mit dem euphorischen Plan, wie man die Sternwarte gegen Westen auf der äußersten Seite des Bibliothekssaales erweitern könne; dies bedeutete nichts anderes, als den Bau einer zweiten Sternwarte.[36]
Bis zum Tod von Abt Romuald Weltin (12. Januar 1805) verließen einzelne Mitglieder den Konvent. Zuerst ging der St. Gallener Benediktiner P. Franz Sales Lindemann; er hatte sechs Jahre in Ochsenhausen als Gast gelebt.[37] Im Juni 1803 erhielt P. Stephan Strobel (Strobl) die Erlaubnis, zu seinem Bruder, dem Oberamtmann des ehemaligen Benediktinerklosters Hl. Kreuz in Donauwörth, zu ziehen.[38] Als Hofmusiker ging er schließlich 1804 nach Stuttgart und starb am 7. Juli 1812 als Pensionär in Biberach.[39] Laienbruder Pelagius Plesch verabschiedete sich im Oktober 1803 und ging zu Verwandten nach Dillingen.[40] P. Nikolaus Remmele wagte 1804 den Auszug und ging nach Stuttgart. Dort privatisierte er, schrieb Gedichte und hinterließ nach seinem Tod (23. Januar 1811) auch Schulden.[41] Am 2. November 1803 erhielt P. Odo Müller sein Entlassungsdekret und fand später als königlicher Hofmaler und Zeichenlehrer sein Auskommen in Stuttgart.[42] Der ehemalige Subprior Leonhard Stropp sah nach seiner (erzwungenen) Resignation als Metternich'scher Kameralrat in Ochsenhausen keine Zukunft und zog im März 1805 zu Verwandten nach Waldsee.[43] Abt Romuald Weltin erkrankte bereits im Dezember 1803 schwer und schrieb seinen letzten Willen in einem bisher verschollenen Testament nieder.[44] Am 19. Januar 1805 starb der letzte Reichsprälat in Obersulmetingen an den Folgen eines Schlaganfalls und wurde zwei Tage später, am 21. Januar, in der Pfarrkirche (Niederkirch) in Untersulmetingen beigesetzt.[45]

Unter dem Reichsgrafen Metternich wurde in Ochsenhausen eine neue Staats- und Landesherrschaft aufgebaut. Die Regierungskanzlei und das Kameralamt sollten in Zukunft die Verwaltungszentrale sämtlicher Besitzungen des Hauses Metternich bilden, da es zentral zwischen den rheinischen (sequestrierten) Gütern und dem böhmischen Besitz lag. Metternich berief Schott als Regierungsrat und Generalbevollmächtigen in allen Familienangelegenheiten. Ihm zur Seite gestellt wurden der bewährte Metternich'sche Kanzleirat Knodt und der Konventuale Leonhard Stropp als Kammerrat. Schotts Sohn Aemilian fungierte als Regierungs- und Verwaltungssekretär. Ob Metternich die Absicht hatte, Ochsenhausen auch als zentralen Sitz der Familie aufzubauen, ist nicht bekannt. Selbst das Haus- und Familienarchiv ließ der Reichsgraf v. Königswart (Kynãvart) nach Ochsenhausen bringen; es wurde gemeinsam mit dem Klosterarchiv von seinem Hausarchivar Streitberger verwaltet. Für die Amtsgeschäfte der Herrschaft wurde ein der Regierung untergeordnetes Oberamt mit einer von Stropp geleiteten Hauptrezeptur eingerichtet. P. Maurus Fischer sollte vorübergehend noch als Pfleger in Obersulmetingen im Amt bleiben.[46]

Reichsprälat Romuald Weltin (1767–1802, † 1805)
Der letzte Abt von Ochsenhausen war einer der wenigen Prälaten, die sich der Säkularisationsgefahr aktiv entgegenstellten. Als letzter Direktor des Schwäbischen Reichsprälatenkollegiums suchte er die drohende Säkularisation abzuwenden.
Öl auf Lw., Stephan Bildstein, 1784.
Braith-Mali-Museum, Biberach.

Von Schott und seinen Räten forderte Metternich sogleich den Aufbau eines neuen Ökonomiesystems und die damit verbundene Anpassung an die neuen wirtschaftlichen Verhältnisse der Reichsgrafschaft. Dazu gehörte die Versteigerung der Viehbestände, die Auflösung von nicht mehr benötigten Handwerksbetrieben und die Entlassung des unnützen Dienstpersonals, was große soziale Probleme mit sich bringen musste. Auch das Polizei-, Waisen- und Schulwesen musste neu geordnet werden. Die Zehntgefälle der Ochsenhausener Pfarreien wurden fortan von der Zentrale verwaltet und die Geistlichen ohne Unterschied mit 800 fl. entlohnt. Eine vorrangige Aufgabe war es auch, das Kreditwesen der durch die Kriegslasten mit über 670.000 fl. hoch verschuldeten Landschaftskasse in Ordnung zu bringen. Ebenso sollten die Mängel im Gesundheits- und Armenwesen aufgedeckt und eine bessere Verwaltung der Waisenkasse eingeführt werden.[47] Im Sommer 1803 zog Metternichs Leibarzt, Joseph Schirt, als Amtsphysicus nach Ochsenhausen.[48] Der fremde Arzt muss eine sehr eigenwillige Persönlichkeit gewesen sein; er war oft krank und kritisierte lautstark in der Öffentlichkeit.[49] Mit seinem bis 1805 verfassten Manuskript *Versuch einer medizinischen Topographie des Fürstenthums Ochsenhausen* hinterließ er eine detaillierte, wenn auch ernüchternde Schilderung der damaligen Verhältnisse im Fürstentum.[50]

Tiefe Genugtuung musste Franz Georg Reichsgraf v. Metternich verspüren, als Kaiser Franz II. ihm und seinem Erstgeborenen, Clemens Wenzeslaus, am 30. Juni 1803 die persönliche Fürstenwürde verlieh und das reichsunmittelbare Gebiet von Ochsenhausen zum *Fürstentum* erhob. In der anschließenden Aufnahme in den Reichsfürstenstand sah Metternich die Anerkennung seiner jahrzehntelangen Dienste im Auftrag des Kaisers. Politisch dienten solche Standeserhebungen dazu, die verlorenen geistlichen Virilstimmen im Reichsfürstenrat zu ersetzen.[51]

Im Glanz seiner neuen Fürstenwürde wurden Metternich und sein Sohn Clemens Wenzeslaus am 15. und 16. Juli 1803 in Ochsenhausen an der Grenze *unter lautem Vivat Rufen empfangen,* [...] *und am hiesigen Flecken von der Bürgerkompanie zu Fuß unter Vortretung der Studenten mit der Türkischen Musik in die neue Residenz begleitet, wo der ehrwürdige Greis, der Reichs Prälat, das gesammte Konvent, die Zivil- und Militär Personen, unter Paradirung der Kontingents Mannschaft, die Fürstlichen Herrschaften mit Rührung und Segens Wünschen empfiengen. Der alte und neue Regent umarmten sich.*[52] In großer Feierlichkeit wurde am 24. Juli 1803 die Huldigung der Untertanen mit dem Tedeum, Geschützfeuer, Trinksprüchen und Lobreden abgehalten.[53] Aus dem ehemaligen Gastbau des Klosters war nun das *Fürstlich-Metternich'sche Schloss Winneburg* geworden. In die neue Zukunft wiesen auch die Umbenennungen des Besitzes in *Fürstenwald, Schlossmühle und Schlossstraße.* Die Kosten für diesen fürstlichen Besuch hatte Schott mit mindestens 7.000 fl. veranschlagt; immerhin mussten die Räume im Schloss standesgemäß eingerichtet werden sowie die Reisekosten und Huldigungsfeierlichkeiten bezahlt werden.[54]

Der drohende Staatsbankrott

Regierungsrat Schott hatte sehr klar erkannt, in welch prekärer Finanzsituation sich sein Landesherr in Wahrheit befand. Über dem hochverschuldeten Haus Metternich hing das Damoklesschwert der Insolvenz und die drohende Verwaltung durch eine kaiserliche Debitkommission. Das Fürstentum Ochsenhausen war zum begehrten Spekulationsobjekt der Bankhäuser von Frankfurt, Wien und Prag sowie anderer fordernder Gläubiger geworden. In dieser Schuldenfalle musste Metternich sein kreditwürdiges Fürstentum schon im Jahre 1803 schwer belasten. Er tat dies in der Überzeugung, das ›Objekt‹ Ochsenhausen auch zum Zweck der Sanierung erhalten zu haben. Monatlich verlangte er 1.500 fl. als persönliche Zuwendung, ferner ließ er aus der Ochsenhausener Kasse fällige Kapitalien ablösen und die Schuldzinsen sowie die Kosten der Standeserhöhung von 21.000 fl. begleichen. Schotts Vertrauen in den Fürsten wurde schwer in Mitleidenschaft gezogen, als er fast täglich mit den Liquiditätsproblemen Metternichs konfrontiert wurde und bereits im Sommer 1803 die Herrschaft mit einem Kapital von 150.000 fl. belasten musste.[55] Rückhaltlos versuchte er aufzuklären und verlangte vergeblich von Metternich einen Generalsanierungsplan für die Finanzen des Hauses; zudem warnte er vor einer drohenden Belastung Ochsenhausens mit 700.000 fl. Dieses Finanzchaos hatte Schott als verantwortlichen Regierungsbeamten schwer erschüttert. Unerträglich war für ihn der Gedanke, dass ein Staatswesen in den Bankrott getrieben werden könne. Die rheinischen Kellereien seien schon zahlungsunfähig, die Zeche aber müsse das Fürstentum Ochsenhausen bezahlen. Im Hause Metternichs folge ein Extrem dem anderen, es gelte nur der Augenblick, niemals werde der Blick auf die Zukunft gerichtet.[56]

Die Situation im Fürstentum war für Schott als Regierungsrat schwierig geworden. Österreich hatte das auf 7.000 fl. taxierte Bockighofen sowie Güter in Schaiblishausen sequestriert.[57] Über Jahre folgten ständige Querelen wegen der Bezahlung der jährlichen Renten in Höhe von 20.000 fl. an die Reichsgrafen, die bereits darauf spekulierten, sich an den Ämtern Ummendorf und Obersulmetingen schadlos zu halten.[58] Als am 8. Dezember 1803 zu allem Unglück die Pfarrkirche von Ummendorf niederbrannte, mussten nach Angaben Schotts erneut Schulden von 10.000 bis 20.000 fl. aufgenommen werden. Die Leitung des Wiederaufbaus im Frühjahr 1804 wurden dem Neresheimer Architekten Thomas Schaidhauf übertragen.[59]

Unter Protest: die Absetzung von Regierungsrat Schott

Die zum Teil harsche Kritik Schotts an Fürst Metternich und dessen Handlungsunfähigkeit musste zwangsläufig zum Eklat führen. Bereits im Frühjahr 1804 verhandelte Schott in Frankfurt über ein weiteres Kapital in Höhe von 300.000 bis 400.000 fl. zur Tilgung von Reichsschulden.[60] Mit allen Mitteln widersetzte er sich den Plänen des Fürsten, das Amt Ummendorf mit Horn-Fischbach zu veräußern, um sich mit dem Erlös Liquidität zu verschaffen. Solche Absichten würden den Wohlstand der Untertanen gefährden und seinen Ruf als ersten Beamten ruinieren. Am Kaiserhof verliere Metternich Kredit, wenn er schon jetzt mit der Zertrümmerung seines Fürstentums beginne. Für Schott gab es nur eine Rettung: Das Erzhaus sollte Ochsenhausen im Austausch von böhmischen Gütern übernehmen.[61] Die Spirale der Schuldenaufnahme zu Lasten Ochsenhausens nahm kein Ende. Im August 1804 musste noch einmal eine Hypothek in Höhe von 200.000 fl. aufgenommen werden. Zudem wurden alle Überschüsse bis auf 4.000 fl. in der Rentenkasse auf sechs Jahre festgelegt. Sämtlicher Streubesitz sollte verkauft werden.[62]

Gleichzeitig löste Metternich im schwäbischen Fürstentum eine handfeste Regierungskrise aus. Sein neuer Generalbevollmächtigter, Weckbecker, musste Schott zum sofortigen Rücktritt als Regierungsrat veranlassen. Im Gefolge musste auch Leonhard Stropp seinen Dienst als Kameralrat aufgeben. Der Handstreich schien gelungen. Abt Weltin und der Konvent waren von der Absetzung ebenso überrascht wie die Untertanen. Die Bestürzung war groß, weil Weckbecker im Auftrag des Fürsten die Kanzleiräume, Kassen, Speicher und Keller hatte versiegeln lassen. Schott fügte sich nach erbittertem Widerstand der Entscheidung des Reichsgrafen.[63]

Kommissar Weckbecker ging schweren Zeiten entgegen. In der Herrschaft war ein enormer Solidarisie-

rungseffekt zu Schott entstanden. Sämtliche Amtmänner, der Abt und der Konvent forderten Metternich in Petitionen auf, seine Entscheidung, die eine tiefe Wunde hinterlasse, rückgängig zu machen. Mit seiner 20-jährigen Berufserfahrung sei Schott für die Landschaft unersetzlich.[64] Zwei Ammäner reisten gegen den Willen der Mehrheit zu Fürst Metternich nach Königswart (Kynñwart). Nach einer Audienz kehrten sie überzeugt davon zurück, dass Schott sein hohes Amt zum eigenen Vorteil missbraucht habe.[65] Mit harten Worten ging Metternich mit den ›Aufwieglern‹ ins Gericht. Als Landesherr ehre er die Rechte der Untertanen; ebenso sollten sie aber auch seine Rechte anerkennen. An Schott festzuhalten sei Widerstand gegen die Staatsgewalt. Falsche Freunde hätten die Landschaft in die Irre geführt, als sie das Gerücht der Zerstückelung der Landschaft verbreiteten. Das Gegenteil sei der Fall, darauf gebe Metternich sein *Fürstenwort*. Gegen seinen Willen sollte nun sogar Abt Romuald in ›seinen‹ Konvent zurückkehren und zum Frieden beitragen.[66] Besonders hart traf der fürstliche Zorn den entlassenen Schott. Er habe vorgegeben, Metternichs größter Wohltäter zu sein. In Wahrheit habe er ihn in der Subdelegation hintergangen, sonst wäre Ochsenhausen in andere Hände gefallen. Verräterisch sei seine Stimme in der Landschaft gewesen: eine Sprache der Revolution, wenn er von *Nation und Volk* rede. Schließlich aber sei für Metternich das Heil des Staates das oberste Gesetz, nicht aber das Heil des Kanzlers.[67] Als sich der beidseitige Sturm der Entrüstung gelegt hatte, teilte Schott mit, dass er in Biberach wohne und dem Fürsten weiterhin zu Diensten stünde, besonders wenn es zum Verkauf von Ober- und Untersulmetingen komme.[68] Die Schott'sche Verschwörung hatte offenbar noch andere Hintergründe. Die Stimmungsmache für Schott sei weniger ein Werk der Landschaft gewesen als des Dreigestirns Abt, Prior und ehemaliger Kanzler. Sie hätten auch den Plan Metternichs vereitelt, *ein Studium besserer Art* einzurichten. Im Konvent sei das große Übel der Unruhe zu suchen. Die Konventualen müssten bei mäßigem Pensionsabzug zum Austritt ermuntert werden, und der kleine Rest, der in Ochsenhausen oder Ummendorf zusammenbleiben könnte, sollte unter die Jurisdiktion des Konstanzer Bischofs gestellt werden.[69] Prior Hermann Hermann zog im November 1804 die Konsequenzen aus der Schott'schen Affäre und trat zurück. Ihm folgte der bisherige Subprior Aemilian Rosengart als Superior.[70] Auf Schott folgte Joseph v. Steinkühl als neuer Regierungsdirektor. Die Fama vom gefährlichen Einfluss des Schott'schen Klüngels im Fürstentum hielt sich aber noch über Jahre.

Der Verkauf des Amtes Obersulmetingen

Die neue Komission stellte im Oktober 1804 ein Defizit in Höhe von über 322.000 fl. fest, von denen 100.000 fl. Kammeralrat Stropp zu verantworten habe. Demgegenüber konnte man immerhin 62.000 fl. an Kapitalien als Aktivvermögen verzeichnen.[71] Der Exkonventuale Stropp sah in der Behauptung, er habe zum großen Teil an diesem Defizit beigetragen, nur bösartige Verleumdungen, die ihn, Abt Weltin und den Konvent in Misskredit bringen sollten.[72] Der neuen Regierung blieb als letzter Ausweg aus der Finanzmisere schließlich nur der Verkauf des Amtes Obersulmetingen. Offenbar gab es einen jüdischen Interessenten, der aber keineswegs den Reichsprälaten oder den geistlichen Pfleger übernehmen wollte mit dem Hinweis, dass er *zu Obersulmetingen keinen Pfaffen als Beamten haben* könne.[73] Schließlich kauften die Fürsten v. Thurn und Taxis das Amt für 420.000 fl. und bildeten mit dem Ort Schemmerberg (ehemals Kloster Salem) ein Patrimonial-Vogteiamt, das seit 1806 als taxisch-württembergischer Kondominialort bezeichnet wird.[74]

Unter der Krone Württembergs

Fürst Metternich war bis zum Ende der Reichsverfassung nicht dazu bereit, sich wehrlos den Eingriffen der mächtigen Stände in Schwaben (Kurfürsten v. Baden, Bayern und Württemberg) zu ergeben. Ohne Rücksicht waren Ende 1805 auch Ummendorf und Hersberg von Kurbayern widerrechtlich besetzt worden. Sogleich wurde in Ochsenhausen vermutet, dass Schott an der Seite Bayerns wieder auf den Plan treten könnte.[75] Der Zusammenschluss in einem katholisch-westfälisch-schwäbischen Grafenkollegium war der letzte Rettungsversuch, sich gegenüber den mächti-

geren Ständen im noch bestehenden Schwäbischen Kreis zu behaupten. Auf die Initiative Metternichs fanden im Juli und August 1805 sowie im Februar 1806 in Ochsenhausen Versammlungen der Reichsgrafen statt.[76] Graf Wartenberg-Roth blieb dieser Zusammenkunft schon deshalb fern, weil er die Auflösung der alten Kollegien für höchst bedenklich hielt und sich als Protestant mit einem rein katholischen Grafenkollegium nicht anfreunden konnte.[77]

Inzwischen war mit dem Sieg Napoleons im dritten Koalitionskrieg (1805) in Deutschland eine völlig neue politische Lage entstanden. Die Gründung des Rheinbundes unter dem Protektorat Napoleons (1806) führte zum Ende des Heiligen Römischen Reiches. Das Metternich'sche Fürstentum fiel unter die Oberhoheit König Friedrichs v. Württemberg (1806–1816). Fürst Metternich musste somit den Verlust aller mit einer souveränen Regierung verbundenen Rechte (u. a. Gesetzgebung, hohe Gerichtsbarkeit, höheres Polizeiwesen, Militär und Steuerfreiheit) hinnehmen. Das fürstliche Patrimonial-Obervogteiamt wurde bis 1809 dem württembergischen Oberamt Waldsee unterstellt. Dem Fürsten blieben seine Besitzungen als Patrimonial- und Privatvermögen (u. a. mit der mittleren Zivil- und Kriminalgerichtsbarkeit sowie Kirchen- und Schulpatronat) erhalten.[78]

Das Königreich Württemberg übernahm am 12. September 1806 endgültig Besitz von Ochsenhausen. Der Konvent zählte damals noch 23 Patres und vier Laienbrüder. Nach langen Streitigkeiten innerhalb des Konventes, v. a. wegen der Wahl eines neuen Priors, hob ein königliches Dekret im Mai 1807 den Konvent endgültig auf und entließ die Geistlichen mit einer Pension von 550 fl., die sie jedoch im Königreich verzehren mussten. Die Betroffenen wechselten in die Pfarrseelsorge oder kamen in Privathäusern in Ochsenhausen unter.[79] P. Gregor Zoll zog es zunächst vor, eine Stelle als Schlosskaplan in Königswart (Kynãwart) anzunehmen; aus Krankheitsgründen und wohl auch aus Angst vor dem Verlust seiner Pension kehrte er jedoch im Frühjahr 1808 nach Hause zurück. Danach war er als Hilfspriester und Beichtvater bei den Zisterzienserinnen in Gutenzell tätig. Zudem musste er in Biberach den Pfarrkonkurs auf sich nehmen, den er zweimal nicht bestanden hatte.[80] Zoll starb am 1. Juli 1838 als Pfarrer in Ringschnait.[81] Im leeren Kloster waren nun Archiv, Bibliothek und Armarium völlig funktionslos geworden.

In den folgenden Jahren versuchte König Friedrich die Rechte der Standesherren zu schmälern. Regelmäßig wurde Fürst Metternich aufgefordert, Österreich zu verlassen und im Königreich Württemberg zu residieren, ohne dass Franz Georg und sein Sohn diesem Ansuchen nachgegeben hätten.[82] Im fünften Koalitionskrieg (1809) wurde Fürst Metternich zum Feind des Königs v. Württemberg. Anfang Mai 1809 erfolgte die Konfiskation des Metternisch'schen Besitzes und die Entlassung seiner Beamten. Dabei soll der württembergische Beamte wie ein *»Evacuationskommissar«* vorgegangen sein. Er habe das herrschaftliche Schloss so ausgeräumt, dass kein einziges Möbelstück zurückblieb und reichlich Kirchensilber nach Ludwigsburg gebracht worden sei. Die vorhandenen Fruchtvorräte wurden zu schlechten Preisen verschleudert. Das Archiv, die Bibliothek und die Sternwarte blieben die einzigen unberührten Objekte.[83] Dem Drängen Napoleons – schließlich war Graf Clemens österreichischer Gesandter in Paris – konnte sich auch König Friedrich nicht entziehen.[84] Fürst Metternich sprach vom Rechtsanspruch auf Rückgabe, der König von einem reinen Gnadenakt. Unweigerlich blieb es bei der Oberhoheit des Königs und der Besteuerung der herrschaftlichen Besitzungen. Am 20. Juli 1820 war Fürst Metternich wieder im Besitz seines Fürstentums.[85] Längst aber hatte Württemberg neue Fakten geschaffen. Ochsenhausen erhielt 1809 ein eigenes Oberamt, das aber nach der Rückkehr Metternichs 1810 als Unteramt zum Oberamt Biberach geschlagen wurde. Auch nach der Rückgabe hielten württembergische Beamte ihre Wohnung im Schloss und sogar die fürstlichen Gemächer besetzt. Im fürstlichen Schloss werde gehaust wie in einem Privatgut. An eine baldige Rückkehr des Fürsten war unter solchen Umständen in nächster Zukunft nicht zu denken.[86] Rentmeister Gams sah die Schwierigkeiten, die mit dem Aufbau einer neuen Rentamtsverwaltung verbunden waren. Die alten Probleme waren auch die neuen: die hohen Passivstände verlangten Sparsamkeit und auch die Reduktion der Pensionen der Geistlichen und ehemals weltlichen Beamten sowie eine Vereinfachung der Administration. Der treue Beamte versuchte, mit einem diplomatischen Aufruf zur Sparsamkeit dem

Fürsten zu erklären, dass er sich nach diesen Schicksalsschlägen mit viel weniger begnügen müsse, was aber umso mehr dem Wohl der Herrschaft diene.[87]

Das Ende des Konvents und der Metternisch'schen Herrschaft

In der Ochsenhausener ›Chronik‹ Georg Geisenhofs sind 1828 noch 13 Konventualen und zwei Laienbrüder verzeichnet. Außer dem Laienbruder Blasius, der mit wenigen anderen Exkonventualen seinen Lebensabend im ehemaligen Kloster in Miete verbrachte, fanden die Geistlichen in den Pfarreien ihr Auskommen. Mit Ausnahme von vier Exkonventualen starben alle Ochsenhausener Patres bis zum Ende der 30er Jahre des 19. Jhs.[88]

Georg Geisenhof verstarb als letzter Benediktiner des Königreichs Württemberg am 18. September 1861, als Pfarrer von Unterkirchberg, wo bis heute sein Grabstein an ihn erinnert. Mit seiner Publikation *Kurze Geschichte des Reichsstifts Ochsenhausen in Schwaben* (1829) hatte er seinem ehemaligen Kloster ein Denkmal des Abschieds gesetzt. Gegen die unberufenen Klosterkritiker wollte er auf das ›Grab‹ dieses Stiftes *eine Blume der Dankbarkeit streuen* als einer *preiswürdigen Planzschule der Wissenschaft, Tugend und Frömmigkeit*, die *das ›sancte latere‹* [das heiligmäßige im Verborgenen Wirken] *der Publizität vorzog.*[89] Nach der Säkularisation zog der am 24. September 1803 zum Priester geweihte Geisenhof an die Universität Würzburg und wurde anschließend zweiter Kaplan an der Pfarrkirche in Ochsenhausen. Im Juni 1809 übernahm er die königlich-württembergische Pfarrei Wiblingen und wechselte am 14. September 1819 an die ehemalige Wiblinger Pfarrei Unterkirchberg. Sein Leben lang war Geisenhof als historischer und theologischer Schriftsteller tätig. Für die Pfarrei Unterkirchberg hinterließ er ein Manuskript *Versuch einer Pfarrchronik zu Unterkirchberg* (1821), die eine kurze Autobiographie enthält.[90]

Nach dem Tod von Franz Georg Fürst v. Metternich am 11. August 1818 konnte sein Sohn Fürst Clemens Wenzeslaus den Verlust der schwäbischen Besitztümer auf Dauer nicht mehr abwenden. Der Staatskanzler favorisierte seine böhmischen Güter, die ihm den Zugang zum Wiener Hochadel festigen sollten. Der Bankier Salomon Rothschild war vom Fürsten bevollmächtigt, Kaufverhandlungen um das Fürstentum Ochsenhausen zu führen. Der wirkliche Kaufwert wurde dabei auf 1.203.541 fl. 59 kr. geschätzt. Am 27. Januar 1825 wurde der Kaufvertrag abgeschlossen und nach dem Konsens der Mitglieder des Hauses Metternich am 18. Februar 1826 bestätigt. Der Kaufpreis war auf 1,2 Mio. fl. festgelegt worden. In diesem Kontrakt behielt sich Metternich den Besitz der Bibliothek, des Armariums und der Sternwarte vor, während das Klosterarchiv (ausgenommen die Archivalien betr. Hersberg und die Familie Metternich) in fremde Hände kam.[91] Im Besitz der Familie blieb auch das Schloss Hersberg, das erst 1830 an Frhn. Gremp v. Freudenstein verkauft wurde.[92] Die wertvollen Bestände der Ochsenhausener Klosterbibliothek bildeten den Grundstock für die Metternich'sche Bibliothek in Königswart (Kynãvart); ein größerer Teil dieses Buchbestandes wurde jedoch leider verschleudert bzw. vernichtet.[93]

Georg Geisenhof hatte als Weltgeistlicher die wechselvolle Geschichte von Kloster und Territorium unter seinen neuen Besitzern miterlebt. Er schrieb: *Die Zeit – den herrlichen Pallast umfassen, Zerbrechen, und verwandeln in Ruin. / Dann mag der späte Enkel hier erfahren, / Wer da gewirkt, und was mit dir gescheh'n; / Was manche Klöster einst der Menschheit waren, / die leider itzt, wie du, verödet steh'n.*[94] Heute hat das ehemalige Benediktinerkloster mit der »Landesmusikakademie für die musizierende Jugend in Baden-Württemberg« eine neue kulturelle Aufgabe übernommen, die ihre Wurzeln auch in der klösterlichen Kultur der Vergangenheit hat.

[1] Für die Erarbeitung der zahlreichen Archivbestände möchte ich besonders Herrn Jan Kahuda, dem zuständigen Archivar für die Metternich-Bestände im Zentralen Staatsarchiv Prag (Státní ústřední archiv v Praze), sehr herzlich danken für seine Loyalität und für die insgesamt sehr angenehme Arbeitsatmosphäre. Ebenso danke ich Herrn Kreisarchivar Dr. Kurt Diemer, Biberach, für die großzügige Überlassung von wichtigem Metternich'schem Archivmaterial.
[2] *Georg Geisenhof,* Kurze Geschichte des vormaligen Reichsstifts Ochsenhausen in Schwaben, verfaßt von einem Mitgliede desselben. Ottobeuren 1829, 206–207 ([...] *cui, cum bella requiem, pax eriperet territorium* [...]).
[3] *Konstantin Maier,* Die Äbte des Klosters Ochsenhausen im 17. und 18. Jh., in: Ochsenhausen. Von der Benediktinerabtei zur oberschwäbischen Landstadt, hg. von *Max Herold.* Weißenhorn 1994, 362–390, 388–390; *Ders.,* Barocke Klosterkultur in Ochsenhausen. Bildung und Wissenschaft, in: *Libri Sapientiae – Libri Vitae.* Von nützlichen und erbaulichen Schriften. Schätze der ehemaligen Bibliothek der Benediktiner-Reichsabtei Ochsenhausen. Weißenhorn 1993, 34–47, 44–45.
[4] *Geisenhof,* Kurze Geschichte (wie Anm. 2), 194–195; Zur Geschichte der Sternwarte s. *Alto Brachner,* Naturwissenschaften im Kloster Ochsenhausen, in: *Max Herold* (Hg.), Ochsenhausen (wie Anm. 3), 419–434.
[5] *Geisenhof,* Kurze Geschichte (wie Anm. 2), 171; S. a. *Maier,* Die Äbte (wie Anm. 3), 380.
[6] HSAS B 481 Bü 31; S. a. *Maier,* Die Äbte (wie Anm. 3), 389.
[7] *Geisenhof,* Kurze Geschichte (wie Anm. 2), 199 (erwähnt die Flucht 1797); ZSAP F 2215/2, Weltin an Steinkühl, 20.10.1804.
[8] Die Klosterchronistik von Georg Geisenhof setzt die Stiftung des St. Blasianischen Priorates auf das Jahr 1100 an (*Geisenhof,* Kurze Geschichte [wie Anm. 2], 9). Die Gründung erfolgte jedoch bereits 1093, s. *Hans Peter Köpf,* Die Gründer des Klosters Ochsenhausen, mit einer Verwandtschaftstafel der Klostergründer, in: *Herold* (Hg.), Ochsenhausen (wie Anm. 3), 51–74, 51; *Hugo Ott,* Die Zeit des Priorates, in: Ebd., 75–80, 75.
[9] *Geisenhof,* Kurze Geschichte (wie Anm. 2), 199.
[10] *Mathias Erzberger,* Die Säkularisation in Württemberg von 1802–1810. Ihr Verlauf und ihre Nachwirkungen. Stuttgart 1902, 35–54.
[11] *Helmut Mathy,* Franz Georg von Metternich, der Vater des Staatskanzlers. Studien zur österreichischen Westpolitik am Ende des 18. Jhs. Meisenheim am Glan 1969, 207–236 (zum Rastatter Kongress); S.a. *Ders.,* Die Verluste der Metternichs auf dem linken Rheinufer und ihre Entschädigung nach dem Reichdeputationshauptschluss, in: Jb. für Geschichte und Kunst des Mittelrheins und seiner Nachbargebiete 20/21 (1970), 82–108.
[12] ZSAP F 2194 B, Metternich, 17.06.1802.
[13] HSAS B 362 Bü 3, Akten.
[14] ZSAP F 2167/1, Schott an Metternich, 27.10.1802.
[15] Ebd., F 2167/1–2, Teil der Korrespondenz von Schott mit Graf Metternich, 1802–1804.
[16] Ebd., F 2194, Akten betr. Entschädigung, Aug.bis Okt.1802; Ebd., F 2167/1, Schott an Metternich, 04.02.1803; S.a *Mathy,* Die Verluste (wie Anm. 11), 98, Anm. 45 (Nach dem vorderösterreich. Regierungsrat Steinherr war Ochsenhausen Graf Sickingen zugeschlagen worden.).
[17] ZSAP F 2167/1, Schott an Metternich, 11.08.1802.
[18] Protokoll der außerordentlichen Reichsdeputation zu Regensburg. Bd. III: Beilagen zu dem Protokolle der außerordentlichen Reichsdeputation zu Regensburg, Beil. Ziffer I. bis Ziffer C, Beil. XLVI, Summarische Übersicht des Ertrages und Werthes der dem reichsgräfl. Metternich-Winneburgischen Hauses, ritterschaftlichen und Privatbesitzungen, und des während dem Kriege von Oktober 1794 bis Jänner 1802 erlittenen Schadens; S.a. *Mathy,* Die Verluste (wie Anm. 11), 83–96.
[19] ZSAP F 2167/1, Schott an Metternich, 11.08.1802.
[20] Unter Krummstab und Szepter. Ochsenhausen (1803–1993). Reichsabtei, Fürstentum, Gemeinde, Ausstellungskatalog. Stuttgart 1993, 17.
[21] ZSAP F 2167/1, Schott an Metternich, 05.01.1803.
[22] Ebd., F 2167/2, Schott an Metternich, 21.01.1803; Unter Krummstab und Szepter (wie Anm. 20), 18.
[23] *Erzberger,* Säkularisation (wie Anm. 10), 365; S.a. Protokoll der ausserordentlichen Reichsdeputation (wie Anm. 18); ZSAP F 2207 (Exhibitionsprotokolle der Ochsenhausener Regierung unter Regierungsrat Schott); Unter Krummstab und Szepter (wie Anm. 20), 19–20.
[24] ZSAP F 2167/1, Schott an Metternich, 31.01.1803.
[25] HSAS B 481 Bü 19, Besitzergreifungspatent, 20.02.1803; Abdruck des Dekretes bei *Erzberger,* Säkularisation (wie Anm. 10), 366–367; Zur Herrschaft Metternichs in Ochsenhasen s. *Volker Press,* Die beiden Fürsten von Ochsenhausen (1803–1825): Franz Georg v. Metternich (1746–1818) und Clemens Wenzel Lothar Metternich (1773–1859), in: *Max Herold* (Hg.), Ochsenhausen (wie Anm. 3), 435–460; *Otto Beck,* Von der Klosterpfarrei zur Kirchengemeinde. St. Georg in Ochsenhausen (1803–1993), in: Ebd., 758–832.
[26] ZSAP F 2194/B, Metternich an Frh. v. Hügel, 20.02.1803.
[27] Ebd., F 2215/2, Weltin an Metternich, 03.02.1803; Ebd., F 2218/2, Weltin an Metternich, 06.02.1803 (mit Inventaren).
[28] *Erzberger,* Säkularisation (wie Anm. 10), 367–368 (Brief Metternich an Weltin, 21.02.1803).
[29] Nicht dazugezählt werden Markus Stattmüller von der Abtei Reichenau und P. Franz Sales Lindemann vom Kloster St. Gallen.
[30] ZSAP F 2215/2, Promemoria, 03.08.1804; Ebd., F 2198/1, Metternich an Schott, 20.02.1803; S.a. *Erzberger,* Säkularisation (wie Anm. 10), 368–370 (Pensionsdekret vom 20.02.1803).
[31] Unter Krummstab und Szepter (wie Anm. 20), 24, Nr. 29.
[32] ZSAP F 2167/1, Schott an Metternich, 25.10.1802.
[33] Ebd., 09.03.1803.
[34] *Erzberger,* Säkularisation (wie Anm. 10), 368–370; ZSAP F 2198/1, Empfehlungen Metternichs an Schott, 20.02.1803.
[35] ZSAP F 2207, Exhibitionsprotokolle 1804–1805; S.a. Ebd., F 2198/2, Regierungsprotokoll, § 172, Instruktion zur Bibliothek, 18.06.1803.
[36] Ebd., F 2207, Exhibitionsprotokolle, § 234 (28.07.1803) und § 257 (13.07.1803).
[37] Ebd., § 8, Mai1803.
[38] Ebd., § 146, 03.06.1803.
[39] *Geisenhof,* Kurze Geschichte (wie Anm. 2), 211.
[40] Ebd., 215 (Plesch starb nach 1828; in einem Verzeichnis von 1828 ist er registriert als lebender Konventuale des Klosters Ochsenhausen).
[41] HSAS B 481 Bü 20; *Geisenhof,* Kurze Geschichte (wie Anm. 2), 211.
[42] *Geisenhof,* Kurze Geschichte (wie Anm. 2), 215.
[43] ZSAP F 2207, Exhibitionsprotokoll, 03.03.1805; *Geisenhof,* Kurze Geschichte (wie Anm. 2), 214.
[44] ZSAP F 2167/1, Schott an Metternich, 31.12.1803.
[45] *Geisenhof,* Kurze Geschichte (wie Anm. 2), 206–207.
[46] ZSAP F 2215/4, Metternich an Schott, Ausführliche Instruktion, 20.02.1803.- Ebd., F 2207, Exhibitionsprotokolle, § 246 (10.08.1803), § 441 (1803), § 444 (1803).
[47] Ebd., F 2215/4, Metternich an Schott, Ausführliche Instruktion, 20.02.1803.
[48] Ebd., F 2207, Exhibitionsprotokoll, § 254, 13.07.1803.
[49] Ebd., Exhibitionsprotokoll, 18.06.1804 (mit Reskript Metternichs).
[50] WLB Stuttgart Cod. hist. 266, 4°: *Joseph v. Schirt,* Versuch einer medizinischen Topographie des Fürstenthums Ochsenhausen als ein Beitrag zur Medizinischen Topographie Schwabens der Heilkunst Doktor, ehemaligen K: K: erster Feldarzt des zweiten K: K: Uhlaner Regiments, hochfürstlicher metternichscher Leibarzt Amts- und

Landschaftssyndikus zu Ochsenhausen, der medizinisch-botanischen Gesellschaft zu Regensburg Mitglied etc. 1805 in Kommission der Stettinschen Buchhandlung in Ulm. Gewidmet dem Regierenden Fürsten Franz Georg von Metternich-Winneburg, Regierenden Fürsten zu Ochsenhausen, Grafen zu Königswart in Böhmen, Ritter des Goldenen Vlieses und des Königlich ungarischen Stephansordens.

[51] *Press,* Die beiden Fürsten (wie Anm. 25), 435.

[52] Schwäbische Chronik vom 24.07.1803 (zit. nach: Unter Krummstab und Szepter [wie Anm. 20], 23).

[53] *Press,* Die beiden Fürsten (wie Anm. 25), 435.

[54] ZSAP F 2167/1, Schott an Metternich, 02.05.1803.

[55] Ebd., F 2198/1, Regierungsprotokoll, 13.05.1803; S.a. Ebd., F 2207 Exhibitionsprotokolle, 1803; Ebd., F 2167, Korrespondenz Schott, 1803.

[56] Ebd., F 2198/2, § 138, 31.05.1803; S.a. Ebd., F 2207, Exhibitionsprotokolle, 1803; Ebd., F 2167, Korrespondenz Schott, 1803; Ebd., F 2167/1, Schott an Metternich, 23.04.1804. Ein Teil der Korrespondenz von Schott an Metternich befasst sich mit der Schuldenfrage und Aufnahme neuer Kapitalien.

[57] Ebd., F 2198/2, Regierungsprotokoll, § 137, 31.05.1803 (alle Vorstellungen gegen die österreichische Usurpation bei Kurwürttemberg waren vergeblich geblieben); Ebd., § 160, 10.06.1803; Ebd., F 2202/1, § 34, 17.01.1804.

[58] Ebd., F 2167/1, Schott an Metternich, 23.04.1804.

[59] Ebd., F 2167/1, Schott an Metternich, 23.12.1803; Ebd., F 2202, Regierungsprotokoll, § 43: Wiederaufbau der Ummendorfer Pfarrkirche, 21.01.1804.

[60] Ebd., F 2167/1, Schott an Metternich, 06.05.1804.

[61] Ebd., F 2175/1, Schott an Metternich, 29.01.1804.

[62] Ebd., F 2182, Metternich an Schott, Aug. 1804.

[63] Ebd., F 2215/1, Regierungsprotokolle, § 1–19 enthalten das Rücktrittsdekret von Schott, 30.08.bis 04.09.1804.

[64] Ebd., F 2218/2, Petition aller Gerichts- und Ammänner des Reichsfürstentums Ochsenhausen an Metternich, 07.09.1804; Ebd., Prior und Konvent an Metternich, 07.09.1804; Ebd., Weltin an Metternich, 06.09.1804.

[65] Ebd., F 2215/1, Regierungsprotokoll, § 39, 30.09.1804.

[66] Ebd., F 2218/2, Metternich an die Ammäner, 14.09.1804.

[67] Ebd., F 2215/1, Metternich an Schott, 06.09.1804.

[68] Ebd., F 2215/2, Schott an Metternich, 03.10.1804 (Gleichzeitig bat Schott, notfalls bis zum Frühjahr 1805 auf Schloss Ummendorf wohnen zu dürfen.).

[69] Ebd., F 2215/3, Joseph Mets an Metternich, 30.10.1804.

[70] Ebd., F 2215/1, Regierungsprotokoll, § 103, 07.11.1804.

[71] Ebd., F 2215/2, Promemoria zur Beurteilung der wirtschaftl. Verhältnisse, 03.08.1804.

[72] Ebd., F 2218/2, Leonhard Stropp an Metternich, 08.10.1804.

[73] Ebd., F 2215/2, Schott an Metternich, 30.09.1804.

[74] *Erzberger,* Die Säkularisation (wie Anm. 10), 365; Unter Krummstab und Szepter (wie Anm. 20), 23.

[75] ZSAP F 2215/4, Haidt an Metternich, 31.12.1805.

[76] Ebd., F 2207, Exhibitionsprotokoll, Juni1804; Unter Krummstab und Szepter (wie Anm. 20), 25–26.

[77] Archiv der Gräflich Erbach-Erbach und Wartenberg-Rothischen Rentkammer in Erbach/Odenwald, Reichsgrafschaft Rot, Akten Nonne, 03.08.1805.

[78] *Heinz Gollwitzer,* Die Standesherren. Die politische und gesellschaftliche Stellung der Mediatisierten (1815–1918). Ein Beitrag zur deutschen Sozialgeschichte. Göttingen 2. Aufl. 1964; *Günther Zollmann,* Adelsrechte und Staatsorganisation im Königreich Württemberg (1806–1817). Tübingen 1968.

[79] *Erzberger,* Die Säkularisation (wie Anm. 10), 372–373.

[80] PfA Gutenzell, Pfarrchronik Augustin Rugel, 89.

[81] *Geisenhof,* Kurze Geschichte (wie Anm. 2), 214 und handschriftlicher Anhang; ZSAP F 2207, Exhibitionsprotokolle vom 22.02.1807, 14.03.1807, 4. u. 09.05.1807, 27.03.1808.

[82] HSAS E 1 Bü 1611 (Korrespondenz und Attestate); S.a. Unter Krummstab und Szepter (wie Anm. 20), 25.

[83] ZSAP F 2217, Rentmeister Gams an Metternich, 29.05.1810 (ausführlicher Bericht auch über die Verwendung der Metternich'schen Beamten); Ebd., F 2183/6/1 Hofrat Sanens an Metternich, 29.04.1810; S.a. Unter Krummstab und Szepter (wie Anm. 20), 26.

[84] *Heinrich von Srbik,* Metternich. Der Staatsmann und der Mensch, Bd 3: Quellenveröffentlichungen und Literatur. Eine Auswahlübersicht von 1925 bis 1952. Darmstadt u. a. 1954, 73.

[85] ZSAP F 2184/1, Steinkühl an Metternich, 23.07.1810.

[86] Ebd., F 2184/2, Steinkühl an Oberamtmann Pistorius und Kameralverwalter Reyscher, 05.09.1810.

[87] Ebd., F 2217, Gams an Metternich, 29.05.1810 (sehr ausführl. Bericht über die Situation in Ochsenhausen und Vorschläge zur vorsichtigen Übernahme der Verwaltung).

[88] Es waren der Hofmaler Odo Müller in Stuttgart, Domkaplan Gerard Haller in Rottenburg, Anselm Härle in Mittelbuch und Georg Geisenhof in Unterkirchberg (*Geisenhof,* Kurze Geschichte [wie Anm. 2], hs. Anhang); Zu Anselm Härle s. *Hans-Bruno Ernst,* Lebensgeschichte eines Benediktiners. War es Pater Anselm Härle?, in: BC 1999, H. 2, Beil.«Zeit und Heimat« 2–3/1999, 83–90.

[89] *Geisenhof,* Kurze Geschichte (wie Anm. 2), Vorbericht.

[90] PfA Unterkirchberg, Versuch einer Pfarrchronik zu Unterkirchberg nebst den von Pfarrer Amand Storr zurückgelassenen Vorarbeiten, wie ich sie *bey meinem Pfarr-Antritt vorfand,* G.G. d.z. Pfarrer 1821, 20–21.

[91] ZSAP F 2222, Kaufvertrag zw. Seiner Kgl. Majestät von Württemberg und Metternich, 27.01.1825.

[92] S. Internetadresse www2.lad-bw.de/stas/inventar/stas/ss20.htm.

[93] *Hans-Dieter Mück,* »Von dieser in jeder Hinsicht preiswürdigen Pflanzschule der Wissenschaft«. Kloster und Bibliotheksvisitation (1760–1805), in: *Libri Sapientiae – Libri Vitae.* Von nützlichen und erbaulichen Schriften. Schätze der ehemaligen Bibliothek der Benediktiner-Reichsabtei Ochsenhausen. Weißenhorn 1993, 58–75.

[94] *Geisenhof,* Kurze Geschichte (wie Anm. 2), 2.

Vom Reichsprälaten zum *Soldatenkopf*

Die Säkularisation der Prämonstratenser-Reichsabtei Rot an der Rot (1802–1803)[1]

von Konstantin Maier

Nach dem Rastatter Friedenskongress (1797–1799) und dem Friedensschluss von Lunéville am 9. Februar 1801 zwischen Frankreich und Kaiser Franz I. (1792–1835) war die Säkularisation der Reichskirche nicht mehr aufzuhalten. Der Vertreter des Schwäbischen Reichsprälatenkollegiums, Weihbischof Johann Nepomuk v. Wolf aus Regensburg (1802–1821), gab am 15. Oktober 1802 vor der außerordentlichen Reichsdeputation im Namen der 23 Mitglieder im Blick auf das *unvermeidliche Säkularisations-Schicksal* eine Erklärung ab. Über Jahrhunderte hätten sie *den Religionskult in vielen seiner wesentlichen Verrichtungen mitbesorgt,* mit ihren zum Teil kostbaren Einrichtungen die verschiedenen Zweige des Unterrichts gepflegt, einen ›Vorrat‹ an fähigen Männern ausgerüstet und so *den billigen Vaterlands-Erwartungen* Genüge geleistet. Die Mitglieder des Kollegiums glaubten, *mit der mehr, oder minder nahen, und mehr oder minder großen Gefahr bedrohet zu seyn, künftig dieser Obliegenheit nicht mit fruchtbarsten Gedeihen folgen zu können.* Um auch in Zukunft in jeder Hinsicht dem Staat und der Kirche nützlich sein zu können, erwarteten sie in Hingabe und Vertrauen die Aufschließung ihres *endlichen politischen und kirchlichen Schicksals in dem Bewußtsein* […], *dasselbe mit der Würde eines unverschuldeten Unglücklichen tragen zu dürfen.*[2] Nach dieser Erklärung glaubte niemand mehr an den Fortbestand der Klöster, auch wenn in den Jahren zuvor der Direktor des Prälatenkollegiums, Abt Romuald Weltin von Ochsenhausen (1767–1802, †1805), mit zahlreichen diplomatischen Interventionen versucht hatte, die Aufhebung der Reichsklöster doch noch zu verhindern.[3]

In der Prämonstratenser-Reichsabtei Rot an der Rot (Mönchsrot oder Roth) hatte sich Abt Nikolaus Betscher (1789–1802, † 1811) nach schweren Kriegsjahren den Beschlüssen der Reichsdeputation beugen müssen. Wenn man den Aussagen des Schaesberg'schen Oberamtmanns Ferdinand Eggmann in Tannheim Glauben schenken darf, soll sich der Roter Abt mit allen Mitteln bis hin zur militärischen Exekution gegen die Enteignung gewehrt haben.[4] In der Distanz der Jahre sprach Betscher gegen Ende seines Lebens von seinen *ruhigen Tagen*, die er zum Heil Gottes und zur Ehre der Mitmenschen noch verbringen möchte: *Ich sage in die vorige Ruhe, die mir von der alles leitenden Vorsicht gütigst ist angewiesen und wiederum bestimmet worden.*[5]

Die Reichsabtei Rot vor der Säkularisation

Betschers Vorgänger, Abt Mauritius Moritz (1760 bis 1782) aus Biberach und Willebold Held (1782 bis 1789) aus Erolzheim, mussten sich mit der Kritik der Aufklärung und deren Einfluss auf das Kloster und die Seelsorge auseinander setzen. Mit der blühenden Wallfahrt von Steinbach (Maria Steinbach) zum Hl. Kreuz und zur Schmerzhaften Muttergottes war man in Rot in den barocken Formen der Volksfrömmigkeit fest verwurzelt.[6] Abt Mauritius entwickelte in den letzten Jahren seiner 12-jährigen Amtszeit den Ehrgeiz, als Erbauer einer neuen Klosterkirche in die Geschichte einzugehen – und dies, obwohl der kostspielige Innenausbau der Wallfahrtskirche Maria Steinbach erst im Jahre 1770 abgeschlossen werden konnte.

Schon deshalb schien ein größeres Bauprojekt in naher Zukunft ausgeschlossen zu sein. Der selbstherrliche Abt setzte sich jedoch über alle Widerstände aus dem Konvent hinweg und begann 1777 mit seinem gewaltigen Kirchenneubau. Bei seinem Tod (1782) hinterließ er dem Kloster allerdings nur Schulden und Ruinen.[7] Sein Nachfolger, Abt Willebold Held, musste in schwierigster Zeit als Architekt und Baumeister zugleich den Kirchenbau vollenden.[8]

Held hatte sich nicht nur als ›Bauprälat‹ einen Namen gemacht. Er galt als glänzender Jurist und scheute sich nicht, die literarische Fehde mit den aufgeklärten Kirchenkritikern aufzunehmen. Ein Jahr nach seiner Wahl zum Abt wurde er 1783 in das Amt des Generalvikars und Visitators der schwäbischen Zirkarie gewählt.[9] Aufsehen erregte die Veröffentlichung seines zweibändigen Werkes *Reichsprälatisches Staatsrecht*.[10] Einige Reichsprälaten warnten nach dem Erscheinen des ersten Bandes (1782) vor einer Publikation ihrer Rechte angesichts der öffentlichen Kritik an den geistlichen Staaten überhaupt. Man solle das Werk einmotten und auf bessere Zeiten warten.[11] Energisch verteidigte Held in einer Flugschrift gegen *die Reformation der Klöster am Ende des 18. Jhs.* die geistlichen Stiftungen gegen alle Eingriffe der Landesherren und sah in einer möglichen Säkularisation einen Bruch des Stifterwillens. Eine zweite Reformation im Geiste Martin Luthers (1483–1546) führe wiederum zur Zerstörung der Kirche in Deutschland.[12] Im Gegensatz dazu stand der Roter Chorherr Wilhelm Mercy († 1825) als Anhänger der Reformideen. Er folgte 1787 dem Ruf des Herzogs Carl Eugen v. Württemberg (1744–1793) in das katholische Hofpredigerkollegium nach Stuttgart und verließ schließlich im Jahre 1788 mit päpstlicher Dispens den Prämonstratenserorden. Benedikt Maria Werkmeister (1745–1823), der Wilhelm Mercy als eine *gar nicht einheimische Pflanze* in Rot bezeichnet hatte, fällte in seiner Autobiographie ein hartes Urteil über den Roter Konvent: Die *schönen Wissenschaften* und die Gelehrsamkeit stünden nicht *in floribus* [in Blüte]; ferner sei Abt Held ein *kalter Mann.*[13]

Abt Willebold Held (1782–1789)
Der juristisch gebildete Abt verfasste und veröffentlichte eine Art Verteidigungsschrift gegen die drohende Säkularisation, das sog. »Reichsprälatische Staatsrecht« in zwei Bänden, das 1782 in Kempten erschien. Öl auf Lw., 1782.
Pfarramt, Rot a.d.Rot.

Willebold Held war keine lange Amtszeit vergönnt. Er erlebte noch den Ausbruch der Französischen Revolution, starb jedoch kurz darauf im Alter von 65 Jahren am 30. Oktober 1789. Zu seinem Nachfolger wählte der Roter Konvent bereits am 3. November desselben Jahres Nikolaus Betscher, dem schwierigste Zeiten bevorstanden.[14] Mit der Säkularisation der französischen Abteien verlor der Prämonstratenserorden im November 1790 den Sitz des Generalabtes in Prémontré und den gesamten Besitz im Land (u. a. 76 Abteien und 633 Pfarreien).[15] Unter diesen schlechten Vorzeichen musste Betscher 1795 das Amt des Generalvikars und Visitators in der schwäbischen Zirkarie bis zur Säkularisation übernehmen.[16] Seit 1792 baten zahlreiche französische Geistliche (u. a. auch Prämonstratenser) um vorübergehende Aufnahme in den ›sicheren‹ schwäbischen Klöstern. Um eine ›Lebensmittelteuerung‹ zu verhindern, wurde dies jedoch meist abgelehnt.[17] Die franzosenfeindliche Stimmung war auch in Rot deutlich spürbar.

Der Emigrant Pater Hervé Julien Lésage (1757–1832), der über 13 Monate in Rot lebte, berichtete um 1796, dass es für einen weltoffenen Franzosen sehr schwierig sei, so zurückgezogen zu leben wie eine *klaustrierte* Nonne. Der Abt Nikolaus Betscher sei von großzü-

Reichsprälatisches
Staatsrecht.
Erster Theil
von der
Reichsprälaten
Staatsgerechtsamen
in Ansehung
des heiligen römischen Reichs.
In Commission bey der typographischen Gesellschaft
in der Reichsstadt Kempten. 1785.

Reichsprälatisches
Staatsrecht.
Zweyter Theil
von der
Reichsprälaten
Staatsgerechtsamen
in Ansehung
ihrer Lande und Gebiethe.
In Commission bey der typographischen Gesellschaft
in der Reichsstadt Kempten. 1785.

»Reichsprälatisches Staatsrecht« Kempten 1785
In diesem Werk fasste Abt Willebold Held die Rechte und Privilegien der Reichsabteien zusammen. Sein Fazit lautete, dass eine Säkularisation eine unrechtmäßige Verletzung des Stifterwillens darstelle.
Staats- und Universitätsbibliothek Göttingen.

giger und höflicher Lebensart. Für einen Deutschen – besonders für einen Schwaben – besitze er sogar viel Geist. Trotz seines despotischen Regimes fürchte Betscher jedoch in Wahrheit die Kapitulare, die ihn mit vielen *Winkelzügen* stets dorthin brächten, wo sie ihn haben wollten. Überdies sei der Abt ein Freund der Jagd und der Musik, auch wenn seine Kompositionen hinter vorgehaltener Hand nicht immer den Beifall seiner Konventualen fänden.[18]

Das politische Diktat

Spätestens seit dem Rastatter Kongress (1797–1799) mussten die Reichsprälaten mit der Säkularisation ihrer Klöster rechnen. Betscher überreichte dem Reichsprälatischen Gesandten nach Rastatt eine genaue Beschreibung über die Herrschaft Rot, die dazugehörigen Pfarreien und die Einkommensverhältnisse – in der Hoffnung, dass man noch etwas bewirken könne, bevor der Stab gebrochen werde.[19] Im Roter Konvent stellte man sich früh auf alle Eventualitäten ein. Abt und Kapitel beschlossen am 10. Oktober 1798 einstimmig die Rückzahlung der Erbteile, welche die Familien der Konventualen dem Kloster überlassen hatten, da diese in den unsicheren Zeiten verloren gegangen wären. Die Gesamtsumme dieser Kapitalien belief sich auf 11.744 fl. Der größte Anteil wäre dabei an Abt Betscher (3.000 fl.) und an den Prior Ignaz Rohrer (5.746 fl.) geflossen. Die geringen Einkünfte,

Klosteransicht Rots
Prospekt des Prämonstratenserklosters aus der Vogelschau von Südosten her.
Öl auf Lw., ca. 1770.
WLM Stuttgart.

die finanziellen Belastungen des Kirchenbaus und die schweren Kriegslasten hatten jedoch die Auszahlung der Gelder verhindert.[20] Im Wissen, dass Abt und Konvent in Kürze über ihren Besitz nicht mehr verfügen würden, verkauften Betscher und Rohrer am 20. Mai 1802 hinter dem Rücken des Oberamtmanns Johann Thaddäus Kolb das Roter Haus in Memmingen für 3.500 fl. an Johann Sigmund Mayer vom Schwanen. Dieser Schritt zeigt, dass der Abt das Vertrauen in seinen ersten Beamten, der seit 1763 in Diensten des Klosters stand, bereits verloren hatte.[21] Es ist leider nicht bekannt, zu welchem Zweck Betscher den Erlös des Hauses verwenden wollte.

Seit November 1802 lag das endgültige Schicksal der Reichsabtei Rot in den Händen einer von der Reichsdeputation bestellten württembergisch-badischen Subdelegation, die ihren Sitz im Kloster Ochsenhausen eingenommen hatte. Zum Oberadministrator dieser Kommission wurde im November 1802 der erfahrene Kanzler des Klosters Ochsenhausen und Syndikus des Reichsprälatenkollegiums, Joseph v. Schott, bestellt. Am 17. Oktober 1802 teilte die Reichsdeputation der Kommission die Verluste der Reichsgrafen in den linksrheinischen Gebieten, die durch Napoleon I. (1769–1821) annektiert worden waren und nun entschädigt werden sollten, mit. Betroffen waren im Besonderen die katholischen westfälischen Reichsgrafen.[22] Als Entschädigungsobjekte wurden die schwäbischen Frauen- und Männerklöster Ochsenhausen, Rot an der Rot, Schussenried, Gutenzell, Heggbach, Baindt und Isny sowie die Reichsstadt Isny bestimmt. Zu der erlauchten Gesellschaft der Reichsgrafen, die auf eine Zuteilung durch die Subdelegation hofften, zählte auch Graf Ludwig Kolb v. Wartenberg (1753–1818), dessen von Frankreich besetzte Reichsgrafschaft Wartenberg ein Einkommen von 47.000 fl. erbrachte.[23] Trotz der in Regensburg geäußerten Bedenken über den rechtlichen Status der Reichsgrafschaft konnte Wartenberg seine Ansprüche bei der Kommission und Reichsdeputation gegen den Grafen v. Sickingen durchsetzen. Wie andere Reichsgrafen auch unterhielt er mit dem Hofrat Nonne vor Ort einen eigenen Gesandten; er erschien zudem persönlich in Regensburg, ohne aber bei den Mitgliedern der

Reichsdeputation zu antichambrieren.[24] Vergeblich spekulierte Wartenberg auf das Kreuzherrenstift in Memmingen, welches ein Einkommen von 20.000 fl. aufwies. Die Stiftsherren hatten das Werben des Grafen sehr begrüßt, da sie unter keinen Umständen an Kurbayern fallen wollten.[25]

In Zusammenarbeit mit den geistlichen und weltlichen Beamten trug der Oberadministrator Joseph v. Schott die Hauptlast des Kommissionsgeschäftes, welches die jeweiligen Einkommensverhältnisse feststellte und Vorschläge für die Zuweisung der betroffenen Klöster an die Reichsgrafen einbrachte. Nach dem vorläufigen Abschluss der Kommissionsarbeit schrieb Schott an Franz Georg Graf v. Metternich (1746–1818), dass die Reichsdeputation nun hoffentlich keine Veränderungen mehr vornehme und sich nicht von den *Machinationen* der reichsgräflichen Gesandten und Beamten auf's Neue vereinnehmen lasse. Schott habe in der Öffentlichkeit noch nie solch verwegene und unverschämte Leute getroffen, die nur Jagd auf die Klöster machten und noch immer auf eine Korrektur des Verteilungsplans hofften.[26]

In der Reichsabtei Rot begann die gründliche Bestandsaufnahme des finanziellen und wirtschaftlichen Status' im Oktober 1802. Diese mit enormem Aufwand für die Subdelegation erstellten Verzeichnisse konnte Oberamtmann Kolb mit Hilfe seiner Beamten Joseph zum Tobel und Theobald Sanens sowie mit Hilfe von Abt, Prior, Großkeller und Küchenmeister abschließen. Abt Betscher übergab bereits am 7. November 1802 eine von ihm eigenhändig unterzeichnete summarische Übersicht über das jährliche Einkommen Rots und bezifferte es mit 38.347 fl., während die Subdelegation das Gesamteinkommen auf 58.096 fl. veranschlagte.[27]

Im Entschädigungsplan der Reichsdeputation wurde das jährliche Einkommen der Reichsabtei Rot mit 38.850 fl. angegeben.[28] Anfang Dezember 1803 bat Betscher die Subdelegation um die im Jahre 1798 von Abt und Konvent einstimmig beschlossene Auszahlung der Erbschaftskapitalien, welche (wie bereits berichtet) bis dahin wegen der geringen Einkünfte, der finanziellen Belastungen des Kirchenbaus und der schweren Kriegslasten noch nicht erfolgt war. Betscher erinnerte in diesem Brief auch an seine gute Hauswirtschaft, mit der er das Kloster durch die schweren Zeiten des Krieges geführt und vor größeren Schulden bewahrt habe. Die Passivkapitalien wurden im Entschädigungsplan mit 21.924 fl. beziffert.[29] Oberamtmann Kolb legte am 17. Dezember 1803 der Subdelegation einen sehr ausführlichen und wohl endgültigen Bericht über den gegenwärtigen Status der Reichsabtei Rot vor. Demnach wurde die Gesamtfläche des klösterlichen Besitzes auf kaum eine Quadratmeile berechnet. Grund und Boden der Reichsabtei waren jedoch weit zerstreut und lagen größtenteils in anderen Herrschaften, was in der Vergangenheit zu regelmäßigen Auseinandersetzungen mit betroffenen Klöstern (u. a. Ochsenhausen, Gutenzell und Schussenried) und mit den Grafen v. Waldburg-Wolfegg-Waldsee um die Pfarreien Mühlhausen und Haisterkirch geführt hatte. Die Untertanen der Reichsabtei Rot lebten in 45 Dörfern, Weilern und Höfen; insgesamt waren 465 leibeigene Familien und 40 Familien, die als Beisassen bzw. als Klosterdiener und nicht als Leibeigene angesehen wurden, verzeichnet. Die Schwerpunkte des Besitzes lagen im Iller- und Rottal mit den Kernorten Rot an der Rot und Haslach; am weitesten entfernt waren das durch Abt Martin Ertle (1672–1711) gekaufte Weingut in Meersburg und die in der Grafschaft Königsegg-Rothenfels gelegenen Alpen Gschwend und Balderschwang. Der Besitz der Reichsabtei setzte sich zusammen aus 365½ Jauchert Äcker, 201¼ Jauchert Wiesen, 9 Jauchert Gärten, 25 Jauchert Weinberge und 1.348 Jauchert Waldungen, die jedoch nach den Abholzungen zum Kirchenbau und durch Holzabgaben zum Festungsbau nach Ulm gebraucht wurden; nach den Abgaben an die Untertanen und nach Bränden reichte der Ertrag nur noch für den eigenen Hausgebrauch aus. Nur mit Mühe konnte das Bau- und Brennholz herbeigeschafft werden. Das Kloster unterhielt mit der Ökonomie und dem Kameralgut St. Verenahof bedeutende landwirtschaftliche Betriebe. Andere Unternehmen, wie das Bräuhaus, die Mahlmühle, die Sägemühle, die Ziegelei sowie das unrentable Bräuhaus in Steinbach waren verpachtet.[30]

Mit der Arbeit an den sog. *Fassionen* (Tabellen) wurde die Reichsabtei Rot von der Subdelegation im Auftrag der Reichsdeputation provisorisch säkularisiert und Reichsprälat Betscher seiner Herrschaft verlustig erklärt. Ihm teilte der württembergische Komissionsvorsitzende, Geheimrat v. der Lühe, am 13. November 1802 mit, dass das Ende der Reichsabtei Rot

gekommen sei. Im Einverständnis mit dem kaiserlichen Plenipotentiarius, Frhn. Johann Aloys Hügel (1754–1824), werde man die provisorische Besitzergreifung vornehmen. Die Untertanen sollten davon durch ein Patent in Kenntnis gesetzt werden.[31] Längst hatten die Reichsprälaten auch die erhoffte kaiserliche Unterstützung verloren. So wurde Betscher über Nacht ein Reichsprälat ohne Rechte, das Schicksal des Konvents war nun endgültig besiegelt, und auch den drei Novizen wurde die Zulassung zur Ordensprofess verweigert.[32] Nach dem Willen des Oberadministrators wurde der Wechsel von der geistlichen zur weltlichen Herrschaft ohne einen öffentlichen Akt vollzogen und die Klosterbeamten auf die neue Regierung ›angelobt‹.[33] Wiederum war Rot für dieses Intermezzo vom 1. Dezember 1802 bis zum 1. März 1803 angewiesen, um eine neue, den weltlichen Bedürfnissen entsprechende Verwaltung aufzubauen.

Über das zum Teil harsche Vorgehen der Subdelegation äußerte sich Oberamtmann Kolb sehr besorgt. Er beklagte, dass nach dieser ungeheuren Revolution die Konvente noch nicht wüssten, vor welchem Erbherren sie in Zukunft ihre Knie beugen müssten. Etwa 20 Bewerber seien durch Schwaben gereist, um eine *geistliche Braut heimzuführen.* Darüber hinaus kursierte das Gerücht, dass die von der Subdelegation verwalteten Klöster allesamt an Österreich-Toskana oder sogar an Kurbayern fallen könnten. In dieser Ungewissheit lebe der *exauthorisierte* Abt in Angst und Ungewissheit, wie die Höhe der Pensionen ausfallen werden. Außerdem habe die Subdelegations-Kommission sehr hohe Kosten von 7.500 fl. verursacht.[34] Als bekannt wurde, dass die ehemalige Reichsabtei Rot dem wetterauischen Grafen Ludwig Kolb v. Wartenberg zufallen würde, äußerte sich der Steinbacher Pfleger und Klosterchronist, Benedikt Stadelhofer (1742–1811), nicht begeistert über den neuen Landesherrn. Das einzig Positive sei, dass der Klosterbesitz nicht aufgeteilt würde. Stadelhofer kannte wohl die Finanzmisere des in München residierenden Grafen und befürchtete, dass die Pensionen sehr bescheiden ausfallen könnten, weil das nötige Geld fehle. Er meinte lakonisch: *Quid non det, quod non habet.* Überhaupt bleibe in diesen Zeiten nur noch die Sehnsucht nach Ruhe und Frieden. Stadelhofers Schicksal und das vieler anderer Ordensleute hänge nur noch von der göttlichen Vorsehung ab, denn die Klöster seien die Opfer des Friedens und diesen würden sie als erste vermissen.[35]

Der neue Landesherr

Am 1. März 1803 ergriff der neue Landesherr Graf Wartenberg Besitz von der ehemaligen Reichsabtei und jetzigen Reichsgrafschaft Rot. Für seine linksrheinischen Verluste erhielt er zudem eine Rente von 8.150 fl., die Franz Georg Graf v. Metternich-Winneburg aus dem Ochsenhausener Einkommen zu entrichten hatte. Außerdem hatte er vom neuen Besitzer der Reichskartause Buxheim, Graf Ostein, ein Kapital in Höhe von 7.500 fl. zu erwarten. Schott charakterisierte den Reichsgrafen als einen (sturen) *Soldatenkopf*, der in französischen und kurpfälzischen Diensten eine steile militärische Karriere gemacht hatte und 1811 zum bayerisch-königlichen Generalleutnant aufgestiegen war.[36]

Unter dem letzten Abt Nikolaus Betscher zählte der Roter Konvent 31 Konventualen, drei studierende Professen, drei Novizen und einen erblindeten Laienbruder. Zuletzt wurde Marcellus Helg aus dem schweizerischen Stift Bellelay/Btm. Basel am 11. Dezember 1801 in den Roter Konvent aufgenommen. Er galt als rechtschaffener Religiose sowie als guter Kenner der Literatur und hatte sich während der Anwesenheit der französischen Truppen verdient gemacht.[37] Von den 31 Kanonikern hatten immerhin zwölf außerhalb des Klosters als sog. *Expositi* in den zum Kloster Rot gehörenden Pfarreien Rot (mit Haslach), Steinbach, Haisterkirch (mit der Filiale Haidgau und dem Vikariat in Molpertshaus), Mühlhausen, Berkheim und Kirchberg (mit dem österreichischen kleinen Ort Sinningen/Hft. Balzheim) gelebt. Die Pfarrei und das Pflegamt Steinbach waren mit einem Superior, der zugleich Pfleger war, und mit vier bis fünf Kanonikern für die Wallfahrtsseelsorge (v. a. als Beichtväter) bestellt. Das Amt des Superiors und Pflegers in Steinbach übte in den harten Zeiten des Umbruchs Benedikt Stadelhofer aus.

Nach den Beschlüssen der Reichsdeputation konnten der ehemalige Abt und sein Konvent vorläufig im Kloster wohnen bleiben und mussten mit den vorgeschriebenen Pensionen versorgt werden. Betscher wurde ein jährliches Einkommen in Höhe von 4.500

fl. zugesprochen, während sich die Konventualen mit 450 fl. begnügen mussten. Die drei entlassenen Novizen wurden mit einer Abfindung in Höhe von 400 fl. entschädigt. Die Pensionsausgaben beliefen sich für den neuen Landesherrn im Jahre 1803 auf 13.030 fl. Hinzu kam noch die Versorgung der ehemaligen Klosterinsassen mit Holz und Naturalien.[38]
Interessant ist, dass nur wenige Konventualen bei Reichsgraf Wartenberg um ihre Demission eingegeben haben. Der Grund liegt wahrscheinlich darin, dass abwesenden Geistlichen nur eine Pension in Höhe von 300 fl. zustand. Zuerst verließ der Pfarrhelfer in Steinbach, Almachius Mohr, im März 1803 das Kloster und zog mit Bewilligung des Konstanzer Ordinariates zu seinem geistlichen Onkel nach Opfenbach, um ihn im Alter in der Seelsorge zu unterstützen. Stadelhofer, der Superior und Pfleger von Steinbach, war froh, als Mohr ihn verließ, galt dieser doch als besonders guter Freund *(niederträchtiger Schmeuchler)* des Prälaten und hatte in Steinbach schon großen Unfrieden gestiftet.[39] Den 55-jährigen Augustin Kaiser zog es im August 1803 zu Verwandten nach Schwäbisch Gmünd, weil ihm die Aufgaben im Chor und in der Seelsorge zu beschwerlich waren.[40] Auch der letzte Großkeller des Klosters, Norbert Merk, verließ den Konvent.[41]
Mit Aufsehen verbunden war jedoch der Austritt Stadelhofers aus dem Kloster Rot. Stadelhofer galt als markante Persönlichkeit, die kein Blatt vor den Mund nahm. Betscher und seine Freunde (u. a. Almachius Mohr und Ignaz Rohrer) ließen keine Gelegenheit aus, um ihm ihre Abneigung zu zeigen. Auch die schwerwiegenden wirtschaftlichen Einschnitte für das Pflegamt Steinbach und die Erhaltung der Wallfahrt schienen für den stürmischen Konventualen ein viel zu unsicheres Pflaster zu sein, um ihn dort zu halten. Unter allen Umständen wollte Stadelhofer aus Rot fliehen. Er hatte sich entschlossen, in das Benediktinerstift Admont in der Steiermark einzutreten. Trotz aller Kritik und mancher Unversöhnlichkeit wollte er jedoch unter gewissen Bedingungen das Manuskript des ungedruckten dritten Bandes seiner Klostergeschichte dem Reichsgrafen überlassen.[42] Denkbar ist, dass die überaus schlechte Beziehung Stadelhofers zu seinem Abt und auch die Kriegsereignisse letztlich den Druck dieses Werkes verhindert haben. Offenbar kam es zu keiner Einigung; das Manuskript kehrte erst nach dem Tod Stadelhofers nach Rot zurück und kam von dort an das Staatsarchiv nach Stuttgart.[43] Nach seiner Entlassung aus Rot reiste Stadelhofer im Dezember 1804 mit einem Schiff auf der Donau von Ulm nach Linz.[44] Nach vielen Hindernissen wurde er am 1. Januar 1806 in den Admonter Konvent inkorporiert. Er wirkte dort bis zu seinem Tod am 11. Juli 1811 u. a. als Subprior und Bibliothekar.[45]

Die neuen Verhältnisse

Graf Wartenberg errichtete in Rot eine eigene Hofhaltung und bezog aus den dortigen Einkünften eine monatliche Rente von 1.100 fl.[46] Unter ausschließlich katholischen Untertanen muss die Anwesenheit eines protestantischen Landesherrn, der zudem katholische Pfarrstellen besetzte, problematisch gewesen sein. Der Einzug der protestantischen Beamten aus Erbach wurde sicherlich mit einem gewissen Misstrauen gesehen. Wiederum war es Benedikt Stadelhofer, der vor diesen ›Wiedertäufern‹ aus dem Odenwald warnte, weil sie über die Köpfe der Bevölkerung hinweg die zur Versteigerung fälligen Kameralgüter in ihren Besitz bringen könnten. Wachsamkeit sei geboten, wollten die Roter nicht einmal als Bettler dastehen nach dem Motto *Einmal hinweg – immer hinweg*.[47]
Unverzüglich begannen der von Wartenberg übernommene Regierungsdirektor Kolb und sein Nachfolger Friedrich Bezzenberger mit der Reorganisation des weltlichen Besitzes in Rot. Noch im Oktober 1803 wurden die unrentablen Weingüter in Meersburg für 30.000 fl. an den dortigen Schaffner verkauft[48]; auch die entlegenen Alpen Gschwend und Balderschwang wurden abgestoßen.[49] Schon die Subdelegations-Kommission hatte Oberamtmann Kolb beauftragt, möglichst schnell mit der Versteigerung der Viehbestände und der Eigenbetriebe sowie mit der Entlassung des Dienstpersonals zu beginnen. Kolb mahnte jedoch zur Vorsicht; 1803 entschied man sich zur Verpachtung der Klosterökonomie und des Kameralgutes St. Verena, ohne aber durch den hohen Pachtpreis (1803: 7.000 fl.; 1807: 5.000 fl.) höhere Einnahmen zu erzielen.[50]
Um die Reichsgrafschaft für die Zukunft zu sichern, hatte sich der kinderlose Graf Wartenberg bereits im

Jahre 1804 für die Regelung der Erbfolge entschieden. So nahm er die Söhne seiner Schwester Charlotte, Franz Karl Ludwig und dessen jüngeren Bruder Franz Georg Graf v. Erbach-Erbach, sowie einen sog. *Findling* als seine Adoptivsöhne an und titulierte die Reichsgrafschaft mit Wartenberg-Roth, um den Namen seines Hauses zu erhalten. Zudem wurden die Erben verpflichtet, den Besitz nicht aufzuteilen. Wartenberg sicherte sich aus seinem Roter Besitz eine jährliche Rente von 13.200 fl. und musste nach dem Fideikommissrecht auch seinen beiden Schwestern eine jährliche Rente von 4.000 fl. gewährleisten.[51] Mit der Rheinbundakte (1806) verlor auch Graf Wartenberg die Landesherrschaft über seine Reichsgrafschaft und musste sich mit der Verwaltung seines Besitzes durch ein bloßes Rentamt begnügen.

Für Graf Wartenberg war die Herrschaft Rot wohl das rettende Kapitalobjekt. Nach dem Tod seines Vaters war die Grafschaft mit über einer halben Million Gulden Schulden unter eine kaiserliche Debitkommission geraten. Die französische Okkupation machte alle Hoffnungen auf eine Sanierung zunichte.[52] Die Hoffnung, die durch Sequester und Okkupation aufgelaufenen Schulden mit dem neuen Besitz auszugleichen, war eine Fehlspekulation. Wartenberg, der nach wie vor von der Insolvenz betroffen war, musste sich nach einem Bericht von Kanzler Schott schon 1803 in München 20.000 fl. besorgen.[53] Dramatisch wurde die Lage vollends, als man beim Bankhaus Bethmann über einen Kredit in Höhe von 220.000 fl. verhandeln musste, um frühere Schulden zu tilgen.[54] Eine Besserung der finanziellen Lage war nicht in Sicht. Bereits drei Jahre später, 1808, benötigte man wiederum 70.000 fl., um die Gläubiger zu befriedigen.[55] Im verbesserten Sukzessionsvertrag (1808) wurde schließlich beschlossen, dass die Adoptivsöhne alle Schulden Wartenbergs übernehmen müssten. Außerdem sollten keine weiteren Schulden aufgenommen werden, um den Wert der Grafschaft anzuheben. Der Passivstand dürfe keinesfalls einen Wert von 400.000 fl. überschreiten.[56] Nach dem Tod des über die Maßen verschuldeten Grafen am 10. März 1818 war der Kreditbedarf für seine Erben sehr hoch. Am 1. Juni 1819 waren die Erben der Grafschaft Wartenberg-Roth mit einer Pfandverschreibung in Höhe von 250.000 fl. belastet.[57]

Zu den kirchlichen Verhältnissen

Mit der Säkularisation der Reichsabtei Rot übernahm der protestantische Landesherr nicht nur die Besetzung, sondern auch die Einkünfte der inkorporierten Pfarreien, die weiterhin von den Roter Kanonikern versorgt wurden. Die entstandene Situation nützte das Bischöfliche Ordinariat Konstanz aus und forderte von den Ex-Klostergeistlichen energisch die Pfarrkonkursprüfung, wollten sie im Amt bleiben.

Zu einem schweren Konflikt kam es im Jahre 1803 mit den Grafen v. Waldburg-Wolfegg-Waldsee wegen des Patronates der Pfarreien Haisterkirch und Mühlhausen, die größtenteils zur Herrschaft Waldsee gehörten. Das sensible Rechtsverhältnis zwischen dem Kloster als Besitzer, der Pfarrei und der Herrschaft war in mehreren Verträgen geregelt. Demnach war der Roter Pfarrer dazu verpflichtet, die Feiertage des waldburgischen Hauses in Haisterkirch und Mühlhausen abzuhalten.[58] Die Wolfegger Grafen schufen vorauseilende, rechtswidrige Fakten in der Hoffnung, dass ihnen die Pfarrei Haisterkirch zufallen würde. In einem Handstreich sequestrierten sie die lukrativen Einkünfte der Pfarrei und schlugen an den Pfarrhöfen, die der Besitzer, Graf Wartenberg, abreißen lassen wollte, ihre Besitzpatente an. Ihr Vorstoß in Haisterkirch war jedoch vergeblich. Noch schlimmer stand es um Graf Sternberg, dessen ehemals vier Schussenrieder Pfarreien von Wolfegg-Waldsee und Österreich sequestriert waren.[59]

In Rot erinnerte man sich nach wie vor an die Eingriffe Wolfeggs in der Vergangenheit, wo sie wie die *Polizeiherren* gegen die Geistlichen mit *ihrem brutalen Maul und Styl* vorgegangen wären.[60] Nicht einmal vor persönlichen Angriffen gegenüber dem 72-jährigen Pfarrer und Kanoniker, Florian Bürk, scheuten sie zurück; ihm wurde vorgeworfen, allzu despotisch mit seinen Dienstboten umzugehen.[61]

Wallfahrt zur Schmerzhaften Muttergottes

Eine herausragende Bedeutung für das Kloster Rot nahm die seit 1734 bestehende Wallfahrt zur Schmerzhaften Muttergottes nach Maria Steinbach ein.[62] Nach dem dortigen Herrschaftswechsel war ihr Schicksal jedoch mehr als ungewiss. Die staatlichen Verbote des

Wallfahrtswesens und die strengen Erlasse des Konstanzer Ordinariates galten als besonders gefährlich. Nach dessen Verordnungen sollten die aufgehobenen Feiertage von April bis Oktober zukünftig rigoros als Arbeitstage eingeführt werden. Im Frühjahr 1804 verweigerte Regierungsdirektor Kolb einen diesbezüglichen Konstanzer Erlass jedoch das Plazet mit der Begründung, dass kein Landesherr sich den Vorschriften bezüglich der Fragen des Gottesdienstes beuge; auch die Untertanen könne man nicht zu solch strengen Verordnungen zwingen, zumal manche von ihnen mit dem Ende der Wallfahrt *in Armut gestürzt* würden. Ferner ordnete Kolb an, dass der dispensierte Feiertag Pfingstdienstag (21. Mai 1804), der bisherige Steinbacher Hauptwallfahrtstag, mit gleicher *Solennität* gehalten werden solle wie in früheren Jahren; ebenso sollte mit den anderen Wallfahrtstagen an den aufgehobenen Feiertagen verfahren werden, um den *Zusammenlauf* der Wallfahrer zu sichern – was auch gelungen ist.[63]

Die vielfach geäußerte Kritik an den nicht mehr zeitgemäßen Formen der Prozessionen mit Figuren, Soldaten und Infanterie bereitete Superior Stadelhofer große Schwierigkeiten. Er vertrat die Ansicht, dass der Eifer unter dem Volk wohl zunehme, wenn ihre Landesherren die Wallfahrt verbieten würden.[64]

Provozierend auf die Geistlichen aus der Umgebung wirkte ferner das Verhalten des 65-jährigen Beichtvaters in Maria Steinbach, P. Bernhard Spilz. Er erweckte bei zahlreichen Wallfahrern den Eindruck, als ob er die Lossprechung der Sünden verweigere; auch würde er manchen Sündern eine solch große Buße auferlegen, die sie nicht erfüllen könnten. Schleunigst sollte Spilz aus dem Wallfahrtsort abgezogen werden, damit eine eventuelle Anzeige beim Bischöflichen Ordinariat in Konstanz nicht den Anlass zum Eingreifen bot.[65]

Belastend waren für Stadelhofer auch die wirtschaftlichen Verhältnisse in Steinbach, die unter dem neuen Besitzer alles andere als rosig waren. Das Opfergeld der Wallfahrer in der ›marianischen Kasse‹ (*cassa mariana*) wurden nun dringend für den Unterhalt der Kirche benötigt. Immerhin konnte Stadelhofer durchsetzen, dass die Bezahlung des Pfarrers (650 fl.), der beiden Pfarrhelfer (600 fl.) und der Beichtväter (450 fl.) angehoben wurde.[66] Mit seiner persönlichen Situation war Stadelhofer in Steinbach mehr als unzufrieden.

Roter Wallfahrt Maria Steinbach
Die Votivtafel dokumentiert die Dankbarkeit eines Gläubigen, der die erfolgreiche Operation eines großen Gewächses am Kopf der Muttergottes von Maria Steinbach zuschrieb.
Öl auf Holz, 1741.
Maria Steinbach b. Legau/Bay., Kath. Pfarramt.

Viele Menschen, u. a. auch die benachbarten Geistlichen, begegneten ihm mit deutlichem Misstrauen. Stadelhofer beklagte, dass man ihm als Superior den Titel ›Pfarrer‹ verweigern wolle und er deshalb keine Ansprüche auf eine Pension habe. Dies sei ein *Coup seines Prinzipals* (Abt Nikolaus Betscher) *und dessen Evangelisten Rohrer* (Ignaz Rohrer) gewesen.[67] Die Roter Verwaltung drohte ihm zudem die Kürzung seiner Pension wegen angeblicher Unregelmäßigkeiten in der Rechnungsführung an.[68]

Abt Nikolaus Betscher hatte wohl noch einmal seinen Willen durchgesetzt, als Ignaz Rohrer am 1. Januar 1805 die Nachfolge Stadelhofers als *Oberpfarrer* antrat. Sieben Jahre hatte Rohrer unter Abt Betscher als Prior in der Prämonstratenser-Reichsabtei Rot fungiert und sich in Abwesenheit des Abtes in den gefährlichen *Kriegsturbulenzen* als umsichtiger Admi-

nistrator und guter Geschäftsmann des Klosters erwiesen.[69] Nach der Säkularisation ging er als Pfarrhelfer nach Haisterkirch und setzte sich sehr stark für die Errichtung einer Pfarrei in der Filiale Haidgau ein.[70] Rohrer galt nicht nur als Favorit Graf Wartenbergs, sondern zudem als sehr vermögend, hatte er doch 1795 und 1796 eine reiche Erbschaft gemacht, die als Motz'sches Kapital in Wolfegg angelegt worden war und aus dem er nun die Zinsen bezog.[71] Später beklagte sich Rohrer jedoch darüber, dass die Übernahme von Steinbach viel weniger *splendid* gewesen sei, als mancher geglaubt habe. Mit einem Seitenhieb auf seinen Vorgänger Stadelhofer kritisierte er, dass in allen Roter Pfarreien Ordnung geschaffen worden wäre, nur nicht in Steinbach. Nach langen Verhandlungen mit der Verwaltung in Rot gelang es Rohrer im Jahre 1813, das ganze Mobiliar des Pfarrhauses Steinbach in seinen persönlichen Besitz zu bringen. Interessant ist, dass sich darunter eine Bibliothek mit 500 Bänden befand, das Kirchensilber aber fehlte. Mit Erlaubnis des Grafen verkaufte Rohrer zumindest einen Teil des Kirchenschatzes, um die nötigen Reparaturen an der Wallfahrtskirche bezahlen zu können. In dieses Geschäft wurden auch nicht bezahlte Pensionsgelder des im Jahre 1811 verstorbenen Abtes Betscher, der Rohrer zum Haupterben eingesetzt hatte, verrechnet.[72]

Der Ausverkauf

Nach der Säkularisation wechselte der wertvolle Kirchenschatz Rots schnell seinen Besitzer. Für den Verlust der großen Monstranz aus vergoldetem Silber erhielt der erste Roter Pfarrer Vinzenz Lutz († 1828) eine goldene Tabakdose als ›Entschädigung‹. Graf Wartenberg behielt die Edelsteine für sich und schenkte das geraubte Kultgerät der Theatinerkirche in München.[73] Ein Teil des Abteisilbers (u. a. mit Diamanten besetzte Brustkreuze) wurden den Beamten der Subdelegationskommission als Geschenk überlassen.[74] Die Klosterbibliothek, über deren Bestand noch 1796 ein zweibändiger Katalog angefertigt worden war, wurde nun vom württembergischen Oberappellationsgericht auf etwa 6.000 Bände geschätzt – ausschließlich Werke der Theologie und Jurisprudenz sowie Gebetbücher, die nun keinen Wert mehr besässen.[75] Bis zum Tod Wartenbergs (10. März 1818) beließ man sie vor Ort; 1840 wurde schließlich ein Teil des Klosters mit der Bibliothek abgerissen.[76] Über den Verbleib der Privatbibliothek Betschers, die sich in der Prälatur befand, ist nichts bekannt. Betscher habe Bücher aller Gattungen besessen, die ihm der Graf nach der Aufhebung des Klosters offenbar zur freien Verfügung überlassen hatte. Dafür zeugt eine Spur: Betscher schenkte seinem Freund, Pfarrer Augustin Rugel in Gutenzell (1762–1825), die Gesamtausgabe der Werke Luthers.[77]

Das Ende

Abt Nikolaus Betscher starb am 12. November 1812 und wurde am 15. November auf dem Friedhof bei der Bruderschaftskirche St. Johann beigesetzt. Er hatte bis zu seinem Tod auf seine ehemaligen Konventualen großen Einfluss ausgeübt. Auch in schwierigsten Zeiten hatte er das Komponieren nicht aufgegeben. Noch in seinem Todesjahr hatte er ein Stück für das Theater in Gutenzell sowie Chorsätze für den liturgischen Gebrauch verfasst.[78] Nüchtern und distanziert blieb das Urteil des Gutenzeller Pfarrers Augustin Rugel über Nikolaus Betscher: Er sei *ein ehrlicher Deutscher, gerader Mann ohne große literarische Kenntnisse, ein guter Musiker, mittelmäßiger Compositeuer und Dichter* gewesen.[79] Ein letztes literarisches Denkmal setzte ihm der Kirchdorfer Pfarrer Michael v. Jung (1781–1858) mit einem Grablied.[80] Auch Ludwig Graf v. Wartenberg († 1818) und der erste Roter Pfarrer Vinzenz Lutz (†1828) wurden auf diese Weise besungen und geehrt.[81]

Als einer der letzten Exkonventualen der Reichsabtei Rot dürfte David Haupt, der im Alter von 33 Jahren das Ende seines Klosters erlebt hatte, als Pfarrer von Molpertshaus 1848 gestorben sein.[82]

[1] Für die erfolgreichen Archivarbeiten möchte ich vor allem Seiner Durchlaucht Graf Franz von Erbach zu Erbach und Wartenburg-Roth sowie seinem Archivar, Herrn Paul Wagenknecht, in Erbach (Odenwald), sehr herzlich danken. Das Archiv der Reichsgrafschaft Rot befindet sich leider in einem noch nicht geordneten Zustand.
[2] HSAS B 487 Bü 2, Weihbischof und Domdekan Johann Nepomuk von Wolf, Regensburg, 15.10.1802.
[3] HSAS B 362 enthält dazu die Korrespondenz, u. a. des Direktors des Kollegiums, Abt Romuald Weltin von Ochsenhausen.
[4] *Ferdinand Eggmann,* Geschichte des Illerthales, verbunden mit jener des ehemaligen Illergaues, so wie des anstoßenden All- und Niebelgaues. Ein Beitrag zu der Geschichte Oberschwabens. Ulm 1862 (ND Memmingen 1984), 373.
[5] *Nikolaus Betscher,* Ohne Selbstabtödtung gehts nicht dem Himmel zu. Ein sehr nuetzliches Lese= und Erbauungsbuch für alle Christen den Heilsbegierigen besonders gewiedmet. Augsburg 1807, VIII; *Ders.,* Klag und Loblieder der Vernunft. Das ist: moralische Gedichte über den schlimmen und guten Gebrauch der Vernunft. Bregenz 1808, 3.
[6] *Gertrud Beck* (Red.), Maria Steinbach. 250 Jahre Wallfahrt zur Schmerzhaften Muttergottes (1734–1984), hg. vom *Wallfahrtspfarramt Maria Steinbach.* Weißenhorn 1984.
[7] *Hermann Tüchle,* Rot im Auf und Ab der Geschichte, in: *Hermann Tüchle/Adolf Schahl,* 850 Jahre Rot an der Rot. Geschichte und Gestalt. Neue Beiträge zur Kirchen- und Kunstgeschichte der Prämonstratenser-Reichsabtei. Sigmaringen 1976, 9–42, 34; *Adolf Schahl,* Rot in seinen Bau- und Kunstwerken, in: Ebd., 51–71, 55–61. Abt Moritz hatte sich zwischen 1777 und 1779 des Baumeisters J.B. Laub bedient; *Jutta Betz,* Rot an der Rot. Ehemalige Prämonstratenser-Reichsabtei. Passau 2001, 5.
[8] *Tüchle,* Rot (wie Anm. 7), 33–35; *Betz,* Rot (wie Anm. 7), 5.
[9] *Norbert Backmund,* Monasticon Praemonstratense. Id est historia circarium atque canoniarum candidi et canonici ordinis Praemonstratensis. Bd. 1. Straubing 1949, 60 (Nachfolger des Roggenburger Abtes Georg Lienhardt [1771–1783]).
[10] *Willebold Held,* Reichsprälatisches Staatsrecht. 2 Bde. Kempten 1782–1785.
[11] Fürstl. Archiv Quadt in Isny, Klosterarchiv, Bü 896 (Korrespondenz betr. des Reichsprälatischen Staatsrechts 1783).
[12] Zur Kritik Helds s. *Konstantin Maier,* Die Diskussion um Kirche und Reform im Schwäbischen Reichsprälatenkollegium zur Zeit der Aufklärung. Wiesbaden 1978, 112–113.
[13] *Dieter Narr,* Wilhelm Mercy. Ein Charakterkopf in der Epoche der Spätaufklärung, in: *Ders.,* Studien zur Spätaufklärung im deutschen Südwesten. Stuttgart 1979, 448–477, 452, 455.
[14] *Konstantin Maier,* Nikolaus Betscher. Der letzte Abt des Prämonstratenserklosters Rot, ein Reichsprälat zwischen den Zeiten, in: BC 13 (1990), H. 2, 30–35; *Ders.,* Reichsprälat Nikolaus Betscher (1745–1811). Abt, Komponist und Literat, in: Schwabenspiegel – Literatur vom Neckar bis zum Bodensee (1100–1800), hg. von *Monika Küble* erscheint in Kürze.
[15] *Basilius Franz Grassl,* Der Praemonstratenserorden, seine Geschichte und seine Ausbreitung bis zur Gegenwart. Tongerloo 1934, 104–108.
[16] *Backmund,* Monasticon (wie Anm. 9), 60.
[17] Zur Problematik der Emigranten s. *Martin Burkhardt,* Die französische Emigrantenkolonie, in: *Martin Burkhardt/Wolfgang Dobras/Wolfgang Zimmermann,* Konstanz in der Frühen Neuzeit. Reformation, Verlust der Reichsfreiheit, Österreichische Zeit. Konstanz 1991, 412–424.
[18] *Hervè Julien Lesage,* Erasme à Eusebie. Mémoires et voyages d'un religieux Curé adressés à une religieuse allemande de son ordre. Lettres de différents sujets de religion, de géographie, de morale, de littérature, d'histoire et de voyage. [ca. 1796]. Manuskript. Übersetzung von P. Hildebrand Dussler, Teilabdruck von *H. Pommeret,* in: Mémoires de la Société d'histoire et d'archéologie de Bretagne. St. Brieue, 1927, 17–74; *Norbert Backmund,* Couvents de la Suisse alémannique à la fin du XVIIIe siècle. Notes de voyage par le P. *Lesage,* in: Zs. für Schweizerische Kirchengeschichte XLVI (1952), 181–203, 241–256.
[19] HSAS B 487 Bü 2. Genuine Bemerkung der Besitzungen und ihrer geographischen Lage sowie der jährlichen Einkünfte der Reichsabbtey Roth, Praemonstrat.-Ordens, 26.05.1798.
[20] HSAS B 486 Bü 2. Betscher an die württembergisch-badische Subdelegation in Ochsenhausen, 12.12. und 30.12.1802, mit Auszug aus den Abteirechnungen am 14.12.1798; S. a. *Matthias Erzberger,* Die Säkularisation in Württemberg von 1802–1810. Ihr Verlauf und ihre Nachwirkungen. Stuttgart 1902, 389.
[21] Archiv der Gräflich Erbach-Erbach und Wartenberg-Rothischen Rentkammer in Erbach/Odenwald, Reichsgrafschaft Rot, Akten Kauf, Verkauf am 20.05.1802. Mit Brief von Kolb am 06.10.1802, in dem er erklärt, dass der Kauf vor ihm geheimgehalten worden sei.
[22] *Erzberger,* Säkularisation (wie Anm. 20), 35–46; S. a. Protokoll der ausserordentlichen Reichsdeputation zu Regensburg. Bd. III: Beilagen zu dem Protokolle der ausserordentlichen Reichsdeputation zu Regensburg, Beilagen Ziffer I. bis Ziffer C. Beil. XLVI, Vorstellung der katholisch-westphälischen Reichsgrafen betr. ihrer linksrheinischen Verluste, vorgetragen von Legationsrat Rief in Regensburg.
[23] *Friedrich W. Weber,* Graf Ludwig der letzte Kolb von Wartenberg. Mit Nachrichten über die pfälzische Grafschaft Wartenberg und die Grafschaft Wartenberg-Roth in Oberschwaben. Otterbach 1988 (Zur Reichsgrafschaft Wartenberg-Roth s. Ebd., 107–119).
[24] Archiv der Gräflich Erbach-Erbach und Wartenberg-Rothischen Rentkammer in Erbach/Odenwald, Akten Nonne 1802, Nonne am 26.09.1802 an Regierungsdirektor Dosch in Erbach.
[25] Zentrales Staatsarchiv Prag (Státní ústřední archiv v Praze) (künftig: ZSAP), Archivum Franciscum Georgium F 2167/1, Schott an Metternich, Ochsenhausen, 26.10.1802.
[26] ZSAP, Archivum Franciscum Georgium F 2167/1, Schott an Metternich, Ochsenhausen, 04.02.1803.
[27] HSAS B 486 Bü 2, Erklärung Betschers vom 07.11.1802 u. Ebd., B 487 Bü 2, Beschreibung der Besitzverhältnisse vom 02.12.1802.
[28] HSAS B 486 Bü 2, Dictatum Ratisbonae, 14.02.1803.
[29] HSAS B 487 Bü 2, Betscher an die Subdelegation, Rot, 05.12.1802 (mit Fassion der Schulden).
[30] Ebd., Erklärung Betschers am 05.12.1802; Ebd., 17.12.1802, Reichsabtei Rothische Beantwortungen der Herzoglich Württ. Subdelegation in Ochsenhausen in der reichshochselben eingerichteten Fassion vom 16.11. allhier über diesseitigen Revenuen Ertrag anher aufgeworfenen Fragen. Mit Beilagen […] und Tabellen 1, 2, 3, 4, 5 et 6; Zur Besitz- und Herrschaftsgeschichte des Klosters Rot s. *Winfried Nuber,* Studien zur Besitz- und Rechtsgeschichte des Klosters Rot von seinen Anfängen bis 1618. Tübingen 1961.
[31] HSAS B 487 Bü 2, Von der Lühe an Betscher, Ochsenhausen, 13.11.1802, und weitere Akten.
[32] Ebd., Endgültiger Bericht Kolbs, 17.12.1802; Ebd., Brief Schott an Kolb, Ochsenhausen, 20.11.1802.
[33] HSAS B 487 Bü 2, Schott an Kolb, Ochsenhausen, 20.11.1802 (Schott sandte für die Beamten ein formelles *Angelobigungszertifikat* als Verpflichtung gegenüber der Subdelegation.
[34] HSAS B 487 Bü 1, Kolb an Reichsagent von Schumann, Rot, 18.01.1802.
[35] Archiv der Gräflich Erbach-Erbach und Wartenberg-Rothischen Rentkammer in Erbach/Odenwald, Reichsgrafschaft Rot, Archiv Pfarrei Steinbach, Stadelhofer an Kolb, Steinbach, 17.02.1803.
[36] *Weber,* Graf Ludwig (wie Anm. 23), 21–32.
[37] HSAS B 487 Bü 2, Reichsabtei Rothische Beantwortungen der Herzoglich Württ. Subdelegation in Ochsenhausen in der reichshochsel-

ben eingerichteten Fassion vom 16.11. allhier über diesseitigen Revenuen Ertrag anher aufgeworfenen Fragen Mit Beilagen = et A und den beigefügten Tabellen 1, 2, 3, 4, 5 et 6, 17.12.1802.

[38] HSAS B 487 Bü 1, Catalog der gegenwärtigen teils pensionierten teils exponierten Religiosen des Kl. Rot mit beigegebenem Alter, o.D. [1803].

[39] Archiv der Gräflich Erbach-Erbach und Wartenberg-Rothischen Rentkammer in Erbach/Odenwald, Reichsgrafschaft Rot, Akten Pfarreien, Pensionsdekret für Almachius Mohr, 21.03.1803; Ebd., Stadelhofer an Kolb, Steinbach, 18.04.1803.

[40] Ebd., Sept.1803.

[41] HSAS B 487 Bü 1, Catalog der Religiosen (wie Anm. 38), o.D. [1803].

[42] Archiv der Gräflich Erbach-Erbach und Wartenberg-Rothischen Rentkammer in Erbach/Odenwald, Reichsgrafschaft Rot, Akten Pfarrei Steinbach, Stadelhofer an Kolb, 30.03.1804; Ebd., 13.10.1804.

[43] *Benedikt Stadelhofer,* Historia Imperialis et Exemti Collegii Rothensis in Suevia, Vol. I-II. Augustae Vindelicorum 1787. Das Manuskript des dritten Bandes befindet sich heute im HSAS J 1 Nr. 159. Zum Verbleib des Manuskriptes s. *Erzberger,* Säkularisation (wie Anm. 20), 390, Anm. 1.

[44] Archiv der Gräflich Erbach-Erbach und Wartenberg-Rothischen Rentkammer in Erbach/Odenwald, Reichsgrafschaft Rot, Reisebericht Stadelhofers an Kolb, 09.12.1804. Für seine Reise hatte ihm die Roter Verwaltung einen Passierschein ausgestellt.

[45] *Erzberger,* Säkularisation (wie Anm. 20), 390.

[46] Archiv der Gräflich Erbach-Erbach und Wartenberg-Rothischen Rentkammer in Erbach/Odenwald, Reichsgrafschaft Rot, Akten Rechnungen (1803). Zum Geldbetrag kamen Naturalien, Küchengefälle und Holz, so dass sich das jährl. Aufkommen für den persönlichen Bedarf auf 13.670 fl. berechnete.

[47] Ebd., Akten Pfarrei Steinbach, Stadelhofer an Kolb, 1803.

[48] Ebd., Akten, Graf Wartenberg an Dominicus Reinhardt, 06.10.1803.

[49] Ebd.

[50] Ebd., Akten, 1807 (Rentmeister Gams).

[51] *Weber,* Graf Ludwig (wie Anm. 23), 113–114 [In der Folge wurde 1808 ein Sukzessionsvertrag abgeschlossen und im Testamt vom 17.02.1809 die Adoption des Grafen bestätigt]; Archiv der Gräflich Erbach-Erbach und Wartenberg-Rothischen Rentkammer in Erbach/Odenwald, Reichsgrafschaft Rot, Akten Familie, Kaiserliche Bestätigung des am 04.12.1894 auf Schloss Rot abgeschlossenen Adoptivvertrages).

[52] *Weber,* Graf Ludwig (wie Anm. 23), 107–108.

[53] ZSAP, Archivum Franciscum Georgium F 2167/1, Schott an Metternich, Ochsenhausen, 18.03.1803.

[54] Archiv der Gräflich Erbach-Erbach und Wartenberg-Rothischen Rentkammer in Erbach/Odenwald, Reichsgrafschaft Rot, Akten Nonne / Korrespondenz, 18.07.1805.

[55] Ebd., Akten Passiva, 12.12.1808.

[56] Ebd., Familienakten, Punktation zu einem Familienvertrag, 22.08.1808.

[57] Ebd., Akten Kapital, Bezzenberger an Graf Erbach, 01.01.1820.

[58] HSAS B 486 Bd. 93, Privilegien und Akte der Pfarrei Haisterkirch.

[59] ZSAP, Archivum Franciscum Georgium F 2167/1, Schott an Metternich, Ochsenhausen, 18.03.1803; Ebd., F 2167/2, Schott an Metternich, 14.03.1804.

[60] Archiv der Gräflich Erbach-Erbach und Wartenberg-Rothischen Rentkammer in Erbach/Odenwald, Reichsgrafschaft Rot, Akten Pfarrei Steinbach, Stadelhofer an Kolb, 20.05.1803.

[61] Ebd., Akten, Bürk an Kolb, Mai 1803.

[62] *Beck,* Maria Steinbach (wie Anm. 6).

[63] Archiv der Gräflich Erbach-Erbach und Wartenberg-Rothischen Rentkammer in Erbach/Odenwald, Reichsgrafschaft Rot, Akten Pfarrei, Kolb an Stadelhofer, 01.04.1804.

[64] Ebd., Akten Pfarrei Steinbach, Stadelhofer an Kolb, 24.05.1804.

[65] Ebd., Kolb an Stadelhofer, 06.07.1804.

[66] Ebd., Kolb an Stadelhofer, Dez. 1803.

[67] Ebd., Stadelhofer an Kolb, 18.04.1803.

[68] Ebd., Korrespondenz 1803–1804 betr. des Zehnten.

[69] Ebd., Reichsgrafschaft Kolb an Graf Wartenberg, April 1804 (Vorschlag, Ignaz Rohrer in Steinbach als Pfarrer einzusetzen).

[70] Ebd., Stadelhofer an Kolb, 04.05.1804.

[71] HSAS B 487 Bü 1, Kolb, 20.12.1802 (Erbschaft des Priors Ignaz Rohrer).

[72] Archiv der Gräflich Erbach-Erbach und Wartenberg-Rothischen Rentkammer in Erbach/Odenwald, Reichsgrafschaft Rot, Akten Steinbach, Inventare und Korrespondenz betr. Verkauf des Inventars im Pfarrhaus Steinbach, 1812/1813.

[73] *Tüchle,* Rot (wie Anm. 7), 37.

[74] HSAS B 486 Bü 2, Inventar der Sakristei, 23.10.1802; Ebd., Inventar der Abtei, 23.11.1802.

[75] Archiv der Gräflich Erbach-Erbach und Wartenberg-Rothischen Rentkammer in Erbach/Odenwald, Reichsgrafschaft Rot, Akten Inventur des württ. Oberappellationsgerichtes über den Nachlass von Graf Wartenberg, 1819.

[76] *Backmund,* Monasticon Praemonstratense (wie Anm. 9), 70.

[77] *Konstantin Maier,* Der Einfluss der Aufklärung im Kloster Isny am Beispiel von Jakob (Joseph) Danzer und Augustin [Josef Alexander] Rugel, in: *Rudolf Reinhardt* (Hg.), Reichsabtei St. Georg in Isny 1096–1802. Beiträge zu Geschichte und Kunst des 900-jährigen Benediktinerklosters. Weißenhorn 1996, 223–259, 253.

[78] Für Gutenzell s. *Maier,* Der Einfluss der Aufklärung (wie Anm. 77), 252–253; Zu Betschers Kompositionen s. *Georg Günther* (Bearb.), Musikalien des 18. Jhs. aus den Klöstern Rot an der Rot und Isny. Katalog. Stuttgart/Weimar 1997 (s. Register, 211 [Nikolaus Betscher]) u. *Württembergische Landesbibliothek Stuttgart* (Hg.), Katalog von Dr. Klaus Peter Leitner, Musiksammlung – Oberschwäbische Klosterbibliothek (s. Nikolaus Betscher [1745–1811], in: http://www.wlb-stuttgart.de/referate/musik/okm2.html).

[79] *Maier,* Der Einfluss der Aufklärung (wie Anm. 77), 253.

[80] *Michael von Jung,* Melpomene, der heilige Willebold, Marienklage, hg. von der *Gemeinde Kirchdorf* /Iller. Buchau 1985, 29–31. Ausschnitt: *Er war ein Vater wahrer Armen, Des Blinden Aug, des Tauben Ohr. Und stand voll Mitleid und Erbarmen Den Wittwen und den Waisen vor; Und nun, wer wird sie künftig nähren? Wer geben ihrem Fleh'n Gehör? Vergebens fliessen ihre Zähren, Denn ach! Ihr Vater ist nicht mehr.* [...] *O laßt uns also seine Lehren, Und seine Tugend heilig seyn, Wie er, des Höchsten Ruhm vermehren, Und uns der Menschenliebe weih'n; Dann werden wir zu ihm erhoben Mit ihm besingen Gottes Ehr, Und ewig seine Güte loben, Und selig seyn im Geisterheer.* (Ebd., 30, 31)

[81] Ebd., 25–28, 31–33. – Ausschnitt aus dem Grablied für den Grafen von Wartenberg: *Schon der Brief mit schwarzem Siegel War für uns ein Schreckenspiegel; Und mit Angst eröffnen wir den Brief. Ach! Da lesen wir mit Grauen, Kaum ist unsrem Aug zu trauen: Daß der edle Graf in Gott entschlief. Und es eilt von Mund zu Munde Wie der Blitz, die Schreckenskunde: Ach! der Graf, der edle Graf ist todt! Laut ertönt in aller Ohren: Ach! es ist für uns verloren Graf von Erbach Warttemberg und Rath.* (Ebd., 25)

[82] *Stefan Kriessmann,* Series parochorum. Reihenfolge der katholischen Pfarrer in den Pfarreien der Diözese Rottenburg (Württ.). Nach den Dekanaten zusammengestellt. Buch XXIX: Reihenfolge der Pfarrer (Series parochorum) in den katholischen Pfarreien des Dekanates Waldsee (Diözese Rottenburg). Altshausen 1950, 23.

Unter dem dermaligen Drang der Umstände ...

Die Säkularisation des Zisterzienserklosters Schöntal

von Maria Magdalena Rückert

Zur Geschichte Schöntals bis 1802

Unter dem dermaligen Drang der Umstände in Deutschland ist es für das glücklichste Loos zu rechnen, einem Landesherrn zugetheilt zu werden, der mit denen übrigen glanzvollen Regenten-Tugenden eine vorzügliche Liebe zur Gerechtigkeit und das edelste Gefühl gegen die leidende Unschuld vereinigt [...], wenn die schönthalisch bisherigen Hoheitsrechte doch aufhören sollen.[1] Mit diesen Worten, die Maurus Schreiner, der letzte Abt des Klosters Schöntal, zwei Tage nach der militärischen Besitzergreifung durch Württemberg an seinen neuen Landesherrn Herzog Friedrich II. richtete, war die 650-jährige Geschichte der im malerischen Tal der Jagst gelegenen Abtei beschlossen. Unter den durch den Reichsdeputations-Hauptschluss (RDH) an Württemberg gefallenen Reichsstiften gehörte Schöntal als einzige Männerabtei zum Zisterzienserorden. Noch heute präsentiert sich die Abtei dem Betrachter so, wie sie die großen Baumaßnahmen des 18. Jhs. prägten.[2]

Zum reichsunmittelbaren Status der Abtei

1157 von dem Edelfreien Wolfram von Bebenburg gestiftet wurde Schöntal – wie bei Zisterzen üblich – dem Schutz des Kaisers und damit des Reiches unterstellt. Die Privilegien Friedrich Barbarossas wurden regelmäßig von den Herrschern bestätigt. Noch 1418 verlieh König Sigismund Schöntal den Status eines königlichen Klosters. 1439, auf dem Basler Konzil, erhielt der Schöntaler Abt auf Vermittlung des Reichserbkämmerers und Konzilsprotektors Konrad v. Weinsberg das Recht, die bischöflichen Insignien Mitra und Inful zu tragen. Kaiser Friedrich III. gestand der Abtei 1491 das Recht zu, ein erweitertes Klosterwappen zu führen.[3] Anders als seinem Mutterkloster Maulbronn, aus dem der Gründungskonvent ins Jagsttal entsandt worden war, gelang es Schöntal, sich der Landsässigkeit zu entziehen. Während Maulbronn als württembergisches Kloster bereits in der Reformation aufgehoben und in eine Klosterschule umgewandelt worden war[4], ereilte Schöntal dieses Schicksal erst 250 Jahre später.
Allerdings zählt Schöntal zu den Abteien, die zwar als reichsunmittelbar galten, aber nicht über die Reichsstandschaft verfügten. Dies war nicht zuletzt darin begründet, dass es 1495 von König Maximilian dem Schutz des Erzstifts Mainz unterstellt worden war, mit dem sich daraus ein Jahrhunderte langer Streit um den Status des Klosters ergab. So erschien etwa der Amtmann von Krautheim zu jeder Abtswahl mit Militär, übernahm die Torschlüssel und führte die Oberaufsicht über das Kloster, das in der Diözese des Bischofs von Würzburg lag, dem das geistliche Visitationsrecht zustand.[5] Beigelegt wurde die Auseinandersetzung im Sinne Schöntals erst zwanzig Jahre vor seiner Aufhebung, bei der es dann als Reichsstift galt.[6]

Die Abtei am Vorabend der Säkularisation

Die letzten fünfzig Jahre des Bestehens der Reichsabtei waren von innerer Zerrüttung und Verfall gekennzeichnet. Abt Augustin Brunnquell, der 1761 nur von einer Minderheit von zwölf Mönchen gewählt worden war, fand keinen Rückhalt im Konvent, mit dem es 1772 zum offenen Bruch und einem regelrechten

Kriegszustand kam. Der Abt wurde wegen offensichtlicher Gewalttätigkeiten und schlechter Haushaltung in Würzburg verklagt, von wo eine päpstliche Untersuchungskommission angefordert wurde, die sich gewaltsam Eintritt ins Kloster verschaffen musste. Während die Abtei sonst auf ihrer Reichsunmittelbarkeit beharrte, wovon besonders die Baumaßnahmen unter Abt Knittel und seinen Nachfolgern noch ein spätes aber beredtes Zeugnis ablegen, appellierte Abt Brunnquell in dieser Situation an Kurmainz als Schutzmacht. Da Mainz aber die würzburgischen Räte unterstützte, kam es am 29. August 1773 zur provisorischen Suspendierung des Abtes. Dieser floh nach Neuenstadt am Kocher und bat sogar Württemberg um Hilfe, woran man sich 1802 wieder erinnern sollte. Da Herzog Karl Eugen sich aus der Sache heraushielt, ging der Abt nach Wien und bekam am kaiserlichen Hof Recht. Wieder ins Kloster zurückgekehrt, ließ er 22 Konventualen für fünf Monate in Arrest nehmen, da er angeblich seines Lebens nicht mehr sicher war. Eine gemeinsame Untersuchung von kaiserlichen Delegierten und würzburgisch-päpstlichen Kommissaren förderte zutage, dass der Abt sich aller Einnahmen des Klosters bemächtigt und keine Kapitel mehr abgehalten hatte. Der Konvent war in der Zeit des Konflikts von 66 auf 41 Mitglieder zusammengeschmolzen, und in den letzten 14 Jahren waren keine Novizen aufgenommen worden. Der Bischof von Würzburg bezeichnete daher das Kloster als *ein vom Haupt bis zu den Gliedern äußerst zerrüttetes Ordenshaus.*[7] Die Umstände, die schließlich 1784 zur Absetzung Augustin Brunnquells führten, wurden später als Rechtfertigung für die Aufhebung des Klosters herangezogen.

Mainzer Säkularisationspläne in Schöntal von 1798

Vor dem Hintergrund der inneren Zerrüttung des Konvents einerseits und der Jahrhunderte langen Konflikte um den reichunmittelbaren Status des Klosters andererseits, wundert es nicht, dass es Ende des 18. Jhs. sogar ein Projekt zur Säkularisierung Schöntals von Seiten des Erzstifts Mainz gab. Wir entnehmen dies einem Briefwechsel, den der Mainzer Staatsminister und Hofkanzler v. Albini 1798 auf dem Rastatter Kongress mit dem kurfürstlich mainzischen Hofrat Engelhard führte. Davon ausgehend, dass der Kurstaat Mainz auf dem rechten Rheinufer erhalten bliebe, dachte man auch hier an eine Entschädigung für die linksrheinischen Verluste durch *die Aufhebung der verschiedenen zum Theil reichen Klöster und Abteien, von denen die Abtei Schöntal als bei weitem die reichste in unseren Gegenden* bezeichnet wurde. Ihre jährlichen Einkünfte wurden abweichend von den offiziellen Klosterrechnungen, die nur halb so viel auswiesen, auf 100.000 fl. geschätzt. Albini wird neben diesen Daten mit dem Bericht eines ehemaligen, in Unehren entlassenen Schöntaler Beamten namens Münster versorgt. Wenn dieser auch sehr subjektiv und von Missgunst geprägt ist, so wirft er dennoch ein Licht auf die im Vorfeld der Säkularisation herrschende Stimmung gegenüber der Abtei. Er sei hier ausführlich zitiert, weil er auf merkwürdige Weise vorwegnimmt, was sich vier Jahre später tatsächlich ereignen sollte, als das Kloster von Württemberg in Besitz genommen wurde: *Der größte, zu denen jährlichen auf 100/m* [100.000] *fl. bestimmten Einkünften nicht gerechnete Schatz steckt auch noch in dem Kloster selbsten verborgen. Diesen zu erwischen, wird alle Klugheit und Vorsicht erfordert. Man muß Leute haben, die in dem Kloster genau bekannt sind, die alle Winkel, Zu- und Abgänge beim ersten Aufhebungspunkt zu verriegeln wissen, sonst flieht der Vogel aus dem Neste, ehe man glaubt, dass er flüchtig werden könnte* [...]. *Der erste Hauptschatz zu Schönthal soll 1. in einer ansehnlichen Summe Geldes* [...]*; 2. in verschiedenen in Gold und Silber gefaßten Juwelen; 3. in verschiedenen silbernen Aufsätzen und sonstigem Geschirr; 4. in einem ansehnlichen Kirchengeräth an silbernen und goldenen Monstranzen, Kelch, Becher, Flaschen, Teller, Leuchter, Bildern und sonstigen kostbaren Paramenten und Weißzeug bestehen. Alle diese vorzüglich merkwürdigen Kostbarkeiten würden ein Raub der Mönche*[!] *werden, wenn denselben vor der Zeit bekannt werden sollte, dass sie ihrer Auflösung nahe stünden und ihr Kloster verlassen müssten.*[...] *der 2. Schatz* [...] *steckt in dem abteilichen Archiv* [...]. *Die Mönche, wenn sie ihre Auflösung vorher erfahren sollten, wären so boshaft und verwegen, diese ihre sämmtlichen Dokumenten lieber dem verzehrenden Feuer zu übergeben, als solche in weltliche Hände kommen zu lassen.* [...] *Sie* [die Ak-

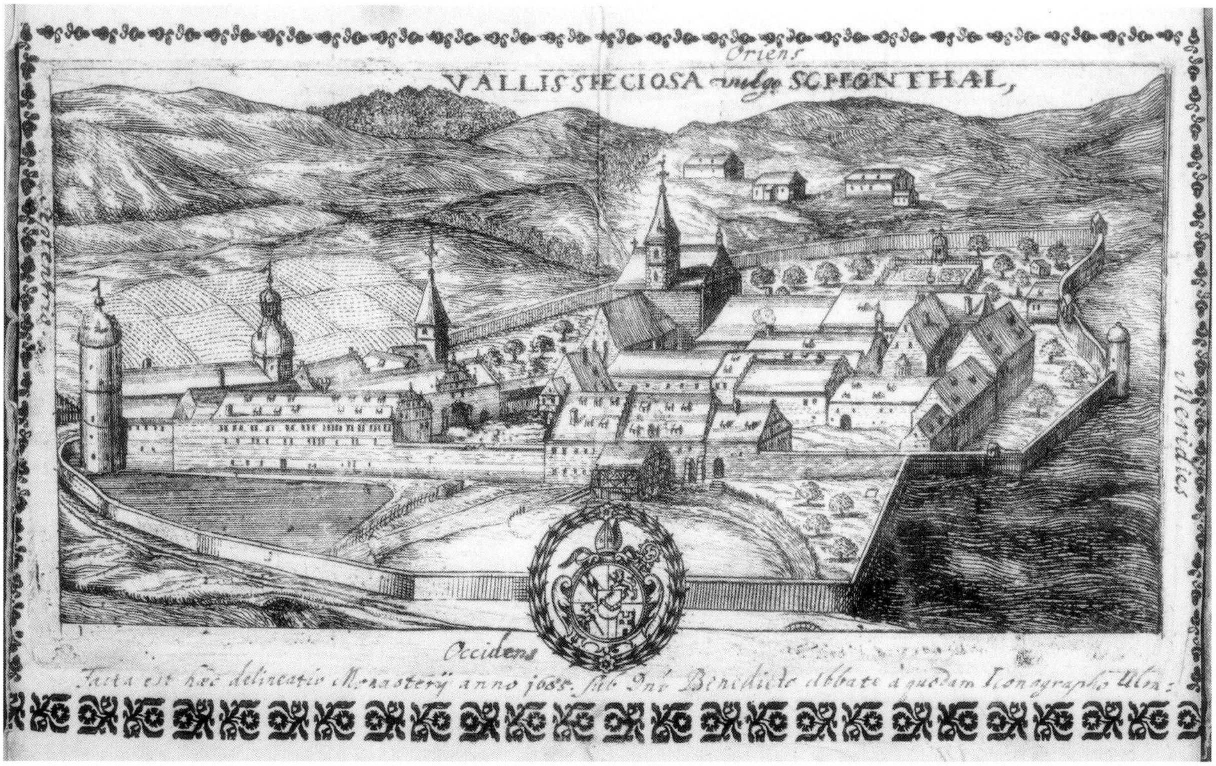

Schöntal
Klosteransicht vor den Umbauten des 18. Jhs.
Kupferstich, 1685.
SA Ludwigsburg.

ten] *können noch beseitigt werden, wenn das Kloster auch an allen Ecken besetzt und verriegelt ist.*[8] »Man wäre fast versucht, zu glauben, dass Württemberg bei der Aufhebung des Klosters nach dieser Anweisung gehandelt hätte; es ging gerade so zu, wie es in diesem Brief gewünscht wird.«[9]

Verlauf der Säkularisation in Schöntal

Besitzergreifung durch Leiningen-Westerburg

Wenn auch die Mainzer Pläne ohne Folgen blieben, so war doch mit dem RDH das Schicksal Schöntals besiegelt. Im ersten Entschädigungsplan wurde die Abtei den Grafen v. Leiningen-Westerburg zugewiesen, die sogleich im September 1802 eine Besitzergreifungskommission entsandten. Es wurden vereinzelt Patente angeschlagen[10], jedoch änderte sich am Klosterleben nichts. Aufregung und Unwille bei Konvent und Untertanen rührten vor allem daher, dass man sich einem so geringen Herrn unterwerfen sollte. Da bereits der zweite Entschädigungsplan vom 8. Oktober 1802 Schöntal dem Herzog von Württemberg zuwies, fand die Tätigkeit der Leiningenschen Kommission, die nicht einmal das gesamte Schöntaler Gebiet in Besitz genommen hatte, kaum Niederschlag in den Akten.[11] Um so schneller griff der Herzog von Württemberg zu. Friedrich II. richtete bereits zwei Tage später ein Reskript an den Abt von Schöntal, das diesen über die bevorstehende provisorische Besitzergreifung informierte.[12]

Das Kloster Schöntal heute

Militärische Besitzergreifung durch Württemberg

Besetzung der Abtei

Ebenso wenig wie andere Landesherren wartete Württemberg bis zur feierlichen Verabschiedung des RDHs, die ja erst am 25. Februar 1803 erfolgte, sondern erteilte bereits am 12. Oktober 1802 dem Oberamtmann Johann Karl Heinrich Fetzer zu Weinsberg den Auftrag, nach Rücksprache mit Generalmajor v. Mylius die militärische Besitzergreifung Schöntals vorzunehmen. Diese erfolgte am 15. Oktober auf friedlichem Weg, nachdem Fetzer den Abt am Vortag *per expressum* davon in Kenntnis gesetzt hatte.[13] Vor diesem Hintergrund wird die Besitzergreifung nicht ganz so überraschend erfolgt sein, wie sie der Schöntaler Apotheker Fortbach in seinen Erinnerungen beschreibt: *Sämtliche Konventualen waren am 16.* [!] *Oktober 1802 nach dem Abendessen vergnügt bei einem Spiel beisammen, als abends nach 8 Uhr ein Hörnerschall sich vernehmen ließ;* [...] *Eine Compagnie württembergischer schwarzer Jäger besetzte im Namen ihres Kurfürsten die Abtei.*[14]

Fetzer nämlich berichtet, dass ihm der Abt in der Person des Syndicus Mundorf und eines Konventualen eine Deputation entgegenschickte, um ihm *die Zufriedenheit über den Einmarsch der Commission* [...] *und das Loos zu bezeugen, welches das Closter Schönthal in dem unveränderlichen Gang der deutschen Staatssache betreffen.*[15] Er selbst traf am 15. Oktober gegen 10 Uhr vormittags mit 40 herzoglichen Feldjägern unter dem Kommando v. Kechlers in Schöntal ein und übergab Abt und Konvent das herzogliche Reskript über die provisorische Besitznahme. Er hielt sich bis zum 20. Oktober in der Abtei auf, um einen Etat über sämtliche klösterlichen Besitzungen und den *statum politicum* zu erstellen.

Zustand der Abtei bei der Besitzergreifung

Angetroffen wurden in der Abtei neben dem Abt nur 24 Konventualen, da die übrigen auf Gütern und Pfarreien Dienst taten, sowie vier weltliche Beamte, und zwar der Syndicus Mundorf, ein Kanzleirat, ein Sekretär und ein Renovator. Insgesamt zählten 1802 noch 35 Mönche und zwei Laienbrüder zum Konvent, was aus einem Katalog von 1802 hervorgeht. Fetzer charakterisiert sie *als größten theils junge Männer, welchen nichts erwünschter scheinet, als die Hoffnung* [...] *auf eigne Pfarreyen versetzt zu werden*. Die Baulichkeiten werden samt der Ökonomiegebäude als *in dem besten Bauerhaltungs-Zustand* beschrieben, wozu eine eigene Ziegelhütte beitrug. Während sich in den Speichern nur wenige Vorräte befanden, wurden in den Stallungen 25 *schöne brauchbare* Pferde angetroffen. Der Oberbursarius gab das reine Einkommen mit 44.966 fl. an. Zum Besitz des Klosters, das über 6.000 Morgen Wald und Weinberge verfügte, zählten die Orte Schöntal, Aschhausen, Bieringen mit Weltersberg, Diebach, Oberkessach mit Hopfengarten und Weigental, Westernhausen, halb Berlichingen, die Höfe Büschelhof, Eichelshof, Halberg, Halsberg, Muthof, Neuhof, Neusaß, Sershof, Schleierhof und Spitzenhof.[16] Einige davon besaß das Kloster im Kondominat mit anderen Herrschaften, wie z. B. Berlichingen mit den gleichnamigen Freiherren, welche die

Besitznahme durch Württemberg ausdrücklich begrüßten.[17] Hinzukamen noch einzelne Besitzungen und Gefälle in Dörfern der näheren und weiteren Umgebung, wie z. B. die Weingefälle in Niedernhall, Sindringen und Wimmental sowie die Stadthöfe zu Heilbronn und Mergentheim. Die Zahl der Schöntaler Untertanen wird mit 3.000 angegeben. Im Dienst der Abtei standen davon 81 Personen.

Spannungen mit Salm-Reifferscheid

Probleme erwuchsen bei der Besitzgergreifung dagegen in den im ehemals mainzischen Amt Krautheim gelegenen Schöntaler Orten und Höfen.[18] Während der RDH die Entschädigung Württembergs für seine oberrheinischen Besitzungen mit der Landeshoheit über die Abtei Schöntal und deren Besitzungen und Zugehörden vorsah, wurde das Haus Salm-Reifferscheid-Bedburg mit dem mainzischen Amt Krautheim und den dortigen Gerichtsrechten Schöntals entschädigt. Die sich daraus ergebenden Spannungen wurden im Oktober 1804 durch einen Tausch- und Purifikationsvertrag beigelegt, der zu einer Besitzabrundung führte, die am 1. Januar 1805 in Kraft trat.[19]

Zivile Besitzergreifung durch Württemberg

Die Arbeit der Organisationskommission

Mit Reskript vom 20. November 1802 wurde Hofkammervizedirektor Johann Leonhard Parrot mit der zivilen Besitzergreifung von Kloster Schöntal beauftragt und ihm der Kammerrat August Wilhelm Mayer zur Seite gestellt, der die Verwaltung vor Ort übernahm. Nachdem der Subkommissar gegen drei Uhr nachmittags in Schöntal eingetroffen war, suchte er zunächst das Kanzleipersonal auf und vereidigte den Syndicus Mundorf auf den Herzog. Der Abt entschuldigte sich, ihm wegen der Überraschung des Besuchs nicht entgegengekommen zu sein, hatte aber bereits den gesamten Konvent versammelt. Nach Verlesung des herzoglichen Patents über die Besitznahme wurden die Konventualen vom Gehorsam gegenüber dem Abt, der sich auf gottesdienstliche Handlungen zu beschränken hatte, entbunden. Nach ihrer Vereidigung wurde das Patent samt dem herzoglichen Wappen unter militärischer Begleitung v. Kechlers am Klostertor angeschlagen. Sofort danach ließ Mayer die Hauptkasse, die zu seiner Enttäuschung nur 1.496 fl. enthielt, und das *Hauptarchiv, zu dem nur eine Thüre führte,* versiegeln. An den folgenden Tagen wurden Patente und Wappen in den zum Kloster gehörenden Besitzungen angebracht, was bis auf die Spannungen mit den Krautheimer Beamten ebenso friedlich vor sich ging.[20]

Der Ablauf der Besitzergreifung verlief somit, analog zur Besitznahme der anderen an Württemberg gefallenen Abteien, ohne besondere Zwischenfälle. Hier wie andernorts endete der Tag der Besitzergreifung damit, dass der herzogliche Beamte vom Abt zum Essen gebeten wurde: *Während des Essens wurden meist unbedeutende Dinge gesprochen, doch sagte der Herr Prälat als zutrauliche Eröffnung, dass sie zwar im Kloster vorausgesehen, ein unschuldiges Opfer des Friedens werden zu müssen, und in großer Furcht gewesen seyen, an den Grafen von Leiningen, wie es anfänglich geheißen, zu fallen, nun aber habe die Nachricht, daß das Kloster seiner herzoglichen Durchlaucht zugeschieden worden, zum wahren Trost und Erleichterung gereicht, indem sie sich von einem so großen Kurfürsten und Herzog ein weit beßeres Schicksal und Berathung versprechen könnten. Subcommissarius antwortete, daß er [...] wegen der bekannten Großmuth seines gnädigsten Herrn mit größter Zuversicht im Voraus versichern könne, daß das ganze Convent gewis fürstlich werde behandelt werden.*[21]

In dieser Hoffnung wurden die Schöntaler aber wie andere auch enttäuscht. Einzugehen ist hier vor allem auf zwei Komplexe, und zwar einmal die immer wieder in den Akten aufscheinende Versorgung und Pensionierung des Konvents, zum andern auf die Räumung oder eher die Ausbeutung des Klosters. An ihnen wird deutlich, wie sehr die Säkularisation neben dem politischen Machtgewinn einen wirtschaftlichen Anreiz darstellte. Während die Übernahme von Klostergebäuden, Gefällen und Besitzungen einen finanziellen Zugewinn brachte, waren damit naturgemäß auch Lasten verbunden, so dass die Ausgaben so gering wie möglich zu halten waren. Dies zeigte sich zunächst daran, dass die Pensionen unter dem in Regensburg festgesetzten Minimum von 300 fl. blieben. Ferner musste es das Bestreben der neuen Regierung sein, Mobilien und Immobilien möglichst günstig zu nutzen oder abzustoßen. Während die *Klosterschätze* in

die herzoglichen Kammern wanderten, wurden minderwertige Inventarteile und kleinere Besitzungen sofort verkauft oder versteigert. Diese Aufgabe oblag in erster Linie dem für ein halbes Jahr in Schöntal amtierenden Kammerrat Mayer.[22]

Räumung des Klosters von Wertgegenständen

Subkommissar Mayer ging zunächst daran, Aufstellungen über das im Kloster vorhandene Bargeld sowie Gold- und Silbergerätschaften, Messgewänder und Musikinstrumente zu machen, die wie die nicht zum Ackerbau benötigten Pferde nach Stuttgart bzw. Ludwigsburg abgehen sollten. Am 9. März 1803 wurden acht Reitpferde, von denen zwei aus dem Schöntaler Hof zu Heilbronn stammten, an den Marstall in Stuttgart gesandt, während in Schöntal zwölf Zug- und zwei Reitpferde zurückblieben. Am 23. März wurden *sieben Wallachpferde* nachgeliefert. Der Abt durfte erst auf wiederholtes Ersuchen sein Gespann, das bereits versteigert worden war, behalten.[23]

Die größte von drei Orgeln aus der Klosterkirche, die 1727 dort aufgebaut worden war und über 20 Register verfügte, wurde abgebrochen und nach Stuttgart transportiert, wo sie in der Stiftskirche aufgestellt werden sollte. Da sie dort wegen ihrer Größe nicht hinein passte, blieb sie zunächst in Kisten verstaut und wurde 1817 nach Rottenburg überführt, wo sie in der später zum Dom erhobenen Martinskirche Aufstellung fand. *Die zweite schöne Orgel wurde* […] *an einen liederlichen Orgelmacher von Mosbach als altes Zinn um einen Spottpreis verkauft*[24], so Fortbach in seinen Erinnerungen. Die dritte Orgel wurde noch 1806 für 600 fl. veräußert, so dass ein Jahr später nach der Einrichtung der Klosterkirche als Schöntaler Pfarrkirche erst wieder eine neue Orgel besorgt werden musste. Nach Stuttgart gesandt und dem Hoftheater übergeben wurden ebenso *vier ganz silberne, zum Theil vergoldete Trompeten* […], *welche zusammen 16½ Mark Silber wiegen.*[25]

Ende Januar 1803 ging ein Transport von vier Kisten Kirchensilber und Paramenten nach Stuttgart ab, deren Wert auf 5.090 fl. geschätzt wurde, womit der Herzog aber keineswegs zufrieden war, da die Ausbeute in Ellwangen, Comburg und Zwiefalten um einiges reicher gewesen war. Deshalb forderte er am 7. Februar 1803 vom Konvent eine Erklärung, *warum in dem beträchtlichen Kloster Schönthal nur so ein geringer Vorrath an Silberzeug vorhanden seyn solle.*[26] Vier Tage später erging der Auftrag an die Organisationskommission, im Zusammenhang mit der Verzeichnung des in Schöntal zurückgebliebenen Kirchensilbers Nachforschungen über *Pretiosen* anzustellen, die dem Abt *bißher zu Bezeichnung seiner persönlichen Würde dienten.* Die Schöntaler beriefen sich auf die Ordensregel der Zisterzienser, die es verböte, *zu viele Pracht bei dem Gottesdienste zu zeigen* und in so großem Prunk zu leben wie andere Orden oder etwa die Ritterstifte: *Ist bei den Cisterziensern Gesetz, daß auch bei den höchsten Festen nicht weiter als 6 Leuchter auf dem Hochaltar angezündet werden sollen, und von diesen sind ja bereits die silbernen Leuchter übergeben worden.* Auch hatten die oben geschilderten Prozesse, die Abt und Konvent im 18. Jh. gegeneinander geführt hatten, Unsummen verschlungen. Nicht zuletzt waren durch den unter Abt Knittel begonnenen und im letzten Jh. fertiggestellten Bau der Neuen Abtei sowie die Kriegswirren der letzten Jahre die Geldvorräte aufgebraucht worden. Dabei konnten die Schöntaler nicht ohne Stolz darauf verweisen, dass das Kloster trotz allem schuldenfrei war.

Wie die Gegenüberstellung der Inventare über die im Kloster verbliebenen und die an den herzoglichen Hof abtransportierten Gegenstände zeigt, hatten die Kommissare sehr gründlich gearbeitet. Während zahlreiche seidene und in vielen Farben bestickte Messgewänder nach Stuttgart gingen, blieben in Schöntal nur *4 ordinäre Meßgewänder, die zum Theil sehr alt und abgetragen sind, woran sich keine Kostbarkeiten befinden* […] zurück. Von den neun vorhandenen Kelchen wurde *der beßte mit Steinen besetzte eingeschickt. Eine Monstranz, die geringere mit falschen Steinen*[27], blieb dagegen im Kloster zurück. Abt Maurus sah sich schließlich gezwungen, zwei Konventualen nach Stuttgart zu schicken, mit der Bitte, ihnen das Nötigste für den Gottesdienst an Instrumenten, Messgewändern und Bestecken sowie einen silbernen Löffel für jeden zuzugestehen. Darauf verfügte Friedrich, *daß denselben 1 Ciborium, 1 Monstranz und so viele Meßkelche gelaßen werden sollen, als Altäre zum Meßlesen in der Kirche vorhanden sind.* Auch gestand er ihnen zu, die Messgewänder zu behalten, *welche nicht Kostbarkeiten sind,* […] *wobei sich jedoch von selbst versteht, daß*

das Eigenthum auch dieser Sachen uns bleibt, und ihnen nur der Gebrauch derselben überlaßen wird.[28] Wie weit man bei der Erfüllung des herzoglichen Befehls ging, zeigt die Geschichte um die Gebeine der Heiligen Justinus und Theodor, die in Schöntal verehrt wurden und die Kammerrat Mayer das Leben schwer machten. Er hatte den Auftrag bekommen, von den *Heiligen, die in rotem Samt mit reicher Stickerei bekleidet* waren, die Verzierungen abzunehmen und nach Stuttgart zu senden, die Gebeine aber in der nächsten Dorfkirche aufzustellen. Allerdings sah er sich, sowohl was ihren materiellen Wert als auch was ihren ideellen Wert für die Gläubigen betraf, vor unüberbrückbare Schwierigkeiten gestellt, wollte keinen Gerüchten Vorschub leisten und bat darum, die Sache am Hof zu entscheiden: *Ich wünschte, daß diese Heilige samt ihren Gebeinen gen Himmel gefahren wären, sie machen mir allerhand Spuk. Anfänglich glaubte ich sie von großem Werth. Ich fragte einen Juden, der both gleich 1.000 Reichsthaler und gieng* [...] *ohne weiteres auf 2.000* [...]. *Da immer weniger Leute des Nachts im Kloster sind und bei Tag sich allerhand Gesindel einschleicht, so war mir für die Heilige bange. Ich nam sie für mein Bette, bath um Verhaltungsbefehl* [...]. *Kaum war der Bericht fort, kam der Jude, besah die Herrlichkeiten von allen Seiten und sagte mir dann, daß die Perlen falsch seyen, und daß er nicht weiter als 50 Louis d'or dafür geben könne* [...]. *Meiner Meinung nach wäre das beste,*[...], *daß ich die Heilige in den schönen Glaskästen, wie sie sind, Ihnen zuschicken dürfte. Ich würde dann hier sagen, Seine Herzogliche Durchlaucht hätten die Leiber, weil hier wenig Gottesdienst seye, in die Hauptkirche nach Elwangen geschicket. So wäre das Volck beruhigt und Euer Wohlgebohren könnten die Sachen durch Kenner untersuchen lassen* [...]. *Ich bitte gehorsamst, Seiner Herzoglichen Durchlaucht die Sache vorzustellen, sonst bleibt mir nichts übrig, als die Gebeine selbst abzutrennen, da von den Narren der Gegend keiner es thun wird.*[29] Seinem Wunsch wurde durch Verfügung vom 26. März entsprochen.

Das Kloster wurde so vollkommen geräumt, dass Steuereinnehmer Kapff nicht wusste, wie er das Logis für den am 31. Juli 1803 geplanten Besuch des Herzogs in Schöntal möblieren sollte, da alle Möbel, Gläser, Geschirr usw. verkauft worden waren.[30]

Abtransport von Bibliothek und Archiv

Die Bibliothek, die Parrot *als ziemlich zahlreiche* [...], *in der einige alte Manuskripte und Incunabeln auch sonstige kostbare Werke sich befinden*[31], beschrieb, wurde teilweise 1804 und endgültig 1810 in 48 Verschlägen nach Stuttgart transportiert. Die dortigen Bibliothekare, die anhand des von Pater Steinmayer erstellten Katalogs nur 70 Bände für wertvoll hielten, waren nur wenig begeistert darüber, zumal sie gerade versuchten, 25.000 Bänden aus Schussenried Herr zu werden. Angesichts der Transportkosten hatten sie sogar den Vorschlag gemacht, die Doubletten *in den Ort Schönthal, wenn auch nur als bloße Makulatur zu verkaufen.* In Stuttgart wurde die Bibliothek in der Hofkapelle des Alten Schlosses untergebracht, wo es im Oktober 1810 aber zu kalt und zu feucht war, um Ordnungsarbeiten vorzunehmen. Heute sind von den ca. 10.000 Bänden nur noch 1.500 nachweisbar. Sie befinden sich außer in der Württembergischen Landesbibliothek vor allem im Wilhelmsstift in Tübingen.

Auch das Archiv, dessen Ordnungszustand Bilfinger als *sehr betrüblich* bezeichnete, was er dem *mangelnden Fleiß der zuständigen Geistlichen* zuschrieb, wurde abtransportiert. Es war 1796 nach Amberg und nach Würzburg geflüchtet worden und nach der Rückkehr, offenbar *ohne auf die Ordnung zu achten, in Schubläden gesteckt worden.*[32] Allerdings gingen die württembergischen Beamten auch nicht besser damit um. Unterlagen, die zur täglichen Verwaltung des neuen Besitzes benötigt wurden, gelangten in die Registraturen von Ober- und Kameralamt. In Schöntal waren die wie andernorts auch mit der Bewertung der als aufbewahrungswürdig einzustufenden Archivalien beauftragten Kameralbeamten sichtlich überfordert, was zu Verlusten an Archivgut führte, denen erst der Geheime Archivar Christoph Ludwig Friedrich Lotter auf seinen Archivreisen 1824 bis 1826 ein Ende bereitete. Nach seinem Bericht wurden die Akten, die nicht für die laufenden Geschäfte benötigt wurden, in einem so feuchten Raum gelagert, in dem selbst *die Pflastersteine moderten.*[33] Er veranlasste die Verlagerung der Pergamenturkunden und Urkundenabschriften in das Staatsarchiv nach Stuttgart, wo sie 1825 vom Archivar Wilhelm Ludwig Ferdinand Scheffer verzeichnet wurden. Am 17. Oktober 1833 wurde das restliche Abteiarchiv in das 1813 eingerichtete Neben-

archiv zu Mergentheim verbracht, nachdem die für nicht aufbewahrungswürdig erachteten Akten und Bände nach dem Papierwert verkauft worden waren. Heute befinden sich 1.060 Urkunden und Akten im Umfang von 50 Metern im Staatsarchiv Ludwigsburg, frühe Königs- und Kaiserurkunden sowie Lagerbücher und Kopiare in den Selektbeständen des Hauptstaatsarchivs Stuttgart sowie noch einzelne Stücke im Pfarrarchiv in Schöntal.

Schätzung von Geldeinnahmen und Liegenschaften

Wie hoch die Einnahmen in Schöntal tatsächlich waren, lässt sich kaum mehr ermitteln, da nicht nur die Angaben der Mönche, sondern auch diejenigen der einzelnen Organisationskommissare auseinandergehen. Während der Oberbursarius bei der Besitzergreifung die Einkünfte mit ca. 44.699 fl. angab, führten die Konventualen bei den Verhandlungen um ihre Pension, die sich an den jährlichen Einkünften der Abtei orientieren sollte, 80.000 fl. an. Parrot errechnete 62.000 fl. Reichsgraf Enzdorf spricht 1804 von 72.000, meint aber, andere würden von 90.000 fl. Einkommen reden. Mayer und Parrot hatten bereits 1803 weitgehend alle Güter, Weinberge, Mühlen sowie die Brauerei und die Ziegelei verkauft. Dies wurde nach 1803 vom Kameralamt Schöntal fortgesetzt, in dessen Akten teilweise die Unterlagen der Steuereinnehmerei Schöntal Eingang fanden[34]. Der Heilbronner Hof wurde mit seinen Zugehörden verpachtet. Um den Mergentheimer Propsthof entstand ein Streit mit dem Deutschen Orden, bei dem es vor allem um die Frage ging, wer den Gottesdienst in der Kapelle des Propsthofes versehen sollte. Damit wurde schließlich der schon früher dort tätige Schöntaler Pater Hubrich beauftragt. Nach seinem Tod 1819 wurde die Kapelle 1820 verkauft und in eine Brauerei umgewandelt, was symptomatisch für den Umgang Württembergs mit katholischem Kirchengut war.[35]

Folgen der Säkularisation für Konvent und weltliche Bedienstete

Verhandlungen über die Höhe der Pensionen

Die Schöntaler Mönche werden von den Organisationskommissaren durchweg negativ dargestellt, was wohl damit zusammenhängt, dass sich die Verhandlungen über deren Versorgung als sehr schwierig und langwierig erwiesen. Es herrschte ein gegenseitiges Misstrauen, dass von beiden Seiten her begründet war. Die Klosterbereisungskommission, die im Februar 1803 die Selbstverpflegung im Konvent aufzuheben hatte, berichtet am 22. Mai: *Als die* [...] *beauftragte Commission zu Ende Februar in dem Closter Schönthal ankam, traf sie noch die* [...] *Selbstverpflegung des ziemlich zahlreichen Personals an. Diese Selbstverpflegung war kostbar und der Aufwand müßte immer auf 300 fl. für die Woche angenommen werden.* Ihre Aufhebung ... *war jedoch hier mehr als anderwärts mit Schwürigkeiten verbunden. Der Abt war längst ohne Einfluß, die Prioren ohne Autorität, der größte Theil der Ordensgeistlichen durch Zwietracht getrennt. Ohne litterarische Bildung und mit einem grossen Hang zur Streitigkeit kam zwar vielen die Aufhebung des Closters erwünscht, jedoch nur, um mit mehrer Freiheit die Vortheile genießen zu können, die ihnen der Reichsdeputations-Schluß versprach.*[36] Wie bereits erwähnt, blieb Württemberg aber unter dem vom RDH festgesetzten Minimum zur Versorgung der Mönche.

Pensionierung des Abtes

Die Verhandlungen über die Pension des Abtes führte Hofkammervizedirektor Parrot höchst persönlich. Während Abt Maurus zunächst 3.000 fl., 20 Klafter Holz und je 12 Malter Dinkel und Hafer sowie freie Wohnung im Schloss Aschhausen und einen Wagen verlangte, wollte Parrot ihm nur 1.500 fl. zugestehen. Nachdem der Abt erklärte, *daß es aber jedermann auffallen würde, wenn er nicht einmal das Nöthigste zu seinem Unterhalt in seinen alten Tagen erhalten sollte*, bot Parrot ihm 2.000 fl. und freie Wohnung und berichtet darüber süffisant: [ich] *gab ihm zu erkennen, daß diese Summe Reichsdeputationshauptschlußmäßig seye, ersuchte ihn, sich bestimmt über die Annahme derselben zu erklären, und nahm meinen Huth zu mir. Dieser Schritt bewog ihn zu einer größeren Nachgiebigkeit. Er wollte noch die 20 Kl.* [after] *Holz, den Dinkel, den Haber und den Diable verlangen, allein, da ich sehe, daß er zu wanken anfinge,* [...] *ein Blick, den ich auf die Thüre warf, bestimmte*[n] *ihn zu der Annahme derselben.*[37] Als Aufenthaltsort des in

die Enge getriebenen Abtes wurde Schloss Aschhausen bestimmt, das Schöntal 1671 vom Erzstift Mainz erworben hatte.

Versorgung der Konventualen

Unter ähnlichem Druck verliefen die Verhandlungen über die Pension der Konventualen, die Regierungsrat Ferdinand Wilhelm Weckherlin führte. Obwohl die Mönche in Anbetracht der jährlichen Schöntaler Einkünfte von ca. 80.000 fl. je 500 fl. bzw. 450 fl. forderten, wurden sie im Durchschnitt mit 270 fl. abgefunden. Dabei wurden sie in vier Gruppen eingeteilt. Als Ausländer galten diejenigen, die mit einer Pension von 250 fl. zu ihren Familien zurückkehrten. 13 Geistliche, die außerhalb der Kommunität leben, aber im Lande bleiben wollten, sollten 275 fl. bekommen. Sie waren bis auf zwei Patres alle unter 40 Jahre alt. Vier Konventualen wollten innerhalb der Klostermauern mit einer Pension von 275 fl. zusammenleben. Fünf weitere, die bereits Dienst in Pfarreien taten, sollten ebenso behandelt werden, während die zwei Laienbrüder mit 125 fl., drei Maß Holz und freiem Logis im Kloster abgefunden wurden. Obwohl der Beginn der Pensionen wie derjenigen des Abtes auf den 1. März 1803 festgesetzt war, erhielt Steuereinnehmer Kapff den Auftrag, ihre Auszahlung auszusetzen.[38]

Untersuchung der Finanzgeschäfte vor der Besitzergreifung

Hintergrund dieser Bestimmung war, dass in Schöntal noch im Sommer vor der Aufhebung des Klosters die Verteilung von Bargeld und sog. Bethmann'schen Obligationen unter den Mönchen stattgefunden hatte, was die württembergischen Kommissare bei ihren intensiven Forschungen nach Wertgegenständen und Bargeld in Erfahrung gebracht hatten.[39] Über ein Kapital von 41.000 fl., das der Fürst zu Hohenlohe-Ingelfingen dem Kloster schuldete, hatte dieser eine Obligation ausgestellt, die an das Frankfurter Bankhaus Rippel und Harnier gegeben wurde. Bei diesem beschwerte sich das Kurfürstliche Landvogteigericht, bekam jedoch zur Antwort, *dass theils die Reichsunmittelbarkeit des Stifts Schönthal, theils der neueste Reichsdeputationsabschied § 44 sichere Gewähr dafür leisten*, dass hier *die Rechtmäßigkeit und Unantastbarkeit*[40] des Finanzgeschäfts gegeben sei. Obwohl nämlich der RDH nur die Verträge für ungültig erklärte, die nach dem 24. August 1802 noch von den Klöstern abgeschlossen worden waren, sah Württemberg die Kapitalverteilung als Unterschlagung bzw. Raub an und forderte die Auszahlung desselben von den Konventualen. Erst nach vollständiger Klärung der Angelegenheit, die einer Untersuchungskommission unter Landvogteigerichtsassessor Christian Heuchelin aufgetragen wurde, sollten die Pensionen ausgezahlt werden.

Die Mönche, die in weiser Voraussicht ihres mageren Schicksals im Juli 1802 zu dieser Maßnahme geschritten waren, sahen sich nun gezwungen, von eben diesem Bargeld, das ihr Auskommen hatte erträglicher machen sollen, überhaupt zu leben. Da sie sich in der Mehrzahl weigerten, das Geld herauszugeben, forderte Heuchelin militärische Unterstützung an, um sie dazu zu zwingen: *All den vorherigen Conventualen, stellte ich nach den erfolgten Bekenntnissen das Verbrecherische ihrer Handlungen überhaupt und ihre Verbindlichkeit zur schleunigsten Zurückgabe der so widerrechtlich erhaltenen Gelder vor, keinen vermochte ich aber zur freiwilligen Zurückgabe zu bringen. Sie bezogen sich auf die ihnen bis den 24. August 1802 zugestandenen Administrationsrechte und waren so frech, mir zu erklären, dass sie zuerst noch einmal Vorstellungen bei Eurer Churfürstlichen Durchlaucht, und dann sogar bei Kaiser und Reich versuchen würden [...]. Sie verdienten keine Schonung mehr, weshalb ihnen durch Gewalt das abgenommen werden soll, was sie auf eine so illegale und betrügerische Weise sich zugeeignet hatten.*[41] Mithilfe eines Offiziers und zwölf Jägern durchsuchte Heuchelin die Zimmer der Konventualen. Dabei wurden bei 17 Mönchen noch 5.000 fl. in bar sowie 12 Bethmann'sche Obligationen gefunden, zusammen ein Wert von 19.000 fl. Drei im Ausland befindliche Konventualen wurden schriftlich zur Rückgabe aufgefordert, drei hatten bereits alles auf Reisen aufgebraucht. Vier befanden sich an unbekannten Orten. Nur der Abt hatte weder Geld noch Wertpapiere bekommen, jedoch der ganzen Aktion zugestimmt.

Abt Maurus Schreiner, der 1784 die Leitung der finanziell und in geistlicher wie disziplinarischer Hinsicht darnieder liegenden Abtei übernommen hatte, erwies

sich während seiner Amtszeit mehrfach als ein geschickter Finanzverwalter. Ihm war zu danken, dass die Abtei trotz Prozessen, aufwendigen Baumaßnahmen und Kriegswirren zuletzt schuldenfrei dastand. Heuchelins Untersuchung förderte nun eine Reihe von Geschäften zu Tage, die zwar zum Schaden Württembergs gereichten, jedoch den Abt als guten Hausvater zeigen zu einem Zeitpunkt, als die Aufhebung des Konvents unabwendbar schien.[42]

Außer den genannten finanziellen Transaktionen hatten Abt und Konvent verschiedenen Pächtern übermäßige Nachlässe gewährt, um schnell über Bargeld zu verfügen, das sie dann untereinander verteilten. Etwa in Halsberg betrug die Reduzierung der Pacht von 3.000 auf 1.600 fl. fast die Hälfte. Die Pacht des Buchhofs wurde von 800 auf 500 fl. herabgesetzt und sogar bis 1814 festgeschrieben. In Wimmental gar wurden statt 24.101 fl. nur 7.118 fl. gezahlt, also ein Nachlass von 16.982 fl. gewährt, um sofort an Bargeld zu kommen. Als besonders verbrecherisch an den allesamt im Frühjahr und Sommer 1802 abgeschlossenen Verträgen, empfand der württembergische Kommissar ihre Rückdatierung auf die Jahre 1800 oder 1801. Seit 1769 hatte sich die Abtei im Streit mit den Freiherren v. Berlichingen um Gülten zu Merchingen befunden, der vor dem Reichskammergericht zu Wetzlar ausgetragen wurde. Obwohl die Sache für Schöntal gut aussah, gab sich die Abtei im Januar 1802 unter Hinweis auf die bevorstehende neue Landesherrschaft mit der Reduzierung der Schuldsumme von 9.870 fl. auf 5.000 fl. zufrieden.[43] Während die eine Hälfte der Summe verteilt wurde, ging die andere an das Bursamt, dessen Rechnungen aber auch seit drei Jahren im Rückstand waren, also eine Überprüfung unmöglich machten. Dem Jäger Vollmer wurde ein Haus verkauft mit der handschriftlichen Bemerkung des Syndicus Mundorf, dass das Kloster das Haus zurückerhalten solle, wenn es wider Erwarten in seinem Bestand erhalten bliebe. Um den Wimmentaler Betrug zu verschleiern, schritt Pater Rosalino dort noch am 19. November – also mehrere Wochen nach der zivilen Besitzergreifung – zur Verbrennung des Schuldbuchs. Vor diesem Hintergrund sind die äußerst negativen Urteile der Kommissare über den Konvent zu verstehen. Auch kommen die 1798 gegenüber Kurmainz geäußerten Befürchtungen wieder in den Sinn, die Schöntaler Mönche würden lieber Akten vernichten als in die Hände der weltlichen Herrschaft kommen lassen. Auf jeden Fall wird deutlich, dass die Schöntaler nicht unvorbereitet der Aufhebung ihres Konvents entgegensahen.

Da Württemberg im Gegenzug mit der Aussetzung der Pensionen Ernst machte, sahen sich nach und nach alle Konventualen zur Herausgabe des ihnen noch verbliebenen Vermögens gezwungen.

Zum Schicksal der Schöntaler Konventualen

Die Akten sind voll von Bittgesuchen ehemaliger Mönche, die sich auf den RDH berufen oder ihr Verhalten entschuldigen und erklären, warum sie das Bargeld bereits ausgegeben hätten. Nun da sie *unter exekutivesten Vorkehrungen* alles herausgegeben hätten, was sie besaßen, hofften sie auf eine angemessene Versorgung. Andere Exkonventualen wiederum vergaßen bei ihrer Bitte um Unterbringung in den Räumen der Abtei nicht, auf ihren herausgehobenen Stand hinzuweisen: *Ein unbeholfeners, geräuschvolles Bauern Quartier würde ohnstreitig ein* […] *Hinderniß für uns seyn, die zwischen dem unsrigen und dem Bauernstand so nöthige Scheidewand würde verlohren gehen, wir würden daher sehr mühselig leben, und zur Zeit nie mit Nachdruck auf diese Classe würken können.*[44]

Unter den vielen Schicksalen, die durch die unausweichliche weltpolitische Entwicklung einerseits und die Schöntaler finanziellen Transaktionen andererseits geprägt waren, seien nur einige Beispiele genannt. Am schlimmsten erging es Pater Benedikt Diemer. Ehemals Prior der Abtei war er während der Säkularisation Pfleger auf dem Neuhof. Da er die Besitzergreifung durch Württemberg nicht mitbekommen hatte, führte er seine Geschäfte unverändert weiter, weshalb ihm Unterschlagung herrschaftlicher Gelder vorgeworfen wurde. Er verkaufte offenbar Vieh und Früchte *und eignete sich den Erlös ja in der Absicht, künftigem Mangel bei erfolgter Aufhebung des Klosters dadurch zu entgehen, an.*[45] Er wurde in Arrest genommen und erhielt neun Jahre lang keine Pension, sondern lebte in drückender Armut von der Mildtätigkeit seiner Bekannten und kleinerer Dienste, die er für Pfarrer übernahm. Erst 1813 wurde dem nun 53 Jahre alten Mann

eine Kaplanei zugewiesen. Der 25 Jahre alte Coelestin Hendinger bat um Abfindung mit einer Summe von 5.000 fl. als Abkauf der ihm rechtlich zustehenden Pension, da er Arzneikunde studieren wolle, um *noch ein thätiges und nützliches Glied der menschlichen Gesellschaft zu werden.*[46] Das Gesuch wurde am 17. März 1804 abschlägig beschieden. Pater Zoecklin war zum Zeitpunkt der Säkularisation in der Schweiz und hatte an der Geldverteilung keinen Anteil. Da jedoch ein anderer Pater, Friedrich Grebert, der flüchtig war, den für ihn vorgesehenen Anteil an sich genommen hatte, er ihn also nicht zurückzahlen konnte, wurde auch ihm die Pension verwehrt.[47] Dieser Grebert hatte bei der obengenannten Unterschlagung die Distributionskasse geführt und besaß eine Liste der einzelnen daran beteiligten Konventualen. Neben der Bethmannschen Obligation von 1.200 fl. hatte er noch 595 fl. Bargeld bekommen und 800 fl. an sich genommen, die der Kommunität gehörten. Zusammen mit dem für Pater Zoecklin vorgesehenen Kapital verfügte er somit über 4.353 fl., die die württembergischen Kommissare von ihm zurückforderten. Er entfernte sich heimlich von seinem Wohnort in Berlichingen und ging ins »Ausland«, um Pfarrer in Eppstein bei Mainz zu werden. Obwohl er steckbrieflich gesucht wurde, lehnte König Friedrich I. es zwar ab, sich seinetwegen mit dem französischen Gouvernement im Departemant Donnersberg in Verbindung zu setzen, verfügte jedoch die Inhaftierung Greberts, sobald er ins Land zurückkehre. In Unkenntnis dieses Befehls wurde Grebert 1809 vom Königlich Katholischen Geistlichen Rat zum Pfarrer in Bodnegg bei Altdorf bestellt. Nach längeren Verhandlungen wurde auf die Verfolgung Greberts verzichtet. Da ihm seine Pension vorenthalten worden war, blieb er nur noch 2.000 fl. schuldig, die ihm von seinem Gehalt abgezogen wurden.[48]

Als Vermittler in dieser Angelegenheit war der zum Dekanats-Commissaire ernannte Pfarrer Steinmayer zu Schöntal tätig, ein Mitkonventuale Greberts, der einst den Bibliothekskatalog erstellt hatte und als einziger wegen seiner Redlichkeit hervorgehoben wird. Jedoch auch er, der die Pfarrei Schöntal selbst versah, war 1805 gezwungen, sich über Rückstände bei der Zahlung seiner Pension zu beschweren. Diese wurden damit erklärt, dass die Einkünfte der Steuereinnehmerei Schöntal nicht zur Zahlung aller Pensionen und Gehälter ausgereicht habe, weshalb die Steuereinnehmerei Heilbronn mit deren Übernahme beauftragt wurde. Hintergrund dessen war, dass Steuereinnehmer Kapff seiner Aufgabe nicht gewachsen war und abberufen werden musste.[49]

Ziel der herzoglichen Regierung war es, möglichst viele Pensionäre auf Pfarreien der Umgebung unterzubringen, um Kosten einzusparen. 1807 waren zwölf Exkonventualen in diesem Sinne versorgt; der Organist Joseph Küffner hatte eine Anstellung im herzoglichen Orchester in Stuttgart gefunden.[50]

Constantin Will, ehemals Frühmesser zu Oedheim und dann in Diebach tätig, wurde durch die oben erwähnte Grenzbereinigung mit Salm-Reifferscheid plötzlich zum »Ausländer« und sah sich daher auch um seine gerechte Pension gebracht. Er bat sogar Karl Theodor v. Dalberg, sich beim württembergischen Herzog für ihn zu verwenden. Seine Worte – *da Euer Kurfürstliche Gnaden vormals der höchste Schutzherr der Abtei Schöntal gewesen sind, und wir uns dessen durch die veränderten Umstände zu unserem tiefen Schmerz nur noch erinnern dürfen* [...] – machen nochmals den Zwiespalt deutlich, in dem sich die Schöntaler bereits in den letzten Jahrhunderten befunden hatten. Während sie bei der Verteidigung ihrer Rechtsgeschäfte auf ihre Reichsunmittelbarkeit pochten, wurde, wenn es hilfreich erschien, dennoch Mainz als Schutzmacht angerufen. Staatsminister v. Albini, der Wills Fall als aussichtslos ansah, gab den Schöntaler Mönchen auch zu einem großen Teil mit die Schuld an ihrer bedauernswerten Situation: *Die Schönthaler sind wirklich zu bedauern und es ist nicht recht, dass bei dem großen Vermögen Ihrer Abtei* [...] *sie so unverhältnismäßig gering pensioniert werden sollen. Die Schönthaler waren aber, so lang ich sie kenne, unruhige Mönche und zogen sich immer selbst Verdrießlichkeiten zu. Sie haben es, als Ihnen die Aufhebung bevorstand, mit Austheilung der Capitalien geständiglich wieder so gemacht* [...].[51]

Bei dieser Einschätzung spielte sicher auch eine Rolle, dass v. Albini auch selbst schon 1798 Pläne zur Aufhebung Kloster Schöntals gehabt hatte. Selbst wenn man ihm recht gibt, so veranschaulicht doch die Eingabe von fünf Konventualen beim Landvogteigericht Heilbronn vom 31. Oktober 1803 nur zu deutlich die

ganze Situation, die nicht der persönlichen Tragik entbehrt: *Seit der Säkularisation befinden wir uns zum Theil verlassen und herumirrend in der kümmerlichsten und nothdürftigsten Lage. Nicht genug, daß uns seit dieser Zeit die uns gebührende anständige Sustentation gänzlich vorenthalten wird, wurde uns auch bekanntlich im letztverflossenen Frühjahr der kleine Geldvorrath, den wir uns auf eine wenigstens nach unserer Überzeugung erlaubteste Weise erspart hatten, mit militärischer Gewalt abgenommen. Niemand interessiert sich seit dieser Zeit um unser Schicksal, niemand fiel es bey, zu fragen, wo wir von allen Hülfsmitteln entblößt unseren nothdürftigen Lebensunterhalt schöpften, gleichsam als ob mit unserer Säkularisation auch unsere physische Existenz aufgehört hätte.*[52] Auf dieses Bittgesuch hin verfügte der Herzog am 21. November immerhin: *den wirklich bedürftigen Conventualen von Schönthal, unbeschadet des auf die Vorräthe, Pensionen und anderer Einkünfte derjenigen, welche mit ihrer von den veräusserten Capitalien zurückzuzahlenden Quote noch im Rückstand sind, angelegten Arrests, die nothwendigen Nahrungsmittel abreichen zu lassen.*

Zum Schicksal des weltlichen Personals der Abtei

Ähnlich wie diesen Exkonventualen erging es auch der Mehrzahl der 81 weltlichen Bediensteten in Schöntal, die zu Lichtmeß 1803 entlassen wurden. Auch von ihrer Seite gab es zahlreiche Gesuche um Pensionen und Gnadengehälter. Schließlich führte ihre Entlassung dazu, dass sich in der Schöntaler Gegend viel Gesindel und Räuber herumtrieben, gegen die die herzogliche Regierung mit Militär vorging.[53] Bei aller Aufrechnung von Gewinn und Kosten der Säkularisation für Württemberg und der Verluste für die katholische Kirche sollten auch die persönlichen Schicksale der in und von Kloster Schöntal lebenden Menschen nicht aus dem Blick verloren werden. Neben der politischen und wirtschaftlichen Umwälzung bedeutete die Säkularisation auch einen gewaltigen Umbruch in sozialer Hinsicht, der bisher kaum erforscht wurde. Dies gilt sowohl für das Schicksal der Exkonventualen als auch für die vielen Arbeiter und weltlichen Angestellten, die durch die Säkularisation um ihr Auskommen gebracht wurden.

Abschließende Bewertung

Festzuhalten bleibt, dass die Schöntaler Mönche entgegen der von ihren Gegnern immer wieder beschriebenen zerrütteten Zustände und angeblichen inneren Streitigkeiten unter Abt Maurus Schreiner zusammenstanden und zumindest in finanzieller Hinsicht versuchten, sich so gut wie möglich auf die Aufhebung des Konvents vorzubereiten. Ihre Pläne für die Zeit nach der Säkularisation scheiterten jedoch an der Macht des württembergischen Herzogs und der Durchsetzungskraft seiner Kommissare und Beamten. Diese hatten zwar bei der Besitzergreifung keinen Widerstand, der ohnehin zwecklos gewesen wäre, im Kloster vorgefunden, jedoch zeigte sich bald, dass man ihnen Informationen und vor allem Gelder vorenthielt. Trotz der freundlichen Aufnahme in der Abtei erreichten sie daher ihr Ziel der Auszahlung aller im Konvent vorhandenen Gelder nur unter Einsatz militärischer Präsenz. Während sich Württemberg bei der Besitzergreifung und der daraus folgenden Inanspruchnahme aller ehemals Schöntaler Gerechtsame auf den RDH berief, wurden dessen Bestimmungen im Hinblick auf die Pensionen der ehemaligen Konventualen und die vom Konvent vor dem 24. August 1802 getätigten Rechtsgeschäfte durch pure Machtausübung übergangen. Insofern unterscheidet sich die Aufhebung Schöntals nicht von derjenigen anderer an Württemberg gefallener Klöster. Allerdings blieb Schöntal das Schicksal erspart, in ein Gefängnis oder einen Industriebetrieb umfunktioniert zu werden. In das Konventsgebäude nämlich war bereits im Mai 1803 das neu geschaffene Oberamt Schöntal eingezogen. Als es 1810 im Oberamt Künzelsau aufging[54], wurde ein niederes evangelisches Seminar, vergleichbar dem in Maulbronn, eingerichtet. 1975 übernahm die Diözese Rottenburg-Stuttgart das Gebäude und unterhält seither dort ein Bildungshaus.[55] Trotz der durch die Säkularisation markierten historischen Zäsur und der damit verbundenen gewaltsamen Begleitumstände wird daher bis heute im Tal der Jagst die Tradition der Abtei Schöntal als Stätte der Einkehr und der Bildung fortgesetzt.

1811 verstarb Maurus Schreiner, an den noch der Mohrenbrunnen vor der Abtei erinnert, auf seinem Alterssitz Aschhausen. Ihm wurde ein bescheidenes

Grabmal auf dem Friedhof vor der Heiliggrabkapelle in Schöntal gesetzt. Dessen Inschrift könnte der letzte Schöntaler Abt, der es als besonders glückliches Los bezeichnet hatte, unter die württembergische Landeshoheit zu kommen, gleichzeitig aber immer wieder den Druck eines unvermeidlichen Schicksals beklagte, selbst gewählt haben: *Fato ultimus.*

[1] SAL D 2: Neuwürttemberg: Hofkammer Ellwangen, Bü 21. Zu den Vorgängen um die Säkularisation vgl. *Matthias Erzberger*, Die Säkularisation in Württemberg von 1802–1810. Ihr Verlauf und ihre Nachwirkungen. Stuttgart 1902; *Hermann Schmid*, Die Säkularisation und Mediatisation in Baden und Württemberg, in: Baden und Württemberg im Zeitalter Napoleons. Bd. 2. Stuttgart 1987, 135–155; *K. D. Hömig*, Der Reichsdeputationshauptschluß vom 25. Februar 1803 und seine Bedeutung für Staat und Kirche unter besonderer Berücksichtigung württembergischer Verhältnisse. Tübingen 1969; *Max Miller*, Die Organisation und Verwaltung von Neuwürttemberg unter Herzog und Kurfürst Friedrich. Stuttgart/Berlin 1934.

[2] *Johannes Brümmer*, Kunst und Herrschaftsanspruch. Abt Benedikt Knittel (1650–1732) und sein Wirken im Zisterzienserkloster Schöntal. Sigmaringen 1994. Zu Knittels Baumaßnahmen s. weiter unten.

[3] Zur Geschichte Schöntals vgl. zuletzt *Marlene Meyer-Gebel*, Zu Gründung und Anfängen von Kloster Schöntal an der Jagst, in: WFr 80 (1996), 65–77, und *Maria Magdalena Rückert*, Von der frommen Adelsstiftung zur reichsunmittelbaren Abtei. Kloster Schöntal in den ersten 250 Jahren, in: *Dieter R. Bauer* (Hg.), *unter Beobachtung der heiligen Regel*. Zisterziensische Spiritualität und Kultur in Baden-Württemberg. Stuttgart 2002, 25–39.

[4] *Hermann Ehmer*, Die Maulbronner Klosterschule. Die Bewahrung zisterziensischen Erbes durch die Reformation, in: *Peter Rückert/Dieter Planck* (Hgg.), Anfänge der Zisterzienser in Südwestdeutschland. Politik, Kunst und Liturgie im Umfeld des Klosters Maulbronn. Stuttgart 1999, 233–246. Allerdings kam Schöntal bereits 1282 unter die Paternität des finanzkräftigeren Klosters Kaisheim, das auch bis zur Säkularisation durch Bayern reichsunmittelbar blieb.

[5] Vgl. dazu die Urkunden und Akten im SAL B 503 I: Zisterzienserkloster Schöntal, Bü. 111, 114–123. Zur Problematik des Begriffs der Reichsunmittelbarkeit *Hansmartin Schwarzmaier*, Reichsprälatenklöster, in: Handbuch der Baden-Württembergischen Geschichte. Bd. 2: Die Territorien im Alten Reich. Stuttgart 1995, 546–609, v. a. 565f. sowie *Armgard von Rheden-Dohna*, Zisterzienser als Reichsstände, in: *Kaspar Elm* (Hg.), Die Zisterzienser. Bonn 1980, 285–288.

[6] SAL B 503 I Bü. 111. Das von Mainz noch 1802 angemahnte, in Schöntal unterlassene Trauergeläut für den verstorbenen Erzbischof Friedrich Karl Joseph v. Erthal, ist vor diesem Hintergrund zu sehen.

[7] SAL B 503 I (Würzburger Akten) Bü 142f., 147; *Heribert Hummel*, Kloster Schöntal. Lauda/Königshofen 1991, 37–38; *Württembergischer Geschichts- und Altertumsverein* (Hg.), Herzog Karl Eugen von Württemberg und seine Zeit. Bd. 2. Esslingen 1909, 376–378.

[8] *Karl von Hertling*, Säkularisationsprojekte aus dem Jahre 1798, in: HJb 13 (1892), 503–513, hier 512f. Die Akten, die sich in Privatbesitz befanden, wurden 1899 an das Kreisarchiv – heute SA Würzburg – geschenkt. Dort wurden sie in den Bestand SA Würzburg Rep. 62 Nr. 501½ eingeordnet, gingen aber im Zweiten Weltkrieg zugrunde. Herrn Dr. Werner Wagenhöfer sei für die freundliche Mitteilung gedankt.

[9] So *Erzberger*, Säkularisation (wie Anm. 1), 227.

[10] So in Bieringen und Hopfengarten vgl. SAL D 23: Organisationskommissionen, Bü 202.

[11] Der Klosterapotheker Fortbach, dessen in Privatbesitz befindliche Erinnerungen weite Passagen über die Säkularisation Schöntals enthalten, meint dazu, dass man die Leiningensche Herrschaft mit Geduld ertragen habe, *weil im Zeitraum von 14 Tagen nichts Bedeutendes von dieser Kommission unternommen wurde, sondern sie ließ sich's während ihrem Aufenthalt bei einer guten Mahlzeit und Trunk wohl sein.* Zitiert nach *Erzberger*, Säkularisation (wie Anm. 1), 228.

[12] HSAS A 15: Kabinett. Besitzergreifung und Organisation neuer Landesteile, Bü 77: *Da nach denen zu Folge des Lunéviller Friedens inzwischen weiters gepflogenen Verhandlungen und besonders kraft der von den vermittelnden Mächten ganz neuerlich der außerordentlichen Reichs-Deputation übergebenen ferneren erläuterten und mit Zusätzen vermehrten Declaration* [...] *uns* [...] *die Abtei Schönthal mit völliger Landeshoheit und allen daher fliessenden Rechten und Appertinenzien zugefallen und es nothwendig seyn will, zur Sicherstellung dieser uns feyerlichtst zugesicherten Rechte nach den allerwärts bestehenden Vorgängen provisorisch und bis von Kaiser und Reich etwas Bestimmtes entschieden seyn wird, Besitz davon ergreifen zu lassen; so sehen wir uns dadurch veranlasst, ein Commando unserer Truppen provisorisch dahin zu verlegen.* (12.10.1802).

[13] HSAS A 15 Bü 77. Der Termin ergibt sich aus den detaillierten Berichten, Kostenaufstellungen und Protokollen Fetzers. Der in der Literatur, u. a. bei *Erzberger*, Säkularisation (wie Anm. 1), 228, immer wieder zu findende 16.10.1802 beruht offenbar auf den Erinnerungen des Klosterapothekers Fortbach.

[14] Zitiert nach *Erzberger*, Säkularisation (wie Anm. 1), 228f. Allerdings brachte Fortbach in seinen Erinnerungen offenbar einiges durcheinander. Seiner Aussage nach erschienen tags darauf die württembergischen Kommissare Heuchelin, Süskind, Parrot und Mayer und begannen mit der Beschlagnahmung und Ausräumung von Kosterschätzen, was aber erst nach der zivilen Besitzergreifung im November erfolgte.

[15] HSAS A 15 Bü 77 auch im folgenden.

[16] *Erzberger*, Säkularisation (wie Anm. 1), 225f.; *K. statistisch-topographisches Bureau* (Hg.), Beschreibung des Oberamts Künzelsau. Stuttgart 1883, 3, 804ff.

[17] Vgl. dazu HSAS A 15 Bü 77 Schreiben des Frhn. Joseph v. Berlichingen vom 06.11.1802. und das sog. Berlichinger Band, das ein Gedicht zu Ehren des neuen Landesherrn überliefert, das offenbar bei der Besitzergreifung dem württ. Beamten vorgetragen wurde: *Die Vorsicht hat uns Friederich zum künftgen Vater auserwählt, durch dich hat der durchlauchtigste, uns seinen Kindern zugezählt, Gesegnet sey der heutige Tag, an dem wir dies vernommen, an dem mit froher Nachricht du, zu uns hierher gekommen. Empfiehl uns Seiner väterlichen Huld und Gnad, das bitten wir, und immer zum Zeugnis reinsten Danks, den kleinen Blumenstrauß dafür.*

[18] Diebach, Gommersdorf, Oberkessach, Westernhausen, Schleierhof, Büschelhof, Eichelshof, Spitzenhof, Muthof und Weltersberg.

[19] Dazu vor allem SAL D 6 I: Neuwürttemberg: Landvogtei Heilbronn, Landvogt und Landvogteigericht, Bü 42: Tausch- und Purifikationsvertrag sowie die jeweiligen Patente. HSAS A 15 Bü 76: Schreiben v. Normanns an Salm-Reifferscheid; vgl. auch SAL D 1: Neuwürttemberg:

Oberlandesregierung Ellwangen, Bü 1400; SAL D 87: Aufgelöste Ober- und Stabsämter: Schöntal, Bü 2–6; SAL F 81: Kameralamt Schöntal, Bü 9f. und Bü 217. Zu den sich aus den Grenzveränderungen ergebenden Problemen für einzelne Exkonventualen siehe weiter unten.

[20] Vgl. SAL D 1 Bü 1400 u. HSAS A 15 Bü 76. Nach Bieringen, wo es Spannungen mit ehemals mainzischen Beamten gab, hatte von Kechler 18 statt der üblichen 12 Soldaten mitgenommen.

[21] SAL D 1 Bü 1400 u. HSAS A 15 Bü 76.

[22] Vgl. HSAS A 15 Bü 76. Kammerrat Mayer erklärt am 25.05.1803 seine Geschäfte für erledigt. Weitere Verkäufe übernahm das in Schöntal eingerichtete Kameralamt, vgl. SAL F 81 Bü 33ff.

[23] SAL D 23 Bü 208, D 2–3: Neuwürttemberg: Hofkammer Ellwangen, Bü 284.

[24] *Erzberger*, Säkularisation (wie Anm. 1), 234; *Hummel*, Schöntal (wie Anm. 7), 68. Dies. Regierung stellte dort dann eine Orgel auf, die sich seit 1723 in der Ludwigsburger Schlosskapelle befand.

[25] So Bilfinger in seinem Bericht vom 19.01.1803. Vgl. SAL D 23 Bü 200 u. HSAS A 15 Bü 76 sowie HSAS A 15 Bü 19 und 20 zum Klostersilber.

[26] SAL D 23 Bü 198 auch im Folgenden.

[27] SAL D 23 Bü 208.

[28] SAL D 23 Bü 208 u. HSAS A 15 Bü 76.

[29] HSAS A 15 Bü 76. Vgl. auch *Erzberger*, Säkularisation (wie Anm. 1), 236f. Die Verfügung des Herzogs: *Sie sollen hierher geschickt werden und nach Abnahme der Kleinodien nach Ellwangen abgegeben. F.*

[30] HSAS A 15 Bü 76.

[31] HSAS A 15 Bü 76 u. HSAS E 201b: Ministerium des Kirchen- und Schulwesens/Kultministerium: Waisenhäuser, Klöster, Ehedispense, Bü 97. Dazu ausführlich *Heribert Hummel*, Die Bibliothek des Zisterzienserklosters Schöntal, in: WFr 69 (1985), bes. 240f.; *Magda Fischer*, Zur Behörden- und Bestandsgeschichte der Württembergischen Hofbibliothek, in: Die Handschriften der Württembergischen Landesbibliothek Stuttgart. 2. Reihe, Bd. 5. Wiesbaden 1975, 129f.

[32] SAL D 23 Bü 205.

[33] Vgl. die Berichte des Geheimen Archivars Lotter in: HSAS E 61: Archivdirektion Stuttgart, Bü 508; Bü 522 sowie *Friedrich Pietsch*, Die Archivreisen des Geheimen Archivars Lotter, in: Neue Beiträge zur südwestdeutschen Landesgeschichte. Fschr. Max Miller. Stuttgart 1962, 333–353, hier 343. Zwei Kameralbeamte verkauften sogar *etlich zwanzig Bergamenth Brief* zum Bemalen, weil *so altes Zeug genug im Kloster herumfahre*, an den Maler Ehrhardt aus Künzelsau, der ihre Porträts darauf malte. Vgl. das im Jahr 2000 neu erstellte Repertorium zum Bestand B 503 II: Zisterzienserkloster Schöntal, Vorwort von *Dorothea Bader*, der für die Einsichtnahme in das Manuskript herzlich gedankt sei. Heute befinden sich Unterlagen Schöntaler Provenienz in den folgenden Beständen SAL B 503 I Urkunden, B 503 II Akten und Rechnungen; HSAS H 51 Kaiserselekt Nr. H 14/15 Diplomatare, H 233 134 Lagerbücher.

[34] HSAS A 15 Bü 76 u. SAL F 81: Kameralamt Schöntal, Bü 33ff.

[35] SAL B 244: Dt. Orden, Regierung Mergentheim: Stadt Mergentheim, Bü 174. Vgl. dazu auch *Schmid*, Säkularisation (wie Anm. 1), 152f.

[36] SAL D 23 Bü 200.

[37] HSAS A 15 Bü 76 sowie SAL D 1 Bü 1402 auch im Folgenden. Zu Abt Maurus Schreiner vgl. *Gregor Müller*, Der Convent Schönthal von der Gründung 1157 bis zur Aufhebung 1803, in: Cistercienser-Chronik (1892) 204f.; *Hummel*, Schöntal (wie Anm. 7), 102f.

[38] SAL D 23 Bü 200 u. D 1 Bü 1402.

[39] Fortbach berichtet vom Verrat zweier Patres, die nicht mit der Verteilung des Kapitals einverstanden gewesen seien. *Erzberger*, Säkularisation (wie Anm. 1), 231, Anm. 1. In den Akten der Organisationskommissionen und den Protokollen des Untersuchungskommissars Heuchelin ist dagegen immer wieder davon die Rede, dass alle Mönche, die Kapitalverteilung zunächst leugneten und zu vertuschen suchten. Vgl. dazu weiter unten und SAL D 1 Bü 1401; D 6 I Bü 449 u. HSAS A 15 Bü 76.

[40] SAL D 6 I Bü 449.

[41] HSAS A 15 Bü 76 auch im Folgenden.

[42] Vgl. Bericht und Protokoll Heuchelins in SAL D 1 Bü 1401 auch im Folgenden.

[43] SAL D 1 Bü 1401: [...] *dass bey der bevorstehenden Veränderung der Verfassung Deutschlands und der wahrscheinlichen Aufhebung des abteilichen Stifts ein mächtiger Landesherr sich berechtigt halten dürfte nach den vorfindlichen Akten sich selbst Recht zu sprechen und quovis modo wegen Kapital- und Zinsen sich bezahlt zu machen* [...].

[44] SAL D 1 Bü 1402 u. D 23 Bü 200, abgefasst von Anselmus Renk im Namen der vier Mitbrüder: Ferdinand Hönig, Gerhard Wirsching, Theodor Ehrenfried und Christian Caspar am 14.07.1803. 1804 am 21.02. äußert sich einer von ihnen, der von den Almosen seiner Verwandten lebende 30-jährige Gerhard Wirsching schon in anderem Ton: *Gern will ich mir das, was ich nicht mehr hergeben konnte, abziehen lassen, allein sollte dies sogleich und auf einmal geschehen, so würde ich dadurch in die äusserste Noth versetzt werden* [...].

[45] HSAS E 201b Bü 105 u. SAL D 1 Bü 1402. Der Fall war sogar dem Herzog vorgetragen worden, der den Geheimen Rat Jan jedoch rügte, ihn in Zukunft nicht mehr mit solchen Kleinigkeiten zu belasten, sondern sich an die Oberlandesregierung zu wenden. Er wolle nur informiert werden, wenn unmittelbar Gefahr im Verzug sei.

[46] HSAS A 15 Bü 76 u. SAL D 1 Bü 1402. Er erhielt später die Hälfte der Summe, studierte Medizin, trat zum Luthertum über und lebte zeitweise in Russland. Vgl. *Müller*, Convent (wie Anm. 37), 234.

[47] HSAS A 15 Bü 76 u. SAL D 2 Bü 21.

[48] HSAS E 201b Bü 105.

[49] HSAS A 15 Bü 76.

[50] Diese gab er aber nach einem Jahr wieder auf, wurde Organist zu Wallerstein und 1810 zu Rottenburg-Ehingen. 1805 beklagte auch er sich über das Ausbleiben seiner Pension, wo er doch alles Bargeld bereits zurückgezahlt hatte. Vgl. *Müller*, Convent (wie Anm. 37), 234; HSAS E 201b Bü 105.

[51] SAL B 503 I (Mainzer Akten) Bü 19 und D 2 Bü 21 sowie HSAS E 201b Bü 105.

[52] SAL D 23 Bü 201 und D 1 Bü 1402: Schreiben von Martin Hubmann, ehemaliger Prior, Gregor Scheuer, Senior, Heinrich Heß, Amandus Steinmayer und Maurus Katzenberger, auch im Folgenden.

[53] SAL D 23 Bü 199 u. HSAS A 15 Bü 76.

[54] Zum Oberamt vgl. HSAS A 15 Bü 76 zu seiner Einrichtung; SAL D 87: Oberamt Schöntal. Ebd. Bü 9 zur Aufhebung. Als Oberamtmann wurde Christoph Friedrich Schmiedlin berufen.

[55] *G. Bossert/E. Paulus/R. Schmid*, Schönthal. Beschreibung und Geschichte des Klosters und Seminars. Stuttgart 1884; *Hummel*, Schöntal (wie Anm. 7), 106–109.

Aus den Niederlanden ins Oberland

Das Haus Oranien-Nassau und die *Herrschaft Weingarten* 1802–1806

von Hans Ulrich Rudolf

Einleitung

Die Säkularisation des Reichsstifts Weingarten 1802/03 stellt in gewisser Hinsicht einen Sonderfall dar, nicht nur für Oberschwaben, sondern auch weit darüber hinaus. Die besonderen Umstände lagen nicht so sehr darin, dass das Opfer eines der größten, reichsten und angesehensten geistlichen Reichsstifte Südwestdeutschlands war als vielmehr darin, dass seine Säkularisation strenggenommen nicht dem reichsrechtlich sanktionierten und öffentlich propagierten Zweck galt, linksrheinisch geschädigte Stände des Heiligen Römischen Reichs zu »entschädigen«, wie in erster Linie die Großmächte Österreich und Preußen, dann die großen Fürsten, v. a. Pfalzbayern, Württemberg und Baden, und schließlich die niederrheinischen Reichsgrafen, die ja bevorzugt mit oberschwäbischen Reichsstiften bedacht wurden. Vielmehr bildete der Prinz von Oranien-Nassau zusammen mit dem Großherzog von Toskana und dem Herzog von Modena eine Sondergruppe von Fürsten, die – obwohl keine Reichsfürsten – für ihre von Frankreich annektierten Territorien und Besitzungen (Statthalterschaft und Güter in den Niederlanden, Ghzm. Toskana und Hzm. Modena in Italien) nach Paragraph 12 und Paragraph 1 RDH durch Kirchengut und Reichsstädte des des ehem. Heiligen Römischen Reichs (ab 1803 nach dem RDH nur noch »Deutsches Reich«!) entschädigt werden sollten.

Ihre Entschädigung war daher keine Frage der Politik und des Staatsrechts des Alten Reichs als vielmehr eine der europäischen Politik jener Übergangsepoche. Sie ist nur zu verstehen auf dem Hintergrund damaliger dynastisch-politischer Interessen: Der Ghz. von Toskana war ein österreichischer Erzherzog, ebenfalls seit 1803 durch Heirat der Hz. von Modena. Die Entschädigung des Oraniers dagegen betrieben England – aus dynastischer Rücksicht und als Garant des Erbstatthalteramtes der Niederlande seit 1788[1]– sowie – ebenfalls aus traditionellen dynastischen und politischen Gründen – Preußen.

Der folgende Beitrag befasst sich ausschließlich mit der Frage der Entschädigung des Hauses Oranien-Nassau und insbesondere mit der Besitzgeschichte der davon betroffenen Reichsabtei Weingarten.

Die Entschädigung Oranien-Nassaus als Problem der europäischen Politik

Vorgeschichte und Hintergründe der Oranienfrage

Zu den Hauptgeschädigten der linksrheinischen Annexionspolitik Frankreichs im I. Koalitionskrieg (1792–1797) gehörte auch Friedrich Wilhelm V. Batavus, Prinz von Oranien-Nassau und Erbstatthalter, Erbkapitän sowie Admiral der Vereinigten Provinzen der Niederlande (*1748 Im Haag, 1751/66–1806). Frankreich hatte den Vereinigten Provinzen (auch *Holland* oder *Generalstaaten* genannt) bereits 1793 den Krieg erklärt, sie dann Anfang 1795 besetzt und zur Batavischen Republik umgewandelt. Der Erbstatthalter war zuerst nach England geflohen, in die Heimat seiner Mutter Anna, einer Tochter König Georgs II. von Großbritannien und Hannover, 1801 dann in sein dt. Fsm. Nassau-Diez[2] mit der Residenz

Oranienstein (b. Diez). Die Expansion Frankreichs hatte ihn um die angesehene, einträgliche und erbliche Statthalterwürde der Niederlande sowie um mehrere eigene Herrschaften in den Niederlanden und in Belgien gebracht, insgesamt etwa 20 Quadratmeilen (ca. 1.125 qkm) mit 53.000 Untertanen und etwa 500.000 fl. Jahreseinkünften.[3] Da die Niederlande seit 1648 souverän waren, hatten weder die Statthalterwürde noch die verlorenen Herrschaften etwas mit dem Reich zu tun. Auch als Inhaber des Fürstentums Nassau-Diez besaß das Haus Oranien-Nassau keine reichsrechtlichen Entschädigungsansprüche, da es – im Unterschied zu anderen Linien des Hauses Nassau – linksrheinisch keine Verluste erlitten hatte.[4] Somit hatte die Frage der Oranischen Entschädigung eigentlich überhaupt nichts mit dem Hl. Römischen Reich und den zwischen ihm und Frankreich abgeschlossenen Friedensverträgen zu tun und wurde im Frieden von Lunéville 1801 mit Recht auch nicht erwähnt. Das sahen 1802 kritische Zeitgenossen nicht anders: *Die Französische Republik hat an das Deutsche Reich, außer den Ständen, welche durch die neue Gränze gegen Frankreich verlohren, und allein vom Reiche Entschädigung zu erwarten berechtigt waren, noch drey Fürsten gewiesen, welche in Deutschland nicht das Geringste verlohren haben, und das Deutsche Reich gar nichts angehen, aber doch vom und im Deutschen Reich* [...] *entschädigt werden sollen.*[5]
Die Oranienfrage war vielmehr aufgrund enger dynastischer und politischer Beziehungen des Hauses Oranien zu England und Preußen eine Angelegenheit der europäischen Politik und wurde daher auch in fast allen europäischen (Friedens-)Verträgen der Zeit behandelt. Besonders Kg. Friedrich Wilhelm III. trat engagiert für das mit Preußen seit langem politisch und verwandtschaftlich eng verbundene Haus ein.[6] Bereits ein zwischen Frankreich und Preußen am 5. August 1796 zu Berlin geschlossener Geheimvertrag z. B. sah in Art. V als Kompensationen für die Oranier die Bistümer Würzburg und Bamberg mit der Kurfürstenwürde vor.[7] Auch der französisch-österreichische Friede von Campo Formio vom 17. Oktober 1797 stellte in Art. 8 dem eigentlich reichsfremden Haus Oranien *angemessene Entschädigungen* in Aussicht.[8] Und im englisch-französischen Frieden von Amiens 1802 beharrte dann auch Großbritannien-Hannover auf der Entschädigung des Erbstatthalters Wilhelms V.[9]
Inzwischen hatte sich dessen Sohn, Erbprinz Wilhelm (VI.) Friedrich, nach dem Beispiel vieler anderer deutscher Fürsten mit großen Erwartungen in den diplomatischen Länderhandel in Paris eingeschaltet. Seine Bemühungen zielten zunächst auf den Erwerb Hannovers, der sich aber rasch als unmöglich erwies, danach auf Teile Westfalens sowie auf die Fürstbistümer Bamberg und Paderborn.[10] Am 23. Mai 1802 regelte Preußen mit Frankreich im Vertrag von Paris (*Pariser Ausgleich*)[11] seine Entschädigungsansprüche. Dabei wurde am 24. Mai 1802 auch Oranien-Nassau berücksichtigt. Artikel 10 des Vertrages stellte ihm unter förmlichem Verzicht auf seine ehem. Ämter und Besitzungen in Holland die Fürstbistümer Fulda und Corvey, das Reichsstift Weingarten sowie die Reichsstädte Dortmund, Isny und Buchhorn, alle als souveränes Eigentum, in Aussicht. Zugleich wurde Preußen die Nachfolge in diesen souveränen Ländern zugesprochen, für den Fall, dass Oranien-Nassau im Mannesstamm aussterben sollte.[12]

Der Erste Entschädigungsplan vom 18. August 1802

Am 3. Juni schloss sich dann Russland einem i.w. von Frankreich erarbeiteten Entschädigungsplan an, der nicht – wie bisher – nur Preußen, Baden, Bayern, Modena, Oranien und Württemberg berücksichtigte, sondern erstmals nahezu alle Entschädigungsfragen zu lösen suchte. Dieser sog. *Erste franz.-russ. Entschädigungsplan* wurde am 18. August der inzwischen zusammengetretenen Reichsdeputation in Regensburg vorgelegt und enthielt hinsichtlich Oraniens im Kern die Abmachungen vom 24. Mai[13]: Konkret sollten die Entschädigungen umfassen:
- rund 116.000 Einwohner (Fulda 90.000, Corvey u. Weingarten je 10.000, ehem. Reichsstadt u. Grafschaft Dortmund 6.000),
- ein Gebiet von ca: 45 QM (Fulda 32 QM, Corvey 5 QM, Weingarten 6 QM, Dortmund 1,5 QM) und
- jährliche Einkünfte von etwa 700.000 fl. (Fulda 525.000 fl., Corvey 60.000 fl., Weingarten 100.000 fl., Dortmund 18.000 fl.).
- Die ursprünglich vorgesehenen Reichsstädte Buchhorn und Isny sollten an andere Herren fallen, Buch-

Das Reichsstift Weingarten von NW um 1800
Diese Druckgrafik übersandte der Geh. Rat Plitt im August 1802 an den Erbprinzen, um ihm einen ersten Eindruck von dem in Aussicht gestellten Entschädigungsobjekt Reichsstift Weingarten zu geben.
Augsburger Bilderbogen, ca. 1790. HSA Stuttgart.

horn an Bayern (erst 1810 an Württemberg), Isny an das Haus Quadt-Wykradt. Statt ihrer waren drei kleinere Klöster als Entschädigung vorgesehen, die adlige Propstei Cappenberg (Fsm. Münster), das Fräuleinstift Kappel (Fsm. Lippe) und das Kollegiatstift Dittkirchen/Lahn (Kfsm. Trier). Sie waren alle landständisch, Einwohnerzahl und Grundbesitz gering, die Einkünfte mit 75.000 fl. veranschlagt.[14] Jedoch davon, dass alle oranischen Besitzungen souverän sein sollten, war nun ebensowenig die Rede wie von einer evtl. preußischen Erbsukzession.

Die Reaktion des Hauses Oranien

Prinz Friedrich Wilhelm V. war von diesem Ausgang der Indemnisationsfrage tief enttäuscht, auch weil die Entschädigungen nur einen Teil seiner tatsächlichen Verluste deckten.[15] Darüber hinaus aber verdeutlichte ihm die weiträumige Streulage des künftigen Besitzes aufs Deutlichste den geringen politischen Stellenwert der Oranienfrage. Es ging Frankreich (und Russland) vor allem darum, einen lästigen Supplikanten mit seinen einflussreichen Fürsprechern abzuwimmeln; keinesfalls wollten sie ihn durch eine territorial abgerundete Herrschaft politisch stärken. Der Erbstatthalter, der übrigens seinerseits nie Entschädigungsforderungen an das Deutsche Reich [!] sondern nur an die Batavische Republik bzw. an Frankreich gestellt hatte, wollte daher das Angebot zurückweisen. Mit Mühe konnte er durch seinen Sohn, Erbprinz Wilhelm VI. Friedrich (* 1772, ab 1815–40 König Wilhelm I. der Niederlande, † 1843, Berlin), zur Ratifikation bewogen werden.[16]

Der Zweite Entschädigungsplan vom 8. Oktober

Doch die Entschädigungsfrage war damit noch nicht definitiv gelöst. Der Erste Entschädigungsplan wurde, da er nicht nur beim Erbprinzen, sondern auch sonst auf heftigen Widerspruch stieß, revidiert. Das Ergebnis, der zweite Entschädigungsplan vom 8. Oktober 1802, brachte auch dem Haus Oranien einige Modifikationen: Anstelle der drei norddeutschen Abteien wurden ihm jetzt ausdrücklich die bisher zu Weingarten gehörigen Propsteien St. Gerold und Benderen sowie das Priorat Hofen zugesprochen.[17] Der Erbprinz bekundete seine endgültige Zustimmung zu dieser Lösung auch dadurch, dass er am 22. Oktober 1802 mithilfe preußischer Truppen Fulda in provisorischen Besitz nahm[18], nachdem er sich etwa neun Wochen früher bereits des Reichsstifts Weingarten provisorisch bemächtigt hatte.

Prinz Friedrich Wilhelm (V.) von Oranien Nassau (1748–1806)
Das Jugendporträt wird begleitet von Anspielungen auf die niederländischen Ämter des Erbprinzen: Erbstatthalter, Generalkapitän und Admiral der Generalstaaten.
Kupferstich, 1763.

Vom Reichsstift zur oranischen Herrschaft

Erkundigungen über das Entschädigungsobjekt

Seit Ende Mai 1802 hatte sich das Reichsstift Weingarten im Visier des Interesses Oranien-Nassaus befunden. Da sich die gängigen statistischen Nachschlagewerke hinsichtlich des Wertes als widersprüchlich erwiesen[19], entschloss man sich, als sich die Zuweisung Weingartens abzeichnete, zu näheren Nachforschungen. Der Frankfurter Geheimrat Plitt, der als auf diesem Gebiet erfahren galt, sollte nach Süddeutschland reisen[20], um sich zu erkundigen nach Bestandteilen und Beschaffenheit des Weingartener Stiftsgebiets, den Hoheitsrechten und sonstigen Gerechtsamen samt deren Ertrag, den Gesamteinkünften, dem Zustand der Ländereien und Waldungen, der Art und Höhe vertraglicher Schulden und der Anzahl der Geistlichen sowie dem Charakter des Reichsprälaten. Wenn möglich sollte er auch die Weingartener reichsunmittelbare Herrschaft Blumenegg sowie die ehem. Reichsstädte Buchhorn und Isny berücksichtigen. Plitt nahm den Auftrag am 13. August an[21] und reiste am 21. August ab.[22] Inzwischen hatten am 18. August Frankreich und Russland den Ersten Entschädigungsplan in Regensburg vorgelegt.

Provisorische Besitzergreifung am 15. September 1802

Wie die anderen Aspiranten wartete auch Erbprinz Wilhelm Friedrich, dem sein Vater zwischenzeitlich die Entschädigungsherrschaften überlassen hatte[23], den endgültigen Beschluss der Reichsdeputation gar nicht erst ab, sondern griff sofort zu. Am 9. September ordnete er an, das Reichsstift Weingarten provisorisch in Besitz zu nehmen.[24] Die Ausführung übertrug er dem bereits erwähnten Geheimrat Plitt sowie *Eckard Daniel Philipp Raht*, einem *unserer geschicktesten jüngeren Beamten*[25], der am 10. September aus dem nassauischen Rennerot aufgebrochen war. Um die Wissbegier des Erbprinzen zu befriedigen und ihm einen ersten Eindruck seines neuen Besitzes zu vermitteln, hatte ihm Plitt schon am 12. September von Ulm aus eine Karte Schwabens[26] sowie einige *Prospekte* (Ansichten) mit der Klosteranlage Weingartens, dem zu Füßen liegenden Flecken Altdorf, dem Schlösschen Liebenau und dem Prioratsgebäude Hofens zugesandt.[27]
Am 15. September 1802 suchten die Kommissare den Reichsprälaten Anselm Rittler (1784–1804) auf und überreichten ihm ein Schreiben des Erbprinzen vom 6. September 1802 mit der höflichen Mitteilung der Besitzergreifung.[28] Rittler nahm die im Stift schon längst bekannte Neuigkeit äußerlich ruhig auf und anerkannte Plitt und Raht als Bevöllmächtigte des Erbprinzen. Er sperrte sich allerdings beharrlich ge-

gen eine sofortige *Resignation und Abdikation*, d. h. gegen eine sofortige rechtsförmliche Abdankung, wie sie der Erbprinz forderte, als mit seiner Stellung als *Reichsstand* nicht vereinbar. Er bat, ihn nicht zu einer Übereilung zu zwingen, zumal der Zeitpunkt, wo er diesen Verzicht *konstitutionell* (nämlich nach dem RDH) leisten könne, nahe sei. Die beiden Kommissare nahmen daraufhin Abstand von ihrer Forderung. Der Abt sicherte seinerseits zu, die Ober- und Unterbeamten sowie die Untertanen des Stifts von der Provisorischen Besitznahme zu informieren. Außerdem sollte der in Weingarten verbleibende Kommissar Raht ab sofort den Vorsitz im Regierungs-, Kameral- und Justizkollegium, den obersten Verwaltungsbehörden des Stifts, übernehmen. Raht war künftig auch jede Unterstützung zu gewähren, um sich über die Verfassung des Stifts im Allgemeinen, den Zustand der Finanzen sowie die Erhebung und Verwendung der Einkünfte zu informieren. Dazu waren ihm *alle Rechnungen, Register, Lagerbücher und sonstige Urkunden ohne Verzug vorzulegen.*[29]
Nachdem am darauffolgenden Tag eine förmliche Sitzung der Oberkanzlei unter dem Vorsitz der beiden Kommissare stattgefunden hatte, reiste Geheimrat Plitt, dessen Mission nun beendet war[30], sofort wieder ab, um, versehen mit Briefen, Protokollen und Bestätigungen, vom Erfolg der Mission zu berichten.

Die Zivilbesitznahme Weingartens

Die Zivilbesitznahme Weingartens durch Oranien erfolgte erst, nachdem der 2. frz.-russ. *Entschädigungsplan* vom 8. Oktober 1802 (frz. *plan général et définitif d'indemnité*) den Prinzen von Oranien im künftigen Besitz Weingartens bestätigt hatte, am 22. Oktober, und richtete sich nach einer fürstlichen Instruktion vom 18. Oktober.[31]
1. Abt und Konvent wurden die Absichten des Fürsten von Oranien-Nassau eröffnet.
2. Das Militär wurde nach Verlesung des Besitzergreifungspatents auf den Erbprinzen vereidigt.
3. Das Stiftspersonal wurde seiner Pflichten gegenüber Abt und Konvent entbunden und mittels Handgelübde oder schriftlichem Revers auf den neuen Herrn verpflichtet.
4. Die gedruckten Besitzergreifungspatente wurden öffentlich angeschlagen.
5. An signifikanten Stellen sollte das oranien-nassauische Wappen aufgehängt werden.
6. Alle Behörden nahmen ab sofort das Prädikat *von Fürstlich Oranien-Nassau-Weingarten provisorisch angeordnete* an und bedienten sich neuer Siegel.
7. Raht sollte die im Auszug beigelegte geheime Instruktion beachten, welche Preußen bei der Besetzung Hildesheims und anderswo angewandt hatte.

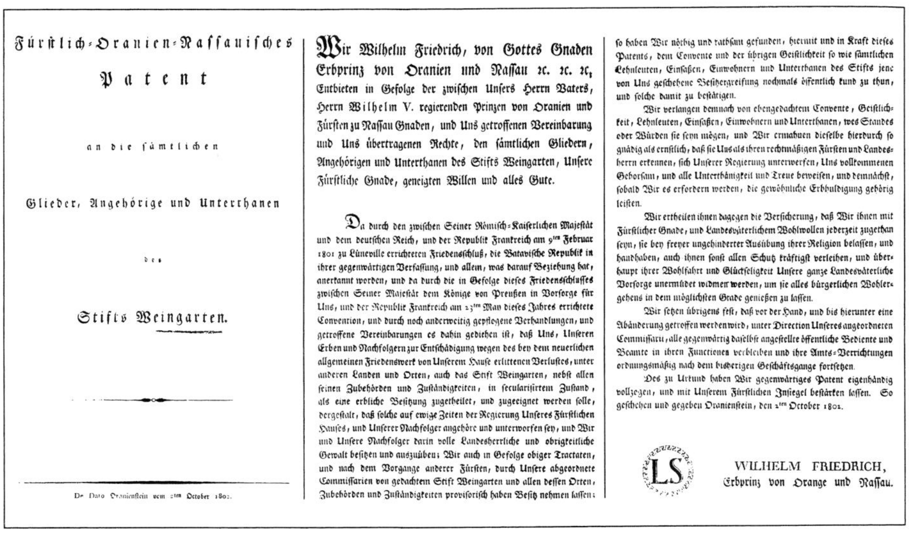
Fürstlich-Oranien-Nassauisches Patent an die sämtlichen Glieder, Angehörige und Unterthanen des Stifts Weingarten.

D. Dato Oranienstein vom 2ten October 1802.

Wir Wilhelm Friedrich, von Gottes Gnaden Erbprinz von Oranien und Nassau ꝛc. ꝛc. ꝛc, Entbieten in Gefolge der zwischen Unsers Herrn Vaters, Herrn Wilhelm V. regierenden Prinzen von Oranien und Fürsten zu Nassau Gnaden, und Uns getroffenen Vereinbarung und Uns übertragenen Rechte, den sämtlichen Gliedern, Angehörigen und Unterthanen des Stifts Weingarten, Unsere Fürstliche Gnade, geneigten Willen und alles Gute.

Da durch den zwischen Seiner Römisch-Kaiserlichen Majestät und dem deutschen Reich, und der Republik Frankreich am 9ten Februar 1801 zu Lüneville errichteten Friedensschluß, die Batavische Republik in ihrer gegenwärtigen Verfassung, und allem, was darauf Beziehung hat, anerkannt worden, und da durch die in Gefolge dieses Friedensschlusses zwischen Seiner Majestät dem Könige von Preußen in Vorsorge für Uns, und der Republik Frankreich am 23ten May dieses Jahres errichtete Convention, und durch noch anderweitig gepflogene Verhandlungen, und getroffene Vereinbarungen es dahin gediehen ist, daß Uns, Unseren Erben und Nachfolgern zur Entschädigung wegen des bey dem neuerlichen allgemeinen Friedenswerk von Unserem Hause erlittenen Verlustes, unter anderen Landen und Orten, auch das Stift Weingarten, nebst allen seinen Zubehörden und Zuständigkeiten, in secularisirtem Zustand, als eine erbliche Besitzung zugetheilet, und zugeeignet werden solle, dergestalt, daß solche auf ewige Zeiten der Regierung Unseres Fürstlichen Hauses, und Unserer Nachfolger angehöre und unterworfen sey, und Wir und Unsere Nachfolger darin volle Landesherrliche und obrigkeitliche Gewalt besitzen und auszuüben; Wir auch in Gefolge obiger Tractaten, und nach dem Vorgange anderer Fürsten, durch Unsere abgeordnete Commissarien von gedachtem Stift Weingarten und allen dessen Orten, Zubehörden und Zuständigkeiten provisorisch haben Besitz nehmen lassen; so haben Wir nöthig und rathsam gefunden, hiermit und in Kraft dieses Patents, dem Convente und der übrigen Geistlichkeit so wie sämtlichen Lehnleuten, Einsaßen, Einwohnern und Unterthanen des Stifts jene von Uns geschehene Besitzergreifung nochmals öffentlich kund zu thun, und solche damit zu bestätigen.

Wir verlangen demnach von ebengedachtem Convente, Geistlichkeit, Lehnleuten, Einsaßen, Einwohnern und Unterthanen, wes Standes oder Würden sie seyn mögen, und Wir ermahnen dieselbe hierdurch so gnädig als ernstlich, daß sie Uns als ihren rechtmäßigen Fürsten und Landesherrn erkennen, sich Unserer Regierung unterwerfen, Uns vollkommenen Gehorsam, und alle Unterthänigkeit und Treue beweisen, und demnächst, sobald Wir es erfordern werden, die gewöhnliche Erbhuldigung gehörig leisten.

Wir ertheilen ihnen dagegen die Versicherung, daß Wir ihnen mit Fürstlicher Gnade, und Landesväterlichem Wohlwollen jederzeit zugethan seyn, sie bey freyer ungehinderter Ausübung ihrer Religion belassen, und handhaben, auch ihnen sonst allen Schutz kräftigst verleihen, und überhaupt ihrer Wohlfahrt und Glückseligkeit Unsere ganze Landesväterliche Vorsorge unermüdet widmen werden, um sie alles bürgerlichen Wohlergehens in dem möglichsten Grade genießen zu lassen.

Wir setzen übrigens fest, daß vor der Hand, und bis hierunter eine Abänderung getroffen werden wird, unter Direction Unseres angeordneten Commissaru, alle gegenwärtig daselbst angestellte öffentliche Bediente und Beamte in ihren Functionen verbleiben und ihre Amts-Verrichtungen ordnungsmäßig nach dem bisherigen Geschäftsgange fortsetzen.

Des zu Urkund haben Wir gegenwärtiges Patent eigenhändig vollzogen, und mit Unserem Fürstlichen Insiegel bestärken lassen. So geschehen und gegeben Oranienstein, den 2ten October 1802.

L. S.

WILHELM FRIEDRICH,
Erbprinz von Orange und Nassau.

Die Besitzergreifung Weingartens 1802
Oranien-Nassauisches Besitzergreifungspatent vom 2. Oktober 1802 mit der Unterschrift des Erbprinzen Wilhelm Friedrich. Druck Oranienstein (Diez?). HSA Stuttgart B 458/5.

8. Das bewegliche und unbewegliche Vermögen des Stifts und des Abts war als Staatseigentum zu inventarisieren.
9. Bei allen Schritten war mit größter Schonung und Mäßigung zu verfahren.
10. Solange der künftige Status von Prälat und Konvent noch nicht feststand, sollte der eigene Haushalt des Abts – aber in Sparsamkeit – fortdauern.
11. Raht hatte ein Verzeichnis des Hof- und Dienstpersonals einzusenden und mitzuteilen, wer unentbehrlich und wer unnütz oder überflüssig sei.
12. Der Gehalt aller Bediensteten sollte provisorisch fortdauern.
13. Raht sollte sich gegebenfalls des Militärs zu Besitzergreifung oder -wahrung bedienen.
14. Raht hatte über fremde Werbungsrechte innerhalb der Herrschaft Weingarten zu berichten.[32]
Die Besitzergreifung wurde von der Oberkanzlei des Reichsstifts am selben Tag den Amtmännern aller Klosterämter mitgeteilt.[33]

Revers mit dem Oranien-Nassau-Fuldischen Staatswappen
Die Umschrift lautet: Wilhelm[us] Frideric[us] Pr[inceps] Her[editarius] Araus Nassau S[acri] R[omani] I[mperii] Princ[eps] Fuld[ensis] & Corbei[ensis].

Oranien-Nassau-Fuldisches Wappen 1802–1806
Für den aus den Entschädigungen gebildeten neuen Territorialbesitz wurde ein neues Wappen geschaffen. Das große Wappen verweist auf die Fürstentümer Fulda und Corvey (heraldisch rechts bzw. links oben) sowie die Reichsstadt Dortmund und die Herrschaft Weingarten (unten rechts bzw. links). Letztere zeigt den schreitenden goldenen Welfenlöwen auf mit roten Herzen bestreutem blauem Grund. In den beiden Herzschilden die oranisch-nassauischen Familienwappen.

Die Nutzung der Einkünfte

Durch Beschluss der Reichsdeputation war der 1. Dezember 1802 als Beginn der tatsächlichen Nutzung der Entschädigungsobjekte durch ihre neuen Eigentümer bestimmt worden. Bis dahin sollten die alten Herren (Reichsprälaten, Stadträte) die Herrschaftsrechte wahrnehmen und die Einkünfte nutzen dürfen. Die Problematik dieser Bestimmung wurde auch Oranien rasch klar: Die Naturaleinkünfte der Klöster, auch die Weingartens, gingen im Herbst ein, nach Getreideernte und Weinlese. Rechtlich hatte also der Reichsprälat noch über sie zu verfügen. Anderseits hatten vom 1. Dezember an Oranien-Nassau für alle Kosten, Pensionen, Gehälter sowie Schuldendienst und -tilgung aufzukommen, obwohl es rechtmäßig erstmals im Herbst 1803 die Haupteinkünfte erhalten hätte. Kein Wunder, dass eine gewisse Nervosität um sich griff und in Weingarten Raht früh darauf achtete, die Ausgaben von Abt und Konvent gering zu halten, so dass Oranien am 1. Dezember stattliche Natural- und Geldvorräte übernehmen konnte.

Der Reichsdeputationshauptschluss 1803

Der RDH vom 25. Februar 1803, bestätigte weitestgehend den Zweiten Entschädigungsplan. Oranien-Nassau war jedenfalls von den wenigen Änderungen nicht mehr tangiert, sondern erhielt nach § 12 RDH die Fürstbistümer Fulda und Corvey als neue *Fürstentümer*, die Reichsstadt Dortmund als *Grafschaft* und das Reichsstift Weingarten samt allen Zugehörden (Priorat Hofen, Propstei St. Gerold, Reichshft. Blumenegg, Hftn. Liebenau und Brochenzell) als souveräne *Herrschaft*. Der Titel des Erbprinzen lautete nun: *Erbprinz von Oranien-Nassau, regierender Fürst zu Fulda und Korvey, Graf zu Dortmund und Herr zu Weingarten etc.*[34] Die Frage der Entschädigung Oranien-Nassaus als Problem der europäischen Politik schien damit gelöst zu sein. Das Haus der ehemals niederländischen Statthalter hatte in Fulda eine neue Heimat gefunden und – neben Corvey, Fulda und Dortmund auch im oberschwäbischen Weingarten – ein neues territoriales Fundament.

Der Lindauer Vertrag vom 23. Juni 1804

Oranien-Nassau konnte sich des neuen Besitzes freilich nicht ungestört erfreuen. Kaum war der RDH 1803 ratifiziert, da belegte Österreich alle ehem. Weingartener Güter im Bereich seiner Landeshoheit (d. h. Niedergerichtsbarkeit) mit *Sequester* (Beschlag). Es berief sich dabei auf ein altes sog. *Heimfallrecht*[35], das freilich im RDH (§ 36) ausdrücklich ausgeschlossen worden war. Die folgende Auseinandersetzung[36] endete im *Lindauer Vertrag* vom 23. Juni 1804 mit einem Kompromiss: Oranien-Nassaus trat gegen Entschädigung an Österreich ab: die Reichsherrschaft Blumenegg, die Propstei St. Gerold samt der Pflegei Bendern in Vorarlberg, die Herrschaft Liebenau, die in der Gft. Tettnang liegenden Dörfer und Höfe des Klosteramts Bodnegg, die Güter im Gebiet der nun kurfürstl.-bayer. Stadt Lindau, das Priorat und die Vogtei Hofen, die Höfe im Dorf Baienfurt und das Amt Ausnang im Allgäu.

Die Entschädigung wurde aus dem 10-jährigen Durchschnitt des Ertrags dieser Abtretungen zw. 1785 und 1794 ermittelt. Für jeweils 15 fl. Reinertrag der ehemals oranischen Güter und Rechte garantierte das Erzhaus eine Entschädigung von 40 fl. Der Finanzausgleich erfolgte durch die Abtretung bisher österreichischer Höfe im Umkreis Weingartens (z. B. in der Landvogtei) an Oranien. Außerdem verzichtete Österreich für alle Zeit auf jegliche Rechtsansprüche an die ehem. Abtei Weingarten, insbesondere auf alle Hoheitsrechte und Gefälle, auf die es im Klosterstaat Anspruch besessen hatte: Dazu zählte neben dem *Blutbann* über die Hft. Weingarten (Niedergerichtsbezirk), der dem Reichsstift seit 1740 (anfangs nur auf 40 Jahre) pfandweise und widerruflich überlassen worden war, auch das *Merum Imperium*, d. h. die volle Landesherrschaft oder Souveränität auf dem Klosterberg und die *Frevelbestrafung* am Fest Johannes des Täufers, welche das Reichsstift als ein *Feudum perpetuum* (*ewiges Lehen*) besessen hatte. Dazu gehörten alle übrigen Regalien und Rechte in der gerichts- und steuerbaren Herrschaft Weingarten, auch die Schirmherrschaft, das Jagdrecht und die Forstaufsicht samt allen Gebühren und Rechten. Auch sonstige alte Ansprüche des Erzhauses an das Reichsstift Weingarten wurden gänzlich aufgehoben.

Allerdings sollten alle überlassenen Rechte beim Erlöschen des Mannesstamms im Hause Oranien-Nassau wieder an Österreich zurückfallen. Die Ordensgeistlichkeit zu St. Gerold und Bendern sollte vom Erzhaus, die Weingartener und die Hofener Patres sowie die Dienerschaft aber von Oranien-Nassau unterhalten werden.[37]

Der Lindauer Vertrag stellte im Prinzip einen breitangelegten Besitzaustausch zwischen Österreich und Oranien-Nassau dar. Er bewirkte eine Konzentration der Herrschaft Weingarten, die nun tatsächlich fast einen geschlossenen Flächenstaat bildete. Auch wenn § 36 RDH dieses i.w. vorgezeichnet hatte, bedeutete der Vertrag mit dem mächtigen Nachbarn eine zusätzliche Sicherung und Stärkung der nun weitgehend geschlossenen souveränen *Herrschaft Weingarten*. Tatsächlich hatte die oranische Regierung schon seit 1802 einen Austausch seiner entfernt liegenden Besitzungen (Blumenegg, St. Gerold, Ausnang) mit Bayern oder Österreich, ein *feines Arrondirungs-Projekt*, angestrebt, um dafür z. B. den Flecken Altdorf zu erwerben.[38] Amtmann Raht bewertete den Vertrag denn auch richtig als *das Wichtigste, was von und für Weingarten seit seiner Stiftung geschah.* Er habe die Herr-

schaft Weingarten nach Form und Wesen verändert, *indem er die alten, so mannichfaltigen Verhältnisse theils bestätiget, theils näher bestimmt, theils vertilgt und ganz neu festsetzt, entfernte Besitzungen abschneidet, dagegen einen wichtigen Zuwachs in der Nähe giebt.*[39] Zwar hatte bereits der RDH der Herrschaft die volle Souveränität zuerkannt, durch den Lindauer Vertrag wurde diese jedoch zementiert und wurden mögliche Missverständnisse ausgeräumt.

Das Ende der Herrlichkeit Oraniens

Württemberg erwirbt die Landvogtei 1805

Nach der Schlacht von Austerlitz am 2. Dezember 1805 beendete der Friede von Pressburg am 26. Dezember 1805 den Dritten Koalitionskrieg. Sieger waren neben Frankreich die deutschen Mittelstaaten, darunter Baden, Bayern und Württemberg, die Napoleon reich entlohnte. Bayern und Württemberg wurden am 1. Januar 1806 zu Königreichen erhoben, Baden später zum Großherzogtum. Hauptverlierer war Österreich, das seinen Besitz in Italien und Vorarlberg verlor. Die *Landvogtei Schwaben* mit dem Hauptort Altdorf kam an Württemberg, das damit im Herzen Oberschwabens Fuß fasste, das seit 1803 – abgesehen von Österreich – eher Interessengebiet Bayerns und Badens war. Die Besitzergreifung eskalierte daher beinahe zum kriegerischen Konflikt:
Da insbesondere Bayern seinen (ehem. reichsstädtischen) Besitz in diesem Raum abzurunden bestrebt war, entsandte es sofort ein Infanteriebataillon zur Sicherung Südoberschwabens. Als nun der württembergische Kommissar Frh. Eugen v. Maucler am 3. Januar 1806 zur Inbesitznahme der Landvogtei in Altdorf einzog, protestierte das bayerische Militär förmlich, wogegen sich Maucler auf den Befehl seines Königs berief. Schon am folgenden Tag rückte der württembergische Hauptmann Löffler mit 138 Mann Infanterie, 33 Mann Kavallerie und drei Kanonen von Saulgau her in Altdorf ein. Rasch wurde dort das bayerische Kontingent von 12 auf ca. 500 Mann verstärkt, und auch Württemberg erhielt weiteren Zuzug. Schließlich standen sich beide Parteien mit je 700 bis 800 Mann gegenüber. In die wachsende Spannung platzte noch ein Beauftragter Badens, mit Ansprüchen des Großherzogs.

Die Residenzstadt Fulda
Zentrum des neuen Oranien-Nassauischen Staates wurde die ehm. Bischofsresidenz Fulda. Die Ansicht von ca. 1800 zeigt in der Mitte oben das vom Fürstenhut gekrönte Wappen Fuldas, links das Wappen und rechts das Monogramm des Fürsten Wilhelm Friedrich. Handwerkskundschaft von ca. 1800, gedr. bei Augustin Heider, Fulda.

Am 9. Januar marschierten. Bayern und Württemberger kampfbereit auf. Ein Kampf in den Straßen Altdorfs unterblieb, weil Bayern die Ansprüche Württembergs anerkannte und seinen Truppen befahl, die Landvogtei am 10. September zu räumen.[40]
Daraufhin nahm v. Maucler am 10. Januar Altdorf samt der übrige Landvogtei für Württemberg in Besitz: Die Oberbeamten, vor allem Landvogt und Bürgermeister, wurden auf die Kanzlei berufen. Alle gelobten nun per Handschlag König Friedrich von Württemberg die Treue und wurden angewiesen, einstweilen ihre Ämter weiter zu versehen. Dann wurde unter dreimaligem *Vivat unser König Friedrich*! die Huldigungsakte vorgelesen und an öffentlichen Gebäuden das Wappen Württembergs angebracht.[41]
Am Sonntag, den 12. Januar, fand für die Altdorfer Bürger ein Fest statt: Ein feierlicher Gottesdienst, eine Parade der württembergischen Truppen und des Bürgermilitärs mit *türkischer Musik*. Salven auf die hohen Beamten beendeten die Feier.[42] Mit Wehmut hatte Bürgermeister Schafheitlin am 9. Januar 1806 abschließend im Ratsprotokoll vermerkt: *Mit welchem* [Tag] *dieses Protokoll beschlossen wurde, wie mit diesem heute die milde allerhöchste Regierung des allerdurchlauchtigsten Erzhauses bei uns zur unaussprechlichen Betrübnis aller Bürger und Inwohner dahier durch die Schicksale der Zeit zu Ende gegangen ist*. Insgesamt scheinen sich die Untertanen aber sehr rasch mit der neuen Situation abgefunden zu haben, und Maucler äußerte seine Zufriedenheit über den Verlauf der Feier und die *bezeugte Freude für den neuen gnädigsten Monarchen*.

Der Verlust der Herrschaft Brochenzell

Von Fortgang und Wechsel der politischen Ereignisse und Situationen in Europa wurde auch das Haus Oranien-Nassau betroffen: Der Friede von Pressburg 1805 hatte die Auflösung der Reichsritterschaft und ihrer Organisationen (Kreise, Kantone) befördert. Napoleon überließ die reichsritterschaftlichen Gebiete weitgehend seinen Hauptverbündeten zur Beute. Dazu zählte auch die ehem. Weingartener Herrschaft Brochenzell, die Oranien-Nassau erst durch den erwähnten Lindauer Vertrag vom 23. Juni 1804 zurückerhalten hatte. Indem Oranien-Nassau am 28. Januar 1806 in Brochenzell ein Patent anschlagen ließ und die bisher vom Kanton Allgäu ausgeübte *Collectation* (Erhebung der Reichssteuer) und andere Rechte reklamierte, suchte es anderen Interessenten zuvorzukommen. Jedoch Württemberg behauptete, solche Besitznahmen stünden nur Baden, Bayern und Württemberg als Hauptverbündeten Napoleons zu und ließ seinerseits am 30. Mai 1806 durch die *Kgl.-württ. Landeskommission* in Altdorf Besitz von Brochenzell ergreifen. Die Proteste Oranien-Nassaus und der Verweis auf den mit Österreich abgeschlossenen Austauschvertrag[43] fruchteten nichts.

Die Mediatisierung der Hft. Weingarten 1806

Einen noch engeren Anschluss an Frankreich bewirkte der Austritt von anfangs 16 deutschen Mittelstaaten, darunter Württemberg, aus dem *Deutschen Reich* und ihr Zusammenschluss zur *Conféderation du Rhin (Rheinbund)* unter Napoleons Protektorat am 12. Juli 1806. Dies bedeutete zugleich das Ende des alten Kaiserreiches, dem Kaiser Franz II. dadurch nach außen Ausdruck gab, dass er am 6. August 1806 förmlich die Römische Kaiserkrone niederlegte.
Die Rheinbundstaaten wurden für ihre Parteinahme reich belohnt. Napoleon erlaubte ihnen (Art. 24), eine Anzahl kleiner Fürsten, die Reichsgrafen, die Reichsritterschaft (Art. 25) sowie den Besitz des Deutschen Ordens (Art. 23) inmitten oder in der Nachbarschaft ihrer Staaten zu mediatisieren. Zu den Opfern zählte auch Fürst Wilhelm Friedrich VI., der sich in Anlehnung an Preußen geweigert hatte, dem Rheinbund beizutreten. Am 23. Juli 1806 wurde er von Napoleon seiner staatlichen Souveränität für verlustig erklärt. Dabei fiel die Herrschaft Weingarten unter die Landeshoheit des Kgr. Württemberg. Dem Fürsten, der samt Familie zu seinem kgl. Schwager nach Berlin übersiedelte, verblieb nur die Grundherrschaft sowie Immobilien und Mobilien Weingartens, das von einer souveränen Herrschaft zu einer bloßen *Patrimonialherrschaft (Gutsherrschaft)*, exakt zum *Kgl. Württembergisch-Fürstlich Oranien-Nassauischen Patrimonial-Oberamt*, im Verband des Kgr. Württemberg herabsank.[44] Am 10. September 1806 ergriff Württemberg provisorisch Besitz und ließ am 15. September die Untertanen der ehem. Herrschaft Weingarten, aber auch Weißenaus und Baindts, huldigen:

In der dasigen ehemaligen Klosterkirche [Weingarten] *wurde vor dem Hl. Blutaltar ein Baldachin aufgeschlagen, unter welchem der Kommissär* [von Maucler] *und der Kreishauptmann von Arand saßen und den Eid dem versammelten Volk vorlasen, worauf mit Ausreckung der Finger alles schwören mußte. Von 16 Jahren bis in das höchste Alter hinein mußte alles erscheinen von männlichem Geschlecht.*[45]

Am 22. September 1806 erfolgte die förmliche Inbesitznahme der Souveränität. Die oranien-nassauische Beamtenschaft erschien, angeführt von dem Regierungsdirektor und Geheimen Justizrat Raht, dem bisherigen Chef der Oranischen Regierung der Herrschaft Weingarten, auf der Kanzlei, und nachdem man ihr die neuen Pflichten mitgeteilt hatte, wurde sie auf den König von Württemberg vereidigt. Die öffentliche Verwaltung der Herrschaft Weingarten war bis auf weiteres der Aufsicht des Kgl. Landeskommissars v. Maucler in Altdorf unterstellt. Zugleich erhob Württemberg damit Anspruch auf die Landessteuer, die höhere Polizey, die Kontrolle und Revision der Kriminalgerichtsbarkeit und die Ausfertigung aller öffentlichen Akte im Namen seines Königs.[46]

Darüber hinaus regelte ein Erlass vom 22. September 1806 im Einzelnen[47]:

- Ohne behördliche Erlaubnis durfte kein volljähriger Mann heiraten und kein Wanderbursche seine Wanderschaft antreten, um sich nicht der Militäraushebung (Konskription) zu entziehen.
- Berufungen in Zivilprozessen wurden am Oberappellationstribunal in Tübingen verhandelt..
- Die Besetzung freier Beamtenstellen musste der Kgl. Landeskommission angezeigt werden.
- Im Kirchengebet war künftig des Königs von Württemberg zu gedenken.
- Württembergische Besitzergreifungspatente und Wappen waren an geeigneten Stellen anzubringen.

Die oranien-nassauischen Beamten und Untertanen leisteten den Eid freilich – wie ihr Vorgesetzter Raht, öffentlich erklärte – nur unter dem Vorbehalt, dass sie des gegen den Prinzen von Oranien-Nassau geleisteten Eids auf *gehörige Art entlediget wurden.*[48]

Auch die Untertanen scheinen laut Rahts Bericht die Herrschaftsveränderung nicht gerade begeistert aufgenommen zu haben: *Die Gesinnungen der Weingartener zeigten sich bey dieser Gelegenheit so unzweideutig, und sind überhaupt so bekannt, daß es für mich zu rührend, und in diesem Zeitpunkt zu bedenklich wäre, davon zu handeln.*[49] Und Raht tat gut daran, sich zurückhaltend zu äußern, denn immerhin war er von diesem Tag an selbst teilweise zum württembergischen Staatsbeamten geworden und sollte es bald vollends werden.[50]

Die Sequestration durch Württemberg 1806

Die Ära Oranien-Nassaus in Oberschwaben neigte sich rasch weiter ihrem Ende zu. Wie die europäische Verstrickung des Hauses seine Entschädigung aus Reichsbesitz bewirkt hatte, so trug sie auch zu Niedergang und Ende bei.

Aufgrund der erwähnten engen familiären Bindungen – des Fürsten Mutter war eine preußische Prinzessin und er selbst seit 1791 mit Friederike Luise Wilhelmine, einer Tochter Kg. Friedrich Wilhelms II., verheiratet – stand Oranien-Nassau politisch stets loyal an der Seite Preußens.[51] Als nach der Gründung des Rheinbunds Preußen ultimativ den Rückzug Napoleons aus Süddeutschland forderte und Frankreich den Krieg erklärte, folgte ihm der Erbprinz. Als preußischer Generalleutnant nahm er am 14. Oktober 1806 an der unglücklichen (Doppel-)Schlacht bei Jena (und Auerstedt) teil. Postwendend erklärte ihn Napoleon nach der Niederlage Preußens aller seiner Besitzungen für verlustig und besetzte das Fürstentum Fulda mit Corvey und Dortmund sowie das Fürstentum Nassau-Diez.[52] Unter dem Vorwand, Oranien-Nassau-Fulda habe seine Waffen auch gegen ihn, seinen Landesherrn und Verbündeten Frankreichs, erhoben[53], sequestrierte (beschlagnahmte) Kg. Friedrich I. von Württemberg am 29. November 1806 nun auch die oranien-nassauische Domanialherrschaft Weingarten. Nach außen erklärte er, den Besitz nur auf Lebzeiten des Prinzen unter Verschluss halten und ihn nach dessen Tode seinen Kindern wieder zurückgeben zu wollen.[54] Tatsächlich übernahm der württembergische Kommissar v. Maucler Weingarten sofort *als wirkliches württembergisches Eigentum, indem das Haus Oranien auch diese Herrschaft wirklich verliert, wie es die übrigen, als Fulda und Corvey, verloren hat, die ihm die Franzosen genommen, weil Oranien ein Stifter, wie die Franzosen sagen, des jetzigen Krieges mit*

dem König von Preußen sei. Alle indirekten und direkten politischen Vorstöße Wilhelm Friedrichs und seiner Räte, Weingarten seiner Familie als Wohnsitz und materielle Lebensgrundlage zurückzugewinnen, fruchteten nichts. Kg. Friedrich I. von Württemberg war auch durch einen devoten Brief seines Vetters (*mon cousin*) nicht umzustimmen.[55]

Neue Hoffnung auf Aufhebung der Sequestration Weingartens wuchs, als Kg. Friedrich in einem Manifest vom 11. September allen Adligen, Grafen und Fürsten, die im Kgr. Württemberg wohnten oder begütert waren, auftrug, ihre evtl. Zivil- und Kriegsdienste bei anderen Souveränen, auch solchen des Rheinischen Bundes, binnen drei Monaten bei Strafe des Verlusts ihrer Güter aufzukündigen oder genehmigen zu lassen.[56] Auch der Prinz von Oranien fühlte sich davon angesprochen und ließ sich durch den König von Preußen umgehend aus seiner Charge als Generalleutnant der preußischen Armee entlassen. Er teilte dies König Friedrich I. unverzüglich mit und pochte darauf, seine *Herrschaft Weingarten* zurückzuerhalten (*pour obtenir la levée du séquestre apposé sur ma Seigneurie de Weingarten*).[57] Seine Enttäuschung dürfte groß gewesen sein, als ihm *le bon cousin Frédéric* umgehend kurz und eiskalt mitteilte, dass dieses sein Manifest vom 11. September auf ihn nicht zutreffe, denn seit er die Waffen gegen ihn erhoben habe (*depuis que vous avez porté les armes contre Moi*), seien alle Bande zwischen ihm und Wilhelm Friedrich zerschnitten. Er sehe sich daher außerstande, an dem eingetretenen Zustand (gemeint ist die Beschlagnahme Weingartens) irgend etwas zu verändern.[58]

Staatsrechtlich wurde die Herrschaft Weingarten am 14. November 1808 endgültig in das Kgr. Württemberg eingegliedert und dem neugebildeten Oberamtsbezirk Altdorf (bis 1810) zugewiesen. Die Beamten Oranien-Nassaus wurden daraufhin großenteils in Ämter Altwürttembergs versetzt. Dem oft erwähnten Geh. Justizrat Raht wurde z. B. ein Posten als Oberlandesökonomierat in Stuttgart angetragen. Da sein ehemaliger Fürst, dem er bis dato noch immer eine gewisse Loyalität gezeigt und vorsichtige Lageberichte übermittelt hatte, keine Verwendung mehr für ihn hatte, nahm er das Angebot auch an.[59]

Um das Maß voll zu machen, hatten nach der Katastrophe Preußens nicht nur Württemberg sondern auch andere Rheinbundmitglieder nach dem oranischen Besitz gegriffen. Am 20. Dezember 1806 sequestrierte Baden den oranischen Besitz innerhalb des Großherzogtums, in erster Linie die Vogtei Hagnau mit ihren erheblichen Weineinkünften, aber auch Weingefälle aus Heppach und Markdorf.[60] Bayern beschlagnahmte die Einkünfte aus den unter die Krone Bayerns gekommenen ehemals zu Weingarten gehörigen Besitzungen und die Kaiserlich-österreichische provisorische Landesregierung zu Salzburg am 20. Juli 1807 die ebenfalls an Oranien gefallenen ehemaligen Klostereinkünfte aus einem Anteil am Bergwerk Hammerau bei Salzburg.[61]

Der hochverschuldete Wilhelm Friedrich, dem nur noch Landgüter in Posen und Schlesien geblieben waren[62], entfaltete in der Folge vom Berliner Wohnsitz aus eine rege diplomatische Aktivität, um die ihm – wie er meinte – widerrechtlich entzogenen Güter und Einkünfte wieder zurückzuerhalten. Während er – wie schon deutlich wurde – im Falle Württembergs auf Granit biss, hatte er bei den anderen Fürsten mit seinen Demarchen um Rückgabe bzw. Aufhebung des Sequesters mehr Erfolg. Am 23. Juni 1808 hob der bayerische König die Beschlagnahme der oranischen Güter auf[63], freilich ohne gleichzeitig auch die zurückgehaltenen Einkünfte zurückzuerstatten.[64] Der badische Großherzog erklärte zwar, die Hagnauer Einkünfte unter weitgehender Geheimhaltung und auf Umwegen an den Fürsten auszahlen lassen zu wollen[65], doch die Verwirklichung ließ auf sich warten, und strittig blieben die Gefälle aus Heppach und Markdorf. Der Kaiser hob 1808 den Hammerauer Sequester auf und ließ die zurückgehaltenen Einkünfte für 1807 und 1808 auszahlen.[66]

Der reich erhaltene Briefwechsel über diese Frage macht wahrscheinlich, dass die Sequestrationen Badens, Bayerns und Österreichs ursprünglich auch als Prophylaxe gedacht waren, um mögliche Ansprüche Württembergs und höchstkaiserliche Verfügungen Napoleons darüber abzublocken (*pour qu'on n'en dispose pas par un ordre suprême*).[67] Die Verzögerung der Rückgabe einzelner Rechte und Gefälle an Oranien war dann auch durch den chronischen Geldmangel der napoleonischen Vasallenstaaten bedingt.

Oranische Nachspiele

Was aber wurde aus den Ansprüchen des Hauses Oranien-Nassau, das die württembergische Besitzergreifung nie anerkannte ?
Geraume Zeit stritt Wilhelm Friedrich ab 1817 noch mit dem Kgr. Württemberg wegen einer Entschädigung für die ihm in der Zeit der staatsrechtlich nicht sanktionierten Sequestration entgangenen Einkünfte aus dem Besitz Weingartens. Der Oranier forderte allererst die Restitution der Herrschaft Weingarten und eine Entschädigung für die ihm entgangenen Einkünfte. Als Württemberg diese Forderungen zurückwies und mit den im Zeitraum 1806–1813 erforderlichen hohen Kriegskosten im Dienste Napoleons argumentierte, mäßigte Wilhelm Friedrich seine Ansprüche: Es ging dann schließlich nur noch um 18 Monate, nämlich für die Zeit von November 1813 (Ende des Rheinbunds und Übertritt seiner Mitglieder zur Koalition) bis Juni 1815 (Ende des Wiener Kongresses); für diesen Zeitraum habe Württemberg keinen staatsrechtlicher Besitztitel für die Herrschaft Weingarten besessen.[68]
Es ist hier nicht mehr von Interesse, wie diese Auseinandersetzung ausging, denn inzwischen hatte das Haus Oranien-Nassau längst wieder einen neuen glänzenden Aufstieg genommen und sich wieder auf der Sonnenseite des politischen Lebens etabliert.
Ab 1808 nahm Prinz Wilhelm Friedrich VI. – auf die politische Unterstützung durch England, das Land seiner alten Freunde und Beschützer, setzend – die Rückkehr in die Niederlande in sein politisches Kalkül auf, verstärkt nach der Niederlage Napoleons in Russland 1812. Am 30. November 1813 landete er unter Hochrufen des Volkes in Scheveningen.
Am 16. März 1815 wurde er im Haag als »Wilhelm I.« zum König der (neuen) Niederlande, nämlich aller 17 ursprünglichen Provinzen (»Großniederlande«), die auf dem Wiener Kongress aus den Vereinigten Provinzen, den ehem. österr. Niederlanden (Belgien) und dem ehem. Fürstbistum Lüttich gebildet worden waren. Kurze Zeit später erwarb er gegen die Abtretung seiner 1815 restituierten deutschen Besitzungen an Preußen und an Nassau-Weilburg noch das zum Deutschen Bund gehörige Ghzm. Luxemburg.

Spuren der oranischen Zeit?

Die Zeit der souveränen oranischen Herrschaft Weingarten war eine Episode, zu kurz, um bei der allgemeinen politischen Virulenz viele bleibende Spuren zu hinterlassen. In Weingarten selbst kündet heute kein sichtbares Monument mehr von ihnen. Lediglich beim Studium der kulturellen Hinterlassenschaft des Reichsstifts wird die oranische Zeit wieder präsent. Im Jahre 1805 ließ der Fürst von Fulda ca. 150 der schönsten Handschriften in seine neue Residenz Fulda überführen. Aus diesem Transport gelangten etwa 17 Handschriften auf Umwegen nach Darmstadt, wo sie heute noch sind. Die vier am kostbarsten gebundenen Handschriften (Schatzhandschriften) wurden nach der französischen Besetzung Fuldas 1806 requiriert und gelangten über Frankreich und England schließlich in die Pierpont Morgan Library New York, in deren Sammlung sie heute einen besonders kostbaren Bestand bilden.[69] In Fulda verblieben bis zum heutigen Tag 146 Handschriften, und nur 534 der einst etwa 800 Handschriften[70] umfassenden berühmten Weingartener Sammlung gelangten über die Königliche Hofbibliothek in die heutige Württembergische Landesbibliothek Stuttgart. 146 Handschriften werden heute noch in der Hessischen Landesbibliothek in Fulda gehütet.
Es gereichte dem kulturellen Erbe Weingartens vermutlich zum Vorteil, dass sich die oranische Besitzergreifung nicht wie anderswo in hektischer Raffgier, sondern langsam und bedächtig vollzogen hatte. Die politische Katastrophe Preußens und Oraniens 1806 bewirkte, dass der kostbare Kirchenschatz ebenso zurückblieb wie das große Archiv und die Sammlungen. Aus der etwa 60.000 Bände starken Bibliothek fanden nur ca. 1.000 ausgesuchte Werke den Weg nach Fulda. Als dann Württemberg aufzog, fand es noch Vieles vor: Den Kirchenschatz nahm es an sich und schmolz ihn ein, gleichfalls das von den Oraniern respektierte Heilig-Blut-Reliquiar, das durch eine billige Kopie ersetzt wurde. Die Bibliothek kam ebenfalls nach Stuttgart und wurde weit zerstreut, das Inventar an Möbeln, Kunstgegenständen und Bildern großteils vor Ort verschleudert.

[1] *Michael Erbe*, Belgien, Niederlande, Luxemburg. Geschichte des niederländischen Raumes. Stuttgart 1993, 155f.
[2] Nicht *Nassau-Dillenburg*, wie man auch oft liest, da die Dillenburger Linie bereits 1735 erloschen. Vgl. [*A. Chr. Gaspari,*] Der Franz.-russ. Entschädigungsplan mit histor., geograph. und statist. Erläuterungen und einer Vergleichungstafel. Regensburg im Sept. 1802, 55
[3] Wilhelm V. hatte aus den niederländ. Amtern und Würden ein Jahreseinkommen von über 500.000 fl. bezogen. Dazu kamen die Einkünfte aus den Domänen und den dt. Ländern. Sein Sohn, der Erbprinz, berechnete, als er 1802 mit Napoleon über Kompensationen verhandelte, den erlittenen Schaden mit 117 Mio. fl. viell. etwas zu hoch. Vgl. *Gerrit J. Schutte*, Wilhelm IV. und Wilhelm V., in: Nassau und Oranien. Statthalter und Könige der Niederlande, hg. von *Coenraad A. Tamse*. Göttingen 1985, 201.
[4] Die reichsrechtl. Unrechtmäßigkeit der oran. Ansprüche war auch Zeitgenossen bewußt, z. B. Ritter v. Lang, der in seinen Memoiren schreibt: Die Geistlichen unterließen nicht [...] *über die Zumutung, sogar wegen fremder Verluste, welche das Deutsche Reich gar nichts angingen, z. B. wegen der verlorenen Erbstatthalterschaft in Holland, eine Entschädigung zu leisten, sich bitterlich zu beklagen* [...]. Zit. nach *Rudolfine Freiin von Oer* (Hg.), Die Säkularisation 1803. Vorbereitung-Diskussion-Durchführung. Göttingen 1970, 18
[5] [*Gaspari,*] Der Franz.-russ. Entschädigungsplan (wie Anm. 2), 11f.
[6] Wilhelm V. (1748–1806) u. sein Sohn Wilhelm VI. (1772–1843) hatten preuß. Prinzessinnen geheiratet, nämlich Friederike Wilhelmine Sophie (1751–1820) bzw. Friederike Luise Wilhelmine (1774–1837). Preußen war im Falle des Aussterbens Oranien-Nassau-Dillenburgs zur Sukzession berechtigt. Vgl. [*Gaspari,*] Der Franz.-russ. Entschädigungsplan (wie Anm. 2), 49f., und *Krüger-Löwenstein* (wie Anm. 1), 101 Anm. 20.
[7] Artikel V des Geheimvertrags lautete: *Si lors de la pacification future le retablissement de la maison d'Orange dans ses charges & dignités en Hollande est jugé inadmissible* [...] *la République Francaise s'engage à employer tous ses efforts pour opérer en faveur du dit Prince d'Orange & de ses héritiers mâles la sécularisation des évêchés de Wurzbourg & de Bamberg auxquels sera attachés la dignité électorale & de faire stipuler la reversion des dits évêchés en faveur de la maison de Brandenbourg, faute d'héritiers mâles dans la dite maison d'Orange.* Zit. nach: *von Oer* (wie Anm. 4), 15; vgl. auch [*Gaspari,*] Der Franz.-russ. Entschädigungsplan (wie Anm. 2), 49; *Hans. A. Bornewasser,* Kirche und Staat in Fulda unter Wilhelm Friedrich von Oranien 1802–1806. Fulda/Utrecht 1956, 4.
[8] Vgl. *Bornewasser,* Kirche und Staat (wie Anm. 7), 2; Österreich akzeptierte damals und im Vertrag von Lunéville 1801 stillschweigend, daß das reichsfremde Oranien-Nassau innerhalb des Reiches entschädigt werden solle. Vgl. *Krüger-Löwenstein* (wie Anm. 1), 55.
[9] In Art. XVIII des Vertrags war festgehalten: *Die Linie des Hauses Nassau, welche in der ehemaligen Republik der V. N., jetzt Batavischen Republik, ansäßig war, und daselbst sowohl an Privat-Besitzungen, als auch durch die Veränderung der in diesem Lande eingeführten Constitution Verluste erlitten hat – soll für den erwähnten Verlust Compensation von gleichem Werthe erhalten.* Vgl. [*Gaspari,*] Der Franz.-russ. Entschädigungsplan (wie Anm. 2), 51. England war der Garant des Erbstatthalteramts.
[10] Der Erbstatthalter hatte ursprünglich-wohl aus moralisch-rechtlichen Bedenken – nur solche Entschädigungsländer gefordert, die ehemals nassauisch gewesen waren, insbes. Reste des Kfsm. Trier. Vgl. *Hans Christoph Ernst von Gagern*, Mein Antheil an der Politik. Bd. 1. Unter Napoleon. Stuttgart/Tübingen 1823, 126.
[11] Der Vertrag wurde am 04.06.1802 durch den Beitritt Rußlands sanktioniert.
[12] [*Gaspari,*] Der Franz.-russ. Entschädigungsplan (wie Anm. 2), 50.
[13] Frz.-Russ. Entschädigungsplan, 18.08.1802, § 7: Die Bistümer, Fulda und Corvey und die Stadt Dortmund mit allen Abteien und Kapiteln, die in diesen Territorien liegen, dazu die Abtei Weingarten und – statt der Reichsstädte Isny und Buchhorn – die Abteien Kappel/Gft. Lippe, Cappenberg/Münsterland) und Dietkirchen/Lahn mit zus. ca. 75.000 fl. Revenüen. Vgl. [*Gaspari,*] Der Franz.-russ. Entschädigungsplan (wie Anm. 2), 57.
[14] Angaben und Zahlen nach [*Gaspari,*] Der Franz.-russ. Entschädigungsplan (wie Anm. 2), 49.
[15] Zur Geschichte der Entschädigung Oranien-Nassaus vgl. auch *Bornewasser,* Kirche und Staat in Fulda (wie Anm. 7), 5 ff.
[16] Zahlen nach *Hans.A. Bornewasser*: König Wilhelm I., in: Nassau und Oranien. Statthalter und Könige der Niederlande, hg. von *Coenraad A. Tamse*. Göttingen/Zürich 1985, 219.
[17] Der Entschädigungsplan, 08.10.1802 ist in Franz. abgedruckt als Beil. 107/108, in: Beilagen zu den Protokollen der außerordentlichen Reichsdeputation zu Regensburg. Bd. 2. Regensburg 1803, 19–42, bes. 30: [§ 12] *Au Prince de Nassau-Dillenburg, pour indemnité du Stadthouderat et de ses Domaines en Hollande et dans la Belgique, les Évêchés de Fulde et de Corvey, la ville Impériale de Dortmund, l'abbaye de Weingarten, les abbayes et prévôtés de Hofen, St. Gerold au pays de Weingarten, Benderen au territoire de Lichtenstein, Dietkirchen au pays de Nassau avec tous les chapîtres, Abbayes, Prévôtés et Couvents situés dans les pays assignés.*
[18] Beilagen zu den Protokollen der außerordentl. Reichsdeputation zu Regensburg. Regensburg 1803, Bd. 2, 319.
[19] Plitt konsultierte z. B. *Honds* Tabellen, das geographisch-statistische Lexikon von Schwaben, *Werz* und *Buchher*, Meusches Literatur der Statistik, das Reichsprälatische Staatsrecht. Kempten 1783, *Sartori*: Beiträge zum Reichsprälatischen Staatsrecht. Vgl. den Brief Plitts, 01.08. 1802: SAL D 150 Bü 2/I.
[20] Schreiben d. Geh. Reg.Rats Chelius an Plitt, 09.08.1802 (SAL D 150 Bü 1/I).
[21] Schreiben Plitts, 13.08.1802 (SAL D 150 Bü 1/II). Am 18.08. erfolgte die Aufforderung zur Abreise (SAL D 150 Bü 1/III.
[22] Plitt zeigte seine Abreise am 09.09. an: SAL D 150 Bü 1/V.
[23] Brief Erbprinz an Geheimrat Plitt, 09.09.1802: SAL D 150 Bü 1/VII.
[24] SAL D 150 Bü 1/VII.
[25] Schreiben an Geheimrat Plitt in Ulm, 16.09.1802: SAL D 150 Bü 1/X. – Zu Raht s. Anm. 50.
[26] *Mattheus Seutter*: Lacus Bodamicus vel Acronius cum regionibus circumjacentibus recens delineatus a Matthaeo Seuttero. Augusta Vindelicorum [Augsburg]: J. M. Probst [um 1760]. – 48 x 35 cm.
[27] SAL D 150 Bü 2/II.
[28] Schreiben Erbprinz, 06.09.1802 aus Siegen. Vgl. auch Bericht Rahts über die Besitznahme *der unmittelbaren Prälatur Weingarten,* 17.09. 1802: SAL D 150 Bü 1/I.
[29] Bericht Rahts, 17.09.1802: SAL D 150 Bü 1/XI.
[30] Abrechnung der Spesen Plitts von 708 fl. 26 kr. vgl. SAL D 150 Bü 1/XVI.
[31] SAL D 150 Bü 1/V.
[32] *Instruktion für den nach Weingarten abgeordneten Amtmann Raht,* 18.10.1802: SAL D 150 Bü 1/XV.
[33] SAL D 150 Bü 1.
[34] So die offiz. Anweisung aus Fulda, 22.12. bzw. die öff. Bekanntmachung, 31.12.1802: HSAS B 458 Bü 5.
[35] Das *droit d'épaves oder Epavenrecht* gen. Heimfallrecht im *ius circa sacra et politica* erlaubte sonst dem Landesherren, bei Aufhebung geistl. Stiftungen, über deren Rechte und Besitz im eignen Land zu verfügen.
[36] Oranien-Nassau legte gegen diese Vorgehensweise am 16.04.1803 zu Regensburg förmlichen Protest ein: In: Beilagen (wie Anm. 18). Bd. IV. Regensburg 1803, 359–367.

[37] Hs. Fassung des *Vertrag(s) über die Basis und Bedingungen eines Austausches zwischen dem hohen Erzhause Oesterreich und dem fürstlichen Hause Oranien-Nassau,* 23.06.1804: HSAS B 515 Bü 14. Die i. w. ident. Ratifikation des Vertrags durch Ks. Franz II., 12.07. 1804 wurde auch im Druck verbreitet: Den Untertanen wurde der Vertrag durch ein Fürstl. Patent aus Fulda, 01.11.1804 bekanntgemacht: HSAS B 515 Bü 14.

[38] Bericht Rahts, 01.10.1802: SAL D 150 Bü 1/XIV. Nach Raht habe man schon zu Klosterzeiten den Austausch Blumeneggs angestrebt.

[39] Bericht Rahts über die *Besetzung der Renterey* No. 35, 28.05.1805: SAL D 150 Bü 19.

[40] Berichte Mauclers, 09.01.1806, 1 Uhr mittags: SAL D 21 Bü 130/VI, sowie Anl. zu St. VII.

[41] Weingarten und seine Umgebung während der Kriegsereignisse von 1796–1806. Hs. Chronik, hg. von *Heinrich Klein.* Ravensburg 1878, 54.

[42] Bericht Mauclers, 13.01.1806: SAL D 21 Bü 130.

[43] SAL D 21 Bü 29.

[44] Schreiben, 23.09.1806: SAL D 150 Bü 18.

[45] Zit. nach: *H. Klein*, Weingarten (wie Anm. 41), 62.

[46] Bericht Frh. Eugen von Mauclers über die Besitznahme, 21.09.1806: SAL D 21 Bü 6.

[47] Anhang zum Bericht Mauclers, 21.09.1806: SAL D 21 Bü 6.

[48] Bericht Rahts Nr. 84, 28.11 1806: SAL D 150 Bü 18.

[49] Bericht Rahts Nr. 82, 15.10.1806: SAL D 150 Bü 18.

[50] Raht verdient zweifellos einmal eine eigene Biographie. Aufgrund seines Briefwechsels, bes. seiner zahlreichen detaillierten Berichte und Gutachten, erweist er sich als ein kenntnisreicher, loyaler, aber auch besonnener und menschlicher Beamter, der neben den Interessen seiner Herrschaft auch das Wohl der ihm Anbefohlenen, der Mönche ebenso wie der ehem. Bediensteten und Untertanen des Reichsstifts, im Auge hat. Seine Stellungnahmen und Vorschläge wurden von seinen übergeordneten Behörden fast stets unverändert übernommen. Kein Wunder, daß Rahts Karriere steil nach oben wies: Vom *Amtmann* wurde er schon bald zum oranischen *Geh. Justizrat* und Regierungsdirektor der oran.-nassau-fuldischen Regierung in Weingarten befördert, und als Württemberg 1806 in Weingarten zuerst die Landeshoheit und bald darauf auch den oran. Domänenbesitz übernahm, wechselte er – da Oranien-Nassau keine wirkliche Verwendung mehr für ihn hatte – in den württ. Staatsdienst über. 1809/10 war er *Geh. Oberlandes-Ökonomierat* im Departement des Innern, und zwar im *Generaldirektorium*, dessen übrige Mitglieder adlig waren (Vgl. Hof- und Staatshandbuch für 1809 u. 1810, 129). 1812 wirkte Raht im Hof- und Finanzrat des Finanzdepartements (3. Abt. der Krondomänensektion) als *Referierender Rat* (Vgl. Hof- und Staatshandbuch für 1812, 168). Als er (vermutlich) im Jahre 1835 starb – sein Name ist im Hdb. für 1835 durchgestrichen und in späteren Hofhandbüchern taucht er nicht mehr auf –, war er – seit 1832 im Rangs eines *Komturs* Mitglied im *Orden der württ. Krone – Staatsrat und Direktor der Oberrechnungs-Kammer und zugleich Vorstand* der Staatskassenverwaltung (Vgl. Hof- und Staatshandbuch für 1835, 145 u. 146).

[51] Vgl. jüngst *Klaus Vetter,* Oranien-Nassau und die Hohenzollern im 17./18. Jh. In: Onder den Oranje boom. Niederländische Kunst und Kultur im 17. und 18. Jh. an deutschen Fürstenhöfen. Textband: Dynastie in der Republik/hg. von *Horst Lademacher.* München 1999, 213–224.

[52] Die Landesteile Siegen, Dillenburg und Hadamar wurden dem Ghzm. von Berg zugesprochen, das Fsm. Diez dem Hz. von Nassau (ehem. N.-Weilburg u. N.-Usingen). Fulda kam unter frz. Herrschaft, 1810 an das Großhzm. Frankfurt. Corvey fiel an das Kgr. Westfalen.

[53] Extrakt aus der Beil. 63 zum Schreiben v. Arnoldis an Prinz, 20.05. 1807: SAL D 150 Bü 15a.

[54] *Extract* (wie Anm. 16) *auf Lebenszeit Sr. Hoheit* und diesbezügl. Brief Prinz an württ. Kg., 22.08.1807: SAL D 150 Bü 15a

[55] Prinz aus Frankfurt, 22.08.1807: SAL D 150 Bü 15a. – Lakon. Antwort Kg. Friedrichs I., 07.09.1807: SAL D 150 Bü 15a; zur Aufgabe des preuß. Militärdiensts s. Brief, 27.09. an Gf. Taube: SAL D 150 Bü 15a.

[56] Kopie des Kgl. Manifests, 11.09.1807: SAL D 150 Bü 15a.

[57] Schreiben Wilhelm Friedrichs, 13.11.1807 aus Berlin: SAL D 150 Bü 15a.

[58] Antwort Kg. Friedrichs, 13.12.1807: SAL D 150 Bü 15a.

[59] Vgl. den Briefwechsel Arnoldi-Prinz u. Prinz-Arnoldi im Nov. u. Dez. 1808, v. a. das Schreiben Arnoldis, 12.12.1808: SAL D 150 Bü 15a.

[60] Schreiben Prinz an österr. Kaiser, 13.02.1808: SAL D 150 Bü 15a.

[61] Mitt. der Sequestration an den bish. Bevollmächtigten d. Hauses Oranien, P. Maximus Kammerer von St. Peter Salzburg, 20.09.1807: SAL D 150 Bü 15a.

[62] *Bornewasser*, König Wilhelm I. (wie Anm. 16), 223.

[63] Brief Montgelas', 16.06.1808 u. Schreiben Arnoldi an Prinz, 10.07. u. 17.07.1808: SAL D 150 Bü 15a.

[64] Bericht Arnoldis an Prinz, 17.07.1808: SAL D 150 Bü 15a.

[65] Brief Ghz. von Baden an Prinz, 07.12 1807 u. Schreiben des großhzgl. Großkämmerers Baron de Geusau, 11.12.1807: SAL D 150 Bü 15a. Die Einkünfte Hagnaus sollten über e. Frankfurter Bankier an den Prinzen überwiesen werden. Die Rückgabe Hagnaus wird im April 1808 erwartet. Vgl. den Brief Prinz an Arnoldi, 30.04.1808: SAL D 150 Bü 15a. – Definitiv wurden die Einkünfte Hagnaus am 20.02. 1809 durch bad. Ministerratbeschluß zur Auszahlung an die oran. Behörden freigegeben: Kopie e. Auszugs aus dem obervogteiamtl. Protokoll, Meersburg, den 13.05.1809: SAL D 150 Bü 15a.

[66] Bericht Arnoldis an den Prinzen, 25.05.1808: SAL D 150 Bü 15a.

[67] Brief des Oberkämmerers du Deusau, 11.12.1808: SAL D 150 Bü 15a.

[68] Dazu v. a. Württ. Bericht und Gutachten, 07. 08. 1817 an das Württ. Finanzministerium: SAL D 150 Bü 4373 u. D 150 Bü 15a.

[69] Zur Geschichte dieser vier berühmten Handschriften vgl. jüngst *William Voelkle*, Zur Besitzgeschichte des [Berthold-] Sakramentars, in: Das Berthold-Sakramentar. Vollst. Faksimile-Ausgabe der Handschrift Ms. M 710 der Pierpont Morgan Library New York. Kommentar, hg. von *Felix Heinzer/Hans Ulrich Rudolf.* Graz 1999, 43–46

[70] Ein Verzeichnis des 18. Jhs. nennt 736 Codices, zu denen noch eine unbekannte Zahl von Hss. im Kirchenschatz (mindestens 4) hinzuzuzählen sind. Heute sind noch 723 Weingartener Hss. bekannt. Vgl. *Hans Ulrich Rudolf*, in: *Norbert Kruse/Hans Ulrich Rudolf/Dietmar Schillig/Edgar Walter* (Hgg.), Weingarten. Biberach 1999, 131. Grundlegend zur Rekonstruktion der Weingartener Slg. *Karl Löffler*, Die Handschriften des Klosters Weingarten. Leipzig 1912. Repr. Wiesbaden 1968.

Ich unterwerfe mich willig dem Schicksale …

Das Ende des Weingartener Klosterlebens 1802–1809

von Hans Ulrich Rudolf

Die Reaktion von Abt und Konvent 1802

Die große Säkularisation von 1803 kam für die Klöster nicht aus heiterem Himmel. Antimonastische Literatur und Traktate[1], zahlreiche Säkularisationspläne[2] sowie umfassende tatsächliche Säkularisationen v. a. in Frankreich (1789) und Österreich (1781) hatten im 18. Jh. das Terrain geistig und politisch gründlich vorbereitet. Die aufklärerische Mönchs- und Klosterkritik war um 1800 auch in den Klöstern selbst nicht ohne Wirkung geblieben. Das zeigen u. a. die jüngst stärker beachteten barocken Festpredigten anlässlich von Klosterjubiläen.[3] Sie unterstreichen mit ihrem häufigen Appell zur Neubesinnung deutlich, daß die antimonastische Literatur, die sich ja teilweise auch mit Bestrebungen der aufgeklärten katholischen Theologie berührte, auch in den Klöstern selbst gelesen und diskutiert wurde. Eine gewisse Lähmung scheint auch den Weingartener Konvent schon früh ergriffen zu haben. Nach Ausweis seines (letzten) gedruckten *Catalogus religiosorum* (1802/03)[4] fanden die letzten fünf Professen am 29. März 1796 statt. Außerdem kehrten mehrere Konventualen dem Kloster den Rücken.[5]
Spätestens seit dem Rastatter Kongress 1799 oder dem Reichsfrieden von Lunéville 1801, dem die schwäbischen Reichsprälaten auf dem Regensburger Reichstag am 7. März 1801 zugestimmt hatten, galt eine großangelegte Säkularisation der Bistümer und Reichsstifte im Heiligen Römischen Reich als sicher. Der erste französisch-russische Entschädigungsplan vom 18. August 1802, der auch den Betroffenen rasch bekannt wurde, zeigte konkret an, wohin die Entwicklung ging.[6] Wohl im Bewusstsein der Aussichtslosigkeit jeder Gegenwehr verzichteten die schwäbischen Reichsprälaten auf einer Tagung zu Ummendorf am 26. August 2002 auf die Entsendung einer eigenen Delegation, die in Regensburg ihre Interessen bei der Reichsdeputation hätte vertreten können.
Nur wenige zeigten daher Entsetzen oder Überraschung, als es dann so weit war. Am 15. Oktober 1802, als bereits die meisten Reichsstifte provisorisch in Besitz genommen waren, sprach das Schwäbische Reichsprälatenkollegium selbst von seinem *unvermeidliche*(n) *Säkularisations-Schicksal* und nahm dazu wie folgt Stellung: *Die Mitglieder der Kurie, ihrer höheren Bestimmung eingedenk und dem Berufe, für Kirche und Staat nach jeder Fügung nützlich zu sein, beharrlich getreu, erwarten in stiller Hingebung und Vertrauen auf die Anordnungen der Fürsicht, was die hochansehnliche Reichsdeputation zu reichsväterlichen Beschlüssen befördern oder wozu landesherrliche Verfügungen den Maßstab verschaffen dürften.*[7] Man war im Herbst 1802 von der Tatsache einer umfassenden Säkularisation also nicht überrascht, sondern allenfalls von deren Radikalität und der Rücksichtslosigkeit mancher neuer Herren.
So fühlte sich auch Abt Anselm Rittler von Weingarten durch die Ankunft und die Botschaft der Kommissare des Hauses Oranien-Nassau am 15. September 1802 keineswegs überrumpelt. Er kannte – wie sein Antwortschreiben[8] an den Erbprinzen von Oranien-Nassau auf dessen Besitzergreifungsankündigung andeutet – den russisch-französischen Entschädigungsplan und wußte auch aus Zeitungen[9] längst, wem er und sein Kloster als Entschädigung zufallen sollte. Das Schreiben des kränklichen und altersmü-

Der Weingartener Martinsberg aus der Vogelschau von Westen, vor 1974
Die Ansicht zeigt die – gemessen am Idealplan – südlich der Kirche (rechts) nicht vollendete Anlage des Klosters Weingarten. Im Hintergrund sind Teile der Ökonomiegebäude zu erkennen, die 1974 für den Neubau des Naturwissenschaftlichen Zentrums der Pädagogischen Hochschule Weingarten abgebrochen wurden.

den Reichsprälaten[10] atmet daher eher gottergebene Resignation als Groll oder Verbitterung: *Ich unterwerfe mich willig dem Schicksale, das eine höhere Vorsehung leitet, und das Bewußtsein, meine reichsständischen Obliegenheiten gegen Kaiser und Reich während eines höchst unglüklichen Krieges mit aller Anstrengung geleistet zu haben, rechtfertiget meine Gesinnungen. Ich kann daher der Vorsicht nie genug danken, die mich und mein anvertrautes Gotteshauß einem der vortrefflichsten Fürsten Teütschlands in die Hände führet* [...]. *Es ist mir daher eine ebenso vergnügliche Empfindung als schuldigste Pflicht, mich samt meinem anvertrauten Gotteshauß, allen Bediensteten und gesamter Landschaft Euer Hoheit und höchst dero Königlicher Familie zu höchsten Hulden und Gnaden, wie hiemit geschiehet, unterthänigst anzuempfehlen* [...]. *Ich empfehle mich nochmahls zu höchsten Hulden und Gnaden, und verharre in tiefster Ehrfurcht und Submission Euer Hoheit, meines durchlauchtigsten Fürsten und Herrn Herrn.*

Es war wohl eher diplomatische Höflichkeit und konventionelle Schmeichelei, die Abt Anselm äußern ließ, seine einzige Besorgnis sei, sein Konvent könne bei der endgültigen Festlegung doch noch einer anderen, weniger angenehmen Herrschaft zugewiesen werden[11], und er bitte den Erbprinzen, sich für die Beibehaltung Weingartens einzusetzen.[12]

Aber wie auch immer, Oranien stieß in Weingarten auf keine spürbaren Ressentiments, sondern vielmehr auf freundliche Aufnahme. Der oranische Deputierte, der nassauische Amtmann und spätere Geheime Justizrat Raht, berichtet über den Empfang in Weingarten u. a. dies: *Von der Art, wie die Geistlichen uns aufnahmen, erlauben Euer Hoheit diese Bemerkung, daß*

Ansicht Altdorfs
Die Ansicht des »Marktfleckens Altdorf gen. Weingarten« wurde um 1790 wohl nach einer älteren Vorlage gestochen, daher ist das Kloster wenig realistisch dargestellt. Rechts die barocke Pfarrkirche, die 1818 abgebrochen worden ist.
Augsburger Bilderbogen, um 1790 (im Original seitenverkehrt).
HSA Stuttgart.

ich nie mit größerer Rührung das Glück empfand, einem Fürstenhaus zu dienen, das auch in der größten Entfernung gekannt und gepriesen wird.[13]
Er bestätigte immer wieder das trotz der Umstände durchgehend gute Einvernehmen: *Mit dem Prälaten und der übrigen Geistlichkeit lebe ich im übrigen auf einem so guten Fus, als es in solcher Lage sich nur gedenken läßt; sie erzeigen mir Hochachtung als dem Deputierten des durchlauchtigsten Landesherren: Zuneigung und Offenheit als dem Diener eines Fürsten, von dem sie soviel Gutes wissen und sich versprechen: und Freundschaft als einem Menschen, der sich unter sie zu schiken sucht* [...]. *Die zivile Dienerschaft fährt fort, das lebhafteste Attachement zu zeigen.*[14] Anderseits kündigte auch die neue Herrschaft *die gnädigsten und väterlichsten Gesinnungen gegen die Geistlichkeit* an, und entsprechend betrugen sich auch ihre Repräsentanten, insbesondere Raht.

Das Schicksal der Konventualen 1802–1806

Der Konvent 1802/03

Zum Zeitpunkt der provisorischen Inbesitznahme Weingartens am 15. September 1802 bestand der Konvent laut dem letzten *Catalogus* des Reichsstifts von 1802/03[15] und den Aufstellungen und Berichten des oranischen Kommissärs Raht aus 42 Patres sowie 4 Laienbrüdern.[16] Zehn der Patres lebten im Priorat Hofen, ein Pater als Statthalter in Blumenegg, der Rest in Weingarten.

Ganz genau traf der hier verzeichnete Personalstand nicht auf den Moment der provisorischen Besitzergreifung zu. In Wirklichkeit zählten damals 48 Personen, 44 Patres und 4 Laienbrüder, zum Konvent. Im letzten gedruckten Klosterkatalog von 1802/03 fehlen nämlich zwei Personen, die zum Zeitpunkt der Drucklegung des Katalogs nicht mehr zum Konvent zählten: Es war dies einmal der am 2. Dezember 1802 als Statthalter der Herrschaft Blumenegg verstorbene P. Gerhard Hess (geb. 1731 in Oberstetten bei Ochsenhausen, Profess 1752, Priesterweihe 1755), der bedeutendste Geschichtsschreiber Weingartens[17] im 18. Jh. Zum andern galt auch P. Magnus Heckelsmüller (geb. 1767 in Legau/Allgäu, Profess 1789, Primiz 1794), der 1801 das Kloster verlassen hatte, aber nicht von seinen Gelübden entbunden worden war[18], kirchenrechtlich weiterhin als Konventuale, obwohl ihn der Katalog nicht nennt. Heckelsmüller kehrte aber tatsächlich 1803 aus der Schweiz zurück und forderte eine Pension.[19]
Auch einige Konventualen, welche der Katalog nennt, lebten zum Zeitpunkt der Säkularisation nicht im Weingartener Kloster. Drei Patres hatten es vor 1802 verlassen: Zwei, P. Robert Schindele und P. Augustin Braig, waren bei der Annäherung französischer Truppen 1796 aus Angst zwangsrekrutiert zu werden geflohen und nie mehr zurückgekehrt. Schindele[20] hatte im Benediktinerstift Admont Zuflucht gefunden, wo er in der Seelsorge aushalf, und Braig[21] war zuerst Professor für Theologie im Stift Göttweig und später Ordinarius für Dogmatik in Wien geworden. Der dritte, P. Meingos Gaelle[22], bekleidete seit 1801 an der Universität Salzburg eine Professur für Dogmatik und Kirchengeschichte. Nach Auflösung der Universität 1810 wurde der begnadete Musiker und Komponist Superior an der Wallfahrtskirche Maria Plain bei Salzburg. Alle drei aber waren kirchenrechtlich Weingartener Konventualen geblieben und besaßen somit einen reichsrechtlichen Anspruch auf Versorgung durch Pension oder Abfindung.

Was wird aus dem Konvent?

Die Entscheidung, was mit dem Konvent geschehen solle, war Sache des neuen Landesherrn. Er konnte ihn fortbestehen oder langsam absterben lassen; er konnte ihn auch sofort auflösen und die Mönche zum Auszug zwingen. § 57 RDH legte den neuen Herren nur auf, die Konventualen der Reichsabteien *auf eine ihrer bisherigen Lebensweise angemessene anständige Art in ein oder der andern Communität ferner zu unterhalten, oder denen, welche mit landesherrlicher Verwilligung austreten, bis zu anderweitiger Versorgung eine Pension von 300 bis 600 Gulden, nach dem Vermögen ihrer Stiftung zu verabreichen.* Auf ähnliche Art war auch für die Laienbrüder zu sorgen.
Mit Inkraftsetzung des RDH am 25. Februar 1803 galt das Kloster als aufgehoben; Novizen – die aber anscheinend schon seit längerem ausgeblieben oder abgewiesen worden waren – durften nicht mehr aufgenommen werden.
Ansonsten änderte sich im Leben der Konventualen vorerst wenig. Sie waren weiterhin strikt dazu verpflichtet, ihre nach den Ordensgebräuchen traditionellen Pflichten zu erfüllen: Sie versahen den Chordienst, feierten die gestifteten Jahrtage und betreuten die Heilig-Blut-Pilger. Auch die – nach dem Prälaten – obersten geistlichen Verwaltungsbeamten, die drei Hofherren – Großkellermeister, Großküchenmeister und Kastner[23], meist ältere Konventualen, sollten vorerst weiterhin im Amt bleiben.
Für ihren Unterhalt wurde aus der seit dem 1. Dezember 1802 »herrschaftlichen« Kasse gesorgt. Dies war nebenbei für den neuen Herrn auch ökonomisch vorteilhaft. Nachdem aber am 1. Dezember 1802 die Verwaltung der Herrschaft Weingarten vollends von oranischen Beamten unter Führung Rahts übernommen worden war, musste die Frage des Unterhalts des Konvents rasch entschieden werden. Da auch Sparsamkeit angesagt war, wurde das Priorat Hofen geschlossen und die 10 Hofener Patres zurück nach Weingarten beordert, wo sie am 29. Januar 1803 eintrafen.
Die Weingartener Konventualen selbst hatten – wie eine Befragung durch Raht ergab und dieser unter dem 17. November 1802 berichtet – sehr widersprüchliche Vorstellungen von ihrer Zukunft: *Von den Konventualen wünschen einige, daß sie in allen jetzigen Verhältnissen fortleben könnten. Andere, daß sie eine fette Pfarrei hätten, andere daß sie mit ihrer Pension in ein anderes Kloster einkehren könnten, andere daß sie der Geistlichkeit ganz entlediget wären und als Layen bei bürgerlichem Gewerbe ihre Pension mit einer Frau theilen könnten, andere daß sie bis an ihr*

Verzeichnis der Konventualen

	Name	geb.	Herkunftsort	Profess	Priesterweihe	Tod
1.	Bader, Pantaleon	1773	Babenhausen	1794	1798	1832
2.	Beckler, Stephan	1778	Ottobeuren	1796	1801	1851
3.	Bernard, Georg	1745	Langenargen	1765	1771	1811
4.	Bock, Meinrad	1776	Ochsenhausen	1796	1801	1838
5.	Braig, Augustin	1766	Rißtissen	1786	1790	1821
6.	Dick, Rupert	1764	Isny	1786	1790	1845
7.	Ehinger, Andreas	1761	Ochsenhausen	1783	1789	1834
8.	Erath, Willibald	1743	Horb	1765	1769	1816
9.	Feeser, Maurus	1746	Ziegelbach	1768	1773	1824
10.	Fink, Laurentius	1775	Isny	1796	1801	1815
11.	Frey, Ambrosius	1754	Schussenried	1773	1778	1826
12.	Gaelle, Meingos	1752	Buch/Tettnang	1771	1777	1816
13.	Gilg, Bernhard	1770	Merau/Tirol	1792	1797	1856
14.	Habisreutinger, Alto	1744	Weingarten	1768	1771	1812
15.	Hagg, Wolfgang	1775	Schweinebach	1796	1801	1807
16.	Hespelin, Oswald	1733	Markdorf	1752	1757	1803
17.	Ibele, Franz Sales	1766	Amtzell	1786	1790	1805
18.	Joos, Benno	1756	Rosenharz	1776	1781	1832
19.	Kayser, Dominik	1772	Wiesensteig	1792	1797	1831
20.	Kenzel, Paulus	1720	Buchhorn	1741	1747	1803
21.	Kisel, Blasius	1772	Reinstetten/Ochsenhausen	1792	1797	1853
22.	Kramer, Joachim	1756	Thannheim/Illertal	1779	1784	1816
23.	Lanfranc, Albrecht	1745	Hürbel/Ochsenhausen	1771	1774	1804
24.	Martin, Beda	1755	Möhring	1779	1784	1805
25.	Mauch, Sebastian	1742	Wangen	1765	1768	1816
26.	Mayr, Athanasius	1764	Augsburg	1786	1790	1848
27.	Mayr, Martial	1746	Ottobeuren	1763	1770	1821
28.	Mayr, Placidus	1766	Kaufbeuren	1783	1789	1809
29.	Mösch, Konrad	1750	Markdorf	1768	1773	1811
30.	Pfender, Othmar	1775	Uttenweiler	1796	1801	1818
31.	Reinisch, Gallus	1769	Babenhausen	1789	1794	Unbek.
32.	Rieff, Leonard	1760	Buchau	1779	1784	1828
33.	Rosengarth, Gregor	1763	Kirchheim	1783	1789	1816
34.	Schindele Robert	1763	Salem	1783	1789	1831
35.	Schneider, Anton	1744	Witschwende	1771	1774	1812
36.	Spiegler, Joseph	1768	Bettenreute	1787	1793	1846
37.	Steyr, Michael	1757	Ottobeuren	1776	1781	1809
38.	Unold, Edmund	1735	Weißenau	1754	1759	1813
39.	Wezel, Hieronymus	1751	Horb	1773	1776	1809
40.	Widemann, Ulrich	1763	Augsburg	1783	1789	1841
41.	Wiest, Longinus	1754	Erlenmoos	1776	1781	1835
42.	Wörz, Joh. Chrysost.	1764	Pfersee	1786	1790	1819
43.	Br. Kazenmayer, Markus	1724	Königseggwald	1754	–	(nach 1805)
44.	Br. Steinwand, Jakob	1739	Horb	1768	–	1815
45.	Br. Ritter, Johannes	1742	Hüfingen	1768	–	1811
46.	Br. Kiechle, Thomas	1751	Auslang	1776	–	1814

Lebensende nichts zu thun hätten als allenfalls mit einer Köchin (à deux mains) ihren Gehalt zu verzehren, und endlich [etliche?] *wissen selbst nicht, was sie wollen.*[24] Da es auch dem Abt nicht gelang, eine einhellige Meinung herzustellen – ein Indiz auch für die nachlassende Disziplin – fiel der »Schwarze Peter« an die Herrschaft; diese musste entscheiden. In seinem Bericht bezifferte Raht die Ansprüche der Weingartener Konventualen *a) über 60 Jahren auf 600 fl. b) zwischen 50 und 60 Jahren auf 500 fl. c) unter 50 auf 450 fl.*, wobei er anmerkte, wegen der *Nähe der Schweiz* sei es *hier niemals wohlfeil zu leben.*[25]

Um im finanziellen Interesse seines Landesherrn nichts zu überstürzen, schlug Raht vor, die Konventualen *provisorisch* zu *geistlicher Domestikation*, d. h. *zum gemeinschaftlichen Haushalt* im Konventsbau und im anschließenden Flügel der Abtei (sog. *Seminarbau*), zu verpflichten. Dies würde auch die Aufrechterhaltung des Gottesdiensts an der Stiftskirche und damit die Betreuung der nach wie vor offensichtlich einträglichen Heilig-Blut-Wallfahrt sowie die Weiterführung der sog. *Lateinischen Schule* ermöglichen. Der Unterhalt des Konvents sollte vorerst ganz aus den Erzeugnissen und der Kasse der Herrschaft bestritten werden. Für die Konventualen bedeutete dies, daß sie das Kloster ohne oranische Erlaubnis vorerst nicht verlassen durften, sondern, wenn sie nicht ihre Pensionsansprüche riskieren wollten, ihr bisheriges klösterliches Gemeinschaftsleben fortsetzen mussten.

Der Pensionserlass vom 13. April 1804

Obwohl von der Oranien-Nassauischen Regierung in Fulda wie zumeist der Rat Rahts beherzigt wurde, dauerte es doch bis zum 13. April 1804, ehe diese endlich einen Pensionserlaß verabschiedete, der am 1. Mai 1804 in Kraft trat.[26] Der Erlass fixierte – gegenüber dem Vorschlag Rahts nur geringfügig vereinheitlicht und verringert – die Höhe der Pensionen und definierte die Rechte und Pflichten des Konvents, der inzwischen nur noch aus dem Prior Joos, 31 Priestermönchen und 4 Laienbrüdern bestand[27], so:

Die Rechte der Konventualen:

- Der Prior erhält jährlich 750 fl., die gemeinschaftlich lebenden Priester je 500 fl. (also nicht den Höchstbetrag) und die Laienbrüder je 300 fl.
- Wer jetzt oder künftig ein Amt mit eigenen Einkünften versieht und außerhalb lebt, dem wird das Einkommen von der Pension abgezogen.
- Zu dem Geldfixum treten die folgenden unentgeldlichen Leistungen der Herrschaft:
- Kostenlose Unterkunft wie bisher im Konventsbau.
- Benutzung der Klosterkirche samt den kirchlichen Geräten und Paramenten.
- Nutzung der Konventsgärten und eines Gemüseackers samt kostenlosem Dünger.
- Nutzung des Waschhauses.
- Gebrauch der Küchentafel und der vorhandenen Küchengerätschaften.
- Ärztliche Versorgung durch den *Physikus* (Arzt).

Die Bedingungen und Pflichten der Konventualen:

- Sie führen ihr Gemeinschaftsleben mit allen Verpflichtungen ihrer Regel weiter, dürfen aber keine Novizen aufnehmen.
- Ihre Pensionen werden bis auf ein jährliches Taschengeld von 30 fl. bzw. 18 fl. (Laienbrüder) nicht ausgezahlt, sondern fließen in monatlichen Raten in eine Konventskasse, für die ein Kassier oder Konventsverwalter zu bestimmen ist.
- Aus der Konventskasse bestreiten sie alle anfallenden Kosten der Gemeinschaft (Verpflegung, Brennholz, Lohn, kleine Reparaturen und Wäsche).
- Sie haben die Seelsorge in der Klosterkirche und in den Patronatskirchen auszuüben und in der Klosterschule zu unterrichten, wozu die Herrschaft Zuschüsse gibt (Kirche: 600 fl., Schule: 100 fl.).
- Naturalien, wie Holz, Mehl, Brot, Wein, Milch und Butter, hat der Konvent zu ermäßigtem Preis von den ehemals klösterlichen und jetzt oranischen Betrieben (Wälder, Mühle, Bäckerei, Kellerei und Haussennerei) oder deren evtl. späteren Pächtern zu kaufen, Arzneien in der Hausapotheke.
- Der Konvent hat seine bisherigen 11 Bediensteten auf eigene Kosten weiterzubeschäftigen. Die Herrschaft übernimmt lediglich die Hälfte des Lohns für den *Chirurgen* (Rasieren, Bartscheren).

Mochten auch die Pensionsbeträge von 500 und 300 fl. für sich genommen und im Vergleich mit dem Einkommen einfacher Leute beträchtlich erscheinen[28], angesichts der Umstände und der gleichzeitig übernommenen Verpflichtungen waren sie es für die an einen gehobenen Lebensstil gewohnten Benediktiner-

patres nicht, zumal die Zahl der am gemeinschaftlichen Haushalt Beteiligten rasch sank.
Die Oranische Regierung war nämlich unablässig bemüht, Konventualen entweder gegen eine Pauschale von 2.200 fl. (unter Verzicht auf die Pension) auf immer abzufinden oder aber auf kirchliche Ämter zu versetzen, wobei die Einkünfte aus dem Amt vom Pensionsbetrag abgezogen wurden. Da sie dies mit Erfolg betrieb und auch der Tod erste Lücken schlug, betrug die Zahl der Konventualen beim Erlass des Pensionsedikts nur noch 31, und Anfang 1806 war sie gar auf 23 abgesunken. Im selben Ausmaß nahmen die Einlagen in die gemeinschaftliche Kasse ab, während die Grundkosten konstant blieben. Prior Joos beklagte sich am 29. Januar 1805 nun schriftlich namens des Konvents und bat um Erhöhung der Pensionen.[29] Die Herrschaft reagierte verständnisvoll und erklärte sich auf Rahts Vorschlag am 14. Februar 1806 bereit[30], rückwirkend vom 1. Januar 1806 an die Gemeinschaftsanteile von je 74 fl. 34 kr. für die zum »Normalstand« von 26 »fehlenden« Konventualen zu übernehmen. Als sich im selben Jahr der Konvent auf 19 Personen (19 Priester und drei – nicht beitragpflichtige – Laienbrüder[31]) verringerte, mussten 7 Anteile von der Herrschaft bezahlt werden. Trotzdem wuchsen – und zwar durch Zahlungsrückstände und Schulden – die Gemeinlasten der Konventualen, und Prior Joos musste am 31. August 1806 erneut um Erhöhung der Pensionen bitten.[32] Daraufhin schlug Raht seinem Fürsten am 4. Oktober 1806 vor, die Konventualen von der Pflicht, *eine gemeinschaftliche Haushaltung zu führen*, zu entbinden und ihnen stattdessen zu erlauben, im Konventsgebäude eigene Haushaltungen zu errichten. Ein Drittel von ihnen könne dann umschichtig beurlaubt werden und bei ihren Familien wohnen, während die übrigen für den Gottesdienst und die Wallfahrt zu sorgen hatten. Da die geringe Pension der Laienbrüder aber nicht für einen eigenen Haushalt ausreichte, schlug er vor, diesen allerdings einen Aufschlag von je 50 fl. zu gewähren. Die bisherigen Konventsdiener aber sollten nun doch mit Pensionen abgefunden werden.[33]

Die Klosterschule

Das Schicksal der Weingartener Klosterschule in den Läufen von Säkularisation und Mediatisierung wird nur selten gestreift. Sicher ist, dass die Lateinschule 1802/03 ihre Pforten nicht schloss, sondern nach dem ausdrücklichen Willen der nassau-oranischen Herrschaft weitergeführt wurde. Zu den Pflichten der am 1. Mai 1804 auf Pension gesetzten Ordensgeistlichen zählte auch der Schulunterricht, der in den Schulstuben des Konventsbaus stattfand. Die Unkosten für Heizung (Holzlieferung) und jährlich 100 fl. für die Instandhaltung der Räume gingen auf die herrschaftliche Kasse. Den Konventualen war es sogar erlaubt, Studenten gegen Bezahlung in die Kost zu nehmen.[34]
Der Schulbetrieb endete jedoch bereits 1805/06. In seinem Bericht vom 4. August 1806 teilte Raht ganz nebenbei mit, daß *die Schulanstalt aus Mangel der Lehrer aufgehört* habe.[35]

Der Reichsprälat

Wie überall so hatte auch in Weingarten der Reichsprälat bei der vorläufigen Besitznahme auf alle Regierungsgeschäfte und Verwaltungshandlungen zu verzichten. Eine sofortige offizielle Abdankung verweigerte Anselm Rittler (* 1737, 1784–1803, † 1804) allerdings mit Verweis auf das zu erwartende Reichsgesetz (d. h. den RDH). Er verzichtete jedoch sofort auf die Verfügung über die Kassen des Reichsstifts, seine Sammlungen, die Bibliothek und das Archiv, die großteils versiegelt wurden bzw. nur noch den oranischen Beamten zugänglich waren.
Was aber sollte mit Rittler geschehen? Nach dem RDH § 51 stand ihm eine reichsgesetzliche Pension von – je nach Größe und Wirtschaftskraft des jeweiligen Reichsstifts – 2.000 bis 6.000 fl. zu. Darüber hinaus war ihm auf Lebenszeit eine seinem *Rang und Stande angemessene freie Wohnung mit Meublement und Tafelservice* zu gewährleisten.
Die oranische Regierung griff diese Frage früh auf. In einem Bericht vom 17. November 1802, in welchem Raht seinem Fürsten die Schwierigkeiten der Klosterinsassen schilderte, sich auf einen Plan für die Zukunft zu einigen, schildert er auch den Zustand Rittlers: Der alte und kranke Prälat, der sich im Konvent nicht mehr durchsetzen könne, würde am liebsten mit seiner Pension außerhalb des Klosters leben. Aber mit Rücksicht auf die alten und kranken Konventualen setze er seinen eigenen Vorteil hintan und wolle im

Anselm Rittler (1784–1804)
Der von dem Weingartener Amtshof Aichach/Berg stammende letzte Reichsprälat und Abt Weingartens war von 1769 bis zu seiner Wahl 1784 Professor an der Universität Salzburg gewesen. Benediktinerabtei Weingarten.

Konvent bleiben. Raht schätzt angesichts des Besitzes und der Einkünfte Weingartens den reichsrechtlichen Pensionsanspruch des Prälaten auf 6.000 fl.[36] Wenn Raht am Schluß jenes Berichts zu dem Vorschlag kam, das gemeinschaftliche Leben wenigstens vorerst aufrechtzuerhalten, dann geschah dies nicht nur wegen der Uneinigkeit des Konvents, sondern auch aus finanzwirtschaftlichen Erwägungen heraus, unter denen der hohe Pensionsanspruch Rittlers eine gewichtige Rolle spielte.[37]
So schob man die verbindliche Festlegung und Auszahlung der Abtspension zunächst einmal auf. In der Zwischenzeit wurden die effektiven Ausgaben des Reichsprälaten eingeschränkt: Dieser durfte zwar seine *Wohnung* in der Prälatur behalten, musste aber auf den gewohnten eigenen Haushalt, die sog. *Hofhaltung* im Schloßbau, verzichten und seine nach wie vor besondere *Verpflegung* nun aus der Konventküche beziehen. Er war außerdem gehalten, die traditionelle *Hospitalität* (Gastfreundschaft) zu unterlassen. Die geistlichen Beamten dagegen mussten den Schlossbau räumen und in den Konventsbau übersiedeln, um den oranischen Beamten der oranischen Kameralverwaltung Platz zu machen.
Als dann der sog. *oranische Pensionserlaß* am 13. April 1804 die Pensionen, Lebensverhältnisse und Aufgaben der Konventualen verbindlich festlegte, fand auch der Reichsprälat Erwähnung: *Der Herr Prälat wird in allem, was demselben vorhin bewilliget ist, bestättiget: seine Tafel, Wohnung, Bedienung, Equipage und sein ganzer Unterhalt bleiben auf Rechnung Unserer dortigen Commun-Casse, über welche er auch zu seinen Nebenausgaben fernerhin die freye Disposition behält, wie wir es Uns überhaupt zur angenehmen Pflicht rechnen, ihm eine fortdauernd [standes]mäsige und ehrenvolle Behandlung zuzusichern.*[38] Zu dem für Rittler wichtigsten Punkt aber schweigt der Erlass, nämlich zur Höhe seiner Geldpension. Die Frage wurde auch nie beantwortet, denn bevor man sich darüber einigen konnte, verstarb der schon seit längerem kränkliche und durch die radikalen Veränderungen stark angeschlagene Mann mit 67 Jahren am 19. Juni 1804 und wurde als letzter Reichsprälat in der Äbtegruft[39] begraben. Sein Hinscheiden wurde dem Bischof von Konstanz, Kurfürst von Mainz und Erzbischof von Regensburg, Karl Theodor v. Dalberg, unverzüglich angezeigt.[40]

Das weltliche Personal des Reichsstifts

Auch hinsichtlich der Behandlung der weltlichen Diener der geistlichen Fürsten hatte der § 59 RDH Anweisungen getroffen. Die Pensionisten waren weiterhin zu unterhalten. Wofern die aktiven Beamten und Diener nicht weiterbeschäftigt wurden, besaßen sie Rechte auf eine nach der Länge der Dienstzeit gestaffelte Pension.

Abt Anselm Rittler (1737–1804)
Eine ausgewogen würdigende Biographie Abt Anselm Rittlers steht noch aus.[41] Der letzte Reichsprälat Weingartens stammte vom Weingartener Amtshof Aichach/Pfarrei Berg. Nach Studien in Weingarten und Ottobeuren hatte er 1754 die Profess abgelegt und 1760 die Primiz gefeiert. Als Regens an der Klosterschule lehrte er Rhetorik und Philosophie, bevor er 1769 Professor an der Universität Salzburg wurde, wo er bis zu seiner Wahl zum Abt am 21. Dezember 1784 zuerst Moraltheologie (1769–1773) und danach Dogmatik lehrte.
Bis 1792 führte er den Neubau des Klosters fort, wurde aber durch die Koalitionskriege an der Vollendung gehindert. So verzichtete er 1792 auf die geplante und auf 30.000 fl. veranschlagte Deckung des Kirchendachs mit Kupferplatten.[42] Als französische Truppen 1800/01 erneut das Kloster besetzten, flüchtete er und hielt sich in Begleitung P. Sebastian Mauchs sowie eines Lakaien und eines Kutschers längere Zeit in St. Peter in Salzburg und danach in Augsburg verborgen.
Der Leiter der oranischen Regierung in Weingarten, der Geheime Justizrat Raht, der bei der Besitzübernahme engen Kontakt zu ihm pflegte und sich eingehend mit der Bestandsaufnahme seiner *Herrschaft Weingarten* befasste, stellt Abt Anselm in allem nur das beste Zeugnis aus. Öfter betont er die Aufrichtigkeit und Ehrlichkeit Rittlers, seine absolute Loyalität und Vertrauenswürdigkeit.
In wirtschaftlicher Hinsicht rühmte er die ausnehmend gute Weingartener Verwaltung: *Im allgemeinen ist die hiersige Verwaltung weit besser in der Ordnung als bei irgend einem Stift in der Nähe. Dieses hat man hauptsächlich dem jetzigen Prälaten zu verdanken, der die Rechnungsbücher für die Kloster-Haushaltung einführte, und dessen von Anderen äußerst getadelte Sparsamkeit dem neuen Landesherrn vortrefflich zustatten komt.*[43]
So stellte Raht durch eine 10-jährige Aufrechnung der Einnahmen und Ausgaben des Stifts 1785–1794 fest, Rittler habe in dieser Zeit 100.000 fl. an Schulden getilgt und hätte nach Rahts Einschätzung sicher auch noch Aktives Kapital erwirtschaftet, wenn nicht 1794 der *ungeheuere Krieg* dazwischen gekommen wäre. Dieser habe das Kloster durch Plünderungen, Einquartierungen, Kontributionen und Requisitionen über 500.000 fl. gekostet. Trotzdem hinterließ Rittler bei seiner Abdankung 1802 nur 76.000 fl. Schulden, eine lächerliche Summe, sowohl im Vergleich mit den früheren Klosterschulden, die noch 1744 z. B. 306.000 fl. betragen hatten, als auch mit den Schuldenbergen vieler wesentlich kleinerer Abteien oder gar zahlreichen Reichsstädte im Jahre 1802.[44]
Rittler war um Zeitpunkt der Säkularisation ein *alter kränklicher Mann* und litt an den Folgen eines Schlagflusses.[45] Die Krankheit, die unsicheren Zeitläufte mit der mehr als einjährigen Abwesenheit Rittlers auf der Flucht und die Ereignisse bis 1802 hatten seine Autorität im Konvent geschwächt. Jedenfalls konnte er sich in der Frage, wie sich der Konvent seine Zukunft vorstellte, nach Rahts Urteil nicht mehr durchsetzen.[46]

Der *Pensions-Etat*, die Liste der Weingartener Beamten, Diener und Pensionisten vom 1. Mai 1804 umfaßt 162 Namen. Abzüglich der bereits erwähnten 31 Priester und 4 Laienbrüder waren also 127 Personen vom neuen Herrn zu versorgen. Darunter befanden sich 50 Frauen (4 Beschäftigte, 15 Witwen und 31 Sonstige). Dieser Etat erforderte damals einen Aufwand von insgesamt 26.961 fl. 38 kr. 4 h. Zieht man die 15.470 fl. für die Geistlichenpensionen ab, so verbleiben noch 11.491 fl. für die 127 weltlichen Diener, Pensionisten und Hinterbliebenen (Witwen).

Die Untertanen

Die Untertanen des ehem. Reichsstifts Weingarten waren durch die Besitzergreifung weder zunächst durch das Haus Oranien-Nassau noch später durch das Kgr. Württemberg soweit ersichtlich stark betroffen. Es änderten sich weder ihre soziale Struktur, die durch große Lehensbauern, das Mittel- und Kleinbauerntum der Seldner, das Gesinde und die Armen geprägt war, noch ihre leibeigenschaftlich geprägten persönlichen Rechtsverhältnisse oder das überwie-

gend durch das sog. *Schupflehenrecht* geprägte schwache Besitzrecht an den Gütern und Höfen. Damit blieben auch die daraus resultierenden Verpflichtungen an Abgaben, Frondiensten und Gebühren bestehen. Die Besitzergreifungen erfolgten nach dem Maßstab der Legitimität, d. h. heißt unter Geltendmachung der traditionellen grund-, leib-, landes- und zehntherrschaftlichen Rechte und Ansprüche. Auch dieser Umstand dürfte dazu beigetragen haben, daß die überwiegende Masse der Untertanen die staatsrechtlichen Veränderungen meist ziemlich gleichgültig zur Kenntnis nahm.

Erst mittel- oder längerfristig zeigten sich Chancen und Entwicklungen, die bei Fortdauer der stiftischen Herrschaft nicht oder nicht so früh denkbar gewesen wären, insbesondere als der württembergische Staat 1817 daran ging, seine Bauern zu befreien und zu entlasten, mit dem Ziel, sie zu freien, gleichberechtigten und damit auch wirtschaftlich produktiveren Staatsbürgern zu machen. Dieser Prozess begann mit dem Oktoberedikt 1817 (Aufhebung der Leibeigenschaft mit allen ihren Verpflichtungen), führte zu Eigentumserwerb und Grundentlastung der Bauernhöfe und endete mit der Aufhebung des Zehnten (1849).[47]

Im Königreich Württemberg (ab 1806)

Das unwiderrufliche Ende des Klosterlebens

Als Württemberg nach der Mediatisierung der oranischen Herrschaft im Frühherbst 1806 als Folge des Rheinbundvertrags am 1. Dezember 1806 wegen der Verstrickung Oraniens in den preußisch-französischen Krieg[48] auch den oranischen Domanialbesitz der ehem. Herrschaft Weingarten beschlagnahmte, wuchs dem Königreich auch die Sorge für die Exkonventualen innerhalb und außerhalb Weingartens zu. Im Konventsgebäude wohnten damals noch Prior Joos, 19 Patres und 3 Laienbrüder; Pensionen erhielten aber auch noch 6 auswärts lebende Patres.[49] Für sie bedeuteten Herrschafts- und Besitzantritt Württembergs zunächst keine tiefe Zäsur, zumal der Geheime Justizrat Raht, der die Weingartener Verhältnisse bis dahin geordnet hatte, vorerst auf dem Martinsberg tonangebend blieb. Die Exkonventualen behielten also zunächst weiterhin ihre Haushalte im Konventsbau. Sie trugen ihre Ordenskleidung, versahen die Gottesdienste und betreuten die Heilig-Blut-Wallfahrt.

Doch die »Kontinuität« war nur von kurzer Dauer. Um Pensionen einzusparen, wurde der Druck auf die jüngeren Exkonventualen verstärkt, Lehr- und Seelsorgeämter zu übernehmen. Am 21. Januar 1808 wurde dem Konvent aus Stuttgart mitgeteilt, alle Pensionäre unter 50 Jahren hätten sich einer dreitägigen *Pastoral-Konkurs-Prüfung* in Biberach zu unterziehen. Wer sie bestand, erhielt ein *Fähigkeitsdekret*, das ihn zur Bekleidung eines Seelsorgeamts legitimierte.

Um die Erinnerung an die ehem. Klöster möglichst rasch zu tilgen und eventuell aufkommende Sympathien mit dem schwer gebeutelten Stand zu verhindern, wies ein kgl. württembergisches Dekret vom 28. Mai 1808 die Exkonventualen im ganzen Königreich. an, ihre Ordenskleidung abzulegen. Auf Protest hin wurde ihnen dann wenigstens die Weiterbenutzung innerhalb des Klosters zugestanden. Am 18. November 1808 erhielten auch die Weingartener durch Pfarrer Dismas Gramm die Anweisung, sich öffentlich künftig nur noch in Weltpriesterkleidung zu zeigen.

Am 1. Februar 1809 kam dann das unwiderrufliche Ende des Weingartener Klosterlebens bzw. dessen, was davon bis dahin noch übriggeblieben war: Die noch verbliebenen 12 Priester- und 3 Laienmönche wurden strikt angewiesen, den Konventsbau um den spätgotischen Kreuzgang bis zum 1. März 1809 zu räumen und sich im Flecken Altdorf Privatwohnungen zu mieten. Am 28. Februar 1809 traf sich der Restkonvent zum letztenmal: Der mitbetroffene P. Placidus Mayr berichtet: *Den 28. Februar 1809 speißten wir noch übrige Confratres das leztemal bey einander im Refectorio und tranken das letzte Vale!!*[50] Am 1. März wurde die Küche von Amts wegen geschlossen und das Tafelgeschirr nach Stuttgart abtransportiert. Am selben Tag begannen die Pensionäre, ihre Wohnungen in den Häusern Altdorfer Bürger zu beziehen. Als dann am 5. April 1809 P. Hieronymus Wezel (1751–1809) verstarb, wurde er als erster nicht mehr auf dem Klosterfriedhof, sondern auf dem Friedhof bei der Pfarrkirche an der Scherzach begraben. Die Auflösung des Gemeinschaftslebens bewog nun mehrere Patres, doch auswärtige kirchliche Ämter anzunehmen.[51] In den Jahren 1812–16 starben weitere

6 Patres in Weingarten. Der letzte der in Weingarten verbliebenen Exkonventualen, P. Longinus Wiest, starb am 4. Juni 1836 und wurde ebenfalls auf dem Altdorfer Friedhof beerdigt. Als »der letzte Weingartener Mönch« überhaupt starb im 86. Lebensjahr am 19. August 1856 in Paar bei Friedberg/Btm. Augsburg P. Bernard Gilg.[52] Zu diesem Zeitpunkt erinnerte in Altdorf-Weingarten außer dem Gebäudekomplex des ehem. Klosters mit der prächtigen Kirche und der seit 1849 wieder prachtvoll gefeierten Heilig-Blut-Prozession nur noch wenig an die einstige Klosterzeit. Und auch die inzwischen aus Leibherrschaft und grundherrschaftlicher Hörigkeit befreiten ehemaligen bäuerlichen Untertanen des Reichsstifts dürften nur noch gelegentlich, wie z. B. bei der unbeliebten württembergischen Militärkonskription, wehmütig der einstigen Klosterherrschaft gedacht haben.

Die Einschränkung kirchlich-klösterlicher Traditionen

Am 13. März wurde der reiche, auf 290.000 fl. geschätzte Weingartener Kirchenschatz (Kelche, Monstranzen, Reliquiare, auch das Heilig-Blut-Reliquiar, Paramente u. a.), den Oranien-Nassau noch in der Obhut und Nutzung der Konventualen gelassen hatte[53], bis auf wenige liturgische Geräte für die Bedürfnisse der Gemeinde, nach Stuttgart abtransportiert, wo er spurlos verschwand. Darunter befand sich auch das kostbare unter Abt Sebastian Hyller 1726 gefertigte Reliquiar, das die Heilig-Blut-Reliquie barg und das allein auf 70.000 fl. veranschlagt war. Die für Weingarten und seine Heilig-Blut-Wallfahrt zentrale Reliquie brauchte aber unbedingt ein repräsentatives Gefäß, um an den Heilig-Blut-Festtagen in der Weingartener Kirche auf dem Heilig-Blut-Altar zur Verehrung aus-

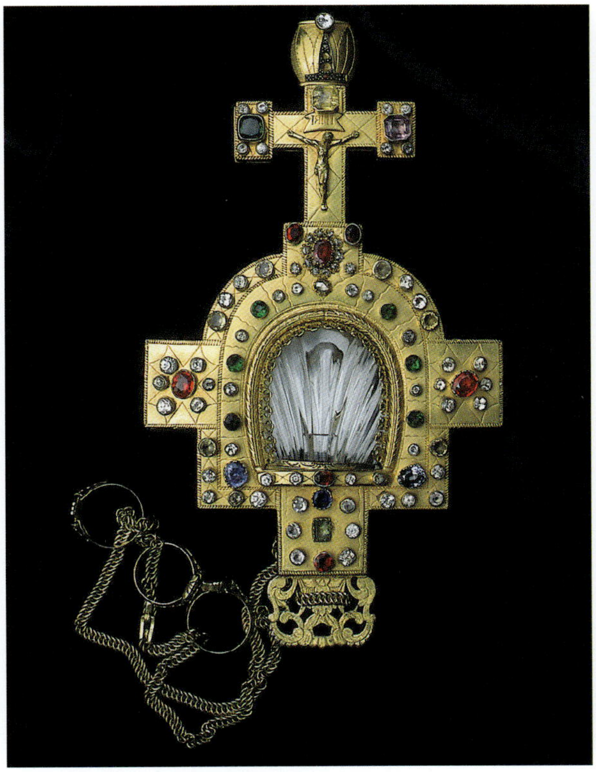

Heilig-Blut-Reliquiare 1809/1956
Das kostbare Reliquiar des Basilikaerbauers Abt Sebastian Hyller von 1726, 1809 auf 70.000 fl. geschätzt, verschwand in der Stuttgarter Münze. Die nach dem Original angefertigte grobe Kopie aus Kupfer mit Glassteinen (später durch Edelsteine ersetzt) im Werte von 174 fl. wurde von 1809 bis 1956 benützt.
Pfarrkirche St. Martin Weingarten.

gesetzt zu werden, aber auch damit durch Berührung mit ihr die Wallfahrer sowie die üblichen Devotionalien (Wallfahrtsmedaillen, Andachtsbildchen, Wasser, Öl, Weingarten u. v. a. m.) gesegnet werden konnten[54]. Wegen der Nähe des Heilig-Blut-Hauptfests, des Blutfreitags, wurde daher rasch eine billige, noch heute erhaltene Kupferimitation gefertigt.[55]

Am 14. März schlossen die württembergischen Beamten sogar die Klosterkirche und verboten – unter Verweis auf die Pfarrkirche an der Scherzach – den Gottesdienst. Da dies aber die totale Lahmlegung der Heilig-Blut-Wallfahrt bedeutet hätte, mußten die Beamten das Verbot auf heftigen Protest vor Ort und entsprechende Weisungen aus Stuttgart hin wieder zurücknehmen.

Am 12. Juni 1811 wurde die ehemalige Klosterkirche, die jetzige »Schlosskirche«, in aller Stille – *sine lux- sine crux* (sic!)[56] – zur Pfarrkirche erklärt, und Pfarrer Dismas Gramm zog aus dem Pfarrhaus ins Priorat um; bald folgte ihm Pfarrhelfer Grattenmacher, der die Krankenzimmer über der Apotheke bezog. Mit dieser Umwidmung trug Württemberg zwei Anliegen Rechnung. Einmal konnte nun die erst 1738 in prächtigem Barockstil errichtete Pfarrkirche St. Maria aus Ersparnisgründen geschlossen und auf Abbruch verkauft[57] (im Winter 1818/19, tatsächlich abgebrochen) werden. Zum anderen konnte die Pfarrgeistlichkeit fortan auch die immer noch recht rege Heilig-Blut-Wallfahrt betreuen, was auch deshalb so wichtig war, weil auswärtige Priester aufgrund eines bischöflichen Ordinariats-Zirkulars vom 15. Dezember 1808 in Weingarten nicht mehr tätig sein durften.

Im Unterschied zur aufgeklärten Kirchenleitung duldete die württembergische Regierung die auch ökonomisch nicht uninteressante Heilig-Blut-Wallfahrt. Sie lehnte nur den sog. *Blutritt*, ab, also die berittene Herumführung der Heilig-Blut-Reliquie und die Reiterbegleitung bei der jährlichen Flurprozession am Blutfreitag, den schon 1805 Oranien-Nassau und 1812 verschärft nochmals Württemberg verboten hatte[58], aber nicht so sehr das Wallfahrtswesen allgemein.

Das Schicksal der Mobilien und Immobilien

Nassau-Oranien war trotz seines von Anfang an unzweifelhaft starken materiellen Interesses stets relativ rücksichtsvoll mit den Konventualen, ihrer Kultur und Tradition sowie ihrem ehem. Mobiliarbesitz umgegangen. Obwohl es keinerlei Zweifel an seinen Besitzansprüchen ließ, so handelte es doch trotz aller Unsicherheit der Zeitumstände nicht überstürzt. Wesentliche Mobilien verblieben – wenn vielleicht auch nicht auf Dauer geplant – in Weingarten: das Archiv, der weitaus überwiegende Teil der Bibliothek und der Handschriften, der Kirchenschatz, die Kabinette (Naturalien-, Physikalisches und Münzkabinett) sowie die Gemälde und Möbel. Lediglich eine kleine Anzahl der kostbarsten Bücher und die wertvollsten Handschriften waren 1806 in die neue oranische Residenz nach Fulda abtransportiert worden.

Unter Württemberg, v. a. nachdem dieses den Schein der bloßen Sequestration auf Zeit[59] fallengelassen und Weingarten am 18. November 1808 staatsrechtlich endgültig in das Königreich eingegliedert hatte, wurde alles anders: Als hätte die Anwesenheit der alten Besitzer und Bewohner die neuen Herren doch eingeschüchtert, verloren diese nun, da die Exkonventualen aus den Klostergebäuden vertrieben waren, jede Scheu und griffen hemmungslos zu.

Die mit jahrhundertealten Schätzen und Gebrauchsgegenständen angefüllten Klostergebäude rund um die Kirche wurden nun rasch ausgeräumt, teils weil die Mobilien neuen Nutzungen im Wege standen, teils weil diese anderen Nutzungen zugeführt oder versilbert werden sollten. 1812 z. B. wurden das vollständig erhaltene Archiv und die weitgehend vollständige Bibliothek mit ca. 60.000 Bänden sowie die noch sehr zahlreichen restlichen Handschriften nach Stuttgart abtransportiert.[60] In öffentlichen Versteigerungen wurden massenhaft weniger wertvolles Klostergut, Gemälde, Möbel, Werkzeuge und Hausrat, verkauft.

Auf die Frage der Immobilien kann hier nur noch in groben Zügen eingegangen werden. Zwar blieb die bauliche Geschlossenheit der Klosteranlage unter staatlicher Aufsicht erhalten, aber ihre funktionale Geschlossenheit wurde zerrissen: Die *ehem. Kloster- und Wallfahrtskirche* diente – in ihrem Mobilienbestand vom Kirchenschatz abgesehen weitgehend erhalten – neben der traditionellen Heilig-Blut-Wallfahrt nun auch der gewöhnlichen Pfarrseelsorge durch Weltgeistliche. Der **Konventstrakt** südlich der Kirche um den spätgotischen Kreuzgang diente i. W. der Pfarrei;

Verkündigung Mariens
Ganzseitige Miniatur aus dem Heinricus-Sacrista-Sakramentar, einer ehemals Weingartener Prachthandschrift, welche durch die Säkularisationsläufte bis nach New York verschlagen wurde. Abgebildet ist der Englische Gruß. Deckfarbenmalerei mit poliertem Goldhintergrund, 1200/1240. Pierpont Morgan Library, New York, MS 711, fol. 1v.

andere Nutzungen, auch wirtschaftliche, kamen später hinzu.
Im heutigen sog. *Schlossbau*, dem nördlich der Kirche gelegenen und nach dem Idealplan voll ausgebauten Gebäudetrakt befanden sich ursprünglich die Wohnung des Abtes (*Prälatur*) mit dem sog. *Audienzsaal*, Schlaf- und Speiseräume (kleines und großes *Tafelzimmer*) für Gäste, die Sammlungen (Kabinette) und die Bibliothek, aber auch (v. a. im Erdgeschoß) die Räume der Geistlichen Beamten und der Stiftsverwaltung. Dort war schon unter Oranien-Nassau die *Kameralverwaltung* eingezogen; der repräsentativere Teil wurde für Sommeraufenthalte der königlichen Familie zum *Königlichen Schloss* (1806–1824) hergerichtet.[61] Im ehemaligen *Spitalbau*, im Westen der Kirche, befand sich u. a. die Klosterapotheke. Der imposante frühbarocke Fruchtkasten (1685–1688) diente weiterhin (bis 1849) als Speicher für die Abgaben und Zehnten der Untertanen an Getreide und Weingarten. Er verlor seine Funktion erst allmählich im Zuge von Bauernbefreiung und Grundentlastung.
Den riesigen *Gutsbetrieb des Klosterhofes* mit seinen Gebäuden und Ländereien hatte bereits Oranien-Nassau begonnen stückweise abzustoßen. Württemberg hatte angesichts des überall angefallenen Säkularisationsgutes noch größeres Interesse, die Eigenwirtschaft

Der Schlossbau als Kaserne
Seit 1858 diente neben dem Fruchtkasten auch der Schlossbau als Kaserne. Haupteingang war der mit Schilderhäuschen versehene Durchgang im Nordtrakt, bei dem auch der sog. Kaiserstein, ein Kaiser Wilhelm gewidmeter Findling, stand.

aufzulösen und die Grundstücke zu veräußern. Zum 22. März 1809 (?) wurden der Bauhof und das Konventsgebäude samt Garten verpachtet. Auch sonst versuchte man Gebäude und Grundstücke loszuwerden. Das ehrwürdige *Ensemble der Weingartener Klosteranlage* blieb bis 1974 erhalten. Doch der einstige Funktionszusammenhang war auf immer zerstört. Verlangte auch die Geschlossenheit der Gebäude immer wieder nach integrativen Lösungen, sie gelangen nicht oder nur teilweise. Das Waisenhaus, das 1825 aus Ludwigsburg kommend, hier einzog, nutzte i. W. nur den Nordtrakt und den Seminarbau. Der Garnison, die ab 1868 an seine Stelle trat, erfasste wohl im Laufe ihrer Ausweitung bis 1914 fast alle Wohn- und Wirtschaftsbauten sowie die Plätze (Äußerer Klosterhof als Exerzierplatz) der Anlage, doch blieb ihr gerade der Kern der Anlage, die ehemalige Klosterkirche trotz gelegentlicher Nutzung zu Gelöbnissen und anderen Feiern im Wesen fremd.[62] Als 1922 die aus Erdington vertriebenen Benediktiner eine Neugründung wagten, geschah dies auch nur in einem Teil der Anlage und betraf anfangs nur Klosterkirche und Schlossbau. An die Stelle funktionaler Integrität ist – und vermutlich für immer – eine wechselnde Mischnutzung getreten, mit der Folge, dass sich das bauliche Ensemble nicht unbeeinträchtigt erhalten ließ[63] und vielleicht auch für die Zukunft weitere Veränderungen auf dem Martinsberg kaum zu vermeiden sein werden.

1 *Bonifaz Wöhrmüller*, Literarische Sturmzeichen vor der Säkularisation, in: StMittOSB N.F. 14 (1927), 12–44.
2 Vgl. den Beitrag von *Harm Klueting* in diesem Werk.
3 Hierauf hat bes. hingewiesen *Franz Quarthal*, Zwiefalten zwischen Dreißigjährigem Krieg und Säkularisation. Monastisches Leben und Selbstverständnis im 6. und 7. Säkulum der Abtei, in: 900 Jahre Benediktinerabtei Zwiefalten, hg. von *Hermann Josef Pretsch*. Ulm 1989, 401–430, bes. 423ff.
4 StA Weingarten.
5 Vgl. für Weingarten *Pirmin Lindner*, Professbuch der Benediktiner-Abtei Weingarten. Kempten/München 1909 (Beiträge zu einem Monasticon-benedictinum Germaniae, hg. von *Pirmin Lindner*; II).
6 Abt Ignaz Speckle von St. Peter z. B erhielt am 19.10. den 2. Entschädigungsplan vom 08.10.2002. Vgl. Das Tagebuch von *Ignaz Speckle*, Abt von St. Peter im Schwarzwald, bearb. von *Ursmar Engelmann*. Bd. 1. Stuttgart 1965, 474.
7 Resolution der Schwäb. Reichsprälaten in: Beilagen zu dem Protokoll der außerordentlichen Reichsdeputation. Bd. 2. Regensburg 1803, 142–144 [Beil. Nr. 137], zit. nach *Matthias Erzberger*, Die Säkularisation in Württemberg von 1802–1810. Ihr Verlauf und ihre Nachwirkungen. Stuttgart 1902, 40.
8 Schreiben Rittlers, 15.09.1802: SAL D 150 Bü 1/IX.
9 Vgl. den Brief P. Sebastian Mauchs nach Salzburg vom 22.04.1803: *Lindner*, Professbuch Weingarten (wie Anm. 5), 141.
10 Vgl. die Kurzbiographie *Lindner*, Professbuch (wie Anm. 5), 13.
11 Schreiben Rittlers, 15.09.1802: SAL D 150 Bü 1/IX.
12 Schreiben Rittlers, 15.09.1802: SAL D 150 Bü 3.
13 Bericht Rahts, 17.09.1802: SAL D 150 Bü 3.
14 Bericht Rahts, 01.10.1802: SAL D 150 Bü 3/XIV.
15 Der letzte gedruckte *Catalogus religiosorum* (wie Anm. 4) Abt Anselm Rittlers weist 42 Patres und 4 Laienbrüder aus. Er ist nach den aufgeführten Daten zw. dem 04.12.1802 (Tod P. Gerhard Hess‘, der nicht mehr erwähnt wird) und dem 16.06.1803 (Tod P. Paulus Kenzels, der im Katalog noch aufgeführt wird) gedruckt worden.
16 Die Angaben von *Michael Grimm*, Versuch einer Geschichte des ehemaligen Reichsfleckens und des jetzt noch so berühmten Wallfahrtsortes Altdorf, gen. Weingarten, nebst seiner Umgebung. Ravensburg 1864. ND Oggelshausen 1988, 325, im Kloster hätten 42 Patres, 7 Fratres professi und 10 Laienbrüder gelebt, lassen sich nur teilw. verifizieren. Vgl. auch die Professlisten bei *Lindner* (wie Anm. 5). Von *Patres professi* ist in den oran.-nassauischen Akten keine Rede. Auch *Erzberger*, Die Säkularisatíon in Württemberg (wie Anm. 7), 360, überliefert falsche Zahlen (42 Patres, 7 Laienbrüder)!
17 Hauptwerke: *Gerhard Hess* (Hg.) Monumentorum Guelficorum pars historica seu Scriptores rerum Guelficarum ex vetustissimis codicibus membranaceis eruti, plerique hactenus inediti [...]. Kempten 1784; *Ders.*, Prodromus Monumentorum Guelficorum seu Catalogus Abbatum imperialis Monasterii Weingartensis [...]. Augsburg 1781.
18 Falsch bei *Lindner*, Professbuch Weingarten (wie Anm. 5), 94, Nr. 9 bzw. 857.
19 Ausführliche Aktenbestände SAL D 150 Bü 21.
20 Die diesbezüglichen ausführlichen Akten SAL D 150 Bü 21; s. auch *Lindner*, Professbuch Weingarten (wie Anm. 5), 92, Nr. 61 bzw. 847.
21 Ebd., 9, Nr. 3 bzw. 852.
22 Ebd., 88f., Nr. 16 bzw. 832.
23 S. SAL D 150/3; dazu *Peter Scherer*, Reichsstift und Gotteshaus Weingarten im 18. Jh. Stuttgart 1969, 42.
24 Bericht Rahts, 17.11.1802: SAL D 150.Bü 24.
25 Ebd.
26 Erlass (Kopie), 13.04.1804: SAL D 150 Bü 20.
27 Vgl. *Herrschaft Weingarten-Pensions=Etat*, 01.07.1805: Ebd.
28 Die Ravensburger Karmeliter erhielten nur 200 fl. und die Franziskaner gar nur 125 fl. Nach: Weingarten. Von den Anfängen bis zur Gegenwart, hg. von *Norbert Kruse/Hans Ulrich Rudolf/Dietmar Schillig/Edgar Walter*. Biberach 1992, 268.
29 Antrag des Priors Joos, 29.01.1806: SAL D 150 Bü 21.
30 Bericht Rahts Nr. 17, 14.02.1806: Ebd.
31 Bericht Rahts Nr. 81, 04.10.1806: Ebd.
32 Nach einer Berechnung des Priors Joos vom 31.08.1806 betrugen sie 86 fl. 39 kr. statt wie 1804, bei der Pensionierung, 53 fl. 30 kr. Der Konvent war nämlich mit 861 fl. 54 kr. bei der herrschaftl. Brennholzverwaltung Oranien-Nassaus im Rückstand und hatte monatlich 33 fl. 9 kr. zur Tilgung dieser Schulden aufzubringen. Vgl. den Antrag des Priors Joos, 31.08.1806: Ebd.

[33] Bericht Rahts Nr. 81, 04.10.1806: Ebd.
[34] Dekret des Fürsten, 13.04.1804: SAL D 150 Bü 20.
[35] Bericht Nr. 81 über die Pensionsvorstellungen des Konvents, 04.10.1606: SAL D 150 Bü 21. – Für die Schule waren bis 1806 Kosten in Höhe von 100 fl. sowie ein Brennholzbedarf von 5 Klaftern = 22. fl. 30 kr. aufgewandt worden.
[36] Bericht Rahts, 17. 11. 1802: SAL D 150 Bü 24.
[37] Ebd.
[38] Kopie einer Fürstl. Anweisung an die Verwaltung, 13.04.1804: SAL D 150 Bü 20. – Die Anmerkung Abt Dominikus von St. Peter, Anselm Rittler sei von Oranien *ohne bestimmte lebenslängliche Pension nur abgenährt* worden, erscheint doch allzu negativ und tendenziös. Vgl. *Lindner*, Professbuch Weingarten (wie Anm. 5), 13, Anm. 2.
[39] So *Lindner*, Professbuch Weingarten (wie Anm. 5), 13.
[40] HSAS B 515 Bü 14.
[41] Bei *Lindner,* Professbuch Weingarten (wie Anm. 5), 13, finden sich die wenigen nachfolgenden Grundinformationen.
[42] Bericht Rahts, 04.10.1802: SAL D 150/2.
[43] Bericht Rahts *über den Revenüen-Ertrag Weingartens*, 21.10.1802: SAL D 150 Bü 3/6.
[44] Bericht Rahts, 21.10.1802: SAL D 150/3.
[45] Bericht Rahts *über den in dem Toskanischen Entschädigungsprojekt enthaltenen Anschlag des Reichsstifts Weingarten*: SAL D 150 Bü 2/4.
[46] Bericht Rahts *über die künftige Existenz der Ordensgeistlichkeit zu Weingarten*, 17.11.1802: SAL D 150 Bü 24.
[47] Die Bauernbefreiung und bäuerlichen Grundentlastung erfolgte in den neuwürttembergischen Gebieten zwischen dem 18.11.1817 (Aufhebung der Leibeigenschaft) und dem 17.06.1849 (Ablösung der Zehnten). Vgl. *Theodor Knapp*, Neue Beiträge zur Rechts- und Wirtschaftsgeschichte des württembergischen Bauernstandes. Tübingen 1919. ND Aalen 1964, 160–193, hier 181.
[48] Zur traditionellen Allianz Oranien-Nassaus mit Preußen vgl. Hans Ulrich Rudolf, Aus den Niederlanden ins Oberland. Das Haus Oranien-Nassau und die Herrschaft Weingarten 1802–1806, in diesem Band.
[49] Im Bericht vom 21.12.1807 werden aufgeführt: Prior Joos mit 750 fl., 19 Patres mit je 500 fl. (davon 18 in Weingarten); die 6 Patres in auswärtigen Stellungen: 4 je 240 fl., 1 mit 200 fl. und 1 mit 138 fl. Hinzu kamen die 3 Laienbrüder mit je 300 fl.: SAL D 150 [hier nur 29 genannt].Vgl. *Erzberger,* Die Säkularisation in Württemberg (wie Anm. 7), 105 u. 362.
[50] *Miscellanea monasterii nostri Weingartensis* von *P. Placidus Mayr*, in: DA Schwaben 25 (1907), 41ff.,
[51] Ebda., zit. nach: *Lindner*, Professbuch Weingarten (wie Anm. 5), 139–140.
[52] Ebda., 95.
[53] Lediglich der kostbare massive Silberaltar für die Hochfeste der Heilig-Blut-Verehrung war durch eine Kopie ersetzt worden.
[54] *Hans Ulrich Rudolf*, Heilig-Blut-Brauchtum im Überblick, in: *Norbert Kruse/Hans Ulrich Rudolf* (Hgg.), 900 Jahre Heilig-Blut-Verehrung in Weingarten 1094–1994. Fschr. zum Heilig-Blut-Jubiläum am 12. März 1994. 3 Bde. Sigmaringen 1994, 553–574.
[55] Vgl. dazu *Hans Ulrich Rudolf*, Kapellen-Altäre-Reliquiare. Die Aufbewahrung des Heiligen Bluts im Überblick, in: *Kruse/Rudolf* (Hgg.), 900 Jahre Heilig-Blut-Verehrung (wie Anm. 54), 274. Diese Imitation von ca. 174 fl. Wert diente – im Laufe der Zeit durch Edelsteine etwas aufgewertet – bis 1956, als anläßlich des 900-jährigen Klosterjubiläums ein neues, das heutige Reliquiar gestiftet wurde.
[56] Miscellanea Monasterii Weingartensis (wie Anm. 50), 140.
[57] 1812 wurde die Kirche, die nach dem Liber Abbatum (Bd. 5, 1739) 46.800 fl. gekostet hatte, um 8.100 fl. auf Abbruch verkauft: SAL F 18/80; *Scherer*, Reichsstift (wie Anm. 23), 47, u. Anm. 267.
[58] Zur Geschichte der Heilig-Blut-Verehrung und des Blutritts speziell s. *Hans Ulrich Rudolf*, Die Heilig-Blut-Verehrung im Überblick. Von den Anfängen bis zur Klosterzeit, in: *Kruse/Rudolf*, 900 Jahre Heilig-Blut-Verehrung (wie Anm. 54), 3–51, und *Ders*., Die Geschichte des Blutritts im Überblick. Von den Anfängen bis zur Gegenwart, in: Ebd., 701–754. – Zum Kampf um die Wiedereinführung des Blturitts und seine Hintergründe vgl. *Vadim Oswalt,* Staat und ländliche Lebenswelt in Oberschwaben 1810–1871. (K)ein Kapitel im Zivilisationsprozess. Leinfelden-Echterdingen 2000. (Schriften zur südwestdeutschen Landeskunde; 29).
[59] Angeblich sollte Weingarten nur bis zur Volljährigkeit des Sohns des Fürsten von Oranien-Nassau-Fulda verwaltet werden. S. den Beitrag *Hans Ulrich Rudolf*, Aus den Niederlanden ins Oberland. Das Haus Oranien-Nassau (wie Anm. 48).
[60] Noch heute hütet die WLB Stuttgart 534 Weingartener Handschriften aus dem auf über 800 veranschlagten Säkularisations-Gesamtbestand der Handschriftensammlung des Klosters, s. *Kruse/Rudolf*, Weingarten (wie Anm. 28), 131. – Zur Weingartener Bibliothek s. auch den Beitrag von *Magda Fischer* in diesem Band mit Literatur.
[61] 1825 wurde es zur Heimat für das aus Ludwigsburg hierher verlegte Waisenhaus, 1868, nach Verlegung des Waisenhauses nach Ochsenhausen, zur württembergischen Kaserne, 1922 zum Konventsbau für das neu errichtete Benediktinerkloster und 1949 schließlich Pädagogisches Institut (heute: Pädagogische Hochschule).
[62] Erste Bausteine zu einer Weingartener Garnisonsgeschichte s. *Hans Ulrich Rudolf/Norbert Kruse* (Hgg.), Der Fruchtkasten des Klosters Weingarten 1688–1988. Bergatreute 1989. – S. auch die Skizze von *Herbert Reuther*, Weingarten als Garnisonsstadt, in: *Kruse/Rudolf/Schillig/Walter* (Hgg.), Weingarten (wie Anm. 28), 331–340.
[63] Hier ist insbes. an den bei Kunsthistorikern weltweit umstrittenen Abbruch der Ökonomiegebäude im Jahre 1974 zu denken, an deren Stelle – für den Fortbestand der Pädagogischen Hochschule Weingarten von fundamentaler Bedeutung ein modernes wissenschaftliches Institutsgebäude (»Naturwissenschaftliches Zentrum«) getreten ist. Vgl. den Pressespiegel in: ph-Info, *hg. von der Pädagogische Hochschule Weingarten*. Nr. 52 (26.03.1974) u. Nr. 55 (04.04.1974) bzw. Artikel in nahezu allen großen Tageszeitungen in jener Zeit.

Vom Prämonstratenserstift zur sternbergischen Herrschaft

Die Säkularisation des Reichsstifts Weißenau

von Georg Wieland

Das »Entschädigungsobjekt« Weißenau

Lange bevor der Reichsdeputationshauptschluss zur Entschädigung der Fürsten und Grafen für linksrheinische Gebietsverluste am 25. Februar 1803 in Regensburg verabschiedet wurde, waren seine Bestimmungen schon weitgehend umgesetzt. Bereits am 23. November 1802 hatte die Reichsdeputation das Ergebnis ihrer dreimonatigen Verhandlungen vorgelegt; im wesentlichen entsprach es den Vorgaben der Großmächte Frankreich und Russland, nachdem diese sich mit den wichtigsten Betroffenen über ihre Entschädigungswünsche geeinigt hatten. Artikel 43 legte fest, dass am 1. Dezember 1802 der Genuss der angewiesenen Güter, soweit sie nicht schon im voraus besetzt worden waren, beginnen solle; acht Tage zuvor (also ab 23. November) war allen Fürsten und Ständen die Zivilbesitznahme ihrer Entschädigungsobjekte zugelassen.

Als Entschädigung für die Reichsgrafen vorgesehen, wurde die Prämonstratenser-Reichsabtei Weißenau ab 15. Oktober 1802 von der in Ochsenhausen eingerichteten reichsgräflichen Oberadministration mit der Erstellung von Vermögens- und Haushaltsübersichten und weiteren Unterlagen beauftragt[1]. Zur Abtei gehörten ein kleines unzusammenhängendes Territorium, wo es die Landes- und Steuerhoheit innehatte, bestehend aus dem Klosterort selbst und den vier Ämtern Oberhofen, Eisenbach, Taldorf und Unterteuringen. Die Hochgerichtsrechte im Klosterareal hatte das Stift erst 1760 als österreichisches Pfand auf zunächst 40 Jahre erworben. Das eigene Territorium zählte etwa 100 steuerpflichtige Haushalte; die Güter von rund 200 weiteren Lehenbauern der Abtei lagen außerhalb des Weißenauer Territoriums in den österreichischen Oberämtern Altdorf (Landvogtei Schwaben) und Tettnang (Grafschaft Montfort) sowie in anderen Herrschaften. Mit eigenem Personal wurden 427 Jauchert Acker, 259 Mahd Wiesen, 16½ Jauchert Gärten, 675 Tagwerk Reben und 3.530 Jauchert Waldungen bewirtschaftet; die Acker- und Wiesenflächen des Sennhofes lagen in unmittelbarer Umgebung der Klosteranlage. Im Sennhof zählte man Ende 1802 13 Pferde, 67 Stück Hornvieh und 25 Schweine. Zur selben Zeit wurde das Jahreseinkommen des Stifts nach einem 20-jährigen Schnitt auf 27.112 fl. 43 kr. berechnet; nach Abzug der Erträge von elf inkorporierten Pfarreien, die alle von Weißenauer Chorherren betreut wurden, verblieben noch 20.821 fl. 43 kr. Zum Stift, das 658 Jahre alt geworden war, gehörten 1802 der Abt, 25 Chorherren und vier Novizen. Der letzte Reichsprälat Bonaventura Brem, ein sehr gelehrter und eher introvertierter Mann, war 1755 in Kaufbeuren geboren und hatte 1776 in Weißenau Profess abgelegt. Lange Jahre als Bibliothekar und Professor der Philosophie, der Theologie und des Kirchenrechts eingesetzt, hatte ihn der Konvent am 3. November 1794 zum Abt gewählt. Schon am 19. November erfolgte die provisorische Besitznahme für die Oberadministration durch Verlesen des Besitzergreifungsdekrets vom 17. November, und eine anschließende Verzichterklärung des Abtes und seiner »geistlichen Räte«, d. h. der mit leitenden Aufgaben betrauten Konventsmitglieder. Das Patent wurde auch den nach Weißenau berufenen Ammännern und Deputierten der Klosterämter vorgelesen; sie erhielten auch je ein Exemplar zum Anschlag und

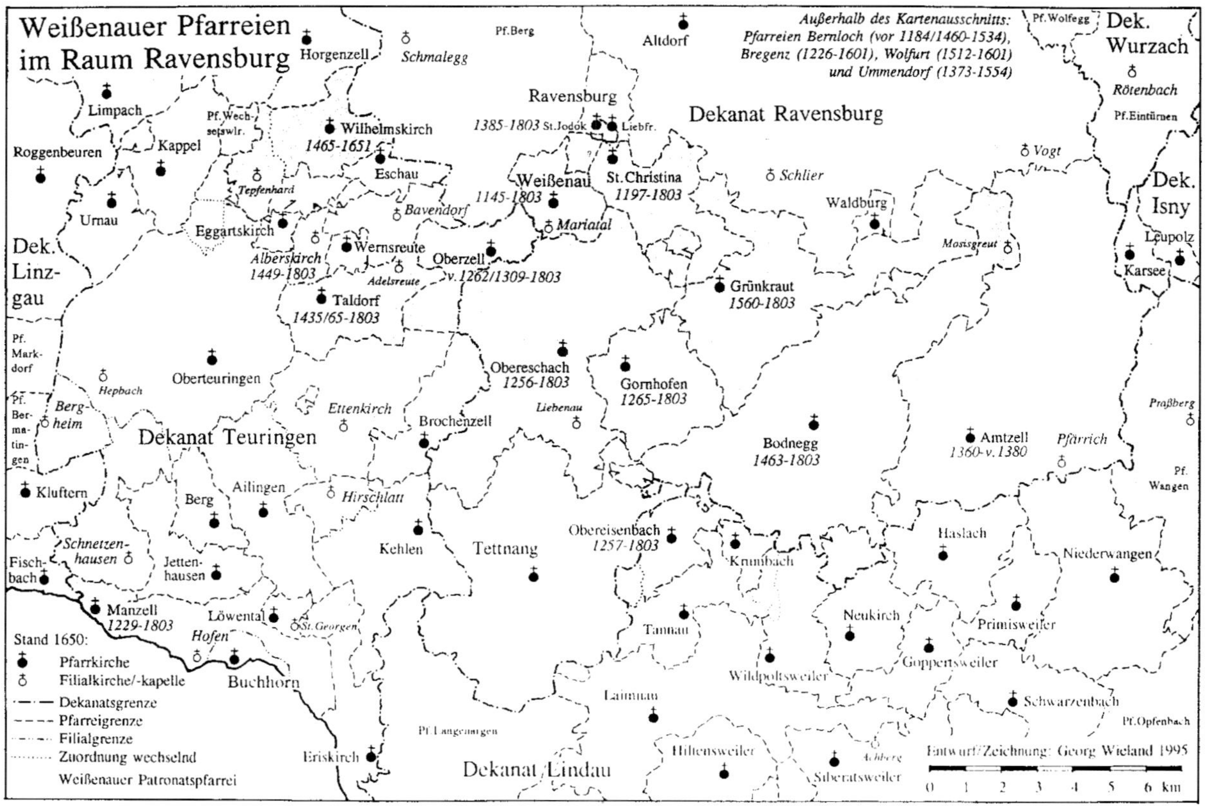

Vom Stift Weißenau betreute Pfarreien, Stand 1650–1803

Wie die meisten Prämonstratenserstifte hat auch Weißenau ein bes. Engagement in der Pfarrseelsorge entfaltet; der Erwerb von Pfarrkirchen hat schon 1197, ein halbes Jahrhundert nach der Klostergründung, eingesetzt. Die Chorherren residierten teils auf den Pfarreien, kleine und nahegelegene Pfarreien wurden vom Kloster aus »excurrendo« versehen. Von den flächig dargestellten Pfarreien musste Wilhelmskirch 1651 zur Bestreitung von Kriegslasten verkauft werden; alle anderen blieben bis 1802 in Weißenauer Besitz.

zur Kundmachung in ihren Bezirken. Die Verwaltung des Reichsstifts stand nun bis zur Besitzergreifung durch die neue Landesherrin unter der Aufsicht der Oberadministration. Die Gräfin Augusta v. Sternberg-Manderscheid beauftragte den Königsegger Oberrat Spiegler mit der Besitzergreifung. Sie wurde am 28. März 1803 vollzogen. Abt Bonaventura trat die Reichsabtei förmlich an das Haus Sternberg ab und dankte allen Untertanen und Beamten für bisher bewiesene Dienstbegierde, Liebe und Anhänglichkeit.

In Artikel 24 RDH, der die Entschädigung der Reichsgrafen regelte, war festgelegt: *Dem Grafen v. Sternberg, wegen Blankenheim, Junkrath, Geroltsstein und Dollendorf: die Abteyen Schussenried und Weissenau, unter der Verbindlichkeit einer jährlichen Rente von 13.900 Gulden, nämlich an den Grafen v. Wartemberg für Sickingen 5.500 Gulden – an den Grafen v. Sickingen zu Sickingen 1.110 Gulden – an den Grafen v. Hallberg 6.880 Gulden – an den Grafen v. Nesselrod-Reichenstein 260 Gulden – an den Grafen v. Goltstein 150 Gulden, hinaus zu zahlen.* Das Haus Sternberg war auch in zwei allgemeinen Verfügungen des Artikels 24, die für alle reichsgräflichen Entschädigungsobjekte galten, erwähnt. Die erste Bestimmung besagte, dass bisherige Stimmrechte von elf Grafen (darunter auch Sternberg) auf Reichs- und Kreistagen auf die neuen Herrschaften übergehen. Die achte Bestimmung sah als Ausgleichung der temporären Lasten, insbesondere für den Unterhalt der Geistlichkeit in den Abteien, eine Aufteilung der mit 176.000 fl.

bezifferten Aktivkapitalien der Abtei Buxheim vor, die im übrigen dem Grafen Ostein zugedacht war. Berücksichtigt waren solche Abteien, wo man erwartete, die Unterhaltskosten würden anfangs ein Drittel vom Ertrag übersteigen; in geringerem Umfang traf dies auch für Weißenau zu, so dass auf Weissenau 6.450 Gulden an den Buxheimer Kapitalien angewiesen wurden.[2]

Der komplizierten Regelung aus Entschädigungsobjekten und darauf haftenden Verpflichtungen an weitere Entschädigungsberechtigte lagen Berechnungen zugrunde, wonach die beiden Abteien Schussenried und Weißenau einen reinen Jahresertrag (Einkünfte abzüglich laufender Lasten) von zusammen 78.900 fl. erwarten ließen, während dem Grafen Sternberg nur ein Anspruch auf 65.000 fl. zustand.[3]

Das Haus Sternberg-Manderscheid

Die reichsunmittelbaren linksrheinischen Herrschaften Blankenheim, Jünkerath, Gerolstein und Dollendorf, für welche das Haus Sternberg-Manderscheid durch die 1797 und 1801 fixierte französische Rheingrenze entschädigt werden sollte, lagen in der Eifel; um sie gruppierten sich weitere Herrschaften, darunter auch die Grafschaft Manderscheid, in denen das Haus Manderscheid keine Landeshoheit besessen hatte.[4] Als Graf Johann Wilhelm v. Manderscheid (1708–1772) nur Töchter hinterließ, verließ sein Bruder Franz Joseph (1713–1780), bisher Domherr in Köln und Straßburg, den geistlichen Stand, um das Erbe anzutreten und zu heiraten. Als er acht Jahre später kinderlos verstarb, fiel das ganze Herrschaftskonglomerat an Augusta (1744–1811), die älteste Tochter des 1772 verstorbenen Bruders. Augusta war 1754 als 8-jähriges Mädchen Stiftsdame in Köln (St. Ursula), später dann auch in Essen und Vreden geworden, hatte ihre Pfründen aber 1762 aufgegeben und den böhmischen Grafen Philipp Christian v. Sternberg (1732–1811) geheiratet. Stifter dieser weiträumigen Heiratsverbindung war Augustas Großonkel Johann Moritz Graf v. Manderscheid (*1676, 1733–1763 Eb. von Prag).[5] Zunächst lebte das Paar vor allem in Prag. Nach dem Regierungsantritt in den Eifelherrschaften wurden Blankenheim und Köln die bevorzugten Residenzorte, bis das Vordringen französischer Truppen 1794 den Wegzug nach Prag erzwang; dorthin war der Erbgraf Franz Joseph v. Sternberg (1763–1830) bereits 1787 zurückgekehrt.

Verwandtschaftliche Bindungen nach Oberschwaben bestanden durch Heiraten mit Angehörigen der Familien Königsegg-Rothenfels, Königsegg-Aulendorf und Waldburg-Zeil. Graf Ernst v. Königsegg-Aulendorf (1755–1803), seit 1783 Ehemann von Augustas Stiefschwester Maria Christiane Josepha v. Manderscheid (1767–1811), fungierte seit 1786 als österreichischer Landvogt in Altdorf, seine 1803 erfolgte Ernennung zum Präsidenten der vorderösterreichischen Regierung kam durch den frühen Tod nicht mehr zum Vollzug. Es lässt sich also durchaus nachvollziehen, wie das Interesse des Hauses Sternberg-Manderscheid an den beiden oberschwäbischen Prämonstratenserabteien geweckt worden war.

1808, als die beiden durch den RDH geschaffenen Grafschaften Weißenau und Schussenried schon seit zwei Jahren von Württemberg als Patrimonialherrschaften mediatisiert waren, nahm die Nennung der Weißenauer Patrimonialherrin im württembergischen Staatshandbuch nicht weniger als 10 Zeilen in Anspruch; ihre Personalien lauteten: *Frau Augusta, Gräfin v. Sternberg, geb. Gräfin v. Manderscheid, Blankenheim und Geroldstein, Frau der Grafschaften Schussenried und Weissenau, des St. Stephans-Kreuz-Ordens-Dame; Gemahlin des Herrn Grafen Christian v. Sternberg, Herr der Herrschaften Zestnuck und Tschastolowig, auch Lehenherr der Herrschaft, Stadt und Schloß Lieberoge, dann der Lehengüter Sarko, Loskow und Reicherkreuz, Ritter des goldenen Vließes; auch Kaiserl. Oestr. wirklicher geheimer Rath und Kämmerer; zu Wien.*[6] Die Gräfin († 19. November 1811) und ihr Ehemann († 14. Mai 1811) wohnten nun abwechselnd in Wien und auf ihren böhmischen Herrschaften.

Noch zu Lebzeiten der Mutter nahm Graf Franz Joseph v. Sternberg-Manderscheid (1763–1830), der das Sternberg-Palais am Ringplatz auf der Prager Kleinseite bewohnte, die Interessen des Hauses im Schwäbischen wahr. Er war es auch, der am 23. Mai 1803 in Schussenried und am 28. Mai in Weißenau persönlich von den neuen »Grafschaften« Besitz nahm.[7] In den Jahren 1812 und 1823 hat er Weißenau erneut aufgesucht. Als passionierter Kunst- und Antiquitäten-

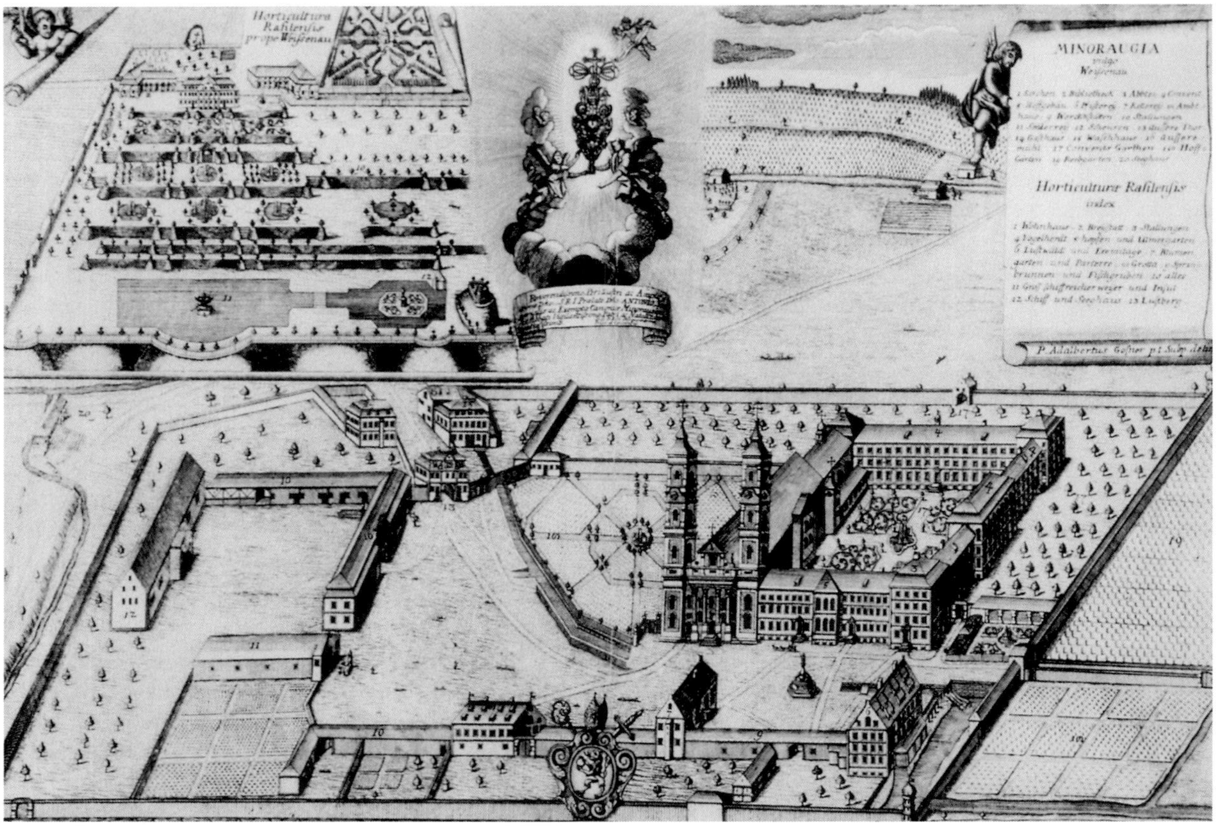

Prämonstratenser-Reichsstift Weißenau von Westen
Die Ansicht zeigt Weißenau nach dem Ende der 1708 begonnenen barocken Umbauten. Links oben die vielbewunderte Gartenanlage des Sommersitzes Rahlen, daneben die 1707 neugefasste Heilig-Blut-Reliquie von 1283 mit Widmung Abt Unolds (1724–1765). Kupferstich, A. Ehmann/Augsburg, nach Zeichnung von P. Adalbert Gosner/Weißenau, 1763.

sammler hat er wiederholt wertvolle Weißenauer Urkunden, Handschriften, Bücher und Kunstschätze ausgewählt, um sie nach Böhmen verbringen zu lassen.[8] 1816 ließ der Graf auch eine Reihe von Wertgegenständen nach Böhmen verbringen; in der eigens angefertigten Liste sind unter anderem aufgeführt *2 Kelche, eine goldene Kette, ein Abtsstab aus Silber, ein Brustkreuz mit Amethysten samt Ring, vier Pektorale* [Brustkreuze].[9]
Nach dem Tod der Mutter verzögerte sich die Erbteilung wegen der zunächst noch ungeklärten rheinischen Besitzungen. Ein 1819 zwischen den Erben geschlossener Vergleich überließ ein Viertel der schwäbischen und rheinischen Besitzungen den Kindern von Franz Josephs bereits verstorbener Schwester Maria Walpurga (1770–1806) aus ihrer Ehe mit Fürst Constantin v. Salm-Salm.[10] 1824 nennt das württembergische Staatshandbuch die Inhaber der Weißenauer Grundherrschaft und der Patronatsrechte mit abweichender Aufteilung: *Graf v. Sternberg zu 2/3 und die Descendenz des Fürsten v. Salm-Salm zu 1/3.*[11]

Einkommensverluste durch österreichische Beschlagnahmung

Als Kaiser Franz II. den RDH am 27. April 1803 ratifizierte, geschah dies mit einer Reihe von Vorbehalten, namentlich unter Berufung auf Artikel 4 der Konvention, die er am 26. Dezember 1802 mit Frankreich über die Zustimmung zum Entwurf des Entschädigungsplans abgeschlossen hatte. Vorbehalten blieben

dem Kaiser alle mit dem Entschädigungsplane an sich vereinbarlichen Gerechtsame.[12] Was sich hinter dieser nebulösen Andeutung verbarg, war im März 1803 offenbar geworden. Schon am 24. Januar war das Oberamt Altdorf, und zeitgleich alle anderen betroffenen Behörden, von Wien angewiesen worden, auf alle unter österreichischer Landeshoheit gelegenen Besitzungen, Einkünfte, Kapitalien und Rechte der aufgehobenen Reichsbistümer, Stifte und Klöster das sog. *Heimfallsrecht (droit d'épaves)* geltend zu machen, weil diese Vermögensteile und Rechte mit der Aufhebung ihrer bisherigen Besitzer »herrenloses Gut« (Epaven) geworden seien. In aller Eile und ohne dass die betroffenen Herrschaften den bevorstehenden Zugriff auf das Säkularisationsgut ahnten, waren die in Betracht kommenden, bei der starken Durchmischung von Herrschaftsrechten im Schwäbischen Kreis sehr umfangreichen Einkünfte zusammengestellt worden; allein in der Landvogtei Schwaben waren 21 Klöster und Stifte mit einem Gesamteinkommen von über 90.000 fl. betroffen.[13]

Am 13. März 1803 wurde vom Oberamt Altdorf die Beschlagnahme (Sequestration) der betroffenen Besitzungen und Einkünfte der Herrschaft Weißenau bekannt gemacht und sofort vollzogen. Dem Grafen v. Sternberg gingen so mit einem Schlage rund 20.000 von den veranschlagten 27.000 fl. Jahreseinnahmen verloren; davon entfielen 18.464 fl. auf das Gebiet des Oberamts Altdorf und 1.474 fl. auf das Oberamt Tettnang. Weil der Großteil der Weißenauer Lehengüter, Zehntrechte und Pfarreien im Österreichischen lag, zählte Weißenau mit einem Verlust von etwa 74 % des bisherigen Einkommens zu den am schwersten getroffenen Herrschaften. Nicht einmal die Herrschaft Baindt, die über kein eigenes Territorium verfügte und rund 8.300 fl. von jährlich 13.000 fl. (63 %) einbüßte, hatte die gleiche Verlustquote zu beklagen. Dem Haus Sternberg blieben vor allem die Einkünfte aus dem kleinen eigenen Territorium, ferner aus dem Gebiet der vormaligen, nun von Bayern mediatisierten Reichsstadt Ravensburg, aus vormals weingartischen (dem Haus Oranien-Nassau zugefallenen) und aus waldburgischen Territorien.[14]

Am 4. Mai 1803 schrieb der Graf v. Sternberg an die Reichsdeputation, dass er wegen der österreichischen Beschlagnahmungen noch keine Anordnungen zu Pensionen in den Abteien Schussenried und Weißenau habe treffen können; auch von den Reichsgräflich Waldsee'schen Beamten seien Einkünfte vorenthalten worden. Es seien ihm bei Schussenried ein Drittel, bei Weissenau mehr als zwei Drittel der Revenuen bereits entzogen. Bei Weißenau sei zu befürchten, dass die übrigen umliegenden Territorialherren nachziehen und ihm zuletzt nichts als die Klostermauern und die armen Geistlichen darin verbleiben.[15]

Mit den Sequestrationen, die ab 1803 zu großen wirtschaftlichen Schwierigkeiten für die neue Herrschaft und den ehemaligen Konvent führten, wurde die im RDH vorgesehene regelmäßige Abführung von Einnahmen an fünf weitere Reichsgrafen illusorisch, und es entspannen sich hieraus langwierige, zum Teil gerichtlich durchgefochtene Auseinandersetzungen, die 1835 noch nicht abgeschlossen waren.

Abtretung Weißenaus an Österreich (1805)

Für das Kaiserhaus bedeutete die Ausnutzung des umstrittenen Epavenrechts eine enorme Verdichtung seiner Herrschaftsrechte und eine Verstärkung seiner Finanzkraft in Schwäbisch-Österreich. Diese Entwicklung wurde noch verstärkt durch eine ganze Serie von Verträgen, mit welchen Österreich vom April 1803 bis Februar 1805 mediatisierte und säkularisierte Herrschaften oder Teile davon an sich brachte und gleichzeitig die Ausübung des Epavenrechts im nachhinein bestätigen ließ.[16] Der fünfte derartige Vertrag, der sog. *Lindauer Vertrag,* wurde am 12. Juni 1804 mit dem Fürsten Wilhelm v. Oranien-Nassau abgeschlossen, der durch die Sequestrationen rund 40.000 fl. von den auf 120.000 fl. bezifferten Weingartener Einnahmen verloren hatte. Der Fürst trat mehrere zu Weingarten gehörende Ämter und Herrschaften an Österreich ab, das damit störende Enklaven in seinen Territorien beseitigen konnte, und erhielt im Gegenzug unter Vorbehalt der österreichischen Landeshoheit sequestrierte ehemals weingartische Güter sowie Güter der vormaligen Klöster Weißenau (mit einem Jahresertrag von 4.955 fl.) und Baindt (8.333 fl.).[17]

Im Februar 1805 schloss der österreichische Unterhändler, Regierungsrat Innozenz v. Steinherr, gleich fünf derartige Verträge ab, den ersten am 3. Februar

mit der Reichsgräfin Augusta v. Sternberg-Manderscheid wegen der Epaven der früheren Abteien Weißenau und Schussenried. Die Gräfin trat die ganze Herrschaft Weißenau mit allen obrigkeitlichen und grundherrschaftlichen Rechten an Österreich ab. Als Gegenwert erhielt sie die 1803 beschlagnahmten Güter der Herrschaft Schussenried und dazu die in ihrem Interessengebiet gelegenen Epaven anderer aufgehobener Klöster.[18]

Der Vertrag wurde von der Gräfin am 12. März 1805 ratifiziert. Unmittelbar danach begannen eingehende Untersuchungen zur Organisation und zum Vermögensstand der zu übernehmenden Herrschaft Weißenau. Sie dauerten von April bis September; nach ihrem Abschluss erfolgte am 21. September 1805 die Besitzergreifung durch Österreich.[19]

Die Abarbeitung der vereinbarten Maßnahmen verzögerte sich offenbar durch den am 24. September 1805 ausgebrochenen dritten Koalitionskrieg; am 25. September überschritt die französische Armee den Rhein; bereits am 18. Oktober hatte sie mit der Kapitulation von Ulm die in Deutschland operierenden Österreicher geschlagen und den Weg nach Wien geebnet. Mit der Schlacht von Austerlitz war der Krieg am 2. Dezember für Frankreich entschieden; in den nachfolgenden Vorverträgen und im Friedensschluss von Pressburg vom 26. Dezember 1805 verlor Österreich seine Provinz Schwäbisch-Österreich, Vorarlberg und Tirol an die neuen französischen Bündnispartner Baden, Württemberg und Bayern.

Als die württembergischen Behörden im Januar 1806 die Besitzergreifung in den zugewiesenen Territorien vorbereiteten und auf den Vertrag von 1805 aufmerksam wurden, stellte sich die Sternberger Verwaltung auf den Standpunkt, der Vertrag sei nicht rechtskräftig vollzogen worden; Weißenau sei als Reichsgrafschaft im Besitz des Hauses Sternberg verblieben.[20]

Mediatisierung (1806) und Konfiskation (1809–1811)

Dass eine Mediatisierung der letzten Reichsstädte, der Reichsritterschaft, der Gebiete des Deutschen und des Malteserordens sowie der kleinen Reichsherrschaften durch die neuen, mit Frankreich verbündeten und rasch expandierenden Mittelstaaten Baden, Württemberg und Bayern bevorstand, war seit Herbst 1805 kaum mehr zu übersehen. Noch bevor Frankreich im Rheinbundvertrag vom 12. Juli 1806 seinen Verbündeten die Mediatisierung der inliegenden und angrenzenden Reichsherrschaften zum Geschenk machte, war der Wettlauf der Verbündeten um diese Gebiete längst im Gang; die ersten Besetzungen waren schon im Spätjahr 1805 erfolgt.

Diese Entwicklung kann den betroffenen Herrschaften kaum verborgen geblieben sein. Am 1. August 1806 wurde der Rheinbundvertrag durch Erklärung der 16 beteiligten deutschen Länder beim Reichstag zu Regensburg unter gleichzeitigem Austritt aus dem Reich publik; bereits am 6. August erlosch mit der Niederlegung der Kaiserkrone durch Franz II. der Schutz, den die kleineren Reichsstände bisher, zumindest noch in der Fiktion, genossen hatten. Die Übernahme der politischen Hoheitsrechte durch die Rheinbundstaaten folgte bereits nach wenigen Tagen.

Die »Grafschaft Weißenau« war bereits durch Württemberg mediatisiert, als ihr am 27. November 1806 ein wichtiger Vertragsabschluss mit dem Königreich Bayern gelang. Bayern hob die in seinem jetzigen Territorium gelegenen österreichischen Beschlagnahmungen von 1803 mit einem Jahresertrag von 1.474 fl. gegen Bezahlung einer Ablösesumme auf. Diese Regelung betraf das im Pressburger Frieden Ende 1805 an Bayern gefallene Oberamt Tettnang, die frühere Grafschaft Montfort. Ein entsprechender Vertrag wurde auch mit Württemberg verhandelt, kam wegen des 1809 ausbrechenden Krieges aber nicht mehr zum Abschluss.[21]

1809 verlor die Gräfin v. Sternberg ihre Herrschaften Weißenau und Schussenried. Die österreichischen Vorbereitungen auf den 5. Koalitionskrieg hatten Württemberg als Mitglied des Rheinbunds und somit als Bündnispartner Frankreichs zu sogenannten *Avocatorien* vom 9. März und 9. April 1809 veranlasst, in welchen alle württembergischen »Untertanen« – und dazu zählte man auch die Besitzer der mediatisierten Herrschaften ohne Rücksicht auf ihren Stand und ihren gewöhnlichen Wohnsitz – unter Androhung einer Vermögenskonfiskation zur Rückkehr ins »Heimatland« und zur Kriegsfolge aufgefordert wurden. Weil die gräfliche Familie v. Sternberg wie viele in Österreich lebende Angehörige des Hochadels nicht Folge

leistete, kam es am 3. Mai 1809 zur Beschlagnahmung sämtlicher im Lande gelegener sternbergischen Besitzungen.[22] Die Konfiskation währte weniger als zwei Jahre; sie wurde im Februar 1811 aufgehoben. Sie hatte jedoch fatale Auswirkungen, denn die württembergischen Behörden sind in diesem Zeitraum nicht untätig geblieben. Die Weißenauer Bibliothek wurde eingepackt, nach Schussenried und von dort aus nach Stuttgart transportiert.

Die am 19. November 1811 im Alter von 67 Jahren verstorbene Gräfin Augusta v. Sternberg-Manderscheid hat die im Februar 1811 erfolgte Rückgabe der Herrschaften Schussenried und Weißenau noch erlebt. Die Regelung der künftigen Beziehungen zum württembergischen Staat blieb im Einzelnen jedoch ihrem Sohn Franz Joseph (1763–1830) überlassen, der seinen schwäbischen Herrschaften 1812 den zweiten Besuch (nach 1803) abstattete; ein drittes und letztesmal hat

Gräfin Augusta von Sternberg, geb. von Manderscheid (1744–1811)
Gemahlin Gf. Philipp Christians von Sternberg (1732–1811) und ab 1803 Herrin Weißenaus. Mutter des Gfn. Franz Joseph von Sternberg-Manderscheid (1763–1830), der zahlr. Weißenauer Kunstschätze, Bücher und Archivalien nach Böhmen bringen ließ. In: Die Manderscheider, 1990, S. 85.
Prag, Nationalmuseum.

er sie 1823 aufgesucht. Verhandlungen über strittige Rechte zogen sich zum Teil jahrelang hin.

Abt und Konvent nach der Säkularisierung

Der RDH hatte in den Artikeln 51 und 57 Vorgaben für die Pension der Reichsäbte und der Kapitulare enthalten. Reichsunmittelbare Äbte sollten als Minimum 2.000 fl., maximal 8.000 fl. erhalten, die Konventualen unmittelbarer Abteien 300–600 fl.; Novizen durften *mit einer dreijährigen verhältnismäßigen Pension* entlassen werden.[23] Weil Sternberg infolge der österreichischen Beschlagnahmungen nur einen Teil der vormals weißenauischen Einkünfte erhielt, orientierten sich die Pensionszusagen zunächst an der Untergrenze der Vorgaben. Abt Bonaventura erhielt zunächst eine Jahrespension von 2.000 fl., die Patres, soweit sie nicht mit Pfarrämtern versorgt waren, je 325 fl. Von den vier Kandidaten, die das Noviziat am 15. November 1801 begonnen hatten, trat einer am 6. Juli 1803 ohne Abfindung aus; die drei übrigen wurden am 29. Oktober 1803 mit je 400 fl. Abfindung entlassen. Diese drei verfolgten die angestrebte geistliche Laufbahn weiter; einer wurde in der erst 1806 aufgehobenen Benediktinerabtei St. Blasien aufgenommen

Marmordenkmal des letzten Reichsabts Bonaventura Brem (1794–1802, † 1818)
Der Abt hat seine Insignien Stab, Mitra (seit 1595) und Schwert (seit 1760) abgelegt und kniet betend vor dem hl. Norbert, der als Abt und Eb. von Magdeburg sowie als Verteidiger der Eucharistie (Monstranz) dargestellt ist. Pfarrkirche Weißenau. Marmor, nach 1818.

Denkmal Bonaventura Brems
Das von den Erben des Abts gesetzte Denkmal verweist auf die Aufhebung des Klosters »14« Jahre vor seinem Tod und nennt das Beisetzungsdatum (6.8.1818). Marmorplatte, Pfarrkirche Weißenau.

Der Weißenauer Konvent 1803
Unterschriftenliste zur feierlichen Professerneuerung des Weißenauer Konvents am Norbertusfest (11. Juli) 1803, in der Überschrift mit Chronogramm (aufzulösen als 1803) datiert »nach dem Ausbruch der allgemeinen Verfolgung der Ordensleute«.

und kam mit einem Teil des dortigen Konvents später nach St. Paul im Lavanttal (Kärnten), die beiden anderen wurden Weltpriester in der Diözese Konstanz.[24]
Eine Einigung zwischen Herrschaft und Konvent über die lange umstrittenen Pensionen kam offenbar erst 1805 im Zusammenhang mit der vorgesehenen Übernahme durch Österreich zustande. Für 1806 werden höhere Pensionen bezeugt; nun erhielt der Abt jährlich 3.250 fl., fünf Patres bezogen je 375 fl. Pension.[25] Vor seinem Tod soll der Abt zuletzt eine Pension von 2.500 fl. bezogen haben.[26]
Außer dem Abt lebten zum Zeitpunkt der Säkularisation 16 von den 25 Chorherren im Kloster.[27] Sieben Patres bewohnten Pfarrhäuser der Stiftspfarreien; auswärts wohnten außerdem ein Kranker (im Pfarrhaus Obereschach) und ein Chorherr als Beichtvater im Dominikanerinnenkloster Löwental. Die Gemeinschaft schien trotz der Klosteraufhebung noch intakt, und so ließ Abt Bonaventura Brem die bei den Prämonstratensern traditionelle feierliche Professerneuerung aller Konventsmitglieder am jährlichen Norbertusfest auch für den 11. Juli 1803 vorbereiten, obwohl sie jetzt nur noch freiwillig sein konnte. Enttäuscht und offenbar tief verletzt musste der Abt erleben, dass vier Konventualen der Feier fernblieben; der für sie vorbereitete Platz in der Unterschriftenliste des Professbuchs blieb leer. Vom nächsten Jahr an vollzog er die Erneuerung der Ordensgelübde nur noch *privatim,* und statt der 21 Konventualen von 1803 fanden sich jetzt nur noch vier Getreue bei ihm ein, die

wie der Abt lebenslang an der Tradition der Professerneuerung festhielten.[28] Um 1805 haben die Weißenauer Exkonventualen das weiße Ordenskleid abgelegt und die Tracht von Weltgeistlichen übernommen; den bei der Einkleidung verliehenen Professnamen haben aber alle bis an ihr Lebensende beibehalten.
Zu den ersten vier, die ihre innere Distanz zu den nicht mehr bindenden strengen Ordensregeln bekundeten, gehörte P. Wilhelm Heim (1767–1836), 1800–1834 Pfarrer in Weißenau. Er zählte offenbar zu den von Aufklärung oder Französischer Revolution inspirierten kritischen Geistern des Konvents. Unübersehbar kam diese Haltung zum Ausdruck, als Heim sich ein Siegelbild mit der Darstellung des Schweizer Freiheitshelden Wilhelm Tell und seines Sohnes schaffen ließ; die Siegelumschrift *WILHELM DELL* ließ keinen Zweifel an der Interpretation des Bildes aufkommen.[29]
Verringerungen der Gemeinschaft ergaben sich neben einigen Todesfällen vor allem durch den Umzug der drei bislang zu jeder Amtshandlung »auslaufenden« Pfarrer von Oberzell, Gornhofen und Obereschach in die Mesnerhäuser ihrer drei Pfarrorte (1804), durch die Versetzung einzelner Pensionäre auf freigewordene Pfarrstellen und durch die nach Regelung der Pensionsfragen ab Herbst 1805 zugelassene Führung eigener Haushalte; von dieser neuen Freiheit haben im Oktober und November 1805 vier Ex-Konventualen Gebrauch gemacht. P. Sebastian Mederscher (1770–1829) war schon im April 1804 zu Ordensbrüdern nach Bellelay (Jura) gezogen und bald zum Musikdirektor des Kollegiatstifts Solothurn avanciert. Anfang 1806 wohnten nur noch fünf Chorherren im Kloster. 1810 richtete der Ortspfarrer Wilhelm Heim (1767–1836) einen eigenen Haushalt ein. Nachdem die alten Pensionäre weggestorben waren, war Ex-Abt Bonaventura Brem ab 1816 der letzte Ordensmann im Kloster. Als er am 4. August 1818 starb, erhielt er wie die seit 1811 verstorbenen Patres kein Grab mehr in der Gruft unter dem Chor der Klosterkirche, sondern wurde auf dem Pfarrfriedhof in Mariatal bestattet.[30]
Bedingt durch die notgedrungene Sparsamkeit nahm die Herrschaft Sternberg auch einige ehemalige Chorherren für Verwaltungsdienste in Anspruch. Am 18. November 1803 wurde Pater Michael Obermayer (1748–1817) zum *Administrator Pensionatorum Provisorius* bestellt; am 1. Oktober 1804 wurde seine Anstellung definitiv. P. Dominikus Ibl (1763–1813) fungierte ab 1. Dezember 1803 als *Vicarius & Coadiutor Oeconomiae Sternbergensis.* Als beide im Herbst 1805 fortzogen, wurde Pater Friedrich Schlegel (1771–1843) am 1. Oktober 1805 noch für kurze Zeit *Administrator Oeconomiae Conventualis.* Schlegel amtierte ab November 1805 als Pfarrer in St. Christina und starb dort 1843 als letzter Ex-Konventuale von Weißenau. Er zählte zu den treuesten Gesinnungsfreunden des Ex-Abtes Brem, hielt lebenslang an der jährlichen Professerneuerung fest und erbte 1818 die umfangreiche Privatbibliothek des Abtes. Damit sie aus der Weißenauer Abtswohnung weggeschafft werden konnte, erwarb Schlegel zusammen mit dem Ex-Jesuiten Franz Joseph von Baratti (1752–1835, bis 1832 Pfarrer in Hoßkirch bei Saulgau), mit dem er eine *Exconventualen-Societät* (eine Eigentümergesellschaft bürgerlichen Rechts) errichtete, am 20. August 1818 das Schloss Liebenau bei Tettnang. Von Liebenau aus sind die Bände und Handschriften der Bibliothek, die Schlegel 1843 dem Fürsten von Waldburg-Zeil vererbte und die der Fürst zu einem großen Teil an den Jesuitenorden abtrat, in alle Welt zerstreut worden.[31]

Politische und grundherrschaftliche Rechte ab 1811

Das im Juni 1808 ausgegebene württembergische Staatshandbuch verzeichnete unter elf im württembergischen Oberamt Altdorf gelegenen, alphabetisch angeordneten Patrimonialherrschaften an letzter Stelle das *Patrimonial-Obervogtei-Amt Weissenau.*[32] Zu diesem Zeitpunkt zählte die Patrimonialherrschaft 735 Seelen, verteilt auf *Schloß* Weißenau *mit Amtsgebäuden und Dienstwohnungen, nebst dem Weingarthof* (zus. 49 Seelen) und vier Ämter, deren Einteilung noch genau den Verhältnissen der Klosterzeit entsprach. Dem Amt Oberhofen, bestehend aus dem großen Weiler Oberhofen (185) und 12 kleinen Orten im nunmehr bayerischen Landgericht Tettnang, der vormaligen Grafschaft Montfort (199), stand Ammann *Fridr.* [richtig Franz] Joseph Möschenmoser vor. Das Amt Taldorf (100 S.) leitete Ammann Joseph Lampart, das Amt Unterteuringen (112) Ammann Joseph Anton Kreu-

zer; im Amt Eisenbach (90) war die Stelle des Ammanns gerade vakant.
Nach der in Württemberg 1809 generell verfügten Aufhebung der Patrimonialrechte wurden deren Bestandteile ohne Rücksichten auf die historischen Zusammenhänge und die Interessen des mediatisierten Adels in die staatlichen Oberämter integriert. Im Staatshandbuch von 1809 finden wir die Bestandteile der früheren Herrschaft Weißenau in zwei selbständigen Schultheißenämtern (Gemeinden) des Oberamts Altdorf zusammengefasst.[33] In der Oberschultheißerei Fischbach erscheint unter neun Gemeinden das *Schultheisenamt Weissenau jenseits der Schussen*. Darin waren die früheren Ämter Taldorf und Unterteuringen vereinigt; Schultheiß dieser Gemeinde mit 198 Seelen war Joseph Lampert in Taldorf. Zu den sieben Gemeinden der Oberschultheißerei Sigmarshofen gehörte als Pendant das *Schultheisenamt Weissenau diesseits der Schussen*; der Verantwortungsbereich von Schultheiß Franz Joseph Möschenmoser (Oberhofen) umfasste nun den früheren Herrschaftssitz Weißenau und die ehemaligen Ämter Oberhofen und Eisenbach mit zusammen 473 Seelen. Die Einwohnerzahl der früheren Herrschaft Weißenau hatte sich demnach auf 671 verringert. Nach der Neueinteilung der württembergischen Oberämter aufgrund der 1810 vollzogenen Grenzbereinigung mit Bayern wurde bei der Gemeindebildung auf die alten Zusammenhänge keine Rücksicht mehr genommen.
Am 30. August 1814 kam ein Vergleich zwischen dem württembergischen Staat und den Erben der Gräfin Sternberg zustande, wonach die Standesherrschaft 5/6 der von Österreich 1803 sequestrierten Weißenauer Rechte und Einkünfte zurückerhielt, deren Reinertrag nun mit 13.519 fl. berechnet wurde; 1/6 verblieb der königlichen Kammer, d. h. dem Staat.[34] Ausgenommen blieben auch die bereits 1804 von Österreich vertraglich ans Haus Oranien-Nassau abgetretenen Epaven mit einem geschätzten Jahresertrag von 4.945 fl.; diese waren mit Beschlagnahmung der Herrschaft Weingarten 1809 in württembergisches Staatseigentum übergegangen und in späteren Vergleichen mit dem niederländischen Königshaus abgesichert worden. Trotz dieser Einschränkungen war mit dem Vertrag von 1814 der Wert der Sternberger Herrschaften bedeutend gestiegen. Zurückgegeben wurden auch die Weißenauer Rechtstitel an Pfarreien österreichischer Orte. Von den elf Weißenauer Pfarreien[35] lagen nur drei im eigenen Territorium, nämlich Weißenau, Taldorf und Obereisenbach. Unangetastet blieb 1803 auch die in Ravensburg (1802–1810 unter bayerischer, ab 1810 württembergischer Landeshoheit) gelegene Pfarrei St. Jodok. Die sieben weiteren, sämtlich in der Landvogtei Schwaben gelegenen Pfarreien hatte Österreich 1803 an sich gezogen: Bodnegg, Gornhofen, Grünkraut, Manzell, Obereschach, Oberzell und St. Christina.
1821 kam der Staat noch weiter entgegen und übernahm 28.000 fl. der Schulden, die auf der ehemaligen Weißenauer Landschaftskasse ruhten; als Schuldner galten die Bewohner der früher zum Weißenauer Territorium zählenden Orte. 1828 wurde die letzte Weißenauer Landschaftskassenrechnung erstellt, bis 1835 folgten noch *Vermögensrestrechnungen*.[36]
Die Rückgabe der 1809 verlorenen Polizei- und Gerichtsbefugnisse war den Standesherren Württembergs

Abtswappen Bonaventura Brems
Die Exlibris Brems – mit dem persönlichen Wappen, den Amtsinsignien Stab und Schwert sowie der Umschrift BAZW (Bonaventura Abt zu Weißenau) – schmückten die ca. 3.000 Bände seiner »Privatbibliothek« (ab 1818 in Schloss Liebenau b. Tettnang), die nach 1843 leider zerstreut wurde.
HSA Stuttgart.

Graf Franz Joseph von Sternberg-Manderscheid (1763–1830)
Seit 1798 Herr der sternbergischen Güter in Böhmen, ab 1803 Vertreter und ab 1811 Nachfolger seiner Mutter Augusta in den schwäbischen Herrschaften Schussenried und Weißenau, trat er als bedeutender Sammler und Förderer der böhmischen Nationalkultur hervor.
Ölgemälde, Josef Lavos, nach Radierung von Ferdinand von Lütgendorff, 1820.
Prag, Nationalmuseum.
Aus: Die Manderscheider, 1990, S. 164.

durch dem Wiener Kongress zugestanden, wurde vom Haus Sternberg aber nicht in Anspruch genommen.
Die Interessen der in Wien lebenden Patrimonialherrin vertraten als Patrimonial-Obervogt *Hr. Xaver Milz, wohnt in Weissenau*, und als Patrimonial-Ökonomieverwalter *Hr. Franz Hlawaty*. Im Staatshandbuch von 1808 war ferner festgehalten, dass der Amtssitz Weißenau *von Stuttgart 34 Stunden* entfernt sei; außerdem war vermerkt: *Am Dienstag und Samstag geht von hier ein Amtsbote auf die nächst gelegene Poststation Altdorf; und kehrt an den nämlichen Tagen wieder zurück.*[37]

Nach der Reorganisation der Standesherrschaft Weißenau wurden dort Amtsprotokolle geführt, die in sechs Bänden den Zeitraum vom 19. November 1816 bis 20. Mai 1835 umfassen. Ein weiterer Band *Conferenzprotokolle* vom 21. März 1824 bis 15. Juni 1834 dokumentiert die ein- bis zweimal jährlich stattfindenden Konferenzen des gräflichen Generalbevollmächtigten mit den Weißenauer Beamten.[38]
1836, ein Jahr nach dem Verkauf der Herrschaft an den Staat, berichtet die »Beschreibung des Oberamts Ravensburg«, die aus vielen Gebäuden bestehende Schlossanlage, zugleich *Sitz des gräflichen Rentamts*,

sei *unter Sternbergischem Besitz ziemlich in Zerfall gekommen.*[39] Der letzte Sternberger Rentbeamte Benedikt Cziphely, gebürtig aus der Sternberger Herrschaft Zasmuk in Böhmen, blieb als Pensionär in Weißenau wohnen, starb aber schon im Mai 1837 im Alter von 58 Jahren.[40]

Verkauf der Herrschaft an den Staat

Als der Prager Historiker Franz Palacký vor der Böhmischen Gesellschaft der Wissenschaften eine Gedenkrede auf den am 8. April 1830 verstorbenen Grafen Franz Joseph v. Sternberg hielt, erwähnte er, sein Verhältnis als Besitzer von Schussenried und Weißenau sei *durch Zeit und Umstände die Quelle mannigfacher Unannehmlichkeiten für ihn, selbst noch kurz vor seinem Tod* gewesen.[41] Den Erben des Grafen, fünf Töchtern mit ihren Ehemännern, lag offenbar wenig an den schwäbischen Herrschaften. Am 30. März 1835 verkauften sie die beiden *allodialen Herrschaften* Schussenried und Weißenau an den württembergischen Staat. Vor dem Verkauf waren die Jahreseinnahmen neu berechnet worden; nicht enthalten waren jene österreichischen Epaven von 1803, die bereits 1804 an Oranien-Nassau überlassen worden waren, sowie das 1814 von Württemberg einbehaltene Sechstel an den restlichen Weißenauer Epaven. Für Schussenried wurden die Jahreseinkünfte 1835 auf 65.153 fl. berechnet. Nach Abzug der Lasten verblieb ein reines Einkommen von 31.492 fl. Die Herrschaft Weißenau ertrug jährlich 31.693 fl., nach Abzug der Lasten 13.390 fl. Als Reinertrag beider Herrschaften waren beim Verkauf somit 44.882 fl. angesetzt; 33 Jahre zuvor hatte man bei Festlegung der Entschädigungen noch einen Reinertrag von 78.900 fl. zugrundegelegt, von welchem das Haus Sternberg-Manderscheid 65.000 fl. hätte erhalten sollen. Die von Württemberg beim Kauf 1835 übernommenen Konditionen waren:

- *Eine Million Gulden* als Kaufpreis,
- *Eine lebenslängliche Rente von 3.000 fl. an den Grafen J. W. v. Sternberg-Manderscheid* (1765–1847)[42], den jüngeren Bruder des Grafen,
- Übernahme *einer von dem Reichsdeputations-Schluß herrührenden Rente von 600 fl. an den Grafen v. Sickingen, jetzt Wartemberg-Roth,*
- Übernahme *eines Prozesses wegen der reichsschlußmäßigen Hallbergischen, von Sternberg aber darum hauptsächlich nicht anerkannten Rente, weil die beiden Herrschaften den beim Reichsdeputations-Schluß angenommenen reinen Ertrag nicht gewährten und überdieß durch die östreichische Epavisirung geschmälert worden waren.*[43]

Der württembergische Staat bemühte sich nach dem Kauf um neue Nutzungen für die weitläufige Weißenauer Schlossanlage. 1836 war eine frühere Sägmühle bereits *zu einer Nudelfabrik eingerichtet* [worden], *welche ein vorzügliches Erzeugniß liefert.*[44] 1839 hat sich der erste Vorläufer der heute noch bestehenden Bleicherei niedergelassen. 1851 ging das Eigentum wieder an den Staat über, der den Bleichereibetrieb erst in Eigenregie weiterführte, die Liegenschaften 1888–1942 verpachtete und erst 1942 veräußerte.[45] In den staatlich gebliebenen Hauptgebäuden begann 1888 mit einer *provisorischen* Irrenanstalt im ehemaligen Konventbau die Entwicklung zum späteren Psychiatrischen Landeskrankenhaus »Die Weissenau«.[46]

[1] Einen Überblick über die wichtigsten Ereignisse und Strukturdaten in Weißenau bietet nach den Akten im HSAS B 523, insbes. Bü 11, *Matthias Erzberger,* Die Säkularisation in Württemberg von 1802 bis 1810. Ihr Verlauf und ihre Nachwirkungen. Stuttgart 1902 (ND Aalen 1974), 378–382.

[2] *Karl Zeumer* (Bearb.), Quellensammlung zur Geschichte der Deutschen Reichsverfassung in Mittelalter und Neuzeit. 2. Tl., Anh. Leipzig 1904, 446; *Erzberger,* Säkularisation (wie Anm. 1), 52–54.

[3] *Erzberger,* Ebd., 38f.

[4] Die Manderscheider. Eine Eifeler Adelsfamilie. Herrschaft, Wirtschaft, Kultur. Katalog zur Ausstellung. Köln 1990, mit Karten.

[5] Die Manderscheider, Ebd., 110f.; Bildnisse des Ehepaars Ebd., 84f.

[6] Königlich Württembergisches Staatshandbuch auf die Jahre 1807 und 1808 [Stand: Juni 1808]. Stuttgart 1808, 633. Die Ortsnamen sind teilw. entstellt wiedergegeben; an erster Stelle sind gen. die beiden Bestandteile des Sternberger Familienfideikommisses, Zasmuk (tschech. Zásmuky) und Tschastolowitz (Častolovice). Lieberose und die zugehörigen Orte Staakow, Leeskow und Reicherskreuz liegen nördlich von Cottbus in der Niederlausitz.

[7] HSAS B 523, Bü 11: *Relation über den ersten Eintritt Sr. Exzellenz des Erbgrafen Franz v. Sternberg x., Herren zu Zasnuck und Lieberos x., Sr. k. Maj. Kämmerer, in die Mauren des Rgräfl. Sternbergischen Stiftes Weissenau dd. 28t. May 1803. Erzberger,* Säkularisation (wie Anm. 1), 381, erwähnt den Besuch mit dem falschen Datum 28.05.1807.

[8] *Franz Palackýs* Gedenkrede auf Graf Franz Sternberg [1842], eingel. von *Helmut Binder,* in: *Helmut Binder* (Hg.), 850 Jahre Prämonstratenserabtei Weißenau 1145–1995. Sigmaringen 1995, 551–562, mit Porträt; *Helmut Binder,* Schicksale der Weißenauer Bibliothek nach der Klosterauflösung, Ebd., 489–505; knappe Würdigung des Grafen bei *Aleš Chalupa,* Die Familie der Grafen v. Sternberg-Manderscheid und ihr Archiv, in: Die Manderscheider (wie Anm. 4), 84f., mit Porträt 164.

[9] *hm [Herbert Mayer],* Gut einhundert Bücher und Handschriften sind in der Prager Nationalbibliothek »Klementinum« aufbewahrt : Wie Weißenauer Klosterschätze an die Moldau gelangten, in: Schwäbische Zeitung, Ausg. Ravensburg, Nr. 159 vom 14.07.1993. Den Bestand des Kirchenschatzes Ende 1802 beschreibt *Erzberger,* Säkularisation (wie Anm. 1), 380.

[10] Die Manderscheider (wie Anm. 4), 198f. Eine weitere Schwester Maria Augusta (1768–1828) lebte als Salesianerin in Wien; zum Bruder Johann Wilhelm (1765–1847) vgl. unten Anm. 42.

[11] Königlich-Württembergisches Hof- und Staats-Handbuch 1824, 392 (Gde. Oberhofen); diese Angaben galten auch für die anderen Gemeinden mit Weißenauer Rechten. In den Staatshandbüchern von 1828, 1831 und 1835 wird als Inhaber dieser Rechte nur *Graf v. Sternberg* genannt.

[12] *Zeumer,* Quellensammlung (wie Anm. 2), 459f.

[13] *Erzberger,* Säkularisation (wie Anm. 1), 97–99; *Franz Quarthal/ Georg Wieland,* Die Behördenorganisation Vorderösterreichs von 1753 bis 1805 und die Beamten in Verwaltung, Justiz und Unterrichtswesen. Bühl/Baden 1977, 150–156.

[14] *J. G. D. v. Memminger,* Beschreibung des Oberamts Ravensburg. Stuttgart/Tübingen 1836, 187–189; *Erzberger,* Säkularisation (wie Anm. 1), 381f.; *Georg Wieland,* Besitzgeschichte des Reichsstiftes Weißenau, in: *Peter Eitel* (Hg.), Weissenau in Geschichte und Gegenwart. Sigmaringen 1983, 107–218, hier 205f.; mit Karte zum Besitzstand um 1660.

[15] *Erzberger,* Säkularisation (wie Anm. 1), 49f.

[16] *Quarthal/Wieland,* Vorderösterreich (wie Anm. 13), 152–156.

[17] HSAS E 36, Verz.1, Bü 1, mit Übersicht der abgetretenen weißenauischen Einkünfte in den Landvogtei-Ämtern Dürnast, Bodnegg, Grünkraut und Pfärrich.

[18] SAS Wü 64/9, Bü 153; *Memminger,* Oberamt Ravensburg 1836 (wie Anm. 14), 188f.; *Erzberger,* Säkularisation (wie Anm. 1), 381; *Ludwig Bittner* (Hg.), Österreichische Staatsverträge. Bd. 2. Wien 1909, Nr. 1461; *Quarthal/Wieland,* Vorderösterreich (wie Anm. 13), 154, mit der irrigen Annahme, der Vertrag sei nicht mehr vollzogen worden.

[19] HSAS B 523, Bü 11–12, mit einem detaillierten Ablaufprotokoll der Übernahmemaßnahmen von April bis Sept. 1805, in Bü 13–18 umfangreiche Vorarbeiten zur Übernahme.

[20] HSAS E 36, Verz. 1, Bü 1.

[21] *Memminger,* Oberamt Ravensburg (wie Anm. 14), 188. Die Ablösung bestand im *sechsten Theil des mit 4 Procent berechneten Revenüen-Capitals;* letzteres war demnach mit 36.850 fl. angenommen, die Ablösesumme betrug also 6.142 fl.

[22] *Memminger,* Oberamt Ravensburg (wie Anm. 14), 188; Königlich-Württembergisches Staats- und Regierungsblatt 1809, S. 85 u. 141–164, darin S. 159 namentliche Aufforderung der Gräfin Augusta von Sternberg zur Rückkehr nach Württemberg.

[23] *Erzberger,* Säkularisation (wie Anm. 1), 56f.

[24] StiftsA Tepl (Tschechien), Hs. D 21: Ephemeron Albaugiense (Nekrologfassung von 1793 und Konventsverzeichnisse bis ins 19. Jh.), 224.

[25] *Erzberger,* Säkularisation (wie Anm. 1), 381f. Die Pensionen in Schussenried lagen deutlich höher: Ebd., 382.

[26] Ephemeron Albaugiense (wie Anm. 24), 208.

[27] Im Weißenauer Professbuch enthaltene zeitgenössische Übersichten von 1803/04 über die auswärts und im Kloster wohnhaften Chorherren und den späteren Verbleib der letzteren sind abgebildet bei *Georg Wieland,* Gemeinschaft im Wandel. Der Weißenauer Konvent vom 12. bis zum 19. Jh., in: *Binder* (Hg.), 850 Jahre Prämonstratenserabtei Weißenau (wie Anm. 8), 119–177, hier 176f.

[28] *Wieland,* Gemeinschaft im Wandel (wie Anm. 27), 163f., dazu 176f. Abb. der Unterschriftenlisten von 1803 und 1804 aus dem zeitgenöss. Professbuch.

[29] StA Ravensburg, Abt. GdeA Eschach, Bü 99: Ehevertrag des Weißenauer Rentbeamten B. Cziphely 1832; weitere Abdrücke des Tell-Siegels sind im PfA Weißenau zu vermuten.

[30] *Peter Eitel,* Bilder aus dem Schussental. Ravensburg 1987, 121–123, mit Abb. des Grabmals von Bonaventura Brem in Mariatal.

[31] Ephemeron Albaugiense (wie Anm. 24), 204, 214, 222; *Binder,* Schicksale der Weißenauer Bibliothek nach der Klosterauflösung (wie Anm. 8); *Wieland,* Gemeinschaft im Wandel (wie Anm. 27), 164.

[32] Staatshandbuch 1808 (wie Anm. 6), 633–635.

[33] Königlich Württembergisches Hof- und Staats-Handbuch auf die Jahre 1809 und 1810 [Stand: Sept. 1809]. Stuttgart [1809], 479 und 487.

[34] *Memminger,* Oberamt Ravensburg (wie Anm. 14), 188f.

[35] *Georg Wieland,* Seelsorge im Zeichen des Doppelkreuzes: Die Pfarreien des Stifts Weißenau, in: *Binder* (Hg.), 850 Jahre Prämonstratenserabtei Weißenau (wie Anm. 8), 235–275; mit Karte der weiträumig zusammenhängenden Weißenauer Pfarrsprengel.

[36] *Memminger,* Oberamt Ravensburg (wie Anm. 14), 189. Ende 1802 waren die Schulden der Weißenauer Landschaft mit 41.477 fl. beziffert worden: *Erzberger,* Säkularisation (wie Anm. 1), 380. Rechnungen der Weißenauer Landschaftskasse von 1803–1828 sowie Vermögensrestrechnungen für die Jahre 1828–1835 befinden sich im StA Ravensburg, Depositum Landvogtei/Weißenau; vgl. die knappe Bestandsauflistung bei *Gustav Merk,* Die Pfarr- und Gemeinderegistraturen der Oberämter Ravensburg und Saulgau. Stuttgart 1912, 18–27, bes. 24–26. Teilrechnungen für mitbetroffene ehemalige Klosterämter finden sich zum Teil noch in den Archiven der Gemeinden, in denen die Weißenauer Orte aufgegangen sind.

[37] Staatshandbuch 1808 (wie Anm. 6), 633, 635.

[38] SAS Wü 64/9, Bü 1–7.

[39] *Memminger,* Oberamt Ravensburg (wie Anm. 14), 183.

[40] StA Ravensburg, Abt. GdeA Eschach, Bü 99: Erbteilung des pens. Rentbeamten B. Cziphely 1837, mit Ehevertrag von 1832 und Testament von 1837.

[41] *Palacky,* Gedenkrede (wie Anm. 8), 562. In die letzten Lebensjahre fielen u. a. 1826–1829 ausgetragene Differenzen mit der Pfarrgemeinde Oberzell um Zahlungspflichten des Patronatsherrn, vgl. *Georg Wieland,* Fast 1200 Jahre Kirchengeschichte in Oberzell, in: *Kath. Kirchengemeinde Oberzell* (Hg.), Kirchen in Oberzell. Tettnang 2000, 3–14, hier 8f.

[42] Graf Johann Wilhelm v. Sternberg-Manderscheid (1765–1847) war [aus körperlichen Gründen?] offenbar nicht imstande, die Nachfolge des Bruders anzutreten, denn mit dessen Tod fiel das Familienfideikommiss gleich an die jüngere Linie; 1842 lebte er in Paris: *Palacky,* Gedenkrede (wie Anm. 8), 554.

[43] *Memminger,* Oberamt Ravensburg (wie Anm. 14), 189.

[44] Ebd., 184.

[45] *Andreas Gestrich,* Die Industrialisierung der Stadt Ravensburg im 19. Jh. (1810–1895), Masch.Zul.Arb. Univ. Tübingen 1978, bes. 64–67, 74–77, 93–94; *Max Preger,* Geschichte der Bleicherei, Färberei und Appreturanstalt in Weißenau (»Bleicherei Weißenau«), in: *Eitel* (Hg.), Weissenau in Geschichte und Gegenwart (wie Anm. 14), 317–335.

[46] *Manfred Kretschmer,* Von der königlich-württembergischen Staatsirrenanstalt zum Akademischen Krankenhaus, in: Rbd., 337–354; *Tilman Steinert,* Die Geschichte des Psychiatrischen Landeskrankenhauses Weissenau. Darstellung der Anstaltsgeschichte von 1888 bis 1945 im ideengeschichtlichen und sozio-ökonomischen Kontext. Weinsberg 1985.

Die Säkularisation des Malteser-Fürstentums Heitersheim[1]

von Anneliese Müller

Der Johanniterorden um 1800

Das Ende des 18. Jh. stellte das deutsche Großpriorat des Johanniterordens vor bedeutende Probleme, die wenig Günstiges für die Zukunft verhießen. Am 9. Juni 1798 war Malta von Napoleon fast ohne Gegenwehr annektiert worden. Die nach Triest geflüchtete Ordensregierung verfügte über wenig Autorität. Die folgende Zeit war ausgefüllt mit der Suche nach einem neuen Ordenssitz und einer nicht kompromittierten Regierung. Im gleichen Jahr war die Helvetische Republik unter maßgeblicher Beteiligung der Franzosen zustande gekommen; als Folge wurden sofort alle Klöster und geistlichen Institutionen in der Nordschweiz aufgehoben. Bereits am 17. Oktober 1797 hatte Österreich im Frieden von Campo Formio der Abtretung des linken Rheinufers an Frankreich und der (schon im Zuge der Revolution von 1789 vollzogenen) Säkularisation zugestimmt, damit war das Schicksal der linksrheinischen Kommenden besiegelt. Eine Säkularisation der geistlichen Grundeigen- und Fürstentümer auf Reichsboden war zunächst nicht beabsichtigt gewesen. Auf dem Rastatter Kongress (Dezember 1797 bis 23. April 1799) hatten sich die Fürsten noch dagegen ausgesprochen, dann jedoch, unter politischem Druck und in der Hoffnung auf eigene Erwerbungen, nachgegeben. In diese Überlegungen waren die beiden Ritterorden nicht einbezogen. Da aber gleichzeitig vereinbart worden war, dass die betroffenen Fürsten im rechtsrheinischen Reichsgebiet entschädigt werden sollten, hatten die Orden nun, besonders im Hinblick auf die Haltung Württembergs, einiges zu befürchten. Zunächst aber wurde am 27. März 1802 im Frieden von Amiens vereinbart, dass der Johanniterorden Malta zurückerhalten und im Reichsdeputationshauptschluss (RDH) vom 25. März 1803, dass das Großpriorat deutscher Zunge durch Übertragung der aufgehobenen Klöster im Breisgau für seine anderweitigen Verluste entschädigt werden solle. Nun war der Breisgau jedoch im Frieden von Lunéville dem Herzog Herkules v. Modena zugesprochen worden, der auf seinen Ansprüchen bestand und sich dabei auf ein vom Kaiser genehmigtes Reichsgutachten zum RDH vom 24. März 1803 berief. Andererseits hatte eben der RDH das Weiterbestehen der Ritterorden bestätigt, weshalb der Johanniterorden seine Ansprüche auf die Breisgauklöster anmeldete Diese wurden von Modena und seinem Schwiegersohn, Erzherzog Ferdinand v. Österreich, dem der Herzog 1802 die Verwaltung seines Reichsbesitzes überlassen hatte, zurückgewiesen. In der Folge erwies sich die Breisgaufrage als das zentrale Problem, das letztlich zur Umschichtung der Rechtsverhältnisse im südlichen Baden geführt hat.

Heitersheim und die Breisgaufrage

Oberster Johannitermeister in Deutschland und Großprior zu Heitersheim war seit dem 12. Dezember 1796 Ignaz Balthasar Rinck v. Baldenstein, ein Mann von 75 Jahren und schlechter Gesundheit, der sich alsbald mit diesen und anderen Auswirkungen der französischen Revolution konfrontiert sah. Sein Vorgänger, Johann Joseph Benedikt v. Reinach, hatte 1789 das Kameralhaus Bubikon um 100.000 fl. verkauft; der Kauf-

Ignaz Balthasar Rinck von Baldenstein (*1721, 1796–1807)
Porträt des letzten deutschen Obersten Johannitermeisters und Großpriors zu Heitersheim.
Ölgemälde, um 1800.
Privatbesitz.

preis war zwar über eine Hypothek gesichert, die Abzahlung erfolgte jedoch schleppend. Da das Fürstentum bereits den Verlust des Kammergutes Heimbach in der Pfalz zu verzeichnen hatte, waren seine Einnahmen damit praktisch halbiert. Dies wog um so schwerer, als man etliche Johanniterpriester, die aus den linksrheinischen Kommenden hierher geflüchtet waren, hatte aufnehmen müssen, ebenso wie Bedienstete der von der Helvetischen Republik aufgehobenen Kommende Leuggern. Die Kommende Steinfurth hatte 1798 ihre Obligationen nach Heitersheim geflüchtet.[2] Die Kriegszeiten, welche das Fürstentum und seinen Hauptsitz mit Einquartierungen und Kontributionen belasteten, sorgten zusätzlich dafür, dass so gut wie alle notwendigen Vorhaben – so war in Heitersheim ein Kirchenneu- oder Erweiterungsbau vorgesehen – unterblieben. Der Fürst sah sich zu äußerster Sparsamkeit gezwungen. Die dazu notwendigen Maßnahmen scheinen, zumal damit die Abstellung etlicher Missbräuche verbunden war, jedoch einen Teil seiner Beamtenschaft verärgert zu haben, was ihr späteres Verhalten wenigstens teilweise erklären könnte. Im übrigen sah sich der Fürst hinsichtlich der anstehenden politischen Probleme trotz aller Unterstützung, vor allem durch Ordensminister v. Pfirt, weitgehend auf sich selbst gestellt, da der Orden fast völlig mit der Großmeisterfrage beschäftigt war und die alte Ordensregierung wenig Vertrauen genoss. Die Besetzung Maltas durch England am 5. August 1800 und die Ermordung des russischen Zaren Paul, der sich schließlich als Großmeister durchgesetzt hatte, am 11. März 1801 vermehrten die unsichere Lage.
Diese verschärfte sich mit dem 3. Koalitionskrieg. Zwar drängte der Heitersheimer Kanzler Albrecht v. Ittner darauf, die Kriegsumstände zu benützen, um die dem Orden zugedachten Klöster – hier handelte es sich im wesentlichen um Bürgeln – zu beschlagnahmen, doch erwies sich dies als unmöglich. Dennoch war man bis zu diesem Zeitpunkt noch zuversichtlich gewesen. Jedoch hatte sich inzwischen das Kurfürstentum Baden, nicht ganz freiwillig, auf die Seite Frankreichs geschlagen. Napoleons Sieg bei Austerlitz am 2. Dezember 1805 folgte denn auch ein rücksichtsloser Wettstreit aller Verbündeter um den größten Kriegsgewinn. Als erstes ergriff das Königreich Württemberg, aufgrund des Patents vom 19. November 1805, Besitz von allen ritterschaftlichen und Ordensgütern. Was Baden angeht, so sah der am 20. Dezember 1805 in Wien abgeschlossene Staatsvertrag mit Frankreich vor, Kaiser Franz zur Abtretung des Breisgaus an das Kurfürstentum zu veranlassen. Staatsminister v. Reitzenstein knüpfte daran die Forderung, dass darunter nicht nur die Klöster sondern auch die Besitzungen Heitersheims zu verstehen seien, wodurch er sich in Gegensatz zum Geheimen Rat setzte, der das Vorgehen als nicht vereinbar mit dem Staats- und Völkerrecht ansah, besonders, da die Ordensgüter Reichsstandschaft besaßen. Kurfürst Karl Friedrich, der diesen Punkt zur Voraussetzung für seine Zustimmung zur Verlobung des Erbprinzen Karl mit Stephanie Beauharnais gemacht hatte, folgte den Argumenten Reitzensteins, was er in einem Schreiben an die Orden mit der »Pflicht der Selbsterhaltung« begründete. Am 20. Dezember 1805 erlangte Reitzenstein die Zustimmung Talleyrands.
Bereits am 3. Dezember waren Anweisungen an die Kommissäre ergangen, welche die Okkupation durchführen sollten. Diese, der Geheime Hofreferendar Maler und Hofratsdirektor Stößer, erschienen am 7. Dezember 1805 in Heitersheim, wo der Großprior es ablehnte, die badischen Patente anzuschlagen. da er unter österreichischer Landstandschaft stehe. Jedoch ging, trotz quasi rechtsfreiem Zustand, die als Sequestration getarnte Okkupation weiter. Baden verwies dabei auf die Gefahr, die durch das württembergische Vorgehen drohe, obwohl für letzteres eine Erlaubnis Napoleons vorlag.

Die Lösung der Breisgaufrage

Der Preßburger Friede vom 26. Dezember 1805 beendet den 3. Koalitionskrieg und sanktionierte die bisherigen Maßnahmen. Baden erhielt den Breisgau zugesprochen, ausgenommen allerdings die in diesen hineinragenden württembergischen Gebiete Ortenau, Konstanz und Reichenau. Offenbar war man in Frankreich verärgert über die starke Reichspartei am Karlsruher Hof; es wird auch behauptet, der badische Gesandte sei zu spät im französischen Hauptquartier eingetroffen. Minister Reitzenstein bemühte sich nun, den Schaden zu beheben und den württembergischen

Anteil am Breisgau für Baden zu gewinnen, wozu er § 26 RDH in seinem Sinne interpretierte. Dies brachte ihn erneut in Gegensatz zum Geheimen Rat, der sich unter Hinweis auf fehlende Rechtstitel widersetzte, blieb aber letztlich erfolglos, da der Kurfürst den Argumenten Reitzensteins zugänglicher blieb. Dieser wandte sich an Talleyrand und erlangte von diesem am 21. Dezember 1805 die mündliche Zusicherung, dass alle geistlichen Institutionen im Breisgau an Baden fallen sollten, allerdings sollten dem Großprior der Johanniter und seinem mutmaßlichen Nachfolger, dem Frhn. v. Pfirt, Pensionen ausgesetzt werden.
Da man nicht mit Widerstand seitens der Bevölkerung der fraglichen Gebiete rechnete, entschloss sich die badische Regierung am 4. Januar 1806 auf Vorschlag Reitzensteins, eine Besitznahmekommission in die beanspruchten Gebiete zu schicken, welche diese zunächst provisorisch einnehmen sollte, *zur Wahrung der badischen Interessen*. Denn Napoleon hatte befohlen, dass ein französischer Kommissar den Breisgau übergeben solle, sobald die Kontribution, die den vorderösterreichischen Landen auferlegt war, bezahlt sei. Mit der Besitznahme wurden beauftragt der Wirkliche Geheime Rat und Hofrichter Karl Wilhelm Ludwig Friedrich Frh. v. Drais-Sauerbronn, dazu Hofratsdirektor Stösser, der Geh. Rat Maler und Hofrat Baumgartner. Am 15. Januar traf Drais in Freiburg ein. Da die Kommission jedoch vorläufig nichts unternehmen konnte – sie

»Comthurei Heitersheim. Schloßhof«
Historisches Aquarell, um 1860.
Wehrgeschichtliches Museum, Rastatt.

operierte ohnehin im rechtsfreien Raum – beschränkte sie sich auf vorbereitende Maßnahmen. So erließ sie am 16. Januar ein Verbot jeglicher Veräußerung.
Als die Kontributionsfrage geregelt war, erließ General Monard am 28. Januar 1806 ein Edikt, welches die Duldung der Übergabe des Breisgaus an Baden, ausgenommen den württembergischen Teil, verkündete. Sofort wurden allerorts Patente und kurbadische Wappen an Rat- und Schulhäusern der zum Fürstentum gehörigen Orte angeschlagen. Am 30. Januar erfolgte die Verpflichtung der Beamten, die Übernahme der Regierung, Aufhebung der noch bestehenden Klöster und Auflösung der Landstände.
Mit der Übergabe des Breisgaus wurden zugleich die Grenzen zwischen Baden und Württemberg festgelegt, wobei letzteres einen auf Unkenntnis der Geographie beruhenden Irrtum ausnützte, um sich größere Gebiete des Breisgaus anzueignen. In dem sich anschließenden Streit vermittelte Frankreich, wozu am 14. Februar 1806 der Staatsrat und Divisionsgeneral Clark in Freiburg erschien. Nach Vornahme eines Augenscheins und auf Befehl Napoleons zog sich Württemberg schließlich am 18. Februar aus den umstrittenen Orten zurück. Die offizielle Grenzabsteckung erfolgte am 26. Februar und am 10. März publiziert. Am 15. April erfolgte im Freiburger Münster die feierliche Übergabe von Breisgau und Ortenau an den Kurfürsten Karl Friedrich v. Baden, der am 30. Juni, nunmehr als Großherzog auf dem Münsterplatz die Huldigung des Breisgaus durch Abgeordnete aller Gemeinden entgegennahm.

Das Ende des Johanniter-Großpriorats

Unterdessen war der Orden nicht untätig geblieben. Um das Großpriorat zu retten, kam, nachdem Verhandlungen sowohl in Karlsruhe wie in Paris vergeblich geblieben waren, am 28. Januar 1806 ein Vertrag zwischen dem Königreich Bayern und dem deutschen Johanniter-Großpriorat zustande. Darin anerkannten beide die badische Landeshoheit über die Gebiete des Letzteren, doch sollten Großpriorat, Bayern und Deutsche Zunge nicht vereinigt, sondern nur in Personalunion geführt werden, wozu der Sohn des Königs, Karl Theodor, bestimmt worden war. Der König nahm die Besitzungen des deutschen Johanniterordens in seinen unmittelbaren Schutz und versprach, seinen Einfluss darauf zu verwenden, diesem die Entschädigung zu verschaffen, welche ihm aufgrund von § 26 RDH zugestanden worden war.[3] Dies war dem badischen Hof bereits durch Schreiben vom 18. Januar angekündigt worden und hatte die Maßnahmen gegen das Fürstentum Heitersheim maßgeblich beschleunigt. Eine Bekanntmachung wurde herausgegeben, die erklärte, dass durch den Staatsvertrag zwischen der kaiserlichen Majestät zu Frankreich und dem Kurhause Baden das Fürstentum Heitersheim und die im Breisgau liegenden Klöster diesem zugewiesen worden seien. Davon habe man *civil* Besitz ergreifen wollen, wenn nicht der Johanniterorden, um Heitersheims zu erhalten und sich in den Besitz gedachter Klöster »einzuschleichen«, Versuche aller Art gewagt hätte, welche aber bisher immer vereitelt worden seien und künftig ebenso vereitelt würden, da man kurfürstlicherseits den einmal erlangten Besitz würde zu behaupten wissen. Die Klöster seien dem Orden im RDH zwar zugeschrieben worden, jedoch unter Bedingungen, die der Orden nicht erfülle.
Am 27./28. Januar führte Hofratsdirektor Stößer die eigentliche Okkupation durch. Gegen das Anschlagen der Patente scheint es kaum Widerstand gegeben zu haben[4], lediglich in Heitersheim wurden in der Nacht des 29. Januar Wappen und Patent, die am Schulhaus angebracht gewesen waren, entwendet. Der Verursacher konnte nicht ermittelt werden.[5] Der Geheime Rat überließ es der Kommission, falls sie *zur Manustenierung der diesseitigen Occupation* und damit die Patente nicht wieder abgenommen würden, militärische Hilfe benötige, sich an Major v. Stetten in Emmendingen zu wenden, der bereits eine entsprechende Weisung erhalten habe. Zugleich wurden Ortsvorsteher und Gerichtsleute, offenbar weitgehend problemlos, in badische Dienste genommen.
Dagegen weigerten sich die bei dem Fürstentum und für den Orden tätigen Beamten zunächst, einen Dienstrevers zu unterzeichnen. Ein Protokoll des Geheimen Rates vom 1. Februar bestimmte daher, dass die Betreffenden – es handelte sich um Oberamtmann Dr. Anton Fetzer, Rentmeister Georg Philipp Wever, Oberamtssekretär Baumgartner und den Amtmann zu Wendlingen, Maier – sollten sie bei ihrer Weigerung bleiben, zu

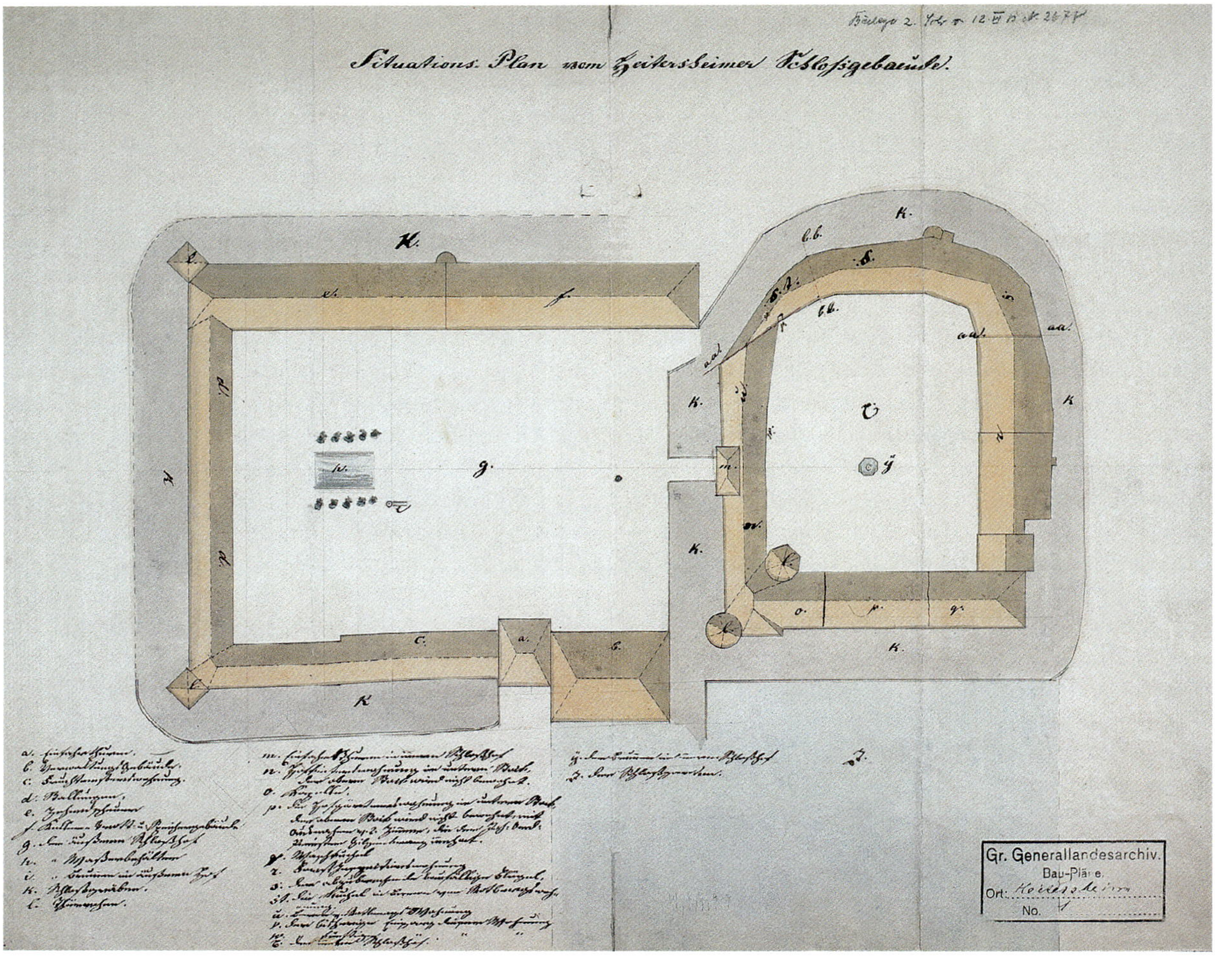

Heitersheim
Lageplan der Schlossgebäude.
Tinte auf Papier, ca. 1800.
GLA Karlsruhe.

suspendieren seien und Jurisdiktion und Rentenbezug anderen Personen anvertraut werden sollten. Die Drohung wirkte: am 5. und 6. Februar konnten die vorgenannten durch den Oberamtmann zu Staufen, Duttlinger, in badische Dienste genommen werden.[6] Am 18. Februar unterschrieb auch der Schaffner in Kenzingen, Alexander Harscher. Versuche des Ordensministers v. Pfirt, die Ungültigkeit dieser Verträge zu erreichen, da die Betroffenen noch nicht aus den Diensten des Ordens entlassen worden waren, wurden von Duttlinger und dem ihm beigegebenen Major v. Böcklin unterlaufen.

Duttlinger war von der kurbadischen Besitznahmekommission mit der Durchführung der endgültigen Zivilbesitznahme beauftragt worden. Die Übernahme der Verwaltung ging reibungslos vonstatten. Unsicher war man sich hinsichtlich des Verhaltens des Königs von Bayern, weshalb die Kommission unter dem 3. Februar 1806 angewiesen wurde, falls königlich bayerische Kommissäre auftreten sollten, die diesseitigen Rechte gegebenenfalls auf *tätliche aber anständige Art* notfalls auch militärisch zu verteidigen, dies allerdings nicht, sollten die bayerischen Versuche unter französischer Direktion erfolgen. Eine weitere Legitimation

zur Heitersheimer Besitzergreifung halte man für unnötig, da die Vollmacht, die man in Händen habe, ausreiche. Truppen sollten nur eingesetzt werden, wenn es nötig werde.
Am 21. April erschien in verschiedenen Zeitungen die Nachricht von der bevorstehenden Abdankung des Großpriors. Der badische Hof war beunruhigt und wies die Okkupationskommission am 1. Mai an, zunächst abzuwarten. Reitzenstein handelte schnell, am 24. Juni holte er sich von Talleyrand die Zustimmung zur Übernahme der Regierung im Fürstentum Heitersheim. Bald darauf, am 27. Juni, erhielt der Geheime Rat die mündliche Anzeige, wonach sich Johanniterkomtur v. Flachslanden demnächst nach Heitersheim begeben werde, um das Großpriorat für den bayerischen Prinzen zu übernehmen. Auch wurde in den öffentlichen Blättern bereits die Nachricht verbreitet, dass damit die Abhaltung eines Provinzialkapitels verbunden sein werde.
Diese Nachricht veranlasste Reitzenstein darauf hinzuwirken, die Huldigung in Heitersheim ohne die geringste Zeitversäumnis vorzunehmen und dort die Regierung anzutreten, jedoch dem Fürsten, sofern er sich den landesherrlichen Anordnungen in allem füge, den vollen Genuss seiner Einkünfte für seine Pension zu belassen. Nach dem Bericht der Kloster-Organisationskommission vom 1. Juli wurde die Huldigung von der Gemeinde durch ihre bevollmächtigten Angeordneten vor dem Hofrat Fetzer *ohne den mindesten Anstand* geleistet. Die Regierungsübernahme sollte baldmöglichst erfolgen.
Am 22. Juli 1806 erschienen Geheimrat und Hofrichter v. Drais und Geheimreferendar Maler im Schloss, trugen die Entschließung des Kurfürsten vor, die Regierung zu übernehmen und präsentierten ihre Vollmachten. Ihr Vortrag wurde *zwar mit einer Protestation von Seiten des Fürsten und des Ordensministers erwidert, jedoch am Ende mit aller Achtung und Höflichkeit der erklärten Willens Meynung Seiner kürfürstlichen Durchlaucht sich gefügt wurde.*[7] Sofort und an den folgenden Tagen wurde eine peinlich genaue Inspektion des Schlosses, der Vorräte, Kapitalien und des Archivs vorgenommen. Sämtliche Zahlungen wurden gesperrt, jedoch wurde dem Rentmeister gestattet, die zur Bestreitung der Ökonomie und der Bedürfnisse des Großpriors erforderlichen Mittel *mit Vermeidung alles zweckwidrigen Aufwands und Unterschleifs* abzugeben. Probleme ergaben sich hinsichtlich bestimmter Einkünfte, die der Orden ansprach, wogegen der Fürst sie als sein Eigentum deklarierte, das er zum Teil erkauft, zum Teil zu seiner Nutznießung erworben habe und worüber er nach der Ordensverfassung hätte frei verfügen können. Die Kommission überließ die Entscheidung der *Höchsten Entschließung* und bemühte sich, einstweilen den Status quo aufrechtzuerhalten. Das nicht übernommene Hofgesinde wurde »teils abgefertigt, teils mit einer »angemessenen« Gratifikation entlassen, teils pensioniert. In einigen wenigen Fällen empfahl man die Übernahme in badische Dienste.
Mit der Übernahme der Ämter- und Gerichtsorganisation wurden auch die Ämter neu besetzt. Die Rentenverwaltung erhielt Rentmeister Wever; der Geheime Rat und Kammerdirektor Ferdinand Anton v. Stöcklern wurde Regierungs- und Kammerkommissarius und damit eine Art Mittelinstanz zur Provisorischen Regierung in Freiburg.
Was die Versorgung des Großpriors und des noch verbliebenen Personals betraf, zogen sich die Verhandlungen bis in den November hinein. Ende Oktober bot der Großherzog dem Fürsten eine jährliche Pension in Höhe von 16.000 fl. an, die er um weitere 4.000 fl. *aus besonderer Rücksicht und Achtung gegen die Person des Herrn Fürsten* vermehren würde.[8] Ferner wurden dem Fürsten freie Wohnung im Schloss Heitersheim samt Mobiliar und Geschirr angeboten, wofür er allerdings Schloss und Garten auf eigene Kosten unterhalten, das Inventar auf dem jeweils neuesten Stand halten und die zu seiner Hofhaltung benötigten Personen ebenfalls aus eigenen Mitteln zu besolden hatte. Gleiches galt für die beiden Dauergäste des Großpriors, dessen Neffen Graf Montjoye und den ehemaligen Verwalter der Kommende Heimbach, Dilg, der in den französischen Wirren sein gesamtes Vermögen eingebüßt hatte (beiden wurden später Pensionen ausgesetzt). Ferner sollte der Fürst auf die Zinsen aus dem im Kanton Zürich angelegten Kapital aus dem Verkauf des Kameralhauses Bubikon verzichten. Am 13. November erklärte sich Rinck damit einverstanden. In einem persönlichen Schreiben dankte er dem Großherzog für sein Entgegenkommen. Der Beginn der Zahlung wurde auf Weihnachten festgelegt,

zu welchem Zeitpunkt Hofhaltung und Ökonomie enden sollten. Die Festlegung der Räume. welche der Fürst bewohnen wollte und des von ihm benötigten Mobiliars war in den Tagen nach dem 18. Dezember getroffen worden. Dabei zeigte sich die Klosterkommission von einer bemerkenswerten Kleinlichkeit. So wurde beschlossen, Silber und Weißzeug, die dem Fürsten zum Gebrauch überlassen waren, in wohlverwahrten Kästen aufzuheben, wobei erstere unter die Aufsicht des in badische Dienste übernommenen Hofrats und Archivars Riedmüller gestellt wurden. Auf Verlangen hatten dieser und die Beschließerin das Benötigte herauszugeben und nach Gebrauch wieder wegzuschließen. Hinsichtlich des Haus- und Kirchensilbers hatte man ohnehin *die nötige Vorsicht angewendet* und Inventare erstellt. Ein fehlender Silberlöffel sollte aus dem Nachlass des Fürsten ersetzt werden. Im übrigen schlug Hofrat Maler am 24. Dezember vor, die Pensionen nicht im Voraus zu bezahlen, um *wegen der zur Benutzung gelassenen fahrenden Habe einige Sicherheit in Handen zu behalten*. Aus diesem Grund sei auch Vorkehrung getroffen, dass dem Fürsten die ihm zustehenden Früchte und Wein immer nur in kleineren Quantitäten abzugeben seien.

Währenddessen nahm die Auflösung der Grundherrschaft ihren Fortgang. Die Beitreibung von Außenständen erfolgte zügig. Der Verkauf der Naturalien und der größeren Güter wurde eingeleitet; sonst blieb alles vorläufig noch beim Alten. Die aus Leuggern und Steinfurt nach Heitersheim geflüchteten Mobilien und Kapitalien wurden an die Nachfolgestaaten abgegeben. Auch die künftige Nutzung der Schlossgebäude beschäftigte die Beamten, die sich bereits auf die Zeit nach dem Ableben des Fürsten einrichteten. Der Großherzog selbst war an dessen Besitz nicht interessiert, da er bereits über genügend Schlösser verfügte. Man rechnete daher, da sich die Gebäude aus Mangel an Wasser nicht zu einer Fabrik eigneten, damit, alles zu verkaufen oder notfalls Bedienstete dort unterzubringen. Dies ist später auch erfolgt, nachdem sich bei einer angesetzten Versteigerung tatsächlich kein Käufer gefunden hatte.

Am 30. Juni 1807 starb Großprior-Fürst Ignaz Balthasar Willibald Rinck v. Baldenstein und wurde auf eigenen Wunsch nicht in der Kirche, sondern auf dem umliegenden Friedhof begraben. Damit war das Fürstentum und Johannitergroßpriorat Heitersheim endgültig Vergangenheit geworden. Zwar forderten später, auf dem Wiener Kongress, Abgeordnete des Johanniterordens, nicht nur, da Malta endgültig verloren war, eine angemessene Residenz, sondern auch die Rückgabe der übrigen Güter. Ihre Bemühungen blieben jedoch ohne Erfolg.

[1] Der vorliegende Artikel basiert auf den Ausführungen von *Graf Alfred von Kageneck*, Das Ende des Fürstentums Heitersheim in: Schauinsland 94/95 (1976/77), 11–27. Der Verfasser behandelt ausführlich die diplomatische Seite der Säkularisation, weshalb auf Einzelheiten hier nicht eingegangen werden musste.
Ders., Die Fürsten von Heitersheim, in: Das Markgräflerland N. F. 10 (1979), H. 3–4, 245–60.
Walter Schneider, Das Fürstentum und Johannitergroßpriorat Heitersheim und sein Anfall an Baden. Diss. Freiburg i. Br. 1950, jeweils mit ausführlichen Literaturangaben.
Hinsichtlich der Quellen basieren beide Autoren auf GLAK 48/5627–5630 (Staatserwerb), und 89 (Akten Heitersheim Generalia), wobei Schneider noch die damaligen, heute ungebräuchlichen Aktenbezeichnungen verwendet. Für den o. g. Artikel wurden noch die Aktenabteilungen des GLAK 236 (Innenministerium), 237 (Finanzministerium) und 391 (Forst- und Domänendirektion) herangezogen.

[2] GLAK 237/4934.

[3] Abschriften des Vertrags gingen ebenfalls an die betroffenen Klöster, doch scheint deren Reaktion eher abwartend gewesen zu sein.

[4] Zumindest der Vogt von Eschbach bescheinigte am 15.02.1806, dass es dort keine Anstände gegen das Anschlagen der Patente gegeben habe.

[5] GLAK 48/5627.

[6] Dies trug Oberamtmann Dr. Fetzer einen scharfen Verweis des Ordensministers ein, der vergeblich die Rücknahme der Maßnahme verlangte. Fetzer, der am 22.03.1790 in die Dienste des Ordens getreten war, machte nach 1806 in bad. Diensten Karriere. 1807 wurde er zweiter Oberamtmann in Freiburg, 1810 Hofgerichtsrat, 1815 Oberhofgerichtsrat und, nach seiner Pensionierung 1833, 1834 zum Geheimrat 3. Klasse ernannt. GLAK 76/2218–19.

[7] GLAK 391/15417.

[8] GLAK 237/4935.

In eine allgemeine Zerrüttung und Erschlaffung verwandelt …

Die letzten Jahre des Deutschen Ordens in Südwestdeutschland bis 1809

von Georg Cox

Der Deutsche Orden wurde im Paragraph 26 des Reichsdeputationshauptschlusses (RDH) ausdrücklich von der Säkularisation ausgenommen. Ganz im Gegenteil, er sollte für seine linksrheinischen Besitzungen, die er infolge der ersten beiden Koalitionskriege verloren hatte, sogar entschädigt werden. Damit hatte der Deutsche Orden eine Sonderstellung unter fast allen übrigen geistlichen Instituten in diesem letzten, gemeinschaftlich ausgehandelten Reichsgrundgesetz inne. Nur der Malteserorden und der erzbischöfliche Stuhl von Mainz genossen, unter je eigenen Umständen, das gleiche Privileg.

Jedoch waren auch für den Deutschen Orden die Zeitumstände nicht günstig. Die im Frieden von Lunéville 1801 bestätigten Besitzverluste links des Rheins waren nicht unerheblich, und weitere tiefgehende Beschränkungen erfuhr der Orden 1805 im Frieden zu Preßburg auch rechts des Rheins. Den Schlusspunkt seiner Geschichte in den neu entstandenen Rheinbundstaaten setzte Napoleon mit einem Tagesbefehl im April 1809. Knapp ein Jahrzehnt also dauerte die existentielle Krise des Deutschen Ordens, welche über die allgemein angesetzte Phase der Säkularisation und Mediatisierung zwischen 1803 und 1806 hinausgeht. Die Hintergründe dieser speziellen Entwicklung sollen im vorliegendem Beitrag aufgezeigt werden. Um die Stellung des Deutschen Ordens im Reich und in dieser Region des Reiches besser zu verstehen, erscheint es nötig, in stark geraffter Form zunächst etwas zu seiner Geschichte vor dem Zeitalter der Koalitionskriege zu sagen, ehe auf die eigentlich interessierenden Jahre eingegangen wird. Hierbei liegt der Schwerpunkt auf das Umfeld des RDH.

Europaweite Vorgeschichte im Mittelalter

Der Deutsche Orden[1] blickte zur Zeit Napoleons bereits auf eine fast 600-jährige Geschichte zurück. Entstanden war er während des dritten Kreuzzuges 1190 als Hospitalbruderschaft vornehmlich deutschsprachiger Kreuzfahrer und Pilger im Heiligen Land. Nur wenige Jahre später erfolgte die Weiterentwicklung zu einem Ritterorden, der den Johannitern (Maltesern) und Templern gleichgestellt wurde. Damit gab es nun im 13. Jh. einen dritten großen Ritterorden, der seinen Aufgaben in der zeittypischen Kreuzzugssituation nachging: Heidenkampf, verknüpft mit einer militärischen Dauerpräsenz der abendländischen Christenheit auch zwischen den Kreuzzügen auf der einen und Hospitalität, d. h. die Unterhaltung von Hospitälern mit der Mehrfachfunktion als Krankenhaus, Pflegeheim und Pilgerherberge, auf der anderen Seite. Diesen Aufgaben entsprach sein Personal: Ritterbrüder in ständiger Kampfbereitschaft sowie Priester- und Laienbrüder für den Hospitaldienst unter einer gemeinsamen Leitung. Dazu gehörten auch Schwestern. Alle waren zumindest Professen, also aufgrund der abgelegten Gelübde Ordensangehörige im engeren Sinne. Die Präsenz des Ordens im Heiligen Land dauerte bis in das Jahr 1291, also bis zum Ende der dortigen Kreuzzugszeit.

Die Zeitspanne der fast 600-jährigen Geschichte des Deutschen Ordens zur Zeit seiner Aufhebung in den Rheinbundstaaten durch Napoleon gilt gleichermaßen für die Geschichte seiner Besitzungen im Reich, insbesondere in Südwestdeutschland.[2] Wichtig für die Entstehung dieser Besitzungen war die Nähe zum

staufischen Kaiserhaus, welche sich darüber hinaus bei der auffallend schnellen Konsolidierung des Deutschen Ordens als Ritterorden als entscheidender Faktor erwiesen hatte, neben den Gunsterweisen der Kurie. Im gesamten Mittelalter, insbesondere aber in der Zeit der Kreuzzüge, war es eine weit verbreitete Praxis, dass Adelige und Vermögende aus dem Bürgertum geistlichen Einrichtungen, meistens Klöstern, Besitz oder Vermögen stifteten oder vererbten. Die Ritterorden waren davon nicht ausgenommen. So profitierte auch der Deutsche Orden im 13. Jh. von seiner hochgeschätzten Tätigkeit im Heiligen Land, indem ihm seine Klientel, d. h. die Pilger und Kreuzfahrer, die in dort kennengelernt hatten, Besitztümer schenkten oder vererbten. Ab etwa 1220 bildete sich ein Schenkungsschwerpunkt in Südwestdeutschland heraus, wobei die hier ansässige staufische Reichsministerialität eine wichtige Rolle spielte, daneben aber auch in Franken sowie an Mittel- und Niederrhein. Die so entstandenen Besitzungen des Ordens nannten sich Kommenden, denen ein Ritterbruder als Komtur vorstand und zu denen, je nach Einzelfall, Besitz und Rechte gehörten, die verwaltet werden mussten, auch, um Gewinn abzuwerfen. In der erschlossenen Altsie-

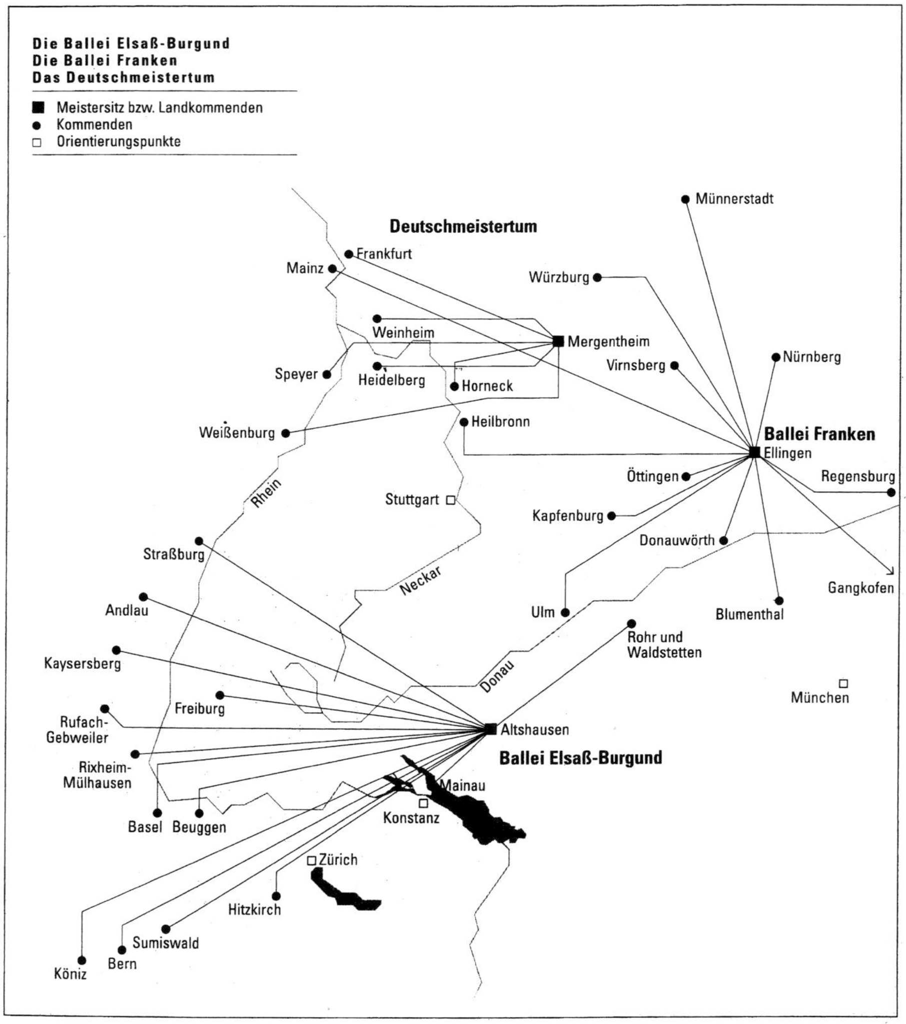

Die Deutschordensballeien im Südwesten des Heiligen Römischen Reichs
Ordenshäuser seit dem Spätmittelalter.
Aus: Kreuz u. Schwert. Mainau 1991, S. 14.

dellandschaft des Reiches handelte es sich notwendigerweise um Einzel-, nicht um zusammenhängenden Flächenbesitz. Er diente zunächst als Ressource für den Einsatz im Heiligen Land, sowohl wirtschaftlich als auch personell. Der Zweig der Ordenspriester fand bei den Besitzungen im Reich gleichfalls seine Aufgabe. Ordenspriester besetzten so manche Pfarrstelle in unmittelbarer Nähe der Besitzungen. Da der Deutsche Orden exemt war, also nicht dem Ortsbischof, sondern direkt der Kurie in Rom unterstand, hatte er auch kirchenrechtlich eine herausgehobene Stellung, gerade im Bereich der lokalen Pfarrverwaltung. All dies war prinzipiell auch um 1800 noch der Fall.

Den Besitzungen im Reich kam also zunächst die Aufgabe zu, die wirtschaftlichen Vorraussetzungen zur Ursprungsaufgabe des Deutschen Ordens im Heiligen Land bereitzustellen, daneben aber auch die personellen. Dies blieb auch so, als der Orden über das Heilige Land hinausgehend in der ersten Hälfte des 13. Jh. versuchte, in fast allen Grenzgebieten christlicher Herrschaft – dazu gehörte Spanien, Griechenland, das ungarische Burzenland, Armenien und der Ostseeraum – Fuß zu fassen, als militärischer Vorposten der abendländischen Christenheit.[3] Der Erfolg war sehr unterschiedlich. Dauerhaft konnte er sich nur in Preußen und in Livland durchsetzen.[4]

Etwa seit der Wende zum 14. Jh. bildete sich der Besitzstand und die Organisationsstruktur des Deutschen Ordens heraus, wie sie bis zum Ende des Mittelalters bestehen bleiben sollten – in ihren wichtigsten Grundlagen sogar bis 1809, was die deutschen Besitzungen angeht. Diese mittelalterliche Besitz- und Organisationsstruktur des Gesamtordens war, stark vereinfacht, folgende: Die Ordensleitung mit dem Hochmeister an der Spitze, die sich fast ausnahmslos aus dem Zweig der Ritter zusammensetzte, siedelte im Jahre 1309 nach Preußen über, auf die Marienburg. Die Kreuzzugsaufgabe im Heiligen Land war gescheitert, während sie im Ostseeraum Erfolg hatte und noch weiteren zu haben versprach, immer mit dem Segen von Kaiser und Papst. In Preußen bildete sich ein geschlossenes Territorium heraus, welches der Orden in Form eines staatsähnlichen Gebildes höchst erfolgreich verwaltete, insbesondere im 14. Jh. Ein eigener Zweig des Ordens etablierte sich in Livland, wo ebenfalls Flächenbesitz ausgebaut, aber nicht so geschlossen und unangefochten verwaltet werden konnte, wie der »Deutschordensstaat« Preußen. Der dritte Ordenszweig war der deutsche. Alle drei Zweige wurden überwiegend selbstständig verwaltet, geleitet von einem Landmeister. An der Spitze des Gesamtordens stand der Hochmeister mit seinem Generalkapitel, bestehend aus den höchsten Funktionsträgern im Orden, welche ihn wählten. Der Hochmeister übte in Personalunion auch das Amt des preußischen Landmeisters aus.

Die Blütezeit des livländischen und insbesondere des preußischen Ordenszweiges, das 14. Jh., wurde seit dem frühen 15. Jh. von einer dauerhaften Krise abgelöst, die in der Reformationszeit schließlich zu einem unrühmlichen Ende führte: 1525 führte Hochmeister Albrecht v. Brandenburg-Ansbach in Preußen die Reformation ein, legte das Ordenskleid ab und war fortan der erste protestantische Herzog in Preußen, in einem Lehensverhältnis zur polnischen Krone. Über Erbgang kam dieses Herzogtum später an die brandenburgischen Hohenzollern. Der letzte livländische Landmeister Gotthard Ketteler folgte dem preußischen Beispiel 1561/62 und wurde erster Herzog v. Kurland. Damit war der Deutsche Orden seit dem 16. Jh. auf seine Besitzungen im Reich reduziert, nachdem auch letzte Einzelbesitzungen im Mittelmeerraum[5], vor allem in Italien, verlorengegangen waren. Auf den deutschen Landmeister, den sog. *Deutschmeister*, ging nun die Führung des Gesamtordens über. Seit 1530 durfte er sich, reichsrechtlich legitimiert, *Administrator des Hochmeistertums in Preußen, Meister Teutschen Ordens in Teutsch- und Welschen Landen* nennen.[6] Der so in der Titulatur des nunmehrigen Hoch- und Deutschmeisters – verkürzt »Hochmeister« genannt, auch ordensintern – dokumentierte Anspruch auf die verlorengegangenen Besitzungen blieb unerreichbar, ist aber bis zur Auflösung in den Staaten des Rheinbundes 1809 durch Kaiser und Reich ungebrochen bestätigt worden.[7]

Der Orden im Reich seit dem Mittelalter

Die Besitzstruktur des Ordens im Reich, wie sie sich noch um 1800 präsentiert, geht im wesentlichen auf schon im 14. Jh. erreichte Formen zurück.[8] Insgesamt

war der Besitz in 13 Provinzen, beim Deutschen Orden Balleien genannt, organisiert. Fünf unterstanden direkt dem Hochmeister, nämlich Böhmen, Österreich, Bozen (auch An der Etsch und im Gebirge genannt), Koblenz und Elsaß-Burgund (seit dem ausgehenden 14. Jh.), während Thüringen, Sachsen, Marburg (auch Hessen genannt), Franken, Lothringen, Biesen, Utrecht und Westfalen deutschmeisterliche Balleien waren. Abgesehen von Böhmen (im 15. Jh. verlorengegangen) und Utrecht (1637 aus dem Ordensverband ausgeschieden) bestanden alle Balleien kaum verändert bis zum Jahre 1801. Dies gilt auch für das Deutschmeistertum[9], also die Besitzungen, die dem Deutschmeister zu seinem persönlichen Unterhalt direkt unterstanden. Zum bevorzugten Sitz des Deutschmeisters vor der Zäsur von 1525 entwickelte sich die Burg Horneck am Neckar.

Ein wichtiger Hintergrund für die herausgehobene Rolle des Deutschen Ordens während der Reichsdeputation ab 1801 war seine Stellung als mehrfacher Reichsstand. Insbesondere der Hochmeister fungierte in seiner Rolle als Deutschmeister seit 1494 als hochrangiger Reichsfürst mit allen Rechten und Pflichten.[10] Aber auch die Balleien Elsaß-Burgund und Koblenz waren mit Teilen ihres Besitzes Reichsstände. Dies galt bis zum Preßburger Frieden von 1805, ebenso wie die Einbindung verschiedener Balleien in die Kreisverfassung des Reiches: Koblenz im Kurrheinischen, Elsaß-Burgund im Schwäbischen, Österreich und Bozen im Österreichischen (bis 1648) und das Deutschmeistertum im Fränkischen Kreis.

Aufgabe und Erscheinungsbild des Deutschen Ordens waren im Reich von jeher andere als an den verschiedenen Kreuzzugsfronten, sei es im Heiligen Land oder im Ostseeraum. Seit dem späten Mittelalter setzte sich eine Wandlung seines Selbstverständnisses durch, die sich über die Wirren der Reformationszeit hinweg festigte und bis 1809 bestimmend blieb: die der Versorgungsfunktion für nachgeborene Adelige, eine vergleichbare Aufgabe also, wie sie Stifte und Domkapitel hatten. Geradezu sprichwörtlich wurde der Orden etwa seit dem 16. Jh. zum *Spital des deutschen Adels*. Gleichzeitig lehnte er sich an das habsburgische Kaiserhaus an und ließ sich von einer Stoßrichtung dessen Politik in die Pflicht nehmen: Die Sicherung der südöstlichen Reichsgrenze gegen die Türken. 1590 trat mit Maximilian v. Österreich zum ersten Mal ein Erzherzog an die Spitze des Ordens; unter ihm wurde diese neue Aufgabe des Ordens in einer Neufassung der Regel 1606 formuliert.[11] Die hiermit begründete besondere Nähe zum Kaiserhaus ist ein wichtiger Hintergrund für die Ausnahme von der Säkularisation im Jahre 1803.

Die Reformationszeit brachte auch einen Einschnitt in der Personalstruktur: Die Zahl der Ritter ging so weit zurück, dass ein Konventsleben, wie es idealerweise auf jeder einzelnen Kommende herrschen sollte, überall unmöglich wurde und fortan im Normalfall nur noch ein Ritterbruder als Komtur auf jeder Kommende saß, mit zugehörigem Verwaltungspersonal. Der Zweig der Priester war in dieser Zeit fast ganz ausgestorben und wurde erst ein Jahrhundert später wiederbelebt. Vom Zweig der Schwestern findet sich bereits lange vor der Reformation keine Spur mehr. Die durch die Reformationszeit bedingten Veränderungen gingen beim Deutschen Orden sogar so weit, dass er am Ende ein trikonfessioneller Orden war: Die Balleien Sachsen und Thüringen wurden lutherisch, Utrecht kalvinistisch, in Hessen gab es lutherische, kalvinistische und katholische Ordensbrüder.[12] Alle Balleien akzeptierten jedoch den katholischen Hochmeister als gemeinsamen Ordensoberen. Hierin zeigt sich besonders, wie weit der Versorgungsgedanke die Mitgliedschaft beim Deutschen Orden für junge Adelige inzwischen prägte: Mancher Ritter stellte sein persönliches Glaubensbekenntnis hintan und war froh, seine Versorgung gesichert zu sehen. Diese unter allen geistlichen Instituten des Reiches wohl einmalige Konstruktion funktionierte seit dem späten 16. Jh. bis in Napoleons Zeiten.

Die Besitzungen des Deutschen Ordens blieben im Verlauf der Neuzeit, d.h. hier zwischen den Bauernkriegen bis 1809[13], im wesentlichen unverändert. Dies gilt insbesondere für den südwestdeutschen, durchweg katholisch gebliebenen Kernraum des Ordens. Hier lagen vor allem die Besitzungen der Ballei Elsaß-Burgund, daneben auch einige der Ballei Franken, also der beiden seit jeher großen und bedeutsamsten Balleien des Ordens im Reich. Die Balleien verwalteten sich weitgehend selber, geleitet von einem Landkomtur, der in seiner Landkommende residierte. Für die Ballei Elsaß-Burgund war dies Altshausen, für

Franken Ellingen. Die Ritter der Balleien – jeder Ritter war in »seiner« Ballei aufgeschworen – bildeten das Balleikapitel und saßen als Komture auf ihren Kommenden. Bevor sie jedoch dieses werden konnten, verdienten sich die jungen Ritter meist ihre Sporen in Diensten anderer Mächte, insbesondere – gemäß der Ordensregel – in Kriegsdiensten, und hier insbesondere beim österreichischen Militär. Alle Landkomture zusammen bildeten das Generalkapitel des Ordens, welches den Hochmeister wählte und in gewisser Weise kontrollierte.

Die Residenz des Hochmeisters war das Ordensschloss zu Mergentheim (heute: Bad Mergentheim).[14] Die dortige Kommende mit allen zugehörigen Rechten war ursprünglich der Ballei Franken unterstellt, wurde jedoch nach der Zerstörung der bisherigen Residenz Horneck in den Bauernkriegen dem Hochmeister überlassen, zunächst übergangsweise, seit dem späten 16. Jh. schließlich dauerhaft. Mergentheim bekam eine Doppelfunktion: Zum einen saß hier die Ordensregierung mit einem aufgefächerten Verwaltungsapparat, der den Hochmeister in seiner Rolle als oberste Instanz des Ordens unterstützte, bei Fragen also, die den gesamten Orden oberhalb der Balleistruktur betrafen. Zum anderen verwaltete die Regierung das Deutschmeistertum, hierin vergleichbar mit der Funktion der Landkommenden für die Balleien, mit dem allerdings wichtigen Unterschied, dass jenes unmittelbar dem Hochmeister unterstand, und dass es keine eigenen, »deutschmeisterlichen« Ritter gab. Diese wurden aus dem Ritterpersonal der Ballei Franken rekrutiert. Die Verbindung dieser Ballei zum Deutschmeistertum war sehr eng und kulminierte im Jahre 1789 in der vollständigen Inkorporation, d. h.

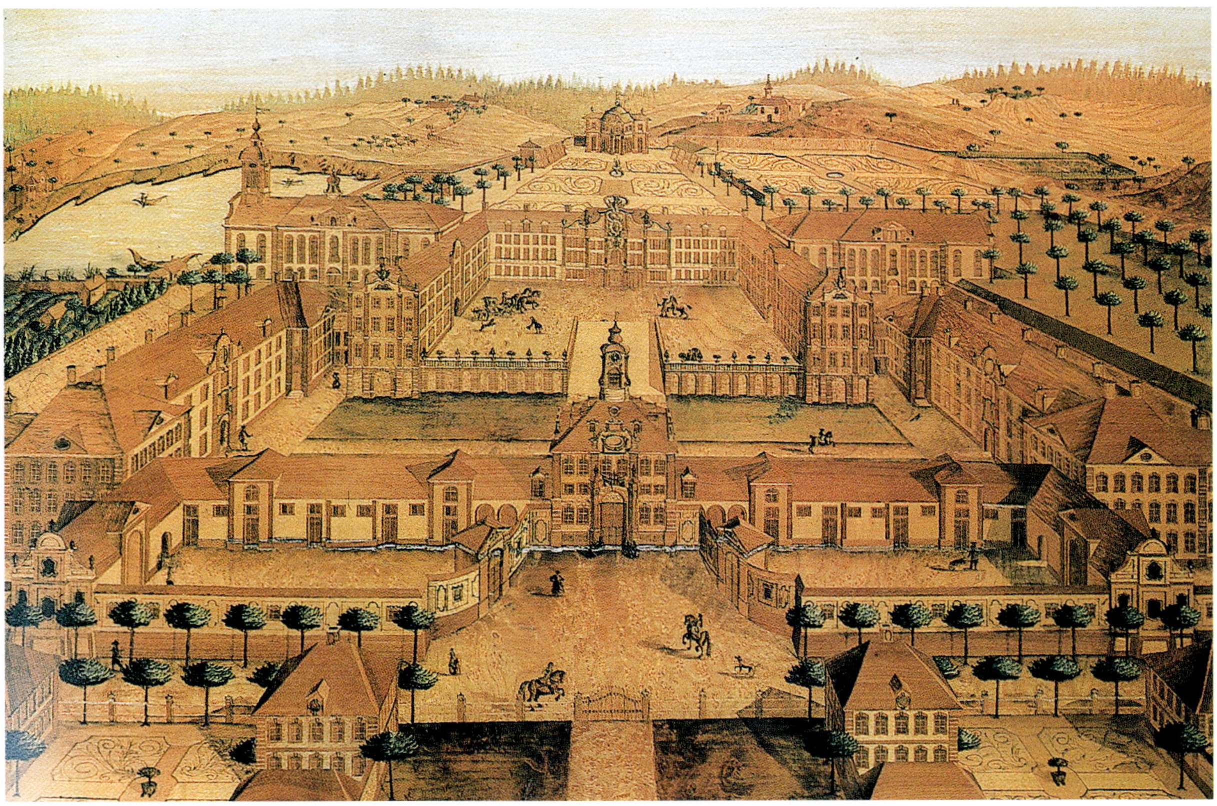

Landkommende Altshausen
Nicht vollendete Umbaupläne von Johann Caspar Bagnato, 18. Jh.
Holzintarsienarbeit, Franz Joseph Denner, 1766.
WLM Stuttgart.

der Zusammenlegung unter der neuen Gesamtführung des Hochmeisters.[15]
Die Hochmeister, die das Mergentheimer Ordensschloss nach und nach zu einer repräsentativen Residenz ausbauten, hielten sich hier nie dauerhaft auf, sondern gaben in der Regel den wichtigsten ihrer übrigen Würden oder Ämter, die fast alle Hochmeister der Neuzeit innehatten, den Vorzug. Der Mergentheimer Ordensregierung stand dann ein Statthalter vor, ein vom Hochmeister bestimmter Ordensritter seines Vertrauens. Dies war auch in der Zeit der letzten drei Erzherzog-Hochmeister vor 1809 der Fall: Maximilian Franz v. Österreich (1780–1801)[16] residierte bis 1794 meist in seiner kurkölnischen Residenz Bonn und war anschließend bis zu seinem Tod auf der Flucht vor den französischen Revolutionstruppen, wobei er Mergentheim streifte, sein letzter Fluchtpunkt war Wien; Karl v. Österreich (1801–1804)[17] war der wichtigste österreichische Heerführer in den ersten Koalitionskriegen und residierte in seiner Hochmeisterzeit als Kriegsminister in Wien; Anton Viktor v. Österreich (1804–1835)[18] konnte sich nach seinem Amtsantritt immerhin elf Monate in Mergentheim aufhalten, wurde dann aber aufgrund ständiger Kriegsgefahr vertrieben und hielt sich fortan vornehmlich in Wien auf.
Die oben erwähnte Rolle des Ordens als mehrfacher Reichs- und Kreisstand gründete sich vor allem auf seine südwestdeutschen Besitzungen. In erster Linie im Deutschmeistertum, an Tauber und Neckar, war es ihm in bescheidenem Maße gelungen, Territorialherrschaft auszubilden, d. h. hier hatte er nicht nur gewinnabwerfenden Besitz in Form von Kommenden, sondern auch die unbeschränkte Landeshoheit über alle

Kommende Mainau
Weitgehend verwirklichte Idealansicht der Kommende aus der Vogelschau nach Johann Caspar Bagnato. Holzintarsienarbeit (Marqueterie), Franz Joseph Denner, 1773. Privatbesitz, Mainau.

Untertanen. An der Tauber galt dies vor allem für die Stadt Mergentheim und einige umliegende Gerichtsbezirke, am Neckar für die Städte Gundelsheim und Neckarsulm[19] und zugehöriges Umland, um nur die wichtigsten zu nennen. Aber auch die Ballei Franken hatte Territorialbesitz mit unterschiedlichen Hoheitsrechten, vorwiegend im Umland der Landkommende Ellingen. Die Gebiete des seit 1789 mit der Ballei Franken zusammengelegten, »neuen« Meistertums wurden in drei Oberämter gegliedert: Das Tauberoberamt mit Mergentheim, das Neckaroberamt mit Gundelsheim/Horneck und das Oberamt Ellingen, jeweils weiter untergliedert in bis zu 18 zugehörigen Ämtern.[20] Die Ballei Elsaß-Burgund[21] hatte über den Kommendenbesitz hinaus Hoheitsrechte, die auf dem großen Reichtum der Landkommende Altshausen basierten. Der direkte Altshausener Besitz konnte zu einem kleinen reichsunmittelbaren Territorium ausgebaut werden. Dazu kamen durch Ankauf der Ballei die mediaten Herrschaften Hohenfels (1506), Ellhofen (1552), Illerieden (1568), Unterrohr (1574) und Waldstetten (1673), sowie die mit der vollen Landeshoheit ausgestatteten Herrschaften Achberg (1693) und Arnegg (1700). Auch zur reichen Kommende Mainau gehörte ein kleines reichsunmittelbares Territorium: die Ämter Überlingen, Immenstaad und Blumenfeld. Der Reichtum der südwestdeutschen Deutschordensbesitzungen im 17. und 18. Jh. dokumentiert sich neben der finanziellen Potenz, ganze Herrschaften kaufen zu können, vor allem in seiner auffallenden Bautätigkeit.[22] Insbesondere die Landkommenden Altshausen und Ellingen sind noch im 18. Jh. auffallend prächtig ausgebaut worden. Hierin zeigt sich, wie das Standesbewusstsein, das barocke Selbstbewusstsein der Ordensritter, vor allem der Landkomture der großen und reichen Balleien, ausgeprägt war: Die Um- bzw. Neubauten gerieten so prächtig, dass sie sich von der repräsentativen Schaulust weltlicher Fürsten nicht mehr unterschieden. Altshausen war das wohl größte Bauprojekt. Man baute hier bis auf Napoleons Zeiten; fertig wurde man nie. Als Beispiel für einen Kommendenneubau jener Zeit sei nur auf das Mainauer Schloß besonders hingewiesen. Das Mergentheimer Ordensschloss des Hochmeisters wirkt im Vergleich dazu deutlich weniger prunkvoll.

Im Schatten der Koalitionskriege

Das letzte Generalkapitel des Deutschen Ordens vor den Koalitionskriegen fand 1791 in Mergentheim statt.[23] Hier konnte letztmalig die wohlgeordnete Gesamtsituation des Ordens ohne finanzielle oder gar existentielle Sorgen festgestellt werden. Man ging sogar an eine umfassende Reform der Regel, des sog. *Ordensbuchs*, das seit 1606 unverändert geblieben war. In dieser Zeit der Ruhe und gleichermaßen des Aufbruchs unter dem besonnenen und aufklärerischen Zielen verpflichteten Hochmeister Maximilian Franz brachen nun 1792 die französischen Revolutionskriege herein, durch die von Anfang an die linksrheinischen Besitzungen des Ordens akut gefährdet waren. Diese Besitzungen – der größte Teil der Balleien Koblenz und Biesen sowie die komplette Ballei Lothringen – verlor der Orden mit der Besetzung der linken Rheinlande 1794 durch Frankreich dann faktisch auf immer. Auch die Ballei Elsaß-Burgund war mit ihren linksrheinischen Besitzungen betroffen, hatte jedoch wichtigen und reichen Besitz, u.a. die Landkommende Altshausen mit allem Zubehör, auch rechts des Rheins. Alle Hoffnungen auf Wiedergewinn, die der Orden in den Folgejahren entsprechend dem wechselnden Kriegsglück immer wieder hegte, waren vergebens. Zu dem erheblichen Besitzverlust kamen nun genauso erhebliche finanzielle Belastungen, mit denen der Orden als der habsburgischen Krone verpflichteter Reichsstand die Koalitionen gegen Frankreich zu unterstützen hatte.

Hauptziel Überleben

Bei der endgültigen Festschreibung des Verlustes des linken Rheinlandes für das Reich im Frieden zu Lunéville 1801[24] war der Deutsche Orden also in seinem Besitzstand und seinen Finanzen innerhalb eines Jahrzehnts deutlich geschwächt worden. Um es mit den deutlichen Worten des Hochmeisters zu sagen: 1791 sprach er vom *blühenden Wohlstand des Ordens*; zehn Jahre später, kurz vor seinem Tod, schrieb er anläßlich des Generalkapitels in Wien, der Ordens sei *in eine allgemeine Zerrüttung und Erschlaffung verwandelt worden.*[25] Trotzdem hatte er mit seinen rechtsrheini-

Hochmeister Ehz. Maximilian Franz von Österreich (1780–1801)
Öl auf Lw., um 1790.
Schatzkammer des Deutschen Ordens, Wien (verschollen).

schen Besitzungen immer noch einen sicheren Rückhalt, wobei gerade der Besitz in Südwestdeutschland aufgrund seiner finanziellen Potenz von herausragender Bedeutung war. Gerade diese finanzielle Potenz musste besondere Begehrlichkeiten bei den benachbarten (erblichen) Reichsfürsten wecken, als es nach den Bestimmungen des Lunéviller Friedens nun darum ging, sie für ihre verlorengegangenen linksrheinischen Besitzungen zu entschädigen. Diese Begehrlichkeiten abzuwehren, wurde ein Hauptziel der Politik des Deutschen Ordens bei den Verhandlungen im Vorfeld des RDH. Vor allem aber ging es ihm als geistlichem Reichsstand um die Sicherung der bloßen Existenz.

Die Leitlinie dafür hatte Hochmeister Maximilian Franz bereits 1798 seiner Gesandtschaft in Rastatt vorgegeben: *Der Deutsche Orden kann und muß gewissermaßen als ein für den Adel gestiftetes Nationalinstitut angesehen werden. Er kann sich rühmen, sowohl Sr. kaiserlichen Majestät als auch den deutschen Fürsten in allen Zeiten treue Staatsmänner und nützliche Feldherren geliefert zu haben, und er gewährt den Vorteil, das mancher nachgeborene Edelmann, dem zwar Glücksgüter, nicht aber Talent und Mut fehlen, durch ihn jene Unterstützung findet, die ihn in den Stand setzt, dem Vaterlande nützlich zu werden.*[26] Demzufolge baute der Orden in erster Linie auf seine Nähe zum Kaiserhaus und seine hiermit verbundene militärische Eigenschaft zum Wohle des gesamten Reiches sowie auf seine Wichtigkeit als Versorgungsinstitut für den deutschen Adel. Den langwierigen

Hochmeister Ehz. Maximilian Franz von Österreich (1780–1801)
Altersporträt.
Kol. Zeichnung/Papier, G. Gisser, 1801.
Zentralarchiv des Deutschen Ordens, Wien.

Verhandlungen der Reichsdeputationssitzungen in Regensburg ging im Oktober 1801 die Konstituierung der außerordentlichen Reichsdeputation, je vier Vertreter des Kurfürstenkollegs und des Reichsfürstenrates, durch Kaiser und Reich voraus – hier nur erwähnt, weil sich unter den vier Reichsfürsten als einziger geistlicher Fürst der Hochmeister des Deutschen Ordens befand. Dies erklärt sich aus seiner hochrangigen Privilegierung als Reichsfürst seit dem späten 15. Jh. Der Hochmeister war also an entscheidender Stelle an den Verhandlungen zur Entschädigungsfrage, in Abhängigkeit von Frankreich, direkt beteiligt. Hierbei rückte nun die Person des Hochmeisters in den Mittelpunkt: Seit dem 27. Juli 1801 amtierte Ehz. Karl, der Bruder des Kaisers und angesehenste Feldherr in den Koalitionskriegen. Bei den französischen Kriegsgegnern war er hochgeschätzt, insbesondere bei Napoleon. Dieser Umstand sollte sich für den Orden als sehr nützlich erweisen.

RDH und Deutscher Orden

Die ordensinterne Vorbereitung auf die Verhandlungen in Regensburg vollzog sich noch im Herbst 1801 auf brieflichem Weg zwischen dem in Wien sitzenden Hochmeister und der Ordensregierung in Mergentheim.[27] Hier waren der derzeitige hochmeisterliche Statthalter, Karl Friedrich v. Forstmeister zu Gelnhausen, und der Ordenskanzler Kleudgen entscheidend. Zum hochmeisterlichen Subdelegierten bei den Deputationssitzungen wurde Karl v. Nordeck zu Rabenau, Komtur zu Donauwörth und Oberamtmann von Horneck, bestimmt; ihm beigegeben wurden Gottfried v. Ulrich als Partikulargesandter und Hofrat Paul Anton Handel als Legationssekretär. Letztere hatten bereits der Rastatter Delegation des Ordens angehört. Nordeck zu Rabenau als Subdelegierter war der offizielle Vertreter, der vornehmlich die Verbundenheit und die Treue des Ordens zu Kaiser und Reich repräsentieren sollte. Er hatte beispielsweise den Auftrag, sich eng mit dem kaiserlichen Bevollmächtigten und dem kurböhmischen Subdelegierten zu verbinden und so weit wie möglich auch mit diesen seine Stimme abzugeben. Ulrich als Partikulargesandter hatte die wohl wichtigste Rolle, weil er bei den oftmals entscheidenden Vorverhandlungen hinter den offiziellen Kulissen ungebundener als Nordeck zu Rabenau auftreten und sich so viel direkter für den Orden einsetzen konnte. Gemäß der alten Leitlinie von Maximilian Franz sollte Ulrich hierbei besonders die Verdienste des Deutschen Ordens für das Reich und die besondere Rolle für den gesamten Adel betonen. Diese Verdienste bedeuteten für die gegenwärtige Situation: *Je ausgedehnter die Säkularisation ist und je mehr adelige Stifter unterdrückt werden, desto wichtiger ist dieser Orden als deutsches Nationalinstitut, an dem der Adel ohne Unterschied der Religion Anteil haben kann.* Und: *Durch die Einschränkung der bisherigen Versorgungsmöglichkeiten werden noch häufiger und dringender deutsche Adelige um Aufnahme und Unterkunft beim Deutschen Orden ansuchen; eine Vermehrung seiner Besitzungen ist die Voraussetzung zur Erfüllung dieser Wünsche.*[28]

Solchermaßen instruiert, ging die Ordensdelegation nun in die Verhandlungen und wurde von mancher Vorentscheidung überrascht. So hörte Ulrich von dem kurmainzischen Subdelegierten Albini, dass er sich zur Mitwirkung bei der Entschädigung des Ordens bereiterklärte, eine Zuweisung unmittelbarer Besitzungen aber schwer sein werde, da diese bereits vor Beginn der Sitzungen verteilt worden seien. Die wichtigsten Mitglieder der französischen Deputation, Laforêt und Matthieu, hatten zu den Autoren gehört, die vorab, am 18. August, im Namen der »unparteiischen« Vermittlungsmächte Frankreich und Rußland einen allgemeinen Entschädigungsplan vorgelegt hatten, in dem für den Deutschen Orden keine, wohl aber für den Malteserorden eine Entschädigung vorgesehen war. Ein anderer Entschädigungsplan aus französischer Feder, von dem Ulrich in Regensburg noch vor Beginn der offiziellen Sitzungen erfuhr, betont, dass beide Orden bestehen bleiben sollten, weil der deutsche Adel durch die Säkularisation der Hochstifter schon genug geschwächt sei. Als entscheidend für die Entstehung dieses Planes wurde jedoch weniger das Sachargument an sich als das Ansehen des Hochmeisters angesehen sowie der Einfluss Rußlands zugunsten des Malteserordens.

Auf diese – hier stark verkürzt dargestellte – Weise war zu Beginn der eigentlichen Verhandlungen der Fortbestand der Existenz des Deutschen Ordens bereits

prinzipiell vorentschieden, nicht jedoch die Frage der Entschädigung. Ulrich bemühte sich nun mit besonderem Eifer um die Belange des Ordens. Er war nicht nur der erste von allen Partikulargesandten, der sich offiziell bei der Reichsdeputation legitimierte, sondern er legte auch als erster, nämlich bereits drei Tage nach Beginn, eine *Reklamation*[29] vor, mit der er die schon bekannten Argumente des Ordens zusammenfasste und näher ausführte. Er betonte insbesondere, der Orden gehöre zu den Reichsständen, die infolge des Lunéviller Friedens verhältnismäßig am meisten verloren hätten, und untermauerte dies mit einer genauen zahlenmäßigen Auflistung der erlittenen Verluste. Der frühe Zeitpunkt der Eingabe erwies sich als Vorteil, da er dadurch allgemeine Beachtung fand und Ulrich somit sehr früh mit allen Beteiligten, insbesondere mit der entscheidenden französischen Seite, ins Gespräch kam. Nach ihm traten innerhalb kurzer Zeit viele der übrigen Bittsteller mit ähnlichen Ansuchen hervor, die Ulrichs »Startvorteil« nicht hatten.

Auf die Einzelheiten der Regensburger Verhandlungen im Vorfeld des RDH kann hier nicht eingegangen werden. Mehrere Vertreter des Ordens traten in dieser Zeit intern mit zum Teil sehr unterschiedlichen Entschädigungsprojekten hervor[30], wobei derjenige des fränkischen Balleiritters und Mergentheimer Hofrats(=Regierungs)präsidenten Caspar Carl Reuttner v. Weyl am weitesten ging. Die Entschädigungsmasse, die ihm vorschwebte, wäre dem gleichgekommen, was die größeren Reichsfürsten später erhalten haben. Ulrichs in Regensburg vorgelegte Vorschläge waren realistischer, größtenteils enthielten sie Besitzungen, die anderen, seiner Meinung nach zu hoch entschädigten kleineren Fürsten zugewiesen worden waren. Dies ging beispielsweise gegen den Fürsten v. Leiningen und gegen den Grafen v. Solms. Letzterer habe lediglich 3.000 fl. an Einnahmen verloren, sei aber unverständlicherweise mit 106.000 fl. entschädigt worden. Der Nachteil Ulrichs bzw. des Ordens war, dass er sich nicht im Vorfeld daran beteiligt hatte, seine Entschädigung durch Geld von Frankreich zu kaufen. Daher erwies sich eine angemessene Entschädigung trotz allen Verständnisses des französischen und insbesondere des russischen Gesandten Bühler als nahezu aussichtslos, da einfach kaum mehr etwas zu vergeben war. Es stand nur noch eine geringe Zahl von mittelbaren Klöstern und Stiften in den säkularisierten Landen zur Verfügung.

Trotzdem bedeutete die Vorlage des allgemeinen Entschädigungsplans[31] am 9. Oktober 1802 einen großen Erfolg für den Deutschen Orden. Das wichtigste: Seine Existenz war vorerst gesichert. In Paragraph 26 RDH heißt es: *Aus Rücksicht für die Kriegsdienste ihrer Glieder werden der Deutsche und der Malteser Orden der Säkularisation nicht unterworfen.* Es fällt auf, dass das hauptsächliche Existenzargument des Ordens, eines der letzten Versorgungsinstitute für den deutschen Adel zu sein, offenbar nicht gezogen hat. Eine Erklärung liegt darin, dass Frankreich im zweiten Revolutionsjahrzehnt kein Interesse an einer Stärkung des deutschen Adels haben konnte. An den statt dessen benannten Kriegsdiensten der Ordensmitglieder konnte Frankreich eigentlich ebenfalls kein Interesse haben, schließlich handelte es sich um Kriegsgegner. Die Begründung erklärt sich, wenn man weiß, dass die Orden aufgrund ihrer stark rückgängigen Mitgliederzahl seit etwa 1789 militärisch faktisch keine Bedeutung mehr hatten, im Gegensatz zur Vergangenheit, beispielsweise in der Zeit der Türkenkriege. Die Begründung meint sehr wahrscheinlich vielmehr: »aus Rücksicht auf das militärische Ansehen Ehz. Karls als dem gegenwärtigem Ordensoberhaupt«. Für den Malteserorden galt parallel dasselbe, bezogen auf den russischen Zaren.

Darüber hinaus benennt Paragraph 26 die vorgesehene Entschädigung, nämlich *die mittelbaren Stifter, Abteien und Klöster in Vorarlberg, im österreichischen Schwaben und überhaupt alle Mediatklöster der Augsburger und Konstanzer Diözesen in Schwaben, worüber nicht disponiert worden ist, mit Ausnahme der im Breisgau gelegenen.* Was zunächst wie eine umfangreiche Zuweisung aussah, erwies sich für den Orden bei näherem Betrachten als Augenwischerei. Hochmeister Ehz. Karl sah sich gezwungen, auf die Besitzungen in Voralberg und in Österreichisch-Schwaben zu verzichten[32], da die Reichsdeputation einfach nicht befugt war, hierüber zu verfügen. Es handelt sich um Gebiete in den österreichischen Erblanden, welche nicht zu denjenigen gehörten, die im Frieden von Lunéville abgetreten worden waren. Bei Inbesitznahme wäre der Orden in Konflikt zu immer noch geltenden Reichsgesetzen und zum Kaiser geraten. Anders ge-

sagt: Ehz. Karl als Hochmeister hätte Interessen und Rechte des Kaisers, seines Bruders, angegriffen, weshalb vermutet worden ist, die Entschädigungen seien gerade deswegen so formuliert worden, um diese beiden zu entfremden.

Obwohl es eigentlich ein ausdrücklicher Grundsatz der Reichsdeputation war, *keine Entschädigungen überhaupt auf mittelbare Stifter der alten Territorien erblicher Stände anzuweisen*[33], setzte diese sich also – letztlich unter dem maßgeblichen Einfluss der auswärtigen Mächte Rußland und vor allem Frankreich – über die vom Orden vorgetragenen Argumente der Unrechtmäßigkeit hinweg und verabschiedete den Paragraphen 26 unverändert. Zu diesem Zeitpunkt hatte der Orden jedoch bereits offiziell seinen Verzicht erklärt. Der Versuch, für diesen Verzicht Ersatz zu bekommen, schlug fehl. Die reale Entschädigung bestand also nur in den schwäbischen Besitzungen der beiden Diözesen Konstanz und Augsburg.

Noch während der Verhandlungen, im Dezember 1802, wurde ernsthaft etwas diskutiert, was die Entschädigungsfrage und die Situation des Ordens insgesamt wohl positiv verändert hätte: Die Würde eines der zwei freigewordenen katholischen Kurfürstentümer sollte auf den Hochmeister übertragen werden. Insbesondere der kaiserliche Hof förderte diesen Plan. Aus mehreren Gründen wurde er jedoch nicht verwirklicht. Mitentscheidend war der Umstand, dass Hochmeister Ehz. Karl als Hofkriegsratspräsident und als Feldherr auch weiterhin Kaiser und Reich unmittelbar zur Verfügung stehen sollte, was mit einer Kurwürde nicht vereinbar gewesen wäre.[34]

Der letzte Schwerpunkt der Verhandlungen des Deutschen Ordens nach Vorlage des Entschädigungsplanes lag in dem besonderen Bemühen, die wenigen neuen und die alten, noch bestehenden Besitzungen des Ordens gegen die Begehrlichkeiten anderer Mächte zu sichern. Dies sollte mit der Einfügung einer *Clausula salvatoria* in den RDH erreicht werden. Nötig erschien dies, weil schon Anfang November 1802 Hessen-Darmstadt, wie andere Mächte auch, von seinen Entschädigungen Besitz ergriff und sich dabei die Ordensbesitzungen in der ehemaligen Reichsstadt Friedberg und in Mühlheim (Westfalen) aneignete. Nach dieser Erfahrung musste der Orden gerade um seinen reichen Besitz in Südwestdeutschland fürchten, der in Ländern lag, die als Entschädigung an andere Landesherren übergingen. Ulrich und Nordeck zu Rabenau setzten sich in Regensburg in der gewohnten Arbeitsteilung intensiv ein, konnten die Aufnahme einer diesbezüglichen *Clausula* im Deputationsrezess aber nicht durchsetzen. Es blieb bei einer neuerlichen mündlichen Zusicherung und einer Aufnahme in das Protokoll. In das Gutachten der Reichsversammlung zum Deputationsrezess vom 24. März sowie in der kaiserlichen Ratifikation vom 27. April 1803 fand jedoch ein Passus Aufnahme, der die bestehenden Besitzrechte der Kurfürsten, Fürsten und Stände des Reiches, namentlich auch des Deutschen Ordens, ausdrücklich vor dem Zugriff anderer Mächte schützen sollte.[35]

Zwischen Entschädigung und Aufhebung

Wie schnell solche formalen Erfolge von der Realität gegenläufiger Ereignisse überrollt wurden, sollte sich in der Folgezeit des RDH auch für die Vereinbarungen zeigen, die sich auf den Deutschen Orden bezogen. So traten schon bei der Inbesitznahme der Entschädigungsmasse durch den Orden Konkurrenzen zu anderen Mächten auf. Lange umstritten waren z. B. das Kreuzherrenkloster Memmingen, das Franziskanerhospiz zu Öffingen, das Augustinerkloster Uttenweiler und das Benediktinerinnenkloster Marienberg. Die vollständige, d. h. auch zivile Besitznahme zog sich über zwei Jahre bis Anfang 1805 hin. Der Orden gewann insgesamt 36 Objekte hinzu, vornehmlich im Bereich der heutigen Länder Baden-Württemberg und Bayern, mit insgesamt 570 Personen an zugehörigem Personal. Letztere stellten ein entscheidendes Problem dar, weil die jeweiligen Klöster nicht genügend Gewinne abwarfen, um das Personal zu versorgen, der Orden mit seinen Altbesitzungen aber ebenfalls nicht genügend erwirtschaftete, um den Fehlbetrag ohne weiteres auffangen zu können. Somit waren die Entschädigungen für den Deutschen Orden ein völlig unzureichender Ersatz seiner verlorenen linksrheinischen Besitzungen – erst über Jahre hätten sie sich, nach Einbringen von Investitionen, möglicherweise bescheiden rentiert. Für den Orden schien die rentabelste Lösung in Verkaufs- und Tauschverhandlungen

Hochmeister Ehz. Karl Ludwig von Österreich (* 1771, 1801–1804, † 1847)
Porträt.
Privatbesitz.

mit den Landesherren, unter deren Herrschaft die neugewonnen Klöster standen, zu liegen. Die Arrondierung der nach dem RDH neugeschaffenen Gebiete lag ja im Sinne des Paragraphen 46 im Interesse aller Beteiligten. Bis in das Jahr 1805 wurde verhandelt, und zwar mit Württemberg, Brandenburg und Leiningen, vor allem aber mit Bayern. Nur sehr wenige Vereinbarungen konnten vor dem dritten Koalitionskrieg noch umgesetzt werden.[36]
Bis zu diesem Krieg konnte sich der Deutsche Orden mit seinen Besitzungen im Reich im wesentlichen halten. In zwei Großkapiteln, 1803 in Wien und 1805 in Mergentheim, hatte er versucht, seinen Bestand zu wahren und sich auf die neue Besitz- und Personalstruktur einzustellen. 1804 war Hochmeister Ehz. Karl von seinem jüngerem Bruder, Ehz. Anton Viktor, abgelöst worden. Der Preßburger Friede[37], der den dritten Koalitionskrieg beendete, bedeutete jedoch die unumkehrbare Wende: Die Verbindung mit dem Haus Habsburg, die ihn 1803 noch vor der Säkularisation bewahrt hatte, bedingte nun, dass ihn Napoleon seinen verbündeten süddeutschen Fürsten zum größten Teil zum Fraß vorwarf. Artikel 14 sprach den Königen von Württemberg und Bayern sowie dem Kurfürsten v. Baden die volle Souveränität in ihren alten und neuen Staaten zu. Das bedeutete zunächst, dass der Hochmeister seine Reichs- und Kreisstandschaft verlor, ebenso die Ordenskommenden im Reich ihre Reichsunmittelbarkeit, soweit vorhanden. Auch für die innere Verfassung des Ordens dekretierte der Friedensschluss einschneidende Veränderungen. Der Orden insgesamt geriet durch Artikel 12[38] unter die unmittelbare Verfügungsgewalt des Kaisers, der jedoch den Hochmeister, seinen Bruder, weitgehend ungestört im Amt beließ. Zudem wurde die Vergabe einzelner Besitzungen geregelt, und zwar ausdrücklich einzelner Alt-Besitzungen. Die jahrelang diskutierten Entschädigungen spielten keine Rolle mehr. Artikel 8 bezog sich direkt auf das Schicksal eine der schönsten und reichsten südwestdeutschen Besitzungen, der Kommende Mainau, welche Baden zugesprochen wurde. Auch das zugehörige Blumenfeld ging in der Folgezeit an Baden, außerdem die Kommenden Freiburg und Beuggen. Hohenzollern-Sigmaringen erhielt die Herrschaften Achberg und Hohenfels, an Bayern gingen Rohr und Waldstetten. Bereits zwei Monate nach dem Preßburger Friedensschluss war fast die gesamte Ballei Elsaß-Burgund verloren, wobei sich die neuen Herren über die Besitzverteilung zunächst keineswegs einig waren. Beispielsweise Arnegg und Illerieden, insbesondere aber Altshausen war zwischen den drei genannten großen süddeutschen Fürstenhöfen umstritten. Hier setzte sich letztlich Württemberg durch. Zwischen Februar 1807 und Januar 1808 vollzog sich die komplette Übernahme der Landkommende mit allem Personal und allen Papieren durch Württemberg. Der elsässi-

sche Landkomtur Karl Friedrich v. Forstmeister zu Gelnhausen[39] – seit 1803 im Amt, zuvor war er Landkomtur der 1801 weitgehend verlorenen Ballei Koblenz, anschließend kurze Zeit Statthalter in Mergentheim – versuchte seit 1806 immer wieder, den Verlust seiner Landkommende sowie einzelner seiner Balleibesitzungen zu verhindern, hatte aber durchweg keinen Erfolg. Er selber durfte seinen Lebensabend bis zu seinem Tod 1814 in Altshausen verbringen. Andere wichtige Besitzungen, die Württemberg besetzte, waren das Neckaroberamt und die Kapfenburg. Die Besitzungen der Ballei Franken wurden ähnlich schnell belegt, meistenteils von Bayern. Die reiche Landkommende Ellingen mit allem Zubehör hatte es sich bereits im Herbst 1805 angeeignet, also noch vor dem Friedensschluss.[40]
Unbehelligt blieb zunächst lediglich der formal an die habsburgische Krone übergegangene Ordensbesitz in und um Mergentheim. Erst die kriegerischen Handlungen zwischen Frankreich und Österreich 1809 setzten auch diesem Zwischenspiel ein Ende. Als österreichische Truppen in Süddeutschland einmarschierten, ließ der württembergische König am 20. April die Stadt besetzen. Vier Tage später erließ Napoleon in seinem Regensburger Feldlager den Befehl, den Deutschen Orden in allen Staaten des Rheinbundes aufzulösen und den restlichen Besitz seinen verbündeten Fürsten zuzuteilen.[41] Württemberg erhielt im Zuge dessen Mergentheim mitsamt der näheren Umgebung. Der neue *Fürst von Mergentheim* bekam die offene Ablehnung durch die Mergentheimer Bevölkerung zu spüren, als er seine Huldigung ausgerechnet auf den Namenstag des Hochmeisters Anton Viktor festsetzte. Die Empörung machte sich im Juni 1809 in einem dreitägigen Aufstand Luft, den Württemberg nur gewaltsam niederschlagen konnte. Es gab 20 Tote.[42]
Der Friede zu Schönbrunn am 14. Oktober 1809 stellte die Besitzveränderungen zwischen 1806 und 1809 auf eine definitive Grundlage. Der Deutsche Orden hatte damit seine Besitzungen im Deutschen Reich auf immer verloren, insbesondere seine reichen Kommenden und Herrschaften in Süd- und Südwestdeutschland mit ihrer bis ins 13. Jh. zurückgehenden Tradition. Alle mühsamen Verhandlungserfolge vor allem aus den Jahren 1802 und 1803, gestützt von der noch relativ stabilen Position des Kaisers, waren mit einem Schlag zunichte gemacht.
Seit 1809 existierte der Deutsche Orden nur noch in den habsburgischen Erblanden, d.h. in den Balleien Österreich und An der Etsch und im Gebirge. Dazu kam, als Versorgungsgrundlage für den Hochmeister, das in Österreichisch-Schlesien gelegene Meistertum mit der Residenz in Freudenthal (heute Bruntál, Tschechische Republik), welches ihm als zweites »Meistertum« neben den Besitzungen an Tauber und Neckar seit 1621 direkt unterstand. Erst 1929 erfolgte die Umwandlung in einen rein geistlich-karitativen Orden, als welcher er bis heute besteht, nur unterbrochen von einem neuerlichen Verbot durch die Nationalsozialisten zwischen 1938/39 und 1945.

[1] Wer sich über den Deutschen Orden allg. informieren möchte, findet keine moderne Gesamtdarstellung, sondern sei verwiesen auf *Marian Tumler/Udo Arnold*, Der Deutsche Orden. Von seinem Ursprung bis zur Gegenwart. Bad Münstereifel 5. Aufl. 1992, eine kurze, populär geschriebene Übersicht. Fast wie ein Hdb. zu verwenden ist *Gerhard Bott/Udo Arnold* (Hgg.), 800 Jahre Deutscher Orden (Ausstellungskatalog). Nürnberg 1990. Den hier enthaltenden Überblickskapiteln (1–8, 45–57, 139–143) sind die folgenden allg. Aussagen zur Deutschordensgeschichte vornehmlich entlehnt. Das wiss. Forum für die Deutschordensforschung bildet die Buchreihe: Quellen und Studien zur Geschichte des Deutschen Ordens, hg. von *Udo Arnold*, mit bislang knapp 60 Bänden.

[2] Für diese Region hat eine eigene Ausstellung stattgefunden: Kreuz und Schwert. Der Deutsche Orden in Südwestdeutschland, in der Schweiz und im Elsaß (Ausstellungskatalog). Mainau 1991. Vgl. außerdem folgende Überblicksdarstellungen: *Bernhard Demel*, Der Deutsche Orden und seine Besitzungen im südwestdeutschen Sprachraum vom 13. bis 19. Jh., in: ZWLG 31 (1972), 16–73; *Alois Seiler*, Der Deutsche Orden in Südwestdeutschland, in: Ludwigsburger Geschichtsbll. 32 (1980), 23–42.

[3] *Udo Arnold*, Europa und die Region – widerstreitende Kräfte in der Entwicklung des Deutschen Ordens im Mittelalter, in: *Zenon Hubert Nowak* (Hg.), Ritterorden und Region – politische, soziale und wirtschaftl. Verbindungen im Mittelalter. Toruń 1995, 161–172, hier 162f.

[4] Diesen Teil der Ordensgeschichte behandelt schwerpunktmäßig *Hartmut Boockmann*, Der Deutsche Orden. Zwölf Kapitel aus seiner Geschichte. München 5. Aufl. 1999, 66–220.

[5] *Kurt Forstreuter*, Der Deutsche Orden am Mittelmeer. Bonn 1967.

[6] Der erste Hochmeister, auf den dies zutraf, war Walter v. Cronberg. Zu ihm und zur Umbruchszeit vor dem Hintergrund der Reformation vgl. *Axel Herrmann*, Der Deutsche Orden unter Walter v. Cronberg

(1525–1543). Zur Politik und Struktur des »Teutschen Adels Spitale« im Reformationszeitalter. Bonn 1974.

[7] *Udo Arnold*, Mergentheim und Königsberg/Berlin – Die Rekuperationsbemühungen des Deutschen Ordens auf Preußen, in: WFr 60 (1976), 14–54.

[8] *Klaus Militzer*, Die Entstehung der Deutschordensballeien im Deutschen Reich. Marburg 2. Aufl. 1981.

[9] *Hanns Hubert Hofmann*, Der Staat des Deutschmeisters. Studien zu einer Geschichte des Deutschen Ordens im Heiligen Römischen Reich Deutscher Nation. München 1964. Diese umfangreiche Darstellung ist aufgrund zu knapper Quellenbasis und offensichtlicher Fehler in die Kritik geraten, trotzdem ist sie nach wie vor wesentlich.

[10] *Hofmann*, Staat (wie Anm. 9), 110–112; *Demel*, Besitzungen (wie Anm. 2), 34f.; Kreuz und Schwert (wie Anm. 3), 135f.

[11] *Heinz Noflatscher*, Glaube, Reich, Dynastie. Maximilian der Deutschmeister 1558–1618. Marburg 1987.

[12] Anschauliche Zusammenstellung und Beschreibung der Exponate in: *Bott/Arnold* (Hgg.), 800 Jahre (wie Anm. 1), 247–252.

[13] Für diese Zeitspanne vgl. *Bernhard Demel*, Der Deutsche Orden zwischen Bauernkrieg (1525) und Napoleon (1809). Ein Beitrag zur neuzeitlichen Ordensgeschichte, in: *Udo Arnold* (Hg.), Von Akkon bis Wien. Studien zur Deutschordensgeschichte vom 13. bis zum 20. Jh. Fschr. Marian Tumler. Marburg 1978, 177–207.

[14] *Bernhard Demel*, Mergentheim – Residenz des Deutschen Ordens (1525–1809), in: ZWLG 34/35 (1975/76), 142–212.

[15] *Klaus Oldenhage*, Kurfürst Erzherzog Maximilian Franz als Hoch- und Deutschmeister (1780–1801). Bad Godesberg 1969, 157–180.

[16] *Oldenhage*, Kurfürst (wie Anm. 15); *Ders.*, Maximilian Franz von Österreich (05.07.1780–27.07.1801), in: *Udo Arnold* (Hg.), Die Hochmeister des Deutschen Ordens 1190–1994. Marburg 1998, 261–268.

[17] *Christian Sapper*, Karl Ludwig von Österreich (27.07.1801–30.06.1804), in: *Arnold* (Hg.), Hochmeister (wie Anm. 16), 269–274.

[18] *Bernhard Demel*, Anton Viktor von Österreich (01.07.1804–02.04.1835), in: *Arnold* (Hg.), Hochmeister (wie Anm. 16), 274–278.

[19] Der Orden hatte es hier im Mittelalter erfolgreich vermocht, verstreute Einzelbesitzungen durch Tausch zu einem Territorium zu arrondieren. Vgl. *Bernhard Demel*, Der Deutsche Orden und die Stadt Gundelsheim, in: *Ders.*, Der Deutsche Orden einst und jetzt. Aufsätze zu seiner mehr als 800-jährigen Geschichte, hg. von *Friedrich Vogel*. Frankfurt/M. 1999, 116–211 (zuerst als Monographie: Gundelsheim 1981); *Ders.*, Der Deutsche Orden und die Stadt Neckarsulm (1484–1805), in: Jb. für fränk. Landesforschung 45 (1985), 17–106.

[20] *Hofmann*, Staat (wie Anm. 9), 389–512.

[21] Zu den Einzelbesitzungen dieser Ballei sei auf die entsprechenden Abschnitte im Ausstellungskatalog Kreuz und Schwert (wie Anm. 3) verwiesen, der auch die weiterführende Literatur nennt.

[22] Für diesen Themenbereich hat eine eigene Ausstellung stattgefunden: *Alois Seiler/Dorothea Bader* (Bearb.), Baukunst und Bauhandwerk des Deutschen Ordens in Südwestdeutschland im 18. Jh. Baupläne-Karten-Ansichten (Ausstellungskatalog). Ludwigsburg 1981.

[23] Die Geschichte des Deutschen Ordens zur Zeit der Koalitionskriege bis 1801 ist am ausführlichsten erfasst bei *Oldenhage*, Kurfürst (wie Anm.15). Für die Zeit Napoleons gibt es eine eigene Monographie: *Friedrich Täubl*, Der Deutsche Orden im Zeitalter Napoleons. Bonn 1966. Ihm ist die folgende Darstellung verpflichtet.

[24] Die Bedeutung für den Orden im Einz. bei *Täubl*, Zeitalter (wie Anm. 23), 26–28.

[25] Zitiert nach Ebd., 15.

[26] Zitiert nach Ebd., 25.

[27] Ebd., 28–35.

[28] Zitiert nach Ebd., 31.

[29] Ebd., 35f.; eine Edition dieser Reklamation s. Ebd., Anhang, 180f.

[30] Ebd., 38–43.

[31] Ebd., 44f.

[32] Ebd., 45f.

[33] Zitiert nach Ebd., 47.

[34] Ebd., 50–52.

[35] Ebd., 52–55.

[36] Ebd., 55–72, mit ausführl. Darstellung der Ereignisse.

[37] *Rudolfine Freiin von Oer*, Der Friede zu Preßburg. Ein Beitrag zur Diplomatiegeschichte des napoleonischen Zeitalters. Münster 1965.

[38] Beytrag zur Erläuterung des XII. Artikels des Preßburger Friedensschlusses in so weit derselbe den teutschen Ritter-Orden betrifft. Mit Urkunden. o. O. [Teutschland] 1807 (eine Darstellung aus Sicht des Ordens, verfasst von Hofrat *Paul Anton Handel*); *Täubl*, Zeitalter (wie Anm. 23), 115–119.

[39] Zu ihm vgl. Kreuz und Schwert (wie Anm. 2), 151f. 168; Der Deutsche Orden im Bonner Raum. Eine Ausstellung des StadtMuseums Bonn in Zusammenarbeit mit dem Projektbereich Ostdeutsche Landesgeschichte der Universität Bonn (Katalog). Bonn 2. Aufl. 2000, 38, 142–144.

[40] Die existenziellen Krisenjahre des Deutschen Ordens zw. 1806 u. 1809 beschreibt ausführlich *Täubl*, Zeitalter (wie Anm. 23), 123–174; zur Situation in Südwestdeutschland zusammenfassend vgl. *Demel*, Besitzungen (wie Anm. 2), 70–73.

[41] *Täubl*, Zeitalter (wie Anm. 23), 171.

[42] Ebd., 172f.

Königreich statt Ordensherrschaft

Säkularisation, Mediatisierung und Besitznahme der Deutschordenskommende Altshausen

von Eberhard Fritz

Säkularisation und Mediatisierung – diese beiden historischen Prozesse des frühen 19. Jhs. sind in der Forschung unter zwei Aspekten zu betrachten. Auf der einen Seite bedeuteten diese politischen Umwälzungen das Ende vieler kleiner und kleinster Territorien, besonders in Oberschwaben. Auf der anderen Seite erfuhren die Territorialstaaten Württemberg und Baden eine bedeutende Vergrößerung und eine daraus resultierende politische Aufwertung.
Bei der territorialen Neuordnung des deutschen Südwestens im frühen 19. Jh. nahm die Deutschordenskommende Altshausen eine rechtliche Sonderstellung ein. Als Oberhaupt der Ballei Elsass-Burgund stand der im Schloss Altshausen residierende Landkomtur im Rang des Vorstehers einer geistlichen Korporation und auch im Rang eines Souveräns über eine weltliche Herrschaft. Er zählte sowohl zu den Reichsprälaten als auch zu den Reichsgrafen. Insofern wurde im Jahr 1806 mit der Deutschordenskommende zwar eine geistliche Korporation säkularisiert, aber gleichzeitig auch eine Reichsgrafschaft mediatisiert.

Der Deutsche Orden in Altshausen

Seit dem späten Mittelalter hatte der Deutsche Orden Besitz in Altshausen und Umgebung, nachdem er im 13. Jh. mit den ersten Schenkungen bedacht worden war. In den folgenden Jahrhunderten gelang es, durch Erwerbungen eine kleine Herrschaft um das Zentrum Altshausen aufzubauen. Seit dem 15. Jh., als die Residenz des Landkomturs auf die Burg Altshausen verlegt wurde, war der Ort das Zentrum der Deutschordensballei Elsass-Burgund. Im Jahr 1729 hatte man begonnen, an Stelle des alten, burgartigen Schlosses eine großzügige Barockanlage zu errichten, die jedoch nie vollendet wurde.[2] Ein geplantes hufeisenförmiges Hauptgebäude konnte wegen fehlender finanzieller Mittel nicht gebaut werden; dagegen blieb das Alte Schloss, welches noch auf die mittelalterliche Wasserburg zurück geht, bestehen und wurde nicht wie vorgesehen abgerissen.
Die Kommende Altshausen umfasste zunächst den zentralen Ort Altshausen mit acht dazugehörigen Weilern und Höfen[3] sowie den vier Pachthöfen Maierei Altshausen, Lichtenfeld, Tiergarten und Arnetsreute, darüber hinaus die Pfarrdörfer Ebersbach mit dem Weiler Ried, Hochberg mit dem Weiler Luditsweiler, Fleischwangen und Pfrungen und die Dörfer Eichstegen, Kreenried mit dem Weiler Käfersulgen und Mendelbeuren. Insgesamt lebten 1806 bei der Auflösung des Ordens 1683 Untertanen in der Herrschaft.[4] In diesem Gebiet nahm der Deutsche Orden sämtliche Herrschaftsrechte wahr; nur beim Zehnten gab es noch andere Berechtigte.[5] Außerdem befanden sich zwölf Lehenhöfe im Besitz anderer Grundherrschaften[6], und das Dorf Mendelbeuren hatte der Deutsche Orden vom Bistum Konstanz als Reichenauisches Lehen inne. Dagegen besaß der Orden in anderen Herrschaften ebenfalls eigene Lehengüter. Zur Kommende Altshausen gehörten die Herrschaften Hohenfels, Ellhofen, Arnegg, Achberg und das Gut Illerrieden an der Iller.[7] Daneben verfügte sie über ein Haus in Ravensburg, über Besitz in Sipplingen und Immenstaad sowie über Weinberge am Bodensee in Hinterhausen und Wallhausen. Auf zwei

Karl Friedrich Frh. von Forstmeister zu Gelnhausen (1731–1814)
Porträt des letzten Landkomturs der Balleien Koblenz und Elsass. Öl auf Lw., anonym. Privatbesitz.

ordenseigenen Alpen im Bregenzer Wald, der Rindbergalp und der Hirschgundalp bei Sibratsgfäll, wurde Vieh gehalten und eine Sennerei betrieben.
Von den Untertanen bezog der Deutsche Orden Geld- und Getreideabgaben, da sämtliche anderen Naturalabgaben umgewandelt worden waren.[8] Wie in den meisten oberschwäbischen Herrschaften hatte sich die auf der Rentengrundherrschaft basierende Wirtschaftsordnung so eingespielt, dass nur in Ausnahmefällen größere Beschwerden an die Verwaltung des Ordens herangetragen wurden. Leibeigene, die einen Gatten in einer anderen Herrschaft ehelichen wollten, konnten sich ohne Probleme mit einem Manumissionsschein freikaufen. Im Gegenzug begaben sich fremde Untertanen in die Leibherrschaft des Ordens.
An der Spitze der Deutschordenskommende stand der Landkomtur Karl Franz v. Forstmeister, der 1803 im Alter von 73 Jahren das Amt angetreten hatte.[9] Seit 1805 lebten neben ihm noch zwei Ordensangehörige in Altshausen, der Hauskomtur Camill v. Froberg-Montjoye und der Ordensritter Karl Franz v. Waldburg.[10] Offenbar waren die beiden Ritter angesichts der Krisensituation in den Deutschen Orden aufgenommen worden. Noch um die Jahrhundertwende ließen die Ordensritter im Hardtwald bei Altshausen einen Wasserpark anlegen, wo man sich in einer idyllischen Landschaft durch eine Welt von Tempeln, Brücken und Spielstationen rudern lassen konnte. Der Hartweiher bildete das zentrale Element in den zum Schloss gehörigen Anlagen.[11] Dieses beschauliche Leben der Ordensritter sollte indessen nicht mehr lange andauern.

Besitzergreifung

Schon im späten 18. Jh. dürften die Angehörigen des Deutschen Ordens in Altshausen geahnt haben, dass ihre Herrschaft nicht mehr allzu lange bestehen würde. Dafür gab es sowohl ideologische als auch politische Motive. In der Zeit der Aufklärung stellte sich die Frage nach dem Nutzen geistlicher Institutionen.[12] Fast mehr noch als die Klöster musste eine Korporation wie der Deutsche Orden zunehmend als anachronistisch erscheinen, da sie nicht einmal vergleichbare Leistungen im Bereich des höheren Schulwesens oder der Wissenschaft vorzuweisen hatte. Insofern verwundert es nicht, dass die Herrschaft Brandenburg bereits 1796 Ordensbesitzungen im Fürstentum Ansbach annektiert hatte.[13] Zwar überstand der Deutsche Orden im Südwesten des Reiches die Säkularisationswelle von 1803 fast unbeschadet, aber die Verhältnisse änderten sich rasch.[14] Da Kaiser Napoleon dem Irrtum unterlag, dass die Ordensbesitzungen Erbgüter des Hauses Habsburg seien, stand er einer Säkularisierung der Besitzungen durch seine Vasallen als strategische Maßnahme gegen das österreichische Kaiserhaus aufgeschlossen gegenüber.[15]

Nachdem sich infolge der österreichischen Niederlage im 3. Koalitionskrieg in der Schlacht bei Austerlitz am 2. Dezember 1805 die Möglichkeit einer Säkularisation des Ordens eröffnete, versuchten die konkurrierenden größeren Mächte Bayern, Württemberg und Baden, die südwestdeutschen Ordensbesitzungen an sich zu bringen.[16] Durch Besitzergreifungen wollten diese Staaten den jeweils anderen zuvor kommen und sich einzelne Herrschaften sichern. Den ersten Schritt im Kerngebiet der Deutschordenskommende Altshausen machte Baden, als es am 20. Dezember 1805 die Landeshoheit über die gesamte Herrschaft verkündete. Als die badische Herrschaft in den Dörfern Pfrungen und Mendelbeuren jedoch ihre Besitzergreifungspatente anschlagen ließ, rissen die Bauern diese sofort wieder ab.[17] Da in Pressburg die Verhandlungen über Rang und territoriale Ausdehnung der Länder im deutschen Südwesten in vollem Gang waren, bemühten sich alle drei größeren südwestdeutschen Staaten, vollendete Tatsachen zu schaffen, um die Herrschaft auch rechtlich beanspruchen zu können.[18] Mit dem Inkrafttreten des Friedensvertrags von Pressburg vom 26. Dezember 1805 wurden Bayern und Württemberg zu Königreichen, Baden zum Großherzogtum erhoben. Gleichzeitig galt der Besitzstand vom 31. Dezember 1805 als rechtsverbindlich. Die königliche Regierung in Bayern reagierte umgehend. Am 2. Januar 1806 marschierte ein bayerischer Offizier mit zwölf Soldaten in Altshausen ein und besetzte die Residenz. Nur zwei Wochen später, am 19. Januar, veranlasste der bayerische Kommissar Seutter den Landkomtur, die Ordensbeamten von ihren Verpflichtungen gegenüber dem Deutschen Orden zu entbinden, und verpflichtete sie auf den König von Bayern als neuem Herrn.

Zwei Tage nach diesem Akt reiste der württembergische Kommissar v. Maucler mit einem Kontingent von 60 Kavalleriesoldaten und dem Auftrag nach Altshau-

Achberg
Ansicht des Deutschordensschlosses der Herrschaft Achberg, die stets mit dem Amt des Landkomturs verbunden war.
Zu sehen sind Schloss, Amtshaus, Glockenturm, Schlossgarten und Wirtschaftshof. Die Brücke wurde im 19. Jh. abgebrochen.
Lavierte Federzeichnung, R. Wiedmann, 1824.
Kreisarchiv Ravensburg.

sen, die Deutschordenskommende für den König von Württemberg in Besitz zu nehmen. Durch die Annektion der Landvogtei Schwaben und der Stadt Saulgau grenzte nun auch das Königreich Württemberg an die ehemalige Deutschordenskommende. Daraus leitete

Schloss Achberg
Stuckdecke des Rittersaals, die unter Landkomtur Franz Benedikt von Baden (1689–1707) durch den Stukkateur Balthasar Grimmer um 1700 geschaffen wurde. Die Ikonographie weist vielfältig auf den deutschen Orden (Kreuz) und seine Aufgabe der Verteidigung des Christentums hin.
Schloss Achberg.

die königliche Regierung in Stuttgart Besitzansprüche ab.[19] In Altshausen traf Maucler auf die bayerische Besatzung, die sich weigerte, ihre Stellung aufzugeben; aus Biberach sandte Bayern weitere 30 Soldaten. Deshalb konnte der württembergische Kommissar zunächst nur Mitbesitzansprüche anmelden, indem er das württembergische Wappen neben dem bayerischen am Torhaus des Schlosses sowie am Wirtshaus zum »Goldenen Hirsch« anbrachte. Es gelang ihm jedoch nicht, den Geheimen Rat v. Zelling als höchstem Beamten der Landkommende auf den König von Württemberg zu verpflichten, da dieser bereits eine Verpflichtungserklärung gegenüber dem bayerischen König abgegeben hatte. Der Landkomtur v. Forstmeister protestierte förmlich gegen die Besitznahme.[20] Ende Januar sandte die Herrschaft Bayern Grenadiere nach Altshausen und konnte den Abzug der württembergischen Soldaten bewirken. Das zur Kommende gehörige Dorf Pfrungen war von Baden in Besitz genommen und von drei Soldaten besetzt worden, da infolge der Säkularisation neun Lehenhöfe an Baden gefallen waren, welches daraus Ansprüche auf den gesamten Ort ableitete.[21] Überdies befand sich noch französisches Militär unter Führung des Generals Colbert im Schloss und in anderen Quartieren.[22] In dieser komplizierten Situation, als die Eigentumsverhältnisse bezüglich der säkularisierten und mediatisierten Gebiete staatsrechtlich noch nicht geregelt waren, mussten die württembergischen Beauftragten sehr vorsichtig taktieren. Deshalb zog sich die Besitzergreifung Monate lang hin. In Altdorf saß der nächste württembergische Beamte, Oberamtmann Ludwig Koch, der nun zusammen mit dem Kreissteuerrat Sommer aus Rottweil als »Besitzergreifungskommission« eingesetzt wurde. Die Kommission sandte den Verwaltungspraktikanten Anton Ehrlenspiel nach Altshausen mit dem Auftrag, dort im Geheimen die Lage zu beobachten. Am 3. Juni 1806 kam zwischen Württemberg, Bayern und Baden ein Staatsvertrag zustande, in dem die Deutschordenskommende eindeutig Württemberg zugesprochen wurde.[23] Vier Wochen später gelang es dem Altdorfer Oberamtmann, die Besitzergreifung für Württemberg zu vollziehen, nachdem die bayerischen Soldaten aus Altshausen abgezogen, die konkurrierende Herrschaft also offensichtlich ihre Ansprüche auf die Kommende aufgab. An

allen öffentlichen Gebäuden wurden das württembergische Wappen und das Besitzergreifungspatent angeschlagen. Obwohl sich die französischen Militärs gegen eine Besitzergreifung Württembergs sperrten[24], konnte der Oberamtmann die ranghöchsten Beamten und Bediensteten des Deutschen Ordens mit der Drohung einer sofortigen Entlassung im Weigerungsfall zur Eidesleistung bewegen. Landkomtur v. Froberg legte bei König Friedrich Protest ein, der aber ungehört verhallte. Am 12. Juli verpflichtete Oberamtmann Koch den Geheimen Rat Michael Felizian v. Zelling, den Hofrat und Oberamtmann Johann Nepomuk v. Bagnato, den Rat und Rentmeister Johann Baptist Streicher, den Landschaftskassier und Sekretär Joseph Anton Bagnato, den Registrator Joseph Anton Lorinser, den Waisenpfleger Anton Bollstetter, den Kastenvogt Maximilian Nadler, den Akzessisten Kasimir Schindler sowie den Waisenamtsadjunkt Xaver Bollstetter auf König Friedrich.[25] Das Altshausener Postamt wurde der Oberpostdirektion Stuttgart unterstellt.[26] Nach wie vor berief der Landkomtur jedoch die Balleikonferenz ein, wenn auch die Abstände zwischen den Konferenztagen immer größer wurden. In den Protokollen ist von der Krisensituation nichts zu spüren, da man sich auf die Verwaltungsangelegenheiten beschränkte. Am 12. August 1806 fand in Altshausen zum letzten Mal eine Balleikonferenz statt.[27]

Nun begann die Inventarisierung des Deutschordensbesitzes. Wie bei den säkularisierten Klöstern bestand das Ziel darin, die Ausstattung von Schloss und Kirche auf das unumgänglich Notwendige zu reduzieren. Auch diese Maßnahme gestaltete sich schwierig, weil der französische General Colbert versuchte, die württembergischen Soldaten und die Besitzergreifungskommission aus dem Dorf Altshausen zu drängen, da Württemberg noch nicht endgültig die Souveränität über die Herrschaft Altshausen erlangt hatte. Bei den württembergischen Beauftragten löste dies Verwunderung aus, da die französischen Besatzer gegen König Friedrich vorgingen, der doch mit Kaiser Napoleon verbündet war![28] So weigerten sich die württembergischen Kommissionsangehörigen, Altshausen zu verlassen, und quartierten sich im Gasthaus zum »Goldenen Hirsch« ein, obwohl ihnen die französischen Militärpersonen eine gewaltsame *Ausschaffung* androhten.[29] Auf dem Verhandlungswege gelang es dem württembergischen Justizminister jedoch, eine Einigung mit der kaiserlichen Regierung herbeizuführen, so dass die Herrschaft Altshausen am 9. September förmlich übergeben wurde.[30] Erst jetzt konnten die Beamten mit den aufwändigen Inventarisierungsarbeiten fortfahren. Noch Ende September wurden in Abwesenheit des Landkomturs vier große Kisten mit Silbergegenständen mit einem vierspännigen Wagen unter militärischer Bewachung nach Stuttgart gebracht; im Oktober folgte ein Transport mit Silber- und Weißzeug.[31] Gegen Ende des Jahres lieferte die Besitzergreifungskommission schließlich noch eine große Sammlung an Medaillen ab.[32]

Landkomtur v. Forstmeister und Hauskomtur v. Froberg nahmen die württembergische Besitzergreifung nicht widerspruchslos hin. Während Baron v. Maucler am 10. Oktober den Untertanen der Herrschaft Altshausen im Namen des württembergischen Königs die »Erbhuldigung« abnahm, waren die beiden nach Stuttgart gefahren, um sich bei König Friedrich zu beklagen. Dort nahm sie der Monarch freundlich auf, gewährte dem Landkomtur eine Privataudienz und lud ihn zur Tafel. Änderungen stellte König Friedrich dem Landkomtur freilich nicht in Aussicht, aber er versprach ihm eine gute Pension.[33] Vermutlich war der württembergische König mit den großen politischen Aufgaben so in Anspruch genommen, dass ihn das Schicksal der kleinen Herrschaft Altshausen nur am Rande interessierte.

Da der Landkomtur und die Deutschordensritter nicht mehr souveräne Herrschaftsträger waren, wurde die Hofhaltung in Altshausen aufgegeben; deshalb erschienen auch die meisten Bediensteten im Schloss als überflüssig. In einem Verzeichnis werden 142 Personen aufgeführt, die im Dienst der Landkommende gestanden hatten.[34] Nicht nur bezüglich der Hofhaltung, sondern auch in anderen Bereichen war abzusehen, dass man mit bedeutend weniger Dienstpersonal würde auskommen können, beispielsweise auf den großen Höfen in und um Altshausen. Zur Reduzierung des Personals gab es drei Möglichkeiten: Angehörige des Ordens und ältere Personen fand man mit einer Pension ab, Inhaber verbleibender Ämter wurden auf ihren Stellen belassen, und die übrigen Frauen und Männer mussten sich eine neue Stelle suchen.

Den Deutschordenspriestern in den Pfarreien Altshausen, Ebersbach, Fleischwangen und Pfrungen[35] wurde das Tragen der Ordensabzeichen verboten, sofern sie nicht schriftlich versicherten, dass sie damit keine Ansprüche verbanden.[36]
Schließlich galt es, die Ökonomie unter württembergische Kontrolle zu bringen. Zu diesem Zweck errichtete man 1807 ein Kameralamt in Altshausen und berief als Kameralverwalter den aus Tübingen stammenden Kameralverwalter von Heiligkreuztal, Johann Heinrich Schnell (1779–1822). Dieser heiratete im Jahr nach seinem Amtsantritt die Tochter des Hirschwirts Joseph Kübler aus Altshausen, also eine Angehörige der dörflichen Honoratiorenschicht.
Ein erster Schritt bestand in der Aufhebung der ausgedehnten herrschaftlichen Eigenwirtschaft. Mühlen, Höfe und Weiher wurden zur Verpachtung ausgeschrieben.[37] Dabei zeigte sich, dass die Bierbrauerei, die Ziegelhütte und die Mahlmühle mit erheblichen wirtschaftlichen Schwierigkeiten zu kämpfen hatten. Das im Schloss befindliche Brauereigebäude im Flügel rechts vom Eingangstor bot keinen Platz für einen größeren Bierausschank. Die Ziegelhütte konkurrierte mit zehn anderen Einrichtungen in Oberschwaben. Bei der herrschaftlichen Mahlmühle mit einem Gerbgang und drei Mahlgängen[38], in der ausschließlich Getreide für die Bewohner des Schlosses gemahlen worden war, kam es im Sommer aus Wassermangel nicht selten zum völligen Stillstand, da der Zufluss aus dem Weiher versiegte. So musste das Kameralamt diese Einrichtungen zu mäßigen Preisen an die bisherigen, vom Deutschen Orden besoldeten Betreiber verpachten, da sich sonst keine Interessenten fanden. Gleichzeitig verkaufte man entbehrliche Gebäude, um die Erhaltungskosten zu senken: die Beamtenhäuser des Balleirats und des Hofchirurgus, die Walk- und Schleifmühle, die Sägmühle mit Hanfreibe und Ölmühle, das Schießhaus am Alten Weiher sowie das Rebhaus und die Güter in Sipplingen.[39]
Auch im Schloss selbst ergaben sich durch die Aufhebung der ständigen Hofhaltung einschneidende Veränderungen. Zur Versorgung des Hofes waren einige Handwerker ständig angestellt und unterhielten im Schlossbereich ihre Werkstätten. Hier arbeiteten Schreiner, Schmiede, Wagner und Schlosser; im Reitstallgebäude war die Küferwerkstatt untergebracht, im Alten Schloss bestand eine Bäckerei. Einige Werkstätten überließ die Herrschaft den Inhabern gegen Abtretung ihrer Pensionsansprüche ohne Gegenleistung, während andere verpachtet wurden.[40]
Am deutlichsten zeigt sich die bewusste Steuerung der königlichen Regierung bei der Verpachtung der vier Maierhöfe in und bei Altshausen: die Maierei Altshausen, Arnetsreute, Lichtenfeld und Tiergarten. Auf allen diesen Höfen setzte die Herrschaft Württemberg Pächter aus Pfullingen ein, möglicherweise Angehörige eines Familienverbandes.[41]
Durch die Einsetzung der aus dem protestantischen Altwürttemberg stammenden Beamten und Pächter verfügte die neue Herrschaft über lokal einflussreiche Persönlichkeiten, die ihr loyal gegenüber standen. Immerhin ist der häufige Pächterwechsel auf den drei Gutshöfen Arnetsreute, Lichtenfeld und Tiergarten vor 1824 ein Indiz dafür, dass sich die Pächter bei der Bewirtschaftung mit erheblichen Schwierigkeiten konfrontiert sahen.[42] Klima und Bodenverhältnisse in Oberschwaben machten ihnen offenbar zu schaffen. In einem Gutachten über die Domänen Lichtenfeld und Tiergarten kam der Hofkameralverwalter von Freudental, Karl Amand Friedrich Stockmayer, 1812 zu einem deprimierenden Ergebnis: *Die bisherigen Pächter haben* […] *durch Nachlässigkeit und Mittellosigkeit die Güter sichtbar in Abgang kommen lassen; in ihren Haushaltungen herrscht Schmuz, das Vieh ist nicht zum 4ten Theil hinlänglich abgemagert und elend, und es findet Commissarius* [Stockmayer], *um die Güter vom Verderben zu retten, die Entfernung der Pächter nothwendig*.[43] Diesem Vorschlag folgte denn auch die Hof- und Domänenkammer. Im neuen Pachtvertrag forderte sie von den aufziehenden Pächtern die Sechsfelderwirtschaft, konnte aber diese Bewirtschaftungsweise schließlich nicht durchsetzen, weil sie sich als nicht praktikabel erwies.[44] In sozialer Hinsicht gehörten die Domänenpächter zu den ersten protestantischen Einwohnern Oberschwabens und mussten weite Wege auf sich nehmen, um einen evangelischen Gottesdienst zu besuchen.
Mit der Neuverpachtung der Domänen verbanden sich Veränderungen in der Wirtschaftsweise. Zunächst wurden die beiden Alpen des Deutschen Ordens, die Hirschgund- und die Rindbergalp, aufgelöst und dann verkauft. Das Vieh brachte man auf die Domänen bei

Altshausen. Durch die Einführung der Stallfütterung hielt man nicht mehr so viel Vieh wie zu Zeiten der Deutschordensherrschaft. Im öffentlichen Aufstreich wurden die entbehrlichen Tiere verkauft; da man auch weniger Knechte und Mägde benötigte, entließ man die überzähligen Männer und Frauen.[45]

Im Rahmen der Besitzergreifung bemühte sich die Kommission auch, die Eigentumsrechte an den auswärtigen Besitzungen der Deutschordenskommende für Württemberg zu reklamieren. Tatsächlich gelang es, die Objekte und Einkünfte in Ravensburg, Sipplingen, Immenstaad, Meersburg, Wallhausen, Hinterhausen und auch die beiden Alpen zu sichern. Der Wein aus den ordenseigenen Weinbergen am Bodensee war im Keller der Kommende Mainau gelagert, aber von Baden beschlagnahmt worden. Nach Verhandlungen mit der badischen Seite wurde die Beschlagnahme aufgehoben. Auch die Zehnterträge im badischen Ausland konnten die württembergischen Beauftragten sichern, indem sie den Zehnten einziehen oder verpachten ließen.[46]

Im Frühjahr 1807 war die Besitznahme der ehemaligen Deutschordenskommende so weit abgeschlossen, dass man an eine beständigere Verwaltungsgliederung der neu erworbenen Herrschaft denken konnte. Die aus Kreissteuerrat Sommer und Oberamtmann Koch bestehende Besitzergreifungskommission wurde deshalb aufgelöst. Mit der »definitiven Organisation« beauftragte König Friedrich den Finanzrat Christian David Süßkind, stellte ihm aber gleichzeitig den Kameralverwalter von Heiligkreuztal, Johann Heinrich Schnell, zur Seite.[47] Eine der ersten Maßnahmen der neu bestellten Beamten bestand darin, einen großen Teil der umfangreichen Schlossbibliothek nach Stuttgart schaffen zu lassen, wo sie der Königlichen Handbibliothek einverleibt wurde.[48] Dem Landkomtur v. Forstmeister wurde eine jährliche Pension von 20.000 fl., dem Hauskomtur v. Froberg eine Jahrespension von 4.000 fl. ausgesetzt; im Gegensatz zu vielen anderen entsprechenden Fällen sind diese Pensionen in Altshausen regelmäßig bezahlt worden.

Da die weltliche Verwaltung der Deutschordenskommende dem Oberamtmann unterstanden hatte, galt die Herrschaft als Oberamt. Noch im Frühjahr 1807 erfolgte jedoch eine Neueinteilung der Oberämter im Königreich Württemberg. Für ein württembergisches Oberamt wies die Herrschaft Altshausen eine zu geringe Einwohnerzahl auf, und zudem hätte der Hauptort an der Peripherie gelegen. Deshalb verlor die ehemalige Residenz ihren Oberamtsstatus und wurde dem Oberamt Saulgau zugeschlagen.[49] Zwar residierte ein »Unteramtmann« im Ort, aber dieser fungierte lediglich als Ortsvorsteher. Zum ersten Unteramtmann ernannte der König den Kanzlisten Kasimir Schindler. Im Juni 1807 erfolgte eine Neuordnung der gesamten Verwaltung durch Bestätigungen von Amtsinhabern, Pensionierungen und Abfindungen für ausscheidende Personen.[50] Immerhin blieb in Altshausen ein *kombiniertes Kameralamt Altshausen, Saulgau und Mengen*[51] zur Verwaltung der herrschaftlichen Einkünfte bestehen, nachdem das Kameralamt Saulgau aufgelöst und der Bezirk aufgeteilt worden war.[52] Dazu zählten Orte verschiedener ehemaliger Grundherrschaften, was für die Verwaltung aufgrund der unterschiedlichen Maße und Rechtsvorschriften manche Schwierigkeiten mit sich brachte.

Die große Schlossanlage in Altshausen beanspruchte König Friedrich im Juli 1807 als sein Privatvermögen und wies sie der Hof- und Domänenkammer zu. Gleichzeitig räumte er dem Landkomtur v. Forstmeister den lebenslänglichen Nießbrauch des Schlosses ein.[53] Da das entsprechende Dekret in Buchau ausgefertigt wurde, wo der König auf einer Reise an den Bodensee, den Rheinfall und in die Donaustädte übernachtete, könnte es sogar sein, dass er auf seiner Reiseroute auch Altshausen passiert hatte.[54]

Auf staatlicher Ebene wurde der Deutsche Orden im Reich mit dem Verzicht des Hochmeisters auf alle Güter und Besitzungen des Ordens in den Rheinbundstaaten im Oktober 1809 rechtlich aufgelöst.[55] Damit war eine Wiederaneignung der südwestdeutschen Herrschaften endgültig ausgeschlossen. Der ehemalige Landkomtur v. Forstmeister behielt seine Wohnung im Schloss. Dort besuchte ihn König Friedrich zweimal – im Juli 1810 und im Juli 1811 – und speiste bei ihm zu Mittag. Karl Friedrich v. Forstmeister starb am 1. Januar 1814 und wurde mit dem im Deutschen Orden üblichen Zeremoniell in der Kirche beigesetzt.[56] Der ehemalige Hauskomtur Camill v. Froberg erhielt ebenfalls die Erlaubnis, im Schloss wohnen zu bleiben; er starb im Jahr 1834 und wurde auf dem Altshausener Friedhof bestattet.

Die Herrschaft Altshausen war nun endgültig Teil des württembergischen Staatsgebiets und wurde von den staatlichen Behörden verwaltet. Dieser Zustand sollte allerdings nur von kurzer Dauer sein. Der Grund dafür war darin zu suchen, dass die ehemalige Deutschordenskommende das Interesse König Friedrichs erregte. Sie lag sehr günstig zwischen der Residenzstadt Stuttgart und der Stadt Friedrichshafen am Bodensee. Das geräumige Barockschloss erschien als königliches Landschloss besonders geeignet, und die Wälder der Umgebung boten Gelegenheit zur Jagd. Deshalb wollte der Monarch das Gebiet um sein Schloss als Privatbesitz erwerben und wies seine Hof- und Domänenkammer an, Verhandlungen mit den Staatsbehörden einzuleiten.

Königlicher Privatbesitz

Seit dem 16. Jh. war in Württemberg das Privatvermögen der Herrscherfamilie streng vom Staatsvermögen getrennt. Die Landstände, eine etwa 60 Familien zählende Vertretung der Oberschicht, hatte sich im Tübinger Vertrag von 1514 zahlreiche Privilegien erkämpft; unter anderem konnten die Herzöge Steuern nicht ohne Bewilligung der Stände ausschreiben. Deshalb betrieben die Landesherren den Aufbau eines privaten Vermögens, welches dem Zugriff der Landstände entzogen war. Durch Erwerbungen und Tausch versuchten sie, dieses Vermögen zu erhalten und zu mehren. Nach dem Ende des Dreißigjährigen Kriegs wurde mit der *Kammerschreiberei* eine eigene Behörde zur Verwaltung des herzoglichen Privatvermögens eingerichtet. Dabei waren staatliche und familiäre Aufgaben nicht genügend voneinander getrennt. Deshalb wurden aus den Einkünften des Privatvermögens Ausgaben bestritten, welche originär dem Staat zuzuordnen waren, während die staatlichen Behörden auch Aufwendungen finanziert hatten, die eindeutig zum privaten Bereich der königlichen Familie gehörten.

Gegen Ende des Alten Reiches geriet die Kammerschreiberei in eine Krise, da das herzogliche Privatvermögen hoch verschuldet war. Die geografisch weitverstreuten Besitzungen erschwerten die Verwaltung der Güter und Einkünfte erheblich. Nachdem Württemberg am 1. Januar 1806 zum Königreich erhoben worden war, nutzte König Friedrich die Gelegenheit, mit der Neuorganisation der staatlichen Verwaltung auch die Administration seines privaten Familienvermögens neu zu ordnen. Äußerlich kam dies bereits in einer Umbenennung der Kammerschreiberei zum Ausdruck: Von nun an hieß sie *Hof- und Domänenkammer* (ab 1816 verkürzt *Hofdomänenkammer*).[57] Der König wies seine Beamten an, den Güterbesitz seines Hauses in größeren geschlossenen Bezirken zu organisieren. Gleichzeitig sollte im Rahmen einer *Purifikation* eine vollständige Trennung des privaten und des staatlichen Vermögens stattfinden. In umfangreichen Verhandlungen zwischen der Staatsverwaltung und der Hof- und Domänenkammer wurden große Besitzungen ausgetauscht, parallel dazu die Aufgabenbereiche der Privatvermögensverwaltung und der Staatsverwaltung neu definiert und eindeutig geklärt.

Nun befand sich die Herrscherfamilie seit dem frühen 17. Jh. im Besitz des Schlosses und der dazu gehörigen kleinen Herrschaft Weiltingen bei Dinkelsbühl, wo zeitweise eine Nebenlinie des Hauses residiert hatte.[58] Da infolge der territorialen Neuordnung nach 1800 das gesamte umliegende Gebiet an das Königreich Bayern gefallen war, erschien es wenig sinnvoll, die Herrschaft Weiltingen als territoriale Exklave für das königliche Privatvermögen zu halten. Deshalb trat die königliche Familie ihre Herrschaft im Pariser Vertrag von 1810 an Bayern ab.[59] Als Entschädigung für diesen Verlust erwarb König Friedrich als Eigentümer des Schlosses Altshausen vom württembergischen Staat für sein Privatvermögen die dazu gehörige Herrschaft und unterstellte diesen Besitz der Hof- und Domänenkammer. Das Kameralamt Altshausen wurde in ein Kameralamt der Hof- und Domänenkammer umgewandelt[60] und als Kameralverwalter der Buchhalter bei der Oberfinanzkammer, Johann Bernhard Maurer, berufen.[61]

Von diesen Umstrukturierungen dürften die Einwohner des neuen Hofkameralbezirks nur wenig bemerkt haben, da es sich bei der Herrschaft Altshausen um ein arrondiertes Gebiet handelte und somit keine umfangreichen Tauschmaßnahmen erforderlich waren. In erster Linie musste es der neuen Herrschaft um die administrative Durchdringung ihrer Besitzungen gehen. Dies geschah auf zwei Ebenen: im Bereich der

Vermögensverwaltung und bezüglich der Domänen in der Nähe von Altshausen.
Als Rechtsnachfolger des Deutschen Ordens nahm das Hofkameralamt sämtliche Rechte der ehemaligen Deutschordensherrschaft wahr. Jedoch sind Bestrebungen unverkennbar, den Besitz neu zu strukturieren. Bereits in der Regierungszeit König Friedrichs setzten Bemühungen ein, die Erträge des Kameralbezirks durch eine verbesserte Bewirtschaftung zu steigern. Nach einem Dekret von 1808 sollten die Beamten auf breiter Ebene den Versuch unternehmen, die Bauern zur Umwandlung ihrer Falllehen in Erb- oder Zinsgüter zu bewegen. Für die Herrschaft hätte sich daraus der Vorteil ergeben, dass sie jedes Jahr mit gleich bleibenden Einnahmen hätte rechnen können und das einzelne Gut mehr Reinertrag erbracht hätte. Diese Maßnahme zeitigte jedoch nur geringe Erfolge, da die Bauern bei ihrer über Generationen tradierten Wirtschaftsweise bleiben wollten.[62] Nicht nur die von ihnen zu erbringenden höheren Leistungen schreckten sie ab, sondern auch die uneinheitliche Vorgehensweise der Behörden. Von über 500 Leheninhabern in der Herrschaft Altshausen stimmten in den Jahren 1813 bis 1815 lediglich neun Bauern der Allodifikation ihrer Güter zu.[63]
Deshalb konzentrierten sich die Bestrebungen der neuen Herrschaft zur Ertragssteigerung zunächst vorwiegend auf den ihr zugefallenen eigenen Besitz. Beispielsweise hatte der Deutsche Orden eine umfangreiche Weiherwirtschaft betrieben; beim Übergang an Württemberg umfassten die Weiher eine Fläche von etwa 150 ha. Sie dienten nicht nur der Fischzucht, sondern trieben auch Mühlen und eine Hanfreibe an. Noch unter dem Orden hatte man die ersten Weiher trockengelegt, um sie als landwirtschaftliche Nutzfläche verkaufen zu können. Diese Maßnahmen setzte

Altshausen
Ansicht des ehemaligen Deutschordens- und nun württembergischen Schlosses und Ortes.
Ölgemälde, Johann Georg Sauter (1782–1856), ca. 1820.
Privatbesitz.

das Hofkameralamt fort.[64] Auch ein Torfstich im Tolpenried wurde teilweise trockengelegt.
Sorgen bereitete der umfangreiche Waldbesitz mit einer Fläche von 6.950 Morgen (2.190 ha) und weiteren 723 Morgen (228 ha) Torfflächen. Die meisten Leheninhaber hatten das Recht auf den Bezug von Bau- und Brennholz für ihre Höfe, wofür jährlich 2.600 Klafter Holz abgegeben wurden. Darüber hinaus benötigte die Herrschaft für ihren eigenen Bedarf und für die Holzbesoldungen der Angestellten weitere 300 Klafter Holz. Da die Waldungen zum größten Teil aus Nadelholz bestanden, erbrachten sie kaum so viel Ertrag, dass auch nur diese jährlichen Verpflichtungen erfüllt werden konnten; man musste im Grunde die Bäume viel zu früh schlagen.[65] Bei einer Untersuchung zeigte sich, dass dem Wald in den vorangegangenen Jahrzehnten dadurch viel Schaden zugefügt worden war, dass die Leheninhaber ihr Holz selbst hatten schlagen dürfen. In einem Gutachten riet der Oberforstrat v. Jäger, den ärmeren Familien mehr Torf zukommen zu lassen, um Brennholz zu sparen, und entwarf einen detaillierten Bewirtschaftungsplan.[66]
Nach dem Tod des letzten Landkomturs v. Forstmeister 1814 verpachtete das Kameralamt der Hofdomänenkammer Teile des Schlossparks und des Schlossgartens[67], während im Schloss selbst die repräsentativen Räume für gelegentliche Besuche des Königs und seines Gefolges bereit gehalten wurden. König Friedrich wollte sein neu erworbenes Landschloss als oberschwäbische Residenz so erhalten wissen, wie es einer königlichen Hofhaltung angemessen war. Deshalb wurden beispielsweise die Kanäle am Hartweiher ausgebessert, das Schiff auf dem Weiher repariert und die Gebäude und Spiele auf den Inseln instandgehalten.[68]
Im herrschaftlichen Teil des Schlossgartens kümmerte sich ein einziger Gärtner um die Orangerie und die Obstanlagen, in denen besonders schöne Spalierbäume standen; dieser schien freilich mit der Aufgabe überfordert zu sein, so dass eine Verwilderung des Gartens zu befürchten stand.[69] Nach wie vor befand sich die Orangerie mit etwa 70 Orangenbäumen, 60 Ananaspflanzen und zahlreichen Pfirsichbäumen in einem guten Stand, wobei der Ananasanbau schon im Jahr 1815 eingestellt wurde.[70]
Freilich war abzusehen, dass die königliche Familie nur selten nach Altshausen kommen würde. Durch den Tod des Landkomturs hatte das weitläufige Barockschloss mit den Anlagen seine Residenzfunktion weit gehend eingebüßt.

»Rationelle Landwirtschaft«

Mit dem Regierungsantritt König Wilhelms I. (1816–1864) brach im Oktober 1816 für die Herrschaft Altshausen eine neue Epoche an. Der Thronwechsel fiel in eine schwere Krisenzeit, da durch Missernten Hungersnot und Teuerung herrschten. Der neue Monarch nahm diese Situation zum Anlass einer grundlegenden Reform der königlichen Hofhaltung und der Staatsverwaltung. Er schränkte den Repräsentationsaufwand deutlich ein. Diese Bestrebungen machten sich auch in Altshausen bemerkbar, als 1817 die Orangerie im Schlossgarten aufgelöst wurde, für deren Beheizung immens viel Holz benötigt wurde. Ein derart hoher Aufwand für ein nicht ständig bewohntes Schloss erschien nun nicht mehr vertretbar – gerade auch angesichts der schweren Not im Lande. Man dachte sogar zeitweise daran, den Pavillon im Schlosspark abzureißen, kam aber wieder davon ab.[71] Lediglich einige Treibhäuser wurden abgebrochen und weitere Teile des Schlossgartens verpachtet.[72] Nach mehreren Versuchen konnte schließlich die Orangerie im August 1818 verkauft werden.[73] Bezüglich der Anlagen ordnete die königliche Regierung eine so drastische Verminderung der Erhaltungskosten an, dass ein allmählicher Verfall drohte.[74] Ausgenommen davon waren lediglich die Kastanienalleen, bei denen man fehlende Bäume neu pflanzte. Zwar kam auch König Wilhelm I. gelegentlich nach Altshausen und residierte jeweils für einige Tage im Schloss, aber der einfachere Zuschnitt der Hofhaltung entsprach seiner generellen Einstellung.[75]
Das besondere Interesse des Königs galt der Verbesserung der Landwirtschaft. Noch unter König Friedrich waren auf dem herrschaftlichen Brühl in Altshausen und auf den Pachthöfen 3.000 veredelte Obstbäume gesetzt worden.[76] König Wilhelm I. aber hatte sich, ganz der Aufbruchsstimmung seiner Zeit verhaftet, die »rationelle Landwirtschaft« zum Ziel gesetzt. Zu den bereits vorhandenen Domänen ließ er weitere Güter in den Hofkameralamtsbezirken ankaufen und

setzte qualifizierte Pächter ein. Ausdrücklich verfügte der Monarch, dass die Domänen als »Mustergüter« zu führen seien, bei denen weniger auf den Ertrag als vielmehr auf eine innovative Wirtschaftsweise zu achten sei. Ohne rechtliche Reformen konnte man aber nicht auf entscheidende Verbesserungen in der Landwirtschaft hoffen.

Zunächst ging es ihm darum, die noch im mittelalterlichen Feudalsystem wurzelnden Verpflichtungen der Bauern abzulösen.[77] Mit einem Edikt vom 18. November 1817 wurde die Leibeigenschaft für die Leibeigenen der württembergischen Krone ohne jede Gegenleistung abgeschafft. Diese gesetzliche Regelung übernahm König Wilhelm I. auch für die Leibeigenen der Hofdomänenkammer und stellte damit seine Untertanen besser als die in den Gebieten des Adels und der Standesherren.[78] Wie in den meisten oberschwäbischen Herrschaften gab es auch im ehemaligen Ordensgebiet fast ausschließlich Falllehen. Bei einem Besitzwechsel war die Herrschaft berechtigt, das Lehengut nach Belieben an einen neuen Inhaber auszugeben. Wenn in der Familie des Leheninhabers ein geeigneter Nachfolger vorhanden war, gab es normalerweise keinen Grund, ein Lehengut aus dem Besitz der Familie gelangen zu lassen. Nach dem Anerbenrecht wurden die Güter geschlossen vererbt. Nun wollten die württembergischen Beamten sämtliche Falllehengüter in Erblehen umwandeln, stießen aber damit bei den oberschwäbischen Bauern auf wenig Gegenliebe. Gerade in den oberschwäbischen Gebieten scheiterte manche gut gemeinte Maßnahme an der Ablehnung der Untertanen. Die Beamten waren bestrebt, die Verhältnisse des alten Herzogtums Württemberg auf die neu erworbenen Gebiete übertragen, ohne auf die historische Entwicklung der Region allzu viel Rücksicht zu nehmen. Sie verkannten dabei oftmals die Tatsache, dass die Landwirtschaft in Oberschwaben auf Grund der wesentlich geringeren Bevölkerungsdichte und der ertragsärmeren Böden – darunter umfangreiche Ried- und Moorgebiete – im Vergleich zu Altwürttemberg extensiv betrieben wurde. Von dieser Wirtschaftsweise wollten sich die Bauern nicht abbringen lassen.[79]

Trotzdem setzten auch im Gebiet des Hofkameralamts Altshausen Verbesserungsbemühungen ein. Seit 1821 legte man in Altshausen selbst Hopfengärten an und propagierte den Anbau von Runkelrüben.[80] Während sich der Anbau von Runkelrüben – und später von Zuckerrüben – als äußerst arbeitsintensiv und aufwändig erwies, gewann der Hopfenanbau rasch an Bedeutung und wurde über ein Jahrhundert lang von zahlreichen Pflanzern betrieben. Auch auf dem Gebiet der Viehzucht ließ der König den Bauern die Zuchterfolge auf seinen Domänen zugute kommen, indem er alljährlich hochwertige Pferde auf eine Beschälplatte in Altshausen bringen ließ, damit die Bauern dort ihre Stuten decken lassen konnten. Es besteht jedoch kein Zweifel darüber, dass die Domänen in Altwürttemberg für die Landwirtschaftsförderung eine wesentlich größere Rolle spielten als die oberschwäbischen Güter. Nicht nur die geografische Nähe zum königlichen Hof, sondern auch die günstigeren – und für Pächter wie Beamte gewohnteren – Klima- und Bodenverhältnisse gaben dafür den Ausschlag. Deshalb kamen die Verbesserungsversuche wesentlich langsamer in Gang und wirkten sich weit weniger nachhaltig aus als in Altwürttemberg. Bei der Verpachtung der drei großen Güter Arnetsreute, Lichtenfeld und Tiergarten versuchte die Hofdomänenkammer, die Bewirtschaftung durch Vergabe an einen einzigen Pächter, den aus Stuttgart stammenden Emil Stockmayer, zu optimieren. Ganz sicher erfolgte diese Verpachtung auch in der Absicht, einen Exponenten im Altshausener Raum zu haben, der sich als prominenter Großlandwirt standespolitisch im Landwirtschaftlichen Bezirksverein und auch gesellschaftlich engagierte.

Trotz einer vorwiegend extensiven Bewirtschaftung der landwirtschaftlichen Nutzfläche war der oberschwäbische Besitz für König Wilhelm I. von immenser Bedeutung, verband er ihn doch auch persönlich mit den durch Säkularisation und Mediatisierung erworbenen neuen Landesteilen. Die Hofkameralverwalter in Altshausen hielten über die Hofdomänenkammer den Monarchen ständig über Ereignisse und Entwicklungen in Oberschwaben auf dem Laufenden. Gelegentlich kam der König für kurze Aufenthalte nach Altshausen und übernachtete im Schloss. Wie auch sein Engagement für die Pietistensiedlung Wilhelmsdorf zeigt, nahm er selbst lebhaften Anteil an den landwirtschaftlichen Verbesserungsbemühungen in Oberschwaben. Mit der Erwerbung des Schlosses Friedrichshafen und umliegender Besitzungen als

Herzog Albrecht von Württemberg (1865–1939)
Nach dem Tod Kg. Wilhelms II. im Nov. 1921 ging Altshausen mit dem übrigen Hofkammerbesitz in das Eigentum von Hz. Albrecht über, der auch der erste herzogliche Bewohner Altshausens wurde. Ölgemälde, anonym, o. J.
Privatbesitz.

privaten Besitz 1838 verfügte die königliche Familie auch über Eigentum am Bodensee.[81] Hier bildete das Hofkameralamt Altshausen eine Klammer zwischen den altwürttembergischen Hofkammerbezirken und der Sommerresidenz Friedrichshafen.

Zusammenfassung

Mit der Säkularisierung und Mediatisierung der Deutschordenskommende Altshausen endete die 570-jährige Herrschaft des Deutschen Ordens in Altshausen. Ob man nun in der historischen Forschung den Orden im Deutschen Reich als überlebensfähig erachtet oder nicht – weder die Kleinstaaterei noch die Institution eines Ritterordens erschienen im frühen 19. Jh. noch als zukunftsfähige Form eines staatlichen Gebildes. So vollzog sich auch in der Herrschaft Altshausen die Eingliederung in das Königreich Württemberg als Großterritorium, wobei kleinere Besitzungen an das Königreich Bayern und an das Großherzogtum Baden fielen.
Im Unterschied zu manchen oberschwäbischen Klöstern verhielt sich die neue Herrschaft relativ konziliant gegenüber den noch lebenden Angehörigen und Beamten des Deutschen Ordens. Dazu hat sicher die Tatsache beigetragen, dass König Friedrich seit 1810 als Privateigentümer des Schlosses und der Herrschaft nicht an größeren Konflikten mit den alten Herrschaftsträgern interessiert war. Das Schloss selbst verlor seine Residenzfunktion, aber für das Bewusstsein der württembergischen Könige bedeutete die persönliche Verbindung mit dem Besitz in Oberschwaben viel. Erst 1919, als Herzog Albrecht von Württemberg mit seiner Familie von Stuttgart nach Altshausen zog und dort seinen ständigen Wohnsitz nahm, gewann Schloss Altshausen wieder etwas vom alten Glanz der Deutschordensherrschaft zurück. Für die Einwohnerschaft der einstigen Kommende wie für die historische Forschung ist es sicherlich berechtigt, die Ära des Deutschen Ordens wie auch die Epoche nach der Säkularisation und Mediatisierung gleichermaßen zu würdigen.

[1] Zur Säkularisation der Kommende Basel durch das Königreich Württemberg vgl. AHW HKA Altshausen 3/1c Vol. 1, Qu. 80 (13.11.1806).

[2] *Hans Martin Gubler*, Johann Caspar Bagnato und das Bauwesen des Deutschen Ordens in der Ballei Elsaß-Burgund im 18. Jh. Sigmaringen 1985, 205–218. Idealansicht der Schlossanlage s. Ebd., 97.

[3] Es handelte sich um die Weiler Ragenreute und Reute, je zwei Höfe in Hirschegg, Hangen und Baltshaus, sowie je einen Hof in Häusern, Hundsrücken und Zwirtenberg.

[4] Einwohnerzahlen: Altshausen 683; Ebersbach und Ried 327; Hochberg und Luditsweiler 144; Eichstegen 61; Kreenried und Käfersulgen 88; Mendelbeuren 77; Fleischwangen 186; Pfrungen 117. AHW HKA Altshausen 3/1, Qu. 33 (Beilage).

[5] Der Zehnt aus dem einzigen Hof in Hundsrücken stand dem Kloster Sießen bei Saulgau zu, welches sich seit der Säkularisation im Eigentum des Hauses Thurn und Taxis befand. Die Zehntabgaben aus Kreenried waren nach Ebenweiler an das Spital Ravensburg zu liefern. In Pfrungen hatten das Priesterkorpus und das Minoritenkloster in

Überlingen (seit der Säkularisation Besitz des Hauses Baden) den »Halbscheid« am großen Zehnten.

[6] Hochberg: Thurn und Taxis 1 Lehenhof, Priesterkorpus Saulgau 1 Lehenhof; Fleischwangen: Spital Ravensburg 1 Lehengut; Pfrungen: Geistlichkeit von Pfullendorf 1 Lehenhof, Kloster Salmansweiler 1 Lehenhof, Grafschaft Heiligenberg 7 Lehengüter.

[7] Dieser Aufsatz beschränkt sich auf die Säkularisation der Herrschaft Altshausen.

[8] Die jährlichen Einkünfte wurden im langjährigen Durchschnitt wie folgt veranschlagt: Geld 5.117 fl. 58 kr.; Vesen (gegerbter Dinkel) 4.612 Scheffel 7 Viertel; Roggen 154 Malter 3 Viertel; Gerste 664 Malter 5 Viertel; Hafer 1.669 Scheffel 2 Viertel. In Altshausen galt das Ravensburger Maß.

[9] Ernennung: HSAS B 344 Bü 172.

[10] *Michael Barczyk,* Wiener Quellen zur Neueren Geschichte der Deutschordenskommende Altshausen als Hauptort der Ballei Elsaß-Burgund. Masch. Zulassungsarbeit. Tübingen 1972, 76. In HSAS B 344 Bü 172 finden sich die Aufnahmeakten des Karl Franz Seraph Erbtruchsess v. Waldburg und des Camill Nepomuk Christoph Fidel Tailliers Grafen v. Froberg von 1805.

[11] Bezeugt sind ein Irrgarten an der Hardtwaldallee, ein Chinesisches Häuschen gleich beim Eingang in die Alleen, zwei Eremitagen, ein Wirtshaus, ein Schenkhaus, eine Köhlerstatt, zwei Lusthäuschen, *Gautschen* (Schaukeln), mehrere Statuen sowie ein Scheibenschießstand (*Vogelschießen*) und ein *Numero-Kegel-Spiel* in den Anlagen und ein Badhaus (deren genaue Standorte unbekannt sind). Am Hardtweiher wurden Kanäle durch den Wald gegraben und künstliche Inseln aufgeschüttet, welche durch Brücken miteinander verbunden waren. Auf einer der Inseln stand eine Kuppel auf acht Säulen, auf einer anderen eine Pyramide; daneben gab es (auf einer anderen Insel?) ein Chinesisches Häuschen sowie ein Lusthäuschen. Für die Enten waren dekorative Entenhäuschen aufgebaut. Auf dem Weiher befanden sich mehrere *Schiffe*, auf denen man sich rudern ließ. AHW HKA Altshausen 3/101e (Konsignationen, 1807–1816). Ein Bericht von 1817 legt nahe, dass sich die Anlagen um den Hartweiher gruppierten, *wo besonders in dem obern Theil des Hardtwaldes einige Weege in englischer Manier mit einigen kleinen niedlichen Häuschen und einigen Vorrichtungen zum Kegelschieben, Vogelschiesen p. angebracht sind.* AHW Hofdomänenkammer Bü 1733 Qu. 7 (Bericht des Oberforstrats v. Jäger, 28.02.1817).

[12] Vgl. *Franz Quarthal*: Zwiefalten zwischen Dreißigjährigem Krieg und Säkularisation. Monastisches Leben und Selbstverständnis im 6. und 7. Säkulum der Abtei, in: *Hermann Josef Pretsch* (Hg.): 900 Jahre Benediktinerabtei Zwiefalten. Ulm 1989, 423–428.

[13] *Barczyk*, Wiener Quellen (wie Anm. 10), 41.

[14] Überblick: *Matthias Erzberger*: Die Säkularisation in Württemberg von 1802 bis 1810. Ihr Verlauf und ihre Nachwirkungen. Stuttgart 1902, 321–331.

[15] *Barczyk,* Wiener Quellen (wie Anm. 10), 41.

[16] Vgl. dazu auch HSAS B 347 Bü 415.

[17] *Barczyk*, Wiener Quellen (wie Anm. 10), 43.

[18] AHW HKA Altshausen 3/1, Qu. 9 (Nachtrag zum Protokoll, 05.07.1806).

[19] *Barczyk*, Wiener Quellen (wie Anm. 10), 45.

[20] AHW HKA Altshausen 3/1, Qu. 1 (Bericht der Landeskommission, 21.01.1806).

[21] AHW HKA Altshausen 3/1, Qu. 10 (04.07.1806). Nach *Barczyk*, Wiener Quellen (wie Anm. 10), 46, wurde Pfrungen kumulativ von Baden und Bayern verwaltet.

[22] Im Juli waren im Ort Altshausen an franz. Soldaten einquartiert: ein Obrist, ein Hauptmann vom Generalstab und sechs Offiziere mit etwa 30 Soldaten vom 10. Chasseurregiment à cheval : AHW HKA Altshausen 3/1, Qu. 8 (Bericht des Oberleutnants Bauer, 03.07.1806).

[23] *Barczyk*, Wiener Quellen (wie Anm. 10), 46, nennt als Termin der Konferenz in München unter franz. Vorsitz den Februar 1806.

[24] Zum Widerstand des franz. Militärs vgl. AHW HKA Altshausen 3/1, Qu. 46 (8.8. 1806). Als eigentl. Initiator galt der in Warthausen bei Biberach residierende franz. Feldmarschall Ney, der kurz zuvor zwei Adjudanten für einige Tage nach Altshausen gesandt hatte. Zu den Forderung des Generals Colbert nach Abzug der württ. Soldaten vgl. Qu. 70/71 (16.08.1806).

[25] AHW HKA Altshausen 3/1, Qu. 19, 22 (Protestschreiben des Landkomturs v. Forstmeister, 12.07.1806; Bericht über die Besitzergreifung, 13.07.1806); Qu. 39 (Protokolle der Besitzergreifungskommission).

[26] AHW HKA Altshausen 3/1, Qu. 35 (25.07.1806).

[27] AHW Deutschordenskommende Elsaß-Burgund Bd. 36 (Konferenzprotokoll 1804–1806).

[28] AHW HKA Altshausen 3/1, Qu. 74, 81 (16./17.08.1806). Der Hintergrund des franz. Widerstands gegen die württ. Besitzergreifung ist unklar.

[29] AHW HKA Altshausen 3/1, Qu. 92 (21.08.1806).

[30] AHW HKA Altshausen 3/1, Qu. 102 (Vertrag vom 09.09.1806). HKA Altshausen 3/1c Vol. 1, Qu. 24 (25.09.1806): Abmarsch der franz. Soldaten. Vgl. auch *Barczyk*, Wiener Quellen (wie Anm. 10), 48.

[31] AHW HKA Altshausen 3/1c Vol. 1, Qu. 15 (Bericht und Inventar, 21.09.1806). AHW HKA Altshausen 3/1c Vol. 1, Qu. 38 (Bericht und Inventar, 11.10.1806), 49 (22.10.1806).

[32] AHW HKA Altshausen 3/1c Vol. 2, Qu. 112, 113 (31.12.1806). Die Sammlung umfasste 280 silberne und sieben goldene Medaillen. Darüber hinaus wurden goldene Schnallen und Hemdknöpfe abgeliefert. König Friedrich verfügte jedoch ausdrücklich, dass dem Landkomtur das Ordenskreuz belassen werden solle.

[33] *Barczyk*, Wiener Quellen (wie Anm. 10), 48.

[34] AHW HKA Altshausen 3/1c Vol. 2, Qu. 136 (Personal-Etat, Okt. 1806).

[35] Altshausen: Anton Gunz, Geistlicher Rat, Deutschordenspriester und Pfarrer; Joseph Eschenbronner, erster Hofkaplan; Joseph Ritter, zweiter Hofkaplan; Joseph Vogt, dritter Hofkaplan. Pfrungen: Franz Anton Baumann, Pfarrer. Ebersbach: Franz Xaver Arnold, Deutschordenspriester und Pfarrer. Fleischwangen: Ignaz Kible, Pfarrer. AHW HKA Altshausen 3/1c Vol. 2, Qu. 136 (Personal-Etat, Okt. 1806).

[36] *Barczyk*, Wiener Quellen (wie Anm. 10), 48.

[37] AHW HKA Altshausen 3/1, Qu. 67 (13.08.1806).

[38] Für das Mahlen des Dinkels war ein Gerbgang erforderlich, um den harten Spelz vom Korn zu trennen.

[39] W Hofdomänenkammer Bü 1712 (Bericht des Hof- und Finanzrats v. Süskind, 27.02.1807). Die Güter Tiergarten und Arnetsreute waren noch bis 1808, die herrschaftl. Obere Mühle bis 1810 verpachtet und wurden den Pächtern bis dahin belassen.

[40] AHW Hofdomänenkammer Bü 1729.

[41] Lediglich beim Maiereigut Altshausen stammte ein Mitpächter aus Mägerkingen.

[42] *Eberhard Fritz,* Die Hofdomänenkammer im Königreich Württemberg. Zur Vermögensverwaltung des Hauses Württemberg, in: ZWLG 56 (1997), 163, 167, 171.

[43] AHW Hofdomänenkammer Bü 1792 Qu. 14 (18.01.1812). In einem kgl. Dekret (Qu. 34, 25.05.1812) wurden den neuen Pächtern Vergünstigungen eingeräumt, *da es hier nicht sowohl auf den augenblicklichen Gewinn, als vielmehr auf die Wiederherstellung und Besserung dieser so sehr vernachlässigten Güter ankommt.*

[44] AHW Hofdomänenkammer Bü 1792 Qu. 53 (04.05.1813). Vorher war die Dreifelderwirtschaft üblich gewesen. Nun sollten die sechs *Schläge* wie folgt bebaut werden: Schlag 1 Hackfrüchte; Schlag 2 Sommergetreide; Schlag 3 Klee; Schlag 4 Wintergetreide; Schlag 5 Erbsen und Wicken; Schlag 6 Wintergetreide oder Hafer. Rückkehr zur (verbesserten) Dreifelderwirtschaft: Qu. 73a (29.01.1814).
[45] AHW HKA Altshausen 3/1c Vol. 1, Qu. 51 (23.10.1806).
[46] AHW HKA Altshausen 3/1c Vol. 2, Qu. 103 (Bericht vom 31.12.1806).
[47] AHW HKA Altshausen 3/1c Vol. 2, Qu. 127 (25.01.1807).
[48] AHW HKA Altshausen 3/1c Vol. 2, Qu. 132 (25.02.1807). Hofdomänenkammer Bü 1481. Vgl. *Magda Fischer,* Zur Geschichte der Deutschordensbibliothek in Altshausen. Die Bücherschätze im Schloß von Altshausen am Ende des 18. Jh., in: ZWLG 47 (1988), 235–268, bes. 266ff.
[49] AHW Hofdomänenkammer Bü 1489 (Anbringen der Zentral-Organisationskommission, 18.05.1807, und Kgl. Dekret 07.06.1807).
[50] AHW HKA Altshausen 3/1c Vol. 2, Qu. 143 (Kgl. Dekret, 07./18.06.1807).
[51] AHW Hofdomänenkammer Bü 1489 (Dekret des Staatsministeriums, 30.07.1807).
[52] AHW HKA Altshausen 3/1 (Qu. 5 (27.06.1807); Qu. 16 (Alphabet. Verzeichnis über die Orte des Kameralbezirks).
[53] AHW Hofdomänenkammer Bü 1730 (Kgl. Dekret, 07.07.1807).
[54] AHW: Hofdiarien, unverzeichnet. Die genaue Reiseroute König Friedrichs ist nicht bekannt.
[55] *Barczyk*, Wiener Quellen (wie Anm. 10), 50 (Verzicht, 14.10.1809).
[56] AHW Hofdomänenkammer Bü 1394, 1491. Vgl. *Bernhard Rueß*, Geschichte von Altshausen. Der Marktflecken Altshausen, sein einstiges Grafengeschlecht und seine einstige Deutschordenskommende. Rottenburg a.N. 1935, 203.
[57] *Fritz*, Hofdomänenkammer (wie Anm. 42), 127–180.
[58] Vgl. *Harald Schukraft*, Die Seitenlinie Weiltingen, in: *Sönke Lorenz/ Dieter Mertens/Volker Press* (Hg.), Das Haus Württemberg. Ein biographisches Lexikon. Stuttgart 1997, 188–200, bes. 188ff.
[59] *Schukraf,* Die Seitenlinie (wie Anm. 58), 190.
[60] *Eberhard Fritz,* Das Haus Württemberg in Oberschwaben. Zur Geschichte des oberschwäbischen Besitzes und des Hofkameralamts Altshausen, in: Im Oberland 4 (1993), H. 1, 17–21; 4 (1993), H. 2, 13–17.
[61] HSAS E 221 Bü 3531. – *Heinz Winterhalter*: Ämter und Amtsleiter der Kameral- und Steuerverwaltung in Baden-Württemberg. Teil 1: Württemberg. Freiburg i. B. 1976, 374.
[62] *Wolfgang v. Hippel,* Die Bauernbefreiung im Königreich Württemberg. Bd. 1. Boppard 1978, 325f. (spez. Anm. 80).
[63] *v. Hippel*, Bauernbefreiung (wie Anm. 62), Bd. 1, 326 Anm. 80.
[64] Vgl. AHW HKA Altshausen 3/50 (Steinenbacher Weiher); 3/62 (Ebersbacher Weiher); 3/71 (Hirschegger Weiher); 3/71a (Tolpenried).
[65] AHW Hofdomänenkammer Bü 1637 (Bericht des Kommissärs und Fiskals v. Kohlhaas, 05.10.1815).
[66] AHW Hofdomänenkammer Bü 1637 (Bericht des Oberforstrats v. Jäger, 26.01.1816).
[67] AHW Hofdomänenkammer Bü 1732.
[68] AHW HKA Altshausen 3/101e (Konsignation Georgi 1808/09 mit Kopie des Dekrets vom 09.07.1807).
[69] AHW Hofdomänenkammer Bü 1732 (Bericht, 05.10.1815).
[70] AHW Hofdomänenkammer Bü 1732. (Bericht des Hofgärtners Leitner, 27.10.1815). Im Jahr 1817 befanden sich folgende Topfpflanzen in der Orangerie (Spezifikation, 10.7. 1817): 17 Pomeranzenbäume; 12 Zitronenbäume; 4 gemeine Laurus; 4 Lorbeerbäume; 1 *laurus indica*; 2 *punica granatum*; 1 *Myrthus*; 1 *yucca gloriosa*; 140 unterschiedliche Gewächse; 12 Feigenbäume. Die Kästen für die Aprikosen waren zu diesem Zeitpunkt bereits abgebrochen worden.
[71] Dieser Pavillon im Schlossgarten wurde später als Gottesdienstraum für die evang. Gemeinde benutzt, bis 1882 eine Kirche gebaut wurde. Er existiert heute noch.
[72] AHW HKA Altshausen 3/101e (Dekrete vom 22.02.1817 [Verpachtung] und vom 10.04.1817 [Orangerie]).
[73] AHW HKA Altshausen 3/101e (Protokoll, 27.08.1818). Die ges. Orangerie mit 64 Bäumen wurde an Baron Eichner v. Heppenstein in Sießen um 501 fl. verkauft.
[74] Zunächst genehmigte die Hofdomänenkammer die Erhaltungskosten für die Anlagen am Hardtweiher noch, scheint aber seit den zwanziger Jahren des 19. Jhs. nicht mehr viel Interesse an deren Erhaltung aufgebracht zu haben. Ein Nachklang der einstigen Parkfunktion des Hardtweihers ist in dem 1840 von einigen Altshausener Honoratioren eingebrachten Antrag zu erblicken, im Hardtwald an der Stelle ein Badhäuschen errichten zu dürfen, wo schon zu Zeiten des Deutschen Ordens ein Häuschen gestanden hatte. AHW Hofdomänenkammer Bü 1733 (20.06. und 30.06.1840).
[75] Vgl. *Paul Sauer,* Reformer auf dem Königsthron. König Wilhelm I. von Württemberg. Stuttgart 1997, 236f.
[76] AHW Hofdomänenkammer Bü 1713. Leider enthalten die Akten keinerlei Angaben über die Obstsorten.
[77] *v. Hippel*, Bauernbefreiung (wie Anm. 62).
[78] *v. Hippel*, Bauernbefreiung (wie Anm. 62), Bd. 1, 525ff.
[79] *v. Hippel*, Bauernbefreiung (wie Anm. 62), Bd. 2, 186ff.
[80] AHW Hofdomänenkammer Bü 1204. Nach einem erfolglosen Versuch auf ungeeigneten Böden umfassten in Altshausen 1825 die Hopfengärten 0,5 Morgen (ca. 0,16 ha). Im Herbst 1823 hatte der Ertrag bei 140 Pfund Hopfen gelegen.
[81] König Wilhelm I. hatte das Schloss bereits seit den zwanziger Jahren als Sommeraufenthalt genutzt.

III

Nicht nur Entschädigung: § 35 RDH

Das Ende der mediaten Klöster 1803–1806 und die Säkularisation des evangelischen Kirchenguts

Klöster in den Fürstentümern Hohenzollern-Hechingen und Hohenzollern-Sigmaringen zur Zeit der Säkularisation

Ein Überblick

von Andreas Zekorn

In den beiden kleinen hohenzollerischen Fürstentümern existierten in der zweiten Hälfte des 18. Jhs. neun, in der Regel eher bescheiden dimensionierte Klöster. Zwei dieser Klöster in Hohenzollern-Sigmaringen waren bereits 1782 unter Joseph II. aufgehoben worden. 1802/03 bzw.1806 fielen die übrigen Klöster – mit Ausnahme Heiligkreuztals – an die beiden Fürstenhäuser Hohenzollern-Hechingen und Sigmaringen; ihr Gut wurde als Domänenbesitz angesehen.[1] Im folgenden sei ein knapper Überblick über die Klosterlandschaft in den beiden Territorien gegeben zur Orientierung und als Grundlage für die unterschiedlichen Beiträge des vorliegenden Bandes, die sich mit hohenzollerischen Klöstern befassen.[2] Um den Umfang des vorliegenden Beitrags im vorgegebenen Rahmen zu halten, bleiben diejenigen Klöster und Klostergebiete ausgeklammert, die vor 1802/06 außerhalb der hohenzollerischen Fürstentümer lagen und erst infolge des RDH und der Aufnahme der beiden Fürstentümer in den Rheinbund an die Fürsten kamen, nämlich das Augustinerchorherrenstift Beuron, das Benediktinerinnenkloster Holzen (zwischen Augsburg und Donauwörth) und die Herrschaft Glatt aus dem Besitz der Fürstabtei Muri (Schweiz).[3]

Klöster in Hohenzollern-Hechingen

Das *Fürstentum Hohenzollern-Hechingen* bestand im wesentlichen aus der Grafschaft Zollern mit der Residenzstadt Hechingen sowie 25 Dörfern und besaß 13.570 Einwohner im Jahre 1790. In diesem Territorium gab es die Klöster St. Luzen, Stetten (bei Hechingen) und Rangendingen. De jure sprach der RDH Fürst Hermann Friedrich Otto u. a. das Kloster Stetten als Entschädigung für den Verlust seiner linksrheinischen Feudalrechte in den Niederlanden zu und gestattete allgemein die Aufhebung der geistlichen Konvente in seinen Landen. De facto nahm der Fürst bereits 1802 Rangendingen und Stetten in seinen Besitz.[4]
Das Frauenkloster *Stetten im Gnadental* bei Hechingen war 1267 durch Graf Friedrich von Zollern als zollerisches Hauskloster gestiftet und vor dem Jahre 1275 mit Dominikanerinnen belegt worden. Vom 13. bis zum 15. Jh. lag hier das zollerische Erbbegräbnis. Im Konvent (1801: 12 Nonnen und einige Laienschwestern) befanden sich, wenigstens noch im Mittelalter, auch adlige Damen, insbesondere Angehörige des Hauses Zollern. Stetten im Gnadental war ein landsässiges Kloster, über welches Zollern das Vogteirecht besaß. Das Kloster hatte hauptsächlich Grundbesitz in der Grafschaft, aber auch im Balinger Raum, in den Dörfern des Steinlachtals sowie in der oberen Grafschaft Hohenberg und in der Herrschaft Trochtelfingen. Damit besaß es zwar die bedeutendeste klösterliche Grundherrschaft in der Grafschaft Zollern, ohne dass das Kloster ein geschlossenes Territorium hätte bilden können. Bei der Aufhebung fiel der Klosterbesitz an die Landesherrschaft. Die Schwestern durften im Kloster wohnen bleiben, in dem auch die Rangendinger Nonnen untergebracht wurden.[5]
Bei *St. Luzen*, Pfarrkirche der Stadt Hechingen 1328 bis 1536, befand sich von 1372 bis zum Ende des 15. Jhs. eine Klause mit Schwestern, die 1390 nach der dritten Regel des Franziskanerordens (Terziarinnen) lebten. Graf Eitelfriedrich I. richtete später dort ein Kloster

ein und holte 1585/89 Franziskaner-Observanten aus München nach Hechingen; 1586 bis 1589 erfolgte der Neubau der Klosterkirche. Diese Maßnahmen geschahen im Zeitalter der Gegenreformation, dienten aber nicht zuletzt auch dazu, die Residenzstadt auszugestalten. Dem Konvent gehörten 1755 insgesamt 18 Patres, neun Laienbrüder und einige Novizen an. 1803/06 wurde das Kloster nicht aufgehoben, doch die fürstliche Regierung übernahm 1808 die Verwaltung. Der Tod der letzten Patres im Jahre 1819 bedeutete das Ende des Konvents.[6]
Graf Eitelfriedrich I. gründete auch in *Rangendingen* 1596 ein Dominikanerinnenkloster und stattete es mit Grundbesitz aus. In dem Ort hatte es bereits vom 14. bis zum 16. Jh. eine Klause gegeben. Die Schwestern stammten, soweit ersichtlich, aus dem Bürger- und Bauernstand. Der Konvent umfasste Mitte des 18. Jhs. sieben bis 15 Schwestern. 1802 erfolgte die Aufhebung des Klosters, die Nonnen wurden in Stetten untergebracht, die Gebäude verkauft.[7]

Hohenzollern-Sigmaringen und Habsburg

Ab 1576 gab es eine eigene Linie *Hohenzollern-Sigmaringen*, die 1623 zusammen mit Hechingen in den Reichsfürstenstand erhoben wurde. 1634 fiel an Sigmaringen der Besitz der damals erloschenen Haigerlocher Linie. Hohenzollern-Sigmaringen war ein Herrschaftskonglomerat: Es bestand im wesentlichen aus den Grafschaften Sigmaringen und Veringen sowie den Herrschaften Haigerloch und Wehrstein; im Hochgerichtsbezirk der Grafschaft Sigmaringen lagen drei klösterliche Grundherrschaften. Im Jahre 1806 hatte das Fürstentum rund 16.000 Einwohner.
1535 waren Sigmaringen und Veringen als österreichische Lehen an die Zollern gekommen; allerdings sprach 1588 ein Reichskammergerichtsurteil die Steuer der Grafschaft Sigmaringen dem Reich zu. Österreich konnte dennoch seine lehens- und landeshoheitlichen Rechte geltend machen, wenn auch in verschiedenen Phasen unterschiedlich intensiv. Kompliziert wurde die Lage in der Grafschaft Sigmaringen dadurch, dass die Zollern einige Orte der Grafschaft als Eigengut erworben hatten und diese Dörfer den Zollern unmittelbar unterstanden; man bezeichnete sie deshalb als Immediatorte. Die »österreichischen« Orte besaßen die Zollern dagegen nur mittelbar, weshalb sie *Mediatorte* hießen.[8]
Nachdem Hohenzollern-Sigmaringen durch den RDH die Herrschaft Glatt des Klosters Muri (Schweiz) sowie die Klöster Beuron, Holzen und Inzigkofen für den Verlust von Feudalrechten in den Niederlanden zugesprochen erhalten hatte, machte Habsburg – entgegen dem Wortlaut des RDH – sein *Epavenrecht*, sein landesherrliches Heimfallrecht, geltend, d. h. es beschlagnahmte die in österreichischer Landeshoheit gelegenen Besitzungen von säkularisierten geistlichen Korporationen. Österreich nahm einen Großteil der Güter der genannten Klöster in Besitz und schloss 1804, unter Berufung auf seine Landeshoheit, einen Vertrag mit Fürst Anton Aloys von Hohenzollern-Sigmaringen, wodurch der Fürst einen Teil der Güter als österreichisches Mannlehen erhielt. Erst 1805/06 wurde das österreichische Lehensband gelöst, wodurch dieser und anderer klösterlicher Besitz definitiv an Sigmaringen fiel.[9]

Klöster im Fürstentum Sigmaringen

Bei der Stadt Sigmaringen, also im österreichischen Teil, gab es drei Klöster ohne größere Grundherrschaften: Das Kloster in *Hedingen*, gegründet vor 1338, war bis 1595/97 ein Dominikanerinnenkloster; wegen des unsittlichen Lebenswandels der Nonnen wurde das Kloster damals aufgehoben. 1624 übergab Fürst Johann die Klostergebäude den Reformierten Franziskanern. 1779 befanden sich 19 Patres und vier Brüder in Hedingen. Gemäß der Ordenssatzung besaß das Kloster kein Vermögen. Von 1715 bis 1765 unterhielten die Franziskaner in Hedingen ein Philosophiestudium. Auf fürstliche Anordnung gründeten sie dort 1770 eine öffentliche Lateinschule, die, 1776 zum Gymnasium ausgebaut, bis ungefähr 1806 bestand. Infolge der Unterrichtstätigkeit entgingen die Franziskaner der josephinischen Säkularisation. Da das Kloster ab 1806 im nun souveränen Fürstentum Hohenzollern-Sigmaringen lag, wurde es erst 1816 aufgehoben und die Patres pensioniert.[10]
Die *Franziskaner-Terziarinnenklöster Gorheim* (1347 erstmals sicher belegt; bei Sigmaringen gelegen) und

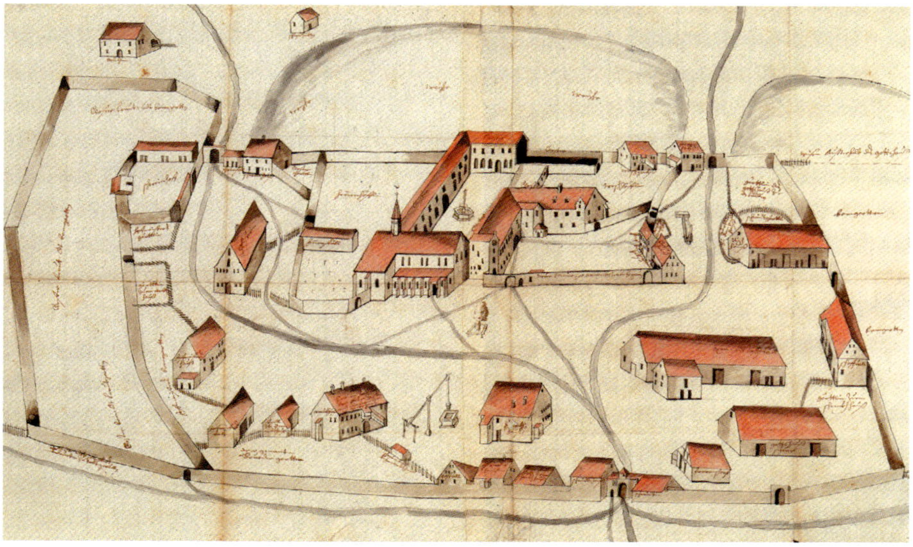

Zisterzienserinnenkloster Wald
Zustand vor der Barockisierung. Klosterprospekt mit Bezeichnung der Gebäude und Höfe. Kol. Federzeichnung, um 1685. SA Sigmaringen, Depositum 39.

Laiz (1356 erstmals urkundlich belegt) gingen beide aus Klausen hervor. Der Gorheimer Konvent war bürgerlich geprägt (1699: 12 Chorfrauen und fünf Laienschwestern), während sich in Laiz noch im 16. Jh. Nonnen aus dem niederen Adel befanden (1687: 17 Nonnen, 1 Novizin). Beide Klöster hatten Grundbesitz und je 7 Lehenhöfe, wobei Laiz das etwas wohlhabendere Kloster war. Die Vogtei stand dem Inhaber der Grafschaft Sigmaringen zu. Weil beide Klöster im österreichischen Teil der Grafschaft lagen, waren sie von den josephinischen Säkularisationen betroffen und wurden 1782 aufgehoben.[11]

Unter Joseph II. nicht säkularisiert wurde dagegen das *Kloster Inzigkofen*, weil es im unmittelbaren (immediaten) zollerischen Herrschaftsbereich innerhalb der Grafschaft Sigmaringen lag. Auch das 1356 erstmals urkundlich belegte Kloster Inzigkofen ging aus einer Klause hervor; die Klausnerinnen befolgten anfänglich die Regel des Dritten Ordens des hl. Franziskus. Ab 1394 war das Kloster ein Augustinerchorfrauenstift. Die Vogtei stand nach 1535 den Zollern zu. 1794 hatte Inzigkofen 30 Ordensfrauen und 13 Laienschwestern. Im Kloster befanden sich zahlreiche Adelige, darunter mehrere Angehörige der Häuser Hohenzollern-Sigmaringen und -Haigerloch. Das Kloster besaß umfangreicheren Grundbesitz, darunter mehrere Höfe (1651: 53 Höfe an verschiedenen Orten) und Waldungen. 1802 wurde das Kloster aufgehoben, die Ordensfrauen durften aber bis zu ihrem Tod im Kloster und erhielten eine Pension.[12]

Innerhalb des österreichischen Teils der Grafschaft Sigmaringen lagen die *Klöster Wald, Habsthal und Heiligkreuztal*, die unterschiedlich große Grundherrschaften aufgebaut hatten. Der Grafschaftsinhaber beanspruchte hinsichtlich der Klöster bzw. deren Grundherrschaften unter anderem Schirmvogtei, hohe Jurisdiktion sowie die Forst- und Jagdhoheit; er konnte seine Ansprüche aber nur teilweise durchsetzen, und die Klöster erkämpften sich im Laufe der Zeit – nicht zuletzt mit österreichischer Hilfe – jeweils einen unterschiedlichen Grad der Abhängigkeit von Zollern. Habsburg machte auch hier seine lehens- und landeshoheitlichen Ansprüche geltend. Wald und Heiligkreuztal zählten unterschiedlich lange zu den schwäbisch-österreichischen Landständen.

Das *Kloster Wald* war ein im Jahre 1212 gestiftetes Zisterzienserinnenkloster. Ab der Mitte des 16. Jhs. setzte sich der Konvent aus Nonnen ritterschaftlich-niederadliger und patrizischer Herkunft zusammen, wobei immer auch Bürgerliche aufgenommen wurden (1738: 29 Nonnen; größte Größe des Konvents). Bis Ende des 15., Anfang des 16. Jhs. hatte das Kloster eine geschlossene Herrschaft mit 18 Weilern und Einzelhöfen aufbauen können, in welcher es Grund-,

Heiligkreuztal
Gesamtansicht der Klosteranlage von Norden. Detail einer Marienkrönung.
Öl auf Lw., 1.H. 18. Jh.
Heiligkreuztal, Münster.

Niedergerichts- und Ortsherr war und worin es zudem Kirchenpatronate, Zehntrechte und Leibeigenschaft besaß. Nach 1535 konnte Zollern die hohe Jurisdiktion, die Kastenvogtei sowie die Forst- und Jagdhoheit behaupten. Über der zollerischen Schirmherrschaft stand – ab 1692 vertraglich fixiert – der österreichische Oberschutz, doch gab es auch nach 1692 wiederholte Konflikte zwischen dem Kloster und den Fürsten. Das Kloster bewegte sich in einem Schwebezustand zwischen Landsässigkeit und Reichsfreiheit. Die Untertanen waren zum Teil als eigener Stand auf den schwäbisch-österreichischen Landtagen vertreten, zeitweilig musste jedoch auch an den Schwäbischen Kreis gesteuert werden. Unter Maria Theresia wurde das Kloster 1766/67 wieder in die schwäbisch-österreichische Besteuerung zurückgeholt und der österreichischen Territorialhoheit unterworfen; es erhielt den Charakter eines schwäbisch-österreichischen Landstands. Seit 1770 war das Kloster von den Reformmaßnahmen der Kaiserin und Josephs II. betroffen, was u. a. Hemmnisse bei der Novizinnenaufnahme bedeutete, es wurde aber, wie Heiligkreuztal, damals nicht aufgehoben. Ende 1805 machte zunächst Baden Ansprüche auf das Kloster geltend, dann, Anfang 1806, Württemberg. Dank der Napoleonischen Protektion[13] wurden das Kloster und die Herrschaft Wald in der Rheinbundakte am 12. Juli 1806 dem Fürsten von Hohenzollern-Sigmaringen zugesprochen, der das Kloster säkularisierte. Die Nonnen und Laienschwestern durften im Klostergebäude wohnen bleiben und erhielten eine Pension.[14]

Das *Zisterzienserinnenkloster Heiligkreuztal*, frühestens 1227 gegründet, kam an die Grafschaft Sigmaringen, deren Inhaber bereits seit dem 14. Jh. die Vogtei besaßen. Der Konvent bestand aus Angehörigen des ritterschaftlichen und niederen Adels, des städtischen Patriziats aber auch des Bürgertums (1438: 53, 1720: 24 Chorfrauen). Das Klosterterritorium umfasste acht Dörfer und drei Höfe. Hier war das Kloster Grundherr und besaß die Niedergerichtsherrschaft, in zwei Orten, die außerhalb der Grafschaft Sigmaringen lagen, zum Teil die Hochgerichtsbarkeit. Ferner hatte das Kloster seit dem 15. Jh. die Lokalleibeigenschaft durchgesetzt. Mit den Zollern gab es, wie im Falle Walds, ständige Konflikte wegen Vogtei, Hochgerichts-, Forst- und Jagdhoheit. 1721 wurde die Kastenvogtei Sigmaringens vertraglich auf die bloße Schirmvogtei reduziert. Österreich konnte seinen Anspruch auf die Besteuerung der Klosterherrschaft 1611 in einem Vergleich fixieren; Heiligkreuztal wurde in

der Folge in die schwäbisch-österreichischen Landstände integriert. Der RDH sprach das Kloster 1803 Württemberg zu.[15]

Die dritte Klosterherrschaft innerhalb der Grafschaft Sigmaringen gehörte dem *Kloster Habsthal*. Das Dominikanerinnenkloster, Mitte des 13. Jhs. aus einer Beginensammlung in Mengen hervorgegangen, erhielt 1259 Besitzungen in Habsthal übertragen. Es konnte eine kleine Herrschaft bestehend aus Habsthal, dem Dorf Rosna und Bernweiler aufbauen, worin das Kloster zum Teil Orts-, Grund- und Niedergerichtsherr war sowie Zehntrechte und die Leibeigenschaft besaß; hinzu kam Streubesitz. Den Grafen bzw. Fürsten von Hohenzollern-Sigmaringen standen wiederum hohe Jurisdiktion, Forst- und Jagdhoheit zu; ferner besaßen sie die Schirmherrschaft. Die Besteuerung, zumindest die des Ortes Rosna, konnten sich ebenfalls die Zollern sichern; jener Ort wurde zu den Immediatorten der Grafschaft gerechnet. Den schwäbisch-österreichischen Landständen wurde Habsthal nicht inkorporiert. 1806 umfasste der Konvent 18 Nonnen und drei Laienschwestern, allesamt bürgerlicher Herkunft. Durch die Rheinbundakte fiel Habsthal 1806 an Hohenzollern-Sigmaringen, welches das Kloster säkularisierte, die Frauen aber im Kloster wohnen ließ und ihnen Pensionen zahlte.[16]

In der den Zollern unmittelbar gehörenden Herrschaft Haigerloch lag das 1477 gegründete *Dominikanerinnenkloster Gruol*, hervorgegangen aus einer Klause. Die Zahl der wohl ausschließlich dem Bürgertum entstammenden Nonnen schwankte zwischen neun und 15 Klosterfrauen. Das Kloster betrieb eine Eigenwirtschaft und hatte einige Lehenhöfe und anderen Grundbesitz in den umliegenden Orten. Mit dem RDH fiel das Kloster an den Fürsten von Hohenzollern-Sigmaringen, der es zunächst nicht aufhob, sondern zuließ, dass dort eine Mädchenschule eingerichtet wurde. Allerdings durften keine neuen Schwestern mehr aufgenommen werden. 1827 hob der Fürst das Kloster dann tatsächlich auf, Güter und Inventar wurden versteigert, das Klostergebäude auf Abbruch verkauft. Die sieben Nonnen erhielten Pensionen; zwei von ihnen kamen in Habsthal unter, die übrigen in der Umgebung Gruols.[17]

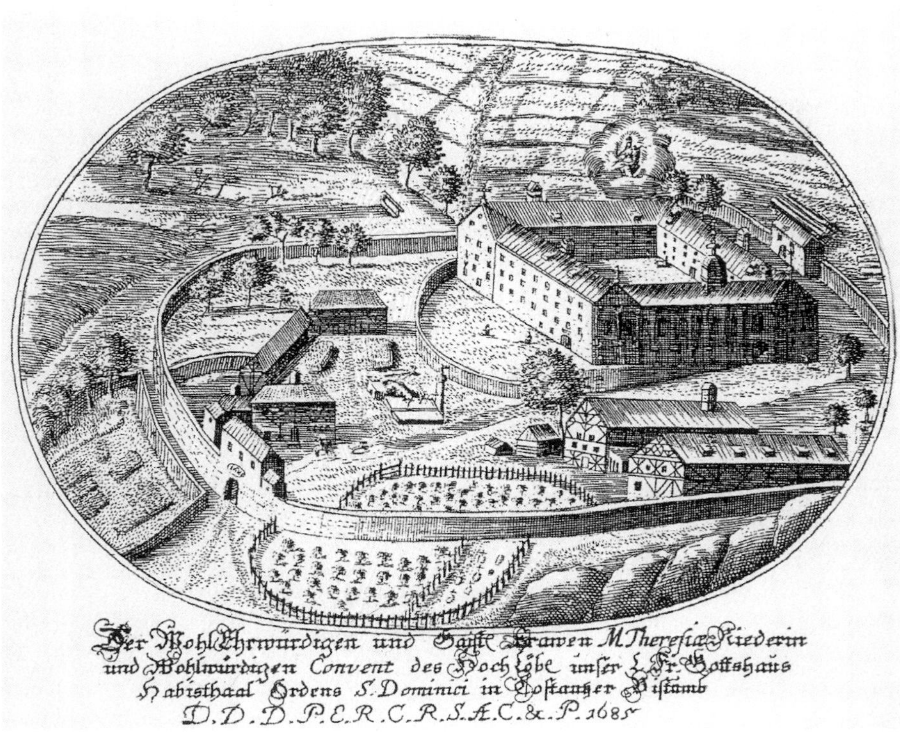

Habsthal nach der Barockisierung
Das Blatt ist Priorin und Konvent von Habsthal gewidmet. Kupferstich, 1685. PfA Habsthal, Pfarrakten.

So klein die hohenzollerischen Fürstentümer waren, so findet sich hier dennoch eine breite Palette an Möglichkeiten, wie Klöster säkularisiert werden konnten: vom Josephinismus über RDH und Rheinbundakte bis hin zu relativ späten Aufhebungen 1816 und 1827. Welche wirtschaftlichen und sozialen Folgen diese Säkularisationen für Hohenzollern-Sigmaringen hatten, ist bisher erst in Ansätzen erforscht. Bis 1806 war Habsburg in Hohenzollern-Sigmaringen als Lehensherr ein gewichtiger Faktor, der auch bei den Säkularisationen 1803 eine wesentliche Rolle spielte.

[1] Als Überblick: *Johann Nepomuk Wetzel*, Geschichte der katholischen Kirche in Schwaben-Hohenzollern, 2 Teile. Bühl 1928, 1931; zur Domänenfrage: *Eberhard Gönner*, Die Revolution von 1848/49 in den hohenzollerischen Fürstentümern und deren Anschluß an Preußen. Hechingen 1952, 118ff., 192ff.

[2] In dem für diesen Überblicksaufsatz vorgegebenen Rahmen können nur die wichtigsten Daten und die wesentliche Literatur genannt werden, ggf. unter Hinweis auf weitere Aufsätze in dem vorliegenden Band zu den betreffenden Klöstern. Hingewiesen sei auf: *Walter Bernhardt/Rudolf Seigel*, Bibliographie der Hohenzollerischen Geschichte (= ZHG 10/11). Sigmaringen 1975, 139–151 (Klöster und Klausen in Hohenzollern). – Im vorliegenden Beitrag werden Klausen des Mittelalters nicht berücksichtigt.

[3] Vgl. zu Beuron den Beitrag von *Otto H. Becker* in diesem Band. Zu den übrigen Gebietszugewinnen *Casimir Bumiller* in diesem Band.

[4] *Fritz Kallenberg*, Die Fürstentümer Hohenzollern am Ausgang des Alten Reiches. Ein Beitrag zur politischen und sozialen Formation des deutschen Südwestens. Masch. Diss. Tübingen 1961, 2; *Ders.*, Die Fürstentümer Hohenzollern im Zeitalter der Französischen Revolution und Napoleons, in: ZGO 111 (1963), 2. Heft, 357–472, 395f.; 1200 Jahre Rangendingen. Heimatbuch. Hechingen 1995, 192.

[5] *Karl-Friedrich Eisele*, Studien zur Geschichte der Grafschaft Zollern und ihrer Nachbarn. Stuttgart 1956 (Arbeiten zur Landeskunde Hohenzollerns, H. 3), 22; *Sebastian Locher*, Nachrichten über Entstehung und Gründung des Klosters zu Stetten im Gnadenthal, bei Hechingen, in: Mitt. des Vereins für Gesch. u. Altertumskunde in Hohenz. 19 (1885/86), 97–128, bes. 127f.; *Franz Haug/Johann Adam Kraus*, Urkunden des Dominikanerinnenklosters Stetten im Gnadental bei Hechingen 1261 – 1802, in: Beilage zu den Hohenz. Jahresheften 15 (1955) – 17 (1957); Nachlese: Hohenz. Jahreshefte 20 (1960), 153–155; *Fritz Scheerer*, Besitzungen des Klosters Stetten in unserem Kreis, in: Heimatkundliche Blätter für den Kreis Balingen 9 (1962) 391–392, 395–396; 1200 Jahre Rangendingen (wie Anm. 4), 195ff.

[6] *Eberhard Gönner*, Die Geschichte der Kirche und des Klosters St. Luzen, in: *Hans-Jörg Mauser/Rudolf Schatz* (Hgg.), St. Luzen in Hechingen. Stuttgart 1991, 9–48, bes. 34ff. (mit weiterer Literatur: bes Anm. 10, S. 44); *Karl Mors*, Zur Geschichte der Franziskaner in St. Luzen, in: 1200 Jahre Hechingen. Beiträge zur Geschichte, Kunst und Kultur der Stadt Hechingen, hg. v. der *Stadt Hechingen*. Hechingen 1987, 161–175.

[7] 1200 Jahre Rangendingen (wie Anm. 4), 178–201, bes. 195ff.

[8] *Kallenberg*, Fürstentümer (wie Anm. 4), 11; *Ders.*, Hohenzollern im Alten Reich, in: *Ders.* (Hg.), Hohenzollern. Stuttgart 1996, 48–128; *Ders.*, Die Sonderentwicklung Hohenzollerns, in: Ebd., 129–282, 130f.; *Andreas Zekorn*, Zwischen Habsburg und Hohenzollern. Verfassungs- und Sozialgeschichte der Stadt Sigmaringen im 17. und 18. Jh. Sigmaringen 1996, bes. 364ff., 485ff. (mit weiterer Literatur).

[9] *Kallenberg*, Fürstentümer (wie Anm. 4), 362ff.

[10] *Max Heinrichsperger*, Hedingen/Sigmaringen, in: Alemania Franciscana Antiqua, Bd. 9, Ulm 1963, 29–66 (mit weiterer Literatur). – Grundsätzlich zu den Klöstern in Hohenzollern-Sigmaringen: *Friedrich Eisele*, Geschichte der katholischen Stadtpfarrei Sigmaringen, in: Mitt. des Vereins für Gesch. u. Altertumskunde in Hohenz. 58 (1924), 1–71 u. 59 (1925), 1–194.

[11] Mit Lit. und genauen Belegen s. *Andreas Zekorn* zu den Klöstern Laiz und Gorheim in dem vorliegenden Band.

[12] *Eisele*, Stadtpfarrei (wie Anm. 10), 51–70. Vgl. *Edwin Ernst Weber* zu Inzigkofen in diesem Band (mit weiterer Lit.).

[13] Zu den Hintergründen der Napoleonischen Protektion und zum Fortbestehen Hohenzollerns 1806 s. *Casimir Bumiller* über den Hohenzollerischen Sonderweg in diesem Band. Grundlegend: *Kallenberg*, Fürstentümer Hohenzollern im Zeitalter der Franz. Revolution (wie Anm. 4).

[14] Zu Wald vgl. die umfangreichen und fundierten Forschungsarbeiten von *Maren Kuhn-Rehfus*: Das Zisterzienserinnen Kloster Wald. Berlin/New York 1992, hier: 73–88, 257ff.; *Dies.*, Das Zisterzienserinnenkloster Wald. Sigmaringen 1971; *Dies.*, Frauenzisterze und Vogtei. Kloster Wald und die Grafschaft Sigmaringen, in: ZWLG 45 (1986), 25–101; *Dies.*, Frauenzisterze, Landesherrschaft und Reichsfreiheit. Kloster Wald, die Grafschaft Sigmaringen und Vorderösterreich, in: ZWLG 46 (1987), 11–86.

[15] Vgl. zu Heiligkreuztal insbesondere den Beitrag von *Karl Werner Steim* in diesem Band. Ferner: *Martin Kögel*, Rechts- und Besitzverhältnisse des Klosters Heiligkreuztal bei Riedlingen an der Donau Jur. Diss., masch. Tübingen 1959; Der Landkreis Biberach, hg. v. der *Landesarchivdirektion* in Verb. mit dem Lks. Biberach. Sigmaringen 1987, hier: Bd. 1, 417–419, 433–444, 449; *Günther Pape*, Geschichte des ehemaligen Zisterzienserinnenklosters, in: Heiligkreuztal. Geschichte und Gegenwart, hg. von *Alfons Bacher* u. a. Heiligkreuztal 1982, 30–80.

[16] *Doris Muth*, Das Kloster Habsthal nach der Säkularisation. Aspekte des Klosterlebens im Spiegel der Quellen. (Magisterarbeit, masch.). Tübingen 2001; *Johann Nepomuk Wetzel*, Aus der Geschichte des Klosters Habstal, in: HH 10 (1960), 51f.; zur Besteuerung: *Zekorn*, Zwischen Habsburg (wie Anm. 8), bes. 525–529; *Franz Quarthal*, Landstände in Schwäbisch-Österreich. Stuttgart 1980, 430–453 passim.

[17] *Robert Frank*, Das Kloster Gruol, in: 900 Jahre Gruol, hg. v. der *Ortschaftsverwaltung*. Balingen 1994, 263–279; Drei Urkunden aus dem Kloster Gruol ..., mitgeteilt von *Johann Nepomuk Pfeiffer*, in: Mitt. des Vereins für f. Gesch. u. Altertumskunde in Hohenz. 18 (1884/85), 115–123; *Johann Pfister*, Das Dominikanerkloster Gruol, in: Mitt. des Vereins für f. Gesch. u. Altertumskunde in Hohenz. 20 (1886/87), 101–118; *J. A. Zehnter*, Zur Geschichte des Frauenklosters Gruol, in: Mitt. des Vereins für f. Gesch. u. Altertumskunde in Hohenz. 26 (1892/93), 25–30.

»Spitäler des Adels« am Ende ihrer Epoche

Die Ritterstifte Comburg, Odenheim-Bruchsal und Wimpfen im Tal

von Rainer Jooß

Das Ritterstift Comburg

Seine Anfänge als Kloster

Das *Hochadeliche Ritterstift* Comburg wurde im Jahr 1078 als Benediktinerkloster gegründet.[1] Damals wandelten Angehörige einer Hochadelsfamilie, die man später als Grafen von Comburg – Rothenburg bezeichnete, ihre Burg auf einem Umlaufberg im Kochertal nahe der Siedlung Hall in eine monastische Niederlassung um. Das neue Kloster gehörte zu den hirsauisch geprägten Konventen im Südwesten und nahm einen raschen Aufschwung. Noch heute zeugen der berühmte romanische Radleuchter und das kostbare Antependium in der Stiftskirche von der kulturellen Blüte der Abtei in der 1. Hälfte des 12. Jhs. Nach dem Tod des letzten Comburger Grafen Heinrich im Jahr 1115 übernahmen die Staufer die Vogtei über das Kloster, das damit einen Teil des Königsgutes in Franken bildete.[2]
Die Besitzschwerpunkte der gräflichen Gründung lagen östlich von Schwäbisch Hall zwischen Kocher und Jagst, im Kochertal um Künzelsau sowie in und um Gebsattel bei Rothenburg o. T. Die wirtschaftliche Lage des Klosters schwankte: Überwogen im 13. und 14. Jh. die Verkäufe von Gütern, so konnte sich Comburg Ende des 14. Jhs. wieder etwas erholen und sogar Neuerwerbungen machen. In der 2. Hälfte des 15. Jhs. setzte erneut ein Niedergang ein, der 1521 mit dem Verkauf größerer Güterkomplexe an die Reichsstadt Schwäbisch Hall seinen Tiefpunkt erreichte.
In dieser Zeit geriet nicht nur Comburg in eine Krise, sondern die Benediktinerklöster allgemein. Die Zahl der Mönche nahm stark ab. Die vita communis zerfiel; jeder Konventuale bewohnte eine eigene Wohnung, und fast jeder bekleidete ein Klosteramt, zu dem eine eigene Pfründe gehörte. Außerdem verfügten alle Mönche über Privateigentum. Die soziale Zusammensetzung des Konvents erklärt diese Entwicklung. Seit Anfang des 14. Jhs. kennt man die Namen vieler Mönche. Zunächst dominierten in Comburg die Patrizierfamilien Schwäbisch Halls und die mit ihnen eng versippten Niederadelsfamilien aus der näheren und weiteren Umgebung. Seit der 2. Hälfte des 15. Jhs. veränderte sich das Bild: Von da an traten immer mehr Angehörige des fränkischen Niederadels in Comburg ein, d. h. Mitglieder der Familienverbände, die in den Würzburger und Bamberger Stiften die Dom- und Chorherren stellten.

Die Umwandlung in ein Chorherrenstift 1488

Die Klosterreformer des 15. Jhs. verlangten von den Benediktinerkonventen allgemein die Wiederherstellung der vita communis sowie die Aufhebung des Adelsprivilegs. Allerdings hätten nur der Bischof von Würzburg und die Stadt Schwäbisch Hall, seit 1349 Inhaberin der Vogtei, in Comburg diese Reform durchsetzen können. Die Reichsstadt hatte dazu weder den Willen noch die Macht. Bischof Rudolf von Scherenberg (1465–1495) unterstützte ein solches Vorhaben ebenfalls nicht – im Gegenteil: Er förderte – seit 1482 als neuer Klostervogt – die Umwandlung Comburgs in ein weltliches Chorherrenstift. Damit gab er den Interessen des fränkischen Niederadels nach, der verhindern wollte, dass der »Bauersmann in das Spital des Adels« gelangte.

Die Kosten des Vorhabens trug der Würzburger Domdekan Schenk Wilhelm v. Limpurg (1434–1517). Er repräsentierte damals als Vormund seiner unmündigen Neffen die Schenkenfamilie, die schon lange ihr Erbbegräbnis im Kloster hatte. Die Limpurger übernahmen als Würzburger Lehen die Untervogtei über das Stift, um es wohl auf diese Weise zu ihrem »Hausstift« werden zu lassen. Die Stadt Schwäbisch Hall musste diese Stärkung der limpurgischen Macht hinnehmen. So verlor der Benediktinerorden nach Ellwangen (1460) und St. Burkard in Würzburg (1464) den dritten Konvent im schwäbisch-fränkischen Raum.

Das Chorherrenstift

Die Entscheidungen der Jahre 1482 bis 1488 wurden nicht mehr korrigiert. Weil die Vogtei bei den Bischöfen von Würzburg lag, konnte auch die Reformation dem Stift nichts anhaben. Zahlreiche Untertanen bekannten sich zwar zur Reformation, aber nach 1648 mussten alle evangelischen Stiftsuntertanen ihre Bauernstellen verlassen, wenn sie nicht zur katholischen Kirche zurückkehren wollten. Comburg gehörte zu den Kreisständen des Fränkischen Kreises; auf dem Reichstag wurde das Stift jedoch durch Würzburg vertreten. Den wirtschaftlichen Niedergang Comburgs vermochte die Umwandlung in ein Chorherrenstift nicht aufzuhalten. Immer wieder mussten Schulden gemacht und Güter verkauft werden. So ging etwa 1521 Besitz im Wert von 11.338 fl. an die Stadt Schwäbisch Hall über. Nach weiteren Verkäufen bis 1525 blieben drei Besitzschwerpunkte übrig, nämlich das Fischach- und Rottal mit dem größten Teil des Dorfes Hausen an der Rot (Kr. Schwäbisch Hall), die Gegend um Großallmerspann (Kr. Schwäbisch Hall) sowie Gebsattel (Kr. Ansbach) und Umgebung. In den Jahren 1606 bis 1613 gewann Comburg noch umfangreiche Zehntrechte um Vellberg und Stöckenburg (Kr. Schwäbisch Hall) hinzu und kaufte sich 1717 erneut in Künzelsau ein; diesen Besitzstand konnte es bis zu seinem Ende 1802 wahren.[3]

Die Verfassung

Dem Stiftskapitel des Weltlichen Chorherrenstifts Comburg gehörten seit 1488 zunächst zehn, später acht Chorherren an. Sie entstammten vor allem fränkischen und schwäbischen, später auch rheinischen Niederadelsfamilien und mussten zuerst acht, dann 16 adelige Ahnen nachweisen, mindestens 24 Jahre alt sein und die höheren Weihen – nicht die Priesterweihe – empfangen haben. Diese geistlichen Stellen wurden innerhalb bestimmter katholischer Adelsverbände weitergegeben, die so ihre Angehörigen mit Pfründen und Ämtern in der Reichskirche versorgten. Solcher Nepotismus galt nicht als anstößig, sondern als eine Form von Nächstenliebe. Nur asketische Rigoristen vermochten mit allen verwandtschaftlichen Bindungen zu brechen, denn »im Alltag des Normalchristen bildeten Familie und Verwandtschaft unverzichtbare Hilfen des Lebens und Überlebens«.[4]

An der Spitze des Kapitels stand der *Propst*, der aber seit etwa 1520 nur noch den Titel führte und 200 fl. Gehalt bezog. Die wirkliche Leitung lag in den Händen des *Dekans*. Er musste nicht nur Adeliger sein, sondern auch ausgeweihter Priester, weil er der Vorgesetzte von Priestern, den Chorvikaren, war. Ihm unterstand die Verwaltung des Stifts in allen geistlichen und weltlichen Angelegenheiten. Er sollte mindestens 26 Wochen und einen Tag in Comburg residieren und nicht mehr als sechs Wochen am Stück abwesend sein. Seine Verantwortlichkeit erfuhr nur wenige Beschränkungen. So waren z. B. die Vergabe von Ritterlehen und die Verkäufe von Gütern an die Zustimmung des Bischofs gebunden. Größere Baumaßnahmen und die Anstellung von Beamten musste das Kapitel insgesamt genehmigen. Siegel und Archiv verwahrten Dekan und Custos gemeinsam. Weiter gehörte zu seinen Aufgaben die jährliche Visitation der Wohnungen der Chorherren, *damit der Chorherren Häuser ein Orth der Tugend, kein Zechhaus seye*.[5] Sein Einkommen entsprach seiner Verantwortung: Er bekam etwa 350 fl. als Pfründe, dazu 60 fl. für die Verwaltung und 400 fl. für den Unterhalt einfacher Gäste. Die Kosten für adelige Besucher und kirchliche Würdenträger musste das Stift insgesamt tragen. Zu allen drei Einkommensteilen kamen beträchtliche Naturalleistungen und die Nutzung bestimmter Grundstücke, wie etwa des *Welschen Gartens* (1604) oder des Bretzinger Brühls hinzu. Der Dekan stand einem eigenen Haushalt vor und musste dafür einen Kaplan, einen Hausmeister und einen Koch unterhalten. Dem Lebensstil eines adeligen Prälaten

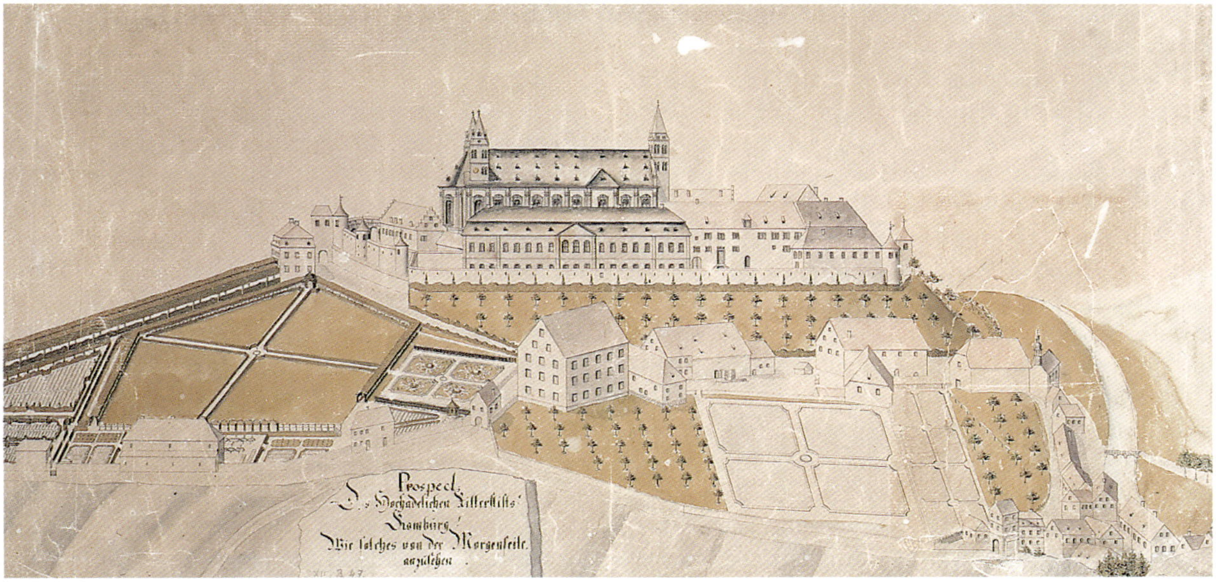

Das Ritterstift Comburg
Ansicht des Ritterstifts, wie es um 1732 geplant war. Die Dekanei (Mitte) wurde nie vollendet. Gebäude und Gartenanlagen unterhalb des Stifts dürften um 1800 so ausgesehen haben.
Mainfränkisches Museum, Würzburg.

entsprach der vom Stift zu finanzierende Hausrat. Hier gab es elegante Möbel, feine Tischwäsche und – seit dem 18. Jh. – auch teures Porzellan.[6]
Den Platz nach dem Dekan nahm der *Scholaster*, *der Mund des Capittels*[7] ein, d. h. er vertrat das Kapitel gegenüber dem Dekan. Seine Aufgabe war es, die jungen Chorherren zu unterrichten und ihnen Vorbild zu sein. Ihm folgte in der Rangordnung der *Custos*, der für die Reinhaltung der Messgefäße und des Kirchenornats zu sorgen hatte. Nach ihm kamen die *Kapitulare*, die eine volle Pfründe innehatten und zum Schluss die *Domizellare*, die sich noch auf Kosten des Stifts in der Ausbildung befanden. Die Stiftsordnung schrieb vor, dass von den 10 Pfründen eine für einen Theologen und eine für einen Juristen bestimmt sein sollte, was so nicht eingehalten wurde. Zwar gab es einen Theologen und Prediger sowie einen Juristen im Stift, aber sie gehörten zu den Chorvikaren bzw. zu den Stiftsbeamten, aber nicht zu den Chorherren.
Die Mehrzahl der Comburger Chorherren besaß weitere Stellen in den Domkapiteln und Ritterstiften in Würzburg, Bamberg, Augsburg und Ellwangen[8]. Daraus ergaben sich Probleme mit ihrer Anwesenheit. Die Stiftsordnungen forderten zwar von den Stiftsmitgliedern einen ständigen Aufenthalt von 26 Wochen im Jahr, aber durchsetzen ließen sich solche Auflagen nur schwer. Es konnte daher geschehen, dass manche ihre 400 fl. Pfründgeld mit vier bis sechs Wochen Anwesenheit in Comburg verdienten. Auch auf Vorhaltungen des Dekans wegen unbotmäßiger Kleidung reagierten die adligen Herren oft unwirsch: *Wann solcher habitus nicht gesehen werden wolle, könnte die Visite ganz unterbleiben.*[9]

Die Chorvikare
Die gottesdienstlichen Pflichten im Stift versahen die zwölf Chorvikare. Acht von ihnen, seit 1736 zehn, hatten die Priesterweihe empfangen; bei den übrigen vier bzw. zwei, die als *Choralisten*, d. h. Sänger, bezeichnet werden, kann man davon nicht mit letzter Sicherheit ausgehen. Sie entstammten alle bürgerlichen und bäuerlichen, z. T. armen Familien aus der näheren und weiteren Umgebung. Als Kollegium mit gemeinsamer Wohnung im Großen und Kleinen Vikarienbau

innerhalb des Stifts nahmen sie auch gemeinsam die Mahlzeiten ein, die von der Kosthalterei zubereitet wurden. Ihrem Stand als Geistliche entsprechend, trugen sie die Tonsur und mussten immer schwarz oder braun gekleidet sein.[10]
Ihre Hauptaufgabe und ihr Lebensinhalt bestand im Abhalten und Mitfeiern von Gottesdiensten: »Das Choroffizium gliederte den Tag und sollte dem Handeln des Betenden Sinn und Richtung geben«.[11] Der Tageslauf begann sommers wie winters um sechs Uhr mit der Matutin und der anschließenden Frühmesse, die bis halb acht Uhr dauerte und an der auch Bedienstete teilnehmen konnten. Von neun bis zehn Uhr wurden die Tagzeiten fortgesetzt, nachmittags um drei Uhr Vesper und Complet gehalten. Daneben wurden an Seitenaltären um sechs, acht, neun und zehn Uhr die täglichen Wochen- und Monatsmessen zelebriert und ab viertel nach zehn Uhr das Residenzamt, an dem dann auch die adligen Chorherren teilnahmen. Außerdem mussten insgesamt 101 Jahrtage (der älteste datierte von 1351) gehalten werden, teils größere mit ganzer und teils kleinere mit reduzierter Totenliturgie. Hinzu kam noch jeden Donnerstag das Engelamt zu Ehren des Altarsakraments, in der Fastenzeit nach vier Uhr das Miserere, vom 15. August bis zum 13. September die Marienliturgie der Mariadreißiger sowie in der Adventszeit die Roratemessen. Jeden Samstag- und jeden Sonntagnachmittag, auch an Marienfesttagen, wurde die Lauretanische Litanei teilweise mit Instrumentalbegleitung gesungen. Bei allen Gottesdiensten führte einer der Chorvikare, der sog. *Präsenzmeister*, über die Anwesenheit von Kapitularen und Chorvikaren eine genaue Liste, denn letztere bekamen ein Drittel ihres Gehaltes nach Teilnahme an Gottesdiensten ausbezahlt. Die Kapitulare erhielten gleichfalls Präsenzgelder, wenn sie die vorgeschriebenen Gottesdienste besuchten.[12]
Die Vielzahl der kultischen Handlungen ließ Probleme nicht nur mit der Anwesenheit, sondern auch mit der Motivation und Disziplin entstehen. Immer wieder mussten Fehlen, Zuspätkommen, Herumgehen, zu schnelles Singen, undeutliches Sprechen und falsche Einsätze bei Psalmen und Responsorien gerügt werden.[13] Die meisten Chorvikare bekleideten daneben noch Ämter im Stift als Prediger, Beichtvater, Subcustos, Bibliothekar oder Kosthalter, d. h. Aufseher über die Küche und die Küchenverwaltung, oder auch als Pfarrer in Steinbach und Gebsattel.

Kulturelle Bestrebungen vom 16.–18. Jh.
Wie schon ausgeführt, lag die Leitung des Stifts in den Händen der Dekane. Drei von ihnen haben längere Zeit in Comburg gewohnt und bauliche Spuren hinterlassen: Das gilt zunächst für den Dekan und Propst Erasmus Neustetter, genannt Stürmer von Schönfeld (1522–1594). Nach längeren Studienaufenthalten in Löwen – wo er wohl schon die ersten Bücher erwarb – und in Bologna übernahm er geistliche Würden in Würzburg und Bamberg. Von 1551 bis 1594 bekleidete er zudem die Dekanswürde in Comburg. In diesen Jahrzehnten ließ er das Stift baulich völlig erneuern. Wichtige Gebäude wie die Alte Dekanei, der Gebsattel-, Wambold- und Adelmannbau verdanken ihr Entstehen seiner Initiative. Alle neu errichteten, aber auch viele vorhandene Bauten ließ er durch den Konstanzer Maler Michael Viol (1543 bis nach 1600) innen und außen bemalen. Neustetter hielt sich zwar viel in Würzburg und Bamberg auf, aber in seinem *Tusculum* Comburg verwirklichte er die meisten seiner Bauideen. Hier traf er sich mit seinen humanistischen Dichterfreunden Petrus Lotichius (1528–1560), Franciscus Modius (1556–1597) und Nikolaus Kistner (1529–1583). Das bedeutendste Denkmal, das er sich gesetzt hat, bildete seine Bibliothek, deren Wert er selbst auf 3.000 fl. schätzte und die er dem Stift vermachte. Sie umfasste Titel aus allen Wissensgebieten. Zu seinen wichtigsten Anschaffungen in den Jahren 1572/74 zählte die damals schon berühmte Privatbibliothek des bayrischen Kanzlers Leonhard v. Eck (1480–1550), die ihm dessen Sohn Oswald v. Eck († 1573) käuflich überließ.[14] Neustetters Bücherschatz versank nach seinem Tod in einen Dornröschenschlaf. Erst der Haller Gymnasialprofessor Friedrich David Gräter (1768–1830) entdeckte ihn 1796 neu.
In den nächsten 120 Jahren bestimmte der 30-jährige Krieg und seine Folgen die Geschichte des Stifts, so dass erst im 18. Jh. neue bauliche Initiativen erkennbar werden. Sie gingen vor allem von den Dekanen Wilhelm Ulrich v. Guttenberg (1695–1736) und Johann Philipp Heinrich v. Erthal (1736–1771) aus. Die ersten baulichen Veränderungen betrafen die Stiftskirche. Sie wurde bis auf die drei Türme niedergelegt

und in den Jahren 1706 bis 1715 als barocker Bau nach Plänen des Würzburger Hofbaumeisters Joseph Greissing (1664–1721) neu errichtet. Eine besondere Kostbarkeit darin bildete ein silberner Altaraufsatz von 1761, geschaffen von dem damals führenden Goldschmied für Kirchengerät Georg Ignaz Baur aus Augsburg.[15]

Unter Dekan v. Erthal entstanden weitere Gebäude innerhalb und außerhalb der spätmittelalterlichen Ringmauer. Dazu gehörten vor allem die unvollendet gebliebene, aus der Ferne schlossartig wirkende Neue Dekanei, eine Chorherrenkurie (Reischachbau), der Archivbau (heute Pfarrhaus) und die Obervogtei vor dem Tor. Die Ansichten von Comburg aus dem späten 18. Jh. zeigen außerdem umfangreiche Gartenanlagen rund um den Berg, an deren Ausgestaltung und Verschönerung noch um 1790 gearbeitet wurde, als Dekan Johann Gottfried v. Greiffenclau (1771–1802) den *zimlich ländlichen Garthen in einen kleinen Hofgarten umschaffen* ließ.[16] Hier gab es ein Treibhaus und eine heizbare Orangerie, in der Orangen und Pomeranzen gediehen. Noch 1803 sandte die neue württembergische Verwaltung 90 meist schöne, süße Früchte an den kurfürstlichen Hof nach Stuttgart.[17]

Die gleichfalls im Stift vorhandenen Musikinstrumente hätten für ein nicht ganz kleines Orchester ausgereicht. Im Haushalt des Dekans und auch der Chorherren gab es Silber- und Porzellangeschirr, Tischwäsche und feine *Meubles*. Gelegentlich kaufte man beim Konditor Beer in Hall erlesenes Konfekt, z. B. Zimtmakronen, Pistazien, Mandelkranz und Fruchthörnchen.[18] Von wissenschaftlichen Bemühungen der Chorherren hört man wenig. Nur ein einziger Chorvikar beschäftigte sich mit der Geschichte des Stifts und seiner Denkmäler.[19] Dagegen scheint Interesse am aktuellen Geschehen vorhanden gewesen zu sein. So hielt man 1802 auf Comburg immerhin sechs Zeitungen, darunter die *Erlanger Realzeitung*, die *Augsburger Allgemeine*, den *Frankfurter Ordinari Post-Anzeiger* und den *Schwäbischen Merkur*.[20]

Zusammenfassend lässt sich festhalten: Comburg wurde im 18. Jh. eine geistliche Kleinresidenz mit schlossartigen Wohnbauten, Gärten, Amtsgebäuden und einem adeligen Lebensstil der Bewohner, ohne Bezug zu einer Residenzstadt. Das Stift bildete einen kulturell mäßig aktiven, politisch völlig unbedeutenden Teil der adeligen Reichskirche, mit der es unterging.

Das adelige Chorherrenstift um 1800

Geistlichkeit

Der Wappenkalender des Stifts aus dem Jahr 1801 zeigt den Personalstand des damaligen Comburger Kapitels[21]: Propst: Anselm Philipp Groß v. Trockau (1727–1815), Dekan: Johann Gottfried v. Greiffenclau (1751–1805), Custos und Kapitelssenior: Sigismund Maria v. Reischach (1737–1811), Scholaster: Adam Friedrich Groß v. Trockau (1758–1840), Kantor: Lothar Karl Anselm v. Gebsattel (1761–1846), drei Kapitulare: Philipp Alois Graf Adelmann (1762–1823), Karl Ludwig Wambold v. Umstadt (1769–1842), Johann Philipp Anton v. Guttenberg (1768–1821) und vier Domizellare: Karl Franz Speth v. Zwiefalten (1776–1825), Josef Konrad Reuttner v. Weyl (1750–1825), Clemens Wenzeslaus Graf v. Kesselstatt (1768–1834) und Josef Franz Lothar v. Würzburg (1784–1865). Das Kapitel wies also die Sollzahl von zwölf Mitgliedern auf, sechs davon muss man der fränkischen, vier der schwäbischen und zwei der rheinischen Ritterschaft zurechnen. Der Dekan und vier Kapitulare hielten sich wohl länger in Comburg auf, denn nach ihnen sind bis heute vier Kurien benannt: Wambold-, Adelmann-, Gebsattel- und Reischachbau. Bei der Aufhebung des Stifts gab es noch zwei weitere und eine Domizellarwohnung, deren genaue Lage nicht mehr feststeht. Das Kollegium der Chorvikare wies gleichfalls die volle Zahl von zwölf auf, von denen elf ihren Dienst verrichteten, während einer noch studierte. Man kann also davon ausgehen, dass ständig etwa 20 Geistliche im Stift anwesend waren.

Seit 1684 bestand auf Kleincomburg, einer ehemaligen Propstei des Klosters Comburg, ein Kapuzinerhospiz mit vier Patres, das 1713 zu einem Kapuzinerkloster mit 12 Mönchen erweitert wurde.[22] Die Kapuziner stellten dem Stift einen Beichtvater und einen Prediger; auch halfen sie in der Seelsorge und Katechese in der großen Pfarrei Steinbach mit. Die übrigen geistlichen Personen, die mit dem Stift in Zusammenhang standen, bekleideten Pfarreien, über die Comburg das Patronat ausübte und zwar vier katholische und elf evangelische.

Weltliches Personal

An der Spitze der weltlichen Beamten stand ein juristisch gebildeter Hofrat und Syndicus, mit einem Kanzleirat als Helfer. Die Güterverwaltung führte der Obervogt mit Unterstützung eines Kastners, eines persönlichen Sekretärs und eines Forstmeisters sowie zusätzlichen Sekretären und Aktuaren. Vier Amtleute wirkten in den stiftischen Dörfern, je zwei weitere in Gebsattel und in Künzelsau. Den Schluss der Hierarchie bildeten 24 *subalterne Stifts-Offizianten* und sieben Forstknechte.[23]

Der Syndicus und seine Mitarbeiter bildeten das »Büro« des Dekans: Sie berieten ihn in all den rechtlichen und politischen Auseinandersetzungen, die das Stift mit seinen Nachbarn, aber auch mit dem Bischof von Würzburg führte. Zur Güterverwaltung des Obervogts und des Obervogteiamts gehörten vier Abteilungen mit getrennten Aufgaben. Das Kastner- und Kellereiamt zog die Zehnten, die Geld- und Fruchtgülten und die Besitzwechselabgaben ein, sowohl bei den Untertanen wie bei den etwa 2.800 Lehensleuten. Bei letzteren handelte es sich um Bauern, die comburgische Güter gegen Geld- und Fruchtabgaben bebauten, aber dem Untertanenverband anderer Herrschaften angehörten. Die Verwaltung gab diese Erträge an die bezugsberechtigten Personen, also an Kapitulare, Vikare und Beamte weiter. Was übrigblieb, wurde verkauft. Das Kommissariat regelte alle Fragen, die mit den seit 1795 zunehmenden Truppendurchzügen zusammenhingen, und das Schatzungsamt zog von den Untertanen die Vermögenssteuer (Schatzung) ein, der alle Untertanen des Stifts unterlagen. Besteuert wurden Haus- und Grundbesitz, sofern sie sich im Eigentum der Untertanen befanden, Mobilien und ausgeliehenes Geld. Von ihnen wurde 1 % Schatzung erhoben. Um 1800 betrug der Ertrag dieser Steuer etwa 1.800 fl., wovon 750 fl. an die bischöfliche Kanzlei nach Würzburg gingen als Anerkennung der Zugehörigkeit Comburgs zum Hochstift und als Gegenleistung dafür, dass Würzburg das Stift vor den Reichsinstanzen vertrat. Das Forstamt verwaltete die comburgischen Forste um den Einkorn, um Winzenweiler und um Hausen an der Rot. Auch regelte es den Verkauf von Bau-, Brenn-, Floß- sowie Kohlholz und zog die Gelder für Holznutzung und Fischfang ein. Das auf den herrschaftlichen Wiesen und Feldern anfallende Heu, Öhmd und Stroh wurde gleichfalls den Bezugsberechtigten und den herrschaftlichen Stallungen zugeteilt. Des weiteren unterstanden dem Obervogteiamt die Verwaltungen der entfernt liegenden Güterkomplexe in Künzelsau, Weinsberg und Gebsattel, deren Erträge nach Comburg überführt wurden.

Das comburgische Territorium – sofern man davon überhaupt reden kann – blieb sehr bescheiden. Insgesamt besaß Comburg 541 Untertanen, von denen 219 in den sog. purifizierten Dörfern lebten: in Steinbach (143), Großallmerspann (16), Winzenweiler (12), Hausen an der Rot (44), Starkholzbach (4). Hier besaß das Stift alle Rechte, ausgenommen die Hohe Gerichtsbarkeit. Alle anderen Untertanen wohnten in Dörfern, in denen sich das Stift die Vogtei (Obrigkeit) mit anderen Herrschaften teilte, z. B. in Gebsattel (68) und Umgebung (17). Mit den 541 Untertanen bezifferte man nur Familienvorstände. Um die Zahl der Seelen überschlägig zu ermitteln, multiplizierte man 541 mit 5 und kam so auf 2.507 Seelen. Hinzu kamen noch 100 Seelen Schutzverwandte, d. h. Juden in Steinbach, 100 Seelen weltliche und 100 Seelen geistliche Dienerschaft sowie 40 Seelen im Spital und im Steinbacher Konvertitenhaus. Als Summe ergaben sich etwa 3.000 Seelen, die mit dem Stift in Verbindung standen.[24]

Vermögenslage

Genaue Zahlen lassen sich nur schwer ermitteln. Aus den Aufstellungen der württembergischen Beamten geht hervor, dass das Stift über ein beträchtliches Geldvermögen verfügte, das auch bei auswärtigen Gläubigern, z. B. der Stadt Hall, bei den Familien v. Guttenberg und v. Greiffenclau, aber auch beim Bankhaus Gebrüder Bethmann in Frankfurt gegen 3,5 bis 4 % Zins angelegt war. Am meisten Schuldner hatte das Stift unter seinen eigenen Untertanen, die mit 60 bis 68.000 fl. bei ihrem Grundherrn in der Kreide standen.[25]

Die Säkularisation des Ritterstifts

Über das zukünftige Schicksal der geistlichen Herrschaften gab der zweite Entschädigungsplan Auskunft, den die französischen und russischen Gesandten der Reichsdeputation am 8. Oktober 1802 vorlegten. Schon zwei Tage später kündigte Herzog Friedrich von Württemberg dem Stift die »provisorische Okkupation« an,

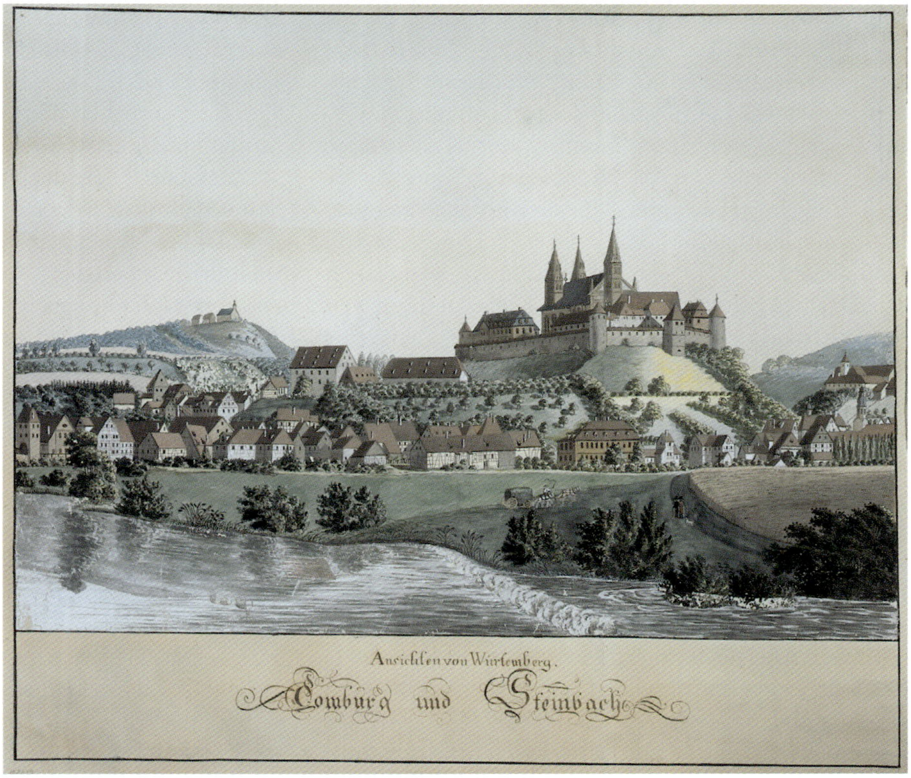

Die Comburg
Biedermeierliches Bild des ehem. Ritterstifts von Norden her. Schwarze Federz. u. Gouache, C. Gabriel, um 1810–14. In: »Ansichten von Württemberg. Comburg und Steinbach«. StA Schwäbisch Hall.

die am 12. Oktober vollzogen wurde. Hofrat Georg Heinrich Potschka musste sofort einen Etat des Ritterstifts erstellen, den Generalkommissar Karl von Reischach bei seinem Besuch in Comburg entgegennahm. Dieser berichtete anschließend dem Herzog, er sei freundlich in Comburg empfangen worden und der Herr Dechant wünsche nichts sehnlicher, als *Eurer Herzoglichen Durchlaucht seine völlige Ergebenheit zu bezeugen.*[26] Am 26. November 1802 wurden feierlich alle Bediensteten aus der Pflicht dem Stift gegenüber entlassen und in die des Herzogs genommen. Ein Kassensturz ergab einen Bestand von 8.467 fl. Davon ließ der württembergische Beamte 2.939 fl. im Stift zurück.[27] Zum 1. Dezember 1802 ging die Verwaltung des gesamten comburgischen Besitzes auf Württemberg über. In den folgenden Tagen vereinnahmte der württembergische Beauftragte, Hofgerichtsadvocat Christian Kausler, auch die weit entlegenen Güter. In Gebsattel kam es dabei zu Wortgefechten mit den inzwischen eingerückten bayerischen Soldaten. Überall musste auf die neue Herrschaft geschworen werden. Die früheren Zeichen und Wappen ließ Kausler abnehmen und nach Stuttgart überführen. Für den ihn begleitenden ehemaligen Stiftsdiener wurde eine eigene Livrée in schwarz-gelb, den Farben der neuen Obrigkeit, angefertigt, damit jedermann die vollzogenen Veränderungen vor Augen standen. Aber auch sonst spürte die Bevölkerung die Neuerungen. Nach württembergischem Recht durfte sich kein männlicher Untertan vor dem 25. Lebensjahr verheiraten und kein Handwerker ohne Wanderzeit Meister werden, um sich nicht dem Militärdienst zu entziehen. Außerdem mussten der Herzog und seine Familie ins Kirchengebet eingeschlossen werden. Am 23. Dezember 1802 erfolgte die endgültige Aufhebung des Stifts.[28]

Im neuen Jahr, am 19. Januar 1803, kam dann das Ende für die Gottesdienste in der Stiftskirche, wie man sie seither in der herkömmlichen Weise noch abgehalten hatte. Das galt ebenso für das jahrhundertelang gewahrte Totengedenken, zu dem auch die Insassen des

sog. Konvertitenspitals beizutragen hatten. Dekan Wilhelm Ulrich von Guttenberg (1695–1736) hatte in seinem Testament 40.000 fl. zur Verfügung gestellt. Dafür sollten 24 zum katholischen Glauben konvertierte Männer samt ihren Familien mit 50 fl. jährlich unterhalten werden. Als Gegenleistung mussten sie täglich an einer Seelenmesse für den Stifter teilnehmen und einen Rosenkranz für ihn beten. Dieses Institut fand gleichfalls 1803 sein Ende. 12 ältere, nicht mehr arbeitsfähige Pfründner wurden in Kleinkomburg weiterhin versorgt, die anderen noch arbeitsfähigen Leute sollten ihren Lebensunterhalt selbst verdienen.[29] Die bisherigen Gottesdienstbesucher aus den Reihen der Dienstboten des Stifts, denen die Stiftskirche als Pfarrkirche gedient hatte, wurden an die Pfarrkirche in Steinbach verwiesen.

Mit den gemeinsamen Gottesdiensten endete auch das gemeinsame Leben der Chorvikare. Sie mussten jetzt selbst sehen, wie sie sich versorgten oder versorgt wurden, auch wenn seit dem 30. Januar 1803 wieder Gottesdienste – allerdings in veränderter Form – in der Stiftskirche stattfanden. Das Kapuzinerkloster in Kleincomburg wurde am 29. Januar 1803 ebenfalls geschlossen. Die vier Patres und vier Brüder kamen nach Ellwangen in das dortige Sammelkloster. Die anderen hatten Pfarrer als leibliche Brüder, denen die Exkapuziner als Kapläne zur Hand gehen sollten. Wie die vom Ende des Ritterstifts und des Kapuzinerklosters Betroffenen dieses Ereignis tatsächlich erlebten, bewerteten und verarbeiteten, darüber gibt es keine Quellen. Nach außen drangen nur die offiziellen Äußerungen der württembergischen Beamten, und diese klangen friedlich und unterwürfig. Dasselbe galt für die Steinbacher Juden, die 1803 ihren neuen Herrn mit einem Lobgesang und einem Fürbittegebet aus dem 77. Psalm begrüßten. Ihre wahren Überzeugungen bleiben gleichfalls unbekannt.[30]

Die Pensionierung der Stiftsangehörigen

Der RDH verlangte eine angemessene Pension für die bisherigen Stiftsangehörigen. Zunächst mussten dazu die Naturalbezüge in Geld umgerechnet werden. Dabei legte man einen Wert zugrunde, der aus dem Durchschnitt der Getreidepreise seit 1790 ermittelt wurde. Dekan v. Greiffenclau bezog nach dieser Berechnung bisher eine Pfründe in Höhe von 4.303 fl. Davon wurden, den Bestimmungen gemäß, 20 % abgezogen, so dass noch 3.443 fl. übrig blieben. Greiffenclau begnügte sich mit 3.000 fl., durfte sich aber von Zeit zu Zeit in Comburg aufhalten und einen Teil der Dechantei samt Einrichtung nutzen. Weiter erhielten der Custos v. Reischach 1.062 fl., die übrigen Kapitulare je 1.000 fl., die Domizellare je 500 fl. Graf Philipp Adelmann trat schon 1803 in den weltlichen Stand über und wurde zum Kammerherrn ernannt, der Hofuniform tragen durfte. Die übrigen Kapitulare lebten meist außerhalb des Landes und verzehrten dort ihre Pensionen. Zwei von ihnen traten später als Bischof bzw. Erzbischof in Erscheinung: Adam Friedrich Groß von Trockau (1818–1840) in Würzburg und Lothar Karl Anselm von Gebsattel (1818–1846) in München-Freising.

Die 11 Chorvikare bekamen zwischen 540 und 375 fl. je nachdem, welche Einkünfte sie im Stift bezogen hatten. Ihre Pensionen reichten kaum zum Lebensunterhalt aus, so dass die Betroffenen öfter um Erhöhung nachsuchten, falls sie keine Pfarrstelle erhalten hatten. Noch knapper fielen die Zahlungen für die übrigen Bediensteten des Stifts aus. Statt der früheren 4.298 fl. an Gehältern gab Württemberg nur 1.455 fl. an Pensionsgeldern aus.[31]

Der Silberschatz

Um die Kosten der Kriege gegen Frankreich finanzieren zu können, verlangte 1795 der Würzburger Bischof von Comburg einen Beitrag zu diesen Auslagen. Nach den Kapitelsrechnungen hatte das Stift seit 1766 silberne Kunstwerke zum Gesamtpreis von 20.820 fl. gekauft, deren reiner Metallwert auf 10.000 fl. geschätzt wurde. Comburg lieferte davon nichts ab, sondern beteiligte sich mit 4.000 fl. an den würzburgischen Kriegsausgaben. Die Kunstwerke blieben also zunächst erhalten. Der silberne Hochaltar und eine 42 Pfund schwere goldene Muttergottes bildeten die Spitzenstücke in dieser umfangreichen Sammlung von Kultgegenständen, Vasa sacra, Paramenten und liturgischen Gewändern, die das Stift im Laufe der Jahrhunderte erworben hatte. Der Silberschatz übertraf alles, was bis dato sonst von den an Württemberg gekommenen Klöstern und Stiften abgeliefert wurde. Einschließlich des Silbergeschirrs aus den stiftischen Haushaltungen kamen Gegenstände im Metallwert von über 44.000 fl. in die Münze. Als die Wagen nach

Ludwigsburg abfuhren, brachen die Umstehenden in Tränen aus. Mit dem ausgemünzten Edelmetall finanzierte das Land seine Militärausgaben.[32]

Die Bibliothek
Die Comburger Bibliothek erregte sofort die Aufmerksamkeit der württembergischen Beamten. Kausler berichtete schon einige Tage nach seinem Eintreffen darüber an Generalkommissar Reischach. Zunächst wollte man sie nach Ellwangen und Stuttgart abtransportieren, um Dubletten versteigern zu können. Der Haller Gymnasialrektor Friedrich David Gräter (s. o.), der schon 1796 die Bibliothek besichtigt und später einen Katalog verfasst und veröffentlicht hatte, interessierte Kurfürst Friedrich für diesen Bücherschatz. Er erreichte dadurch zunächst, dass der Landesherr 1805 die Comburg besuchte und die Buchbestände der Hofbibliothek einverleiben ließ. Keine andere, 1802 an Württemberg gelangte Bibliothek, hat eine so eingehende Beschreibung ihres Bestandes erfahren wie die von Gräter für die Comburg vorgelegte. Die wichtigsten Teile der Büchersammlung, vor allem die Handschriften, kamen auf Anweisung des Kurfürsten nach Stuttgart in die Hof- und spätere Landesbibliothek, andere blieben zunächst zurück und gelangten nach 1821 in die Stuttgarter und Tübinger Bibliotheken.[33]

Die späteren Schicksale der Stiftsgebäude
Die Gebäude der Comburg leerten sich nach 1803 allmählich. Die bisherigen Bewohner zogen aus, ebenso die kurzfristig hier etablierten Behörden. Von 1807 bis 1811 dienten die Bauten als (unfreiwillige) Residenz des Prinzen Paul von Württemberg (1785–1852), des jüngeren Sohnes von König Friedrich, und seiner Familie. In diesen Jahren wurden auch Umbauten und Reparaturen an den Stiftsbauten vorgenommen. 1817 zog für 100 Jahre das Königliche Ehreninvalidenkorps ein: Soldaten, die in den Kriegen des 19. Jhs. zu Invaliden geworden waren, fanden in Comburg eine lebenslange Versorgung. Von 1926 bis 1947 dienten die Gebäude u. a. als Heimvolkshochschule, Bauhandwerkerschule, Hitlerjugendheim sowie als Kriegsgefangenen- und Zwangsarbeiterlager. Seit 1947 befindet sich die Pädagogische Akademie Comburg, eine Fortbildungsstätte für Lehrer aller Schularten, in den Räumen des 1802 aufgehobenen Ritterstifts.[34]

Das Ritterstift Odenheim in Bruchsal

Das Benediktinerkloster

Die Geschichte des adeligen Säkularkanonikerstifts St. Peter und Paul Odenheim in Bruchsal weist viele Parallelen zur Geschichte der Comburg auf. Auch hier wurde zunächst in Odenheim (Stadt Oestringen Lkr. Karlsruhe) – wohl zwischen 1110 und 1118 – ein hirsauisch geprägtes Benediktinerkloster gegründet durch Erzbischof Bruno von Trier (1102–1124) und seinen Bruder Poppo aus dem Hause der Grafen von Lauffen. Sein Besitz, überwiegend von den Gründern herstammend, lag in unmittelbarer Umgebung des Klosters, aber auch an Zaber und Neckar. Die Klostervogtei, seit 1218 beim Reich, ging 1338 pfandweise auf den Bischof von Speyer über, der sie bis 1802 im Auftrag des Königs ausübte. Wie Comburg kam auch Odenheim im 14./15. Jh. in den Einflussbereich des benachbarten Adels, was eine »völlige geistige und geistliche Verarmung« zur Folge hatte.[35] Alle Reformversuche schlugen fehl: 1494 genehmigte der Papst die Umwandlung des Klosters in ein Weltliches Chorherrenstift, die durch den Comburger Propst Seyfried vom Holtz vollzogen wurde. Zwei Jahre später, im Jahr 1496, ging die benachbarte Abtei Sinsheim denselben Weg. 1507 genehmigte Bischof Philipp von Speyer die Verlegung des Stifts an die Liebfrauenkirche Bruchsal. Die in verschiedenen Kriegen beschädigten Klostergebäude verfielen und wurden im 19. Jh. vollständig abgebrochen.

Das adelige Säkularkanonikerstift

Von den 12 Chorherren mussten 11 Adelige sein und die niedrigen Weihen empfangen haben. An der Spitze des Stifts stand der Propst: Sein Amt war immer mit der Priesterweihe verbunden. Ihm folgten die Dignitäre – Dekan, Custos, Scholaster, Kantor und danach vier Kapitulare und zwei Domizellare. An letzter Stelle – und ohne Möglichkeit des Aufstiegs zu Dignitäten – stand der nichtadelige Prädikator. Er musste »ein qualifizierter Priester und in der Theologie oder beiden Rechten Doktor oder Lizentitat sein«.[36] Die adligen Kanoniker gehörten vor allem dem rheinischen Niederadel an. Zwei Namen seien hier genannt: Der letzte Dekan, Alexander Franz v. Wessenberg,

war ein Onkel des Konstanzer Generalvikars Ignaz Heinrich v. Wessenberg, der letzte Domizellar, Josef v. Metternich, ein Bruder des späteren österreichischen Staatskanzlers Clemens Fürst Metternich.
Viele der Bruchsaler Kanoniker hatten Domherrenstellen in anderen Stiften, meist in Speyer, inne. Sie residierten deshalb gar nicht in Bruchsal, sondern bezogen von dort nur Einkünfte. Einzig der Dekan hatte eine Wohnung in einem Stiftsgebäude, in dem sich zugleich der Kapitelsaal, die Kanzlei und das Archiv befanden. Es diente nach 1803 als Sitz für badische Gerichte.
Die gottesdienstlichen Aufgaben des Stifts nahmen die 10 Chorvikare wahr. Sie besaßen zwar durchweg die Priesterweihe, hatten aber meist keine Ausbildung als Prediger oder Seelsorger. Sie wohnten in stiftseigenen Häusern in der Stadt mit jeweils eigenem Haushalt. Eine gemeinsame Kosthalterei wie in Comburg bestand ebenso wenig wie eine gemeinsame Bibliothek. Zum fürstbischöflichen Hof in Bruchsal gab es nur wenige Beziehungen. Weil die Stiftskirche in Bruchsal zugleich als Pfarrkirche diente, mussten Stifts- und Pfarrgottesdienste darin abgehalten werden. Seit 1753 wurden die Pfarrmessen am nördlichen Seitenaltar vollzogen, während der Hauptaltar den kanonikalen Tagzeiten, den Hochämtern und den vielen Jahrtagsfeiern des Stifts vorbehalten blieb.
Die wirtschaftlichen Grundlagen des Stiftslebens basierten auf vier Dörfern im Kraichgau: Odenheim, Tiefenbach, Eichelberg, Landshausen, Rohrbach und die Hälfte von Waldangelloch sowie neun Zehntel von Großgartach. Die beiden letzteren bildeten ein Kondominat mit Württemberg. In diesen Siedlungen lebten 5.081 Einwohner. Der Wert der Herrschaft wurde auf etwas über eine Million fl. geschätzt.[37]

Die Säkularisation

Am 8. September 1802 sprach die Reichsdeputation das Hochstift Speyer und das Ritterstift Odenheim der Markgrafschaft Baden zu. Schon am 23. September erfolgte die provisorische Inbesitznahme, und am 30. November versammelte sich das Kapitel zum letzten Mal. Nach einem feierlichen Gottesdienst in der Stiftskirche und einer kurzen Ansprache des Dekans von Wessenberg in der Dechanei gingen die Kapitulare auseinander. Zwar setzten die Vikare noch bis 1808 ihre Gottesdienste nach der gewohnten Liturgie fort, doch dann hörte das Nebeneinander auf: Die Stiftskirche wurde zu einer reinen Pfarrkirche. Der zeitweilig erwogene Plan, ein Simultaneum einzurichten, wurde nicht ausgeführt.[38] So blieb die Stiftskirche bis heute katholische Pfarrkirche der Stadt Bruchsal.
Zu den wichtigsten Aufgaben der neuen Herrschaft gehörte die Festlegung der Pensionen für die Mitglieder des aufgelösten Stifts. Hier fand man großzügige Regelungen. Der Propst erhielt 2.800 fl. und der Dekan 3.600 fl. Den Dignitären standen 1.800 fl. zu. Einem der Domizellare wurden ab 1806, nach dem zu erwartenden Ableben eines älteren Kapitulars, ebenfalls 1.800 fl. in Aussicht gestellt, während der andere Domizellar leer ausging, weil er noch keine Weihen empfangen hatte. Für die Chorvikare blieb weniger übrig: Ihnen wurden ihre bisherigen Naturalleistungen und ihre freie Wohnung, dazu 340 fl. jährlich zugesprochen. Das Geldvermögen des Stifts – angelegt zumeist bei den eigenen Untertanen – schätzte man auf 120.411 fl. Der Materialwert des Bruchsaler Kirchenschatzes betrug 5.799 fl. Einzelne Stücke daraus blieben in der Pfarrkirche, andere brachte man nach Karlsruhe in die neu errichtete Stephanskirche. Der große Rest aber wanderte – wie der Comburger Silberschatz – in die Münze und diente zur Finanzierung der Kriegskosten.[39]

Das Ritterstift St. Peter zu Wimpfen im Tal

Die Entwicklung bis zum Ende des Mittelalters

Die Gründung des im östlichsten Teil der Wormser Diözese gelegenen Stifts erfolgte wohl im 9./10. Jh. Bis heute ist mit dem um 1030/40 entstandenen Westwerk an der Stiftskirche das frühestes Bauzeugnis erhalten. Seit dem 12. Jh. übte der Propst des Wimpfener Stifts als einer der vier Archidiakone des Wormser Bistums die Aufsicht über das Kirchengut im Elsenz- und Gartachgau aus. Seinen Sitz hatte er – anders als die übrigen Archidiakone – außerhalb der Bischofsstadt. [40]
Dem Stift gehörten wohl seit der Gründung 12 Chorherren an, die ihren Propst und Dekan selbst wählten, wobei das Amt des Propstes seit dem 13. Jh. an Bedeutung verlor und seit 1604 nicht mehr besetzt wurde. Als eigentliches Oberhaupt des Stifts galt der Dekan:

Entweder er oder der Custos mussten Priester sein. Spätestens seit dem 13. Jh. kamen die meisten Kanoniker aus dem Adel. Nur mit den niederen Weihen versehen, konnten sie die Aufgaben beim täglichen Gottesdienst und im anwachsenden Totengedenken nicht mehr ausreichend wahrnehmen. So wurden seit der Stiftsreform von 1268/69 ausgeweihte Priester nichtadeliger Herkunft zur Unterstützung als Chorvikare ins Stift aufgenommen. Damals fiel auch die Entscheidung für den Neubau der *Stiftskirche aus nach französischer Art gehauenen Steinen,* wie es der Stiftschronist Burkhard von Hall ausdrückte.[41] Dazu erhielten die Chorvikare gegen Ende des 13. Jhs. die noch stehenden klosterähnlichen Wohngebäude, bis auch sie, wie schon zuvor die adeligen Chorherren, getrennte Häuser in der Talstadt bezogen.

Am Ende des Mittelalters gab es 38 geistliche Stellen im Stift. Den ersten Platz belegten die 12 Kanonikerpfründen, von denen seit 1386 zwei der Universität Heidelberg inkorporiert und mit dort lehrenden Professoren besetzt waren. Anschließend folgten die sechs Inhaber der sog. *Sechserpfründen* (Sexpräbendarii), die bis ins 16. Jh. denselben Rang einnahmen wie die Chorherren und an dritter Stelle die 20 Chorvikare. Die Vogtei über das Stift gehörte zunächst dem Bischof von Worms. Im 13. Jh. ging sie an das Reich, 1386 an die Kurpfalz und 1504 an Württemberg über – immer mit wenig Rückwirkung auf die Geschichte des Stifts: Es blieb reichsunmittelbar, wie die Stadt Wimpfen auch.[42]

Das Ritterstift vom 16. bis zum 18. Jahrhundert

Eine detaillierte personelle Auflistung aller Kapitulare gibt es nicht. Die Namen der bisher bekannt gewordenen Dignitäre und Chorherren zeigen, dass fast alle dem rheinischen Niederadel angehörten, der in engen Beziehungen zu den Erzstiften und Stiften in Trier, Mainz, Speyer und Worms stand. Dabei muss man berücksichtigen, dass Worms seit 1694 immer mit einem der Kurfürstentümer Trier oder Mainz zusammen regiert wurde. Als Beispiele seien die Wimpfener Dekane Franz Karl (1735–1757, Onkel) und Christoph Willibald v. Hohenfeld (1782–1802, Neffe) genannt, die beide als kurtrierische Räte amtierten.[43]

Mit anderen Stiften gab es gleichfalls Gemeinsamkeiten: Der Bauherr des Wimpfener Dechaneigebäudes, Franz Theodor Mohr v. Wald (1757–1780), der aus einer rheinischen Familie stammte, bekleidete gleichzeitig das Amt des Kantors in St. Burkard in Würzburg.[44] Der Chorherr v. Stengel und der Domizellar v. Hertling kamen aus nobilitierten kurpfälzischen Beamtenfamilien.[45] Eine Besonderheit bildet der einzige nichtadelige Dignitär, der Custos Christoph Nebel (1758–1769): Er gehörte als Weihbischof und Generalvikar zum hohen Mainzer Klerus.[46] Über die Herkunft und den Bildungsgang der Chorvikare können beim derzeitigen Forschungsstand keine Aussagen gemacht werden.

Der Besitz des Stifts hatte sich wohl seit dem Mittelalter nicht wesentlich verändert. Er bestand aus Häusern, Gütern, Gefällen und Kirchenpatronaten in der Talstadt und in der Bergstadt Wimpfen sowie in den Dörfern der näheren Umgebung. Große Bedeutung besaßen für das Stift die Fischrechte im Neckar, die Fähre über diesen Fluss und der Peter- und Paulsmarkt in der Talstadt.[47] Kulturelle, geistige oder geistliche Impulse gingen von Wimpfen im Tal nicht aus.

Das Ende des Ritterstifts

Im Jahr 1802 kam das abrupte Ende. Der erste Entschädigungs- und Verteilungsplan der Reichsdeputation vom August 1802 sprach das Ritterstift den Grafen Leiningen zu. Weil aber die Reichsstadt an Baden kommen sollte, vereinnahmte Markgraf Carl Friedrich am 14. September 1802 die Stadt und auch das Stift. Aber damit nicht genug: Hessen-Darmstadt erhob gleichfalls Ansprüche und ließ deshalb am 14. November 1802 das Stift zunächst provisorisch und am 9. Dezember endgültig besetzen. Zwischen beiden Mächten entspann sich ein längerer Briefwechsel, bis Baden nachgab: Am 3. April 1803 einigten sich beide Herrschaften über die Zugehörigkeit von Stadt und Stift zu Hessen.[48] Danach erfolgte die Auflösung des Stifts und die Abfindung der Insassen.

Folgende Pensionen wurden ausgesetzt: Dekan v. Hohenfeld 2.718 fl., Custos Ludwig v. Folleville 1.335 fl., dem Kapitelsenior 1.227 fl. und den drei übrigen Kapitularen je 1.200 fl. Die drei Domizellare mussten bis zum Tod je eines Kapitulars warten, bis sie die Pension von 1.200 fl. erlangten. Die vier Chorvikare bekamen 38 fl., dazu ihre bisherigen Naturalbezüge und freie

Wohnung in einem der Vikarshäuser. Der gesamte Stiftsbesitz wurde nach und nach verkauft.[49] In die Dechanei und in die lange als Speicher genutzten Gebäude neben der Kirche zogen 1947 die aus Grüssau in Schlesien vertriebenen Benediktiner ein. Seitdem ist die ehemalige Stiftskirche eine Klosterkirche. Politisch gehört Wimpfen seit 1952 zu Baden-Württemberg, kirchlich aber nach wie vor zur Diözese Mainz.

[1] Zur mittelalterlichen Geschichte der Comburg allgemein: *Rainer Jooß*, Kloster Komburg im Mittelalter. Studien zur Verfassungs-, Besitz- und Sozialgeschichte einer fränkischen Benediktinerabtei. Sigmaringen 2. Aufl. 1987.
[2] *Gerhard Lubich*, Zur Bedeutung der Grafen von Comburg und Rothenburg, in: WFr 81(1997), 29–50.
[3] *Rainer Jooß*, Comburg als Kloster und als Stift, in: *Elisabeth Schraut* (Hg.), Die Comburg. Vom Mittelalter bis ins 20. Jh. Sigmaringen 1989, 20.
[4] *Klaus Schreiner*, »Consanguinitas«. Verwandtschaft als Strukturprinzip religiöser Gemeinschafts- und Verfassungsbildung in Kirche und Mönchtum des Mittelalters, in: *Irene Crusius* (Hg.), Beiträge zu Geschichte und Struktur der mittelalterlichen Germania sacra. Göttingen 1989, 263.
[5] SAL B 375 V S U 48 und Bü 46.
[6] SAL B 375 S Bü 46: *Tractation und Beschluß, wie es mit der Verwaltung gehalten werden solle* von 1604.
[7] SAL B 375 S U 48.
[8] Z. B. waren in St. Burkard in Würzburg 32 und in Ellwangen 22 Comburger Chorherren zugleich bepfründet. s. *Alfred Wendehorst*, Die Benediktinerabtei und das adelige Säkularkanonikerstift St. Burkard in Würzburg. Berlin 2001, 142; *Eduard Mildner*, Das Ellwanger Stiftskapitel in seiner persönlichen Zusammensetzung. Ellwangen 1969, 98.
[9] SAL B 375 S Bü 52.
[10] SAL B 375 S Bü 15; *Franz Xaver Mayer*, Die Chorvikare in Komburg, in: DA Schwaben 25 (1905), 161–165 u. 177–181.
[11] *Wendehorst*, St. Burkard (wie Anm. 8), 152.
[12] SAL B 375 L Bü 64; *Gerd Wunder*, Das Komburger Anniversar, in: WFr 56(1972), 73–81.
[13] SAL B 375 S Bü 24; *Mayer*, Chorvikare (wie Anm. 10), 161–165, 177–181.
[14] *Schraut*, Comburg (wie Anm. 3), 143; *Ulrich Sieber*, Untersuchungen zur Geschichte der Komburger Stiftsbibliothek. Manuskript (1969), 58ff.
[15] *Johannes Zahlten*, Die barocke Ausstattung des »Newen Kirchenbaus in dem hochadeligen Ritter Stift Comburg«, in: *Schraut*, Comburg (wie Anm. 3), 36–54.
[16] HSAS A 15 Bü 12.
[17] *Schraut*, Comburg (wie Anm. 3), 190.
[18] HSAS A 15 Bü 12, 20, 53; *Schraut*, Comburg (wie Anm. 3), 189f.
[19] Index rerum memorabilium monasterii Comburgensis a Gerardo Wackero. 1675.Württ. Landesbibliothek Stuttgart cod.hist.fol. 516.
[20] SAL D 22 Bü 43.
[21] *Schraut*, Comburg (wie Anm. 3), 194f.; Würzburger Hof- und Staatskalender für das Jahr 1802. Würzburg 1802, 20ff..
[22] *Eberhard Hause*, Die Geschichte der Kleinkomburg und das Bauen des Kapuzinerordens. Diss. Stuttgart 1974, 113–127.
[23] SAL D 22 Bü 44, 64.
[24] SAL D 22 Bü 44; *Gerhard* Taddey, Kein kleines Jerusalem. Geschichte der Juden im Landkreis Schwäbisch Hall. Sigmaringen 1992, 217–227.
[25] HSAS A 15 Bü 11; *Mathias Erzberger*, Die Säkularisation in Württemberg von 1802–1810, ihr Verlauf und ihre Nachwirkungen. Stuttgart 1902, 207ff..
[26] SAL D 22 Bü 25.
[27] HSAS A 15 Bü 53.
[28] SAL D 22 Bü 43.
[29] *Erzberger*, Säkularisation (wie Anm. 25), 210.
[30] HSAS A 15 Bü 53.
[31] HSAS A 15 Bü 11; *Erzberger*, Säkularisation (wie Anm. 25), 209f.
[32] *Erzberger*, Säkularisation (wie Anm. 25), 213; *Franz Xaver Mayer*, Der Kirchenschatz der Stiftskirche in Comburg. Archiv für christliche Kunst 14 (1896), 61–63; *Walter Döring*, Wie die Komburg württembergisch wurde. Der Haalquell 32 (1980), 13–15.
[33] *Ulrich Sieber*, Friedrich David Gräter und die Komburger Stiftsbibliothek, in: WFr 52 (1968), 117–119.
[34] *Schraut*, Comburg (wie Anm. 3), 81–108, 262.
[35] *Hansmartin Schwarzmaier*, Odenheim, in: Germania Benedictina Bd. 5: Baden-Württemberg, Augsburg 1975, 464–471.
[36] *Anton Wetterer*, Die Säkularisation des Ritterstifts Odenheim in Bruchsal, in: ZRG KA 7 (1917), 49.
[37] *Wetterer*, Säkularisation (wie Anm. 36), 85.
[38] *Wetterer*, Säkularisation (wie Anm. 36), 105f.
[39] *Anton Heuchemer*, Aus Bruchsals bewegter Zeit. Von der Französischen Revolution bis zum Ende des Bischöflichen Vikariats 1789–1827. Ubstadt-Weiher 1994, 134.
[40] *Friedhelm Jürgensmeier* (Hg.), Das Bistum Worms. Von der Römerzeit bis zur Auflösung 1801. Würzburg 1997, 23,30, 34f.
[41] *Fritz* Arens/*Reinhold Bührlen*, Wimpfen. Geschichte und Kunstdenkmäler. Bad Wimpfen 1980, 87.
[42] *Albrecht Endriss*, Die religiös-kirchlichen Verhältnisse in der Reichsstadt Wimpfen vor der Reformation. Stuttgart 1967, 29–34.
[43] *Ulrich Lange*, Hohenfeld Gedenktafeln. Bad Camberg 1985, 51, 58.
[44] *Wendehorst*, St. Burkard (wie Anm. 8), 249f.
[45] *Alexander von Lorent*, Wimpfen am Neckar. Stuttgart 1870, 304f.; *Stefan Mörz*, Aufgeklärter Absolutismus in der Kurpfalz während der Mannheimer Regierungszeit des Kurfürsten Karl Theodor (1742–1777). Stuttgart 1991, 464, 470.
[46] *Erwin Gatz* (Hg.). Die Bischöfe des Heiligen Römischen Reiches 1648–1803. Berlin 1990, 336.
[47] *Rüdiger Jülch*, Die Entwicklung des Wirtschaftsplatzes Wimpfen bis zum Ausgang des Mittelalters. Stuttgart 1961, 49ff.; *Endriss*, Verhältnisse (wie Anm. 42), 60f.
[48] *Peter Roßkopf*, Wie kam Wimpfen an Hessen?, in: Regia Wimpina – Beiträge zur Wimpfener Geschichte 6 (1989), 101.
[49] *Alexander von Lorent*, Wimpfen (wie Anm. 45), 326ff.

Zwischen Baden und Habsburg

Zur Säkularisation St. Blasiens am Beginn des 19. Jhs.

von Michaela Hohkamp

Im Kontext der Säkularisation zu Beginn des 19. Jhs. bildet die Aufhebung des Klosters St. Blasien eine Ausnahme.[1] Zwar konnte auch die große Schwarzwaldabtei in ihrer traditionellen Verfassung nicht bestehen bleiben. Den Konventualen war es nach Säkularisation und Reichsauflösung 1807 aber möglich, nach St. Paul im Kärntener Lavanttal zu ziehen und dort einen Neuanfang zu machen.

Was war Säkularisation?

Die Säkularisation, d. h. die »Aufhebung der Bistümer, Klöster und Stifte mit Einziehung und Verwendung ihres Vermögens für nicht-kirchliche, in der Regel zunächst staatliche Zwecke«[2] war für die Zeitgenossen kein plötzliches Ereignis. Im 18. Jh. vorbereitet, hat sie sich bis weit ins 19. Jh. hineingezogen.[3] Die gesamte Fläche der in dieser Zeit säkularisierten Gebiete betrug circa 100.000 qkm. Die Einkünfte aus diesen Besitzungen beliefen sich auf runde 21 Mio. fl.[4] Die Folgen des Säkularisationsprozesses sind jedoch im Ganzen noch längst nicht abschließend erforscht. Durch lokale und regionale Studien über rechtsrheinische Gebiete wie Westfalen, Bayern und Baden sind aber Hauptlinien deutlich geworden.[5] Ohne an dieser Stelle weiter auf Einzelheiten eingehen zu können, lassen sich anhand der Forschungsliteratur zwei gegensätzliche Einschätzungen festmachen: Während die ältere Literatur betont, dass die Säkularisation eine Grundbesitzumschichtung größten Ausmaßes bedeutet habe, die zur »Einebnung der bisher ständisch bestimmten Eigentumsordnung, und zur Grundlegung einer aus staatlicher Eigentumshoheit und bürgerlicher Eigentumsfähigkeit gemischten Sozialordnung« geführt habe[6], argumentiert die neuere Forschung, dass die gesellschaftlichen Verhältnisse von den einschneidenden Besitzverschiebungen nur wenig beeinflusst worden seien.[7] Doch auch wenn die Bewertungen sich unterscheiden, so ist doch unbestritten, dass die Säkularisationen zu Beginn des 19. Jh. weitreichende territoriale Veränderungen bewirkt haben.

Territoriale und politische Veränderungen

Die großen Gewinner der tiefgreifenden territorialen Veränderungen im Süden und Südwesten des Reiches waren die Länder Bayern, Württemberg und Baden. Am Ende dieses Prozesses hatte sich das badische Staatsgebiet um ein Vielfaches vergrößert. Schon die Vereinbarungen von 1803 hatten Baden einen Zuwachs von ca. 3.400 qkm eingebracht, der sich hauptsächlich aus säkularisiertem Kirchengut und Territorien mediatisierter Reichsstädte zusammensetzte. Vierzehn Abteien, das Bistum Konstanz, Teile der Hochstifte Speyer, Straßburg, Basel, sieben Reichsstädte und das Reichstal Harmersbach fielen an die Markgrafschaft. Den bedeutendsten Gebietszugewinn brachte allerdings die Neckarpfalz, die mit Mannheim, Heidelberg und ihren wichtigsten Ämtern ebenfalls an Baden kam.[8] Andere wichtige Gebietserwerbungen kamen in den nächsten Jahren hinzu. Und als sich 1810 mit dem Erwerb der Landgrafschaft Nellenburg[9] die letzte Lücke zwischen den badischen Gebieten geschlossen hatte, verfügte das neue Baden über ein geschlossenes Staats-

gebiet, dessen Erscheinungsbild bis heute nahezu unverändert geblieben ist.[10]
Hier war ein Staat entstanden, der zu den größeren deutschen Mittelstaaten gezählt werden konnte, dessen innere und äußere Legitimität aber alles andere als unbestritten war[11]: Eine morganatische Eheschließung[12] im Hause Baden hatte kurz zuvor für Konkurrenzen gesorgt, die geeignet waren, das markgräfliche Haus in eine dynastische und politische Krise zu manövrieren. Zeitgleich entstanden aus traditionellen Bindungen ehemaliger österreichischer Gebiete an die Habsburger[13] sowie aus der Mehrkonfessionalität im Land starke zentrifugale Kräfte.[14] Zur Sicherung innen- und außenpolitischer Stabilität griffen die badischen Markgrafen – dem Zeitgeist folgend – zu historischen Legitimationsverfahren und erinnerten an die Verwandtschaft mit den Zähringern und deren Herrschaft im Südwesten, in deren Nachfolge sie sich sahen.[15] Die Inszenierung dynastischer und herrschaftlicher Kontinuität zu politischen Zwecken war nicht neu. Denn schon seitdem sich die Wiedervereinigung der protestantischen Markgrafschaft Baden-Durlach mit dem katholischen Baden-Baden Mitte des 18. Jh. abzuzeichnen begonnen hatte, hatte das badische Herrscherhaus diese Verwandtschaft gesucht und von dem Hofgenealogen Daniel Schöpflin rekonstruieren lassen. Seine Arbeiten erlaubten es den Badenern, sich als direkte Nachfahren der Zähringer in männlicher Linie zu präsentieren[16] und Ansprüche auf österreichische Gebiete, die ehemals unter zähringischer Herrschaft gestanden hatten, historisch zu zementieren. Hierzu kann auch das ehemals unter der Vogtei Konrads v. Zähringen (1125) stehende Benediktinerkloster St. Blasien im Schwarzwald gezählt werden.

Die territoriale Struktur St. Blasiens bis zur Säkularisation

In seiner langen Geschichte, die sich im Streben nach politischer Eigenständigkeit bei gleichzeitiger Akzeptanz österreichischer Landeshoheit vollzog, hat sich das Kloster, seine Herrschaft und seine Besitzungen seit den Anfängen im 9. und 10. Jh. stetig gewandelt. Die herrschaftliche Struktur bzw. die Zahl und Ausdehnung der Ämter – verwaltet nach einer Prioratsverfassung – kann im Detail hier nicht rekonstruiert werden. Generell lässt sich aber sagen, dass sich bis zum Beginn der österreichischen Landeshoheit über St. Blasien im 14. Jh. die lokale und regionale klösterliche Herrschaft in großen Zügen ausgebildet hatte.[17] Seit der Zeit lassen sich dreizehn Außenämter festmachen: Waldamt, Wutenamt, Baar, Rottweil, Schönau, Breisgau, Elsass, Basel, Zürich, Klingnau, Nellingen, Kammeramt mit Schlegelsberg und Frickingen.[18] Daneben verfügte das Kloster noch über drei klosterinterne Verwaltungseinheiten mit eigenem Sondervermögen: »officium cellerarii«, »officium custodie« und »officium infirmarie«[19]; die Klostereinkünfte vermehrten sich noch um die Erträge anderer selbständiger »Vermögensträger«[20], wie der Kirchenpfründe von St. Stephan (Pfarrkirche von St. Blasien), Todtmoos, Menzenschwand, Urberg, Höchenschwand, Schluchsee, Todtnau und Schönau, ebenso wie durch die Einkünfte aus der Propstei Neuenzell und den abhängigen Klosterniederlassungen Berau, Ochsenhausen, Weitenau, Bürgeln, Sitzenkirch und Wislikofen.[21] Insgesamt verfügte das Kloster St. Blasien über weiten Besitz in badischen, württembergischen und vorderösterreichischen Gebieten, sowie in Territorien der Eidgenossenschaft und im Elsass. Ohne den wechselnden Streubesitz in all seiner komplexen Verzweigtheit hier aufzulisten, lässt sich festhalten, dass das Kloster St. Blasien spätestens seit dem 14. Jh. über einen einigermaßen zusammenhängenden Besitz verfügte, der sich mit den Orten Schaffhausen, Zürich, Basel, Freiburg, Feldberg, Bonndorf und Wutachtal kennzeichnen lässt. Nach einer statistischen Aufstellung vom Ende des 18. Jhs. besaß St. Blasien im Reich neun Propsteien, neun Pfarreien und acht Kaplaneien. In der Schweiz gebot es über ein Kloster, zwei Propsteien und zwei Pfarreien. Auf innerösterreichischem Gebiet besaß es ein Kloster, zwei Propsteien, sechs Pfarreien und eine Kaplanei.[22] Laut einer Zählung sollen es 26.130 Seelen gewesen sein.[23] Der Erwerb der Reichsgrafschaft Bonndorf zu Beginn des 17. Jh. brachte den Äbten von St. Blasien in ihrer Eigenschaft als Herren v. Bonndorf dann die unbestreitbare reichsunmittelbare Stellung, die 1746 zu der für ihr Selbstbewusstsein so wichtigen Erhebung in den Reichsfürstenstand führte.[24] Für das 18. und beginnende 19. Jh. lässt sich also von einem Kernbezirk sprechen,

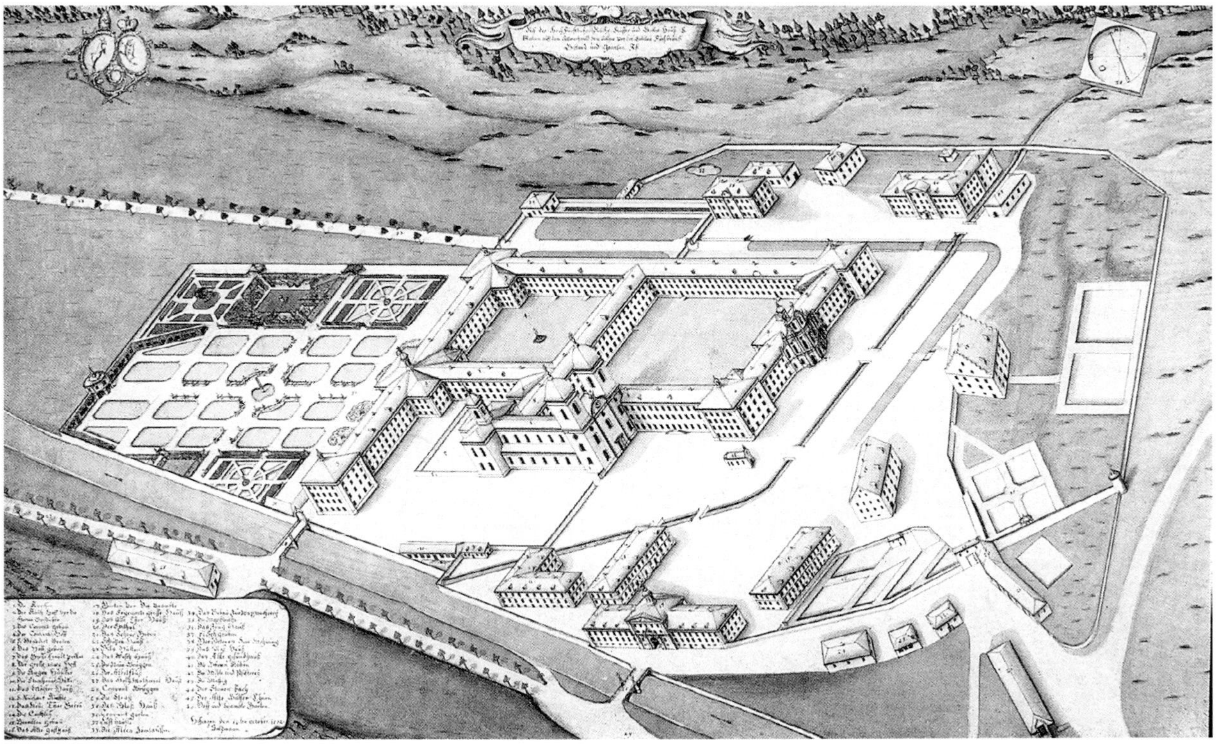

St. Blasien 1772
Gesamtprospekt von »Salzmann«.
GLA Karlsruhe.

der sich rechtlich grob in »Zwing und Bann« des Klosters, die Landschaft Hauenstein, Reichsherrschaften und auswärtige Besitzungen einteilen lässt.

St. Blasien im Kontext der Säkularisation

Von der seit 1803 starken Säkularisationsbewegung ist St. Blasien zunächst nicht betroffen gewesen. Solange das Reich noch existierte, war das Kloster kein Entschädigungsobjekt für benachbarte Territorien. Erst nach dem Ende des Reiches – der Habsburger Franz II. hatte sich seit 1804 *Kaiser von Österreich* genannt, und, nachdem im Juli 1806 die Rheinbundakte unterzeichnet worden war, auch die Kaiserkrone niedergelegt – erreichte die Säkularisation auch die im vorderösterreichischen Schwarzwald gelegenen Klöster.[25]

Nach dem Frieden von Lunéville (1801)

Bei der nun beginnenden Verteilung klösterlichen Besitzes im Südschwarzwald waren schon bald die Malteser als Hauptinteressenten aufgetreten. »Aus Rücksicht für die Kriegsdienste ihrer Glieder« und für ihre Verluste auf dem linken Rheinufer waren ihnen umfangreiche Entschädigungen zugesagt worden.[26] Außer den Maltesern zeigten sich auch der badische und württembergische Staat an sanktblasianischem Besitz interessiert – und das nicht zum ersten Mal. Denn Württemberg und Baden hatten mit den Propsteien Nellingen und Bürgeln schon von der ersten Säkularisation St. Blasiens während der Reformationszeit profitiert.[27] Die nun folgende zweite Säkularisation hatte für das Kloster allerdings weitreichendere Folgen. Die Dinge kamen schnell voran, und schon zwei Jahre nach

dem Frieden von Lunéville lagen die ersten konkrete Pläne für die südwestlich im Reich gelegenen Gebiete vor. Im Reichsrezess[28] vom 25. Januar 1803 war vereinbart worden, dass der Breisgau an den Herzog v. Modena fallen sollte, während die Malteser *die Grafschaft Bonndorf, die Abteien und Klöster St. Blasien, St. Trudpert, Schuttern, St. Peter, Thennenbach und überhaupt alle Stifter und Klöster des Breisgaus erhalten sollte[n].*[29] Politisch versiert und am Weiterbestehen seines Klosters interessiert, hatte sich der damalige Abt St. Blasiens früh bemüht, diesen Plänen entgegenzuwirken und die Übernahme durch die Malteser zu verhindern.[30] Diese hatten schon im Vorfeld des Vertragsabschlusses versucht, ihre Ziele durchzusetzen und waren am 18. November 1802 am Ort erschienen, um provisorisch von der Abtei Besitz zu ergreifen. Der Widerstand des Klosters war entschieden.[31] Die Malteser mussten sich zurückziehen. Damit war eine überstürzte Übernahme zwar verhindert worden, seine traditionelle Position musste St. Blasien aber trotzdem aufgeben. Allein unter Wahrung seiner »Fundamentalverfassung« [32] ist das Kloster im März 1803 dann zusammen mit dem Breisgau an den Herzog v. Modena übergeben worden.

Nach dem Frieden von Pressburg

So lagen die Dinge noch als etwa zwei Jahre später erneut Bewegung in die Sache kam. Im Frieden von Pressburg (26. Dezember 1805)[33] war festgehalten worden, dass *Württemberg* [...] *die St. Blasien gehörige Grafschaft Bonndorf, die Städte Villingen und Bräunlingen, sowie einen Teil des Breisgaus, der vom Schlegelberg bis zum Molbach gehen sollte* [zufallen sollte]. *Baden erhielt den übrigen Teil samt den früher den Maltesern zugewiesenen Stiftern und Klöstern, also auch das Kloster St. Blasien.*[34] Noch im selben Monat gab die badische Regierung Auftrag an das Oberamt Lörrach, die sanktblasianischen Besitzungen formell zu übernehmen. Damit waren die traditionellen Konkurrenten erneut in den Streit um St. Blasien eingetreten. Karl Rieder hat etwa 100 Jahre später den Vorgang anschaulich beschrieben: »Während Baden noch mit Erlassen operierte, war Württemberg bereits zu Thaten übergegangen. Infolge falscher Interpretation des Friedensinstrumentes hatte Württemberg auf einen viel größeren Teil des Breisgaus Anspruch erhoben, als ihm von Rechts wegen gebührte. Am 18. Januar erschienen deswegen zu St. Blasien gegen 80 Mann zu Fuss, bald darauf 30 Mann zu Pferd und pflanzten ihre Kanone vor dem großen Portal auf. Während sie selbst im Klosterhof ihr Quartier aufschlugen. Der Kommissar des Königs, Geheimrat Spittler, einst Professor zu Göttingen, eröffnete dem Abte den Uebergang der Abtei an Württemberg. Der Abt legte keinen Protest ein, da ihm vom Inhalte des Pressburger Friedens noch nichts bekannt sei. Dessen ungeachtet wurden die württembergischen Wappenbleche an die Abtei angeheftet, die Rechnungen über Oekonomie und die Kasse abgefordert und das Archiv besiegelt.«[35] Österreich beantwortete diesen Handstreich mit einem formellen Protest. Baden sah sich dadurch genötigt, die Ansprüche aller anderen Mächte mit Nachdruck zurückzuweisen und zu handeln. Zeitgleich mit der Ankündigung, die Klöster säkularisieren zu wollen, hat Baden am 28. Januar 1806 tatsächlich die Besitznachfolge im Breisgau angetreten. Ihren Eid auf den badischen Staat legten die Beamten am 30. Januar ab. Die Klöster St. Blasien und St. Peter waren von diesem Staatsakt jedoch direkt noch nicht betroffen gewesen. Um in dieser Situation zu retten, was noch zu retten wäre, beschloss der Abt von St. Blasien daher die Sache selbst in die Hand zu nehmen und verhandelte gleichzeitig mit der badischen Regierung und den österreichischen Regierungsstellen über die Zukunft des Klosters. Während Baden sich unentschieden zeigte, kam aus Österreich schon bald die Zusage, Abt und Konvent in einem unterösterreichischen Kloster aufnehmen und versorgen zu wollen.[36] Bevor er dieses Anerbieten akzeptierte, unternahm der Abt einen letzten Versuch, das Weiterbestehen des Klosters auf badischem Territorium zu sichern. In einer schriftlichen Note an die badische Regierung betonte er die wirtschaftliche, religiöse und kulturelle Bedeutung des Klosters für die Region.[37] Um der Sache den nötigen Nachdruck zu verleihen, reisten die Äbte von St. Peter und St. Blasien am 18. März 1806 zu persönlichen Verhandlungen nach Karlsruhe.[38] Laut Erlass vom Mai 1806 bewirkte das Treffen immerhin, dass das Kloster in *den Zeitverhältnissen angemessener Art* vorerst bestehen bleiben konnte.[39] An der feierlich begangenen Landeshuldigung vom 30. Juni im Freiburger Münster

hat der Abt St. Blasiens dann auch noch teilgenommen. Die weitere Existenz des Klosters auf badischem Staatsgebiet war trotzdem nicht möglich. Am 10. Oktober 1806 ist folgende Resolution des badischen Großherzogs veröffentlicht worden: *Wir haben zwar nach höchstem Beschluss vom 5. Mai d. J. vorgehabt, die uns angefallenen Stifter St. Blasien und St. Peter im Schwarzwald in beschränktem Maße dergestalt noch fortbestehen zu lassen, dass aus letzterm ein von St. Blasien abhängiges Hospitium oder Propstei errichtet würde. Nachdem sich aber bei Ausführung dieses Vorhabens solche Anstände ergeben, wegen welcher beide Stifte selbst auf ihre also modifizierte Fortdauer keinen Wert legen, und, ein mehreres zu tun, mit den Organisationsprinzipien Unseres souveränen Großherzogtums und mit den Zeitumständen nicht vereinbarlich ist, so sehen wir uns veranlasst, nunmehr auch diese gedachten Abteien, gleich den übrigen bereits aufgehobenen Stiftern im Breisgau, [...] für aufgelöst zu erklären, und für jetzt, bis sich etwa in der Folge zeigt, ob und welch andere gemeinnüzige Anstalten daselbst surrogiert werden können, in eine Gemeinschaft von Geistlichen zu Versehung der nötigen Pfarrgeschäften und des Gottesdienstes, mit dem der Würde beider Kirchen, und den daselbst befindlichen Grabstätten Unserer in Gott ruhenden Durchlauchtigsten Vorfahrer und Stammesgenossen angemessenen Anstand, unter der Direktion von Superioren zu verwandeln.* [40]

Deutlicher konnte es nicht formuliert werden: Die Abteien in ihrer bisherigen Position zu belassen, war – aus großherzoglicher Sicht – mit den »Organisationsprinzipien« des nunmehr souveränen Großherzogtums nicht zu vereinbaren. In der hier auszugsweise zitierten Resolution klingt neben dem verfassungsrechtlichen Argument aber noch ein zweites Motiv an, das in der kulturellen und symbolischen Dimension von Politik wurzelt. Die Beseitigung der in St. Blasien kurz zuvor installierten Habsburger-Gruft als öffentliche Inszenierung politischer Gegenkultur spielte in den großherzoglichen Erwägungen St. Blasien aufzuheben eine wichtige Rolle. Sollte ein säkularisierter Staat entstehen, war es unumgänglich, dem Kloster seine politische Funktion zu nehmen, die Gruft zu einer reinen Stätte der Grabpflege umzugestalten und die Abtei aufzulösen.

Die Auflösung des Klosters

Folgt man Karl Rieder, dessen Ausführungen auf zeitgenössischem Quellenmaterial basieren, dann ist die

Die Fürstabtei St. Blasien Ende 18. Jh.
Lithographie nach einer kolorierten Zeichnung.
St. Paul im Lavanttal/Kärnten.

Auflösung des Klosters für die Mönche, die zusahen wie der staatliche Kommissar den gesamten Besitz *bis zur letzten Fußsocke* peinlichst inventarisierte, ein äußerst demütigendes Erlebnis gewesen.[41] Anwesend waren diejenigen Mönche, die entweder über ihre Zukunft noch nicht entschieden, oder die von der Diözese Konstanz keine Pfarrstelle angeboten bekommen hatten.[42] Sie blieben vorerst im Kloster und erlebten seine Auflösung hautnah mit.[43] Die hierzu nötigen Arbeiten sind zügig erledigt worden. Am 20. Februar 1807 erschien bereits der Freiburger Bibliothekar Bagatti, um diejenigen Bücher der Bibliothek zu inventarisieren und in Kisten zu verpacken[44], die von einer klösterlichen Auslagerungsaktion um die Jahrhundertwende noch übrig waren.[45] Diese Rumpfbibliothek ist teilweise in der Freiburger Universitätsbibliothek aufgegangen. Die Reste des Archivs sind in die badische Landeshauptstadt übersiedelt worden.[46] Für die zurückgebliebenen Mönche scheint dies das sichtbare Ende gewesen zu sein. Jetzt beantragten die restlichen Konventualen[47] ihre Ausreise nach Österreich.[48] Materielle Not kann das Motiv hierfür nicht gewesen sein. Denn im RDH[49] war den Geistlichen Versorgung auf Lebenszeit zugesichert worden. Die Summe der von Baden zu zahlenden Pensionen war z. B. auf 28.683 fl. jährlich festgesetzt worden.[50] Welche Gründe die Mönche letztlich zu der Übersiedlung bewogen haben mögen, ist nicht zu rekonstruieren. Sicher ist nur, dass sie bei dem einmal gefassten Vorsatz blieben. Ihrem Ansuchen ist im Jahr 1807 von der badischen Regierung stattgegeben worden, nachdem zuvor die finanziellen Ansprüche von Kloster und badischem Staat gegeneinander aufgerechnet worden waren. Übrig blieb ein Defizit von 642 fl. 16 kr., das der Abt zu begleichen verpflichtet war.[51] Seinen privaten Besitz – Bücher, Werkzeuge und Instrumente aus seiner Zeit als Physikprofessor in Freiburg – durfte er zwar mitnehmen. Der Besitz aus seiner Amtszeit – Betten, Tischzeug, Pferde u.ä. – war der badischen Regierung aber abzukaufen.[52] Unter der Leitung des letzten Fürstabts von St. Blasien, Bertholds III. Rottler (1801–1806) aus Obereschbach bei Villingen, machten sich im September etwa drei Dutzend Mönche[53] auf einen Weg[54], der sie erst nach Oberösterreich, und dann im Jahr 1809 zu ihrem endgültigen Ziel St. Paul/Lavanttal[55] in Kärnten führen sollte.[56]

Die Säkularisation und ihre Folgen

In seiner grundlegenden Typologie des Säkularisationsprozesses hat Christoph Dipper drei Typen unterschieden: den »kirchenreformatorischen Modus« (1), den »domänenpolitischen Modus« (2) und den »fiskalpolitischen Modus« (3).[57] Der erste Typ zeichnet sich durch »zweckgebundene Klosteraufhebungen«[58] aus, wie sie im Josephinismus üblich gewesen sind. Beim dritten Typ, der wesentlich in Bayern lokalisiert wird, »wurde, mit Ausnahme des Waldes, die Masse der Immobilien vom Staat an Privatleute veräußert«.[59] Der zweite, hauptsächlich in Baden und Württemberg anzutreffende Typ ist dadurch gekennzeichnet, dass »der Grundbesitz der aufgehobenen Klöster Teil der Staatsdomänen [geworden ist] und dann meist wie bisher verpachtet wurde.«[60] In diesen Fällen hat die Säkularisation die Besitzstruktur nicht generell verändert, ihre gesellschaftspolitische Bedeutung war dementsprechend gering.[61] Um ein abgerundetes Bild über die Folgen der Säkularisation zu erhalten, ist es jedoch sinnvoll, neben den rein besitzrechtlichen Faktoren auch andere wirtschaftliche, soziale und kulturelle Nachwirkungen in die Überlegungen einzubeziehen. Der Verlust von Versorgungsstellen in Klöstern und Stiften konnte etwa für die katholische Bevölkerung ebenso von Bedeutung sein wie die verlorengegangene Funktion der Klöster als Arbeitgeber für landarme bäuerliche Schichten aus der Umgebung.[62] Allein für St. Blasien gibt Hermann Schmid »etwa 160« in direkten Diensten des Klosters stehende Personen an.[63] Auswirkungen auf den Bildungsbereich sind ebenfalls zu berücksichtigen.[64] Welche Bedeutung die Nähe des Klosters für die Bildung und Ausbildung der ländlichen Bevölkerungen gehabt haben muss, zeigt schon die Tatsache, dass nicht wenige Äbte St. Blasiens aus der näheren Umgebung des Klosters gekommen sind.[65] Der spätere Fürstabt Martin Gerbert z. B. war längere Zeit Pfarrer im nahen Ibach gewesen, und sein Nachfolger Mauritius Ribbele (1793–1803) stammte ebenfalls aus der unmittelbaren Nachbarschaft.[66] St. Blasien hat seine Schüler aber nicht nur an das Kloster gebunden. Von hier aus ist auch ein großer Teil der umliegenden Pfarreien mit Geistlichen versorgt worden. Allein für 53 Pfarreien hat St. Blasien die Seelsorger gestellt. Neben solchen Aufgabenbereichen hat St. Bla-

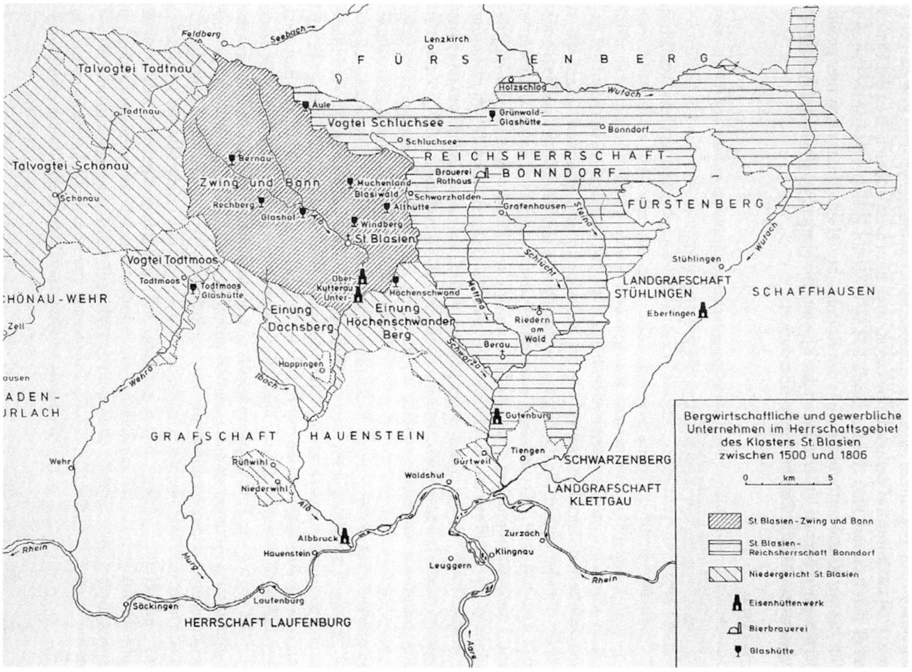

Herrschafts- und Wirtschaftsgebiet St. Blasiens 1500–1806
Karte von Rudolf Metz.

sien im 18. Jh. aber auch massiv wirtschaftliche Funktionen für die Region erfüllt. Neben der nach kameralistischen Prinzipien ausgerichteten Förderung der Ökonomie etwa durch Einrichtung von Glashütten, Sägewerken und einer Brauerei[67] hat das Kloster ganz im Stil der Zeit seine Almosenvergabe Schritt für Schritt eingeschränkt, in Kost- bzw. Lehrgelder für die 1754 auf eigenem Herrschaftsgebiet errichtete Baumwollspinnerei verwendet[68] und damit erste Schritte ins Industriezeitalter unternommen.

Klösterlicher Besitz und Säkularisation

Der badische Staat hat an diese wirtschaftlichen Zielsetzungen mehr oder weniger bruchlos angeknüpft. In der Frühphase der Säkularisation war für Baden »die Bildung umfangreicher Domänen aus Klostergut im Eigentum des großherzoglichen Hauses Baden und standesherrlicher Familien« besonders charakteristisch.[69] Hermann Schmid, der von über hundert klösterlichen Niederlassungen auf dem Gebiet des späteren badischen Staates 95 untersucht hat[70], hat deshalb davon gesprochen, dass es sich bei der Vermögenssäkularisation in Baden um einen Wechsel von »toter Hand« zu »toter Hand« gehandelt habe.[71] Den wirtschaftlichen Ertrag für den badischen Staat schätzt Schmid daher gering ein.[72] Dieses Urteil wird auch aufrechterhalten werden müssen, wenn die nicht unbeträchtlichen Waldflächen des südlichen Schwarzwaldes mit in die Überlegungen einbezogen werden, die nach der Säkularisation staatlich verwaltet und kooperativ mit den Gemeinden bewirtschaftet worden sind.[73] Vergleichbares gilt für die Klostergebäude, die mit ihren Wirtschaftsgebäuden nach der Säkularisation vor allem öffentlichen Zwecken gedient haben. In ihnen sind Badeanstalten, Spitäler, Lazarette, Schulen, Kasernen und Gefängnisse aber auch Unterkünfte für Regierungsbeamte oder Geistliche eingerichtet worden.[74] Der weitaus größte Teil des säkularisierten Besitzes verblieb also im Eigentum des Staates. Verkäufe kamen zwar vor, aber sie betrafen Gebäude und kleinere Liegenschaften, deren Käufer in aller Regel aus der nächsten Umgebung stammten. Bei größeren Verkäufen besonders von Land oder Gebäuden traten Angehörige des Adels – etwa der Frh. v. Andlaw, der die Benediktinerabtei St. Trudpert erworben hatte[75] – oder Angehörige bürgerlicher Oberschichten als Käufer auf, die ihren neuen Besitz mitunter kommerziell nutz-

ten.[76] Für beide Gruppen lassen sich Beispiele für eine geplante oder tatsächliche industrielle oder handwerkliche Nutzung der ehemaligen Klosteranlagen finden.[77] Die Benediktinerabtei Schuttern in der Ortenau beispielsweise beherbergte vorübergehend eine Türkischrotfärberei und Baumwollspinnerei, während im Zisterzienserinnenkloster Wonnental, das an Lahrer Unternehmer verkauft war[78], kurzfristig eine Zichorienfabrik Platz fand; für die Zisterzienserabtei Tennenbach trug sich eine Gräfin Kageneck mit Plänen, dort eine Porzellan- und Steingutfabrik zu errichten.[79]

St. Blasien während und nach der Säkularisation

Die Vorgänge im Detail: Der Besitz St. Blasiens bestand im wesentlichen aus Territorialrechten, »Realitäten und Mobilien«.[80] Territorialrechte, Grundherrschaften und Kirchenpatronate sind ohne weitere Schwierigkeiten an den badischen Staat übergegangen. Die Übernahme der fahrenden Habe, der Liegenschaften, der Schulden und anderer Verpflichtungen gestaltete sich dagegen deswegen problematisch, weil eine amtliche Auflistung fehlte und von staatlichen Kommissionen in zeitraubender Kleinarbeit erst erstellt werden musste. Die letzte dieser Kommissionen hat erst 1809 aufgehört zu arbeiten. Nach zuverlässigen Schätzungen aus dem Jahr 1807 hat sich das Vermögen der Abtei St. Blasien aus allen badischen und schweizerischen Besitzungen (ohne das später württembergische Mengen) auf 7.100.000 fl. belaufen, während die Passiva runde 2.130.000 fl. betrugen.[81] Die mobilen Werte – Gerätschaften, Hausrat, Vorräte und andere Lebensmittel, Kircheneinrichtung, Kunstgegenstände sowie wissenschaftliche Sammlungen u. ä. – konnten, soweit sie nicht bereits außer Landes gebracht worden waren, ohne weitere Umstände in badisches Eigentum übergehen. Die Mehrzahl der Liegenschaften – Wälder, Felder, Gebäude, gewerbliche Unternehmen (Brauerei) usw. – lagen auf badischem Staatsgebiet und konnten deswegen ebenfalls recht reibungslos übernommen werden. Die sanktblasianischen Propsteien Berau, Gurtweil, Bürgeln, Krozingen und Oberried hatten ihre je eigenen Geschichten: der Berauer Besitz ist versteigert worden. Das bis heute erhaltene Gebäude diente als Pfarrhaus; Gurtweil ist 1822 an einen Unternehmer versteigert worden, der eine Branntweinbrennerei eingerichtet hat. Später ist es dann zu einer Erziehungsanstalt für Mädchen umfunktioniert worden; Inventar, Land und Gebäude der Propstei Bürgeln sind bis 1808 verkauft worden und haben etwa 40.000 fl. eingebracht, während die Krozinger Baulichkeiten für 13.000 fl. an eine Freifrau v. Schauenburg verkauft worden sind. Der mobile Besitz konnte erst nach und nach an verschiedene Käufer veräußert werden. Das Priorat Oberried sollte als Pfarrhaus und Unterkunft für Pensionäre dienen, während Vorräte und Vieh versteigert worden sind. Die Klosteranlage ist bis heute erhalten.[82] Allein über die Grundwerte in den helvetischen Kantonen Aargau, Schaffhausen, Basel und Zürich konnte der badische Staat nicht verfügen. Verhandlungen mit der Schweiz zogen sich bis in das letzte Drittel des 19. Jhs. hin.[83]

Soweit die sanktblasianische Habe von der Regierung nicht auf badische Institutionen verteilt worden ist[84], ist sie verkauft worden. Die öffentlichen Versteigerungen haben im Sommer 1807 begonnen. Komplette Höfe, abgeteilte Parzellen, Vieh, Wagen, Karren, Rennschlitten, Gemälde, Bettzeug, Vorhänge, Spiegel, Lampen, Sessel, Uhren und mehrere Fässer Wein kamen ebenso unter den Hammer wie das Kupferdach der Pfarrkirche St. Stephan. Allein das Material hat der badischen Finanzkasse 50.000 fl. eingebracht.[85] Die fahrbare Habe des Klosters kam in viele und ganz unterschiedliche Hände.[86] Die Klostergebäude standen zunächst leer und dienten Handwerkern, Gesindeleuten, Pfarrgeistlichen und badischen Landesbehörden als Unterkunft. Versuche aus dem Jahr 1808, Stift und Kirche zu verkaufen, schlugen zunächst fehl. Bis dann im Jahr 1809 Schweizer Unternehmer Interesse bekundeten und tatsächlich den größeren Teil der Klostergebäude mit umliegenden Grundstücken für 33.000 fl. erwarben.[87] Die Züricher Brüder Johann Caspar und Georg Bodmer in St. Blasien errichteten auf dem günstig gelegenen Gelände eine Maschinenfabrik mit Spinnerei.[88] Sie waren die Nachfolger des Schweizer Mechanikers Heinrich Düggli, der mit Erlaubnis der Karlsruher Regierung in den Klostergebäuden zuerst pachtweise eine Gewehrfabrik eingerichtet hatte.[89] Im Jahr 1812 arbeiteten auf dem Gelände 246 ArbeiterInnen. 1817 waren es bereits 809 Erwachsene und Kinder aus der näheren Umgebung, die in den drei Fabriken Ar-

beit gefunden hatten.[90] Ihr Lohn setzte sich aus Unterkunft, Verpflegung und Bezahlung in Geld zusammen. Der Monatslohn eines Erwachsenen betrug etwa 50 fl. Die meisten der ArbeiterInnen wohnten in den Klostergebäuden und später auch in der Gemeinde Eichthal[91], die 1836 mit der Gemeinde St. Blasien zusammengelegt worden ist. Im Jahr 1808, direkt nach der Klosteraufhebung mit 33 gewerbetreibenden Bürgern und dem ehemaligen Klostersattler als Vorsteher ins Leben gerufen, war die neue Gemeinde St. Blasien bald zu einem Teil eines neu eingerichteten Amtsbezirks geworden, der 12 Gemeinden und 9.617 Einwohner zählte.[92] Die wirtschaftliche und soziale Situation am Ort ist lange Zeit von den in den ehemaligen Klostergebäuden betriebenen Unternehmen in Privatbesitz dominiert worden. Unter verschiedenen Eigentümern hat der kombinierte Wirtschaftsbetrieb bis in die dreißiger Jahre des 20. Jh.s hinein Bestand gehabt.[93] Die Folgen der Weltwirtschaftskrise haben die Klostertore im Jahr 1931 geschlossen.[94] Nachdem die Reichswehr dann kurzzeitig Interesse für das Gelände bekundet hat, hat der Jesuitenorden die Klosteranlage erworben.[95] Das seit 1934 bestehende Kolleg ist dann 1939 aufgelöst und im Jahr 1946 wieder eröffnet worden. Unter veränderter Trägerschaft besteht es als staatlich anerkanntes Gymnasium mit Internat bis heute.[96]

Wer profitiert von der Säkularisation?

In anderem Zusammenhang hat Rudolf Vierhaus die Frage gestellt: Wer profitierte von der Säkularisation?[97] Wie zuletzt Harm Klueting betont hat, ist die wirtschaftliche Bedeutung der Säkularisation zu Beginn des 19. Jhs. eher gering zu veranschlagen.[98] Dies gilt auch für die ehemals vorderösterreichischen Gebiete. Speziell für St. Blasien hat sich gezeigt, dass im wirtschaftlichen Sektor eine kontinuierliche Entwicklung von der kameralistisch gelenkten Ökonomie hin zu wirtschaftlichen Unternehmungen des frühen Industriezeitalters zu beobachten ist, die von den Vorgängen während der Säkularisationszeit nicht wesentlich betroffen gewesen ist. Für die Neugestaltung der politischen Landkarte im Zuge der Auflösung des Reiches und damit einhergehend für die umfassende Umgestaltung Mitteleuropas im 19. Jh. war der lange Säkularisationsprozess dagegen von herausragender Bedeutung. Die Bildung souveräner Einzelstaaten, die im Falle Badens in extremer Weise mit der territorialen Arrondierung eines Gebietes und der notwendigen Schaffung einer identifikatorischen Basis für den neuen Staat verknüpft war, war unauflöslich mit der Säkularisation geistlicher Territorien und deren Inkorporation in den neuen Staat verbunden. In diesem Kontext hat St. Blasien eine herausragende Rolle gespielt. Denn dort befand sich seit dem 18. Jh. eine zentrale habsburgische Grablege, die das Kloster zu einem politisch bedeutsamen Ort der Erinnerung – nicht nur an die Habsburger sondern auch an das Reich – hatte werden lassen. Wie war mit einem solchen Symbol zu verfahren?

Die Habsburger-Gruft: das Konzept

Planung und Realisierung der Habsburger-Gruft gehen auf Fürstabt Martin Gerbert zurück. Erste Aktivitäten in diese Richtung lassen sich für die Zeit kurz nach dem großen Klosterbrand von 1768 zurückverfolgen.[99]

Fürstabt Martin Gerbert II. (1764–1793)
Auf dem Tisch der Fürstenhut, im Fenster ist die Kuppel der Klosterkirche zu sehen, ein Buch fungiert als Zeichen seiner Gelehrsamkeit. St. Paul im Lavanttal/Kärnten.

Hier bot sich für den engagierten Politiker und Gelehrten Gerbert die Möglichkeit, ein Projekt zu verwirklichen, das religiöse, kulturelle und politische Motive auf das engste miteinander verknüpfte. Der Wunsch, die frühen Vorfahren der Habsburger, die in Königsfelden, Ottmarsheim, Muri und Basel ihre letzte Ruhestätte gefunden hatten, aus inzwischen reformierten Ländern in katholische Obhut zurückzuholen wird dabei eine ebenso große Rolle gespielt haben wie traditionelle Reliquienpflege und Totengedenken.[100] So vielfältig die religiös-kulturellen Motive sich gestalteten, so vielfältig waren die politischen Interessen, die Abt Gerbert mit seinem an Maria Theresia gerichteten Vorschlag, St. Blasien zu einer Grablege habsburgischer Ahnen auszugestalten, verbunden hat. Die Sorge[101], zum Gegenstand der reformerischen Bestrebungen Joseph II. zu werden, von denen St. Blasien dann tatsächlich nicht existentiell betroffen worden ist[102], kann eine mögliche Triebfeder gewesen. Doch gleichgültig ob ein solch enger Zusammenhang bestanden hat oder nicht: sich mit dem Landesherrn in gutes Vernehmen zu setzen war in jedem Fall von Vorteil. Mauritius Ribbele, der Nachfolger Martin Gerberts, hat es an Deutlichkeit nicht mangeln lassen, als er schrieb, dass *man sich gern Österreich zum Freündt machen wollte, wan es möglich*.[103] Die Einschätzung, sanktblasianische Äbte – und allen voran ihr Initiator Abt Gerbert – hätten die Habsburger-Gruft als Ehrung und Anerkennung der österreichischen Landesherren gedacht, hat die Forschung bislang unkommentiert tradiert. Aber passte eine solche Absicht wirklich zu der Geschichte und dem Selbstverständnis der mächtigen Schwarzwälder Benediktinerabtei?

Sehen wir genauer hin: Nachdem vom Kaiserhaus die Erlaubnis für die geplante Grablege erteilt worden war, begann man im September 1770 mit der Überführung Habsburger Gebeine von ihrem bisherigen Ruheort Königsfeld nach Klingnau. Obwohl ursprünglich die im Basler Münster aufbewahrten Überreste Königin Annas, der Gattin Rudolfs von Habsburg, sowie beider Söhne nicht in die Überlegungen miteinbezogen waren, sind deren Gebeine über Bürgeln dann ebenfalls nach Klingnau geschafft worden, wo kurzfristig alle Knochen gemeinsam *in dem dasigen sogenannten Archiv*[104] verwahrt worden sind, um schließlich nach St. Blasien überführt zu werden. Kein anderer Ort als das üblicherweise zur Aufbewahrung amtlicher Dokumente genutzte Archiv könnte den politisch-dokumentarischen Charakter dieser Überführung, Sammlung und Ausstellung herrscherlicher Überreste deutlicher machen. Was sollte dokumentiert werden? Dass Verbundenheit mit der habsburgischen Landeshoheit demonstriert werden sollte, ist nicht von der Hand zu weisen. Denn ebenso wie die Gattin Albrechts, des ermordeten Sohnes Rudolfs v. Habsburg, stammten auch alle anderen aus Königsfeld fortgebrachten Gebeine von Mitgliedern des Hauses Habsburg aus dem 14. Jh. und somit aus einer Zeit, als die Habsburger die Landeshoheit über St. Blasien bereits durchgesetzt hatten. Die Entscheidung, mit der Gattin Rudolfs I. sowie beider Söhne Karl und Hartmann auch Habsburger aus deren ersten Königszeit (Ende des 13. Jh.) von ihrer Baseler Ruhestätte nach St. Blasien zu überführen, weist dagegen in eine andere Richtung.[105] Dafür spricht auch die Tatsache, dass Martin Gerbert zunächst nach den Überresten Elisabeths von Ungarn, einer Stiefverwandten der Habsburger, hatte fahnden lassen, die schwierige Suche aber nicht weiter verfolgt hatte. Den ungarischen Part der habsburgischen Krone zu präsentieren, mag auch nicht das unbedingte Ziel eines auf das Reich und Österreich konzentrierten Fürstabtes gewesen sein.[106]

Memoria und Verwandtschaft

Das politische Engagement des gelehrten und historisch versierten Abtes Martin Gerbert scheint sich eher auf andere Ziele konzentriert zu haben. In dem Doppelentwurf zweier Grabmäler aus der Feder Martin Gerberts, der das Haus Habsburg mit König Rudolf v. Rheinfelden verbindet, haben seine Bestrebungen bildlichen Ausdruck gefunden.[107] Dass Martin Gerbert nach Gesprächen mit dem badischen Hofgenealogen Daniel Schöpflin während dessen Aufenthalt in St. Blasien Ende der Sechziger Jahre seine Bilder realisiert hat, indem er außer den Königsfelder Habsburgern auch die Habsburger aus dem Baseler Münster nach St. Blasien, einem frühen Begräbnisplatz der Rheinfelder, überführt hat[108], kann als Versuch gewertet werden, die Erinnerung an den frühen Gönner des Klosters, Rudolf v. Rheinfelden mit der

Erinnerung an Rudolf v. Habsburg zu parallelisieren. Nun waren beider Könige Gattinnen und beider Könige Söhne in St. Blasien zur letzten Ruhe eingezogen.[109] Indem er Habsburger und Rheinfeldener nebeneinander stellte, konnte Gerbert seine österreichische Landesherrin samt ihren Vorfahren ehren, deren Verbindung mit dem Reich thematisieren, zugleich die frühe Geschichte des Klosters sowie seine lokale Verankerung betonen und die bedeutenden Schenkungen seines »grössten Wohltäters«[110], Rudolfs v. Rheinfelden, würdigen. Ob damit auch implizit an dessen Enkel[111], den ersten vom Kloster frei gewählten Vogt, erinnert werden sollte[112], muss hier unbeantwortet bleiben. Dass diese Vergangenheit der großen Abtei und mit ihr die Erinnerung an das alte Streben nach politischer Eigenständigkeit St. Blasiens für die reale Position des Klosters auch einem Abt im späten 18. Jh. noch klar gewesen ist, zeigt die Tatsache, dass Martin Gerbert eine historische Studie über Rudolf v. Rheinfelden geschrieben hat[113], in der er ihn als Streiter für herrscherliche Eigenständigkeit darzustellen gewusst hat.[114] Wie sehr Fürstabt Martin Gerbert etwas von Repräsentation, Öffentlichkeit und ihrer politischen Wirkung verstanden hat, erweist sich auch darin, dass er seine Habsburger-Gruft dem Publikum keineswegs vorenthalten wollte. In mehreren publizierten Werken hat er sie bekannt gemacht.[115]

Welche Wirkung die Gespräche Martin Gerberts mit Daniel Schöpflin auf das Memoria-Konzept des sanktblasianischen Abtes tatsächlich gehabt haben, darüber kann nur spekuliert werden. Es ist aber durchaus denkbar, dass der in Diensten der Markgrafen v. Baden stehende Fachmann in genealogischen Fragen, den historisch gebildeten und politisch geschickten Gerbert auf die politischen Konsequenzen memorialer Praktiken aufmerksam gemacht hat. Ein Hinweis auf die große Bedeutung des Treffens dieser beiden Geschichtsschreiber könnte auch sein, dass jeder explizite Hinweis auf die Zähringer in der sonst so sorgsam inszenierten Erinnerungskultur St. Blasiens fehlt. Ihre Tradition ist im nicht weit entfernt gelegenen Kloster St. Peter gepflegt worden, dessen Bestandssicherung im übrigen in Händen der badischen Regierung lag und dessen Überlieferungen die Grundlage für die genealogischen Ableitungen Daniel Schöpflins gebildet haben. Es ist mehr als wahrscheinlich, dass der historisch forschende Abt aus St. Blasien – dessen landesgeschichtliche Leistungen von professionellen Historikern bis heute gewürdigt werden – das Schöpflin'sche Werk gekannt und seine politische Bedeutung als legitimatorische Grundlage für den neu entstehenden badischen Flächenstaat erkannt hat. Die zähringische Vergangenheit St. Blasiens nicht explizit zu würdigen, sondern stattdessen mit Rudolf v. Rheinfelden den Großvater des ersten zähringischen Klostervogts – Konrad v. Zähringen – in den Vordergrund zu rücken, wäre dann in politischen Erwägungen Martin Gerberts gegründet, St. Blasien in der politischen Umbruchszeit des letzten Drittels des 18. Jh. gerade nicht als zähringischen Besitz und badisches Erbe zu präsentieren, sondern sein Kloster stattdessen mit den Habsburgern und der Reichsgeschichte zu verknüpfen und so den Weiterbestand des Klosters in seiner bisherigen Form zu sichern. Wie wir gesehen haben, war der Erfolg ambivalent.

Eine neue Heimat in Kärnten
Kaiser Franz I. übergibt das Kloster St. Paul im Lavanttal an den letzten Fürstabt St. Blasiens Berthold III. Rottler (1801–1806, St. Paul: 1809–1826).
Gemälde (Ausschnitt) von J. B. Höchle.
St. Paul im Lavanttal/Kärnten.

Schluss

Martin Gerbert hatte St. Blasien zu einem Ort habsburgischer Memoria gemacht.[116] Einer Erinnerung freilich, die sich nicht nur auf die Habsburger als österreichische Landesherren, sondern auch auf die Habsburger als Könige und Kaiser des Reiches bezog. Dem eben entstehenden modernen badischen Staatswesen hat diese Tradition entgegengestanden. Um dem Ort seine Bedeutung zu nehmen und die Erinnerung an Österreich, die Habsburger und das gerade zu Ende gegangene Reich zu unterbinden, sollten die Toten an einen geeigneteren Platz wandern.[117] Für die »Ende September 1807 nach Österreich auswandernden St. Blasier Mönche [war es dann] eine Selbstverständlichkeit, an ihren neuen Wirkungsort auch die Gebeine der heimatlichen Habsburgergruft mitzunehmen.«[118] Politisch klug und vorausschauend hatte die großherzogliche Regierung in Karlsruhe für die Überführung aber eine entsprechende Genehmigung des Wiener Hofes verlangt. Da die schriftliche Erlaubnis zur Überführung 1807 noch nicht vorlag, konnten die Gebeine ihren Weg nach Österreich erst am 22. April 1808 antreten. Nach einem kurzen Aufenthalt in Spital am Phym/Oberösterreich trafen sie auf die hier Station machenden Konventualen aus dem Schwarzwald. Alle zusammen gelangten sie dann Anfang des Jahres 1809 nach St. Paul im Lavanttal.[119] Die letzten österreichischen Herrscher hatten den badischen Staat verlassen. Kurz nach ihrem Auszug ist aus der Gruft ein Kartoffelkeller geworden.[120] Die in St. Blasien von gelehrten Köpfen bearbeitete, konservierte, sorgfältig präsentierte und interpretierte Geschichte ihres Klosters hätte dem neu entstehenden badischen Staat vielleicht nicht wirklich entgegen wirken können. Die Identifizierung mit einem zentralisierten Staat auf neuer dynastischer Grundlage – in diesem Fall eine zähringische – hätte sie aber erheblich erschweren können. Erst durch die Aufhebung der geistlichen Herrschaften und insbesondere St. Blasiens war in Baden die Basis für eine Umorientierung im staatlichen Identifikationsprozess gelegt. Wird die Säkularisation nicht nur als Auslöser für die Umstrukturierung von Besitzverhältnissen, sondern als umfassendes wirtschaftliches, soziales, politisches und kulturelles Phänomen angesehen, dann ist die Säkularisation am Beginn des 19. Jh. nicht nur für Baden ein zentrales Geschehen gewesen.

[1] Vgl. *Hermann Schmid*, Ende und Erbe. Die Säkularisation St. Blasiens, in: Das Tausendjährige St. Blasien. 200jähriges Domjubiläum, hg. von *Historische Ausstellung Kloster St. Blasien*, red. von *Christel Römer*. Bd. II: Aufsätze. St. Blasien 1983, 303–306, 303; Zur Geschichte der Benediktiner nach der Säkularisation vgl. *V. Fiala,* Die Bemühungen um Wiederzulassung der Benediktiner in Baden und Hohenzollern während des 19. Jhs., in: Die Benediktiner-Klöster in Baden-Württemberg, bearb. von *Franz Quarthal*. Augsburg 1975, 718–733 (Germania Benedictina; V).

[2] Vgl. *Rudolf Vierhaus*, Säkularisation als Problem der neueren Geschichte, in: *Irene Crusius* (Hg.), Zur Säkularisation geistlicher Institutionen im 16. und 18./19. Jh. Göttingen 1996, 13–30, 19 (Veröff. des Max-Planck-Instituts für Geschichte ; 124).

[3] Vgl. *Hermann Schmid*, Die Säkularisation der Klöster in Baden 1802–1811. Überlingen 1980, 5ff. Zuerst erschienen in zwei Teilen in: FDA 98, 3.F. 30 (1978), 171–352 und 99, 3.F., 31 (1979), 173–375.

[4] Vgl. *Vierhaus*, Säkularisation (wie Anm. 2), hier 13. Die Klöster selbst sind nicht mitgerechnet.

[5] Vgl. *Harm Klueting*, Die sozio-ökonomischen Folgen der Säkularisation des 19. Jhs. im rechtsrheinischen Deutschland, in: *Irene Crusius* (Hg.) (wie Anm. 2), 102–120, 107f.

[6] Zusammenfassung der Literatur und Zitat vgl. Ebd.

[7] Vgl. *Hans-Ulrich Wehler*, Deutsche Gesellschaftsgeschichte. Bd. 1: 1700–1815. München 1987, 367.

[8] Vgl. *Michael Hörrmann*, Von der Markgrafschaft zum Großherzogtum. Die territoriale Entwicklung Badens, in: Baden und Württemberg im Zeitalter Napoleons. Bd. 1.1. Stuttgart 1987, 89–91, 89. Mit dem pfälz. Besitz verband sich für die bad. Markgrafen ab 1803 die Kurwürde.

[9] Vgl. *Hermann Schmid*, Die Säkularisation und Mediatisation in Baden und Württemberg, in: Baden und Württemberg im Zeitalter Napoleons. Bd. 2. Stuttgart 1987, 135–155, 145

[10] Vgl. *Hörrmann*, Von der Markgrafschaft (wie Anm. 8), 89. Vgl. auch den Beitrag von *Hans-Otto Mühleisen* in diesem Band.

[11] Zur Entstehung des Großherzogtums Baden vgl. *Marion Wierichs*, Napoleon und das »Dritte Deutschland« 1805/6. Die Entstehung der Großherzogtümer Baden, Berg und Hessen. Frankfurt/M/usw. 1978.

[12] Gemeint ist die Ehe des Markgrafen Karl Friedrich mit seinem Patenkind Luise Geyer v. Geyersberg.

[13] Die polit. Stimmung im Breisgau dieser Zeit ist nicht unbedingt probadisch gewesen. Vgl. *Karl Rieder*, Die Aufhebung des Klosters St. Blasien. Vortrag gehalten auf der 8. Jahresversammlung des kirchengeschichtlichen Vereins für das Erzbistum Freiburg. Karlsruhe 1907, 12.

[14] Vgl. *Wolfgang Windelband*, Staat und katholische Kirche in der Markgrafschaft Baden zur Zeit Karl Friedrichs. Tübingen 1912, bes. 57–89. Katholische Untertanen haben über 20 Jahre beim Reichshofrat Prozesse gegen ihren prot. Landesherrn geführt.

[15] Vgl. *Hansmartin Schwarzmaier*, Die Markgrafen und Großherzöge von Baden als Zähringer, in: *Karl Schmid* (Hg.), Die Zähringer. Eine

Tradition und ihre Erforschung. Sigmaringen 1986, 193–210, 204 (Veröff. zur Zähringer Ausstellung ; I).

[16] Der Ahnherr der Markgrafen von Baden, Hermann I. Markgraf v. Verona, war ein Sohn des Zähringers Bertold I., Herzogs v. Kärnten, gest. 1078: vgl. Kommentar: Übersichtstafeln zur Familie der Zähringer, Abb. 6, in: *Hans Schadeck/Karl Schmid* (Hg.), Die Zähringer. Anstoß und Wirkung. Sigmaringen 1986, 11 (Veröff. zur Zähringer-Austellung ; II).

[17] Vgl. *Josef Adamek/Hans Jakob Wörner*, St. Blasien im Schwarzwald. Benediktinerkloster und Jesuitenkolleg. Geschichte, Bedeutung, Gestalt. München usw. 1980, 11.

[18] Vgl. *Hugo Ott*, Studien zur Geschichte des Klosters St. Blasien im hohen und späten Mittelalter. Stuttgart 1963, 35 (Veröff. der Kommission für geschichtliche Landeskunde in Baden-Württemberg Reihe B, Forschungen ; 27).

[19] Vgl. *Hugo Ott*, Die Geschichte des Besitzes St. Blasien im 11. und 12. Jh., in: Arbeiten zum Historischen Atlas von Südwestdeutschland, H. IV: Die Klostergrundherrschaft St. Blasien im Mittelalter. Beiträge zur Besitzgeschichte, hg. von der *Kommission für geschichtliche Landeskunde Baden-Württemberg*. Stuttgart 1969, 9–24, Erläuterungen zu den Besitzlisten und zum Kartenteil Ebd., 28.

[20] *Ott*, Ebd., 27.

[21] Vgl. *Ott*, Studien (wie Anm. 18); vgl. auch *Ders.*, Erläuterungen (wie Anm. 19), 28.

[22] Vgl. *Rieder*, Die Aufhebung (wie Anm. 13), 13. Eine Auflistung aus 1768 führt die Gebiete auf geordnet nach Zwing und Bann (1), Hauenstein (2), Reichische Herrschaften (3), Auswärtiger Besitz (4), vgl. *Ludwig Schmieder*, Das Benediktinerkloster St. Blasien. Eine baugeschichtliche Studie. Augsburg 1929, 8–14.

[23] Vgl. *Konrad Suter*, Die Aufhebung der Abtei St. Blasien und Neubeginn in St. Paul/Kärnten, in: *Heinrich Heidegger/Hugo Ott* (Hg.), St. Blasien. Fschr. aus Anlaß des 200-jährigen Bestehens der Kloster- und Pfarrkirche. München/usw. 1983, 301–314, 301.

[24] Vgl. *Adamek/Wörner*, St. Blasien (wie Anm. 17), 11. Zu Erwerbungen im 18. Jh. vgl. *Wolfgang Müller*, Die staatsrechtliche Stellung St. Blasiens, in: Das Tausendjährige St. Blasien (wie Anm. 1), 57–66, 60f. Zu Hauenstein im Spannungsfeld sanktblasianischer und österreichischer Herrschaft vgl. die hervorragende Untersuchung von *David M. Luebke*, His Majesty's Rebels. Communities, Factions and Rural Revolt in the Black Forest 1725–1745. Cornell University Press 1997: Zu Bonndorf vgl *Johannes Gut*, Zu den reichsrechtlichen Bestrebungen des Klosters St. Blasien vom 16. bis 18. Jh. Erwerb der Reichsherrschaft Bonndorf, in: Aus der Geschichte des Klosters St. Blasien im Schwarzwald. Beiträge zur Rechtsgeschichte und Vorträge zum Fürstabt Martin Gerbert – Jahr 1993, hg. von der *Stadt St. Blasien* in Verb. m. d. Alemannischen Institut Freiburg. Bühl/B. 1997, 49–68.

[25] Vgl. *Vierhaus*, Säkularisation (wie Anm. 2), 15.

[26] Ebd., 14. Die Malteser blieben von der Säkularisation ebenfalls nicht verschont. Ihre Selbständigkeit endete 1809.

[27] Vgl. *Adamek/Wörner*, St. Blasien (wie Anm. 17), 17.

[28] *Rieder*, Die Aufhebung (wie Anm. 13), 5.

[29] Ebd., 5.

[30] Ebd., 6.

[31] Zitiert nach *Rieder*, Ebd.

[32] Vgl. dazu *Hermann Kopf*, Die Stadt Freiburg und der Breisgau unter der Herrschaft des Herzogs von Modena. Dargestellt aufgrund der Akten des Staatsarchivs Modena, in: Schau-Ins-Land 76 (1958), 82–109, 104.

[33] *Rieder*, Die Aufhebung (wie Anm. 13), 7.

[34] Ebd., 7f.

[35] Ebd., 8f.

[36] Ebd., 10.

[37] Vgl. *Suter*, Die Aufhebung der Abtei St. Blasien (wie Anm. 23), 305.

[38] *Rieder*, Die Aufhebung (wie Anm. 13), 13.

[39] Ebd., 14.

[40] Ebd.

[41] Vgl. *Heinrich Heidegger*, Ansprache, 10. Sept. 1983- zur Verleihung des Martin-Gerbert-Preises, in: St. Blasier. Jubiläumsjahr 1983, hg. von der *katholischen Pfarrgemeinde St. Blasien*. St. Blasien 1983, 50–63, 55.

[42] Vgl. die kurze Zusammenfassung der Ereignisse aus dem Jahr 1926 von *Karl Friedrich Wernet*, Veröffentlichte Aufsätze zur Geschichte des Klosters St. Blasien und seiner Besitzungen [1]. Abgeschrieben und mit einem Register versehen von *Rudolf Morath* (unveröff. Manuskript – BLB O 55 74, 1, 153–159.

[43] Naturalienkabinett und Druckerei kamen ebenfalls nach Freiburg.

[44] Vgl. *Suter*, Die Aufhebung der Abtei St. Blasien (wie Anm. 23), 303.

[45] Vgl. *Ott*, Studien (wie Anm. 18), 3.

[46] Das Schreiben ist auszugsweise wiedergegeben, in: *Schmid*, Die Säkularisation in Baden (wie Anm. 3), 168–170.

[47] Zu den Ereignissen 1806/7 vgl. *Adamek/Wörner*, St. Blasien (wie Anm. 17), 22.

[48] Vgl. *Vierhaus*, Säkularisation als Problem (wie Anm. 2), 29.

[49] Zur Säkularisation in Baden und bes. dem Breisgau vgl. *Schmid*, Die Säkularisation in Baden (wie Anm. 3), 101–182, bes. 174.

[50] Vgl. *Rieder*, Die Aufhebung (wie Anm. 13), 22f.

[51] Vgl. Ebd., 20f.

[52] Mit der Zusage des badischen Staates zwei Drittel der ursprünglich zugesicherten Pensionen bezahlen zu wollen, vgl. *Schmid*, Ende und Erbe (wie Anm. 1), 305.

[53] Zu den Ereignissen um 1809 vgl. *Adamek/Wörner*, St. Blasien (wie Anm. 17), 23 spricht von 32 Mönchen. Vgl. *Rieder*, Die Aufhebung (wie Anm. 13), 22, spricht von 35 Mönchen. *Suter*, Die Aufhebung der Abtei, (wie Anm. 23), 306 spricht von 40 Mönchen. Vgl. *Ders.*, Die Aufhebung der Benediktinerabtei St. Blasien und der Neubeginn in St. Paul in Kärnten, in: Badische Heimat 57 (1977), 401–417. Dort bringt er eine Namensliste der ausgewanderten Konventualen. Vgl. *Bernhard Steinert*, Das nachklösterliche St. Blasien im 19. Jh., in: Fschr. St. Blasien (wie Anm. 23), 315, schreibt von 37 Mönchen.

[54] Zu St. Paul vgl. *Wolfgang Münzer*, St. Paul im Lavanttal, in: Das Tausendjährige St. Blasien (wie Anm. 1), 307–314.

[55] Vgl. *Suter*, Die Aufhebung der Abtei St. Blasien (wie Anm. 23), 307–309.

[56] Vgl. *Christoph Dipper*, Probleme einer Wirtschafts- und Sozialgeschichte der Säkularisation in Deutschland (1803–1813), in: *Armgard von Rehden-Dohna* (Hg.), Deutschland und Italien im Zeitalter Napoleons. München 1979, 123–170, 130f.

[57] Vgl. *Klueting*, Die sozio-ökonomischen Folgen der Säkularisation (wie Anm. 5), 109. Als Beispiele werden genannt: Hannover und Braunschweig bis zur Inkorporation ins Königreich Hannover.

[58] Vgl. Ebd., 109f. Neben Bayern werden angeführt: Nassau, Stadt Frankfurt/Main, Kgr. Westfalen, Ghzm. Berg und nach 1810 auch Preußen.

[59] Vgl. Ebd., 109.

[60] Ebd.: »Im grundherrschaftlichen Bereich bewirkte die Aufhebung der Klöster nur einen Wechsel des Grundherrn, mit dem der Staat als Abgaben und Leistungsempfänger an die Stelle der Klöster trat. Nur die Wälder und derjenige Teil der landwirtschaftlichen Nutzfläche, an dem die Klöster nicht nur ein Obereigentum als Grundherr besessen hatten, gelangten aus dem direkten Eigentum der geistlichen Institute in das des Staates.«

[61] Ebd., 111; vgl. auch 116, Pauperisierung landarmer Schichten vor allem in bayerischen Gebieten im Gefolge der Säkularisation.

[62] *Schmid*, Die Säkularisation (wie Anm. 3), 176.

[63] Zur gelehrten Tradition St. Blasiens vgl. *Joseph Bader*, Das ehemalige Kloster Sanct Blasien auf dem Schwarzwalde und seine Gelehrten=Academie, in: FDA VIII (1874), 103–253; vgl. auch den Aufsatz in diesem Band von *Rita Haub*.
[64] Vgl. *Josef Isele*, St. Blasien und das Hauensteiner Waldvolk in: (wie Anm. 23), 81–95, 92f. Vgl. auch die kommentierte Liste der Äbte bei *R. Buisson*, St. Blasien im Schwarzwald. Freiburg i. Br. 1899, 138–164.
[65] Vgl. *Heidegger*, Ansprache (wie Anm. 41), 53f.
[66] Vgl. *Hugo Ott*, St. Blasien, in: Germania Benedictina (wie Anm.1), 152.
[67] Zu wirtschaftl. Maßnahmen im 18. Jh. vgl. *Josef Adamek*, Fabrik und Kolleg, die ungleichen Erben im Kloster St. Blasien, in: Das Tausendjährige St. Blasien (wie Anm. 1), 315–326, 322.
[68] *Schmid*, Die Säkularisation in Baden (wie Anm. 3), 101–182, hier 166f.
[69] Vgl. *Hermann Schmid*, Säkularisation und Schicksal der Klöster in Bayern, Württemberg und Baden 1802–1815 unter besonderer Berücksichtigung von Industrieansiedlungen in ehemaligen Konventen. Überlingen 1973, 54.
[70] Zur Zusammenfassung der wichtigsten Ergebnisse zu einz. Ländern und bes. zu Baden vgl. *Klueting*, Die sozio-ökonomischen Folgen der Säkularisation (wie Anm. 5), 115f.
[71] Vgl. *Schmid*, Säkularisation und Schicksal (wie Anm. 69), 56–61.
[72] Zur Verwaltungsstruktur und Waldnutzung bis zum Beginn des 19. Jhs. vgl. *Christoph Baum*, Der Klosterwald von St. Blasien. Eine forstgeschichtliche Untersuchung über Waldverhältnisse im Stiftsbann der ehemaligen Benediktinerabtei St. Blasien im südlichen Schwarzwald bis zum Beginn des 19. Jhs. Freiburg 1995, 241ff. (Hochschulsammlung Wirtschaftswissenschaft, Forstwirtschaft ; 8).
[73] Vgl. *Schmid*, Säkularisation und Schicksal (wie Anm. 69), 44–48, 54.
[74] Ebd., 47.
[75] Das weltliche Chorherrenstift St. Margarethen z. B. erwarben Freiburger Kaufleute und richteten dort eine Weberei ein. Vgl. Ebd., 48.
[76] Die Idee war nicht neu. Nach der Aufhebung von Klöstern im Josephinismus im 18. Jh. sind in den Anlagen Manufakturen (in Konstanz bspw. eine Indienne-Manufaktur) eingerichtet worden, vgl. Ebd., 6.
[77] Vgl. Ebd., 48.
[78] Vgl. *Klueting*, Die sozio-ökonomischen Folgen der Säkularisation (wie Anm. 5), 118.
[79] Vgl. *Schmid*, Ende und Erbe (wie Anm. 1), 304.
[80] Zur Größe des Vermögens vgl. ebd. Zum Vergleich: die Aufhebung des Jesuitenordens hat Österreich Ende des 18. Jhs. etwa 15 Mio fl. eingebracht, vgl. *Schmid*, Die Säkularisation und Schicksal (wie Anm. 69), 4., und *Ders.*, Die Säkularisation in Baden (wie Anm. 3), 174. Schmid merkt hier an, dass es für die bad. Kommissionen unmöglich war, das tatsächliche Vermögen St. Blasiens zu ermitteln.
[81] Zu den Propsteien und Prioraten insgesamt vgl. *Schmid*, Die Säkularisation in Baden (wie Anm. 3), 178f.
[82] Zum Umfang dieser Vermögenswerte vgl. *Schmid*, Ende und Erbe (wie Anm. 1), 304. Vgl. auch *Ders.*, Die Säkularisation (wie Anm. 3), 180–182.
[83] Zum Verbleib der Bibliothek vgl. *Ott*, St. Blasien (wie Anm. 66), 153.
[84] Vgl. *Hans Jakob Wörner*, das Schicksal der Klostergebäude im Lauf der Jahrhunderte, in: Das Tausendjährige St. Blasien (wie Anm. 1), 87–132, 122.
[85] Vgl. *Rieder*, Die Aufhebung (wie Anm. 13), 19.
[86] Vgl. *Schmid*, Die Säkularisation (wie Anm. 3), 177.
[87] Ebd.
[88] Vgl. *Steinert*, Das nachklösterliche St. Blasien (wie Anm. 53), 315–329, bes. 316.
[89] Ebd., 316.
[90] Ebd., 318.
[91] Ebd., 315.
[92] Vgl. *Schmid*, Die Säkularisation in Baden (wie Anm. 3), 177.
[93] Zu wirtschaftl. Maßnahmen im 18. Jh. vgl. *Adamek*, Fabrik und Kolleg (wie Anm. 67), 322.
[94] Vgl. *Wörner*, Das Schicksal der Klostergebäude (wie Anm. 84), 128.
[95] Zum Zeitabschnitt 1933–1946 vgl. *Adamek/Wörner*, St. Blasien (wie Anm. 17), 23.
[96] Vgl. *Vierhaus*, Säkularisation (wie Anm. 2), 15.
[97] Vgl. *Klueting*, Die sozio-ökonomischen Folgen der Säkularisation (wie Anm. 5), 119.
[98] Vgl. *Wörner*, Das Schicksal der Klostergebäude (wie Anm. 84), 87–133.
[99] Vgl. *Johannes Gut*, Die Habsburgergruft des Fürtsabtes Martin Gerbert, in: Aus der Geschichte St. Blasiens (wie Anm. 24), 69–82, hier 70–72; Johannes Gut, Memorialorte der Habsburger im Südwesten des Alten Reiches. Polit. Hintergründe und Aspekte, in: Vorderösterreich – Nur die Schwanzfeder des Kaiseradlers? Die Habsburger im dt. Südwesten, hg. vom Württembergischen Landesmuseum in Stuttgart 1999, 95–113.
[100] Vgl. *Heinfried Wischermann*, Die Habsburger-Gruft, in: Fschr. St. Blasien (wie Anm. 23), 286–291, bes. 288.
[101] Vgl. *Suter*, Die Aufhebung der Benediktinerabtei (wie Anm. 53), 401–417. In Vorderösterreich sind 28 Frauen- und fünf Männerklöster aufgelöst worden. Darunter die Karthause und das Klarakloster in Freiburg, das Dominikanerkloster in Villingen und das Franziskanerkloster in Säckingen. Die Veränderungen im Kontext der josephin. Reformen haben sich sonst auf die Ausbildung und die seelsorgerische Arbeit der Kleriker bezogen.
[102] Zit. nach *Gut*, Die Habsburgergruft (wie Anm. 24), 72f.
[103] Zit. nach Ebd., 74.
[104] Vgl. Ebd., 75f.
[105] Denn bei aller Bemühung um die Ahnen der Habsburger muss doch festgehalten werden, dass Gerbert kein österreich. Mausoleum in St. Blasien errichten und sich selbst nicht zum »Österreicher« stilisieren wollte, vgl. *Wischermann*, Die Habsburger-Gruft (wie Anm. 100), 288f.
[106] Vgl. *Gut*, Die Habsburgergruft (wie Anm. 24), 78f.
[107] Vgl. Ebd., 73.
[108] Vgl. *Gerhard Hartmann/Karl Schnith* (Hg.), Die Kaiser. 1200 Jahre europäische Geschichte. Graz 1996, 365.
[109] Vgl. *Adamek/Wörner*, St. Blasien (wie Anm. 17), 9.
[110] Agnes von Rheinfelden, die Mutter Konrads v. Zähringen, war die Tochter Rudolfs v. Rheinfeldens aus seiner ersten Ehe mit Mathilde, der Schwester König Heinrich IV. Diese Agnes v. Rheinfelden war verheiratet mit Bertold II., Herzog v. Zähringen.
[111] Vgl. *Ott*, Studien (wie Anm. 18), 1.
[112] *Hermann Jakobs*, Der Gegenkönig Rudolf im Urteil Martin Gerberts, in: Aus der Geschichte St. Blasiens (wie Anm. 24), 83–100.
[113] Ebd., 96f.
[114] Vgl. *Gut*, Die Habsburgergruft (wie Anm. 24), 73.
[115] Vgl. *Ott*, Studien (wie Anm. 18), 52f.
[116] Zur Erinnerungsorten als Forschungsgegenstand vgl. *Etienne Francois/Hagen Schulz* (Hg.), Deutsche Erinnerungsorte. 3. Bde. München 2001. Der mit dem Klosterneubau nach 1768 verbundene Plan für eine Grablege ist schon an den ersten Bauplänen, die einen Pantheon-Bau vorsahen zu erkennen gewesen. Vgl. hierzu *Wischermann*, Die Habsburger-Gruft (wie Anm. 100), 286–291.
[117] *Gut*, Die Habsburgergruft (wie Anm. 24), 82.
[118] Vgl. Ebd.
[119] Vgl. *Rieder*, Die Aufhebung (wie Anm. 13), 23.

Aufgelöset ohne Hoffnung einer künftigen gänzlichen Wiederherstellung ...

Die Säkularisation der Benediktinerabtei St. Peter auf dem Schwarzwald

von Hans-Otto Mühleisen

Am 26. November 1806 schreibt Ignaz Speckle, der letzte Abt von St. Peter, voll Bitterkeit und beinahe wie unter Schocksymptomen in seinem Tagebuch: *Halb betäubt, war mir Herz und Kopf voll und leer. Im Geschäft vergaß ich mich, vergaß, was vorging, und Gott leitete* [...]. *Aber nach alledem ist nun doch nach 713 Jahren die Stiftung der Berthold von Zähringen aufgelöset; aufgelöset bei Wiederherstellung des Titels der H*[erzö]*ge von Zähringen durch den noch einzigen übrigen Sprossen der Zähringer, Karl Friedrich, Markgraf von Baden, durch den Begründer des neuen zähringischen Hauses. Aufgelöset nach ausgestandenen Drangsalen eines mehr als zehnjährigen Krieges;* [...]. *Aufgelöset ohne Aussicht, ohne Hoffnung einer künftigen gänzlichen Wiederherstellung; wird nur noch etwas zum Andenken gerettet.*[1] Unter dem Eindruck der *ganzen Katastrophe*, der endgültigen Aufhebung seiner Abtei schlägt der geschichtsbewusste Abt hier den Bogen von deren Gründung am Ausgang des 11. Jh.[2] zu den Ereignissen, die am Ende des Alten Reiches die Klöster – ideologisch durch die Aufklärung vorbereitet[3] – aus materiellen Gründen zur politischen Verfügungsmasse werden ließen. Auch die Klöster, die wie St. Peter ökonomisch lebensfähig waren und *hoffnungsvolle Zöglinge hatten*, auch wenn *die Disziplin freilich nicht mehr die alte war*, hatten keine Chance, sich diesen politischen Prozessen zu entziehen. Das Wiener Angebot, so wie St. Blasien auch St. Peter in Österreich an einem neuen Ort und wohl auch mit neuem Namen fortbestehen zu lassen, bot dem Schwarzwälder Speckle und seinem Konvent keine akzeptable Perspektive. Zumindest bis zum Wiener Kongress gehörte Speckle zu denjenigen, die auf eine Rückkehr des Breisgaus nach Österreich, für ihn natürlich verbunden mit einer Restitution seiner Abtei, hofften.

Abt Ignaz Speckle (1795–1806)
Letzter Abt von St. Peter und Autor eines äußerst detailreichen Tagebuches (1795–1813) über die Vorgänge der Säkularisation insbes. im Breisgau.
Ölgemälde e. unbekannten Malers.
St. Peter i.S.

Nimmt man für die Darstellung der zehn Jahre des Säkularisationsprozesses von 1796 bis 1806 die Wahrnehmung der Ereignisse aus der Sicht einer der betroffenen Abteien ein[4], so werden aus Internationaler Politik, Friedensverhandlungen und Staatsraison schnell alte Rechte und letztlich Existenz bedrohende Vorgänge. Als Ausgangslage der hier im Zentrum des Interesses stehenden Abtei ist deren Überlebenswille, zumindest soweit es ihren Abt und einen größeren Teil des Konvents betrifft, klar und legt damit auch deren Parteinahme für Österreich als einzigem Garanten der eigenen Existenz fest. Vom Umgang mit den Klöstern in Frankreich hatte man von den Emigranten gehört und, dass auch Baden zur Sanierung seines Staatshaushaltes zum Mittel der Säkularisation greifen würde, war bald kein Geheimnis mehr. Insofern wurde das bischöflich befohlene Te Deum angesichts des österreichischen Waffenglücks am Neujahrstag 1796 in St. Peter gerne gehalten und mit einem zusätzlichen Abendtrunk bestätigt. Die Hauptbelastung der Abtei in den ersten Monaten 1796 war das hier eingelagerte Spital, dessen Abzug der Abt schließlich mit den üblichen Mitteln der Bestechung (z. B. Erwerb einer überteuerten Kutsche) erreichte. Auch sein Bemühen um den württembergischen und badischen Hof, dem er ein Kreditangebot macht, während er sich gleichzeitig auch den Kreditwünschen Wiens nicht entziehen mag, zielen auf ein ihm günstiges Klima an den Höfen. Während sich die ersten Gerüchte über eine neue französische Invasion verbreiten, nimmt er selbst wie seit Jahrhunderten ganz selbstverständlich Huldigung und Eid seiner Untertanen entgegen und hält über sie Gericht.[5]
Das Näherkommen der Franzosen führt erste Flüchtlinge nach St. Peter sowohl aus Familien der Freiburger Beamtenschaft wie aus benachbarten Klöstern. Speckle, der selbst nur einige Kostbarkeiten in Sicherheit bringen lässt, äußert sich abfällig: *Die meisten Herren wollten fliehen.* Auch in Freiburg gehört er zu den Landständen, die ausharren und die politische Ordnung, soweit es geht, auch beim Einrücken der Franzosen aufrecht erhalten wollen. Er spottet über die einfältige Art, in der die Affären der Landstände verhandelt werden als *Beratschlagung der Abderiden.*

Vorboten der Säkularisation von 1803

Die französische Besetzung des Breisgaus im Sommer 1796 führt zu starken Plünderungen in den st. petrinischen Filialen Sölden und St. Ulrich. Die in der Abtei selbst erstmals erfolgte Requirierung von Kunstschätzen war nicht zuletzt wegen der Trinkgewohnheiten des *Commissaire de recherche*, des Mainzer Professors und Klubisten Metternich, nicht allzu gefährlich. Vor dem Kloster stand derzeit ein Freiheitsbaum. Die mehrmonatige französische Besetzung des Breisgaus führten ebenso wie die sich anschließenden mehrmaligen Durchzüge kaiserlicher Truppen zu einer starken Ausblutung der Ökonomie St. Peters. Der Gesamtschaden wurde im nachhinein auf etwa 500.000 fl. geschätzt. Trotz dieser Belastungen und dem Wissen über die Vorgänge in Frankreich gewinnt man aus Speckles Tagebuch jedoch nicht den Eindruck, dass die materielle Ausbeutung die Institution Kloster als solche gefährden sollte: *Wenn es nicht Absicht der Franzosen selbst ist, die Geistlichkeit und den Adel zu ruinieren, so wird es ihnen zur Absicht gemacht.*[6] Eine dazu verschiedene Stimmungslage entnimmt man manchen Einträgen über den Markgrafen, der ja zunächst auch zu den Gegnern der Franzosen gehörte. Ihm wird eine zweideutige Gesinnung attestiert und sein Versuch, bei Barthélmi u. a. wegen seiner protestantischen Konfession günstigere Bedingungen zu erhalten, lässt Speckle sagen: *So zeichnet sich der unselige Trennungsgeist der Protestanten und ihr Katholikenhaß auch in gemeinsamen Elende noch aus.*[7] Am Tag vor dem Abschluss des französisch-badischen Separatfriedens zählte Speckle den Markgrafen zu denjenigen, die das Elend nützen, im Trüben fischen und jede Gelegenheit zu Unternehmungen in ihrem Sinne benutzen. Dazu gehörte im August der Arrest auf die Einnahmen der Klosterländereien auf markgräflichem Gebiet, der Speckle zum erstenmal den Ruin der Stifte ahnen ließ.
Als Speckle im März 1797 einer der Scrutatoren zur Wahl des neuen Abtes von St. Märgen ist, spürt man seinen Zorn, dass dort ohne politisches Gespür für die grundsätzliche Bedrohung Eingriffe in die rechtlichen Fundamente klaglos hingenommen wurden. Als er hört, dass im Kapitel beschlossen worden sei, *alles zu tun, was die Regierung verlangt hatte,* [...] *schob ich*

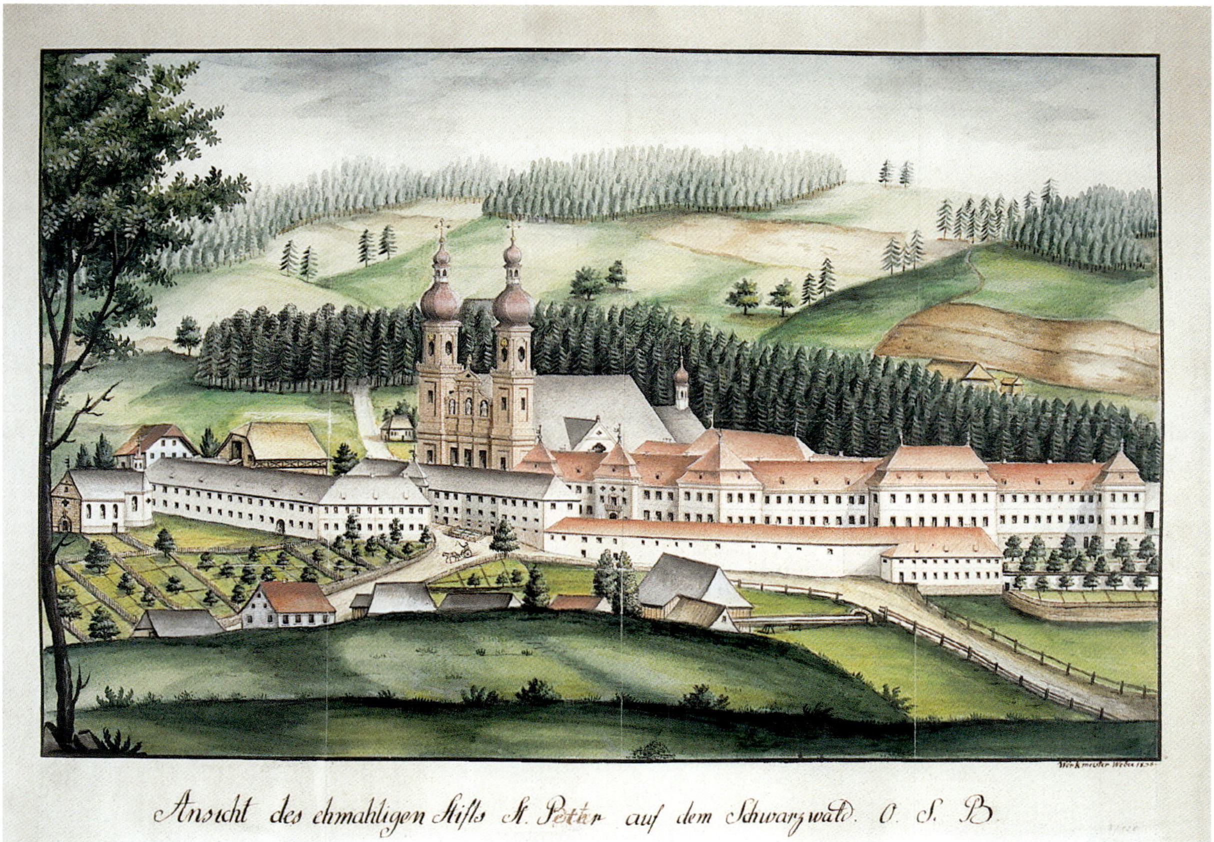

Kloster St. Peter nach der Säkularisation
Durch die Einrichtung des Priesterseminars der 1827 gegründeten Erzdiözese Freiburg wurden die Klostergebäude gerettet.
Aquarell, M. Weber, 1838.
Augustinermuseum Freiburg.

meine Schriften in den Sack und schwieg. Am Einzelfall werden die völlig unterschiedlichen Einstellungen gegenüber den jeweils politisch Mächtigen evident. Dies sollte eine besondere Erschwernis im Kampf gegen die Säkularisation werden. Speckle weiß, dass sich *von allen Seiten der Plan zum Untergang der Klöster (zeigt). Und doch sind diese in der Tat für ihre Erhaltung lange nicht so tätig als sie sollten und auch könnten.*[8] Auch bei ihnen sei der *Freiheitssinn* eingedrungen, während doch nur die Erhaltung der Disziplin ihnen *wahrhaft helfen* könne.
Als große Bestürzung bezeichnet Speckle die Reaktion in Stadt und Land auf das Anfang November durchgedrungene Gerücht, dass der Breisgau in – dem lang ersehnten – Frieden (Campo Formio) an den Herzog v. Modena abgetreten worden sei. Wenngleich die Unsicherheit über die Trennung von Wien groß ist, beruhigen sich wenigstens *die Männer von Einsicht* damit, dass dies eine österreichische Linie sei, so dass die Landesverfassung erhalten bleibe. Als sich dann zudem die Gerüchte verdichten, dass Baden sich in einem Separatfrieden mit Frankreich die österreichischen Stifte in seinen Landen habe übertragen lassen, beschließt der Prälatenstand, einen Vertreter zum Rastatter Kongress zu schicken. Etwa gleichzeitig verbreitet sich ein Gerücht, dass Österreich trotz freundlicher Schreiben nicht unbedingt am Breisgau festhalten wolle. Der politisch sensible Prälat von St. Peter interpretiert im Dezember 1797 die Situation seines Standes als Fragen formuliert mit großer Präzi-

sion: *Wird die Verfassung bleiben? Werden die Besitzungen der Dominien und Körperschaften im Ausland erhalten werden? – und die Klöster – wird man nicht glauben, diese seien der Ball, mit dem man spielen kann wie man will? Wird nicht falsche Politik und Ökonomie durch diese die Schulden bezahlen wollen?* [...] *jeder glaubt, es wurde ihm nun so viel besser sein, wenn Klöster nicht mehr sind.* Ende 1797 rückt das Bild einer Säkularisation immer näher. Am Neujahrstag 1798 schreibt er: *Dem gemeinen Gerüchte nach existieren am Ende dieses Jahres keine Klöster mehr* [...]. *Der Macht können wir nicht widerstehen.* Unabhängig vom Wahrheitsgehalt, für Speckle ist die Auswirkung schon des Gerüchtes, wenn es *in die Klostermauern dringt,* beklagenswert: *Die Gutgesinnten werden niedergeschlagen, die Bösartigen stolz und unbiegsam, trotzend etc. Disziplin und Ordnung leiden.*

Das Jahr 1798 geht ohne schwerere Eingriffe in die klösterliche Welt vorbei, das Wissen, dass sie, wie jetzt in der Schweiz, jederzeit möglich sind, bleibt jedoch bestehen. Zweimal macht Speckle dem Markgrafen eine devote Aufwartung, ohne viel Hoffnung für sein Stift daraus zu gewinnen. Die Rastatter Säkularisationspläne sind bekannt. Wenn Religion auch ohne irdisches Vermögen bestehen kann, so Speckle, so bliebe doch das Recht auf Eigentum: *Man predigt Menschenrechte und tretet sie mit Füßen.* Die Jahre 1799 und 1800 sind Kriegsjahre, die den Klöstern in Form von Geld- und Sachleistungen ständig neue Lasten auferlegen, ohne dass dies jedoch an ihre Substanz gerührt hätte. Die Säkularisationsgefahr ging nicht vom Krieg, sondern von den in Friedensschlüssen vereinbarten Wiedergutmachungen aus. Vom 4. November bis 23 Dezember 1800 wird Speckle wegen

Kloster St. Peter – Aufriss der Westfront von Klosterkirche und -gebäude
Die Kirchenfassade zeigt den Zustand seit 1727; das anschließende Klostergebäude ist eine Planung von Peter Thumb, die in dieser Größe nicht realisiert wurde.
GLA Karlsruhe.

nicht bezahlter Kontributionen zusammen mit anderen Vertretern des Breisgaus als Geisel in Straßburg festgehalten, wo er – symptomatisch für Änderungen des politischen Klimas in Frankreich – erstmals seit zwölf Jahren ein Pontifikalamt halten kann.
Ende Februar 1801 werden die Ergebnisse von Lunéville, darunter die Bestätigung der Abtretung des Breisgaus an den Herzog v. Modena bekannt. An der alltäglichen politischen Realität, in der die Franzosen das Sagen haben, ändert sich wiederum nichts. Der Fürstabt von St. Blasien berichtet, dass man in Wien gegenüber dm Breisgau gut gestimmt sei, während hier die Franzosen das Land *nicht nach dem Friedens- sondern nach dem strengsten Kriegssystem in Besitz halten.* Eine staatsrechtlich verworrene Situation ergibt sich dadurch, dass die Franzosen bereit sind abzuziehen, sofern der Herzog v. Modena den Breisgau übernimmt. Aus Wien kommen Signale, dass diesem die Satisfaktion auch deswegen zu gering sei, weil die Landstände eine freie Verfügung behinderten. Speckle interpretiert dies als Vorbereitung, der Verfassung zu entsagen: *So weit brachte es die Freiheitswut, daß man unschuldige Provinzen das bisgen Freiheit, die sie noch durch unendliche Opfer erhielten, durch politische Kniffe oder durch Gewalt entreißen und sie zu Sklaven machen will.*[9] Anfang Dezember 1801 verbreitet sich die Nachricht, dass der Herzog v. Modena, nachdem Einiges dazu gegeben worden seien, den Breisgau angenommen und zugleich seinem Schwiegersohn Erzherzog Ferdinand überlassen habe. Es ist zum Gesamtverständnis des Säkularisationsprozesses ein wichtiger Aspekt, dass die – politisch sensibleren – Klöster früh merkten, dass bei aller Belastung durch die feindlichen Franzosen die existenzielle Bedrohung von der eigenen Seite, gar von den traditionellen eigenen Landesherren ausging. Das ganze Ausmaß an Verbitterung bei den Betroffenen erklärt sich auch daraus, dass sie über Jahre hinweg denjenigen noch schmeicheln mussten, von denen sie wussten, dass sie ihr Ende vorbereiteten.

Die Zeit der Ungewissheit 1803–1805

Im Juni 1802 kamen zunächst Signale aus Regensburg, dass der Weiterbestand der Klöster gesichert sei. Am

Hz. Ferdinand von Modena, Ehz. von Österreich
Hz. Herkules III. Ronaldo von Modena, der 1796 sein Hzm. an die Franzosen verloren, überließ 1803 den ihm zur Entschädigung angebotenen Breisgau, seinem Schwiegersohn Ehz. Ferdinand, der die Linie Österreich-Este begründete.
Öl auf Lw.
Österreichische Nationalbibliothek Wien.

30 August wurde Speckle dann jedoch darüber informiert, dass seine Abtei neben vier anderen den Maltesern zugedacht sei. Die übrigen Prälaturen wären zur Aufhebung bestimmt. Angesichts solcher Drohungen wird in St. Peter eine tägliche Messe *pro necessitatis* [zur Abwendung der Not] befohlen. Die Stimmung im Breisgau ist auch bei den anderen Ständen gegen die Überlassung der Stifte an die Malteser, wohl schon deswegen, weil damit ihre politische Rolle im Rahmen der Gesamtverfassung in Frage gestellt würde. Es beginnt ein allgemeines politisches Taktieren, wobei Speckle in *dieser finsteren Stunde* davon spricht, *daß wir am Punkte der Vernichtung stehen, verlassen vom Hofe, ohne Schutz und Herren.* Aufgrund immer neuer widersprüchlicher Gerüchte bestimmen Rat- und Hilflosigkeit die Atmosphäre in den Vorlanden: Es gibt *der Ratgeber so viele, daß sie äußerst lästig werden. Tau-*

Späte Rückkehr eines Säkularisationsgutes
Die Globen aus der Klosterbibliothek sind nach 200-jährigem Exil in Freiburg Ende der 90er-Jahre als Dauerleihgabe der Universität nach St. Peter zurückgekehrt.
St. Peter i. S.

send Vorschläge werden einem gemacht von Redlichen und Unredlichen.

In der Abtei beginnen im Hinblick auf die erwartete Übernahme durch die Malteser erste Vorsichtsmaßnahmen: Jeder Kapitulare erhält einen *coram pleno capitulo* [vor versammeltem Kapitel] ausgezahlten größeren Geldbetrag, Bett- und Weißzeug sowie das Recht, Bücher in sein Zimmer zu nehmen. Zudem

beginnen Überlegungen, was zu verkaufen sei. Die Nachricht aus Regensburg, dass der Herzog v. Modena Widerspruch gegen die Malteserentscheidung getroffen habe, lässt wieder Hoffnung aufkommen. In Freiburg findet man die Regensburger Verhandlungen focussiert wieder: Die österreichische Regierung warnt die Malteser vor einer Inbesitznahme der fünf Klöster, während sich das Großpriorat, trotz einiger Bedenken des Fürsten, auf die Zusicherungen Frankreichs und Russlands beruft und am 16. Oktober gegenüber St. Peter ein Veräußerungsverbot ausspricht. Drei Tage später erreicht die Abtei der definitive, aber widersprüchliche Entschädigungsplan, dass der Breisgau an Modena[10], die fünf Klöster aber an die Malteser kommen sollen. Speckle sieht das Ende kommen, macht aber dennoch seine Aufwartung in Heitersheim, um den Erhalt seines Instituts zu versuchen. Von Wien kommt das Angebot, die Abtei in die österreichischen Staaten übersiedeln zu lassen. Als man hört, dass St. Blasien seine Bibliothek an die Universität Freiburg abgegeben habe, beschließt das Kapitel, die Auflösung vor Augen, am 2. November die beiden hier angefertigten Globen der Universität gegen Revers zu überlassen, dass sie zurückgegeben würden, *wenn wir wieder einen Körper bilden sollten.* Schon am Nachmittag wird die *große Zierde der Bibliothek* weggetragen: *So fängts an, daß alles, was unsere Väter und wir zusammengetragen haben, zerstreuet, und eine Anstalt zerstört wird, welche über 700 Jahre gedauert.*[11]

Die Unsicherheit, an wen die Abtei fallen würde, bleibt bis dorthin bestehen, dass auch Baden, Kurböhmen und die Toskana ins Spiel kommen. Für das Klosterleben bringt dies Lähmung und Misstrauen, ob und wann die Konventualen die durch den RDH gegebene Möglichkeit zum Austritt nutzen würden. Wie in den übrigen, ihnen zugesprochenen Klöstern taucht auch in St. Peter Ende November ein Kommissar der Malteser mit der Absicht der Inbesitznahme auf. Da die österreichische Regierung die Stifte angewiesen hatte, sich dagegen zu wehren und sich allenfalls militärischer (französischer) Macht zu beugen, protestiert der Konvent gegen den Anschlag eines Besitzplakates. Der ausdrücklich als höflich bezeichnete Kommissar gibt sich mit der Erklärung zufrieden, dass die Pflichten gegen den Landesfürsten fortbestünden und man sich aufgrund der Weisung von hoher Stelle daher gegen die Eingriffe verwahren müsse. Die Umsetzung der Regensburger Entscheidungen, von denen Speckle klar sieht, wie sehr sie ganz Deutschland und vor allem seine eigene Welt verändern würden, wird in konkreto oft zu einer Frage des persönlichen Stils, ohne dass dadurch das grundsätzlich Bedrohliche verloren ging.

Aus der Rückschau muss ein anderes Ereignis an Weihnachten 1802 für die Abtei wie ein Menetekel erscheinen. Hofrat Walz schreibt im Auftrag des Markgrafen, dass dieser sich an einen ihm bei seinem Besuch 1773 gezeigten Rotulus erinnere, der die gemeinsame Abstammung der Badener und Zähringer betreffe.[12] Auf Wunsch von Minister Edelmann und Geheimrat Braun sollte der Rotel *wenigstens zur Einsicht und Abschrift mitgeteilt werden.* Der Abt, im Wissen um den möglichen Anfall an Baden und die Bedeutung der Gewogenheit des Markgrafen, schreibt zurück, dass es *meine Absicht wäre gewesen, im Falle jene Gerüchte sich erwahret hätten, mich mit jenen Dokumenten Serenissimo zu Füßen zu legen.* Er stünde auch jetzt schon zu Diensten, bäte aber, dass die Einsichtnahme in St. Peter erfolge. Wenige Jahre später requirierte die badische Kommission schlicht, was ihr für Hofarchiv und -bibliothek wichtig erschien. Die Komplexität des Säkularisationsprozesses wird an einem solchen Exempel sichtbar: War er im Stil noch Teil der höfischen Welt und im Verfahren noch typischer Machtschacher traditioneller Adelsherrschaft, so führten seine Ergebnisse über einen längeren Zeitraum zur Auflösung eben nicht nur der Klöster, sondern auch der Fürstenwelt selbst.

Wiederum aus der Rückschau versteht man die späteren bitteren Reaktionen Speckles, wenn er Anfang des Jahres 1803 in dem erneut ins Gespräch gekommenen Übergang des Breisgaus an Baden angesichts des Interesses von dessen Fürstenhaus an den Archivalien St. Peters einen Hoffnungsschimmer sieht. Kurz danach holt ihn die politische Realität ein, als Hofrat Walz – ohne rechtliche Grundlage – auf Befehl des Markgrafen in St. Peter diejenigen Urkunden abholt, *welche die Abstammung des badischen Hauses von zähringischen Herzögen betreffen.* Drei Wochen später teilt der Markgraf dem Abt mit, dass er die Urkunden in seinem Hausarchiv verwahre und das Stift auf Ver-

langen Einsicht nehmen könne. *Doch war in diesem Schreiben nichts von Rückgabe gesagt.* Die erzwungene Auslieferung des Rotulus, zusätzlich des *Liber Vitae* von Abt Gremmelspach[13] und weiterer Handschriften, die Grundlagen der eigenen, Identität und Sicherheit gewährenden Historiographie gewesen sind, war von hoher symbolischer Bedeutung. Es gab für die Abtei keine Instanz mehr, die sie vor einem derartigen Rechtsbruch schützen wollte oder konnte. In diesen Tagen wurde auf der Prälatenkonferenz beschlossen, *daß kein Kloster sich in privaten Unterhandlungen mit den Maltesern einlassen möchte, sondern dass durchaus kollegialisch zu handeln wäre.* Doch selbst bei diesem eher schüchternen Versuch, zu solidarischem Handeln zu kommen, stellt sich schnell heraus, dass dazu nur St. Blasien, St. Peter und Tennenbach bereit waren, während die übrigen nach wie vor ihre Haut auf eigenen Wegen zu retten trachteten. So hatte St. Märgen sein Geld schon aufgeteilt und in mit Namen der Konventualen versehenen Beuteln beim Freiburger Kaufmann Kapferer deponiert. Dies könnte mit ein Grund gewesen sein, dass es sich einer geplanten Bestechungsaktion der Prälaten, mit der in Regensburg einige Minister in ihrem Sinne beeinflusst werden sollten, nicht anschließen wollte.

In den ersten Wochen des Jahres 1803 kommen fast täglich widersprüchliche Nachrichten über die Zukunft des Breisgaus in Freiburg an. Selbst am Tage der Machtübernahme durch den Herzog von Modena schreibt Speckle: *Das Schicksal der Klöster ist noch immer ein Rätsel.* Klar ist, dass die Entscheidung nicht in Regensburg, sondern in Paris fällt. Am 2. März wird der Breisgau von Österreich an das Herzogtum Modena übertragen, ohne dass deswegen die Malteser nunmehr von ihren Bemühungen um die Klöster Abstand genommen hätten und die Franzosen gleich abgezogen wären. Speckle ist sich bewusst, dass zwischenzeitlich alle Klöster in Deutschland außer den breisgauischen aufgehoben sind. *Die Vorgänge geben wenig Hoffnung.* Im Juni weist der Herzog v. Modena die Ansprüche der Malteser definitiv zurück: Er habe durch mehrere Verträge »das Land ohne Ausnahme empfangen und in Besitz genommen«. Damit ist für die nächsten zwei Jahre eine vergleichsweise ruhige politische Situation vorgegeben. Heftiger Streit entsteht jedoch zwischen dem »gebieterischen« Landespräsidenten v. Greifeneck und Syndikus Engelberger, der die Rechte der Landstände zunehmend gefährdet sieht.[14] Die Prälaten halten sich dabei eher zurück, um sich beim Vertreter Erzherzog Ferdinands, der inzwischen die Nachfolge des verstorbenen Herzogs v. Modena angetreten hat, keine Ungelegenheiten zu machen. Der realpolitischen Lage entsprechend muss Engelberger weichen, was gleichzeitig zu einer gewissen Neuordnung der Landstände führt. Umgekehrt attestiert Speckle v. Greifeneck, dass er das Instrument der Vorsehung zur Rettung der Klöster gewesen sei, da er über die ganze Zeit hinweg die Ansprüche der Malteser mit *entschlossener Standhaftigkeit* abgewehrt habe. Spürbarer werden in dieser Zeit die Eingriffe der Konstanzer Kurie unter Generalvikar v. Wessenberg, die, wie Speckle meint, sich die Schwäche der Klöster zu Nutze mache.

Es ist müßig zu spekulieren, ob ohne einen erneuten Krieg die Abteien im Breisgau fortbestanden hätten. Jedenfalls hatte sich die Lage bis Mitte 1805 so stabilisiert, dass Speckle die Bücher in die Bibliothek zurückbringen ließ. Da beunruhigten Anfang September neue Kriegsaussichten zwischen Frankreich und Österreich den Breisgau. In den kommenden Wochen überschlagen sich die Meldungen über die Erfolge der Franzosen, bis diese am 26. Oktober auch Freiburg erneut besetzen. Die Klöster werden wieder mit Einlagerungen und Abgaben belastet. Der erste Schritt wirklicher Säkularisation trifft St. Peter am 3. Dezember 1805 mit der Inbesitznahme seiner Gefälle im Württembergischen durch die dortige Landesherrschaft. Speckle weiß, dass er dies weder mit rechtlichen Vorstellungen noch mit Bitten rückgängig machen wird. In den folgenden Tagen nimmt auch Kurbaden die Gefälle St. Peters auf seinem Territorium in Beschlag. Am 7. Dezember kommt die Meldung, Kurbaden werde Besitz vom ganzen Breisgau nehmen. Nun fürchtet man *den Frieden fast mehr als den Krieg, weil man glaubt, dass* [...]. *Breisgau ganz an Kurbaden übergehen dürfte.* Am Tag vor Heiligabend schlägt ein kurbadischer Kommissär am Gut in Zähringen als erstem st. petrinischem Eigentum auf österreichischem Gebiet das badische Wappen an – eine Rechtsgrundlage gab es dafür noch nicht. Die Regierung ordnet an, dieses und die Besitznahme-Wappen in Tennenbach und Schuttern wieder abzunehmen. Mit

einer großen Geldforderung der Franzosen, initiiert jedoch von Herrn von Baden, konfrontiert, schreibt Speckle an Sylvester 1805, dass er seit zehn Jahren keine schlimmeren Tage gesehen habe, als die letzten dieses Jahres.

Die Durchführung der Klosteraufhebung

Die umstrittene Entscheidung des Preßburger Friedens, welche Teile des Breisgaus badisch und welche württembergisch werden sollten, führte in St. Peter dazu, dass, während man noch überlegte, wie man sich verhalten solle, wenn die badische Kommission erscheine, am 12. Januar 1806 eine württembergische die Abtei in Besitz nahm. Auf die Frage des Abtes, ob dies nur die Landeshoheit oder auch das Eigentum betreffe, war die Antwort: *Von allem nach dem Patent.* Am 14. Januar beugt sich der Abt der realen Macht und legt trotz vieler vorgetragener Einwände das Handgelübde auf den König von Württemberg ab.
Als erstes verlangt der Kommissar einen Kassensturz, danach summarische Konsignationen des gesamten beweglichen Besitzes: Säkularisation diente zuvorderst materiellen Interessen. Die kirchlichen und Policey-Rechte blieben beim Kloster. Während der Abt von der Inbesitznahme noch wie betäubt ist, treffen aus Freiburg Meldungen ein, dass nun auch die badische Kommission angekommen sei und dass die Klöster doch an die Malteser kämen. Konkret stellte sich der Streit zwischen einem König, einem Kurfürsten und einem »geistlich-sein-sollenden Orden« so dar, dass am 23. Januar morgens ein Kommissar der erzherzoglichen Regierung mit der Anweisung nach St. Peter kommt, dass man sich Inbesitznahmeversuchen durch die Malteser zu widersetzen habe – die dann bereits während des Mittagessens vor der Klosterpforte stehen und ihre Patente vorweisen. Nachdem der Abt, unbeeindruckt von der Drohung mit bayerischen Truppen, sich weigerte, die Patente entgegen zu nehmen, ließen sie beim Abzug zwei Exemplare in der Kuchelmeisterei liegen.[15] Zu aller Konfusion hinzu beharrt der französische General vor jeglicher Inbesitznahme auf Bezahlung der Kontributionen. Während noch drei Besitznahmekommissionen unterwegs sind und die Patente je nach Lage angebracht und wieder abgenommen werden, wird am 30. Januar durch den badischen Kommissar Drais in Freiburg – wie man in der Rückschau weiß – das definitive Ende der noch bestehenden Klöster bekannt gegeben: *Der Erste Stand habe durch Aufhebung der Klöster aufgehöret,* [...]. *So waren mit zween Worten Institute, die seit Jahrhunderten bestanden, geblühet, geachtet waren, zernichtet.*[16] Widerstand der Klöster ist nicht möglich, zumal St. Peter und St. Blasien noch württembergisch sind. Von anderer Seite macht sich niemand für sie stark, die selbsternannten Verteidiger der *vaterländischen Freiheiten* [...] *kriechen itzt als ersten in die neuen Fesseln.*
Der Rest der Säkularisationsgeschichte St. Peters ist verfahrensmäßige Abwicklung. Zunächst blieb die Verwirrung erhalten, da der Abt in St. Peter unter württembergischem Eid stand und die Besetzung fortdauert, während er als Mitglied des Ersten Standes in Freiburg auf badische Anweisungen zu hören hatte. Immer noch meldeten auch die Malteser mit bayerischer Rückendeckung ihre Ansprüche an, obwohl Heitersheim bereits von Baden übernommen worden war. Die Schwäche der prälatenständischen Position wurde dadurch befördert, dass Schuttern, St. Trudpert und St. Märgen der Aufhebung gerne entgegensahen und der Ritterstand ebenso wie die Freiburger Räte sich bei den badischen Kommissaren einzuschmeicheln suchten. Am 11. Februar kommt ein Schreiben von Erzherzog Ferdinand, in dem dieser schweren Herzens der Abgabe des Breisgaus zustimmt – für St. Peter wieder eine Hoffnung weniger. Nach Abzug der württembergischen und Durchzug französischer Truppen erklärt Kommissar Stößer am 22. Februar in St. Peter die Abtei im Auftrag des badischen Kurfürsten für aufgelöst. *Nachher sigillierte der Herr Commissarius die Archive und die Bibliothek, ließ den Katalog und das Repertorium über das Archiv übergeben,* [...], *um selbe nach Karlsruhe abführen zu lassen.*[17] Die Beamten werden ihres Eides gegen Württemberg entbunden und auf Baden verpflichtet. Dem Abt werden damit die Jurisdiktion und alle herrschaftlichen Rechte abgenommen. Ihm bleibt vorläufig die Administration in badischem Namen: St. Peter als politische Herrschaft besteht nicht mehr. Angesichts des guten Zustandes und der zähringischen Tradition der Abtei will sich Stösser im Sinne

eines Erhalts des Stiftes beim Kurfürsten äußern. Ein Regierungspraktikant führt *wie ein rüstiger junger Held* danach tagelang eine detaillierte und schikanöse Bestandsaufnahme der Aktiv- und Passivposten durch. Der Abt muss dem *unerfahrenen Männchen* die Barschaft vorzählen.

Man spürt die Schadenfreude des Abtes, als der französische General die badischen Beschlagnahmungen kurzzeitig einstellen und teilweise rückgängig machen lässt. Nochmals kommt Anfang März Hoffnung auf, da sich zwei französische Generale in Paris für den Erhalt von St. Peter und St. Blasien einsetzen wollen.

Die Bibliothek der vormaligen Benediktinerabtei St. Peter auf dem Schwarzwald
Erbaut und ausgestaltet 1739–1752 wurde die Bibliothek im Febr. 1806 vom badischen Kommissar geschlossen und »sigilliert«.

Für Speckle ist es wie ein Wunder, dass nun *unser Heil aus Frankreich komme.* Nach mehreren Anläufen unternimmt Speckle im März gemeinsam mit dem Fürstabt von St. Blasien eine Reise an den badischen Hof, um Zusicherungen für den Bestand der Klöster zu erhalten. Erreicht haben sie einen gnädigen Empfang, bei dem der Kurfürst seine Zufriedenheit äußert, dass die zähringischen Stammlande an deren Abkömmlinge zurückgekommen seien. Dennoch bereut Speckle die Reise nicht. *Fürs erste haben wir eine heilige Pflicht erfüllt, für unsere Fortdauer alles zu tun, was nützlich sein könne.*

Zur Landesübergabe am 15. April, deren Verordnung Speckle spöttisch kommentiert: *alles durcheinander,* halten die Prälaten von Schuttern und St. Märgen, *von denen bekannt ist, daß sie die Auflösung der Stifte wünschen*, im Freiburger Münster den Festgottesdienst. In St Peter ist der Abt *gehindert,* aus diesem Anlass das Te Deum zu halten. Hier zeigt sich die Säkularisation in den nächsten Monaten vornehmlich als Verwaltungsvorgang. Verkäufe vom Anfang des Jahres müssen rückgängig gemacht werden. *Man sieht uns bereits als nicht mehr existierend an.*[18] Die Unterstellung unter und die Behandlung durch die Beamten, die das Recht zur Öffnung und Entnahme aus Archiv und Bibliothek sowie zur Kontrolle aller ökonomischen Belange haben, ist *mißtrauisch, heimtückisch, schleichend und erniedrigend.* Ebenso belastend ist der *marternde Zustand der Ungewißheit* über die eigenen Zukunft. Gegenüber der Ende Mai auftauchenden Vorstellung, St. Peter könne als Dependenz von St. Blasien fortbestehen, zöge man selbst die Aufhebung vor. Gleichzeitig trifft der Abt in Kenntnis der andernorts bereits durchgeführten Aufhebung Vorbereitungen zum Vorteil der Mitbrüder, indem er jedem einen Koffer anfertigen lässt und ihm zunächst Wäsche als Eigentum zuspricht. Für deren anstehende Einzelbefragung über ihre Zukunftsvorstellungen versucht der Abt eine einheitliche Sprachregelung zu erreichen: Das Kloster solle fortbestehen und, falls dies nicht möglich sei, müssten die Konventualen ein entsprechendes Einkommen erhalten. Die Huldigung an Baden am 30. Juni, an der die Prälaten schon nicht mehr als eigener Stand teilnehmen, ist der staatsrechtlich letzte Schritt des Übergangs an eine neue politische Ordnung, in der sich die geistlichen Stifte nicht mehr auf ihre alten Rechte berufen können. Die Freiburger Gesellschaft beeilte sich, ihr Devotion gegenüber dem neuen Herren zum Ausdruck zu bringen.[19] Während in St. Peter die Inventarisierungsmaßnahmen weiter gingen, war in Freiburg der kurf. Geh. Referendar v. Maler angekommen, der aufgrund eines Beschlusses vom 10. Juni die eigentliche Aufhebung der Klöster vornehmen sollte. Eine Vorstufe hierzu war die Begutachtung der Kunstsachen, die jedoch bis auf die dem Klassizismus zuneigende – freilich nicht wegnehmbare – Malerei im Fürstensaal bei dem Karlsruher Galeriedirektor wenig Anklang fanden. Die Bibliothek fand er *ohne Geschmack.* Am 28. und 29. August nahm Maler in St. Märgen die Säkularisation in der Weise vor, dass er die Abtei für aufgelöst erklärte, den Konventualen jedoch frei stellte, hierzubleiben oder wegzuziehen. Die als Privatsachen deklarierten Möbel und sonstige Habseligkeiten durften sie behalten. Ab 1. Oktober sollten sie von den Pensionen leben, deren Höhe festzusetzen sich jedoch der Großherzog vorbehalten hatte. Bei der Bestimmung des inidividuellen Eigentums orientierte sich Maler an dem, was die Konventualen als solches bezeichneten. Als Speckle am 12. Oktober statt des nach Freiburg gezogenen Prälaten zum St. Märgener Translationsfest das Hochamt hält, mutmaßt er, dass dies *wahrscheinlich auch das letztemal in Pontificalibus* sei – Säkularisation bedeutete mit der Aufhebung der Institution auch den Verlust der an ein Amt gebundenen Würde. Am 28. Oktober eröffnet ihm Maler in Freiburg, dass auch für St. Peter und St. Blasien, da sie sich nicht vereinigen wollten, der Beschluss zur Aufhebung gefallen sei. Auch in den folgenden Wochen wird kolportiert, dass St. Peter wegen seiner Hartnäckigkeit gegenüber einem modifizierten Fortbestehen an seinem Ende selbst schuld sei. Offensichtlich gab es am badischen Hof nicht nur unterschiedliche Ansichten über den Weg der Klosteraufhebungen, sondern auch das Bemühen, dem eigenen Ansehen nicht zu sehr zu schaden, indem der Eindruck vermieden werden sollte, dass dies nur aus Geldgier geschehe. Hierzu gehörte die Forderung von Drais, *die fetten Abteien wie die Bettelklöster zu gleicher Zeit aufzulösen, um der Regierung den früher gehörten Vorwurf zu ersparen, sie habe sich bei der Säkularisation lediglich von der Spekulation auf die Renten leiten lassen.*[20] Beim Kloster

wäre an der Grabstätte der großherzoglichen Stammeltern *ein anständiger Gottesdienst einzurichten*, die Patres würden, sofern sie nicht angestellt werden könnten, eine Pension erhalten.
Am 20. November lässt Speckle Kommissar Maler vierspännig in Freiburg abholen. Nach einigen Erklärungen guten Willens gegenüber den Vorstellungen Speckles über das weitere Schicksal der Abtei wird dem versammelten Kapitel *die höchste Entschließung von gänzlicher Aufhebung des Stiftes vorgetragen.*[21] Tags darauf regeln Maler und Speckle nach den Wünschen der Konventualen deren örtliche Verteilung und legen ihre Besoldung fest: etwa ein Viertel bleibt teils in Funktionen, teils als Pensionäre in St. Peter – der Abt hätte sich mehr gewünscht, aber Säkularisation bedeutete auch Befreiung vom Gelübde der Stabilitas Loci. Das Gehalt eines Pfarrers wird 700 fl., das eines Vikars 300 fl. betragen; der größte Teil davon wird in Naturalien berechnet. Als Maler sich am 25. November die Bibliothek öffnen lässt, bedient er sich ebenso wie im Archiv ganz selbstverständlich an Manuskripten und Büchern. Dennoch bescheinigt ihm Speckle, dass er sich trotz des entsetzlichen Ereignisses noch durch Humanität und Mitgefühl ausgezeichnet habe. So spricht ihm bei der Abreise nach einer Woche Auflösungsarbeit der versammelte Konvent nochmals seinen Dank aus, *Herr Maler war selbst gerührt*. Danach freilich notiert der Abt in seinem Tagebuch die eingangs zitierten bitteren Worte.

Das Schicksal der Konventualen

Der Dezember bringt die Umsetzung des Säkularisationsbeschlusses: Novizen und Fratres werden umgekleidet und entlassen, die Patres gehen auf ihre Pfarreien oder ziehen sich auch gegen den Willen des Abtes ins Private zurück: Für eine Benediktinerabtei bedeutete Säkularisation auch Auflösung des Gehorsams und, während beim Eintritt eines Novizen sorgfältig geprüft wurde, ob er in den Konvent passe, bleibt nun eine kleine Gruppe übrig, die offensichtlich nicht zusammenharmonierte und nach und nur noch nach ihren eigenen Interessen agierte. Die Paramente müssen verteilt, die liturgischen Geräte zum Materialwert abgegeben werden. Die im Bibliothekskatalog rot angestrichenen Bücher werden für den Abtransport nach Karlsruhe gepackt. Almosen geben wird verboten. Tischlesung und Chorgebet sind reduziert, letzteres wird zum Jahresende angesichts des Unwillens der noch verbliebenen sechs Priester – später waren nur noch vier genehmigt – eingestellt. Der Abt betet an Neujahr 1807 die Metten still und allein.
In den Monaten danach werden die Folgen der Säkularisation augenfällig. In St. Peter gibt es einen *sogenannten Bürgermeister*, der für früher unentgeltliche Dienste nun Lohn fordert, für den der Abt wenigstens eine Quittung verlangt. Nachdem die Mönche durch eine geheime Ratsverordnung (publ. 22. Mai 1807) von ihren Gelübden entbunden sind, beginnen die noch verbliebenen ihren auch ökonomisch selbständigen Lebensraum einzurichten. Im April beschließen die verbliebenen Konventualen, dass nur noch ein Teil eine gemeinsame Küche führt, wozu jeder aus seiner Pension beisteuert: Aus dem Konvent ist eine Wohngemeinschft geworden, innerhalb derer der Egoismus freilich blüht: *Jeder greift zu, wo er kann, Geistliche und Auswärtige.*[22] Außerhalb vertauschen sie mit ausdrücklicher Billigung des Konstanzer Ordinariats ihr Ordenskleid gegen ein *neues Röckchen,* vor dem Abt lassen sie sich damit nicht sehen. Anfang April erfolgt trotz Zusagen aus Karlsruhe für den Erhalt einer Pfarrbibliothek die zweite Plünderung der Bibliothek durch die Universität Freiburg nach deren Wünschen.[23] Der Abtransport der 30 Kisten Bücher nach Karlsruhe gibt Speckle Anlass, auf Motive und Folgen *der ungerechten Räubereien*, der Konzentration der Bücher auf Karlsruhe und Freiburg hinzuweisen: *Die Landgeistlichen sollen nun künftig Idioten sein.*[24]
Unter den st. petrinischen Bedingungen, dass der Abt zunächst hier wohnen bleibt, gleichzeitig aber einem seiner Konventualen als Pfarrer nun eine führende Rolle zukommt, waren Konflikte unvermeidlich. Kritisch beobachtet Speckle die Einführung deutschsprachiger Gottesdienste und merkt eigens an, dass er einen Festtagsgottesdienst auf Ansuchen des Pfarrers hält. Entsetzt beschreibt er, wie dieser die Klausur für Frauen öffnet; er war nicht einmal mehr gegenüber den früheren Mitbrüdern Herr im eigenen Haus. Mitte 1807 zerbricht die Tischgemeinschaft endgültig. Die Konflikte zwischen den ehemaligen Konventualen, deren Grund er in der immer wieder genannten

Habsucht sieht, und deren zwischenzeitliche Anstellung an verschiedenen Orten lässt ihn das Wiener Angebot einer Umsiedlung des Restkonvents nach Österreich nicht weiter verfolgen. Kaum zwei oder drei, später meint er wohl keiner, wären mitgekommen – auch ob er selbst angesichts seiner Hoffnung, die Abtei am alten Ort wieder einrichten zu können[25], diese Lösung wollte, muss bezweifelt werden.

Die Realität der Auflösung der Abtei, die sich über Jahre hinzog, hatte viele Facetten. Der frühere Bibliothekar und jetzige Ortspfarrer macht die Bibliothek zum Lagerraum für Äpfel, Hanf und anderes. Immer wieder werden Sachen aus St. Peter abgefordert, Paramente, liturgisches Gerät, die Chororgel, Kutschen und Pferde oder ein Teppich, den ein Adliger bei einem früheren Besuch gesehen hatte. Speckle vermutet, dass die Kurie hinter manchen Forderungen ehemaliger Konventualen stecke, wenn diese Dinge wie z. B. Glocken aus der Klosterkirche abfordern. In Freiburg muss Speckle sein Quartier im Peterhof aufgeben und kauft sich stattdessen ein Haus mit einer Kapelle, die einer seiner Vorgänger geweiht hatte. Trotz allem aber hielt der Abt dort, wo es möglich war, klösterliche Rituale oder wenigstens die Erinnerung an sie am Leben. Persönlich vereinsamte er, sprach oft über Wochen kaum mit jemandem und statt der früheren Wahrnehmung vieler Geschäfte ging er nun in den Gärten Freiburgs spazieren. Als im Dezember 1813 in den Abteigebäuden St. Peters erneut ein Lazarett eingerichtet wird und dafür die Geistlichen ihre Zimmer räumen müssen, zieht Speckle am 4. Adventsonntag endgültig nach Freiburg: *Nachmittag um 4 Uhr verließ ich St. Peter mit der Empfindung, daß ich wohl schwerlich mehr dahin werde zurückkommen können. Ich wollte noch die Kirche besuchen und fand keinen Schlüssel. Ich fuhr also weg, ohne von jemandem Abschied zu nehmen.*[26]

Die Synopse und Interpretation der hier vorgetragenen Fakten lässt gerade am Beispiel St. Peters deutlich werden, dass Säkularisation nicht ein punktuelles Ereignis, für die meisten Klöster verbunden mit dem RDH, sondern ein längerfristiger politischer Prozess war. Für St. Peter und die anderen Abteien im vorderösterreichischen Breisgau wird man ihn mit dem preußisch-französischen Abkommen von Basel 1795, sicher aber mit dem badisch-französischen Sonderfrieden von 1796 beginnen[27] und mit den verschiedenen Schritten der Aufhebung in der Folge des Preßburger Friedens im Laufe der Jahre 1806/1807 enden lassen können. Zu einem angemessenen Verständnis des Gesamtvorgangs wie des Fallbeispiels St. Peter ist die Verknüpfung verschiedener politischer Dimensionen Voraussetzung. Eine Aussage Speckles, dass man den Frieden mehr fürchte als den Krieg, erklärt sich aus dem Umstand, dass Säkularisation als Erteilung von Indemnität (Entschädigung) nur als Folge von Krieg legitimiert werden konnte. Anders gesagt, Staaten wie Baden oder Bayern und Württemberg[28] brauchten, zumindest benutzten sie die Krisen der internationalen Politik, um eigenstaatliche Ziele, Abrundung des Territoriums und Auffüllung des Ärars, auf Kosten der Institute zu erreichen, die machtpolitisch nichts entgegen zu setzen hatten. Hier kommt eine weitere politikwissenschaftliche Dimension, politische Philosophie, ins Spiel. Dem gebildeten Abt von St. Peters war der ideologische Hintergrund des Prozesses immer präsent. Die Ideen der Illuminaten, die zum Freiheitsgeist ebenso im Dritten Stand wie bei den eigenen Untertanen führte, ließ auch die Klöster selbst nicht unberührt. Aus seiner Sicht führten sie zum Nachlassen der Disziplin und machten die Klöster so umso leichter zur Beute der politisch Mächtigen, die sich auf den Zeitgeist beriefen.

Auch der Säkularisationsvorgang im engeren Sinne hatte, wie gerade das Beispiel St. Peter zeigt, mehrere Dimension. Mit der politischen Neuordnung bedeutete er zunächst das Ende der politischen Herrschaft St. Peter mit dem Verlust aller juristischen und ökonomischen Fundamente. Er bedeutete Enteignung von Mobilien und Immobilien und verbunden damit die Auslieferung hinsichtlich der materiellen Lebensgrundlagen an die Willkür der Fürsten und ihrer Beamten. Im geistlichen Bereich wurde mit der Säkularisation die selbstgewählte Lebensweise einer autonomen Kommunität durch eine Form der Selbstbestimmung substituiert, die für einen Teil der Betroffenen ebenso kränkend war wie die politischen Demütigungen. Ein ehemaliger Abt, der sein eigener Herr und der über viele andere gewesen war, hatte nun eine ganze Reihe neuer Herren über sich: den Landesfürsten und dessen Beamten bis hin zum Bürgermeister, den Bischof und dessen klosterunfreundlichen Generalvi-

kar Wessenberg, schließlich sogar den Ortspfarrer, einen ehemaligen Mitbruder, der auf dubiose Weise zum Weltgeistlichen geworden war.

Die Gründung St. Peters in der Zeit des mittleren Investiturstreites war eine politische Entscheidung in doppelter Absicht gewesen, langfristige Pflege der fürstlichen Grablege als Teil der Stabilisierung einer mittelalterlicher Herrschaft und Übertragung konkreter Sicherungsaufgaben an einem strategisch wichtigen Punkt. Beide Aufgaben hatten sich seit langem erledigt.[29] Für die Erinnerung an die Vorfahren genügte dem Haus Baden die Grablege in der näher gelegenen Abtei Lichtenthal. Für die neue Territorialpolitik waren die alten Abteien ein Hemmschuh, säkularisiert jedoch eine willkommene Abrundung. Die Melange von Zeitgeist und Machtpolitik ließ keine Skrupel darüber aufkommen, ob nicht auch auf diese Institute Ideen eines modernen Verständnisses der Menschenrechte wie das Recht auf Eigentum anwendbar sein sollten. In den Klöstern sah man den Untergang lange voraus. Zwar klammerte man sich bei jedem Vorgang an die Hoffnung, dass er eine Wende zum Guten bringe, wusste aber gleichzeitig, dass in den neuen staatlichen und internationalen Ordnungen und Ordnungsvorstellungen für sie kein Platz mehr sei. Dass diese existentielle Krise letztlich zu einer neuen, unabhängigeren und in anderer Weise machtvollen Kirchenpolitik führen würde, konnten sie nicht wissen und hätte sie zudem wohl kaum getröstet. Ihr Schicksal war der Untergang.

[1] Das Tagebuch von *Ignaz Speckle*, Abt von St. Peter im Schwarzwald, bearb. von *Ursmar Engelmann*. 2 Teile. Stuttgart 1966, II, 198.
[2] *Hans-Otto Mühleisen/Hugo Ott/Thomas Zotz* (Hg.), Das Kloster St. Peter auf dem Schwarzwald. Studien zu seiner Geschichte von der Gründung im 11. Jh. bis zur frühen Neuzeit. Waldkirch 2001.
[3] *Hans-Otto Mühleisen*, Der politisch-literarische Kampf um die südwestdeutschen Klöster in der Zeit der Französischen Revolution, in: *Ders.*, Die Französische Revolution und der deutsche Südwesten. München/Zürich 1989, 203–263.
[4] Wichtigste Quelle hierfür ist das erw. Tagebuch von *Ignaz Speckle* (wie Anm. 1). Für die hier behandelte Zeit in wichtigen Teilen zusammen gefasst bei *Klaus Weber*, St. Peter im Wandel der Zeit. Freiburg 1992, 158–167. Ergänzt wird es um das für dieses Thema bislang nicht ausgewertete Kapitelsprotokoll (Erzb. Priestersem. St. Peter, HS 18).
[5] Vgl. die Szene in St. Ulrich am 30.05.1796, Tagebuch (wie Anm. 1), I, 35/36.
[6] Ebd., 75.
[7] Ebd., 57.
[8] Ebd., 178, hier auch eine schonungslose Charakteristik der anderen bedrohten Klöster und ihrer Vorsteher.
[9] Ebd., 415.
[10] *Franz Quarthal*, Vorderösterreich, in: Handbuch der baden-württembergischen Geschichte. Bd. 1, Teil 2. Stuttgart 2000, 771.
[11] *Speckle*, Tagebuch (wie Anm. 1), I, 478. Auf Bitte von Erzbischof Oskar Saier beschloss die Universität Freiburg unter dem Rektorat von Wolfgang Jäger 1997, die beiden Globen als Dauerleihgabe in die Klosterbibliothek St. Peter zurückzugeben.
[12] Ebd., 491; Der Markgf. hatte den Abt bereits bei einer Aufwartung einige Monate zuvor auf den *Rotulus St. Petrinus* (heute in der Bad. Landesbibliothek) angesprochen.
[13] *Speckle*, Tagebuch (wie Anm. 1), II., 5. Zur Bedeutung des Rotulus und der Schriften von Gremmelspach vgl. die Beiträge von *Jutta Krimm-Beumann* und *Dieter Mertens* in: *Mühleisen/Ott/Zotz*, St. Peter (wie Anm. 2).
[14] Eindrucksvoll noch von Zeitzeugen dokumentiert bei *Josef Bader*, Die ehemaligen breisgauischen Stände. Freiburg 1846, 204–206.
[15] Zu diesem für die Abtei ebenso bedrohlichem wie heute kurios erscheinenden Vorgang siehe *Speckle*, Tagebuch (wie Anm. 1), II, 133.
[16] Ebd., 136; vgl. auch *Alfred von Kageneck*, Das Ende der vorderösterreichischen Herrschaft im Breisgau. Freiburg 1981, 153.
[17] *Speckle*, Tagebuch (wie Anm. 1), II, 143. Wohl nicht zufällig endet das Kapitelsprotokoll St Peters mit dem Januar 1806. Offenkundig hat man seit dem Eingriff in das Archiv keine Dokumente mehr in einer Form anfertigen lassen, in der sie bei Beschlagnahme Informationen über Klosterinterna hätten geben können. Für die von Speckle in seinem Tagebuch erwähnten Kapitelsitzungen zur Zeit der Aufhebung fehlen die Protokolle und insofern eine der ansonsten zuverlässigsten Quellen der Geschichte St. Peters.
[18] Ebd., 155.
[19] Hierzu die Dokumentation von *Franz Peter Nick*, Der Regenten = Wechsel im Breisgau. Freiburg 1806.
[20] Geschichte der badischen Verwaltungsorganisation und Verfassung in den Jahren 1802–1818, hg. von der Bad. Histor.. Komm. Bd. I: Der Aufbau des Staates im Zusammenhang der allgemeinen Politik, bearb. von *Willy Andreas*. Leipzig 1913, 147.
[21] *Speckle*, Tagebuch (wie Anm. 1), II, 194.
[22] Ebd., 227.
[23] Hierzu *Albert Raffelt* (Hg.), Unfreiwillige Förderung, Abt Philipp Jakob Steyrer und die Universitätsbibliothek Freiburg. Freiburg 1995; S. Bibliographie zu St. Peter von *Albert Raffelt*, in: *Hans-Otto Mühleisen*, Das Vermächtnis der Abtei. Karlsruhe 2. Aufl. 1994, 471–481.
[24] Vgl. *Speckle*, Tagebuch (wie Anm. 1), II, 222.
[25] Diese Hoffnung begleitete Speckle weit über die Säkularisation hinaus. Vgl. *Julius Mayer*, Geschichte der Benediktinerabtei St. Peter auf dem Schwarzwald. Freiburg 1893, 231.
[26] *Speckle*, Tagebuch (wie Anm. 1), II, 443.
[27] Hierzu *Quarthal*, Vorderösterreich (wie Anm. 10), 767.
[28] Zu Bayern vgl. *Dietmar Stutzer*, Die Säkularisation 1803. Der Sturm auf Bayerns Kirchen und Klöster. Rosenheim 3. erw. Aufl. 1990, m. w. Lit. Zu Württemberg immer noch unverzichtbar *Matthias Erzberger*, Die Säkularisation in Württemberg von 1802 bis 1810. Stuttgart 1902. ND Aalen 1974.
[29] Generell zum Funktionsverlust der Klöster vgl. Im Vorfeld der Säkularisation, Briefe aus bayerischen Klöstern 1794–1803, bearb. und eingel. von *Winfried Müller*. Köln/Wien 1989, 2/3.

Ohnehin nur noch wenige grossentheils bejahrte adeliche Dames vorhanden

Die Säkularisation des adeligen Damenstifts Frauenalb durch Baden 1802–1803*

von Martin Renner

Durch die Aufhebung und Inbesitznahme der geistlichen Staaten und Klöster an der Wende vom 18. zum 19. Jh. erhielt die bis dahin auf ihre zerrissenen oberrheinischen Gebiete beschränkte badische Markgrafschaft unter ihrem Landesherrn Karl Friedrich von Baden die Grundlagen, auf denen der Aufbau zu einem Mittelstaat möglich wurde. Über den Vorgang der Säkularisation in Baden war bis zum Erscheinen der Dissertation von Hermann Schmid kaum Literatur vorhanden.[1] Diesem Gesamtüberblick soll die vorliegende Fallstudie zu dem in der alten Erzdiözese Speyer gelegenen, freiadeligen Damenstift Frauenalb während der letzten Jahre seines Bestehens beiseite gestellt werden.[2]

Die Säkularisation der Klöster in Baden

Im Verlauf des Septembers 1802 ließ Markgraf Karl Friedrich, bisweilen unter Beiziehung von Militär, die provisorische Besitznahme der in Aussicht gestellten Entschädigungsobjekte durchführen. Die definitive Besitznahme wurde ohne nennenswerte Zwischenfälle Anfang Dezember 1802 eingeleitet. Die vorher überwiegend lutherische Markgrafschaft Baden musste als Kurfürstentum auch die katholischen Diözesananteile und die reformierte Kirche der ehemaligen Kurpfalz einem Gemeinwesen einfügen. Ausgehend von der Säkularisation bekam und nutzte die landesherrliche Verwaltung die Gelegenheit, die Eingliederung der erworbenen Länder juristisch und administrativ zu bewerkstelligen.[3]

Die einheitliche Organisation der Staats- und Rechtsverhältnisse in den alten und neuen badischen Territorien erfolgte im Frühjahr 1803 in den 13 sog. *Organisationsedikten*[4] Kurfürst Karl Friedrichs von Baden. Die wichtigsten Edikte regeln die Religionsausübung und -duldung, die exekutive Landesadministration, die Mediatisierung der Reichsstädte, die Organisation der allgemeinen und wissenschaftlichen Lehranstalten sowie die Zukunft der Stifte und Klöster.[5]

Der Geheimrat Johann Nikolaus Friedrich Brauer (1754–1813)[6], dem der Hauptverdienst an dieser Neuorganisation der altbadischen und der Entschädigungslande zukommt[7], teilte das neue Kurfürstentum in drei neue Provinzen, das obere Fürstentum, die badische Markgrafschaft und die Pfalzgrafschaft. Für die Säkularisation galten vor allem die im IV. Organisationsedikt (12. Februar 1803) festgelegten Grundsätze für Aufhebung oder Fortbestand der Ordenshäuser. Sofort und gänzlich aufgelöst wurden Ettenheimmünster, Schwarzach und Frauenalb, die beiden letzteren nicht zuletzt wegen der langen Streitigkeiten mit Baden um die Landeshoheit. Als klösterliche Kommunität belassen, aber auf den Aussterbeetat gesetzt, wurde der Prämonstratenserrestkonvent zu Allerheiligen.[8] Schließlich hat von den im Reichsrezess namentlich genannten Ordenshäusern allein Lichtenthal die badische Säkularisation überstanden, und das auch nur, weil es die Ruhestätte der ältesten Ahnherren des badischen Hauses beherbergte.

Inbesitznahme und Aufhebung Frauenalbs

Das zwischen 1180 und 1185 durch Graf Eberhard III. v. Eberstein und seine Mutter Uta v. Schauenburg für

Töchter aus dem Hoch- und Freiadel gestiftete Benediktinerinnenkloster Frauenalb erlebte seine wirtschaftliche Blütezeit von der Mitte des 13. bis über die Mitte des 14. Jhs. Das Klostergebiet erstreckte sich anschließend über ein Gebiet von neun Dörfern – Schielberg, Burbach, Pfaffenrot, Völkersbach, Spessart, Sulzbach, Unterniebelsbach, Ersingen und Bilfingen. Außerdem besaß Frauenalb fünf Eigenhöfe – auf Burbacher Gemarkung den Metzlinschwander Hof, auf Pfaffenroter Gemarkung den Gertrudenhof, den Einsiedelhof bei Kappel in der Nähe von Bühl sowie je ein Hofgut in Ötigheim und Weingarten. Mit der Aufhebung des Klosters im Jahr 1598 in den Wirren der Nachreformation durch die evangelische baden-durlachische Linie, der die Schirmherrschaft zugefallen war, endete die erste Phase Frauenalbs.
Aufgrund des Restitutionsedikts Kaiser Ferdinands II. von 1629 erfolgte im Frühjahr 1631 die Wiederherstellung des Klosters. Unter einer Reihe tatkräftiger Äbtissinnen gelangte Frauenalb in der zweiten Hälfte des 17. und im 18. Jh. zu neuer Blüte. Damals erhielt die Klosteranlage ihre eindrucksvolle barocke Gestalt. Zwischen 1696 und 1704 errichteten die Vorarlberger Baumeister Franz Beer und Johann Jakob Rischer die neuen Konventsbauten; zwischen 1726 und 1733 folgte ein noch fehlender Konventsflügel und der Neubau der Kirche unter Peter Thumb. Die Stuckarbeiten der Kirche schuf Riccardo Donato Retti, die Deckenmalereien Lucca Antonio Colomba; ein geplanter Abteineubau wurde nicht ausgeführt.
Zwischen den Markgrafen von Baden und dem Kloster kam es wiederholt zu Auseinandersetzungen um die Schirmherrschaft, die sich über nahezu zwei Jahrhunderte hinzogen, insbesondere das Reichskammergericht beschäftigten und letztendlich zugunsten Badens entschieden wurden. Beim Erlöschen der baden-badischen Linie 1771 fiel die obere Markgrafschaft und damit die Schirmherrschaft über das Kloster an die protestantische Herrschaft Baden-Durlach.
Die politischen Veränderungen an der Wende vom 18. zum 19. Jh. brachten für Frauenalb das Ende: Im September 1802 erfolgte die provisorische, im Dezember 1802 die Zivilbesitznahme. Im Zuge des RDH vom 25. Februar 1803 wurde das Kloster als Entschädigungsgegenstand säkularisiert. Das Klostergebiet wurde badisches Landesgebiet, Klostergut wurde Domäne, Leibeigene wurden freie Bürger, Erblehen zu freiem Besitz, der Konvent wurde aufgelöst.

Der Vollzug des RDH

Baden wartete mit seinem Vorgehen nicht, bis der RDH in Kraft trat, um Hoheitsakte gegenüber den Entschädigungsländern und -gütern zu setzen, damit ihm nicht etwa Bayern oder Württemberg zuvorkämen. Die ersten Maßnahmen der Sequestration der geistlichen Güter erfolgten nach dem der Reichsdeputation am 18. August 1802 vorgelegten ersten französisch-russischen Entschädigungsplan schon im September 1802 – dabei hatten die Regensburger Deputationsberatungen erst am 24. August desselben Jahres begonnen. Die ersten Schritte waren die Besitzergreifung gegenüber Äbtissin und Konvent und deren Angestellten sowie das Verbot, Novizen aufzunehmen. Ziele waren die Ausgleichung des durch die Koalitionskriege und die Bündnisverpflichtungen mit Frankreich verursachten staatlichen Defizits und die Beseitigung der Reste einer landständischen Verfassung im Zuge einer territorialen Arrondierung.[9]

Provisorische Zivilbesitznahme

Am Freitag, den 24. April 1802, erhielt Hofrat Philipp Rudolf Stößer[10] auf Weisung von Geheimrat Brauer in Gernsbach aus den Händen des Obervogts von Eberstein, Joseph Frh. v. Lassollaye[11], den schriftlichen Auftrag, das Kloster Frauenalb mit allem Zubehör im Namen des Hauses Baden provisorisch in Besitz zu nehmen.[12] Nachdem Stößer am selben Nachmittag der Äbtissin Maria Victoria Freifrau v. Wrede das markgräfliche Schreiben[13] übergeben hatte, wurden zwei mit dem markgräflichen Siegel versehene Besitznahmepatente an jedem der Haupttore des Klosters angebracht. Der dortige Klosterbeamte Alois Wich wurde abgeordnet, um auch in den Klosterorten Schielberg, Pfaffenrot, Unterniebelsbach, Ersingen und Bilfingen je ein gedrucktes Besitzergreifungspatent[14] der anwesenden Bürgerschaft vorzulesen und an den Gemeindehäusern anzubringen. Alle in den Händen der Äbtissin und des Beamten befindlichen Aktenstücke wurden alsdann ins Klosterarchiv verbracht und dieses versiegelt. Die Schlüssel behielt Stößer ein; ebenso

wurde der zuständigen Klosterfrau der Speicherschlüssel abgenommen.
Am 25. September verpflichtete der badische Hofrat die einbestellte Dienerschaft auf den Markgrafen. Es waren dies der Beamte Alois Wich, der Amtskellerar Franz Lothar Castorph von Ersingen, der Küfer Lorenz Beccario, der Speicherknecht Martin Schwab und der Verwalter Peter Scharrenberger von Frauenalb.[15] Nach der Vereidigung wurde Wich der Archivschlüssel zur einstweiligen Verwahrung übergeben. Außerdem sollte er die Amtskellereinnahmen alle acht Tage in Empfang nehmen und über alles genau Buch führen. Eine erste Schätzung der Einkünfte ergab ein Jahresmittel von 13.641 fl.[16]
Hofrat Stößer begab sich an diesem Tag noch in die übrigen Klosterorte Burbach, Völkersbach, Spessart, Sulzbach, Marxzell und zu den Steinhäuschen, um dort ebenfalls die Besitznahmepatente zu verlesen und anzuschlagen. Desgleichen wies er den Amtskellerar an, den Aushang auch an dem zu Ersingen gehörenden Sperlingshof[17] anzubringen. Damit war die provisorische Besitznahme des Klosters und seiner neun Ortschaften durchgeführt. Die Kommission nahm dabei mit Erstaunen zur Kenntnis, dass die als unbeugsam bekannte Äbtissin nicht protestierte.[18]

Endgültige Zivilbesitznahme

In den sieben Wochen zwischen Mittwoch, dem 1. Dezember 1802, und Samstag, dem 22. Januar 1803, nahm der Obervogt zu Gernsbach, Joseph Frh. v. Lassollaye, entsprechend dem Geheimraterlass vom 25. November 1803, das Kloster Frauenalb mit dem zugehörigen Eigentum endgültig in Besitz und begann mit der Inventarisierung der Liegenschaften in der Umgebung sowie der Gefälle (Grundlasten), also der an Grund und Boden gebundenen Abgaben.
Bereits am 30. November hatte sich Lassollaye nach Frauenalb begeben, wo er der krank zu Bett liegenden Äbtissin das markgräfliche Benachrichtigungsschreiben aushändigte, dessen Inhalt auch den anwesenden Klosterdamen zur Kenntnis gebracht werden sollte. Die von Seiten der Äbtissin anstehenden Fragen klärte Lassollaye am Morgen des 1. Dezembers. In einer am Nachmittag folgenden Unterredung äußerte die Äbtissin den Wunsch, die klösterliche Gemeinschaft ganz aufgehoben zu sehen, nachdem das markgräfliche Schreiben die Novizenaufnahme untersage und von der Pensionsregelung spreche. Und sie selbst wie auch ihre Damen erklärten, lieber auf eine anständige Pensionierung zu warten, als einem Absterben des Konvents zusehen zu müssen.
Zunächst wurden aber an diesem Vormittag die Beamten und ständigen Klosterdiener bzw. -dienstboten ihrer Pflichten gegenüber dem Kloster entbunden und in landesherrliche Verpflichtung genommen, neben der bereits bei der provisorischen Besitznahme vereidigten Dienerschaft außerdem die bisher noch nicht verpflichteten Jäger Franz Conrad und Franz Peter Ackermann, weiterhin der an der Klostersägmühle beschäftigte Säger Balthasar Schlotter. Auch die auswärtigen Waldschützen, Zehntschaffner (Verwalter) und -knechte, Küfer (Kellermeister) und Kasten- bzw. Speicherknechte wurden zur Vereidigung nach Frauenalb beordert.
Ferner wurden die nach Frauenalb einbestellten Schultheißen und Vorgesetzten aus den zum Kloster gehörigen neun Ortschaften durch die Kommission für sich und ihre Untergebenen ihrer Pflichten gegenüber der Äbtissin und dem Gotteshaus entledigt und in landesherrliche Pflichten genommen. Künftig hatten sie sich in allen Angelegenheiten – auch in Justizsachen – an Wich zu wenden und in weiterer Ordnung nach wie vor an die Badische Regierung in Karlsruhe. Den Gemeindevorstehern wurde eröffnet, dass sämtliche Einwohner der bisher frauenalbischen Ortschaften – gleich den anderen badischen Untertanen – von der Leibeigenschaft befreit seien[19] und die leibherrschaftlichen Abgaben wie Leibzins, Sterbefall- und Heiratsabgaben nicht mehr zu leisten hätten. Amtmann Wich hatte eine Bürgerliste[20] sämtlicher Frauenalber Ortschaften anzufertigen; danach besaßen 723 Bürger und 56 Witwen das Bürgerrecht.
Mit dem Argument, dass man die künftige Versorgung bzw. die Pensionen der Klosterinsassen in der zu Regensburg beschlossenen Frist einhalten wolle, wurde die Vorlegung sämtlicher Rechnungen der klösterlichen Beamten und Verwalter sowie der Ersinger Amtskellerei seit dem Jahr 1788 verlangt. Die Rechnungen der Großkeller- oder Speichermeisterei waren ja bei der provisorischen Besitznahme im September durch den Kommissar Geheimrat Stößer im

Frauenalb in der zweiten Hälfte des 18. Jhs.
GLA Karlsruhe.

Archiv versiegelt worden, diejenigen der Privathaushaltung im Kloster verwahrte der Organist und Beichtvater Pater Zacharias aus dem Augustinerkloster von Weil der Stadt. Alle in Frauenalb und Ersingen vorhandenen Rechnungen und Manuale wurden in Kisten verpackt und nach Karlsruhe an die Geheime Ratskanzlei eingesandt.

Die an der Kloster- und Abteipforte angebrachten Patente der provisorischen Besitznahme wurden wegen der Zivilbesitznahme durch neue Patente[21] ersetzt. Desgleichen wurden solche den Schultheißen für den Aushang an den Gemeindehäusern oder Kirchen sowie ein Doppel für das Gemeindearchiv mitgegeben. Am 2. Dezember wurden die in Gernsbach angefertigten Blechschilder mit dem markgräflichen Wappen an die Klosterpforte und die Abteitür angeschlagen, desgleichen auf dem Metzlinschwander Hof und dem Gertrudenhof sowie in Ersingen am Klosterhaus und auf dem Einsiedelhof in Kappel bei Bühl.

Um die Pensionsansprüche gegenüber dem badischen Staat festzumachen, übergab die Äbtissin der Kommission eine Personalliste[22], nach der die Klosterinsassen aus ihr, fünf Damen, zwei Laienschwestern, zwei Chorfräulein sowie dem Organisten und Beichtvater bestanden, außerdem aus einer aufgrund der Revolutionskriege aus Frankreich emigrierten, seit dem Jahre 1795 im Kloster auf Lebenszeit wohnenden Witwe v. Lafage.[23] Demgemäß sollten Amtmann Wich und der Verwalter Scharrenberger auch ein Verzeichnis aller Dienstboten und Unterdiener des Klosters anfertigen. Am 3. Dezember machte sich die Kommission daran, ein Inventar aller Gebäude, Güter, Mobilien und Renten zu erstellen, sowohl in Frauenalb selbst als auch in der Amtskellerei zu Ersingen sowie auf dem gen. Leibhof bei Bühl. Auf Vorschlag von Amtmann Wich sollten drei ausgewählte sachkundige Männer die klösterlichen Liegenschaften veranschlagen und diese Schätzungen in ein Verzeichnis[24] aufnehmen.

Die Äbtissin reichte eine Liste[25] der Armen ein, welche jeden Monat vier Maßel (= 6 l) Mehl und einen Laib Brot erhielten und jeden zweiten Monat am Klostertor 2 fl. Da einerseits vom Kloster, andererseits von der Amtskellerei Ersingen noch weitere Almosen oder Gratialien abgegeben wurden, wurden davon gleichfalls Verzeichnisse angelegt und der Kommission übergeben: Es handelte sich um das Verzeichnis der jährlichen Almosen für die Ordensgeistlichen des Kapuzinerkonvents in Baden, der Franziskaner zu Rastatt und Ettlingen, des Kapuzinerhospizes zu Karlsruhe sowie der Augustiner und Kapuziner zu Weil der Stadt[26], ferner um das Verzeichnis der Almosen und Gratialien, welche von der Amtskellerei Ersingen abgegeben wurden[27] und endlich ein durch Pater Zacharias angefertigtes Verzeichnis der Anniversarien (Jahrtage)[28], die in der Kirche gestiftet waren.[29] Eine weitere Liste über Almosen[30] wurde von der Äbtissin am 9. Dezember eingereicht, in welcher verschiedene Personen zu Rastatt und Karlsruhe sowie die Witwe des erschossenen Klosterjägers Karl Schwab aufgeführt waren. Die Arbeit im Kloster setzte Kommissar Lassollaye am Dienstag, den 7. Dezember 1802, fort.

Gemäß dem am 8. Dezember in Frauenalb eingetroffenen Ratsprotokoll Nr. 2592 vom 2. Dezember 1802 wurde den Pfaffenrotern und Schielbergern das sog. *Gabholz* in hergebrachter Art – nach Holzgattung und Menge – verabreicht sowie die *Selbstaufmachung* gestattet, jedoch untersagt, solches vor Aufsetzung, Abzählung und Gleichstellung aus dem Wald zu führen. An bestimmten Wochentagen wurde ihnen erlaubt Lesholz zu holen, Stumpen zu graben und Laub zu scharren.[31] In den Wäldern der Gemeinden Ersingen und Bilfingen sollte vorerst alles beim Alten bleiben. Diese Bescheide wurden durch das Oberforstamt in den betreffenden Gemeinden bekannt gemacht.

Mit der am 9. Dezember 1802 eingetroffenen Bestätigung[32] der in der Vorwoche durchgeführten Rechnungseinsendung wurde der Kommission aufgetragen, ein Verzeichnis der Klosterbeamten und -diener anzulegen mit Angabe von Name, Alter, erster und letzter Dienstanstellung sowie Besoldung mit Beilage etwaiger Dienstpatente. Diese Aufgabe wurde Amtmann Wich übertragen, der zwei Tage später diese Liste der Kommission übergeben konnte.

Die Kommission beschloss am 10. Dezember, den Frauenalber Abtsstab, der die innere Seite der gegen Altbaden gerichteten Grenzsteine zierte, von dem Schielberger Steinmetzen Dappolt in Gegenwart eines Forstbediensteten bzw. Vorgesetzten aushauen und durch das Badische Wappen ersetzen zu lassen. Über die Steine zur württembergischen Grenze hin sollte den dortigen Behörden Nachricht gegeben werden, damit die Aushauung und Einzeichnung in Gegenwart dortiger Abgeordneter geschehe. Am 11. Dezember meldete die Amtskellerei Ersingen, dass nur ein Stein auf der Schaffnerwiese und einer auf der Amtswiese mit dem Frauenalber Abtsstab bezeichnet seien. Diese beiden Steine sollten nach Tilgung der Frauenalber Wappen mit dem badischen bezeichnet werden, um die neuen Herrschaftsverhältnisse nach außen zu verdeutlichen.

Weil die Ernte des Jahres 1802 allgemein einen Mangel an Früchten und Stroh befürchten ließ, wurde der Kommission über das am 15. Dezember eingetroffene Rentkammerprotokoll vom 8. Dezember 1802 aufgetragen, von den Frucht- und Strohvorräten nichts zu verkaufen, sondern den nach Abzug des eigenen Bedarfs übrigbleibenden Rest der Karlsruher Behörde anzuzeigen. Sogleich wurde daher von der Kommission zu Frauenalb im Kloster und in der Amtskellerei zu Ersingen der *Sturz* (Inventur) gemacht und das Resultat an die Kammer berichtet. Ferner sollte ein Teil der vorhandenen Rinder, Pferde und Schweine sowie des neuen Weins verkauft werden.

Den 16. und 17. Dezember beschäftigte sich die Kommission mit der Inventur, die in allen Rubriken wegen Unrichtigkeiten und Mangel an Auskunft nicht vorangekommen war. Gerade bei der Rubrik »Bargeld« hatten Äbtissin und Priorin widersprüchliche Angaben zum Kapitalienstand des Klosters gemacht. Nach einer längeren Untersuchung[33] kam zutage, dass die Äbtissin einen Bargeldvorrat von 500 fl. besaß, ferner zu Wien, Frankfurt und in der Schweiz Kapitalien gehabt, diese aber zurückgezahlt und an ihren Konsulenten Haub zu Mannheim verkauft habe, dem sie darüber hinaus noch 6.000 fl. schuldig sei – später sollte sich die Summe tatsächlich auf 7.000 fl. belaufen –, außerdem dass sie an den Vikar Sansgrandi zu Bruchsal Kirchensilber versetzt habe.

Nach zweieinhalb Wochen im neuen Jahr war die Zivilbesitznahme des Klosters Frauenalb durch Baden

Wir Carl Friderich von Gottes Gnaden Marggrav

zu Baden und Hochberg, Landgrav zu Saussenberg, Grav zu Eberstein, Herr zu Räteln, Badenweiler, Lahr, Mahlberg, und Kehl, 2c.

Entbieten hiermit allen und jeden geistlichen und weltlichen Landsaßen, Lehenleuten, Dienern, Magistraten, Bürgern, Unterthanen, Hintersaßen auch Schirms = Angehörigen und zugewandten Einwohnern, derer von Uns zeithero provisorisch occupirten Lande Stifter, Städte und Ortschaften Unsern gnädigsten Grus, und geben denselben zu vernehmen:

Uns sind für den Verlust, welchen Wir und Unserer nachgebohrnen Herrn Söhne Liebden in dem nun geendigten Krieg erlitten haben, nach der Leitung der allwaltenden Vorsehung die vorgedachte Lande und zwar namentlich das Hochstift Constanz, die Ueberreste der Hochstifter Speier, Basel und Strasburg, alles mit den zugehörigen Domkapitularischen Besizungen, die Rheinpfälzische Oberämter Ladenburg, Bretten und Heidelberg, mit den Städten Heidelberg und Mannheim, die Herrschaft Lahr, in Gemäßheit einer besondern mit den Interessenten desfalls getroffenen Uebereinkunft, die Oberämter Lichtenau und Willstädt, die Abteien Schwarzach, Frauenalb, Allerheiligen, Lichtenthal, Gengenbach, Ettenheimmünster, Reichenau, und Oehningen, samt dem Reichs = Ritterstift Odenheim, die Reichsstädte Offenburg, Zell samt Thal am Hammersbach, Gengenbach, Ueberlingen, Biberach, Pfullendorf und Wimpfen, auch alle mittelbare und unmittelbare Besizungen, welche Südwärts des Neckars oder oberhalb seines Einlaufs in den Rhein liegen und vorhin zu öffentlichen Anstalten oder Corporationen der lincken Rheinseite gehört haben, samt denen an gedacht Unserer Herrn Söhne Liebden fallenden Prälaturen Salmansweiler und Petershausen, mit allen Hoheits = und Staatseigenthums = Rechten und zwar die vorgenannte Stifter und Prälaturen im säcularisirten und die auch genannte Reichsstädte im Reichsmittelbaren Zustand, durch den von der hinlänglich bevollmächtigten Reichsdeputation angenommenen Plan der vermittelnden Höfe in Gefolg der Berichtigung des Lüneviller Friedensschlusses zugeschieden worden, so daß Wir und gedacht Unserer Prinzen Liebden von nun an dieselbe zur Regierung und Verwaltung, auch vom 1. Dec. an zum Genuß, einstweilen an Uns zu ziehen berechtigt sind.

In Gefolg dessen nehmen Wir anmit für Uns und so viel obige beede Prälaturen betrifft, für Unserer Herrn Söhne Liebden von allen gedachten Ländern, Stiftern, Städten, und Orten wo dieses Patent angeschlagen wird, und von allen Gütern und deren Rechten, auch allen ihren Zugehörden, so bis daher dabei gewesen, oder dazu gehörig sind, wo auch immer solche disseits des Rheins liegen mögen, öffentlich und feierlich Besitz; verlangen daher von allen Eingangs genannten geistlichen und weltlichen Einsassen dieser Districte, hierdurch so gnädig als ernstlich, daß sie sich Unserer Regierung in Reichsverfassungsmäßiger Art unterwerfen, Uns für Ihren rechtmäßigen Landesherrn ansehen und achten, vollkommnen Gehorsam samt aller Unterthänigkeit und Treue Uns und Unsern verordneten Befehlshabern beweißen, sich aller Samnlung, inn = oder ausländischen Anhangs, der Uns oder Unsern Regierungsgerechtsamen nachtheilig seyn möchte, und jeden Recurses an auswärtige unberechtigte Behörden enthalten, und demnächst, sobald Wir es erfordern werden, die gewöhnliche Lehns = Erb = Dienst = Schirms = oder Vogtey = Huldigung leisten sollen: alles so lieb ihnen allen und einem jeden ist, unsere Ungnade und ernstliche Strafe an Leib und Gut zu vermeiden.

Wir ertheilen dagegen die Versicherung, daß Wir ihnen mit Landesfürstlicher Huld, Gnade und Gewogenheit jederzeit zugethan seyn, ihnen allen Schuz kräftigst gedeyhen lassen, und ihrer Wohlfart Unsere Landesväterliche Fürsorge unermüdet widmen werden.

Des Endes werden Wir besonders alle und jede Kirchspiele bey dem Genuß ihrer Kirchen Capellen und Kirchengüter, ohne Nebeneinführung fremder Religionsgenossen in solche, so wie auch alle Gemeinden bey ihrem Gemeinds und privat Eigenthum und einen jeden bey seinem rechtmäsigen Besiz und Herbringen unbeeinträchtigt lassen, in dem Gebrauch der für die dermalige Verfaßungs = Umänderung Uns heimgestellten Gerechtsame mit aller Schonung und Milde verfahren, und alle ohne Unterschied derjenigen Zuneigung geniesen lassen, welche Unsere ältern getreuen Unterthanen zu beweisen, Wir stets beflißen waren.

Zugleich bestätigen Wir bis auf Aenderung provisorisch alle für die Oberämter, Aemter und einzelne Ortschaften angestellte Beamte und Diener in ihren Patentmässigen Besoldungen und Nuzungen auch Amtsrechten und Obliegenheiten für deren fleißige und redliche Erfüllung sie Uns von nun an in gleicher Maase wie andere Unserer ältern Beamten und Diener verantwortlich sind.

Im übrigen haben Diener und Unterthanen bis auf demnächstige endliche Organisation sich an Unsere für jeden Haupttheil obiger Lande verordnete Commission zu halten und deren Person und Anordnung als Unsere eigene zu achten und zu ehren.

Dessen zu Urkund haben Wir gegenwärtiges Patent unter Unserm geheimen Innsiegel ausgehen lassen. So geschehen in Unserer Residenz Stadt Carlsruhe den 19 Nov. 1802

LS

Auf Specialbefehl Sr. Hochfürstlichen Durchlaucht.

Vdt. Ring Geheimersecretär.

Besitzergreifungspatent Markgraf Carl Friedrichs von Baden vom 19. November 1802
Beansprucht eine Anzahl namentlich aufgezählter Reichsabteien und Reichsstädte aufgrund des zweiten französischen und russischen Entschädigungsplans.
GLA Karlsruhe.

am 22. Januar soweit abgeschlossen, dass nur noch die ganzen Geschäfte in Ordnung zu bringen und die zugehörigen Rechnungen zu erstellen waren.
Bemerkenswert bei der Übernahme des Klosters ist die Leistungsfähigkeit der damaligen Verwaltung. Innerhalb von anderthalb Monaten – die Feiertage mit eingerechnet – war die »provisorische« (weil reichsrechtlich noch nicht legitimierte) zivile Inbesitznahme bewerkstelligt: die Aufnahme und Bewertung der Liegenschaften und Fahrnisse, die Personalmaßnahmen und die Übernahme der Klosterdörfer. Sicher haben Amtmann Wich und Amtskellerar Castorph zu einem solch guten Gelingen wesentlich beigetragen.

Die Aufhebung

Das IV. badische Organisationsedikt vom 14. Februar 1803 besiegelte das Schicksal der Frauenalber Kommunität, *in welchem ohnehin nur noch wenige grossentheils bejahrte adeliche Dames vorhanden sind.*[34] Über eine gemäß den Anordnungen des RDH[35] erforderliche Zustimmung bzw. Einverständniserklärung des zuständigen Speyerer Diözesanbischofs Philipp Franz Graf v. Walderdorff (1739, 1797–1810) zu dieser Auflösung ist nichts bekannt.[36]
Während die kleineren Klöster den Lokalbehörden überlassen worden waren, ordnete die Regierung am 3. März 1803 die Bildung einer Spezialkommission an, bestehend aus dem Geheimen Referendär Hofer, dem Kammerrat Kaufmann und einigen Schreibern, die mit dem Vollzug des IV. Organisationsedikts bei den sechs Abteien Frauenalb, Lichtenthal, Gengenbach, Allerheiligen, Ettenheimmünster und Schwarzach betraut wurde. Sie begann ihr Werk in Frauenalb am 21. März 1803 und beendete es in Schwarzach am 28. April 1803. Für Frauenalb wurden aufgrund der markgräflichen Anweisungen folgende Entscheidungen getroffen:[37]

- Die Pensionssummen für das Klosterpersonal wurden festgelegt, für die Klosterfrauen jährlich insgesamt 6.800 fl. und für die beiden Novizinnen eine einmalige Abfindung von insgesamt 2.000 fl. Für die Dienerschaft gab es verschiedene Lösungen: So blieben Beamte, die in badische Dienste übernommen wurden, einstweilen in ihrer Stellung und Besoldung. Die nicht mehr benötigte Dienerschaft erhielt Pensionen, deren Summe sich für die patentierte Dienerschaft auf jährlich insgesamt 400 fl., für das einstige Klostergesinde auf 631 fl. 45 kr. belief.
- Die von den Frauenalber Nonnen bei der Inventarisierung während der Zivilbesitznahme erhobene Behauptung, jeder Dame und jedem Chorfräulein gehörten das Bett und die Möbel in ihrem Zimmer sowie jeder Magd ein Bett, ließ sich nicht beweisen. Dies führte bei der im Sommer anberaumten Versteigerung dazu, dass den Damen ihr persönliches Mobiliar in Rechnung gestellt wurde. Die der Äbtissin überlassenen Brustkreuze – ein goldenes und ein mit guten Steinen besetztes – sollten nach ihrem Tod dem Landesfürsten anheimfallen.
- Die jährlichen Almosen an die benachbarten Mendikantenklöster wurden bis auf weiteres genehmigt, namentlich an die Kapuziner in Baden und in Karlsruhe sowie an die Franziskaner in Rastatt und Ettlingen. Sie beliefen sich auf insgesamt 15 Malter (= 2.250 l) Getreide. Dagegen wurden die Abgaben an die Augustiner und Kapuziner in der nunmehr württembergischen Stadt Weil der Stadt eingestellt. Die an verschiedene Witwen in Rastatt und Karlsruhe gehenden Almosen von insgesamt 55 fl. wurden genehmigt. Die monatlichen Almosen des Klosters Frauenalb und der Amtskellerei Ersingen an die Armen wurden nur noch bis zum Ableben der Empfänger gewährt. Sie beliefen sich in Frauenalb wöchentlich auf 2 fl. und zusätzlich monatlich auf ein Malter Mehl und 25 Laib Brot, in Ersingen monatlich auf 5 fl. und 9 Simri Getreide.
- Ebenso wurde der erwähnten Witwe Schwab, nachdem sie die Aufhebung des Klosters ihres lebenslänglichen Auskommens beraubte, für die folgenden zwei Jahre eine jährliche Unterstützung von 100 fl. bewilligt und im Falle einer Heirat eine Abfindung von 500 fl. in Aussicht gestellt.
- Dem Hofgerichts- und geistlichen Administrationsrat Haub aus Mannheim, dem ehemaligem Rechtsbeistand des Klosters, sollte das jährliche Gehalt von 200 fl. bis zum 23. April 1803 weiter bezahlt werden.

Abschließend ist festzuhalten, dass keine Andeutung eines nennenswerten Protests[38] – die Unpässlichkeit der Äbtissin und ihr Widerstand bei Auskunftserteilung haben eher symbolischen Charakter –, weder seitens der Konventsmitglieder noch der örtlichen katholischen Bevölkerung in den Gemeinden des

Klosters Frauenalb gegen die Aufhebung des Klosters nachgewiesen werden konnte.[39] Da die Säkularisation vorläufig nichts an den Lebensumständen der Bevölkerung änderte[40], war Widerstand gegen die Auflösung des Klosters im übrigen zunächst auch irrelevant. Die ehemaligen Lehensbauern des Konvents hatten lediglich einen Wechsel ihres Grundherren zu verzeichnen. Die Beamtenschaft hatte sich – schon im Interesse der eigenen Existenzsicherung – durchgängig und rasch mit der neuen protestantischen Obrigkeit abgefunden.[41] Die offenbare Gelassenheit der breiten Öffentlichkeit kennzeichnete aber weniger das allgemeine Fehlen religiösen Engagements der Gesellschaft, sondern vielmehr deren auf ökonomische Motive beschränkte Billigung der politischen Veränderungen.

Die personelle Struktur des Klosters

Die Klosterinsassen

Zum Zeitpunkt der Besitznahme lebten im Kloster Frauenalb 13 Personen, die im Frühjahr 1803 pensioniert werden sollten (vgl. Tabelle rechts). Der Zuzug des französischen Adels, der nach der Revolution emigriert war, ist den Namen deutlich anzusehen.[42]
Außerdem wohnte seit 1798, auf Empfehlung des Grafen v. Metternich, Frau v. Hägen, eine emigrierte französische Benediktinerin bei unentgeltlicher Kost und freiem Logis, ohne dafür aber – aufgrund ihrer mangelnden deutschen Sprachkenntnis – im Chor dienen zu müssen.
Weiterhin hatte im Jahre 1798 die Äbtissin eine Witwe, Frau v. Lafage, deren eine Tochter in Frauenalb Chorfrau war, mit ihrer jüngsten Tochter[43] aufgenommen, nachdem sie durch die Französische Revolution ihren jenseits des Rheins liegenden Besitz verloren hatte. Es wurde ihr lebenslänglicher Verbleib im Kloster und Versorgung zugesichert.[44]

Die Dienerschaft

Im Kloster Frauenalb waren zehn patentmäßige Diener angestellt.[45] Darüberhinaus gab es dreißig andere Diener, Handwerker und Gesinde, die in einer persönlichen Abhängigkeit zum Kloster standen und ihm zu Dienstleistungen verpflichtet waren.[46]

Die Pensionierung von Klosterfrauen und Dienstpersonal

Pensionen und Abfindungen

Der materielle Gewinn der weltlichen Reichsstände war mit der Übernahme gewisser finanzieller Pflichten verbunden. Die Grundsätze hinsichtlich der Versorgung der aufgehobenen Geistlichkeit und ihrer Bediensteten waren in den §§ 35 und 47 RDH niedergelegt[47], aber an die Bedürfnisse im Einzelfall anzupassen; insbesondere waren die künftigen Renten festzusetzen. Das geschah – mit Rückgriff auf die §§ 51, 57 und 59 – im § 64 RDH für die Angehörigen der mittelbaren geistlichen Institute, wobei für die Höhe der Pension die bisherige Stellung des Berechtigten maßgebend war.[48]
Beträchtliche Pensionen hätten einen Großteil der Einnahmen verschlungen, und deshalb setzte der badische Staat die Pensionen auf das vertraglich festgesetzte Mindestmaß. So erhielt die Äbtissin 2.000 fl., die Priorin 1.000 fl., die Subpriorin 800 fl., die restlichen drei Konventualinnen je 600 fl. und die beiden Laienschwestern je 200 fl. Pension jährlich.[49] Auch die beiden verpflegten Damen v. Lafage und v. Hägen erhielten je 200 fl. Den beiden Novizinnen, welche durch Gelübde ja noch nicht gebunden waren, bewilligte der Landesherr eine einmalige Abfindung von 1.000 fl., was in etwa der im Hauptschluss vorgesehenen dreijährigen verhältnismäßigen Pension entsprach.[50] Die mit ihren Pensionen unzufriedenen Exnonnen beschäftigten mit Gesuchen die Bürokratie Badens noch bis in die 1830er Jahre.[51]
Wie die französischen und bayerischen, so suchten auch die badischen Behörden Religiosen von außerhalb des Territoriums in ihre Herkunftsländer abzuschieben. Der Staat setzte den Beichtvater und Organisten Pater Zacharias Reuß vorerst einmal auf die Pension von 400 fl. jährlich. Er sollte in das Augustinerkloster zu Arnburg oder Bruchsal mit einer jährlichen Pension von 300 fl. versetzt werden, sobald sein Aufenthalt in Frauenalb nicht mehr nötig wäre.[52] Der

Klosterfrauen	*Stellung*	*Geburt*	*Eintritt*
1. Maria Victoria Freifrau v. Wrede	Äbtissin	29.07.1747	28.04.1772
2. Maria Xaveria v. Venningen	Priorin	08.06.1751	24.06.1770
3. Maria Josepha v. Hornstein	Subpriorin Seniorin	04.04.1743	14.07.1765
4. Maria Antonia v. Lafage	Großkellerin	17.07.1769	29.06.1794
5. Maria Scholastica v. Lang v. Binzel		09.04.1750	12.11.1780
6. Maria Anna v. Barille		07.10.1769	15.08.1795
Laienschwestern			
7. Maria Agatha Müller		21.03.1742	28.06.1772
8. Maria Barbara Jünger		15.02.1746	08.11.1777
Chorfräulein (Novizinnen)			
9. Ludovica v. Lafage		[?]	1798
10. Maria Victoria v. Grünberg		[?]	08/09.1801
Beichtvater und Organist			
11. Pater Zacharias Reuß		15.11.1745	1790
Pensionärinnen			
12. Marie Henriette v. Hägen aus Sévigny		10.03.1760	
13. Frau v. Lafage samt Tochter			

badische Staat hatte also damit für jährliche, aus dem Kloster Frauenalb entstammende Pensionszahlungen von insgesamt 6.800 fl. aufzukommen, zuzüglich 2.000 fl. einmaliger Abfindungen.

Ein Teil der patentierten Dienerschaft wurde – schon bei der provisorischen Besitznahme – in badische Dienste übernommen. Dabei verblieben ihr ungekürzt und lebenslänglich ihr bisheriges Gehalt und ihre rechtmäßigen Emolumente (Nebeneinkünfte) bzw. – wo diese wegfielen – eine dafür zu regulierende Vergütung. Im Falle einer Pensionierung wurden – im Einklang mit den Forderungen des RDH – einem über zehnjährig Dienenden zwei Drittel seines Gehaltes mit Emolumenten und einem nicht volle zehn Jahre Dienenden die Hälfte als Pension belassen. Wieder angestellt werden sollten Amtmann Alois Wich, Amtskellerar Franz Lothar Castorph und Gärtner Franz Polatzeck. Der Jäger Franz Conrad und der Jägerbursch Franz Ackermann wurden vorläufig in ihrer Besoldung belassen, bis sie von der Fürstlichen Forstbehörde ordnungsgemäß angestellt und tarifmäßig besoldet würden. Dem Verwalter Peter Scharrenberger wurde, da ihn die Äbtissin in gewisser Weise weiterhin in Dienst behielt, gnadenhalber 250 fl. als Pensionsgebühr bewilligt. Desgleichen wurde der Apotheker Stephan Görig mit 150 fl., der Hälfte seiner Besoldung, pensioniert. Der Mesner und Torwärter Georg Streit sollte genauso wie der Nachtwächter Martin Schwab in badischen Diensten behalten werden, solange in Frauenalb die Klostergebäude fürstliches Eigentum waren und die Kirche bestand, und zwar mit der bisherigen Besoldung an Geld, Frucht und Holz.[53]

Wesentlich schlechter gestellt, trotzdem im Vergleich zu anderen Territorien wirtschaftlich noch relativ gesichert, waren die Arbeiter und Angestellten. In Baden wurden drei Gruppen unterschieden[54]:
1. Diener, welche nach Auflösung des Klosters mit einer dreimonatigen Gratifikation ihres Lohns entlassen wurden. Insgesamt wurde ihnen an Lohn 76 fl. 45 kr. und an Gratifikationen 97 fl. bewilligt.
2. Diener, welche neben ihrem Lohn bis zur Auflösung des Klosters auch noch eine sechsmonatige Gratifikation ihres Lohns erhalten sollten. Insgesamt wurde ihnen an Lohn 180 fl. und an Gratifikationen 278 fl. gezahlt.
3. Diener, welche gnadenhalber eine jährliche und lebenslängliche Unterstützung erhielten.
Summa summarum zahlte Baden an ehemalige Klosterbedienstete 631 fl. 45 kr. an Lohn und Gratifikationen sowie eine jährliche Unterstützung von 66 fl.
Den Armen der umliegenden neun Klosterorte wurde die Fortzahlung der Almosen und Gratialien bis zu ihrem Ableben auch weiterhin gestattet.[55]
Die größten Härten aber trafen die bislang von den Aufträgen der Stifte lebenden Handwerker am Klosterort und in den nahen Ortschaften. Weder konnten sie künftig noch mit Aufträgen rechnen, noch hatten sie ein Anrecht auf Entschädigung.

Schicksal der Konventualinnen

Einige der Damen konnten ihren Lebensabend in einem Kloster verleben[56]: Maria Scholastica v. Lang brachte man, weil geistesverwirrt, im Kloster Lichtental unter. Bei den Klosterfrauen in Baden fand die Stiftsfrau v. Hägen aus Sévigny eine neue Bleibe. Zunächst in Frauenalb verblieben die Stiftsfrau Maria Anna v. Barille sowie die beiden Laienschwestern Maria Agathe Müller und Maria Barbara Jünger.
Die übrigen Nonnen verstreuten sich in alle drei Provinzen des neuen Kurfürstentums[57]: Die Äbtissin Maria Viktoria Freifrau v. Wrede lebte fortan in Rastatt, die Priorin Maria Xaveria v. Venningen in Ettlingen. Bei dieser kam auch das Chorfräulein Maria Viktoria v. Grünberg unter, bis sie – noch 1803 – einen Grafen v. Leiningen-Neudenau ehelichte.[58] Die Seniorin Maria Josepha v. Hornstein zog nach Überlingen und verschied Anfang Oktober 1803 in Konstanz.[59] Die Stiftsfrau Maria Antonia v. Lafage kam mit ihrer Schwester Ludovika und ihrer Mutter bei einer anderen Schwester in Offenburg unter.

Die wirtschaftliche Situation des Klosters

Das von der badischen Regierung im Dezember 1802 in Auftrag gegebene Inventar veranschlagt die Liegenschaften, Mobilien, Einkünfte und sonstigen Bezüge sowie das Vermögen der Abtei Frauenalb.[60]

Die klösterlichen Liegenschaften

Zum Kloster gehörten neun Klosterorte[61], die sieben zur Grafschaft Eberstein zählenden sog. *Bergorte* Schielberg, Pfaffenrot, Burbach, Völkersbach, Spessart (Lkr. Karlsruhe), Sulzbach im Murgtal (Lkr. Rastatt) und Unterniebelsbach (Enzkreis) sowie die beiden zum fürstlichen Amt Ettlingen zählenden Orte Ersingen und Bilfingen (Enzkreis).
Im inneren Bereich bestand das Kloster aus der Klosterkirche **(Abb., Nr. 1)** mit dem Konventsgebäude **(2)**, dahinter die Abtei **(3)**, das Amthaus **(5)**, dazwischen ein Torwärterhäuschen **(4)**, schließlich die Schreinerei und Küferei **(6)** sowie das Verwalterhaus **(7)**, das auch eine kleine Backhütte beherbergte. Hinter diesem ältesten erhaltenen Gebäude aus dem 14. Jh. befand sich ein Vieh- und ein Schweinestall (9).
Außerhalb der Klostermauer standen das Wirtshaus *Zum Straußen*[62] **(13)**, unterhalb die Abteischeuer **(12)** mit angebauten Vieh- und Schweineställen **(12)**, nicht weit davon ein Pferdestall mit einer Kammer für den Kutscher, daneben ein doppelter Wagenschuppen. Links der Einfahrt befand sich die Klosterschmiede, das Wachhaus und das Gefängnis. Es folgten ein Wirtschaftsgebäude **(11)**, dahinter weitere Stallungen für Pferde und Rindvieh, unterhalb davon Schweineställe **(9)**. An der Alb lag die Mühle **(10)** mit Back- und Waschhaus sowie Schweineställen.
Im ummauerten Abteigarten stand ein Gartenhaus **(16)**, auf der oberen Gartenebene ein Gewächshaus **(15)**. Auf der anderen Seite des Klosters, gegen Westen, befand sich das Gärtnerhaus **(18)**, dahinter ein Kuh- und Schweinestall **(9)** mit einem Heubehälter **(19)**, daneben das Nachtwächterhaus **(20)**. In südost-

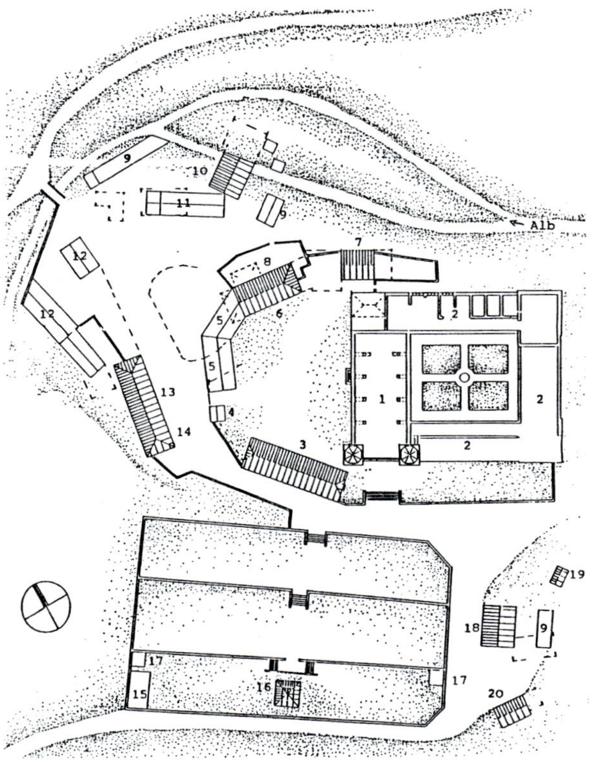

Gebäudestand des Klosters um 1800
Aus: Herwig John, Kloster Frauenalb – Chronik. Masch. Karlsruhe 1986, S. 12.

wärtiger Richtung stand das Jägerhaus, nicht weit davon entfernt das Sägerhaus, in dem sich auch die Sägmühle befand.

Alle in und um das Kloster befindlichen Gebäude[63] wurden im Inventar der Liegenschaften ohne Wertanschlag gelassen, ebenso auch sämtliche sieben Gärten.[64] Darüber hinaus gehörten dem Kloster Frauenalb drei rechterhand der Alb gelegene Fischweiher[65] und beträchtliche Waldungen[66] beiderseits der Alb, von der württembergischen Grenze bis an die Ettlinger und Spielberger Gemarkung.

Klösterliche Liegenschaften[67] außerhalb des Klosters befanden sich auch in Ersingen, Bilfingen, Königsbach, Wössingen, Völkersbach, Spessart, Malsch, Pfaffenrot, Burbach und Sulzbach. Vereidigte Experten nahmen die Verkaufsobjekte auf und bestimmten den Taxwert, der zunächst aus der bisherigen Pacht oder dem Mietwert der Gebäude errechnet wurde.

Der Wert aller vorstehenden Liegenschaften wurde summa summarum auf 48.945 fl. veranschlagt; davon entfielen auf Gebäude 13.040 fl., Gärten 200 fl., Äcker (insgesamt 24 Morgen 2 Viertel 93 Ruten = 89.037 qm) 5.298 fl. (inklusive der Frauenalber Äcker), Wiesen (insgesamt 92 Morgen 3 Viertel 18 Ruten = 334.062 qm) 30.047 fl. (inklusive der Frauenalber Wiesen) und Weinberge 360 fl.

Das Kloster Frauenalb besaß auch fünf Eigenhöfe[68]: auf Burbacher Gemarkung den Metzlinschwander Hof, auf Pfaffenroter Gemarkung den Gertrudenhof, den Einsiedelhof im Oberamt Yberg bei Kappel in der Nähe von Bühl sowie einen großen und kleinen Gülthof in Ötigheim und ein Hofgut in Weingarten. Insgesamt wurde der Wert der Frauenalber Eigenhöfe auf 63.012 fl. geschätzt.

Zu den Frauenalber Liegenschaften zählten des weiteren Erblehenhöfe, -güter und -mühlen.[69] Hierzu gehörten die Steinhäuschen an der Grenze zwischen Herrenalb und Frauenalb (zugleich die ehemalige Grenze zwischen Baden und Württemberg), das Erblehengut zu Untergrombach und Wöschbach, das Wittumgut zu Königsbach sowie die Erblehengüter

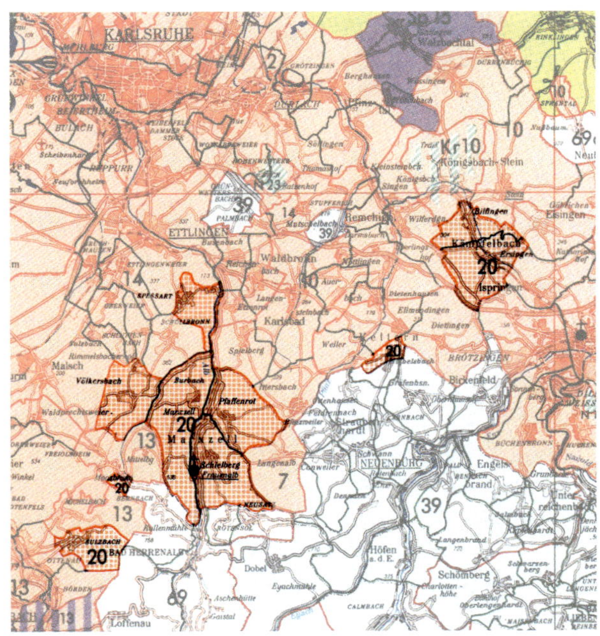

Herrschaftsgebiet des Klosters Frauenalb um 1790
Aus: Historischer Atlas von Baden-Württemberg, Karte VI, 13.

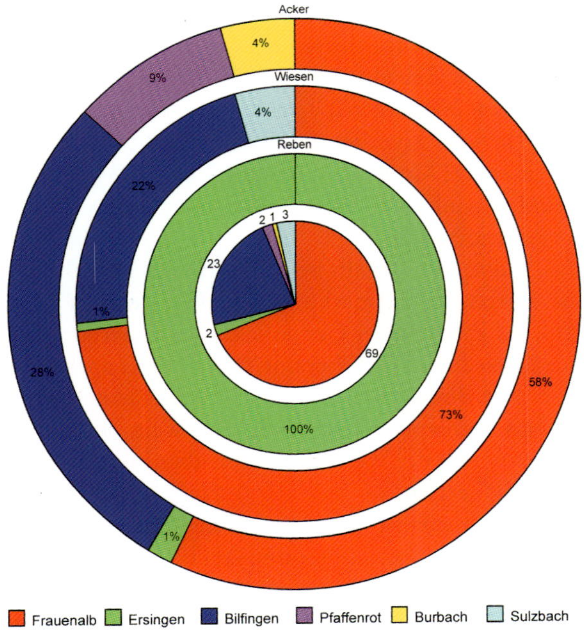

Die Frauenalber Liegenschaften

zu Malsch und zu Rastatt; weiterhin die Weimersmühle an der Moosalb unweit Burbach und die Marxzeller Mühle an der Alb nahe Pfaffenrot. Sämtliche Erblehen wurden von der Kommission ohne Anschlag gelassen.

Renten und Gefälle

Herrschaft über Land und Leute beinhaltete Einnahmequellen und ortsherrliche Rechte: Renten, regelmäßig wiederkehrende Einnahmen und Gefälle, die früher an Grund und Boden gebundene Abgabe, eine Art Grundlast. Weiter hatte das Kloster verbriefte Verfügungsgewalt über die menschliche Arbeitskraft (Fron) und Anspruch auf bestimmte Abgaben in Naturalien oder in Geld (Bede). Fron und Bede waren ein Teil des Untertänigkeitsverhältnisses der Dorfbewohner zum Kloster.[70] Sämtliche frauenalbischen Gemeinden mussten der Herrschaft *ungemessene*, also nach Bedarf erforderliche *Frondienste* leisten.[71] Der Gemeinde wurde für jeden Bürger, der diese Fronden nicht leisten konnte, 1 fl. an Geld berechnet, was in der Summe 60 fl. 48 kr. machte. Das *Öhmdgeld* wurde zwischen dem Haus Baden und der Abtei geteilt; der klösterliche Anteil betrug nach der letzten Amtsrechnung 108 fl. 18 kr.[72] Auch die Hintersassen, denen im Unterschied zu den vollberechtigten Gemeindemitgliedern keine oder nur geringe Rechte an der Allmende zustanden, hatten Abgaben zu leisten, die in der letzten Amtsrechnung 15 fl. betrugen.[73]

Die grundherrlichen Lasten und Abgaben, die den Klosterorten jährlich aus dem Schirmrecht und der Schutzpflicht der Grundherrschaft erwuchsen und die in keinem Zusammenhang mit dem Zehnten standen, wurden teils in Geld, teils in Naturalien durch die Gemeinde von den einzelnen Bürgern erhoben. Es waren dies die *Bede* – eine Art direkte Steuer auf Grundbesitz, Gebäude und Vermögen der Bauern und Bürger –, die Gült und die Hellerzinsen – ständige Abgaben, die durch Pacht oder Pfand und als Zinsen auf den Höfen lasteten –, außerdem Naturalien – wie Hühner, Getreide, Früchte und Gemüse. Um eine Bemessungsgrundlage für die Festsetzung der Abgaben zu ermitteln, fanden sog. *Schatzungen* statt. Nach der letzten Amtsrechnung ergab sich in den frauenalbischen Ortschaften zusammengerechnet ein Betrag von 151 fl. 39 kr. an jährlichen Beden und Steuern[74]; an ewigem *Hellerzins* fielen insgesamt 31 fl. 57 1/2 kr., an

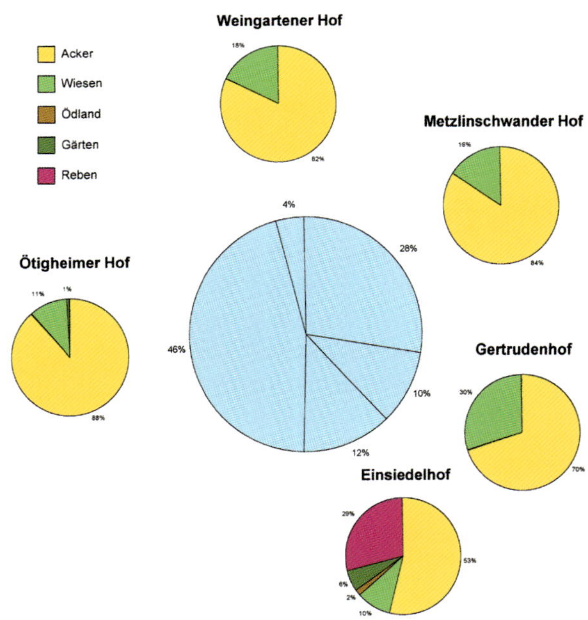

Flächenmäßiger Bestand der Frauenalber Eigenhöfe

jährlichen unablöslichen Bodenabgaben, einer Abgabe für die Nutzung fremden Bodens, insgesamt 58 fl. 38 1/2 kr.[75] Für den freien Salzhandel mussten die acht Klosterorte (außer Unterniebelsbach) nach der Amtsrechnung von Frauenalb und nach der Amtskellereirechnung von Ersingen zusammen 66 fl. entrichten.[76] Aus den neun Klosterortschaften ebenso wie aus einigen Orten, in denen das Kloster Rechte besaß, erhielt Frauenalb jährliche Gülten an Korn, Dinkel und Hafer, welche einerseits von der Amtskellerei zu Ersingen, andererseits vom Klosterspeicher zu Frauenalb eingelagert und verzeichnet wurden. Die Ersinger Amtskellerei bezog dabei Fruchtlieferungen zu Ersingen und Bilfingen sowie aus den Ortschaften Königsbach, Singen, Kleinsteinbach, Ober- und Untergrombach, Wöschbach und Ubstadt, wobei etwa 3/4 der Einnahmen aus den beiden Klosterorten stammten. In den Frauenalber Speicher kamen die Gülten aus den Klosterorten Schielberg, Pfaffenrot, Völkersbach, Unterniebelsbach und Sulzbach, die hauptsächlich Hafer lieferten sowie aus den Ortschaften Ittersbach, Feldrennach, Neusatz, Ettlingenweier und Malsch, wobei etwa 5/6 des Hafers aus den Klosterorten stammte.[77] Außerdem kamen noch Weingülten[78] aus den Orten Ersingen, Bilfingen, Königsbach, Singen und Untergrombach sowie Ölgülten[79] aus Ersinger und Bilfinger Ölproduktion.

Die frauenalbischen Untertanen waren leibeigen. Sie durften ohne Erlaubnis der Herrschaft weder heiraten, noch ohne Genehmigung, die erkauft werden musste, einen Ortswechsel vornehmen. Als äußeres Zeichen musste ursprünglich jeder Leibeigene jährlich das sog. *Leibhuhn* abgeben; ersatzweise konnte auch gezahlt werden. Jährlich auf die Fastnachtszeit und im Sommer nach der Ernte musste jeder Haushalt, der eine eigene Feuerstelle bzw. einen eigenen Rauchfang besaß, ein sog. *Rauchhuhn* liefern – in der Summe 429 Fasnachts- und 810 Sommerhühner.[80] Bis auf eine gewisse Beschränkung der Freizügigkeit verlor die Leibeigenschaft im Laufe der Jahrhunderte den direkt auf die Person bezogenen Charakter und wurde mehr oder weniger zu einer Abgaben- und Rentenverpflichtung. Wer aus dem Frauenalber Herrschaftsgebiet wegziehen wollte, musste von dem gerichtlich abgeschätzten Vermögen eine sog. *Manumissionsgebühr* (Entlassungsgebühr) von 4 % entrichten sowie *Abzugsgebühren* von 10 % des tatsächlich mitüberführten Besitzes. Nachdem die Leibeigenschaft und damit die mit ihr zusammenhängenden Gebühren aufgehoben worden waren, durften Manumissions- und Abzugsgebühren nur dann erhoben werden, wenn der Leibeigene in außerbadische Lande wegzog. Beim Tode eines(r) Leibeigenen hatte die Klosterherrschaft traditionell das Recht innegehabt, aus der Hinterlassenschaft das beste Stück Vieh (Mann) bzw. das beste Gewand (Frau) zu nehmen; solches wurde dann in Geld umgesetzt. Dieser Brauch des sog. *Hauptrechts* war aber im Zuge der badischen Bauernbefreiung auch im Gebiet des Klosters Frauenalb aufgehoben worden, weshalb aus diesem Punkt keine Einnahmen mehr zu verzeichnen waren.[81]

Das Kloster Frauenalb hatte zum Zeitpunkt der Säkularisation in 24 Ortschaften Zehntrechte, teils ganz allein, teils mit anderen Herrschaften oder mit den ortsansässigen Pfarrern. Verbunden mit diesen Rechten waren auch Gegenleistungen, wie der Unterhalt von Gebäuden wie Zehntscheuern, Pfarrhäusern oder Kirchen. Unter dem Zehnt, auch *Dezem* genannt, ist die wiederkehrende Naturalabgabe eines Teils – ursprünglich des zehnten Teils – aller oder bestimmter landwirtschaftlicher Erträge eines Grundbesitzes zu verstehen. Der Feld- oder Fruchtzehnt setzte sich zusammen aus dem großen Zehnt, der in Getreide zu leisten war, und dem kleinen Zehnt, der Wein, Garten- und Baumfrüchte umfasste. Dazu kam der Blutzehnt (Fleisch- oder Viehzehnt), der in Tieren (Groß- und Kleinvieh) und Tiererzeugnissen (Eier, Milch, Butter, Honig, Wolle usw.) bestand. Mit der Aufhebung des Klosters Frauenalb wurde die Großherzoglich Badische Regierung in Karlsruhe der neue Zehntherr. Zwanzig Jahre später regelte ein Gesetz (15. November 1833) die Ablösung des Zehnten mit staatlicher finanzieller Unterstützung der Gemeinden.[82] Zehnt hatte das Kloster Frauenalb aus den Orten Völkersbach, Burbach, Pfaffenrot, Schielberg, Spessart, Ersingen und Bilfingen bezogen. Aus auswärtigen Ortschaften, in denen das Kloster Frauenalb Rechte genoss, kamen Zehntleistungen aus Königsbach, Oberwössingen, Büchenau und Neuthard, Bretten, Nußbaum (Württemberg), Wimsheim, Wurmberg und Lucerne, Weingarten, Malsch, Waldprechtsweier, Kleinsulzbach, Spielberg und Ittersbach.[83]

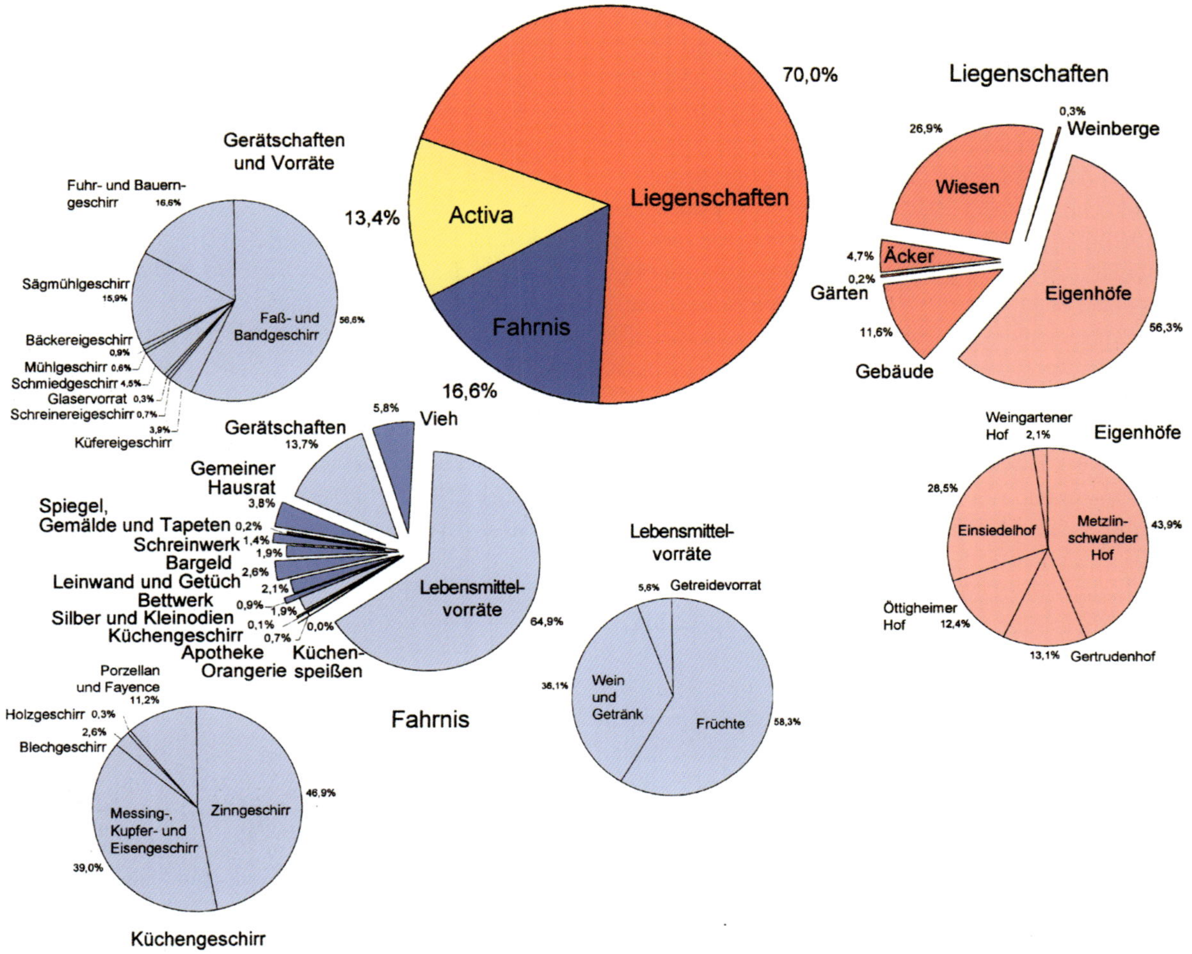

Das Frauenalber Klostervermögen

Die Fahrnis (Mobilien)

Das im Kloster Frauenalb vorhandene bewegliche Vermögen, die sog. *Fahrnis,* bestand aus Geld und Schmuck, Möbeln und Tuch, Hausrat und verschiedenem Handwerksgerät, Vorräten an Früchten und Getreide sowie Vieh. Dieses tote und lebende Gut wurde zu insgesamt 26.437 fl. 50 kr. angeschlagen.[84]

Activa und Passiva

Das Frauenalber Aktivkapital, das zu Investitionszwecken verwendete Barvermögen in Höhe von 5.556 fl. 51 kr., war nach der Amtsrechnung in allen neun Klosterorten bei verschiedenen Personen zu 5 % angelegt. Nach Amts-, Verwaltungs- und Ersinger Amtskellereirechnungen waren teils von jüngeren, teils von älteren Jahren her liquide und illiquide Geldmittel vorhanden, die sich zusammen auf 7.457 fl. 35 1/4 kr. beliefen. Des weiteren waren sechs gedruckte Obligationen in Höhe von je 1.000 fl. unter der vorigen Äbtissin Maria Antonia v. Beroldingen auf die Lütticher Landstände vom 23. Juni 1791 hergegeben worden, von denen die Zinsen – für zwölf Jahre und sieben Monate immerhin die stattliche Summe von

3.775 fl. – noch ausstanden. Zuzüglich noch offener Rechnungen in Höhe von 8.375 fl. 12 kr. ergaben die Activa im Kloster Frauenalb den Gesamtbetrag von 21.389 fl. 38 1/4 kr. (ohne Kapital und Zinsen der Lütticher Obligationen).[85]
Summa summarum belief sich das gesamte klösterliche Vermögen nach dem Anschlag in Geld – exklusive der verzeichneten Renten und dessen, was an klösterlicher Liegenschaft und Kirchengerätschaften nicht angeschlagen werden konnte, an Liegenschaften auf 111.975 fl., an Fahrnis auf 26.437 fl. 50 kr. und an Aktivkapitalien auf 21.389 fl. 38 kr., insgesamt also auf 159.784 fl. 28 kr.[86] Eine Gesamtschätzung ist offensichtlich nicht erfolgt, und auch über die wirkliche Höhe der Klostereinkünfte herrschte Unklarheit.[87]
Diesem Betrag auf der Aktivseite standen auf der Passivseite Schulden in Höhe von 20.973 fl. 3 kr. gegenüber. Das bedeutete ein Reinvermögen von 138.811 fl. 25 kr., das in die Kassen des badischen Staates floss.

Die Veräußerung der Klostergüter

Verkäufe 1802/03

Bereits vor der Räumung des Klosters kam es im Dezember 1802, Februar und April 1803 zum Verkauf des Klosterviehs, das 2.366 fl. 52 1/2 kr. erbrachte. Des weiteren wurden bei der Räumung Mehl, Früchte und Dörrfleisch im Wert von 233 fl. 4 1/2 kr., ebenso Heu, Öhmd und Stroh für 656 fl. und schließlich noch Fuhrgeschirr für 266 fl. 21 kr. veräußert.[88]
Als die Vermessung des klösterlichen Grundbesitzes durch vereidigte Experten, die die Verkaufsobjekte

Die Klosterruine Frauenalb um 1920

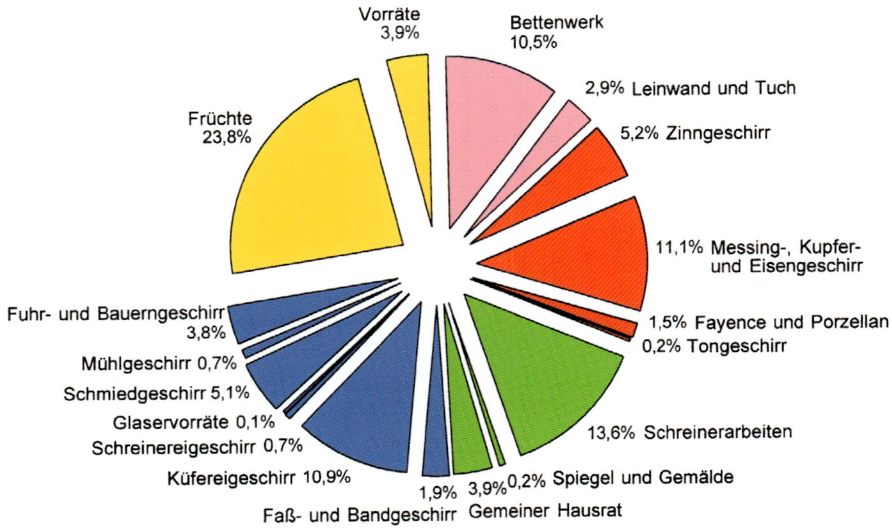

Versteigerung der Fahrnis und Vorräte

aufgenommen und den Taxwert bestimmt hatten, durchgeführt war, erfolgten die Versteigerungen an Ort und Stelle. Sie bedurften aber der nachträglichen Sanktion durch den Kurfürsten.

Versteigerung der Klosterimmobilien

Der zum Verkauf bestimmte Besitz wurde beginnend am 6. Juni 1803 auf einer öffentlichen Versteigerung zugunsten der badischen Staatskasse in bare Münze umgeschlagen. Es hatten sich etwa 150 Kauflustige eingefunden, die aus über dreißig umliegenden Ortschaften angereist waren. Aber auch viele der ehemaligen Klosterbediensteten hofften, bei dieser Versteigerung ein gutes Geschäft zu machen. In dem bei der Versteigerung angefertigten Protokoll sind alle Steigerer namentlich mit dem über dem Anschlag verkauften Gegenstand aufgeführt.[89] Die Versteigerung erbrachte dann 4.708 fl. 56 3/4 kr.
Mit den schon vor der Immobilienversteigerung getätigten Verkäufen ergab sich alles in allem für den badischen Staat ein Reingewinn von 8.231 fl. 14 3/4 kr. aus der Fahrnis. Die einzelnen Erlöse lagen dabei meist wesentlich über dem Schätzwert, d. h. das Kirchengut ist nicht verschleudert worden. Die wertvollen Hausgeräte wanderten nach Karlsruhe in die Hofökonomie, die Kellergeräte in die Hofküferei.[90] Das liegende Klostervermögen verwaltete ein eigens hierzu nach Frauenalb gesetzter Amtmann.[91] Mit der Säkularisation des Benediktiner-Nonnenklosters Frauenalb hatte der badische Staat also keinen schlechten Gewinn gemacht – im Gegenteil. Alles in allem war ihm ein hervorragender Vermögensgegenstand in die Hände gefallen.

[*] Dieser Aufsatz beruht i. W. auf dem dritten Kapitel meiner im Aug. 2000 bei Prof. Dr. Franz Quarthal am Historischen Institut der Universität Stuttgart vorgelegten Magisterarbeit »Die Säkularisation des Benediktiner-Nonnenklosters Frauenalb. Aufhebung und Besitznahme des adeligen Damenstifts durch die Badische Regierung (1802–1803)«.

[1] *Hermann Schmid*, Die Säkularisation in Baden 1802–1811. Überlingen a. B. 1980.

[2] Zur Geschichte des Klosters Frauenalb vgl. *Franziska Geiges*, Das Benediktinerinnenkloster Frauenalb von den Anfängen bis zur Reformation. Frankfurt a. M. 1980; *Franziska Geiges-Heindl*, Das Benediktinerinnenkloster Frauenalb vom Dreißigjährigen Krieg bis zu seiner Auflösung, in: ZGO 147, N. F. 108 (1999), 423–437. Zu speziellen Fragestellungen vgl. außerdem *Albert Krieger*, Zur Gründungsgeschichte des Klosters Frauenalb, in: ZGO 64, N. F. 25 (1910), 358–360; *Karl Obser*, Äbtissinnen und Konventslisten des Klosters Frauenalb, in: ZGO 72, N. F. 33 (1918), 424–432; *Karl Obser*, Beiträge zur Baugeschichte des Klosters Frauenalb, insbesondere im Zeitalter des Barock, in: ZGO 72, N. F. 33 (1918), 212–269. An gedruckten Quellen vgl. v. a.

Moriz Gmelin, Urkunden, Regesten und Nachweisungen zur Geschichte des Klosters Frauenalb, in: ZGO 23 (1871), 263–342; Urkundenarchiv des Klosters Frauenalb, in: ZGO 24 (1872), 104–112; 25 (1873), 83–90, 321–388; 26 (1874), 445–468; 27 (1875), 56–95.

[3] Vgl. *Hans-Wolfgang Strätz*, Die Säkularisation und ihre nächsten staatskirchenrechtlichen Folgen, in: *Albrecht Langner* (Hg.), Säkularisation und Säkularisierung im 19. Jh. München 1978, 31–62, hier 57.

[4] Abdruck in: Kurfürstlich Badische Landes-Organisation in 13 Edicten sammt Beylagen und Anhang. Karlsruhe 1803.

[5] Vgl. *Schmid* (wie Anm. 1), 29.

[6] Zur Person Brauers vgl. z. B. *Karl Schenkel*, Johann Nicolaus Friedrich Brauer, in: *Friedrich v. Weech/Albert Krieger/Karl Obser* (Hgg.), Badische Biographien, hg. im Auftrag der *Badischen Historischen Kommission*. 6 Bde. Heidelberg 1875–1935, Bd. 1 (1875), 117–124; Personalakte in GLAK 76/1062.

[7] Zur Verwaltungsorganisation vgl. z. B. *Willy Andreas*, Geschichte der badischen Verwaltungsorganisation und Verfassung in den Jahren 1802–1818. Leipzig 1913.

[8] Vgl. *Schmid* (wie Anm. 1), 29–32.

[9] Bei der Darstellung der provisor. und endgültigen Inbesitznahme Frauenalbs halte ich mich eng an das von der jew. bad. Kommission für die Karlsruher Regierung angefertigte Protokoll. Vgl. GLAK 48/5572, fol. 14r–20r; 88/954, fol. 1r–29v (Kommissionsprotokoll über die Besitznahme des Klosters durch die Badische Regierung). Vgl. auch den kurzen, mit einigen Irrtümern behafteten Aufsatz von *Alfons Staedele*, Besitznahme des Klosters Frauenalb durch die Badische Regierung (1802–1803), in: Die Ortenau 37 (1957), 34–35.

[10] Zur Person Stößers vgl. z. B. Personalakte in GLAK 76/7689.

[11] Zur Person Lassollayes vgl. z. B. Personalakte in GLAK 76/4690.

[12] Die Vollmacht in GLAK 48/5572, fol. 11r.

[13] In diesem Schreiben ermahnt Markgraf Karl Friedrich die Äbtissin zum Gehorsam und zur Wahrung des Interesses des Hauses Baden und verbietet jegliche Professablegung und Novizenaufnahme. Vgl. GLAK 48/5572, fol. 9r–10r.

[14] GLAK 95/1068, fol. 7 (Badisches Patent vom 16.09.1802, die provisorische Besitznahme der Entschädigungsobjekte betreffend).

[15] Die Eidesformeln stehen wörtlich im Protokoll. Vgl. GLAK 48/5572, fol. 16v–19r.

[16] Vgl. *Schmid* (wie Anm. 1), 186.

[17] Dieser befindet sich an der »Ersinger Straße«, der heutigen B 10, kurz nach Wilferdingen in Richtung Pforzheim.

[18] Vgl. *Schmid* (wie Anm. 1), 186.

[19] Durch Generaldekret (23.07.1783) erklärte Markgraf Karl Friedrich seine leibeigenen Bauern in den mit seiner alleinigen Landeshoheit und Gerichtsbarkeit ausgestatteten Orten für leibesfrei. Nicht gültig war dieses Gesetz für die Klosterherrschaft Frauenalb mit seinen dörflichen Untertanen, da die Äbtissin die niedere Gerichtsbarkeit besaß. Allg. zur Bauernbefreiung in Deutschland vgl. z. B. *Christof Dipper*, Die Bauernbefreiung in Deutschland 1790–1850. Stuttgart 1980.

[20] GLAK 88/955, fol. 1r (Anlage Nr. 1).

[21] GLAK 48/5669, fol. 15 (Badisches Patent vom 19.11.1802, die definitive Besitznahme der Entschädigungsobjekte betreffend).

[22] GLAK 88/955, fol. 2r–2v (Anlage Nr. 2).

[23] GLAK 88/955, fol. 4r–4v (Anlage Nr. 4).

[24] GLAK 88/956, fol. 1r–15r.

[25] GLAK 88/955, fol. 5r (Anlage Nr. 5).

[26] GLAK 88/955, fol. 6r (Anlage Nr. 5 1/2).

[27] GLAK 88/955, fol. 7r (Anlage Nr. 6).

[28] GLAK 88/955, fol. 8r (Anlage Nr. 7).

[29] Die Einzelmessen zum Seelenheil der Verstorbenen waren Privatmessen und wurden ohne Gesang als Lesemesse gefeiert im Gegensatz zur öffentlichen Messe mit Feier der Eucharistie. Für jede gehaltene Messe gab es Einnahmen zwischen 20 und 30 kr. Im Kloster Frauenalb wurden über das Kirchenjahr diverse Heilige Messen gehalten. Vgl. GLAK 65/11534, fol. 89r; EAF Provenienz Finanzkammer, IIb/6341, fol. 5r–5v.

[30] GLAK 88/955, fol. 9r (Anlage Nr. 8).

[31] Zur Holz-, Laub- und Eckerich-Berechtigung der Gemeinde Burbach vgl. auch GLAK 48/5572, fol. 55r–58v (Vernehmungsprotokoll).

[32] Geheimratsprotokoll Nr. 2641 vom 06.12.1802.

[33] Vgl. das Untersuchungsprotokoll der Kommission vom 03.01.1803 in GLAK 48/5572, fol. 65r–68r.

[34] IV. Organisationsedikt, § 3 B.

[35] *§ XLII. La sécularisation des couvents de femmes récluses ne peut s'effectuer que de concert avec l'évêque diocésain;* [...] § 42. *Die Säcularisation der geschlossenen Frauenklöster kann nur im Einverständniß mit dem Diöcesan-Bischofe geschehen.* [...]

[36] Vgl. auch *Schmid* (wie Anm. 1), 187.

[37] Vgl. GLAK 237/4595, fol. 1r–3v (Geheimratsprotokoll Nr. 2622 vom 23.05.1803).

[38] Eine Untersuchung der öffentlichen Meinung der Jahre 1802/03 in den betreffenden Gemeinden ist nicht zuletzt wegen der dürftigen Quellenlage mit Problemen behaftet; ebenso liegt bislang keine Studie über die Reaktionen der Öffentlichkeit für die badischen Gebiete vor. Vgl. die Untersuchungen von *Hans Müller*, Säkularisation und Öffentlichkeit am Beispiel Westfalen. Münster 1971; *Barbara Schildt-Specker*, Klosterfrauen und Säkularisation. Prämonstratenserinnen im Rheinland. Koblenz 1996, 196–198; allgemein für das Gebiet des Deutschen Reiches *Albrecht Langner*, Diskussionsbericht, in: *Langner* (wie Anm. 3), 143–162, hier 143–144.

[39] Schon die Verlesung und Anschlagung des Patents der vorläufigen Besitznahme am 24.09.1802 hatte in den betroffenen Orten *keinen Anstand* [Einwand] vorgebracht. Vgl. GLAK 48/5572, fol. 16v.

[40] *Des Endes werden Wir besonders alle* [...] *Gemeinden bey ihrem Gemeinds und privat Eigenthum und einen jeden bey seinem rechtmäsigen Besiz und Herbringen unbeeinträchtigt lassen, in dem Gebrauch der für die dermalige Verfaßungs-Umänderung Uns heimgestellten Gerechtsame mit aller Schonung und Milde verfahren, und alle ohne Unterschied derjenigen Zuneigung geniesen lassen, welche Unsere ältern getreuen Unterthanen zu beweisen, Wir stets beflißen waren.* (Badisches Patent vom 19.11.1802, wie Anm. 21.)

[41] *Zugleich bestätigen Wir bis auf Aenderung provisorisch alle für die Oberämter, Aemter und einzelne Ortschaften angestellte Beamte und Diener in ihren Patentmässigen Besoldungen und Nuzungen auch Amtsrechten und Obliegenheiten für deren fleißige und redliche Erfüllung sie Uns von nun an in gleicher Maase wie andere Unserer ältern Beamten und Diener verantwortlich sind.* (Ebd.)

[42] Vgl. GLAK 48/5572, fol. 40r–41v; 88/955, fol. 2r–2v (Anlage Nr. 2); 237/4595, fol. 4r–5r (Lit. A); *Obser*, Äbtissinnen (wie Anm. 2), 432 mit Anm. 2; *Schmid* (wie Anm. 1), 186; *Geiges-Heindl* (wie Anm. 2), 436.

[43] Es handelt sich um die unter Nr. 4 und Nr. 9 aufgeführte Maria Antonia und Ludovica v. Lafage.

[44] Vgl. GLAK 88/955, fol. 4r–4v (Anlage Nr. 4).

[45] Vgl. GLAK 237/4595, fol. 6r–7r (Lit. B).

[46] Vgl. GLAK 237/4595, fol. 8r–11r (Lit. C).

[47] Zum RDH allgemein vgl. *Klaus Dieter Hömig*, Der Reichsdeputationshauptschluß vom 25. Februar 1803 und seine Bedeutung für Staat und Kirche unter besonderer Berücksichtigung württembergischer Verhältnisse. Tübingen 1969. Abdruck des RDH in Protokoll der ausserordentlichen Reichsdeputation zu Regensburg. 2 Bde., 4 Beilagenbde. Regensburg 1803, hier Bd. 2 (1803), 833–944; *Georg Friedrich v. Martens*, Supplément au Recueil des principaux traités d'alliance, de paix, de trêve, de neutralité, de commerce, de limites, d'échange etc. con-

clus par les puissances et états de l'europe tant entre elle qu'avec les puissances et états dans d'autres parties du monde depuis 1761 jusqu'à présent. Göttingen 1807, hier Bd. 3 (1807), 231ff.; *Philipp Anton Guido von Meyer/Heinrich Zoepfl* (Hgg.), Corpus Juris Confoederationis Germanicae oder Staatsacten für Geschichte und öffentliches Recht des Deutschen Bundes. Nach officiellen Quellen. 3 Bde. Frankfurt a. M. 3. Aufl. 1858–1869. ND Aalen 1978, hier Bd. 1 (3. Aufl. 1858), 7–45; nur deutsch in *Karl Zeumer* (Bearb.), Quellensammlung zur Geschichte der Deutschen Reichsverfassung in Mittelalter und Neuzeit. Tübingen 2. Aufl. 1913, 509–531, Nr. 212; *Ernst Walder* (Bearb.), Das Ende des Alten Reiches. Der Reichsdeputationshauptschluß von 1803 und die Rheinbundakte von 1806 nebst zugehörigen Aktenstücken. Bern 1948, 15–62.

48 Vgl. *Hömig* (wie Anm. 47), 38 mit Anm. 66.

49 Karl Obser gibt fälschlich je 150 fl. an. Vgl. *Obser*, Äbtissinnen (wie Anm. 2), 432, Anm. 2.

50 Vgl. GLAK 237/4595, fol. 4r–5r (Lit. A).

51 Vgl. GLAK 237/4597; *Schmid* (wie Anm. 1), 188.

52 Vgl. GLAK 237/4595, fol. 4r–5r (Lit. A).

53 Vgl. GLAK 237/4595, fol. 6r–7r (Lit. B).

54 Vgl. GLAK 237/4595, fol. 8r–11r (Lit. C).

55 Vgl. GLAK 237/4595, fol. 12r–13r; (Lit. D und E); 88/955, fol. 5r, 7r (Anlage Nr. 5 und 6).

56 Vgl. GLAK 237/4595, fol. 4r–5r (Lit. A).

57 Vgl. Ebd.

58 Vgl. *Obser*, Äbtissinnen (wie Anm. 2), 432, Anm. 2; GLAK 237/4593, fol. 148r (Geheimratsprotokoll Nr. 5499 vom 07.10.1803).

59 Vgl. GLAK 237/4593, fol. 147r (Hofratsprotokoll Nr. 11183 vom 22.10.1803), 150r (Geheimratsprotokoll Nr. 5777 vom 19.10.1803), 151r (Hofratsprotokoll Nr. 11592 vom 02.11.1803), 163r (Hofratsprotokoll Nr. 12669 vom 29.11.1803).

60 Vgl. GLAK 48/5573, fol. 1r–118v.

61 Vgl. GLAK 48/5573, fol. 2v–3v.

62 Im 19. Jh. wurde das Wirtshaus umbenannt. Heute trägt es den Namen »König von Preussen«.

63 Vgl. GLAK 48/5573, fol. 4r–13r.

64 Vgl. GLAK 48/5573, fol. 16v–18r, 19v–22r.

65 Vgl. GLAK 48/5573, fol. 32v.

66 Vgl. GLAK 48/5573, fol. 33r–34r.

67 Vgl. GLAK 48/5573, fol. 13v–16r, 17v, 18v–19r, 22v–24v.

68 Vgl. GLAK 48/5573, fol. 25r–32r.

69 Vgl. GLAK 48/5573, fol. 34v–43r.

70 Zu den grundherrlichen Lasten und Abgaben der Gemeinde Spessart vgl. auch *Ingeborg Wittmer*, Geschichte des Dorfes Spessart. Karlsruhe 1993, 28–40.

71 Selbst heute noch können nach den Gemeindeverordnungen verschiedener Länder, so auch nach § 10 Abs. 5 der Gemeindeordnung für Baden-Württemberg, Gemeinden neben fiskalischen Abgaben auch Hand- und Spanndienste von ihren Bürgern fordern.

72 Vgl. GLAK 48/5573, fol. 47r–47v, 69v–72v.

73 Vgl. GLAK 48/5573, fol. 48r.

74 Vgl. GLAK 48/5573, fol. 43v–44v.

75 Vgl. GLAK 48/5573, fol. 45r–45v.

76 Vgl. GLAK 48/5573, fol. 48v.

77 Vgl. GLAK 48/5573, fol. 50r–53v.

78 Vgl. GLAK 48/5573, fol. 54r.

79 Vgl. GLAK 48/5573, fol. 54v.

80 Vgl. GLAK 48/5573, fol. 46r–46v.

81 Vgl. GLAK 48/5573, fol. 49r–49v.

82 Zur Geschichte der deutschen Grundherrschaft vgl. *Friedrich Lütge*, Geschichte der deutschen Agrarverfassung. Vom frühen Mittelalter bis zum 19. Jh. Stuttgart 2. Aufl. 1967.

83 Vgl. GLAK 48/5573, fol. 55r–67v.

84 Vgl. GLAK 48/5573, fol. 73r–107v.

85 Vgl. GLAK 48/5573, fol. 109r–113r.

86 Hier zeigt sich die deutliche Fehleinschätzung des Ministers Reitzenstein, der Frauenalb mit rund einem Zehntel dieser Summe angesetzt hatte. Von den an Baden fallenden geistlichen Erwerbungen erhoffte sich Reitzenstein nach einer Denkschrift vom Juli 1802 (in *Bernhard Erdmannsdörfer/Karl Obser* (Bearb.), Politische Correspondenz Karl Friedrichs von Baden 1783–1806, hg. von der *Badischen Historischen Commission.* 6 Bde. Heidelberg 1888–1915, Bd. 4 (1896), Nr. 202, 203.) auf der Aktivseite an jährlichen Einkünften der vier Bistümer und acht Stifte insgesamt 675.000 fl., davon aus Frauenalb 15.000 fl.; auf der Passivseite rechnete er mit einer Pensionslast für die Geistlichkeit von wenigstens 250.000 fl. im Jahr. Vgl. *Schmid* (wie Anm. 1), 27.

87 An anderer Stelle werden sie mit 31.061 fl. angegeben. Vgl. *Christian Friedrich Müller* (Hg.), Geographisch, statistisch, topographische Beschreibung von dem Kurfürstenthum Baden. Mit einer illuminirten Charte. Bd. 1: Die badische Markgrafschaft. Karlsruhe 1804, 30–31; ähnlich auch *Karl Friedrich Victor Jägerschmid*, Baden und der untere Schwarzwald im Großherzogthum Baden mit seinen Thälern und Gesundbrunnen. Geographisch, naturhistorisch, geschichtlich und statistisch beschrieben. Karlsruhe 1846, 206. Adam Ignaz Valentin Heunisch (1786–1863) gab die Größe des Klostergebiets mit 1,16 Quadratmeilen (= 9,57 qkm) und dessen »statistischen Wert« nach dem Steuerkapital von 1817 mit 2.870.450 fl. an; allerdings nennt er seine Bewertungsgrundlagen nicht. Vgl. *Adam Ignaz Valentin Heunisch/Josef Bader*, Das Großherzogthum Baden historisch-geographisch-statistisch-topographisch beschrieben. Heidelberg 1857, 78.

88 Vgl. GLAK 88/958, fol. 47r–47v (Nr. 5).

89 Vgl. GLAK 88/958, fol. 1r–42r.

90 Vgl. GLAK 88/955, fol. 43r–43v (Nr. 1); 237/4593.

91 Vgl. *Schmid* (wie Anm. 1), 188.

Eine schöne Acquisition für das Fürstliche Haus Löwenstein …

Die Säkularisation der Zisterzienserabtei Bronnbach

von Leonhard Scherg

Bronnbach am Ende des 18. Jahrhunderts

1796 und ab 1799 griffen französische Truppen nach Franken aus. Mit Flucht, Besetzung und Erpressung von Geld und Lebensmitteln war von da an nur noch begrenzt ein regelgemäßes Klosterleben in Bronnbach möglich. Dass man im Jahr 1800 allgemein von einer äußerst kritischen Lage für die Klöster ausging, bezeugt die Klage des Bronnbacher Amtmanns Jakob Lohr, es sei kaum möglich, Kredit zu erhalten, weil die Aufhebung der Klöster erwartet werde.[1] Dabei hatte Bronnbach zum Ende des 18. Jhs. insgesamt gut dagestanden, wie nicht zuletzt der entsprechende Artikel im 1799 erschienenen *Lexikon von Franken* von Johann Kaspar Bundschuh belegt[2]:

Bronnbach, Cisterzienser-Mannskloster von 45 Conventualen, unter den Würzburgischen Kirchsprengel gehörig, in einem angenehmen mit Waldungen umschlossenen Wiesenthale, am Flüßchen Tauber, zwischen dem Mainzischen Oberamte Bischoffsheim und der Grafschaft Werthheim, zwey kleine Stunden von Werthheim und 1 Stunde vom Mainzischen Städtchen Külsheim. Der Markungs-Bezirk des Klosters ist ansehnlich und besteht aus vielem Ackerfelde, schönen Wiesengründen, Klee und vortreflichen Weinbergen, Gemüß und Obstgärten und Waldungen; das Kloster hat daher eine weitschichtige Oekonomie, eine ausgebreitete Viehzucht; zum Behufe der nothwendigsten Bedürfniße hat es alle erforderlichen Professionisten, eine beträchtliche Mühle, vortreffliche Bierbrauerey und vor dem Eingange der Kloster-Gebäude wegen des dort vorbeyführenden stark besuchten Weeges nach Werthheim ein gut conditionirtes Wirthshaus. Die übrigen Gefälle des Klosters sind beträchtlich an eigenen Ortschafften und an Zehenden und Gülten im ganzen Umkreise; selbst in der Residenzstadt Würzburg hat es einen Hof mit vielen Gefällen. Das Kloster hat seiner Besitzungen u. Landeshoheit halber mit seinen Nachbarn ewige Prozesse, vorzügl. mit Werthheim noch aus den Reformations-Zeiten her. […] *Die Vorsteher des Klosters sind 1 Abt, 1 Prior und 1 Bursarius oder Haushälter. Die Canzley hat einen Geistlichen zum Director, 1 weltlichen Consulenten, 1 Amtsvogt und 1 Sekretär.* […]

Trotz der z. T. seit Jahrhunderten anstehenden Prozesse[3] hatte das Kloster seit der zweiten Hälfte des 17. Jhs. einen weitgehend sicheren Rechtsstand erreicht. 1656 hatten sich das Erzstift Mainz und das Hochstift Würzburg geeinigt, das Kloster Bronnbach mit seinen Höfen als *terriorium nullius*, d. h. als keinem anderen Landesherrn unterstehendes Gebiet, anzuerkennen.[4] Seit 1673 waren nach langem Streit Reicholzheim und Dörlesberg wieder Bronnbacher Dörfer.[5] Als *Amphibium – zwischen Mainz und Würzburg vertragsmässig territorii suspensi*[6] kennzeichnete man zutreffend das Bronnbacher Territorium, für das seit 1674 die sog. *Zent* [Hochgerichtsbezirk, d. Hg.] Reicholzheim bestand.[7] Dieses Bronnbacher Gebiet wurde 1765 erweitert, indem der ritterschaftliche Weiler Rütschdorf als Pfandgut übernommen und der freie Hintere Messhof mit allen Zugehörungen gekauft wurden.[8] Das kleine Bronnbacher Territorium umfasste von da an die Klostergemarkung mit den Höfen Schafhof, Lengfeld (Mittelhof), Kemelhof und Wagenbuch, die Dörfer Reicholzheim und Dörlesberg, letzteres mit dem Ernsthof, den angrenzenden

Messhof, der über den der mainzischen Zent Walldürn unterstehenden Bronnbacher Besitz im Erftal (Hof Breitenau und Lindenmühle) die Verbindung zum Weiler Rütschdorf herstellte. Als keiner fremden Landeshoheit unterstehend wurde allem Anschein nach der von wertheimischem Territorium umschlossene Bronnbacher Dürrhof betrachtet. Territorium bedeutete aber auch im Fall Bronnbach wie überall in Franken nicht den völligen Ausschluss anderer Rechte, sondern Rechte und Rechtsansprüche waren »seit alters vielfach verschachtelt und ineinander verschränkt«.[9] Das Bronnbacher Territorium, das sich seit den 90er Jahren in seinem Rechtsstand bedroht sah, bildete den Kernbestand des Klosterbesitzes, der sich auf viele weitere Ortschaften zwischen Erf und Tauber und bis Würzburg hin erstreckte.

Abt Heinrich Göbhardt von Bronnbach, der letzte Abt, nannte sich als Vorsteher seines Klosters und Landesherr: *Von Gottes Gnaden Wir Heinrich, Abt und Prälat des abteylichen Stiftes und Gotteshauses Bronnbach, Herr zu Reicholzheim, Dörlesberg etc.*[10] Ludwig Göbhardt, in Bamberg am 5. Dezember 1742 geboren, entstammte der Familie des Bamberger Buchhändlers und Universitätsdruckers Josef Martin Göbhardt (1709–1757) und wurde 1764 in das Kloster aufgenommen; er nahm den Namen Heinrich an und legte am 9. Juni 1765 seine Profess in Bronnbach ab.[11] 1768 wurde er zum Priester geweiht. Er studierte an der Universität Bamberg Philosophie und an der Universität Würzburg Theologie und Rechtswissenschaften. Das Studium der Theologie schloss er 1771 als Lizentiat ab. Besondere Funktionen im Kloster sind nicht belegt. Dennoch wurde er nach dem Amtsverzicht von Abt Ambrosius Balbus (1752–1783) am 5. August 1783 zum Abt gewählt. Sein erfolgreiches Wirken wird von der Säkularisation und der Auflösung seines Klosters überschattet.

Bronnbach als Entschädigungsobjekt

Seit dem Frieden von Campo Formio 1797 war die Frage der Entschädigung für die Abtretung linksrheinischer Territorien an Frankreich gestellt, die aber auf dem Rastatter Kongress vom 9. Dez. 1797 bis zum 23. April 1799 keine befriedigende Antwort fand. Bezeichnenderweise wurde aber in diesem Zusammenhang auch die Abtei Bronnbach in einer Schrift des mainzischen Hofrats Engelhard vom 17. April 1798 als geeignetes Säkularisationsobjekt für das Erzstift betrachtet.[12]

Der Frieden von Lunéville vom 9. Februar 1801 forderte u. a. eine Regelung der Entschädigungsfrage durch ein Reichsgesetz, wofür schließlich eine Reichsdeputation bestellt wurde, die am 24. August 1802 in Regensburg erstmals zusammentrat. In der Zwischenzeit wurde das Problem der Entschädigungen und damit verbunden der territorialen Neugestaltung Deutschlands im Miteinander von Frankreich und Russland weitgehend gelöst.[13]

Wertheimer Gesandte verhandelten von Februar bis August 1801 in Paris über die Entschädigungen des fürstlichen und des gräflichen Hauses.[14] Bronnbach (bzw. *Brombach*) wird in den Verhandlungen, in Schreiben vom 28. März 1801 und 13. Juni 1801, als wertheimisches Entschädigungsobjekt fassbar.[15] Im Sommer 1802 konzentrierten sich die Verhandlungen auf Regensburg. Am 18. August 1802 legten die Minister der beiden vermittelnden Mächte Frankreich und Russland in Form von zwei gleichlautenden Deklarationen den *Indemnitätsplan* bei der allgemeinen Reichsversammlung vor[16], der Grundlage war für die Beratungen der Reichsdeputation. Als Entschädigung der Löwenstein-Wertheim war darin bereits u. a. *l'abbaye de Bronnbach*[17] bestimmt. Auch wenn man sonst auf Wertheimer Seite nicht recht zufrieden war und nun eine rege Korrespondenz zwischen den Gesandten in Regensburg und der Verwaltung in Wertheim sowie in Regensburg selbst eine intensive Verhandlungstätigkeit einsetzten[18], betrachtete man das als Entschädigungsobjekt feststehende Bronnbach als *eine schöne Acquisition für das Fürstliche Haus Löwenstein*[19], befürchtete aber wegen der bronnbachischen Besitzungen im Hochstift Würzburg Schwierigkeiten mit Pfalz-Bayern. Als wichtig betrachtete man es daher, die Frage der Territorialhoheit eindeutig zu klären.

Bronnbach geriet in dieser Zeit vorübergehend auch in den Blick des Deutschen Ordens.[20] Zumindest im undatierten Vorschlag des Hofrats Paul Anton Handel wurde auch *Brommbach* als mögliches Entschädigungsobjekt ausgewiesen.

Abt Heinrich Göbhardt
(* 1742, 1783–1802, † 1816)
Porträt des letzten Abts von Bronnbach.
Landkreis Main-Tauber.

Der auf den 8. Oktober datierte *Plan Général*[21], Ergebnis der Verhandlungen, bestätigte als Entschädigungsobjekt des Fürsten v. Löwenstein-Wertheim u. a. die Abtei *de Bronnbach*. Dieser Plan wurde am 9. Oktober der Reichsdeputation vorgelegt und mit großer Mehrheit angenommen.[22] Bestimmt wurde darin allgemein der 1. Dezember als Datum des Besitzübergangs[23], weshalb der Wertheimer Gesandte am 11. Oktober nach Hause mitteilen konnte, dass mit *der Besitzergreifung* [...] *jetzt ohne Anstand der Anfang gemacht werden* könne.[24]
Unabhängig vom weiteren Fortgang der Beratungen der Reichsdeputation[25] war damit Anfang Oktober im wesentlichen das Schicksal der Entschädigungsobjekte entschieden.

Die Besitzergreifung Bronnbachs

Die Vorbereitungen

Am 13. Oktober trat die fürstliche Regierung zusammen, um über das weitere Vorgehen zu beraten.[26] Mit der Besitzergreifung wollte man noch abwarten, bis der Entschädigungsplan ratifiziert sei, ordnete aber an, Grenzpfähle mit der Aufschrift *Löwenstein Wertheimisches Territorium und Cent* anzufertigen.[27] Weitere Maßnahmen wurden erforderlich, als in den Leiningen zugesprochenen Ämtern am 15. Oktober die Besitzergreifung und der Anschlag Leiningener Besitzergreifungspatente in den künftigen Dörfern und Höfen verfügt wurde.[28] Da man Gefahren für die links der Tauber gelegenen Klosterhöfe Ernsthof und Breitenau sowie für Rütschdorf sah, wurden von Wertheim am 17. Oktober Kontrollen und der Druck eigener Patente veranlasst. Die auf dem Ernsthof und in Breitenau bereits angeschlagenen Leiningener Patente wurden entfernt, gegenüber dem bisherigen mainzischen Amtsvogt in Külsheim Protest erhoben und Löwensteiner Patente angebracht. Es entstand daraufhin ein Streit über die Landeshoheit auf dem Ernsthof, dem Hof Breitenau, Rütschdorf, der Lindenmühle, dem Meßhof und dem Dürrhof, d. h. auf den auf der linken Seite der Tauber gelegenen Bronnbacher Höfen. Grundsätzlich ging es in dieser Auseinandersetzung den Wertheimern darum, *die diesseitige Jura*[29] zu wahren.

Das Besitzergreifungsactum

Am 19. Oktober[30] ordnete der Fürst für den 21. Oktober die Besitzergreifung *der Abtey Bronnbach cum annexis* an. Grundlage war eine *Instruction* vom 19. Oktober 1802.[31] Am 21. Oktober 1802 begaben sich die bestellten Kommissare zum *Besitzergreifungsactum*[32] nach Bronnbach. An der bisherigen Territorialgrenze, der Gemarkungsgrenze von Waldenhausen und Reicholzheim, wurden sie von einer Bronnbacher Delegation begrüßt und in die Abtei geleitet. Nach der Legitimation und der Darlegung der Gründe für die Kommission wurde *die Erklärung der feyerlichen Besitznahme von der hiesigen Abtey, und allen anhero gehörigen Dorfschaften, Höfen, Mühlen und Gerechtigkeiten nebst allen Einkünften und Renten öffentlich kund gemacht* und wurden die Anwesenden zum Handgelöbnis auf den künftigen Landesherrn aufgefordert. Zuvor empfahl Abt Heinrich den Konvent, die weltlichen Beamten und alle Untertanen der fürstlichen Gnade. Verpflichtet wurden der Amtmann Lohr zur weiteren Verwaltung des Archivs und zwei Patres zur Verwaltung der Klosterwirtschaft. Verzeichnisse über den Konvent, über die weltliche Dienerschaft und das Forstpersonal wurden erstellt. Vereidigt wurden dann die Einwohner von Rütschdorf, die Ortsvorstände von Reicholzheim und Dörlesberg sowie die anwesenden Bronnbacher Hofbauern. Anordnungen wurden schließlich getroffen hinsichtlich des Anschlagens der Patente und des Aufstellens der Hoheitspfähle. Die Besitzergreifungspatente wurden am 21. Oktober in Reicholzheim und Dörlesberg sowie am 22. Oktober auf den klosternahen Höfen, dem Schafhof, dem Hof Lengfeld, Hof Wagenbuch und Kemelhof, angebracht.

Umstrittener Besitz

Der Streit zwischen Löwenstein und Leiningen hielt bis Ende 1802 an.[33] Obwohl beide Seiten zu Kompromissen bereit waren, verschärfte sich zunächst noch die Situation, als der Schönert, der zwischen Bronnbach und Külsheim gelegene Wald, im November zum Streitobjekt wurde, ein militärisches Kommando am 17. Dezember bis zum Zigeunerstock an der Bronnbacher Tauberbrücke vordrang, an der Grenze

der vormaligen Kurmainzer Cent Leiningener Patente anbrachte, die in den folgenden Tagen auch auf dem Ernst- und dem Hinteren Meßhof angeschlagen wurden. Ende 1802 wurden die Löwensteiner Ansprüche auf die Landeshoheit über Breitenau aufgegeben; Ernsthof und Hinterer Meßhof sowie der an das Kloster angrenzende Teil des Schönert wurden löwensteinisch.
Ein ähnliches Problem entstand, als die hochfürstliche Regierung in Würzburg – Kurpfalz-Bayern war bereits am 3. September im Hochstift Würzburg einmarschiert – von *dem abteylichen Kloster Bronnbach* Ende Oktober einen Bericht über den *Früchtevorrath seiner Unterthanen* anforderte und unter Androhung *mißliebiger Maßregeln* am 27. Oktober anmahnte[34] und zur Vorlage der rückständigen Rechnungen aufforderte. Beides konnte als Anspruch auf Landeshoheit verstanden werden. Die fürstliche Verwaltung ließ als Vorsorgemaßnahme mit einem auf den 25. Oktober zurückdatierten Protokoll das Klosterarchiv versiegeln.

Die Civilbesitzergreifung

In Regensburg legten die Minister der vermittelnden Mächte und die Reichsdeputation am 20. bzw. 23. November die Einzelheiten der Entschädigung fest, darunter auch, dass *der volle Civilbesitz von allen Entschädigungsgegenständen acht Täg vor dem 1ten mens(is) prox(imi) anfange*.[35] Bestimmt wurde auch in § 36: *Die namentlich und förmlich zur Entschädigung angewiesenen Stifter, Abteyen und Klöster, sowie die der Disposition der Landesherrn überlassenen, gehen überhaupt an ihre neuen Besitzer mit allen Gütern, Rechten, Kapitalien und Einkünften, wo sie auch immer gelegen sind, über.*[36] Zum frühesten Termin, am 23. November, erging von der löwensteinischen Verwaltung der Auftrag, die *Civilbesitzergreifung* Bronnbachs vorzunehmen.[37] Am 26. November wurde der Kommissar am Eingang des Abteigebäudes vom Abt zusammen mit den geistlichen und weltlichen Offizianten empfangen. Fünf Exemplare der inzwischen neu angefertigten Besitzergreifungspatente wurden am Abteibau, der Kirche und anderen öffentlichen Gebäuden angeschlagen. Der Abt als bisheriger Landesherr dankte bei seinem letzten Auftritt als Prälat Bronnbachs den geistlichen und weltlichen Beamten, entließ sie aus ihren Pflichten und forderte sie auf, dem neuen Landesherrn treu zu dienen. Daraufhin wurden die weltlichen Bronnbacher Beamten mit Eid verpflichtet. Verpflichtet wurden auch die für die Klosterwirtschaft verantwortlichen Geistlichen, welche ihre Aufgaben bis zu einem späteren Zeitpunkt fortsetzen sollten. Da eine Kanzlei nicht mehr benötigt wurde, verzichtete man auf eine Verpflichtung des geistlichen Kanzleidirektors. Die von diesem bisher noch wahrgenommenen juristischen Aufgaben wurden dem Konsulenten, dem höchsten weltlichen Beamten Bronnbachs, übertragen. Dann wurden die Schultheißen und Gerichtspersonen *mit einem cörperlichen Eid* verpflichtet. Am Nachmittag wurden die bronnbachischen Waldungen *durch Abhauung eines kleinen Stamms* und die Jagd, vor allem im Külsheimer Schönert, *durch einige Schüße aus einem Jagdgewehr* in Besitz genommen.
Nach der provisorischen Besitzergreifung am 21. Oktober und der zivilen am 26. November bezeichnet der 1. Dezember 1802 das offizielle Datum der Säkularisation Bronnbachs. In Würzburg wurden Anfang Dezember 1802 bayerische Patente am Bronnbacher Hof[38] angeschlagen. Dieser wurde, wie erwartet, trotz der Proteste der fürstlichen Verwaltung als mediat betrachtet.

Die Auflösung des Klosters

Die Entscheidung zur Auflösung

Mit den einschlägigen Bestimmungen des RDH war der Rahmen für die künftigen Regelungen für Bronnbach abgesteckt. Von besonderer Bedeutung war § 42, der u. a. bestimmte: *Die Mannsklöster* [...] *sind der Verfügung des Landesherrn oder neuen Besitzers unterworfen, welche sie nach freiem Belieben aufheben oder beibehalten können.*[39] Fürst Dominik Constantin (1789–1814) selbst ging mit gemischten Gefühlen an die Auflösung der Abtei. Nicht zuletzt war ihm sicher auch die Gefahr bewusst, selbst Opfer der benachbarten Mittelstaaten zu werden.[40] Wie 1816 festgestellt wurde, *dominirte* in der löwenstein-wertheimischen Verwaltung, was die Besitznahme Bronn-

Kloster Bronnbach
Ansicht von Westen aus der Vogelschau.
Ölgemälde, Josephsaal/Bronnbach, 1742/53.

bachs betraf, *der nun verlebte damalige Herr Regierungspräsident Herr v(on) Hinckeldey allein.*[41]
Für die Überlieferung, Abt Heinrich habe, um sein Kloster zu retten, dieses in eine Schule umwandeln wollen[42], findet sich in den archivalischen Unterlagen kein Beleg. Im Gegenteil erinnerte man sich 1816[43], dass es die Absicht des Fürsten Dominik Constantin und besonders der Fürstin Maria Leopoldine (1761–1807) gewesen sei, *daß der Prälat und die Conventualen beisammen bleiben und eine nüzliche Verwandlung in ein Lehrinstitut geschehen solte.* Wie besonders die skeptischen und ablehnenden Reaktionen des Konvents zeigten, waren aber die wenigsten zu dieser Umorientierung bereit.
Am 3. Februar 1803 erteilte Fürst Dominik Constantin den Auftrag, in Bronnbach mit Abt und Konvent wohl auf der Grundlage der undatierten *ohnmaßgeblichen Präliminar-Punktation* über die künftige Ordnung zu beraten.[44] Die Befragungen am 3. und 4. Februar lieferten die Erkenntnisse, auf deren Grundlage von der fürstlichen Verwaltung und vom Fürsten selbst schließlich die Entscheidungen gefällt wurden. Mit dem 4. Februar beginnend wurde die Erfassung der Abtei Bronnbach als Vermögensobjekt zum Abschluss gebracht; am 24. Februar folgten dann drei Verfügungen des Fürsten betreffend den Abt, den Konvent sowie die Beamten und Diener[45], die zum 16. März in Kraft traten. Damit endete dann vollends Bronnbach als selbständige Einrichtung.

Die Entschädigung Abt Heinrich Göbhardts

Abt Heinrich behielt sich in den Verhandlungen am 4. Februar das Recht vor, seinen künftigen Aufenthaltsort zu bestimmen und verlangte neben seinen Möbeln, Geräten und Ausstattung seine *Kapelle*, Chorrock und Messgewänder, seine Kutsche mit Pferden und Geschirr, Wein, seine Handbibliothek und seine *Pretiosen* und vor allem eine jährliche Pension von 4.000 fl. für die ersten drei Jahren, im weiteren dann von 3.000 fl.[46] Am 24. Feb. 1803[47] wurde Abt Heinrich mitgeteilt, seiner Entscheidung bleibe es überlassen, *ob er seinem Gottes Haus fernerhin vorstehen wolle oder nicht*. Im wesentlichen wurden mit geringen Abstrichen auch seine Forderungen akzeptiert. Die jährliche Pension für den Abt betrug 3.000 fl., die in vierteljährlichen Raten zu zahlen waren. Zugesichert wurden 1.000 fl. für die erste Einrichtung, Möbel, Gemälde und Ausstattung, die *Kapelle*, Chorrock und Messgewänder, die geistlichen Bücher der Handbibliothek zum dauernden, die übrigen Bücher zum lebenslangen Besitz, die Kutsche mit Pferden und Geschirr, Wein, im wesentlichen der *Praelatische Schmuck*. Vor allem wünschte der Fürst,

dass der Abt *in hiesiger Gegend* bleibe.[48] Wie aus der Erklärung vom 4. Februar hervorgeht, stand aber für Abt Heinrich auf jeden Fall fest, nicht in Bronnbach zu bleiben.[49] Am 22. April 1803[50] reiste Abt Heinrich nach Heubach und überbrachte dem Fürsten u. a. die *Bronnbachische Pretiosen.* Der Fürst forderte davon *das Pectoral samt Ring* – ein mit Rubinen, Perlen und Brillianten besetztes Kreuz und den dazu gehörigen Ring, auf *3.000 fl. an Werth* angeschlagen –, der übrige Schmuck wurde Abt Heinrich zu Eigentum überlassen. Der Abt erklärte, weder Kapitalien noch Bargeld zurückgehalten zu haben und Ende April nach Bamberg ziehen und dort seinen Aufenthalt nehmen zu wollen. Dies wurde gestattet. Nach seiner Rückkehr nach Bronnbach erklärte Abt Heinrich, *daß Serenissimus ihme alles, was er von Bronnbach wegbringe, ohne mindeste Ausnahme zu gestatten gnädigst geruhet hätten.*[51] Ende April bzw. Anfang Mai übersiedelte er mit zwei Dienern, mit den Möbeln, mit Büchern und Schmuck, außerdem mit zahlreichen Archivalien und den Klostersiegeln nach Bamberg.[52] Auch wenn er in Bamberg das Leben eines begüterten Geistlichen führte, war der ehemalige Bronnbacher Abt nicht zufrieden, vor allem beschwerte er sich 1812 bis 1816 wegen unrichtiger Zahlung seiner Pension.[53] Nach schwerer Krankheit verstarb Abt Heinrich dann am 25. Juli 1816 in Bamberg im 74. Lebensjahr.[54] Beigesetzt wurde er am 28. Juli zu St. Getreu in Bamberg.[55]

Die Auflösung des Konvents

Einschließlich des Abtes hatten 40 Personen, 36 Geistliche und vier Laienbrüder, am 21. Oktober 1802 die Klostergemeinschaft der Zisterzienserabtei Bronnbach gebildet.[56] Bis Anfang Februar 1803 waren vier Mönche sowie ein Konverse verstorben. Außerdem war ein Mönch Ende November 1802 in fürstlichen Dienst getreten. Die Gemeinschaft bestand damit nur noch aus 31 Geistlichen und drei Laienbrüdern. Diese wurden auftragsgemäß Anfang Februar 1803 befragt, *was theils wegen ihrer künftigen Sustentation als auch wegen fernerer Bestimmung mit der Abtei selbsten am zweckmäsigsten den obwaltenden Umständen nach zu veranstalten seyn mögté.*[57] Der Prior erklärte am 4. Februar für den Konvent, alle wünschten *im Besize ihres gänzlichen bisherigen Eigenthums zu verbleiben und nach ihrem Beruf leben zu können* und seien daher bereit, *zu einer Entschädigung Seiner Hochfürstlichen Durchlaucht ein jährliches mit ihren Einkünften verhältnismäsiges Geldquantum abzureichen.* Falls man sich für eine Pension entscheide, gebe man sich mit *50 Carolins*[58] zufrieden. Erst nach der Anfertigung eines Mobiliarstatus sei man in der Lage, *bemeßen zu können, wieviel jedes Individuum zur Vergütung und respective Ausstattung zu fordern berechtiget seye.* Wenn auch im allgemeinen jeder in seinem Professkloster bleiben wolle, so bestünden doch verschiedene Auffassungen, so dass sich jeder selbst äußern werde. In der unmittelbar und am 5. Februar folgenden Befragung der Mönche schlossen sich alle der grundsätzlichen Ausführung des Priors an. Schließlich erklärten aber nur einige wenige, insgesamt sechs Mitglieder des Konvents, ohne Vorbehalte im Kloster bleiben zu wollen. Der größte Teil, 16 Personen, lehnte eindeutig ein neues Institut ab, zeigte sich skeptisch und in unterschiedlichem Grad abwartend. Die Bereitschaft zum Austritt ließen vier Konventualen erkennen. Der *Catalogus religiosorum abbatiae Bronnbacensis* vom Anfang Februar, der dann am 5. Februar übergeben wurde[59], vermerkt als austrittswillig bereits zehn Konventualen. Die fünf Pfarrer erklärten übereinstimmend, auf ihren Pfarrstellen bleiben zu wollen.

Auf der Grundlage der *Praeliminar Punctation* und der Erklärungen vom Anfang Februar wurde am 24. Februar 1803 vom Fürsten die künftige Ordnung des Klosters verfügt.[60] Die mögliche Errichtung einer Lehranstalt wurde recht skeptisch beurteilt. Die Erklärung gestattete die freie Entscheidung der Klosterangehörigen zum Austritt oder zum Bleiben. Die austrittswilligen Priester erhielten 150 fl. für ihre künftige Einrichtung, ihre Möbel und 400 fl. Pension, die Laienbrüder 100 fl. für Ausstattung, ihre Möbel und 300 fl. Pension. Den Austretenden wurde die freie Wahl ihres künftigen Aufenthaltsortes zugestanden; sie waren jedoch anzeigepflichtig gegenüber der fürstlichen Verwaltung. Eine Rückkehr nach Bronnbach wurde ausgeschlossen. Eine Verpflichtung zum Pfarrdienst blieb bestehen, auch galten die geistlichen Gelübde fort. Die im Kloster verbleibenden Priester bezogen eine Pension von 450 fl. Bezüglich Pension, Möbel und Ausstattungsgeld waren die im Kloster bleibenden Laienbrüder den Austrittswilligen gleichgestellt. Die bisherige

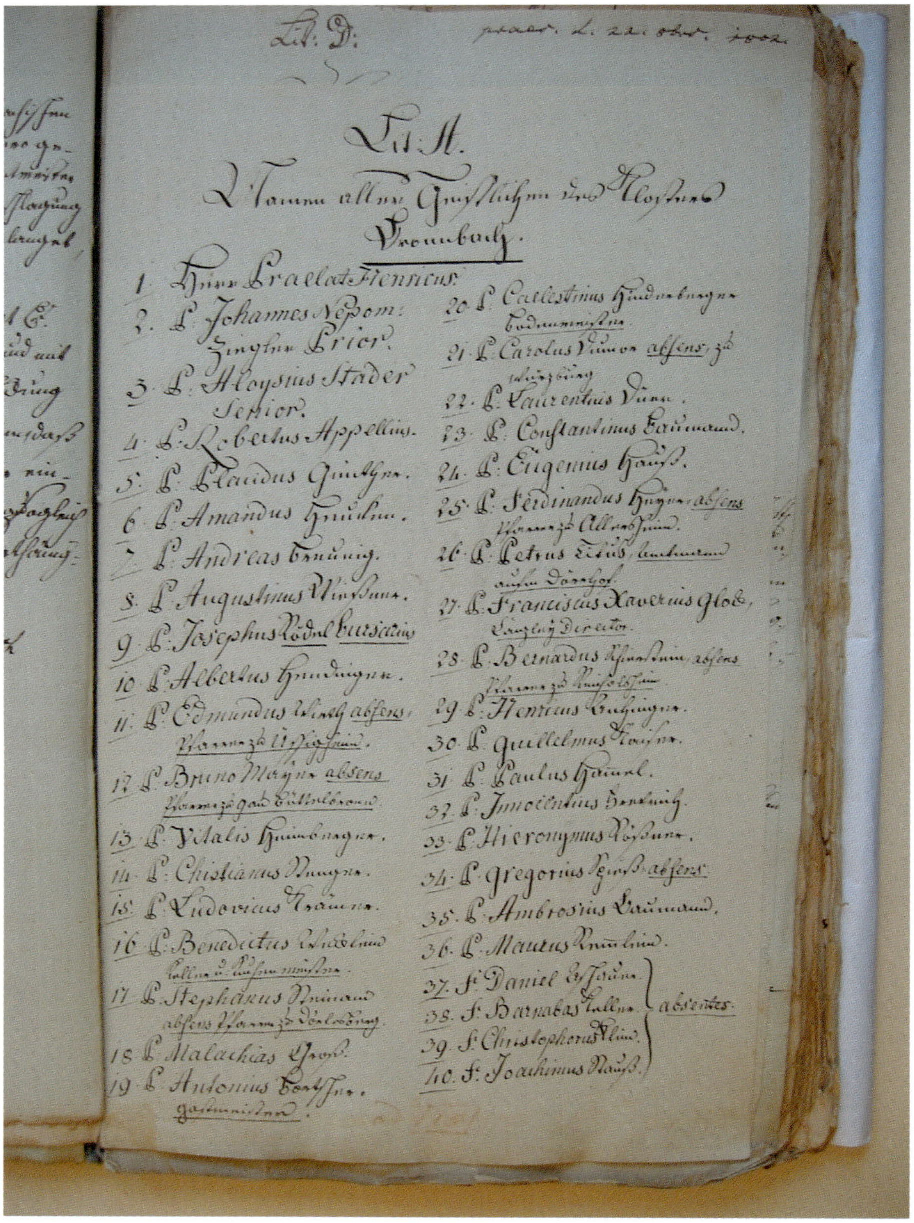
Lit: A.
1. Herr Praelat Henricus.
2. P. Johannes Nepom: Prior.
3. P. Aloysius Stader Senior.
4. P. Robertus
5. P. Claudius
6. P. Amandus
7. P. Andreas
8. P. Augustinus
9. P. Josephus Rödel
10. P. Albertus
11. P. Edmundus absens
12. P. Bruno Mayer absens
13. P. Vitalis
14. P. Christianus
15. P. Ludovicus
16. P. Benedictus
17. P. Stephanus absens
18. P. Malachias
19. P. Antonius
20. P. Caelestinus
21. P. Carolus absens
22. P. Laurentius
23. P. Constantinus Baumann.
24. P. Eugenius
25. P. Ferdinandus absens
26. P. Petrus
27. P. Franciscus Xaverius
28. P. Bernardus absens
29. P. Henricus
30. P. Guillelmus
31. P. Paulus
32. P. Innocentius
33. P. Hieronymus
34. P. Gregorius absens.
35. P. Ambrosius Baumann.
36. P. Mauritius
37. Fr. Daniel
38. Fr. Barnabas absentes
39. Fr. Christophorus
40. Fr. Joachimus

Liste der Bronnbacher Konventualen vom 21. (22.?) Oktober 1802
Staatsarchiv Wertheim.

Ordnung – besonders genannt wurden Ordenskleid, die Gottesdienste und Jahrtage – bestand fort; allerdings wurde der Chordienst reduziert. Der *Kommunität* stand künftig der Abt bzw. ein Superior vor. Überlassen wurden den Mitgliedern der Kommunität ihre Wohnungen und die Kirche mit ihrer Ausstattung, 300 fl. für den Gottesdienst, die Nutzung der Bibliothek und der Gärten sowie Naturaleinkünfte und Reitpferde. Verpflichtet waren sie zum Unterhalt; jedoch gingen die Reparaturen zu Lasten des neuen Eigentümers. Vor allem für die gemeinsame Verpflegung wurde eine gemeinschaftliche Kasse eingerichtet, die von einem Ökonomen verwaltet werden sollte. Den auf Pfarrstellen befindlichen Konventualen wurde zuge-

standen, nach Abschluss ihres Pfarrdienstes nach Bronnbach zurückzukehren oder auszutreten.
Am 24. Februar[61] wurde gefordert, die schriftliche Erklärung jedes Geistlichen *längstens binnen drey Tagen einzuschicken.* Nachdem dies am 26. Februar in Bronnbach bekannt gemacht worden war[62], nahm der Prior am 1. und 2. März die Erklärungen entgegen.[63] Zehn Mitglieder des Konvents waren zum Austritt entschlossen und neun bzw. zehn brachten Vorbehalte vor. Davon weicht nicht unerheblich die fast zeitgleiche Aufstellung vom 3. März[64] ab, nach der nur vier Mönche zum Austritt entschlossen waren, während sieben zunächst noch die weitere Entwicklung abwarten wollten. Die Verunsicherung der Bronnbacher Konventualen war jedenfalls groß.
Auf die Erklärungen vom 1./2. März teilte der Fürst am 3. März 1803[65] dem Konvent in Bronnbach mit, die zum Austritt entschlossenen Mönche hätten das Kloster *bis zum 16ten dieses* zu verlassen und mit dem 16. März träten die Anordnungen in Kraft. Entsprechende Anweisungen ergingen am 3. März *ad Regimen et Cameram*[66] und am 4. März von der Fürstlichen Regierungs- und Hofkammer an den zuständigen Rentmeister.[67] Dieser wurde dann am 15. März in Gegenwart einer Deputation des Konvents[68] auf die richtige Auszahlung verpflichtet.

Die Kommunität im ehemaligen Kloster

Mit dem 16. März hörte das Kloster Bronnbach auf zu existieren. Zehn Mönche reisten sofort ab. Die verbleibende Kommunität bestand aus 23 Mitgliedern – 20 Geistlichen und drei Laienbrüdern –, von denen aber fünf als Pfarrer außerhalb des Klosters und einer auf dem Dürrhof lebten. Die in Bronnbach weilenden 17 Personen wohnten wie bisher im Konvent- und im Krankenbau und nutzten auch gemeinsam eine Küche, zunächst die Klosterküche und dann ab 1805 die neu errichtete Küche im Krankenbau.[69] Ohne größere Einschränkungen war allem Anschein nach die Nutzung der im Krankenbau untergebrachten Klosterbibliothek.[70] Der Gemeinschaft standen zunächst Priore vor, neben denen der Senior und der Subsenior als Sprecher der Gemeinschaft auftraten.[71] Am 16. Oktober 1804 wurde dann auf Drängen der fürstlichen Verwaltung ein Superior gewählt. Als der Gewählte schon 1805 eine Seelsorgestelle erhielt, war von da an allem Anschein nach der jeweilige Senior Sprecher der Gemeinschaft.
Mit der Übernahme von Pfarrstellen – freiwillig und unter dem Druck der fürstlichen Verwaltung – und mit Sterbefällen ging die Zahl der in Bronnbach lebenden Mönche stark zurück. Am 27. Mai 1807 bestand die Kommunität aus zehn Geistlichen – davon drei als Pfarrer außerhalb des Klosters – und einem Laienbruder[72], am 25. März 1813 gab es in Bronnbach nur noch acht Geistliche und einen Laienbruder.[73] Ende Oktober 1821 waren noch zwei Geistliche und zwei Laienbrüder übrig geblieben. 1831 wurde das Gemeinschaftsleben endgültig aufgelöst. Am 19. Sept. 1832 verstarb der letzte noch in Bronnbach lebende Konventuale, der Laienbruder Christopherus Klein.[74] 1836 lebten aber insgesamt noch vier ehemalige Bronnbacher Konventualen. Als letzter verstarb am 25. Juni 1850 P. Innocentius Freyrich im Alter von nahezu 72 Jahren.[75]

Das Klosterpersonal

Was das Klosterpersonal betrifft, so waren erste personelle Entscheidungen schon mit der Zivilbesitznahme Ende November 1802 erfolgt. Nachdem schon zum 1. Dezember mit der Dienerschaft des Würzburger Hofes eine Regelung getroffen war[76], wurden dann mit den Aufstellungen im Februar 1803 auch die Personalverhältnisse und -kosten der Abtei erfasst.[77] Nach den vorausgegangen Untersuchungen teilte Fürst Dominik Constantin am 24. Februar 1803[78] bezüglich *der weltlichen Dienerschaft dieser Abtey* seiner Regierung die Veränderungen mit Beginn zum 16. März mit. Im wesentlichen wurde das bisherige Personal übernommen, zum Teil aber wurden ihm neue Aufgaben zugewiesen. Entsprechende Anweisungen ergingen am 26. Februar an den zuständigen Rentmeister[79] und wurden umgehend umgesetzt. Am 15. März 1803 – und damit in Zusammenhang mit der Auflösung der *gemeinschaftlichen Haushaltung* – wurde das künftig überflüssige Gesinde abgefunden.[80]

Bronnbach als fürstlicher Besitz

Verwaltungsorganisation

Sofort nach der Zivilbesitznahme Ende November 1802 wurde Bronnbach voll in die fürstliche Verwaltung übernommen, deren Oberbehörden Ende 1802 von Kleinheubach nach Wertheim zurück verlegt wurden.[81] Für die ehemalige Abtei und ihre Besitzungen wurden das Amt Bronnbach und die Rentei Bronnbach errichtet.[82] Während das Amt die bisherige Verwaltung in Bronnbach fortsetzte, übersiedelte die Rentei im März 1803 von Reicholzheim nach Bronnbach.[83] Die Cent Reicholzheim ging im Oktober 1803 im fürstlichen Jurisdiktionalamt Bronnbach auf.[84] Nach der Mediatisierung des löwensteinischen Staates kam Bronnbach mit den Besitzungen auf dem linken Mainufer zum Großherzogtum Baden. Das wurde daraufhin am 10. Dezember 1807 Teil der Landvogtei Wertheim; seit 1809 gehörte Bronnbach zum Main-Tauber-Kreis.

Erfassung und Verwertung

Das Bronnbacher Amt Würzburg kam zum größten Teil unter die Landeshoheit Pfalzbayerns, die Besitzungen selbst fielen an das Fürstliche Haus Löwenstein, das zur Verwaltung das Kammeramt in Würzburg einrichtete.[85] Der Bronnbacher Hof in Würzburg wurde bereits 1804 versteigert.[86] Nach weiteren Verkäufen 1807/08 wurde mit Vertrag vom 21. Dezember 1811 ein Besitz- und Gefälletausch zwischen Wertheim und dem Großherzogtum Würzburg, das Pfalzbayern als Landesherr nachgefolgt war, durchgeführt.[87] Die seit 1807 als Rentei fortgeführte Verwaltung wurde daraufhin aufgelöst.

Besonders schnell wurde bei der Erfassung der Vermögensgegenstände beim Würzburger Hof verfahren, wo bereits am 4. Dezember das Inventar abgeschlossen wurde.[88]

Während in Bronnbach selbst bei Vieh und Heu sofort eine Verwertung erfolgte[89], war sonst eine sorgfältige Erfassung Voraussetzung. Mit der Anfertigung der Inventare gab es aber Verzögerungen. Nach einer ersten Erfassung vom Ende November 1802 bis Anfang Februar 1803[90] trat mit der Verfügung vom 3. Februar die Erfassung des Vermögens in die entscheidende Phase. Die am 5. Februar übergebenen Verzeichnisse und Inventare[91] wurden am 14. und 15. Februar ergänzt. Zeitgleich mit der Vorbereitung zur Auflösung des Klosters am 16. März wurden Verfügungen über das Klostervermögen und einzelne Vermögensteile getroffen. Eine besondere Kommission wurde am 26. Februar gebildet, um die Separierung der Mobilien vorzunehmen.[92] Weitere Aufgaben wurden dieser Kommission am 4. März 1803 zugewiesen.[93] Wie am 5. März das Regierungs- und Hofkammerprotokoll feststellte, war es nicht zuletzt, um die seit dem 16. März fälligen Pensionen zahlen zu können, erforderlich, nicht nur Früchte zu verkaufen, sondern auch alte Möbel.[94] Am 15. März 1803 erging der Auftrag, die Möbel, Chaisen, Wagen und Pferdegeschirr durchzusehen und für den Fürsten eine Aussonderung vorzunehmen.[95] Die Lokalkommission traf am 15. März in Bronnbach ein. Sie verpflichtete den Rentmeister zur Zahlung der Pensionen, entließ das Gesinde und eröffnete dem Prälaten und den Konventualen die Auflösung der gemeinsamen Haushaltung. Die Separierung und Verwertung von Gegenständen fand zwischen dem 16. März und dem 25. April statt.[96]

Archiv und Bibliothek

Archiv und Registratur der ehemaligen Zisterzienserabtei verblieben zunächst an ihrem bisherigen Standort, wurden dann aber im *Laufe der nächsten Jahrzehnte nach Wertheim transferiert*[97] und in das vor 1850 geschaffene Neue Archiv eingegliedert. Die Klosterbibliothek blieb nach der Auflösung am Ort und stand den in Bronnbach lebenden ehemaligen Konventualen zur Verfügung.[98] 1822 wurden die juristischen Bücher erfasst und 1823 nach Wertheim verbracht. Die in Bronnbach verbliebenen Bücher standen ab 1824 zum Verkauf, der damals aber wegen zu geringer Gebote zurückgestellt wurde. 1832 wurde die Bibliothek in den Josephsaal verlegt und verblieb dort, bis 1847/48 und zwischen 1854 und 1866 Verkauf und Verwertung durchgeführt wurden. Der als wertvoller eingestufte Bestand war bereits in den 40er Jahren der fürstlichen Hofbibliothek einverleibt worden.

Die Klosteranlage nach der Säkularisation

Mit der Auflösung des Klosters wurde die ehemalige Klosteranlage mit Ausnahme der den ehemaligen Konventualen zunächst überlassenen Gebäude wie Konvent- und Krankenbau und der vom Rentamt[99] genutzten Bauten für Domänenzwecke umgenutzt. Mit dem Schrumpfen der Kommunität wurden auch diese Gebäude in die fürstliche Nutzung einbezogen. Dies gilt besonders für den Krankenbau, der ab 1832 für Brauereizwecke genutzt und nach 1840 zur Brauerei umgebaut wurde, die sich schließlich auf die angrenzenden Gebäude der Klosteranlage ausbreitete.[100] Eine weitere Nutzung des Klosters ergab sich, als 1855/56 im Abtsbau und dem angrenzenden Teil des Zwischenbaus eine Residenz für Exkönig Miquel I. von Portugal (1802–1866) eingerichtet wurde.[101] Als die Familie Braganca dann 1921 aus Bronnbach wegzog, wurden die Räumlichkeiten fortan von der fürstlichen Familie genutzt.

Veränderungen der gesamten Klosteranlage ergaben sich im Eingangsbereich, als das Eingangstor mit Pförtnerhaus, die Schmiede und die Ziegelhütte niedergelegt wurden, um zwischen 1845 und 1848 die Landstraße zwischen Wertheim und Bad Mergentheim mitten durch das Klosterareal zu führen.[102]

Trotz dieser Veränderungen hat aber das Kloster Bronnbach dank der wenig intensiven Umnutzungen und nicht zuletzt deswegen, weil der größte Teil des Klosterareals in einer Hand, d. h. im Besitz der fürstlichen Familie blieb, in außergewöhnlicher Geschlossenheit die zwei Jahrhunderte seit der Säkularisation überdauert. Die Entwicklung des Klosters hin zu einer dörflichen Gemeinde setzte erst sehr spät ein. Eine selbständige Gemeinde Bronnbach bestand daher auch nur von 1928 bis 1936. 1986 erwarb der Main-Tauber-Kreis das Areal des ehemaligen Klosters und verwirklicht seither die Restaurierung und Wiederbelebung der Klosteranlage. Nachdem zwischen 1921 bzw. 1922 und 1931 in Bronnbach wieder eine Zisterzienserabtei bestanden hatte, führten bis 1958 Kapuzinerpatres die monastische Tradition des Ortes fort.[103] Zur Wiederbelebung der Klosteranlage sucht man heute wieder auf Dauer eine monastische Gemeinschaft für Bronnbach zu gewinnen.

Den Damen und Herren des Staatsarchivs Wertheim in Bronnbach (SAWt) danke ich für ihre Unterstützung. Sofern nicht anderes vermerkt, handelt es sich bei den angegebenen Quellen um Archivalien aus der Abteilung R dieses Archivs.

[1] J 3, 98. S. *Peter Müller*, Ein Stadtplan ohne Gebäude, eine entsetzte Kaiserin und Soldaten im Kloster Bronnbach, in: Sonderausgabe Michaelismesse Wertheim. Mainecho 2000.
Zu Bronnbach allg. s. die hs. *Historia domestica* (zit. *HD*) von Abt Heinrich Göbhardt (1795; D 181), hg. von *Franz-Joseph Mone*, Geschichte des Klosters Bronnbach bei Wertheim, in: Schriften der Alterthums – und Geschichtsvereine in Baden und Donaueschingen. Bd. 3. Karlsruhe 1848, 276–278, 307–386; *Gregor Müller*, Chronik des Klosters Bronnbach, in: Cistercienser Chronik 7 (1895), passim und *Leonhard Scherg*, Bronnbach, in: *Wolfgang Brückner/Jürgen Lenssen* (Hg.), Zisterzienser in Franken. Würzburg 1991, 87–92.

[2] S. *Johann Kaspar Bundschuh*, Geographisches, Statistisch-Topographisches Lexikon von Franken. Bd. 1. Ulm 1799, 446–448.

[3] S. die Zusammenstellung in Rep. 102, zu 11, 14, 15.

[4] Br. 945m, I, 23–26; SAWt Libell 38; s. auch in den Säkularisationsakten D 6, ad 11; Rep. 102, 184, ad 11, no. 16.

[5] S. *Leonhard Scherg*, Iniuriosa et bellicosa tempora. Ein Beitrag zur Geschichte der Zisterzienserabtei Bronnbach im 16. und 17. Jh., in: Wertheimer Jb. 1986/87 (1989), 35–87, bes. 83.

[6] S. *Karl v. Hertling*, Säkularisationsprojekte aus dem Jahr 1798, in: HJb 13 (1892), 503.

[7] S. *Norbert Hofmann*, Inventar des löwenstein-wertheim-rosenbergschen Karten- und Planselekts im Staatsarchiv Wertheim 1725–1835 (zit. Kartenselekt). Stuttgart 1983, 20.

[8] S. *HD* (wie Anm. 1), 382; *Bundschuh* (wie Anm. 2), Bd. 4, 694; *Heinz Bischof*, Heimatbuch Hundheim. Hundheim 1964, 250.

[9] S. *Hermann Ehmer*, Geschichte der Grafschaft Wertheim. Wertheim 1989, 227 f.

[10] Rep. 102, 184, ad 11, no. 22: Abschrift einer Urkunde vom 22.08.1801.

[11] Zur Biographie von Heinrich Göbhardt s. *HD* (wie Anm. 1), 382–384, und *G. Müller* (wie Anm. 1), 276–278. Diese Angaben sind z. T. widersprüchlich und wurden hier anhand der Quellen korrigiert.

[12] S. *Hertling* (wie Anm. 6), 503. Zur Säkularisation Bronnbachs bisher: *G. Müller* (wie Anm. 1), 276–278, 297–307; *Hugo Eckert,* Die Säkularisierung der Zisterzienserabtei Bronnbach im Taubertal, in: Archivnachrichten 3 (1991), Quellenbeil. 3; *Harald Stockert,* Adel im Übergang, Die Fürsten und Grafen von Löwenstein-Wertheim zwischen Landesherrschaft und Standesherrschaft 1780–1850. Stuttgart 2000, bes. 105–136.

[13] S. *Ernst Rudolf Huber*, Deutsche Verfassungsgeschichte seit 1789. Bd. 1. Stuttgart 2. Aufl. 1960, 45.

[14] D 22a. Zu dieser Mission s. *Stockert* (wie Anm. 12), 115 f., und *Eckert* (wie Anm. 12), 3.

[15] D 22a.

[16] S. Protokoll der ao. Reichsdeputation zu Regensburg. Beilagen (zit. *RD Beilagen*). Bd. 1. Regensburg 1803, 7. u. 8. Beil., 19–21.

[17] S. *RD Beilagen* (wie Anm. 16), Bd. 1, 25; s. auch Protokoll der ao. Reichsdeputation (wie Anm. 16), 137.

[18] S. D 22b.

[19] D 22b, Brief von Zentgraf vom 27.08.1802.

[20] S. *Friedrich Täubl*, Der Deutsche Orden im Zeitalter Napoleons. Bonn 1966, 37 ff.

[21] S. *RD Beilagen* (wie Anm. 16), Bd. 2, nr. 107 u. 108, 19–42. Zur Entschädigung der Löwenstein s. Ebd., 30f.
[22] S. *RD* (wie Anm. 17), Bd. 1, 13. Sitzung am 09.10.1802.
[23] S. *RD Beilagen* (wie Anm. 16), Bd. 2, nr. 107 und 108, und das Exemplar in D 22b: § 34 (10).
[24] D 22b.
[25] S. dazu *Huber* (wie Anm. 13), 45 ff., u. *Ernst Rudolf* Huber, Dokumente zur Deutschen Verfassungsgeschichte. Bd. 1. Stuttgart 3. Aufl. 1978, Reichsdeputationshauptschluss, 1–28 (zit. RDH), hier bes. 1.
[26] D 22b. Das Schreiben vom 11.10.1802 trägt den Eingangsvermerk 13.10.
[27] D 22b. Zur Anordnung bezüglich der Grenzpfähle s. *Eckert* (wie Anm. 12), 6.
[28] D 6, 1 ff.
[29] D 6, 7.
[30] D 6, 13.
[31] D 6, 14.
[32] D 6, 15; s. *Eckert* (wie Anm. 12), 4–5, 7–8.
[33] D 6, 16–20, 25–29, 32, 37–42.
[34] D 6, 21. Zur ganzen Angelegenheit s. n. 22–24, 30–31.
[35] D 6, 33. S. dazu auch RDH (wie Anm. 25), § 43. Das ges. Entschädigungsgesetz wurde von der Reichsdeputation in zwei Abschnitten am 20. und 23.11 in der 29. u. 30. Sitzung behandelt und am 23.11. als Deputationshauptschluss verabschiedet, s. *RD* (wie Anm. 17), Bd. 2, bes. 576–622. Die Entschädigung der Löwenstein (§ 14) war seit dem 20.11. geregelt.
[36] S. *RDH* (wie Anm. 25), § 36.
[37] D 6, 33.
[38] S. dazu D 6, 34–36, 43.
[39] S. RDH (wie Anm. 24), § 42.
[40] S. *Martin Furtwängler*, Die Fürsten zu Löwenstein-Wertheim als Standesherren in Baden, in: Wertheimer Jb. 2000 (2001), 203–224, bes. 205.
[41] G 13 IX, 1a; ad 8: Schreiben Stengels vom 12.08.1816. Johann Philipp v. Hinckeley, der 1802 Präsident der Regierung des Fürsten Löwenstein wurde, trat nach der Mediatisierung der Löwenstein-Wertheim Ende 1807 in bad. Dienste.
[42] S. z. B. *Müller* (wie Anm. 1), 278.
[43] G 13 IX, 1a, 20/21.
[44] Rep. 102, 184, 1 (Original), B 251 (3); D 6, 44. In der *Präliminar Punctation*, B 251 (2), sind die späteren Regelungen schon weitgehend formuliert.
[45] B 251 (4, 5, 6). Diese Regelungen orientieren sich an den Bestimmungen des RDH (wie Anm. 25), § 64 und 50, 51d, 57, 59.
[46] Rep. 102, 184, 11; G 13 IX, 1a, zu 15/16.
[47] B 251 (4).
[48] G 13 IX, 1a, ad 15/16 (06.04.1806).
[49] Der fürstliche Kommissar v. Faber machte dem Abt 1816 zum Vorwurf, dass er *der Erste zum Austritt vom Kloster* war (G 13 IX, 1a, 20/21).
[50] B 251 (11–13). G 13 IX, 1a, ad 8.
[51] G 13 IX, 1a, ad 8: Schreiben Lohrs vom 12.08.1816.
[52] A.a.O.; nach *G. Müller* (wie Anm. 1), 278, und *HD* (wie Anm. 1, 384) am 30.04.
[53] G 13 IX, 35.
[54] S. Todesanzeige in B 280.
[55] S. *Gerhard Wissmann*, Kloster Bronnbach, Ein Gang durch die Geschichte der ehemaligen Zisterzienserabtei im Taubertal. Tauberbischofsheim 1986, 151, und *Norbert Haas*, Bestattungen in und um St. Getreu zu Bamberg. Bestattungsbuch 1598–1836, Inschriften auf den Grabdenkmalen mit biographischen Notizen. Bamberg 1995, Nr. 89.
[56] D 6, ad 15.
[57] Rep. 102, 184, 2–10; auch zum Folgenden.
[58] 1 Carolin entspricht 10 fl., s. *Fritz Verdenhalven*, Alte Maße, Münzen und Gewichte aus dem deutschen Sprachgebiet. Neustadt/Saale 1968, 19.
[59] Rep. 102, 184, ad 11 (no. 9).
[60] B 251 (6), Rep. 102, 184, 34; s. auch *G. Müller* (wie Anm. 1), 298–300.
[61] B 251 (4).
[62] Rep. 102, 184, 39.
[63] Rep. 102, 184, 39–41.
[64] Rep. 102, 184, ad 35.
[65] B 251 (7); Rep. 102, 184, 36 (besiegelte Abschrift).
[66] B 251 (8); Rep. 102, 184, 35 (Original).
[67] Rep. 102, 184, 42–45.
[68] Rep. 102, 184, 52.
[69] Rep. 102, 184, 52, 53; G 13 V, 58, G 13 IX, 1b; Rep. 5g, 14; s. *Volker Rödel*, Der Krankenbau von Kloster Bronnbach. Geschichte eines Gebäudes, in: Wertheimer Jb. 1991/92 (1992), 173–192, hier 183.
[70] G 13 IX, 1a, ad 8: Schreiben Stengels vom 12.08.1816.
[71] S. vor allem Rep. 102, 184, 64 und G 13 V, 57; auch zum Folgenden.
[72] G 13 V, 65, 3.
[73] G 13 V, 65, 15.
[74] G 13 IX, 2b, 5.
[75] S. *Joseph v. Kühles*, Liber mortuorum Brunnbacensis, in: Archiv für Unterfranken und Aschaffenburg 31 (1971), 114, unter 25.06.
[76] D 6, 35.
[77] Rep. 102, 184, 11 (no. 13, 21, 22, 25, 26).
[78] Rep. 102, 184, 33; B 251 (5).
[79] Rep. 102, 184, 42–47.
[80] Rep. 102, 184, 91.
[81] Rep. 88, 459. Zur Verlegung der Oberbehörden s. *Hofmann*, Kartenselekt (wie Anm. 7), 13.
[82] S. SAWt: *Norbert Hofmann*, Vorwort zum Findbuch zum Bestand G 13 (neu) = Rentamt Bronnbach 1979/80, VI ff. Die Ordnung für die neuen Besitzungen datiert *Stockert* (wie Anm. 12, 131) auf Anfang 1803.
[83] G 13 IX, 5 und Rep. 5g, 5. Nach *Hofmann*, Kartenselekt (wie Anm. 7), 21, wurde die Rentei im Sommer 1803 nach Bronnbach verlegt.
[84] S. *Hofmann*, Kartenselekt (wie Anm. 7), 20, auch zum Folgenden.
[85] S. dazu die am 15.06.1803 vorgelegten Verzeichnisse in Rep. 102, 184, 29–30.
[86] B 4649a.
[87] S. dazu und zum Folgenden *Hofmann*, Kartenselekt (wie Anm. 7), 21.
[88] D 6, 33; Rep. 102, 184, ad 11 (no. 12).
[89] R 91 1802/04, S. 37, n. 16; B 251 (3).
[90] Rep. 102,184, 12–22.
[91] Rep. 102, 184, 8–9 (no. 3–12): Auflistung, s. ad 11 (no. 4–6, 8–12). Die Verzeichnisse no. 3 und 7 fehlen.
[92] Rep. 102, 184, 42–45.
[93] Rep. 102, 184, 91.
[94] Rep. 102, 184, 48.
[95] Rep. 102, 184, 52; auch zum Folgenden.
[96] R 91 Rechnung 1802/04, 37; Rep. 102, 184, 68.
[97] Nach Kurzfassung der Beständeübersicht des Rosenberg'schen Archivs im Internet (Stand: Jan. 2001).
[98] S. *Leonhard Scherg*, Die Bibliothek der Zisterzienserabtei Bronnbach an der Tauber, in: *Peter Kolb/Gottfried Mälzer* (Hg.), Kostbare Bücher aus drei alten fränkischen Bibliotheken, Bronnbach, Kleinheubach, Neustadt a.M. Würzburg 1988, 128–159. hier bes. 146 ff.
[99] Zum Ausbau des Rentamtes s. *Hofmann*, Kartenselekt (wie Anm. 7), 21.
[100] S. *Rödel* (wie Anm. 70), 184 ff.; *Wissmann* (wie Anm. 56), 153.
[101] S. *Wissmann* (wie Anm. 56), 153–154.
[102] S. *F. J. Baer*, Chronik über Straßenbau und Straßenverkehr in dem Großherzogtum Baden. Berlin 1878, 117–121, zur Bauzeit 119.
[103] S. *Wissmann* (wie Anm. 56), 156–158.

Entschädigung für Besitzverluste außerhalb des Reichs

Die Säkularisation des Augustinerchorherrenstifts Beuron

von Otto H. Becker

Zur Vorgeschichte

Die im Friedensvertrag von Lunéville 1801 vereinbarte Entschädigung der erblichen Reichsstände mit innerdeutschen geistlichen Territorien für erlittene Verluste auf der linken Rheinseite beflügelte nicht zuletzt auch die Phantasie der hohenzollerischen Fürsten.[1] Fürst Hermann v. Hohenzollern-Hechingen (1751–1810) schwebte als Ersatz für die Grafschaft Geulle und die Herrschaften Mouffrin und Baillonville im Lütticher Land die Klöster Rottenmünster bei Rottweil und Mariaberg bei Gammertingen und später die der Abtei Muri in der Schweiz gehörige Herrschaft Glatt am oberen Neckar und das Augustinerchorherrenstift Beuron im Donautal vor.[2] Fürst Anton Aloys v. Hohenzollern-Sigmaringen (1762–1831) reklamierte als Entschädigung für verlorene Rechte und Güter in der Grafschaft Bergh, der Freiherrlichkeit Boxmeer und der Herrschaft Dixmuiden in den Niederlanden die Klöster Zwiefalten, Marchtal, Heiligkreuztal oder Schussenried.[3]
Trotz der guten Beziehungen der Fürstin Amalie Zephyrine v. Hohenzollern-Sigmaringen (1760–1841) zum Ersten Konsul Napoléon Bonaparte, der Rückendeckung des stammverwandten preußischen Königshauses und ihrer persönlichen Hartnäckigkeit mussten die hohenzollerischen Fürsten ihre hochfahrenden Pläne jedoch schließlich zu Grabe tragen.[4] Leer sind sie bei dem Entschädigungsgeschäft der Säkularisation freilich nicht ausgegangen.
Gemäß § 10 des von Frankreich und Russland der Reichsdeputation übergebenen *plan général et définitif d'indemnité*, der dann zur Grundlage des RDH vom 25. Februar 1803 wurde[5], erhielt der Hechinger Fürst die dem Stift Kreuzlingen gehörige Herrschaft Hirschlatt bei Tettnang, die Klöster Stetten, St. Luzen und Rangendingen sowie das Hechinger Kollegiatstift St. Jakob.[6]
Die Entschädigung des Sigmaringer Fürsten war bedeutender. Er erhielt für seine niederländischen Verluste aus dem Besitz der Abtei Muri/Schweiz die Herrschaft Glatt, das Benediktinerinnenkloster Holzen bei Donauwörth, das Augustinerchorfrauenstift Inzigkofen bei Sigmaringen und das Augustinerchorherrenstift Beuron.[7]
Im Vergleich zu Baden und Württemberg war die Entschädigung der Hohenzollern freilich recht bescheiden ausgefallen. Andererseits aber lagen deren Besitzungen alle außerhalb des Reichsgebiets, für die nach dem strengen Wortlaut des Lunéviller Friedensvertrags überhaupt keine Entschädigung hätte geleistet werden müssen.[8] Historisch kann die Einbeziehung der schwäbischen Hohenzollern in den Kreis der Säkularisatoren nicht hoch genug eingeschätzt werden, wurde dadurch doch der Sonderweg Hohenzollerns eingeleitet, der erst 1973 durch die Kreisreform in Baden-Württemberg seinen Abschluss fand.[9]

Die Inbesitznahme

Die Grundlage für die Säkularisation des Klosters Beuron bildete der zweite franz.-russ. Entschädigungsplan (*plan général et définitif d'indemnité*) vom 8. Oktober 1802.[10] Schon am 15. Oktober erfuhren die Augustinerchorherren in Beuron von ihrem Ge-

Beuron im Donautal
Aquatinta nach J.-H. Neukomm, J. Sperli, 1835.
Kreisarchiv Sigmaringen.

schick. Nach der Chronik des Stifts betrauerten die Augustiner zwar heftig ihr Schicksal, trösteten sich aber schließlich damit, unter die Botmäßigkeit eines solch geliebten Fürsten zu kommen.[11]
Am 19. Oktober 1802 kündigte Fürst Anton Aloys v. Hohenzollern-Sigmaringen dem Prälaten Dominikus Maier die provisorische Zivilbesitznahme des Stifts an. In dem Schreiben heißt es u. a.: *Wenn ich Euer Hochwürden hierüber die gegenwärtige vorläufige Nachricht, und mit derselben die unumwundene Versicherung ertheile, das ich in keinem Falle die geneigte Gesinnung gegen Euer Hochwürden vernachläßigen werde; so erwarte ich dagegen daß meinem abzuordnenden Civilkom*[m]*ißär die offene Einsicht in alle von ihm anzufordernden Rechnungen und Urkunden, sofort die unerschwerte Vornahme der ihm obliegenden Geschäftsverhandlungen gestattet werde.*[12]
Die Inbesitznahme nahm am 23. November 1802 Hof- und Regierungsrat Geßler vor.[13] Einen Tag später wurde der Besitz des Augustinerchorherrenstifts visitiert und darüber ein Protokoll aufgenommen[14], das jedoch keine genauen Zahlen über den Umfang und den Gesamtwert des Augustinerchorherrenstifts enthält. Das Klostergut wurde auf 184 Jauchert geschätzt.[15] Der übrige Lehenbesitz in Baden und Württemberg wurde nur summarisch und zumeist ohne Größenangabe der Höfe angegeben.[16]
Bezüglich der Erträge der Güter des Augustinerchorherrenstifts wird in dem Protokoll ausgeführt: *Da hier keine eigentlichen Rechnungen geführt, sondern die Zweige der Administration theils unter den Kapitularen, theils unter das Kanzleipersonal vertheilt und viele Rubriken entweder gar nicht zu Papier gebracht, oder nur auf inzwischen distrahirten Zetteln aufge-*

schrieben worden; so ist eine bloße Unmöglichkeit 9-jährigen Rechnungsdurchschnitt zu formiren.[17] Nach der damals durchgeführten Revision sollen sich, laut Klosterchronik, die jährlichen Erträge des Augustinerchorherrenstifts auf zwischen 26.000 und 28.000 fl. belaufen haben.[18]
Zur Zeit der Inbesitznahme gehörten dem Konvent des Stifts 16 Kapitularen an. Es waren dies[19]:

Prälat und Abt Dominikus Maier, *Rottweil am 12. April 1752, Prof. (Profess.) 25. Aug. 1771, Priester 25. Juni 1775, Abtwahl am 5. Okt. 1790,

Nikolaus Weizenegger, *Stetten am 25. Mai 1755, Prof. 2. Juli 1776, Priester 17. Apr. 1781, erwählt zum Dekan am 26. Okt. 1795,

Andreas Reiser, *Konstanz am 23. Okt. 1734, Prof. 28. Aug. 1758, Priester 20. Juni 1762,

Mathias Kamerer, *Hechingen am 26. März 1738, Prof. 28. Aug. 1758, Priester 19. Juni 1763,

Antonius Wuchter, *Rottenburg am 24. März 1742, Prof. 21. Okt. 1764, Priester 28. Sept. 1766,

Bonifacius Ruef, *Öhningen am 8. Nov. 1749, Prof. 25. Aug. 1771, Priester 2. Juli 1775,

Stefan Winker, *Spaichingen am 26. Jan. 1747, Prof. 29. Sept. 1771, Priester 9. Okt. 1774.

Augustin Ostler, *Kemnat am 19. Juli 1756, Prof. 2. Juli 1776, Priester 16. Apr. 1781, Pfarrer zu Leibertingen,

Jakob Sartori, *Endingen am 26. Juli 1755, Prof. 4. Aug. 1776, Priester 17. April 1781, Pfarrer zu Irndorf

Ildefons Herderer, * am 2. Jan. 1764, Prof. 10. Sept. 1786, Priester 8. Juni 1788, Pfarrer zu Bärenthal,

Sebastian Beer, *Wemdingen am 5. Jan. 1766, Prof. 30. Sept. 1787, Priester 24. Okt. 1790, Pfarrer zu Buchheim,

Joachim Hasel, *Wangen i. A. am 28. Jan. 1769, Prof. 30. Sept. 1784, Priester 10. März 1793,

Rudolf Engelhart, *Muningen (Tirol) am 2. Okt. 1766, Prof. 9. Okt. 1791, Priester 19. März 1779,

Romuald Bock, *Ochsenhausen am 28. Aug. 1774, Prof. 9. Okt. 1791, Priester 18. März 1798,

Johannes Baptista Funck, *Wangen i. A. am 17. Sept. 1774, Prof. 9. Okt. 1791, Priester 19. März 1798, Pfarrer zu Beuron,

Franz Xaver Korntheir, *Ochsenhausen am 20. Dez. 1773, Prof. 18. Dez. 1791, Pfarrer zu Worndorf.

Der mit der Säkularisation übernommenen Verpflichtung, den Abt bzw. den Prälaten und die Kapitulare mit ausreichenden Pensionen zu versorgen, kam Fürst Anton Aloys v. Hohenzollern-Sigmaringen alsbald nach und erließ unterm 2. Dezember 1802 ein entsprechendes Dekret. Danach erhielt der Prälat des säkularisierten Stifts eine jährliche Pension in Höhe von 2.500 fl. nebst zwei Pferde-Rationen. Dem Dekan wurde eine jährliche Pension in Höhe von 600 fl. zugesagt. Für die 14 Kapitularen waren jährliche Pensionen in Höhe von jeweils 450 fl. vorgesehen.[20] Sie wurden auf Bitten des Prälaten mit Verfügung vom 15. Dezember 1802 auf jeweils 500 fl. erhöht.[21]
Die ausgesetzten Pensionen lagen damit deutlich über dem im RDH festgesetzten unteren Limit von 2.000 fl. für den Abt und 300 fl. für die Regularen.[22] Das Vorgehen des Fürsten v. Hohenzollern-Sigmaringen unterschied sich dabei sehr vorteilhaft gegenüber anderen Reichsständen.[23] So erhielten z. B. die Patres des an Württemberg gefallenen Zwiefalten Pensionen, die unter dem reichsgesetzlichen Minimum lagen.[24]
Ebensowenig wurden die Kapitularen, wie dies anderswo geschehen[25], ausgewiesen, sondern bekamen das Klostergebäude in Beuron zur freien Wohnung zugewiesen. Das Holz wurde ihnen zu 1 fl. 30 kr. je Klafter und die Früchte, die sie zu ihrem Unterhalt benötigten, zum jeweils niedrigsten Jahrespreis von der Fürstl. Verwaltung zugewiesen.[26]
Demgegenüber war das säkularisierte Augustinerchorherrenstift verpflichtet, die Pfarreien Leibertingen, Irndorf, Bärenthal, Worndorf und Buchheim

excurrendo [vom Kloster aus] zu versehen und die Pfarrgemeinde Beuron zu pastorisieren, wobei dem Prälaten das Recht auf Ernennung der excurrierenden Pfarrer und auf Disziplinierung wie zuvor zustehen sollte.[27] Die Respektierung der besonderen Stellung des Prälaten Dominikus Maier seitens der Fürstlichen Regierung war bereits in der Überlassung seiner Ringe, des Pectorale und der Pretiosen auf Lebenszeit zum Ausdruck gekommen.[28]

Der Großmut des Fürsten v. Hohenzollern-Sigmaringen gegenüber den Kapitularen des Stifts Beuron hatte freilich auch Grenzen. So waren diese bei Verlust der Pension dazu verpflichtet, Pfarreien zu übernehmen. Als Hinderungsgründe wurden lediglich hohes Alter und Gebrechlichkeit geduldet. Im Falle der Übernahme einer Pfarrei sollten die Pensionszahlungen eingestellt werden, doch verpflichtete sich der Fürst in Fällen, in denen die Einkünfte einer übernommenen Pfarrei niedriger war als die Pension, den entsprechenden Differenzbetrag zu übernehmen. Den Kapitularen war es ferner bei Verlust der Pension nicht gestattet, ohne Erlaubnis des Fürsten einen anderen Wohnsitz zu nehmen.[29]

Schließlich überließ der Fürst den Kapitularen von Beuron das Klostergebäude für die Dauer von sechs Jahren unter den folgenden Bedingungen[30]:

A) So oft ein geistliches Individuum aus dem Stifte mit Tod abgeht, oder eine Anstellung erhält, ist der jedesmalige Pensions-Betrag zu unserer Hofkam[m]er alljährlich abzuführen.

B) Die Jurisdiktionalien werden zwar in Unserem Nahmen verwaltet, die Jurisdiktionsgefälle aber gleichfalls zu Nutzmäßung gerechnet und somit alle Nutzungen ohne Ausnahme überlassen werden.

C) Über alle Einnahmen und Ausgaben ist eine ordentliche mit Bescheinigung gedekte Rechnung alljährlich zuzuführen, und Uns vorzulegen.

D) Während den sechs Jahren darf keine Alienation an Realitäten vorgenom[m]en, noch an Holz über die eigene Nothdurft gefällt, und der Schuldenstand über die wirklich vorhandenen passiven nicht erhöhet, noch vermehrt werden.

E) Alle Haus- und Feldgerätschaften, Haab- und Waar, Früchten und Futter sind nach Verfluß der sechs Jahre nach Ausweiß der hierüber gemeinschaftlich zu verfassenden Inventarien in der Qualität und Quantität wieder zu Händen zu stellen oder zu vergüten. Dann wäre

F) die 5 Pfarreyen, welche bisher excurrendo versehen worden, und bis zu einer anderen Einrichtung, noch ferner so versehen werden müssen, aus den betreffenden Zehenden mit Unserer Zustimmung zu dotieren, und die nöthige Wohnungen erbauen zu lassen. Auch versteht es sich

G) von selbsten, daß sämtliche Gebaulichkeiten des Klosters auf Kosten des Nutznießers in baulichem Stande zu unterhalten, und wegen Bezugs aller Nutzungen auf die sämtlichen Beschwerden, mithin die Besoldungen der Beamten zu übernehmen seyn würden. Endlich hätte nach Verfluß der sechs Jahre die Pensionirung der noch lebenden, und nicht angestellten Kapitularen ihren Anfang zu nehmen, welche, je besser gewürthschaftet worden, desto reichlicher ausfallen würde.

Unangetastet blieben die Zellen der Kapitularen und das darin befindliche Inventar.[31] Ferner blieb dem Konvent das vorrätige Holz für die Öfen und das vorhandene Bier überlassen. Von der Fürstl. Verwaltung wurden ferner täglich drei Maß Milch für die Kapitularen und die Anschaffung von Wachs, Öl und Lichter in der Kirche übernommen.[32]

Übernommen wurden von der Fürstl. Verwaltung am 19. Dezember 1802 der Kanzleidirektor Franz Anton Vögel und der Amtsschreiber Philipp Dreher des Stifts und provisorisch mit der Beamtung, die sowohl für die Cameralia als auch die Judicialia zuständig war, betraut.[33] Die übrigen Dienstboten des Stifts wurden entweder angestellt oder erhielten Pensionen.[34] Laut Amtsrechnung 1803/04 musste die Fürstl. Verwaltung allein für die Pensionen der Kapitulare 7.145 fl. 38 kr., für die Besoldungen 1.574 fl. 21 kr. und 2.287 fl. 30 kr. an Zinsen, die aus den übernommenen Schulden des Stifts herrührten, bezahlen.[35] Der Reinertrag der Beuroner Güter wurde nach einer Aufstellung von 1804 mit 8.000 fl. beziffert.[36]

Doch selbst diesen Gewinn musste Fürst Anton Aloys v. Hohenzollern-Sigmaringen noch teilen. In einer Note vom 10. Mai 1803 teilte die vorderösterreichische Regierung dem Fürsten nämlich die Sequestrierung, d. h. die Beschlagnahme der in Vorderösterreich gelegenen säkularisierten Güter und Gefälle

mit.[37] Dieser Eingriff wurde mit dem sogen. *Epavenrecht* (Heimfallrecht) begründet, das besagte, dass das *ius circa sacra et politica* dem Landesherrn erlaube, bei der Aufhebung von geistlichen Stiftungen über deren Rechte und Besitz verfügen zu dürfen, soweit sie in seinem Territorium lagen. Die Anwendung dieses Rechts durch Österreich stand jedoch im Widerspruch zum Wortlaut des RDH. Im Artikel 36 war nämlich ausdrücklich festgelegt, dass die Entschädigungsobjekte *mit allen Gütern, Rechten und Kapitalien und Einkünften, wo immer auch sie gelegen sind,* an ihre neuen Eigentümer übergehen sollten.[38]

Für den Fürsten v. Hohenzollern-Sigmaringen bedeutete die Beschlagnahme nach eigenen Angaben den Verlust von Dreiviertel der Einnahmen des säkularisierten Augustinerchorherrenstifts Beuron, von je einem Viertel von Glatt und Holzen sowie der Hälfte der Einkünfte von Inzigkofen.[39] Die Sequestrierung wurde erst 1806 aufgehoben.[40]

Die Auflösung des Konvents

Der Tod von Konventsangehörigen und vor allem die den Kapitularen auferlegten Verpflichtungen, Pfarrstellen zu übernehmen, bewirkten alsbald die Auflösung der klösterlichen Gemeinschaft. Bereits im Dezember 1802 beantragte der Kapitular Jakob Sartori, Pfarrer von Irndorf, nach Freiburg zu seiner Schwester ziehen zu dürfen[41], wozu er dann noch vor Jahresende die Erlaubnis erhielt.[42] Zur gleichen Zeit verließ auch Ildefons Herderer, Pfarrer von Bärenthal, den Konvent, um in Sigmaringen die Stelle des Hofkaplans zu übernehmen.[43] Die verwaisten Pfarrstellen zu Irndorf und Bärenthal wurden mit Wirkung vom 1. Januar 1803 mit den Kapitularen Joachim Hasel und Rudolf Engelhart besetzt.[44]

Am 16. Januar 1803 verließ Mathias Kamerer den Konvent, um die Pfarrei Bittelbronn zu übernehmen.[45] Am 3. März 1803 starb der Chorherr Antonius Wuchter[46], und am 10. Oktober desselben Jahres verstarb der Kapitular Andreas Reiser.[47] Noch vor Jahreswechsel 1803/04 wurden die Kapitulare Johannes Baptista Funck mit der Pfarrei Irndorf und Romuald Bock mit der Pfarrei Beuron betraut; der bisherige Pfarrer von Irndorf, Joachim Hasel, wurde nach Glatt versetzt.[48] Am 23. Mai durfte sich Bonifacius Ruef zu seinem Bruder, dem Abt des Augustinerchorherrenstifts Kreuzlingen, begeben. Die Erlaubnis wurde ihm unter der Bedingung erteilt, dass fortan keine Pensionszahlungen mehr an ihn zu zahlen waren.[49] Im Sommer bzw. Herbst 1804 schließlich kehrten Sebastian Beer, Pfarrer zu Buchheim[50], und Augustin Ostler, Pfarrer von Leibertingen[51], dem Konvent den Rücken und nahmen in ihren Pfarreien Wohnung.

Die Auszehrung, die der Konvent durch den Auszug und den Tod von Kapitularen erfuhr, blieb nicht ohne Auswirkungen. Ab 1. Januar 1803 übernahm der Wirt Ignaz Zudrelli die Versorgung des Konvents mit Speisen.[52] Um Ausgaben zu sparen, legten die Kapitularen zu Jahresbeginn auch die Chorgewänder ab.[53] Im Januar 1804 wurde auch das Orgelspiel[54] und Mitte Februar 1804 auch das Chorgebet[55] eingestellt.

1808 bestand der Konvent nur noch aus dem Prälaten, dem Dekan Nikolaus Weizenegger und den Kapitularen Stefan Winker, Romuald Bock, dem Pfarrer von Beuron, und Johannes Baptista Funck. Die weiteren noch lebenden Exkapitularen waren an folgenden Orten als Pfarrer oder als Pfarrverweser tätig: Mathias Kamerer in Bittelbronn, Bonifacius Ruef in Öhningen, Augustin Ostler in Leibertingen, Franz Xaver Korntheir in Worndorf, Rudolf Engelhart in Öttingen und Sebastian Beer in Buchheim. Als Pensionär lebte Jakob Sartori in Freiburg i. Br.[56]

Die Ruhe der noch in Beuron verbliebenen Klosterinsassen wurde 1813 noch einmal gestört, als die österreichische Armee im Befreiungskrieg dort für 300 Mann ein Militärhospital einrichten ließ.[57] Das Spital konnte aber schon im März 1814 wieder aufgelöst werden. Die dem Spital gehörigen Bettstellen wurden im Juli 1814 nach Sigmaringen übergeführt und danach nach Gorheim verbracht.[58]

Das ehemalige Augustinerchorherrenstift, in dem nur noch der Prälat Dominikus Maier und Pfarrer Romuald Bock wohnten, versank allmählich in einen Dornröschenschlaf. Pfarrer Bock, der, wie aus einschlägigen Akten hervorgeht, seine seelsorgerlichen Pflichten immer mehr vernachlässigte und statt dessen das Wirtshaus in Beuron, den heutigen »Pelikan« frequentierte[59], wurde im Juli 1820 als Kaplaneiverweser nach Liggersdorf versetzt.[60] Nachfolger von Romuald Bock, dem letzten Augustiner-Pfarrer von Beuron,

waren bis zur Errichtung der Kuratkaplanei Beuron im Jahre 1826[61] die Pfarrverweser Hohl (1820–22)[62], Riegger (1822–24)[63], Kohler (1824–25)[64], Weihrauch (1825–26)[65] und Koch (1826).[66]
Am 7. Oktober 1823 starb Dominikus Maier, der letzte Abt Beurons, im Alter von 71 Jahren an Wassersucht.[67] Ihm folgten als letzte Mitbrüder Jakob Sartori am 12. Februar 1835 und Romuald Bock am 19. April 1835 nach.[68] Der Augustinerchorherrenkonvent Beuron gehörte damit endgültig der Vergangenheit an.

Die Verwertung der Mobilien

Parallel zur Auszehrung des Konvents war die Auflösung der Fahrnis (bewegliches Vermögen) des säkularisierten Augustinerchorherrenstifts Beuron erfolgt. Bereits am 25. Juni 1804 hatte die Fürstl. Regierung die von Obervogt Widmann beantragte Versteigerung der entbehrlicher Gerätschaften des Klosters und die Abgabe von Paramenten an die Kirche von Bärenthal sowie die Abgabe der restlichen Paramente an benachbarte Kirchenfabriken gegen Bezahlung gestattet.[69]
Die Versteigerung begann am 1. Oktober 1804 und dauerte insgesamt drei Tage. Nach der Klosterchronik[70] kamen dabei neben Gebrauchsgegenständen wie Geschirr, Tischwäsche, Bettwäsche, Kissen, Möbeln und Fässern auch Kunstgegenstände und Musikinstrumente unter dem Hammer. Darunter befanden sich nach der Klosterchronik Gemälde der Klosterstifter, Bilder mit Themen aus der biblischen Geschichte, Stationsbilder und Gemälde von verstorbenen Konventsangehörigen.[71] Von der Versteigerung nicht betroffen waren Bilder aus der Sakristei.[72] Vom Obervogt zurückbehalten wurden 16 Bilder, die ins Fürstl. Schloss in Thalheim verbracht wurden.[73]
Nach dem Versteigerungsprotokoll wechselten insgesamt 119 Bilder aus dem Klostergebäude zu einem Gesamtpreis von 33 fl. 7 kr. den Besitzer. Lokalisiert wurden 37 aus dem oberen Gang, 7 aus den beiden Treppenhäusern, 17 aus dem mittleren, 26 aus dem inneren Gang und 14 Stationen aus der Krankenkapelle. Die Käufer wurden im Protokoll nicht angegeben.[74] Wenig informativ ist hier Klosterchronik. Danach gelangten 12 Ansichten nach Fridingen, die Stationen wurden nach Spaichingen verkauft.[75]
Nicht versteigert wurden die Bilder aus der Sakristei und den beiden Refektorien.[76] Auch das Inventar der Zellen blieb unangetastet. Bereits vor dem Versteigerungstermin war am 11. Juli 1804 das im Bibliotheksraum des Stifts befindliche Theater an den Pfarrer Ignaz Demeter von Lautlingen für 33 fl. verkauft worden.[77] Verkauft wurden auch die Ornate der Kirche an auswärtige Pfarrer und Kirchenpfleger.[78]
Der Gesamterlös der Versteigerung betrug lediglich 1.256 fl. 30 kr.[79] Nach der Auffassung des Klosterchronisten repräsentierten die Mobilien, die ihren Eigentümer gewechselt hatten, einen Gesamtwert von über 16.000 fl.[80] Diese Ausplünderung soll eine anwesende Frau lutherischen Bekenntnisses unter Tränen mit den biblischen Worten vom Tempel, der in eine Räuberhöhle verwandelt war, kommentiert haben.[81]
Der geringe Erlös der Auktion beruhte wohl vor allem auf mangelndem Kunstverstand. Bei der anschließenden Versteigerung der Fässer des aufgehobenen Stifts wurden nämlich 1.586 fl. 30 kr. erzielt.[82] Eindeutig war lediglich der Wert von Edelmetallen. So konnten im Dezember 1804 Silbergeräte von insgesamt 768 Lot [1 Lot = 16,5–17,5g] für 856 fl. an den Hoffaktor Isaac Abraham veräußert werden.[83]
Nachdem bereits im Januar 1804 die Orgel der Klosterkirche verstummt war[84], bestanden keine Hemmungen mehr, auch dieses Instrument zu versilbern. Als dann aber am festgesetzten Versteigerungstermin niemand erschien, wurde die Orgel schließlich im November 1807 für 1.200 fl. an die Stadtpfarrkirche St. Jakob in Pfullendorf verkauft.[85] Unangetastet blieb jedoch die Chororgel in der Beuroner Klosterkirche.[86]
Über die in der Sakristei und in der Kirche des ehemaligen Klosters vorhandenen liturgischen Geräte und Ornate werden wir durch ein am 15. Juni 1819 von dem damaligen Beuroner Obervogt Schiessle angefertigten Inventar unterrichtet.[87] Dessen geringer Umfang lässt vermuten, dass die 1804 stattgefundenen Veräußerungen von Paramenten und Geräten, wovon kein Protokoll vorliegt, beträchtlich waren.[88]
Obgleich der große Bedarf an Kirchenparamenten 1819 den Anlass zur Anfertigung des Inventars geboten hatte[89], ließ man die Angelegenheit seitens der Fürstl. Regierung zunächst auf sich beruhen. In einem Bericht des Obervogteiamts Beuron vom 17. Februar 1820 erfahren wir lediglich, dass ein blaues Messge-

wand für 2 fl. 30 kr. an die Zuchthausverwaltung Hornstein verkauft worden war.[90] Bewegung in die Angelegenheit hat dann vermutlich erst das Ableben des Prälaten Dominikus Maier gebracht, denn am 9. Dezember 1823 wurde das Fürstl. Obervogteiamt angewiesen, die folgenden Gegenstände von Beuron nach Sigmaringen zu überstellen[91]:
[I.] Nr. 2 Zwei Kelche, und zwar mit Ausnahme desjenigen von Werenwag, der in Beuron verbleibt, die zwei besten mit Zubehör,
Nr. 3 die vorhandenen 18 Lot Bruchsilber,
Nr. 5 ein Paar silberne und vergoldete Meßkännchen samt Platte,
Nr. 8 ein silberner Christus mit schwarzem Kreuze,
Nr. 10 ein Meßbuch mit Verzierung auf der Decke von Silber,
Nr. 14 zwei Paar Meßkännchen von Zinn,
Nr. 17 vier kleinere Leuchter von Messing.
[II.] *An Meßgewändern und Ornaten*
Ein weißer Ornat mit allen Zugehörden und den Tunicellen, ein rotgeblümter Ornat mit allen Zugehörden,
Nr. 1 ein Meßgewand von reichen Stoff,
Nr. 2 ein Meßgewand von rotem Samt.
[III.] *Alben*
Nr. 1 Zwei Alben mit Spitzen und rotem Taft,
Nr. 2 zwei Alben desgleichen mit Spitzen in der Mitte und unten,
Nr. 12 u. 13 zwei Hostieneisen und Kessel
Die unter [I.] Nr. 3, 14, 17, 18, [II.] Nr. 1, 2 und [III.] Nr. 1 und Nr. 2 angegebenen Gegenstände sowie der weiße Ornat mit allem Zubehör wurden vorläufig der Pfarrkirche St. Johann in Sigmaringen übergeben. Den Wert dieser Ornate und Gerätschaften bezifferten die eingesetzten Schätzer, Kaufmann Frick und Meister Klein, mit 230 fl. 54 kr.[92]
Die übrigen Kirchengeräte (zwei Kelche, 1 Paar silberner und goldener Messkännchen, die Christusfigur, die beiden Messbücher und die beiden Hostieneisen samt Kessel) wurden am 10. Dezember 1823 der Schlosskapelle in Sigmaringen gegeben.[93] Mit Erlass vom 12. Dezember 1823 schenkte Fürst Anton Aloys die St. Johann überstellten Geräte schließlich der Pfarrkirche mit der Auflage, für die Stifter und Wohltäter des ehemaligen Klosters Beuron einen Jahrtag abzuhalten und die Kosten dafür zu übernehmen.[94]

Sog. Werenwagkelch
Messkelch aus dem Augustinerchorherrenstift. Drei Medaillons zeigen Verkündigung, Geburt und Kreuzigung Christi. Vergoldetes Silber, Augsburg, um 1702. Erzabtei St. Martin, Beuron.

Bereits acht Tage nach seinem Ableben wurden am 15. Oktober 1823 die dem Prälaten auf Lebenszeit überlassenen Insignien und Pretiosen inventarisiert. Das Verzeichnis weist die folgenden Gegenstände auf.[95] *1) Ein Pectoral mit rotem Stein, 2) ein Ring von gleicher Art, 3) ein Ring mit grünen Steinen, 4) ein Ring von gleicher Art, 5) ein gemeines alltägliches Pectoral von Silber und vergoldet, 6) samt einem Ringe,*

Aus dem Beuroner Kirchenschatz
Beuroner Monstranz mit Darstellungen der Heiligen Georg, Martin und Augustinus sowie der hl. Dreifaltigkeit. Silber, teilw. vergoldet, Augsburg, Anf. 18. Jh. Erzabtei St. Martin, Beuron.

7) ein Pontifikalstab von Silber, 8) eine rote Inful, 9) eine weiße dito, 10) eine weiße dito, 11) ein Pontifikalkelch, 12) ein paar Näpfe oder Opferkännchen, 13) ein silberner Zeiger mit Händchen, 14) ein kleines silbernes Handleuchterchen, 15) ein Abbatial-Signet in Silber gestochen.

Der Empfang dieser Insignien und Pretiosen wurde von dem Kommissar v. Laßberg bezeugt.[96] Nach einem Verzeichnis vom 8. April 1827 lagerten die in dem Inventar aufgeführten Gegenstände mit Ausnahme eines Ringes und des Pectorale, aber mit je drei Paar Handschuhen mit Silberstickereien im Haus- und Landesarchiv[97], das im Schlossturm neben dem Familiensaal untergebracht war.[98] Den Wert der Silbergerätschaften, die insgesamt 108 Lot wogen, schätzte der Silberarbeiter Schuh auf 246 fl. 18 kr., wobei allein der Pontifikalstab des Prälaten mit 100 fl. taxiert wurde.[99] Am 9. April 1827 wurden die Silbergerätschaften mit Ausnahme der drei Infuln für 280 fl. 48 kr. an Simon Abraham aus Hechingen verkauft.[100] Am 9. April 1824 waren *einige alte Gemälde* in Beuron versteigert worden.[101] Am 3. Februar 1825 hatte die Fürstl. Regierung das Obervogteiamt autorisiert, ein auf 5 fl. taxiertes Kruzifix und ein Messbuch, dessen Wert auf 2 fl. 30 kr. veranschlagt war, an die Kirche von Worndorf abzugeben.[102] Um die gleiche Zeit war auch die Verwertung der Bibliothek des ehemaligen Augustinerchorherrenstifts zu einem Abschluss gekommen. Über ihr Schicksal und das des Klosterarchivs wurde in einem anderen Beitrag berichtet.[103]

Das Kloster und das Klostergut Beuron

Den Kern der säkularisierten Klosterherrschaft Beuron bildete das Kloster mit der Kirche und den Klostergebäuden sowie das sog. Klostergut. Der Umfang dieser Domäne mit den dazugehörigen Wiesen und Äckern wird in dem Protokoll über die Zivilbesitznahme des Augustinerchorherrenstifts vom 24. November 1802 auf insgesamt 184 Jauchert geschätzt.[104] Es wurde zu Zeiten des Klosters mit der damit verbundenen Sennerei und Schäferei selbst bewirtschaftet.[105] Auch die Fürstl. Verwaltung bewirtschaftete die Domäne 15 Jahre in eigener Regie.
In einem Bericht vom 2. Juli 1817 über die Revision der Beuroner Amtsrechnung 1815/16 stellte Hofrat Fidel Schnell jedoch lakonisch fest, dass der *ökonomische Umtrieb des herrschaftlichen Bauhofs in loco Beuron eine ungeheure Summe mehr koste, als er ertrage.* Sein Vorschlag, das Kameralgut wie die anderen Beuroner Höfe zu verpachten[106], fand höheren

Orts Zustimmung. Nach Ausschreibung im Wochenblatt vom 5. Oktober 1817 wurde das Gut am 7. November 1817 an den Landwirt Franz Xaver Schiele aus Fridingen verpachtet.[107] Diese Bewirtschaftung wurde übrigens bis zur Schenkung der Domäne Beuron an die Wolterstiftung am 18. Juli 1928 beibehalten.[108]
Von dem Schicksal der meisten säkularisierten Klöster, nämlich als Kaserne, Gefängnis, Irrenanstalt oder als Fabrik genutzt zu werden, blieb Beuron verschont. Das Gebäude wurde nach der Zivilbesitznahme vielmehr zu Wohn-, Verwaltungs-, Bildungs- und Lagerzwecken genutzt. Infolge der Pensionskonvention von 1802[109] hatten dort die Exkapitularen freie Wohnung, bis Prälat Dominikus Maier im Jahre 1823 verstorben war.[110] Nach der Abberufung des Exkapitularen Romuald Bock als Pfarrer in Beuron im Jahre 1820[111] nahmen dort auch die nachfolgenden Pfarrverweser Wohnung[112], seit der Errichtung der mit pfarrlichen Rechten ausgestatteten Kuratkaplanei Beuron am 19. Juni 1826[113] auch die Kapläne und späteren Pfarrer.[114]
In dem Klostergebäude waren ferner die Schule, die Lehrer- bzw. Mesnerwohnung und die Wohnungen für die Domänenpächter, Fürstl. Bedienstete sowie Dienststellen von Fürstl. Behörden in Beuron untergebracht. Dazu gehörten bis 1830 die Obervogtei und danach bis 1834 das Rentamt sowie die Revierförsterei.[115] Die Speicher des Klostergenbäudes dienten ferner als Fruchtkasten für die Zehnten der badisch gewordenen Ortschaften Buchheim, Worndorf, Leibertingen und Hartheim, eine Funktion, die jedoch nach der Zehntablösung in Baden obsolet wurde.[116] Seit 1838 waren auch Zimmer im Klostergebäude an Gäste der Molkenkuranstalt Beuron vermietet.[117] Diese gemischte Nutzung des Klosters dauerte bis zur Ankunft der Benediktiner im Jahr 1862.[118]

[1] Hierzu grundlegend *Fritz Kallenberg*, Die Fürstentümer Hohenzollern im Zeitalter der Französischen Revolution und Napoleons, in: ZGO NF 72 (1963), 381–396.
[2] Ebd., 388f., 392.
[3] Ebd., 383, 392; hierüber zuletzt *Otto H. Becker*, Der ehemalige Besitz des Hauses Hohenzollern-Sigmaringen in den Niederlanden. Ein historischer Rückblick unter Berücksichtigung der Partnerschaft zwischen Boxmeer und Sigmaringen, in: HH (1989), 34–38.
[4] *Kallenberg*, Fürstentümer (wie Anm. 1), 389–392.
[5] Ebd., 395 Anm. 117; *Hermann Schmid*, Die Säkularisation der Klöster in Baden 1802–1811. Überlingen a.B. 1980, 22.
[6] *Kallenberg*, Fürstentümer (wie Anm. 1), 395.
[7] Ebd.
[8] Ebd., 389f.
[9] *Otto Heinrich Becker*, Hohenzollern. Die Burg – das Haus – das Land, in: Baden-Württemberg. Vielfalt und Stärke der Regionen, hg. von *Hans-Georg Wehling/Angelika Hauser-Hauswirth/Fred Ludwig Sepaintner* im Auftrag der Landeszentrale für politische Bildung Baden-Württemberg. Leinfelden-Echterdingen 2002, 350–383.
[10] Wie Anm. 5; die folgenden Ausführungen basieren vornehmlich auf Studien der Jahre 1987/88, die dann eingeflossen sind in *Otto H. Becker*, Beuron von der Säkularisation der Augustinerchorherrenabtei bis zum Vorabend der Ankunft der Benediktiner, in: 250 Jahre Abteikirche Beuron. Geschichte, geistliches Leben, Kunst, hg. von *Wilfried Schöntag*. Beuron 1988, 110–155.
[11] SAS Dep. 39 (Fürstl. Hohenzollern'sches Haus- und Domänenarchiv) DS 26 (Kloster Beuron) T 1 R. 78 Nr. 144.
[12] SAS Dep. 39 T 1 R. 151 Nr. 11.
[13] Ebd. R. 78 Nr. 144.
[14] Ebd. R. 151 Nr. 12; R. 78 Nr. 144.
[15] Ebd. R. 151 Nr. 12 (Abschn. XVII).
[16] Ebd. (Abschn. IX); *Becker*, Beuron (wie Anm. 10), 114; hierzu s. auch *Heinrich Aengenheister*, Der Übergang des Klosterbesitzes in Hohenzollern um die Wende des 17./18. Jhs. Masch. Studie 1951 (SAS Dep. 39 Sa 135); *Uwe Ziegler*, Verwaltungs-, Wirtschafts- und Sozialstruktur Hohenzollerns im 19. Jh. Sigmaringen 1976 (Arbeiten zur Landeskunde Hohenzollerns ; 13).
[17] SAS Dep. 39 DS 26 T 1 R. 151 Nr. 12 (Abschn. XXIII).
[18] Ebd. R. 78 Nr. 144 (zum 26.11.1802).
[19] Ebd.; s. auch *Karl Theodor Zingeler*, Geschichte des Klosters Beuron im Donauthale. Urkundlich dargestellt. Separatdruck o.J., 256f.
[20] SAS Dep. 39 DS 26 T 1 R. 151 Nr. 11.
[21] Ebd. R. 83 Nr. 54.
[22] *Schmid*, Säkularisation (wie Anm. 5), 25.
[23] *Fritz Kallenberg*, Die Fürstentümer Hohenzollern am Ausgang des Alten Reiches. Ein Beitrag zur politischen und sozialen Formation des deutschen Südwestens. Masch. Diss. Tübingen 1962. T 1, 95.
[24] *Hermann Tüchle*, Von der Reformation bis zur Säkularisation. Geschichte der Katholischen Kirche im Raum des späteren Bistums Rottenburg-Stuttgart. Ostfildern 1981, 289.
[25] Ebd., 299, 301.
[26] SAS Dep. 39 DS 26 T 1 R. 151 Nr. 11.
[27] Ebd.
[28] Ebd. R. 78 Nr. 144 (zum 26.11.1802).
[29] Ebd. R. 151 Nr. 11
[30] Ebd.
[31] Ebd. R. 78 Nr. 144 (zum 24.11.1802).
[32] Ebd. R. 151 Nr. 12.
[33] Ebd.
[34] Ebd.
[35] SAS Dep. 39 DS 47 (F.H. Obervogteiamt Beuron) T 1 Nr. 2.

[36] Ebd. DS 26 T 1 R. 151 Nr. 16.
[37] Ebd.; hierzu auch *Becker,* Beuron (wie Anm. 10), 117.
[38] *Kallenberg,* Fürstentümer (wie Anm. 1), 397f.
[39] Ebd., 398.
[40] Ebd., 403.
[41] Oben zu Anm. 29.
[42] SAS Dep. 39 DS 26 T 1 R. 78 Nr. 144 (zum Dez. 1802).
[43] Ebd.
[44] Ebd. (zum 01.01.1803).
[45] Ebd. (zum 16.01.1803).
[46] Ebd. (zum 03.03.1803).
[47] Ebd. (zum 16.01.1803).
[48] Ebd. (zum 21.12.1803).
[49] Ebd. (zum 23.05.1804).
[50] Ebd. (nach Mai 1804).
[51] Ebd. (zum 25.09.1804).
[52] Ebd. (zum 01.01.1803).
[53] Ebd. (zum 06.01.1803).
[54] Ebd. (zum 05.01.1803).
[55] Ebd. (zum Febr. 1804).
[56] SAS Ho 235 I – X – H Nr. 868 /2.
[57] SAS NVA II 5179.
[58] Ebd.
[59] SAS Ho 80a CII – 10 a Nr. 21.
[60] SAS Dep. 39 DS 47 T 1 Nr. 20, 237.
[61] Ebd. DS 26 T 1 U 644.
[62] Ebd. DS 47 T 1 Nr. 23, 102; Nr. 24, 112.
[63] Ebd. Nr. 24, 112.
[64] Ebd. Nr. 25, 90; SAS Ho 192 Nr. 26 /3.
[65] SAS Dep. 39 DS 47 T 1 Nr. 25, 90.
[66] Ebd. Nr. 26, 102.
[67] Wochenblatt für das Fürstenthum Hohenzollern-Sigmaringen Jg. 1823, 167.
[68] SAS Dep. 39 NVA 24.336.
[69] Ebd. DS 47 T 2 Nr. 206.
[70] Ebd. DS 26 T 1 R. 78 Nr. 144 (zum Okt. 1804).
[71] Ebd.
[72] Ebd.
[73] Ebd.
[74] Ebd. DS 47 T 1 Nr. 4, 28.
[75] Ebd. DS 47 T 1 Nr. 4.
[76] Ebd.
[77] Ebd. DS 47 T 1 Nr. 4, 5.
[78] Ebd. DS 26 T 1 R. 78 Nr. 144 (zum Okt. 1804).
[79] Ebd. DS 47 T 1 Nr. 4, 29.
[80] Ebd. DS 26 T 1 T. 78 Nr. 144 (zum Okt. 1804).
[81] Ebd.
[82] Ebd. DS 47 T 1 Nr. 4, 29.
[83] Ebd. Quittung.
[84] Oben Anm. 54.
[85] SAS Ho 80, Regierungsprotokoll Nr. 3 (1807); hierzu s. auch *Th. Klein*, Festschrift zur Orgelweihe in St. Jakob. Pfullendorf 1974; *A. Wunsch*, Zur Geschichte der Orgel in der Klosterkirche St. Martin zu Beuron, in: Weihe der neuen St. Martinsorgel durch Herrn Erzabt Hieronymus Nitz. o.O. 1974, 9ff.
[86] SAS Ho 80, Regierungsprotokoll Nr. 3 (1807).
[87] Ebd. DS 1 T 6 R. 78 Nr. 14; Abdruck bei *Becker*, Beuron (wie Anm. 10), 121f.
[88] Ebd. DS 47 T 2 Nr. 206.
[89] Ebd.
[90] SAS Ho 86 NVA II 4225.
[91] Ebd. Dep. 39 DS 1 T 6 R. 78 Nr. 14.
[92] Ebd. DS 1 T 6 R. 78 Nr. 65.
[93] Ebd.
[94] Ebd.
[95] Ebd. DS 26 T 1 R. 75 Nr. 204.
[96] Ebd.
[97] Ebd.
[98] *Walter Bernhardt*, Das Fürstlich Hohenzollernsche Archiv in Sigmaringen von 1803 bis zur Gegenwart, in: ZHG 9 (1973), 10.
[99] SAS Dep. 39 DS 26 T 1 R. 75 Nr. 204.
[100] Ebd.
[101] Wochenblatt für das Fürstenthum Hohenzollern-Sigmaringen Jg. 1824, 63.
[102] SAS Ho 86 NVA II 4225.
[103] *Becker,* Beuron (wie Anm. 1), 125–134.
[104] Oben zu Anm. 15.
[105] SAS Dep. 39 DS 26 T 1 R. 151 Nr. 12 (Abschn. XVII).
[106] Ebd. R. 30 Nr. 3.
[107] Ebd.; Dep. 39 NVA 23.412.
[108] *Otto H. Becker,* Benediktinermönche in Beuron, in: 250 Jahre Abteikirche Beuron. Geschichte, geistliches Leben, Kunst, hg. von *Wilfried Schöntag*. Beuron 1988, 176 ff.
[109] Oben zu Anm. 26.
[110] Oben zu Anm. 67.
[111] Oben zu Anm. 60.
[112] Oben zu Anm. 61–66.
[113] *Becker*, Beuron (wie Anm. 10), 143.
[114] Ebd.
[115] Ebd., 136–138.
[116] Ebd., 138.
[117] Ebd., 141.
[118] *Becker*, Benediktinermönche (wie Anm. 108), 166ff.

Sämtliches ist sofort an das Münzamt nach München gesandt worden …

Die Aufhebung des Chorherrenstifts St. Cyriacus in Wiesensteig

von Karlfriedrich Gruber

Das Stift am Vorabend seiner Aufhebung

Das weltliche Chorherrenstift St. Cyriacus in Wiesensteig[1] bestand in der Nachfolge eines bereits vor 861 gegründeten Benediktinerklosters ununterbrochen mindestens seit dem 12. Jh. Seit 1642 bzw. 1752 war die Reichsgrafschaft Wiesensteig (einschließlich der Exklave Dürnau) der am weitesten westlich gelegene Teil des Kurfürstentums Bayern. Der Kurfürst war seit 1752 der alleinige Patronatsherr des Stifts.
Das 18. Jh. bescherte dem Stift eine letzte Blütezeit. Seine Einkünfte erlaubten ihm, bedeutende Kapitalien auszuleihen, u. a. auch an die Reichsstadt Ulm und die Schwäbische Kreis-Kasse in Stuttgart. Das Wallfahrtswesen und die Bautätigkeit nahmen einen erheblichen Aufschwung. Der barocke Innenraum der Stiftskirche wurde in den Jahren 1775–1780 klassizistisch umgestaltet und von bedeutenden Künstlern (u. a. Johann Baptist Straub) ausgestattet; er gehört noch heute zu den künstlerischen Sehenswürdigkeiten im Kreis Göppingen.
Das gesamte Volksschulwesen der Herrschaft Wiesensteig wurde vom Stift seit 1774 schrittweise reformiert: Mit der Ernennung des Kanonikus Philipp Göttler zum Schulinspektor und durch die von ihm ausgearbeitete und verpflichtend eingeführte Schulordnung erreichten die damaligen »Normalschulen« in der kurpfalzbayerischen Herrschaft Wiesensteig im Laufe der Jahre 1800–1805 eine bisher nicht für möglich gehaltene Wertschätzung, so dass das Kurfürstliche Schuldirektorium in München feststellen konnte, Göttler habe *das deutsche Schulwesen in Wiesensteig auf den Stand der größten Vollkommenheit gebracht, als es in Bayern nirgends auf dem Lande war.*[2] Seine Schulordnung ist in die Kurpfalzbayerische Schulbesuchs-Verordnung vom 23. Dezember 1802[3] mit eingegangen.
Auch die uralte Stiftsschule, in der vor allem die lateinische Sprache sowie die Vokal- und Instrumentalmusik gepflegt wurden, war nach wie vor geschätzt, vor allem als Vorstufe eines anschließenden Universitätsstudiums. Nicht wenige bedeutende Persönlichkeiten, die in den ersten Jahrzehnten des 19. Jhs. zum Aufbau des modernen bayerischen Staates beigetragen haben, sind aus ihr hervorgegangen.
Das Stift besaß das Pfarrbesetzungsrecht in den evangelischen Pfarreien Bernstadt (abwechselnd mit Ulm), Öllingen und Merklingen. Die Kirchen in Ditzenbach, Hohenstadt, Mühlhausen und Westerheim sowie die Wallfahrtskirche Maria Dotzburg bei Mühlhausen waren dem Stift inkorporiert. Doch hatte dieses keine Hoheitsrechte, Landeshoheit oder niedere Gerichtsbarkeit, nicht einmal hinsichtlich seiner eigenen Gebäude.

Die Inventarisierung des Stiftsvermögens

Ende August 1802 begann Bayern, die im Pariser Separatvertrag vom 24. Mai 1802 zugesicherten schwäbischen *Entschädigungslande* zu besetzen.[4] Am 26. November 1802 erließ Kurfürst Max Joseph von Bayern das Besitzergreifungs-Patent für die neue kurpfalzbayerische Provinz in Schwaben.[5] Gleichzeitig wurde in der ehemaligen Reichsstadt Ulm ein *General-Land-Kommissariat* errichtet, dem durch *Höchstlandesherr-*

liche Verordnung vom 27. Dezember 1802 auch die *jenseits des Lechs liegenden älteren Landgerichte*, darunter das Landgericht Wiesensteig, zugewiesen wurden.[6] Mit Schreiben vom 17. Februar 1803 *an das schwäbische General-Land-Commissariat das Collegiatstift zu Wiesensteig betreffend* ließ die Staatskonferenz in München[7] folgende Anordnung übermitteln: *Da die Disposition des § 35 des Reichs Deputations Hauptschlusses nach der neuesten erläuternden Note der bevollmächtigten Minister der vermittelnden Mächte sich gleichfalls auf die sämtlichen Stifter auch der alten Lande der entschädigten Reichsfürsten sich erstrecket, so tragen Wir euch auf, über den Personal- und Vermögensstand des Collegiatstiftes zu Wiesensteig nach Unserer bereits erlassenen allgemeinen Instruction*[8] *ein vollständiges Inventarium herstellen zu lassen und solches an Uns hieher einzusenden. Auch soll keine erledigte Präbende in Zukunft mehr allda vergeben werden. Wonach ihr euch zu achten, und das Weitere zu verfügen habt.* Das authentische Konzept[9] ist persönlich unterzeichnet von Kurfürst *Max Joseph* sowie allen drei Ministern des Staatsrats, [Frh.] *v. Montgelas*, [Gf.] *Morawitzky*, [Johann Friedrich] *v. Hertling* und dem Geheimen Rat [Georg Friedrich v.] *Zentner*. Die Verordnung wurde (wahrscheinlich im Departement der auswärtigen Angelegenheiten, unter dessen Akten sie sich findet und dessen Chef der Herr v. Zentner war) *mundiert* (als Reinschrift ausgefertigt) und am 19. Februar 1803 *expediert* (abgeschickt).

Bereits am 25. Februar 1803 erschien der kurpfalzbayerische Landrichter Paul von Illertissen in Wiesensteig, *dessen Vollmacht sich aber nicht weiter erstreckt, als den Aktiv- und Passivstand des Stiftes zu untersuchen; weswegen er auch, am nemlichen Tage noch, Kassa, Archiv und Kasten obsignirte* [versiegelte], *das Kirchensilber wog und die vorfindlichen Paramenten aufnahm. Er ließ sodenn alle stiftischen Gebäude nicht nur zu Wiesensteig, sondern auch auf dem Lande der T. HH. Pfarrer und Benefiziaten schätzen und foderte vom ganzen vom Stift salarirten* [besoldeten] *Personale einzelne Verzeichnisse ihrer Einkünfte. Die T. HH. Kanonizi vermuthen nun ihre baldige Auflösung, weil mehrere Privatbriefe, und unter andern eines T. H. Revisionsraths Schieber*[10] *von München an seinen Vater zu Wiesensteig die Aufhebung aller Stifter und Klöster in Bayern als schon dekretirt angeben. Die Entscheidung fürs Stift wird ein nachfolgender H. Kommissär mit bringen* […] Auch die Wallfahrtskirche Maria Dotzburg wurde (am 5. März) vom Lokal-Untersuchungskommissär Paul *besucht und einigermassen inventiert.*[11]

Ebenfalls am 25. Februar 1803 fand die letzte ordentliche Sitzung des Stiftskapitels statt: *Wurden die Quartal-Gelder ausgetheilt und den H. Vicarien so wohl als den weltlichen Stiftsofficianten die schon vor mehreren Jahren geschöpfte Additionen, welche wegen den geldlosen Kriegszeiten einige Jahre her unterblieben, neuerlich bewilliget.*[12]

Bei der Überprüfung der verschiedenen Kassen des Stifts (Bursamt, Schaffnerei, Kastenamt, Zehntgelder) am 25. Februar ergab sich ein Kassenbestand von 2.995 fl. Die Kosten im Zusammenhang mit dem Kassensturz beliefen sich lt. Rechnung vom 3. März 1803 auf 8 fl. 45 kr. Am 24. März zahlte der provisorische Stiftsverwalter Johann Nepomuk Mielach an den Gerichtsdiener, der die Akten der *Lokal-Untersuchungs-Kommission* nach Ulm gebracht hatte, *für Zehrung und Rittlohn* 5 fl. sowie 18 fl. an den Zimmermeister Matthias Schweizer und den Zimmer- und Maurermeister Kaspar Brottam, die von der Kommission herumgeschickt worden waren, *um alle stiftische Gebäude auf dem Lande sowohl als hier* [in Wiesensteig] *einzuschätzen und zu numeriren.*[13]

Der kurfürstliche Kommissär war noch Mitte März mit der Prüfung des stiftischen Vermögensstandes beschäftigt. *Er behandelt die Individuen höflich und billig, bewundert die vorzüglich und ordentlich bis daher geführte Verwaltung und Rechnungen und verspricht, dies alles in seinen Berichten an die höchste Stelle besonders anzurühren. Soviel man uns vorläufig versichert, sollen die meisten aus uns anderswo wieder angestellt werden und Pensionen, womit sie zufrieden seyn können, erhalten, wenn sie zu fernern Diensten nicht gebraucht oder unfähig seyn würden.*[14]

Erst kurz vor Ostern (10. April) verließ die Untersuchungskommission das Stift. Von diesem Zeitpunkt an besorgte der Stiftspfleger, *der in Churfürstliche Pflicht genommen worden*, gemeinsam mit dem Stiftsdekan die Stiftsverwaltung. *In wichtigen Vorfallenheiten* sollten sie an das *General-Land-Kommissariat* in Ulm berichten und von dort ihre Weisungen erhalten. Archiv und Registratur blieben versiegelt.[15]

Die Kosten für die Tätigkeit der *Lokal-Untersuchungs-Kommission*, 202 fl., mussten nach Anweisung des *General-Landkommissariats* vom 15. April aus der Stiftskasse bezahlt werden, und zwar für Amtmann Paul 158 fl. und seine 4 *Skribenten* 38 fl. 45 kr. (Praktikant Kirchgraber und Messner Johann Herbster je 17 fl., Benefiziat Gfrerer 2 fl. 45 kr., Pfarrvikar Rauschmayr 2 fl.) sowie für Stiftspfleger Mielach 5 fl. 15 kr.[16]

Die Pensionierung der Stiftsangehörigen

Am 13. August 1803 erging von der *Churbairischen Special Commission für die administrativen Angelegenheiten der Stifter und Klöster in Schwaben* in Ulm die Weisung an Landrichter Rosmann in Wiesensteig als *gnädigst verordnetem Commissar, das höchst Landesherrliche Decret der gänzlichen Aufhebung und Pensionirung der stiftischen Individuen zu publiciren.*[17] Das Schriftstück traf am 17. August in Wiesensteig ein. Am nächsten Morgen ordnete der Landrichter in einem Schreiben[18] an den Stiftsdekan v. Barth an, *das ganze Stifts Kapitel und übrige besoldete Personal heute bis 9 Uhr in dem gewöhnlichen Kapitelzimmer Namens der* [Local] *Commission versammeln zu wollen, um die von der höchsten Stelle in München erlassene und von der Special Commission in Ulm zum Vollzug hierhin kommunizirten gnädigsten Entschließungen in Betreff der Pensionirung sämtlicher Individuen verkünden zu hören und die weiteren Commissions Verfügungen zu erwarten.* Den Anwesenden wurde zugesichert, dass sie ihre zukünftige Pension noch schriftlich bestätigt erhalten würden. Das Protokoll ist offenbar ohne jeglichen Widerspruch vom Dekan und den 8 Kanonikern in der Reihenfolge ihrer Stiftszugehörigkeit, von den 7 Vikaren und 5 weltlichen Angestellten entsprechend ihrer Rangfolge unterschrieben worden.

Die bisherige Stiftsverfassung *und alle blos hieraus fließende gesellschaftliche Rechte und Verbindlichkeiten* wurden außer Kraft gesetzt. Dem *provisorischen Stiftsverwalter* Mielach mussten alle Rechnungen, stiftischen Papiere, Urkunden und das Stiftssiegel übergeben werden. Doch durfte das gemeinsame Chorgebet auf Grund eines Einspruches der Chorherren fortbestehen.

Bezüglich der jährlichen Geldpensionen der *geistlichen Mitglieder des Stifts* erging folgende Regelung[19]: Dem Propst, Klemens Ferdinand Graf v. Lodron, waren *vermög gnädigstem Rescript vom 25. Juli d. J. ausgesetzt siebenhundert Gulden, welche nach komissioneller Weisung aus der Kasse der provisorischen Stiftsverwaltung oder des künftig aufzustellenden Rentamtes in vierteljährigen Ratis baar bezahlt werden sollen. Mit dieser Geldbesoldung ist auch die lebenslängliche Nutznießung der bisherigen Wohnung gegen Übernahme der Baulichkeiten verbunden, und wird hiezu auch ein Holztheil aus den Stadt Wiesensteigischen ComunWaldungen ausgemittelt werden*[20]; der Propst konnte jedoch wegen seiner mehrfachen Pensionsansprüche als Augsburger Domherr[21] und wegen seines Todes am 4. März 1804 seine Wiesensteiger Pension nicht mehr in voller Höhe genießen. Dem Dekan waren jährlich 1.200 fl., den 8 Kanonikern je 700 fl. bestimmt; Kanonikus Joseph Damberger wurde zum provisorischen Pfarrverweser ernannt und erhielt dafür eine Zulage von 200 fl. sowie eine weitere Zulage von 160 fl. für das bisher von Kanonikus Bufler versehene Predigtamt. Zwei Chorvikare erhielten als schon bisher bewährte Pfarrkapläne je 350 fl., die beiden Benefiziaten in Maria Dotzburg behielten ihr bisheriges Einkommen mit 353 fl. bzw. 371 fl., ein dritter Stiftsvikar in Wiesensteig, der aber zugleich Benefiziat in Maria Dotzburg war, bekam 300 fl. zugesprochen; der frühere Hofkaplan und der Frühmesser, *die bis daher von gnädigster Herrschaft und von der Stadt besoldet worden,* sollten *anstatt der bisher bezogenen Chor-Praesenz* je 40 fl. erhalten (später wurden ihre Bezüge um 4 fl. bzw. 8 fl. erhöht). Diese Pensionen waren reine Geldbeträge; vor der Aufhebung des Stifts dagegen war das Pfründeinkommen eines Kanonikers anteilmäßig abhängig vom Zehnteinkommen des Stifts, d. h. von den Getreidepreisen; dazu kamen individuelle Anteile aus Präsenz- und Offizialgeldern sowie Jahrtags-Messstiftungen. Die Stiftsrechnung weist für den Zeitraum vom 15. Juli 1802 bis 15. Juli 1803 (an diesem Tag begann die Ära der nunmehr vierteljährlichen Pensionszahlungen) bei 7 Kanonikern ein *Präbenderträgniß theils an Geld, theils in Natura* (ohne die eben genannten Zusatz-Einkommen!) von 1.058 fl. aus. Dekan v. Barth erklärte 1803 auf Grund der von den Kanonikern gefor-

derten *Fassionen* (Einkommensangaben), dass *auch nur nach mittlern Jahren berechnet eine einfache Praebend mit Einschluß der Chor-Praesenz immer 1.000–1.100 fl. betragen* habe. Und der Exkanonikus v. Göttler erinnerte sich 1814: *Im Durchschnitt der leztern 9 Jahren war der Ertrag einer Capitular-Praebende 1.347 fl. 19 kr. jährlich.*[22]

Geldbesoldungen in verschiedener Höhe blieben in bisheriger Höhe festgesetzt für die *vom Stift abhängigen geistlichen Officialen*, d. h. für die katholischen Pfarrvikare in Hohenstadt (20 fl.), Westerheim (50 fl.), Ditzenbach (80 fl.), Mühlhausen (100 fl.) wie auch für die *lutherischen* in Öllingen, Merklingen und Bernstadt. Bis zum 15. Juli 1803 bekamen die Vikare noch die anteiligen hergebrachten *Besoldungsadditionen* ausbezahlt. *Jedoch hat das Landgericht den Auftrag, Vorschläge zu machen, wie bey jedem Vacaturfalle* (Freiwerden einer Stelle) *diesen Pfarreyen insgesammt eigene Fundationen* (Kirchenstiftungsmittel) *und Einkünfte an Geld und Naturalien anstatt der bisherigen Zehende, Gilten und Lehengütererträgnisse geschöpft und angewiesen werden können; auch sollen die 3 Dozburgischen Wallfart-Beneficien nach und nach auf ein einziges reducirt werden.*[23]

Die weltlichen Angestellten behielten mit Ausnahme des provisorischen Stiftsverwalters Mielach (dessen von der *Bursa* des Stifts bezahltes Gehalt von 325 fl. auf 602 fl. erhöht wurde)[24] nach einer Überprüfung ihrer *Fassionen*[25] ihr bisheriges kleines stiftisches Einkommen, wozu jedoch noch bestimmte Naturalleistungen und ebenso wie bei den Vikaren und Benefiziaten *Besoldungsadditionen* kamen. Eine tabellarische Übersicht aus dem Jahre 1807[26] zeigt, dass diese Gehälter nach 1802/1803 teilweise erhöht worden sind. So erhielt der Stadt- und Landschafts-Physicus Dr. Benno Obermayer an Geld und Naturalien 83 fl., der Chorregent und lateinische Schullehrer Michael Löhle 354 fl. (die Lateinschule blieb übrigens bis 1934 erhalten), der Stiftsmessner Johann Herbster 193 fl., der Vizemessner Michael Zinle 16 fl. und der Messner in Maria Dotzburg, Niklas Messerschmid, 61 fl.

Die bisher in monatlichen Teilbeträgen empfangenen Gehaltszahlungen an die Kanoniker und die sonstigen geistlichen und weltlichen Bediensteten erfolgten vom 15. Juli 1803 an in Vierteljahresraten. Die nach dem 15. Juli ausbezahlten Chor-Präsenzgelder (hauptsächlich Vigiliengelder und Messstipendien) mussten trotz einer (abschlägig beschiedenen) Bittschrift des Kapitels vom 22. August[27] zurückbezahlt werden, oder sie wurden mit der folgenden Pensionszahlung verrechnet. Landrichter Rosmann erhielt *vermög gnädigster Resolution vom 25ten November 1803 für die bey Auflösung des hießigen Kollegiatstiftes geführten Geschäfte 79 fl.*[28]

Die Ablieferung von Silber u. a. Effekten

Noch am 18. August wurde ein Teil der silbernen Kirchengeräte und des stiftischen Tafelsilbers ausgewählt, um nach München in das staatliche Münzamt geliefert zu werden. Das Verzeichnis[29] der ausgewählten Stücke benennt etwa 50 schwere, rein silberne und silbervergoldete Objekte. Am 26. September 1803 attestierte der Kassenbuchhalter Hedinger in Ulm die Vollständigkeit der abgelieferten Gegenstände mit der Bemerkung: *Sämtliches ist sofort an das Münzamt nach München gesandt worden.* Der Stiftsschreiner Franz Straub, der die *Verschläge* für den Transport angefertigt hatte, erhielt am 1. Oktober 5 fl. 30 kr. ausbezahlt.[30]

Schon am 24. August wurden (trotz größter Bedenken der Kanoniker)[31] aus dem Besitz des Stifts Möbel und Baumaterialien versteigert. Da die Kanoniker persönliches Eigentum besaßen, kann es sich bei den Möbeln nur um solche aus der Propstei gehandelt haben. Die wenigen Baumaterialien (hauptsächlich Dachplatten, Bretter, Dielen und Kalkvorräte) wurden vom Spital für 92 fl. 21 kr. ersteigert.[32] Der Gesamterlös betrug 498 fl. 34 kr.[33]

Erst nachdem auf Grund des Aufhebungsdekrets vom 8. Oktober 1804 die dem Stift inkorporierte Wallfahrtskirche Maria Dotzburg für immer geschlossen und die Wallfahrten gänzlich aufgehört hatten, *wurden die Geräthschaften von der Bairischen Regierung theils hinweggeführt, theils verkauft, theils an dürftige Kirchen verschenkt, und theils nach Wiesensteig gebracht.*[34]

Der Verkauf von Kirchenparamenten erbrachte 107 fl. 41 kr.; diesen Betrag lieferte das Landgericht Wiesensteig am 22. Februar 1805 an die Kurpfalzbayerische Landesdirektion in Schwaben (LDS) in Ulm ab.[35]

Noch im Dezember 1828 befanden sich in Wiesensteig *einschließlich der Kirchengeräthschaften aus der*

Wiesensteig, um 1740
Ansicht der Stadt mit Stiftsgebäuden, dem Schloß und der Wallfahrtskirche Maria Dotzburg im Hintergrund.
Ausschnitt aus einem Wappenkalender des Chorherrnstifts von 1740.
Kupferstich von G.B. Göz/Klauber in Augsburg.
Kath. Pfarramt Wiesensteig.

aufgehobenen Wallfahrts-Kapelle unter andern: 13 silberne Kelche mit Patenen, 10 silberne Kannen mit 4 Tellern, 12 silberne Leuchter und 72 zum Theil kostbare Meßgewänder.[36]

Die Enteignung des stiftischen Grundbesitzes am 18. August 1803

Das Chorherrenstift war reich an Grundeigentum und damit verbundenen *Gerechtigkeiten*, die als Bestandteile der stiftischen Grundherrschaft seit dem 18. August 1803 als *staatliche Realitäten* in kurbayerisches Eigentum übergegangen sind.

So beschreibt die *Kurze staatsrechtliche Darstellung der Reichsstadt Ulm und ihres Gebiets mit angehängten Bemerkungen*[37] des Ulmer Ratskonsulenten Miller im § 29 die Rechte, Einkünfte und Güter des Kollegiatstifts Wiesensteig im Territorium der Reichsstadt Ulm in den Ortschaften Überkingen, (Unter-)Böhringen, Hausen an der Fils, Merklingen, Nellingen, Aufhausen, Halzhausen, Urspring, Bermaringen, Temmenhausen, Radelstetten, Lehr, Öllingen, Neenstetten, Breitingen, Börslingen, Bernstadt, Beimerstetten, Eise-

lau und Osterstetten. Die Miller'schen Angaben lassen sich für die meisten genannten Orte an Hand der Quellen genauer präzisieren.
Das Stift hatte ferner in weiteren von Miller nicht erwähnten ulmischen Dörfern (Amstetten, Asselfingen, Gingen, Großsüßen, Grünenberg, Hörvelsingen, Kuchen, Oppingen und Stubersheim) gewisse Einnahmen an Geld- und Getreidegefällen, ebenso in den ritterschaftlichen Orten Dürnau, Gammelshausen und Oberstotzingen, in dem Kloster-Kaisheimischen Rammingen sowie in den württembergischen Flecken Böhringen (Alb), Dettingen-Schloßberg, Donnstetten, Feldstetten, Grabenstetten, Unterlenningen, Zainingen und Zell u. A. und der Stadt Laichingen.[38] Ob die in früheren stiftischen Salbüchern erwähnten Abgaben aus den württembergischen (Teil-)Orten Bissingen (Teck), Boll, Ennabeuren, Gutenberg, Hepsisau, Machtolsheim, Neidlingen, Owen und Weilheim[39] im Jahre 1802/1803 noch dem Stift zugute kamen, ist ungewiss, da die letzten *Salbuchrenovationen* des Stifts in den Jahren 1750–1763 erfolgten.[40]
Der Grundbesitz und sonstige Rechtstitel des Stifts lagen freilich ganz überwiegend in den Orten der kurpfalzbayerischen Reichsgrafschaft Wiesensteig (Stadt Wiesensteig, Markt Deggingen, Ditzenbach, Drackenstein, Gosbach, Mühlhausen, Reichenbach und Westerheim), desgleichen in den von Kurbayern gemeinsam mit Württemberg verwalteten Dörfern Ganslosen (seit 1849 Auendorf), Gruibingen und Hohenstadt.
Zum stiftischen Grundbesitz gehörten auch Waldungen, die schon 1791 dem kurbayerischen Forstamt Wiesensteig unterstellt worden waren und im Jahre 1803 rund 195 Morgen umfassten. Außerdem gehörten dem Stift 63¼ Jauchert (schlechte) Holz- und Wiesengründe, wovon 4 Jauchert dem stiftischen Benefiziaten der Wallfahrtskirche Maria Dotzburg als Teil seiner Besoldung angewiesen waren; von den restlichen 59¼ Jauchert, deren Wert auf 2.980 fl. geschätzt wurde, waren allerdings 52 Jauchert *abgetriebener* (abgeholzter) Boden.[41] Die Stiftswaldungen wurden im Juni 1803 mit den städtischen, spitalischen und *Kameralwaldungen* zusammengelegt; ab September wurden den 17 stiftischen Waldberechtigten, *dem Stiftsdekan, den* [8] *Kanonikern und* [2] *Vikariern, dann dem Stiftspfleger und dem lateinischen Schullehrer wie auch den drey Beneficiaten und dem Meßner zu Dotzburg für die Zukunft jedem zwey Klafter Brennholz, halb hartes und weiches nebst hundert Stück Wellen* [Holzprügeln] *jährlich verabfolgt* [42]
Zu den Immobilien des Stifts gehörten die stiftischen Zehntscheuern in Ditzenbach, Hohenstadt, Mühlhausen und Westerheim (hier auch die Pfarrei-Zehntscheuer) und ein Drittel-Anteil an der Zehntscheuer in Reichenbach sowie die stiftischen Zehntscheuern in den ulmischen Dörfern Bermaringen, Merklingen und Temmenhausen; desgleichen die Kirchen und Pfarrhäuser der inkorporierten Pfarreien Ditzenbach (mit Pfarrscheuer), Hohenstadt, Mühlhausen, Westerheim (hier auch das Frühmesshaus mit Scheuer) und die drei Wallfahrtsgebäude (Kirche, Benefiziaten- und Messnerhaus) in Maria Dotzburg. In der Stadt Wiesensteig gehörten 1803 zum Immobilien-Eigentum des Stifts (außer land- und forstwirtschaftlich genutzten Wiesen, Wäldern und Gärten) mehrere im 18. Jh. gekaufte und an Private vermietete Gebäude, die nach der Auflösung des Stifts vom Kameralamt zumeist an die ehemaligen Mieter verkauft wurden; vor allem gehörten dem Stift die Stiftskirche mit dem stiftischen Friedhof dabei, das Propsteigebäude (»Dechanei«) sowie weitere stattliche acht Kanonikergebäude; ferner das Haus des Stiftspflegers, das Frühmesshaus, zwei Vikariats-Häuser, die stiftische Zehntscheuer und der Stiftsfruchtkasten (insgesamt 17 Wohneinheiten für 15 geistliche und 2 weltliche Personen). Das Stift war (wegen der in den Jahren 1799 und 1802 abgeschlossenen hohen Brandversicherungen im Anschlagswert von 30.200 fl.) wertmäßig der größte Immobilienbesitzer in der kurpfalzbayerischen Herrschaft und Stadt Wiesensteig.[43]
Die Kanoniker und Vikare durften zwar nach ihrer Pensionierung als Nutznießer ihre bisherigen stiftischen Häuser bzw. Wohnungen behalten, mussten sie aber *auf eigene Kosten in baulichem Stande unterhalten.*[44] Am 30. Dezember 1803 wurde das Wohnhaus des Pfarrvikars Schweizer versteigert; es war angeschlagen zu 500 fl. und wurde für 675 fl. vom Bäcker Johannes Seiler erworben. Am selben Tag kam es auch zur Versteigerung der beiden Wohnungen (unter einem Dach) des ehemaligen Hofkaplans Müller und des Pfarrvikars Rauschmayr; der Anschlag lag bei 300 fl., doch ging der Zuschlag für 661 fl. an den Stadtschützen Joseph Hartmann.[45] Im Jahre 1804 wurde das

Haus des Kanonikus Göttler um 700 fl. verkauft (der ein kleineres Haus erwarb), ebenso die Zehntscheuer und der *Frühmeßkasten* in Merklingen; beide Gebäude wurden von der Gemeinde zum Preis von 1.250 fl. erworben.[46]

Manche Käufer konnten den Kaufpreis wegen der geldarmen Zeiten nur in langfristigen Raten bezahlen. Auch war der Schätzpreis der zur Versteigerung anstehenden Gebäude in jedem Fall auffällig niedrig und wurde immer überboten; deshalb wurde das Rentamt am 17. Dezember 1804 aufgefordert, *den eigentlichen näheren Werth bestimmt anzugeben, da die gewohnliche oberflachtliche* [!] *Einschäzungen der Wiesensteiger Werkleute nicht zuverläsig genug seyen.*[47]

1804 übersiedelte der ehemalige Stiftsdekan v. Barth in seine niederbayerische Heimat und verzichtete auf sein Wohnrecht in der Dekanatswohnung, die daraufhin vom Rentbeamten Ziegler bezogen wurde, der den Hauszins an v. Barth bezahlte. Und nach der Aufhebung der Wallfahrt Maria Dotzburg bat der dortige pensionierte Benefiziat Joseph Gfrerer um die *Anweisung eines Quartiers in einem Kanonikathof zu Wiesensteig.*[48] Am 5. Januar 1805 wurde das Messnerhaus zu Dotzburg mit einigen dazu gehörigen Wiesen versteigert, am 23. Januar 1806 auch das Benefiziatenhaus und die Kirche.[49] Am 27. Juni 1806 erwarb der Forstwart Anton Scheich das Haus des verstorbenen Benefiziaten Rueff in Wiesensteig zum Preis von 692 fl.[50] Damit waren im Jahre 1806 von den 17 Wohneinheiten, die man den einstigen Stiftsmitgliedern zur Nutzung belassen hatte, wenigstens 13 in andere, bürgerliche Hände übergegangen.

Zum Umfang und Wert des gesamten liegenden Besitzes und der damit verbundenen Rechte des Stifts können keine Angaben gemacht werden, da dies den Rahmen der Darstellung sprengen würde und die Informationen trotzdem lückenhaft wären, weil trotz intensiver Suche weder die Aufhebungsprotokolle noch die Inventarisations-Akten gefunden werden konnten. Möglicherweise sind sie im 19. Jh. vernichtet worden, nachdem im Jahre 1806 die Herrschaft Wiesensteig an Württemberg übergegangen war und die diesbezüglichen finanziellen Ausgleichsverhandlungen abgeschlossen waren. Aus den bisherigen Hinweisen geht indessen hervor, dass das weltliche Chorherrenstift Wiesensteig reich begütert war und möglicherweise später ein staatliches Interesse bestand, keine weiteren den Staat kompromittierenden Einzelheiten bekannt werden zu lassen.[51]

Die Kapitalien des Stifts 1802–1806

Das jährliche Einkommen des Stifts betrug nach einem neunjährigen Durchschnitt *und nach den von der Commission 1803 bestimten geringen Frucht-Preisen berechnet* 18.282 fl. Den größten Einzelposten in dieser Aufstellung[52] bildeten die Zehnteinkünfte in Höhe von durchschnittlich 11.807 fl. und

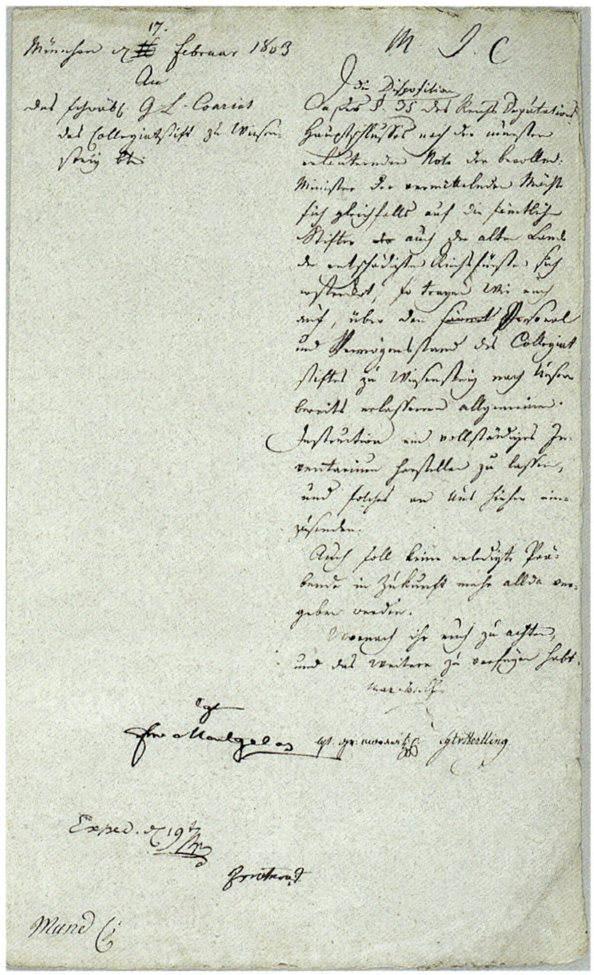

Bayerische Anweisung zur Inventarisierung des Stifts
HSA München.

die beständigen Gülten mit 2.135 fl. sowie die Zinseinnahmen von 4–5 % aus einem durchschnittlichen ausgeliehenen Kapital von 93.396 fl., nämlich 3.890 fl. Nach einem *Verzeichniß der Activ-Capitalien und Zins-Rückstände des ehemaligen Kollegiatstifts Wiesensteig* der LDS vom 21. Januar 1808[53] besaß das Stift bei seiner Auflösung Aktivkapitalien in Höhe von 68.212 fl. Nach Rückzahlungen bis zum 30. September 1804 verblieben im Geschäftsjahr 1804/05 noch 67.747 fl. Zusammen mit den Aktivkapitalien des Stifts wurden auch diejenigen der Dotzburger Benefizien-Fundation (10.475 fl.), der Dotzburger Kustorei (1.490 fl.) und der Rosenkranz-Bruderschaft (10.498 fl.) verrechnet, so dass sich der Aktivkapital-Status bei seiner Auflösung und *Incammerirung* auf insgesamt 91.000 fl. belief.[54] Nach Ausweis dieses Verzeichnisses hatte das Stift 59 Schuldner in 15 Orten; die größten Posten waren ein Darlehen an das Kloster Urspring über 6.000 fl. (Schuldverschreibung vom 12. November 1780; die Schuld wurde von Bayern im Jahre 1818 abgeschrieben[55]), die Stadt Ulm (5 Schuldverschreibungen von 1669, 1693, 1695, 1780 und 1792 über insgesamt 25.800 fl.) und die Schwäbische Kreis-Kasse in Stuttgart (3 Obligationen von 1795 und 1796 über 6.000 fl.). Die Gelder waren zu 5 % ausgeliehen.
Vereinzelt wurden noch bis Ende 1804 neue Darlehen gewährt, ebenso wie die Zinsen bezahlt wurden. Für die Ausgleichsverhandlungen mit Württemberg nach 1806 berechnete die LDS den Anteil der Schuldner in jenen Orten, die nach dem 12. Juli 1806 württembergisch geworden waren: Unter Einberechnung der Zinsen und Zinsrückstände verblieben später von den Aktivkapitalien des ehemaligen Kollegiatstifts (11.497 fl.), der Dotzburger Benefiziums-Fundation (4.805 fl.) der Dotzburger Kustorei (1.440 fl.) und der Rosenkranz-Bruderschaft (6.448 fl.) als Anteil für das Königreich Württemberg 24.190 fl. Dieser Betrag sollte nach der *Incorporirung* der Stiftskirche als Pfarrkirche in die Kurfürstliche Kameralkasse am 1. Oktober 1805[56] als Grundkapital eines Wiesensteiger Pfarrkirchen-Fonds dienen; doch hielt die LDS die Höhe dieser Dotation für ungenügend.[57]
Die Verbindlichkeiten des Stifts betrugen im Jahre der Auflösung 1.694 fl.; dazu kamen ältere Kapitalzins-Ausstände in Höhe von 1.786 fl. sowie Zinsrückstände bis zum 30. September 1804 in Höhe von 164 fl. und einige kleinere Posten. Insgesamt beliefen sich diese *Kameral-Ausstände* bis 1806 auf 3.695 fl. Aus dieser und weiteren tabellarischen Aufstellungen geht hervor, dass das Stift seine Schuldner recht kulant und nachsichtig behandelt hat. Dies änderte sich freilich nach der Aufhebung des Stifts.

Das Schicksal der Stiftsbibliothek

Die Stiftsbibliothek[58] war *in der Dechaney-Wohnung in dem Registraturs-Zimmer zu ebener Erde aufgestellt.* Weil aber der Rentbeamte Ziegler ständigen Zutritt zu diesem Raum haben musste, ließ die [Kurpfalzbayerische Amtsextraditions- und Organisations-] Kommission am 3. Dezember 1804 (also höchstwahrscheinlich nach dem Wegzug des ehemaligen Stiftsdekans und dem Einzug des Rentamts in das Gebäude) diese *äußerst geringe und unbedeutende Bibliothek* [...] *über 2 Stiegen in das sogenannte Kapuziner-Zimmer transferiren*; das Zimmer wurde versiegelt, die Schlüssel wurden dem Landrichter Rosmann eingehändigt, und über den geschilderten Vorgang wurde ein amtliches Protokoll erstellt.[59]
Am 11. April 1813 berichtete der Exkanonikus, Geistliche Rat und Dekan Philipp Göttler auf Anfrage des Katholischen Kirchenrats in Ellwangen über den Zustand der Bibliothek des ehemaligen Chorherrenstifts und übersandte gleichzeitig einen Katalog der noch vorhandenen Bücher[60]: *Bei Auflösung des Kollegiatstifts stund die Bibliothek desselben unter keiner Aufsicht mehr. Die Bücher wurden durchwühlet, bey den vielen anwesenden Kommissionen suchte ein jeder, was ihm gefiel, und ließ es mitgehen. Die Cathalogen verschwanden, um das Abgehende zu decken. Endlich wurde der Überrest noch von Baiern zum Verkauf angebothen, und meldete sich kein Liebhaber. Die Bücher lagen verworren über einem Haufen in einer Kammer des Cameralamtsgebäudes. Ich ließ sie durch die zwei Stadtvikarien sortiren und einen Kathalogen darüber verfertigen, den ich hier allerunterthänigst gehorsamst anschließe.*
Das *Verzeichniß der in der ehemals Collegiatstiftischen Bibliotek zu Wiesensteig noch vorhandenen Bücher* umfasst 282 Titel lateinischer, deutscher und französischer Werke zur Kirchen- und Profangeschichte,

Theologie und Jurisprudenz von 1525 bis 1802; auch philosophisch-theologische Aufklärungsliteratur ist vertreten.[61]

Mit Schreiben vom 25. September 1814 teilte v. Göttler der *Curatel der Katholischen Universität* [Ellwangen] mit, er habe vom Kgl. Kameralamt Wiesensteig die Auskunft erhalten, *daß die hier vorhanden gewesene Stifts-Bibliothek samt und sonders*[62] *mit allen Büchern ohne Ausnahme an den Buchbinder Göz in Göppingen für und um die Summe per 36 Gulden verkauft und entlassen worden seye.*[63] Das Schicksal der Wiesensteiger Stiftsbibliothek ist ein geradezu klassisches Beispiel für den widerrechtlichen Umgang mit Stiftsbibliotheken in der Säkularisationszeit.

Der Kampf um die Kanonikerpensionen

Bis zum Jahre 1806 erhielten die Exkanoniker offenbar anstandslos ihre Pensionen von den für ihren

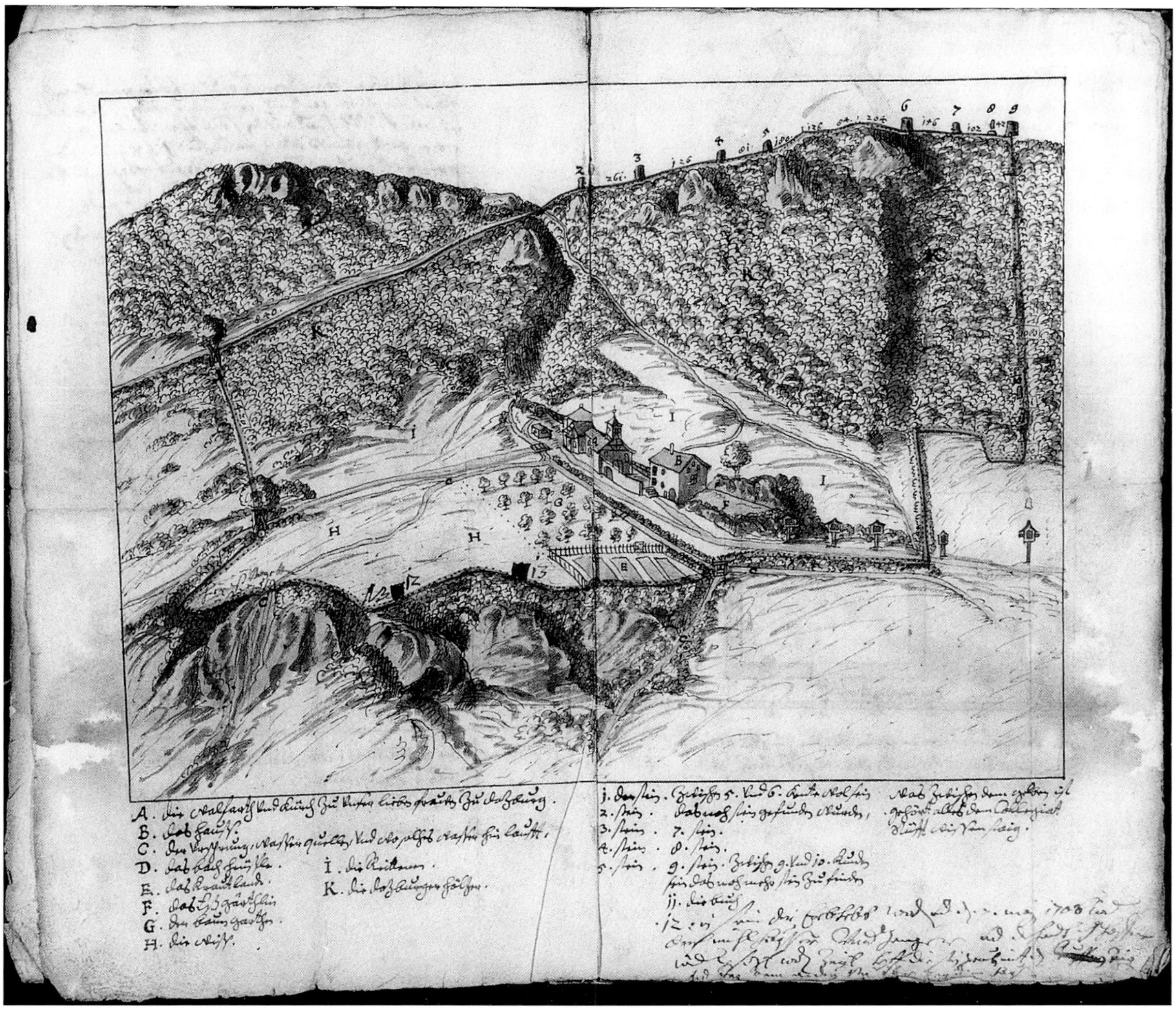

Wallfahrtsort Maria Dotzburg bei Wiesensteig
Doppelseitige Federzeichnung, laviert, Jakob Sutor (?), 1687. SA Ludwigsburg.

Wohnort zuständigen Rentämtern ausbezahlt. Nach dem 12. Juli 1806, dem Tag des Übergangs der Herrschaft Wiesensteig an die Krone Württemberg, wurde ihnen jedoch sowohl von Bayern als auch von Württemberg die Pensionszahlung ohne jegliche Erklärung verweigert.[64] Die bayerischen Finanzbehörden waren der Meinung, Wiesensteig sei nun württembergisch, und Württemberg müsse entsprechend dem Anteil der einst dem Chorherrenstift Wiesensteig pflichtigen württembergischen Untertanen für die Lasten dieses ehemals bayerischen Stifts aufkommen. Damit waren für die bayerischen Amtsstellen die Zahlungen an die sechs jetzt in Bayern lebenden Wiesensteiger Stiftsherren eine württembergische Angelegenheit.

Immer neue Berechnungen des bayerischen bzw. württembergischen Anteils verzögerten eine endgültige Entscheidung. Vor allem der ehemalige Stiftsdekan v. Barth setzte sich unermüdlich persönlich und im Namen seiner bayerischen Mitchorherren bei König Max I. Joseph ein, um die garantierten Pensionen doch noch zu erhalten.

Der Exkanonikus Göttler tat dasselbe bei den württembergischen Finanzbehörden für die drei in Wiesensteig verbliebenen Exkanoniker; denn auch das Oberfinanzdepartement in Stuttgart hielt die zugleich mit der Herrschaft übernommene Verpflichtung zur Bezahlung der Kanoniker-Pensionen vorerst für rechtlich nicht einwandfrei geklärt. Nach mehreren vergeblichen Versuchen setzten die drei Geistlichen am 3. April 1807 *ihre letzte Hoffnung* auf den Bevollmächtigten bei der bayerischen »Hofkommission« in Stuttgart, welche die Ausgleichsverhandlungen über alle Fragen der Grenzveränderungen von 1806 mit der württembergischen Regierung führte; es war dies Maximilian Freiherr v. Lerchenfeld (der spätere bayerische Finanzminister), der dank seiner guten Beziehungen die Pensionsfrage für die in Wiesensteig verbliebenen Exkanoniker zu dem erhofften glücklichen Ende brachte.

Bei der Ende Mai 1807 von württembergischer Seite verfügten Auszahlung der Pensionen blieben jedoch die in Bayern lebenden sechs ehemaligen Stiftsherren ebenso unberücksichtigt wie bei den Nachzahlungen der bislang zurückbehaltenen Beträge im Oktober 1807. Erst am 12. April 1808 wurde die Hinhaltetaktik der bayerischen Behörden durch König Max Joseph definitiv beendet, indem er bewilligte, dass die in Bayern sich aufhaltenden *Individuen des aufgelösten Canonicatsstifts zu Wiesensteig noch ferners und bis zum völligen Ausgang der deßhalb mit Württemberg obwaltenden Differenzen ihre festgesezte Pensionssummen* erhielten.

Ein neues Kapitel in der Geschichte der Pensionszahlungen wurde in den bayerisch-württembergischen Ausgleichsverhandlungen von 1810/1811 aufgeschlagen, nachdem die Stadt Ulm sowie ihr ehemals reichsstädtisches und seit 1802 bayerisches Territorium durch den Staatsvertrag von 1810 württembergisch geworden waren. Die Kasse des bayerischen Isarkreises in München bewilligte nämlich dem in München wohnenden Exkanonikus v. Leuthner seine Pension in monatlichen Raten lediglich bis März 1811. Da ihm von württembergischer Seite nicht erlaubt wurde, eine *allfällige* (württembergische) Pension in München zu verzehren, kehrte er am 5. September 1811 nach Wiesensteig zurück, wo er in einer bescheidenen Mietwohnung lebte, weil mit einer Wohnsitzverlegung eines ehemaligen Stiftsherren in das »Ausland« das Recht der mietfreien Nutznießung eines früher stiftischen Gebäudes in der Regel verloren gegangen war.[65]

Bis Ende Oktober 1811 ergingen nicht weniger als neun amtliche Schreiben in der Pensionssache des Exkanonikus v. Leuthner, während die Quellen über die Pensionen der in Bayern lebenden Chorherren schweigen. Vom 26. Oktober 1811 datiert ein Dekret des Kgl. Katholischen Geistlichen Kirchenrats in Stuttgart an das Dekanat Wiesensteig, aus dem hervorgeht, dass *nach einer von Allerhöchster Stelle anhero gelangten Eröfnung der in Wiesensteig domicilirende Excanonicus v. Leutner mit seiner Pension an die Krone Baiern abgetretten worden* sei. Da in der Angelegenheit der Kanonikerpensionen weitere Unterlagen weder von württembergischer noch von bayerischer Seite vorliegen, ist davon auszugehen, dass damit dieses leidige Kapitel in der Geschichte der Beziehungen zwischen den beiden Nachbarstaaten abgeschlossen worden ist.

Die letzten Kanoniker

Die ehemaligen Chorherren konnten sich finanziell über Wasser halten, weil sie entweder vermögend

waren oder als Seelsorger und Schulinspektoren ein neues Betätigungsfeld gefunden hatten.[66] Nachdem v. Leuthner offenbar wieder nach München zurückgekehrt war, lebten in Wiesensteig noch drei Exkanoniker: Dr. theol. Joseph v. Cabalzar (1734–1813), ein Adeliger aus Graubünden, war *ein sehr frommer Priester, ein Vater der Armen, Spiegel der Tugend und Zierde der Geistlichkeit.* Der aus Wiesensteig selbst stammende Dr. phil. Joseph Alois Damberger (1752–1820) wurde 1803 Stadtpfarrer und Prediger in Wiesensteig; von 1810 bis zu seinem Tod war er Pfarrer in Hailtingen bei Riedlingen. Der Elsässer Bac. theol. Johann Philipp v. Göttler (1752–1829), *Kurfürstlich Bayerischer Wirklicher Geistlicher Rat* und Ritter des päpstlichen Peter- und Pauls-Ordens, wurde 1810 Dambergers Nachfolger als Stadtpfarrer und wirkte als Schulinspektor und Dekan; König Friedrich I. von Württemberg verlieh ihm 1814 den mit dem persönlichen Adel verbundenen Württembergischen Zivil-Verdienstorden.

Der letzte Stiftsdekan, Mag. phil. Johann Nepomuk v. Barth (geb. 1747 in Regensburg), verbrachte seine letzten Lebensjahre als Privatier in Straubing, wo er 1823 gestorben ist; in der Wiesensteiger Pfarrchronik heißt es von ihm, er bleibe *im segenvollen Andenken als ein Mann von ausgezeichneter Solidität und Frömmigkeit.* Der jüngste Kanoniker, Lic. theol. Georg Cajetan Bufler (geb. 1775 in Landshut), wurde 1806 Pfarrer in Otzing bei Deggendorf, wo er 1813 gestorben ist. Die beiden gebürtigen Augsburger Adam v. Clarmann (geb. 1771) und Dr. jur. utr. Simon Daser (geb. 1757) starben im Jahre 1832 als Pfarrer in Eurishofen bei Kaufbeuren bzw. als Kommorant der Spitalstiftung Dinkelscherben in Türkheim bei Mindelheim. Der Kanoniker Ignaz v. Leuthner (geb. 1770 in München) starb 1844 als Ruhestandspriester in seiner Geburtsstadt München. Als letzter ehemaliger Wiesensteiger Chorherr starb Dr. theol. Dominik Cajetan De Crignis (geb. 1762) am 8. Juni 1847 in seiner Vaterstadt Augsburg.

[1] Die Geschichte des Stifts ist noch nicht geschrieben. Einen sehr guten Überblick bietet *Walter Ziegler,* Wiesensteig. Stadt und Schloß. Wiesensteig 1986.

[2] Vgl. *Franz Schmied,* Wiesensteig. Lebensbild einer kleinen Stadt. Wiesensteig 1961, 30–33, hier 32.

[3] Churpfalzbaierisches Regierungsblatt. München 1802, Sp. 911–915.

[4] *Wolfgang Zorn,* Die Anfänge des bayerischen Schwaben, in: Schwäb. Blätter für Volksbildung und Heimatpflege 3 (1952), 145–161, hier 146–147; *Ders.,* Die Eingliederung Ostschwabens in den Bayerischen Staat unter den ersten Königen Max I. und Ludwig I., in: Augsburger Beiträge zur Landesgeschichte Bayerisch-Schwabens. Bd. 2. Sigmaringen 1982, 79–92, hier 80–81.

[5] *Georg Döllinger,* Sammlung der im Gebiete der inneren Staatsverwaltung des Königreichs Bayern bestehenden Verordnungen. Bd. 1. München 1835, 191.

[6] Churbaierisches Regierungsblatt. München 1803, 5.

[7] Vgl. *Eberhard Weis,* Die Säkularisation der bayerischen Klöster 1802/03. Neue Forschungen zu Vorgeschichte und Ergebnissen. München 1983, 38 (SB der Bayerischen Akademie der Wiss., Phil.-Hist. Klasse ; H. 6).

[8] Höchstwahrscheinlich handelt es sich dabei um das Reskript des Kurfürsten vom 22.01.1803 an das General-Land-Kommissariat in Ulm *die künftige Behandlung der Klostergüter und die Pensionirung der Geistlichen betreffend,* dessen Vollzug vom Kurfürsten am 14.02. 1803 eingeschärft wurde. Unter Verwendung einer nur unwesentlich veränderten und gekürzten Fassung der inzw. in München eingegangenen Vorschläge v. Hertlings zum Aufgabenbereich einer Kloster-Kommission wurde diese in Form einer kurfürstl Verordnung vom 22.02.1803 an die *Kurfürstliche Spezial Kommission für administrative geistliche Angelegenheiten der Stifter und Klöster in den schwäbischen Entschädigungs Landen deren Organisirung und Geschäftskreis betreffend* ins Leben gerufen und konstituiert (SA Augsburg, Regierung 3287 Nr. 11, 15, 20).

[9] HSA München, MA 8479.

[10] Johannes Liborius v. Schieber (1764–1829), ein literarisch vielseitig tätiger Jurist im bayerischen Staatsdienst, wurde später Oberappellationsgerichtspräsident in München; vgl. *Ziegler,* Wiesensteig (wie Anm. 1), 46; *Theodor Wurm,* Namhafte aus Wiesensteig gebürtige Männer, in: Geschichtl. Mitt. von Geislingen und Umgebung 7 (1939), 142–155, hier 148–150.

[11] DAR 383 (Schreiben des Benefiziaten Joseph Gfrerer an den Bischöfl. Deputatus und Pfarrer Wilhelm Vogel in Großeislingen, 14.03.1803).

[12] SAL B 535s Bü 51 pp. 661–552 (25.02.1803).

[13] SAL B 147L Bd. 31 p. 117 Nr. 124–126.

[14] DAR 389 (Schreiben des Stiftsdekans v. Barth an Generalvikar v. Wessenberg, 10.03.1803).

[15] DAR 389 (Schreiben des Stiftsdekans v. Barth an Generalvikar v. Wessenberg, 25.05.1803).

[16] SAL B 147L Bd. 31 p. 118 Nr. 130.

[17] SAL B 147L Bü 47 Nr. 1 (Protokoll über die Verkündung des Dekrets, 18.08.1803) u. DAR 389 (Schreiben des Stiftsdekans v. Barth an Generalvikar Ignaz v. Wessenberg, 18.08.1803).

[18] SAL B 147L Bü 47 Nr. 11 (18.08.1803).

[19] DAR 389 (Schreiben des Stiftsdekans v. Barth an Generalvikar v. Wessenberg, 18.08.1803); HSA München, Hofkommission Stuttgart 28 Unterfasz. 2. Vgl. auch *Philipp (von) Göttler,* Chronik der Stadt und Pfarrei Wiesensteig. Wiesensteig [begonnen 1814], 40 § 27 (Manuskript im Kath. PfA Wiesensteig, Kopie im KA Göppingen (Göttlers Zahlen weichen leicht ab).

[20] Vgl. SAL B 147L Bü 47 Nr. 12.
[21] Vgl. SA Augsburg, Regierung (Akten Landesdirektion Ulm), Ministerialreskripte Nr. 219 (05. u. 26.03.1804).
[22] SAL B 147L Bd. 31 pp. 85–87 Nr. 10–20; DAR 389 (wie Anm. 17); *v. Göttler,* Chronik (wie Anm. 19), 40 § 27; vgl. DAR 389 (Schreiben v. Barths an Kurerzkanzler v. Dalberg in Regensburg, 09.10.1803).
[23] DAR 389 (wie Anm. 17). Die folgenden Angaben differieren in den Quellen nur unerheblich.
[24] SAL B 147L Bd. 31 p. 99; *v. Göttler,* Chronik (wie Anm. 19), 40 § 27.
[25] Vgl. SA Augsburg, Regierung (Akten der Landesdirektion Ulm), Ministerialreskripte Nr. 218 (23.04.1803).
[26] HSA München, Hofkommission Stuttgart 28 Unterfasz. 2.
[27] SAL B 147L Bü 47 Nr. 16 (22.08.) u Nr. 15 (26.08.1803).
[28] SAL B 147L Bd. 31* p. 119 Nr. 136.
[29] SAL B 147L Bü 47 Nr. 14 (18.08.1803). Aus dem Aktenvermerk geht nicht eindeutig hervor, *wer* die Auswahl getätigt hat; die beigefügte Anmerkung deutet auf Landrichter Rosmann.
[30] SAL B 147L Bd. 31 p. 133 Nr. 185).
[31] SAL B 147L Bü 47 Nr.16 (22.08.1803).
[32] Kath. PfA Wiesensteig, Spitalpflege, Bündel 1802–1807 Nr. 234 (24.08.1803).
[33] SAL B 147L Bd. 31 p. 82.
[34] SAL E 209 p. 4 (Kath. Kirchenrat [Mosthaf] an das Ministerium des Innern und des Kirchen- und Schulwesens, 13.12.1828).
[35] HSA München, Hofkommission Stuttgart 29 Fasz. 3 (30.01.1806).
[36] SAL E 209 Bü 73 p. 4 und 20 ff.; vgl. dazu *Matthias Erzberger,* Die Säkularisation in Württemberg von 1802–1910. Ihr Verlauf und ihre Nachwirkungen. Stuttgart 1902 (ND Aalen 1974), 312–314. Jeder Satz Erzbergers, Ebd., 312, ist entweder missverständlich oder einfach falsch; hinsichtlich der Zahl der Paramente liegt ein grobes Missverständnis der Quelle vor. Vgl. dagegen *Wunder,* Der Kirchenschatz und die Paramente des Chorstifts Wiesensteig, in: Archiv für christl. Kunst 29 (1911), 10–12, 21–23, 30–32.
[37] HSA München, Abt. Geh. Staatsarchiv, Kasten schwarz 404/1 (*Statistische Notizen*), veröff. von *Bernhard Zittel,* Die staatsrechtlichen Verhältnisse der Reichsstadt Ulm beim Übergang an Bayern im Jahre 1802/1803, in: UuO 34 (1955), 120–144; das Folgende 138.
[38] SAL B 535s Bü 36 u. 37; SAL B 535L Bü 30a; SAL B 147s Bü 78 Nr. 40–42); SAL B 147L Bd. 31, 159–172.
[39] SAL B 535s Bü 37. Die gen. Orte erscheinen bereits in den stift. Salbüchern der Jahre 1500–1528 (HSAS H 235 Nr. 390–398).
[40] SAL B 535s Bü 37.
[41] SAL B 535s Bü 37; SAL B 147L Bü 49 u. Bü 47 Nr. 9.
[42] SAL B 147L Bü 48 u. Bü 49.
[43] SAL B 147L Bü 49, 55, 108, 110; SAL 535s Bü 33, 36, 37; StA Wiesensteig, B/H 10 (Brand-Assekuranz-Kataster der Reichsherrschaft Wiesensteig von 1803).
[44] Vgl. SAL B 147L Bü 47 Nr. 2; DAR 389 (wie Anm. 19).
[45] SAL B 147L Bü 108.
[46] SAL B 147s Bü 78 Nr. 33 (01.12.1804); vgl. Ebd. Nr. 35; SAL B 147L Bü 55 (Merklingen); StA Wiesensteig, B/H 51 pp. 4b–5, 9b–12b, 27b (Urkundenprotokolle des Jahres 1804).
[47] SAL B 147L Bü 108 (07.01.1805).
[48] HSA München Hofkommission Stuttgart 28 Fasz. 11 Nr. 6 (Rentamt Wiesensteigische Acten 1803–1806).
[49] SAL B 147L Bü 110 (m. bemerkenswerten Einzelheiten); ergänzend dazu SAL D 112 Bü 199.
Vgl. auch *Robert Uhland,* Die Dotzburger Wallfahrt, in: Schwäb. Heimat 21 (1970), 113–123, hier 121–122.
[50] SAL D 112 Bü 181; HSA München, Hofkommission Stuttgart 29 Fasz. 3.
[51] Zum Problem der verschwundenen Säkularisations-Akten vgl. *Weis,* Säkularisation (wie Anm. 7), 10 Anm. 2.
[52] HSA München, Hofkommission Stuttgart 28 Unterfasz. 2; vgl. *v. Göttler,* Chronik (wie Anm. 19), 40 § 27.
[53] HSA München, Hofkommission Stuttgart 28 Fasz. 1 (1807).
[54] Vgl. HSA München, Hofkommission Stuttgart 29 Fasz. 3 (Schreiben vom 04.07.1809).
[55] SAL B 535s Bü 31.
[56] SAL B 147L Bü 112 (09.11.1805).
[57] HSA München, Hofkommission Stuttgart 29 Fasz. 3 (Schreiben der Kgl. Baierischen Special-Commission der Finanz-Retardation, Ulm 04.07.1808); vgl. *v. Göttler,* Chronik (wie Anm. 19).
[58] *Wolfgang Irtenkauf,* Das Ende der Wiesensteiger Stiftsbibliothek, in: Alt-Württemberg 9 (1963), Nr. 1. Die von Irtenkauf unvollst. angeg. Archiv-Bestandsnummern sind in zeitl. Reihenfolge: SAL E 211 I Bü 77 Nr. 32, 35, 14 (Anlage zu Nr. 46), 46, 51, 55, 57, 122, 137 (Katalog), 138, 139.
[59] SAL B 147s Bü 78 R 161 Nr. 25 (03.12.1804).
[60] SAL E 211 I Bü 77 Nr. 32. Das Dokument ist vollst. publiziert von *Irtenkauf,* Stiftsbibliothek (wie Anm. 58).
[61] Ebd. Nr. 137.
[62] Allerdings war ein bes. wertvolles Werk (Pontificale Romanum. Antwerpen Plantin 1663) schon früher auf Anforderung von Seminar-Regens Wagner nach Ellwangen geschickt worden; vgl. *Irtenkauf,* Stiftsbibliothek (wie Anm. 58).
[63] SAL E 211 I Bü 77 Nr. 139. *Irtenkauf,* Stiftsbibliothek (wie Anm. 58) datiert mit *Erzberger,* Säkularisation (wie Anm. 36), den Verkauf auf den 25.05. (Quelle?) und nennt (ebenfalls mit *Erzberger,* Ebd.) den Buchhändler (wohl infolge eines Lesefehlers) »Hopf«.
[64] Dem folgenden Abschnitt liegen als aktenmäßige Dokumentation zugrunde die Archivbestände HSA München, Hofkommission Stuttgart 28 Unterfasz. 2 (Die Pensionen der Kanoniker von Wiesensteig, 31 Schriftstücke), u. SAL E 209 Bü 117 (10 Schriftstücke mit Beilagen).
[65] Das Folgende nach den Briefen und Akten im SAL E 209 Bü 117; vgl. auch *Erzberger,* Säkularisation (wie Anm. 36), 113.
[66] Die folgenden Personendaten sind in erster Linie den Schematismen (Personalkatalogen) der Diözesen Augsburg, Konstanz und Regensburg entnommen; im übrigen vgl. *Karlfriedrich Gruber,* Liste der Chorherren und Chorvikare des Chorherrenstifts Wiesensteig (Manuskript).

Fürst oder König

Inbesitznahme und Aufhebung des Chorherrenstifts Wolfegg

von Bernd M. Mayer

Gründung und Entwicklung

Wenig mehr als 300 Jahre hatte das Wolfegger Chorherrenstift bestanden, als es 1806 zwangsweise aufgelöst wurde. Zwar ist es hinsichtlich wirtschaftlicher Bedeutung sowie geistiger und künstlerischer Ausstrahlung mit den benachbarten Klöstern Weingarten und Schussenried nicht annähernd zu vergleichen, dennoch bietet die Nähe des Stifts zum gräflichen, später fürstlichen Hause Waldburg-Wolfegg gerade in der Zeit der Auflösung interessante historische Aspekte.[1]

Von Beginn an war die Beziehung des Chorherrenstifts zur Wolfegger Herrschaft eine sehr enge, ging doch seine Gründung auf ein Gelöbnis des Johannes v. Waldburg, Graf zu Sonnenberg (1471–1510), zurück.[2] Dieser hatte 1487 an einem Feldzug Erzherzog Sigmunds von Tirol (1427–1497) gegen die Republik Venedig teilgenommen, in dessen Verlauf es zu einem denkwürdigen Zweikampf kam, der Eingang in die Geschichtsbücher gefunden hat. Nachdem es zwischen dem erzherzoglichen und venezianischen Heer, von denen das eine in Rovereto und das andere in Serravalle lagerte, über einen längeren Zeitraum nicht zu einer entscheidenden Schlacht gekommen war, erklärte sich der gerade erst siebzehnjährige Johannes v. Waldburg bereit, in einem Zweikampf gegen Antonio Maria di Sanseverino, den Sohn des venezianischen Kommandanten, anzutreten. Für den Fall seines Sieges gelobte Johannes die Gründung eines Klosters in seiner oberschwäbischen Heimat. Als es Graf Johannes gelungen war, seinen Gegner zu überwältigen, ergab sich dieser mit dem verabredeten Ausruf *Sancta Catharina*.[3] Als Dank und Anerkennung für diesen Sieg verlieh Erzherzog Sigmund dem Gewinner die Landvogtei Schwaben als Pfand.

In den ersten Jahren des 16. Jhs. ließ Graf Johannes in Wolfegg nicht nur sein Schloss von Grund auf neu bauen, sondern setzte 1502 mit dem Bau eines kleinen Klosters und der zugehörigen Kirche auch sein Gelübde in die Tat um. Auf einem dem Schloss südwestlich vorgelagerten Gelände entstand eine äußerlich schlichte Kirche mit gotischen Spitzbogenfenstern, geradem Chorabschluss und einem Dachreiter. Im Westen schloss sich an dieses Bauwerk das eigentliche Stiftsgebäude mit steinernem Sockelgeschoss und Fachwerkaufbau an. Schloss und Kirche wurden mit einem Holzgang für die Herrschaft verbunden.

Der Plan, das Kloster mit Benediktinern zu besetzen, zerschlug sich, ebenso der Versuch, Karmeliter zu gewinnen.[4] Erst nach dem Tod des Gründers gelang es seinem Schwiegersohn und Erben Truchsess Georg III., mit Zustimmung von Papst Julius II., Franziskaner nach Wolfegg zu holen. Zur Sicherung der wirtschaftlichen Existenz erhielt das Kloster als Gründungsausstattung das Vogtrecht und den Zehnten zu Ellwangen und Wolfegg neben dem Großzehnten zu Gaishaus. Außerdem wurden mit bischöflicher und kaiserlicher Zustimmung die beiden Pfarreien Wolfegg und Ellwangen inkorporiert. Bereits 1519 wandelte Truchsess Georg das Kloster mit Zustimmung des Bischofs von Konstanz in ein Kollegiatstift mit einem Propst, neun Weltpriestern, vier Schülern und einem Schulmeister um.[5] Denn es habe sich immer mehr herausgestellt, so Vochezer, dass die Franziska-

ner »für Wolfegg und die Aufgaben daselbst nicht passten«.[6] Die Truchsessen v. Waldburg waren als Kastenvögte für den Schutz des Stifts verantwortlich und hatten außerdem das Recht, den Propst auszusuchen und dem Bischof von Konstanz zu präsentieren. Der Propst versah gleichzeitig das Amt des Pfarrers von Wolfegg.

Während des Dreißigjährigen Krieges steckten 1646 die Schweden unter General Wrangel neben dem Schloss auch die Kirche in Brand. Truchsess Max Willibald (1604–1667) ließ die Kirche notdürftig herrichten und stiftete unter anderem für den Hochaltar und einen der Seitenaltäre Gemälde des flämischen Malers Caspar de Crayer, die heute noch erhalten sind. 1725 begann man unter Graf Ferdinand Ludwig (1678–1735) mit den Planungen zum Neubau der Kirche und des Stiftsgebäudes. 1733 wurde der Grundstein gelegt, und 1742 konnte der nach Plänen des Füssener Baumeisters Johann Georg Fischer errichtete Kirchenneubau eingeweiht werden.[7]

Anhand einer Reihe von Inventaren lässt sich die Ausstattung des Chorherrenstifts und ihre Entwicklung gut nachvollziehen. Die Inventare reflektieren anschaulich, wie sich die wirtschaftliche Situation des Stifts im frühen 18. Jh. deutlich verbessert. Dies kommt am augenfälligsten im Neubau der prächtigen Kirche zum Ausdruck, in den aber auch erhebliche Mittel des herrschaftlichen Hauses einflossen.

Das Inventar von 1592 dokumentiert die in manchen Bereichen noch vergleichsweise bescheidene Ausstattung des *Gestifft* mit *Kirchen Ornates, Hailtumb und Silber und Zingeschier. Item Betgewandt und anderen gleichen Sachen zur Haushaltung gehörig.*[8] Auffallend ist der schmale Bestand an Büchern: Vorhanden waren lediglich 46 Bände überwiegend theologischen Inhalts im Folio-, Quart- und Oktavformat. Im Lauf der Jahre wurde das Inventar beträchtlich vermehrt[9], nicht zuletzt durch fromme Stiftungen und Legate. Gerade die Mitglieder des Hauses Waldburg taten sich hier besonders hervor. Aber auch Bedienstete wie der Obervogt Johann Ernst v. Altmannshausen, vermachten Kelche, Messkännchen, Paramente usw., und zahlreiche Stiftsangehörige vererbten ihre Hinterlassenschaft der Stiftsgemeinschaft.

Der Anfang vom Ende

1803 war für das Gesamthaus Waldburg ein einschneidendes Jahr.[10] Es brachte mit der am 21. März 1803 von Kaiser Franz II. beurkundeten Erhebung vom Grafen- in den Fürstenstand die lange betriebene Standeserhöhung. Nur vier Wochen zuvor, am 25. Februar 1803, war in Regensburg der Reichsdeputationshauptschluss (RDH) erlassen worden. Dieser bildete die gesetzliche Grundlage für die Aufhebung der nicht reichsunmittelbaren Klöster und die Einziehung ihres Besitzes zur freien Verfügung der weltlichen Fürsten.[11] Damit war das Schicksal des Chorherrenstifts besiegelt. Vier Wochen nach der Standeserhöhung nahm der nunmehrige Fürst Joseph Anton (1766–1833) am 21. Mai 1803 unter Bezug auf die Paragraphen 35 und 36 des Gesetzes[12], als damaliger *Souverain und Landesherr*, das Chorherrenstift mit *allen Rechten, Kapitalien und Einkünften* förmlich in seinen Besitz.[13]

In dem Beschluss werden die Stiftsgeistlichen zur weiteren fleißigen Erfüllung ihrer *Competenz, Nutzungen und Obliegenheiten* ermahnt. Zur Abwicklung der Besitznahme wird eine eigens ernannte Kommission eingesetzt, deren Zusammensetzung nicht näher erläutert wird. Das Oberamt Wolfegg wird mit Schreiben vom 1. Juni 1803 damit beauftragt, den Vorgang dem Landvogtei-Oberamt Altdorf und dem Fürstlich Waldburg-Zeilschen Oberamt Wurzach mitzuteilen.[14] Weitere Schreiben regeln die Einzelheiten der Besitznahme. Es wird bestimmt, dass alle *frommen, milden und nützlichen Stiftungen* fortgeführt werden sollen. Die Wohnungen der Benefiziaten Bodent und Schmidt werden dem Pfarrer zugewiesen, die pensionierten Benefiziaten Schmidt und Vögele sowie der Canonicus Hafner müssen ihre Unterkünfte *sobald nur immer möglich* verlassen. Das Quartier des letzteren ist für den pensionierten Propst Franz Joseph Rehmann (1738–1807) vorgesehen.[15]

Zwar legte Fürst Joseph Anton großen Wert auf die Kontinuität der seelsorgerischen Arbeit der Stiftsgeistlichen, doch war ihm auch daran gelegen, nicht unbedingt benötigte kirchliche Geräte zu »versilbern«. In seinem Auftrag musste Propst Rehmann ein Verzeichnis des Silbers anfertigen lassen, *welches man im Stift entbehren kann.*[16] Zur geplanten Einschmelzung des Edelmetalls im kaiserlich-königlichen Münzamt in

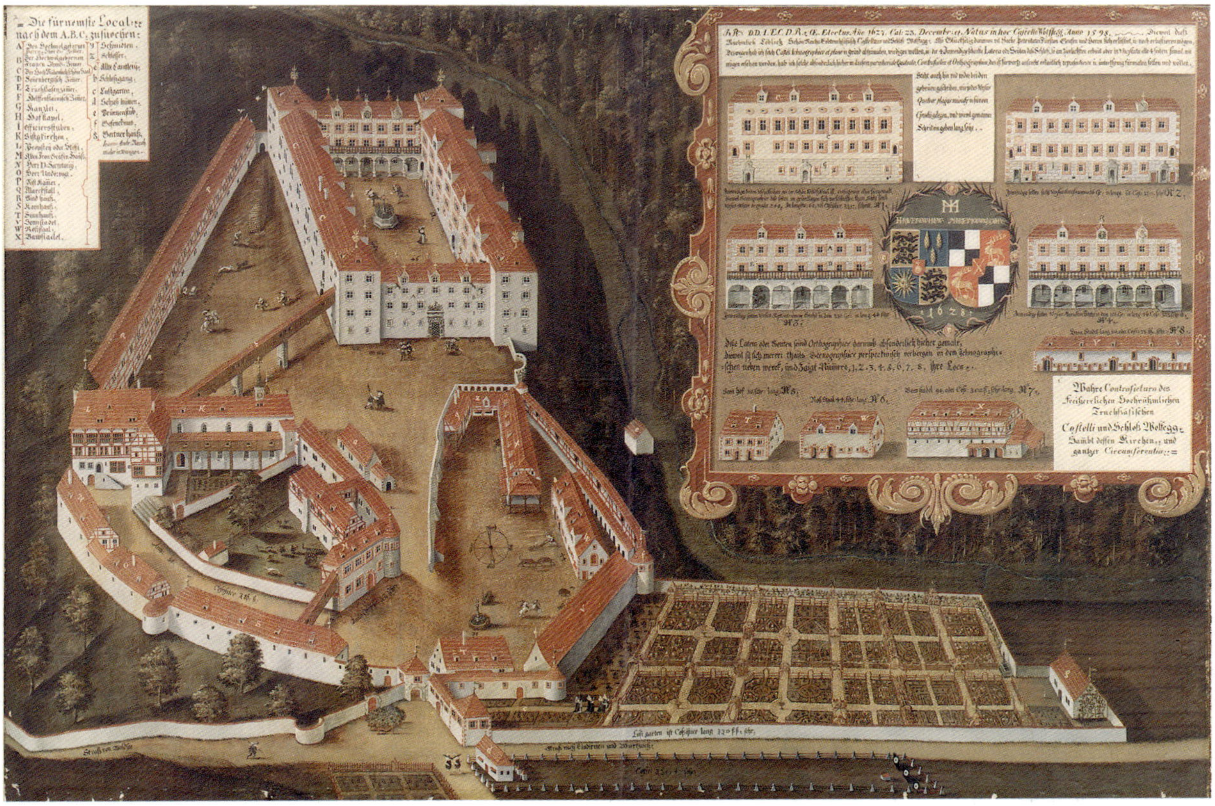

»Wahre Contrafactura«
Die freiherrliche Residenz Wolfegg in Oberschwaben aus der Vogelschau.
Öl auf Lw., Johann Andreas Rauch, 1628.
Schloss Wolfegg, Fürstliche Kunstsammlungen.

Günzburg kam es wegen der sich überschlagenden politischen Entwicklung offensichtlich dann doch nicht.

Die Aufhebung 1806

1806 drohte die Aufhebung des mit Propst Rehmann, zwei Chorherren und fünf Kaplänen besetzten Stifts durch die württembergische Krone.[17] Um der Aneignung durch den Staat zuvorzukommen, hob es Fürst Joseph Anton am 11. August 1806 auf.[18] Die Begehrlichkeit Württembergs, aber auch die Eile des Fürsten ist verständlich, verfügte doch das Chorherrenstift laut einem Inventar von 1807 nicht zuletzt über Aktiva, also Liegenschaften, Mobilien, Kirchengeräte, ausgeliehene und gestiftete Kapitalien usw., in geschätzter Höhe von 214.977 fl. und 8 kr.[19]

Die fürstliche Aufhebungsurkunde hat folgenden Wortlaut: *Von Gottes Gnaden Wir Joseph des heil. röm. Reichsfürst von Waldburg zu Wolfegg* […] *Indem Wir Uns b*ewogen gefunden haben, Unser Collegiatstift dahier ganz aufzulösen, und solches heute durch eine von Uns hinzu eigens ernannte Comißion bereits vollzogen worden ist […] *Decretum Wolfegg am 11. August 1806. Joseph Fürst von Waldburg zu* Wolfegg.[20] Mit Schreiben vom 3. August setzte man die bischöfliche Regierung in Konstanz von diesem Beschluss in Kenntnis und informiert sie darüber, dass man gedenke, *die dabei angestellt gewesenen Geistlichen theils zu pensionieren, theils anderst zu befördern.*[21] In einem

mehrseitigen Erlass wurde das Auflösungsverfahren geregelt.[22] Darin wird unter Rubrik A die *schöne und geräumige hiesige Chorstiftskirche für jetzt und auf ewige Weltzeiten* zur Pfarrkirche des Wolfegger Sprengels bestimmt. Zu diesem Zweck werden der Pfarrei sämtliche Kirchengerätschaften überlassen, *ohne alle Ausnahmen*. Als finanzielle Ausstattung soll die Pfarrei das *Fabrikvermögen* der alten Pfarrkirche erhalten, außerdem 6.000 fl. aus Stiftsmitteln. Die Alte Pfarr wird zur Totenkapelle umgewidmet. Die Glocken und der Taufstein werden in die ehemalige Stiftskirche geschafft. Dem Pfarrer weist man ein jährliches Gehalt von 600 fl. zu nebst Naturalien wie Tannen- und Buchenholz sowie Getreide. Unter Abschnitt B und C des Erlasses sind die Angelegenheiten der Pfarreien Alttann und Ellwangen geregelt.

Wie zu erwarten, erkannte die königliche Verwaltung die vom Fürsten vorgenommene Auflösung nicht an und erklärte sie am 11. September 1807 für null und nichtig.[23] Der württembergische Kameralbeamte Glock aus Waldsee erhielt von der königlichen Oberfinanzkammer den Auftrag, das Chorherrenstift aufzulösen und die zugehörigen Kapitalien, Gebäude, Güter und Gefälle *in Administration zu nehmen*. Im Namen der königlich-württembergischen Verwaltung erhebt Glock in einem Schreiben vom 1. November 1807 zum wiederholten Male Anspruch auf verschiedene Akten des Stifts, die er, so der Kameralbeamte, für seine *gegenwärtigen Amtsfertigungen unumgänglich nötig habe*. Glock war mit seinem Ansinnen bei den wenig kooperationswilligen Wolfegger Beamten schon mehrmals auf taube Ohren gestoßen, denn er fordert die fürstliche Verwaltung in leicht ungehaltenem Ton auf, *diese Akten Stücke bald möglichst mitzutheilen, um mit meinen Berichterstattungen nicht länger aufgehalten zu sein*.[24] Gegen das Vorgehen der württembergischen Beamten verwahrt sich Fürst Joseph Anton wortreich in einem mehrseitigen Memorandum an den württembergischen König Friedrich I.[25] Ausdrücklich betont er, das Chorherrenstift auf der Basis des RDHs rechtmäßig in Besitz genommen und dies auch *formal und öffentlich bekannt gemacht zu haben*.

»Fürst Joseph Anton von Waldburg-Wolfegg (1766–1833)«
Porträt, Öl auf Lw., F. Müller, ca. 1830.
Schloss Wolfegg, Fürstliche Kunstsammlungen.

Die gerichtliche Auseinandersetzung

Nachdem sich die königliche und fürstliche Partei in langwierigen Verhandlungen nicht gütlich einigen konnten, ging Fürst Joseph Anton gegen das landwirtschaftliche Departement der königlich-württembergischen Oberfinanzkammer vor Gericht. Die Klage lautet auf *Restitution des unrechtmäsiger und eigenmächtiger Weise in Besitz genommenen, vormaligen Chorstifts von Wolfegg sammt Zugehörungen*. Als Prozessvertreter des Fürsten vor dem Königlichen Oberappellationstribunal in Tübingen trat Prokurator Carl Friedrich Schott auf.[26]

In der Klageschrift wird in insgesamt 36 Paragraphen unter Beifügung von 46 Beilagen ausführlich die Geschichte des Stifts von seiner Gründung an dargestellt und die enge Verbindung zum fürstlichen, vormals gräflichen Hause erörtert.[27] Die aufgeführten Argumente sollen die Gründe für den Verbleib des Stifts in herrschaftlichem Besitz untermauern. In Paragraph 3

Die Wolfegger Stiftskirche (1733–1742)
Den barocken Neubau von Johann Georg Fischer prägen im Innern v. a. die leichten Rokokostukkaturen der Wessobrunner Johannes Schütz, Josef Wangerer und Michael Schütz, die Deckenfresken (1735) von Franz Joseph Spiegler, v. a. im ovalen Spiegelgewölbe, sowie die Marienkrönung des Hochaltarblatts von Caspar de Crayer (1584–1669). Pfarrkirche St. Katharina, Wolfegg.

weist der Kläger beispielsweise darauf hin, dass den *Erben und Nachkommen des Stifters* – diese Formulierung zieht sich wie ein roter Faden durch den Text – im Stiftungsbrief von 1519 *gewisse auszuübende Rechte* vorbehalten und eingeräumt worden seien. Bei diesen Rechten handle es sich, so erfährt man im folgenden Paragraphen, um das Schutz- und Schirm-, auch Kastenvogtsrecht, das Patronats-, Nominations- und Präsentationsrecht sowie das Recht, ein eigenes Inventar und Urbar vom ganzen Vermögen, von Gütern und Gerechtsamen zu besitzen usw. Auch habe das Kollegiatstift, so Paragraph 10, ohne *Vorwissen, Bewilligung und Genehmhaltung der Erben und Nachkommen des Stifters* nicht über sein Vermögen, Einkünfte und sonstiges Eigentum *schalten und walten können.*

Die Ergebnisse der Auseinandersetzung

Das Gericht befand die einseitige Inbesitznahme des Stifts durch die württembergische Krone für unrechtmäßig und setzte einen Vergleich durch. Auf diese Entscheidung hin begannen die streitenden Parteien mit Verhandlungen, deren Ergebnisse in einem Schreiben festgehalten sind, das von Kreissteuerrat Tafel aus Biberach verfasst wurde. In dem an Fürst Joseph Anton gerichteten Schriftstück betont der königliche Beamte, dass die Ergebnisse der *Auseinandersetzung wegen des Chorstifts in Wolfegg*, die sich fast ein Jahr hingezogen hatten, am 29. Juli 1809 *durch ein allerhöchstes Decret* [...] *die allerhöchste Bestättigung* erhalten habe.[28] Insgesamt umfasst die Einigung sieben Punkte, von denen mehrere wichtig sind.

Unter Punkt 1 werden die Unterbringung von Pfarrer und Kaplan in Wolfegg, außerdem die Baulast der Kirchen in Ellwangen und Alttann geregelt. Letztere sollen erst dann der königlichen Kasse zufallen, wenn die Einkünfte der Kirchen *nicht zulänglich seyn* würden. Die Stiftsgebäude werden dem Fürsten zu Eigen überlassen, die Stiftskirche zu Wolfegg, die Pfarrhäuser zu Alttann und Ellwangen sowie die dortige Zehntscheuer gehen in das Eigentum der Krone über. Pfarrer und Kaplan zu Wolfegg haben sich mit den ihnen zugewiesenen Wohnungen zu begnügen, da *solche geräumig* genug sind. Außerdem haben sie keinen Anspruch auf einen weiteren Platz auf dem Fruchtboden zur Aufhängung ihrer Wäsche. Punkt 3 regelt, dass die nicht benötigten Kirchenparamente an den Meistbietenden zu verkaufen seien und der Erlös zwischen König und Fürst zu teilen sei. Diejenigen Paramente, die überzählig, von keinem besonderen Wert *und dem Verderben nicht ausgesetzt* seien, sollen der Stiftskirche zum Gebrauch übergeben werden. Ebenfalls verkauft werden sollen die *entbehrl*iche alte Pfarrkirche in Wolfegg[29] samt den Glocken, doch stehe es dem Fürsten frei, sie zu erwerben, falls er *solche als Todten Kapelle beyzubehalten* wünsche. Punkt 5 besagt, dass die Stiftspensionen vom 19. November 1808 an, dem Tag, an dem die Vergleichsvorschläge genehmigt wurden, Fürst Joseph Anton zu übernehmen habe. Nach Punkt 6 ist die Stiftsbibliothek meistbietend zu verkaufen, mit Ausnahme derjenigen Bücher, die von dem Bibliothekar Hofrat Schott für die königliche Bibliothek in Stuttgart bestimmt seien. Der Erlös werde unter beide Parteien aufgeteilt.

Im Anschluss an die Einigung beauftragte Fürst Joseph Anton seinen Oberrentmeister Ferdinand Franke, der ihn bei den Verhandlungen vertreten hatte, ihre Ausführung überwachen.[30]

Die Veräußerung des Stifts- und Pfarrguts

Die Versteigerung des Kirchensilbers, der als entbehrlich angesehenen Paramente, der Glocken von der alten Pfarrkirche und des Gebäudes selbst nebst Zubehör[31] erbrachte gegenüber dem Schätzpreis von 8.538 fl. und 41½ kr. bei der Auktion am 19. Oktober 1809 einen Gesamterlös von zunächst 11.664 fl. und 18 kr.[32] Das Kirchensilber und die Paramente gingen zum überwiegenden Teil an Privatleute aus der näheren und weiteren Umgebung von Wolfegg, darunter einige Goldschmiede. So erwarb Nikolaus Maier aus Wangen die silberne Monstranz und mehrere Kelche, der Kreuzwirt Keller von Altdorf/Weingarten ein Messgewand, Schultheiß Renz von Alttann einen Ciborienmantel, der *Jud Borgele* von Buchau einen Ciborienmantel, *worauf der Name Jesu*, sowie einen hl. Sebastian und schließlich *Hausmeister Maier* aus Stuttgart einen silbernen Leuchter, ein Kruzifix und ein Rauchfass samt Weihrauchschiff.

Der letzte Propst des Chorherrenstifts Wolfegg
Porträt des Propsts Franz Joseph Rehmann (1738–1807) im Alter von 30 Jahren.
Öl auf Lw., ca. 1768.
Pfarrhaus Wolfegg.

Ursprünglich war geplant, die Alte Pfarr auf Abbruch zu veräußern. Da sich aber kein Käufer fand, entschloss man sich endlich dazu, sie *nicht auf Abbruch, sondern zu jedem beliebigen Gebrauch mit dem dazu gehörigen Platz und allen in der Kirche befindlichen Geräthschaften feil zu bieten.*[33] Nachdem aber auch für den Preis von 300 fl. *kein Liebhaber* zu finden war, erklärte sich endlich Alois Renz aus Wolfegg bereit, das Gebäude für 250 fl. zu übernehmen, *in so fern ihm die Wahl bleibe, ob er das Gebäude abbrechen, oder dasselbe zu jedem willkürlichen Gebrauch stehen lassen wolle.* Die kleinste der fünf Glocken erwarb die Pfarrgemeinde Wolfegg für 90 fl., die übrigen Johann Georg Zherpel aus Kempten für insgesamt 6.098 fl. und 24 kr. Beim Nachwiegen der Glocken stellte der Käufer ein geringeres Gewicht fest, so dass ihm der Preis auf 3.267 fl. und 58 kr. nachgelassen werden musste. Die von der Pfarrgemeinde erworbene Glocke wog allerdings einige Pfund mehr, was den Preis um 25 fl. und 12 kr. erhöhte. Damit verringerte sich der Gesamterlös der Auktion auf 8.609 fl. Abgezogen davon wurden noch die Auslagen in Höhe von 26 fl. und 34 kr. für das Wiegen und Schätzen des Silbers, die Schätzung der Paramente, die *Avertissements* [Anzeige] im Schwäbischen Merkur und in der Augsburger Zeitung, die Ausmessung der Kirche und das Herbeischaffen der Kirchengeräte in das Auktionszimmer. Der Endbetrag von 8.582 fl. und 30 kr. ging zu gleichen Teilen an den Fürsten zu Wolfegg und die württembergische Krone.

Epilog

Die Abwicklung verschiedener Angelegenheiten sollte sich noch jahrelang hinziehen. So kam beispielsweise die Auflösung der Stiftsbibliothek über ein Jahrzehnt lang nicht voran. Am 28. April 1821 teilte der Pfarrer von Alttann, Georg Fidel Fricker, dem Fürsten mit, dass er vom Ministerium des Inneren beauftragt worden sei, die seinerzeit ausgewählten Bücher in die königliche Bibliothek nach Stuttgart schaffen zu lassen. Pfarrer Fricker wähnte sich in einem Loyalitätskonflikt, weswegen ihm die ganze Sache höchst unangenehm war und er sie am liebsten von sich geschoben hätte. Zwar wusste er, dass der Fürst bereits 1811 erklärt hatte, er wolle mit dieser Bibliothek nichts zu tun haben, doch mochte Pfarrer Fricker ganz sicher gehen, dass, so schreibt er, *Eure Durchlaucht gegen diese Zerstreuung genannter Stifts-Bibliothek nichts einzuwenden habe und dieselbe genehmige* und er sich *dieser Sache unterziehen dürfe.*[34] Daraufhin erhielt er die Erlaubnis, den Versand zu organisieren; außerdem ließ ihm der Fürst mitteilen, dass er es nicht gerne sähe, wenn er den Auftrag ablehnen würde. Am 4. Juni 1821 meldete Pfarrer Fricker den Abtransport der Bücher nach Stuttgart. Die übrigen Bände kamen ins Posthaus, wo sie am 9. Juni verkauft wurden.[35]
Mit dem Verweis auf eine zwischen König und Fürst getroffene Vereinbarung erhob 1828 das königliche Staatsarchiv in Person des Geheimen Archivrats

Christoph Friedrich Lotter Anspruch auf das Archiv des aufgelösten Chorstifts, das in das fürstliche Archiv eingeordnet worden war. Zwischen dem 23. und 25. August 1829 hielt sich Lotter in Wolfegg auf, um den für den Transport nach Stuttgart vorgesehenen Bestand zu erfassen.[36] Etwa zur gleichen Zeit erstellte auch der fürstliche Archivar Johann Nepomuk Bodent ein Verzeichnis der in die Hauptstadt zu transferierenden Unterlagen und ließ zahlreiche Schriftstücke kopieren.[37] Allerdings gelangte nur ein kleiner Teil der Akten, Urkunden und Rechnungsbücher ins Staatsarchiv, das Gros verblieb in Wolfegg.[38] Erst 20 Jahre nach dem Vergleich zwischen König und Fürst konnte mit der Überstellung der Archivalien nach Stuttgart das Kapitel Säkularisation des Chorherrenstifts zu Wolfegg geschlossen werden.

1 Die ausführliche Geschichte der Säkularisation des Chorherrenstifts steht ebenso noch aus wie die Geschichte des Stifts insgesamt. Für ein solches Publikationsvorhaben spräche die besondere Gunst der Aktenlage im Gesamtarchiv der Fürsten zu Waldburg-Wolfegg in Schloss Wolfegg. Mein Dank für Gespräche, Anregungen und kritische Begleitung geht an Irene Pill-Rademacher.

2 Johannes entstammt der eberhardinischen Linie des Hauses Waldburg, die mit ihm erlosch. Über seine Tochter Apollonia, die 1509 Truchsess Georg III. heiratete, gelangte Wolfegg in den Besitz der georgischen Linie des Hauses, die bis heute besteht.

3 *Wilhelm Baum*, Sigmund der Münzreiche. Bozen 1987, 464 ff; Siehe auch *Joseph Vochezer*. Geschichte des fürstlichen Hauses Waldburg in Schwaben. Kempten 1888–1907, Bd. 1, 646 ff. In Erinnerung an den Ausruf des Unterlegenen wurde die spätere Stiftskirche der hl. Katharina geweiht.

4 *Vochezer* (wie Anm. 3), Bd. 1, 720.

5 *Vochezer* (wie Anm. 3), Bd. 2, 711.

6 Ebd.

7 Zur Baugeschichte der Kirche siehe *Heinz Jürgen Sauermost*, Der Allgäuer Barockbaumeister Johann Georg Fischer. Augsburg 1969, 104 ff.

8 Gesamtarchiv der Fürsten zu Waldburg-Wolfegg, Schloss Wolfegg (im folgenden GFWW), WoWo 16274.

9 Zum Inventar von 1767 siehe, GFWW, 5153.

10 Damals existierten noch drei Linien, nämlich Waldburg-Wolfegg, Waldburg-Wurzach und Waldburg-Zeil. Vgl. *Eugen Mack*, Kaiser Franz II. erhebt das Reichserbtruchsessenhaus Waldburg in den Reichsfürstenstand. 21.03.1803. Friedrichshafen o. J.

11 Grundlegend: *Eberhard Weis*, Die politischen Rahmenbedingungen zur Zeit der Säkularisation, in: *Josef Kirmeier/Manfred Treml* (Hgg.), Glanz und Elend der alten Klöster. Säkularisation im bayerischen Oberland 1803. Ausstellungskatalog, München 1991, 28 ff.

12 Diese beiden Paragraphen wurden in der endgültigen Form erst im Januar/Februar 1803, also in einer sehr späten Phase der Verhandlungen, in den Text des RDHs aufgenommen. Betrieben wurde dies vor allem von Bayern, das sich eine Sanierung der Staatsfinanzen durch die eingezogenen Güter versprach; s. Ebd., 31 ff.

13 GFWW, WoWo 16448.

14 GFWW, WoWo 16448.

15 GFWW, WoWo 16445, 21. 09.1806.

16 GFWW, WoWo 14134.

17 *Otto Schmid*, St. Katharina in Wolfegg. Ein Barockjuwel erzählt. Bergatreute 1993, 53 f.

18 Das Fürstentum Waldburg war durch die Rheinbundakte vom 12.06.1806 mediatisiert und als Standesherrschaft dem Kgr. Württemberg eingegliedert worden.

19 GFWW, WoWo 8814, Nr. 1, Okt. 1807, Wolfegg.

20 GFWW, WoWo 13919.

21 GFWW, WoWo 13919, Konzept.

22 GFWW, WoWo 13768, undatiert.

23 *Matthias Erzberger*, Die Säkularisation in Württemberg von 1802–1810. Ihr Verlauf und ihre Nachwirkungen. Stuttgart 1902, 407

24 GFWW, WoWo 16445 und WoWo Schloss Wolfegg 16446.

25 GFWW, WoWo 16448, 11.10.1807, Abschrift.

26 GFWW, WoWo 16448, 02.04.1808, Wolfegg.

27 GFWW, WoWo 16448, Entwurf, undatiert.

28 GFWW, WoWo 16448, 21.08.1809.

29 Die heutige »Alte Pfarr«.

30 GFWW, WoWo 8814, Nr. 6, 28.08.1809, Schloss Waldsee.

31 Von der Ausstattung der Alten Pfarr wurden neben dem Hoch- und zwei Seitenaltären auch die Kanzel, das Chorbogenkruzifix, mehrere Gemälde, die Orgel und 27 Kirchenstühle mit einem Gesamtschätzwert von 188 fl. und 45 kr. angeboten, GFWW, WoWo 8814, Nr. 9.

32 Die Auktion fand in Anwesenheit des namentlich nicht genannten Kreissteuerrats aus Altdorf, des Kameralverwalters Glock aus Waldsee und des fürstlichen Oberrentmeisters Franke statt (Abschrift in GFWW, WoWo 15042). Siehe auch das Inventar der in der ehemaligen Stiftskirche verbliebenen Kirchengerätschaften, die entweder dem täglichen Gebrauch dienten oder keinen Wert darstellten, GFWW, WoWo 8814, Nr. 9, undatiert.

33 GFWW, WoWo 15042.

34 GFWW, WoWo 13592.

35 Die Privatbibliothek des letzten Propstes Franz Joseph Rehmann hat sich im Pfarrarchiv in Wolfegg erhalten.

36 Im Wissen um die Spannungen zwischen den mediatisierten Adeligen und der Regierung hatte sich Lotter lange gegen einen Besuch bei den Standesherren gesträubt. Vgl. *Friedrich Pietsch*, Die Archivreisen des Geheimen Archivars Lotter, in: Neue Beiträge zur südwestdeutschen Landesgeschichte. Festschrift für Max Miller. Stuttgart 1962, 347.

37 GFWW, WoWo 13711, undatiert (Ende 1829).

38 Der Stuttgarter Bestand (HSAS B 538 und B 538 L) umfasst 21 Urkunden, 100 Rechnungsbände und 132 Büschel. Im Wolfegger Bestand werden 354, zum Teil sehr umfangreiche Aktenbüschel mit Dokumenten aus der Zeit zwischen 1487 und 1806 verwahrt. Nicht gesondert erfasst sind die Urkunden.

Vom Nunnenhaus und den Schwestern darin ...

Zur Geschichte des Biberacher Franziskanerinnenklosters Sta. Maria de Victoria

von Kurt Diemer

Unter den schwäbischen Reichsstädten seiner Größe und Bedeutung nimmt Biberach in Bezug auf Klöster eine ganz besondere Stellung ein: gab es in der Stadt selber doch nie ein Männerkloster, sondern nur zwei Frauenklöster: ein einzig in einer Urkunde von 1283 belegtes Dominikanerinnenkloster[1] und später ein Franziskanerinnenkloster, dessen Ursprung in das Jahr 1365 zurückreicht. Grund dafür war das Bestreben des Rates, fromme Stiftungen zugunsten des seit 1320 in städtischer Oberhoheit stehenden Heilig Geist-Spitals und der Ausstattung der zwischen etwa 1325 und 1365 neu erbauten Stadtpfarrkirche St. Maria und Martin in den eigenen Mauern zu halten. 1477 bekräftigten so Großer und Kleiner Rat, *darob zu sein, damit kein Kloster hie erwachse und die Münch kein Gerechtigkeit alhie gewinnen.*[2]

Wie der Biberacher Chronist Johann Ernst v. Pflummern (1588–1635) in seinen *Annales Biberacenses* – der wichtigsten Quelle für die Frühzeit des späteren Franziskanerinnenklosters – berichtet, stiftete 1365 die Biberacher Bürgerin Adelheid Schnell, Witwe des Conz Schnell, *eine sonderbare Behausung*, in der jederzeit fünf und nicht mehr Schwestern oder Kinder zur Ehre Gottes unverheiratet wohnen und daraus ohne Erlaubnis nicht gehen sollten.[3] Die nächste Erwähnung dieser Sammlung findet sich dann erst im Jahre 1406. Am 12. März hatte der Franziskaner Johann Schönbenz, Lektor der Konstanzer Minoriten, als Kommissär des Konstanzer Bischofs Marquard v. Randeck ein Statut erlassen, das Missbräuche abstellen sollte und in diesem Zusammenhang die Lebensweise wie die Kleidung der Drittordensschwestern und -brüder genau regelte.[4] Er ging nun daran, diese Regelungen umzusetzen und gab so – neben anderen Klausen wie Reute[5], Waldshut und Bremgarten[6] – am 28. Oktober 1406 auch den Biberacher Schwestern eine neue Ordnung. Sie regelte außer der Kleidung die Aufnahme in das Kloster, die Wohnung, den Unterhalt und das Verhältnis der Schwestern zur Pfarrei wie auch die jährliche Visitation.[7] Spätestens damals nahmen die Biberacher Schwestern die Drittordensregel an; einer der Punkte des Statuts – *Unterkleider sollen die Schwestern tragen in alle Weis, als sie es unzhero nach der Regel getragen haben* – könnte allerdings als Hinweis darauf verstanden werden, dass sie vorher bereits schon dem Franziskanerorden angeschlossen waren.[8]

Das Kloster entwickelte sich gut. 1467 konnten die Schwestern ein neues Haus erwerben[9]; ihr Verhältnis zur Stadt regelte 1468 ein Vertrag.[10] 1477 kam es im Konvent, der damals acht Schwestern zählte[11], zu Streitigkeiten, die erst mit der Einsetzung einer neuen Oberin durch den Biberacher Rat endeten.[12] 1486 erwarben die Schwestern ein angrenzendes Haus[13], 1490 eine Hofstatt[14]; 1524 vermachte ihnen die Biberacher Patrizierin Barbara Lamparter als Jahrtagsstiftung ein Gütlein in Langenschemmern.[15]

Über den Stand vor der Reformation berichtet der Biberacher Chronist Joachim von Pflummern[16]: *Vom Nunnenhaus und den Schwestern darin.*

Item. Es ist auch hie gesein ein Schwestern- oder Nunnenhaus; das ist gesein ahn der Ledergerbergassen, dahinden, so man uf die Maur ist gangen im Gösselin.

Item. In dem Haus ist gesein ain Kirchlin oder Bettcömmerlin mit ainem Altar, aber nit geweicht, haben aber die Vötter [Väter = Franziskaner] *etwan uf aim Bethstain* [Tragaltar] *Mess darin gehabt.*

Maria de Victoria
Ansicht des Biberacher Franziskanerinnenklosters vor dem Abbruch der Klosterkirche im Jahre 1812. Braith-Mali-Museum, Biberach.

Item. Das Kürchlin hat vil hüpscher Zierdt gehabt mit Hailthumb [Reliquien], *Hailgen-Töffelin* [Heiligenbildern], *Jesus-Kindlin und dergleichen.*
Item. Das Kirchlin hat auch vil Nonnenstüehl gehabt, seind auch wohl gezüert gesein mit hüpschen, andöchtigen Briefen [Urkunden] *und Hailigen.*
Item. Der Schwesteren seind allweeg zehen bis in zwölf gesein, haben Sanct Franciscus Orden gehabt.
Item. Die Schwestern haben je und allweeg ein frombs, ersambs, guots Wesen gehabt, khan niemand gedenken, dass sie nie kain Leichtfertigkait haben gefüehrt.
Item. Die Schwestern haben gewürkt [gewoben] *und dergleichen in ihrem Haus thon, damit sie ihr Nahrung desto bas auch haben mügen.*
Item. Was man ihnen auch umb Gottswillen geben, es seie von Spenden, Stiftungen oder in anderweeg.
Item. Sie seind zue allen kranken, sterbenden Menschen gangen, wer ihr begehrt hat. Denen, so haben wollen sterben, bettet und zuegesprochen, haben auch die Toten eingenöhet [in Tücher eingenäht]. *Hat man ihnen den etwas geben, so haben sie es genomben.*
Item. Wann man ain Schwester aingeschlöfft [eingekleidet] *hat, so habens die Barfuoser Vötter thon in der rechten Kirchen* [Pfarrkirche] *oder in ihrem Kirchlin.*
Item. Wan man ain Schwester aingeschlöfft hat, so haben sie ain zümblichs [geziemendes] *Hochzeitlin gehabt mit der Freundschaft, sein auch Jungfrauen mit gangen wie sonst uf ainer Hochzeit mit gar Beschaidenhait. Send gangen zum Ambt in die Kürchen oder*

haben die Vötter in ihrem Kirchlin Mess gehabt; darzue ist man gangen, hat auch darzue prediget in der Kirchen oder in ihrem Haus.
Item. Sie haben ihr Gröbnus [Begräbnis] *gehabt unter der Liberei* [Bücherei; heute Nonnenschopf] *von der Britt-Tür* [Brauttüre] *beieinander.*
Item. Sie send in ihrem Stuol beiainander gestanden, wie vornen geschriben ist[17]*, send allweeg nacheinander gangen und die Muoter* [Oberin] *hindennach.*
Item. Die Schwestern haben allweeg ein Muoter gehabt, der sie gehorsam send gesein [...].
Item. Ein Rath hat ihnen allweeg zwen Pfleger geben von aim Rath, mit den sie ihr Notturft haben gehandlet.
Item. Ain Rath hat ihnen auch allweeg ein Guot Jahr [Neujahrsgeschenk] *geben, so man es ander Leuten hat geben: etlich Viertel Korn.*
Über die Geschicke des Klosters in den Jahren 1531 bis 1547 unterrichtet eine in Pflummerns *Annales Biberacenses* überlieferte Chronik.[18] Da die Schwestern ihrem Glauben treu blieben, wurden sie schließlich der Stadt verwiesen; im nahen Stift Buchau fanden sie Zuflucht. 1546, nach der Niederlage der Stadt im Schmalkaldischen Krieg, holte sie der Rat dann mit Gewalt wieder nach Biberach zurück. Über die folgenden Jahre und Jahrzehnte schweigen die Quellen; Darlehen des Klosters belegen aber das wirtschaftliche Gedeihen.[19] Bereits 1667 konnte *die Klause bei S. Maria de Victoria* – das Patrozinium war wohl von der nach dem Sieg der Kaiserlichen am Weißen Berg als Dankeskirche erbauten Prager Karmeliterklosterkirche übernommen worden – der Stadt Biberach 3.000 fl. leihen[20], und am Ende des Jahrhunderts erbauten die Schwestern Kirche und Kloster neu.[21] Am 27. Juni 1697 fand die Grundsteinlegung statt[22], und bereits am 2. Juli 1699 las der Biberacher Stadtpfarrer und Dekan Georg Schwab in der neuerbauten Klosterkirche die erste Messe.[23] Neben einer täglichen Messe stiftete der Ulmer Reichspostmeister Bernhardin v. Pichlmayer auch den am 30. September 1704 aufgerichteten Hochaltar, die beiden Nebenaltäre 1710 die Secklerswitwe Helena Mohr. Aufgrund einer großherzigen Schenkung konnten die Schwestern 1710 auch einen eigenen Kaplan bestellen; der erste war der Biberacher Bürgersohn Johannes Bucher.[24]
Wie der Stadtplan von 1622 zeigt, war das Kloster vorne an der Gerbergasse und seitlich an der Seelgasse von Bürgerhäusern umgeben. Um Kloster und Kirche freizustellen wie um den Garten zu erweitern, kauften die Schwestern systematisch alle anliegenden Häuser zum Abbruch auf. Der Kauf des an den Chor der Klosterkirche angrenzenden Hauses des Gerbers Christoph Wißhagg im Jahre 1707 führte zu einem langdauernden Streit mit dem Evangelischen Magistrat, der ihn bis vor den Reichshofrat in Wien trug.[25] Angefochten vor dem Reichshofrat wurde ebenso der Kauf der Biberacher Steigmühle, die der Biberacher Patrizier Johann Heinrich v. Braunendal 1717 an das Kloster veräußert hatte[26], und die Umwandlung der Kaplanei des Frauenklosters in eine Präzeptoratskaplanei in Zusammenhang mit der Gründung einer höheren lateinischen Lehranstalt durch den Katholischen Magistrat im Jahre 1775.[27]

Aufhebung und Ende

Während der § 5 RDH vom 25. Februar 1803 die Reichsstadt Biberach dem Markgrafen von Baden zuwies, gelangten die beiden Biberacher Klöster, das 1615 grundgelegte Kapuzinerkloster und das Franziskanerinnenkloster St. Maria de Victoria, auf Grund der Bestimmungen von § 26 RDH, der *die mittelbaren Stifter, Abteien und Klöster im Vorarlberg, im östreichischen Schwaben, und überhaupt alle Mediatklöster der Augsburger und Konstanzer Diöcesen in Schwaben, worüber nicht disponiert worden ist, mit Ausnahme der im Breisgau gelegenen* dem Deutschen Orden überwies, in dessen Eigentum.[28] Über das Biberacher Franziskanerinnen-Nonnenkloster notierte der Deutschordens-Kommissar Wilhelm Mosthaff bei der Besitznahme am 24. September 1803:
Personalstand. Fünfzehn Klosterfrauen, unter diesen Bernardine Unold, Mutter, von Weissenau, alt 71 Jahre und 51 Jahr Prozeß. Die älteste Klosterfrau 73 und die jüngste 28 Jahre alt. Auch sind zwei Novizinen da. Die sämtlichen Klostergebäude, welche sich in vollkommen guten Zustande befinden und nach Inhalt des Inventariums einen beträchtlichen Raum umfassen, sind blos nach dem Preise, den sie im Orte selbst in dem gegenwärtigen Zeitpunkt ohne Rücksicht auf das, was sie notwendig gekostet haben könnten, taxiert worden, und betragen 11.400 fl., die Gärten 1.400 fl., die Äcker

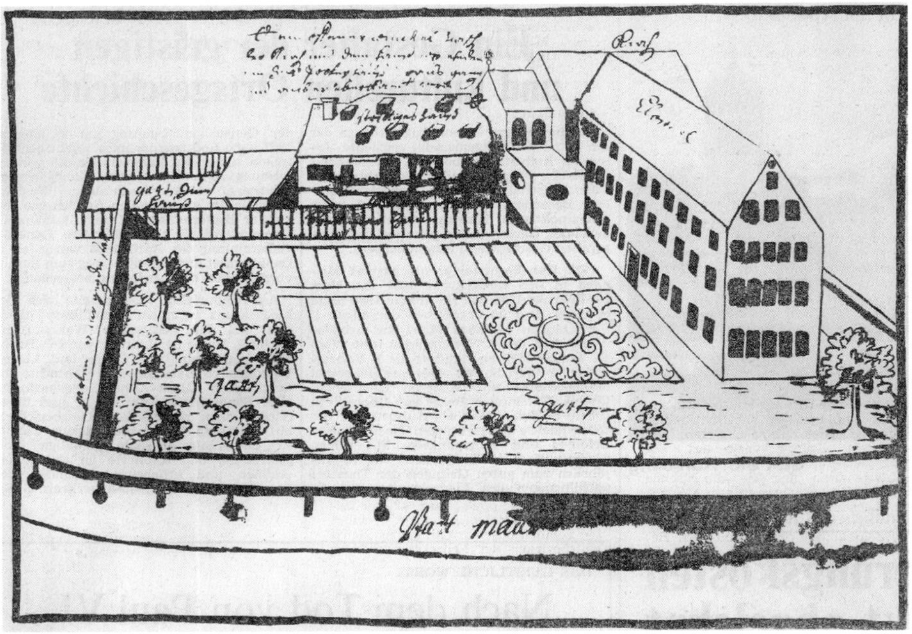

Sta. Maria de Victoria
Das neuerbaute Franziskanerinnenkloster mit dem Wißhagg'schen Haus im Jahre 1718. Haus-, Hof und Staatsarchiv, Wien.

8.225 fl., die Wiesen 3.800 fl. Einzelne Höfe betragen 1.750 fl., eine Mühle mit fünf Mahlgängen und eine Säge 8.500 fl., 29⅞ Jauchert 74 Ruthen Waldungen 3.000 fl., Summa an liegenden Gründen 38.075 fl. Die Aktivkapitalien betragen nach Inhalt des Inventariums 43.750 fl. Das bare Geld bestehend in 100 fl. bleibt hier außer Ansatz, indem solches der Vorsteherin des Klosters gegen Rechnungsführung in Händen belassen wurde. Die Fahrnisse betragen 934 fl. 27 kr. Die Kirchengeräte betragen 1.437 fl. 48 kr., Summa des sämtlichen Vermögens 184.197 fl. 15 kr. Das Kloster hat Passivkapitalien 3.100 fl. Die Beschwernisse, welche auf den Gütern haften, betragen 34 fl. 53 kr. Das Kloster hat drei Gärten, die einen Ertrag von 75 fl. haben. Die Äcker sind an acht Bürger verpachtet, und tragen jährlich 274 fl. 40 kr. Pacht. Ebenso sind die Wiesen verpachtet und tragen jährlich 140 fl. Pacht. Ferner hat das Kloster noch zwei Söldnersgütchen, die ebenfalls verpachtet sind und jährlich 62 fl. Pacht tragen. Die Mühle des Klosters, Steigmühle genannt, bestehend in einem gut unterhaltenen Gebäude mit fünf Mahlgängen und einer Säge, dann einem neuen Stalle, wozu 5⅞ Jauchert Garten und zwei Jauchert zwei Ruthen Wiesen gehören, ist verpachtet und trägt jährlich 357 fl. 28 kr. Pacht. Das Kloster besitzt auch einen gut unterhaltenen Wald, welcher in 29⅞ Jauchert 74 Ruthen besteht, rentiert jährlich 24 Klafter Holz á 4 fl. = 96 fl. Die Interessen [Zinsen] *von den Kapitalien betragen 1.793 fl. 45 kr. Summa des ganzen jährlichen Ertrages 2.723 fl. 53 kr. Das Kloster hat von den Passivkapitalien 124 fl. Zinsen zu entrichten.*[29] Dass die Schwestern gut gewirtschaftet hatten, zeigen die im Vergleich zu den Aktivkapitalien in Höhe von 43.750 fl. geringen Schulden von 3.100 fl. Hatte der Deutsche Orden die Schwestern nach der Besitznahme weiter ungestört zusammen leben lassen, so änderte auch das Königreich Württemberg, dem Biberach auf Grund der am 12. Juli 1806 unterzeichneten Rheinbundsakte zugefallen war, zunächst daran nichts und begnügte sich mit der sofortigen Inventarisierung des Besitzes.[31] Bereits am 2. Oktober 1806, also noch vor der offiziellen Besitznahme durch Württemberg am 25. Oktober, nahm so der *Königlich württembergische provisorische Verwalter* Künstle das Inventar des Klosters auf. Angeschlagen wurden

an Gebäuden		11.150 fl.
Kloster	10.000 fl.	
Kirche	800 fl.	
¼ Haus	350 fl.	
an Söldgütern		6.750 fl.
Söldgut Sulmetingen	1.600 fl.	

Kleinhäusle Aufhofen	150 fl.
Steigmühle Biberach	5.000 fl.
an Gärten in Biberach	4.900 fl.
an Äckern in Biberach und Mittelbiberach	7.985 fl.
an Wiesen in Biberach	3.000 fl.
an Waldungen in Warthausen (Nonnenhölzle)	3.000 fl.
am Kapitalien	44.150 fl.
an Aktivforderungen	600 fl.

an Barschaft	0 fl.
an Kirchengeräten	869 fl. 48 kr.
Monstranz und Kelche	462 fl.
Messgewänder	131 fl.
Kleider für die Muttergottes	62 fl.
an Bettwerk und Getuch	282 fl. 21 kr.
an Silbernem Hausrat	26 fl.
an Zinngeschirr	114 fl. 24 kr.

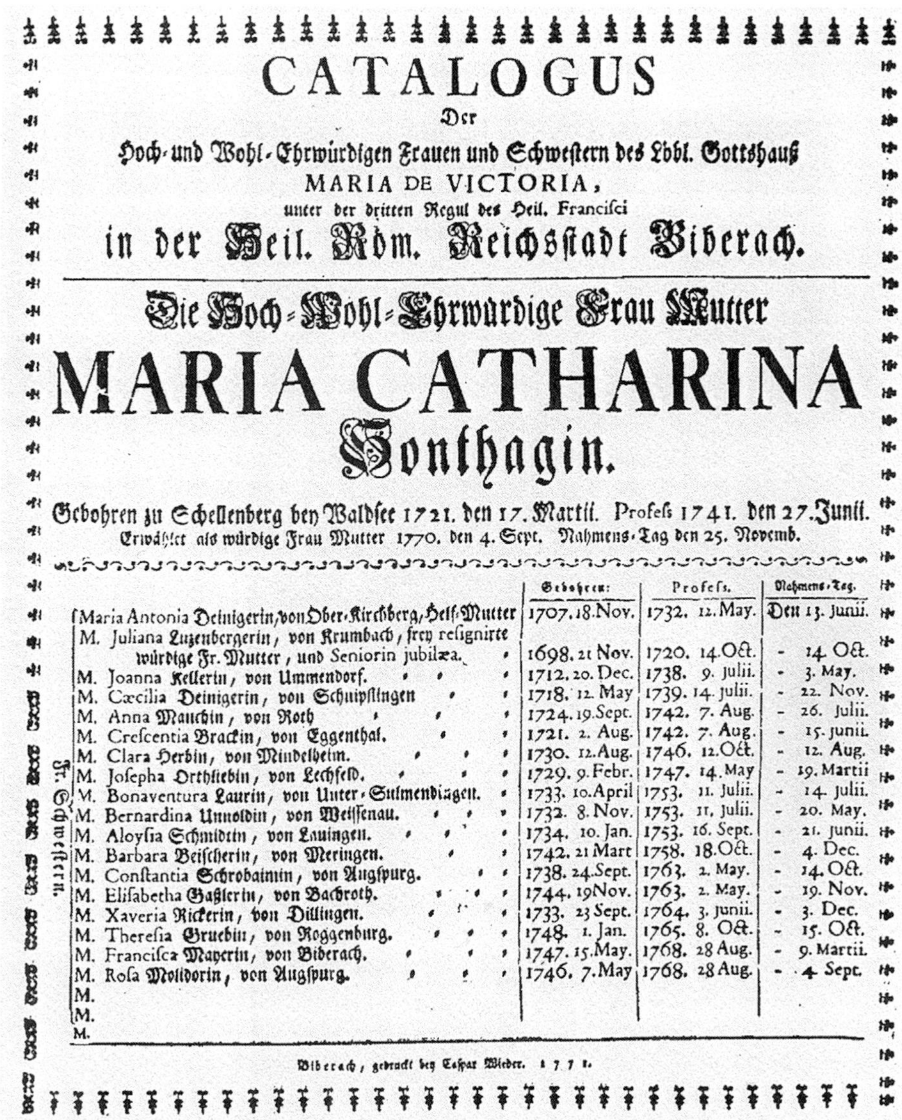

CATALOGUS
Der
Hoch- und Wohl-Ehrwürdigen Frauen und Schwestern des Löbl. Gottshauß
MARIA DE VICTORIA,
unter der dritten Regul des Heil. Francisci
in der Heil. Röm. Reichsstadt Biberach.

Die Hoch-Wohl-Ehrwürdige Frau Mutter
MARIA CATHARINA
Honthagin.

Gebohren zu Schellenberg bey Waldsee 1721. den 17. Martii. Profeß 1741. den 27. Junii.
Erwählet als würdige Frau Mutter 1770. den 4. Sept. Nahmens-Tag den 25. Novemb.

Fr. Schwestern.	Gebohren:	Profeß.	Nahmens-Tag.
Maria Antonia Deinigerin, von Ober-Kirchberg, Helf-Mutter	1707. 18. Nov.	1732. 12. May.	Den 13. Junii.
M. Juliana Luzenbergerin, von Krumbach, frey resignirte würdige Fr. Mutter, und Seniorin jubilæa.	1698. 21 Nov.	1720. 14. Oct.	- 14. Oct.
M. Joanna Kellerin, von Ummendorf.	1712. 20. Dec.	1738. 9. Julii.	- 3. May.
M. Cæcilia Deinigerin, von Schnipflingen	1718. 12. May	1739. 14. Julii.	- 22. Nov.
M. Anna Mauchin, von Roth	1724. 19. Sept.	1742. 7. Aug.	- 26. Julii.
M. Crescentia Brackin, von Eggenthal.	1721. 2. Aug.	1742. 7. Aug.	- 15. Junii.
M. Clara Herbin, von Mindelheim.	1730. 12. Aug.	1746. 12. Oct.	- 12. Aug.
M. Josepha Orthliebin, von Lechfeld.	1729. 9. Febr.	1747. 14. May	- 19. Martii
M. Bonaventura Laurin, von Unter-Sulmendingen.	1733. 10. April	1753. 11. Julii.	- 14. Julii.
M. Bernardina Unnoldin, von Weissenau.	1732. 8. Nov.	1753. 11. Julii.	- 20. May.
M. Aloysia Schmidtin, von Lauingen.	1734. 10. Jan.	1753. 16. Sept.	- 21. Junii.
M. Barbara Beischerin, von Meringen.	1742. 21 Mart	1758. 18. Oct.	- 4. Dec.
M. Constantia Schrobainin, von Augspurg.	1738. 24. Sept.	1763. 2. May.	- 14. Oct.
M. Elisabetha Gaßlerin, von Bachroth.	1744. 19 Nov.	1763. 2. May.	- 19. Nov.
M. Xaveria Rickerin, von Dillingen.	1733. 23 Sept.	1764. 3. Junii.	- 3. Dec.
M. Theresia Gruebin, von Roggenburg.	1748. 1. Jan.	1765. 8. Oct.	- 15. Oct.
M. Francisca Mayerin, von Biberach.	1747. 15. May.	1768. 28 Aug.	- 9. Martii.
M. Rosa Molidorin, von Augspurg.	1746. 7. May	1768. 28 Aug.	- 4. Sept.
M.			
M.			
M.			

Biberach, gedruckt bey Caspar Wieder. 1771.

Maria de Victoria
Konventskatalog von 1771.
HSA Stuttgart.

an Messinggeschirr	29 fl. 54 kr.
an Kupfergeschirr	77 fl. 33 kr.
an Eisengeschirr	64 fl. 55 kr.
an Schreinwerk	214 fl. 59 kr.
als »Insgemein«	22 fl. 17 kr.
1 Gemälde	20 kr.
66 Tafeln und 1 Kruzifix	19 fl. 47 kr.
an Wachs	308 fl. 40 kr.
an Früchten	70 fl. 40 kr.
an Wein	170 fl.
an Schmalz	75 fl.
an Vieh (5 Kühe und 1 Kalb)	205 fl.
an Heu, Stroh und Dung	225 fl.
an Brennholz	162 fl.
Der Gesamtsumme von	84.453 fl. 31 kr.
standen Schulden für Wein und Wachs gegenüber in Höhe von	1.566 fl. 6 kr.
so dass ein Überschuss von	82.887 fl. 25 kr.

verblieb. Dazu kamen noch Mess- und Jahrtagsstiftungen in Höhe von 6.717 fl., ein Kapital von 6.660 fl. für den Unterhalt des Kaplans, Schenkungen der Eltern in Höhe von 2.500 fl. und ein weiteres Kapital von 600 fl., denen Schulden von 470 fl. 24 kr. entgegenstanden.

Das Ende des Gemeinschaftslebens

Das Ende des Klosters kam dann im Spätsommer des Jahres 1807, als das Klostergebäude von Württemberg zur Kaserne bestimmt wurde. Am 17. September stimmte so König Friedrich der Aufhebung des Klosters zu und befahl am 2. Oktober, *dass durch das Ober- und Kameral-Amt das sich hier befindliche Frauenkloster gemeinschaftlich aufgehoben, mit der Priorin und den 13 Klosterfrauen über den Betrag der ihnen auszusetzenden Pensionen übereinkommen, der Novizin ihre allenfalls eingebrachte Aussteuer verabfolgt und ihr 30–40 Gulden aus der Cameralamtskasse ausbezahlt werden sollen.* Am 5. Oktober 1807 begaben sich daraufhin der Biberacher Oberamtmann Dizinger und der Cameralverwalter Groß in das Frauenkloster, *eröfneten der Priorin und dem Konvent jene allerhöchste Verfügung und sezten jedoch salva ratificatione* [vorbehaltlich der Genehmigung] *bei der Priorin die Pension auf 300 fl. und bei den Klosterfrauen für jede auf 200 fl. fest.* Die Schwestern, denen ihrem Wunsch gemäß erlaubt worden war, in Privatwohnungen entweder in Biberach selbst oder in der Nähe auf dem Land zu ziehen, *erklärten nehmlich alle, dass sie bei dem hiesigen teuren Hauszins, Holz und übrigen Viktualien sich ohnmöglich mit einer geringern Summe begnügen können. Da wir nun wirklich bei unsern Amtspflichten bezeugen können, dass es hier sehr teuer zu leben ist, so glaubten wir obige Summe wirklich als Pension aussezen zu dörfen.* Der Novizin, die keine Aussteuer eingebracht hatte, wurde allein ein Reisegeld von 33 fl. bewilligt.

Doch die Zustimmung des Königs zu dieser Abmachung verzögerte sich. Der Biberacher Kameralverwalter Groß bat deshalb in einem Schreiben vom 13. März 1808 »um allergnädigste Ratifikation«, *da nun die Nonnen mich täglich um Geld angehen und ich mich in der Ausbezahlung nicht zu benehmen weiß.* Sie wurde dann mit dem Datum des 11. Mai 1808 erteilt.

Ein *Verzeichnis aller Klosterfrauen in dem Kloster zu Biberach 1805*[31] nennt folgende Namen:

Maria Bernadina Unoldt, wirkliche Mutter, von Weißenau	72 J [† 26.12.1805]
Maria Clara Herb, Helf-Mutter, von Mindelheim	74 J. [† 15.05.1817]
Maria Bonaventura Lauer, von Untersulmetingen	72 J. [† 05.12.1811]
Maria Barbara Baischer, von Meringen	63 J. [† 30.12.1810]
Maria Constantia Schropheim, von Augsburg	67 J. [† 05.08.1819]
Maria Elisabetha Geßler, von Bechtenrot	62 J. [† 12.07.1836]
Maria Xaveria Riegger, von Dillingen	73 J. [† 21.06.1829]
Maria Theresia Grieb, von Roggenburg	56 J.
Maria Ambrosia Ehrle, von Oberhofen	51 J. [† 07.12.1830]
Maria Walburga Baierhof, von Biberach	50 J. [† 28.05.1829]
Maria Josepha Stiefenhofer, von Ochsenhausen	43 J.
Maria Antonia Keckeisen	44 J. [† 25.11.1830]

Maria Adelheid Beck, von Hürbel	42 J. [† 24.08.1849]
Maria Aloysia Stribl, von Biberach	30 J. [† 09.12.1858]
Maria Victoria Menning, von Rotegg	35 J.

Die Schwestern mieteten sich nach der Aufhebung des Klosters bei Biberacher Familien ein. 1814 erwarb der Biberacher Stadtpfarrer Gabriel Josef Braun von Lengenfeld das neben dem Stadtpfarrhaus liegende Gebäude Kirchplatz 5 als Unterkunft für einige der Schwestern, verkaufte es dann aber 1832 wieder.[32] Am 1. Juli 1834 lebten in Biberacher Privathäusern laut Anzeige des Dekanatsamts noch drei Schwestern: M. Adelheid Beck von Hürbel, M. Elisabetha Geßler von Bechtenrot und M. Josepha Stiefenhofer von Ochsenhausen; der Name *M. Aloysia Stribel von hier* ist mit Bleistift nachgetragen.[33]

Das Schicksal des Inventars und der Gebäude

Über das weitere Schicksal der Gebäude und ihres Inventars finden sich in den Akten ausführliche Nachweise. Die nicht für die Kaserne brauchbaren Gegenstände wurden Ende 1807 versteigert, *die kostbaren Kirchengeräte* der Königlichen Garderobe in Stuttgart und einige Paramente dem Geistlichen Rat Brentano übersandt; einige wenige Stücke verblieben der *neu aufgestellten Kaplanei.*[34] 1810 wurden zwei Zimmer der im Vorjahr geräumten Kaserne für den Unterricht des Gymnasiums genutzt.[35]

Anfang 1811 stand das Klostergebäude dann wieder leer.[36] Zwar hatte König Friedrich am 11. Februar befohlen, die Kaserne in Biberach zu verkaufen und dagegen zu Ravensburg, Weingarten und Ellwangen neue Kasernen einzurichten; doch bestimmte er wenig später, am 26. Februar, auf die Stellungnahme des Finanzministeriums hin, das ehemalige Frauenkloster zur Einrichtung einer Oberforstamts-Amtswohnung, eines Post-Bureaus und eines Fruchtkastens. Die ehemalige Klosterkirche, die zunächst noch als Kasernen-Kirche in Gebrauch gewesen war, wurde nun zum Abbruch vorgeschlagen. Am 30. Oktober 1811 baten daraufhin die *Magistrats-Glieder Katholischen Anteils daselbst* – die Senatoren Consoni, Cloos, v. Braunendal, Zink und Rheinhardt – *alleruntertänigst, die zum Verkaufe auf den Abbruch dekretierte dasige Kasernen- oder ehemalige Nonnenkloster-Kirche fernerhin allergnädigst zu belassen.* Als Gründe führten sie an die durch das Simultaneum eingeschränkte Nutzung der Stadtpfarrkirche, so *dass die bei der ehemaligen Kaserne befindliche Kirche für die hiesige katholische Inwohnerschaft und insbesondere für diejenige, welche in dem untern Teile der Stadt wohnen, nicht nur äußerst bequem, sondern sogar fast unentbehrlich seie,* und die für die Post ungünstige Randlage, *da das hiesige Kasernengebäude ganz am Ende der Stadt gelegen und allenthalben von übelriechenden Werkstätten der Weißgerbern umgeben ist.* Als Gegenleistung boten sie an, aus Mitteln der Katholischen Kasse das damalige Postamt – die Stadtkanzlei – zu kaufen und es dem Staat zu einem *beständigen Posthause* zu überlassen, *wenn Allerhöchstdieselben dagegen die allerhöchste Gnade hätten, die bei der Kaserne befindliche Kirche zu Haltung unseres Gottesdienstes fernerhin allerhuldreichest zu belassen.* Doch alles half nichts: Am 16. November wurde die Kirche mitsamt einer Glocke, drei Altären in der Kirche, einem Altar auf dem Nonnenchor, *die Portrait Johannes und Maria, sodann die 15 Stationen, 3 große Portrait, 3 mittlere und 3 kleine dito, und 5 Portraits auf der Emporkirche* versteigert. Vorbehalten wurden *die 2 heiligen Leiber mit den Särgen, das große Christbild und die consegrirte Steine* [Altarsteine] *nebst der Wasch, welche die Altäre bedekt, so wie überhaupt alle nicht hievornen genannten Kirchen- und Fahrnis-Stüke.* Ersteigerer war der Schreiner Johann Georg Angele, der 980 fl. zahlte. Am 30. Dezember genehmigte König Friedrich den Verkauf der Kirche; im Frühjahr 1812 wurde sie abgebrochen. 1819 erwarb der Fürst von Thurn und Taxis als erblicher Landespostmeister das Gebäude; nach dem Übergang der Post auf den Staat verlegte dieser 1851 das Postamt in den neuerbauten Bahnhof und überließ das ehemalige Klostergebäude dem Oberamtsgericht.[38] Heute dient es dem Amtsgericht Biberach und der Außenstelle Biberach des Staatl. Hochbauamts I Ulm.

Unbekannt ist, was mit dem versteigerten Inventar der Kirche geschah; der Hochaltar der Pfarrkirche

Rißtissen stammt sicher aus einem Biberacher Kloster, vielleicht doch aus dem der Franziskanerinnen.[39] Als am 9. Dezember 1858 mit Maria Aloysia Stribl die letzte noch lebende Schwester des Klosters Sancta Maria de Victoria im Alter von 83 Jahren starb, hatte sie noch die Wiedergeburt ihres Ordens in Biberach erleben können: am 4. Januar 1856 waren zur Pflege von Kranken außerhalb des Hospitals drei Schwestern der heutigen Reutener Kongregation nach Biberach gekommen; eine Zeitlang dachte man sogar daran, das Mutterhaus der Kongregation nach Biberach zu verlegen. Doch auch diese Niederlassung ist bereits Geschichte: nach 133 Jahren musste die Schwesternstation im »Klösterle« wegen Personalmangels aufgehoben werden; die letzten drei Reutener Franziskanerinnen verabschiedete die Pfarrgemeinde feierlich am 8. Juli 1989.[40]

1 WUB Bd. 8. Stuttgart 1903, 418 Nr. 3279.

2 *Annales Biberacenses* des Johann Ernst von Pflummern, Band 3; Stechersche Abschrift (Landesbibliothek Stuttgart) 73. Vgl. *Michael Klein*, Die Handschriften der Sammlung J 1 im HSA Stuttgart. Wiesbaden 1980. – Ein Bericht über den *Ursprung der Claus oder Nonnenkloster allhier Anno 1365* für die Jahre bis 1620 findet sich im Kath. PfA Biberach A XIII Nr. 1 und 11.

3 Annales Biberacenses (wie Anm. 2) 3, 56.

4 Regesta Episcoporum Constantinensium (REC). Bd. 3. Innsbruck 1913, Nr. 7937.

5 REC (wie Anm. 4) III 7927.

6 Ebd. 7965.

7 Annales Biberacenses (wie Anm. 2) 3, 57–61.

8 Ebd. 3, 58 f.

9 Ebd. 3, 62 f.

10 Ebd. 3, 63–65.

11 Ebd. 3, 66.

12 Ebd. 3, 65–80.

13 HSAS B 164 U 2.

14 HSAS B 164 U 5.

15 HSAS B 164 U 7.

16 Die religiösen und kirchlichen Zustände der ehemaligen Reichsstadt Biberach unmittelbar vor Einführung der Reformation, geschildert von einem Zeitgenossen [Joachim v. Pflummern], hg. von *A. Schilling*, in: FDA 19 (1887), 84f.

17 Bei Joachim von Pflummern findet sich, ebd. 51, folgende Beschreibung: *Item. Hinunder bas bei der Britt-Tür da ist gestanden der Nunnen Stuel, ist umbmachet gesein, beschlossen mit aim Türlin, so ist es hoch gesein, das man dannoch hat oben megen hinein sehen.*

18 Beiträge zur Geschichte der Einführung der Reformation in Biberach. 2. Mittheilungen aus den Annales Biberacenses des Obervogts Heinrich Ernst von Pflummern, hg. von *Ludwig Baumann*, in: FDA 9 (1875), 243ff. Vgl. auch die 1618 begonnenen *Annalia* des Malers Lucas Seidler, Bl. 201 (Original im StA Biberach) – Eine Aufstellung über die Zinsbriefe des Klosters und seine Kaufbriefe um Äcker und Güter nach dem Stand von 1536 findet sich im Kath. PfA Biberach A XIII 1.

19 HSAS B 164 U 9 (1584), U 10 (1606) und U 11 (1624).

20 HSAS B 164 U 12.

21 HSAS B 164 U 13.

22 *Richard Preiser*, Biberacher Bauchronik. Biberach 1928, 150.

23 *Kürchenbüechle wegen Capital und Zinsen 1750.* Kath. PfA Biberach Bd. 60.

24 Ebd. Vgl. dazu *Kurt Diemer* in: SZ (Ausg. Biberach) vom 12.08.1978. Zur Pichlmayerischen Stiftung vgl. Kath. PfA Biberach A XIII 4 und 5.

25 Artikel Diemer (s.o.) und Haus-, Hof- und Staatsarchiv (HHStA) Wien, Reichshofrat Decisa Kart. 721; Aktenstücke auch im Kath. PfA Biberach A XIII 2, 3, 4, 8, 9 und 13; vgl. die Ausführungen von *Andrea Riotte*, in: *Dieter Stievermann* (Hg.), Geschichte der Stadt Biberach. Stuttgart 1991, 319f.

26 HSAS, B 164 U 15 u. HHStA Wien, Reichshofrat Decisa Kart. 721.

27 HHStA Wien, Reichshofrat Denegationes antiquae Kart. 308/10.

28 KABC, Druck Frankfurt 1803.

29 *Benvenut Stengele*, Inventuraufnahme bei den im Jahre 1803 dem Deutschen Orden zugewiesenen Klöstern im Bereiche des jetzigen Königreiches Württemberg, in: DA Schwaben, 2. Jg. (1885), 28f.; vgl. *Erwin Schell.* Die Reichsstädte beim Übergang an Baden. Heidelberg 1929 (= Heidelberger Abhandlungen; Heft 59), 150. Ältere Verzeichnisse der dem Kloster gehörenden Kapitalien und Grundstücke und zwei Jahrtagsverzeichnisse finden sich im Kath. PfA Biberach Akten 13; vgl. auch *Matthias Erzberger*, Die Säkularisation in Württemberg. Stuttgart 1902, 317, und den kurzen Bericht in: *Julius Ernst Günthert* (Hg.), Erinnerungen eines Schwaben. Nördlingen 1874, 24.

30 Das Folgende SAL D 37 Bü 698. – Ein Grundriss des Klosters vom 04.12.1806 findet sich im Bestand D 39 Bü 566.

31 Kath. PfA Biberach A VI b. Stand 30.05.1805.

32 *Preiser*, Bauchronik (wie Anm. 22), 152; *Carl Kleindienst*, Beiträge zu einem Häuserbuch der Kreisstadt Biberach. Bd. II. Biberach 1961, 494.

33 Kath. PfA Biberach A VI b.

34 SAL D 37 Bü 655 und 698. In Bü 655 findet sich ein *Verzeichnis über die silbernen Kirchen- und Haus-Gerätschaften des Frauenklosters der Franziskanerinnen ad Sanctam Mariam de Victoria in Biberach.*

35 *Preiser*, Bauchronik (wie Anm. 22), 152.

36 Das Folgende SAL D 37 Bü 657.

37 *Preiser*, Bauchronik (wie Anm. 22), 152.

38 Der Alb-Donau-Kreis. Bd. II. Sigmaringen 1992, 39.

39 *Adam Kuhn*, Chronik der Stadt Biberach. Biberach 2000, 186; SZ (Ausg. Biberach) vom 07.07.1989.

Unter Berücksichtigung des höchst lobenswerthen Seeleneifers ...

Das Ende des Kapuzinerklosters in Meßkirch

von Armin Heim

In Meßkirch erinnert heute kaum noch etwas an die einstige klösterliche Tradition. Die Klostergebäude sind spurlos verschwunden, die Inventarstücke der Klosterkirche in alle Winde zerstreut, das geistliche und karitative Wirken der Meßkircher Kapuziner längst der Vergessenheit anheimgefallen. Gleichwohl hatte das Kapuzinerkloster anderthalb Jahrhunderte lang das geistig-religiöse Klima in der kleinen Residenzstadt zwischen oberer Donau und Bodensee in ganz entscheidender Weise mitgeprägt. Die barockzeitliche Geschichte von Meßkirch und seiner Umgebung ist ohne das Kapuzinerkloster nicht zu denken. Die Säkularisation hat dieser klösterlichen Entwicklung nicht nur ein Ende gesetzt, sondern auch fast alle Erinnerungszeichen daran verwischt. So finden sich die Spuren der Meßkircher Kapuziner noch allein in den staubigen Schubladen der Archive.

Die Stiftung durch das Haus Fürstenberg

Nach dem Aussterben der Grafen von Zimmern 1591, die vor allem durch ihre »Zimmerische Chronik« sowie durch ihren monumentalen Schlossbau – einem der ersten deutschen Renaissanceschlösser – bekannt sind, war die kleine Herrschaft Meßkirch zunächst an die Grafen von Helfenstein-Gundelfingen gelangt. Schon nach kurzer Zeit war allerdings auch diese Familie im Mannesstamm erloschen und Meßkirch 1626 auf dem Erbweg an das gräfliche Haus Fürstenberg gefallen. Wratislaus II. zu Fürstenberg (1601–1642) hatte daraufhin Meßkirch zu seinem Sitz erwählt bzw. die Meßkircher Linie des Hauses Fürstenberg begründet.[1] Schon bald nach der Übernahme der Meßkircher Besitzungen bemühte sich der Graf um die Ansiedlung des Kapuzinerordens an seiner Residenz.[2] Doch der Orden verhielt sich angesichts der Kriegsereignisse in Deutschland noch abwartend. Selbst das persönliche Erscheinen des Grafen beim 1629 in Baden stattfindenden Provinzkapitel, wo er seine Bitte den Kapitularen vortrug, blieb erfolglos.

Erst einige Jahre nach Kriegsende zeigte sich der Orden zu einer Klostergründung in Meßkirch bereit. Die Söhne des Grafen Wratislaus, Franz Christoph (1625–1671) und Froben Maria (1626–1685), griffen nämlich den Plan des Vaters mit Entschlossenheit wieder auf und erlangten nach einem innigen Bittgesuch im April 1657 vom Kapitel zu Freiburg/Br. endlich den lange erhofften positiven Bescheid, der allerdings an die Erlaubnis des Ordensgenerals und des Bischofs von Konstanz geknüpft war. Die Verhandlungen zogen sich gleichwohl noch etwas in die Länge. Im Mai 1659 endlich traf das Erlaubnisschreiben des Ordensgenerals P. Simplicianus Visconti aus Rom in Meßkirch ein, in dem gemahnt wurde, beim Bauen der franziskanischen Armut eingedenk zu sein. Schließlich erteilte auch der Bischof in Konstanz die Bauerlaubnis, nachdem eine eigens eingesetzte Kommission ein günstiges Gutachten abgegeben hatte.

Am 1. August 1659 wurden die ersten Kapuziner nach Meßkirch entsandt: P. Felizian Baur von Engen und der Kleriker Desiderat Weigling von Überlingen. Schon am folgenden Tag, dem Portiunkulafest, wartete auf den Pater eine anstrengende Arbeit im Beichtstuhl. Wenig später kamen zwei weitere Kapuziner – P. Elias von Klufftern und Br. Othmar Schwanzler von Wol-

Kapuzinerkloster Meßkirch
Eine authentische Darstellung des Meßkircher Kapuzinerklosters.
Kol. Zeichnung, Anton Eitelberger, 1827.
Heimatmuseum Meßkirch.

fach – hinzu. Die vier Kapuziner wurden bis auf weiteres in einer Privatwohnung untergebracht.[3]
Auf Veranlassung des Grafenhauses konnte durch den Erwerb und Abbruch mehrerer Häuser in der oberen Vorstadt (heute Adlerplatz) ein geeigneter Bauplatz gewonnen und am 4. Oktober 1661 endlich der Grundstein zum Klosterbau gelegt werden. Den feierlichen Akt vollführte im Auftrag des Bischofs von Konstanz der Abt des Benediktinerklosters Zwiefalten, Christoph Raßler. Vier Jahre später weilte Bischof Franz Johann Vogt v. Praßberg-Summerau persönlich in Meßkirch, um am 21. September 1665 die neue Klosterkirche zu Ehren des hl. Franziskus von Assisi und den Hochaltar zu Ehren der Gottesmutter zu weihen. Der Klosterbau war über Legate finanziert worden, wobei die Herrschaft 250 fl. aus den Einkünften der

Ämter Hayingen, Neufra, Möhringen und Hüfingen zur Verfügung gestellt hatte. Weitere Stifter waren Maria Theresia zu Fürstenberg-Meßkirch geb. Herzogin v. Arenberg-Arschot, die Gemahlin des Grafen Franz Christoph, mit 500 fl., Freifrau Margarethe v. Stain geb. v. Hornstein mit 500 fl. und die Gräfin v. Hohenems mit 250 fl. Wichtige Stiftungen erfolgten auch noch in späteren Jahren, so 1709 durch Maria Theresia Waldburga zu Fürstenberg-Meßkirch, Stiftsdame zu Buchau, mit 300 fl. und 1737 durch den Gögginger Schultheissen Johann Hipp mit 50 fl. zur Unterhaltung des Ewigen Lichts.[4]

Die in der oberen Vorstadt errichtete Klosterkirche war ein einfacher, nach Norden ausgerichteter Saalbau mit eingezogenem Chorraum. An die Westseite der Kirche schloss sich das Konventsgebäude an, ein zweigeschossiger Vierflügelbau mit einem quadratischen Innenhof. Dahinter befand sich der relativ große, vom Mettenbach durchflossene Klostergarten. Die Klosteranlage entsprach damit dem für Kapuzinerklöster üblichen Schema bzw. den dem Armutsideal verpflichteten Bauvorschriften des Ordens.[5]

Über die künstlerische Ausstattung der Klosterkirche sind wir bestens unterrichtet, da sich im Fürstlich Fürstenbergischen Archiv in Donaueschingen ein kompletter Briefwechsel zwischen dem Auftraggeber, dem Grafen Franz Christoph, und dem Konstanzer Maler Johann Christoph Storer (1620–1671) erhalten hat.[6] Storer hatte – vermutlich auf Vermittlung des Zwiefalter Abtes Christoph Raßler – den Auftrag für drei Altarblätter mit Oberbildern erhalten, wobei ihm die Bildthemen und Altarmaße vorgegeben waren.[7] Das Bild des Hauptaltars zeigte den hl. Franziskus von Assisi vor Maria, im zugehörigen Oberblatt war der hl. Joseph dargestellt. Das linke Seitenaltarbild zeigte die hl. Therese von Avila und den hl. Christophorus, das Oberbild den hl. Friedrich, das Gegenstück des rechten Seitenaltars den Franziskanerheiligen Antonius von Padua und den Kapuzinerheiligen Felix von Cantalice bzw. im Oberstück den hl. Eugen. Letzterer wurde anstelle des hl. Froben, einem der Hausheiligen der Meßkircher Grafenfamilie, ausgewählt, da über dessen Ikonographie weder der Maler noch die theologischen Ratgeber des Grafen Näheres in Erfahrung bringen konnten. Storer erhielt für die sechs Gemälde im März 1665 insgesamt 309 fl.[8]

Kurzer Abriss der Geschichte des Klosters

Die Kapuziner waren zu Beginn des 17. Jhs. im Zuge der katholischen Gegenreformation aus Italien und der Schweiz nach Süddeutschland gekommen. Die große Beliebtheit, der sich der neue Orden beim Volk erfreute, erklärt sich aus dem Verzicht der Kapuziner auf alles Eigentum, ihrer Beachtung der völligen franziskanischen Armut. »Ihre einfache, den Tagelöhnern, Bauern, Handwerkern abgelauschte Sprache und die dadurch bedingte Nähe besonders zu den ärmeren Volksschichten«, bemerkt Clemens Menze, »tragen nicht zuletzt zu der herzlichen Aufnahme bei, die dem Orden an vielen Orten bereitet wird. Die Kapuziner wenden sich vornehmlich an das ›gemeine Volk‹, wenngleich sie auch auf die wissenschaftliche Forschung und schöne Literatur Zeit und Muße verwenden. Aber immer steht die praktische Seelsorge im Mittelpunkt ihrer Bemühungen.«[9]

Seelsorgerische Aufgaben waren seitens der gräflichen Stifterfamilie auch den Meßkircher Kapuzinern zugedacht: Nach Ausweis eines schon 1621 entstandenen Schriftstücks sollte ihnen die geistliche Betreuung der Meßkircher Schloßkapelle sowie der ebenfalls herrschaftlichen Kapelle im Unteren Hof zu Meßkirch, ferner der Schlosskapelle Falkenstein, der Kapellen in Thiergarten und Langenhart, der Kirche in Kreenheinstetten sowie der beiden eigens eingerichteten Nebenaltäre in der Meßkircher Spitalkapelle obliegen.[10] Wichtig wurde später überdies die Tätigkeit der Kapuziner als Aushilfsseelsorger der mächtig aufblühenden Wallfahrt in Engelswies sowie für das benachbarte Zisterziensterkloster Wald bzw. für dem die dem Kloster inkorporierten Pfarreien Walbertsweiler und Dietershofen.[11] An spektakulären pastoralen Erfolgen verzeichnet die Klosterchronik übrigens auch einen im Jahre 1759 über mehrere Tage hinweg an dem Müller Benedikt Ehringer in der Klosterkirche vorgenommenen Exorzismus, der mit der glücklichen Heilung des Gequälten endete.[12] Die Zahl von 5.127 Predigten, die im Zeitraum von 1758 bis 1761 gehalten worden sind, oder eine andere Zahl von 118.356 abgenommenen Beichten in den Jahren 1769 bis 1771 illustrieren schlaglichtartig die enorme seelsorgerische Tätigkeit der Patres.[13] Die Kapuziner begleiteten die zum Tode Verurteilten auf ihrem letz-

ten Gang, und es ist sogar ein Fall aus dem Jahre 1758 bekannt, dass ein aus dem Meßkircher Arrest entflohener Delinquent im Kapuzinerkloster Asyl gesucht hat.[14]
Der Terminationsbezirk des Meßkircher Klosters, also der Sprengel, in dessen Grenzen den Kapuzinern das Betteln von Almosen zum Klosterunterhalt gestattet werden sollte, bestand aus der Herrschaft Meßkirch, den benachbarten Herrschaften Scheer, Mühlheim, Hausen, Werenwag, Gutenstein und Jungnau, den reichsritterschaftlichen Orten Menningen, Krumbach, Boll, Linz, Worndorf, Bittelschieß, Bingen und Wilflingen, den Klosterherrschaften Wald, Inzigkofen, Heiligkreuztal und Beuron, dem zum Kloster Petershausen gehörenden Amt Sauldorf, dem zum Chorfrauenstift Buchau gehörenden Amt Straßberg, dem Territorium der Reichsstadt Pfullendorf und den vorderösterreichischen Städten Mengen und Fridingen.[15] Über Konflikte mit benachbarten Mendikantenklöstern ist bislang nur ein Fall aus dem Jahre 1764 bekannt, als die Franziskaner von Hedingen den Meßkircher Kapuzinern das Recht streitig zu machen versuchten, einen Kreuzweg in Bichtlingen einzuweihen. Die Vollmacht zur Weihe von Kreuzwegen, behaupteten sie, läge aufgrund besonderer Privilegien allein beim Franziskanerorden.[16] Die Kapuziner bettelten nicht nur für sich selbst, sondern sie gaben ihrerseits Almosen an die Bedürftigen. Als 1771 aufgrund der großen Teuerung den Armen der Eintritt in die Stadt verwehrt wurde, sei das vor den Stadttoren gelegene Kloster, wie die Chronik meldet, scharenweise von Hilfsbedürftigen umlagert worden. Keiner der Armen sei ohne Almosen fortgegangen.[17]
Bereits am 16. Mai 1668 wurde das Meßkircher Kloster aus der Schweizerischen Mutterprovinz entlassen und der neugebildeten vorderösterreichischen Kapuzinerprovinz angegliedert.
Eine erste bauliche Erweiterung erfuhr die bescheidene Klosteranlage schon nach wenigen Jahren, als Anfang Juni 1676 der Grundstein zu einer an die Klosterkirche angebauten Loretokapelle gelegt wurde. Wie schon das Kloster selbst, so war auch dieses Bauwerk eine Stiftung der Herrschaftsfamilie, nämlich der verwitweten Gräfin Maria Theresia, geb. Herzogin v. Arenberg-Arschot, und ihres Schwagers Froben Maria zu Fürstenberg-Meßkirch. Neben Beuron, Engelswies und Maria Schray bei Pfullendorf wurde diese Loretokapelle, die mit einer getreuen Nachbildung der Marienstatue in Loreto geschmückt war, zur wichtigsten Stätte der Marienverehrung im Meßkircher Umkreis. Die Kapuziner pflegten in dieser Kapelle die lauretanische Litanei zu singen.[18]
Ein Ereignis ganz besonderer Art war 1681 die Ankunft des wundertätigen Kapuzinerpaters Markus von Aviano (1631–1699), der auf die dringende Bitte des Grafen Froben Maria während seiner Reise von den Niederlanden nach Luzern auch in Meßkirch Station machte. Der im Rufe der Heiligkeit stehende große Prediger und Diplomat, zu dessen Auftritten das Volk stets in Massen herbeilief, wurde auch in Meßkirch von rund 6.000 Gläubigen empfangen. In der Klosterkirche feierte er die heilige Messe, hielt eine ergreifende Predigt und spendete seinen priesterlichen Segen, der vielen Anwesenden wundersame Heilung von ihren Gebrechen verliehen haben soll.[19]
Gegen Ende des Jahrhunderts muss für einige Zeit auch der berühmte Kapuzinerdichter und Komponist Laurentius von Schnifis (1633–1702) im Meßkircher Kloster gewirkt haben. Seine 1695 erschienene Liedersammlung *Mirantische Maul-Trummel* ist der Meßkircher Grafenfamilie gewidmet, der er vermutlich als Hofprediger gedient hat. Laurentius von Schnifis gilt nicht nur als der bekannteste spätbarocke Kapuzinerdichter und als eine der großen Gestalten der süddeutschen Barockliteratur, sondern auch als der bedeutendste Vertreter des einstimmigen deutschen Liedes jener Zeit im süddeutschen Raum. So wurde er schon als der »Schubert des 17. Jahrhunderts« bezeichnet. Als Meister des barocken Kirchenlieds hat der Kapuziner eine weitreichende Wirkung ausgeübt. Am bekanntesten ist heute noch sein Marienlied *Wunderschön Prächtige* aus der *Mirantischen Mayen-Pfeiff*.[20]
Unter dem letzten Meßkircher Fürsten Karl Friedrich Nikolaus (1714–1744) erfolgte 1743 die Stiftung einer Fideliskapelle, die der Klosterkirche angefügt wurde. Als im Jahr darauf die seit 1716 gefürstete Linie Fürstenberg-Meßkirch mit dem unerwartet frühen Tod des kinderlosen Fürsten erlosch, verlor nicht nur Meßkirch seine Hofhaltung, sondern auch das Kloster seine eifrigen Förderer und Stifter. Gleichwohl zeigten sich die Erben und Nachfolger, die in Donaueschingen residierenden Fürsten zu Fürstenberg-Stühlingen, für

den weiteren Erhalt des Klosters verantwortlich. Weiterhin wurde den Kapuzinern der bisher übliche *Sustentations-Beitrag* gewährt, der die Lieferung von jährlich 19½ Eimern Wein, 20 Pfund Butter, 100 Pfund Schmalz, 300 Eiern, 100 Pfund Stockfisch, 16 Viertel Weißmehl, 12 Malter Kernen, 40 Klaftern Brennholz, 50 Pfund Schafwolle, 26 fl. für die Samstagsmesse in der Loretokapelle und 9 fl. für den Messwein, ferner wöchentlich 20 Pfund Rindfleisch und 40 Pfund Bratfleisch, sowie Gaben an Wachs und regelmäßige Lieferungen an Bier aus dem fürstlichen Bräuhaus beinhaltete.[21] Darüber hinaus erfolgten – ebenfalls auf Kosten der Herrschaft – in den Jahren 1744/49 Reparaturen an den Klostergebäuden.[22] 715 fl. wurden 1750/51 vom Fürstenhaus für Erweiterungsbauten investiert, um dem angewachsenen Personalbestand des Klosters Rechnung zu tragen. Der Klosterbau war hundert Jahre zuvor für sieben Insassen konzipiert worden; inzwischen hatte sich die Zahl der in Meßkirch wirkenden Kapuziner mehr als verdoppelt. 1763 wurde die Umgießung der zersprungenen Kirchenglocke notwendig, 1778 erfolgte eine umfangreiche Fensterrenovierung, im Jahr darauf erschienen weitere Reparaturen aus Gründen des Feuerschutzes unumgänglich, und 1784 musste der Konventofen instandgesetzt werden.[23] Für das Jahr 1764 ist übrigens die Aufstellung einer neuen Weihnachtskrippe in der St. Fideliskapelle erwähnt, über deren Gestaltung die Provinzleitung genaue Vorschriften machte. Die Hauptfiguren dieser Krippe wurden von den Zisterzienserinnen in Wald sowie von reichen Einwohnern der Stadt prächtig eingekleidet und geziert.[24]

Die Etappen des Niedergangs

1791 zählte die Klosterfamilie 16 Patres und 3 Brüder – das Kloster stand damit noch gegen Ende des Jahrhunderts in voller Blüte.[25] Übrigens war in allen fünf fürstenbergischen Kapuzinerklöstern als Konsequenz aus den über die Jahrzehnte hinweg angewachsenen seelsorglichen Aufgaben die Anzahl der Konventualen über die stiftungsmäßige Zahl hinaus vermehrt worden. Dem Fürsten Joseph Wenzel in Donaueschingen war diese Entwicklung, die nicht zuletzt die herrschaftliche Kasse belastete, so sehr ein Dorn im

Eisenwerk Thiergarten
Gedenktafel mit dem Tagesheiligen Franz von Sales zur Einweihung des fürstenbergischen Eisenwerks am 29. Januar 1671. Kapelle St. Georg, Thiergarten.

Auge, dass er schon 1781 die Sustentations-Beiträge gemäß der stiftungsmäßigen Personalstände zu reduzieren befahl. Die wirkliche Zahl der Kapuziner wurde gleichwohl nicht reduziert, und zwar *»unter Berücksichtigung des höchst lobenswerthen Seeleneifers, den der Kapuzinerorden bisher in seinem Gebiete bewiesen habe«*.[26] Für die Kapuziner, die nun noch mehr als bisher aufs *Terminieren*, also auf das Betteln von Almosen, angewiesen waren, sollte sich allerdings ein anderes Ereignis im gleichen Jahr noch einschneidender auswirken: Am 4. April 1781 verbot Kaiser Joseph II. per Dekret allen österreichischen Klöstern jegliche Verbindung mit ausländischen Klöstern. Dies bedeutete praktisch auch die Zerschlagung der vorderösterreichischen Kapuzinerprovinz in ihrer bisherigen Gestalt (Ein ähnliches Dekret war übrigens schon 1772 von Maria Theresia erlassen, aber nicht

streng durchgeführt worden.). Während die vorderösterreichische Provinz in verkleinerter Form weiterbestand und fortan den Gängelungen durch die ordensfeindliche josephinische Gesetzgebung ausgesetzt war, formierten sich die übriggebliebenen neunzehn Klöster – die fünf fürstenbergischen Klöster in Meßkirch, Engen, Stühlingen, Haslach und Neustadt sowie die Klöster in Wangen, Ravensburg, Rottweil, Weil der Stadt, Überlingen, Biberach, Offenburg, Markdorf, Oberkirch, Oppenau, Baden-Baden, Malberg, Immenstaad und Wurmlingen – zur schwäbischen Kapuzinerprovinz. Fürst Joseph Wenzel erteilte zwar die Genehmigung zur Vereinigung der fünf in seinem Fürstentum angesiedelten Klöster mit der neuen Provinz. Die von der Provinzleitung an ihn herangetragene Bitte um Erhöhung der Zahl der Religiosen wies er jedoch mit dem Hinweis von sich, dass die fürstenbergischen Klöster ohnehin schon voll seien und die Zahl ihrer Bewohner um ein Drittel die bei der Gründung festgesetzte übersteige. Beim ersten konstituierenden Provinzkapitel zu Offenburg wurde 1782 die Einteilung der schwäbischen Provinz in die drei Custodien Baden, Fürstenberg und Wangen beschlossen, wobei Meßkirch Haupt der fürstenbergischen Custodie wurde. Noch im gleichen Jahr wurde den Klöstern von Konstanz aus jegliche Sammeltätigkeit auf österreichischem Gebiet untersagt, womit auch der Terminationsbezirk der Meßkircher Kapuziner empfindlich eingeschränkt wurde.[27]

Es gibt Hinweise, dass auch Fürstenberg von nun an dem österreichischen Beispiel nacheiferte und beispielsweise von seinen Kapuzinerklöstern sog. *Fatierungen* (oder *Fassionen)*, genaue Rechnungslegungen über alle Ausgaben und Einnahmen, abverlangte – eine Aufgabe, die von den Konventualen kaum zu leisten war. Auch scheint man in Donaueschingen die Verbindungen der fünf fürstenbergischen Klöster mit den ausländischen Klöstern der schwäbischen Provinz nur ungern geduldet zu haben; jedenfalls wurde der in Meßkirch residierende Custos als fürstenbergischer Provinzial angesprochen, was auf die Absicht zur Schaffung einer eigenständigen fürstenbergischen Kapuzinerprovinz hindeuten mochte.[28] Der von Österreich vorgezeichnete Weg – Schwächung der Ordensstruktur durch Reduzierung der Außenkontakte, Verbot von Neuzugängen in den einzelnen Klöstern und schließlich deren Aufhebung – vollzog sich mit einiger zeitlicher Verzögerung bald auch im Fürstenbergischen: Am Heiligabend 1802 erschien der Meßkircher Hofrat und Oberamtmann Baur in Begleitung des Rentmeisters Straßer im Meßkircher Kloster, um vor versammeltem Konvent unter Bezugnahme auf die Zivilbesitznahmeverordnung des Fürsten Karl Joachim das Kloster für das Fürstenhaus in Besitz zu nehmen. Zu diesem Zeitpunkt befanden sich in Meßkirch noch vierzehn Konventualen: Guardian P. Vitalian Leiber (63), Vicar P. Martial Gall (47), Senior P. Elias Köbach (55), P. Ehrenbert König (51), P. Homobonus Läuterer (50), P. Alvarus Wöhrle (48), P. Benignus Kircher (47), P. Franz Xaver Rahm (45), P. Rochus Riegger (45), P. Seraphinus Mayer (39) und P. Liborius Sterner (70; Beichtvater im Pfullendorfer Kapuzinerinnenkloster zum Herzen Jesu) sowie die Laienbrüder Fidelis Welschinger (63; Pförtner), Urban Rupf (46; Gärtner) und Philipp Lang (36; Koch). Die Konventualen durften zwar weiterhin ihren Statuten gemäß im Klostergebäude leben; letzteres galt nun aber als fürstliches Domänengut.[29] Die Forderung auf das – inzwischen auf 400 fl. angewachsene – Kapital der Ewiglicht-Stiftung, das vom Konvent dem verganteten Posthalter Gleitz geliehen worden war, wurde sogleich von der Herrschaft beansprucht; den Kapuzinern sollte lediglich noch der Zinsertrag von 20 fl. verbleiben.[30]

Wenngleich sich die Kapuziner bei der Bevölkerung nach wie vor ungebrochener Beliebtheit erfreuten, so war die formelle Aufhebung der fürstenbergischen Klöster angesichts der bei staatlichen Stellen inzwischen oft herrschenden feindseligen Einstellung nur noch eine Frage der Zeit. Typisch für den Zeitgeist der Aufklärung mag etwa die Äußerung eines Malberger Beamten sein, der 1803 gegenüber seiner Regierung in Baden-Baden die Kapuziner als *die schädlichste Gattung von Menschen* bezeichnete, *die man sobald als möglich entfernen sollte, da ihr einziges Bestreben* darin bestehe, *das Volk in Dummheit und Aberglauben zu halten*.[31] Der § 35 des am 25. Februar 1803 verabschiedeten Reichsdeputations-Hauptschlusses bot der fürstenbergischen Regierung die rechtliche Grundlage zur Inbesitznahme von insgesamt neunzehn Klöstern innerhalb der Grenzen des Fürstentums. Auf eine Vertreibung der Kapuziner wurde ausdrücklich verzichtet,

da diese sich aus den Almosen weitgehend selbst unterhalten konnten und außerdem für die Seelsorge nützlich schienen. Die fünf fürstenbergischen Kapuzinerklöster wurden nun aber endgültig aus dem Verband der sich auflösenden schwäbischen Provinz herausgenommen; sie bildeten seither innerhalb des Ordens eine eigene fürstenbergische Provinz. Zugleich erfolgte aus Donaueschingen auch das Verbot der Novizenaufnahme und Permutation. Die Zahl der Konventualen durfte fortan also nicht mehr erhöht werden und überdies konnte im Todesfall ein frei gewordener Platz nicht mehr neu besetzt werden. Die Kapuziner waren zwar weiterhin in der Aushilfsseelsorge tätig, sie erhielten nach wie vor das landesherrliche Gratiale (das von nun an allerdings nach der Kopfzahl ausbezahlt wurde) und sie terminierten wie gewohnt, aber ihre Klöster waren nunmehr zum Aussterben verurteilt. Von Jahr zu Jahr reduzierte sich der Personalstand der rasch überalterten Konvente, und die Übrigbleibenden stöhnten unter der Überfülle der auf sie zu verteilenden Aufgaben, der sie oft bis zur völligen physischen Erschöpfung nachzukommen versuchten. Andererseits mehrten sich in dieser Zeit auch die Fälle, in denen eine Erlahmung der Klosterdisziplin zu beobachten war. So hatte etwa schon das 1797 in Biberach tagende Provinzkapitel für notwendig befunden, mit scharfen Drohungen *die einreißende Gleichgültigkeit gegen das Gelübde der heiligen Armuth gemäß der Franziskusregel zu bekämpfen*. Strenge Strafen sollten gegen jene verhängt werden, die eigenmächtig Geld bettelten, Geld bei sich behielten oder ausgaben. Einem *Bruder im Tode*, bei dem man Geld entdeckte, sollte sogar künftig das kirchliche Begräbnis verweigert werden.[32] Spätestens mit der Auflösung der schwäbischen Provinz schien eine geregelte Beaufsichtigung und Visitation der Klöster nicht mehr möglich. Diese unterstanden in geistlichen Angelegenheiten nunmehr allein der Diözesanverwaltung, der in diesen Jahren andere Probleme dringlicher erscheinen mussten, als die Sorge um die Aufrechterhaltung klösterlicher Zucht. Trotz der Bildung einer eigenständigen fürstenbergischen Provinz scheint aber der Kontakt mit den Klöstern der ehemaligen schwäbischen Provinz noch aufrechterhalten worden zu sein und die alte Provinzorganisation unter der Hand noch weiter bestanden zu haben. 1804 fand sogar in Engen ein Provinzkapitel statt, bei dem der Meßkircher »Provinzial« P. Vitalian als Definitor fungierte. Jegliche Versetzung von Konventualen über Landesgrenzen hinweg unterlag aber von nun an der Genehmigungspflicht durch den Fürsten, worüber sich auch der bischöfliche Commissär – wie sich schon bald zeigen sollte – nicht hinwegsetzen konnte. Selbst Versetzungen innerhalb fürstenbergischer Klöster musste P. Vitalian in Donaueschingen beantragen – meist ohne Erfolg. Der »Provinzial« der fürstenbergischen Provinz wusste sich bald nicht mehr zu helfen: So mancher Kapuziner riss angesichts der Ungunst der Verhältnisse einfach aus, andere folgten dem Angebot des Fürsten, das Fürstentum verlassen zu dürfen und um Aufnahme in anderen Klöstern zu bitten. Selbstverständlich begannen unter solchen Umständen auch die Klosterdisziplin und die Autorität der Lokaloberen noch mehr zu leiden.[33]

Eine neue Situation ergab sich mit dem Übergang des Fürstentums Fürstenberg unter die badische Landeshoheit 1806. Zwar wurden die von Fürstenberg über seine Kapuzinerklöster getroffenen Verfügungen vom badischen Justizministerium und vom Deutschen Bund anerkannt, doch beanspruchte die badische Regierung fortan die Oberaufsicht über die fürstenbergischen Klöster. Von beiden Seiten wurden nunmehr *Fassionen*, also genaue Aufstellungen über die Finanz- und Personalverhältnisse der Klöster verlangt. Der Hinweis des badischen Staatsministeriums an den *Provinzial und Definitor* P. Vitalian in Meßkirch, dass in fürstenbergischen Kapuzinerklöstern künftig wieder Professablegungen genehmigt werden könnten, geriet vermutlich nur deshalb nicht zur Streitfrage, weil es zu diesem Zeitpunkt ohnehin bereits an geeigneten Kandidaten fehlte. Außerdem wurde 1808 daran gedacht, aus den zwölf im Großherzogtum noch bestehenden Kapuzinerklöstern eine badische Provinz zu bilden. Unter Berufung auf ein badisches Hofdekret, das die Erhaltung aller badischen Kapuzinerklöster im Konstanzer Bistumssprengel zusagte, verfügte noch im gleichen Jahr Generalvikar Wessenberg die Versetzung eines jungen Paters von Freiburg in das vom Aussterben bedrohte fürstenbergische Kloster in Neustadt. »Provintial« P. Valentian in Meßkirch, der an diesem Vorgang völlig unschuldig war, musste sich gegenüber der fürstenbergischen Regierung rechtfertigen und wurde prompt daran erinnert,

daß die Kapuziner seit 1802 nur noch geduldet und nicht nothwendiger Weise erhalten und unterhalten worden seien. Baur bemerkt hierzu: »So wußte man nicht mehr, wer Koch und wer Kellner sei, und erst via facti scheint ein festes Verhältnis sich ausgebildet zu haben.«[34]

Eine weitere Erschwerung für das Meßkircher Kloster brachte im gleichen Jahr 1808 ein Verbot des württembergischen Königs für Bettelmönche, württembergisches Territorium zu betreten. Ein großer Teil des bisherigen Bettelbezirks stand damit nicht mehr zur Verfügung, doch ergab sich insofern ein Ausgleich, als Baden mit der Aussperrung der Stockacher und Radolfzeller Mendikanten antwortete (beide Städte gehörten bis 1810 zu Württemberg).[35]

Trotz der anhaltenden Klagen des Meßkircher »Provinzials«, dass die sich häufenden geistlichen Arbeiten für die verbleibenden Konventualen zur unerträglichen Last würden, und ungeachtet der immer deutlicher offenbar werdenden Engpässe in der Seelsorge rückte man in Donaueschingen nicht mehr ab von der einmal eingeschlagenen Gangart. Die von der badischen Regierung erhobene Forderung, durch Aufstellung und Besoldung sogenannter Kapitels-Vikarien auf anderweitige Weise für Seelsorge und Krankenhilfe zu sorgen, wurde von Fürstenberg ignoriert. Die Aufforderung, wenigstens das Vermögen der erloschenen Klöster dem Religionsfond zufallen zu lassen, wurde mit der Erklärung zurückgewiesen, dass die Kapuzinerklöster kein Vermögen besäßen und nicht zur Seelsorge verpflichtet gewesen seien.[36]

1822 wurde das Meßkircher Kloster, in dem nur noch zwei Patres und ein Laienbruder lebten, zum Hospiz herabgestuft. Jede Verringerung des Personalbestandes bedeutete zugleich eine Verschmälerung der Sustentationsbeiträge. 1826 erhielten die beiden letzten Konventualen noch jährlich 200 fl., 4 Malter Kernen und 20 Klafter Holz. Als am 9. August 1826 schließlich der letzte Meßkircher Kapuzinerpater, Superior P. Alvarus Wöhrle, im Alter von 72 Jahren starb, wurde das Meßkircher Hospiz aufgehoben. Der noch allein übriggebliebene Laienbruder Daniel Rainhart wurde vom Kapuzinerhospiz in Neustadt aufgenommen, wobei ihm eine jährliche Sustentation von 45 fl. und einige Mobilien aus dem nun erloschenen Meßkircher Hospiz mitgegeben wurden. Dem Klosterknecht Conrad Kempf aus Göggingen wurde eine Gnadenpension von 30 fl. gewährt; außerdem wurde ihm auf seine Bitte hin das Hostien-Eisen des Klosters überlassen, damit er weiterhin die umliegenden Pfarreien mit Hostien versorgen könne.[37] Als Bruder Daniel am 23. November dem Rentmeister den Empfang von 25 fl. Reisegeld für seinen Abzug nach Neustadt quittierte, setzte er neben seine Unterschrift mit demonstrativer Geste ein letztes Mal das Siegel des Meßkircher Kapuzinerklosters.[38]

Der Ausverkauf des Klosterguts

Am 12. August 1826 wurden die Klostergebäude von fürstenbergischen Beamten inspiziert und das vorhandene Inventar minutiös aufgelistet. Neben einer Barschaft von 350 fl. und 10 kr. fanden sich eine größere Anzahl an Kirchengerätschaften, Möbel, Bettzeug, Küchengeschirr, 3 Weinfässer zu 60, 40 und 25 Eimern, darin 16 Eimer Seewein von der Reichenau im Wert von 3 fl. 30 kr. pro Eimer, Gartengerätschaften, Lebensmittel sowie die 3.361 Bände umfassende Klosterbibliothek, die der fürstlichen Hofbibliothek in Donaueschingen einverleibt wurde. Ferner wurde seitens der fürstenbergischen Regierungskanzlei angeordnet, dass *sämtliche in dem dortigen Kapuzinerkloster befindlichen Kirchengerätschaften mit Ausnahme der Altäre und der auf dem Kirchthurme befindlichen Glocken fortan zum kirchlichen Gebrauche verwendet, und der Heiligenvogtey Meßkirch mit der Auflage überlassen werden solle, solche einstweilen in gute und sichere Verwahrung zu nehmen, bis sie in Fällen der wirklichen Noth nach vorgängig gemeinschaftlich von dem fürstlichen Rentamte und der Heiligenvogtey jeweils anher zu erstattenden Berichte und hierauf eingeholter höchster Genehmigung an die vorzüglich bedürftigen Kirchen des dortigen Bezirkes nach und nach hinausgegeben werden können.*[39] Nach Vollzug der Execration der Klosterkirche durch Dekan Walter aus Sentenhart erfolgte im Dezember die Versteigerung der meist abgenutzten übrigen Mobilien, die den Betrag von 446 fl. und 11 kr. einbrachte.[40]

Der Vorschlag der Meßkircher Beamten, die leerstehenden Klostergebäude *zum Besten der armen leidenden Menschheit des Bezirks* der örtlichen Spital-

verwaltung zu überlassen, stieß in Donaueschingen auf Unverständnis: *Wer den Bezirks Spital zu Meßkirch wegen großer Unordnung, großer Unreinlichkeit, großen Bemängelungen verläßt, um in das Kapuziner Kloster daselbst zu flüchten*, ließ Fürst Carl Egon II. am 30. August wissen, *der begibt sich sicher aus dem Regen unter die Traufe. Unordnung und Unreinlichkeit lassen sich in jedem Gebäude leicht finden. Es bedarf nur eines ernsten Willens, einer thätigen Aufsicht, und eines zweckmäßigen Zusammenwirkens hierzu.* Sollte das Spital unter Platzmangel leiden, so könne man ja die *dabey befindliche ziemlich große Kirche* für einen Ausbau verwenden.[41]

Am 11. Januar 1827 wurden Klostergebäude und -kirche auf Geheiß des Fürsten auf Abbruch versteigert. Den Zuschlag erhielt der Meßkircher Zimmermeister Michael Farischon für 810 fl. Noch im gleichen Monat wurden die Gebeine der 57 in Meßkirch verstorbenen Kapuziner aus der Gruft der Klosterkirche erhoben und auf dem allgemeinen Friedhof bei der Liebfrauenkirche beigesetzt. Unmittelbar darauf begann man mit dem Abbruch der Klosteranlage.[42]

Nach Abzug aller angefallenen Ausgaben hatte die fürstliche Verwaltung insgesamt 1.182 fl. aus dem Einzug des Klostergutes erlöst. Tatsächlich erfolgte – wie vom Fürsten angeordnet – in den folgenden Jahren die Verteilung des Kircheninventars auf verschiedene Kirchen und Kapellen des Meßkircher Bezirks.[43]

Interessant ist, dass sich das Fürstenhaus dabei noch ganz in der Rolle des Wohltäters sah. Fehlte es nämlich am Wohlverhalten der Untertanen wie etwa im Fall der Gemeinde Oberbichtlingen, die über die Zehntablösung mit der fürstenbergischen Verwaltung in Konflikt geraten war, so konnte ein Antrag auf Zuteilung der – von Donaueschingen ohnehin als wertlos eingestuften – Kirchengerätschaften aus der ehemaligen Kapuzinerkirche durchaus auch abschlägig beschieden werden. Dem Meßkircher Rentamt wurde 1844 untersagt, die noch zur Disposition stehenden zwei Messbücher, zwei Altartäfelchen und zwei Reliquiare in die Kapelle nach Oberbichtlingen abzugeben. Die Antwort des Rentamts auf diese Anordnung: *Wir kennen in unserer Gegend keine dürftige Kirche, welcher die fraglichen Gegenstände zugewendet werden könnten, auch würde bezüglich auf die Gesinnung gegen das Fürstl. Interesse jede andere Gemeinde es ebensowenig verdienen als Oberbichtlingen. Denn jede andere Gemeinde zieht ebenso wie Oberbichtlingen ihr eigenes Interesse jedem Fremden vor, wie diß noch viel 1.000 anderen sogenannten moralischen und nicht moralischen Personen geht, und wie es ganz zur jezigen Glanzperiode des Materialismus paßt. Unter solchen Umständen haben wir uns erlaubt, die Verzierungen pp. in der Schloßcapelle zu Werenwag zu reponiren, wo wir sie werden belassen dürfen, bis entweder sich eine geeignete Gemeinde darum meldet, oder bis hohe Stelle anderwärts darüber zu verfügen geruhen wird.*[44]

Im gleichen Jahr 1844 wurden schließlich auch drei Altargemälde, die seit dem Abbruch der Klosterkirche im herrschaftlichen Fruchtkasten herumstanden, an die Pfarrkirche in Trillfingen bei Haigerloch verkauft, wo sie sich noch heute befinden. Hierbei handelte es sich um die beiden Nebenaltarblätter von Storer sowie um das von einem unbekannten Maler stammende Altarblatt aus der St. Fideliskapelle mit der Darstellung des aus der Nachbarstadt Sigmaringen stammenden Kapuzinerheiligen. Storers Hauptaltarbild und die drei Oberbilder sind verschollen.[45]

Das letzte Überbleibsel des ehemaligen Kapuzinerklosters, die unter Rücksichtnahme auf die religiösen Gewohnheiten der Bevölkerung vom Abbruch verschont gebliebene Loretokapelle, musste schließlich 1883 von ihrem Standort weichen. Sie wurde in die obere Grabenstraße (heute Kolpingstraße) transloziert, wo sie als Hauskapelle des »Marienhauses«, einer kurz zuvor gegründeten Niederlassung der Freiburger Vincentinerinnen, eine neue Verwendung fand. Noch am ursprünglichen Standort sind allein die beiden 1780 im »Kapuzinerstil« neugestalteten Seitenaltäre der Spitalkapelle.[46]

[1] Vgl. *Georg Tumbült,* Das Fürstentum Fürstenberg von seinen Anfängen bis zur Mediatisierung im Jahre 1806. Freiburg/Br. 1908; *Beat Rudolf Jenny,* Graf Froben Christoph von Zimmern. Geschichtsschreiber, Erzähler, Landesherr. Konstanz 1959; *Gabriele Heidenreich,* Schloß Meßkirch. Repräsentation adeligen Herrschaftsbewußtseins im 16. Jahrhundert. Tübingen 1998.

[2] Zum Kapuzinerorden vgl. *Walter Kasper u. a.* (Hg.), Lexikon für Theologie und Kirche. Bd. 5. Freiburg 3. Auflage 1996, 1220–1228.

[3] *Beda Mayer,* Studien und Beiträge zur Geschichte der schweizerischen Kapuzinerprovinz. Kapuzinerkloster Meßkirch, in: Helvetia Franciscana 12 (1977), 265–270.

[4] Fürstlich Fürstenbergisches Archiv Donaueschingen (FFA): Cist A 93/lat 4/Vol II/Fasc II–4 und X.

[5] Vgl. *K. Suso Frank,* Gebaute Armut. Zur südwestdeutsch-schweizerischen Kapuzinerarchitektur des 17. Jahrhunderts, in: Franziskanische Studien 58 (1976), 55–77.

[6] Der Briefwechsel ist ediert bei *Sibylle Appuhn-Radtke,* Visuelle Medien im Dienst der Gesellschaft Jesu. Johann Christoph Storer (1620–1671) als Maler der Katholischen Reform. Regensburg 2000, 368–370 (JESUITICA – Quellen und Studien zu Geschichte, Kunst und Literatur der Gesellschaft Jesu im deutschsprachigen Raum, hg. von *Günter Hess/Julius Oswald SJ/Ruprecht Wimmer/Reinhard Wittmann* Bd. 3).

[7] Vgl. ebd., 86. Der Entwurf eines Altarrahmens – ein typisches Werk kapuzinischer Schlichtheit –, der für Storer maßgeblich war, findet sich unter den Bauakten im FFA 93/4/II/II–2.

[8] *Appuhn-Radtke* (wie Anm. 6), 91, 147, 224f., 255f.

[9] *Clemens Menze,* Grundzüge und Grundlagen der spätbarocken Kapuzinerdichtung in Deutschland, in: Collectanea Franciscana 28 (1958), 272–305, hier 272.

[10] FFA 93/4/II/X.

[11] Vgl. *Jakob Ebner,* Geschichte der Wallfahrt und des Dorfes Engelswies bei Meßkirch. Bruchsal 1923. Zur Engelswieser Wallfahrt vgl. auch *Edwin Ernst Weber* (Hg.), Zwischen Wallfahrt, Armut und Liberalismus. Die Ortsgeschichte von Engelswies in dörflichen Selbstzeugnissen. Sigmaringen 1994 (Heimatkundliche Schriftenreihe des Landkreises Sigmaringen Bd. 3). Maren Kuhn-Rehfus: Das Zisterzienserkloster Wald. Berlin/New York 1992, 341 (Germania Sacra NR 30–3).

[12] *Johannes Baptista Baur,* Beiträge zur Chronik der Vorderösterreichischen Kapuziner-Provinz. Von 1744 bis zu ihrer Auflösung, in: FDA 17 (1885), 245–289, und 18 (1886), 153–218, hier 261.

[13] *Mayer* (wie Anm. 3), 268.

[14] *Baur* (wie Anm. 12), 274; FFA 93/4/II/IX

[15] FFA 93/4/II/I.

[16] *Baur* (wie Anm. 12), 269.

[17] *Baur* (wie Anm. 12), 276.

[18] *Mayer* (wie Anm. 3), 266f.

[19] Markus von Aviano ist vor allem als *Retter des Abendlandes* in die Geschichte eingegangen. Das Zustandekommen des Entsatzheeres während der Belagerung Wiens durch die Türken 1683 war nämlich nicht zuletzt das Verdienst seiner diplomatischen Bemühungen. Für die Kampfmoral des christlichen Heeres hatte der Kapuzinerpater überdies persönlich als Feldgeistlicher Sorge getragen. *Marie Heyret,* P. Markus von Aviano O.M.CAP. Apostolischer Missionär und päpstlicher Legat beim christlichen Heere. München 1931, 243. Über die Wunderheilungen in Meßkirch findet sich reichhaltiges Material im FFA 93/4/II/VIII. Vgl. auch Schreiben des Meßkircher Kapuzinerpaters Franz Joseph von Busmannshausen vom 11.09.1681 an den Provinzial Arsenius von Neumarkt in Innsbruck im Kapuziner-Provinz-Archiv Brixen, Fasz. XXIII, Nr. 1 Z 10.

[20] Vgl. *Gaudentius Walser von Göfis,* P. Laurentius von Schnifis O.F.M.Cap. (1633–1702). Ein Überblick zu seinem Leben und zu seiner Dichtung, in: Collectanea Franciscana 32 (1962), 56–86; Laurentius von Schnifis 1633–1702. Zum 350. Geburtstag des Dichters und Musikers. Ausstellungskatalog der Gemeinde Schnifis und des Vorarlberger Landesmuseums Bregenz. Bregenz 1983.

[21] FFA 93/4/II/III. Die Bierlieferungen wurden 1778 eingestellt.

[22] Beteiligt waren hieran der Hofschreiner Mathäus Bäusch und der Schlosser Johann Baptist Glanz.

[23] FFA 93/4/II/II. Über die von Mayer mitgeteilten Renovationen der Jahre 1788–1791 findet sich weder in den Bauakten, noch in der von ihm selbst als Quelle angegebenen Stelle bei Baur irgendein Hinweis.

[24] *Baur* (wie Anm. 12), 268.

[25] *Mayer* (wie Anm. 3), 268.

[26] *Baur* (wie Anm. 12), 155.

[27] Ebd., 191f.

[28] Ebd., 194.

[29] Ebd., 198; *Hermann Schmid,* Die Säkularisation der Klöster in Baden 1802–1811. Überlingen 1980, 297.

[30] FFA 93/4/II/II–13

[31] Zitiert nach *Baur* (wie Anm. 12), 200.

[32] Ebd., 197.

[33] Ebd., 202–204.

[34] Ebd. 206f.; *Schmid* (wie Anm. 29), 289.

[35] *Schmid* (wie Anm. 3), 289f.

[36] *Baur* (wie Anm. 12), 212.

[37] *Baur* (wie Anm. 12), 214; FAD 93/4/II/III–9.

[38] FFA 93/4/II/V

[39] FFA 93/4/II/X

[40] Der Heiligenvogteiverwaltung wurden am 06.10.1826 überlassen: 45 Meßgewänder samt Stolen, 26 Alben, 31 Humerale, 31 Kelchtüchle, 1 Monstranz (*das Ciborium aber ist zur hiesigen Pfarrkirche überlassen worden*), 5 Chorröcke, 3 kupferne Weihwasserkessel, 1 Rauchfaß, 1 Schiffle, 2 Velen, 2 Kommunikantentücher, 12 Handtüchle, 5 Messbücher nebst einem Choralbuch, 5 kleinere Messbücher, 3 geringe Altarglöckle, 1 Ampel nebst Schnur, 3 Löschhörnle. Ferner waren an Inventarstücken aus der Klosterkirche vorhanden: 8 Gemälde, 2 Engelsbilder, 6 alte Malereien, 12 Stationenbilder, Stationenbilder aus der Sakristei, ein Gemälde des hl. Nikolaus, 9 kleine Fähnlein, 4 Kruzifixe, ein großes Kruzifix, ein altes Antependium, ein Bild des hl. Antonius, 2 hölzerne Bilder Maria und Josef, 4 Postamente für Reliquien, 12 Kapseln für Reliquien, 8 Reliquientafeln, 15 Sträuße, 2 Blumenstöcke, 3 Bücherkissen, ein Bücherpult, 3 Altarkissen, ein Blech zum Corperalstärken, ein Stein zum Weihwasserkessel samt Stock, 22 hölzerne Lichtstöcke, 2 alte Piret, ein Baldachin mit Kasten und 2 kupferne Weihwasserkessel. Offenbar ist der größte Teil dieser Objekte wenig später ebenfalls der Heiligenvogteiverwaltung überlassen worden. FFA 93/4/I/V.

[41] Ebd.

[42] Ebd. In der Literatur ist meist fälschlich von 75 Leichen die Rede. Ein Nekrologium mit den Daten aller seit dem Jahr 1700 in Meßkirch gestorbenen Kapuzinern wird übrigens in der Fürstlich Hohenzollerischen Hofbibliothek in Sigmaringen verwahrt.

[43] Beispielsweise erhielt die Kapelle in Schnerkingen 1834 ein Kruzifix, zwei hölzerne Lichtstöcke und zwei hölzerne Engel. In die Rohrdorfer Kirche gelangten u. a. das Bild des hl. Antonius, vier Urnen zur Verzierung der Altäre, drei gerahmte Muttergottesbilder und sechs Lichtstöcke.

[44] FFA 93/4/II/II–15.

[45] Vgl. *Appuhn-Radtke* (wie Anm. 6), 224f.; *Richard Schell,* Fidelis von Sigmaringen 1577–1977. Der Heilige in Darstellungen der Kunst aus vier Jahrhunderten. Sigmaringen 1977, 116f.

[46] Vgl. *Armin Heim,* Die Stadt der Fürstenberger. Geschichte, Kunst und Kultur des barocken Meßkirch. Meßkirch 1990, 24, 106f.

Die Säkularisation der Ravensburger Stadtklöster

Das Ende der Franziskaner-Tertiarinnen, Kapuziner und Karmeliter 1806

von Andreas Schmauder

Bis 1806 bestanden auf dem Territorium der Reichsstadt Ravensburg drei Bettelordensklöster, die neben den beiden großen Reichsabteien der nächsten Umgebung, Weingarten und Weißenau, dem kirchlich-religiösen Leben der Stadt ihre besondere Prägung verliehen haben. Die Franziskanerinnen und die Karmeliter waren seit dem Spätmittelalter direkt in der Stadt präsent, die Kapuziner waren eine Gründung des frühen 17. Jhs. und außerhalb der Stadtmauern angesiedelt. Allesamt standen sie unter der Vogtei der Reichsstadt Ravensburg. Ihre Säkularisation 1806 bedeutete die Auflösung gefestigter und anerkannter kirchlich-religiöser Zentren und bedeutender Seelsorgeeinrichtungen für Stadt und Umland.

Die Bettelorden am Ende des Alten Reichs

Das Kloster der Franziskaner-Tertiarinnen

Das Franziskanerinnenkloster ging aus einer 1395 vom Bürgermeister, dem Rat, der gesamten Bürgerschaft und dem Leutpriester von Liebfrauen errichteten, einzig dem Gebet verpflichteten Klause für acht Frauen hervor. Für die kontemplative Beginengemeinschaft, zuständig für die geistige Absicherung der wirtschaftlichen Erfolge der aufstrebenden Stadt, wurde von den Stiftern ein klausuriertes Schwesternhaus bei der Kapelle St. Michael unterhalb des Mehlsacks in der patrizisch geprägten Oberstadt errichtet. Der städtische Magistrat nahm als Vogt die weltliche, im Auftrag des Abts von Weingarten der Pfarrer von Liebfrauen die geistliche Obrigkeit wahr. Zunächst ohne Regel und förmlichen Ordensanschluss, allein den Statuten der Stifter verpflichtet, wurde die Klause 1406 in den drit-

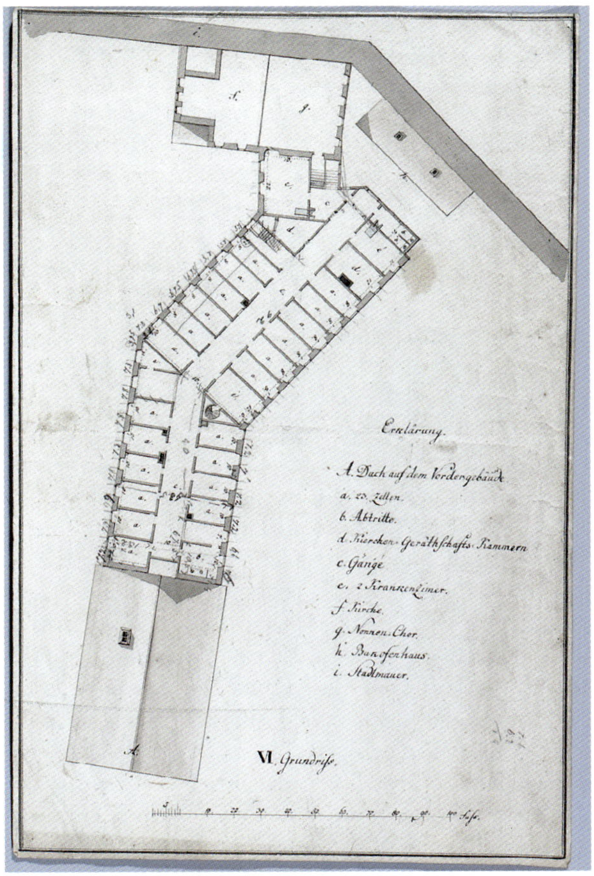

Franziskanerinnenkloster Ravensburg
Grundriß der Klosteranlage in der Oberstadt um 1800. StA Ravensburg.

ten franziskanischen Orden eingegliedert und auf dessen Regel verpflichtet. Zur Seekustodie der Straßburger Franziskanerkonventualenprovinz gehörig, erhielten die Klausnerinnen 1496 eine leicht abgewandelte Fassung der in der Seekustodie gebräuchlichen Statuten für Tertiarinnenkonvente. Bis zum 16. Jh. hatte sich der klausurierte Konvent zunehmend an ein Kloster angleichen können, besaß jedoch weiterhin den Status einer Beginen- bzw. Tertiarinnengemeinschaft.[1]

Im ausgehenden 18. Jh. präsentierte sich der nach wie vor ganz im Stifter- und Ordenssinne klausuriert und kontemplativ lebende Franziskaner-Tertiarinnenkonvent als geistig und ökonomisch gefestigte Einrichtung in der paritätischen Reichsstadt. Dem auch und gerade von der Altersstruktur her betrachtet im Jahr 1803 recht vitalen Konvent unter der Leitung von Mutter Maria Johanna Nepomucena Laur aus Altdorf/Weingarten (geb. 1749, gest. 1814) gehörten insgesamt 16 Schwestern an. Das Kloster hatte jedoch offenkundig seine ursprüngliche Bedeutung als Versorgungs- und Wirkungsstätte für Ravensburger Patriziertöchter eingebüßt und damit seine starke Verflechtung mit der Oberschicht der Stadt verloren. Nur noch zwei Ravensburgerinnen gehörten dem Konvent an; die eindeutige Mehrzahl der Frauen stammte aus dem engeren katholischen Umfeld der Stadt. Dennoch scheint der katholische Teil des Rats der paritätischen Reichsstadt, der stellvertretend für die Stadt die vogteilichen Hoheitsrechte wahrnahm, genauso wie der evangelische Teil des Rats, die Franziskanerinnen als wichtige religiös-wirtschaftliche Einrichtung der Stadt begriffen und ein gutes Verhältnis gepflegt zu haben. Seelsorgerlich waren die Frauen ursprünglich vom Pfarrer von Liebfrauen betreut worden, der ihnen die Sakramente spendete, die Beichte abnahm und das Präsentationsrecht für die Michaelskapelle besaß, an der sich nachweislich seit dem 15. Jh. drei Altäre fanden: Michael-, Andreas- und Margaretenaltar. Die Stiftung einer Kaplaneipfründe zum Unterhalt eines Priesters durch die beiden Schwestern Anna und Barbara Roner im Jahr 1614 nahmen die Franziskanerinnen jedoch zum Anlass, sich vom Pfarrer von Liebfrauen unabhängig zu machen. Denn das Präsentationsrecht für die Kaplaneipfründe sollte nach Stifterwillen beim Guardian der Franziskaner in Konstanz liegen, der die Pfründe mit Ordenspriestern der Franziskaner besetzte. Nach Spannungen mit den Franziskanern wurde auf Wunsch der Klosterfrauen die Pfründe zumindest schon ab 1660 überwiegend mit Ravensburger Karmeliterpatres besetzt, die nun als Beichtväter formierten und die Sakramente spendeten. Das Visitationsrecht über die Michaelskapelle blieb aber weiterhin in den Händen der Pfarrer von Liebfrauen.[2]

Bis weit in die zweite Hälfte des 18. Jhs. ist die wirtschaftliche Situation der Tertiarinnen als recht gut zu bezeichnen. Grundlage dafür waren die beim Eintritt ins Kloster geleisteten Mitgiften in Form von Bargeld sowie regelmäßige Erträge aus grundherrschaftlichen Objekten, die in Form von frommen Stiftungen teilweise sogar noch aus dem Mittelalter stammten. Im Jahr 1803 besaß das Kloster insgesamt 20 Lehenhöfe in der unmittelbaren Umgebung Ravensburgs (geschätzter Wert ca. 30.250 fl.), die vor allem im Herrschaftsbereich der Landvogtei lagen, zudem Weinberge, zwei Wohnhäuser in Ravensburg und einzelne Grundstücke. Mit Abstand die bedeutendsten Einnahmen des Jahrs 1800 erzielte das Kloster durch Zinsen aus verliehenen Kapitalien. Geringfügige Einnahmen erbrachte die Kerzenherstellung.[3] Aufgrund seiner wirtschaftlich erfreulichen Situation war der Konvent in der Lage, in drei Bauabschnitten der Jahre 1718, 1738 und 1739 einen voluminösen Klosterneubau zu errichten. Das dreistockige Konventgebäude bestand aus 24 Zellen, einem Saal, zahlreichen Gastzimmern, einer Scheune, Stallungen sowie zwei guten Kellern (1803). 1762/64 konnte auch die Kapelle renoviert und ein neuer Altar angeschafft werden; bereits 1748 erhielt die Kapelle eine kleine Orgel durch den bekannten Orgelbauer Joseph Gabler.[4]

Durch Leistung von Kriegssteuer und mehrfache finanzielle Unterstützung der Reichsstadt im Zusammenhang mit den Koalitionskriegen war das Kloster am Ende des 18. Jhs. allerdings in eine schwerwiegende Finanzkrise geraten. Im Jahr 1800 überstiegen die Ausgaben des Klosters schließlich die Einnahmen um 150 fl., diese Negativentwicklung setzte sich 1802 noch weiter fort.[5]

Das Karmeliterkloster

Das Ravensburger Karmeliterkloster war 1344 von Mönchen aus Dinkelsbühl gegründet worden; die

Kirche konnte 1349 geweiht werden. In weltlichen Angelegenheiten waren die Karmeliter von der Stadt abhängig, die geistliche Obrigkeit stand dem Orden zu, zu dessen oberdeutscher Provinz der Ravensburger Konvent gehörte. Nach anfänglicher Zurückhaltung der Stadtbevölkerung wurden die gelehrten Karmeliter durch Predigt und Seelsorge, intensive Marienfrömmigkeit verbunden mit dem Kult der hl. Anna, Verbreitung des Skapuliers sowie Kontakt zu Mitgliedern der Ravensburger Handelsgesellschaft und auch zu den Zünften schon bald zu geachteten Partnern der Stadtgemeinde. Eine Vielzahl frommer Stiftungen durch handeltreibende Patrizierfamilien, die an der Karmeliterkirche Kapellen errichteten, ließ die Karmeliter nicht nur zu einer wichtigen geistigen, sondern auch wirtschaftlichen Größe in der Stadt avancieren. Die stattlichen Konventgebäude am Marienplatz und die große Bettelordenskirche, die ihre Gestalt im Wesentlichen im 14. und 15. Jh. erhielten, zeugen vom einstigen Stellenwert der Karmeliter in der Stadt. Im Zusammenhang mit der Reformation wurden die Karmeliter in den Chor ihrer Kirche zurückgedrängt, das Langhaus wurde von der evangelischen Kirchengemeinde genutzt.[6]

Am Ende des Alten Reichs war in Ravensburg ein im Vergleich zum Mittelalter zwar personell dezimierter, doch intakter Karmeliterkonvent, bestehend aus 19 Patres und sechs Laienbrüdern, mit einer ausgewogenen Altersstruktur, anzutreffen. Provinzial war 1803 der 47-jährige Pater Raymund Schäble aus Eichstätt, Prior der 45-jährige Vitus Ebert aus Schrezheim bei Ellwangen. Außer einem Laienbruder befand sich kein gebürtiger Ravensburger im Konvent; das quasi Nicht-Vorhandensein von Ravensburgern bei den Karmelitern in der Stadt lässt sich für das gesamte 18. Jh. beobachten.[7] In der oben geschilderten Konstellation waren die Karmeliter in der Lage, ein umfangreiches seelsorgerliches Angebot anzubieten. In der Reichsstadt selbst betreuten sie Gläubige an der eigenen Ordenskirche sowie die Franziskanerinnen und stellten einen Pater, der an Sonn- und Feiertagen am Zucht- und Arbeitshaus des Schwäbischen Kreises predigte. Darüber hinaus erstreckte sich ihre seelsorgerliche Betreuung in Übereinkunft mit den jeweiligen Kirchenherren vor allem auf Landgemeinden der näheren Umgebung, die nicht ausreichend versorgt werden

Karmeliterkloster Ravensburg
Blick auf die Klosterkirche mit dem anschließenden Konventgebäude am Marienplatz. Seit der Reformation diente das Langhaus als evangelische Kirche, der Chor den Karmelitermönchen.
Kolorierter Kupferstich von B. F. Leizelt nach J.A. Gemeinder, 1785. StA Ravensburg.

konnten. Die Karmeliter wirkten am Ende des Alten Reichs als geistliche Aushilfen unter anderem in der Landvogtei, der Deutschordenskommende Altshausen, im Herrschaftsbereich der Fürsten Waldburg-Wolfegg und Waldburg-Zeil sowie im Bereich der Reichsabteien Weingarten und Weißenau.[8]

Wirtschaftliches Fundament für die Ravensburger Karmeliter bildeten die Einkünfte aus 23 umfangreichen Lehengütern, die in Form von spätmittelalterlichen Stiftungen oder späterem Erwerb in den Besitz des Klosters gelangt waren, darunter die Mönchmühle in Ravensburg und 22 Höfe in der näheren Umgebung der Stadt, überwiegend im Herrschaftsbereich der Landvogtei gelegen. Beträchtliche Einnahmen in Höhe von 1.500 bis 2.000 fl. jährlich bescherte den Karmelitern insbesondere auch die Bierherstellung in der seit 1664 bestehenden eigenen Klosterbrauerei. Die Einnahmen aus gottesdienstlichen Verrichtungen waren 1803 mit 550 fl. relativ gering, da die Karmeliter verpflichtet waren, allein 3.063 Fundations-Messen zu lesen (1803).[9] Die wirtschaftliche Situation der Ravensburger Karmeliter am Ende des Alten Reichs gestaltete sich so erfreulich, dass sie Beträge bis zu 2.000 fl. zu einem Zinssatz von 4 Prozent an Ravensburger Bürger verleihen und zudem der Stadt unverzinsliche

Darlehen in Höhe von 1.500 fl. (1796) gewähren konnten.[10] 1803 beispielsweise verfügten die Karmeliter über 21.802 fl. Kapital aus Fundationen und 530 fl. Bargeld.[11] Das dreistöckige, am Viehmarkt gelegene Konventgebäude mit seinen 43 Zimmern und Konventzimmern, Rekreationssaal, Bibliothekssaal, Brauerei, zwei Stallungen, Waschhaus, zwei Gärten, einem großen Wein- und vier Bierkellern, befand sich 1803 in einem baulich sehr guten Zustand.[12]

Das Kapuzinerkloster

Nach anfänglich massiven Vorbehalten stimmte der Magistrat der Reichsstadt Ravensburg im Jahr 1624 der Errichtung eines Kapuzinerklosters in Ravensburg zu und stellte dafür einen Bauplatz außerhalb der Stadtmauer auf der Kuppelnau zur Verfügung. 1629 konnte das Kloster eingeweiht werden. Die Kapuziner wurden unter vogteiliche Oberhoheit der Stadt gestellt, die geistliche Zuständigkeit lag beim Orden, zu dessen Schweizer, ab 1668 vorderösterreichischen und schließlich ab 1782 schwäbischen Provinz der Ravensburger Konvent gehörte. Der Westfälische Friede sah die Aufhebung des Klosters vor, welche der evangelische Teil des Rats auch mit Vehemenz einforderte. Dieselbe erfolgte nach nur 20-jährigem Bestehen 1649, der Abbruch der Klostergebäude 1650. Aufgrund eines Vergleichs zwischen Katholiken und Protestanten konnte das Kapuzinerkloster 1660 jedoch wieder restituiert werden und sich bis zum Ende des Alten Reichs als geachtete und in ihrer Existenz nicht mehr infrage gestellte Einrichtung etablieren.[13]

Im Jahre 1779 bestand der Ravensburger Karmeliterkonvent noch aus 19 Patres inklusive den Theologiestudenten und 3 Laienbrüdern.[14] Im Jahre 1803 umfasste er noch 10 Patres und vier Laienbrüder unter dem 52-jährigen Pater Wunibald Schäffer aus Wurzach als letztem Guardian. Keiner der Patres wurde in Ravensburg geboren. Gemäß ihrer Ordenskonstitutionen, die die Betonung der Predigt und das dafür nötige Studium in den Mittelpunkt stellten, wirkte der Ravensburger Konvent bis zum Ende des 18. Jhs. erfolgreich als Seelsorgeorden. Er leistete sowohl im Herrschaftsbereich der Landvogtei, der Grafen von Wolfegg, der Reichsabteien Weingarten und Weißenau sowie in der Deutschordenskommende Altshausen seelsorgerliche Aushilfe. Zudem wirkte ein Pater als Prediger an der Stadtpfarrkirche Liebfrauen in Ravensburg. Da die Ravensburger Kapuziner nach dem Gründungsstatut über keinen Grundbesitz verfügen sollten, genossen sie auch keine Einnahmen aus grundherrschaftlichen Objekten. Sie verfügten lediglich über die Klostergebäude, die sich aus der Kirche, dem Konventbau mit 33 Zellen sowie einem umfangreichen Garten zusammensetzten. Ihren Unterhalt bestritten sie durch Almosen und Spenden, die sie von denjenigen Herrschaften erhielten, in deren Hoheitsbereich sie seelsorgerlich tätig waren. Die mit Abstand umfangreichsten Einnahmen flossen ihnen vom Kloster Weingarten zu (610 fl.), daneben erhielten sie Zuwendungen vom Reichsstift Weißenau (225 fl.), der Landvogtei (215 fl.), dem Frauenkloster Baindt (185 fl.) und der Deutschordenskommende Altshausen (110 fl.) sowie von anderen zusammen 342 fl., also insgesamt 1.687 fl.[15]

Die Stadtklöster fallen als Entschädigungsmasse an den Deutschen Orden

Nach dem Reichsdeputationshauptschluss vom 25. Februar 1803, § 26, blieben der Deutsche und der Malteser Orden aufgrund ihrer Kriegsdienste vorläufig von der Säkularisation verschont. Der Deutsche Orden erhielt vielmehr für seine Verluste auf der linken Rheinseite als Entschädigungsgut alle Mediatklöster der Augsburger und Konstanzer Diözesen, die in Schwaben lagen. Aufgrund dieses letzten Reichsgrundgesetzes fielen auch die drei Ravensburger Stadtklöster dem Deutschen Orden zu. Die landesherrlichen Hoheitsrechte, die durch die Mediatisierung der Reichsstadt Ravensburg seit 6. Dezember 1802 offiziell an den bayerischen Staat übergegangen waren, blieben durch diese Neuordnung unangetastet. Der Kurfürst von Bayern ließ dem Deutschen Orden sogar für jedes einzelne Kloster eine Reservation zugehen. Kanzleiverwalter v. Bentele war von der bayerischen Regierung mit der Wahrnehmung der Landeshoheitsrechte beauftragt worden.[16]

Am 21. März 1803 wurden die drei Ravensburger Stadtklöster vom Deutschen Orden, in Person vertre-

ten durch den Deutschmeister'schen Geheimen Rat v. Handel, provisorisch in Besitz genommen (grundherrliche Rechte). Darüber hinaus verlangte der Deutsche Orden von den Ravensburger Bettelordenskonventen präzise Aufzeichnungen über den Personalbestand, über Einnahmen und Ausgaben, insbesondere aber über die Besitzungen und Verbindlichkeiten. Außerdem untersagte der Deutschmeister den Klöstern jegliche Besitzveräußerungen und erklärte alle seit dem 24. August 1802 getätigten Verkäufe für nichtig. Auch sollten nach § 42 RDH keine Novizen mehr ohne Genehmigung des Hoch- und Deutschmeisters aufgenommen werden. Die von allen drei Klöstern erhaltenen Bestandsaufnahmen lassen erkennen, dass der Deutsche Orden nach innen wie außen intakte, geistlich gefestigte und angesehene Konvente übernommen hatte, die wie die Karmeliter überdies über beträchtliche Vermögen verfügten (vgl. oben). In Form der Bestandsaufnahme und der angeordneten Erschwernis bei der Aufnahme von Novizen war die provisorische Besitznahme durch den Deutschen Orden abgeschlossen. Die Konvente konnten bis auf weiteres in ihren Klöstern verbleiben, andere Eingriffe gab es von Seiten des Deutschen Ordens nicht, allerdings auch keine unterstützenden Maßnahmen.[17]
Eine gravierende Beschneidung der bisherigen seelsorgerlichen Tätigkeit der beiden männlichen Ravensburger Bettelordenskonvente bedeuteten allerdings die *Organisationsdekrete* des neuen Landesherrn. Im Zusammenhang mit der provisorischen Besitznahme durch den Deutschen Orden Anfang 1803 begrenzte der Kurfürst von Bayern die seelsorgerliche Tätigkeit der Bettelorden im bayerischen Hoheitsbereich auf die eigene Klosterkirche; lediglich auf ausdrücklichen Wunsch eines Kranken wurde das Beichtehören zugelassen oder bei Unterbesetzung an einer der Pfarrkirchen ein Ordensmitglied als Aushilfskraft beim Messelesen akzeptiert. Auch untersagte der bayerische Staat das Almosensammeln in seinem gesamten Hoheitsbereich (für die Kapuziner ab dem 1. Oktober 1803). Zudem war es den Mendikanten an hohen Feiertagen zukünftig nur noch gestattet, nachmittags ihre Predigten zu halten, um den morgendlichen Pfarrgottesdienst nicht zu stören. Die Predigttexte sollten von bayerischen Staatsbeamten auf ihre kirchliche und staatliche Konformität hin mindestens einmal im Quartal überprüft werden. Da es den städtischen Bettelorden nach wie vor erlaubt war, in anderen Herrschaftsbereichen als Prediger oder Seelsorger zu wirken und durch Almosensammeln ihren Lebensunterhalt zu bestreiten, führte die bayerische Regierung einen Passzwang für Ordensleute ein, um deren Lebenswandel besser kontrollieren zu können. Hauptmotiv für diese rigide Politik des aufgeklärt-absolutistischen Kurfürsten und seines Ministers Montgelas gegenüber den Bettelorden war der aus dem Umfeld sakularisierter Geistlicher und verärgerter katholischer Gläubiger erwartete Protest gegenüber dem neuen Staat; auch sollten möglichst keine Finanzmittel bayerischer Staatsbürger mehr an die Bettelorden fließen. In einem internen Bericht in Zusammenhang mit der Einführung der obigen Ordnungen heißt es hierzu, *daß in den Predigten nur die reine Lehre Jesu vorgetragen und daß diese nicht durch Vorurteil verbreitende Märchen verunstaltet, oder die Predigt durch Ausfälle gegen die Regierung und ihre erlassenen Verordnungen wohl gar zum gefährlichen Volksversammlungsorte werde.*[18]
Besonders negativ wirkten sich die bayerischen Verordnungen des Jahres 1803 auf die Kapuziner aus, die auf auswärtige Predigttätigkeiten und das Almosensammeln auch wirtschaftlich angewiesen waren, zumal die beiden großen Reichsabteien Weingarten und Weißenau durch die Säkularisation als zuverlässige Geldgeber und Nahrungsmittellieferanten ausgefallen waren. Aber auch die Karmeliter litten unter den finanziellen Auswirkungen der bayerischen Verordnungen. Einen evidenten wirtschaftlichen Rückschlag erlitten sie darüber hinaus durch die Entziehung des Bierausschanks durch den Magistrat der bayerischen *Munizipalstadt 1. Klasse* Ravensburg.[19]
Anfang 1804 leitete der Deutsche Orden schließlich Schritte ein, um die endgültige Besitznahme seines Entschädigungsguts zu vollziehen und gleichzeitig über die Zukunft der drei Ravensburger Stadtklöster zu entscheiden. Im Mittelpunkt der zweiten, vom Deutschordensoberamtmann Wilhelm Mosthaff am 15. Januar 1804 in den drei Ravensburger Klöstern durchgeführten Inventur, stand erneut die Ermittlung der entscheidenden Vermögensverhältnisse. Der Besitz der Franziskanerinnen wurde mit 95.657 fl., das Vermögen der von Almosen lebenden Kapuziner mit

11.407 fl. und der Wert des Karmeliterklosters samt allen Einnahmen mit 145.420 fl. veranschlagt.
Aufgrund präziser Abwägung der finanziellen Verhältnisse und unter Einbeziehung der Stimmen im Konvent beantragte Mosthaff bei den Entscheidungsträgern des Deutschen Ordens nachfolgendes[20]:
1. Das Karmeliterkloster sollte weiterhin bestehen bleiben, da die Mönche durchaus in der Lage wären, sich selbst zu versorgen, während hingegen eine Pensionierung aller 24 Karmeliter langfristig eine finanzielle Belastung für den Deutschen Orden darstellen würde. Allerdings sollten diejenigen in Pension gehen dürfen, die durch die Einschränkung bei der Almosensammlung und dem Mangel an Eintracht im Konvent keine Zukunft für das Kloster sahen, zahlenmäßig also etwa die Hälfte des Konvents.
2. Das Franziskanerinnenkloster sollte aus finanziellen Gründen aufgehoben und die Klosterfrauen mit 250 fl. Pension abgefunden werden. Neun der Ordensfrauen wären gerne im Kloster verblieben, sofern ihnen die Administration ihres Vermögens belassen würde, die restlichen 6 wünschten in Pension versetzt zu werden, da sie durch die Untersagung/Erschwerung der Novizenaufnahme ihre Verfassung schon als aufgelöst betrachtet sahen.
3. Zur Zukunft des Kapuzinerklosters äußerte sich Mosthaft nicht abschließend. Er leitete lediglich die Meinung des noch aus 10 Patres und 4 Brüdern bestehenden Konvents weiter, der wohl überzeugt war, aufgrund der Almosensammlungen und Stiftungen weiter existieren zu können, sofern der Deutsche Orden ihn in seiner Verfassung beließe. Für den Fall der Auflösung schlug er eine jährliche Pension von höchstens 200 fl. pro Person vor.
Trotz der minutiös vorbereiteten und durchgeführten Inventur scheint es von Seiten des politisch unter Druck geratenen Deutschen Ordens zu keiner endgültigen Besitznahme oder Entscheidung über die Zukunft der Ravensburger Konvente gekommen zu sein. Offensichtlich übernahm der Deutschmeister tatsächlich nur diejenigen Klöster, die im Bereich allgemeiner Entschädigungsmasse lagen.[21] Durch die politisch schwache Position des Deutschen Ordens rückten die Ravensburger Mendikantenklöster immer mehr in das Blickfeld bayerischen Interesses. Darin sah der städtische Verwaltungsrat eine ernsthafte Gefahr für die Ravensburger Stadtklöster und trat in einem Schreiben an die bayerische Landesdirektion vom 29. Juli 1805 für deren Erhalt ein, indem er die für die Stadt, ihre Geschäfte und Gaststätten wirtschaftlich vorteilhaften Aspekte hervorhob und dabei die kirchlichen Feierlichkeiten der Bettelorden als attraktiv für auswärtige Besucher darstellte.[22]
1805 litten die drei Ravensburger Konvente wie die gesamte Stadt unter den Quartierleistungen für österreichische Truppen. Im September hatten die Karmeliter 150 Soldaten einzuquartieren, die Franziskanerinnen und Kapuziner andere Truppen mit Lebensmitteln zu versorgen. Belastend für die Konvente war ebenfalls, dass das habsburgische Schwäbisch-Österreich, das für alle unter österreichischer Landeshoheit gelegenen Güter der aufgehobenen geistlichen Stiftungen das *Epavenrecht* – obwohl dieses durch den RDH ausgeschlossen war – geltend machte, also Rechte und Besitzungen erloschener geistlicher Fundationen innerhalb seines eigenen Territoriums als heimgefallen betrachtete, in der Landvogtei Schwaben gelegene Besitzungen der ehemaligen Bettelorden für sich beanspruchte.[23]

Säkularisation durch Bayern

Mit dem Frieden von Preßburg am 26. Dezember 1805 verlor der Deutsche Orden seine Reichs- und Kreisstandschaft und die Ordenskommenden im Reich ihre Reichsunmittelbarkeit. Noch bevor das Schicksal des Deutschen Ordens durch den Friedensvertrag besiegelt war, eignete sich Bayern im Oktober 1805 die drei Ravensburger Klöster an, ließ sie jedoch unter den Voraussetzungen bestehen, wie sie der Deutsche Orden 1803 bei der vorläufigen Besitznahme festgelegt hatte. Mit Verfügung des Königlich-Bayerischen Landeskommissariats Kempten vom 5. März 1806 erfolgte dann allerdings die vollständige Auflösung der drei Ravensburger Stadtklöster. Die Säkularisation bedeutete in erster Linie die Inbesitznahme aller Immobilien, Kapitalien und beweglichen Gegenstände sowie die Aufhebung der Ordenskonvente durch den bayerischen Staat.
Durch Inventarisation aller Besitzungen wurde zunächst eine Bestandsaufnahme durchgeführt; dann entschied die bayerische Regierung, wie konkret ver-

fahren werden sollte: Den Kapuzinern wurde vom bayerischen Staat angeboten, entweder in dem zu einem Zentral-Kloster umfunktionierten ehemaligen Kapuzinerkloster Wangen mit einer jährlichen Pension von 125 fl. zu leben oder aber durch Antritt einer Kaplaneistelle weiterhin in der Seelsorge zu arbeiten. Die Karmeliter konnten in ihren ehemaligen Ravensburger Konventgebäuden bei einer jährlichen Pension von 200 fl. und Belassung ihrer Gerätschaften des täglichen Bedarfs wohnen bleiben oder aber eine Kaplaneistelle annehmen. Allerdings wurde von staatlicher Seite von Anfang an angestrebt, die Gemeinschaft der pensionierten Karmeliter in Ravensburg so schnell wie möglich aufzulösen. Für die Franziskanerinnen wurden die Klostergebäude in Ravensburg und Dillingen zu Zentralklöstern erklärt, worin diese und die Leutkircher Nonnen bei einer Pension von 180 fl. jährlich leben konnten; auch wurde ihnen die Möglichkeit angeboten, zukünftig ein bürgerliches Leben zu führen. Bei all denjenigen ehemaligen Mönchen, die sich durch Unterstützung eines Pfarrers für ein Seelsorgeamt entscheiden würden, sollten vorab sowohl die sittlich-moralische Integrität als auch die wissenschaftlichen Kenntnisse strengstens überprüft werden.[24]

Nur wenige Monate nach Abzug der Kapuziner wurden im Dezember 1806 die Ausstattung der Konventgebäude und im April 1807 die Klostergebäude, die Kircheneinrichtung mit mehreren Altären und die Bibliothek mit rund 2.000 Bänden öffentlich versteigert. Nachdem die erste Versteigerung aufgrund zu geringer Gebote misslang[25], wurde nach einem weiteren Anlauf schließlich das Klostergebäude samt Inventar und Bibliothek um 7.600 fl. versteigert. Die kirchlichen Gerätschaften erwarben überwiegend die umliegenden Pfarrkirchen. Im August 1807 wurde das ehemalige Kapuzinerkloster der Zerstörung preisgegeben, indem Steine, Holz, Fenster, Türen und Dachplatten als Baumaterialien an kaufwillige Ravensburger veräußert wurden.[26] Die ehemaligen Ordensbrüder wählten ganz unterschiedliche Wege: Als Ravensburg 1810 württembergisch wurde, befanden sich noch fünf ehemalige Kapuziner mit Pensionsansprüchen von 125 fl. in der Stadt, die in Privathäusern Unterkunft gefunden hatten; andere wie Gratian Zeller, der 1807 als Pfarrvikar von Eggartskirch eingesetzt worden war, entschieden sich für eine Seelsorgetätigkeit.[27] Im März 1807 veräußerte Bayern auch die in Ravensburg gelegenen attraktiven Grundstücke der Karmeliter und Franziskanerinnen.[28]

Auflösung der Pensionskonvente durch Württemberg

Im November 1810 erfolgte der staatsrechtliche Übergang Ravensburgs von Bayern zum Königreich Württemberg. Württemberg betrieb in den neu erworbenen Gebieten eine konsequente Säkularisationspolitik: Laut königlich-württembergischem Dekret vom 17. Januar 1811 wurde der Pensionskonvent und der Gottesdienst der Karmeliter aufgehoben. Die Mönche hatten sich bis zu deren Anstellung in der Seelsorge mit ihrer Pension aus dem Gebäude zu entfernen. Auch wurden die noch den Konventen verbliebenen Kirchenschätze und die bedeutende Bibliothek veräußert. Die Franziskanerinnen hatten ebenfalls ihr ehemaliges Konventgebäude zu räumen und nach Friedrichshafen in das Kloster Löwenthal umzusiedeln. Am 14. Mai 1811 baten die vier noch in Ravensburg verbliebenen Karmeliter jedoch, ihre Pensionen von 180 fl. in Ravensburger Privathäusern verzehren zu dürfen, was ihnen am 26. Mai gestattet wurde.[29] Auch sechs der ehemaligen Franziskanerinnen blieben in Ravensburg bis zu ihrem Ableben wohnen; 1814 verstarb dort zum Beispiel die letzte Vorsteherin Johanna Laur.[30]

Württemberg funktionierte die ehemaligen Konventgebäude der Karmeliter zur Kaserne um, veräußerte die Gebäude samt Garten aber 1817 um 5.660 fl. an die Stadt Ravensburg, die 1825 darin ein Lyceum und eine Realschule einrichtete; seit 1869 bis heute ist in den ehemaligen Konventsgebäuden das Landgericht bzw. deren Vorgänger, der Kreisgerichtshof, untergebracht. Die Klosterkirche ging 1806 vollständig an die evangelische Kirchengemeinde über.[31]

Die ehemaligen Konventgebäude des Frauenklosters, die mit ihren drei Baukörpern erhalten sind, hatte die württembergische Regierung 1818 für 2.000 fl. ebenfalls an die Stadt Ravensburg veräußert. Mit dem Einzug des Landgerichts in das ehemalige Karmeliterkloster wurden die Räume der Franziskanerinnen zu Schulräumen umgebaut. Zunächst befand sich darin

das Lyceum, die Realschule und die evangelische Volksschule; heute sind darin Bibliotheks- und Hörsäle der Berufsakademie Ravensburg untergebracht. Als der Mehlsack 1824 von einem Blitzschlag getroffen wurde, löste sich Mauerwerk, das in die ehemalige Klosterkapelle St. Michael einschlug und sie weitgehend zerstörte; von ihr sind heute keine baulichen Spuren mehr vorhanden.[32]

[1] Vgl. *Andreas Wilts*, Beginen im Bodenseeraum. Sigmaringen 1994 (Ravensburg, Klause bei St. Michael), 399–405; *Albert Hengstler*, Franziskanerinnen-Kloster St. Michael Ravensburg, in: Alemania Franciscana Antiqua 10 (1963), insbes. 7–18.

[2] StA Ravensburg Bü 2048b; vgl. dazu auch *Hengstler*, Franziskanerinnen-Kloster (wie Anm. 1), 18–37, 75–80.

[3] StA Ravensburg Bü 2048b.

[4] StA Ravensburg Bü 2048b; vgl. *Benvenut Stengele*, Inventuraufnahme: Franziskaner-Nonnenkloster zu Ravensburg, in: DA Schwaben VIII (1885), 69f.

[5] StA Ravensburg Bü 2048b.

[6] Vgl. *Arno Borst*, Eberhard Horgasser – Karmeliter in Ravensburg, in: *Ders.*, Mönche am Bodensee. Sigmaringen, insbes. 320–338; *Alfons Dreher*, Geschichte der Reichsstadt Ravensburg. Bd. 2. Weißenhorn 1972, 756–758; *Gottfried Holzer*, Der Streit der Konfessionen in der Reichsstadt Ravensburg. Diss. phil. Tübingen 1950, insbes. 126–134.

[7] Bü 2048b; vgl. dazu auch *Adalbert Deckert/Matthäus Hösler*, Schematismus der oberdeutschen Karmeliterprovinz von 1650 bis zur Säkularisation im Jahre 1802. 5 Teile, in: Jahresbericht des HV für Straubing und Umgebung 92 (1990) – 97 (1995).

[8] StA Ravensburg Bü 2048b.

[9] StA Ravensburg Bü 2048a; vgl. *Oliva Mayer*, Die Stadt Ravensburg unter der Krone Bayern (1802–1810). Diss. phil. Tübingen 1952, 174f.

[10] StA Ravensburg Bü 1693c u. Bü 2048b.

[11] StA Ravensburg Bü 2048b.

[12] StA Ravensburg Bü 2048b; vgl. auch *Benvenut Stengele*, Inventuraufnahme (wie Anm. 4), 67f.

[13] Vgl. *Peter Baptist Zierler*, Das Kapuzinerkloster in Ravensburg. Ravensburg 1910; *Holzer*, Streit der Konfessionen (wie Anm. 6), 102–125.

[14] StA Ravensburg Bü 2048b und *Zierler*, Ebd.

[15] StA Ravensburg Bü 2048a; vgl. *Mayer* (wie Anm. 9), 167–169, u. *Stengele*, Inventuraufnahme (wie Anm. 4), 42f.

[16] StA Ravensburg Bü 2048a; vgl. dazu *Mayer* (wie Anm. 9), 166–169; *Matthias Erzberger*, Die Säkularisation in Württemberg von 1802–1810. Stuttgart 1902, 334f.; zur Mediatisierung Ravensburgs vgl. *Peter Eitel* in diesem Band.

[17] StA Ravensburg Bü 2048b, vgl. dazu *Mayer* (wie Anm. 9), 166–169; *Hengstler* (wie Anm. 1), 80–88; *Zierler* (wie Anm. 13), 223–229.

[18] StA Ravensburg Bü 2048a; vgl. *Mayer* (wie Anm. 9), 169–170.

[19] StA Ravensburg Bü 2048a.

[20] Bü 2048a; vgl. *Mayer* (wie Anm. 9), 171–174, u. *Stengele*, Inventuraufnahme (wie Anm. 13).

[21] Vgl. Ebd.

[22] StA Ravensburg Bü 2040a; vgl. *Mayer* (wie Anm. 9), 171f.; *Zierler* (wie Anm. 13), 230f.

[23] *Franz Quarthal*, Vorderösterreich, in: Handbuch der baden-württembergischen Geschichte, hg. im Auftrag der Kommission für geschichtliche Landeskunde in Baden-Württemberg von *Meinrad Schaab/Hansmartin Schwarzmaier*. Bd. 1,2. Stuttgart 2000, 774–779.

[24] SAL D 130 Bü 3 u. Bü 4 u. SA Augsburg, Landesdirektion Ulm Bü 90; vgl. auch *Alois Seiler*, Deutscher Ritterorden, in: Handbuch der baden-württembergischen Geschichte. Bd. 2. Stuttgart 1995, 610–636.

[25] Ravensburgisches gemeinnütziges Wochenblatt vom 15.06.1807.

[26] Ravensburgisches gemeinnütziges Wochenblatt vom 24.08.1807.

[27] Bü 2048b; vgl. *Erzberger* (wie Anm. 16), 337; *Zierler* (wie Anm. 13), 231.

[28] Ravensburgisches gemeinnütziges Wochenblatt vom 23.03.1807.

[29] HSAS Kirchenrat E 200 Fasz. 16; vgl. *Erzberger* (wie Anm. 16), 336, und *Mayer* (wie Anm. 9), 174.

[30] Vgl. *Hengstler* (wie Anm. 1), 87f.

[31] Vgl. *Hengstler* (wie Anm. 1), 88 u. Intelligenzblatt für die Königliche Landvogtey am Bodensee. Ravensburg vom 18.08.1817.

[32] Ravensburgisches gemeinnütziges Wochenblatt vom 12.08.1811; Intelligenz-Blatt, Donau-Kreis. Ravensburg vom 09.02.1818 u. vom 22.06.1818; vgl. *Hengstler* (wie Anm. 1), 88f.

Ein in allen seinen Teilen äußerst ruiniertes Minoritenkloster

Die Säkularisation des Franziskanerklosters Villingen 1806

von Heinrich Maulhardt

Ein Kloster in der Stadt – für die Stadt

Im Jahre 1267 kam es auf Bemühen des damaligen Stadtherrn von Villingen, Graf Heinrich von Fürstenberg, zur Ansiedlung von Franziskanern in der Stadt.[1] Damit war die Absicht verbunden, Predigt und Seelsorge in der Stadt zu verbessern, Leistungen, für welche die Franziskaner bekannt waren. Es sollte etwas für das eigene Seelenheil und das der Bürger getan werden. Bereits im Jahre 1292 waren Kirche und Konventsbau der Franziskaner fertiggestellt und konnten geweiht werden. Von diesem Zeitpunkt an dienten die Gebäude insgesamt fünf Jahrhunderte den Zwecken des Franziskanerordens, als geweihte Kirche und als Konventsgebäude, in denen die geistliche Gemeinschaft wohnte. Im Laufe der Jahrhunderte haben die Gebäude zahlreiche Umbauten und Erweiterungen erfahren, insbesondere im 15. Jh. durch die Hinzufügung des Kreuzganges. Durch die Beschießung Villingens während des Spanischen Erbfolgekrieges sind im Jahre 1704 die Konventsbauten zerstört worden, von der Kirche Dach und Gewölbe des Chores und des Langhauses. Zwischen 1705 und 1714 ließen die Mönche einen neuen, großzügigeren Konventsbau errichten und stellten Langhaus und Chor wieder her.
Die Franziskaner zeichneten sich nicht nur durch die Dienste an der Stadtbevölkerung aus, ihr Kloster hatte auch eine besondere Funktion für den Orden, nämlich Ort des Provinzialkapitels zu sein. Insgesamt 26 mal in der 500-jährigen Geschichte tagten hier Mitglieder der Konvente von Lindau, Konstanz, Zürich, Schaffhausen, Überlingen, Burgdorf, Feldkirch und Hausach. Hinsichtlich der Unterbringungsmöglichkeiten stand das Kloster in der Stadt mit Abstand an erster Stelle. Hohe Gäste der Stadt, wie die habsburgischen Landesherren, logierten deshalb mit ihrem Gefolge im Kloster. Es bot im 16. und 17. Jh. mehrfach Teilen der Universität Freiburg Unterkunft und Unterrichtsräume und auch die Nutzung ihrer Bibliothek. Im Mittelpunkt standen allerdings die Funktionen des Klosters für Stadt und Umland: Die Kirche als Ort der Predigt und der Liturgie. Mit dem Kloster und der Kirche waren Bruderschaften eng verbunden. Sie hatten besondere Altäre in der Kirche und taten sich durch Stiftungen hervor. Dafür durften sie sich in der Kirche, im Kreuzgang oder auf dem Friedhof des Klosters begraben lassen, was heute noch an den Grabsteinen im Kreuzgang abzulesen ist.
Aus Predigt und Liturgie entwickelten sich seit dem 16. Jh. die Passionsspiele. Diese wurden in der Regel im Garten an der Südseite des Klosters aufgeführt und benötigten bis zu 142 Spieler. Im Zuge der Josephinischen Reformen 1769/70 wurden sie verboten.
Auf Bitten der Stadt wurde 1650 das Gymnasium der Franziskaner errichtet; es bestand bis 1774, als die Vorderösterreichische Regierung es mit dem konkurrierenden Gymnasium der Benediktiner in deren Kloster zusammenlegte. Es kann davon ausgegangen werden, dass die Franziskaner schon vor 1650 Schulfunktionen innehatten. Dafür ist ihre umfangreiche Bibliothek ein Beleg.
Das Franziskanerkloster war fest in die Stadt integriert. Seit dem Ende des 13. Jhs. bot die Kirche den Ort für die jährliche Verlesung des Stadtrechts und für die Ratswahl. Für sein Ende war nicht die Reformation, sondern die Aufklärung verantwortlich.

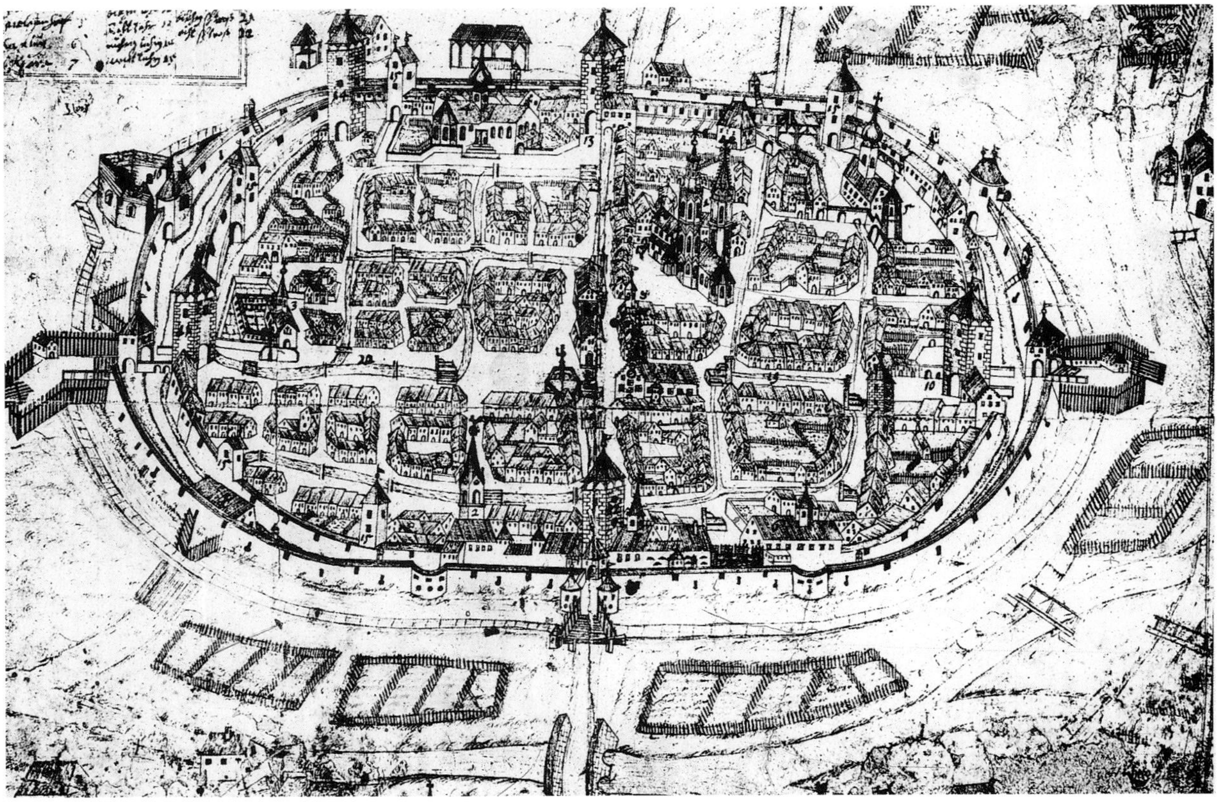

Villingen
Stadtansicht mit dem Franziskaner-Kloster an der Stadtmauer (oben), von ca. 1666/86. GLA Karlsruhe.

Das Kloster im Zeitalter der Säkularisation

Der Begriff »Säkularisation« leitet sich vom lateinischen Wort »saecularis« (= weltlich) ab. Man versteht darunter die Einziehung kirchlichen Besitzes und kirchlicher Hoheitsrechte durch den Staat. Vor allem im 18. Jh. wurde der Weg für tiefgreifende Säkularisationsprozesse bereitet. Die absolutistischen Staaten beanspruchten ein Aufsichts- und Verfügungsrecht über die Kirche und entwickelten ein starkes Interesse am Kirchengut. Wichtig für Vorderösterreich waren die im Zuge der Josephinischen Reformen 1781/82 durchgeführten Säkularisationsmaßnahmen, welche zahlreiche Klosteraufhebungen in Österreich zur Folge hatten. Auch das Franziskanerkloster blieb von diesem Schicksal nicht verschont.

Die Aufklärung

Das geistige Elixier der Veränderung war die Aufklärung. In England und Frankreich großgezogen blieb ihr selbst das österreichische Kaiserhaus nicht verschlossen. Vom Bürgertum aufgegriffen und entwickelt war sie der geistige Motor der Französischen Revolution, die durch ihr militärisches Übergreifen nach Südwestdeutschland mehr als nur einen Anstoß zu den dort stattgefundenen Veränderungen gab. Im staatlichen, kirchlichen und kommunalen Bereich bewirkten schon die Reformen Maria Theresias und Josephs II. Neues. Die Aufklärung versuchte, alle Bereiche des menschlichen Lebens rational zu erfassen und kritisierte herkömmliche Traditionen und Autoritäten. Vor allem die Kirche als eine stark in mittelalterlichen Traditionen verhaftete und dazu

noch absoluten Autoritätsglauben verlangende Institution geriet ins Kreuzfeuer der aufklärerischen Kritik. Die mehr auf das Diesseits orientierten, sich nicht auf Gott, sondern den Menschen konzentrierenden Ideen der Aufklärung kollidierten mit den auf das Jenseits ausgerichteten Vorstellungen der Kirche. Sie setzten einen gewissen Verweltlichungsprozess in Gang, der die beherrschende Stellung der Kirche im öffentlichen Leben einschränkte.
Zur sog. *Katholischen Aufklärung* – im Gegensatz zur glaubensfeindlichen Richtung der Aufklärung – gehörte Paul Joseph Riegger (1705–1775), dessen Vater aus Villingen stammte und Kanzlist bei der Regierung in Freiburg war. Riegger war Professor für Kirchenrecht, zuerst in Innsbruck, dann in Wien. Als Berater der Kaiserin hat er die Auffassung des Hofs vom Recht des weltlichen Herrschers, auch im Bereich der

Paul Joseph Riegger (1705–75)
Druckgraphik.
Universitätsarchiv Freiburg.

Joseph Anton Riegger (1742–1795)
Ölgemälde.
Universitätsarchiv Freiburg.

Kirche Missbräuche abzustellen und Reformen durchzuführen, wesentlich mitgeprägt. Sein Sohn Joseph Anton Riegger (1742–1795) war Rektor der Universität Freiburg und Regierungsrat. Er hielt Vorlesungen in Kirchenrecht und war in Freiburg der führende Aufklärer. Seine Schüler und Hörer wurden als Theologen und Juristen vor allem als hohe Beamte die Träger des aufgeklärten Josephinismus im Breisgau. Wie man sieht, gingen geistige Impulse der Epoche also auch von Bürgern dieser Stadt aus.

Das Ende der Selbstständigkeit

Der immer stärker werdende Zugriff des Staates erstreckte sich nicht nur auf die Kirche, sondern auch auf die Stadt, die mit der Kirche am Ort in engster Verbindung stand. Die Stadt hatte großen Einfluss auf

Beim Lesen der Augsburger Zeitung

Porträt des Franziskanerpaters Candidus Walser bei der Lektüre der Augsburger ordentl. Postzeitung.
Ölgemälde, 1798.
Franziskanermuseum Villingen-Schwenningen.

die personelle Besetzung der Kirchen und Klöster sowie auf deren Finanzgebaren. Die relative politische Autonomie des städtischen Gemeinwesens wurde zurückgedrängt, die direkte staatliche Kontrolle nahm zu. Damit wurden die Voraussetzungen für die Klosteraufhebungen geschaffen, die 1782 in Villingen mit den Klarissen, dem Schwesterkloster der Franziskaner, und den Dominikanerinnen begannen. Die Klosterfrauen wurden zu einem Institut der Ursulinen zur *Unterweisung der weiblichen Jugend* zusammengefasst. Im Jahre 1791 kam es zum Auszug der Franziskanerkonventualen aus ihrem Kloster. Den schrumpfenden Konvent – 1792 wurden nur noch 4 Mönche gezählt – brachte man in Privathäusern unter. Ihr Kloster, wie auch das der Dominikanerinnen, wurde 1791–92 zur Kaserne umgebaut. Formell wurde das Kloster allerdings erst 1797 aufgehoben.
Der gesamte Besitz des Franziskanerklosters, aber auch derjenige der anderen aufgehobenen Klöster (Benediktiner-, Kapuzinerkloster, Johanniterkommende), ihr Kapitalvermögen, ihr Grundbesitz, Zehntrechte, Fruchtgefälle, der Kirchenschatz etc., fielen dem Landesherrn zu, der die Gebäude teils versteigerte, teils verpachtete. Kostbare Paramente, Kunstgegenstände und Bibliotheksbestände wurden ebenfalls verkauft, kamen nach Karlsruhe oder wurden hiesigen Pfarreien überlassen. Auf diese Weise kam ein Teil der Bibliothek des Franziskanerklosters an die Fürsten von Fürstenberg; der Rest wurde in kleinen Mengen veräußert.

Auswirkungen und Folgen

Das Kloster als Kaserne

In den Auseinandersetzungen im Zeitalter der Französischen Revolution wurden die Klostergebäude für militärische Zwecke benötigt. Bereits 1791 fanden österreichische Soldaten oder mit ihnen verbündete Truppen hier Unterkunft. Es war der Rat der Stadt selbst, der bei der Regierung den Antrag auf Nutzung des Klosters für militärische Zwecke stellte. Dies geschah wohl auch mit dem Hintergedanken, weitere Einquartierungen in Privatwohnungen zu verhindern. Die Kirche wurde als Stall und Magazin genutzt. Für

Das ehemalige Franziskanerkloster Villingen
Ansicht von der Riedgasse aus.
Ausschnitt aus einer Sammellithographie.
StA Villingen.

die neuen Zwecke wurden Umbauten vorgenommen. Ende Oktober 1793 war der Führer des französischen Emigrantenkorps, Prinz Ludwig von Condé, in das Kloster eingezogen und hatte es nach seinen Bedürfnissen eingerichtet. In der Kirche veranstaltete er am 29. Januar 1793 einen Gedenkgottesdienst für den wenige Tage vorher hingerichteten Kg. Ludwig XVI. von Frankreich. Dabei erließ er eine feierliche Proklamation für dessen Nachfolger Ludwig (XVII.). Als Villingen 1806 an das Königreich Württemberg fiel, stellte ein Bericht fest, dass ein in *allen seinen Teilen äußerst ruiniertes Minoritenkloster*[2] angetroffen worden sei, das der dringenden Reparatur bedürfe. Württembergisch blieb Villingen nur 10 Monate; im Oktober 1806 wurde es badisch. Im Jahre 1813 kaufte die Stadt Kirche und Konventsgebäude für 3.200 fl. von der großherzoglichen Staatsverwaltung. Der neue Eigentümer verfolgte das Ziel, in den Klostergebäuden das Spital unterzubringen.

Kirchliches Leben

Die Ideen der Aufklärung zeigten ihre Wirkung. Unter Kaiser Joseph II. erhielt die staatliche Reglementierung der Kirche eine bis dahin nie gekannte Dimension, die sich auch auf das Franziskanerkloster auswirkte. Bereits 1770 verbot die Regierung den

Franziskanern, die Passionstragödie aufzuführen und die Karfreitagsprozession mit verkleideten Personen zu gestalten. 1784 wurden die bestehenden Bruderschaften, Kongregationen und religiösen Gesellschaften aufgehoben und ihr Vermögen zugunsten eines neu errichteten Religionsfonds eingezogen. Volkstümliche Bräuche, wie Wallfahrten, Rosenkranzandachten und Prozessionen, die aus aufklärerischer Sicht den Aberglauben und damit das Irrationale im Menschen unterstützten oder mechanisierte Frömmigkeitsformen darstellten, wurden eingeschränkt oder verboten. Sie widersprachen dem rationalistischen Nützlichkeitsdenken jener Epoche und galten als Verschwendung von Zeit und Arbeitskraft. Im Jahre 1784 wurde als erster Klostergeistlicher P. Dominikus Barthel nicht mehr im Bereich des Klosters, sondern auf dem allgemeinen Friedhof bei der Altstadtkirche begraben.

Schulwesen

Zur Verbesserung des Schulwesens wurde der Normalschulunterricht für die Jungen 1775 den Franziskanern übertragen. Den Unterricht für die Mädchen besorgten seit 1773 die Dominikanerinnen und seit 1782 die Ursulinen. Diese Aufgabenstellungen lagen ganz im Sinne des Zeitgeistes, der »nutzlosen« Klöstern, die nicht in der Krankenpflege oder im Schulwesen tätig waren, ihre Existenzberechtigung absprach. Zuvor wurden im Jahre 1774 die beiden Gymnasien der Franziskaner und der Benediktiner durch die Vorderösterreichische Regierung gegen den Willen der Stadt vereinigt und der Unterricht den Benediktinern übertragen. Diese Veränderung schuf bei den Franziskanern die personelle Voraussetzung, sie mit dem Normalschulunterricht zu beauftragen, für den sie in Freiburg ausgebildet wurden. Nach dem Auszug der Franziskaner im Jahre 1791 unterrichteten nur noch weltliche Lehrer an der Schule.

Pfarrorganisation

Infolge der Schließung des Franziskanerklosters und der Schwächung des Kapuzinerklosters kam es Anfang der 90er Jahre des 18. Jhs. zu einem Seelsorgenotstand. Der in der sog. *Präsenz* zusammengeschlossene Klerus sah sich nicht in der Lage, die von den Franziskanern und Kapuzinern besorgte Seelsorgearbeit zu übernehmen. Stadt und Präsenz versuchten 1793–1795 bei der Regierung die Zustimmung für eine zweite Pfarrei zu erreichen. Dies sollte mit dem Vermögen des aufgehobenen Franziskanerklosters und der ehemaligen Klosterkirche als Pfarrkirche begründet werden. Das Kloster sei *1268 von dem Leheninhaber der Stadt Villingen, Graf Heinrich von Fürstenberg, und von den Bürgern zur quasi 2ten Pfarrei gestiftet worden*. Nach dem Tod von Franziskanerprovinzial Wittum im Jahre 1797 wurden aus dem Vermögen des Klosters zwei neue Kaplaneien an der Münsterkirche errichtet. Es war das Bestreben der Aufklärer, zumal Josephs II., die Pfarrorganisation und damit die Seelsorge zu verbessern. Die neuen Stellen wurden – wie auch im Falle der Münsterkaplaneien – mit dem Vermögen aufgelöster Klöster ausgestattet.

[1] Für die Geschichte der Franziskaner in Villingen sind folgende Publikationen grundlegend: *Dieter Mertens*, Das Franziskanerkloster in Villingen, in: Geschichts- und Heimatverein Villingen. Jahresheft XVIII (1993/94), 9–23; *Christian Roder*, Die Franziskaner in Villingen, in: FDA N.F. 5 (1904), 232–312; Alemannia Franciscana Antiqua 3 (1957), 19–44 (*Paul Revellio*).

[2] StA Villingen-Schwenningen Bestand 2.2 Signatur XVI 3b 13.

Weiterbehaltung weder notwendig noch ratsam ...[1]

Die Aufhebungen der Paulinerklöster der deutsch-rheinischen Provinz 1367–1807

von Elmar L. Kuhn

1431 erließ Papst Eugen IV. eine Bulle, wonach *die geliebten Söhne, der Provinzialprior und das gemeinsame Kapitel der Brüder des heiligen Paulus, des ersten Einsiedlers vom Orden des heiligen Augustinus in der Provinz Alemannien* [...] *in ernsthafte Erwägung zogen, daß das Kloster des heiligen Oswald in der Nähe des Waldes beim Königreich Böhmen* [...] *zu weit von den übrigen Klöstern ihres Ordens entfernt ist, und weil sie daher fürchten, daß jenes, wenn es von den Brüdern verlassen wird, in weltlichen Nutzen übergehen und dessen Güter durch Laien besetzt und ihm entrissen werden könnten, gaben sie daher dieses Kloster* [...] *aus freiem und eigenem Willen auf und* [...] *in der Absicht zurück, daß Regularkanoniker* [...] *dort eingesetzt würden.*[2]
1786 verfügte Kaiser Josef II.: *Da die klösterliche Zucht bei dem Pauliner-Orden in unserem Königreich Ungarn und den dazu gehörigen Provinzen ganz in Verfall geraten sei, wonach desselben Weiterbeibehaltung weder notwendig noch ratsam ist, haben wir Allergnädigst zu entschließen befunden, daß gedachter Orden in allen unseren Erbländern allgemein aufgehoben, dessen Vermögen ad fundum religionis eingezogen* [...] *werden sollen.*[3]
Keinerlei Begründung bedurfte es mehr, als der Großherzoglich Badische Geheime Rat 1807 beschloss, das letzte deutsche Paulinerkloster in Bonndorf aufzuheben: *Dieses Kloster seye gleich den übrigen zur Aufhebung bestimmt, welches dem betreffenden Personale bekannt zu machen sey.*[4]
Die drei Zitate belegen: Formen, Gründe und Zeiten von Klosteraufhebungen streuen breit. Ein Kloster kann vom Ordensverband selbst aufgelöst werden, von einem exemten Orden, wie es die Pauliner waren[5], allerdings nur mit Genehmigung des Apostolischen Stuhls.[6] Ebenso kann der Papst als oberste kirchliche Autorität ein Kloster aufheben, wie Papst Gregor XIII. 1579 den Paulinerkonvent Santo Stefano/Rom zugunsten der Gründung des Ungarischen Kollegs.[7] Eigentliche Säkularisationen, d. h. Klosteraufhebungen ohne kirchliche Zustimmung, waren kirchenrechtlich zwar belanglos, die Korporationen erloschen nach dem Kirchenrecht erst hundert Jahre nach dem Tod des letzten Mitglieds[8], aber deshalb praktisch nicht weniger wirksam. Bei der neben der Herrschaftssäkularisation ungleich wichtigeren Vermögenssäkularisation unterscheidet die Forschung [9]

- einen kirchenreformatorischen Typ, bei dem das Klostergut anderen kirchlichen Zwecken zugewandt wird,
- einen domänenpolitischen Typ, bei dem nur der Eigentümer wechselt, die Wirtschaftsverfassung aber unverändert bleibt, und
- einen fiskalpolitischen Typ mit beträchtlichen Vermögensumschichtungen.

Klosteraufhebungen mit kirchlicher Erlaubnis und Säkularisationen sind kein Phänomen der Wende vom 18. zum 19. Jh. Es hat sie seit der Rechtsfähigkeit kirchlicher Institutionen gegeben.[10] Die Zeit um 1800 zeichnet sich – wie schon zuvor das 16. Jh. – durch die Häufigkeit und die Radikalität des Vorgehens mit entsprechenden tiefen Zäsuren in Herrschafts- und Wirtschaftsstruktur, Kultur und Kirche aus.
Einmal den Blick nicht auf ein einzelnes Kloster oder einen bestimmten Zeitabschnitt zu richten, sondern auf die gesamte Existenzdauer einer ganzen Ordens-

provinz, scheint mir deshalb unter vergleichenden Aspekten von besonderem Interesse im Hinblick auf die Vielfalt der Formen, Gründe und Folgen. Die deutsch-rheinische Provinz des Paulinerordens mit ihren 20 meist kleineren Klöstern und überschaubarer Quellen- und Literaturlage bietet sich dafür an. Zwar entstanden alle Klöster in einem Zeitraum von kaum mehr als einem halben Jahrhundert, aber kein Jahrhundert bis zum Beginn des 19. Jhs. verging, ohne dass nicht Klöster dieses Ordens aufgelöst wurden.
Ich frage nach den Gründen für das jeweilige Ende, v. a. nach der Verwendung des Vermögens, aber auch nach dem Schicksal der Konventualen, von Gebäuden und Bibliotheken soweit möglich. Bei den vom 14.–16. Jh. aufgelösten Konventen berufe ich mich auf die meist ältere Literatur, bei den im 18. Jh. noch verbliebenen fünf Klöstern kann ich mich auf umfangreiche Archivrecherchen stützen.[11]

Der Orden der Pauliner

Der Orden der Brüder des hl. Paulus, des ersten Eremiten, kurz: der Paulinerorden, entstand im 13. Jh. aus der Vereinigung von Eremitorien und Eremitengemeinschaften in Ungarn.[12] 1308 erlaubte der päpstliche Legat in Ungarn, Kardinal Gentilis, die Annahme der Regel des hl. Augustinus und die Verpflichtung auf eigene Konstitutionen. Papst Johannes XXII. bestätigte diese Anordnungen 1328. 1371 erhielt der Orden die endgültige päpstliche Anerkennung und die Bestätigung des unmittelbaren päpstlichen Schutzes mit der Exemtion von der bischöflichen Jurisdiktion. Im 14. Jh. breitete sich der Orden vor allem in Ungarn, Kroatien und Polen, aber auch in Süddeutschland und Österreich aus und verband sich später vorübergehend mit ähnlichen Eremitenverbänden in Spanien, Portugal und Frankreich. Die Pauliner wählten als Ordenspatron den Wüstenvater Paulus von Theben und hielten im Mittelalter weitgehend an ihrem eremitisch-monastischen Charakter fest, konzentrierten sich also auf asketische Selbstheiligung, Gebet, Meditation, Fasten und Arbeit, übernahmen aber die zentralistische Organisationsstruktur der Bettelorden. Erst mit dem Ende des Mittelalters engagierten sie sich stärker in der Seelsorge und öffneten sich im 17. Jh. der Wissenschaft. Der Ordensgeneral residierte bis ins 16. Jh. im Kloster St. Laurentius bei Budapest und seither bis 1786 meist in Maria Thal in Nordungarn (heute Slowakei).
Neue Konstitutionen 1643 hoben die bisherigen Bindung der Mönche an ihr Professkloster auf, ermöglichten regelmäßige Versetzungen innerhalb der Provinz, verstärkten die zentralistischen Züge der Ordensverfassung und glichen sie noch stärker an die der Bettelorden an. Fortan versuchten die Pauliner, »Vita eremitica und Cura animarum in einem monastischen Orden mit mendikantischer Organisation« zu verbinden, ein bis heute schwieriger Balanceakt.[13]
Lange war die Zuordnung des Paulinerordens unklar, 1760 entschied Papst Clemens XIV., dass die Pauliner zu den Mönchsorden gehören.[14]
Mehrfach wurde die »Palme« des Ordens[15] hart beschnitten: Erstmals in den Türkenkriegen des 16. Jhs., in denen die meisten der etwa 170 ungarischen Klöster vernichtet wurden. Dann, nach einer neuen Blüte, 1786 durch die Aufhebung des Ordens in den österreichischen Herrschaften durch Joseph II. Im 19. Jh. durch die Auflösung der meisten Klöster im russischen Besatzungsgebiet in Polen, wo der Orden nur in den beiden Konventen von Krakau und des polnischen Nationalheiligtums Tschenstochau überlebte, und schließlich 1950 durch die erneute Vernichtung der ungarischen Klöster.

Die Provinz

Schon bald nach der organisatorischen Festigung in Ungarn warb Nicolaus Teutonicus (der Deutsche), Generalprior 1330–36 und 1341–45, für den neuen Orden in *seinem Heimatland Schwaben* und bewog nach Mitteilung des ersten Ordenshistorikers Gyöngyösi mehrere Adlige zu Klostergründungen.[16] Er führte Kopien der erwähnten päpstlichen Bulle von 1328 mit sich, die 1333 und 1341 von Bischöfen Ungarns ausdrücklich für die Geistlichkeit in Deutschland ausgestellt worden waren. 1335 verfügte Graf Philipp v. Sponheim, dass die Eremitenkapelle auf dem Donnersberg in der Rheinpfalz dem *Eremitenorden der Brüder des Hl. Paulus, des ersten Eremiten* übergeben werden soll.[17] Damals konnte diese Über-

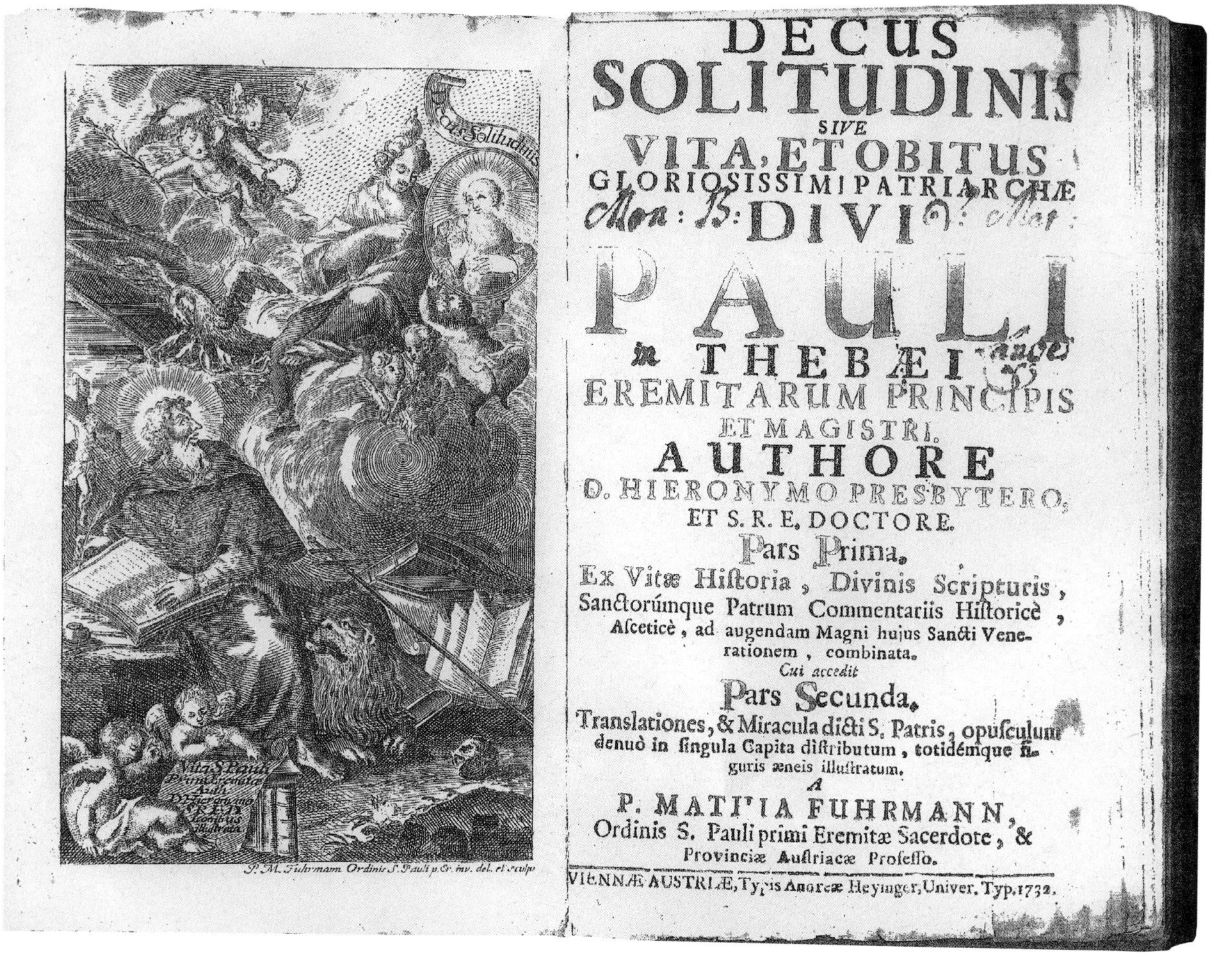

Zierde der Einsamkeit
Titelblatt einer 1732 gedruckten Lebensbeschreibung des hl. Eremiten Paul von Theben, des »Ordensvaters« der Pauliner. Exemplar aus der ehem. Klosterbibliothek Langnau. Kreisarchiv Bodenseekreis.

gabe noch nicht realisiert werden. 1349 trugen die Bemühungen Nikolaus Teutonicus' ihre Früchte: Zwei Männer im eremitischen Gewand kamen aus Schwaben zum Generalkapitel nach Ungarn und baten im Auftrag ihrer *ganzen Bruderschaft* um Aufnahme in den Orden. In den Rheingegenden hätten einst Eremiten in zerstreuten Zellen gewohnt, diese aber im Laufe der Zeit verlassen und sich zu Gemeinschaften zusammengeschlossen, Oratorien erbaut und die klösterliche Lebensweise aufgenommen. General und Kapitel entsprachen der Bitte und vereinigten die Konvente zu einer eigenen Ordensprovinz, die offiziell die deutsch-rheinische, oft aber einfach die schwäbische genannt wurde.[18]

Außer den Herkunftsklausen der beiden Delegierten tauchen im folgenden Jahrzehnt sieben weitere Paulinerklöster in den Quellen auf, als erstes 1351 urkundlich sicher nachweisbar Ebnit in Vorarlberg. Fast die Hälfte der deutschen Klöster entstand in nur einem Jahrzehnt. Immerhin an drei Orten späterer Paulinerklöster lassen sich vorher noch an keine Ordensregel gebundene Eremiten nachweisen, in Rohrhalden 1342,

Die Paulinerklöster der deutsch-rheinischen Provinz

Ersterwähnung	Ort	Stifter	Auflösung
1349	*in der Awe, prope oppidum Sulz*	?	nach 1349
1349	*Tennebach*	?	nach 1349
1351	Ebnit	Herr v. Ems?	nach 1377
1353	Tannheim	Graf v. Fürstenberg	1802
1358	Rohrhalden	Graf v. Hohenberg	1786
1359	Argenhart	Graf v. Montfort	(1672)
1359	Gundelsbach	Stadt Waiblingen	1534
1360	Kirnhalden	Markgraf v. Hachberg	vor 1585
1360	Grünwald	Ritter v. Blumegg	1803
1366	Blümlistobel	?	1367
1370	Donnersberg	Graf v. Sponheim	1554
1373	St. Peter auf dem Kaiserstuhl	Markgraf v. Hachberg	nach 1567
1382	Goldbach	Gräfin v. Hohenlohe	1556
1383/1421	Rotes Haus	Herr v. Richisheim/Münch v. Münchenstein	1512
1396	St. Oswald	Landgraf v. Leuchtenburg	1432
1402	Bonndorf	Ritter v. Wolfurt	1807
1403	Anhausen	Ritter v. Hornburg	1557
1405	Langnau	Graf v. Montfort	1787
1437	Maihingen	Graf v. Öttingen?	nach 1437

Nicht lokalisierbar sind *Tennebach* und *Engenthal in valle Stauffensi;* letzteres ist auch nicht datierbar.[19]

in Tannheim vor 1353 und in Argenhart 1355. 1353, also wenige Jahre nach der Aufnahme in den Orden, lässt sich ein Bruder aus dem Schwarzwald, wohl aus Tannheim, vom Konstanzer Generalvikar die Kopie von 1341 der päpstlichen Bulle von 1328 mit den Privilegien des Ordens bestätigen.[20]

Die Pauliner waren ein »Orden der zweiten Stunde«[21], in Süddeutschland im wesentlichen eines halben Jahrhunderts, der zweiten Hälfte des 15. Jhs., einer wirtschaftlichen, politischen und kirchlichen Krisenzeit. Konnten sie in Ungarn mit der Unterstützung der Könige und in Polen mit der der Herzoge rechnen, so waren sie hier der Orden der kleinen und mittleren Herren. Manche von ihnen, wie die Herren v. Wolfurt und vielleicht auch die Grafen v. Montfort, mögen den Orden auch als Söldnerführer für die Anjou kennen gelernt haben.[22] Die Grundausstattung der Klöster war oft sehr bescheiden und ging anfänglich kaum über eine Hofstatt neben der Kapelle hinaus. Auch wenn manche der Niederlassungen in der Folge ihre wirtschaftliche Grundlage durch Käufe und weitere Schenkungen ausbauen konnten, so brachten es die meisten Paulinerklöster der schwäbischen Provinz selten zu mittlerem Wohlstand, sondern blieben weit ent-

Die Paulinerklöster der Schwäbischen Provinz
Kreisarchiv Bodenseekreis/ Collectio Paulina.

● Bis ins 16. Jh. aufgelöste Paulinerklöster
● Im 17. und 18. Jh. noch bestehende Paulinerklöster
Bischofssitze

fernt von Macht und Glanz der Reichsabteien. Etwas besser dotiert als die meisten *monasteriola* (Klösterlein) wurden die späten Gründungen, St. Oswald im Bayerischen Wald, dem der Landgraf v. Leuchtenberg 1396 sechs »Klosterdörfer« schenkte, und Langnau, dem der Graf v. Montfort als dem Hauskloster 1405 eine kleine geschlossene Grundherrschaft übergab, die das Benediktinerkloster Schaffhausen aufgegeben hatte. Mehr als zwei bis drei Brüder bildeten wohl zunächst in keiner Niederlassung den Konvent, außer in Anhausen und Langnau; in ärmeren mögen es auch nur ein bis zwei Brüder gewesen sein. Da die meisten Kloster außerhalb von Siedlungen oder in wenig besiedelten Gegenden lagen, behielten sie vielfach den Charakter von Eremitorien. Seit dem 15. Jh. widmete der Orden sich verstärkt der Seelsorge, die Mehrzahl der Klöster betreute Pfarreien und Kaplaneien. Die Stifter mochten auf »eine Kirchenreform im kleinen durch Verwendung von armen und anspruchslosen Mönchen« gehofft haben, aber die schwäbischen Pauliner wandten sich wie die anderen Orden bald von ihren asketischen Idealen ab.[23]

Die Reformation überlebten nur sechs Klöster, die bis weit ins 17. Jh. nur schwach besetzt waren. Im 16. Jh. durch die Türkenkriege, im 17. Jh. durch den 30-jährigen Krieg lockerte sich die Verbindung zur fernen

Ordenszentrale in Ungarn. Als die Ordensleitung seit dem 17. Jh. Reformen durchsetzen und die Zügel wieder anziehen wollte, regten sich mit Unterstützung der Konstanzer Bischöfe, in der Provinz Separationsbestrebungen, die aber in Rom kein Gehör fanden.[24]

14. bis 16. Jh.: Selbstauflösungen

Im ersten Jahrhundert nach der Bildung der schwäbischen Provinz verschwanden bereits wieder sieben Klöster. *Engental* wird überhaupt nur im Werk des Ordenschronisten Eggerer 1663 ohne Lokalisierung und Datierung erwähnt, von *Awe bei Sulz* und *Tennebach* wissen wir nur als Herkunftsorte der beiden Delegierten beim Generalkapitel 1349. *Blümlistobel* im Thurgau ist nur durch eine einzige, *Ebnit* durch zwei Urkunden belegt. In den meisten dieser Fälle kennen wir die Gründe für den Rückzug der Pauliner nicht; oft resignierten sie anscheinend vor wirtschaftlichen Schwierigkeiten. Alle diese ländlichen, bescheiden ausgestatteten Klöster, wohl eher Eremitorien, standen von Anfang »an der Grenze der Lebensfähigkeit«.[25] In *Blümlistobel* lebten anschließend geistliche Personen ohne Ordens- und Regelzugehörigkeit, nach 1400 beherbergte es eine kleine, stets arme Beginengemeinschaft, die sich im 16. Jh. auflöste.[26] In *Ebnit* wirkte in der Kapelle ab 1423 ein Kaplan, am Ende des 16. Jhs. wurde die Kaplanei zur Pfarrei erhoben, die Kapelle zur Pfarrkirche.[27] Von allen in diesem Zeitraum aufgelösten Klöstern hatte *St. Oswald* die besten Startbedingungen, denn der Landgraf v. Leuchtenberg hatte seiner Stiftung sechs Dörfer, drei Mühlen, insges. 60 Lehengüter und eine Pfarrkirche übergeben. An der mangelnden wirtschaftlichen Grundlage lag es hier also nicht, wenn der Provinzialprior seit 1427 der Stifterfamilie die Rückgabe des Klosters anbot. Nach dem Verkauf ihrer Herrschaft durch die Leuchtenberger an die Grafen v. Ortenburg sei das Kloster *so unfreundlich lange Zeit* [...] *gehalten und bedrängt worden und man tut uns* [...] *an unseren Freiheiten so schwerlich Abbruch, daß wir das deswegen nicht mehr noch länger leiden mögen.*[28] Es bedurfte erst noch der eingangs erwähnten, die wahren Gründe eher verschleiernden päpstlichen Bulle von 1431 und vierer Urteile des Basler Konzils 1433–1437 gegen die Ortenburger, bis Augustiner-Chorherren das Kloster und seinen Besitz übernehmen konnten. Ihnen folgten 1567 die Benediktiner von Niederaltaich.

Das 1437 als letztes gegründete Kloster *Maihingen* wurde von den Paulinern sehr rasch aus unbekannten Gründen wieder aufgegeben. An den offenbar widrigen Verhältnissen scheiterten noch mehrere Orden, zunächst ließen sich Benediktiner nieder, 1455 Serviten, 1459 Birgitten und 1607 bis zur Säkularisation Franziskaner.[29] 1383 hatte der Basler Leutpriester Werner v. Richisheim sein Haus und Hofstatt zum *Roten Haus* den Paulinern übergeben, aber erst 1421 ermöglichte Hans Thüring Münch v. Münchenstein den Bau von Kirche, Kirchhof und Kloster. Die wirtschaftliche Lage verschlechterte sich nach dem Tod des zweiten Stifters rasch. Als 1508 ein Brand großen Schaden anrichtete, gaben die Mönche das Kloster auf und überließen es dem Basler Siechenhaus mit der Verpflichtung, die Kirche wieder aufzubauen und die gestifteten Messen lesen zu lassen. 1521 bezogen Beginen das wiedererrichtete Kloster, wurden aber schon 1525 vertrieben. Spätere Eigentümer bauten die Gebäude zu einem herrschaftlichen Landsitz um.[30]

In den meisten dieser Fälle kennen wir die Gründe für den Rückzug der Pauliner nicht, meist resignierten sie offenbar vor wirtschaftlichen Schwierigkeiten und ungenügender Ausstattung. Es war wenigstens vordergründig zumeist ihr eigener Entschluß, diese Niederlassungen aufzugeben. Nur in St. Oswald wichen sie vor Konflikten mit neuen Herren zurück.

Abgesehen von den nur chronikalisch überlieferten Niederlassungen, von denen nur die Namen bekannt sind, traten in allen Fällen andere geistliche Institutionen an die Stelle der Pauliner: eine Kaplanei, zwei Beginenhäuser, in *St. Oswald* und *Maihingen* andere Orden. Das Schicksal der Mönche nach Aufgabe ihrer Klöster ist unbekannt, von den Bauten der Pauliner ist nichts geblieben, in drei Fällen kennt man nicht einmal den Ort, in St. Oswald und Maihingen stehen Nachfolgebauten der späteren Orden.

Das Jahrhundert der Reformation (16. Jh.)

Der Reformation und ihren direkten oder indirekten Folgen fielen sechs Klöster der Pauliner zum Opfer.

Als erstes traf es das im Hzm. Württemberg gelegene *Gundelsbach*, das über kleinen Streubesitz in den umliegenden Orten verfügte und die Kaplanei Kleinheppach zu versehen hatte. 1482 wurde es als ruinös bezeichnet, war wohl einige Zeit unbesetzt, wurde dann aber wiederhergestellt. Die Bauern zündeten es 1525 an. Bald nach dem Wiederaufbau bereitete die Reformation im Herzogtum dem Kloster ein Ende. Sein Besitz wurde der geistlichen Verwaltung Schorndorf übereignet, 1556 und 1559 aber der Stadt Waiblingen für den Bau eines Siechenhauses überlassen. Ob der neue Prior, der mit fünf Mönchen, Anfang 1533 das Kloster Anhausen übernehmen sollte, wirklich aus Gundelsbach kam, und so das Ende seines eigenen Klosters vorausahnte, kann man sich angesichts der bescheidenen Ausstattung kaum vorstellen.[31]

Ähnlich schlecht wie für Gundelsbach ist die Quellenlage zu den beiden Klöstern im Breisgau, Kirnhalden und Kaiserstuhl sowie für Donnersberg.

Das ebenfalls wenig begüterte *Kirnhalden* war 1525 wie Gundelsbach von den Bauern geplündert und zerstört worden. Die vorderösterreichische Regierung bemühte sich vergeblich um Wiederaufbau und Neubelebung. 1554 starb der letzte Konventuale, der die Pfarrei Heimbach betreut hatte. Die vom Kloster ebenfalls versehene Pfarrei Ottoschwanden lag im Territorium Baden-Durlachs, das ab 1556 reformiert wurde. Die Ordensprovinz gab Kirnhalden auf; der Besitz gelangte an die Schulkörperschaft des nach 1578 gegründeten »Collegiums« in Ensisheim. Dieses verkaufte den Besitz schon 1585 mit Zustimmung des Provinzialpriors an das Zisterzienserinnenkloster Wonnental bei Kenzingen, das 1669 die Kirche neu erbaute und später an Stelle der Klosterbauten ein Badhaus errichtete.[32]

St. Peter auf dem Kaiserstuhl wurde 1464 und 1465 ebenfalls als ruinös geschildert. In den Registern des Bistums Konstanz wurde es letztmals 1508 erwähnt, in Zinsbüchern der Stadt Freiburg bis 1567. Die vom Kloster betreute Pfarrkirche Vogtsburg wurde Filial von Oberbergen. Wann das klösterliche Leben endete und was mit dem Besitz geschah, bleibt unbekannt. Es mag wie in Kirnhalden gewesen sein, daß der Orden nach dem Tod des letzten Mönchs im Laufe des 16. Jhs., geschwächt durch Verfallserscheinungen, keinen Nachfolger mehr entsenden konnte.[33]

Das Kloster auf dem *Donnersberg* in der Rheinpfalz überstand die Einführung der Reformation in den Territorien der Grafen v. Nassau-Saarbrücken ebenfalls nicht. Es hatte zeitweise die Kapelle in Fischbach und ab 1499 die Burgkapelle Falkenstein versehen. 1554 wurde es »wahrscheinlich« von den Grafen »in Beschlag genommen«. Der Chronist des 19. Jhs. empörte sich, dass die Einkünfte »für üppige Kleidungsstücke und ausgesuchte Gaumenbefriedigung« der Grafen verwendet worden seien.[34]

Mit den Klöstern Anhausen und Goldbach traf die Reformation solider fundierte und zumindest anfangs des 16. Jhs. noch lebenskräftige Konvente. Anhauser Mönche besetzten die Pfarrstellen in Oberaspach und Wallhausen, Goldbach versah die Pfarreien Ilshofen, Untermünkheim, evtl. auch von Satteldorf und die Kaplanei Enslingen.

In *Anhausen* zeichnete sich das Ende früher ab. Die von den Bauern 1525 angezündete Kirche blieb eine ausgebrannte Ruine, nur sein Wohnhaus baute der Prior wieder auf; Konvents- und Ökonomiegebäude waren unbeschädigt geblieben. Fünf Mönche schlossen sich der neuen Lehre an und verließen den Konvent. Die auf ihren Pfarreien verbliebenen Pauliner mussten 1532 und 1533 in ihr Kloster zurückkehren,

»Anhäuser Mauer«
Überrest des ehem. Paulinerklosters Anhausen/Gde. Satteldorf (Lkrs. Schwäbisch Hall).
Kreisarchiv Bodenseekreis/Collectio Paulina.

ihre Stellen nahmen nun evangelische Pfarrer ein. Die Klosterökonomie ließ der Markgraf von Brandenburg-Ansbach durch seine Amtleute kontrollieren, die das Klostergut 1529, 1533 und wieder 1551 inventarisierten und denen der Prior die Jahresrechnung vorzulegen hatte. Zwar zog 1533 nochmals ein neuer Prior mit fünf Mönchen angeblich aus Gundelsbach ein, aber der Prior »führte ein Leben wie etwa ein Landedelmann«, trat »in den Ehestand«, sorgte für das Fortkommen seiner Stiefsöhne und gab die Klostergüter in Halbpacht. Der Markgraf verbot die Aufnahme von Novizen und wartete, bis sich die Zahl der Mönche auf natürliche Weise verminderte. Als der Prior 1557 starb, wurde der letzte überlebende Konventuale im Aussterbekloster der Markgrafschaft untergebracht. »Ein reicher Nachlaß mit schönen Gütern fiel nun wie eine reife Frucht der markgräflichen Kammer in den Schoß.«[35] Das Klosteramt wurde bald mit dem Amt Lobenhausen vereinigt. Im Jahre 1700 wurden die Klostergüter an die benachbarten Gemeinden verkauft und die Klostergebäude abgerissen. Dem Abbruch entging nur die eindrucksvolle »Anhäuser Mauer«, die auf freiem Feld aufragende Seitenwand des gotischen Chors mit fünf Adelsgrabmälern.
Die Grafen von Hohenlohe hatten schon 1526, dann erst wieder 1551 den Besitz des Klosters inventarisieren lassen, entschlossen sich aber nur zögernd zur Reformation. Die Pfarreien des Klosters *Goldbach* im Gebiet der Reichsstadt Schwäbisch Hall besetzte diese ab 1538 mit evangelischen Pfarrern, die das Kloster zu bezahlen hatte. Den letzten Prior entsandte 1543 der Provinzialprior aus Langnau. 1550 berichtete der Provinzvisitator noch von guten Zuständen in Goldbach, wo allerdings nur noch der Prior mit einigen Novizen hauste. Aber die gräflichen Beamten behandelten die Klosterherrschaft nun nur noch wie eine Außenstelle der eigenen Verwaltung. Als 1553 die neue Kirchenordnung verkündet und 1556 nach dem Augsburger Religionsfrieden die Reformation in Hohenlohe endgültig eingeführt wurde, und der Goldbacher Prior, offenbar der einzige verbliebene Mönch, sich vor dem Kirchenrat in Öhringen examinieren lassen sollte, kehrte er in sein Mutterkloster Langnau zurück. »So verließ seinem Orden getreu der letzte Prior [...] das Kloster Goldbach.«[36] Der Grundbesitz wurde in die gemeinsame Verwaltung der beiden Linien Hohenlohe-Waldenburg und Hohenlohe-Neuenstein genommen. Im Klostergut selbst wurde ein Viehhof eingerichtet, der 1772 verkauft wurde.
Bei allen vier Klöstern handelte es sich – im Gegensatz zu den früheren Auflösungen – um eindeutige Säkularisationen infolge der Reformation durch die Häuser Württemberg, Nassau-Saarbrücken, Brandenburg-Ansbach und Hohenlohe. In Gundelsbach ist der ehemalige Klosterbesitz immerhin sozialen Zwecken gewidmet worden, in Anhausen und Goldbach mussten Teile der Klostereinkünfte für die Dotierung der Pfarreien eingesetzt werden. Die Masse des säkularisierten Klostereigentums aber integrierten die Landesherren in ihre Grundherrschaften. Dagegen sind die Klöster *Kirnhalden* und *St. Peter*, verstärkt durch die Wirren der Reformationszeit, wohl eher an innerer Schwäche zugrunde gegangen.
Innere Neigungen zur Reformation zeigten sich nur im Konvent Anhausens. Da die Herren außer in Gundelsbach zuwarteten, bis die Konvente ausstarben, musste offenbar nur in Goldbach ein Mönch versorgt werden. Erstmals erfahren wir auch von nennenswerten Bibliotheken, einem sehr kleinen, aber sehr feinen Bestand in Anhausen, und einem umfangreichen, aber schlecht inventarisierten in Goldbach.[37]
Von den unbedeutenderen vier Klöstern haben sich fast keine Spuren erhalten. Von Anhausen zeugt noch die Chorwand, und in Goldbach vermitteln noch das sog. Bruderschaftsgebäude und Reste der ehemaligen Kirche, in die jetzt Scheuer und Stall eingebaut sind, eine Vorstellung von der ehemaligen Anlage.

Die josephinischen Klosteraufhebungen 1786/1787

Im 30-jährigen Krieg besetzte die Ordensprovinz das Kloster *Argenhart* nicht mehr. Argenhart war seit der Übernahme des in der Luftlinie nur 4 km entfernten Klosters Langnau durch die Pauliner 1405 immer mehr in dessen Abhängigkeit geraten. 1631 ist der letzte Prior nachweisbar, 1672 wurde Argenhart förmlich mit Langnau vereinigt und nur mehr als Eigenbetrieb unter einem Hofmeister weitergeführt.[38]
Von den verbliebenen fünf Klöstern fielen die beiden größeren, *Langnau und Rohrhalden*, den Säkularisa-

tionen Josephs II. zum Opfer. Bereits 1781 untersagte ein kaiserliches Dekret alle Verbindungen österreichischer Klöster mit Ordensoberen und Klöstern außer Landes. 1784 wurde das Dekret auch gegen die vorderösterreichischen Paulinerklöster durchgesetzt. Langnau und Rohrhalden hatten folglich aus dem Provinzverband auszutreten und sich der bischöflichen Jurisdiktion zu unterstellen. Die Obhut des Konstanzer Bischofs währte nicht lange, da am 7. Feb. 1786 Kaiser Joseph II. das eingangs zitierte Aufhebungsdekret erließ. Von Verfall war allerdings weder in den schwäbischen noch in der Mehrheit der übrigen Klöster etwas zu bemerken, der Kaiser nutzte bestellte Einzelmeldungen aus Ungarn. Die österreichischen Kommissare teilten den Konventen in Langnau am 6. März und in Rohrhalden am 7. März die Aufhebung mit. Am 26. Juni begann in Rohrhalden, am 16. August in Langnau die Versteigerung des Klostergutes. Am 6. August hatten die Langnauer Patres, am 7. August die Rohrhaldener ihr Kloster zu verlassen. Als in Langnau schon fast die ganze Fahrnis verkauft war, gebot ein kaiserliches Dekret vom 31. Juli, die Aufhebung Langnaus zu sistieren. Der Bischof von Konstanz hatte in Wien gegen die Aufhebung Langnaus protestiert, da dieses Kloster in der Reichsgrafschaft Tettnang lag, die zwar 1780 von den Grafen v. Montfort an Österreich verkauft worden war, tatsächlich aber nicht zu den österreichischen Erblanden zählte, sondern von Joseph II. nur in Personalunion regiert wurde. Aber kaum hatten sich die Mönche wieder eingefunden, wurde dem Konvent am 28. Februar 1787 ein endgültiges Aufhebungsdekret verkündet, worauf die Langnauer Patres am 31. Juli 1787 endgültig ihr Kloster verließen. Weitere Bemühungen um Erhalt und Restitution, vor allem nach dem Tod Josephs II. 1790, blieben erfolglos.

In *Rohrhalden* befanden sich bei der Aufhebung außer dem Prior vier Mönche und ein Laienbruder, in Langnau außer dem Prior elf Mönche und ebenfalls ein Laienbruder. Von den Rohrhaldener Mönchen wurde einer der erste Pfarrer von Kiebingen, das vorher als Kaplanei vom Kloster versehen worden war, die anderen vier und der Laienbruder genossen ihre Pensionen in Rottenburg im Ruhestand. Die Langnauer Mönche übernahmen zum größeren Teil Seelsorgestellen, drei Pfarreien, darunter die vorher vom Kloster pastorierte Pfarrei Hiltensweiler, und vier Kaplaneien; zwei traten als Novizen im Benediktinerkloster Mehrerau ein, und nur einer zog sich in den Ruhestand zurück. Der vormalige Langnauer Laienbruder trat in den weltlichen Stand und vermaß als Geometer das vorige Klosteramt. 1787 wurde die Klosterkirche Rohrhalden exsekriert, 1793 die Langnaus, um alsbald abgebrochen zu werden.[39]

Die Schätzung der Vermögenswerte bei der Aufhebung der beiden Klöster stimmten ziemlich überein: Langnau wurde auf 115.000 fl. (Netto nach Abzug der Passiva 92.000 fl.), Rohrhalden auf 87.000 fl. (Netto 81.000 fl.) geschätzt. Beide dürften ein Jahreseinkommen von je 3.000–5.000 fl. erzielt haben. Zum Vergleich: Oberschwäbische Reichsabteien verfügten über Jahreseinkommen von 100.000–150.000 fl., die Landesherren Langnaus, die Grafen v. Montfort, von ca. 50.000 fl. Die Vermögensstruktur der beiden Paulinerklöster unterschied sich allerdings deutlich:

	Langnau	Rohrhalden
Eigenwirtschaft	23 %	46 %
Grundherrschaft	34 %	8 %
Zehntrechte	8 %	16 %
Teichwirtschaft	7 %	–

Dies hatte zur Folge, dass der Rohrhaldener Klosterbesitz nach 1786 fast komplett veräußert wurde, die Langnauer Grundherrschaft als Vermögensfonds gar noch mehr als ein Jahrhundert überdauerte.

Ihr Rottenburger Stadthaus hatten die Rohrhaldener Mönche schon 1784, auf Druck der österreichischen Beamten, um 2.500 fl. verkaufen müssen. Nach der Aufhebung des Klosters ersteigerte der Speyrer Hofkammerrat Bayha die Rohrhaldener Klostergebäude mitsamt dem dazu gehörigen Grundbesitz um 42.265 fl., verkaufte aber den Großteil der Ackerflächen um 33.347 fl. an die Kiebinger Bauern weiter. Da er mit seinem Vorhaben scheiterte, im Klosterbau eine Spinnerei einzurichten, veräußerte er ein Jahr später auch die Gebäude an einen Rottenburger Oberamtsrat, der das Kloster abtragen ließ und als Baumaterial verkaufte. Das Kiebinger Widdumgut erwarben drei Kiebinger Brüder um 6.000 fl., das Bieringer Widdumgut der Frh. v. Rassler um 1.040 fl. Der Zehnte zu Kiebingen ging an das Spital Rottenburg um 7.525 fl., der zu Bieringen um 10.036 fl. an den Frhn. v. Stauf-

fenberg, mit einem verbliebenen Teil des Kiebinger Zehntens wurde der Pfarrer versorgt. Den Wald kaufte um 16.810 fl. der Schultheiß von Kiebingen für die Gemeinde. Insgesamt erlöste die österreichische Landesherrschaft über 100.000 fl. aus den Rohrhaldener Kapitalien, Abgaben, Immobilien, Mobilien und Vorräten. Diese Summen flossen dem Vorderösterreichischen Religionsfonds zu, aus dem kirchliche Bedürfnisse zentral finanziert werden sollten.[40]

In *Langnau* versteigerte der Aufhebungskommissar den Klosterbauhof um 13.800 fl., weitere Gebäude und Liegenschaften um insgesamt 18.022 fl., davon allein die Weiher um 11.736 fl. Mit Kapitalien, Vorräten und Mobilien erlöste Österreich hier ca. 56.000 fl. Weiter vom Religionsfonds verwaltet wurden 35 Schupflehen im Wert von 19.499 fl., nicht weniger als 335 Erblehenteile im Wert von 18.838 fl., drei Pachtgüter, darunter der Argenharter Hof des dortigen 1672 mit Langnau vereinigten Klosters, im Wert von zus. 5.261 fl. und Zehnten im Wert von 9.142 fl., also etwa die Hälfte des vormaligen Klostervermögens. Der Wald im Schätzwert von 3.400 fl. wurde vom K.K. Forstamt übernommen. Die vorige Klostergrundherrschaft bestand als Lehenverband und Zehntherrschaft also weiter und hatte nur den Eigentümer gewechselt, der Vorderösterreichische Religionsfonds

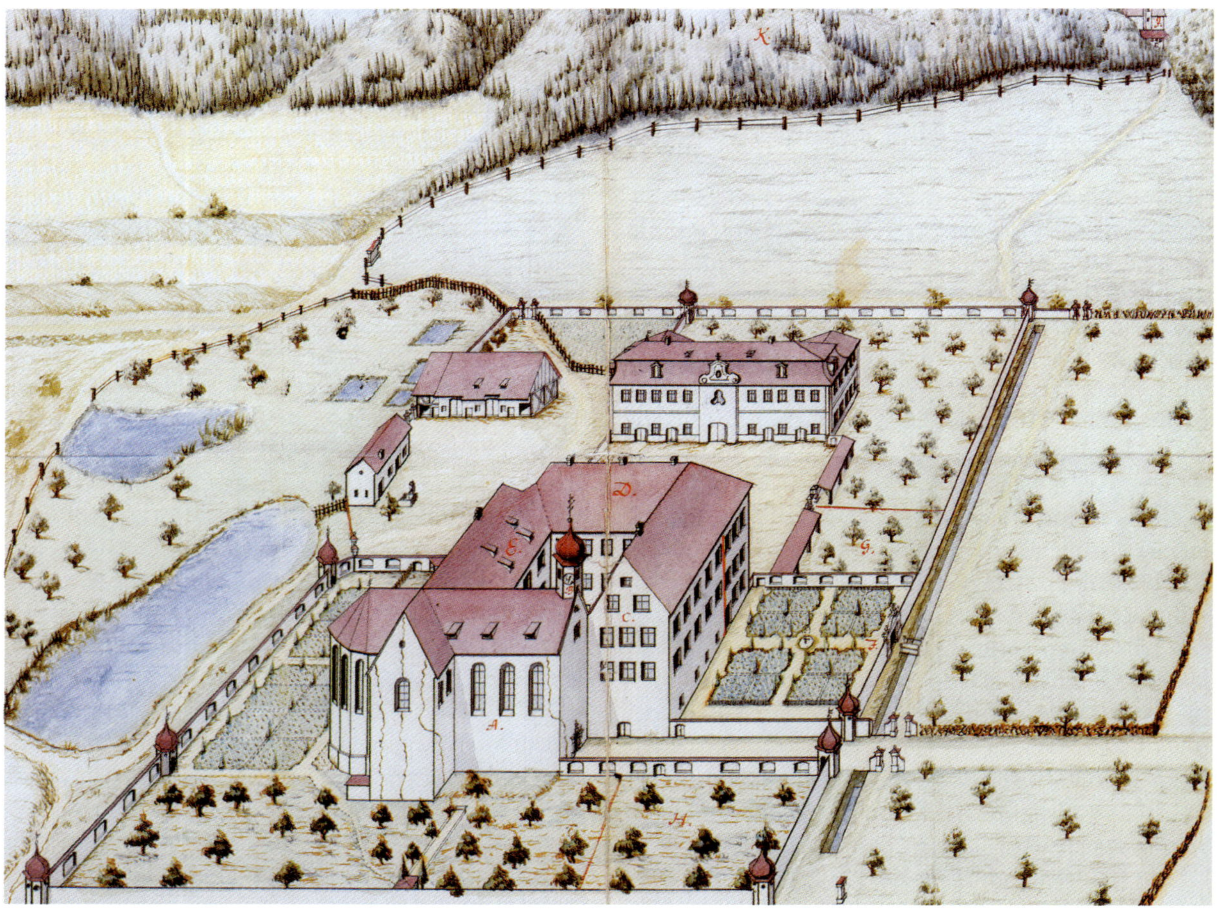

Kloster Langnau
Ansicht des heute weitgehenden abgebrochenen Klosters Langnau. Kolorierte Federzeichnung von Johann Baptist Thumb, um 1790. HSA Stuttgart.

bezog aus ihr bis 1805 ein durchschnittliches Jahreseinkommen von knapp 3.000 fl., ohne die Lasten, z. B. für die Unterhaltung des Pfarrers in Hiltensweiler, netto ca. 2.400 fl.[41]

Der Vorderösterreichische Religionsfonds, der zusammen mit dem Studienfonds ein Vermögen von etwa 2,5 Mio. fl. besaß, wurde nach 1806 auf Baden, Bayern und Württemberg aufgeteilt. Aus unbekannten Gründen blieb der Langnauer Religionsfonds selbständig. Bayern, dem 1806 die österreichische Grafschaft Tettnang zufiel, schlug diesen Fonds, nach späterer Darstellung irrtümlich seinem Tettnanger Rentamt zu. Als 1810 das bayerische Landgericht Tettnang an Württemberg abgetreten wurde, übernahm der neue Staat zunächst auch die Langnauer Güter. Aber 1811 reklamierte Bayern den Langnauer Religionsfonds als sein Eigentum, da nach dem Pariser Staatsvertrag von 1810 Stiftungsvermögen von den territorialen Gebietsveränderungen ausgenommen blieb. Die Verhandlungen darüber zogen sich über Jahre hin, 1821 erkannte Württemberg zwar das bayerische Recht auf Langnau an, es dauerte aber trotzdem noch bis 1832, bis alle Details geregelt waren. Damit war Bayern wieder Rechtsnachfolger des Klosters Langnau geworden und ließ von Lindau aus die verbliebenen Güter und Rechte des Königlich Bayerischen Langnauischen Religionsfonds verwalten, die zum größten Teil im nunmehr württembergischen Oberamt Tettnang lagen. Bis 1846 bezog der Verwalter im Durchschnitt jährlich 3.425 fl. Bruttoeinnahmen aus den auf 47.699 fl. geschätzten ehemaligen Klostergütern; netto verblieben 2.510 fl.

In den 1830er Jahren begannen die ersten Allodifikationen Ab 1849 wurden die Lehengefälle und Zehnten abgelöst, bald danach fand der Religionsfonds seine Baulasten ab. Als Verwaltung des nunmehr kapitalisierten Vermögens existierte der Langnauer Religionsfonds weiter. 1863 betrug sein Kapital 224.600 fl., 1882 verbuchte er eine jährliche Kapitalrente von 18.839 Mark. Erst mit der Entwertung dieses Vermögens in der Inflation von 1923 wurde der Fonds als Rechtsnachfolger des Klosters aufgelöst.

Unter dem Aspekt der Zielsetzung und Mittelverwendung entsprachen die Säkularisationen Josephs II. dem kirchenreformatorischen Typ, denn sie sollten einen Ausbau der Pfarrseelsorge und eine bessere Ausbildung des Klerus ermöglichen. Die Mittel des Vorderösterreichischen Religionsfonds wurden denn auch fast ausschließlich für die Besoldung neuer Pfarrstellen, das Generalseminar für die Priesterausbildung und die Pensionen der Mönche verwendet. Hinsichtlich der Formen und Folgen der Säkularisation entsprach die Aufhebung des Klosters Rohrhalden dem fiskalpolitischen Typ, während die des Klosters Langnau Elemente beider Formen verband, da neben einzelnen Verkäufen nach dem Muster des domänenpolitischen Typs die Grundherrschaft im wesentlichen beibehalten wurde.

Geblieben ist von den beiden einst größten Klöstern der Provinz wenig. Im idyllischen Rohrhaldener Tal markiert nach den letzten Abbrüchen des 19. Jhs. nur noch ein 1909 aufgestelltes Kreuz den ehemaligen Standort, allein der Rohrhalder Hof in Rottenburg, das ehemalige Stadthaus, hat sich als einziges Gebäude der ganzen Paulinerprovinz vollständig erhalten. In Langnau blieben zwei Flügel des Klostergevierts stehen. In den beiden Pfarrkirchen Hiltensweiler und Kiebingen, sowie in den dortigen Pfarrhäusern werden einige Kunstwerke aus Kloster und Klosterkirche bewahrt. Kleinere Teile der einst ansehnlichen Bibliothek in Langnau und von Rohrhalden sind in die Universitätsbibliothek Freiburg gelangt.[42]

1802/03: Der Reichsdeputationshauptschluss

Als Österreich 1784 die Klöster Langnau und Rohrhalden aus dem Provinzverband löste, folgten die Fürsten v. Fürstenberg sofort diesem Beispiel. Sie untersagten ihrerseits den beiden Klöstern Grünwald und Tannheim die Verbindung mit dem der Fürstabtei St. Blasien unterstehenden Bonndorf, unterstellten die Wirtschaftsführung beider Klöster ihrer strengen Aufsicht und verboten Landeskindern den Eintritt in den Orden. Damit war der Provinzverband auch unter den restlichen drei Klöstern zunächst aufgelöst. Nach der Aufhebung des Ordens in Österreich baten die elf Patres der drei Schwarzwaldklöster den Bischof von Konstanz, als derzeitige *membra sine capite* sich seinem Schutz unterstellen zu dürfen, was ein päpstliches Breve 1787 genehmigte mit der Aufforderung, mit dem

Generalvikar des Ordens, der die noch bestehenden polnischen Klöstern leitete, in Verbindung zu bleiben. Da nach dem Tod Josephs II. ein Kurswechsel der österreichischen Kirchenpolitik erwartet wurde, erlaubte Fürstenberg 1790 schließlich wieder, dass seine beiden Klöster erneut einen Provinzverband mit Bonndorf bildeten. Mit einigen Vereinfachungen wurde die Provinzverfassung wieder hergestellt. Der Provinzialprior residierte nun in Bonndorf, wo auch Noviziat und Hausstudium eingerichtet wurden. Die *provinciola,* die nur noch winzige Provinz, schien sich wieder zu konsolidieren, die Zahl der Patres stieg an. Da alarmierte 1801 der Bonndorfer Prior und Provinzial das bischöfliche Ordinariat und die fürstenbergische Regierung: Die Schuldenlast der drei Klöster steige durch die Kriegsnöte immer mehr, so daß diese am Rande des Ruins stünden. Mit völlig unsinnigen Berechnungen wurde versucht, die Überschuldung nachzuweisen. In mehreren Konferenzen trafen sich die Vertreter des Ordinariats, der Fürstabtei St. Blasien und der fürstenbergischen Regierung. Ein bischöflicher Kommissar visitierte die Klöster. Er stellte rasch fest, *daß von Seiten Fürstenbergs mit aller Gewalt dahin gezielt wird, die Paulinerklöster zu verschlingen, wozu keine gründliche Ursache, folgsam nur Habsucht zugrunde steht.* Nachdem am 3. Juni 1802 Frankreich und Rußland den im Lunéviller Frieden vorgesehenen Entschädigungsplan veröffentlicht hatten, und schon ringsum andere Territorien ihren Klöstern die Aufhebung verkündeten, hob auch Fürstenberg am 18. Okt. 1802 per Dekret das Kloster Tannheim auf, versetzte die Patres nach Grünwald und nahm am 16. November beide Klöster in provisorischen Besitz. Nach der Verabschiedung des Reichsdeputationshauptschlusses (RDH) ordnete der Fürst am 24. Juni 1803 die endgültige Aufhebung beider Klöster Grünwald und Tannheim an.[43]

Der Vermögensstand von *Grünwald* und *Tannheim* wurde 1802 mit jeweils brutto 100.000 fl., netto ca. 90.000 fl., ähnlich bewertet wie Langnau und Rohrhalden, aber die Einnahmen der beiden fürstenbergischen Klöster lagen mit 2.000–2.500 fl. nur halb so hoch. Spätere Berechnungen nach der Säkularisation ergaben beim Vermögen um die Hälfte, bei den Einnahmen um ein Viertel niedrigere Beträge. In ihrer Vermögensstruktur unterschieden sich die beiden Klöster wie folgt:

Kloster Grünwald
Federzeichnung aus dem »Protocollum Grunwaldense«, 1741–1757. Fürstlich Fürstenbergisches Archiv, Donaueschingen.

	Grünwald	Tannheim
Gebäude	6 %	14 %
Grundstücke	30 %	16 %
Wald	11 %	21 %
Grundgefälle	14 %	11 %
Zehntrechte	15 %	33 %

Von den Grünwalder Gütern verkaufte Fürstenberg nur das Widdumgut zu Kappel um 1.800 fl.; ansonsten wurden die Pachtverträge mit den zwölf Kolonisten und dem Beständer des Mesnergutes erneuert und fortgeführt. Als Vermögensmasse wurde Grünwald in den Fürstlich Fürstenbergische Landesspitalfonds zu Hüfingen inkorporiert, der allerdings zunächst Geld zuschießen musste, da die Ausgaben, insbes. für Pen-

sionen und Schuldzinsen, die Einnahmen überstiegen. Zudem musste Fürstenberg die vorher vom Kloster versehene Pfarrstelle Kappel neu dotieren. Die Klostergebäude in Grünwald erwiesen sich als unverkäuflich. Private Stifter ermöglichten ihren Erhalt ebenso wie die Errichtung einer Kaplanei für die weitere Seelsorge in Grünwald. Ebenso wurden die Tannheimer Klostergüter dem Hüfinger Spitalfonds einverleibt, wobei gegen jährliche Zahlungen die Gefälle des Klosters mit herrschaftlichen Gefällen in Tannheim vereinigt und der Klosterwald dem Fürstlichen Forstamt übergeben wurde. Aus dem Ertrag einer in Meßkirch aufgehobenen Kaplanei, Beiträgen des Landesspitals und einem eigenen Beitrag fundierte der Fürst die Pfarrei Tannheim. Zur Pfarrkirche wurde die vorige Klosterkirche bestimmt; die Klostergebäude teilten sich der das Pfarrer und der Bauer, der das vormalige Klostergut bewirtschaftete.
Zwei der Tannheimer Patres starben schon 1804; der ehemalige Prior und ein Mitbruder übernahmen Kaplaneien. Von den Grünwalder Patres wurde der Prior erster Pfarrer in Tannheim, ein Mitbruder versah die vorige Klosterpfarrei Kappel. Beide Klosteranlagen blieben zunächst bestehen, aber 1880 brannten Kirche und Klostergebäude in Grünwald nieder, 1896 die 1780 neu erbaute Anlage Tannheims. In Grünwald entstand in der alten Form wenigstens die Kirche wieder, die Pfarrkirche Tannheims wurde aber nicht mehr am alten Platz außerhalb des Dorfes, sondern mitten im Ort neu errichtet. Eine kleine Rundkapelle am alten Standort erinnert seit einigen Jahren wieder an das Paulinerkloster. Die gute Bibliothek von Grünwald und die wohl unbedeutende von Tannheim sind verschollen. Eine für die Ordensgeschichte sehr wertvolle Handschrift aus Grünwald ist über St. Blasien nach St. Paul im Lavanttal gelangt.
Abgesehen von Beiträgen zum Unterhalt der Pfarrer von Kappel und Tannheim wurde das Vermögen der fürstenbergischen Klöster sozialen Zwecken gewidmet. Ohne wesentliche Änderungen der Verwaltung handelt es sich hier um Säkularisationen des domänenpolitischen Typs.

Kloster Tannheim
Ansicht von 1898.
Fürstlich Fürstenbergisches Archiv, Donaueschingen.

Die Pauliner 1807: *Eine fremde Erscheinung*

Übrig blieb nach der großen Säkularisationswelle der Jahre 1802 und 1803 zunächst noch das Paulinerkloster in *Bonndorf*, dessen Prior weiterhin auch den Titel des Provinzialpriors führte. Eigentlich war im RDH die Fürstabtei St. Blasien mit der Grafschaft Bonndorf und den darin liegenden Klöstern dem Fürst-Großprior des Malteserordens in Heitersheim zugesprochen worden, aber sie gelangte wegen des österreichischen Widerstandes nie in dessen tatsächlichen Besitz. Nach dem Preßburger Frieden 1805 fielen St. Blasien an das Ghzm. Baden, Bonndorf an Württemberg, doch 1806 konnte Baden auch Bonndorf übernehmen. Die Pauliner hatten bereits resigniert; der Prior schrieb 1805 an den Dekan: *Provinz haben wir doch keine mehr* [...] *und uns als Kloster fortzubringen, ist physisch unmöglich.* [...] *Wir wissen zum voraus, daß wir die letzten unsers Orden in Deutschland sind, und nun so ganz isoliert dürfen wir uns im Umkreise von einigen Stunden anderst nicht, als eine fremde Erscheinung betrachten, die mehr dem Gespötte, als der Ehre ausgesetzt, angegafft werden.*[44]
Die Grundsätze für die Aufhebung der Ordenshäuser hatte Baden im 4. Organisationsedikt vom 12. Februar 1803 festgelegt. Nach der Übernahme Bonndorfs empfahl am 31. Dez. 1806 die dortige Kommission dringendst die Aufhebung des Paulinerklosters vor allem aus ökonomischen Gründen. Der Geheime Rat entschied am 25. März wie eingangs zitiert: *Dieses Kloster seye gleich den übrigen zur Aufhebung bestimmt.* In seiner Vermögens- und Einkommensstruktur unter-

schied sich Bonndorf erheblich von den anderen Paulinerklöstern. Mit seinen ca. 90.000 fl. Brutto- und 79.000 fl. Netto-Vermögen war es eher unterdurchschnittlich dotiert, seine Einnahmen von 3–4.000 fl. ermöglichten aber den Unterhalt von bis zu zehn Konventualen. Fast 75 % Einkommens rührten aus Zehntrechten, weitere 18 % des Einkommens aus den Pfarrrechten. An Liegenschaften besaß das Kloster nur eine ca. 100 Jauchert große Eigenwirtschaft, die aber defizitär umgetrieben und deshalb 1802 auf Druck St. Blasiens um 424 fl. verpachtet wurde.

Aus der Versteigerung dieser Güter erzielte Baden nur 7.232 fl. und aus Vorräten und Fahrnis 1.745 fl. Die badische Verwaltung errechnete Einnahmen aus dem ehemaligen Klosterbesitz von 3.437 fl., aber da sie fortan die Besoldung des Pfarrers und zweier Vikare sowie die weiteren Kirchenkosten zu bestreiten hatte, deckten die Einnahmen gerade die Ausgaben. Erst mit dem Wegfall der Pensionen ergab sich ein Überschuss. Die Pensionen bemaß Baden mit 400 bis 600 fl. für die Patres großzügiger als vorher Österreich und Fürstenberg, die nur 300–350 fl. bezahlten. Es hatte deshalb großes Interesse, dass die Patres Seelsorgestellen übernahmen. Nur der bereits 69-jährige Prior und ein ebenfalls älterer Mitbruder gingen in Pension. Als Pfarrer bestätigte man den bisherigen Pfarrvikar, dem zwei Mitbrüder als Vikare beigegeben wurden, die später selbst Pfarrstellen übernahmen. Die drei übrigen Patres, von denen zwei später Pfarrstellen bezogen, wirkten zunächst als Hilfspriester. Als wohl letzter ehemaliger Pauliner starb 1840 Augustin Bindert als Pfarrer in Hausen vor Wald. Die Klosterkirche blieb Pfarrkirche von Bonndorf. Im Klostergebäude wohnten Pfarrer und Vikare. Speicher und Scheuer wurden als herrschaftliche Fruchtschütte genutzt. 1842 brach im Ort ein Großfeuer aus, das auch Kirche und Klostergebäude völlig zerstörte. Die Ruinen wurden abgebrochen und zur Fundamentierung der neuen Kirche verwendet. Die Bibliothek sollte 1807 wie vorher die Langnaus und Rohrhaldens an die Universitätsbibliothek in Freiburg abgegeben werden. Dort sind aber nur noch zwei Inkunabeln aus Bonndorf nachweisbar: einige Bände haben sich auch im Pfarrarchiv Bonndorf erhalten. Die Kunstwerke aus der Klosterzeit sind offenbar alle dem Brand von 1842 zum Opfer gefallen.

Der größere Teil des Bonndorfer Klosterbesitzes musste für die Ausstattung der Pfarrei verwendet werden, der fiskalische Gewinn blieb wohl bescheiden. Angesichts des geringen Liegenschaftsbesitzes sind auch die ökonomischen Folgen für den Ort zu vernachlässigen.

Ende und neuer Anfang

Wenn versucht wird, die in fünf Phasen erfolgten Auflösungen der zwanzig Paulinerklöster in Südwestdeutschland den eingangs genannten Typen zuzuordnen, lässt sich folgendes Resümee erkennen:

- Acht Klöster von 1367 bis 1512 gab der Orden selbst auf, ebenso wie Kirnhalden und St. Peter im Reformationszeitalter, also insgesamt die Hälfte aller bekannten Niederlassungen. Primär geschah dies wohl aus wirtschaftlichen Gründen, später wohl auch aus Nachwuchsmangel. Eine päpstliche Genehmigung ist aber nur für St. Oswald bekannt.
  Soweit sich die Konvente überhaupt lokalisieren lassen, folgten allen selbst aufgegebenen Paulinerklöstern andere geistliche Institutionen, mit Ausnahme von St. Peter, dessen Ende im Dunkel liegt. Alle Nachfolgeinstitutionen hatten in der Folge ihrerseits mit wirtschaftlichen Schwierigkeiten zu kämpfen.
- Wenn als kirchenreformatorisches Ziel schon die Beseitigung des Ordenswesens gewertet wird, können alle Säkularisationen vom 16. Jh. bis 1807 diesem Typus zuordnet werden. Wenn aber nur diejenigen Aufhebungen dem kirchenreformatorischen Typus zugerechnet werden, bei denen das Vermögen zumindest mehrheitlich anderen kirchlichen Zwecken zugeführt wurde, zählen sicher die josephinischen Aufhebungen, aber auch – vom Ergebnis, nicht von der Intention her – die fürstenbergischen und die badischen dazu.
- Von der Form her kann nur die Aufhebung Rohrhaldens als fiskalpolitischer Typus gewertet werden; bei Bonndorf war der Effekt zu gering. Bei allen anderen Aufhebungen vom 16. Jh. bis 1803 dominierte zumindest der domänenpolitische Typus.

Es handelte sich durchweg um die Auflösung geistlicher Gemeinschaften und Vermögenssäkularisationen. Bei Langnau könnte von einer schleichenden Herrschaftssäkularisation gesprochen werden, da sich

die Grafen v. Montfort vom 15. bis 18. Jh. sukzessive fast alle niedergerichtlichen Rechte aneigneten, die sie anfangs dem Prior zugestanden hatten.

Wichtiger noch als diese Typologisierungen wären das mittel- und langfristige Schicksal der ehemaligen Klostergüter über die Zeit der Klosteraufhebung hinaus und die Folgen für den Wandel der örtlichen Agrarstruktur zu verfolgen.

Die übrigen Folgen der Säkularisation, Entlassung von Dienstboten, Wegfall von Aufträgen für Handwerker, Zerstörung kulturellen Erbes finden wir bei den Paulinern ebenso wie bei den anderen Mönchsorden, angesichts ihrer geringeren Größe und Wirtschaftsmacht blieben diese Folgen aber hier auf einen engen lokalen Bereich beschränkt. Die Seelsorge mag sich sogar verbessert haben, denn statt häufig wechselnder Mönche, die vom Kloster aus als Pfarrvikare wirkten, blieben nun die Pfarrer über längere Amtszeiten hinweg im Ort.

Vom Wirken der Paulinermönche zeugen in unserer Kulturlandschaft nur noch wenige Baudenkmäler: Im idyllischen Rohrhaldener Tal markiert einzig ein Kreuz von 1909 den ehemaligen Klosterstandort. Aus dem 16. Jh. stammt die Anhäuser Mauer und die Hofanlage in Goldbach, aus dem 18. Jh. die zwei erhaltenen Flügel Langnaus und der Rohrhaldener (Kloster-)Hof in Rottenburg. Hinzu treten einige verstreute Kunstwerke in Pfarrkirchen Hiltensweiler und Kiebingen sowie in den dortigen Pfarrhäusern. Diese geringen Spuren, die der Orden hinterlassen hat, mögen einem Orden entsprechen, zu dem sich ursprünglich Eremiten zusammengefunden haben und der anfänglich strenge Askese, Armut und Kontemlation pflegte. Aber später glich er sich in Lebenstil und Spiritualität den anderen Mönchsorden der südwestdeutschen Klosterlandschaft an, wenngleich auf deutlich bescheidenerem Niveau. Mit den baulichen Zeugen schwand die Erinnerung im historischen Bewusstsein der Region an einen Orden, der bei aller »Inkulturation« nicht wie alle anderen Orden vom Westen oder Süden, sondern vom Osten Europas inspiriert und initiiert worden war. Bisweilen auf Distanz hielten die deutschen Pauliner doch immer Kontakte zur Ordenszentrale und den ansehnlicheren Klöstern des Ordens in Ostmitteleuropa.

Von dort, von Tschenstochau in Polen aus, wo der Orden seit den 80er Jahren ein enormes Wachstum verzeichnen konnte, sind die Pauliner seit 1981 wieder nach Süddeutschland zurückgekehrt und haben bereits sechs Konvente neu begründet, zwei im Schwarzwald, vier in Bayern. Sie verehren dort wieder Kopien der Tschenstochauer Schwarzen Madonna, deren Bild im 18. Jh. auch in den südwestdeutschen Paulinerkirchen hing. Knapp zwei Jahrhunderte nach dem Ende des letzten Paulinerklosters der deutschen Provinz hat das Generalkapitel des Ordens 2002 beschlossen, wieder eine deutsche Provinz zu errichten. Das heute geltende Generaldirektorium formuliert als Programm, was die Brüche seiner Geschichte dem Orden und seinen deutschen Klöstern über die Jahrhunderte hinweg abverlangte: »Elastizität, wie auch die ihr folgende Verschiedenheit der unternommenen Erfordernisse, Aufgaben und seelsorgerlichen Aktionen, waren ein dauerhaftes Element in der Prägung des Charakters unserer Ordensfamilie.«[45]

[1] Aufhebungsdekret Kaiser Josephs II. 07.02.1786 zit. nach *Martinus Streska*, Annalium ordinis S. Pauli Primi Eremitae monachorum sub regula Divi Augustini Deo famulantium volumen tertium [...] 1727–1786. Ms.: Ordensarchiv Jasna Góra, Tschenstochau, ABMK 1642, Syng. 534, 911.

[2] 01.12.1431, Übersetzung nach *Ludwig Schober*, Geschichte des Klosters Sankt Oswald. Von den Anfängen bis zum Dreißigjährigen Krieg. St. Oswald 1997, 199.

[3] Wie Anm. 1.

[4] Auszug aus dem Ghzl. Bad. Geheimen Rats-Protokoll 25.03.1807: GLAK 237/4351.

[5] Constitutio Papst Gregors XI. 1376 in: *Casparus Mallechich*, Quadripartitum regularium [...] per bullas & constitutiones Romanorum Pontificum [...] tractatur. Viennae 1708, 135–136.

[6] Vgl. *Honorius Hanstein*, Ordensrecht. Paderborn 1953, 42.

[7] Vgl. *Lorenz Weinrich*, Das ungarische Paulinerkloster Santo Stefano Rotondo in Rom (1404–1579). Berlin 1998, 362–366.

[8] Vgl. *Eduard Eichmann*, Lehrbuch des Kirchenrechts auf Grund des Codex Juris Canonici für Studierende. Paderborn 1926, 80f.

[9] *Christof Dipper* nach *Harm Klueting*, Die Folgen der Säkularisation, in: *Helmut Berding/Hans-Peter Ullmann* (Hg.), Deutschland zwischen Revolution und Restauration. Düsseldorf 1981, 184–207, hier 186.

[10] Vgl. *Christian Schulte*, Säkularisierung, Säkularisation, Säkularismus. III. Historisch, in: LThK Bd. 8. Freiburg 3. Aufl. 1999, 1469–1472.

[11] Ein Überblick zur Quellenlage in *Elmar L. Kuhn*, Die schwäbische Provinz des Paulinerordens in der frühen Neuzeit, in: *Kaspar Elm u. a.* (Hgg.), Beiträge zur Geschichte des Paulinerordens. Berlin 2000, 209–280, hier 210, Anm. 9.

[12] Zur Ordensgeschichte vgl. *Elm*, Beiträge (wie Anm. 11), insbes. darin *Kaspar Elm*, Eremiten und Eremitenorden des 13. Jhs., 11–22 und *Gabór Sarbak*, Ausgewählte Bibliographie zur Geschichte des Paulinerordens, 281–326. – *Kaspar Elm*, Quellen zur Geschichte des Paulinerordens aus Kloster Grünwald im Hochschwarzwald in der Stiftsbibliothek von St. Paul im Lavanttal, in: ZGO 120 (1972), 91–124. – *Burgenländisches Landesmuseum* (Hg.), Der Orden der Pauliner OSPE. Seine Geschichte, seine Aufgaben, seine Stellung. Eisenstadt 1984. – *Stanisław Swidzinski* (Hg.), Beiträge zur Spiritualität des Paulinermönchtums. Friedrichshafen 1999. – *Jósef Török u. a.*, Pálosok. Budapest 1996 (mit einem englischen Resümé, 40–46). – *J. Zbudniewek*, Monaci di San Paolo Primo Eremita, o Paolini, in: *Guerrino Pelliccia/Giancarlo Rocca* (Hgg.), Dizionario degli istituti di perfezione. Band 6. Roma 1980, 25–43.

[13] *Kaspar Elm*, Pauliner und Kartäuser, in: Die Kartäuser in Österreich. Band 3. Salzburg 1981, 112–117, hier 116.

[14] Vgl. *Stanisław Seb. Swidzinski*, Wie der Paulinerorden zum Mönchsorden wurde, in: Studia Monastica 13 (1971), 321–329. – Zu den Mönchsorden zählen nach dem Annuario Pontificio per l'anno 1989, 1304–1314: Benediktiner, Camaldulenser, Mechitaristen, Zisterzienser, Kartäuser, Pauliner, Antonianer, Basilianer, Hieronymiten und Studiten.

[15] Das Ordenswappen: Eine Palme flankiert von zwei Löwen, darüber ein Rabe mit e. Stück Brot im Schnabel (das er lt. Legende täglich dem hl. Paulus brachte). Vgl. *Török u. a.*, Pálosok (wie Anm. 12), 1, 40.

[16] Zitat in: [*Andreas Eggerer*], Fragmen panis corvi protoeremitici seu reliquiae annalium eremi-coenobiticorum ordinis fratrum eremitarum Sancti Pauli Primi Eremitae [...]. Viennae 1663, 126; Vgl. *Gregorius Gyöngyösi*, Vitae fratrum eremitarum ordinis Sancti Pauli Primi Eremitae, hg. von *Franciscus L. Hervay*. Budapest 1988, 65; Zu den Kopien der Bulle von 1328 vgl. *Elm*, Quellen (wie Anm. 12), 122.

[17] Vgl. *Franz Xaver Remling*, Urkundliche Geschichte der ehemaligen Abteien und Klöster im jetzigen Rheinbayern. Teil 2. Neustadt 1836, 173–182, 375–380, hier 375.

[18] Vgl. *Kuhn*, Provinz (wie Anm. 11), 217.

[19] Vgl. die unvollständige Übersicht bei *Hermann Schmid*, Kurzlebige Pauliner-Klöster in Schwaben, Franken und am Oberrhein. Ein historisch-statistisch-topographischer Versuch, in: ZWLG 45 (1986), 103–115; Die nicht lokalisierbaren Klöster Engenthal und Tennebach, sowie das nicht eindeutig identifizierbare Awe werden nur bei *Eggerer*, Fragmen (wie Anm. 14), 122, 124 und 135 erwähnt.

[20] Vgl. REC Bd. 2 (1905), Nr. 5082 und *Elm*, Quellen (wie Anm. 12), 122.

[21] *Elm*, Eremiten (wie Anm. 12), 20.

[22] Vgl. *Stephan Selzer*, Deutsche Söldner im Italien des Trecento. Tübingen 2001, v. a. 366f., 375f.

[23] *Sönke Lorenz*, Zwischen Spaltung und Reform: Die spätmittelalterliche Kirche am Oberrhein, in: *Ders./Thomas Zotz* (Hgg.), Spätmittelalter am Oberrhein. Alltag, Handwerk und Handel 1350–1525. Aufsatzband. Stuttgart-Karlsruhe 2002, 25–33, hier 30; Vgl. *Arno Borst*, Mönche am Bodensee. Sigmaringen 1978, 324.

[24] Vgl. den Überblick über die Geschichte der schwäbischen Ordensprovinz in der frühen Neuzeit in *Kuhn*, Provinz (wie Anm. 11).

[25] *Elm*, Eremiten (wie Anm. 12), 19.

[26] Vgl. *Andreas Wilts*, Blümlistobel, in: HS IX, 2 (1995), 684–688.

[27] Vgl. *Ludwig Rapp*, Topographisch-historische Beschreibung des Generalvikariats Vorarlberg. Band 4. Brixen 1902, 383–388.

[28] *Schober*, Geschichte (wie Anm. 2), 127–220, hier 186.

[29] Vgl. *Norbert Backmund*, Die kleineren Orden in Bayern und ihre Klöster bis zur Säkularisation. Windberg 1974, 84.

[30] Vgl. *Hans-Rudolf Heyer*, Die Kunstdenkmäler des Kantons Basel-Landschaften. Band 1. Basel 1969, 366–368.

[31] Vgl. *Lothar Reinhard*, Großheppach. Ludwigsburg 1968, 227f.; Zum Wechsel von Gundelsbach nach Anhausen vgl. *Gustav Bossert*, Das Kloster Anhausen, OA. Crailsheim, in: Württ. Vjh. für Lg. 4 (1881), 141–150, hierzu 147.

[32] Vgl. *Kürzel*, Die Kürnhalde. Herrschaft, Kloster und Bad, in: Schau-in's-Land 6 (1879), 51–70; *Hermann Schmid*, Das ruinierte Pauliner-Kloster Kirnhalden, die Ensisheimer Scholaren und die Zisterzienserinnen zu Wonnental im 16. Jh., in: ZGO 139 (1991), 143–155.

[33] Vgl. A. *Poinsignon*, Das verschollene Klösterlein St. Peter auf dem Kaiserstuhl, in: Schau-in's-Land 14 (1888), 13–17; *August Keller*, Vom Paulinerkloster St. Peter und Paul auf dem Kaiserstuhl, in: FDA 80 (1960), 292–295; *Bertram Jenisch*, Das vergessene St. Peterskloster auf dem Kaiserstuhl und sein Bruderhäusle auf der Eichelspitze, in: Denkmalpflege in Baden-Württemberg 31, 2002, 99f.

[34] *Remling*, Geschichte (wie Anm. 17), 182, 137.

[35] Die Zitate bei *Bossert*, Anhausen (wie Anm. 31), 148 und 150.

[36] *Karl Schumm*, Das Pauliner-Eremitenkloster Goldbach, in: ZWLG 10 (1951), 109–137, hier 134.

[37] Vgl. *Bossert*, Anhausen (wie Anm. 31), 148 und das Inventar von 1551 bei *Schumm*, Goldbach (wie Anm. 36), 134–136.

[38] Vgl. *Schneider*, Paulinerkloster Argenhart, in: SVG Bodensee 15, 1886, 198–208; *Viktor Ernst*, Argenhardt, in: *K. Statistisches Landesamt* (Hg.), Beschreibung des Oberamts Tettnang. Stuttgart 2. Aufl. Stuttgart 1915, 874–875.

[39] Die Schilderung der Vorgänge nach *Kuhn*, Provinz (wie Anm. 11), 272–274, dort auch passim zur Situation der beiden Klöster vor ihrer Aufhebung, zu den Vermögensverhältnissen vgl. 247f. Dort muss der Wert der Reben in Rohrhalden auf 1.100 fl. korrigiert werden.

[40] Zu Rohrhalden vgl. *Entreß/Giefel* in: *K. Statistisches Landesamt* (Hg.), Beschreibung des Oberamts Rottenburg. Stuttgart 1899–1900. Teil 1, 392f., 426f. Teil 2, 233–246; *Utz Jeggle*, Kiebingen, eine Heimatgeschichte. Tübingen 1977, 14–27; *Helge Karlitzky*, Kiebingen, Kirche, in: *Staatliche Archivverwaltung Baden-Württemberg/Landkreis Tübingen* (Hg.), Der Landkreis Tübingen. Amtliche Kreisbeschreibung. Bd. 2. Stuttgart 1972, 346–348; *Johann Baptist Sproll*, Das Paulinerkloster Rohrhalden, in: Reutlinger Geschichtsbll. 16/17 (1915/16), Nr. 1, 1–8; Die Akten zur Klosteraufhebung im HSAS B 38, B 38a und B 485.

[41] Zu Langnau vgl. *Viktor Ernst*, Langnau, in: *Landesamt*, Beschreibung (wie Anm. 38), 802–808. – *Adolf Schahl*, Zur Baugeschichte des Klosters Langnau, in: SVG Bodensee 64 (1937), 57–66; *Schneider*, Geschichtliches über das ehem. Kloster Langnau. C. Das Paulinerpriorat, in: SVG Bodensee 15 (1886), 124–197; Die Akten zur Klosteraufhebung i.W. im HSAS B 470 und vor allem, bisher völlig unbeachtet, im SA Augsburg, Kgl. Bayerischer Langnauischer Religionsfonds, dort auch zur weiteren Geschichte dieses Religionsfonds. Akten zum Vorderösterreich. Religionsfonds im GLAK Abt. 79 P 10. – Vgl. *Hermann Franz*, Studien zur kirchlichen Reform Josephs II. mit bes. Berücksichtigung des vorderösterreichischen Breisgaus. Freiburg 1908, Kap. VIII. Der Religionsfond, 237–313.

[42] Vgl. *Magda Fischer*, Bibliotheken in südwestdeutschen Paulinerklöstern des 17. und 18. Jhs., in: *Elm u. a.*, Beiträge (wie Anm. 11), 63–94.

[43] Dazu im Einz. *Kuhn*, Provinz (wie Anm. 11), 272–277, die Zitate 277, dort auch 249f. die Daten zu Vermögen und Einnahmen; Zu Grünwald vgl. *Kurt Hodapp*, Die Filialkirche St. Maria Magdalena in Grünwald, in: *Ders.*, Pfarrei St. Nikolaus Lenzkirch. München-Zürich 1985, 22–33; *A. Laubis*, Grünwald in den 600 Jahren seines Bestehens, in: Fürstenberger Waldbote 10 (1964), 20–24; Zu Tannheim vgl. *Fridolin Mayer*, Das Paulinerkloster in Tannheim, 124–166, u. *Herbert Berner*, Die Pfarrei Tannheim, 167–245, in: *Herbert Berner* (Hg.), Tannheim. Geschichte von Dorf und Kloster am Osthang des Schwarzwaldes. Tannheim 1971.

[44] *Kuhn*, Provinz (wie Anm. 11), 277; Vgl. *Hermann Schmid*, Das Pauliner-Kloster in Bonndorf (1402–1807), in: *Schwarzwaldverein Bonndorf e.V.* (Hg.), 100 Jahre Schwarzwaldverein Bonndorf. Bonndorf 1985, 15–24; *Franz Xaver Zobel*, Zur Geschichte des Paulinerklosters in Bonndorf a.d. Schwarzw., in: FDA 39 (1911), 362–378; Vgl. allg. *Hermann Schmid*, Die Säkularisation der Klöster in Baden 1802–1811. Überlingen 1980, v. a. 29ff., 341ff.

[45] Generaldirektorium des Ordens des hl. Paulus, des I. Einsiedlers (Paulinerorden), Dekret verkündet vom Ordensgeneral Tschenstochau 1987, Teil I, Kap. 1.

Die Säkularisation des evangelischen Kirchenguts in Württemberg und Baden

von Hermann Ehmer

Einleitung

Vor einem Jahrhundert, im Jahre 1902, erschien aus der Feder des württembergischen Zentrumspolitikers und späteren Reichsfinanzministers Matthias Erzberger (1875–1921) ein Buch mit dem Titel »Die Säkularisation in Württemberg von 1802–1810«. Der Zeitpunkt für das Erscheinen dieses Buches war, wie es sich schon im Titel zeigt, richtig gewählt: hundert Jahre lagen zurück, seitdem die Säkularisation die katholische Kirche auf dem Gebiet des nachmaligen Königreichs Württemberg grundlegend verändert hatte.[1] Erzbergers eingehende Darstellung dieses Vorgangs ist zugleich eine Anklageschrift. Nach wiederum hundert Jahren liest man Erzbergers Buch jedoch nur noch als Geschichtsschreibung, als ebenso handliche wie erschöpfende Darstellung der Säkularisation in Württemberg. Dies hat zur Folge, dass sich auch unter Historikern die Auffassung festgesetzt hat, die Säkularisation habe ausschließlich die katholische Kirche betroffen.[2] Jedoch Erzbergers Buch enthält auch einen Abschnitt über »Das protestantische Kirchengut«.[3] Es war ihm wohl bewusst, dass auch die evangelische Kirche Württembergs von der Säkularisation betroffen worden ist. Es ist deshalb zu fragen, wie es dazu gekommen ist.

Die Säkularisation des württembergischen evangelischen Kirchenguts

Ein Erinnerungszeichen der Säkularisation des evangelischen Kirchenguts ist heute noch das kreisrunde gusseiserne Wappenschild, das an vielen alten württembergischen Pfarrhäusern über der Türe angebracht ist. Es zeigt das württembergische Wappen in der Form, wie es in der Königszeit üblich war. Dieses Wappenschild kennzeichnet die betreffenden Pfarrhäuser als Staatseigentum: Das Land Baden-Württemberg als Rechtsnachfolger des Königreichs Württemberg hat an diesen Gebäuden die Baulast zu tragen. Dieser Last hat sich das Land in den zurückliegenden

Baupflicht des Staates!
Durch die Verstaatlichung des evangelischen Kirchenguts 1806 gingen auch zahlreiche Pfarrhäuser in Staatshand über. Sie werden durch einen gusseisernen Wappenschild gekennzeichnet. Pfarrhaus Nürtingen.

Jahrzehnten teilweise und nach und nach entledigt durch Übereignung der Pfarrhäuser an die betreffenden Kirchengemeinden und die Zahlung einer Ablösungssumme. Da diese Baulastablösung seit einigen Jahren aus Haushaltsgründen stagniert, gibt es derzeit in der Evangelischen Landeskirche in Württemberg noch rund 300 solcher Staatspfarrhäuser. Nicht nur die Baulast an diesen Pfarrhäusern, sondern auch die Staatsleistungen[4] für die Kirche sind Folgen der Säkularisation. Diese Staatsleistungen sind zum größten Teil für die Pfarrerbesoldung und -versorgung, mit wesentlich geringeren Beträgen für das Pfarrseminar, die Landessynode und den Oberkirchenrat bestimmt und müssen von den sonstigen Zuweisungen und Zuschüssen des Landes an die Kirche unterschieden werden.[5] Auch der Ersatz für den von Pfarrerinnen und Pfarrern an den Schulen erteilten Religionsunterricht hat eine andere Rechtsgrundlage[6] und kann hier unerörtert bleiben. Die Staatsleistungen, um die es hier geht, haben ihre Begründung in jenem fast zwei Jahrhunderte zurückliegenden Vorgang der Säkularisation. Um ihn richtig bewerten zu können, ist es notwendig, nicht nur den Vorgang selber, sondern auch die Entstehung und Geschichte des evangelischen Kirchenguts zu beleuchten, ebenso wie die sich aus der Säkularisation ergebenden Folgen, die bis zum heutigen Tage anhalten.

Die Säkularisation des evangelischen Kirchenguts erfolgte nicht durch spektakuläre Aktionen, wie bei den katholischen Klöstern und Stiften, sondern durch ein königliches Generalreskript vom 2. Januar 1806.[7] Dieses stellt inhaltlich eine merkwürdige Mischung verschiedener Materien dar. Es geht hier zunächst um die Sicherung der persönlichen Freiheit und des Eigentums der königlichen Untertanen, dann um die Handhabung der bisherigen Justiz-Administration und schließlich um die Einziehung des Kirchenguts, verbunden mit der Bestätigung aller darauf und auf der Landschaft bisher gelegenen Verpflichtungen. Zuletzt ist noch ein Verbot der Volksversammlungen und der daraus entspringenden Abordnungen (an den Landesherrn) angehängt. Auf diesen Zusammenhang ist hier deswegen hinzuweisen, weil die Verborgenheit, in der diese Bekanntmachung der königlichen Verfügung über das Kirchengut inmitten anderer Rechtsmaterien steht, dazu geführt hat, dass sie in der einschlägigen Literatur gelegentlich nicht wahrgenommen worden ist.[8]

Der sich auf das Kirchengut beziehende Abschnitt des Generalreskripts vom 2. Januar 1806 lautet folgendermaßen: *Als eine nothwendige Folge der in Beziehung auf Unsere Staaten vorgegangenen Veränderungen haben Wir in der bereits angeordneten Verbindung des bisherigen sogenannten Kirchen-Raths mit unserem Königl. Ober-Finanz-Departement, eine in jeder Hinsicht für den Zwek des allgemeinen Besten durchaus erforderliche Verfügung getroffen, zugleich aber damit die feierlichste Zusicherung bei Unserem Königlichen Wort verbunden, alle auf der – bisher unter der Benennung des geistlichen Guts laufenden Fundation haftende Schulden und Obliegenheiten, in so fern solche Kirchliche, Lehr-, Schul- oder andere gemeinnützige Armen-Anstalten betreffen, wie seither, auf das genaueste und pünktlichste für Uns und Unsere Thronfolger zu übernehmen.*

Dieser königlichen Verlautbarung war der revolutionäre Akt des Umsturzes der altwürttembergischen Verfassung unmittelbar vorausgegangen. Es war dies eine ›Revolution von oben‹, ausgelöst durch die Annahme der Königswürde durch den vormaligen Herzog Friedrich II. und seitherigen Kurfürsten Friedrich am 1. Januar 1806. Nur zwei Beamte hatten daraufhin dem König den Eid verweigert, der Konsistorialdirektor Eberhard Friedrich Georgii (1757–1830) und der Konsistorialrat und Prälat von Alpirsbach, David Bernhard Sartorius (1744–1825).[9] Es ist nicht verwunderlich, dass diese beiden Beamten ausgerechnet Mitglieder des Konsistoriums waren, denn diese Revolution von oben hatte beträchtliche Auswirkungen auf die Kirche. Gleichwohl gibt sich die Säkularisation des Kirchenguts nicht revolutionär, sondern eher bürokratisch als Zusammenlegung zweier Behörden, nämlich als *Verbindung des bisherigen sogenannten Kirchen-Raths mit unserem Königl. Ober-Finanz-Departement* und hat somit den Anschein, als handle es sich um einen Akt der Verwaltungsvereinfachung. Die weiteren Bestimmungen, in denen vom *geistlichen Gut* und dessen *Schulden und Obliegenheiten* die Rede ist, zeigen aber, dass mehr damit gemeint ist, dass weiterreichende Folgen damit verbunden waren. Mit dem *Kirchenrat* im Sinne dieses Generalreskripts ist jedoch nicht die kirchliche Verwaltungs- und Lei-

tungsbehörde gemeint, die in der *Großen Württembergischen Kirchenordnung* von 1559[10] so genannt wird, vielmehr handelt es sich um die Behörde zur Verwaltung des Kirchenguts, die durch den königlichen Federstrich von 1806 mit der Staatsfinanzverwaltung vereinigt wurde. Somit wurden die vom Kirchenrat verwalteten Besitzungen und Einkünfte, also das Kirchengut, mit dem Staatsbesitz vereinigt. Die Tragweite dieses Vorgangs wird erst deutlich, wenn die Entwicklung des Kirchenguts seit der Reformation vorgestellt wird.

Die Entstehung des württembergischen Kirchenguts in der Reformation

Die Reformation in Württemberg verlief in zwei Phasen, die den Regierungszeiten der beiden Herzöge Ulrich und Christoph entsprechen.[11] In der ersten Phase fand eine Säkularisation und Inkamerierung des Kirchenguts statt.[12] Eingezogen wurden ferner die nicht mehr besetzten Pfründen und deren Besitz sowie die sonstigen Stiftungen. Dieses Pfründ- und Stiftungsgut wurde aber nur teilweise inkameriert, zum Teil wurde es in einem Fundationsbrief als *Armenkasten* den einzelnen Gemeinden zugewiesen oder auch zur Aufbesserung der Pfarrerbesoldung verwendet. Rechtliche Grundlage des *Heiligen*, wie der Armenkasten später genannt wurde, war die 1536 erlassene *Kastenordnung*.[13]

Die reformatorischen Maßnahmen mussten besonders auch die Klöster betreffen, die ebenfalls säkularisiert und inkameriert werden sollten. Diejenigen Mitglieder der Konvente, die sich der Reformation nicht anschlossen, wurden bereits 1536 des Landes verwiesen. In den einzelnen Klöstern blieben nur noch die Äbte zurück, die ausschließlich als herzogliche Verwalter fungierten.[14] Diese Maßnahmen betrafen freilich nur die Männerklöster; die Frauenklöster leisteten erfolgreichen Widerstand, da sie von den Familien der Nonnen, die teils dem Adel, teils dem gehobenen Bürgertum angehörten, unterstützt wurden. Erst durch das Interim 1548 trat eine Änderung ein, indem die Maßnahmen gegen die Klöster, insbesondere die 14 landständischen Mannsklöster, rückgängig gemacht und diese wieder den Konventen eingeräumt werden mussten. In der zweiten Phase der württembergischen Reformation, unter der Regierung von Herzog Christoph (1550–1568), bot dann aber der Augsburger Religionsfrieden 1555 die Möglichkeit einer endgültigen Reformation der Klöster, indem durch Erlass einer Klosterordnung[15] 13 der Mannsklöster in Klosterschulen umgewandelt wurden.

Auf der örtlichen Ebene der Kirchengemeinden blieb es jedoch im wesentlichen bei den getroffenen Maßnahmen, doch erfolgte durch die Bildung des Kirchenguts eine bedeutsame Weiterentwicklung. Bereits 1551 waren alle bestehenden Pfründen zusammengefasst worden, nämlich rund 1.000 Pfarr-, Kaplanei- und Frühmesspfründen, 100 Stiftspfründen, 22 kleinere Klöster, 50 Waldbrüder- und Beginenhäuser sowie der Besitz von 20 Landkapiteln.[16] Dieses Stiftungsgut wurde einer Verwaltung, nämlich dem *Gemeinen Kirchenkasten*, unterstellt. Auf der Ämterebene waren schon unter Herzog Ulrich sog. *Geistliche Verwaltungen* eingerichtet worden, die damals aber der Rentkammer unterstellt waren. In kleineren Ämtern versahen die Amtleute in Personalunion die Geistliche Verwaltung; ansonsten bildete diese eine eigene Verwaltungsstelle. Die Geistlichen Verwaltungen und der Gemeine Kirchenkasten wurden nunmehr dem Kirchenrat unterstellt. Die Verwaltung des Besitzes und der Einkünfte der kleineren Klöster, insbesondere der Frauenklöster, wurde durch *Klosterhofmeister* besorgt.

Auch die landständischen Mannsklöster waren Teil des Kirchenguts, nahmen aber eine Sonderstellung ein. Das Ideal einer reformatorischen Verwandlung der Klöster in Klosterschulen, das man 1556 verwirklicht hatte, wurde bald zu einem gewissen Teil aufgegeben, indem noch vor 1600 in zwei Schritten die Zahl der Klosterschulen von 13 auf fünf verringert wurde, wobei jedoch die Gesamtzahl der Stipendiaten erhalten blieb. Diese Veränderung erfolgte in erster Linie aus Gründen der Rentabilität, nämlich zur Erhöhung des finanziellen Ertrags, den die Klöster abwerfen sollten. Zu beachten ist, dass der Klosterbesitz beisammen blieb und jeweils einer Klosterverwaltung unterstellt wurde. Die diesen Verwaltungen vorgesetzte Behörde war die *Mannsklösterrechenbank*. Diese Sonderrolle spielten die großen Mannsklöster wegen der Landstandschaft, die die Prälaten inne hatten, und zwar auch die evangelischen Äbte, die den

Herzog Christoph (1550–1568)
Unter seiner Regierung wurde im Hzm. Württemberg der sog. Gemeine Kirchenkasten geschaffen, eine von der staatlichen Finanzverwaltung abgetrennte Vermögensmasse, deren Erträge kirchlichen Aufgaben im w. S. zukommen sollten.

Der Theologe Johannes Brenz (1499–1570)
Seit 1551 in württembergischen Diensten, war Brenz maßgeblich an der Organisation der württembergischen Kirche beteiligt. Auf ihn geht die Einrichtung von 13 Klosterschulen in aufgehobenen Klöstern zurück.
Frontispiz aus der 1576–1590 erschienenen Werbeausgabe von Brenz.

katholischen folgten. Als Landstände trugen die Prälaten an den Lasten des gesamten Landes mit, wobei sich bei der Besteuerung schon früh eine Aufteilung der Belastung von 1/3 für die Prälaten und 2/3 für die Landschaft herausbildete.
Der Kirchenrat bildete neben Oberrat und Rentkammer eine der drei sog. *Balleien* oder obersten Regierungsbehörden. Als kirchenleitende Behörde bestand der Kirchenrat aus einer politischen (weltlichen) und einer geistlichen Bank, hatte also die *cura oeconomica* [Wirtschaftsverwaltung] und die *cura animarum* [Seelsorge] wahrzunehmen. Dementsprechend war die weltliche Bank mit Juristen besetzt, die die Finanz- und Verwaltungsangelegenheiten besorgten, während die geistliche Bank durch die Visitation die Aufsicht über die Kirche und ihre Diener wahrnahm. Durch die Unterstellung des Kirchenguts unter den Kirchenrat war eine Trennung von staatlicher und kirchlicher Finanzverwaltung durchgeführt worden. Damit war die Zweckbindung des Kirchenguts für Kirche, Schule und Armenwesen sichergestellt, wie sie noch eigens im Landtagsabschied von 1565[17] festgeschrieben wurde.
Der *Kirchenrat*, wie er im Sprachgebrauch der Großen Württembergischen Kirchenordnung von 1559 heißt, veränderte noch im 16. Jh. seinen Namen in *Konsistorium*[18]; schließlich bildete sich die Gewohnheit heraus, dass die geistliche Bank, der die *cura animarum* aufgetragen war, als Konsistorium im engeren Sinne bezeichnet wurde, während die Benennung Kirchenrat der weltlichen Bank zukam, die die *cura oeconomica* versah. Diese beiden schon immer

Maulbronn
In dem Zisterzienserkloster wurde 1556 eine der 13 protestantischen Klosterschulen eingerichtet, die – wie die Schwestereinrichtung in Blaubeuren – mit einigen Unterbrechungen als Evang.-theol. Seminar bis zu heutigen Tag besteht. Der weiterhin Abt genannten evangelische Vorsteher des »Klosters Maulbronn« war auch einer der vier Superintendenten der württembergischen Kirche.
Lavierte Ansicht, August Seyffer, 19.07.1815.
WLB Stuttgart.

voneinander getrennten Geschäftsbereiche wurden schließlich 1698 auch verwaltungsmäßig getrennt, so dass von jetzt an das Konsistorium vor allem die Personalsachen der Kirchendiener behandelte und der Kirchenrat die kirchliche Finanzkammer darstellte. Jede der beiden Behörden erhielt einen eigenen Direktor, während sie bis dahin von einem gemeinsamen Direktor geleitet worden waren. Gleichwohl kam es in der Folgezeit gelegentlich zu Personalunionen beider Ämter. Der Kirchenrat neuer Ordnung, der beträchtliche Besitzungen und Einkünfte zu verwalten hatte, trat im 18. Jh. u. a. auch durch protoindustrielle Unternehmungen hervor, wie etwa durch die Errichtung einer Spiegelfabrik in Spiegelberg.[19]

Die Folgen der Säkularisation für die evangelische Kirche Württembergs

Die Vereinigung des Kirchenguts mit der Staatsfinanzverwaltung im Jahre 1806 war deshalb ein revolutionärer Akt und nicht ein Vorgang der Verwaltungsvereinfachung, weil König Friedrich I. damit den von ihm selbst bei seinem Regierungsantritt bestätigten Landtagsabschied von 1565 außer Kraft setzte.[20] Gleichwohl berief sich der König dafür auf einen Rechtstitel, den ihm der Reichsdeputationshauptschluss (RDH) mit seinem § 35 an die Hand gegeben hatte, da dieser ausdrücklich auch den Zugriff auf evangelische Kirchengüter ermöglichte.[21] Durch diese Maßnahme ging nun der Grundstock

Kloster Lauffen
Die Frauenklöster im Hzm. Württemberg zählten bis 1806 zum Kirchengut und wurden von einem Klosterhofmeister verwaltet. Nach der Verstaatlichung des Kirchengut 1806 gab es für die Gebäude vielfach keine Nutzung mehr, weshalb sie oft abgerissen wurden. Vom ehem. Kloster sind neben der Kirche nur noch Reste des Kreuzgangs erhalten.
Foto 1948.

des württembergischen Kirchenguts, nämlich rund 52.000 ha Grundbesitz, darunter 1/5 des nachmaligen württembergischen Staatswaldes, in Staatsbesitz über. Wertmäßig bedeutender als dieser Grundbesitz waren jedoch die nutzbaren Rechte, insbesondere von Zehnt- und Lehengütern, die ebenfalls in Staatshand übergingen. Zum Kirchengut hatten auch rund 3.600 Gebäude gehört, von denen die eingangs genannten Pfarrhäuser einen Teil ausmachten.[22]
König Friedrichs Revolution von oben veränderte die Stellung der evangelischen Kirche in Württemberg in einem nicht unbedeutenden Maße. Man kann jetzt mit Recht von einer Staatskirche reden, da diese nun vom Staat materiell vollständig abhängig geworden war.[23]
Hinzu kam, dass durch den nahezu gleichzeitig erfolgten Umsturz der Verfassung die Landstandschaft der 14 Prälaten aufgehoben worden war. Es ist bekannt, dass die altwürttembergische Verfassung nicht kampflos aufgegeben wurde, dass man in den Verfassungskämpfen der Jahre 1815–1819 versuchte, sie wiederherzustellen.[24] Dies blieb freilich vergeblich, da es nicht gelingen konnte, die Verfassung des Herzogtums in dem nun durch Zuwächse unterschiedlichster Herkunft auf das Doppelte vergrößerten Land wieder zur Geltung zu bringen. Selbstverständlich hat in diesen Verfassungskämpfen, in die Ludwig Uhland das Schlagwort vom »alten guten Recht« einführte, das Kirchengut eine wichtige Rolle gespielt.

Die Säkularisation von 1806 hatte zunächst das altwürttembergische Kirchengut betroffen. Doch zwischen 1803 und 1810 waren auch evangelische Gebiete an Württemberg gefallen, wie Hohenlohe und die Reichsstädte. Da wo es ein abgesondertes Kirchengut gab, wurde nach dem altwürttembergischen Muster verfahren. So hatte das Stift Öhringen für Hohenlohe die Funktion einer kirchlichen Zentralkasse, weshalb das Stift 1810 von Württemberg inkameriert wurde.[25] Bei den Reichsstädten wurde z. B. in Schwäbisch Hall ähnlich verfahren wie in Öhringen, und auch dort klagte man mit ebenso wenig Erfolg gegen die Wegnahme der Stiftungen.[26] In den an Württemberg gefallenen Reichsstädten besteht heute als evangelische kirchliche Stiftung wohl nur noch die Spitalverwaltung in Isny.

Versuche zur Wiederherstellung des württembergischen Kirchenguts

Durch die Verfassungsurkunde vom 25. September 1819[27] entstand eine neue Situation, da diese mit ihrem § 77 einen Verfassungsauftrag zur Wiederherstellung der abgesonderten Verwaltung des altwürttembergischen Kirchenguts erteilte. Obwohl der erste Landtag nach Inkrafttreten der Verfassung sich sogleich mit der Sache befasste[28], gelang die Einlösung dieses Verfassungsauftrags während des einen Jahrhunderts der Gültigkeit der Verfassung von 1819 trotz verschiedener Anläufe nicht.[29] Immerhin war schon 1820 die genannte Kommission eingesetzt worden, doch stieß deren Arbeit auf mannigfache Schwierigkeiten, die in der Sache selbst lagen. So hatte der Bestand des Kirchenguts schon durch die Territorialveränderungen der zurückliegenden Jahre einige Veränderungen erfahren; es war nicht klar, wie die Ausscheidung vonstatten gehen und wie eine künftige Verwaltung des Kirchenguts aussehen sollte. Auch über die Teilnahme der neuwürttembergischen Gebiete evangelischer Konfession war keine Klarheit zu gewinnen.[30] In der Folge gelang es auch nicht, eine Staatsrente festzusetzen, die 1830 ersatzweise für die Restitution des Kirchenguts in Aussicht genommen worden war. Nach wie vor wurde aber die Rechtspflicht des Staates zur Deckung des kirchlichen Aufwands anerkannt, es erfolgte also in dieser Hinsicht keine grundsätzliche Veränderung der 1806 geschaffenen Verhältnisse.

Einen grundlegenden Wandel bewirkte die Grundlastenablösung 1848, die von einem erheblichen Einfluss auf den ehemals zum Kirchengut gehörigen Besitz und vor allem auf die daraus zu reichenden Besoldungen war.[31] Die Ablösungsgesetzgebung führte nämlich – freilich in unterschiedlichem Maße – zu einer bedeutenden Schmälerung der Einkünfte der Geistlichen. Eine Pflicht des Staates, für die Ablösungsverluste aufzukommen, wurde verneint, hingegen wurde anerkannt, dass es staatliche Aufgabe sei, den Geistlichen die *congrua*, den angemessenen Unterhalt, zu gewähren. Im übrigen wurden die Ablösungskapitalien für Zehnten und Grundgefälle, deren Bezieher die Inhaber von Pfarrstellen waren, beim Staatsgrundstock angelegt, so dass auch hierfür ein Recht auf Herausgabe begründet wurde, für den Fall, dass es zu einer Umsetzung des § 77 der Verfassung kam.[32]

Insgesamt war durch die Ablösungsgesetzgebung das Kirchengut in einer Weise geschmälert worden, dass seine Herausgabe fast unmöglich und vielleicht auch nicht mehr wünschenswert erschien, da es möglicherweise die ihm zukommenden Lasten nicht mehr zu tragen vermochte. Immerhin war durch die Grundlastenablösung eine Verlagerung der Begründung der staatlichen Leistungen an die Kirche erfolgt. Während diese seither als eine Weitergewährung der Einkünfte des verstaatlichten Kirchenguts angesehen werden konnten, wurden sie nunmehr zu einer allgemeinen Rechtsverpflichtung, der aber die materielle Grundlage zu einem gewissen Teil abhanden gekommen war. Gleichwohl blieb aufgrund des § 77 der Verfassung der Rechtsanspruch der Kirche auf das Kirchengut oder zumindest dessen Erträgnisse erhalten.

Die Verwandlung des württembergischen Kirchenguts in Staatsleistungen

Die Weimarer Verfassung von 1919 und die dort festgelegte Trennung von Staat und Kirche stellt für die Geschichte des säkularisierten Kirchenguts eine gewisse Wendemarke dar.[33] Die württembergische Verfassung vom 25. September 1919[34] bestimmte in § 63, dass die Kirchen für ihre Vermögensansprüche an den

Maulbronn
Luftaufnahme der heutigen Anlage.

Staat eine durch Gesetz zu bestimmende Geldrente erhalten sollten. Als diese Absichtserklärung abgegeben wurde, schien das Rentengesetz wohl in greifbarer Nähe zu sein, doch kam es nie zustande, da es zunächst durch die wirtschaftliche und die politische Entwicklung, die zur Inflation von 1923 führte, verhindert wurde. Es war deshalb eine vorläufige Regelung zu treffen, in der auch die bevorstehende Neuordnung des Verhältnisses von Kirche und Staat zu berücksichtigen war, die durch das Gesetz über die Kirchen vom 3. März 1924 erfolgte, das am 1. April 1924 in Kraft trat.[35] Für die als vorläufig gedachte

Regelung der Staatsleistungen erhob sich jetzt die Frage, wie diese bemessen werden sollten. Von kirchlicher Seite wurde die Auffassung vertreten, dass die kirchlichen Bedürfnisse nach den seitherigen Grundsätzen aus der Staatskasse zu bestreiten seien, während von staatlicher Seite die Rechtsanschauung geltend gemacht wurde, die sich während des 19. Jhs. entwickelt hatte, dass der Staat nur insoweit für die Bedürfnisse der Kirche aufzukommen hatte, als keine eigenen Mittel der Kirche vorhanden waren oder leistungspflichtige Dritte zur Bestreitung des Aufwands herangezogen werden konnten. Damit war der Staat gewissermaßen in eine subsidiäre Rolle eingetreten.

Die Lage hatte sich auch dahingehend verändert, dass die ein Jahrhundert lang uneingelöst gebliebene Zusage auf Herausgabe des Kirchenguts mit der Verfassung von 1919 aufgegeben wurde und der Anspruch der Kirche auf eine Rente entsprechend ihrer bestehenden Bedürfnisse an die Stelle jener Zusage getreten war. Neu war nun auch, dass die Kirchen mit dem Gesetz von 1924 die Möglichkeit erhalten hatten, Landeskirchensteuern zu erheben. Damit wurde gewissermaßen von den Mitgliedern der Kirche ein Beitrag erhoben, weshalb sich nun der Staat auf eine subsidiäre Rolle zurückziehen konnte. Es erhob sich nun aber die Frage nach dem Verteilungsschlüssel, der zunächst für das Rechnungsjahr 1924 festgelegt wurde, dann aber vorläufig in Geltung blieb. Demnach übernahm der Staat 4/5 des Pfarrbesoldungs- und Pensionsaufwands, während der Rest durch die Landeskirchensteuer abzudecken war. Dieser Verteilungsschlüssel war somit von unmittelbarem Einfluss auf die Höhe der zu erhebenden Kirchensteuer.

Prinzipiell blieb also die mit der Säkularisation des Kirchenguts eingegangene Verpflichtung des Staates anerkannt. Hiervon ist natürlich die Art und Weise zu unterscheiden, wie und in welcher Weise der Staat jeweils dieser Selbstverpflichtung nachgekommen ist. Mit der Verselbständigung der Landeskirche 1924 war der Staat hinsichtlich der finanziellen Bedürfnisse der Kirche in eine subsidiäre Rolle eintreten, die sich freilich schon früher angebahnt hatte. Dem nationalsozialistischen Staat blieb es dann vorbehalten, die Kürzung der Staatsleistungen als Druckmittel gegenüber der Kirche einzusetzen.[36] Um in der Bevölkerung dafür Stimmung zu machen, wurden Statistiken veröffentlicht, die belegen sollten, dass der württembergische Staat pro Kirchenmitglied immer noch mehr für die Kirchen leistete, als andere deutsche Länder.[37] Hierbei wurde freilich unterschlagen – wie dies allerdings auch schon in der Weimarer Zeit geschehen war[38] – dass auch in keinem anderen Land eine so durchgreifende Säkularisation der evangelischen Kirche stattgefunden hatte. Während 1931 noch fast ¾ des kirchlichen Finanzbedarf aus Staatsleistungen bestritten wurde und der Rest aus der Kirchensteuer, hatte sich dieses Verhältnis bis zum Jahre 1944 umgekehrt.

Gleichwohl ist festzustellen, dass die Landesverfassungen seit 1919 die aus der Säkularisation des Kirchenguts herrührenden finanziellen Verpflichtungen des Staates gegenüber den Kirchen grundsätzlich anerkannt haben und sich somit von dem königlichen Wort von 1806 haben in Pflicht nehmen lassen. Zuletzt tat dies die Verfassung des Landes Baden-Württemberg von 1953[39] in ihrem Art. 7. Eine gesetzliche Regelung dieser Zusage ist jedoch in dem halben Jahrhundert der Geltung der Verfassung nicht zustande gekommen, vielmehr wurden lediglich Vereinbarungen über die Höhe der Staatsleistungen getroffen. Die letzte dieser Vereinbarungen stammt aus dem Jahre 1971 und enthält eine Anpassungsklausel entsprechend der staatlichen Besoldungsentwicklung.[40] Die Staatsleistungen sind also in den fast zwei Jahrhunderten ihres Bestehens für die Evangelische Landeskirche in Württemberg von der ursprünglichen vollumfänglichen Abdeckung des Finanzbedarfs auf den heutigen Stand verringert worden, wonach die Kirchensteuer rund 68 % der Einnahmen der Landeskirche ausmacht, die Staatsleistungen 14 % und der Ersatz für den von Pfarrerinnen und Pfarrern geleisteten Religionsunterricht 8 %.[41] Möglich war dies durch die Verlagerung der kirchlichen Finanzquellen auf die Kirchensteuer seit 1924, vollends durch die Einführung des Kirchensteuereinzugs durch die staatlichen Finanzämter seit dem 1. Januar 1956.

Das Kirchengut in der Mgft. Baden

Man wird selbstverständlich fragen, ob auch in Baden eine solche Säkularisation des evangelischen Kirchen-

guts aufgrund des § 35 des RDHs stattgefunden hat. Für die heutige Evangelische Landeskirche in Baden stellen aber das lutherische Baden-Durlach und die reformierte Kurpfalz zwei unterschiedliche Wurzeln der kirchlichen Tradition dar. Die Entwicklung des Kirchenguts in diesen beiden Territorien muss deshalb getrennt voneinander dargestellt werden.

In der Markgrafschaft Baden-Pforzheim waren für die Reformation und die daraus folgenden reformatorischen Veränderungen andere Gegebenheiten und Voraussetzungen maßgebend als in Württemberg.[42] Zum einen stellte das badische Territorium keine so reiche Klosterlandschaft dar, zum anderen gestaltete sich der Vorgang der Reformation schon deswegen anders, weil der Religionsfrieden von 1555 inzwischen Rechtssicherheit bot. Insgesamt wurden in der Markgrafschaft zehn Klöster und das Stift Pforzheim aufgehoben und teilweise inkameriert. So wurde etwa das Kloster Gottesaue in eine markgräfliche Domäne umgewandelt, und seit 1588 ließ sich Markgraf Ernst Friedrich dort ein Lustschloss errichten.[43] Während im Benediktinerkloster Gottesaue der letzte Mönch 1556 verstorben war und somit der Landesherr gewissermaßen freie Hand hatte, waren auch in Baden die Frauenklöster gut besetzt und konnten deshalb der Aufhebung ihrer Konvente einigen Widerstand entgegensetzen. Besonders widersetzten sich die Dominikanerinnen in Pforzheim, die dann aber 1564 aufgrund eines durch kaiserliche Räte vermittelten Vertrags, in dem eine Abfindung ausbedungen wurde, in das vorderösterreichische Kloster Kirchberg (bei Rottweil) abzogen.[44] Die somit freigewordenen Klostergebäude boten immerhin die Möglichkeit, das Pforzheimer Spital dorthin zu verlegen.

Das sonstige Klostervermögen, wie auch das der Bruderschaften und der Pfarrpfründen, wurde *Geistlichen Verwaltungen* unterstellt. Den Gemeinden verblieb – wie in Württemberg – der örtliche Almosenfonds, den Pfarrern in der Regel der Genuss des kleinen Zehnten und der Pfarrgüter. Insgesamt wurden in der Markgrafschaft zehn Geistliche Verwaltungen errichtet, indem diese Aufgabe zumeist dem entsprechenden Beamten der markgräflichen Amtsverwaltung übertragen wurde.[45] Das Kirchengut blieb somit im Wesentlichen erhalten. Bemerkenswert ist, dass sich in der Errichtung der Geistlichen Verwaltungen eine Fortsetzung vorreformatorischer Bestrebungen abzeichnete, da in der Landesordnung von 1495 bereits das Vermögen der Kirchen und Heiligen unter markgräfliche Aufsicht gestellt worden war.[46] Diese Maßnahme ist somit nicht nur als Grundstein eines landesherrliches Kirchenregiments zu werten, sondern ebenso auch als Ausfluss der kirchlichen Reformbemühungen des 15. Jhs., die gerade auch durch die Obrigkeiten umgesetzt worden waren.

Das Kirchengut wurde in der Markgrafschaft auch nicht mit dem Kameralgut vereinigt, seine Verwaltung aber der markgräflichen Rentkammer unterstellt. Die Geistlichen Verwaltungen hatten die entsprechenden Besoldungen auszuzahlen und den sonstigen Aufgaben, wie den Baulastverpflichtungen, nachzukommen.[47] Etwaige Überschüsse gingen an die markgräfliche Landschreiberei. Solche Überschüsse wurden insbesondere dann erzielt, wenn Kirchengefälle durch Geldzahlungen abgelöst wurden, wobei diese Einkünfte nicht wieder angelegt, sondern eben als Überschüsse verbucht wurden. Die allgemeine Ertragslage der einzelnen Geistlichen Verwaltungen war natürlich unterschiedlich. Sie benötigten zum Teil laufende Zuschüsse, wie etwa die Durlacher Verwaltung, die den Aufwand des 1584 gegründeten Gymnasiums zu tragen hatte. Ähnlich ging es später der Pforzheimer Verwaltung, die 1719 einen Teil ihrer Einkünfte an das neugegründete Waisenhaus übertragen musste. Die für die frühere Zeit spärliche Quellenlage ermöglicht einen Überblick über die wirtschaftliche Lage des badischen Kirchenguts erst für das Jahr 1750. Es ergab sich hier unter Berücksichtigung der an einzelne Verwaltungen geleisteten Zuschüsse und der landesherrlichen Steuern insgesamt ein Überschuss, der zeigt, dass das Kirchengut in der Lage war, seinen Verpflichtungen nachzukommen.

Vor allem durch die Verbindung der Geistlichen Verwaltung mit der Ämterverwaltung kam die getrennte Rechnungsführung im Laufe der Zeit abhanden.[48] So wurde bereits 1750 bei den Verwaltungen Karlsruhe und Stein keine getrennten Rechnungen mehr geführt. Durch diese ›Verwaltungsvereinfachung‹ trat im Laufe des 18. Jhs. eine schleichende Säkularisation ein. So war es alsbald, wie z. B. bei der Geistlichen Verwaltung Karlsruhe im Jahre 1780, nicht mehr möglich, die geistlichen von den weltlichen Einkünf-

ten zu unterscheiden. Die Geistlichen Verwaltungen wurden daher im Laufe des 18. und am Anfang des 19. Jhs. aufgehoben, die letzten im Jahre 1811.
Auf dem Weg des Faktischen war somit eine Inkamerierung des Kirchenguts erfolgt, begünstigt einmal durch die alleinige Verfügungsgewalt des Landesherrn und als Folge einer Verwaltungsvereinfachung. Dadurch gingen freilich auch die auf dem Kirchengut ruhenden Lasten auf den Staat über. Man hat daher schon diese Inkamerierung als eine »wertbeständige Geldanlage« für die Kirche bezeichnet.[49] Immerhin war dieses Kirchengut leistungspflichtig für 177 Pfarrpfründen und 10 sonstige Berechtigte und baupflichtig für 202 kirchliche Gebäude, nämlich 131 Kirchen und 71 Pfarrhäuser. Somit blieb zwar der Leistungsumfang klar, während jedoch Besitz und Einkünfte, die diese Leistung erbringen sollten, unidentifizierbar geworden waren. Gleichwohl geht die Kirchenratsinstruktion des Markgrafen Karl Friedrich von 1797[50] noch von der Vorstellung eines bestehenden Kirchenguts aus. Der tatsächliche Stand der Dinge scheint allerdings durch, wenn es in dieser Instruktion weiter heißt: *Diese Verwaltungen repräsentiren daher das Kirchengut, worauf Unsere evangelische Landeskirche dotirt und bewidmet ist, weshalb sie alle nach der Reichs- und Landes-Kirchen-Verfassung solchem Kirchen-Dotations-Vermögen zukommende Freyheiten, Rechte und Lasten jener Cameral-Administration ohnerachtet auf sich haben und zu ewigen Tagen behalten.* Vollends problematisch wurde die Vermischung von Kirchengut und Kameralgut jedoch durch die Vereinigung von Baden-Baden mit Baden-Durlach 1771 und durch den Anfall weiterer Territorien seit 1803. Dazu gehörte vor allem der rechtsrheinische Teil der Kurpfalz, weshalb zunächst auf die Situation der reformatorischen Kirchen in der Kurpfalz eingegangen werden muss.

Das Kirchengut in der Kurpfalz

In der Kurpfalz wurde die Reformation unter Kurfürst Ottheinrich (1556–1559) eingeführt.[51] Als Ergebnis der konfessionellen Wechsel unter seinen Nachfolgern entstand letztlich ein reformiertes Kirchenwesen. Hinsichtlich der Behandlung des Kirchenguts[52] gab es zunächst nur geringe Veränderungen. Dieses war von Anfang an einer besonderen Verwaltung unterstellt, seit 1598 *Geistliche Gefällverwaltung* oder *Geistliche Verwaltung* genannt. Auf der Amtsebene waren *Kollekturen* eingerichtet, die von sog. *Kirchenbereitern* versehen wurden. Diese Geistliche Verwaltung war dem Kurfürsten unterstellt, der Kirchenrat besaß ein Mitaufsichtsrecht. Es wurde auch eine eigene Rechnung der Geistlichen Verwaltung geführt, die 1556 aus dem Vermögen von 45 Klöstern und Stiften bestand, die durch Pfleger, Schaffner und Keller verwaltet wurden. Auch in der Pfalz blieben die örtlichen Kirchenvermögen erhalten, befanden sich jetzt aber unter landesherrlicher Aufsicht. Die vorhandenen Stiftungen und das Vermögen der unbesetzten Pfründen wurden zum örtlichen Kirchenvermögen geschlagen, dessen Überschüsse für die Geistliche Verwaltung bestimmt waren. Die Pfarrpfründen blieben als selbstständige Einheiten bestehen.
Wesentliche Veränderungen in diesen Verhältnissen gab es erst durch die 1685 eingetretene Erbfolge der katholischen Linie Pfalz-Neuburg. 1688 mussten Teile des Kirchenguts an den Staat abgetreten werden. Ein Ergebnis des Pfälzischen Erbfolgekriegs 1688–1697 war die sog. *Ryswyker Klausel*, die im Friedensvertrag von Ryswyk 1698 enthaltene Bestimmung, wonach der unter der französischen Besatzung während des Krieges eingeführte katholische Gottesdienst an den betreffenden Orten beibehalten werden musste. Für die Unterhaltung des katholischen Gottesdienstes hatte die Geistliche Verwaltung rund 25 % ihrer seitherigen Einkünfte abzugeben. Die katholischen Kurfürsten ergriffen weiterhin Maßnahmen zur Verstaatlichung des Kirchenguts, die letztlich nur durch Druck von außen aufgehalten werden konnten. Das Corpus Evangelicorum des Reichstags, das in dieser Weise auf die Kurpfalz einwirkte, erreichte die Religionsdeklaration von 1705, durch die eine Aufteilung der Einkünfte des Kirchenguts zwischen der reformierten und der katholischen Konfession im Verhältnis 5 : 2 festgelegt wurde. So wurden auch die Einkünfte aus dem Vermögen der Stifte und Klöster geteilt. Das Kirchengut an sich blieb ungeteilt beieinander, wurde aber der – nunmehr durch reformierte und katholische Beamte der im Verhältnis 5:2 besetzten – Geistlichen Administration unterstellt. Eine Teilung

der Kirchengüter wurde 1799 beschlossen und 1801 umgesetzt, indem man die einzelnen Rezepturen den Reformierten oder den Katholiken zuwies. Dies konnte jedoch nur in der rechtsrheinischen Pfalz erfolgen, da die linksrheinische Pfalz durch den Frieden von Lunéville 1801 an Frankreich gefallen war. Durch die Aufteilung der Kurpfalz 1803 an Baden, Leiningen, Hessen-Darmstadt und Nassau-Usingen wurde eine weitere Teilung notwendig, die nach 1806 durch die inzwischen eingetretenen Territorialveränderungen nur noch zwischen Baden und Hessen-Darmstadt auszuhandeln war.

Anders als auf dem Gebiet der Markgrafschaft, wo das Kirchengut jetzt nur noch als Anspruch der Kirche an den Staat bestand, gab es also im ehemals kurpfälzischen Teil des Großherzogtums noch konkret benennbare Kirchengüter. Aus den kurpfälzischen Kirchengütern wurde der Unterländer *Evangelische Kirchenfonds* errichtet, dessen Verwaltung durch die *Reformierte Kirchenökonomiekommission* in Heidelberg, die spätere Pflege Schönau, erfolgte. Die Einkünfte des Fonds reichten jedoch nicht aus, die darauf ruhenden Lasten zu tragen, da die linksrheinischen Einkünfte weggefallen waren und rechtsrheinisch auch die Lasten der katholischen Rezepturen hatten übernommen werden müssen. Es war deshalb eine Konsolidierung des Vermögens notwendig, sowie eine Verwaltungsvereinfachung, wodurch sich die Vermögenslage und die Einkünfte bis zum Ersten Weltkrieg kontinuierlich verbesserten. Zwar fielen die Kapitalanlagen der Inflation von 1923 zum Opfer, doch machte das Liegenschaftsvermögen einen Neuaufbau des Kirchenfonds möglich.

Der Unterländer Kirchenfonds (Pflege Schönau) besteht daher bis zum heutigen Tag. Die Pflege ist pflichtig für bestimmte Baulasten und Besoldungen und hat eventuelle Überschüsse für kirchliche Zwecke zu verwenden, da die kirchliche Eigenschaft durch die Unionsurkunde von 1821 bestätigt worden ist. Im übrigen änderte die Union nichts an den Zuständigkeiten des Unterländer Kirchenfonds, vielmehr blieben, wie ausdrücklich bestimmt, die Kirchengüter voneinander abgesondert.[53] Mit dem Unterländer Kirchenfonds wurden jedoch nacheinander verschiedene, kleinere kirchliche Fonds der an Baden gefallenen evangelischen Territorien vereinigt.

Die Wiederherstellung des Kirchenguts im Großherzogtum Baden

Für den markgräflichen Anteil des Großherzogtums galt der Auftrag der badischen Verfassung von 1818 zur Ausscheidung des Kirchenguts, den diese, ebenso wie dann die württembergische Verfassung von 1819, erteilt hatte. Der Wortlaut des einschlägigen Paragraphen der badischen Verfassung lässt darauf schließen, dass man – trotz anderer Erfahrungen – der Meinung war, dass sich das Kirchengut noch ermitteln lasse. Dieser § 20 lautet nämlich: *Das Kirchengut und die eigenthümlichen Güter und Einkünfte der Stiftungen, Unterrichts- und Wohlthätigkeitsanstalten dürfen ihrem Zwecke nicht entzogen werden.*[54] Die daraufhin angestellten Versuche zur Ermittlung des altbadischen Kirchenguts blieben allerdings erfolglos, das Generallandesarchiv konnte 1829 das Altbadische Kirchengut nicht mehr ermitteln. Immerhin führten die weiteren Bemühungen – im Gegensatz zu Württemberg – zu einem Teilergebnis, das vermutlich eine Folge der Osterproklamation von Großherzog Friedrich I. vom 7. April 1860 war, in der er eine gesetzliche Regelung des Verhältnisses von Staat und Kirche in Aussicht stellte.[55] Diese Verfassung, die eine gewisse Selbständigkeit der evangelischen Kirche des Großherzogtums begründete, indem sie unter Beibehaltung des landesherrlichen Kirchenregiments das unmittelbare staatliche Kirchenregiment beseitigte, trat am 5. September 1861 in Kraft.[56] Hinsichtlich des Kirchenguts wurde 1867 ein Kompromiss gefunden, der zur Bildung des *Altbadischen Kirchenfonds* für Besoldungs- und Versorgungszwecke führte.[57]

Zur Bildung des Altbadischen Kirchenfonds wurden verwendet: ein Beitrag des großherzoglichen Domänenärars im Gesamtbetrag von 58.500 fl., den dieses mit Bezugnahme auf den oben zitierten § 86 der Kirchenratsinstruktion leisten sollte, sowie das Vermögen des Unterwössinger Pfarrfonds. Aus diesem Vermögen wurden dem Kirchenfonds 6.000 fl. als jährliche Leistung des Domänenärars zugewiesen, sowie sonstige Schenkungen, Stiftungen, Vermächtnisse und anderweitige Beiträge. Dafür hatte der Kirchenfonds zu übernehmen: 1. Kompetenzen für Kirchendienste, nämlich für die Errichtung neuer Pfarrdienste, zur Verbesserung bestehender Pfarr-

dienste und die Funktionsgehälter der Dekane, 2. Beiträge zur Verwaltung von Pfarrdiensten, 3. persönliche Zulagen für Geistliche, sowie 4. Unterstützungen für Geistliche und deren Hinterbliebene, ferner 5. einen Beitrag für den allgemeinen kirchlichen Hilfsfonds und zur Bestreitung allgemeiner kirchlicher Bedürfnisse.

Der so geschaffene Fonds war natürlich nicht hinreichend, den kirchlichen Aufwand zu bestreiten. Vielmehr gab es Pfarrstellen, deren Gehälter so gering waren, dass eine Aufbesserung notwendig wurde. Diese erfolgte durch das *Pfarrdotationsgesetz* von 1876[58], das regelmäßige Staatszuschüsse an beide Kirchen, die evangelische und die katholische, zur Aufbesserung der Gehälter gering besoldeter Pfarrer vorsah. Diese Zuschüsse waren zwar auf 200.000 Mark im Jahr begrenzt, doch wurde das betreffende Gesetz immer wieder verlängert und der Höchstbetrag angepasst. Es handelt sich hierbei also um eine Leistung, die der allgemeinen Fürsorge des Staates für die Kirche entsprang und nicht auf das alte Kirchengut gegründet war. Doch war jetzt für die evangelische Kirche in Baden die Möglichkeit geboten, vom hergebrachten Pfründensystem abzugehen und feste Besoldungen einzurichten.[59]

Die allgemeine Lage machte es somit notwendig, der Kirche weitere Finanzierungsquellen zu erschließen. Dies erfolgte durch das *Ortskirchensteuergesetz* von 1888[60], dann durch das *Landeskirchensteuergesetz* von 1892.[61] Der Altbadische Kirchenfonds war übrigens der Inflation von 1923 zum Opfer gefallen und wurde deshalb 1924 aufgehoben.[62] Sein Rechtsnachfolger wurde der *Evangelische Landeskirchenfonds*, der seinerseits durch die Geldentwertung von 1948 geschädigt und 1951 aufgelöst wurde.

Kirchengut und Staatsleistungen in Baden seit 1918

Das Ende der Monarchie 1918 brachte selbstverständlich auch für die badische Landeskirche die entsprechenden Veränderungen mit sich. Die badische Verfassung vom 21. März 1919[63] bestimmte hinsichtlich des Kirchenguts in § 18 in fast wörtlicher Übereinstimmung mit § 20 der Verfassung von 1818: *Das Kirchengut und die Güter und Einkünfte der kirchlichen Stiftungen, Unterrichts- und Wohltätigkeitsanstalten dürfen ihren Zwecken und ihren bisherigen Verfügungsberechtigten nicht entzogen werden.* Für die Folgezeit wurde der Vertrag zwischen dem Freistaat Baden und der Vereinigten Evangelisch-protestantischen Landeskirche Badens vom 14. November 1932[64] bedeutsam, der noch am Tag der nationalsozialistischen Machtergreifung in Baden, am 11. März 1933, in Kraft getreten war.[65] Aus diesem Staatskirchenvertrag ergaben sich dreierlei Leistungen des badischen Staates für die evangelische Landeskirche. Zum einen diejenigen, die sich aus der Inkamerierung des badischen Kirchenguts herleiteten und in Leistungen für die Besoldungen und die Bauunterhaltung kirchlicher Gebäude bestanden.[66] Zum andern bestanden die Staatsleistungen aus einer Fortschreibung des Gesetzes über den staatlichen Zuschuss zur Besoldung gering besoldeter Pfarrer von 1876 und drittens in der in Art. IV Abs. 1 zugesagten jährlichen Staatsleistung mit einer Obergrenze von 240.000 RM.

Der nationalsozialistische Staat war zunächst auch in Baden gesonnen, die Staatsleistungen als Waffe in der Auseinandersetzung mit der Kirche zu gebrauchen. Der Staatskirchenvertrag erwies sich aber als rechtlich bindend – auch für die Nationalsozialisten. Allerdings gelang es dem Reichsministerium für kirchliche Angelegenheiten im Mai 1938, dem Evangelischen Oberkirchenrat in Karlsruhe eine staatliche Finanzabteilung ins Haus zu setzen, die in der Folgezeit nicht nur die finanziellen Angelegenheiten der badischen Kirche bestimmte, sondern auf diesem Weg auch einen möglichst weitgehenden Einfluss auf die Leitung der Kirche und das kirchliche Leben auszuüben versuchte. Dieser Zustand endete erst mit der Besetzung im Frühjahr 1945.[67]

Mit der Bildung des Bundeslandes Baden-Württemberg 1952 und dem Inkrafttreten der Verfassung 1953 gilt somit auch für die badische Landeskirche der oben erwähnte Art. 7, der die Rechtspflicht der dauernden Leistungen des Staates an die Kirchen – für die badische Landeskirche aufgrund des Vertrags von 1932 – anerkennt.[68]

Ergebnis

Nur in Württemberg hat also eine vollständige Säkularisation des evangelischen Kirchenguts auf der Basis von § 35 RDH stattgefunden. In der Markgrafschaft Baden hingegen war noch in der Zeit des Alten Reichs eine Säkularisation des Kirchenguts auf »kaltem« Wege erfolgt. In der Kurpfalz wiederum blieben nicht unbeträchtliche Reste des ehemaligen Kirchenguts erhalten, die bis zum heutigen Tag in der Pflege Schönau zusammengefasst sind. Die Wiederherstellung des altbadischen Kirchenguts wurde im 19. Jh. ebenfalls angestrebt und führte – anders als in Württemberg – zu greifbaren Ergebnissen, nämlich durch das Gesetz von 1876 und durch den Kirchenvertrag von 1932. Für die Evangelische Landeskirche in Baden liegen somit anders gelagerte geschichtliche Voraussetzungen für die heutigen Staatsleistungen vor als für die Evangelische Landeskirche in Württemberg. Vor allem aber verfügt die badische Landeskirche mit dem Staatskirchenvertrag über eine gesicherte rechtliche Grundlage, während sich die württembergische Landeskirche auf die allgemeinen Bestimmungen der Verfassung und die hergebrachte Übung berufen muss. Die unterschiedlichen Vorgänge und Verhältnisse in Baden lassen daher die Säkularisation des evangelischen Kirchenguts in Württemberg in einem besonderen Licht erscheinen und belegen somit die Besonderheit der württembergischen Verhältnisse.

[1] *M[atthias] Erzberger*, Die Säkularisation in Württemberg von 1802–1810. Ihr Verlauf und ihre Nachwirkungen. Stuttgart 1902, Vorwort, IIIf.

[2] Ein Hinweis auf die Säkularisation des evang. Kirchenguts fehlt an der entsprechenden Stelle etwa in: Handbuch der baden-württembergischen Geschichte, Bd. 3, hg. von *Hansmartin Schwarzmaier* u. a. Stuttgart 1992. Vgl. dazu *Hermann Ehmer*, Brauchen wir eine württembergische Kirchengeschichte? Bemerkungen zu Band 3 des Handbuchs der baden-württembergischen Geschichte, in: BllWKG 94 (1994), 199–206.

[3] *Erzberger* (wie Anm. 1), 153–155.

[4] Zum Allg. vgl. *Hans-Jochen Brauns*, Staatsleistungen an die Kirchen und ihre Ablösung. Berlin 1970 (Schriften zum Öffentlichen Recht; 124); *Hansjoachim Peter*, Zur geschichtlichen Grundlegung der Staatsleistungen an die evangelische und katholische Kirche unter besonderer Berücksichtigung der badisch-württembergischen Gebiete. Diss. jur. Heidelberg 1971; *Hermann Ehmer*, Die geschichtlichen Grundlagen der Staatsleistungen an die evangelischen Landeskirchen in Württemberg und Baden, in: *Hans Ammerich/Johannes Gut* (Hgg.), Zwischen »Staatsanstalt« und Selbstbestimmung. Kirche und Staat in Südwestdeutschland vom Ausgang des Alten Reiches bis 1870. Stuttgart 2000, 233–253 (Oberrheinische Studien ; 17).

[5] »Es handelt sich dabei um die Staatsleistungen zu den Gehältern und den Ruhestandsbezügen der Pfarrer und ihrer Hinterbliebenen, die Entgelte für den durch kirchliche Kräfte erteilten Religionsunterricht an öffentlichen Schulen, die staatlichen Leistungen für die Evangelisch-theologischen Seminare und das Tübinger Stift, um Staatsbeiträge zu den kirchlichen Schulen und Ausbildungsstätten sowie um Zuschüsse des Landes zu den Kosten der Beratungsstellen für Erziehungs-, Ehe- und Lebensfragen.« Leben aus Glauben. Arbeitsbericht 1984–1990 des Evangelischen Oberkirchenrats für die 11. Württembergische Landessynode. Stuttgart [1990], 160.

[6] Die Rechtsgrundlage für den Ersatz des von kirchl. Kräften geleisteten Religionsunterrichts an den staatl. Schulen ist Art. 7 Abs. 3 GG sowie Art. 18 der Verfassung des Landes Baden-Württemberg. Diese Bestimmungen wurden umgesetzt durch eine Verwaltungsvorschrift vom 29.04.1983, geändert am 19.09.1988 und am 15.08.1997.

[7] *August Ludwig Reyscher* (Hg.), Vollständige, historisch und kritisch bearbeitete Sammlung der württembergischen Gesetze. Bd. 3. Stuttgart/Tübingen 1830, 243f.

[8] So fehlt sie in der Quellensammlung von *Ernst Rudolf Huber/Wolfgang Huber* (Hgg.), Staat und Kirche im 19. und 20. Jh. Dokumente zur Geschichte des Staatskirchenrechts. Bd. 1–5. Berlin 1973–1995, hier Bd. 1. Gleichwohl wird das Generalreskript erwähnt bei *Ernst Rudolf Huber*, Deutsche Verfassungsgeschichte seit 1789. Bd. 1. Stuttgart/Berlin/Köln/Mainz 2. Aufl. 1960, 54f.

[9] *Heinrich Hermelink*, Geschichte der evangelischen Kirche in Württemberg von der Reformation bis zur Gegenwart. Das Reich Gottes in Wirtemberg. Stuttgart/Tübingen 1949, 281.

[10] *Von Gottes gnaden unser Christoffs Hertzogen zu Würtemberg* [...] *Summarischer und einfältiger Begriff/ wie es mit der Lehre und Ceremonien in den Kirchen unsers Fürstenthumbs/ auch derselben Kirchen anhangenden Sachen und Verrichtungen* [...] *gehalten und volzogen werden solle*. Tübingen 1559, ND Stuttgart 1968 (= GKO). Bl. 258r–265v: Verordnung des Kirchenraths.

[11] Vgl. zum folgenden, falls nichts anderes genannt: *Martin Brecht/ Hermann Ehmer*, Südwestdeutsche Reformationsgeschichte. Stuttgart 1984, 195ff. Zum Kirchengut ist zu vgl.: *H[einrich] Hermelink*, Geschichte des allgemeinen Kirchenguts in Württemberg, in: WJbb. 1903 I, 78–101, II, 1–81; *Viktor Ernst*, Die Entstehung des württembergischen Kirchenguts, in: WJbb. 1911, 377–424; *Alfred Dehlinger*, Württembergs Staatswesen in seiner geschichtlichen Entwicklung bis heute. Bd. 1. Stuttgart 1951, § 33, 92–94.

[12] Die einz. Maßnahmen sind beschrieben bei: *Werner-Ulrich Deetjen*, Studien zur Württembergischen Kirchenordnung Herzog Ulrichs. Stuttgart 1981, 106–159 (Quellen und Forschungen zur württ. Kirchengeschichte ; 7). Quellen zu diesem Vorgang sind abgedruckt bei: *Julius Rauscher*, Württembergische Visitationsakten. Bd. 1. Stuttgart 1932 (Württembergische Geschichtsquellen ; 22).

[13] GKO Bl. 195r–242r.

[14] Die entsprechenden Maßnahmen sind beschrieben bei *Deetjen* (wie Anm. 12), 160–255. Die württembergische Klosterreformation ist zuletzt am Beispiel von Maulbronn dargestellt worden von: *Hermann Ehmer*, Vom Kloster zur Klosterschule. Die Reformation in Maul-

bronn, in: Maulbronn. Zur 850-jährigen Geschichte des Zisterzienserklosters. Stuttgart 1997, 59–82 (Forschungen und Berichte der Bau- und Kunstdenkmalspflege in Baden-Württemberg ; 7); *Ders.*, Die Klosterschule 1556–1595, in: Alpirsbach. Zur Geschichte von Kloster und Stadt, hg. vom *Landesdenkmalamt Baden-Württemberg*. Stuttgart 2001, 677–701 (Forschungen und Berichte der Bau- und Kunstdenkmalpflege in Baden-Württemberg; 10).

[15] Gedruckt bei *Christian Friedrich Sattler*, Geschichte des Herzogthums Würtenberg unter der Regierung der Herzogen. 4.Teil. Tübingen 1771, Beil. 35, 86–97.

[16] *Ernst* (wie Anm. 11), 403.

[17] *Reyscher* (wie Anm. 7), Bd. 2, 121–136. Vgl. dazu *Walter Grube*, Der Stuttgarter Landtag. Von den Landständen zum demokratischen Parlament. Stuttgart 1957, 227–230; *Hermann Ehmer*, Valentin Vannius und die Reformation in Württemberg. Stuttgart 1976, 236–247 (Veröff. der Kommission für geschichtliche Landeskunde in Baden-Württemberg B ; 81).

[18] Zur Behördengeschichte des Konsistoriums vgl. *Friedrich Wintterlin*, Geschichte der Behördenorganisation in Württemberg. Bd. 1. Stuttgart 1902, 41–96; *Dehlinger* (wie Anm. 11), Bd. 1, § 32, 89–92; *Walter Bernhardt*, Die Zentralbehörden des Herzogtums Württemberg und ihre Beamten 1520–1629. Stuttgart 1973, 50–63 (Veröff. der Kommission für geschichtliche Landeskunde in Baden-Württemberg B; 70–71).

[19] Dazu vgl. *Hermelink* (wie Anm. 11), Bd. II, 58–60.

[20] Das Revolutionäre dieser Maßnahme liegt auch in der Bedeutung des Kirchenguts begründet, die *Hermelink* (wie Anm. 11), 78 so beschreibt: »Die Beziehungen des geistlichen Guts zum gesamten kirchlichen und politischen, wirtschaftlichen und kulturellen Leben Altwürttembergs sind derart mannigfaltig, daß eine erschöpfende Monographie über das Kirchengut einer Geschichte der altwürttembergischen Kultur nahezu gleichkommen würde.«

[21] Zitiert nach *Huber/Huber* (wie Anm. 8), Bd. 1, Nr. 5, 18.

[22] Die Zahlenangaben nach *[Karl Viktor] Riecke*, Das evangelische Kirchengut des vormaligen Herzogthums Württemberg. Stuttgart o.J., 13 (Sonderdruck aus: Litterarische Beil. des Staatsanzeigers für Württemberg 1879, 97, 129, 167). Die Zahlen wurden bereits veröff. in: WJbb. 1817, 287f.

[23] *K[arl] Mayer*, Die finanziellen Beziehungen zwischen der Evang. Kirche und dem Staat in Württemberg von 1806 bis 1919, in: BllWKG 36 (1932), 108–139.

[24] *Grube* (wie Anm. 19), 489–508.

[25] *Gaupp*, Das bestehende Recht der evangelischen Kirche in Württemberg. Stuttgart 1831, Bd. 2, 228; Vgl. dazu demnächst: *Hermann Ehmer*, Die Säkularisation des Stifts Öhringen 1810 und die Versuche zu seiner Wiederherstellung, in: W Fr 86 (2002).

[26] Württembergische Kirchengeschichte. Calw und Stuttgart 1893, 547.

[27] Kgl.-Württ. Staats- und Regierungs-Blatt 1819, 633–682; *Huber/Huber* (wie Anm. 8), Bd. 1, Nr. 63, 142–144.

[28] Vgl. *Schmidlin*, Der erste Landtag nach wiederhergestellter Verfassung in Württemberg, in: WJbb. 1823 II, 258–397, hier 325–328.

[29] Vgl *Heinrich Hermelink*, Die Verhandlungen über das altwürttembergische Kirchengut seit 1806, in: WJbb. 1914, 46–83.

[30] *Riecke* (wie Anm. 22), 15–19; Württembergische Kirchengeschichte (wie Anm. 26), 555–557.

[31] *Mayer* (wie Anm. 23), 112–114.

[32] Ebd., 136.

[33] Die einschlägigen Bestimmungen der Weimarer Reichsverfassung bei *Huber/Huber* (wie Anm. 8), Bd. 4, Nr. 97, 128–132. – Zum Folgenden vgl. *K[arl] Mayer, [Theophil] Wurm*, Die Staatsleistungen für die evangelische Kirche in Württemberg. Stuttgart 1925, 6–23.

[34] Regierungsblatt für Württemberg 1919, 281–292; *Huber/Huber* (wie Anm. 8), Bd. 4, Nr. 102, 140f.

[35] Regierungsblatt für Württemberg 1924, 93–116; Amtsblatt des württ. Evangelischen Konsistoriums und des Synodus 21 (1924), 47–74; *Huber/Huber* (wie Anm. 8), Bd. 4, Nr. 137, 189–198.

[36] Vgl. *Gerhard Schäfer* (Hg.), Dokumentation zum Kirchenkampf. Die Evangelische Landeskirche in Württemberg und der Nationalsozialismus. Bd. 4. Stuttgart 1977, 261–270; Bd. 5. Stuttgart 1982, 442–446. Vgl. ferner *Mayer/Wurm* (wie Anm. 33). Eine Neubearbeitung dieser seinerzeit aus aktuellem Anlass erschienenen Broschüre wurde 1937 herausgegeben. Eine Zusammenfassung erschien als Beiblatt zum Amtsblatt der Evangelischen Landeskirche in Württemberg, Bd. 28 Nr. 18 vom 05.02.1938.

[37] Die Wiedergabe eines entsprechenden Artikels im ›Schwäbischen Merkur‹ vom 28.04.1935 findet sich bei *Schäfer* (wie Anm. 36), Bd. 4, 268f.

[38] *Mayer/Wurm* (wie Anm. 33), 17.

[39] Gesetzblatt für Baden-Württemberg 1953, 173–183.

[40] *Jens Keil, Christof Vetter*, Warum zahlt das Land der Kirche Geld? Stuttgart 1996.

[41] Haushaltsgesetz und Haushaltsplan der Evangelischen Landeskirche in Württemberg für das Rechnungsjahr 2002 (12. Evangelische Landessynode, Beilage 82).

[42] Einen Überblick bietet: *Ernst Walter Zeeden*, Kleine Reformationsgeschichte von Baden-Durlach und Kurpfalz. Karlsruhe 1956, hier 28–48; *Brecht/Ehmer* (wie Anm. 11), 372–380. Zu Baden jetzt: *Volker Press*; in: *Anton Schindling/Walter Ziegler* (Hg.), Die Territorien des Reichs im Zeitalter der Reformation und Konfessionalisierung. Land und Konfession 1500–1650, Bd. 5. Münster 1993, 124–166. Zum folgenden vgl. vor allem, soweit nichts anderes angemerkt: *Karl Stiefel*, Baden 1648–1952, Bd. 1. Karlsruhe 1977, 636–638; *Hans Niens*, Kirchengut, Pfarrbesoldung und Baulast in der Evangelischen Landeskirche in Baden. Heidelberg 1991, 97–105 (Freiburger Rechts- und Staatswissenschaftliche Abhandlungen, Bd. 55).

[43] Vgl. dazu *Wilfried Rößling/Peter Rückert/Hansmartin Schwarzmaier* (Bearb.), 900 Jahre Gottesaue. Spurensuche, Spurensicherung. Karlsruhe 1994, 18 und 24.

[44] *J. G. F. Pflüger*, Geschichte der Stadt Pforzheim. Pforzheim 1862, 323–329; *Karl Obser*, Auszug der Dominikanerinnen aus Pforzheim, in: ZGO 58 (1904), 156; *Karl Rieder*, Zur Reformationsgeschichte des Dominikanerinnenklosters zu Pforzheim, in: FDA 45 (1917), 311–366, 46 (1919), 519; *Hans Georg Zier*, Geschichte der Stadt Pforzheim. Von den Anfängen bis 1945. Stuttgart 1982, 81–86. Die von Rieder veröff. Aufzeichnungen der Pforzheimer Klosterfrau Eva Magdalena Neyler aus der achtjährigen Bedrängnis des Klosters durch die markgräflichen Reformationsbemühungen, vgl. dazu jedoch *Gustav Bossert*, Die Quellen zur Reformationsgeschichte des Dominikanerinnenklosters in Pforzheim, in: ZGO 73 (1919), 465–484, haben eine Parallele in den Aufzeichnungen einer Dominikanerin in dem von Württemberg reformierten Kloster Steinheim an der Murr.

[45] *Otto Fehr*, Das Verhältnis von Staat und Kirche in Baden-Durlach in protestantischer Zeit (1556–1807) vornehmlich im 18. Jh. Karlsruhe 1931, 33 (Veröff. des Vereins für Kirchengeschichte in der evang. Landeskirche Badens ; 7).

[46] Die einschlägigen Ausführungen der Landesordnung sind abgedruckt bei *Niens* (wie Anm. 56), 253–255.

[47] *Fehr* (wie Anm. 45), 36.

[48] Vgl. dazu *Niens* (wie Anm. 42), 105–112.

[49] Ebd. 109.

[50] *Instruction Unser Carl Friderichs Marggrafen zu Baden* [...] *wie sich die zu Unserm Fürstl. Kirchenraths-Collegio verordnete* [...] *zu ihren*

Dienstverrichtungen anzuhalten haben [Karlsruhe 1797]. Diese Instruktion wurde 1804 erneuert, vgl. Geschichte der badischen evangelischen Kirche seit der Union 1821 in Quellen. Karlsruhe 1996, 25f. (Veröff. des Vereins für Kirchengeschichte in der Evangelischen Landeskirche in Baden ; 53).

[51] Allg. dazu: *Zeeden* (wie Anm. 42), hier 48–78; *Emil Sehling* (Hg.), Die evangelischen Kirchenordnungen des XVI. Jhs. Bd. 14: Kurpfalz. Tübingen 1969; *Anton Schindling/Walter Ziegler*, Kurpfalz, Rheinische Pfalz und Oberpfalz, in: *Schindling/Ziegler* (wie Anm. 42), 8–49; *Eike Wolgast*, Reformierte Konfession und Politik im 16. Jh. Studien zur Geschichte der Kurpfalz im Reformationszeitalter. Heidelberg 1998 (Schriften der Philosophisch-historischen Klasse der Heidelberger Akademie der Wissenschaften ; 10).

[52] *Stiefel* (wie Anm. 42), 666; 759f.; *Niens* (wie Anm. 42), 41–79.

[53] Unionsurkunde, Beilage D; Druck: *Hermann Erbacher*, Vereinigte Evangelische Landeskirche in Baden 1821–1971. Dokumente und Aufsätze. Karlsruhe 1971, 14–41, hier 38f.; *Huber/Huber* (wie Anm. 8), Bd. 1, Nr. 292, 675–681.

[54] Verfassungs-Urkunde für das Großherzogtum Baden, in: Großherzoglich-Badisches Staats- und Regierungs-Blatt 1818, 101; *Huber/Huber* (wie Anm. 8), Bd. 1, Nr. 65, 146f.; Geschichte der badischen evangelischen Kirche (wie Anm. 50), 59f.

[55] Geschichte der badischen evangelischen Kirche (wie Anm. 50), 188f.

[56] *Huber/Huber* (wie Anm. 8), Bd. 2, Nr. 178, 383–388; Geschichte der badischen evangelischen Kirche (wie Anm. 50), 190–192.

[57] Statuten des altbadischen Kirchenfonds: Verordnungsblatt für die vereinigte evangelisch-protestantische Kirche des Großherzogthums Baden 1867, 79f.

[58] Geschichte der badischen evangelischen Kirche (wie Anm. 50), 239f.

[59] Vgl. dazu auch *Stiefel* (wie Anm. 42), 743f.

[60] Gesetzes- und Verordnungsblatt der Vereinigten evang.-prot. Kirche des Großherzogthums Baden 1888, 109–123; *Huber/Huber* (wie Anm. 8), Bd. 2, Nr. 473, 1021–1026; Geschichte der badischen evangelischen Kirche (wie Anm. 50), 266.

[61] Gesetzes- und Verordnungsblatt der Vereinigten evang.-prot. Kirche des Großherzogthums Baden 1892, 185–193; Geschichte der badischen evangelischen Kirche (wie Anm. 50), 268.

[62] *Niens* (wie Anm. 42), 244.

[63] *Huber/Huber* (wie Anm. 8), Bd. 4, Nr. 103, 142f.

[64] Gesetzes- und Verordnungsblatt für die Vereinigte Evangelisch-protestantische Landeskirche Badens 1933, 32–38; *Huber/Huber* (wie Anm. 8), Bd. 4, Nr. 316, 727–730.

[65] Geschichte der badischen evangelischen Kirche (wie Anm. 50), 316f.

[66] Ausdrücklich benannt im Schlussprotokoll zu Art. IV Abs. 2 des Kirchenvertrags vom 03.11.1932; Gesetzes- und Verordnungsblatt (wie Anm. 64), 37; *Huber/Huber* (wie Anm. 8), Bd. 4, 730f.

[67] Geschichte der badischen evangelischen Kirche (wie Anm. 42), 305f.

[68] Der Nachtragshaushalt 1997 der Evangelischen Landeskirche in Baden weist mit einem berichtigten Volumen von DM 564.237.615 Staatsleistungen in Höhe von insgesamt DM 21.190.000 (ursprünglicher Ansatz DM 23.680.000), also rund 3,7 % aus; Gesetzes- und Verordnungsblatt der Evangelischen Landeskirche in Baden 1997, 150f. Weitere Zahlenangaben bei Stiefel (wie Anm. 56), 747, wobei jedoch die jeweils unterschiedliche Rechtsgrundlage der verschiedenen staatlichen Leistungen zu beachten ist.

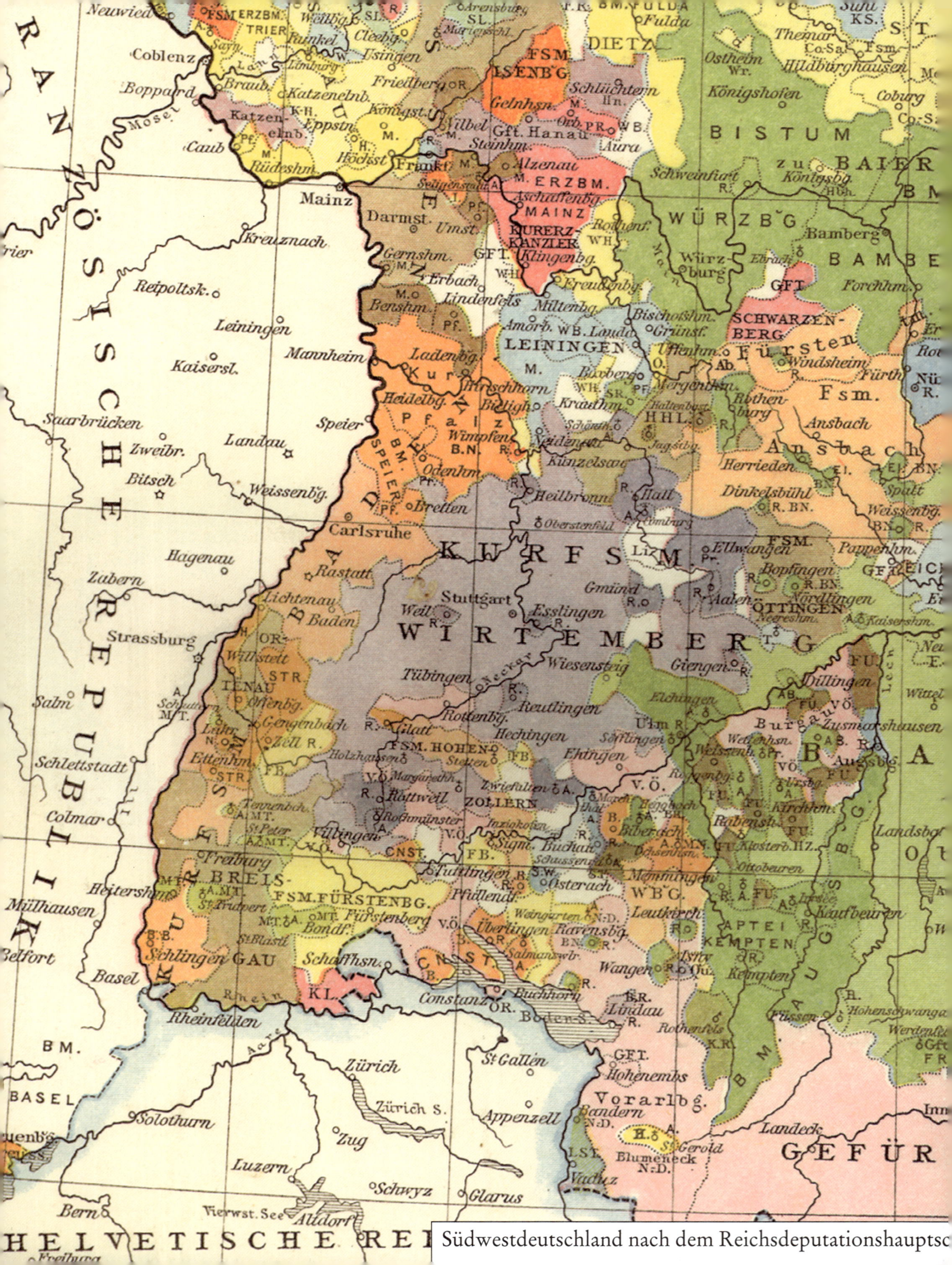

Südwestdeutschland nach dem Reichsdeputationshauptsc

Erzgebirgischer
Kreis
Neustädter
Kreis
Vogtländ.
Kreis
Plauen
Zwickau
Hartenstein
Johann-Georgenstadt
Ölsnitz
Schleiz
Lobenstein
Saalfeld
Greiz
Graslitz
Tetschen
Gabel
Nollendorf
Sandau
Böhm. Leipa
Aussig
Teplitz
Brüx
Lobositz
Leitmeritz
Theresienstadt
Münchengrätz
Gitschin
Jungbunzlau
Melnik
Jaromierz
Schatzlar
Trautenau
Kaaden
Saaz
Laun
Schlan
Kladno
Nimburg
Brandeis
Elbe
Karlsbad
Elbogen
Eger
Asch
Rakonitz
Luditz
PRAG
Kolin
Kuttenberg
Chotusitz
Czaslau
Beraun
KGR. BÖHMEN
Goltsch Jenikau
Mies
Tirschenreut
Pilsen
Kladrau
Przibram
Moldau
Sazawa
Deutsch Brod
Polna
Bischofteinitz
Taus
Klattau
Pisek
Tabor
Kamenitz
Iglau
Trebitsch
Moldauthein
Wodnian
Neuhaus
Wittingau
Budweis
Krumau
Suchdol
Waidhofen
Retz
Gmünd
Horn
Rosenberg
Zwettl
Freistadt
ERZHZM. ÖSTERR
Mautern
Krems
Melk
Grein
Linz
St. Pölten
Ybbs
UNTER DER E.
OB DER ENNS
Enns
Wels
Steyr
Waidhofen
Gmunden
Weyr
Windischgarsten
Mariazell
Ischl
Admont
HZM.
Eisenerz
Rottenmann
Gröbming
Mautern
Leoben
Bruck
STEIERMARK
Judenburg
Grätz
Mur
FSM.
Hof
Gronach
Kupferbg.
BAIREUTH
Baireuth
Neustadt
OBER-
Sterstein
Weiden
Sulzbach
Vilseck
Leuchtenbg.
Fsm. Sulzbach
Amberg
PFALZ
Schwandorf
Pyrbaum
H. Sulzbg.
zu
Neuburg
Cham
Regen
BM. REGENSBG.
Regensburg
Altmühl
Eichstädt
Ingolstadt
Eggmühl
Straubing
Deggendorf
Niederbaiern
BM. PASSAU
Geisenfeld
Vilshofen
Isar
Hals
Donau
KURFÜRSTM.
Passau
Ortenbg.
Neuburg
Schärding
Pfaffenhofen
Landshut
Moosburg
BM. Freising
Inn-
viertel
Ried
Braunau
Simbach
Mühldorf
Inn
Hohenlinden
Gft. Haag
München
BAIERN
Wasserbg.
Tittmoning
Rosenheim
Traunstein
Salzburg
Hallein
Reichenhall
Tölz
Tegernsee
Hohenwaldeck
PROPSTEI
Berchtesgaden
Werfen
Kufstein
Rattenberg
Kitzbühel
ERZBM.
Zell
Radstadt
Hall
Mittersill
Salzach
Gastein
Zell
SALZBURG
T. GFT.
Windisch-Matrei
ROL
Friesach
Gurk
Wolfsbg.
St. Veit
St. Andrä
Landsbg.
HZM.
Bruneck
Antholz
Lienz

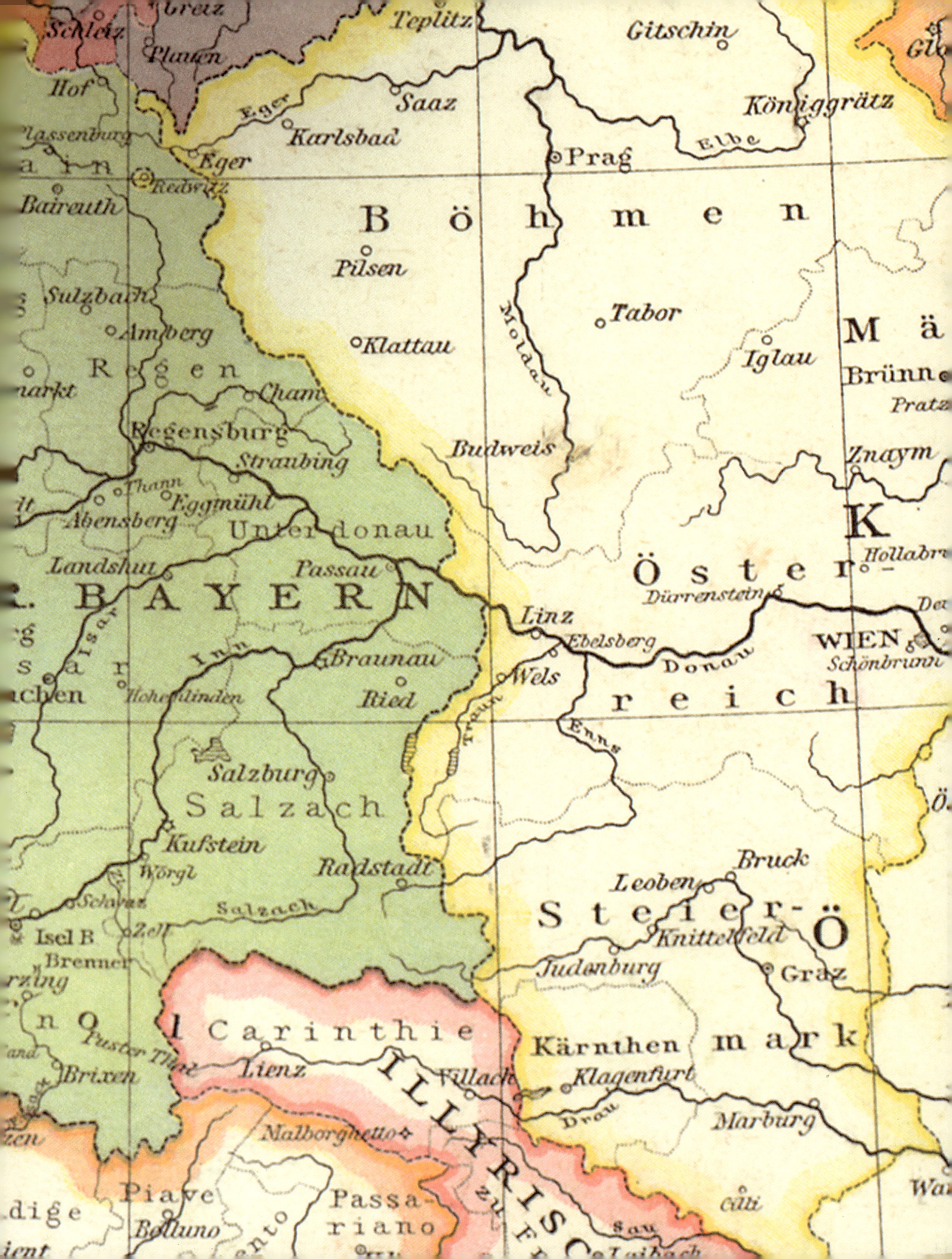

Teplitz
Gitschin
Schleiz
Plauen
Hof
Saaz
Königgrätz
Eger
Karlsbad
Elbe
Prag
Redwitz
Baireuth
B ö h m e n
Pilsen
Sulzbach
Tabor
Amberg
Klattau
Moldau
Iglau
M ä
Brünn
Regen
Cham
Regensburg
Budweis
Znaym
Straubing
Thann
Eggmühl
Abensberg
Unterdonau
K
Landshut
Passau
Hollabr
Öster
Dürrenstein
B A Y E R N
Isar
Linz
Ebelsberg
WIEN
Schönbrunn
Inn
Braunau
Donau
Wels
Ried
Hohenlinden
r e i c h
Traun
Enns
Salzburg
Salzach
Kufstein
Radstadt
Bruck
Wörgl
Leoben
Schwaz
Salzach
S t e i e r - Ö
Knittelfeld
Zell
Brenner
Judenburg
Graz
Carinthie
Kärnthen
m a r k
Puster Thal
Lienz
Villach
Klagenfurt
Brixen
ILLYRISC
Drau
Marburg
Malborghetto
Piave
Passa-
riano
Cilli
Belluno
Sau

ALTE KLÖSTER NEUE HERREN

DIE SÄKULARISATION IM DEUTSCHEN SÜDWESTEN 1803

AUFSÄTZE
Zweiter Teil

Die Mediatisierung
Auswirkung von Säkularisation und Mediatisierung

Herausgegeben von
HANS ULRICH RUDOLF
unter redaktioneller Mitarbeit von
MARKUS BLATT

JAN THORBECKE VERLAG 2003

Bibliografische Information Der Deutschen Bibliothek
Die Deutsche Bibliothek verzeichnet diese Publikation in der Deutschen Nationalbibliografie; detaillierte bibliografische Daten sind im Internet über http://dnb.ddb.de abrufbar.

www.thorbecke.de · info@thorbecke.de

Dieses Buch ist aus alterungsbeständigem Papier nach DIN-ISO 9706 hergestellt.

Satz: Schwabenverlag mediagmbh, Ostfildern
Druck: Süddeutsche Verlagsgesellschaft, Ulm
Printed in Germany

ISBN 3-7995-0212-2 (Pappband)
ISBN 3-7995-0213-0 (Leinenband)

IV

Das Ende des Heiligen Römischen Reichs 1802–1806

Die Mediatisierung der Reichsstädte sowie des Reichsadels und der Reichsfürsten

Die Mediatisierung der Reichsstädte

von Rolf Kießling

Als am 25. Februar 1803 die Deputation des Reichstags in Regensburg die territoriale Neuordnung auf dem Boden des Alten Reiches mit ihrem ›Hauptschluß‹ sanktionierte, der dann formell am 24. März durch den Reichstag angenommen wurde und mit der kaiserlichen Ratifikation vom 27. April in Kraft trat, vollzog sie lediglich das nach, was sich seit einem halben Jahr bereits faktisch abgespielt hatte: das Ende der politischen Existenz für die meisten der 51 Reichsstädte. Lediglich sechs von ihnen blieben zunächst noch übrig: Augsburg und Nürnberg bis 1806, sodann nach der Restituierung auf dem Wiener Kongress Frankfurt (bis 1866) und die Hansestädte Lübeck (bis 1937), Bremen und Hamburg. Die Masse der Reichsstädte lag im deutschen Südwesten, das damit eines seiner bestimmenden historischen Merkmale verlor, denn die Zukunft dieser Städte im Rahmen der neu strukturierten deutschen Mittelstaaten war nicht mehr von der anderer abgehoben; sie teilten die Rolle als ›Munizipalstädte‹ mit den ehemals landesherrlichen Städten der alten Reichsterritorien.[1]

Es ist nicht gut über unsere Verfassung zu spotten. Hört diese Verfassung auf, und es wird eine andere, so sind wir hin! Ich gebe es zu, daß wir eben auch nicht hungern würden, wenn wir Untertanen eines Fürsten wären, aber ich versichere dich, in dem Augenblick, da wirs werden, ists mit Deutschland getan. Die Reichsverfassung allein, worüber der Fürstenuntertan spottet, ists, die ihn schützt, daß Fürsten nicht Tyrannen sind; die Reichsverfassung ists, die unsere jetzt lebenden Fürsten alle zu guten Menschen gemacht hat. Fällt eine Reichsstadt, so fallen mehrere, fallen mehrere, so fallen alle; fallen die Reichsstädte, so fallen die kleineren Fürstentümer, fallen die, so hat Deutschland nur zwei Regenten, und diese sind dann ewige Nebenbuhler, so lang bis nur einer regiert.[2] Diese Stimme aus Augsburg, die bereits 1789 in seltener Klarsichtigkeit eine Prognose über das Ende der Reichsstädte wie des Reiches abgab, kontrastiert in erstaunlicher Weise mit dem Vorgang der Übernahme der Reichsstadt durch die Repräsentanten der neuen Staaten: Sie erfolgte überall ohne nennenswerten Widerstand, sei es in hoffnungsvoller Erwartung eines Neubeginns wie in Buchhorn[3], sei es in einer innerstädtisch gespaltenen Haltung wie in Ulm[4], sei es in »fatalistischer Ergebenheit« wie in Wangen[5], devot-zurückhaltend wie in Ravensburg[6] oder *mit weiser Resignation* wie in Heilbronn.[7] Unter dem Signum, *dieses lezte Opfer, sofern es zur gänzlichen Beruhigung des deutschen Vaterlandes unvermeidlich ist, auch noch bringen* zu wollen, hatte der letzte Städtetag noch am 21. August 1802 in Ulm seine Position formuliert, als die Vorbereitungen für die Besetzung bereits im Gange waren.[8]

Die Frage, warum dieses Ende so unspektakulär über die Bühne ging, eröffnet verschiedene Dimensionen. Ein erster Ansatz, der die Vorgänge im entscheidenden Zeitraum ereignisgeschichtlich erfasst, nimmt zunächst die unmittelbaren Reaktionen und Verhaltensweisen auf: Die Erfahrung der momentanen Belastungen durch Kriegskontributionen, Truppendurchzüge und Einquartierungen sowie die Zahlungen an Reich und Schwäbischen Kreis während der beiden ersten Koalitionskriege, die sich ins Unerträgliche steigerten und nicht zuletzt das jeweilige städtische Schuldenkonto so immens anschwellen ließen, führte die Bedrohung vor Augen, dass der finanzielle Ruin

bevorstehe[9] – auch wenn das keine unmittelbar neue Erfahrung war, wenn man an die verschiedenen Kriegsereignisse, nicht zuletzt den Dreißigjährigen Krieg denkt, bei dem die demographische Katastrophe als weitere Dimension dazu gekommen war. Demgegenüber stellte sich aber nun zusätzlich die Unsicherheit ein, welche Rolle die Reichsstädte überhaupt noch zu spielen hätten: Waren sie als ›Stadtrepubliken‹ eine überholte Einrichtung, »reif für den Untergang«[10]– so wie das Verfassungssystem selbst, das dann wenig später durch die Niederlegung der Krone des *Heiligen Römischen Reiches deutscher Nation* durch Franz II. ihr Ende fand? Der politische Wandlungsprozess in Mitteleuropa in Richtung auf souveräne Mittelstaaten offenbarte gerade in Süddeutschland eine ›moderne‹ Alternative, und in den Bestrebungen der Regierungen zur Arrondierung und Erweiterung waren auch die Reichsstädte ein Objekt der Begehrlichkeit.

Dies führt auf einer zweiten Ebene zur Frage nach dem langfristigen strukturellen Wandel des urbanen Systems: nach der Bedeutung der Städte im Verfassungsverbund des modernen Staates. Wie stand es um den historischen Ort der Reichsstädte als eigenständigem Typus (fast) autonomer Kommunen, der sich unter dem Dach eines komplexen Verfassungsgefüges wie dem des Alten Reiches ausbilden und erhalten konnte? Bereits in den konkreten Herrschaftsräumen frühmoderner Staatlichkeit war der Stadt als zentralem Ort eine spezifisch funktionale Rolle zugewiesen worden, und damit war auch ihr Stellenwert anders definiert als im Reichsverband. Musste dann nicht im Übergang zum modernen Anstaltsstaat der Gedanke von der selbständigen Bürgergemeinde zugunsten einer Verwaltungseinheit revidiert werden?

Im Geflecht der Mächte: Verhandlungen um die Mediatisierung

Der Vorgang der Mediatisierung als solcher war in wenigen Jahren abgelaufen[11]: Mit dem Frieden von Campo Formio vom 18. Oktober 1797 zwischen Österreich und Frankreich, der als ein Ergebnis des Ersten Koalitionskrieges – wie bereits der Frieden von Basel zwischen Preußen und Frankreich von 1795 – im Prinzip die Abtretung aller Besitzungen links des Rheins vorsah, begannen Ende 1797 in Rastatt die Verhandlungen zwischen Frankreich und dem Reich um die konkreten Ausgestaltungen der Kompensationen für die deutschen Fürstenstaaten. Obwohl Kaiser Franz II. zunächst offiziell nach wie vor die Integrität des Reiches bestätigte und selbst nach der französischen Besetzung von Mainz am 30. Dezember 1797 die Reichsstädte insgesamt noch nicht betroffen erschienen, da das Entschädigungsprinzip sich zunächst auf die Säkularisation der geistlichen Herrschaftskomplexe konzentrierte, suchten die Reichsstädte durch eine eigene diplomatische Präsenz nach Auswegen gegenüber der potentiellen Bedrohung, als weitere Kompensationsobjekte behandelt zu werden. Und das Scheitern des Kongresses gewährte nur einen kurzen Aufschub, denn die Neugestaltung des Reiches blieb ebenso in der Diskussion wie die Grundprinzipien der Entschädigung.

Der anschließende Zweite Koalitionskrieg brachte allerdings nicht die Stabilisierung des Reiches, sondern mit dem Frieden von Lunéville vom 9. Februar 1801 insofern eine Fortführung des eingeschlagenen Weges, als Österreich gegenüber Frankreich auch die Abtretung des linken Rheinufers bestätigen und für das Reich in die Entschädigung durch rechtsrheinische Gebiete einwilligen musste – deren Umsetzung nach den Rastatter Beschlüssen zu handhaben, freilich unter Beteiligung Frankreichs noch im einzelnen auszuhandeln und zu ratifizieren war. Der zu diesem Zweck eingesetzten außerordentlichen Reichsdeputation, die unter dem Vorsitz des kurmainzischen Kanzlers Albini tagte, standen dabei die Einzelinteressen der Fürsten gegenüber, die im Zusammenwirken mit Frankreich möglichst weitreichende Arrondierungsgewinne erzielen wollten, und sie beruhte zudem auf den russisch-französischen Übereinkünften über die Neugestaltung des Reiches.

Die Reichsstädte selbst waren – wie die Reichsgrafen – an diesem ersten Schritt der »territorialen Revolution«[12] nicht direkt beteiligt, da sie kein Mitglied in die Deputation abordnen konnten, die am 24. August ihre Arbeit aufnahm; so blieb ihnen nur die Entsendung von Delegierten nach Regensburg, um zumindest auf der Diskursebene informell Einfluss auf die Verhandlungen nehmen zu können, die ihre Existenz

vielleicht noch retten konnte.[13] Da ihnen seit dem Rastatter Kongress das Menetekel vor Augen stand, versuchten sie zunächst die Beschränkung des Entschädigungsvorgangs auf das Säkularisationsprinzip zu verstetigen.
Ulm hatte auf Drängen des Memminger Kanzleidirektors Lupin, der Erfahrungen in Rastatt gesammelt hatte, bereits im März 1798 einen Tag der schwäbischen Reichsstädte zusammengerufen, der sich die grundsätzliche Frage stellte, *ob man auch die bisherige Reichsunmittelbarkeit ferners noch als ein wahres Gut, folglich im Gegentheil das Aufhören derselben als einen Verlust anzusehen habe, welchen man nach allen Kräften entgegen zu streben innere Neigung fühlet*. Es erscheint durchaus charakteristisch für ihr Selbstverständnis, dass der Ulmer Ratskonsulent Dr. Gottlob Dietrich Miller in seiner Proposition die Reichsunmittelbarkeit als Basis verstanden wissen wollte, insofern als die *Freyheit alles zu thun, was kein Gesetz zum Wohl des Ganzen verbietet, die wahre Freyheit ist, wenn der teutschen Reichsstädte und ihrer Bewohner, welches man mit Grund sagen kann, in dieser Freyheit bißher gelebt haben, daß nicht diese Verfassung ein Guth seyn sollte, zu dessen Erhaltung man alle erlaubten Mittel anzustrengen inneren Beruf fühlen muß*.[14] Deshalb hatte man es trotz unterschiedlicher Einschätzung letztlich doch für günstiger gehalten, in Rastatt durch eine eigene Delegation präsent zu sein. Die Betonung der Gemeinsamkeit, nicht zuletzt auch das Bestreben, innere Auseinandersetzungen nicht allzu sehr nach außen dringen zu lassen und gegenüber Frankreich den gemeinsamen Charakter als *Republiquen* herauszustreichen, beim Kaiserhof den *einstimmigen heißen Wunsch* auf Aufrechterhaltung der Reichsunmittelbarkeit in Erinnerung zu bringen – all das demonstrierte noch einmal den nachdrücklichen Willen der schwäbischen Städtekorporation, den Gang der Dinge nicht einfach passiv hinzunehmen, mit dem Erfolg, dass auch die fränkischen Städte und die reichsstädtischen Stimmvertreter auf dem Immerwährenden Reichstag in Regensburg wenigstens kurzzeitig mit gezogen werden konnten.
Als auf dem Rastatter Kongress die offiziellen Reichsstädtevertretern aus Augsburg und Frankfurt, die der Reichsfriedensdeputation angehörten und dabei unter Einlassung auf die französischen Geldforderungen – wie die Hansestädte – die Mediatisierung vorläufig abwenden konnten, blieb auch für die inoffiziellen schwäbischen Gesandten Ill (Überlingen) und Miller (Ulm) noch die Hoffnung, die Reichsstädte in ihrem Bestand erhalten zu können. Doch nach dem Frieden von Lunéville zeichnete sich für die Reichsdeputation ab, dass die meisten Reichsstädte gemäß dem französisch-russischen Entschädigungsplan vom 3. Juni 1802 endgültig zur Verfügungsmasse gehörten, so dass es nur noch darum gehen konnte, die Modalitäten der Einbeziehung in die neuen Mittelstaaten zu klären: Welcher Anteil an den ›Freiheiten‹ war unter diesen Umständen noch aufrecht zu erhalten?
Noch einmal versuchten die Städte auf einem gemeinsamen Tag in Ulm am 16. August 1802, wenigstens einen Forderungskatalog gegenüber den zukünftigen Landesherrn aufzustellen. Unter den verschiedenen Vorstellungen – immerhin 27 von 31 Städten waren vertreten –, die im Vorfeld und Umfeld entworfen und diskutiert wurden, setzte die abschließende, am 26. August gebilligte Denkschrift, die unter dem Namen des Rottweiler Amtsbürgermeisters Johann Baptist Hofer überliefert wurde, aber maßgeblich wiederum auf den Ulmer Ratskonsulenten Miller zurückging, die wesentlichen Maßstäbe.[15] Sie »war ein Kompendium all jener Rechte, welche die Reichsstädte bisher in ihren Mauern beansprucht hatten«, und sie sahen diese Maximalforderung begründet in der Fortdauer der *moralischen Person, nämlich der Summe der Bürgerschaft*, aus der die Bewahrung der »Privilegien, Rechte und Gerechtigkeiten in geistlichen und weltlichen Bereichen« abzuleiten sei.[16] Konkret hieß das: Gesetzgebungsgewalt, Gerichtshoheit mit Appellationsrecht an die Reichsgerichte, Besteuerungsrecht und Beibehaltung der kommunalen Einnahmen, Befreiung von der Militärkonskription und sonstigen Personaldiensten, Bestandsschutz für die Regalien (Jagd, Wald, Juden, Bergwerk, Markt). Die herausragende Stellung des Rates als städtischer Obrigkeit sollte bestehen bleiben und nur dem Landesherrn untergeordnet werden. Als Ausfluss dessen galt weiterhin die gesamte *Policey* als Ordnungsgewalt, die Aufsicht über Pflegschaften und Stiftungen wie Spitäler und die Bestellung der Beamten samt Archiv- und Kanzleirecht als Ausdruck kommunaler Selbständigkeit. Zudem sollte die Aufrechterhaltung der grund-

herrlichen Rechte einschließlich der niederen Gerichtsbarkeit in den ehemaligen reichsstädtischen Territorien zumindest Reste der Herrschaftsgewalt sichern. Entscheidend war die Beibehaltung der kirchlichen Verhältnisse, je nach konfessionellem Status, wie er seit dem Westfälischen Frieden bestanden hatte, einschließlich der Besetzungsrechte für die Geistlichkeit und der Schulaufsicht.
Wie ernst es den schwäbischen Reichsstädten mit diesem Forderungskatalog war, ergibt sich schon daraus, dass man nicht nur den kaiserlichen Hof in Wien informierte, sondern auch eine persönliche Abordnung zur Reichsdeputation nach Regensburg entsandte. Der Ulmer Ratskonsulent Dr. Johann Gottfried Benjamin Härlin und der Rottweiler Amtsschultheiß Johann Baptist Hofer – die Biberacher Konfessionsparteien konnten sich nicht auf einen Gesandten einigen – brachten ihre Denkschrift in die Verhandlungen ein und erhielten auch einen gewissen Spielraum für die Behandlung im Rahmen der Politik der jeweiligen Reichsstände zugestanden. Die fränkischen Reichsstädte hatten sich in Regensburg der schwäbischen Initiative angeschlossen, ohne selbst ein größeres Maß an Aktivität zu entfalten. Letztlich mussten sich aber alle doch damit zufrieden geben, dass der ›Städteartikel‹, der § 27 des Entschädigungsplanes, so gefasst wurde, dass er eine dehnbare Formulierung bezüglich der zukünftigen Gestaltung ihrer Stadtverfassungen und Eigentumsrechte bzw. Religionsverhältnisse erhielt: *Die Kurfürsten und Fürsten, welchen Reichsstädte als Entschädigung zufallen, werden diese Städte in Bezug auf ihre Municipalverfassung und Eigenthum auf dem Fuß der in jedem der verschiedenen Lande am meisten privilegierten Städte behandeln, so weit es die Landesorganisation und die zum allgemeinen Besten nöthigen Verfügungen gestatten. – Insbesondere bleibt ihnen die freie Ausübung ihrer Religion, und der ruhige Besitz aller ihrer kirchlichen und milden Stiftungen gehörigen Güter und Einkünfte gesichert.*[17]
Waren an dieser grundsätzlichen Revision der bestehenden politischen Struktur des Alten Reiches dessen Verfassungsinstanzen wenigstens noch formell beteiligt, so erscheint es doch bezeichnend, dass die Eingliederung der Reichsstädte in die neuen Staaten bereits in vollem Gange war, als die Beratungen über den ›Städteartikel‹ am 23. November 1802 abgeschlossen wurden. So waren nur die Hansestädte Bremen, Hamburg und Lübeck und die Handelsmetropolen des Südens Frankfurt, Augsburg und Nürnberg übrig geblieben.
Bei den nachfolgenden Besitzverschiebungen als Folge der weiteren Kriegsereignisse standen die Reichsstädte nur mehr am Rande zur Debatte.[18] Der Dritte Koalitionskrieg sah Bayern, Württemberg und Baden auf der Seite Frankreichs – der Bogenhausener Vertrag vom 25. August wurde freilich erst am 28. September 1805 von Max IV. Joseph ratifiziert, Baden war am 5. September gefolgt, Herzog Friedrich v. Württemberg erst am 5. Oktober –, und die Verträge von Brünn bzw. der abschließende Friede von Preßburg vom 26. Dezember 1805 brachten nach den Siegen Frankreichs gegen Österreich und Russland den erhofften weiteren territorialen Gewinn: neben den österreichischen Besitzungen in Schwaben, an denen alle drei partizipierten – die zwischen Bayern und Württemberg aber erst am 3. Juni 1806 ausgeglichen werden konnten –, wurde aufgrund der Rheinbundakte vom 12. Juli 1806 die Mediatisierung der Reichsritterschaft und der kleinen Fürsten sowie der Grafen, Herren und der Enklaven der Ritterorden möglich. Auf diesen Wegen kamen auch Nürnberg und Augsburg[19] an Bayern, die bis dahin noch ihre Unabhängigkeit hatten bewahren können, während Biberach an Württemberg fiel. Erst aufgrund des Besitzrevirements im Zuge des Fünften Koalitionskrieges, nachdem das in Bayern einmarschierte Österreich sich gegenüber Frankreich geschlagen geben musste, regelte der Pariser Vertrag mit Frankreich vom 28. Februar 1810 neben Zugewinnen aus Österreich und in Franken bzw. dem Erwerb Regensburgs auch die Abtretung der Gebiete westlich der Iller an Württemberg, darunter Ulm, Wangen und Ravensburg.
Ein kurzfristiges Eigenleben erhielten die Sonderfälle Lindau, das der Fürst v. Bretzenheim, dann 1804 (Vorder-) Österreich erhielt, Isny, das an den Grafen Otto v. Quadt zu Wykradt, und Buchau, das an das fürstliche Haus v. Thurn und Taxis fiel, ehe 1806 Lindau aufgrund des Brünner Vertrages Bayern bzw. die beiden anderen durch die Rheinbundakte Württemberg einverleibt wurden.[20] Prägende Einflüsse gingen freilich von dieser Episode nicht aus.

Abläufe und Ziele: Die Besitznahme der Reichsstädte

In Oberschwaben waren es im wesentlichen drei Staaten, die über die Mediatisierung der Reichsstädte ihren Zugewinn durch die Säkularisation ergänzen konnten: das Kurfürstentum Bayern, das Herzogtum Württemberg und die Markgrafschaft Baden.

Ihre grundsätzlichen Vorstellungen waren so unterschiedlich nicht: Im Zuge der Neuorganisation der jeweiligen Staaten waren die zentralistischen Modelle dominant, die sich aus der Rezeption eines mehr oder weniger aufgeklärten Reformabsolutismus ableiteten. Insofern waren die Besorgnisse der reichsstädtischen Vertreter um das Weiterleben durchaus berechtigt, und es konnte eher um den Grad der Anpassung an das politische System als um die Aufrechterhaltung einer völlig andersartigen Konzeption gehen.

Die bayerische Position war seit der Thronfolge des Zweibrücker Erben Max IV. Joseph und der Übernahme der politischen Führung durch seinen leitenden Minister Graf Maximilian v. Montgelas im Februar 1799[21] eindeutig von einer optimalen Arrondierung des Territoriums bestimmt. Montgelas hatte sie bereits im Juni 1797 in einem *Mémoire instructif* entwickelt und dabei neben Regensburg vor allem auf die Handelsstädte Augsburg und Nürnberg sowie die ostschwäbischen Reichsstädte Ulm, Memmingen und Kaufbeuren gezielt. Der Bündnisschwenk auf die Seite Frankreichs und der Separatvertrag vom 24. August 1801 stellten umfassende Gewinne in Aussicht, so dass es schließlich im Reichsdeputationshauptschluss (RDH) mit insgesamt 15 die Hauptmasse der disponiblen Reichsstädte zugesprochen bekam: in Schwaben Buchhorn (das spätere Friedrichshafen), Ravensburg, Leutkirch und Wangen, Kaufbeuren, Kempten, Memmingen und Ulm, Nördlingen und Bopfingen, dazu in Franken Dinkelsbühl, Rothenburg, Schweinfurt, Weißenburg und Windsheim. Montgelas' Resümee war entsprechend positiv: *Das pfalzbayerische Haus zog im Ganzen aus der Art und Weise, wie Deutschland neu gestaltet wurde, die erheblichsten Vortheile* [...]. *Viele sehr reiche geistliche Territorien und die für Bayern am günstigsten gelegenen Reichsstädte kamen in seinen Besitz* – freilich (noch) ohne die gewünschten Zentren Regensburg, Augsburg und Nürnberg.[22]

Nach den ersten Erkundungen einzelner Agenten – Major Karl Roger v. Ribaupierre besuchte die Reichsstädte von Nürnberg bis Schweinfurt, Heilbronn bis Ulm, Kempten bis Augsburg, und auf seine Eindrücke[23] wird noch zurückzukommen sein – erfolgten die Vorbereitungen für die Inbesitznahme. Für ihren Ablauf in Schwaben war der neu ernannte Generalkommissar mit Sitz in Ulm, Friedrich Wilhelm Frh. v. Hertling, verantwortlich, der bereits als Stadtpfleger von Mindelheim und Gesandter beim Schwäbischen Kreis Erfahrungen in Schwaben gesammelt hatte. Der Ablauf selbst vollzog sich nach einem vorgegebenen Muster – das freilich aufschlussreiche Details beinhaltet, welche Varianten die konkreten Verhältnisse vor Ort und die jeweiligen Reaktionen mit sich brachten.[24]

Der erste Schritt, die militärische Okkupation, spielte sich innerhalb weniger Tage ab, beginnend mit Kaufbeuren am 26. August 1802[25] über Memmingen[26], Kempten[27], Ravensburg (28. August), Ulm, Nördlingen, Bopfingen und Dinkelsbühl (2. September); Buchhorn, Leutkirch und Wangen wurden auf schriftlichem Weg benachrichtigt. Nirgendwo erhob sich größerer Protest, vielmehr herrschten allgemein Zustimmung, ja Ehrerbietung vor, zumal Hertling die Zusicherung gab, an der bisherigen Verfassung zunächst nichts verändern zu wollen, womit den Pflichten gegenüber Kaiser und Reich kein Abbruch geschehe. Die Truppenkontingente folgten schnell nach, was allerdings für Leutkirch, Wangen, Ravensburg und Buchhorn nur auf Umwegen möglich war, weil sie als Enklaven im *Schwäbisch-Österreichischen Territorium*[28] den Durchmarsch durch ›fremdes‹ Gebiet erforderlich machten.

Einen ersten tieferen Einschnitt brachte die Zivilbesitzergreifung, denn sie tangierte erstmals die bestehenden Verhältnisse. Nachdem sich die Kommissare über die Situation vor Ort genauer informiert hatten und eine *Instruktion* vom 18. November 1802 die Rahmenbedingungen formuliert hatte, begannen sie ihre Tätigkeit: Am 29. November vollzog sie Hertling in Ulm persönlich, während sie am gleichen Tag in Nördlingen und Kempten und in den folgenden Tagen von Memmingen (30. Nov.) über Bopfingen, Leutkirch, Ravensburg bis Buchhorn (9. Dez.) durch beauftragte Beamte wurde abgewickelt. Der Maßnahmenkatalog

umfasste die Entbindung des Magistrats und der Beamtenschaft von den Pflichten gegenüber Kaiser und Reich und die Leistung des Eids auf die neue Obrigkeit, die Veröffentlichung der Besitznahmepatente und die Entfernung der reichsstädtischen Wappen, die Untersagung aller Vorgänge einer Rechtsprechung an außerbayerischen Gerichten, Kassenabschlüsse und eine Hauhaltssperre sowie die Versiegelung aller Vorräte, Archive und Registraturen. Die reichsstädtische Zeit war ohne nennenswerten Widerstand zu Ende gegangen.

Die entscheidende Veränderung betraf die künftigen Verfassungsverhältnisse. Wenn Montgelas schon im September 1802 lapidar festgestellt hatte, dass die *Verfassung der Reichsstädte dem Geiste des Zeitalters und der künftigen deutschen Staatsverfassung zuwider sei*[29], dann bezog sich das bereits auf einen umfassenden Neuansatz der inneren Ordnung unter dem Aspekt eines ›Staatsabsolutismus‹, dem jegliche Sonderstellung aufgrund historischer Privilegien suspekt sein musste.[30] Im Zuge der Verwaltungsreform waren nach der Landesdirektion Schwaben in Ulm von 1803 mit der Konstitution von 1808 drei Kreise – der Oberdonaukreis mit Ulm, der Lechkreis mit Augsburg und der Illerkreis mit Kempten als Zentren – mit Generalkommissariaten bzw. Finanzdirektionen geschaffen, schließlich über eine Zwischenstufe 1810 der Oberdonaukreis mit dem Regierungssitz in Augsburg eingerichtet worden. Sofort und auf Dauer wirksam wurde die Übertragung des altbayerischen unteren Behördensystems durch 25 einheitliche Landgerichte und Rentämter im Jahr 1804.[31]

Die reichsstädtische Autonomie war unter diesen Vorgaben nicht zu halten, ja selbst eine beschränkte kommunale Selbständigkeit war in Gefahr, der administrativen Kuratel weichen zu müssen.[32] Die Grundsätze in einem *Plan zur Mediatisierung der sämtlichen Reichsstädte in der schwäbischen Provinz*, die der ehemalige Ulmer Ratskonsulent Dr. Gottlob Dietrich Miller, nun als Mitarbeiter Hertlings beim Generallandeskommissariat für die Reichsstädte zuständig, ausgearbeitet hatte, atmeten bereits den Geist der Zentralisierung und Vereinheitlichung. Er orientierte sich seinerseits an der Neuordnung der altbayerischen ›Haupt- und Regierungsstädte‹, die durch kurfürstliche Verordnungen 1803/04 ihre alte mehr oder weniger privilegierte Stellung zugunsten einer rigorosen Verstaatlichung der kommunalen Belange verloren; sichtbarer Ausdruck dafür war die Einsetzung von Stadtkommissären.[33] Da Miller von den Grundsätzen einer uneingeschränkten Landeshoheit des Kurfürsten, unter Beachtung der Vorgaben des § 27 RDH und der Bestimmungen des Westfälischen Friedens über die kirchlichen Verhältnisse ausging, konnte er zumindest für die ›Klasse‹ der größeren Reichsstädte eigene Institutionen für Verwaltung, Gericht und Polizei vorsehen, doch auch bei ihm unterstanden die städtischen Organe der Aufsicht eines kurfürstlichen Kommissars. Die Vorstellungen gingen ein in die Hauptentschließung des Kurfürsten vom 10. August 1803.[34] Sie verfügte zunächst die Einschränkung des Wirkungskreises auf die eigene Gemarkung – die ehemaligen reichsstädtischen Territorien waren damit endgültig verloren –, sodann die Auflösung der alten Ratsgremien. Unter Übertragung der neuen Verwaltungsprinzipien Altbayerns wurde jeweils ein Magistrat für die ihm verbliebenen Vermögen und die wenigen Verwaltungsangelegenheiten, ein Stadtgericht als untere Instanz für Zivil- und Strafsachen, und eine Polizeidirektion für die Wahrung von Sicherheit und Ordnung gebildet. Während auf der einen Seite der Kommissär als staatliches Aufsichtsorgan mit umfassenden Vollmachten – um den Verwaltungsrat *näher an die Regierung zu ketten* – in Personalunion auch noch die Funktion des Polizeidirektors übernahm, blieben die Mitwirkungsmöglichkeiten der Gemeinde über einen Bürgerausschuss völlig marginal. Im übrigen sollten die Einzelheiten für die Städte aufgrund der Berichte von eigenen Lokalkommissaren geregelt werden, während Instruktionen für den Stadtmagistrat, den Stadtkommissar, die Polizeidirektion, das Stadtgericht und die Viertelmeister die generelle staatliche Reglementierung abschlossen.

Dies alles galt jedoch nur für die größeren Städte: für Ulm, Memmingen, Nördlingen, Kaufbeuren, Ravensburg und Kempten, während Bopfingen, Buchhorn, Leutkirch und Wangen als Städte zweiter Klasse – wie die Munizipalstädte in Altbayern – den Landgerichten zugeteilt wurden. Entscheidende Modifikationen waren freilich zugunsten einer weitestgehenden Vereinheitlichung nicht gewünscht, so dass die Nivellierung der Gemeinden unter staatlicher Kuratel in den

folgenden Jahren noch weiter dominierte und erst das Gemeindeedikt von 1818 in Richtung auf eine beschränkte Selbstverwaltung zurücksteuerte.[35]
Der wesentliche Unterschied zwischen Bayern und Württemberg, was die Erwartungen und die Durchführung der Mediatisierung betrifft, lag anfangs in einer wesentlich schwächeren Handlungsposition Herzog Friedrichs II., der 1797 die Regierung angetreten hatte[36]: Einerseits musste er sich mit einem Ausschuss der noch weitgehend intakten Landstände auseinandersetzen, der auch eine eigene Außenpolitik betreiben wollte; zum anderen war das Gewicht Württembergs weit geringer, so dass nach dem Zweiten Koalitionskrieg auch Vorstellungen von der Aufteilung des Landes, sei es durch Verschiebungen von Baden und Bayern, sei es durch die Entschädigungen für die habsburgischen Sekundogenituren in Italien oder für Preußen, die Runde machten.[37]
Im Kontext des Rastatter Kongresses hatte Friedrich in einer Denkschrift vom 4. November 1797 die Entschädigungsfrage – bereits unter Einbeziehung von Reichsstädten – dadurch zu seinen Gunsten zu lösen versucht, dass er die zu erwartenden Kompensationen nicht dem altwürttembergischen Territorium einverleiben, sondern unmittelbar der herzoglichen Verwaltung unterstellen wollte. Die eigenständige Vertretung der Landschaft in Rastatt und eine Delegation nach Paris arbeiteten dem entgegen, bis Friedrich gegenüber dem ›Reformlandtag‹ von 1797–99 einlenkte und die Verfassung zu achten versprach – unter Einschluss der Entschädigungsgebiete. Die unterschiedliche Haltung im Zweiten Koalitionskrieg, in dem der Herzog sich nach dem Versuch einer bewaffneten Neutralität auf die Seite Österreichs schlug, während der Landtag weiterhin auf die französische Karte setzte, wurde nach dem Frieden von Lunéville zugunsten Frankreichs beseitigt: der Sonderfriede vom 20. Mai 1802 machte auch die Gefahr für das Land, Objekt eines Ringtauschs zu werden, hinfällig, und die Entschädigungsverhandlungen liefen – neben den Säkularisationen – auf die neun Reichsstädte zu, die schließlich auch der RDH zugestand: Weil der Stadt, Reutlingen, Esslingen, Rottweil, Giengen, Aalen, Hall, Gmünd und Heilbronn. Deren Vorstellung, mit Hilfe der Landschaft eine eigenständige Rolle spielen zu können, war freilich vergeblich.
Schon am 1. September hatten die Reichsstädte dem Landesherrn noch *höchst gerechte Bedingungen zur Genehmigung vorlegen* wollen, die auf den alten Privilegien beruhen, *insofern sie mit den neuen Verhältnissen vereinbar sind*, und die Einbeziehung in die Landstände bringen sollten, doch die Inbesitznahme verlief in die gegenteilige Richtung.[38]
Bereits im Juli 1802, kurz nach dem Separatfrieden mit Frankreich, waren Kommissare für die Besitznahme ernannt worden; im August ließ sich Württemberg von Bayern über dessen Vorgehensweise informieren, ab 5. September wurde die militärische Okkupation vollzogen, und am 23. November schloss sich die Zivilbesitznahme an – das Muster war das gleiche wie in Bayern, auch hier zeigten sich keine größeren Widerstände.
Die Rahmenbedingungen für die organisatorische Eingliederung in den württembergischen Staat[39] sollte eine am 8. Dezember 1802 errichtete *Oberlandesregierungskommission* unter ihrem Präsidenten Frh. Christian v. Normann, aber in enger Abhängigkeit von Herzog Friedrich, herstellen, wobei zunächst ein absolutistisches Neuwürttemberg konzipiert wurde.[40] Ellwangen wurde zum Regierungssitz bestimmt, die Besitzungen in drei Landvogteien mit Zentren in Ellwangen, Heilbronn und Rottweil zusammengefasst und in Ober- und Stabsämter untergliedert. Das Organisationsmanifest vom 1. Januar 1803 setzte sich zum Ziel, *sämtliche neue Besitzungen in ein Ganzes zu vereinigen, und sie einer gleichförmigen und zweckmäßig organisirten Administration sowohl in Regierungs- als Finanz-Angelegenheiten zu unterwerfen.* Aber unter kritischem Blickwinkel sah das anders aus: *Die württembergische Regierung kam in die neuen Lande mit Grundsätzen und Maximen und mit einem Verfahren, wodurch die notwendigen Uebel, die die Staatsveränderung herbeigeführt, nicht nur nicht erleichtert und gemildert, sondern mit vielen neuen vermehrt worden sind,* urteilte der Publizist Johann Gottfried Pahl.[41]
Für die ehemaligen Reichsstädte bedeutete das zunächst eine Angleichung an die altwürttembergische Kommunalordnung, wegen der eigenen Reformbedürftigkeit zusätzlich angereichert durch einzelne Bestimmungen des ›Preußischen Allgemeinen Landrechts‹. Auf jeden Fall aber ließ das zentralistische

System der kommunalen Selbstverwaltung nur wenig Spielraum, unterstellte sie vielmehr in jeder Hinsicht der Staatsverwaltung. Die Vorgaben der Instruktion vom 19. Februar 1803 sahen für den städtischen Magistrat als Gerichts- und Ratskollegium unter dem Vorsitz des Oberamtmanns lediglich die Aufsicht über die Verwaltung und ihre Einkünfte vor – von denen ohnehin nur ein kleiner Teil der Stadt zufiel –, hatten dem Stadtgericht aber die strafrechtlichen Belange entzogen. Das *Landvogteiökonomiekollegium* hatte seinerseits die landesherrliche Oberaufsicht über die Vermögensverwaltung der Gemeinden übernommen, und so blieben dem Ratskollegium im wesentlichen nur Mitwirkungsrechte und Stellungnahmen. Eine Neuordnung des Steuerrechts wurde aufgeschoben, die vehement abgelehnte Rekrutierung aber als besonderer Gnadenerweis in der Durchführung den Kommunen überlassen.

Auch hier war die Umsetzung in den einzelnen Städten auf der Basis dieser Richtlinien Sache der Organisationskommissare vor Ort. Den neuen Geist aber spiegelt die Bestimmung, die ihnen eingeschärft wurde, die alten Wappen, insbesondere den Reichsadler, zu beseitigen. Der Titel *Unsere gute Stadt*, den neben Stuttgart und Ludwigsburg auch das altwürttembergische Tübingen und die neuwürttembergischen Städte Ellwangen, Heilbronn, Reutlingen und Ulm beigelegt bekamen, war zunächst »bloße Dekoration« und fand erst später zu einer Konkretisierung durch die bevorzugte Vertretung im neuen Landtag.[42]

Die Markgrafschaft Baden entwickelte gegenüber diesen beiden Territorien einen wesentlich milderen Zugriff auf die Reichsstädte, soweit sie in ihren Entschädigungsfonds gehörten.[43] Im Gegensatz zu den erst neugebildeten Regierungen in Bayern und Württemberg fiel die Mediatisierung in die letzten Jahre der langen Regierungszeit Markgraf Karl Friedrichs († 1811), unterstützt und getragen in der Reformphase bis 1807/08 vor allem von Geheimrat Friedrich Brauer sowie der späteren politischen Leitungsfigur Sigismund v. Reitzenstein.[44] In die Konzeption eines geschlossenen Territoriums zwischen Rhein und Schwarzwald, Bodensee und Neckar waren auch die Reichsstädte integriert, und folgerichtig war die enge Anbindung an Frankreich, die Reitzenstein seit dem Separatfrieden vom 22. August 1796 verfolgte, der Weg, der nach dem Frieden von Lunéville vom 9. Februar 1801 Erfolg versprach. Die schließlich im RDH zugesprochenen Städte Offenburg, Gengenbach und Zell am Harmersbach folgten dieser Abrundungsvorstellung, bei Überlingen und Pfullendorf ging sie erst später auf. Wimpfen und Biberach wurden schnell als Tauschobjekte behandelt: Ersteres gelangte bereits im März 1803 an Hessen-Darmstadt[45], im Falle Biberach dauerte es immerhin noch bis 1806. Die militärische Inbesitznahme vom 23.–25. September in der Ortenau, vom 25.–29. September in Oberschwaben gestaltete sich ebenso wenig schwierig wie die zivile am 29./30. November bzw. 2.–4. Dezember: In Biberach bedauerte man zwar den Verlust der Reichsfreiheit, pries sich aber auch glücklich, in *das Loos des Herrn Marggraven von Baden Hochfürstlich Durchlaucht gefallen* zu sein.[46]

Anders als Bayern und Württemberg war man aber in Baden bestrebt, die verschiedenen historischen Traditionen der Landesteile und damit auch der ehemaligen Reichsstädte nicht rigoros abzubrechen, sondern sie in die Neuorganisation zu integrieren. Der dafür Verantwortliche Friedrich Brauer, der als Mitglied des Geheimen Rates die entsprechenden Organisationsedikte prägte, gehörte noch zur Generation der dem Alten Reich verpflichteten und am Reichsrecht geschulten Juristen. Der ohnehin moderaten Neuordnung des Territoriums in drei Provinzen – die drei Ortenburger Vereinsstädte wurden im Obervogteiamt Gengenbach zusammengefasst, die drei oberschwäbischen im Oberen Fürstentum mit den säkularisierten Gebieten vereinigt – folgte deshalb auch eine behutsame Eingliederung. Hierfür hatte bereits Johann Baptist Hofer, der nach Baden übergewechselte letzte Amtsschultheiß Rottweils, im Einvernehmen mit dem Markgrafen im September 1802 herausgestellt, dass sie die gleichen Rechte wie die privilegiertesten Städte der Markgrafschaft erhalten sollten – also ganz gemäß der Formel des § 27 RDH –, und das, obwohl in Baden die sonstigen Munizipal-Städte wenig Selbstverwaltungsrechte genossen.

Das 7. Organisationsedikt vom 18. März 1803, von Brauer entworfen und mit Modifikationen von Karl Friedrich, nunmehr Kurfürst, genehmigt, nahm dieses Prinzip auf und strukturierte die einzelnen Städte nach individuellen Gesichtspunkten hinsichtlich der

Magistrate, der städtischen Gerichte, der kirchlichen Verhältnisse, des Steuer- und Finanzwesens – einschließlich der Befreiung von der Rekrutierungspflicht. Die Aufsicht des Obervogts als *Regierungs-Commissarius* machte jedoch auch hier deutlich, dass die Integration in das staatliche Gefüge die Intention war, aber doch gemildert im Sinne einer »Eingewöhnungstaktik«[47], die erst mit dem 2. Konstitutionsedikt von 1807 und dem Organisationsedikt von 1809 des nunmehrigen Großherzogtums das Ende der Selbstverwaltung einläutete.

Probleme und Werthaltungen. Die Stadtrepubliken aus der Innenperspektive

Der diplomatische Diskurs der Reichsstädte wurde auf der Ebene der europäischen wie der Reichspolitik von Vertretern der Magistrate getragen, und das bedeutete nicht unbedingt, dass sie die Meinung der Bürgermehrheit spiegelten. Die innere Verfassung war am Ende des Alten Reiches belastet von Spannungen und Brüchen, die die äußeren Probleme der grundsätzlichen Infragestellung ihrer Existenz in vielfacher Weise steigerten.
Auch wenn die militärische und zivile Inbesitznahme im Herbst 1802 ohne wesentliche Widerstände oder gar Unruhen in der reichsstädtischen Bevölkerung ablief – Karl Siegfried Bader hat ihr Verhalten als »kaum überbietbare Gleichgültigkeit und Unterwürfigkeit« gebrandmarkt[48] –, so brachte doch der Mediatisierungsvorgang selbst verschiedene Stimmungslagen zum Vorschein. Das Beispiel Bayern mag das illustrieren: So wie Major v. Ribaupierre insgesamt die Tendenz registrierte, Kaufleute und Handwerker neigten mehr zu Bayern, da man eine Förderung von Handel und Gewerbe erhoffe, während Patriziat und katholische Kreise den bisherigen Zustand beibehalten, d. h. bei Kaiser und Reich bleiben wollten[49], so lässt sich konkret die Konstellation in einzelnen Städten genauer festmachen. In Augsburg hatte sich gegen Ende des 18. Jhs. eine solche Opposition unter dem Kaufleutestubenmeister Johann Christoph v. Zabuesnig gegen den hohen Finanzaufwand zur Erhaltung der Selbständigkeit gewandt, und aus ihrem Kreis wurde sogar beim Kurfürstentum Bayern wegen einer Übernahme der Reichsstadt angefragt, um dem wirtschaftlichen Niedergang Einhalt zu gebieten. 1804 artikulierte der Ratskonsulent Johann Melchior Hoscher in einer Denkschrift für Montgelas 1804 nochmals diese Meinung, *daß es ein Glük für die Stadt sey, je eher, je lieber unter bayrische Regierung zu kommen*, wobei er vor allem an die Versorgungslage und Exportsituation dachte.[50] In Kaufbeuren wird die gleiche Erwartung greifbar, dass der Übergang an Bayern Entlastung von der drückenden Krise bringe.[51] In Nördlingen hoffte selbst der Rat für die *industrioesen, arbeitsamen und gewerblichen Leute* der Stadt, die seit langem mit Bayern in einem *regen Mercantil = und Commercial-Verband gestanden* hätten, dass Nördlingen *als ein integrirender unabtrennlicher Theil* Bayerns *für imer beybehalten* werde.[52]
In Ulm wird die Spannung besonders gut erkennbar, weil hier der städtische Syndikus Johann Leonhard Holl die Sympathien für den Anschluss an Bayern artikulierte, die ebenfalls unter der Bürgerschaft weit verbreitet waren, während die patrizische Führung die Selbständigkeit favorisierte.[53] Die Aufarbeitung der politischen Vorstellungen ermöglicht den Blick auf einen tiefgreifenden Dissens. Es erscheint naheliegend, das Eindringen revolutionären Gedankenguts aus Frankreich für die Gärung verantwortlich zu machen. Tatsächlich sind die Hinweise überzeugend, dass die bürgerlichen Oppositionsbewegungen in Ulm, Reutlingen und Esslingen in den späten 90er Jahren des 18. Jhs. zumindest partiell auf den vielschichtigen revolutionären Prozess des deutschen Südwestens einschwenkten.[54] Johann Gottlieb Bärstecher entwickelte dabei als Repräsentant *der unterdrückten und gekränkten Bürgerschaft der Stadt Ulm* in Rastatt und Paris den Gedanken, sich vom aristokratischen Druck des Magistrats zu befreien oder sich notfalls dem Staat Württemberg zu unterwerfen – wobei als Ausgangspunkt auch für ihn die Frage zu stellen war: *Kann die Stadt Ulm Freie Reichsstadt bleiben?* In Paris sah er im »freien Handel zwischen den Nationen […] für Ulm und Schwaben […] eine strahlende Zukunft« und plädierte für eine unabhängige und neutrale *Süddeutsche Republik*.[55] Diese und andere Stimmen ließen Ulm als »ein Zentrum der republikanischen Bestrebungen in Südwestdeutschland« erscheinen.[56]

Volker Press hat in einer weitausgreifenden vergleichenden Betrachtung sicher zu Recht herausgestellt, dass das revolutionäre Potential zu relativieren ist. Vor allem in Schwaben seien »das alte System habsburgischer Klientel« und »die deutlich konservative Haltung des Schwäbischen Kreises« als Erklärung dafür heranzuziehen, dass man eher »ruhig blieb«. Auf der anderen Seite wertet er die Französische Revolution aber auch als Anstoß für die »ausgeprägten Reformbewegungen«, die allenthalben auftraten.[57] Dahinter wird eine andere Polarität erkennbar, die ohnehin den organisatorischen Ausgangspunkt der revolutionären Gedankengänge darstellte: die Bürgerausschüsse der Reichsstädte. Sie verweisen nicht nur im aktuellen Fall auf die bürgerlichen Oppositionsbewegungen, in denen sich die Bürgerschaften gegen die Magistrate zu Wort meldeten und formell konstituierten[58], sondern auf ein Grundmuster der Auseinandersetzung. Hatten in Esslingen 1789 auf diesem Weg einige Bürger Rückhalt gefunden und in einem Prozess beim Reichshofrat in Wien als Syndikatsdeputierte die Interessen gegen den Magistrat entwickelt, so war im Falle Ulms 1794 der Protest in der sog. *Kanonenaffäre* aufgebrochen, der gegen den Abtransport städtischer Kanonen an den Rhein gerichtet war und zu einer Initialzündung für den Widerstand gegen die Obrigkeit wurde. In Reutlingen reagierte man auf diese Weise gegen die Finanzkrise aufgrund der französischen Kontributionsforderungen.

Waren diese Ausschüsse somit einerseits »Ausdruck der Unzufriedenheit mit dem Rat und zugleich des Anspruches auf Mitwirkung und Mitsprache bei allen wichtigen Entscheidungen«, und erhielten sie andererseits »ihre rechtliche Legitimation durch die Reichsgerichte«[59], so mussten sie zur geeigneten Plattform für Beschwerden und Forderungen bis hin zu alternativen Verfassungsvorstellungen werden – in Fragen des Finanzwesens ebenso wie bei der Verbesserung der politischen und sozialen Verhältnisse. Nicht zufällig wurde in diesem Kontext 1798 in Ulm eine republikanische Verfassung ausgearbeitet, bei der die *Landeshoheit* auf der *Gesamtheit der Bürgerschaft* als verantwortlicher Basis aufbaut, die aber wiederum *allein Kaiser und Reich unterworfen ist.*[60] Selbst in dieser Situation wird die reichsstädtische Basis als Bezugspunkt nicht aufgegeben. Es erscheint jedoch auch nicht zufällig, dass ein führender Kopf des Ulmer Ausschusses wie der Syndikus Johann Leonhard Holl nach seinem Aufsatz *Über einige bei der Reichsstadt Ulmischen Stadtverfassung vorkommenden Hauptmängel und Gebrechen* den Versuch machte, eine neue Basis mit der Propagierung eines gleichen Bürgerrechts anzumahnen. Als er anschließend die öffentliche Meinung über den *Ulmischen Bürgerfreund* mobilisierte, aber trotz der teilweisen Anerkennung des Bürgerausschusses durch den Reichshofrat letztlich doch scheiterte, stellte er 1802 fest, *daß allhier in der Stadt Ulm das Volk im allgemeinen glaubt und wünscht, bayerisch zu werden.*[61] Sah er nur darin eine Lösung des Kampfes gegen die patrizische Obrigkeit? Unter der Formel »Rat contra Bürgerschaft«[62] lässt sich dieses ›Modell‹ der Bürgerausschüsse weit zurückverfolgen, im Prinzip bis in das späte Mittelalter. Ihre Häufung seit dem Westfälischen Frieden bis in die Zeit um 1800 dokumentiert aber auch eine gewisse Zuspitzung am Ende des Alten Reiches, weil sich die Verfestigung der oligarchischen Systeme häufig mit offensichtlichen finanziellen Problemlagen verband und es deshalb nicht selten zu Klagen vor dem Reichshofrat in Wien kam. In Wangen spielte sich die Auseinandersetzung zwischen 1676 und 1717 um 70 Klagpunkte ab, die durch eine kaiserliche Kommission beigelegt wurde, ähnlich wie in Augsburg 1719 und 1731 in Dinkelsbühl auf diesem Weg neue Regimentsordnungen erlassen wurden[63], während in Nördlingen eine 1749 auf Antrag des Schwäbischen Kreises eingesetzte kaiserliche Lokalkommission, die 1752 mit gleichem Anliegen nach Rottweil weiter reiste, die finanziellen Missstände mit Schuldentilgungsplänen beantwortete.[64] Die Beispiele ließen sich unschwer vermehren, und sie reichen auch durchaus herunter bis zu den kleinen Reichsstädten wie Buchau, wo 1748/49 ein Aufruhr um die Ratswahl zu einer grundsätzlichen Auseinandersetzung um das Verhältnis von Bürgerschaft und Obrigkeit kulminierte, der nur mit einer militärisch begleiteten kaiserlichen Kommission unterdrückt werden konnte.[65]

Für unseren Zusammenhang entscheidender als die Verlaufsformen selbst sind die politischen Grundvorstellungen und Grundwerte der Reichsstädte als ›Stadtrepubliken‹, zu denen wir damit vorstoßen – um deren Aufhebung letztlich ja bei der Mediatisierung

gerungen wurde. Auch hier hat die jüngere Forschung bei der Suche nach politischen Konzepten seit geraumer Zeit den ›städtischen Republikanismus‹ anvisiert. Heinz Schilling sieht ihn vorwiegend im »gemeindlich-genossenschaftlichen Denken« als einem »Ordnungsmodell des deutschen Stadtbürgertums«, das auf der Teilhabe des Bürgers aufbaut und die Bestimmung des ›Gemeinen Besten‹ zugrunde legt[66], während Peter Blickle den Kontext ausgehend vom ländlichen Bereich in dem Stadt und Land übergreifenden Kommunalismus auffindet.[67]

Die Brücke vom Spätmittelalter und der beginnenden Frühen Neuzeit zu den Reichstädten am Ende des Alten Reiches schlug jüngst Urs Hafner, der herausarbeiten konnte, dass bei aller Differenz zwischen den Kontrahenten um die Einschätzung der jeweiligen Probleme – undurchsichtiges Finanzgebaren, Oligarchisierung des Rates und ›Vetterleswirtschaft‹ etc. – und ihre Lösungen doch eine gemeinsame Basis existiert habe: Die Bürgergemeinde feierte ihren konstitutiven Akt im jährlichen Schwörtag und verwies damit über die ›karolinischen Verfassungen‹ von 1548/52 hinaus auf die spätmittelalterlichen Wurzeln der politischen Ordnung zurück[68] – und damit wurde ihre Gesamtheit in der Reichsstadt zum Paradigma republikanischen Denkens in der Vormoderne.[69] Die ›bürgerschaftlichen Forderungen‹ bezogen sich auf gerechte Steuern und durchsichtige Finanzen, auf ein freies Wahlrecht, auf die Einstellung der aufwendigen Lebensführung und des Amtsmissbrauchs sowie auf die Sicherstellung der eigenen Nahrung und betonten damit Gleichheit und Freiheit samt den ›Bürgertugenden‹; als solche seien sie auf die historisch begründete und verankerte Existenz der Stadt gerichtet gewesen. Demgegenüber hätten die ›Eliten‹ sich als göttlich legitimierte Obrigkeit verstanden, die Gehorsam fordern dürften und deshalb jeglichen Widerstand negierten, weil ihre Aufgabe dann bestehe, die gefährdete Stadtrepublik zu sichern; sie stellten aber auch auf ihre Weise die Tugenden in der Rathausikonographie augenfällig zur Schau[70] und holten aus der römischen Antike die historischen Vorbilder ein. Gerade in der oberschwäbischen Reichsstadt finden sich mehrfach »Weltgerichts- und Gerechtigkeitsdarstellungen« bzw. Bilder, die den »Stolz der Bürger »zum Inhalt haben«, Mitglieder eines Gemeinwesens zu sein, das autonomer Träger legitimer Herrschaftsrechte ist und sich deshalb *respublica* nennen darf«.[71] Bei aller Unterschiedlichkeit könnte hier die Gemeinsamkeit in der Anerkennung der Bürgertugenden liegen, die ihrerseits in der Bürgergemeinde verankert seien, so dass der »reichsstädtische Patriotismus, die Anstrengungen zur Bewahrung der reichsstädtischen Autonomie sowie die Abwehr der Begehrlichkeiten der benachbarten Fürsten« ebenso zum ›reichsstädtischen Republikanismus‹ gehörten wie »die breite Einbindung der Bürgerschaften in die politischen Ämter« und »kommunal-genossenschaftliche Werthaltungen«. Wenn man dieser These folgt, dann handelte es sich in der Tat um »die Tradition eines alteuropäischen, reichsstädtischen Republikanismus, der den herrschenden fürstlich-monarchischen Prinzipien der Zeit entgegengesetzt« war.[72]

Autonome Reichsstädte oder Verwaltungszentren: eine Alternative?

Bei einer derartigen Bewertung als alternativem Verfassungsmodell würde sich die Frage erübrigen, ob diese Reichsstädte von der Geschichte überholt worden seien und nur mehr ein kümmerliches Randdasein spielten – denn sonst wäre der Blick allzu einseitig aus der Perspektive des modernen Staates auf die Verlierer der Mediatisierung gerichtet. Doch waren selbst die ›Leistungen‹ tatsächlich so gering einzuschätzen – oder waren sie nur in Gefahr, von einer anderen urbanen Struktur überholt zu werden, auch wenn diese bezeichnenderweise vor der Vereinnahmung der sechs größten, den drei Hansestädten und den drei süddeutschen Handelsstädten, zeitweise noch Halt machte?

In Karl Siegfried Baders harscher Charakterisierung der »Reichsstädte des schwäbischen Kreises am Ende des alten Reiches« werden verschiedene Faktoren umrissen: die »Finanzgebarung« als »ständiger Schrumpfungsprozeß«, der »verfassungsmäßige Verfall«, die »mehr als mäßigen« Leistungen der Schulen, die »merkwürdigen und grotesken« Gegebenheiten in den konfessionellen Verhältnissen, die »allgemeine Abwehrhaltung« gegenüber dem Reich, insgesamt die viel zitierte »Untergangsstimmung«.[73] Daran ist sicher manches zutreffend, wenn man die Einzelanalysen

der Städte rekapituliert – auch in Ravensburg wird manches davon sichtbar, und dennoch spiegelt sich gerade dort ein sehr viel schattierteres Bild[74], und das nicht ohne Grund.

Die jüngere Stadtgeschichtsforschung hat seit geraumer Zeit das alte Verdikt von den verknöcherten, von endlosen inneren Streitigkeiten aufgebrauchten, wirtschaftlich dem Abstieg preisgegebenen und politisch bedeutungslos gewordenen Reichsstädten korrigieren und erheblich differenzieren können. Dass sie nach der großen Depression des Dreißigjährigen Krieges einen zumindest tendenziellen, zum Teil aber sogar erheblichen wirtschaftlichen Neuaufstieg erlebten, ist etwa schon vor Jahren von Wolfgang Zorn am Beispiel Ostschwabens demonstriert worden.[75] Nicht nur die Wiederbelebung der traditionellen Weberei, die Innovation des Kattundrucks, die Gold- und Silberschmiede Augsburgs mit Weltruf, der Bankenplatz und die Obwexer als »Erben der Welser« im Karibikhandel[76] stehen dafür, auch die mittleren Städte wie Nördlingen, Kaufbeuren oder Kempten haben ihre regionale Wirtschaftsbedeutung behalten. Am Beispiel Memmingens hat eine Detailstudie gezeigt, wie neben den hergebrachten Formen von Handel und Gewerbe Impulse ausgelöst wurden, sei es über neue Techniken wie die der Bortenwirker, Posamentierer und Strumpfstricker, sei es über die organisatorischen Innovationen in den Manufakturen, die zum Gesamturteil von der »Vielfalt der Wirtschaftsaktivitäten, die ein verhältnismäßig hohes Maß an Stabilität und Kontinuität gewährleistete«, gebündelt werden.[77]

Natürlich ließ sich hier wie anderswo ein Schrumpfungsprozess gegenüber der Boomphase des ›langen 16. Jahrhunderts‹ nicht übersehen. In Nördlingen zeichnete sich schon früh ein Funktionswandel im Sinne einer Regionalisierung seiner Messe ab.[78] Auch in Biberach konstatierte man eine mühevolle Strukturanpassung des Textilhandwerks sowie eine Verschiebung des Groß- auf den Kleinhandel, die Konkurrenz von »Gegenmärkten« gegenüber dem »von Stadt- und Staatsbehörden überwachten öffentlichen Markt«.[79] Doch von einer ökonomischen Bedeutungslosigkeit kann sicher nicht die Rede sein. Für Heilbronn registrierte man sogar eine »hervorragende finanzielle Situation« und eine »Zeit des Gedeihens und des Aufschwungs«.[80] Freilich stellten sich in einigen Fällen auch zunehmend Probleme mit den Nachbarn ein: Während sich Kempten trotz seiner Insellage inmitten des Fürststiftes als Zentrum behauptete[81], konnte sich Esslingen schon seit dem 16. Jh. ökonomisch nicht mehr von dem Druck des umgebenden württembergischen Territoriums befreien[82] – die Möglichkeiten territoriumsübergreifender Wirtschaft waren abhängig von der Kooperation der Partner.

Ähnliches gilt für die kulturelle Seite der Reichsstädte. Auch hier hat die Forschung seit Otto Borst eine differenzierte Neubewertung gegenüber den abschätzigen, von der Aufklärung bestimmten Verzeichnungen vorgenommen. Borst sieht in dieser Funktion gegenüber der Wirtschaft und Politik sogar die genuine Funktion der Stadt – und meint dabei nicht zuletzt die Reichsstädte des Südwestens.[83] Sie waren nicht nur über ein differenziertes Schulwesen bis hin zu den Universitäten – man denke nur an Straßburg oder Altdorf, aber auch an das Gymnasium academicum in Ulm – Zentren der Bildung und Erziehung und beherbergten eine Vielzahl öffentlicher Bibliotheken – von den berühmten Beispielen Augsburgs oder Lindaus bis zu der nicht weniger beeindruckenden Pfarrbibliothek in Isny mit ihren Inkunabeln und hebräischen Drucken[84] –, sondern bildeten auch Mittelpunkte des Theater- und Musiklebens, des Sammelns und Bewahrens, des Lesens und Schreibens, des Buchdrucks und Verlagswesens wie beispielsweise Augsburg[85] und Esslingen[86] – und damit zumindest der regionalen, vielfach aber auch überregionalen Kommunikation ganz generell. Dies wird auch in dem jüngsten Resümee zu diesem Thema zumindest partiell anerkannt; freilich mit der Einschränkung: »Daß in europäischem Maßstab bedeutende, ›große‹ Werke der Architektur, der Musik und der bildenden Kunst so gut wie ausschließlich im höfisch-adeligen Kulturkreis entstanden, reduziert die ›Kulturfunktion‹ der Städte des späten Heiligen Römischen Reiches ohnehin.«[87]

Damit sind wir bei einem letzten, vielleicht entscheidenden Punkt des Themas ›Mediatisierung der Reichsstädte‹: der Frage nach ihrer Einordnung im Urbanisierungsprozess, wobei sowohl ihre Stellung im Reichsverband als auch gegenüber den Territorien zu reflektieren ist. Denn über allen diesen Bewertungen kann als strukturgeschichtliches Problem nicht übersehen werden, dass sich das Phänomen ›Stadt‹ zwi-

auch langsamen finanziellen Erholung und innerstädtischen Beruhigung begonnen, so dass sie daran gehen konnte, die teils noch aus dem Dreißigjährigen Krieg resultierende Schulden- und Zinsenlast über einen langen Zeitraum hinweg bis zum Beginn der Revolutionskriege 1792 kontinuierlich abzutragen; die Stadt konnte sogar daran gehen, einige in der Notzeit nach dem Dreißigjährigen Krieg verpfändete bzw. verkaufte Herrschaften zurückzuerwerben (Hinzistobel 1729, Neuhaus-Bitzenhofen 1764, Schmalegg bereits 1697). Eine konsequente weitere Reform des städtischen Finanzwesens unterblieb im 18. Jh. So bewegten sich unter dem Einfluss der Vermögenden in Rat und Verwaltung die direkten Steuern trotz eines gewissen Wohlstandes meist auf gleicher Höhe[74], obwohl in der zweiten Hälfte des 18. Jhs. die Zahl der Bürger mit Vermögen über 10.000 fl. anstieg.[75]

Vor allem ab 1796 trat mit der Verschärfung der Kriegslage und der abwechselnden Präsenz der kaiserlichen und der französischen Armeen in Oberschwaben rasch eine neuerliche Eskalation der finanziellen Belastungen ein. Die Kriegsausgaben für Ravensburg für den Zeitraum zwischen 1792 und 1797 wurden auf horrende 376.731 fl. berechnet.[76]

Die Gesamteinnahmen der *Extra-Kontributionskasse* – sie war zur organisatorischen Bewältigung der Kriegslasten 1796 eingerichtet worden – wurden von 60.293 fl. im Rechnungsjahr 1797/98 auf 145.052 fl. 1799/1800 und schließlich 178.116 fl. 1800/01 gesteigert. Dennoch stieg das Defizit dieser Kasse von 1.709 fl. (1799/1800) auf 9.617 fl. (1800/01) und schließlich 29.253 fl. (1801/02) an.[77] Immer mehr drehte der Magistrat nun an der Steuerschraube. 1799/1800 betrugen die in die Kontributionskasse fließenden *Bürgerlichen Steuren* 19.022 fl. und schließlich 1800/01 stolze 48.620 fl.

Immer verzweifelter und hektischer versuchte die Stadt durch Eröffnung neuer Finanzquellen, die gewaltigen Kontributionszahlungen und Summen für die Lebensmittellieferungen aufzubringen. Laufend erhob der Rat Sondersteuern von den Bürgern und insbesondere von den Bewohnern des Landgebiets. Von den zahlreichen weiteren Einzelmaßnahmen seien genannt: Die Kirchenkassen mussten Sonderabgaben leisten; den in der Stadt lebenden Geistlichen wurde z. B. 1800 eine Kriegssteuer abverlangt. Das auf auswärtige *Special-Weine* erhobene sog. *Umgeld* (Weinverbrauchssteuer) wurde als bedeutende Einnahmequelle der Stadt im selben Jahr verdreifacht, und selbst eine Hundesteuer wurde eingeführt.[78] Mit der vermehrten Vergabe von Braurechten hoffte man auf eine weitere Einnahmequelle.[79] Ständig mussten Kapitalien aufgenommen werden, die in den Jahren bis 1798 fast ausschließlich aus den Kassen der milden Stiftungen stammten; da einige Ratsmitglieder in Personalunion Verwalter der Stiftungen waren, war ihnen der Rückgriff auf diese Pflegschaftsgelder leicht möglich; auch in den folgenden Jahren blieben die milden Stiftungen die größten Darlehensgeber.[80]

Mit einigem Erfolg versuchte der Rat die Bürger zu freiwilligen Darlehen zu ermuntern, *indem sonst zur Bestreitung der sich täglich vermehrenden Kriegsprästationen* [Leistungen] *kein anderes Mittel übrig bleibe, als Steuren und Anlagen anzukündigen*«.[81] Als weiterer Anreiz für Darlehen aus der Bürgerschaft wurde 1800 der Zins von vier auf fünf Prozent erhöht; als spezielle Hypotheken sollten unter anderem *Lehenhöfe, insbesondere aus dem Besitz der Pflegschaften* dienen.[82] 1800/1801 kamen so 35.998 fl. und 1801/02 beachtliche 45.324 fl. zusammen. Bürger, die ein Vermögen von über 4.000 fl. besaßen, waren bereits 1799 zur Gewährung eines Darlehens zwischen 100 und 500 fl., verzinslich zu vier Prozent, verpflichtet worden. Vage wurde festgelegt, dass eine Aufkündigung dieser Zwangsdarlehen erst nach einem allgemeinen Friedensschluss möglich sei.[83] 1799/1800 erbrachten die Zwangsanleihen immerhin 11.575 fl., 1800/01 noch 3.775 fl.[84] Ferner nahm das Rentamt Gelder auch bei Hoffaktoren auf, so etwa 1801 bei Wolf Levi in Hohenems 1.000 fl. zu 5 % Zins.[85] Ab 1800 versuchte der Rat – ähnlich wie in der Notzeit nach dem Dreißigjährigen Krieg – durch Verkäufe von städtischen oder den Stiftungen gehörenden Gebäuden und Liegenschaften an noch vermögende Bürger das fortschreitende Anwachsen der städtischen Schulden zu bremsen und zahlungsfähig zu bleiben. 1800/01 z. B. erbrachte der Verkauf von Feldern des Hl. Geist- und Hl.-Kreuz-Spitals stolze 47.281 fl.[86] Der Rat stellte den Pflegschaften für die zahlreichen Veräußerungen nur vage – *bey eintrettend besseren Zeiten* – eine Entschädigung in Aussicht.[87]

Die Stadt erlöste 1800 aus dem Verkauf der Allmendplätze 5.808 fl., der Stadtäcker 1.950 fl. und von Holz-

vorräten 3.437 fl. sowie 1802 aus dem Verkauf von 952 spitalischen Obstbäumen 1.540 fl.[88] Auch benachbarte Reichsstände waren zu ähnlichen Schritten gezwungen; so verkaufte das Kloster Weingarten seinen großen Klosterhof in Ravensburg 1801 um 5.000 fl. an den Dreikönigswirt Nikolaus Müller.[89] In der bayerischen Zeit Ravensburgs ab 1802 sollten diese Verkäufe zur Schuldentilgung forciert weitergehen. 1801 verhandelte der Ravensburger Rat mit dem jüdischen Hoffaktor Ephraim Jacob aus Kriegshaber/Augsburg, durch dessen Vermittlung die Stadt von einem Faktoren aus Hamburg eine Anleihe von 50.000 fl. erhalten sollte. Jacob nannte als Bedingungen 5 % Zins und ein *Unterpfand an Realitäten* in Höhe der Anleihe. Hierfür wollte der Rat schließlich nach dem Vorbild der Notjahre nach dem Dreißigjährigen Krieg die erst 1764 zurückerworbene Herrschaft Bitzenhofen-Neuhaus einsetzen[90], welche die Stadt bereits im Jahr zuvor erfolglos als *Special-Hypothek* an ihre eigenen Bürger gegen eine auf fünf Jahre unkündbare und mit vier Prozent verzinste Darlehenssumme von insgesamt 25.000 fl. einzusetzen versucht hatte.[91] Die Verhandlungen mit Jacob waren weit gediehen, als dieser aus Hamburg die Nachricht erhielt, dass aufgrund der Gerüchte über bevorstehende Säkularisationen (und Mediatisierungen) mit dem Darlehen bis zum Abschluss der kommenden staatsrechtlichen Veränderungen gewartet werden sollte. Damit waren die Verhandlungen gescheitert.[92]

Trotz aller Bemühungen und Sparmaßnahmen stieg der Schuldenstand bis zum Zeitpunkt der Mediatisierung Ende 1802 auf 486.885 fl. an. In diese Summe waren von der nun zuständigen bayerischen Regierung 80.000 fl. einberechnet worden, die Ravensburg für Nahrungslieferung an die österreichischen Truppen zu fordern hatte; die bayerische Regierung rechnete jedoch selbst nicht mehr mit deren Begleichung.[93]

Der Schuldenstand Ravensburgs bedeutete bei einer Einwohnerzahl von 3.881 eine Pro-Kopf-Schuld von rund 125 fl. Im Vergleich zu anderen Reichsstädten erscheint dies nicht übermäßig hoch. Das kleinere Wangen (2.933 Einwohner) etwa hatte zu Beginn des 19. Jhs. 531.410 fl. Schulden (pro Kopf: 181 fl.), Kempten mit 3.100 Einwohnern 528.717 fl. Schulden (pro Kopf: 171 fl.), Schwäbisch Hall mit 5.488 Einwohnern gar 1.164.761 fl. (pro Kopf: 212 fl.), Ulm bei 13.000 Einwohnern 3.743.767 fl. (pro Kopf: 287 fl.). Im Schnitt besser als Ravensburg lagen z. B. Kaufbeuren mit einer Einwohnerzahl von 3.361 und einem Schuldenstand von 384.944 fl. (pro Kopf: 115 fl.), Isny mit 1.600 Einwohnern und 139.596 fl. Schulden (pro Kopf: 87 fl.), Rottweil mit 3.128 Einwohnern und 190.703 fl. Schulden (pro Kopf: 61 fl.) oder schließlich Biberach bei 4.650 Einwohnern und »nur« 174.089 fl. Schulden (pro Kopf: 37 fl.).[94]

Französische Emigranten und das Condé'sche Korps in Ravensburg

Ende Juli 1796 rückte das Condé'sche Emigrantenkorps auf seinem Marsch nach Ulm mit einer Stärke von 7.000 bis 8.000 Mann in Ravensburg ein. Aufgrund einer Intervention von Senator Kutter wurde das Hauptquartier nicht nach Ravensburg, sondern nach Weingarten gelegt. Von den täglichen Kontributionen (6.000 Rationen Heu, 3.600 Bund Stroh, 26 Klafter Holz, 10.000 Brotrationen) hatte Ravensburg ein Viertel zu tragen, der Rest entfiel auf die vorderösterreichische Landvogtei Schwaben sowie die Reichsklöster Weingarten, Weißenau und Baindt; Ravensburg hatte des weiteren noch vier Ochsen sowie jeweils vier Fuder Wein und Bier zu liefern.[95] Nach wenigen Tagen rückte das Korps nach Wurzach ab.

Im Juni 1797 kamen für einige Wochen erneut Teile der Condéarmee (zunächst 842 Mann) nach Ravensburg; sie wurden in Zunfthäusern einquartiert, worüber sie äußerst unzufrieden waren und sich *allerley Unordnungen*[96] leisteten. Während des Abzugs der konterrevolutionären Condéarmee nach ihrem Übertritt in russische Dienste, baten im Oktober 1797 elf Offiziere und Feldgeistliche der zunehmend als Landplage empfundenen Truppe, den Winter in Ravensburg verbringen zu dürfen. Dies wurde ihnen gestattet; sie wurden bei einzelnen Bürgern untergebracht. Ihnen schlossen sich, verstärkt seit dem Winter 1797/98, weitere französische Emigranten (darunter Geistliche und Ärzte) an.

Der Rat, der bis 1797 die Aufenthaltsgesuche der meist adligen oder geistlichen Emigranten abgelehnt hatte[97], erließ am 20. April 1798 eine Ordnung betreffend die *Duldung der Emigranten*, die von diesen beschworen

werden musste.[98] Im wesentlichen verhielten sich die Emigranten ruhig und diszipliniert; so war der Offizier de la Coudre, der wegen Schwängerung einer Ravensburger *Unterthanentochter* im April 1798 die Stadt binnen acht Tagen zu verlassen hatte[99], eine Ausnahme. Im Juli 1798 wurde den etwa 15 Emigranten eine Aufenthaltsverlängerung auf unbestimmte Zeit bewilligt.[100]
Im ersten Halbjahr 1799 erhielten mehr als 43 französische Emigranten, darunter Adlige, Geistliche und ganze Familien, in Ravensburg teils beschränkte, teils unbegrenzte Aufenthaltsbewilligungen.[101] Als am 1. März 1799 der Zweite Koalitionskrieg ausbrach, kehrte der Rat angesichts absehbarer neuerlicher Kriegsbelastungen jedoch wieder zu einer restriktiveren Haltung in der Emigrantenfrage zurück. Mit Ausnahme einiger transportunfähiger Kranker mussten bis 8. März fast alle Emigranten die Stadt verlassen.[102] Ab Ende Oktober 1799 hatte die Stadt allerdings nochmals für kurze Zeit Condésoldaten, darunter den Prinzen Condé selbst, zu beherbergen.[103] Am 8. November 1799 befahl Erzherzog Karl, dass die sich noch in Ravensburg und Umgebung aufhaltenden Emigranten, mit Ausnahme des Condé'schen Korps, innerhalb von drei Tagen aus dem süddeutschen Kampfgebiet hinter den Lech abgeschoben werden sollten, um die Versorgung der Truppen nicht zusätzlich zu belasten.[104] Etwa zehn französische Emigranten, des weiteren einige französische Handwerksgesellen, *Kaufmannsdiener* und Dienstboten, die nicht zu den Emigranten gerechnet wurden, waren zu diesem Zeit noch in Ravensburg. Durch Amnestieerlasse Napoleons (1799, 1801/02) verringerte sich die Zahl der politischen Flüchtlinge im Reich erheblich; viele von ihnen kehrten nach Frankreich zurück. Nach dem Frieden von Lunéville (1801) wurde das Korps Condé aufgelöst.[105] Aber auch 1800/01 hielten sich noch einige Emigranten in Ravensburg auf.[106] Dass sich manch einer der wieder nach Frankreich zurückgekehrten Flüchtlinge auch dankbar an den Ravensburger Aufenthalt erinnerte, zeigt z. B. ein Schreiben des Priesters Villemonte vom Mai 1802.[107] Als Ravensburg im Herbst 1802 bayerisch wurde, lebte mit dem einst in Diensten des Corps Condé stehenden, nun eine englische Pension genießenden Charles Perrenay, Graf v. Baleure, nur noch ein Emigrant in Ravensburg. Zwar stellte die provisorische Stadtkanzlei ihm am 6. April 1804 noch ein löbliches Zeugnis aus, doch bestand die bayerische Regierung, wohl auch mit Rücksicht auf Napoleon, dem sie die großen Gebietsgewinne von 1802/03 verdankte, auf dem Abschub sämtlicher Emigranten; wenige Tage später verließ mit Perrenay auch der letzte Emigrant Ravensburg.[108]

Die Mediatisierung der Reichsstadt 1802

Nach Bekanntwerden des Friedens von Lunéville (9. Februar 1801) und den stärker werdenden Gerüchten über eine Mediatisierung der meisten deutschen Reichsstädte hatte man auch in Ravensburg den kommenden radikalen Umbruch geahnt, wenngleich über den zukünftigen Landesherrn noch keine Klarheit herrschte. Auch in Ravensburg waren Selbstvertrauen und Selbstbehauptungswillen verlorengegangen, Schicksalsergebenheit und Resignation machten sich breit; es war symptomatisch, dass der traditionelle Schwörtag am Pfingstmontag 1801 und 1802 ausfiel.[109]
Die evangelischen Stadträte der ebenfalls paritätisch verfassten Reichsstädte Biberach und Augsburg fürchteten im Falle der Angliederung an ein katholisches Territorium um ihre bisherigen *Religionsfreiheiten* und führten deswegen im Frühjahr 1801 mit dem evangelischen Ratsteil Ravensburgs einen Briefwechsel über das weitere Vorgehen.[110] Schließlich meinte man in Ravensburg jedoch resignierend, dass man erst Klarheit über Inhalt und Auswirkungen des Lunéviller Frieden haben müsse, *erst dann lasse sich allenfalls zu einer gemeinsamen Verwendung bey einer höheren Behörde noch einen Versuch machen*.[111] Im Laufe des Jahres 1801 wurde den Evangelischen in Ravensburg offenbar klar, dass als neue Landesherren nur drei Fürsten in Frage kamen: Der Herzog v. Württemberg und der Markgraf v. Baden, beide evangelisch, sowie der katholische Kurfürst Max IV. Joseph v. Bayern, der jedoch wie sein erster Minister Frh. Maximilian Joseph v. Montgelas der Aufklärung zuneigte und von konfessionellen Gegensätzen wenig wissen wollte.[112]
Im Gegensatz etwa zur benachbarten kleinen Reichsstadt und wichtigen bayerischen Salzniederlage Buchhorn, deren Großer und Kleiner Rat sowie Bürgerschaft wegen erschöpfter Finanzen und fehlender Kre-

ditmöglichkeiten schon im September 1800 dem bayerischen Kurfürsten Max IV. Joseph gegenüber mit überwältigender Mehrheit ihren Wunsch signalisiert hatten, *unter baierische Landeshoheit zu kommen*[113], lässt sich in Ravensburg ein derartiges von Unterwerfungsbereitschaft gekennzeichnetes freiwilliges Mediatisierungsangebot nicht nachweisen. Wenige Tage vor Beginn des letzten Städtetages des Schwäbischen Kreises in Ulm (16.–26. August 1802) war im Ravensburger Rat *von der bedenklichen Lage der schwäbischen Reichsstädte* die Rede, auch wurde ein am 11. August in der Stadt abgehaltenes Krisentreffen mit Vertretern der Reichsstädte Biberach und Isny erwähnt, bei dem über *Wünsche und Anträge, welche Biberach als Kapitulationspunkte mit dem künftigen Landesherrn in Vorschlag bringen will*, gesprochen wurde.[114] Die beiden zum Städtetag entsandten Ravensburger Vertreter – Syndikus Jakob Merkel und Kanzleiverwalter Franz Joseph v. Bentele – wurden angewiesen, zuzustimmen, wenn im Städtekollegium der Vorschlag einer nach Regensburg abzuschickenden Abordnung gemacht werden sollte.[115] Der Ulmer Städtetag war sich über die bevorstehende Mediatisierung vieler Reichsstädte im Klaren: *So wollen doch diejenigen ReichStädte in Schwaben, welche dazu ausersehen sind, dieses lezte Opfer, sofern es zur gänzlichen Beruhigung des deutschen Vaterlandes unvermeidlich ist, auch noch bringen*[116], erklärte der Städtetag in § 1 seiner an den Kaiser und die außerordentliche Reichsdeputation gerichteten detaillierten Denkschrift vom 21. August 1802. Die Beschlüsse des Städtetags liefen unter anderem darauf hinaus, die Besitzergreifung durch fremde Truppen zu akzeptieren, jedoch den Status als Reichsstadt und die kaiserlichen Rechte zu betonen und bis zu einer Entscheidung von Kaiser und Reich darum zu bitten, Stadtregiment, Verwaltung und alle bisherigen Einrichtungen im bisherigen Zustand zu belassen; blieben alle Einwände erfolglos, sollten die Städte *vorbehaltlich der endgültigen Gebietsaufteilung durch die Regensburger Reichsdeputation auch den Huldigungseid leisten.*[117] Auch unter einer künftigen landesherrlichen Verwaltung wollte man die städtische Unabhängigkeit in weiten Teilen gewahrt wissen und einen privilegierten Sonderstatus erhalten.[118] Erreicht wurde mit der Denkschrift jedoch nichts Wesentliches mehr. Der Kaiser konnte keine Hilfe mehr leisten; der Vorstoß in Regensburg blieb erfolglos.[119] Ernsthaft konnte auch keiner der reichsstädtischen Gesandten mit einer Anerkennung dieser vielfältigen bisherigen Rechtstitel und Privilegien durch die neuen Landesherrn rechnen.

Mit Rückendeckung Frankreichs und Preußens leitete Kurfürst Max IV. Joseph noch während der Verhandlungen der Reichsdeputation im August 1802 die Militärbesitzergreifung der Entschädigungslande ein[120], auch um einem Zugriff anderer Staaten auf die beanspruchten Gebiete zuvorzukommen. Am 28. August 1802, am selben Tag wie auch in Leutkirch, Wangen und Buchhorn (eine beachtliche Arbeitsleistung!)[121], übergab der Stadtpfleger von Mindelheim und bayerische Gesandte beim Schwäbischen Kreis, Geheimrat Friedrich Wilhelm Frh. v. Hertling, als kurfürstlicher Generalkommissär für Schwaben den beiden in sein Ravensburger Absteigequartier, den Gasthof zum Lamm, bestellten Stadtammännern, des weiteren dem Syndikus und dem Kanzleiverwalter ein an den Magistrat adressiertes Schreiben des bayerischen Kurfürsten. Darin teilte dieser mit, dass er demnächst zur Sicherstellung seiner Rechte, provisorisch und bis von Kaiser und Reich etwas Bestimmtes entschieden sei, eine Abteilung bayerischer Truppen unter dem Oberbefehl des Generalmajors v. Gaza in die Reichsstadt Ravensburg und ihr Landgebiet legen werde. Das Militär sei angewiesen, sich nicht in die Zivilverwaltung einzumischen, *schärfste Manneszucht zu halten* und außer Unterkunft, Holz und Lagerstroh nichts unentgeltlich zu verlangen.[122] *Mit unbedingter Unterwürfigkeit und sichtbarem Vergnügen wurden von diesen 4 Reichsstädten die ihnen überbrachten gnädigsten Schreiben an- und meine sie begleitenden Eröffnungen aufgenommen*, berichtete Hertling stolz dem bayerischen Kurfürsten.[123] Die katastrophalen Auswirkungen der Kriegsereignisse seit 1792, die erschöpften finanziellen Ressourcen, die Wirtschaftskrise und die offensichtlichen Mängel im Verwaltungssystem hatten den Willen zur Bewahrung der reichsstädtischen Selbständigkeit längst ausgehöhlt; ausgepowert fügte man sich recht illusionslos und resigniert ins Unvermeidliche.

Der Antwortbrief des Rats an den bayerischen Kurfürsten vom 31. August 1802 fiel im Tenor sehr freundlich, inhaltlich jedoch gemäß den Verabredungen auf dem Ulmer Städtetag aus. Der Rat brachte den

unterthänigsten Dank für die *gnädigste Benachrichtigung* von der geplanten Besitzergreifung zum Ausdruck: *Aus schuldigster Ehrerbietung gegen Eure Durchlaucht werden wir uns die vorgehen sollende Besiznahme gefallen lassen*; man dankte für die Zusicherungen, *daß das einrückende Militär sich in die Civilverwaltung nicht im geringsten mischen, sondern die Grenzen einer blos provisorischen Occupation streng beobachten und überhaupt die strengste Manneszucht halten solle* und beim Stadtregiment und der Verwaltung *alles in bisherigem Stande belassen* werden solle.[124] Der Rat hielt sich für verpflichtet, *kaiserlicher Majestät und des Reichs Rechte auf hiesige Stadt und deren Gebiet als einen bisherigen unmittelbaren Stand des Reichs* [...] *verwahren zu müssen*. Man hätte *keine andere Absicht* [...], *als die Pflichten gegen Kaiser und Reich, wovon wir noch nicht entlassen sind, zu beobachten*. Aber dies waren doch wohl nur noch formale Vorbehalte bis zur offiziellen Lossprechung von den Verpflichtungen gegenüber dem Reich. Um Erfahrungen für die Bewältigung des in Kürze auch Ravensburg treffenden Umbruchs zu sammeln, weilte der Ravensburger Ratsherr Erb am 2. September 1802, dem Tag der Besetzung Memmingens durch bayerische Truppen, in dieser Reichsstadt.

Am 5. September teilte der Rat den im Rebleute- und Schneiderzunfthaus sowie im Ballengesellschaftshaus versammelten Ravensburger Bürgern die bevorstehende Mediatisierung durch Bayern mit, mahnte zu *einem anständigen Benehmen* sowie zur Vermeidung *unklugen Raisonierens über politische Gegenstände* und kündigte wegen der absehbaren Einquartierungskosten und des *notorisch erschöpften Zustands aller öffentlichen Kassen* eine *halbe Extra-Steuer* an.[125] Am 9. September 1802 teilte Hertling die Stärke der kommenden militärischen Besatzung Ravensburgs mit: Jeweils ein Offizier, Unteroffizier und Tambour sowie 30 *Gemeine*.[126] Bürgermeister und Rat baten daraufhin um Einstufung Ravensburgs als *ärmere Stadt* (mit entsprechend niedrigeren Beherbergungs- und Verpflegungsverpflichtungen), *unter welche das durch Kriegserlittenheiten aller Art ganz erschöpfte, und bis zur Kreditlosigkeit verschuldete Ravensburg leider nur zu gewiss gehört*.[127]

Wegen ihrer Lage inmitten vorderösterreichischen Territoriums verzögerte sich die zunächst auf den 2. September terminierte militärische Besetzung der Reichsstädte Leutkirch, Wangen, Ravensburg und Buchhorn.[128] Von Wurzach her kommend, rückten schließlich in der Nacht vom 16. auf den 17. September 1802 die angekündigten Truppen vom Infanterie-Regiment Herzog Wilhelm unter dem Kommando des Oberleutnants de Haibe durch das Obertor in die Stadt ein und nahmen sie im Auftrag des bayerischen Kurfürsten in Besitz. De Haibe, dem als Quartier das Gasthaus Lamm offeriert wurde, benahm sich *sehr höflich und gefällig*.[129] Damit war die reichsstädtische Zeit Ravensburgs, die mehr als ein halbes Jahrtausend gewährt hatte, ohne jedes Anzeichen ohnehin aussichtslosen Widerstandes zu Ende gegangen; der Übergang der militärisch machtlosen Stadt an Bayern ging reibungslos über die Bühne. Ravensburg bemühte sich vielmehr, das Wohlwollen des bayerischen Kurfürsten durch genaueste Erfüllung der eingegangenen Verpflichtungen wie auch durch symbolische Gesten zu erhalten und weiter zu befördern. Bei einer Veranstaltung der Schützengesellschaft etwa wurde ein Ochse für den bayerischen Kronprinzen *gewonnen*, der aber nach Anweisung des *Generalkommissärs* Hertling verkauft und sein Erlös unter den *Hausarmen* verteilt werden sollte. Am 12. Oktober 1802 veranstalteten *Rat und Gericht* sowie sonstige Honoratioren, darunter Geistliche und Kaufleute, aus Anlass des Namenstags des bayerischen Kurfürsten ein Festessen im *Lamm* (dem Quartier des Oberleutnants de Haibe), das von 40 Böllerschüssen vom Mehlsack begleitet wurde.[130] Rasch und ohne Illusionen, wenngleich wohl hier und da mit einem Gefühl des Wehmuts über die verlorenen historischen Rechte und Freiheiten, stellte sich die Bürgerschaft auf die neuen Verhältnisse um. In seiner freundlich-devoten Haltung gegenüber dem neuen Landesherrn unterschied sich Ravensburg nicht von den meisten anderen ehemaligen Reichsstädten.[131]

Noch vor dem Reichsdeputationshauptschluss (RDH) vom 25. Februar 1803, der die vielerorts vorweggenommenen territorialen und staatsrechtlichen Veränderungen und Umwälzungen als dem letzten Reichsgrundgesetz sanktionierte, erfolgte für Ravensburg nach der militärischen Besetzung mit der *Zivilinbesitznahme* die zweite und letzte Etappe der Mediatisierung durch das Kurfürstentum Bayern. Sie wurde

durch den kurbayerischen Regierungsrat Frh. v. Schleich am 6. Dezember 1802 vollzogen.[132] Mit diesem für die betroffenen einstigen Reichsstädte im wesentlichen nach dem gleichen Schema (kurfürstliche Instruktion vom 18. November 1802) verlaufenden Akt wurde die administrative Eingliederung in den bayerischen Staat eingeleitet. Zur Beglaubigung legte Schleich das vom Kurfürsten unterzeichnete *CivilBesitznahmsPatent* und eine Vollmacht vor, die beide vom Kanzleisubstituten verlesen wurden. Rat, Großer Rat, Stadtgericht sowie das Kanzlei- und Rechnungspersonal mussten sich im Rathaus versammeln, wo sie von ihren Pflichten gegenüber Kaiser und Reich bzw. gegenüber dem *Magistrat als bisherig Reichsständische*[r] *Obrigkeit* entbunden wurden.[133] Vor dem Rathaus paradierte währenddessen das in Ravensburg stationierte bayerische Militär. Die Verpflichtung und Vereidigung der Räte und Beamten auf den bayerischen Kurfürsten als neuen Landesherrn schloss sich an. Eine sofortige Neuorganisation der Verwaltung erfolgte nicht; bis auf weiteres sollte der bisherige Magistrat seine Funktion als kurfürstlicher *Interims-Stadtrat* ausüben. Er bestand noch bis 1804 und wurde dann durch einen von Bayern eingesetzten fünfköpfigen Verwaltungsrat abgelöst, der ausschließlich dem Staat bzw. seiner Regierung verpflichtet war. An die vier Stadttore und an öffentliche Gebäude wurde am 6. Dezember 1802 das kurfürstliche Besitznahmepatent angeschlagen, dessen Text zudem vor dem Rathaus *unter Paradierung des oberwähnten bairischen Militärs in Beysein des Herrn Commissairs und des sämtlichen Stadtraths* [...] *öffentlich verlesen und sodann nebst dem churfürstlich-baierischen Wappen an die Thore desselben geheftet* wurde. Drohend wurde hinzugefügt, *daß die mindeste Widersetzlichkeit gegen Affigirung der Patente oder Wappen* oder *ein an selben begangener Muthwille auf das Schärfeste geahndet werden müsste. Alle Insignien, Wappen und Aufschriften, welche auf die Reichsstädtische Eigenschaft hinzielen*, sollten *nach Möglichkeit gleich oder bald möglichst ausgelöscht oder vertilgt werden.*[134] Die historischen reichsstädtischen Wappen, etwa am Ravensburger Rathaus, Waaghaus und an der Brotlaube, blieben, im Gegensatz zu Rottweil und anderen Städten, wo sie nach der Inbesitznahme durch Württemberg 1802 teilweise abgeschlagen wurden[135], erhalten. Im Ravensburger Landgebiet sollten die Patente *an die dazu schicklichen Gebäude* angeschlagen sowie durch die Pfarrer von den Kanzeln oder durch Beamte und Ortsvorgesetzte öffentlich bekannt gemacht und näher erläutert werden. Dann wurde im Sinne des aufgeklärten Zentralismus die unmittelbare Unterstellung des Stadtrats unter die *kurbaierisch provisorische Regierung und Kammer* in Kempten und indirekt unter das kurfürstliche Generallandeskommissariat in Ulm verkündet. An die Kasse des Schwäbischen Kreises und an das Reichskammergericht sollten ab sofort keine Zahlungen mehr erfolgen. Die Ausschreibung neuer Steuern sei bis auf *weitere höchste Entschließung* zu unterlassen. Des weiteren verlangte der bayerische Staat verschiedene statistische Daten und sonstige Informationen, um einen Überblick über den finanziellen, ökonomischen und verwaltungstechnischen Zustand der Stadt und ihre staatsrechtlichen Verhältnisse zu gewinnen: Alle Inventare des Bauhofs, Zeughauses, der zum Spital und den anderen Stiftungen gehörigen Besitztümer sowie der Getreidevorräte waren, beglaubigt durch Unterschriften einiger Ratsmitglieder, zu übergeben. Es wurde genaue Auskunft verlangt, welche Besitzungen, Gefälle und Rechte die Stadt oder die Stiftungen innerhalb und außerhalb des Territoriums des Kurfürstentums Bayern hatten. Alle Magistratspersonen und Beamten sollten innerhalb eines Tages ihre bisherigen Besoldungen angeben. Ebenfalls innerhalb eines Tages war eine Aufstellung des Aktiv- und Passivbestandes der städtischen und der Pflegschaftskassen unter Vorlage der Aktivobligationen einzureichen, ebenso ein genaues Verzeichnis der städtischen Schulden und der Gläubiger.

Aus der Reichsstadt wurde eine bayerische Munizipalstadt erster Klasse. Der Rat, bis 1802 Träger der reichsstädtischen Autonomie, sah sich in wesentlichen Bereichen zu einer lediglich noch ausführenden Verwaltungsbehörde im bürokratisch-zentralistischen System der neuen bayerischen Staatsverwaltung degradiert.

[1] *Peter Eitel*, Geschichte der Stadt Ravensburg im Überblick, in: *Oskar Sailer* (Hg.), Der Kreis Ravensburg. Stuttgart/Aalen 1976, 92–107, hier 105.
[2] *Alfons Dreher*, Geschichte der Reichsstadt Ravensburg. Weißenhorn/Ravensburg 1972, Bd. 2, 439.
[3] StA Ravensburg, RPr 1789.
[4] *Oliva Mayer*, Die Reichsstadt Ravensburg unter der Krone Bayern (1802–1810). Masch. Diss. Tübingen 1952, 44.
[5] *Klaus-Peter Schroeder*, Das Alte Reich und seine Städte. München 1991, 18.
[6] StA Ravensburg, Bü 888b; Alfred Lutz, Die Reichsstadt Ravensburg am Ende des Alten Reiches im Spiegel der Ratsprotokolle 1787–1802. Magisterarbeit Univ. Tübingen 1990, 47–65.
[7] *Alfons Dreher*, Das Patriziat der Reichsstadt Ravensburg. Von den Anfängen bis zum Beginn des 19. Jhs. Stuttgart 1966, 560.
[8] *Peter Eitel*, Die Ravensburger »Ballengesellschaft«. Eine Zwischenstufe im Sozialgefüge der reichsstädtischen Bürgerschaft, in: *Franz Quarthal/Wilfried Setzler* (Hgg.), Stadtverfassung – Verfassungsstaat – Pressepolitik. Fschr. Eberhard Naujoks. Sigmaringen 1980, 111–120.
[9] *Dreher*, Das Patriziat der Reichsstadt Ravensburg (wie Anm. 7), 441.
[10] StA Ravensburg, Bü 790 b, Nr. 29.
[11] *Philipp Ludwig Hermann Röder* (Hg.), Geographisches Statistisch-Topographisches Lexikon von Schwaben. Ulm 1792, Bd. 2, Sp. 434–453; hier Sp. 437.
[12] Auch StA Ravensburg, Kath. RPr, 18.09.1793.
[13] *Röder* (Hg.), Geographisches Statistisch-Topographisches Lexikon (wie Anm. 11), Sp. 437.
[14] Ebd., Sp. 437f.
[15] StA Ravensburg, Ev. RPr, 14.02.1792.
[16] StA Ravensburg, RPr, 15.06.1789.
[17] StA Ravensburg, Kath. RPr, 11.04.1792.
[18] *Mayer*, Die Reichsstadt Ravensburg (wie Anm. 4), 106f.
[19] StA Ravensburg, RPr, 15.03.1802.
[20] StA Ravensburg, Bü 1888a.
[21] *Johann Georg Eben*, Versuch einer Geschichte der Stadt Ravensburg, mehrere Lieferungen. Ravensburg 1830/35. ND. 2 Bde. Ravensburg/Oggelshausen 1987, Bd. 2, 587.
[22] Rückblickend Int. Bl. Ravensburg, 03.06.1822, in: StA Ravensburg, Bü 2404a.
[23] S. etwa StA Ravensburg, RPr, 13.01.1783; Bü 923 a.
[24] *Peter Eitel*, Ravensburg und Vorderösterreich, in: *Hans Maier/Volker Press* (Hgg.), Vorderösterreich in der frühen Neuzeit. Sigmaringen 1989, 263–270; hier 269.
[25] *Susanne Nußbaumer*, Das Finanzwesen der Reichsstadt Ravensburg im 18. Jh. Masch. Diss. Tübingen 1950, 126f.
[26] Auch *Dreher*, Geschichte der Reichsstadt Ravensburg (wie Anm. 2), Bd. 2, 569f.
[27] Zahlen ermittelt aus dem Häuser- und Seelenbeschrieb von 1789; StA Ravensburg, Bü 1049–1054.
[28] *Nußbaumer*, Das Finanzwesen (wie Anm. 25), 90f.
[29] *Georg Stecher*, Der Niedergang des Zunfthandwerks der Stadt Ravensburg bis zur Einführung der allgemeinen Gewerbeordnung von 1828, Masch. Diss. Tübingen 1943, z. B. 108f.
[30] StA Ravensburg, Bü 1891b.
[31] *Mayer*, Die Reichsstadt Ravensburg (wie Anm. 4), 114.
[32] StA Ravensburg, RPr, 02.09.1791.
[33] StA Ravensburg, RPr, 19.11.1790.
[34] *Stecher*, Der Niedergang des Zunfthandwerks (wie Anm. 29), 127.
[35] *Ralf Reiter*, Städtische Armenfürsorge im Übergang vom 18. zum 19. Jh. Sozial-, wirtschafts- und verwaltungsgeschichtliche Untersuchungen zur Sozialpolitik der Stadt Ravensburg und ihrer Einrichtungen 1755–1845. Diss. phil. Konstanz 1988, 279–282.
[36] Ebd., 124.
[37] StA Ravensburg, RPr, 20.08.1779; 19.09.1779; Bü 1062b.
[38] z. B. StA Ravensburg, RPr, 12.07.1798.
[39] StA Ravensburg, RPr, 18.04.1792; 04.05.1792.
[40] StA Ravensburg, RPr, 23.06.1790.
[41] StA Ravensburg, RPr, 04.05.1801; 18.05.1801.
[42] StA Ravensburg, RPr, 10.06.1796.
[43] StA Ravensburg, RPr, 29.10. 1798.
[44] *Volker Press*, Österreich, das Reich und die Eindämmung der Revolution in Deutschland, in: *Helmut Berding* (Hg.), Soziale Unruhen in Deutschland während der Französischen Revolution. Göttingen 1988, 237–258; hier 252 (GG, Sonderheft 12)..
[45] StA Ravensburg, Bü 1802a; *Heinz-Günther Borck*, Der Schwäbische Reichskreis im Zeitalter der französischen Revolutionskriege (1792–1806). Stuttgart 1970, 66; *Dreher*, Geschichte der Reichsstadt Ravensburg (wie Anm. 2), Bd. 2, 816.
[46] StA Ravensburg, RPr, 01.07. 1796.
[47] StA Ravensburg, RPr, 06.07.1796.
[48] *Eben*, Versuch einer Geschichte (wie Anm. 21), Bd. 2, 280.
[49] StA Ravensburg, RPr, 03.08.1796, 601.
[50] StA Ravensburg, RPr, 05.08.1796, 612–616.
[51] Hausbuch mit chronikal. Notizen, Gedichten, Noten u. a.m. von *Johann Jakob Gutermann* (ev.); StA Ravensburg, Bü 1061c, 190.
[52] *Heinrich Klein* (Hg.), Weingarten und seine Umgebung während der Kriegsereignisse von 1796 bis 1806. Geschildert in einer hs. Chronik (des Hechtwirtes Franz Joseph Miller). Ravensburg 1878, 20.
[53] StA Ravensburg, RPr, 09.09.1796, 689.
[54] Ebd., 694f.
[55] StA Ravensburg, Bü 920b.
[56] *Klein* (Hg.), Weingarten und seine Umgebung (wie Anm. 52), 20.
[57] *Volker Press*, Friedrich der Große als Reichspolitiker, in: *Heinz Duchhardt* (Hg.), Friedrich der Große, Franken und das Reich. Köln/Wien 1986, 25–56; hier 42.
[58] StA Ravensburg, RPr, 23.09. 1796.
[59] *Dreher*, Geschichte der Reichsstadt Ravensburg (wie Anm. 2), Bd. 2, 819.
[60] *Heinrich Scheel*, Süddeutsche Jakobiner. Klassenkämpfe und republikanische Bestrebungen im deutschen Süden Ende des 18. Jhs. Berlin (Ost) 3. Aufl. 1980, 203f.
[61] Aus dem Leben eines oberschwäbischen Kaufmanns. Das Tagebuch des Ulrich Christoph Gradmann von Ravensburg aus den Jahren 1796–1845, bearb. von *Peter Eitel*. Stuttgart 1982, 19.
[62] *Volker Press*, Reichsstadt und Revolution, in: *Bernhard Kirchgässner/Eberhard Naujoks* (Hgg.), Stadt und wirtschaftliche Selbstverwaltung. Sigmaringen 1987, 9–59; hier 22f.
[63] StA Ravensburg, RPr, 31.10.1796.
[64] Zitat bei *Schroeder*, Das Alte Reich und seine Städte (wie Anm. 5), 48.
[65] Zu diesem Komplex *Lutz*, Die Reichsstadt Ravensburg am Ende des Alten Reiches (wie Anm. 6), 141–152.
[66] *Volker Press*, Die Französische Revolution und das Heilige Römische Reich, in: *Heiner Timmermann* (Hg.), Die Französische Revolution und Europa 1789–1799. Saarbrücken-Scheidt 1989, 219–239.
[67] *Karl Otmar Freiherr von Aretin*, Vom Deutschen Reich zum Deutschen Bund. Göttingen 1980, 81.
[68] StA Ravensburg, RPr, 15.04.1799.
[69] *Dreher*, Das Patriziat der Reichsstadt Ravensburg (wie Anm. 7), 451f.
[70] StA Ravensburg, RPr, 07.08.1799; 11.09.1799; *Eben*, Versuch einer Geschichte (wie Anm. 21), Bd. 2, 287.
[71] StA Ravensburg, RPr, 09.05.1800.

[72] *Mayer*, Die Reichsstadt Ravensburg (wie Anm. 4), 220f.
[73] StA Ravensburg, Bü 1812a.
[74] *Mayer*, Die Reichsstadt Ravensburg (wie Anm. 4), 63.
[75] *Nußbaumer*, Das Finanzwesen (wie Anm. 25), 83.
[76] StA Ravensburg, Bü 1792a.
[77] Zahlen bei *Nußbaumer*, Das Finanzwesen (wie Anm. 25), 196f.
[78] StA Ravensburg, RPr, 08.08.1800.
[79] S. z. B. StA Ravensburg, RPr, 03.09.1800.
[80] *Nußbaumer*, Das Finanzwesen (wie Anm. 25), 200.
[81] StA Ravensburg, RPr, 17.11.1800.
[82] Ebd.
[83] StA Ravensburg, RPr, 03.06.1799.
[84] Tabelle bei *Nußbaumer*, Das Finanzwesen (wie Anm. 25), 196.
[85] StA Ravensburg, Bü 1418a.
[86] Ebd.
[87] StA Ravensburg, RPr, 30.01.1801.
[88] StA Ravensburg, RPr, 19.09.1800; 17.10.1800; 17.11.1800; *Tobias Hafner*, Geschichte der Stadt Ravensburg. Ravensburg 1887, 651f.
[89] StA Ravensburg, RPr, 30.01.1801.
[90] *Eben*, Versuch einer Geschichte (wie Anm. 21), Bd. 2, 153.
[91] StA Ravensburg, Bü 1415b; RPr, 17.11.1800.
[92] StA Ravensburg, RPr, 23.10.1801.
[93] *Dreher*, Geschichte der Reichsstadt Ravensburg (wie Anm. 2), Bd. 2, 823.
[94] Angaben bei: *Peter Fassl*, Konfession, Wirtschaft und Politik. Von der Reichsstadt zur Industriestadt. Augsburg 1750–1850. Sigmaringen 1988, 175
[95] StA Ravensburg, RPr, 27.07.1796, 580f.
[96] StA Ravensburg, RPr, 28.06.1797, 448.
[97] *Albert Hengstler*, Französische Emigranten in Ravensburg, in: Ravensburger Tagblatt, 05.07.–07.07. 1939 (3 Teile); hier T. 1, Ravensburger Tagblatt, 05.07.1939.
[98] Ebd.
[99] StA Ravensburg, RPr, 20.04.1798.
[100] StA Ravensburg, RPr, 27.07.1798; 30.07.1798.
[101] *Hengstler*, Französische Emigranten (wie Anm. 97), T. 2.
[102] Ebd.
[103] StA Ravensburg, RPr, 30.10.1799.
[104] StA Ravensburg, RPr, 18.11.1799; *Arnulf Moser*, Die französische Emigrantenkolonie in Konstanz während der Revolution (1792–1799). Sigmaringen 1975, 69; *Hengstler*, Französische Emigranten, T. 3 (wie Anm. 97).
[105] *Moser*, Ebd., 76; *Hengstler*, Ebd.
[106] StA Ravensburg, RPr, 17.02.1800; 27.04.1800; 28.08.1800; 12.08.1801.
[107] StA Ravensburg, RPr, 05.05.1802.
[108] *Hengstler*, Französische Emigranten, T. 3 (wie Anm. 97).
[109] StA Ravensburg, RPr, 22.05.1801; 31.05.1802.
[110] StA Ravensburg, Bü 738c.
[111] StA Ravensburg, Ev. RPr, 30.03. 1801.
[112] *Dreher*, Das Patriziat der Reichsstadt Ravensburg (wie Anm. 7), 473.
[113] HSA München, MA, 4544. Schreiben, 06.09.1800.
[114] StA Ravensburg, RPr, 13.08.1802.
[115] Ebd.
[116] HSA München, MA 4011.
[117] Zit. nach *Friedrich Blendinger*, Die Mediatisierung der schwäbischen Reichsstädte, in: *Hubert Glaser* (Hg.), Krone und Verfassung. König Max I. Joseph und der neue Staat. Beiträge zur Bayerischen Geschichte und Kunst 1799–1825. München/Zürich 1980, 101–113, hier 105.
[118] Die Vertreter der Reichsstadt Ravensburg hatten am 19.08.1802 folgende sieben Punkte als zentral erachtet: 1.) *Beibehaltung der paritätischen, im Westphälischen Friedensschluß und nachhinnigen Rezessen gegründeten Verfassung, sowohl in Politicis als Ecclesiasticis und darauf Bezug habende was immer für Rechte*, 2.) *Belassung des städtischen, spitalischen und Pflegschaftlich Eigenthums, dann der katholischen und evangelischen Privatstiftungen, Kirchen- und andrer Kassen, Realitäten und Zuständigkeiten, nebst dem Recht, solche fernerhin observanzmässig zu verwalten*, 3.) *Beybehaltung der von Kaiser und Reich zu Ehren rührenden Gerechtsamen, besonders des Oberforstamts und Waldgerichts über den so genannten gemeinen Altdorfer Wald und die daran stossende sonderbare der Stadt Ravensburg eigenthümlich zustehenden Förste, samt der Befugnis, die zur Aufsicht über dieselbe erforderlichen Waldbeamten, Diener und Knechte anzustellen, auch die daraus fliessenden Nutzungen zu beziehen*, 4.) *Zugestehung des Rechts, das durch Verträge mit der benachbarten k.k. Landvogtey Schwaben für alle Ravensburgische Bürger hergebrachte, so betitelte Mitjagen auf Rehe, Füchse, Hasen und Vogelwild in einem gewissen Bezirk auszuüben*, 5.) *Bestätigung des Statuts, nach welchem im Ravensburgischen keine Juden Gewerb treiben, viel weniger sich ansässig machen dörfen*, 6.) *Das Recht, alle Ämter, Dienste und Stellen, auch geistliche Pfründen nach bisheriger Wählungsart zu vergeben*, 7.) *Verschonung mit neuen Taxen, Stempelgebühren etc*; vgl. StA Ravensburg, Bü 741b.
[119] *Volker Press*, Die Reichsstädte des Schwäbischen Reichskreises zwischen Revolution und Mediatisierung, in: Baden und Württemberg im Zeitalter Napoleons. Bd. 2: Aufsätze. Stuttgart 1987, 121–133; hier 128.
[120] StA Ravensburg, Bü 777b; *Schroeder*, Das Alte Reich und seine Städte (wie Anm. 5), 158f.
[121] HSA München, MA 4540.
[122] StA Ravensburg, Bü 777b.
[123] HSA München, MA 4540.
[124] StA Ravensburg, RPr, 30.08.1802; Bü 777b; HSA München, MA 4540.
[125] StA Ravensburg, Bü 777b.
[126] Ebd.
[127] StA Ravensburg, RPr, 17.09.1802.
[128] *Schroeder*, Das Alte Reich und seine Städte (wie Anm. 5), 162.
[129] Ebd.
[130] StA Ravensburg, RPr, 22.10.1802.
[131] *Karl Siegfried Bader*, Die Reichsstädte des Schwäbischen Kreises am Ende des Alten Reiches, in: UuO 32 (1951), 47–70; hier 68ff.
[132] S. zu diesem Akt: StA Ravensburg, RPr, 06.12.1802; HSA München, MA, 39011/2.
[133] *Eben*, Versuch einer Geschichte. (wie Anm. 21), Bd. 2, 341.
[134] StA Ravensburg, RPr, 1802/03, 8–13; *Eben*, Versuch einer Geschichte (wie Anm. 21), Bd. 2, 339–344.
[135] *Winfried Hecht*, Rottweil 1802–1970. Von der Reichsstadt zur Großen Kreisstadt. Rottweil 1997, 14.

Segnungen und Grausamkeiten des aufgeklärten Absolutismus

Die Reichsstadt Ravensburg unter bayerischer und dann württembergischer Herrschaft

von Peter Eitel

Ravensburg wird bayerisch

Zu den 41 deutschen Reichsstädten, die aufgrund der 1801 im Frieden von Lunéville getroffenen Vereinbarungen in den folgenden zwei Jahren ihre Reichsstandschaft und Autonomie verloren und ungefragt einem neuen Herrn unterworfen wurden, gehörte auch das kleine oberschwäbische Ravensburg[1], das damals nicht mehr als 3300 Einwohner zählte und nur über ein zersplittertes, weit verstreutes Territorium mit etwa 1670 Untertanen[2] herrschte. Über den Zustand, in dem sich die Stadt in jenen Jahren befand, wird an anderer Stelle ausführlich berichtet.[3] Es mag deshalb genügen, mit ein paar kurzen Strichen anzudeuten, in welch bescheidenen Verhältnissen die Bewohner Ravensburgs um die Wende zum 19. Jh. lebten, verglichen mit der Situation am Ausgang des Mittelalters, als die Stadt zwischen 4500 und 5000 Seelen zählte und als eine der bedeutendsten schwäbischen Fernhandelsstädte galt.[4] Seither war die einstige »Metropole Oberschwabens« von Städten wie Biberach, Kempten oder Memmingen überrundet worden, ganz zu schweigen von St. Gallen, mit dem sie sich noch im 15. Jh. durchaus hatte messen können. Im Vergleich zu damals war das politische Leben erstarrt und nur noch von einigen wenigen Familien beherrscht. Es gab keine Kontrollmechanismen mehr in Gestalt jährlicher Neuwahlen der wichtigsten Amtsträger durch die Bürgerschaft. Das Stadtregiment wurde dominiert von alten Männern, die sich etwas darauf einbildeten, aus vornehmen Familien zu stammen und allein daraus ihren Führungsanspruch ableiteten. Zwar hatte man ein bescheidenes, von einer »bürgerlichen Komödiantengesellschaft« bespieltes kleines Theater und es gab auch eine private Lesegesellschaft[5], aber keine Buchdruckerei, keine Buchhandlung, keine Lokalzeitung, keine allen Bürgern offen stehende Bibliothek, kein Gymnasium.

Was einigermaßen gut funktionierte, besser jedenfalls als in anderen »paritätischen« Städten wie Biberach oder Augsburg[6], war das Zusammenleben der Angehörigen verschiedener Konfessionen. Knapp 60 % der Einwohner waren katholisch, der Rest evangelisch. Bei den Handwerkern und in der Unterschicht dominierten die Katholiken, unter den Wohlhabenden, besonders unter den Kaufleuten, überwogen die Protestanten. Das traditionsreiche alljährliche Rutenfest, im Kern ein Schülerfest, wurde zwar von Katholiken und Protestanten getrennt gefeiert, und bei der Besetzung wichtiger städtischer Ämter (und damit Pfründen) gab es immer wieder einmal Streit um die Wahrung der »Parität«, der seit dem Westfälischen Frieden geltenden rechtlichen Gleichstellung beider Konfessionen, aber alles in allem überwog die gegenseitige Toleranz: Man hatte – was immer wieder fremden Besuchern auffiel – einen gemeinsamen Friedhof, und es war ganz normal, dass evangelische Bürger und sogar Pfarrer katholische Dienstboten beschäftigten und dass katholische und evangelische Geistliche miteinander Umgang pflegten.[7]

Im Wirtschaftsleben der Stadt dominierte noch immer das Textilgewerbe. Unter den acht Zünften war die Schneiderzunft mit Abstand die größte. Um 1804 zählte sie 196 Mitglieder – das war ein gutes Drittel aller Zunfthandwerker.[8] Innerhalb der Schneiderzunft waren die Strumpfstricker und Strumpfwirker

mit 53 Meistern die stärkste Gruppe. Dem entsprachen Umfang und Wert ihrer Produktion. Eine Übersicht über die wichtigsten Gewerbe der Stadt, die allerdings erst 1807 erstellt wurde, wies den Wert der jährlich in Ravensburg hergestellten Woll- und Baumwollstrümpfe mit 135.000 fl. aus, während das zweitwichtigste Gewerbe, das der Gerber, nur Waren im Wert von 61.000 fl. produzierte, gefolgt von den Papiermachern, deren Umsatz 40.000 fl. betrug. Am unteren Ende der Skala zünftischer Gewerbe standen die Rebleute, Weber und Schuhmacher.[9]

Der Krieg zwischen Frankreich, dem Reich und Russland, der seit 1792 in unregelmäßigen Abständen auch Oberschwaben berührte, hatte in Gestalt von Truppendurchmärschen, Einquartierungen und Kontributionsforderungen Ravensburg schwere Schäden zugefügt.[10] Handel und Gewerbe litten besonders. Eine Zahl mag dies belegen: Der Erlös aus dem Verkauf von Strümpfen, dem wichtigsten Exportprodukt, hatte 1790 noch 500.000 fl. betragen.[11] Leider besitzen wir keine vergleichbaren Zahlen für das Jahr 1802. Wenn der Wert der Strumpffabrikation aber, wie bereits erwähnt, bis 1807 auf 135.000 fl. geschrumpft war, dann darf man davon ausgehen, dass er auch schon zum Zeitpunkt der Mediatisierung gesunken war. Solche Rückschläge wirkten sich natürlich auch negativ auf den städtischen Haushalt aus. 1804 betrugen die Schulden der Stadt rund 462.000 fl.[12] Die absurd niedrigen Steuern, die den Einwohnern auferlegt waren[13], trugen nichts zum Abbau des Schuldenbergs bei. Ein Konzept zur Tilgung dieser Schulden, deren Zinslast den Haushalt schwer belastete, war nicht einmal in Ansätzen vorhanden.

So ist es denn auch nicht weiter verwunderlich, dass die Stadt für die Erhaltung ihrer alten Freiheiten keinen Finger rührte. Widerstand gegen die großen Mächte wäre auch sinnlos gewesen. Im August 1801 und im Mai 1802 schlossen Bayern und Frankreich Verträge ab, die regelten, mit welchen Gebieten Bayern für seine linksrheinischen Verluste entschädigt werden sollte. Dazu gehörte auch die Reichsstadt Ravensburg.[14] Noch ehe diese territorialen Veränderungen Rechtskraft erlangt hatten, okkupierte das Kurfürstentum Bayern die ihm zugesagten Gebiete *zur Sicherstellung* seiner Ansprüche.[15]

Am 28. August 1802 traf in Ravensburg ein hoher bayerischer Beamter ein, um die *Inbesitznahme* der Stadt und die mögliche Einquartierung von Truppen – man befand sich ja immer noch mitten im Krieg – vorzubereiten. Der reichsstädtische Rat erhob keinerlei Widerspruch, obwohl er de iure immer noch dem Kaiser unterstand.[16] Die offizielle *Zivilbesitzergreifung* der Bayern zugesagten Reichsstädte erfolgte zwischen 29. November und 9. Dezember 1802. Vorletzte Station war Ravensburg, wo der bayerische Bevollmächtigte am 6. Dezember eintraf und kurzen Prozess machte. Alle reichsstädtischen Hoheitszeichen sollten entfernt und durch das bayerische Wappen ersetzt werden, was allerdings nur unvollkommen geschah. Die bisherigen Amtsinhaber wurden gegenüber Kaiser und Reich »entpflichtet« und auf ihren neuen Herrn, den Kurfürsten von Bayern, vereidigt.[17] Anschließend wurde eine Prüfung sämtlicher Kassen vorgenommen und eine Aufstellung des städtischen Vermögens (Aktiva und Passiva) sowie der vorhandenen Stiftungen angelegt.[18]

Die Mediatisierungspolitik Bayerns

Ravensburg erhielt wie Ulm Memmingen, Kempten, Nördlingen und Kaufbeuren den Rang einer »Munizipalstadt 1. Klasse«, was bedeutete, dass der Stadt wenigstens ein Rest ihrer Selbstverwaltung erhalten blieb. Ebenso blieb die Mehrzahl der Beamten in ihren Ämtern, doch wurde der nicht zuletzt mit Rücksicht auf den Paritätsproporz aufgeblähte städtische Verwaltungsapparat auf ein vernünftiges Maß reduziert. Das Landgericht Ravensburg, das aus der Stadt und ihrem ehemaligen Territorium, sieben Dörfern und Weilern sowie zahlreichen Einzelhöfen, bestand, wurde dem Regierungsbezirk Kempten zugeteilt, der seinerseits der Landesdirektion in Ulm unterstand.[19]

Die leitenden, vom Geist des aufgeklärten Absolutismus geprägten Grundsätze der bayerischen Regierung bei der Mediatisierung der Reichsstädte sind in einem Erlass des Kurfürsten Max Joseph vom 10. August 1803, der die Handschrift des bayerischen Staatsministers Montgelas verrät, prägnant zusammengefasst.[20] Daraus hier das Wichtigste in Kürze:

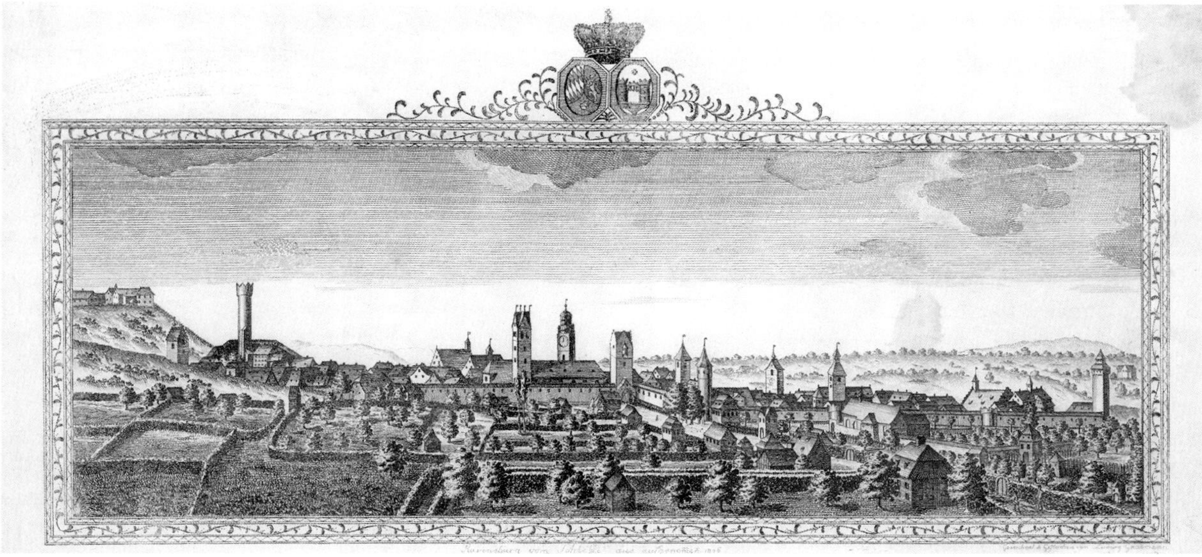

Ravensburg im Jahre 1806
Stadtansicht mit den Wappen Ravensburgs (rechts) und Bayerns (links).
Kupferstich, L. Gradmann.
WLB Stuttgart.

- Alle städtischen Hoheitsrechte gehen an den Staat über.
- Gerichtsbarkeit und Einkünfte der Stadt werden *auf den Umfang ihrer Ringmauern und ihrer eigenen Markung beschränkt,* womit auch alle Einkünfte aus dem städtischen Territorium an den Staat fallen.
- Davon unberührt bleibt das Vermögen der kirchlichen und karitativen Stiftungen, auch dasjenige außerhalb der Stadtmarkung.
- Alle Steuern fallen an die Landeskasse, die Stadt behält nur die Gebühren, die aufgrund der städtischen Verwaltungstätigkeit und Rechtsprechung anfallen. Eine städtische Vermögenssteuer darf von den Bürgern nur mit landesherrlicher Genehmigung erhoben werden.
- Dafür übernimmt der Staat alle Schulden der Stadt, die seinem Anteil an den städtischen Einkünften entsprechen; ein Schuldentilgungsplan regelt, in welchem Umfang Stadt und Staat für die Schuldentilgung aufkommen.
- Der Stadt verbleibt die Verwaltung ihres Vermögens und das Recht der Aufnahme von Neubürgern durch einen Verwaltungsrat (Magistrat); ebenso die freiwillige Gerichtsbarkeit sowie die Gerichtsbarkeit in bürgerlichen Streitfällen und in Strafsachen als erste Instanz durch das Stadtgericht.
- Als Vertreter des Staats wird ein *Stadtkommissar* eingesetzt, der den Vorsitz im Verwaltungsrat führt und zugleich als *Polizeidirektor* der städtischen Polizei vorsteht sowie als *Landrichter* die Rechtsprechung im ehemaligen reichsstädtischen Territorium wahrnimmt.
- Bei der Zuwahl zum Verwaltungsrat und zum Stadtgericht wird die Bürgerschaft durch 24 Wahlmänner beteiligt, die drei Kandidaten vorschlagen. Die letzte Entscheidung liegt jedoch bei der Landesdirektion Ulm.
- Bei der Neubesetzung der städtischen Ämter ist das altbewährte Prinzip der Parität zu beachten.

Ravensburg war nunmehr im Grunde nicht viel mehr als ein »staatlicher Verwaltungsbezirk«[21], die städtischen Beamten ausführende Organe des Landesherrn. Die Ironie des Schicksals wollte es, dass von Herbst 1803 bis Frühjahr 1804 ausgerechnet ein gebürtiger Ravensburger, Spross einer alten angesehenen Patrizierfamilie, die Mediatisierung Ravensburgs »vor Ort« durchführte: Maximilian Balthasar v. Merz, Jurist in bayerischen Diensten und Mitglied der Landesdirek-

tion in Ulm, der sicher über Kenntnisse der Ravensburger Interna verfügte.[22] Er besetzte die neugeschaffenen Ämter teils mit neuen jüngeren Leuten, teils aber auch mit bewährten, erfahrenen Männern, die schon früher an verantwortlicher Stelle tätig gewesen waren. So wurde einem Mitglied der reichsten Familie der Stadt, der evangelischen Familie Kutter, das wichtigste neue Amt, das des Stadtkommissars, übertragen und der katholische Patrizier und Ratsherr Josef Emanuel v. Ortlieb stieg sogar in das (politisch allerdings abgewertete) Amt des Bürgermeisters auf. Aus Gründen der Parität wurde ihm der evangelische Stadtsyndikus Johann Jakob Merkel als zweiter Bürgermeister an die Seite gestellt.
1804–1807 unterzog die bayerische Regierung auch die Verwaltung der Stiftungen und die Armenfürsorge einer grundlegenden Reform. Zunächst kam es zu einer Zusammenlegung der verschiedenen bisher getrennt verwalteten Stiftungen[23], bald darauf wurde nach französischem Vorbild die gesamte Stiftungsverwaltung verstaatlicht und der *Königlichen Allgemeinen Stiftungs-Administration* in Lindau zugeteilt. Für etliche Jahre wurde nun auch die Ravensburger Armenfürsorge von Lindau aus gelenkt.[24]
Aus den im Stadtarchiv Ravensburg überlieferten umfangreichen Akten der Jahre 1802 bis 1810 gewinnt man den Eindruck eines gut organisierten Kanzleiwesens. Die Protokolle und Korrespondenzen sind wesentlich übersichtlicher gegliedert und säuberlicher geschrieben als in den Jahren davor. Der neue Stadtherr legte großen Wert auf statistische Erhebungen in seinen neu hinzugewonnenen Gebieten, so dass wir dieser kurzen Periode wertvolle Daten zur Ravensburger Wirtschafts- und Sozialstruktur verdanken. Als weiterer Beleg für die zunehmende Professionalisierung der Verwaltung unter Bayern lässt sich auch die neue Bestimmung interpretieren, dass alle Mitglieder des Stadtgerichts Juristen sein müssten.[25]
Diesem positiven Eindruck steht allerdings die Tatsache entgegen, dass sich die Ravensburger nun mit einem sehr viel komplizierteren Behördenapparat konfrontiert sahen. Viele Anliegen wurden nicht mehr auf dem Rathaus entschieden, sondern in Ulm, Kempten, Lindau oder gar München. Ein drastisches Beispiel dafür, welch liebe Not man jetzt mit der Obrigkeit haben konnte, liefert uns der Ravensburger Kaufmann Ulrich Christoph Gradmann, der in seinem Tagebuch anschaulich geschildert hat, welche Mühe es ihn kostete, von der Landesdirektion Ulm eine Heiratsgenehmigung zu erhalten. Nachdem er sechs Wochen vergeblich auf einen Bescheid gewartet hatte, reiste er schließlich nach Ulm, wo es ihm nur mit List, Tücke und einer gehörigen Portion Schmiergeld gelang, das erforderliche Papier zu erhalten.[26]

Versuche zur Haushaltssanierung

Der Wegfall der Natural- und Steuereinnahmen aus dem Landgebiet seit Ende 1802, die anhaltenden Kriegslasten und nicht zuletzt eine ineffiziente Finanzverwaltung hatten den Schuldenstand der Stadt bis 1804 auf eine Höhe von 462.000 fl. getrieben.[27] In diesem Jahr erließ die bayerische Verwaltung einen Schuldentilgungsplan mit dem Ziel, die gesamte Schuldenlast innerhalb von 20 Jahren abzubauen. Drei Maßnahmen sollten dies ermöglichen:

1.) der Verkauf zahlreicher städtischer Gebäude, darunter das Lederhaus, die Stadtkanzlei, die Bauhütte, die drei evangelischen Pfarrhäuser, mehrere Lagerhäuser, die Leonhardskapelle, außerdem Verkauf der städtischen Allmende auf der Kuppelnau, des Veitsburggeländes sowie eines Großteils der in städtischem Eigentum befindlichen Wälder, Äcker und Weideplätze[28],
2.) eine Sondersteuer, zu der auch die Landbewohner herangezogen wurden[29],
3.) regelmäßige Überweisung des halben Jahresertrags aus dem Stiftungsvermögen an die Stadtkasse.[30] Letztere Maßnahme war im Grunde rechtswidrig, da sie der Zweckbestimmung der Stiftungen widersprach. Auf diese Weise gelang es aber tatsächlich, trotz der anhaltenden Kriegslasten die Schulden bis zur Übergabe der Stadt an Württemberg um 86.000 fl. zu verringern, und das in Kriegszeiten![31]

Auch große Teile des städtischen Waldes mit einer Fläche von ca. 26 Quadratkilometern mussten zugunsten der Schuldentilgung aufgegeben werden. Nur die dem Spital und den anderen Stiftungen gehörenden Waldgebiete blieben unangetastet.[32] Sie machten allerdings nur etwa ein Viertel des Stadtwaldes aus.

Eingriffe in das Leben der Bürger

Besonders spürbar war die bayerische Reformpolitik im bürgerlichen Alltag. Obwohl der Kurfürst (bzw. ab 1806 König) von Bayern katholisch war, brachte seine vom Geist des aufgeklärten Absolutismus geprägte und von seinem Minister Montgelas in die Tat umgesetzte Politik keinerlei Verständnis mehr für die Traditionen der römisch-katholischen Kirche und das religiöse Brauchtum seiner Untertanen auf. Maßgebend waren allein die Kriterien der Nützlichkeit und Vernünftigkeit. So wurde den Ravensburgern 1804 von der bayerischen Landesdirektion in Ulm bei hoher Strafe verboten, künftig am Weingartener Blutritt teilzunehmen, da sich dort *aus übel verstandenem oder falschem Andachtseifer* [...] *Unordnung, Ausschweifungen und selbst Unglücksfälle* ereignet hätten.[33] Der Verwaltungsrat wurde angewiesen, dieses Verbot auch in den Dörfern des ehemaligen Ravensburger Landgebiets bekannt zu geben. In krassem Widerspruch hierzu stand die von anderer Stelle, nämlich dem Münchener Ministerium für auswärtige Angelegenheiten angeregte Maßnahme, in Ravensburg die *Gewerbsamkeit* (d. h. Handel und Gewerbe) *durch Einführung einiger mit Prunk verbundenen religiösen Feierlichkeiten* zu beleben, durch welche das *Landvolk wieder nach Ravensburg gebracht* werden könne.[34] Wenn es ums Geld ging, war also offenbar plötzlich kirchlicher »Prunk« wieder willkommen, zumindest in den Augen mancher Regierungsstellen in München.

Verboten wurden auch uralte Bräuche wie das Abhalten der weihnachtlichen Christmette um Mitternacht und andere nächtliche Andachten, die von der kurbayerischen Regierung als *Unfug* bezeichnet wurden, wodurch *Unsittlichkeit und Ausschweifungen* befördert würden.[35] Ebenso wurden der alte Brauch verboten, *am Pfingsttage die Ankunft des hl. Geistes in der Kirche durch eine Taube anzuzeigen, welche an einem Strick von der Decke der Kirche herabgelassen wurde.*[36] Auch Krippenspiele und theatralische Passionsaufführungen waren nicht mehr erlaubt.[37]

Ganz im Geiste der Aufklärung ist auch die ausdrückliche Zulassung konfessioneller Mischehen zu werten, die mit dem Zusatz verbunden war, die Regelung, in welcher Konfession die Kinder aus solchen Ehen getauft und erzogen werden sollten, sei von den Eltern vertraglich zu vereinbaren. Falls eine solche Regelung nicht getroffen werde, seien die Söhne in der Konfession des Vaters, die Töchter in der der Mutter großzuziehen.[38] Noch weiter ging ein Erlass aus dem Jahr 1809, der jegliche *Erwähnung der Konfessionszugehörigkeit von Personen* in amtlichen Schreiben verbot.[39]

In einem Bericht des Ravensburger Stadtkommissars und Landrichters an die vorgesetzte Behörde vom 31. Dezember 1809 wurde mitgeteilt, aus den Kirchen – gemeint waren wohl nicht nur die in der Stadt, sondern auch die im ehemaligen Landgebiet (Pfarreien Wolpertswende, Oberteuringen, Horgenzell, Zogenweiler, Ebenweiler und St. Christina)[40] – seien 300 (!) Votivtafeln und *22 häßlich geschnitzte und lächerliche Bilder* fortgeschafft, außerdem *19 Votivsäulen und Bilder auf den Straßen* abgebrochen worden.[41] Welch ein unwiederbringlicher Verlust an alter oberschwäbischer Volkskunst!

Bei der Fronleichnamsprozession, so hieß es in diesem Bericht weiter, sei der Gebrauch der deutschen statt der lateinischen Sprache zu befolgen. *Alle verunstaltenden Bilder und Bauauswüchse* an der Liebfrauenkirche seien inzwischen abgebrochen worden, womit u. a. der aus der Barockzeit stammende zierliche baldachinartige Vorbau am Hauptportal gemeint gewesen sein dürfte (vgl. Abb. unten). Schließlich fand auch noch die durchaus aufschlussreiche Tatsache Erwähnung, dass aus den Kirchen die Hunde verbannt worden seien.

Die gleiche aufklärerische Strenge und Verständnislosigkeit gegenüber altüberlieferten Bräuchen und lieb gewordenen Gewohnheiten spricht auch aus den Verordnungen über die Abhaltung weltlicher Feste. So unterlagen alle öffentlichen Lustbarkeiten einer Kontrolle, ja man könnte fast sagen einer Zensur durch den Landrichter.[42] Aus demselben Geist wurde auch das traditionelle Schülerfest, das »Rutenfest«, obrigkeitlichen Vorschriften unterworfen: Das harmlose Fahnenschwingen, Antrommeln und Singen der Schulkinder vor den Bürgerhäusern wurde mit der humorlosen Begründung verboten, dieser Brauch käme einer Bettelei gleich. Bemerkenswerterweise wurde dieses Verbot übrigens nicht von einer staatlichen Stelle im fernen München, sondern von der örtlichen Schulkommission ausgesprochen.[43]

Wesentlich vernünftiger war dagegen die 1804 beschlossene Zusammenlegung des bis dato von Katholiken und Protestanten getrennt gefeierten Rutenfests auf einen einzigen Termin.[44] Ebenso zukunftsweisend war die unbeschränkte Zulassung von Juden zu den beiden Jahrmärkten.[45] Bis sich Juden wieder wie im Mittelalter in Ravensburg niederlassen konnten, dauerte es allerdings noch Jahrzehnte.

Die Aufhebung der drei Ravensburger Stadtklöster – Terziarinnen-, Karmeliter- und Kapuzinerkloster –, die mit der Politik Bayerns nicht unmittelbar zu tun hat, wird hier übergangen. Ihr ist ein eigener Beitrag in diesem Band gewidmet.[46]

Verbesserungen der städtischen Infrastruktur (Bildungs- und Gesundheitswesen, Armenfürsorge, öffentliche Ordnung)

Neue Impulse gingen von der bayerischen Obrigkeit im Bereich des *Schul- und Bildungswesens* aus. Voraussetzung dafür war zunächst eine Reorganisation der Schulverwaltung. Eine paritätisch besetzte *Lokal-Schulkommission* wurde bereits 1803 geschaffen, der zwei überaus fähige örtliche Schulmeister, ein evangelischer und ein katholischer Theologe, als *Distrikts-Schulinspektoren* vorstanden. Dem bayerischen Zentralismus entsprechend waren sie ihrerseits der staatlichen Schulaufsicht in München unterstellt.[47] Wie schon ihr amtlicher Titel verrät, führten sie nicht nur die Aufsicht über die städtischen Schulen, sondern auch über die Dorfschulen in der früheren Ravensburger »Landschaft«.[48] Außerdem verwalteten sie den ebenfalls neu geschaffenen *Lokalschulfonds,* aus dem sämtliche Schulen finanziert wurden. Eine staatliche Schulfinanzierung gab es damals noch nicht. Gespeist wurde der Schulfonds aus einem Teil der Erträge der alten kirchlichen Stiftungen, der Stadtkasse und der *Landschaftswaisenkasse,* einer Art Sparkasse, in der die Vermögen der Waisenkinder in der Stadt und auf dem Lande risikosicher und zinsbringend verwaltet wurden[49] und aus der, nebenbei gesagt, später die Oberamtssparkasse, die Vorgängerin der heutigen Kreissparkasse, hervorging.

Während bei den drei nach Konfession und Geschlecht getrennten Elementarschulen kein großer Reformbedarf vorhanden gewesen zu sein scheint[50], erfuhr das höhere Schulwesen eine tiefgreifende Neuorganisation. Dem Geist der Aufklärung entsprechend wurde nun ein moderner, die »Realien« – moderne Fremdsprachen, Geographie, Geschichte, Naturkunde, Arithmetik, Zeichnen – betonender Schultyp gegenüber der herkömmlichen »Lateinschule« bevorzugt. Dies entsprach dem Bedarf einer Handelsstadt wie Ravensburg ganz besonders. So kam es 1805 zur Gründung einer *Paritätischen Realschule* für die *Bedürfnisse der Handels- und Gewerbsleute,* in der Französisch erste, Latein zweite Fremdsprache war.[51] Dank einer ausgezeichneten Leitung durch die oben erwähnten beiden Geistlichen gewann diese Schule rasch Ansehen weit über Ravensburg hinaus und wurde zugleich ein Auffangbecken für Schüler, die bis 1803/04 Klosterschulen besucht hatten, die mit der Säkularisation aufgelöst worden waren.[52]

Der bayerischen Regierung kommt nicht nur das Verdienst zu, mit der Ravensburger Realschule einen ganz neuen zukunftsweisenden Schultyp angeregt zu haben, der in Oberschwaben nicht seinesgleichen hatte, ihrer Initiative ist auch die Erweiterung der evangelischen Bürgerbibliothek zu einer jedermann offenstehenden *Stadtbibliothek* zuzuschreiben, die einen festen Etat für Buchanschaffungen erhielt, was dazu führte, dass ihr Bücherbestand trotz Kriegszeit von 1057 Bänden im Jahr 1806 auf 1615 Bände 1818 und 2187 Bände im Jahr 1822 anwuchs. Außerdem wurde auf Geheiß der Regierung 1806 erstmals ein Bibliothekskatalog angefertigt.[53] Soweit sich das aus den erhaltenen Unterlagen erkennen lässt, machten von dieser neuen Einrichtung neben dem protestantischen Establishment – Kaufleuten, Beamten, Geistlichen, Ärzten und Apothekern – auch zahlreiche katholische Bürger Gebrauch, unter diesen vor allem auch wieder Geistliche.[54]

Die neue Regierung veranlasste auch zahlreiche Maßnahmen zur Verbesserung der *Hygiene.* Um die üblen Gerüche in der verwinkelten, mauerumgürteten, muffigen Altstadt wenigstens etwas zu reduzieren, wurden 52 *Dunglegen* entfernt. Ganz verboten konnten sie noch nicht werden, aber sie waren nun nur noch hinter den Häusern gestattet. Das Ausschütten

Die Liebfrauenkirche
Der baldachinartige Vorbau aus der Barockzeit wurde um 1808 abgebrochen.
Guckkasten-Bild, kol. Kupferstich, 1785.
StA Ravensburg.

von Nachtgeschirren und anderem Unrat auf die Gassen wurde – übrigens nicht zum ersten Mal – verboten und die Straßenreinigung neu organisiert.[55] Jauche und Dung durften nur noch nachts und in verschlossenen Behältern aus der Stadt geführt werden.[56]
Um mehr Licht und Luft im dumpfen Stadtinneren zu schaffen, wurden die Kirchhofmauern rings um die beiden katholischen Pfarrkirchen Liebfrauen und St. Jodok abgerissen, die dortigen Friedhöfe aufgelassen und der so gewonnene freie Platz mit Akazien bepflanzt[57] – der erste Schritt, Grün in die Altstadt hinein zu bringen! Beerdigungen waren von nun an nur noch auf dem außerhalb der Stadt gelegenen Friedhof im »Pfannenstiel« gestattet.[58]
Im bereits mehrfach zitierten Bericht des Landrichters Friedrich Karl Weber vom 31. Dezember 1809 wurde auch zum Ravensburger Heilig-Geist-Spital unter gesundheitspolitischen Gesichtspunkten Stellung genommen: das Spitalgebäude sei *alt, ungesund, finster und schadhaft,* weshalb zumindest für die Kranken eine neue Unterkunft zu erwägen sei. Er schlug dafür das frühere Frauenkloster am höchsten Punkt der Altstadt vor.[59]
Auch sonst taten die neuen Herren einiges zur Förderung der Gesundheit. 1807 wurden die Bedingungen für die Zulassung zum Arztberuf verschärft, außerdem die Schutzpockenimpfung vorgeschrieben.[60] Allein 1809 wurden 154 Kinder gegen Kuhpocken geimpft.[61] In der *Armenfürsorge* wurden ebenfalls neue Wege beschritten. Dem rationalistischen Geist der Aufklärung entsprach es, das traditionelle Leitmotiv der Barmherzigkeit durch das Prinzip der Erziehung zur Selbsthilfe zu ergänzen. So kam es 1806 zur Gründung eines *Hospitalischen Arbeitsinstituts,* in dem neben den arbeitsfähigen Spitalinsassen und den alten *Armenpfründlern* auch *Hausarme* (auf öffentliche Unterstützung angewiesene Bürger, die nicht im Spital untergebracht waren, sondern in ihren angestammten Wohnungen blieben) verschiedene Arbeiten gegen Entlohnung übernehmen konnten: Spinnen, Weben, Strohflechten, Nähen und Stricken.[62] Außerdem wurden alle, die in irgendeiner Weise aus den Mitteln der Armenstiftungen unterstützt wurden, strenger kontrolliert. Dennoch blieb die Zahl der Unterstützungsempfänger hoch. 1806 waren es 162 Frauen und 104 Männer.[63]
Zu den zukunftsweisenden Errungenschaften der bayerischen Epoche Ravensburgs gehörte auch die Einrichtung einer nächtlichen *Straßenbeleuchtung* 1805, die allerdings Episode blieb, weil sie sich als zu

Für Gott und Vaterland
Ravensburger Bürgerfahne von 1809.
Stadt Ravensburg.

kostspielig erwies.[64] Erwähnung verdient hier auch die Einführung der allgemeinen Wehrpflicht bis zum 60. Lebensjahr im Jahre 1807, die zur Aufstellung eines Bataillons in einer Stärke von 420 Mann führte.[65] Dieses Ravensburger *Bürgermilitär* bewährte sich als Sicherheitswache während der unruhigen Wochen des Aufstands der Tiroler und Vorarlberger gegen Napoleon im Jahr 1809, der auch in Ravensburg Spuren hinterließ.[66] Vom bayerischen König wurde das Bürgermilitär dafür mit einer schönen seidenen Fahne belohnt, die sich bis heute in Rudimenten erhalten hat. Wenige Jahre später, unter württembergischer Herrschaft, wurde zwar das Bürgermilitär wieder abgeschafft, aber noch während der Revolution von 1848/49 knüpfte man in Ravensburg bewusst an diese kurzlebige Einrichtung an, als es darum ging, eine neue Bürgerwehr zur Verteidigung der politischen Forderungen der Bürgerschaft aufzustellen.[67]

Wirtschaftliche Entwicklung

Mit der Zugehörigkeit zum Kurfürstentum bzw. Königreich Bayern entstand für Handel und Gewerbe in Ravensburg ebenso wie für das benachbarte Buchhorn eine heikle Lage. Einerseits gehörte man zwar nun einem viel größeren Wirtschaftsraum an, der neue Absatzchancen eröffnete, andererseits war man aber mit diesem Raum nicht direkt verbunden, dazwischen lagen fremde Territorien, österreichische, waldburgische und ehemalige Klostergebiete. Das einzige Gewerbe, das von der Zugehörigkeit zum bayerischen Zollverband profitierte, waren die Papiermacher, die in Bayern einen neuen großen Markt fanden.[68] Die vornehmlich für den Export produzierenden Handwerker, vor allem Strumpfwirker und -stricker, Wollweber, Zeugmacher (Zeug = Wollstoff) und Gerber dagegen litten unter den neuen Zollbarrieren, die jetzt zwischen ihnen und ihren traditionellen Absatzgebieten – der Schweiz und Italien – entstanden. Sie konnten diese neuen Hemmnisse, vor allem die bayerischen Ausfuhrzölle, nicht wie die Papiermacher dadurch ausgleichen, dass sie ihre Produkte nunmehr verstärkt in Bayern absetzten, da dort für sie kein Markt vorhanden war.[69] Außerdem wirkten sich für sie die kriegerischen Ereignisse besonders negativ aus, weil dadurch gerade ihr Handelsverkehr mit der Schweiz, mit Frankreich und Italien in Mitleidenschaft gezogen wurde.[70] Noch schlimmer wurde aber ihre Lage, nachdem 1806 der größte Teil Oberschwabens an das Königreich Württemberg gelangte, denn nun errichtete Württemberg an seinen Grenzen, also auch rings um Ravensburg, zusätzliche Zollschranken. Dies wirkte sich nicht nur auf das Ravensburger Gewerbe, sondern auch auf die Wochen- und Jahrmärkte verheerend aus: Nur noch die Bauern aus dem ehemaligen Ravensburger Landgebiet zwischen Bitzenhofen und Wolpertswende konnten zollfrei nach Ravensburg liefern bzw. dort einkaufen. Laut tönten die Klagen des Ravensburger Magistrats, *daß den Bewohnern der hiesigen bayerischen Stadt alle Nahrungsquellen und Erwerbsmittel* [...] *verstopft, abgeschnitten oder erschwert* seien.[71] Bereits zwischen 1800 und 1805 hatten 80 Handwerker ihr Gewerbe aufgegeben, mehr als die Hälfte davon musste die Armenstiftungen der Stadt in Anspruch nehmen[72], und nun drohte es sogar noch schlimmer zu werden.

Die Situation Ravensburgs als bayerische Exklave erwies sich immer mehr als unhaltbar. Auch die Staatsbeamten sahen dies ein. Seit 1807 wurde über eine Abtretung der von württembergischem Gebiet umgebenen Städte Ravensburg, Buchhorn, Leutkirch und Wangen nachgedacht.[73] Bedrängt von den betroffenen Gewerbetreibenden, entschloss sich die bayerische Regierung Anfang 1808, Ravensburg und Buchhorn aus dem bayerischen *Maut- und Zollverband* auszuschließen, was wiederum die Papiermacher, die einzigen, die mit der neuen Situation zufrieden waren, zu schrillem Protest bewog.[74] Als diese Maßnahme keine spürbaren Verbesserungen brachte und die Papiermacher immer lauter protestierten, wurde Ravensburg bereits im Mai 1808 wieder in den bayerischen Zollverband aufgenommen, aber wiederum nur für wenige Monate. In München wusste man sich keinen Rat mehr: Ab 1. September 1808 war Ravensburg, ökonomisch betrachtet, wieder »Ausland«, in Wahrheit aber Niemandsland.[75] Dabei blieb es bis Herbst 1810.

Ravensburg wird württembergisch

Mit dem Vertrag von Schönbrunn 1809 zwischen Frankreich und Österreich konnte Bayern sein Territorium nach Osten ausweiten: Berchtesgaden, Salzburg und das Innviertel wurden – zum Teil allerdings nur vorübergehend – bayerisch. Dieser Zugewinn erleichterte es dem bayerischen König, der Bereinigung der unglücklichen territorialen Verhältnisse im Westen seines Reichs, wo es immer wieder zu Grenzkonflikten mit dem württembergischen Nachbarn gekommen war[76], zuzustimmen und eine Reihe ehemaliger Reichsstädte, darunter Ulm und Ravensburg, gegen andere Gebiete an Württemberg abzutreten. Im Mai 1810 legte ein Staatsvertrag die künftige Grenzziehung zwischen den beiden süddeutschen Königreichen fest, die bis auf einige unbedeutende kleinere Korrekturen bis zum heutigen Tage Bestand hat.

Am 12. November 1810 erfolgte die offizielle staatsrechtliche Eingliederung Ravensburgs und seines ehemaligen Landgebiets in den württembergischen Staat. In Ravensburg war man darüber erleichtert, vor allem auf Seiten der protestantischen Kaufmannschaft, die am 23. Dezember einen Bericht an das nun für Ravensburg zuständige königliche Oberamt verfasste, der zunächst die trostlose Lage der Ravensburger Wirtschaft, leicht übertreibend, schilderte, besonders die beiden schlimmen letzten Jahre, in denen Ravensburg *von Bayern verlassen, von Württemberg aber noch nicht beschützt* war, und die zusätzlich durch militärische Lasten, besonders Einquartierungen, beschwert waren. Jetzt endlich, so die neun Kaufleute, darunter Namen wie Spohn, Kutter, Dorn und Möhrlin, *erhielten wir, was wir schon lange nicht mehr hatten – ein Vaterland!*[77]

Weniger erfreut waren allerdings, wie oben bereits erwähnt, die Mitglieder des Bürgermilitärs: ihr Bataillon wurde aufgelöst, ihre Waffen mussten sie auf dem Rathaus abgeben, da der neue Landesherr, der

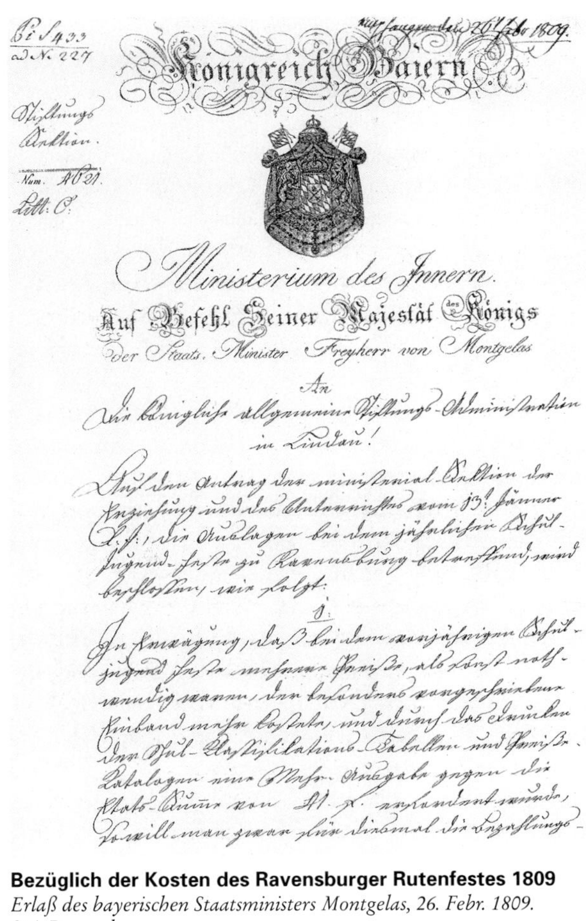

Bezüglich der Kosten des Ravensburger Rutenfestes 1809
Erlaß des bayerischen Staatsministers Montgelas, 26. Febr. 1809. StA Ravensburg.

strenge König Friedrich I., 1809 ein Bewaffnungsverbot für alle zivilen Untertanen ausgesprochen hatte.[78] Ebenfalls wenig erfreut war einige Monate später der damals schon berühmte Komponist Carl Maria v. Weber, als er am 9. August 1811 in Ravensburg festgenommen wurde. Er, der wegen veruntreuter Gelder und nichtbezahlter Schulden 1810 aus Württemberg ausgewiesen worden war, wusste offenbar noch gar nicht, dass Ravensburg inzwischen württembergisch geworden war, als er hier auf der Durchreise von München nach Meersburg eintraf, bei der Passkontrolle erkannt und – allerdings unter komfortablen Umständen – gefangen genommen wurde: *Ich muss also, hol mich der Teufel, fünf Tage in dem Nest sitzen,* schrieb er von hier am 11. August an seinen Bruder Gottfried. Im Gasthof »Lamm«, dem ersten Haus am Platz, wurde er einquartiert und von einem städtischen »Polizeisoldaten« bewacht. Am 17. August konnte er dann seine Reise fortsetzen.[79]

Wie bereits erwähnt, wurde der Übergang an Württemberg je nach Interessenlage ganz unterschiedlich empfunden. Anders als in Bayern bestanden ja zwischen Altwürttemberg und Oberschwaben starke konfessionelle, kulturelle und mentale Unterschiede, die von der mehrheitlich katholischen Bevölkerung stärker empfunden wurden als von der evangelischen Minderheit. Der neue Landesherr, der absolutistisch regierende König Friedrich I., tat alles, um sich bei den neuen katholischen Untertanen unbeliebt zu machen. Bereits 1812 hob er die bis dahin selbstständige Pfarrei St. Jodok auf und vereinigte sie mit der älteren und größeren Pfarrei Liebfrauen. Mehrere uralte Kapellen wurden als überflüssig betrachtet und ihr Abbruch angeordnet[80], eine Reihe von Kaplaneipfründen aufgehoben und dem Schulfonds zugeschlagen.[81] Auch die evangelische Kirche musste Federn lassen, die im Dreißigjährigen Krieg als Notkirche gegründete Dreifaltigkeitskirche aufgeben und ihr Personal verringern.[82] Die Garnison, die von 1810 bis 1815 in Ravensburg stationiert war, trug ebenfalls nicht zu einer positiven Stimmung bei.

Zum Glück für Ravensburg kamen jedoch nicht nur sture, der oberschwäbischen Mentalität verständnislos gegenüberstehende altwürttembergische Pietisten als Vertreter der neuen Obrigkeit in die Stadt, sondern auch taktvolle vernünftige Leute wie der (evangelische) Oberamtmann Carl Friedrich Dizinger, der leider nur von 1811 bis 1813 hier blieb, und später der ebenfalls evangelische Oberamtmann Friedrich Hoyer. Beide waren nicht nur vom Weingartener Blutfreitag tief beeindruckt und setzten sich für die Wiedereinführung des Blutritts ein, sondern sie taten auch alles, um das Klima zwischen den Einheimischen und den »reingeschmeckten« württembergischen Offizieren und Beamten zu entkrampfen. Dizinger hat beschrieben, wie er selbst durch die Einrichtung eines Casinos hierzu beigetragen hat.[83] Bei der katholischen Bürgerschaft machte er sich überdies dadurch beliebt, dass er ein altehrwürdiges Gnadenbild aus der vor den Toren der Stadt gelegenen Mühlbruckkapelle kurz vor deren Abbruch sicherstellen und ihm in der St. Jodokskirche einen neuen würdigen Platz anweisen ließ.[84]

Zur Integration der »Oberamtsstadt« Ravensburg in den württembergischen Staat trug auch das Erlebnis der Waffenbrüderschaft während des Russlandfeldzugs 1812 und des Kriegs gegen Frankreich 1814/15 bei, ebenso eine Reform der städtischen Verwaltung, insbesondere der Stiftungsverwaltung, deren Vorzug es war, im Vergleich zur bayerischen Zeit das Prinzip der kommunalen Selbstverwaltung unter Wahrung des Prinzips der konfessionellen Parität wieder stärker zu betonen.[85] Hinzu kam die Erfahrung der Notgemeinschaft während der großen Hungersnot von 1816/17 und der Art und Weise, wie der neue junge König Wilhelm I. und seine überaus beliebte Gemahlin Katharina sich bemühten, die Not zu lindern. Beiden wurde ein begeisterter Empfang zuteil, als sie am 30. September 1817 Ravensburg besuchten.[86]

Dem schmerzlichen Verlust der mit der ehemaligen Forsthoheit verbundenen Nutzungsrechte im Altdorfer Wald[87] stand die Sanierung des städtischen Haushalts durch einen für die Stadt günstigen Schuldentilgungsplan gegenüber, der seit 1821 wirksam wurde und zu einem vollständigen Abbau der Schulden innerhalb weniger Jahrzehnte führte. Schon seit 1817 konnte die Stadt außerdem ihren Grund- und Gebäudebesitz wieder vergrößern, wobei sich auch hier der württembergische Fiskus großzügig zeigte.[88]

Es hat in Ravensburg, und nicht nur hier, gelegentlich zum guten Ton gehört, über die Folgen der Mediatisierung zuerst durch Bayern, dann durch Württemberg zu lamentieren, vor allem dann, wenn man gegen-

Ravensburger Schützenscheibe
Gestiftet aus Anlass der Feier des Inkrafttretens der Württembergischen Verfassung 1819. Öl auf Holz. Stadt Ravensburg.

über der Regierung etwas heraushandeln wollte.[89] Seit der Mitte des 19. Jhs. begannen allerdings die kritischen Stimmen langsam zu verstummen, um dann – nicht zuletzt als Reaktion auf den unglücklichen Verlauf der deutschen Geschichte zwischen 1914 und 1945 – nach dem Zweiten Weltkrieg wieder laut zu werden. Im Grunde waren es jedoch eher Takt- und Stilfragen und nicht zuletzt die nicht zu leugnenden Mentalitätsunterschiede, die das Verhältnis zwischen Altwürttemberg und Ravensburg mehr oder weniger belasteten. Bei einer vorurteilslosen und nüchternen Betrachtung der politischen, wirtschaftlichen und kulturellen Entwicklung Ravensburgs während der letzten zweihundert Jahre wird jedoch niemand leugnen können, dass die Mediatisierung und ihre Folgen der Stadt zum Heil ausschlugen.

[1] Grundlegende Literatur zur Mediatisierung Ravensburgs: *Johann Georg Eben*, Geschichte der Stadt Ravensburg von Anbeginn bis auf die heutigen Tage. Bd. 2. Ravensburg 1835 (Nachdruck 1987), 339–416; *Gustav Merk*, Ravensburg unter bayerischer Verwaltung, in: WVjhLg NF 23 (1914), 405–422; *Oliva Mayer*, Die Reichsstadt Ravensburg unter der Krone Bayerns 1802–1810. Diss. Uni Tübingen (Masch.) 1952; *Alfons Dreher*, Das Patriziat der Reichsstadt Ravensburg. Stuttgart 1966, 473–483; *Ders.*, Geschichte der Reichsstadt Ravensburg. Bd. 2. Weißenhorn u. Ravensburg 1972, 816–827; *Alfred Lutz*, Die Reichsstadt Ravensburg am Ende des Alten Reiches im Spiegel der Ratsprotokolle 1787–1802. Magisterarbeit Uni Tübingen (Masch.) 1990, 163–180; *Klaus-Peter Schroeder*, Das Alte Reich und seine Städte. München 1991, bes. 24–29, 154–177, 181–199.

[2] SA Augsburg Regierung Nr. 5028 (Zahlen für das Jahr 1806).

[3] Betrifft Beitrag *Lutz* in diesem Aufsatzband.

[4] Vgl. *Peter Eitel,* Ravensburg, in: Hdb.d.bad.-württ.Gesch. Bd. 2. Stuttgart 1995, 693–696.
[5] Vgl. die Beschreibung Ravensburgs von *P. L. H. Roeder* u. *J. G. Beck* aus dem Jahr 1791 in: *Peter Eitel* (Hg.), Ravensburg und das Schussental in Ansichten und Schilderungen aus fünf Jahrhunderten. Sigmaringen 1977, 13, 44–46.
[6] *Otto Kramer,* Kirchliche Simultanverhältnisse. Diss. Uni Tübingen 1968, 192.
[7] *Eitel* (wie Anm. 5), 44.
[8] StA Ravensburg Bü 1877a
[9] SAL D 112 Bü 82.
[10] *Eben* (wie Anm. 1), 299ff., 385ff.
[11] SAL D 112 Bü 82.
[12] SAL E 258 VI Bü 3159.
[13] *Mayer* (wie Anm. 1), 81–85.
[14] *Schroeder* (wie Anm. 1), 155f.
[15] Ebd.,159.
[16] *Mayer* (wie Anm. 1), 15f.
[17] *Eben* (wie Anm. 1), 340–342.
[18] SAL D 130 Bü 2.
[19] *Schroeder* (wie Anm. 1), 186, 198.
[20] StA Ravensburg Bü 1823a.
[21] *Schroeder* (wie Anm. 1), 189.
[22] *Dreher,* Patriziat (wie Anm. 1), 474.
[23] *Ralf Reiter,* Armenfürsorge im Übergang vom 18. zum 19. Jahrhundert. Sozial-, wirtschafts- und verwaltungsgeschichtl. Untersuchung zur Sozialpolitik der Stadt Ravensburg und ihrer Einrichtungen. Diss. Uni Konstanz 1988, 73.
[24] Ebd., 85ff.
[25] *Mayer* (wie Anm. 1), 36.
[26] *Peter Eitel* (Bearb.), Aus dem Leben eines oberschwäbischen Kaufmanns. Das Tagebuch des Ulrich Christoph Gradmann von Ravensburg aus den Jahren 1796–1845. Stuttgart 1982, 78f.
[27] Wie Anm. 12.
[28] *N.N.,* Etwas über das Schicksal der vormals wohlhabenden Reichsstadt Ravensburg seit ihrer Mediatisierung. Ravensburg 1817, 31f.
[29] Wie Anm. 12.
[30] *Mayer* (wie Anm. 1), 68.
[31] *Eben* (wie Anm. 1), 362.
[32] Etwas über das Schicksal (wie Anm. 28), 16; *Dreher,* Patriziat (wie Anm. 1), 475.
[33] *Peter Eitel,* Ravensburg und die Verehrung des Hl. Blutes zu Weingarten, in: *N. Kruse/H. U. Rudolf* (Hgg.), 900 Jahre Heilig-Blut-Verehrung in Weingarten 1094–1994. Sigmaringen 1994, 306.
[34] HSA München MF 22386.
[35] StA Ravensburg Bü 2040a.
[36] StA Ravensburg Bü 2040a.
[37] *Mayer* (wie Anm. 1), 179.
[38] *Merk* (wie Anm. 1), 417.
[39] *Tobias Hafner,* Altes und Neues aus der Geschichte Ravensburgs. Ravensburg 1908, 10f.
[40] SAL D 112, Bü 82.
[41] SA Augsburg Regierung Nr. 5118.
[42] Ebd.
[43] StA Ravensburg Bü 2056 b.
[44] StA Ravensburg Bü 2062a.
[45] *Mayer* (wie Anm. 1), 107.
[46] Betrifft Beitrag *Schmauder* in diesem Aufsatzband.
[47] *Mayer* (wie Anm. 1), 149f.
[48] Es handelte sich um die Schulen in Schmalegg, Winterbach, Wolpertswende, Mochenwangen, Oberteuringen und Bavendorf. SA Augsburg Regierung Nr. 5028.
[49] *Mayer* (wie Anm. 1), 159; SAL D 130 Bü 105.
[50] Vgl. *Helmut Binder,* Schule in Ravensburg. Ein Überblick über die Gechichte des Schulwesens in Ravensburg. Ravensburg 1993, 10.
[51] *Gerhard Stengelin,* Die Anfänge des Realschulwesens in Ravensburg, in: Albert-Einstein-Gymnasium Ravensburg. Jahrbuch 1996, 67–75.
[52] *Eben* (wie Anm. 1), 376.
[53] Hdb.d.histor. Buchbestände in Dtschld. Bd. 8. Hildesheim 1994, 199–204; HSA München MK 20408.
[54] Von 87 Lesern, die ich bei der Auswertung der Ausleiheinträge in den Bänden der im Stadtarchiv Ravensburg verwahrten »Alten Stadtbibliothek« zwischen 1805 und 1811 namentlich erfasst habe, waren 27 katholisch. Bei einigen ist die Konfessionszugehörigkeit unklar.
[55] Wie Anm. 41.
[56] *Eben* (wie Anm. 1), 351.
[57] Ebd.
[58] Ebd.; *Merk* (wie Anm. 1), 422.
[59] Wie Anm. 41.
[60] *Mayer* (wie Anm. 1), 140.
[61] Wie Anm. 41.
[62] *Mayer* (wie Anm. 1), 212f.; *Reiter* (wie Anm. 23), 77f., 353.
[63] Vgl. Beilage zum »Ravensburgischen gemeinnützigen Wochenblatt« vom 06.04.1807.
[64] *Eben* (wie Anm. 1), 354.
[65] Ebd., 411.
[66] Vgl. dazu Bericht des Kaufmanns Gradmann (wie Anm. 26), 86f.
[67] Vgl. *Peter Eitel,* Oberschwäbische Bürgerwehren, in: Ohne Gerechtigkeit keine Freiheit. Begleitbuch zu Ausstellungen in Wolfegg, Ravensburg, Friedrichshafen und Maurach, hg. vom *Haus d. Geschichte Baden-Württemberg.* Stuttgart 1999, bes. 198–203.
[68] SA Augsburg Regierung Nr. 5142; *Andreas Gestrich,* Die Industrialisierung der Stadt Ravensburg im 19. Jahrhundert (1810–1895). Zulassungsarbeit Uni Tübingen (Masch.) 1978, 50.
[69] *Schroeder* (wie Anm. 1), 196; *Eben* (wie Anm. 1), 363.
[70] StA Ravensburg Bü 2384b.
[71] *Alfred Lutz,* Zwischen Beharrung und Aufbruch. Ravensburg in den Jahren 1810 bis 1847. Leinfelden-Echterdingen 2003. Kapitel VIII,1. Der Verfasser hat mir freundlicherweise vor Drucklegung Einsicht in sein Manuskript gewährt.
[72] *Mayer* (wie Anm. 1), 126
[73] SAL D 112, Bü 82. *Mayer* (wie Anm. 1), 126.
[74] StA Ravensburg Bü 1888b u. 1968a.
[75] StA Ravensburg Bü 1968a–1969c; vgl. *Mayer* (wie Anm.1), 97f.
[76] SA Augsburg Regierung Nr. 5028.
[77] SAL Ludwigsburg E 258 VI Bü 3123.
[78] *Eben* (wie Anm. 1), 580f.
[79] *Max Maria v. Weber,* Carl Maria von Weber. Ein Lebensbild. Bd. 1. Leipzig 1864, 284f.
[80] DA Rottenburg G 1.3 u. Vorgänger, Ortsakten Ravensburg; HSAS E 31 Bü 119; Gemeinnütziges Wochenblatt Ravensburg vom 07. 12. 1812.
[81] *Eben* (wie Anm. 1), 556f., 576.
[82] LKA Stuttgart A 29 Nr. 3699.
[83] *Carl Friedrich Dizinger,* Denkwürdigkeiten aus meinem Leben und aus meiner Zeit. Tübingen 1833, 318.
[84] Ebd., 325f.
[85] Hierzu *Eben* (wie Anm. 1), 528ff., 571ff., 579f., 598ff., 606ff.
[86] Vgl. das Tagebuch von U. C. Gradmann (wie Anm. 26), 102.
[87] *Dreher,* Stadtgeschichte (wie Anm. 1), 826.
[88] *Eben* (wie Anm. 1), 532ff.
[89] Vgl. dazu als charakteristisches Zeugnis StA Ravensburg B. 2, Bü 232 u. 233.

80.000 Livres für eine Reichsstadt!

Die Mediatisierung der Reichsstadt Schwäbisch Hall

von Bernd Wunder

Das Ende der freien Reichsstadt Hall und ihr Anfall an Württemberg vollzog sich nach dem gleichen Muster, wie die sonstigen Mediatisierungen und Säkularisierungen zu Beginn des 19. Jhs. Auf den ersten Blick scheint auch die Annexion der Reichsstadt Hall durch Württemberg vorgegeben zu sein: Hall gehörte zum Schwäbischen Kreis und dem württembergischen Kreisviertel und unterstand damit dem württembergischen Herzog als Kreisdirektor und Kreisviertelsdirektor. Doch auf den zweiten Blick stellt sich heraus, dass diese Entwicklung nicht zwingend war. Der Anfall Halls an Württemberg wurde erst im Frühjahr 1802 kurzfristig und überraschend entschieden.

Das Ende der Reichsstadt Hall

Das Interesse Württembergs am Erwerb Halls

Der erste Plan Württembergs, die Reichsstadt Hall zu annektieren, geht auf die Zeit der – schließlich gescheiterten – Rastatter Friedensverhandlungen 1797/98 zurück, als der gerade an die Macht gekommene Herzog Friedrich für seine diplomatischen Vertreter einen Annexionsplan entwarf, der weit über die seit 1796 diskutierten Entschädigungen Württembergs hinausging. Friedrich nahm die Forderung der französischen Republik nach Neutralisierung des rechtsrheinischen Gebietes am Oberrhein auf und zog daraus die Folgerung, Württemberg so zu vergrößern, dass es sich in einem künftigen Krieg zwischen Frankreich und dem Kaiser militärisch gegen den Kaiser behaupten könnte. Das neue Württemberg sollte im Osten das Bergland zwischen Heilbronn und Ellwangen, ferner die Schwäbische Alb bis zum Ries und zur Donau, sowie ganz Oberschwaben bis zum Bodensee und zur Schweiz umfassen und im Westen die Schwarzwaldhöhen erreichen. In diesem Plan[1] wurde auch die Reichsstadt Hall ausdrücklich genannt. Doch 1797/98 interessierte sich niemand für diesen Plan.

Nach dem Ende des zweiten, ebenfalls für Frankreich siegreichen Revolutionskrieges 1801 verschlechterte sich Württembergs Lage zusätzlich.[2] Napoleon Bonaparte verübelte Friedrich dessen bedingungslosen Anschluss an den Kaiser 1799. Ferner wurde am 24. März 1801 Friedrichs Schwager, Zar Paul I., ermordet, der als einziger Württemberg unterstützt hatte. Die Großmächte, mit Ausnahme des besiegten Wiener Kaisers, waren sich einig, zur Stabilisierung der deutschen Westgrenze eine Kette von Mittel- oder Pufferstaaten zwischen Frankreich und den deutschen Vormächten Österreich und Preußen zu schaffen. Für Württemberg war in den ersten Plänen 1801 kein Platz: Die Mgft. Baden sollte als Glacisstaat die Rheinübergänge für Frankreich sichern, und Bayern sollte als süddeutscher Mittelstaat nach Abtretungen an Österreich in den Schwäbischen Kreis einschließlich Württembergs verschoben werden. Der Herzog v. Württemberg sollte daher entweder mit säkularisierten Bistümern in Westfalen oder mit ehemaligen österreichischen Besitzungen in Oberitalien entschädigt werden, d. h. Württemberg sollte von der Landkarte verschwinden.

Da der Gegensatz zwischen Österreich und Preußen eine Regelung der Entschädigungsfrage gemäß Art. 7 des Friedens von Lunéville (7. März 1801) verhinderte,

Das Landgebiet Schwäbisch Halls 1802
»Die freye Reichsstadt Schwäbisch Hall mit Ihrem Gebiethe«.
Kolorierte Karte von ca. 1790.
StA Schwäbisch Hall.

kam es zu keiner reichsinternen Regelung. Erst nachdem im Herbst 1801 ein russisch-französischer Interessenausgleich erreicht wurde und Bonaparte durch den Friedensschluss mit England zu Amiens freie Hand bekam, ergriff Frankreich in der Entschädigungsfrage die Initiative und gewann Russland für einen gemeinsamen Vorschlag an den Reichstag, der am 3. Juni 1802 unterzeichnet und am 15. August dem Reichstag vorgelegt wurde.
In diesem Entschädigungsplan wurde erstmals die Abtretung Halls neben acht weiteren Reichsstädten an Württemberg festgelegt. Noch in den Verhandlungen des Winters 1801/02 war davon nicht die Rede gewesen. Das Interesse des Kaisers an einer territorialen Neugestaltung *Westdeutschlands* war durch die Versetzung der habsburgischen Sekundogenituren Toskana und Modena aus Italien nach Deutschland, die Bonaparte in Lunéville erzwungen hatte, vergrößert worden. Jetzt schlug der Kaiser selbst die Mediatisierung der Reichsstädte vor, und im Herbst 1801 forderte er für seinen Bruder Ferdinand v. Toskana neben den Hochstiften Salzburg, Passau und Augsburg alle Klös-

ter und Reichsstädte zwischen Lech und Schwarzwald sowie nördlich der Donau die Reichsstädte Ulm, Gmünd, Aalen und auch Hall.[3] So sollte Vorderösterreich mit dem österreichischen Tirol verbunden, d. h. die Stellung Habsburgs in Süddeutschland verstärkt werden. Russland unterstützte diese Position im Herbst. Auch nach der Vorlage des französisch-russischen Teilungsplans im Sommer 1802 verzichtete der Kaiser noch nicht auf seine Expansionspläne im schwäbischen Kreis. Im Herbst 1802 versuchte er bei den Regensburger Verhandlungen vergeblich, seinem Onkel, dem Herzog v. Modena, der Vorderösterreich und die österreichische Ortenau erhalten sollte, die Reichsstädte Gmünd, Aalen, Rottweil und Hall zuzuschanzen.[4] Doch Napoleon wollte weder Österreich selbst noch habsburgische Nebenlinien am Oberrhein verstärken und blockte diese Pläne ab.

Sonstige Interessenten: Bayern und Preußen

Außer Habsburg zeigte auch ein anderer Reichsfürst Interesse an den schwäbisch-fränkischen Reichsstädten östlich des Neckars, nämlich der Kurfürst v. Bayern. Der Kaiser sah im Herbst 1801 für Bayern eine Verbindung zwischen den bayerischen Gebieten an der Donau und der damals noch bayerischen rechtsrheinischen Pfalz um Mannheim und Heidelberg vor. Die Landbrücke an den Rhein sollte Eichstätt, Ellwangen und die Reichsstädte Nördlingen, Bopfingen, Dinkelsbühl, Heilbronn und Wimpfen, sowie die rechtsrheinischen Hochstifte Worms und Speyer (Bruchsal) umfassen. Auch Bayern zeigte außer an rein fränkischen Territorien an diesen Gebieten, einschließlich der Reichsstadt Hall, Interesse, wie eine Erkundigungsreise des bayerischen Generalstabsoffiziers v. Ribaupierre im Auftrage des leitenden Ministers Montgelas[5] im Frühjahr 1802 belegt. Ribaupierre berichtete außerhalb Frankens über die Reichsstädte Heilbronn, Hall, Dinkelsbühl, Aalen, Gmünd und Ulm sowie über die Propstei Ellwangen. Da jedoch der russisch-französische Entschädigungsplan vom Sommer 1802 die Abtretung der rechtsrheinischen bayerischen Pfalz an Baden vorsah, erlosch das Interesse an einer bayerischen Landbrücke zwischen Donau und Rhein. Bayern trat aber nun in Franken an die Stelle Preußens, und auch hier ging es wieder um Hall.

Preußen war seit 1791 im Besitz der fränkischen Markgrafschaften Ansbach und Bayreuth, und der preußische Provinzialminister v. Hardenberg begann 1796 in großem Stil, Nachbargebiete der Markgrafschaften unter dem Vorwand historischer Rechtstitel zu annektieren *(Revindikationen)*. Dabei hatte er auch das östlichste Amt der Reichsstadt Hall, Honhardt, südlich von Crailsheim, mit militärischer Hand vereinnahmt, ohne dass die protestierende Reichsstadt dies verhindern konnte. Als die Entschädigungsfrage der Reichsfürsten auf dem Rastatter Kongress zur Sprache kam, forderte Hardenberg für Preußen im Winter 1797/98 auch Entschädigungen in Franken, so außer den fränkischen auch die schwäbischen Reichsstädte Dinkelsbühl und Hall. Die Berliner Regierung gab diese Wunschliste an ihre Gesandtschaft in Rastatt weiter.[6] Doch weder Napoleon noch der Kaiser hatten ein Interesse daran, Preußen und seinen Verwandten Wilhelm V. v. Oranien in Franken zu stärken. 1801/02 beschränkte sich Preußen auf eine Machterweiterung in Westfalen. Franken wurde Bayern überlassen, obwohl Hardenberg noch im Sommer 1802 einen Ring-

Reichsstädtische Verbundenheit zum Alten Reich
Huldigung an Kaiser Franz II., den Allegorien des Reichs und Ungarns umrahmen.
Schützenscheibe, Öl auf Holz, 1792.
Hällisch-Fränkisches Museum, Schwäbisch Hall.

Charles Maurice de Talleyrand-Périgord (1754–1838)
1789 zum Bf. von Autun erhoben, beantragte er im selben Jahr die Nationalisierung der Kirchengüter. Bis 1807 war er Napoleons Außenminister. Finanzielle Leistungen Württembergs an ihn ermöglichten den Erwerb von (Schwäbisch) Hall 1802. Nach der Rückkehr der Bourbonen vertrat er auf dem Wiener Kongress erneut geschickt Frankreichs äußere Interessen.

tausch mit Bayern plante, durch den das südliche Franken an Bayern und das nördliche Franken (Würzburg und Bamberg) einschließlich der fränkischen Reichsstädte unter Einbeziehung von Hall an Preußen fallen sollten. Bayern erhielt 1802 tatsächlich nicht nur die Hochstifte Würzburg und Bamberg, sondern auch die Reichsstädte Rothenburg, Dinkelsbühl, Bopfingen, Nördlingen und Ulm, nicht aber das am westlichsten gelegene Hall.

Die Frage der Entschädigung Württembergs

Der unverhoffte Sieger des Länderschachers war der Herzog v. Württemberg, der seine Versetzung aus Süddeutschland zwar hatte verhindern können, aber in allen Teilungsplänen kärglich bedacht worden war. Neben einigen wenigen geistlichen Herrschaften, die ihm seit 1796 angeboten wurden, forderte er im Herbst 1801 die in Württemberg *enklavierten Reichsstädte* Esslingen, Reutlingen, Weil der Stadt, Giengen, Gmünd, Heilbronn, Wimpfen und Rottweil, nicht aber Hall. Für diese Gewinne Württembergs sprach sich auch Zar Alexander nach einer Intervention von Friedrichs Schwester, der Zarinmutter, aus. Entscheidend für das Ergebnis der Verhandlungen war aber vor allem der skrupellose württembergische Gesandte in Paris, v. Normann, der Friedrich zur Bewilligung von Bestechungsgeldern – zunächst 300.000 L. – drängte und der den französischen Außenminister Talleyrand gegen bar für eine Erhöhung des kärglichen württembergischen Loses gewann.[7] Nachdem zur Durchführung des Lunéviller Friedens am 20. Mai 1802 ein allgemein gehaltener und veröffentlichter Sonderfrieden zwischen Frankreich und Württemberg abgeschlossen worden war, gelang Normann am 24. Mai der Abschluss einer Geheimkonvention, die für Württemberg nun insgesamt 15 Abteien und 15 Reichsstädte gegen die Zahlung von 1,38 Millionen Livres vorsah.[8] Dabei wurde nun erstmals auch Hall genannt. Tatsächlich ließ sich das große Programm Normanns aber nicht verwirklichen. Im französisch-russischen Teilungsplan vom Juni 1802 erhielt Württemberg nur 2 Abteien und 9 Reichsstädte, nämlich außer den innerwürttembergischen Reichsstädten noch Giengen, Aalen, Gmünd, Heilbronn und Hall. Dem freigiebigen Normann gelang es aber bei den Verhandlungen der Reichsdeputation in Regensburg im Herbst 1802, das württembergische Los um weitere 5 Klöster und Stifte, die zumeist schon wie das Chorherrenstift Comburg in der Konvention vom 24. Mai aufgeführt worden waren, zu erhöhen (2. französisch-russischer Teilungsplan vom 8. Oktober 1802). Im 1. Teilungsplan war die Comburg dem Fürsten v. Leiningen zugesprochen worden, der nun durch eine Geldrente von Württemberg entschädigt wurde. Als letztes Gebiet kam am 19. November bzw. 19. Dezember 1805 die Johanniter-Kommende Hall zusammen mit Affaltrach ebenso wie reichsritterschaftliche Besitzungen durch einen Tagesbefehl Napoleons an Württemberg.

Die Sondervereinbarung vom 24. Mai 1802[9] wurde von Normann als württembergischem Gesandten und von Sainte-Foy, dem Vertrauten und Börsenspekulanten Talleyrands, abgeschlossen und vom Herzog ratifiziert. Es war also kein staatsrechtlicher Vertrag, sondern eine schriftliche Zusicherung von Bestechungsgeldern für den Fall des Erwerbs bestimmter Territorien. Eine derartige schriftliche Fixierung von Korruptionsgeldern, juristisch *Unrechtsvereinbarung* genannt, ist auch heute noch eine Ausnahme. Von der am 24. Mai 1802 ausgehandelten Summe von 1,8 Millionen Livres wurden für die am 3. Juni 1802 zugesprochenen Territorien nur 409.000 Livres, zusätzlich 300.000 Livres für die Kurwürde in mehreren Jahresraten nach der Inbesitznahme fällig. Die Erweiterung des württembergischen Loses am 8. Oktober 1802 kostete zusätzlich 892.000 Livres, die jedoch später ermäßigt wurden. Einzelne Reichsstädte wie Ulm erhielt Württemberg trotz eines erhöhten Angebotes nicht, andere wie Heilbronn konnte es aus dem badischen Los an sich ziehen. Die Reichsstadt Hall war in der Liste vom 24. Mai 1802 mit 80.000 Livres veranschlagt. Das ist gegenüber anderen Reichsstädten, die mit je 15.000 Livres angesetzt waren – die drei innerwürttembergischen Reichsstädte Esslingen, Reutlingen und Weil waren insgesamt nur mit 15.000 Livres taxiert – hoch angesetzt, auch wenn Hall ein großes Landgebiet hatte. Vielleicht erhöhte die Salzquelle die Attraktivität. Die hohe Summe für Hall verweist darauf, dass andere Konkurrenten aus dem Felde geschlagen werden mussten. Nach der politischen Konstellation vom Frühjahr 1802 kommt dafür nur Bayern in Frage.

Letztlich war die Liste von 1802 von Angebot und Nachfrage bestimmt. Trotzdem ist es auffallend, dass die Forderungen vom Mai 1802 sich an den württembergischen Plan von 1797/98 anschließen. Sie umfassen mit der Linie von Wimpfen über Hall, Dinkelsbühl, Nördlingen, Kloster Kaisheim an der Donau, die Klöster Ursberg, Ochsenhausen, Weingarten, Salem und die Reichsstadt Pfullendorf, das schwäbische Waldgebiet östlich des Neckars und die oberschwäbischen Territorien westlich der Linie Donauwörth-Memmingen-Lindau unter Ausschluss dieser Städte. Friedrichs großer Plan von 1797/98 fand erst 1805/06 durch den Vorstoß nach Oberschwaben doch noch eine teilweise Erfüllung. Die Annexion von Teilen der fränkischen Ebene, Hall (1802), Hohenlohe (1806) und Mergentheim (1809), war aber ein zunächst durch Bestechungsgelder erzielter Zugriff auf im Frühjahr 1802 plötzlich verfügbare Territorien.

Württembergische Truppen besetzen Hall

Bonaparte drängte die deutschen Nutznießer des französisch-russischen Teilungsplanes, sich alsbald in den Besitz ihrer Neuerwerbungen zu setzten, um der Deputation des Reichsstags jede Möglichkeit zu nehmen, den Teilungsplan zu verändern. Preußen besetzte darauf seinen Anteil Anfang Juli, Österreich folgte für den Großherzog v. Toskana im August, und Bayern schloss sich diesem Vorgehen sofort an. So gedeckt griff auch der Herzog v. Württemberg, der nicht nur Konkurrenten, sondern auch Unruhen in den Neuerwerbungen befürchtete, zu und besetzte eben-

Württembergische Besitzergreifung
Insbesitznahme Halls durch württembergische Soldaten vor dem Rathaus.
Schützenscheibe, Öl auf Holz, 1802.
Hällisch-Fränkisches Museum, Schwäbisch Hall.

falls ohne Zustimmung des Reiches die ihm zugedachten Klöster und Städte.[10] Die Reichsdeputation war am 24. August 1802 in Regensburg zusammengetreten und hatte am 8. September resignierend dem französisch-russischen Plan zugestimmt.
Herzog Friedrich hatte in weitgehend gleichlautenden Schreiben den Obrigkeiten der Erwerbslande die – bis zur Entscheidung von Kaiser und Reich – provisorische militärische Inbesitznahme und die Einquartierung einer württembergischen Truppe ankündigen lassen. Ausdrücklich erklärte er, dass *das einrückende Militär* [...] *sich in die Zivilverwaltung nicht im geringsten zu mischen* habe und die Soldaten nur *Dach und Fach, Holz und Lagerstroh* unentgeltlich, Verpflegung und Fourage aber nur gegen Bezahlung fordern würden.[11] Die bevorstehende militärische Besetzung verkündete der Stuttgarter Regierungsrat Parrot dem versammelten Haller Rat am 8. September, worauf am folgenden Tag eine Delegation des Rates das anrückende württembergische Militär unter dem Rittmeister v. Lepell an der Grenze bei Michelfeld begrüßte und in die Stadt geleitete. Die ca. hundert Mann nahmen auf dem Marktplatz Aufstellung (jedenfalls ist das auf einer Schützenscheibe überliefert), bevor sie in ihre Quartiere in der Stadt abrückten. Der Rat teilte den Bewohnern in Stadt und Land die militärische Besetzung am 10. September mit und ordnete an, dass Bürger und Untertanen sich *alles Raisonierens und unziemlichen, unreifen Urteilens* sowie jedes gruppenweisen Zusammenstehens enthalten und *den eingerückten Truppen freundlich und gefällig begegnen* sollten.[12] Das Bemühen des Rates beschränkte sich darauf, eine Erleichterung der Einquartierung bzw. ihre Verlegung auf das Land zu erbitten. Tatsächlich kündigte der zuständige Generalmajor v. Mylius am 24. September die Reduzierung der Besatzungstruppe um ein Viertel an, und Anfang Oktober wurden einige Truppen nach Vellberg, Ilshofen und Eltershofen verlegt.

Und die Reaktion des Haller Rats?

Der Haller Rat fügte sich ohne Protest in das Unvermeidliche. Zwar hatte der Rat im März 1802 und nochmals am 15. August in Schreiben an den Kaiser um *Konservation der Existenz und Verfassung Halls* gebeten, sich aber Ende August dem resignierenden Verhalten der anderen schwäbischen Reichsstädte angeschlossen.[13] Schon 1801 hatten einige Reichsstädte erkannt, dass ein Widerstand gegen die selbst vom Kaiser betriebene Mediatisierung aussichtslos sei, und ihre Bemühungen darauf konzentriert, möglichst viele ihrer alten Freiheiten unter der neuen Herrschaft zu bewahren. In einer reichsstädtischen Denkschrift, die ein letzter Städtetag der schwäbischen Reichsstädte in Ulm am 26. August 1802 beschloss[14], wollte man die Freiheit von Einquartierung und Rekrutierungspflicht, die Garantie des städtischen Eigentums und der städtischen Stiftungen, freie Religionsausübung und Weiterbeschäftigung der städtischen Bediensteten, die Beibehaltung städtischer Zölle und Steuern sowie die Appellationsmöglichkeiten an die Reichsgerichte gesichert wissen. Diese Ulmer Denkschrift wurde von einer Delegation der Regensburger Reichsdeputation übergeben. Hall hatte durch seinen Stättmeister Meyer an den Ulmer Beratungen teilgenommen und in einer eigenen Denkschrift an die Reichsdeputation am 31. August betont, dass seine Saline Privat- und nicht Staatsbesitz sei.
Tatsächlich führte das Bemühen der Reichsstädte dazu, dass die Reichsdeputation im sog. *Reichsstadtartikel* (§ 27 RDH) eine Bestimmung einfügte, die die neuen Herren verpflichtete, den ehemaligen Reichsstädten *die freie Ausübung ihrer Religion und den ruhigen Besitz aller ihrer zu kirchlichen und milden Stiftungen gehörigen Güter und Einkünfte* zu belassen sowie sie im Bereich von *Munizipalverfassung und Eigentum* nicht schlechter als die *am meisten privilegierten Städte* der neuen Landesherrn zu stellen. Allerdings gelang es dem geschickten Vertreter Württembergs, wieder Normann, diese Einschränkungen durch den Zusatz zu entwerten, *soweit es die Landesorganisation und die zum allgemeinen Besten nötigen Verfügungen gestatten*.[15] Nicht einmal die den Säkularisierten zugesagte Übernahme der Landesschulden durch die neuen Herren konnten die Reichsstädte durchsetzen. Die Einschränkungen der Regierungsgewalt der neuen Besitzer waren entweder wie der Religionsartikel überholt oder sie blieben unverbindlich und wurden zudem von dem gewalttätigen württembergischen Herrscher nicht eingehalten.
Ein letztes Schreiben des Haller Rats am 4. September 1802 an den Kaiser mit der resignierenden Bitte, die

innere Verfassung, Privilegien, Statuten und bürgerliche Rechte und Freiheiten der Reichsstadt zu garantieren, blieb erfolglos. Auch der Versuch des Rates, durch eine Delegation an den Herzog ihre *schuldigste Devotion* zu bezeugen und dabei um eine Bewahrung ihrer Privilegien zu bitten, wurde in Stuttgart barsch abgelehnt. Die Stadt musste sich auf Gnade und Gedeih dem neuen Herren unterwerfen. Daher fand sich der Rat auch bereit, den Geburtstag des neuen Herrschers am 6. November 1802 mit einem Festgottesdienst in St. Michael und einem Festessen auf der Bürgerstube mit Ball und Feuerwerk zu begehen.
Die endgültige rechtliche Besitzergreifung erfolgte ein knappes Vierteljahr nach der militärischen Besetzung. Zwar trat reichsrechtlich der RDH vom 23. Februar 1803 erst mit seiner Sanktionierung durch Kaiser und Reich am 27. April 1803 in Kraft, aber der Beschluss der Reichsdeputation, die neuen Herren dürften die Einnahmen ihrer Neuerwerbungen ab 1. Dezember 1802 beziehen, veranlasste diese zur sofortigen zivilrechtlichen Besitzergreifung. Am 20. November 1802 erließ Friedrich eine detaillierte Instruktion für die feierliche Inbesitznahme aller Neuerwerbungen und bestimmte den 23. November zur Durchführung. In Hall erfolgte diese erst am 25., da der damit beauftragte Kommissar v. Reischach zuvor die Besitzergreifung in Ellwangen vornehmen musste und sein Vertreter, Rentkammerrat Dörr, sich erst anschließend nach Hall begab.

Die württembergische Inbesitznahme

Die Inbesitznahme[16] erfolgte in allen neuwürttembergischen Landen in der gleichen festgelegten Form. Das württembergische Militär bezog vor dem Rathaus Stellung. Auf dem Rathaus waren Rat und städtische Bedienstete versammelt. Der württembergische Kommissar verlas das Besitzergreifungspatent Friedrichs, in dem dieser von seinen neuen Untertanen Gehorsam forderte und dafür seine Huld versprach. Die Huldigung wurde aber auf später verschoben. Die Behörden wurden aufgefordert, einstweilen ihre Tätigkeit fortzusetzen. Anschließend wurden Rat und Bedienstete durch Dörr auf den Herzog vereidigt. Ebenso wurde das Haller Kreiskontingent, soweit es in württembergische Dienste übernommen wurde, vereidigt. Das Archiv und die öffentlichen Kassen wurden versiegelt.
Das gedruckte Patent wurde anschließend *an den Toren, Wachthäusern, überhaupt an allen öffentlichen Plätzen und Gebäuden, so wie es der Zweck einer schnellen Bekanntmachung unter den Einwohnern erfordert*, von Amtsboten in den württembergischen Farben unter militärischer und musikalischer Begleitung angeschlagen. Gleichzeitig begann man, die alten Wappen als Zeichen der aufgehobenen Landeshoheit zu entfernen und durch das württembergische Wappen zu ersetzen. Dies bedeutete in Hall wie in allen Reichsstädten die Beseitigung des Reichsadlers, der in zum Teil gotischen Wappensteinen oder auch nur in Stuck angebracht war. In Hall und seinen Vorstädten wurde das württembergische Wappen bis Mitte Dezember an insgesamt 37 öffentlichen Gebäuden (Rathaus, Stadttoren, Kirchen, Schul- und Pfarrhäusern) angeheftet.[17] Dörr sorgte auch für die Publikation und den Wappenwechsel im Haller Landgebiet. Im Gegensatz zu anderen Reichsstädten verwies der Haller Rat nicht auf die rechtlich für den neuen Landesherrn peinliche Situation, dass Kaiser und Reich die Stadt und ihre Obrigkeit noch nicht aus ihren alten Eiden auf Kaiser und Reich entlassen hatten. Für diesen Fall hatten die Kommissare den Auftrag, dem Widerspruch mit dem Hinweis auf eine baldige Aufhebung der alten Eide zu begegnen bzw. auf einen provisorischen Eid zu bestehen.
Die alten Obrigkeiten, die jetzt im herzoglichen Namen amtierten, wurden einem ständigen Kommissar unterstellt. In Hall beauftragte der Herzog mit diesem Amt am 6. Dezember 1802 den Haller Rat Johann Friedrich Bonhöffer: Rat, Gericht und Polizei durften nur mit seiner Zustimmung zusammentreten und vorbehaltlich der Zustimmung des Herzogs entscheiden. Die Berufung an Reichsgerichte, Reichstag oder den Kaiser war hinfort untersagt.
Die Huldigung in Neuwürttemberg erfolgte erst im Sommer 1803 nach der Annahme der Kurwürde durch Herzog Friedrich. Allerdings schworen nicht alle Untertanen den *Eid der Treue und Untertänigkeit* – dies erfolgte in Zukunft jahrgangsweise bei den alljährlichen Ruggerichten – sondern nur ihre Deputierten. Für die Landvogtei Ellwangen nahm der neue Kurfürst am 22. Juli 1803 in Ellwangen die Huldigung persönlich durch die Deputierten von Ellwangen, Aalen, Gmünd, Giengen, Hall, Comburg und des

Haller Wappenstein
Der Reichsadler der ehemaligen Reichsstadt wurde im Wappenstein des Unterwöhrdtors von 1506 durch das württembergische Wappen ersetzt.
Hällisch-Fränkisches Museum, Schwäbisch Hall.

Amtes Nördlingen entgegen. Nach den anschließenden Festlichkeiten besuchte Friedrich am 26. Juli erstmals Hall, wo er die Saline und die Comburg (u. a. die Bibliothek) besichtigte.[18] Nach der machtpolitischen Mediatisierung am 9. September war damit die staatsrechtliche Mediatisierung am 25. November 1802 und 22. Juli 1803 vollzogen. Hall war nun eine württembergische Land- oder Munizipalstadt.

Hall unter württembergischer Herrschaft

Da Herzog Friedrich mit seinem altwürttembergischen Landtag im Konflikt lag, schuf er aus den an allen Landesgrenzen verstreuten Neuerwerbungen einen eigenen Staat namens *Neuwürttemberg*, in dem er unbeeinträchtigt von der altwürttembergischen Verfassung und fast unbehelligt von den Reichsgesetzen schalten und walten konnte. Dieses dem Provinzialminister Normann unterstellte Land mit der Hauptstadt Ellwangen wurde durch das Organisationsmanifest vom 1. Januar 1803 geschaffen und bestand bis zur Vereinigung mit Altwürttemberg im neuen Königreich am 1. Mai 1806.[19] Friedrich hatte diese Staatsgründung durch eine am 8. Dezember 1802 eingesetzte achtköpfige Oberlandesregierungskommission vorbereiten lassen, in die auch ein Haller, nämlich der ehemalige Ratskonsulent Johann Fried-

rich David Seyboth (1754–1823) berufen wurde, der auch anschließend Mitglied der neuen Oberlandesregierung für Neuwürttemberg, d. h. des Ministerialkollegiums für Inneres und Justiz, wurde. Für alle Städte arbeitete dieses Kollegium eigene, inhaltlich jedoch identische Munizipalverfassungen aus.

Die Einführung der Munizipalverfassung

Die Haller Munizipalverfassung, die am 20. Juni 1803 von einer Ellwangener Kommission mit dem Hofdomänenrat Süßkind, ferner Seyboth verkündet wurde, regelte die Selbstverwaltungsrechte der Stadtgemeinde und auch die der ehemaligen Untertanendörfer im neuen Staate. Damals wurde auch die historische Namensbezeichnung *Schwäbisch*, die an den ehemaligen Schwäbischen Reichskreis erinnerte, aus dem Stadtnamen (bis 1934) gestrichen.

Die ehemalige Reichsstadt war von einem 24-köpfigen Rat *(Innerer Rat, Senat)* regiert worden, der für die laufenden Geschäfte aus seiner Mitte einen fünfköpfigen Geheimen Rat einschließlich zweier jährlich sich abwechselnder leitender Stättmeister wählte. Der Rat ergänzte sich selbst durch Zuwahl auf Lebenszeit. Er wählte auch einen fünfzehnköpfigen *Äußeren Rat*, der aber nicht selbstständig tagen konnte, sondern nur in Ausnahmefällen zusammen mit dem Inneren Rat als *Großer Rat* einberufen wurde. Die Bürger der Stadt hatten also keinen Einfluss auf die Zusammensetzung des Stadtregimentes. Obwohl es in Hall in der Neuzeit kein adliges Stadtpatriziat gab, lag die Regierung in der Hand weniger Familien. Entsprechend hatte die gegen das Stadtregiment klagende Siederschaft 1776 dem Reichshofrat in Wien eine *Verwandtschaftstafel des unter sich und mit allen Konsulenten, Ratsadvokaten und Gerichtspersonen durch Blutsfreund- und Schwägerschaft ineinander und zusammengeflochtenen wohllöblichen Magistrats der Reichsstadt Hall in Schwaben* vorgelegt, um ihren Vorwurf des Nepotismus zu untermauern.[20]

Die neue Kommunalverwaltung von 1803 bestand nach dem Vorbild der württembergischen Kommunalordnung von 1758 aus je einem zwölfköpfigen *Gericht und Rat*, von denen das *Gericht* bis 1811 die unterste Gerichtsinstanz, vor allem aber die Verwaltungsbehörde der Gemeinde bildete, die aber nur unter dem Vorsitz des staatlichen Oberamtsmanns tagen durfte. Das *Gericht* war auf Lebenszeit bestellt, allerdings ergänzte es sich vorbehaltlich der Zustimmung des leitenden Oberamtsmannes durch Wahl selbst. Das zweite Kollegium, der *Rat*, wurde von der Bürgerschaft auf Lebenszeit gewählt, hatte aber nur in grundsätzlichen Finanzfragen ein Votum. Mit der Wahl des Rates hatten die Bürger gegenüber der reichsstädtischen Zeit erstmals ein Mitspracherecht. 1818–22 wurde die Selbstverwaltung wesentlich erweitert. Gericht und Rat wurden von allen Gemeindebürgern auf Lebenszeit gewählt. Dazu kam die Einführung einer zusätzlichen, auf zwei Jahre gewählten Bürgerdeputation als Kontrollorgan. Seit 1818 wurde auch erstmals der Ortsvorsteher (Dorf- oder Stadtschultheiß) von den Bürgern auf Lebenszeit aus den Reihen des Magistrats gewählt, allerdings musste der Dorfschultheiß vom Oberamtmann bzw. Stadtschultheiß aus einer Dreierliste vom König bestätigt werden. Der Verlauf des 19. Jhs. sollte die Ausweitung der Bürgergemeinde auf die Einwohnergemeinde und die Beschränkung der Amtszeit der zuvor lebenslang amtierenden Gemeinderäte (1849) und der Bürgermeister (1906) bringen: Hall nahm mit dem gesamten Land an der Ausdehnung der Selbstverwaltungsrechte teil.

Regierung und Verwaltung in den kleinen Herrschaften des alten Reiches waren überbesetzt. Dies hing einmal mit der – im Vergleich zu Fürstenstaaten – mangelhaften Professionalisierung des öffentlichen Dienstes zusammen. Der hauptamtliche, ausgebildete und geprüfte Berufsbeamte hatte sich gegenüber Teilzeit- und Ehrenbeamten, die zudem aufgrund von Familienzugehörigkeit ausgewählt wurden, noch nicht durchgesetzt. Der bayerische Offizier Ribaupierre berichtete denn auch 1802 aus Hall, *dass ungefähr hundert Köpfe am Ruder eines so kleinen Staates füglich auf die Hälfte heruntergesetzt werden könnten.*[21] Dies sah auch der Herzog v. Württemberg so: Die Einführung des Berufsbeamtentums führte daher zu einer Reduzierung des alten (modern gesprochen:) öffentlichen Dienstes. Wie groß auch immer man die Zahl der beschäftigten Ratsherrn, Beamten und Angestellten ansetzen mag, 66 Personen der Haller Obrigkeit wurden entlassen oder degradiert. Obwohl § 59 RDH für nicht weiter beschäftigte Bedienstete

eine Pensionierung mit vollem Gehalt nach fünfzehn Dienstjahren vorsah, hielt sich der neue Kurfürst nicht daran. In Hall anerkannte er nur 17.755 fl. Pensionszahlungen. Wegen angeblicher Unfähigkeit Entlassene gingen leer aus. Erst König Wilhelm sah sich nach seinem Regierungsantritt 1816 gezwungen, eine Reklamationskommission *wegen angeblicher Vernachteiligungen in Dienst- und Gehaltsverhältnissen* einzusetzen, die schließlich in ganz Württemberg Ansprüche in Höhe von 330.657 fl. für 529 Beschwerden anerkannte und gesetzlich regelte. Damit kamen auch Beschwerden aller Haller Bediensteten, soweit sie noch lebten, zu einem Abschluss.[22]

1803 hatte der Kurfürst den ersten Magistrat (Gericht und Rat) noch selbst ernannt. Dabei hatte er sich bei der Zusammensetzung des wichtigeren Gerichts – auf Anraten seiner Ellwangener Beamten – auf Mitglieder des alten reichsstädtischen Rates und hier besonders auf Juristen gestützt. Von den zwölf Mitgliedern des 1803 ernannten Gerichts waren die beiden (Finanz-) Bürgermeister Georg Karl Haspel und Johann Friedrich E. Romig sowie fünf weitere Mitglieder aus dem reichsstädtischen Rat übernommen worden. Die zwölf Mitglieder des Rates waren hingegen überwiegend Handwerker und homines novi. Zum Nachfolger des 2. Bürgermeisters Romig wählte der Magistrat 1808 das Gerichtsmitglied und ehemaligen reichsstädtischen Senator Johann Friedrich Hezel, der 1819 bei der ersten Schultheißenwahl von der Bürgerschaft gewählt wurde und bis 1828 als Haller Stadtschultheiß amtierte. In der Gemeindeverwaltung bestand also eine personelle Kontinuität zwischen der reichsstädtischen und württembergischen Zeit, allerdings unter der Leitung des staatlichen Oberamtsmanns (1803–1818) bei deutlich geminderten Kompetenzen.[23] Die gerichtlichen Kompetenzen der Dörfer waren zwar 1806 auf das städtische Gerichtskollegium übertragen worden, aber 1811 verloren die Städte durch die Bildung eines eigenen staatlichen Oberamtsgerichtes unter dem Oberamtmann ihre gerichtlichen Kompetenzen. 1818 wurde mit der Ernennung eines eigenen Oberamtsrichters Verwaltung und Justiz auch auf der untersten staatlichen Ebene getrennt, ein im damaligen Deutschland einmalig fortschrittlicher Vorgang. Der städtische Magistrat – Gemeinderat, Rat und Bürgerdeputation – waren seitdem auf die Verwaltung beschränkt.

Die Verwaltungsneugliederung

Das Haller Landgebiet wurde von der neuen Regierung zunächst in mehrere Amtsbezirke aufgeteilt, doch bald wurde es wieder in einem Oberamt zusammengeschlossen, das im wesentlichen dem Territorium der alten Reichsstadt entsprach. In der Reichsstadtzeit war das Territorium in sieben Ämter (Rosengarten, Kocheneck, Bühler, Schlicht, Ilshofen, Vellberg und Honhardt) eingeteilt gewesen. Davon war 1792–96 das Amt Honhardt und Teile von Ilshofen von Preußen gewaltsam annektiert worden und bis auf Patrimonialrechte verloren gegangen. 1803 waren im Oberamt Hall die Stadt mit den Ämtern Bühler, Ilshofen und Schlicht zusammengefasst worden. Rosengarten (mit Kocheneck), Vellberg und das ehemalige Chorherrenstift Comburg bildeten zunächst eigene Stabsämter. 1807/08 wurden jedoch diese Stabsämter mit dem Oberamt Hall zusammengefasst und dies bei den Reorganisationen 1810 und 1817 auch beibehalten. 1808–1938 bestand das Oberamt Hall im wesentlichen aus dem reichsstädtischen Haller Gebiet einschließlich des Comburger Streubesitzes. Hier ist also eine weitgehende Kontinuität festzustellen. Die in Württemberg frühzeitig von der allgemeinen Verwaltung getrennte Finanzverwaltung war im Bereich der ehemaligen Reichsstadt anfangs ebenfalls in mehrere Kameralverwaltungen getrennt, wurde aber ebenso 1807–1819 im gesamten Oberamt zu einer einzigen Kameralverwaltung zusammengefasst. Von 1803–1924 gehörte das Oberamt Hall zum Regierungsbezirk Ellwangen, in dem trotz wechselnder Namen (*Landvogtei Ellwangen* 1803 ff., *Jagstkreis* 1817 ff.) das ephemäre Neuwürttemberg weiterlebte.

Das Oberamt unterstand einem Oberamtmann altwürttembergischen Zuschnitts. Anfangs waren die Oberamtmänner Schreiber, aber zunehmend setzten sich Juristen durch. Der erste Haller Oberamtmann war der altwürttembergische Jurist Heinrich Dünger (1803–1808); ihm folgte der altwürttembergische Schreiber Friedrich Wendelin Hummel (1808–1812) und dann wieder ein Jurist aus altwürttembergischer Beamtenfamilie, Eberhard v. Bühler (1812–1823). Auffallend ist, dass alle diese Amtmänner ihre Haller

Posten durch eine Degradierung zum Kameralverwalter (Dünger), Stadt- und Amtsschreiber (Hummel) oder gar durch Verurteilung zu einer Gefängnisstrafe (Bühler) verloren.[24]

Auswirkungen auf die Haller Landbevölkerung

Die Haller Landbevölkerung profitierte am deutlichsten von der Annexion durch Württemberg. Zwar wurden grundherrschaftliche Abgaben und der Zehnt in Württemberg wegen des Widerstandes des mediatisierten Adels erst spät und gegen hohe Ablösungsgelder aufgehoben, doch brachte die württembergische Herrschaft dem flachen Land die rechtliche Gleichstellung mit den Stadtbürgern. Entsprechend setzte die Haller Munizipalverfassung 1803 für das Landgebiet ausdrücklich fest: *Es kann von Unterwürfigkeit gegen die Stadt nicht mehr die Rede sein.* Und zudem wurde spezifiziert: *Bei Steuerumlagen überhaupt muss zwischen Stadt und Land eine vollkommene Gleichheit stattfinden, sodass dem Land* [...] *nie mehr aufgebürdet werden kann als der Stadt.*[25] Dies war in der reichsstädtischen Zeit anders gewesen. Damals hatte die Gemeindevollversammlung des Dorfes dem Haller Magistrat und seinem Amtmann mehrere Kandidaten für die doppelt besetzten Ämter des Schultheißen (Polizei und Steuerwesen) und des Dorfmeisters (Rechnungsbürgermeister) vorgeschlagen. Eine Vertretung der Gemeinde in einem Gemeinderat gab es nicht. Dies änderte sich erst 1803. Der württembergische Oberamtmann nahm die Funktion des Haller Magistrats ein und ernannte Schultheiß (Polizei) und Bürgermeister (Rechnungswesen), die von der Gemeindeversammlung auf Lebenszeit gewählt, aber vom Oberamt bestätigt werden mussten.[26]
Ferner wurde erstmals ein – anfangs ernannter – Gemeinderat (Magistrat) eingeführt. Mit der Gemeindereform von 1818–22 erhielten die Dorfgemeinden – anders als zum Beispiel in Preußen – gleiche Selbstverwaltungsrechte wie die Städte.
Die Stadt hatte dem Untertanenland nicht nur ihre wirtschaftliche Vorherrschaft aufgezwungen (Markt und Handwerk waren in der Stadt konzentriert), sondern die Bauern steuerlich auch stärker belastet. Nach dem Beginn des I. Revolutionskrieges verweigerten die Haller Bauern die steigenden Rekrutenstellungen und Steuererhöhungen und verwickelten den Magistrat seit 1794 in mehrere, 1802 noch nicht beendete Prozesse vor den Reichsgerichten. 1794 forderte der Rat Kreistruppen gegen seine Bauern an. Im Herbst 1802 erreichte diese Widerstand einen gewaltsamen Höhepunkt, als der Rat am 1. November die Beschwerden der Vertreter der Bauern aus den Ämtern Bühler, Ilsfeld und Vellberg abwies und die Schultheißen von Hagenbach und Raibach wegen Steuerverweigerung einsperrte. Darauf erzwang eine Zusammenrottung von mehreren hundert Bauern ihre Freilassung. Der württembergische Kommandant in Hall griff darauf schlichtend ein.[27]
Trotzdem bestand der Groll der Landbewohner gegenüber der Stadt Hall noch lange fort. Bei der Landtagswahl 1819 kandidierte der Wirt Happel aus Ilshofen – allerdings vergeblich – gegen einen Haller Juristen, und ein Agent des misstrauischen Königs Wilhelm berichtete damals über die Stimmung im Oberamt: *Das Landvolk ist schon seit langem gegen die Stadt aufgebracht und behauptet, dass sie immer weit höher als die Haller besteuert würden. Sie trauen deswegen auch keinem Städter.*[28] Da das indirekte Landtagswahlrecht, das seit 1819 in Württemberg galt, die Landbevölkerung benachteiligte – zwei Drittel der Wahlmänner wurden durch die Höchstbesteuerten gestellt –, kam es erst 1831 zur Wahl eines Bauern, als der Erstgewählte auf die Haller Wahl verzichtete. Diesmal war es der Wirt aus Großallmerspan Joseph Haas, der 1833 in den Landtag einzog und dort fulminant bäuerliche Interessen gegen Grundherrschaft und Städter vertrat.[29]

Der Wert der Neuerwerbung

Der Wert der Neuerwerbungen wurde 1802 an der Höhe der Einnahmen gemessen. Dies waren entsprechend dem agrarischen Charakter der damaligen Gesellschaft Abgaben von Grundbesitz (Gefälle und Zehnte) und Steuern. Voraussetzung für die fiskalische Nutzung des Neuerwerbs war jedoch die Trennung zwischen Staats- und Gemeindebesitz. Die württembergische Regierung setzte fest, dass die dem Staat zugewiesenen Einnahmen ab Georgii (23. April) 1803 an die Staatskasse fallen sollten. Schon Ende 1802 hatte die neue Verwaltung mit detaillierten Fra-

gebögen – für Hall 83 Fragen – sich Einblick in die finanzielle und rechtliche Situation der ehemaligen Reichsstadt verschafft, und im Frühjahr 1803 begann die einseitige, durch staatliche Kommissare durchgeführte Trennung der Einnahmen und des bisherigen Staatsvermögens. In Hall dauerte diese durch das Problem der Haller Saline erschwerte Tätigkeit bis Sommer 1805. Am einfachsten war die Frage des Grundbesitzes und der grundherrschaftlichen Abgaben: Die Markung der neuen Gemeinde Hall wurde auf die Stadt begrenzt und erst im 20. Jh., z. B. 1930, um die Comburg/Steinbach erweitert und alle außerhalb dieser Grenze gelegenen Besitzungen vom Staat eingezogen. So verlor die ehemalige Reichsstadt 2.758 Morgen Wald. Sodann wurden Einnahmen und Steuern getrennt.[30] Alles, was die herzoglichen Kommissare als Ausfluss der Landesherrlichkeit bezeichneten, floss künftig in die Staatskasse wie direkte Steuern (Beet und Schatzung), Zölle und indirekte Steuern (Akzise), ferner Strafgelder und Gebühren. Der Stadt verblieben Bürgerannahmegelder, Gerichtsgebühren (bis 1811), Brückengelder, Standgelder der Märkte und Einnahmen aus dem verbliebenen städtischen Haus- und Grundbesitz. Dies bedeutete, dass der Gemeinde Hall 17.013 fl. Einnahmen bei 17.555 fl. Ausgaben verblieben, während 114.160 fl. Einnahmen an den Staat fielen, der davon 51.787 fl. Ausgaben bestritt.[31] Die Mediatisierung der Reichsstadt hatte sich also finanziell gelohnt.

Schulden und Schuldentilgung

Ein großes Problem war die Schuldentilgung, deren Übernahme durch den Staat die Städte nicht hatten durchsetzen können. Wie andere Städte hatte auch Hall die ständigen Kriegskosten nur teilweise durch Steuererhöhungen, größtenteils aber durch neue Kredite finanzieren können. So hatte die Reichsstadt zum Beispiel 1800/01 68,8 %, d. h. 204.750 fl., 1801/02 62,6 % (220.907 fl.) und 1802/03 19,5 % (68.215 fl. – Friedenszeit) ihrer Gesamteinnahmen in Höhe von 300–350.000 fl. durch Kredite finanziert. Dem standen 1802/03 303.500 fl. außerordentliche Kriegskosten, im wesentlichen Requisitionszahlungen an die französischen und österreichischen Truppen, gegenüber. Die Steuern machten dem gegenüber gerade einmal 15,4 % (1800/01), 21,6 % (1801/02) und 21,2 % (1802/03) der Gesamteinnahmen aus. Von diesen Steuern trugen die Stadt 1800/01 27,0 % (12.349 fl.), 1801/02 21,1 % (16.186 fl.) bzw. 1802/03 20,7 % (15.334 fl.). Das Land war steuerlich also stärker belastet als die Stadt. Zwar lebten von der Bevölkerung des städtischen Territoriums in Höhe von 20.875 Einwohnern nur 5.214 in der Stadt (1803), doch diese waren ungleich kapitalkräftiger als die Bauern.[32] 1803 beliefen sich die Schulden der Reichsstadt Hall auf 1.387.505 fl. Davon übernahm der Staat anfangs 786.309 fl. (55,4 %). Doch die Proteste der Vertreter der neuen württembergischen Gebiete seit Beginn der Verfassungsverhandlungen 1815 veranlassten den König Wilhelm, in der Verfassung von 1819 (§ 119) eine Revision der Schuldentilgung zuzusagen. 1819 und 1824 übernahm die Regierung weitere 483.280 fl. Schulden der Stadt Hall auf den Staatsetat (34,8 %). Die restlichen 135.916 fl. verblieben der Schuldenkasse des Oberamtes. Nach deren Auflösung 1842 wurden die übrigen 50.210 fl. in den folgenden Jahren durch außerordentliche Steuern aufgebracht.[33]

Die Umwidmung der zahlreichen Stiftungen

Neben Grundbesitz und Steuern griff die neue Regierung auch nach dem Stiftungsbesitz. Seit den Zeiten Kaiser Josephs II. hatten die Aufklärer nicht nur den Besitz der sog. *Toten Hand*, insbesondere also den der Klöster, eingezogen, sondern auch den Wildwuchs mittelalterlicher frommer Stiftungen *sinnvoll*, d. h. zum Nutzen der Volkswirtschaft zweckentfremdet. Diese Gelder verschwanden aber nur teilweise in den bodenlosen Staatskassen. Zumeist wurden sie in Landesarmenfonds etc. zentralisiert und nach rationalen Kriterien zur Kranken- und Armenversorgung verwendet. Dies tat auch der neue Kurfürst in Neuwürttemberg. Hier wurden die Stiftungen der Reichsstädte und geistlichen Neuerwerbungen lokal in einen Kirchen- und Schulfonds *(Geistliche Verwaltung)* sowie einen Armenfonds unter staatlicher Verwaltung zusammengefasst. Einzelne als obsolet erachtete Stiftungen, wie z. B. der Konvertitenfonds des Chorherrenstiftes Comburg, wurden kassiert. Insgesamt wurden in Hall Stiftungen mit einem Jahresertrag von 22.500 fl. zugunsten des Fiskus eingezogen. Das Haller Spital

wurde mit anderen wohltätigen Stiftungen zu einer *Armen- und Arbeitsanstalt* zusammengelegt und ihre Ausgaben in einem jährlichen *Almosen-Plan* von einer Kommission, die aus Oberamtmann und drei Geistlichen bestand, festgelegt und dem Kurfürsten zur Bestätigung vorgelegt. Daneben bestand in Hall eine *Geistliche Verwaltung*, die elf weitere Stiftungen zusammenfasste.
Zu den frommen Stiftungen gehörten auch Schulstiftungen. In Hall bestand das sog. *Contubernium*, eine 1598 errichtete Stiftung für arme Bürgerssöhne zum Besuch der Lateinschule bzw. des Gymnasiums, die dafür beim Gottesdienst singen mussten. Am 4. Oktober 1812 wurde es aufgehoben, das Stiftungshaus verkauft und die Zinsen des Stiftungskapitals in Höhe von 6.051 fl. an das 1811 gegründete evangelische württembergische Lehrerseminar in Esslingen überwiesen. Davon wurden zwei bedürftigen Haller Bürgersöhnen Stipendien von je 100 fl. zum Besuch des Seminars ausgesetzt. Erst 1886 verzichtete der württembergische Staat auf die weiteren Zahlungen aus dem bei der Spitalverwaltung hinterlegten Fonds.[34]

Die Reform des Steuerwesens

Die Besteuerung der Bevölkerung wurde vereinheitlicht und verschärft. Dies betraf z. B. die zuvor glimpflich behandelten 3.709 Untertanen des Chorherrnstiftes Comburg, von denen der bayerische Offizier Ribaupierre 1802 berichtet hatte, dass sie *wegen der sehr leichten Abgaben von der ganzen Gegend beneidet* würden.[35] Die schrittweise Vereinheitlichung der Steuern sollte auf der Grundsteuer (vier Fünftel), einer Gewerbesteuer (ein Fünfzehntel) und einer Kapitalsteuer sowie indirekten Steuern und einer Stempelabgabe beruhen. Für die ehemalige Reichsstadt Hall hatte das Munizipaledikt ausdrücklich den gleichen Steuerfuß auf Häuser, Grundbesitz und Kapital festgesetzt. So zahlten das (verkleinerte) Oberamt Hall 1804 16.232 fl., das Amt Rosengarten 13.517 fl. sowie Vellberg 12.170 fl. und Comburg 2.002 fl.[36] Der neue Staat verwirklichte erstmals die Steuergerechtigkeit, trotzdem erfüllten sich die Erwartungen der württembergischen Verwaltung nicht. Die Überschüsse aus Neuwürttemberg blieben aus, aber den Ellwanger Finanzbeamten gelang es, den misstrauischen Kurfürsten mit gefälschten Statistiken zu beruhigen. Insgesamt brachte die kriegerische Epoche für die gesamte Bevölkerung aber eine Erhöhung der Steuerbelastung.

Hall wird württembergische Garnisonstadt

Die unmittelbare Reorganisation erfasste auch das Haller Militär, das am 25. November 1802 auf den neuen Landesherrn vereidigt wurde. Allerdings wurden nur 46 Soldaten, d.h. ungefähr die Hälfte, übernommen und die anderen als untauglich entlassen. Im Dezember 1802 wurde Hall zur Garnisonstadt erklärt und der ehemals reichsstädtische Marstall in eine Kaserne umgewandelt. Die Reichsstadt hatte im alten Reich ein Simplum von acht Reitern und 49 Infanteristen zur Reichsarmee, d. h. zu den Truppen des Schwäbischen Kreises zu stellen. Allerdings wurden in Kriegszeiten bis zu fünf Simpla (Quintuplum) aufgeboten, und Hall stellte zum Beispiel 1794 viereinhalb Simpla, d. h. 36 Kavalleristen und 224 Infanteristen. 1802 herrschte jedoch Frieden, und der Kreis ging von einer Präsenzstärke von eineinhalb Simpla (12 + 67 Mann) aus. Wie in Altwürttemberg wurde auch in Neuwürttemberg von Friedrich schrittweise die *Militärkonskription* eingeführt. Das Konskriptionsgesetz vom 21. Februar 1803 schrieb für Neuwürttemberg die Stellung von einem Rekruten auf achtzig Einwohner vor, davon ein Fünftel Kavalleristen. Dies bedeutete für die ehemalige Reichsstadt Hall 214 Mann, d. h. das Land wurde auf Kriegsfuß gesetzt. Ein Drittel des Kontingentes musste sofort zum 1. April 1803 gestellt werden. Die Auswahl blieb zunächst den Gemeinden überlassen, aber die Mindestbedingungen für die sechs Jahre (Infanterie) bzw. acht Jahre (Kavallerie) dienenden Rekruten wurden verschärft: Mindestgröße und Höchstalter (30 Jahre) wurden vorgeschrieben, die Stellung von Ausländern, d. h. Bettlern, ferner die von Zuchthäuslern untersagt. In Hall kam es im Gegensatz zu anderen Reichsstädten nicht zum offenen Widerstand gegen diese für die Bürger ungewohnte Last, und Hall trug wie alle Württemberger zum Blutzoll unter Napoleon bei.[37] Zu den neuen Militärlasten gehörte auch die Umwandlung des am 12. Januar 1803 aufgelassenen Chorherrnstiftes Comburg in den Sitz des württembergischen Ehreninvali-

denkorps (1817–1909), während das ehemalige Kapuzinerkloster Klein-Comburg eine neue Bestimmung als Gefängnis fand.

Die evangelische Kirche und das Schulwesen

Die Straffung der Organisation betraf auch die evangelische Kirche und das Schulwesen. Während 1802 acht Geistliche in der Stadt amtierten, waren es ab 1812 nur noch vier für zwei Pfarreien. Das Religionsedikt vom 14. Februar 1803 stellte die drei im Reich anerkannten christlichen Konfessionen in Neuwürttemberg auch innerhalb des Landes gleich. Doch hatte dies auf kommunaler Ebene zunächst keine Folgen, da der Zuzug von Katholiken in die Stadt gering blieb. Einzelne Kirchen, wie die Schuppach- und die Nikolai-Kirche, wurden damals abgebrochen, die der Johanniter profaniert. Noch härter traf die Neuorganisation das städtische *Gymnasium illustre*, das 1654 gegründet und mit elf Klassen in der Oberstufe Vorlesungen verschiedener Universitätsfächer verbunden hatte. 1808 wurde es auf vier (Doppel-)Klassen und am 15. Juli 1811 auf drei (Doppel-)Klassen für acht bis vierzehnjährige Knaben reduziert. Als Lateinschule württembergischer Prägung (Progymnasium) führte es nicht mehr zur Universitätsreife. Der verdiente Rektor und berühmte Germanist Friedrich David Gräter wurde als Pädagogarch (Kreisschulinspektor) des Donau-Kreises nach Ulm versetzt. Die Schließung von Universitäten und Gymnasien entsprach den seit Joseph II. überall vorgenommenen aufklärerischen Reformen, die die Ausbildungskapazitäten dem staatlichen Bedarf anpassten. Der unmittelbare Anlass zur Durchführung dieser Reform in Württemberg war die Ausweitung der Militärkonskription. Da von ihr Studenten ausgenommen waren, wollte der König ihre Zahl reduzieren. Dies ging vor allem zu Lasten der Anstalten der Reichsstädte und der ehem. geistlichen Staaten. Außer Hall betraf dies auch Esslingen, Mergentheim und Öhringen. Nur Heilbronn, Ellwangen und Ulm, die 1811 zu *guten,* d. h. privilegierten Städten erhoben worden waren, entgingen diesem Schicksal. Das Abitur, d. h. die 1811 eingeführte Zugangsprüfung zur Universität, wurde mit Ausnahme der Theologen nur in Stuttgart abgenommen. Die Bildungsmöglichkeiten für die Haller Bevölkerung haben sich durch diese Reorganisation massiv verschlechtert. Erst 1877 erhielt Hall wieder ein Gymnasium.[38]

Verkehrspolitische Maßnahmen

Zu den Eingriffen der neuen Verwaltung gehörten auch primär wirtschaftspolitische Maßnahmen. So hatte der Stadtrat unter Oberamtmann Dünger schon 1807 mit dem Abriss der Stadttore, zuerst einem Verbindungstor zwischen Inner- und Vorstadt, dann den Stadttoren an den Hauptzufahrtstrassen, begonnen.[39] Die Hoffnung der Stadt auf Ausbau des regionalen Verkehrsnetzes erfüllte sich nicht. Eine entsprechende Haller Petition von 1804 fand kein Gehör. Hall, an der Straße vom Oberrhein über Heilbronn nach Nürnberg gelegen, war schon 1750 vom *Chausseebauprogramm* des Schwäbischen Kreises übergangen worden, das die Straße vom Oberrhein nach Nürnberg über Stuttgart und das Remstal umlenkte. Trotzdem hatte Hall mit dem chausseeweisen Ausbau seiner Durchgangsstraßen begonnen, und Thurn und Taxis hatte 1754 seine Reitpost von Straßburg über Heilbronn nach Nürnberg durch eine Postwagenverbindung ersetzt. Nach der Errichtung des Königreichs Württemberg wurde diese Strasse jedoch beim Chaussee-, Eisenbahn- und Autobahnbau (bis 1979) vernachlässigt. Die direkte Verbindung zwischen Hall und Stuttgart über Backnang wurde zwar schon 1812 zur Poststrasse erklärt, doch erst seit 1825 ausgebaut: 1846 wurde der Aufstieg zum Murrhardter Wald, die sog. *Rote Steige*, fertiggestellt. Auch der Eisenbahnanschluss beschränkte sich auf Nebenstrecken (1862, 1880). Die Verbindung zwischen Stuttgart und Nürnberg verläuft noch heute durch das Remstal.[40]

[1] *G. G. Vreede*, La Souabe après la paix de Bâle. Utrecht 1879, 72f.
[2] Zum Folgenden s. *Uta Krüger-Löwenstein*, Rußland, Frankreich und das Reich 1801–1803. Wiesbaden 1972; *Klaus Peter Schroeder*, Das Alte Reich und seine Städte. München 1991, 315ff.
[3] *Krüger-Löwenstein*, Rußland (wie Anm. 2), Anhang.
[4] *Schroeder*, Reich (wie Anm. 2), 321.
[5] *Hanns Hubert Hofmann*, ... *sollen bayerisch werden*. Die politische Erkundigung des Majors von Ribaupierre durch Franken und Schwaben im Frühjahr 1802. Kallmünz 1954.
[6] *Karl Süssheim*, Preußens Politik in Ansbach-Bayreuth 1791–1806. Berlin 1902, 305, 309, 331.
[7] *Erwin Hölzle*, Das Alte Recht und die Revolution. Eine politische Geschichte Württembergs in der Revolutionszeit 1789–1805. München/Berlin 1931, 277ff.
[8] Russisch-französischer Teilungsplan vom 03.06.1802, in: *Jules de Clercq*, Recueil des traités de la France. Bd. 1. Paris 1880, 596ff.; württ.-franz. Friedensvertrag vom 20.05.1802, in: Ebd., 581ff. Trotz eines Grundsatzbeschlusses 1795 wurde der Franken (*franc germinal*) erst 1803 eingeführt. Bis dahin war noch das Pfund (*Livre*) gebräuchlich.
[9] Dazu *Wilhelm German*, Chronik von Schwäbisch Hall und Umgebung. Schwäbisch Hall 1900, 267ff.; *Max Miller*, Der Ausklang des ersten Deutschen Reiches im Leben einer schwäbisch-fränkischen Reichsstadt, in: Besondere Beil. des Staats-Anzeigers für Württemberg vom 30.11.1933, 233–43; *Kuno Ulshöfer*, Wie Hall an Württemberg kam, in: Der Haalquell, Beil. des Haller Tagblatts, Juli 1967; *Walter Döring*, Die Mediatisierung der Reichsstadt Hall durch Württemberg 1802/03, in: WFr 67 (1983), 105–52; *Schroeder*, Reich (wie Anm. 2), 322ff., 369ff.; *Beate Iländer*, Verfassung und Verwaltung der Reichsstadt Schwäbisch Hall vom Ende des 30-jährigen Krieges bis zum Ende der Reichsstadtzeit (1648–1806). Schwäbisch Hall 2001, 279ff.; *Manfred Akermann/Harald Siebenmorgen* (Hg.), Hall in der Napoleonszeit (Ausstellungskatalog). Sigmaringen 1987.
[10] Kopie in: HSAS A 16a Bü 716; vgl. *Hölzle*, Recht (wie Anm. 7), 290–95.
[11] Druck: *Ulshöfer*, Hall (wie Anm. 9); *Döring*, Mediatisierung (wie Anm. 9), 109f.
[12] Ebd., 124.
[13] *Schroeder*, Reich (wie Anm. 2), 67ff.
[14] *Eugen Mack* (Hg.), Die Johann Baptist Hofer-Denkschrift namens der freien Reichsstädte in Schwaben 1802. Rottweil 1926.
[15] *Ernst Rudolf Huber* (Hg.), Dokumente zur deutschen Verfassungsgeschichte. Bd. 1. Stuttgart 3. Aufl. 1978, 13.
[16] Wie Anm. 9.
[17] *Akermann*, Hall (wie Anm. 9), no. 105.
[18] *Albert Pfister*, König Friedrich von Württemberg und seine Zeit. Stuttgart 1888, 103–106.
[19] *Max Miller*, Neuwürttemberg unter Herzog und Kurfürst Friedrich. Stuttgart/Berlin 1934.
[20] *Gerd Wunder*, Die Ratsherren der Reichsstadt Hall 1487–1803, in: WFr 46 (1962), 114f.
[21] *Hofmann*, Erkundigung (wie Anm. 5), 24.
[22] Gesetz vom 27.07.1824; vgl. *Bernd Wunder*, Privilegierung und Disziplinierung. Die Entstehung des Berufsbeamtentums in Bayern und Württemberg. München/Wien 1978, 300.
[23] *Wunder*, Ratsherren (wie Anm. 20), 103, 135; *Döring*, Mediatisierung (wie Anm. 9), 140f.; *Kuno Ulshöfer*, Die Schultheißen und Bürgermeister der Stadt Hall seit 1803, in: Der Haalquell (wie Anm. 9), Mai 1974.
[24] *Wolfram Angerbauer* (Hg.), Die Amtsvorsteher der Oberämter, Bezirksämter und Landratsämter in Baden-Württemberg 1810–1972. Stuttgart 1996.
[25] *Iländer*, Verfassung (wie Anm. 9), 295ff.
[26] Ebd., 242ff., 295ff.
[27] 1802 fielen von den 1792–1801 aufgelaufenen Kriegsschulden in Höhe von 331.166 fl. allein 255.471 fl. (77,1 %) auf das Land und nur 75.695 fl. auf die Stadt Hall; *Kurt Herold*, Die Verfassung und der Haushalt der Reichsstadt Hall am Ende des Alten Reiches. Masch. Dipl. Arb. Erlangen/Nürnberg 1971, 59, 113f.; *Iländer*, Verfassung (wie Anm. 9), 267–70; *Ulrich Eberlein*, Die Esslinger Bürgerprozesse. Jur. Diss. Tübingen 1987, 312–19.
[28] *Bernd Wunder*, Die Landtagswahlen von 1815 und 1819 in Württemberg, in: WFr 58 (1974), 277, Anm. 30. Vgl. *Frank Raberg*, Biographisches Handbuch der württembergischen Landtagsabgeordneten 1815–1933. Stuttgart 2001.
[29] *Hartwig Brandt*, Parlamentarismus in Württemberg 1819–1870. Düsseldorf 1987, 86f.
[30] *Miller*, Neuwürttemberg (wie Anm. 19), 113–40.
[31] *Iländer*, Verfassung (wie Anm. 9), 288f.; *Schroeder*, Reich (wie Anm. 2), 373 (mit Druckfehlern!); *Miller*, Neuwürttemberg (wie Anm. 19), 19: Anm. 35.
[32] *Herold*, Verfassung (wie Anm. 27), 59f., 113f., 115–30; *Martin Roedel*, ... *ließen uns die Kriegsgeissel noch schwerer fühlen*. Die Stadt Hall während der napoleonischen Kriege 1792–1815, in: WFr 79 (1995), 313–52.
[33] 1821–28 übernahm der württ. Staat durch Gesetz insgesamt 4.196.285 fl. Schulden von den Erwerbsländern; vgl. *Miller*, Neuwürttemberg (wie Anm. 19), 19, Anm. 35; *German*, Chronik (wie Anm. 9), 287f.; Beschreibung des Oberamts Hall, hg. vom *Kgl. Statistisch-topograph. Bureau*. Stuttgart/Tübingen 1847. ND 1980, 110.
[34] *Wilhelm Kolb/Walter Hampele*, Schola latina und Gymnasium illustre in Schwäbisch Hall (Geschichte des humanistischen Schulwesens in Württemberg. Bd. 2. Stuttgart 1916). ND Schwäbisch Hall 1980, 97–102, 115.
[35] *Hofmann*, Erkundigung (wie Anm. 5), 25.
[36] *Miller*, Neuwürttemberg (wie Anm. 19), 126, Anm. 44.
[37] *Heinz-Günther Borck*, Der Schwäbische Reichskreis im Zeitalter der französischen Revolutionskriege (1792–1806). Stuttgart 1970, 61–67; *Miller*, Neuwürttemberg (wie Anm. 19), 141–47; *Akermann*, Hall (wie Anm. 9), no. 169.
[38] *Kolb/Hampele*, Schola (wie Anm. 33).
[39] *Döring*, Mediatisierung (wie Anm. 9), 143ff.
[40] *German*, Chronik (wie Anm. 9), 263ff.; *Kuno Ulshöfer*, Schwäbisch Hall und die Industrialisierung im 19. Jh., in: WFr 58 (1974), 484; Beschreibung (wie Anm. 32), 96–99. – Zur Verstaatlichung der Haller Saline durch den württ. Staat s. gesonderten Beitrag in diesem Band.

Keine größere und gründlichere Wohltat ...?

Die Mediatisierung der Reichsstadt Ulm

von Hans Eugen Specker

Von Kriegen heimgesucht und mit Schulden belastet. – Ulm am Ende des 18. Jhs.

Ob die zeitgenössischen Ulmer des zu Ende gehenden 18. Jhs. sich bewusst waren, eine späte und letzte Phase reichsstädtischer Eigenständigkeit zu erleben, ist leichter zu fragen als schlüssig zu beantworten. Allzu sehr wird das Bild von dem um die weitere Entwicklung wissenden Rückblick späterer Generationen und dem jener Epoche anhaftenden Verdikt erstarrter und jeder Neuerung abholder Strukturen bestimmt. Demgegenüber bliebe auch zu untersuchen, ob und gegebenenfalls welche Überlegungen und Vorstellungen noch unter reichsstädtischen Vorzeichen für die Zukunft geplant wurden, oder ob sich tatsächlich über alle Stände hinweg eine jede Weiterentwicklung hemmende »Endzeitstimmung« breit gemacht hatte.

Nur bedingt aussagekräftig für solche Fragen sind erst kurz vor der Mediatisierung aufgenommene Stimmungsbilder, standen sie doch unter dem Eindruck der sich bereits abzeichnenden Ereignisse, waren freilich auch abhängig von Stand oder beruflicher Stellung der jeweiligen Berichterstatter. Unter dieser Prämisse zu lesen ist z. B. ein Schreiben des in den Bürgerprozessen gegen den Magistrat hervorgetretenen Ulmer Syndicus Johann Leonhard Holl an den Münchner Hof, in dem dieser am 2. April 1802 die Überzeugung vertrat, *daß dem armen südlichen Deutschland keine größere und gründlichere Wohltat als durch Unierung seiner so verschiedenen kleinen Territorien widerfahren könnte.* Und daher meinte Holl *ohne Schmeicheley und ohne irgendeine Nebenabsicht unterthänig versichern* zu dürfen, *daß allhier in der Stadt Ulm das Volk im allgemeinen glaubt und wünscht, bayerisch zu werden.*[1] Wenige Tage später und in demselben Sinne berichtete der im Auftrag des bayerischen Kurfürsten inkognito die präsumtiven Entschädigungslande bereisende Major Karl Roger v. Ribaupierre: *Der Bürger* in Ulm *stimmt ganz für Bayern.* Umgekehrt musste er aber einräumen, dass das Patriziat und der von diesem dominierte Magistrat an den derzeitigen Verhältnissen nichts auszusetzen fände, mit dieser Auffassung aber, wie er hinzufügen konnte, isoliert stünde.[2]

Wenn Ribaupierre gleichzeitig schrieb, dass *kein deutsches Gebiet die Drangsale des Kriegs so schwer empfunden* habe *als dieses*[3], so mag dies zwar als subjektive Beobachtung zu relativieren sein, vermittelt aber doch einen realistischen Einblick in die Ulmer Verhältnisse. Vor allem seit dem Vordringen französischer Truppen über den Rhein unter General Moreau im Juni 1796 war Ulm unmittelbar in das Kriegsgeschehen einbezogen worden.[4] Anfang August requirierte ein in Oberschwaben aufgezogenes österreichisches Korps die im Ulmer Zeughaus gelagerten Waffen, um sie nicht den näherrückenden Franzosen in die Hände fallen zu lassen. Schon am 6. August 1796 zog dann eine französische Vorhut in die Reichsstadt ein, musste diese aber im September nach einer schwere Schäden anrichtenden Kanonade wieder den Österreichern überlassen, nachdem sie noch hohe Kontributionen für den Abzug gefordert hatte. Die Österreicher ließen die Festungsanlagen wieder in Stand setzen, begannen mit dem Ausbau vorgeschobener Schanzen und verstärkten nach dem Ausbruch des Zweiten Koalitionskrieges 1799 die Besatzung in

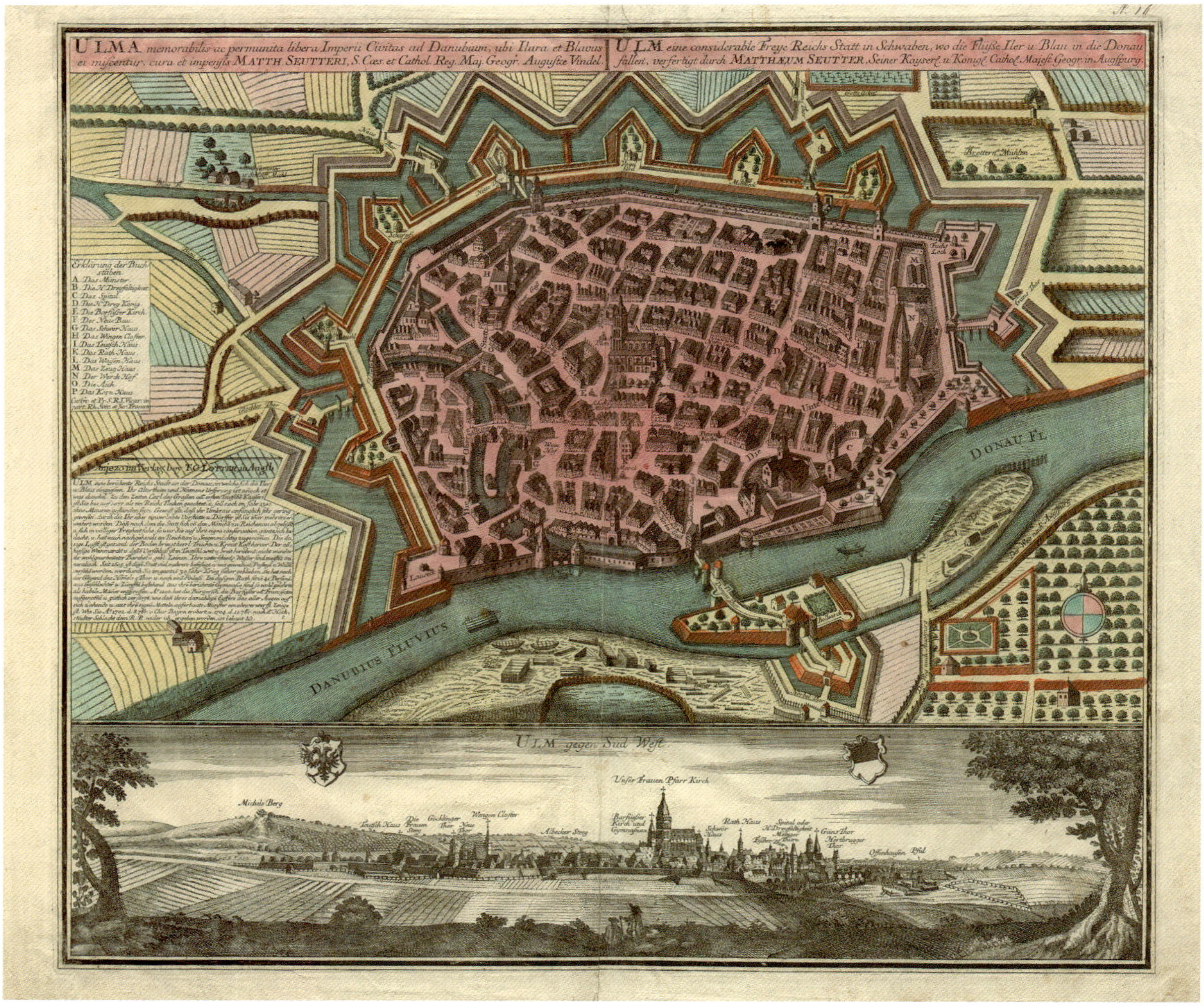

Ulm aus der Vogelschau, um 1720
Um die teilw. erhalten gebliebene mittelalterliche Stadtmauer ziehen sich die Bastionen von 1605–1623. Befestigt war auch die vorgelagerte Donauinsel, der Zugang von Süden. Unten eine Ansicht Ulms von Südwesten mit den Wappen des Reiches und der Reichsstadt Ulm.
Kol. Kupferstich, Matthäus Seutter, um 1720.
StA Ulm.

der Stadt, die zahlreiche, rasch aufeinanderfolgende Truppendurchzüge, darunter auch eines russischen Korps, erlebte. Im Mai 1800 schlug der österreichische Feldzeugmeister Kray sein Hauptquartier in Ulm auf, konnte dieses auch gegen die Franzosen behaupten, musste die Stadt aber nach dem Waffenstillstand von Parsdorf räumen, worauf General Moreau die Sprengung und Schleifung der Festungsanlagen bis auf den mittelalterlichen Stadtkern anordnete.[5] Dieses Bild einer schwer in Mitleidenschaft gezogenen Stadt, deren Einwohnerzahl gegenüber der Blütezeit im 16. Jh. bei der Bevölkerungszählung von 1796 mit 11.468 ortsansässigen Bewohnern auf knapp die Hälfte geschrumpft war, und den Anblick eines weithin verwüsteten Umlandes hatte Ribaupierre wohl vor Augen, als er die oben zitierte Feststellung traf.

Die Handel und Gewerbe schwächenden kriegerischen Ereignisse im Verbund mit hohen Kontributionszahlungen hatten die Schulden der Stadt, die schon in den vorangegangenen Jahrzehnten ein zentrales Thema reichsstädtischer Finanzpolitik gebildet und zum Eingreifen kaiserlicher Kommissionen geführt hatten, drastisch erhöht.[6] Mehrfache Steuererhöhungen in der Stadt und im Territorium, dem weitaus größten Herrschaftsgebiet einer Reichsstadt in Schwaben, lösten Proteste der Bürgerschaft aus, die sich auch gegen das oligarchische Stadtregiment und dessen Privilegien richteten, zu Unruhen in der Stadt und zu Klagen beim Reichshofrat führten, mit der Forderung nach Verfassungsänderung und Mitspracherechten der Bürgerschaft aber nicht durchdrangen.[7] Das an der Spitze der Stadt stehende, vielfach untereinander versippte Gremium von Bürgermeister und Rat blieb dem Einfluss bürgerschaftlicher Wahlen entzogen, amtierte auf Lebenszeit und besetzte frei werdende Sitze durch Kooptation.[8]

Die Reichsstädte auf dem Rastatter Kongress. – Erfahrungen des Ulmer Gesandten

Als Direktor der Städtebank im Schwäbischen Reichskreis und ständiger Tagungsort für die Kreistage[9] spielte Ulm eine führende Rolle unter den Reichsstädten Schwabens, stand mit Nürnberg als Vorort der fränkischen Reichsstädte in ständiger Verbindung und war Sitz eines kaiserlichen Residenten und von Vertretungen anderer Stände.[10] Aufmerksam wurden daher die Verhandlungen auf dem Rastatter Friedenskongress beobachtet, und nach entsprechenden Sondierungen

Abbruch der Wälle vor der mittelalterlichen Stadtmauer beim Frauentor
Nachdem der franz. General Moreau 1800 die Bastionärbefestigung des 17. Jhs. hatte schleifen lassen, wurden 1805 durch den österr. Feldmarschallleutnant Mack erneut Schanzen errichtet. Nach der Einnahme der Stadt durch Napoleon im Okt. 1805 wurden sie wieder abgetragen.
Kol. Radierung, Johann Hans, um 1805.
StA Ulm.

beschloss der Städtekonvent des Reichskreises die Entsendung einer Delegation, der neben Beauftragten Ulms und Augsburgs auch Rottweil und Überlingen für die katholischen Reichsstädte angehören sollten.[11] Für Ulm wurde Ratskonsulent Dr. Gottlob Dietrich Miller entsandt, der am 20. März 1798 in Rastatt eintraf und am 22. März beim kaiserlichen Minister Graf Lehrbach vorgelassen wurde, von dem er sich, da dieser als langjähriger Resident des Kaisers *am Schwäbischen Kreis*[12] *den Zustand der darin gelegenen Reichsstädte vorzüglich* kannte, besondere Unterstützung versprach.[13] Besuche beim kaiserlichen Plenipotentiarius Graf v. Metternich und beim Reichsdirektorialgesandten v. Albini, dem Kanzler des Kurfürsten von Mainz, bei denen Miller auch Irritationen wegen der in Rastatt vorstellig gewordenen Ulmer Bürgeropposition ausräumen konnte[14], schlossen sich an, und überall erhielt Miller beruhigende Zusagen für die Zukunft der Reichsstädte. Die *tröstliche Auskunft, daß Ihro Majestät niemals gerne sehen oder zugeben würden, daß die Reichsstädte, ja auch nur eine derselben, sollte aufgeopfert werden,* wurde wiederholt, als an Ostern 1798 die vier Kollegialabgeordneten der Städte ihre gemeinsame Aufwartung machten, wobei sie sich bei den französischen Gesandten Treilhard und Bonnier mit der Abgabe ihrer Karten begnügen mussten.[15] Mit regelmäßigen Kollegialberichten, die im Ulmer Rat zur Kenntnis gegeben und in Abschriften an die Reichsstädte weitergeleitet wurden[16], informierten die Gesandten über den Fortgang der Verhandlungen[17], bis der erneute Kriegsausbruch ihre Abreise erzwang und *für die Erhaltung sämtlicher wohllöblicher Reichsstädte* nur noch *fromme Wünsche* blieben.[18]

Letzte Manifestation korporativen Selbstverständnisses. – Der Ulmer Städtetag von 1802

Wenige Monate nach dem den Zweiten Koalitionskrieg beendenden Frieden von Lunéville schloss Bayern am 24. August 1801 einen Friedens- und Freundschaftspakt mit Frankreich, dem am 24. Mai 1802 eine Vereinbarung über territoriale Entschädigungen für verlorene linksrheinische Besitzungen folgte. Verborgen bleiben konnte diese Abmachung offenbar nicht, denn am 2. Juli 1802 informierten Bürgermeister und Rat von Esslingen den Ulmer Magistrat über *ein allgemeines Gerücht,* wonach *der Fall der meisten Reichsstädte entschieden seye.*[19] Da aber *der Gedanke, den Vorwurf zu verdienen, das reichsstädtische Interesse vernachlässigt zu haben, viel zu peinlich* sei, als dass nicht Gegenmaßnahmen überlegt werden sollten, regten sie *gemeinschaftliche kollegialische Vorstellungen* bei Kaiser und Reichsversammlung an, um wenigstens *billige und anständige Bedingungen* zu erreichen. Ulm verhielt sich zunächst abwartend, und erst als auch Memmingen in ähnlichem Sinne intervenierte, schlugen die beiden Ratsälteren die Einberufung eines Städtetags auf den 16. August 1802 vor. Vorher beging man jedoch in Ulm, als ob keinerlei Veränderungen drohten, am 9. August den traditionellen Schwörtag mit der Vereidigung von Obrigkeit und Bürgerschaft für das kommende Amtsjahr.[20]

Der im Einladungsschreiben betonten Dringlichkeit und Bedeutung der zu verhandelnden Themen folgten nahezu alle der 31 Reichsstädte des Schwäbischen Kreises. Nur Augsburg, das sich durch eigene Gesandte in Paris noch Chancen für den Erhalt reichsstädtischer Selbständigkeit ausrechnete, Wimpfen, Gengenbach und Zell am Harmersbach hielten sich abseits, wobei sich die beiden letzteren mit dem späten Eingang der Einladung durch die Post und mit ihrem *ungeheuren Schuldenstand* entschuldigten, aber um Abschriften der Verhandlungsprotokolle gegen Gebühr baten. Heilbronn und Buchau ließen sich durch Ulm vertreten, Buchhorn durch Überlingen und Offenburg *sowohl der weiten Entfernung als der hieruntigen Kosten wegen* durch Rottweil.[21]

Die im Ulmer Ratssaal den Deputierten vorgetragene *Hauptproposition* erinnerte an die Ereignisse seit 1798 und schilderte in bewegten Worten, wie die *getreuen Reichsstädte* nach dem Frieden von Lunéville und *nach den zerstörenden Stürmen des Kriegs in stiller Hoffnung den Zeiten* entgegengesehen hätten, *wo die Sonne des Friedens den Ackerbau, die Gewerbe, die Künste, die Handlung neu beleben, verstopfte Nahrungsquellen wieder eröffnen, neue auffinden lassen und so ihnen die Mittel darreichen würde, die tiefen Wunden, welche sie durch vorzügliche Anstrengung und Aufopferung erlitten hatten, nach und nach zu heilen und bey Sparsamkeit und Eingeschränktheit*

Sitzung des Schwäbischen Reichskreises im Ulmer Ratssaal
Auf den erhöhten Bänken längs der Wände die Gesandten der geistlichen und weltlichen Fürsten, der Prälaten, Grafen und Herren, ganz links auf der Prälatenbank der Vertreter Ulms als Direktor der Städtebank, die übrigen reichsstädtischen Abgesandten auf den Bänken im Saal, in der Mitte der Protokollant. Kupferstich, Joseph Arnold, 1669. StA Ulm.

unter Gottes und des Kaisers Schutz wieder zu ihrem vorigen Wohlstand zu gelangen.
Dieser Vision einer reichsstädtischen Zukunft wurden der Realität angemessene konkrete Tagesordnungspunkte gegenübergestellt, zu deren Vorberatung ein Ausschuss eingesetzt wurde, und am 26. August konnte nach teilweise kontrovers verlaufener Diskussion einvernehmlich das Abschlussprotokoll besiegelt werden.[22] Danach sollte einer gewaltsamen Inbesitznahme durch fürstliche Truppen zwar kein Widerstand entgegengesetzt, aber auf die Reichsstandschaft verwiesen und das jeweilige Stadtregiment bis zur endgültigen Gebietsaufteilung durch die Regensburger Reichsdeputation unangetastet belassen werden. Einen Huldigungseid vor dem neuen Landesherrn sollte man sich *durch alle schicklichen Vorstellungen verbitten* und diesen allenfalls unter Zwang, vorbehaltlich *der älteren und ursprünglichen Pflichten* gegenüber Kaiser und Reich, leisten. Weiterhin müsse es *Pflicht und Recht* jeder Reichsstadt bleiben, *zuvörderst auf ihre Erhaltung in bisheriger* Unmittelbarkeit *und Reichsstandschaft verfassungsmäßig zu dringen.* Bleibe dies erfolglos, aber erst dann, gelte es *diejenigen Maßregeln nach Pflicht und Verfassung anzuwenden, welche den bisherigen Reichsstädten die Fortdauer des nötigen Wohlstands sowohl für die gemeinen Wesen selbst als für die jetzt lebenden und künftigen Bürgerschaften versprechen und sicherstellen möchten.* Letzterem Ziel diente eine Denkschrift[23], die alle bisherigen Privilegien und Rechte der Reichsstädte zusammenfasste und mit der Bitte um Berücksichtigung reichsstädtischer Interessen nach Wien und Regensburg gesandt wurde.

Die Besitznahme Ulms durch Bayern. – Vom Provisorium zur Eingliederung

Noch während der Städtekonvent in Ulm tagte, unterzeichnete Kurfürst Max IV. Josef am 23. August 1802 in München ein Schreiben an Bürgermeister und Rat von Ulm über die geplante Besitznahme der Reichsstadt und ließ am 29. August von Norden her bayerische Truppen unter Generalmajor Gaza über Langenau in das ulmische Territorium einmarschieren.[24] *Eine bloß provisorische Occupation* sollte dies sein, wie das in einer Sondersitzung des Rats am 31. August mor-

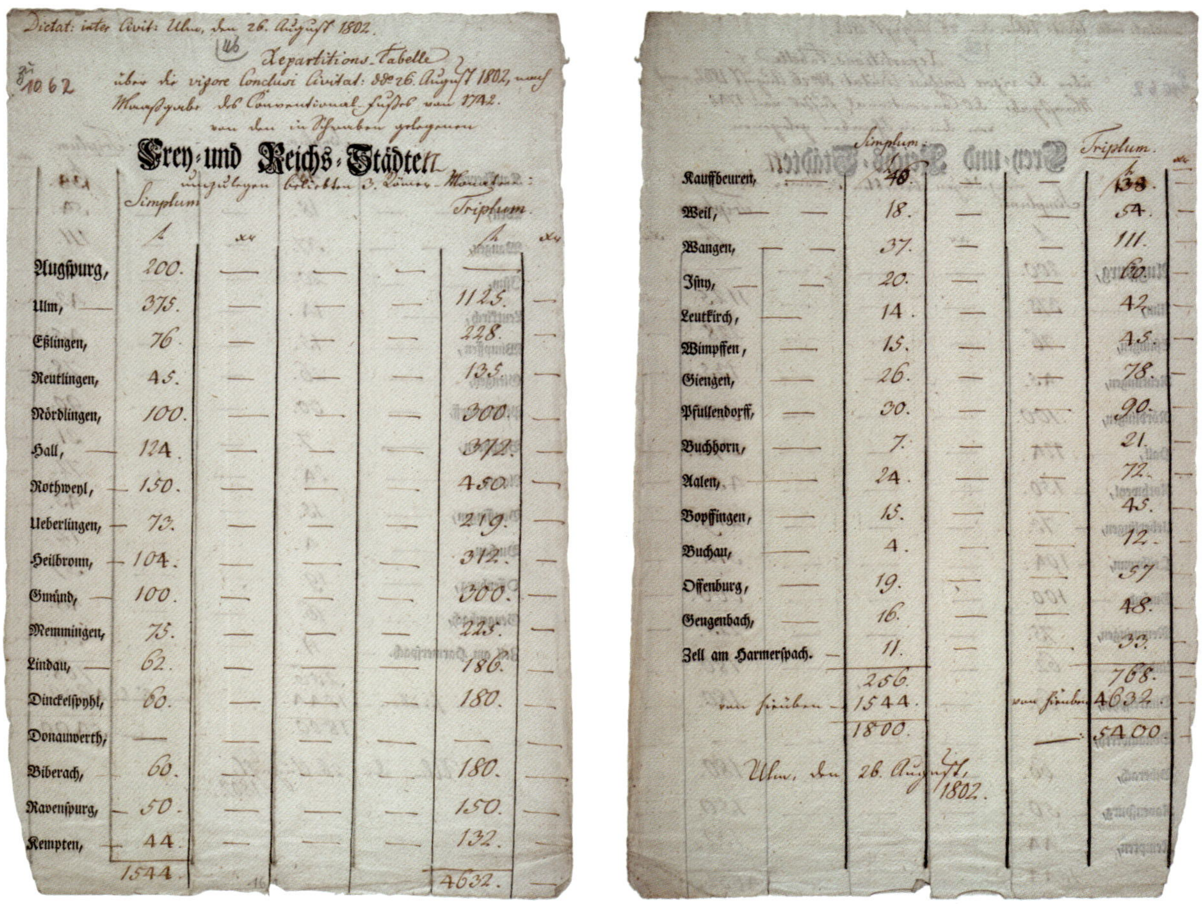

Frey- und Reichs-Städten

	Simplum	Triplum
Augspurg,	200.	—
Ulm,	375.	1125.
Eßlingen,	76.	228.
Reutlingen,	45.	135.
Nördlingen,	100.	300.
Hall,	124.	372.
Rothweyl,	150.	450.
Ueberlingen,	73.	219.
Heilbronn,	104.	312.
Gmünd,	100.	300.
Memmingen,	75.	225.
Lindau,	62.	186.
Dinckelspyhl,	60.	180.
Donauwerth,	—	—
Biberach,	60.	180.
Ravenspurg,	50.	150.
Kempten,	44.	132.
	1544.	4632.
Kauffbeuren,	46.	138.
Weil,	18.	54.
Wangen,	37.	111.
Isny,	20.	60.
Leutkirch,	14.	42.
Wimpffen,	15.	45.
Giengen,	26.	78.
Pfullendorff,	30.	90.
Buchhorn,	7.	21.
Aalen,	24.	72.
Bopfingen,	15.	45.
Buchau,	4.	12.
Offenburg,	19.	57.
Gengenbach,	16.	48.
Zell am Harmerspach.	11.	33.
	256.	768.
von früher	1544.	4632.
	1800.	5400.

Ulm, den 26. August 1802.

Umlage zur Finanzierung einer reichsstädtischen Delegation nach Regensburg, 26. August 1802
Abgeordnete der Städte Ulm, Rottweil und Biberach sollten bei der Reichsdeputation für die Ziele der gemeinsamen Denkschrift werben. Der Umlage zugrunde lag ein 1742 vereinbarter Schlüssel, der Ulm als den wichtigsten Financier unter den schwäbischen Reichsstädten ausweist. Augsburg hatte sich nicht beteiligt, und Donauwörth war seit 1607 bayerisch.
StA Ulm.

gens um 6.30 Uhr von Frh. Wilhelm v. Hertling übergebene Schreiben betonte, und die Zivilverwaltung daher nicht angetastet werden. Durch Anschläge wurde das kurfürstliche Handschreiben der Bevölkerung bekanntgegeben, und am 3. September rückte bayerisches Militär, dem *schärfste Mannszucht* auferlegt war, in die Stadt ein mit dem *bestimmtesten Befehl, von den Quartiervätern außer dem gewöhnlichen Dach und Fach, Holz und Lagerstroh nicht das mindeste ohnentgeltlich zu verlangen.*[25] Mit einem offenbar auf den 2. September zurückdatierten Schreiben wurde der Kaiser ausführlich über die Ereignisse unterrichtet, und nach einem dezenten Hinweis von Baron Hertling auch dem bayerischen Kurfürsten am 6. September der Empfang seines Schreibens bestätigt. Damit verbunden wurde die Bitte, die Truppen – einmarschiert waren ein Bataillon Infanterie mit 800 Mann, eine Eskadron Kürassiere mit 125 Pferden und 35 Mann für das Reichsstift Söflingen bestimmte reitende Artillerie – doch zu reduzieren, da die *ruhige Stimmung der hiesigen Bürger* [...] *zu Erhaltung guter Ordnung einer starken militärischen Macht allhier gewiß nicht be-*

dürfe.[26] Beigetragen haben dürfte zu diesem friedlichen Verlauf neben der ohnehin erkennbaren Aussichtslosigkeit jeglichen Widerstands das wirtschaftlichen Aufschwung verheißende Gerücht, Ulm sei als Sitz zentraler bayerischer Behörden vorgesehen.
Das Ende reichsstädtischer Eigenständigkeit war nicht mehr aufzuhalten. Auf den 29. November 1802 bestellte Generalkommissär v. Hertling den Magistrat und die wichtigsten Beamten aus Stadt und Territorium aufs Rathaus, vor dem bayerische Wachen aufgezogen waren, und übergab das tags zuvor vom Kurfürsten unterzeichnete *Besitznahmspatent*. In dessen Folge wurden die Versammelten von ihren Pflichten gegenüber Kaiser und Reich entbunden und *ihnen alle Jurisdiktion und sonstige Verhandlungen unter der Authorität ihrer bisherigen Landesobrigkeit gänzlich untersagt,* der Magistrat aber als *kurfürstlicher Interims-Stadtrat* im Amt belassen.[27] Die Vereidigung auf den neuen Landesherrn schloss sich an, und durch die unter militärischer Bewachung erfolgende Anbringung kurfürstlicher Wappen an Stadttoren und öffentlichen Gebäuden[28] sollte der Herrschaftswechsel allgemein sichtbar werden, der im übrigen *auf die gewöhnliche Weise durch die Geistlichen nach geendigtem Gottesdienst von der Kanzel, durch die Gerichtsdiener in den Gemeinden und durch die Zeitungs- und Intelligenzblätter* zu publizieren war.[29]
Wesentlich war nun vor allem eine Bestandsaufnahme, für die sich der Generalkommissär gut vorbereitet zeigte. Nach einer ihm vorliegenden Liste ließ er alle Kassen und Vorratshäuser versiegeln und beauftragte mit Namensnennung einzelne Ratsmitglieder mit der Kassen- und Rechnungsprüfung in der Stadt und den Ämtern des Territoriums. Eine Sonderaufgabe wurde dem Hertling offenbar bereits näher bekannten Ratsherrn Johann Jakob v. Schad, der später in bayerische Justizdienste treten sollte, mit der *Zivilbesitznahme* des Augustinerchorherrenstifts St. Michael zu den Wengen zugedacht. Die Versiegelung von reichsstädtischem Archiv und der Registratur behielt sich v. Hertling in Begleitung des amtierenden Bürgermeisters Carl Friedrich v. Neubronner selbst vor, und erst gegen Jahresende wurde unter strengen Auflagen der Zugang zum Archiv und zu einzelnen Kassen für laufende Vorgänge und unabweisbare Zahlungen wieder ermöglicht.

Bayern als neuer Landesherr. – Entmachtung des bisherigen Stadtregiments

Eine Fülle von Verordnungen und Erlassen erging an die nunmehr definitiv bayerisch gewordene ehemalige Reichsstadt, unter denen die zur Abschaffung bisheriger Titulaturen, zur Zurückweisung von Schreiben mit der Anschrift *Reichs*stadt Ulm oder zur Bereitstellung von Heizmaterial für staatliche Kanzleien noch die harmlosesten waren. Über alles und jedes, vor allem zur finanziellen Entwicklung, musste binnen knapper Fristen berichtet werden. Dass dies durchaus ernst gemeint war, zeigt die harsche Rüge des Generallandeskommissariats vom 28. Januar 1803 auf angeblich von Ulm zu verantwortende Verzögerungen: *Es ist kaum zu glauben,* so schrieb v. Hertling, *daß dem provisorischen Stadtmagistrat diejenigen gnädigsten Befehle und kurfürstlichen Verfügungen schon entfallen sein werden, wovon demselben bei der Civil-Besitznahme im Namen des neuen Landesherrn die deutliche Eröffnung sowohl mündlich als schriftlich gemacht worden ist.* Von *sträflichem Ungehorsam, Renitenz* und *Pflichtvergessenheit* war ferner die Rede, und auf jeden Fall müsse der Magistrat *ihm zugehende Befehle von einer kurfürstlichen, hiezu authorisierten Behörde* strikt befolgen.[30] In den Ohren eines vordem *von Gottes Gnaden* selbstherrlich regierenden Rats mochte dies recht befremdlich geklungen haben.
Trotzdem wurde am 17. Februar 1804 noch einmal ein Anlauf unternommen, um mit der Erhaltung des außerhalb der Ulmer Markung gelegenen städtischen Grundbesitzes eine Sonderregelung zu erreichen. Der Kurfürst selbst lehnte in einem am 23. März 1804 übermittelten Schreiben das sich auf § 27 RDH (Privilegien für ehemalige Reichsstädte) beziehende Gesuch mit deutlichen Worten ab. Statt Ausnahmen zu beanspruchen, müsse Ulm dankbar sein, *mit allen Städten der kurfürstlichen älteren Erblande gleichgestellt* und *dadurch von dem gänzlichen Untergange gerettet* zu werden, *wohin ihre ungeheuren Schulden im Verein mit einer schlechten Verwaltung sie in Bälde unvermeidlich geführt haben würden.*[31] Mit dieser Antwort war zugleich eine von allen Zunftvorgesetzten unterzeichnete Bittschrift auf Berücksichtigung im Einzelnen spezifizierter Belange erledigt, und dem

Feierlicher Einzug bayerischer Truppen in Ulm, 3. Januar 1808
Im Krieg Frankreichs gegen Preußen und Russland (1806/07) hatten sich bayerische Truppen als Verbündete Napoleons bewährt. Den siegreich heimkehrenden Regimentern errichtete die Stadt Ulm rechts der Donau eine Triumphpforte, durch die über die Herdbrücke der Einmarsch erfolgte.
Kol. Lithographie, Johann Hans, 1808.
StA Ulm.

provisorischen Magistrat war die Aussichtslosigkeit weiteren Widerstrebens vor Augen geführt worden. Ohnehin waren die Tage dieses in seiner personellen Zusammensetzung noch aus reichsstädtischer Zeit übernommenen Gremiums gezählt. Am 13. August 1804 trat der *Senatus Reipublicae Ulmensis* zu seiner letzten Sitzung zusammen. Am darauffolgenden Tag wurde ein vom Landesherrn ernannter Verwaltungsrat bzw. Stadtmagistrat – im Unterschied zu den 41 Ratsherren der Reichsstadtzeit zählte er nur neun Mitglieder – vereidigt, und mit der Einrichtung eines Stadtgerichts und einer Polizeidirektion wurden Gewaltenteilung und bayerische Munizipalverfassung auch in Ulm geltendes Recht. Aufgabe des Verwaltungsrats war demnach die *Besorgung der allgemeinen Stadtangelegenheiten*, wobei sein *Wirkungskreis ganz allein auf den Umfang der Ringmauern* und der städtischen Markung beschränkt blieb. Letzteres gab

Anlaß zu einer eilends durchgeführten Feldbegehung, um die Markungsgrenze festzusetzen, die bislang wegen der sich über das ganze Territorium erstreckenden Hoheitsrechte des Rats ohne Bedeutung gewesen war. Nur in der Verwaltung des umfangreichen und unangetastet belassenen Grundvermögens der Stiftungen reichten die Kompetenzen des Verwaltungsrats über die Stadtmarkung hinaus. Von all diesen Änderungen und damit von der Beendigung *des provisorischen Zustands der ehemaligen Reichsstadt* erfuhren die Ulmer am 6. September 1804 aus der Zeitung.

Ulm als bayerische Hauptstadt in Schwaben. – Auswirkungen auf Stadt und Bürgerschaft

Politisch und verfassungsrechtlich war damit die Mediatisierung innerhalb von knapp zwei Jahren vollzogen. Die Probleme waren freilich noch nicht alle gelöst, und erst sukzessive wurden die Veränderungen für die Bürgerschaft spürbar. Erfüllt hatte sich die Hoffnung auf Ansiedlung zentraler Behörden. Mit dem Generallandeskommissariat, dem 1803 eingerichteten Oberjustizgericht als höchster Instanz für die schwäbischen Entschädigungslande und dem 1804 geschaffenen evangelischen Konsistorium konnte Ulm tatsächlich als Hauptstadt der bayerischen Provinz Schwaben gelten.[32] Dafür waren jedoch städtische Gebäude zu räumen – u. a. musste der Magistrat aus dem Rathaus in den Neuen Bau umziehen[33] –, und es mussten preisgünstige Wohnungen für die zuziehenden Beamten beschafft werden.

Auswirkungen auch für Ulm hatte das am 10. Januar 1803 auf die bayerischen Neuerwerbungen ausgedehnte *Edikt über die Religionsfreiheit*. Zwar war das Augustinerchorherrenstift St. Michael säkularisiert worden, aber auf Drängen v. Hertlings und vor allem auch im Blick auf die katholischen Beamten aus Bayern wurde 1805 in der bisherigen Stiftskirche wieder eine katholische Pfarrei, die erste seit der Reformation in Ulm, gegründet.[34] Schon 1803 hatte v. Hertling dem provisorischen Magistrat aufgetragen, einen Begräbnisplatz für Katholiken auszuweisen, die bisher auf dem Friedhof des bei Ulm gelegenen reichsunmittelbaren Klarissenklosters Söflingen bestattet worden waren. Der Intervention der Landesdirektion bedurfte es auch, um die in Bayern geltende Freizügigkeit und Niederlassungsfreiheit durchzusetzen und gegen den widerstrebenden Magistrat die Ansiedlung eines jüdischen Geschäftsmanns in der Stadt, aus der die Juden 1499 ausgewiesen worden waren, zu ermöglichen.[35]

Zu den erhalten gebliebenen Einrichtungen gehörte das Gymnasium, das beim Übergang an Bayern 235 Schüler zählte und wegen der Zentralität der Stadt fortgeführt werden sollte, während das Gymnasium academicum als Auslaufmodell nur noch bis 1809 bestand.[36] Das Theater, das 1804 ausdrücklich zum städtischen Eigentum erklärt worden war, wurde auch in bayerischer Zeit wie bisher an wandernde Schauspielertruppen vermietet, wobei sich der Spielplan verstärkt vom Schauspiel auf Opern verschob.[37]

Als gravierender Eingriff in bisherige Rechte und Gewohnheiten wurde die von Bayern auferlegte allgemeine Militärpflicht empfunden, gegen die von Anfang an, wenn auch vergeblich, Bedenken vorgetragen wurden.[38] In reichsstädtischer Zeit in den Bürgerkompanien lediglich zu Wachdiensten verpflichtet, bedeuteten die im November 1803 durchgeführten Aushebungen eine allgemein beklagte, vor allem Handwerkersöhne treffende Neuerung.

Das alles überdeckende zentrale Thema war jedoch die Frage nach finanzieller Ausstattung und Schuldentilgung der Stadt. Immer wieder neue Berechnungen wurden angestellt, die durch kriegerische Ereignisse alsbald überholt waren, und mehrfach musste zu dem unbeliebten Mittel weiterer Steuererhöhungen gegriffen werden. Auch wenn dies im einzelnen nicht vorhersehbar war, als am 17. April 1804 die kurfürstliche Organisationskommission ihren Bericht über die *Verhältnisse und Einkünfte der ehemaligen Reichsstadt Ulm* abschloss, so blieb doch deren Resumé gültig, wonach Ulm *in Anbetracht seines weitschichtigen Gebiets und seiner ansehnlichen Einkünfte* trotz seiner Schulden noch immer verdiene, *unter die wichtigeren Gegenstände der Entschädigungen für das höchste Kurhaus Bayern gezählt zu werden.*[39] Die davon betroffenen Ulmer hatten schon am 13. Dezember 1802 pflichtschuldig eine Delegation nach München entsandt[40], am 23. Januar 1803 ein *Dank- und Betfest* begangen[41] und am 12. April 1803 mit aller Ehrerbietung den neuen Landesherrn empfangen[42], brachten aber doch in dem

Gesuch der Zunftvorgesetzten an den Kurfürsten vom März 1804 zum Ausdruck, dass der *Verlust der unmittelbaren Reichsstandschaft* ihnen *empfindlich falle*, denn *der Übergang aus einem lange gewohnten Zustand, wenn es auch nicht der angenehmste gewesen seyn sollte, ist für Menschen, die von keinen ehrgeizigen und eigennützigen Absichten geleitet werden, immer schwer, sollte sie auch die Lage, der sie entgegengeführt werden, weit mehr Vorteile und Annehmlichkeiten erwarten lassen.*[43] Mehr als eine Deklaration gegenüber den hinzunehmenden Fakten und Verhältnissen konnte – und sollte – dies nicht sein, und mit den bei der Eingliederung in Bayern gewonnenen Erfahrungen erlebten die Ulmer nach dem Vertrag von Compiègne 1810 den Übergang in das Königreich Württemberg als letzte Folge der Mediatisierung.

[1] Zit. nach *Bernhard Zittel,* Die staatsrechtlichen Verhältnisse der Reichsstadt Ulm beim Übergang an Bayern im Jahre 1802/03, in: UuO 34 (1955), 120–144, hier 143; zu den Bürgerprozessen und J. L. Holl vgl. *Gerhard Gänsslen,* Die Ratsadvokaten und Ratskonsulenten der Reichsstadt Ulm, insbesondere ihr Wirken in den Bürgerprozessen am Ende des 18. Jhs. Ulm 1966, 127–143, 236f.

[2] Bericht vom 16.05.1802: *Zittel* (wie Anm. 1), 143.

[3] Zit. nach Ebd., 141.

[4] Dazu und zum Folgenden *Hans Eugen Specker,* Ulm. Stadtgeschichte. Ulm 1977, 215–217 mit weiterführender Literatur.

[5] Zu Rüstungsvorbereitungen, Truppenbewegungen, Verproviantierungen, Requisitionen, Kriegssteuren, Einquartierungen, der Einrichtung von Lazaretten und der Schleifung der Bastionärbefestigung vgl. StA Ulm, A 1750-A 1775.

[6] Vgl. *Kurt Rothe,* Das Finanzwesen der Reichsstadt Ulm im 18. Jh. Ein Beitrag zur Wirtschaftsgeschichte. Ulm 1991, bes. 170–203.

[7] Dazu im Einzelnen *Gänsslen* (wie Anm. 1).

[8] Dazu und zum Verwaltungsaufbau vgl. *Hans Eugen Specker,* Vergleich der Verfassungsstruktur der Reichsstadt Ulm und anderer oberdeutscher Reichsstädte mit der eidgenössischer Stadtrepubliken, in: Schweizerisch-deutsche Beziehungen im konfessionellen Zeitalter. Wiesbaden 1984, 77–99.

[9] *Hans Eugen Specker,* Die Reichsstadt Ulm als Tagungsort des Schwäbischen Reichskreises, in: *Wolfgang Wüst* (Hg.), Reichskreis und Territorium. Stuttgart 2000, 179–196.

[10] *Hans Eugen Specker,* Residenten im reichsstädtischen Ulm. Ein Beitrag zum Gesandtschaftswesen im 17. und 18. Jh., in: *Hans-Martin Maurer/Franz Quarthal* (Hgg.), Speculum Sueviae. Fschr. Hansmartin Decker-Hauff. Stuttgart 1982, 452–475.

[11] StA Ulm, A 1056, A 1059; ausführlich dazu *Klaus-Peter Schroeder,* Das Alte Reich und seine Städte. Untergang und Neubeginn. München 1991, 31–64.

[12] Graf v. Lehrbach war 1784–1793 beim Schwäb. Kreis in Ulm akkreditiert: *Specker,* Residenten (wie Anm. 10), 470.

[13] StA Ulm, A 1060, fol. 202ff.

[14] Vgl. *Uwe Schmidt,* Südwestdeutschland im Zeichen der Französischen Revolution. Ulm 1993, 280–288.

[15] StA Ulm, A 1059; zum Rastatter Kongress und zur Stellung der Gesandten vgl. auch *Karl Otmar von Aretin,* Das Alte Reich 1648–1806. Bd. 3. Stuttgart 1997, 462–468.

[16] Vgl. z. B. StA Ulm, A 3530: Ratsprotokoll 1799, fol. 5 (04.01.), fol. 10 (07.01.), fol. 18 (09.01.), fol. 60 (28.01.) etc.

[17] StA Ulm, A 1059, A 1060.

[18] Bericht vom 01.03.1799: StA Ulm, A 1059, fol. 437.

[19] StA Ulm, A 1062, auch zum Folgenden.

[20] Vgl. *Henning Petershagen,* Schwörmontag. Ein Ulmer Phänomen. Ulm 1996, 34.

[21] Zum Städtetag 1802: StA Ulm, A 1062; *Schroeder* (wie Anm. 11), 74–82.

[22] Wie Anm. 21.

[23] StA Ulm, A 1062, Nr. 17; eine in Regensburg gedruckte Kurzfassung der Denkschrift Ebd., Nr. 65.

[24] Dazu und zum folgenden StA Ulm, A 3449; *Josef Rottenkolber,* Der Übergang der Reichsstadt Ulm an Bayern, in: Ulmische Bll. 3 (1927), 81f., 89–91.

[25] Die provisor. Besitznahme scheint als konzertierte Aktion unter den süddt. Fürsten abgesprochen gewesen zu sein, denn ein nahezu wortgleiches Handschreiben richtete Hz. Friedrich II. v. Württemberg am 05.09.1802 an die Reichsstadt Esslingen: StA Esslingen, F 40, Nr. 2.

[26] StA Ulm, A 3449.

[27] Ebd.; ausführlich dazu *Josef Rottenkolber,* Die Stadt Ulm unter bayerischer Herrschaft, in: WVjh. N. F. 34 (1928), 257–327; zusammenfassend *Specker,* Stadtgeschichte (wie Anm. 4), 218–221, 225–229.

[28] Die bish. Siegel sollten *bis zur Fertigung neuer, dem jetzigen Zustand angemessener, noch fortgebraucht werden;* Vorlagen für das neue Wappen und Siegel wurden am 26.11.1804 übersandt: StA Ulm, A 3455.

[29] Vgl. das Ulmer Wochenblatt, das als Nr. 48 vom 25.11.1802 noch als *Reichsstadt Ulmisches Intelligenzblatt* und als Nr. 49 vom 02.12.1802 nur noch als *Ulmisches Intelligenzblatt* erschien: *Stefan J. Dietrich,* Ulms bayerische Zeit 1802–1810, in: *Hans Eugen Specker* (Hg.), Die Ulmer Bürgerschaft auf dem Weg zur Demonkratie. Ulm 1997, 249–275, hier 254f.

[30] StA Ulm, A 3449, Nr. 52.

[31] Ebd., Nr. 71; *Rottenkolber,* Ulm unter bayerischer Herrschaft (wie Anm. 27), 258–260.

[32] StA Ulm, A 3458.

[33] Vgl. *Dietrich* (wie Anm. 29), 259.

[34] *Peter Rummel,* Die Entstehung und Entwicklung katholischer Pfarreien in Ulm und Neu-Ulm seit dem 19. Jh., in: *Hans Eugen Specker/Hermann Tüchle* (Hgg.), Kirchen und Klöster in Ulm. Ulm 1979, 254–262.

[35] Zeugnisse zur Geschichte der Juden in Ulm, hg. vom *Stadtarchiv Ulm.* Ulm 1991, 200–202.

[36] *Specker,* Stadtgeschichte (wie Anm. 4), 247f.

[37] Ebd., 256f.; StA Ulm, G 3: Theaterzettel.

[38] *Dietrich* (wie Anm. 29), 271–273.

[39] StA Ulm, A 3449, Nr. 72.

[40] StA Ulm, A 3450.

[41] StA Ulm, A 3454.

[42] *Dietrich* (wie Anm. 29), 256.

[43] StA Ulm, A 3449.

Auslöschung der zwey Adler an dem Lindauer und Leitkircherthurm

Die Mediatisierung der Reichsstadt Wangen im Allgäu 1802/1810

von Rainer Jensch

In Erwegung, daß die Fortdauer der politischen Existenz hiesiger Reichsstadt zur Zeit schwankend [...] und *im Fall, daß die Stadt einem eigenen Landesherrn zugetheilt werden sollte*, sah der Rat der Reichsstadt Wangen schon im Dezember 1801 den großen Veränderungen der Zukunft entgegen.[1] Dem Verlust der reichsstädtischen Selbstständigkeit 1802/03 scheint man in Wangen mit »fatalistischer Ergebenheit« ohne jegliche Erregung über die erzwungene Neuordnung begegnet zu sein.[2] Dies wird verständlich, vergegenwärtigt man sich die zum Alltag gewordene Ausnahmesituation, in der sich die Stadt seit einem Jahrzehnt durch die erdrückenden Belastungen der Koalitionskriege und lokalen Unglücksfälle befand. Die Mediatisierung traf also kein blühendes Stadtgebilde, sondern ein durch Kriegslast und Katastrophen tief im Schuldensumpf steckendes Gemeinwesen, das wegen Zahlungsunfähigkeit stets von Exekutionsmaßnahmen bedroht war. Die überwiegend aus handwerktreibenden Ackerbürgern bestehende Bevölkerung war aus eigener Kraft nicht mehr fähig, dieses Gemeinwesen in den Zustand besserer Tage zu setzen. Mit dem Übergang der Stadt an einen neuen Herrn verband sich für die Stadt in erster Linie die Hoffnung auf das Ende aus einer ausweglosen Misere.

Unsichere reichsstädtische Existenz

Die Besitznahme der Stadt im Herbst des Jahres 1802 war also keine Überraschung, sondern ein Ereignis, mit dem man schon seit dem Ende des Ersten Koalitionskrieges fest gerechnet hatte. Seit den Verhandlungen des am 9. Dezember 1797 in Rastatt eröffneten Friedenskongresses schwebte über den Reichsstädten die Gefahr, als Entschädigungsmasse einem neuen Landesherrn zugeschlagen zu werden und damit die bisherigen Freiheiten zu verlieren. Auf dem Ulmer Städtetag am 2. März 1798 war die Stadt Wangen durch ihren Ratskonsulenten Franz Ignaz v. Müllern, dem Sohn des im gleichen Jahr verstorbenen Amtsbürgermeisters Johann Baptist v. Müllern, vertreten.[3] Beruhigt durch die kaiserliche Erklärung, dass nur die Säkularisation der geistlichen Herrschaften beabsichtigt sei, verzichteten die Städte darauf, eine eigene Kollegialabordnung nach Rastatt zu entsenden. Am 13. März 1798 berichtete v. Müllern dem Wangener Rat *die ziemlich zuverlässige Versicherung, daß für die Reichsstädte und ihre fernere reichsunmittelbare Existenz nichts zu besorgen sei.*[4] Damit hatte er den drohenden Ernst der Lage unterschätzt, wie aus dem weiteren Verlauf der Rastatter Verhandlungen hervorgeht. Durch den erneuten Kriegsausbruch im Frühjahr 1799 kam die Mediatisierung zu diesem Zeitpunkt allerdings nicht mehr in Gang.

Im Herbst 1799 war die unter dem Kommando Korsakows stehende russische Armee auf ihrem Vor- und Rückmarsch in die Schweiz auch durch das Wangener Gebiet marschiert und hatte einen neuen Schub an Kriegslasten verursacht. Am 30. Oktober hielten sich 12.000 russische Soldaten der Armee Suworows im Stadt- und Landgebiet Wangens auf. Mit dem Eindringen der siegreichen französischen Truppen Moreaus in Oberschwaben im Frühjahr des Jahres 1800 besetzten die von Ravensburg vorrückenden Truppen General Vandammes am 10. Mai auch Wangen. Mitte

Juni musste das Rathaus geräumt werden. Das stolze Symbol reichsstädtischen Selbstverständnisses wurde zum französischen Truppenlazarett.

Wangen soll bayerisch werden

Als mit dem Frieden von Lunéville am 9. Februar 1801 das linke Rheinufer vom Reich an Frankreich abgetreten werden musste, war die Verwendung der Reichsstädte als Entschädigungsmasse entgültig bestimmt. In der Stadt Wangen befand sich zu diesem Zeitpunkt nach zweijährigem Ausnahmezustand immer noch eine kleiner französischer Truppenteil als Besatzung. Der Freundschaftspakt zwischen Bayern und Frankreich vom 24. August 1801 brachte Bayern

Wangener Rathausadler 1721
Der Adler wurde 1802 (Bayerische Besitznahme!) von der Rathausfassade entfernt, 1867 durch den Ritterhaus-Doppeladler ersetzt und seit 2000 wieder als Kopie angebracht.
Ergänztes Original: Hinderofenhaus Wangen, Innenhof.

schließlich am 24. Mai 1802 die territoriale Entschädigung für seine verlorenen linksrheinischen Besitzungen. Wie im Jahr 1798 versammelten sich in aller Eile die schwäbischen Reichsstädte wegen der drohenden Aufhebungsgefahr. Als am 16. 8. 1802 das *Convocationsschreiben* [Einladung] zum Städtetag nach Ulm verlesen wurde, sah der Rat zwar die Notwendigkeit, dort durch den Syndicus vertreten zu werden, war aber aufgrund ganz erschöpfter Kassen nicht einmal mehr in der Lage, die Beschickungskosten zu bestreiten. Franz Ignaz v. Müllern teilte seiner Heimatstadt mit, dass gemäß den kursierenden Nachrichten aus Paris die schwäbischen Reichsstädte bereits den zu entschädigenden Fürsten zugeteilt seien. Wangen sei nebst Ulm, Kempten, Isny, Leutkirch, Ravensburg, Memmingen und anderen schon Kurbayern zugesprochen. Am 27. August 1802 referierte er vor dem Wangener Rat über die Ulmer Beratungsergebnisse. Falls der Verlust der Reichsunmittelbarkeit unvermeidbar wäre, wollten die Reichsstädte beim Übergang an die zu entschädigenden Fürsten wenigstens die Vorteile ihrer bisherigen Verfassung hinüberretten. Die reichsstädtischen Absichten und Wünsche sollten durch eine eigene Gesandtschaft bei der außerordentlichen Reichsdeputation in Regensburg, die zur Regelung der Entschädigungsfragen eingesetzt worden war, vertreten werden. Der Wangener Kommentar zu diesem Bericht lautete lapidar: *Ist der Erfolg abzuwarten.*[5] Darin klingt bereits eine Ahnung von der Nutzlosigkeit all dieser Bemühungen an. Auch der am gleichen Tag verlesene Komitial-Bericht von Regensburg in der Entschädigungssache wurde hilflos »zu den Akten« gelegt. Am 29. August 1802 rückte eine Vorausabteilung bayerischen Militärs in das Ulmer Territorium ein und schuf für die Reichsstädte Fakten, die in Regensburg später nur noch bestätigt werden konnten.

Die militärische Besitznahme Wangens

Am Samstag, den 28. August 1802 erschien der bayerische Kommissär Baron v. Hertling im Wangener Rathaus und übergab ein kurfürstliches Reskript, in dem die *»Bewegursachen«* bekannt gemacht wurden, die den bayerischen Kurfürsten Maximilian IV. Joseph

Wangen in der Reichsstadtzeit
Öl auf Holz, Johannes Andreas Rauch, 1611.
Rathaus Wangen.

veranlassten, von den Ihm zugeteilten Ländern, besonders auch hiesiger Stadt provisorisch Besitz zu nehmen.[6] Am darauffolgenden Montag wurde unter Vorsitz des Amtsbürgermeisters Franz Anton Scherrich den drei löblichen Kollegien die bevorstehende Stadtveränderung angezeigt, das kurfürstliche Reskript verlesen und die Antwort beraten.[7] Man hielt es für notwendig, die Bürgerschaft und Untertanen durch öffentliche Ausrufung von diesem Vorgang zu verständigen, und dieselben zur *Ruhe und Enthaltung aller politischen Diskurse* zu ermahnen. Weitere Äußerungen zu dieser Sache sind aus dem Ratsprotokoll nicht zu entnehmen. Viel drängender erschien den Ratsherren die anschließend erörterte Frage, wie und zu welchem Preis die provisorisch einrückenden bayerischen Truppen zu verpflegen seien. Noch am selben Tag wurden die Wangener Wirte vorberufen und ihnen die Erklärung von höchstens 36 kr. Verpflegungskosten pro Kopf abgefordert.

Aufgeschreckt durch die Nachricht aus der benachbarten österreichischen Herrschaft Bregenz, wo die Viehseuche des *gelben Kopfes* bei den Pferden grassiere, wurde am 3. September eine Viehsperre gegen Bregenz verhängt.[8] Neben dieser praktischen Vorsichtsmaßregel ordnete der Rat letztmals eine bei derartigen Ereignissen typische Maßnahme an: am bevorstehenden St. Magnustag sei ein Bittag unter Aussetzung des Sacratissimi [Allerheiligsten] zu halten. Das zweitwichtigste Thema des Tages war aber die mittlerweile eingetretene Uneinigkeit der Wirte wegen der Tagsätze für die bevorstehenden bayerische Einquartierung. Da der gegenwärtige Zeitpunkt jedoch ganz und gar nicht geeignet war, hierüber weitläufige Untersuchungen anzustellen, die nur zu schädlichen Weiterungen führen

könnten, setzte das Ratsgremium durch, die Sache vorerst auf sich beruhen zu lassen. Als am 16. September 1802 ein bayerisches Truppenkontingent von 22 Mann mit Leutnant Henkel an der Spitze durch das Stadttor ritt, war man sich wohl kaum bewusst, dass mit diesem Akt die reichsstädtische Ära für immer ihr Ende nahm. Angesichts der Heerscharen, die im Laufe der vergangenen Jahre in Wangen Quartier nahmen, dürfte die Besonderheit dieses Truppeneinmarsches wohl kaum als herausragendes Ereignis wahrgenommen worden sein.[9] Ohne Jubel oder Geschrei bleibt die Ereignisgeschichte unspektakulär und spiegelt die allgemeine Lethargie einer völlig ausgebluteten Stadt wieder. Auch bei der militärischen Besetzung der Stadt galt die Hauptsorge des Rats noch immer den Organisationsdetails der Einquartierung. Dies ist angesichts der *Kriegserlittenheiten*, welche Wangen seit 1792 zu tragen hatte, durchaus verständlich.[10] Allein die kaiserlichen und französischen Einquartierungs- und Requisitionsausgaben für die beiden Kriegsjahre 1799 und 1800 beliefen sich auf 413.801 fl.

Der Zustand der Stadt

Während sich viele Reichsklöster und Fürstensitze seit dem späten 17. Jh. zu einzigartigen Residenzen von barockem Glanz weiterentwickelten, verharrten die meisten Reichsstädte in ihrem altüberkommenen Zustand. Zur Zeit der Mediatisierung ließ schon die äußere Erscheinungsform vieler Städte erkennen, dass deren Glanzzeit lange zurücklag. Auch in Wangen stammte die überwiegende Zahl der privaten und öffentlichen Gebäude aus der Zeit vor dem 30-jährigen Krieg. Die Form der Stadtanlage mit ihrem Mauerring war auf spätmittelalterlichem Stand stagniert. Nicht einmal in den drei kleinen »Vorstädten« gab es wesentliche Weiterentwicklungen. Noch heute decken sich weite Teile des Gebäudebestandes in der Altstadt mit jenem, der auf der 1611 entstandenen Stadtansicht von Johann Andreas Rauch überliefert ist. Schon im Vorfeld der eigentlichen Besitzergreifung waren die bayerischen Kommissäre um die Beschaffung von Informationen über die allgemeinen Verhältnisse der zu mediatisierenden Städte bemüht. Kurz vor der bayerischen Besitznahme der Stadt verfasste der Wangener Syndikus Ignaz v. Müllern den damaligen »gegenwärtigen publiken Zustand« Wangens.[11] *Die Reichsstadt Wangen liegt in demjenigen Theile Schwabens, welcher das Allgäu heißt, am Fluß Argen, 5 Stunden von den umherliegenden Reichsstädten Ravensburg, Leutkirch, Isni und Lindau entfernt. Es vereinigen sich in derselben und ihrem Gebiete 3. Hauptpassagen und Straßen, nemlich: 1. Von Augsburg nach dem Bodensee und der Schweiz. 2. Vom Tyroll über Kempten eben dahin. 3. Von Schwaben überhaupt nach Bregenz, Chur in Graubündten und sohin nach Italien.* Die Zahl der öffentlichen Gebäude war mit einer Pfarrkirche, Spitalkirche, Gottesackerkapelle, Rathaus, Kanzleihaus, Kornhaus, Zollhaus, Spital und einem Ritterhaus sehr übersichtlich. Zu den 187 Privathäusern innerhalb des mittelalterlichen Stadtmauerrings kamen 34 Häuser der drei »Vorstädte« dazu. Von den 1.450 Einwohnern der Stadt zählten lediglich 260 Personen zur eigentlichen Bürgerschaft. Bis auf eine Papiermühle und drei Eisenhämmer, die neben Waffen- und Pfannen auch Ackerbaugeräte und Maschinendrehzeug produzierten, gab es gegenüber früheren Zeiten keine Exportartikel mehr. Der ehemals so bedeutende Leinwandhandel war in gänzlichen Verfall geraten. Die Hauptnahrungsquelle der Bevölkerung war der Feldbau auf insgesamt 643 Jauchert. Zur Stadt gehörte ein bedeutendes Landgebiet, das aus den drei Bezirken oder Hauptmannschaften der Pfarreien Deuchelried mit 513 Seelen, Maria-Thann sowie Wohmbrechts mit 570 Seelen und Niederwangen mit 400 Seelen bestand. Die Zahl der Landbevölkerung mit insgesamt 1.483 Personen entsprach annähernd jener in der Stadt. Die Landbevölkerung verteilte sich auf 300 Höfe, die insgesamt 5.988 Jauchert Boden bewirtschaftete.

Die zivile Besitznahme Wangens

Am 2. Dezember 1802 trat unter dem Vorsitz des Herrn Amtsbürgermeisters Franz Anton Loth letztmals der reichsstädtische Rat zusammen.

Am 4. Dezember 1802 erfolgte dann die Zivilbesitznahme der Stadt durch den Regierungsrat Freiherr v. Schleich. Bei seiner Ankunft in Wangen wurde er von einer Ratsdeputation zum Rathaus begleitet, *vor wel-*

chem das sämtliche kurbayerische Militär paradierte.[12] Nach der öffentlichen Verlesung des Besitznahmepatents vor dem Rathaus wurde es unter Begleitung eines kleinen Militärkommandos zusammen mit dem kurbayerischen Wappen an sämtliche Tore angeschlagen. Alle Anwesenden wurden von ihren Pflichten gegen Kaiser und Reich entbunden. Auch diesem zweiten Akt der Besitznahme scheint die Bevölkerung mit ruhiger Gelassenheit begegnet zu sein.

Am Ende des Alten Reiches gab es zwei gewählte Bürgermeister, die jeweils ein halbes Jahr lang als Amtsbürgermeister die städtischen Regierungsgeschäfte besorgten. Die eigentliche Regimentsgewalt bei allen Angelegenheiten lag beim Inneren Rat, der aus den beiden Bürgermeistern, zwei Geheimen und acht Senatoren bestand. Von diesen Ratsherren wurden auch die wichtigsten Verwaltungsämter der Stadt bekleidet. Beispielsweise war Bürgermeister Franz Anton Scherrich zugleich Hospitalpfleger, Forstmeister und Ziegelrechner, während Bürgermeister Franz Anton Loth als Oberwaisenpfleger, Rentamtsherr und Holzrechner fungierte. Die Bedeutung des Großen Rates und des Stadtgerichts mit dem Stadtamtmann an der Spitze war um 1800 gering. Am 7. Dezember 1802 wurde der bisherige reichsstädtische Rat auf den neuen Landesherrn verpflichtet. *Ihr solltet schwören zu Gott einen körperlichen Eid, dem Durchlauchtigsten Kurfürsten und Herrn, Herrn Maximilian Josef von Bayern, eurem gnädigsten Herrn, gehorsam und treu zu sein.*[13] Als ersten Kommissionsauftrag hatte dieser »kurfürstliche Interimstadtrat« nun die Amtsverpflichtung der *hiesigen Stadtoffizianten und Diener*, des Stadt- und Landschaftsphysikus, des Kanzleiaktuars und Zollers, des Bauinspektors, des Baumeisters, des Ratsprokurators, der drei Schullehrer, des Afterzollers zu Wohmbrechts, des Kornmeister und des Waagmeisters vorzunehmen. Anschließend wurde die von der hohen Kommission erhaltene Eidesformel allen übrigen Bediensteten vorgelesen und von diesen beschworen.[14] Schließlich leisteten die »Hauptmänner« der vier Wangener Landbezirke ihren Eid auf die neue Herrschaft. Syndikus und Ratskonsulent v. Müllern erinnerte hierauf, dass nach dem weiteren hohen Kommissionsauftrag baldmöglichst alle reichsstädtischen Insignien und Wappen zu entfernen seien. Um diesem Auftrag Genüge zu leisten, wurde dem Maurermeister zur *Auslöschung der zwey Adler an dem Lindauer und Leutkircherthurm der Befehl ertheilt.*[15] Die Weggeldtafeln sollten dem Maler zur Anbringung des kurfürstlich-bayerischen Wappens zugestellt werden.

Nachdem v. Müllern dem Ratsgremium das über diesen Publikationsakt entworfene Protokoll vorgelegt hatte und man *hiebey nichts zu erinnern* fand, nahm der *kurfürstliche Interimsstadtrat* mit der Behandlung einer Klage des Brauerhandwerks, das sich die Beschimpfung *Bräuer seyen Hungerleider* nicht gefallen lassen wollte, sein gewöhnliches gemeinderätliches Tagesgeschäft wieder auf.

Am 8. Dezember 1802 musste das kurfürstliche Besitznahmepatent von den Kanzeln der Pfarrkirchen des Landgebietes verkündet werden. Zusätzlich hatten städtische Unterbeamte das Patent auch außerhalb der Kirchen zusammen mit den stadträtlichen Erläuterungen zu verlesen und anschließend unter militärischer Assistenz an den dortigen Wirtshäusern anzuheften. Aus reichsstädtischen Untertanen waren damit kurfürstliche Untertanen geworden.

Die katholische Reichsstadt Wangen pflegte zu einigen Klöstern und Reichsabteien besonders gute Beziehungen. Einige der in den Klöstern untergebrachten Töchter und Söhne aus angesehenen Wangener Familien waren dort zu höchsten Ämtern aufgestiegen und glänzten mit bedeutenden Leistungen, wie etwa die Ottobeurer Äbte Gordian Scherrich und Rupert Ness. Letzterer, Erbauer der barocken Klosteranlage Ottobeuren, zählt zu den profiliertesten Persönlichkeiten des Benediktinerklosters. Auch Paulus Alt, der letzte Abt der Reichsabtei Ottobeuren, entstammte einer angesehenen Wangener Familie und setzte damit die ehrenvolle Tradition seiner Vorgänger fort. Als in der Wangener Ratsitzung am 5. August 1802 das Glückwunschschreiben an den neu erwählten Reichsprälaten verlesen wurde, hing bereits die ungewisse Zukunft des Klosters als Reichsabtei in der Luft. Schließlich beendete die Säkularisation den für die Stadt stets fruchtbaren Austausch mit dieser und anderen geistlichen Institutionen. Am 8. November 1802 brachte der aus Wangen stammende Konventuale Mang Julian aus dem Stift St. Gallen das Gesuch vor den Rat, ihm für den Fall das hiesige Bürgerrecht großgünstig zu bewilligen, wenn dem Hochfürstli-

chen Stift das traurige Aufhebungslos oder Pensionierungsschicksal gleich den Stiftern im Reiche zu Teil werden sollte. Man gewährte ihm unter Bezahlung der üblichen Bürgerrechtsgebühren seine Bitte, weil seine Mutter eine Wangener Bürgerin und sein Vater ein Hintersäss gewesen wären.

Die Stadt in der Finanzkatastrophe

Am 21. Oktober 1802, wenige Tage vor der zivilen Besitznahme der Stadt, versammelte sich der Rat zu einer Sitzung, in der nur ein einziger Punkt auf der Tagesordnung stand. Franz Ignaz v. Müllern wollte geklärt wissen, wie der Schuldenausgleich angepackt werden könne. Aber wie bei allen vorausgegangenen Bemühungen konnte für die Regulierung des Peräquationsgeschäftes auch an diesem Tag kein Rezept gefunden werden. Als am 18. November 1802 in einem Schreiben vom Reichskammergerichtsprokurator die Exekution gegen hiesige Stadt wegen rückständigen Kammerzielern angekündigt wurde, konnte der Gemeinderat nur noch resignierend feststellen: *Da man sich in der Zahlungsunmöglichkeit befinde, muß man sich die Exekutions-Vornahme gefallen lassen.*[16]
Mit der katastrophalen Finanzlage des öffentlichen Gemeinwesens der Stadt sind allerdings nicht die Vermögensverhältnisse der einzelnen Bürger zu verwechseln. Indem die Bürger ihre entstandenen Unkosten bei Einquartierungen und anderen aufgebürdeten Zwangslasten bei der Stadt wieder in Rechnung stellten, war das Kriegsgeschehen für viele sogar eine gewinnbringende Einnahmequelle. Beispielsweise konnte der Löwenwirt Hartmann für die Einquartierung von französischen Offizieren und Mannschaften in der Zeit vom 8. August bis 20. September 1796 der Stadt 1.520 fl. in Rechnung stellen.[17] Paradoxerweise ist trotz der langandauernden Kriege eine generelle Verbesserung der bürgerlichen Vermögenssituation am Ende der Reichsstadtzeit festzustellen.[18] Außerdem erzielten die Bürger Überschüsse aus landwirtschaftlichen Erträgen und Geldkapital, das sie bei der Stadt als Aktiva stehen hatten. An diesem Vermögenszuwachs waren die Bevölkerungsteile mit wenig oder keinem Besitz allerdings nicht beteiligt. Durch steigende Getreidepreise fielen sie in immer größere Armut.

Die eigentlichen Sonderbelastungen für die Bürger ergaben sich durch Steuererhöhungen oder Erhebungen von Extrasteuern. So versuchte sich die Stadt seit längerer Zeit vergeblich gegen einen völlig »überspannten« Reichs- und Kreismatrikularanschlag zu wehren. Die Zahl der Steuerpflichtigen im gesamtstädtischen Gebiet belief sich auf 560 Personen, die zusammen eine jährliche Vermögenssteuer von durchschnittlich 3.200 fl. aufbrachten. Am 22. November 1802 stellten 40 Bürger die Unmöglichkeit dar, ihre Beiträge zur Ausgleichungskasse nach dem neuen Berechnungsfuß von 52¼ fl. leisten zu können mit der Bemerkung, dass der Bürger hierdurch ruiniert werden müsste.[19] Sie baten in ihrem und der übrigen Bürger Namen, dass deshalb eine Moderation getroffen und der Ansatz auf 40 fl. herabgesetzt werden solle, der Rest aber als Staatsschuld angesehen und nach und nach abgetragen werden dürfe. Der Rat entschloss sich, zum gegenwärtigen Zeitpunkt, *in welchem die bisherige Regierung zu Ende ist und eine neue eintritt*, diesem Bürgergesuch zu willfahren. Die Folgen werden der ehrsamen Bürgerschaft selbst überlassen *mit dem Wunsche, dass die künftige Regierung es hiebei bewenden lassen, und nichts Gegentheiliges zu verfügen sich veranlasset finden möge*. Die Schulden der Stadt beliefen sich schon vor dem Ausbruch des französischen Krieges auf 184.000 fl. Zum Teil rührten sie noch aus der Zeit des 30-jährigen Krieges her.[20] Seit 1792 stellte die Stadt für das Wangener Kontingent von etwa 35 Mann Montierung, Verpflegung und Sold. Durch die vielfältigen Reichs – und Kriegsbeiträge stieg der Schuldenstand kontinuierlich. Durchmärsche, Einquartierungen und Requisitionen durch französische und kaiserliche Truppen ergaben bis zum Jahr 1802 eine Summe der »Kriegserlittenheiten« von 699.926 fl.
Erschwerend hinzu kam vor allem aber eine Häufung von Unglücksfällen am Ende des Jahrhunderts. 1789 richtete ein Jahrhunderthochwasser der Argen, das sämtliche Brücken an der Oberen und Unteren Argen fortspülte, einen Wasserschaden von 50.000 fl. an. Der verheerende Stadtbrand vom 13. Juli 1793, dem 71 Gebäude zum Opfer fielen und ein weiterer Brand am 14. Mai 1794 richteten 81.903 fl. öffentlichen Schaden und 76.853 fl. Verlust bei den Privaten an. Hinzu kamen französische Erpressungen und Plünderungen

mit 20.671 fl. und die Viehseuche von 1798 und 1799 mit 30.925 fl. Die Summe aller *Erlittenheiten* belief sich somit auf 960.288 fl.[21] Die öffentliche Schuldenlast der Stadt und Landschaft bezifferte v. Müllern im Jahr 1802 mit 500.000 fl.[22] Der Zinsrückstand belief sich auf mehr als 58.000 fl. In einem späteren Bericht wird ausgesagt, *daß übliche Organisation, pflichtwidrige Unordnung und Nachlässigkeit in der Verwaltung der öffentlichen Einnahmen und Ausgaben von vielen Jahren her zu dieser Zerrüttung ebenfalls vieles beygetragen haben.*[23] Im Nebenbericht zur Zivilbesitznahme wurde beispielsweise moniert, dass Rent- und Quartieramt eine gemeinsame Kasse hätten. Diese hätte längst getrennt werden sollen, *wenn man das Licht nicht hätte scheuen wollen.*[24]
Rund 13 % des Schuldkapitals hatte die Stadt bei den Bürgern und 15 % bei den städtischen Stiftungen aufgenommen. Ca. 61 % der Passivgelder kamen aber von den auswärtigen Gläubigern. Der Zinsrückstand lag bei etwa 11 %.[25] Größte auswärtige Geldgeber waren die Hohenemser Juden Wolf Levi et Co.[26] Die Zinssätze lagen zwischen 4 und 5 %.
Das Gesamtvermögen der städtischen Stiftungen betrug einschließlich denen des Landgebietes in Wangen 140.316 fl. Trotz der finanziellen Misere blieben die Stiftungsvermögen durch die bayerische Regierung unangetastet. Damit konnte das Prinzip der traditionellen Armenfürsorge im Sinne der mildtätigen Stiftungszwecke weiterhin aufrecht erhalten werden. Gemäß einem Edikt vom 1. Oktober 1807 wurden die Stiftungen zentralisiert und seit 28. Juli 1808 von der bayerischen Stiftungsadministration des Distrikts Lindau einheitlich verwaltet.[27] Damit waren der Geistlichkeit und den bürgerlichen Stiftungspflegern ihr althergebrachtes Verfügungsrecht über die Stiftungsvermögen entzogen.
Durch den Bankrott des öffentlichen Finanzwesens war die Stadt aus eigener Kraft nicht mehr lebensfähig. Zur Bestreitung der Zinsverpflichtungen war sie zum Verkauf von Liegenschaften gezwungen. Seit Oktober 1800 wurden entbehrliche Wälder und Weiher veräußert.
Durch die im RDH vom 25. Februar 1803 niedergelegten Bestimmungen hatte der neue Landesherr auch die Schulden der Stadt zu übernehmen. Mit der Mediatisierung war deshalb die Hoffnung auf eine Konsolidierung der trostlosen finanziellen Verhältnisse verbunden. Der zum bayerischen Landesdirektionsrat beförderte ehem. Syndikus v. Müllern war der beste Kenner der Wangener Finanzverhältnisse. Im Jahr 1803 sollte er nun für die bayerische Regierung das Geschäft der Schuldentilgung vornehmen. Ein 1804 bei der vorgesetzten Behörde vorgelegter Organisationsplan wurde ignoriert und hatte keinen praktischen Nutzen. Ein erneuter Anlauf im Jahr 1808 musste ebenfalls ohne Erfolg bleiben. Und auch spätere Versuche der Schuldenregelung blieben im Ansatz stecken und ließen die Gesamtschulden im Jahr 1810 auf 582.750 fl. anwachsen. Der Schuldenabtrag kam erst seit den 1820er Jahren zustande, also 10 Jahre nach dem Übergang der Stadt an Württemberg. Die öffentlichen Schulden erhöhten sich bis dahin infolge des Ausbleibens von Zinszahlungen auf 741.523 fl.[28]

Neue Gesetze und Regeln

Der leitende bayerische Minister Graf Max Montgelas war ein eifriger Vertreter der Aufklärung und vertrat einen straffen Staatsabsolutismus. Durch Reformen sollten die ehemaligen Reichsstädte in die allgemeine Landesorganisation eingebunden werden und alle Untertanen zu einem gemeinsamen Staatsbewusstsein gelangen. Die Intimationen kamen zunächst von der Regierung in Kempten, später von der Landesdirektion Ulm.[29] Alle oberen Zivilstellen hatten sich in allen Fällen an das hohe kurfürstliche Landeskommissariat in Ulm zu wenden. Die nun mit Erlassen, Verboten und Verordnungen einsetzende Regelflut war ein neues, bürokratisches Element, an das sich die Bürger zu gewöhnen hatten. Die Publikation der kurfürstlich höchsten Anordnungen erfolgte jeweils zu Beginn der Ratssitzungen und an den Sonntagen nach dem Gottesdienst. Die bayerische Herrschaft schnitt in die alten Lokaltraditionen des kirchlichen und weltlichen Brauchtums wesentlich ein. Beispielsweise wurde per Regierungsreskript vom 13. Mai 1803 die Herablassung einer weißen Taube am Pfingstfest verboten. Mit diesem kirchlichen Brauch wurde bisher den Gläubigen die Herabsendung des Heiligen Geistes sehr anschaulich vor Augen geführt.[30] Ein schmerzhafter Einschnitt bedeutete das

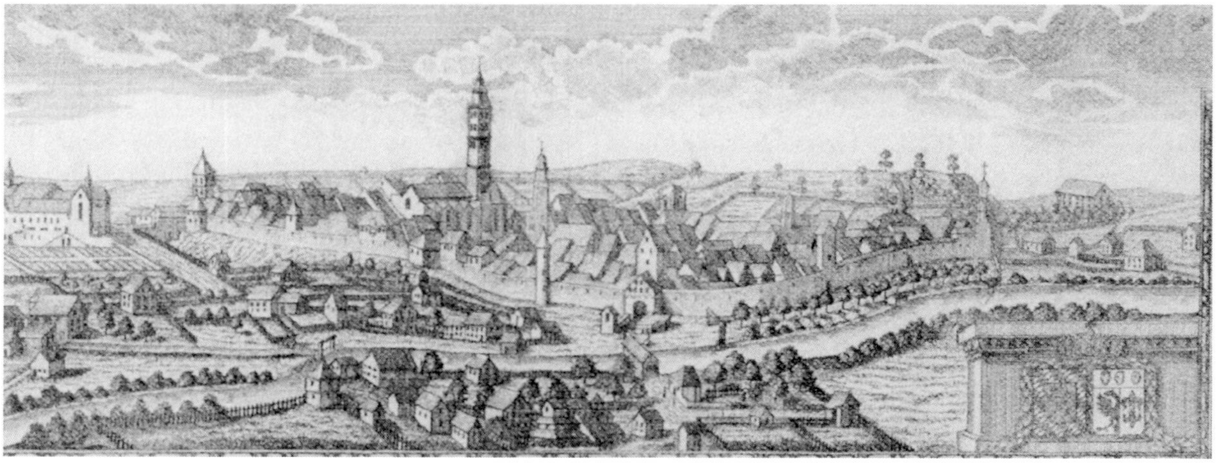

Wangen als bayerische Munizipalstadt um 1806
Ausschnitt aus einem Wangener Gesellenbrief, 1806. StA Wangen.

Verbot des *Magnusrittes*, einer vierstündigen Wangener Reiterprozession am Sonntag vor der Kreuzwoche, bei der unter *Masquerade von geharnischten Männern* die Stabreliquie des hl. Magnus mitgeführt wurde. Für eine überwiegend von der Landwirtschaft abhängige Stadt- und Landbevölkerung war die Segnung der Fluren stets von besonderer Bedeutung gewesen. Beim Versuch der Stadt im Frühjahr 1804, diese Bittprozession wieder zuzulassen, wurde als Argument die große wirtschaftliche Bedeutung des Magnusrittes für die Stadt ins Feld geführt. Es ist *unleugbar, daß bey der jährlichen Abhaltung dieses Ritts aus denen umliegenden Östreichischen und Reichsherrschaften jedesmahl 4 bis 5tausend Menschen in der Stadt eingefunden, von welchen die Kaufleute, Wirthe, Beken und andere Profesionisten etc. einen Nuzen von wenigsten ein bis zwey Tausend Gulden bezogen haben.*[31] Die Antwort der kurpfalzbayerischen Landesdirektion war eindeutig: *Der Ritt um die Felder, welcher in Wangen bisher an jedem Sonntage vor der Kreutzwoche gewöhnlich mit dem Stabe des hl. Magnus gehalten wurde, kann weder heuer, noch in Zukunft unter keinem Vorwande statt finden.*[32]
Die Verkündigung eines bischöflichen Hirtenbriefes über das Brauchtum der Kreuzgänge wurde vor der Hand verboten.[33] Generell durften bischöfliche Verordnungen nur noch mit landesherrlicher Genehmigung publiziert werden. In der Hauptmannschaft Niederwangen musste der übliche Bittgang zu Pferd um den Ösch am 1. Mai eingestellt werden.[34] Auch für die Wangener Neujahrsprozession, durch welche die Zünfte traditionell an die erfolgreiche Zurückschlagung des Stadtüberfalls durch den Truchsessen v. Waldburg im Jahr 1389 erinnerten, war das Ende gekommen. Gottesdienste zur Nachtzeit mussten gemäß einer Verordnung vom 22. Juli 1803 unterlassen werden. Das betraf in erster Linie die beliebten nächtlichen Andachten der Adventszeit und in der Karwoche.[35] Innerhalb der Stadtmauern waren keine Beerdigungen mehr zugelassen. Gemäß einer Verordnung vom 4. August 1804, die der Stadtkommissar am 23. des Monats den Pfarrern und Mesnern bekannt gab, wurde das Wetterläuten ohne Ausnahme verboten. Dem Läuten der Glocken bei Gewitter maß man in Wangen eine besondere Wirksamkeit zu. Augenzeugenberichte vom letzten Brand des Kirchturms, der 1739 durch einen Blitz verursacht wurde, verdeutlichen die verheerenden Gefahren von Unwettern, denen man völlig hilflos gegenüberstand. Es ist nicht überliefert, wie die Menschen auf das Läuteverbot bei Unwettern reagiert haben. Die angeordneten Neuerungen scheinen gemäß den offiziellen Protokollen zwar mit gleichgültiger Haltung und ohne Wiederstand aufgenommen worden zu sein, bei der Bevölkerung kann aber von einer inneren Ablehnung ausgegangen werden.

Viele althergebrachte Bürgerfreiheiten mussten im Sinne der Gleichheit aller Untertanen aufgegeben werden. Während bei der Bürokratisierung des bisherigen Alltags durch den Staat vor allem bei den kirchlichen Verordnungen mit viel innerem Widerspruch der Menschen gerechnet werden muss, wurden andere Regierungsverordnungen als durchaus sinnvoll begrüßt. Im Juli 1804 berichtete der Stadtkommissar an seine vorgesetzte Behörde, dass es gelungen sei, in den letzten drei Monaten 134 Kinder zu impfen und damit *die Einimpfung der Schutzblattern beinahe allgemein in Gang zu bringen* und *daß bald keine ungeimpften blatternfähigen Subjekte mehr übrig sein werden.*[36] Für Kinder im Alter von 6–12 Jahren wurde mit Verordnung vom 23. Dezember 1802 die Schulpflicht *das ganze Jahr hindurch* eingeführt.[37] Die Wangener Lateinschule musste zugunsten der Kemptener geschlossen werden.[38] Zum Zweck einer verbesserten Landwirtschaft wurde der bereits 1795 begonnene Versuch, das uralte System der gemeinschaftlichen Viehweide zugunsten der Stallfütterung umzuwandeln, weiterverfolgt.[39] Am 15. April 1804 wurde an das bayerische Generalkommissariat berichtet, dass die Zahl der städtischen Bürger, die vom alten Hirtensystem zumindest teilweise abzugehen bereit wären, auf 40 Individuen gestiegen sei gegenüber 67 Personen, die das alte Weideprinzip verteidigten. 1805 konnte das alte Weidewirtschaftssystem schließlich von der bayerischen Regierung abgeschafft werden.[40]
Auch des Forst- und Jagdwesen wurde neu geregelt. Im Februar 1803 wurden gemäß dem *Jagd-Circulare* vom 28. Januar 1803 die nötigen Jäger für den Oberen, Mittleren und Unteren Forst aufgestellt.[41]

Die neue Verwaltung

Am 25. Januar 1803 leitete der Kemptener Hofrat Herr v. Springer als der von der kurfürstlich provisorischen Regierung verordnete Kommissär die Ratssitzung.[42] Nach Verlesung seiner Regierungsvollmacht erhob er die staatsrechtlichen auswärtigen Verhältnisse der Stadt, wie z. B. die Verträge mit den kaiserlichen Postämtern, die neuesten Lehensbriefe, den Vertrag mit Tettnang über das Spitalgut zu Hemigkofen oder die Wald- und Jagdgerechtigkeiten. Hierauf begutachtete v. Springer das seit der Besitznahme wohl versiegelte städtische Archiv und nahm ein Faszikel aus der mit »Bregenz« bezeichneten Lade, welches die Herstellung der Brücken über die Leiblach regelte. Aus dem Wandkasten in dem Ratszimmer wurden die Rechnungen herausgenommen und von dem Herrn Kommissär in ein Verzeichnis gebracht. Der Auftritt des bayerischen Regierungsvertreters und der Zugriff auf die Akten der städtischen Verwaltung war eine deutliche Demonstration der neuen Herrschaftsverhältnisse.
Vor 1803 regelte der Rat alle anfallenden Angelegenheiten der Stadt und ihrer Bürger. Seit der Zivilbesitznahme war eine Interimsverfassung auf reichsstädtischer Grundlage in Kraft. Für eine Provinzialstadt der Zweiten Klasse war das Organisationsreskript vom 10. August 1803 ohnehin bedeutungslos.[43] Daher lebte Wangen bis 1806 mit der modifizierten alten reichsstädtischen Verfassung. Neben den hergebrachten Ratsgeschäften wurde nun das Ablesen und Umsetzen der kurfürstlichen Reskripte zur Hauptaufgabe des Gremiums. Der kurfürstliche Interimsstadtrat war in erster Linie zum Befehlsempfänger und Erfüllungsgehilfen der bayerischen Regierung geworden. Eine Neuordnung der Verwaltung schien aus bayerischer Sicht aufgrund der festgestellten *grossen Unordnung in den Regierungs- und Justiz-Geschäften* und der Unfähigkeit der Amtsinhaber, besonders im Bereich der Rechtspflege, dringend notwendig zu sein.[44]
Am 8. Juni 1804 übergab Franz Anton Loth als letzter Bürgermeister der Reichsstadt Wangen seine Amtsgeschäfte dem ehemaligen Kanzleiverwalter Franz Joseph v. Bentele aus Ravensburg. Damit war das höchste Regierungsamt der Stadt erstmals dem Einfluss alteingesessener Familienverbindungen entzogen. Stadtkommissär Bentele unterstanden der Stadtrat, das Stadtgericht und die Polizei. Ihm oblag die schwierige Aufgabe, die Verordnungen der bayerischen Regierung durchzuführen. Dem vom Rat als *einsichtsvollen und rechtschaffenen Mann* gelobten Bentele gelang der schwierige Ausgleich zwischen der durch die Tradition der Selbstverwaltung geprägten Bürgerschaft und dem ungewohnten Regierungssystem des Grafen Montgelas. Im Juli 1805 berichtete er dem vorgesetzten Generalkommissariat in Ulm, *daß es niedrige Schmeichelei wäre, versichern zu wollen, daß die Verordnungen der bayerischen Regierung im*

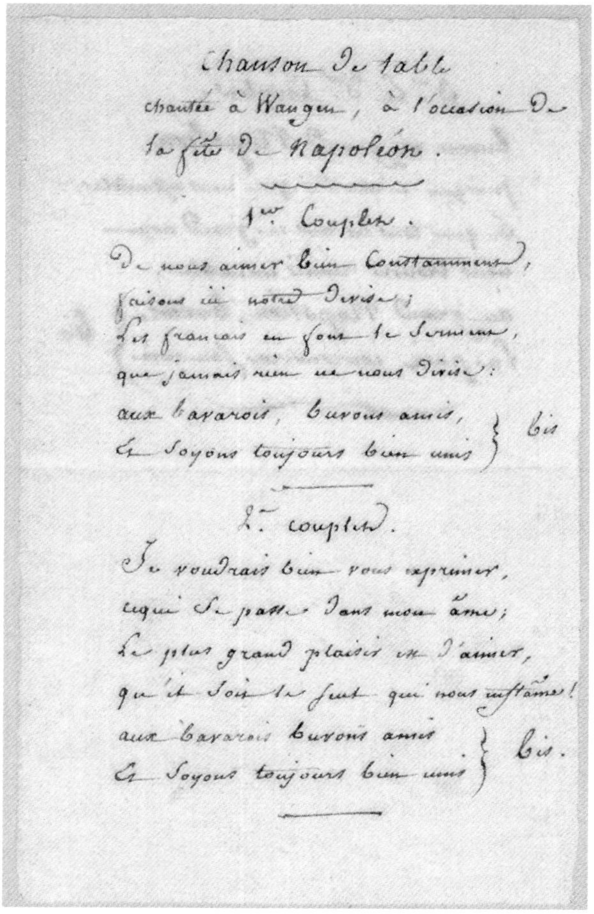
Chanson de table
chantée à Wangen, à l'occasion de
la fête de Napoléon.

1er Couplet.
De nous aimer bien constamment,
faisons ici notre devise;
les français en font le serment,
que jamais rien ne nous divise:
aux bavarois, buvons amis, } bis
et soyons toujours bien unis }

2e couplet.
Je voudrais bien vous exprimer,
ce qui se passe dans mon âme;
le plus grand plaisir est d'aimer,
qu'il soit le seul qui nous enflamme!
aux bavarois buvons amis } bis.
et soyons toujours bien unis }

Auf die französisch-bayerische Freundschaft!
Wangener Trinklied, gesungen anläßlich Napoleons Geburtstags am 15. August 1806. Ausschnitt.
StA Wangen.

ganzen genommen einen günstigen Eindruck auf das Volk machen. Ohne jedoch eine beharrliche Widersetzlichkeit zu äußern, befolgt es beinahe alles, was mit Ernst geboten wird, und bleibt im übrigen gleichgültig. Der Charakter der Landbevölkerung sei *in vielen Stücken biegsamer, als jener der städtischen Einwohner.* Es stecke den letzeren *noch die vorige Verfassung, wo sie den obrigkeitlichen Verfügungen ungestraft Trotz bieten konnten, im Kopfe.*[45]
Der bayerische Kommissär und Regierungsrat Frh. v. Schleich äußerte, dass es – wie in anderen von ihm in Besitz genommenen Städten – auch in Wangen eine wahre Notwendigkeit sei, die Justiz und Finanzverwaltung in geschickte, tätige und ordentliche Hände zu bringen. *Im Stadtrathe scheint der Syndikus und Konsulent Müller der einzige Mann von Kopf und Thätigkeit zu seyn.*[46] Dessen Übernahme in den bayerischen Staatsdienst erfolgte bald darauf. Müllern machte am 14. Februar 1803 dem wohllöblichen Magistrat die Eröffnung, dass seine kurfürstliche Durchlaucht unterm 30ten vorigen Monats gnädigst geruhet hätten, ihn zum Regierungsrat in Kempten zu ernennen. *Ich verdanke dem wohllöbl. Magistrat die gegen mich und die Meinige so lang bezeigte gütige Zuneigung und Freundschaft und versicherte, dass ich auch in meiner neuen Eigenschaft für das hiesige Publikum mein möglichstes thun und zum Besten desselben mich nach dem Umfang meines Wirkungskreises gern verwenden werde.*[47] Die aus reichsstädtischer Zeit noch rückständigen Steuern sollten zügig eingetriebenen werden. Hierzu äußerte sich Müllern: *Da man selbst die leidige Überzeugung sich verschafft hat, dass sehr viele Unterthanen, wenn sie zur baaren Abtragung ihrer aufgelaufenen Rückstände exekutive angehalten werden sollten, vollkommen zu Grund gerichtet werden müssten, so hat man desfalls bereits E. hohen churfürstl. Gen. Landkommissariat die erforderliche Anzeige und gezimmende Vorstellung gemacht, und gewärtiget von daher eine den Wünschen der Bittsteller gemaße Weisung, welche man gerne Folge leisten, und sie möglichst schonen wird.*[48] Müllern wurde später zum königlichen Ministerialrat in München befördert. Seine Nachfolge als Syndikus und Konsulent in Wangen trat Senator Erb aus Ravensburg an, der am 1. April 1803 dem *wohllöblichen Magistrat* vorgestellt wurde. Am 1. März 1804 wurde die schwäbische Provinz in 25 Landgerichte eingeteilt.[49] Auch Wangen wurde Landgerichtssitz.

Von Bayern an Württemberg

Die lokale Geschichtsschreibung behandelte die bayerische Ära Wangens nie als großes Thema der Stadtgeschichte. Sie galt eher als das Intermezzo, das auf die »württembergische Zeit« hinführte. Tatsächlich ist diese Umbruchszeit arm an sichtbaren Spuren geblieben. Statt der finanziellen Konsolidierung der überschuldeten Stadt, rutschte Wangen durch den dritten

Koalitionskrieg noch tiefer in die Misere. Schon im Jahr 1805 waren wieder kostspielige Einquartierungen und Requisitionen zu ertragen. Zunächst durchzogen kaiserliche Soldaten das Wangener Gebiet. Nach der Kapitulation Ulms im Oktober 1805 waren es dann französische und die mit ihnen verbündeten bayerischen Truppen. Mit der am 26. Dezember 1805 im Frieden von Preßburg besiegelten Niederlage Österreichs und dem förmlichen Ende des Alten Reiches war die Rückkehr zu den alten Verfassungsverhältnissen endgültig vorbei. Der mit Napoleon verbündete Kurfürst von Bayern wurde nach dem Krieg zum König erhoben. Die jetzt königlich-bayerische Stadt Wangen beging dieses Fest am 12. Januar 1806.
In der kurfürstlichen Hauptentschließung vom 10. August 1803 war festgelegt worden, dass der Wirkungskreis der Städte auf die eigentliche Stadtmarkung beschränkt werden sollte.[502] Die Hoheitsrechte über die territorialen Besitzungen Wangens gingen damit entschädigungslos auf den Staat über. Tatsächlich verlor die Stadt Wangen erst 1808 ihr beträchtliches Landgebiet, indem Landesdirektionsrat v. Seutter die provisorische Ausscheidung des Staatsvermögens vornahm. Die Gebiete außerhalb der eigentlichen Stadtmarkung wurden nun als Staatseigentum betrachtet.[51]
Als sich Österreich im Jahr 1809 gegen Napoleon erhob, standen gleichzeitig Tirol und Vorarlberg gegen das mit Frankreich verbündete Bayern auf. Von Anfang Mai bis in den Juli 1809 wurde Wangen von den Vorarlberger Aufständischen durch Quartier- und Proviantforderungen heimgesucht.[52] Abgesehen von diesen Lasten wurde Wangen von den Aufständischen mit Schonung behandelt, wofür sich später der in der Wangener Gegend operierende Vorarlberger Truppenführer Riedmüller auf einer in Bregenz abgehaltenen Konferenz schwere Vorwürfe von Seiten der Aufständischen einhandelte. Durch das Eintreffen eines französischen Heeres, sowie württembergischer und bayerischer Truppen wurde das Gebiet entsetzt. Am 15. Juli eroberten die von württembergischen Generalmajor v. Scheler befehligten württembergischen Truppen zusammen mit französischen Dragonern das tags zuvor von 1200 Vorarlbergern besetzte Eglofs zurück. Am 16. Juli wurden die Aufständischen bei Isny und Neuravensburg zurückgeworfen. Im Morgengrauen des 17. Juli griffen etwa 2000 Vorarlberger die Württemberger Vorposten vor Wangen erfolgreich an. Der nun massiv bedrohten Stadt kamen die Abteilungen Generals v. Scheler zu Hilfe. In wechselnden Gefechten erlitten die Vorarlberger große Verluste und wurden schließlich über die Leiblach zurückgeschlagen. Mit der Besetzung von Bregenz durch die württembergischen Truppen war die aufständische Bewegung der Vorarlberger schließlich ganz zusammengebrochen.
Der Friede von Schönbrunn am 14. Oktober 1809, der die Niederlage Österreichs besiegelte, brachte Bayern als Bundesgenossen Napoleons Länderzuwachs im Osten. Gemäß dem Pariser Vertrag vom 18. Mai 1810 musste es zum Ausgleich dafür die bayerischen Landgerichte Buchhorn, Ravensburg, Leutkirch und Tettnang an das Königreich Württemberg abtreten.[53] In diesem Zuge fiel nun auch das Landgericht Wangen an Württemberg; allerdings verblieben die südöstlich an die Stadt angrenzenden Landdistrikte Wohmbrechts und Maria-Thann beim Königreich Bayern.
Damit wurde ein in Jahrhunderten gewachsenes, kulturell und wirtschaftlich zusammengehörendes Reichsstadtgebiet mit einem Federstrich in zwei Teile getrennt. Die neue Landesgrenze zwischen den Königreichen Bayern und Württemberg verlief dicht bei der Stadt. Dadurch geriet die Stadt in eine abseitige Grenzlage, die für den einst für die Wirtschaft der Stadt so einträglichen Fernhandelsverkehrs schmerzliche Einbußen mit sich brachte. Von den Folgen dieser aus der Mediatisierung erwachsenen Landesgrenze ist die Stadt bis zum heutigen Tag betroffen. So ist beispielsweise die Flächenentwicklung der Stadt nur einseitig und in bescheidenem Maße möglich.
Mit der Bildung eines »Oberamtes Wangen« nach der württembergischen Übernahme erweiterte sich der Amtsprengel dagegen anderweitig, die alte Funktion als zentraler Verwaltungsstandort blieb erhalten.[54]
1822 gelang es mit Hilfe von 420.000 fl. aus der Staatsschuldenkasse des Königreichs Württemberg, die drückenden Schulden einer ganzen Generation zu tilgen.[55] Damit kann unter die schwere Umbruchzeit der Mediatisierung ein Schlussstrich gezogen werden. Die neuwürttembergischen Bürger Wangens dürften der alten Reichsstadtzeit kaum nachgetrauert haben.

[1] StA WG: RP 15.12.1801.
[2] *Albert Scheurle*, Wangen im Allgäu. Das Werden und Wachsen der Stadt. 3. Aufl. Wangen 1975, 103.
[3] Ebd., 102.
[4] Zitiert nach *Scheuerle* (wie Anm. 2), 102.
[5] StA WG: RP 27.08.1802.
[6] StA WG: RP 28.08.1802.
[7] StA WG: RP 30.08.1802.
[8] StA WG: RP 03.09.1802.
[9] Zu den verschiedenen Besetzungen der Stadt im Lauf der Koalitionskriege vgl. *Albert Scheurle.* Kriegs- und Notzeiten, Brauchtum und Kunst in der ehemaligen Reichsstadt Wangen im Allgäu. Wangener Hefte Bd. 3. Wangen 1973, 8ff.
[10] Ebd., 10f. mit Beispielen von Requisitionen und Erpressungen.
[11] HSAS B 216, Bü 8 und StA WG: IA, XIIa 42. Der Bericht entstand noch zu »reichsstädtischer Zeit«, also vor dem 04.12.1802 und fußt auf dem Promemoria von 1799 gegen die überhöhten Kreis- und Reichsbeiträge.
[12] HSAS B 216, Bü 7.
[13] Zit. nach *Klaus-Peter Schroeder.* Das Alte Reich und seine Städte. München 1991, 166.
[14] HSAS B 216, Bü 8.
[15] StA WG: RP 07.12.1802.
[16] StA WG: RP 18.11.1802.
[17] Vgl. *Scheurle* (wie Anm. 9), 10.
[18] *Hermann Speth,* Die Reichsstadt Isny am Ende des Alten Reiches 1775–1806. Untersuchungen über Verfassungs-, Finanz-, Wirtschafts- und Sozialgeschichte der Stadt im Vergleich mit Wangen im Allgäu und Leutkirch. Stuttgart 1973, 233.
[19] StA WG: RP 22. 11. 1802.
[20] StA WG: IA, XIIa 42, fol. 4f.
[21] Ebd., fol. 5. *Albert Scheurle*, Aus Verfassung und Verwaltung der ehemaligen Reichsstadt. Wangener Hefte Bd. 2. Wangen 1972, 39.
[22] StA WG: IA, XII a 42. Zur Entwicklung der Schulden vgl. *Heinz Gehring*, Buchau a. F., Leutkirch und Wangen i.A. am Ende des Alten Reiches. Ein Beitrag zur Stadtgeschichte dreier schwäbischer Reichsstädte. Tübingen [masch.] Diss. 1954, 164.
[23] Zit. nach *Schroeder* (wie Anm. 13), 236; SAL D 112/Bü 272, 16.04.1803.
[24] HSAS B 216, Bü 7.
[25] Zugrundegelegt ist die Gesamtschuld von 531.410 fl. im November 1803. Vgl. *Schroeder* (wie Anm. 13), 236.
[26] Vgl. StA WG IIB Bd.300 und 301 (General-Schuldenliquidationsprotokolle 1822).
[27] *Scheurle* (wie Anm. 2), 107.
[28] Ebd., 112.
[29] Die provisorischen Regierungen für die schwäbische Provinz Kempten und Dillingen wurden am 18.06.1803 zugunsten der Landesdirektion Ulm aufgelöst. Vgl. *Schroeder* (wie Anm. 13), 159.
[30] Vgl. *Adalbert Nagel*, Das Kirchenjahr im barocken Oberschwaben. Bergatreute 1995, 88.
[31] StA WG IA, Xa 18, 15.04.1804.
[32] Ebd., 30. 4. 1804.
[33] StA WG RP 14.04.1803; bezogen auf das Regierungsreskript vom 08.03.1803.
[34] *Michael Grimm*, Geschichte der ehemaligen Reichsstadt Wangen. Wangen 1868, 346.
[35] *Scheurle* (wie Anm. 2), 106.
[36] Ebd.
[37] *Klaus-Peter Schroeder* (wie Anm. 13), 194.
[38] *Grimm* (wie Anm. 34), 346.
[39] Zur Einführung der Stallfütterung vgl. *Heinz Gehring* (wie Anm. 22), 205.
[40] Ebd.
[41] StA WG: RP 08.02.1803.
[42] StA WG: RP 25.01.1803.
[43] *Schroeder* (wie Anm. 13), 233.
[44] Zit. nach *Schroeder* (wie Anm. 13), 235; SAL D 112/Bü 272, 16.04.1803.
[45] Zit. nach *Scheurle* (wie Anm. 2), 106.
[46] HSAS B 216, Bü 7.
[47] RP 14.02.1803.
[48] RP 10.03.1803.
[49] *Schroeder* (wie Anm. 13), 160.
[50] *Schroeder* (wie Anm. 13), 181.
[51] *Ebd.*, 234.
[52] Vgl. *Scheurle* (wie Anm. 9), 12ff.
[53] Matthias Erzberger, Die Säkularisation in Württemberg. Stuttgart 1902, 79.
[54] *Scheurle* (wie Anm. 2), 110. Die Übernahme der neuen Landesteile durch württ. Kommissäre erfolgte am 06.11.1810.
[55] Ebd.

Neuorganisation und Integration

Die Doppelstadt Kempten nach Säkularisation und Mediatisierung

von Franz-Rasso Böck

Einleitung

In der rund 2000-jährigen Geschichte Kemptens markieren die Jahre 1802–1818 einen völligen Umbruch des historischen Gefüges und damit einen der entscheidenden Wendepunkte im städtischen Werdegang: Auflösung der gefürsteten Reichsabtei, Eingliederung der Reichsstadt in das bayerische Kurfürstentum und spätere Königreich, Vereinigung von zwei jahrhundertelang räumlich nahen, doch im Innern weit entfernten Gemeinwesen zu einer einzigen Stadt, deren eigentliche Neuzeit effektiv mit dem Bayerisch-Werden beginnt. Diese Zäsur vor dem Hintergrund des tiefgreifenden europäischen Wandels zur napoleonischen Zeit ist für das spezifisch geprägte Kempten mit dem seltenen Charakteristikum eines zweifachen Staatsgebildes bzw. einer gleichsam »elliptisch in zwei Brennpunkten«[1] angelegten Doppelstadt[2] in die Grundzüge der bayerischen Staatspolitik einzuordnen: „Das Kempten von heute ist durch einen nicht kurzen und keineswegs schmerzlosen Verschmelzungsprozess aus einer freien Reichsstadt und einem gefürsteten Benediktinerstift entstanden – ein Prozess, bei dem das neue Bayern des Grafen Montgelas als nachdrücklicher Katalysator gewirkt hat«.[3]

So stehen nicht Verlauf und Ereignisgeschichte von Säkularisation und Mediatisierung im Mittelpunkt dieses Beitrages, sondern deren Auswirkungen als Voraussetzung für den *inneren* Integrationsprozess der Doppelstadt Kempten, der erst durch die *äußere* Integration in den modernen bayerischen Staat möglich wurde.[4]

Integration in den bayerischen Staat[5]

Noch vor Inkrafttreten des RDHs (25. Februar 1803) hatte Bayern in zwei Sonderverträgen mit Frankreich (1801/1802) die Berechtigung zur sofortigen Inbesitznahme der ihm zugesprochenen Territorien erlangt. Militärische Besetzung und Zivilbesitznahme von Reichsstift und Reichsstadt Kempten erfolgten in parallel ablaufenden Aktionen am 2. September und 30. November 1802. In unmittelbarem Anschluss an die Inbesitznahme ergriff die bayerische Regierung engverzahnte Maßnahmen zur territorialen und administrativen Eingliederung Kemptens in den bayerischen Staat, die sich aufgrund der außenpolitischen Wechselfälle in rascher Folge ablösten. Bereits am 1. Dezember 1802 errichtete das *Generallandeskommissariat* in Ulm in der neubayerischen Provinz Schwaben neben dem Regierungsbezirk Dillingen den *Regierungsbezirk Kempten* mit Dienstsitz in der fürstäbtlichen Residenz, in der bis auf weiteres noch Konventualen von dem ihnen zugestandenen Wohnrecht Gebrauch machten! Doch vor dem endgültigen Abschluss von Organisation und personeller Besetzung bewirkten die bayerischen Reformen 1803 die Auflösung des Generallandeskommissariates und auch der Bezirksregierung Kempten nach nur knapp einjähriger Existenz. An ihre Stelle trat die *Landesdirektion Ulm* als einheitlich zuständige Mittelbehörde von Verwaltung und Finanzen für die gesamte kurpfalz-bayerische Provinz Schwaben.

Auf der unteren Ebene wurden im Rahmen der Neuorganisation von 1804 die Landgerichte als Verwaltungs- und Justizbehörden sowie die Rentämter als Fi-

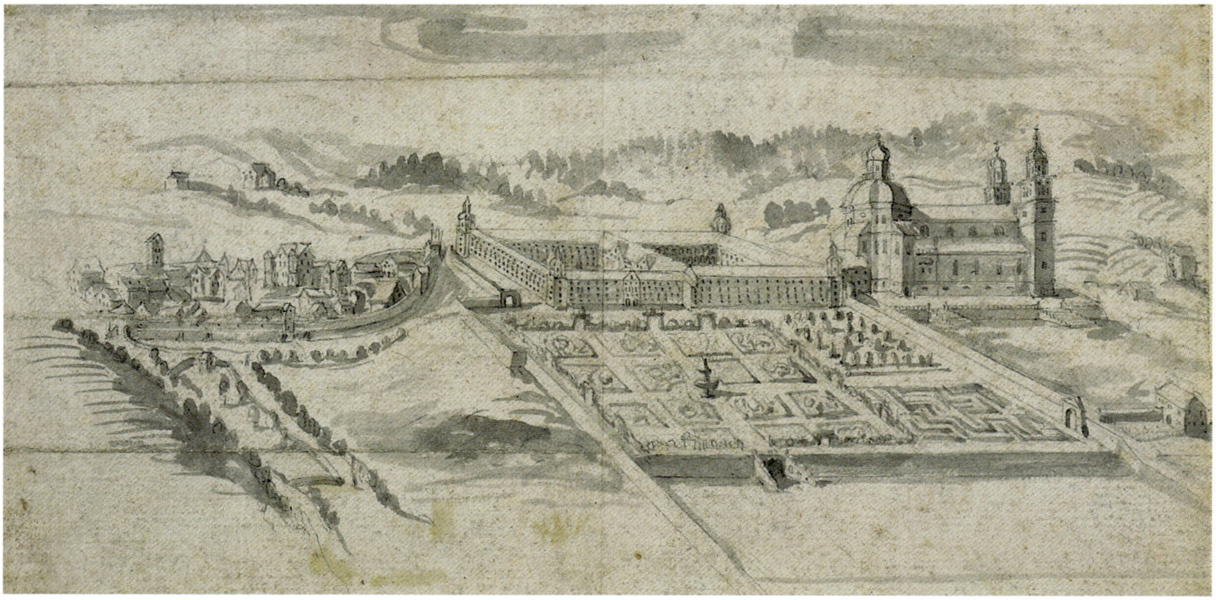

Kempten
Stiftsanlage und Reichsstadt.
Kupferstrich, ca, 1669.
Museen der Stadt Kempten.

nanzorgane geschaffen. Innerhalb des fürstäbtlichen Territoriums trat außer den Landgerichten Obergünzburg und Grönenbach das in der Stiftsstadt errichtete *Landgericht Kempten* in Funktion. Es bestand aus den ehemaligen Pflegämtern diesseits der Iller und Sulzberg-Wolkenberg mit insgesamt 20.345 Einwohnern. Der Geschäftsbereich der in Kempten installierten beiden Rentämter, gleichfalls mit Sitz in der Stiftsstadt, grenzte sich nicht nach Distrikten, sondern nach den jeweiligen Geld- bzw. Getreideeinnahmen ab. 1808 erforderte der beträchtliche Territorialzuwachs des nunmehrigen Königreiches Bayern wiederum eine umfassende Gebiets- und Verwaltungsreform durch die Aufhebung der bisherigen Provinzen mit ihren Landesdirektionen und die Neugliederung des Staatsgebietes in 15 Kreise. Kempten rückte zur *Hauptstadt des Illerkreises* auf und wurde Sitz eines Generalkreiskommissariates sowie einer Kreisfinanzdirektion als Mittelstellen der Verwaltung für 20 Landgerichtsbezirke mit 237.097 Einwohnern, unter ihnen Leutkirch, Wangen, Ravensburg, Tettnang, Bregenz, Inner-Bregenzerwald, Dornbirn, Feldkirch, Sonnenberg und Montafon!

Die weitreichenden außenpolitischen Territorialverschiebungen während der Jahre 1810–1816 mit den Gebietsabtretungen Bayerns an Württemberg und Österreich bedingten die Reduzierung der 15 Kreise zunächst auf neun (1810), dann auf acht (1817). Der bisherige Illerkreis ging im erweiterten Oberdonaukreis auf. Damit musste Kempten Rang und Funktion einer 1808–1817 bestehenden Kreishauptstadt an Augsburg abtreten. Parallel zu dieser äußeren Integration vollzog sich in eben diesen Jahren auch der innere Integrationsprozess von Stadt und Stift Kempten.

Neuordnung der Reichsstadt (Altstadt)[6]

Der Regierungserlass zur Organisation der schwäbischen Reichsstädte vom 10. August 1803 trat für Kempten spezifiziert am 19. März 1804 in Kraft und beendete den seit der provisorischen Eingliederung herrschenden Interimszustand. Die durch den Ulmer Landesdirektionsrat Franz Ignaz v. Müllern unmittelbar in Angriff genommenen Maßnahmen konnten am 5. September 1804 mit der kurfürstlichen Bestäti-

gung abgeschlossen werden. Sie bewirkten nach dem Vorbild der für die altbayerischen Landesteile geltenden *Munizipalverfassung* eine fachliche Dreiteilung der städtischen Aufgaben und deren Wahrnehmung durch Verwaltungsrat, Justizrat und Polizeidirektion. Der lokale Wirkungskreis dieser Ämter beschränkte sich auf den Umfang der Stadtmauern und Friedsäulen, während alle außerhalb gelegenen städtischen Besitzungen seit dem 1. März 1804 dem neuen Landgericht Kempten unterstanden. Den Verwaltungsrat unterstützten in der Geschäftsabwicklung die ehrenamtlich tätigen *Viertelmeister*, die vom Kurfürsten an die Spitze der vier Stadtbezirke berufen wurden. Erst ab 1807 konnten von der Bürgerschaft die Mitglieder des Verwaltungsrates und von diesem das rechtskundige Führungspersonal des Justizrates und die Viertelmeister frei gewählt werden, allerdings unter landesherrlicher Aufsicht. Als Mittelsperson und Gewährsmann für die Einhaltung einer engen administrativen Verbindung zwischen Regierungsstellen und Stadtbehörden fungierte ein eigens eingesetzter kurfürstlicher *Stadtkommissär*, der frühere württembergische Oberamtmann zu Donzdorf, Georg Ernst Preuß. Er überwachte den Vollzug der Organisationsverordnungen, führte den Vorsitz in den Verhandlungen, vollzog die Beschlüsse durch seine Unterschrift und übte in Personalunion auch das Amt des Polizeidirektors aus. Diese Art von »Zusammenarbeit«, die allein schon in der neuen Amtsbezeichnung *Verwaltungsrat* zum Ausdruck kam, stellte den bisher eigenverantwortlich tätigen Magistrat, den *Hochedlen und Hochweisen Rat*, unter das weitgehende Aufsichts- und Mitbestimmungsrecht der Regierung.

Sonderstatus der Stiftsstadt (Neustadt)[7]

Die nie ummauert gewesene, von Gärten umgebene fürstäbtliche Stifts- oder Neustadt reichte in ihren Anfängen bis ins 15. Jh. zurück und war in ihrer wirtschaftlichen Weiterentwicklung zur Beamten-, Händler- und Handwerkersiedlung stets durch die Fürstäbte geprägt und gefördert worden. 1728 hatte die katholisch gebliebene Siedlung unter Fürstabt Rupert v. Bodman zwar die Stadtrechte erhalten, jedoch niemals eine Verfassung oder typische Verwaltungsorgane wie Bürgermeister und Rat besessen. Um 1800 hatte die Stiftsstadt, die vier Jahre später dem kurfürstlichen Landgericht und Rentamt Kempten unterstellt wurde, etwa 2.900 Einwohner (Reichsstadt: etwa 3.150). Mit Erfolg protestierte sie gegen die Regierungsverfügung vom 20. März 1806 zur Organisation der kleineren Landstädte und Marktgemeinden und setzte eine Sonderregelung durch: Anstatt des ursprünglich angeordneten Magistrats beauftragte die Regierung am 6. Juni 1806 zwei ehrenamtlich »Deputierte« mit der Wahrnehmung der stiftsstädtischen Belange bis zu einer endgültigen Regelung. Dieser Ausnahmestatus sollte immerhin noch über ein Jahrzehnt bestehen bleiben.

Vereinigung von Altstadt und Neustadt[8]

Der problematische Vereinigungsprozess der beiden Kemptener Städte zog sich über ein Jahrzehnt hin. Die Komplikationen hatten ihren Ursprung in der historischen Entwicklung der beiden getrennten Gemeinwesen, insbesondere in ihrer unterschiedlichen kommunalen und wirtschaftlichen Struktur. Als ein ganz wesentlicher Faktor trat eine nur schwer anzugleichende Mentalität hinzu: Die Rivalitätskämpfe zwischen den Vertretern des geistlichen Fürstenstaates und der (eingeschränkt) freien Reichsstadt über Jahrhunderte hinweg wirkten sich in einer permanenten Polarität und Antipathie zwischen den Bürgerschaften aus. So standen bei der Zusammenlegung bisheriger und der Schaffung neuer Institutionen Argwohn, Missverständnis und Mangel an Kompromissbereitschaft im Vordergrund.

Bereits 1803 waren einige staatliche Vorstöße, unter anderem in Richtung einer gemeinsamen Abhaltung der beiderseitigen Viktualienmärkte, an bürgerlicher Uneinsichtigkeit gescheitert. Erst 1807 begann dann die Regierung nach Abschluss der Neuorganisation in beiden Städten die Vereinigungsmaßnahmen für ein Gesamt-Kempten zu ergreifen. Zunächst ging es um die Realisierung einer gemeinsamen *polizeilichen Aufsichtsbehörde*. Die hierzu von den Kemptener Amtsvorständen angeforderten Gutachten hoben nahezu übereinstimmend neben gewissen administrativen Vorteilen die negativen Auswirkungen auf die konkur-

renzschwache Neustadt hervor: Sie war der Altstadt sowohl in der Gewerbestruktur (Handwerk ohne feldbaulichen Nebenerwerb) als auch im wirtschaftlichen Kräfteverhältnis unterlegen (zum Beispiel acht neustädtische Bäcker gegenüber 24 altstädtischen, vier neustädtische Metzger gegenüber 33 altstädtischen). Daher wollte die Neustadt weder auf ihre finanz- und lebenswichtigen Institutionen wie Getreideschranne und Viktualienmarkt, Schlachtbank und Brothaus, noch auf ihre eigenen Maße und Gewichte verzichten. Um das so wichtige erste Etappenziel einer gemeinsamen Polizeibehörde nicht von vorneherein scheitern zu lassen, stimmte die Regierung dem städtischen Vorschlag eines Kompromisses in Form einer Kombination von polizeilicher Einheit und vorläufiger Trennung der gewerblichen Institutionen zu. Darüber hinaus schloss sie sich dem optimistischen, aber wenig realistischen Schlussurteil des kurfürstlichen Stadtkommissärs in Kempten an: »Wenn man ein in der Mitte beider Städte stehendes Polizeidirektionsgebäude errichtet, so wird die Einschmelzung beider Städte in ein freundliches Ganzes so unerwartet und glücklich erfolgen, dass niemand den Zustand der jetzigen Trennung zurückwünschen wird«.[9] Die mit Erlass vom 19. September 1808 errichtete Polizeiverwaltung wurde von der älteren Kemptener Literatur kaum zur Kenntnis genommen, da ihre Bedeutung für den Gesamtprozess wohl unterschätzt worden ist. Doch war sie nicht nur das erste Etappenziel auf der langen Vereinigungsstrecke, sondern auch ein entscheidender Ansatzpunkt für die spätere Bewältigung der wirtschaftlichen Schwierigkeiten und für die Konsolidierung der Finanzen.

Der nächste Schritt waren die Vorbereitungen zur Vereinigung von Alt- und Neustadt unter einer gemeinsamen Kommunalverwaltung; sie setzten nach Auflösung der bisherigen Provinzen mit Erlass des *Bayerischen Gemeindeedikts vom 24. September 1808* ein. Das Edikt forderte in den neu geschaffenen Kreisen die Bildung städtischer Gemeinden unter Einschluss ländlicher Bezirke, die sog. Munizipalgemeinden. In Kempten, der Hauptstadt des Illerkreises, stieß die Realisierung, abgesehen von den wirtschaftlichen Komplikationen, auf finanzielle Diskrepanzen. Der Altstadt mit hohen Kriegsschulden, Haushaltsdefiziten und einem freilich nicht sehr beträchtlichen Kommunalvermögen stand die zwar schuldenfreie, aber vermögenslose Neustadt gegenüber. Die Regierung beschloss daher: »Die Schulden der Altstadt und die Renten ihres Kommunalvermögens, die ohnehin zur Bestreitung der Zinsen und Rückzahlungstermine kaum zureichen dürften, bleiben der Altstadt ganz und ungeteilt. Der Gebrauch des städtischen Rathauses und sämtlicher Lehr- und Wohltätigkeitsanstalten wird den Bewohnern beider Städte gemeinschaftlich gewährt sowie das Verwaltungspersonal ohne Rücksicht der Religion aus den Einwohnern beider Städte gewählt«.[10]

Erst drei Jahre nach dem Bayerischen Gemeindeedikt konnte mit Verfügung vom 8. Januar 1811 die *Munizipalgemeinde Kempten* konstituiert werden. Sie bezog die beiden Städte mit den Hauptmannschaften Neuhausen, Lenzfried und Leubas ein, ferner einen Teil des Steuerdistrikts Heiligkreuz mit den Hauptmannschaften Mariaberg, Grünenberg und Hirschdorf. Damit waren in den zwei Städten, sieben Gemeinden, sechs Dörfern, 93 Weilern und 56 Einöden insgesamt 1.199 Häuser, 2.191 Familien und 10.098 Seelen vereinigt.

Der seit 1807 als Aktuar des bisherigen Verwaltungsrates tätige Karl Loose wurde zum *Kommunaladministrator* berufen, einer neuen und bezeichnenden Titulierung für das frühere Bürgermeisteramt. Die bereits 1810 gewählten Mitglieder des den Verwaltungsrat nun ablösenden *Munizipalrates* erhielten ihre offizielle Bestätigung. Es waren dies aus der Altstadt Bäckermeister Johannes Bachthaler und Kaufmann Christian Paul Kutter sowie die beiden bisherigen Deputierten der Neustadt, Buchdrucker Joseph Kösel und Gastwirt Franz Heinrich Schnitzer. Sie vertraten im Gegensatz zu den früheren besoldeten Verwaltungsräten ihre Ämter unentgeltlich. Die Einweisung und Vereidigung des Kommunaladministrators und der vier Munizipalräte vollzog am 28. Januar 1811 im Kemptener Rathaus der königlich-bayerische Kreisadministrationsrat v. Baur gemäß ausdrücklicher Weisung der Regierung mit einem *geeigneten Vortrag* und in *feierlicher Art*: *Die beiden Städte* [...], *deren nahe Lage und natürliche Verhältnisse immer zur Vereinigung einluden, formieren jetzt eine Stadt, eine Kommune, sie werden einer Gerichtsbehörde unterworfen, sind in einer Polizeistelle vereinigt, haben einen Munizipalrat und eine Kommunaladministration*.[11]

Eindringliche Reden und feierliche Eidesformeln vermochten jedoch die Ressentiments zwischen den Parteien ebenso wenig auszumerzen wie die Beseitigung äußerlicher Trennungssymbole. Seit 1807 hatte die Regierung mit dem Abbruch der Stadtmauern unter dem Vorwand beginnen lassen, dass *diese Maßnahme hinsichtlich der freieren Luft vorteilhaft, wegen aufhörender Unterhaltungskosten in ökonomischer Hinsicht rätlicher sei.*[12] 1810 fiel das Klostertor als bisheriges Grenzmerkmal zwischen Alt- und Neustadt. Trotz des günstigen Ergebnisses des erstmals gemeinsam erstellten Haushaltsetats von 1813/14, der mit 5.617 fl. nur ein Drittel des 1804 ermittelten Defizits auswies, stemmten sich die Neustädter gegen einheitliche Preis- und Steuererhöhungen und waren nicht bereit, das in finanzieller Beziehung traurige Los der Altstadt zu teilen: *Die Altstadt hat Schulden, die Neustadt ist fast schuldenfrei. Wir müssen deshalb dringendst bitten, daß die Neustadt mit der Altstadt nie in eine Kommune verschmolzen, sondern hinsichtlich der beiden stets eine separate Rechnung geführt werde. Es ist für die Altstadt zwar ein trauriger Zustand, aber dies berechtigt die Stadt noch nicht zu fordern, daß die Neustadt ihr Los teile!*[13] Noch vier Jahre nach Schaffung der Munizipalgemeinde Kempten konstatierte Kommunaladministrator Karl Loose in seinem Bericht an die Regierung unter dem Eindruck des permanent ausgeprägten Trennungsbewusstseins der zwangsweise vereinigten Kontrahenten: *Die vollständige Vereinigung beider Städte Kempten dürfte nicht allein den höchsten Beschlüssen, sondern dem Interesse beider Städte in höheren Gesichtspunkten, die vollständige Trennung aber den Wünschen einiger Tonangeber in beiden Städten entsprechen* [...]. *Sollen die beiden Städte Kempten in einer Gemeinde vereinigt bleiben oder wieder getrennt werden? Wenn so viele sich reibende Interessen die Gemüter bei jeder Gelegenheit erhitzen, so kann mit Recht behauptet werden, daß die Vereinigung beider Städte Kempten bis heute noch nicht weiter zustande gekommen sei als etwa eine Vereinigung von Martinszell und Wildpoldsried.*[14]

Nach Eingliederung des Illerkreises mit der Hauptstadt Kempten in den Oberdonaukreis mit der Hauptstadt Augsburg (1817) setzten das neue bayerische Gemeindeedikt vom 17. Mai 1818 mit Restitution der 1808 weitgehend entzogenen Selbstverwaltungsrechte und dessen Ausführungsbestimmungen den formaljuristischen Schlusspunkt unter ein volles Jahrzehnt Kemptener Vereinigungsgeschichte. Altstadt und Neustadt bildeten nunmehr zusammen die *Vereinte Stadt Kempten* mit 694 Häusern, 1.156 Familien und 5.196 Seelen als eine Stadtgemeinde II. Klasse (500 bis 2.000 Familien). Da der Gemeindebezirk einer Stadt sich nicht über den sog. *Burgfrieden* (Friedsäulen der Altstadt, Hofzaunbeschrieb der Neustadt von 1765) erstrecken durfte, verlor Kempten seine ländlichen Bezirke, die ihm als Munizipalgemeinde mit Regierungsverfügung vom 8. Januar 1811 zugewiesen worden waren. Sie wurden in zwei *Ruralgemeinden* formiert, und zwar im Ruralbezirk St. Lorenz mit Neuhausen, Hirschdorf, Grünenberg, Mariaberg auf dem linken Illerufer und im Ruralbezirk St. Mang mit Lenzfried und Leubas rechts der Iller (erst 1972 sollten diese Landgemeinden wieder mit der Stadt Kempten vereinigt werden).

An die Stelle des bisherigen Munizipalrates trat der frei gewählte *Magistrat*, dem der Bürgermeister und acht Magistratsräte (Amtszeit sechs Jahre) sowie ein rechtskundiger Rat und ein Stadtschreiber angehörten. Der Aufgabenbereich umfasste insbesondere die Leitung und Beaufsichtigung der Gemeindeanstalten, die Verwaltung des Gemeinde- und Stiftungsvermögens, Umlage der Gemeindelasten und die Erteilung von Gewerbebewilligungen. Den frei gewählten 24 Gemeindebevollmächtigten als Vertretern der *Gemeindekorporation* oblag die Wahl des Magistrats und dessen Beratung in allen wichtigen Gemeindeangelegenheiten. Der Königliche Stadt- und Polizeikommissär war mit der Oberaufsicht des Staates über die Stadt betraut.

Aus der ersten Gemeindewahl der vereinigten Stadt Kempten gingen 1818 der ehemalige Stadtammann Georg Mathias v. König als Bürgermeister und der königliche Advokat Felix Zimmermann als rechtskundiger Rat hervor. Zum Stadt- und Polizeikommissär wurde Landrichter Johann Georg Henne, ehemaliger Landkassier der Fürstabtei, berufen. Von den acht Magistratsräten waren Stiftungspfleger David Röhlin, Kaufmann Matthäus Guitsch und Buchhändler Tobias Dannheimer bereits Mitglieder des Großen Rates der Reichsstadt und Gastwirt Heinrich Schnitzer Deputierter der Stiftsstadt gewesen.

Von den neu gewählten 24 Gemeindebevollmächtigten hatten Großhändler Johann Jakob v. Jenisch (ehemaliger Bürgermeister), Kaufmann Joachim Heydecker, Gerbermeister Johann Jakob Stetter und Stadtwirt Johann Georg Pfeiffer gleichfalls dem Großen Rat angehört. Hinsichtlich der Berufsstruktur setzten sich Magistratsräte und Gemeindebevollmächtigte wie folgt zusammen: Neun Handwerker, acht Großhändler und Kaufleute, sechs Wirte und Brauer, zwei Ärzte, ein Buchhändler und ein Gutsbesitzer. Die Gemeindebevollmächtigten wurden indirekt von bezirksweise ermittelten Wahlmännern mehrheitlich bestimmt. Dabei handelte es sich um keine Wahl im heutigen Sinn mit einer breiten politischen Teilnahme aller Bevölkerungsschichten: Wahl und Wählbarkeit waren neben dem Bürgerrecht an eine hohe Steuerleistung (Zensus) gebunden, so dass die politische Einflussnahme dem oberen und mittleren Bürgertum vorbehalten blieb.
Das der vereinigten Stadt Kempten 1819 von der Regierung des Oberdonaukreises verliehene Stadtwappen brachte die historische Doppelbedeutung Kemptens zum Ausdruck: Der halbe goldene Reichsadler auf schwarzem Grund steht für die ehemalige Reichsstadt, ein roter Turm auf grünem Dreiberg erinnert an die ursprünglich stiftische Burghalde als Sitz des Klostervogtes. Die einst weiß-blauen, später schwarzgelben Farben der Reichsstadt und die zumeist weiße Farbe des Stiftes gingen in den Stadtfarben schwarzweiß auf. Wappen und Stadtfarben haben bis heute ihre Gültigkeit behalten.

Wappen der Stadt Kempten seit 5. 1. 1819

Nachwehen: Vereinte und einige Stadt Kempten[15]

Trotz endgültiger politischer Legalisierung der vereinten Stadt Kempten vermochten die offen oder latent vorhandenen Ressentiments nur schwer den Unterschied zwischen »stiftisch« und »kemptisch« nichtig werden zu lassen. Die *Neuesten Weltbegebenheiten*, die 1783 bis 1822 meistgelesene Zeitung in Kempten, nahm vom Vollzug der Vereinigung mit keinem Wort Notiz. Diese Ignoranz war zwar vermutlich mit auf die seinerzeit in der Presse herausgestellte »Große Politik« (es gab noch keinen Lokalteil im heutigen Sinn) zurückzuführen, doch entsprach sie zweifellos auch der unerschütterlichen Haltung der Bürger auf beiden Seiten. Im *Königlichen-Bairischen Intelligenzblatt der Stadt Kempten im Oberdonaukreise* erschienen lokale Nachrichten und Inserate weiterhin getrennt nach Alt- und Neustadt.
Nach Jahrhunderten der Feindschaft, Koexistenz und bedingten Kooperation stand die 1818 durch das bayerische Gemeindeedikt angeordnete Vereinigung von Alt- und Neustadt eigentlich nur auf dem Papier. Wie hätte die »Zwangsehe« auch gleich mit Leben erfüllt sein können? Der Weg zu einem neuen Selbstverständnis städtischer Einheit, ganz zu schweigen städtischer Identität war noch weit. Obwohl die Bürger bei offiziellen Anlässen wie dem Besuch König Ludwigs I. von Bayern 1829 interne Verbundenheit zu demonstrieren wussten (einst getrennt, sind wir nun eins unter Wittelsbachs Ägide), gab es noch bis Ende des 19. Jhs. rechtliche und wirtschaftliche Differenzen: Erst 1844 fiel die Zollgrenze zwischen Alt- und Neustadt, bis 1870 gab es getrennte Wochenmärkte,

Kempten
Ansicht der Reichsstadt von Osten her, 1799.
Aquarell, Roman Weiß.
Sammlung Leichtle, Kempten.

bis 1893 getrennte Schrannen, und erst 1908 konnte man sich entschließen, eine gemeinsame Kandidatenliste für die Gemeindewahlen aufzustellen!
Die Zusammenlegung der beiden Schrannen fand in Presse und Chronistik einen besonderen Niederschlag. Was sich hier als erheiternde Lektüre präsentiert, geht tatsächlich viel tiefer und rührt ironisch und sarkastisch formuliert an die vor allem aus Sicht der ehemaligen Neustadt immer noch nicht verheilten Wunden:
Lokales. Kempten, den 27. Sept. 1893:
Todes-Anzeige
Es hat Horchler, dem Allmächtigen, und den Herren in der Altstadt gefallen, heute die neustädtische Schranne eines gewaltsamen Todes sterben zu lassen. Sie starb, weil sie keine andere Wahl hatte, ganz ergeben in den Willen und die Beschlüsse der altstädtischen Mehrheit im Stadtmagistrat und Gemeindekollegium an Luftmangel, herbeigeführt durch Erdrosselung [...].[16]

Lokales. Kempten, den 4. Oktober 1893:
An Schrannentagen wehte sonst am Kornhause eine blau-weisse Fahne. Heute, am ersten schrannenlosen Mittwoch, in aller Frühe, sahen Vorübergehende an der gewohnten Stelle eine schwarze Trauerfahne wehen mit der Inschrift: »Ruhe sanft, Du Getötete!« Doch schon früh 7 Uhr erschien die hohe Polizei beim verwittweten Kornhause, entfernte die Trauerflagge und

brachte sie ins Gasthaus zur »Rose«.Gegen die Veranstalter des Schrannenmordes herrscht natürlich in der ganzen Neustadt nur eine Stimme der Anerkennung. Alles schwimmt in hellem Jubel darüber, daß der Drache Dualismus nun glücklich getötet und sohin [...] der gemeindliche Friede auf unabsehbare Zeit sichergestellt ist.[17]

Vermählungsanzeige, den 4. Oktober 1893:
Um den über mich irrtümlich oder böswillig verbreiteten Gerüchten zu begegnen, teile ich hierdurch allen mit, daß ich keineswegs mit Tod abgegangen bin. Vielmehr habe ich mich mit meiner lieben alten Kollegin in der Altstadt, von der ich nun schon so viele Jahre geschieden lebte, wieder vereinigt [...]. Wir geben uns der angenehmen Hoffnung hin, daß man unsere Wiedervereinigung endlich als Tatsache, mit der man rechnen muß, hinnehme, und empfehlen uns recht fleißigem Zuspruch.
Hochachtungsvoll Die vereinigte neustädtische und altstädtische Schranne.[18]

Das Hauptziel des Kemptener Bürgermeisters der Jahrhundertwende, Adolf Horchler (Amtszeit 1881 bis 1919), bestand in der Tat darin, »aus Kempten-Altstadt und Kempten-Neustadt endlich einmal eine einzige Stadt zu machen«![19] Dies fand seinen Niederschlag zunächst im städtebaulichen Konzept des Bürgermeisters, denn für ein Zusammenwachsen musste die baulich immer noch abgekapselte Altstadt mit teilweise rigorosen Eingriffen in die gewachsene Baustruktur erst aufgebrochen werden. Allein für die Anlage der »Freitreppe« als Verbindung zwischen der tiefer gelegenen Altstadt und der Neustadt mussten zwei stattliche Häuser abgebrochen werden (auch wenn die Freitreppe als solche auf altstädtischem Gebiet liegt) – »unten« und »oben« sollten persönlich und geschäftlich besser zueinander finden. So kann man sagen, dass der Abbruch des Klostertores als Trennungssymbol 1810 und der Bau der Freitreppe als Einheitsymbol 1902/03 baulich Anfang und Ende eines Jahrhunderts markieren, in dessen Verlauf die 1818 offiziell vollzogene Vereinigung von Alt- und Neustadt innerlich erst noch aufgearbeitet und verarbeitet werden musste.

Freilich hatten in der Bevölkerung immer schon auch geschäftliche, verwandtschaftliche, persönliche Verbindungen bestanden, die aber weniger registriert worden sind als die offenkundigen Gegensätze.

Die nach dem Zweiten Weltkrieg einsetzende Bevölkerungsbewegung mit der Eingliederung tausender von Heimatvertriebenen nach Kempten, die Industrie und Wirtschaftsexpansion, aber auch das Ökumenedenken haben endgültig den inneren Wandel im Sinne einer gesamtkemptischen Identität der Bürgerschaft bewirkt, mag Kempten auch heute noch topographisch wie städtebaulich das Erscheinungsbild einer Doppelstadt zeigen.

Fürwahr eine spannende Geschichte!

[1] *Bernhard Zittel,* Der »Familienstreit« zwischen Reichsstadt und Stift Kempten, in: Mitt. des Oberösterreich. Landesarchivs 14 (1984), 177.

[2] Vgl. zuletzt *Wolfgang Petz,* Zweimal Kempten – Geschichte einer Doppelstadt (1694–1836). München 1998.

[3] *Walter Brandmüller,* Geistiges Leben im Kempten des 17. und 18. Jhs., in: ZBLG 43 (1980), 613.

[4] Vgl. dazu ausführlich das Standardwerk von *Franz-Rasso Böck,* Kempten im Umbruch. Studien zur Übergangsphase von Reichsabtei und Reichsstadt zur bayerischen Landstadt unter besonderer Berücksichtigung von Kontinuität und Wandel in Verfassung und Verwaltung 1799–1818. Augsburg 1989, bes. 169–253; *Ders.,* Kempten vom Übergang an Bayern bis 1848, in: *Volker Dotterweich* u. a. (Hgg.), Geschichte der Stadt Kempten. Kempten 1989, 349–372.

[5] *Böck,* Kempten im Umbruch (wie Anm. 4), 171–180, Übergang (wie Anm. 4), 355–364.

[6] Ebd., 201–219 bzw. 357f.

[7] Ebd., 226f. bzw. 358.

[8] Ebd., 228–253 bzw. 360–364.

[9] Zit. nach *Böck,* Kempten im Umbruch (wie Anm. 4), 235.

[10] Ebd., 237.

[11] Ebd., 243.

[12] Ebd., 244.

[13] Ebd., 245.

[14] Ebd., 245f.

[15] Vgl. dazu neben der genannten Literatur auch *Franz-Rasso Böck,* Leitlinien politischer Gestaltung, in: *Franz-Rasso Böck/Ralf Lienert/Joachim Weigel* (Hgg.), Jahrhundertblicke auf Kempten 1900–2000. Kempten 1999, 7f.

[16] StA Kempten: Tagebuch von *Matthäus Unsöld.* Bd. III, 1892–1897, 20 a.

[17] Ebd., 20 a.

[18] Ebd., 20 b und Kemptner Anzeiger 20 (1893), Nr. 230 vom 05. 10. 1893, 3.

[19] Zit. nach *Karl Filser,* Industrialisierung und Urbanisierung. Kempten 1850 bis 1918, in: *Dotterweich,* Kempten (wie Anm. 4), 387.

Lieber Sauhirt in der Türkei als Standesherr in Württemberg ...

Die Mediatisierung des Adels in Südwestdeutschland

von Rudolf Endres

Für die Mehrzahl der Adelsfamilien in Südwestdeutschland, insbesondere für die hochadeligen und seit 1806 standesherrlichen Familien, bildete die Mediatisierung 1806 das traumatische, negative Ereignis ihrer Geschichte. Denn die Mediatisierung, das heißt die Aufhebung der Reichsunmittelbarkeit eines weltlichen Reichsstandes und seine Unterwerfung unter die Souveränität und Landeshoheit einer Adelsfamilie, die bisher gleichrangig und gleichgestellt war, war für den Hochadel im Südwesten ein unvorstellbares Geschehen. Insgesamt hat die Zeit der napoleonischen Vorherrschaft in Europa das Gesicht und die Landkarte des deutschen Südwestens nachhaltig verändert und geprägt. Regionale Traditionen, althergebrachte Rechte und historische Strukturen wurden zum Teil radikal abgeschnitten oder zumindest umgeformt, indem die vielen reichsunmittelbaren Ritter und Hochadelsfamilien den neuen Rheinbundstaaten einverleibt wurden, die nach den Grundsätzen der Einheitlichkeit und Gleichförmigkeit regiert wurden. Vor allem traf es die traditionelle Klientel des habsburgischen Kaisers im Schwäbischen Kreis: die geistlichen Stifte und Klöster, die Reichsstädte und Reichsritter, die Grafen und kleineren Fürsten.

Fürsten und Grafen

Die herausragende Stellung, die viele Adelsfamilien im Südwesten des Reiches bis zum Ende des Alten Reiches einnahmen, war durch eine Besonderheit der geschichtlichen Entwicklung möglich geworden: Nach dem Untergang der Staufer im Jahre 1268 war es keinem Adelsgeschlecht gelungen, das Herzogtum Schwaben neu zu errichten. Selbst das Haus Habsburg, unbestritten die wichtigste Kraft im Bereich des Schwäbischen Reichskreises, erreichte die Wiederbelebung des Herzogtums nicht. Das Fehlen einer einheitlichen landesherrlichen Macht aber ermöglichte es einigen der schwäbischen Adelsfamilien, selbst Territorien zu bilden und zu Landesherren und somit in den deutschen Hochadel aufzusteigen.[1] Zu dieser Gruppe der Fürsten und Grafen gehörten in Oberschwaben am Ende des Alten Reiches das gräfliche Haus Abensperg und Traun mit der Grafschaft Eglofs und der Herrschaft Siggen, das fürstliche Haus zu Fürstenberg, das seinen Herrschaftsmittelpunkt in Donaueschingen hatte, aber mit der Grafschaft Heiligenberg und der Herrschaft Meßkirch in Oberschwaben begütert war; weiter das gräfliche Haus Fugger, geteilt in die Linien Babenhausen, Glött und Kirchberg-Weißenhorn; die Grafen v. Königsegg; das fürstliche Haus zu Schwarzenberg mit den Herrschaften Illereichen und Kellmünz; die Grafen v. Stadion; das fürstliche Haus v. Thurn und Taxis, das 1786 die gefürstete Grafschaft Friedberg-Scheer erworben hatte, und schließlich das gräfliche Haus Waldburg mit seinen vier Linien Wolfegg-Waldsee, Wolfegg-Wolfegg, Zeil-Wurzach und Zeil-Trauchburg. Am Ende des Alten Reiches gab es im Bereich des Schwäbischen Reichskreises ein buntscheckiges Bild mit ungefähr 100 selbständigen Territorien.[2] Die wichtigsten weltlichen Territorien, neben dem habsburgischen Vorderösterreich, waren Württemberg sowie Baden, das seit 1771 wieder unter einer Hand vereinigt war, nachdem die konfessionell unterschiedlichen Markgraf-

schaften Baden-Baden und Baden-Durlach sich über Jahrhunderte feindlich gegenübergestanden hatten. Neben den Fürsten v. Fürstenberg bestanden noch die beiden gefürsteten Grafschaften Hohenzollern-Hechingen und Hohenzollern-Sigmaringen, denen es ebenfalls nicht vergönnt war, außer anerkennenswerten kulturellen Leistungen auch staatsrechtlich-politische Bedeutung zu erlangen. Einfluss im Südwesten nahmen noch eine Anzahl größerer Territorien, die mit ihren Hauptgebieten außerhalb lagen, aber mit Teilen ihrer Besitzungen in das Gebiet des Schwäbischen Kreises hereinragten. Dies gilt für die Pfalzgrafschaft bei Rhein, für Hessen-Darmstadt, für die Territorialherrschaften der Grafen zu Erbach, für die in mehrere Linien geteilten Fürsten und Grafen v. Hohenlohe, für die Fürsten und Grafen v. Löwenstein-Wertheim sowie die Grafen v. Oettingen-Spielberg und Oettingen-Wallerstein.

Die Mediatisierung der Reichsritterschaft

Die Schwäbische Reichsritterschaft

Im Bereich des Schwäbischen Reichskreises aber gab es neben den Territorien der Fürsten und Grafen noch die zahllosen ritterschaftlichen Gebiete der *Freyen Reichsritterschaft des Landes zu Schwaben*. Denn anders als im Osten und Norden des Heiligen Römischen Reiches war es in Schwaben, Franken und am Rhein nicht zur Ausbildung großer geschlossener Flächenstaaten gekommen. Der hier ansässige Niederadel hat sich dem staatlichen Verdichtungs- und Durchdringungsprozess seit dem späten Mittelalter entziehen können. Während des 16. Jhs schlossen sich die Mehrzahl der Ritter zur freien Reichsritterschaft zusammen. Erste Ansätze für die Organisation des Niederadels zeigten sich schon 1532 bei der Türkenhilfe, doch als eigentliche »Geburtsstunde« kann die Türkensteuer von 1542 gelten, die die Ritter zu einer eigenen Organisation zwang, wenn sie nicht über eine Landsteuer der Territorialherren unzweifelhaft mediatisiert werden wollten. So kam es erst in Schwaben und am Rhein zur Ausbildung einer reichsunmittelbaren Organisation der Ritter, die sich zwischen 1540 und 1570 aus den jeweiligen Landesständen und Landtagen zurückzogen und ausschieden.[3] Einen formalen Endpunkt der drei Reichskreise Schwaben, Franken und am Rhein bildeten deren Ordnung. Eine solche gaben sich die Reichsritter in Schwaben im Jahr 1560, in Franken 1591 und am Rhein 1651. Der Schwäbische Ritterkreis bestand aus den fünf Orten oder Kantonen Hegau-Allgäu-Bodensee, Donau, Neckar-Schwarzwald mit dem nur assoziierten Viertel Ortenau sowie Kocher und Kraichgau.[4]

Rückhalt der Reichsritter und ihrer quasi-staatlichen Organisation war der Kaiser, der Garant ihrer freiheitlichen Existenz, dem auch die zahlreichen Privilegien zu verdanken waren. Zusammen mit den Reichsgrafen und Prälaten waren die Reichsritter gerade im Schwäbischen Reichskreis die treuesten Gefolgsleute und Stützen der kaiserlichen Politik, denn nur beim Kaiser fanden sie Schutz vor dem Zugriff der Territorialfürsten. Über den Kanton standen die Ritter in direkter Verbindung zum Kaiser, auch wenn sie weder kollektiv noch individuell die Reichsstandschaft erlangten. Dem Kaiser zahlten die Ritter zwar keine Steuern, dafür aber beträchtliche sog. *Charitativsubsidien* [freiwillige Steuern], wie sie auch dem Kaiser direkt die Türkenhilfe leisteten und ihre Truppen dem kaiserlichen Kommando unterstellten und nicht dem des Reichskreises. Im Augsburger Religionsfrieden von 1555 wurde den Reichsrittern das Recht der freien Entscheidung in Religions- und Konfessionsfragen zugestanden, weshalb sich sehr viele Ritter für die lutherische Reformation entschieden, während unter dem starken habsburgischen Einfluss die schwäbischen Kantone Donau und Hegau treu zur alten Kirche hielten.

In ihrem Herrschaftsbereich besaßen die Ritter nicht nur die Religionshoheit, sondern auch die Landeshoheit, wobei die Ausübung der Steuer- und Militärhoheit an den Kanton übertragen worden war. Sie übten über ihre Hintersassen oder Untertanen die niedere Gerichtsbarkeit aus, besaßen das Gesetzgebungsrecht und beanspruchten die Regalien für Zoll, Geleit, Post, Jagd, Fischerei und Forst sowie für die umfassende Polizei über die Hintersassen, von denen sie eine Vielzahl an Abgaben und Zinsen verlangten.[5] Die aus der Existenz der Ritterschaft – der Kanton Donau zählte im Jahr 1790 29 niederadelige Familien, der Kanton Hegau-Allgäu-Bodensee 20 – resultierende territo-

riale Zersplitterung des südwestdeutschen Raums erschwerte den größeren Territorialherren gerade im Zeitalter des Absolutismus den Aufbau moderner Staaten und machte tiefgreifende Reformen in Verwaltung, Wirtschaft und Justiz unmöglich. So blieb es nicht aus, dass immer wieder Landesfürsten versuchten, die eingesessenen Reichsritter ihrer Landeshoheit zu unterwerfen, wobei im 18. Jh. Württemberg die energischsten Anstrengungen unternahm.[6] Doch die Französische Revolution von 1789 nahm den Reichsrittern im Elsaß ihre bisherige privilegierte Stellung: 1790/91 wurden sie den Bürgern gleichgestellt und ihre Privilegien aufgehoben.[7]

Auf dem Weg zum Ende der Reichsritter

Rechts des Rheins begann der »Rittersturm« in den Fürstentümern Ansbach und Bayreuth, die 1791/92 an Preußen gefallen waren. Der mit vizeköniglichen Vollmachten ausgestattete Statthalter Karl August Frh. v. Hardenberg nutzte vor allem den Abschluss des Friedens von Basel 1795, um mit aller Härte gegen die Reichsritter vorzugehen und die »mittelalterlichen Zustände« zu beseitigen. Alle innerhalb der Fürstentümer Ansbach und Bayreuth eingesessenen Ritter wurden mit militärischer Gewalt der preußischen Landeshoheit unterworfen.[8] Von dem harten Vorgehen Hardenbergs waren auch einige Ritterorte des schwäbischen Kantons Kocher betroffen, so dass es eigentlich nur noch eine Frage der Zeit war, bis die Existenz der gesamten Ritterschaft im Südwesten gefährdet war. Vor allem kam es nach dem Frieden von Lunéville von 1801 darauf an, bei den Verhandlungen in Regensburg über die Entschädigung der Reichsstände für ihre linksrheinischen Verluste eine Garantie der Großmächte für den Fortbestand der Reichsritter zu erreichen. Zu diesem Zweck entsandte die Reichsritterschaft den Ritterhauptmann des Kantons Odenwald, Karl Friedrich Reinhard v. Gemmingen, nach Regensburg. Er sollte bewirken, dass die kleinen Territorien der Reichsritter von der bevorstehenden Länderverteilung ausgenommen blieben. Die Reichstände aber lehnten nicht nur eine Entschädigung der Ritter im Elsass ab, sondern sie verlangten, allen voran Bayern und Württemberg, die Mediatisierung der Reichsritter. Der erfahrene Politiker Gemmingen erkannte, dass der Kaiser offensichtlich bereit war, um eigener Vorteile willen, die Ritterschaft zu opfern, und Russland bereits die Ritterschaft aufgegeben hatte, weshalb er alle Hoffnungen auf Frankreich setzte. Die Ritterkorporation entsandte daher im November 1802 den Frhn. Karl Eberhard v. Waechter nach Paris, der unter Einsatz von hohen Bestechungsgeldern erreichte, dass sich Frankreich für den Erhalt der Reichsritterschaft aussprach.[9] Tatsächlich wurde in den RDH, der am 27. April 1803 von Kaiser Franz II. ratifiziert wurde, eine salvatorische Klausel aufgenommen, die den Fortbestand der Reichsritterschaft garantierte.[10] Die kleinsten und schwächsten aller Reichsglieder, die immediaten Reichsritter, blieben also erhalten, nicht zuletzt wegen des unermüdlichen Einsatzes ihrer Gesandten in Regensburg und Paris und wegen der reichlich fließenden Bestechungsgelder, während die geistlichen Staaten und fast alle Reichsstädte säkularisiert und mediatisiert wurden.

Mit der Säkularisation der geistlichen Territorien verlor die Ritterschaft aber die wichtigste politische Stütze im Reich, und vor allem verloren die Ritter die vielen einträglichen Kirchenämter und Pfründen, die in der Reichskirche dem katholischen Adel vorbehalten waren. Dies bedeutete für viele adelige Familien in Oberschwaben den Verlust ihrer wirtschaftlichen Basis.[11] Doch schon bald zeigte sich, dass mit dem RDH keineswegs die Existenz der Reichsritter auf Dauer gesichert war. Denn die Fürsten, allen voran Kurbayern und die neuen Kurfürsten v. Württemberg und Baden, setzten alles daran, die zahlreichen ritterschaftlichen Gebiete ihrer Herrschaft unterzuordnen und geschlossene, einheitliche Territorien herzustellen. Zunächst versuchten sie, durch vertragliche Vereinbarungen eine freiwillige Unterwerfung der Ritter unter die fürstliche Landeshoheit zu erreichen, wozu aber nur wenige Ritter bereit waren. Dabei war vorgesehen, dass der Adel die Steuer- und Militärhoheit sowie die hohe Gerichtsbarkeit abtreten sollte, während ihm das Korporationsrecht und seine Privilegien belassen werden sollten. Für diesen Plan konnte auch Talleyrand gewonnen werden, nicht aber der Kaiser in Wien, ohne dessen Zustimmung aber die Ritter nichts unternehmen wollten und konnten.[12] Daraufhin beschlossen die Fürsten, gewaltsam gegen die eingesessenen Ritter vorzugehen. Den Anfang machte Kurbay-

ern, dessen Kurfürst Max Joseph im Zuge der Okkupation der neuen Gebiete in Franken und Schwaben zugleich auch an den ritterschaftlichen Orten Besitzergreifungspatente anschlagen ließ und die Untertanen zur Huldigung zwang. Die Kassen der Ritterkantone wurden beschlagnahmt und die Steuern gesperrt. Binnen kurzer Zeit war rund die Hälfte der fränkischen Ritter bereit, den mehr oder weniger erzwungenen Huldigungseid auf den bayerischen Kurfürsten zu leisten.[13]

Der sog. Rittersturm

Das bayerische Vorgehen fand bald Nachahmer. Im November und Dezember 1803 kam es zum sog. *Rittersturm* in Südwestdeutschland, an dem sich fast alle Kurfürsten, Herzöge und Fürsten beteiligten. Sie ließen alle ritterschaftlichen Besitzungen in erreichbarer Nähe besetzen, meist unter dem Vorwand des provisorischen Schutzes. So erklärte der Kurfürst v. Baden, Karl-Friedrich, der der Lehnsherr der meisten Reichsritter des Kantons Kraichgau war, er müsse diese vor dem Zugriff des Landgrafen v. Hessen schützen.[14] Auch kleinere Reichsstände beteiligten sich ohne Skrupel an diesem Rechtsbruch, obwohl doch auch ihre eigene Existenz in Gefahr war, wenn die reichsverfassungsmäßige Ordnung gewaltsam zerstört und missachtet wurde. So erließ Karl-Friedrich Fürst zu Leiningen am 19. Dezember 1803 ein *Conclusum*, das alle in- und angrenzenden Ritterorte aufzählte, die in Besitz genommen werden sollten.[15] Am 26. Dezember ließ auch das Gesamthaus Hohenlohe marschieren. Dabei hatten sich die Ritter in und um diese Gebiete in Sicherheit geglaubt, da sie nicht unmittelbar von größeren Reichsständen tangiert wurden und zu den Fürsten Hohenlohe bisher ein gutes Verhältnis gehabt hatten. Beim Wettlauf um die Besetzung der Ritterorte ließ sich auch nicht vermeiden, dass die konkurrierenden Mächte aufeinanderstießen, ja es wurden sogar gelegentlich Scharmützel in Kauf genommen. So musste bei einem Kampf zwischen hohenlohischen und württembergischen Truppen ein hohenlohischer Feldwebel sein Leben lassen, als in dem Dorf Unterheimbach der Frhn. v. Gemmingen ein Streit um das Besitzergreifungspatent an der Kirchentüre ausbrach. Auch zwischen dem Fürstentum Krautheim und dem Haus Löwenstein-Wertheim brach ein Streit um ritterschaftliche Orte aus, der jedoch schriftlich ausgetragen wurde.[16]
Merkwürdigerweise hatte sich Württemberg beim »Rittersturm« zunächst zurückgehalten. Zwar hatte man am 15. Dezember Besitzergreifungspatente vorsorglich drucken lassen, doch wartete man in Stuttgart geschickt ab, bis sich ein juristisch vertretbarer Grund für ein Eingreifen bot, der schließlich von den Reichsrittern selbst geliefert wurde. Denn als der Landgraf v. Hessen-Darmstadt einige Ritterorte des Kantons Kraichgau besetzte, wandte sich der schwäbische Ritterkreis mit der Bitte um Schutz und Hilfe an Württemberg. Kurfürst Friedrich nahm sogleich die Gelegenheit wahr, nun ebenfalls auf die ritterschaftlichen Besitzungen zuzugreifen. Mit der Begründung, dass er als Kreisdirektor für die Sicherheit im Schwäbischen Kreis verantwortlich sei, ließ er am 22. Dezember 1803 einen Militärkordon um die nördliche Kreisgrenze ziehen, in dem die gefährdeten Dörfer mit mindestens zwei Soldaten belegt wurden. Dabei hielten sich die Württemberger nicht so genau an die schwäbischen Kreisgrenzen.[17] Konnte Kurfürst Friedrich v. Württemberg diese gewaltsamen Okkupationen noch als Schutzmaßnahmen ausgeben, so kamen die wahren Absichten bald an das Tageslicht. Am 21. Januar 1804 teilte er den schwäbischen Kantonen Donau, Kocher und Neckar-Schwarzwald mit, dass er um seine Staaten eine feste Grenzlinie ziehen wolle, die auch die ritterschaftlichen Orte mit einschließen werde. Alle grenznahen ritterschaftlichen Orte wurden von württembergischen Truppen besetzt, wobei angegeben wurde, dass man damit nur einem gleichen Schritt der Nachbarn zuvorkommen wolle. An allen Orten wurden die Hoheitszeichen mit der Aufschrift *Württembergische Landesgrenze* aufgestellt.[18]

Der letzte Kampf der Reichsritter

Der »Rittersturm«, an dem sich im Südwesten alle Reichsstände außer Baden beteiligten, führte zu erheblichen Unruhen. Die Proteste der Reichsritter und ihre vielen Eingaben waren in Wien nicht ohne Gehör geblieben. Vor allem taktierte am Wiener Hof der Ritterrat des Kantons Kocher, der frühere württembergische Minister Karl Ludwig v. Woellwarth, äußerst ge-

schickt und erfolgreich. Am 13. Januar 1804 beriet der Reichshofrat über die *einzuschlagenden Mittel und Wege zur Rettung der Reichsritterschaft*. Da Frankreich durch seinen Krieg gegen England im Westen militärisch gebunden war, erkannte man in Wien eine Chance, gegen die rechtsbrecherischen Kurfürsten v. Bayern und Württemberg und die anderen Häuser im Südwesten vorzugehen, was aber rasch geschehen musste, da nicht abzusehen war, wie lange Napoleon aus Deutschland ferngehalten werden konnte. Am 23. Januar 1804 erließ der Reichshofrat ein kaiserliches Konservatorium, das alle im Fränkischen und Schwäbischen Reichskreis vorgenommenen Maßnahmen gegen die Reichsritterschaft für ungültig erklärte. Weiterhin wurde bei Androhung der Reichsexekution verlangt, dass binnen zweier Monate der Besitz und die Rechtstellung der Ritter nach dem Stand vom 1. Dezember 1802 wieder hergestellt werden müssten. Rund um Bayern wurde gerüstet, und von Frankreich war keine Hilfe zu erwarten, so dass Bayern am 17. Februar 1804 klein beigab. Das Gesamthaus Hohenlohe hatte sich bereits am 13. Februar dem Kaiser gebeugt. Auch Württemberg zog seine Soldaten aus den Ritterorten zurück, wobei Kurfürst Friedrich scheinheilig den schwäbischen Kantonen mitteilte, dass er nun seine Schutztruppen zurückhole, da durch das Eingreifen des Kaisers keine Gefahr mehr für die Verfassung der Reichsritterschaft bestünde. Er hoffe aber auf Dank für die von ihm gewährte Hilfe. Auch zeigte er sich in Wien überrascht, dass er nicht als Exekutor des Konservatoriums bestellt worden war. Württemberg nahm aber nicht überall seine Landeshoheitsschilder mit, war also überzeugt, bald wieder zurückzukommen.[19]

Durch das energische Eingreifen des Kaisers und durch die Gunst der Stunde war die Reichsritterschaft noch einmal gerettet worden. Doch verging das Jahr 1804 ohne eine endgültige Wiederherstellung der ritterschaftlichen Rechte, da viele Fürsten nur sehr zögerlich vorgingen. Daran konnte auch die Arbeit einer Subdelegation nicht viel ändern, die die Beschwerden der Ritter nach Wien weiterleiten sollte.

Noch einmal schöpften die Adeligen Hoffnung, als es v. Waechter, der die Ritterschaft in Paris vertrat, gelang, Napoleon nach seiner Kaiserkrönung für die Belange der Ritter zu interessieren. Auch in Wien war man entschlossen, für die endgültige Restitution der Reichsritterschaft zu sorgen. Kaiser Franz II. erließ am 26. März 1805 eine Anordnung, die die Subdelegationskommission anwies, für die völlige Wiederherstellung des Besitzes und der Rechtstellung der Ritter umgehend zu sorgen, was für ein letztes Aufbäumen der kaiserlichen Macht im Reich gewertet wurde. Doch Paris reagierte schroff ablehnend. In einer scharfen Note machte Talleyrand deutlich, dass nach französischer Einschätzung die Ritterschaft in ihrem status quo wiederhergestellt sei und man keine weiteren Maßnahmen wünsche. Die Subdelegationskommission trat daraufhin am 1. Juli zu ihrer letzten Sitzung zusammen und erließ einige Ermahnungen an mehrere Fürsten, die sich besonders viel Zeit bei der Restituierung der Ritter ließen.[20]

Die Besitzergreifung in Württemberg

Wenige Monate später wurden die Reichsritter jedoch endgültig das Opfer der hohen Politik. England, Russland, Schweden und Österreich schlossen sich 1805 zu einer Kriegskoalition gegen Frankreich zusammen. Napoleon antwortete auf den Dritten Koalitionskrieg mit einer Militärallianz mit Bayern, Baden und Württemberg. Dabei hatte Kurfürst Friedrich v. Württemberg am längsten gezögert, sich Napoleon anzuschließen, denn das Bündnis bedeutete einen unverkennbaren Bruch der Reichsverfassung. Weniger Skrupel zeigte Montgelas in Bayern, der bereits am 25. August den Vertrag unterzeichnete. Doch schließlich mussten auch Baden und Kurfürst Friedrich der Allianz am 5. Oktober in Ludwigsburg beitreten, da ihnen die französischen Truppen in ihren Ländern gar keine andere Wahl ließen. Allerdings nutzte Kurfürst Friedrich die Gunst der Stunde. Für seinen Beitritt zum Bündnis forderte und erhielt er von Napoleon zugesagt: die völlige Souveränität, die Standeserhöhung zum König, beträchtliche Gebietserweiterungen und vor allem die Unterwerfung der eingesessenen Reichsritterschaft.[21]

Durch die raschen militärischen Erfolge der französischen Truppen in Süddeutschland konnten die Zusagen Napoleons sogleich realisiert werden. Schon am 19. November 1805, also noch im Verlauf des Dritten Koalitionskrieges, erließ Kurfürst Friedrich v. Württemberg ein Patent, das die Okkupation aller Besit-

zungen der Reichsritterschaft, des Deutschen Ordens und des Johanniterordens innerhalb der Grenzen des Kurfürstentums anordnete.[22] Gleichzeitig erhielten die Kommissare den Befehl, die Kassen und Archive der Kantone des Schwäbischen Ritterkreises zu beschlagnahmen und die ritterschaftlichen Beamten in die Pflicht zu nehmen. Die Besetzungen erfolgten bis zum 30. November, wobei man auch große Teile des Kantons Odenwald mitbesetzte, der zum Fränkischen Ritterkreis gehörte.

Mit der vorläufigen Inbesitznahme der ritterschaftlichen Besitzungen und Herrschaften wurden die württembergischen Oberamtleute, in deren Bezirk die Rittergüter lagen, beauftragt. Sie mussten die Besitzergreifungspatente anschlagen, die württembergischen Hoheitszeichen aufstellen und die Beamten und Ortsvorsteher in die Pflicht nehmen. Außerdem wurden die Beamten aufgefordert, die vom Kanton angewiesenen Steuern einzuziehen und weiterhin an die Kantonskasse abzuliefern, da diese nun unter württembergischer Aufsicht stand. Nach Abschluss der Besitzergreifung mussten die Oberamtleute einen umfangreichen Bericht an das kurfürstliche Staatsministerium in Stuttgart mit ausführlichen statistischen Angaben zu den jeweils okkupierten Ritterorten einreichen.

Bis zum Dezember war die offizielle Besitzergreifung abgeschlossen. Es kam zwar in einigen Orten zu Widerstand bei der Bevölkerung und bei einigen adeligen Beamten, vor allem erklärten sich überall die Beamten und Bediensteten der Kantone nicht bereit, ihren der Korporation geleisteten Eid zu brechen. Doch mit Gewalt wurden die Widerstände gebrochen, wobei es oftmals ausreichte, mit dem Einsatz von Truppen zu drohen.[23] Die heftigen Proteste des schwäbischen Ritterkreisdirektoriums und der fünf Kantonsdirektorien, die darauf hinwiesen, dass die Reichsverfassung noch immer gültig und der Status der Reichsritterschaft durch mehrere Reichsgrundgesetze garantiert sei, blieben beim Kurfürsten und seiner Regierung ungehört.

Die Ritter waren ratlos, frustriert und agierten hilflos. Sie hatten zu sehr auf den Wortlaut des RDHs vertraut und vor allem auf die Zusicherungen und Versprechungen, die Napoleon in den letzten Jahren gegeben hatte. So vertrat der Ritterrat des Kantons Kocher, Paul Joseph v. Beroldingen, in einem Schreiben an seine Kollegen im Direktorium die Meinung, dass Napoleon das gewaltsame Vorgehen des Kurfürsten v. Württemberg nicht dulden könne, da er wegen der vielen Zusagen an die Ritter ansonsten als wortbrüchig dastünde. Auch eine gegen Kurfürst Friedrich beim Reichstag eingereichte Klage blieb ohne Wirkung, denn die Dreikaiserschlacht bei Austerlitz hatte vollendete Tatsachen geschaffen. Nun konnte auch der Kaiser nicht mehr helfen.[24]

In einem Marschbefehl des Marschalls Berthier vom 19. Dezember 1805 wurden alle französischen Kommandanten angewiesen, die drei Fürsten v. Baden, Württemberg und Bayern in ihrem Vorgehen gegen die Reichsritterschaft militärisch zu unterstützen. Als Begründung wurde angegeben, die Reichsritter hätten mit dem Römischen Kaiser sympathisiert und österreichische Werber in ihren Ritterorten geduldet. Es nutzte nichts, dass die Ritter Delegationen zu Napoleon nach München schickten, die versicherten, dass keine kaiserlichen Werber in den ritterschaftlichen Territorien gewesen seien.[25] Der Frieden von Preßburg vom 26. Dezember 1805 zwischen Frankreich und Österreich brachte dann den drei süddeutschen Kurfürsten die angestrebte Standeserhöhung zu Königen bzw. zum Großherzog und beträchtliche Gebietserweiterungen sowie die volle und uneingeschränkte Souveränität über alle alten und neuen Lande, womit sämtliche Okkupationen anerkannt wurden.[26] Kaiser Franz II. musste sich sogar verpflichten, alle Maßnahmen der neuen Könige bzw. des Großherzogs bezüglich ihrer Souveränitätsrechte nachträglich zu akzeptieren. Das Schicksal der Reichsritter war damit endgültig entschieden.

Die Okkupation der Ritter in Baden

Am 3. Dezember 1805 schloss sich auch Baden dem »Rittersturm« an, das sich zwei Jahre zuvor nicht beteiligt hatte. Angeblich sah es sich durch das Vorgehen Württembergs dazu gezwungen, das auch vor badischen Lehen nicht Halt machte. Kurfürst Friedrich hatte schon im November seinem Kollegen in Karlruhe den Vorschlag unterbreitet, die ritterschaftlichen Gebiete am Konferenztisch aufzuteilen, was im Badener Geheimen Rat zu heftigen Auseinanderset-

zungen geführt hatte. Während ein Teil der Räte auf die strikte Einhaltung der Reichsverfassung pochte, konnte der einflussreiche Minister v. Reitzenstein den alternden Kurfürsten Karl Friedrich davon überzeugen, rasch gegen die Ritter vorzugehen. Mit einem Patent vom 3. Dezember benachrichtigte Kurfürst Karl Friedrich die Direktorien der Kantone Odenwald, Ortenau, Kraichgau und Hegau-Allgäu-Bodensee, dass ihn die *Pflicht der Selbsterhaltung und des Gleichgewichts* förmlich dazu zwinge, die ritterschaftlichen Besitzungen und Territorien unter *landesherrschaftlichen Schutz und Schirm* zu nehmen. Zugleich wurde den Rittern versprochen, dass bei veränderter Lage die ergriffenen Maßnahmen wieder rückgängig gemacht würden. Von den Besitzergreifungen ausgenommen wurden die von Württemberg, Österreich und Bayern lehnbaren ritterschaftlichen Herrschaften, um Auseinandersetzungen mit den benachbarten Mächten aus dem Wege zu gehen. Bei Widerstand sollten die mit der Okkupation beauftragten Amtleute und Obervögte auf die Beistandsverpflichtung der französischen Armee hinweisen.[27]

Bayern hatte zwar schon am 1. November 1805 seine Absicht erklärt, die Ritterenklaven endgültig zu beseitigen, sich aber bis zum 19. Dezember zurückgehalten. Auch Leiningen, die Hohenlohe, Hessen-Darmstadt und die anderen kleineren Stände sicherten sich die sog. *inklavierten* ritterschaftlichen Ortschaften in ihren Territorien. Auf einer Audienz ritterschaftlicher Gesandter bei Napoleon am 12. Januar 1806 erklärte der Kaiser den Rittern, dass sie doch nichts von ihrem Privateigentum verlieren würden, sondern nur ihre Souveränität. So konnte das ritterschaftliche Generaldirektorium am 20. Januar 1806 nur noch dem Reichstag die Auflösung der Reichsritterschaft anzeigen.[28]

Nach der offiziellen Auflösung ging es für die Zukunft um das Verhältnis zwischen den neuen Souveränen und den mediatisierten Rittern. Zunächst verhandelten Bayern, Württemberg und Baden über die aufgetretenen Grenzstreitigkeiten, wobei rücksichtslos mit den ehemaligen ritterschaftlichen Besitzungen jongliert und geschachert wurde. Ein besonders anschauliches Beispiel dürfte Laudenbach am Main sein, das ursprünglich den Frhn. v. Fechenbach unterstanden hatte. Laudenbach wechselte von 1803 an zwischen den Fürsten v. Löwenstein-Wertheim, dem Landgrafen v. Hessen, dem Fürstprimas, wieder Hessen und Baden hin und her, um schließlich an Bayern zu fallen.[29] Viele Streitigkeiten um die ritterschaftlichen Territorien, bei deren unkontrollierten Besitzergreifungen es zu Plünderungen und Ausschreitungen kam, konnten oftmals nur durch die Vermittlung des französischen Militärs beigelegt werden. Vor allem wollten die neuen Kurfürsten keine Rücksicht auf die kleineren Reichsstände nehmen, deren Ende ihnen ebenfalls absehbar schien.

Die Demütigung der Ritter

König Friedrich v. Württemberg erließ am 18. März 1806, also noch vor der Auflösung des Reiches, ein Organisationsmanifest, das seine neu erworbenen Lande mit seinen bisherigen Besitzungen zusammenschweißen sollte. Darin wurden in großen Umrissen auch die Rechte der ehemaligen Reichsritter aufgeführt. Wirtschaftlich waren die Bestimmungen so ausgelegt, dass die nunmehrigen sog. *Rittergutsbesitzer* außer ihren privaten gutsherrlichen Einnahmen nichts behielten, denn *gebühren uns alle wesentliche Regalien, besonders auch Zoll, Accis, Umgeld sowie das Chaussee- und Wegegeld.* Der Rittergutsbesitzer war nur von der Personalsteuer befreit; alle sonstigen Steuern musste er bezahlen. Die adeligen Patrimonialgerichte blieben zwar zunächst noch erhalten, doch mussten die Richter nun eine Prüfung ablegen. Die Adeligen waren militärpflichtig wie jeder andere Untertan und wurden gezwungen, entweder in württembergische Dienste zu treten oder ihre Besitzungen aufzugeben. Besonders erniedrigend war das Dekret, das den Adeligen jedes Verlassen des Landes verbot und eine Anzeigepflicht bei ebenbürtigen Heiraten vorschrieb. Unebenbürtige Heiraten bedurften stets der Erlaubnis des Hofes. Am härtesten traf die ehemaligen Reichsritter das königliche Generalreskript vom 10. Mai 1809, das jegliche Gerichtsbarkeit des Adels, die Patrimonial- wie auch die Forst- und Jagdgerichte, sowie auch die Steuerfreiheit aufhob. Die Politik der schrittweisen Entmachtung und Demütigung ging aber weiter. 1810 wurde festgesetzt, dass der Rittergutsbesitzer, der sein Schloss nicht bewohnte, Wohnsteuer zu zahlen hatte. Das Rangreglement vom 1. August 1811 schließlich nahm den Adeligen, die

keine Charge am Hof bekleideten, sogar jeglichen Rang. Geblieben waren allein der privilegierte Gerichtstand und das Patronatsrecht, das jedoch auch eingeschränkt wurde.

Im Großherzogtum Baden schien zunächst die ehemalige Reichsritterschaft eine annehmbare Basis im neuen Staat erhalten zu haben. Vor allem fanden sie in Johann Nikolaus Friedrich Brauer, dem Vertrauten von Großherzog Karl Friedrich, einen Befürworter. Er arbeitete sogar mit Vertretern der Reichsritter zusammen. So verblieben den Rittern folgende Privilegien: Patrimonialgerichtsbarkeit, persönliche Steuerfreiheit und ein Drittel Steuerfreiheit bei den Liegenschaften, die niederen Regalien, die Polizeigefälle, die Niederlassungsfreiheit, Freiheit von der Militärpflicht, Auswanderungsfreiheit, Patronatsrechte, Forst- und Jagdrechte und der Fortbestand der Familienverträge. Großherzog Karl Friedrich gab dem Edikt vom 22. Juli 1807 den Stempel eines Staatsgrundgesetzes, doch blieb vieles bald nur Papier. 1809 wurde der privilegierte Gerichtsstand aufgehoben, und bald folgte der Verlust der Steuerfreiheit. 1812 fiel die Militärfreiheit, und ein Jahr später verloren die Ritter alle Gerichtsrechte. Alle Beschwerden halfen nichts.[30]

Die Ritter, die vor allem in Württemberg, aber zunehmend auch in Baden, sehr hart und vielfach ungerecht behandelt wurden, verweigerten sich lange Zeit den neuen souveränen Fürsten, obwohl sie aus wirtschaftlichen Gründen eigentlich in die landesherrlichen Dienste hätten treten müssen. Zudem führte König Friedrich 1807 in Württemberg den Personaladel ein und verlieh allen seinen Geheimen Räten und Ministern adeliger und bürgerlicher Herkunft den Grafen- oder Freiherrentitel, was zu einem deutlichen Adelsschub führte. Außerdem beriefen Württemberg und Baden zahlreiche Adelige aus den norddeutschen Ländern in ihre militärischen und zivilen Dienste.[31]

Ein letzter Versuch zur Rettung

Ein letztes Mal suchten die ehemaligen Reichsritter das Rad der Geschichte zurückzudrehen, als Napoleon im Befreiungskrieg besiegt und auf dem Wiener Kongress Europa von den Siegermächten neu geordnet wurde. Doch die von den Gesandten der Ritter in Wien vorgetragenen Beschwerden und Bitten fanden nur wenig Beachtung. Das Reich hatte aufgehört zu existieren, und keine Großmacht war bereit, sich für eine Restitution der Reichsritterschaft einzusetzen. Die Gesandten der Ritter ließen zwar einige Beschwerdeschriften drucken und verteilen, doch einige Fürsten weigerten sich, diese überhaupt nur zu lesen. Die Könige und Fürsten im Süden und Südwesten waren nicht bereit, etwas von ihren souveränen Rechten abzugeben.[32] Doch schließlich gestand die Bundesakte vom 10. Juni 1815 in Artikel 14 den Rittern eine Reihe von Vorrechten zu: die Aufenthaltsfreiheit, das Recht auf Familienverträge, die Patrimonialgerichtsbarkeit, die Forstgerichtsbarkeit, die Ortspolizei, den privilegierten Gerichtsstand und Anteil an der Landstandschaft. Wichtig war vor allem eine durch die Bundesversammlung nachprüfbare Regelung der Rechte der Ritter. König Friedrich, der spätabsolutistische Herrscher Württembergs, protestierte allerdings gegen die Beschränkung seiner Souveränität und weigerte sich, die Bundesakte zu unterschreiben, wie auch der Großherzog v. Baden. König Friedrichs Nachfolger Wilhelm gestand erst nach langen Verhandlungen den ehemaligen Reichsrittern in Württemberg die Rechte zu, wie sie die Bundesakte festgeschrieben hatte. Von der zugestandenen Patrimonialgerichtsbarkeit hat freilich kein einziger ehemaliger Reichsritter in Württemberg Gebrauch gemacht. In der württembergischen Verfassung von 1819 wurde für die Ritterschaft dann sogar eine eigene Korporation vorgesehen.[33]

In Baden antwortete der Großherzog auf einen scharfen Protest der Ritter wegen Benachteiligungen mit harten Repressalien gegen die Wortführer, woraufhin die Ritter das Eingreifen der Bundesversammlung forderten. Erst ein Edikt vom 16. April 1819 brachte Zugeständnisse und Vorrechte, mit denen die Ritter zufrieden waren. Doch das Edikt kam nicht zum Vollzug, da die Standesherren und die 2. Kammer das Edikt ablehnten. In der Regelung von 1824 verzichtete der ehemalige Reichsadel freiwillig auf jegliche Gerichtsbarkeit und wurde dafür aber entschädigt.[34]

Der lange Kampf zwischen den Reichsrittern und der großherzoglichen Regierung war damit beendet. Die Revolution von 1848/49 nahm schließlich den ehemaligen Reichsrittern alle Privilegien und Vorrechte.

Die Mediatisierung der Fürsten und Grafen

Neue Grafen und Fürsten in Oberschwaben

Noch nachhaltiger und tiefgreifender als durch die Mediatisierung der Ritter wurde die südwestdeutsche Adelslandschaft durch die Mediatisierung der Fürsten und Grafen verändert. Die »napoleonische Revolution« führte zu einer echten »Flurbereinigung« und brachte den mittelmächtigen Staaten beträchtliche Gebietsgewinne. Zunächst aber führte der RDH von 1803 einige Fürsten und Grafen aus dem rheinisch-nordwestdeutschen Raum nach Schwaben und Franken, die für ihre linksrheinischen Verluste mit oberschwäbischen Reichsabteien und Reichsstädten entschädigt wurden. Es waren dies in Oberschwaben der Graf v. Aspremont-Lynden (Abtei Baindt), der Fürst v. Bretzenheim (Reichsstadt Lindau, die noch 1803 an Österreich verkauft wurde), der Fürst v. Dietrichstein (Herrschaft Neuravensburg der Abtei St. Gallen), der Fürst v. Metternich-Winneburg (der größte Teil der Abtei Ochsenhausen), der Fürst v. Nassau-Oranien (Abtei Weingarten), der Graf v. Plettenberg (Mietingen und Sulmingen der Abtei Heggbach), der Graf v. Quadt (Abtei und Reichsstadt Isny), der Graf v. Sternberg-Manderscheid (Abtei Schussenried und Weissenau), der Graf v. Törring-Jettenbach (Abtei Gutenzell), der Graf v. Waldbott-Bassenheim (Teile der Abtei Heggbach), der Graf v. Wartenberg (Abtei Roth).[35] Dadurch blieb die territoriale Zersplitterung erhalten, sie wurde nur von geistlicher und kommunaler Herrschaft auf adelige übertragen. Die mindermächtigen Reichsstände blieben bestehen und zählten durch den »Rittersturm« sogar zu den Gewinnern. Doch seit die Kurfürsten v. Baden und Württemberg bei den Regensburger Deputationsverhandlungen vorgeschlagen hatten, die Grafen mit Geld zu entschädigen und deren Herrschaften ihren Territorien zuzuteilen, wussten die Fürsten und Grafen, dass ihre Herrschaft massiv bedroht war.

In dieser schwierigen Situation erinnerte sich der schwäbische Hochadel an das traditionelle Einungs- und Assoziationswesen. In Anlehnung an die im August 1803 gegründete »Frankfurter Union« der wetterauischen und fränkischen Stände als letzten Ausläufer adeligem Assoziationswesens im Alten Reich konstituierte sich Ende 1803 eine »Schwäbische Fürstenunion«, der zunächst die Häuser Waldburg-Zeil, Waldburg-Wolfegg, Hohenzollern-Hechingen, Hohenzollern-Sigmaringen, Oettingen-Wallerstein und Fürstenberg angehörten und der noch weitere Fürsten und Grafen beitraten. Ziel des Fürstenbundes war die Sicherung ihrer Rechte und die Erhaltung ihrer Stellung entsprechend der Reichsverfassung. Es wurden Abgesandte nach Wien, Berlin, Petersburg und v.a. nach Paris geschickt, wo der direkte Kontakt zu Napoleon gesucht und gefunden wurde. Allerdings blieb die Wirksamkeit gering, da eine straffe Organisation fehlte, die Zusammenarbeit schlecht entwickelt war und bald die einzelnen Mitglieder der »Fürstenunion« ihre eigenen Interessen vertraten und selbstständig Politik machten.[36]

Die verbliebenen Jahre bis zum Untergang des Alten Reiches waren von allgemeiner Unsicherheit und hilflosem Schwanken zwischen Widerstand und Resignation bestimmt. Einige Fürsten und Grafen glaubten weiterhin an eine unveränderte Zukunft. So ließ der Fürst Waldburg-Zeil sogar noch Pläne ausarbeiten, die ein selbständiges oberschwäbisches Bistum mit eigenem adeligen Domkapitel vorsahen. Andere Fürsten und Grafen aber hatten sich innerlich bereits mit ihrer Mediatisierung abgefunden. Sie hofften nur noch, durch die freiwillige Unterwerfung unter die Landeshoheit eines der drei süddeutschen Kurfürsten sich den künftigen Landesherrn selbst aussuchen und durch den Abschluss von Schutzverträgen ihr künftiges Schicksal erträglicher gestalten zu können.[37]

Als sich im Dritten Koalitionskrieg 1805 die schwäbischen Fürsten und Grafen für neutral erklärten, veranlasste dies Napoleon dazu, ihnen ihren Besitzstand und ihre Rechte zu garantieren. Außerdem versicherte er ihnen, dass er sie gegen eine Okkupation durch das Haus Österreich in Schutz nehmen werde. Bayern hatte sich bereits am 24. August 1805 an Frankreich angeschlossen, während Kurfürst Friedrich v. Württemberg lange zögerte, obwohl ihm Napoleon beträchtliche territoriale Vergrößerungen in Aussicht stellte und auch Kurfürst Karl Friedrich v. Baden am 5. September einen Bündnisvertrag mit Frankreich unterzeichnet hatte. Erst nachdem die französischen Truppen bereits den Rhein überschritten hatten, schloss Kurfürst Friedrich v. Württemberg am 5. Ok-

tober einen Allianz- und Subsidienvertrag mit Frankreich ab.[38] Als im Herbst 1805 Napoleon den Krieg innerhalb weniger Wochen zu seinen Gunsten entschied, gehörten die drei süddeutschen Kurfürsten zu den Siegern, die neutralen schwäbischen Fürsten und Grafen aber nicht. Nach dem im Frieden von Preßburg am 26. Dezember 1805 Österreich als bisher vorherrschende Macht in Schwaben und Vorderösterreich ausgeschaltet wurde, war eine durchgreifende Flurbereinigung in Südwestdeutschland dringend erforderlich. Schon während der folgenden Verhandlungen in München zwischen Bayern, Württemberg und Baden wegen Grenzstreitigkeiten, wurde erkennbar, dass die kleineren Stände damit rechnen mussten, unter den drei Mittelmächten aufgeteilt zu werden. König Friedrich stellte zudem in Paris hohe Gebietsforderungen durch Mediatisierungen. Doch in Paris war man sich noch nicht im Klaren, was für Frankreich besser sei, der Erhalt der Fürsten und Grafen oder ihre Mediatisierung. Die Betroffenen aber hofften und vertrauten noch immer auf die von Napoleon gemachten Zusagen und Garantien für ihre Selbstständigkeit. Mitte April 1806 fiel die Entscheidung: Napoleon wollte einen Kordon abhängiger, aber lebensfähiger mittelgroßer Staaten im Süden Deutschlands schaffen und die beiden neuen Königreiche und das Großherzogtum in ein festes Bündnissystem einbinden. Der Preis hierfür waren die kleineren Reichsstände und Adelsherrschaften. Napoleon befürchtete, diese könnten erneut zur Klientel Habsburgs werden und opferte sie.

Die Rheinbundakte

Mit der Unterzeichnung der Rheinbundakte am 12. Juli 1806 war das Schicksal der Fürsten und Grafen bereits endgültig besiegelt.[39] 16 Reichsstände sagten sich vom Reich los und schlossen sich mit Frankreich in einem Bund zusammen. Am 1. August 1806 zeigten die Rheinbundstaaten – nach längerem Zögern auch Württemberg – dem Reichstag in Regensburg ihren Austritt aus dem Reichsverband an, und am 6. August legte Franz II. die römische Kaiserkrone nieder. Das Heilige Römische Reich Deutscher Nation hatte damit sein Ende gefunden und mit ihm die Kleinstaaterei. Denn die Fürsten und Grafen, die bisher Reichsunmittelbarkeit, Landeshoheit und Reichsstandschaft besessen hatten, wurden nun von den souveränen Königreichen Bayern und Württemberg und dem Großherzogtum Baden mediatisiert. Bisherige Herrscher wurden zu Beherrschten. Verschont blieben allein die katholischen Fürstentümer Hohenzollern-Hechingen, Hohenzollern-Sigmaringen, Liechtenstein sowie die Herrschaft Geroldseck des Fürsten v. der Leyen. Die Hohenzollern verdankten ihre Rettung den engen persönlichen Beziehungen zur Familie Napoleons. Denn Fürstin Amalie Zephyrine v. Hohenzollern-Sigmaringen hatte während der Revolutionsjahre in Paris geweilt, wo sie Josephine de Beauharnais und ihre Kin-

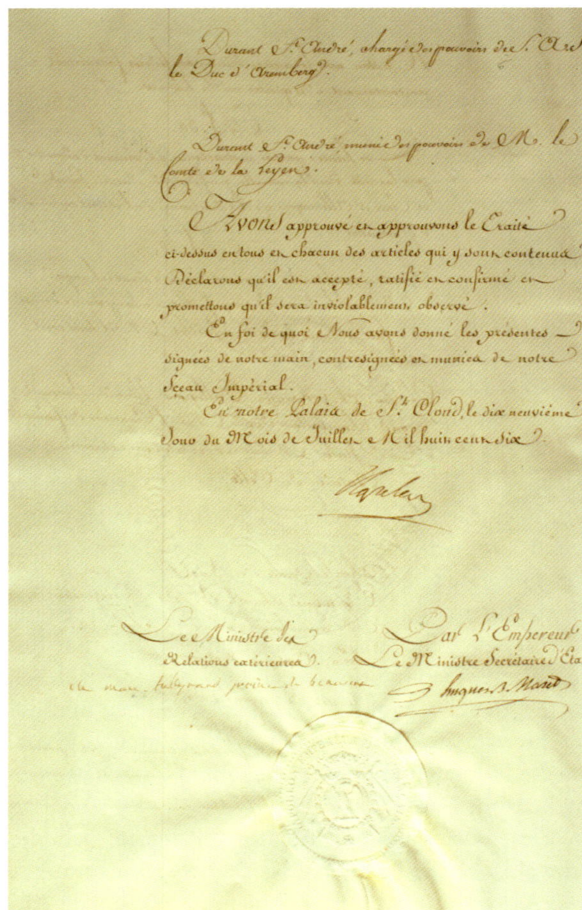
Avons approuvé et approuvons le Traité ci-dessus en tous et chacun des articles qui y sont contenus, Déclarons qu'il est accepté, ratifié et confirmé et promettons qu'il sera inviolablement observé.
En foi de quoi Nous avons donné les présentes signées de notre main, contresignées et munies de notre Sceau Impérial.
En notre Palais de St Cloud, le dix neuvième Jour du Mois de Juillet Mil huit cent six.

Rheinbundakte vom 12. 7. 1806
Letzte Seite des Rheinbundvertrags mit der Unterschrift Napoleons. HSA Stuttgart.

Napoleon der Königsbäcker

Satirische Darstellung aus England auf den Frieden von Pressburg (26. 12. 1805). Napoleon zieht gerade einige kinglings aus dem Backofen, die Könige von Baden (sic!), Bayern und Württemberg. Im Aschenloch liegen zerbrochene Herrscher und ihre Insignien. Im Hintergrund knetet Außenminister Talleyrand (Exbischof von Autun) gerade Teig für neue Herrscher. Die Bildunterschrift lautet: TIDDY-DOLL the great French-Gingerbread-Baker, drawing out a new Batch of kings; his man Hopping-Talley mixing up the Dough.
Satirisches Blatt, James Gillray, 1806.
Slg. Kurt Sautter, Stuttgart.

der in Schutz nahm. Die überaus dankbare Marquise wurde später die Gemahlin Napoleons. Die Freundschaft mit den Beauharnais, die sich bald auch auf den französischen Kaiser ausdehnte, war der Grund für die Erhaltung der beiden Fürstentümer.[40] Durch ihre Aufnahme in den Rheinbund gewannen beide zollerischen Fürstentümer die Souveränität, allerdings in enger Abhängigkeit von Napoleon.

Der beträchtliche Gebietszuwachs von 1806 stellte die souveränen Königreiche und das Großherzogtum Baden vor die gewaltige Aufgabe, das Agglomerat der neu gewonnenen Territorien und herrschaftlichen Gebilde mit den unterschiedlichsten staatlichen, wirtschaftlichen, sozialen, kulturellen und konfessionellen Traditionen und Prägungen zunächst administrativ in das jeweilige »Reich« einzugliedern. Dann galt es, die Fürsten und Grafen, die sich bisher als ebenbürtig verstanden und ihre Familien mindest als so alt sahen, wie die nun regierenden Häuser, in das Staatsgefüge zu integrieren, was sich bald als sehr schwierig erweisen sollte. In Württemberg war das »Adelsproblem« besonders groß, da es rund 45 hochadelige Familien einzugliedern galt, von denen viele besonders standesbewußt waren. Ganz erheblich behinderten dabei die konfessionellen Spannungen zwischen protestantischer altwürttembergischer Bürokratie und katholischem Adel in Oberschwaben den Integrationsprozess, trotz des Toleranzedikts von 1806.

In Artikel 24 der Rheinbundakte war festgeschrieben worden, welche Fürsten und Grafen dem König von Württemberg und dem Großherzog v. Baden jeweils zugeteilt wurden, und Artikel 26 hielt die Souveränitätsrechte der Verbündeten Napoleons fest, nämlich das Gesetzgebungsrecht, die hohe Gerichtsbarkeit, die hohe Polizei, die Militärhoheit und die Steuerhoheit, die sich auch auf die Mediatisierten erstreckten. In Artikel 27 der Rheinbundakte wurden die Rechte und Privilegien der nun mediatisierten Fürsten und Grafen definiert: das Privateigentum an allen Domänen, die niedere und mittlere Zivil- und Kriminalgerichtsbarkeit, die Forstgerichtsbarkeit und die Polizei, das Kirchen- und Schulpatronat, die Jagd- und Fischereirechte, die Berg- und Hammerwerke, die Zehnt- und Feudalrechte sowie generell alle Rechte, die nicht zur Souveränität zählten und die dazu gehörigen Revenüen. Weiterhin wurden die fürstlichen und gräflichen Domänen steuerlich privilegiert, und den hohen Adeligen wurden die Austrägalgerichtsbarkeit und die persönliche Freizügigkeit zugestanden. Schließlich wurde noch bestimmt, dass die souveränen Rheinbundstaaten die Beamten der Mediatisierten in ihren Dienst übernehmen oder mit Pensionen angemessen versorgen sollten. Die Staatsschulden der mediatisierten Gebiete sollten die Mitglieder des Rheinbundes zum Teil übernehmen.[41]
Die Artikel des Rheinbundes trennten also zwischen den Souveränitätsrechten des Staates und den Patrimonialrechten der Fürsten und Grafen, was unausweichlich zu Streitigkeiten und Auseinandersetzungen zwischen dem Souverän und seiner Regierung mit seinen neuen »Untertanen« führen musste. Denn bei den historisch gewordenen Überlappungen und Überschneidungen oder Verflechtungen von Herrschaftskreisen und Rechtstiteln war eine eindeutige Trennung von staatlichen Rechten und adeligen Patrimonialrechten nicht zu treffen. Aber die Bundesakte war in Paris entworfen worden, wo man mit den süddeutschen Verhältnissen nicht vertraut war. Die Folge waren ständige Streitigkeiten, bei denen bald der Staat seine Vorstellungen mit Macht durchsetzte und dem Adel schrittweise seine Privilegien nahm.

Die Okkupation der Fürstentümer und Grafschaften

Die nach Abschluss des Rheinbundes fällige Okkupation und Inbesitznahme der Territorien der mediatisierten Fürsten und Grafen erfolgte in mehreren Schritten, wobei viele Maßnahmen ähnlich abliefen, wie wenige Jahre zuvor bei der Inbesitznahme der kleineren Herrschaftsgebiete der Reichsritter. Der erste Schritt war die Übergabe der Territorien von den französischen Besatzungstruppen an die württembergischen oder badischen Kommissäre, die alle adeligen Beamten auf den neuen Staat verpflichteten. Dann nahmen die Kommissäre den Huldigungseid der Geistlichen, Schul- und Forstdiener sowie aller neuen Untertanen entgegen. Gleichzeitig wurden die württembergischen oder badischen Hoheitszeichen an den wichtigsten Gebäuden angebracht. Die bisherigen Regierungs- und Verwaltungsstrukturen blieben zunächst unverändert weiter bestehen, selbstverständlich aber unter der Aufsicht der württembergischen oder badischen Oberbehörde und Regierung. Dieser Zustand hielt jedoch nicht lange an. Schon vom 1. Oktober 1806 an wurden Steuern, Zoll, Akzise und das Stempelgeld nach württembergischem Tarif erhoben und eingezogen. Die völlige Eingliederung der mediatisierten Gebiete in den württembergischen Staat, die umfassende Neuorganisation der Verwaltung und des Gerichtswesens, erfolgte dann im Jahr 1807. Durch zahlreiche Verordnungen aus Stuttgart wurden die adeligen Ämter in die Kreis- und Oberamtsorganisation des Königreichs eingegliedert und die Rechte und Pflichten der Patrimonialämter geregelt. Damit war die Besitzergreifung der mediatisierten Gebiete abgeschlossen.[42]
Während König Friedrich, wie auch Montgelas in Bayern, die im Rheinbund gewonnene Souveränität sogleich nutzte, um einen neuen, zentralistisch regierten Staat aufzubauen, in dem die altwürttembergischen Gebiete mit den neuen Bereichen der Mediatisierten zusammengefasst und einheitlich regiert und verwaltet wurden, ging man im Großherzogtum Baden zunächst zögernd und zurückhaltend gegen die mediatisierten Fürsten und Grafen vor. Die Gesamtorganisation der badischen Staatsverfassung aus dem Jahre 1803, die sich noch eng an die alte Rechtsordnung und

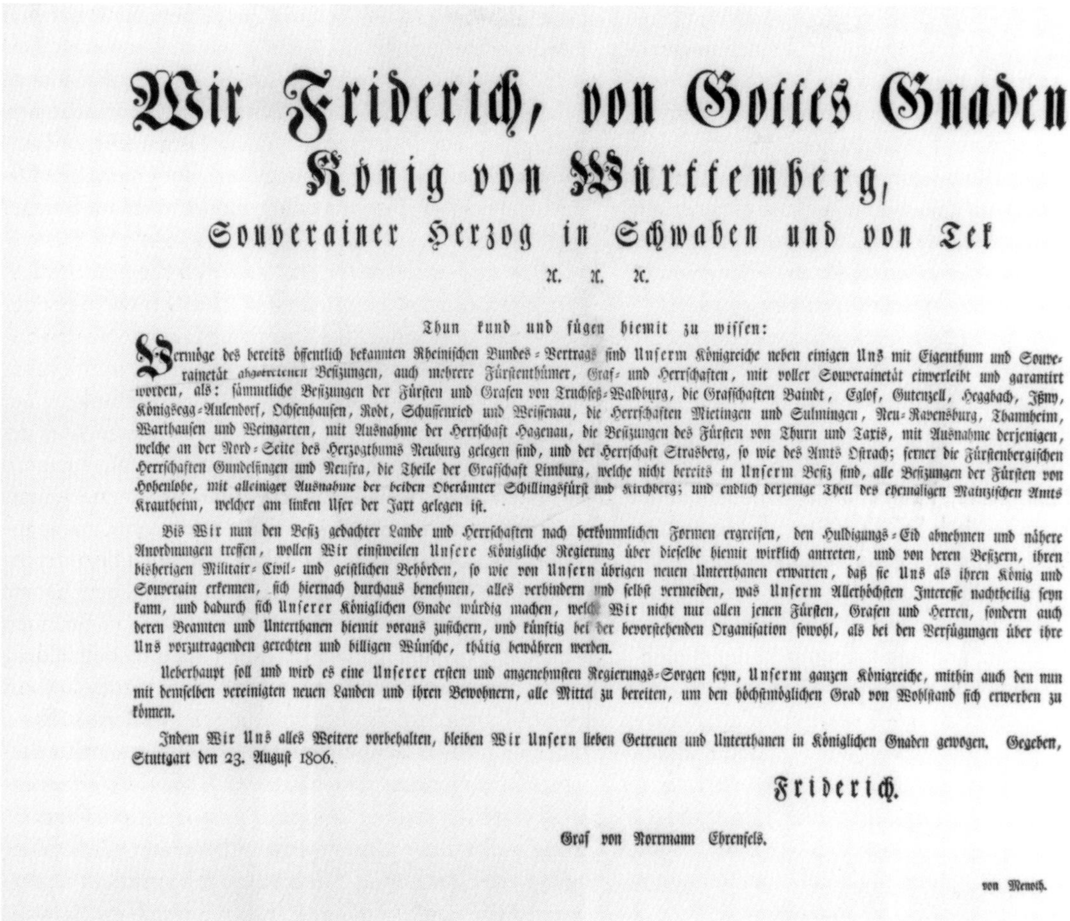

Wir Friderich, von Gottes Gnaden
König von Württemberg,
Souverainer Herzog in Schwaben und von Tek
x. x. x.

Thun kund und fügen hiemit zu wissen:

Vermöge des bereits öffentlich bekannten Rheinischen Bundes-Vertrags sind Unserm Königreiche neben einigen Uns mit Eigenthum und Souverainetät abgetretenen Besizungen, auch mehrere Fürstenthümer, Graf- und Herrschaften, mit voller Souverainetät einverleibt und garantirt worden, als: sämmtliche Besizungen der Fürsten und Grafen von Truchseß-Waldburg, die Grafschaften Baindt, Eglof, Gutenzell, Heggbach, Jßny, Königsegg-Aulendorf, Ochsenhausen, Rodt, Schussenried und Weissenau, die Herrschaften Mietingen und Sulmingen, Neu-Ravensburg, Thannheim, Warthausen und Weingarten, mit Ausnahme der Herrschaft Hagenau, die Besizungen des Fürsten von Thurn und Taxis, mit Ausnahme derjenigen, welche an der Nord-Seite des Herzogthums Neuburg gelegen sind, und der Herrschaft Strasberg, so wie des Amts Ostrach; ferner die Fürstenbergischen Herrschaften Gundelfingen und Neufra, die Theile der Grafschaft Limburg, welche nicht bereits in Unserm Besiz sind, alle Besizungen der Fürsten von Hohenlohe, mit alleiniger Ausnahme der beiden Oberämter Schillingsfürst und Kirchberg; und endlich derjenige Theil des ehemaligen Mainzischen Amts Krautheim, welcher am linken Ufer der Jaxt gelegen ist.

Bis Wir nun den Besiz gedachter Lande und Herrschaften nach herkömmlichen Formen ergreifen, den Huldigungs-Eid abnehmen und nähere Anordnungen treffen, wollen Wir einstweilen Unsere Königliche Regierung über dieselbe hiemit wirklich antreten, und von deren Besizern, ihren bisherigen Militair- Civil- und geistlichen Behörden, so wie von Unsern übrigen neuen Unterthanen erwarten, daß sie Uns als ihren König und Souverain erkennen, sich hiernach durchaus benehmen, alles verhindern und selbst vermeiden, was Unserm Allerhöchsten Interesse nachtheilig seyn kann, und dadurch sich Unserer Königlichen Gnade würdig machen, welche Wir nicht nur allen jenen Fürsten, Grafen und Herren, sondern auch deren Beamten und Unterthanen hiemit voraus zusichern, und künftig bei der bevorstehenden Organisation sowohl, als bei den Verfügungen über ihre Uns vorzutragenden gerechten und billigen Wünsche, thätig bewähren werden.

Ueberhaupt soll und wird es eine Unserer ersten und angenehmsten Regierungs-Sorgen seyn, Unserm ganzen Königreiche, mithin auch den nun mit demselben vereinigten neuen Landen und ihren Bewohnern, alle Mittel zu bereiten, um den höchstmöglichen Grad von Wohlstand sich erwerben zu können.

Indem Wir Uns alles Weitere vorbehalten, bleiben Wir Unsern lieben Getreuen und Unterthanen in Königlichen Gnaden gewogen. Gegeben, Stuttgart den 23. August 1806.

Friderich.

Graf von Normann Ehrenfels.

von Menoth.

Oberschwaben wird württembergisch
Besitzergreifungspatent Kg. Friedrichs I. von Württemberg vom 23. August 1806. Es erhebt Anspruch auf die Souveränität über mehrere Fürstentümer sowie zahlreiche Grafschaften, darunter eine Anzahl ehemaliger Reichsabteien, sowie einige großteils aus dem ehem. Besitz von Klöstern stammende Herrschaften.
HZAN PA Öhringen.

Verwaltung anlehnte, wurde nur geringfügig verändert. Aber auch Baden stand vor dem Problem, seine Neuerwerbungen, die in den verschiedensten Traditionen wurzelten, mit den altbadischen Gebieten zu einem einheitlichen und tragfähigen Ganzen zu vereinigen. Dabei mangelte es dem Großherzog und der Regierung an Erfahrungen im Umgang mit einem mediaten Adel, denn vor dem Frieden von Pressburg hatte es in Baden nur wenige landsässige Adelige und keine Stände gegeben. Dazu kam, dass Großherzog Karl Friedrich schon zu alt war, um große Entscheidungen zu treffen und sein Nachfolger Karl (1811–1818) nur selten sein Phlegma überwinden konnte, weshalb die Adelspolitik in der Hauptsache von der Bürokratie bestimmt wurde. Die Besitzergreifung der neuen Gebiete folgte dem Vorbild Württembergs, wenn auch um mehrere Monate später, wobei es gelegentlich zu Widerständen der neuen Untertanen kam. Entscheidend aber war, dass eine Gruppe von altbadischen Beamten, allen voran der Geheime Rat Johann Nikolaus Friedrich Brauer, entscheidenden Einfluss auf die badische Politik nehmen konnte. Er riet zu einer mil-

den Behandlung der Standesherren, um so den hohen Adel an die Krone Badens zu binden.[43] In sieben Konstitutionsedikten zwischen 1807 und 1809 legte er fest, dass die Standesherren weniger Steuern zahlen mussten und weitgehend ihre ständischen Vorrechte und Privilegien beibehalten konnten, doch mussten sie dem Großherzog huldigen, wenn auch nur schriftlich. Die ritterschaftlichen Besitzungen wurden den altbadischen Ämtern zugewiesen und die standesherrlichen Ämter den Obervogteiämtern eingegliedert.[44]
Die Bundesakte vom 12. Juli 1806 hatte den mediatisierten Standesherren ein ganze Reihe von Vorrechten zugestanden, doch Württemberg und später auch Baden waren nicht gewillt, die Zusagen auch einzuhalten. Sie wollten nicht zulassen, dass die Mediatisierten mit ihren Privilegien und noch verbliebenen Herrschaftsrechten einen Staat im Staat bildeten. Der Neuaufbau des Staates, der durch den Anfall der vielen neuen Gebiete – Württemberg hatte sich verdreifacht – erforderlich geworden war, konnte nur nach den Grundsätzen der Einheitlichkeit und der Rechtsgleichheit erfolgen. Deshalb musste es das Ziel der despotisch regierenden Souveräne und vor allem ihrer Staatsregierungen und Beamten sein, die den Standesherrn von Napoleon zugestandenen Vorrechte abzubauen, einzuschränken und bald völlig aufzuheben.

Kg. Friedrich I., der »schwäbische Zar«

In Württemberg ging König Friedrich, der »schwäbische Zar«[45], von Anfang an hart, rücksichtslos und taktlos gegen seine Standesherren vor, die er in ihrer adeligen Ehre zutiefst verletzte. Bereits das Notifikationsreskript vom 8. August 1806, das den Standesherren die Besitzergreifung ihrer Territorien ankündigte, bediente sich eines derart niedrigen Kanzleizeremoniells, dass die Erniedrigung der künftigen Untertanen unverkennbar war. Es bestritt ihre Ebenbürtigkeit und bezeichnete die Adeligen als *Vasallen und Unthertanen*. Die Politik, die Württemberg einschlug, war, seine Standesherren rechtlich, politisch und sozial zu deklassieren, weshalb Württemberg sprichwörtlich als *Purgatorium* [Fegefeuer] *der Standesherren*[46] galt. Zunächst versuchte König Friedrich den Adel an den Hof zu zwingen und zu binden, um ihn so zu disziplinieren. Beim ehemals reichsritterschaftlichen Adel gelang ihm dies zum Teil, da die Ritter wirtschaftlich auf den Hof- und Staatsdienst angewiesen waren. Der hohe Adel aber lehnte die dreimonatige Residenzpflicht in Stuttgart ab und pochte weiterhin auf seinen bisherigen ebenbürtigen Rang, wie etwa Fürst Maximilian Wunibald v. Waldburg-Zeil, der ehemalige Direktor des schwäbischen Grafenkollegiums am Reichstag.
Hilflos und zutiefst verletzt mussten die Standesherren zu Kenntnis nehmen und hinnehmen, dass der Souverän und seine Staatsminister Graf v. Normann-Ehrenfels und Freiherr v. Wangenheim sie mit Schikanen überzogen. So forderte ein Reskript alle *Vasallen und Unthertanen,* [...] *welcher Geburt und Standes sie seyen* auf, binnen dreier Monate ihren Wohnsitz in Württemberg zu nehmen, alle ausländischen Dienstverhältnisse aufzugeben und alle fremden Orden abzulegen. Ludwig Aloys Fürst v. Hohenlohe-Bartenstein aber lehnte es brüsk ab, die kaiserlichen Dienste zu verlassen und zog sich auf seine Güter in Böhmen zurück. Für den 6. Januar 1807 zitierte der König seine bisherigen Standesgenossen nach Stuttgart zur persönlichen Huldigung, was die Standesherren Taxis, Törring und Bassenheim strikt verweigerten. Für diesen demütigenden Akt hatte der König ein Zeremoniell erstellen lassen, das mit dreimaliger tiefer Verneigung mehr einer Unterwerfung Besiegter glich. Viele Mitglieder des hohen Adels entzogen sich dem *widerwärtigen Ereignis* und entschuldigten sich mit Krankheit und Gebrechen oder schickten blutjunge Neffen nach Stuttgart. Wenig später verbot König Friedrich den Fürsten und Grafen den Gebrauch der Devotionsformel *Von Gottes Gnaden*. Bei Hofe rangierten die Fürsten zwar in der ersten Rangklasse, die Grafen aber nur in der sechsten. Durch mehrere Reskripte verloren die Standesherrn schrittweise alle Privilegien und Vorrechte, die ihnen die Rheinbundakte zugestanden hatte. Die Demütigungen gingen schließlich so weit, dass der Adel die Berechtigung zum Tragen seiner Adelstitel in Stuttgart nachweisen sollte, wie dies etwa von Fürst Metternich gefordert wurde. Als der König die Aufhebung der Steuerfreiheit und der Patrimonialgerichtsbarkeit verfügte, zerriss er das stärkste Band zwischen den Standesherrn und ihren bisherigen Untertanen, denn das Verhältnis der Standesherren zu ihren Grundholden war fortan nur noch

Ein großer König!
Kg. Friedrich I. von Württemberg (1797–1816: Hz., Kf. ab 1803, Kg. ab 1805) im Krönungsmantel und mit den Insignien seiner neuen Würde.
Öl auf Lw., Johann Baptist Seele, 1806.
Staatliche Schlösser und Gärten Baden-Württemberg.

privatrechtlich bestimmt. Besonders hart und verletzend in ihrer Ehre traf die Standesherren eine Verordnung von 1808, die alle Fideikommisse, Majorate, Seniorate und Familienverträge beseitigen und die bürgerliche Intestaterbfolge einführen wollte. Damit sollte den Standesherrn die Möglichkeit genommen werden, ihre Erbfolge autonom zu regeln. Der württembergische König ging sogar so weit, dass er als ein-

ziger deutscher Souverän seinen Familienangehörigen im Württembergischen Hausgesetz von 1808 Heiratsverbindungen mit standesherrlichen Familien untersagte. Um den Geburtsadel zu demütigen, schuf er einen zahlreichen Militär- und Verdienstadel, der mit den Standesherren gleichberechtigt war.[47] Kein Rheinbundstaat hat seine Mediatisierten so feindselig, herabwürdigend und demütigend behandelt wie Württemberg unter dem despotischen Regiment König Friedrichs. Wer an sich selbst die unterschiedliche Behandlung durch Württemberg und Bayern erfuhr, wie der Erbgraf v. Waldburg-Zeil, der konnte sich gegenüber Stuttgart zu dem drastischen Ausbruch *Lieber Sauhirt in der Türkei als Standesherr in Württemberg!* hinreißen lassen.[48] Aber der König befürchtete offensichtlich, dass die napoleonische Ordnung nicht von langer Dauer sein werde und wollte deshalb vollendete Verhältnisse schaffen, die nicht mehr rückgängig gemacht werden konnten.

Die Stimmung und Betroffenheit der unterworfenen Fürsten und Grafen gibt ein Brief des Grafen v. Königsegg-Aulendorf an den Fürsten v. Waldburg-Zeil wieder: *Von einem Tage zum anderen werden die Folgen empfindlicher, welche die vergangene Mediatisierung mit sich bringet, und immer wächst die nicht unzeitige Sorge, dass die Lage der mediatisierten Stände noch gedrängter werden dürfte.*[49]

Zwischen Resignation und Widerstand

Die Nivellierung der Stände, die König Friedrich im Staatsinteresse anstrebte, empfanden die Mediatisierten als Herabwürdigung und Beschneidung ihrer ständischen Freiheiten, als *Unterjochung* und *willkürliche Gewalt*. Die Mehrheit der Mediatisierten aber akzeptierte das königliche Notifikationsschreiben vom 8./10. August 1806 schweigend und resignierend. Nur wenige, wie Graf Johann Carl Ludwig v. Löwenstein-Wertheim, protestierten energisch, wenn auch vergeblich. Bei vielen Mediatisierten machte sich Verzweiflung breit, besonders bei den Mitgliedern des hohen Adels, deren Besitz unter Konkursverwaltung stand, wie bei Graf Wilhelm zu Leiningen-Billigheim. Viele Fürsten und Grafen verstanden den Verlust ihrer Privilegien als *Sinnentleerung* ihres Lebens. Zwei Standesherren in Baden, die Schwarzenberg und Auersperg, waren sogar bereit, ihren Besitz an das Großherzogtum zu verkaufen, so sehr traf sie der Verlust ihrer Herrschaften und Vorrechte. Wehmütig trauerte der greise Graf Wilhelm zu Leiningen-Billigheim 1807 der alten Zeit und dem Kaiser nach, *unter dem er so glücklich gelebt habe.*

Wie sehr auch die Bevölkerung in romantischer Verklärung der »guten alten Zeit« nachhing, zeigte sich im Krieg von 1809, als der Habsburger Erzherzog Karl zum Widerstand gegen Napoleon aufrief. Gerade in den neuwürttembergischen Gebieten, in denen die absolutistische Herrschaft König Friedrichs verhasst war, fand Erzherzog Karl sofort Anhänger beim Adel und bei den Einwohnern. Besonderen Eindruck machte die Proklamation des Erzherzogs bei den Untertanen in Hohenlohe und in den Territorien ehemaliger Reichsritter, wie der König feststellen musste. Zudem war die Südgrenze des Königreichs von Einfällen der aufständischen Tiroler und Vorarlberger bedroht. Der König ließ im Frühjahr nun alle militärischen Kräfte mobilisieren, was zu Zwangsrekrutierungen führte. Dagegen erhob sich offener Widerstand vor allem im ehemaligen Hoch- und Deutschmeisterterritorium Mergentheim, das erst am 20. April 1809 mit Napoleons Zustimmung von Württemberg in Besitz genommen worden war. Als die Rekrutenaushebungen begannen, drangen mit Säbeln, Sensen und Stöcken bewaffnete Bauern in die Stadt ein, überrumpelten die wenigen Soldaten und nahmen sie gefangen. König Friedrich setzte umgehend Truppen in Bewegung, die in einem blutigen Gefecht viele Bauern töteten oder gefangen nahmen. Sechs angebliche Rädelsführer wurden zum Tod verurteilt und hingerichtet, zahlreiche andere Aufständische mit Festungshaft bestraft. In Mergentheim und Umgebung breitete sich lähmendes Entsetzen aus, und das Charakterbild des Königs in der Öffentlichkeit verdüsterte sich noch mehr.[50]

Die badische Adelspolitik

In Baden waren für die mediatisierten Fürsten und Grafen zunächst die Verhältnisse wesentlich günstiger und angenehmer. Dies war dem alternden Großherzog Karl Friedrich und vor allem dem Geheimen Rat Johann Nikolaus Friedrich Brauer zu verdanken. Sehr

lange zögerten der Großherzog und sein Geheimer Rat, der Mediatisierung zuzustimmen, und noch länger, sie dann durchzuführen. Nach den Vorstellungen Brauers sollte die Unterwerfung der Fürsten und Grafen durch den Abschluss von Verträgen erfolgen, in denen den Adeligen ihre bisherigen Privilegien bestätigt werden sollten. Wie sehr sich Brauer noch dem alten System verbunden fühlte, zeigt sich daran, dass man in Karlsruhe den badischen Adel im Frühjahr 1807 aufforderte, seine Wünsche und Vorstellungen bezüglich des künftigen Verhältnisses zur Krone zu artikulieren. Nach diesen Vorstellungen und bayerischem Vorbild erstellte Brauer ein Regelwerk, die Standesherrlichkeitsverfassung. Das Dritte und Vierte Konstitutionsedikt vom 22. Juli 1807 gewährte den Mediatisierten alle in der Rheinbundakte zugesicherten Vorrechte und Privilegien. Lange dauerte das gute Verhältnis zwischen dem Großherzog und den Mediatisierten aber nicht an. Schuld daran war die immer verheerender werdende Finanzlage Badens. Napoleon begann sich deswegen um die militärische Leistungsfähigkeit seines Bundesgenossen zu sorgen. Deshalb schwächte er die Position des altbadischen Beamtentums und ließ 1808 die neuen Beamten um den Minister Sigismund v. Reitzenstein in Karlsruhe die Oberhand gewinnen. Sie setzten nun auch in Baden einen bürokratischen Absolutismus mit einer zentralistischen Verwaltung durch und gingen daran, die wichtigsten Rechte der Standesherrn zu beseitigen. Als erste Maßnahme wurde deren Steuerfreiheit aufgehoben. Reitzenstein konnte sich mit seinen Reformvorstellungen endgültig gegen Brauer durchsetzen, dem es nur noch gelang, dass der Code Napoleon in Baden eingeführt wurde, der für den Adel erträgliche Bedingungen brachte. Die Machtverschiebung aber brachte weitere Beschneidungen der standesherrlichen Finanzvorrechte: So wurde die teilweise Grundsteuerbefreiung abgeschafft, doch die traditionelle feudale Agrarverfassung mit ihrem differenzierten Abgabesystem blieb erhalten. Der steigende Druck auf die Standesherrn beschränkte sich jedoch nicht nur auf den Finanzsektor. Das Organisationsedikt vom 26. November 1809, das Reitzenstein erarbeitet hatte, beschnitt maßgeblich die standesherrliche Patrimonialgerichtsbarkeit. Die Standesherrn durften die Gerichtsbarkeit und ihre polizeiliche Gewalt nur noch

Großherzog von Napoleons Gnaden
*Carl Friedrich von Baden (*1728, Markgf. ab 1746, Ghz. 1806–1811) erhielt die Großherzogswürde erst beim Abschluss des Rheinbundvertrags am 12. 7. 1806.*
Privatbesitz.

im Namen und im Auftrag des Großherzogs ausführen. Auch wurde der privilegierte Gerichtsstand des Adels aufgehoben. Gleichzeitig erwirkte das Organisationsedikt eine neue Verwaltungseinteilung des Großherzogtums in nahezu gleich große Kreise und Ämter, die auf historische grund- und gerichtsherrliche Grenzen keine Rücksichten nahmen, wodurch alte Verbindungen und Beziehungen zerrissen wurden. Besonders benachteiligt wurden dabei die Häuser, deren Besitzungen über mehrere Staaten verteilt waren.

Auch nach der Entlassung Reitzensteins 1810 wurde in Karlsruhe der restriktive Kurs in der Adelspolitik fortgesetzt. Schritt für Schritt verlor der Adel seine Privilegien und Herrschaftsvorrechte. Zum Kulminationspunkt der adelsfeindlichen Politik wurde die ent-

schädigungslose Aufhebung der Patrimonialgerichtsbarkeit durch das Edikt vom 14. Mai 1813, wodurch der Staat die gesamte Kriminal- und Ziviljurisdiktion sowie die Polizei übernahm. Damit waren die hoheitlichen und herrschaftlichen Verbindungen zwischen den Mediatisierten und ihren ehemaligen Untertanen endgültig gekappt. Der hohe Adel wurde auf den Status von privaten Großgrundbesitzern beschränkt und mit einigen Ehrenrechten versehen. Widerstände und Proteste gegen diese degradierenden Maßnahmen wurden zum Teil mit Gewalt gebrochen. Aber zum *Purgatorium der Standesherren*, wie Württemberg, wurde Baden dennoch nicht, da man es vermied, die Standesherren derart zu kränken und zu demütigen, wie es König Friedrich tat.[51]

Mit dem Zusammenbruch des Rheinbundes nach der Niederlage Napoleons in der Völkerschlacht bei Leipzig 1813 kam bei den Mediatisierten die Hoffnung auf, dass die verlorene Stellung und der frühere Rang wieder hergestellt würden. Es begann der letzte Kampf der Standesherrn um ihre Unabhängigkeit. Mit großen Erwartungen schickten sie Gesandte nach Wien, wo über das künftige Schicksal Europas verhandelt wurde. Doch war die Entscheidung schon längst gefällt. Denn beim Wechsel der Königreiche Bayern und Württemberg sowie des Großherzogtums Baden auf die Seite der Alliierten, garantierten diese den Rheinbundfürsten ihre Souveränität und den territorialen Bestand. Damit war die Restauration des Alten Reiches und der früheren Verhältnisse ausgeschlossen, von der die Standesherrn geträumt und zur Erreichung ihrer Ziele sogar einen »Verein der Mediatisierten« gegründet hatten.

Die Mediatisierten nach 1815

Die deutsche Bundesakte vom 8. Juni 1815

Während der Verhandlungen wurde von den Gesandten der Mediatisierten die anfänglich erhobene Forderung nach Wiederherstellung der Verhältnisse von 1805 bald aufgegeben. Schließlich mussten sie sich bereit erklären, auf die Gesetzes-, Militär- und Rechtshoheit zu verzichten, was die Realisierung der in der Rheinbundakte festgeschriebenen Stellung bedeutete. Damit erfüllten sich zwar die Hoffnungen der Standesherrn keineswegs, aber der Artikel 14 der überstürzt verabschiedeten Bundesakte vom 8. Juni 1815 sicherte den Standesherren ein ganzes Arsenal an Vorrechten zu. So wurde ihnen erneut *alle diejenigen Rechte und Vorzüge* zugesichert, *welche aus ihrem Eigenthum und dessen ungestörtem Genusse herrühren und nicht zu der Staatsgewalt und den höheren Regierungsrechten gehören.* Vor allem wurden den Mediatisierten Aufenthaltsfreiheit, Familienautonomie, privilegierter Gerichtsstand, Ortspolizei, Patrimonial- und Forstgerichtsbarkeit und Patronatsrechte sowie Kirchengebet und Trauergeläut zugestanden. Der hohe Adel wurde zudem von der Militärpflicht befreit. Allerdings wurden die herrschaftlichen Rechte von der Vorschrift der Landesgesetze abhängig und der Oberaufsicht der Regierung unterstellt. Wichtig war den mediatisierten Häusern, dass nun den fürstlichen und gräflichen Häusern die Ebenbürtigkeit mit den regierenden Häusern ausdrücklich bestätigt wurde. Die Häupter der standesherrlichen Häuser sollten die *ersten Standesherren* in den jeweiligen Ländern sein, und der Ritterschaft wurde die Landstandschaft zugesichert. Die Mediatisierten waren von dem Ergebnis des Wiener Kongresses enttäuscht, allerdings hatten sie erreicht, dass sie bei Verletzungen ihrer Rechte vor der Bundesversammlung klagen durften.[52]

Die Stellung der Standesherren in den Verfassungen

Bei der Umsetzung des Artikels 14 der Bundesakte schlug nun Württemberg eine legislatorische Richtung ein. Es versuchte das Adelsproblem durch ein einziges neues Gesetz zu lösen, durch das an den Verfassungsentwurf des Jahres 1817 angehängte Adelsstatut. Doch der Entwurf der oktroyierten Verfassung wurde vom Landtag am 2. Juni 1817 abgelehnt, wobei die Mediatisierten unter ihrem Wortführer Graf Waldeck und die altwürttembergische Ehrbarkeit eng zusammenarbeiteten. Erst im Sommer 1819, unter dem liberaleren König Wilhelm I., wurde die neue Verfassung angenommen, die ein Zweikammersystem vorsah. Die Mitgliedschaft in der ersten Kammer, der der Standesherren, war das größte politische Privileg des württembergischen Hochadels, der diese Vorrangstellung aber nur zögernd annahm. So waren in Stuttgart auf

dem 1. Landtag von 49 Mitgliedern nur 25 anwesend, und 1828 konnte sich der Landtag nicht einmal konstituieren.[53] Dabei ist jedoch auch zu bedenken, dass bei der Streulage der Besitzungen der Standesherrn über mehrere Landesgrenzen hinweg die Fürsten und Grafen gleich in mehreren Kammern vertreten waren. So waren etwa die Fürsten und Grafen v. Wertheim Standesherrn in Bayern, Württemberg, Baden und Hessen-Darmstadt. Während sich Fürst Karl Thomas v. Löwenstein-Wertheim, der die Mediatisierung als traumatisches Ereignis erlebt hatte, von der Politik völlig fern hielt, war sein Sohn zur Mitwirkung am politischen Leben schon bereit.[54] Unter den anderen Privilegien ragten die bis 1848 bestehenden Patrimonialrechte mit den dazugehörigen lokalen Herrschaftsrechten hervor. Wegen der genauen Festlegung der rechtlichen Stellung der Standesherren gab es allerdings noch lange Streit zwischen der Regierung und den Adeligen. Schließlich schloss Württemberg mit einzelnen standesherrlichen Familien Verträge ab, in denen die in der Bundesakte zugesicherten Rechte definitiv festgeschrieben wurden. Der erste derartige Vertrag, der im Regierungsblatt veröffentlicht wurde, war die *Königliche Deklaration, die staatsrechtlichen Verhältnisse des fürstlichen Hauses Thurn und Taxis betreffend* vom 8. August 1819, durch die es Württemberg gelang, eine der wichtigsten standesherrlichen Familien zu integrieren. Bis 1844 schloss Württemberg mit 22 weiteren Familien entsprechende Verträge.

Einen ähnlichen Verlauf nahm auch die Klärung des Verhältnisses der Krone zu den Standesherrn im Großherzogtum Baden. Hier versuchte die Regierung die Erfüllung des Artikels 14 der Bundesakte mit der Verfassungsfrage zu verbinden. Die badische Verfassung vom 22. August 1818 wies zwar den Standesherrn und Rittern die Erste Kammer als Einrichtung zur politischen Mitwirkung zu, doch wurde in der Verfassung die Rechtsstellung der Adeligen nicht näher bestimmt. Die Aufnahme des Adelsedikts vom Frühjahr 1818 in die Verfassung, das die Rechte des Hohen Adels merklich beschnitt, war am erbitterten Widerstand der Standesherrn, die sogar Preußen und Österreich zu Hilfe gerufen hatten, gescheitert. Wie in Württemberg wurden den standesherrlichen Familien in Baden in Verträgen die in der Bundesakte festgeschriebenen Vorrechte vom Staat in der Verfassung garantiert, wobei die meisten Standesherrn allerdings auf die Einrichtung und Ausübung der Patrimonialgerichtsbarkeit verzichteten, da diese mit hohen Kosten verbunden war.[55]

Die Standesherren im Vormärz

Die Standesherrn in den südwestdeutschen Ländern nahmen eine Stellung ein, die man als »Unterlandesherrschaft« charakterisiert hat. Sie waren zwar selbst Untertanen von Souveränen, aber sie nahmen weiterhin eine ganze Reihe von Vorrechten und Privilegien wahr, und zwar in politischer, wirtschaftlicher und gesellschaftlicher Hinsicht. Die in der Rheinbundzeit angestrebte und teilweise auch erreichte Gleichheit aller Untertanen musste im Deutschen Bund für die Adeligen wieder zurückgenommen werden. Die geforderte und erhoffte Restitution der kleineren Reichsstände und der Reichsritter war jedoch nicht mehr möglich und wäre auch von den Zeitgenossen nicht mehr hingenommen worden, obwohl die Bevölkerung auch weiterhin »ihre« Fürsten und Grafen verehrte. Die Aufhebung der öffentlich-rechtlichen Kompetenzen der Adeligen nach 1806 war jedoch nicht verbunden mit der Beseitigung der alten feudalen Agrarverfassung. Das System der Grundherrschaft und die 1815 garantierten unterlandesherrlichen Rechte wurden zwar im Vormärz durch staatliche Verordnungen etwas eingeschränkt, doch eine grundlegende Agrarreform scheiterte am erbitterten Widerstand der Mediatisierten. Die »Bauernbefreiung« erfolgte dann allerdings in gewaltsamen Tumulten während der Revolution von 1848/49.

[1] Umfassend werden die Geschichte und Landesentwicklung der größeren Territorien und der kleineren Hochadelsherrschaften abgehandelt in: *Meinrad Schaab/Hansmartin Schwarzmeier* (Hgg.), Handbuch der Baden-Württembergischen Geschichte. Bd. 2. Stuttgart 1995 u. Bd. 1. 2000, 764–780 (Vorderösterreich); *Karl S. Bader*, Der deutsche Südwesten in seiner territorialen Entwicklung. Sigmaringen 1978; *Erwin Hölzle*, Der deutsche Südwesten am Ende des Alten Reiches. Beiwort. Stuttgart 1938.
[2] *Andreas Dornheim*, Oberschwaben als Adelsland, in: *Hans-Georg Wehling* (Hg.), Oberschwaben. Stuttgart/Berlin/Köln 1955, 123–125 (Schriften zur politischen Landeskunde Baden-Württembergs; 24).
[3] *Rudolf Endres*, Adel in der Frühen Neuzeit. München 1993, 10–14 (Enzyklopädie Deutscher Geschichte 18).
[4] Zur Reichsritterschaft in Südwestdeutschland s. *Gert Kollmer*, Die schwäbische Reichsritterschaft zwischen Westfälischem Frieden und Reichsdeputationshauptschluß. Untersuchungen zur wirtschaftlichen und sozialen Lage der Reichsritterschaft in den Ritterkantonen Neckar-Schwarzwald und Kocher. Stuttgart 1979 (Schriften zur südwestdeutschen Landeskunde; 17); *Thomas Schulz*, Der Kanton Kocher der Schwäbischen Reichsritterschaft 1542–1805. Entstehung, Geschichte, Verfassung und Mitgliederstruktur eines korporativen Adelsverbandes im System des alten Reiches. Esslingen 1986 (Esslinger Studien; 7); *Volker Press*, Die Ritterschaft im Kraichgau zwischen Reich und Territorium 1500–1623, in: ZGO 122 (1974), 35–98; *Rudolf Endres*, Oberschwäbischer Adel und absoluter Staat. Herrschaftsstil und Herrschaftstechnik in Oberschwaben, in: *Peter Blickle* (Hg.), Politische Kultur in Oberschwaben. Tübingen 1993, 147–174; *Wolfgang von Stetten*, Die Rechtstellung der unmittelbaren freien Reichsritterschaft, ihre Mediatisierung und ihre Stellung in den neuen Landen. Dargestellt am fränkischen Kanton Odenwald. Schwäbisch Hall 1973 (Forschungen aus Württembergisch Franken; 8).
[5] *Kollmer*, Reichsritterschaft (wie Anm. 3), 35ff.
[6] *Heinrich Müller*, Der letzte Kampf der Reichsritterschaft um ihre Selbständigkeit (1790–1815). Berlin 1910, 36.
[7] Ebd., 42ff.
[8] *Rudolf Endres*, Die preußische Ära in Franken, in: *Peter Baumgart* (Hg.), Expansion und Integration. Zur Eingliederung neugewonnener Gebiete in den preußischen Staat, Köln/Wien 1984, 169–194. (Neue Forschungen zur Brandenburg-Preußischen Geschichte; 5); *Ders.*, Die »Ära Hardenberg« in Franken, in: *Roderich Schmidt* (Hg.), Bayreuth und die Hohenzollern vom ausgehenden Mittelalter bis zum Ende des Alten Reiches. Ebsdorfergrund 1992, 177–200; *Hans Hubert Hofmann*, Adelige Herrschaft und souveräner Staat. München 1962, 163–210 (Studien zur bayer. Verfassungs- und Sozialgeschichte; 2).
[9] *Thomas Schulz*, Die Mediatisierung des Adels, in: Baden und Württemberg im Zeitalter Napoleons. Ausstellungskatalog. Bd. 2. Stuttgart 1987, 58.
[10] *Hanns Hubert Hofmann* (Hg.), Quellen zum Verfassungsorganismus des Heiligen Römischen Reiches Deutscher Nation 1495–1815. Darmstadt 1976, 329–358, hier 347f.
[11] *Endres*, Adel (wie Anm. 4), 14–16 und 74–77.
[12] *Schulz,* Mediatisierung (wie Anm. 9), 159.
[13] *Hofmann*, Adelige Herrschaft, (wie Anm. 8), 219–223.
[14] *Stetten*, Reichsritterschaft (wie Anm. 4), 133.
[15] Ebd., 136.
[16] Ebd., 137–150.
[17] Ebd., 143–145.
[18] *Müller*, Kampf (wie Anm. 6), 153ff.
[19] *Stetten*, Reichsritterschaft (wie Anm. 4), 152–156; *Müller*, Kampf (wie Anm. 6), 158–177.
[20] *Stetten*, Reichsritterschaft (wie Anm. 4), 162–166.
[21] *Paul Sauer*, Napoleons Adler über Württemberg, Baden und Hohenzollern. Südwestdeutschland in der Rheinbundzeit. Stuttgart/Berlin/Köln/Mainz 1987, 78–90.
[22] *Stetten*, Reichsritterschaft (wie Anm. 4), 169f.; *Müller*, Kampf (wie Anm. 6), 192f.
[23] *Schulz*, Mediatisierung (wie Anm. 9), 161f.
[24] Ebd., 162.
[25] *Stetten*, Reichsritterschaft (wie Anm. 4), 172.
[26] *Hofmann*, Quellen (wie Anm. 10), 368–374; *Sauer*, Napoleons Adler (wie Anm. 21), 93–109.
[27] *Stetten*, Reichsritterschaft (wie Anm. 4), 170f.; *Schulz*, Mediatisierung (wie Anm. 9), 162.
[28] *Stetten*, Ebd., 174.
[29] Ebd., 175.
[30] Ebd., 210–218.
[31] *Bernd Wunder*, Der württembergische Personaladel, in: ZWLG 40 (1981), 494–518.
[32] *Karl Heinrich Freiherr Roth von Schreckenstein*, Geschichte der ehemaligen freien Reichsritterschaft in Schwaben, Franken und am Rheinstrom. Bd. 2. Tübingen 1871, 490–522, 606f.; *Stetten*, Reichsritterschaft (wie Anm. 4), 210–220.
[33] *Stetten*, Reichsritterschaft (wie Anm. 4), 220–240.
[34] Ebd., 241–248; *Müller*, Kampf (wie Anm. 6), 178–201.
[35] *Dornheim*, Oberschwaben (wie Anm. 2), 124f.
[36] *Eva Kell*, Die Frankfurter Union (1803–1806). Eine Fürstenassoziation zur »verfassungsmäßigen Selbsterhaltung« der kleineren weltlichen Adelsherrschaften, in: ZHF 18 (1991), 71–96.
[37] *Wilhelm Mößle*, Fürst Maximilian Wunibald von Waldburg-Zeil-Trauchburg 1750–1818. Geist und Politik des Oberschwäbischen Adels an der Wende vom 18. zum 19. Jh. Stuttgart 1968, 112f. (Veröff. d. Kommission für geschichtl. Landeskunde in Baden-Württ.; 40).
[38] *Sauer*, Napoleons Adler (wie Anm. 21), 78–90.
[39] *Hofmann*, Quellen (wie Anm. 10), 374–392; *Sauer*, Napoleons Adler (wie Anm. 21), 136–144.
[40] *Fritz Kallenberg*, Die Sonderentwicklung Hohenzollerns, in: *Fritz Kallenberg* (Hg.), Hohenzollern. Stuttgart/Berlin/Köln 1996, 129.
[41] *Hofmann*, Quellen (wie Anm. 10), 383f. und 387f.
[42] *Schulz*, Mediatisierung (wie Anm. 9), 166.
[43] *Heinz Gollwitzer*, Die Standesherren. Die politische und gesellschaftliche Stellung der Mediatisierten 1815–1918. Göttingen 2.Aufl. 1964, 20.
[44] *Martin Furtwängler*, Die Standesherren in Baden (1806–1848). Frankfurt/Berlin/New York/Paris/Wien 1996, 60.
[45] *Paul Sauer*, Der schwäbische Zar: Friedrich, Württembergs erster König. Stuttgart 1984.
[46] *Gollwitzer*, Standesherren (wie Anm. 43), 54.
[47] Ebd., 54–56; *Günther Zollmann*, Adelsrechte und Staatsorganisation im Königreich Württemberg 1806 bis 1817. Tübingen 1971, 54–121; *Hans Bernhard Graf von Schweinitz*, Die staatsrechtliche Stellung der Mediatisierten unter der Rheinbundverfassung in Württemberg, in: WFr 28/29 (1954), 269–286; *Sauer*, Napoleons Adler (wie Anm. 21), 170–178.
[48] *Mößle*, Fürst (wie Anm. 37), 169.
[49] *Zollmann*, Adelsrechte (wie Anm. 47), 58.
[50] *Sauer*, Schwäbischer Zar (wie Anm. 45), 274–279.
[51] *Furtwängler*, Standesherren (wie Anm. 44), 56–68; *Gollwitzer*, Standesherren (wie Anm. 43), 56f.
[52] *Furtwängler*, Ebd., 86–107; *Gollwitzer*, Ebd., 116f.; *Schulz*, Mediatisierung (wie Anm. 9), 169f.
[53] *Schulz*, Ebd., 170; In der Ersten Kammer waren 28 fürstl. u. gräfl. Häuser vertreten. *Heinrich Klumpp*, Geschichte und Reform der Zusammensetzung der Kammer der Standesherren. Stuttgart 1903, 6.
[54] *Harald Stockert*, Adel im Übergang. Die Fürsten und Grafen von Löwenstein-Wertheim zwischen Landesherrschaft und Standesherrschaft 1780–1850. Stuttgart 2000, 191–197.
[55] *Furtwängler*, Standesherren (wie Anm. 44), 128–150.

Treue und Globalisierung

Die Mediatisierung der Reichsritterschaft im deutschen Südwesten

von Gerrit Walther

In der Geschichte der revolutionären Umwälzungen, die mit Säkularisation und Mediatisierung über den deutschen Südwesten hereinbrachen, bildet der Untergang der Reichsritterschaft gewiss kein zentrales Kapitel, aber doch ein dramatisches und lehrreiches.[1] Dass binnen weniger Jahre eine Elite, die die Geschicke der Region mehr als drei Jahrhunderte lang maßgeblich mitgestaltet hatte, zwischen den neu entstehenden Machtblöcken zerrieben wurde, macht die Ereignisse zu einem Exempel politischer Globalisierung. Denn die Ritterschaft fiel nicht, weil sie sich als Institution überlebt oder taktische Fehler gemacht gehabt hätte, nicht durch schuldhaftes Versagen also. Sie wurde von einer Entwicklung fortgerissen, deren unerhörte Neuheit eben darin bestand, dass die alten Gesetze politischer Klugheit plötzlich nicht mehr galten, weil nicht mehr individuelles Geschick zählte, sondern die Gewalt der Massen.

Ein Stand im Reich, doch kein Reichsstand

Was waren Reichsritter? – Seit es sie gab, stritt man darüber, so wie man über die politische Form jenes Heiligen Römischen Reiches stritt, zu dessen charakteristischen Akteuren sie gehörten.[2] Hier wie dort war kein Konsens erreicht, als die Ereignisse über solche Debatten hinwegrollten. Wer sich selbst zur *libera et immediata imperii nobilitas* beziehungsweise zum *Corpus equestre* zählte, pochte auf seinen *uhralten* Adel und war stolz darauf, dass er, anders als der »landsässige« Adel, seit jeher niemandem untertan gewesen sei als einzig und allein dem Kaiser. Landesfürsten wie der Herzog von Württemberg hingegen bestritten dies energisch. Sie hielten die Ritter schlicht für Vasallen, die sich irgendwann ihren Lehenspflichten entzogen hätten. Paradoxerweise stimmte beides. Tatsächlich hatten gerade schwäbische Ritter seit dem Mittelalter führende (und durchaus autonome) Rollen in Politik und Turniergesellschaften gespielt. Eine von den Fürsten emanzipierte Korporation eigenen Rechts aber waren sie erst im Konfessionellen Zeitalter geworden. Das verdankten sie dem Kaiser.
Um der bedrohlich wachsenden Macht der Territorialfürsten nämlich eine zuverlässige, auch fiskalisch loyale Gegenmacht entgegenstellen zu können, hatten Karl V. und Ferdinand I. seit den 1520er Jahren zielstrebig daran gearbeitet, den niederen Adel zu stärken und ihm eine reichsweite, feste Organisation zu geben.[3] Gelungen war dies nur in den sog. Vorderen Reichskreisen, am Rhein, in Franken und eben in Schwaben, dort, wo Habsburg traditionell stark war, wo es zahlreiche geistliche Herrschaften gab – adlige Wahlmonarchien also, die sich fürstlichen Einflüssen entzogen – und wo mehrere große Landesherren einander gegenseitig in Schach hielten. Nur hier, in den Grenzzonen widerstreitender Machtsphären, konnte sich der niedere Adel gegen die ungleich stärkeren Kontrahenten behaupten, indem er zwischen ihnen taktierte und so eine gewisse Selbständigkeit bewahrte. In den größeren Reichsterritorien hingegen – im Norden, aber auch in Bayern und in den habsburgischen Erblanden (die der Kaiser als strenger Landesherr regierte) – ließ eine starke Fürstenmacht keine freie Ritterschaft aufkommen. Auch in Württemberg hatte sich der Adel den Ansprüchen des Herzogs allein deshalb dauerhaft ent-

ziehen können, weil seit 1520, nach der Vertreibung Herzog Ulrichs, die Habsburger das Land regiert und bis 1534 genug Zeit gehabt hatten, dessen oppositionelle Vasallen zu einer autonomen Organisation zu formieren.[4]

Das Ergebnis dieser Bemühungen war die Reichsritterschaft: ein dauerhaftes Bündnis adliger Gutsbesitzer, die niemandem als dem Reichsoberhaupt huldigten, niemandem als ihm Abgaben zahlten und auch dies weder pflichtschuldig noch nach festen Sätzen taten, sondern, zumindest dem eigenen Selbstverständnis nach, freiwillig und nach eigenem Ermessen, in Form sog. *Charitativsubsidien*.

»Reichsritter« bezeichnete also keine soziale Zugehörigkeit, sondern eine politische. Die Frage, ob Reichsritter in der Hierarchie des Adels eher hoch oder eher niedrig rangierten, führt in die Irre. Grafen und Freiherrn, hohe kaiserliche Würdenträger konnten ebenso zur Reichsritterschaft gehören wie einfache Gutsherren oder vornehme Habenichtse, die weniger als ein Bauer verdienten. Vorab daran bemaß sich die Zugehörigkeit zu ihr, ob das Stück Land, dessen Bewohner ein Ritter in weltlichen wie kirchlichen Dingen regierte, in den Matrikeln der Korporation als *immediat* geführt wurde – gleichgültig, wie groß oder wie einträglich es war. Insgesamt, so hat man errechnet, gab es im Reich etwa 350 Familien, auf die diese Definition zutraf. Sie regierten über rund 1600 immatrikulierte Güter, die eine Fläche von etwa 130.000 Quadratkilometern umfassten und von etwa 350.000 Menschen bewohnt wurden.[7] Doch solche Zahlen bleiben vage. Zu sehr schwankte die Zahl der Familien, und geschlossene Territorien bildeten die ritterlichen Güter ebenso wenig wie die der Reichsstände, an deren Gebiete sie grenzten oder in die sie wie Inseln eingesprengt lagen.[8]

Die Schwäbischen Kantone

Organisatorisch gliederte sich die Reichsritterschaft in drei Kreise: den *Schwäbischen*, den *Fränkischen* und den *Ritterkreis Am Rheinstrom*. Jeder von diesen zerfiel wiederum in mehrere Kantone oder Quartiere, die spätestens seit 1648 jeweils von einem Direktorium geleitet wurden: Von einem Ritterhauptmann, einem Ausschuss von Ritterräten und einigen juristisch geschulten Beamten. Die Kantone des Schwäbischen Kreises, der, seit 1545 bestehend, der älteste und einflussreichste war, hießen Donau, Hegau-Allgäu-Bodensee, Neckar-Schwarzwald, Kocher und Kraichgau.[9] Sie deckten sich in etwa mit den noch heute so genannten Landschaften. Deshalb waren sie in Größe, Charakter und Bedeutung durchaus unterschiedlich.

Der kleinste unter ihnen war der **Kanton Kraichgau**. Seine zentrale Lage zwischen dem Land des Pfalzgrafen (dessen Einfluss stark, dessen Hof verlockend und dessen Gegnerschaft gefährlich blieb), den fränkischen Bistümern und dem Herzogtum Württemberg machte ihn zugleich zu einem der politisch aktivsten. Über seine Kanzlei, die in der Reichsstadt Heilbronn residierte, knüpften sich Verbindungen zu den beiden anderen Ritterkreisen, und zwar um so mehr, als einzelne kraichgauische Ritter zugleich auch dem fränkischen Kanton Odenwald und dem Kanton Oberrhein angehörten.[10] Südlich grenzte der **Kanton Neckar-Schwarzwald** an, dessen Territorien beiderseits des Neckars zwischen Tübingen, Rottenburg, Horb, Oberndorf und Rottweil lagen.[11] Im »toten Winkel zwischen der kaisernahen Zone Oberschwabens und dem den Kaiser abwehrenden Einflußbereich Württembergs«[12], fern von größeren Städten oder Stiften – allenfalls der angeschlossene Bezirk Ortenau mit Kehl bot ein Tor zum Rheintal –, waren seine Mitglieder gegenüber denen der übrigen Kantonen politisch wie ökonomisch benachteiligt – vielleicht ein Grund dafür, dass führende Familien wie die Herren v. Gemmingen, v. Ow, Raßler v. Gammerschwang oder Schenk v. Stauffenberg, durch überregionale Aktivitäten glänzten. Politisch neigten manche Mitglieder eher nach Württemberg als zum Kaiser – sichtbar schon daran, dass der Kanton seine Kanzlei an der Tübinger Universität unterhielt.[13] Noch mehr galt dies für den östlich anschließenden **Kanton Kocher**, der von Esslingen aus dirigiert wurde. Mit etwa 150 immatrikulierten Gütern, die zumeist »links und rechts einer von Schorndorf über Schwäbisch Gmünd und Aalen nach Dillingen zu denkenden Achse bzw. im mittleren Neckarraum zwischen Esslingen und Heilbronn« lagen, war er der zweitgrößte innerhalb des Schwäbischen Ritterkreises.[14]

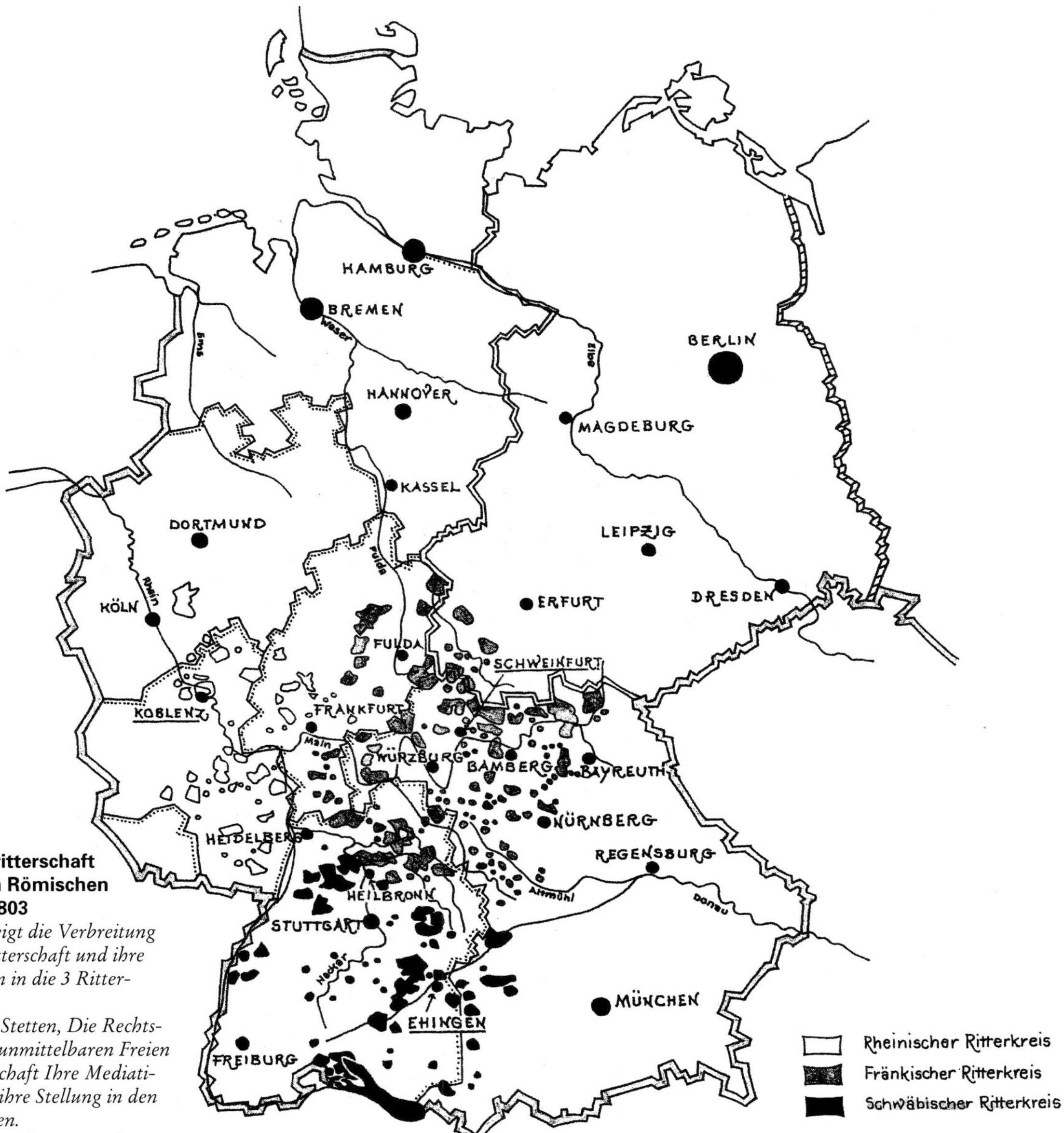

Die Reichsritterschaft im Heiligen Römischen Reich bis 1803
Die Karte zeigt die Verbreitung der Reichsritterschaft und ihre Organisation in die 3 Ritterkreise.
Aus: W. von Stetten, Die Rechtsstellung der unmittelbaren Freien Reichsritterschaft Ihre Mediatisierung und ihre Stellung in den neuen Landen. Schwäbisch-Hall 1973 (Anhang).

Beherrschend aber waren die beiden südlichen **Kantone: Donau**, dessen Kanzlei in Ehingen amtierte, und **Hegau-Allgäu-Bodensee**, der in Wangen eine Kanzlei für das Quartier Allgäu-Bodensee unterhielt und im »Ritterhaus« zu Radolfzell eine für das Quartier Hegau.[15] Waren die Mitglieder der anderen drei Kantone mehrheitlich protestantisch oder konfessionell gemischt, so hielten diese Ritter schon infolge ihrer Nähe zu Habsburg am alten Glauben fest. Das verschaffte ihnen den wirtschaftlichen Vorteil, ihre nachgeborenen Söhne und Töchter in den zahlreichen geistlichen Stiften der Region unterbringen zu können, in den Kapiteln von Konstanz, Augsburg und Kempten, aber auch in Eichstätt und anderen fränki-

schen Bistümern und in Bayern.[16] Während katholische Kocher-Ritter allenfalls auf die Stiftspfründen von Ellwangen zurückgreifen konnten, ihre Standesgenossen in Neckar-Schwarzwald auf gar keine, gelang mehreren Mitgliedern von Donau und Hegau-Allgäu-Bodensee nach 1648 der Aufstieg in die Bischofswürden von Augsburg (so die v. Freyberg und die Schenken v. Stauffenberg) und in Konstanz (die v. Praßberg, v. Rodt und erneut die Schenken v. Stauffenberg).[17] Natürlich bedeutete dies nicht nur Versorgungsmöglichkeiten, sondern auch politischen Einfluss, der – nicht immer, aber häufig – der Ritterschaft im Ganzen zugute kam.[18]

Politische Bedeutung wuchs den donauländisch-hegauischen Rittern aber auch durch ihre besondere Verbindung zum Kaiser zu. Dass viele von ihnen eigentlich landsässig waren – und mit den Beamten der vorländischen Behörden darüber in dauerndem Zwist lebten[19] –, änderte nichts an ihrer Zugehörigkeit zur Reichsritterschaft, weil ihr Landesherr eben der Kaiser selbst war, was sonst nur noch für einige Mitglieder des Kantons Neckar-Schwarzwald galt.[20] Schon seit dem späten Mittelalter besaßen die Habsburger hier ihre »treuesten Parteigänger unter dem Reichsadel«[21]: So amtierte die Ehinger Kanzlei als permanentes Generaldirektorium der Schwäbischen Ritterschaft und inoffiziell sogar als eine Koordinationszentrale auch der übrigen Ritterkreise, als eine Vertreterin der gesamten Reichsritterschaft.[22]

In den Rittern also – ähnlich wie in den Reichsstädten und Reichsstiften – besaß der Kaiser sichere Parteigänger und zugleich engagierte Repräsentanten. Durch den Schutz und die Förderung, die er ihnen angedeihen ließ, durch die Standeserhebungen, Wappenbesserungen und Orden, mit denen er sie auszeichnete, demonstrierte er aller Welt, wie gut er Loyalität zu lohnen wisse.[23] Seit 1648 hatte sich diese Kooperation gerade in Oberschwaben immer besser eingespielt, intensiviert und bedeutend verstärkt. Viele Reichsritter waren in kaiserliche Dienste eingetreten und als Diplomaten und Militärs in hohe Stellungen gelangt – was ihre Verwandten gegenüber fürstlichen Nachbarn nur stärken konnte.[24] Zumindest in Vorderösterreich – in den Erblanden bevorzugte man österreichischen Adel[25] – hatten Reichsritter wie Anton Thaddäus Freiherr Vogt v. Sumeraw oder Ferdinand Karl Freiherr v. Ulm-Erbach auch in der hohen kaiserlichen Verwaltung Fuß fassen können.[26] Parallel dazu war der ritterliche Anteil am Reichskammergericht deutlich gewachsen.[27] Kurz: mochten Kriegsnöte und Konflikte mit fürstlichen Nachbarn den Alltag der Ritter bisweilen verdüstern, so war im 18. Jh. doch »der Zustand ein er relativ gesicherten Existenz des Reichsadels erreicht«.[28]

Rittergüter: Probleme und Interessenten

Das heißt indes auch, dass die reichsritterschaftlichen Institutionen kaum aktive, gar autonome Politik betrieben. Ohnehin dienten sie nicht der Ausübung von Herrschaftsrechten – als notorische Individualisten sperrten sich die meisten Ritter gegen Versuche administrativer Einbindung –, sondern vor allem der Wahrung des Status quo, also der Autonomie jedes einzelnen Mitglieds und der Exklusivität der Korporation als ganzer.[29] Besonders aufmerksam wachten die Direktoren daher über die Erhaltung der materialen Grundlagen ritterlicher Autonomie: der immatrikulierten Güter. Dabei halfen ihnen zwei kaiserliche Privilegien: das *jus retractus*, ein Vorkaufsrecht auf jedes zum Verkauf stehende Rittergut, und das *jus collectandi*, das ihnen erlaubte, auch von solchen immatrikulierten Gütern Abgaben für die Kantonskasse zu erheben, die nicht mehr von einem Reichsritter innegehabt wurden.[30]

Das nämlich war im 18. Jh. zum zentralen Problem der Korporation geworden: immer mehr Rittergüter gingen in fremde Hände über. Immer weniger nämlich boten ihren Besitzern eine ausreichende Lebensgrundlage. Ohnehin waren die Sitze schwäbischer Ritter nur selten ähnlich groß wie die ihrer landsässigen Standesgenossen in Brandenburg-Preußen oder in anderen nördlichen Teilen des Reichs. Und im Gegensatz zu diesen, die sich im Laufe des 18. Jhs. zu modernen, innovativen Agrarunternehmern ausgebildet hatten, waren die adligen Gutsherren im Südwesten mit neuen Zucht- und Anbaumethoden wenig vertraut – auch wenn sie sich theoretisch dafür interessieren mochten.[31] An Handel, Bergbau, Banken hatten Altadlige so gut wie gar keinen Anteil.[32] So waren die Einkünfte der meisten, mochten sie nun selbst

Korn und Wein anbauen oder von den Zahlungen und Abgaben ihrer Pächter und Untertanen leben[33], karg und krisenanfällig.
Nicht allein dies indes erklärt, dass um 1790 die meisten Ritter stark verschuldet waren.[34] Wie das Beispiel der hegauischen Freiherrn v. Bodman beweist, konnten Schulden auch daher rühren, dass ein Gutsherr seinen florierenden Besitz regelmäßig durch Zukäufe vermehrte.[35] Allzu oft aber, so fanden kundige Zeitgenossen wie der letzte Schwäbische Ritterdirektor, Carl Friedrich Reinhard Freiherr v. Gemmingen, lagen die Ursachen der Verschuldung außer in schlechtem Wirtschaften auch in einer verschwenderischen Lebensführung.[36] Letztere indes konnten Ritter, die ein Amt bei Hof besaßen, kaum umgehen, da sie den dort üblichen Luxus in Kleidung, Karossen und Gesellschaften mitmachen mussten, wenn sie ihren Status in der Residenz wahren wollten.[37]
In anhaltenden finanziellen Schwierigkeiten lebten mithin beide Gruppen: diejenigen, die nach alter Art ihre Güter bewirtschafteten, und diejenigen, die den Schritt an einen modernen Fürstenhof geschafft hatten. Mochten die Kantone immer wieder Kommissionen einsetzen, die Sanierungsprogramme für in Not geratene Standesgenossen entwarfen und umzusetzen suchten, mochten sie verschuldete Adlige geradezu unter Kuratel stellen[38], so nahmen doch die Zwangsverkäufe überschuldeter Rittergüter in der 2. Hälfte des 18. Jhs. immer weiter zu.[39] Nur ein Viertel davon konnte von Altadligen aufgekauft werden. Bei weitem die meisten Objekte gingen an benachbarte Fürsten, vor allem an die Herzöge von Württemberg.[40]
Gerade sie hatten seit jeher versucht, Rittersitze an sich zu bringen, ihnen zumindest ihren immediaten, privilegierten Status zu nehmen. Es störte sie, dass diese oft mitten in ihr Territorium eingesprengten Güter ihre Bemühungen um *gute Policey* ebenso behinderten wie ihr absolutistisches Streben nach einem *territorium clausum*, einer flächendeckenden Landeshoheit. Nicht selten nämlich gewährten ritterliche Gutsherren all denen Zuflucht und Asyl, die mit den Gesetzen der fürstlichen Nachbarn in Konflikt gekommen waren: religiösen Dissidenten, jüdischen Händlern, Landfahrern aller Art. Die langwierigen Verhandlungen, die daraus erwuchsen, konnten die Fürsten erst recht nur als Provokationen empfinden.
Bisweilen halfen sie sich, indem sie solche adligen Güter, sobald deren Inhaber gestorben war, als heimgefallene Lehen deklarierten und einzogen. Da die Rechtslage bei ritterlichem Besitz oft undurchsichtig und juristische Argumente wohlfeil waren, bot sich ein solches Verfahren jederzeit an, rief aber meistens den Kaiser auf den Plan und führte zu endlosen, nicht minder ärgerlichen Prozessen vor dessen Gerichten.[41]
Verschiedentlich hatte Württemberg daher versucht, das Problem durch politischen Druck oder gar mit Gewalt zu lösen – zuletzt 1749, als Herzog Karl Eugen die Besitzer der von seinem Territorium umschlossenen Rittergüter kurzerhand zu *Landrittern* zu erklärt und damit einen Konflikt entfesselt hatte, der erst 1770 mit deren förmlicher Restitution durch den Kaiser beendet worden war.[42] Als viel erfolgreicher hingegen hatte sich der Kauf von Rittergütern bewährt. Seit jeher verdankten gerade Württemberg und Fürstenberg »ihr Wachsen ja in erster Linie gerade der Erwerbung zahlreicher kleinerer Adelsherrschaften«.[43] Jedes so erworbene Gut war – trotz endloser Querelen – faktisch für immer der Kontrolle und der Besteuerung durch die Ritterschaft entzogen und verschaffte dem Fürsten zudem eine brisante Anwartschaft auf Sitz und Stimme in der Korporation.[44]
Allzu vehement dagegen klagen durften die Ritter indes nicht. Zu viele von ihnen pflegten schon seit mehreren Generationen gute Beziehungen nach Württemberg, besaßen Posten in württembergischen Militär- und Hofdiensten (weniger in Kabinett und Administration) und ließen ihre Söhne auf der Stuttgarter Karlsschule erziehen.[45] Der größte Kontrahent der reichsritterschaftlichen Korporation war mithin zugleich der wichtigste Arbeitgeber ihrer einzelnen Mitglieder. Finanzielle Verflechtungen komplizierten diesen Interessenskonflikt noch. Einerseits nämlich war die württembergische Beamtenschaft ein unentbehrlicher Kreditgeber schwäbischer Ritter, andererseits investierten diese ihr Kapital nicht selten in württembergische Schuldverschreibungen.[46] So befanden sich die Ritter in mehrfacher Hinsicht in der Abhängigkeit derer, die sie auf politischer Ebene bekämpften.
Politisch nicht ganz so gefährlich, aber fiskalisch ähnlich riskant für die ritterschaftliche Kasse war es, wenn Stifte und Klöster vakante Güter erwarben und diese so der »toten Hand« verfielen. Dies aber ge-

schah immer häufiger, da Orden meist viel Geld besaßen, das sie in sichere Werte zu investieren suchten. So kaufte sich etwa das Schweizer Kloster Muri im Kanton Neckar-Schwarzwald ein, und »noch 1778 waren von den vierundachtzig Mitgliedern des Ritterbezirks Hegau vierzig Personalisten aus dem geistlichen Stand, davon zweiundzwanzig Domherren und vierzehn Ordensritter. Dass alle diese Personalisten auf Rittertagen stimmberechtigt sein sollten, war 1714 für den Konstanzer Bischof selbstverständlich: Das fordere das Interesse der Ritterschaft.«[47]

Nobilitierungen

Eine rege Nachfrage nach Rittergütern kam schließlich von denen, die als Gewinner der in Württemberg wie am Oberrhein früh einsetzenden wirtschaftlich-industriellen Modernisierung[48] gelten konnten, also von Großkaufleuten, Bankiers, Unternehmern und Fabrikherren, sowie von denjenigen, die als fürstliche Räte, Richter oder Diplomaten zu Geld und Einfluss gelangt waren. Nach wie vor nämlich war Gutsbesitz die Grundlage des Adelstitels – und diesen musste im Reich jeder besitzen, der in die obersten Ränge der politisch-sozialen Hierarchie aufsteigen wollte.
Nobilitierungen nun sprach der Kaiser ebenso großzügig aus, wie einzelne Fürsten dies taten.[49] Schon aus politischen Gründen lag ihm daran, das ihm verpflichtete *Corpus equestre* immer weiter zu vergrößern. Zudem belohnte das stets von Geldnot geplagte Haus Habsburg treue Diener lieber mit Prestige als mit Pensionen (zumal Adelsbriefe von den so Beschenkten ihrerseits teuer bezahlt werden mussten). Das Problem, solche Neuadligen in die ritterschaftliche Korporation zu integrieren, wurde mithin immer drängender, und zwar um so mehr, als weite Teile des alten Adels ihnen mit erheblichen Ressentiments begegneten.[50] Eisern bestand man darauf, dass jeder Bewerber mindestens vier adlige Ahnen nachweisen müsse, und nahm Kandidaten, die dies nicht konnten, allenfalls als »Personalisten« auf.[51] Zugleich aber sah man klar, dass die Korporation dringend darauf angewiesen war, die erlöschenden alten Geschlechter durch Neuzugänge auszugleichen. Der Kanton Neckar-Schwarzwald beispielsweise war von 58 adligen Familien im Jahre 1663 bis 1760 auf 37 und bis 1805 sogar auf 27 abgesunken.[52] Dem Kanton Kocher hatten um 1614 nicht weniger als 63 Geschlechter angehört, doch um 1800 waren es nur noch etwas mehr als 30.[53]
So hatte selbst der als streng bekannte Schwäbische Ritterkreis seine Aufnahmepolitik gelockert – vorab dadurch, dass er Aspiranten, die viel Geld oder besonders gute Beziehungen zum Kaiser besaßen, die Ahnenprobe stillschweigend erließ. In den 1780er Jahren akzeptierte er Straßburger Bankiers ebenso problemlos wie kaiserliche Generäle oder Assessoren des Reichskammergerichts, sofern sie nur ihre Aufnahmegebühren in bar entrichteten.[54] In den drei Ritterkreisen insgesamt wurden allein zwischen 1750 und 1773 immerhin zehn hohe kaiserliche Beamte rezipiert. Noch 1790/92 hielt man es für geboten, die Usancen nochmals merklich zu liberalisieren.[55]
All dies linderte den Nachwuchsmangel, erschütterte aber auch die Einigkeit der Korporation. Immer mehr setzte sich die Reichsritterschaft »aus zwei verschiedenen Gruppen zusammen, einer abnehmenden Zahl altadliger Rittergeschlechter und einer wachsenden Zahl neuadliger Familien«.[56] Gerade letztere aber hatten ihrer eigenen Herkunft nach weder gegen eine weitere Öffnung der Korporation noch gegen eine Kooperation mit den Fürsten Entscheidendes einzuwenden. Vor allem drängten sie energisch auf Zugang zu der letzten exklusiven Domäne des alten Adels: zu den Dom- und Stiftskapiteln. Deren Pfründe aber waren traditionell reich genug dotiert, so dass man es hier – anders als bei bankrotten Rittergütern – schlechthin nicht nötig hatte, Ausnahmen zu machen. Stattdessen beharrte man hier unerbittlich auf dem Nachweis von wenigstens vier altadligen Ahnen. Wenn diese Institute deshalb immer mehr zum Ziel der Polemik fürstlich finanzierter »aufgeklärter« Publizisten wurden[57], so fand diese Agitation gegen eine tragende Säule ritterschaftlicher Autonomie inzwischen auch innerhalb des *Corpus* selbst Beifall und Zustimmung.
Aber auch die zweite Säule, die enge Kooperation mit dem Kaiser, geriet seit dem Regierungsantritt Josefs II. zusehends in die Krise. Konnte es noch als ein Beweis von Wertschätzung gelten, dass der aufgeklärte Monarch in seinem Drang nach radikaler Vereinheitlichung der Reichsritterschaft eine eigene Uniform

vorschrieb, so beobachteten die Ritter doch mit wachsender Bestürzung, wie brutal er gegen die Klöster seiner Erblande vorging, wie skrupellos er zugunsten windiger Territorien-Tauschprojekte kleine Reichsstände mächtigeren Nachbarn preisgab und wie er und seine Nachfolger sich nach dem Scheitern solcher Ambitionen immer merkbarer aus dem Reich zurückzogen, ohne sich viel um ihre bisherigen Verbündeten zu kümmern.[58] Zusehends fühlten die Ritter sich im Stich gelassen. Offenkundig betreibe der Kaiser, so klagte der kocherische Direktor v. Racknitz 1791, *aus eigenem Trieb [...] keine Vorkehrungen zur Erhaltung der Reichsritterschaft*.[59] So tauchten nun erste Vorschläge auf, freiwillig auf die Unmittelbarkeit zu verzichten – während andere um so entschiedener dafür eintraten, neue Anstrengungen dafür zu unternehmen, als Reichsstand anerkannt zu werden. In solche Diskussionen traf die Nachricht vom Ausbruch der Französischen Revolution.

Die Revolution

Sie fand das *Corpus equestre* weder als eine selbstgewisse, dynamische Korporation noch als eine erstarrte und innovationsfeindliche, wohl aber als eine schwankende und verunsicherte. Diese Destabilisierung rührte daher, dass die Ritterschaft eben dabei war, sich zögernd zu öffnen, innerlich zu erneuern und neuen Herausforderungen anzupassen. Die nun folgenden Ereignisse aber zeitigten eine für sie doppelt fatale Wirkung: unerwartet rasch vernichteten sie alles, was sie bislang gestützt hatte, und ebenso rasch eröffneten sie den Gegnern der Ritter Machtmittel, gegen die kaum mehr Widerstand möglich war.[60]

Zunächst aber zermürbten die revolutionären Ereignisse die Ritterschaft moralisch und finanziell. Auf den Schock der Enteignungen aller jenseits des Rheins ansässigen Standesgenossen – also der meisten Mitglieder des Rheinischen Ritterkreises –, folgten seit 1792 permanente Kriege. Gewaltige kaiserliche Geldforderungen, nicht enden wollende Truppendurchzüge, Einquartierungen, Beschlagnahmen von Geld, Vieh und Gerät, Plünderungen, Zerstörungen, in einzelnen Herrschaften auch Revolten unzufriedener Untertanen trieben auch bislang gesunde Rittergüter an den Rand des Ruins und schränkten den politischen Aktionsradius der Korporation drastisch ein.[61]

Ähnliches war auch im Dreißigjährigen Krieg und während der Kriege gegen Ludwig XIV. geschehen, von deren Heimsuchungen sich die Ritterschaft glänzend erholt hatte. Diesmal aber blieb, anders als damals, die Hilfe des Kaisers aus – militärisch, aber auch politisch. Dass Franz II. den Rittern 1793 einen neuen Orden stiftete, um so ihre Treue zum Kaiserhaus zu belohnen und anzuspornen[62], wog nicht auf, dass er gegenüber ihren fürstlichen Gegnern kaum mehr offene Worte wagte, in dem chronischen Streit um ihr Besteuerungsrecht nicht mehr für sie eintrat. Und als Landesherr Vorderösterreichs war er weniger denn je bereit, den Kantonen das Besteuerungsrecht für heimgefallene Lehen zu überlassen.[63]

So konnten die Ritter froh sein, dass sie am 27. Juli 1796 gemeinsam mit Württemberg, Baden und dem Schwäbischen Kreis dem Separatfrieden beitreten durften, den der französische General Moreau gewährt hatte. Doch schon ein Jahr zuvor waren aus Franken neue schlechte Nachrichten eingetroffen. In der Markgrafschaft Ansbach-Bayreuth nämlich hatte der preußische Minister Graf Hardenberg, nachdem sein König sich durch den Baseler Separatfrieden vom 5. April 1795 vom Kaiser losgesagt hatte, kurzerhand alle ritterschaftlichen Privilegien außer Kraft gesetzt, den von ansbachischem Territorium umschlossenen Rittern alle Hoheitsrechte entzogen und sie zu landsässigen Gutsbesitzern degradiert.[64] Ein eindrucksvolles Beispiel dafür, wie leicht es mit Rückendeckung Frankreichs möglich geworden war, die Vorzugsstellung des niederen Adels nahezu vollständig zu eliminieren.

Seit nun die Frage nach den Entschädigungen für die auf der linken Rheinseite *depossedirten* Fürsten ins Zentrum aller reichspolitischen Verhandlungen rückte, gewannen solche Aktionen gefährliche Attraktivität. Unverhohlen forderten die fürstlichen Teilnehmer des im Dezember 1797 beginnenden Rastatter Kongresses Zugriff auf die ihnen benachbarten ritterlichen Territorien – was der Markgraf von Baden sich bereits am 28. August 1796 in einem Geheimvertrag von Frankreich hatte garantieren lassen. Schon jetzt galten die Rittergüter den meisten Teilnehmern nur mehr als Dispositionsmasse, während deren Besitzer selbst nicht einmal offiziell Einspruch erheben konn-

ten, da ihnen mit der Reichsstandschaft auch das Recht auf gleichrangige Mitsprache fehlte. Zwar gelang es ihrem geschickten Generaldirektor, dem Odenwälder Ritter Carl Friedrich Reinhard Freiherrn v. Gemmingen, das Beste aus der schlechten Situation zu machen. Doch nicht nur gegen die Fürsten musste er sich in Rastatt durchsetzen, sondern auch gegen die Delegationen anderer Kantone, die ihm die Befugnis absprachen, die Ritterschaft insgesamt zu vertreten. Vor aller Augen stritten sich die potentiellen Opfer der Verhandlungen um interne Präferenzfragen. Gemmingens dringender Vorschlag, nach dem Vorbild der Reichsfürsten in Paris und Wien eigene Vertretungen zu errichten, wurde abgelehnt. So war es die Rettung der Ritterschaft, dass der Kongress im April 1799 ergebnislos auseinander ging.

Auch in den Regensburger Verhandlungen nach dem Frieden von Lunéville (9. Februar 1801) stellte sich rasch heraus, dass an eine Entschädigung für die Mitglieder der nunmehr definitiv aufgelösten Kantone Ober- und Niederrhein nicht zu denken war. Allein darum ging es, zu verhindern, dass die rechtsrheinischen Ritterterritorien der Entschädigungsmasse zugeschlagen würden. Wiederum besaß Gemmingen als Ritterdirektor keine offizielle Stimme, sondern war auf die Fürsprache ritterfreundlicher Teilnehmer wie des kaiserlichen Gesandten, des Freiherrn Carl v. Hügel, angewiesen. Solche aber war rar, jedenfalls kaum stark genug, um sich gegen die Stimmen ritterfeindlicher Staaten wie Preußen, Bayern und Württemberg behaupten zu können.

Karl Friedrich Reinhard Frh. von Gemmingen
Der engagierte, aber letztlich erfolglose Anwalt der Reichsritterschaft im Kampf gegen die Mediatisierung.
Schloss Bonfeld.

Pariser Pyrrhussieg

Immerhin überzeugte diese deprimierende Situation die Ritter davon, dass jetzt nur mehr ein eigener Geschäftsträger in Paris helfen könne. Zwar war es ohne Reichsstandschaft eigentlich kaum möglich, einen solchen zu installieren. Doch die allgemeine Auflösung der alten politischen Ordnung war weit genug vorangeschritten, dass das Unternehmen gelang. Am 6. Dezember 1802 präsentierte der dänische Kammerherr und Geheime Rat Carl Eberhard Waechter v. Hirrlingen dem Ersten Konsul in Paris seine Ernennung zum *député* der Reichsritterschaft. Ab jetzt bemühte er sich, bei Außenminister Talleyrand ein Votum Frankreichs zu deren Gunsten zu erreichen. Schon im November hatte er dabei zu jenem Mittel gegriffen, das um diese Zeit so viele deutsche Gesandten in Paris einsetzten: er hatte dem Minister 250.000 Francs geboten, falls die Güter der Ritterschaft durch eine Salvatorische Klausel aus der Entschädigungsmasse herausgehalten würden.

Anders als für Fürsten jedoch (die dem Minister für eine gegenteilige Entscheidung ähnlich hohe Summe boten und teilweise auch schon bezahlten) interessierte sich Frankreich für die Reichsritter kaum. Da

der Republik daran gelegen war, sich durch einen Riegel großer Vasallenstaaten gegen die kaiserlichen Lande zu sichern, kamen kleine Gutsbesitzer als Partner für sie kaum in Frage. Angesichts der explosiv vergrößerten Dimensionen europäischer Politik war die traditionelle französische Taktik, kleine Reichsstände gegen den Kaiser zu sammeln, nicht länger praktikabel. Deshalb suchte Talleyrand, Entscheidungen hinauszuzögern, so die Gebote zu steigern und die Ritter bei Gelegenheit an den Meistbietenden zu verkaufen. Dass er ihnen unterdessen riet, *arrangements individuels* mit einzelnen Fürsten auszuhandeln, war nach Lage der Dinge ein klares Votum zu deren Gunsten.

Ein Zufall ließ die ritterschaftlichen Bemühungen gleichwohl noch einmal gelingen. Waechter nämlich erfreute sich guter persönlicher Beziehungen zu Napoleons Mutter Laetizia und zu Joseph Bonaparte. Mit ihrer Hilfe gelang es ihm, am 16. Dezember 1802 von Napoleon in Saint-Cloud empfangen und gehört zu werden. Tatsächlich befahl der Erste Konsul dem widerstrebenden Talleyrand, in Regensburg für eine Salvatorische Klausel zu wirken. Nachdem die Ritterschaft dem Minister weitere 100.000 Francs gezahlt hatte, war der Handel perfekt. Der RDH vom 24. März 1803 sicherte den Rittern in Paragraph 28 sogar eigene Entschädigungen zu.

Es war ein Pyrrhussieg. Viel schwerer als diese vage Zusicherung wog, dass mit den geistlichen Stiften die wichtigste politisch-ökonomische Bastion der Ritterschaft in die Gewalt der Fürsten übergegangen war. Und sich an den Kirchengutsverkäufen zu beteiligen, fehlten den Rittern nun endgültig die Mittel.[65] Wenn aber schon die mächtige Reichskirche gefallen war, dann war klar, dass die ungleich schwächeren Ritter keine Chance haben würden, sich eines künftigen Zugriffs der Fürstenstaaten zu erwehren. Mochte es bislang attraktivere Annexionsobjekte gegeben haben als ihre verschuldeten Güter, so lockten doch immerhin die Kassen ihrer Kantone, die nicht von ungefähr vielfrequentierte Kreditbanken darstellten.[66]

Der Rittersturm

Tatsächlich taten die Fürsten, als gebe es die Klausel nicht. So meldeten nun gerade diejenigen, die sich bei der Verteilung der Kirchengüter zu kurz gekommen glaubten, nun um so energischere Ansprüche auf die Territorien der Ritter an. Zu diesen Mächten gehörte vor allem Bayern. Seit dem 15. November 1802, als ein erster Reichsschluss all denen, die in Einzelverträgen mit Frankreich bereits Kirchengut zugesprochen bekommen hatten, dessen Besetzung erlaubt hatte, waren Beamte der Regierung Montgelas vor allem in Franken massiv auch gegen ritterschaftliche Territorien vorgegangen. Seien doch, so argumentierte man, viele Ritter Lehensleute jener Stifte gewesen, als deren Rechtsnachfolger Bayern nun eintrat. Obwohl die Proteste der Betroffenen im Mai 1803 Reichsmandate bewirkten, gingen diese Aktionen weiter. Unter den grenznahen Rittern des Schwäbischen Kreises kam Unruhe auf. Sie lebten, klagten beispielsweise die Freiherren v. Westernach im donauischen Kronburg, ab jetzt *immer in Furcht und wissen nicht, was man aus uns machen wird; man sagt überall, daß wir bairisch werden*.[67] Am 29. Oktober 1803 verkündete der Kurfürst seine absolute Souveränität über alle Ritterterritorien innerhalb seiner Staaten. Er oktroyierte ihnen eine Verfassung, beschlagnahmte ihre Kassen und sperrte ihre Steuern.[68]

Schon zuvor hatte sein Beispiel Schule gemacht. Aus Furcht, bei längerem Zuwarten zu kurz zu kommen, waren seit Juni 1803 nicht nur Hessen und Nassau, sondern auch kleine Reichsstände wie Hohenlohe, Leiningen und Waldburg-Zeil auf eigene Faust gegen die Ritter in ihren neu gewonnenen Gebieten vorgegangen. Der sog. *Rittersturm* wurde zum Kampf aller gegen alle. Im kraichgauischen Massenbach beispielsweise, dessen Zugehörigkeit nach dem bayerischen Abtretungs- und Überweisungspatent vom 19. November 1802 zweifelhaft schien, schlugen Ende 1803 nahezu gleichzeitig Leiningen, Baden und Hessen-Darmstadt Okkupationspatente an, bevor Bayern den Ort als nach wie vor ihm zugehörig reklamierte. So rangen mithin vier Fürsten um das kleine Territorium, bis Württemberg, das 1805 statt Hessens dazukam, im Mai 1807 schließlich siegte.[69] Nicht weit entfernt eskalierte der Streit zweier konkurrierender Okkupationstruppen in ein Feuergefecht, bei dem ein hohenlohischer Feldwebel tödlich getroffen wurde.[70]

Als der schwäbische Ritterkreis im Dezember 1803 die Kurfürsten von Baden und Württemberg um

Hilfe für die Kraichgauer Standesgenossen anrief, nutzte letzterer die Situation zu einem handstreichartigen Coup. »Mit der Begründung, eigene lehensherrliche Rechte sichern zu müssen und als Kreisdirektor für die Sicherheit des Schwäbischen Reichskreises verantwortlich zu sein, ließ er am 22. Dezember 1803 einen Militärkordon an der nördlichen Kreisgrenze ziehen, indem die gefährdeten Ortschaften mit Soldaten belegt wurden. [...] Am 21. Januar 1804 teilt er den schwäbischen Kantonen Donau, Kocher und Neckar-Schwarzwald mit, dass er um seine Territorien eine feste Grenzlinie ziehen und hierbei auch die ritterschaftlichen Orte mit einschließen werde. In der Folge wurden alle an der Grenze liegenden Ritterorte von württembergischen Truppen besetzt [...]. Überall wurden Hoheitszeichen mit der Aufschrift ›Württembergische Landesgrenze‹ aufgestellt.«[71]
Nicht überall gelang dies. Ins hegauische Grüningen etwa, den Sitz der Freiherren v. Hornstein, kam am 25. Januar eine württembergische Einheit aus »zwei Offizieren, sieben Dragonern, zwei Jägern, einem Zivilkommissär und einem mit zwei Grenzpfählen beladenen Wagen [...]. Da österreichisches Militär in der Nähe lag, zogen sie wieder ab, zwei Jäger zurücklassend, die von zwei österreichischen Soldaten in Schach gehalten wurden. Den 30. Juni desselben Jahres wollten sie mit verstärkter Mannschaft wiederkommen; das in Riedlingen gelegene österreichische Werbekommando mit der Riedlinger Bürgerwehr, bestehend aus Infanterie und einem Husarenkorps, verhinderte den Plan.«[72]
Auch auf allerhöchster Ebene schritt Wien ein – zum letzten Mal. Am 23. Januar 1804 ließ der Kaiser den Reichshofrat ein Konservatorium verkünden, das alle Maßnahmen gegen die Reichsritterschaft in Schwaben und Franken für widerrechtlich erklärte und den Ständen zwei Monate Zeit gab, den Status quo vom 1. Dezember 1802 wieder herzustellen. Als Exekutoren wurden Österreich, Kurmainz, Kursachsen und Baden benannt, Staaten, die nicht an den Übergriffen teilgenommen hatten. Da Frankreich um diese Zeit am Kanal gegen England operierte und nicht zugunsten seiner Verbündeten eingreifen konnte, wirkte die Drohung. Schon Mitte Februar erklärte Bayern, die führende Macht unter den Annexionsfürsten, seinen Rückzug. Den übrigen blieb nichts als zu folgen.

Wiens Doppelstrategie

Es war ein Erfolg, aber ein kurzfristiger und vordergründiger. Faktisch nämlich blieben die Rittergebiete besetzt. Vor allem aber spekulierte der Kaiser längst selbst darauf, sich auf Kosten der Ritter zu bereichern. Schon während der Regensburger Verhandlungen, im Spätherbst 1802, hatte er gegenüber Bayern Bereitschaft signalisiert, die Ritter im Tausch gegen das Bistum Eichstätt preiszugeben. Im Frühjahr 1803 hatte man in Wien Pläne erwogen, »den von Modena zurückerworbenen Breisgau mit Vorderösterreich zu einem geschlossenen großen Erbland zu vereinigen, unter Mediatisierung aller in Betracht kommenden Ritter durch den kaiserlichen Schutzherrn selbst«.[73] In einem Gutachten vom 29. Oktober 1803 schließlich hatten die kaiserlichen Minister Colloredo und Cobenzl erklärt, dass *der Fall der Ritterschaft nicht aufzuhalten* und die Annexion ihrer Güter durch die benachbarten Fürsten *nun einmal unvermeidlich* seien. Allein deshalb hatten sie ihrem Herrn dringend geraten, solchen Annexionen entgegenzutreten, weil das Erzhaus sonst nur mehr ein Achtel der schwäbisch-österreichischen Rittersitze erhalten werde, während *die übrigen sieben Achtel den gravierenden Reichshöfen verbleiben würden*.[74] Nicht auf Rettung der Ritter also zielte der Kaiser, sondern nur auf einen Aufschub, der helfen sollte, seinen eigenen Anteil an der Beute zu erhöhen. Nach moralischen Maßstäben war dies glatter Verrat, nach den Maximen der neuen Politik hingegen ein Gebot des österreichischen Staatsinteresses.
Deshalb blockierte Wien auch weiterhin jeden Versuch der Ritter, eigene politische Vorstöße zu unternehmen. Nachdrücklich unterstützte es die fränkischen Kantone, die – in krasser Verkennung der Lage – die Gefahr für gebannt hielten und daher auf Abschaffung der teuren Pariser Gesandtschaft des Freiherrn v. Waechter drängten, gegen die Schwaben und Odenwälder, die warten wollten, bis die Fürsten die annektierten Güter tatsächlich zurückgegeben hätten. Als dies nicht geschah und immer mehr Ritter zu gütlichen Vergleichen rieten, drohte Franz II. »den Verhandlungsbereiten mit Repressalien, Sequester, Konfiskation all ihrer erreichbaren Vermögenswerte [...] und [stärkte] den Unentwegten in jeder Weise

den Rücken«.[75] Die Einschüchterung wirkte: aus Rücksicht auf ihren vermeintlichen Schutzherrn wie aus Geldnot beschloss die Ritterschaft im Frühjahr 1805, ihre Pariser Mission aufzulösen. Zwar versprach der Mainzer Gesandte, ihre Interessen mitzuvertreten, doch man hörte nichts mehr von ihm.

Doch gerade jetzt hätte der Ritterschaft, wenn überhaupt noch Hoffnung auf Rettung bestand, einen klugen, tatkräftigen Repräsentanten dringend gebraucht. Die ebenso ostentative wie scheinheilige kaiserliche Fürsorge nämlich machte sie bei jenem Mann zusehends suspekt, der seit 1804 ebenfalls als Kaiser regierte: bei Napoleon. Nicht zuletzt auf Warnungen seines (von Bayern bezahlten) Außenministers hin betrachtete er sie immer mehr als eine Partei Wiens. Als im April 1805 österreichische Truppen in Venetien aufmarschierten, verbot er daher die Realisierung des Konservatoriums. Damit gab er Bayern, Württemberg und den übrigen Annexionsfürsten endgültig freie Hand über die ritterlichen Besitzungen.

Österreichs Kriegserklärung am 3. September 1805 besorgte den Rest. Um sich der süddeutschen Fürsten zu versichern, gewährte Napoleon ihnen nun alles, »was er zu bieten hatte: Souveränität, Standeserhöhung, Gebietszuwachs und die lang begehrte Reichsritterschaft«.[76] Diesmal allerdings begann nicht Bayern mit deren Einnahme, sondern Friedrich von Württemberg. Wenige Wochen nach der Kapitulation von Ulm, am 10. November, ließ er alle reichsritterlichen Territorien seines Herrschaftsbereichs besetzen. Bis Mitte Dezember waren die Kantone Donau, Neckar-Schwarzwald, Kocher, Kraichgau und der fränkische Odenwald »ganz oder teilweise unter württembergische Regie genommen«, ihre Kassen und Archive beschlagnahmt und ihre Beamten auf den Kurfürsten vereidigt.[77] Am 3. Dezember 1805, einen Tag nach der Schlacht von Austerlitz, ging Baden daran, seine Anteile an den Kantonen Odenwald, Kraichgau und Hegau-Allgäu-Bodensee *unter landesherrlichen Schutz, Schirm und Aufsicht zu nehmen*, weit umsichtiger und verbindlicher indes.[78] Erst am 19. Dezember folgte Bayern. Am gleichen Tag befahl Napoleon seinen Truppen, den drei Kurfürsten die Besetzungen möglich zu machen. Hätte die Ritterschaft doch dem Kaiser Truppen gestellt und sich so zur *Gehülfin Österreichs* gemacht.[79]

Die Auflösung

Wieder kam es von Dorf zu Dorf zu erbitterten Auseinandersetzungen zwischen den Okkupationsparteien.[80] Vor allem im Hegau stießen Badener und Württemberger heftig aufeinander, da diese über die Landgrafschaft Nellenburg und die dortigen, bereits von Baden okkupierten Ritterorte hinaus bis nach Konstanz vorzudringen suchten. Schon am 24. Dezember sah sich Napoleon daher veranlasst, alle schwäbisch-österreichischen Besitzungen unter seinen Schutz zu stellen. Weil die Streitereien gleichwohl fortdauerten, musste er den Fürsten am 13. November 1806 eine Einigung diktieren. Auch damit waren die Teilungsverhandlungen indes noch lange nicht beendet. Nur folgten den Soldaten nun überall Beamte und Juristen. Mit Hilfe der verbliebenen ritterschaftlichen Kanzleibediensteten, denen man gebührende Höflichkeit erwies und vor allem ihre Bezüge weiter bezahlte, gingen die Verwaltungsfachleute aus Karlsruhe, Stuttgart und München daran, sich Überblick über die zumeist selbst für Kenner kaum durchschaubaren Verhältnisse der einzelnen Orte und Güter zu verschaffen: über deren Umfang, Besitzstand, Zugehörigkeiten, Rechte und Abgaben, aber auch deren Schulden. All dies musste anhand der Akten genau geprüft werden. Zahllose Fuhrwerke voller Archivmaterial, wohlverpackt und sorgfältig registriert, zogen auf den Landstraßen in Richtung der Residenzen. Von den Rittern wurden Auskünfte, Urkunden, Nachweise gefordert. Bis in die 1815er Jahre hinein entstanden umfängliche Gutachten über einzelne Besitzungen – bis heute wertvolle Quellen für die Landeskunde und Adelsgeschichte –, doch mitunter dauerte es noch Jahre, bis die Dinge im Reinen waren. Die Freiherren v. Massenbach beispielsweise empfingen ihre erste offizielle Belehnung durch Württemberg erst im Jahre 1830.[81] Im Juli 1807 war wenigsten die Revision der Kasse des Kantons Hegau abgeschlossen, so dass man zur Teilung schreiten konnte. »Vom statu activo mit 93.088 fl. 23 kr. erhielt Württemberg 60.910 fl. 8 kr., Baden 25.091 fl. 1 kr. und Sigmaringen 892 fl. 31 kr. Auf die Orte, über deren Zugehörigkeit von Württemberg und Baden noch verhandelt wurde, kamen 6.194 fl. 43 kr. In dem Württemberg zugesprochenen Vermögen war das Ritter-

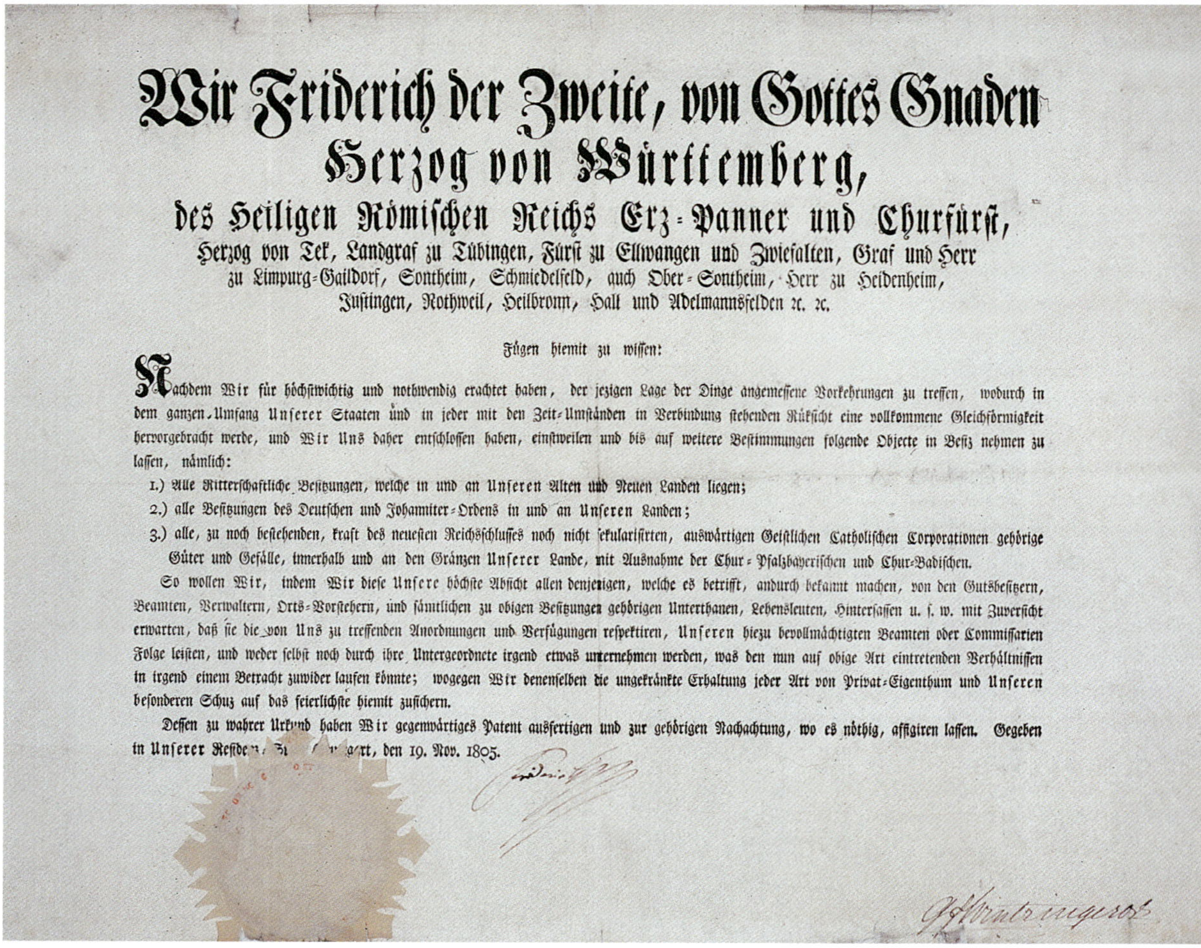

Wir Friderich der Zweite, von Gottes Gnaden
Herzog von Württemberg,
des Heiligen Römischen Reichs Erz-Panner und Churfürst,
Herzog von Tek, Landgraf zu Tübingen, Fürst zu Ellwangen und Zwiefalten, Graf und Herr zu Limpurg-Gaildorf, Sontheim, Schmiedelfeld, auch Ober-Sontheim, Herr zu Heidenheim, Justingen, Rothweil, Heilbronn, Hall und Adelmannsfelden ꝛc. ꝛc.

Fügen hiemit zu wissen:

Nachdem Wir für höchstwichtig und nothwendig erachtet haben, der jezigen Lage der Dinge angemessene Vorkehrungen zu treffen, wodurch in dem ganzen Umfang Unserer Staaten und in jeder mit den Zeit-Umständen in Verbindung stehenden Rüksicht eine vollkommene Gleichförmigkeit hervorgebracht werde, und Wir Uns daher entschlossen haben, einstweilen und bis auf weitere Bestimmungen folgende Objecte in Besiz nehmen zu lassen, nämlich:

1.) Alle Ritterschaftliche Besizungen, welche in und an Unseren Alten und Neuen Landen liegen;

2.) alle Besizungen des Deutschen und Johanniter-Ordens in und an Unseren Landen;

3.) alle, zu noch bestehenden, kraft des neuesten Reichsschlusses noch nicht sekularisirten, auswärtigen Geistlichen Catholischen Corporationen gehörige Güter und Gefälle, innerhalb und an den Gränzen Unserer Lande, mit Ausnahme der Chur-Pfalzbayerischen und Chur-Badischen.

So wollen Wir, indem Wir diese Unsere höchste Absicht allen denjenigen, welche es betrifft, andurch bekannt machen, von den Gutsbesizern, Beamten, Verwaltern, Orts-Vorstehern, und sämtlichen zu obigen Besizungen gehörigen Unterthanen, Lehensleuten, Hintersassen u. s. w. mit Zuversicht erwarten, daß sie die von Uns zu treffenden Anordnungen und Verfügungen respektiren, Unseren hiezu bevollmächtigten Beamten oder Commissarien Folge leisten, und weder selbst noch durch ihre Untergeordnete irgend etwas unternehmen werden, was den nun auf obige Art eintretenden Verhältnissen in irgend einem Betracht zuwider laufen könnte; wogegen Wir denenselben die ungekränkte Erhaltung jeder Art von Privat-Eigenthum und Unseren besonderen Schuz auf das feierlichste hiemit zusichern.

Dessen zu wahrer Urkund haben Wir gegenwärtiges Patent ausfertigen und zur gehörigen Nachachtung, wo es nöthig, affigiren lassen. Gegeben in Unserer Resid[illegible]gart, den 19. Nov. 1805.

Das Ende der Reichsritterschaft
Besitzergreifungspatent Kurfürst Friedrichs II. von Württemberg zur vorläufigen Besetzung der Reichs- und ordensritterschaftlichen Territorien, 19.11.1805.
HSA Stuttgart.

haus mit Mobilien inbegriffen.«[82] Bei weiteren Verhandlungen suchte man Erwerbungen gegeneinander auszutauschen, um die eigenen Hoheitsgebiete optimal zu arrondieren. Baden gelang diese *vollkommene Communication* seiner neuen Landesteile 1810.[83]

Um diese Zeit gab es die Reichsritterschaft längst nicht mehr. Am 6. August 1806 hatte sie mit dem Alten Reich endgültig zu bestehen aufgehört. Schon am 20. Januar 1806 hatte das Ehinger Generaldirektorium seine letzte Amtshandlung vollzogen und offiziell dem Reichstag in Regensburg die Aufhebung der Korporation mitgeteilt.[84] In seinem letzten Rundschreiben vom 7. Februar hatte es seine Mitglieder aufgefordert, jeden Widerstand gegen die Besetzer einzustellen.[85] Die meisten hatten es getan – *infolge der Zeitumstände und höherer Gewalt weichend*, wie der Donauritter Johann Ignaz Frh. v. Westernach bei der Übergabe seiner Herrschaft Kronburg erklärt hatte.[86]

Gleichwohl dauerte der Widerstand fort. Vor allem die rücksichtslose Härte, mit der Württemberg seine neuen Untertanen zu disziplinieren suchte, – Baden und Bayern gingen meist behutsamer vor – sorgte für

große Erbitterung. Rasch wurden die einfachen Leute durch gewaltige Steuerforderungen und eine Flut obrigkeitlicher Verfügungen über die Unterschiede zwischen einer patriarchalischen Gutsherrschaft und einer modernen Bürokratie belehrt. »Die Beseitigung jeglicher Selbstverwaltung und aller mit dem württembergischen Recht nicht übereinstimmenden Bräuche und Gewohnheiten in den an das Königreich gefallenen Gebieten, die von 1806 bis 1814 mit nicht weniger als 2342 Reskripten und Verordnungen und mit einem Heer von Landjägern und Spitzeln erzwungen wurden, trieb die unterdrückte und sich rechtlos fühlende Bevölkerung vor allem auf dem Lande im Sommer 1809 zum sog. *Stockacher Aufstand,* der mit Truppen niedergeschlagen werden mußte.«[87]

Aber auch der Adel war oft genug empört über die Arroganz, mit der die neuen Herren – oft in Gestalt jener fürstlichen Amtleute, mit denen er jahrelang in nachbarschaftlichem Zwist gelegen hatte[88] – nun gegen die besiegten Rivalen vorgingen. In Wilhelm Hauffs Novelle *Das Bild des Kaisers* (1828), der eindrucksvollsten literarischen Spiegelung der hier geschilderten Ereignisse, erinnert sich der (erfundene) Kraichgauer Freiherr v. Thierberg noch nach über zwanzig Jahren voller Bitterkeit, *wie sie ihm an einem Tage alle Familienwappen von den Wänden gerissen, das Vieh geschätzt, Pferde weggeführt, die Braupfannen versiegelt und für Staatseigentum erklärt haben.*[89]

Mit allem Nachdruck suchte man die neuen Vasallen zur Unterwerfung zu zwingen. Als einige Hegauer Ritter, die im Mai 1806 zur Huldigung nach Stuttgart befohlen worden waren, zuvor eine Erklärung abgeben wollten und, als dies verweigert wurde, unverrichteter Sache in ihr Hotel zurückkehrten, »wurden sie mit einer Wache beehrt, die die Herren so lange festzuhalten hatte, bis sie sich zur Huldigung bereit erklärten. Ein Herr v. Berlichingen soll am längsten ausgehalten haben.«[90] In langen Beschwerdelisten klagten die Ritter 1815 auf dem Wiener Kongress über zahllose Schikanen. Diese reichten von überhöhten Steuern über Ausgangsbeschränkungen bis zur Einziehung der Waffen, Orden und sogar der persönlichen Reitpferde der Ritter. Vor Reisen, Heiraten und Vererbungen waren nun fürstliche Genehmigungen einzuholen. Gezielt wurden Rittersöhne zum Militär eingezogen und dort wie einfache Rekruten behandelt. Adlige ohne Amt bei Hof sahen sich in der dort gültigen Rangordnung *nach den Buchhaltern und andern geringen Offizianten eingereiht.*[91]

All ihrer Privilegien oder gar ihres Besitzes beraubt indes waren die Ritter auch nach 1806 keineswegs. Wohl hatten sie ihre obrigkeitlichen Befugnisse eingebüßt: ihre Territorialhoheit, ihren privilegierten Gerichtsstand, die höhere Gerichtsbarkeit, die Steuerbefreiung, die meisten Kirchenrechte, den Anspruch auf den Zehnten, auf Frondienste, Schutz- und Umgeld.[92] Geblieben aber waren ihnen – neben ihrem Guts- und Privatbesitz – dank Artikel 25 der Rheinbundakte vom 12. Juli 1806 Vergünstigungen wie Steuererleichterungen und die Patrimonialgerichtsbarkeit. Erst nach 1807 begann Württemberg, nach 1809 dann auch Baden, diese Privilegien Zug um Zug zu kassieren, während solche Verschärfungen in Bayern, dessen Administration weniger professionell arbeitete, fast ganz unterblieben.[93] Die Ereignisse und Verhandlungen, die dazu führten, dass Artikel 14 der Deutschen Bundesakte vom 8. Juni 1815 den Rittern diese Rechte zumindest teilweise zurückgaben, gehören indes nicht mehr zum Thema dieses Überblicks.[94]

Ausblick

Schauen wir jedoch noch einmal kurz zurück. Gewiss kann es nicht verwundern, dass die locker organisierte, politisch indifferente, uneinige, nicht einmal dem Reichsverband zugehörige Reichsritterschaft dem Angriff der vereinigten Fürsten erlag. Eher verblüfft, dass ausgerechnet sie sich so lange halten konnte – länger jedenfalls als die finanziell wie politisch ungleich mächtigere Reichskirche. Offenbar also besaß diese sonderbare Korporation eine politische Vitalität, die mit den Kategorien moderner Staatlichkeit nicht zu beschreiben ist. Von einer Krise der Ritterschaft insgesamt um 1800 kann jedenfalls keine Rede sein, und auch davon nicht, dass ihr Untergang den unvermeidlichen Abschluss einer langen Phase der Erstarrung und Dekadenz gebildet hätte. Allein deshalb stürzte die Ritterschaft, weil mit der Reichskirche und dem Reich selbst die beiden Institutionen untergegangen waren, die die Garanten ihrer Existenz gewesen waren: weil durch die abrupte Ausweitung

des politischen Feldes auf europäische Dimensionen ihre traditionelle politische Überlebensstrategie, das Taktieren zwischen mehreren, eng benachbarten Landesherren, unmöglich geworden war.
Die Ritter wurden zu Opfern der Französischen Revolution, dies aber nur indirekt. Anders als ihre Standesgenossen links des Rheins nämlich unterlagen sie nicht dem Dritten Stand, keinem neuen Gegner also. Sie fielen vielmehr durch ihren alten Feind: durch den fürstlichen Absolutismus, der, unerhört gestärkt und eigentlich erst absolut gemacht von den Mächten der Revolution, den Kampf nun definitiv zu seinen Gunsten entscheiden konnte.[95]
Wie so oft in der Geschichte aber wurden die Verlierer auf lange Sicht zu Gewinnern. Im Grunde nämlich hatten sie mit ihrer politischen Autonomie nur das verloren, was sie ohnehin nie wirklich erstrebt hatten. Viel wichtiger war dem *Corpus equestre* ja stets gewesen, seinen Mitgliedern den ungeschmälerten Genuss ihrer Güter und Einkünfte zu garantieren. [96] Dafür aber hatten sich die Voraussetzungen eher verbessert als verschlechtert. Zunächst machte es die staatliche Aufsicht den Rittern schwerer, ihre Kräfte und Vermögen weiterhin in endlosen Erb- und Familienstreitigkeiten aufzureiben.[97] Zugleich verstärkte sich nun, da der Kaiser keine Alternative mehr bot, jene Zusammenarbeit mit den Fürsten, die Teile der ritterlichen Familien seit jeher gepflegt hatten. In Bayern, in Württemberg wie in Baden machten jetzt immer mehr einstige Reichsritter gute Karrieren in fürstlichen Diensten.[98] Das beste Beispiel ist Carl Friedrich Reinhard v. Gemmingen, der letzte Ritterdirektor: war er vor 1790 bereits Berater des Markgrafen von Ansbach-Bayreuth gewesen, so übernahm er gleich 1806, nach dem Ende seiner ritterschaftlichen Mission, einen Ministerposten in Karlsruhe.[99]
Entscheidend aber war, dass die Ritter ihre Herrschaft vor Ort behielten[100] – nur dass sie diese nun im Namen der Fürsten beziehungsweise des Staates ausübten. Als *Grundherren*, wie der offizielle Begriff seit dem *Vierten Constitutions-Edikt* vom 22. Juli 1807 in Baden lautete[101], behielten sie ihre lokalen Vorrechte und ihr lokales Prestige. Aber sie sparten die Kosten der Autonomie. Als der mediatisierte Freiherr v. Bodman im Jahre 1819 die Vorteile und Nachteile der Patrimonialgerichtsbarkeit gegeneinander abwog, gelangte er zu dem Ergebnis, dass er ohne dieses einst so begehrte Herrenrecht finanziell weit günstiger fahre als mit ihm. Abhängigkeit, so merkte er, ist billiger und weniger mühsam als Freiheit – und er verzichtete darauf.[102] Entscheidungen wie diese lassen ahnen, inwiefern eine autonome Reichsritterschaft ab jetzt undenkbar geworden war. Nicht zufällig endet Wilhelm Hauffs Novelle über den mediatisierten Napoleon-Hasser Freiherrn v. Thierberg mit dessen Bekehrung und einem *jauchzende[n] ›Vive l'Empereur!‹*

[1] Ausdrücklich sei bemerkt, dass der folgende Überblick nicht auf eigenen Archivstudien beruht, sondern ausschließlich auf Forschungsliteratur. Dem Charakter einer Skizze entspricht der Verzicht auf bibliographische Vollständigkeit. – Grundlegend für jede moderne Beschäftigung mit der Reichsritterschaft sind die Arbeiten des zu früh verstorbenen Tübinger Historikers Volker Press, darunter vorab die Überblicksdarstellungen: *Volker Press*, Die Reichsritterschaft im Reich der frühen Neuzeit, in: Nassauische Annalen 87 (1976), 101–122, hier zitiert nach dem Abdruck in: *Ders.*, Adel im Alten Reich. Gesammelte Vorträge und Aufsätze, hg. von *Franz Brendle* und *Anton Schindling* in Verbindung mit *Manfred Rudersdorf* und *Georg Schmidt*. Tübingen 1998, 205–232 (künftig: *Press*, Reichsritterschaft I); *Ders.*, Reichsritterschaften, in: *Kurt G.A. Jeserich/Hans Pohl/Georg-Christoph von Unruh* (Hgg.), Deutsche Verwaltungsgeschichte. Bd. 1. Stuttgart 1983, 679–689 (künftig: *Press*, Reichsritterschaft II); *Ders.*, Reichsritterschaft, in: *Hansmartin Schwarzmaier/Meinrad Schaab* u. a. (Hgg.), Handbuch der baden-württembergischen Geschichte. Bd. 2. Stuttgart 1995, 771–813 (künftig: *Press*, Reichsritterschaft III).

[2] Vgl. beispielsweise *Dietmar Willoweit*, Juristische Argumentation in den Werken von Rechtskonsulenten mindermächtiger Stände, in: BlldtLG 131 (1995), 189–202.

[3] *Volker Press*, Kaiser Karl V., König Ferdinand und die Entstehung der Reichsritterschaft. Wiesbaden 2. Aufl. 1980.

[4] Ebd., 31.

[5] *Press*, Reichsritterschaft I (wie Anm. 1), 214.

[6] Vgl. insgesamt die oben in Anm. 1 und unten in Anm. 11 und 14 genannten Werke.

[7] *Eberhard von Waechter*, Die letzten Jahre der deutschen Reichsritterschaft, in: WVjhLg 40 (1934), 243–289, 245.

[8] *Karl Heinrich Freiherr Roth von Schreckenstein*, Geschichte der ehemaligen freien Reichsritterschaft in Schwaben, Franken und am Rheinstrome, nach Quellen bearbeitet. Bd. 2. Tübingen 1871 (Reprint Neustadt a. d. Aisch 1998), 465.

[9] Der Kreis Franken teilte sich in die Kantone Altmühl, Gebürg, Baunach, Steigerwald, Rhön-Werra und Odenwald, der beiderseits des Rheins gelegene Kanton Rheinstrom in Ober-, Mittel- und Nieder-

rhein, während die elsässische Ritterschaft einen eigenen Kanton bildete. Vgl. *Press*, Reichsritterschaft I (wie Anm. 1), 208.

[10] Vgl. *Volker Press*, Die Ritterschaft im Kraichgau zwischen Reich und Territorium 1500–1623, in: ZGO 122 (1974), 35–98; *Ders.*, Die Kraichgauer Ritterschaft in der Barockzeit. Der Feldmarschall Eberhard Friedrich Freiherr von Neipperg als Direktor der Kraichgauer Reichsritterschaft (1707–1725), in: *Ders.*, Adel im Alten Reich (wie Anm. 1), 281–297.

[11] *Dieter Hellstern*, Der Ritterkanton Neckar-Schwarzwald 1560–1805. Untersuchungen über die Korporationsverfassung, die Funktionen des Ritterkantons und die Mitgliedsfamilien. Tübingen 1971, 1.

[12] *Volker Press*, Die Ritterschaft am Neckar und Schwarzwald, in: *Ders.*, Adel im Alten Reich (wie Anm. 1), 233–263, 241. Auch in: Glatter Schriften 6 (2001), 33–63.

[13] *Press*, Reichsritterschaft I (wie Anm. 1), 211.

[14] *Thomas Schulz*, Der Kanton Kocher der Schwäbischen Reichsritterschaft 1542–1805. Entstehung, Geschichte, Verfassung und Mitgliederstruktur eines korporativen Adelsverbandes im System des alten Reiches. Esslingen 1986. Das Zitat in: *Ders.*, Die Mediatisierung des Kantons Kocher. Ein Beitrag zur Geschichte der Reichsritterschaft am Ende des alten Reiches, in: ZWLG 47 (1988), 323–358, 325.

[15] *Herbert Berner*, Die Aufhebung des reichsritterschaftlichen Kantons Hegau-Radolfzell, in: Aus Verfassungs- und Landesgeschichte. Fschr. Theodor Mayer. Bd. 2. Lindau/Konstanz 1955, 203–227, 205.

[16] *Press*, Ritterschaft (wie Anm. 12), 259.

[17] *Roth* von Schreckenstein, Geschichte (wie Anm. 8), 419.

[18] Ein Gegenbeispiel in: Ebd., 398f.

[19] Ebd., 474.

[20] *Werner Kundert*, Reichskirche und Adel im Südwesten des Reiches, in: *Badisches Landesmuseum Karlsruhe* (Hg.), Barock in Baden-Württemberg. Vom Ende des Dreißigjährigen Krieges bis zur Französischen Revolution. Ausstellung des Landes Baden-Württemberg unter der Schirmherrschaft von Ministerpräsident Lothar Späth. Bd. 2. Karlsruhe 1981, 325–334, 327.

[21] *Press*, Reichsritterschaft I (wie Anm. 1), 211.

[22] *Volker Press*, Kaiser und Reichsritterschaft, in: *Rudolf Endres* (Hg.), Adel in der Frühneuzeit: ein regionaler Vergleich. Köln/Wien 1991, 163–194, 171f.; Vgl. *Waechter*, Jahre (wie Anm. 7), 245.

[23] *Press*, Kaiser (wie Anm. 22), 188f; *Ders.*, Reichsritterschaft III (wie Anm. 1), 807.

[24] Beispiele bei: *Roth von Schreckenstein*, Geschichte (wie Anm. 8) 411–413. Vgl. *Press*, Kraichgauer Ritterschaft (wie Anm. 10).

[25] *Karl Siegfried Bader*, Zur Lage und Haltung des schwäbischen Adels am Ende des alten Reiches, in: ZWLG 5 (1941), 335–389, 357; *Gert Kollmer*, Die wirtschaftliche und soziale Lage der Reichsritterschaft im Ritterkanton Neckar-Schwarzwald 1648–1805, in: *Franz Quarthal* (Hg.), Zwischen Schwarzwald und Schwäbischer Alb. Das Land am oberen Neckar. Sigmaringen 1984, 285–301, 290.

[26] *Press*, Kaiser (wie Anm. 22), 188f.

[27] *Heinz Duchhardt*, Reichsritterschaft und Reichskammergericht, in: ZHF 5 (1978), 315–327.

[28] *Press*, Reichsritterschaft I (wie Anm. 1), 231.

[29] *Rudolf Vierhaus*, Eigentumsrecht und Mediatisierung. Der Kampf um die Rechte der Reichsritterschaft 1803–1815, in: *ders.* (Hg.), Eigentum und Verfassung. Zur Eigentumsdiskussion im ausgehenden 18. Jh. Göttingen 1972, 229–257, 236.

[30] *Waechter*, Jahre (wie Anm. 7), 245; *Press*, Reichsritterschaft II (wie Anm. 1), 686f.

[31] *Press*, Ritterschaft (wie Anm. 12), 254; *Wilfried Danner*, Studien zur Sozialgeschichte einer Reichsritterschaft in den Jahren der Mediatisierung. Entwicklung der politischen und wirtschaftlichen Stellung der Reichsfreiherren von und zu Bodman 1795–1825, in: Hegau N. F. 17/18 (1972/73), 91–128, hier 117.

[32] *Kollmer*, Lage (wie Anm. 25), 286.

[33] Letzteres war öfter der Fall: *Bader*, Lage (wie Anm. 25), 357; *Christoph Dipper*, Die Bauernbefreiung in Deutschland 1790–1850. Stuttgart/Berlin/Köln/Mainz 1980, 83 und 86.

[34] Zw. 1710 und 1790 galt dies für beinahe jedes zweite Mitglied des Kantons Neckar-Schwarzwald. Vgl. *Kollmer*, Lage (wie Anm. 25), 296.

[35] *Danner*, Studien (wie Anm. 31), 126f.

[36] *Kollmer*, Lage (wie Anm. 25), 295; *Ders.*, Die schwäbische Reichsritterschaft zwischen Westfälischem Frieden und Reichsdeputationshauptschluß. Untersuchung zur wirtschaftlichen und sozialen Lage der Reichsritterschaft in den Ritterkantonen Neckar-Schwarzwald und Kocher. Stuttgart 1979, 198–207.

[37] Vgl. Ebd.; weitere Beispiele bei: *Ludwig Zenetti*, Die Sürgen. Geschichte der Freiherren von Syrgenstein. Bearbeitet nach den von dem verstorbenen Herrn Ludwig Freiherrn Zu Rhein gesammelten Quellen und ergänzt. Augsburg o. J., 131ff.; *Edward Freiherr von Hornstein-Grüningen*, Die von Hornstein und von Hertenstein. Erlebnisse aus 700 Jahren. Ein Beitrag zur schwäbischen Volks- und Adelskunde. Konstanz 1911, 538ff, sowie *Bader*, Lage (wie Anm. 25), 359 und 363–370, der neuadlige Familien ohne konsolidiertes Vermögen als besonders anfällig für Verschuldung beschreibt.

[38] Beispiele bei *Hellstern*, Ritterkanton (wie Anm. 11), 186ff; *Kollmer*, Reichsritterschaft (wie Anm. 36), 277–281.

[39] *Kollmer*, Reichsritterschaft (wie Anm. 36), 221–224 mit 383.

[40] Ebd., 224ff. mit 384f. – Bis 1802 hatte der Kanton Kocher an Österreich und Württemberg die Hälfte seines einstigen Besitzes verloren. Vgl. *Schulz*, Mediatisierung (wie Anm. 14), 325.

[41] Vgl. *Hellstern*, Ritterkanton (wie Anm. 11), 150–155; *Kollmer*, Reichsritterschaft (wie Anm. 36), 296ff.

[42] *Volker Press*, Der württembergische Angriff auf die Reichsritterschaft 1749–1754 (1770), in: *Quarthal* (Hg.), Schwarzwald (wie Anm. 25), 329–348.

[43] *Bader*, Lage (wie Anm. 25), 341. Nach einer Erhebung des Kantons Kocher im späten 18. Jahrhundert hatte dieser seit 1521 30 Rittergüter und elf Schlösser an Württemberg verloren, der Kanton Neckar-Schwarzwald 54 Rittergüter und neun Schlösser (*Kollmer*, Reichsritterschaft [wie Anm. 36], 294).

[44] Vgl. insgesamt *Kollmer*, Reichsritterschaft (wie Anm. 36), 294–306. – Mehrfach hatte Württemberg im Bund mit anderen Ständen versucht, den Kaiser zu einer generellen Entscheidung gegen das fortdauernde *ius collectandi* der Kantone zu zwingen, zuletzt 1717 und dann noch einmal 1741/42, als man einen entsprechenden Passus in die kaiserliche Wahlkapitulation hatte einbauen wollen. Vgl. *Press*, Kaiser (wie Anm. 22), 183–186, sowie *Ders.*, Reichsritterschaft III (wie Anm. 1), 806.

[45] Vgl. *Waechter*, Jahre (wie Anm. 7), 247; *Kollmer*, Lage (wie Anm. 25), 285; Press, Ritterschaft (wie Anm. 12), 258f. – Baden war als Arbeitgeber für Reichsritter weniger wichtig. Vgl. als Ausnahmen aber beispielsweise: *Ravan Freiherr Göler von Ravensburg/ Dieter Freiherr Göler von Ravensburg*, Die Göler von Ravensburg. Entstehung und Entwicklung eines Geschlechts der Kraichgauer Ritterschaft. Sinsheim 1979, 33–36. Zu den Herrendiensten schwäbischer Reichsritter insgesamt: *Roth von Schreckenstein*, Geschichte (wie Anm. 8), 466ff.; zu Reichsrittern auf der Karlsschule: *Hermann Freiherr von Massenbach*, Geschichte der reichsunmittelbaren Herren und des kurpfälzischen Lehens von Massenbach 1140–1806. Stuttgart 1891, 339ff.

[46] *Kollmer*, Reichsritterschaft (wie Anm. 36), 74.

[47] *Press*, Ritterschaft (wie Anm. 12), 258; *Werner Kundert*, Reichsritterschaft und Reichskirche vornehmlich in Schwaben 1555–1803, in: *Quarthal* (Hg.), Schwarzwald (wie Anm. 25), 303–327, 320.

[48] Dazu: *Willi A. Boelcke*, Reformen, Konjunkturen, Krisen. Frühe Anfänge der modernen Wirtschaftsgesellschaft, in: Württembergisches Landesmuseum Stuttgart (Hg.), Baden und Württemberg im Zeitalter Napoleons. Ausstellung des Landes Baden-Württemberg Bd. 2. Stuttgart 1987, 175–192.
[49] *Bader*, Lage (wie Anm. 25), 343–352; *Wilhelm Freiherr von Koenig-Warthausen*, Palatinat und Beamtenadel im Schwäbischen Kreis am Ende des alten Reichs, in: ZWLG 18 (1959), 125–142.
[50] *Bader*, Lage (wie Anm. 25), 352.
[51] *Kundert*, Reichsritterschaft (wie Anm. 47), 322.
[52] *Hellstern*, Ritterkanton (wie Anm. 11), 198.
[53] *Schulz*, Mediatisierung (wie Anm. 14), 325; *Ders.*, Kanton (wie Anm. 14), 254.
[54] *Kundert*, Reichsritterschaft (wie Anm. 47), 321; vgl. *Press*, Ritterschaft (wie Anm. 12), 258; *Duchhardt*, Reichsritterschaft (wie Anm. 27), 325 und 328.
[55] *Kollmer*, Reichsritterschaft (wie Anm. 36), 290–294.
[56] *Kundert*, Reichsritterschaft (wie Anm. 47), 323.
[57] *Peter Wende*, Die geistlichen Staaten und ihre Auflösung im Urteil der zeitgenössischen Publizistik. Lübeck/ Hamburg 1966.
[58] Vgl. zur kaiserlichen Politik insgesamt: *Karl Otmar Freiherr von Aretin*, Heiliges Römisches Reich 1776–1806. Reichsverfassung und Staatssouveränität. 2 Bde. Wiesbaden 1967, hier Bd. 1, 161 und 239.
[59] Zit. nach: *Kollmer*, Reichsritterschaft (wie Anm. 36), 298.
[60] Die folgende Darstellung der Ereignisse beruht zumeist auf *Waechter*, Jahre (wie Anm. 7) und *Thomas Schulz*, Die Mediatisierung des Adels, in: *Württembergisches Landesmuseum Stuttgart* (Hg.), Baden und Württemberg (wie Anm. 48), 157–174. Um die Zahl der Anmerkungen nicht unnötig zu erhöhen, gebe ich im Folgenden meist nur bei wörtlichen Zitaten Einzelnachweise aus diesen Studien.
[61] Allein während des halben Jahres zwischen Juni und Dezember 1796 verursachten Kriegsereignisse im Herrschaftsbereich der Freiherren von Bodman Kosten von 66.933 fl. (*Danner*, Studien <wie Anm. 31>, 113). Vgl. *Press*, Reichsritterschaft III (wie Anm. 1), 807.
[62] *Roth von Schreckenstein*, Geschichte (wie Anm. 8), 589; *Berner*, Aufhebung (wie Anm. 15), 206; *Hellstern*, Ritterkanton (wie Anm. 11), Abb. 4 vor 113.
[63] *Kollmer*, Reichsritterschaft (wie Anm. 36), 298.
[64] Vgl. nach wie vor: *Fritz Hartung*, Hardenberg und die preußische Verwaltung in Ansbach-Bayreuth von 1792 bis 1806. Tübingen 1906, 44–51.
[65] *Christof Dipper*, Die Reichsritterschaft in napoleonischer Zeit, in: *Eberhard Weis* (Hg.), Reformen im rheinbündischen Deutschland. München 1984, 53–73, 62.
[66] *Kollmer*, Reichsritterschaft (wie Anm. 36), 245–264; *Berner*, Aufhebung (wie Anm. 15), 223. Vgl. zum Vermögen des Kantons Hegau unten.
[67] *Klaus Freiherr von Andrian-Werburg*, Kronburg, ein reichsritterschaftliches Territorium in Schwaben und seine Inhaber. Kempten 1969, 86.
[68] Vgl. zum bayerischen Anteil an der Mediatisierung noch immer: *Hanns Hubert Hofmann*, Adelige Herrschaft und souveräner Staat. Studien über Staat und Gesellschaft in Franken und Bayern im 18. und 19. Jh. München 1962, 219–253, 220f.
[69] *Massenbach*, Geschichte (wie Anm. 45), 435f.
[70] *Schulz*, Mediatisierung (wie Anm. 60), 159.
[71] Ebd., 160.
[72] *Hornstein-Grüningen*, Hornstein (wie Anm. 37), 426.
[73] *Waechter*, Jahre (wie Anm. 7), 255 und 267.
[74] Vortrag der Minister Colloredo und Cobenzl über das kaiserliche Interesse an der Erhaltung der Reichsritterschaft, Aktenstück 60 in: *Aretin*, Reich (wie Anm. 38). Bd. 2, 318–323, die Zitate 321f. und 319.
[75] *Waechter*, Jahre (wie Anm. 7), 280.
[76] *Waechter*, Jahre (wie Anm. 7), 287.
[77] *Press*, Reichsritterschaft III (wie Anm. 1), 809.
[78] Zit. nach: *Berner*, Aufhebung (wie Anm. 15), 210.
[79] Zit. nach: Ebd., 207, Anm. 17.
[80] Vgl. zum Folgenden: Ebd., 214–218.
[81] *Massenbach*, Geschichte (wie Anm. 45), 348f.
[82] *Berner*, Aufhebung (wie Anm. 15), 225.
[83] Zit. nach: Ebd., 215.
[84] *Waechter*, Jahre (wie Anm. 7), 288.
[85] *Berner*, Aufhebung (wie Anm. 15), 218.
[86] *Andrian-Werburg*, Kronburg (wie Anm. 67), 36.
[87] *Berner*, Aufhebung (wie Anm. 15), 214.
[88] Zur Rolle der Amtleute: *Schulz*, Mediatisierung (wie Anm. 60), 161.
[89] *Wilhelm Hauff*, Das Bild des Kaisers, in: *Ders.*, Sämtliche Werke in sechs Bänden, hg. v. *Adolf Stern*. Bd. 6. Leipzig o. J., 81–154, 105.
[90] *Hornstein-Grüningen*, Hornstein (wie Anm. 37), 427.
[91] *Roth von Schreckenstein*, Geschichte (wie Anm. 8), 500–505, das Zitat 501. »Napoleon verlangte die strikte Beachtung der Artikel 7 und 31 der Rheinbundsakte, die den Mediatisierten verboten, außerhalb des Rheinbundes Dienst und Wohnung zu nehmen« (*Gustav Mangold*, Die ehemalige Reichsritterschaft und die Adelsgesetzgebung in Baden vom Wiener Kongreß bis zur Erteilung der Verfassung (1815–1818), in: ZGO N.F. 46 (1933), 3–108, 13).
[92] *Massenbach*, Geschichte (wie Anm. 45), 347.
[93] Vgl. *Dipper*, Reichsritterschaft (wie Anm. 65), 72. Die von Bayern inkorporierten Frhn. v. Westernach z. B. konnten ihr Gericht bis 1848 fortführen (*Andrian-Werburg*, Kronburg [wie Anm. 67], 36).
[94] Dazu ausführlich: *Mangold*, Reichsritterschaft (wie Anm. 91); vgl. *Schulz*, Mediatisierung (wie Anm. 60), 169f.
[95] *Dipper*, Reichsritterschaft (wie Anm. 65), 68.
[96] Anders als bei den Standesherren rangierte die Teilnahme an einer künftigen Reichsversammlung unter den Forderungen mediatisierter Reichsritter nach 1806 weit hinten. Viel wichtiger war ihnen nach wie vor die persönliche Besitzstandswahrung. (*Mangold*, Reichsritterschaft [wie Anm. 91], 24).
[97] *Massenbach*, Geschichte (wie Anm. 45), 347.
[98] *Göler von Ravensburg/Göler von Ravensburg*, Göler (wie Anm. 45), 37f; *Andrian-Werburg*, Kronburg (wie Anm. 67), 86.
[99] DBE 3 (1996), 619.
[100] Dies lag daran, dass weder in Baden noch in Württemberg eine Agrarreform stattfand (*Dipper*, Reichsritterschaft [wie Anm. 65], 64).
[101] *Göler von Ravensburg/Göler von Ravensburg*, Göler (wie Anm. 45), 36.
[102] *Danner*, Studien (wie Anm. 31), 100f.

Lieber wurden sie badisch ...

Die Mediatisierung der Speth'schen reichsritterschaftlichen Herrschaften Gammertingen und Hettingen

von Herbert Burkarth

Das Gebiet von Gammertingen und Hettingen gehörte im frühen Mittelalter den Grafen v. Gammertingen. Nach deren Aussterben wurden im ersten Viertel des 13. Jh. die Grafen v. Veringen Besitzer und nahmen ihren Sitz auf der Burg Hettingen. Mit der Herrschaft Gammertingen-Hettingen war die Vogtei über das Benediktinerinnenkloster Mariaberg verbunden. Nach mehrfachem Besitzerwechsel gehörte die Herrschaft seit 1468 den Herren v. Bubenhofen.
1524 kaufte der Uracher Obervogt Dietrich Speth v. Zwiefalten die Herrschaft von den Gläubigern des Caspar v. Bubenhofen. Zehn Jahre später, 1534, besetzte Herzog Ulrich von Württemberg die Gebiete seines Feindes Dietrich v. Speth. Herzog Alba vertrieb die Württemberger 1547 wieder aus den Speth'schen Gebieten. Die Enkel des Dietrich v. Speth teilten den Besitz in die Herrschaften Gammertingen-Hettingen und Zwiefaltendorf-Untermarchtal. 1599 entstanden durch Erbteilung zwei selbständige Herrschaften Speth-Gammertingen und Speth-Hettingen. Der jeweilige Inhaber von Gammertingen bekam außerdem die Schutzvogtei über das Kloster Mariaberg. Die Schutzvogtei wurde vom Kloster 1706 durch Zahlung von 13.500 fl. abgelöst. Durch häufige Erbteilungen gerieten die Herrschaftsinhaber immer tiefer in Schulden. Seit 1738 wurde die völlig überschuldete Herrschaft Hettingen Stück für Stück an die Linie Speth-Gammertingen verkauft, bis sie nur noch aus den Orten Hettingen und Hermentingen bestand.
Die Mediatisierung der Herrschaften Gammertingen und Hettingen wurde durch einen Vorgang kompliziert, der fast 500 Jahre zurücklag. Die Grafen v. Veringen hatten 1311 die Burg Siegberg und Güter in Pflummern und anderen Orten an das Kloster Zwiefalten verkauft. Danach stellte sich heraus, dass der Besitz nicht ihnen, sondern dem Kloster Reichenau gehörte. Das Kloster Reichenau ließ den Verkauf gelten, bekam aber als Entschädigung das Eigentum an der Stadt Gammertingen. Die Herren v. Bubenhofen machten Gammertingen lehensfrei und übergaben dafür der Reichenau Hettingen, Hermentingen und den Birkhof. Seit 1535 war der Bischof von Konstanz Abt der Reichenau und damit Lehensherr Hettingens. Durch die Säkularisierung des Hochstiftes Konstanz wurde Hettingen 1803 badisches Lehen.

Württemberger Zwischenspiel

Im November 1805 wurden die reichsritterschaftlichen Gebiete, die an den württembergischen Schwarzwaldkreis grenzten, von Württemberg besetzt. Herzog und Kurfürst Friedrich II. hatte am 19. November 1805 ein Patent unterschrieben, das später in allen besetzten Orten angeschlagen wurde. Am 2. Dezember 1805 gab die Ritterschaftskanzlei in Ehingen ein Rundschreiben heraus, das bekannt gab, dass der Herzog von Württemberg einige Ritterorte in Besitz genommen habe. Die Untertanen wurden aufgefordert, Protest gegen diesen Willkürakt zu erheben, jegliche Steuerleistung an das Haus Württemberg zu verweigern und am Ende nur der äußersten Gewalt, jedoch unter feierlicher Protestation nachzugeben.
In Gammertingen wartete man schon auf eine württembergische Besetzung. Frh. Ludwig Carl Johann Speth zu Gammertingen fragte in einem Schreiben in

Hettingen an, wo sich eine badische Regierung befinde, an die er sich wegen einer etwaigen *Occupation des Birkhofs* wenden könne.
Am 5. Dezember 1805 rückte der württembergische Amtmann Braun von Zwiefalten mit 26 Soldaten in das zur Herrschaft Gammertingen gehörenden Dorf Kettenacker ein. Er ließ sämtliche Einwohner in das dortige Wirtshaus rufen. Der Amtmann gab bekannt, dass Kettenacker jetzt zu Württemberg gehöre und seine Steuern nach Rottweil zu bezahlen habe. Außerdem wurde ein Besitznahme-Patent an einem Pfahl mitten im Dorf angeschlagen.
Der Amtmann begab sich danach mit seinen Soldaten nach Gammertingen, wo sie Quartier nahmen. Am andern Morgen ließ der Amtmann um halb neun Uhr die Ortsvorsteher auf das Rathaus rufen und gab dort bekannt, dass die Steuern von jetzt ab an Württemberg zu entrichten seien. Als die Ortsvorsteher die Anerkennung dieser Forderung ablehnten, ließ der Amtmann seine ganze Mannschaft mit ihren Waffen vor dem Rathaus aufmarschieren. Er selber ging dann in die Gemeindestube und befahl dem Gemeindediener, die gesamte Bürgerschaft in das Rathaus zu rufen. Die Leute kamen aber trotz der Befehle nicht ins Rathaus, sondern blieben in Gruppen auf der Straße stehen und gingen dann wieder nach Hause. Als Amtmann Braun keinen Gehorsam für seine Befehle fand, ließ er durch seine Soldaten die beiden Bürger Anton Göggel und Franz Baldauf ergreifen. Diese mussten einen Pfahl in die Erde graben, woran das württembergische Patent angeschlagen wurde. Der Speth'sche Obervogt von Gammertingen protestierte förmlich gegen die Besitznahme, was aber ohne Folgen blieb.
In den nächsten Tagen nahmen die Württemberger die übrigen zur Herrschaft Speth-Gammertingen gehörenden Gemeinden Neufra, Feldhausen und Harthausen in Besitz.
Die ganze Herrschaft Gammertingen hatte 1805 2.236 Einwohner. In dem jeweils beim Rathaus angeschlagenen Patent hieß es, dass Friedrich II., Herzog und Kurfürst von Württemberg, *alle Ritterschaftlichen Besitzungen, welche in und an Unseren Alten und Neuen Landen liegen und andere Gebiete in Besitz nehmen werde.*
Eine rechtliche Begründung für die Besetzung ist dem Patent nicht zu entnehmen. In einem Schreiben der Reichsritterschaft in Ehingen heißt es jedoch: [...] *Von diesen Vorschriften kennt man bis jetzt keinen andern Grund als den Armeebefehl Sr. Französ. Kaiserl. Majestät vom 19. v. M.* [19. November 1805], *durch welchen die Reichsritterschaft als in den Kriegsstand gegen Frankreich versetzt erkläret, und allen französischen Commandanten aufgetragen wurde, die mit Sr. Französ. Kaiserl. Majestät allierten Herren Kurfürsten in der Okkupazion der reichsritterschaftlichen Besitzungen zu unterstützen.*
Die Bewohner der Speth'schen Orte standen der Besetzung durch Württemberg ablehnend gegenüber. Ihr passiver Widerstand war sicher nicht durch den Aufruf der Reichsritterschaft hervorgerufen, sondern durch eine verbreitete Abneigung gegen Württemberg. Zitiert sei ein Bürger von Engelswies, das damals badisch wurde: *(Nach) meines seligen Vaters Aussage war ihnen die Losreißung von Kaiser und Reich ein Donnerschlag, und an Würtemberg wollten sie gar nicht kommen. Lieber wurden sie badisch.*[1]
Sowohl die Gammertinger als auch die Hettinger Untertanen hatten fast das ganze 17. Jh. hindurch heftige Streitigkeiten mit ihren Speth'schen Herrschaften. Erst zu Anfang des 18. Jhs. konnten alle Streitfragen zwischen Herrschaft und Untertanen endgültig beilegt werden. Beide Seiten waren mit der Kleinräumigkeit und den patriarchalischen Verhältnissen zufrieden. Bauern und Bürger wurden nicht, wie die württembergischen Nachbarn *regiert*, sondern regelten ihre Angelegenheiten völlig unabhängig *nach altem Recht und Herkommen*. Man hatte die württembergische Nachbarschaft immer schon misstrauisch beobachtet und war nun speziell über die willkürlichen Maßnahmen und das diktatorische Verhalten Friedrichs beunruhigt. Besonders gefürchtet war auch der unter württembergischer Herrschaft drohende Militärdienst.
Da die Bewohner der Speth'schen Orte die württembergischen Befehle nicht befolgten, erschien der Amtmann von Zwiefalten am 4. Februar 1806 erneut in Gammertingen. Vor der versammelten Gemeinde machte er als württembergischer Kommissar die Ortsvorsteher und die gesamte Bürgerschaft darauf aufmerksam, welche Folgen die Einwohner bei weiterer Verweigerung der württembergischen Anordnungen zu tragen hätten und dass jeder Unfolgsame mit Arrest bestraft würde. Da die Ortsvorsteher von Gammer-

Speth'sche Residenzstadt Hettingen
Ausschnitt aus einer Handwerkskundschaft mit den Wappen des Fürstentums Hohenzollern-Sigmaringen und der Familie Speth von Zwiefalten zu Hettingen (um 1815).

tingen sich dennoch weigerten, ließ der Kommissar diese von sechs bewaffneten württembergischen Soldaten umringen und drohte ihnen, sie nicht eher zu entlassen, bis sie versprechen würden, den württembergischen Befehlen nachzukommen. Die Bürgerschaft beratschlagte nun, was zu tun sei. Nach langem Für und Wider entschlossen sich die Bürger, angesichts der angedrohten Gewalt den württembergischen Anordnungen Folge zu leisten. Der Amtmann nahm den Beschluss der Bürgerschaft zu Protokoll, die Ortsvorsteher mussten dasselbe unterschreiben.
Da die Herrschaft Hettingen schon badisches Lehen war, ist anzunehmen, dass auch die Gammertinger hofften, letztendlich an Baden zu kommen. Dass sie im gleichen Jahr 1806 dann Teil des Fürstentums Hohenzollern-Sigmaringen würden, konnte niemand ahnen; kämpften doch beide hohenzollerische Fürstentümer noch ums Überleben. Durch den Einfluss der Fürstin Amalie Zephyrine v. Sigmaringen ließ sich jedoch Napoleon dazu bewegen, im Februar 1806 die Existenz der beiden hohenzollerischen Fürstentümer zu garantieren. Trotzdem besetzten württembergische Truppen am 6. März 1806 die Residenzstadt Sigmaringen. Sie wurden aber umgehend von französischem Militär wieder vertrieben, das nun im Fürstentum Sigmaringen stationiert wurde.

Schloss Gammertingen vor der Restaurierung 1902/03

Am 17. Februar 1806 zeigte der Oberamtmann von Zwiefalten der württembergischen Regierung an, dass er den Posthalter Schmid in Gammertingen gegen Württemberg verpflichtet habe. Das Thurn und Taxis'sche Wappen war am Posthaus abgenommen und durch das württembergische ersetzt worden. Der Fürst von Thurn und Taxis erhob Einspruch gegen die Übernahme, was aber keine Folgen hatte. Die württembergische Oberpostdirektion in Stuttgart wies den Posthalter in Gammertingen an, alle von der Reichs-Ober-Postamtsdirektion in Augsburg zugehenden Instruktionen zurückzuschicken. Gammertingen sei nicht mehr als reichsunmittelbares Gebiet anzusehen, sondern stehe unter der Souveränität von Württemberg, und der Posthalter könne nur von württembergischen Behörden Befehle erhalten. In einem weiteren Schreiben wurde mitgeteilt, der König habe diese Maßregel ausdrücklich gebilligt.

Über den »Alltag« in der Zeit der zehn Monate dauernden württembergischen Besetzung ist nicht viel bekannt. Bezeichnend für die Herrschaftsübernahme ist, dass der württembergische Amtmann die Besitznahme direkt den Gemeinden und ihren Vorstehern bekannt gab und die Familie Speth und deren Verwaltung zunächst praktisch ignoriert wurden.
Mit der Rheinbundakte vom 12. Juli 1806 wurde das Ende der reichsritterschaftlichen Herrschaften auch juristisch bestätigt. Den Kanzleien in den mediatisierten Territorien wurde die Übernahme durch Württemberg offiziell eröffnet. Die Beamten sollten in den Dienst des neuen Herren übernommen oder pensioniert werden. Sie mussten, wie die Geistlichen und alle, die irgendein Amt ausübten, den Huldigungseid leisten. Über die Auswirkung der württembergischen Besetzung auf Frh. Ludwig Carl Johann Speth v. Zwiefalten zu Gammertingen sind nur wenige Unter-

Schloss Gammertingen
Das einstige Schloss der Frhn. von Speth in Gammertingen, 1775–1777 nach Plänen von Michel d'Ixnard an der Stelle der mittelalterlichen Stadtburg erbaut, gelangte 1827 an Hohenzollern-Sigmaringen, 1862 an die Stadt, der der im Laufe der Zeit teilweise abgebrochene Bau als Rathaus und Schule dient.

lagen vorhanden. Da er im Jahre 1806 volljährig geworden war, beantragte er die Belehnung mit den württembergischen Lehen, hauptsächlich den Wäldern Lichtenstein auf Markung Neufra, die ihm daraufhin zuerkannt wurden. Sicher ist, dass Württemberg das Speth'sche Privateigentum nicht antastete. Dem Ritter verblieben die Zehntrechte, Hauptfallrechte, Frondienste, alle eigenen Gebäude, Grundstücke und Wälder.
Andererseits war mit der Mediatisierung und dem Verlust der Reichsunmittelbarkeit ein erheblicher Verlust an Ansehen, aber auch an Einnahmen verbunden, denn alle Einnahmen, die nicht privatrechtlich begründet waren, fielen an Württemberg. Ohne Entschädigung gingen die gesamten Hoheitsrechte (die hohe Gerichtsbarkeit, Forstrechte, Postrechte, Zollrechte, Konzessionsrechte und einige Steuerrechte) an die neue Obrigkeit über.
Schon seit Beginn des 18. Jhs. waren die Speth in fremde Dienste getreten, um zu einem regelmäßigen Einkommen zu gelangen. So standen die Hettinger Speth in Diensten des Bischofs von Konstanz. Friedrich Adalbert (1758–1836), der letzte Herr zu Hettingen, war Hofmarschall des Fürstbischofs von Würzburg, der Heimat seiner Mutter.
Ludwig Carl Johann, letzter Speth zu Gammertingen, wurde Großherzoglich toskanischer Kammerherr in Würzburg (1805 bis 1814 gehörte das bisherige Fürstbistum Ferdinand III. von Toskana).
Die Stadt Gammertingen verlor das Zollrecht und das Eichrecht. Der Zöllner auf der Lauchertbrücke musste seine Tätigkeit einstellen und die kleinen Zollfor-

mulare auf dem Bürgermeisteramt abliefern. Die zahlreichen Eichgeräte und Eichmaße standen bis zum Ende des zweiten Weltkrieges auf der Rathausbühne und sind seither verschwunden.

Hin und Her der Grenzpfähle

Wie in Gammertingen hatte man Anfang Dezember 1805 auch in Hettingen mit einer baldigen Besetzung durch Württemberg gerechnet. In den Hettinger Akten findet sich ebenfalls das Patent der Reichsritterschaft vom 2. Dezember 1805 gegen die unrechtmäßigen Besetzungen der reichsritterschaftlichen Gebiete. Auch von Baden kam ein vom 3. Dezember datiertes Patent, das anordnete, bei Androhung schwerer Strafen *aller fremden Eindringung* entgegenzutreten. In einem Schreiben an den *Curbadischen Lehenshof in Mörsburg* berichtete der Hettinger Obervogt Bannmüller über die Besetzung der Herrschaft Gammertingen. Er schrieb weiter [2]: *Gestern aber als den 7ten des nachmittag 4 Uhr traf uns das nemliche Schiksal, die Comission rükt dahero nur aber mit 7 Grenadiers daher, ein ho. Comissair zeigte mir nach ihrer Ankunft sogleich seine Vollmacht mit dem beigefügten Auftrag. Als ich aber denselben fragte, ob er zu diesem Unternehmen auch eine Vollmacht von Kurbaden, unserem allergnädigsten Lehens-Herrn, vorzeigen könne, gegenwärtig hätte er nur die Aufträge von seinen Kurhof antwortete ho. Commissair. Darauf sagte ich, ich könne und werde also gar nicht gegen meinen gnädigsten Lehen-Herrn vornehmen lassen, im Gegentheil seye ich nach der würklich bey-handen habenden lehenherrlichen gnädigsten Resolution beauftraget nicht nur allein gegen alle derley widerrechtlichen Zumuthungen auf das feuerlichste zu protestieren, sondern auch im Fall wieder neuerliche Gränz-Stöke aufgestellt werden sollte, solche gleichbalden niederhauen zu lassen befehligt worden. Dieses wäre also meine neueste Erfüllungspflicht, ich hoffe also, ho. Commissair werde es nicht daraufankommen lassen, sondern von all weiteren Eingrifen gen die Lehensherrliche Rechte güthig abstehen. Nach längerem Deputieren hat er sich endlich in so weit dahin verstanden, daß er seinen unterthänigsten Bericht nach Stuttgart erstellen, um in solang von seinen aufhebenden Auftragen absehen wolle, bis derselbe die ferner weitere Befehle erhalten werde – auf diese Arth wurde* [zur Zeit] *nichts unternehmen, und wir kommen gut und freundschaftlich auseinander, ho. Commissair hat auch alles im Wirthshaus für seine Mannschaft bezahlet. Die 2 Gränzstöke entgegen wurden einsweilen dahero zu verwahr zurückgelassen* [...]. *Die letzte lehensherrliche Resolution hat also zur Zeit eine gelinde und gute Wirkung gemacht* [dies bezieht sich auf das Patent vom 3. Dezember 1805] [...]. *P. S. auf dem zu Curbaden Lehensherrn Birkhof wurde trotz der von Seithe Gamertingen eingelegene Protestation ein Gränzstok allda aufgestellet.*

Amtmann Braun von Zwiefalten, der auch in Hettingen als württembergischer Kommissar auftrat, ging in Hettingen völlig anders vor als in Gammertingen. Während er sich dort mit der Androhung von Gewalt Anerkennung verschaffte, zeigte er hier gegenüber dem Obervogt Verhandlungsbereitschaft und wandte sich nach Stuttgart für Instruktionen.

Am 20. Dezember traf jedoch in Hettingen ein Schreiben von Amtmann Braun ein, in dem er mitteilte, dass er Befehl habe, die Besitznahme zu vollziehen. Er wolle sie aber durch diese Mitteilung als geschehen ansehen. Fast gleichzeitig kam aus dem badischen Pfullendorf ein Schreiben, mit der Anordnung, nichts von dem zu tun, was etwa von Zwiefalten aus zugemutet werde.

Von Baden kam der Vorschlag, Hettingen *von beiden Seiten in Besetz zu lassen* und zu warten, bis die beiden Höfe die Sache entschieden hätten. Erstaunlicherweise ging Württemberg auf diesen Vorschlag ein. In einem Schreiben von Pfullendorf wurde ein (badischer) *Feldwaibel* in Hettingen aufgefordert, so lange in Hettingen zu bleiben, bis er einen Befehl aus Meersburg erhalte. Ende des Jahres 1805 kam allerdings ein seltsames Schreiben aus Pfullendorf: Man habe aus Meersburg weitere Anweisungen erbeten und von dort den Befehl erhalten, *den Besitz von der Herrschaft Hettingen ruhig Württemberg zu überlassen.* Wahrscheinlich lag hier ein amtliches Versehen vor, denn Baden hielt offiziell weiter an seinem Anspruch auf Hettingen fest.

Am 27. Januar 1806 waren an den Grenzen von Hettingen württembergische Grenzpfähle aufgestellt worden. Als Obervogt Bannmüller in Meersburg anfragte, wie

er sich dazu verhalten solle, wurde ihm mitgeteilt, er solle diese niederhauen lassen. Tatsächlich verschwand ein Grenzpfahl, und der Obervogt bekam von Oberamtmann Blumenstetter aus Zwiefalten ein Wappen zugeschickt mit der Aufforderung, einen neuen Stock zu errichten und das Wappen dort anzubringen. Blumenstetter war übrigens in Hettingen kein Unbekannter. Er war 12 Jahre Speth'scher Obervogt in Hettingen gewesen, bevor er 1792 Oberamtmann des Klosters Zwiefalten wurde. Blumenstetter wurde von der württembergischen Verwaltung als Oberamtmann übernommen. 1804 trat er zurück. Oberamtmann Braun wurde 1805 sein Nachfolger.[3] Möglicherweise hat Blumenstetter im Februar 1806 seinen Nachfolger Braun vertreten.

Württemberg betrachtete inzwischen Hettingen schon als Bestandteil seines Staatsgebietes. Im Januar 1806 musste das Obervogteiamt Hettingen dem Oberamt Zwiefalten eine Anzahl Fuhrwerke stellen, um Fuhren in Württemberg auszuführen. Es ist anzunehmen, dass auch die Herrschaft Gammertingen ähnliche Auflagen bekam. Baden versuchte weiterhin den Eindruck zu erwecken, dass es Hettingen als Eigentum betrachtete.

Aber Württemberg kümmerte sich nicht darum und betrieb auch die verwaltungsmäßige Eingliederung der Speth'schen Herrschaften in Neu-Württemberg. Württembergische Gesetze und Verwaltungsstrukturen wurden in Kraft gesetzt.

Unter französischen Fittichen

Am 11. September 1806 endete die württembergische Besetzung unerwartet und so schnell, wie sie gekommen war. Der französische Kommissar von Sigmaringen schickte einen Befehl an den mit einer Mannschaft in Gammertingen stationierten württembergischen Offizier, dass sämtliche württembergischen Truppen die Speth'schen Herrschaften verlassen müssten. Sang- und klanglos zogen die Württemberger ab.

Am andern Tag, dem 12. September 1806, mittags halb ein Uhr, erschienen der französische *Comißair général de Chevalier* in Begleitung des Sigmaringer Hofrates Geßler in Gammertingen. Er übergab mit einer französischen Urkunde die Souveränitätsrechte der Speth'schen Herrschaften Gammertingen und Hettingen an das Haus Hohenzollern-Sigmaringen. Hofrat Geßler verlas nun folgendes Besitznahme-Patent:

Wir Anton Aloys von Gottes Gnaden Fürst zu Hohenzollern Sigmaringen, Burggraf zu Nürnberg, Graf zu Sigmaringen und Vöhringen etc. etc. des Königlich Preußischen schwarzen und rothen Adler, und des Königlich Baierischen St. Huberti Ordens Ritter etc. etc. etc. fügen hiemit zu wissen: Da zufolge des unter dem 12. Juli 1806 zu Paris abgeschlossenen Staatsvertrages, unter anderen Unserer Landeshoheit unterworfenen Herrschaften, Aemtern und Bezirken, auch über die Herrschaft Gammertingen und Zugehörden alle Landeshoheitsrechte, mit den nach der Konstitutionsakte, damit verknüpften Befugnißen, und Ausflüßen Uns, Unserem fürstlichen Hause, und Unseren Nachkommen erblich, und dergestalt zufallen, daß Wir und Unsere Nachkommen alle in dem gemeldeten Staatsvertrage begründete Landesherrliche Gewalt ausüben sollen; so haben Wir unter gehöriger Einweisung eines hiezu verordneten Kaiserlich Französischen Herrn Generalkommißär davon förmlichen Besitz nehmen zu lassen beschlossen. Wir thun solches hiemit, und verlangen Kraft dieses Patents von sämtlichen Ober- und Unterbeamten, Ortsvorstehern, so wie endlich von allen Unterthanen und Einwohnern, weß Standes, Würde und Wesens sie seyn mögen, daß sie sich Unserer Landeshoheit unterwerfen, von nun an Uns als ihren Landesherrn ansehen, und erkennen, Uns vollkommen Gehorsam und Treue beweisen, und sobald Wir es fordern werden, die feierliche Erbhuldigung leisten. Dagegen ertheilen Wir die Versicherung, daß Wir ihnen mit Huld und Wohlwollen stets zugethan seyn, und zu Beförderung des gemeinen Besten alle mögliche Fürsorge wiedmen werden.

Gegeben in Unserer Residenz zu Sigmaringen, den 2. September 1806 *Anton Alois*

Zum Zeichen der Huldigung gaben die Speth'schen Obervögte Groß von Gammertingen und Bannmüller von Hettingen das Handgelübde. Darauf wurden sämtliche württembergischen Wappen mit Beihilfe französischer Soldaten, die in Gammertingen einquartiert waren, entfernt und dafür neue schwarz-weiße Grenzpfähle mit blechernen Tafeln aufgestellt. Dort, wo diese Grenzpfähle an der württembergischen Grenze standen, trugen die Tafeln auf der württembergischen Seite die Inschrift *Confédération du Rhin*,

auf der anderen Seite das hohenzollerische Wappen. Sämtliche württembergischen Wappen wurden in die Speth'sche Kanzlei gebracht und dort aufbewahrt.
Am 13. September wurde von einem französischen Soldaten im Beisein des Obervogts und des Oberschultheißen die württembergischen Hoheitssäule vom Gammertinger Rathaus an die Grenze Gammertingen-Bronnen gesetzt, da Bronnen mit Mariaberg an den württembergischen Staat gefallen war. Seit 1850 standen an dieser Stelle die Grenztafeln *Königreich Württemberg* und *Königreich Preußen*.
Nachdem die Herrschaft Gammertingen an Hohenzollern-Sigmaringen gefallen war, berichtete der Gammertinger Posthalter Schmid an die General-Post-Direktion in Stuttgart, dass der Fürst v. Hohenzollern-Sigmaringen von der Posthalterei Besitz genommen habe. Er habe dagegen vergeblich protestiert und bitte um Verhaltensmaßregeln. Württemberg hatte sich aber schon in die neue Lage gefügt. Das württembergische Postwappen an der »Sonne« wurde abgenommen und in der Speth'schen Kanzlei aufbewahrt. Durch die politischen Verhältnisse war der Postverkehr völlig zum Erliegen gekommen. Es gingen nur dreimal wöchentlich Amtsboten nach Sigmaringen. Erst 1819 schloss das Fürstentum einen Postvertrag mit Württemberg.
Französische und württembergische Besetzung waren nicht die einzige Plage für Herrschaft und Untertanen. In der Zeit 1805 bis 1807 hatte die Herrschaft Gammertingen wieder umfangreiche Natural- und Geldleistungen an österreichische, bayerische, württembergische und französische Truppen zu leisten. Die einzelnen Gemeinden mussten außerdem Handfronarbeiter zur Zerstörung der Festungswerke in Ulm stellen. Am 5. Dezember 1805 rückten 678 Mann württembergische Truppen in Gammertingen ein und mussten bis zum 1. Januar 1806 verpflegt werden. Noch viele Tausende Soldaten durchzogen Gammertingen und blieben teilweise einige Zeit dort im Quartier. In der Zeit vom Dezember 1804 bis 28. Oktober 1806 erreichten die Quartierlasten in der gesamten Gammertinger Herrschaft die Summe von 22.132 fl.[4]
Die Obervogteiämter Gammertingen und Hettingen wurden in Patrimonialämter umgewandelt. Sie waren weiterhin Kanzlei für die Freiherrlich Speth'schen Einkünfte und Besitzungen, dienten aber gleichzeitig der fürstlichen Regierung in Sigmaringen als Oberamt. Die offizielle Bezeichnung war *Hochfürstlich Sigmaringisches, Freyherrlich Speth'sches Obervogteiamt Gammertingen bzw. Hettingen.* Als 1812 der Speth'sche Obervogt Georg Groß in Gammertingen verstarb, ernannte die Sigmaringer Regierung den Amtssekretär in Ostrach, Jakob Hermanuz, zum Nachfolger. 1827 wurde Hermanuz zum Fürstlichen Oberamtmann ernannt.
Innerhalb der Herrschaft Gammertingen war etwa ein Drittel der Höfe und Grundstücke dem Kloster Mariaberg zinspflichtig gewesen. Diese Einnahmen kamen nun direkt dem Fürsten v. Sigmaringen zugute. Das Lagerbuch des Klosters von 1727 wurde in der Speth'schen Kanzlei in Gammertingen verwahrt.
Die Speth'schen Herrschaften Gammertingen und Hettingen waren die einzigen reichsritterschaftlichen Gebiete, die sich Hohenzollern-Sigmaringen einverleiben konnte, weil diese in der Rheinbundakte namentlich genannt waren. Wilflingen, Buchheim und Wachendorf waren ebenfalls dem Fürstentum zugesprochen, wurden aber von Württemberg nicht mehr herausgegeben.
Die Bevölkerung der Speth'schen Herrschaften war mit dem erneuten »Machtwechsel« wohl nicht unzufrieden. Nachträglich betrachtet war er sogar ein Glücksfall. Das hohenzollerische Militär wurde dem badischen bzw. nassauischen Kontingent zugeteilt und musste nicht, wie das württembergische, an Napoleons Russland-Feldzug teilnehmen. Die Soldaten aus Hohenzollern kämpften in Spanien und kamen erst spät auf abenteuerlichen Wegen wieder in die Heimat. Ein Teil, der per Schiff nach Sizilien gebracht wurde, musste einen Fußmarsch durch ganz Italien machen; ein anderer Teil wurde über England nach Holland transportiert, wobei 14 Soldaten ertrunken sein sollen. Insgesamt waren aber ihre Verluste relativ gering. Dagegen gab es in Württemberg viele Gemeinden, von denen kein einziger Soldat den Russland-Feldzug überlebte.
Um die nördlichen Teile des Fürstentums mit der Residenzstadt zu verbinden, war eine der ersten Maßnahmen der neuen Regierung der Bau einer Straße von Sigmaringen nach Trochtelfingen. Am 24. Februar 1807 bewilligte Fürst Anton Alois der Stadt Gammertingen auf ihr Ansuchen zwei weitere Jahrmärkte. Bisher war die Verleihung von Jahrmärkten ein kaiserliches Privileg gewesen.

Fürst Anton Aloys herrschte im Sinne des aufgeklärten Absolutismus. Es führte viel Fortschrittliches ein, so einheitliche Maße und Gewichte, die allgemeine Schulpflicht und den Bau von Schulhäusern. Er trug Sorge für die Lehrerbildung und gründete eine Gebäudebrandversicherung im Fürstentum. Es gab auch Anfänge des Medizinalwesens mit Hebammenausbildung, (zunächst) freiwilliger Pockenimpfung, Verbot von Beerdigungen vor dem Ablauf von 2 mal 24 Stunden und Versorgung der Gemeinden mit sauberem Brunnenwasser sowie Ansätze zur Förderung der Landwirtschaft und des Gewerbes. Wichtig war auch der Aufbau einer Polizeitruppe, denn Bettler und Räuber waren in dieser Zeit zu einer Landplage geworden. Eigentlich hätte jeder Staat des Deutschen Bundes eine Verfassung bekommen sollen. Dies hielt man im Fürstentum jedoch für überflüssig. Ein neues Stadtrecht wurde 1810 erlassen und trat an die Stelle der alten Stadtrechte der fünf Kleinstädte in Hohenzollern-Sigmaringen. Die Stadtverwaltungen wurden vereinheitlicht, die städtische Gerichtsbarkeit auf einfache Streitigkeiten reduziert und der Strafrahmen der Städte auf zwei Reichstaler begrenzt.

Die Gerichtsbarkeit ging ganz an das Fürstenhaus über. Die niedere Gerichtsbarkeit wurde von den Oberamtmännern (bzw. Obervögten) ausgeübt, alles andere vom Hofgericht in Sigmaringen. Verwaltung und Rechtsprechung waren nicht getrennt. Alle Zehnten und alten Abgaben und Dienste blieben unverändert. Auch die Leibeigenschaft blieb erhalten. Sie war auf den Fürsten übergegangen, konnte allerdings von den Gemeinden jederzeit abgelöst werden.

Am 18. Januar 1814 verstarb der bisherige Speth'sche Obervogt von Hettingen, Ignaz Bannmüller. Seine Stelle wurde nicht mehr besetzt. Die Verwaltungsaufgaben wurden vom Obervogteiamt Gammertingen übernommen. Die Speth'sche Herrschaft Hettingen hatte ohnehin nur etwa 600 Einwohner.

Schon bei der Mediatisierung war die Familie Speth-Hettingen ohne männliche Nachkommen. Franz Ludwig Adalbert v. Speth zu Hettingen, fürstbischöflicher Oberstallmeister in Meersburg, war schon 1794 verstorben. Der älteste Sohn Franz Konrad war Domherr in Konstanz und Würzburg. Der Sohn Friedrich Adalbert, der die Herrschaft Hettingen übernommen hatte, war unverheiratet und lebte schon dauernd in Würzburg. Er war nacheinander Fürstbischöflich-Würzburgischerer, Großherzoglich-Toskanischer und Bayerischer Hofmarschall. Allem Anschein nach wurde das Schlosses Hettingen als Wohnsitz aufgegeben. 1811 fand eine öffentliche Versteigerung von Inventar statt.[5] Angeboten wurden: *Große Spiegel mit Wandleuchtern, Commoden und andere Kästen von Nußbaum, doppelte Schreibpulte, Frisier-und Nachttische, eine Hanguhr mit Gehäuse, eine Reise-Chatoulle, weiße große Vorhänge mit Schnüren und Quasten, eiserne Bettstadten mit Vorhängen aus rotem Taft, mehrer Lehn- und andere Sessel mit Polstern und Überzügen, Bett- und Tischwäsche, Zinn, Kupfer, Messing, ein kupferner Waschkessel, vergoldete Konsol- und Spieltische, grün und rot seidene Kouvertdecken, Caffeeschalen von Porzellan, weiße Teller von Fajence. Ein paar schöne Flinten nebst 2 Paar guten Pistolen. Küchen- und Eisengeräte, Federbräter mit zugehörigem Bratspieß, große und kleine Gesundheits-Trinkgläser (?), andere Gläser, verschiedene Malereien mit und ohne Rahmen, Reitsättel mit Zäumen, Wurst- und andere Schlitten.*

Im Gegensatz zu den bescheideneren Verhältnissen in Hettingen war Gammertingen ein repräsentativer Landadelssitz. Das Gammertinger Schloss war von dem französischen Architekten d'Ixnard um 1775 gebaut und 1777 bezogen worden. Herr zu Gammertingen war zur Zeit der Mediatisierung Frh. Ludwig Carl Johann Speth v. Zwiefalten (1780–1858). Er war mit Crescentia, Gräfin v. Sickingen-Hohenberg aus Freiburg, verheiratet. Zwischen 1808 und 1823 wurden ihnen fünf Kinder geboren – alles Töchter. Es war damit klar, dass nicht nur die Hettinger, sondern auch die Gammertinger Linie der Speth v. Zwiefalten im Mannesstamm aussterben würde. Als toskanischer Kammerherr hielt sich Baron Ludwig Carl v. Speth sicher immer wieder längere Zeit in Würzburg auf. Dort gehörte der Familie Speth das *Haus zum Rebstock*. Das Gebäude wurde beim Luftangriff auf Würzburg zerstört, ist aber in der alten Form wieder aufgebaut worden. Über dem Hauseingang des heutigen *Hotels Rebstock* ist sogar das Speth'sche Wappen wieder angebracht worden.

Ludwig Carl und Friedrich Adalbert sahen in einem Dasein als adelige Grundbesitzer auf der Schwäbischen Alb offensichtlich keine Zukunft mehr und

planten einen Verkauf. Die beiden Barone baten ihren Landesfürsten und Lehensherren, Fürst Anton Alois, um Genehmigung zur Veräußerung der Grundherrschaften Gammertingen und Hettingen und boten ihm diese gleichzeitig zum Kauf an. Als Grund dafür gaben sie an, dass beide Speth'sche Familien keinen männlichen Nachfolger hätten. Beide Familien waren aber auch so hoch verschuldet, so dass wenig Aussicht bestand, die Schulden jemals los zu werden.
Nach eingehenden Verhandlungen wurden umfangreiche Kaufverträge abgeschlossen. Der Kauf umfasste alle Rechte, Dienstbarkeiten und Abgaben, alle Wälder und Grundstücke, sämtliche Gebäude samt den Schlössern in Gammertingen, Hettingen und Neufra. Alle Akten, Verträge usw., außer den familiären Dokumenten, bekam der Käufer. Auch zwei Domänen, der Lusthof bei Kettenacker und der Birkhof bei Neufra, gingen in fürstlichen Besitz über (und sind es heute noch). Die Übernahme von Beamten und Bediensteten sowie laufender Pensionen wurde ebenfalls geregelt. Der Kaufpreis für die Herrschaft Gammertingen betrug 510.500 fl. und für die Herrschaft Hettingen 111.516 fl. Am 13. Juni 1827 gab das Hochfürstlich Hohenzollerische Hofgericht in Sigmaringen die Verkäufe bekannt.
Baron Ludwig Carl stiftete am 15. Juni 1827 den Speth'schen Krankenfond, der bis zur Inflation nach dem ersten Weltkrieg segensreich wirkte. Für arme Bewohner der ehemaligen Speth'schen Herrschaft wurden Arzt- und Apothekenrechnungen bezahlt und Unterstützungen gewährt. Frau Baronin Crescentia und ihre Töchter stifteten in Gammertingen eine Näh- und Strickschule für arme Mädchen.
Alle Angehörigen der Familien Speth wohnten nach 1827 in Würzburg. Zwei Töchter heirateten in die mainfränkische Adelsfamilie der Freiherren Zobel v. Giebelstadt. Als letzte »Gammertingerin« verstarb Freifrau Josefine Zobel v. Giebelstadt (geb. 1808) im Jahr 1900 auf Schloß Messelhausen.
Die Hofkammer richtete im Gammertinger Schloss ein Rentamt ein, das den neu erworbenen Besitz verwaltete. Sämtliche Speth'schen Gebäude wurden verkauft, 1862 auch das Schloss an die Stadt Gammertingen. Es wurde als Rat- und Schulhaus hergerichtet.
Das Schloss Hettingen war ca. 100 Jahre fürstliche Försterwohnung, danach lange Zeit an Privatpersonen vermietet. Es gehört seit 1978 der Stadt Hettingen, die darin ihr Rathaus eingerichtet hat.

[1] *Edwin Ernst Weber* (Hg.), Zwischen Wallfahrt, Armut und Liberalismus. Die Dorfgeschichte von Engelswies in dörflichen Selbstzeugnissen. Heimatkundliche Schriftenreihe des Landkreises Sigmaringen. Bd. 3. Sigmaringen 1994, 126.
[2] Zitiert nach *Joseph Wiest*, Geschichte der Stadt Gammertingen unter der Speth'schen Herrschaft 1524–1827. Gammertingen 1928, 223.
[3] Zitiert nach *Wilfried Liener*, Übergang der Reichsritterlichen Herrschaft Hettingen an Hohenzollern-Sigmaringen, in: ZHG 104 N.F. 17 (1981), 146f.
[4] *Irmtraud Betz-Wischnath*, Das Oberamt Zwiefalten (1803–1810), hg. von *Hermann J. Pretsch*, in: 900 Jahre Benediktinerabtei Zwiefalten (1803–1810). Ulm 1989, 479f.
[5] Wochenblatt für das Fürstentum Sigmaringen vom 17.06.1811.
Quellen: SAS Depositum FAS DS 5.

Unsere unglückliche Unterwerfung unter die württembergische Despotie betreffend

Die Mediatisierung der hohenlohischen Fürstentümer

von Gerhard Taddey

Vor der Katastrophe

Die politischen Umwälzungen zu Beginn des 19. Jhs. beendeten die Souveränität zahlreicher Reichsstände, darunter die der zu den bedeutenderen zählenden. Fürstentümer Hohenlohe.[1] Der Reichsdeputations-Hauptschluss (RDH) entschädigte weltliche Fürsten für Gebietsabtretungen an Frankreich durch die Auflösung weltlicher Hoheitsgebiete in geistlicher Hand, durch Säkularisation.
Staatsrechtlich gravierender war die Bildung des von Frankreich abhängigen Rheinbunds und als Folge die Auflösung des Alten Reiches. Zahlreiche bis dahin reichsunmittelbare weltliche Herrschaften wurden den Rheinbundstaaten zugeschlagen. Für diesen von den Betroffenen als brutal empfundenen Akt hat sich der Begriff Mediatisierung eingebürgert, obwohl es keine oberste Instanz wie den Kaiser mehr gab. Die Eingliederung der Territorien der Reichsstädte, Fürsten, Grafen und der Reichsritterschaft führte nicht zu einer »Mittelbarkeit«, sondern zur Unterwerfung unter die neuen Souveräne. Nur unter dem Aspekt, dass dieser Rechtsakt von den Betroffenen als illegitime Usurpation verstanden, eine Restitution des Alten Reiches als wünschenswert und möglich betrachtet wurde, findet der Begriff der Mediatisierung eine Rechtfertigung.[2]

Hohenlohe am Ende des Alten Reiches

Die von der Familie der 1450 in den Reichsgrafenstand, 1744 bzw. 1764 in den Reichsfürstenstand erhobenen Edlen v. Hohenlohe am Ende des 18. Jhs. beherrschten Gebiete waren durch zahlreiche Erbteilungen seit der Reformationsepoche zersplittert, zumal Primogeniturerbfolgeregelungen erst zu Beginn dieses Jhs. eingeführt worden waren.
Die beiden nach den Burgen Waldenburg und Neuenstein benannten Hauptlinien, die aus einer Landesteilung 1553/55 hervorgegangen waren, teilten sich vielfach. Um 1800 existierten von der protestantischen Neuensteiner Hauptlinie die Zweige Oehringen[3], Langenburg, Kirchberg und Ingelfingen. Die nach dem Westfälischen Frieden zum Katholizismus zurückgekehrte Waldenburger Hauptlinie teilte sich in die Zweige Schillingsfürst – seit 1807 mit einer jüngeren Teillinie Waldenburg – und Bartenstein, die 1802 aus den ihr als Ersatz für an Frankreich verlorengegangene Herrschaften im Elsaß zugesprochenen säkularisierten Gebieten eine Sekundogenitur Jagstberg mit Sitz im Schloss Haltenbergstetten oberhalb von Niederstetten gebildet hatte.

Die Entstehung der Sekundogenitur Jagstberg

Wie kam es dazu? Von allen Häusern Hohenlohe besaß nur Hohenlohe-Bartenstein linksrheinische Besitzungen, und zwar die reichsunmittelbare Herrschaft Oberbronn im Elsaß. Sie war 1727 durch die Heirat des Grafen Karl Philipp v. Hohenlohe-Bartenstein mit Sophie Friederike, Tochter des Landgrafen Ludwig Georg v. Hessen-Homburg, hohenlohischer Besitz geworden.[4] Aufgrund des Testaments der nunmehrigen Fürstin zu Hohenlohe-Bartenstein wurde die Herrschaft zur Ausstattung ihres zweitgeborenen Sohnes bestimmt. Diese Verfügung konnte sie treffen, weil Oberbronn nicht zu den Stammgütern der Herrschaft Hohenlohe gehörte,

über die als Folge eines grundlegenden Hausvertrags von 1511 durch die jeweiligen Besitzer nicht uneingeschränkt verfügt werden konnte. Ziel der Fürstin war also die Errichtung einer Sekundogenitur mit eigener Erbfolge. Da aber die drei jüngeren Söhne Sophie Friederikes Geistliche wurden, kam erst ihr Enkel Karl, Sohn ihres Ältesten Ludwig Leopold, 1788 in den Besitz der Herrschaft. Nur kurz konnte er dort seine landesherrlichen Rechte ausüben. Unmittelbar nach Ausbruch der Revolution in Frankreich wurde die Herrschaft durch Frankreich besetzt und annektiert.
Im Zuge der Verhandlungen über die Entschädigungen für linksrheinische Verluste innerhalb des Reichs stellte sich zunächst die Frage, ob Oberbronn nicht reichsunmittelbarer Privatbesitz sei. Dann hätte die Herrschaft nämlich von Frankreich zurückgegeben werden müssen. Nun war der bartensteinische Prinz Karl kein Reichsfürst, denn nach dem geltenden Haus-

Von Gottes Gnaden Wir Ludwig Friederich Carl, Fürst zu Hohenlohe, Graf von Gleichen, Herr zu Langenburg und Cranichfeld ꝛc. ꝛc. Des Fürstlichen Hauses Hohenlohe Senior und dessen Lehens-Herrlichkeiten Administrator, des Reichs-Gräfl. Fränkischen Collegii Director, des Königl. Pohlnischen weissen Adler-Ordens Ritter ꝛc. ꝛc.

Thun hiermit kund und zu wissen:

Nachdem Reichskundigermaßen mehrere höchst und hohe Reichs Mit-Stände die an und in Ihren Ländern gelegene Reichs-Ritterschaftlichen Besizungen unter Ihre Landes-Hoheit gezogen haben: als finden Wir Uns durch diese vorangegangene Beyspiele zur Wahrung Unserer eigenen Gerechtsame bewogen und verpflichtet, auch die Unsern Voreltern zugestandene Befugnisse in Unserm und Unserer Fürstlichen Herrn Agnaten Nahmen zu sichern, und alle in dem Umfang des Fürstl. Hohenlohischen Gebiets angesessene Vasallen und bisherige Mitglieder der Reichs-Ritterschaft samt ihren Unterthanen und Hintersassen als Unserer und Unserer Herrn Agnaten Landes-Hoheit wieder unterworfen anzusehen, und zu erklären, durch Affigirung gegenwärtigen offenen Patents in den bestimmten und gehörigen Orten davon feyerlichen Besiz zu nehmen, und sothane Landeshoheit mit allen und jeden Rechten und Ausflüssen sowohl als mit allen Verbindlichkeiten von nun an und so lang provisorisch zu übernehmen und auszuüben, bis durch eine allgemeine Sanction oder gütlichen Uebereinkunft oder in andere Weege das weitere bestimmt und entschieden seyn wird.

Wornach sich also Unsere in dem Fürstenthum Hohenlohe angesessene Vasallen und Guts-Besizer und alle ihre Beamte und Diener ,geistlichen und weltlichen Standes sowohl als die Unterthanen mit gebührender Folgeleistung genau zu richten und sich Unsers und Unserer Fürstl. sämtlicher Herrn Agnaten Schutzes, Schirmes und Landesherrlichen Wohlwollens versichert zu halten haben.

Schließlich soll die Anheftung dieses Patents in einem der Hauptörter oder Bezirk von gleicher gültigen Würkung seyn, als ob es in allen zugehörigen Orten und übrigen Pertinentien bekannt gemacht worden wäre.

Oehringen unter Unserer eigenhändigen Unterschrift und vorgedruckten Fürstl, Insiegel. Den 26ten Decbr. 1803.

(LS) Ludwig Friederich Carl,
Fürst zu Hohenlohe.

Hohenlohisches Besitzergreifungspatent
Fürst Ludwig Friedrich Carl zu Hohenlohe unterwirft alle »in dem Umfang des Fürstlich Hohenlohischen Gebiets« gelegenen reichsritterschaftlichen Besitzungen seiner Herrschaft.
Öhringen, 26. Dez. 1803.
HZAN, Archiv Langenburg.

recht kam diese Stellung nur dem jeweiligen Linienchef zu. So machte sein Onkel, Fürst Ludwig Aloys, die Forderung für das Haus mit Erfolg geltend.
Als Entschädigung wurde das zum Hochstift Würzburg zählende Amt Jagstberg und der Anteil des Stifts Würzburg an der Ganerbenstadt Künzelsau vorgesehen. Bartenstein erhob darüberhinaus erbrechtlich begründete Forderungen auf Teile der ehemaligen hatzfeldtischen Herrschaft Haltenbergstetten, die nach dem Aussterben der Hatzfeldt von Würzburg als erledigtes Lehen eingezogen worden war.
Nach längeren Verhandlungen erhielt das Haus Bartenstein die Ämter Jagstberg, Haltenbergstetten, Laudenbach und Braunsbach, dazu die würzburgischen Zölle in Hohenlohe, einen Teil des Karlsbergs bei Weikersheim, eine hervorragende Weinlage, und einen Teil von Neunkirchen.
Die Linie Hohenlohe-Neuenstein trat gegen Entschädigung mit würzburgischen Gebieten und den Mainzer, Würzburger und Comburger Rechten in der Ganerbenstadt Künzelsau die Hälfte des Dorfes Münster an Bartenstein ab. Den Karlsberg gab Bartenstein später gegen eine Geldzahlung an die Häuser Kirchberg und Langenburg weiter.
Ende Oktober 1802 fand die Besitzergreifung statt, äußerlich dokumentiert durch die Anheftung hohenlohischer Wappen an prominenten Gebäuden. Pikanterweise stützte sich der neue Fürst Karl auf ein Kommando württembergischer Soldaten. Die Stadt Würzburg selbst und der Großteil des Hochstifts waren an Bayern gefallen. Bayern wollte daher zunächst offiziell das gesamte Hochstift übernehmen, dann die abzutretenden Gebiete an Hohenlohe übergeben, wahrscheinlich, um im Fall der schon damals diskutierten weiteren Mediatisierungen Rechte auf diese würzburgischen Gebiete beanspruchen zu können. Es kam jedoch zu keinen größeren Diskussionen.
Diese neu gewonnenen Gebiete wurden unter dem Namen Hohenlohe-Bartenstein-Jagstberg dem nun in zwei Zweige geteilten Haus Bartenstein eingeräumt. Eine schwere Hypothek bestand darin, dass die auf den neugewonnenen Gebieten haftenden Schulden und Verpflichtungen übernommen werden mussten, so z. B. ein Teil der Pensionen für den depossedierten Fürstbischof und das Würzburger Domkapitel.

Spekulationen und Wunschträume

War die bartensteinische Ausstattung für die Sekundogenitur durch die linksrheinischen Verluste begründet, hofften auch andere hohenlohische Fürsten darauf, von den Säkularisationen zu profitieren, Gebietserweiterungen zu erreichen. Fürst Friedrich Ludwig zu Hohenlohe-Ingelfingen spekulierte darauf, das Kloster Schöntal sowie die nahegelegenen mainzischen Ämter Krautheim und Boxberg zu erhalten, möglicherweise auch das Gebiet des Deutschen Ordens mit und um Mergentheim, ehemaliger Besitz der Familie, der durch Schenkung im 13. Jh. an den Orden gefallen war.
Gestützt auf dieses erweiterte Gebiet wollte er Herzog von Franken werden.[5] Diesen Titel und das fiktive Herzogswappen hatte der Bischof von Würzburg geführt. Mit dem Anspruch auf das Recht zur Führung dieses Wappens hatte der Bischof dem Haus Hohenlohe-Waldenburg erhebliche Probleme und Kosten bei der Erhebung der Grafschaft zum Fürstentum bereitet.[6]
Formal waren die Fürstentümer seit dem bereits erwähnten Hausvertrag von 1511 ein unveräußerlicher Fideikommiss, die Landesteilungen nur Nutzungsteilungen. Ein gemeinsamer Senior, der jeweils älteste regierende Linienchef, stellte ein verbindendes Element dar, sowie die seit Anfang des 18. Jhs. zunächst von den evangelischen Linien organisierten, später auch von den katholischen Linien besuchten regelmäßigen *Hauskonferenzen*. Einen politisch bedeutsamen Faktor bildeten die hohenlohischen Fürstentümer mit ihren rund 32 Quadratmeilen und etwa 100.000 Einwohnern nicht. Wohl aber waren viele Fürsten in einflussreichen Stellungen im Alten Reich tätig, vor allem als hochrangige Militärs.

Hohenlohe und die Frankfurter Union

Schon seit etwa 1800 war man sich auch in Hohenlohe – obwohl seit 1796 in die preußische Neutralität des Friedens von Basel eingeschlossen – der Gefahr bewusst, eines Tages von den benachbarten Großen geschluckt zu werden, die das Reich und die mindermächtigen Stände als Hindernis für die erstrebte Souveränität und Machterweiterung betrachteten.
Um dieser Gefahr entgegenzuwirken, schlossen sich die kleineren Stände vor allem im Fränkischen Reichs-

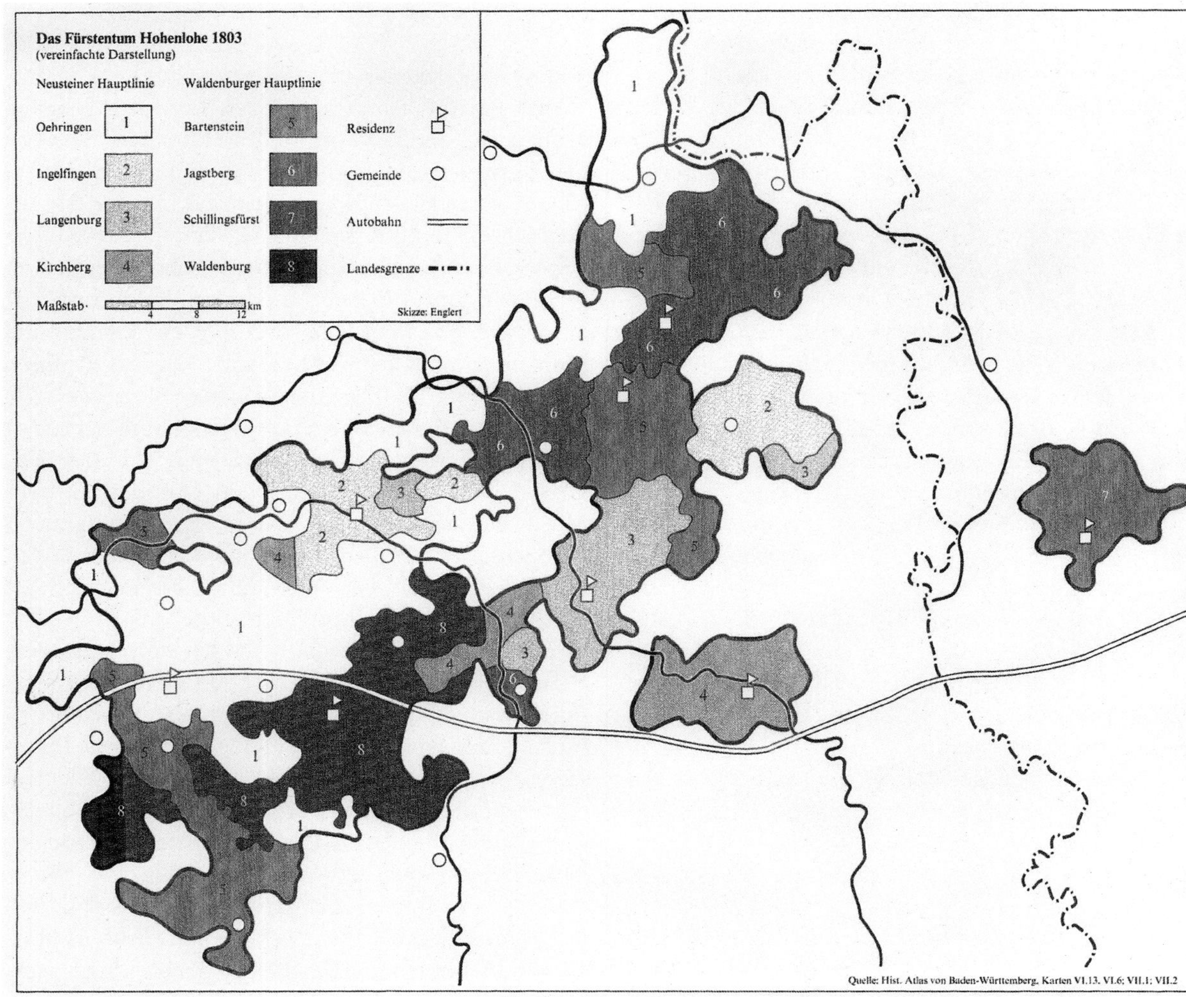

Die hohenlohischen Fürstentümer 1803
Aus: Hist. Atlas von Baden-Württemberg, K. VI, 13; VI, 6; VII, 1; VII, 2.

kreis zur *Frankfurter Union* zusammen.[7] Am 28. August 1803 trafen sich Vertreter der Häuser Erbach, Hohenlohe, Isenburg, Leiningen, Limpurg, Löwenstein, Oettingen, Solms, Sayn und Wied in der Mainmetropole. Wichtigstes Ergebnis war die Entsendung und gemeinsame Finanzierung eines *chargé de affaires* (Geschäftsträgers) nach Paris, um Informationen aus erster Hand über die weiteren mit großer Sorge beobachteten Entwicklungen zu erhalten. Nicht Wien, sondern Paris war der wichtigste Ort für eine solche quasi – diplomatische Vertretung.

Im leiningischen Amorbach wurde eine Zentrale eingerichtet, die für die rasche Verteilung der eingehenden Informationen sorgen sollte. In Paris stieß die Absicht der Unionsmitglieder auf wenig Gegenliebe, hatte man doch andere Pläne. Eine Stärkung der Position der Kleinen störte diese Absichten. Die lange vergeblichen Bemühungen um Akkreditierung in Paris waren erst von Erfolg gekrönt, als ein Glückwunschschreiben der Union zur Kaiserkrönung Napoleons mit der entsprechenden Bitte verbunden wurde. Auch in Wien und Berlin gelang die – allerdings kostspielige

– Anerkennung ähnlicher Posten, nicht dagegen in St. Petersburg. Die dorthin entsandten Interessenvertreter haben nicht das geringste bewirkt, um die Staatlichkeit der Unionsmitglieder zu retten.

Der Rittersturm

Vor dem Ende der Union hatten ihre Mitglieder selbst versucht, kleinere Herren zu schlucken: die reichsunmittelbare gut organisierte Reichsritterschaft. Die zügellose Okkupation, der sogenannte *Rittersturm*, begann im Spätherbst 1803. Auch Hohenlohe besetzte die Territorien der von seinem Gebiet *enklavierten* (umschlossenen) Ritterschaft, trotz größerer schwerwiegender politischer und moralischer Bedenken, deren Echtheit in der Forschung allerdings umstritten ist. Es bestand auf jeden Fall die Gefahr, dass sich sonst die größeren Territorien dort einnisteten – Stachel im eigenen Fleisch.
Am 26. Dezember 1803 verkündete Fürst Ludwig Friedrich Carl zu Hohenlohe-Oehringen die provisorische Übernahme der Landeshoheit über die Gebiete der Freiherren v. Berlichingen, Crailsheim, Gemmingen, Racknitz, Stetten, Thüna und Weiler innerhalb der Grenzen Hohenlohes.[8] Man hatte zunächst gewartet, ob Österreich zugunsten seiner ritterschaftlichen Klientel militärisch eingreifen würde.[9] Es wurde den Unterworfenen allerdings versichert, dass diese Maßnahme nur unternommen werde, um fremde Zugriffe zu verhindern und dass sie nur bis zu einer allgemeinen Restitution gelten sollte.[10]
Frankreich und Preußen ergriffen die Partei der Reichsritter, ebenso der Kaiser, der einzig anerkannte Souverän für die Ritterschaft. Vereinzelt kam es zu Widerstand gegen die Besetzung, so im Crailsheimischen Dünsbach, wo die hohenlohischen Okkupanten verjagt wurden. Auch das von hohenlohischem Gebiet eingeschlossene den Herren v. Gemmingen gehörende Unterheimbach wurde besetzt. Dort gab es einen Toten, als ein hohenlohischer Soldat das Anheften des württembergischen Besitzergreifungspatents verhindern wollte.[11] Württemberg beanspruchte den Ort als Teil der Herrschaft Maienfels, Hohenlohe als *enklaviertes* ritterschaftliches Gebiet, das zudem hohenlohisches Lehen war. Kaiser Franz II. verfügte 1804 die Wiederherstellung der Unabhängigkeit der Reichsritter – und auch Hohenlohe fügte sich, nicht einmal widerstrebend.
Nach dem dritten Koalitionskrieg von 1805 erhielten jedoch Bayern und Württemberg im Frieden von Preßburg freie Hand auch gegen die Ritterschaft. Vergeblich wiesen die Hohenlohe darauf hin, dass etliche von Württemberg beanspruchte und besetzte ritterschaftliche Besitzungen hohenlohische Mannlehen seien.[12] Fürst Carl Albrecht zu Hohenlohe-Waldenburg-Schillingsfürst, der Schlimmeres für Hohenlohe befürchtete, reiste nach München, wo er mit Napoleon zusammentraf. Am 6. Januar 1806 schrieb er an seine Beamten nach Waldenburg, dass der französische Kaiser ihm versichert habe, es gäbe für Hohenlohe bei den kommenden Veränderungen im Reich keine Gefahr. Trotz aller Versicherungen freilich besetzten auch bayerische Soldaten ritterschaftliche Besitzungen innerhalb Hohenlohes, so am 4. Februar 1806 den Kondominatsort Vorbachzimmern.

Die Mediatisierung Hohenlohes

Vorahnungen und Vorbereitungen

Inzwischen mehrten sich die Anzeichen einer bevorstehenden grundsätzlichen Änderung der politischen Verhältnisse.[13] Gerüchten suchten die Fürsten durch Bitten um Intervention gegen den drohenden Verlust der Eigenständigkeit entgegenzutreten. Vor allem Preußen, dem Fürst Friedrich Ludwig zu Hohenlohe-Ingelfingen so lange als Feldherr gedient hatte, wurde um Hilfe angegangen.
Beruhigende Noten der Minister Haugwitz und Hardenberg noch im April 1806 erwiesen sich als folgenschwerer Schein. Schon hatte Württemberg durch seinen Gesandten Wintzingerode in Paris Ansprüche auf die Unterwerfung von Hohenlohe, Löwenstein, Leiningen und Salm erhoben. Hektische Aktivitäten, Konferenzen und Korrespondenzen prägten die nächsten Wochen und Monate.
Nach dem Frieden von Schönbrunn hatte Preußen seine fränkischen Provinzen Ansbach und Bayreuth an Bayern herausgeben müssen und dafür das englische Hannover erhalten. So suchten die Hohenlohe nun verzweifelt Anschluss an Bayern. So weit wie die Grafen

Fugger, die sich im Juli freiwillig Bayern unterwarfen, wollte man allerdings nicht gehen. In einem Schreiben vom 26. Juli 1806 – der Absender ist unbekannt – wurden die Fürsten Hohenlohe erstmals umfassend, wenn auch inoffiziell, darüber informiert, was über ihr Schicksal in Paris entschieden worden war.[14]
Auf einer Hauskonferenz in Kupferzell am 2. August beschlossen die Fürsten, sich in das anscheinend Unvermeidliche zu fügen, keinen Widerstand gegen die Mediatisierung zu leisten. Ein letzter verzweifelter Versuch, das rollende Rad Fortunas aufzuhalten, war ein Brief Friedrich Ludwigs an Napoleon, den dieser am 12. August erhielt. Er änderte nichts mehr.
Fast gleichzeitig schlug der neue König von Württemberg die freiwillige Unterwerfung der Hohenlohe vor. Die katholischen Fürsten widersprachen diesem Ansinnen, solange man Kaiser und Reich zu Gehorsam verpflichtet sei – eine völlige Verkennung der Situation, denn der Kaiser dankte am 6. August ab. Das Reich existierte nicht mehr.
So entschied man sich schließlich für eine Doppelstrategie. Sollte man Napoleon umstimmen können, würde man sich nicht freiwillig unterwerfen. Sage er nein, würde man Verhandlungen mit Württemberg aufnehmen. Angelehnt an den Fugger'schen Unterwerfungsvertrag gegenüber Bayern bereitete man ein entsprechendes Papier für Württemberg vor. Man glaubte in Öhringen, den König damit zufriedenzustellen, dass man ihn an die Stelle des Kaisers treten ließ, sich aber sonst nichts ändern müsse. Sie unterschätzten Friedrich und ahnten nicht einmal seine hochgesteckten Ziele. Als Antwort auf den hohenlohischen Protest verfügte er die Besitzergreifung. Die Tür zu gütlichen Verhandlungen war zugeschlagen. Der 23. August 1806 wurde als Tag der Übernahme der Souveränität in allen neu angefallenen Gebieten durch Württemberg festgesetzt. Der Ton der Stuttgarter Verlautbarungen ließ nichts Gutes erwarten.
Am 23. August – die Koinzidenz der Daten spricht für sich – unterzeichnete Fürst Friedrich Ludwig zu Hohenlohe-Ingelfingen in Öhringen seine Abdankungsurkunde, die vorläufig nicht bekannt gemacht wurde, übergab die »Regierung« seinem Sohn August und reiste zur preußischen Armee ab – in sein Unglück in der verlorenen Schlacht bei Jena am 14. Oktober 1806. Fürst Ludwig Aloys zu Hohenlohe-Bartenstein reiste auf seine Besitzungen in Böhmen. Beide wollten damit den Akt der Demütigung für ihre Person vermeiden.
Nach Artikel 27 der Rheinbundakte[15] behielten die Mediatisierten ihren Patrimonialbesitz, also das Privateigentum mit allen daran hängenden Rechten, soweit sie nicht Souveränitätsrechte waren. Dazu zählte nicht die niedere Gerichtsbarkeit. Alle Hoheitsrechte waren in Artikel 26 festgeschrieben: Gesetzgebung, hohe Gerichtsbarkeit, Wehrwesen, Steuern. Über die geistliche Oberaufsicht sagte die Rheinbundakte nichts aus. Auch sie wurde von Württemberg beansprucht, und konsequent wurden die hohenlohischen Konsistorien aufgelöst. *Lieber zu viel als zu wenig* – das war das Motto König Friedrichs, das er in einer Instruktion zur Besitzergreifung niedergelegt hatte.[16]
Wichtig war, dass praktisch alle Lehensbeziehungen zu Landesherren außerhalb Württembergs aufgehoben wurden. Es gab nur noch den König als Lehnsherrn in seinem Gebiet. Diese Funktion nahmen er und seine Nachfolger sehr ernst. Erst die Bismarck'sche Reichsverfassung beendete das Lehnswesen endgültig. Die Vermerke über die Allodifikation noch bestehender Lehen in den Grundbüchern nach 1871 sind die letzten amtlichen Hinweise auf dieses jahrhundertealte Rechtsinstitut
In Artikel 24 der Reinbundakte waren Württemberg die Gebiete der Fürsten Hohenlohe zugefallen, mit Ausnahme derjenigen, die vom Gebiet Ansbachs und dem der ehemals freien Reichsstadt Rothenburg umschlossen waren, nämlich die Oberämter Kirchberg und Schillingsfürst.[17]
Ursprünglich wollte Frankreich zunächst alle zu mediatisierenden Gebiete besetzen, um eine würdige Übergabe zu ermöglichen und die Vormachtstellung Frankreichs als Protektor des Rheinbunds zu betonen. Zum französischen Bevollmächtigten wurde der General Le Camus ernannt. Auch König Friedrich bestellte seine Okkupationskommission, in der vor allem tüchtige Finanzsachverständige tätig waren. Für Hohenlohe wurde Graf Heinrich Karl Levin v. Wintzingerode ernannt.
Die Übernahme, über die General Le Camus mit dem württembergischen Generalbevollmächtigten Frh. v. Reischach vom 16. August an in Ehingen verhandelte, sollte in drei Etappen vor sich gehen. Zunächst sollte den Beamten der Mediatisierten das württembergische

Personal vorgestellt werden, dann sollte die eigentliche Okkupation folgen: Anheften entsprechender Patente, Entfernung alter Hoheitszeichen, Verpflichtung der Beamten, Huldigung der Untertanen. Die dritte Etappe war schließlich die eigentliche Eingliederung, die Neuorganisation der Verwaltung.

Die Besitzergreifung Hohenlohes durch Württemberg

Nach langwierigen Vorklärungen wurde der Plan für die Übergabe festgelegt. Le Camus und Reischach wollten am 13. September die Zeremonie für Hohenlohe in Öhringen abhalten. Graf Wintzingerode sollte inzwischen die nötigen Vorbereitungen treffen, vor allem das württembergische Militär, das in Schwäbisch Hall und Schöntal kampierte, rechtzeitig nach Öhringen in Marsch setzen.

Alle Archive und öffentlichen Kassen sollten am Tag X versiegelt werden. Auf Proteste beim Anheften von Besitzergreifungspatenten sollte nicht reagiert werden. Die Archive wurden, nebenbei bemerkt, im November 1807 wieder freigegeben mit der Begründung, dass die Rechte des Königs von Württemberg auf die Rheinbundakte gründeten, nicht auf die alten

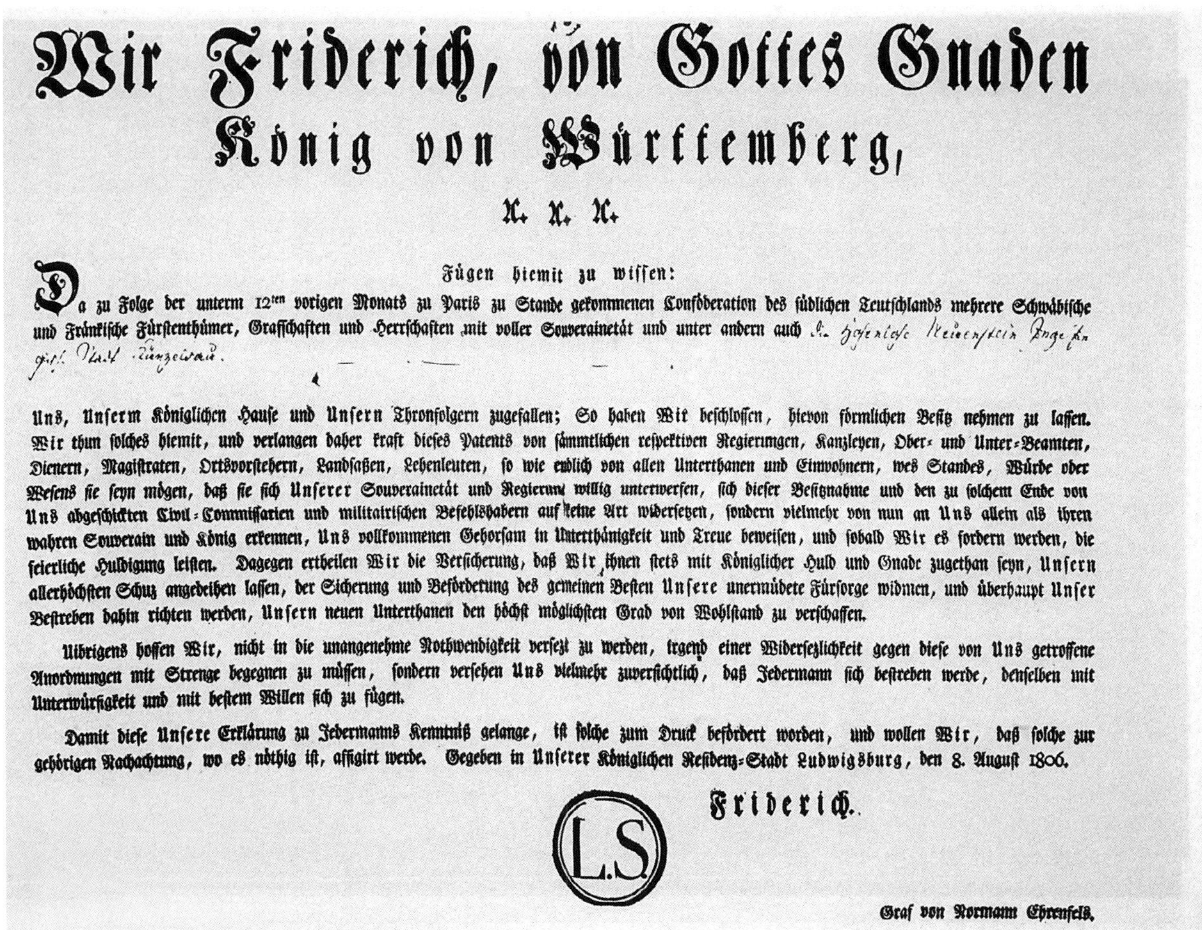

Wir Friderich, von Gottes Gnaden König von Württemberg,

x. x. x.

Fügen hiemit zu wissen:

Da zu Folge der unterm 12ten vorigen Monats zu Paris zu Stande gekommenen Conföderation des südlichen Teutschlands mehrere Schwäbische und Fränkische Fürstenthümer, Grafschaften und Herrschaften mit voller Souverainetät und unter andern auch

Uns, Unserm Königlichen Hause und Unsern Thronfolgern zugefallen; So haben Wir beschlossen, hievon förmlichen Besiz nehmen zu lassen. Wir thun solches hiemit, und verlangen daher kraft dieses Patents von sämmtlichen respektiven Regierungen, Kanzleyen, Ober- und Unter-Beamten, Dienern, Magistraten, Ortsvorstehern, Landsaßen, Lehenleuten, so wie endlich von allen Unterthanen und Einwohnern, wes Standes, Würde oder Wesens sie seyn mögen, daß sie sich Unserer Souverainetät und Regierung willig unterwerfen, sich dieser Besiznahme und den zu solchem Ende von Uns abgeschickten Civil-Commissarien und militairischen Befehlshabern auf keine Art widersetzen, sondern vielmehr von nun an Uns allein als ihren wahren Souverain und König erkennen, Uns vollkommenen Gehorsam in Unterthänigkeit und Treue beweisen, und sobald Wir es fordern werden, die feierliche Huldigung leisten. Dagegen ertheilen Wir die Versicherung, daß Wir ihnen stets mit Königlicher Huld und Gnade zugethan seyn, Unsern allerhöchsten Schuz angedeihen lassen, der Sicherung und Beförderung des gemeinen Besten Unsere unermüdete Fürsorge widmen, und überhaupt Unser Bestreben dahin richten werden, Unsern neuen Unterthanen den höchst möglichsten Grad von Wohlstand zu verschaffen.

Uibrigens hoffen Wir, nicht in die unangenehme Nothwendigkeit versezt zu werden, irgend einer Widersezlichkeit gegen diese von Uns getroffene Anordnungen mit Strenge begegnen zu müssen, sondern versehen Uns vielmehr zuversichtlich, daß Jedermann sich bestreben werde, denselben mit Unterwürfigkeit und mit bestem Willen sich zu fügen.

Damit diese Unsere Erklärung zu Jedermanns Kenntniß gelange, ist solche zum Druck befördert worden, und wollen Wir, daß solche zur gehörigen Nachachtung, wo es nöthig ist, affigirt werde. Gegeben in Unserer Königlichen Residenz-Stadt Ludwigsburg, den 8. August 1806.

L.S. Friderich.

Graf von Normann Ehrenfels.

Der Verlust der hohenlohischen Souveränität

Mit Besitzergreifungspatenten wie dem abgebildeten beanspruchte Kg. Friedrich I. von Württemberg nach dem Rheinbundvertrag vom 12. Juli 1806 die Souveränität auch über das Fürstentum Hohenlohe-Neuenstein – hier die über die Stadt Künzelsau.
Ludwigsburg, 8. Aug. 1806.
HSA Stuttgart.

Archivalien der Mediatisierten. Am 13. September versammelten sich die leitenden Beamten aller hohenlohischen Linien im Frack, geschmückt mit allen Orden, im Steinhaus, dem Sitz der hohenlohischen Verwaltung, in dem von französischen Truppen besetzten Öhringen. Um 10 Uhr erschienen Le Camus, Reischach und Wintzingerode. Der ganze Akt verlief in dürrem Formalismus. Reischach verlas den üblichen *Procès Verbal* (Protokoll), in dem der Rechtsakt und seine Folgen festgehalten waren. Als Vertreter der hohenlohischen Beamten empfahl der Kirchberger Hofrat Knapp sich und seine Mitbetroffenen der Gnade des Königs. Protest wurde nicht laut. Im Anschluss daran erfolgte der Austausch des Militärs – Franzosen gegen Württemberger – und die Entwaffnung der hohenlohischen Wachen. Am folgenden Montag wurden die Beamten auf den König vereidigt.

Problematisch war die Frage der enklavierten Besitzungen. Nur vollständig im Hohenlohischen gelegene Gebiete wie das der Herren v. Stetten wurden sofort besetzt. Über alle anderen wurde zwischen den Interessenten Bayern und Württemberg verhandelt.

Die Rheinbundakte hatte in zahlreichen wichtigen Fragen keine hinlängliche Klarheit geschaffen, weil ihren Verfassern die komplizierten staatsrechtlichen Verhältnisse im Alten Reich nicht bekannt gewesen zu sein scheinen. Vor allem machten Kondominate Schwierigkeiten. Wem von den neuen Landesherrn waren sie zuzurechnen?

Differenzen

Bei den Verhandlungen im September in Ulm legte Bayern großen Wert auf bereinigte, klare Grenzen und ein geschlossenes Staatsgebiet. Das kirchbergische Amt Döttingen war völlig von neuwürttembergischem Gebiet umgeben. Bayern verzichtete deshalb auf die Übernahme, behielt sich aber die Verwaltung vor. Für Döttingen wurde die Kirchberger – bayerische – Verwaltung auf Württemberg vereidigt.

Württemberg dagegen wollte den größtmöglichen Territorialgewinn erzielen. Über jedes Objekt wurde detailliert gestritten. Kein potentiell württembergischer Untertan sollte aufgegeben werden. Als Ergebnis des Ulmer Abkommens vom 13. Oktober 1806 erhielt Württemberg die Freiherr v. Crailsheim'schen Besitzungen Morstein und Dünsbach. Differenzen ergaben sich in Kondominatsorten im Bereich von Hohenlohe-Kirchberg, die Württemberg militärisch »besetzte« – Einquartierungen bei den württembergischen Untertanen –, bald aber wieder räumen musste. Bayern erzwang mit militärischem Druck und Einquartierungen die Unterwerfung der Untertanen, die für einige Jahre wirklich nicht genau wussten, wer eigentlich ihr Landesherr war.

Der junge Graf Wintzingerode – er war erst 28 Jahre alt – entledigte sich seiner Aufgabe mit größtmöglichem Takt gegenüber den Depossedierten. Im unstrittigen Bereich vollzog sich der Regierungswechsel unspektakulär. Alle staatlichen Abgaben wurden ab 1. Oktober 1806 nach württembergischem Tarif eingezogen. Überall wurden die Huldigungen und Vereidigungen der nachgeordneten Beamten durchgeführt, ihre neuen Verpflichtungen erläutert. Danach rückten die Truppen wieder ab, die Kassen wurden entsiegelt. Jeder Untertan erhielt auf Staatskosten einen Schoppen Wein und für zwei Kreuzer Brot.

Zu Protesten der Untertanen kam es lediglich in Weikersheim, als Württemberg dort im November 1806 Rekruten ausheben wollte. Das hatte es vorher nicht gegeben. Die hohenlohischen Beamten rieten den Württembergern deshalb zur Mäßigung. Widerspenstig zeigte sich der Leiter der Hohenlohe-bartensteinischen Verwaltung Knörzer, der württembergische Erlasse nur teilweise oder gar nicht befolgte. Die Konsequenz war seine Verbringung auf den Hohenasperg auf königliche Anordnung. Im März 1807 wurde er zu sechs Monaten Festung unter Anrechnung der Untersuchungshaft verurteilt, der Rest der Strafe auf dem Gnadenweg erlassen. Er durfte nicht wieder angestellt werden. Tatsächlich fand er nach seiner Entlassung Aufnahme im bayerisch gewordenen Hohenlohe-Schillingsfürst, wo er dem depossedierten Landesherrn Fürst Franz bis zu seinem Tode 1823 diente.[18]

Unter dem neuen Landesherrn

Nach dem Vollzug der württembergischen Besetzung wurde die *Landeskommission* in *Organisationskommission* umgetauft und mit dem Aufbau einer neuen Verwaltung betraut. Wintzingerode lehnte die ihm angetragene Leitung dieses Projekts für Hohenlohe

ab. An seine Stelle trat Oberamtmann Kausler, der seine Aufgabe bis August 1807 erledigte, vor allem die undankbare Aufgabe der Trennung der staatlichen Einnahmen und Ausgaben von den privaten Revenuen, die den Fürsten und den fürstlichen Verwaltungen verblieben. Gravierend waren die Auswirkungen auf das Personal, das nur zum Teil vom neuen Königreich übernommen wurde.

Die Rheinbundakte hatte den Mediatisierten die mittlere und niedere Gerichtsbarkeit belassen. Durch die Umformung der bisherigen Regierungen in *Justizkanzleien* schufen die Fürsten zu Hohenlohe die Voraussetzung zur Wahrnehmung dieser Rechte, ermöglichten die Weiterbeschäftigung verdienter Räte. Der Versuch zur Schaffung einer einheitlichen Justizkanzlei mit größerem Gewicht für alle hohenlohischen Linien scheiterte wie üblich an fehlender Gemeinsamkeit. König Friedrich, beraten von seinem Minister Normann-Ehrenfels, schränkte zunächst – im Gegensatz zu den Zusagen der Rheinbundakte – die Justizkanzleien auf Zivilsachen der zweiten Instanz ein. Die erste Instanz bildeten nach wie vor die fürstlichen Ämter. Von der Belassung der Strafgerichtsbarkeit war nicht mehr die Rede.

Schwer lasteten die neuen Verhältnisse auf den Untertanen. Die weitgehend patriarchalischen, wenn auch nicht durchweg konfliktfreien Beziehungen zwischen dem hohenlohischen Landesherrn und seinen Untertanen, die er fast alle persönlich kannte, förderte und unterstützte, wenn es nötig war, waren durch das absolutistische nivellierende System der württembergischen Herrschaft abgelöst worden.

Liebe zur neuen als drückend empfundenen Herrschaft hatte sich nicht entwickelt. Das wurde besonders deutlich, als 1809 auf Druck Napoleons gegen Österreich gerüstet wurde. Abgabeverweigerungen und spürbare Renitenz, für die Minister Normann-Ehrenfels die fürstlichen Beamten verantwortlich machte, führten zur Bestellung eines Generalgouverneurs für das *Herzogtum Hohenlohe*, doch lehnte der dafür vorgesehene Fürst zu Hohenlohe-Bartenstein dieses Amt entschieden ab. An seiner Stelle wurde Generalleutnant Friedrich Frh. v. Phull ernannt. Die herannahenden österreichischen Truppen nährten auch in Hohenlohe die Hoffnung auf eine Restitution der alten Verhältnisse. In Mergentheim erhob sich nach der Aufhebung des Deutschen Ordens in den Staaten des Rheinbunds durch Napoleon im April und die sofortige Besetzung des Hochmeistersitzes durch Württemberg die Bevölkerung gegen die im Juni angeordnete Aushebung von Rekruten und gegen das württembergische Militär.[19] Nach der blutigen Niederschlagung des Aufstandes ließ der König zahlreiche hohenlohische Ortsvorsteher, vor allem aus den Ämtern Neuenstein und Nitzenhausen, auf den Asperg bringen. Die störenden hohenlohischen Justizkanzleien wurden aufgelöst, die Fürsten persönlich für die Wiederherstellung der Ordnung verantwortlich gemacht.

Gern hatte der König die Entwicklung im Hohenlohischen genutzt, um alle noch bestehenden Patrimonialgerichte im Lande im Mai 1809 aufzuheben, ihre Funktionen auf die Oberämter zu übertragen – ein glatter Verstoß gegen die Rheinbundakte!

Anders als Bayern ließ König Friedrich die hohenlohischen Fürsten, seine ehemaligen Standesgenossen, fühlen, dass sie nun seine, wenn auch privilegierten Untertanen waren. Er verlangte die Beibehaltung ihres ständigen Wohnsitzes im Land, die Aufgabe von Ämtern außerhalb des Rheinbunds und das alles in einer Sprache, die an Deutlichkeit und mangelnder Courtoisie nicht zu überbieten war. Der Bartensteiner und der Öhringer Fürst hatten sich den doch in dieser Schärfe nicht erwarteten Repressalien durch ihre Abdankung entzogen. Wütend verfügte der König die Sequestration der bartensteinischen Besitzungen bis zur Volljährigkeit des Erbprinzen nach württembergischem Recht. Friedrich setzte durch, dass die Unterworfenen geschlossen zur persönlichen Huldigung in Stuttgart erschienen. Als Gipfel der Erniedrigung wurde die Order des Königs vom 29. Juli 1809 betrachtet, wonach die Mediatisierten Württemberg nur nach Genehmigung eines entsprechenden »Urlaubsgesuchs« verlassen durften. Eine kaum noch für möglich geglaubte Steigerung war die 1810 verfügte Verpflichtung, mindestens vier Monate im Jahr in Stuttgart zu wohnen. Fürst Karl zu Hohenlohe-Langenburg brachte die Gefühle auf den Punkt, wenn er die Akten über die Mediatisierung in seiner Privatregistratur mit dem Titel versah: *Unsere unglückliche Unterwerfung unter die württembergische Despotie betreffend.*[20] Die Übertragung des Erbmarschallamtes für Württemberg an die

Hohenlohe wurde von diesen ohne jede Begeisterung gezwungenermaßen akzeptiert, das Amt aber kaum wahrgenommen. Der selten oder nie getragene Ornat kam nach dem Ersten Weltkrieg in ein Museum und ging dort im Verlauf des letzten Weltkriegs unter.

Festlegung der Ostgrenze Württembergs

Die unbefriedigende Situation im bayerisch-württembergischen Grenzgebiet im Nordosten wurde nach langen Verhandlungen durch einen Staatsvertrag am 18. Mai 1810 beendet. Vorausgegangen war ein Vertrag zwischen Württemberg und Frankreich in Compiègne am 24. April.[21] Alle Besitzungen westlich einer Linie von Waldmannshofen bei Mergentheim bis zum Bodensee fielen an Württemberg. Dazu zählten die hohenlohische Herrschaft Kirchberg und die bis dahin strittigen Kondominatsorte. Von den ehemals hohenlohischen Herrschaften verblieb nur Schillingsfürst bei Bayern. Die heutige Ostgrenze Baden-Württembergs wurde damals festgeschrieben. Die Rechte und Pflichten der zu *Standesherren* im Königreich gewordenen Fürsten wurden nach zähen Verhandlungen erst in den *Staatsrechtlichen Deklarationen* vom 27. September 1825 abschließend geregelt.[22]

Als Folge der Mediatisierung verschwand der Name Hohenlohe aus der Verwaltungswirklichkeit, aus der Politik. Er haftete seitdem nur noch als Familienname an den Mitgliedern der Fürstenhäuser. Lediglich im geographischen Begriff der *Hohenloher Ebene*, die dem Schwäbischen Schichtstufenland vorgelagert, aber nicht mit dem ehemaligen Territorium identisch ist, hat er bis in die Zeit nach dem Zweiten Weltkrieg überlebt – und natürlich im Bewusstsein der Nachfahren der ehemaligen Untertanen, die sich immer als Hohenloher fühlten und auch heute noch fühlen.

[1] Grundlegend immer noch *Adolf Fischer*, Geschichte des Hauses Hohenlohe. Stuttgart 1866–1871; Zur Zeit der Mediatisierung vgl. *Hans-Bernhard von Schweinitz*, Hohenlohe und die »Mediatisierung« in Franken und Schwaben. Diss. Masch. Tübingen 1952; *Hartmut Weber*, Die Fürsten von Hohenlohe im Vormärz. Politische und soziale Verhaltensweisen württembergischer Standesherren in der ersten Hälfte des 19. Jhs. Schwäbisch Hall 1977; *Thomas Schulz*, Die Mediatisierung des Adels, in: Baden und Württemberg im Zeitalter Napoleons. Bd. 2: Aufsätze. Stuttgart 1987, 157ff.; *Paul Sauer*, Napoleons Adler über Württemberg, Baden und Hohenzollern. Stuttgart 1987. Alle genannten Werke enthalten Angaben der einschlägigen Sekundärliteratur und der archivalischen Quellen, so dass hier auf Vollständigkeit der Angaben verzichtet werden kann.

[2] Vgl dazu *David Goldschmidt*, Die Sonderstellung der Mediatisierten Preußens nach dem öffentlichen Rechte Preußens und des deutschen Reiches. Marburg 1909.

[3] Als die Oehringer Linie 1805 im Mannesstamm ausstarb, übernahm der Haupterbe aus der Linie Ingelfingen Namen und den größten Teil der Herrschaft der Oehringer.

[4] Vgl dazu *Fischer* (wie Anm. 1), Teil 2, 87f.; *Eduard Haug*, Aspekte der französischen Revolution. Zu deren Ablauf im ehemals hohenlohischen Oberbronn (Unterelsaß), in: WFr 74 (1990), 295ff.

[5] *Karl Schumm*, Planungen in Hohenlohe am Ende des 18. Jhs., in: Hohenloher Chronik 7 (1959), 1f.

[6] *Gerhard Taddey*, Jus armorum, in: Der Herold 10, 24 (1981), H. 4, 69ff.

[7] Vgl. dazu *Eva Kell*, Die Frankfurter Union (1803-06), in: ZHF 18 (1991), 71–97.

[8] Besitzergreifungspatent in: Hohenlohe-Zentralarchiv, Archiv Langenburg, Privatregistratur Bü 539. vgl. Abb. S. [2].

[9] Vgl. dazu *Weber* (wie Anm. 1), 42 mit Anm. 3.

[10] *Wolfgang von Stetten*, Die Rechtsstellung der unmittelbaren freien Reichsritterschaft, ihre Mediatisierung und ihre Stellung in den neuen Landen. Dargestellt am fränkischen Kanton Odenwald. Schwäbisch Hall 1973, 137ff.

[11] Beurkundete Nachricht über den gewaltsamen Einfall einer Abtheilung des Chur-Württemberg. Militairs in das Fürstlich Hohenlohe-Waldenburg. Gebiet des Amts Adolzfurt in dem Ort Unter-Hambach. O.O. 1804.

[12] Kurze Darstellung der neuesten Kurwürttembergischen Invasion in das Hohenlohische Gebiet. O.O. und o. J. (1805).

[13] Vgl. dazu *Schweinitz* (wie Anm. 1), passim.

[14] Vgl. *Schweinitz* (wie Anm. 1), 57f.

[15] *Ernst Rudolf Huber*, Dokumente zur deutschen Verfassungsgeschichte. Bd. 1. Stuttgart 1961, 30.

[16] *Schweinitz* (wie Anm. 1), 66 mit Anm. 2.

[17] Bayern erhielt u. a. *les dépendances de la principauté de Hohenlohe, enclavées dans le marquisat d'Ansbach et dans le territoire de Rothenburg, nommément les grands baillages de Schillingsfürst et de Kirchberg.* Württemberg erhielt *toutes les possessions des Princes de Hohenlohe, sauf l'exeption faite au paragraphe précédent.*

[18] Vgl. seinen amtlichen Nachlaß im Hohenlohe-Zentralarchiv, Archiv Schillingsfürst, Sf 165.

[19] *Sauer* (wie Anm. 1), 128ff.

[20] Hohenlohe-Zentralarchiv, Archiv Langenburg, Privatregistratur, Bü 540.

[21] Vgl. *Sauer* (wie Anm. 1), 158ff.

[22] *Weber* (wie Anm. 1), 157ff.

Der »Sonderfall Hohenzollern«

Die hohenzollerischen Fürstentümer – Säkularisation und Mediatisierung

von Casimir Bumiller

Bekanntlich haben auf dem Boden des heutigen Bundeslandes Baden-Württemberg nur vier Territorien die politische »Flurbereinigung« Napoleons von 1803/06 überstanden, das Königreich Württemberg, das Großherzogtum Baden und die beiden Fürstentümer Hohenzollern-Hechingen und Hohenzollern-Sigmaringen. Dass neben Baden und Württemberg ausgerechnet die beiden hohenzollerischen Kleinstaaten überleben konnten, hat nichts mit deren politischer Bedeutung zu tun, sondern ist einem Bündel historischer Umstände sowie persönlicher Ambitionen zuzuschreiben, die in ihrem glücklichen Zusammenwirken zu dieser Kuriosität der südwestdeutschen Landesgeschichte geführt haben.

Kurios und eigentlich anachronistisch erscheint die Fortexistenz der hohenzollerischen Fürstentümer deshalb, weil Napoleon ansonsten gerade jene Territorien von der historischen Landkarte getilgt hat, die weder die sozialen Voraussetzungen noch die wirtschaftliche Kraft besaßen, um die notwendige politische Modernisierung zu bewältigen. Das Fürstentum Hohenzollern-Hechingen war kleiner als das Gebiet der Reichsstadt Ulm und hatte mit ca. 14.000 Untertanen um 1800 nur etwa halb soviele Einwohner wie das kurpfälzische Mannheim. Auch das etwas größere Hohenzollern-Sigmaringen zählte um diese Zeit kaum mehr als 15.500 Einwohner. Beide Staaten zusammen genommen umfassten nur ein Drittel der Fläche des angrenzenden Fürstentums Fürstenberg, das der Mediatisierung nicht zu entgehen vermochte.[1] Der Kleinheit der beiden Territorien entsprach ihre politische Rückständigkeit im Innern, die ein Ergebnis ihrer von großen Widersprüchen geprägten Geschichte war.

Prolog – Kleine Territorialgeschichte

Das Haus Hohenzollern wurzelt in einem Grafengeschlecht, dessen Herrschaft sich im 12. Jh. auf den weiteren Raum um die 1061 schon bestehende Stammburg Zollern erstreckte. Die Familie zählte 1099 zum Stifterkreis des Klosters Alpirsbach. Die mittelalterliche Geschichte der Dynastie ist geprägt von Abspaltungen, Erbteilungen und Streitigkeiten, die ein kraftvolles Aufblühen des Stammhauses immer wieder verhinderten. Häufig entfalteten die vom Hauptstamm abgezweigten Linien eine dynamischere Kraft im politischen Gefüge, während die jeweils am Stammsitz residierende Linie eigenartiger Weise nie zu großer Bedeutung gelangte. Dieser »Fluch« des Hauses Hohenzollern (-Hechingen) sollte im übrigen bis ins 19. Jh. fortwirken.

Schon Ende des 12. Jhs. begründete ein Zweig der Familie in bewusster Abgrenzung von der Verwandtschaft das lange Zeit bedeutendere Haus der Grafen von Hohenberg.[2] Eine Generation später erwarb eine weitere Linie des zollerischen Stammhauses unter den Staufern das Burggrafenamt in Nürnberg. Die fränkischen Hohenzollern wurden 1415 mit der Mark Brandenburg belehnt, erlangten damit die Kurfürstenwürde und stiegen 1701 zu Königen von Preußen auf. Das deutsche Kaisertum von 1871 bildete schließlich die Krönung dieser bemerkenswerten dynastischen Karriere. Die verwandtschaftliche Verbundenheit der brandenburgisch-preußischen Hohenzollern mit ihren schwäbischen Vettern erwies sich in politisch kritischen Situationen immer wieder als durchaus tragfähig.

Hechingen
Kol. Umrissradierung, Johann Heinrich Bleuler (1758–1823). Städtisches Museum Ludwigsburg.

Die schwäbische Stammlinie der Grafen von Zollern durchlebte hingegen im späten Mittelalter eine krisenhafte Entwicklung. Die 1288 abgetrennte Herrschaft Zollern-Schalksburg ging 1403 an Württemberg verloren, was die Stammgrafschaft auf den engeren Raum um Hechingen dezimierte. Der Bruderstreit zwischen den Grafen Friedrich und Eitelfriedrich v. Zollern, der 1423 zur Zerstörung der Stammburg führte, markierte den Tiefpunkt der Entwicklung, doch schafften Eitelfriedrich I. († 1439) und sein Sohn Jos Niclas I. (1433–1488) – übrigens erstmals mit Hilfe der brandenburgischen Vettern, die 1454 den Wiederaufbau der Zollerburg befürworteten –, einen Neuanfang, der im 16. Jh. in ihre Glanzepoche mündete. Graf Eitelfriedrich II. (1452–1512) konnte 1497 die Herrschaft Haigerloch erwerben. Sein Enkel Jos Niclas II. (1538–1558) vollendete den inneren Ausbau der Landesherrschaft. Und dessen Vetter Karl I. (1535/58 bis 1576), 1535 durch eine günstige familiäre Konstellation in das Erbe der vormals werdenbergischen Grafschaften Sigmaringen und Veringen eingetreten, erbte 1558 vom kinderlosen Jos Niclas die Stammgrafschaft Zollern und verfügte damit für knapp zwei Jahrzehnte über das größte Territorium, dessen sich jemals ein Zollerngraf erfreuen konnte.[3]

Trotz des Prinzips der Primogenitur sah sich Graf Karl 1576 genötigt, seine Herrschaft unter drei Söhnen aufzuteilen: Eitelfriedrich IV. erhielt die Stamm-

Sigmaringen
Kol. Umrissradierung, Johann Heinrich Bleuler (1758–1823). Städtisches Museum, Ludwigsburg.

grafschaft Zollern mit Hechingen, Karl II. regierte in Sigmaringen und Veringen, und Christoph begnügte sich mit den Herrschaften Haigerloch und Werstein.[4] Als die Haigerlocher Linie 1634 ausstarb, fielen Haigerloch und Werstein an Hohenzollern-Sigmaringen, und in dieser territorialen Gestalt bestanden die beiden 1623 gefürsteten Grafschaften Hohenzollern-Hechingen und Hohenzollern-Sigmaringen bis in die napoleonische Zeit fort.

Um den inneren Zustand der beiden Fürstentümer zu charakterisieren, sei daran erinnert, dass Hohenzollern-Hechingen zu den unruhigsten Territorien des Reiches in der Frühen Neuzeit zählte. Nicht weniger als 15 Aufstände der Untertanen erschütterten das Land zwischen 1584 und 1796. Diese Rebellionen entzündeten sich meist an der symbolträchtigen Frage der freien Pirsch, sie waren aber auf einer tieferen Ebene Ausdruck eines Kampfes um die geringen Ressourcen des Landes. Sie reflektierten das Ungleichverhältnis zwischen der Leistungsfähigkeit der Untertanen und dem feudalen Anspruch der dem europäischen Hochadel angehörigen Fürsten, die ihr Land zeitweilig zum Jagdrevier herabwürdigten.[5] Die gesellschaftlichen Friktionen erwiesen sich in der innerdörflichen Sphäre an einer relativ stark grassierenden Hexenverfolgung in der Zeit zwischen 1583 und 1666.[6] Der Repräsentationsaufwand und die anspruchsvolle Bautätigkeit der Grafen und Fürsten von Hohenzollern-Hechingen

führten dahin, dass die Schulden des Fürstenhauses trotz aller Bemühungen um Herrschaftsintensivierung bis zum Ende des Alten Reiches auf bemerkenswerte 600.000 fl. anwuchsen.

In den unruhigen 90er Jahren des 18. Jhs., als bereits die Parolen der Französischen Revolution ins Hohenzollerische herüberhallten, suchte der Erbprinz und künftige Fürst Hermann Friedrich Otto (1798–1810) einen Ausgleich mit den Untertanen. Es gelang ihm, den seit 1700 am Reichskammergericht anhängigen Rechtsstreit zwischen Untertanen und Herrschaft um die freie Pirsch zunächst im Stadtvergleich mit der Residenzstadt Hechingen 1795 und dann im Landesvergleich 1798 mit den Gemeinden beizulegen. Der Landesvergleich, in dem die Leibeigenschaft formal abgeschafft wurde und die Untertanen eine Mitwirkung an der Steuerverwaltung erlangten, bildete so etwas wie das »Grundgesetz« des Fürstentums Hohenzollern-Hechingen, das bis 1848 seine Gültigkeit behalten sollte.[7]

Auch in Hohenzollern-Sigmaringen gab es gelegentlich Konflikte der Herrschaft mit den Untertanen – zu Rebellionen kam es beispielsweise 1597 in Haigerloch und 1603/04 in Sigmaringen –, doch lag das Problem dieses Fürstentums nicht so sehr in der Auseinandersetzung mit den im Anerbengebiet auskömmlicher wirtschaftenden Untertanen, sondern eher in den komplizierten Herrschaftsverhältnissen und seiner schwierigen staatsrechtlichen Lage. Die Sigmaringer Fürsten besaßen vier selbständige Gebiete ganz unterschiedlicher Rechtsstellung: die Grafschaften Sigmaringen und Veringen sowie die Herrschaften Haigerloch und Werstein. Lediglich in der allodialen Herrschaft Haigerloch verfügte der Fürst über die unbeschränkte Landeshoheit, alle übrigen Gebiete gingen vom Erzhaus Österreich zu Lehen. Und da Österreich im 18. Jh. zunehmend in die Verhältnisse eingriff, wurde den Sigmaringer Fürsten ihre mangelnde Souveränität immer schmerzhafter bewusst.[8]

So waren also die Verhältnisse in den beiden hohenzollerischen Fürstentümern, als am Ende des Ersten Koalitionskrieges 1796 französische Truppendurchmärsche die südwestdeutschen Herrschaften jäh aufschreckten: Ein labiler Ausgleich zwischen Herrschaft und Untertanen in Hechingen vor dem Hintergrund einer heillosen politischen und wirtschaftlichen Rückständigkeit des ganzen Landes; und wachsender Verdruss des Sigmaringer Fürsten über die ärgerlichen Eingriffe des österreichischen Lehensherrn in seine Herrschaft. Eine Mediatisierung – wahrscheinlich zugunsten Württembergs – wäre in dieser Situation für Hohenzollern-Hechingen objektiv ein Segen gewesen und in Sigmaringen hätte sie die unglücklichen lehensrechtlichen Verhältnisse im Rahmen eines größeren Staatsverbandes beseitigt. Doch es kam anders: beide Hohenzollern-Staaten entgingen der drohenden Mediatisierung. Was waren die Gründe und Hintergründe ihres politischen Überlebens?

Erster Akt: Von Rastatt nach Lunéville 1801 – »Gebietsverluste«

Zunächst ist der politische Wille der handelnden Personen ins Feld zu führen. Ohne den Ehrgeiz und den hohen Einsatz der Fürsten Hermann Friedrich Otto (1748–1810) und Anton Aloys (1762–1831) wäre an einen Erfolg in dieser existenziellen Krise nicht zu denken gewesen. Ausgerechnet diese beide Dynasten führten in den Jahren 1797 bis 1806 einen hartnäckigen Überlebenskampf, während sich andere Fürsten vergleichbaren Ranges mehr oder weniger passiv in das Unvermeidliche schickten. Obwohl die Interessen beider Fürsten keineswegs identisch waren, zogen sie doch in der Frage des politischen Überlebens an einem Strang und bewältigten die Krise mit einem hohen Aufwand diplomatischer Aktivität. Ihr Erfolg profitierte von verschiedenen Faktoren, darunter einmal mehr von der Protektion durch Preußen.[9]

Schon 1795, als Preußen im Frieden von Basel aus der Koalition gegen Frankreich ausgeschieden war, wandte sich der damalige Hechinger Fürst Joseph Wilhelm (1717–1798) erstmals an den preußischen König und an Hardenberg. Er berief sich auf die zwischen Hohenzollern und Preußen bestehenden Erbverträge von 1695 und 1707 und erlangte auf preußische Vermittlung hin ein Schutzversprechen von Frankreich, das den beiden hohenzollerischen Fürstentümern beim Einfall General Vandammes in das Oberamt Haigerloch Juli 1796 Erleichterungen brachte. Auch im Zweiten Koalitionskrieg, in dem Preußen seine Neutralität wahrte, verschaffte preußische Protektion den süd-

deutschen Vettern Vorteile. Die Beziehungen zum preußischen Hof wurden gefestigt und vertieft, als der hohenzollern-hechingische Erbprinz Friedrich Hermann Otto (1776–1838) im April 1800 Prinzessin Pauline v. Kurland heiratete, mit der er ein Stadtpalais unter den Linden in Berlin bezog. Der preußische Hof ermutigte den Verwandten, die hohenzollerische Sache am besten dort zu vertreten, wo in dieser Zeit das Schicksal der deutschen Staaten entschieden wurde: in Paris selbst. Dorthin begab sich Erbprinz Friedrich nach dem Frieden von Lunéville im März 1801 mit einem Empfehlungsschreiben aus Berlin. Er erhielt in den kommenden Monaten zweimal Zugang zu Napoleon, der seit 1799 als Erster Konsul die Fäden der Macht in der Hand hielt.

Aus Sicht der hohenzollerischen Geschichte stellen sich die Jahre um 1800 als eine politische Krise beider Fürstentümer dar, bei der es um nichts weniger als ihre politische Fortexistenz ging. Das politische Handeln der Protagonisten in dieser Zeit lässt sich als dramatisches Geschehen beschreiben, das sich in Anlehnung an Bühnendramen in drei Akte gliedern lässt. Jeder der drei Akte fand seinen Abschluss in einem historischen Vertragswerk. Der erste Akt umfasst die Zeit von 1797 (Rastatter Kongress) bis 1801 und wurde durch den Vertrag von Lunéville beendet.

Nachdem der Rastatter Kongress bereits Anfang 1798 auf Druck des siegreichen Frankreichs einer Abtretung des linken Rheinufers im Grundsatz zugestimmt hatte, wurde diese Gebietsabtretung – inzwischen hatte Frankreich im Zweiten Koalitionskrieg seine Position noch gestärkt – im Februar 1801 in Lunéville fixiert und konkretisiert. Die beiden Häuser Hohenzollern waren davon insofern betroffen, als sowohl der Hechinger Fürst Hermann Friedrich Otto als auch Fürst Anton Aloys in Sigmaringen jeweils von ihrer Mutter her Besitz bzw. Erbansprüche in den Niederlanden hatten.[10] Es ging für beide Staaten also, falls sie diese Gebiete verlieren sollten, um die Frage potentieller Entschädigung. Dies setzte aber voraus, dass in einer grundsätzlichen Entscheidung ihre Existenz überhaupt gesichert blieb. Und dies bedeutete: Ohne zu wissen, welches Schicksal den hohenzollerischen Fürstentümern zugedacht war, mussten hier in diplomatisch sensibler Form Entschädigungsansprüche formuliert werden.

Ein Familiendrama auf der politischen Bühne (Dramatis Personae)

Die Reise des Erbprinzen Friedrich nach Paris im März 1801 war Teil einer konzertierten Aktion beider hohenzollerischen Häuser. Der Erbprinz traf in Paris auf Geheimrat Frank, den leitenden Beamten des Hechinger Hofes, den sein Vater, Fürst Hermann, gesandt hatte, ferner auf Hofrat Gessler aus Sigmaringen und die Fürstin Amalie Zephyrine v. Hohenzollern-Sigmaringen, Gemahlin des Fürsten Anton Aloys. Mit der Fürstin betrat eine Gestalt das politische Parkett, die am Erfolg der gesamten Mission einen kaum zu überschätzenden Anteil hatte. Dennoch ist ihre Anwesenheit in Paris in diesem Zusammenhang erläuterungsbedürftig, denn sie lebte seit vielen Jahren von ihrem Mann getrennt.[11]

Amalie Zephyrine v. Hohenzollern-Sigmaringen, eine geborene v. Salm-Kyrburg (1760–1841), hatte 1782 den Erbprinzen Anton Aloys v. Sigmaringen geheiratet, war in dieser Ehe aber alles andere als glücklich geworden – zu unterschiedlich waren Charaktere, Temperament, Weltsicht, Moral und Kultur beider Persönlichkeiten. Amalie Zephyrine, zeitweilig in Paris aufgewachsen und ganz der französischen Kultur und Sprache zugetan, litt unter der bevormundenden Atmosphäre des Sigmaringer Hofes. Zehn Wochen nach der Geburt ihres Sohnes Karl 1785 floh sie aus der Enge der Sigmaringer Residenz zu ihrem Bruder Friedrich, der überwiegend in Paris lebte. In seiner Nähe verbrachte sie die kommenden Jahre hauptsächlich in Paris. Ihr Lebensstil in dieser Zeit wird als ausschweifend, wenn nicht gar libertär beschrieben. So unterhielt sie eine Liaison zu einem Freund ihres Bruders, Alexandre de Beauharnais, der seinerseits von seiner Frau Josephine getrennt lebte.

Eine Einigung über ihre mögliche Rückkehr nach Sigmaringen kam nicht zustande. Erst 23 Jahre nach ihrer Flucht, 1808, sollte sie ihrem Mann anlässlich der Hochzeit ihres gemeinsamen Sohnes wieder begegnen. Fürst Anton Aloys hat Amalie Zephyrine zeitlebens nicht verziehen. Dennoch bot er ihr – nach offizieller Lesart: aus Dankbarkeit für ihre wertvollen Dienste – die Rückkehr nach Sigmaringen an und zeigte sogar die Großmut, ihre illegitime Tochter Helene aus ihrer ehebrecherischen Verbindung mit einem

Fürstin Amalie Zephyrine (1760–1841)
Sie war die Gemahlin Fürst Anton Alois' von Hohenzollern-Sigmaringen und lebte viele Jahre in Paris. Ihrer Freundschaft zu Josephine Beauharnais verdankte das Haus Hohenzollern Entschädigungen und den Erhalt seiner Souveränität.
Ölgemälde, Auguste François von Laby, 1828.
Fürstl. Hohenzollerische Sammlungen, Sigmaringen.

Prinz Anton Alois von Hohenzollern (*1762, 1785–1831)
Ölgemälde von Franz Joseph Zoll, 1810.
Fürstl. Hohenzollerische Sammlungen, Sigmaringen.

Herrn de Voumard mitzuversorgen. Den größten Teil ihrer letzten drei Lebensjahrzehnte sollte Amalie Zephyrine in Sigmaringen verbringen, ab 1824 in einem eigens für sie und ihre Tochter errichteten Haus.

In unserem Zusammenhang sind Amalies Pariser Revolutionsjahre von Interesse. Sie machte damals die bittere Erfahrung, wie die Revolution ihre Kinder fraß, als ihr geliebter Bruder, der für die Revolution schwärmte, gemeinsam mit dem Freund Alexandre de Beauharnais, 1794 guillotiniert wurde. Gleichzeitig lernte sie während der Schreckensherrschaft Leute kennen, die politisch Karriere machten. Sie genoss die Protektion Talleyrands, der es zum Außenminister bringen sollte, und die Bekanntschaft des Generals Bonaparte, der 1799 als Erster Konsul die Leitung der französischen Politik an sich zog. Napoleon heiratete bekanntlich Josephine de Beauharnais, der Amalie Zephyrine seit Jahren herzlich verbunden war.

Die Hohenzollernfürstin verfügte also um 1800 über Zugang zur Schaltstelle der Macht in Paris, und dies machte sie zu einer Schlüsselfigur im gesamten diplomatischen Geschehen, auch wenn man in Sigmaringen und Hechingen den Einfluss des Berliner Hofes gerne höher einschätzte und die Rolle der Fürstin kleinzureden versuchte. Als Amalie Zeyphyrine dem Fürsten Anton Aloys schon im Vorfeld der Unterzeichnung des Lunéviller Vertrags ihre Hilfe anbot, verband sie die politische Absicht geschickt mit dem persönlichen Anliegen, ihren mittlerweile 15-jährigen Sohn Karl wiedersehen zu dürfen. Anton Aloys blieb keine andere Wahl, als ihr Angebot anzunehmen, auch wenn er im Schriftverkehr mit ihr stets eine gekränkte, ironische Distanz wahrte. Den Unterlagen, die er ihr in der Entschädigungsfrage für die niederländischen Besitzungen zusandte, fügte er allerdings aufschlussreiche politische Überlegungen und Wünsche bei. Falls es

dahin käme, dass Österreich im Frieden von Lunéville auf seine schwäbischen Besitzungen verzichte, so wäre es gut darauf zu drängen, dass die österreichische Lehensherrlichkeit über Hohenzollern-Sigmaringen ersatzlos gestrichen werde. Damit schien am Horizont der politischen Wunschträume erstmals ein Szenario auf, das Jahre später Wirklichkeit werden sollte. Haben wir die politischen und diplomatischen Aktivitäten zur Rettung der hohenzollerischen Staaten als dramatisches Geschehen gekennzeichnet, so wurde seine theatralische Qualität noch erheblich gesteigert durch das Familiendrama im Haus Hohenzollern-Sigmaringen, das durchaus die Dimensionen eines »bürgerlichen« Trauerspiels annahm. Das Engagement der Fürstin in dieser Sache mochte zwar durchaus auch politisch motiviert sein. Zugleich handelte sie als Ehefrau und als Mutter, die sich in der Schuld ihres Mannes und ihres Sohnes fühlte, die sie verlassen hatte. Auf der politischen Ebene rettete sie mit ihrem diplomatischen Einsatz ihrem geliebten Sohn Land und Herrschaft, auf der familiären Ebene war dies ein Versöhnungsangebot an ihren Mann, der jedoch zu einer förmlichen Aussöhnung nicht mehr bereit war. Immerhin rang sich Anton Aloys zu der entgegenkommenden Geste durch, den Sohn zu seiner Mutter reisen zu lassen, die ihn in die Pariser Gesellschaft, und das heißt: in *ihre* Welt, die Anton Aloys zeitlebens fremd blieb und die er verachtete, einführte.

Amalies Wunsch, den Erbprinzen Karl zu sehen, wurde erst realisiert, als man in Sigmaringen einen geeigneten Hofmeister gefunden hatte, der den Erbprinzen begleiten sollte. Die Wahl fiel auf den erfahrenen Erzieher Franz Xaver Fischler (um 1767–1835), Sohn des Forstmeisters von Meßkirch. Fischler, mit dem Titel eines Hofrats ausgestattet, brachte Erbprinz Karl im Sommer 1801 nach Paris, wo dieser erstmals seit seiner Geburt in einer bewegenden Szene auf Schloss Isque seiner Mutter begegnete. Hofrat Fischler, der nicht ohne Ehrgeiz, Eitelkeit und Eigennutz agierte, wurde übrigens ebenso wie die Fürstin ein Glücksfall für die hohenzollerische Sache. Wegen seiner wertvollen Kontakte wurde er in den kommenden Jahren voll in die diplomatische Mission einbezogen. Andererseits verstärkte er die tragischen Aspekte des Familiendramas, als er die Schwester des Fürsten, Gräfin Kreszentia, die ein Kind von ihm erwartete, gegen den Willen Anton Aloys' heiratete. Dies führte zum Bruch mit dem Fürsten. Fischler verließ nach Abschluss seiner Mission Sigmaringen und setzte seine Karriere in sächsischen Diensten fort.[12]

Es ist jedenfalls kaum zu verkennen, welche Emotionen im Umfeld dieser diplomatischen Aktivitäten im Spiel waren, und es sei die These gewagt, dass die Energien, die im Rahmen dieses Familiendramas freigesetzt wurden, in erheblichem Maße in das politische Handeln eingeflossen sind und zu seinem Erfolg beigetragen haben. Diese These wird dadurch unterstützt, dass Hohenzollern-Sigmaringen den Hauptanteil am diplomatischen Aufwand und Erfolg hatte und insofern auch zum eigentlichen Gewinner der Ange-

Josephine de Beauharnais (1763–1814)
Gemahlin Napoléons und spätere Kaiserin.
Porträtminiatur, Jean Baptiste Isabey, 1808.
Fürstlich Hohenzollerische Sammlungen, Sigmaringen.

legenheit wurde, während für Hohenzollern-Hechingen, das im allgemeinen Interesse des Gesamthauses mitgezogen wurde, allenfalls Brosamen abfielen.

Zweiter Akt: Reichsdeputationshauptschluss 1803 – »Entschädigungen«

Das Personal der hohenzollerischen Diplomatie versammelte sich also im März 1801 in Paris. Damit hob sich der Vorhang zum zweiten Akt: Es ging jetzt darum, im Entschädigungsroulett dem hohenzollerischen Anspuch Gehör zu verschaffen.

Während Fischler, Gessler und die Fürstin im Laufe des Jahres bei der Restitution der hohenzollerischen Besitzungen in den Niederlanden Teilerfolge erzielten – die Domänen in der Grafschaft Berg konnten am 2. Okt. 1801 von der Batavischen Republik zurück erworben werden –, gab es in der Entschädigungsfrage im August 1802 zunächst einen herben Rückschlag, als sich herausstellte, dass im französisch-russischen Entschädigungsplan Hohenzollern gar nicht berücksichtigt war. Die sofort einsetzenden diplomatischen Bemühungen der Fürstin und Fischlers, der mit einem Sektionschef Talleyrands befreundet war, erreichten eine Empfehlung Talleyrands an seinen Gesandten in Regensburg, wo die Reichsdeputation tagte. Nach Regensburg, wo inzwischen auch Hofrat Gessler und Geheimrat Frank auf die Deputierten einwirkten, gelangten auch Fischlers Entschädigungsgesuche, begleitet von Empfehlungsschreiben des preußischen Gesandten. Diese mehrgleisige Diplomatie zeitigte den gewünschten Erfolg: Beide Fürstentümer Hohenzollern erhielten im Reichsdeputationshauptschluss (RDH) 1803 Entschädigungen für Gebietsverluste, die bei Licht betrachtet gar keine waren, denn die Fürsten hatten in ihren niederländischen Besitzungen zwar die feudalen Herrschaftsrechte eingebüßt, nicht aber die Liegenschaften als solche.

Die Entschädigung des Sigmaringer Fürsten fiel erheblich größer aus als die seines Hechinger Vetters: Nach Art. 10 RDH gewann er die Herrschaft Glatt am Neckar aus dem Besitz der säkularisierten Reichsabtei Muri, ferner das Augustinerchorherrenstift Beuron im Donautal, das Benediktinerinnenkloster Holzen bei Augsburg, und das landsässige Augustinerinnenkloster Inzigkofen unweit von Sigmaringen. Hohenzollern-Hechingen wurde als Entschädigung für den Verlust seiner Feudalrechte in der Grafschaft Geulle und in den Herrschaften Mouffrin und Baillonville bei Lüttich die oberschwäbische Herrschaft Hirschlatt zugewiesen, die dem Augustinerchorherrenstift Kreuzlingen gehört hatte, ferner die landsässigen Klöster Stetten bei Hechingen, St. Luzen und Rangendingen sowie das Hechinger Kollegiatstift. Auch wenn diese Verfügungen erst Anfang 1803 ratifiziert wurden, so erfolgten die vorläufigen Säkularisationsbescheide meist schon im Herbst, und die begünstigten Fürsten verloren keine Zeit, den neuen Besitz umgehend zu beschlagnahmen.

Auch Fürst Hermann Friedrich Otto hatte es überaus eilig, die ihm zugewiesenen geistlichen Körperschaften aufzulösen und seinem Hausgut einzuverleiben. Datiert seine Besitzergreifungsurkunde auf den 26. Oktober 1802, so wurden die Klöster Stetten und Rangendingen schon am folgenden Tag von einem Regierungssekretär in Besitz genommen. Der Fürst verpflichtete sich im RDH, annähernd hundert Patres und geistliche Frauen zu versorgen. Die vier verbliebenen Rangendinger Dominikanerinnen wurden gezwungen, nach Stetten zu ihren Mitschwestern zu übersiedeln und erhielten eine jährliche Pension von 150 fl.[13] Im Falle des Franziskanerklosters St. Luzen bei Hechingen handelte es sich sozusagen um eine »gestreckte« Säkularisation. Der Status des Klosters wurde zunächst nicht verändert, aber wegen des Funktionsverlusts der Straßburger Provinz bat der letzte Guardian, der 1808 ausschied, um die Säkularisation. Dennoch blieben noch längere Zeit neun Priester und sechs Laienbrüder im Kloster wohnen, bis sie dort starben oder als Weltpriester abwanderten.[14]

Damit war der zweite Akt des Dramas glücklich zu Ende. Die Fürstentümer Hohenzollern-Hechingen und Hohenzollern-Sigmaringen erhielten im RDH nicht nur ihre Fortexistenz verbrieft, sie taten dies mit einem deutlichen Zuwachs an Einkommen und Prestige. Doch im Verhältnis zu Baden und Württemberg, deren Territorien sich jeweils um mehrere hundert Prozent vergrößert hatten, nahmen sich die beiden Überbleibsel feudaler Kleinstaaterei doch erkennbar bescheiden aus. Im übrigen konnte sich insbesondere der Sigmaringer Fürst nicht lange ungetrübt seiner

französischen Geschenke erfreuen, und so ging das Schauspiel in seinen dritten Akt, der erst 1806 mit der Unterschrift unter die Rheinbund-Akte enden sollte. Zu den Gegenspielern der hohenzollerischen Fürsten wurden jetzt nacheinander das Erzhaus Österreich und das seit 1803 mit der Kurfürstenwürde ausgestattete Herzogtum Württemberg.

Dritter Akt: Rheinbundakte 1806 – *la plénitude de la souveraineté*

Hohenzollern-Sigmaringen hatte kaum von den säkularisierten geistlichen Körperschaften Besitz ergriffen, da trat das Erzhaus Österreich auf den Plan und besetzte die innerhalb seiner Landeshoheit gelegenen Klostergüter. Es berief sich auf das sog. *droit d' épaves,* ein landesherrliches Heimfallrecht, dessen Anwendung allerdings im RDH ausdrücklich untersagt war. Österreich reklamierte einen Großteil der Einkünfte für sich, die zur Bestreitung der Pensionen für die Nonnen und Mönche der aufgelösten Klöster vorgesehen waren. Fürst Anton Aloys, dem es nicht gelang, diesem Willkürakt des Erzhauses zu trotzen, blieb nichts anderes übrig, als mit Österreich im Spätsommer 1804 einen Vertrag abzuschließen, der zwar demütigende Lehensverpflichtungen beinhaltete, gleichzeitig aber die Eingriffe der österreichischen Behörden begrenzte. Anton Aloys sah also das Problem der österreichischen Lehenshoheit, das bereits in dreien seiner Herrschaften seine Hoheitsrechte einschränkte, nun auch noch auf die neu erworbenen Besitzungen ausgeweitet.

An dieser unbefriedigenden Sachlage war bis auf weiteres keine Änderung zu erwarten – da entstand mit der Niederlage und Kapitulation Österreichs bei Ulm im Dritten Koalitionskrieg 1805 sehr schnell eine völlig veränderte Situation. In den Verträgen von Brünn und Preßburg vom Dezember 1805 musste Österreich auf seine Vorlande verzichten. Nutznießer wurden vor allem die neuen Mittelstaaten Bayern, Baden und Württemberg. Damit wich zwar das Gespenst der österreichischen Lehenshoheit aus den hohenzollern-sigmaringischen Schreibstuben, doch in dem frisch gekrönten König Friedrich I. von Württemberg erwuchs den Fürsten von Hohenzollern ein möglicherweise noch unangenehmerer Kontrahent. Als Württemberg ohne Zögern in die bislang österreichischen Hoheitsrechte eintrat, war genau das geschehen, was Anton Aloys seit Jahren befürchtet hatte.

Schon im Vorfeld des Preßburger Friedens hatte Fürst Anton Aloys, ahnend, was auf ihn zukommen würde, seine Frau, seinen Sohn und Hofrat Fischler zu diplomatischen Aktivitäten gemahnt. Amalie Zephyrine wandte sich in Bittschriften an Napoleons Frau Josephine, während Fischler und der mittlerweile 20-jährige Erbprinz Karl dieselbe, inzwischen zur Kaiserin gekrönt, in Karlsruhe aufsuchten, um sich ihrer Fürsprache zu vergewissern. Fischler und der Erbprinz trafen zwar erst nach der Unterzeichnung der Verträge von Brünn und Preßburg in Österreich ein, doch Talleyrand und sein Sektionschef Labesnardières, der Freund Fischlers, bereiteten eine Zusatzvereinbarung vor, die die Befreiung des Sigmaringer Fürsten aus dem österreichischen Lehensverband vorsah. Sie nötigten den württembergischen Minister v. Normann in Wien, eine Erklärung zu unterschreiben, worin Württemberg anerkannte, dass alle Rechte, die Österreich bisher in Hohenzollern-Sigmaringen wahrgenommen hatte, erloschen seien.

Mit dieser Unterschrift des württembergischen Ministers schien Fürst Anton Aloys am Ziel seiner Wünsche, doch König Friedrich dachte nicht daran, die erzwungene Erklärung zu ratifizieren. Vielmehr machte er sich gleich zu Beginn des Jahres 1806 daran, vollendete Tatsachen zu schaffen. Im Januar besetzte er die Herrschaft Werstein, und am 6. März marschierten seine Truppen in Sigmaringen ein. Nicht weniger entschlossen erfolgte allerdings die Reaktion: Fischler und der Erbprinz erwirkten im französischen Hauptquartier einen Befehl, der die Besitzungen des Fürsten von Hohenzollern-Sigmaringen unter den unmittelbaren Schutz Frankreichs stellte. Und Fürstin Amalie Zephyrine beschaffte gleichzeitig die förmliche Bekräftigung dieser Ordre durch Napoleon. Am 1. Mai 1806 rissen französische Dragoner die württembergischen Besitznahmepatente ab und garantierten dem Fürsten die ungestörte Inbesitznahme seiner neu erlangten Rechte. Fürst Anton Aloys hatte nach dramatischen Monaten das Ziel der Allodialisierung seines gesamten Herrschaftsgebietes erreicht. Zum ersten Mal in der Geschichte des Hauses Hohenzollern-Sig-

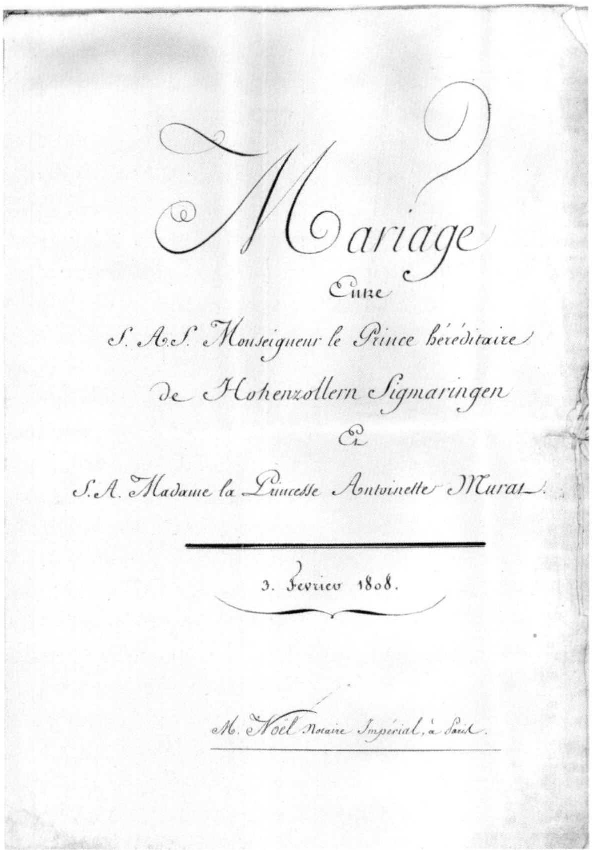

Mariage
Entre
S. A. S. Monseigneur le Prince héréditaire
de Hohenzollern Sigmaringen
Et
S. A. Madame la Princesse Antoinette Murat.
3. Fevrier 1808.
M. Noel Notaire Impérial, à Paris.

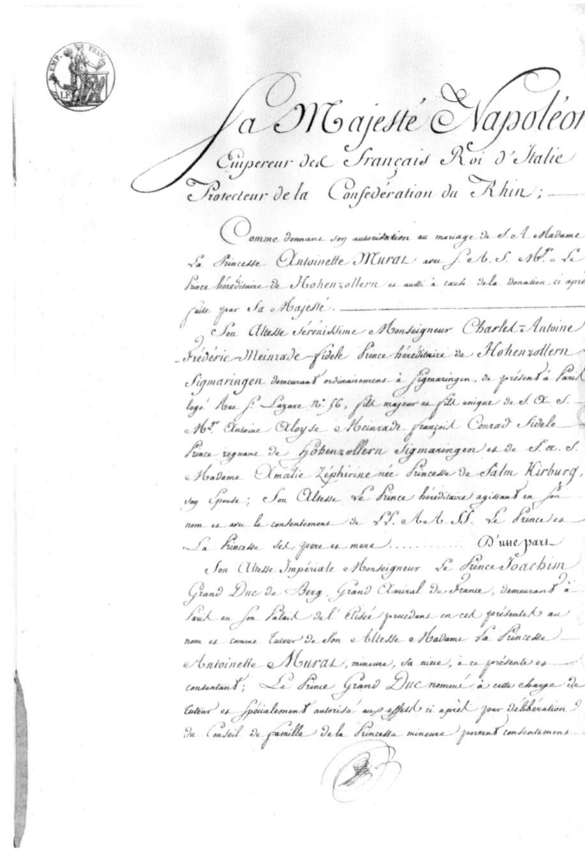

Sa Majesté Napoléon
Empereur des Français Roi d'Italie
Protecteur de la Confédération du Rhin;

Eine politische Mariage
Heiratskontrakt zwischen dem Erbprinzen Karl von Hohenzollern-Sigmaringen und Prinzessin Antoinette Murat, 3. Februar 1808. Fürstl. Archiv, Sigmaringen.

maringen genoss ein Fürst die volle Souveränität in seinem Territorium.

Nicht nur Hohenzollern-Sigmaringen hatte unter der württembergischen Aggression zu leiden, auch Hohenzollern-Hechingen geriet ins Fadenkreuz der Württemberger. So versuchte sich das Königreich noch im Januar 1806 der Burg Hohenzollern zu bemächtigen unter Berufung auf das früher von Österreich ausgeübte Öffnungsrecht. Dieser Zugriff konnte allerdings abgewehrt werden, als Fürst Hermann den Stuttgartern nachweisen konnte, dass das österreichische Besatzungsrecht bereits 1771 gekündigt worden war. Nicht so glimpflich verlief der württembergische Zugriff auf die Exklave Wilflingen bei Rottweil. Dort verhielt es sich tatsächlich so, dass Österreich bis zuletzt Hoheitsrechte wahrgenommen und gegen Ende des 18. Jhs. immer aggressiver beansprucht hatte. Und da der Hechinger Fürst im Gegensatz zu seinem Sigmaringer Vetter nicht unter dem Schutz einer napoleonischen Ordre stand, musste er tatenlos mit ansehen, wie ein württembergischer Trupp von 13 Mann Ende Januar 1806 in der Exklave die württembergischen Hoheitszeichen anschlug. Trotz wiederholter Proteste aus Hechingen und trotz des Widerstands der hohenzollerisch fühlenden Untertanen sah man in Stuttgart den Ort seit 1806 als württembergisch an, und erst nach langwierigen Verhandlungen hat Württemberg 1821 auf Wilflingen verzichtet.[15]

In Sigmaringen musste man sich zwischenzeitlich an den Gedanken gewöhnen, dass die »volle Souverä-

nität« einen Pferdefuß und die Protektion des französischen Kaisers einen Preis hatte. Ein Brief Amalie Zephyrines vom 23. Mai 1806, den Fischler persönlich aus Paris überbrachte, unterrichtete den Fürsten von einem Vorschlag Napoleons, wonach dieser die Verheiratung des Sigmaringer Erbprinzen Karl mit Antoinette Murat, der Tochter seiner Schwester und seines Schwagers, vorschlug. Karl habe diesem Vorschlag bereits zugestimmt. Nach dieser in Paris – offenkundig durch Amalie Zephyrine und Kaiserin Josephine – geschickt eingefädelten Quasi-Verlobung blieb auch dem Fürsten in Sigmaringen nichts anderes übrig, als »blutenden Herzens« in die Liaison seines Sohnes mit der Tochter des früheren Gastwirts und jetzigen Herzogs v. Berg einzuwilligen. Anton Aloys mochte sich allenfalls damit trösten, dass auch die Königs- und Fürstenhäuser von Bayern, Württemberg und Baden in ähnlicher Weise an das französische Empire gebunden wurden.[16] Da Antoinette Murat damals gerade 13 Jahre alt war, sollte die Hochzeit erst am 4. Februar 1808 stattfinden.

Die Einbeziehung des hohenzollerischen Fürstenhauses in das Verwandtschaftssystem der Napoleoniden war nicht der einzige Preis, den die Hohenzollern zu zahlen hatten. In dem damals entwickelten Plan zum Rheinbund war den beiden hohenzollerischen Fürsten wiederum eine besondere Rolle zugedacht. Ihnen wurde in der Rheinbundakte, die Fischler in ihrem Auftrag am 12. Juli 1806 unterzeichnete, zwar *la plénitude de la souveraineté* zugesagt, zugleich sollten sie sich aber vom Reich trennen und unter das Protektorat Frankreichs begeben. So wurden die Fürsten Hermann Friedrich Otto v. Hohenzollern-Hechingen und Anton Aloys v. Hohenzollern-Sigmaringen neben dem badischen Großherzog, dem württembergischen König und anderen zu den Totengräbern des Alten Reiches. Während das Fürstentum Hohenzollern-Hechingen in der Rheinbund-Akte keine weiteren Vergünstigungen mehr zugesprochen bekam, versüßte Napoleon seinem neuen »Verwandten« in Sigmaringen den Beitritt zum Rheinbund durch weitere erhebliche Gebietszuwächse – sozusagen seine »Morgengabe« an den künftigen Schwiegersohn seiner Schwester. Zu den schon 1803 erworbenen Gebieten erhielt Hohenzollern-Sigmaringen jetzt noch die Klöster Wald und Habsthal und die Deutschordensherrschaften Hohenfels und Achberg, ferner die ehemals fürstenbergischen Herrschaften Trochtelfingen und Jungnau, die Herrschaften Straßberg und Ostrach des Fürsten v. Thurn und Taxis sowie die Herrschaften Gammertingen und Hettingen der Freiherren v. Speth.[17]

So hatte jeder der beiden Hohenzollernfürsten am Ende des Prozesses eine bittere Pille zu schlucken. Anton Aloys konnte seinen Traum vom souveränen Fürstentum nur mit Hilfe seiner Frau, die ihn zutiefst verletzt hatte, verwirklichen. Und er musste als Preis für die endlich erlangte Souveränität seinen Sohn einer nobilitierten Bürgerlichen anvertrauen und sich von dem großen Napoleon, den er nicht liebte, protegieren lassen. Sein Vetter in Hechingen hingegen, Hermann Friedrich Otto, der nach einer Audienz beim Kaiser am 2. Januar 1806 in München zum Bewunderer Napoleons geworden war, sah sich im Verteilungsroulett der säkularisierten und mediatisierten Gebiete übergangen. Die benachbarten ritterschaftlichen Herrschaften Hirrlingen, Geislingen und Wellendingen, auf die er zuletzt noch spekuliert hatte, fielen endgültig an Württemberg. Er hat diese Benachteiligung und Zurücksetzung bis zu seinem Tod 1810 nie ganz verwunden.

Trotz seiner Kränkung suchte der Bewunderer Napoleons nach dem Untergang des Alten Reiches eine größere Anlehnung an Frankreich. Die Gelegenheit hierzu bot sich im Vierten Koalitionskrieg 1806/07, der für Napoleon triumphal, für Preußen katastrophal enden sollte.[18] Erbprinz Friedrich Hermann Otto v. Hohenzollern-Hechingen, der seit 1805 von seiner Frau Pauline v. Kurland getrennt lebte, diente als Ordonnanzoffizier im kaiserlichen Hauptquartier und beteiligte sich in dieser Funktion an den Feldzügen gegen Preußen. Die Tragik dieses Einsatzes gegen Preußen, dem die Hohenzollern in den vergangenen Jahren soviel verdankten, wurde offenbar, als Fürst Hermann 1806 in den Kirchen seines Landes Dankesfeiern zu Ehren Frankreichs anordnete, die Preußens Niederlage feierten.

Erbprinz Karl v. Hohenzollern-Sigmaringen konnte sich als designierter Angehöriger der napoleonischen Verwandtenkreises dem Dienst im französischen Heer erst recht nicht entziehen. Er zog ebenfalls 1806 mit Napoleons Hauptquartier gegen Preußen und

diente von 1807 an in Paris, wo im Februar des folgenden Jahres seine Trauung mit Antoinette Murat stattfand. Im Sommer 1808 machte er den spanischen Feldzug mit und kehrte anschließend mit seiner Frau und seiner Mutter nach Sigmaringen zurück. 1809 wechselte Karl in die Dienste Neapels, wo sein Schwiegervater inzwischen König war.
Den hohenzollerischen Fürsten bot die Anlehnung an Napoleon, solange dessen militärische Unternehmungen erfolgreich blieben, die Chance weiterer Vergünstigungen, die beiden Erbprinzen erhielten überdies die Möglichkeit militärischer Erfahrung und persönlichen Ruhmes, was insbesondere für Prinz Karl ein Motiv gewesen zu sein scheint. Doch lag in der bedingungslosen Gefolgschaft auch die Gefahr, mit in den Strudel gezogen zu werden, wenn der Stern des großen Feldherrn durch den sich immer deutlicher regenden Widerstand der unterlegenen Mächte zu sinken begann. Diese Wendung war in der Tat seit 1813 abzusehen. Im September 1813 trafen die hohenzollerischen Fürsten Vorkehrungen für einen Abfall vom Kaiser. Im November und Dezember des Jahres traten zunächst Hohenzollern-Hechingen, dann Hohenzollern-Sigmaringen der Großen Allianz Österreichs, Preußens und Rußlands bei. Diese Verträge garantierten den Fortbestand der Souveränität beider Staaten, doch letzte Sicherheit für die abtrünnigen Fürsten, die sowohl Österreich wie Preußen brüskiert hatten, brachte erst die Bundesakte vom 8. Juni 1815, die nach dem Wiener Kongress das politische Antlitz Deutschlands festschrieb.

Epilog: Die Souveränität als Hypothek

Am Ende der diplomatischen Mission stand zwar ein definierter politischer Erfolg: die Fortexistenz der hohenzollerischen Staaten, doch endete das Schauspiel eigentlich ohne die Lösung der eingangs angedeuteten Probleme. Einen wirklichen Zuwachs hatte Hohenzollern-Hechingen lediglich durch die oberschwäbische Herrschaft Hirschlatt erfahren. Da dieser Besitz aber allzu weit vom Territorium entfernt lag, verhandelte Fürst Hermann mehrere Jahre mit Württemberg um einen Verkauf, der unter seinem Sohn Fürst Friedrich im Jahr 1813 zustande kam. Der Verkaufserlös von 140.000 fl. verminderte die Schuldenlast das Hauses zwar um annähernd ein Viertel, doch schrumpfte das Territorium damit wieder auf seine Gestalt von vor 1803. In einem Zwergstaat ohne jegliche Entwicklungsmöglichkeit, der seine seit dem 16. Jh. angehäuften Probleme ins 19. Jh. fortschrieb, bedeutete die viel beschworene Souveränität auch keinen Trost.
Die Schuldenlast des Fürstenhauses war weiterhin enorm. Im Land herrschte bittere Armut. In den 40er-Jahren standen mehrere Gemeinden am Rande des Bankrotts. Ein ganzer Landstrich, das Killertal, suchte im kollektiv betriebenen Hausierhandel einen ökonomischen Ausweg, der gerade in napoleonischer Zeit einen ersten Aufschwung erfuhr und sich langfristig als wirtschaftliche Alternative erweisen sollte.[19] Die Konkurrenz der jüdischen Händler, die in großer Zahl in Hechingen lebten (1842: 809 von 3.389 Einwohnern), sorgte indes für Konflikte und einen latenten Antisemitismus. Das Land blieb in seinen wirtschaftlichen, sozialen und politischen Verhältnissen rückständig. Der Landesvergleich von 1798 konnte als eine Art Verfassung gelten, so dass Fürst Friedrich Hermann Otto († 1838) und nach ihm sein Sohn Friedrich Wilhelm Konstantin (1801–1869) in diese Richtung keinerlei Anstrengungen unternahmen. Zwar bestand 1835/36 vorübergehend ein Landtag, eine eigentliche Verfassung brachte aber erst das Revolutionsjahr von 1848. Im März 1848 brach die Revolution mit einer gewaltigen Eruption »von unten« aus, wurde dann aber von dem gemäßigten, konstitutionell ausgerichteten Pfarrer Blumenstetter in moderate Bahnen gelenkt. Die Märzrevolte trug den Charakter eines Bauernaufstandes und bewegte sich in der Tradition der altständischen Untertanenerhebungen. Dies und das Fehlen eines republikanischen Elements im Bürgertum belegen schlaglichtartig die Rückständigkeit dieses Territoriums annähernd 50 Jahre nach dem RDH. Der gekränkte und enttäuschte Fürst nahm die Erhebung seiner Untertanen zum Anlass, um abzudanken und sein Land 1850 an Preußen abzutreten.[20]
In Hohenzollern-Sigmaringen gestalteten sich die Verhältnisse nach 1806 zwar besser. Das Land hatte sich flächenmäßig deutlich vergrößert, und auch die Bevölkerungszahl hatte sich auf ca. 32.000 verdoppelt. Es herrschte keine dem Hechinger Fürstentum ver-

gleichbare Not, und es bestanden keine eigentlichen sozialen Konflikte. Dennoch gab es vernehmlichen Unmut über die Politik des Fürsten, der das Säkularisationsgut von 1806 seinem privaten Domänenbesitz einverleibt hatte. Selbst auf höchster Ebene kritisierte ein Regierungsrat Mock, dass *die Rheinbunds-Acte das Fürstenhaus größer, mächtiger und reicher – das Land aber unfreier und ärmer gemacht* habe.[21] Die Domänenfrage sollte bis in die 48er Revolution hinein Gegenstand der politischen Auseinandersetzungen bleiben. In Sigmaringen und den wenigen Landstädten entwickelte sich ein aufgeklärtes liberales Bürgertum, das schon früh nach einer Vefassung verlangte. Fürst Anton Aloys verstand diese Forderung jedoch bis zu seinem Tod 1831 hinauszuzögern. Erst Fürst Karl berief nach seinem Regierungsantritt eine Ständeversammlung ein, die 1833 eine Verfassung auf den Weg brachte. Trotz der Einbeziehung der liberalen Opposition in der Sigmaringer Ständevertretung kam es in Sigmaringen im März 1848 zur Revolution, die zeitweilig, personifiziert in dem Advokaten Karl Würth, eine kraftvolle republikanische Komponente entfaltete. Auch in Sigmaringen bewog die Revolution den Fürsten Karl zur Resignation.[22]

Die 48er-Revolution führte beiden Fürsten vor Augen, dass die von ihnen regierten Kleinstaaten nicht mehr zeitgemäß waren in dem Sinne, dass sie wirtschaftlich und sozial nicht in der Lage waren, den anstehenden Modernisierungsprozess zu bewältigen. Im Grunde hatten sich beide Staaten aber schon in der Zeit um 1800 überlebt. Und es gibt Andeutungen, dass den handelnden Personen diese Tatsache durchaus bewusst war. Erbprinz Friedrich, der befürchtete, lediglich eine der zahlreichen »Hoheitsnullen« zu werden, wäre um 1806 durchaus bereit gewesen, auf seine Hoheitsrechte zu verzichten, das Hechinger Fürstentum Württemberg zu überlassen und beispielsweise in Schlesien ein Fürstentum zu regieren. Und Karl v. Hohenzollern-Sigmaringen kam spätestens im Revolutionsjahr 1849 zur Einsicht: *Offenbar werden die kleinen Fürsten nicht nur als überflüssig angesehen werden, sondern selbe dürften auch in der Wirklichkeit und vollen Wahrheit entbehrlich und nutzlos sein.*[23] Das napoleonische Geschenk der vollen Souveränität war also nicht nur Gunst, sondern auch Hypothek, die die Region um 50 Jahre Entwicklungsmöglichkeit gebracht hat. Die Revolution und die Abdankung der Fürsten bedeutete für die beiden hohenzollerischen Staaten zugleich die nachgeholte territoriale Revolution, die ihnen 1803 vorenthalten worden war.

Auch wenn die beiden Erbprinzen Friedrich und Karl ihren Anteil an der Politik und am diplomatischen Erfolg der Jahre 1800 bis 1806 hatten, so besteht doch kein Zweifel daran, dass der Kampf um das politische Überleben und die Souveränität Hohenzollerns in erster Linie der Kampf ihrer beider Väter war. Die zentrale und wahrscheinlich entscheidende Rolle in diesem Kampf spielte aber die Fürstin Amalie Zephyrine. Die Beschäftigung mit dieser Phase der hohenzollerischen Geschichte führt unwillkürlich zur Beschäftigung mit der Frage nach dem Verhältnis von Strukturgeschichte und Personengeschichte. Sicherlich hätte Heinrich v. Treitschke seine Freude an dieser Episode gehabt, auch wenn er sein berühmtes Diktum »Männer machen die Geschichte« hier einmal zugunsten einer Frau hätte abwandeln müssen.

Nach heutiger Erkenntnis gestaltet sich Geschichte als ein dialektischer Prozess aus allgemeiner Strukturgeschichte und individueller/n Biographie(n). Der Gegensatz zwischen Treitschkes historistischem Ansatz und der materialistischen Sicht, wonach die Verhältnisse den Menschen prägen, existiert nur scheinbar, denn in Wirklichkeit machen die Menschen die Strukturen und werden gleichzeitig von diesen geprägt.[24]

Die Frage ist nur, in welchem Maße in diesem dialektischen Prozess der/die einzelne zum Zuge kommt und Geschichtsmächtigkeit erlangt. Im Fall der hohenzollerischen Krise um 1800 fragt sich, aus welcher Quelle die hohenzollerische Diplomatie die Kraft und die Energie schöpfte, um sich erfolgreich einer »zwingenden« Entwicklung entgegenzustemmen, der andere Fürsten einfach ihren Lauf ließen. Und man schwankt durchaus zwischen der Bewunderung für die enorme persönliche Leistung der hier vorgestellten Protagonisten und dem Bedauern über die verpasste historische Chance von 1803.

Insgesamt kann man sich der Erkenntnis nicht entziehen, dass jenseits der politischen Problemstellung die gestörten Familienverhältnisse im Haus Hohenzollern-Sigmaringen und die emotionale Dynamik zwischen den Familienmitgliedern ein wichtiges Motiv

für ihr jeweiliges Engagement lieferten. Mit ihrem Einsatz zur Rettung der Fürstentümer leistete die Fürstin eine Art Wiedergutmachung an ihre Familie, überdies gelang ihr damit die Zusammenführung ihrer Familie, wenn auch nicht emotional, so doch formal: Die fürstliche Familie lebte fortan in Sigmaringen in weitestgehender Distanz zueinander in einem souveränen Fürstentum, in dem man sich nicht allzu sehr aus dem Weg gehen konnte.

[1] Baden und Württemberg im Zeitalter Napoleons, Ausstellung des Landes Baden-Württemberg. Bde 1.1., 1.2. u. 2. Stuttgart: Württembergisches Landesmuseum 1987, hier Bd. 1.1 (Katalog), 351f.

[2] Grundlegend *Wilfried Schöntag*, Die Herrschaftsbildungen der Grafen von Zollern vom 12. bis zur Mitte des 16. Jhs., in: ZHG 32 (1996), 167–228; zu Hohenberg s. neuerdings *Bernhard Rüth/Andreas Zekorn* (Hgg.), Graf Albrecht II. und die Grafschaft Hohenberg. Tübingen 2001.

[3] *Peter Manns*, Geschichte der Grafschaft Zollern im 15. und 16. Jh. (1401–1605). Hechingen 1897; *Casimir Bumiller*, Studien zur Sozialgeschichte der Grafschaft Zollern im Spätmittelalter. Sigmaringen 1990.

[4] *Wolfram Ulshöfer*, Das Hausrecht der Grafen von Zollern. Sigmaringen 1969; *Walter Bernhardt*, Die hohenzollerische Erbteilung im Jahre 1576, in: ZHG 12 (1976), 9–28.

[5] *Julius Cramer*, Die Grafschaft Hohenzollern 1400 bis 1850. Ein Bild deutscher Volkszustände. Stuttgart 1873, 3. Buch; *Ulrich Bergemann*, Die Geschichte der landesherrlichen Jagdhoheit in der Grafschaft Zollern, in: Hohenzollerische Jahreshefte 24 (1964), 133–296; *Eberhard Elbs*, Owingen 1584. Der erste Aufstand in der Grafschaft Zollern, in: ZHG 17 (1981), 9–127; *Winfried Schulze*, Bäuerlicher Widerstand und feudale Herrschaft in der frühen Neuzeit. Stuttgart 1980, 178ff, 192ff, 208 ff, 214ff.

[6] *Casimir Bumiller*, Die Grafschaften und Fürstentümer Hohenzollern, in: Hexen und Hexenverfolgung im deutschen Südwesten. Ausstellung im Badischen Landesmuseum Karlsruhe. Aufsatzband, hg. von *Sönke Lorenz*. Ostfildern: Cantz 1994, 259–272.

[7] *Volker Press*, Der hohenzollern-hechingische Landesvergleich von 1798. Reichsrecht und Untertanenvertretung im Zeichen der Französischen Revolution, in: ZHG 14 (1987), 77–108; *Ders.*, Von den Bauernrevolten des 16. Jhs zur konstitutionellen Verfassung des 19. Jhs. Die Untertanenkonflikte in Hohenzollern-Hechingen und ihre Lösungen, in: *Hermann Weber* (Hg.), Politische Ordnungen und soziale Kräfte im Alten Reich. Wiesbaden 1980, 85–112.

[8] *Fritz Kallenberg*, Hohenzollern. Stuttgart 1996, 93–114; *Andreas Zekorn*, Zwischen Habsburg und Hohenzollern. Verfassungs- und Sozialgeschichte der Stadt Sigmaringen im 17. und 18. Jh. Sigmaringen 1996.

[9] Die Erarbeitung der hohenzollerischen Geschichte in napoleonischer Zeit verdanken wir im wesentlichen *Fritz Kallenberg*, Die Fürstentümer Hohenzollern am Ausgang des Alten Reiches. Ein Beitrag zur politischen und sozialen Formation des deutschen Südwestens. Masch. Diss. Tübingen 1961 (2 Bde.); *Ders.*, Die Fürstentümer Hohenzollern im Zeitalter der Französischen Revolution und Napoleons, in: ZGO 111 (1963), 357–472; *Ders.*, Hohenzollern. Stuttgart 1996, 88–93 und 114–121; *Wilfried Schöntag*, »... dass die Rheinbunds-Acte das Fürstenhaus größer, mächtiger und reicher – das Land aber unfreier und ärmer gemacht hat ...« Die Fürstentümer Hohenzollern-Hechingen und Hohenzollern-Sigmaringen im Zeitalter Napoleons, in: Baden und Württemberg im Zeitalter Napoleons (wie Anm. 1), Bd. 2 (Aufsätze), 81–102.

[10] *Otto H. Becker*, Der ehemalige Besitz des Hauses Hohenzollern-Sigmaringen in den Niederlanden, in: HH 39 (1989), 33–38.

[11] *Fritz Kallenberg*, Fürstin Amalie Zephyrine von Hohenzollern-Sigmaringen, in: *Ders.*, Hohenzollern (wie Anm. 8), 452–459; *Maren Kuhn-Rehfus*, Der Prinzenbau in Sigmaringen. Versuch einer Baugeschichte, in: ZHG 15 (1979), 155–171; Baden und Württemberg im Zeitalter Napoleons (wie Anm. 1), 357.

[12] Baden und Württemberg im Zeitalter Napoleons (wie Anm. 1), 356.

[13] 1200 Jahre Rangendingen. Hechingen 1995, 192–201.

[14] St. Luzen in Hechingen, hg. von *Hans-Jörg Mauser/Rudolf Schatz*, mit Beiträgen von *Eberhard Gönner/Wolfgang Noeske*, Stuttgart 1991, 31–36.

[15] *Casimir Bumiller*, Wilflingen. Ein Geschichts- und Heimatbuch. Horb a. N. 1994, 136–138.

[16] *Paul Sauer*, Heiraten aus Staatsräson. Napoleon und seine Beziehungen zu den Regentenhäusern Badens, Württembergs und Hohenzollerns, in: Baden und Württemberg im Zeitalter Napoleons (wie Anm. 1), Bd. 2, 55–80, bes. 76–78.

[17] *Kallenberg*, Hohenzollern (wie Anm. 8), 120f.

[18] Zum folgenden Ebd., 135–142.

[19] *Casimir Bumiller*, Auf der Reise. Skizzen zu einer Geschichte des Hausierhandels im Killertal, in: Beiträge zur Volkskunde in Baden-Württemberg 5 (1993), 7–63.

[20] *Kallenberg*, Hohenzollern (wie Anm. 8), 151–154; *Bumiller*, Auf der Reise (wie Anm. 19), 43–46; *Ders.*, »Es lebe die Freiheit und unser Fürst«: Die Rolle der Revolution von 1848 in der hohenzollerischen Geschichte, in: *Hans-Georg Wehling/Angelika Hauser-Hauswirth* (Hgg.), Die großen Revolutionen im deutschen Südwesten. Stuttgart 1998, 76–78; *Ders.*, Die 48er Revolution in Hohenzollern mentalitätsgeschichtlich betrachtet, in: ZHG 35 (1999), 93–100.

[21] *Kallenberg*, Hohenzollern (wie Anm. 8), 149.

[22] Ebd., 146–149.

[23] Ebd., 92, 140f. und 154.

[24] *Gert Zang*, Die unaufhaltsame Annäherung an das Einzelne. Reflexionen über den theoretischen und praktischen Nutzen der Regional- und Alltagsgeschichte. Konstanz 1985, 62; *Andreas Gestrich*, Sozialhistorische Biographieforschung, in: *Ders.* (Hg.), Biographie – sozialgeschichtlich. Göttingen 1989, 5–28; *Hedwig Röckelein*, Der Beitrag der psychohistorischen Methode zur »neuen Biographie«, in: *Dies.* (Hg.), Biographie als Geschichte. Tübingen 1993; *Casimir Bumiller*, Zur Biographik der »kleinen Leute«, in: *Gisela Wilbertz/Jürgen Scheffler* (Hgg.), Biographieforschung und Stadtgeschichte. Lemgo in der Spätphase der Hexenverfolgung. Bielefeld 2000, 29–42, bes. 30–32.

Schmerzlich ist es für uns, die Hoheits Rechte zu verliehren ...

Die Mediatisierung der Fürsten und Grafen von Löwenstein-Wertheim

von Harald Stockert

Mit der Gründung des Rheinbundes im Jahr 1806 und der dabei beschlossenen Mediatisierung zahlreicher kleiner Adelsgeschlechter ging auch für die Fürsten und Grafen von Löwenstein-Wertheim ihre mehr als drei Jahrhunderte währende Zeit als Reichsstand zu Ende.[1] Die Geschichte dieses Hauses begann im 15. Jh. mit der Eheverbindung des pfälzischen Kurfürsten Friedrich des Siegreichen mit der Augsburger Bürgertochter Klara Tott, aus der mit Graf Ludwig von Löwenstein der Stammvater der späteren Löwenstein-Wertheimer hervorging. Seine Stammbesitzung, die Grafschaft Löwenstein, fiel in Folge des Landshuter Krieges 1504/05 bereits nach wenigen Jahrzehnten dauerhaft unter württembergische Oberhoheit. Seinen Nachkommen jedoch gelang es dank erfolgreicher Heiraten und Erbschaften, sich dauerhaft am Untermain, im Spessart und im Odenwald festzusetzen. Die reichsunmittelbare Grafschaft Wertheim wurde Mitte des 16. Jhs. die namensgebende und wichtigste Besitzung des jungen Grafengeschlechtes. Die konfessionellen Wirren des beginnenden 17. Jhs. schlugen sich auch im Hause Löwenstein-Wertheim nieder, das sich dadurch in die katholische Löwenstein-Wertheim-Rocheforter bzw. protestantische Löwenstein-Wertheim-Virneburger Linie spaltete. Zwar hatten beide Linien noch lange Zeit in der gemeinsam regierten Grafschaft Wertheim ihren Sitz; die übrigen ererbten Besitzungen wurden jedoch aufgeteilt, und auch politisch ging man getrennte Wege. Erfolge konnte hierbei vor allem die katholische Linie verbuchen, der es im Dienst des Kaisers 1711/12 gelang, zu Fürsten aufzusteigen und sich dank kaiserlicher Protektion in Böhmen ein zweites territoriales Standbein zu schaffen. Ende des 18. Jhs. verfügte die fürstliche Löwenstein-Wertheim-Rocheforter Linie über vergleichsweise umfangreiche Besitzungen, die allerdings quer über die Landkarte Mitteleuropas verteilt waren – von den Gütern in Böhmen über die Kernterritorien am Untermain und im Odenwald (Grafschaft Wertheim, Herrschaft Breuberg, Herrschaft Rosenberg), um die Reichsstadt Hall (Anteil an der Grafschaft Löwenstein) bis zu landsässigen Herrschaften links des Rheines, in der Pfalz (Herrschaft Scharfeneck), im Elsaß (Herrschaft Püttlingen) sowie in den österreichischen Niederlanden (verschiedene Herrschaften in den Ardennen).[2] Eine ähnliche Besitzzersplitterung gab es auch bei der gräflichen Löwenstein-Wertheim-Virneburger Linie. Allerdings war ihr Besitz an Umfang und Ertrag weitaus geringer – er beschränkte sich auf die Anteile an den Grafschaften Wertheim, Löwenstein und Limpurg sowie auf die reichsunmittelbare Grafschaft Virneburg in der Eifel, die der Linie ihren Namen gab.

Nutznießer der Säkularisation

Aufgrund ihrer linksrheinischen Gebiete gerieten die Löwenstein-Wertheimer bereits 1789 in Kontakt mit der revolutionären Entwicklung in Frankreich. Die Aufhebung der adeligen Vorrechte motivierte 1792 die Löwenstein-Wertheim-Rocheforter Linie als einzigen unter den Reichsständen, einen Entschädigungsvertrag mit dem Königreich für die verlorenen Rechte in der Grafschaft Püttlingen zu schließen.[3] Dieser Vertrag wurde allerdings durch die weitere

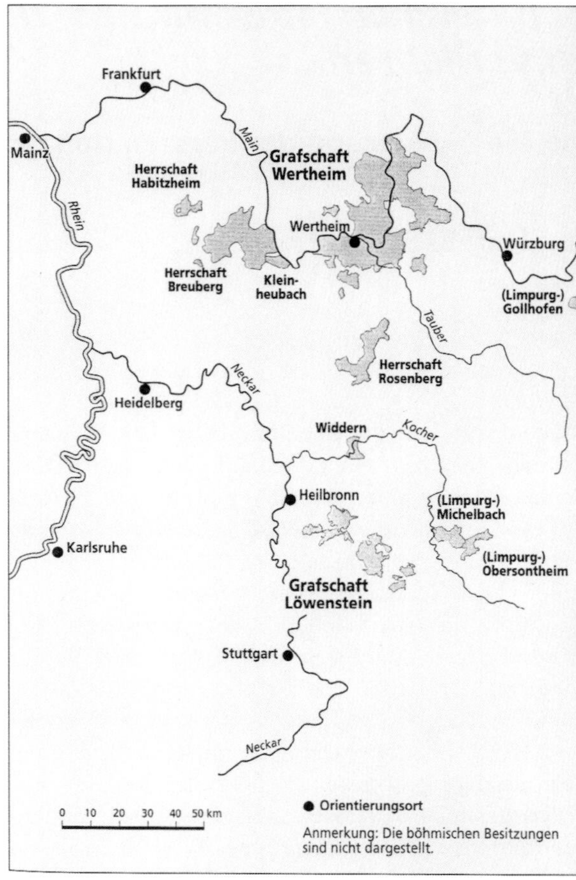

Besitzungen und Territorien des Hauses Löwenstein-Wertheim vor 1803
Aus: Harald Stockert, Adel im Übergang. Die Fürsten und Grafen von Löwenstein-Wertheim zwischen Landesherrschaft und Standesherrschaft 1780–1850. Stuttgart 2000, 129. (Veröff. d. Komm. f. gesch. Landeskunde in B.-W. Reihe B; 144)

Entwicklung hinfällig. Die Festsetzung Frankreichs am Rheinufer schnitt das Haus Löwenstein-Wertheim endgültig von seinen linksrheinischen Herrschaften ab. Die Bekanntgabe der französischen Forderung, weltliche Reichsstände für ihre Gebietsverluste mit säkularisierten geistlichen Territorien zu entschädigen, nahmen auch die Löwenstein-Wertheimer zum Anlass, bei Frankreich um umfangreiche Entschädigungen zu buhlen. Während man sich auf dem Rastatter Kongress (1797/99) nach außen hin noch Zurückhaltung auferlegt hatte, ging man nach dem Sieg Frankreichs im Zweiten Koalitionskrieg offensiver zu Werke.[4]

Dass die Löwenstein-Wertheimer dabei eine Entschädigung erhielten, verdankten sie allerdings weniger ihrem geschickten diplomatischen Vorgehen als vielmehr glücklichen Umständen. Beide Linien schickten bereits im Frühjahr 1801 mit den Räten v. Feder und v. Städel eine gemeinsame Delegation nach Paris. Diese erlitt dort jedoch recht bald Schiffbruch. Sie hatte nicht nur mit der enormen Konkurrenz anderer Reichsstände zu kämpfen, ein weiteres Hindernis war zudem die Unwissenheit der französischen Verhandlungspartner über die Reichsverfassung im allgemeinen und die fränkischen Regionalverhältnisse im besonderen. Noch mehr behindert wurde ihre Mission jedoch durch die Entwicklung in den löwensteinischen Residenzen. Dort wurden bereits nach kurzer Zeit Zweifel über den Sinn der Mission wach. Im August 1801 schließlich wurden die beiden aus Kostengründen abberufen. Die diplomatische Vertretung der Löwensteiner wurde einem Pariser Agenten übertragen, der zwar das gebotene Salär gerne einstrich, den Kontakt nach Wertheim hingegen schon bald abbrach. Von der Mitte des Jahres 1801 bis Mitte 1802 waren die Löwenstein-Wertheimer nicht auf der diplomatischen Bühne vertreten. Dank einer gerade noch rechtzeitigen diplomatischen Offensive und dank großzügiger Bestechungsgelder gingen sie dennoch erfolgreich aus dem Entschädigungsgeschäft hervor. Immer wieder wird in der Literatur erwähnt, die Löwensteiner hätten von einer Schulfreundschaft des Fürsten Dominik Konstantin zum französischen Außenminister Talleyrand profitiert. Diese Behauptung, die auf den Ritter v. Lang zurückgeht, ist ins Reich der Legende zu verweisen.[5] Viel wichtiger war in diesem Zusammenhang der Kontakt zum französischen Delegationsmitglied bei der Reichsdeputation in Regensburg, Jacques Mathieu. Dieser kannte die Situation der kleinen Reichsstände als ehemaliger hohenlohischer Rentmeister in der Herrschaft Oberbronn im Elsaß sehr gut und zeigte sich den Löwensteinern besonders gewogen, da seine Schwester in der Residenz Kleinheubach als Erzieherin beschäftigt war.[6]

Dank seines nicht unentgeltlichen Einsatzes wurden den Löwenstein-Wertheimern im RDH ansehnliche Gebiete zugesprochen. Und obgleich sie sich offiziell über die geringe Entschädigung beklagten und noch

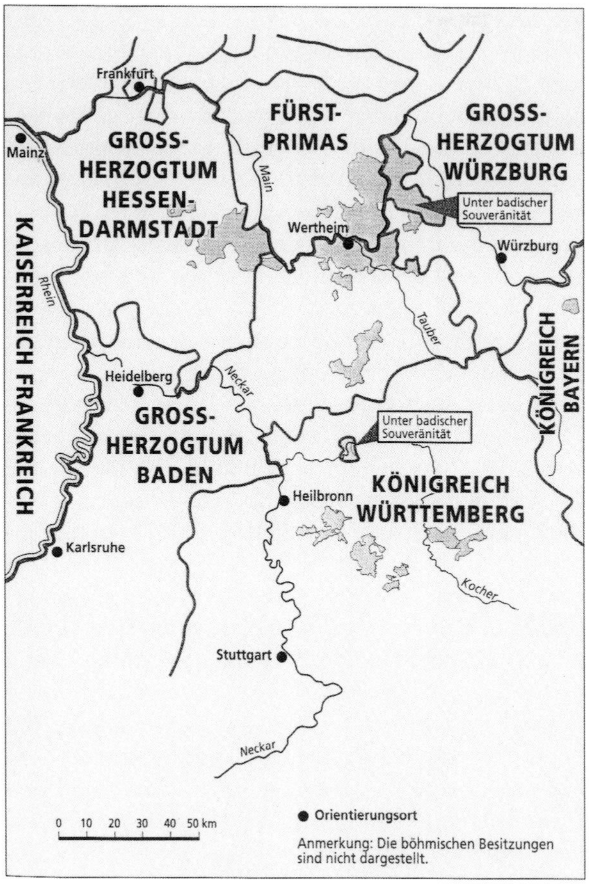

Besitzungen des Hauses Löwenstein-Wertheim nach 1806
Aus: Harald Stockert, Adel im Übergang. Die Fürsten und Grafen von Löwenstein-Wertheim zwischen Landesherrschaft und Standesherrschaft 1780–1850. Stuttgart 2000, 153. (Veröff. d. Komm. f. gesch. Landeskunde in B.-W. Reihe B; 144)

mehr Gebiete forderten, beglückwünschten sie sich intern zum *Uebermas der Löwensteinischen Entschädigungen.*[7] Zwar waren die Fläche und auch die Zahl der Untertanen der verlorenen linksrheinischen Herrschaften größer als die der Entschädigungslande gewesen, hinsichtlich ihrer geographischen Lage, ihres rechtlichen Charakters und vor allem ihrer wirtschaftlichen Potenz jedoch waren die neuen Besitzungen weitaus wertvoller. Durch den Gewinn des großen würzburgischen Amtes Rothenfels mit dem Kloster Neustadt, der mainzischen Ortschaften um Freudenberg, der Stifte Triefenstein und Grünau und nicht zuletzt des reichen Klosters Bronnbach konnten die löwensteinischen Territorien am Untermain geographisch konzentriert werden. Überdies waren sämtliche neuen Besitzungen reichsunmittelbar – im Gegensatz zu den verlorenen linksrheinischen Gebieten, die ja überwiegend landsässig gewesen waren. Ein besonderes Schnäppchen war das Entschädigungsgeschäft aber in wirtschaftlicher Hinsicht: Die neuen Besitzungen brachten mehr als doppelt so viel jährliche Einnahmen ein wie die verlorenen – ein Faktum, das man freilich nicht gerne zugab. Mit den neuen Einnahmen war allerdings auch die Übernahme umfangreicher Schulden und künftiger Belastungen in der Höhe von rund 1,6 Millionen fl. verbunden. Diese resultierten aus Altschulden des Kurfürstentums Mainz und des Hochstifts Würzburg, vor allem aber aus den zu erwartenden Pensionszahlungen für die Geistlichen der säkularisierten Klöster.

Kampf gegen die Mediatisierung

Die territoriale Konsolidierung der Besitzungen bot erstmals die Gelegenheit, die bislang äußerst heterogenen löwensteinischen Territorien fester zu vereinigen, die Verwaltung zu modernisieren und Herrschaft zu intensivieren. Der RDH eröffnete damit den Löwenstein-Wertheimern neue, durchaus perspektivenreiche Möglichkeiten zur Staatsbildung. Diese nutzten sie allerdings nur halbherzig. Nach wie vor gingen die Fürsten und Grafen davon aus, dass die Erschütterung der Reichsverfassung nur vorübergehend sei und keineswegs das Ende des Reiches drohe. Innenpolitisch war man auf Kontinuität bedacht. Die Integration der gewonnenen Gebiete wollte man in erster Linie erreichen, indem die Verwaltungsstrukturen der alten Besitzungen auf die neuen übertragen wurden. Dabei beließ man das Personal vor Ort größtenteils im Amt, um so die Kontinuität zu sichern. Eine von den führenden Beamten in Aussicht genommene Reform der Regierung des löwensteinischen Staatswesen scheiterte allerdings am Widerstand der Regenten, die nicht bereit waren, Kompetenzen abzutreten. Um die übernommenen Schulden und Lasten bedienen zu können, entschloss man sich zu einer großen Umschuldungsaktion, die das löwensteinische Staatswesen langfristig auf eine neue Grundlage stellen sollte.

Die innenpolitisch gepflegte Kontinuität in den Löwensteiner Territorien täuschte jedoch nicht darüber hinweg, dass nach dem RDH außen- und reichspolitisch keineswegs Stabilität herrschte. Dies wurde auch in den löwensteinischen Residenzen erkannt: *Die Mindermächtigen Stände hätten ihre Erhaltung nur einzig und allein so lange zu hoffen, als die leyder sehr baufällige Constitution des teutschen Reichs aufrecht stehen bleibe; falle diese zusammen, so würden die mindermächtigeren unfehlbar ein Raub der mächtigeren Nachbarn werden und der erste Grundsatz in der Politique der mindermächtigen Stände müße also seyn, sich fest an die teutsche Constitution anzuschmiegen, und sich nicht den geringsten Schritt zu erlauben, welcher nicht mit dieser Constitution genau übereinkäme.*[8] Mit diesen Worten beschrieben die fürstlichen Beamten Ende 1803 ihrem Dienstherren ihre Einschätzung der politischen Lage. Treue zu einer Verfassung, die sehr ins Wanken geraten war, sollte künftig die Devise sein. Doch dieser Vorsatz war leichter formuliert als praktiziert.

Eine erste Bewährungsprobe für die geforderte Verfassungstreue brachte Ende 1803 der sogenannte *Rittersturm*.[9] Große Territorien fielen über die kleinen Ritterbesitzungen her und erklärten sie für annektiert. Bayern fungierte als Schrittmacher, es folgten Württemberg, Hessen-Darmstadt und schließlich auch die kleinen Reichsfürsten und Reichsgrafen wie Hohenlohe, Salm-Krautheim und letztlich auch die Löwenstein-Wertheimer. Obwohl ihnen bewusst war, dass dies *im Grunde nichts anderes als Ausübung des Rechts der Stärkern gegen einen Schwachen war, welches, wenn es so fort gehen sollte, in kurzem auch gegen mindermächtige Reichsstände unfehlbar würde ausgeübt werden*[10], besetzten sie mehrere ritterschaftliche Orte. Ein Urteil des Reichshofrats von 1804 rettete ein letztes Mal die Ritterschaft; die Besetzer mussten sich aus deren Dörfern wieder zurückziehen. Dieser Vorfall zeigte eindrücklich, dass bei den Löwenstein-Wertheim wie bei anderen kleinen Reichsständen allen Verfassungsschwüren zum Trotz egoistische Interessen und die Angst, bei neuen Gebietsverteilungen zu kurz zu kommen, die Politik ihrer Häuser bestimmte.

Ähnliches ist auch zum Scheitern der sog. *Frankfurter Union* zu sagen.[11] Bereits 1803 hatten sich auf Initiative des Grafen v. Solms-Laubach und des löwensteinischen Kammerpräsidenten v. Feder über ein Dutzend mindermächtiger Reichsstände zusammengeschlossen. Zu ihnen gehörten neben Löwenstein-Wertheim unter anderem auch Leiningen, Oettingen, Hohenlohe, Erbach und Sayn-Wittgenstein. Ziel war die *verfassungsmässige Selbsterhaltung* ihrer Mitglieder, die nur im Rahmen einer weiterhin bestehenden Reichsverfassung garantiert werden konnte.[12] Um dies zu erreichen, sollte bei Napoleon in Paris und beim Kaiser in Wien eine gemeinsame Interessenvertretung errichtet werden. Doch das Bündnis scheiterte an der mangelnden Einsatzbereitschaft der kleinen Fürsten und Grafen für die gemeinsamen Interessen. Nur ein Teil der mindermächtigen Reichsstände war überhaupt bereit, der Union beizutreten, und nur ein kleiner Teil der Mitglieder war bereit, die beschlossenen finanziellen oder militärischen Beiträge zu leisten. Symptomatisch war auch die Politik des gemeinsam in Paris unterhaltenen Gesandten Greuhm. Dieser, ein leiningischer Geheimrat, tat dort nichts anderes, als für die Interessen seines Fürsten zu werben, anstatt die Union zu vertreten. Wie gesagt, sein Verhalten war symptomatisch – auch den löwensteinischen Landesherren war *das eigene Hemd näher als der gemeinsame Rock*, wie schon v. Feder 1803 beklagte.[13] Entsprechend desillusioniert fiel 1806 die Bilanz über dieses Bündnis aus: *Leider aber habe man es* [...] *bloß bey der Errichtung dieser Union bewenden laßen – ohne sie zu organisieren, den blosen Namen für die That angenommen und so gar scheinen von einigen Unions Mitgliedern gegen ihre eigene Genoßen in Paris stark cabbalirt zu werden.*[14] Im Frühjahr 1806, als sich die politische Lage für die kleinen Fürsten und Grafen zusehends zuspitzte, brach das Bündnis endgültig auseinander.

Während andere mindermächtige Reichsstände wie Leiningen sich gütlich mit den neuerstarkten Mittelstaaten arrangierten, suchten die Löwenstein-Wertheimer ihre Rettung in der Verwirklichung eines alten Projektes: In Verhandlungen mit dem französischen Gesandten wollten sie erreichen, dass ihr Haus offiziell als bayerischer Familienzweig anerkannt werden sollte. Wiederholt hatten die Löwensteiner in der Vergangenheit Anstrengungen in diese Richtung unternommen.[15] Was früher vor allem eine Prestigeangelegenheit gewesen war, wurde nun der letzte Rettungsanker, um der Mediatisierung zu entgehen.[16]

Doch was die Löwenstein-Wertheimer in den vergangenen zwei Jahrhunderten nicht zuwege gebracht hatten, konnte der nach München entsendete Rat v. Städel 1806 innerhalb weniger Wochen auch nicht erreichen. Seine Forderungen, dass die Löwenstein-Wertheimer zu Herzögen von Bayern ernannt, sie im Hause Wittelsbach sukzessionsberechtigt und von einer Mediatisierung ausdrücklich ausgeschlossen werden sollten, stießen bei Frankreich und auch bei Bayern auf taube Ohren. Auch eine nochmalige Reise nach Paris brachte nichts mehr ein. Napoleon und die Mittelstaaten waren entschlossen, mit der Reichsverfassung endgültig zu brechen. Ende Mai stellten daher die Löwensteiner Landesherren und ihre Beamten resigniert ihre Bemühungen ein, der Mediatisierung zu entgehen. Lediglich der ehrgeizige Erbgraf Georg v. Löwenstein-Wertheim-Virneburg wollte sich nicht dem Schicksal fügen. Er versuchte noch im August 1806, zu Napoleon nach Paris zu reisen, mit der Absicht, diesem die löwensteinischen Besitzungen als Lehen aufzutragen und im Gegenzug in den Rheinbund aufgenommen zu werden. Doch mit diesem Plan, der nicht mit den regierenden Fürsten und Grafen des Hauses abgesprochen war, scheiterte er bereits bei der Einreise nach Frankreich.

Unter neuer Herrschaft – Die Löwenstein-Wertheimer während der Rheinbundzeit

Der am 12. Juli 1806 unterzeichnete Rheinbund beendete die Epoche der Löwenstein-Wertheimer als Reichsstände. Ihre Gebiete wurden unter sechs souveränen Rheinbundstaaten aufgeteilt. Die Kernterritorien am Untermain mit der Grafschaft Wertheim, der Herrschaft Rosenberg und den im RDH erworbenen Besitzungen fielen an das Großherzogtum Baden (Gebiete links des Mains) bzw. an den Staat des neuen Fürstprimas Karl Theodor v. Dalberg (Gebiete rechts des Mains); die Odenwaldherrschaften Breuberg und Habitzheim wurden dem Großherzogtum Hessen-Darmstadt zugeschlagen; die limpurgischen Besitzungen dem Königreich Württemberg. Darüber hinaus fiel jeweils eine Kleinstparzelle an das Großherzogtum Würzburg bzw. an das Königreich Bayern.[17] Die Mediatisierung unter nicht weniger als sechs souveränen Staaten war in Deutschland einzigartig. Dies bedeutete für die Löwenstein-Wertheimer, dass sie den unterschiedlichsten Mediatisierungsstrategien ausgesetzt waren, mit der Folge, *daß die Parzellen eines solchen vertheilten Landes oder Amtes aus ihrer alten staatsrechtlichen Verbindung gerißen wurden, daß jede derselben eine andere staatsrechtliche Verfaßung, andere Gesetze, andere Besteuerungsnormen, ein anderes Mass und Gewichts-System erhielt, daß Institute, Hospitäler, Stiftungen, Chausee Cassen u.s.w. gewaltsam getrennt, und theils aufgelöst und theils anders gemodelt wurden.*[18]

Doch diese Entwicklung war 1806 noch nicht absehbar. Im Gegenteil, die Rheinbundakte förderte zunächst die Hoffnung, dass es eine einheitliche Behandlung der Mediatisierten geben würde. Allerdings wurde recht bald offenkundig, dass der Text nicht zuletzt aufgrund der französischen Sprache vielseitig interpretierbar war. Inhaltliche und begriffliche Unschärfen erweckten zunächst den Eindruck einer rechtlich offenen Situation im Widerstreit von staatlichem Souveränitätsanspruch und altständischen Rechtsreservaten, die die Löwenstein-Wertheimer publizistisch für sich auszunutzen suchten. In ihrer im August 1806 ausgearbeiteten und anonym veröffentlichten Druckschrift *Was ist Souveränität? und Was ist Landeshoheit? Eine bloße Skizze* vertrat die gräflich löwensteinische Regierung die These, dass die eigentlich sich widersprechenden Prinzipien der Souveränität und der Landeshoheit selbständig und getrennt voneinander auch weiterhin bestehen könnten.[19] Dieser Auffassung zufolge, die eine Zeitlang auch von Fürstprimas v. Dalberg vertreten wurde, sollten die Rheinbundstaaten lediglich in die Rechte von Kaiser, Reich und Kreis eintreten, was die oberste und höchste Staatsaufsicht, die Reichsgesetzgebung, die Reichs- und Kreispolizei, die oberste und höchste Gerichtsbarkeit, die Reichsverteidigung sowie die allgemeine Besteuerung umfasst hätte. Demgegenüber sollten die Mediatisierten ihre landeshoheitlichen Rechte innerhalb ihrer Besitzungen bis hin zum Recht, Soldaten zur Landessicherheit auszuheben und Münzen zu prägen, behalten. Mit dieser Interpretation hätte sich die Situation der Mediatisierten im Vergleich zum alten

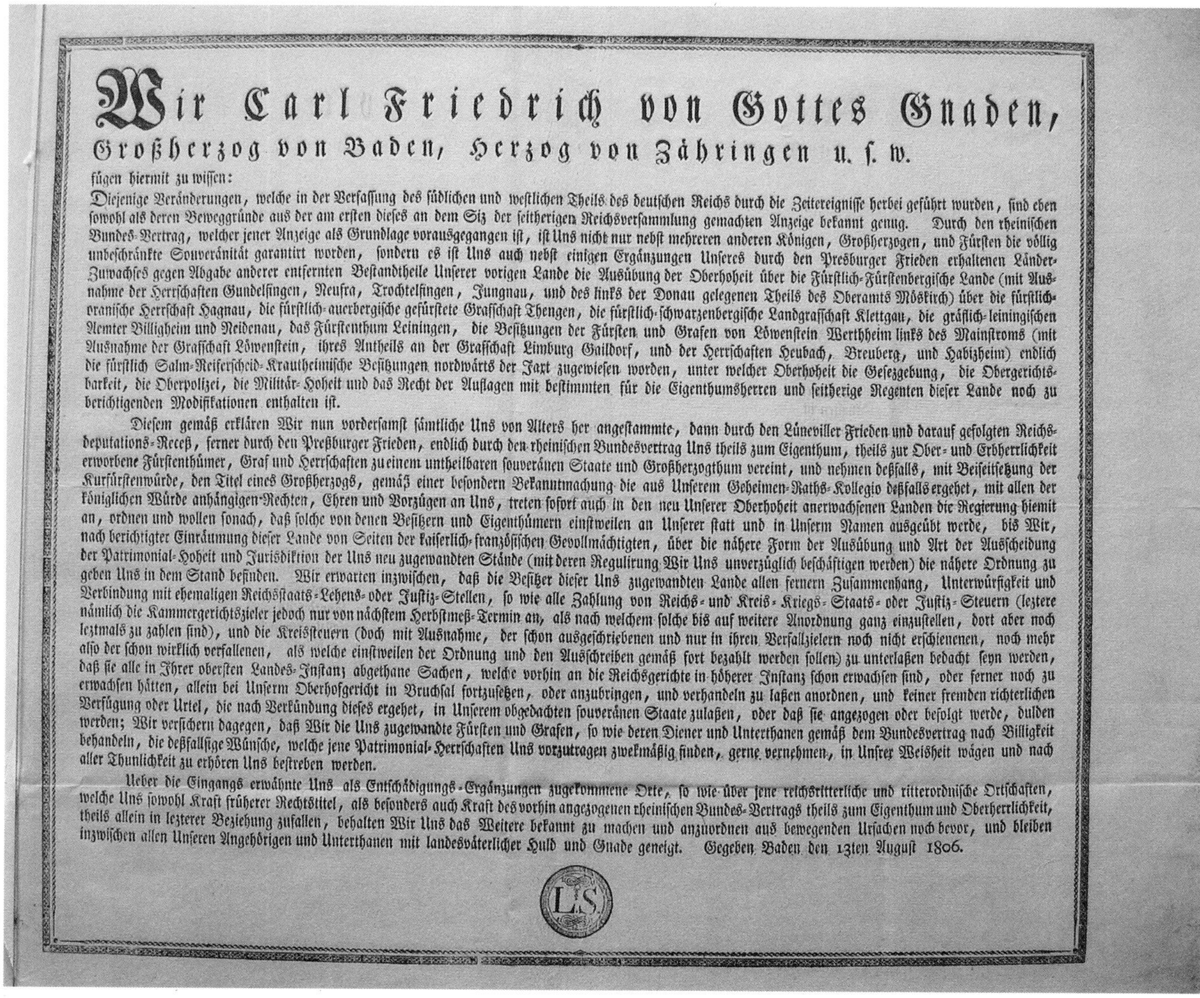

Wir Carl Friedrich von Gottes Gnaden,
Großherzog von Baden, Herzog von Zähringen u. s. w.

fügen hiermit zu wissen:

Diejenige Veränderungen, welche in der Verfassung des südlichen und westlichen Theils des deutschen Reichs durch die Zeitereignisse herbei geführt wurden, sind eben sowohl als deren Beweggründe aus der am ersten dieses an dem Siz der seitherigen Reichsversammlung gemachten Anzeige bekannt genug. Durch den rheinischen Bundes-Vertrag, welcher jener Anzeige als Grundlage vorausgegangen ist, ist Uns nicht nur nebst mehreren anderen Königen, Großherzogen, und Fürsten die völlig unbeschränkte Souveränität garantirt worden, sondern es ist Uns auch nebst einigen Ergänzungen Unseres durch den Presburger Frieden erhaltenen Länder-Zuwachses gegen Abgabe anderer entfernten Bestandtheile Unserer vorigen Lande die Ausübung der Oberhoheit über die Fürstlich-Fürstenbergische Lande (mit Ausnahme der Herrschaften Gundelfingen, Neufra, Trochtelfingen, Jungnau, und des links der Donau gelegenen Theils des Oberamts Möskirch) über die fürstlich-oranische Herrschaft Hagnau, die fürstlich-auerbergische gefürstete Grafschaft Thengen, die fürstlich-schwarzenbergische Landgrafschaft Klettgau, die gräflich-leiningischen Aemter Billigheim und Neidenau, das Fürstenthum Leiningen, die Besitzungen der Fürsten und Grafen von Löwenstein Werthheim links des Mainstroms (mit Ausnahme der Grafschaft Löwenstein, ihres Antheils an der Grafschaft Limburg Gaildorf, und der Herrschaften Heubach, Breuberg, und Habizheim) endlich die fürstlich Salm-Reiferscheid-Krautheimische Besitzungen nordwärts der Jaxt zugewiesen worden, unter welcher Oberhoheit die Gesezgebung, die Obergerichtsbarkeit, die Oberpolizei, die Militär-Hoheit und das Recht der Auflagen mit bestimmten für die Eigenthumsherren und seitherige Regenten dieser Lande noch zu berichtigenden Modifikationen enthalten ist.

Diesem gemäß erklären Wir nun vordersamst sämtliche Uns von Alters her angestammte, dann durch den Lüneviller Frieden und darauf gefolgten Reichsdeputations-Receß, ferner durch den Preßburger Frieden, endlich durch den rheinischen Bundesvertrag Uns theils zum Eigenthum, theils zur Ober- und Erbherrlichkeit erworbene Fürstenthümer, Graf und Herrschaften zu einem untheilbaren souveränen Staate und Großherzogthum vereint, und nehmen deßfalls, mit Beiseitsetzung der Kurfürstenwürde, den Titel eines Großherzogs, gemäß einer besondern Bekanntmachung die aus Unserem Geheimen-Raths-Kollegio deßfalls ergehet, mit allen der königlichen Würde anhängigen Rechten, Ehren und Vorzügen an Uns, treten sofort auch in den neu Unserer Oberhoheit anerwachsenen Landen die Regierung hiemit an, ordnen und wollen sonach, daß solche von denen Besitzern und Eigenthümern einstweilen an Unserer statt und in Unserm Namen ausgeübt werde, bis Wir, nach berichtigter Einräumung dieser Lande von Seiten der kaiserlich-französischen Gevollmächtigten, über die nähere Form der Ausübung und Art der Ausscheidung der Patrimonial-Hoheit und Jurisdiktion der Uns neu zugewandten Stände (mit deren Regulirung Wir Uns unverzüglich beschäftigen werden) die nähere Ordnung zu geben Uns in dem Stand befinden. Wir erwarten inzwischen, daß die Besitzer dieser Uns zugewandten Lande allen fernern Zusammenhang, Unterwürfigkeit und Verbindung mit ehemaligen Reichsstaats-Lehens-oder Justiz-Stellen, so wie alle Zahlung von Reichs- und Kreis- Kriegs- Staats- oder Justiz- Steuern (leztere nämlich die Kammergerichtszieler jedoch nur von nächstem Herbstmeß-Termin an, als nach welchem solche bis auf weitere Anordnung ganz einzustellen, dort aber noch leztmals zu zahlen sind), und die Kreissteuern (doch mit Ausnahme, der schon ausgeschriebenen und nur in ihren Verfallzielern noch nicht erschienenen, noch mehr also der schon wirklich verfallenen, als welche einstweilen der Ordnung und den Ausschreiben gemäß fort bezahlt werden sollen) zu unterlaßen bedacht seyn werden, daß sie alle in Ihrer obersten Landes-Instanz abgethane Sachen, welche vorhin an die Reichsgerichte in höherer Instanz schon erwachsen sind, oder ferner noch zu erwachsen hätten, allein bei Unserm Oberhofgericht in Bruchsal fortzusetzen, oder anzubringen, und verhandeln zu laßen anordnen, und keiner fremden richterlichen Verfügung oder Urtel, die nach Verkündung dieses ergehet, in Unserem obgedachten souveränen Staate zulaßen, oder daß sie angezogen oder befolgt werde, dulden werden; Wir versichern dagegen, daß Wir die Uns zugewandte Fürsten und Grafen, so wie deren Diener und Unterthanen gemäß dem Bundesvertrag nach Billigkeit behandeln, die deßfallsige Wünsche, welche jene Patrimonial-Herrschaften Uns vorzutragen zwekmäßig finden, gerne vernehmen, in Unsrer Weisheit wägen und nach aller Thunlichkeit zu erhören Uns bestreben werden.

Ueber die Eingangs erwähnte Uns als Entschädigungs-Ergänzungen zugekommene Orte, so wie über jene reichsritterliche und ritterordnische Ortschaften, welche Uns sowohl Kraft früherer Rechtstitel, als besonders auch Kraft des vorhin angezogenen rheinischen Bundes-Vertrags theils zum Eigenthum und Oberherrlichkeit, theils allein in lezterer Beziehung zufallen, behalten Wir Uns das Weitere bekannt zu machen und anzuordnen aus bewegenden Ursachen noch bevor, und bleiben inzwischen allen Unseren Angehörigen und Unterthanen mit landesväterlicher Huld und Gnade geneigt. Gegeben Baden den 13ten August 1806.

L.S.

Badisches Mediatisierungspatent, 13. August 1806
SA Wertheim.

Reich so gut wie überhaupt nicht geändert – lediglich in höheren Gerichts- und Polizeiangelegenheiten hätte man entsprechende Schreiben statt nach Wien oder Wetzlar neuerdings nach Stuttgart, Karlsruhe, Darmstadt oder Aschaffenburg adressieren müssen. Die Flugschrift *Was ist Souveränität?* konnte weit verbreitet werden und wurde in der Öffentlichkeit kontrovers diskutiert. Während sie an den Höfen der Mediatisierten äußerst beliebt war und große Erwartungen weckte, war sie in den Augen der Regierungen der souveränen Staaten nicht mehr als eine *elende Brochure*.[20] Die Publikation dieser Flugschrift bildete den Auftakt zu einer Jahrzehnte andauernden, hartnäckigen Widerstandspolitik der löwensteinischen Standesherren gegen die Mediatisiertenpolitik ihrer souveränen Staaten. Sie scheuten dabei weder den Schritt in die Öffentlichkeit noch ein beträchtliches finanzielles Engagement, um so viele Rechte, Privilegien und Einkünfte wie möglich zu behalten. Ihr langanhaltender Widerstand und ihre Streitlust waren fast einzigartig in Deutschland; die anfänglich weitverbreiteten Sympathien bei den Standesgenossen wichen jedoch zunehmend Verständnislosigkeit, da sich die Löwensteiner auch nach Jahrzehnten nicht mit der Realität abfinden wollten.

Bereits in der Rheinbundzeit kam es zu zahlreichen Konflikten mit den souveränen Regierungen. Recht schnell sahen sich die Standesherren in ihrer Hoffnung auf eine einheitliche Mediatisierungspolitik seitens der Rheinbundstaaten enttäuscht. Entsprechende Vorstöße v. Dalbergs konnten vor allem von Württemberg und Bayern erfolgreich torpediert werden. Dadurch kam es zu unterschiedlichen Vorgehensweisen der jeweiligen Regierungen gegenüber den Mediatisierten in ihren Staaten. Sie bewegten sich zwischen den Polen Integration und Degradierung, zwischen altrechtlichen Verfassungsvorstellungen und modernem Staatskonzept.[21]

Für die Löwenstein-Wertheimer bedeutete diese Zersplitterung der politischen Konzeption, dass sie nicht weniger als sechs unterschiedlichen Politikrichtungen und damit der gesamten Spannweite staatlicher Mediatisiertenpolitik ausgesetzt waren.

Die landesherrlichen Verhältnisse in den einzelnen Staaten

Am vorteilhaftesten für die Löwenstein-Wertheimer war ihre Situation im Königreich Bayern und den Großherzogtümern Hessen-Darmstadt und Würz-

Fürst Dominik Konstantin zu Löwenstein-Wertheim-Rochefort
Zeitgenöss. Porträt.
SA Wertheim.

burg. Bayern erließ als erster Rheinbundstaat bereits am 19. März 1807 eine Deklaration über die Verhältnisse der Standesherren, die von anderen Staaten als Vorbild übernommen wurde. Die bayerische Regierung nahm darin eine klare Abgrenzung der staatlichen Hoheits- von den adligen Eigentumsrechten vor und legte Ausführungsbestimmungen fest, die sehr zugunsten des Staates ausfielen. Den Standesherren verblieben zwar einige in der Rheinbundakte zugebilligte Hoheitsrechte im Polizei- und Gerichtswesen, doch diese Rechte wurden in den staatlichen Instanzenzug integriert und Auflagen unterworfen. Persönliche Ehrenrechte wie Kirchengebet, Trauergeläut oder eigener Gerichtsstand konnten nicht verbergen, dass die Mediatisierten letztlich zu privilegierten Untertanen mit beschränkten Hoheitsrechten degradiert worden waren. Die Löwenstein-Wertheimer wurden dadurch in ihrer Hoffnung, Bayern werde als Souverän lediglich in die Rechte von Kaiser, Reichsgerichten und Reichskreisen eintreten, tief enttäuscht. Doch Protestnoten an den König gegen *die persönliche Herabwürdigung* blieben ohne Erfolg.[22] Bayern zeigte sich jedoch durchaus den Belangen der Mediatisierten gewogen und ging – abgesehen von der Ausscheidung der Gefälle und Schulden – recht großzügig mit den Mediatisierten um. Diese Haltung unterstrich König Max I. Joseph auch 1812 in der Bereitschaft, die Grafen von Löwenstein-Wertheim – die gerade mal ein halbes Dorf in Bayern besaßen – zu Fürsten zu erheben.[23]

Wichtiger als die Verhältnisse in Bayern war die Situation in Hessen-Darmstadt. Das Großherzogtum übernahm im Sommer 1807 im wesentlichen die bayerische Deklaration und war sogar zu einigen Modifikationen zugunsten der Standesherren bereit. Dies betraf sowohl die Stellung der standesherrlichen Justizbeamten als auch die persönlichen Verhältnisse der Fürsten. Als besonders schwerwiegend entpuppte sich jedoch für die Löwensteiner die Auflage der hessischen Regierung, dass die standesherrliche Justizkanzlei für die löwensteinischen Odenwaldherrschaften ihren Sitz in Hessen-Darmstadt haben müsse. Bis zuletzt hatte man gehofft, die Wahrnehmung der standesherrlichen Justizpflege in zweiter Instanz vom nunmehr badischen Wertheim aus, wo man bereits eine Justizkanzlei unterhielt, vornehmen zu können. Doch

Fürsten von Löwenstein-Wertheim-Freudenberg
Wappen des Hauses nach der Fürstenerhebung 1812. SA Wertheim.

Hessen-Darmstadt war nicht bereit, einem Gericht im Ausland Hoheitsrechte über ein umfangreiches Gebiet im eigenen Territorium zuzugestehen. Auf diese Weise sahen sich die Löwenstein-Wertheimer gezwungen, zusammen mit den Grafen v. Erbach im odenwäldischen Michelbach eine gemeinschaftliche Justizkanzlei zu errichten, die für die zivile und strafrechtliche Jurisdiktion in erster und zweiter Instanz sowie für die untere Polizeigewalt verantwortlich zeichnete. Im übrigen zeigte sich Hessen-Darmstadt den Standesherren in vielerlei Hinsicht durchaus gewogen – selbst in der Abteilung der wirtschaftlichen Gefälle beglückwünschten sich die Löwensteiner nach einer mehrere Jahre dauernden Auseinandersetzung intern, man habe *alles bewilligt* [bekommen], *was nur gefordert werden konnte*.[24]

Bayern wie auch Hessen-Darmstadt versuchten mit ihren Deklarationen, den mediatisierten Adel ihrer Souveränität zu unterwerfen und ihn gleichzeitig in das Staatswesen einigermaßen harmonisch zu integrieren, ohne ihn als »unersetzliche Elite der Monar-

Fürsten von Löwenstein-Wertheim-Rochefort (ab 1812 – Rosenberg)
Wappen des Hauses nach der Mediatisierung. SA Wertheim.

chie ernsthaft zu beschädigen«.[25] Eine ähnliche Politik verfolgte auch das Großherzogtum Würzburg, wo die Löwenstein-Wertheimer mit einem Viertel Anteil am Ort Remlingen präsent waren.
Dem Vorbild Bayerns folgte zunächst auch Baden, wo anfangs ein »milderes Lüftchen« für die Mediatisierten wehte.[26] Das Großherzogtum übernahm weitgehend die Passagen der bayerischen Deklaration und willigte somit auch in die Errichtung standesherrlicher Hoheitsbehörden für die Polizei- und Gerichtspflege wie die Löwensteiner Justizkanzlei in Wertheim ein. Doch dieser milde Kurs hatte keinen langen Bestand. 1809 nahm die neue badische Regierung unter von Reitzenstein Abschied vom alten, an den ehemaligen Reichsverhältnissen orientierten Verwaltungsaufbau. Mit der Errichtung von Kreisen nahm sie auf historische Grenzen wenig Rücksicht, ebensowenig bei den Kompetenzen der neuen Kreisdirektoren, die zu Lasten der standesherrlichen Rechte gingen. Mit dieser geänderten Lage wollten sich die Löwensteiner nicht abfinden. Protestnoten wurden nach Karlsruhe geschickt, schließlich sogar eine Druckschrift gegen die neuen Verhältnisse veröffentlicht, um so den Großherzog zum Umdenken zu bewegen. Damit war ihnen jedoch kein Erfolg beschieden – im Gegenteil. Der neue Kreisdirektor in Wertheim – pikanterweise ein ehemaliger löwensteinischer Beamter – ließ die Schrift konfiszieren und ihren Verfasser verhaften. Erstmals wurde ein Konflikt zwischen den Standesherren in Wertheim und der badischen Regierung auf die Spitze getrieben. Ein neuerlicher Kurswechsel der badischen Regierung, in der die gemäßigten Kräfte um den Geheimrat von Brauer wieder die Oberhand gewannen, verhinderte vorerst das Schlimmste. Doch die Richtung in der badischen Politik, standesherrliche Rechte weiter abzubauen, wurde bereits wenige Jahre später wieder aufgenommen. *Unerwartet wie ein Donnerschlag bey heiterm Himmel* wurde im Frühjahr 1813 ein Edikt erlassen, *welches den Mediatisirten alle und jede Ehrenwacht, Gerichtsbarkeit, Obrigkeit, Polizey [...] nahm und sie in die Classe simpler Privatpersonen [...] herabsetzte.*[27] Diese Maßnahme bedeutete das Ende für die löwensteinische Justizkanzlei in Wertheim. Binnen weniger Jahre mussten die Löwenstein-Wertheimer somit ein Wechselbad der Gefühle über sich ergehen lassen. Konnten sie sich zunächst noch über vergleichsweise umfangreiche Privilegien und Hoheitsrechte erfreuen, so sahen sie sich gegen Ende der Rheinbundzeit in Baden auf den Status lediglich privilegierter Untertanen degradiert.
Ähnlich wechselhaft verlief auch die Entwicklung im Staat des Fürstprimas v. Dalberg, an den die umfangreichen löwensteinischen Gebiete nördlich des Mains gefallen waren. Doch trotz der positiven Gesinnung, die v. Dalberg den Standesherren entgegenbrachte, war hier die Unsicherheit für die Betroffenen noch größer. So vermied es die fürstprimatische Regierung bis zuletzt, eine Deklaration über die standesherrlichen Verhältnisse zu erlassen. In Zweifelsfällen, so die Regelung, sollten die badischen Bestimmungen herangezogen werden. Ähnlich wie in Baden konnten die Löwensteiner auch hier eine eigene Justizkanzlei errichten, wobei es v. Dalberg im Gegensatz zu Hessen-Darmstadt zuließ, dass die Gerichtsräte weiterhin in Wertheim, mithin im badischen Ausland, wohnen bleiben konnten. An Gerichtstagen hatten sie sich lediglich auf der anderen Seite des Maines, im Kreuz-

wertheimer Gerichtsgebäude, einzufinden, um hier Recht zu sprechen. Die Kreuzwertheimer Justizkanzlei genoss zunächst eine weitaus privilegiertere Stellung als ihr Wertheimer Pendant – sie war nicht nur für das Gerichts- und Polizeiwesen, sondern auch für die Landesverwaltung zuständig und unterstand direkt dem fürstprimatischen Staatskabinett. Mit der Umwandlung zum Großherzogtum Frankfurt 1810 und damit zu einem napoleonischen Modellstaat nahm v. Dalberg zentralistische Reformen im Justiz- und Verwaltungsbereich in Angriff, die sehr zu Lasten der Standesherren gingen. Zwar konnte die Kreuzwertheimer Justizkanzlei weiterhin bestehen, einen Großteil ihrer Kompetenzen jedoch musste sie an die neu eingesetzten Distriktmaires abgeben. Auch die neue Regierung verzichtete auf eine standesherrlichen Deklaration und beschränkte sich in ihrer Politik auf einzelne Erlasse, was zu einer großen Rechtsunsicherheit bei den Standesherren führte.

Doch sowohl in Baden als auch im Großherzogtum Frankfurt waren die Löwensteiner weitaus besser gestellt als im Königreich Württemberg. Hier setzte König Friedrich von Anfang auf eine rigorose Degradierungs- und Demütigungspolitik gegenüber den Standesherren. Obwohl er ihnen 1807 gerichtliche Hoheitsrechte zubilligte, kassierte er diese Kompetenzen 1809 ersatzlos und wurde somit zum Vorbild für andere Rheinbundstaaten. Die Streitbarkeit des Königs bekamen auch die Löwensteiner rasch zu spüren, da sie hier wie auch in anderen Staaten gegen die neue Politik mit umfangreichen Protestnoten zu Werke gingen. Ihre in selbstbewusstem Ton vorgetragenen Forderungen nach Einhaltung der Rheinbundakte betrachtete Friedrich sofort als persönliche Beleidigung. Kamen die Löwensteiner zunächst noch vergleichsweise glimpflich davon – nach mehreren Entschuldigungsschreiben ihrerseits verzichtete Friedrich auf förmliche Gerichtsverfahren gegen die Grafen –, so bekamen sie 1808 den ganzen königlichen Zorn zu spüren. Als die Löwensteiner seiner Aufforderung, ein Familienmitglied möge seinen Wohnsitz im Königreich nehmen, nicht sofort nachkamen, verhängte er den Sequester über sämtliche löwensteinischen Gebiete in Württemberg. Erst als mit Erbgraf Wilhelm ein Löwensteiner von Wertheim nach Stuttgart übersiedelte, nahm die württembergische Regierung diese Maßnahme zurück. Derartige drakonische Maßnahmen und andere Willkürakte des Königs machten Württemberg auch für die Löwensteiner zum vielzitierten »Purgatorium der Standesherren«.[28]

Binnen weniger Jahre durchliefen die Löwenstein-Wertheimer eine dramatische Entwicklung: ihre Degradierung vom Herrscher- zum Untertanenstand. Zwar blieben ihnen aufgrund der Rheinbundakte und entsprechend den Regelungen in den einzelnen Staaten noch wichtige persönliche Privilegien und teilweise auch begrenzte Herrschaftsrechte. Diese wurden jedoch sukzessive eingeschränkt. Die immense Dynamik des Modernisierungsprozesses in den Rheinbundstaaten, die im Falle Württembergs mit der dort dekretierten Aufhebung der adligen Familiengesetze bis an die Grundfesten ihres Standes ging, weckte zunehmend Ängste um ihre nackte Existenz. Diese Bedrohung wurde noch verstärkt durch die finanzielle Gefährdung infolge der vorgenommenen Gefäll- und Schuldenabteilung. Die Rheinbundakte bestimmte, dass zusammen mit den politischen und rechtlichen Kompetenzen der Landeshoheit auch deren Einkünfte von den Standesherren an die souveränen Staaten überzugehen hatten. Die Realisierung dieser Bestimmung erwies sich bei den Löwenstein-Wertheimern als sehr schwierig, denn häufig herrschte über die rechtliche Grundlage der einzelnen Abgaben Unklarheit, die durch die Kassenführung der Standesherren noch verschärft wurde.[29] Keine Diskussion gab es über die diversen Landeskassen, deren Einnahmen ebenso wie die darauf lastenden Schulden an die Staaten übergingen. Umstritten waren hingegen zahlreiche Einkünfte in der Kammerkasse, die die souveränen Staaten als staatliche Hoheits-, die Löwenstein-Wertheimer hingegen als grund- oder zehntherrliche Einnahmen für sich reklamierten. Im Kern der Auseinandersetzungen mit Baden standen dabei die Wertheimer Wasserzölle – jährlich rund 18.000 fl. –, die die Löwensteiner *als reines nuzbares Patrimonial-Eigenthum* behalten wollten.[30] Baden ließ sich von dieser Argumentation nicht beeindrucken und zog seinen Anteil an den Zöllen entschädigungslos als landesherrliche Gefälle ein, während v. Dalberg den seinigen den Standesherren überließ. Bayern als Rechtsnachfolger des Dalbergstaats schließlich entschädigte die Löwenstein-Wertheimer für die eingezogenen Was-

serzölle mit einer jährlichen Rente. Dieses Beispiel illustriert deutlich, wie unterschiedlich die einzelnen Staaten auch bei der Gefällausscheidung vorgingen. Die rechtliche Unklarheit war wohl auch Ursache dafür, dass die Löwenstein-Wertheimer sich in die Auseinandersetzung mit Baden um die Wasserzölle geradezu verbissen. In einem Jahrzehnte langen Streit überspannten sie letztlich den Bogen und waren erst 1855 bereit, einem Ausgleich gegen eine vergleichsweise geringe finanzielle Entschädigung zuzustimmen. Durch die Gefälleausscheidung verloren die Löwenstein-Wertheimer zusammen rund zwölf Prozent ihrer direkten Einnahmen. Zu diesem Aderlass kam hinzu, dass die Staaten nach und nach im Zuge der »Bauernbefreiung« sukzessive grundherrliche Einnahmen aufhoben, für die die Löwensteiner – wiederum nach langem Streit – erst sehr spät Ablösungsgelder bekamen.

Das Äquivalent zur Gefällausscheidung war die Schuldenabteilung. Hierbei konnten die souveränen Staaten größtenteils ihre Standpunkte durchsetzen und mussten somit aus der unklaren Gemengelage von Landes-, Kammer- und Privatschulden vergleichsweise geringe Beträge übernehmen. Vor diesem Hintergrund verschärfte das Ausscheidungsgeschäft die ohnehin schon angespannten finanziellen Verhältnisse der beiden Löwensteiner Linien. Der von den Fürsten und Grafen in ihrer Argumentation immer wieder angedrohte Ruin trat jedoch nicht ein. Im Gegenteil, mit Beginn der Ablösungszahlungen kam es bereits in den 1840er Jahren zu einer relativen finanziellen Gesundung beider Linien.

Ausblick

Die rasante politische und auch finanzielle Degradierung der Löwenstein-Wertheimer weckte bei ihren Protagonisten bereits während der Rheinbundzeit energischste Widerstandskraft. Vor allem die beiden hochbetagten Fürsten der Freudenberger Linie, Johann Karl Ludwig und Friedrich Karl, sahen sich durch die Mediatisierung vor dem Scherbenhaufen ihres Lebens. Es war daher nur allzu verständlich, dass sie nach den militärischen Niederlagen Napoleons noch einmal Hoffnung schöpften. Im Dezember 1813 betätigten sich die beiden Freudenberger als Gründer eines neuen Mediatisiertenvereins, zu dem schließlich 57 Standesherren gehörten.[31] Gemeinsames Ziel war die vollständige Restitution ihrer Landesherrschaft oder zumindest eine finanzielle Entschädigung und Beibehaltung einiger Hoheitsrechte. Voller Engagement gingen die Löwenstein-Wertheimer in neue Auseinandersetzungen mit den souveränen Staaten. So kam es in Baden zu einer erneuten Eskalation zwischen beiden Seiten, in deren Verlauf sich die badische Regierung gezwungen sah, Wertheim vorsorglich militärisch zu besetzen, um einem befürchteten Aufstand zuvorzukommen. Dieser Vorfall wurde seitens der Standesherren zu einem publizistischen Feldzug genutzt und auch bei den Verhandlungen auf dem Wiener Kongress immer wieder als Beweis für die Willkür der souveränen Staaten in Anspruch genommen. Doch beides hatte nicht den gewünschten Erfolg. Die Wiener Schlussakte bestätigte die Mediatisierung und stellte die Standesherren auf eine neue rechtliche Grundlage, die dauerhaft sein sollte. Der Status der Mediatisierten änderte sich dadurch kaum.

Wichtigstes Ergebnis des Wiener Kongresses und des wenige Jahre später geschlossenen Frankfurter Territorialrezesses war für die Löwensteiner die Festlegung neuer Grenzen im Untermaingebiet. Ihre Gebiete im Spessart unterstanden nun dem Königreich Bayern, das hier die Nachfolge der Großherzogtümer Frankfurt und Würzburg antrat. Die Hoffnungen, dass auch die übrigen Teile der Grafschaft Wertheim an das Königreich fallen sollte, erfüllten sich nicht. Die Aufteilung unter mehrere souveräne Staaten blieb ein zentrales politisches, aber auch verwaltungstechnisches Problem für die löwensteinische Standesherrschaft. Von Dauer blieb auch der Kampfeswille der regierenden Fürsten, die noch Jahrzehnte lang nicht bereit waren, auch nur einen Deut vom eingenommenen Standpunkt abzuweichen. Kompromisslösungen nach dem Vorbild von Fürstenberg in Baden oder Thurn und Taxis in Württemberg wurden bis Ende der 1830er Jahre energisch zurückgewiesen. Die Bundesversammlung wurde von den Löwensteinern geradezu überschwemmt mit Eingaben und Protestnoten, in denen vor allem die Politik Badens und Württembergs aufs Korn genommen wurde.[32] Die zunehmend adelsfeindliche Stimmung in den 1840er Jahren und

schließlich die Revolution von 1848 bewirkten bei den Löwenstein-Wertheimern ein Umdenken. 1855 bzw. 1857 beendeten sie mittels eines Kompromisses ihre Auseinandersetzungen mit der badischen bzw. württembergischen Regierung. Erst zu diesem Zeitpunkt, nachdem Jahrzehnte lang immense Energien in einen zunehmend aussichtslosen und von allen Seiten belächelten Kampf gesteckt worden waren, war man bereit, den bislang traurigen Blick in die Vergangenheit nunmehr realistisch und auch optimistisch in die Zukunft zu wenden und sich mit dem eigenen Status als mediatisierte Standesherren abzufinden.

[1] Der vorliegende Beitrag fußt i. w. auf *Harald Stockert*, Adel im Übergang. Die Fürsten und Grafen von Löwenstein-Wertheim zwischen Landesherrschaft und Standesherrschaft (1780–1850). Stuttgart 2000; allgemein zur Geschichte der Löwenstein-Wertheimer vgl. *Hermann Ehmer*, Löwenstein-Wertheim, in: *Hansmartin Schwarzmaier/Meinrad Schaab* (Hgg.): Handbuch der Baden-Württembergischen Geschichte. Bd. 2: Die Territorien im Alten Reich. Stuttgart 1995, 389–394.
[2] *Stockert*, Adel (wie Anm. 1), 28–38; *Otto Kienitz*, Die Fürstlich Löwenstein-Wertheimischen Territorien und ihre Entwicklung, in: Jb. des HV Alt-Wertheim 1919, 31–108; *Norbert Hofmann* (Bearb.), Inventar des löwenstein-wertheim-rosenberg'schen Karten- und Planselekts im SA Wertheim 1725–1835. Stuttgart 1983, 11–38.
[3] *Volker Rödel*, »à l'exception du Prince de Loewenstein-Wertheim«. Konfrontation eines mindermächtigen Reichsstandes mit der Französischen Revolution, in: *Volker Rödel* (Hg.), Die Französische Revolution und die Oberrheinlande (1789–1806). Sigmaringen 1991, 285–316.
[4] Zum folgenden vgl. *Stockert,* Adel (wie Anm. 1), 113–143.
[5] *Volker Rödel,* Endzeit eines kleinen Reichsfürstentums. Der letzte Regierungswechsel im Hause Löwenstein-Wertheim-Rochefort und seine Vorgeschichte, in: Wertheimer Jb. 1990, 175 Anm. 47; *Karl-Heinrich von Lang*, Memoiren des Karl Heinrich Ritters von Lang. Skizzen aus meinem Leben und Wirken, meinen Reisen und meiner Zeit. Bd. 2. Braunschweig 1842, 53.
[6] *Stockert,* Adel (wie Anm. 1), 117 Anm. 483.
[7] Von Städel am 27.03.1803. Staatsarchiv Wertheim, Löwenstein-Wertheim-Freudenbergsches Archiv (SAWt-F) Rep. 7 Nr. 4.
[8] Schreiben der Fürstlich Löwensteinischen Regierung an Fürst Dominik Konstantin vom 12.12.1803. SAWt-R Lit B Nr. 317.
[9] Zum Rittersturm vgl. Wolfgang *von Stetten,* Die Rechtsstellung der unmittelbaren freien Reichsritterschaft, ihre Mediatisierung und ihre Stellung in den neuen Landen. Dargestellt am fränkischen Kanton Odenwald. Schwäbisch Hall 1973, 125–168; *Hanns Hubert Hofmann,* Adelige Herrschaft und souveräner Staat. Studien über Staat und Gesellschaft in Franken. München 1962, 219–248.
[10] Schreiben der Fürstlich Löwensteinischen Regierung an Fürst Dominik Konstantin vom 12. 12. 1803. SAWt-R Lit B Nr. 317.
[11] Zur Frankfurter Union vgl. *Eva Kell,* Die Frankfurter Union (1803–1806). Eine Fürstenassoziation zur »verfassungsmäßigen Selbsterhaltung« der kleineren weltlichen Adelsherrschaften, in: ZHF 18 (1991), 71–97.
[12] Zitat aus der Gründungsurkunde der Union, ediert bei *Manfred Mayer,* Geschichte der Mediatisierung des Fürstentums Isenburg. München 1891, 162.
[13] Brief an den Hohenlohischen Rat von Braun vom 17.08.1803 (Abschrift). SAWt-R Lit A Nr. 511.
[14] Gräflich Löwensteinisches Regierungsprotokoll vom 24.06.1806. SAWt-F Rep 11 Nr. 238o.
[15] *Stockert*, Adel (Anm. 1), 86ff., 109f., 122–125.
[16] Gemeinschaftliches Löwensteinisches Regierungsprotokoll vom 27.12.1802. SAWt-F Rep. 7 Nr. 32.
[17] *Stockert*, Adel (wie Anm. 1), 150ff.
[18] Zusammenfassung der Hauptbeschwerden gegen die souveränen Staaten aus dem Jahr 1813. SAWt-R Lit A Nr. 490.
[19] *Stockert*, Adel (Anm. 1), 148ff.; zur zeitgenössischen Interpretation der Flugschrift vgl. *Peter Adolph Winkopp* (Hg.), Der Rheinische Bund. Eine Zeitschrift politisch-statistisch-geographischen Inhalts. Bd. II, Heft 4 (1807), 3–27.
[20] So der badische Hofratsdirektor v. Dawans am 18.06.1807. GLAK 48/5674.
[21] Zum folgenden Abschnitt vgl. *Stockert*, Adel (wie Anm. 1), 152–180. Zum Vergleich der unterschiedlichen Politikkonzeptionen gegenüber den Mediatisierten vgl. *Karl Vollgraff*, Die teutschen Standesherren. Ein historisch-publizistischer Versuch. Gießen 1824; *Heinz Gollwitzer,* Die Standesherren. Die politische und gesellschaftliche Stellung der Mediatisierten 1815–1918. Ein Beitrag zur deutschen Sozialgeschichte. Göttingen 2. Aufl. 1964.
[22] Schreiben Graf Johann Karl Ludwigs von Löwenstein-Wertheim vom 13.04.1807. HSA München MA Nr. 74377.
[23] Die ehemals gräfliche Virneburger Linie nannte sich fortan Fürsten von Löwenstein-Wertheim-Freudenberg, während sich die ehemals fürstlich Rocheforter Linie in Löwenstein-Wertheim-Rosenberg umbenannte. *Norbert Hofmann*, »Ältere« und »Altfürstliche Linie«. Der Kurztitel der Fürsten von Löwenstein-Wertheim und die Fürstenerhebung der Linie Löwenstein-Wertheim-Freudenberg, in: Wertheimer Jb. 1981/82, 149–72.
[24] Interne Notiz vom 15.07.1813. SAWt-R Lit A Nr. 481d.
[25] *Walter Demel*, Der bayerische Staatsabsolutismus 1806/08–1817. Staats- und gesellschaftspolitische Motivationen und Hintergründe der Reformära in der ersten Phase des Königreichs Bayern. München 1983, 284.
[26] *Willy Andreas*, Geschichte der badischen Verwaltungsorganisation und Verfassung in den Jahren 1802–1818. Bd. 1: Der Aufbau des Staates im Zusammenhang der allgemeinen Politik. Leipzig 1913, 175.
[27] So die Beschwerde der Löwensteiner 1814. SAWt-R Lit A Nr. 490.
[28] *Gollwitzer*, Standesherren (wie Anm. 22), 54.
[29] *Stockert*, Adel (wie Anm. 1), 206–210.
[30] So im Protestschreiben der beiden Grafen vom 12.06.1807 an den Großherzog von Baden. GLAK 48/5674. Zur Wertheimer Zollfrage vgl. *Martin Furtwängler*, Die Standesherren in Baden (1806–1848). Politische und soziale Verhaltensweisen einer bedrängten Elite. Frankfurt/Main 1996, 177.
[31] *Stockert*, Adel (wie Anm. 1), 181f.; *Johann Friedrich Hoff*, Die Mediatisiertenfrage in den Jahren 1813–15. Berlin/Leipzig 1913.
[32] *Wolfgang Hilger*, Die Verhandlungen des Frankfurter Bundestages über die Mediatisierten von 1816 bis 1866. München 1956.

Man frißt die Fürstlein auf dem Kraut wie Würstlein ...

Die Mediatisierung des Hauses Waldburg

von Rudolf Beck

Bei der politischen Neuordnung Deutschlands, die der Sieger Napoleon nach dem Friedensschluss von Lunéville 1801 durchsetzte und die am 25. Februar 1803 im Reichsdeputationshauptschluss konkrete Gestalt annahm, wurden die kleinen Adelsherrschaften zunächst noch geschont. Während nicht weniger als 111 bedeutende Reichsstände, nämlich 2 geistliche Kurfürstentümer, 19 Reichsbistümer und 45 Reichsabteien sowie 45 Reichsstädte von der politischen Landkarte Deutschlands verschwanden, profitierten einige Reichsgrafen sogar vom »Ausverkauf des Reiches« (K.O. v. Aretin) durch die Säkularisation reichsständischer und landständischer Klöster.

Die Reichserbtruchsessen Grafen v. Waldburg in Oberschwaben gehörten nicht zu den großen Säkularisationsgewinnern. Die Aussicht auf die Erwerbung von Stadt und Abtei Isny erfüllte sich nicht. Aber die politische Großwetterlage bescherte ihnen einen anderen beachtlichen Erfolg: die Reichsfürstenwürde. Durch den Wegfall der geistlichen Fürsten 1803 hatte sich auch im Fürstenrat das Stimmenverhältnis zugunsten der Evangelischen verändert. Österreich versuchte nun durch eine großzügige Vergabe von Virilstimmen an katholische Reichsgrafen dem entgegenzuwirken und sich eine neue Klientel zu schaffen. Dafür bot sich auch das Haus Waldburg mit seinen drei Linien Waldburg-Wolfegg, Waldburg-Wurzach und Waldburg-Zeil an. Standen die Reichserbtruchsessen doch zumeist fest zur katholischen Partei und waren als Inhaber des Truchsessenamtes Kaiser und Reich durch die Jahrhunderte immer eng verbunden, wenngleich sie in der Territorialpolitik eher als Gegenspieler des Erzhauses auftraten.

Die Fürstenwürde

Die Frage der Standeserhöhung stand für die Reichserbtruchsessen ganz im Zeichen der *vorzusehenden gänzlichen Umänderung der teutschen Reichs Verfassung.*[1] Man war sich darüber im Klaren, dass die reichsgräflichen Häuser beim Friedensschluss von Lunéville nur *par miséricorde verschont und nicht in die Indemnisationsmasse geworfen worden*[2] waren. Die Gefahr war nur für den Augenblick gebannt. Je enger deshalb ein Haus mit der künftigen Reichsverfassung verbunden war, desto besser schien seine Existenz für die Zukunft gesichert. Ein eigenes *Votum virile* [Persönliches Stimmrecht] sei *ein festeres Band*, gab Graf Maximilian Wunibald v. Waldburg-Zeil seiner Hoffnung Ausdruck.[3] Auch gegenüber den Nachkommen stand man in der Pflicht. Jetzt sei der Zeitpunkt *nunc aut numquam* [Jetzt oder nie!]. *Man würde sich bey der Posterität vielleicht nicht unbillige Vorwürfe zuziehen, die gute Gelegenheit für immer versäumt zu haben*, war Graf Zeil überzeugt.[4] Hierin bestand Konsens zwischen den drei Linien Wolfegg, Wurzach und Zeil.

Andere Punkte wurden durchaus kontrovers diskutiert. Wer sollte den Fürstentitel führen, der Senior des Gesamthauses oder alle drei regierenden Agnaten? Welchen Titel sollten die nachgeborenen Söhne und Töchter bekommen? Sollte man sich mit einer Virilstimme begnügen oder bis zu drei Stimmen anstreben? Außerdem spielte die Kostenfrage eine wichtige Rolle. Die Taxen und Nebenkosten waren sehr hoch und für Wurzach und Zeil nur über Kredite zu finanzieren. Kredit war aber kaum irgendwo zu bekom-

Tempel der göttlichen Vorsehung und Weisheit
Entwurf von Franz Xaver Herrmann (1760–1839) für die Illumination zur Feier der Fürstenwürde auf Schloss Zeil am 13. November 1803. In der Mitte des Tempels das Porträt des Fürsten Zeil, in den Medaillons links und rechts davon die gratulierende Geistlichkeit des Kollegiatstifts Zeil und die Beamten und Untertanen. Reichsapfel, Grafenkrone und Fürstenhut über dem Tempel symbolisieren die neue Fürstenwürde. Die Chronogramme in den lateinischen Bibelzitaten ergeben jeweils die Jahreszahl 1803.
Aquarell auf Büttenpapier.
Waldburg-Zeil'sches Gesamtarchiv Schloss Zeil.

men. Und würde man nicht mehr Geld für die Hofhaltung aufwenden müssen? Allerdings konnten sich die Truchsessen Hoffnungen auf eine Ermäßigung der Gebühren machen. Denn gerade jetzt wurde in Regensburg wieder über eine alte Reichsschuld an das Haus Wolfegg verhandelt. Graf Maximilian Willibald v. Waldburg-Wolfegg hatte im Dreißigjährigen Krieg die Städte Konstanz und Lindau erfolgreich gegen die Schweden verteidigt, was ihn sein Schloss in Wolfegg gekostet hatte. Der Kaiser hatte dem Grafen seinerzeit eine Belohnung von 70.000 fl. zugesagt, es waren jedoch nur 9.200 fl. ausgezahlt worden. Wenn Wien schon nicht bereit war zu zahlen, so war jetzt vielleicht eine Entschädigung in anderer Form zu erwarten. Schließlich wurde auch Graf Zeil, der den politischen Wert des Fürstentitels eher skeptisch beurteilte und der bis zuletzt finanzielle Bedenken geltend gemacht hatte, vom Gegner zum Befürworter der Standeserhöhung: *Ich sehe alle die Gründe nur zu lebhaft ein, die diesen Schritt allerdings nothwendig machen, so wie ehemals unsre Voreltern gezwungen wurden den Grafentitl anzunemmen.*[5] Was die Kosten für die Hofhaltung anging, vertrat er den Standpunkt, man sei schließlich nicht gezwungen, als Fürst *einen zahlreichen Hofstaat zu halten und einen merklich größeren Aufwand zu machen, zumahlen der Zwergen Prunk kleiner Fürsten sie mehr lächerlich als respectabl macht.*[6] Auf einer Familienkonferenz in Wurzach

am 7. Januar 1803 einigte man sich darauf, ein gemeinsames Fürstentum Waldburg, das die Herrschaften Wolfegg, Waldsee, Wurzach, Marstetten, Zeil und Trauchburg umfassen sollte, und eine gemeinsame Virilstimme zu beantragen. Jeder der drei Linienchefs sollte den Fürstentitel führen und jeweils der älteste Sohn den Titel erben.

Die Verhandlungen über die Standeserhöhung, die vom Zeiler Erbgrafen Franz Thaddäus im Auftrag des Gesamthauses geführt wurden, gestalteten sich unerwartet schwierig. Zwar hatte Kaiser Franz II. das Gesuch der Truchsessen sehr gnädig aufgenommen mit der Bemerkung, die Truchsessen seien immer rechtschaffene, brave Männer gewesen, die Rücksicht verdienten.[7] Aber die Kosten waren weit höher als bisher veranschlagt. Die Taxe betrug mehr als 80.000 fl. Dazu kamen noch Nebenkosten in Höhe von fast 10.000 fl., so dass jede der drei Linien rund 30.000 fl. aufbringen musste. Reichsvizekanzler Fürst Colloredo zeigte sich in dieser Frage absolut unnachgiebig. Er war nicht bereit, irgendwelche Gründe für eine *Moderation* anzuerkennen. So wurden die drei in roten Samt gebundenen gleichlautenden Diplome zu diesem hohen Preis am 21. März 1803 ausgefertigt, aber erst Monate später an die Empfänger ausgehändigt, nachdem sämtliche Gebühren bezahlt waren. Graf Zeil hatte wenigstens das Glück, in dem bayerischen Appellationsrat Weckbecker, dem früheren Kanzler der Abtei Ottobeuren, einen Kreditgeber zu finden, der ihm 25.000 fl. zu 5% zur Verfügung stellte.

Wurzach musste zu wesentlich ungünstigeren Bedingungen 30.000 fl. in Kassel aufnehmen. Wolfegg konnte zwar auf ein Kapital von 70.000 fl. zurückgreifen, das bisher beim Stift Kempten verzinslich angelegt war, aber Kurbayern als Rechtsnachfolger der säkularisierten Abtei behielt von dieser Summe 20% ein, und die tatsächliche Auszahlung durch die »Churpfalzbayerische Provincial Hauptcassa« brachte erst Appellationsrat Weckbecker gegen ein »extra douceur« von 2.200 fl. zustande ... Am 9. November 1803 gaben die drei Fürsten in Wolfegg, Wurzach und Zeil durch Dekrete an ihre Oberämter bekannt, dass sie von nun an den Fürstentitel führen wollten. Das große Ereignis wurde in den Herrschaften Zeil und Trauchburg würdiger, aber schlichter Form gefeiert. So fand am 13. November in allen Pfarrkirchen ein feierliches Hochamt mit Te Deum statt. Anschließend gratulierten in Zeil die Beamten und Bediensteten sowie die Geistlichkeit dem Fürstenpaar im Tafelzimmer, und Kanzleidirektor Joachim Fidel v. Gimmi hielt eine *rührende* Ansprache. Danach waren *alle die Meinige, geistlich und weltlich*, wie der Fürst in seinem Tagebuch vermerkte[8], zu einem großen Diner eingeladen. Abends war Musik im Schloss. Die Beamten hatten im sog. Sallettle eine sinnige Illumination nach einem Entwurf des Konstanzer Malers Franz Xaver Herrmann arrangiert.

Am 21. November fand ein Empfang in Altmannshofen und Aichstetten statt. Untertanen zu Pferd erwarteten den Wagen der fürstlichen Familie am Fuß des

Humorvoller Glückwunsch zur Fürstenwürde
Eine antik gekleidete Frauengestalt (Tugend ? Fortuna ?) krönt den Wappenschild der Grafen von Waldburg-Zeil mit dem Fürstenhut. Die Inschrift auf dem Stein lautet: »Max von Zeil lebe in seiner neuen Fürstenwürde noch lange vergnügt« (mit Chronogramm 1803). Im Hintergrund Schloss Zeil.
Lavierte Federzeichnung, signiert »Gott«.
Schloss Zeil.

Schlossberges. In Altmannshofen passierte der Zug zuerst eine Ehrenpforte. Vor dem Wirtshaus paradierten die Altmannshofer Schützen. Der Pfarrvikar, von zwei Schulkindern begleitet, überreichte eine schriftliche Gratulation. Die anderen Schulkinder bildeten ein Spalier. Danach begleitete die berittene türkische Musik von Aichstetten den Festzug weiter durch einen Ehrenbogen an der oberen Mühle und das ganze Dorf bis zum Pfarrhof. Dort paradierten die Aichstetter Schützen. Der Seelsorger von Aichstetten, Graf Ferdinand, ein Bruder des Fürsten, begrüßte die Gäste an der mit Inschriften gezierten Haustüre. Die Gerichtsammänner und Gemeindevorsteher von Aichstetten und Altmannshofen überbrachten Glückwünsche, die Schulkinder gratulierten ebenfalls und überreichten ein Gedicht und einen Rosmarinkranz. Während die Herrschaften im Pfarrhof zu Mittag speisten, spielte wieder die türkische Musik. Später wurden im Pfarrgarten drei Pyramiden mit Inschriften errichtet und eine Kantate gesungen. Abends begleiteten die Einwohner zu Pferd den Wagen des Fürsten zurück bis zum Schlossberg. *Alles dieses thaten meine Unterthanen aus freyer Veranlassung und um ihre Freude und Devotion zu bezeugen, daher es mir auch wahren Trost und Vergn*ügen machte [...]. *Alles Schießen und was unnütz Geld kosten solle, habe ich mir zum voraus verbeten*, notierte Fürst Zeil in seinem Tagebuch.[9] Auf ähnliche Weise wurde das Fürstenpaar am 27. November in Reichenhofen empfangen. In Wolfegg und Wurzach verzichtete man auf größere Feierlichkeiten.

Warten auf die Entscheidung Napoleons

Die Hoffnung der Reichserbtruchsessen, mit Hilfe der Standeserhöhung die Mediatisierung abzuwenden, erfüllte sich nicht. Nicht einmal drei Jahre dauerte die Gnadenfrist. Dann trat ein, was Fürst Zeil schon im Dezember 1802 befürchtet hatte: *Komt eine neue Revolution, die alle Kleine aufreibt, so siedet man alle Grafen im Hafen und frißt die Fürstlein auf dem Kraut wie Würstlein. Die Grafen ohne die Fürsten minorum gentium würden alsdann den Appetit der Großen nicht sättigen und eine zu magere Suppe bleiben.*[10]

Die Katastrophe von Austerlitz und der Friede von Preßburg am 26. Dezember 1805 besiegelten zunächst das Schicksal der Reichsritterschaft, was für Waldburg-Zeil sofort zu einem heftigen Streit mit Bayern um die Landeshoheit in der Ritterherrschaft Altmannshofen führte. Aber auch die Existenz der kleineren Grafen und Fürsten war jetzt gefährdet. Würden sie noch einmal verschont werden oder würde Napoleon sie seinen Verbündeten, den neuen Königreichen Württemberg und Bayern, überlassen?

Von Kaiser Franz II. und dem geschlagenen Österreich konnten die »Mindermächtigen« bei nüchterner Einschätzung der Lage keinerlei Hilfe mehr erwarten. »Es gab jetzt faktisch kein Reich mehr, es gab nur noch dessen erschüttertes Gehäuse« (Walter Ziegler). In dieser bedrohlichen Situation entschloss sich Fürst Zeil, der inzwischen auch Direktor des Schwäbischen Reichsgrafenkollegiums geworden war, nach Absprache mit den beiden gräflichen Kurien, Napoleon persönlich aufzusuchen und ihm die Anliegen seiner Standesgenossen vorzutragen.

Die Audienz fand am 6. Januar vormittags in der Münchener Residenz statt. Der genaue Verlauf des Geschehens ist in der Autobiographie des Fürsten[11] und in einer von ihm verfassten *Relation ad acta*[12] festgehalten.

Fürst Zeil wurde begleitet von seinem ältesten Sohn, Erbgraf Franz Thaddäus, seinem Freund Fürst Anselm Fugger-Babenhausen und den Grafen Toerring-Gutenzell und Wartenberg-Rot. Napoleon empfing die Deputation mit halbstündiger Verspätung. Er trug eine einfache Gardeuniform, lehnte an einem »Trumeau-Tisch« und hielt Stock und Hut in der Hand. Fürst Zeil begann seine wohlvorbereitete, in untertänigsten Wendungen gehaltene Rede in französischer Sprache. Doch der Kaiser fiel ihm schroff ins Wort: *Messieurs! Je Vous ai donné en partage aux deux Rois de Baviére et de Wurtemberg et á l'Electeur de Bade. Et il n'y a rien á changer en cela.* Offenbar war er der Meinung, eine Abordnung der Reichsritterschaft vor sich zu haben. Als Zeil ihn darüber aufklärte, dass sie Reichsstände, unmittelbare Fürsten und Grafen des deutschen Reiches seien, fragte er, ob sie eine Stimme auf dem Reichstag hätten. Fürst Zeil erläuterte ihm, dass sie im Reichstag derzeit eine Kollektivstimme ausübten, dass insbesondere die Fürsten überdies begründete Hoffnung auf eine Virilstimme hätten und dass sie außerdem mit Sitz und Stimme in der Schwäbischen Kreisversamm-

Schloss Zeil
Ansicht der standesherrlichen Residenz Zeil mit Unterzeil und der Kirche im Vordergrund.
Aquarell, C. Obach, um 1844.
Schloss Zeil.

lung vertreten seien. Da erwiderte Napoleon: *C'est autre chose, alors il ne Vous arrivera rien et Vous serès conservés comme États de l'Empire.* Der Fürst überreichte ihm darauf eine von den Deputierten und einem Vertreter des Deutschen Ritterordens unterzeichnete Bittschrift[13], die der Korse sofort zu lesen begann und dann äußerte: *Cela contient différentes choses, il faut réfléchir là- dessus. Cependant il a été toujours l'intérest de la France de soutenir et protéger les États de l'Empire germanique.* Zeil dankte dem Kaiser für diese tröstliche Äußerung und empfahl die Reichsgrafenkurien seinem Schutz und seiner Gnade. Hierauf erkundigte sich Napoleon nach der Bevölkerungszahl der Schwäbischen Häuser. Zeil nannte ihm für die truchsessischen Herrschaften 30.000 Seelen, Fürst Fugger-Babenhausen gab für sein Haus die Zahl 60.000 an, was Napoleon mit einer *beruhigenden Miene* quittierte. Zeil nützte die Gelegenheit, um Napoleon noch auf die traurige Lage der minderjährigen Kinder des Hauses Königsegg-Immenstadt hinzuweisen und um Hilfe für sie zu bitten. Doch dieser entgegnete nur kurz: *Pourquoi avès Vous vendu Votre Comté á la Maison d'Autriche? Vous avès tout porté là, il n'y a pas mojen de Vous satisfaire*, und war zu keinem Entgegenkommen zu bewegen. *Worauf er uns ein Abschiedszeichen gab, und wir unter tiefer Verbeugung uns wieder entfernten.*
Am 7. Januar 1806 wurde die Deputation vom französischen Außenminister empfangen. Fürst Zeil über-

reichte Talleyrand ein ähnliches Mémoire[14] wie Kaiser Napoleon am Vortag mit den Bitten und Vorschlägen der beiden Grafenkurien. Im Wesentlichen ging es um drei Punkte: 1. Alle österreichischen Lehenbindungen sollten aufgelöst und die bisher darin enthaltenen Rechte und Realitäten den betreffenden Häusern als Eigentum zufallen. 2. Alle reichsritterschaftlichen Güter, welche die Fürsten und Grafen bisher mit hoher Jurisdiktion besessen hatten, sowie die von ihren reichsständischen Territorien umschlossenen oder an sie angrenzenden Gebiete sollten nach Aufhebung der reichsritterschaftlichen Verfassung den kleinen reichsständischen Territorien zugeschlagen werden. 3. Das neue Regensburger Erzdomkapitel sollte zur Hälfte mit Angehörigen reichsfürstlicher und reichsgräflicher Familien besetzt werden. Alle drei Forderungen waren als Entschädigung für Säkularisationsverluste zu verstehen. Der reichsständische Adel folgte damit nur der damals gängigen politischen Praxis.

Talleyrand las das Mémoire zwar in Anwesenheit der Delegation durch, vermied es aber, konkrete Zusagen zu machen. Trotzdem hatten die Deputierten nach diesen beiden Audienzen den Eindruck, ihre Mission sei erfolgreich gewesen. Mehr oder weniger bereitwillig gingen sie auf das Anerbieten eines Agenten namens Brissot ein, gegen eine angemessene Summe beim französischen Außenministerium eine rasche Resolution auf ihr Gesuch zu erwirken. Als Preis wurden 150.000 Livres ausgehandelt. Davon waren 1.000 Dukaten sofort zu zahlen.[15] Nach Abschluss der Hochzeitsfeierlichkeiten am bayerischen Königshof – Napoleons Stiefsohn Eugen Beauharnais, Vizekönig von Italien, heiratete Prinzessin Augusta v. Bayern – und zahlreichen Konferenzen kehrten die Deputierten voller Zuversicht nach Hause zurück.

Die folgenden Monate vergingen zwischen Hoffen und Bangen. Bei der Konferenz der gräflichen Kurien im Februar in Ochsenhausen, auf der Fürst Zeil von den Verhandlungen in München berichtete, herrschte noch Optimismus vor. Aus Paris trafen bis im Juni positive Nachrichten ein. Brissot ließ aus München wissen, niemand denke mehr an eine Unterwerfung der kleinen Stände, versprach eine baldige Erledigung der erwähnten Wünsche und mahnte die versprochenen Zahlungen an. Andererseits führten widersprüchliche Meldungen und Anzeichen zu einer allgemeinen Verunsicherung und Ratlosigkeit unter dem schwäbischen Adel. Premierrat v. Kolb in Babenhausen prophezeite seinem Freund und Kollegen v. Gimmi in Zeil am 8. Juni: *Ich halte es für so gewies als jeden matematischen Satz aus Euclides, daß für alle kleinere Fürsten und Reichsstände Unterwerfung entweder an den Schöpfer der Souverains oder an die von ihm erschaffene Souverains das unvermeidliche Loos der Zukunft sei.*[16] Ende Juli war es dann Gewissheit: Napoleon hatte sein in München gegebenes Versprechen nicht gehalten. Mit Ausnahme der im Rheinbund zusammengeschlossenen 16 Höfe würden alle übrigen Stände der Mediatisierung unterworfen werden. Damit war es mit der Selbständigkeit der kleinen Grafen und Fürsten vorbei. Ihre letzte Stütze verloren sie durch die von Napoleon erzwungene Abdankung Kaiser Franz II. am 6. August 1806. Für das Gesamthaus Waldburg erlosch damit auch das Truchsessenamt, für die Linie Waldburg-Zeil das große Palatinat.

Von der Landes- zur Standesherrschaft

Artikel 24 der Rheinbundakte sprach dem König von Württemberg sämtliche waldburgischen Besitzungen zu, ausgenommen die Souveränität *sur la grande route allant de Memmingen à Lindau*, die Bayern zufiel. Hatte Fürst Zeil im Juli 1806 noch gehofft, *daß die Staatsopfer doch mit Schonung und Rücksicht massacriert und* [...] *abgeschlachtet werden sollen*[17], so wurde er bald eines Schlechteren belehrt. König Friedrich I. von Württemberg ging rasch und mit zunehmender Härte daran, sich die neu erworbenen Gebiete in Oberschwaben untertan zu machen. Auf Standesgenossen wie die Fürsten v. Waldburg nahm er dabei keine besondere Rücksicht.

Am 10. August machte er sie mit der Tatsache offiziell bekannt, dass ihm alle ihre Territorien mit voller Souveränität zugefallen seien. Gleichzeitig sprach er die Erwartung aus, dass sich Waldburg *den von Uns getroffenen und noch weiter zu treffenden unvermeidlichen Anordnungen fügen* [...] *werde.*[18] Wenige Wochen später erfolgte die formelle Übergabe der waldburgischen Herrschaften an Württemberg. Die leitenden Beamten und die Landschaftskassiere wurden auf den 11. September nach Wolfegg beordert, wo der Adju-

tant des Marschalls Berthier, Monsieur Börner, ein gebürtiger Ravensburger, die Truchsessen *dem Königlich Württembergischen Comissar Mauclair gesotten und gebraten übergeben und einen feierlichen Act halten*[19] wollte, wie Fürst Zeil es ausdrückte. Die Amtshandlung fand im großen Tafelzimmer des Schlosses statt. Zuerst wurden die Beamten des Fürsten Zeil aufgerufen. Börner hielt eine französische Ansprache, in der er die Souveränität über den Fürsten Zeil im Namen Napoleons an den württembergischen Kommissar übertrug. Maucler antwortete auf Französisch und sprach dann einige Worte auf Deutsch zu den Zeiler Beamten. Über den Vorgang wurde ein Protokoll angefertigt. Danach waren Wurzach und Wolfegg an der Reihe. Der Wolfegger Oberamtmann in Kißlegg, Hofrat Brielmair, war nicht erschienen, weil er bereits in bayerische Pflichten genommen worden war. Er wurde von einem Chasseur unter Gewaltandrohung herbeigeholt. Es kam aber noch zu einem weiteren peinlichen Zwischenfall. Der Fürst v. Wolfegg ließ ohne vorherige Absprache mit den Agnaten durch seinen Schwager Graf Firmas erklären, er wolle künftig nur noch die Patrimonialgerichtsbarkeit beibehalten. Dafür genüge ihm ein Oberamtmann und ein Rentbeamter. Er werde seinen Kanzler und Geheimen Rat Baron v. Sonnenthal und die übrigen Beamten von nun an nicht mehr besolden und empfehle sie der Gnade des neuen Souveräns. Die Kommissare zeigten sich durch diese Erklärung reichlich verblüfft, Zeil und Wurzach waren über diesen voreiligen Schritt verärgert.
Weitere Anordnungen wurden an diesem Tag von den Kommissaren nicht getroffen. Maucler verlangte lediglich, dass an den Grenzen zu Bayern das württembergische Wappen angebracht werde. Mittags speisten die Kommissare an der fürstlichen Tafel.[20]
Am 26. September kam Baron Maucler nach Zeil, um die Zeiler Beamtenschaft in württembergische Dienstpflichten zu nehmen. Er stieg im Gasthof zum Grünen Baum ab. Der Fürst ließ ihn von Leutnant Dießenhofer und 2 Dienern in einem mit 2 Pferden bespannten Wagen ins Schloss holen. Am Treppenaufgang empfingen ihn die Oberbeamten von Zeil und Trauchburg und führten ihn in sein Zimmer. Nach einer Stunde machte er dem Fürsten seine Aufwartung. Hierauf begab er sich in die Regierungskanzlei, wo sich alle Beamten im Halbkreis aufgestellt hatten, las eine Angelobungsformel vor und ließ jeden Beamten einzeln das Handgelübde ablegen. Einigen übergab er auch schriftliche Instruktionen. *Alles geschah mit Anstand, Politesse und Schonung*, stellte der Fürst mit Genugtuung fest.[21] Zum Mittagessen lud der Fürst neben dem Kommissar alle seine Beamten ein. Es wurde aber nicht mit Silberbesteck gegessen und keine Gesundheit getrunken. Nachmittags führte Fürst Zeil seinen Gast im Schloss herum, abends ließ er ihn nach Wurzach fahren. *Er war äußerst artig und höflich und versüßte dadurch sein für mich und die Meinige sehr*

Das neue Fürstenwappen des Hauses Waldburg-Zeil
Der vom Fürstenhut bekrönte Mittelschild zeigt drei goldene Tannenzapfen auf blauem Grund, das älteste Familienwappen der Tanne-Waldburg. Auf dem gevierteten Hauptschild erscheinen die goldene Sonne der Gft. Sonnenberg/Vorarlberg, der schwarze Adler der Gft. Trauchburg und zweimal die drei schwarzen staufischen Löwen. Im roten Schildhaupt steht der Reichsapfel für das Truchsessenamt. Schildhalter sind ein schwarzer Greif und die schwäbische Jungfrau.
Kaiserl. Diplom, 21. März 1803; Deckfarben auf Pergament. Waldburg-Zeil'sches Gesamtarchiv Schloss Zeil.

schmerzliches Commissorium, fasste Fürst Zeil seine Eindrücke zusammen.[22] In Wolfegg und Wurzach hatte die Beamtenvereidigung schon am 24. bzw. 25. September stattgefunden.

Zwei Tage danach musste das vormalige Kreistruppenkontingent der Herrschaften Zeil und Trauchburg in Stuttgart antreten. Die taugliche Mannschaft wurde unter die königlichen Truppen aufgenommen, ein Teil wurde verabschiedet und die nicht mehr dienstfähige Mannschaft wieder nach Hause geschickt.

Die feierliche Huldigung der Untertanen an den neuen Landesherrn fand für die beiden Fürstentümer Zeil und Wurzach am 16. Oktober in Wurzach statt. Auch sie wurde von Baron Maucler entgegengenommen. Die Einwohner von Altmannshofen, Aichstetten und Aitrach brauchten dazu nicht zu erscheinen, weil Bayern wegen des Souveränitätsstreits mit Württemberg Einspruch eingelegt hatte. Die trauchburgischen Untertanen des Fürsten Zeil mussten am 26. Oktober in Isny huldigen, die des Fürstentums Wolfegg am 17. Oktober in Waldsee, die von Kisslegg, Leupolz und Praßberg am 13. November in Kißlegg.[23]

Da Fürst Zeil durch die Aufhebung der Reichsverfassung auch seine Stelle als Direktor des Schwäbischen Grafenkollegiums und sein Geheimer Rat und Kanzler v. Gimmi die Charge eines Kollegialsyndikus verloren hatten, wurden die Kollegialkasse und das Kollegialarchiv am 11. Dezember 1806 vom württembergischen Oberamtmann Bagnato aus Altshausen versiegelt. Das Archiv verblieb aber vorläufig in Zeil. *So wurde immer ein Band um das andere aufgelöst, das noch von der alten glücklichen Verfassung übrig blieb*, musste Fürst Zeil resigniert zur Kenntnis nehmen.[24]

Im November 1806 reiste Fürst Zeil erstmals nach Stuttgart, um König Friedrich und der königlichen Familie seine Aufwartung zu machen. Er wurde sehr gnädig aufgenommen. Auch bei der Huldigung aller Mediatisierten am 6. Januar 1807 behandelte ihn der König mit Distinktion und zeichnete ihn mit seinem großen Hausorden aus. *So schmeichelhaft dieses einer Seiths für ihn war, so schmerzhaft war es aber an und vor sich selbst, seiner teutschen Freyheit, Reichsständigkeit und Regierung auf eine so feyerliche Weise entsagen zu müssen,* kommentierte der Fürst in seiner Autobiographie.[25] Die Fürsten v. Wolfegg und Wurzach waren diesem Akt der Unterwerfung ferngeblieben. Sie hatten sich wegen Unpässlichkeit entschuldigen lassen.

In der »Mediatisationshölle«

Nach dem vergleichsweise moderaten Auftakt brach dann aber eine Flut von königlichen Verordnungen und Gesetzen über die neuwürttembergischen Gebiete herein, die nicht nur die wirtschaftliche Lage der Mediatisierten auf schmerzhafte Weise einschränkte, sondern auch ihr Privatleben einem kleinlichen, oft entwürdigenden Reglement unterwarf.

Seit August 1806 behielt Württemberg die Revenuen der Fürstentümer Wolfegg, Wurzach und Zeil ein. Die Waldburg-Fürsten mussten aber weiterhin wie früher als Reichsstände ihre Beamten besolden und ihre Schulden verzinsen. Die Neuregulierung ihrer finanziellen Verhältnisse durch das württembergische Organisationskomitee ließ auf sich warten. 1807 erhöhte der König den Zinssatz für Anlagekapitalien von Kommunen und Körperschaften auf 5% – eine Maßnahme, die die Fürsten v. Waldburg hart traf, weil besonders Kapitalien der Pia Corpora bei ihnen seit Jahren angelegt waren. Eine Verordnung vom 10. Mai 1809 entzog den Standesherren ihre Steuerfreiheit. Bayern seinerseits belegte den einträglichen Brückenzoll in Ferthofen und den Zoll, das Chausseegeld und Umgeld in Aichstetten und Altmannshofen mit Beschlag. Das Zeiler Bräuhaus durfte sein Bier nicht mehr im jetzt bayerischen Altmannshofen verkaufen, die Bierbanngerechtigkeit war aufgehoben. Der Verkauf des bayerischen Salzes in Diepoldshofen und Großholzleute musste eingestellt werden. Insgesamt veranschlagte Fürst Zeil 1809 seine jährlichen Verluste an Württemberg einschließlich der Gefälle von Balgheim, Zimmern und Vollmaringen auf ca. 5.250 fl., an Bayern auf ca. 2.850 fl.[26] 1814 ermittelte der Zeiler Hofkammerrat Philipp Jakob Rist für den Zeitraum von 1806 bis 1814 einen Verlust von 9.007 fl. im Jahresdurchschnitt.[27] Die Schulden der Standesherrschaft Zeil beliefen sich 1809 – nicht zuletzt auch bedingt durch die jahrelangen Kriegsabgaben und Einquartierungen – auf rund 485.000 fl.

Angesichts dieser desolaten Finanzlage sahen sich die fürstlichen Häuser in Wolfegg, Wurzach und Zeil zu

Fürst Maximilian Wunibald von Waldburg-Zeil (1750–1818)
Der erste Fürst und zugleich der letzte regierende Waldburg-Zeil ließ sich für die Ahnengalerie im golddurchwirkten Brokatgewand des Reichserbtruchsessen porträtieren, das er bei der Krönung Kaiser Leopolds II. 1790 in Frankfurt getragen hatte – ein Bekenntnis zum 1806 untergegangenen Heiligen Römischen Reich deutscher Nation.
Öl auf Lw.
Schloss Zeil.

größter Sparsamkeit gezwungen. Fürst Zeil musste 1809 bekennen, er sei *mit der genauesten, und ich darf es ohne Scheu sagen, oft nur bürgerlichen Haushaltung* kaum in der Lage, auf dem Lande nur einigermaßen anständig zu leben.[28] Er bestimmte, dass künftig für den Unterhalt seiner Familie und die Hofhaltung jährlich höchstens 16.000 fl. aufgewendet werden durften, und führte selbst Buch über die Ausgaben. Die Schuldentilgung erhielt absoluten Vorrang. Zu diesem Zweck wurden in Zeil und Wurzach auch der Hausschmuck und das Tafelsilber verkauft.[29]

Darüber hinaus engte der württembergische König die politische und private Bewegungsfreiheit der Mediatisierten mit einer Fülle von Vorschriften ein, die oft über das hinausgingen, was die Rheinbundakte vorgesehen hatte. So sprach das Hausgesetz vom 1. Januar 1808 den Fürsten und Grafen die Ebenbürtigkeit ab, was deren Standesbewusstsein aufs Schwerste kränken musste. Die *Normalverordnung über die Erbfolge in den fürstlichen, gräflichen und adeligen Familien* vom 22. April 1808 hob die Erbverträge auf. Fürst Zeil errichtete deshalb 1811 ein Testament nach gemeinem württembergischem Landrecht. Ende 1808 verfügte der König, dass keinem Adeligen seines Herrschaftsbereiches *ohne vorherige allerunterthänigste Anzeige und Allerhöchste Erlaubnis eine länger als sechswöchige Abwesenheit aus dem Königreich* gestattet sei. Eine weitere Verordnung vom 10. Mai 1809 entzog den Mediatisierten auch die Patrimonialgerichtsbarkeit und die Ortspolizei. Am 11. November 1809 forderte der sog. *Stuttgarter dicke Herodes* schließlich, die Standesherren sollten künftig mehrere Monate im Jahr in der Residenzstadt Stuttgart verbringen und ihre nachgeborenen Söhne an Stuttgarter Erziehungs- und Unterrichtsanstalten zu württembergischen Staatsdienern ausbilden lassen. Um der Residenzpflicht mehr Nachdruck zu verleihen, wurden Verstöße mit der Sequestrierung des 4. Teils der Einkünfte bedroht – alles in allem eine Politik, die nicht geeignet war, die Standesherren mit dem neuen System zu versöhnen und sie in Württemberg politisch zu integrieren. Die Fürsten v. Waldburg befolgten bei der Auseinandersetzung mit Württemberg den Grundsatz, sich strikt an die Bundesakte zu halten und nichts freiwillig abzutreten. Ihre Proteste in Stuttgart blieben aber fast immer erfolglos und wurden oft gar nicht beantwortet.[30]

Die Spannungen zwischen Waldburg und dem württembergischen Königshaus sollten sich später wegen der Aktivitäten des Fürsten Zeil im Verein der Standesherren sogar noch verschärfen. Erst unter dem Nachfolger Friedrichs I. kam es zu einem finanziellen und politischen Ausgleich, der mit den Königlichen Deklarationen über die staatsrechtlichen Verhältnisse von Waldburg-Zeil 1826, Waldburg-Wolfegg 1831 und Waldburg-Wurzach 1834 besiegelt wurde.

[1] Waldburg-Zeil'sches Gesamtarchiv, Abt. Zeil (ZAZ) 894, Brief des Gfn. Maximilian Wunibald v. Waldburg-Zeil vom 01.10.1802. Zur Thematik vgl. *Wilhelm Mößle*, Fürst Maximilian Wunibald von Waldburg-Zeil-Trauchburg 1750–1818. Geist und Politik des Oberschwäbischen Adels an der Wende vom 18. zum 19. Jh. Stuttgart 1968.
[2] *Gedanken über die Virilstimme für das Haus Reichserbtruchseß*, verfasst von Gf. Maximilian Wunibald für die Familienkonferenz am 29.12.1802 in Wurzach. ZAZ 528.
[3] Ebd.
[4] Ebd.
[5] ZAZ 894, Brief vom 28.12.1802.
[6] Wie Anm. 2.
[7] ZAZ 528, Brief des Erbgfn. Franz Thaddäus an seinen Vater Gf. Maximilian Wunibald vom 26.01.1803.
[8] ZAZ 122, Tagebuch von 1803.
[9] Ebd.
[10] ZAZ 984, Brief vom 21.12.1802.
[11] ZAZ 135, Bogen 30.
[12] ZAZ 1106; vgl. ZAZ 900.
[13] ZAZ 1398.
[14] Ebd.
[15] S. Anm. 11.
[16] ZAZ 1398, Brief vom 08.06.1806.
[17] ZAZ 896, Brief vom 01.08.1806.
[18] Neues Zeiler Archiv (NZA) 990; ZAZ 896, Brief vom 10.08.1806.
[19] NZA 990; ZAZ 896, Brief vom 09.09.1806.
[20] ZAZ 135, Bogen 34f.
[21] ZAZ 122, Tagebuch von 1806.
[22] Ebd.
[23] Waldburg-Wolfegg'sches Gesamtarchiv, Abt. Wolfegg (WoWo) 9429; 13982; 14157; 14160; 14184. Waldburg-Zeil'sches Gesamtarchiv, Abt. Wurzach (ZAWu) 813.
[24] ZAZ 135, Bogen 36.
[25] ZAZ 135, Bogen 37.
[26] ZAZ 135, Bogen 43f.
[27] NZA 998.
[28] NZA 999, Brief vom 23.11.1809.
[29] ZAZ 135, Bogen 47.
[30] Z. B. ZAZ 135, Bogen 43. Vgl. ZAWu 821; 825.

Vom Untergange retten, was man noch kann ...

Das Fürstliche Haus Waldburg zwischen 1806 und 1848

von Martin Zürn

»Roter Fürst« und Standesherr

Dass die Wiedererrichtung des Alten Reiches mit seinen Ständen gegenüber den Fürsten nicht durchsetzbar war, musste nach 1806 selbst der konservativste nun sog. *Standesherr*[1] erfahren. Zäh rangen die Monarchie, ihre Bürokratie, das Bürgertum, der Landadel und seine ehemaligen Untertanen um eine neue Ordnung. Stuttgart dachte nicht daran, die standesherrlichen Privilegien der Rheinbundakte, der sich Württemberg erst am 20. September 1806 angeschlossen hatte, wirklich zuzugestehen. So galt die Hauptstadt als *Purgatorium* [Fegefeuer] *der Standesherren*, König Friedrich I. (1754–1816) nach Fürst Maximilian Wunibald v. Waldburg-Zeil-Trauchburg als *Stuttgarter dicker Herodes*.[2] Der staatliche Reformeifer gründete vor allem in fiskalischen und militärischen Zwängen und wurde in Württemberg mit einem »Polizeistaat modernen Zuschnitts« durchgesetzt.[3]

Fürst Maximilian Wunibald engagierte sich deshalb in dem am 12. Dezember 1815 gegründeten württembergischen Verein der Standesherren. Dieser wurde bereits im Juni 1816 verboten. Den Vorwand bot ein Verfahren wegen Landesverrats, da der Verein mit dem Deutschen Bundestag und anderen souveränen Staaten korrespondiert hatte.[4]

Solche Konflikte zeigen, dass die Stellung des Adels verfassungsrechtlich geregelt werden musste. 1819, zwei Jahre nach dem Scheitern des ersten königlichen Entwurfs, wurde Maximilian Wunibalds Sohn Franz Thaddäus, der bereits im württembergischen Staatsdienst stand, von König Ludwig I. zum Präsidenten einer Ständeversammlung berufen, die eine Verfassung mit einem Zweikammersystem verabschiedete. Der ersten, der standesherrlichen Kammer gehörten außer dem Adel auch vom König berufene Mitglieder an, deren Zahl nicht mehr als ein Drittel an der Gesamtzahl umfassen durfte. Hier hatten die Katholiken eine breite Mehrheit. Die zweite Kammer setzte sich aus 70 gewählten Abgeordneten und weiteren 23 Privilegierten (Rittern und Geistlichen) zusammen. Im Gegensatz zum Entwurf von 1817 enthielt die neue Verfassung kein Adelsstatut mehr. Die Regierung schloss stattdessen ab 1819 mit Adelshäusern Einzelverträge ab. Die Abschlüsse mit Waldburg-Zeil-Trauchburg (1826), Wolfegg-Waldsee (1831) und Zeil-Wurzach (1834) ließen aber Jahre auf sich warten. Der erste Bereich dieser Verträge regelte die standesherrliche Stellung, Prädikate und Ehrentitel. Der zweite betraf die standesherrliche Stellung im Staatsverband, so die Meldepflicht auswärtiger Reisen und Dienste, die (partielle) Steuerfreiheit adeliger Güter, die Herausnahme aus dem Gemeindeverband, die Freiheit von Kriegsdienst und Soldatenquartier und vor allem die Mitgliedschaft in der ersten Kammer. Schließlich wurde ein privilegierter Gerichtsstand festgeschrieben. Der dritte Bereich regelte die sog. *Patrimonialrechte*, d. h. lokale Polizei- und Gerichtsrechte, die Forstverwaltung und die Stellung adeliger Beamter. Auf dieser Grundlage wurde 1838 von der württembergischen Regierung in *Ober-Zeil*, d.h. Schloss Zeil, ein *Königlich-Fürstliches Waldburg-Zeil und Trauchburg'sches Amt Zeil* eingerichtet, das die Revolution 1849 jedoch nicht überstand.[5]

Beispielhaft für die Umbruchszeit ist das Leben des »fürstlichen Revolutionärs« Constantin Maximilian v.

Waldburg-Zeil. Er wurde am 8. Januar 1807 im bayerischen Heubach als Sohn des Franz Thaddäus Fürst v. Waldburg-Zeil-Trauchburg († 1845) und der Henriette Christiane Prinzessin zu Löwenstein-Wertheim geboren. Als hoher königlicher Beamter gehörte der Vater keineswegs zu den »staatsfeindlichen württembergischen Standesherren«.[6] Nach einer eher tristen frühen Kindheit in Rottweil absolvierte Constantin bis 1828 in Landshut, Freiburg i. Br., München und Tübingen seine gymnasiale und universitäre Ausbildung mit juristischen, sprachlichen und moraltheologischen Schwerpunkten. In Tübingen bekam er erstmals das harte württembergische Beamtenregiment zu spüren. 1830 bis 1832 führten ihn Bildungsreisen nach Berlin, Wien und Venedig, nach Brüssel und Paris. Sein geistiger Horizont war von katholischer Erneuerung und Skepsis gegenüber der Aufklärung bestimmt; auch politisch wuchs der Fürst ohne größere Reibungen in sein aristokratisches Umfeld hinein. Dieses orientierte sich weitgehend an Österreich, von dem man sich eine Schwächung der napoleonischen Mittelstaaten zu Gunsten seiner Standesherren und die Eindämmung demokratischer Bestrebungen durch das »System Metternich« erhoffte.

Als *Unsinn* bezeichnete der junge Fürst denn auch demokratisch-republikanische Ansichten, als *sinnlos revolutionär* die süddeutschen Verhältnisse verglichen mit den norddeutschen. *Gesindel und französische Emissäre* hätten die Revolution von 1830 angezettelt, wogegen er mit Vertretern der belgischen *Conterrevolution* konspirierte.[7]

Die Monarchen, die mit Hilfe einer liberalen Bürokratie ihre Politik auf Kosten der Aristokratie trieben, seien *selbst Jakobiner*.[8] Diese Auffassung reflektiert die jahrzehntelangen staatlichen Maßnahmen zur viel zitierten Mediatisierung des Adels, d. h. zur Demontage seiner ehemaligen reichsunmittelbaren Stellung. Hierzu gehörten vor allem das Verbot standesherrlicher Jurisdiktion vom 10. Mai 1809, die Aufhebung der Steuerfreiheit für Ritter und Standesherren von 1808/09 und das Edikt vom 18. November 1817 zur Aufhebung der Leibeigenschaft und zur Auflösung der Lehenverbände gegen finanzielle Abgeltung der Abgaben und Dienste.[9]

Aus Unwillen gegen die Zentralregierung nahmen die Standesherren ihre Möglichkeit zur politischen Mitwirkung in der ersten Kammer lange kaum wahr. Erst die Diskussion um die Ablösung der Feudallasten und um ein Volksschulgesetz auf dem Landtag von 1836 veranlasste den Adel, seine Interessen aktiv zu vertreten. Denn Waldburg bezog nur zwischen einem Drittel (Grafschaft Zeil) und einem Viertel (Fürstentum Zeil-Wurzach) des Etats aus Eigenwirtschaft und Kapitalverleih, überwiegend profitierte man von den alten Herrschaftsrechten. 54 % trug die Grundherrschaft in der Grafschaft Zeil, 57 % im Fürstentum Zeil-Wurzach zu den Einkünften aus Herrschaftsrechten bei.[10] Der Adel wollte darum die Grundherrschaft in ihrem Kern möglichst unangetastet belassen. Für andere Rechte suchte man günstige Entschädigungssätze zu erreichen. So wurden bis zum 25fachen des jährlichen Werts der Fronen gefordert. Erbgraf Constantin Maximilian war *der Ansicht, alle Rechte, Gefälle und dergleichen, die gegen das Volk uns in eine ungünstige Stellung bringen, aufzugeben, aber nur gegen große, möglichst große Geldentschädigung, welche dann in Grundbesitz, aber ohne besondere Rechte und Privilegien, umgesetzt werden muß*. Um für den Adel *zu retten, was zu retten ist*, müsse man sich der *Bewegungsparthei* anschließen.[11] Fürst Leopold v. Waldburg-Wurzach gab gegenüber Standesgenossen 1835 die gleiche Devise aus: Die Ablösung der Feudallasten sei unausweichlich, nun müsse man *vom Untergange retten, was man noch kann*.[12] Als dann aber die Gemeinde Vollmaringen 1845 um die Ablösung aller Gefälle nachsuchte, war es ihm durchaus eine Überlegung wert, *das konservative Prinzip* hochzuhalten und sich dem Wunsch zu verweigern. Da dies mit Blick auf andere Standesherren nicht durchsetzbar erschien, war er schließlich einer Ablösung nicht völlig abgeneigt, verlangte aber höhere Sätze, nämlich das 25- bis 27,5-fache der jährlichen Erträge, da die Gefällverluste kaum durch Land- und Waldkäufe kompensiert werden könnten.[13]

Trotz solcher Interessengegensätze trat Fürst Konstantin Maximilian v. Waldburg-Zeil »für eine vermittelnde Rolle der Aristokratie zwischen Monarchie und Volk« mit »patriarchalischen Beziehungen« (Kircher) zu den Bauern ein. Dieses Konzept entsprach dem altständischen Politikverständnis des Adels, der in Reich und Landständen »sein« Territorium zu vertreten beansprucht hatte.

Schloss Zeil
Die fürstliche Residenz der Standesherrschaft Zeil.
Lithographie, Eberhard Emminger, ca. 1840.
Schloss Zeil.

Neu war hingegen Waldburg-Zeils Ansicht, die Kirche müsse vom Staat unabhängig sein, war sie doch bis zur Säkularisierung Teil des Reiches gewesen. Er reagierte damit auf den staatlichen Anspruch, faktisch ein katholisches Landeskirchentum zu schaffen. Zwar war nach § 70f. der Verfassung die Religionsausübung frei und die katholische Kirchenverwaltung dem Landesbischof und seinem Domkapitel übertragen, doch waren diese Organe nach § 72 dem königlich-katholischen Kirchenrat unterstellt. Die Verordnung vom 30. Januar 1830 griff tief in die kirchliche Autonomie ein. Franz Thaddäus Fürst v. Waldburg-Zeil-Trauchburg, Vizepräsident der württembergischen ersten Kammer, und mehr noch sein Sohn Constantin Maximilian opponierten erfolglos dagegen.[14] Auch im heftigen Streit um die kirchliche Einsegnung von Mischehen, der in Preußen die bekannten »Kölner Wirren« von 1837 auslöste, bezog der katholische Adel gegen die Zentralregierung Stellung. Die fürstlichen waldburgischen Häuser Wolfegg-Waldsee, Zeil-Trauchburg und Zeil-Wurzach nutzten hier ihre 45 Kirchenpatronate, um *strengkirchliche* Priester einzusetzen.[15] Weiter legte sich Erbgraf Waldburg-Zeil mit Innenminister Johannes v. Schlayer an, der keine Konzession für eine oppositionelle katholische Zeitung erteilen wollte.[16]

Über die Presse – Fürst Waldburg-Zeil bevorzugte katholische bayerische Gazetten – sowie über Eingaben an die Stuttgarter Kammern und gedruckte Denkschriften versuchten Regierung und Standesopposition glei-

chermaßen, politische Entscheidungsprozesse zu beeinflussen. Allerdings vertrug sich der Appell an die Öffentlichkeit nicht unbedingt mit adeligem Standesbewusstsein. Dies wurde in der weitgehenden Ablehnung des scharfen anonymen *Offene*[n] *Sendschreiben*[s] *an* [...] *den Herrn Minister v. Schlayer* durch den Adel deutlich. Diese Replik auf Angriffe des Innenministers auf den katholischen Bischof Keller war möglicherweise von Fürst Zeil selbst oder von dem mit ihm verbündeten Ulmer Justizprokurator Andreas Alois Wiest verfasst worden. Wiest, sowohl »liberal« als auch »ultramontan«-katholisch, beriet den Fürsten wie die Bauern in Fragen zur Agrarreform.[17]

Die Regierung selbst veröffentlichte zu den kulturellen Zuständen im Oberamt Waldsee scharfe Kritik: Es herrsche außer einem *Mangel an guten Schulanstalten und gebildeten Geistlichen* [...] *auch hier noch finsterer Aberglaube, daß Kuhherden benedicirt, Waschwasser und Trinkwasser für Kälber geweiht, bei einer bevorstehenden Sonnenfinsterniß Betstunden veranstaltet werden* [...]. *Erst vor ganz kurzer Zeit trieb ein im stillen reisender Exorzist noch Teufel aus.*[18] Hier denunziert aufklärerisch-staatskirchliche Doktrin eine Volksfrömmigkeit, die von altständischer katholischer Reform bzw. jesuitischer Volksmission geprägt war. Über die Kritik an dieser Praxis hinaus betrieb die Zentralregierung auch Personalpolitik. Sie verweigerte dem liberalen, kirchenpolitisch jedoch streng katholischen Zeil'schen Beamten Wilhelm Wiest den für sein Stuttgarter Abgeordnetenmandat notwendigen Urlaub und versuchte, mit Hilfe eines Teils der Leutkircher Wahlmänner den »staatskirchlichen« Franz v. Zwerger durchzusetzen. Mit Zeils Unterstützung und in einer fragilen Koalition von Liberalen und »streng Katholischen« wurde stattdessen der Saulgauer Oberamtsarzt Martini gewählt. Trotz solcher Erfolge scheiterte Waldburg mit seiner »ultramontanen«, d.h. gegen die Landeskirchenpolitik gerichteten Position sowohl in Württemberg als auch in Bayern, wo Fürst Constantin Maximilian Mitglied der Kammer der Reichsräte war.

Konservativ verhielten sich die Repräsentanten des Hauses Waldburg auch zu Beginn der Revolution. 1846 hatte der Deutsche Bund einen Beschluss zur Ablösungsfrage gefasst. Darauf fand am 18. und 19. November 1847 in Donauwörth eine geheime standesherrliche Versammlung statt. Auf ihr hob Fürst Leopold Maria Karl Eberhard v. Waldburg-Wurzach *als besonders beachtenswerte Gegenstände hervor: Ausmittlung eines entsprechenden Anschlages für die Fruchtgülten, Entschädigung für das Heimfallrecht, für die Recht, bei Veräußerung und Verpfändung Konsensgebühren zu erheben, und für das Obereigentum*. Das heißt, sekundäre Ansprüche aus den Falllehenverhältnissen, wurden zu eigenständigen Rechten aufgewertet, die separat abzulösen waren.[19]

Derlei Forderungen wurden unter dem Druck der Revolution obsolet. Dennoch versuchte Fürst Waldburg-Zeil-Trauchburg den Gang der Dinge aufzuhalten, als er sich in seiner Funktion als Vizepräsident der Kammer der Standesherren noch am 6. März 1848 vor König Wilhelm I. gegen die Bildung eines liberalen Ministeriums aussprach. Auf dem anschließenden Stuttgarter Landtag stimmten die Standesherren dann aber doch für die Ablösung der Grundlasten auf den bäuerlichen Gütern zum 12- bis 16fachen ihres Wertes.[20] In der Folgezeit lag ihnen an der *Handhabung der öffentlichen Ruhe und Sicherheit*, am *Schutz des Eigenthums und* [der] *Achtung des Rechts*. Fürst Zeil forderte vom König eine *gewaltsame Contrerevolution*.[21] Enttäuscht von den Zugeständnissen des Monarchen an die Revolutionäre wandte er sich jedoch von Krone und Adel ab. Für ihn blieben jetzt nur noch *Deutschland und der katholische Glaube*.[22] Bei der Wahl zur Nationalversammlung mobilisierte er seine Klientel: katholische Geistliche, Dorfschullehrer, Bürgermeister, »Jagdvertraute« und einige Bauern. Besonders in den heimischen Landen um Leutkirch und Wurzach wurde er mit klarem Vorsprung gewählt, im Norden des Wahlkreises, insbesondere in Biberach, war Gegenkandidat v. Hornstein teilweise erfolgreicher. Seine »ultramontane« Gesinnung stellte der Fürst nun zurück; er ließ die deutsche Flagge von Schloss Zeil wehen und stimmte in der Paulskirche der Beseitigung adeliger Fideikommisse, sodann gar der Abschaffung des Adels zu. Ansonsten erwies er sich als süddeutscher Föderalist, der mit der Linken für die vollständige Trennung von Staat und Kirche eintrat. So siegte er auch deutlich bei der Wahl zur ersten verfassungsgebenden Landesversammlung. Aufgrund eines Artikels im Leutkircher Wochenblatt wurde er aber 1849 wegen *Beleidigung der Staatsge-*

Fürstenjagd
Fürst Constantin Max von Waldburg-Zeil (6. von rechts) im Kreise adliger Standesgenossen vor Schloss und Kirche Erbach. Lithographie, Eberhard Emminger. Schloss Wolfegg, Fürstliche Kunstsammlungen.

walt zu fünf Monaten Haft auf dem Hohenasperg verurteilt.
Für die Zeitgenossen kam die Wendung des Fürsten Constantin Maximilian vom katholischen »Ultramontanen« und »Konterrevolutionär« zum »roten Fürsten« überraschend. Im Rückblick aber zeigen sich die Kontinuitäten seines politischen Denkens. Denn die Kirche war von der Staatsgewalt gegängelt worden; der Adel konnte sich nicht wirklich als starke Elite zwischen Monarch und Volk, als Damm sowohl gegen absolutistische als auch demokratische Ströme der Zeit aufbauen. Dagegen hatte sich der Adel vor 1806 – nicht uneigennützig – im Reichstag bzw. auf den vorderösterreichischen Landtagen als vornehmster Vertreter des Landes etabliert und gleichzeitig dessen Geschicke in der österreichischen Verwaltung mitbestimmt. Geprägt von einer politischen Kultur, die als katholisch, korporativ bzw. ständisch-repräsentativ und auch im »absolutistischen« 18. Jh. als föderativ-regional zu beschreiben ist, rieb sich Fürst Zeil an der württembergischen Zentralbürokratie auf. Da er von der Unentschlossenheit der Monarchie im März 1848 enttäuscht war, da auch Katholiken von der Presse- und Versammlungsfreiheit profitieren wollten, da auch die Linke in der Paulskirche stark süddeutsch-föderale Züge aufwies, wandelte er sich vom aristokratischen Repräsentanten zum Volkstribunen seines Landstrichs. Bereits in *meiner Wiege mediatisiert*[23], d. h. der altständischen Souveränität beraubt, fand er in den Revolutionswirren von 1848 seine Antwort auf die Legitimations- und Partizipationskrise des Vormärz: »Volkssouveränität« als Mittel, die Freiheit des Denkens und des Glaubens gegen eine übermächtige Monarchie zu sichern. Bei seinem Vetter Waldburg-Wolfegg, der weiter in der ersten württembergischen Kammer mitarbeitete, und seinem Stiefbruder Ludwig, der 1849 als württembergischer Offizier an der Niederschlagung der badischen Revolution beteiligt war, und auch bei anderen Standesgenossen erntete er dafür Unverständnis. Populärer waren Ideen einer weit reichenden Autonomie Oberschwabens bzw. eines Anschlusses an Österreich.[24] Gesundheitlich angeschlagen, vermied der Fürst zuletzt offene politische Auseinandersetzun-

gen, auch wenn er bei der Leutkircher Nachwahl zur zweiten Kammer 1851 den »roten« Protestanten Wilhelm Zimmermann unterstützte, Verfasser einer liberalen Geschichte des Bauernkrieges.[25]

Der Besitz der waldburgischen Linien

Der alte waldburgische Herrschaftsbereich war land- und forstwirtschaftlich geprägt. Davon lebte auch ein Weiterverarbeitungsgewerbe (Säge- und Papiermühlen, Brauereien). Das Handwerk – allen voran die 201 Weber im Oberamt Waldsee – produzierte »nur für Kunden«, d. h. für den lokalen Bedarf. Von Frauen wurde Leinwandweberei im hoch gelegenen und unfruchtbaren Großholzleute, Oberamt Wangen, im Winterhalbjahr betrieben; man spann und stickte Schweizer Musselintücher winters auch im rauen Christazhofen. Impulse für den systematischen Aufbau ländlicher exportorientierter Gewerbe gingen vom Haus Waldburg aber nicht aus.[26] Fürst Constantin v. Waldburg-Zeil betrachtete Grund und Boden als *einzige Garantie unserer Existenz* und investierte seine Mittel entsprechend. An Geschäften mit *Capital* hatte er kein Interesse. Dem entsprach die Abmachung der waldburgischen Häuser von 1839, die Ablösungsgelder nur so lange in Staatsanleihen mit 4-prozentiger Verzinsung anzulegen, bis sich günstige Gelegenheiten für Immobilienkäufe auftaten. Auch hausinterne Erbfolgeregelungen verpflichteten zu dieser Investitionsstrategie. Im übrigen flossen freie Mittel in die Verbesserung von Landgütern und in herrschaftliche Eigenbetriebe wie Brauereien, Sägewerke und Ziegelhütten.[27]

Die Linie Wolfegg-Waldsee

Die württembergischen Oberamtsbeschreibungen zeigen die dominierende Stellung der waldburgischen Linien zwischen Allgäu und Oberschwaben. Ein territorialer Kern lag im Oberamt Waldsee. Er gehörte der Linie *Wolfegg-Waldsee* und umfasste teils als Eigen, teils als Lehen oder Inhabung

- die ehemalige Grafschaft Wolfegg mit Wolfegg, Arnach, Einthürnen, Haidgau, Ziegelbach und die Hälfte des Gerichts Schwarzach. Zum Amt Wolfegg gehörte auch die ehemals kißleggische Vogtei Waltershofen.
- die Grafschaft Waldsee, bestehend aus der alten Herrschaft Waldsee mit Haisterkirch, Mühlhausen, Unterurbach, Ober- und Unteressendorf, Steinach und Winterstettenstadt, sowie mit Eberhardzell, Schweinhausen und der anderen Hälfte des Gerichts Schwarzach.
- das Mediatgericht Reute.

Die auf zwei Linien verteilten Herrschaftsbezirke kamen per Erbfolge 1798 an den 1803 gefürsteten Grafen Josef Anton, nach dessen Tod 1833 an dessen Sohn Friedrich Karl Joseph. Die jährlichen Einkünfte aus allen Ländereien wurden um diese Zeit auf 75.000 bis 100.000 fl. geschätzt.[28]

Zu den Einkünften trugen noch Waldburg im Oberamt Ravensburg bei, ferner die ehemals ritterschaftliche, zwischen den Linien Wolfegg und Wurzach geteilte Vogtei Kißlegg im Oberamt Wangen. Die ritterschaftlichen Orte Rötsee, Praßberg und Leupolz im gleichen Oberamt gehörte Waldburg-Wolfegg seit 1708 bzw. 1749 allein.[29]

Zum Grundbesitz kamen weitere Rechte hinzu. In der Gemeinde Eggenreute, Oberamt Wangen, verfügten der württembergische Staat und der Fürst v. Waldburg-Wolfegg gemeinsam über das Jagdrecht; *der letztere besitzt es, jedoch ohne Jagdpolizei, in den Parzellen 7, 20, 21, 23, 24, 28, 30.*[30] Derlei Aufteilungen machen eine systematische Übersicht über die waldburgischen Besitztitel unmöglich. Allgemein gab es Forste konkurrierender Herren und der Gemeinden (die ihrerseits meist Miteigentums-, Mitnutzungs-, Jagd- oder wenigstens Kontrollansprüche ihrer Herren abzuwehren hatten). Beholzungsrechte hafteten auch an bestimmten Häusern (Realgerechtigkeiten) oder wurden von persönlich Berechtigten ausgeübt, z. B. von Lehenmaiern. Diesbezüglich seit dem Mittelalter umstritten war der Altdorfer Wald, der größte der oberschwäbischen Forste, der nach langwierigen Besitzumschichtungen an das Königreich Württemberg überging. Die Rechte des Hauses Wolfegg wurden dort durch Abtretung von 1.570 Morgen abgefunden.[31]

Tabelle 1: Grundherrschaften der Linie Wolfegg-Waldsee (1832/34)[32]:

Oberamt	Oberamt Einwohner	Waldburg Einwohner	Waldburg Dörfer	Waldburg Weiler	Waldburg Höfe	Waldburg Wohnungen	Fläche (Morgen)
Waldsee	19.139	10.045	15	108	59	54	85.841
Ravensburg	22.320	1.163	1	13	25	9	7.293
Wangen	19.348	2.338	2	45	34	5	17.510
Leutkirch	20.577	340	1	5	8	1	3.114
Summe	81.384	13.886	19	171	126	69	113.758

Die Linie Zeil-Trauchburg

Die Linie *Zeil-Trauchburg* besaß im Oberamt Leutkirch die ehemalige Reichsgrafschaft Zeil mit den Gemeinden Diepoldshofen, Seibranz und Reichenhofen mit Schloss Zeil, die 1491 vom Kloster Petershausen erkaufte Gemeinde Aichstetten und die seit 1662 Zeil'sche Ritterherrschaft Altmannshofen (Tabelle 2). Im Oberamt Wangen erstreckte sich die Grundherrschaft dieser Linie auf die Gemeinden der alten Grafschaft Trauchburg, nämlich Beuren (insgesamt 611 Einwohner), auf große Teile von Christazhofen (793 Einwohner), Großholzleute (626), Neutrauchburg (683), Rohrdorf (416), Winterstetten (349), zudem die ehemalige Reichsvogtei Eisenharz (915). Im trauchburgischen Rimpach, Gemeinde Friesenhofen (440 Einwohner), war die Zeil'sche Grundherrschaft durch eine *ausgezeichnet*e Brauerei mit Bannrecht ausgebaut. Abgelegene Besitzungen waren in den Oberämtern Horb und Spaichingen die Gemeinden Vollmaringen, Göttelfingen und Balgheim. Zimmern bei Balingen wurde von Fürst Thaddäus 1834 verkauft. Alle württembergisch-waldburgischen Orte zusammen zählten 9.700 Einwohner. Die Jahreseinkünfte des gesamten Besitzes wurden 1806 mit 40.000 fl. angeschlagen.[33]

Nach 15-jährigem Durchschnitt betrugen die Einnahmen aus der Reichsgrafschaft Zeil zwischen 1791 und 1806 knapp 32.400 fl., wovon 70 % (22.673 fl.) auf Geldeinnahmen aus staatlichen Gebühren, Haussteuern, Lizenzen und in Geld abgelösten Fronen und Naturalzinsen entfielen. Naturaleinnahmen, v. a. aus Getreide, wurden mit zusätzlichen 9.726 fl. veranschlagt.[34]

Diese Angaben erweisen sich als sehr summarisch und ungenau, wie eine Übersicht über die waldburgischen Gefälle im Oberamt Leutkirch zeigt (Tabelle 4).

Die Linie Zeil-Wurzach

Die Linie *Zeil-Wurzach* unter Fürst Leopold Maria (geboren 11.11.1795) mit Residenz in Wurzach dominierte in den mittelmäßig fruchtbaren Herrschaften Wurzach und Marstetten und besaß die andere Hälfte der Vogtei Kißlegg (s. o.). Wurzach und Marstetten erbrachten 1797–1806 im 9-jährigen Durchschnitt 38.334 fl., davon knapp 27.000 fl. aus Pachteinnahmen, Steuern, Gebühren und Strafen.[35] Allein die wurzachischen Kameralgüter umfassten über 8.328 Morgen

Tabelle 2: Grundherrschaften der Linie Zeil-Trauchburg in Oberschwaben

Oberamt	Oberamt Einwohner	Waldburg Einwohner	Waldburg Dörfer	Waldburg Weiler u. Höfe	Fläche (Morgen)
Wangen	19.348	4.882	8	84	35.811
Leutkirch	20.577	3.348	5	46	24.979
Summe	39.925	8.230	13	130	60.790

Tabelle 3: Besitzungen der Linie Zeil-Wurzach

Oberamt	Oberamt Einwohner	Waldburg Einwohner	Waldburg Dörfer	Waldburg Weiler u. Höfe	Fläche (Morgen)
Leutkirch	20.577	4.811	?	?	34.381
Wangen	19.348	1.417	?	?	14.566
Summe	39.925	6.228	?	?	48.947

Land, wovon aber 5.969 Morgen bewaldet waren. Unter den wenigen Gewerbebetrieben hebt die Oberamtsbeschreibung das fürstliche Wurzacher Brauhaus hervor. Die Gerichtsherrschaft hatte das Fürstenhaus an Württemberg abgetreten, das *königlich-fürstliche Bezirksamt* in Wurzach übte noch die Polizeigewalt aus. Außer dem Ackerbürgerstädtchen Wurzach (1.098 Einwohner) zählten hierzu die Gemeinden Ellwangen, Gospoldshofen, Hauerz und Mooshausen.[36]

Blick in die Dörfer

Ein seltener Wohlstand, wie er im Königreich sonst kaum zu finden sei, *Luxus in Kleidung und der Hang zu Wohlleben* wurden nach württembergischer Statistik im Oberamt Waldsee festgestellt; die ehemalige Herrschaft Wolfegg fiel wegen weniger ergiebigen Böden etwas ab. Als *gesund und kräftig, wohlgenährt und von mittlerer Größe* wurden die Menschen von Leutkirch charakterisiert. Ihnen drohten vor allem wegen der üppigen und fetten Speisen gesundheitliche Gefahren, ihr *Kleiderluxus* stand angeblich mitunter im Missverhältnis zu den Vermögensverhältnissen.[37] Hatten diese Menschen ein Interesse an der Aufhebung der alten Agrarverfassung?

Wie erwähnt wurde die standesherrliche Gerichtsbarkeit zugunsten der königlichen Amtsgerichte abgeschafft. Die Herren erhielten nur das Recht zur Einrichtung von Patrimonialämtern für niedere Polizei- und für Forstsachen; die waldburgischen Linien hatten deren vier.[38] Der Verlust der Landesherrschaft war durchaus auch ein finanzieller, obwohl die Vogtei- und Amtsgerichte mit relativ gut besoldeten studierten Juristen besetzt werden mussten und dort die Kosten die Strafgelder überstiegen.[39] Höher zu veranschlagen ist aber der politische Machtfaktor der Gerichtsherrschaft. Traditionell drückte sich in ihr die ständische Qualität ihres Inhabers aus. Die Prozesse selbst boten den Gerichtsherren wichtige Informationen über »ihre« Untertanen.

Ein »offensichtlich wohlinszenierter, von den Oberämtern zumindest unterstützter, wenn nicht eingeleiteter Petitionssturm«[40] des württembergischen Staates wandte sich gegen die Restauration der adeligen Gerichtsbarkeit. 1818 thematisierten die Ortsvorsteher und Gemeindedeputierten der Schultheißeneien Wolfegg, Dietmanns und Haidgau die Verquickung von Recht und materiellen Interessen: *Besonders aber lassen die Lehenverhältnisse, in denen wir mit diesen Gutsherren* [!] *stehen, uns wünschen, niemals wieder ihrer Gerichtsbarkeit unterworfen zu werden.* Die Herren seien darauf bedacht, *die Lehengefälle zu steigern* und die *Lehennutzungen zu schmälern*, so dass sie im Streitfall über sich selbst zu Gericht sitzen müssten. Gleiches gelte bei Forst und Jagd. Dagegen argumentierte Max Wunibald Fürst v. Waldburg-Zeil-Trauchburg auch als Kurator für Waldburg-Wurzach, in Leutkirch seien die Deputierten zur Unterschrift unter das fertige Dokument gedrängt worden. In Wangen hätten die großteils waldburgischen Deputierten nach Rücksprache mit ihren Gemeinden erklärt, keine Beschwerden gegen ihre Patrimonialherrschaften zu haben, auch hielten sie *dafür* [...], *daß der gemeine Bürger und Bauersmann den Standes- und Gutsherrn weder Rechte geben noch nehmen könnte.* Schließlich bezweifelten die Herren die Legitimation einiger Unterschriften und verwahrten sich dagegen, dass das zentralstaatliche Interesse mit *diesem an die Zeiten einer unglücklichen Revolution erinnernden Spiele* vorangetrieben werden sollte.[41] Die liberale, von Württemberg forcierte Idee, Staatsgewalt und Privatsphäre strikt zu trennen, scheint also in den alten waldburgischen Territorien von großen Teilen der Bevölkerung

Tabelle 4: Einkünfte aller waldburgischen Linien im Oberamt Leutkirch[42]

Ort/Linie	Geld fl.	Geld kr.	Dinkel Scheffel	Dinkel Simri	Hafer Scheffel	Hafer Simri	Glatt Scheffel	Glatt Simri
Aichstetten	**466**	**29,5**	**130**	**7,5**	**140**	**4,75**	**62**	**0**
Davon W.-Zeil	410	49	123	6	120	6	51	2
Altmannshofen	**520**	**55,75**	**13**	**3**	**66**	**2,25**	**23**	**7**
Davon W.-Wurzach	160	40	0	0	0	0	0	0
und W.-Zeil	351	50	13	3	62	0	20	7
Diepoldshofen	**395**	**35**	**164**	**1,5**	**156**	**5,5**	**0**	**0**
Davon W.-Wurzach	366	50	157	3	142	7	0	0
Ellwangen	**200**	**21,75**	**72**	**3**	**146**	**7**	**4**	**2**
Davon W.-Wurzach	143	0,5	64	4	138	0	4	2
Gebrazhofen	**95**	**58**	**0**	**0**	**89**	**3,75**	**0**	**0**
Davon W.-Zeil	0	15	0	0	0	0	0	0
Hauerz	**310**	**47,5**	**194**	**7**	**229**	**5**	**1**	**4**
Davon W.-Wurzach	263	29,0	186	3	202	0	1	4
Herlazhofen	**200**	**32**	**3**	**7,75**	**251**	**6,75**	**3**	**7,5**
Davon W.-Zeil	1	41	0	0	0	0	0	0
Mooshausen	**220**	**53,75**	**183**	**1**	**221**	**5**	**30**	**2**
Davon W.-Wurzach	194	54,5	179	1	213	6	29	4
Reichenhofen insgesamt	**552**	**47,5**	**166**	**0,75**	**233**	**6,75**	**7**	**1,5**
Davon W.-Zeil	436	14,5	148	6	125	4	6	0
Seibranz insgesamt	**673**	**20**	**18**	**6**	**278**	**0,25**	**0**	**0**
Davon W.-Zeil	615	24	18	6	228	0	0	0
und fürstl. Stift Zeil	10	52,5	0	0	8	0	0	0
Waltershofen insgesamt	**840**	**53,5**	**39**	**7,33**	**120**	**1**	**0**	**0**
Davon W.-Wurzach	809	15	39	7,33	94	4,25	0	0
Wuchzenhofen insgesamt	**250**	**0**	**74**	**4**	**226**	**5,75**	**4**	**6,25**
Davon W.-Zeil	5	33	0	0	0	0	0	0
Wurzach insgesamt	483	26,5	205	2,25	213	3,5	3	3,25
Davon W.-Wurzach	370	55	167	2	168	0	3	1
Oberamt insgesamt	**9097**	**18,75**	**1385**	**2,25**	**3924**	**6,5**	**727**	**3,5**
Davon W.-Wurzach	2309	4	792	20,33	957	17,25	39	11
und W.-Zeil	1821	46,5	302	21	535	10	77	9
und fürstl. Stift Zeil	10	52,5	0	0	8	0	0	0

nicht, zumindest nicht offen, unterstützt worden zu sein. Dennoch fürchteten die Häuser Waldburg eine Koalition von Monarchie und Volk zu Lasten des Adels.
Völlig umgestaltet wurde das ländliche Kreditsystem, das mit den Herrschaftsverhältnissen verflochten gewesen war. Im Alten Reich sorgten häufig Klöster und reiche Pfarreien für Agrarkredit, auch bestanden in den oberschwäbischen Adels- und Klosterherrschaften sog. *Landschaftskassen*. Diese dienten der Bevölkerung als Sparkassen, vor allem aber, formal getrennt vom standesherrlichen Hausgut, staatlichen Aufgaben. Sie finanzierten öffentliche Lasten vor, z. B. Investitionen in Straßen und Schulen, insbesondere aber die enormen Kriegssteuern an den Schwäbischen Kreis bzw. das Reich, von denen die Herren selbst befreit waren. Die Schulden wurden in Friedenszeiten durch Umlagen auf die Gemeinden wieder getilgt. Die Landschaftskasse Zeil-Wurzach wurde 1822 aufgelöst, nachdem 135.000 fl. Schulden vom württembergischen Staat übernommen worden waren.[43] Mit dem Ende der alten Landschaften wurden der Kreditmarkt von den altständischen Bindungen abgekoppelt und die Bevölkerung auf württembergische Staatshilfe verwiesen, um die Feudallasten ablösen zu können.
Im Visier der Reformer standen auch die Besitzformen und –größen der bäuerlichen Güter. In den waldburgischen Ländern, vorrangig hoch- und spätmittelalterliche Neurodungsgebiete, waren sog. *Schupf- oder Falllehen* die Regel, die unzerteilt auf Lebenszeit der Inhaber verliehen wurden.[44] Im Alten Reich reichten vier bis sechs Hektar zuzüglich Allmendanteilen je nach Fruchtbarkeit und Abgabenbelastung für den Unterhalt einer Familie aus. Waldburgische Lehenhöfe lagen häufig deutlich über diesen Größen, was nach Ansicht der Agrarwirtschaftler intensivem Landbau abträglich war. Die waldburgischen Bauern waren nach den Worten des Oberjustizprokurators Wiest an einem *milden Lehensystem* interessiert, in dem die Besitzgrößen garantiert, die wirtschaftlichen Handlungsmöglichkeiten erweitert und die Abgaben normiert waren.[45]
In diesem Sinne hatte man bereits im Alten Reich überlebte Abgaben abgeschafft oder in pauschale Geldzahlungen umgewandelt. Die Leibeigenschaft war seitens der Herrschaft nicht mehr ernsthaft als Behinderung der Freizügigkeit eingesetzt worden.[46] Neue Anbaumethoden brachten Ertragssteigerungen. Mit Klee zur Stallfütterung und mit Kartoffeln wurden die Brachen bebaut. Daraus entstanden vorübergehend Konflikte um die Rechte an den neuen Früchten, v. a. um die Zehntpflicht. Bereits im Alten Reich war auch mit den sog. *Vereinödungen* begonnen worden: In Haufendörfern wurden der alte Flurzwang mit seinem starren Wechsel von Winter- und Sommerfrucht sowie Brache aufgehoben, Felder zusammengelegt und Höfe aus den Ortskernen ausgesiedelt. Selbst die modernisierungsfreudigen Oberamtsbeschreibungen gestanden die negativen Konsequenzen dieser Entwicklung für manche Dorfgemeinschaften ein.[47]
Aus Sicht der Ökonomen waren v. a. die Schupf- oder Falllehenverträge nicht mehr zeitgemäß, denn eine mindere Rechtsstellung schmälere das Interesse des Inhabers am wirtschaftlichen Erfolg. Generell beschränkte das Lehenverhältnis die wirtschaftliche Freiheit des Inhabers. So war die Kreditaufnahme an das Einverständnis des Grundherrn gebunden, selbst wenn sie der Verbesserung des Gutes diente. Der Staat förderte deshalb die »Allodifikation«, die Lösung der Güter aus grundherrschaftlichen Bindungen nach der Devise »freier Mann auf freiem Gut«. Doch das Interesse war sowohl beim Adel als auch bei den Bauern oft mäßig.[48] Bereits in ihrer Stellungnahme gegen die königlichen Edikte vom 18. November 1817 betonten die Standesherren, sowohl Erb- als auch Falllehen seien als freie Verträge und nicht als bloße *Ausflüsse der Leibeigenschaft* zu verstehen. Beide Formen sicherten dem Pächter *die Mittel seiner Subsistenz für sich und die Seinige auf ein ganzes Menschenalter*. Durch die Reform würden die Herren *in gehässige Gläubiger des neu Beschenkten verwandelt* und *zu jüdischen Schacherkünsten genötigt* [...]. *Was aber wäre Euerer Majestät und was dem Volke ein Adel, auf bloßes Geld und Geldbetrieb gegründet, annoch wert?*[49] Der Gebrauch des gängigen antijüdischen Stereotyps wird der großen Bedeutung des Landjudentums in Schwaben nicht gerecht[50], zeigt aber gerade dadurch, wie sehr die Reform den Nerv des adeligen Selbstverständnisses traf. In den konfliktträchtigen Auslösungsverfahren gerieten 1845 Zeil-Trauchburg und v. a. Zeil-Wurzach in Verdacht, dem Edikt von 1817 und den Ablösungsgesetzen von 1836 zuwider

im Oberamt Leutkirch Grundabgaben gesteigert zu haben. Die bäuerliche Beschwerde beschäftigte die Abgeordnetenkammer.[51]

Dagegen äußerte die Oberamtsbeschreibung Waldsee, dass sich die Praxis der Falllehen der der Erblehen angenähert hatte. *Steigerungen der sehr mäßigen Lehensabgaben oder Schmälerungen der lehensherrlichen Gegenleistungen* hätten dort schon seit dem vorigen Jahrhundert nicht mehr stattgefunden; die Lehen könnten auch beliehen und abgetreten werden; die ursprünglich ungemessenen Fronen seien fixiert worden. Auch im Oberamt Leutkirch seien *im Ganzen* [...] *die Lehensformen nicht drückend*.[52] In der Gemeinde Wolfegg wurde, so die Gemeindevertreter 1838, *früher* [...] *das benötigte Bauholz den Lehenbesitzern ohne Wald unentgeltlich abgereicht. Allein vom Jahr 1806 an wurden bei jedem Veränderungsfall den neuen Lehenleuten angedeutet, daß er auf die Wohltat verzichten und das Bauholz bezahlen müsse, und so hat der Zahn der Zeit in unserer Nachbarschaft alle zur Verzichtung gebracht, so daß wir nur noch die Witwe des Anton Knecht Bäk in Than* [Alttann, Gemeinde Wolfegg] *wissen, die dieser Wohltat sich zu erfreuen hat*.[53] Doch nicht nur aufgehobene Rechte und Zuwendungen, sondern vor allem auch sinkende Güterpreise und der höhere Steuersatz auf freieigene Immobilien ließ die Bauern bei der Ablösung zögern. Stattdessen baten sie 1846 bei Fürst Leopold v. Waldburg-Zeil-Wurzach und Constantin Maximilian v. Waldburg-Zeil-Trauchburg um eine Neuregelung der Falllehenrechte.[54]

Der Wert der abzulösenden Gefälle konnte nur mit hohem bürokratischem Aufwand ermittelt werden. So hatten sich die Frondienste im Alten Reich lokal uneinheitlich entwickelt. Für die waldburgischen Kernlande sind seit 1515 Fronverträge überliefert. Die Fuhr- und Handfronen wurden teils gemessen, teils ungemessen, als Arbeitsleistung oder ersatzweise als Dienstgeld gefordert, teilweise wechselte die Leistung je nach herrschaftlichem Bedarf; teilweise bestanden mehrere Verpflichtungen nebeneinander, teilweise gerieten diese in Vergessenheit. Mitentscheidend für die Höhe der Fronen war schließlich das Rechtsverhältnis der Pflichtigen zur Ortsherrschaft; Leheninhaber wurden als Ortsbürger und zudem wegen ihres waldburgischen Guts zu Diensten herangezogen. Die Verträge für die Herrschaften Waldsee und Wolfegg von 1700 und 1725 setzten diesbezüglich deutlich gestufte Dienstgeldsätze fest und regelten die Entlohnung derjenigen, die die Fronarbeit in natura leisteten.[55]

Die Forschung ist heute mit der Frage konfrontiert, ob Fronen als Aktiv- oder als Passivposten der bäuerlichen Leistungsbilanz bewertet werden müssen.[56] Ihre Umwandlung in Geld offenbarte nun ihren Charakter einer lehenvertraglichen Pflicht bzw. einer Steuer an die Ortsherrschaft, die erst erwirtschaftet werden musste. Die Arbeitsleistung hingegen war von der Herrschaft durch das sog. *Fronbrot* vergütet worden, was für die Pflichtigen im Idealfall zu einem Nullsummenspiel geführt hatte. Gerade in der Fronfrage setzte die Umwandlung naturaler Verpflichtungen in finanzielle die Betroffenen neuen, marktbedingten Risiken aus. Damit wurden die in jahrhundertelanger, konfliktträchtiger Praxis entwickelten Berechnungsformen gegenstandslos.

Entsprechend waren die Jagdfronen von den Bauern häufig bekämpft worden, waren sie doch nicht nur Folge der Leibherrschaft, sondern auch Symbol ortsherrschaftlicher Ansprüche am Wald. Die Belastung war jedoch in der Herrschaft Zeil mit vier bis fünf Tagen jährlich relativ gering. Auch hatte sich vielerorts der Brauch eingespielt, dass die Erwachsenen als Treiber Halbwüchsige schickten, die mit Essen, Klaubholz oder einem Tagegeld von 3 bis 4 kr. entlohnt wurden. Für die Anlieferung von Wild gab es etwas höhere Summen. Die Ablösung bedeutete für die bäuerlichen Gemeinden bzw. Haushalte nun nicht nur eine neue finanzielle Last, sondern auch den Wegfall geldwerter Einkünfte, so gering diese auch waren.[57] So wird das Misstrauen verständlich, mit dem das Haus Waldburg und »seine« Lehenbauern den Weg agrarischer Modernisierung gingen.

Eine Quelle des Misstrauens bestand schließlich darin, dass der Rechtsgrund einzelner Abgaben nicht mehr ersichtlich war. Manche Dokumente befanden sich »in desolatem Zustand« und wurden seitens der Herren fremden Kommissaren nur ungern ausgehändigt. Das waldburgische Zentralarchiv auf Schloss Wolfegg galt demgegenüber als *zwar nicht reich an alten Dokumenten* [...] *aber* [als] *desto musterhafter geordnet*.[58] Hier bestand die Problematik darin, dass *den Lehenleuten alle ihre Schuldigkeiten in ihren*

Büchl [...] *zergliedert eingetragen* [worden waren], *aber in neuerer Zeit nur summarisch, damit ja keiner wissen möge, ob er mehr oder weniger bezahle.* Diese *Neuerungen* hätten allein den Zweck, *den Pflichtigen in völlige Unkenntnis zu bringen und Steigerungen zu verdecken.*[59] Auch dieser Verdacht ist Bestandteil der frühneuzeitlichen Verwaltungskultur, und so oft er geäußert wurde, so selten ließ er sich erhärten.
Zögern und Misstrauen schwanden erst infolge der Revolution von 1848. Zeil-Wurzach und Zeil-Trauchburg gewährten 1849/50 den ehemaligen Pflichtigen Nachlässe von bis zu 20 % auf die gesetzlichen Ablösesätze, falls diese zu relativ kurzfristigen Ratenzahlungen im Stande waren.[60] Im Gegensatz zu 1836 verstand sich Fürst Waldburg-Zeil als *Sprecher* bzw. *Träger der Volksideen* und verfolgte in der Ablösungsfrage einen versöhnlichen Kurs. Auch hier war ihm die Stuttgarter Bürokratie ein Dorn im Auge, der er die schleppende Umsetzung der Gesetze und Vorenthaltung benötigter Anleihen vorwarf. *Im gemeinsamen Interesse des Oberlandes* wollte er die staatliche Vermittlung möglichst ausschalten und strebte stattdessen private Vereinbarungen mit den ablösungspflichtigen Bauern an.[61]

Schluss

Das Königreich Württemberg stieß in Oberschwaben auf ein Fürstenhaus, das jahrhundertelang Erfahrungen im Umgang mit dominanten Nachbarn (Österreich) und selbstbewussten Untertanen gemacht hatte. Die Mitglieder des Hauses Waldburg sicherten sich nach der einen Seite durch Hof- und Reichsdienste sowie durch Reichs- und Kreisstandschaft ab, nach der anderen durch Verträge und durch politische Zugeständnisse. So waren sog. *Landschaften* (oder zumindest Vorstufen) entstanden, in denen die Untertanen v. a. in finanzpolitischen Fragen Kontroll- oder gar Mitspracherechte hatten. In Streitfragen entschied der Appell an die Gerichte des Reiches oder Österreichs. Waldburg hatte häufig bedeutende Vertreter des katholischen Reichsklerus gestellt.
Der württembergische Staat erzwang in jeder Hinsicht eine Neuorientierung. Jetzt galt nicht mehr das Wort aus Innsbruck, sondern aus Stuttgart. Die waldburgische Herrschaft wurde ihrer staatlichen Funktionen entkleidet. An die Stelle des Reichsklerus trat politisch bevormundetes Landeskirchentum unter protestantischer Dominanz; neben den ideellen Werten entschwanden hier auch Möglichkeiten der Versorgung und des politischen Einflusses. Das Ende der sog. feudalen Agrarverfassung war für den Adel der »zweite Akt der Mediatisierung« (Wolfgang v. Hippel).[62] Für die Bauern erweiterten sich die wirtschaftliche Entscheidungsbefugnisse, aber das alte Abgabensystem wurde durch neue Kreditverpflichtungen, der Schutz durch die Grundherrschaft durch die Feuerversicherung ersetzt. Diese Entflechtung legte Interessengegensätze zwischen Waldburg und den ehemaligen Untertanen offen. Hier verhinderte die finanzielle staatliche Beteiligung die direkte Entschädigung des Adels mit Land, was – wie in Preußen – eine Schwächung des Bauerntums zur Folge gehabt hätte. Das harte, oft unsensible Durchgreifen der Zentralgewalt und die letztendlich flexible Haltung der Fürsten schürten dennoch eine konservativ-katholische Österreich-Nostalgie und ließen die ehemaligen Herren und Untertanen zusammenrücken. Deshalb wurden »waldburgische« und nicht »württembergische« Kandidaten in die Stuttgarter Abgeordnetenkammer gewählt. Der Einsatz für föderale Strukturen und unbeeinträchtigte Glaubensausübung, aber auch die Angst zwischen Krone und Volk aufgerieben zu werden, verlangten Offenheit für die Regeln des entstehenden demokratischen Massenmarktes. Obwohl lange antidemokratisch[63], engagierte sich der altständisch geprägte »rote Fürst« für das standesherrliche Vereinswesen, kandidierte bei Wahlen (oder ließ kandidieren) und setzte sich für eine oppositionelle Presse ein. In der Schrift *Meine Grundsätze* sah er jede Obrigkeit zwar als von Gott zugelassen an, doch Gott wirke nur in Individuen, *in ihrer Gesammtheit Volk genannt*, mit Rechten und Pflichten für alle Seiten.[64] In dieser eigenwilligen Verknüpfung von Gottesgnadentum und Legitimation von unten nahm er seine Rolle als *aristokratischer* Volksvertreter sehr ernst. Damit hat er trotz Kritik aus dem eigenen Familienverband die Häuser Waldburg auf den modernen Rechtsstaat vorbereitet.

[1] *Standesherren* waren Adelsfamilien, deren Häupter vor 1806 landeshoheitliche Rechte, die Reichsunmittelbarkeit und die dingliche (an ihrem Territorium haftende) oder persönliche Reichsstandschaft, d.h. Sitz und Stimme auf dem Reichstag, innegehabt hatten. Die standesherrl. Rechte nach dem RDH wurden in der Rheinbundakte von 1806, sodann in der Bundesakte von 1815, Art. 14, geregelt. S. *Andreas Dornheim*, Adel in der bürgerlich-industrialisierten Gesellschaft. Eine sozialwiss.-histo. Fallstudie über die Familie Waldburg-Zeil. Frankfurt a. M./Berlin/Bern/New York/Paris/Wien 1993, 122f., 130.
[2] *Dornheim*, Ebd., 128; *Paul Sauer*, Napoleons Adler über Württemberg, Baden und Hohenzollern. Südwestdeutschland in der Rheinbundzeit. Stuttgart/Berlin/Köln/Mainz 1987, zum Rheinbund 136–153, zu den Schikanen gegenüber den Mediatisierten 170–178.
[3] *Sauer*, Ebd., 179.
[4] *Dornheim*, Adel (wie Anm. 1), 129.
[5] *Dornheim*, Ebd., 130–142, Zitat 141, 205f. mit Anm. 68 und 71, der sich v. a. auf die Vereinbarung mit Zeil-Trauchburg vom 16.02.1826 stützt, veröff. im Regierungsblatt für Württemberg 1826, 91–122. Ferner: *Die staatsrechtlichen Verhältnisse des fürstlichen Hauses Waldburg-Wolfegg-Waldsee sind durch die königl. Declaration vom 10. Febr. 1831* [...] *geordnet*; *Johann Daniel Georg v. Memminger* (Hg.), Beschreibung des Oberamts Waldsee. Stuttgart/Tübingen 1834, ND Magstadt 1972, 58.
[6] *Peter Blickle*, Katholizismus, Aristokratie und Bürokratie im Württemberg des Vormärz, in: HJb 88 (1968), 369–406, hier 372.
[7] *Walter-Siegfried Kircher*, Ein fürstlicher Revolutionär aus dem Allgäu. Fürst Constantin von Waldburg-Zeil 1807–1862. Kempten 1980, Zitate 37, 38, 39, 41, weitere Stellungnahmen 47.
[8] *Kircher*, Ebd., 48.
[9] *Wolfgang von Hippel*, Die Bauernbefreiung im Königreich Württemberg. 2 Bde. Boppard 1977, hier Bd. 1, 317–319, 325.
[10] Ebd., Bd. 1, 300; *Dornheim*, Adel (wie Anm. 1), 150f.
[11] *Kircher*, Revolutionär (wie Anm. 7), Zitate 62, 104; zu den Ablösungsverhandlungen s. den Bericht an den König, Stuttgart 03.03. 1836, in: *Hippel*, Bauernbefreiung (wie Anm. 9), Bd. 2, 352–358.
[12] *Hippel*, Bauernbefreiung (wie Anm. 9), Bd. 1, 445, Anm. 410.
[13] Ebd., Bd. 2, 270–272, Zit. 271, Anm. 2; *Dornheim*, Adel (wie Anm. 1), 153f.
[14] *Kircher*, Revolutionär (wie Anm. 7), 49–55.
[15] Ebd., 64–68 (Zit.), 101f.
[16] Ebd., 81f.; *Dornheim*, Adel (wie Anm. 1), 167f.
[17] Ebd., 95; *Dornheim*, Adel (wie Anm. 1), 168f.
[18] Beschreibung des Oberamts Waldsee (wie Anm. 5), 33f.
[19] *Hippel*, Bauernbefreiung (wie Anm. 9), Bd. 2, 470–474, Zitat 474.
[20] *Kircher*, Revolutionär (wie Anm. 7), 112f.
[21] Ebd., Zitate 114, 115.
[22] Ebd., 118; *Dornheim*, Adel (wie Anm. 1), 169.
[23] Ebd., 137.
[24] Ebd., 143.
[25] *Dornheim*, Adel (wie Anm. 1), 171.
[26] Beschreibung des Oberamts Waldsee (wie Anm. 5), 53; *August Pauly* (Hg.), Beschreibung des Oberamts Wangen, Stuttgart 1841, ND Magstadt 1982, 181, 146. – Im 16. Jh. initiierten oberschwäb. Städte, v. a. Memmingen und Ulm, sog. *Garnbündnisse*, die auch waldburg. Orte erfassten. Im Gegensatz zu adeligen Nachbarn ging Waldburg offenbar keine Allianz mit anderen Gewalten und städtischem Handelskapital zur Ansiedlung der Landweberei ein. S. *Anke Sczesny*, Zwischen Kontinuität und Wandel. Ländliche Gewerbe und ländliche Gesellschaft im Ostschwaben des 17. und 18. Jhs. Tübingen 2002, 125, 140, zu Wurzach, Waldburg und Waldsee.
[27] Zitat nach *Kircher*, Revolutionär (wie Anm. 7), 44; *Hippel*, Bauernbefreiung (wie Anm. 9), Bd. 1, 529, Anm. 50, zu den Staatsanleihen auch 531f., zur Eigenwirtschaft 532 mit Anm. 60. Die Investitionen dienten in der Regel nicht dem persönl. Wohlstand, sondern dem Ausbau des Fideikommisses, des unteilbaren Vermögens des Hauses. Hierzu befolgten Waldburg und andere Standesherren ihre alten Hausgesetze, selbst wenn diese den staatl. Gesetzen nicht entsprachen. S. *Rudolf Rauh*, Das Hausrecht der Reichserbtruchsessen Fürsten von Waldburg. 2 Bde. Kempten 1971/1972.
[28] Beschreibung des Oberamts Waldsee (wie Anm. 5), 112–114. Die waldburg Gemeinden, ihrerseits in Weiler gegliedert, waren (in Klammern: Einwohner, insges. 10.427): Wolfegg (1.663), 2. Arnach (604), 3. Dietmanns (547), 4. Eberhardszell (1.228), 5. Einthürnen (550), 6. Heidgau (522), 7. Heisterkirch (742), 8. Mühlhausen (238), 9. Oberessendorf (432), 10. Reute (713), 11. Schweinhausen (409), 12. Steinach (430), 13. Unteressendorf (240), 14. Unterschwarzach (763), 15. Unterurbach (422), 16. Winterstettenstadt (415), 17. Ziegelbach (509). Ebd., 116–189. – Zu Waltershofen (365 Einwohner in 15 Ortsteilen); s. *August Pauly* (Hg.), Beschreibung des Oberamts Leutkirch. Stuttgart 1843. ND Magstadt 1976, 270–274.
[29] Zur Vogtei Kißlegg gehörten Emmelhofen, Immenried, Sommersried, Wiggenreute und Waltershofen. Kißlegg und Praßberg-Leupolz zählten 1841 zusammen 3.943 Einwohner; s. Beschreibung des Oberamts Wangen (wie Anm. 26), 251, 266–269 sowie die weiteren Ortsbeschreibungen; zu Waltershofen: Beschreibung des Oberamts Leutkirch (wie Anm. 28), 270–272.
[30] Beschreibung des Oberamts Wangen (wie Anm. 26), 159.
[31] *Johann Daniel Georg v. Memminger* (Hg.), Beschreibung des Oberamts Ravensburg. Stuttgart 1836. ND Magstadt 1974, 93–97.
[32] Für die folgenden Tabellen herangezogen wurden die Oberamtsbeschreibungen Leutkirch (1843), Ravensburg (1836), Waldsee (1834), Wangen (1841). Sofern möglich, wurden Daten aus dem Zeitfenster 1832–1836 eingetragen. 1 württ. Morgen entspricht 31,5174 Ar, nach: *Johann Adam Kraus*, Ehemalige Maße und Gewichte im heutigen Hohenzollern und seiner Umgebung, in: Hohenzollerische Jahreshefte 3 (1936), 120–178, hier 174.
[33] Zu Zeil s. Beschreibung des Oberamts Leutkirch (wie Anm. 28), 73, 199f.; zu Trauchburg und Eisenharz s. Beschreibung des Oberamts Wangen (wie Anm. 26), 78, 141–185, 222–230, 246–251.
[34] *Hippel*, Bauernbefreiung (wie Anm. 9), Bd. 1, 12–14.
[35] *Hippel*, Bauernbefreiung (wie Anm. 9), Bd. 2, 15–17.
[36] Beschreibung des Oberamts Leutkirch (wie Anm. 28), 73, 227–270.
[37] Beschreibung des Oberamts Waldsee (wie Anm. 5), Zitate 37, 33; Beschreibung des Oberamts Leutkirch (wie Anm. 28), 41–45 (Zitat 41, 44). Kleiderluxus wurde hier v. a. in der Gemeinde Hauerz moniert, wo *der ökonomische Zustand der Einwohner* [...] *zu den mittelmäßigen* gehöre. *Die Aermeren sind übrigens fleißig und wissen sich durch Spinnen, Stricken und Musselinsticken gegen Mangel zu schützen* (s. Ebd., 256f.).
[38] *Hippel*, Bauernbefreiung (wie Anm. 9), 381 mit Anm. 171. Noch 1819 hatten Waldburg und seine Standesgenossen auf der Ausübung der streitigen und freiwilligen Zivilgerichtsbarkeit, Polizeiverwaltung und Kriminalgerichtsbarkeit entsprechend den bayerischen Regelungen beharrt. Standesherrl. und staatl. Gerichte erster Instanz sollten gleichgestellt sein. S. Ebd., 376 mit Anm. 152.
[39] Nach *Hippel*, Bauernbefreiung (wie Anm. 9), Bd. 1, 300, erreichten Einkünfte aus der Gerichts- und Landesherrschaft in der Grafschaft Zeil 31 % aller Einnahmen aus Herrschaftsrechten, in Zeil-Wurzach knapp 30 %. Sie waren also nach der Grundherrschaft die wichtigste Einkommensquelle. Dagegen *Dornheim*, Adel (wie Anm. 1), 137f.
[40] Angegeben sind die Bezüge aller Standesherren, sodann der Anteil der waldburg. Linien in absoluten Zahlen, nach: Beschreibung des Oberamts Leutkirch (wie Anm. 28), hier 76–80. Bes. Abkürzungen:

Glatt = glatte Frucht (entspelzte Frucht, Kernen), W.-Wurzach = Waldburg-Wurzach, W.-Zeil = Waldburg-Zeil. Aus den Orten Leutkirch, Berkheim, Haslach, Hofs, Kirchdorf, Roth und Thannheim sind keine waldburg. Gefälle nachgewiesen. 60 kr. galten 1 fl. Getreide wurde in Hohlmaßen gemessen, 1 württ. Scheffel = 1,7722718 hl, 1 Simri = 22,1533975 l, nach *Kraus*, Maße (wie Anm. 32), 176.

[41] *Hippel*, Ebd., Bd. 1, 374.

[42] Eingabe der gen. Ortsvorsteher an den König, Wolfegg, 04.02.1818; Eingabe u. a. des Max Wunibald Fürst v. Waldburg zu Zeil Trauchburg, auch als Kurator für Waldburg-Wurzach, Leopold Fürst Waldburg zu Zeil Wurzach, Joseph Fürst v. Waldburg zu Wolfegg und Waldsee, sowie die Grafen Richard v. Schäsberg-Thannheim und Wilhelm v. Quadt-Isny, Zeil, 18.02.1818; *Hippel,* Ebd., Bd. 2, 194f. bzw. 195–197.

[43] Beschreibung des Oberamts Leutkirch (wie Anm. 28), 229. Zu den Landschaften und Landschaftskassen grundlegend *Peter Blickle*, Landschaften im Alten Reich. München 1973; ansonsten *Hippel*, Ebd., Bd. 1, 234–236. Zur Landschaft Trauchburg, die von der Linie Waldburg-Trauchburg-Scheer im 18. Jh. Forstrechte pachtete, s. die Hinweise in *Rudolf Rauh*, Die Geschichte der Grafschaft Trauchburg, in: *Ders.* (Bearb.), Inventar des Archivs Trauchburg im Fürstlich von Waldburg-Zeil'schen Gesamtarchiv in Schloß Zeil vor 1806 (1850). Karlsruhe 1968, 1–63.

[44] *Hippel*, Bauernbefreiung (wie Anm. 9), 77. Hierzu auch zahlreiche Ortsbeschreibungen in den Oberamtsbeschreibungen Wangen und Leutkirch (wie Anm. 26 bzw. 28).

[45] *Hippel*, Ebd., 399.

[46] Vgl. hierzu *Hippel*, Ebd., Bd. 1, 182 mit Anm. 503, zur Abgeltung des sog. *Anfeilzwangs* (des herrschaftl. Vorkaufsrechts auf Vieh) in Waldburg. S. Ebd.

[47] *Eine auffallende Theilnahmslosigkeit an allen öffentlichen Angelegenheiten* rühre *theils von dem Vereinödungssystem, theils von dem frühern Hintersassen=Verhältnisse* her; s. Beschreibung des Oberamts Waldsee (wie Anm. 5), 34. Vereinödungen hatten in Beuren und Eisenharz laut Beschreibung des Oberamts Wangen (wie Anm. 26), 142, 173, in der ersten Hälfte des 18. Jhs. stattgefunden. In Eggenreute war die Vereinödung *uralt, vielleicht ursprünglich* (s. Ebd., 158). Zeitlich völlig uneinheitlich entwickelten sich die Verhältnisse in Neutrauchburg (s. Ebd., 222).

[48] *Abneigung der Pflichtigen* meldete, so die Kreisregierung Ulm 1820, die Herrschaft Wolfegg-Waldsee; s. *Hippel*, Bauernbefreiung (wie Anm. 9), Bd. 2, 395, Anm. 3.

[49] Vorstellung der oberschwäb. Standesherren gegen das 2. Edikt vom 18.11.1817, Buxheim, 11.12.1817, in: *Hippel*, Ebd., Bd. 2, 146–150, Zitate 146, 148. Die Eingabe wurde u. a. von den Fürsten Max Wunibald v. Waldburg-Zeil-Trauchburg und Joseph Fürst v. Waldburg-Wolfegg-Waldsee sowie Graf Carl v. Waldburg als Vormund für Waldburg-Wurzach unterschrieben.

[50] *Sabine Ullmann*, Nachbarschaft und Konkurrenz. Juden und Christen in Dörfern der Markgrafschaft Burgau 1650 bis 1750. Göttingen 1999.

[51] *Hippel*, Bauernbefreiung (wie Anm. 9), Bd. 2, 272–276; darin: Bericht der Kreisregierung über die Steigerung der Grundabgaben. Ulm, 12.05.1846, hier 275f.; *Dornheim*, Adel (wie Anm. 1), 154–157. Zur Steigerung der Grundabgaben s. das Beispiel Reichenhofen, Herrschaft Zeil, in: Ebd., Bd. 2, 699f.; für Zeil-Wurzach nach Laufzeit gestaffelte Werte s. Ebd., Bd. 1, 397 mit Anm. 228. Einen rabiaten Versuch zur Einnahmensteigerung um 87 Prozent mit Hilfe eines neuen Steuerregulativs hatte Zeil-Wurzach in den 1760er Jahren unternommen. Dies scheiterte an den natürlichen Gegebenheiten. S. Ebd., Bd. 1, 112f. mit Anm. 207.

[52] Beschreibung des Oberamts Waldsee (wie Anm. 5), 58; Beschreibung des Oberamts Leutkirch (wie Anm. 28), 74, zu Ort und Herrschaft Zeil s. Ebd., 200: *Die Grund- und Leibeigenschaftsgefälle waren schon früher größtenteils fixiert und die Lasten nicht drückend.* Im gleichen Tenor: Beschreibung des Oberamts Ravensburg (wie Anm. 31), 53–55. Dort war das Haus Waldburg-Wolfegg-Waldsee allerdings nur mit der Gemeinde Waldburg vertreten (Ebd., 52). Allg. zur Allodifikation der Falllehen s. *Hippel*, Bauernbefreiung (wie Anm. 9), Bd. 1, 107–117, zur gewachsenen Besitzsicherheit der Falllehen am Ende des Alten Reiches. S. Ebd., 278f.

[53] Eingabe der Vertreter der Gemeinde Wolfegg an das Oberamt Waldsee über die Verhandlungen wegen Fron- und Leibeigenschaftsablösung, Wolfegg, 15.12.1838, in: *Hippel*, Bauernbefreiung (wie Anm. 9), Bd. 2, 268–270, hier 268.

[54] *Hippel*, Bauernbefreiung (wie Anm. 9), Bd. 1, 367f., hierzu auch der Bericht des Finanzministers v. Weckherlin an den König, Stuttgart, 10.09.1827, in: Ebd., Bd. 2, 300f.; zur Bitte um Neuregelung. S. Ebd., Bd. 2, 277–279; dazu auch *Dornheim*, Adel (wie Anm. 1), 156f., 216.

[55] *Hippel*, Bauernbefreiung (wie Anm. 9), Bd. 1, 202–208, zum Zeiler Fronakkord vom 20.03.1723 s. Ebd., Bd. 2, 703f., zu den völlig unterschiedl., jedoch nie übermäßig hohen Fronen in Altmannshofen (Waldburg-Zeil) und Waldburg-Wurzach s. Ebd., 195f. mit Anm. 554 und Ebd., 201: Die Fronen trugen in Waldburg-Wurzach 5 % zum herrschaftl. Etat bei, in Wolfegg-Waldsee 3–4 %, in Kißlegg nur 2 %.

[56] *Friedrich-Wilhelm Henning*, Dienst und Abgaben der Bauern im 18. Jh. Stuttgart 1969, 120, 146, definiert Fronen als Dienstleistungen, »als einen Zweig der Erzeugung«, und schlägt sie den Roherträgen des bäuerl. Betriebs zu.

[57] *Hippel*, Bauernbefreiung (wie Anm. 9), Bd. 1, zum Wald 118 u.ö., zur Jagdfron 193 mit Anm. 544, zu den Jagdfronen in Zeil s. Ebd., Bd. 2, 703f. Die Gemeinde Reichenhofen bezahlte für die Ablösung von Holzfuhren und Jagddienste 10.236, die Staatskasse zusätzlich 5.515 fl. (35 %). *Dornheim*, Adel (wie Anm. 1), 152.

[58] Beschreibung des Oberamts Waldsee (wie Anm. 5), 118. Ein weiteres wichtiges Archiv befand sich in Schloss Wurzach. Beschreibung des Oberamts Leutkirch (wie Anm. 28), 232.

[59] Eingabe der Vertreter der Gemeinde Wolfegg, Wolfegg, 15.12.838 (wie Anm. 53).

[60] *Hippel*, Bauernbefreiung (wie Anm. 9), Bd. 1, 513, Anm. 655.

[61] *Kircher*, Revolutionär (wie Anm. 7), Zitate 141, 142.

[62] *Hippel*, Bauernbefreiung (wie Anm. 9), Bd. 1, 350.

[63] *Blickle*, Katholizismus (wie Anm. 6), setzt die Annäherung an den Liberalismus bereits für 1841/42 an, dagegen *Kircher*, Revolutionär (wie Anm. 7), passim; *Dornheim*, Adel (wie Anm. 1), 166.

[64] *Dornheim*, Adel (wie Anm. 1), 177.

Die Verhältnisse der mediatisierten Herren, Fürsten und Grafen betreffend

Fürst Maximilian Wunibald von Waldburg-Zeil-Trauchburg (1750–1818) und die Vereine der Mediatisierten 1813 und 1815/16

von Frank Meier

Überall geht nichts voran, alles steht sich und geräth in Verwirrung, dabey kommen wir nicht zu unsrer Sache und müssen am Ende die Haare lassen, schrieb Maximilian Wunibald Fürst von Waldburg-Zeil-Trauchburg (1750–1818) am 13. Februar 1818, drei Monate vor seinem Tode.[1] Hinter diesen resignierenden Worten im Zusammenhang mit dem Kampf um die Patrimonialgerichtsbarkeit verbirgt sich der letztlich gescheiterte Versuch, die angestammten Rechte der Standesherren im Königreich Württemberg zurückzuerlangen. Fürst Zeil, die führende adlige Persönlichkeit Oberschwabens des beginnenden 19. Jhs., versuchte das Rad der Geschichte zurückzudrehen und die schwäbischen Standesherren zu einer gemeinsamen Front gegen den württembergischen König zu bewegen. Als Diplomat des Schwäbischen Kreises, als Direktor des Schwäbischen Grafenkollegiums und des Vereins der mediatisierten Grafen und Herren warb er unermüdlich für seine Idee eines selbständigen oberschwäbischen Staates innerhalb eines Reiches nach Schweizer Vorbild.[2]

Säkularisation und Mediatisierung 1803 sowie die Gründung des Rheinbundes 1806 hatten dem Heiligen Römischen Reich Deutscher Nation ein Ende bereitet. Sie hatten die reichsunmittelbaren Stände unter erheblichen finanziellen Einbußen zu sog. *Standesherren* degradiert und die geistigen Grundlagen ihrer Herrschaft beschnitten. Die Siege der Koalition über Napoleon führten zwar im Jahr 1813 zur Auflösung des Rheinbundes, ließen seine Mitgliedstaaten aber weitgehend unbehelligt. Allerdings war deren Rechtsgrundlage, die Rheinbundakte, weggefallen. Für die Restauration ihrer reichsunmittelbaren Rechte schien für die Standesherren die Zeit jetzt reif. Es musste darum gehen, die württembergischen Maßnahmen aus der Rheinbundzeit zu revidieren.

Reichserbtruchseß Maximilian Wunibald Fürst von Waldburg-Zeil (1750–1818)
Porträt. Öl auf Lw., Anfang 19. Jh.
Fürstl. Waldburg-Zeil'sches Gesamtarchiv Schloss Zeil.

Die Bundesakte der *confédération du Rhin* (Rheinbund) vom 12. Juli 1806 hatte die Souveränitätsrechte

ihrer Mitglieder festgesetzt. Darunter befanden sich die Reichsgesetzgebung, die Aufsicht über die oberste Reichspolizei und die Kreispolizei sowie die Gesetzgebung für diese Institutionen, ferner die höchste Gerichtsbarkeit, das Recht der Reichsverteidigung sowie das damit zusammenhängende Konskriptionsrecht, das Besteuerungsrecht zur Finanzierung der Landesverteidigung als auch der allgemeinen Reichs- und Kreisbedürfnisse unter Einschluss der extraordinären Steuern. Die landeshoheitlichen Regalien sollten dagegen bei den Mediatisierten verbleiben.[3]

König Friedrich I. von Württemberg war bei der Durchführung der Mediatisierung nicht zimperlich vorgegangen und hatte unter teilweiser Missachtung der Rheinbundakte die Standesherren wiederholt gegen sich aufgebracht: Ein königlich-württembergisches Hausgesetz vom 1. Januar 1808 sprach den Standesherren das Recht auf Ebenbürtigkeit ab. Ein Gesetz vom 22. April griff in ihre Erbfolge und Hausverträge ein. Eine königliche Verordnung vom 10. Mai 1809 entzog ihnen die Patrimonialgerichtsbarkeit sowie die Ortspolizei und hob auch ihre bisherige Steuerfreiheit auf.[4] Zudem machte er durch die Ernennung des Fürsten Zeil zum württembergischen Reichsoberhofmeister am 1. Januar 1809 seinen ärgsten Gegner, den ehemaligen Reichserbtruchsessen und Standesgenossen, zu seinem Untertanen.[5]

Trotz dieser »Ehrung« führte Maximilian Wunibald am 16. Juli 1812 Klage am Hof des Königs wegen des Verlusts von mehr als 7.600 fl. an Einkünften, wofür er erst in dem Abkommen vom 31. März 1817 mit 6.434 fl. entschädigt werden sollte. Bis zum Jahre 1814 errechneten Zeil ca. 128.000 fl., Wolfegg ca. 170.000 fl., Wurzach 90.000 fl. an verlorenen Revenüen, die für das Gesamthaus einen Schaden von ca. 400.000 fl. bedeuteten. Das erst am 16. Januar 1826 zwischen dem fürstlichen Haus Waldburg-Zeil-Trauchburg und der württembergischen Krone geschlossene Abkommen sah als Entschädigungssumme 249.331 fl. vor.[6]

Der Verein der Standesherren 1813

Da Friedrich I. nicht gewillt schien, an seinen okkupierten Rechten etwas zu ändern, schritten die Standesherren zur Tat. Am 10. Dezember 1813 wandten sich die Fürsten Johann Carl und Friedrich Carl zu Löwenstein-Wertheim, Karl zu Leiningen sowie die Grafen v. Erbach-Fürstenau und v. Erbach-Wartenberg-Rot in einem Aufruf an sämtliche mediatisierte Herren Deutschlands und gaben so den Anstoß zur Gründung einer *Vereinigung der Standesherren.* Den Vorsitz übernahm Graf Solms-Laubach; Geheimrat v. Gärtner wurde am 10. Dezember zum Bevollmächtigten ernannt.[7] Erklärtes Ziel des Vereins war nach einer Denkschrift Gärtners die Restitution der Reichsunmittelbarkeit der Standesherren. Wenn dieses in der zukünftigen Verfassung nicht möglich wäre, so wollte man zumindestens den anderen untergeordneten höheren Reichsständen gleichgestellt werden.[8]

Fürst Zeil beklagte in einer Denkschrift den Verlust an Versorgungsmöglichkeiten und Karrierechancen für die Söhne und Töchter des reichsständischen Adels als Folge der Säkularisierung. In seinem Memorandum forderte er vor allem die Rücknahme der württembergischen Maßnahmen der Rheinbundzeit.[9] In seinen *Ideen über die Frage, wie könnte denen durch die nun erloschene rheinische Bundes Akte mediatisierten vormals reichsunmittelbaren Fürsten und Grafen ihre vorige Eigenschaft durch die neue Staatsorganisation von Deutschland füglich wieder zurückgegeben und garantiert werden*, plädierte er dafür, nach Schweizer Vorbild einen neuen Schwäbischen Kreis zu errichten.[10]

Nicht auf dem Wiener Kongress selbst, sondern erst auf einem zweiten Kongress in Frankfurt wurde die komplizierte Regelung der innerdeutschen Angelegenheiten in Angriff genommen. Auf die Verhältnisse der Mediatisierten ging *Art. 14 der Deutschen Bundesakte* vom 8. Juni 1815 ein: Den mittelbar gewordenen ehemaligen Reichsständen und Reichsangehörigen wurde in dem Bestreben, in allen Bundesstaaten *einen gleichförmig bleibenden Rechtszustand* zu schaffen, zugesichert, dass die fürstlichen und gräflichen Häuser weiterhin zu dem hohen Adel Deutschlands zu rechnen und als Erste Standesherren in ihren Staaten anzusehen seien sowie alle aus ihrem Eigentum herrührenden Rechte und Vorzüge besitzen sollten.[11] Schnell entstand in der Bundesversammlung ein Streit um die Frage der Einräumung von Kuriatstimmen für die Mediatisierten und um die Abgrenzung der ihnen verbliebenen Rechte zu den »höheren Regierungsrechten« der Souveräne. Eine Kommission

des Bundestages zog daher die *Königlich bayerische Deklaration* (künftig »Bayerische Deklaration«) *vom 19. März 1807* als Norm für die in dem entsprechenden Artikel der Bundesakte nicht eindeutig beschriebenen Zustände heran.[12]

Die Denkschrift des Fürsten Zeil 1815

Wo die Mediatisierten der Schuh im Einzelnen drückte und wo sie ihre Probleme sahen, geht am ausführlichsten aus einer 110-seitigen Denkschrift des Fürsten Maximilian Wunibald von 1815 hervor. Seine *Bemerkungen über die Ansichten seiner Durchlaucht, des Herrn Fürsten von Zeil, die Verhältnisse der mediatisierten Herren Fürsten und Grafen* betreffend gehen in 21 Paragraphen auf den durch die Bundesakte von 1815 geschaffenen neuen Rechtszustand ein.

In seiner *Vorerinnerung* ließ der Fürst die *zerrütteten Verhältnisse* des ehemaligen Heiligen Römischen Reiches Deutscher Nation vor seiner Auflösung Revue passieren: Eine konstitutionelle Veränderung vor dem Eingreifen Napoleons hätte das *glimmende Feuer der Revolution* ins Volk gebracht. Der nach der Auflösung des Heiligen Römischen Reiches Deutscher Nation entstandene *anarchische Zustand* habe nicht im Interesse Napoleons gelegen, der eben deswegen die Fürsten in ein gemeinsames Bündnis, den Rheinbund, zwang. Dieser *Unterwerfungsvertrag* sei nach der Auflösung des Rheinbundes hinfällig geworden. Die deutsche Bundesversammlung solle in einer neuen Verfassung die angestammten Rechte der Mediatisierten entsprechend berücksichtigen. Energisch verwahrte sich Zeil gegen eine künftige Ausübung der aus der Rheinischen Bundesakte vom 12. Juli 1806 herrührenden, nun nicht mehr bestehenden politischen Rechte durch die neuen Souveräne. Dabei solle die Deutsche Bundesakte nur Grundzüge enthalten, während die weitere politische Entwicklung genauer zu präzisieren sei. Dies gelte für die Rechte der Mediatisierten wie auch für die der neuen Souveräne und der Bundesversammlung selbst. Die Bestimmungen der Deutschen Bundesakte müssten alle Glieder des Reiches binden, wobei die mediatisierten Fürsten und Grafen als ehemalige freie Reichsstände als gleichberechtigte Instanzen anzusehen seien.

Fürst Zeil forderte *eine Gleichbehandlung der Rittergüter* mit den übrigen reichsständigen Gütern der Mediatisierten und stützte seine Argumentation auf die Bayerischen Deklarationen vom 19. März 1807 bzw. vom 31. Dezember 1806.

Ferner verlangte er auf der Basis des Art. 14 eine *Präzisierung der Rechte der Souveräne* und der ihrer Souveränität unterworfenen ehemaligen Reichsstände, wobei er die dem Art. 14 als Norm zugrunde gelegte Bayerische Deklaration als Interpretation der Rheinischen Bundesakte von 1806 zurückwies.

Der Fürst forderte *Kuriatstimmen für die Mediatisierten in der Bundesversammlung*, um auf die Abfassung und Abänderung von Grundgesetzen des Bundes nach Art. 6 der Deutschen Bundesakte Einfluss nehmen zu können. Gegen den Missbrauch der Souveränität durch die neuen Regenten sollten sie *Beschwerde beim Bundestag* einlegen dürfen.

Sehr wichtig war ihm die *Ebenbürtigkeit der mediatisierten Reichsstände* mit den regierenden Häusern, da sich die Mediatisierten durch ihre edle Geburt von dem Adel in den anderen europäischen Staaten insofern unterscheide, als diese ihre fürstliche oder gräfliche Würde ihren eigenen Monarchen oder einer von denselben genehmigten Standeserhöhung verdankten. Deswegen forderte Zeil für die fürstlichen und gräflichen Häuser im Sinne von Art. 6 der Deutschen Bundesakte einige *Kuriatstimmen im Plenum der Bundesversammlung*, da ihnen auch Art.14 das Recht der Ebenbürtigkeit mit den neuen Souveränen in dem bisher damit verbundenen Begriff gewähre. Da die mediatisierten Reichsstände noch als regierend anzusehen seien, seien sie auch *berechtigt, ihre Titel zu behalten und Ehrenbezeugungen entgegenzunehmen.* Ihre Beamten seien daher den landesherrlichen gleichgestellt und ihre zweite Gerichtsinstanz entspräche ebenfalls der zweiten Instanz des Souveräns. Sie wären daher nur der sog. *höheren Regierungsgewalt* unterworfen. Das Recht der Ebenbürtigkeit begründete nach Überzeugung Zeils letztlich den Unterschied zwischen dem hohen und niederen Adel. Die Deutsche Bundesakte bestätigte die Stellung der mediatisierten Reichsstände als Erste Standesherren in ihren Staaten. Dies gälte insbesondere in *der Frage der Besteuerung.* Die sog. *Standesherrlichkeit* gälte nicht nur für Personen und Familien, sondern auch für ihre Besitzungen. Nach den

Bestimmungen von Art.14 der Deutschen Bundesakte sei ein abgesonderter hoher Adel entstanden, der in seinen erblichen Rechten über Personen und Güter *einen gefürsteten eigenen Stand* darstelle. Auch wenn es in den deutschen Bundesstaaten nur einen Regenten gäbe, regiere er doch gewissermaßen mittels weiterer Regenten. Weder in Hinsicht auf die geographische noch die politische Unterordnung der mediatisierten Territorien mache die Rheinische oder die Deutsche Bundesakte genauere Angaben. Art. 27 der Rheinischen Konföderationsakte und die Bestimmungen der Bayerischen Deklaration von 1807 bezögen sich nur auf die Eingliederung ehemals reichsständischer Gebiete zur Zeit der Mediatisierung, nicht aber auf den Verbleib dieser Territorien unter der Souveränität der neuen Bundesfürsten. Die Territorien wären zwar einerseits in juristischer, polizeilicher und administrativer Hinsicht von den Oberämtern der Souveräne abhängig geworden, ständen aber andererseits mit diesen in keiner unmittelbaren Verbindung und seien den hohen Landesbehörden nur in Beziehung auf die höheren Regierungsrechte unterstellt. Was unter dem Ausdruck *Erste Standesherren* eigentlich verstanden werden müsste, ergab sich für Zeil aus zwei durch den preußischen Bevollmächtigten im Februar 1815 vorgelegten Verfassungsentwürfen für einen deutschen Bundesstaat, in denen die Standesherren als *Erste Landstände* ihrer Staaten bezeichnet würden und ihnen das Recht auf ihre enteigneten Besitzungen bestätigt würde. Er vergleicht die standesherrlichen Rechte und Privilegien in ihrer Qualität mit den landesherrlichen Rechten. Die Staatsgewalt bzw. die höheren Regierungsrechte seien in Art. 26 der Rheinischen Bundesakte von 1806 und in der Bayerischen Deklaration von 1807 niedergelegt. Es sei aber zu befürchten, dass diese Bestimmungen zum Nachteil der Mediatisierten ausgelegt würden, weswegen sie durch die Bundesversammlung näher zu erläutern seien. Das, was in Art. 14 (Abs. a bis c) der Deutschen Bundesakte im Hinblick auf den künftigen Rechtszustand der Standesherren festgelegt worden sei, sei als Fundament des Deutschen Bundes anzusehen. Hierdurch hebe sich der Rechtszustand der mittelbar gewordenen Fürsten und Grafen von den Bestimmungen der Rheinbundakte ab, die das alle umschließende nationale Band missachtet hätte. Die Zusätze des Art. 14 der Deutschen Bundesakte regelten nach der Interpretation des Fürsten auf der Grundlage der Ebenbürtigkeit mit dem hohen Adel die Verhältnisse der mittelbar gewordenen ehemaligen Reichsstände und Reichsangehörigen zum Deutschen Bund und sämtlichen Bundesstaaten und begründeten nach den Grundzügen der früheren deutschen Verfassung die Rechte derselben auf ihr Landeseigentum.

Art. 31 der Rheinischen Bundesakte von 1806 sicherte nach Zeils Überzeugung den ehemals regierenden Fürsten und Grafen das Recht auf eine *Verlegung ihrer Residenz* innerhalb des Territoriums des Rheinbundes zu und dies werde in ähnlicher Form in der Deutschen Bundesakte wiederholt. Auch die Bayerische Deklaration von 1807 habe im wesentlichen diese Grundsätze bestätigt und zusätzlich von den Mediatisierten nur die Anzeigepflicht im Falle der Verlegung einer Residenz verlangt.

Die *Befreiung von der Militärpflicht* laut Art. 14 der Deutschen Bundesakte bedeute nicht, dass der Adel nicht in fremde Militär- und Zivildienste treten dürfe. Denn die erloschenen Domkapitel und die eingezogenen Ordensgüter hätten die Möglichkeiten der Versorgung des Adels geschmälert.

Die Deutsche Bundesakte sichere ferner die Aufrechterhaltung der nach den Grundsätzen der früheren deutschen Verfassung geschlossenen *Familien- und Erbverträge* zu. Daraus folge eine Bestandsgarantie für alle noch bestehenden Familienrevenüen, Primogeniturverträge und -verfassungen oder sonstiger Arrangements der reichsständigen Häuser aus der Zeit vor dem Rheinbund von 1806.

Nach der Bayerischen Deklaration von 1807 seien *Personalklagen gegen die Mediatisierten* in erster Instanz vor dem Hochgericht, in zweiter und letzter Instanz vor dem höchsten Justiztribunal zu verhandeln. Durch Familienverträge eingeführte Gerichte sollten auf ihre Rechtmäßigkeit hin überprüft werden. Nur eine höhere Gerichtsinstanz sei für die Verhandlung von Streitigkeiten zwischen den mittelbar gewordenen Fürsten und Grafen untereinander zuständig. Klagen der Untertanen gegen ihre Herren sollten zunächst vor der oberen Gerichtsstelle des Souveräns verhandelt werden, bevor sie an den landesherrlichen Gerichtshof weitergereicht würden. Aber in Rechtsstreitigkeiten zwischen dem Souverän und den Mediatisierten müsse der Bundestag den Streitfall entweder durch Vermitt-

lung oder Verweisung an ein Gericht erledigen. Bei gewöhnlichen Streitigkeiten zwischen dem Souverän und den ehemaligen Reichsständen solle der einfache Rechtsgang genügen. Falls sich wider Erwarten mediatisierte Fürsten und Grafen eines Kriminalverbrechens schuldig machten, werde nach Art. 28 der Rheinischen Bundesakte eine zivile Instanz damit betraut. Auch sichere dieser Artikel – ebenso wie die Bayerische Deklaration von 1807 – das Recht auf einen standesebenbürtigen Richter zu. Die Deklaration bestimmte zum Ärger des Fürsten, dass alles, was mit der Militärgewalt in Verbindung stand, ausschließlich dem Souverän zukam, und gestand den Mediatisierten nur reine Polizeiwachen zur Wahrung der inneren Sicherheit zu. Es sei nun die Absicht des Deutschen Bundes, die ganze Militärgewalt an sich zu reißen, was nach Zeils Ansicht verhindert werden müsse.
Weiter beinhalte Art. 14 der Deutschen Bundesakte, dass auch die *Ausübung der bürgerlichen und peinlichen Gerichtsbarkeit* in erster bzw. zweiter Instanz, die *Forstgerichtsbarkeit*, die *Ortspolizei*, die *Aufsicht über Kirchen- und Schulsachen sowie Stiftungen* innerhalb der Landesgesetze zulässig sei. Dieser Absatz enthalte nicht nur einzelne, den mediatisierten Fürsten und Grafen zustehende Rechte, sondern bestimme deren Verhältnis zu der höchsten Staatsgewalt, vor allem der Staatsjustiz und -polizeigewalt, der Militärgewalt und der Oberaufsicht über alle Zuständigkeiten der mediatisierten Fürsten und Grafen. Die Summation der standesherrlichen Rechte sei in der deutschen Bundesakte weit weniger vollständig als die entsprechende Aufzählung in Art. 27 der Rheinischen Bundesakte. Die Bayerische Deklaration von 1807 bestimme die Grenzen der aus dem Eigentum der mediatisierten Fürsten und Grafen herrührenden Rechte zu den verschiedenen Zweigen der Staatsgewalt, insbesondere zur allgemeinen Oberaufsicht und zur Gesetzgebung, zur Staatsjustiz- und Staatsfinanzgewalt. Die allgemeine Oberaufsicht sowie die allgemeine Gesetzgebung des Souveräns erstrecke sich über alle Landesangelegenheiten und mache die Verleihung von Privilegien zu einem Akt der Gesetzgebung. Zwar bestritt Zeil das Recht des Souveräns dazu nicht, doch verlangte er eine Mitsprache der Standesherren bei der Revision derjenigen Gesetze, die während der Dauer des Rheinbundes erlassen worden waren. Ferner müsse es den Mediatisierten gestattet sein, Verordnungen und Verfügungen innerhalb der vorgegebenen Grenzen der hoheitlichen Gewalt des Souveräns zu erlassen. Dieses garantiere auch die Bayerische Deklaration von 1807.
Art. 2 b der Rheinischen Bundesakte habe dem Souverän *die höchste Gerichtsbarkeit* zugesprochen. Das Gericht des Souveräns sei folglich die letzte Appellationsbehörde und besäße die Oberaufsicht über das Justizwesen der mediatisierten Fürsten und Grafen. Dagegen habe sich die vormalige oberste kaiserliche Jurisdiktion nur in Ausnahmefällen in die Angelegenheiten der reichsständischen Gerichtsbehörden eingemischt. Dies entspräche auch dem Tenor der Rheinischen Bundesakte von 1806, die den Mediatisierten die mittlere Gerichtsbarkeit zugesichert habe. Die Bayerische Deklaration belasse zwar den Standesherren *die bürgerliche Gerichtsbarkeit der niederen und mittleren Instanz*, beschneide dagegen in ihrer Oberaufsicht über die Justizkanzleien sehr die Befugnisse der Reichsgerichte. Wohl sei später die Gerichtsbarkeit der Fürsten und Grafen durch das Edikt vom 24. Juli 1808, das den Mediatisierten die mittlere Zivilgerichtsbarkeit entzogen habe, geschmälert worden, doch sei ihnen wenigstens die erste Instanz unter Übernahme der Verfassung der königlichen Untergerichte verblieben. Die peinliche Gerichtsbarkeit der Justizkanzleien der Mediatisierten müsse aber der Instanz der königlichen Untergerichte gleichgestellt werden. Eine nähere Bestimmung des Art. 14 der Deutschen Bundesakte im Hinblick auf die Gerichtsbarkeit der Mediatisierten sei daher unbedingt erforderlich. Mit der zweiten Instanz wäre aber in den meisten Territorien der ehemaligen Reichsstände die Verwaltung der Kammergefälle und die Aufsicht über die Polizei verbunden gewesen. Zeil fordert für die Mediatisierten daher eine Justizkanzlei für die mittlere Instanz und die Aufsicht über die Polizei.
Die *Unterhaltung der Landes- und Heerstraßen, des Münzwesens, der Handhabung der öffentlichen Sicherheit, der Armenanstalten, der Magazine, des höhere Schulwesens sowie der Sanitätsanstalten* unterläge den Souveränen sowie den mediatisierten Fürsten und Grafen, wobei die Ausübung der Aufsicht den herrschaftlichen Beamten innerhalb der landesherrlichen Bestimmungen zustehe. Die Bayerische Deklaration

unterscheide dabei zwischen der Staatspolizeigewalt und der niederen Polizei der Fürsten und Grafen.
Art. 14 der Deutschen Bundesakte definiere die den mediatisierten Fürsten und Grafen verbliebene *Forstgerichtsbarkeit* nicht genau. Auch die Bayerische Deklaration sage (Nr. 12) nur aus, dass die Jagdpolizei und die Forstgerichtsbarkeit den Mediatisierten verbleiben solle. Die obere Forstgerichtsbarkeit gehöre zwar dem Souverän, der aber dafür keine zusätzlichen Abgaben verlangen oder sich in die herrschaftliche Forstverwaltung einmischen dürfe. Die Forst- und Jagdgerichtsbarkeit und die Pflege der Wälder stehe ausschließlich den Mediatisierten zu.
Art. 14 der Deutschen Bundesakte garantiere den mediatisierten Fürsten und Grafen die *Aufsicht in Kirchen- und Schulsachen und über milde Stiftungen*. Die Bayerische Deklaration unterstelle (nur) die oberste Kirchenpolizei dem Souverän: Dieser habe das Reformationsrecht, übe die Kirchengewalt aus und gewähre weltlichen Schutz und Schirm. Die Deklaration gestehe dagegen die Aufsicht über Kirchen-, Schul- und milde Stiftungsfonds den Mediatbehörden zu, worüber der oberlandesherrlichen Behörde nur eine gewisse Kontrolle zukomme.
Fürst Zeil monierte außerdem, dass es dem Souverän unter dem Vorwand der öffentlichen Sicherheit ohne Mitwirkung der Stände erlaubt sei, in den Ländereien der mediatisierten Fürsten und Grafen starke Besatzungen in Friedenszeiten zu unterhalten, den Untertanen andere unverhältnismäßige Lasten aufzuerlegen und Rekrutenaushebungen anzuordnen.
Das *Recht des Steuereinzugs* nach Art. 26 der Rheinischen Bundesakte wäre für die vormaligen Reichsstände nur von geringem Wert gewesen, da es mit großen Lasten verbunden gewesen sei. Die Bayerische Deklaration von 1807 setze (Art. 12 § 3 u. 4) die Grundsätze fest, nach welchen der Souverän die Steuern und Abgaben zu erheben habe. Alle Abgaben und Steuern der Untertanen sollten nach dieser Verordnung in die Staatskasse fließen; sie stünden als Landessteuern dem Souverän zu und seien für Landesbedürfnisse zu verwenden. Bei der Gründung des Rheinbundes habe man nach Ansicht Zeils die Kammerrevenüen der vormaligen Reichsstände ursprünglich nicht streichen wollen; es sei allerdings hinterher zu Unrecht und zu Lasten der Standesherren dann doch geschehen. Die Bestimmung der bayerischen Deklaration, wonach alle Abgaben, die ehemals der Bewilligung des Kaisers bedurften oder nach der alten Reichsverfassung nur zur Bestreitung der Bedürfnisse des Landes erhoben werden konnten, jetzt den Souveränen zustehe, sei für die Mediatisierten nachteilig und mit Art. 14 c der Deutschen Bundesakte nicht in Einklang zu bringen. Diese Abgaben, zu denen Zeil die direkten und indirekten Steuern, die Stempeltaxen und Judenschatzungen sowie das Umgeld rechnete, hätten aber ihren Ursprung nicht in den Souveränitätsrechten, sondern in der Verleihung kaiserlicher Privilegien. Auch dürften daraus nicht die Regierungskosten bestritten werden, weil alle Kosten der Staatsverwaltung auch von den ehemaligen deutschen Reichsfürsten aus ihren eigenen Kammerrevenüen – und nicht durch Umlagen auf Land und Leute – bestritten worden seien. Einige Abgaben, wie z. B. die Akzise, seien freilich mit dem Landeigentum verbunden gewesen, und man könne sie daher der Staatsgewalt zuschreiben. Der Passus der Bayerischen Deklaration, der die Umlagen zum Unterhalt des Militärs, zur Tilgung der Kriegskosten und zur Schuldentilgung dem Land auferlege, werde durch Art. 13 der Deutschen Bundesakte bestimmt.
Die Rechte und grundherrlichen Gefälle, welche den ehemaligen Reichsständen verbleiben sollten, ergaben sich bereits aus Art. 27 der Rheinischen Bundesakte von 1806. Danach dürften sie alle Domänen behalten, alle herrschafts- und lehnsherrlichen Rechte sowie alle Einkünfte, welche sie daraus bezogen. Die Bayerische Deklaration bestimme (§§ 5–7) nur drei Arten solcher Abgaben: Alle, die – wie z. B. *grundherrliche Zinsen* – als fixes Quantum entrichtet würden, seien grundherrliche Abgaben und keine Steuern und sollten daher den Mediatisierten verbleiben. Die Frage der *Nachsteuer* sei durch den neusten Beschluss der Bundesversammlung vom 23. Juni 1817 geregelt worden. Die Bayerische Deklaration belasse im übrigen auch die *Konfessionsgelder* denjenigen mittelbar gewordenen Reichsständen, die über die Konfession ihrer Untertanen zu bestimmen hätten.
Der bayerische Bevollmächtigte habe verlangt, die Beschreibung der höheren Regierungsrechte der Bundesversammlung zu überlassen. Daraufhin sei eine Kommission von fünf Mitgliedern beauftragt worden, die Bayerische Deklaration von 1807 daraufhin zu un-

tersuchen und den Standesherren im nächsten Jahr einen Entwurf des entsprechenden Artikels vorzulegen. Der Entwurf sei dann jedoch ohne Aussprache direkt der Bundesversammlung übergeben worden und sei so in die Bundesakte gelangt, wogegen die Standesherren Widerspruch eingelegt hätten. In Fällen, in denen es zweifelhaft erscheine, ob souveräne Rechte sich aus der Staatsgewalt herleiteten oder zu den höheren Regierungsrechten gehörten, solle die Bayerische Deklaration Anwendung finden. Ferner seien das Recht der Untertanen zur freien Religionswahl und daher die Juden in der deutschen Bundesakte nicht erwähnt. Auch dazu könne man die Bayerische Deklaration heranziehen.
Die Bundesakte bestimme nichts über die Erlassung der Schulden oder die Entlassung der Diener, während die Bayerische Deklaration in Anlehnung an Art. 30 der Rheinischen Bundesakte dafür Grundsätze aufgestellt habe. Die Landschaftsschulden müssten als Landesschulden betrachtet werden und seien von der landesherrlichen Kasse zu bezahlen, weil diese ja auch die Landschaftsabgaben und Steuern einziehe. Der Souverän müsse daher auch einen Teil der standesherrlichen Schulden begleichen. Nach dem Verhältnis des jeweiligen Ertrags, der nach einem zehnjährigen Durchschnitt zu berechnen sei, hätte sich der Souverän an den Kammerschulden des mittelbar gewordenen Reichsstandes zu beteiligen oder diesen für den Verlust seiner Revenüen zu entschädigen.[13]
Diese umfangreiche Denkschrift des Fürsten stellt eine einzige Anklage gegen die Anmaßung Württembergs dar, die okkupierten Rechte aus der Rheinbundzeit nach dessen Auflösung weiterhin zu behaupten. Geschickt interpretierte sie die Bestimmungen der

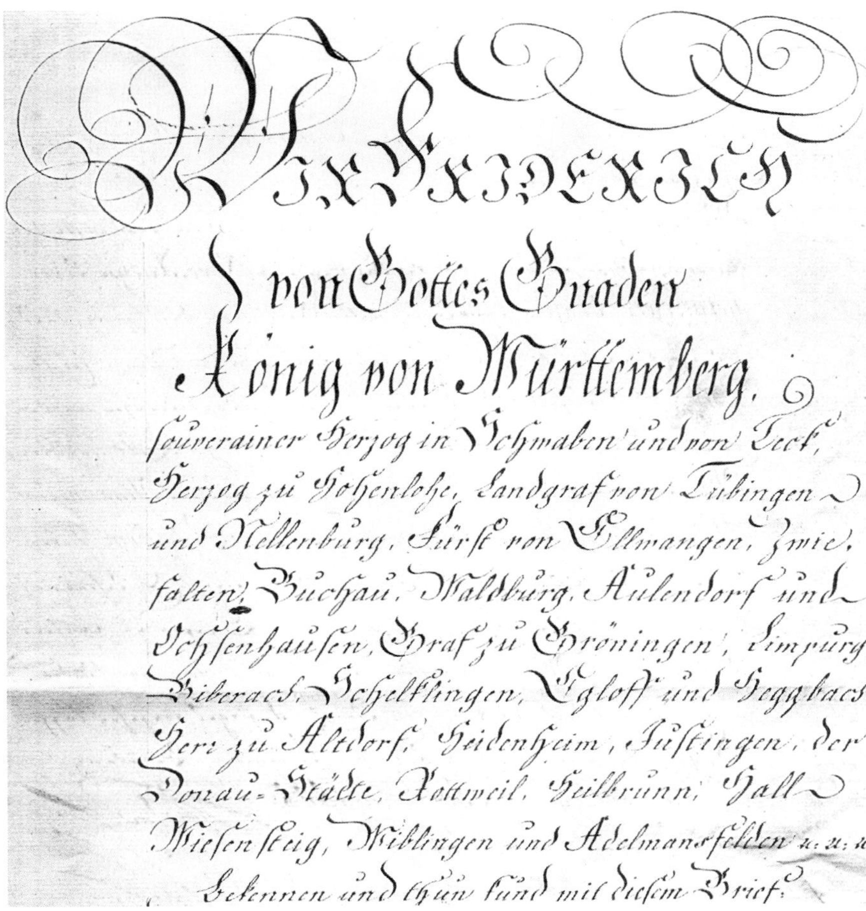
Wir Friderich
von Gottes Gnaden
König von Württemberg,
souverainer Herzog in Schwaben und von Teck,
Herzog zu Hohenlohe, Landgraf von Tübingen
und Nellenburg, Fürst von Ellwangen, Zwiefalten, Buchau, Waldburg, Aulendorf und
Ochsenhausen, Graf zu Gröningen, Limpurg,
Biberach, Schelklingen, Egloff und Heggbach,
Herr zu Altdorf, Heidenheim, Justingen, der
Donau-Städte, Rottweil, Heilbrunn, Hall,
Wiesensteig, Wiblingen und Adelmansfelden u. u. u.
bekennen und thun kund mit diesem Brief.

Fürst Waldburg-Zeil – Württembergischer Erb-Reichs-Oberhofmeister
Fürst Maximilian-Wunibald von Waldburg-Zeil-Trauchburg wird anlässlich der Hochzeit des württ. Kronprinzen Wilhelm mit der kgl. Prinzessin Charlotte von Bayern am 25. Juli 1808 zum Erb-Reichs-Oberhofmeister bestellt. Das Amt soll der jeweilige Senior des Hauses innehaben.
Fürstl. Waldburg-Zeil'sches Gesamtarchiv Schloss Zeil.

Rheinbundakte vom 12. Juli 1806, der Bayerischen Deklaration vom 19. März 1807 und der Deutschen Bundesakte vom 8. Juni 1815 im Interesse der Mediatisierten. Zeils juristisches Plädoyer für die Restauration der alten Rechte der reichsunmittelbaren Fürsten und Grafen ist tief vom Geist seines Standes durchdrungen. Die Errungenschaften der Französischen Revolution – konstitutionelle Verfassung und Menschenrechte sowie der auch in Deutschland aufkeimende Geist des Liberalismus – sind dem in engem Standesdenken verhaftet gebliebenen Fürsten und gebildeten Juristen keine Silbe wert.[14]

Mit der Unterzeichnung der Kongressakte am 8. Juni 1815 hatte die Bundesversammlung die durch die Rheinbundakte geschaffene Situation stillschweigend anerkannt. Dennoch brachte der von Zeil wiederholt zitierte Art. 14 der Bundesakte den Mediatisierten eine entscheidende Verbesserung, obwohl er ihnen nicht mehr versprach, als in der Rheinbundakte niedergelegt war. Aber der künftige Rechtszustand wurde durch die Bundesgarantie gesichert, und die von Württemberg in der Rheinbundzeit beseitigten Rechte waren aufgeführt. Die Bundesakte zählte die in Art. 26 der Rheinbundakte aufgeführten Rechte der Souveräne nicht im Einzelnen – Gesetzgebung, oberste Gerichtsbarkeit, Oberpolizei, Konskription und Auflagen – auf, gestand aber den Mediatisierten wichtige Privilegien zu: Sie sollten weiterhin zum hohen Adel gerechnet werden und diesem ebenbürtig sein. Die Häupter der Familien galten als Erste Standesherren im Staat. Ihre Familien sollten alle Vorrechte genießen, die aus ihrem Eigentum herrührten. Ferner hatten sie die unbeschränkte Freiheit in der Wahl ihres Aufenthaltes innerhalb des Bundes und der mit diesem in Frieden lebenden Staaten. Die Familienautonomie und die Aufhebung aller dagegen erlassenen Gesetze wurde ihnen zugesichert. Außerdem stand ihnen ein priviligierter Gerichtsstand und die Befreiung vom Militärdienst zu.[15]

Die württembergische Verfassung 1815

Als Erbgraf und württembergischer Landvogt wurde Zeil 1815 zu den vorbereitenden Verhandlungen über eine württembergische Verfassung geladen. Er befürchtete, dass die einberufene Kommission möglichen Eingriffen des Wiener Kongresses zu Lasten der landesherrlichen Souveränität zuvorkommen sollte und man die Stände außerdem zur Bewilligung einer größeren Anleihe brauchte. Er wollte aber die Kommission für die Bildung einer gemeinsamen Opposition von Adel, Bürgern und Bauern gegen den König nutzen.[16] Der Gesandte des Vereins der mediatisierten Standesherren bezeichnete die zu verabschiedende württembergische Verfassung in einem Brief an den Fürsten Zeil als ein *Staats- oder Reichs-Marionetten-Theater*.[17] Bei der Eröffnung des Landtages weigerte sich Zeil, sich vor der endgültigen Entscheidung durch den Wiener Kongress über das Schicksal der Mediatisierten einer landständischen Verfassung zu unterwerfen. Erst einen Monat nach der Unterzeichnung der Kongressakte am 8. Juni 1815 erließ der Fürst am 12. Juli eine Erklärung an die versammelten Landstände, wonach die Gründe für die Absage vom 15. März weitgehend aus der Welt geschafft worden seien.[18] Am 29./30. September überreichte Zeil dem König eine Note, welche die Rechte der Standesherren einforderte, die ihnen Art. 14 der Deutschen Bundesakte vorläufig garantierte.[19] König Friedrich I. indes hatte die deutsche Konstitution nicht angenommen und wollte weitere Erörterungen in dieser Frage auf den Frankfurter Bundestag verschoben wissen.[20]

Art. 13 des württembergischen Reskripts bezog sich auf das Verhältnis des hohen Adels zu den Landständen, während die Bestimmungen des Art. 14 der Bundesakte ausgeklammert wurden, weil dieser Artikel in Frankfurt eine nähere Bestimmung erhalten sollte. Zeil argumentierte, dass es in Württemberg nie einen hohen Adel gegeben habe und die ehemaligen Reichsstände vor 1806 dieselben Rechte wie die Herzöge v. Württemberg selbst besessen hätten. Einzig der Art. 14 der in Wien unterzeichneten Konstitution für Deutschland, gegen den die Standesherren Widerspruch eingelegt hatten, unterstellte die mediatisierten Fürsten und Grafen der königlichen Souveränität. Dieser Artikel bestimmte, dass die Fürsten und Grafen 1. die Ersten Standesherren im Staate, 2. die privilegierteste Klasse waren und 3. hinsichtlich der Besteuerung einen Sonderstatus einnehmen sollten. Nach Auffassung des Fürsten stand daher ein Standesherr über einem Landstand, hatte seine Untertanen auf den

»Der Kuchen der Könige, zu Wien 1815 gebacken«
Die zeitgenöss. Karikatur auf den Wiener Kongress (1814/15) unterstellt, daß die auf dem Kongress tonangebenden Staaten – (v.l.n.r. Österreich, Sachsen, Russland, Metternich, Sizilien, Frankreich (Napoleon) und Napoleons Sohn – trotz der polit. Schlagworte Legitimität und Restauration den Status quo erhalten wollten. Unter dem Tisch lauert – mit dem Bild Ludwigs XVIII. – Talleyrand, der nach der Restauration der Bourbonen erneut frz. Außenminister wurde.

Landesversammlungen zu vertreten und die von den Landständen festgesetzten Steuern auf die Untertanen umzulegen, wobei die Staatskasse die Unkosten auf den Landtagen zu tragen habe. Ferner müssten die Standesherren eine eigene Körperschaft in den Landesversammlungen bilden, die an Rechten und Vorrechten weder durch Mehrheitsbeschluss überstimmt noch vom König unter Druck gesetzt werden könne. Hinsichtlich der Besteuerung forderte Fürst Zeil die Übernahme der Richtlinien des preußischen Edikts vom 21. Juni 1815. Die den Standesherren verbleibenden direkten Steuern sollten zum Besten des Landes verwandt werden. Auch sei ihnen die Freiheit von Personal- und Grundsteuern für ihre Familien und Domänen einzuräumen.[21]

Der Verein der mediatisierten Fürsten und Grafen 1815/16

Da die bereits genannte Vereinigung der Standesherren mittlerweile in Wien aufgelöst worden war, die gemeinsame Sache aber einer neuen Organisation bedurfte, fasste man am 10. November 1815 die Gründung eines ähnlichen, für alle Mediatisierten Deutschlands offenen Vereins ins Auge. Fürst Zeil eröffnete

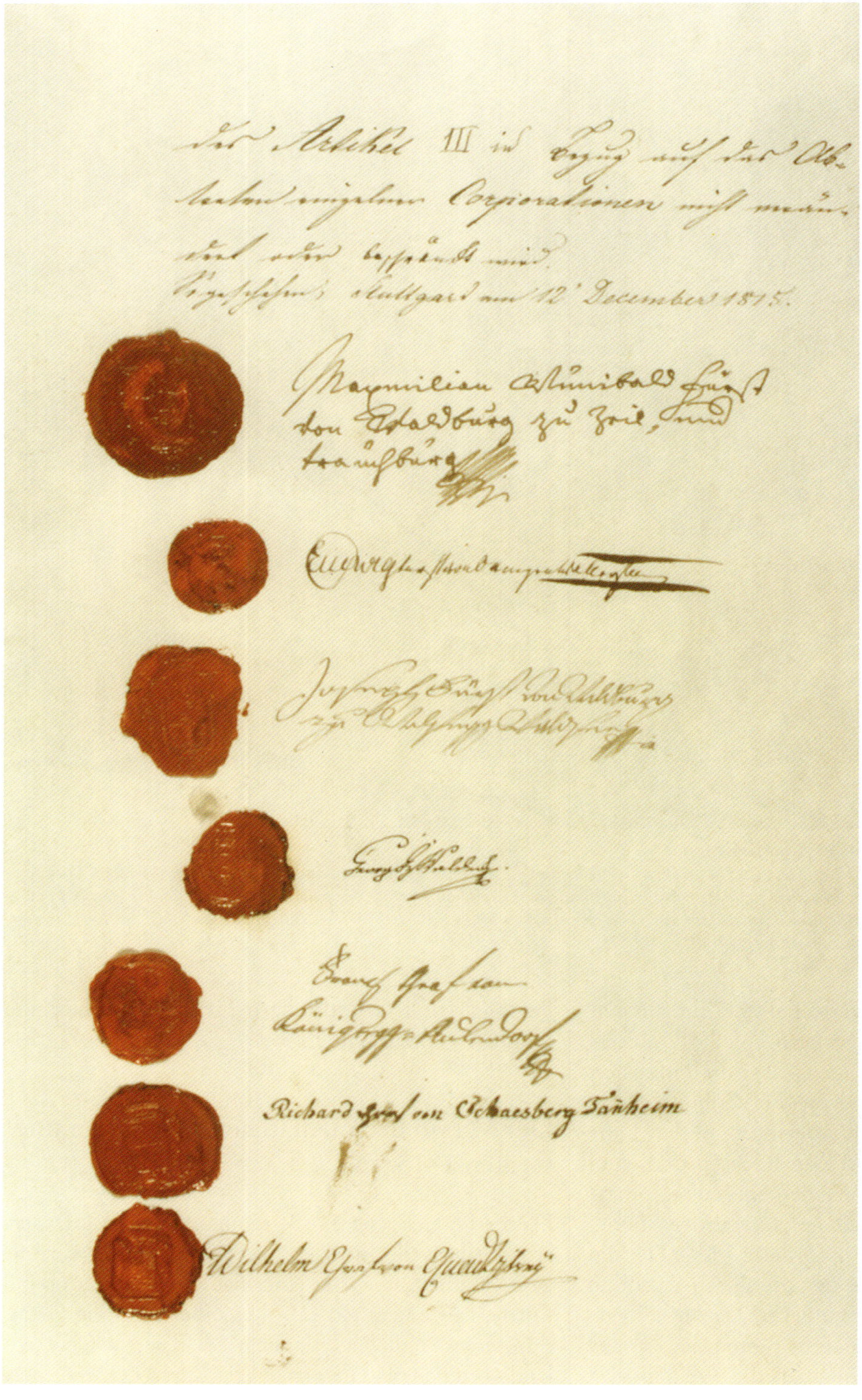

Verein der deutschen Standesherren
Instruktion für die Bevollmächtigten am Frankfurter Bundestag vom 12. Dezember 1815. Letzte Seite mit Unterschriften und Siegeln von Waldburg-Zeil, Öttingen-Wallerstein, Waldburg-Wolfegg-Waldsee, Waldeck, Königsegg-Aulendorf, Schaesberg-Tannheim und Quadt-Isny.
Fürstl. Waldburg-Zeil'sches Gesamtarchiv Schloss Zeil.

den anwesenden Standesherren seine *Punctation zu einer Instruction für einen Bevollmächtigten am künftigen Bundestage*.[22] Die im Wolfegger Archiv verwahrten umfangreichen Vereinsakten konnten im Rahmen dieser Untersuchung leider nicht im Einzelnen ausgewertet werden.[23] Am 19. November ging es um die finanzielle Seite der Entsendung eines Vertreters zum Deutschen Bundestag in Frankfurt und um die Einziehung von Erkundigungen über die Absichten der Reichsritterschaft. Die Vereinsakte sollte am nächsten Tage ausgefertigt und den übrigen mediatisierten Fürsten und Grafen unter strengster Geheimhaltung zugesandt werden. Die endgültige Unterzeichnung wollte man von der Anzahl der Beitrittserklärungen abhängig machen.[24] Man einigte sich schließlich am 11. Dezember 1815 auf die Gründung des *Vereins der mediatisierten Fürsten und Grafen*, der am nächsten Tage unter Führung Fürst Zeils ins Leben gerufen wurde.[25] Insgesamt traten ihm 35 fürstliche und gräfliche Häuser bei.[26] Zweck des Vereines sollte sein, *die staatsrechtlichen Verhältnisse und Verbindungen der hohen contrahierenden Theile nach gemeinsamen Grundsätzen* zu bestimmen. Einzelaktionen der Mitglieder waren verboten (Art. 3). Ein Austritt aus dem Verein war zwar Korporationen, nicht aber einem einzelnen Haus erlaubt. Die finanziellen Beiträge der Partner sollten proportional zur Einwohnerzahl der Territorien errechnet werden. Art. 7 forderte die Anerkennung des von Fürst Zeil geführten Direktoriums. Art. 9 stellte dem geschäftsführenden Direktor sog. *Adjunkten* an die Seite. In den folgenden Artikeln ging es um das Verhältnis des Vereins zum Bundestag in Frankfurt: Es sollte eine gemeinsame Repräsentation zur Wiedererlangung und Wahrung ihrer Rechte eingerichtet werden und den Repräsentanten ein Komitee aus den anwesenden Standesherren zur Seite stehen. Jeder durfte seine Stimme in diesem Kollegium erheben. Die Abgeordneten der Mediatisierten sollten sich mit diesem Gremium täglich beraten. Die Bevollmächtigten in Frankfurt waren verpflichtet, Berichte an das Direktorium zu verfassen, damit sie an alle Standesherren weitergeleitet werden konnten (Art. 18). Die acht Gründungsmitglieder unterzeichneten die Vereinsstatuten.[27]

Ebenfalls am 12. Dezember wurde eine erste Instruktion für den Bevollmächtigten beim Bundestag in Frankfurt abgefasst. Die der Deutschen Bundesakte als Norm unterlegte Bayerische Deklaration vom 19. März 1807 wurde darin abgelehnt und die in Art. 14 der Bundesakte den Standesherren zugesicherten Rechte begrüßt. Der Verein der mediatisierten Fürsten und Grafen forderte die Einräumung aller Rechte und Vorzüge an ihren Gütern und den ungestörten Genuss ihres Eigentums innerhalb der Grenzen der Staatsgewalt und der höheren Regierungsrechte, bürgerliche und peinliche Gerichtsbarkeit in den ersten beiden Instanzen, Forstgerichtsbarkeit, Orts- und Territorialpolizei sowie die Aufsicht über Kirchen- und Schulsachen. Hinsichtlich der Steuererhebung orientierte man sich an der preußischen Deklaration vom 21. Juni 1815. Die Kuriatstimmen im Plenum der Deutschen Bundesversammlung durften nicht durch äußere Einflüsse wie durch Landtagsbeschlüsse gefährdet werden. Unter dem Begriff der Standesherrlichkeit wollten die Mediatisierten das Recht der ersten Landstandschaft und der erblichen Repräsentation verstanden wissen.

Die Ziele des Vereins entsprachen damit im wesentlichen den in der oben referierten Denkschrift des Fürsten Maximilian Wunibald geäußerten Grundsätzen.

Im äußersten Notfall sollte der Bevollmächtigte darauf hin wirken, die direkten Steuern nur in soweit abzutreten, als sie zur Besoldung der Beamten notwendig waren, und also Einschränkungen der standesherrlichen Steuerfreiheit zugestehen. Auseinandersetzungen zwischen den mediatisierten Fürsten und Grafen und dem Souverän sollte der Bundestag bzw. ein noch zu schaffendes Bundesgericht entscheiden. Zweifelhafte Bestimmungen wären zugunsten der Standesherren auszulegen. Im Falle der Bewilligung dieser Anträge und der Verabschiedung als Bundesgesetze wurden die Bevollmächtigten ermächtigt, deren Verbindlichkeit anzuerkennen. Falls aber ihre Minimalforderungen nicht erfüllt würden, sollten sich die Gesandten auf die Protestnote vom 13. Juni 1815 berufen und weitere Aktionen dem Verein überlassen.[28] Diese Instruktion war den Bevollmächtigten unter dem Siegel der Geheimhaltung mitgeteilt worden, während Fürst Zeil einen ausführlicheren Entwurf verfasste, den er am 5. Januar 1816 in Stuttgart zur Beratung vorlegen ließ. Ausgehend von anfangs umfang-

reichen Forderungen sollten die Bevollmächtigten im Laufe der Verhandlungen erst schrittweise auf den Minimalkatalog zurückgehen.[29] In einer weiteren Instruktion an seinen Gesandten vom März 1816 wiederholte der Verein seine Forderungen:
Das Direktorium ermächtigte darin seinen Bevollmächtigten auch zur Vertretung der Vereinsinteressen beim Deutschen Bundestag am 12. Dezember 1815. Die Standesherren machten in dem Schreiben deutlich, dass sie *wieder in den nemlichen Stand der Freiheit und Unmittelbarkeit, in den vollkommenen Genuß unserer Rechte, Eigenthums und Einkünfte hergestellt werden möchten,* in welchem sie sich *vor dem unseligen Rheinbunde in dem Jahr 1805 wirklich befunden haben.* In der Instruktion beriefen sich die Mediatisierten auf das Völker- und Naturrecht. Der Verein erlegte seinem Bevollmächtigten auf, *alles an-*(zu)*strengen, um zum Voraus das zu tun, daß uns dafür eine gerechte und vollkommene Entschädigung durch hinlängliches Aequivalent gebühre, wodurch der Zustand vom Jahre 1805, wie er uns vor Gott und der Welt zusteht, obgleich in anderer Gestalt sowohl in politischer, als vorzüglich finanzieller Hinsicht, wieder ergänzt werde.* Der Bevollmächtigte sollte sich für die Gewährung von Kuriatstimmen entsprechend der Anzahl der reichsgräflichen Kurien in der Bundesversammlung einsetzen und für Schonung und milde Behandlung der Standesherren, die unter Verzicht auf ihre Reichsunmittelbarkeit die größten Opfer für die deutsche Einheit gebracht hätten, verwenden. Es sei zu betonen, dass sich die ehemaligen freien Reichsstände freiwillig den Staaten angeschlossen hätten, welche in Zukunft die höchste politische und militärische Gewalt über ihre Territorien ausüben werden. Der Bevollmächtigte hatte sich den Inhalt und die Tendenz der Vereinigung, im schlimmsten Falle des genannten Minimums, zu eigen zu machen und sollte sich in seiner Argumentation vor allem auf Art. 14 der Deutschen Bundesakte stützen. Die Souveräne dürften darin keine Anhaltspunkte finden, um die vormaligen Reichsstände noch mehr zu unterdrücken. Der Vertreter möge sich für die Einrichtung eines Bundesgerichtes zur Handhabung der Gerechtigkeit unter den Bundesmitgliedern einsetzen, das auch in Entscheidungsfällen in Streitigkeiten zwischen dem Souverän und den Mediatisierten zuständig sei. Dabei könne er gegen die Bayerische Deklaration, die hinsichtlich der Behandlung der unmittelbaren Reichsstände als Norm galt, folgende Gründe anbringen: Es sei bekannt, dass der Bevollmächtigte der mediatisierten Fürsten und Grafen, v. Gärtner, zu Wien in dieser Frage in die Enge getrieben und ihm das Einverständnis dazu abgepresst worden sei. Der Bevollmächtigte hätte beim Kongress Beschwerde gegen den ganzen Inhalt von Art. 14 eingelegt. Die Bayerische Deklaration habe mit der Auflösung des Rheinbundes ebenfalls ihre Kraft verloren. Die hohe Bundesversammlung müsse erst die Grundsätze dieser Deklaration prüfen. Allein der Grundsatz der Deutschen Bundesakte, in den einzelnen Mitgliedstaaten Gleichförmigkeit herzustellen, schließe die Berücksichtigung der älteren bayerischen Deklaration aus. Die Souveräne dürften die Bundesakte nicht willkürlich zu ihrem eigenen Vorteil und gegen die Mediatisierten auslegen. Ferner solle sich der Bevollmächtigte nach Kräften dafür einsetzen, dass die Grenzen zwischen der höchsten Staatsgewalt der Souveräne und den Rechten, welche den künftig ihr untergeordneten vormaligen Reichsstände verbleiben, näher bestimmt werden: Die persönlichen Rechte der Mediatisierten würden nach den Buchstaben der neuesten deutschen Konstitution ihren Grundsätzen nach bestehen bleiben. Die ihnen zugesagte Standesherrlichkeit solle erblich sein. Ferner hätten sie das Recht, die innere Organisation ihrer Territorien selbständig zu bestimmen, auch alle Stiftungen, Gemeindekassen, Kommunalgüter und dergleichen verwalten zu lassen. Der landesherrlichen Gesetzgebung seien sie nur insoweit unterworfen, als die Gesetze auf verfassungsmäßige Weise zustande gekommen wären. Dies gelte nicht für die Lasten der Untertanen aus der Rheinbundzeit. Die Ausübung der den Mediatisierten wieder zugestandenen Zivilgerichtsbarkeit in erster und zweiter Instanz solle ihnen nicht erschwert werden. Auch sollten mehrere benachbarte Fürsten und Grafen Gerichte in der zweiten Instanz abhalten. In Hinsicht auf die Polizei- und Kriminalgerichtsbarkeit sei ihnen gestattet, Sicherheits- und Polizeianstalten, Arbeitshäuser, Irrenanstalten, Waisenhäuser und ähnliche Versorgungsanstalten aufrechtzuerhalten. Es solle ihnen das Steuererhebungsrecht im Zusammenhang mit den allgemeinen Landesausgaben unter keinem Vorwand entzogen

werden, es sei denn, es käme zu einer freiwilligen Einigung mit dem jeweiligen Landesherrn. An den Kammerschulden sollten sie sich aber nicht beteiligen müssen. Bezüglich ihrer Finanzen wollten die Mediatisierten in den Zustand vor dem 12. Juli 1806 zurückversetzt werden, d.h. ihre alten Einnahmequellen zurückerhalten. Die Nutzung der Rechte aus ihren Passiv- und Aktivlehen durfte ihnen auf keine Weise erschwert werden. Dies galt auch für Bannrechte (Mühlen, Bäckereien, Brennereien). Diejenigen Häuser, die auf ungerechte Weise geschädigt worden seien, sollten vollkommene Genugtuung erhalten. Die Mediatisierten forderten Ersatz für den in der Rheinbundzeit erlittenen Verlust. Die Kirchensachen, Patronate, Vogteirechte und das Recht auf die Bestellung der Schullehrer müsse ihnen wieder restituiert werden. Im Falle eines Krieges des Deutschen Bundes gegen eine auswärtige Macht müßten wieder sie – und nicht die Rheinbundsouveräne – das Recht haben, ihre Güter zu veräußern. Hinsichtlich der den Mediatisierten zustehenden persönlichen Rechte und Autonomien war insbesondere anzuregen, dass sich die Souveräne in bereits geschlossene Pakte nicht mehr einzumischen hatten. Der Bevollmächtigte sollte für eine deutliche Abgrenzung der Rechte der Mediatisierten gegenüber dem Souverän eintreten. Der König von Württemberg habe die Deutsche Bundesakte vom 14. Juni des Jahres noch nicht durch seinen förmlichen Beitritt anerkannt, worauf der Gesandte aufmerksam machen müsse. Denn nur dadurch seien die Mediatisierten durch Bundesgarantie geschützt. Ebenfalls sollte er die Verleihung von Kuriatstimmen um der Gleichheit willen fordern. Er hatte sich mit den anderen abgeordneten Geschäftsträgern der Mediatisierten in Verbindung zu setzen und dem Direktor des Vereins, Fürst Zeil, einmal in der Woche Bericht zu erstatten. Er hatte auch die besonderen Eingaben einzelner Häuser an den Deutschen Bundestag zu unterstützen. Der Verein versicherte zum Schluss den Vertreter des vollkommenen Vertrauens in seine Einsicht, Geschäftskenntnis und seinen Patriotismus. Diese Instruktionen durften weder vermehrt, verändert oder aufgehoben werden.[30]

Aus der Instruktion vom März 1816 geht klar hervor, dass die Mediatisierten nicht mehr an eine vollkommene Restauration ihres reichsunmittelbaren Standes aus der Zeit vor 1806 glaubten. Der Bevollmächtigte des Vereins sollte sich daher in seiner Argumentation schrittweise auf die Rechte zurückziehen, die Art. 14 der Deutschen Bundesakte den Standesherren zusicherte und die als Norm unterlegte Bayerische Deklaration von 1807 anfechten, um weitere Beschneidungen standesherrlicher Privilegien durch den württembergischen König zu verhindern.

Die weiteren Ereignisse zeigten, dass König Friedrich von Württemberg jedoch keineswegs gewillt war, den Mediatisierten die Rechte zuzugestehen, die ihnen Art. 14 der Bundesakte gewährte. Fürst Zeil sandte Noten an verschiedene Mitglieder des Deutschen Bundes und bat sie um Unterstützung für die Gewährung der ihnen zugesicherten Kuriatstimmen.[31] Der österreichische Kaiser und Graf Hardenberg standen auf der Seite der Standesherren. Diese Tätigkeiten des Vereins wurden von württembergischen Spitzeln argwöhnisch beobachtet. Durch Zeils Schreiben an ausländische Souveräne sah der König den Tatbestand des Landesverrats erfüllt und ließ den Fürsten auf den 28. April 1816 nach Stuttgart zum Verhör vorladen. Im *Dehortatorium* (Ermahnung) des Königs an die Standesherren hieß es, dass sich mehrere Standesherren *nicht nur unter sich und mit Auswärtigen vormals -Reichsunmittelbaren in einen ihren Unterthanen-Verhältnissen zuwieder laufenden Verein* zusammengeschlossen, sondern dass sie darüber hinaus auch einen Rekurs an auswärtige Höfe gerichtet und den Versuch gewagt hätten, uneingedenk ihres Huldigungseides deren Unterstützung für ihre Sache zu gewinnen.[32] In Wien verfasste das Komitee der Mediatisierten daraufhin einen scharfen Protest gegen das Dehortatorium, in dem es eine Verletzung der Kongressakte und der Rechte des Deutschen Bundes sah.[33] Der Verein der mediatisierten Fürsten und Grafen wurde schließlich am 8. Juni 1816 im württembergischen Staats- und Regierungsblatt verboten und kassiert.[34]

Die weitere Entwicklung bis 1818

Um die Front der Standesherren aufzuweichen, schlug der König am 19. Juni 1816 den Sohn des Fürsten Zeil für das Amt des Innenministers vor, was dieser allerdings bereits vier Tage später ablehnte.[35]

Das Palais Waldburg-Zeil in Stuttgart
Der Sitz in der Ersten Kammer und das Hofamt des Fürsten erforderten eine standesgemäße Residenz in der Hauptstadt.
Aquarell, Caspar Obach, 19. Jh.
Fürstl. Waldburg-Zeil'sches Gesamtarchiv Schloss Zeil.

Der Tod Kg. Friedrichs I. am 30. Oktober 1816 ließ die Standesherren aufatmen. Sein Sohn und Nachfolger Wilhelm I. erlaubte den Standesherren am 23. November unter Abänderung des Dehortatoriums, sich bezüglich ihrer staatsrechtlichen Verhältnisse direkt an den Bundestag zu wenden. Der neue provisorische Landtag wählte Fürst Zeil zum Präsidenten.[36] Die nächsten Monate vergingen mit dem Streit um »das gute alte Recht« und der Frage der Einrichtung einer zweiten Kammer. Fürst Zeil fürchtete durch die Trennung der Landstände in zwei Kammern um die Rechte des hohen Adels, solange diese noch nicht durch den Bundestag sichergestellt waren.[37] Zur Wiedereröffnung des Landtages präsentierte König Wilhelm den Abgeordneten tatsächlich einen neuen Verfassungsentwurf mit einem Zweikammersystem. Am 2. Juni wurde er mit 47 gegen 42 Stimmen abgelehnt, woraufhin der König den Landtag auflösen ließ.[38]

Zu Beginn des Jahres 1817 verfasste Fürst Zeil eine neuerliche Denkschrift zu Punkt 4 des Art. 14 der Kongreßakte, der den Standesherren neben der ersten Zivilgerichtsinstanz, die zweite Instanz dort zusicherte, wo ihre Besitzungen groß genug seien. Zeil interpretierte diese Bestimmung dahingehend, dass der Umfang der Besitzungen ein *Iudicium appellationis formatum* dort zuließ, wo die zweite Gerichtskam-

mer durch die Einkünfte aus den Besitzungen getragen werden konnte. Er schlug den Zusammenschluss der Häuser Taxis, Metternich, Fürstenberg, Oettingen, Waldburg, Königsegg und Erbach-Rot vor.[39]
Inzwischen ging der Streit um die württembergischen Souveränitätsansprüche weiter. Um der Opposition der Standesherren zu begegnen, machte der König dem Volk Zugeständnisse. Eine Volksabstimmung erbrachte eine knappe Mehrheit zugunsten seiner im Landtag durchgefallenen Zweikammerverfassung. Ferner hob ein Gesetz am 18. November 1817 die Leibeigenschaft und die Lehnbarkeit der Bauerngüter auf. Die Mediatisierten sahen in der Ablösung von Fall- und Erblehen einen Eingriff in das standesherrliche Eigentum. Fürst Zeil wandte sich insbesondere dagegen, dass der Grundeigentümer in jeder Hinsicht benachteiligt, die Bauern aber begünstigt werden sollten. Das Recht auf Unverletzlichkeit des Eigentums und das in Europa allgemein anerkannte Recht des hohen Adels konnte man nach Überzeugung des Fürsten nicht einfach *weg philosophieren*.[40]
Die Wiener Kongressakte hatte zwar den württembergischen Standesherren die im Jahre 1809 entzogene Patrimonialgerichtsbarkeit wieder zurückgegeben, doch König Wilhelm dachte nicht daran, sich daran zu halten und ließ am 18. April einen Verweis gegen Fürst Zeil aussprechen, der sich in mehreren Eingaben für deren Wiederherstellung eingesetzt hatte.[41]

Mit dem Tode Fürst Zeils am 16. Mai 1818 wurden die Mediatisierten ihres führenden Kopfes beraubt. Maximilian Wunibald hatte sich wie kein anderer im Kampf um die Restauration der reichsunmittelbaren Rechte der Standesherren aufgerieben. In dem in die Zukunft weisenden Akt von Säkularisation und Mediatisierung, der den Weg in den modernen Nationalstaat öffnete, sah er ein tiefes Unrecht. Als glänzender Jurist verstand er es zwar, die Privilegien des hohen Adels zu verteidigen, doch tief durchdrungen von seinem adligen Geburtsstand zeigte er sich unfähig, die Zeichen der aufkeimenden bürgerlichen Revolution des Vormärz zu verstehen. Er klammerte sich an das längst vor Napoleons Neuordnung Südwestdeutschlands in starren Strukturen gefangene Heilige Römische Reich Deutscher Nation, an Gottesgnadentum und Feudalgesellschaft, und lehnte tiefgreifende Reformen ab. Die längst überfällig gewordene Abdankung des regierenden Adels zugunsten einer auf Leistung statt auf Privilegien beruhenden liberalen Gesellschaft, die Einführung von Menschenrechten und die damit verbundene Abschaffung des Absolutismus sowie die Errichtung konstitutioneller Verfassungen auf der Grundlage der Volkssouveränität lagen außerhalb seines in engem Standesdenken gefangenen Geistes. Die Zeichen der neuen Zeit sollte erst sein Nachfahre Constantin verstehen, der als der »rote Fürst« in die Geschichte einging.[42]

[1] An dieser Stelle sei Dr. Bernd Mayer für die Öffnung des Archivs im Schloss Wolfegg und seine kompetente Betreuung aufrichtig gedankt, ebenso Herrn StD Rudolf Beck, dem Leiter der waldburgischen Gesamtarchive in Wolfegg und Zeil, für seine Beratung und das Entgegenkommen bei der Bildbeschaffung. WZGZAZ 880. Brief vom 09.02.1818; zit. nach *Willhelm Mößle,* Fürst Maximilian Wunibald von Waldburg-Zeil-Trauchburg 1750–1818. Geist und Politik des Oberschwäbischen Adels an der Wende vom 18. zum 19. Jh. Stuttgart 1968, 249.
[2] Ebd., 270.
[3] Ebd., 159.
[4] Ebd., 172f.
[5] Ebd., 180.
[6] Ebd., 185–189.
[7] Ebd., 195.
[8] ZAZ 880: Brief vom 14.09.1814; vgl. Ebd., 195.
[9] NZAZ 1013; vgl. Ebd., 196.
[10] Ebd.; vgl. Ebd., 199.
[11] Deutsche Bundesakte, Wien, 08.06.1815, Art. 14; Quellen zur Geschichte des Wiener Kongresses 1814/1815, hg. von *Klaus Müller.* Darmstadt 1986, 41f. (Ausgewählte Quellen zur deutschen Geschichte der Neuzeit; 23)
[12] *Mößle,* Fürst Maximilian Wunibald (wie Anm. 1), 209.
[13] Wo Wo III X 62, 2, Fasc. 8, No. 7; vgl. auch NZAZ 1015. In zwei Aufsätzen setzte sich Fürst Zeil mit dem Rechtszustand der Mediatisierten nach Art. 14 der Kongressakte auseinander. Bedauerlicherweise fehlt in der Wolfegger Fassung der Bogen 4, der den Rest des § 4, § 5 und den Anfang des § 6 enthält.
[14] Wo Wo III X 62, 2, Fasc. 8, No. 7: Vorbemerkung.
[15] *Mößle,* Fürst Maximilian Wunibald (wie Anm. 1), 212.
[16] Vgl. Ebd., 213–215.
[17] NZAZ 1064: Brief vom 04.02.1815; vgl. Ebd., 215.
[18] NZAZ 1064: Brief vom 12.07.1815; vgl. Ebd., 218–220.
[19] Ebd., 220.
[20] Ebd., 222.
[21] NZAZ 1015: *Ansichten des 13ten Artikels des königlich Württembergischen Rescripts vom 13ten November 1815 über die Verhältnisse des hohen Adels, gegen die übrigen Landesstände;* vgl. Ebd., 224.
[22] NZAZ 1085; vgl. Ebd., 227.

[23] Vgl. im Einz.: Wo Wo. Repertorium »Archive Waldburg und Wolfegg im Fürstl. von Waldburg-Wolfegg'schen Gesamtarchiv Wolfegg« nach 1806 unter 5. Verein der mediatisierten Fürsten und Grafen, Nr. 1046–1065.

[24] NZAZ 1016: Protokoll vom 19.11.1815; vgl. Ebd., 227.

[25] NZAZ 1016: Protokoll vom 12.12.1815; vgl. Ebd., 228.

[26] Ebd., 228, mit Nennung der Namen: Oettingen-Wallerstein, Waldburg-Wolfegg, Fugger-Babenhausen, Colloredo, Dietrichstein, Löwenstein-Wertheim, Isenburg-Büdingen, Erbach-Schönberg, Erbach-Wartenberg-Rot, Salm-Schussenried, Schaesberg-Tannheim, Waldeck-Limpurg, Stolberg-Gedern, Waldburg-Zeil-Trauchburg, Metternich-Ochsenhausen, Windisch-Graetz, Sintzendorf, beide Linien Freudendorf, Erbach-Erbach, Erbach-Fürstenau, Salm-Krautheim, Fugger-Glött, Quadt-Isny, Pückler-Limpurg, Stollberg-Roßla, Solms-Braunfels, Solms-Lich, Ortenburg und Rechtern. Leiningen und Törring verweigerten den Beitritt.

[27] NZAZ 1016. Vereinsstatuten vom 12.12.1815.Unterschriften und Siegel: Zeil, Oettingen-Wallerstein, Wolfegg, Pückler-Limpurg, Waldeck-Pyrmont, Königsegg-Aulendorf, Schaesberg-Tannheim und Quadt-Isny. *H. Gollwitzer*, Die Standesherren. Die politische und gesellschaftliche Stellung der Mediatisierten 1815–1918. Ein Beitrag zur deutschen Sozialgeschichte, Göttingen 1964, 70 f. *Mößle,* Fürst Maximilian Wunibald (wie Anm. 1), 228f.

[28] NZAZ 1016: Instruktion vom 05.01.1816; vgl. Ebd., 229–230.

[29] Ebd., 230.

[30] WoWo I 1053: Instruktionsentwurf für den Bevollmächtigten des Vereins der Mediatfürsten und -grafen beim Bundestag 1816.

[31] *Mößle,* Fürst Maximilian Wunibald (wie Anm. 1), 235.

[32] NZAZ 389; HSAS E 31/32 C 1250: Dehortatorium vom 20.04.1816; vgl. Ebd., 236 f.

[33] NZAZ 1016: *Über das von dem K. württ. Ministerium des Inneren an die subjizierten, vormahls reichsständischen Herren Fürsten und Grafen* [...] *ausgegangene Dehortatorium;* vgl. Ebd., 237.

[34] Vgl. Ebd., 240; *Gollwitzer*, Standesherren (wie Anm. 28), 71.

[35] *Mößle,* Fürst Maximilian Wunibald (wie Anm. 1), 240f.

[36] Vgl. Ebd., 241–243.

[37] NZAZ 1064; vgl. Ebd., 243.

[38] Ebd., 244f.

[39] NZAZ 1015. 1016; vgl. Ebd., 245f.

[40] Vgl. Ebd., 248–252.

[41] NZAZ 1021: Verweis vom 18.03.1818; vgl. Ebd., 252–254.

[42] Vgl. *Andreas Antonin,* »Der gesunde und rechtliche Sinn der Oberschwaben«. Constantin, der »rote Fürst«, und die Revolution im Oberland, in: Im Oberland 9 (1998), H. 2, 3–15.

Mit allen Oberlehenherrlichkeits- als Eigenthums- und Souveränitäts-Rechten ...

Der Übergang Ehingens an das Königreich Württemberg 1805

von Ludwig Ohngemach

Seit dem Eintritt Österreichs in den Krieg gegen das revolutionäre Frankreich 1792 war Ehingen immer wieder von Truppendurchmärschen betroffen. Mitte Oktober 1795 wurde das Benediktiner Kolleg mit einem österreichischen Feldspital belegt, so dass das Gymnasium in die Stadt ausweichen musste. Im Juli 1796 wurde es vor dem anrückenden Feind geräumt.[1] Erst im Herbst mussten die Franzosen Süddeutschland wieder räumen.

Im sog. zweiten Koalitionskrieg war das Kolleg im Oktober 1799 für ein *Königlich-Kaiserliches Hauptfeldspital* beschlagnahmt worden. Im folgenden Jahr wechselte Ehingen mehrfach den Besitzer. So kamen Ende Juni 1800 französische Truppen in die Stadt, nachdem sich die zuvor hier stationierten kaiserlichen Abteilungen nach Ulm zurückgezogen hatten. Die Franzosen blieben bis zum Lunéviller Frieden 1801. Im April 1801 zogen sie nach Frankreich ab, doch blieb Ehingen auch in der Folgezeit Garnisonsstadt.[2]

Ansonsten wirkten sich diese Ereignisse und die Umwälzungen in deren Gefolge eher indirekt auf Ehingen aus. Dies gilt auch hinsichtlich des Gymnasiums. Dieses war 1686 von den Benediktinern der nahen Abtei Zwiefalten übernommen und zielstrebig ausgebaut worden. Als Württemberg die Abtei 1802 säkularisierte, setzten die Zwiefalter Professoren dessen ungeachtet ihre Lehrtätigkeit am Ehinger Kolleg in den folgenden Monaten zunächst fort. Die Kollegiengebäude sowie die Kirche wurden von der vorderösterreichischen Regierung sequestriert, weiterreichende Folgen hatte dies aber offenbar nicht. Später kam es darüber zwischen Kaiser Franz II. und dem König von Württemberg zu einer Übereinkunft, so dass das Kolleg weiter als Schule genutzt werden konnte.[3] Dagegen wurden die Zwiefalter Patres zum Jahresende 1803, trotz Gegenvorstellungen in Stuttgart beim damaligen Kurfürst von Württemberg, vom nunmehr Kaiserlich-Österreichischen Gymnasium abgezogen. An ihre Stelle traten zu Anfang des Jahres 1804 drei Ehinger Franziskanerpatres, zwei Weltgeistliche und der Ehinger Arzt Dr. Kurz. Ab dem Sommersemester 1804 übernahmen auf Bitten des Ehinger Magistrats vier Professoren aus der nahen Abtei Wiblingen den Unterricht. Zwischenzeitlich hatte sich noch die Möglichkeit abgezeichnet, dass Ehingen Sitz einer neu einzurichtenden Landesstelle für die habsburgischen Besitzungen in Schwaben werden könnte. Deren Präsident war zugleich als Präsident der Schwäbisch-Österreichischen Landstände vorgesehen. Als sich aber herausstellte, dass in Ehingen standesgemäße Unterkünfte nicht in ausreichendem Umfang vorhanden waren, erhielt Günzburg den Vorzug und wurde zum Sitz der schwäbisch-österreichischen Regierung und Kammer und zur Hauptstadt des neu konstituierten Landes Vorderösterreich bestimmt.[4]

Dagegen war Ehingen am 30. September 1804 Schauplatz glanzvoller Feierlichkeiten, mit denen man die Erhebung Franz I. zum österreichischen Kaiser feierte. Zusammen mit den Schwäbisch-Österreichischen Landständen und dem Kanton Donau der Schwäbischen Reichsritterschaft beging man dieses Ereignis mit großem Aufwand.[5] Möglicherweise rechnete man sogar mit einem Besuch des Landesherrn, denn im April 1805 ordnete das Oberamt in Günzburg an, die Straßen und Brücken *auf die Ankunft S*[eine]*r. Majestät* herzustellen.[6]

1805: Ehingen wird württembergisch

1805 kam es dann auf Betreiben Englands zu einer dritten Koalition gegen Frankreich, wo seit Ende 1799 Napoleon das Heft in die Hand genommen hatte. Das Ehingen benachbarte Herzogtum Württemberg, aber auch Bayern und Baden, schlossen sich bei Kriegsbeginn Frankreich an. Wieder standen Truppendurchmärsche auf der Tagesordnung. In Ehingen kam es zu Einquartierungen, etwa in der sog. *Spital-Caserne*. Weiterhin wurden der Stadt und ihrer Bürgerschaft zahlreiche Vorspanndienste und Botengänge abgefordert. Diese Dienste und Belastungen verursachten erhebliche Kosten. Die gerechte Verteilung der Belastungen auf den einzelnen Bürger, auf die verschiedenen städtischen Kassen und die Bevölkerung der umliegenden Dörfer, beschäftigte den Magistrat immer wieder.[7]
Als Folge der Niederlage in der Schlacht bei Austerlitz am 2. Dezember 1805 und des damit verlorenen Krieges, musste Österreich im Frieden von Preßburg am 26. Dezember 1805 u. a. seine Besitzungen in Süddeutschland abtreten. Ehingen fiel, entsprechend dem am 11. Dezember 1805 mit Frankreich in Brünn abgeschlossenen Vertrag, zusammen mit den fünf sog. *Donaustädten* unter denen man hier verstand: Ehingen, Munderkingen, Riedlingen, S[a]ulgau und Mengen, an Württemberg. Dort hatte man Vorsorge getroffen und bereits am 6. Dezember eine Aufstellung derjenigen Truppen angefertigt, die zur Besitznahme der neu zufallenden Länder vorgesehen waren.[8] Als federführende Behörde für die Inbesitznahme wurde am 24. Dezember 1805 eine Oberlandeskommission geschaffen. Unter der Leitung des Geheimen Rates und Kammerherrn, *Ober-Appellations-Tribunals-Präsident* v. der Lühe, war der Regierungsrat Dr. Anselm Friedrich Pistorius für Ehingen und die Donaustädte zuständig.[9]
Bereits am Morgen des 27. Dezember, also am Tag nach Vertragsabschluss, ließ Herzog Friedrich von Württemberg 30 Kavalleristen und 40 Infanteristen in Ehingen einrücken. Säulen mit dem württembergischen Wappen an den Toren der Stadt verdeutlichten den Anspruch der Württemberger. Außerdem wurden an öffentlichen Gebäuden Besitzergreifungspatente angebracht, und bald zierte das neue Staatswappen auch das Rathaus.[10] Die Landstände mussten dem Herzog noch am Tag der Stadtbesetzung huldigen.[11]
Zumindest ein Teil der Ehinger Bevölkerung war mit dem Übergang an Württemberg nicht einverstanden, denn im Schutz der Nacht kam es mehrfach zu Beschädigungen von Besitzergreifungspatenten.[12]
Mit den württembergischen Soldaten war als Kommissar Regierungsrat Pistorius nach Ehingen gekommen, um hier für die nächsten Monate sein Quartier aufzuschlagen. Von hier aus operierte er mit seinen Subkommissaren, um das neuerworbene Land in Besitz zu nehmen, Informationen zu sammeln und erste Anordnungen für die zukünftige Verwaltung zu treffen. Zunächst aber wandte er sich am Morgen des folgenden Tages an die Stadt mit der Bitte, den Magistrat zusammenzurufen, damit er diesem seine Vollmacht vorlegen und seinen weiteren Auftrag mündlich erläutern könne.[13]
Hintergrund des handstreichartigen Vorgehens der Württemberger war die Befürchtung, dass auch Bayern militärisch eingreifen könnte, um Gebietsansprüche durchzusetzen. Die Furcht vor einer Besetzung Ehingens durch bayerische Truppen erwies sich als berechtigt. Wenige Tage später, am 10. Januar 1806, zogen tatsächlich 150 bayerische Soldaten in die Stadt ein. Ihnen folgte als bayerischer Zivilkommissar Landesdirektionsrat v. Roth. Einem Brief des bayerischen Generalkommandos in Ulm zufolge war er beauftragt, mit Pistorius Kontakt aufzunehmen und die bayerischen Ansprüche an Archiv und Kassen der Landstände sowie des Kantons Donau der Reichsritterschaft zu vertreten. Sobald eine feierliche Zusicherung gemeinschaftlicher Untersuchung und Ausscheidung dieser Unterlagen erfolgt sei, könne das Militär abgezogen werden. Dagegen wolle man die Ansprüche Württembergs auf Ehingen nicht stören.[14]
Tatsächlich hatte Pistorius schon am 6. Januar den Auftrag erhalten, sich der landständischen Kasse zu bemächtigen.[15] Dass Ehingen zum Oberamt Günzburg gehört hatte, das nun an Bayern gefallen war, dürfte aber ebenso eine Rolle gespielt haben. Mit diesem – hier nicht zutreffenden – Argument wurden nämlich am folgenden 11. Januar die Herrschaft Schelklingen und das Kloster Urspring besetzt. Diese sollten bis zu einer endgültigen Regelung gemeinschaftlich besetzt bleiben.[16]

Ehingen
Stadtansicht von 1860.
Museum Stadt Ehingen.

Einige Tage herrschte nun große Unsicherheit über die weitere Entwicklung. Dabei bemühte sich der Vertreter der Franzosen, der Generalintendant in Schwaben, Joseph Mathias Fririon, der sein Quartier ebenfalls in der Stadt hatte, vermittelnd auf die Parteien einzuwirken.[17] Schließlich zogen die bayerischen Soldaten am 13. Januar wieder aus Ehingen ab. Zwischenzeitlich hatten sie offenbar auch in der Umgebung, so in Griesingen am 4. Januar, Inbesitznahmen vorgenommen.[18] Bereits am 28. Dezember waren sie in Munderkingen einmarschiert, außerdem ist von bayerischen Truppen in Saulgau und Riedlingen sowie in den Herrschaften Kirchberg, Weißenhorn und Erbach die Rede. Allerdings scheint es sich teilweise um eher symbolische Besetzungen gehandelt zu haben.[19]

Die zivile Besitzergreifung der Stadt Ehingen fand am Morgen des 14. Januars 1806 auf dem Ehinger Rathaus statt. Nachdem Kommissar Pistorius dem versammelten Magistrat durch Vorlage seiner Vollmacht seinen Auftrag mitgeteilt hatte, forderte er ihn auf, sich auf den König von Württemberg verpflichten zu lassen. Stadtsyndikus Leopold Blau[20] erklärte darauf, er hätte sich gewünscht, dass mit ihrer Verpflichtung bis zum Erhalt einer Anweisung ihrer bisherigen Obrigkeit gewartet würde. Sie hätten aber aus anderen okkupierten österreichischen Besitzungen von der Verpflichtung gehört, so seien sie hierzu bereit, wenn auch unter dem Vorbehalt, dass die Abtretung Ehingens, an der sie zwar keine Zweifel, aber auch noch keine offizielle Nachricht bekommen hätten, ihnen von ihrer Behörde mitgeteilt würde.

Pistorius nahm an dieser Einlassung keinen Anstoß, da es sich um einen formalen Vorbehalt gehandelt habe, der lediglich vor der Verantwortung vor den österreichischen Behörden schützen sollte, und verpflichtete alle Bediensteten der Stadt und des Hl.-Geist-Spitals. Anschließend trug er dem Bürgermeister auf, alle Ortsvorsteher der zur Stadt und zum Spital gehörigen Ortschaften zur gleichen Verpflichtung am folgenden Tag einzuberufen. Weiterhin sollte er für den Kommissar ein Verzeichnis sämtlicher Besitzungen, Rechte und Einkünfte der Stadt und des Spitals erstellen und ihm ein Verzeichnis aller Einwohner, aller städtischen Bediensteten samt Gehaltsangaben anfertigen. Auch forderte man eine Auflistung aller im Ehinger Gebiet mit Besitz vertretenen fremden Herrschaften sowie der hiesigen Korporationen, die ihrerseits auf fremdem Gebiet über Besitz und Rechte verfügten.

Am folgenden Tag erschienen dann die Schultheißen und Ortspfleger der umliegenden Dörfer und Weiler und legten auf die vorgelesene Eidesformel ein Handgelübde ab.[21]

Am 17. Januar erließ Pistorius eine *Summarische Instruktion* für alle Angehörigen des Magistrats und sämtliche Beamten. Demnach sollte die öffentliche Verwaltung in ganzem Umfang einschließlich Justiz, öffentliche Ordnung (Polizey) und gerichtliche Verfassung bis zu einer späteren Neuorganisation in bisher gewohnter Weise bestehen bleiben. Dies galt auch für die bisher gültigen Gesetze und Verordnungen. Die ganze öffentliche Verwaltung solle nun im Namen des Königs von Württemberg, unter Oberaufsicht und Leitung des Kommissars vor sich gehen. Der Magistrat solle weiterhin in allen denjenigen Angelegenheiten selbständig arbeiten, die er auch früher ohne Rücksprache mit höheren Stellen entschieden habe. In allen anderen Fällen aber solle er erst nach Rücksprache mit dem Königlichen Kommissar tätig werden. Dieser hatte auch den Auftrag, an den Versammlungen des Magistrats teilzunehmen und diesen zu präsidieren. Dementsprechend musste er von jeder geplanten Sitzung unter Angabe der Beratungsgegenstände verständigt werden. Öffentliche Bekanntmachungen und Versammlungen der Bürgerschaft mussten vom Kommissar erlaubt werden.

Die Gerichtsverfassung wurde in der bisherigen Form beibehalten. Appellationen waren an den Kommissar weiterzuleiten. Auch hinsichtlich der kirchlichen Verfassung waren zunächst keine Änderungen vorgesehen. In Angelegenheiten des öffentlichen Kultus, Lehens- und Vertragswesens musste der Kommissar eingeschaltet werden, und die Verwaltung der Kassen sollte unter der ständigen Aufsicht und Leitung des Kommissars bleiben.[22]

Zunächst bemühten sich die neuen Herren weiter vordringlich um Informationen über ihre Neuerwerbungen. So wurde der Ehinger Ortsvorstand am 18. Januar erneut aufgefordert, rasch eine *Seelentabelle* abzuliefern. Syndikus Blau und Bürgermeister Million[23] erklärten darauf, einstweilen eine summarische Übersicht vorlegen zu wollen. Weiterhin bemühte man sich um ein Bild vom Zustand der Stadt-, Spital- und Heiligenkassen.[24] Landeskommissar v. Bühler war gleichfalls mit der Beschaffung weiterer Informationen befasst.[25]

Allen Anstrengungen zum Trotz gestaltete sich die Inbesitznahme zunehmend schwierig und verzögerte sich immer mehr. Grund hierfür war vor allem der schwelende Konflikt mit Bayern. So berichtete Landeskommissar v. Bühler am 25. Februar an v. Reischach über den bisherigen Gang des *Occupationsgeschäfts* in Ehingen. Dabei verwies er auf die überaus komplizierten Gegebenheiten, verursacht durch den französischen General Fririon, durch die bayerischen Behörden und durch den in Ehingen ebenfalls anwesenden bayerischen Kommissar. Diese machten sich insbesondere bei der Auflösung der landständischen und reichsritterschaftlichen Corpora nachteilig bemerkbar. Ein Grundsatz Fririons sei, die ehemals österreichischen Behörden weiterhin in provisorischer voller Wirksamkeit zu erhalten. Daher sei eine Einwirkung auf die landständische Verfassung fast ganz gehemmt. Weiterhin sei die Zersplitterung des Distrikts sehr nachteilig, und der Geschäftsgang gehöre zu den kompliziertesten. Aus den genannten Gründen sei bisher lediglich die *Occupation* Riedlingens sowie einiger *Corporationen* erfolgt.[26] An dieser misslichen Lage änderte sich auch in den nachfolgenden Wochen wenig, wie einem Bericht vom März 1806 zu entnehmen ist.[27]

In der Tat spielte General Fririon weiterhin neben der sich ausbildenden württembergischen Verwaltung eine gewisse Rolle. Im Februar 1806 forderte er von den Städten statistische Angaben an. Landeskommis-

sair v. Bühler wies diese an, die geforderten Unterlagen zunächst an die Landeskommission zu senden, welche sie an Fririon weitergebe.[28] Im Juni war der General an der Verteilung von Kriegsgefangenen beteiligt, wozu sein Einverständnis eingeholt worden war.[29] Erst am 25. Juli sollte er schließlich sein Quartier im »Hecht« räumen und aus Ehingen abreisen.
Württemberg beharrte inzwischen gegenüber Bayern weiterhin voll und ganz auf seinen Ansprüchen. Sein Vertreter v. Reischach erhielt Ende Februar und im weiteren Verlauf des März mehrfach die Anweisung, die Übergabe Ehingens ohne weiteren zeitlichen Verzug vorzubereiten und *soweit als möglich zu beschleunigen*. Allerdings sollte er Streitigkeiten mit Bayern ausweichen, damit der französische Kriegsminister keinen Vorwand für weitere Einmischungen erhalte und insbesondere die Besetzung mit französischen Truppen vermieden werde.[30]
Die offizielle Übergabe an den neuen Landesherrn fand schließlich am 26. Mai 1806 statt. Joseph Mathias Fririon übergab im Auftrag des französischen Kaisers auf dem Ehinger Rathaus die Stadt Ehingen sowie die Donaustädte Munderkingen, Riedlingen, Mengen und Saulgau dem König von Württemberg, der von dem geheimen Rat und Regierungspräsidenten Baron v. Reischach vertreten wurde. In der Übergabeurkunde wird Ehingen fälschlicherweise an Stelle von Waldsee als Donaustadt bezeichnet. Dies geht auf den Friedensvertrag von Preßburg beziehungsweise auf den Vertrag von Brünn zurück. Auch dort ist Ehingen unter den *fünf sog. Donaustädten* aufgeführt. Waldsee wurde daher erst im Juli übergeben.[31] Auch in den folgenden Monaten wurden die fünf Städte zusammen behandelt, und so ergingen viele Anweisungen und Briefe der neuen Landesherrschaft jeweils gleichlautend an die Städte Ehingen, Munderkingen, Riedlingen, Mengen und Saulgau.[32]
Bei der Übergabe war die Stadt Ehingen durch ihren Magistrat sowie die 14 Zunftmeister vertreten. Auch die Städte Munderkingen, Riedlingen, Mengen und Saulgau hatten ihre Magistrate entsandt. Nach Austausch der Vollmachten wurde den Anwesenden erklärt, dass gemäß den Befehlen Kaiser Napoleons, in Vollzug des Artikels 8 des Vertrages von Preßburg, die genannten Städte an den anwesenden Baron v. Reischach mit allem Zubehör übergeben werden. Der König von Württemberg sollte die genannten Städte *auf die nähmliche Weise mit allen Oberlehenherrlichkeits- als Eigenthums- und Souverainitäts-Rechten, mit den nähmlichen Titeln, Rechten und Vorzügen besitzen, wie sie S[eine]r. Majestät der Teutsche und Oesterreichische Kaiser, oder die Prinzen seines Hauses besessen und nicht anderst.*
Von dieser Übergabeverhandlung wurde ein Protokoll verfasst und sechs Ausfertigungen für die Archive der genannten Städte bereitgestellt.[33]
Im Anschluss daran fand in der Stadtpfarrkirche St. Blasius ein Festgottesdienst statt. Der damalige Franziskanerguardian P. Flavian Landthaler hielt die Festpredigt. Unter dem Motto *Ein Wort zur rechten Zeit gesprochen*, verwies er auf die enge Verbundenheit mit dem Kaiser. Darüber hinaus führte er aus, was vom neuen Monarchen zu erwarten sei und was dieser umgekehrt von seinen neuen Untertanen erwarten dürfe. Abschließend rief er die Ehinger auf, sich als rechtschaffene und würdige Untertanen des neuen Landesvaters zu erweisen, *denn wer rechtschaffen gesinnet ist, der wird den König zum Freunde haben.*[34] Salutschüsse und ein Festessen rundeten die Feierlichkeiten ab.[35] Wenige Tage später, am 3. Juni 1806 verzichtete Bayern endgültig zu Gunsten Württembergs auf die Stadt Ehingen und deren Gebiet sowie auf Schelklingen und Urspring.[36]
Nach und nach wurde die neue Verwaltung organisiert und der Geschäftsgang festgelegt. Im Mai wurde die Einteilung der Kreise verkündet, die Instruktion für den Kreishauptmann erlassen und die Rangfolge der Bediensteten festgelegt. Hinzu kamen Anweisungen zu einzelnen wichtigen Verwaltungsakten.[37]
Die feierliche Huldigung durch die Bevölkerung fand am 27. Oktober 1806 statt und wurde durch den württembergischen Kreishauptmann v. Arand vorgenommen.[38] Alle männlichen Einwohner des Oberamtsbezirks, die das 16. Lebensjahr vollendet hatten, mussten sich um neun Uhr auf dem Ehinger Marktplatz versammeln, um den Huldigungseid abzulegen. Danach zog man unter Musik und Böllerschüssen in die nahe Stadtpfarrkirche, wobei die Reihenfolge von Bürgermilitär, Geistlichkeit, städtischen und staatlichen Amtsträgern genau festgelegt war. Nach dem königlichen Kommissär, Kreishauptmann v. Arand und Oberamtmann Fischer, die von der bürgerlichen Stadtgarde *con-*

voiet [begleitet] wurden, kamen die der städtischen Gerichtsbarkeit nicht unterworfenen Honoratioren, insbesondere das Personal aus den Kanzleien des vormaligen Ritterkantons Donau sowie der Landstände. Den Abschluss bildeten der Stadtmagistrat von Munderkingen, die dortige Bürgerschaft sowie die übrigen Amtsangehörigen, geordnet nach Ortschaften. Nach dem Gottesdienst brachte der Festzug den königlichen Kommissär wieder ins Landhaus zurück.[39]

Im Anschluss daran fand ein *Huldigungsfest* statt. Eine Triumphpforte, Pyramiden und Illuminationen gaben der Stadt ein festliches Gepräge. Zum glanzvollen Rahmen trugen außerdem Musikanten sowie die paradierenden *städtischen Grenadier*[e] bei. Der Ehinger Magistrat seinerseits lud die benachbarten Ortschaften zum Ball in die »Goldene Traube« ein, um den Tag zu feiern, an dem *die Bewohner des O*[ber]*Amts Ehingen das Glük genießen, S*[eine]*r Majestaet dem König von Würtemberg, Anhänglichkeit, Treue und Liebe eidlich zu behärten* [...].[40]

Der Alltag der Bevölkerung sah anders aus. Die Stadt und ihre Bewohner mussten immer noch mit erheblichen Belastungen durch Einquartierungen und durchmarschierende Truppenteile leben.[41] Auch die Regulierung der Kosten der langen Kriegsjahre (1796–1806) nahm noch geraume Zeit in Anspruch.[42] Außerdem war Ehingen noch lange Jahre Garnisonsstadt mit allen damit verbundenen Begleiterscheinungen.[43]

Stadt und Herrschaft Ehingen 1806

Einen Eindruck über die Situation in Ehingen und in der zugehörigen Herrschaft vermittelt der ausführliche Bericht, den Landeskommissar v. Bühler im März 1806 namens des *Landes Commissariats Ehingen* nach Stuttgart schickte.[44] Demnach gehörten zur Stadt und Herrschaft Ehingen die Stadt selbst sowie 14 Dörfer und Weiler. Hinzu kamen Besitzrechte der Stadt in fünf weiteren Dörfern außerhalb der Herrschaft sowie die drei Weiler und Dörfer des Ehinger Hl.-Geist-Spitals. In Ehingen und in den zur Herrschaft gehörigen Orten zählte man 3.345 Menschen. Darunter waren 32 *Honoratioren,* 653 *Professionisten* (Handwerker) und 118 Dienstboten, die in 695 Familien lebten. In den drei Spitaldörfern hatte man weitere 369 Einwohner gezählt. Der Bestand an Gebäuden betrug in der Herrschaft (Stadt und Dörfer) 582, wozu weitere 54 in den Spitaldörfern kamen. Einen Eindruck von den Größenverhältnissen vermitteln die angegebenen Flächenzahlen. Demnach betrug der Flächeninhalt von Stadt und Herrschaft Ehingen über 9.847 Jauchert, derjenige der Spitaldörfer ist mit rund 2.100 Jauchert angegeben. Im Folgenden ging v. Bühler näher auf die Herrschaft Ehingen ein, die als österreichisches Lehen im Besitz der Stadt sei. Die letzte Belehnung war am 27. Juni 1793 erfolgt, wobei der Bürgermeister als Lehensträger auftrat. Mit der Herrschaft Ehingen seien erhebliche Rechte und Einnahmen verbunden, doch habe sich die Landesherrschaft alle nicht eigens der Stadt überlassenen Rechte sowie die gemeinen Landessteuern vorbehalten. Die Ansprüche des Staates bestünden daher in dem erwähnten Lehensverhältnis sowie in den dort vorbehaltenen Rechten. Hinzu kämen die in jüngster Zeit sequestrierten Güter. Im Bereich der Stadt Ehingen seien 1805 insgesamt vier Gebäude in staatlichen Besitz übergegangen: das Benediktinerkolleg, das Ritterhaus, das Landhaus der Schwäbisch-Österreichischen Landstände sowie der Salmannsweiler Hof.[45] Für den Staat seien daher Einkünfte aus den landeshoheitlichen Rechten, den Landessteuern und Verwaltungsgebühren zu erwarten.

Im Anschluss daran referierte v. Bühler über die vorgefundene habsburgische Verwaltungsorganisation. Demzufolge habe der landesherrliche Fiskus, die Regierung in Günzburg, die Aufsicht über *die jura reservata* ausgeübt. Die Landessteuern seien von den Landständen eingezogen worden. Nach 1802 habe man eine Sequesterverwaltung eingerichtet. Während der Ertrag der Landessteuer mit insgesamt rund 4.107 fl. beziffert wurde, habe das Aufkommen vom *Bierheller* 1803/04 rund 868 fl. und die letztjährigen Einnahmen der Sequesterverwaltung rund 5.792 fl. betragen. Den Wert sämtlicher sequestrierten Objekte gab er mit 107.472 fl. an.

Selbstverständlich existierten auch im Bereich Ehingen Besitzungen nichtösterreichischer Staatsangehöriger. Im vorliegenden Bericht sind insgesamt neun genannt, darunter das Stift Urspring, das fürstliche Haus Thurn und Taxis, die Fürsten v. Fürstenberg sowie die Universität Freiburg. In deren Besitz befanden sich nach dieser Aufstellung rund 100 Gebäude und 544

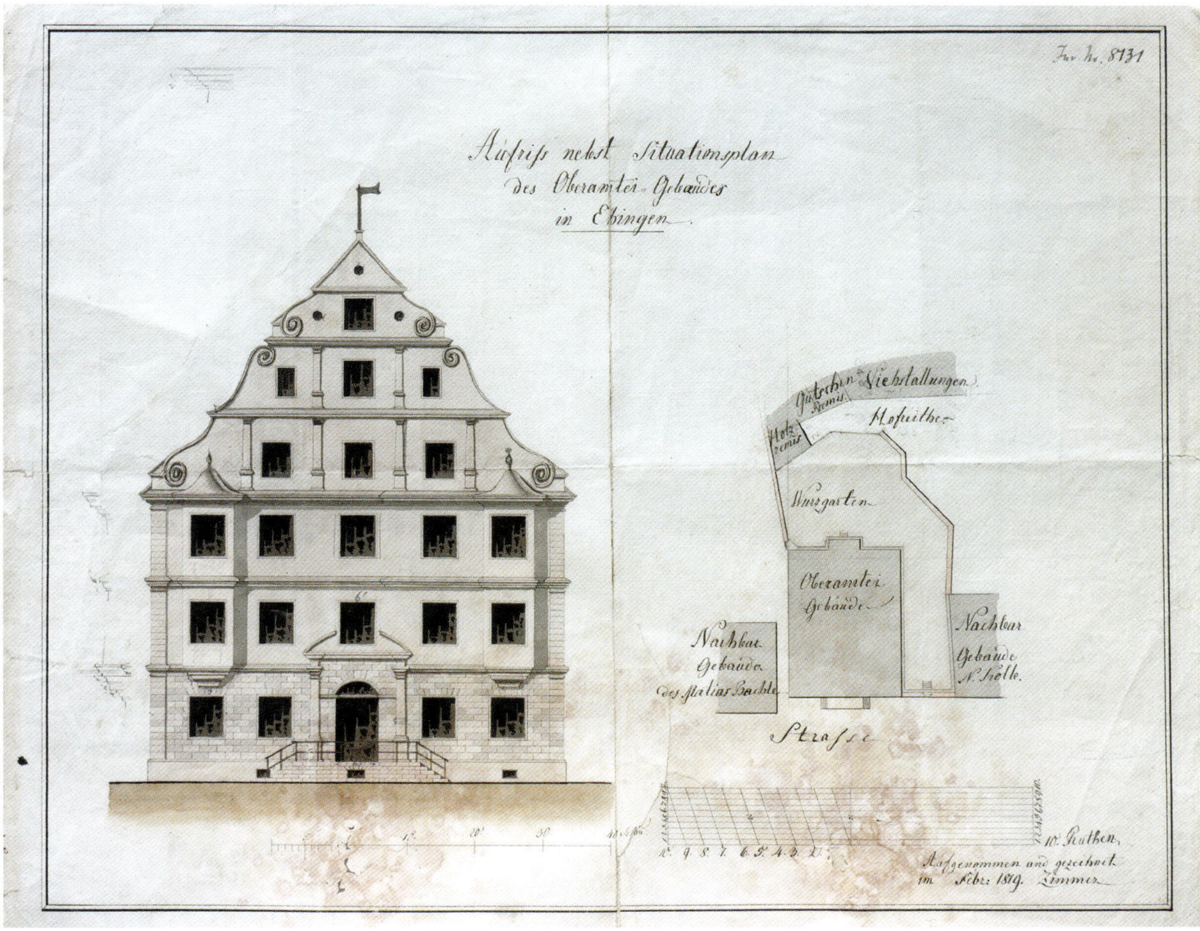

Ehingen
Unter Württemberg wurde das sog. Ritterhaus zum Oberamtsgebäude.
Aufriss und Grundriss.
StA Ehingen.

Jauchert Gärten, Äcker, Wiesen und Waldungen. Andererseits verfügten zum Ehinger Distrikt gehörige Personen und Einrichtungen auch über Besitzungen im »Ausland«; diese waren aber unbedeutend (53 Gebäude, 825 Jauchert). An Territorialstreitigkeiten mit Auswärtigen werden lediglich Meinungsverschiedenheiten bezüglich der Distriktzugehörigkeit des ehemals Salmannsweiler und nun Thurn und Taxis'schen Dorfes Stetten genannt.
Auch über die kirchlichen Verhältnisse in Stadt und Herrschaft Ehingen informierte Bühler seine Stuttgarter Auftraggeber. Danach berichtete er über die Polizei, die Versorgung der einheimischen Armen, für welche insbesondere das Spital zuständig war.
Die Kosten für die in der Stadt vorhandenen Erziehungseinrichtungen würden aus den Mitteln der Schulpflege bestritten. An Schulen nannte er zunächst das sog. *Collegium* mit fünf niederen und einer höheren (für die Philosophie bestimmten) Klasse. Weiterhin zählte er auf: eine Normal-Haupt-Schule mit zwei Abteilungen, wobei die erste für Knaben, die andere für Mädchen vorgesehen sei; letztere würde von den Schulschwestern geführt. Auf dem Land konnten nach seinen Angaben immerhin neun Schulen einen ange-

stellten Lehrer vorweisen. Die *Medizinal Polizey*, die medizinische Versorgung, wurde, so berichtete v. Bühler, durch einen ordentlichen Physicus, zwei praktizierende Ärzte, fünf geprüften Chirurgen, zwei Hebammen und einer Gehilfin sichergestellt.
Die Vermögensverhältnisse der Stadt Ehingen nehmen im vorliegenden Bericht breiteren Raum ein. Zunächst wurde der Wert der vorhandenen Güter hochgerechnet. Um die Schulden bereinigt, kam v. Bühler auf ein städtisches Vermögen von insgesamt rund 52.533 fl. Daneben hatte man offenbar die in städtischem Verantwortungsbereich stehenden Kassen überprüft. Unter Zugrundelegung des Jahres 1803/4 konnte dabei beim Stadtsäckelamt ein Jahresüberschuss von fast 570 fl. festgestellt werden. Dagegen errechneten die Revisoren bei der Steuerkasse unter Berücksichtigung von fast 79.000 fl. Passivkapitalien ein Defizit von ca. 55.191 fl.
In ähnlicher Weise wurden die Abrechnungen der unter Aufsicht des Magistrats stehenden Corpora und Pflegen untersucht. Das Hl.-Geist-Spital, zweifellos die bedeutendste Pflegschaft, konnte, so v. Bühler, 1803/04 einen Überschuss von fast 3.228 fl. ausweisen. Der Wert seiner Immobilien wurde auf fast 129.780 fl. geschätzt. Dabei waren die Besitzungen und Rechte außerhalb der Stadt noch nicht berücksichtigt, da es der Okkupationskommission nicht möglich gewesen sei, die hierfür notwendigen Daten zu sammeln. Beklagt wurde aber der vielfach mangelhafte Stand der Abrechnungen insbesondere bei den kleineren Pflegschaften.
Abschließend wurden die Besitzungen und Häuser derjenigen Institute vorgestellt, die mit der Herrschaft und der Stadt Ehingen in keiner verwaltungsmäßigen oder rechtlichen Verbindung standen. An erster Stelle sind die Schwäbisch-Österreichischen Landstände mit dem sog. *Landhaus* und den zugehörigen Wirtschaftsgebäuden, danach der Ritterkanton Donau mit dem *Ritterhaus* als Sitz der ritterschaftlichen Kanzlei aufgeführt. Weiterhin wird das *Syndikat-Haus* erwähnt, wo der jeweilige ritterschaftliche Syndikus wohnte. Die Universität Freiburg ist mit ihrer *Oberschaffnei* berücksichtigt, von wo aus sie ihre Besitzungen, Rechte und Gefälle in Ehingen selbst sowie in der Herrschaft verwaltete. Im Anschluss werden dann die Klöster aufgezählt, die in Ehingen Häuser und Klosterhöfe besaßen. Im Zusammenhang mit dem ehemaligen Reichsstift Zwiefalten berichtete v. Bühler, dass das *Collegium* und die zugehörige Kirche nach der Sequestrierung 1802 weiter ihrem eigentlichen Zweck als Schulgebäude dienten. Der Klosterhof des adeligen Frauenstiftes Urspring sei bisher nur provisorisch in Besitz genommen worden, da er angeblich im Dezember 1805 verkauft worden sei. Zuletzt wird das Franziskanerkloster aufgeführt, das aber selbst über kein Eigentum verfüge, sondern im Wesentlichen von Almosen lebe.

Der Verlust städtischer Rechte

Nach dem Übergang an Württemberg blieben Ehingen nur noch bescheidene Reste seiner früheren Stadtrechte. So verlor es nahezu alle Gerichtsrechte, etwa die 1532 erhaltene hohe und niedere Gerichtsbarkeit über die Spitalorte. Verloren ging weiterhin die freiwillige Gerichtsbarkeit, etwa die Anfertigung von Inventuren und Teilungen. Rechnungen erstellte nun die Stadtschreiberei; die Aufgaben des städtischen Syndikus übernahm das königliche Oberamt. Dem Stadtrat blieb die Regelung der niederen Polizei sowie die Verwaltung des Gemeindevermögens, wobei er der obrigkeitlichen Aufsicht unterstellt war. Auch hatte die Stadt Steuern einzuziehen.[46]
Mit der staatlichen Neuordnung verschwanden auch Ämter, die manchem Ehinger ein gesichertes Einkommen ermöglicht hatten. Bereits im Winter 1806 sah sich der Zollpächter in seiner Existenzgrundlage gefährdet.[47] Im April 1808 erhielt der Magistrat von der königlichen Kameralverwaltung die Nachricht, dass ab Georgi [23. April] die bisher von den Städten Ehingen und Munderkingen erhobenen Zölle und Accisgefälle [Indirekte Steuern] vom Königreich beansprucht würden. Ob hiervon auch das Marktgeld betroffen sei, darüber bestand im September desselben Jahres noch Unklarheit.[48]
Noch viel schwerer für die gesamte Stadt und ihre Finanzen wog der Verlust der Herrschaft Ehingen. 1568 war sie zunächst als Pfand in die Hände der Stadt Ehingen gelangt, 1758 verwandelte Maria Theresia sie in ein beständiges Lehen. Dazu musste die Stadt der Aufhebung des daran haftenden Pfandschillings in Höhe von 25.000 fl. zustimmen sowie eine Zahlung von weiteren 2.000 Dukaten leisten. Die endgültige Beleh-

nung erfolgte dann durch Kaiser Joseph II., der am 29. Juli 1784 in Freiburg den Lehensbrief ausstellte.[49] Mit der Herrschaft waren eine ganze Reihe von Rechten, Gefällen und Zugehörungen verbunden. Am wichtigsten war sicherlich das Umgeld [Verbrauchssteuer] von Wein, Bier und Branntwein. Ihre Bedeutung verloren hatte die herkömmliche Stadt- oder Bürgersteuer, die 1806 mit über 228 fl. angesetzt war, die aber üblicherweise nicht mehr erhoben wurde. Zu nennen ist weiterhin die Doppelsteuer von Auswärtigen, die Güterbesitz im Ehinger Bann hatten. Davon gehörte die Hälfte zur Herrschaft Ehingen. Als weitere Rechte werden aufgeführt: Zölle und Zollstrafen in Stadt und Herrschaft, das Stadtammannamt, Strafgelder, die Kriminaljurisdiktion in der Herrschaft unter Ausschluss des Malefizbanns der Stadt, die mittlere Badstube als Zinslehen, Auf- und Abzugsgelder samt Nachsteuer. Auch die Markterträgnisse, die Jagd- und Forstherrlichkeit sowie die Einnahmen von Jagd- und Forststrafen waren Bestandteil der Herrschaft Ehingen.

All diese Rechte und die damit verbundenen Einnahmen wollte der Magistrat nicht verlieren und bemühte sich daher um eine Bestätigung dieses Lehensbesitzes. Im Juli und Dezember 1807 schickte er entsprechende Schriftsätze nach Stuttgart. Der dortige Oberlehenshof antwortete jedoch, dass solche Lehen aufgehoben werden müssten, *in dem dergleichen Lehen nicht mehr existieren könn*[t]*en*. Es wurde jedoch in Aussicht gestellt, dass Ehingen von den Einnahmen das Notwendige zur Bestreitung seiner Ausgaben erhalten werde.[50] Die Festsetzung eines finanziellen Ausgleiches gelang jedoch erst 1819.[51]

Weiterhin hatte der städtische Magistrat über die Stiftungspfleger, die zumeist aus seiner Mitte kamen, von ihm eingesetzt wurden und ihm rechenschaftspflichtig waren, das Sagen bei den Stiftungen und Pflegschaften mit ihrem teilweise beträchtlichen Vermögen. Seit der Neuordnung der Pflegschaften unter Joseph II. 1783 bestanden in Ehingen neben dem Hl.-Geist-Spital drei große sowie drei kleine Pflegen. Für alle war ein einziger Verwalter zuständig, der aber für jede Stiftung eine gesonderte Jahresrechnung stellen musste.[52]

Nun erfolgte 1808 eine völlige Neuordnung. Die *Königliche Central-Organisations-Commission* erließ an das Oberamt einen Befehl, der im Juli dem Magistrat vorgelesen wurde. Demnach sollten alle vorhandenen Stiftungen zur sog. *Stiftungsverwaltung* zusammengeführt werden. Deren Administrator hatte künftig jeweils eine Rechnung über die Armenversorgung sowie über die Kirchen- und Schulpflege zu erstellen.[53] Als Stiftungsverwalter wurde Joseph Witzigerreuter bestellt, der bisher in Weil der Stadt Stiftungsverwalter gewesen war. Außerdem sollte er Amtspfleger für das Oberamt Ehingen werden.[54]

Im Frühjahr 1809 beanspruchte das *Oberlandes-Ökonomie-Collegium* das bei Stiftung und Schulfonds vorhandene Vermögen als Staatsgut, so dass Magistrat und Oberamt hierbei keine Entscheidungsbefugnisse mehr zukämen. Der Magistrat wollte diese Entscheidung nur vorläufig gelten lassen. Er sehe sich verpflichtet, in dieser Sache an den König zu appellieren, da es sich um Eigentum der Bürgerschaft handele, das von ihr gestiftet worden sei und nach dem Willen der Stifter nur zum ausschließlichen Wohl der Bürgerschaft verwendet werden dürfe. Das Stiftungspflegamt hatte zudem die Anweisung erhalten, dass bei der Vergabe von Falllehen das *Oberlandes-Ökonomie-Collegium* tätig werden müsse.[55] Weiterhin ging dem Magistrat 1806 das Patronatsrecht über fünf Beneficien verloren.[56]

Diese Einbußen an Rechten und Befugnissen machten sich bei den städtischen Einnahmen bemerkbar und sorgten dafür, dass sich die Finanzlage der Stadt zunehmend kritisch gestaltete.[57]

Die Neuordnung der Stadtverfassung

Der Magistrat seit der Zeit Maria Theresias

Die Umwälzungen auf staatlicher Ebene wirkten sich mit einer gewissen Verzögerung auch auf Verfassung und Verwaltung der Kommunen aus. Ehingen war bis 1805 noch weitgehend von den sog. maria-theresianischen-Reformen der Jahre nach 1752 geprägt. Nach den verlorenen Kriegen gegen Preußen war die habsburgische Verwaltung einem starken Modernisierungsdruck ausgesetzt gewesen, nicht zuletzt zur Konsolidierung der Staatsfinanzen. Dies hatte sich in den vorderösterreichischen und schwäbisch-österreichischen Landen durch Straffung und Zentralisierung der Verwaltung, aber auch mit Eingriffen in die Organisation der Landstädte, bemerkbar gemacht. Zunächst

waren 1752 vier Oberamtsdistrikte als Mittelbehörden eingeführt worden, wobei Ehingen dem Oberamt Burgau mit Sitz in Günzburg zugefallen war. Alle wichtigeren Angelegenheiten mussten dort vorgelegt werden; auch konnte dort gegen Entscheidungen des Magistrats rekurriert [Klage geführt] werden.[58]
Auf der Grundlage der Untersuchungsergebnisse einer Hofkommission entstand 1756 der sog. *Ramschwagische Rezeß*, der auch die Neuorganisation des städtischen Magistrats beinhaltete. Der sog. *Engeren Deputation* gehörten der Amtsbürgermeister, der von den landesfürstlichen Stellen ernannte Kanzleiverwalter sowie drei weitere Deputierte an. Sie hatte die Oberaufsicht in der öffentlichen, wirtschaftlichen und polizeilichen Verwaltung. Sieben weitere Räte bildeten den *Inneren Rat*, der zusammen mit der *Engeren Deputation* die Rechtspflege ausübte. Daneben wurde ein *Äußerer Rat* eingeführt, ein Bürgerausschuss, der in Rechnungs- und Steuersachen beizuziehen war.[59]
Bis 1792 hatte sich daran nichts geändert. Gewählt wurden Bürgermeister, Syndikus und die drei Deputierten durch 20 Bürger, welche ihrerseits wiederum durch die gesamte Bürgerschaft zu bestimmen waren. Der gesamte Vorgang lief in Anwesenheit einer oberamtlichen Kommission ab.[60]
Ende 1792 wurde der Magistrat umgebildet. Bürgermeister Million und Syndikus Koch bildeten nun mit fünf Räten den *Inneren Rat*; sechs weitere Räte – sie wurden teilweise auch als *Repräsentanten* bezeichnet – gehörten zum *Äußeren Rat*. Von der *Engen Deputation* ist nicht mehr die Rede. Der Innere Rat war nun für alle Justizangelegenheiten zuständig; der Äußere Rat hatte weiterhin bei allen wichtigen politischen und ökonomischen Geschäften mitzuentscheiden. Die Wahl des Bürgermeisters erfolgte, entsprechend den Vorgaben im Ramschwagischen Rezeß, unter Vorsitz einer landesfürstlichen Kommission durch den Magistrat und die sechs bürgerlichen *Repräsentanten* (Äußerer Rat). Die übrigen Ratsmitglieder durften vom Inneren und Äußeren Rat ohne Beisein einer Kommission bestimmt werden, benötigten aber das Plazet der Landesstelle.[61] 1793 wurde zudem festgelegt, dass der Bürgermeister alle vier Jahre von der Landesstelle im Amt bestätigt werden musste. Dagegen galt die Mitgliedschaft im Magistrat unbefristet. Die Wahl der Magistratsmitglieder sollte künftig durch die *zehenden bürgerlichen Familienhäupter* erfolgen.[62] 1806 amtierte Bürgermeister Million an der Spitze der Stadt. Ihm zur Seite stand Syndikus Blau. Dieser wurde am 25. April 1807 zum Stadt- und Amtsschreiber ernannt. Von seiner früher herausragenden Stellung war jedoch nicht mehr viel übrig. Dem Rat sowie den Repräsentanten gehörten jeweils fünf Männer an.[63] Die Protokolle wurden nun häufig von Bürgermeister Million und Oberamtmann Fischer unterschrieben.

Die Neuordnung unter Württemberg

Mit dem Übergang an Württemberg hatte sich also an der Zusammensetzung des Rates zunächst nichts geändert. Am 14. Oktober 1807 eröffnete dann aber der damalige Oberamtmann Fischer den versammelten Gemeinderäten, dass das gesamte Ratspersonal *vermög allerhöchster Resolution* entlassen sei. Nebenämter sollten jedoch – bis das Nähere der geplanten Neuorganisation bekannt sein werde – auch weiterhin bekleidet und versehen werden.[64] In der übernächsten Sitzung wurden dann neben Bürgermeister Million ein zweiter Bürgermeister Boog sowie vier Räte genannt.[65] Von Repräsentanten war keine Rede mehr. Freigewordene Magistratsstellen besetzten nun die württembergischen Behörden.[66] Bei den Sitzungen war das Oberamt entweder durch den Oberamtmann Fischer oder den Rechnungsrevisor Weiß vertreten. Üblicherweise tagte der Magistrat am Samstag. Als 1809 Oberamtmann Rom von Zwiefalten in Ehingen Amtsverweser wurde, verlegte er die Sitzungen auf Mittwoch, um neben seinen Geschäften in Zwiefalten, in Ehingen bei den Magistratssitzungen den Vorsitz führen zu können.[67] 1810 erhielt der Stadtschreiber vom Oberamt die Anweisung, die Tagesordnung der Magistratssitzungen jeweils am Vortag an das Oberamt zu melden. Sofern der Oberamtmann verhindert war, hatte er das Sitzungsprotokoll unverzüglich dem Oberamt zur Einsicht und Unterschrift vorzulegen.[68]

Unter königl.-württembergischer Aufsicht

Das Oberamt griff nicht selten in Amts- und Entscheidungsbereiche ein, die früher der Stadt vorbehalten waren. So ordnete das Oberamt 1807 den Verkauf

der städtischen Schleifmühle und des alten Schießhauses an.[69] Die königliche Organisationskommission beschäftigte sich mit städtischen Einrichtungen, wie etwa auch der Bleiche.[70] An sie wandte sich der Magistrat daher auch mit der Bitte um Unterstützung für den Erhalt des Gymnasiums.[71] Auf vielen Gebieten erhielten die städtischen Ämter überdies Anweisungen von Seiten des Oberamts, so z. B. hinsichtlich der Unterhaltung der Verkehrswege.[72]

Im Mittelpunkt des Interesses stand aber vor allem die Kontrolle der städtischen, wie der Stiftungskassen. Zunächst verlangte Organisationskommissar Autenried im Sommer 1807 Auskünfte zum Rechnungswesen, vor allem bezüglich der Zuständigkeiten und Verantwortlichkeiten.[73] Vermutlich haben dabei aufgekommene Klagen über das zerrüttete Rechnungswesen beim Steuer- und Säckelamt, beim Spital und bei den Stiftungen eine Rolle gespielt. Auch von Ehinger Seite unbestritten war der Umstand, dass Rechnungen vom Steuer- und Säckelamt über mehrere Jahre unberichtigt geblieben waren. Dabei wurde als Begründung nicht zuletzt auf die unruhigen Zeiten verwiesen.[74] Im November 1808 erteilte dann das *Oberlandes-Ökonomie-Collegium* den Befehl, *wegen des hiesig rückständigen Commun-Rechn*[ungs]*wesens eine des Rechnungswesens wohlerfahrene Person* anzustellen.[75] Bereits im Vorjahr war die Anweisung ergangen, künftig alle Ausgaben aus der Stadtkasse unter Vorsitz des Rechnungsrevisors zu prüfen und zu entscheiden. Ab 1809 mussten die Rechnungen zudem dem königlichen *Rechnungsrevisorat* und der oberamtlichen *Dekretur* vorgelegt werden.[76] Im November 1809 verlangte das Königliche *Commun-Rechnungs-Revisorat* Auskunft, wie viele städtische Gebäude und Grundstücke der Magistrat seit dem Übergang an Württemberg verkauft habe.[77] Im März 1810 hatte der Magistrat schließlich einen genauen Etat über die städtischen Einnahmen und Ausgaben vorzulegen.[78]

Das Schicksal geistlicher Einrichtungen

Vom städtischen zum königlichen Gymnasium

Die Veränderungen der Jahre 1805/06 wirkten sich auch auf das Gymnasium aus. Sie waren dafür verantwortlich, dass das Wirken der Wiblinger Patres nach der Säkularisation Zwiefaltens nur ein kurzes Zwischenspiel blieb. Bereits im November 1805 besetzte Bayern das unweit Ulm gelegene Kloster und hob es im März des folgenden Jahres auf. Dessen ungeachtet ließ der neue Klosterherr aber noch im April 1806 den Ehinger Professoren einen Teil ihrer Gehälter ausbezahlen. Nachdem aber im Pariser Vertrag (Rheinbundvertrag) vom 12. Juli 1806 Wiblingen mit dem größten Teil seiner Besitzungen an Württemberg abgetreten und von diesem am 10. September gleichen Jahres in Besitz genommen worden war, hörten diese Zahlungen auf. Im November wandten sich die drei Professoren um Unterstützung an den Ehinger Magistrat.[79] Die Stadt ihrerseits sah sich jedoch – nicht zuletzt angesichts ihres gleichfalls gerade erfolgten Übergangs an Württemberg und den damit verbundenen Unsicherheiten – nicht in der Lage, den Unterhalt sämtlicher Professoren selbst zu tragen. Man konnte sich aber schließlich mit drei ehemaligen Wiblinger Konventualen über ein bescheidenes Honorar verständigen. Diese eröffneten dann auch zusammen mit dem Präzeptor und zwei Franziskanern das Schuljahr 1806/07. Und im April 1807 war die Stadt trotz finanzieller Probleme bereit, den Professoren am Collegium weiterhin die bisherigen städtischen Zulagen zu bezahlen. Man hoffte, dass durch dieses städtische Entgegenkommen der Bitte um Erhalt der Schule allerhöchsten Ortes eher entsprochen würde.[80] Im Sommer wollten dann sogar die Zünfte im Namen der Bürgerschaft den Magistrat veranlassen, sich nochmals mit einer Bittschrift an den König zu wenden.[81] Auf den hohen Stellenwert, den man von Seiten Württembergs dem Gymnasium schon früh eingeräumt hat, weist der Umstand, dass Landeskommissar v. Bühler vom Magistrat bereits im Februar 1806 einen Bericht über die Verfassung des Kollegs, sein Verhältnis zur ehemaligen Landesherrschaft und zum Magistrat angefordert hatte.[82]

Das Rektorenamt übte inzwischen, an Stelle des Abtes von Wiblingen, der Exkonventuale Modest Häufele aus. Er erhielt am 1. September 1807 per Dekret der Oberstudiendirektion, die für das Gymnasium in Stuttgart zuständig war, die Anweisung, das Lyceum einschließlich der Wohnungen der Professoren in das damals noch bestehende Franziskanerkloster bei der Liebfrauenkirche zu verlegen. Vermutlich auf Inter-

vention des dortigen Guardians P. Landthaler kam es jedoch vorläufig noch nicht zur Ausführung.[83] Erst nach einem zweiten Erlass vom 25. Juni 1812 wurde der Umzug unter dem Hinweis, im Kloster sei neben den Franziskanern noch genügend Platz für das Gymnasium, durchgeführt. Gleichzeitig wurde das ehemalige Kolleg an die Ehinger Stiftungsverwaltung verkauft, die Kollegiumskirche künftig als herrschaftlicher Fruchtkasten genutzt. Am 4. August fand dort das letzte Amt statt, dann wurde die Kirche geschlossen und ihre Einrichtung verkauft. Das ehemalige Kolleg diente nun bis 1825 als Spital.

Zuvor hatte 1810 das *Oberlandes-Ökonomie-Collegium* nochmals die Situation am Gymnasium bezüglich der Kosten untersucht. Dabei wurde der Magistrat mit der Frage konfrontiert, in wie weit die Schule für die Stadt Ehingen entbehrlich sei. Damals unterrichteten drei Exkonventualen aus Wiblingen und zwei Franziskaner insgesamt 39 Zöglinge. Der Magistrat sprach sich freilich für eine Realschule aus. Das dann entbehrliche Gebäude des Gymnasiums könne man für eine weitere Garnison oder ein Arbeitshaus nutzen, was in jedem Fall für die Stadt sehr vorteilhaft sei; eine Realschule dagegen könne ohne große Kosten im Franziskanerkloster untergebracht werden.[84]

In den folgenden Jahren behalf man sich recht und schlecht, wobei die Schule 1812 zwei Lehrer[85] verlor, die versetzt wurden, und auf fünf Klassen reduziert wurde und dadurch ihren Charakter als *Lyceum* verlor. Sie führte nun den Titel *Gymnasium* und musste mit drei Lehrern und dem Präzeptor auskommen, welche die Stadt aus eigenen Mitteln finanzierte.

Eine Wendung zum Besseren leitete die Entschließung König Wilhelms vom Jahr 1823 ein, ein Lyceum mit acht Klassen einzurichten. Bereits zwei Jahre später wurde es erweitert und mit einem der beiden katholischen Konvikte im Königreich verbunden.

Das Ende des Franziskanerklosters

Säkularisation von Kirchengut ist keine spezifische Erscheinung des beginnenden 19. Jhs. In Ehingen konnte man auf einschlägige Erfahrungen aus dem Jahr 1782, also aus der Regierungszeit Josephs II. zurück-

Ehingen
Blick auf das ehemalige Benediktinerkolleg mit Herz-Jesu-Kirche. Aquarell. Museum der Stadt Ehingen.

Ehinger Wallfahrt
Andachtsbild zum Gnadenbild in der Liebfrauenkirche. Privatbesitz.

greifen, als das Franziskanerinnenkloster St. Elisabeth im Groggental aufgehoben worden war.[86]

Das Ende der zweiten Ordensniederlassung der Franziskaner in Ehingen ist dagegen unmittelbar auf den neuen Landesherrn, auf den Übergang der Stadt an das Königreich Württemberg zurückzuführen.[87] Die Franziskaner waren nach Überwindung anfänglich starker Widerstände seit 1630 in Ehingen präsent. Ende Januar 1636 übertrug ihnen der Rat die Betreuung der Liebfrauenkirche. Nach Zustimmung der Universität Freiburg als Inhaberin der Pfarrpfründe konnte im November 1638 die Schenkungsurkunde ausgestellt werden. Darin inbegriffen war das sich der Kirche südlich anschließende Gelände, auf dem im wesentlichen ab 1650 das Kloster erbaut wurde. Ende 1653 scheinen die Arbeiten beendet gewesen zu sein. In der Folgezeit widmeten sich die Minoriten vor allem der Pflege ihrer nicht unbedeutenden *Wallfahrt zu Unserer Lieben Frau*, übernahmen aber darüber hinaus insbesondere an Festtagen die Predigt in der Stadtpfarrkirche St. Blasius sowie Seelsorgeaufgaben in der Umgegend der Stadt. Bald genossen sie hohes Ansehen bei der Bevölkerung.

Zu Anfang des Jahres 1806 lieferte der damalige Guardian Landthaler einen Situationsbericht seines Konventes an die königlich württembergische Kommission.[88] Diesem zufolge gehörte der Ehinger Konvent zur sog. *strengen Observanz* und zur vorderösterreichischen reformierten Ordensprovinz, die aus insgesamt sechs Klöstern und einem Hospiz bestand. Kennzeichnend für sie war, dass sie keinerlei Grundstücke, Bodenzinse und Kapitalien besaßen, sondern ausschließlich von Almosen lebten. 1806 lebten im Ehinger Konvent 16 Priestern und ein Kleriker, dessen Priesterweihe bevorstand. Fünf Laienbrüder und drei weltliche Gehilfen besorgten die häuslichen Arbeiten. Landthaler versäumte nicht, auf die große wirtschaftliche Bedeutung der Wallfahrt zu Unserer Lieben Frau von Ehingen hinzuweisen und vermutete, dass sich diese noch steigern ließe, wenn seine Gemeinschaft die Erlaubnis erhielte, Ordensfeste und andere gottesdienstliche Feierlichkeiten wie vormals üblich abzuhalten.

Früher hätten die Franziskaner zum Lohn für ihre Arbeit in Ehingen und in allen vormals österreichischen, reichsherrschaftlichen und reichsritterschaftlichen Orten, wo sie tätig waren, Almosen sammeln dürfen. In den vor fünf Jahren an Bayern und Thurn und Taxis gefallenen Orten hätten sie dieses Recht jedoch verloren, so dass ihre Einnahmen um ein Drittel abgenommen hätten. Für den Fall, dass dieses Verbot auf die jüngst bayerisch gewordenen Gebiet ausgedehnt werden sollte, würde ein weiteres Drittel entfallen. Außerdem hätten sie, so Landthaler, bisher von verschiedenen Städten, Herrschaften und Klöstern jedes Jahr Almosen in einer festgelegten Höhe erhalten. Die Stadt Ehingen hatte üblicherweise 100 fl. sowie Frucht gegeben. Im Jahr 1806/07 scheint der Konvent letztmalig dieses Geldalmosen aus der Ehinger Stadtkasse erhalten zu haben.[89] Die Ehinger Franziskaner konnten wei-

terhin mit Holzlieferungen von verschiedenen Seiten rechnen. Diese wurden für Heizzwecke, aber auch für das klostereigene Bräuhaus, das jedoch nur für den eigenen Bedarf und nie für den Verkauf produzierte, benötigt. Hinzu kamen Geldeinnahmen aus Messstipendien. Im Kloster herrsche kein Überfluss, so berichtet der Guardian, nur durch strengstes Wirtschaften sei mit den vorhandenen Einnahmen auszukommen, zumal jährlich mehrere tausend Arme an der Klosterpforte gespeist und getränkt würden.[90]
Das hohe Ansehen der Ordensleute zeigte sich, als die Existenz der Ehinger Niederlassung gefährdet erschien. Zunächst bat der Konvent am 8. August 1806 selbst um den Erhalt des bisherigen Zustands. Bereits am folgenden Tag reichte jedoch die Bürgerschaft ihrerseits eine Bittschrift zu Gunsten des Klosters ein, wobei sie auf dessen Bedeutung und Beliebtheit verwies.
Die württembergischen Behörden trugen diesen Bitten insofern Rechnung, als die Ehinger Niederlassung als Zentralkloster für die aufgehobenen Konvente Oberschwabens bestimmt wurde. So kam ein Teil der Waldseer Franziskaner nach Ehingen, so dass dort 1807 wieder 20 Patres lebten. Möglicherweise wollte man Platz schaffen, als 1809 im Kloster eine *Konkursprüfung* (Pfarreignungsprüfung) vorgenommen wurde. Ein Teil der Patres wechselte daraufhin zum Weltklerus und ging in die Seelsorge. Im Februar 1810 sollen trotzdem noch 24 Franziskaner im Kloster gelebt haben.[91] Sie erhielten 1811 nochmals Verstärkung durch Ordensbrüder aus Saulgau.[92] Am 29. Mai 1808 bat Guardian Landthaler um Entlassung aus seinem Amt, was aber der Königliche Geistliche Rat in Stuttgart ablehnte.
1812 wurde das Gymnasium nun doch in das Franziskanerkloster an der Liebfrauenkirche verlegt. Die dort noch lebenden Franziskaner wurden vom Katholischen Geistlichen Rat angewiesen, sich einzuschränken und geeignete Räume für Schule und Lehrer abzutreten. Seit März 1813 übernahmen außerdem Professoren des Gymnasiums den Sonn- und Festtagsgottesdienst in der bisherigen Franziskanerkirche, die nun als zweite Stadtpfarrkirche dienen sollte. Die Zahl der Ordensangehörigen ging in der Folgezeit schnell zurück. Am 13. August 1821 starb der letzte Guardian, Pater Robert Jehle, am 27. März 1822 der letzte Pater.[93] Zurück blieben zwei Fratres. Dem einen setzte man eine Pension von 125 fl. aus, wofür er das Kloster räumen musste, der andere erhielt eine Stelle als Mesner an der Stadtpfarrkirche und als Famulus am Gymnasium.
Die ehemaligen Klostergebäude dienten zunächst noch als Unterkunft für das Gymnasium. 1825 wurden sie von der Stadt gegen das Kollegiengebäude eingetauscht und in der Folgezeit als Spital, später als Altersheim genutzt.

Schulschwestern

Diese Gemeinschaft, die als Gründung einer Ehinger Bürgerin um 1705 entstanden war, wurde nach 1806 nicht aufgehoben. Die Frauen lebten unter einer Oberin, waren jedoch nicht durch eine Regel oder ein Gelübde gebunden. 1719 hatten sie vom Rat die Erlaubnis erhalten, den Schulunterricht für die Mädchen zu übernehmen. 1747 genehmigten die österreichischen Behörden die Zulassung der Schwestern und ihrer Schule. Damals gehörten insgesamt acht Schwestern zur Gemeinschaft. Das Wirken der Schulschwestern endete erst 1829.[94]

Das Schicksal überlokaler Institutionen

Die Schwäbisch-Österreichischen Landstände

Ehingen zeichnete sich vor anderen Landstädten Süddeutschlands vor allem durch den Umstand aus, dass sich hier regelmäßig die Schwäbisch-Österreichischen Landstände versammelten und sich hier die Kanzlei des Kantons Donau der schwäbischen Reichsritterschaft befand.
Die Landstände hatten die Stadt an der Donau 1543 zunächst lediglich zur *Legstatt*, zum Ablieferungsort für die ständischen Steuern, bestimmt. Erst nach dem 30-jährigen Krieg entwickelte sich Ehingen zum festen Versammlungsort der Vertreter der Städte und Herrschaften aus den habsburgischen Besitzungen zwischen Lech und Schwarzwaldrand, zwischen Horb und Radolfzell. Hier berieten sie über die Verteilung finanzieller, militärischer und sonstiger Lasten, die der Landesherr ihnen abforderte. Auch die anfänglich sehr bescheidene ständische Verwaltung war in Ehingen angesiedelt. Über viele Jahre wurde sie weitgehend

Ehingen
Landhaus der schwäbischen-österreichisch Stände.
Foto 2001.
StA Ehingen.

von der städtischen Verwaltung mit besorgt. Entscheidend für den institutionellen Ausbau der Schwäbisch-Österreichischen Landstände war die Übertragung des Rechts zur Selbstbesteuerung durch Erzherzog Ferdinand 1573. Infolge dieses Vorrechts durften sie in eigenem Namen Steuern ausschreiben. Nach 1573 richteten die Stände daher in Ehingen eine ständische *Truhe*, eine Kasse, ein. Rottenburg, Radolfzell, Munderkingen und Ehingen wurden *von den gemeinen Stenden* [zu] *verordneten Bevelch und Gewalthabern* gewählt, ein Rechnungsausschuss, aus dem sich das 1653 erstmals sog. *Direktorium* entwickelte. Noch im 17. Jh. verwaltete der Ehinger Bürgermeister die Kasse, und erst nach langjährigen Auseinandersetzungen im ständischen Direktorium wurde eine eigenständige Kassenverwaltung eingerichtet. Die Stände tagten zunächst im Rathaus, 1769 wurde dann das Landhaus am Markplatz erworben und entsprechend den Anforderungen der Stände umgebaut. Ihre politische Bedeutung hatte bereits damals durch die maria-theresianische Reform erheblich gelitten. Sie waren nur noch wenig mehr als eine Steuereinzugsbehörde. Auch Plenarlandtage, die früher mehrmals im Jahr stattgefunden hatten, wurden nicht mehr einberufen.[95]
Nach dem Übergang Ehingens an Württemberg waren die neuen Herren zunächst vor allem an Informationen interessiert. So wurde am 11. Februar 1806 der landständische Syndikus Dr. Probst aufgefordert, innerhalb einer Stunde eine genaue Aufstellung des landständischen Personals sowie genaue Angaben über dessen Besoldung abzuliefern.[96] Dagegen sorgten sich die in der Kanzlei des Landhauses Beschäftigten zu allererst um ihre Arbeitsstellen und schickten auch entsprechende Vorstellungen an ihre ehemals vorgesetzten Dienststellen. Erschwerend kam hinzu, dass sie offenbar von der Entwicklung überrascht waren.[97] In den ersten Wochen unter der neuen Landesherrschaft änderte sich jedoch zunächst wenig. So waren die Beamten weiterhin, bis Ende 1806, mit dem Einzug der Steuern beauftragt.[98] Und noch Anfang 1807 bearbeitete die vormals ständische Buchhaltung das Feuerversicherungskataster.[99]
Auch das landständische Archiv blieb zunächst unangetastet. Erst im Dezember 1806 erhielten der damalige Registrator Bisenberger[100] und ein Sekretär den Auftrag, sämtliche in Archiv und Registratur vorgefundenen Akten und Urkunden, *die das landständische Direktorium und das Land im Ganzen angehen*, zu verzeichnen. Die insgesamt vier angefertigten Verzeichnisse gingen an Bayern und Württemberg sowie an das Großherzogtum Baden und an das Fürstentum Hohenzollern-Sigmaringen.[101]
Das landständische Kanzleipersonal nahm bei der feierlichen Huldigung für den neuen Landesherrn am 27. Oktober eine gewisse Sonderstellung ein. Drei Tage zuvor lud es Oberamtmann Fischer eigens auf halb neun Uhr in das Rathaus ein. Um neun Uhr sollten alle männlichen Einwohner des Oberamtsbezirks auf dem Marktplatz den Huldigungseid auf den neuen Landsherrn ablegen. Oberamtmann Fischer forderte zudem ein vollständiges Namensverzeichnis aller ständischer Bediensteter an.[102]
Das Ende der Landstände bedeutete für einige Ehinger Bürger auch einschneidende finanzielle Verluste, hatten sie doch zum Teil erhebliche Bargeldsummen dorthin ausgeliehen.[103]

Der Reichsritterkanton Donau

Bei der zweiten wichtigen Institution, die in Ehingen ansässig war, handelt es sich um die Kanzlei des Kantons Donau der schwäbischen Reichsritterschaft.[104] Die Reichsritterschaft war aus Adelseinungen entstanden, mit deren Hilfe sich die Ritter ihre Reichs-

unmittelbarkeit sichern wollten. Im Verlauf des 16. Jhs. verfestigten sich diese Ansätze immer mehr. Wichtig war die unmittelbare Anlehnung an den Kaiser, dessen Rückhalt sie benötigten, dem sie ihre eigenen Steuern, die *Charitativsubsidien* bezahlten und der ihre Existenz durch besondere Privilegien sicherte. Seit Mitte des 16. Jhs. bildete sich die Organisation der Reichsritter nach ihren Vierteln, bzw. Orten oder auch Kantone genannt, aus. Der schwäbische Ritterkreis bestand aus drei Kantonen, darunter dem Kanton Donau mit Kanzlei in Ehingen. Dieser war im schwäbischen Reichskreis ständiger Direktor.
In Ehingen verfügte er über zwei Häuser, das Kanzleigebäude an der oberen Hauptstraße und das Haus ihres Syndikus. Diese Gebäude hatte Pistorius bereits am Morgen des 7. Januars in Besitz genommen. Für den Nachmittag desselben Tages ließ er alle Offizianten (Beamten, Diener) in das Ritterhaus bestellen, wohl um ihnen den Eid abzunehmen.[105] Zusammen mit den Gebäuden der Stände sowie der aufgehobenen Klöster wurden sie sequestriert.[106]

Ehingen
Das sog. Ritterhaus und ehemalige Oberamtsgebäude heute. Foto 2001.
StA Ehingen.

Die Eingliederung Ehingens

Auf Grund des Organisationsmanifestes vom 18. März 1806, durch das Württemberg in zwölf *Kreise* eingeteilt wurde, entstand das Oberamt Ehingen, das zum Kreis Zwiefalten gehörte. Bereits Mitte 1806 bemühte sich Ehingens Magistrat um die Verlegung des Kreisamts Zwiefalten in die eigene Stadt und wandte sich zu diesem Zweck mit einer Bittschrift an den König.[107]
Im folgenden Jahr zog die Kreisverwaltung tatsächlich nach Ehingen um. Von hier aus wurden nun die Oberämter Biberach, Blaubeuren, Ehingen, Riedlingen, Saulgau, Urspring sowie Zwiefalten verwaltet. Kreishauptmann und Kreisaktuar hatten ihren Sitz im ehemaligen Ständehaus, während die Oberamtsverwaltung in das frühere Ritterhaus zog.
In der Amtsversammlung waren der jeweilige Oberamtmann, die Bürgermeister von Ehingen und Munderkingen sowie je ein Rat der beiden genannten Städte vertreten. Ehingen entsandte zusätzlich einen Repräsentanten. Hinzu kam je ein Vertreter der amtszugehörigen Gemeinden Rottenacker, Schaiblishausen, Dinten- und Herbertshofen, Dettingen, (Alt-)Steußlingen mit Dächingen und Briel, der Gemeinden Berkach, Heufelden, Schlechtenfeld und Nasgenstadt.[108]
Bereits 1806 war in Ehingen ein Kameralamt eingerichtet worden, das in den ehemaligen Salmannsweiler Klosterhof zog.
Ende 1810 traten an die Stelle der Kreise gleichfalls 12 sog. *Landvogteien*. Das Oberamt Ehingen gehörte zur *Landvogtei an der Donau* mit Sitz in Ulm. Bei der endgültigen Einteilung in vier Kreise, wurde das Oberamt Ehingen 1817 dem Donaukreis zugeteilt. Durch Edikt vom 31. Dezember 1818, das die Trennung von Rechtsprechung und Verwaltung auch in den Bezirken durchführte, wurde 1819 das Oberamtsgericht in Ehingen geschaffen. Es fand im ehemaligen Ständehaus ein angemessenes Domizil.[109] Neben zahlreichen Verwaltungsmaßnahmen war im Alltagsleben der Bevölkerung zweifellos die Einführung der württembergischen Gewichts- und Maßordnung zum 23. April 1807 von nicht zu überschätzender Bedeutung.[110]

Das Verhältnis der Stadt Ehingen und ihrer Bevölkerung zu den Repräsentanten der neuen Landesherrschaft entwickelte sich offenbar recht günstig. Nach den Worten von Bürgermeister Million vom Dezember 1807 habe sich Oberamtmann Fischer *für das Beste der hiesigen Stadt* [...] *sehr interessiert* gezeigt.[111] Außerdem hatten die Ehinger bereits im Frühjahr 1807 die Gelegenheit gehabt, sich einen ersten Eindruck von ihrem neuen Landesherrn, König Friedrich zu machen.[112]

[1] *Joseph Hehle*, Geschichte des Benediktiner-Gymnasiums bzw. Lyceums in Ehingen a. D. (1686–1812. ND in: 300 Jahre Gymnasium Ehingen 1686–1986. Ehingen /D. 1986, 75; Georg *Wieland*, Vom Colleg zum Konvikt Ehingen. Ehingen 1970, 46; *Franz Michael Weber*, Ehingen. Geschichte einer oberschwäbischen Donaustadt. Ehingen 1955, 101.

[2] StA Ehingen, Essig'sche Chronik; *Johann Nepomuk Vanotti*, Geschichte der Oberamts-Stadt Ehingen, in: Langs »Kirchenblätter« 2,1. 5–78, 33f.

[3] StA Ehingen Nr. 34/2 06.02.1806; *Franz Quarthal/Georg Wieland*, Behördenorganisation von 1753 bis 1805 und die Beamten in Verwaltung, Justiz und Unterrichtswesen. Bühl/Baden 1977, 153.

[4] *Quarthal/Wieland*, Behördenorganisation (wie Anm. 3), 148f.

[5] HSAS B 30 Bü 29; StA Ehingen, Ratsprotokolle (künftig zit.: RPE) p. 37v; 38v 05.04.1805; StadtRechnung 1804/05 p. 84r; 84v; 85r; 112v; *Franz Quarthal*, Landstände und landständisches Steuerwesen in Schwäbisch-Österreich. Stuttgart 1980, 393f.

[6] StA Ehingen RPE p. 44r 26.04.1805; *Weber* (wie Anm. 1), 106.

[7] StA Ehingen RPE p. 5v 13.01.1806; 12v 07.02.1806: Deppenhausen; p. 40r 20.06.1806; p. 90r 20.12.1806: Kreuzwirt Joseph Blau 1659 fl.

[8] SAL D 21 B 82.

[9] Dr. Anselm Friedrich Pistorius, Regierungsrat u. Hofgerichtsassessor. Unterstützt wurde er ab Jan. durch den Kommissar v. Bühler.

[10] StA Ehingen Bürgermeisterrechnung 1806/07 p. 217r ff.; 257v; 269r; 279v; Essig'sche Chronik (wie Anm. 2), 21f.; *Vanotti* (wie Anm. 2), 33f.

[11] *Quarthal/Wieland*, Behördenorganisation (wie Anm. 3), 158.

[12] SAL D 21 Bü 220; Zum Wortlaut vgl. SAL D 22 Bü 48.

[13] StA Ehingen Nr. 34/3 28.12.1805: mit beil. Abschrift der Vollmacht zur Besitzergreifung Ehingens.

[14] SAL D 21 Bü 56 10.01.1806: Ulm.

[15] SAL D 21 Bü 149 mit beil. Vollmacht zur Beschlagnahmung.

[16] SAL D 21 Bü 56 11.01.1806; Vgl. Schelklingen. Geschichte und Leben einer Stadt. Schelklingen 1984, 80; endgültige Inbesitznahme am 04.07.1806.

[17] Joseph Mathias Fririon, Offizier der Ehrenlegion, Revenüen-Inspektor, General-Intendant in Schwaben von Fürst Alexander Berthier, Reichsmarschall und Kriegsminister, unterm 27.01. ernannter Kommissär zur Übergabe von Besitzungen an den König von Württemberg. StA Ehingen U 26.05.1806.

[18] StA Ehingen Nr. 34/3 04.01.1806.

[19] SAL D 21 Bü 149 06.01.1806; *Paul Rothmund*, Die fünf Donaustädte in Schwäbisch-Österreich und ihr Übergang an Württemberg. Masch. Diss. Tübingen 1955, 101, 103f. Demnach waren im Dez. lediglich ein Offizier mit drei Mann nach Munderkingen gekommen.

[20] Leopold Blasius Joseph Xaver Dominikus Blau, * 03.02.1766 Ehingen, † 09.10.1830 Ehingen. 1793–1799 Registrator der landständ. Direktorialkanzlei in Ehingen, danach Syndikus der Stadt Ehingen. PfarrA St. Blasius, Kirchenregister, Familienregister; StA Ehingen Y; *Quarthal/Wieland*, Behördenorganisation (wie Anm. 3), Nr. 2745, 3226, 3258; Vgl. Anm. 63.

[21] SAL D 21 Bü 56 14.01.1806; StA Ehingen Nr. 34/3 15.01.1806, Nachtrag 17.01. Eidesformel.

[22] SAL D 21 Bü 56; StA Ehingen Nr. 34/3 19.01.1806 Mitteilung an das OA Günzburg.

[23] Joseph Million, *11.01.1758 Ehingen, † 23.05.1820 Ehingen. Bürgermeister 1786–1816. PfarrA St. Blasius, Kirchenregister, Familienregister; StA Ehingen Y.

[24] SAL D 21 Bü 56 Hauptrelation vom 19.05.1806, Beil. 1. Protokolle.

[25] StA Ehingen RPE p. 15v 26.03.1806; 44v 07.02.1806.

[26] SAL D 21 Bü 132 25.02.1806 Ehingen.

[27] SAL D 21 Bü 56: *Hauptrelation über die Besitzergreifung* [...] vom 19.03.1806.

[28] StA Ehingen Nr. 34/2.

[29] StA Ehingen RPE p. 24v 20.06.1806.

[30] SAL D 21 Bü 1 25.05.1806: Genehmigung der Übergabe.

[31] *Memminger*, Beschreibung des Oberamts Ehingen. Stuttgart 1826, 74; *Weber* (wie Anm. 1), 107; *Joseph Laub*, Geschichte der vormaligen fünf Donaustädte in Schwaben. Mengen 1894, 232; *Rothmund* (wie Anm. 19), 101f.; Subrepartition der Kosten betr. Riedlingen, Munderkingen, Saulgau, vgl. RPE p. 35r, 36v 20.06.1806.

[32] SAL D 21 Bü 1 25.05.1806: Genehmigung der Übergabe; StA Ehingen Nr. 34.

[33] Vgl. StA Ehingen U 1806.

[34] SAL D 22 Bü 48.

[35] StA Ehingen, Spitalrechnung 1800, 200; *Weber* (wie Anm. 1), 107.

[36] SAL D 21 Bü 1: Abschrift des gen. Vertrages.

[37] StA Ehingen RPE p. 17r Mai 1806: Geschäftsgang bei Bittschriften; p. 22v 20.06.1806: Stempelgebühren; 24r 20.06.1806: Führung der Unterpfandbücher.

[38] Johann Baptist Martin v. Arand, 1743–1821. Vgl. *Hellmut Waller* (Bearb.), In Vorderösterreichs Amt und Würden. Die Selbstbiographie des Johann Baptist Martin von Arand (1743–1821). Stuttgart 1996.

[39] HSAS B 30 Bü 29 26.10.1806: *Ordnung des Zuges* [...].

[40] StA Ehingen Nr. 34/3 26.10.1806: *morgigen Tages*.

[41] SAL D 21 Bü 132 11.04.1806: Saulgau 226 Franzosen, 31 Pferde; 29.03 1806: Mengen erwartet für den folgenden Tag 3.000 Franzosen; StA Ehingen RPE p. 17v Mai 1806; p. 19r Mai 1806; p. 179 27.08.1808.

[42] StA Ehingen RPE p. 87v 04.07.1810; p. 113r 05.09.1810.

[43] StA Ehingen RPE p. 115v 30.05.1808; p. 184r 27.08.1808; p. 250v 26.11.1808: Fleischlieferung an das Militär; p. 15v; 20v; 21r 11.02.1809.

[44] SAL D 21 Bü 56 19.03.1806 Grundlage dieser Zusammenstellung waren Angaben, die der Magistrat zur Verfügung gestellt hatte.

[45] StA Ehingen Nr. 34/4 1807.

[46] *Weber* (wie Anm. 1), 107f.; *Vanotti* (wie Anm. 2), 43.

[47] StA Ehingen RPE p. 5r 13.01.1806.

[48] StA Ehingen RPE p. 73r 23.04.1808 ; p. 207r 24.09.1808.

[49] StA Ehingen U 590.

[50] StA Ehingen RPE p. 139v 16.07.1808; p. 167v 13.08.1808.

[51] StA Ehingen RPE p. 143r ff. 26.03.1819; StA Ehingen Nr. 167.
[52] *Weber* (wie Anm. 1), 339ff.
[53] StA Ehingen RPE p. 148v 22./23.07.1808.
[54] Joseph Witzigerreuter, *24.10.1764 Schöntal, † 05.07.1829 Ehingen.
[55] StA Ehingen RPE p. 35v 25.02.1809.
[56] StA Ehingen Nr. 152.
[57] z. B. StA Ehingen RPE p. 137v 14.11.1810: *da Stadt keine Revenüen.*
[58] *Gernot Peter Obersteiner*, Die theresianisch-josephinischen Verwaltungsreformen in Vorder- und Innerösterreich, in: *Franz Quarthal/Gerhard Faix* (Hgg.), Die Habsburger im deutschen Südwesten. Stuttgart 2000, 415–424; *Quarthal,* Landstände (wie Anm. 5), 351ff.; *Ders./Wieland,* Behördenorganisation (wie Anm. 3); *Elisabeth Seidler,* Die vorderösterreichischen Landstädte im 18. Jh. Masch. Zul.arb. Tübingen 1978.
[59] Vgl. *Ludwig Ohngemach* (Bearb.), Der von Ramschwagische Rezeß von 1756. Ulm 1993.
[60] StA Ehingen RPE p. 109v 12.12.1786.
[61] StA Ehingen RPE p. 151r ff. 24.12.1792.
[62] SAL D 21 Bü 56a Nr. 24.
[63] StA Ehingen Bürgermeisterrechnung 1806/07 p. 219r ff.: *Ausgab Geld auf Besoldungen;* RPE p. 114v 18.07.1807; Leopold Blau war bis 1799 landständ. Registrator gewesen und hatte dann die Nachfolge von Stadtsyndikus Koch angetreten. Während er im Protokoll der Ratssitzung vom 08.05. noch als Syndikus angesprochen ist, erscheint er wenige Tage später am 22.05. als Stadtschreiber; Vgl. Anm. 20.
[64] StA Ehingen RPE p. 153r 14.10.1807.
[65] StA Ehingen RPE p. 152v; 153r 14.10.1807; p. 154r 03.11.807; p. 160r 14.11.1807; Franz Xaver Boog, * 1755, † 29.01.1837 Ehingen, zunächst 2. Bürgermeister, Bürgermeister 1816–1818. PfarrA St. Blasius, Kirchenregister, Familienregister.- StA Ehingen Y.
[66] StA Ehingen RPE p. 195r 10.09.1808.
[67] StA Ehingen RPE p. 30r 23.02.1809.
[68] StA Ehingen RPE p. 7v 03.02.1810.
[69] StA Ehingen RPE p. 142v 18.09.1807.
[70] StA Ehingen RPE p. 122r 25.07.1807.
[71] StA Ehingen RPE p. 127v 22.08.1807.
[72] StA Ehingen RPE p. 210v 01.10.1808.
[73] StA Ehingen RPE p. 94v 13.06.1807.
[74] StA Ehingen RPE p. 11v 14.01.1807.
[75] StA Ehingen RPE p. 240v 19.11.1808.
[76] StA Ehingen RPE p. 193v 19.12.1807.
[77] StA Ehingen RPE p. 126r 18.11.1809.
[78] StA Ehingen RPE p. 51r 10.03.1810.
[79] StA Ehingen RPE p. 68r 08.11.1806 verweist an das Oberamt.
[80] StA Ehingen RPE p. 70v 18.04.1807.
[81] StA Ehingen RPE p. 127v 22.08.1807.
[82] StA Ehingen 34/2.
[83] StA Ehingen RPE p. 137v 12.09.1807.
[84] StA Ehingen RPE p. 15r; 25r 10.02.1810.
[85] *Hehle* (wie Anm. 1), 88: Exkonventuale Robert Kolb, Franziskaner Desiderius Schwenk.
[86] Alemania Franciscana Antiqua 9, 18–28; *Weber* (wie Anm. 1), 293–300.
[87] Alemania Franciscana Antiqua 9, 5–17; *Weber* (wie Anm. 1), 286–293.
[88] SAL D 21 Bü 56a 02.02.1806.
[89] StA Ehingen Bürgermeisterrechnung 1806/07 p. 299r.- RPE p. 6r 25.01.1805.
[90] SAL D 21 Bü 56a.
[91] StA Ehingen RPE p. 25v 10.02.1810.
[92] StA Ehingen Nr. 156 diese brachten u.a. eine Monstranz mit.
[93] PfarrA St.Blasius, Totenregister 13.08.1821; StA Ehingen Nr. 156.
[94] StA Ehingen RPE p. 84r 15.07.1719: Erlaubnis; *Memminger* (wie Anm. 31), 85; *Weber* (wie Anm. 1), 232.
[95] *Quarthal,* Landstände (wie Anm. 5); *Weber* (wie Anm. 1), 123–128.
[96] HSAS B 30 Bü 29 11.02.1806; Dr. Johann Georg Probst, 1774–86 Kanzleiverwalter Ehingen, 1788–92 städt. Syndikus, 1792–1805 Syndikus der schwäb.-österreich. Landstände s. *Quarthal/Wieland,* Behördenorganisation (wie Anm. 3), Nr. 806, 3224, 3254.
[97] HSAS B30 Bü 29 23.01.1806: Baron v. Summeraw an das landständ. Direktorium; 08.03.1806: Landständ. Direktorium an Hofkommissär v. Steinherr zu Günzburg.
[98] Vgl. *Laub*, Donaustädte (wie Anm. 31), 100; *Quarthal*, Landstände (wie Anm. 5), 393.
[99] StA Ehingen RPE p. 15r 26.03.1806; p. 42v 28.02.1807; p. 71r 18.04. 1807.
[100] Joseph Peter Bisenberger, Registrator der landständ. Direktorialkanzlei Ehingen. Vgl. *Quarthal/Wieland,* Behördenorganisation (wie Anm. 3), Nr. 3259, 3261, 3265.
[101] StA Ehingen Nr. 400; *Quarthal,* Landstände (wie Anm. 5), 408ff.
[102] HSAS B 30 Bü 29 24.10.1806.
[103] z. B. StA Ehingen RPE p. 177r 27.08.1808: Marianna Kuohn hatte bei den Ständen 1.090 fl. Kapital stehen. Erhält eine rückzahlbare monatl. Finanzbeihilfe aus dem Spital.
[104] *Weber* (wie Anm. 1), 128–134.
[105] SAL D 21 Bü 56 07.01.1806.
[106] StA Ehingen RPE p. 5v 13.01.1806.
[107] StA Ehingen RPE p. 24r 20.06.1806.
[108] StA Ehingen RPE p. 84r 25.05.1807.
[109] *Memminger* (wie Anm. 31), 257ff.
[110] StA Ehingen RPE p. 71v 1807 Apr.23.
[111] StA Ehingen RPE p. 192v 19.12.1807: Fischer wird die unentgeltl. Nutzung eines städt. Zwingers ermöglicht.
[112] Beschreibung des Oberamts Ehingen. Bd. 2. Stuttgart 1893, 50; Ein weiterer Besuch war im Rahmen einer Besichtigungsreise vom 30.06. bis 14.07.1807 geplant. StA Ehingen RPE p. 163ff. 20.11.1807: Als Übernachtungsquartier war das Landhaus vorgesehen.

V

Kontinuität und Wandel

Zu Auswirkungen von Säkularisation und Mediatisierung

Das Wallfahrtswesen vor und nach der Säkularisation

von Ingo Gabor

Als am 13. Juni 1734 (Maria) Steinbach feierlich zur Marienwallfahrt erhoben wurde, bot das Kloster Rot an der Rot all seinen Glanz und seine Kirchenschätze auf, um die angeblich erschienenen 20.000 bis 30.000 Pilger dem Anlass entsprechend würdig zu empfangen. Das Gnadenbild wurde mit einem Kranz aus Blumen und Früchten geschmückt, Silberampeln aufgehängt und vor dem Kircheneingang eine Tribüne für die Gläubigen erbaut. Am anderen Ende des Vorplatzes wurde ein »Theatrum« errichtet, ein Schirmdach über einem Altar mit kostbaren Kirchenschätzen aus dem Kloster Rot. Alle Zufahrtswege und auch die benachbarten Ortschaften waren geschmückt.[1]

Aus diesem verkürzt wiedergegebenen zeitgenössischen Bericht kann man in etwa die Bedeutung des Wallfahrtswesens als Element der barocken Volksfrömmigkeit und auch als wesentlichem Bestandteil der süddeutschen Barockkultur ermessen. Ja, man kann vielleicht pointiert sagen: Der »Süddeutsche Barock« wäre ohne das Wallfahrtswesen so überhaupt nicht entstanden; man denke nur an die zahlreichen Neubauten von Wallfahrts- sowie kombinierten Wallfahrts- und Klosterkirchen mit ihrer größtenteils exquisiten Ausstattung.

Das vielschichtige Thema »Wallfahrt« kann im Rahmen dieses Aufsatzes nicht erschöpfend bearbeitet werden, vielmehr soll die Entwicklung an repräsentativen Beispielen nur im Überblick dargestellt werden. Zeitlich wird das Thema begrenzt auf das 18. Jh. und die erste Hälfte des 19. Jhs. Inhaltlich umfasst dieser Zeitrahmen die Blütezeit des barocken Wallfahrtswesens, die teilweise vorhandenen Auswüchse, die sich daraus ergebenden kritischen und polemischen Einwände der »Aufklärer«, also u. a. der Bischöfe, Theologen, Pfarrer, Fürsten und Schriftsteller sowie die Wallfahrtsverbote samt deren Auswirkungen und die Entwicklung bis in die Mitte des 19. Jhs. Die Darstellung konzentriert sich auf das Gebiet des heutigen Bundeslandes Baden-Württemberg.

Das Wallfahrtswesen im 18. Jahrhundert

Wallfahrten und Wallfahrtsorte

Wallfahrten waren Veranstaltungen mit Teilnehmern aus allen Bevölkerungsschichten, die Höhepunkte im Alltag darstellten. Für den Gläubigen der Barockzeit waren sie ein Ausdruck persönlicher Frömmigkeit. Er zog entweder aus Gewohnheit, als Bußauflage oder wegen eines persönlichen Anliegens (Krankheit, Unglück, seelische Not usw.) zum *Gnadenort*. Neben dem Bedürfnis nach seelischer Erbauung und konkreter Hilfe konnten dort auch Neugierde und Sensationslust befriedigt werden. Viele Wallfahrer dürften auch von der »touristischen« Seite einer Wallfahrt angezogen worden sein. Es tat sich plötzlich etwas im tristen, von Arbeit und Not geprägten einfachen Leben; man konnte etwas erleben! Die Wallfahrtsstätten waren die Gehäuse für das breite Angebot an religiös fundierten Festen mit aufwendigen Arrangements der Liturgie, der Musik, der Rhetorik und Poesie, des Dramas, der Kleinkunst usw.[2]

Wallfahrten waren also allumfassende Ereignisse, die sämtliche Sinne ansprachen. Die Kunstgattungen Architektur, Malerei und Skulptur vereinigten sich im

süddeutschen Rokoko, z. B. auch in den Wallfahrtskirchen Steinhausen und Birnau, zum »Gesamtkunstwerk«.

Natürlich stellen die Wallfahrtsorte auch heute noch religiöse Zentren für die Gläubigen dar, doch ist unbestritten, dass Wallfahrten heute einen weit geringeren religiösen Stellenwert haben. Dagegen sind Wallfahrtsstätten heute in erheblichem Umfang auch Anziehungspunkte für Kunstfreunde, und ihr Besuch ist oft eher dem Bildungstourismus zuzuordnen.

Neben den Gruppenwallfahrten gab es auch Wallfahrten von Einzelpersonen, die Dünninger als »Pilger« bezeichnet.[3] Man unterschied Wallfahrten von Bittgängen; heute werden dagegen Bittgänge und Prozessionen sowie andere besondere Brauchtümer und Andachtsformen unter dem Oberbegriff »Wallfahrt« zusammengefasst.[4]

Wallfahrt zum Hl. Blut in Reichenau-Mittelzell
Andachtsbildchen, Gebr. Klauber/Augsburg, 1738.
Diözesanbibliothek Rottenburg a. N.

Viele Barockwallfahrten waren aus mittelalterlichen Kulten hervorgegangen und erlebten in der Barockzeit einen gewaltigen Aufschwung. Als mittelalterliche *Heilig-Blut-Wallfahrten* seien Weingarten (seit 1094), Weissenau (1283), Schwenningen/Ellwangen (15. Jh.), Walldürn (seit Anfang 15. Jh.) und Reichenau-Mittelzell (seit 925; Hl. Blut- und Hl. Kreuz-Doppelreliquiar!) genannt.[5]

Eine *Heilig-Kreuz-Wallfahrt* existierte in Wiblingen/Ulm seit 1099.[6] Auch die Blütezeit der spätmittelalterlichen Marienwallfahrt in der Zwiefaltener Klosterkirche lag im 18. Jh., ebenso bei der schon seit ca. 1100 bestehenden Wallfahrt St. Ulrich im Schwarzwald.[7]

Marienwallfahrten

Marienwallfahrten waren zur Schmerzhaften Muttergottes, zur Loretomadonna, zu Maria Hilf und zur Schwarzen Madonna von Einsiedeln am häufigsten.

Ein interessantes Beispiel für einen Kultwechsel bildet die heute knapp außerhalb der Landesgrenze gelegene, aber als einstige Hauptwallfahrt der Prämonstratenserabtei Rot an der Rot hier zu berücksichtigende Wallfahrt nach Maria Steinbach im Allgäu. Im Jahre 1723 schenkte Abt Hermann Vogler von Rot der Kirche in Steinbach einen Kreuzpartikel, worauf sich eine Heilig-Kreuz-Wallfahrt entwickelte. Als 1730 erstmals die *Augenwende* beim späteren Gnadenbild der Schmerzhaften Muttergottes beobachtet wurde und sich dieses »Wunder« in den folgenden Jahren noch mehrfach wiederholte, wurde die Heilig-Kreuz-Wallfahrt allmählich durch die Marienwallfahrt verdrängt.[8]

Manche Klöster und Stifte konnten im 18. Jh. einen ganzen Kranz von Wallfahrtsstätten in ihrem Herrschaftsgebiet aufweisen, wie z. B. Rot an der Rot, Schussenried, Weissenau, Zwiefalten, Ochsenhausen, Gengenbach, St. Blasien, Schuttern, Ellwangen, mit Abstrichen auch Obermarchtal, Wiblingen, Allerheiligen, Salem und Waldkirch.

Wallfahrtsverlegungen, wie z. B. bei der Birnau 1746, kamen relativ selten vor.[9]

Ein repräsentatives Beispiel, wie Abt und Konvent eine nicht sehr bedeutende Wallfahrt aufzuwerten suchten, zeigt das Langhaus-Deckenfresko in der Klosterkirche Zwiefalten. Hier wird die eigene Marienwallfahrt in die Reihe der großen marianischen Wallfahrtsorte Altötting, Einsiedeln, Fourvière, Genazzano und Martinsberg/Ungarn gestellt. Diese Vorgehensweise kann man durchaus als »Wallfahrtspropaganda« bezeichnen. Trotz allen Werbeaufwandes gelang es aber dem Kloster nicht, eine überregionale Wallfahrt zu begründen.[10]
Weitere bedeutende Marienwallfahrten im Lande waren Weggental/Rottenburg (um 1517), Kirchheim/Ries (Pietà, 1750), Ensmad/Zwiefalten (Pietà, um 1420), Bussen (1521), Steinhausen/Schussenried (vor 1400), Steinhausen an der Rottum (Ende 14. Jh.), Neusaß/Schöntal (1470/80), Laudenbach/Weikersheim (14. Jh.), Birnau/Bodensee (1222), Maria Lindenberg/St. Peter im Schwarzwald (16. Jh.), Maria Linden/Ottersweier (Ende 15. Jh.), Todtmoos im Schwarzwald (14. Jh.), St. Märgen (1723) und Zell am Harmersbach (14. Jh.).

Loretowallfahrten

Besondere Bedeutung erlangten in der Barockzeit die Loretowallfahrten zu den Nachbildungen der *Santa Casa* (angebl. Elternhaus Jesu zu Nazareth) von Loreto/Italien.[11] Die meisten Loretokapellen gehen auf Stiftungen des Adels zurück. Man errichtete sie entweder auf einer Anhöhe (wie das Vorbild) oder man fügte sie einer Kapuzinerkirche an, wie beispielsweise in Haslach im Kinzigtal (1657).[12] Auf dem Salvatorberg bei Schwäbisch Gmünd ergab sich in Verbindung mit anderen Heiligen Stätten Jerusalems (Kalvarienberg) und Nazareths (Ölberg, Hl. Grab und Stationskapellen) sogar ein Ensemble (entstanden um 1615, 1792 abgebrochen), das die Illusion einer Wallfahrt ins Heilige Land komplettierte.[13]
Kaiser Joseph II. ließ in seinen Stammlanden in der Zeit der Aufklärung auch die Loretokapellen rücksichtslos beseitigen, obwohl seine Vorfahren gerade in ihrer Zuneigung zu diesem Wallfahrtsort eine Garantie für ihr Kaisertum gesehen hatten.[14]
Das Besondere an der Kultsituation der Wallfahrt auf den Schönenberg/Ellwangen ist, dass hier zwei Kultobjekte vorhanden sind, nämlich ein nachgeahmter Gnadenort (Loretokapelle) und ein nachgeahmtes Gnadenbild (Unsere Liebe Frau von Foy).[15] Erwähnenswert ist hier auch die Tatsache, dass das Gnadenbild der Schönenbergkirche, eine Tonmadonna, spätestens seit 1738 für eine Kopie der Muttergottes von Altötting gehalten worden ist, bis Hans Dünninger 1964 nachweisen konnte, dass es sich hier um eine Nachbildung der Maria von Notre-Dame de Foy in Belgien handelt.[16]
Eine Loreto-Madonna scheint auch die um 1640 aufgefundene kleine Tonmadonna der Wallfahrtskirche Maria Buch/Neresheim gewesen zu sein.[17]

Maria Einsiedeln

Der bedeutendste Marienwallfahrtsort für Süddeutschland und die Schweiz im 18. Jh. war Maria Einsiedeln. Vom dortigen Gnadenbild, der Schwarzen Madonna, gibt es Kopien in Waldsee (Schlosskapelle), Zwings/Bad Wurzach, Gwigg/Bergatreute, Söflingen (ehem. Klosterkirche, früher Spicker-Kapelle, 1826 abgebrochen), Sinkingen/Villingen (1763, kleine Kirche) und Rottenmünster (1694).[18] Auch die gesamte Gnadenkapelle von Einsiedeln erfuhr Nachbauten in Form sogenannter »Architekturkopien«, z. B. in Wiblingen (beim Kloster, 1680/81, 1811 abgebrochen), Ofteringen/Waldshut (1690), Rastatt (1715), Stetten ob Lontal (1733) und Inzigkofen (1729–40).[19]

Sonstige Marienwallfahrten

Mariahilf-Wallfahrten begegnen uns in Schwendi (seit 1634), Moosbronn/Gaggenau (1735), Ramlach/Bad Bellingen (1740, Neubau 1866), Tunsel/Bad Krozingen (1783; 1856), Walldorf/Wiesloch (1735), Mergentheim (1635), Kirchdorf/Iller (1676) und in Oberschopfheim.[20]
Eine *Maria-Schnee-Wallfahrt* ist in Weingarten/Offenburg nachweisbar, wohingegen sich Gnadenbildkopien von Maria Schnee in Stetten ob Lontal (1723), Waldsee (Schloßkapelle), Gwigg/Bergatreute und in Rot an der Rot (seit 1726) befinden.[21]
Kopien des Gnadenbildes der *Maria vom Guten Rat aus Genazzano* wurden verehrt in Söflingen (1753), Eglofs, Eggmannsried, Heudorf/Saulgau, Horb, Meßbach, Mühlhausen i. T., Bieringen (1735), Obermarchtal, Donzdorf, Bissingen (bis 1827 in Lindenau), Zell (Rot an der Rot, 1902 Kreuzbergkapelle), Weil der Stadt, Schwanden/Isny und in Wilflingen.[22]

Als Gnadenbild in Baden-Württemberg einmalig ist die *Maria vom Blut in Bergatreute*. Im Jahre 1686 war eine Kopie der in Klattau/Böhmen befindlichen Gnadenbildkopie von Ré in Piemont/Italien nach Bergatreute gelangt.[23] Nachbildungen finden sich in Dietmanns, Dinnenried, Elmenau, Gaishaus, Obermöllenbronn (bei Waldsee), Waldsee und in Wolfegg. Im Umkreis von Rot an der Rot fanden Gnadenbildkopien der Wallfahrt *Maria Steinbach* Verbreitung, so in den Kapellen Mettenberg und Buchwald (Holz), Haidgau, Michelwinnaden, Lippertsweiler (Tonfigur) und (lediglich gemalt) in Haisterkirch, Reute und Wolfartsweiler (bei Unterschwarzach). Eine wenig getreue, ebenfalls gemalte Kopie hängt auch in der Kapelle von Elmenau.[24]
Das Gnadenbild der Wallfahrt *Unsere Liebe Frau vom Roggenacker in Flochberg*/Bopfingen ist ein gemaltes Marienbild (um 1600).[25]

Wallfahrt nach Wiblingen
Andachtsbildchen, B. Kilian (Entwurf J.G. Knappich/Augsburg), um 1681.
Diözesanbibliothek Rottenburg a. N.

Christuswallfahrten
Unter den blühenden Christus-Wallfahrten der Barockzeit sind neben den schon oben genannten Heilig-Blut- und Heilig-Kreuz-Wallfahrten in erster Linie die Gnadenbildkopien des *Gegeißelten Heilands in der Wies*, die *Wiesheilande* anzuführen.[26] In unserem Raum war die bedeutendste derartige Wallfahrt die um 1750 entstandene Wallfahrt zum *Herrgöttle von Bihlafingen*/Laupheim,[27] die um 1750 entstand und rasch zur Hauptwallfahrt von Kloster Wiblingen bis zu dessen Aufhebung 1806 wurde. Zu den typischen Barockkulten zählt auch die *Herz-Jesu-Verehrung*. So war die 1709 errichtete Wallfahrtskapelle auf dem Lützelberg bei Schelklingen die erste Herz-Jesu-Kapelle Deutschlands.[28]
Ein weiterer bedeutender Kult der Barockzeit bezieht sich auf die Gnadenbildkopien des *Prager Jesulein*:[29] Kirchheim/Ries, Schwäbisch Gmünd (Franziskanerinnenklosterkirche), Mühlhausen (bei Bad Waldsee), Heggbach (1754), Rot an der Rot (1745), Gutenzell, Buchau und Stetten ob Lontal.

Katakombenheilige
Große Bedeutung für das Wallfahrtswesen der Barockzeit kommt den *Katakombenheiligen* oder *Heiligen Leibern* zu.[30] Gerade im heutigen Baden-Württemberg ist ihre Zahl sehr groß, weshalb hier einige Erläuterungen gegeben werden sollen. Bei den »Heiligen Leibern« handelt es sich um Skelette aus den Katakomben Roms, die für Reliquien frühchristlicher Märtyrer (Opfer der ersten Christenverfolgungen) gehalten wurden. Gegenüber den üblichen Reliquien wusste man nicht, wer sie waren und musste sie daher zuerst auf einen Phantasienamen »taufen«. Problematisch wurde es, wenn der Wunsch auftauchte, über einen solchen Katakombenheiligen in einer Vita mehr zu erfahren und aus dem Nichts Legenden konstruiert wurden. Gerade im Zeitalter der Gegenreformation lebte der Wunsch nach Reliquien wieder auf. Das Konzil von Trient (1545–1563) hatte die Reliquienverehrung stark propagiert. Infolge der Vernichtung vieler alter Reliquien im Dreißigjährigen Krieg und eines gesteigerten Heiligenkults entstand in vielen Klöstern »Mangel« an Reliquien. Daher versuchte fast jedes Kloster, in den Besitz eines oder mehrerer dieser vermeintlichen Heiligen zu gelangen. Die einzelnen

Teile der Skelette wurden wieder zusammengefügt, mit durchsichtigen Seidenstoffen umhüllt und mit Perlen, Brokat und Golddrähten kostbar verziert. Ein weiterer Unterschied zu den »herkömmlichen« Reliquien bestand auch in der anderen Art der Präsentation: Die Katakombenheiligen wurden in gläsernen Schreinen hinter den Antependien oder der Predellaverkleidung der Altäre ausgestellt.[31] In einigen Fällen gingen von der Verehrung der Katakombenheiligen neue Impulse auf ältere, heimische Heiligenkulte aus. Besonders gut erhalten ist der Katakombenheiligen-Bestand in Gutenzell. In der Klosterkirche Zwiefalten gelang die vollendetste Integration der Heiligenleiber in das Gesamtkunstwerk.[32]

Sonstige Wallfahrten

Für die Volksfrömmigkeit hatten auch regionale Heilige und Selige große Bedeutung. So ist in Oberschwaben die Wallfahrt zum Grab der Seligen Elisabeth Achler, der *Guten Beth* von Reute, in der Klosterkirche Reute/Waldsee bis heute sehr lebendig.[33] Dieser Kult begann um 1420 und hatte seine Blütezeit im 17. und 18. Jh., u. a., nachdem 1766 die Seligsprechung erfolgt war. In der Zeit der Aufklärung kam es zu einem Rückgang der Verehrung, Klosteraufhebung 1782.

Für das Gebiet um Ellwangen ist seit dem 18. Jh. (bis heute) eine verstärkte Verehrung des hl. Patrizius festzustellen, z. B. in Hohenstadt.[34]

Weitere Heiligenwallfahrten in Kürze: In Manzell/Friedrichshafen bestand eine Wallfahrt zum hl. Magnus, in Säckingen wird seit dem 13. Jh. zum hl. Fridolin gewallfahrtet, in Tauberbischofsheim gibt es seit ungefähr 1620 eine Wallfahrt zur hl. Lioba, in der Ohmenkapelle/St. Märgen eine zum hl. Judas Thaddäus (12. Jh.) und in St. Ottilien/Freiburg eine Wallfahrt zur hl. Ottilia (seit ca. 1500). Der hl. Fidelis von Sigmaringen wurde seit der Mitte des 18. Jh. verehrt. Die Schwarzwaldklöster St. Trudpert (seit 7. Jh.) und St. Ulrich (Ulrich von Regensburg; seit ca. 1100) waren in der Barockzeit bedeutende Wallfahrtsziele zu den Gräbern der gleichnamigen Heiligen. Schon seit 1350/60 existiert die Wallfahrt zum Grab der Sel. Luitgard in der Klosterkirche Wittichen/Wolfach.[35]

Auch die für eine barocke Sakrallandschaft so charakteristischen Kalvarienberge konnten gelegentlich zu

Wallfahrt nach Gutenzell
Andachtsbildchen, Gebr. Klauber/Augsburg, um 1760. Diözesanbibliothek Rottenburg a. N.

Wallfahrtszielen werden, wie z. B. in Tiengen/Waldshut (1710), Dittwar/Tauberbischofsheim, Lauchheim und Schwaningen/Stühlingen.[36]

Nachbildungen von Gnadenbildern

Nachbildungen von Gnadenbildern berühmter Wallfahrtsorte konnten ebenfalls neue Wallfahrten begründen. Für unser Gebiet seien als Beispiele genannt die Madonna von Foy/Dinant (Belgien) auf dem Schönenberg/Ellwangen[37], die Kopie des Gnadenbildes von Steinhausen/Schussenried in Eberhardzell (1719)[38],

die Kopie des Gnadenbildes von Oberelchingen (Pietà, 1750) in der Stiftskapelle des Klosters Kirchheim am Ries[39], das Pilgerzeichen der Wallfahrt Vierzehnheiligen (1482) als Ursprung der Wallfahrt auf dem Einkorn/Schwäbisch Hall und das Gnadenbild der »Maria zur Saul« im ehemaligen Kloster Petershausen/Konstanz, eine Kopie des Mengener Gnadenbildes. Aber hierbei muss beachtet werden, dass nicht jede Gnadenbildkopie automatisch zum Gnadenbild einer eigenen Wallfahrt wurde, wie uns das Beispiel Schrezheim/Ellwangen zeigt![40] Wird aber eine Gnadenbildkopie zu einem eigenen Wallfahrtsziel, so spricht man von einem »Sekundärkult«. Auch wurden öfter Gnadenbilder der näheren Umgebung kopiert, wie beispielsweise die von Maria Steinbach und Bergatreute.[41]

Wie in früheren Jahrhunderten wurden auch in der Barockzeit ganze Gnadenstätten, also auch das architektonische Gehäuse kopiert (»Architekturkopien«).[42] Besonders häufig nachgeahmt wurde das Heilige Grab in Jerusalem.[43]

Wallfahrtsarchitektur

Eine Reihe von Kirchen wurden als reine Wallfahrtskirchen erbaut. Die bedeutendsten Bauten in unserem Raum stehen in Steinhausen an der Rottum bei Ochsenhausen (1672/73), auf dem Schönenberg/Ellwangen (1682–1695), auf dem Hohenrechberg/Schwäbisch Gmünd (1686–1688), in Walldürn (1698–1728), Ave Maria/Deggingen (1716–1718), in Zöbingen/Ellwangen/Jagst (1718–1783), in Steinhausen/Schussenried (1728–1731), in Flochberg/Bopfingen (1741–1746), in der Birnau/Bodensee (1746–1750) und in Maria Steinbach im Allgäu (1746–1753). In drei von ihnen herrschen Zentralbautendenzen vor, ein für Wallfahrtskirchen beliebtes und auch geeignetes Bauschema, nämlich in Zöbingen, Steinhausen und in Maria Steinbach.

Wallfahrtsbrauchtum

An manchen Gnadenorten entwickelte sich sogar ein besonderes Wallfahrtsbrauchtum. So wird z. B. in Obermarchtal am Festtag des hl. Tiberius den Pilgern noch heute das Tiberiuskissen mit den Reliquien des Heiligen auf das Haupt gesetzt. Dasselbe gilt auch für die Aurelius-Wallfahrt in Zwiefalten, wo Wallfahrern mit Kopfleiden das Kopfreliquiar aufgesetzt wurde. Unter den Reiterprozessionen ragt der Weingartener Heilig-Blut-Ritt hervor.[44] Seit ca. 1500 bis heute wird dort als Höhepunkt der Wallfahrt am Freitag nach Himmelfahrt (*Blutfreitag*) eine Heilig-Blut-Reliquie aus Mantua zu Pferd um die Fluren geführt. Unterbrochen weil verboten war der Brauch nur Anfang des 19. Jhs. und während des II. Weltkrieges. Weitere Heilig-Blut-Ritte gab es in Weissenau und in Schwenningen/Ellwangen (bis heute).[45] In Westhausen bei Aalen wird bis heute der Silvester-Ritt begangen.[46]

Eine kultische Besonderheit waren vor allem die Wallfahrten mit totgeborenen Kindern, die dann bei einem kleinen Lebenszeichen in der Wallfahrtskirche getauft wurden, wie z. B. in Aggenhausen/Rottweil und in Bergatreute.[47]

Wie oben schon erwähnt, umfasste das Wallfahrtswesen alle Bevölkerungsschichten. Auch Angehörige der Herrschaftshäuser *verlobten* sich an Wallfahrtsorten, wie z. B. Mitglieder des Baden-Badener und des Mannheimer Hofes nach Waghäusel, so Markgraf August Georg von Baden-Baden (1771) oder die Kurfürstin Elisabeth Auguste von der Pfalz (1749), von der sich im Kurpfälzischen Museum in Heidelberg ein Porträt im Kapuzinergewand erhalten hat.[48]

Überraschend war das Auftreten protestantischer Pilger! So wurden schon im 17. Jh. auch viele Nichtkatholiken auf dem Schönenberg bei Ellwangen angetroffen.[49] Und vereinzelt wallfahrteten Katholiken zu inzwischen protestantisch gewordenen Kultobjekten, denn auch in evangelischen Gebieten hielten sich manche Wallfahrten, wie z. B. zum Grab des hl. Walterich in Murrhardt oder zur Erhart-Madonna in Blaubeuren.[50] Und es gab auch protestantische Mitbenutzung von Wallfahrtsorten, wie dies von der Wendelinskapelle (= St. Wendel am Stein) bei Hohebach/Dörzbach berichtet wird.[51]

Die Sachkultur des barocken Wallfahrtswesens

Votivtafeln

An dieser Stelle sei noch kurz auf die Sachkultur des barocken Wallfahrtswesens eingegangen.[52] Bereits um 1500 kam in Süddeutschland der Brauch auf, am Wall-

Wallfahrt Maria Lindenberg
Votivtafel der nach Eschbach verlegten Wallfahrt.
Öl auf Holz, Simon Göser, 1794.
Stegen-Eschbach, Kath. Pfarrgemeinde.

fahrtsort *Votivtafeln* zu stiften. In Italien gab es diesen Brauch schon im 15. Jh. In der Barockzeit erlebte das Votivwesen seine Blütezeit. Mit dem Darbringen einer Votivtafel verfolgte der Stifter den Zweck, in Erfüllung eines Gelübdes Dank für empfangene Hilfe abzustatten. Als Nebeneffekt wurde damit auch die Bedeutung eines Gnadenbildes unterstrichen. Votivtafeln sind meist naiv gemalte Bilder auf Holz oder Leinwand, auch, aber seltener, auf Blech, Karton oder Glas. Auf ihnen können vier Bildelemente erscheinen: das Gnadenbild (meist auf Wolken), der Votant (der sich dem Gnadenbild anempfiehlt), der Votationsan-

lass (Unfall, Krankheit, Tiere und sonstige Not) und die schriftliche Information, oft nur als *EX VOTO*.

Votivgaben

Im Vertrauen auf Hilfe und als Dank für Gebetserhörungen und Heilungen hinterließen die Gläubigen an den Gnadenorten *Votivgaben (= Weihegaben)* verschiedener Art. In der Barockzeit waren manche Wallfahrtsstätten mit Votivgaben überfüllt. Häufig waren Nachbildungen von Menschen, (z. B. Fatschenkindern), Körperteile, Gliedmaßen, Organe und Tiere.

Wallfahrt zur Guten Beth in Reute
Andachtsbildchen, G.B. Göz u. Gebr. Klauber/Augsburg, 1740. Diözesanbibliothek Rottenburg a. N.

Sie wiesen auf das jeweilige Anliegen des Wallfahrers hin und konnten aus Wachs, Eisen, Silber, Holz oder Ton gefertigt sein. Bis auf die Votivkröte, die als Uterus-Symbol gilt, bedürfen die für sich sprechenden Votivgaben keiner Erklärung.

Wunderberichte

Seit dem Mittelalter war es üblich geworden, sorgfältig aufzuzeichnen, welche Wunder sich am Gnadenort oder sonstwo ereigneten. Dabei werden auch – zunehmend sorgfältig im 17. und 18. Jh. – Namen, Herkunft und Standeszugehörigkeit der Betroffenen genannt. Durch solche *Mirakelbücher*, die aussagekräftigste Schriftquelle barocker Wallfahrt, wurde der eigene Wallfahrtsort werbewirksam bekanntgemacht, nicht zuletzt auch in Verfolgung wirtschaftlicher Interessen. Durch die Drucklegung der ursprünglich handschriftlichen Aufzeichnungen suchte man ein breiteres Publikum anzusprechen.[53]

Oft waren diese Mirakelberichte ihrerseits die literarische Grundlage für Bilder und Bilderzyklen, mit denen wunderbare Geschehnisse sichtbar dargestellt wurden. In manchen Wallfahrtskirchen, wie z. B. in Maria Steinbach, Weingarten oder Todtmoos, hingen solche relativ großformatigen Mirakelbilder als Tafel – oder Leinwandbilder an den Innenwänden oder befanden sich als Fresken an den Deckengewölben.[54]

Andachtsbilder

Klöster und Wallfahrtsorte ließen in der Barockzeit kleine Kupferstiche mit der Darstellung des Gnadenbildes, *Andachts- oder Wallfahrtsbilder* genannt, meist von Augsburger Kupferstechern (u. a. Göz, Klauber, Kilian und Engelbrecht), anfertigen. Diese Bildchen wurden von den Pilgern an den Wallfahrtsorten als Devotionalien erworben, um sie in segenbringender Absicht zuhause anzubringen, als Wallfahrts-Andenken zu verschenken oder in Gebet- und Andachtsbüchern zu verwahren.

Wallfahrtsmedaillen

Eine weitere Art von Devotionalien stellen die *Wallfahrtsmedaillen* dar. Es war und ist bis heute Brauch, von einer Wallfahrt geweihte Medaillen mitzunehmen. Sie hatten die Funktion von Schutzamuletten gegen Krankheiten und sonstige Nöte und waren

gleichzeitig der Beweis dafür, dass der Pilger auch selbst am Wallfahrtsort gewesen war. Es handelt sich i.d.R. um zweiseitige Medaillen, die im Präge- oder Gussverfahren hergestellt wurden. Auf der Vorderseite ist meist das Gnadenbild und auf der Rückseite die Wallfahrtskirche oder ein Heiliger dargestellt.[55]

Das Zeitalter der Aufklärung

Aufklärerische Kritik am Wallfahrtswesen

Bei einer solchen, alle Volksschichten umfassenden Gemeinschaftskultur konnten Fehlentwicklungen (wie Aberglauben und Übertreibungen) und Ärgernisse nicht ausbleiben. So erregte das barocke Wallfahrtswesen den Unwillen mancher Bischöfe, Theologen und Pfarrer. Neben der geistlichen nahm früh auch die weltliche Obrigkeit Anstoß an den als nicht mehr zeitgemäß empfundenen Frömmigkeitsformen.
Die aufklärerische Kritik am Wallfahrtswesen konnte sich in unterschiedlicher Form äußern, z. B. in Predigten, polemischen Flugschriften und wissenschaftlichen Abhandlungen. Besonders wichtig waren aber Erlasse der kirchlichen und staatlichen Obrigkeiten, die Maßnahmen gegen das Wallfahren verordneten. Solche Dekrete haben belehrenden und weisenden Charakter und sind daher wichtige Quellen für den Inhalt der aufgeklärten Kritik.[56]
Rudolf Reinhardt fasst die Argumente der Wallfahrtskritiker zusammen. So wurden Gefahren für Recht und Ordnung befürchtet, denn Verbrecher würden als Pilger getarnt durchs Land ziehen und ohne Pass die Grenzen überschreiten. Die Abwesenheit der Wallfahrer von ihren Häusern und Höfen würde Gaunern die Möglichkeit zu Einbrüchen eröffnen. Durch das Gedränge an den Wallfahrtsorten würde es auch dort zu Diebstählen und Betrügereien kommen. Durch schlechte hygienische Bedingungen und Quartiermangel bestünden auch Gefahren für die Gesundheit, durch Seuchen und Kälte. Auch das falsche Vertrauen der Pilger wurde angeprangert. So würde mancher Gläubige in der Hoffnung auf eine wunderbare Heilung am Wallfahrtsort die eigene Gesundheit vernachlässigen. Eltern, die auf Wallfahrten gingen, überließen ihre Kinder oft sich selbst, was deren Erziehung gefährde. Sittliche Verfehlungen seien vor allem dann zu befürchten, wenn beide Geschlechter an Wallfahrten teilnahmen und unterwegs nächtigten. Außerdem halte das Wallfahren die Untertanen von der Arbeit in Werkstatt, Feld und Acker ab. Dadurch, dass auf den Wallfahrten viel Geld ausgegeben würde, werde dieses Geld der eigenen Volkswirtschaft entzogen.
Die theologische Kritik setzte am Begriff des »Gnadenorts« und der »Gnaden« an, womit ein Hauptelement der Wallfahrtsideologie getroffen wurde. Die Aufklärer vertraten die These, dass Gott überall wirke und er seine Gnade und sein Heil nicht an einen besonderen Ort binde. Entscheidend sei nicht, wo der Mensch bete, sondern dass er auf Gott und seine Hilfe vertraue. So geschehe die wahre Anbetung nicht in privilegierten Kirchen, sondern »im Geist und in der Wahrheit« (Johannes 4,24). Also könne jede Pfarrkirche ein Gnadenort sein. Wichtig für die aufgeklärten Kritiker war die Stellung der Pfarrkirche und des Pfarrgottesdienstes (»Pfarrprinzip«). In ihren Augen war die Pfarrei Grundlage und Mittelpunkt aller Seelsorge. Die Pfarrkirche war der Ort des heilsspendenden Geschehens, und der Pfarrer war der eigentliche »Hirte der Herde«. Es wurde daher nicht gerne gesehen, wenn die Gläubigen den Pfarreigottesdienst versäumten, um *auszulaufen.* Man verdächtigte sie, dem eigenen Beichtvater auszuweichen und einen nachsichtigen Priester zu suchen. Ein weiterer Stein des Anstoßes war die *Werksfrömmigkeit*: Die Theologen befürchteten, daß sich, wenn man wegen jedes Anliegens hilfesuchend zu einem Wallfahrtsbilde flüchte, unter den selbstsüchtigen Gebeten der Wallfahrer das Religiöse verliere. Wie man zu einem Arzt gehe, gehe man zu einem Wallfahrtsort. Aufklärerische Kritik äußerte sich auch an der »übertriebenen« Verehrung der Heiligen. Ihre Wirkungsmacht im Jenseits werde überschätzt, denn der Heilige selbst habe ja keine eigene Kraft und Gewalt; wenn er etwas bewirke, dann nur durch seine Fürbitte bei Gott. So wurde auch der Begriff »Gnadenbild« kritisiert. Wundertätige Bilder gebe es nicht und könne es gar nicht geben; den angeblichen Mirakelbildern wohne keine besondere Kraft inne und sei daher auch keine besondere Verehrung zu erweisen. Vielmehr sei jedes Heiligenbild und jede Kirche (vor allem die Pfarrkirche!) zur Verehrung gleich gut geeignet.[57]

Viele Pfarrer distanzierten sich von solchen aufklärerischen Versuchen und Forderungen, die Heiligenverehrung wesentlich einzuschränken oder gar zu beseitigen, wie sie z. B. auch der Neresheimer Benediktiner und spätere württembergische Hofprediger Benedikt Maria Werkmeister (1745–1823) in seiner 1801 erschienenen aufklärerischen Schrift *An die unbescheidenen Verehrer der Heiligen, besonders Mariä* erhob. Die Berechtigung der Heiligenverehrung wurde dagegen aus der Natur und dem Bedürfnis des Menschen, aus den beiden Testamenten mit ihren häufigen Hinweisen auf das Vorbild gottesfürchtiger Männer und Frauen, ganz besonders aber aus der immerwährenden Praxis der Kirche eingehend nachgewiesen und gerechtfertigt.[58]
Die Wallfahrtskritiker konnten bei allem Scharfsinn allerdings nicht ausschließen, dass es an Wallfahrtsorten und vor Gnadenbildern zu wunderähnlichen Heilungen kam. Als Erklärung führten sie die Heilungen allein auf die Intensität des persönlichen Bittens zurück, und außerdem könne ein solches »Wunder« an jedem Ort und vor jedem Bild geschehen.[59]
Einige aufgeklärte Theologen erhoben den bemerkenswerten Vorwurf, das Wallfahrtswesen könne auch dem Ansehen der katholischen Kirche in ihrer konkurrierenden Auseinandersetzung mit dem Protestantismus schaden, denn die unästhetischen Votivgaben, plumpen Bilder, Formen einer mechanischen Gottesverehrung sowie die Vorgabe falscher Wunder würden Protestanten und aufgeklärten Zeitgenossen Gelegenheit zu Spott und Geringschätzung geben.
Hier sei eine Begebenheit aus der Aufklärungszeit angeführt, die zeigt, wie schnell aber auch Wallfahrten erschüttert werden konnten. Die Hauptwallfahrt des Benediktinerklosters Wiblingen führte zum »Herrgöttle von Bihlafingen«. Um zu beweisen, dass diese nicht wunderbar gewachsen sein können, schnitten aufklärerische Frevler der Figur des gegeißelten Heilands Haare und Bart ab, ohne dass eine himmlische Strafe erfolgte.[60]
Nach Meinung der »Hardliner«, darunter u. a. Franz Alois Rink (1756–1825), Benedikt Maria Werkmeister (1745–1823), Fridolin Huber (1763–1841), Benedikt Alois Pflanz (1797–1844), Ignaz Jaumann (1778–1862) und Urban Ströbele (1781–1858), letztere aus der Diözesanleitung, besaß das Wallfahrtswesen überhaupt keine Existenzberechtigung mehr.[61]

Eine gemäßigtere Gruppe von Theologen ging nicht so weit. Sie wollte zwar den Wallfahrtsbetrieb von durchaus vorhandenen Auswüchsen und von Aberglauben reinigen, attestierte ihm aber auch noch gute Seiten.[62] Die erste Gruppe zitierte ein Wort Jesu, das zum Schlüsselbegriff der aufgeklärten Wallfahrts-Kritik wurde, nämlich die Forderung nach dem Beten im *Geist und in der Wahrheit* (Joh. 4, 21–24; Gespräch mit der Samariterin am Jakobsbrunnen) und nicht an einem »Gnadenort« oder vor einem »Wunderbild«.[63]
Im einzelnen wurde je nach Bischof oder Landesherr unterschiedlich stark gegen das Wallfahrtswesen reagiert. Meist war entscheidend, ob man nur die schlimmsten Missstände oder das Wallfahren überhaupt beseitigen wollte. Allerdings hielten die meisten Bischöfe und Landesherren ein Eingreifen für notwendig und unumgänglich.

Wallfahrtsverbote und Wessenberg

Konkrete Maßnahmen, wie *Wallfahrtsverbote* in Form von Erlassen oder Verordnungen, wurden von der staatlichen und kirchlichen Obrigkeit angeordnet und strengstens kontrolliert. Sie sollten den Boden für das Wallfahren austrocknen. Von der württembergischen Regierung wurde das Wallfahren nun gesetzlich beschränkt. Ebenso regelte der Katholische Geistliche Rat die Belange der Kirche, und er hatte auch das *Auslaufen* der Gläubigen zu kontrollieren.[64] Im Jahre 1806 verbot das Königreich Württemberg beispielsweise die Wallfahrt in Heiligenbronn bei Schramberg.[65] Am 17. Oktober 1811 verfügte das Ministerium des Inneren einen Erlass, das Auslaufen der Untertanen in auswärtige Wallfahrtsorte betreffend.[66]
Für den seit 1802 amtierenden Konstanzer Generalvikar Ignaz Heinrich Frh. v. Wessenberg (1774–1860), der das o. g. Bibelzitat *im Geist und in der Wahrheit* immer wieder zitierte, war es die kürzeste Zusammenfassung seiner wesentlichen Anschauungen über Liturgie und zugleich die prägnante Formulierung seines liturgischen Reformprogramms.[67] Mit seiner Liturgiereform wollte er – ein zentrales Anliegen der katholischen Aufklärung – das Christentum wieder auf das Wesentliche zurückführen. Von diesem Anliegen leitet sich seine scharfe Unterscheidung zwischen Wesentlichem und Nichtwesentlichem in der Liturgie

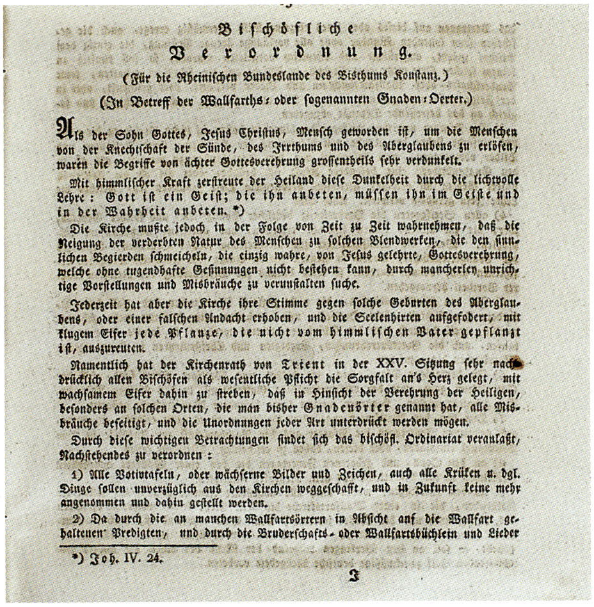

Bischöfliche

Verordnung.

(Für die Rheinischen Bundeslande des Bisthums Konstanz.)

(In Betreff der Wallfarths- oder sogenannten Gnaden-Oerter.)

Als der Sohn Gottes, Jesus Christus, Mensch geworden ist, um die Menschen von der Knechtschaft der Sünde, des Irrthums und des Aberglaubens zu erlösen, waren die Begriffe von ächter Gottesverehrung grossentheils sehr verdunkelt.

Mit himmlischer Kraft zerstreute der Heiland diese Dunkelheit durch die lichtvolle Lehre: Gott ist ein Geist; die ihn anbeten, müssen ihn im Geiste und in der Wahrheit anbeten. *)

Die Kirche mußte jedoch in der Folge von Zeit zu Zeit wahrnehmen, daß die Neigung der verderbten Natur des Menschen zu solchen Blendwerken, die den sinnlichen Begierden schmeicheln, die einzig wahre, von Jesus gelehrte, Gottesverehrung, welche ohne tugendhafte Gesinnungen nicht bestehen kann, durch mancherley unrichtige Vorstellungen und Misbräuche zu verunstalten suche.

Jederzeit hat aber die Kirche ihre Stimme gegen solche Geburten des Aberglaubens, oder einer falschen Andacht erhoben, und die Seelenhirten aufgefodert, mit klugem Eifer jede Pflanze, die nicht vom himmlischen Vater gepflanzt ist, auszureuten.

Namentlich hat der Kirchenrath von Trient in der XXV. Sitzung sehr nachdrücklich allen Bischöfen als wesentliche Pflicht die Sorgfalt an's Herz gelegt, mit wachsamem Eifer dahin zu streben, daß in Hinsicht der Verehrung der Heiligen, besonders an solchen Orten, die man bisher Gnadenörter genannt hat, alle Misbräuche beseitigt, und die Unordnungen jeder Art unterdrückt werden mögen.

Durch diese wichtigen Betrachtungen findet sich das bischöfl. Ordinariat veranlaßt, Nachstehendes zu verordnen:

1) Alle Votivtafeln, oder wächserne Bilder und Zeichen, auch alle Krüken u. dgl. Dinge sollen unverzüglich aus den Kirchen weggeschafft, und in Zukunft keine mehr angenommen und dahin gestellt werden.

2) Da durch die an manchen Wallfartsörtern in Absicht auf die Wallfart gehaltenen Predigten, und durch die Bruderschafts- oder Wallfartsbüchlein und Lieder

*) Joh. IV. 24.

I

Wallfahrt in der Kritik

Die Bischöfliche Verordnung in »Betreff der Wallfahrths- oder sogenannten Gnaden-Oerter« vom 4. März 1809 (Wessenberg) suchte das Wallfahrtswesen einzuschränken.
Erzbischöfliches Ordinariat, Bibliothek.

her. Darin war die entschiedene Zurückdrängung der *Nebenandachten*, zu denen Prozessionen, Bittgänge, Bruderschaften, Ablässe und Wallfahrten gezählt wurden, zugunsten des *Wesentlichen* in der Liturgie, nämlich Eucharistiefeier, Sakramente und Lehrverkündigung (Predigt und Christenlehre) begründet. In seiner Ablehnung der *Nebendinge* neigte er dazu, sie unter Missbräuche, Auswüchse und Aberglauben einzureihen, deren Bekämpfung er sich mit seiner Liturgiereform verschrieben hatte.[68] Wessenberg hielt aber treu an der Heiligenverehrung fest. Seine pastoralen Haupteinwände gegen das Wallfahrtswesen waren die Betonung des Pfarrprinzips und die Verbesserung der bisherigen Beichtpraxis. In seinen Augen waren manche übertriebenen Begleiterscheinungen des Wallfahrtswesens *Pflanzen, die nicht vom Himmlischen Vater gepflanzt*« worden sind.[69]

Unter seinen Maßnahmen gegen das Wallfahrtswesen im Bistum Konstanz ist der folgenschwere Erlass des Bischöflichen Ordinariats Konstanz *in Betreff der Wallfahrts- oder sogenannten Gnadenorte* vom 4. März

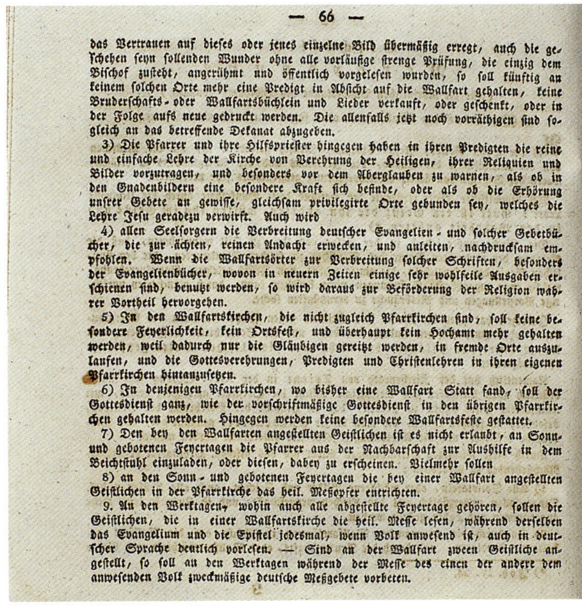

— 66 —

das Vertrauen auf dieses oder jenes einzelne Bild übermäßig erregt, auch die geschehen seyn sollenden Wunder ohne alle vorläufige strenge Prüfung, die einzig dem Bischof zusteht, angerühmt und öffentlich vorgelesen wurden, so soll künftig an keinem solchen Orte mehr eine Predigt in Absicht auf die Wallfart gehalten, keine Bruderschafts- oder Wallfartsbüchlein und Lieder verkauft, oder geschenkt, oder in der Folge aufs neue gedruckt werden. Die allenfalls jetzt noch vorräthigen sind sogleich an das betreffende Dekanat abzugeben.

3) Die Pfarrer und ihre Hilfspriester hingegen haben in ihren Predigten die reine und einfache Lehre der Kirche von Verehrung der Heiligen, ihrer Reliquien und Bilder vorzutragen, und besonders vor dem Aberglauben zu warnen, als ob in den Gnadenbildern eine besondere Kraft sich befinde, oder als ob die Erhörung unsrer Gebete an gewisse, gleichsam privilegirte Orte gebunden sey, welches die Lehre Jesu geradezu verwirft. Auch wird

4) allen Seelsorgern die Verbreitung deutscher Evangelien- und solcher Gebetbücher, die zur ächten, reinen Andacht erwecken, und anleiten, nachdrucksam empfohlen. Wenn die Wallfartsörter zur Verbreitung solcher Schriften, besonders der Evangelienbücher, wovon in neuern Zeiten einige sehr wohlfeile Ausgaben erschienen sind, benutzt werden, so wird daraus zur Beförderung der Religion wahrer Vortheil hervorgehen.

5) In den Wallfartskirchen, die nicht zugleich Pfarrkirchen sind, soll keine besondere Feyerlichkeit, kein Ortsfest, und überhaupt kein Hochamt mehr gehalten werden, weil dadurch nur die Gläubigen gereitzt werden, in fremde Orte auszulaufen, und die Gottesverehrungen, Predigten und Christenlehren in ihren eigenen Pfarrkirchen hintanzusetzen.

6) In denjenigen Pfarrkirchen, wo bisher eine Wallfart Statt fand, soll der Gottesdienst ganz, wie der vorschriftmäßige Gottesdienst in den übrigen Pfarrkirchen gehalten werden. Hingegen werden keine besondere Wallfartsfeste gestattet.

7) Den bey den Wallfarten angestellten Geistlichen ist es nicht erlaubt, an Sonn- und gebotenen Feyertagen die Pfarrer aus der Nachbarschaft zur Aushilfe in dem Beichtstuhl einzuladen, oder diesen, dabey zu erscheinen. Vielmehr sollen

8) an den Sonn- und gebotenen Feyertagen die bey einer Wallfart angestellten Geistlichen in der Pfarrkirche das heil. Meßopfer entrichten.

9. An den Werktagen, wohin auch alle abgestellte Feyertage gehören, sollen die Geistlichen, die in einer Wallfartskirche die heil. Messe lesen, während derselben das Evangelium und die Epistel jedesmal, wenn Volk anwesend ist, auch in deutscher Sprache deutlich vorlesen. — Sind an der Wallfart zween Geistliche angestellt, so soll an den Werktagen während der Messe des einen der andere dem anwesenden Volk zweckmäßige deutsche Meßgebete vorbeten.

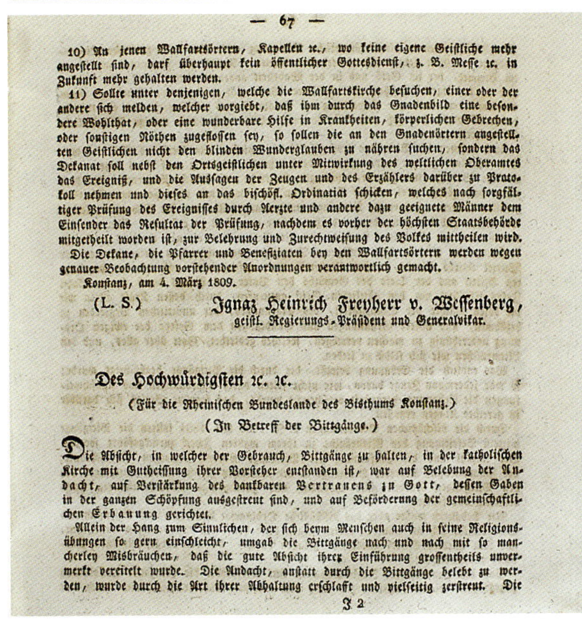

— 67 —

10) An jenen Wallfartsörtern, Kapellen rc., wo keine eigene Geistliche mehr angestellt sind, darf überhaupt kein öffentlicher Gottesdienst, z. B. Messe rc. in Zukunft mehr gehalten werden.

11) Sollte unter denjenigen, welche die Wallfartskirche besuchen, einer oder der andere sich melden, welcher vorgiebt, daß ihm durch das Gnadenbild eine besondere Wohlthat, oder eine wunderbare Hilfe in Krankheiten, körperlichen Gebrechen, oder sonstigen Nöthen zugeflossen sey, so sollen die an den Gnadenörtern angestellten Geistlichen nicht den blinden Wunderglauben zu nähren suchen, sondern das Dekanat soll nebst den Ortsgeistlichen unter Mitwirkung des weltlichen Oberamtes das Ereigniß, und die Aussagen der Zeugen und des Erzählers darüber zu Protokoll nehmen und dieses an das bischöfl. Ordinariat schicken, welches nach sorgfältiger Prüfung des Ereignisses durch Aerzte und andere dazu geeignete Männer dem Einsender das Resultat der Prüfung, nachdem es vorher der höchsten Staatsbehörde mitgetheilt worden ist, zur Belehrung und Zurechtweisung des Volkes mittheilen wird.

Die Dekane, die Pfarrer und Benefiziaten bey den Wallfartsörtern werden wegen genauer Beobachtung vorstehender Anordnungen verantwortlich gemacht.

Konstanz, am 4. März 1809.

(L. S.) Ignaz Heinrich Freyherr v. Wessenberg,
geistl. Regierungs-Präsident und Generalvikar.

Des Hochwürdigsten rc. rc.

(Für die Rheinischen Bundeslande des Bisthums Konstanz.)

(In Betreff der Bittgänge.)

Die Absicht, in welcher der Gebrauch, Bittgänge zu halten, in der katholischen Kirche mit Gutheissung ihrer Vorsteher entstanden ist, war auf Belebung der Andacht, auf Verstärkung des dankbaren Vertrauens zu Gott, dessen Gaben in der ganzen Schöpfung ausgestreut sind, und auf Beförderung der gemeinschaftlichen Erbauung gerichtet.

Allein der Hang zum Sinnlichen, der sich beym Menschen auch in seine Religionsübungen so gern einschleicht, umgab die Bittgänge nach und nach mit so mancherley Misbräuchen, daß die gute Absicht ihrer Einführung grossentheils unvermerkt vereitelt wurde. Die Andacht, anstatt durch die Bittgänge belebt zu werden, wurde durch die Art ihrer Abhaltung erschlafft und vielseitig zerstreut. Die

I 2

1809 näher zu betrachten.[70] Wesentliche Bestimmungen:

Alle Votivtafeln und Votivgaben müssen aus den Kirchen entfernt werden, und neue dürfen künftig nicht mehr aufgehängt werden.[71] Auch die Wallfahrtspre-

digt und der Verkauf von Wallfahrtsbüchlein (mit ungeprüften Wunderberichten) wurden verboten. Den Geistlichen wurde aufgetragen, die Lehre der Kirche von der Heiligen-, Reliquien- und Bilderverehrung zu berücksichtigen und vor dem Aberglauben zu warnen, dass in Gnadenbildern eine besondere Kraft wohne. In reinen Wallfahrtskirchen durften keine besonderen Feierlichkeiten mehr stattfinden. In Pfarrkirchen, die bisher Wallfahrtskirchen gewesen waren, sollte der Gottesdienst so, wie an anderen Pfarrkirchen üblich, abgehalten werden; Wallfahrtsfeste waren verboten. Die an einer Wallfahrt angestellten Geistlichen sollten an Sonn- und Feiertagen in der Pfarrkirche die Messe feiern. An Werktagsmessen sollten in Wallfahrtskirchen Evangelium und Epistel in deutscher Sprache vorgelesen werden. In Wallfahrtskirchen ohne eigenen Geistlichen durfte in Zukunft kein öffentlicher Gottesdienst mehr abgehalten werden. Sollte ein Wallfahrer von einer ihm zuteil gewordenen Wunderheilung oder erfahrener wunderbarer Hilfe berichten, so dürfe nicht der *blinde Wunderglauben* genährt werden, sondern das zuständige Dekanat hatte das Ereignis und die Aussagen der Zeugen und des Erzählers zu Protokoll zu nehmen und zur weiteren Überprüfung (evtl. auch durch Ärzte) an das Bischöfliche Ordinariat einzusenden.[72]
Für viele, aber nicht für alle Bestimmungen des Erlasses konnte sich Wessenberg mit vollem Recht auf die klaren Worte des Trienter Konzils (Sessio 25; Dekrete über die Heiligen-, Reliquien- und Bilderverehrung) berufen. Andere Anordnungen waren Konsequenzen aus dem Pfarrprinzip.
Aus dem Erlass gehen deutlich zwei Hauptanliegen Wessenbergs hervor, einmal der Kampf gegen Missbräuche und abergläubische Auswüchse, zum andern die Sorge um die Beeinträchtigung des Pfarrgottesdienstes.[73] Als Beispiel sei die große Weingartener Heilig-Blut-Wallfahrt angeführt. Hier war Wessenberg und auch der württembergischen Regierung das barock-überschwengliche Wallfahrtswesen mit seinem überregionalem Einzugsgebiet, seinem Massencharakter und seinem stark äußerlichen Brauchtum in hohem Maße suspekt, weshalb beide entschiedene Gegner des Blutritts waren. So erstaunt es nicht, dass die württembergische Regierung das bereits am 18. April 1805 auf Anraten Wessenbergs durch die neue Herrschaft Oranien-Nassau ergangene Blutrittsverbot strikt aufrechterhielt und versuchte, die Wallfahrt zu unterdrücken.[74]
Bei der heftig umstrittenen Verordnung des Bischöflichen Ordinariats Konstanz vom 17. März 1803 über die *Bittgänge* bezog sich Wessenberg auf *ältere Kirchen-Diözesangesetze*.[75] Auch dieses Dekret kam weniger auf Initiative des Konstanzer Generalvikars zustande, als vielmehr auf staatlichen Druck hin: Die badische Regierung in Karlsruhe hatte sich beim Ordinariat in Konstanz beschwert. So musste Wessenberg dem Staat in den weniger wichtigen Belangen entgegenkommen und sich mit dem Einbruch in den kirchlichen Bereich abfinden.[76] Diese Verordnung wurde am 28. April 1804 wiederholt, speziell für den schwäbisch-österreichischen Bistumsteil. Ihrem Inhalt zufolge blieb in Weingarten zwar der Bittgang mit der Heilig-Blut-Reliquie weiterhin gestattet, der Blutritt, die Führung und Begleitung der Reliquie zu Pferd, aber verboten. Im Jahre 1812 erfolgte gar eine Bestätigung des Blutritt-Verbots durch das Königreich Württemberg.[77] Erst von 1849 an konnte der Blutritt am *Blutfreitag* wieder in der tradierten Form abgehalten werden.
Bereits vor Wessenbergs Erlassen wurden erste Wallfahrtsverbote ausgesprochen, die auch Oberschwaben betrafen. So wurden in den Jahren 1772 und 1777 Wallfahrten und Prozessionen auf österreichischem Staatsgebiet untersagt[78], und auf Drängen der österreichischen Regierung und mit päpstlicher Billigung wurden 1782 eine Anzahl Feiertage durch den Konstanzer Bischof von Rodt abgeschafft. Ein Kaiserliches Hofdekret vom 29. April 1784 forderte einfachere Innenausstattungen der Kirchen. Im selben Jahr erließ Kaiser Joseph II. außerdem zwei Dekrete zur Einschränkung der Reliquienverehrung. Am 1. Juli 1784 folgte eine Verordnung über die *Entkleidung der Muttergottesstatuen*. Schließlich wurden 1785 in Österreich alle Wallfahrten und Prozessionen (ausgenommen an Fronleichnam, Christi Himmelfahrt und in der sog. Bittwoche) verboten.[79]
So brachte also schon der Josephinismus Ende des 18. Jh., zumindest in den habsburgisch-österreichischen Gebieten, ein Zurückdrängen sowie einen Rückgang der Volksfrömmigkeit und der Wallfahrten. Die im Zuge des Josephinismus erfolgte Auf-

hebung des Jesuitenordens 1773 schwächte die von Jesuiten betreuten Wallfahrten auf den Schönenberg/Ellwangen, im Weggental/Rottenburg, nach Maria Bickesheim/Rastatt und nach Maria Linden/Ottersweier. 1783 wurde im Zuge der Aufklärung auch die Bussenklause geschlossen.[80] Auch in Steinhausen bei Schussenried bewirkten die Dekrete Kaiser Josephs II. eine stillere Zeit.[81]

Wirkungen und Folgen der Wallfahrtsverbote

Eine Möglichkeit zur Reduzierung von Wallfahrten sah man in der Zusammenlegung benachbarter Wallfahrten, wie das Beispiel Bernhardusberg/Schwäbisch Gmünd zeigt. Die dortige Wallfahrtskirche wurde 1809 abgebrochen, nachdem das Gnadenbild, eine Statue des hl. Bernhard, bereits 1806 in die nahegelegene Wallfahrtskirche auf dem Hohenrechberg übertragen worden war.
In anderen Fällen wurden Wallfahrten mittels des Gnadenbildes in Pfarrkirchen verlegt. So hat man beispielsweise 1802 das spätgotische Gnadenbild »Unserer Lieben Frau von der Augenwende« in Rottweil aus der Klosterkirche in das Münster Hl. Kreuz übertragen.[82] Auch nach dem Abbruch von Wallfahrtskapellen kamen die Gnadenbilder in die Pfarrkirchen am Ort, so 1812 in Markdorf, 1820 in Mennisweiler/Waldsee (in die Pfarrkirche Molpertshaus) und 1821 in Ludwigshafen/Bodman.[83]
Der Wessenberg`sche Erlass von 1809 bewirkte auch indirekt das allmähliche Ende für viele Gnadenorte. Die Gläubigen konnten zwar nach wie vor zu ihnen wallfahren, doch vor Ort selbst fehlte jede seelsorgerische Betreuung. Dennoch liefen zum Beispiel die Wallfahrten in Triberg und Todtmoos weitgehend unbehindert weiter.[84] Aber im Laufe der Zeit ließ dann doch der Andrang nach. Natürlich hat auch Wessenbergs Verordnung das Ihre dazu beigetragen!
Die Wallfahrt zur *Maria in der Tanne* in Triberg erlitt ebenfalls schwere Beeinträchtigungen. 1805/06 wurde sie von fünf Redemptoristen, darunter der später heiliggesprochene Pater Clemens Maria Hofbauer (1751–1820), erfolgreich betreut. Auf Druck Wessenbergs, der am 4. November 1805 sogar die Triberger Niederlassung aufhob, und des neuen badischen Staates mussten die Redemptoristen 1806 den Ort wieder verlassen. In der Kirche befindet sich noch heute eine Votivtafel von 1805 mit einer Darstellung Hofbauer.[85] Auch die überregional bedeutende Wallfahrt in Walldürn bekam die Aufklärung mit ihren Verboten der Fernwallfahrten zu spüren. Allerdings blieb die Säkularisation hier zunächst ohne Folgen, weil das betreuende Kapuzinerkloster erst 1830 aufgehoben wurde.[86]
Die schärfste Form des Vorgehens gegen Wallfahrten waren sicher Abbrüche von Wallfahrtskirchen, die einige Bischöfe und Landesherren veranlassten[87]: 1805 Maria Dotzburg/Wiesensteig, 1811 die Maria-Einsiedeln-Kapelle/Kloster Wiblingen, 1812 die Mühlbruckkapelle/Ravensburg, 1812 die Wallfahrtskirche auf dem Welschenberg/Mühlheim a. d. D. Die Aufzählung ließe sich leicht fortsetzen. Gefährdet war selbst die Wallfahrtskirche auf dem Schönenberg/Ellwangen. Blieben auch die großen Wallfahrtszüge aus, so gab es immer noch viele Einzelwallfahrer. An Gnadenbildern wurden immer noch Votivtafeln aufgehängt, die zeigen, dass die tief verankerte Volksfrömmigkeit durch gesetzliche Maßnahmen nicht einfach auszulöschen war.[88]
Exemplarisch soll hier die Wallfahrt des Klosters St. Peter nach Maria Lindenberg vorgestellt werden, weil sich hier in mehrfacher Hinsicht aufschlussreiche Begebenheiten zugetragen haben. 1760–1762 ließ der sonst eher als Aufklärer in Erscheinung getretene Abt Philipp Jakob Steyrer vom Benediktinerkloster St. Peter im Schwarzwald einen Neubau der zum Kloster gehörenden Wallfahrtskirche Maria Lindenberg errichten. Wie das bekannte Legendenbild aus dem Jahre 1794 zeigt, war er auch sonst ein eifriger Marienverehrer. Im Jahre 1787 musste die Wallfahrtskirche auf Anordnung des Konstanzer Bischofs Maximilian Christoph von Rodt und der vorderösterreichischen Regierung in Freiburg abgebrochen und in das benachbarte Dorf Eschbach transloziert werden. Das ursprüngliche Gnadenbild *Unserer Lieben Frau vom Lindenberg* (1606) wurde 1790 in die Pfarrkirche Eschbach überführt, wo es sich bis heute (inzwischen ohne Kultfunktion) befindet. Man glaubte, durch die Translation des Gnadenbildes auch die Wallfahrt nach Eschbach umlenken zu können. Doch die Erwartung traf nicht ein. Trotz des von 1787 bis 1842 währenden Verbots und des Abbruchs der Kirche blieb die Wallfahrt als große Regionalwallfahrt bis heute erhalten.

Wallfahrt Maria Lindenberg
Legendenbild mit Abt Philipp Jakob Steyrer von St. Peter.
Öl auf Holz von Simon Göser, 1794.
Stegen-Eschbach, Kath. Pfarrgemeinde.

Die Legende erzählt, die Bewohner Eschbachs seien so lange mit Strafen, wie z. B. der Geburt taubstummer Kinder, heimgesucht worden, bis ihnen der Pfarrer geraten habe, das Kirchlein Maria Lindenberg wieder aufzubauen. Dies geschah ab 1803, gegen den Willen der geistlichen und der weltlichen Obrigkeit, durch die Bauern der Umgebung und mit Unterstützung der Gräfin Kageneck. Schon zuvor war die Wallfahrt zu den Ruinen der alten Kapelle weitergegangen. Mitten im Bau verlangte Wessenberg die Einstellung des Neubaus, weil das Kloster St. Peter (die Breisgauklöster wurden erst 1806 von Baden säkularisiert) nicht bereit war, die Lokalkaplanei zu übernehmen. Die Gläubigen sollten ihre Andacht in der nahegelegenen Pfarr- und jetzigen Wallfahrtskirche Eschbach verrichten. Als die Ibentäler Bauern 1805 in der halbausgebauten Kapelle einen Altar aufstellten und in der Bittwoche *processionaliter* auf den Lindenberg zogen, legte Wessenberg am 20. Juni 1805 das Interdikt auf die Kapelle und verbot jegliche gottesdienstliche Handlung. Dennoch gelang es nicht, die Wallfahrt Maria Lindenberg zu beseitigen.[89] Es handelt sich übrigens um ein ganz seltenes Beispiel eines Wiederaufbaus einer Wallfahrtskirche im Zeitalter der Aufklärung!
Kurzfristig bewirkten die Verbotsmaßnahmen meist nur wenig; das Volk war nicht bereit, von heute auf

morgen auf althergebrachte Traditionen zu verzichten.[90] Auch war das vielerorts praktizierte pietätlose Verhalten beim Abbruch von Wallfahrtskirchen nicht dazu geeignet, die Gläubigen für den »reinen Katholizismus« zu gewinnen. Vielmehr neigten diese dazu, alle Katastrophen, Seuchen und Krankheiten auf das Wallfahrtsverbot zurückzuführen, wogegen mit Argumenten anzugehen fast aussichtslos war. Die Gläubigen waren verunsichert und konnten nicht verstehen, dass das, was sie über Generationen hinweg getan hatten, jetzt falsch sein sollte.

Ein Grund für die Zurückhaltung der bischöfl. Regierung in Meersburg waren die volkswirtschaftlichen Auswirkungen – durch die Wallfahrtsverbote kamen Berufsstände, wie Wirte oder Buchdrucker, in große finanzielle Schwierigkeiten, was sich auch auf das Steueraufkommen auswirkte. Auch die Wallfahrtspfarrer gerieten bei einem raschen Ende oder Rückgang der Wallfahrten in Not, worauf sogar Wessenberg verwiesen hat.[91]

Insgesamt gesehen, hat die Kritik der Aufklärung jedoch einen bemerkenswerten Einbruch bewirkt: Zum einen verringerte sich die Zahl der Wallfahrtsorte deutlich, und zum anderen sank die Zahl der Pilger und Wallfahrten wie auch die Zahl der Kirchgänger an einzelnen Orten.

Folgen der Säkularisation für das Wallfahrtswesen

Die Ordensgeistlichkeit war über Jahrhunderte die Stütze des Wallfahrtswesens gewesen. Infolge der Säkularisation der Klöster und der Aufhebung der Konvente, entfiel diese Betreuung, was zum Erlöschen vieler Wallfahrten führte. Andere, wie z. B. die zum hl. Vitus und zu den 16 Stiftsheiligen in der Ellwanger Stiftskirche, die Wallfahrt Neusaß/Schöntal, die Wallfahrt Maria Hochheim/Rottweil, ließen nach 1803 zwar stark nach, konnten sich aber, wenn auch in bescheidenerem Umfang, bis heute erhalten.[92] Die Aufhebung des Klosters Rot an der Rot bewirkte auch eine vorübergehende Beeinträchtigung der Wallfahrt Maria Steinbach; dasselbe war bei den beiden Wiblinger Klosterwallfahrten der Fall. Allerdings ist sowohl die Wiblinger Heilig-Kreuz-Wallfahrt als auch die Wallfahrt zum *Herrgöttle von Bihlafingen* bis heute in geringerem Ausmaße existent.[93] Bereits durch die Aufklärung kam es zu Einschränkungen und durch die 1806 erfolgte Säkularisation des Klosters Schuttern sogar zu einer bis 1844 andauernden Unterbrechung der Wallfahrt in Sasbachwalden.[94] Die heute noch aktive Heilig-Blut-Wallfahrt in Weissenau überlebte zwar die Säkularisation, doch wurden im 19. Jh. die feierlichen Blutritte eingestellt (Ausnahmen: 1951 und 1983). Die Säkularisation beeinträchtigte auch die zuvor blühende Wallfahrt in Waghäusel, als das die Wallfahrt betreuende Kapuzinerkloster Anfang des 19. Jhs. aufgehoben und abgerissen wurde. Erst in den 1920er Jahren kam es zu einer Wiederbelebung.[95] Die Wallfahrt zur hl. Lioba in Tauberbi-

Wallfahrt nach Ellwangen
Andachtsbildchen, G. B. Göz (1708–1774)/Augsburg. Diözesanbibliothek Rottenburg a. N.

schofsheim endete erst 1823 mit der Aufhebung des dortigen Franziskanerklosters.[96] Nach 1803 gingen auch die Wallfahrten nach Zwiefalten und in die umliegenden Wallfahrtsorte des Klosters stark zurück. Von 1802 bis 1912 war die Kirche geschlossen, und erst zu Beginn des 20. Jhs. erfuhr die Wallfahrt eine neue Blüte. Ein ganz anderes Beispiel ist aus Laudenbach bei Weikersheim überliefert: dort richtete die Säkularisation 1803 keinen Schaden an, denn die Bergkirche fiel an den Fürsten Karl Joseph von Hohenlohe-Bartenstein, der sowohl der Kirche als auch der Wallfahrt gewogen war.[97]

Manche Wallfahrten sind nach der Säkularisation sogar ganz erloschen, wie beispielsweise die bis 1807 existierende Wallfahrt zum Gnadenbild »Maria im Buchs« in Himmelspforte/Grenzach-Wyhlen[98] und die etwa 1690 begonnene Aurelius-Wallfahrt in Zwiefalten, die um 1830 endete.

Das Wallfahrtswesen im 19. Jahrhundert

Im 19. Jh. lebten mit manchen alten Frömmigkeitsformen auch Wallfahrten wieder auf. Das äußerte sich vor allem in neuerlichen Votivtafeln und Votivgaben, während die Tradition der Mirakelbücher meist schon Ende des 18. Jhs. aufgehört hatte. Diese von Walter Pötzl für den bayerischen Raum getroffene Feststellung trifft auch auf die katholischen Gebiete des heutigen Baden-Württemberg zu.[99]

Es zeigte sich, dass eine Frömmigkeitsform wie das Wallfahrtswesen, die im mitteleuropäischen Kulturkreis fast tausend Jahre gepflegt worden war, innerhalb weniger Jahre weder durch das schroffe Mittel des Verbotes, noch durch das sanftere Mittel der Belehrung zu beseitigen war.[100]

Schon parallel zur Kritik der Aufklärung und dann vor allem im Zeitalter der Romantik wurden Wallfahrten gerade auch von Nichtkatholiken, geradezu verklärt. Ein romantisches Denken erwachte, das die Wallfahrt wieder eher positiv sah.[101]

Wie Reinhardt ausführt, sah die jungkirchlich-ultramontane Bewegung des 19. Jhs. in der Wallfahrt eine Äußerung *echter Katholizität*, die durch die liberal-protestantischen Regierungen systematisch unterdrückt wurde. Im Rahmen eines ultramontan-restaurativen Kirchenbildes wurde die von den Aufklärern geschmähte und bekämpfte Wallfahrt so zu einem Kriterium originalen katholischen Glaubens. Ab ca. 1840 erschienen auch wieder Bücher über das Wallfahrtswesen. Im Königreich Württemberg war vorerst an eine offizielle Wiederherstellung von Wallfahrten nicht zu denken. In der Zeit nach dem Sieg über das Staatskirchenregiment des Vormärz (1848) forderten die Katholiken unter anderem auch das Recht, wieder auf Wallfahrt gehen zu dürfen. Dies kam einer politischen Demonstration gleich, wie beispielsweise um 1848 die Wallfahrt auf den Hohenrechberg. Auch in Württemberg wurde die Wallfahrt zum Symbol kirchlicher Emanzipation von der staatlichen Gewalt.[102] Noch 1835 verbot eine königlich württembergische Verfügung eine Hinzuziehung auswärtiger Geistlicher am Blutfreitag in Weingarten.

Um die Mitte des 19. Jhs. konnten, nach Lockerung der staatlichen Fesseln, neue Kräfte in der Leitung der Kirche und der Bildung des Klerus die Oberhand gewinnen und Wallfahrten wieder fördern.[103] Bereits in den 1840er Jahren setzte die Wallfahrt auf den Bussen, den »Heiligen Berg Oberschwabens«, wieder ein.[104] Schon 1835 wurde ein Ansteigen der nie ganz erloschenen Wallfahrt auf dem Schönenberg bei Ellwangen beobachtet.[105] Bereits am 24. Dezember 1833 wurde vom Bischöflichen Ordinariat in Rottenburg ein Dekret erlassen, wonach der *üble Charakter einer Wallfahrtskirche von der Pfarrkirche Schönenberg wegzubringen* sei. Es würde immer noch *gewallt*, in der Gnadenkapelle würden Votivgaben aus rotem Wachs geopfert und in den Nebenräumen Votivtafeln aufgehängt. Der Ellwangener Dekan schlug vor, das Gnadenbild in die Stiftskirche zu verlegen, und verwies auf Beispiele, wo diese Methode Wallfahrten beendet habe. Dabei führte er auch Welschenberg bei Mühlheim/Donau und Oberstadion bei Ehingen/Donau an. Während dem Rottenburger Bischöflichen Ordinariat das Versetzen des Gnadenbildes doch *zu bedenklich* erschien, hatte es gegen das Abräumen der Votivtafeln und Wachsvotive keine Einwände. Diese Zurückhaltung war nicht unklug, denn es war bekannt, dass dort, wo Wallfahrten rigoros verboten worden waren, solche bald danach wieder gefordert wurden.[106] Im Jahre 1848 wurde die Schönenberg-

Wallfahrt dann wieder offiziell zugelassen. Erst viel später, nämlich 1912, erfuhren die Zwiefaltener Wallfahrten eine neue Blütezeit. Zwischen 1805–1919 war auch die Wallfahrt in Birnau am Bodensee unterbrochen und das Marien-Gnadenbild in Salem aufbewahrt worden. Ein Neuanfang erfolgte 1919, als in Birnau ein Priorat des Zisterzienserklosters Mehrerau/Bregenz eingerichtet wurde.[107] Nur eine geringfügige Beeinträchtigung durch Aufklärung und Säkularisation erfuhr die Marienwallfahrt in Todtmoos.[108]
Es gab auch Wallfahrten, die (freilich mehr inoffiziell), ohne Unterbrechung bis heute überdauerten, so etwa die in Steinhausen/Schussenried, in Maria Lindenberg (siehe oben) und in Neusaß/Kloster Schöntal (dort Aufschwung Mitte des 19. Jhs.).[109]
Neben den wiederauflebenden, meist älteren Wallfahrten bildeten sich im 19. Jh. neue Kulte heraus. Diese weit entfernten Wallfahrtsstätten wurden durch die neuen Verkehrsmittel leichter erreichbar. An erster Stelle ist hier die *Wallfahrt nach Lourdes* zu nennen, die ab 1858 begann, und ihre Blütezeit im Gebiet des heutigen Baden-Württemberg etwa zwischen 1880 und 1905 erlebte. Fast überall in den katholischen Landesteilen wurden Nachbildungen der Lourdesgrotte und des dortigen Gnadenbildes errichtet. Bei den Lourdeskapellen wurde in der Regel nicht nur die Madonnenstatue selbst, sondern quasi als Architekturkopie auch die Grotte dazugegeben, gelegentlich auch das Bild der Seherin Bernadette Soubirous.[110] Heute ist Lourdes die größte christliche Wallfahrtsstätte überhaupt.
Ein weiterer Kult des 19. Jhs. führte zur *Wundertätigen Medaille nach Paris*. Auch Nachbildungen des Gnadenbildes *von La Salette* finden sich im Gebiet des heutigen Baden-Württemberg, so in Schwanden (1848) und in Engerazhofen (1864).

Das Wallfahrtswesen im 20. Jahrhundert

Eine typische Wallfahrt des 20. Jhs. ist die *Wallfahrt zur Dreimal wunderbaren Mutter und Königin von Schönstatt*, die 1914 begann. Wie beim Loretokult wurden auch hier Architekturkopien errichtet, also nicht nur das Marienbild, sondern auch die Kapelle kopiert.[111]
Seit der Zeit des ersten Weltkrieges sind auch *Wallfahrten zur Muttergottes von Fatima* in Mode gekommen, z. B. in Munderkingen und Neuhausen (bei Mühlheim).[112]
Abschließend kann gesagt werden, dass die Weingartener Heilig-Blut-Wallfahrt und die Wallfahrt auf den Schönenberg bei Ellwangen heute die beiden größten und bedeutendsten Wallfahrten der Diözese Rottenburg-Stuttgart sind.
Große Bedeutung kommt der Weingartener Wallfahrt durch den am Blutfreitag (Tag nach Christi Himmelfahrt) stattfindenden Blutritt zu, der mit ca. 3.000 Reitern aus etwa 100 Gemeinden auch als größte Pferdeprozession Europas gilt.[113]
Die Schönenberg-Wallfahrt hat seit der Nachkriegszeit auch eine herausragende Bedeutung für die Vertriebenen und Spätheimkehrer, die sich jährlich zu Tausenden auf dem Schönenberg treffen. So hat diese Wallfahrt auch einen Beitrag zur Integration der Vertriebenen geleistet.
Als bedeutendste Wallfahrt des Erzbistums Freiburg gilt die Heilig-Blut-Wallfahrt nach Walldürn.
Als Resümee sei eine Feststellung des Wallfahrtsforschers Walter Pötzl zitiert, die dieser zwar für die bayerischen Wallfahrten getroffen hat, die aber durchaus auch für die katholischen Gebiete Baden-Württembergs gelten kann: »Die Aufklärung selbst bewirkte also keine Zäsur in der Frömmigkeit des Volkes, wohl aber die Säkularisation, etwa dann, wenn infolge der Aufhebung eines Klosters die seelsorgliche Betreuung einer Wallfahrt zusammenbrach. Insgesamt aber hat die überkommene Volksfrömmigkeit durch Verbote und Strafen »zwar geruht«, »untergegangen« aber war sie nicht. Eine Zäsur fand erzwungenerweise nur nach außen statt, im Innern aber erfolgte sie nicht.«[114]

[1] Vgl. *Gertrud Beck*, Die Wallfahrt Maria Steinbach und ihre Bedeutung für Oberschwaben, in: UuO 40/41 (1973), 227.

[2] *Hans Dünninger*, Zur Geschichte der barocken Wallfahrt im deutschen Südwesten, in: Barock in Baden-Württemberg. Bd. 2 (Aufsätze). Bruchsal 1981, 409.

[3] Vgl. *Barbara Goy*, Aufklärung und Volksfrömmigkeit in den Bistümern Würzburg und Bamberg. Würzburg 1969, 129 (Quellen und Forsch. zur Geschichte des Bistums und Hochstifts Würzburg; XXI).

[4] *Dünninger*, Barocke Wallfahrt (wie Anm. 2), 414f. Bittgänge allein sind noch kein Zeichen dafür, dass an der Kirche, wohin sie beordert wurden, Wallfahrten (Gnadenbildkulte) bestanden! Solche Prozessionen lassen sich auch zu Stätten nachweisen, die niemals Wallfahrtsorte waren! Im Unterschied zur Wallfahrt kann ein Bittgang zwar auch zu einer Wallfahrtskirche führen, doch das ist nicht das Entscheidende. Bittgänge sind terminiert auf den Markustag und die drei Tage vor Christi Himmelfahrt. Sie führen lediglich zu einer benachbarten Kirche (dauern daher oft nicht so lange), die in der Regel die Mutterkirche ist. Bittgänge stehen im allgemeinen liturgischen Kalender und gehen nicht – wie die Wallfahrten – auf eine Votation zurück.

[5] *Hermann Brommer u. a.* (Hg.), Wallfahrten im Erzbistum Freiburg. München/Zürich 1990, 118f.

[6] Vgl. *Alois Schwenger*, Abtei Wiblingen. München 1930, 16f., 24f.

[7] Vgl. *Brommer*, Wallfahrten (wie Anm. 5), 137f.

[8] Siehe *Beck*, Maria Steinbach (wie Anm. 1), 224ff., und *Dies.*, Maria Steinbach – 250 Jahre Wallfahrt zur Schmerzhaften Muttergottes 1734–1984. Weißenhorn 1984, 27–31.

[9] Vgl. *M. Pachomius Pemsl O.Cist.*, Wallfahrt in Birnau – Von ihren Anfängen bis heute, in: Festschrift »Barockjuwel am Bodensee. 250 Jahre Wallfahrtskirche Birnau«. Lindenberg/Allgäu 2000, 59–79.

[10] Siehe dazu *Günter Kolb*, Barockbauten im Gebiet der Abtei Zwiefalten, in: *Hermann Josef Pretsch* (Hg.), 900 Jahre Benediktinerabtei Zwiefalten. Ulm 1989, 383–389.

[11] Vgl. *Dünninger*, Barocke Wallfahrt (wie Anm. 2), 412. Zur Entstehungsgeschichte und Verbreitung des Loretokultes siehe *Walter Pötzl*, Loreto in Bayern, in: Jb. für Volkskunde 2 (1979), 187–218; *Ders.*, Santa-Casa-Kult in Loreto und in Bayern, in: *Lenz Kriss-Rettenbeck/ Gerda Möhler* (Hgg.), Wallfahrt kennt keine Grenzen. München/ Zürich 1984, 368–382; *Heribert Hummel*, Die Loretokapelle auf dem Schönenberg bei Ellwangen und andere nachgeahmte Gnadenorte und Gnadenbilder in der Diözese Rottenburg-Stuttgart, in: *Hans Pfeifer* (Hg.), Wallfahrt Schönenberg 1638–1988. Ellwangen/Jagst 1988, 133, und neuerdings grundlegend: *Walter Pötzl*, Loreto – Madonna und Heiliges Haus. Die Wallfahrt auf dem Kobel. Ein Beitrag zur europäischen Kult- und Kulturgeschichte. Augsburg 2000, 10–113. – Das Wesentliche am Loreto-Kult ist nicht das Gnadenbild, sondern die Architekturkopie (= Nachbildung der Santa Casa). Herrn Prof. Dr. Walter Pötzl/Eichstätt sei an dieser Stelle für wertvolle Hinweise herzlich gedankt.

[12] Vgl. *Dünninger*, Barocke Wallfahrt (wie Anm. 2), 412.

[13] Ebd., 412. In der Diözese Rottenburg-Stuttgart finden wir weitere Loretokapellen in Tettnang (1624), Binsdorf (1626), Scheer (1628), Schönenberg (1638 Madonna von Foy/Belgien, 1639 Loretokapelle, später in den Kirchenbau integriert), Kisslegg (1656), Sommersried (1656), Wolfegg (1668), Dürmentingen (1668), Sonderbuch b. Zwiefalten (1671, 1807 geschlossen und profaniert), Waldsee (1680; war einst die Hauskapelle der Franziskanerinnen), Kronwinkel (1684), Neutrauchburg (1686), Westerheim (1706), Mochenwangen (1719) und Egesheim (1747). In der Erzdiözese Freiburg gibt es Loretokapellen in Allmannsdorf bei Konstanz (1637), Leuterhausen b. Hirschberg an der Bergstraße (1648), Josephsbergle b. Freiburg (1657), »Maria Edelburg« in Jestetten/Wutachtal (1668), Villingen (1706), Hüfingen b. Donaueschingen (1711), Neibsheim b. Bretten (vor 1720), Stockach (1724) und in Stühlingen (1680/81).

[14] Ebd., 412.

[15] Siehe *Hummel*, Loretokapelle Schönenberg (wie Anm. 11), 129. Vgl. *Dünninger*, Barocke Wallfahrt (wie Anm. 2), 411f., und *Georg Ott*, Die Wallfahrtsgeschichte auf dem Schönenberg bei Ellwangen von ihrer Entstehung bis zum Dritten Reich, in: *Hans Pfeifer* (Hg.), Wallfahrt Schönenberg 1638–1988. Ellwangen/Jagst 1988, 19–25.

[16] Vgl. *Hans Dünninger*, Unsere Liebe Frau vom Schönenberg bei Ellwangen und Notre Dame de Foy, in: *Viktor Burr* (Hg.), Ellwangen 764–1964. Bd. II. Ellwangen/Jagst 1964, 833–840, und *Ders.*, Barocke Wallfahrt (wie Anm. 2), 411f.

[17] Siehe *Paulus Weißenberger*, Geschichte der Wallfahrt Mariabuch bei Neresheim. Regensburg 1931. Die 1663 erbaute Kirche ist 1796 durch Kriegseinwirkung abgebrannt und wurde 1859 bzw. 1889 wiedererrichtet. Vgl. *Dünninger*, Barocke Wallfahrt (wie Anm. 2), 412.

[18] Siehe *Dünninger*, Barocke Wallfahrt (wie Anm. 2), 412; *Hummel*, Loretokapelle Schönenberg (wie Anm. 11), 135f., und *Paul Kopf*, Art. Rottenburg-Stuttgart, in: Marienlexikon. Bd. V. St. Ottilien 1993, 578f.

[19] Vgl. Ebd.

[20] Zum Ursprung des Mariahilf-Kultes und Beispielen siehe *Dünninger*, Barocke Wallfahrt (wie Anm. 2), 413 und *Hummel*, Loretokapelle Schönenberg (wie Anm. 11), 137f. Gnadenbildkopien von Mariahilf aus der Barockzeit, die nicht alle das Ziel einer Wallfahrt waren, finden sich in Weingarten (1638), Schöntal (1660), Ochsenhausen (1732), Obersulmetingen, Waldsee (Marienkapelle in der Stiftskirche), Donzdorf, Weißenstein, Burgrieden mit Oberherrlingen (Bergkapelle, 1708), Schlosskapelle und Frauenbergkapelle in Waldsee, Alttann, Eggmannsried, Gaishaus, Mittelurbach und in Truilz (b. Wurzach).

[21] Zum Maria-Schnee-Kult und seiner Entstehung siehe *Hummel*, Loretokapelle Schönenberg (wie Anm. 11), 136.

[22] Zum Kult der Maria vom Guten Rat aus Genazzano siehe ebd., 136f.

[23] Siehe *Dünninger*, Barocke Wallfahrt (wie Anm. 2), 413; *Hummel*, Loretokapelle Schönenberg (wie Anm. 11), 138, und *Kopf*, Rottenburg-Stuttgart (wie Anm. 18), 579.

[24] Siehe *Hummel*, Loretokapelle Schönenberg (wie Anm. 11), 138.

[25] Zur Wallfahrtsgeschichte und der besonderen Kultausprägung siehe *Walter Pötzl*, St. Blasius in Bopfingen und Unsere Liebe Frau auf dem Roggenacker – eine spätmittelalterliche und eine barocke Wallfahrt im Vergleich (Zusammenfassung), in: Rieser Kulturtage – Dokumentation. Bd. VI/2. Nördlingen 1986, 649–655.

[26] Siehe *Dünninger*, Barocke Wallfahrt (wie Anm. 2), 413, und *Hummel*, Loretokapelle Schönenberg (wie Anm. 11), 131, 140f.

[27] *Martina Oberndorfer*, Eußer liebs Herrgöttle von Bilefingen. Geschichte einer Wallfahrt. Laupheim 1999. Die Figur des Wiesheilands ist nur 32 cm hoch.

[28] Vgl. *Christian Schreiber u. a.* (Hg.), Wallfahrten durchs deutsche Land. Eine Pilgerfahrt zu Deutschlands heiligen Stätten. Berlin 1928, 434, und *Benedikt Welser*, Heilige Heimat. Von Gnadenort zu Gnadenort in Baden-Württemberg. Ehingen/Donau 1956, 146. Am Bau dieser Kapelle war Abt Beda Sommerberger von Zwiefalten maßgeblich beteiligt. Auch in Zwiefalten gab es eine Herz-Jesu-Wallfahrt am Herz-Jesu-Altar in der Klosterkirche.

[29] Zur Entstehungsgeschichte und eine Aufzählung siehe *Hummel*, Loretokapelle Schönenberg (wie Anm. 11), 140–144. Grundlegend zu diesem Thema auch *Paul Ernst Rattelmüller*, Christkindl. Dachau 1994, 34–57.

[30] Siehe *Dünninger*, Barocke Wallfahrt (wie Anm. 2), 413; *Hermann Dettmer u. a.* (Hg.), Ausstellungskatalog »Zu Fuss, zu Pferd … Wallfahrten im Landkreis Ravensburg«. Biberach/Riß 1990, 19ff.; *Walter*

Pötzl, § 73 Volksfrömmigkeit in barocker Fülle, in: *Walter Brandmüller* (Hg.), Handbuch der bayerischen Kirchengeschichte. Bd. II. 1517–1802. St. Ottilien 1993, 918f. und neuerdings grundlegend: *Andrea Polonyi*, Wenn mit Katakombenheiligen aus Rom neue Traditionen begründet werden. St. Ottilien 1998 (Studien zur Theologie und Geschichte; 14).

[31] Vgl. *Dünninger*, Barocke Wallfahrt (wie Anm. 2), 413ff., und *Dettmer*, Wallfahrten im Landkreis Ravensburg (wie Anm. 30), 19ff.

[32] Ebd.

[33] *Paul Schurer*, Die Selige Gute Betha von Reute. Wallfahrtsbuch mit geschichtlichen Erläuterungen. Reute 1981; *Otto Beck*, Die Gute Beth. Volksfrömmigkeit und Volkskunst. München/Zürich 1986 und *Dettmer*, Wallfahrten im Landkreis Ravensburg (wie Anm. 33), 189–202.

[34] Näheres zum Ursprung der Wallfahrt in Hohenstadt siehe *Dünninger*, Barocke Wallfahrt (wie Anm. 2), 414.

[35] Siehe *Brommer*, Wallfahrten (wie Anm. 5), 96ff.

[36] Vgl. *Dünninger*, Barocke Wallfahrt (wie Anm. 2), 412.

[37] Ebd., 411f., und *Hummel*, Loretokapelle Schönenberg (wie Anm. 13), 132. Vom Schönenberger Gnadenbild wurden im 18. Jh. auch echte Tonkopien angefertigt und den Wallfahrern angeboten. – Die Tonmadonna wurde spätestens seit 1732 für eine Kopie der Muttergottes von Altötting gehalten, bis *Dünninger* (wie Anm. 16) sie als Nachbildung der Madonna von Notre Dame de Foy erkannte.

[38] Diese Gnadenbildkopie war ein Geschenk des Schussenrieder Abtes Didakus Ströbele. Siehe *Alfons Kasper*, Die Bau- und Kunstgeschichte des Prämonstratenser-Stifts Schussenried. Teil II. Schussenried 1960, 177ff.

[39] Vgl. *Schreiber*, Wallfahrten (wie Anm. 28), 421f.

[40] Siehe *Dünninger*, Barocke Wallfahrt (wie Anm. 2), 413.

[41] Vgl. *Kopf*, Rottenburg-Stuttgart (wie Anm. 18), 578f.

[42] Dieser Begriff wurde von Franz Matsche geprägt in seinem Artikel »Architekturkopie«: *Franz Matsche*, Art. »Architekturkopie«, in: Marienlexikon. Bd. I. St. Ottilien 1988, 221–225.

[43] Als Beispiele in Baden-Württemberg seien genannt: Laupheim (1611), Gottesberg bei Wurzach (1709) und Weiterdingen im Hegau (1720). Vgl. *Dünninger*, Barocke Wallfahrt (wie Anm. 2), 412.

[44] Grundlegende Literatur hierzu: *Hans Ulrich Rudolf*, Die Geschichte des Blutritts im Überblick. Von den Anfängen bis zur Gegenwart, in: *Norbert Kruse/Hans Ulrich Rudolf* (Hgg.), 900 Jahre Heilig-Blut-Verehrung in Weingarten 1094–1994. Teil 2. Sigmaringen 1994, 701–754.

[45] Siehe *Helmut Binder*, Das Heilige Blut in Weißenau, in: *Norbert Kruse/Hans Ulrich Rudolf* (Hgg.), 900 Jahre (wie Anm. 44), 352f., und *Ingo Gabor*, Die Wallfahrtskapelle zum Hl. Blut in Schwenningen (Gemeinde Neuler), in: WFr 80 (1996), 160f.

[46] Siehe *Erich Hoffmann*, Silvesterritt Westhausen 350 Jahre 1626–1976. Aalen 1976.

[47] Vgl. *Winfried Hecht*, Die Wallfahrt nach Aggenhausen und Rottweil, in: Rottweiler Heimatblätter 44 (1983), Nr. 4, 2f.; *Dettmer*, Wallfahrten im Landkreis Ravensburg (wie Anm. 30), 171, und *Manfred Thierer u. a.* (Hg.), Lust auf Barock – Himmel trifft Erde in Oberschwaben. Lindenberg/Allgäu 2002, 114f. Der mächtigste derartige Kult bestand übrigens in Ursberg/Schwaben, wo zwischen 1686 und 1720 angeblich über 24.000 tote Kinder getauft wurden. Vgl. *Walter Pötzl*, Kirchengeschichte und Volksfrömmigkeit. Augsburg 1994, 202 (Das Heimatbuch des Landkreises Augsburg; 5).

[48] Vgl. *Brommer*, Wallfahrten (wie Anm. 5), 72f., und Ausstellungskatalog »Carl Theodor und Elisabeth Auguste. Höfische Kunst und Kultur in der Kurpfalz«. Heidelberg 1979, 58ff., 90f. (Abb. 110).

[49] Siehe *Ott*, Wallfahrtsgeschichte (wie Anm. 15), 22.

[50] *Rudolf Reinhardt*, Die Kritik der Aufklärung am Wallfahrtswesen, in: Bausteine zur geschichtlichen Landeskunde von Baden-Württemberg. Stuttgart 1979, 322, und *Dünninger*, Barocke Wallfahrt (wie Anm. 2), 414.

[51] Siehe *Goy*, Aufklärung (wie Anm. 3), 158.

[52] Siehe dazu *Dettmer*, Wallfahrten im Landkreis Ravensburg (wie Anm. 33), 54–89, und *Pötzl*, Kirchengeschichte (wie Anm. 47), 201–210.

[53] Ebd.

[54] Siehe dazu *Lenz Kriss-Rettenbeck*, Ex Voto. Zeichen, Bild und Abbild im christlichen Votivbrauchtum. Zürich/Freiburg i. Br. 1972, 75, 214f.

[55] *Dettmer*, Wallfahrten im Landkreis Ravensburg (wie Anm. 30), 79.

[56] Siehe *Reinhardt*, Aufklärung (wie Anm. 50), 323f.

[57] Ebd., 324–332, 342.

[58] Siehe *August Hagen*, Die kirchliche Aufklärung in der Diözese Rottenburg. Stuttgart 1953, 89; *Erwin Keller*, Die Konstanzer Liturgiereform unter Ignaz Heinrich von Wessenberg, in: FDA 85 (1965), 373f., und *Dieter Narr*, Studien zur Spätaufklärung im deutschen Südwesten. Stuttgart 1979, 146.

[59] *Reinhardt*, Aufklärung (wie Anm. 50), 331f.

[60] Siehe *Oberndorfer*, Bilefingen (wie Anm. 27), 40.

[61] Siehe *Kopf*, Rottenburg-Stuttgart (wie Anm. 18), 579.

[62] *Reinhardt*, Aufklärung (wie Anm. 50), 332–335.

[63] Ebd. S. auch *Ott*, Wallfahrtsgeschichte (wie Anm. 15), 43, und *Kristiane Schmalfeldt*, Sub tuum praesidium confugimus. Unsere Liebe Frau in der Tanne zu Triberg, in: FDA 108 (1988), 196, Anm. 499.

[64] Eine Zusammenstellung der wichtigsten Wallfahrtsverbote bei: *Klaus Welker*, Volksfrömmigkeit im Erzbistum Freiburg. Straßburg 1998, 30.

[65] Siehe *Schreiber*, Wallfahrten (wie Anm. 28), 416f., und *Winfried Hecht*, Zur Wallfahrt von Rottweil nach Heiligenbronn, in: D'Kräz, Beiträge zur Geschichte der Stadt und Raumschaft Schramberg 6 (1986), Schramberg 1986, 29–31.

[66] Gedr. in: *Johann Jakob Lang*, Sammlung der katholischen Kirchengesetze. Tübingen 1836, 385 (Reyschersche Gesetzessammlung; 10)

[67] *Schmalfeldt*, Sub tuum praesidium (wie Anm. 63), 196 Anm. 499.

[68] Grundlegend zu Wessenberg: *Erwin Keller*, Die Konstanzer Liturgiereform unter Ignaz Heinrich von Wessenberg, in: FDA 85 (1965). Zu oben siehe auch *Conrad Gröber*, Heinrich Ignaz Freiherr von Wessenberg, in: FDA 55 (1927), 417; *Keller*, Wessenberg (wie oben), 362, und *Schmalfeldt*, Sub tuum praesidium (wie Anm. 63), 194.

[69] *Keller*, Wessenberg (wie Anm. 68), 362 und *Schmalfeldt*, Sub tuum praesidium (wie Anm. 63), 196. Zur Erzählung über Wessenbergs Besuch der Wallfahrt Einsiedeln im Jahre 1806 siehe *Gröber*, Wessenberg (wie Anm. 68), 422; *Keller*, Wessenberg (wie Anm. 68), 368f., und *Schmalfeldt*, Sub tuum praesidium (wie Anm. 63), 202.

[70] Enthalten in: Sammlung bischöflicher Hirtenbriefe und Verordnungen […]. Konstanz 1809–1827, 65ff.

[71] Diese Forderung entsprang nicht nur Wessenbergs ausgesprochenem Sinn für Ästhetik, der ihn solche Votivgaben als geschmacklos empfinden ließ, sondern dahinter steht auch die Überzeugung, dass sie Belege eines materialistisch aufgefassten und daher falschen Glaubens seien. Vgl. *Keller*, Wessenberg (wie Anm. 68), 363, und *Schmalfeldt*, Sub tuum praesidium (wie Anm. 63), 199 (Anm. 508).

[72] Vgl. *Keller*, Wessenberg (wie Anm. 68), 131, 360–364 (dort komplett abgedruckt). Siehe dazu auch *Reinhardt*, Aufklärung (wie Anm. 50), 336f., und *Schmalfeldt*, Sub tuum praesidium (wie Anm. 63), 199f.

[73] Siehe *Keller*, Wessenberg (wie Anm. 68), 131, 362ff., und *Schmalfeldt*, Sub tuum praesidium (wie Anm. 63), 200.

[74] *Hans Ulrich Rudolf*, Das Ende des Reichsstifts, in: *Norbert Kruse/Hans Ulrich Rudolf* (Hgg.), 900 Jahre (wie Anm. 44), 98 und *Bruno Schmid*, Aufgeklärte Theologie und Wessenberg, in: Ebd., 101.

[75] Zu der Verordnung vom 17.03.1803 über die Bittgänge siehe *Keller*, Wessenberg (wie Anm. 68), 290–307. Original im EAF, Generalia Bistum Konstanz, A1/1415, Rubrik Wallfahrten, Betreff: Bischöfliche und kaiserliche Verordnungen über Prozessionen, Wallfahrten, Bittgänge und Wetterläuten. Zu dieser Verordnung und auch weiteren Wallfahrtsverboten siehe die Zusammenstellung bei *Welker*, Volksfrömmigkeit (wie Anm. 64), 30.

[76] Siehe *Keller*, Wessenberg (wie Anm. 68), 84, 352 u. 360.

[77] Erlass des Württembergischen Ministeriums der Geistlichen Angelegenheiten an den Königlichen Katholischen Geistlichen Rat, vom 18.04.1812. Siehe *Schmid*, Aufgeklärte Theologie (wie Anm. 74), 101f.

[78] Kaiserliche Erlasse vom 11.04.1772 und 22.03.1777. Zu den josephhin. Wallfahrtsverboten siehe die gute Zusammenstellung bei *Welker*, Volksfrömmigkeit (wie Anm. 64), 30.

[79] Ebd. Siehe außerdem *Gröber*, Wessenberg (wie Anm. 68), 423; *Reinhardt*, Aufklärung (wie Anm. 50), 339 und EAF Freiburg, A 1/1416, Generalia Bistum Konstanz, Rubrik: Wallfahrten.

[80] Siehe *Schreiber*, Wallfahrten (wie Anm. 28), 410, und *Welser*, Heilige Heimat (wie Anm. 28), 38–41.

[81] *Alfons Kasper*, Das Reichsstift Schussenried im Kampf gegen die Aufklärung und die josefinischen Reformen, in: FDA 75 (1955), 300–307.

[82] *Wolfgang Brückner u. a.* (Hg.), Kult- und Andachtsstätten der Diözesen Freiburg, Fulda, Limburg, Mainz, Rottenburg-Stuttgart und Speyer. Würzburg 1998, 194 (Nr. 5.131 a) (Veröffentlichungen zur Volkskunde und Kulturgeschichte; 68).

[83] Siehe *Schreiber*, Wallfahrten (wie Anm. 28), 138; *Brommer*, Wallfahrten (wie Anm. 5), 188, und *Brückner*, Kult- und Andachtsstätten (wie Anm. 82), 189 (Nr. 5.103).

[84] Vgl. *Keller*, Wessenberg (wie Anm. 68), 371f.

[85] Siehe *Gröber*, Wessenberg (wie Anm. 68), 463; *Schmalfeldt*, Sub tuum praesidium (wie Anm. 63), 190ff., 206–249; *Brommer*, Wallfahrten (wie Anm. 5), 173–177, und *Josef Läufer*, Maria in der Tanne. Eine Dokumentation über die Entstehung der Wallfahrt in Triberg. Freiburg/Brsg. 1995, 4f. Hofbauer und Wessenberg sollten sich übrigens auf dem Wiener Kongreß 1814/15 erneut begegnen.

[86] Ausführlicher dazu *Wolfgang Brückner*, Die Verehrung des Heiligen Blutes in Walldürn. Aschaffenburg 1958, 122–125, 154–161; *Peter Assion,* Aus der Geschichte der Walldürner Wallfahrt, in: *Ders.* (Hg.), 650 Jahre Wallfahrt Walldürn. Karlsruhe 1980, 44, und *Brommer*, Wallfahrten (wie Anm. 5), 38ff.

[87] Siehe *Reinhardt*, Aufklärung (wie Anm. 50), 336.

[88] Vgl. *Ott*, Wallfahrtsgeschichte (wie Anm. 15), 45.

[89] Siehe dazu *Joseph Hog*, Kirchenführer Wallfahrt Maria Lindenberg. München/Zürich 1991, 2–4, 14f.; *Josef Läufer*, Maria Lindenberg. Freiburg/Brsg. 1984, 17–24; *Schmalfeldt*, Sub tuum praesidium (wie Anm. 63), 202f.; *Josef Läufer*, St. Jakobus Eschbach. Freiburg/Brsg. 1990, 14–24, 90f.; *Josef Eckmann*, 500 Jahre Wallfahrtsstätte Maria Lindenberg. Jestetten 2000, 27–33.
Der Eintrag des letzten Abtes Ignaz Speckle von St. Peter in seinem Tagebuch im Jahre 1796 besagt, dass das Volk nach wie vor »in Menge« auf den Lindenberg gehe und behaupte, der Ort wäre ein Wunderort, das Gnadenbild (nun in Eschbach) sei nie mirakulös gewesen.Vgl. *Schmalfeldt*, Sub tuum praesidium (wie Anm. 63), 203.

[90] *Reinhardt*, Aufklärung (wie Anm. 50), 338ff.

[91] Ebd.

[92] Siehe *Welser*, Heilige Heimat (wie Anm. 28), 113, und *Winfried Hecht*, Aus der Geschichte der Wallfahrtskirche Maria Hochheim, in: Rottweiler Heimatblätter 41 (1980), Nr. 4, 1–4.

[93] Als 1808 der erste Pfarrer nach der Säkularisation in Bihlafingen eingesetzt wurde, erhielt er vom Kgl. Geistlichen Rat in Stuttgart die Weisung, die Wallfahrt abzuwürgen, weil sie nicht dem Zeitgeist entspreche.

[94] *Brommer*, Wallfahrten (wie Anm. 5), 94f.

[95] Ebd., 72f.

[96] Ebd., 31f.

[97] *Wolfgang Schneider*, Die Wallfahrt zur Bergkirche bei Laudenbach. Würzburg 1987, 101–107.

[98] Siehe *Schreiber*, Wallfahrten (wie Anm. 28), 172.

[99] *Walter Pötzl*, § 79. Überwindung und Erneuerung, in: *Walter Brandmüller* (Hg.), Handbuch der bayerischen Kirchengeschichte. Bd. III. 1802–1965. St. Ottilien 1991, 819.

[100] *Reinhardt*, Aufklärung (wie Anm. 50), 338.

[101] Ebd., 343, und *Ott*, Wallfahrtsgeschichte (wie Anm. 15), 46.

[102] *Reinhardt*, Aufklärung (wie Anm. 50), 343f.

[103] Siehe *Kopf*, Rottenburg-Stuttgart (wie Anm. 18), 579.

[104] *Welser*, Heilige Heimat (wie Anm. 28), 38–41.

[105] *Ott*, Wallfahrtsgeschichte (wie Anm. 15), 42–47.

[106] Ebd., 46.

[107] *Pemsl*, Birnau (wie Anm. 9), 59–79.

[108] Vgl. *Brommer*, Wallfahrten (wie Anm. 5), 158.

[109] Siehe *Welser*, Heilige Heimat (wie Anm. 28), 113, und *Alfons Kasper*, Steinhausen am Federbach. Die Geschichte eines Dorfes. Schussenried 1961, 247–287.

[110] Siehe Ausstellungskatalog »Wallfahrt kennt keine Grenzen«. München 1984, 269–275; *Hummel*, Loretokapelle Schönenberg (wie Anm. 11), 132, 139, und *Kopf*, Rottenburg-Stuttgart (wie Anm. 18), 579f. Bei Hummel und Kopf eine Aufzählung der Lourdesmadonnen.

[111] Siehe *Hummel*, Loretokapelle Schönenberg (wie Anm. 11), 139f. Dort auch eine Aufzählung.

[112] Vgl. *Kopf*, Rottenburg-Stuttgart (wie Anm. 18), 580.

[113] *Dettmer*, Wallfahrten im Lkr. Ravensburg (wie Anm. 30), 112.

[114] *Pötzl*, § 79. Überwindung und Erneuerung (wie Anm. 99), 815.

Kirchliche und staatliche Kirchenreform – das Volk und seine Pfarrer

Katholische Volksaufklärung nach 1802

von Eva Kimminich

Das beginnende 19. Jh. war von tiefgreifenden Erschütterungen geprägt. Einerseits hatten Säkularisation und Mediatisierung zur vollständigen Auflösung der bereits durch die Aufklärung erschütterten alten Ordnung geführt. Andererseits brachte der Umbruch politisch-territorialer und kirchlicher Verhältnisse eine Neuordnung und Aufspaltung von Kompetenzen hervor, die im Zusammenspiel von staatlichen und kirchlichen Entscheidungsinstanzen den einzelnen Autoritätsrepräsentanten und der Bevölkerung Freiräume eröffnete. Als Kehrseite der Medaille wurde durch den gleichzeitig expandierenden bürokratischen Aufwand aber auch ein Nährboden zahlreicher Missverständnisse und folgenschwerer Verzögerungen geschaffen. Die Kirche wurde bei diesen Umstrukturierungen als geistige Ordnungsmacht nicht nur in ihren Befugnissen eingeschränkt, sondern auch prinzipiell in Frage gestellt, denn die durch die Aufklärung verbreitete Geringschätzung traditioneller Frömmigkeitsformen[1] hatte sich inzwischen auch der gläubigen Bevölkerung mitgeteilt. All diese Veränderungen erschwerten den Pfarrern ihre Aufgaben der Seelsorge und der Neugestaltung volksfrommen Brauchtums. In den Gebieten Südwestdeutschlands gestaltete sich ihr Dienst an Kirche und Glauben besonders problematisch. Als Vorlande unterstanden sie teilweise sowohl dem österreichischen Kaiser und Reformer Joseph II. als auch dem Wirkungsbereich der Konstanzer Diözese, fielen nach 1802 also in den Wirkungsbereich des reformbegeisterten Generalvikars Ignaz Heinrich v. Wessenberg. Das unmittelbare Aufeinanderfolgen beider Reformen rief heftige Reaktionen der Bevölkerung und neue unter mentalitätsgeschichtlichen Gesichtspunkten interessante Entwicklungen hervor.

Joseph II. und seine Reformen

Bereits bei seinem Regierungsantritt im Jahre 1780 hatte Kaiser Joseph II. an den auch in diesen Gebieten noch immer praktizierten barocken Formen religiösen Brauchtums Anstoß genommen. Eine Schilderung aus den Geistlichen Ratsprotokollen der Diözese Konstanz von 1784, *Die Abstellung der Mißbräuche und Verehrung der Heiligen betreffend*, überliefert recht anschaulich die Vorstellung und die Einstellung, die sich aufgeklärte Geister im ausgehenden 18. Jh. von den religiösen Bräuchen ihrer Untertanen machten bzw. ihnen gegenüber einnahmen: *Es seye der in den meisten Kirchen bestehende, zur Ableitung des gemeinen Mannes von der ächten zur sinnlichen, unächten und äußerlichen Andacht den akatholischen aber zum Gespötte Anlaß gebende Mißbrauch ohnehin bekannt, vermög welchem den Statuen und Bildern besondere Kleider, Strümpfe, Hembder, Schuhe angelegt, Perücken aufgesetzt, goldene, silberne und andere Herzen, Füße, Hände und Ringe und dergleichen angehänget und andere Putzwerke beygebracht würden. Nun seye denn nichts mehr zu wünschen, als das all jenes bey seite geräumt würde. Deßgleichen seyen die inneren Wände vieler Kirchen mit Opfertafeln, hölzernen Füßen, Säbelen, Panzer, Ketten und dergleichen Gezeuge mehr verunstaltet als gezieret und dahin zu sehen, daß solche, ohne bey dem Volke ein Aufsehen zu erregen, nach und nach weggeschafft*

und so weit je einen Wert enthalten viel gedeihlicher zur Vergrößerung des Peculii Ecclesiae [Kirchenvermögen] *verwendet werden möchten.*[2]
Als unökonomische irrationale Missbräuche eingestuft, sollen sie folglich beseitigt werden. Dadurch gerieten Praxis und ursprüngliche Bedeutungskontexte vieler volkstümlicher Bräuche nach und nach in Vergessenheit wie beispielsweise der Palmsonntagsesel. Mit ihm inszenierte man seit dem 4. Jh. eine Woche vor Ostern den glanzvollen Einzug Christi in Jerusalem; eine symbolische Handlung, die im Kontext didaktischer Aufbereitung christlicher Inhalte und der innerlichen Beteiligung der Gläubigen am Heilsgeschehen zu sehen ist. Man setzte dazu zunächst einen lebenden Esel ein, der von einem Darsteller geritten wurde. Da es dabei immer wieder zu spaßigen Zwischenfällen kam, die die Prozessionsfeierlichkeiten störten, wurden alsbald das lebende Tier, später auch der Christusdarsteller, durch Holzfiguren ersetzt. Auf Rädern montiert, zog man den reitenden Jesus nun *in effigie* durch die Straßen. Während der Reformation wurden diese hölzernen Palmesel bekämpft, mancherorts als Abgötterei oder Teufelswerk öffentlich verbrannt oder zerhackt. Die Katholiken legten daraufhin nur um so größeren Wert auf bildlich figürliche Darstellungen, so dass sie sich den Anordnungen widersetzten oder sich nach Vernichtung des alten wieder einen neuen Palmesel schnitzen ließen. Mancherorts kam es auch zu tragischen Auseinandersetzungen. So wurde ein in Villingen mit der Vernichtung des Palmesels beauftragter Schmied *kaum etlich Schritt von dannen gegangen, alsobaldt von einer auss der Stadt geschossenen Kugel getroffen.*[3]
Trotz hartnäckiger Reformbestrebungen konnte sich der Brauch in katholischen Landschaften bis ins 18. Jh. erhalten. Wir finden ihn noch 1784 in Josef Richters *Bildergalerie katholischer Mißbräuche* beschrieben. Sowohl die Palmeselprozession als auch die Aufstellung des Heiligen Grabes wurde in jener Zeit zum Missfallen aufgeklärter Geister offensichtlich noch vielerorts gepflegt. Das heilige Grab locke, so Richter, das Volk seiner bunten, glänzenden Kugeln wegen in die Kirchen und auch das erbärmlich verzerrte Gesicht des Heiligen selbst wirke wie eine Jahrmarktsattraktion. Besondere Anziehungskraft wisse man dem Palmesel zu verleihen, indem man ihn zum Kinderreittier

Palmesel
Zur Veranschaulichung des Einzugs Christi in Jerusalem am »Palmsonntag«.
Seekirch, Pfarrkirche.

umfunktioniere. So eilen, nachdem die Christusfigur nach dem Umzug vom Kirchenesel abgenommen worden sei, *Väter und Mütter* [...] *mit ihren hoffnungsvollen Söhnchen herbei, setzten sie auf die Esel,* [...] *und wähnten in ihrer frommen Einfalt, in ihrem geliebten Sprößling wirklich einen kleinen Christus zu erblicken.*[4]
Von Vernunft und rationalem Denken geleitet, begann Joseph II. diese Art von religiöser Praxis den Zielen der Aufklärung entsprechend zu reglementieren.[5] Seine Erlasse richteten sich gegen abergläubische Bilder, Vorstellungen und Handlungen, gegen übermäßigen Prunk und zeitraubende Verehrungskulte,

Heilige Gräber
In der Karzeit wurden zur Vergegenwärtigung des Leidens und Sterbens Christi in vielen Kirchen theaterähnliche Heilige Gräber errichtet und in der Osternacht, vor der Auferstehungsfeier, wieder abgebaut. Abgebildet ist das noch erhaltene und benutzte Hl. Grab von Dietenheim, eine Stiftung des Grafen Franz Anton Fugger und seiner Ehefrau Maria Isabella von Schönberg von 1727. Dietenheim, Pfarrkirche.

die seiner Auffassung nach Fortschritt und Wohlstand des Staates behinderten. An den Wallfahrten beanstandete er in erster Linie, dass das Landvolk dadurch mehrere Tage von der Feldarbeit abgehalten und das Geld zum Nachteil des Staates mancherorts außerhalb des Landes getragen würde. Ein Dorn im Auge war dem Kaiser aber auch die aufwendige, farbenprächtige, weil verschwenderische Gestaltung von Prozessionen und liturgischen Feiern. So wurde 1781 beispielsweise das Mittragen von großen Fahnen und die prunkvolle Kleidung der Prozessionsfiguren verboten. Die Begründung dieses Verbots lässt zwei Argumentationslinien erkennen: eine pragmatische und eine didaktische: so ließ Joseph verlautbaren, dass die großflächigen und schweren Fahnen bei Wind eine Gefahr für den Träger und die umstehenden Personen

Glieder-Madonna
Beispiel einer beweglichen Madonna, die zu verschiedenen Festanlässen auch umgekleidet werden konnte. Baustetter Bruderschaftsmadonna, 1827 auf Anweisung aus Rottenburg hin entfernt, dann verkauft und seit 1980 im Besitz des Laupheimer Museums. Laupheim, Museum zur Geschichte von Christen und Juden.

darstellen würden. Im Mittragen bekleideter oder geschmückter Statuen hingegen sah er eine allzu große Ablenkung der Gläubigen von Gebet und geistiger Versenkung. Diese sah er auch in der barocken Ausgestaltung von Kirchen und Kapellen gegeben. Bilderschmuck, Reliquien, Votivtafeln und Wandbemalung wurden daher entfernt, übertüncht oder sogar vernichtet, wertvolleres Kirchengerät zugunsten des Religionsfonds verkauft.

Steigerung des allgemeinen Wohlstands und Fortschritts waren Schlüsselbegriffe seines Reformwerks, das sich am im Zentrum der gesamten Aufklärung stehenden Nützlichkeitsgedanken orientierte.[6] Ihm wollte der Kaiser auch die Kirche als ausführendes Organ der für das Wohl seiner Untertanen sorgenden Staatsgewalt unterordnen. Im Dienste des Staates sollte sie sich nicht nur für das Seelenheil, sondern auch für die Organisation und Verbesserung eines ökonomisch durchdachten diesseitigen Lebens ihrer Gläubigen einsetzen. Seine Reformen setzten zunächst bei den bereits von seiner Mutter 1772 um 20 reduzierten Feiertagen ein. Da Maria Theresias Einschränkungen nicht eingehalten wurden, versuchte Joseph die abgeschafften Festtage erneut zu Arbeitstagen zu machen. Andererseits ließ der Reformator, um den Gläubigen die Ausübung ihrer religiösen Handlungen zu erleichtern, zahlreiche neue Pfarreien einrichten.[7] Ein dichteres Netz sollte den Gläubigen die oft beschwerlichen und zeitraubenden Wege zum Gottesdienst ersparen und den Seelsorgern die Pastoration ihrer Sprengel vereinfachen. Auf diese Weise sollte die Basis für eine konzentriertere Belehrung der Gläubigen geschaffen werden, denn man glaubte die mangelnde Aufgeklärtheit der Bevölkerung durch sittlich-moralische Erziehung ausgleichen zu können.

Der josephinische »Beamtenpfarrer«

Zu diesem Zweck ließ Joseph staatliche Generalseminare einrichten, in denen »aufgeklärte« Seelsorger ausgebildet werden sollten, denn nur durch geschulte Vermittler konnte pädagogisch auf die Bevölkerung eingewirkt werden. Der josephinische Idealpfarrer hatte sich durch wahre Frömmigkeit auszuzeichnen, die sich nicht in Gebeten und Andachtsübungen, sondern in tätiger Nächstenliebe und insbesondere in der Wiederbelebung sittlich-moralischer Werte äußern sollte. Um eine solch vorbildhafte Lebensführung zu ermöglichen, erhielten die Seelsorger erstmals eine regelmäßige und ausreichende Bezahlung. Bis dahin hatten sie selbst für ihren Unterhalt sorgen müssen, was als Ursache für die Aufrechterhaltung ritueller Handlungen und verschwenderischen Beiwerks erkannt wurde. Denn das Einkommen eines Pfarrers basierte zum Teil auf den Gebühren für Kräuterweihen, Salz- oder Wasserbenediktionen, den Prozeduren bei Taufe und Tod.[8]

In einer solchen, zur Lehranstalt, auf Gottesdienst, Predigt und Katechese konzentrierten Reformkirche hatten Klingelbeutel und Kerzelweiber nichts mehr zu suchen. In der Ausübung ihrer Pflichten und ihrer Reformverbundenheit wurden die neuen Seelsorger deshalb auch überprüft, wie beispielsweise die Konduitenliste eines josephinisch gesinnten Jungpfarrers aus dem Jahre 1791 dokumentiert. Das, wenn auch sehr subjektive Bild, das uns der Verfasser Gebhard Rinzler über den Lebenswandel einiger vorarlbergischer Priester überliefert, zeigt, dass die Seelsorger ihren aufklärenden Pflichten nicht immer nachzukommen schienen. Ganz im Gegenteil scheinen sie Aberglauben und barocke Frömmigkeit eher gefördert zu haben, wie Kaplan Franz Anton Bickel aus Stallehr, der bei den Gläubigen insbesondere wegen seiner erfolgreichen Teufelsaustreibungen geschätzt wurde, oder der Pfarrer aus Ebnit, der zwar vortreffliche Talente habe, *die jedoch unter einem Schutt eingesogenen theologischen Mönchswustes begraben* bleiben würden.[9]

Joseph II. ließ die Befolgung seiner Verordnungen zusätzlich durch seine Beamtenschaft überwachen, was durch eine tiefgreifende Verwaltungsreform ermöglicht werden sollte.[10] Um Mitsprache und Interventionen der Bevölkerung auszuschalten, wurden in Vorarlberg Justiz und Verwaltung durch Einführung eines Landgerichtes getrennt. Auf eine Vorauswahl systemtreuer Kandidaten wurde peinlich geachtet.

Die Reaktionen der Gläubigen

Auf diese Reformen reagierte vor allem die ländliche Bevölkerung mit Bestürzung, wie beispielsweise die

Gemeindechronik aus Hard überliefert: *Unter der Regierung des römischen Kaysers Joseph des Zweyten seind sehr viele Neuigkeiten entstanden* [...] *die Aposteltäg, sammt vielen anderen Feyertagen* [wurden] *abgethan, und das Arbeiten an gemelten Tagen wurde bey hochobrigkeitlicher Strafe gebothen* [...]. *Weiter mußte man das Läuten bey Hochgewitter ernstlich unterlassen* [...]. *Alle Kreuzgäng,* [...]. *Alle Benediktionen* [...] *wurden abgeschafft und als überflüssig erkannt* [...], *alle Fahnen aus der Kirchen geräumt, sogar das Bild der Muttergottes entblöst, ihre kostbaren Kleider hinweggenommen* [...]. *Zu Weihnachten durfte man kein Krippele mehr aufrichten* [...]. *In der heiligen Karwoche wurde kein heiliges Grab aufgerichtet* [...] *das heilige Grab hat man müssen verscheiten und zu Grunde richten.*[11] Darüber hinaus sahen sich die Gläubigen in der Abwertung ihrer Bräuche verletzt; sie wehrten sich in ihren Klageschriften gegen Formulierungen, die ihre frommen Religionsbräuche als *Mißbräuche, weibische und abergläubische Dinge oder Tändeleien aushunzen* würden.

Mit Bitt- oder Klageschriften an weltliche wie kirchliche Instanzen war allerdings nichts zu erreichen. Die religiöse, sich an Symbolischem orientierende Gefühlswelt der ländlichen Bevölkerung stand einem das Leben versachlichenden Zweckrationalismus unvereinbar gegenüber. So blieben die Anordnungen des Kaisers meist unbefolgt und mussten wiederholt eingemahnt, schließlich erzwungen werden, was besonders in Vorarlberg heftige Gegenreaktionen auslöste. Dort kam es 1789 zu Unruhen und Aufständen, in die Pfarrer, Lehrer und Beamtenschaft involviert wurden. Versperrte Kirchen wurden aufgebrochen und die verbotenen Votivtafeln wieder aufgehängt, wie in Rankweil. Auch die Statuen holte man wieder hervor und legte ihnen erneut seidene Kleider an, so in Altenstadt, Göfis und Giesingen. In Feldkirch forderte ein *wilder Haufe* vom Vogteiamt die Herausgabe der Paramente, und in Götzis führte man die untersagten Bittgänge zur bereits geschlossenen Arbogast-Kapelle ohne Pfarrer durch. Andernorts zwangen die Gläubigen ihren Geistlichen zur Verrichtung verbotener, ihnen aber bedeutsamer religiöser Handlungen, wie es dem reformtreuen Pfarrer aus Bludenz geschah: man verlangte ihm ein 10-stündiges Gebet gegen die Mäuseplage ab. Dem widerstrebenden Pfarrer aus Bürs warf man nach einer erzwungenen Prozession gar noch den Weihwasserwedel nach und riss ihm die Blumen aus dem Garten.[12]

Dieser letztendlich erfolgreiche Widerstand war nicht nur durch Entschlossenheit und Solidarität der Bevölkerung möglich, sondern durch ein nach und nach ausgebildetes Selbstbewusstsein, durch das sie sich von staatlichen wie kirchlichen Autoritäten zu emanzipieren begann. Diese Entwicklung ist unter anderem auf die Spannungen des Staatskirchentums zurückzuführen, die den Gläubigen nicht verborgen geblieben waren. Staat und Kirche ging es nicht allein um eine Reform religiöser und liturgischer Praktiken, sondern sie rangen für die Untertanen sichtbar dabei um ihren jeweiligen Kompetenzradius.[13] Dies brachte lange Verzögerungen der von der Bevölkerung erwarteten, Entscheidungen mit sich. Waren solche schließlich getroffen worden, so standen kirchliche und staatliche Verordnungen oft im Widerspruch zueinander. Verlautbarten die einen die Abschaffung eines Feiertages, veranlassten die anderen verlängertes Läuten der Glocken an diesem Tage oder ähnliches.[14] Die daraus resultierende Unsicherheit der vermittelnden Instanzen trat bei solchen Anlässen offen zu Tage, was einem Abbau untertänigen Respekts Vorschub leistete. Einer Bevormundung vor allen in Sachen Religiosität stand das Volk daher mit zunehmender Ablehnung und Kritik gegenüber. Es lehnte sich nicht nur gegen Verbote und Weisungen bzw. gegen die Vertreter der sie durchsetzenden Zwischeninstanzen auf, sondern begann, sich seiner eigenen Stärke bewusst werdend, schließlich auch selbst aktiv zu handeln.

Die durch Joseph II. herbeigeführte Vormundschaft des Staates über die Kirche war damit an die Grenzen ihrer Praktizierbarkeit gestoßen, das volkstümliche Brauchtum zu einem Zankapfel zwischen beiden Mächten geworden. In diesem Spannungsfeld generierten sich Entwicklungen, die mit Beginn der Aufklärung zwar eingeleitet wurden, von ihrer ursprünglichen Zielsetzung aber auch abweichen konnten. Emanzipation und Selbstbewusstsein des Volkes führten so letztendlich zur fast vollständigen Rücknahme der Reformen Josephs II. – zumindest vorübergehend, denn schon bald waren andere Reformatoren am Werk. Ihren aufklärerischen Bestrebungen bot sich auch zu Beginn des 19. Jhs. noch Nahrung,

auch wenn die sinnliche Demonstration religiöser Gefühle bereits weitgehend zurückgedrängt, Brauch und Liturgie vom rationalen Geist überflutet worden waren. Nicht von »fröhlichen Ausschweifungen« barocker Lebenslust ist zu diesem Zeitpunkt auszugehen, sondern von einem ängstlichem Beharren auf überholten Traditionen und Gewohnheiten.

Ignaz Heinrich von Wessenberg und seine Reformziele

In Südwestdeutschland, bis zum Preßburger Frieden von 1805 zu großen Teilen vorderösterreichisches Herrschaftsgebiet, schloss von 1802–1827 an das Reformstreben Josephs II. die liturgische Erneuerungsbewegung Ignaz Heinrich v. Wessenbergs an.[15] Wessenberg bemühte sich, wenn auch mit weniger rigorosem Vorgehen, durchaus im Sinne Joseph II. ebenfalls um eine Ernüchterung der Glaubenspraxis. Als er sein Amt als Generalvikar der Diözese Konstanz antrat, hatte er umfassende Pläne für eine Neugestaltung kirchlicher Angelegenheiten. In ihrem Zentrum stand eine christlich-sittliche Bildung des inneren Menschen und eine würdevolle Ausübung des öffentlichen Gottesdienstes, die er in weitaus stärkerem Maße als Joseph II. über das Wirken seiner Pfarrer[16] zu erreichen gedachte.

In einer Zeit der Auflösung und Suche nach neuen Werten war Wessenberg einerseits mit einem schwindenden Interesse an Gottesdienst und Heilslehre und andererseits mit der Verbreitung glaubensfeindlicher Schriften und Liedern konfrontiert; sich gegen bigotte Auswüchse richtend, verdammten diese gleichzeitig auch Religion und Kirche. Letztere wurden folglich für Unglauben und Gleichgültigkeit verantwortlich gemacht, denn sie würden den Menschen für irrationale Dimensionen verschließen. Diese als Seuche bewerteten Folgen der Aufklärung sah Wessenberg keineswegs nur auf die intellektuellen Bevölkerungsschichten beschränkt, sondern sie habe auch die Landbevölkerung infiziert: *Es gibt auf dem Lande schon solche, die weder an einen Gott noch an eine Unsterblichkeit der Seele glauben und diese empörenden Grundsätze bei jeder Gelegenheit auskramen: Alle Religion ist nur Pfaffengedicht, und Schreckbild für die Dummen.*[17] Die Ursache dieser Entwicklung sah man im Zeitgeist, der den Menschen lehre, alles aus eigener Kraft zu vermögen. Die daraus entstehende Selbstkultur müsse sich gegen Belehrung und Maßregelung sowohl von seiten staatlicher als auch kirchlicher Autoritäten erheben.

Aber Wessenberg sah sich nach wie vor auch mit der Verbreitung eines hartnäckigen Aberglaubens konfrontiert. Es werde immer noch an Hexen und Geister geglaubt, *exorzieret und gewahrsaget.* Auch ein vielfältiger Missbrauch von Weihwasser, Hostien oder Palmwedeln wurde ungeachtet der vorausgegangenen Aufklärungsmaßnahmen weiterhin betrieben.[18] Festgestellt wurde außerdem eine Überbewertung von Wallfahrten und Nebenandachten, die Predigt, Katechese und Christenlehre unterhöhlen würden, sowie eine immer noch gepflegte Theatralik bei kirchlichen Feiern, an deren Augen- und Ohrenreizen man sich besonders störte, denn sie würden die Gläubigen von einer wahren Glaubensausübung ablenken. So hielt man das Aufstellen von Krippen, heiligen Gräbern, Umgänge mit Palmeseln oder Darstellungen der Himmelfahrt, wie sie noch mancherorts gepflegt wurde, für unnütz, weil wenig erbaulich.[19] Auch über bei Bittgängen und Wallfahrten mitgetragene hölzerne oder bekleidete Figuren, denen Wunderkraft zugeschrieben werde, wurde berichtet.[20] All diese Beobachtungen veranlassten den Generalvikar zu folgenden Rückschlüssen: *Hieraus entsteht dann diese falsche Frömmigkeit, welche die Mittel zur Tugend mit dem Zwecke der Tugend selbst verwechselt, bey jenen gedankenlos stehenbleibt und diese vernachlässigt. Daher soviele Beichten, Kommunionen, Wallfahrten, Bethstunden etc.* [...]. *Daher soviel Kaltsinn für die Erfüllung wichtiger Pflichten, und das rastlose Bemühen, die Götter und Dämonen durch Albernheiten seinen sinnlichen Absichten günstig zu machen. Durch eine natürliche Gegenwirkung verleitet die Betrachtung der so sehr verbreiteten falschen Frömmigkeit und des Aberglaubens manche mehr gebildete und mehr denkende Menschen zur kühnen Verwerfung aller aszetischen Tugendmittel, und zum stolzen Wahn, durch eigene Kraft, ohne höheren Beistand das erhabene Ziel der sittlichen Bestimmung erreichen zu können.*[21]

Wessenbergs Aufgabe bestand letztendlich also darin, das Trümmerfeld der vieles in Frage stellenden Aufklärung zu ordnen und neue Gebäude daraus zu

errichten. Ihre vernunftbetonte Kritik hatte die althergebrachten Formen der Volksfrömmigkeit zu großen Teilen aufgeweicht. Umso mehr klammerten sich die Gläubigen vor allem in ländlichen Gebieten an traditionelle Formen der Frömmigkeit, noch dazu, da der in der Praxis bereits erheblich ernüchterte Pfarrgottesdienst ihre Bedürfnisse nach einer erlebbaren Religionsausübung nicht mehr stillen konnte. Die Problematik bestand zum einen also in einem gesteigerten Frömmigkeitsbedürfnis, das vor allem die konservative Landbevölkerung an den Tag legte. Zum anderen sah sich Wessenberg mit einem zunehmenden Glaubensverlust der Intellektuellen und dem entstehenden Bildungsbürgertum[22] konfrontiert. Zwei Fronten, die sich auf subtile Weise nach und nach in der gesamten Gesellschaftsstruktur durchdrangen. Denn nicht nur innerhalb der Bevölkerung standen sich antagonistische Gruppen gegenüber, sondern auch auf sämtlichen Ebenen der hierarchischen Staffelung kirchlicher wie weltlicher Ordnungsinstanzen. Das dadurch entstehende geistige Chaos kommentierte Jospeh Vitus Burg[23], Weihbischof und einer der engsten Mitarbeiter und Freunde Wessenbergs, folgendermaßen: *Der Zustand des kirchlichen Friedens war also gestört; an seine Stelle trat ein allgemeiner Kampf zwischen Licht und Finsternis, Wahrheit und Irrtum, Zweckmäßigkeit und Unzweckmäßigkeit, Neuem und Altem im Heiligtum. Diese Gährung mußte unausweichlich eintreten, denn sie war schon lange, besonders seit 1773 auf Deutschlands Universitäten, in den österreichischen Staaten seit 1781 verbreitet. Daß Deutschland mehr als andere Theile Europas davon ergriffen wurde, ist zweifellos dem Einfluß der protestantischen (exegetischen, kirchengeschichtlichen, moralischen, pädagogischen und auch philosophischen) Literatur zuzuschreiben, die der Katholik, der Geistliche wie der Laie, in dieser Zeit mit heller Begierde zu verschlingen anfing und über alle Schriften der Kirche erhob.*[24]

Um seine Ziele zu erreichen, musste Wessenberg also sorgsam vorgehen und die unterschiedlichen Problemzonen berücksichtigen, die aus den grundlegenden Umstrukturierungen des Jahrhundertbeginns hervorgegangen waren. Seine Reformen strebten einesteils eine Beschränkung übertriebener Feierlichkeiten an, andernteils suchten sie nach Möglichkeiten, die geistlose Erstarrung allzu traditionell gehandhabter liturgischer Handlungen aufzulockern bzw. ihrer durch vorausgegangene Aufklärungsbemühungen ernüchterten, automatisierten Praxis wieder Attraktivität zu verleihen. Dabei maß Wessenberg den Äußerlichkeiten des Gottesdienstes und des Brauchtums trotz der in ihnen schlummernden Gefahren wichtige Aufgaben bei: *Der Zweck aller Einrichtungen des äußerlichen Gottesdienstes besteht in Erhebung der Gemüther sinnlich-geistiger Geschöpfe zum Übersinnlichen, in Belebung der Andacht und in gemeinsamer Erbauung.*[25] Diese aber bedürfe einer inneren, partizipierenden Religiosität. Immer wieder hob der Generalvikar deshalb hervor, dass nur verstandene Riten das Ziel ihrer Bestimmung erreichen könnten: unverstandene Zeremonien seien wie schöne Blätter an einem unfruchtbaren Baum, sie würden Bigottismus, Andächtelei und Aberglauben nähren.[26] Den Gläubigen müsse begreiflich gemacht werden, dass nicht Andachtsübungen, Wallfahrten oder Ablässe von Bedeutung seien, sondern nur eine aufrichtig fromme Gesinnung, sittlicher Wandel und eine gründliche Selbstbesserung.[27]

Ein Heer eifriger Priester

Wessenberg richtete sein Hauptaugenmerk auf eine moralische Umerziehung der Gläubigen. Eine solche konnte aber nur durch intensive Seelsorge erreicht werden. Das heißt, die Durchführung der Reformen wurde in erster Linie dem Klerus überantwortet: *An den Seelsorgern ist es aber zuvörderst, unangesteckt von der schleichenden Pest lasterhafter Weichlichkeit, durch treue Benutzung jener Heilsmittel den Sieg der Religion über den herrschenden Geist des Unglaubens zu erleichtern, welcher den reinen Glanz des Christenthums trübt und durch Auflösung heiliger Bande die moralische Ordnung stört.*[28] So suchte Wessenberg zunächst auch innerhalb der Kirche nach eventuell zu verbessernden Mängeln, und er fand sie: sowohl beim Klerus als auch in der bestehenden Praxis traditioneller Liturgie. Seine Kritik und seine selbstbewusst eingeleiteten pragmatischen Verbesserungen stießen bei weltlichen wie kirchlichen Autoritäten auf Unverständnis; vor allem in Rom verfolgte man die von der

römischen Tradition abweichende Praxis des Generalvikars mit Argwohn und fasste seine Entlassung ins Auge, die 1815 ausgesprochen wurde. Den ihm nahegelegten Widerruf seiner Reformtätigkeiten lehnte Wessenberg ab. Seine Versuche, sein Handeln zu rechtfertigen, zeigen, dass er den Ansichten der Kurie weit voraus war, was er selbst mit großem Schmerz zur Kenntnis nahm.[29]

Wessenbergs Streben nach einer zeitgemäßen und wirksamen Seelsorge veranlasste ihn zunächst, die Ausbildung seiner Pfarrer zu überdenken. Diese schien ihm, wie auch Jospeh Vitus Burg 1814 auf die Ausgangslage für Wessenbergs Reformpläne zurückblickend, resümierte, wenig differenziert. Sie vermittele weder ausreichende Grundlagen für eine pädagogische Kompetenz, noch gewährleiste sie eine ausreichende sittlich-moralische Erziehung des Klerus.[30] Burg ging dabei recht streng mit den Geistlichen der Konstanzer Diözese ins Gericht: *Als I. H. v. Wessenberg das Generalvikariat antrat, beschränkten sich die wissenschaftlichen Kenntnisse der Geistlichen noch größten Theils ganz allein auf die sogenannte Moraltheologie oder Kasuistik; nur selten fand man einen Geistlichen, der die Dogmatik in seiner Jugend gehört hatte. Pastoral, Homiletik, Katechese, Pädagogik, Exegetik waren den meisten nicht einmal dem Namen nach bekannt.* […]. *Der öffentliche Gottesdienst bestand damals überhaupt auf dem Lande an den höchsten Festtagen in einem Choralgesang, das von dem Schulmeister und einigen Knaben und Mädchen auf die unerbaulichste Weise gesungen wurde,* […]. *Die Predigt und überhaupt der öffentliche Unterricht, wurde als Nebensache betrachtet. Der Pfarrer, welcher an einem Sonntag von den anderen mit Predigt und Christenlehre abwechselte, hieß schon ein vorzüglicher Seelsorger.* […]. *Die moralische Bildung der Geistlichen konnte sich unmöglich über ihre wissenschaftliche erheben. Eine pöbelhafte Rohheit blickte aus allen ihren Handlungen.*[31]

Der Generalvikar setzte sich infolgedessen gezielt für die verbesserte Aus- und intensivere Weiterbildung seiner Priester ein.[32] Eine ganzheitliche Bildung sollte sie befähigen, *aus dem Herzen dem Volke ans Herz zu reden, und durch Würde und Anstand die Wichtigkeit und das Interesse der gottesdienstlichen Handlungen dem Volke auf eine Art zu veranschaulichen, damit es nicht bey dem Äußerlichen derselben ohne alles Mitgefühl, ohne innere Regung, sinnlos und gaffend verweile.*[33] In Arbeitskreisen hatten die Pfarrer darüber für dreimal im Jahr stattfindende *Pastoralkonferenzen* Aufsätze zu verfassen. Sie waren zur Beförderung der wesentlichen Grundsätze des Christentums, zur Verbreitung des Gemeingeistes und zur praktischen Ausbildung der Seelsorger, bestimmt.[34]

Denn der Austausch von Ideen und Erfahrungen diente der gemeinsamen Lösung bestehender Probleme. Eine Sammlung von 275 Konferenzfragen wurde sämtlichen Pfarrern zur Auswahl eines Referatthemas zugesandt. Die zur Diskussion gestellten Themen betrafen hauptsächlich die Verbesserungsmöglichkeiten von Liturgie und Seelsorge. Eine schriftliche Ausarbeitung wurde gegebenenfalls im *Archiv für Pastoralkonferenzen*[35] veröffentlicht, wodurch dem Verfasser Lob und Anerkennung signalisiert wurde. Darüber hinaus gab der Generalvikar seinen Geistlichen in privaten Gesprächen oder in Briefen zusätzliche persönliche Anregungen und Ratschläge.

Da Wessenberg eine in der Gemeinschaft erlebbare Religionsausübung erstrebte, musste aber auch eine enge Verbindung zwischen Gemeinde und Pfarrei hergestellt werden, denn nur so konnten der Bevölkerung neue Formen des Gottesdienstes nahegebracht werden. Dies sollte vor allem über *die edle Einfachheit* einer bereinigten Liturgie erreicht werden. Einer der wichtigsten Reformschwerpunkte war deshalb die Wiederherstellung der geistigen Verbindung des Volkes mit dem Priester und die Erweckung eines lebendigen Pfarrbewusstseins. Wie dies zu bewerkstelligen wäre, wurde ebenfalls in den Beiträgen des *Archivs für Pastoralkonferenzen* diskutiert. Sie lassen erkennen, wie das theoretische Gedankenmodell Wessenbergs von seinen Pfarrern durchdacht wurde und welche Schwierigkeiten sich bei der praktischen Umsetzung jeweils ergaben. Dabei eröffnet sich eine Vielzahl sehr unterschiedlicher Erfahrungen und praxisrelevanter Vorgehensweisen, die wiederum zu verschiedenen Einschätzungen und Meinungen führten. Die Seelsorger des Landkapitels Stühlingen beispielsweise definierten 1804 Liturgie als *äußere Verfassung* des öffentlichen Gottesdienstes, seiner Zeremonien und Bräuche, die die sinnlich-geistige Natur des Menschen benötige. *Ohne sinnliche Beyhilfe* könne er sich

nicht zum Übersinnlichen und zur Betrachtung geistiger und göttlicher Dinge erheben. So mahnten sie, dass, selbst wenn den Forderungen einer kritischen Vernunft entsprochen und die Volksfrömmigkeit von falschen Begriffen gereinigt werden müsse, dabei dennoch auf eine abwechslungsreiche Gestaltung der Liturgie zu achten sei, denn Einförmigkeit führe zu einem *geistlosen und mechanischen Geschäft*.[36]
Der Exbenediktiner Lukas Meyer aus St. Blasien, Pfarrer in Nöggenschwiel bei Waldshut, hob unter den wesentlichen Aufgaben der Liturgie die Erhebung zu Gott, die Erregung des Andachtsgefühls und die Ergießung des religiösen Gefühls in die ebenfalls durch sie zu erzeugende sinnliche Wahrnehmbarkeit liturgischens Geschehens hervor. Darunter hielt er gerade diejenigen Frömmigkeitspraktiken, die sich die Gläubigen selbst geschaffen hatten, für besonders geeignet. Riten, Zeremonien, Wallfahrten und Prozessionen als auch Gesänge, Gebete oder andere volkstümliche Feierlichkeiten können das Gemüt durch *die Pforte der Sinne* und *die Organe des Sehens und Hörens* weit wirkungsvoller ansprechen als *prosaische Trockenheit und mathematische Dürre*. Religiöse Gemälde, fromme Darstellungen, dramatische Zeremonien mit Gebärden, Prunk, Musik, Gesang und lautem Gebet nennt er folglich wichtige Hilfsmittel zur Förderung von Glauben und Religiosität. Man müsse sich immer zunächst mit Ursprung, Geist und Tendenz von Nebenandachten auseinandersetzen, bevor man solche vorschnell verurteile. *Wenn wir nehmen, ohne wieder zu geben, wenn wir abreißen ohne aufzubauen, so handeln wir aller Klugheit und Volkskenntniß entgegen*.[37] Meyer mahnte deshalb zur Toleranz gegenüber den Bräuchen des Volkes.
Eine vergleichbare Argumentation finden wir in einem Aufsatz der Pfarrverwesers Klemens Rösler aus Sölden. Mit Nachdruck riet er dazu, die Empfindungen der Gläubigen nicht zu übergehen, denn *was* [...] *so tief verflochten ist in die herrschende religiöse Denkart des Volkes,* [...] *das soll immer mit möglichster Schonung behandelt, obgleich nie dem blinden Zufalle, noch dem Irrthum überlassen werden. Immer hat der zusammentreffende Gemeinsinn irgendeine köstliche Wahrheit zu Grunde, und es ist schon allen Fäden nachzuspüren, an denen* [...] *irgendein Gewicht hängt, das nicht weggeschnitten werden darf, ohne zugleich ehrwürdige Keime der Sittlichkeit und Andacht wegzuschleudern*.[38]
Joseph Mets, Generalvikariatsrat in Ellwangen, erklärte schließlich, dass der Mensch nicht nur aus Geist, sondern auch aus Gefühlen bestehe. Wie Meyer warnte er vor einer ausschließlich vernunftorientierten Reform, die Achtung und Interesse am Glauben zerstören könne: *Wer also* [...] *in religiöser Hinsicht auf den Menschen, besonders aber auf das Volk wirken will, der muß zuerst immer an das Gefühl appellieren, das Gefühl anregen, er muß die geistlichen und übersinnlichen Wahrheiten gleichsam versinnlichen, verkörpern und dieselben durch sinnliche Bilder, durch irgendein sinnliches Medium einzudrücken und erst nachher wieder zu vergeistigen suchen*. So kam er zum Schluss, dass *dunkle religiöse Gefühle in vorwiegend fühlender Ausartung* den Menschen immer noch sicherer geleiten würden als eine *verirrte Spekulation* oder der *kalte Gedanke*. Mets forderte deshalb ebenfalls Rücksicht auf die Bedürfnisse des Gefühls.[39]

Grundlegende Hemmnisse

Als eine grundlegende Erschwernis für Reformen jeglicher Art haben wir zunächst die Größe der Diözese und die unterschiedlichen Zuständigkeiten in Betracht zu ziehen. Das Bistum Konstanz umfasste Vorderösterreich, große Gebiete der Schweiz, Fürstenberg, Hohenzollern, reichsfürstliche, -gräfliche, reichsstiftische und -städtische, ritterschaftliche sowie ritterordensche Gebiete. In der Schweiz gehörten die Kantone Luzern, Schwyz, Uri, Unterwalden, Zug, Appenzell-Innerwalden, St. Gallen, Thurgau, Aargau, der östliche Teil Solothurns und die katholischen Gemeinden von Zürich und Kleinbasel dazu. Auch die Territorialverschiebungen des Reichsdeputationshauptausschusses (25. Februar 1803) und der Frieden von Preßburg komplizierten Wessenbergs Reformpläne. Denn am 26. Dezember 1805 verlor Österreich die gesamten Vorlande an die mit Napoleon verbündeten Rheinbundstaaten, so dass die zum Bistum Konstanz gehörigen Gebiete den protestantischen badischen und württembergischen Herrschaftsländern zufielen. Wessenberg musste bei seinen Neuerungen also die Zustimmung verschiedener, auch anders-

konfessioneller Obrigkeiten erwirken. Dabei kam es immer wieder zu Konflikten.[40]
Ein innerkirchliches Hemmnis zur Schaffung einer aufgeklärten Liturgie stellte des weiteren die in der römisch traditionellen liturgischen Praxis noch beibehaltene lateinische Sprache dar. Sie behinderte das für besonders wichtig erachtete Verständnis der Zeremonien und damit auch die erstrebte innere Teilnahme der Gläubigen, aus der einesteils religiöse Gleichgültigkeit resultiere, andernteils aber auch Aberglauben und Sittenverfall befördert werde. Absolutionsformeln und andere bei Weihungen, Begehungen oder Beichte angewendete, dem Gläubigen unverständliche Worte würden ihn veranlassen, diese für zauberkräftig zu halten. Wahre Reue und Buße würden dadurch behindert werden.[41] Wessenberg drängte daher auf Einführung der deutschen Sprache: Denn *was nützt dem Bauersmann ein lateinischer Gesang, woran sein Herz und Verstand unmöglich teilnehmen und mithin keine Erbaulichung und Andacht geschaffen werden kann?*[42]
Im Rahmen der von ihm in die Wege geleiteten umfassenden »Eindeutschung« liturgischer Zeremonien des Gottesdienstes, die auf besonderes Misstrauen stießen[43], wurden ein neuer Katechismus und neue Gesang- und Andachtsbücher erarbeitet.

Bedächtige Pastorationsmethoden

Ein weiteres Hemmnis trat Wessenberg und seinem Heer eifriger Pfarrer aber auch in Form einer seit dem strengen Reglement Josephs II. erhöhten Sensibilität der Gläubigen gegenüber Reformen ihrer Religionsausübung entgegen. Aus Angst vor erneuten Eingriffen in ihren in religiöse Dimensionen eingebundenen Lebensrhythmus hielt die gläubige Bevölkerung verstärkt an verbliebenen Gewohnheiten fest. Gerade Äußerlichkeiten des Kultes waren in nachjosephinischer Ära infolgedessen zum Zeichen wahrer Gottesverehrung geworden. Als Sinnbilder »echter« Religiosität hielt man sie der logischen Argumentation fortschrittlicher Zeitgenossen entgegen.
So warnte Wessenberg seine Priester vor einer *berauschenden, lärmenden und schnellen Reform.*[44] Nicht durch Verbote sollten sie eine Veränderung herbeiführen, sondern durch Vorbereitung und Belehrung des Volkes. Sie sollten sich um das Vertrauen der Gläubigen bemühen und mit schonender Klugheit, ohne Abwertung der bestehenden Andachtsübungen vorgehen. Eine bedächtige Pastoration könne Schiefheiten und Irrtümer der Religionsbegriffe weit wirksamer korrigieren und der Einführung neuer Formen des Gottesdienstes den Weg bereiten: *Fehlt es aber an einer zweckmäßigen Vorbereitung der Gemüther, die sie für Verbesserung empfänglich macht, so steht zu besorgen, daß auch die besten Anordnungen im Contraste mit der ungeleiteten Denkart des Volkes ein Widerstreben veranlassen, welches die Zurücknahme derselben bestimmen mag.*[45]
Leitlinien waren nüchterne Mäßigkeit, stufenweises Fortschreiten, sanfte Belehrung und beharrliche Geduld[46], denn *in dem itzigen Zeitpunkt, wo ganz verschiedene Systeme noch in voller Gährung sind, ist alle Behutsamkeit nöthig, um nicht diese Gährung zum Nachtheil der guten Sache zu vergrößern.*[47] *Zeit und Gewohnheit bewirken manchmal zwischen den Religionsanstalten und den menschlichen Mißbräuchen eine solche, von den letzteren usurpierte Verbindung, daß es alle Klugheit erfordert, um nicht, indem man die Menschen von den Mißbräuchen loszureißen sucht, ihre Anhänglichkeit an die Religion selbst zu erschüttern.*[48]
Vor einem allzu sehr auf theoretischen Einsichten beruhenden und zu striktem Vorgehen warnten auch einzelne Seelsorger, die das Wirken ihrer Amtsbrüder beobachteten. Der Exbenediktiner Remigius Dors aus Todtmoos schrieb 1813 beispielsweise: *Wahr ist es, daß manche Hrn. Amtsbrüder, Pfarrer und Hilfspriester, besonders die jüngeren, wenn sie entweder in der Liturgie oder in anderen Dingen Änderungen vornehmen, bey all ihrer vermeinten guten Absicht dennoch manche Fehler und Salto mortale begiengen, das Alte wegwarfen, ohne seine gute Seite gekannt zu haben,* [...]. *Sie rissen nur nieder, ohne etwas wieder aufzubauen oder etwas Besseres an dessen Stelle zu setzen.*[49]
Andere Seelsorger bewiesen größere Einfühlsamkeit. Sie passten den Ablauf der Reformen den jeweiligen lokalen Gegebenheiten an, wie Wilhelm Mercy aus Gruol in Hohenzollern. Trotz des erlassenen Verbotes, am St. Ulrichstag Gottesdienst zu halten, las er am Vormittag die Messe, verzichtet jedoch auf die sonst an Feiertagen übliche Andacht am Nachmittag. Auf

sein Zuwiderhandeln angesprochen, erklärte er, dass er von den Vorschriften abgewichen sei, um den Bauern weder alles zu nehmen noch alles zu lassen. Er sehe zwar Bauernfeiertage, Kreuzgänge und Wallfahrten als Ketzerei an, doch glaube die Bevölkerung, dass ihr durch solche geholfen würde. Ein Verbot würde sie in große Aufregung versetzen, sie zu Widerstand und Märtyrertum reizen.[50]

Wenn wir diese sehr unterschiedlichen Reaktionen der Wessenbergschen Seelsorger miteinander vergleichen, dann lassen sich drei Gruppen beobachten.

Eine Minderheit, die vom aufklärenden und nüchternen Zeitgeist erfasst war, verlangte eine radikale Veränderung der als nicht mehr zeitgemäß empfundenen Frömmigkeitspraxis. Eine zweite, weitaus größere Gruppe erkannte Aufgabe und Notwendigkeit volksfrommer Äußerlichkeiten und sprach sich für eine Beibehaltung in gemäßigter Form aus, da der Kultus sonst in Zweckmäßigkeit und Vernunft erstarre. Die dritte Gruppe zeichnete sich in Beurteilung der Gegebenheiten und der zu treffenden Maßnahmen durch Selbstbewusstsein und Souveränität aus. Mit Einfühlungsvermögen und geschicktem Vorgehen erzielte sie die größten Erfolge.

Der deutsche Kirchengesang

Fallstudien einzelner Bräuche lassen erkennen, wie schwierig es war, regulierend einzugreifen. An der Einführung des deutschen Kirchengesangs lässt sich die Spannbreite der Probleme, die die Seelsorger zu bewältigen hatten, exemplarisch beleuchten. Der meist noch übliche lateinische Kirchengesang und die barocke, allzu weltliche Figuralmusik[51], die mangels guter Musiker und Sänger zu einer *elenden Geigelei und einem gräulichen Geplärr* verkommen sei, sollten durch einen deutschen Gesang abgelöst werden. Gemeinsamen Gesängen, Gebeten und Zeremonien *edler Einfachheit* ordnete Wessenberg die Aufgabe zu, *den Geist und das Herz der Anwesenden zu Gott zu erheben und auf ihre Gemüther einen für die Besserung und Heiligung des Lebens vortheilhaften und wirksamen Eindruck zu machen.* Ein geeigneter deutschsprachiger Liedschatz musste allerdings erst geschaffen werden. Er sollte didaktisch sein, aber auch Ohr, Phantasie und Herz ansprechen. Um die Gläubigen das Lernen und Merken zu lehren, wurde er mit alten, gut bewährten Volksmelodien versehen.[52]

Doch der Einführung dieses neuen Liedschatzes standen ein Menge an Hemmnissen entgegen, wie resignierte Briefe verschiedener Seelsorger dokumentieren. Bonifaz Viget beispielsweise meldete verzagt aus

Christkatholisches
Gesang- u. Andachtsbuch
zum
Gebrauche
bey der öffentlichen
Gottesverehrung
im
Bisthum Konstanz.
Herausgegeben durch das bischöfliche Ordinariat.
Zweyte Auflage.
Konstanz 1814,
gedruckt bey Nikol. Thaddäus Waibel.

Christkatholisches Gesang- und Andachtsbuch
Durch Wessenberg für die Diözese Konstanz verordnetes Gesang- und Andachtsbuch. Konstanz 2. Aufl. 1814.
WLB Stuttgart.

Jestetten: *Wer soll in einem Bauerndorf das Liedersingen einführen? Der Pfarrer, der in seinem Leben sich nie mit Musik beschäftigte? Etwa der Schullehrer? Da tauge öfters der Esel zur Lyra, als dieser zum Singen!*[53] Pfarrer Joseph Brugger aus Oberwinden klagte, *in unseren Thälern, wo Erdäpfel oft ohne Milch, Speck und Haberbrot die meiste Nahrung ausmachen, sind die besseren Singstimmen so selten, daß man nur mit Glück hier und da eine brauchbare antrifft* [...]. *Selten gibt es Knaben, die nicht beim Viehhüten und Fuhrwerken schon vor der Mutationszeit ihre Stimme heiser geschrieen und völlig verunstaltet haben.*[54] Die wirtschaftlichen Verhältnisse der einzelnen Gemeinden ließen darüber hinaus selten den Kauf geeigneter Musikinstrumente und schon gar nicht den einer Orgel zu.[55] Von lokalen Erfolgen abgesehen ließen sich Wessenbergs Pläne infolgedessen nur schleppend verwirklichen. Hinzu kamen aber auch neue Störfaktoren. Denn dem in vieler Hinsicht bereits ernüchterten Gottesdienst zur reinen und wahren Gottesverehrung fehlte die den Gläubigen vertraute sinnliche Wahrnehmbarkeit. So begannen sich profane Formen akustischer Gestaltungselemente einzuschleichen, wie das Ordinariat 1809 konstatierte: *Wir haben vernommen, daß in mehreren Pfarrgemeinden des Landkapitels Altendorf der Mißbrauch bestehe, daß an gewissen Festtagen die jungen Leute der Dörfer in militärischem Gepränge aufziehen, um ihrer Meinung nach die Feyer dieser Tage zu erhöhen. Da Gott im Geist und in der Wahrheit angebetet seyn will, so sind solche lärmenden militärischen Feyerlichkeiten, die nothwendig den Geist zerstören und die Andacht stören, als ganz unangemessen allgemein abzustellen.* Die Seelsorger sollen ihren Pfarrkindern *das Unschickliche der militärischen Musik bei religiösen Feierlichkeiten begreiflich machen.*[56]

Wie eine solche Belehrung vorgenommen werden konnte, geht aus einem ausführlichen Referat Joseph Vitus Burgs aus demselben Jahre hervor. Burg beschrieb, wie ihn eine Delegation seiner Gemeinde um die Wiedereinführung der Militärparaden beim Fronleichnamsfest ersuchte. Die Kosten für Pulver und Verköstigung der Schützen wollten sie selbst übernehmen. Ihren Argumenten, dass man einem Landesfürsten solche Ehren seit jeher erweisen würde, diese also nur recht und billig seien, um auch Gott Ehrerbietung zu beweisen, wusste Burg zu entgegnen, dass die Ehrerbietung gegenüber weltlichen Herrschern zunächst einmal ganz und gar nicht mit der würdigen Verehrung Gottes zu vergleichen sei. Dessen geistige Anbetung werde durch die *augenblendende und ohrenbetäubende unschickliche Art dieser Gepflogenheiten völlig erstickt*, denn es handele sich um *grob*

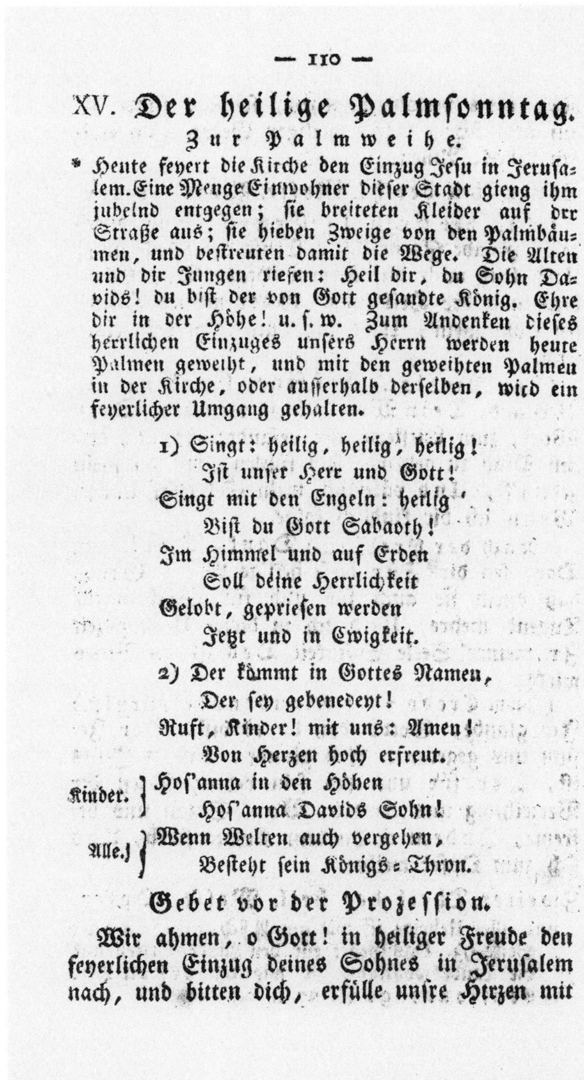

— 110 —

XV. Der heilige Palmsonntag.

Zur Palmweihe.

* Heute feyert die Kirche den Einzug Jesu in Jerusalem. Eine Menge Einwohner dieser Stadt gieng ihm jubelnd entgegen; sie breiteten Kleider auf der Straße aus; sie hieben Zweige von den Palmbäumen, und bestreuten damit die Wege. Die Alten und dir Jungen riefen: Heil dir, du Sohn Davids! du bist der von Gott gesandte König. Ehre dir in der Höhe! u. s. w. Zum Andenken dieses herrlichen Einzuges unsers Herrn werden heute Palmen geweiht, und mit den geweihten Palmen in der Kirche, oder ausserhalb derselben, wird ein feyerlicher Umgang gehalten.

1) Singt: heilig, heilig, heilig!
Ist unser Herr und Gott!
Singt mit den Engeln: heilig
Bist du Gott Sabaoth!
Im Himmel und auf Erden
Soll deine Herrlichkeit
Gelobt, gepriesen werden
Jetzt und in Ewigkeit.

2) Der kömmt in Gottes Namen,
Der sey gebenedeyt!
Ruft, Kinder! mit uns: Amen!
Von Herzen hoch erfreut.
Kinder. } Hos'anna in den Höhen
Hos'anna Davids Sohn!
Alle. } Wenn Welten auch vergehen,
Besteht sein Königs-Thron.

Gebet vor der Prozession.

Wir ahmen, o Gott! in heiliger Freude den feyerlichen Einzug deines Sohnes in Jerusalem nach, und bitten dich, erfülle unsre Herzen mit

Palmsonntagslied
Beispiel eines Festtagsliedes aus Wessenbergs »Gesang- und Andachtsbuch«, Konstanz 1814.

sinnliche, abgeschmackte und die Andacht störende Äußerlichkeiten. Darüber hinaus würde die Bevölkerung durch anschließende Bewirtung mit Wein nur sittlich-moralischen Schaden nehmen. Zuletzt wusste Burg die Bereitschaft der Gemeinde, entstehende Unkosten zu übernehmen, geschickt für der Reform dienende Zwecke umzuformulieren: *Ihr wisset, mit welcher Mühe und mit welchen eigenen Unkosten ich den Kirchengesang hier einführte,* [...]. *Wie wäre es, wenn ihr dieses Geld für diesen Sängerchor, der aus Männern, Knaben und Mädchen bestehet, verwenden würdet,* [...]. *Ich bin insgesamt überzeugt, daß ein gemeinschaftlicher Gottesdienst auch gemeinschaftliche Theilnahme voraussetzt, und dies kann wohl nicht anders seyn, als wenn das, was gesungen und gebethet wird, in Jedermanns Händen ist, oder doch von Jedermann deutlich verstanden wird. Ist nun dieses aus vielerley Ursachen bei dem erwachsenen Volke nicht ganz ausführbar, so ist es doch gewiß möglich bei der Jugend, und wie ihr mir selbsten gestehen müsset, nothwendig.* [...] *Welch vortreffliche christliche Gesinnungen und gute Entschlüsse könnte ich da in die Herzen eure Kinder einpflanzen?*[57] Die Delegation bedankte sich für die Belehrung und stimmte Burg zu.

Einen solchen Verlauf seelsorgerischer Einwirkung haben wir sicherlich als Idealfall einzustufen, und wir müssen eher davon ausgehen, dass nicht allzu viele Seelsorger über die Redegewandtheit Burgs verfügten. Auch dürften die meisten Pfarrkinder mit Sicherheit weniger Einsehen bewiesen haben. Dementsprechend verbreiteten sich den Archivalien zufolge militärische Elemente im Rahmen religiöser Festlichkeiten in der Tat besonders in den ersten Jahrzehnten des 19. Jhs., wie eine 1824 an alle Pfarrer, Pfarrverweser, Hilfspriester und Klosteroberen über die Dekanate mitgeteilte Ordinariatsanweisung überliefert. Man habe feststellen müssen, *daß sich seit einiger Zeit, häufiger als sonst, mehrere Bürgermilizen, Schützen- und Musikcorps bilden, die ihren guten bürgerlichen Zweck haben mögen, obgleich an normalen Orten dadurch der nachmittägige Sonn- und feyertägige Gottesdienst oft gestört, die Jugend beyderes Geschlechts von dem Christlehrunterricht abgezogen wird; es hat aber auch noch die Bemerkung gemacht, daß in vielen Pfarreyen besonders an Ablaßfesten, Kirchenpatrozinien, bei Prozessionen und Wallfahrten gegen die diesseitige Diözesanverordnung* [...] *die Gewohnheit eingeschlichen ist, bey den benannten Gelegenheiten unter dem Vorwand der kirchlichen Handlungen eine größere Feyerlichkeit zu geben, Bürgermilitär und Schützencorps mit ihrer Musik aufziehen zu lassen, die sich dann theils in dem Chor der Kirche in Parade aufstellen, während des Gottesdienstes Militärmusik und Manövers machen, theils außerhalb der Kirche bleiben und öfters abfeuern, dann in vereinigter Corps die Prozession begleiten, wodurch die frommen Gläubigen in ihrer Andacht gestört werden.* [58]

Daraus ist zu schließen, dass der aufgeklärte Ersatz, den Wessenberg und seine Pfarrer ihren Gläubigen zu bieten versuchten, das Bedürfnis nach einer erlebbaren Liturgie offensichtlich nicht zu stillen vermochten. Dem deutschen Kirchengesang fehlte es im Vergleich zur barocken Figuralmusik sozusagen an Pfiff. Nicht erstaunlich insofern, dass man mit militärischem Gepränge, türkischer Musik und lärmenden Feierlichkeiten aufzuziehen begann. Den Berichten der meist verzagten Seelsorger ist zu entnehmen, dass sich die Landbevölkerung darin an den Städten orientierte. Dort würden Bürger und Bürgersöhne großen Aufwand mit Montur und Gewehren betreiben, worin sie von Amts wegen Unterstützung erhielten. Mangels des erforderlichen Beistands weltlicher Instanzen können sich die Seelsorger dieser neuartigen Vergnügung kaum mehr erwehren, klagt beispielsweise der Stockacher Dekan Schoch 1827.[59] Einem Schreiben aus Kappel am Rhein lassen sich weitere Einzelheiten entnehmen, die die sich verbreitende Lust an Militärparaden erklären. Dort heißt es, in jeder Gemeinde befänden sich Bürger, die sich auch nach Absolvierung ihres Militärdienstes in der Rüstung eines Soldaten gefielen. Uniformen und Zubehör seien bei Musterungen der Kriegsmagazine zu geringen Preisen zu erstehen. Auch die jungen, musikalisch besser ausgebildeten Schullehrer würden die Gründung von Musikbanden unterstützen. Aber die Errichtung bürgerlicher Militärcorps sei in Kleinstädten und Dörfern von höherer Seite nie angeordnet, sondern nur geduldet worden. Sie haben keinen eigentlichen Zweck, würden sich aber für berufen halten, an den kirchlichen Feierlichkeiten des Ortes Anteil zu nehmen. Das Schauspiel, das sie dabei produzierten, sei jedoch so profan, dass sich die Kirchenbehörden dagegen verwahren müssen. Da das

Spektakel in den letzten Jahren stillschweigend geduldet wurde, befürchte man großen Widerstand bei ihrer Abschaffung und bitte um unterstützende Maßnahmen der Staatsbehörden.[60] Diese blieben jedoch trotz vielfacher Bitten aus, da die weltlichen Behörden aufgrund der vorangegangenen Kriegswirren die Vorliebe für derlei Handeln gern gesehen und gefördert hätten.

Die im Staatskirchentum angelegte Spaltung weltlicher und kirchlicher Obrigkeiten hatte sich, wie der Verlauf beider Reformen zeigte, also weiter vertieft, aber nicht nur auf der Ebene der Instanzen. Der Bruch setzte sich auch im Bereich der Brauchausübung fort. Denn wie an unterschiedlichen Beispielen zu beobachten ist, befreite sich das sich inzwischen selbst bestimmende Bürgertum aus der sittlich-moralischen Bevormundung der Seelsorge und übernahm die Gestaltung seiner Feierlichkeiten selbst. Es füllte das durch Versachlichung volkstümlicher Frömmigkeit entstandene Vakuum mit neuen, dem Geschmack der Zeit entsprechenden Formen. Festbedürfnis und Vergnügungssucht konnten im wirtschaftlichen Aufschwung und durch die Veränderung sozialer Verhältnisse des 19. Jhs. in breite Schichten expandieren. Diese übertrugen die der allgemeinen Vorliebe für Militärisches entsprechenden Elemente auf kirchliche Feierlichkeiten; eine Initiative, die bald auch von den Landgemeinden imitiert wurde.

So war letztendlich zu beobachten, dass Abschaffung und Ernüchterung religiösen Brauchtums nicht durch obrigkeitliche Reglementierung zu erreichen sind.[61] Denn an der Durchführung beider Reformen wurde deutlich, dass es dabei nicht allein um die Erscheinungsformen religiöser Volkskultur ging, sondern mit zunehmender Tendenz um die Aufrechterhaltung obrigkeitlicher Durchsetzungskraft. Fassten die Eliten des ausgehenden 18. Jhs. Brauchausübung im allgemeinen noch als kulturelle Bestandteile eines natürlichen Staats- und Gesellschaftswesens auf, deren Äußerlichkeiten dem Stil einer neuen Zeit angepasst werden mussten, so stellte sie sich im Rahmen ihrer Reformierung als ein sich verselbständigender, sich in einigen Fällen zur Bedrohung auswachsender Organismus dar, der in Schranken gehalten werden musste. Auf Repression folgte Revolte. Bräuche wurden dabei zu Manifestationen des sich mehr und mehr seiner Selbst bewusst werdenden und gegen kirchliche wie weltliche Obrigkeiten auflehnenden Volkes. Bürger und später auch Bauern nahmen die Gestaltung ihrer Bräuche schließlich selbst in die Hand. Dabei folgten sie auch in ihrer sozusagen modernisierten Form Bedürfnissen, die für jegliche Religionsausübung maßgebend sind, nämlich dem Verlangen, dem eigenen Glauben durch symbolisches Handeln Ausdruck zu verleihen, das Festlichkeit erzeugen und der Gefühlswelt Nahrung bieten kann. Die Pfarrer hatten dabei einen schwierigen Stand. Entweder bekamen sie den Zorn ihrer Vorgesetzten zu spüren oder den Zorn des Volks, wie die Seelsorger zu Zeiten Josephs II. Erst die unter Wessenberg mögliche Bereitschaft zu Kompromissen und eine flexiblere Umsetzung aufklärender Reformen sicherte ihnen Akzeptanz und bescheidene Erfolge reformierenden Wirkens.

[1] Zur Volksfrömmigkeitsforschung s. u. a. *Wolfgang Schieder* (Hg.), Volksreligiosität in der modernen Sozialgeschichte. Göttingen 1986 und *Wolfgang Brückner/Gottfried Korff/Martin Scharfe*, Volksfrömmigkeitsforschung. Würzburg 1986.

[2] EAF, Diözese Konstanz, Generalia, Kirchl. Gebräuche 1787–1827, Geistl. Ratsprotokoll vom 06.05.1784.

[3] *Dietz-Rüdiger Moser*, Bräuche und Feste im christlichen Jahreslauf. Graz/Wien/Köln 1993, 177.

[4] *A. Obermayr* (= Josef Richter), Bildergalerie katholischer Mißbräuche. Frankfurt/Leipzig 1784, zitiert nach *Moser*, Bräuche und Feste (wie Anm. 3), 177.

[5] Sein zwischen 1780 und 1790 durchgeführtes Reformwerk wurde und wird sehr unterschiedlich beurteilt. – Zum Reformwerk Josephs II. im Allgemeinen siehe u. a. *Harm Klueting*, Der Josephinismus: ausgewählte Quellen zur Geschichte der theresianisch-josephinischen Reformen. Darmstadt 1995; *Helmut Reinalter*, Der Josephinismus: Bedeutung, Einflüsse und Wirkungen Frankfurt a. M./Berlin/Bern/New York/Paris/Wien 1993; *Elisabeth Kovács*, Katholische Aufklärung und Josephinismus. München 1979. – Zu den kirchlichen Reformen im Bes. siehe *Eva Kimminich*, Religiöse Volksbräuche im Räderwerk der Obrigkeiten. Ein Beitrag zur Auswirkung aufklärerischer Reformprogramme am Oberrhein und in Vorarlberg. Frankfurt a. M./Bern/New York/Paris 1989.

[6] Schon in seiner Jugend mit aufklärerischem Gedankengut vertraut, widersprachen bes. die trotz der Reformbemühungen seiner Mutter Maria Theresia noch bestehenden barocken Formen religiösen Brauchtums Josephs an der Ratio orientierter Weltbetrachtung. Ihre Abschaffung wandte sich nicht etwa gegen die Kirche oder die Religiosität der

Gläubigen, sondern strebte nach einer zeitgemäßen, d. h. rationalen Gottesverehrung.

[7] Siehe dazu *Kimminich*, Religiöse Volksbräuche (wie Anm. 5), 68f.

[8] Ebd., 75–77.

[9] Vorarlbergisches Landesarchiv Bregenz (nachfolgend VLA), Kreis- und Oberamtsakten Bregenz, Sch. 89, Fasz. 9/4–9/6, Geistliche Angelegenheiten 1791/92, Konduitenliste 1791; siehe dazu *Kimminich*, Religiöse Volksbräuche (wie Anm. 5), 75–77. Zur Reformbedürftigkeit des Klerus bzw. Reform der Priesterausbildung siehe auch *Klueting*, Der Josephinismus (wie Anm. 5), 223–227 (Auszüge aus der Denkschrift des Hofrats Franz Joseph v. Heinkes, Wien, 14. 3. 1781).

[10] *Franz Quarthal/Georg Wieland*, Die Behördenorganisation Vorderösterreichs von 1753–1805 und die Beamten in Verwaltung, Justiz und Unterrichtswesen. Bühl/Baden 1977.

[11] VLA, Chronik der Gemeinde Hard, Fotokopie des Originals. Bruchstücke abgedruckt in: *Anna Hensler*, Bruchstücke einer Harder Chronik aus den Jahren 1780–1804, in: Bericht des vorarlbergischen Museumsvereins. o. O. 1905, 94–112.

[12] Siehe dazu *Kimminich*, Religiöse Volksbräuche (wie Anm. 5), 71–82.

[13] Ebd., 99–123.

[14] Einzelheiten Ebd., 27–30: 1783 beispielsweise wurde der Konstanzer Bischof ermahnt, er würde mit seinen Anweisungen zur Handhabung landesfürstlicher Erlasse dieselben untergraben.

[15] Siehe dazu u. a. *Karl-Heinz Braun* (Hg.), Kirche und Aufklärung – Ignaz Heinrich von Wessenberg (1774–1860). München/Zürich 1989. Zur Durchführung seiner Reformen siehe *Kimminich*, Religiöse Volksbräuche (wie Anm. 5), 131–169 u. *Maria E. Gründig*, »Zur sittlichen Besserung und Veredelung des Volkes«: zur Modernisierung katholischer Mentalitäts- und Frömmigkeitsstile im frühen 19. Jh. am Beispiel des Bistums Konstanz unter Ignaz H. von Wessenberg. Tübingen 1997.

[16] Zur Vereinnahmung der Pfarrer für aufklärerische Ziele siehe auch *Rainer Bendel*, Der Seelsorger im Dienst der Volkserziehung: Seelsorge im Bistum Breslau im Zeichen der Aufklärung. Köln 1996.

[17] Archiv für Pastoralkonferenzen in den Landkapiteln des Bisthums Constanz (nachfolgend APK) 1815. Bd. 2, 223.

[18] EAF, Ordinariat Konstanz Generalia, Aberglaube (Generalia) 1741–1828 und APK 1804–1827, insbes. 1811. Bd. 1, 290–300 (Willibald Höchle, Pfarrer von Schwerzen, Klettgau).

[19] APK 1812. Bd. 2, 337.

[20] Siehe dazu das Schreiben Joseph Anton Veesers, Kaplan von St. Leonhard in Horb, Ruralkapitel Dornstetten, WN 2589 vom 26.04.1808. Zur Wessenbergschen Reformierung des Wallfahrtswesens siehe *Kimminich*, Religiöse Volksbräuche (wie Anm. 5), 138–151.

[21] *Erwin Keller*, Die Konstanzer Liturgiereform unter Ignaz Heinrich v. Wessenberg, in: FDA 85 (1965), 21.

[22] Siehe dazu u. a. Helmut *Reinalter/Karlheinz Gerlach* (Hg.), Staat und Bürgertum im 18. und frühen 19. Jh.: Studien zu Frankreich, Deutschland und Österreich. Frankfurt a. M. 1996; *Jürgen Kocka*, Bürger und Bürgerlichkeit im 19. Jh. Göttingen 1987 u. *Reinhart Koselleck*, Kritik und Krise. Beiträge zur Pathogenese der bürgerlichen Welt. Freiburg/München 1959.

[23] *Hermann Baier*, Zum Charakterbilde Joseph Vitus Burgs, in: ZGO 79 (1927), 591–630.

[24] Wessenberg-Nachlass des StA Konstanz bestehend aus seinem Briefwechsel (nachfolgend WN) 342/77, Promemoria vom 08.12.1814.

[25] *Keller*, Konstanzer Liturgiereform (wie Anm. 21), 36.

[26] APK 1805. Bd. 1, 79–89.

[27] Ebd., 82 sowie 1804. Bd. 2, 269–288.

[28] Ebd. 1806. Bd. 2, 23f.

[29] Siehe dazu *Braun*, Kirche und Aufklärung (wie Anm. 15), 36–56.

[30] In den Priesterseminaren war man u. a. auf fehlenden Respekt vor Glauben und Religion gestoßen. Insbes. aus Meersburg wurde berichtet, dass die Lehrbücher der Bibliothek mit niederträchtigen Zoten besudelt worden waren. WN 1327/9, Brief vom 16.07.1803.

[31] WN 343/77, Promemoria vom 08.12.1814.

[32] Siehe dazu *Keller*, Konstanzer Liturgiereform (wie Anm. 21), 132–52, und *Braun*, Kirche und Aufklärung (wie Anm. 15), 30–36.

[33] GM (siehe Anm. 35) 1803. Bd. 1, 163f.

[34] Ebd. Bd. 2, 522–526.

[35] Sie erschien zunächst unter dem Titel *Geistliche Monatszeitschrift mit besonderer Rücksicht auf das Bisthum Constanz* (hier zitiert als GM) und behandelte Gegenstände, die zur *sittlichen Verbesserung und Veredelung des Volkes beitragen konnten*; siehe dazu GM 1802. Bd. 1, 3–15.

[36] *Keller*, Konstanzer Liturgiereform (wie Anm. 21), 50.

[37] APK 1811. Bd. 1, 404ff. und 1812. Bd. 1, 111–128.

[38] WN 2068/2.

[39] APK 1809. Bd. 2, 254–266.

[40] Siehe dazu *Kimminich*, Religiöse Volksbräuche (wie Anm. 5), 41f. und *Herrmann Baier*, Wessenbergstudien, in: FDA 56 (1928), 1–48.

[41] Ebd., 41.

[42] APK 1811. Bd. 1, 224.

[43] Siehe dazu auch *Braun*, Kirche und Aufklärung (wie Anm. 15), 41.

[44] WN 2710/183 Brief vom 04.02.1803.

[45] GM 1802. Bd. 1, 7f.

[46] WN 2710/331, Brief vom 10.10.1803 und WN 2710/144, Brief von 1802.

[47] APK 1805. Bd. 1, 83.

[48] Ebd., S. 242.

[49] APK 1813. Bd. 2, 145.

[50] WN 1564/2 und *Wilhelm Mercy von Gruol*, Pfarrer zu Gruol im Früstenthume Hohenzollern-Sigmaringen: Über den Entwurf eines neuen Rituals oder soll man jetzt den Klerus reformieren. Ulm 1806. Siehe dazu auch *Dieter Narr*, Studien zur Spätaufklärung im deutschen Südwesten. Stuttgart 1979, 448–477.

[51] Darunter ist die Ausziehung von Melodien durch Formeln und Akkordbrechungen zu verstehen. Ihre Verspieltheit löste zu Beginn des 16. Jhs. den rhythmisch ausgeglichenen gregorianischen Choral ab. Für die daraus abgeleiteten Figuralmessen hatte man eigens Orgel- und Sängerbühnen in den Kirchen errichtet.

[52] APK 1804. Bd. 2, 337, 448–78, v. a. 460f.

[53] WN 2600/1.

[54] WN 321/7 (1810).

[55] Ebd. 2561/3 (1803.)

[56] EAF, Ordinariat Konstanz, Generalia, Kirchliche Gebräuche 1787–1827, Schreiben vom 01.02.1809.

[57] APK, 1809. Bd. 1, 98–119.

[58] EAF, Ordinariat Konstanz, Generalia, Kirchliche Gebräuche 1787–1827, Schreiben vom 28.10.1824.

[59] Ebd., Schreiben vom 11.06.1827.

[60] Ebd., Schreiben vom 28.10.1824; siehe dazu insgesamt *Kimminich*, Religiöse Volksbräuche (wie Anm. 5), 154–164 und *Dies.*, Prozessionsteufel, Herrgottsmaschinen, Hakenkreuzflaggen. Zur Geschichte des Fronleichnamsfestes in Freiburg und Baden. Freiburg 1990, 32–36.

[61] Zu einer resümierenden Einschätzung beider Reformen im Hinblick auf die Praxis volksfrommen Brauchtums siehe *Kimminich*, Religiöse Volksbräuche (wie Anm. 5), 197–206.

Irenik und Interkonfessionalismus

Ländliche Parität im Königreich Württemberg nach 1803

von Christel Köhle-Hezinger

Konfessioneller Friede und Aufklärung

Ich freue mich immer, eine Zeit erlebt zu haben, wo Frieden und Freudigkeit bei Katholiken und Protestanten herrschte. Unvergeßlich ist mir der Bischof Keller, unvergeßlich der Geburtstag des Königs, welcher im Jahr 1831 auf einen Sonntag fiel. Der Bischof war gerade zur Firmelung in Biberach anwesend, er hielt das Hochamt – zuvor hatte der evangelische Dekan die Festrede gesprochen. Bischof Keller wohnte derselben an der Spitze der Geistlichkeit bei. Mittags brachte er einen ergreifenen Toast auf den König und die Einigkeit aus; alle Herzen gewann dieser feinfühlige Mann, der ein Freund von Kunst und Wissenschaft nicht minder als von Geselligkeit und ungetrübter Lebensfrische war. So oft er nach Biberach kam, mußte ich abends in seiner Gesellschaft sein; die Stunden, welche mir dort verflossen, waren geweihte.
Auch kam ich damals häufig mit Christoph Schmid, dem Verfasser der Ostereier, zusammen; er war Pfarrer in Stadion und ein Mensch in des Wortes reinstem Sinne. Merkwürdig, daß die Ultramontanen schon über ihn herfallen, weil der zu weltlich gewesen sei: Ja, er lebte und strebte für alle guten Menschen. Zehn Jahre verweilte Schmid in jener großen Gemeinde, die ihn fast anbetete.[1]
Diese Worte des Biberacher Malers Johann Baptist Pflug spiegeln das Bild, das in den ersten Jahrzehnten des 19. Jhs. das konfessionelle Verhältnis im »paritätischen« Königreich Württemberg bestimmte. Sie spiegeln die Spannweite der Vorgaben und Erwartungen ebenso wie die Bandbreite der städtischen, ländlichen und auch individuellen Erscheinungsformen.

Irenik war zum bestimmenden Motto der Aufklärung geworden, das die konfessionellen Einstellungen und Kontakte auf allen Ebenen zu prägen schien: der übergreifende, Protestantismus und Katholizismus wie Pietismus und lutherische Orthodoxie verbindende, unangefochtene neue Wert, der bewusstseinsbildend, orientierend, stimulierend und regulierend auf das gesellschaftliche Leben einwirkte. Konfessionelle Irenik war die religiöse Zielvorstellung, das notwendig interkonfessionelle Autostereotyp der Spätaufklärung. Ohne die starke Position der kirchlichen Aufklärung wäre eine in »Theorie und Praxis vom Geiste [...] der Staatsomnipotenz beherrschte katholische Kirchenverfassung wie die württembergische nicht möglich gewesen. Wie weit es die Aufklärung in der konfessionellen Annäherung gebracht hatte, wird am Beispiel des Papstes als der katholischen ›Conditio sine qua non‹ deutlich: Dass eine Union zwischen Katholiken und Protestanten nur durch die Abschwächung des päpstlichen Primats möglich sei, hatte bereits im 18. Jh. der Trierer Weihbischof von Hontheim geäußert. Evangelische und katholische Stimmen des 19. Jhs. bestätigten dies; in Frankreich wurde es als die Krönung der politischen Toleranzidee durch Napoleon propagiert.«[2] Im württembergischen Katholizismus traten Wessenberg und Werkmeister für die »größtmögliche Unabhängigkeit und Loslösung vom Papst ein« und votierten für die Gründung »einer episkopalisch-deutschen Nationalkirche [...] Dem Papste wäre höchstens ein Ehrenprimat einzuräumen, keinesfalls aber ein jurisdiktioneller, disziplinärer und dogmatischer.«[3] In Preußen hatte man im Gefolge der Säkularisation daran gedacht, »den Papst

gegen eine Zahlung eines Jahresgehaltes zum Verzicht auf seine Jurisdiktion gegenüber dem Episkopat und den Katholiken Preußens zu bewegen.«[4]

Das katholische Württemberg war, zusammen mit dem badischen Oberland, ein starker Rückhalt für die kirchliche Aufklärung. Hier finden sich »auf engem Raum zusammengedrängt alle geistigen Richtungen und Strebungen der Zeit, die Deutschland und besonders das katholische Deutschland bewegten. Die Entwicklung ist infolge der besonderen politischen und geistigen Verhältnisse meist um einige Zeit hinter der gesamtdeutschen zurück.«[5] Fest steht, dass mit dem Ende des 18., vor allem aber in den ersten drei Jahrzehnten des 19. Jhs. die aufklärerischen Prinzipien in den obersten Rängen beider Kirchenleitungen zu den herrschenden wurden. Die evangelische Kirche in Württemberg hatte sich dadurch zwar gegen den Pietismus gestellt, doch sicherte gerade dieser Tatbestand das uneingeschränkte Wohlwollen von staatlicher Seite. Der Pietismus, bis dato noch deutlich kontrakulturellen Charakters, mit dem Odium des Sektiererisch-Separatistisch-Staatsgefährdenden behaftet, hatte das Vertrauen des Fürsten Karl Eugen ebenso wenig wie das des nachfolgenden Königs Friedrich gefunden. Er verkörperte quasi das Unzeitgemäß-Gestrige gegenüber jenen ›modernen‹ Prinzipien, wie sie in der starken Koalition von Staat und evangelischer Kirche zum Ausdruck kamen. Der aufgeklärten katholischen Kirche fiel in dieser Konstellation die Rolle des gleichgesinnten Partners zu, dessen vernünftige Entwicklung, seine Abkehr von nebensächlichen und abergläubischen Dingen man als entscheidendes Stadium in der progressiven, fortwährend rationaleren Entwicklung der Menschheit wertete.[6]

Den Geltungs- und Wirkungsbereich von Aufklärung und konfessioneller Irenik, ihren realen Einfluss in den beiden Konfessionen exakt abzustecken, ist schwer. Im Blick auf die soziale Reichweite der Aufklärung, auf das »Tempo des Wandels« konstatiert Shanahan, dass zunächst »allein die Klasse der Gebildeten« betroffen war: »Kreise an den großen Höfen und in den europäischen Hauptstädten,[...] während das einfache Volk ihr gleichgültig gegenüberstand.«[7]

Für die evangelische Kirche scheint festzustehen, dass der Pietismus als religiös-kirchliche Bewegung im 18. Jh. in starkem Gegensatz zur Aufklärung und später auch zum Idealismus stand, und dass er im beginnenden 19. Jh. sich darüber »mit der lutherischen Orthodoxie auf das allerengste verschwistert«[8] hatte, gegen die er ursprünglich angetreten war. Das gilt hauptsächlich für Preußen. Die Lage in Württemberg ist anders, kaum einheitlich zu kennzeichnen. Dieter Narr hat zwar eine Breitenentwicklung des Pietismus nachgewiesen, doch ist insgesamt wohl Gerhard Schäfer und Hartmut Lehmann zuzustimmen, dass Württemberg im 18. Jh. »als ganzes doch kein pietistisches Land gewesen« ist: »Dass die geistigen Leistungen des Pietismus zwar groß, seine politische und soziale Bedeutung dagegen gering waren, daß die pietistischen Lehrer und Pfarrer auf der einen Seite bedeutende, über ihre engen Zirkel hinaus wirksame literarisch-theologische Werke schufen, dass auf der anderen Seite aber nur ein kleiner Teil der Ehrbarkeit zu ihnen gehörte, der weder am Hof noch beim gemeinen Mann Einfluss besaß und nur in wenigen Fällen in die Politik eingriff.«[9]

Die Tatsache der weitgehenden sozialen Irrelevanz kann zunächst – im 18. und frühen 19. Jh. – auch für die aufklärerische Irenik angenommen werden. Den konfessionstheoretischen Modellen von Hegel, Herder, Schleichermacher war wohl kaum Breitenwirkung beschieden, wenngleich die Frage nach der Vereinigung der Konfessionskirchen die theologische Diskussion ebenso wie die populären Traktate fast ausschließlich bestimmte: Sie war stets mehr durch einen Konsens in der Negation als im Programmatischen gekennzeichnet. Die »kritische Bezugnahme auf die konfessionell-dogmatischen Gestaltungen des Christentums«, die »Distanzierung von den kirchlich-dogmatischen Systemen«, die ihre Theoretiker einte, ließ Irenik zunächst nur als »individuelle Haltung« Bedeutung gewinnen.[10] Der Herausbildung eines Lehrsystems und dem Zustandekommen von Vermittlungsprozessen aber stand sie direkt im Wege.

Erst als die irenischen Modelle schließlich hypertrophe Dimensionen erreicht hatten – 1810 hatte der Theologe Marheineke das Verhältnis der Konfessionen auf das der Geschlechter bezogen und vorgeschlagen, dass alle Frauen katholisch und alle Männer protestantisch werden sollten[11] –, erst dann, so scheint es, wird eine Resonanz in der nichtkirchlichen Öffentlichkeit laut. Zur Frage der Gültigkeit und Bedeutung

aufklärerischer Ideen für das Volk bemerkt Friedrich Ludwig Jahn in seinem Buch *Deutsches Volksthum* im gleichen Jahr: *Gelehrten ist gut predigen, schwerer dem großen Haufen. Der gemeine Mann hat allerdings Katechismus, Gesangbuch und Bibel, die sind aber nur Feierkleider; alltäglicher Nahrungsrock bleibt immer der Aberglauben, und dessen Lehrgebäude ist reichhaltiger, wie jedes andere. Noch besucht er Afterkirchen: bei Krämern, Bauern, und Schenken* [...] *dort wird ein ganz anderer Evangelium gepredigt, wie von der Kanzel.*[12] Hier wird – wenngleich unter romantischen Prämissen – der breite Graben angedeutet, der zwischen aufklärerischen Postulaten und der Wirklichkeit klafft, dessen Ausmaß jedoch weder in den populären Schriften noch in archivalischen Quellen fassbar wird. Das Mittel der Spätaufklärung, diesen Graben zu überwinden, war die Abwendung von dissonanten konfessionellen Werten und die Hinwendung zu neuen, über den Institutionen stehenden Werten wie Volksbildung[13], Toleranz, Irenik.

Im populär-kirchlichen Rationalismus der Spätaufklärung hat diese Entwicklung ihren adäquaten religiösen Ausdruck gefunden. Er hat die Bevölkerung über alle Konfessionen hinweg massenhaft erreicht und entscheidend beeinflusst: er war die populäre Vollstreckung der Aufklärung im kirchlichen Bereich. Während der Pietismus den Protestantismus strukturell – in seinem Wesen als Staatskirche – in Frage gestellt, seine Organisation gleichsam von außen her herausgefordert hatte, war der Rationalismus die Bestätigung, die Antwort aus der Praxis eben dieser Staatskirche. Seine Wurzeln liegen in der Vermischung von religiösem und säkularem Denken: die aus der Aufklärung »herausgewachsenen, philosophischen, wissenschaftlichen und historischen Ideen (wurden) in den Dienst der deutschen evangelischen Theologie genommen.«[14] Spätaufklärung und Rationalismus im kirchlichen Bereich tragen deutliche Züge von Kulturregion. Die (wenngleich an einem anderen historischen und kulturellen Kontext gewonnene) Hypothese Peter L. Bergers vom »Paradox der sozialen Funktionalität bei gleichzeitiger sozialer Irrelevanz von Religion«[15] kennzeichnet auch das Verhältnis von Kirche und Staat in der Spätaufklärung. Es ist ein System gegenseitiger Abhängigkeiten, Verpflichtungen und Dienstleistungen. Durch die offizielle Hereinnahme christlicher Werte und Normen in den christlich-paritätischen Staat wurden säkulare, d. h. aufklärerische Prinzipien von den Kirchen, religiöse Prinzipien von weltlicher Herrschaft adaptiert. Der Prozess ihrer Abtrennung vom religiösen Kontext war eingeleitet. Neben die vertikale Trennung in evangelisch-katholisch tritt ein horizontale, quer durch die Konfessionen verlaufende Scheidung. Nicht im Sinne einer allgemeinen Entkirchlichung, sondern in einem strukturell-qualitativen Sinne hat die Säkularisation des Jahres 1803 damit eine Säkularisierung bedeutet.

Die Auswirkungen, die kirchlichen Folgen wurden später in beiden Konfessionen als die Wurzel vieler Übel, als der »Sündenbock für alles beklagt« – in je konfessionsspezifischer Form. Während der Katholizismus vor allem den Interkonfessionalismus jener Zeit beklagt[16], ist es auf protestantischer Seite der »Niedergang des religiösen Lebens« und die Zersplitterung des eigenen Lagers. Zwar war man bemüht, die Bedeutung des »rationalisierenden Zeitgeistes« herunterzuspielen – etwa, »weil er in der Fakultät keinen Vertreter besaß.«[17] Seine Auswirkungen zu leugnen gelang jedoch nur schlecht. Triumphierend kennzeichnet man auf katholischer Seite die evangelische Lage: »Statt der Religion Moral, statt der Schriftautorität Vernunftwahrheit, statt des Glaubens der logische Beweis.« Als anschaulicher Beweis dafür genannt werden die Gesangbücher und Predigten jener Zeit, deren »weitherziges Eingehen auf den Ideenkreis des gemeinen Mannes« etwa durch ökonomischen Unterricht deutlich würde.[18]

Volks- und Bauernaufklärung

Dass die rationalistische Predigt in ihrer ethisch-moralischen Zielsetzung nicht selten zur *Natur- und Ackerpredigt, zur Roßbollenpredigt* wurde und wunderliche Blüten trieb, ist kaum zu bestreiten. Sie wurde *in Anlehnung an die Perikopen erteilt.* Grundlage war nicht ein bestimmter Evangelientext, sondern ein Wort zur *volkstümlichen Erörterung.* Folgende Beispiele sind belegt – leider nur in ihrem Vorkommen, nicht aber in ihrer Häufigkeit; es bleibt also offen, ob es sich dabei um typische Beispiele oder um skurrile

›Spitzenreiter‹ handelt: Eine Weihnachtspredigt kam über den Stall in Bethlehem auf den Vorzug der Stallfütterung gegenüber der Koppelwirtschaft zu sprechen. Eine Ostermontagspredigt reflektierte am Beispiel des Ganges der Jünger nach Emmaus über den Nutzen des Spazierengehens. Eine Pfingstpredigt pries die Vorzüge der frischen Luft. Das Bibelwort: *Der Mensch lebt nicht vom Brot allein* war Grundlage einer Predigt *Über den unaussprechlichen Segen des Kartoffelanbaus.*[19] In den zwanziger Jahren geht der Rationalismus deutlich zurück. Als Nachhut erscheinen 1829 noch zwei Bände *Religionsvorträge* des Kantianers Reche, die anstelle von biblischen Texten deutsche Sprichwörter erklären. Ob solche Predigten das Volk abstießen, es *zum mindestens kalt* ließen, wie es ein erweckter Protestantismus später sehen wollte[20], ist sehr die Frage. In ihren Topoi, ihren Bildern und Bezügen eignete diesen Predigten eine Nähe zum realen Leben, wie sie elitär-esoterische Theoretiker der Volkspädagogik und aufklärerische Theologen zumeist vermissen lassen.

War der Rationalismus die populär-religiöse Vollstreckung der Aufklärung, so war der Interkonfessionalismus die konfessionell wirksame Folge der Aufklärung: die populäre Konkretisierung von Toleranz, deren Übertragung auf den konfessionellen als den nächstliegenden, existentiellen Geltungsbereich. Der Interkonfessionalismus war die adäquate äußere Form, welche das Ziel – konfessionelle Irenik – dokumentiert und gewährleistet. Irenik hatte ihren Ausdruck in einem regen Interkonfessionalismus gefunden, dessen Verbreitungsgrad sich im Nachhinein nicht feststellen, kaum aber überschätzen lässt.

Dörfliche Quellen berichten darüber wenig und meist nur das von den offiziellen Stereotypen Abweichende. Das aber spricht eher für die Selbstverständlichkeit solcher Handlungsweisen, für ihre allgemeine Verbreitung. Nicht die Norm, der zeittypische Regelfall wird der Hervorhebung und der Berichterstattung in den Akten für wert befunden, sondern das davon Abweichende, Diskrepante: das als Missbrauch, als Unrecht, als ›konfessioneller Übergriff‹ Verstandene. Differenzierungen nach aufklärerischen, romantischen, restaurativen Ideen waren von Bedeutung allenfalls für die Gebildeten, Herrschenden. Der Masse der Bevölkerung vermochten sich solche Scheidungen und ihre Inhalte nicht mitzuteilen – geschweige denn, dass sie es zu dechiffrieren vermocht hätte. Ihre Äußerungsformen waren über lange Zeiträume und Geistesrichtungen hinweg die gleichen. Im Falle des Interkonfessionalismus bedeuteten sie eine Vereinfachung, gleichsam Harmonisierung beider Konfessionen, den weitgehenden Wegfall von ohnehin unverstandenen, theologisch-dogmatischen Unterscheidungen. Interkonfessionalismus bedeutete vor allem eine Ökonomisierung des kirchlichen Lebens: Konfessionelle Normen und Sanktionen hatten nun plötzlich viel von ihrem drohenden Charakter verloren. Interkonfessionalismus wurde so möglicherweise zum wirksamsten, prägendsten sozioreligiösen Faktor der ersten Hälfte des 19. Jhs.

Eintracht und Freundschaft

Vermittlungswege und -gründe des Interkonfessionalismus lassen sich ziemlich genau verfolgen. Ein förderliches Moment war jene oben angedeutete, Säkularisations-Rationalisierungen perpetuierende württembergische Sparsamkeit im Gewande des Zeitgeistes, der *Parität*. 1808 erging die staatliche Order, dass in jeder katholischen Schule *eine kleine, aber gut gewählte Büchersammlung* eingerichtet werden solle, für deren Anschaffung auch protestantische Erziehungsschriften empfohlen wurden.[21] Fest steht, dass der katholische Klerus protestantische Schriften und Andachtsliteratur benutzte; auch mangels eigener, katholischer Produktionen. Protestantische Schriften fanden sich nicht nur »in katholischen Kapitelsbibliotheken, sondern in allen Händen«: dem katholischen Klerus dienten »protestantische Moralisten und Prediger« als Vorlage, dem katholischen Volk protestantisch-aufgeklärte Schriften zur Erbauung.[22] Über die Verbreitung solcher Schriften lassen sich wenig exakte Aussagen machen. Anzunehmen ist jedoch, dass sie vor allem der Oberschicht – der städtischen wie ländlichen, geistlichen, adligen und bildungsbürgerlichen Kreisen – zugänglich waren und über diese der Bevölkerung vermittelt wurden. Dass auch in ländlichen Gebieten aufklärerisch gesinnte Geistliche »zur Verwunderung der beiden konfessionell verschiedenen Gemeinden eine intime Freundschaft«[23] pflegten, den

Interkonfessionalismus zur Regel erhoben, hat damals anscheinend niemandes Anstoß erregt.
Interkonfessionell waren nicht nur viele Kirchen, Schulen und Friedhöfe – in den meisten der Fälle war dies nicht neu, spezifisch irenisch –, sondern auch und vor allem Gottesdienste, kirchliche Feste und Amtshandlungen. Es gab sukzessive Doppeltrauungen, simultan-interkonfessionelle Trauungen, Taufen, Beerdigungen, simultanen Religionsunterricht; die Beispiele sind Legion.[24]
Erster entscheidender Kristallisationspunkt von Irenik und Interkonfessionalismus ist das Reformationsjubiläum des Jahres 1817: In Mergentheim wurde der Festgottesdienst von Protestanten und Katholiken gemeinsam in der Schlosskirche gefeiert, wobei die Katholiken *von freiem Antrieb* die Festmusik bestritten. In Leutkirch läuteten die Glocken beider Kirchen, und am Festzug beteiligten sich Angehörige beider Konfessionen, namentlich Beamte und Geistliche, *um die Gottheit gemeinschaftlich anzubeten und zu verehren*. In einem vom *Schwäbischen Merkur* nicht benannten, konfessionell gemischten Ort halfen die Katholiken den Protestanten beim Schmücken der Simultankirche und besuchten die lutherische Predigt. Sie wurden allerdings herb enttäuscht, als der Prediger in ärgster Weise gegen Gräuel, Irrtümer und Missbräuche in der katholischen Kirche loszog.[25]
In Rottenburg vollzog 1828 Bischof Keller eine Nachtrauung bei seiner Nichte, die zuvor vom evangelischen Pfarrer aus Remmingsheim einem evangelischen Kameralamtsverwalter aus Münsingen angetraut worden war; die Kinder aus dieser Ehe waren vertraglich der katholischen Kirche zugesichert.[26] In Königseggwald (Oberamt Saulgau) heiratete 1838 in der katholischen Kirche ein evangelischer Gutsbesitzer eine Katholikin; der evangelische Pfarrer von Altshausen vollzog die Trauung, ein katholischer Professor aus Ehingen – ein Verwandter der Braut – die Nachtrauung.[27] In der katholischen Pfarrkirche von Wiblingen heiratete 1841 ein evangelischer Steuerkommissar eine Katholikin: auf Antrag des evangelischen Pfarrers wurde zuerst evangelisch, dann katholisch getraut; die Kinder sollten protestantisch erzogen werden. Bei einer simultanen interkonfessionellen Trauung zwischen einem evangelischen Müller und einer Katholikin 1832 in der katholischen Kirche von Leinzell (Oberamt Gmünd) wurde von der häufig praktizierten ›Arbeitsteilung‹ zwischen evangelischem und katholischem Pfarrer Gebrauch gemacht: Lieder, Predigt und Einsegnung waren evangelisch, der katholische Pfarrer feierte eine *stille Messe mit anschließendem deutschen Segen*.[28]
Auch Beerdigungen von Andersgläubigen (meist aus Mischehen) wurden *anstandslos* vollzogen. Im katholischen Saulgau wurde 1837 unter Geläut eine Protestantin vom katholischen Stadtpfarrer nach katholischem Ritus beerdigt. In Ochsenhausen hatte 1831 der katholische Pfarrer bei der Beerdigung der evangelischen Frau eines katholischen Beamten ein *Preislied* angestimmt auf das Leben der *christlichen Mitschwester*, die ihre Kinder katholisch erzogen und den katholischen Gottesdienst häufig besucht hatte.[29]
Im Gottesdienst waren alle politisch-dynastischen Bezüge *paritätischen Charakters*, aber protestantischer Herkunft: alle Gebetstexte für Kriege, Siege, Frieden, bei Regierungswechseln, Geburtstagen und Todesfällen im Herrscherhaus stammten in der Regel von einem Mitglied des Konsistoriums. Sie galten zugleich für die evangelische und katholische Kirche: Das 25. Regierungsjubiläum König Wilhelms I. 1841 feierte man in Rottweil gemeinsam in der evangelischen Kirche. *Die Zöglinge des katholischen Konvikts sangen evangelische Lieder*, der evangelische Pfarrer *bestieg die Kanzel*, und *zum Ende der Feier hielt ein katholischer Priester ein Hochamt*. Aus demselben Anlass gab es in Stuttgart eine imponierende Demonstration herrschender Irenik. Ein Festzug marschierte auf, wie er noch heute auf zahlreichen Bildern zu bewundern ist. In der Gruppe *Wohltätigkeit und Geistlichkeit* schritten drei evangelische Prälaten, eine Deputation des katholischen Domkapitels und ein paar hundert Geistliche beider Konfessionen – bunt durcheinandergewürfelt, einträchtig nebeneinander. Diese Ordnung sollte den Beweis vor Augen führen, dass Protestanten und Katholiken *friedlich n*ebeneinander wohnten – Zeichen dafür, dass es *den Feinden nicht gelingen werden, den Samen der Zwietracht auszustreuen*.[30] Die württembergischen Beispiele widerlegen das Urteil, wonach der Interkonfessionalismus – ebenso wie der Rationalismus – durch die Erweckungsbewegung mit ihrer zunehmend konfessionellen Ausrichtung sein Ende gefunden habe: mit dem

Jahr 1837 vollends habe die Gemeinsamkeit aufgehört, »die die Romantik in den Konfessionen geweckt und die sich in den christlichen Zielen der Restauration wiedererkannt hatte.«[31]
Der Interkonfessionalismus war damit nicht nur die populär wirksamste religiöse Auswirkung der Aufklärung, sondern zugleich auch die Form, welche sich am längsten – über politische Wandlungen, über ›Geistesrichtungen‹ hinweg – gehalten hat. Das aufgeklärt-interkonfessionelle Biberacher Gesangbuch *Christliche Religionsgesänge* aus dem Jahr 1802 wurde erst 1874 abgelöst.[32] In der kirchlichen Praxis scheint der Interkonfessionalismus – archivalischen und literarischen Quellen zufolge – erst in den 30er und 40er Jahren seine Höhepunkt erreicht, Ausläufer noch bis in die 50er Jahre gehabt zu haben.[33]
Irenik und Interkonfessionalismus hatten – dies zeigen die Beispiele – meist protestantische Gestalt angenommen. Dass das Paritäts-Pendel auch im kirchlichen Bereich meist zugunsten des Protestantismus ausschlug, hat verschiedene Gründe, die in enger Wechselwirkung zueinander stehen. Neben der protestantischen Prägung von Aufklärung und Staatskirchentum – genauer der protestantischen Herkunft beider, der Identität ihrer Interessen, Werte und Ziele – gibt es einen dritten, ekklesiologischen Grund, der aus den beiden ersten folgt: die ungleichen kirchlichen Voraussetzungen, die mangelnde ›Passform‹ des Katholizismus für den paritätischen Staat. Seine kultischen Traditionen – und insbesondere die *katholische Volksfrömmig*keit – waren es v. a., welche die Aufklärung als finsteren Aberglauben und irrationalen Mystizismus gesehen und im Verbund mit den katholischen Aufklärern aufs schärfste bekämpft hatte.[34]
Irenik und Interkonfessionalismus hatten in den ersten drei, ja vier Jahrzehnten des 19. Jhs. eine allgemeine Entkonfessionalisierung des öffentlichen Klimas gebracht. Die herrschende Selbsteinschätzung jener Zeit war eine so uneingeschränkt irenische, dass innerkonfessionell-religiöse Wandlungen weithin unbeachtet blieben. Das gilt vor allem für die evangelische Seite. Aufklärung und Säkularisation haben auch verhindert, dass die protestantische Erweckungsbewegung – im Vergleich zur katholischen – Geschlossenheit aufwies und zur allgemeinen Bewegung wurde. Philosophie und Theologie, »bis in die dreißiger Jahre hinein in Übereinstimmung mit der konservativen Sicht der Dinge«, begannen getrennte Wege zu gehen – in Richtung radikaler Religionskritik und Kulturprotestantismus.[35] Damit änderte sich die gesellschaftliche Stellung und Rolle des Protestantismus; ein Umschwung ist »von den dreißiger Jahren ab in der protestantischen Sicht des Konfessionsproblems zu beobachten.«[36]
Die Romantik hat diesem Wandel entscheidend vorgearbeitet. Mit ihr hatte »zum ersten Mal seit dem Ausklang des Barock eine geistige Bewegung in Deutschland wieder ein inneres Verhältnis zum katholischen Rom und zum Katholizismus« gefunden – weniger über das Medium der Theologie als über das Gefühl für Schönheit und Alter, für historische Individualität. Sie war es aber auch, die – vor allem durch die spektakulären Konversionen der Spätromantik – das konfessionelle Sensorium geschärft und das Ende interkonfessioneller Friedfertigkeit gebracht hat.

Dörfliche Eintracht?

Für die soziale Realität kleiner ländlicher Gemeinden wie der untersuchten, gemischtkonfessionellen[37] hat das für die kirchliche Propaganda so wichtige Thema Konvertiten wenig praktische, erfahrbare Bedeutung. Parität und Irenik, politische Vorgaben und herrschendes religiöses Selbstgefühl der ersten Jahrzehnte, werden von der kirchlichen Realität eingeholt. Sie fungieren als Erweis pfarrherrlicher Pflichterfüllung, als der Nachweis an die obersten staatlich-kirchlichen Behörden, den Postulaten der Zeit gerecht zu werden. In den Pfarrberichten wird der *konfessionelle Friede* zur populären Signatur jener Zeit. Er ist die zum Begriff gewordene Idee, euphorische Vorgabe und subjektive Selbsteinschätzung zugleich – häufigste, stereotype Nennung im Bereich des Konfessionellen in diesem Zeitraum. Dörfliche Parität und Irenik lassen sich nicht exakt mit einer Jahreszahl begrenzen. Wenn Nennungen vorliegen, so reichen sie meist bis in die 1840er Jahre. Oft, besonders in den ersten zwei Jahrzehnten, sind die Quellen sehr spärlich, versiegen zeitweise ganz: Pfarrstellen blieben oft lange unerledigt. Hierin äußert sich das Bemühen des neuen, sparsamen Zentralstaates, kirchliche Auslagen so weit wie

Ennabeuren (OA Münsingen)
Beispiel eines gemischtkonfessionellen Dorfes (Adel/Klöster und Württemberg), seit 1596 reformiert und mehrheitlich katholisch. Links im Bild der (einfache) katholische Kirchturm, rechts der von einer Zwiebelhaube bekrönte Turm der evangelischen Kirche.

möglich zu reduzieren. In diesem Falle sparte man das Gehalt und kassierte die laufenden Einnahmen.

Wahre Paritäts-Exempla sind die Orte Ennabeuren und Magolsheim. *Konfessioneller Friede und Toleranz*, *schöne Eintracht* und *gutes Einverständnis* werden aus ***Ennabeuren*** übereinstimmend von beiden Seiten bis in die vierziger Jahre berichtet. Im Visitationsbericht heißt es 1828, der evangelische Pfarrer habe *die 30 Jahre, die er hier ist* [...], *nie einen Streit gehabt, weder in Absicht des Gottesdienstes noch in Absicht des Zehntens, welches in vorigen Zeiten oft vorgekommen ist.* Das, so wird hinzugefügt, sei besonders lobenswert, weil es an Streitanlässen wahrlich nicht fehlte. Klein- und Großzehnten seien gemeinsam und müssten geteilt werden; auch gebe es nur eine – die evangelische – Schule am Ort, in der für die *ärmeren Kinder* Bücher und Schiefertafeln angeschafft würden. Die *ärmeren Kinder* sind katholische Kinder von Bürsten- und Besenbindern, die in einem Teil des Dorfes für sich lebten.[38]

Das Jahr 1848 markiert für Ennabeuren das Ende des konfessionellen Friedens und den Beginn einer fast ein Jahrhundert dauerenden Ära, in welcher der Streit um die Simultankirche zur Regel wird.[39] Im Nachbarort ***Magolsheim*** herrscht der evangelischen Pfarrbeschreibung von 1828 zufolge der *friedliche Geist der Glaubensduldung* wie *seit urdenklichen Zeiten*, und es gibt *keine Eingriffe*. Katholischerseits gelten 1819 und 1825 die Sorgen den *verschlimmerten ökonomischen Verhältnissen (der größte Teil der Bürger ist verarmt* [...], *1/10 ganz verarmt)* und 1833 der *dreckigen, schlecht gepflegten* Kirche, die *durch eine Überzahl von Statuen und Bildern von dem schlechtesten Geschmack verunstaltet* ist. Zwei Heiligenfiguren und ein *mit Bändchen und Sträußchen überhäuftes* Bild von *Maria und Jesus* müssen dem Zeitgeist weichen; der Rest – sechs Figuren samt einem *kolossalen Christus mit Gefolge* – erhält unauffällige Stellplätze oder wird *in die Kapelle* verbannt.[40]

Schönste Parität und *lobenswerte Eintracht* herrschen, den Pfarrberichten zufolge, auch in der Stadt ***Biberach*** in jener Zeit – scheinbar unbehelligt von Reibereien äußerer Art: Wie in den Jahrzehnten davor, so kommt es auch nach der Säkularisation immer wieder zur Auseinandersetzungen, Einigungen, Beschwerden und Vergleichen über die Gottesdienstzeiten in der simultan genützten Stadtkirche. Ähnliches lässt sich für die dörflichen Verhältnisse belegen aus Orten, die Simultankirchen besaßen.[41]

Das Spektrum kultureller Möglichkeiten jener ersten spätaufklärerischen Jahrzehnte bewegt sich – wie zwischen zwei Polen gleichsam – zwischen dem *kon-*

Magolsheim (OA Münsingen)
Beispiel eines geteilten (Adel/Württemberg) gemischtkonfessionellen (1594 Reformation, mehrheitlich katholisch) Dorfes. Links der Turm der katholischen, rechts der der evangelischen Pfarrkirche, nachdem es bis 1870 eine Simultankirche gegeben hatte.

fessionellen Frieden und problemreichen, meist unzureichend rechtlich und finanziell abgesicherten Simultankirchenverhältnissen als der die Idee vom konfessionellen Frieden verkörpernden Realität: als deren häufigste, reale Erscheinungsform, als Einlösung der propagierten Werte von Irenik und Interkonfessionalismus. Von 17 untersuchten gemischtkonfessionellen Orten weisen 13 in der ersten Hälfte des 19. Jhs. Simultankirchenverhältnisse auf.[42] Dies gilt im weitesten Sinne: Sei es ein bereits lange bestehendes, ›echtes‹ Simultaneum als die Benutzung *einer* Kirche wie in neun der 13 Fälle, eines mit räumlicher Abtrennung wie in ***Rohrdorf*** – das Kirchenschiff evangelisch, der Chor katholisch – oder eine besondere Kombinationsform wie in ***Braunsbach***. Hier fanden sich katholische Kirche und evangelisches Pfarrhaus unter dem einen Dach des fürstlich-hohenlohischen Schlosses. In ***Attenweiler*** schließlich füllt das Thema Simultaneum über Jahrzehnte hinweg die Akten – aufgrund des staatlichen Verdikts, ein Simultankirchenverhältnis neu zu schaffen.

Der *liebreiche Zeitgeist* und die *Rechte der eigenen Kirche* scheinen zwei Dinge zu sein, die in keinerlei Verbindung zueinander stehen – die man deshalb säuberlich, *schiedlich-friedlich* getrennt hält. *Keine Konfession stört die andere in ihren Gebräuchen, bürgerliche Eintracht und Duldsamkeit* bestimmen das Verhältnis der drei Religionen in ***Affaltrach***, wenngleich die allgemeinen *sittlichen* Verhältnisse schlecht sind: Die 130 armen *örtlichen Schacherjuden*[43] üben angeblich eine schlechten, demoralisierenden Einfluss auf die 300 noch ärmeren Katholiken aus – Hergelaufene, von der früheren Herrschaft angekaufte *Bettler, Krüppel, Blöde*, in den Worten ihres eigenen Pfarrers ein *schlechter Haufen und Lumpenpack*, der durch die Juden vollends zu Nichtstun und Gassenbettel verleitet werde. Die 500 Protestanten dagegen sind *fleißig und regsam* – und dennoch *großen Theils unvermöglich oder ganz arm*. Solcher Ankauf von Besitzlosen, von *fahrendem Volk* war in kleinen, ritterschaftlichen oder geistlichen Herrschaften ein keineswegs unüblicher Vorgang. Er diente als Mittel der Bevölkerungspolitik, oft auch zugleich Konfessionspolitik.[44]
In Affaltrach war die wirtschaftliche Lage besonders schlecht durch ökologische Gegebenheiten: es gab keinen Wald, man war fast ausschließlich gebunden an den Weinbau mit seinen häufigen, früher praktisch nicht eindämmbaren Fehlherbsten. Hinzu kam die übergroße, gesetzlich kaum reglementierte Zahl der örtlichen Handwerker – auch dies eine typische Problematik württembergischer Dörfer, die sich im 19. Jh. noch zuspitzte. Im Falle Affaltrachs wirkte als verschärfender Faktor die besondere Stadtnähe zu Heilbronn. Für das Handwerk als Nebenerwerb bedeu-

tete dies eine Konkurrenz, die durch den Bau der Eisenbahn nur noch bedrohlicher wurde. Insgesamt herrschte Überbevölkerung; es gab viele katholische und jüdische Besitzlose – Verhältnisse also, die materiellen, sozialen Druck erzeugen. 1823, nach den Hungerjahren und etlichen Fehlherbsten, konnte die gemeinsame Stiftungspflege der Simultankirche ihre Ausgaben nicht mehr bestreiten.[45] Von konfessionellen Streitigkeiten wird nichts bekannt. Materielle Armut, soziale Unterschiede und Ungleichheiten zwischen den Konfessionen werden von der Vorgabe des *konfessionellen Friedens* dennoch weithin eingeholt, integriert und kompensiert:

Rohrdorf – ebenso wie Affaltrach ehemalige Johanniterkommende, allerdings ohne jüdischen und mit einem nur sehr kleinen katholischen Bevölkerungsanteil – und ***Bissingen ob Lontal*** verzeichnen Ähnliches. In religiös-konfessioneller Hinsicht seien die Gemeinden *paritätisch wohlgeordnet*; allgemein aber werden *schlimme Zeiten* evangelischerseits, ein *allgemein schlechter Zustand* katholischerseits konstatiert. In ***Braunsbach*** sind die *Verhältnisse für die meisten schlecht*: Die Katholiken wie die Mehrzahl der Juden sind äußerst arm; die Mitte der sozialen Pyramide bilden die Protestanten, und an der Spitze stehen einige wenige reiche Juden. Auch hier herrschen *Verträglichkeit zwischen allen drei Konfessionen und gute konfess*ionelle Verhältnisse. Die Sorgen gelten ab 1809 zunächst der mangelhaften *Auslegung des Religionsedikts* – in finanzieller Hinsicht allerdings nur. Der evangelische Lehrer verlangt – mit Unterstützung des ebenfalls evangelischen Ortsvorstehers – Schulgeld und Stolgebühren von den Katholiken, die einen eigenen Lehrer und weder das Vermögen noch die Absicht haben, doppelt zu bezahlen. Der ab 1846 währende Streit dreht sich um den vormals örtlich ansässigen Fürsten, der sich um seine Patronatspflichten drücken will – ein Tatbestand, dem es angesichts der anstehenden Kirchenrenovierung unbedingt entgegenzuwirken gilt. Über die sozialen und religiösen Gegensätze hinweg kommt es zur Solidarisierung, bildet sich eine starke Interessenkoalition gegen die Bedrohung, den Feind von außen.[46]

Wachbach, ehemals hälftig Deutschordensbesitz, weist die gleichen Merkmale in der Sozialstruktur und in der kirchlichen Stereotypisierung der Verhältnisse auf: Unter den *unbemitte*lten Protestanten als der religiösen Majoritätsgruppe stehen die noch ärmeren Katholiken und zuunterst die *Betteljuden*. Die in Wachbach vorfindliche Koalition zwischen den beiden unteren sozialen Gruppen – die Judenkinder besuchen die katholische Schule – ist in religiös dreigeteilten Orten nicht selten, ähnlich ist sie für Affaltrach und Pflaumbach belegt. Dennoch wird aus Wachbach bis in die 1840er Jahre *konfessioneller Friede, ein friedfertiges und liebreiches Verhältnis* berichtet. Was in Wachbach in jener Zeit die Energien der Katholiken absorbiert hat, war die Sorge, die eigene Pastorierung im Ort zu verlieren. Von 1811 bis 1849 füllen Eingaben, Zurückweisungen, Zugeständnisse, Bitten und Vermittlungsversuche die Akten; die Wachbacher Katholiken suchen mit allen Mitteln den kirchlichen Abstieg zu verhindern. Als man den erbetenen pensionierten Geistlichen aus Mergentheim erhält, dieser aber wegen *bösen Füßen* bald wieder aufgeben muss, bietet man an, ein *Wägelein zu stellen*. Auch habe, so versucht man es weiter, *eine fromme Seele* versprochen, 2.000 fl. zu stiften, wenn *auf irgend eine schickliche Weise die vorige Ordnung der Dinge wieder hergestellt* werde. 1813 werden die Wachbacher Katholiken dennoch, trotz einer Stunde Wegs, nach Apfelbach eingepfarrt.[47] Nicht Zugeständnisse, sondern straffe Zügel schienen der Regierung bei den Wachbacher Verhältnissen angebracht: 1842 noch wird vermerkt, dass hier *vielfach Not, Armut, ehelicher Unfriede, verwahrloste Kinderzucht* herrschten. Die Ursache liege darin, dass das frühere Regiment des Deutschordens *in seiner Wohlthätigkeit unermeßlich gemißbraucht* worden sei.[48]

Niederstotzingen ist ein weiteres Beispiel dafür, wie der umfassende politische Wandel zu Beginn des 19. Jhs. zunächst nur als ein kirchliches Problem begriffen, und dann als solches erst zum konfessionellen Thema wird. Das Städtchen war 1806 an Bayern, 1810 endgültig an Württemberg gefallen. 1811 entsteht ein Disput über die Frage, ob die katholische Fronleichnamsprozession weiterhin – wie unter bayerischer Hoheit bisher, *zum Ärger der Protestanten* – durch oder um den Ort sowie an evangelischen Orten vorbei ziehen dürfe. Für Württemberg gilt es aus diesem Anlass in Niederstotzingen ein Exempel zu statuieren. Nach regem Schriftverkehr ergeht am Abend vor Fronleichnam ein *förmliches Ver-*

bot des öffentlichen Durchzugs mit Kreuz und Fahnen durch den evangelischen Nachbarort Asselfingen, weil nach dem Religionsedikt *die katholische Gemeinde bisher nicht befugt gewesen (sei), mit ihrem Kreuzzug durch A. zu wandern.* Der amtlicherseits neu vorgeschlagene Weg *hinter dem Dorfe* wird von der katholischen Gemeinde zurückgewiesen als *ganz unbekannt*: Hier habe es *bey Mannsgedenken keinen Kreuzzug* gegeben.[49] Das Problem liegt in der Lage Niederstotzingens in einem konfessionellen Mischgebiet und an der bayrischen Grenze zugleich. Diese Situation ließ sich schlecht mit den Garantien des Religionsedikts und mit jenem königlichen Dekret vereinen, wonach das *Auswallen mit Kreuz und Fahnen in das Außland strengstens verboten* war. Um diesem Gesetz gerecht zu werden, war man bisher ins katholische Rammingen gewallt. Der Weg dorthin aber führte unausweichlich durch das evangelische Asselfingen. Am *Tag des Bittganges* werden *Asselfinger Bürger als Vorposten gegen Niederstotzingen und R*ammingen aufgestellt. Zu den erwarteten *traurigsten Ereignissen und Zusammenstößen* kommt es nicht, aber nur deshalb, wie der katholische Pfarrer resümiert, weil die Katholiken nicht auf die Rechte des Religionsedikts gepocht hätten. *Wie geschwind hätten sie nicht über solche (Wachen) herfallen können, um Gewald mit Gewald zu vertreiben? – denn das gemeine Volk, wenn es einmal in Rasch kommt, ist hart mehr zurückzuhalten, besonders wenn es auf die Störung ihrer Religions-Übung ankommt, wie dies die tägliche Erfahrung lehrt. Zudem müssen nothwendig sehr viele andere Neckereyen, besonders bey den Bierbänken daraus entstehen.* Verbalinjurien, Streitereien in den Gasthäusern sind die einzigen Folgen. Vom evangelischen Schultheiß wird der Ausspruch berichtet, er werde *nicht eher ruhen, als bis die Katholiken unter der Bruk sind* […]. *Wären nur die Ramminger und die Niederstotzinger mit ihrem Kreuz und Fahnen nach Asselfingen gekommen, sie würden gewiß brav mißhandelt worden seyn.* Der katholische Pfarrer, der solches meldet, will diesen und andere Aussprüche *mit Zeugen belegen* – auch, *daß eben dieser Schuldheiß (wie man auch sagt) die ganze Triebfeder* […] *solchen intoleranten Tuns* sei.[50]

1815 bitten die Katholiken Niederstotzingens um Verlegung des Festes *Mariä Verkündigung* – angeblich, damit die karsamstagfeiernden Protestanten nicht gestört würden. Womit man jedoch nicht ins Gehege kommen will, zeigt die Begründung des Antrags. Hinter dem Wunsch nach Verlegung steht weniger die Pietät vor den Feiertagen der anderen Seite als vielmehr die Angst, durch eine unglückliche Konstellation in diesem Jahr von Gründonnerstag bis Ostermontag fünf Feiertage hintereinander, d. h. fünf Tage wirtschaftlichen Ausfalls zu haben: Durch die Arbeitsruhe, so stehe zu fürchten, liege das *gesamte örtliche Gewerbe d*arnieder.[51]

1817 werden in den Dörfern erstmals Auswirkungen nationaler Ereignisse fassbar. In ***Niederstotzingen*** und Eybach kommt es im Jahr des 300-jährigen Reformationsjubiläums zu konfessionellen Reibereien. In ***Eybach*** stellen die Protestanten ein Lutherbild auf den Altar der Simultankirche, woraus jahrzehntelange Streitereien sich entwickeln. Dennoch gilt – in den Akten – das Verhältnis zwischen Protestanten und Katholiken als *freundschaftlich, von Eintracht und Vertraulichkeit* geprägt.[52] Auch in Niederstotzingen ist es ein Bilderstreit – allerdings kommt hier der Anlass von katholischer Seite: Eine *Schenkung* von 14 Stationsbildern soll im Chor der Simultankirche ihren Platz finden. Auch hier bleiben die Verhältnisse – trotz allem, wie es heißt – *tolerant.* 1846 noch wird das friedliche Zusammenleben von Protestanten und Katholiken gepriesen.[53]

Die Signatur des konfessionellen Friedens wird selbst dort beansprucht, wo es – wie in Attenweiler, Biberach (Heilbronn) und Pflaumloch – zu langwierigen, oft heftigen Streitereien um die jeweiligen Rechte in der gemeinsamen Kirche gekommen ist. Auch hier spricht man vom *Geist der Duldung und echten Religionsfreiheit* (Attenweiler), von *friedlichen, ordentlichen Verhältnissen* (Biberach), konstatiert *keine Eingriffe*, sondern *Ruhe und Toleranz* (Pflaumloch) – wenig glaubhafte Vorgaben angesichts der vorliegenden Schriftvorgänge, welche über die örtlichen Auseinandersetzungen berichten. Kennzeichnend für die konfessionelle Situation im paritätischen Staat sind die prinzipiell ähnlichen Vorgänge in diesen drei Orten. Die Protestanten bitten jeweils die katholische Seite um Bewilligung eines Simultaneums oder – in Biberach – um Verlängerung des bestehenden. Von den Katholiken erhalten sie stets eine schmähliche, mehr oder weniger offene Abfuhr. Hieran wird zwei-

erlei deutlich: Einmal die Absicht des neuen Zentralstaates – der evangelischen Kirche zur Beförderung anheim gestellt –, im kirchlichen Bereich Gelder einzusparen und zu diesem Zwecke Parität und Interkonfessionalismus als die örtliche, historische Notwendigkeit auszugeben, zu fordern und zu vollstrecken. Zum anderen zeigen sich hier auf katholischer Seite erste Anzeichen eines erwachenden Minoritätsbewusstseins. Woher die Anstöße im Einzelnen kommen, lässt sich nicht mit Sicherheit sagen. Es scheint aber, dass sie nicht von oben diktiert sind[54], sondern den Widerstand von der Basis spiegeln: das aus der Säkularisierung und ihren real erfahrenen Folgen resultierende Gefühl, übervorteilt worden zu sein, sich fortan behaupten zu müssen.

Ein Exempel für Parität – Attenweiler

Am zähesten gegen die staatliche Strategie kämpfen die Katholiken zum Attenweiler. Hier, in so unmittelbarer Nähe zum paritätischen Biberach, meint der Staat bis zum Ende der 1830er Jahre ein Simultaneum um jeden Preis durchsetzen zu müssen. 1839 ergeht der endgültige Bescheid der katholischen Gemeinde, *daß die hießige Kirche zu einem Simultaneum sich nicht einrichten lasse*. Diesem Veto muss sich schließlich selbst der Katholische Kirchenrat fügen. Als Oberamt und Dekan einsehen, dass in Attenweiler *alles vergeblich* sei, wird das Paritätsprojekt zu den Akten gelegt und 1843 – nolens volens – der Grundstein zur evangelischen Kirche gelegt.[55] Attenweiler verkörpert herrschaftsgeschichtlich den Typ von gemischter, weltlicher und geistlicher Herrschaft. Es war geteilt zwischen dem Kloster Schussenried und dem Spital Biberach. 1531 wurde hier von Biberach aus die Reformation durchgeführt. Als gemischtkonfessioneller, im katholischen Oberland gelegener Ort verkörpert der Ort aus evangelischer Sicht *nicht im eigentlichen Sinn des Wortes eine Diasporagemeinde*[56]: Die Nähe zu Biberach[57] und dessen Protektion hatten den Protestanten stets eine gewisse Teilhabe am höheren, reichsstädtischen Ansehen Biberachs und damit innerörtlich ein größeres Selbstbewusstsein verliehen.

Attenweiler, in dem von den Katholiken *gebührend herausgestrichenen fetten Oberland*[58] gelegen, gehört

Attenweiler
Kath. Kirche (erbaut vom Kloster Schussenried 1725/33), dahinter kath. Pfarrhaus und Turm der evang. Kirche.

zu den wohlhabenden Dörfern in Württemberg. Es ist damit, in unserem Untersuchungsfeld, die große Ausnahme: Anstelle der ständigen Klagen über schlechte wirtschaftliche Verhältnisse, wie sie in den anderen Orten stereotyp die Pfarr- und Visitationsberichte einleiten, ist hier die Rede von *Überfluß und Wohlstand*. Die *Evangelischen*, so heißt es, seien *noch reicher als die Katholischen*. In Attenweiler gab es – mangels Bedarf – kein Armenhaus wie andernorts. Die Verhältnisse waren solide und wohlgeordnet.

Der bäuerliche Wohlstand als Garant für Sittlichkeit und Ordnung einerseits und – als das diese Harmonie störende Element – immer wieder auftretende *unglückliche* Konstellationen, an Personen gebundene, in diesen wurzelnde oder sich äußernde Konfliktursa-

chen: das sind die Topoi, die leitmotivartig immer wieder auftauchen. Sie waren es auch, die den Kampf um die kirchliche ›Vollwertigkeit‹ der Protestanten und die Behauptung katholischer Kirchenrechte in den ersten Jahrzehnten des 19. Jhs. wesentlich bestimmt haben. Nicht das evangelische Betteln um eine eigene Kirche und um einen eigenen Pfarrer in Attenweiler – 1802 von der badischen Obrigkeit abgelehnt, 1806 von den neuen württenbergischen Herren *hinausgeschoben*, im Jahr 1817 moniert, 1836 schließlich bewilligt – gab den Anlass zu konfessionellen Reibereien, sondern die *mangelhafte Sittlichkeit eines katholischen Pfarrers* hat zu Streitigkeiten zwischen den Konfessionen geführt.

Konfessionelle Reibereien und Eifersüchteleien beginnen Ende der 1830er Jahre, in der Zeit aufkommender Mischehenkonflikte. Sie kristallisieren sich in Attenweiler jedoch stets und ausschließlich im Zusammenhang mit jenem *wahrhaft traurigen Schauspiel* um den katholischen Pfarrer Stürm. Von ihm wird bereits 1828 berichtet, die Ortsvorstände – in Attenweiler paritätisch wie in der Stadt Biberach – hätten ihn *als einen Mann angegeben, der sich öfters betrinke, bisweilen über die Polizeistunde bleibe und im Rausch schimpfe, lärme und grob sei, auch einen Gemeinderat mit dem Stock geschlagen habe*. Auch wisse man von *vertrautem Umgang mit einer Weibsperson*. Der Pfarrer habe dadurch viel Ärgernis erregt, Achtung und Zutrauen auf beiden Seiten verloren. 1833 heißt es, Pfarrer Stürm *liebe das braune Bier sehr, auch schon morgens. Ausdauer, Geist und Eifer des Berufes* suche man bei ihm vergebens. Trotz erstatteter Anzeige versucht man, ihn – anscheinend gegen den evangelischen Bürgermeister – zu halten, ihn mit Hilfe und Zuspruch von kirchlicher und gräflicher (i. e. dem der Patronatsherrschaft von Sternberg-Manderscheidt) Seite noch zu *heben*. 1834 wird Pfarrer Stürm in Attenweiler investiert. Die in den folgenden Jahren vorgebrachten Gründe gegen das von den Protestanten angestrebte Simultaneum – in den Augen des Kirchenrats *nicht stichhaltig* – erscheinen i. W. als Art Rache, als Abwehrreaktionen Stürms gegen die früheren persönlichen Anfeindungen.

1840 vermerkt der Visitationsbericht wieder ein ungestört *friedliches Zusammenleben*; 1841 gelten die Sorgen der Errichtung von *katholischen Oekonomiegebäuden*, dem Anlegen von *Baumschule, Enten- und Schweinestall, Waschküche und Backofen*. An Beispielen konfessioneller Toleranz scheint es fortan in Attenweiler nicht zu mangeln: Die ständigen Eingaben um Errichtung eines Simultaneums, die Benützung des aufklärerischen *Biberacher Gesangbuchs* von 1802, auch noch nach 1848; keinerlei Schwierigkeiten in der Mischehenfrage, selbst als im Jahr 1838 der katholische Pfarrer – *wohl angesteckt* vom württembergischen Mischehenstreit, wie vermutet wurde

Attenweiler (OA Biberach)
Geteilter Ort (Spitaldorf Biberach/Kloster Schussenried), links die kath. Kirche mit Pfarrhaus, rechts die evang. Kirche mit Pfarrhaus und Schule, erbaut 1843/44.

– eine Einsegnung wegen evangelischer Kindererziehung verweigerte. Das alles waren die Beweise *schönster konfessioneller Eintracht*, wie sie einem *paritätischen* Orte anstanden und in den Quellen stolz vermerkt werden. 1843/44, beim Bau der lange erbeteten evangelischen Kirche, leisten auch *die katholischen Gemeindeglieder reichlich Fuhr- und Handfrohnen.*[59] Die *gnädige Bewilligung* des Kirchenbaus war mit dem 25-jährigen Regierungsjubiläum des Königs begründet worden; die evangelische Gemeinde Attenweiler bedankte sich dafür öffentlich 1842 im Schwäbischen Merkur.[60]

Das nächste, vorgeblich personale Störelement konfessionellen Friedens wird von evangelischer Seite gestellt. Auch hier wird eine sittlich und kirchlich gut funktionierende Gemeinde mit *ziemlich viel Sinn für Religion (die Bewohner sind kirchlich, besuchen besonders auch die Wochen-Gottesdienste zahlreich)* gleichsam wie vom Blitz vom unglückseligen *Geist der Zeit* getroffen. 1848, als auf den 41 Jahre lang im Ort wirkenden evangelischen Lehrer ein junger Hilfslehrer folgt, wird in Attenweiler von diesem ein *Demokratischer Volksverein eingeführt und gefördert.* Attenweiler wird aber nur vorübergehend *auf Abwege* geführt, wie der Dekan 1850 – als jener Hilfslehrer wieder versetzt, die Unruhe gebannt ist – vermerkt: *Der vermögliche und solide Teil der Bürger evangelischer Confession, obwohl anfangs dabei betheiligt, hat sich bald davon losgesagt und ist conservativ zu nennen.* Der evangelische Schultheiß, *während der Zeit der Bewegung gewählt*, sei zwar noch immer ein *besonderer Verehrer des abgegangenen Lehrers.* Er tue *nicht viel für die Erhaltung der Ordnung*, weshalb *ein* großer Theil der übrigen vom Geist der Zeit noch ziemlich angesteckt sei. Insgesamt seien die Bewohner *aber doch kirchlich. Zwischen beiden Confessionen herrscht wenigstens äußerlich und im Allgemeinen Frieden.*[61]

[1] *Johann Baptist Pflug*, Aus der Räuber und Franzosenzeit Schwabens. Die Erinnerungen des schwäbischen Malers aus den Jahren 1780–1840, neu hg. von *M. Zengerle.* Weißenhorn 1966, 164f. – Zu Biberach in dieser Zeit vgl. *Maria Gründig*, Verwickelte Verhältnisse. Folgen der Bikonfessionalität für Biberach im 19. und beginnenden 20. Jh. Biberach 2002 (im Druck) – Dieser Aufsatz ist eine Zusammenfassung meiner mittlerweile vergriffenen Dissertation: *Christel Köhle-Hezinger*, Evangelisch-Katholisch. Untersuchungen zu konfessionellem Vorurteil und Konflikt im 19. und 20. Jh. vornehmlich am Beispiel Württembergs. Tübingen 1976.

[2] *Clemens Bauer*, Politischer Katholizismus in Württemberg bis zum Jahre 1848. Freiburg 1929, 14.

[3] Ebd., 15. Über die katholische Aufklärung und die kirchlichen Aufklärer Wessenberg, Werkmeister, Huber und Pflanz, vgl. Ebd. 14 und passim und *Gottfried Korff*, Heiligenverehrung in der Gegenwart. Tübingen 1970, 21–25. Ausführlich *August Hagen*, Geschichte der Diözese Rottenburg. Bd. 1. Stuttgart 1956, 9–68.

[4] *Heribert Raab* (Hg.), Kirche und Staat. München 1966, 70.

[5] *Bauer*, Politischer Katholizismus (wie Anm. 2), 6.

[6] *S. Hartmut Lehmann*, Pietismus und weltliche Ordnung in Württemberg. Stuttgart/Berlin/Köln/Mainz 1969, 66f. Vgl. *Hagen* I (wie Anm. 3), 9–68.

[7] *William O. Shanahan*, Der deutsche Protestantismus vor der sozialen Frage, 1815–1871, München 1962, 8f.; Vgl. auch Ebd., 9–43, und *Helmut Plessner*, Die verspätete Nation. Stuttgart/Berlin/Köln/Mainz 5. Aufl. 1969, 65–71.

[8] *Hajo Holborn*, Der deutsche Idealismus in sozialgeschichtlicher Bedeutung, in: *Hans Ulrich Wehler* (Hg.), Moderne deutsche Sozialgeschichte. Köln-Berlin 3. Aufl. 1970, 85–108, 97. »Bis weit in das 18., ja bis in das 19. Jh. hinein« ist der konfessionelle Gegensatz nicht nur als ein evangelisch-katholischer, sondern auch als ein innerprotestantischer – zwischen Lutheranern und Reformierten – begriffen worden.

[9] *Lehmann*, Pietismus (wie Anm. 6), 133f.

[10] *Hans-Joachim Birkner*, Protestantismus im Wandel. Aspekte – Deutungen – Aussichten. München 1971, 20.

[11] Der Titel lautet: Über das wahre Verhältnis des Katholizismus und Protestantismus und die projektierte Kirchenvereinigung; *Birkner* (wie Anm. 10), 59.

[12] *Friedlich Ludwig Jahn*, Deutsches Volksthum. Lübeck 1810, 138.

[13] Vgl. etwa *Richard Weiss*, Volkskunde der Schweiz. Erlenbach-Zürich 1946, 304: *Die Vernachlässigung des Betschopfes wird zum Zeichen der Fortschrittlichkeit, das städtisch modernisierte und vergrößerte Schulhaus zum eigentlichen Ehrentempel der Gemeinde.*

[14] *Shanahan*, Der deutsche Protestantismus (wie Anm. 7), 10.

[15] *Peter L. Berger*, Kirche ohne Auftrag, zit. nach *Joachim Matthes*, Einführung in die Religionssoziologie. Bd. II. Hamburg 1969, 141.

[16] Vgl. *Georg May*, Interkonfessionalismus in der 1. Hälfte des 19. Jhs. Paderborn 1969, mit zahlreichen Belegen.

[17] Württembergische Kirchengeschichte, hg. vom *Calwer Verlagsverein.* Calw/Stuttgart 1893, 589f.

[18] *Johannes B. Kißling*, Der deutsche Protestantismus 1817–1917. Bd. I. Münster 1917, 167f.

[19] *Theo Gantner* (Volkskundliche Probleme einer konfessionellen Minderheit. Dargestellt an der römisch-katholischen Diaspora der Stadt Basel. Winterthur 1970, 72f.) weist am Beispiel von protestant. Baseler Predigtzitaten jener Zeit (irenischen, nicht vulgärrationalistischen allerdings, dem städtischen Pendant zu den hier angeführten) nach, dass hier Katholiken direkt angesprochen werden, also dem protestantischen Gottesdienst beiwohnten.

[20] *Shanahan*, Der deutsche Protestantismus (wie Anm. 7), 156. Mit dem Erstarken der pietist. Erweckungsbewegung, der Neuorthodoxie, hat der Rationalismus sein Ende gefunden. Spätzündungen gab es noch hie und da; die 1841 in Sachsen gegr. Bewegung der Lichtfreunde war die »letzte konkrete Lebensäußerung des theologischen Rationa-

lismus«, welche »die Errungenschaften der Aufklärung gegen den Angriff der kirchlichen Orthodoxie zu verteidigen suchte« (Ebd.).

[21] *Rudolf Schenda*, Volk ohne Buch. Studien zur Sozialgeschichte der populären Lesestoffe 1770–1910. Frankfurt/M. 1970, 216.

[22] Zu aufklärerischen Verlegern, Autoren und Inhalten s. Ebd., 46 und 456–459.

[23] *Dieter Narr*, Johann Gottfried Pahl und Jakob Salat, in: ZWLG 18 (1959), 96–124.

[24] Das gilt – gemäß obiger These – nicht für unser Material, sondern für die Literatur. Die umfangreichste Sammlung interkonfessioneller Äußerungen jener Zeit findet sich in dem o.a. Buch, dessen konfessionalist. Ansatz m. E. nicht wissenschaftlich, sondern kirchenkämpferisch (antiökumenisch) ist: *Georg May*: Interkonfessionalismus (wie Anm. 16).

[25] Schwäbischer Merkur – Schwäbische Chronik (24.11.1817), 751.

[26] *Hagen*, Geschichte der Diözese Rottenburg (wie Anm. 3), 22.

[27] Schwäbischer Merkur – Schwäbische Chronik (26.01.1839), 97

[28] Ebd. (12.05.1841) 513, (02.09.1832), 875.

[29] Zit. nach: Kirchenblätter für das Bistum Rottenburg 1833, 78.

[30] Schwäbischer Merkur Nr. 269 (03. und 10.10.1841), 276.

[31] *Shanahan*, Der deutsche Protestantismus (wie Anm. 7), 143.

[32] *Dieter Narr*, Zum Charakterbild protestantischer Volksfrömmigkeit, in: Hessische Blätter für Volkskunde 60 (1969), 63 und 76.

[33] Dies Urteil beruht auf unseren Quellen insgesamt und auf den bei *Georg May* (Interkonfessionalismus) abgedruckten Beispielen. Auch die von *Elard Hugo Meyer* (Badisches Volksleben. Straßburg/Stuttgart 1900, 519) angeführten Beispiele entstammen den 1840er Jahren.

[34] S. dazu *Maria Gründig*, Zur sittlichen Besserung und Veredelung des Volkes. Zur Modernisierung katholischer Mentalitäts- und Frömmigkeitsstile im frühen 19. Jh. am Beispiel des Bistums Konstanz unter Ignatz H. von Wessenberg. Diss. Tübingen 1996.

[35] Nach *Franz Schnabel* (Deutsche Geschichte des 19. Jh. Bd. IV. Freiburg 1937, 143–148) kam es zu einer geistigen Entfremdung, deren wesentliche Ursache darin liegt, dass das Vertrauen des Protestantismus auf die Überlegenheit der legitimen Monarchie über den Geist der neuen Zeit, des »unbotmäßigen« Jahrhunderts, spätestens Mitte der 1830er Jahre so stark war, dass man auf die Unterstützung durch die katholische Kirche verzichten zu können glaubte.

[36] *Klaus Scholder*, Karl von Hases Auffassung des Konfessionsproblems, in: *Hans Joachim Birkner/Heinz Liebing/Klaus Scholder*, Das konfessionelle Problem in der deutschen Theologie des 19. Jhs. Tübingen 1966, 43 (et passim).

[37] S. dazu *Köhle-Hezinger*, Evangelisch-Katholisch (wie Anm. 1), 23ff.

[38] Landeskirchliches Archiv Stuttgart (LKAS), A 29/1083, 23–27; vgl. auch DAR G IIa (Ortsakten Ennabeuren, unsign.), 1817–1844.

[39] Vgl. dazu ausführlich *Otto Kramer*, Kirchliche Simultanverhältnisse. München 1968, 218–221.

[40] DAR G IIa (Ortsakten Magolsheim). Danach setzen erst 1868, mit Beendigung des Simultaneums, die Quellen wieder ein.

[41] 1828 geht es in Biberach/R. um die Neuregelung der Gottesdienstzeiten. Die rechtlichen Probleme des Simultankirchenverhältnisses zwischen 1802 und 1837 finden ihre ausführliche Schilderung bei *Otto Kramer*, Kirchliche Simultanverhältnisse (wie Anm. 39), 166–170. Vgl. auch *Gründig*, Verwickelte Verhältnisse (wie Anm. 1).

[42] Das heißt, umgekehrt: Nur Altingen, Markbronn, Wachbach und Wippingen waren vom Thema Simultaneum nicht betroffen. Die Problem- und oft genug auch Leidensgeschichten der anderen Orte sind alle – bis auf Pflaumloch – ausführlich, vor allem in rechtsgeschichtlicher Hinsicht geschildert bei *Otto Kramer* (wie Anm. 39), weshalb hier auf die Darstellung der Vorgänge im Einzelnen verzichtet wird.

[43] Vier der gemischtkonfessionellen 17 Orte waren zugleich Judendörfer: Affaltrach, Braunsbach, Pflaumloch, Wachbach. Zu ihrer Sozialgeschichte im gleichen Zeitraum vgl. *Utz Jeggle*: Judendörfer in Württemberg. Tübingen 1969.

[44] Sinnfällige Beispiele hierfür sind die beiden eng beieinanderliegenden Orte Flochberg und Schloßberg bei Bopfingen. Ihre Entstehungsgeschichte bzw. die Herkunft ihrer Bevölkerung ist noch heute erkennbar an den kleinen Häuschen, die auf winzigen, planmäßig aufgeteilten Parzellen stehen, sowie an der jeweils kleinen Ortsgemarkung.

[45] LKAS A 29/47 und DAR G Iib (Ortsakten Affaltrach), 1818–1848.

[46] LKAS A 29/663–667 und DAR F IIa, 272–276 (Ortsakten Braunsbach), 1809–1846.

[47] DAR F IIa (Ortsakten Wachbach, unsign.), 1811–1842. Auch in Wachbach gab es Streit um die Auslegung des Religionsedikts: 1814 ging es um die Frage, ob es rechtens sei, dass der evang. Pfarrer (als der der Majorität und des ehemaligen Ortsadels) berechtigt sei, dafür, dass er die kath. Minderheit in den Kirchenbüchern führe, Stolgebühren für Kasualien einzuziehen (Visitationsbericht 1814, 29).

[48] DAR G IIb (Ortsakten Wachbach), Visitationsbericht 1842, 24.

[49] DAR F IIa (Ortsakten Niederstotzingen, unsign.) Das Argument erscheint weniger rhetorisch, wenn man die ursprüngl. Zusammenhänge zw. religiösen Prozessionen und Flurbegehungen bedenkt.

[50] Ebd.

[51] Eingabe der kath. Gemeinde an das Ordinariat in Ellwangen vom 02.03.1815 (DAR F IIa, Ortsakten Niederstotzingen, unsign.). Vgl. auch *Otto Kramer*, Kirchliche Simultanverhältnisse (wie Anm. 39), 207f.

[52] LKAS A 29/1207, I, 3/1 und DAR (Ortsakten Eybach, unsign.). Auf die Darstellung der rechtlichen Argumente und ›Tricks‹ können wir hier verzichten: vgl. *Otto Kramer* (Ebd.), 245f.

[53] LKAS A 29/3213 und DAR (Ortsakten Niederstotzingen, unsign.), 1811–1846. Solche Streitigkeiten scheinen rein behördlicher Art, allenfalls ein Kräftemessen der beiden Orsgeistlichen gewesen zu sein. In den Quellen wird von einer Involvierung der Bevölkerung nichts bekannt.

[54] Die staatlich-kath. Kirchenaufsicht in Stuttgart – darüber herrscht in der Literatur Konsens, und auch in unseren Quellen wird dies unmissverständlich deutlich – vertrat klar die Interessen der Regierung; für den kirchl. Mittelbau, die Dekanatsebene, gilt das ebenso.

[55] DAR F IIa, 12174 und G IIa, 70/31.

[56] *Otto Schmidt-Sonneck*, Die evangelische Diaspora Württembergs. Stuttgart 1879, 45.

[57] In der Biberacher Reformation waren die Geschlechter (Patrizier) katholisch geblieben – eine kleine elitäre katholische Minderheit: 1580 war zwar der Anteil der Katholiken auf 12 % abgesunken, hat jedoch durch Zuzug aus dem katholischen Umland ständig zugenommen: 1802 waren es 37 %, 1900 57 %; 1971 65 %.

[58] Das Oberland bildet einen eigenen württ. ›konfessionellen Topos‹; vgl. hierzu *Christel Köhle-Hezinger*, Evangelisch-Katholisch (wie Anm. 1) und *Dies.*, Strohhütten gegen Fabriken. Ein Spannungsverhältnis im Königreich Württemberg, in: Schwäbische Heimat, 1988, H. 1, 3–7.

[59] *Schmid-Sonneck*, Die evangelische Diaspora (wie Anm. 56), 47

[60] LKAS A 29/217; alle hier zitierten Quellen entstammen evangelischerseits den Signaturen A 29/214–218. Katholische Quellen s. DAR G IIb, Ortsakten Attenweiler.

[61] LKAS A 29/218 (Pfarrbeschreibung Attenweiler 1850).

Säkularisation als Einschnitt für die Volksreligiosität?

Katholische Aufklärung und ländliche Lebenswelt in Oberschwaben

von Vadim Oswalt

Unmittelbar nach der Säkularisation des Klosters Weingarten (formell am 25. Februar 1803) erfolgte am 7. März 1803 auch das erste kirchliche Verbot der Heiligblutprozession am Freitag nach Christi Himmelfahrt als Reiterprozession. Gegenüber der gewaltigen Vermögensumschichtung durch die Enteignung kirchlichen Besitzes nimmt sich das kurz darauf ausgesprochene Verbot eines über dreihundertjährigen Brauchtums zunächst eher unscheinbar aus. Jedoch verweist dieser Zusammenhang beider Ereignisse im Jahre 1803 auf die Rolle der Säkularisation im Prozess der Säkularisierung und auf einen umfassenden kulturellen Modernisierungsprozess. Die Säkularisation der Klöster stellte eine der wesentlichen Vorbedingungen für den umfassenden Vorstoß der katholischen Reform im Bistum Konstanz in die im 18. Jh. blühende Sakrallandschaft Oberschwaben dar, da diese ihre Intensität vor allem der hohen Dichte an Klöstern verdankt hatte.

Bei der Beantwortung der Frage, ob diese aufgeklärten Reformen ihr Ziel, das Volk zu »aufgeklärten Christen« zu erziehen, unter diesen gegenüber dem 18. Jh. wesentlich günstigeren Voraussetzungen tatsächlich erreichen konnten, darf allerdings nicht nur von den umfassenden und einschneidenden Maßnahmen der napoleonischen Zeit ausgegangen werden. Die Tiefe des Einschnittes des Jahres 1803 kann nicht allein anhand der weitreichenden kirchlichen und staatlichen Verordnungen beurteilt werden. Vielmehr ist auch der Blick auf die längerfristigen Ergebnisse zu richten, damit nicht von den Normen direkt auf die Realitäten geschlossen wird. So kann die Frage nach dem Fortleben der volkskulturellen Frömmigkeitsformen ohne die für sie wichtige Unterstützung durch die Klöster nicht alleine anhand der Maßnahmen entschieden werden und muss intendierte und tatsächliche Folgen unterscheiden. Die lebensweltlichen Strukturen der langen Dauer zwingen hierbei, den Blick bis weit in das »lange« 19. Jh. zu richten.

Zunächst geht es um die Rolle der Klöster im 18. Jh. für die ländliche Volksfrömmigkeit und ihre enge Verzahnung mit der ländlichen Lebenswelt. Anschließend werden die aufgeklärten Reformen der napoleonischen Zeit im Bistum Konstanz umrissen, für deren Charakter und weiteren Verlauf die Geschichte des Weingartener Blutritts ein besonders prägnantes Beispiel darstellt. Das Scheitern der aufgeklärten Reformen führt dann zur Frage nach der Behauptung der Volksfrömmigkeit ohne Klöster.

Die Rolle der Klöster für die ländliche Frömmigkeit im 18. Jh.

Die Klöster stellten im 18. Jh. wichtige Verbündete der Volksfrömmigkeit dar. Bei ihrem Versuch, Oberschwaben in eine Sakrallandschaft zu verwandeln, unterstützten sie z. B. die Entstehung neuer Wallfahrtsstätten oder waren wie in Weingarten selbst überregionale oder regionale Zentren intensiver Wallfahrtsfrömmigkeit. Schwerpunkt dieser Sakrallandschaft war das südliche Oberschwaben und das westliche Allgäu; der heutige Kreis Ravensburg zählt nicht weniger als 42 ehemalige Wallfahrtsorte. In Reute kam es z. B. 1767 zur Gründung einer Wallfahrtsstätte mit überregionaler Bedeutung, zu deren Einweihung rund

150.000 Gläubige pilgerten. Die Klöster bremsten auch Ansätze zur aufklärerischen Reform, wie sie von der Diözese Konstanz verfolgt wurden. Gut lässt sich dies etwa bei dem Wunder der *Schmerzhaften Mutter Maria* in Steinbach verfolgen, einer sich bewegenden Marienstatue, zu der seit 1730 die Wallfahrten begannen. Während die Abtei Rot an der Rot diese Wallfahrten förderte, entsandte das Bistum 1733 eine Untersuchungskommission, die allerdings vor der von den Gläubigen vehement vertretenen Überzeugung von der Wundertätigkeit der Madonna von Steinbach zurückwich und die Legitimität des Wallfahrtsortes bestätigen musste.[1] Auch Initiativen im Zeichen des Josephinismus Ende des 18. Jhs. liefen in's Leere. Ein Beispiel, wie sich eine eigene Tradition von Volksfrömmigkeit im 18. Jh. gegen kirchliche und staatliche Disziplinierungsversuche behauptete, ist etwa der Brauch, *unfröhliche Kinder*, d. h. tot geborene oder früh verstorbene Kinder, zur Nottaufe nach Bergatreute zu bringen.[2]

Die von den Klöstern forcierten Formen der Frömmigkeit waren auf die Bedürfnisse der ländlichen Ökonomie abgestimmt, auf deren Erträge wiederum der Reichtum der Abteien basierte. Die vielen lokalen Bittgänge und Öschprozessionen konzentrierten sich vor allem auf die Zeit nach Georgi (23. April) und Christi Himmelfahrt, da in der Zeit des Wachstums der Frucht das Sakrale zum Schutz der Felder so präsent wie möglich sein sollte. In der Hoffnung auf eine magische Schutzwirkung des Heiligen gegen Hagel und andere Unbilden des Wetters wurden sog. *Hagelfeiern* (26. Juni) abgehalten oder das Vieh bei Prozessionen mitgeführt. Wallfahrtsfrömmigkeit gelangte so im 18. Jh. noch einmal zu einem Höhepunkt.

Wesentlichen Anteil hatten die Klöster auch bei der Verdichtung des konservativen soziodemographischen Systems in Oberschwaben, wie es im Rechtsbrauch des Anerbenrechts – im Unterschied zur Realteilung, der Vererbung des Hofes an nur einen Erben (meist den ältesten Sohn) – seine Verankerung hatte. Dieses stand nicht im Gegensatz zu Kommerzialisierung und wirtschaftlicher Dynamik, wie sie in dem schwunghaften Agrarhandel mit der Ostschweiz zum Ausdruck kam. Das Anerbenrecht hatte eine dünne Besiedlung und eine rigide soziale Ordnung mit teilweise quer durch die Familien verlaufenden Klassengrenzen zur Folge, da nur der Besitz einer eigenen Hofstelle die Eheschließung ermöglichte.[3] So gab es neben den Hofbauern eine große Gruppe von unterprivilegierten Knechten und Mägden, der in der Regel auch die nichterbenden Familienangehörigen angehörten. Die bis in das 20. Jh. andauernde Wanderung saisonaler Kinderarbeiter, der sog. *Schwabenkinder* aus Tirol und Vorarlberg, zum Ausgleich des im dünn besiedelten Oberschwaben notorischen *Leutemangels*, ist Ausdruck dieser Konstanz vieler Elemente der spezifischen ländlichen Lebenswelt bis in das 20. Jh.[4] Verordnungen zu Gesindezwangsdiensten zu Gunsten der eigenen Bauern sind Ausdruck der agrarkonservativen Politik in den Klosterterritorien.[5]

Der Wegfall der Klöster: Kirchliche Aufklärung und ländliche Volkskultur

Schulterschluss von Kirche und Staat

Hinsichtlich der Hoffnungen auf eine Reform der Volksfrömmigkeit durch die Beseitigung des sog. *»Aberglaubens«* bedeutete die Säkularisation für die aufgeklärte katholische Kirche einen tiefen und wichtigen Einschnitt. Der Staat wischte mit diesem Schritt die Klöster von der Landkarte, die den innerkirchlichen Reformwillen gebremst hatten. Sein Aufstieg zum Flächenstaat in der napoleonischen Zeit schuf die Voraussetzung für einen einheitlichen Zugriff auf die Untertanen und die Durchsetzung gesellschaftlicher Normen bis in den letzten Winkel der Peripherie.

In der napoleonischen Zeit begannen unter Führung von Ignaz Frh. v. Wessenberg weitreichende aufgeklärte Reformen im Bistum Konstanz, in denen die Pfarrer zu Missionaren der Aufklärung in einem umfassenden Erziehungsprojekt der Massenpädagogik wurden. Das Volk sollte sittlich verbessert und veredelt[6], die inhaltlichen Aspekte der Glaubensvermittlung gestärkt und deshalb alle Bräuche mechanischen und inhaltsleeren Charakters bekämpft werden. Darüber hinaus sollte die Kirche vernünftige Grundsätze propagieren und so die Menschen einer rationalen diesseitigen Daseinsbewältigung aufschließen.

Im Hinblick auf das Dorf arbeitete die aufgeklärte Kirche mit an der Schaffung des »Musterbauern«, ei-

Die Heilig-Blut-Prozession zwischen 1805 und 1849
Am Freitag nach Himmelfahrt (Blutfreitag) durfte in dieser Zeit nur eine Fußprozession mit dem Weingartener Hl. Blut stattfinden: Die Reliquie musste zu Fuß getragen werden und auch eine reitende Begleitung war verboten.
Lithographie von J. Bayer, 1834.
Privatbesitz.

nes Geschöpfs bürgerlicher Phantasie, welches das aufgeklärte Schrifttum des 18. Jhs. entworfen hatte. Der Bauer sollte nach bürgerlichem Ebenbild »industriös, aktiv, aufgeklärt, ja philosophisch«[7] werden. Als Vorbilder dienten imaginäre Gestalten wie der philosophische Bauer Kleinjogg oder der *Wilhelm Denker* von Rudolf Zacharias Becker; ihnen sollte das Landvolk angenähert werden. Der »Musterbauer« sollte sparsam, fleißig, vorausschauend und mäßig sich ganz dem Kanon bürgerlicher Tugenden anpassen. Diese Kolonisierung des Bauern, seine kulturelle Assimilation in die bürgerliche Gesellschaft, war ein Ziel, das Staatsbeamte und Pfarrer gemeinsam verfolgten.
Sozialdisziplinierung und Rationalisierung als zwei zentrale Leitwerte dieses Programms verbanden die Kirche mit dem Staat, der zentralen Instanz gesellschaftlicher Reformen in der napoleonischen Zeit. Der Idee eines engen Schulterschlusses zwischen Staat und Kirche entsprach auch das staatskirchliche System Württembergs, das auf allen Ebenen eine enge Verzahnung staatlicher und kirchlicher Stellen anstrebte, angefangen vom Katholischen Kirchenrat in Stuttgart über das gemeinschaftliche Oberamt von Dekanen und Oberamtmännern bis hinab zu den Kirchenkonventen auf Gemeindeebene. *Staat und Kirche*, heißt es im »Archiv für die Pastoralkonferenzen«, seien *nach dem wahren, höchsten Gesichtspunkte, in welchem die Menschheit aufgefaßt werden kann und muß Erziehungsanstalten* [...]. *Beyde sollen also immer vereint auf den nämlichen hohen Zweck hin-*

Heilige gegen Unfälle und Unwetter

Der Brauch, Höfe mit Heiligennamen zu benennen und dies durch Hoftafeln mit der Abbildung eines Heiligen – auf Weingartener Höfen oft zusammen mit der Heilig-Blut-Reliquie – auszudrücken, kam ab der Mitte des 18. Jhs. auf. Beliebt waren v. a. Heilige, die einen engen kultgeschichtlichen Bezug zu Weingarten besaßen, wie der hl. Longinus, auf den nach der Legende die Weingartener Heilig-Blut-Reliquie zurückging. Öl auf Holz, o.D.
Familie Monninger, Notzenhaus.

arbeiten, beyde sich immer wechselseitig unterstützen.[8]
Gegenüber dem Staat, dessen Außenposten die Bezirksverwaltung darstellte, schien die Kirche einen deutlichen Standortvorteil zu besitzen, denn die Pfarrer waren im Gegensatz zu den Staatsbeamten tatsächlich auf dem Land in den Dorfpfarreien präsent. So schrieb der aufgeklärte Landpfarrer Kaspar Maximilian Erb, dass der *Bauren-Schulze in seiner großen Unwissenheit, in seiner Indolenz, in seinem Eigennutze* [...] *nicht im Stande sey* [...] *die Religions= und Sittlichkeits= Policey auszuüben, und den gemeinen Mann in Ordnung zu halten*, andererseits aber *die Oberbeamten zu entfernt wohnen, um jederzeit persönliche Einsicht zu nehmen.*[9]

Intentionen und Maßnahmen Wessenbergs

Die Reformen Wessenbergs setzten zunächst beim Klerus an, verbesserten Ausbildung und seelsorgerische Praxis vor allem durch die Stärkung der Predigt, verschärften die Amtskontrolle durch die Intensivierung der Kirchenvisitationen und stärkten in den Landkapiteln die Voraussetzung für Fort- und Weiterbildung der Pfarrer während ihres Berufslebens.[10]
Die Breite der Maßnahmen, die nun im Rahmen der kirchlich-staatlichen Bemühungen primär auf kirchliche Initiative in Gang gesetzt wurden, war überwältigend und zielte auf die Schaffung einer rationalen Mentalität der Moderne. Insofern ist das in der historischen Darstellung oftmals kolportierte Bild, das katholische Oberschwaben sei im Königreich Württemberg einer staatlichen Kolonialisierung durch protestantische Beamte unterworfen worden, im Hinblick auf den kulturellen Bereich unrichtig. Initiator dieser Maßnahmen war – bis zu seiner Auflösung 1821 – vornehmlich das Bistum Konstanz.[11] Die Hauptstoßrichtungen der Reform waren:
1. Die Abschaffung kirchlicher Feiertage von insgesamt etwa einem Monat Dauer: Hier trafen sich staatliche und kirchliche Interessen (Disziplinierung der Zeit). Die Reformen Wessenbergs zielten vor allem auf die Rückführung der Gläubigen zum wahren Gottesdienst; seitens des Staates standen vor allem ordnungspolizeiliche und ökonomische Gründe im Vordergrund.[12]

Hoffnung auf wundertätige Heilige
Die traditionellen Votivtafeln (Ex voto) gerieten um 1800 wegen ihres Magie-Glaubens ins Visier der kirchlichen Aufklärung. Votivtafel zur Schmerzhaften Muttergottes und zum Hl. Blut. Öl auf Holz, um 1800. Kapelle Steig.

2. Die Einführung der Kirchenkonvente als Element der Sozialdisziplinierung. Die Kirchenkonvente, eine altwürttembergische Einrichtung, gedacht als gemeinsame Erziehungsinstitution von Staat und Kirche, wurden auch auf die neuwürttembergischen Gebiete ausgedehnt. In ihnen waren Pfarrer und Schultheiß vereint, also die Vertreter der *ersten geistlichen und weltlichen Ortsbehörde.*[13] Die Kirchenkonvente waren von Seiten der aufgeklärten Pfarrer mit hohen Erwartungen aufgeladen, denn mit der Kontrolle des sittlichen und polizeilichen Zustands der Gemeinde konnte in ihnen das moralische Fundament des Staa-

Der Blutfreitag ab 1849
Ohne förmliche Aufhebung des Verbots durch die Regierung durfte ab 1849 wieder der frühere Blutritt stattfinden. Umrahmt von der Weingartener Bürgerwehr (vorne die Grenadier- und Jägerkompanie, dahinter die Lanziergarde) trug ein Geistlicher, der »Heilig-Blut-Reiter«, die Reliquie um die Feldflur. Im Hintergrund warten weitere Reiter, um sich der Prozession anzuschließen.
Farbige Lithographie von J. Bayer, zw. 1851 und 1868.
Stadtmuseum/HKS Weingarten.

tes gelegt werden. Am Wirken der Pfarrer sollte der Staat genesen![14]

3. Die Einschränkung und Reform von Wallfahrten und Prozessionen als wichtigem Teil der Volksfrömmigkeit. An deren Stelle sollten rationale Bewältigungsmechanismen des Alltags treten (z. B. die Hagelversicherung). An die Stelle der Hoftafeln mit Heiligen und Heiligblutzeichen (Abbildung des Weingartener Reliquiars), die noch im 18. Jh. an den Höfen des Klosters Weingarten angebracht worden waren (siehe Abschnitt III), traten nun die Hausnummern der Feuerbrandversicherung. Säuberungsaktionen in den Wallfahrtskirchen bezweckten die Entfernung von Votivbildern und -gaben (wie z. B. Krücken oder Wachsvotive), die geignet waren, den *Wunderglauben zu nähren*.[15]

4. Abschaffung aller Formen der Gottesverehrung mit anscheinend mechanischem und inhaltsleerem Charakter: Dazu zählte z. B. auch das populäre Rosenkranzgebet.

5. Die Eindämmung aller angeblich scheinreligiösen magischen Praktiken, die den Einsatz übernatürlicher Kräfte zur Lösung alltagspraktischer Bedürfnisse funktionalisierten.[16] Das Ziel war hier, eine scharfe Trennlinie zwischen Magie und Religion einzuziehen, wie es der Protestantismus bereits seit der Reformation versucht hatte. Im ländlichen Raum stellten subkulturelle Bräuche eine direkte Verbindung zwischen Religion und »weißer« und »schwarzer« Magie her.[17] Auch das Wetterläuten wurde so interpretiert und daher verboten.

6. Die Disziplinierung der sog. *Feiersucht*: Die Verlegung der Kirchweihfeste generell auf den dritten Sonntag im Oktober sollte z. B. die Möglichkeiten zur Teilnahme einschränken. Die Mäßigkeitserziehung zielte auch auf in den Dörfern Oberschwabens übliche Geselligkeitsformen wie die »Hochzeitschenken«. Das Stereotyp des feiersüchtigen oberschwäbischen Landmanns wurde Teil eines »Konstrukts« eines angeblichen Regionalcharakters, der in Charakterbildern des 19. Jh. gepflegt wurde.[18] Parallel zum Abbau der traditionalen Geselligkeitsbräuche sollten alle Zerstreuungen – etwa durch vernunftbetonte, ökonomisch nützliche Alternativangebote wie die landwirtschaftlichen Bezirksfeste – das *rechte Maß einer gesitteten Ergözlichkeit*[19] bekommen.

Das Scheitern der aufgeklärten Reform: Das Beispiel des Heiligblutritts in Weingarten

Der anfangs erwähnte Blutritt in Weingarten steht paradigmatisch für Ansatz, Charakter und Scheitern der aufgeklärten Reformen in Oberschwaben. Seine Abschaffung 1803 endete letztendlich mit der Behauptung der ländlichen Religiosität.

Spätestens seit Beginn des 16. Jh. wurde eine ältere Prozession mit dem Weingartener Heiligblut-Reliquiar um die Altdorfer Feldflur von Reitern begleitet, seit damals gab es also sicher den sog. *Heiligblutritt.*[20] Die besondere Schutz- und Heilwirkung des Heiligen Blutes wurde v. a. im 17./18. Jh. vom Kloster auf vielfältige Weise propagiert und forciert. So erschienen z. B. im 18. Jh. zwei Schriften mit Fällen, welche die wunderbare Heilkraft der Reliquie beweisen sollten, der *Wunderwirkende Gnadenbrunnen* (1735) und die *Fortsetzung des Wunderwirkenden Gnadenbrunnens* (1778). Den engen Zusammenhang mit der ländlichen Praxis zeigen die vielfältigen Formen, in denen das Heilige Blut zum Schutz der Menschen, zur wunderheilenden Wirkung und zur Begleitung aller Lebensphasen eingesetzt wurde. So wurden alle Lehenhöfe des Reichsstifts Weingarten seit Mitte des 18.Jhs. mit sog. *Hoftafeln* bezeichnet, die jeweils einen Heilige (Hofheiliger – Hofnamen) und darüber das Heiligblutzeichen darstellten. Damit wurde dessen besondere Schutzaufgabe für Haus, Hof und Bewohner unterstrichen.

Die Prozession am Blutfreitag (»Blutritt«) erlebte im 18. Jh. mit zwischen 5.000 und 7.000 Reitern – neben 10–20.000 Fußpilgern – ihren Höhepunkt (1753: 7.055 Reiter!). Mit der Säkularisation des Klosters Weingarten verlor sie ihre institutionelle Basis; auch die kleinen Herrschaften, deren militärisches Gepränge den prächtigen Charakter des Rittes geprägt hatte, fielen durch die Mediatisierung weg. Im Jahre 1805 begann eine bis 1849 dauernde Phase, in der der »Blutritt« nur als Prozession zu Fuß, also ohne reitende Begleitung, ausgeführt werden durfte. Das bereits 1803 ausgesprochene (und 1804 vergeblich wiederholte) kirchliche Verbot konnte erst durch den Schulterschluss des Bistums Konstanz mit den weltlichen Autoritäten durchgesetzt werden. Dies waren Oranien-Nassau für das ehemaligen Reichsstift Weingarten und Österreich für das Gebiet der Landvogtei mit Altdorf. Die 1805 ausgesprochenen staatlichen Verbote wurden ergänzt durch Verordnungen, welche die Prozession in einen *Bittgang* zur *Beförderung des wahren sittlich = religiösen Wohls*[21] verwandeln sollten. Die im 18. Jh. noch barock inszenierte Veranstaltung bekam nun den Charakter eines moralisch getönten Ganges einer Bürgergesellschaft ins Grüne. Schon der Rahmen der Veranstaltung, darunter z. B. auch das Verbot des Übernachtens oder das Trennen von Frauen und Männern auf der Prozession, sollte alles vermeiden, *was die Flamme reiner Andacht ersticken, aber wodurch zu sinnlicher Zerstreuung und sittlicher Unordnung Anlaß geben würde.*[22]

Ein Chor von Knaben und Mädchen sollte die Prozession begleiten, der zu einer dreistimmigen Melodie von J. A. Sulzer – mit der Tempoangabe *gemach* – im Wechselgesang mit der Gemeinde ein Lied anstimmte:

[Chor von Knaben und Mädchen:] *Blick, o Gott! mit Wohlgefallen / Auf die Flur, die wir durchwallen! / Unser Herz erweitert sich; / Denn es fühlt als Vater dich. / Deine milde Hand giebt Segen, / Giebt uns Sonnenschein und Regen.* [Volk:] *Deine milde Hand giebt Segen, / Giebt uns Sonnenschein und Regen.*[23]

Allerdings scheint genau diese neue Sinngebung als Gebet in Flur und Feld nicht die Zustimmung der Gläubigen gefunden zu haben. Ganz im Gegenteil – es setzte ein 44 Jahre dauerndes Ringen um die Wiederzulassung von Reitern zur Prozession ein. Im Hinblick auf den Re-Legalisierungsdruck von unten, der schließlich im Rahmen der Revolution von 1848/49 die sang- und klanglose Aufhebung des Verbotes und die Wiederherstellung des traditionellen Umritts erreichte, blieb auf der institutionellen Ebene der durch die Säkularisation des Klosters und den Abzug der vorderösterreichischen Verwaltung wirtschaftlich schwer getroffene Marktflecken Altdorf-Weingarten (seit 1865 *Stadt Weingarten*) aktiv. Genauso entscheidend, wenn nicht wichtiger, war aber der Druck, der von den Gemeinden der Region ausging. Wie mehrfach in den kirchlichen Visitationsberichten beklagt, scheiterte der Versuch, den ländlichen Gemeinden die Orientierung auf den Wallfahrtsort Weingarten hin ab zu erziehen. Ja es scheint außerhalb der offiziellen Prozession einen »Volks-Heiligblutritt« die ganze Zeit auch während des Verbots gegeben zu haben.[24]

Die Behauptung der ländlichen Volksfrömmigkeit nach 1803

Der Anspruch der katholischen Aufklärung, der im Ansatz humanistisch dem optimistischen Menschenbild der Aufklärung verpflichtet war und eine Veränderung der Mentalitäten durch Einsicht erreichen wollte, konnte nicht eingelöst werden. Die Geistlichen scheiterten bei der Vermittlung ihres aufgeklärten Gottesbildes, das im Widerspruch zu animistischen und magischen Vorstellungen der Volksreligiosität stand. So musste jede Missernte, jede Viehseuche auf die von der Kirche erlassenen Verbote zurückfallen. Auch gibt es Anzeichen, dass die napoleonische Zeit, die einerseits den Boden für die Durchsetzung der Reformen bereitete, andererseits ungünstige Bedingungen für ihre Akzeptanz bot, da die Reformen selbst die Katastrophenerfahrung des Krieges verschärften. Im Zusammenhang mit der Abschaffung der Feiertage mussten sich die Pfarrer etwa mit dem Vorwurf auseinander setzen, dass es Gott missfalle, *daß durch Abstellung der Feyertage die Ehre der Heiligen geraubt wurde* [...]. *Deßwegen hat uns Gott mit Krieg heimgesucht, deßwegen hat der Hagel die Früchte verschlagen.*[25] Und ein Pfarrer brachte es auf die knappe Formel: *Hoffentlich gibt es in diesem Jahr keinen Hagelschlag – oder uns Pfarrern geht es schlecht. Wir müssen sonst daran schuld sein.*[26]

Der Rückgriff auf die Sanktionsmechanismen der Polizeiordnung zur Durchsetzung der Verbote ließ viele Initiativen zum reinen Dressurakt werden und entfremdete die Gläubigen. Dieser Zwiespalt, den die aufgeklärten Pfarrer durchaus sahen, konnte von ihnen nicht aufgelöst werden. Es sei falsch, so das Fazit einer Konferenz des Landkapitels Saulgau im Jahre 1809, wenn man *den religiösen Volkseigensinn bekämpfen will, da man sich hinter die politische Behörde steckt, und durch verschleyerte Gewalt das Volk von seinen Irrthümern und Vorurtheilen zurückbringen will, was nur die geheime Kraft der Wahrheit allmählich besiegen sollte. Wer durch Zwangsbefehle Irrthümer und Aberglauben ausrotten will, wählt* [...] *ein Mittel, das wenig Gutes, und oft viel Böses wirkt. Das Volk sträubt sich gegen Zwang, und hält sich gleich dem Kinde das Spielzeug fester, das man ihm mit Gewalt nehmen will.*[27]

Die Kirchenvisitationen zeichnen ein lebendiges Bild von dem Druck, den Pfarrer gerade in den ländlichen Gemeinden aushalten mussten, und der teilweise in offenem Widerstand der Gläubigen kulminierte. Im Juni des Jahres 1834 kam es aufgrund einer großen Dürre im Dekanat Ravensburg zu einer verbotenen Massenwallfahrt ländlicher Gemeinden nach Weingarten und Bergatreute. In *Caravanen*, so heißt es im Bericht des Dekans, seien die ländlichen Gemeinden losgezogen. In Baindt, wo der Pfarrer versucht hatte, seine Gemeinde von ihrem Vorhaben abzuhalten, erklärten ihm die Ortsvorsteher kurzerhand, sie könnten *alleine beten*, und nachdem er ihnen das Weihwasser ausgehändigt hatte, zogen sie auf ihren *Bittgang mit Kreuz und Fahnen.*[28]

Die Brisanz des Konflikts zeigte sich bereits bei diesem Vorgang. Zur Eskalation kam es, nachdem der Re-Legalisierungsdruck von unten auf die Verschärfung der Reform von oben traf, nämlich bei der Auseinandersetzung um das sog. *Cult-Statut* [neue Allgemeine Gottesdienstordnung für das Bistum Rottenburg] von 1838.[29] Dieser Versuch, den Normenkatalog der Wessenbergischen Reform in einem einzigen Entwurf zusammenzufassen und zu vereinheitlichen, erzeugte eine breite Abwehrfront der Gemeinden, die sich in einer großen Zahl von Bitt- und Protestschriften entlud.[30] Nach der ultramontanen Wende der katholischen Kirche und der Aufkündigung der staatskirchlichen Zusammenarbeit im Königreich Württemberg wurden nach und nach Orden, Vereine, Bruderschaften, Kongregationen, Prozessionen und Wallfahrten außer Landes genauso restituiert wie die Exorzismen.

Fazit

Am Beispiel Oberschwaben zeigt sich, dass Säkularisation und Säkularisierung letztendlich nicht gleichzusetzen sind. Die Säkularisation der Klöster war eine wichtige Etappe, welche die breite Durchsetzung der kirchlichen Reformbemühungen in der napoleonischen Zeit ermöglichte. Allerdings zeigt sich in der Behauptung der Volksfrömmigkeit gegenüber dem kirchlich-staatlichen Reformwillen, dass der Blick über die napoleonische Zeit hinaus auf langfristige Entwicklungen gerichtet werden muss, um die historische Tiefe des Einschnitts von 1803 zu beurteilen. Verlor einerseits die religiöse Volkskultur zu Beginn des 19. Jhs. durch die Säkularisation der Klöster ihren wichtigsten kirchlichen Verbündeten, so zeige sich anderseits in den Auseinandersetzungen bis zur Mitte des 19. Jhs. auch eine eigenständige Kraft dörflicher Religiosität, vor der die aufgeklärte Kirche letztendlich zurückweichen musste. Dieser Behauptungskraft der ländlichen Religiosität wuchs erst in den Dreißigerjahren mit der ultramontanen Strömung ein neuer innerkirchlicher Verbündeter heran, der wieder einen Pakt mit den Bedürfnissen volkskultureller Mentalität anbot und dieses Bündnis zur Durchsetzung innerkirchlicher Interessen nutzte.

Dieser religiöse Eigensinn kann nicht als reines Beharren interpretiert werden, da die parallel zu dem Verbot volksreligiöser Gebräuche geschaffenen Einrichtungen der diesseitigen Daseinsfürsorge von den Bauern durchaus angenommen wurden. *Für das Landvolk* war es aber durchaus kein Widerspruch, die Feuer- und Hagelversicherung in Anspruch zu nehmen und trotzdem auf Flurprozessionen, Wasserweihen und andere sog. »abergläubische« Praktiken zu beharren. Neben den Säkularisierungstendenzen, mit denen das 19. Jh. unzweifelhaft begann, muss auch der Prozess der Rechristianisierung als eine wichtige Gestaltungsmacht des bürgerlichen Zeitalters gesehen werden.[31]

[1] Vgl. *Marc R. Foster*, Wer bestimmt den Sinn der Wallfahrten? Die Steinbacher Maria 1733, in: *Norbert Haag/Sabine Holtz/Wolfgang Zimmermann* in Verbindung mit *Dieter R. Bauer* (Hgg.), Ländliche Frömmigkeit. Konfessionskulturen und Lebenswelten 1500–1850. Stuttgart 2002, 231ff.

[2] *Hermann Dettmer* (Hg.), Zu Fuss, zu Pferd. Wallfahrten im Kreis Ravensburg. Biberach 1990, 171. Zu den Initiativen des Bistums Konstanz gegen solche und ähnliche Bräuche im Zeichen des Josephinismus s. *Andrea Polonyi*, »Aufklärung« im Bistum Konstanz vor Ignaz Heinrich von Wessenberg? Beobachtungen zur Kirchenreform unter Bischof Christoph von Rodt (1775–1800), in: Rottenburger JKG 10 (1991), 203–213.

[3] Zum Zusammenhang von Erbrecht und Lehensrecht, etwa dem Falllehen mit dem Anerbenrecht, s. *Wolfgang von Hippel*, Die Bauernbefreiung im Königreich Württemberg. Boppard 1977, Bd. 1, 106ff.

[4] Zur Struktur des ländlichen Oberschwabens mit der entsprechenden Literatur vgl. *Vadim Oswalt*, Staat und ländliche Lebenswelt in Oberschwaben 1810–1870. (K)ein Kapitel im Zivilisationsprozeß? Leinfelden/ Echterdingen 2000, 12ff. (Schriften zur südwestdeutschen Landeskunde ; 29)

[5] So schrieb z. B. das Reichsstift Weingarten 1786 vor, bei Bedarf an Mägden seien Stickerinnen, die zum Dienst tauglich seien, der Obrigkeit anzuzeigen; diese sollten dann, wenn nicht besondere Umstände obwalteten, ohne weiteres zum Dienen angewiesen werden. s. Ebd., 73, Anm. 58.

[6] *Maria E. Gründig*, »Zur Verbesserung und Veredelung des Volkes«. Zur Modernisierung katholischer Mentalitäts- und Frömmigkeitsstile im frühen 19. Jh. am Beispiel des Bistums Konstanz unter Ignaz von Wessenberg. Stuttgart 1997.

[7] *Werner Conze*, Bauer, Bauernstand, Bauerntum, in: *O. Brunner/W. Conze/R. Kosselleck* (Hg.), Geschichtliche Grundbegriffe. Historisches Lexikon zur politisch-sozialen Sprache in Deutschland, Bd. 1, 417.

[8] *Konferenzresultate über die Frage: Wie kann das Volk am beßten belehrt und angehalten werden, an den abgebrachten Feyertagen zu arbeiten?* In: Archiv für die Pastoralkonferenzen in den Landkapiteln des Bistums Konstanz. Konstanz 1804, Bd. II, 22.

[9] *K. M. Erb, Die Organisirung der Gemeinds= Sittengerichte, zur Wiederbelebung der Sittenpolizey in Deutschland.* Rottweil 1819, XXI.

[10] Dieser Reformeifer erzeugte auch eine Menge Quellenmaterial, wie etwa die Aufsätze im »Archiv«. Die vierteljährlichen Pastoralkonferenzen dienten dem Vortrag und der Diskussion von Referaten zu pastoral-prakt. Fragen durch die Geistlichen eines Landkapitels. Jeder Geistliche des Bistums Konstanz war seit 1804 dazu verpflichtet, Aufsätze oder Rezensionen zur Vorbereitung zu verfassen. Eine Auswahl der Aufsätze der Pfarrer erschien in den Jahren 1804 bis 1827 im *»Archiv für die Pastoralkonferenzen in den Landkapiteln des Bistums Konstanz«* in 52 Halbjahresbänden.

[11] Hierzu *Oswalt*, Staat und ländliche Lebenswelt (wie Anm. 4), 132ff.

[12] So hatte Johann Adam Freiherr v. Ickstatt in einer Schrift von 1772 *Warum der Wohlstand der protestantischen Länder so gar viel größer als der katholischen* sei, die Religionsausübung der kath. Untertanen und darunter die Feiertage für einen Jahresverlust von 750.000 fl. eines Landesherren verantwortlich gemacht. *Johann Adam Freiherr von Ickstatt*, Menschenfreunds Untersuchung der Frage: Warum ist der Wohlstand der protestantischen Länder so gar viel größer als der katholischen? (1772), in: *Paul Münch* (Hg.), Ordnung, Fleiß und Sparsamkeit. Texte und Dokumente zur Entstehung der »bürgerlichen Tugenden«. München 1984, 181.

[13] *Königliche Verordnung, die allgemeine Einführung der Kirchenkonvente in den katholischen Landesteilen betreffend* vom 15. 01.1817, Reyscher, Bd. 10, 3, Sammlung der kath. Kirchengesetze, Nr. 350, 504ff.

[14] Vgl. hierzu *Erb*, Die Organisierung (wie Anm. 9), IXff. Auch im *Archiv für die Pastoralkonferenzen* lässt sich diese Auffassung nachweisen.

[15] Vgl. *Oswalt,* Staat und ländliche Lebenswelt (wie Anm.4), 165.

[16] Siehe die Definition von Magie bei *Keith Thomas,* »[...] the practical use of (supernatural and divine) powers for everyday purposes such as healing or asserting luck and fertility – which in very general terms we may refer to as magic« s. *Ders.*, An Anthropology of Religion and Magic, II, in: Journal of Interdisciplinary History, VII (Summer 1975), 95. Zum Zusammenhang von Volksreligion und Magie vgl. auch *Richard van Dülmen*, Kultur und Alltag in der frühen Neuzeit. Bd. 3: Religion, Magie, Aufklärung 16.–18. Jh. München 1994, 55ff.; Mag. Elemente in der Volksfrömmigkeit des 19. Jhs. findet auch *David Blackbourn*, Wenn ihr sie wieder seht, fragt wer sie sei. Marienerscheinungen in Marpingen – Aufstieg und Niedergang des deutschen Lourdes. Hamburg 1997, 648.

[17] Beispiele sind etwa die sog. *Abschabmadonnen*, bei denen sich die Wirkung des Heiligen durch das Verspeisen erhöhte oder die sog. *Fraisketten*, an denen sich kult., mag. und christl. Objekte (z. B. Heiligensymbole und Wallfahrtsmedaillen) mischten s. *Berthold Büchele*, Von der weißen und schwarzen Magie. Aberglaube im Allgäu und in Oberschwaben. Ravensburg 1993, 25.

[18] So heißt es in der Beschreibung des Oberamts Leutkirch: *Die Volksbelustigungen sind die in Oberschwaben gewöhnlichen Freischießen, Kegelspiel (wohin auch das in diesem Bezirk mehr eigenthümliche Mädchen= Kegelschieben gehört), die Mahlzeiten und Tänze nach beendigter Ernte, die Flegelhenken, und die ziemlich luxuriösen Hochzeiten und Hochzeitschenken* s. *Königl. statistisch-topographisches Bureau* (Hg.), Beschreibung des Oberamts Leutkirch. Stuttgart/Tübingen 1843, 42ff.

[19] *Wolfgang Kaschuba*, Aufbruch in die Moderne. Volkskultur und Sozialdisziplinierung im napoleonischen Württemberg, in: *Ders.*, Volkskultur zwischen feudaler und bürgerlicher Gesellschaft. Zur Geschichte eines Begriffs und seiner gesellschaftlichen Wirklichkeit, Frankfurt/M/New York 1988, 107.

[20] Zur Geschichte der Entstehung des Blutritts s. *Hans Ulrich Rudolf*, Geschichte des Blutritts, in: *Norbert Kruse/Hans Ulrich Rudolf* (Hg.), 900 Jahre Heilig-Blut-Verehrung in Weingarten 1094–1994. Festschrift zum Heilig-Blut-Jubiläum am 12. März 1994. Sigmaringen 1994, Bd. 1, 701ff.

[21] *Bischöfliche Verordnung wegen Einschränkung und zweckmäßiger Einrichtung der Bittgänge vom 17. März 1803*, Sammlung Bischöflicher Hirtenbriefe und Verordnungen Euer Hoheit des Durchlauchigsten Fürsten= Primas des Rheinischen Bundes, Bischof zu Konstanz. Für das Bistum Konstanz. Bd. 1. Konstanz 1808, 134; zu Vorgang und Hintergründen des staatl. Reiterverbots von 1805 s. *Rudolf*, Die Geschichte des Blutritts im Überblick (wie Anm. 20), 713f.

[22] Ebd.

[23] *Bischöfliches Ordinariatszirkular in betreff der Feldsegnungen*, Sammlung (wie Anm. 21), 183.

[24] *Oswalt*, Staat und ländliche Lebenswelt (wie Anm. 4), 171ff.

[25] *Konferenzresultate über die Frage: Wie kann das Volk am beßten belehrt und angehalten werden, an den abgebrachten Feyertagen zu arbeiten?* In: Archiv für die Pastoralkonferenzen in den Landkapiteln des Bistums Konstanz. Konstanz 1804, II, 10.

[26] *Oswalt*, Staat und ländliche Lebenswelt (wie Anm.4), 169.

[27] *Konferenzresultate des Landkapitels Saulgau über die Frage: »Welches sind die schiklichsten Waffen, womit der Pfarrer den Eigensinn ganzer Gemeinden und einzelner Menschen bestreiten kann und darf?«* In: Archiv für die Pastoralkonferenzen in den Landkapiteln des Bistums Konstanz. Konstanz 1809, I, 174.

[28] *Specialbericht des Decans über das Ergebnis der im Frühjahr vorgenommenen Kirchenvisitation im Decanatssprengel Ravensburg vom* 01.07./29.08.1835; DAR G. 1. 8. Bü 407.

[29] Zu Cult-Statut und Blutritt s. *Rudolf*, Die Geschichte des Blutritts im Überblick (wie Anm. 20), 718

[30] Zur Planung und Einführung der Gottesdienstordnung siehe *August Hagen*, Geschichte der Diözese Rottenburg. Bd. 1. Stuttgart 1956, 125ff. Zur Charakteristik des Jahres 1838 als Durchbruch des »bis dahin in Württemberg weitgehend ›subkulturellen‹, konfessionalistischen Katholizismus« zur »politischen Bewegung« bei *Christel Köhle–Hezinger*, Evangelisch–Katholisch. Untersuchungen zu konfessionellem Vorurteil und Konflikt im 19. und 20. Jh. vornehmlich am Beispiel Württembergs. Tübingen 1976, 206.

[31] *Hartmut Lehmann* (Hg.), Säkularisierung, Dechristianisierung, Rechristianisierung im neuzeitlichen Europa. Bilanz und Perspektiven der Forschung. Göttingen 1997, 13.

Staatskirche, Episkopalismus oder Ultramontanismus

Kirchliche Reformforderungen im 19. Jh. als Erbe der Reichskirche

von Joachim Köhler

Von der Reichs- zur Landeskirche

Als Gründungsdatum der baden-württembergischen Bistümer Freiburg und Rottenburg gelten die Tage, an denen die ersten Bischöfe geweiht bzw. inthronisiert wurden. Das war in Freiburg der 27. Oktober 1827, als der Münsterpfarrer, ehemaliger Zisterzienser und Professor der Philosophie, Bernhard Boll, den erzbischöflichen Stuhl bestieg. In Rottenburg wurde am 28. Mai 1828 der bisherige Generalvikar Johann Baptista Keller, der bereits am 4. August 1816 in Rom von Papst Pius VII. zum Titularbischof von Evara geweiht worden war, inthronisiert. Der Gründungsvorgang hatte sich über Jahre hinweggezogen und muss im Zusammenhang der Neuordnung der deutschen Staaten nach der Auflösung des »Heiligen Römischen Reiches Deutscher Nation« im Jahre 1806 gesehen werden. Allein dieser komplizierte und vertrackte Vorgang zeigt, dass unter den beteiligten Institutionen, Staaten, Interessengruppen und Unterhändlern keineswegs Konsens bestand, wie nach der staatlichen Neuordnung die kirchliche Landschaft und Struktur aussehen sollte. Eine entscheidende Phase in diesem Gründungsprozess war eine Konferenz der Rheinbundstaaten, die auf Initiative Württembergs vom 24. März bis 30. April 1818 in Frankfurt stattfand. Der königliche-württembergische Bundestagsgesandte Karl August v. Wangenheim, der die Konferenz eröffnete, erklärte, dass sich die Kommissäre jener Staaten, die an der Lösung der Kirchenfrage interessiert seien[1], *über die Verhältnisse der katholischen Kirche in sich, d. h. über ihr Wesen aussprechen, die Verhältnisse der katholischen Kirche zum Staat, und das des Staates zur katholischen Kirche bezeichnen, die Verhältnisse der katholischen Kirche zum Pabste und des Pabstes zur katholischen Kirche, sowohl überhaupt als auch in besonderer Beziehung auf Deutschland bestimmen, die Verhältnisse des Pabstes zu evangelischen Fürsten, insofern diese katholische Landestheile unter ihrem Szepter haben, und umgekehrt evangelische Fürsten zum Pabst (zur Römischen Kurie, zum heiligen Stuhle) festsetzen und berathen sollten, ob die Bestimmungen dieser Verhältnisse durch ihre Anerkennung in einem Konkordate zu suchen, oder in einer Deklaration zu fordern seyn dürfte, und was indem einen oder andern Falls wirklich auszusprechen, oder nur in der Ausübung als gemeinschaftlicher Grundsatz festzuhalten sey, auf welche Weise der eine oder andere Weg der Unterhandlung mit dem Pabste einzuschlagen oder festzusetzen sey, und endlich welche Schritte dann zu thun seyn möchten, wenn wider besseres Hoffen mit dem Pabste auf die eine oder andere Art kein Einverständnis zu erzielen wäre.*[2]

Wangenheim hat die Situation und die Probleme klar umrissen und auch die Schwierigkeiten angedeutet, die es bereits gegeben hatte und die weiterhin anstehen würden. Die Bistümer in den neuumschriebenen Ländern des Rheinbunds waren *via facti* entstanden. Die Landesherren im Südwesten, der Großherzog von Baden und der König von Württemberg, waren interessiert, dass sich Landesgrenzen und Bistumsgrenzen deckten und dass jeglicher Einfluss landesfremder Bischöfe ausgeschlossen wurde. Das Gebiet des neuen Großherzogtums Baden gehörte zu den (alten) Bistümern Konstanz, Straßburg, Speyer, Worms, Mainz und Würzburg. Das Königreich Württemberg

vereinigte Teile der Bistümer Konstanz, Augsburg mit der Fürstpropstei Ellwangen, Würzburg, Worms und Speyer. Die Souveräne dieser Staaten waren entschlossen, die Hoheitsrechte über die katholische Kirche auszuüben und hatten bereits erste Maßnahmen ergriffen und eigene staatliche Behörden, wie z. B. den sog. *Katholischen Kirchenrat*, errichtet. Über diesen erließen sie Religionsedikte für ihre katholischen Untertanen. Sie hatten außerdem schon Verhandlungen mit dem Heiligen Stuhl aufgenommen; Konkordate waren jedoch nicht zustande gekommen. Die Kontroversen über die Frage, wie sich die Beziehungen der deutschen Kirche zu Rom gestalten sollten, waren zu heftig, als dass man auch auf dem Wiener Kongress (Oktober 1814 bis Juni 1815) zu einer Lösung gekommen wäre.

Karl Theodor Anton Maria v. Dalberg (1744–1817)
Der letzte Bf. von Konstanz (seit 1800) und letzte Ebf. und Kf. von Mainz (seit 1802) sowie Bf. von Worms wurde 1803 durch den RDH Ebf. u. Kf. von Regensburg-Aschaffenburg, 1806 Fürstprimas von Deutschland und 1810, gegen Abtretung des Kfsms. Regensburg, Ghz. von Frankfurt. Sein Konstanzer Generalvikar und seit 1814 auch Koadjutor war Ignaz Heinrich Frh. v. Wessenberg. Diözesanmuseum Rottenburg.

Am Anfang einer konzertierten Aktion mehrerer Staaten stand die Idee des Fürstprimas Karl Theodor v. Dalberg von einer deutschen Nationalkirche, die sein Konstanzer Generalvikar, Ignaz Heinrich v. Wessenberg, auf dem Wiener Kongress vorgetragen hatte. Diese Lösung wurde vom Vertreter des Papstes, Ercole Consalvi, strikt abgelehnt, da Rom an die *Emser Punktation* von 1786 erinnert wurde, die ein »unauslöschliches Trauma der römischen Seele«[3] hervorgerufen hatte, das noch nicht verheilt war. Die *Emser Punktation* war eine Erklärung der Erzbischöfe Deutschlands (Mainz, Köln, Trier und Salzburg), mit der sie versucht hatten, gemeinsam die »Übergriffe der römischen Kurie« abzuwehren und die ortskirchlichen Strukturen gegenüber dem römischen Zentralismus zu stärken. Die Konkordatsverhandlungen, welche die einzelnen Länder aufgenommen hatten, waren durch das Eingreifen Napoleons abgebrochen worden, der die Position Dalbergs als Fürstprimas der deutschen Kirche stärken wollte. Er hatte für die Rheinbundstaaten ein Konkordat als einheitliche Regelung vorgeschlagen. Aber auch die bundesrechtliche Lösung der Kirchenfrage, die Wessenberg in Modifikation zu einem Reichskonkordat nach dem Wiener Kongress favorisierte, konnte sich nicht durchsetzen. Die Kirchenangelegenheiten gerieten in die Kompetenz der Einzelstaaten, die wegen der Schwierigkeiten, die Rom einem gemeinsamen Projekt entgegenstellte, wenigstens an einer gemeinsamen Absprache mehrerer Staaten festhielten. So erfolgte die kirchen- und staatsrechtliche Ausgestaltung des Bistums im Zusammenhang mit der Errichtung der Oberrheinischen Kirchenprovinz.
Nach der Frankfurter Konferenz, auf der die rechtlichen Grundlagen für die Verhandlungen in Rom festgelegt wurden, vereinbarten die beteiligten Staaten in einem Staatsvertrag vom 7. Oktober 1818 ein gemeinsames Vorgehen: Das *Organische Kirchengesetz*, Bestimmungen für die praktische Durchführung und Verwaltung, sollte in Rom geheimgehalten werden. Der langwierige Gang der Verhandlungen braucht hier nicht dargestellt zu werden. Es genügt auf die römischen Schlussdokumente hinzuweisen, auf die Zirkumskriptionsbulle *Provida sollersque* vom 16. August 1821, in der Rom den Rechtsprimat des Papstes betonte, dem die Bischöfe unterworfen seien und wodurch eine Ausweitung der kirchlichen Jurisdiktion,

wie sie seit dem Konzil von Trient betrieben wurde, erfolgte.[4] Von den Staaten wurde die Bulle nur als »Zwischenlösung« akzeptiert. Die Regierungen bestanden weiterhin auf den *Organischen Kirchengesetzen* von 1818, die als *Kirchenpragmatik* angewandt werden sollten. Die Bischofskandidaten, die man dem Papst zur Bestätigung vorschlug, wurden auf diese *Kirchenpragmatik* vereidigt. Darauf lehnte Rom die Kandidaten ab. Eine endgültige Regelung erfolgte durch die Bulle *Ad dominici gregis custodiam* vom 11. April 1827.[5]

Das Verhältnis von Kirche und Staat in den Rheinbundstaaten war durch die päpstlichen Dokumente von 1821 und 1827 nur unzureichend und vor allem einseitig geregelt. Am 30. Januar 1830 erging in Württemberg eine *Königliche Verordnung, betreffend die Ausübung des verfassungsmäßigen Schutz- und Aufsichts-Rechts des Staates über die katholische Landes-Kirche.*[6] Durch die Verordnung wurde das staatliche Aufsichtsrecht in der striktesten Weise gehandhabt und somit die bisherige Stellung des Kirchenrats gestärkt. Von der in der Verfassung gewährten Autonomie der Kirche, wonach dem Landesbischof und dem Ordinariat die Leitung der inneren Angelegenheiten zukommen sollte, war keine Rede.

Der eigentliche Streitpunkt zwischen Rom, dem »Reich« bzw. dem Rheinbund und den einzelnen Staaten bestand darin, dass die rechtlichen Vorstellungen, die der *Deklaration* und der *Kirchenpragmatik* zu Grunde lagen, als Zeugnisse eines episkopalistischen bzw. josephinischen Denkens und Rechtsempfindens[7] dem römischen Zentralismus entgegenstanden. Dahinter verbargen sich verschiedene Denkweisen: ein mehr staatskirchliches Denken, das von der Aufklärung her geprägt war und das liberale und laikale Züge trug, sowie ein römisch-ultramontanes Denken, das von der beginnenden Restauration seine Prägung erhielt und konservative und klerikale Züge trug. Nachdem das Papsttum durch den Wiener Kongress gestärkt hervorging und der Kirchenstaat restauriert werden konnte, dominierten die ultramontanen Denkweisen. Die daraus resultierenden Konfrontationen kann man nicht einfach als eine Auseinandersetzung zwischen »Kirche« und »Staat« darstellen. An den »staatlichen« Initiativen der Kirchenpolitik waren katholische Priester und Laien beteiligt (Wessenberg, Werkmeister, Bischof Keller, Tübinger Professoren,

Bulle Provida sollersque
Titelseite der Bulle Papst Pius' VII. vom 16. August 1821, durch welche die Oberrheinische Kirchenprovinz mit dem Ebtm. Freiburg und dem Btm. Rottenburg geschaffen wurde.
HSA Stuttgart.

Mitglieder der Ständeversammlung). Sie wollten zur Kirche gehören, vertraten aber lediglich eine andere Auffassung vom Verhältnis von Kirche und Staat als die römische Kurie.

Die politische Umschichtung zu Beginn des 19. Jhs. hatte aber den katholischen Volksteil in eine ungewohnte Minoritätssituation versetzt. Durch die Vernichtung der Klosterstaaten wurden den Katholiken vielfältige Bildungsmöglichkeiten und Berufschancen in den geistlichen Staaten genommen. Die Folge war ein Misstrauen weiter Teile der katholischen Bevölkerung gegenüber der landesherrlichen Bürokratie und eine gewisse Unsicherheit im öffentlichen Leben überhaupt. Der oberschwäbische Adel zum Beispiel, der im Alten Reich nach Österreich orientiert war und

Alte und neue Diözesen in Südwestdeutschland
Auf dem Hintergrund der Bistumsgliederung Südwestdeutschlands bis 1802/03 hebt sich plastisch die Neugründung im Kgr. Württemberg, Rottenburg-(Stuttgart), ab.
Aus: Das katholische Württemberg 1993.

durch die Zertrümmerung des Reiches politisch entmachtet wurde, war skeptisch gegenüber der staatlichen Neuorganisation in Württemberg und fand sich weitgehend in der Opposition besonders in den kirchenpolitischen Aktionen.
Als man glaubte, gegen den omnipotenten Staat und für die Freiheit der Kirche kämpfen zu müssen, griff man zu römischen oder ultramontanen Ideen. Die Polarisierung machte sich vor allem im Klerus bemerkbar. Hier standen die »Staatskirchler« den »Ultramontanen« gegenüber. Fast könnte man von einem Generationenkonflikt sprechen, denn die »Staatskirchler« gehörten zumeist der älteren Generation an, die noch von der Aufklärung geprägt war. Die anderen, die »Ultramontanen«, das waren die jungen Priester, die man in Württemberg despektierlich *Möhlerianer* nannte, nach Johann Adam Möhler, der als theologischer Lehrer in Tübingen und München ein neues Kirchenbild entwickelt hatte. Dieses neue Kirchenverständnis verlangte eine stärkere Bindung an Rom. Papst Pius VIII. hat die spannungsreiche Zeit emotional weiter aufgeladen. In dem Breve *Pervenerat* vom 30. Juni 1830 an die Bischöfe der Oberrheinischen Kirchenprovinz[8] gab er zu bedenken, dass durch landesherrliche Bestimmungen die Kirche in eine *schmähliche Knechtschaft* geführt werde, während *die fleckenlose Braut Christi* keiner irdischen Gewalt unterworfen sei. Bischof Keller geriet bei den »Ultramontanen« ins Zwielicht, weil er nach deren Ansicht der Aufforderung des Papstes, die kirchlichen Rechte zu schützen, nicht nachkomme.

Johann Baptist von Keller (*1744–1845)
Der erste Bf. von Rottenburg war 1816 von Papst Pius VII. zum Titularbf. von Evara geweiht worden. Von 1819 bis zu seiner Inthronisation als Bf. von Rottenburg (1828) leitete er als Generalvikar die Geschicke der württembergischen Katholiken.
DA Rottenburg.

Ultramontane Geschichtsschreibung

Die Kirchengeschichtsschreibung des 19. Jhs. verdrängte aus diesem Prozess die positiven Ansätze, die in den Verhandlungen um die neuen Kirchenstrukturen immer mit gegeben waren und diskutiert wurden, Reformansätze, die in der Reichskirche vor ihrem Untergang herangereift waren, Gegenpositionen zum römischen Zentralismus, Vorschläge zum Ausbau einer selbstbewussten Ortskirche. Die ultramontane Geschichtsschreibung setzte die Akzente auf den Verlust des Kirchengutes, auf die Schäden im Bildungsbereich und die geringen Berufschancen für Katholiken im protestantischen Beamtenstaat, auf Minoritäten, die der Willkür des omnipotenten Staates ausgesetzt waren. Damit hat sie die Vielschichtigkeit der Strömungen und Bewegungen, die im Denken der Reichskirche ihren Ursprung hatten, die nationalkirchlich orientiert waren und die in den Verhandlungen auf dem Weg von der Reichkirche zur Landeskirche präsent waren, verdrängt. Sie hat Ansätze, die einer Stärkung der Ortskirche hätten hilfreich sein können, zunichte gemacht. Auch die kirchenpolitischen Akteure der Umbruchszeit, vor allem der Fürstprimas Karl Theodor v. Dalberg und sein Konstanzer Generalvikar Ignaz Heinrich v. Wessenberg, wurden durch die ultramontane Geschichtsschreibung verzerrt dargestellt: »Unkennt-

nis, apologetischer ultramontaner Übereifer und auch einseitiger Nationalismus haben den letzten Kurerzkanzler des alten Reiches [Dalberg] vielfach verkannt und sein Bild in immer dunkleren Farben gezeichnet. Wie Wessenberg wurde er lange als Repräsentant der katholischen Aufklärung negativ beurteilt.«[9] Der Prozess des Übergangs von der Reichskirche zu den Landeskirchen ist in seinen kirchenrechtlichen und pastoralen Implikationen zu komplex, als dass er in seiner ganzen Vielfalt begriffen werden könnte. »Die Vorgänge jener Zeit [haben] in der Geschichtsschreibung nicht jenes Gewicht, das ihnen eigentlich zukommt.«[10]
Viele Maßnahmen und Verhandlungen, Argumentationen und Vorschläge wurden in der römischen Sicht überhaupt nicht wahrgenommen. Deshalb bemühte man sich auch nicht, die Inhalte zu überliefern.
Kritische Analysen der Kirche in ihrer Zeit, wie sie der Exeget Peter Alois Gratz in der ersten Nummer der Tübinger Theologischen Quartalschrift oder der Kirchenhistoriker Johann Adam Möhler in mehreren Beiträgen der gleichen Zeitschrift vorgenommen hatten, wurden ignoriert.
Neuere Forschungen zum Thema Reichskirche haben aber zwei Tendenzen zu Tage gefördert, welche auf die Beurteilung des historischen Umwandlungsprozesses angewandt werden müssen:
Erstens: Die Geschichte der Reichskirche im 17. und 18. Jh. wird heute positiver gesehen als in der Generation vor uns. Der sog. *Episkopalismus* wird im Umfeld des Zweiten Vatikanischen Konzils (oder müssen wir sagen: wurde ?) nicht mehr nur als anti-römisch, sondern als geradezu notwendig gegenüber der römischen Zentralgewalt angesehen. Wenn die Konflikte zwischen Rom und den Bischöfen der Reichskirche damals zunahmen, so lag das auch daran, dass Rom seine subsidiäre Einflussnahme in der Zeit der Gegenreformation nicht mehr zurückgenommen hat. Durch die reichsrechtliche Lösung der Konfessionsfragen waren Bischofssitze nicht mehr so gefährdet, wie in der Reformationszeit. Rom hat provisorische Lösungen zum System ausgebaut.
Das Thema Synode gehört in diesen Kontext und ist in diesen Prozess eingebunden. Auch wenn in der Zeit von der *Emser Punktation* 1786 bis zur Versammlung der deutschen Bischöfe in Würzburg 1848 kaum Synoden abgehalten wurden, so wurden sie umso heftiger und leidenschaftlicher diskutiert. Die Diskussionen über die Vorstellungen und Ideen von Synode müssen in dem zeitgeschichtlichen oder politischen Kontext belassen werden. In dieser Diskussion wurden Strukturen fassbar, die von der römischen Geschichtsschreibung nicht einmal registriert worden sind.
Zweitens: Es ist eine Revision der sog. Säkularisation erfolgt, in dem man darauf hingewiesen hat, dass nicht nur die kirchenfeindliche Belletristik und das aufgeklärte Schrifttum die Frage nach dem Verfügungsrecht über das Kirchengut gestellt haben. Die Säkularisationspläne vor der »Säkularisation« signalisierten auch eine Säkularisationsbereitschaft geistlicher Institutionen und Territorien selbst. Wer diese Kontexte und die zeitgenössischen Urteile reflektiert, der muss der Säkularisation auch positive Aspekte abgewinnen können.

Revision eines historischen Begriffs

Als eine Zusammenfassung der negativen Bewertung der Säkularisation, deren Grundtenor die Kirchengeschichtsschreibung bis weit in das 20. Jh. hinein bestimmte, kann der Artikel *Säcularisation der Kirchengüter* von Heinrich Weber im Kirchenlexikon von Wetzer und Welte aus dem Jahre 1897 gelten: *Das Urtheil über die Säcularisation kann vom rechtlichen und kirchlichen Standpunkte aus nicht zweifelhaft sein. Indem der Kaiser den Reichsdeputationshauptschluß genehmigte, verletzte er seine Pflicht als Schutzherr der Kirche* […]. *Die deutschen Reichsfürsten von 1803 stellten sich auf gleichen Standpunkt wie die französischen Revolutionäre: beide plünderten die Kirche. Aber ein großer Unterschied waltete ob; in Frankreich erfolgte die Beraubung im Sturme der Revolution, welche weder Recht noch Gesetz anerkannte; in Deutschland geschah daßelbe mitten im Frieden, unter dem Scheine der Legalität und von Männern, welche ihrer beschworenen Pflicht nach die Hüter und Vertheidiger des Rechts sein sollten. Zur Entschuldigung läßt sich nichts Stichhaltiges anführen. Die Säcularisation ist und bleibt ein in sich unberechtigter, in seiner Ausführung rücksichtsloser und grausamer, in seinen Folgen verderblicher Eingriff in die wohlerworbenen und feierlich garantierten Besitzungen und Rechte der Kirche.*[11]

Aus der Distanz von nahezu 200 Jahren muss es möglich sein, Ereignisse, die ohne Zweifel eine Zäsur in der Kontinuität der Geschichte bedeuten, auch in ihrer positiven Auswirkung abzuschätzen, zumal Zeitgenossen, also Betroffene, bereits damals dieser »Katastrophe« etwas abgewinnen konnten. Die erste Generation der sog. *Tübinger Katholisch-Theologischen Schule* hat zu dem epochalen Ereignis der Säkularisation Stellung bezogen.

Der Neutestamentler Peter Alois Gratz (1769–1849)[12] hat bereits in der ersten Nummer der Theologischen Quartalschrift im Jahre 1819 folgendermaßen argumentiert: Die Säkularisierung der geistlichen Fürstentümer hat der deutschen katholischen Kirche an und für sich keine wesentlichen Nachteile gebracht. In vielen Ländern, wo die Vorsteher keine souveränen Fürsten sind, stehe die Kirche in Blüte. Die Fehler, die begangen wurden, sah Gratz darin,

1. dass alles Kirchengut in die Hände weltlicher Fürsten ausgeliefert wurde. Man hätte die Kirche erst ausstatten müssen. So geriet die Kirche in die totale Abhängigkeit der Fürsten.
2. dass einige Domkapitel ihre Funktion in der Kirche, nämlich das Presbyterium zu repräsentieren, nicht mehr wahrgenommen hätten. Deshalb habe man sie beseitigen können.
3. dass – und dies sei der größte Fehler – man nicht für die Besetzung der Bischofsstühle gesorgt habe (1819 existierten noch drei Bischöfe innerhalb der alten Reichsgrenze). *Der Papst ist jetzt beynahe der Episcopus universalis von Deutschland. An der Spitze der geist[lichen] Regierungen stehen bloße Vicarii apostolici. So lange Deutschland christlich ist, ein unerhörter Fall.*[13]

Daraus folgerte Gratz: *Die Fürsten haben sich selbst eine Abhängigkeit von Rom zugezogen, die sie doch stets so sehr verabscheuten. Denn jetzt haben sie keine andere Wahl, als sich neue Bischöfe von Rom zu erbitten [...]. Ein substituirter Generalvikar hat nie das Ansehen und die Kräfte, das Wohl seines Sprengels so nachdrücklich und umfassend zu besorgen, wie der eigentliche Landesbischof, besonders, wenn es darauf ankommt, die Kirchenfreyheit gegen die Beschränkungen der Landesregierungen zu behaupten.*[14]

In der Theologischen Quartalschrift hat sich Johann Adam Möhler (1796–1838), der später zum Vater eines neuen und ultramontanen Kirchenbewusstseins erklärt werden sollte, zu den Zeitereignissen geäußert: *Durch die neuesten Zeitereignisse hingegen wurde alles anders; man scheint rühriger zu werden, die unbewegliche Sorgenlosigkeit scheint aufzuhören, und ein kräftigeres Leben, sowohl in religiöser, als wissenschaftlicher Beziehung zu beginnen. [...] Bei allem Unglück, das wir bejammern, stund es, wenn wir auf die Hauptsache sehen, nie mit der deutschen katholischen Kirche besser, als gegenwärtig: man wird gezwungen, Hülfe bei sich selbst zu suchen; früher suchte man sie in äußern Verhältnissen; Reichthum und äußerer Glanz.*[15]

Johann Adam Möhler (1796–1838)
Einer der einflussreichsten kath. Theologen des 19. Jhs. Begründer der Tübinger Schule: 1828–1835 ordentlicher Professor für Kirchengeschichte an der Universität Tübingen, 1835–1838 Professor in München, 1838 Berufung zum Domdekan in Würzburg. Wilhelmsstift Tübingen.

Möhler sah vor allem für die katholische kirchengeschichtliche Forschung – eine Disziplin, die in Deutschland erst durch ihn ein wissenschaftliches Profil erhielt – neue Chancen der Entfaltung. Um die Kirchengeschichtsforschung in Deutschland stand es vor der Säkularisation nicht gut, wie er in einem Vergleich mit Frankreich und Italien feststellte: *Für die Kirchengeschichte haben die Katholiken in Deutschland im Vergleich mit den Franzosen (die überhaupt hierin nicht übertroffen wurden) und Italiänern sehr wenig geleistet; so gewiß indeß die Thatsache ist, so nahe liegen auch die Ursachen dieser Erscheinung. In Frankreich blühete immer einige Wissenschaft; es behauptete immer eine gewisse kirchliche Selbständigkeit, in ihrer ersten Ursache hervorgehend aus der von Rom unabhängigen Bildung seiner ersten Kirchen: diese waren längere Zeit ακεφαλοί* [griech. selbständig]; *da hingegen Deutschland mit dem Christentum das Verhältnis einer besondern Abhängigkeit von Rom ererbte. Die Spannungen, in welchen die französischen Könige sich öfters mit den Päpsten in schon ziemlich kultivirten Zeiten befanden, begünstigten freiere Forschungen; und der Kampf der Partheien im Clerus selbst rief rüstige Vorfechter auf. Nichts aber war für die theologischen Wissenschaften mehr förderlich, als das große Ansehen der Sorbonne und ihr Gewicht in Kirchen-Angelegenheiten.*[16]

Die Abhängigkeit der deutschen Kirche von Rom, so folgerte Möhler, behindere die freie Forschung: *In Deutschland lastete immer ein zu großer Druck auf dem niedern Clerus, als daß tüchtige Forschungen und namentlich auf dem Gebiete der Kirchengeschichte möglich gewesen wären (man durfte bei uns keinen Fehltritt wagen: wer aber gehindert wird, je einmal Fehltritte zu machen, lernt wohl das Gehen selbst nicht): und gerade von der Zeit an, wo mannigfaltige Bewegungen in der deutschen Kirche begannen, wo unter andern die österreichischen Kämpfe mit Rom eintraten, in welchen man des Clerus, als des Vertheidigers bedurfte, da erschienen auch unsere besseren kirchenhistorischen Werke.*[17] Vor allem aber Bischöfe und die Mitglieder der Domkapitel waren für wissenschaftliche Arbeit nicht aufgeschlossen: *Die Bischöfe und Domherren, gewöhnlich aus dem Adel, und größtentheils ungelehrt, achteten auch den Gelehrten selten, und verachteten, mit rühmlichen Ausnahmen, den niedern Clerus überhaupt. Dieser durfte nicht denken, und jener konnte nicht; diesen behinderten äußere Verhältnisse, jener sich selbst.*[18]

Auch in der Kirchenpolitik distanzierte sich Möhler von römischem Denken und römischen Praktiken. In Sachen des Collège philosophique zu Löwen, schrieb Möhler 1826, hätte die Einmischung des Papstes bzw. seiner *unverständigen* Agenten die Verwirrung nur noch größer gemacht. Der Grund für die Verwirrung, liege darin, *daß man in Rom über die Bedürfnisse unserer Kirchen gar nicht unterrichtet ist. Man beurtheilt Alles nach dem Zustande Italiens* [...] *Hier also sind ganz andere Bedürfnisse: es ist eine Lage der Dinge, die man in Rom gar nicht kennt und begreifen kann, eben weil Rom dießseits der Berge sich befinden müßte, um sie zu begreifen. Darum erscheinen von da nicht selten Ansichten, Urtheile und Beschlüsse, die wie aus einer fremden Welt kommen, und wie eine Antike aussehen* [...]. *In solchen Verhältnissen ist die Weisheit der Bischöfe an sich selbst gewiesen, sie können nicht in Rom den Rath holen, den sie aus sich selbst nehmen müssen. Ja Rom selbst müßten sie über die Lage der Dinge erst aufklären, und richtige Urtheile von dorther einleiten; was sie also Rom geben sollten, fordern sie von ihm.*[19]

Durch die Veränderung der Verhältnisse sah Möhler auch und vor allem eine Besserung des religiösen Lebens voraus: *Durch eine Catastrophe* [...], *die jedermann kennt, wurden in Frankreich, dem größten Theile von Deutschland, Italien und den Niederlanden, die Mönche, so verschieden sie seyn möchten, aufgehoben, die Domstifte und Canonikate erschüttert oder hinweggenommen, und durch Nachwehen die Zahl der katholischen Geistlichen beinahe allenthalben so vermindert, daß die größten Lücken entstanden.*[20] Möhler war weit davon entfernt, den Untergang der Klöster und Domkapitel und die Verminderung des Weltklerus zu bedauern. Eine Restauration der Orden wäre *eine bloße matte, kraftlose Erinnerung an das Alte, ein thörichtes Jucken nach demselben, was die Erneuerung herbeiführt, ohne lebendigen Trieb, ohne inneres Bedürfnis. Diese Anstalten sind daher schon bei ihrer Wiederbelebung todt und nichtig.*[21] Die große Idee, welche die alten Orden hervorgebracht hat, kann nicht wiederholt werden. *Das dumpfe Hervorsuchen erstorbener Formen, das Flicken von Lappen auf Lappen*

ohne eigenthümliche tiefe Richtung, ohne plastischen frischen Bildungstrieb, wem könnte das gefallen?[22] Mit der Auflösung der Domkapitel sollte nach der Ansicht Möhlers *die ganze alte Organisation derselben verschwinden. Das scheint die Vorsehung gewollt zu haben, wenn sie einen Sturmwind und ein Erdbeben in dieselben schickte. Wenn die Vorsehung winkt, müssen die Menschen folgen.*[23] Was den Weltklerus anbelangt, so vertrat Möhler die Auffassung, *daß es nie die Zahl der Cleriker war, die der Kirche ihre Kraft und Blüthe gab oder sie erneuerte. Immer waren es die verhältnismäßig Wenigen nur, die das leisteten, und die Zeit trugen; ja die Mehrzahl, wenn möglich, selbst noch aus der Erstarrung erweckten. Man kann behaupten und historisch die Behauptung begründen, daß die Menge der Geistlichen als solche das größte Uebel der Kirche wurde.*[24] Deshalb konnte Möhler die sogenannte Säkularisation für die Kirche positiv deuten: *Darum sey mir jene Catastrophe gesegnet, auch von da aus erkenne ich in ihr Gottes Hand* [...]. *So laßt uns die hohe Bedeutung der Geschichte erkennen; also einsehen, daß jene ohne Sinnen und Betrachten darüber hinweggehen, die nur wieder darauf los weihen, nur dichten und trachten, die Lücken auszufüllen.*[25]

Hier zeigt sich bereits eine Tendenz zur Verinnerlichung, welche von den Epigonen als »Verkirchlichung« gedeutet wurde. Möhler setzt der Säkularisation als einer Bewegung von außen eine geistige Durchdringung als Gegenbewegung entgegen. Was durch äußere Machtmittel nicht mehr bewirkt werden kann, soll jetzt durch geistige Mittel erreicht werden. Das Ereignis der Säkularisation wird insofern relativiert, als die Weltlichkeit der Kirche, ihr Reichtum und ihr äußerer Glanz als nicht zu ihrem Heil notwendig erachtet wird. Die Reduktion auf das Wesentliche ist dabei entscheidend.

Im Hinblick auf den Weltklerus hat Möhler die von außen erzwungene Dezimierung keineswegs gerechtfertigt. Er zeigte dessen Schwäche in der Geschichte auf und stützte die Verminderung im Klerus vom Glauben her ab. Er hat versucht, dem Klerus ein neues Selbstbewusstsein zu geben. Der Grundsatz: *Nur das Seltene hat man lieb*[26] bestimmt sein Priesterbild: *Der Natur der Sache nach kann es nur wenig Geistliche geben. Sind doch wohl nur diejenigen die Priester Gottes, die das Wehen des göttlichen Geistes verspürt, die den heiligen Kuß erhalten, die die Weihe des Geistes, die Salbung des Herzens empfangen haben; es sind doch wohl nur diejenigen, die den Mund im Heiligthum des Herrn nicht öffnen, es sey denn, der Herr selbst habe ihnen die Zunge gelöst, er habe ihnen die Gaben von Anbeginn mitgegeben, die er sich dann selbst zum Dienste geheiligt hat. So ungefähr denkt sich doch jeder den Priester, Und wie viele giebt es solche? Betrachtet dazu den Cölibat; wie viele können und wollen ihn fassen? Giebt es darum noch so viele äussere Priester, innere und wahre giebt es doch nur wenige.*[27] Deshalb: *physisch unmöglich sollte man die Überfülle der Priester machen.*[28]

Johann Baptist Hirscher (1788–1865)
Mitbegründer der Tübinger Schule. 1812 Repetent in Ellwangen, 1817–1837 Professor für Moral- und Pastoraltheologie in Tübingen und 1837–1865 in Freiburg, dort seit 1839 Domkapitular und (seit 1850) Domdekan. Als Bischofskandidat von Rom abgelehnt. Wilhelmsstift Tübingen.

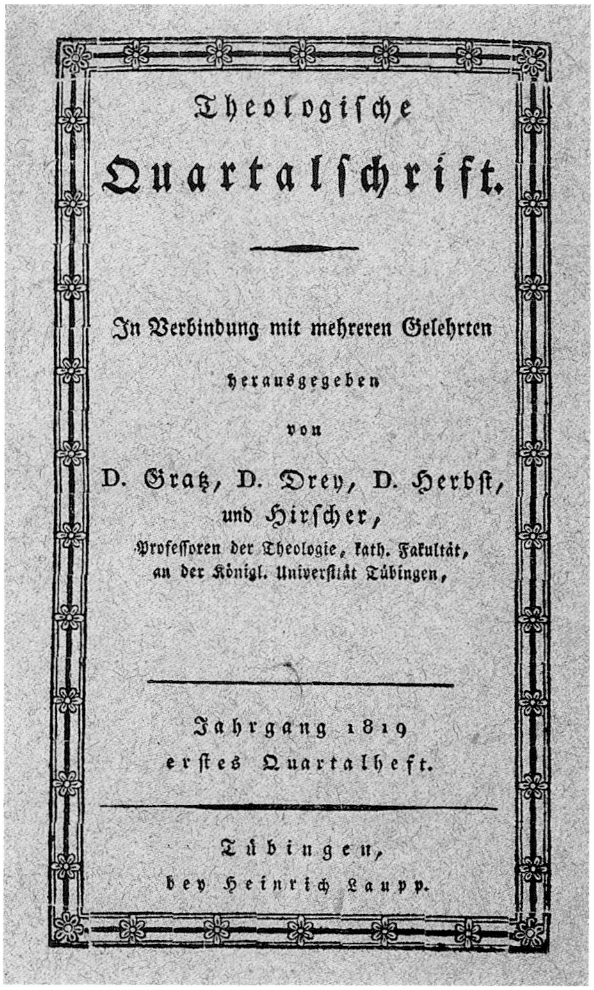
Theologische Quartalschrift.

In Verbindung mit mehreren Gelehrten

herausgegeben

von

D. Gratz, D. Drey, D. Herbst,
und Hirscher,
Professoren der Theologie, kath. Fakultät,
an der Königl. Universität Tübingen,

Jahrgang 1819
erstes Quartalheft.

Tübingen,
bey Heinrich Laupp.

Theologische Quartalschrift
Titelblatt der ersten Ausgabe 1819, des Sprachrohrs der sog. Tübinger Schule und der ältesten theolog. Zeitschrift, die seit ihrer Gründung bis heute ununterbrochen erscheint.
Wilhelmsstift Tübingen.

Die Entwicklung hat nicht den Verlauf genommen, den Möhler intendiert hat. Unter Verkirchlichung verstand Möhler nicht ultramontane Einfärbung und römische Nachahmung. Das ist das Werk der Epigonen Möhlers, der sog. *Möhlerianer*. Möhler ist zu früh gestorben (1838), als dass es hätte zu einem Konflikt kommen können. Inwieweit er für die ominöse Wende, die den Ultramontanismus eingeläutet hat, verantwortlich ist, und ob diese Wende in einer ultramontanen Umdeutung liegt, das ist noch nicht ganz geklärt. Gratz musste sich unter anderem den Vorwurf gefallen lassen, er sei ein *Ausleger des Teufels*, der nichts anderes bezwecke, als *daß die Kandidaten der Theologie, welche als Christen auf die Universität gingen, als Gottesleugner oder Heiden zurückkommen.*[29] In Tübingen blieb der Name Gratz bis in die Gegenwart gleichsam ausgelöscht. Das war kein Zufall.

Ein stabilisierendes Element der Ortskirche

Unter Synoden wurden in den Umbruchszeiten vom 18. zum 19. Jh. nicht die Kontrollsysteme der nachtridentinischen Zeit, die man als »Reform« ausgegeben hatte, die jedoch der Disziplinierung des Klerus und des Kirchenvolkes gedient hatten, verstanden, sondern ein neuer Typus von Kirchenversammlung, der zu echter Reform eingesetzt werden sollte. An die Stelle der finanziell und organisatorisch aufwendigen Diözesansynoden waren schon im 17. und 18. Jh. andere Formen der bischöflichen Regierung getreten, »die dem neuen Selbstbewußtsein der geistlichen Reichsfürsten entsprachen«[30] und mit denen die Disziplinierung leichter durchzuführen war. Bischöfliche Erlasse »sollten entweder die gültigen Synodalstatuten dem Klerus neu ins Bewußtsein rufen und ergänzen oder enthielten entsprechend den Bedürfnissen der Zeit neue Weisungen.«[31]

Im Umfeld der *Emser Punktation* von 1786, mit der man gegen die Eingriffe der römischen Nuntien in reichs- bzw. landeskirchlichen Belange protestierten wollte, stand die Synode von Pistoja, die zum Muster der Reformsynoden werden sollte. Am 18. September 1786 eröffnete der Führer der kirchlichen Reformpartei der Toscana, der »jansenistische« Bischof Scipione de Ricci in der Kirche San Leopoldo in Pistoja eine Diözesansynode. Das Reformprogramm dieser Synode war als Vorbild und Wegweiser für andere Diözesansynoden in der Toscana und als Vorbereitung für ein toscanisches Nationalkonzil gedacht. Ziel der Reform war die Rückkehr zu den Zuständen der ersten nachchristlichen Jahrhunderte. In diesem Umfeld wurden auch Traditionen einer Kirchenverfassung lebendig, die mit den Reformkonzilien des 15. Jhs. in Verbindung gebracht wurden. Gegenüber dem römi-

schen Zentralismus sollte die Stellung der Landesherren und der Bischöfe gestärkt werden.
Die innerkirchliche Diskussion ging jetzt um die Frage, wie man gegenüber dem römischen Zentralismus einen Ersatz für reichskirchliche Aktionen schaffen könnte, wie man die Abhängigkeit der Bischöfe und der Ortskirche von Rom verhindern und die Bischöfe gegenüber den Landesherren stärken könne. Die Überlegungen wurden in neuen politischen Verhältnissen von Repräsentanten der Reichskirche angestellt; deshalb waren die Modellvorstellungen von reichskirchlichem Denken geprägt.
Die Lösungen, die vor allem vom Konstanzer Generalvikar Ignaz Heinrich v. Wessenberg vorgetragen wurden, lauteten: ein »Primas« als organisatorische Spitze des deutschen Episkopats und ein »Nationalkonzil« als Vertretung aller deutschen Katholiken. Da die Macht Roms durch den Wiener Kongress restauriert wurde und weil Napoleon zuvor schon an einer starken deutschen Nationalkirche nicht interessiert war, scheiterten diese Lösungen.
Die Besinnung auf die konziliaren und synodalen Traditionen hatte ihre Auswirkungen auf die Frankfurter Verhandlungen. In dieser Phase wurde die Synode allerdings noch als Disziplinierungsmittel ins Spiel gebracht. In dem Entwurf eines *Organischen Gesetzes für die Deutsche Kirche* hatte Ignaz Heinrich v. Wessenberg folgenden Vorschlag gemacht:
Artikel 29: Alle 5 Jahre soll in jedem Bisthum [...] *eine Synode gehalten werden, deren Zweck in gleichförmiger Beförderung des reinen Religions-Unterrichts und der reinen Disciplin besteht, und zu welcher alle Mitglieder des Domkapitels und von jedem Landkapitel wenigst ein Abgeordneter beyzurufen sind.*
Artikel 30: Alle 10 Jahre wird in jeder Erzbischöflichen Provinz eine Provincial-Synode zu gleichen Zweck veranstaltet, welcher alle Bischöfe mit den Dekanen der Domkapitel beyzuwohnen haben.[32]
Benedikt Maria Werkmeister, der den württembergischen Bevollmächtigten, Kultusminister Karl August v. Wangenheim, zu den Frankfurter Verhandlungen begleitet hatte, hat seinerseits einen *Entwurf zu einer neuen Ve*rfassung der deutschen katholischen Kirche vorgelegt und darin die Stellung des Bischofs hervorgehoben und zugleich die Synode in Erinnerung gerufen:

VI. Von den Rechten und Pflichten der Bischöfe
(3) Der Bischof allein hat die Gewalt, diejenigen, welche sich in seiner Diöcese dem geistlichen Stande widmen, zu weyhen, und den Geweyhten, wenn sie zu einer bestimmten, mit Seelsorge verbundenen geistlichen Stelle vom Staate präsentirt, oder bestätigt sind, die Institutionem canonicam zu geben.
(5) Der Bischof kann, mit Genehmigung des Staats, die Geistlichen seiner Diöcese zu einer Diöcesansynode versammeln, um wichtige Gegenstände der Lehre, der Disciplin und des Cultus abzuhandeln und festzusetzen. Diesen Synoden wohnt ein landesherrlicher Commissär bey, und die Beschlüsse derselben müssen vor der Bekanntmachtung die Genehmigung des Staats erhalten.
(6) Zu Provincial- und allgemeinen Concilien muß er auch gerufen, vorläufig aber vom Staat dazu legitimiert werden, und er hat [...] *seine Stimme zu geben.*[33]
Die sog. *Frankfurter Kirchenpragmatik* von 1820 hat diese Ideen aufgegriffen: *Die zur Herstellung der Diöcesanverfassung der katholischen Kirche in ihren Staaten vereinigten Regierungen haben beschlossen, die äußeren Verhältnisse der Oberrheinischen Kirchenprovinz und der sie bildenden Bisthümer näher zu bestimmen und möglichst gleichförmig zu ordnen.*
§ 23: Diöcesan-Synoden können vom Bischofe, wenn sie [für] nöthig erachet werden, nur mit Genehmigung des Landesherren zusammenberufen und im Beiseyn landesherrlicher Commissarien gehalten werden. Die darin gefassten Beschlüssen unterliegen der Staatsgenehmigung nach Maasgabe der in den §§ 4 und 5 festgesetzten Bestimmungen.
§ 24: Jeder Bischof oder Bisthumsverwalter steht in freier Verbindung mit dem Oberhaupte der Kirche, jedoch müssen dieselben die aus dem Metropolitanverbande hervorgehenden Verhältnisse jederzeit berücksichtigen.[34]
Die Vorschläge, die Synode wiederzubeleben, wurden von staatlicher Aufsicht flankiert. Das war nicht anders zu erwarten, da die Autoren zu den sog. *Staatskirchlern* zu rechnen waren. Die sich abzeichnende Polarisierung zwischen ihnen und den Ultramontanen verlieh dem Instrument Synode einen neuen Akzent. Reformen im Sinne der (Spät-)Aufklärung waren von den Ultramontanen nicht zu erwarten, so dass die *Staatskirchler* in den Staatsbehörden die Garanten

der Durchführung der Reformen und der innerkirchlichen Freiheit sahen. Deshalb konnten die Diözesansynoden mit neuen Inhalten gefüllt werden, wie die *Verordnung* vom 30. Januar 1830 beweist: *Nachdem nun in Folge der mit dem römischen Hofe getroffenen Übereinkunft die bischöflichen Stühle und Domkapitel dieser Kirchenprovinz vollständig besetzt, und in die Ausübung der ihnen zukommenden Befugnisse eingewiesen worden sind; so finden Wir Uns zu Wahrung Unseres verfassungsmäßigen Schutz- und Aufsichts-Rechtes über die katholische Landes-Kirche veranlaßt, im Einverständnis mit den übrigen, bei der Oberrheinischen Kirchenprovinz mitbetheiligten Regierungen zu verordnen, wie folgt:*

§ 8: Die ihrer Bestimmung gemäß wieder hergestellte Metropolitan-Verfassung und die Ausübung der dem Erzbischof zukommenden Metropolitan-Rechte stehen unter dem Gesamt-Schutz der vereinten Staaten.

§ 9: Provincial-Synoden können nur mit Genehmigung der vereinten Staaten, welche denselben Commissarien beiordnen, gehalten werden. Zu den abzuhaltenden Synodal-Conferenzen wird der Erzbischof, so wie jeder Bischof, mit Genehmigung der Regierungen, einen Bevollmächtigten absenden.

§ 18: Diöcesan-Synoden können vom Bischof, wenn sie [für] nöthig erachtet werden, nur mit Genehmigung des Landesherrn zusammenberufen und im Beiseyn landesherrlicher Commissarien gehalten werden. Die darin gefaßten Beschlüsse unterliegen der Staats-Genehmigung nach Maßgabe der in den §§ 4 und 5 festgesetzten Bestimmungen.[35]

Papst Pius VIII. hat die Neuerungen, die sich in der Oberrheinischen Kirchenprovinz abzeichneten, scharf verurteilt: *Vor nicht gar langer Zeit war zu Unseren Ohren die betrübende Kunde gelangt, daß die Feinde der katholischen Kirche gegen die gesunde Lehre, ja selbst gegen die Kirchenverfassung gar manche Neuerungen in schlauem und nicht erfolglosem Bemühen in den genannten Gegenden der rheinischen Provinz herbeizuführen suchen. [...] die Privatberichte werden nun auch durch öffentliche Mittheilungen, und zwar auf Grund sehr gewichtiger, zweifelloser Zeugnisse bestätiget, so daß sich in Uns die unabweisliche Überzeugung geltend machte, es könnten die dort eingeführten, auf falschen und irrelehrerischen Grundlagen beruhenden Neuerungen, als der Lehre und den Geboten der Kirche Christi entgegen und offenbar auf das Verderben der Seelen berechnet, in dieser Kirche nicht geduldet werden.*

Frei durch göttliche Bestimmungen und keiner irdischen Herrschaft unterworfen ist die makellose Braut des unbefleckten Lammes Jesu Christi. Aber durch jene profanen Neuerungen wird sie schimpflicher und elendster Knechtschaft überantwortet, da der Laiengewalt die unumschränkte Vollmacht gegeben wird, Diözesansynoden zu bestätigen oder zu verwerfen; die Diöcesen einzutheilen; die Candidaten des geistlichen Standes und der geistlichen Ämter zu prüfen und aufzunehmen; ihr wird überdies die Leitung der religiösen wie der moralischen Zucht und Unterweisung zugetheilt; ja selbst die Seminarien und andere derartige in was immer für einer Beziehung zur geistlichen Herrschaft der Kirche stehende Anstalten, werden dem Gutdünken der Laien überliefert, während die Gläubigen am freien Verkehre mit dem Oberhaupte der Kirche gehindert sind.[36]

Die Juli-Revolution von 1830, die von Frankreich ausging, dort die Allianz von Thron und Altar auflöste und ein Regime zur Herrschaft brachte, in dem der Einfluss des liberalen Bürgertums vorherrschte, hat auch im Südwesten Deutschlands liberale Ideen in die Diskussion gebracht. Die Polarisation zwischen staatskirchlich-episkopalistischem und ultramontanem Denken wurde auf die Höhe getrieben. Da in den Verfassungsentwürfen und in den staatlichen Verordnungen die Diözesansynode unter der Staatsaufsicht favorisiert wurden, sah man jetzt die Zeit gekommen, die finanziellen und organisatorischen Hilfen des Staates für die Durchführung von Synoden in den Kammern der Länder einzufordern.[37]

Einsicht in notwendige Reformen

Die Kontrollmechanismen und Disziplinierungsmaßnahmen im Zeitalter der Konfessionalisierung können auch einmal positiv gesehen werden. Durch Visitation und synodale Reglementierung wurde der Einzelne erfasst. Man beschäftigte sich mit ihm, er wurde ernst genommen. Dadurch wurden die Voraussetzungen geschaffen, die zur Individualisierung des Menschen durch die Seelsorge der Aufklärungszeit führten. Es

bedurfte nur neuer Inhalte, die in der Lage waren, diese neuerschlossenen Felder zu sensibilisieren. Die Begriffe »fraternité« von 1789 und »Demokratisierung« von 1830 haben die Akzentverschiebung im Verständnis von Synode verursacht. Das Jahr 1848 brachte für die Entwicklung des Synodalwesens einen unerwarteten Einschnitt. Wenn auch von einer aktiven Beteiligung der Katholiken Deutschlands an der revolutionären Bewegung von 1848 keine Rede sein konnte, so wurden die politischen Veränderungen und die neuerkämpften Freiheiten von der Mehrheit der katholischen Bevölkerung begrüßt und akzeptiert.
Die Klärung der Synodenfrage auf der Bischofsversammlung von 1848 in Würzburg war von den Auseinandersetzungen der Jahre zuvor geprägt. Jedoch nach 1848 ist die Frage nach der Synode praktisch verstummt. Ein Grund lag darin, dass der reformorientierte Klerus, der die Wiederbelebung und Neuorientierung der Synode betrieb, staatskirchlich orientiert war. »Die Reformgeistlichkeit beschränkte sich [...] auf innerkirchliche Anliegen und verzichtete auf eine Neubeschreibung ihrer Beziehungen zum Staat, weil sie die Behinderung der Kirche durch die Regierung für weniger schwerwiegend ansah und auf die Unterstützung der Staatsbehörde als Garant der innerkirchlichen Freiheit bei ihren Konflikten mit dem Ordinariat angewiesen war. Dieser regierungsfreundliche Standpunkt erschien 1848 aber als überholt.«[38]
Der Kampf um die Freiheit der Kirche gegenüber dem omnipotenten und bürokratischen Staat wurde mit ultramontanen Parolen und Praktiken durchgeführt. Als der Kirche seitens des Staates Freiraum gewährt wurde, wurde er dazu genutzt, römische Denkweisen zu entfalten. Der reformorientierten Geistlichkeit war es versagt, »prägende Kraft über das Frühjahr 1848 hinaus zu werden.«[39] Das Aus für die Diözesansynode kam in Form eines Reskriptes des Papstes Pius IX. vom 17. Mai 1849 aus seinem Verbannungsort Gaeta. Während die Bischöfe von ihrer Würzburger Tagung eine differenzierte Vorstellung von Nationalkonzil, Provinzial- und Diözesansynode nach Rom vermittelten, lautete die römische Antwort: ein Nationalkonzil komme wegen der Ungunst der Verhältnisse nicht in Frage. Diözesansynoden lehnte der Papst in der gegenwärtigen Verwirrung ab. Einige Geistliche würden diese benützen, um Neuerungen zu nähren. Das Stimmrecht, das beansprucht werde, unterdrücke die Autorität der Bischöfe, und es bestehe die Gefahr, dass das Zölibatsgesetz gelöst werde. Deshalb schlug der Papst vor, Provinzialsynoden abzuhalten. Für diese Form hatte sich in Deutschland niemand stark gemacht.
Institutionelles Denken, das auf Besitzstandswahrung und Erhaltung der Macht ausgerichtet war, hat dazu geführt, dass in den Umbrüchen der Zeit vom 18. zum 19. Jh. die Sensibilität für das menschliche und kirchliche Leben verlorengegangen ist und die Ansätze zu längst fälligen Reformen nicht mehr gesehen wurden. Es liegt eine gewisse Tragik in dem Kampf der Kirche in Deutschland um ihre Freiheit. Mit den Mitteln der Revolution von 1848 hat die Kirche sich aus der Omnipotenz und Bürokratie des Staates befreit. Der Staat garantierte der Kirche den Freiraum, in dem sie alle ihre Angelegenheiten selbst regeln konnte. In diesem Freiraum wurde gerade das oft ausgeblendet, was auch gläubige Menschen seit der Französischen Revolution intensiv verfolgten und was sie bewegte. Das neue Bewusstsein der Menschen wurde im Namen der »Tradition« frustriert. Die ultramontane Kirchengeschichtsschreibung, die nach 1848 und besonders im Umfeld des Ersten Vatikanischen Konzils eine Monopolstellung einnehmen konnte, hat (bis heute ?) den Blick für freiheitliches Denken und verantwortliches Handeln der Bischöfe, Priester und Laien in der Kirche verstellt; sie hat oft nur den Missbrauch von Freiheit aufgezeigt und vieles als Missbrauch gedeutet, was echte Chancen waren. Dadurch wurde das katholische »Milieu« stabilisiert, aber auch wertvolle Kräfte aus der Kirche verdrängt. Was durch die Geschichtsschreibung verdrängt wurde, kann durch eine Revision der Geschichte wieder entdeckt werden. Strukturen des Menschseins, zu denen wir durch viele leidvolle Erfahrungen – auch in der Kirche – erst heranreifen müssen, können wir in der Geschichte entdecken. Die Erfahrungen der Zeitgenossenschaft gehören zur Interpretation der Geschichte hinzu. Das war die Botschaft vieler Theologen und Historiker der Umbruchszeiten vom 18. zum 19. Jh. Sie wollten dem Bedürfnis der Zeit entsprechen und haben den Versuch unternommen, die Geschichte und die Wirklichkeit der Menschen und der Gesellschaft zu deuten, um dem Heil der Menschen zu dienen.[40]

[1] An der Konferenz, die vom 24.03. bis 20.04. in Frankfurt stattfand, nahmen Vertreter folgender Länder teil: Württemberg, Baden, Hessen-Darmstadt, Hessen-Kassel, Nassau, Vertreter von Sachsen, Mecklenburg, Oldenburg, Lübeck, Bremen, die Stadt Frankfurt (nach der 6. Sitzung), Lippe und Waldeck (nach der 10. Sitzung); Hohenzollern-Hechingen und Hohenzollern-Sigmaringen hatten mit Baden einen Separatvertrag abgeschlossen.

[2] Zit. nach: Sammlung der Katholischen Kirchengesetze, hg. von *Johann Jakob Lang*. Tübingen 1836, 39f. (Sammlung der württembergischen Geseze [sic], hg. von *A. L. Reyscher* ; 10).

[3] *Rudolf Reinhardt*, Von den Anfängen zur Oberrheinischen Kirchenprovinz. Der weite Weg zur Diözese Rottenburg, in: Das Katholische Württemberg. Die Diözese Rottenburg-Stuttgart. Zeiten – Zeichen – Zeugen – Zukunft, im Auftrag des Bischöflichen Ordinariats der Diözese Rottenburg Stuttgart, hg. von *Werner Groß/Heinz Georg Tiefenbacher*, unter Mitarbeit von *Joachim Drumm/Wolfgang Urban*. Ostfildern – Ulm 2. Aufl.1993, 19–58, 37.

[4] Durch die Bulle wurden das Bistum Konstanz und die exemte Propstei Ellwangen aufgehoben. Die Bistümer Mainz (Hessen-Darmstadt) und Fulda (Hessen-Kassel) wurden neu umgrenzt, die Bistümer Rottenburg (Württemberg), Limburg (Nassau und Frankfurt) und Freiburg (Baden, Hohenzollern-Hechingen und Hohenzollern-Sigmaringen) neu errichtet. Sitz des Erzbischofs der Oberrhein. Kirchenprovinz wurde Freiburg. Sodann regelte die Bulle die Einrichtung neuer Domkapitel und die Einkünfte.

[5] Sie regelten die Bischofswahl, den Informativprozess, die Wahl der Domkapitulare, die Errichtung tridentinischen Seminare für die Priesterausbildung und den freien Verkehr der Bischöfe mit Rom.

[6] Sammlung der Katholischen Kirchengesetze (wie Anm. 2), 980–989.

[7] Es waren dies die *Fürstenkonkordate* von 1447, soweit ihr Inhalt noch auf die gegenwärtige Zeit und die gegenwärtigen Staatsverhältnisse anzuwenden war, die *Emser Punktation* von 1786, die *Kirchenverfassung Österreichs* als Muster eines katholischen Staates und der *Reichsdeputations-Hauptschluss* von 1803.

[8] Breve Papst Pius VIII. an die Bischöfe der Oberrhein. Kirchenprovinz vom 30.06.1830, in: Staat und Kirche im 19. und 20. Jh. Dokumente zur Geschichte des deutschen Staatskirchenrechts, hg. von *Ernst Rudolf Huber/Wolfgang Huber*. Bd. 1. Berlin 1973, 285 f.

[9] *Georg Schwaiger*, Karl Theodor Freiherr von Dalberg, in: *Erwin Gatz* (Hg.), Die Bischöfe der deutschsprachigen Länder 1785/1803 bis 1945. Ein biographisches Lexikon. Berlin 1983, 110–113; 113.

[10] *Rudolf Reinhardt*, Von der Reichskirche zur Oberrheinischen Kirchenprovinz, in: ThQuS 158 (1978), 36–50, 41; *Ders.*, Von den Anfängen zur Oberrheinischen Kirchenprovinz (wie Anm. 3), 19–58.

[11] *Heinrich Weber*, Säcularisation der Kirchengüter, in: *Wetzer und Welte's* Kirchenlexikon. Bd. 10. Freiburg 2. Aufl. 1897, 1526–1534; 1531. Zum Ganzen vgl. *Joachim Köhler*, Einführung, in: *Ders.* (Hg.): Säkularisation in Ostmitteleuropa. Zur Klärung des Verhältnisses von geistlicher und weltlicher Macht im Mittelalter, von Kirche und Staat in der Neuzeit. Köln/Wien 1984, 1–14 (Forschungen und Quellen zur Kirchen- und Kulturgeschichte Ostdeutschlands ;19).

[12] Gratz war Mitbegründer der ThQuS. Die Anregung, eine theologische Zeitschrift zu gründen, ging vermutlich von ihm aus. Zur Person vgl. *Norbert Wolff*, Peter Alois Gratz (1769–1849). Ein Theologe zwischen »falscher Aufklärung« und »Obscurantismus«. Trier 1998 (Trierer Theologische Studien ; 61); *Joseph Overath*, Peter Alois Gratz (1769–849). Ein zu Unrecht vergessener Neutestamentler des letzten Jhs., in: Ellwanger Jb. 28 (1979/80) [1981], 82–98.

[13] *Peter Alois Gratz*, Dermalige Lage der deutschen katholischen Kirche, in: ThQuS 1 (1819), 93–96.

[14] Ebd.

[15] Rezension zu: *Theodor Katerkamp*, Des ersten Zeitalters der Kirchengeschichte erste Abtheilung: Die Zeit der Verfolgungen. Münster 1823, in: ThQuS 5 (1823), 484–532, 485f.

[16] Ebd.

[17] Ebd.

[18] Ebd.

[19] *Johann Adam Möhler*, Ein Wort in Sache des philosophischen Collegiums zu Löwen, in: ThQuS 8 (1826), 77–110, 91f.

[20] *Ders.*, Einige Gedanken über die zu unserer Zeit erfolgte Verminderung der Priester, und damit in Verbindung stehende Punkte, in: ThQuS 8 (1826), 414–451, 430.

[21] Ebd., 434.

[22] Ebd., 435.

[23] Ebd., 439.

[24] Ebd., 436; zu diesem Problem vgl. *Joachim Köhler*, Priesterbild und Priesterbildung bei Johann Adam Möhler (1796–1838). Ein Kommentar zu Möhlers kirchengeschichtlicher Antrittsvorlesung »De seminariorum theologicorum origine et progressus« aus dem Jahre 1829, in: Tübinger Theologen und ihre Theologie. Quellen und Forschungen zur Geschichte der Katholisch-Theologischen Fakultät Tübingen, hg. von *Rudolf Reinhardt*. Tübingen 1977, 167–196 (Contubernium; 16).

[25] *Möhler*, Einige Gedanken (wie Anm. 20), 437.

[26] Ebd.

[27] Ebd., 436.

[28] Ebd.

[29] Josef *Rief*, Peter Alois Gratz (1769–1849), in: ThQuS 140 (1970), 28–33, 28.

[30] Konstantin *Maier*, Nachtridentinische Diözesansynoden – Höhepunkte der Kirchenreform? Eine kritische Anfrage, in: Rottenburger JKG 5 (1986), 85–89, 87.

[31] *Ders.*, 87. Zum Ganzen vgl. *Joachim Köhler*, Synodale Ideen des 18. und 19. Jhs. als bleibende Reformvorstellung der Kirche, in: Kirche in der Zeit. Walter Kasper zur Bischofsweihe. Gabe der Katholisch-Theologischen Fakultät Tübingen, unter Mitarbeit von *Clemens Steiling* hg. von *Hermann J. Vogt*. München 1990, 91–107.

[32] *Entwurf eines organischen Gesetzes für die Deutsche Kirche*, in: [*Ignaz Heinrich von Wessenberg*], Die Deutsche Kirche. Ein Vorschlag zu ihrer neuen Begründung und Einrichtung. [o.O.] 1815, 51–60, 60.

[33] [*Benedikt Maria Werkmeister*], Entwurf einer neuen Verfassung der deutschen katholischen Kirche in dem deutschen Staatenbunde, gedruckt im deutschen Vaterlande. [o.O.] 1816, 66f.

[34] *Frankfurter Kirchenpragmatik* von 1820, zit. nach: Staat und Kirche im 19. und 20. Jh. (wie Anm. 8), 258–264.

[35] *Königliche Verordnung, betreffend die Ausübung des verfassungsmäßigen Schutz- und Aufsichts-Rechts des Staates über die katholische Landes-Kirche vom 30. Januar 1830*, in: *Sammlung der katholischen Kirchengesetze* (wie Anm. 2), 980–989. Diese staatliche Aufsicht veranlasste u.a. Johann Sebastian Drey zur Ablehnung des Instituts der Synode. *Johann Sebastian Drey*, Was ist in unserer Zeit von Synoden zu erwarten? In: ThQuS 16 (1834), 204–256. Im Jahre 1848/1849 entwickelte Hirscher ein (demokratisches) Modell einer Synode, das durch die Gemeinsame Synode der Bistümer Deutschlands 1972 noch nicht überholt ist. Vgl. *Johann Baptist Hirscher*, Die kirchlichen Zustande der Gegenwart. Tübingen 1849.

[36] Breve Papst Pius VIII. an die Bischöfe der Oberrheinischen Kirchenprovinz vom 30.06.1830, in: Staat und Kirche im 19. und 20. Jh. (wie Anm. 8), 285 f.

[37] *Otto Bechtold*, Der ›Ruf nach Synoden‹ als kirchenpolitische Erscheinung im jungen Erzbistum Freiburg (1827–1860). Ein Beitrag zum Verhältnis von Staat und Kirche im Großherzogtum Baden und zur Geschichte der religiösen Aufklärung in Süddeutschland. [Theol. Diss.] Freiburg 1958.

[38] *Clemens Rehm*, Die katholische Kirche in der Erzdiözese Freiburg während der Revolution 1848/49). Freiburg/München 1987, 40 (Forschungen zur Oberrhein. Landesgeschichte ; 34).

[39] *Ders.*, 41.

[40] Vgl. *Norbert Greinacher*, Johann Baptist Hirscher – Reform der Kirche damals und heute, in: ThQuS 168 (1988), 98–115.

Ordenstreue gegen staatliches Reglement

Auswirkungen der Säkularisation und ihre Bewältigung durch die Zisterzienserinnen der Abtei Lichtenthal

von Maria Pia Schindele O. Cist.

Säkularisiert aber nicht aufgehoben

Der 1806 zum Großherzog proklamierte Markgraf Karl Friedrich von Baden (1771–1811) wird wegen seines Verhaltens bei der Säkularisation im Lichtenthaler Totenbuch als *zweyter Stifter* des Klosters geehrt, das im März 1245 durch Markgräfin Irmengard von Baden gegründet und durch ihre Söhne Rudolf I. und Hermann VI. mit Grundbesitz und Feudalrechten des Hauses Baden ausgestattet worden war.[1] Dieses später durch Eigenerwerb und Schenkungen erweiterte Besitztum sowie die damit verbundenen Rechte[2] wurden durch Karl Friedrich zwar im Zuge der Säkularisation zugunsten des Hauses Baden eingezogen, dem Konvent von Lichtenthal sicherte er jedoch in seinem vierten Organisationsedikt vom 14. Februar 1803 den Weiterbestand und einen Unterhalt für insgesamt zwölf Nonnen zu.[3] Er verfügte, es solle das *Kloster Lichtenthal, welches von einer Markgräfin Unseres Namens und Stammes gestiftet worden ist, bei dem sich die Ruhestätte Unserer ältesten Anherren vorfindet, und das nie aus den Grenzen devoter Dankbarkeit gegen Unser Fürstliches Haus ausgewichen ist, unter nachstehenden Bedingungen ferner in klösterlicher Communion beysammen bleiben.*[4]
Diese Bedingungen betrafen den Lebensunterhalt, die weitere Nutzung der Gebäude und des Mobiliars sowie die Verpflichtung, die Klosterkirche für die dem *Beuernerthal nöthige eigene Pfarrey* zur Verfügung zu stellen. Hinsichtlich des eigentlichen Zukunftsaspekts des Klosters hieß es: *Novizen darf vorerst das Kloster keine annehmen, so lang es nicht auf die Zahl von Zwölfen herabgekommen ist; alsdann aber mag dasselbe bey dem Landesherrn anfragen, und nach dem Maase seines fortsezenden guten Betragens auch der Gemeinnüzigkeit seines Daseyns, die es nach den Verhältnissen des Zeitalters sich wird eigen machen, von demselben gnädiger Resolution sich getrösten.*[5]

Vorgang der Säkularisation

Am 30. November 1802 wurden die Ortsvorsteher des Lichtenthaler Jurisdiktionsbereichs ihrer Pflichten gegen die bisherige Grundherrin, Äbtissin Thekla Trück (1775–1808), enthoben und dem Markgrafen unmittelbar unterstellt. Ab 1. Dezember stand der Grundbesitz des Klosters samt allen Gebäuden und beweglichen Gütern unter landesherrlicher Administration, die Karl Friedrich dem bisherigen Amtmann der Abtei, Bernhard Glyckher, anvertraute. Auf den 2. Dezember wurden alle klösterlichen Schaffner, Verrechner, Hofmeister, Güter- und Rebenbeständer wie auch die Meier und Rebleute einberufen. Man eröffnete ihnen, dass sie nunmehr ihrer Pflichten gegen die Frau Äbtissin ledig seien, dagegen dem Amtmann Glyckher zu gehorchen und ihm getreue Rechnung abzulegen hätten. Am 3. Dezember hatten sich die bisher der Äbtissin unterstehenden Bürger von Beuern im Rathaus zu versammeln, wo ihnen der neue Besitzstand verkündet und sie ihrer Pflichten gegen das Kloster enthoben wurden. Sie erklärten hierauf ihre Unterwürfigkeit gegen den Landesherrn.[6]

Der Sustentationsvertrag

Anfang 1803 begannen die staatlichen Verhandlungen zwecks Aufstellung eines Sustentationsentwurfs. In

Vereinbarung mit dem Konvent erhielt dieser einen Anhang, der Lichtenthals Ordenstreue im Hinblick auf den Eigentumsverzicht verbürgen sollte. Demnach durfte die kollektive Sustentationsmasse – bestehend aus rund 4.600 fl. und Naturalleistungen im Wert von 1.600 fl. [7] – nur als gemeinsames Einkommen und nach Weisung der Äbtissin verwendet werden, damit *in der Beobachtung der klösterlichen Gelübde, Zucht und Ordnung keine nachtheilige Aenderung bewürkt werde.*[8] Gemälde und andere kulturelle Gegenstände blieben teilweise im Kloster, da dessen Umwandlung in ein Lehrinstitut geplant war.

Ordenstreue gegen staatliches Reglement

Das Vorhaben der Umwandlung des Klosters in ein Lehrinstitut umfasste auch die Integration des Konvents in das Kulturprogramm des in einer Neuordnung befindlichen Landes Baden. Daraus ergab sich ein staatliches Reglement, das den Einfluss des Zisterzienserordens, dem die Abtei Lichtenthal seit 1248 inkorporiert war, so außer Kraft setzte, dass ihre zisterziensische Existenzweise gefährdet war.
Die einzelnen Fakten dieses Führungsanspruchs waren für die Gemeinschaft der Zisterzienserinnen Auswirkungen der Säkularisation, deren Bewältigung ihr mehr und länger zu schaffen machten als der Verzicht auf das Eigentum und die Feudalrechte des Klosters.

Lehrinstitut mit staatskirchlichem Regulativ

Am 25. November 1802 teilte der badische Landesherr der Äbtissin und dem Konvent von Lichtenthal mit, sie sollten sich fortan *aller Einmischung in ihre Temporalien enthalten und lediglich ihren Gottesdienst abwarten.*[9] Dieser Weisung entsprechend hielt man in Lichtenthal weiterhin das Chorgebet, wie es die im Zisterzienserorden befolgte Regel des heiligen Benedikt (480–547) zu bestimmten Stunden des Tages vorschreibt.[10] Man war sich dabei jedoch bewusst, dass der Staat demnächst einen gemeinnützigen Dienst verlangen werde und hielt sich dazu bereit. Dies signalisiert ein Schreiben vom 8. Mai 1808 mit dem Titel *Vorschlag, wodurch das Frauenkloster Lichtenthal dem Staate und der Kirche nützlich seyn zu wollen, sich vormahls, und itzt noch vorgesetzt.*[11]
Aktuell wurde der darin enthaltene Vorschlag, den Unterricht der Mädchenjugend des um das Kloster angesiedelten Dorfes Beuern zu übernehmen, als am 23. Februar 1811 der dem Großherzog nahestehende geistliche Berater des Klosters, Pfarr-Rektor Franz Joseph Herr, die inzwischen regierende Äbtissin Cäcilia Lauf (1808–1834) über staatliche Verhandlungen bezüglich der künftigen Organisation der noch bestehenden badischen Frauenklöster informierte.[12] Sie sollten als Lehr- und Erziehungsinstitute beibehalten werden, in denen statt der bisherigen Ordensregel ein *Regulativ* einzuführen sei. Da man Lichtenthal wegen angeblich mangelnder Bereitschaft hierzu von dieser Regelung ausnehmen und im Laufe der

Der »Zweite Stifter« Lichtenthals
*Porträt des Markgrafen, Kurfürsten und Großherzogs Karl Friedrich von Baden (*1728, 1746–1811).*
Abtei Lichtenthal.

Zeit eingehen lassen wollte, äußerten sich Äbtissin und Konvent alsbald zustimmend zur Übernahme einer solchen, dem Staat und der Kirche nutzbringenden Einrichtung. Sie wollten diese lediglich mit den regulären Pflichten des klösterlichen Lebens verbinden, um weiterhin Zisterzienserinnen zu sein.[13]

Ehe eine Antwort des badischen Kirchendepartements erfolgte, starb am 10. Juni 1811 Großherzog Karl Friedrich. Als Landesherr folgte ihm sein Enkel, Erbgroßherzog Karl (1811–1818), der mit Stephanie Beauharnais, der Adoptivtochter Napoleons, verheiratet war. Als Katholikin im protestantischen badischen Fürstenhaus liebte diese Besuche im Kloster Lichtenthal und setzte sich während der staatskirchlichen Umorganisierung der Frauenklöster wiederholt für die Wahrung seiner monastischen Struktur ein.

Das *Regulativ für die katholischen weiblichen Lehr- und Erziehungs-Institute* wurde mit landesherrlichem Auftrag am 16. September 1811 im Badischen Regierungsblatt durch den Minister des Innern, Freiherrn v. Andlaw, veröffentlicht. Obwohl es in Lichtenthal nicht das Ordensbrauchtum ersetzte, war es seit der Eröffnung des Lehrinstituts am 15. Februar 1815 zu beobachten.[14]

Unter Leitung des Vikariats Bruchsal

Hinsichtlich der Entscheidungen bezüglich seiner Lebensform unterstand das Kloster seit August 1812 dem für den badischen Bereich der alten Diözese Speyer zuständigen Vikariat Bruchsal. Die ordensrechtliche Bindung an den Zisterzienserorden konnte nicht mehr wahrgenommen werden, da dieser nach der Aufhebung der Klöster Tennenbach und Salem wie in den übrigen deutschen Ländern auch in Baden nicht mehr präsent und der Kontakt mit ausländischen Klöstern nicht erlaubt war. Ein ständiger bischöflicher Kommissar hatte für die Vermittlung zwischen dem Vikariat Bruchsal und dem Kloster zu sorgen.[15] Sein Wirken ergänzte seit Oktober 1819 ein ständiger landesherrlicher Kommissar.[16]

Die erste Ordensprofess

Das Bemühen, die zisterziensische Lebensform zu erhalten, ist erkennbar anlässlich der Ordensprofess der ersten Novizin Amalie Trenkle am 19. Februar 1816. Nach vorausgegangenem Berufsexamen antwortete das Vikariat Bruchsal auf den Antrag zur Ablegung ihrer ewigen Gelübde, das vom Ordinariat angenommene *Regulativ* lasse diese nur für die Dauer von drei Jahren zu.[17] Äbtissin und Konvent hatten sich jedoch bereits über die Großherzogin Stephanie und den Oberstkämmerer von Montperny an den Landesherrn gewandt mit der Bitte um die Erlaubnis zur Beibehaltung der Ordensstatuten.[18] Da am Vorabend des 19. Februar noch keine Antwort eingetroffen war, legte Amalie Trenkle im Kapitelsaal ihre Profess *bis zum Tode* in die Hand der Äbtissin ab, während in der öffentlichen Feier des nächsten Tages jede Angabe über die Dauer der Gelübde unterblieb.[19]

Ein durch die Großherzogin befürworteter Antrag an das Ministerium des Innern um Dispens vom *Regulativ* wurde am 1. Juli 1816 abgelehnt.[20] Die Katholische Kirchensektion teilte der Äbtissin mit, dass sie zur Beschränkung auf dreijährige Gelübde, wie auch zur Einhaltung aller übrigen Punkte gehalten sei.

Erlaubnis zum Chorgebet

Laut Punkt 14 sollte das Chorgebet durch eine private Andacht ersetzt werden, die *jede in ihrem Zimmer aus Deresers Gebetbuch zu verrichten* hatte.[21] Punkt 30 gestattete älteren Mitgliedern *zu ihrer Beruhigung* weiterhin die gewohnten Andachtsübungen. Den Lehrerinnen und Kandidatinnen war es hingegen ausdrücklich untersagt, *von der neuen Ordnung abzuweichen, und etwa das lateinische Brevier fortzusetzen, oder sonstige zwecklose Andächteleyen zu beobachten.*[22] Mit Berufung darauf bat die Äbtissin am 23. Juli 1816 den Großherzog um die Erlaubnis zur Fortsetzung des Chorgebets durch die nicht zum Schuldienst verpflichteten Klosterfrauen.[23] Bewogen durch seine Gemahlin, ging der Landesherr auf diese Bitte ein und verfügte in der Ministerialkonferenz vom 30. Juli für Lichtenthal *ausnahmsweise die Haltung des den Ordens Regeln gemäßen Chors Morgens und Abends, und zwar im Winter um 5 Uhr und im Sommer um 4 Uhr des Morgens, jedoch mit Ausnahme der zum Lehrfach bestimmten Klosterfrauen.*[24] Damit blieb in Lichtenthal ein wesentliches Element des monastischen Lebens erhalten. Die älteren Schwestern wurden beim Chorgebet durch einige jüngere unterstützt, die nicht zum Lehrfach bestimmt waren.

Die Patronin Lichtenthals
Schutzmantel-Madonna über dem Kloster Lichtenthal und der Äbtissin Benedikta Grasmaier aus Ellwangen. Gemälde von Heinrich Lihl, 1756. Abtei Lichtenthal.

Aufnahme und Ausbildung von Novizinnen

Hierzu gehörten auch jene Novizinnen, deren Unterhalt ohne Erhöhung der gemeinsamen Sustentation durch die Äbtissin und den Konvent bestritten wurde. Deren Aufnahme hatte das Justiz-Departement auf Veranlassung des Großherzogs schon 1808 erlaubt.[25] Falls eine zur Sustentation berechtigte Nonne starb, konnte sich eine durch das Lehrexamen qualifizierte Novizin um dieselbe bewerben. Die Ausbildung dieser ins staatliche Budget aufgenommenen Novizinnen hatte sich laut *Regulativ* auf das Gebiet der Pädagogik zu beschränken und auf *feste Begründung des reinen Christenthums, und ächter Moralität.*[26]

Berufung auf die Gewissensfreiheit

Nachdem Großherzog Karl am 22.August 1818 die seit dem Wiener Kongress erarbeitete badische Verfassung genehmigt hatte, ermutigte deren 18. Paragraph den Lichtenthaler Konvent, das *Regulativ* dem zisterziensischen Ordensgeist gemäß auszulegen. Er lautete: *Jeder Landes-Einwohner geniesst der ungestörten Gewissensfreiheit und in Ansehung der Art seiner Gottesverehrung des gleichen Schutzes.*[27]

Der Spiritual

Wenige Monate später starb Großherzog Karl. In der Regierung folgte ihm sein Oheim Ludwig (1818–1830). Er war unverheiratet, und so entfielen für Lichtenthal die durch familiäre Ereignisse im Fürstenhaus gewohnten Kontakte. Auch hielt er den bisher zwanglos am badischen Hof verkehrenden Pfarr-Rektor Herr seinem Einflussbereich fern, weshalb dieser nicht mehr in den Angelegenheiten des Klosters vermitteln konnte. Als in Lichtenthal 1818 der Salemer Zisterzienser Dominikus Mospacher zum Spiritual ernannt wurde, kürzte der neue Landesherr alsbald dessen Sustentation als Konventuale seines ehemaligen Klosters von 600 auf 300 fl. mit dem Hinweis auf die Unterhaltspflicht der Äbtissin. Auf deren Klage verständigte er sich zur Zahlung von 400 fl. und sicherte Mospacher für eine Resignation auf das Amt des Spirituals wieder die volle Sustentation zu.[28]

Ordensgemäße Gelübde trotz Regulativ

Bei der Ablegung von Ordensgelübden überließ der bischöfliche Kommissar dem Spiritual die Funktion, welche einst der vom Orden zur Betreuung Lichtenthals bestimmte Abt, der sogenannte *Pater immediatus*, wahrgenommen hatte. So nahm Mospacher als Repräsentant des Ordens bis zur Gründung des Erzbistums Freiburg im Jahre 1827 fünf Zisterzienserinnen in den Lichtenthaler Konvent auf.[29] Ihre ordensgemäßen ewigen Gelübde legten sie alle insgeheim im Kapitelsaal ab, während für die öffentliche Feier die staatskirchliche Gelübdeformel für drei Jahre galt: *Ich N. N. gelobe Gott dem Allmächtigen, nach der Regel des Evangeliums, oder den Vorschriften der Religion Jesu, und nach dem mir vorgelesenen Regulativ dieses Lehrinstituts gehorsam, arm, und keusch zu leben und mich aus allen Kräften der Erziehung und dem Unterrichte der weiblichen Jugend zu widmen, wozu ich Gott um seinen Beystand bitte.*[30]

Unter den Erzbischöfen von Freiburg

Die Umorganisation der staatlichen Verhältnisse seit der Säkularisation hatte zu Verhandlungen mehrerer deutscher Fürsten mit Rom zwecks Anpassung der Bistums- an die Landesgrenzen geführt. Am 16. August 1821 genehmigte daher Papst Pius VII. (1800–1823) in seiner Bulle *Provida sollersque* eine Neueinteilung der betreffenden Diözesangebiete, durch die vor allem das Großherzogtum Baden an kirchenpolitischer Bedeutung gewann. Denn es wurde das ihm zugeordnete Bistum Freiburg zur Metropole der Oberrheinischen Kirchenprovinz bestimmt, der fortan die Suffraganbistümer Rottenburg, Mainz, Fulda und Limburg unterstanden.[31]

Ein Zisterzienser als Erzbischof

Erster Erzbischof von Freiburg wurde 1827 der Salemer Zisterzienser Bernhard Boll. Er war 1805 als Professor für Philosophie an die Universität Freiburg gekommen und wirkte zur Zeit seiner Wahl als Münsterpfarrer.[32] Bereits im November 1827 schrieb er eigenhändig eine Tagesordnung für das Chorgebet in Lichtenthal. Er erlaubte darin, an den Herrenfesten und am Fest des heiligen Bernhard von Clairvaux die Vesper und das *Te Deum* der Matutin zu singen und in allen Sonn- und Feiertagsvespern das *Magnifikat*.[33]

Als Vermittler dieser Vergünstigung wird Franz Josef Herr erwähnt, den der Erzbischof zu seinem *Administrator Spiritualis* in Lichtenthal bestellte.[34] Dieser verzichtete auf seine Pfarrei Kuppenheim und nahm Wohnung im Klosterbereich, während Pater Mospacher die Pfarrei Ottersweier übernahm.

Herr als Verteidiger der Klöster im Landtag

Der neue Spiritual setzte im Auftrag des Freiburger Oberhirten seinen ganzen Einfluss für eine ordensgemäße Stabilisierung der klösterlichen Verhältnisse ein. Nachdem ihn die Bürger von Baden-Baden 1831 zum Abgeordneten in den Landtag gewählt hatten, verhinderte Herr dort die Annahme eines Antrags auf strikte Durchführung des *Regulativs* in den Frauenklöstern, den der Abgeordnete Karl v. Rotteck gestellt hatte.[35] Für Herr stand zwar der geistige Wert des *Regulativs* fest, als dessen Verfasser er den einstigen Generalvikar der Diözese Konstanz und Vorsitzenden der Ersten Kammer, Freiherrn Ignaz Heinrich v. Wessenberg (1774–1860), nannte. Wahrscheinlich wusste er dabei, dass Wessenberg den ersten Entwurf des *Regulativs* für die Regierung von 1809 vor allem überarbeitet hatte, denn seine Fassung wich bezüglich der Erhaltung des Kommunitätsbegriffs und der bisherigen Ordenskleidung von der in diesen Punkten rigorosen Fassung des ursprünglichen Autors ab.[36] Trotzdem war Herr der Überzeugung, das *Regulativ* könne wegen des bestehenden Spannungsverhältnisses zu den alten Ordenssatzungen in den Klöstern keine idealen Zustände schaffen.

Äbtissinenwahl von 1834

Als in Lichtenthal 1834 wieder eine Äbtissinnenwahl notwendig wurde, ernannte die Regierung den Geheimrat Kirn zum landesherrlichen Wahlkommissar. Der Erzbischof bestimmte seinerseits den Weihbischof Hermann v. Vicari zum Leiter der Wahl. Er brachte auf Wunsch des Konvents den bei der Regierung angesehenen Domkapitular Ignaz Demeter mit und forderte Kirn auf, als Zeuge beim Wahlakt anwesend zu sein. Nachdem der inzwischen zum Geheimrat ernannte Spiritual Herr den Konvent dazu bewogen hatte, auf die Wahl einer Mitschwester zu verzichten, die durch ihren bei der Regierung bekannten Widerstand gegen das *Regulativ* keine landesherrliche Bestätigung erhoffen konnte, wurde Amalie Trenkle (1834–1857) zur 37. Äbtissin des Klosters Lichtenthal gewählt und sowohl durch den Erzbischof wie durch den Landesherrn in ihrem Amt bestätigt. Sie erhielt jedoch, wie bereits ihre Vorgängerin Cäcilia Lauf, nur die Säkularisationspension einer Priorin. Diese Einschränkung ermöglichte es dem Landesherrn, ihr den Titel und die kirchliche Funktion einer Äbtissin zu gewähren, unbeschadet der Verordnung des Vierten Organisationsedikts von 1803: *Wann die jezige Frau Aebtißin abgeht, so kann deren Stelle nicht wieder ersezt werden, sondern die Kloster-Gemeinschaft besteht blos unter einer Priorin fort, die alsdann auch nur ein Drittheil deßen zu ihren Handen empfängt, was jezo der Frau Aebtißin zur Disposition ausgesezt wird.*[37]

Antrag auf Revision des Regulativs

Ignaz Demeter wurde 1836 – nach der staatlichen Ablehnung des zuerst vom Domkapitel gewählten Hermann v. Vicari – in einer zweiten Wahl zum Erzbischof von Freiburg bestimmt. Im Februar 1838 ließ er seinen für Lichtenthal zuständigen Kommissar Streit (1820–1840) wissen, der Großherzog habe ihn mit einer Revision des *Regulativs* für die Frauenstifte beauftragt. Er bitte ihn daher um Mitteilung der Änderungswünsche des Konvents.[38] Dechant Streit nahm hierauf am 8. März ein Skrutinium vor, bei dem auch der nach dem Tode Herrs ernannte Spiritual, Pater Anselm Kolb von Tennenbach, anwesend war.[39] Jede der Klosterfrauen hatte insgeheim ihre Meinung zu einem am 6. März gemeinsam besprochenen Revisionsantrag abzugeben, der dann am 12. März seine endgültige Fassung erhielt.[40] Wesentliche Punkte waren das Verlangen nach ordensgemäßer Professablegung und Lebensweise. Betont wurde vor allem der Verzicht auf Privateigentum, die Verpflichtung zum monastischen Gehorsam, zum gemeinsamen Chorgebet und zur Einhaltung der Klausur. Zur unentgeltlichen Erteilung des Schulunterrichts erklärten sich die damit beauftragten Schwestern weiterhin bereit. Der Bildungsbegriff des revidierten *Regulativs* sollte jedoch die von der Kirche anerkannte Spiritualität der Zisterzienser nicht mehr verwerfen, sondern den Klos-

terfrauen – die sich weiterhin als Glieder des Ordens verstanden – die Gewissensfreiheit zur Wahl ihrer Lektüre und geistlichen Übungen aus dessen bewährter Tradition gestatten.
Äbtissin und Konvent baten den Erzbischof, sich in diesem Sinn für eine Verbesserung des *Regulativs* einzusetzen, und sie reichten am 8. April auch beim Großherzog einen entsprechenden Revisionsantrag ein. Er wurde am 20. Juli durch das Ministerium des Innern über den landesherrlichen Kommissar, Oberamtmann v. Theobald, abschlägig beantwortet. Die Katholische Kirchensektion beabsichtige vorderhand keine Revision des *Regulativs*, man werde jedoch – wenn eine solche später fällig sei – auf die vorgebrachten Wünsche Rücksicht nehmen.[41]

Beziehungen zum Landesherrn und Erzbischof

Als Ignaz Demeter starb, wählte das Freiburger Domkapitel abermals Hermann v. Vicari zum Oberhirten (1843–1868), und die badische Regierung nahm ihn dieses Mal an, obwohl es bekannt war, dass er die Befreiung des Bistums vom Staatskirchentum erstrebte. Das 600-jährige Bestehen der Abtei Lichtenthal feierte er am 1. Mai 1845 mit einem Pontifikalamt in der Klosterkirche. Die großherzogliche Familie und maßgebliche Regierungsbeamte nahmen an dieser Feier teil.[42]
Die guten Beziehungen des Klosters sowohl zum Erzbischof wie zum Landesherrn, wie auch zu manchem Verantwortlichen der Regierung halfen Lichtenthal stets, in gespannten Situationen einen ausgewogenen Standpunkt zu wahren. Auch erwiesen sowohl der Erzbischof wie die Kommunität während der Revolution 1848/49 dem Landesherrn, Großherzog Leopold (1830–1852), ihre Loyalität.[43]

Ordensstatuten trotz Kulturkampf

Am 5. März 1853 gab das Ministerium des Innern bekannt, die staatlichen Organe seien vor allem dort auf einen größeren Einfluss bedacht, *wo die Kirche in staatliche oder bürgerliche Verhältnisse eingreift*.[44] Dies galt vor allem für den kulturellen Bereich und hatte auch für das Lehrinstitut Lichtenthal während der Regierung von Großherzog Friedrich I. (1852–1907) seine Folgen[45], da dieser maßgeblich am Kulturkampf von 1860–1876 beteiligt war.
Als eine Zentral-Mittelbehörde, die dem Ministerium des Innern unmittelbar unterstand und später durch das Kultusministerium abgelöst wurde, entstand durch Erlass vom 12. August 1862 der Oberschulrat. Dessen erster Vorsitzender, Oberschulratsdirektor Knies, veröffentlichte am 5. Mai 1863 ein Reformprogramm, bei dem der bisherige kirchliche Einfluss auf das gesamte Bildungswesen ausgeschaltet und der Staat für die Zukunft zum ausschließlichen Träger des Schulwesens erklärt wurde.[46]
Im Lehrinstitut Lichtenthal wurde somit im Juli 1864 die Schulinspektion erstmals nicht mehr durch den geistlichen Schuldekan, sondern durch einen Bezirksschulrat vorgenommen. Er bestätigte den Lehrfrauen, dass ihr Unterricht vollauf den nunmehr geltenden *strengen Anforderungen* entsprach.[47]
Trotz der ständigen staatlichen Nötigung, dem *Regulativ* gemäß zu leben, überarbeitete die Klostergemeinschaft im folgenden Jahr die Ordensstatuten und legte sie dem Erzbischof vor, der sie 1867 zur Erprobung für ein Jahr und hernach *in Anbetracht der Zeitverhältnisse* auf *unbestimmte Zeit* genehmigte.[48] Man beobachtete sie fortan in Lichtenthal eifrig unter dem Deckmantel des *Regulativs*, unabhängig von der weiteren Entwicklung des Schulwesens.

Das Lehrinstitut wird Simultanschule

Unter Leitung des Staatsministers Julius Jolly sah im März 1868 das Gesetz über den Elementarunterricht die fakultative Einführung der Simultanschule vor.[49]
Da die Gemeinde Beuern – die sich in modernisierter Schreibweise seit 1864 Gemeinde Lichtenthal nennt – überwiegend katholisch war, blieb dies vorerst ohne Wirkung. Diese Gemeinde hatte seit 1811 die im vierten Organisationsedikt angekündete eigene Pfarrei[50] und benutzte hierzu die Klosterkirche. Die 1869 für sie erbaute Kirche Sankt Bonifatius wurde am 26. September durch Weihbischof Lothar v. Kübel konsekriert, der von 1868 bis 1882 als Bistumsverweser die Erzdiözese Freiburg leitete, da nach dem Tode Hermanns v. Vicari bei der Wahl eines neuen Erzbischofs keine Einigung mit dem Staat zustande kam.[51]
Im März 1872 weilte Großherzog Friedrich I. bei seinem Schwiegervater Kaiser Wilhelm I. in Berlin, um dessen Streben nach einer nationalen Kirche und der Einheit Deutschlands zu unterstützen. Während dort

das Schulaufsichtsgesetz erlassen wurde, ergänzte das badische Parlament das Schulgesetz von 1868 durch den Zusatz: *Mitgliedern eines religiösen Ordens oder einer ordensähnlichen religiösen Kongregation ist jede Lehrwirksamkeit an Lehr- und Erziehungsinstituten im Großherzogtum untersagt.*[52] Der Bistumsverweser bemühte sich hierauf bei der badischen Regierung um eine Übereinkunft, wonach den alten Frauenklöstern durch das *Regulativ* von 1811 die *Eigenschaft von Orden oder ordensähnlichen Kongregationen entzogen* worden war.[53] Nachdem am 18. September 1876 die obligatorische Einführung der Simultanschule gesetzlich festgelegt worden war, kam er mit der Lichtenthaler Äbtissin Aloysia Schreiber (1876–1880) überein, einen entsprechenden Vertrag mit dem Ministerium abzuschließen, der am 23. April 1877 unterzeichnet wurde. Das bisherige Lehrinstitut wurde dadurch ein Teil der simultanen Volksschule der Gemeinde Lichtenthal, deren Geschäftsführung der jeweils rangälteste Lehrer der Knabenabteilung zu übernehmen hatte. Der Unterricht an der Mädchenschule sollte in den bisherigen Räumen von den Lehrfrauen des Klosters und ihren Nachfolgerinnen wie bisher unentgeltlich erteilt werden.[54]

Gründung des Tochterklosters Mariengarten

Für das Kloster wurde durch diesen Vertrag die Aufnahme von Kandidatinnen wesentlich erschwert. Theoretisch konnte niemand mehr eintreten, der nicht zuvor das Staatsexamen für das Lehramt bestanden hatte und im Hinblick auf den Personalstand des klösterlichen Kollegiums die behördliche Zulassung erhielt. In einem Bescheid bezüglich eines abgewiesenen Antrags um Aufnahme vom 19. September 1882 stand, die Kommunität dürfe nach den Bestimmungen des vierten Organisationsedikts nicht aus mehr als zwölf Mitgliedern bestehen und habe sich entschieden an die Beobachtung des *Regulativs* vom 16. September 1811 zu halten.[55]

Im Kloster Lichtenthal wurde bald darauf unter Äbtissin Magdalena Kollefrath (1882–1909) die Ausführung des längst erwogenen Vorhabens beschlossen, im Ausland ein von Lichtenthal abhängiges Priorat zu gründen, in dem man Novizinnen gemäß den Ordenssatzungen aufnehmen und heranbilden und im Notfall für den ganzen Konvent ein Asyl finden konnte. So kam es am 1. Mai 1883 zur Gründung des Tochterklosters Mariengarten in St. Pauls-Eppan in Südtirol, das 1914 zu einer selbständigen Abtei des Zisterzienserordens erhoben wurde.[56]

Wiederanschluss an den Zisterzienserorden

In Deutschland wurde am 20. August 1888 die Abtei Marienstatt im Westerwald wiederbesiedelt durch Zisterzienser des österreichischen Klosters Mehrerau.[57] Der Orden war dadurch wieder im Inland präsent, und Lichtenthal konnte Kontakt mit ihm aufnehmen. Erstrebenswert war vor allem die Angleichung der 1866 in Freiburg genehmigten Statuten an die inzwischen auch für den Orden den Zeitverhältnissen gemäß überarbeiteten.

Der Erzbischof als Ordinarius

Aktuell wurde dieses Vorhaben, nachdem der kurzfristig als Spiritual von Lichtenthal wirkende Thomas Nörber Erzbischof von Freiburg geworden war (1898–1920). Er ließ sich auf eine diesbezügliche Anfrage der Äbtissin hin alle Unterlagen schicken und versah sie für seinen Referenten Monsignore Behrle mit der Notiz, im Ordinariat sollten leitende Gesichtspunkte für diese Neubearbeitung aufgestellt werden.[58] Ihm ging es darum, die Anerkennung Lichtenthals als Zisterzienserinnenkloster mit der Beibehaltung seiner erzbischöflichen Jurisdiktion zu vereinen, wodurch von vornherein die erneute Inkorporation in den Orden ausgeschlossen war. Er beauftragte den Feldkircher Jesuiten Gross, anlässlich der Erteilung von Exerzitien in Lichtenthal die eingesandten Statuten gemäß den von Behrle aufgestellten oberhirtlichen Richtlinien nochmals Punkt für Punkt mit der Äbtissin und der Priorin durchzuarbeiten und den Konvent mit dem Ergebnis in seinen Vorträgen vertraut zu machen. Auch sollte er der Äbtissin und dem Konvent im Auftrag des Erzbischofs mitteilen, dass dieser die juristische Gültigkeit der seit 1803 abgelegten Ordensgelübde in Frage stelle, da seit diesem Zeitpunkt kein rechtmäßiger Ordinarius für Lichtenthal fungiert habe. Alle Klosterfrauen sollten daher vor

ihm – als dem erzbischöflichen Delegierten – ihre Gelübde unter Nennung des *Archiepiscopus Friburgensis* nochmals ablegen.[59] Der Konvent war bestürzt, unterwarf sich jedoch in der Hoffnung auf die päpstliche Anerkennung Lichtenthals als Kloster des Zisterzienserordens.

Kloster des Zisterzienserordens

Papst Leo XIII. gewährte diese Anerkennung am 2. April 1900 zur Freude des ganzen Ordens.[60]
Die insbesondere bezüglich der Rechte des Ordinarius revidierten zisterziensischen Statuten genehmigte der Erzbischof probeweise für fünf Jahre und hernach, am 6. März 1906, *auf Widerruf*. In einem vertraulichen Begleitschreiben an den damaligen Spiritual Franz Xaver Huber heißt es, dass dieser Widerruf allenfalls durch Änderungswünsche der Äbtissin veranlasst werden könnte. Er möge ihr und dem Konvent jedenfalls einschärfen, dass die staatlichen Organe von diesen Statuten niemals Kenntnis erhalten dürften, da für sie einzig das *Regulativ* gültig sei.[61]

Aufhebung des Regulativs

Nachdem die Weimarer Verfassung am 11. August 1919 rechtsgültig geworden war, bemühte sich der Oberhirte seit dem 17. November um die Aufhebung des *Regulativs*.[62] Jedoch erst unter seinem Nachfolger, Erzbischof Karl Fritz (1920–1931), beschloss das Ministerium des Kultus und Unterrichts am 7. November 1921, das unter dem 16. September 1811 als landesherrliche Verordnung erlassene *Regulativ für die katholischen weiblichen Lehr- und Erziehungsinstitute des Grossherzogtums* aufzuheben, da es mit den Vorschriften der badischen Verfassung fortan nicht mehr vereinbar sei.[63]

Angliederung an den Zisterzienserorden

Lichtenthal wurde auf Weisung des Generalabtes der Zisterzienser Kassian Haidt (1920–1927)[64] bereits im Mai 1921 in einem neu erstellten Katalog aller Klöster des Ordens als *zur ehemaligen Oberdeutschen Kongregation gehörend* genannt.[65] Dabei fehlte jedoch eine Angabe des rechtlichen Status. Dieser wurde in den neugefassten *Statuten für das Kloster Lichtenthal*, die der Erzbischof am 15. März 1922 genehmigte, klargestellt. Der Oberhirte beanspruchte mit Rücksicht auf die *weitgehende finanzielle Abhängigkeit des Klosters vom badischen Staat* und *auf Grund des langjährigen Gewohnheitsrechts* weiterhin die Jurisdiktion, wobei er insbesondere den Vorsitz bei der Äbtissinnenwahl nannte. Um *eine lebendige Verbindung zwischen dem Kloster und dem Cistercienserorden herzustellen und um das klösterliche Leben im Geiste des Ordens zu regeln,* delegierte er jedoch das Visitationsrecht dem jeweiligen Abt von Mehrerau.[66]
Diesen Statuten gemäß erfolgte die Wiederaufnahme Lichtenthals in den Orden nicht in Form der Inkorporation, sondern der Aggregation. Unter Äbtissin Gertrudis Molz (1909–1928) wurde die Urkunde der Angliederung am 26. Oktober 1925 im Auftrag des Generalkapitels durch den Generalabt ausgestellt und am 6. November durch Erzbischof Karl Fritz bestätigt.[67]

Wiederherstellung der Inkorporation

Seit dem 3. Juli 1993 ist Lichtenthal jedoch dem Zisterzienserorden wieder inkorporiert, nachdem Erzbischof Oskar Saier die ordentliche Jurisdiktion an den *Pater immediatus*, den jeweiligen Abt von Mehrerau, abgetreten hat, gemäß den am 22. Februar 1990 unter dem Generalabt Polykarp Zakar (1985–1995) von der Kongregation für die Institute des geweihten Lebens bestätigten *Konstitutionen für die Frauenklöster der Zisterzienserkongregation von Mehrerau*. Der Erzbischof teilte dabei dem seit 1968 das Kloster Mehrerau regierenden Abt Kassian Lauterer, der Lichtenthaler Äbtissin Maria Adelgundis Selle (1989–2001) und dem Konvent mit: *Die große Bedeutung der Abtei Lichtenthal für die Erzdiözese Freiburg wird durch die rechtliche Zuordnung nicht geschmälert. Ich werde der Abtei auch weiterhin im Rahmen der dem Diözesanbischof obliegenden Pflichten und Rechte mein Wohlwollen und meine Fürsorge zuwenden.*[68]

Abkürzungen:
Reg Regulativ für die katholischen weiblichen Lehr- und Erziehungs-Institute des Großherzogthums Baden. Carlsruhe 1811.

[1] Dieser Beitrag basiert auf *Maria Pia Schindele*, Die Abtei Lichtenthal, in: FDA 104 (1984), 19–166 und 105 (1985), 67–248. Zur Säkularisation und ihren Folgen, 180–241.
[2] *Lucia Reiss*, Studien zur Wirtschafts- und Verfassungsgeschichte des Zisterzienserinnen-Klosters Lichtenthal, in: ZGO 96 (1948), 230–306; *Kurt Andermann*, Zur Besitz- und Wirtschaftsgeschichte Lichtenthals während des späten Mittelalters und der frühen Neuzeit, in: *Harald Siebenmorgen* (Hg.), 750 Jahre Zisterzienserinnen-Abtei Lichtenthal. Sigmaringen 1995, 121–127.
[3] *Johannes Brümmer*, Säkularisation und Fortbestand von Kloster Lichtenthal. In: 750 Jahre (wie Anm. 2), 137–145.
[4] Viertes Organisationsedikt vom 14. 03. 1803. LKA 49/1a, 1.
[5] Ebd., 2.
[6] *Alfons Staedele*, Kloster Lichtenthal und die Säkularisation, in: Die Ortenau 37 (1957), 29–33.
[7] *Hermann Schmid*, Die Säkularisation der Klöster in Baden 1802–1811, in: FDA 98 (1978), 171–352; FDA 99 (1979), 173–375.
[8] Brief vom 29.03.1803. LKA 49/1, 73ff.
[9] Brief vom 25.11.1802. Ebd., 49ff. Ediert in: *Benedikt Bauer*, Das Frauenkloster Lichtenthal. Baden-Baden 1896, 159ff.
[10] Vgl. *Basilius Steidle* (Hg.), Die Benediktusregel lateinisch-deutsch. Beuron 1980, 91–107.
[11] Brief vom 08.05.1808. LKA 38/1, 55ff.
[12] Vgl. Brief vom 23.02.1811. Ebd., 7ff.
[13] Vgl. Brief vom 01.03.1811. Ebd., 11ff.
[14] Vgl. Chronikbericht vom 09.02.1815. LKA Ch 6, 126f.
[15] Abbé Johann Nepomuk Rausch (1812–1820) wurde als erster dazu ernannt. Vgl. Chronikbericht Ebd., 75.
[16] Liste der landesherrlichen Kommissare für Lichtenthal von 1819–1919. LKA 29/2.
[17] Vgl. Brief vom 07.02.1816. LKA 38/1, 65ff.
[18] Vgl. Dankschreiben der Äbtissin an Großherzogin Stephanie für die Weiterleitung ihrer Bitte vom 05.02.1816. GLAK 235/156 Nr. 36.
[19] Vgl. Chronikbericht vom 19.02.1816. LKA Ch 6, 140f.
[20] Vgl. Brief vom 01.07.1816. LKA 38/1, 71ff.
[21] Vgl. Reg, 10.
[22] Vgl. Ebd., 15.
[23] Vgl. Brief vom 23.07.1816. LKA 38/1, 79ff.
[24] Benachrichtigung durch das Ministerium des Innern vom 27. 08. 1816. Ebd., 89ff.
[25] Vgl. Chronikbericht vom 13.09.1808. LKA Ch 6, 10ff.
[26] Vgl. Reg, 8.
[27] *Franz Xaver Heiner* (Hg.), Gesetze die katholische Kirche in Baden betreffend. Freiburg 1890, 2.
[28] Vgl. Korrespondenz vom 02.07.1818 und vom 14.08. LKA 6/1.
[29] Vgl. Einträge der Profess^. LKA 22/1, 24.
[30] Reg, 5.
[31] *Rudolf Lill*, Kirchliche Reorganisation und Staatskirchentum in den Ländern des Deutschen Bundes und in der Schweiz, in: *Hubert Jedin* (Hg.), Handbuch der Kirchengeschichte. Bd. VI/1. Freiburg 1979, 160–173. Neuregelung in Südwestdeutschland, 168–170.
[32] *Adolf Dietrich*, Bernhard Boll, Mönch von Salem und erster Erzbischof von Freiburg i. Br., in: Cistercienser Chronik 39 (1927), 285–293; 332–337; 367–374.
[33] *Ordnung für den Chordienst* vom 08.11.1827. LKA 19/9a, 17ff.
[34] Herr wurde 1833 durch den Großherzog zum Geheimrat ernannt. Dokumente aus seinem Leben im Faszikel LKA 22/3.
[35] *Karl Rögele*, Franz Josef Herr, Pfarrrektor zu Kuppenheim, 1778–1837. Karlsruhe 1927. Zitate aus dem Landtags-Protokoll von 1831, 93–95.
[36] Vgl. *Heinrich Maas*, Geschichte der Katholischen Kirche im Großherzogthum Baden. Freiburg 1891, 152.
[37] Viertes Organisationsedikt (wie Anm. 4), 2.
[38] Vgl. Kopie des erzbischöflichen Briefes in der Mitteilung Streits an die Äbtissin vom 26.02.1838. LKA 38/1, 109.
[39] Skrutinium vom 08.03.1838, 123ff.
[40] Revisionsantrag der Äbtissin und des Konvents an den erzbischöflichen Kommissar Dechant Streit vom 12.03.1838. Ebd., 113ff.
[41] Bericht der Kath. Kirchensektion an Oberamtmann von Theobald vom 20.07.1838. Ebd., 129.
[42] Geschichte des Klosters Lichtenthal bei Baden, Festschrift zum 1. Mai 1845. Druck und Verlag des Bureaus der Badzeitung 1845.
[43] Siehe u. a. Hirtenbrief vom 29.07.1849, in: Sammlung Hirtenbriefe der Bibliothek des Erzbischöflichen Ordinariats.
[44] Antwort der beteiligten Regierungen auf eine Denkschrift der Bischöfe des Oberrheinischen Metropolianverbands vom März 1851, durch das Innenministerium an Erzbischof Hermann v. Vicari vom 05.03.1853. Beide Dokumente in: EAF B 2–29/43.
[45] Er regierte zunächst anstelle des schwerkranken Erbgroßherzogs Ludwig II.; den Titel Großherzog nahm er mit der offiziellen Nachfolge 1856 an und heiratete im gleichen Jahr Luise von Preußen.
[46] *Heiner* (wie Anm. 27), 238ff.
[47] Prüfungsbescheid des Bezirksschulrats Grafmüller vom Juli 1864. LKA 42/2a.
[48] Vermerk im Vorwort der Statuten. LKA 45/1a.
[49] *Heiner* (wie Anm. 27), 243 nach Regierungs-Blatt Nr. 15, 251–280.
[50] 07.07.1811. StA Baden-Baden 35/17–1.
[51] *Hugo Ott*, Lothar von Kübel – Bistumsverweser in schwerer Zeit, in: FDA 101 (1981), 231–243.
[52] *Heiner*, (wie Anm. 27), 19 nach Gesetz- und Verordnungsblatt von 1872, Nr. 15, 173.
[53] *Lothar von Kübel*, erwähnt im Memorandum vom 08.05.1877. LKA 41/4.
[54] Vgl. Vertrag vom 23.04.1877. LKA 41/3.
[55] Vgl. Bescheid des Innenministeriums vom 19. 09. 1882. Erwähnt in LKA 41/4.
[56] *M. Ancilla Wieser*, Mariengarten 1883–1970. Gründung – Entwicklung – Tätigkeit. Diss. Padua 1975.
[57] Marienstatt war 1803 durch den Grafen Wilhelm v. Nassau säkularisiert worden. 1864 erwarb Bischof Blum v. Limburg die Gebäulichkeiten und richtete dort ein Heim für verwahrloste Knaben ein. Schließlich übergab er den Zisterziensern die Abtei zur Neubesiedlung. – *Gilbert Wellstein*, Marienstatt. München 1907, 87–94.
[58] Vgl. 10.10.1898. EAF B 5/2 Vol. 1.
[59] September 1899. LKA Ch 11, 60f.
[60] Dekret vom 02.04.1900. Ebd.
[61] Vgl. 06.03.1906. LKA 46/7.
[62] 17.11.1919. LKA 38/10.
[63] Bekanntmachung im Amtsblatt vom 24.11.1921. EAF B 5/2. Vol. 1.
[64] Kassian Haidt war 1917–1949 Abt des Klosters Mehrerau, zu dessen Gunsten er 1927 auf das Amt des Generalabtes verzichtete.
[65] *Catalogus Generalis Abbatiarum – Prioratuum – Monasteriorum necnon et Personarum Religiosarum S. Ordinis Cisterciensis.* Bregenz 1921.
[66] Statuten vom 15.03.1922. LKA 45/1c.
[67] Urkunde vom 26.10.1925 mit Bestätigung des Erzbischofs vom 06.11.1925. LKA 14/1.
[68] Brief des Erzbischofs von Freiburg vom 04.06.1993. LKA 25/46. – Konstitution vom 22.02.1990, in: *Abtei Mehrerau* (Hg.), Die Zisterzienserkongregation von Mehrerau. Bregenz 1995, 124.

Aber Klosterfrauen sind und werden keine Lehrerinnen ...

Zur Säkularisation der Reichsabtei Rottenmünster

von Kurt Maier

Zukunft einer Chorfrau

Entgegen der wiederholt vertretenen Annahme, die Reihen der Chorfrauen im ehemaligen Zisterzienserinnenstift Rottenmünster hätten sich im Gefolge der Zivilbesitznahme durch den württembergischen Staat lediglich durch Tod gelichtet[1], förmliche Austritte seien also nicht erfolgt, beweist der Fall der Chorfrau Hedwig Rochlitzer bereits frühzeitig das Gegenteil.
Im September 1807 erteilte der Katholische Geistliche Rat in Stuttgart Dekan Dr. Ludwig Haßler[2] in Oberndorf a. N. den Auftrag, *in dem Frauenkloster zu Rotenmünster und Kirchberg nachzufragen, ob nicht eine oder die andere hie zu taugliche Nonne Lust hätte, irgendwo eine Mädchen-Schule zu übernehmen.*[3] Auf dessen Nachfrage meldete sich als einzige Chorfrau des Konvents in Rottenmünster die zu diesem Zeitpunkt bereits 44 Jahre alte Hedwig Rochlitzer[4]. In einer Resolution vom Februar 1808 wurde ihr dann der Austritt aus dem Kloster gestattet, unter Beibehaltung ihrer Pension (s. u.) und unter der ausdrücklichen Bedingung, *sich dem Lehrfache zu widmen.*[5] Gleichzeitig erhielt Schulkommissär Kooperator Franz Joseph Maier in Rottweil den Auftrag, sich nach Rottenmünster zu begeben und dem Beichtvater, der Äbtissin und der Priorin diese Entschließung zu eröffnen. Zunächst meldete das Konstanzer Ordinariat erhebliche Bedenken an, diese Nonne von ihren Gelübden *loszuzählen*, und stellte die Frage, *ob daselbst* (in Rottenmünster) *nicht ein weibliches Erziehungs-Institut eingeführt werden könnte?*
Ganz im Sinne der aufklärerischen Kritik an Kirche und monastischer Tradition folgte dann ein vernichtendes Urteil von Maier über die Eignung sog. *Klosterindividuen* zum Lehrerinnenberuf: *So sehr die Lage des Klosters Rottenmünster, und dessen äussere Verhältnisse die Anlegung eines weiblichen Erziehungsinstituts begünstigten, so ganz steht der innere Sinn, wo nicht aller, doch der meisten Individuen dieses Klosters einem solchen Unternehmen entgegen. Hier athmet noch beinahe einzig der unter dem Namen: kontemplative: verstekte komodte Mönchgeist.*[6] *Die heilige Regel nicht des Kristenthums, nicht der Menschheit; sondern des Hl. Bernards ist die höchste Norm alles Denkens, die Tendenz alles Wollens. Zwar glaube ich bei einigen Nonnen eine natürliche Gutmüthigkeit, und vielleicht sogar Empfänglichkeit für das Wahre und Gute bemerkt zu haben; allein, diese wird von dem Pater Beichtvater*[7] *nicht nur nicht zum Bessern benuzt, sondern ganz für diese monastische Zweke mißbrauchet. – Dieser müßte daher zuerst beseitiget werden, wenn man an eine Verbesserung auch nur denken wollte. An geschikten Subjekten für die Stikerei u. Näherei, und andere weibliche Arbeiten fehlt es nicht. – Aber Klosterfrauen sind, und werden keine Lehrerinnen für Industrieschulen* [...].[8]
Trotz dieser grundsätzlichen Bedenken stellte sich bei Maier ein Sinneswandel ein: letztlich hielt er die Chorfrau Hedwig Rochlitzer doch für geeignet, später einmal Unterricht zu erteilen. Sie erhielt weiterhin ihre Pension in Höhe von 257 fl., dazuhin eine *Aversalsumme* von 400 fl., worauf sie auf alle weiteren Ansprüche Verzicht leistete. Eine weitere Forderung von Maier an die Chorfrau bestand darin, sie müsse bald einen bischöflichen Dispens vom täglichen Chorgebet erhalten, *weil sie die Zeit nüzlicher gestal-*

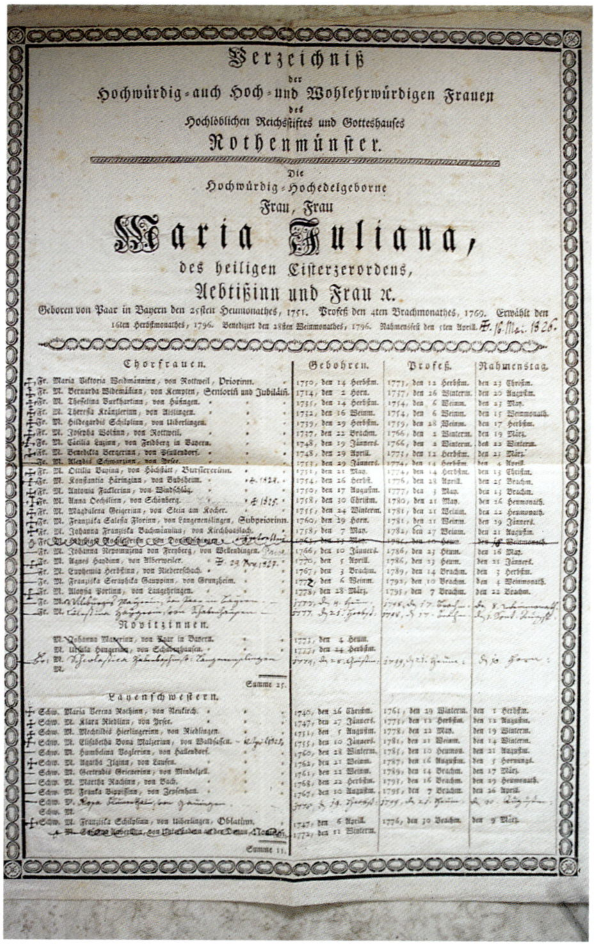
Verzeichniß
der
Hochwürdig- auch Hoch- und Wohlehrwürdigen Frauen
des
Hochlöblichen Reichsstiftes und Gotteshauses
Rothenmünster.
Die
Hochwürdig-Hochedelgeborne
Frau, Frau
Maria Juliana,
des heiligen Cisterzerordens,
Aebtißinn und Frau rc.
Geboren von Paar in Bayern den 21sten Heumonathes, 1751. Profeß den 4ten Brachmonathes, 1769. Erwählt den 16ten Herbstmonathes, 1796. Benedizirt den 28sten Weinmonathes, 1796. Nahmensfest den 9ten April.

Chorfrauen. | Gebohren. | Profeß. | Nahmenstag.

Novizinnen.

Summe 25.

Layenschwestern.

Summe 11.

Konventsverzeichnis Rottenmünster 1796
Verzeichnis der Frauen des Reichsstiftes und Gotteshauses Rottenmünster, 1796.
Pfarrarchiv Rottweil-Altstadt.

ten sollte. Ein solcher Dispens wurde vom Konstanzer Ordinariat am 21. April 1808 erteilt und vom Katholischen Geistlichen Rat am 7. Mai 1808 unter der Bedingung bestätigt, dass Rochlitzer in Zukunft eine ehrbare weltliche Kleidung trage und das lateinische mit dem deutschen Breviergebet vertausche, *sofern ihre Berufsgeschäfte dadurch keinen Abbruch leiden.*[9] Der weitere berufliche Werdegang der ehemaligen Chorfrau ist unbekannt. Gesichert ist lediglich, dass sie noch 1809 im Schuldienst gestanden haben muss. Dies erhellt aus einem Dekret des Katholischen Geistlichen Rates vom Februar 1809, mit dem die im Dekanatsbezirk [Mengen] gelegenen Frauenklöster der Aufsicht des Dekans unterstellt und diverse Anweisungen über die Führung der laufenden Aufsicht und die Abhaltung von Visitationen sowie Vorschriften für die Gestaltung des Lebens in den Klöstern gegeben wurden. Insbesondere sollte der Visitator nicht nur der Oberin, sondern auch ohne Ausnahme jeder einzelnen Klosterfrau und Laienschwester u. a. folgende Frage stellen: *Ob sie nicht nach dem Beyspiel mehrer Klosterfrauen von Gmünd, Heilbronn, Rottenmünster pp. In oder ausser dem Kloster als Schul- oder Industrie-Lehrerin dem Staate und der Kirche nützlich zu werden gedenke* [...].[10]

Schicksal der Klosterinsassen

Im Gegensatz zu den Chorfrauen, Laienschwestern und Novizinnen, denen durch Dekret vom 27. Juni 1803 wenigstens eine jährliche Pension zugestanden worden war, zusätzlich freie Wohnung und Benutzung des Klostergartens[11], sahen das Dienstpersonal und die in den verschiedenen klösterlichen Wirtschaftsbetrieben beschäftigten Personen einer ungewissen Zukunft entgegen. So hing das Schicksal aller Klosterinsassen unmittelbar ab von der Verwertung der Gebäude und gewerblichen Betriebe, sowie der Besitzumschichtung in Land- und Forstwirtschaft.
Unter der Stabführung von Regierungsrat Parrot hatten die Kommissäre Hof- und Domänenrat Süßkind und Rentkammerrat Weckherlin bereits am 27. Januar 1803 entsprechende *ökonomische Vorkehrungen* getroffen.[12] Den Klosterfrauen und deren Dienerschaft sollten künftig an Gebäuden und Gütern zum Nießbrauch vorbehalten bleiben: der Konventsbau mit Klausur und Kirche, die Wohnung des Beichtvaters, das *Logis* für Mesner, Gärtner und die beiden Mägde, für die Näherin, Wäscherin und Beschließerin, außerdem beide Klostergärten und sechs Jauchert Klosterwiesen. *Zu eigenem Herrschaftgebrauche* dagegen wurden abgesondert der Gastbau für einen Forstbeamten, die sog. Kanzlei mit acht bürgerlichen und Kriminal-Gefängnissen, die bisherige Wohnung des Oberamtmanns, eine Scheuer für die Zehntfrüchte, das Feuerhaus mit Obstdörre, der Fruchtkasten und die außerhalb der Ringmauer gelegene Sägmühle mit

Reichsäbtissin Maria Juliana Maer (1791–1826)
Porträt der letzten Äbtissin Rottenmünsters.
Öl auf Lw., ca. 1800.
Gutenzell.

Der Konvent von Rottenmünster
Konventsbild, Öl auf Lw., 18. Jh.
Rottenmünster, Vinzenz von Paul Hospital GmbH.

Hanfreibe. Verpachtet werden sollten die Wirtschaft auf dem Klostertorhaus mit zugehöriger Brauerei, Branntweinbrennerei, Metzgerei und Backgerechtigkeit, die bisherige Klostermahlmühle[13], die Wagnerei, Schreinerei und Küferei, sowie das Gesindehaus mit Stallungen und weiteren Zubehörden. Neue Pächter waren auch in Aussicht genommen für die in Streubesitz um Rottweil liegenden Gebäude und Güter auf dem Vaihingerhof, Aichhof und Sontheimerhof[14], sowie die Mahl- und Sägmühle in Bühlingen. Sollte aber eine Verpachtung nicht realisiert werden können, war der bisherige Schaffner und Pfleger Friedrich Ludwig Kaufmann[15] gehalten, *minderwichtige* Gebäude mit sämtlicher Fahrnis zu verkaufen und dies durch öffentliche Blätter und Ausschreiben bekanntmachen zu lassen.[16] So konnte Parrot bereits zum 28. März 1803 den Verkauf der Mühle zu Bühlingen um 4.995 fl. vermelden.[17]

Besondere Aufmerksamkeit ließ Parrot den Weingütern des Klosters zukommen. Hierbei handelte es sich um Liegenschaften in Ebringen im Breisgau und dem sog. Käfersberger Hof bei Ortenberg in der Ortenau.[18] Da noch zum Jahre 1803 im Kloster Rottenmünster weder eine Beschreibung dieser Güter auffindbar war, noch Kenntnis bestand über den tatsächlichen Wert und Flächeninhalt, beauftragte Parrot Hofkammerrat Stein, die beiden Güter in Augenschein zu nehmen und den Verkauf in die Wege zu leiten. Die Verhandlungen zogen sich allerdings hin, sodass der Wein des Jahrgangs 1803 in Ebringen im November noch in eigener Regie des kurfürstlichen Rentamtes Rottenmünster verkauft werden musste.[19] Zum 8. Mai 1804

schließlich konnte Parrot Vollzug melden, nachdem es Stabsamtmann Hezinger (s.u.) gelungen war, dem bisherigen Beständer Faller das Rebgut in Ebringen samt Gefällen und Fahrnisgegenständen um 39.386 fl. zu verkaufen.[20] Der Verkauf des Gutes in Ortenberg verlief allerdings erfolglos, erscheint doch der Käfersberger Hof samt *Drottenhaus*[21] noch im August 1805 als Teil der Liegenschaften des ehemaligen Klosters Rottenmünster.[22]

Elementar betroffen von der Zerschlagung des klösterlichen Besitzes, in Form von Verpachtung oder Verkauf von Gebäuden, Handwerksbetrieben Gütern, Weinbergen und Waldungen, waren in erster Linie die *Diener* in Rottenmünster. Deren bisherige Entlohnung, eine Kombination von Geld und Naturalgefällen, wurde zum 1. April 1803 umgestellt auf eine Geldentlohnung bzw. eine Pensionszahlung.[23]

Von den zum o. g. Zeitpunkt 32 Angestellten wurden 19 mit ihrem Dienstlohn abgefertigt bzw. mit einer Pension abgefunden. Nach meist überdurchschnittlich langer Beschäftigungszeit waren sie schlagartig ihrer Existenzgrundlage beraubt und hatten überdies, mitsamt ihren Familien, ihr bisheriges *Logis* zu verlassen. Pensioniert wurden bevorzugt die bisher in Land- und Forstwirtschaft tätigen Hof-, Zehnt- und Waldknechte und die Pächter der großen Höfe, wie Oberer- und Unterer Rotensteinerhof, Sonthof und Vaihingerhof. Das Pensionärsdasein erwartete auch den seit 26 Jahren in Diensten stehenden Klosterphysikus Alois Glükher. *Ausbezahlt* wurden die beiden Mägde und der Strohschneider. Seine seit 31 Jahren dauernde Anstellung beibehalten durfte dagegen Scharfrichter Michael Ritter (1737–1822), dem weiterhin 10 fl. Geld, 7 Jauchert Güter und 3 Klafter Holz zustanden. Obwohl eigentlich in Diensten der ehemaligen Reichsstadt Rottweil stehend, erklärt sich seine Aufnahme in die Personallisten von Rottenmünster aus der Tatsache, dass er auch auf dessen Territorium das Abdecken kranker und gefallener Tiere zu besorgen hatte.[24]

Komplett ausgenommen von der Entlassung bzw. Pensionierung waren die Verwaltungsbediensteten, die der württembergische Staat als neuer Eigentümer des Klosters in ihren Ämtern beließ. Im Gegensatz zum 18. Jh.[25] bestand die Verwaltungsspitze zu Beginn des 19. Jh. nur aus drei Beamten: Oberamtmann Jakob Tribelhorn[26], Oberamtsrat Fischer und dem erst im Jahre 1800 hinzugekommenen Rottweiler Konsulenten Franz Michael Hezinger als Stabsamtmann.[27]

Umnutzung der Klostergebäude

Die Versteigerung von Mobilien und Inventar der klösterlichen Handwerksbetriebe und Gutshöfe zu Beginn des Jahres 1803 geschah unter der Regie von Stabsamtmann Hezinger und seinem Helfer Professor Boll und war rasch vollzogen: 13 Termine im Monat März genügten hierzu.[28] Der Verkauf bzw. die längerfristige Verpachtung des zum Kloster gehörenden Grundbesitzes zog sich dagegen bis in das Jahr 1805 hinein. Überlegungen hinsichtlich des Verkaufs der Klostergebäude im engeren Sinne sollten hingegen über Jahrzehnte angestellt werden. Insbesondere stand damit die Frage der künftigen Nutzung von Kirche und Konventsbau im engen Zusammenhang.

Einer Umnutzung dieser beiden Gebäude standen in erster Linie die Klosterfrauen im Wege, die nach dem Übergang des Klosters an Württemberg zusammenblieben. Seit der seelsorgerlichen Einverleibung ihres Klosters in die Pfarrei St. Pelagius Rottweil-Altstadt im Jahre 1812[29] galt ihre Sorge vordringlich dem Umstand, regelmäßig dem Gottesdienst beiwohnen und beichten zu dürfen. Durch Tod dezimiert – 1815 verstarb die Priorin Viktoria Weidmann, 1826 die letzte Äbtissin Juliana Mayer – war von den 25 Chorfrauen, 14 Laienschwestern und 4 Novizinnen des Konvents von 1803 Ende 1849 noch eine einzige Chorfrau am Leben. Nachdem diese zum 18. Januar 1850 das Kloster verlassen hatte[30], um in ihre Heimat Grundsheim bei Ehingen zurückzukehren, wo sie am 11. Juni 1859 verstarb[31], war für den Königlich Katholischen Kirchenrat die Frage nach der Aufhebung des Gottesdienstes in der Klosterkirche akut geworden.

Stiftungsrat und Bürgerausschuss der Gemeinden Rottweil-Altstadt und Bühlingen erhielten Kenntnis von dieser Absicht und fürchteten vor allem die Streichung der 50 fl. aus Staatsmitteln zur Bestreitung der notwendigsten Kultkosten. Die beiden Ausschüsse baten um Beibehaltung der Gottesdienste vor allem aufgrund der Tatsache, dass die Klosterkirche seit jeher bei den üblichen Bittgängen der Gemeinden Deiß-

Rottenmünster
Blick auf den Klosterkomplex von Osten mit früherer Klostermühle (Fachwerkbau links) und Mühlenkanal. Foto von ca. 1905.

lingen, Lauffen ob Rottweil, Altstadt und Rottweil zahlreich besucht wurde und [...] *zu diesem Zweke ein in hiesiger Gegend sehr geeigneter Tempel sei.*[32] Das Kameralamt Rottweil zeigte ein Einsehen mit dieser Bitte und gestattete bis auf weiteres die Abhaltung öffentlicher Gottesdienste in der Klosterkirche.
Deshalb wurden auch vorerst die Kirchengerätschaften in der Kirche belassen und die vorhandenen Paramente dem Pfarrer [Vaccano] übergeben.[33] Letzteres geschah in Verbindung mit der wohl letztmaligen Inventarisierung der *mobilen Inventar-Stüke* aus vergangenen Klostertagen und der gleichzeitigen Taxation durch Goldarbeiter Kempter in Rottweil. U. a. handelte es sich um Kultgegenstände in der Wohnung der letzten Klosterfrau Franziska Gaupp (s.o.), nämlich eine silberne und vergoldete Monstranz im Wert von 132 fl., ein silberner und vergoldeter Kelch samt Patene und Löffelchen, angeschlagen zu 39 fl., sowie ein Rauchfass *von schlechter Facon*. Ursprünglich war beabsichtigt, diese Gegenstände nach Stuttgart einzuschicken, doch das Kameralamt bestand schließlich auf deren Einschmelzung. Die Paramente kamen teils nach Rottweil-Altstadt, teils in benachbarte Pfarreien (Hausen o.R., Zimmern o.R.) oder kamen zur Verwendung in die württembergischen Strafanstalten.[34]
In welch ruinösem Zustand sich fünfzig Jahre nach der Säkularisation Kirche und Kloster präsentierten, erhellt anschaulich aus dem Bericht von Pfarrer Joseph Vaccano vom 20. September 1852: *Die Altäre sind vollkommen entkleidet, so daß kein Gottesdienst mehr gehalten werden kann; die Bedekungen – noch so unbedeutend – sind für den Verkauf ausgesetzt. Nur die hlg. Leiber hat man bis iezt, wie sie mit den Altären unzertrennlich zusammen hängen, noch belassen. Es soll sich aber bereits ein Israelite darnach umgesehen haben.*[35] *Die Sakristei ist bis auf das letzte Brettlein ausgeweidet und dem reichsunmittelbaren Kloster Rottenmünster ist der Grabgesang angestimmt; es fehlt nur noch der Plan durchgeführt zu werden, daß es auf den Abbruch verkauft wird.*[36]
Ganz so weit sollte es nicht kommen, doch waren die Befürchtungen von Vaccano nicht unbegründet. Als bereits zu diesem Zeitpunkt gescheitert durfte der Versuch der staatlichen Behörden vom November 1847 gewertet werden, einen Teil des Klosters, genauer den südlichen Flügel des Konventbaus, zur Errich-

tung einer *Verwahrungsanstalt für arme verwahrloste katholische Kinder*, speziell im Schwarzwaldkreis, abzugeben.[37] Im Beisein von Oberamtmann Friedrich Wilhelm Wiebbekink[38] waren damals im Rathaussaal von Rottweil zweiunddreißig Herren geistlichen und weltlichen Standes zusammengekommen, um einen Verein zur Förderung dieses Projekts zu konstituieren. Aus den Reihen der Anwesenden wurde ein siebenköpfiges *Comité* gewählt, dem u. a. auch der o.g. Pfarrer Vaccano von Rottweil-Altstadt angehörte. Als treibende Kraft in dieser Anfangszeit erwies sich allerdings Dekan Peter Bernhard v. Strobel, der dem Verein im Januar 1848 eine Stiftung von 1.000 fl. in Aussicht stellte. Doch trotz dieses Signals kam die Sache nie recht in Gang, türmten sich immer wieder neue Schwierigkeiten auf. Letztlich sah sich v. Strobel am 16. November 1850 gezwungen, [...] *bei der Theilnamslosigkeit der dortigen Umgegend bei Geistlichen und Weltlichen*, seine Zusage zurückzuziehen.[39]
Damit hatten sich in der Mitte des 19. Jhs. die Bemühungen der Umnutzung des Konventbaus in ein kirchlich-karitatives Institut erledigt.
Einer *Pervertierung* gleich kam nur wenige Jahre später die Nutzung des Innenhofes des Klosters als Hinrichtungsstätte für die vom Rottweiler Schwurgericht zum Tode Verurteilten.[40] Im Gesetz zur Wiedereinführung der Todesstrafe vom 17. Juni 1853 war in Artikel 8 die Bestimmung aufgenommen worden, dass eine Hinrichtung nur innerhalb eines geschlossenen Hofraumes vollzogen werden sollte.[41]
So richteten sich denn zwangsläufig die Begehrlichkeiten von Generalstaatsanwaltschaft und Oberamt in der Planungsphase ab 1855 auf den Innenhof des leerstehenden Klosters. Die Tauglichkeit dieses in Aussicht genommenen Ortes wurde nicht nur von Oberamtmann Carl Friedrich v. Leypold[42] und Stadtschultheiß Johann Baptist Marx[43] bestätigt, sondern nachdrücklich von Stadtpfarrer Dr. Martin Dursch[44] mit den Worten gutgeheißen: *Hat man auf die Anfrage in Betreff des Hinrichtungsplatzes zu erwidern die Ehre, daß der Verlegung desselben in den Hof des ehemaligen Klosters Rottenmünster in kirchlich religiöser Beziehung wohl kein Hinderniß entgegenstehe, weil das Kloster längst aufgehoben und die Klostergebäude profanirt sind, und darum auch Niemand an einer Hinrichtung an diesem Orte Anstoß nehmen wird.*[45]
Zwei Hinrichtungen mit dem Fallbeil wurden in Rottenmünster vollstreckt: am 27. April 1856 gegen den Waldschützen Roller von Grömbach (OA Freudenstadt) wegen Ermordung seiner Ehefrau und am 28.

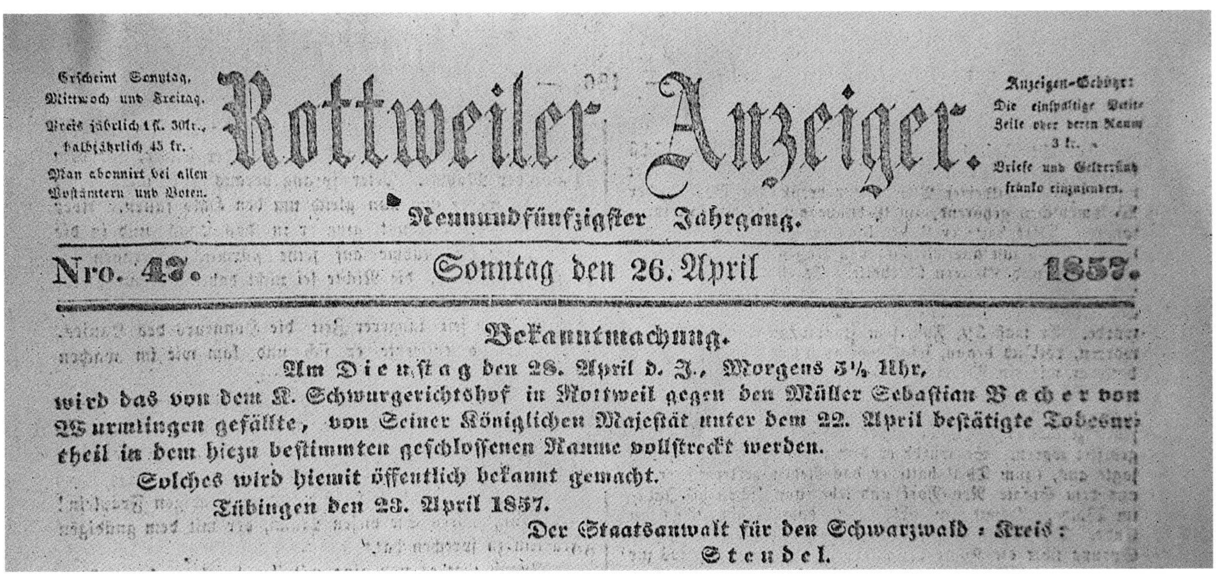

Erscheint Sonntag, Mittwoch und Freitag. Preis jährlich 1 fl. 30 kr., halbjährlich 45 kr. Man abonnirt bei allen Postämtern und Boten.

Rottweiler Anzeiger.

Anzeigen-Gebühr: Die einspaltige Petit-Zeile oder deren Raum 3 kr. Briefe und Gelder sind franko einzusenden.

Neunundfünfzigster Jahrgang.

Nro. 43. Sonntag den 26. April 1857.

Bekanntmachung.

Am Dienstag den 28. April d. J., Morgens 5½ Uhr, wird das von dem K. Schwurgerichtshof in Rottweil gegen den Müller Sebastian Bacher von Wurmlingen gefällte, von Seiner Königlichen Majestät unter dem 22. April bestätigte Todesurtheil in dem hiezu bestimmten geschlossenen Raume vollstreckt werden.

Solches wird hiemit öffentlich bekannt gemacht.

Tübingen den 23. April 1857.

Der Staatsanwalt für den Schwarzwald-Kreis:
Steudel.

Rottenmünster als Richtplatz
Öffentliche Bekanntmachung der Hinrichtung von Sebastian Bacher im Innenhof des Klosters Rottenmünster.
Rottweiler Anzeiger, 1857.

April 1857 gegen den Müller Sebastian Bacher von Wurmlingen (OA Tuttlingen) wegen Ermordung seines Schwiegervaters.[46] Bekanntgemacht wurden die Hinrichtungen im Rottweiler Anzeiger und Einlasskarten für die zahlreichen Schaulustigen waren beim Königlichen Oberamtsgericht erhältlich.[47] Beendet wurde dieses unrühmliche Kapitel in der Geschichte des ehemaligen Zisterzienserinnenklosters Rottenmünster erst mit dem Bau eines neuen Gefängnisses 1859 am nördlichen Rand der Stadt Rottweil.[48]

Auf Jahrzehnte hinaus, bis zum Erwerb des verfallenen Klosters samt der Kirche durch die Vinzentinerinnen von Untermarchtal[49] und der Umwidmung des Klosterkomplexes in eine Heilanstalt für psychisch kranke Menschen, sollte jener Zweizeiler aus der Hand von Pfarrer Vaccano Gültigkeit haben, mit dem er die Titelseite des o.g. Inventars von 1851[50] ergänzte: *Rottenmünster / Wie du warst vor alter Zeit, / So wirst nicht mehr in Ewigkeit!*

[1] So erstmals bei *Karl Jordan Glatz,* Das ehemalige Reichsstift Rotenmünster in Schwaben, in: FDA 6 (1871), 70.
[2] Zu ihm *Stefan Jakob Neher,* Statistischer Personal-Katalog des Bisthums Rottenburg. Festschrift zum 50-jährigen Bestehen dieses Bisthums. Schwäbisch Gmünd 1878, 9.
[3] DAR M 247 Ortsakte Rottenmünster, Fasz. II.
[4] In einem 1796 gedruckten *Verzeichniß der Hochwürdig- auch Hoch- und Wohlehrwürdigen Frauen des Hochlöblichen Reichsstiftes und Gotteshauses Rothenmünster* (DAR Depositum PfA St. Pelagius Rottweil-Altstadt G XVIII/2), ergänzt bis zum Jahre 1827, wird Hedwig Rochlitzer an 17. Stelle der Chorfrauen aufgeführt.
[5] Wie Anm. 3.
[6] Zu einer ähnlich negativen Beurteilung kam Dekan Haßler in seinem Bericht vom 20.08.1811, in dem er die Exäbtissin als närrisch, zwei alte Klosterfrauen als aberwitzig und alle zusammen als Leute mit lebhafter Phantasie, aber schwachen Vernunftkräften schilderte. Dieser von *Glatz,* Rotenmünster (wie Anm. 1), 69, zitierte, von *Matthias Erzberger,* Die Säkularisation in Württemberg von 1802–1810. Stuttgart 1902, 243, aber angezweifelte Bericht lagert in DAR M 247 Ortsakte Rottenmünster, Faszikel I specialia.
[7] Gemeint ist der Salmannsweiler Exkonventuale Guido Maier.
[8] Wie Anm. 3.
[9] Ebd.
[10] DAR A I.2 b zu Bü 96.
[11] Vgl. *Erzberger* (wie Anm. 6), 240.
[12] HSAS A 15 Nr. 71
[13] Vgl. *Winfried Hecht,* Die Klostermühle von Rottenmünster, in: RHbl (1986), Nr. 4.
[14] Vgl. *Alt-Rottweiler Kloster-Erinnerungen,* in RHbl 5 (1925), Nr. 12.
[15] Vgl. *Winfried Hecht,* Der Alpirsbacher Klosterhof in Rottweil. SD aus: Alpirsbach. Zur Geschichte von Kloster und Stadt, hg. vom LDA Baden-Württemberg 2001, 601.
[16] Vgl. *Stadt Rotweilisches Wochenblatt* vom 18. 02. 1803 Nr. 7 und vom 25.02.1803 Nr. 8 (Frdl. Hinweis Winfried Hecht).
[17] Wie Anm. 11.
[18] *Erzberger* (wie Anm. 6) spricht hier irrtümlich von »Räfers«.
[19] Wie Anm. 16, Ausgabe vom 09.12.1803 Nr. 49.
[20] Wie Anm. 12.
[21] Drotte = Kelter. Vgl. *Hermann Fischer,* Schwäbisches Wörterbuch. Bd. 2. Tübingen 1908, Sp. 408.
[22] HSAS A 15 Nr. 75.
[23] Wie Anm. 11.
[24] Wie Anm. 14.
[25] Vgl. *Winfried Hecht,* Die Oberamtmänner der Reichsabtei Rottenmünster, in: RHbl (1997) Nr. 4.
[26] Ebd.
[27] Ebd.
[28] Wie Anm. 14.
[29] DAR M 247 Ortsakte Rottenmünster, Fasz. II.
[30] *Glatz,* Rotenmünster, 70 nennt irrtümlich den 24.03.1850.
[31] DAR M 65 Bd. 2: Toten-Register 1831–1919.
[32] DAR Depositum PfA St. Pelagius Rottweil-Altstadt G XVIII. 15.
[33] Ebd.
[34] Ebd.
[35] Im November 1852 wurden diese heiligen Leiber dem Rottweiler Kirchenkonvent und der dortigen Kirchenpflege überlassen.
[36] DAR M 247 Ortsakte Rottenmünster, Fasz. IV specialia.
[37] DAR Depositum PfA Hl. Kreuz Rottweil Nr.46.
[38] Vgl. Die Amtsvorsteher der Oberämter, Bezirksämter und Landratsämter in Baden-Württemberg 1810 bis 1972, hg. von der AG der Kreisarchivare beim Landkreistag B.-W. Stuttgart 1996, 582 f.
[39] Wie Anm. 37.
[40] Vgl. *Hermann Tüchle,* Von der Reformation bis zur Säkularisation. Geschichte der katholischen Kirche im Raum des späteren Bistums Rottenburg-Stuttgart. Ostfildern 1981, 312.
[41] SAL E 177 Bü 549.
[42] Wie Anm. 38, 383.
[43] Vgl. *Edwin Glükher,* Stadtschultheiß Johann Baptist Marx 1828–1887, in: RHbl (1929) Nr. 5.
[44] Wie Anm. 2, 471 f.
[45] SAL E 312 Bü 2.
[46] Wie Anm. 41.
[47] Vgl. Rottweiler Anzeiger Nr. 47 vom 03.05.1857.
[48] Wie Anm. 41.
[49] Vgl. *Hermann Tüchle,* Die Barmherzigen Schwestern von Untermarchtal. Zur 125-jährigen Tätigkeit der Vinzentinerinnen im Bistum Rottenburg-Stuttgart. Ostfildern 1983, 81.
[50] Wie Anm. 32.

Die Nonnen werden doch auch nicht ewig leben!

Der Konvent der Zisterzienserinnen-Reichsabtei Gutenzell nach der Säkularisation

von Janine Maegraith

Das Zisterzienserinnenkloster Gutenzell

Die Reichsabtei Gutenzell, *ein Stund von Ochsenhausen gegen Osten im Tal*[1] gelegen, wurde nach der Klostertradition um 1237 von zwei Schwestern aus dem Geschlechte »von Schlisselberg« ins Leben gerufen. *Bona Cella* begann als Frauensammlung und nahm unter dem Einfluss Abt Eberhards von Salem schließlich die Zisterzienserregel an, wie in der 1238 von Papst Gregor IX. ausgestellten Schutzurkunde bestätigt wird.[2] 1418 wurde Gutenzell mit allen Reichsfreiheiten ausgestattet und 1521 in die Reichsmatrikel aufgenommen. Es erhielt nun Sitz und Stimme auf Reichs- und Kreistagen.[3] Auf diesem Datum beruhte ein großer Teil des Selbstverständnisses der Gutenzeller Klosterfrauen. Für die Erhaltung der Reichsfreiheit, als ideellem Wert des Klostergutes, investierten sie viel Kraft und Geld. Zusätzlich geschwächt durch zahlreiche bauliche Tätigkeiten, juristische Prozesse und die Auswirkungen der napoleonischen Kriege war das Kloster bei seiner Auflösung hoch verschuldet. Am 9. März 1803 nahm der bayerische Reichsgraf Toerring Gutenzell unter dem Titel einer souveränen Reichsgrafschaft als Entschädigung für die reichsunmittelbare Grafschaft Gronsfeld (sw. von Maastricht) in Besitz. Der Konvent lebte nach der Säkularisation weiterhin in Gemeinschaft zusammen und bewahrte trotz allem sein Selbstverständnis. Nach anfänglichen Schwierigkeiten kam es nach der Reorganisation des weltlichen und religiösen Alltages 1809 zu einem »Einpendeln« und Anpassen an die neuen Verhältnisse. Die letzte Konventsfrau, Violantia Miller, starb 1851.

Dies sind bekannte Rahmendaten. Was bisher weniger bekannt war, ist, dass die Gutenzeller Konventsfrauen und Schwestern zwar weiterhin ungeachtet der veränderten Verhältnisse ihr Ordensleben fortsetzten – was ihnen auch viel Kritik einbrachte –, aber auf ihre Weise versuchten, am gesellschaftlichen Leben teilzuhaben. Der Umgang mit dieser fundamentalen Veränderung, der Säkularisation, und die Situation des Konvents soll im folgenden beschrieben werden. Auf Literatur kann nur begrenzt zurückgegriffen werden.[4] Dafür steht eine reiche und sehr differenzierte Quellenlage zur Verfügung.[5] Wie sah nun das Selbstverständnis der Frauen aus und wie reagierten sie, als ihnen der bisherige Handlungsraum entzogen wurde? Die Kontinuität, das Fortbestehen des Konvents, wurde, durch den Wechsel der Landesherrschaft, mit einem jähen Bruch konfrontiert. Es ist diese über längere Zeit bestehende Parallelität von Bruch und Kontinuität, die zu einer sehr konfliktgeladenen Situation führte. Eine Alternative existierte für die Frauen eigentlich nicht, dieses barg das eigene Selbstverständnis und die pure Notwendigkeit in sich.

1. Phase: Im Vorfeld

Der Konvent zählte 1794 neben der Äbtissin Justina v. Erolzheim 25 Chorfrauen und 15 Laienschwestern – wahrscheinlich der Höchststand seit seinem Bestehen.[6] Die Klosterordnung, geschildert in der Visitation von 1794, lässt keine Ausnahmesituation erkennen. Abt Xaverius von Kaisheim bemerkte zufrieden, dass die klösterliche Disziplin *wenigstens dem we-*

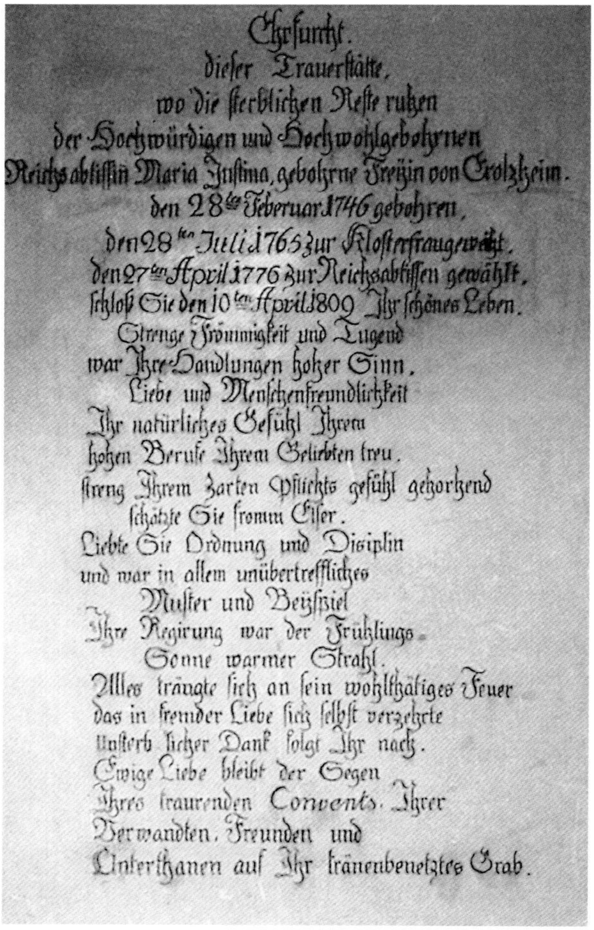

Äbtissin Maria Justina von Erolzheim (1776–1803)
Gedenkstein für die letzte Äbtissin Gutenzells.
Der Nachruf stammt vom Gräflich Törring'schen Rat Banghard.
Pfarrkirche Gutenzell.

sentlichen nach, bishero noch unzerstört und ganz rein sind erhalten worden. Allerdings erkannte er beim Chor eine *sichtbare Nachlässigkeit.*[7] Doch angesichts der üblichen Ermahnungen erscheint dies im Rahmen und lässt eine gewisse Konstanz erkennen.[8] Auch die soziale Zusammensetzung des Konventes spielte lange eine wichtige Rolle im Selbstverständnis Gutenzells. Die Herkunft aus überwiegend landadeligen und ritterschaftlichen Familien wurde vor allem im 17. Jh. betont. Im 18. Jh. kamen vermehrt Frauen aus vermögendem städtischem Bürgertum hinzu.[9] Doch bewahrte man ein gewisses Standesbewusstsein, indem die Äbtissinnen meist aus dem Landadel stammten.[10] Für die Jahre vor der Säkularisation können noch keine Erscheinungen beobachtet werden, die auf einen inneren Zerfall schließen ließen.

Die Besitzungen Gutenzells erstreckten sich im Vorfeld der Säkularisation auf das Dorf Gutenzell, den halben Teil von Kirchberg, je ein Drittel von Achstetten und Holzheim, den Weilern Bollsberg, Kippenhausen, Niedernzell, Weitenbühl, Huggenlaubach, sechs Höfe zu Edenlaubach, vier Höfe in Rot (Burgrieden), einen Hof zu Erolzheim und den Glaserhof. Es wurden 180 Untertanenfamilien in eigener und 20 in fremder Jurisdiktion gezählt.[11] Das Herrschaftsgebiet war vergleichsweise unzusammenhängend. Gutenzell war es trotz einiger Bemühungen nicht gelungen, es zu arrondieren. Es konnte sich aber die niedere und hohe Gerichtsbarkeit in langen Prozessen erkämpfen.[12] Der Fortbestand der Herrschaftsrechte und der Reichsunmittelbarkeit war für Gutenzell bis zum Schluss von überragender Bedeutung.

Die wirtschaftlichen Verhältnisse allerdings formen ein anderes Bild. Sie waren im Vorfeld der Säkularisation geprägt von Verschuldung bedingt durch Kriegsbeiträge, die Gutenzell als Reichsstand zu leisten hatte, und Bemühungen um die Erhaltung seiner Herrschaftsrechte. Eine Verschuldung hatte schon in den 1760er/70er Jahren eingesetzt und führte mit den steigenden jährlichen Zinszahlungen langsam in eine ausweglose Situation.[13] Das Selbstverständnis als Reichsstift bedingte kostspielige Bemühungen um die Sicherung der Herrschaftsrechte. Seit den 1790er Jahren versuchte man durch einen höheren Holzertrag die steigende Verschuldung ein wenig in den Griff zu bekommen.[14] Die eigentlichen Haupteinnahmen aus der Landwirtschaft waren kriegsbedingt in dem Maße vermindert worden, dass sie als Stütze der Klosterwirtschaft nicht mehr ausreichten.[15] V. a. die hinzukommenden Kriegskontributionen und Einquartierungskosten schwächten das Kloster stark. Eine Überschätzung der wirtschaftlichen Kräfte und das Zusammenfallen mit den äußeren Veränderungen trugen dazu bei, das Kloster in eine ausweglose Situation zu manövrieren. Bei der Übernahme sah sich Graf Toerring schließlich vor einem fast unüberwindbaren Schuldenberg.[16]

Gutenzell war als Mitglied des schwäbischen Reichsprälatenkollegiums über die politischen Entwicklun-

Die Reichsabtei Gutenzell im 18. Jh.
Die Klosteranlage unter dem Schutz der Patroninnen Thecla und Agatha.
Gutenzell, Klostermuseum.

gen gut informiert. Anfragen über aktuelle Ereignisse waren genauso Thema wie Pläne, den Ereignissen aktiv entgegenzutreten.[17] Zusätzlich pflegte die Äbtissin eine rege Korrespondenz mit den anderen geistlichen Fürsten über die drohende Entwicklung.[18] Als Ende 1802 dem Konvent die Verwaltung des Klostergutes entzogen wurde, war dies keine Überraschung, doch sollte es Jahre dauern, bis sich eine neue »Normalität« etablieren konnte.

2. Phase: Bruch und Raumverlust (1802/03)

Die Ochsenhausener Subdelegation übernahm die Verwaltung der Klosterherrschaft Mitte November provisorisch, ab 1. Dezember dann wirklich und führte sie bis zum RDH am 25. Februar 1803 und bis zur tatsächlichen Inbesitznahme durch den Reichsgrafen Toerring am 9. März 1803. Der Konvent zählte zu der Zeit neben der Äbtissin 22 Konventsfrauen, eine Novizin und 13 Schwestern.

Die Vorbereitung

Joseph v. Schott, Edler v. Scharfenberg, von 1785 bis 1802 Kanzler des Klosters Ochsenhausen, wurde im August 1802 zum *Oberadministrator der zur Entschädigungsmasse gezogenen Klöster Ochsenhausen, Heggbach, Gutenzell, Schussenried und Rot sowie weiter außerhalb gelegener Institute*.[19] Er war damit Weisungsbefugter und Ansprechpartner für die Äbtissin Gutenzells zugleich. Denn v. Schott hatte zuvor Gutenzell im Prozess gegen Biberach vertreten und stand während der Übergangszeit der Äbtissin weiterhin beratend zur Seite. Auch als er die Besitzergreifung des Klosterguts organisierte, bemühte er sich um eine faire Behandlung Gutenzells.[20]
Der Besitzwechsel des Reichsstifts Gutenzell wurde noch vor dem 15. November mit der Aufforderung eingeleitet, eine Deklaration über die Vermögensverhältnisse abzugeben.[21] Ziel war eine Bestandsaufnahme des gesamten Besitzes. Am 13. November wurde die Äbtissin über die begonnene Arbeit der Kommission in Ochsenhausen unterrichtet, das Klostergut werde am 15. November 1802 provisorisch in Besitz genommen und ab 1. Dezember schließlich zum Zivilbesitz erklärt.[22] In einer offiziellen Bekanntgabe wurden am 15. November alle Beamten, Untertanen und Angehörigen des Stifts über die Inbesitznahme und Administration durch die Subdelegation informiert. Sie wurden aufgefordert, ihre Geschäfte weiterzuführen, aber ihre Befehle ab Dezember nur noch von den Kommissionen und deren Subdelegierten und Oberadministrator v. Schott entgegenzunehmen.[23] Der nächste Schritt war die vollständige Erfassung des gutenzellischen Vermögens als Basis der Verteilung bei der Entschädigungssache.[24] Die Konventsfrauen mussten dabei zusehen, wie ein penibles Gutachten ihrer ehemaligen Besitzungen erstellt wurde. Um eine entsprechende Verwaltung zu garantieren, hatten Oberamtmann Weickmann und Bursierin Josepha Krismar die genaue Beobachtung der Amtsgeschäfte in einer Erklärung zu versprechen.[25]
Vor allem die geistlichen und weltlichen Rechnungsführer hatten sich bestimmten Verhaltensvorschriften zu unterwerfen: Neben der gewissenhaften Erfüllung ihrer Amtspflichten waren sie v. Schott Bericht schuldig. Die Aufsicht der Untergebenen sollte verschärft, die Interessen des Territoriums nach außen verteidigt und die innere Ordnung weiterhin gesichert werden. Alle Veränderungen am Vermögensstand sollten vermieden und der bestmögliche Status durch Rückforderungen und Sparsamkeit hergestellt werden.[26] Zur genaueren Erfassung der *politischen und ökonomischen Situation* wurden die *Fassionen* in einheitlichen Tabellen angefordert und eine ausführliche Beschreibung und Inventarisierung des Klostergutes angefertigt.[27] Schnell und geordnet sollte alles über die Bühne gehen.[28] Um die finanzielle Situation besser in den Griff zu bekommen *und eine den jetzigen Zeitumständen angemessene Oekonomie einzuführen*, wurden schon im Dezember 1802 von Schott die ersten Verbesserungsversuche eingeleitet. Dazu gehörte die Entlassung nicht notwendigen Klosterpersonals. Die *Veräuserung des entbehrlichen Dienststandes und Abdankung des überflüssigen Gesindes in sämtlichen Gotteshäusern* wurde schließlich verfügt.[29]
Eine möglichst geordnete Vermögenssituation der Entschädigungsmasse zu organisieren, war sicher ein administrativer Kraftakt.[30] In einer vorläufigen Einkommensaufstellung kam das Reichsstift Gutenzell auf ein jährliches Einkommen von 13.644 fl.[31] Die

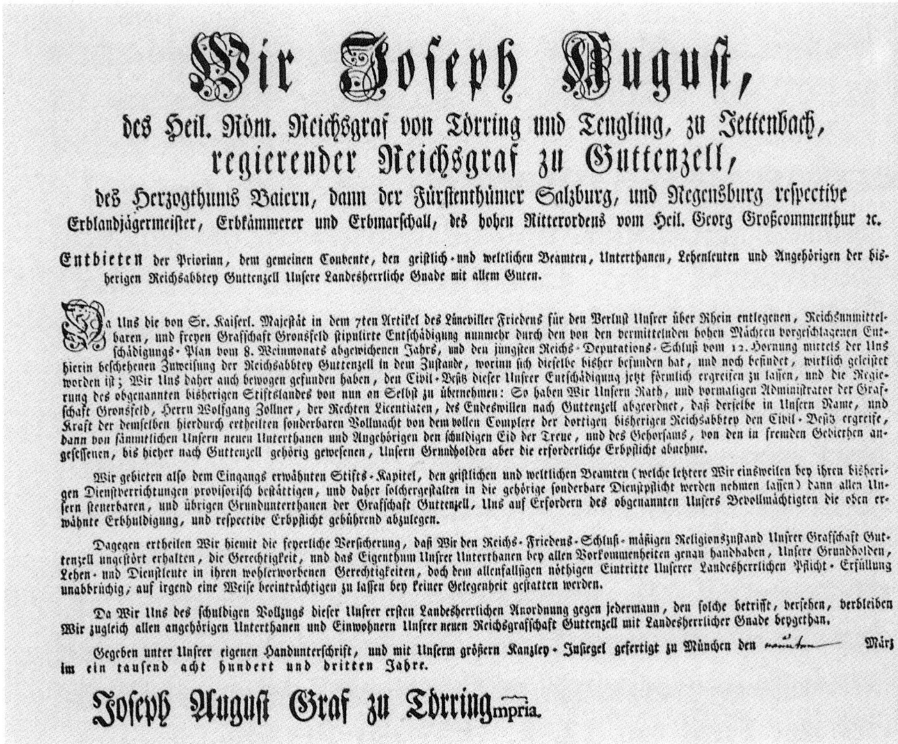
Wir Joseph August,
des Heil. Röm. Reichsgraf von Törring und Tengling, zu Jettenbach,
regierender Reichsgraf zu Guttenzell,
des Herzogthums Baiern, dann der Fürstenthümer Salzburg, und Regensburg respective
Erblandjägermeister, Erbkämmerer und Erbmarschall, des hohen Ritterordens vom Heil. Georg Großcommenthur rc.

Entbieten der Priorinn, dem gemeinen Convente, den geistlich- und weltlichen Beamten, Unterthanen, Lehenleuten und Angehörigen der bisherigen Reichsabbtey Guttenzell Unsere Landesherrliche Gnade mit allem Guten.

Da Uns die von Sr. Kaiserl. Majestät in dem 7ten Artikel des Lüneviller Friedens für den Verlust Unsrer über Rhein entlegenen, Reichsunmittelbaren, und freyen Grafschaft Gronsfeld stipulirte Entschädigung nunmehr durch den von den vermittelnden hohen Mächten vorgeschlagenen Entschädigungs-Plan vom 8. Weinmonats abgewichenen Jahrs, und den jüngsten Reichs-Deputations-Schluß vom 12. Hornung mittels der Uns hierin beschehenen Zuweisung der Reichsabbtey Guttenzell in dem Zustande, worinn sich dieselbe bisher befunden hat, und noch befindet, wirklich geleistet worden ist; Wir Uns daher auch bewogen gefunden haben, den Civil-Besitz dieser Unsrer Entschädigung jetzt förmlich ergreifen zu lassen, und die Regierung des obgenannten bisherigen Stiftslandes von nun an Selbst zu übernehmen: So haben Wir Unsern Rath, und vormaligen Administrator der Grafschaft Gronsfeld, Herrn Wolfgang Zollner, der Rechten Licentiaten, des Endeswillen nach Guttenzell abgeordnet, daß derselbe in Unsern Name, und Kraft der demselben hierdurch ertheilten sonderbaren Vollmacht von dem vollen Complexe der dortigen bisherigen Reichsabbtey den Civil-Besitz ergreife, dann von sämmtlichen Unsern neuen Unterthanen und Angehörigen den schuldigen Eid der Treue, und des Gehorsams, von den in fremden Gebiethen angesessenen, bis hieher nach Guttenzell gehörig gewesenen, Unsern Grundholden aber die erforderliche Erbpflicht abnehme.

Wir gebieten also dem Eingangs erwähnten Stifts-Kapitel, den geistlichen und weltlichen Beamten (welche letztere Wir einsweilen bey ihren bisherigen Dienstverrichtungen provisorisch bestättigen, und daher solchergestalten in die gehörige sonderbare Dienstpflicht werden nehmen lassen) dann allen Unsern steuerbaren, und übrigen Grundunterthanen der Grafschaft Guttenzell, Uns auf Erfordern des obgenannten Unsers Bevollmächtigten die oben erwähnte Erbhuldigung, und respective Erbpflicht gebührend abzulegen.

Dagegen ertheilen Wir hiemit die feyerliche Versicherung, daß Wir den Reichs-Friedens-Schluß-mäßigen Religionszustand Unsrer Grafschaft Guttenzell ungestört erhalten, die Gerechtigkeit, und das Eigenthum Unsrer Unterthanen bey allen Vorkommenheiten genau handhaben, Unsere Grundholden, Lehen- und Dienstleute in ihren wohlerworbenen Gerechtigkeiten, doch dem allenfallsigen nöthigen Eintritte Unserer Landesherrlichen Pflicht-Erfüllung unabbrüchig, auf irgend eine Weise beeinträchtigen zu lassen bey keiner Gelegenheit gestatten werden.

Da Wir Uns des schuldigen Vollzugs dieser Unsrer ersten Landesherrlichen Anordnung gegen jedermann, den solche betrifft, versehen, verbleiben Wir zugleich allen angehörigen Unterthanen und Einwohnern Unsrer neuen Reichsgrafschaft Guttenzell mit Landesherrlicher Gnade beygethan.

Gegeben unter Unsrer eigenen Handunterschrift, und mit Unserm größern Kanzley-Insiegel gefertigt zu München den März im ein tausend acht hundert und dritten Jahre.

Joseph August Graf zu Törring mpria.

Besitzergreifungspatent Graf Joseph August Toerrings vom 9. März 1803
KA Biberach, Gutenzeller Archiv.

nächste Hürde war die Berechnung des Schuldenstandes. Das Ergebnis ließ ein recht trauriges Licht auf das Stift fallen. Man schätzte die Passiva auf ca. 193.000 fl.[32] Am 25. Februar 1803 schließlich wurde dem Oberamt Gutenzell die Entschließung der Reichsdeputation mitgeteilt, wonach die Reichsgrafen nun von den ihnen zugeteilten Entschädigungsobjekten Besitz ergreifen könnten. Bis dahin bleibe noch die Oberadministration zuständig.[33]

Die Inbesitznahme durch Graf Toerring

Joseph August Graf zu Toerring nahm offiziell am 9. März 1803 Gutenzell als Entschädigung für die Grafschaft Gronsfeld in Besitz.[34] Er entsandte den gräflichen Rat Wolfgang Zollner, den ehemaligen Administrator von Gronsfeld, der stellvertretend für ihn vor Ort die Huldigung der Untertanen entgegenzunehmen hatte.[35] Die ersten Monate nach der Inbesitznahme waren für die Zukunftsgestaltung des Konventes entscheidend. Die Konventsfrauen hatten sich für das Zusammenbleiben im Kloster entschieden.[36] Sie nahmen dafür in Kauf, zum *Aussterbekloster* zu werden: Sie durften keine Novizinnen mehr aufnehmen und sahen sich daher einer langsamen Überalterung und Dezimierung ausgesetzt. Nun musste die Basis für ihre weitere Versorgung gelegt werden.

Bald nachdem Äbtissin Justina v. Erolzheim von der letztendlichen Zuteilung Gutenzells erfahren hatte, stellte sie in einem Schreiben an Graf Toerring fest: Das *bis daher bereits über 600 volle Jahre selbst unter tausend Unglücksfällen und Kriegsdrangsalen erhaltene Reichs Stift ist nun bey gegenwärtiger Saecularisations Epoche um so glücklicher, als es abermal an ein Hochgräfliches Haus zurückkehret, wo rühmlichst bekanntermassen eine unbegränzte Gerechtigkeit und Herzensgüte jede Eigenschaft des erhabenen Charakters noch mehr veredele. Vertrauensvoll auf diese nehme ich mir die Freyheit, Euer Excellenz das hiesige adeliche R[eichs] Stift zur gütigsten Aufnahme, fernere Erhaltung und schätzbarsten Protektion andurch ehrerbietigst zu empfehlen.*[37] Außerdem übergab sie dem

gräflichen Rat die klösterlichen Siegel und Wappen.[38] Die Antwort Toerrings fiel sehr nüchtern aus angesichts seines Verlustes von Gronsfeld und der Entschädigung mittels des Verlustes eines anderen. Gutenzell könne dafür nur ein mäßiger Ersatz sein.[39] Allerdings mache er es sich zum Ziel, für den Wohlstand seiner neuen Untertanen zu sorgen.

In einer Erklärung entließ die Äbtissin im März 1803 sämtliche Untertanen aus ihren Eiden und Pflichten und würdigte ihre bisherige Treue und Zutrauen. Priorin Magdalena Klauber und Konvent verpflichteten sich dem neuen Landesherrn.[40] Toerring selbst kam erst im Juni 1803 nach Gutenzell, vermied aber weitere Besuche, so gut es ging.[41] So musste der gräfliche Rat das ehem. Stift stellvertretend verwalten. Er begann mit der Einschätzung des neuerworbenen Besitzes. Als die hohe Verschuldung Gutenzells zutage trat, konnte Graf Toerring seine Enttäuschung kaum verbergen. War es zuerst Ungläubigkeit darüber, dass man ihn mit einem so hoch verschuldeten Kloster entschädigt hatte, so trat bald der Vorwurf an Äbtissin und Oberadministration hinzu, ihn nicht vollständig informiert zu haben. *In den Acten ist es durch eigenes Geständnis sowohl, als in anderen Dingen zu genügen bewiesen, daß sich die Abbtey Guttenzell bey den vorhandenen so grossen, und so vereinzelten Schulden Last nicht mehr, und um so weniger hätte erschwiegen können, als selbe bereits zu Tilgung der Interessen nicht nur alles Verkaufbare verkauft, sondern auch zu diesem Endzweck allein immer neue Kapitalien aufgenommen hat.*[42] Die Hauptsache der Einnahmen würde über Jahre hinweg für die Schuldenrückzahlung herhalten müssen; der Rest wurde für die laufenden Kosten wie Besoldungen und Pensionen des Konvents benötigt.

Für den Konvent war das Klostergut Teil seines Selbstverständnisses geblieben. Die Äbtissin sah sogar im neuen Landesherrn einen neuen Stifter des Klosters, der die Probleme lösen und es in Schutz nehmen würde – wie es schon zweimal in der Geschichte des Klosters geschehen war. Eine fatale Fehleinschätzung der Situation. Für den neuen Besitzer zählte nur der Ertrag, und Toerring befürchtete nun, statt einer Entschädigung eine zusätzliche Belastung erhalten zu haben. All dies bedeutete keine besonders glückliche Ausgangslage in der Beziehung zwischen dem enttäuschten Grafen und dem nicht minder enttäuschten, da enteigneten Konvent. In diesem Falle hatte die Säkularisation keine der Parteien zufrieden gestellt.

3. Phase: Die langsame Etablierung (1803–09)

Mit dem Besitzerwechsel trat der Konvent in eine neue Phase seines Bestehens, das vor allem durch eine Orientierungssuche zwischen Kontinuität einerseits, und Bruch andererseits geprägt war. Auf der einen Seite bewahrten die Frauen ihre Identität als Konvent. Auf der anderen Seite sahen sie sich neuen Erwartungen gegenüber, die ihrer Entscheidung zu widersprechen schienen. Ihnen blieb es damit nicht erspart, sich mit den neuen Verhältnissen zu arrangieren. Dies fiel vor allem der Äbtissin Justina sehr schwer. Sie konnte nicht einfach von ihren bisherigen Rechten und Lebensstil lassen, wie es von ihr erwartet wurde. Eine zusätzliche Schwierigkeit bildeten dabei die veränderten personellen Konstellationen: Neben dem neuen Landesherren und seinem Rat sah sich Justina mit einem Weltgeistlichen, Augustin Rugel, konfrontiert. Alle Verbindungen zu ihrer alten Welt waren abgerissen, ein Zurück unmöglich.

Graf Toerrings Verhältnis zu Gutenzell

Die Grundvoraussetzungen schienen für Gutenzell günstig: Den Frauen wurde ein weiteres Gemeinschaftsleben ermöglicht, die Versorgung zugesichert und ihre Lebensweise vorerst akzeptiert. Graf Toerring war zwar von der Klosterwirtschaft enttäuscht, hatte aber kein Interesse, dem Konvent deshalb entgegenzutreten.[43] Noch gab er sich optimistisch. Er ging nicht davon aus, dass das Reich ihm ein Objekt zugewiesen hätte, das ihn ärmer machte: [...] *so arg wird es aber doch nicht seyn, denn die Subdelegierten sind eines solchen Missgriffes im Entschädigungsgeschäfte nicht fähig.* Was nun an Pensionen für die Konventsfrauen gezahlt werden könne, werde der Rest nach Abzug aller wichtigen Ausgaben zeigen.[44] Doch als der letztendliche Schuldenstand festgestellt war, urteilte Toerring, es gereiche *der Frau Abbtissin zu keiner Ehre und zur schlechten Empfehlung, daß alle*

197.901 fl. Schulden unter ihrer Regierung seit 1788 entstanden sind; da die Kriegszeiten dies unmöglich allein veranlaßt haben können; so muß sehr fahrlässige Wirthschaft geführt worden seyn [...].[45] Das Gut müsse sich nun aus eigener Krafte herausziehen. Daher werde er sich auch nicht beeilen, über die Pensionshöhe der Konventsmitglieder zu entscheiden.[46] Einstweilen ging er daran, das Gut neu zu organisieren. Um eine absehbare Schuldentilgung zu ermöglichen, wurde die Entlassung der Angestellten, die Neuregelung der bestehenden Pachtverträge und der Verkauf alles Entbehrlichen beschlossen.[47]

Nach wiederholter Kritik der Finanzlage Gutenzells begann Justina, sich und ihre Regierung gezielt zu rechtfertigen. Verantwortlich sei vor allem die *Saecularisations Epoche*, der langjährige Krieg und die Erhaltung der Landeshoheit gewesen. Sie war überzeugt, dass das Gut bald das Doppelte abwerfen könne und erhoffte sich daher ein gutes Pensionsangebot.[48] Im April schließlich bestimmte Toerring eine provisorische Versorgung: Danach kamen der Äbtissin vorerst 600 fl. pro Jahr, den 22 Chorfrauen 200 fl., und den 13 Schwestern 100 fl. zu. Davon musste der Konvent alle anfallenden Kosten außer der Unterhaltung des Gebäudes bestreiten.[49] Ihrem Wunsch, das Ordensleben wie bisher fortzuführen, hatte er nichts entgegenzusetzen. Er wollte nur jeglichen Einfluss des Ordens ausgeschlossen sehen: *Das dermalige Convent braucht keine andere als die bischöfliche und meine Oberaufsicht, und kein Abbt des Orden solle daselbst mehr etwas anzuordnen haben* [...].[50] Toerring hoffte, Justina wisse sein Pensionsangebot zu würdigen. Als sie aber dagegen protestierte, erkannte Toerring, *daß sich dieses ehemalige Stift in seine wahre Lage gar nicht zu versetzen, den klaren Sinn des Reichsschlußes sich nicht eigen zu machen wisse* [...]. Er musste ihr gegenüber deutlich machen, dass *das Stift Uns, und nicht Wir selbes zu entschädigen haben*, und dass sich das von der Reichsdeputation festgesetzte Pensionsminimum, auf das sich die Äbtissin bezog, nur auf den Fall beziehe, dass die Äbtissin austrete. Schließlich hatte der Rat dem Konvente zu erklären, *daß wenn nicht am bäldsten eine Uns genügende Aeusserung erfolget, wir sogleich Uns mit dem Constanzischen Ordinarius wegen gänzlicher Auflösung des Conventes in Correspondenz setzen, und die Sache ernstlich betreiben werden.*[51] Ungeduld machte sich breit. Die Äbtissin erhoffte eine standesgemäße Pensionierung, und Toerring zog rein ökonomische Erwägungen vor. Justina wandte sich nun an den Generalvikar von Konstanz, Ignaz Heinrich v. Wessenberg (1774–1860), und ersuchte um seinen Schutz.[52] Der Generalvikar beruhigte sie; eventuelle Eingriffe oder Auflösungen innerhalb seines Bistums werde er nicht dulden. Dem Grafen aber empfahl er eine höhere Pension der Äbtissin.[53] Als Toerring die erwartete Einverständniserklärung von Äbtissin und Konvent erhielt, ließ er sich doch zu Zugeständnissen verleiten.[54] Er nutzte schließlich seine Anwesenheit in Gutenzell im Juni 1803 um die Sache abzuschließen: Die Äbtissin erhielt jährlich 1000 fl., die Priorin 300 fl. und die Wirtschaftsführerin 250 fl. Jede Chorfrau bekam jährlich 200 fl. und jede Laienschwester 100 fl. zugeteilt. Außerdem erhielten sie Naturalien in Form von Holz, Stroh, Getreide und Wiesenbenutzung.[55] Toerring zeigte sich bei den Pensionen durchaus generös, wenn es auch der Äbtissin nicht weit genug ging.[56]

Der gräfliche Rat Valentin Banghard

Am 14. Juni 1803 reiste Graf Toerring in Begleitung seines neuen Rates Valentin Banghard das erste Mal nach Gutenzell.[57] Banghard löste den am 17. Mai 1803 verstorbenen Rat Wolfgang Zollner ab.[58] Als seine vordringlichste Aufgabe wurde ihm abermals die Schuldensache des ehemaligen Klostergutes nahe gelegt. Unerlässlich blieben für Toerring die regelmäßigen Berichte des Rates vor Ort, da er seine Entscheidungen aus der Ferne traf.[59] Valentin Banghard gab sich alle erdenkliche Mühe, das Gut wieder rentabel zu machen. Entsprechend wurde der vorherigen Klosterverwaltung Misswirtschaft vorgeworfen.

Doch zum Überdruss der gräflichen Verwaltung kam es auch nach der Aushandlung der Pension weiterhin zu Beschwerden. *So äußerst dienstfreundschaftlich dieselben inzwischen sind, so haben sie aber auch täglich um etwas neues zu bitten.*[60] Im Großen und Ganzen mussten sie sich zwar an einen neuen Lebensstandard gewöhnen, aber selten wirkliche Not leiden.

Mit seiner Kritik an der Konventswirtschaft brachte Banghard die Armut Gutenzells in direkten Zusammenhang mit der bisherigen Wirtschaftsweise. So be-

klagte er sich darüber, dass die Menschen immer noch am *verjährten Herkommen* hingen. Sie erinnerten sich noch, *wie es einmal so gut im wohlthätigen Schatten des Krummstabs* [sich habe] *wohnen lassen.* Doch in Gutenzell – weniger auf den Weilern – herrsche *fast durchgehendt die drückendste Armuth.* Er warf dem Kloster vor, durch *blindes Wohlthun* Eigeninitiativen im Keim erstickt zu haben. Banghard hatte Großes vor, wollte er doch in absehbarer Zeit eine neue Arbeitseinstellung und *Industrie und Gewerbsamkeit* in Gutenzell einführen.[61] Aber die Armut der Untertanen war auch mit dem Herrschaftswechsel verbunden. Alle Klosterbediensteten waren entlassen worden, und das Gewerbe hatte den wichtigsten Auftraggeber, das Kloster, verloren. Diese Rolle wurde vom neuen Landesherrn noch nicht ausgefüllt. So schrieb Banghard an Toerring: *Der größte Theil, worunter jetzt auch viele ehemalige Klosterbedienstete sich befinden, darbt* [...] *in kömmerlicher Armuth, und seine traurige Lage ist auf keine andere Weise zu verbessern, als wenn von gnädigster Herrschaft diesen Armen gleichsam Gegenstände gegeben werden, an denen sie ihren willigen Fleiß üben* [...] *und so allmählig zu einem bessren Wohlstande sich erheben können.*[62]

Württemberg 1806: Eine neue politische Landschaft

Mit der Rheinbundakte 1806 änderte sich nochmals die politische Situation und für den Konvent die religiöse Oberaufsicht. Gutenzell kam unter die Landeshoheit Württembergs. Graf Toerring stellte es seinen Untertanen frei, dem König von Württemberg den Huldigungseid zu leisten. Er selbst weigerte sich, neben dem bayerischen König noch einem anderen Souverän zu huldigen. Er warnte Banghard vor dem *Königlichen Unwillen über Gutenzell* und rechnete mit der Möglichkeit, es ganz an Württemberg zu verlieren.[63] Aufgrund seiner fortgesetzten Weigerung wurde über Gutenzell Anfang 1807 der Sequester verhängt. Doch musste der Eid schließlich im Juli geleistet und der Sequester wieder aufgehoben werden.[64] Am Ende beließ Württemberg Toerring die Einkünfte der Grafschaft Gutenzell, dafür aber auch die Schulden.[65] Banghard versuchte später Toerrings Enttäuschung darüber zu lindern und versicherte, dass Gutenzell bald rentabel werde. *Die Nonnen werden doch auch nicht ewig leben; die dermaligen harten Zeiten nicht ewig währen.*[66] Wirtschaftlich hatte sich für die Klosterfrauen wenig geändert, dafür politisch um so mehr: Ihr oberster Souverän war der König, aber ihre Pensionen bezogen sie weiterhin von Toerring. Was sich deutlich änderte, war die geistliche Zuständigkeit.

Augustin Rugel (1762–1825) und der Konvent[67]

Justinas größte Befürchtung war es, dass ein Weltpriester in Gutenzell eingesetzt werde, der wahrscheinlich nicht die nötige Akzeptanz für ihr fortgeführtes Ordensleben hätte.[68] Ihre Besorgnis wuchs, als sie davon erfuhr, dass Augustin Rugel, *welcher vormal aus dem benediktiner Orden R. Stifts Isny getretten, und wirklichen in der Stadt Schwiz des Schweizer Kantons gleichen Namens als Lehrer der schönen Wissenschaften angestellt ist*, sich um die Pfarrei Gutenzell beworben hatte und bat Wessenberg um eine Besetzung durch Kaisheimer Kapitularen.[69] Rugel bewarb sich voller Elan auf die Pfarrstelle in Gutenzell – nicht ahnend, dass Äbtissin Justina, von ihm seine *große Gönnerin und Wohltäterin* genannt[70], dieses zu verhindern suchte. Aber er erhielt ohne Weiteres sowohl die gräfliche als auch bischöfliche Zusage.[71] Die Pfarrei sollte nun auf einen *von den klösterlichen Verhältnissen des dasigen Frauenstiftes ganz unabhängigen* Fuß gestellt und zukünftig nur von Weltpriestern versehen werden. Außerdem war eine Ausdehnung der pfarrlichen Jurisdiktion auf den Konvent geplant.[72] All dieses widersprach den Vorstellungen Justinas. Sie wollte die Amtseinführung Rugels verhindern, konnte aber nichts mehr rückgängig machen. Von bischöflicher Seite versuchte man sie zu beruhigen: wenigstens sei Toerring gewillt, den bisherigen Beichtvater zu belassen.[73]

Am 12. August 1803 wurde durch Toerring die Pfarrei Gutenzell gestiftet[74], und am 21. September 1803 traf Rugel in Gutenzell als erster Weltgeistlicher ein. Am 28. Oktober schließlich erfolgte seine Investitur.[75] Gutenzell war eine von den Klostergeistlichen seelsorgerisch vernachlässigte Gemeinde. Es war daher Rugels Hauptinteresse, das geistliche Leben den bischöflichen Verordnungen gemäß neu zu ordnen.[76] Besonders Erziehung und Schule lagen ihm am Herzen. Auch wenn Rugel versuchte, Änderungen schonend einzuführen, so waren diese bei Konvent und Gemeinde oft mit hartnäckigem Widerstand verbunden.[77]

Beichtvater-Auseinandersetzung

Äbtissin Justina war nicht bereit, das Feld einem Weltgeistlichen zu überlassen. Besonders anschaulich wird dies bei der Neubesetzung der Beichtvaterstelle. Traditionell war der Beichtvater in Gutenzell allein zuständig für den Bereich der Klausur, während dem Pfarrer der äußere Bereich zustand. Diese Trennung wurde jedoch nicht sofort nach der Säkularisation aufgehoben, sondern allmählich aufgeweicht.[78] Als sich 1807 der Weggang des Beichtvaters Carl Weber ankündigte, begann ein längeres Tauziehen zwischen Rugel und Justina um die Neubesetzung.[79] Rugel suchte letztendlich die pfarrliche Jurisdiktion über den Konventsbereich zu erhalten und so das letzte Überbleibsel der Klosterzeit zu beseitigen. Damit er nicht unter den *Pantoffel der Klosterfrauen* und ihres Beichtiger komme, setzte sich Rugel dafür ein, das Verfahren über das Ordinariat abzuwickeln.[80] Äbtissin und Konvent hatten inzwischen den Ochsenhausener Exkonventualen Gregor Zoll (1762–1838) vorgeschlagen, der sich allerdings gerade in Böhmen aufhielt. Nachdem Zolls Rückkehr nach Württemberg geklärt war, trat er sogleich seine *Pastoralconcurs* Prüfung an – fiel aber durch.[81] Rugel bezichtigte den Kandidaten schlicht der Unfähigkeit.

Es entspann sich daran ein Zweikampf, bei dem Rugel Zolls Zulassung verzögerte und die Lebensweise des Konvents in Konstanz und Stuttgart kritisierte. Zuvor schon hatte Rugel recht gehässige Aussagen über die beibehaltene klösterliche Ordnung gemacht, die wahrscheinlich auf seine Unzufriedenheit über die nur schleppenden Änderungen zurückzuführen sind.[82] Dass er aber Justina in Konstanz und Stuttgart zu unterminieren versuchte, verzieh ihm sogar Banghard nicht: *Sein* [Rugels] *Unwillen ist zurückgetreten, und dadurch nur um desto erbitterter und intriganter im Stillen geworden. Solang die Leidenschaft laut ist, finde ich sie noch viel ehrlicher, als wenn sie diesen stillen, intriganten Karakter annimmt.* [...] *In dieser einzigen Sache bin ich mit dem sonst so braven und würdigen Herrn Pfarrer ganz nicht zufrieden.*[83] Erst nach langem Hin und Her und seiner wiederholten Prüfung wurde Zoll im Oktober 1808 admittiert, aber noch nicht eingesetzt.[84] Letztendlich konnte er sein Amt erst nach dem Tode der Äbtissin Anfang Mai 1809 antreten.[85] Rugel aber hatte während der zähen Verhandlungen etwas anderes erreicht: In einer bischöflichen Verordnung wurde die Aufgabe des Beichtigers als Pfarrgehilfen definiert, dem Konvent volle Gewissensfreiheit zugesagt und dem Pfarrer alle Rechte über die Konventsfrauen zugeteilt.[86] Die Position des Beichtvaters war die eines Aushelfers bei der Seelsorge geworden. Somit wurde er in allem dem Ortspfarrer unterstellt.[87]

Visitationen und klösterlicher Alltag

Dekan Steinhauser führte im Dezember 1808 im bischöflichen Auftrag eine gründliche Visitation des Konvents durch.[88] Er sollte die bestehende klösterliche Ordnung überprüfen und notwendige Neuerungen einführen. *Überhaupt ist aber zu erforschen, ob die noch existierenden Conventualinnen nicht geeignet sind, zu einem gemeinnützigen weiblichen Erziehungs-Institut den Grund zu legen.*[89] Einhellig sprach sich der Konvent dafür aus, im Kloster zu bleiben. Unterrichten konnten sich nur die Wenigsten vorstellen, was am schlechten Gesundheitszustand oder hohen Alter gelegen haben mag. In der Meinung, dass die Gesundheit vor den Ordensstatuten stehe, führte er einige Erleichterungen im Konvent ein: Die Zeit im Chor wurde verkürzt, die ungesunden Prozessionen eingeschränkt, Dispenz an Fasttagen erreicht und die Tagzeiten etwas erleichtert. Die Exerzitien wurden auf nach Pfingsten verlegt und den Frauen erlaubt, an bestimmten Tagen für sich selbst zu arbeiten. Eine Erleichterung der Klosterdisziplin sollte mit der Reduzierung der Kapitel auf alle zwei Wochen und der Garantie der Gewissensfreiheit bei der Beichte erreicht werden. Allerdings wurde an der Klausur nicht gerüttelt.[90] Steinhauser wurde dabei von den meisten Konventualinnen unterstützt – außer von der Äbtissin. Nur widerstrebend stimmte diese den Änderungen zu. Die königliche Verordnung von 1809 für alle Frauenklöster in Württemberg besiegelte die Unterstellung der Klöster unter Staatsaufsicht und die Ausschließung jeglicher Einwirkung des Ordinariats.[91] Für die Konventsfrauen Gutenzells, die eine sehr liberale Handhabung erfuhren und im Großen und Ganzen ihren religiösen Gewohnheiten nach leben konnten, bedeutete diese Verordnung einen gewaltigen Einschnitt.[92] Von nun an wurden beinahe alle Aspekte ihres gemeinsamen Lebens überwacht und viele bis-

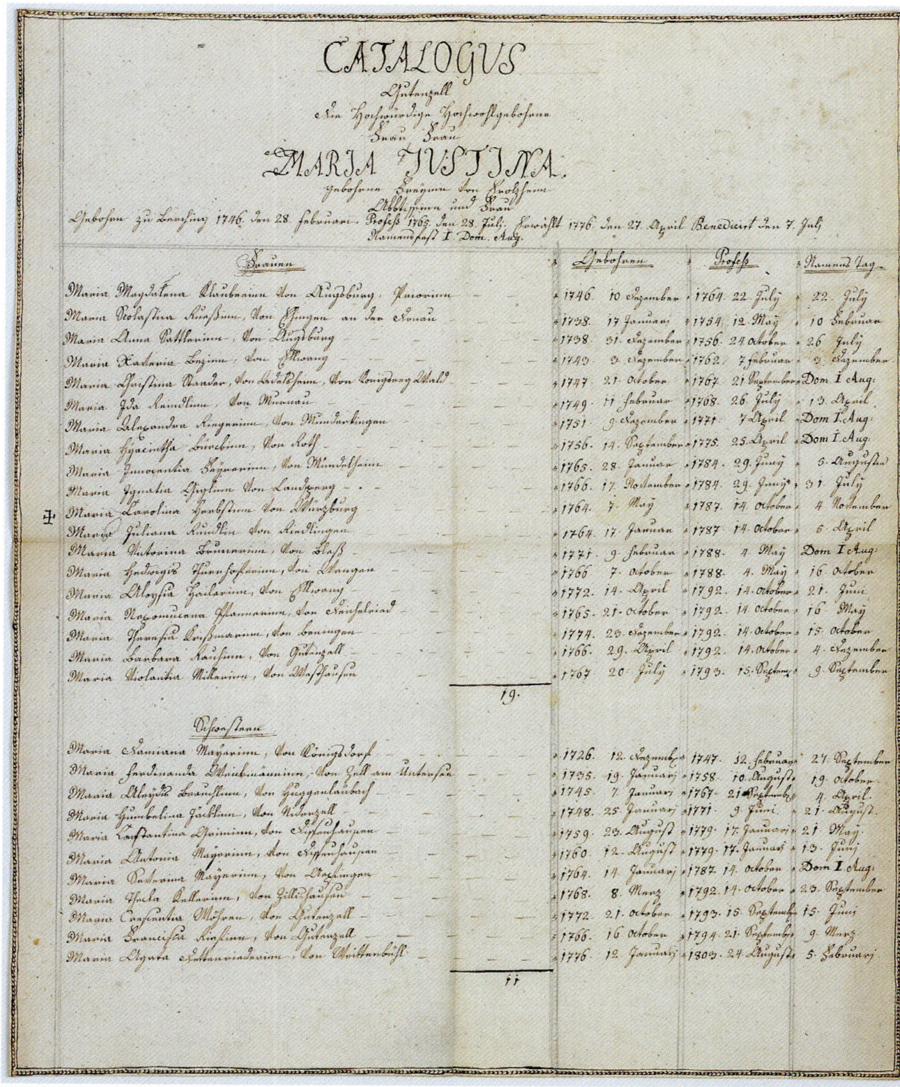
CATALOGUS

MARIA JUSTINA

Konventskatalog Gutenzells, um 1807
Handgeschriebene Konventsliste aus der Zeit nach der Auflösung. PfA Gutenzell.

herige Gewohnheiten abgeschafft. Sie waren kein Kloster mehr, sondern wurden *als ein Zusammenleben der betreffenden Individuen* betrachtet.[93] Einige der Punkte mussten Pfarrer Rugel in seinen Bemühungen bestätigen, doch kritisierte er die *Einladung zum Austritt*[94], ebenfalls Banghard. Mit der Verordnung werde der *Chor geradezu und gänzlich durch dasselbe aufgehoben, das Kloster in Ansehung der Fasten den weltlichen Pfarrkindern durchaus gleichgestellt, die Andacht der sogenannten Exercitien auf zwei Täge im Sommer beschränkt, alle unmittelbare Correspondenz mit dem bischöflichen Ordinariate untersagt, das ganze Kloster unter die Diction und Aufsicht des Decanats-Commissairs gesetzt, eine weitere Liberalität in Ansehung des Spazierengehens der Klosterfrauen eingeräumt und überhaupt eine ziemlich starke Einladung zum Austritt aus dem Kloster ausgesprochen.* Dies hatte fatale Folgen für die Stimmung im Konvent.[95] Für die Äbtissin war die Verordnung ein *Donnerschlag*.[96] Selbst Toerring sah in ihr ein Problem.

Letzter Verordnung, so vernünftig sie ist, wird weder zum Glück, noch langem Leben der Nonnen beitragen.[97]
Rugel erhielt sowohl den königlichen als auch bischöflichen Auftrag, Gutenzell zu visitieren und die Verordnung durchzusetzen.[98] Die Frauen sprachen sich geschlossen für das Verbleiben im Kloster aus. Sie ordneten sich der königlichen Verordnung unter, baten aber vorerst um die Belassung des lateinischen Chors. Als Lehrerin zu arbeiten, konnte sich wiederum nur der kleinste Teil vorstellen.[99] Während bei der Tagesordnung von 1808 noch die alte Klosterordnung erkannt werden konnte und der Chor den Tag maßgeblich gestaltete, so war davon in der Ordnung von 1809 nichts mehr zu erkennen.[100] Der Chordienst wurde großteils durch Arbeitszeiten ersetzt; Andachten nahmen nur noch einen verhältnismäßig kleinen Raum des Tages ein. Hingegen kamen die Erleichterungen der Gesundheit der Frauen sehr entgegen.
Rugel blieb noch bis 1817 Pfarrer in Gutenzell.[101] Nach 1809 hatte er ein relativ normales Verhältnis zum Konvent. Die jüngeren Frauen, zum Teil aufgeklärtem Gedankengut aufgeschlossen, schienen ihn zu unterstützen. Rugels sonstiges Engagement für Gutenzell war bemerkenswert: Die Förderung der Volksschule und die Bildung der Gemeinde waren seine Hauptanliegen. Alten Traditionen entgegenzutreten erforderte Durchhaltevermögen. Er hatte viel zu tun, wenn er einen alten Klosterort dem aufgeklärten Katholizismus näher bringen wollte.

Die Äbtissin Maria Justina von Erolzheim

Justina, 1746 in Pleinfeld (nördlich von Weißenburg in Bayern) geboren, hatte 1765, mit 19 Jahren, die Profess in Gutenzell abgelegt. Nach Rugel hatte sie mehrere Jahre im Konvent als gelernte Apothekerin gearbeitet. 1776 wurde sie zur Äbtissin gewählt und übte dieses Amt bis 1803 aus. Am 10. April 1809 starb Justina v. Erolzheim im Alter von 63 Jahren.[102]
Ihre Persönlichkeit aus den Quellen herauszuschälen ist schwierig. Meist wird sie von Seiten ihrer Kritiker beschrieben. So konzentrierte sich die Unzufriedenheit über ihre fortgeführte Weigerung, die Realität anzunehmen, in der Beschreibung ihrer Person.[103] Die Beurteilungen schwankten zwischen Verehrung und Missbilligung.[104] Man erwartete von der Äbtissin schnelle und widerspruchslose Anpassung. Jeglicher Ansatz, sich ihrerseits zu rechtfertigen, wurde ihr schwer angelastet, und ihre Versuche, der landesherrlichen Regierung entgegenzukommen, misstrauisch beobachtet. Aussagen des Konvents könnten eher noch Aufschluss geben. Dieser bekannte sich von Anfang an zum neuen Landesherrn, sprach jedoch nie das Misstrauen gegen Justina aus, sondern akzeptierte sie weiterhin als Vorsteherin – allerdings nur in geistlichen Sachen, denn an ihrer Regierung im Weltlichen gab es durchaus Kritik. Ihr Charakter lag demnach irgendwo zwischen den Emotionen ihrer Kritiker und dem Urteil ihres Konvents.
Woher aber kam ihre Unzufriedenheit? Justina wurde nach 27-jähriger Amtszeit die Verwaltung der Klosterherrschaft entzogen. Ehemals als Reichsprälatin hoch geachtet, wurde ihre Stellung nun negiert. Innerhalb des Konvents war sie nur noch für das Geistliche zuständig. Der Ordensverband war aufgelöst, ein Weltpriester wurde nun Pfarrer und beanspruchte seine Rechte innerhalb der Klausur. Das bisherige Ordensleben wurde erleichtert. Geboten wurde ihr die Möglichkeit, mit einer Pension im Kloster zu bleiben. All dies konnte sie entweder still ertragen oder laut protestierend ablehnen. Ersteres wurde von ihr erwartet, doch Justina war dafür eine zu starke Persönlichkeit und zu lange im Amt; Widerspruch war daher die Konsequenz. Und damit machte sie sich Feinde, da sie alle Neuerungen behinderte. Zuguterletzt stellte man noch ihre bisherige Regierungszeit der Schulden wegen in Frage. Damit wurde nicht nur ihre Rolle, sondern auch ihr Selbstverständnis angegriffen. So betrachtet war ihre scharfe Reaktion zu erwarten. Die königliche Verordnung von 1809 brachte das Fass zum Überlaufen. *Alle diese Neuerungen waren eben ein giftiger Dorn in das Herz der Frau Abtissin gestossen, welcher [...] vielleicht zu ihrem baldigen Tode beitrug.*[105]
Der Tod der Äbtissin im April 1809 bedeutete den größten Einschnitt im Leben des Konventes nach 1803. Banghard erwartete nun, *die wünschens wertheste Einigkeit, Ruhe und Zufriedenheit in dem Kloster* [...].[106] Ebenso glaubte Rugel, dass nach ihrem Tode *das wichtigste Hinderniß gegen Erleutherung der Frauen in und außer dem Chor gehoben war.*[107] Toer-

ring selbst reagierte verhalten auf den Tod der Äbtissin; er hoffte, dass das Kloster nun nicht mehr gestört werde.[108] Die Beziehung zwischen Konvent und gräflicher Regierung sollte sich tatsächlich zunehmend normalisieren.

4. Phase: Geregelte Koexistenz (1809–1828)

Langsam kam der Konvent mit der neuen Realität überein. Die Frauen lernten, mit ihrer Pension zu leben. Es spielte sich sowohl mit dem Pfarrer als mit der gräflichen Verwaltung eine Art geregelte Koexistenz ein. Die harten Auseinandersetzungen gehörten der Vergangenheit an.

Im Alltag des Konvents ergaben sich Schnittstellen nach außen. Die Konventsfrauen versuchten auf ihre Weise, am gesellschaftlichen Leben teilzuhaben. Im Bereich des Gottesdienstes beteiligten sich einige Frauen aktiv an dessen musikalischer Gestaltung. Die Klosterapotheke bestand noch bis zum Jahre 1839 fort, und schließlich waren zwei Konventsfrauen maßgeblich an der Gründung einer Industrieschule in Gutenzell beteiligt. Rugel verzeichnete zufrieden in seiner Visitation 1812: *Aus diesem erhellet nun, daß von keiner Seite eine Klage vorgekommen seye, und diese guten Frauen in stiller Eingezogenheit, und im Ganzen in schwesterlicher Eintracht und Harmonie zusammen dahin leben, ohne jemand im mindesten zu genieren. Vielmehr muß der Visitator demselben das ungeheuchelte Zeugnis geben, daß sie zur Zierde und Verherrlichung des öffentlichen Gottesdienstes ungemein beytragen, den deutschen Kirchengesang sehr befördern und einige von ihnen auch den jungen Mädchen des Ortes in weiblichen Arbeiten Unterricht ertheilen. Anbei darf nicht verschwiegen werden, daß ihr Aufenthalt in Gutenzell schon an sich selbst den Ortsbewohnern vortheilhaft seye, und durch sie den Armen, besonders den Kranken, viel Almosen fließen.*[109] Alle Frauen äußerten zufrieden den Wunsch, im Kloster zu bleiben.[110]

Bei der Kirchenmusik, die Rugel sehr am Herzen lag, wurde er von einigen Konventsfrauen schon seit 1804 unterstützt.[111] Er beantragte 1813 für Theresia Krismar und Aloisia Hailer die Dispensierung vom Chordienst: *Die zwei Klosterfrauen M. Aloisia Hailer und M. Theresia Chrismar allhier haben mir seit meinem 10jährigen Hierseyn in Beförderung des deutschen Kirchengesanges die wichtigsten Dienste geleistet.*[112] Banghard berichtete 1822, dass beide den Knaben aus dem Orte Musikunterricht erteilten.[113] Und denselben Frauen wurde ein Jahr zuvor von Pfarrer Soherr ein Honorar für ihre Beteiligung an der Kirchenmusik genehmigt.[114]

Eng damit zusammen hing die Gründung einer Mädchen-Industrieschule in Gutenzell 1822 – ein eher ungewöhnliches Ereignis, da die Klosterfrauen Theresia Krismar und Aloisia Hailer maßgeblich daran beteiligt waren, nachdem sie schon zuvor Mädchen in Handarbeiten unterrichtet hatten.[115]

Mit der Weiterführung der Klosterapotheke erwies der Konvent auch der Gemeinde Gutenzell einen wertvollen Dienst. Sie wurde von Juliana Rundel, gelernte Apothekerin, und ihrer Gehilfin Creszentia Wöhr aus Gutenzell gemäß den königlichen Vorschriften versorgt.[116] Doch Graf Toerring ließ dem Konvent jährlich 100 fl. für die Apotheke zukommen, wovon 50 fl. für die Versorgung armer Kranker verwendet werden sollten.[117] Die Medizinalvisitation 1816 fällte indes ein vernichtendes Urteil: Die Apotheke sei veraltet und die Apothekerin unfähig.[118] Banghard, der die Notwendigkeit einer Apotheke im abgeschiedenen Gutenzell betonte, konnte ihre Schließung noch verhindern. Sie bestand bis zu Rundels Tod 1839 und versorgte neben den Konventsfrauen die Einwohner Gutenzells und Umgebung.[119]

Mit dem Tode Graf Joseph Augusts v. Toerring 1826 und seines gräflichen Rates Banghard 1828[120] kam es zu einem weiteren personellen Einschnitt im Leben des Konvents, hatten sich doch beide Seiten akzeptieren gelernt. Da aber Pensionen und Konventswirtschaft geregelt waren, entstanden keine Probleme.

5. Phase: Das langsame Vergessen (1828–51)

1828 lebten noch acht Konventsfrauen und sechs Schwestern. Der Konvent hatte im Ganzen nur einen Austritt zu verzeichnen. Theresia Krismar wünschte aus Krankheitsgründen zu ihrer Schwester zu ziehen, da sie ihren Aufgaben in Kloster und Industrieschule nicht mehr nachkommen konnte.[121] In den folgenden Jahren schwand die Präsenz des Klosters immer mehr,

sowohl was seine Bedeutung als auch seine personelle Stärke betraf. Nach der Schließung der Klosterapotheke 1839 geriet der Konvent ganz in den Hintergrund. Es gab zwar den Wunsch einiger Frauen, die bisherige gemeinschaftliche Lebensweise aufzuheben und die Pensionsquoten einzeln zu beziehen. Umgesetzt wurde dies allerdings nicht.[122] Mit zunehmendem Alter und aus Rücksicht auf ihren Gesundheitszustand zogen die Frauen in die heizbaren Räume des Gebäudes. *Sie [die Klosterfrauen] bewohnen gegenwärtig den östlichen oberen Theil des Klosters, in welchem sich die heizbaren Zimmer befinden und hinsichtlich der Zimmerwohnungen läßt sich ein zweckmäßigerer Platz hierfür nicht ausmitteln, indem daselbst die Einrichtung von der Art ist, daß ein Ofen zwei Klosterzellen heizt. Sie haben aber überdieß ein gemeinschaftliches Bet- und Speißezimmer.*[123]

Im Jahre 1840 beschloss der Konvent, sich endlich von seinem *bisherigen Oekonomie-Umtriebe* zu trennen und diesen an die gräfliche Herrschaft abzugeben. Den Frauen wurde dieser Teil der Hauswirtschaft auf Dauer zur Belastung; sie ließen sich stattdessen eine jährliche Abfindung auszahlen. Dies barg große Vorteile für die Herrschaft in sich. Es fielen Wiesen, Gärten und vor allem Wirtschaftsgebäude an sie zurück. Nur die bisherigen *Wurz- oder Kräutelgärten* seien für das Kloster unentbehrlich.[124] Der Sohn des ersten Grafen zu Gutenzell, Maximilian August, bewilligte den Klosterfrauen gerne die Abfindung, *so wie es überhaupt mein Wille ist, daß den Klosterfrauen jede billige Erleichterung gewährt werde.*[125]

Der unbewohnte Teil des Konventsgebäudes wurde indessen stark vernachlässigt. Es finden sich in den Berichten keine Aufforderungen seitens der Klosterfrauen oder des Rates, das Gebäude in Stand zu setzen. Im Gegenteil gab es Stimmen, die sich dafür einsetzten, die Steine der Klostermauer und des Gebäudes zur Reparatur der Wirtschaftsgebäude zu verwenden.[126] Als im August 1851 die letzte Konventsfrau Violantia Miller starb, stand das Konventsgebäude nach ihrem Tod vorerst bis auf die beiden Schulzimmer leer.[127] 1864 schließlich wurde Konventsgebäude und Kreuzgang, mit Ausnahme eines Teils des Ostflügels, abgebrochen.[128] Seit 1865 bis heute dient der erhaltene Teil als Pfarrhaus.[129] Die Entscheidung für den Abbruch des Gebäudes folgte rein wirtschaftlichen Überlegungen. Das Gebäude wurde nicht mehr gebraucht, und eine Umnutzung kam nicht in Frage. Selbst die Schule hatte nur zwei Räume des ganzen Komplexes belegt. Eine weitere Instandhaltung erschien zu teuer. Dagegen wurden die Steine dringend für die Ausbesserung der Wirtschaftsgebäude benötigt. So sparte die Herrschaft mit dem Abbruch weitere Kosten.[130] Ein Teil der Klausurmauer steht heute noch, und der ursprüngliche Plan des Klosters mit Klosterkirche, Wirtschaftsgebäuden und Klausurbereich ist noch immer zu erkennen.

Kontinuität und Wandel

Der Konvent der Reichsabtei Gutenzell hatte nach der Säkularisation 1803 sein bisheriges Ordensleben mit Einschränkungen fortgesetzt. Unter dem Einfluss der Äbtissin hing der Konvent lange der Zeit hinterher. Erst nach ihrem Tod entspannte sich das konfliktreiche Verhältnis zwischen Landesherrschaft und Konvent. Langsam konnte eine neue Identität gefunden werden. Dies änderte aber nichts am besiegelten Schicksal des Klosters. Fragen nach dem spezifischen Selbstverständnis der Frauen, nach ihrer Reaktion auf den Verlust ihres bisherigen Wirkungsraumes und ihrer neuen Rolle konnten in diesem Rahmen nur angerissen werden. Es wurde jedoch deutlich, dass die Klosterfrauen nach der Säkularisation ohne wirkliche Alternative dastanden – im Gegensatz zu männlichen Konventsmitgliedern, wie das Beispiel Rugels zeigt. Sie hätten natürlich mit ihrer geringen Pension aus dem Kloster austreten können, wären aber dann in Gefahr geraten, ins Elend zu stürzen.[131] Also blieben sie als Konvent mit neuen Rahmenbedingungen zusammen – ihrer bisherigen Stellung und Sicherheit beraubt.[132]

[1] Kreisarchiv Biberach (KA Biberach), Herrschaft Gutenzell, Säkularisation, Ochsenhausener Subdelegationsakten 1802: Beschreibung des Reichsstifts Gutenzell und seiner Besitzungen.
[2] Zur Gründung Gutenzells ist leider nur sehr wenig überliefert. Das Kloster brannte laut Chronik schon 1369 ab, wobei Dotations- und Stiftungsbrief verloren gingen (KA Biberach, Klosterarchiv Gutenzell 17f.). Die Bestätigungsurkunde von Papst Gregor IX. ist überliefert (KA Biberach, Urkunden Gutenzell, 29.05.1238; abgedr. in: WUB Bd. 3, 421f., r. 919). Zur Entstehungsgeschichte vgl. *Maren Kuhn-Rehfus*, Die Entstehung der oberschwäbischen Zisterzienserinnenabteien und die Rolle Abt Eberhards von Salem, in: ZWLG 49 (1990), 123–141.
[3] KA Biberach, Urkunden Gutenzell, 10.09.1418 (Freiheiten) u. 01.08. 1437 (Gericht). Klosterchronik, 39. Reichsmatrikel 1521: Deutsche Reichstagsakten unter Karl V., bearb. von *Adolf Wiede*. Bd. 2. Göttingen 2. Aufl. 1962, 424ff., bes. 433.
[4] Zur Säkularisation spez. *Matthias Erzberger*, Die Säkularisation in Württemberg von 1802 bis 1810. Ihr Verlauf und ihre Nachwirkungen. (ND d. Ausg. Stuttgart 1902) Aalen 1974, 394–398; Allg. *Otto Beck u. a.* (Hg.), Gutenzell. Geschichte u. Kunstwerke. Fschr. zur 750-Jahrfeier der einstigen Frauenzisterze 1238–1988. München 1988; *Paul Beck*, Kurze Geschichte des Cistercienser-Nonnenklosters Gutenzell, in: CistC 23 (1911), 33–49; *Gerhard Kittelberger*, Gutenzell-Hürbel, in: Der Landkreis Biberach, bearb. von der Abt. Landesbeschreibung des Staatsarchivs Sigmaringen, hg. von der *Landesarchivdirektion Baden-Württemberg* in Verb. m. d. Landkreis Biberach. Bd. 2. Sigmaringen 1990, 46–69; *Maren Kuhn-Rehfus*, Wirtschaftsverfassung und Wirtschaftsverwaltung oberschwäbischer Zisterzienserinnenabteien, in: Rottenburger JKG 4 (1985), 59–91; *Armgard zu Reden-Dohna*, Die Zisterzienser im Schwäbischen Reichsprälaten-Kollegium, in: Rottenburger JKG 4 (1985), 51–58 (u. a.).
[5] Das ehem. Klosterarchiv Gutenzell (KlAGZ) befindet sich im KA Biberach; ebenso Akten der Grafschaft Gutenzell nach 1803: KA Biberach, Herrschaft Gutenzell, bes. Berichte und Resolutionen. Dr. Kurt Diemer, KA Biberach, konnte im Jahre 1977 die Akten von Graf Toerring erwerben. Visitationen von 1808, 1809 und 1812 im SAL E 209. *Katholischer Kirchenrat: Akten betr. aufgehobene Klöster: Gutenzell.* Bü 154 (beglaubigte Abschrift). Visitationsakten von 1809 mit den Originalunterschriften der Klosterfrauen und Schwestern im Pfarrarchiv Gutenzell (PfAGZ), 2 *Reste aus dem Klosterarchiv*. Visitationsakte von 1808: DAR A I 2 c Bü 15, Umschlag (U) 6. Weitere Korrespondenz in DAR A I. 2c, Bü 15 v.a. U 3–8; A I. 2a, Bü 244 U 4–11. PfAGZ, Pfarrchronik, (Kopie im KA Biberach), geführt für die Jahre 1803–1817 von Pfarrer Rugel.
[6] Gedruckte Konventsliste im KA Biberach, ehem. KlAGZ, Innenleben u. Visitationen.
[7] KA Biberach, ehem. KlAGZ, Innenleben u. Visitationen: Visitationsprotokoll vom 09.10.1794.
[8] Visitationen Gutenzells unter der Paternität Salems (bis 1752) im GLAK Abt. 98, Bü. 2666 (Visitationsakten der Jahre 1526–1752); unter der Paternität Kaisheims im KA Biberach, ehem KlAGZ, Innenleben u. Visitationen.
[9] z. B. Magdalena Klauber, ihr Vater war Kaufmann in Augsburg. Sozialgeschichte und geograph. Herkunft der Frauen und Schwestern ist Gegenstand des Dissertationsprojektes zu Gutenzell.
[10] Vgl. *Otto Beck*, Gutenzeller Äbtissinnen, in: *Otto Beck u. a.* (Hg.), Gutenzell (wie Anm. 4), 7–20. Auch die letzte Äbtissin, Justina v. Erolzheim, stammte von allerdings verarmtem Landadel.
[11] KA Biberach, Herrschaft Gutenzell, Säkularisation, Ochsenhausische Subdelegationsacten in der Entschädigungssache der Reichssachen, 1802. Nach einer statist. Erfassung der Gft. Toerring-Gutenzells 1807 wurden insg. 924 Einwohner gezählt, davon 493 im Dorf Gutenzell. SAL D 21, Bü 167.
[12] 1685 wurde Gutenzell auf eigene Anfrage von Kaiser Leopold die Hohe Gerichtsbarkeit über den ges. gutenzellischen Distrikt (Gutenzell, Bollsberg, Dissenhausen, Niedernzell und Weitenbühl), Achstetten, Bronnen, Ellmannsweiler und Mönchhöfe verliehen. 1717 wurde die Belehnung allerdings nicht mehr verlängert und stattdessen 1742 an Salem gegeben. 1768, nach einem langwierigen Jurisdiktionsprozess, verlieh Salem die Hohe Gerichtsbarkeit als ewiges Afterlehen wieder Gutenzell gegen 9.000 fl. KA Biberach, ehem. KlAGZ, Urkunden. Vgl. auch *Kittelberger*, Gutenzell-Hürbel (wie Anm. 4), 55.
[13] Vgl. Jahresrechnungen Kloster Gutenzell im KA Biberach. Besonders die Jahre 1767/68 ff. und Anm. 12.
[14] KA Biberach, ehem. KlAGZ, Jahresrechnungen. Die Einnahmen aus dem Holzerlös stiegen in den Jahren 1760/61 langsam und 1798/99 bis 1802 unverhältnismäßig an.
[15] KA Biberach, ehem. KlAGZ, Jahresrechnungen bes. ab 1782/83ff. Kriegskontributionen: 1798–1801.
[16] Über 198.000 fl. Vgl. KA Biberach, Herrschaft Gutenzell, Berichte und Resolutionen: Bericht vom 12.01.1812.
[17] KA Biberach, ehem. KlAGZ, Kollegial-/Kreisakten 1797 bis 1800. Speziell Kollegial-Kommunikation 1798. PfAGZ, 2, Reste aus dem Klosterarchiv, 28.03.1797 *Vorläufige Punctation zu Einer Defensional-Verein zwischen Wohldenkenden Fürsten und Ständen des Reichs dermalen des Schwäbischen Kreises zu Aufrechterhaltung der Reichs-Verfassung.*
[18] KA Biberach: Kollegial-Kommunikation 1798; PfAGZ, 2: Korr. mit Schott (1801), Agent Urban in Wien (1802), Abt Romualdus von Ochsenhausen (1797/98). KA Biberach, ehem. KlAGZ, Selekt Pöllmann: Schreiben der Äbtissin an Graf Fugger vom 31. 01./02.02.1802.
[19] *Meinrad Schaab*, Das Ende der alten Ordnung, in: Der Landkreis Biberach (wie Anm. 4). Bd. 1, 134. Vgl. auch *Konstantin Maier*, Vom Benediktinerkloster zum weltlichen Fürstentum: Der Übergang Ochsenhausens an Metternich, in diesem Band.
[20] Korrespondenz der Äbtissin bzw. des Oberamts Gutenzell mit v. Schott im KA Biberach, ehem. KlAGZ, Selekt Pöllmann; Säkularisation; PfAGZ, 2. KA Biberach, ehem. KlAGZ, Oberholzheim. Seit 1791/92 wurde Schott unregelmäßig für den Prozess gegen Biberach bezahlt (Jahresrechnungen).
[21] KA Biberach, Herrschaft Gutenzell, Säkularisation, Ochsenhausische Commissions Acta 1802/03: Schreiben von Schott aus Regensburg an das OA Gutenzell vom 15.12.1802. In einem Schreiben vom 26.10.1802 berichtete er von der Notwendigkeit der Fassion der Einkommensangabe: Ebd.
[22] Ebd.: Schreiben vom Subdelegierten v. d. Luhe an die Äbtissin vom 13.11.1802.
[23] Ebd.: Patent des herzogl. Württ. Markgräfl. Badischen Subdelegierten in der Entschädigungssache der Herren Reichsgrafen, v. d. Luhe und Hofer vom 15.11.1802.
[24] Ebd.: Schreiben der Subdelegierten Luhe und Hofer an das Reichsstift Gutenzell vom 23.11.1802.
[25] Ebd.: Erklärung von Weickmann und Krismar vom 15./19.11.1802.
[26] Ebd. Vorschrift der Subdelegierten Luhe und Hofer vom 24.11.1802. Ab 01.01.1803 wurde eine monatliche Rechnungsvorlage verlangt: Auszug aus dem Oberadministrationsprotokoll, Ochsenhausen vom 31.12.1802.
[27] Ebd.: Schreiben der Subdelegierten Luhe und Hofer an das OA Gutenzell vom 01.12.1802; Ebd.: ein vorläufiges *Inventarium über das Reichsstift Gutenzellische Mobiliar Vermögen* vom 04.12.1802. Herrschaft Gutenzell, N 12, 29: Beschreibung des Reichsstifts Gutenzell und seine Besitzungen 1802–03.

[28] Dafür zeugen zahlr. Ermahnungen der noch unvollst. Fassionstabellen. Ebd.: Schreiben der Subdelegation an OA Gutenzell vom 03.12. 1802.

[29] Auszug aus dem *Oberadministrations Protokoll*, Ochsenhausen, vom 20.12.1802 und vom 31.12.1802.

[30] Dazu gehörte auch das Eintreiben von Ausständen.

[31] Die Angaben schwanken jedoch. In einem anderen Auszug der Subdelegations Kommissionsakten werden 13.200 fl. angegeben (KA Biberach, Herrschaft Gutenzell, NR, Mediatisierung Württemberg). 1806 schätzte die Württembergische Organisationskommission Gutenzells Einkommen schon auf 24.051 fl.; *Erzberger*, Säkularisation in Württemberg (wie Anm. 4), 395. Zum Vergleich: Jährliches Einkommen Baindts 13.150 fl., Heggbachs ca. 12.000 fl., vgl. Ebd., 38.

[32] Eine erste Schätzung kommt auf ca. 189.899 fl. Passivschulden, mit lfd. jährl. Zinsen über ca. 8.794 fl.: KA Biberach, Herrschaft Gutenzell, Säkularisation, *Ochsenhausische Commissions Acta 1802/03*. Kopie einer Aufstellung von Maria Josepha Krismar, Bursierin, o. D. [Dez. 1802]. Im Jan. 1803 kam man auf ein Passivkapital über 193.837 fl. Ebd., Auszug aus dem Oberadministrations Protokoll, Ochsenhausen, vom 02.01.1803. 1812: Später auf über 198.000, s. Anm. 18.

[33] Ebd., Schreiben des herzogl. württ. markgräfl. badischen Subdelegierten in der Entschädigungssache der Herren Reichsgrafen, v. d. Luhe und Hofer vom 25.02.1803. Eine Abschrift des Regensburger Beschlusses ging schon am 12.02.1803 ein.

[34] KA Biberach, Urkunden Gutenzell: Inbesitznahme vom 09.03.1803; PfAGZ, Urkunden.

[35] KA Biberach, ehem. KlAGZ, Selekt Pöllmann: Schreiben von Toerring vom 03.03.1803.

[36] DAR A I. 2a Bü 244, U 4: Schreiben der Äbtissin vom 02.01.1803.

[37] KA Biberach, ehem. KlAGZ, Selekt Pöllmann: Konzeptschreiben der Äbtissin an Toerring, Febr. 1803.

[38] Ebd.: Konzeptschreiben der Äbtissin an Rat Zollner, Febr. 1803.

[39] Ebd.: Schreiben Toerrings an die Äbtissin vom 26.02.1803.

[40] Ebd.: Erklärung der Äbtissin vom 09.03.1803, u. Konzept der Erklärung von Priorin und Konvent vom 09.03.1803. Zur Reaktion der Bevölkerung Gutenzells gibt es keine Quellen. Exemplarische Untersuchungen wären hierfür notwendig. Vgl. *Günther H. Knödler*, Die Familie Rief in Gutenzell, in diesem Band.

[41] PfAGZ, Pfarrchronik, 4.

[42] KA Biberach, Herrschaft Gutenzell, Berichte und Resolutionen: Resolution vom 12.04.1803.

[43] Vgl. *Jolanda Engelbrecht*, Das gräfliche Haus Toerring und Gutenzell, in: *Beck*, Gutenzell (wie Anm. 4), 63.

[44] KA Biberach, Herrschaft Gutenzell, Berichte und Resolutionen: Schreiben Toerrings an Zollner vom 09.03.1803 u. Resolution vom 11.03.1803.

[45] Erklärung der Äbtissin, und Unterwerfungsurkunde der Priorin und des Konventes vom 09.03.1803: Ebd., Selekt Pöllmann, Akten nach 1803.

[46] Ebd., Berichte und Resolutionen: Schreiben Toerrings an Zollner vom 15.03.1803.

[47] Ebd., Berichte und Resolutionen: Resolution vom 06.04.1803.

[48] Ebd.: Schreiben der Äbtissin an Toerring vom 07.04.1803.

[49] Ebd., Berichte und Resolutionen: Resolution vom 12.04.1803.

[50] Ebd., Selekt Pöllmann, Akten nach 1803: Schreiben Toerrings an die Äbtissin vom 13.04.1803. (Fürst-)Bischof in Konstanz war Carl Theodor v. Dalberg (1744–1817).

[51] Ebd., Berichte und Resolutionen: Resolution vom 21.04.1803.

[52] DAR A I. 2c Bü 15, U 3: Schreiben vom 02.05.1803.

[53] DAR A I. 2c Bü 15, U 3: Schreiben vom 05.05.1803 und vom 11.06.1803. Zum Vergleich: Der ehem. Reichsabt von Ochsenhausen, Romuald v. Weltin, erhielt eine jährl. Pension von 7.000 fl., s. *Max Herold* (Hg.), Ochsenhausen: Von der Benediktinerabtei zur oberschwäbischen Landstadt. Weissenhorn 1994, 759.

[54] KA Biberach, ehem. KlAGZ, Selekt Pöllmann, Akten nach 1803: Note Zollners vom 25.04.1803 mit der Aufforderung an den Konvent, sich zu unterwerfen; DAR A I. 2c Bü 15, U 3: Schreiben der Äbtissin vom 27.04.1803; KA Biberach, Herrschaft Gutenzell, Berichte und Resolutionen: Resolution vom 04.05.1803.

[55] Nach einem Sterbefall zog die Verwaltung die Pension nach Ablauf eines halben Jahres ein: DAR A I. 2c Bü 15, U 3: Schreiben der Äbtissin vom 20.06.1803; KA Biberach, ehem. KlAGZ, Selekt Pöllmann, Akten nach 1803 und Ebd., Herrschaft Gutenzell, Berichte und Resolutionen: Resolution vom 17.06.1803.

[56] *Paul Beck*, Cistercienser-Nonnenkloster Gutenzell (wie Anm. 4), 46. Gutenzell sei besser versorgt gewesen als Heggbach und Baindt. Vgl. Schreiben aus Konstanz vom 17.09.1804: PfAGZ, 2.

[57] PfAGZ, Pfarrchronik, 4.

[58] Laut Justina hatte er den Freitod gewählt, s. DAR, A I. 2c Bü 15, U 3: Schreiben der Äbtissin an Konstanz vom 23.05.1803.

[59] PfAGZ, 2, Abschrift: Resolution Toerrings vom 15.06.1803.

[60] KA Biberach, Herrschaft Gutenzell, Berichte und Resolutionen: Bericht vom 06.07.1803.

[61] Ebd.: Bericht vom 10.09.1803.

[62] Ebd.: Bericht vom 12.10.1803.

[63] Ebd.: Resolution vom 14.12.1806. PfAGZ, Pfarrchronik, 63f.

[64] Ebd.: Bericht vom 03.02.1807. S. auch SAL D 21, Toerring'sche Herrschaft, Bü 7, Bü 251, 257 u. 275; PfAGZ, Pfarrchronik, 64f.

[65] SAL D 21, Bü 251: Hinweis auf Resolution vom 15.10.1809.

[66] KA Biberach, Herrschaft Gutenzell, Berichte und Resolutionen: Bericht vom 31.03.1809. Zu der Zeit befanden sich die Franzosen in Gutenzell.

[67] Zu Rugel vgl. *Konstantin Maier*, Der Einfluss der Aufklärung im Kloster Isny am Beispiel von Jakob (Joseph) Danzer und Augustin (Joseph Alexander) Rugel, in: *Rudolf Reinhardt* (Hg.), Reichsabtei St. Georg in Isny 1096–1802. Beiträge zu Geschichte und Kunst des 900jährigen Benediktinerklosters. Weissenhorn 1996, 223–259.

[68] Korrespondenz mit der Diözese Konstanz wegen drohender Säkularisation und damit wahrscheinlichem Abzug der Kaisheimer Geistlichen aus Gutenzell: DAR A I. 2a Bü 244, U 4.

[69] Ebd. Schreiben vom 17.01.1803.

[70] PfAGZ, Pfarrchronik, 30.

[71] DAR A I. 2a, Bü 244, U 4: Schreiben vom 11.07.1803. Entlassung des Pfarrers Petrus Bayr aus Kaisheim.

[72] Ebd.: Schreiben an Toerring vom 25.07.1803.

[73] Ebd.: Schreiben vom 07.08.1803.

[74] Ebd.: Stiftungsurkunde. Auch im PfAGZ, Urkunden: Stiftungskapital über 10.000 fl. für den Unterhalt des Cultus.

[75] PfAGZ, Pfarrchronik, 11; *Maier*, Einfluss der Aufklärung (wie Anm. 69), 246.

[76] PfAGZ, Pfarrchronik, 13f. und 33; Rugel wurde um ein Gutachten des Pfarr- und Klostergottesdienstes gebeten: DAR A I. 2a, Bü 244, U 4: Schreiben vom 06.10.1803.

[77] Rugel erntete durchaus Kritik aus der Gemeinde, vgl. PfAGZ, Pfarrchronik, 33 und 146.

[78] DAR A I. 2c, Bü 15, U 3: Schreiben vom 25.09.1803; PfAGZ, Pfarrchronik, 27; Rugel hatte sich 1807 die bischöfliche Erlaubnis geholt, selbst die Beichte der Nonnen zu hören: DAR A I. 2c, Bü 15, U 5, *Extractus Protocolli* vom 21.01.1807.

[79] PfAGZ, Pfarrchronik, 68: Carl Weber ging am 28.09.1807.

[80] DAR A I. 2c, Bü 15, U 5: Schreiben vom 02.09.1807.

[81] KA Biberach, ehem. KlAGZ, Innenleben u. Visitationen, Klösterliche Verhältnisse 1803–1808/1812, 2: Schreiben Metternichs an die Äbtissin vom 10.03.1808. SAL E 209, Bü 155, Schreiben vom 22.05.1808. Steinhauser machte seinen schlechten gesundheitlichen Zustand dafür verantwortlich. DAR A I. 2c, Bü 15, U 5: Schreiben vom 15.06.1808.

[82] Ebd., Schreiben vom 21.12.1807: [...] *Die Jüngeren Frauen müssen sich im Chor abschreyen, und müsten frühzeitig, da keine mehr nachkommen, zu allem untauglich werden; das innere Mißvergnügen nagt in ihrem Herzen, und sie sind wahre – Teufelsmartyrinnen: dürfen nirgend aus Furcht künftiger Verfolgungen ein Wörtlein sagen. Allein es ist nicht zu helfen. Denn, wenn auch der Austritt für einige Wenige ein Glük wäre, so wäre dagegen derselbe für den größten Theil unabsehbares Elend.*

[83] KA Biberach, Herrschaft Gutenzell, Berichte und Resolutionen, Bericht vom 19.01.1808. Die Korrespondenz zur Beichtvatersache ist zu verfolgen in: DAR A I. 2c, Bü 15, U 5; SAL E 209, Bü 155; KA Biberach, Innenleben u. Visitationen: Klösterliche Verhältnisse 1803–1808/1812, 2.

[84] DAR A I. 2c, Bü 15, U 5: Bericht der Prüfungskommission vom 01.10.1808.

[85] KA Biberach, Herrschaft Gutenzell, Berichte und Resolutionen: Bericht vom 25.05.1809; SAL E 209, Bü 155, Bestätigung vom 04.05.1809.

[86] KA Biberach, ehem. KlAGZ, Inneres Leben und Visitationen: Klösterliche Verhältnisse 1803–1808/1812, 2, Verordnung vom 13.10.1808.

[87] PfAGZ, 2: Schreiben Steinhausers vom 14.09.1809.

[88] DAR A I. 2c, Bü 15, U 6: Auftrag an Steinhauser vom 01.09.1808; s. auch SAL E 209, Bü 154.

[89] SAL E 209, Bü 155: Schreiben vom 27.09.1808.

[90] SAL E 209, Bü 155: Begl. Abschrift vom 27.06.1809, Beilage C.

[91] Abgedruckt in *Erzberger*, Säkularisation in Württemberg (wie Anm. 4), 110–114. Abschrift in KA Biberach, ehem. KlAGZ, Inneres Leben und Visitationen, Klösterliche Verhältnisse 1803–1808/1812, 2.

[92] Vgl. PfAGZ, Pfarrchronik, 87.

[93] SAL E 209, Bü 155, Schreiben vom 27.09.1808.

[94] *Erzberger*, Säkularisation in Württemberg (wie Anm. 4), 396.

[95] PfAGZ, 2, Schreiben Banghards an Steinhauser vom 04.03.1809.

[96] DAR A I. 2c Bü 15, U 7, Schreiben vom 13.03.1809.

[97] KA Biberach, Pöllmann Selekt, Akten nach 1803, Schreiben Toerrings vom 08.03.1809.

[98] DAR A I. 2c Bü 15, U 7, Schreiben vom 18.03.1809. Abschrift im KA Biberach, ehem. KlAGZ, Innenleben und Visitationen, Klösterliche Verhältnisse 1803–1808/1812, 2; und SAL E 209, Bü 154.

[99] Visitationsakten (wie Anm. 5).

[100] SAL E 209, Bü 154: Begl. Abschrift des Visitationsprotokolls vom 06.12.1808 Beilage A, und Visitationsprotokoll März 1809, Anlage D.

[101] Er wechselte anschließend als Stadtpfarrer nach Ellwangen, und kam 1819 nach Neuhausen: PfAGZ, Pfarrchronik, 175.

[102] PfAGZ, Verkündbuch 1803–1817: *Am Begräbnis Tag der Hoh. gnäd. Fr. [au]. Reichsabbtissin seel. Fr. Justina, den 13ten April 1809.*

[103] Beispiele finden sich in den Berichten Banghards, den Schreiben von Rugel und Toerring.

[104] Vgl. Gedenkstein für Justina, verfasst von Banghard, an der Nordschiff-Außenwand der Pfarrkirche Gutenzell. [s. Abb. im Text.]

[105] PfAGZ, Pfarrchronik, 88.

[106] KA Biberach, Herrschaft Gutenzell, Berichte und Resolutionen: Bericht vom 13.04.1809.

[107] PfAGZ, Pfarrchronik, 90.

[108] KA Biberach, ehem. KlAGZ, Pöllmann Selekt, Akten nach 1803: Schreiben Toerrings vom 02.05.1809.

[109] SAL E 209, Bü 154: Schreiben Rugels vom 03.08.1812.

[110] Visitationsakten im SAL E 209, Bü 154, gehalten am 08.07.1812. Der Konvent bestand aus 16 Konventsfrauen und neun Schwestern.

[111] PfAGZ, Pfarrchronik, 20. Josepha und Theresia Krismar, und Aloisia Hailer.

[112] DAR, A I 2 c Bü 15, U 9: Schreiben vom 08.10.1813.

[113] KA Biberach, Herrschaft Gutenzell, Berichte und Resolutionen: Bericht vom 16.10.1822.

[114] KA Biberach, Selekt Pöllmann, Bü 3: Schreiben von Soherr an die Priorin Maria Klauber vom 23.09.1821. Alois Soherr war von 1817 bis 1861 Pfarrer in Gutenzell.

[115] Zur Industrieschule s. *Janine Maegraith*, Die Klosterfrau Maria Theresia Krismar und die Gründung einer Industrieschule für Mädchen in Gutenzell, in: BC 2002.

[116] SAL E 209, Bü 154: Visitationsprotokoll.

[117] Vgl. KA Biberach, Kommissionsrechnungen Gutenzell.

[118] SAL E 162, Bü 1714: Visitationsbericht vom 29.07.1816.

[119] KA Biberach, ehem. KlAGZ, Apotheke, 2: Schreiben Banghards vom 26.10.1816.

[120] Toerrings Sohn, Maximilian August Graf zu Toerring, zweiter Graf zu Gutenzell, übernahm die Nachfolge. Nachfolger Banghards wurde sein Rentamtsschreiber Merk.

[121] SAL E 209, Bü 156: Austrittsgesuch der Theresia Krismar vom 30.06.1827.

[122] KA Biberach, Herrschaft Gutenzell, Berichte und Resolutionen: Bericht vom 27.04.1833.

[123] Ebd.: Bericht vom 21.03.1840.

[124] Ebd.: Bericht vom 21.03.1840.

[125] Ebd.: Resolution vom 08.04.1840.

[126] Ebd.: Berichte 1841.

[127] Seit 1836 wurde der Unterricht der Industrie- und Elementarschule im Konventsgebäude abgehalten: Ebd., Bericht vom 08.10.1836.

[128] KA Biberach, Selekt Pöllmann: Protokoll aufgen. von Pfarrer Staiger vom 17.10.1863; *Beck*, Gutenzell (wie Anm. 4), 21f.

[129] PfAGZ, Pfarrchronik, 180f.

[130] Vorschläge für die Verwendung der Steine der Klausurmauer gab es schon 1811: KA Biberach, Herrschaft Gutenzell, Berichte und Resolutionen: Bericht vom 27.01.1811.

[131] Pfarrer Rugel warnte sie eindringlich davor. DAR A I. 2c, Bü 15, U 5: Schreiben vom 21.12.1807.

[132] Vgl. Zur unterschiedlichen Situation der Frauen- und Männerklöster *Barbara Schildt-Specker,* Klosterfrauen und Säkularisation: Prämonstratenserinnen im Rheinland. Essen 1996, 177.

So gut es in den gegenwärtigen Verhältnissen möglich ist ...

Die Zisterzienserinnen von Heiligkreuztal nach der Säkularisation

von Karl Werner Steim

Der anfangs *Wazzershaf* genannte Ort Heiligkreuztal tritt im Jahre 1227 ins Licht der Geschichte. Damals verzichtete ein Ritter Konrad v. Markdorf auf seine angestammten Lehensrechte an einem Hofgut, das Werner v. Altheim einer von Altheim hierher übersiedelten, beginenartigen Schwesterngemeinschaft verkaufte. Sie sollte, wie die Anwesenheit des Salemer Abtes Eberhard v. Rohrdorf verrät, dem Zisterzienserorden zugeführt werden. So konnte die nach einer Kreuzreliquie benannte Abtei, die 1231 ein päpstliches Schutzprivileg erhalten hatte, 1233 dem zisterziensischen Ordensverband einverleibt werden. 1238 unterstellte Papst Gregor IX. das Kloster dem jeweiligen Vaterabt von Salem. Daran änderte sich bis zur Säkularisation nichts.[1]

Die Säkularisation

Das Kloster hatte bei der Säkularisation ein relativ kleines Territorium mit 1½ Quadratmeilen und 4.000 Einwohnern. Dazu gehörten die Dörfer Heiligkreuztal, Andelfingen, Binzwangen, Beuren, Ertingen, Friedingen, Hundersingen und Waldhausen sowie die Höfe Landau, Talhof und Dollhof, verschiedene Güter und Rechte in der näheren und weiteren Umgebung, darunter Weinberge am Bodensee.[2]
Die Aufhebung des Klosters Heiligkreuztal verlief im Vergleich zu anderen Klöstern nicht reibungslos. Im ersten Entschädigungsplan von 1802 war es den Grafen v. Löwenhaupt zugewiesen worden, die aber nie dazu kamen, es in Besitz zu nehmen. Trotz des österreichischen Einspruchs, dass die Abtei Heiligkreuztal ein österreichisch-schwäbischer Landstand sei und nicht zur Entschädigung für andere Reichsstände bestimmt werden könne, wurde sie im zweiten Entschädigungsplan 1802 Württemberg zugedacht und 1803 im RDH auch zugesprochen. Die Besitzergreifung durch Württemberg zog sich jedoch wegen der Einsprüche Österreichs hin; mehrere Versuche Württembergs in den Jahren 1802 und 1803 scheiterten. Äbtissin Bernarda Kohlhund verweigerte auf Anweisung Österreichs und des Vaterabts von Salem die Huldigung an Württemberg. 1804 einigten sich Württemberg und Österreich in einem Vertrag. Danach wurde dem Kurfürsten von Württemberg die Abtei Heiligkreuztal mit den dazu gehörigen Ortschaften und Besitzungen überlassen; die Landeshoheit blieb aber – zunächst – bei Österreich. Jetzt erst konnte Württemberg zur endgültigen Besitznahme schreiten. Am 26. Juli 1804 war Kurfürst Friedrich I. persönlich in Heiligkreuztal; am folgenden Tag fand die feierliche Huldigung der Untertanen statt.[3]
Am 1. September 1803 lebten im Kloster Heiligkreuztal neben der Äbtissin M. Bernarda Kohlhund 21 Chorfrauen, 13 Laienschwestern und zwei Oblatinnen, also 37 Personen. Sie hatten ein Durchschnittsalter von 45 Jahren. Bei den Chorfrauen lag es bei 41 Jahren, bei den Laienschwestern bei 54,5 Jahren und bei den Oblatinnen bei 31,5 Jahren. Von den Klosterfrauen stammten 15 aus Österreich (überwiegend Vorderösterreich), die übrigen 22 aus dem »Ausland« (vor allem Württemberg). Vier Schwestern – einschließlich der Äbtissin – waren aus Füssen/Allgäu. Aus der Umgebung des Klosters kamen Schwestern aus Altheim, Baach, Großtissen, Heiligkreuztal, Langenenslingen, Munderkingen (2), Offingen und Riedlingen

(2). Obwohl sich das Kloster bis zuletzt *Freyadeliches Stift* nannte, gab es 1803 nur vier dem Adelsstand angehörige Schwestern. Äbtissin Bernarda Kohlhund war jedoch seit Jahrhunderten die erste bürgerliche Oberin des Klosters.[4]
Die Schwestern erhielten das Recht, bis zu ihrem Tod bei freier Wohnung im Kloster zusammen zu leben. Die Äbtissin bekam 1.500 fl. Pension, die Priorin 300 fl., jede der 20 Klosterfrauen 240 fl. und die 13 Laienschwestern je 200 fl.; die beiden Oblatinnen erhielten 150 fl. Das ergab eine Pensionssumme von 9.500 fl. Bargeld. Dazu kamen je Person eineinhalb Malter Dinkel (insgesamt also 55½ Malter) sowie je 3 Klafter Holz (insgesamt 111 Klafter). Die Gesamtsumme der Pensionen hatte einen Geldwert von 10.443 fl. 30 kr. pro Jahr, also 2.356 fl. 30 kr. weniger als den Schwestern nach dem laut RDH reichsgesetzlichen Minimum zustand. Die Novizinnen waren mit einer einmaligen Leistung von je 150 fl. abgefunden und nach Hause geschickt worden. Neue Novizinnen durften nicht mehr aufgenommen werden. Ferner war vereinbart worden: *Die Frau Äbtissin und die vorhandenen Kloster-Frauen, Schwestern und Oblaten haben sich mit Speise und Trank, Kleidung, Bedienung und allen andern Bedürfnissen, in gesunden und kranken Tagen, selbsten zu unterhalten, auch das Bauwesen innerhalb der Clausur auf eigene Kosten zu bestreiten.*[5]
Für den Kirchenbedarf bekam das Kloster jährlich 100 fl. Auch stimmte der König der Beibehaltung der Ordensgeistlichen aus Salem als Beichtväter zu.

Die Flucht der Schwester Thesselina

Neben dem Übergang des Klosters Heiligkreuztal an Württemberg war im Jahre 1804 die Flucht der Chorfrau M. Thesselina Göhring für das Kloster ein gravierendes Ereignis.[6] Am 30. Oktober gegen Mitternacht flüchtete sie unbemerkt zu Fuß zum etwa zwölf Kilometer entfernten Schloss Ehrenfels, dem Wohnsitz des württembergischen Ministers Graf Philipp Christian Friedrich v. Normann-Ehrenfels, der allerdings zu diesem Zeitpunkt in Stuttgart weilte. Über ihn wollte sie beim Kurfürsten um Erlaubnis nachsuchen, ihre Pension außerhalb des Klosters genießen zu dürfen. Als Grund für ihren Wunsch, das Kloster zu verlassen, gab sie gegenüber seinen Beamten an, dass sie aus dem Bauernstand komme und deshalb von den anderen Schwestern verachtet werde. Außerdem sei sie *nur ihrer Mutter zu lieb* ins Kloster eingetreten. Die Beamten brachten die Schwester nach Zwiefalten, von wo sie zu ihrem Vetter nach Grüningen floh. Über ihn ließ sie im Kloster Heiligkreuztal den Wunsch vortragen, sie wieder aufzunehmen. Der Heiligkreuztaler Oberamtmann Martin Haas holte sie dort ab und brachte sie ins Kloster zurück, nachdem sie ihm erklärt hatte, dass dies ihr freier Wille sei. Dazu schrieb die Äbtissin Bernarda an den Generalvikar in Konstanz: *Wir konnten die Verirrte, um ihre subtile Geistesbeschaffenheit nicht zu einer zweyten Uiberspannung zu reitzen, nur liebvoll empfangen und behandeln, wie es uns auch von den H. Beamten angerathen wurde. Diese Zurückgekehrte stellet sich auch bisher wieder so gut ein, dass ich sie Euer Gnaden aufs neue zu väterlicher Sorge und Gnade empfehlen muß.*
Inzwischen wandten sich die württembergischen Beamten an die Regierung für Neuwürttemberg in Ellwangen und brachten den Austrittswunsch der Schwester Thesselina vor. Ehe die Nonne die kurfürstliche Erlaubnis dazu erhalten könne, sei die kirchliche Zustimmung erforderlich, lautete die Antwort. Der Dekan solle sie deshalb ausführlich zu ihrem Wunsch vernehmen. Der Generalvikar von Konstanz schrieb an die Äbtissin, so sehr man den Schritt der Schwester missbillige und zugleich lebhaft bedaure, wolle man, bevor man die Genehmigung zum Austritt bei der Regierung beantrage, einen bischöflichen Kommissar nach Heiligkreuztal schicken, der *diese Professin zu Rechtfertigung ihres Gesuchs* vernehmen solle.
Es dauerte dann ein Vierteljahr, bis Pfarrer Zindstein aus Ertingen am 3. Januar 1805 als bischöflicher Kommissar nach Heiligkreuztal kam und ein *Einvernahmeprotokoll uiber die Beweggründe oder Veranlassung der Entweichung aus dem Klausurstifte Heiligkreuzthal von der Frau Maria Tessalina* aufnahm:
Bischöfliche Kommissionsfragen:
1. *Welcher ist Ihr Ordensname? – Der Familien-Zunammen? – Geburtsort?* [Antwort:] *Ich heiße M. Tessalina Gehring. Bin von Offingen am Bussen.*
2. *Wie viele Jahre hat Sie am Alter? Wie viele als Profession?* [A:] *Mein Alter zählet 37 Jahre – meine Profession 14 Jahre.*

Zisterzienserinnenkloster Heiligkreuztal
Öl auf Lw., J. Nagel, ca. 1840.
Privatbesitz, Heiligkreuztal.

3. *War Sie vor Ihrer Entweichung lange schon missvergnügt?* [A:] *Meine Verwirrung wechselte seit ein paar Jahren.*
4. *Aus welcher Ursache ist Sie heimlich entwichen?* [A:] *Die Hauptursache haftet in meiner großentheils vererbten Gemüthsart, die bald in guter Laune, bald in Schwermuth bestehet. 2tens dachte ich über verdrüßliche oder eingebildete Gegenstände zu viel nach und ließ dem Satan zuviel Platz.*
5. *Hat Sie so schwere Versuchungen niemanden ehebevor geoffenbaret? Nie Rath und Hilfe gesuchet? – Oder etwa nicht gefunden?* [A:] *In meinem Unmuthe habe ich nicht nur einmale mich herausgelassen, mein Beruf sei nicht zum Klosterleben. Sobald gelegen, Heitpei, gehe ich davon. Sogar habe ich diesen Schritt einund andermale versuchet, weil ich argwohnete, die Frau Priorinn und andre seien wider mich. Beim H. Beichtiger suchete ich öfters Rath und Hilfe, in und außer der Beichte. Zusprüche habe ich gefunden. Vor den Obern schwieg er still.*
6. *Waren auch etwelche andere Frauen und Schwestern mißvergnüget? – Aus gleichen oder sonst ihnen eigenen Ursachen?* [A:] *Missvergnügte Stunden giebt es zuweilen auch unter andren, voraus Jüngere, doch von keiner Bedenklichkeit. Ich hatte hierin jedenfalls mit keiner einige Verbindung; denn (außer den ermeld-*

ten Ausdrücken) hielte ich meine geheime Verzweiflungen immer zurück. Anderwärtige Missvergnügungen hatten wenig Verhältniß mit den meinigen.
7. Welche Absicht hatten Sie bei Ihrer Entweichung? Was suchete Sie? [A:] *Meine Absicht war, in der Einsamkeit und Stille für mich zu leben und nach den Zeitumständen meine Pension außer dem Kloster zu genießen. Allein die Gewissensbisse und eine außerordentliche Gnade ließen mir keine Ruhe, bis ich zurückkehrete.*
8. Hat Sie sich im Bußgeiste nun entschlossen, ihren Gelübden, Ordensregeln, Satzungen getreu zu bleiben? In Ihren Obern Gott zu verehren, in der Klostergemeinde Liebe und Einigkeit nach ihren Kräften besorgen: Die ausgebreiteten Aergernisse durch einen heiligen Wandel zu ersetzen? [A:] *Mittels göttlicher Gnade will ich alle Ordenspflichten und Weisungen mit neuer Treue und Eifer halten, meinen Oberen willig und blind gehorsam, zur Liebe und Einigkeit alles Mögliche beitragen, gegen die gegebenen Aergernisse Busse thun und wenn's erlaubet wird, einer hier abgelebten Frau in dem ewigen Stillschweigen nachfolgen.*
Pfarrer Zindstein schrieb namens der Äbtissin an den Generalvikar: *Sie empfiehlt sich und ihr Stift zu Gnaden, sich erbittend, dass so eine Untersuchung klösterlicher Misshelligkeiten bedecket und das unschuldige Stift nach dem erlittenen Schandflecke keiner öffentlichen Kritik mehr ausgesetzet bleibe. Selbst das Konvent, das im Wesentlichen ganz in Ruhe lebet, will Wohldieselbe hierüber unwissend lassen.*
Schwester Thesselina sollte aber später doch noch aus dem Kloster austreten. Im Jahre 1815 beantragte sie über den Dekan beim Ordinariat die Entlassung.[7] Dieser schrieb in der Begründung, durch kränkliche Umstände sei ihr Gemütszustand von der Art, *dass er sich durch den Aufenthalt im Kloster verschlimmern würde. Schon lange hing sie diesen Gedanken nach, von welchen sie bisher nur mit Mühe und durch Aufmunterung abgebracht werden konnte, bis er sich end-*

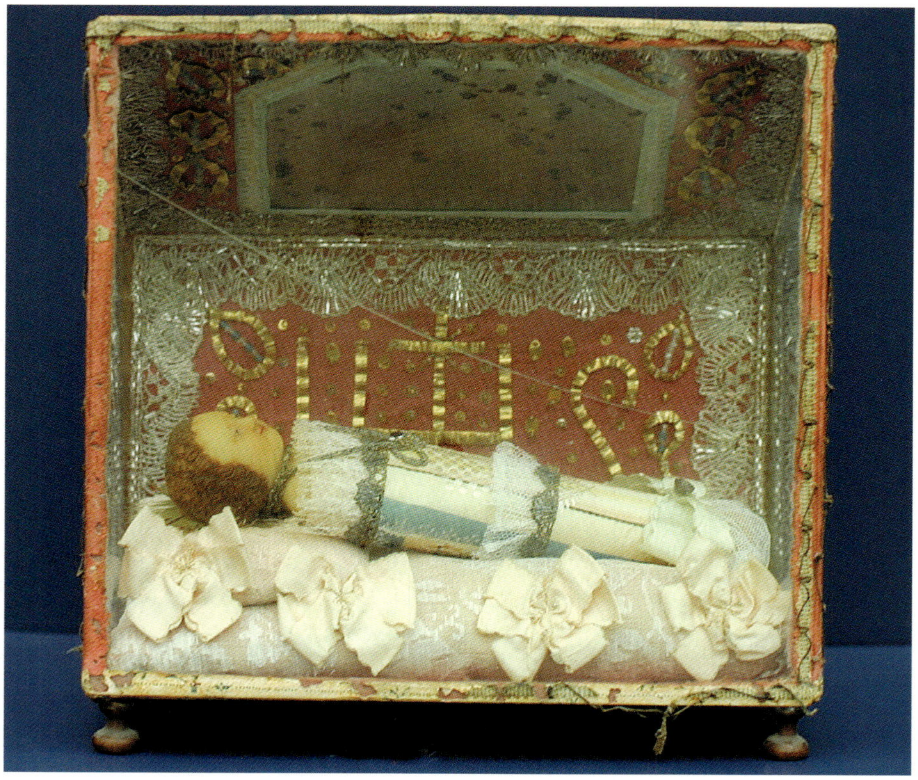

Ein sog. »Fatschenkind«
Ein Wickelkind (Jesuskind?) aus dem Besitz der Schwester Constantia Braun. Privatbesitz.

lich zu einem Grade sich steigerte, dass sie den Augenblick ihres Austritts kaum erwarten kann und es für sie und das Kloster geratsam ist, dass ihr Wunsch endlich in Erfüllung gehe. Übrigens sind sowohl die Klosteroberinnen als ihre Mitschwestern mit ihr vollkommen zufrieden und der Austritt geschieht in gehörig bester Ordnung. Die Schwester ging in ihre Heimat Offingen am Bussen zurück und musste – wie alle, die aus dem Orden ausschieden – ihren Ordenshabit ablegen und Welt-Kleidung tragen. Sie wurde von den Ordensregeln entbunden, sollte aber die *Tagesordnung und Andachtsübungen nach eigenem Gutdünken einrichten* und anstatt des lateinischen Breviers ein deutsches benützen. Das *Gelübde lebenslänglicher Enthaltsamkeit* blieb bestehen, das Gelübde der Armut wurde aufgehoben. Außerdem sollte sie *ihren Mitchristen ein nachahmungswürdiges Beispiel geben.*

Das weitere Schicksal der Schwestern

Die Klosterfrauen lebten weiter in ihrem Kloster beieinander und konnten anfangs auch noch ungehindert den klösterlichen Übungen nachgehen. *Für mich und mein Stift ist bey so weit gediehenen Verfügungen kein anderer Wunsch mehr übrig, als dass uns gestattet werde, unsere Lebenstage in der bisherigen Klosterordnung und Clausur dahin zu beschließen*, schrieb die Äbtissin 1804 an den Abt in Salem.[8]

Von den ursprünglich 37 Klosterfrauen starben nachweislich 19 im Laufe der Jahre im Kloster Heiligkreuztal, die vier letzten Schwestern in ihren Heimatgemeinden, mindestens drei Schwestern sind aus dem Kloster ausgetreten. Die Chorfrauen Nepomucena Herz, Benedikta v. Günzer und Clara Holzhay werden 1809 und 1811 noch genannt, im Verzeichnis von 1822 aber nicht mehr. Nur im Verzeichnis von 1803, aber nicht mehr 1809 sind folgende Chorfrauen genannt: Elisabetha Bona Reiner, Gertrudis Oexle sowie die Laienschwestern Ida Stoss, Franca Nickel, Anna Huber und Agatha Frey. Da sie fast alle sehr alt waren und im Verzeichnis von 1803 Bemerkungen wie *schwacher Gesundheit halber, altershalber, wegen Entkräftung* bzw. *untauglich* tragen, wurden sie vielleicht gleich nach dem Übergang an Württemberg mit Pensionen aus dem Kloster entlassen.[9]

Der gemeinsame Gottesdienst in der Klosterkirche musste 1804 aufhören, wurde aber 1826 vom König wieder genehmigt. Zum Glück wurde die Absicht der Militärverwaltung von 1808, in Heiligkreuztal eine Kaserne einzurichten, nicht verwirklicht. Ein Jahr später trat der württembergische Erlass in Kraft, wonach der gemeinsame Chorgesang und alle sonstigen Ordensgebräuche verboten wurden. Damals lebten noch die Äbtissin, 18 Chorfrauen, neun Laienschwestern und zwei Oblatinnen beisammen, insgesamt 30 Personen. Bei einer Visitation durch den Riedlinger Dekan erklärten alle Schwestern ihre vollste Zufriedenheit mit dem jetzigen Stand und verneinten die Frage, ob sie aus dem Kloster treten wollten.

1809 starb die Vertreterin der Äbtissin, Priorin M. Coronata v. Langenmantel, im Alter von 72 Jahren. Als Nachfolgerin wurde die bisherige Subpriorin, M. Nepomucena Herz, gewählt.

Austritt der Schwester Josepha

Schon bei einer Klostervisitation im Jahre 1807 hatte sich Schwester M. Josepha Thalweiner über zwei Mitschwestern beschwert, *dass sie diesen beiden nichts Rechtes tun könne und von ihnen nicht schwesterlich behandelt werde, welches ihr größtes Missvergnügen verursache, das sie schon oft gewunschen, ihren Stand ändern zu können.* Wenn diese zwei Frauen sie nicht besser behandelten, werde sie kein Jahr mehr im Kloster bleiben. Der Visitator nahm dies zwar zu Protokoll, unternahm aber offenbar nichts. 1809 bat Schwester M. Josepha schließlich den Riedlinger Dekan, aus dem Kloster treten zu dürfen. Sie erklärte auf dessen Frage, warum sie das Kloster verlassen wolle, sie habe schon im Noviziat um die Entlassung gebeten. Die Äbtissin und die Novizenmeisterin hätten ihr aber *dringlich zugesprochen, zu bleiben und gesagt: Sie habe ja keine Ursach hinaus zu verlangen. Sie möchte wohl bedenken, der die Hand an Pflug lege und zurück sehe, sey des Reiches Gottes nicht würdig, der böse Feind könnte über sie kommen, wie sie zum Klosterthor hinaus gehe. Hierauf habe sie sich wieder bereden lassen, sey geblieben, und aus Furcht, sich vor Gott verantwortlich zu machen, um Beibehaltung und Wiederannahme nochmals angehalten und Profession abgelegt.*

Reliquientafel
Reliquien zahlreicher Heiliger um das Porträt des Ordensheiligen Bernhard von Clairvaux versammelt.
Klosterarbeit aus dem Besitz der Heiligkreuztaler Schwester Constantia Braun.
Privatbesitz.

Bald nach der Profession aber seye sie noch missvergnügter im Ordensstande gewesen und der Frau Äbtissin und Beichtvater gesagt: Sie seye äusserst missvergnügt im Kloster und sie gehe fort. Hierauf habe die Äbtissin und Beichtvater ihr dergestalt zugesprochen und gesagt: Das seye nicht mehr möglich, warum sie nicht vor der Profeß hinaus gegangen etc. und so sei sie wieder geblieben. Schließlich sei sie auch geblieben, weil ihr Vater ihr Vorhaltungen gemacht habe und sie ihn durch ihren Austritt nicht beleidigen wollte. Weiter sagte sie dem Dekan, sie sei überzeugt, es gebe einige Frauen im Kloster, *die ihr sehr abgeneigt seyen und ihr hin und wieder Stichreden geben.* Als weitere Begründung gab sie an, *sie besorge, dass sie aus lauter Mißmuth und Kleinmüthigkeit zulezt sich nicht mehr mächtig wäre und aus dem Kloster verlaufe. Wenn sie sich schon durch Zusprüche bereden lasse und ihr selbst zuspreche und entschliesse zu bleiben, so sey ihr Entschluß von keiner Dauer, und gleich wandle sie wieder, um auszutretten, könne sich unmöglich überwinden.* Abschließend betonte die Schwester, sie könne sich über die Oberin und über die Verpflegung nicht beklagen, *als nur zu ihrem größten eigenen Leidseyn, dass sie in ihrem gegenwärtigen Stande nicht und niemals vergnügt gewesen seye.* Auf die Frage, warum sie auf die frühere Frage des Dekans, ob sie das Kloster verlassen wolle, verneint habe, sagte sie, damit gerechnet zu haben, dass das Kloster ohnehin demnächst ganz aufgelöst würde und die Klosterfrauen dann auseinander gehen müssten. Der Generalvikar von Konstanz genehmigte ihren Austritt. Der König genehmigte den Klosteraustritt unter Beibehaltung der Pension

von 240 fl., sofern sich die Ex-Nonne innerhalb Württembergs niederließ. Sie zog nach Ehingen und musste schriftlich bestätigen, dass sie, wenn sie *einmal aus dem Kloster Heiligkreuztal austritt, niemals mehr in dieses zu kommen trachte, hoffe, noch verlangen werde.*[10]

1815 verließ auch die Oblatin Caecilia Frei das Kloster, die nur die *vota simplicia* abgelegt hatte, keine Klosterkleider trug *und gleichsam nur als Magd zu Besorgung von Geschäften auch außer dem Kloster bestimmt war,* wie der Riedlinger Dekan formulierte.[11] Sie selbst stellte später ihre Tätigkeit allerdings anders dar. Als sie im Jahre 1834 um Wiederaufnahme in das Kloster bat, lehnte dies die Württembergische Finanzkammer ab.[12] 1846 beantragte die inzwischen 75 Jahre alte ehemalige Oblatin, ihr in Heiligkreuztal eine kleine Wohnung *gegen einen billigen Miethzins zukommen zu lassen.* Sie erinnerte daran, dass sie *15 Jahre im Kloster Heiligkreuztal gleich einer Klosterschwester gewesen und gleich einer Klosterschwester in der Pflicht behandelt worden* sei. Bei der Übernahme durch Württemberg sei ihr eine Pension von 178 fl. zugeteilt worden. *Da aber die Klosterfrauen und Schwestern nach eben besagter Uibernahme ihr Kost und Tranck miteinander gemein hatten, was eine gleiche Einlage erforderte, konnte ich mit meiner geringen Pension nicht bestehen. Dieß bewog mich, die Klosterwohnung zu verlassen und mich mit geringerer Kost zu begnügen und irgendwo eine kleine und geringe Wohnung zu miethen.* Eine solche hatte sie in Spaichingen gefunden, die sie aber wegen Eigenbedarfs des Besitzers räumen sollte. Der Wunsch nach Rückkehr wurde von der Finanzkammer abgelehnt.[13]

Laut Erzberger musste sich eine Oblatin, die sich 1817 verschiedene Verfehlung zu Schulden kommen ließ, acht Tage lang im Korrektionszimmer aufhalten. Als auch danach der gewünschte Erfolg nicht eintrat, wurde sie 1818 aus dem Kloster ausgewiesen, ihr die Pension aber belassen. Dabei kann es sich nur um Anna Maria Heinzelmann gehandelt haben, die in den Klosterakten später nicht mehr genannt wird.

Der König genehmigte 1821 auf Antrag der Äbtissin Bernarda die Beibehaltung der Klausur. Im selben Jahr überließ die Finanzkammer den Schwestern das auf lebenslängliche Nutznießung überlassene Inventar im Wert von 626 fl. für 430 fl. käuflich.[14]

Allmähliches Aussterben

Ein schwerer Schlag für die Gemeinschaft war der Tod ihrer Äbtissin Bernarda Kohlhund am 17. Juni 1822. Ihre vergleichsweise hohe Pension von 1.500 fl., sechs Scheffeln Dinkel und viereinhalb Klaftern Holz war allen Schwestern zugute gekommen und wurde nun eingestellt. Als neue Oberin – eine Äbtissin durfte nicht mehr gewählt werden – schlugen die Schwestern Sr. Edmunda Häring, die Priorin, vor. Sie erhielt die königliche Bestätigung *ohne weitere Titel oder neues Gehalt.* Äbtissin Bernarda hatte der Gemeinde Heiligkreuztal eine Stiftung von 460 fl. gemacht, deren Zinsen jährlich am Fest des hl. Bernhard an die Ortsarmen verteilt werden sollte, nachdem diese dem Gottesdienst beigewohnt hatten.

In jenem Jahr 1822 waren noch 16 Schwestern im Kloster. Die Priorin M. Edmunda wurde als *nach ihrem Alter noch zimmlich munter* bezeichnet. Eine Schwester war *blind, sonst gesund und heiter,* zwei weitere hatten ebenfalls Augenleiden. Als *kränklich* wurden sechs Schwestern bezeichnet, während zwei weitere *schwächlich* waren. Vier waren gesund bzw. *zimmlich gesund.* Im Jahre 1824 lebten noch zwölf Chorfrauen und drei Laienschwestern, 1829 neun Frauen und zwei Schwestern. Im Jahre 1832 trat eine Klosterfrau aus, um ihre kranke Mutter daheim zu pflegen; vermutlich handelte es sich bei ihr um die Chorfrau M. Roberta v. Holzapfel. Sie erhielt im Jahre 1839 auf ihr Gesuch von der Finanzkammer in Ulm die Erlaubnis, im Beichtigerhaus zu wohnen.[15] Dass sie tatsächlich dort gewohnt hat, ist nicht nachzuweisen.

Die langjährige Priorin Edmunda Häring starb im Jahre 1832 im Alter von 87 Jahren *altershalber.* Der Konvent wählte als ihre Nachfolgerin M. Hildegard Scheible. Inzwischen waren nur noch neun Schwestern im Kloster, 1837 noch fünf Frauen und eine Schwester, 1841 vier Frauen und eine Schwester. Priorin Hildegard gab mindestens seit 1839 bis zum Verlassen des Klosters 1843 in der Winterszeit den werktagsschulpflichtigen Mädchen unentgeltlich Unterricht im Stricken, Nähen und Sticken.[16]

Im Jahre 1812 starb die Laienschwester M. Antonia Hämerlin im Alter von 56 Jahren an Auszehrung. 1815 folgte ihr die Laienschwester M. Guda Linder

mit 60 Jahren nach. Im folgenden Jahr starb Sr. M. Franziska Werner mit 58 Jahren an Auszehrung, ebenso Sr. M. Cölestina v. Weinberg mit 69 Jahren an Schlagfluss und Wassersucht. Die Laienschwestern M. Ottilia Haf und M. Jucunda Muespacher starben im Jahre 1820 im Alter von 61 bzw. 74 Jahren. Die Laienschwester M. Katharina Gögelin starb 1823 im Alter von 53 Jahren an Auszehrung. Die Chorfrau M. Hedwig Bea starb 1826 im Alter von 53 Jahren. In ihrem 79. Lebensjahr starb 1828 die Chorfrau M. Aloysia Graf. Bis auf 100 fl. vermachte sie ihre Hinterlassenschaft den noch übrig gebliebenen Schwestern in Heiligkreuztal. Vom Tod der Laienschwester M. Magdalena Reiser in ihrem 80. Lebensjahr 1829 hat sich eine Kostenaufstellung erhalten, die sich auf insgesamt 35 fl. 28 kr. beläuft.[17] Danach erhielt der Leichenbeschauer 24 kr. Für Botengänge zum Oberamtsgericht und in die Nachbargemeinden waren 1 fl. 12 kr. zu bezahlen. Der Beichtvater bekam für die Beerdigung 5 fl. 30 kr., der Mesner 2 fl. und die Ministranten 30 kr. 2 fl. 24 kr. waren dem Totengräber zu bezahlen, je ein fl. den vier Leichenträgern. Der Sarg und das Grabkreuz kosteten 3 fl. Der Kreuzträger erhielt 15 kr. Die Totenwache und die *Freundschaft* wurde mit Wein bewirtet, was samt dem Opfer 3 fl. 12 kr. kostete. 1 fl. 30 kr. wurden für Kerzenwachs verbraucht. Für die Bewirtung der *Freundschaft und geistlichen Herrn* wurden 2 fl. 15 kr. ausgegeben. 8 fl. erhielten die verschiedenen Geistlichen für Heilige Messen. Bei den vier Opfern benötigte man für Wachs und Weihrauch 1 fl. 40 kr. Als Erben hatte die Schwester Verwandte eingesetzt. Nach Abzug der Unkosten verblieben ihnen noch 424 fl. 40 kr.

Beim Tod und Begräbnis der Chorfrau Mechthild Hafner 1829 in ihrem 69. Lebensjahr entstanden Kosten mit 49 fl. 7 kr. Sie hatte erst in ihrem Todesjahr – bereits im Krankenzimmer – ihr Testament gemacht und dabei ihre drei Geschwister und deren Kinder als Haupterben eingesetzt.[18] Der Wert ihrer Hinterlassenschaft betrug 514 fl. 1 kr. Darunter waren mehrere Bücher, elf Gemälde und zwei Fläschchen mit Kölnisch Wasser. Die Chorfrau M. Anna Ibel starb 1833 im Alter von 75 Jahren wegen *Nachlaß der Natur.* Mit 78 Jahren starb 1837 die Chorfrau M. Magdalena Berger. Sie hatte ihre leibliche Schwester als Universalerbin eingesetzt, aber zahlreiche Legate testamentarisch festgelegt. Im selben Jahr starb die Laienschwester Juliana Islar im Alter von 67 Jahren an Leberverhärtung. Sie hinterließ ein Vermögen von 618 fl. 17 kr., darunter 25 Gebetbücher, ein Kripplein, zwei Jesus-Kindlein, neun Heiligenbilder und ein Kruzifix. Kurz vor ihrem Tod hatte die Chorfrau M. Alaydis Widmann ihr Testament gemacht. Sie starb 1839 im Alter von 67 Jahren. 1842 starb die Laienschwester M. Justa Bachmann im Alter von 69 Jahren unter Hinterlassung von 1.703 fl. 20 kr.

Auszug der letzten Schwestern

Das Kloster verödete immer mehr. 1843 entschlossen sich die überlebenden vier Schwestern, ihr Zusammenleben aufzugeben, was ihnen auch gestattet wurde. Der König erhöhte die Pensionen einschließlich des

M. Constantia Braun (1777–1861)
Porträt der aus Riedlingen stammenden Heiligkreuztaler Nonne in ihrer Zisterzienserinnentracht.
Pastellkreidezeichnung, Schlotterbeck.
Privatbesitz.

Geldbetrags für die bisher gereichten Naturalien für Dinkel und Holz für die Priorin Hildegard Scheible aus Munderkingen auf 494 fl. und für die übrigen drei Frauen Luciana Ried aus Westerflach, Konstantia Braun aus Riedlingen und Xaveria Spör aus Axheim/Tirol auf je 444 fl. jährlich. Die beiden Schwestern Hildegard Scheible und Constantia Braun zogen am 18. Mai nach Munderkingen, Xaveria Spör am 23. Mai nach Tirol und Luciana Ried als letzte am 7. Juni nach Ehingen. Den Klosterfrauen wurden *Fahrnisstücke* für 626 fl. 30 kr. überlassen, ebenso Silber im Wert von 892 fl. 29 kr. und Pretiosen und Kirchengeräte für 201 fl. 40 kr. Das noch vorhandene Kirchensilber wurde zu 1.535 fl. 33 kr. geschätzt und die sonstige Einrichtung auf 3.552 fl. 35 kr. Die Schwestern Priorin Hildegardis Scheible und Constantia Braun vermachten der Gemeinde Heiligkreuztal bei ihrem Auszug 200 fl., deren Zins für Schulzwecke verwendet werden sollte. M. Luciana Ried übergab der Gemeinde 100 fl., von deren Zinsen nach ihrem Tod jährlich eine hl. Messe für sie gelesen und der Rest für Schulzwecke verwendet werden sollte. Hildegard Scheible starb 1846 in Munderkingen im Alter von 66 Jahren.[19]

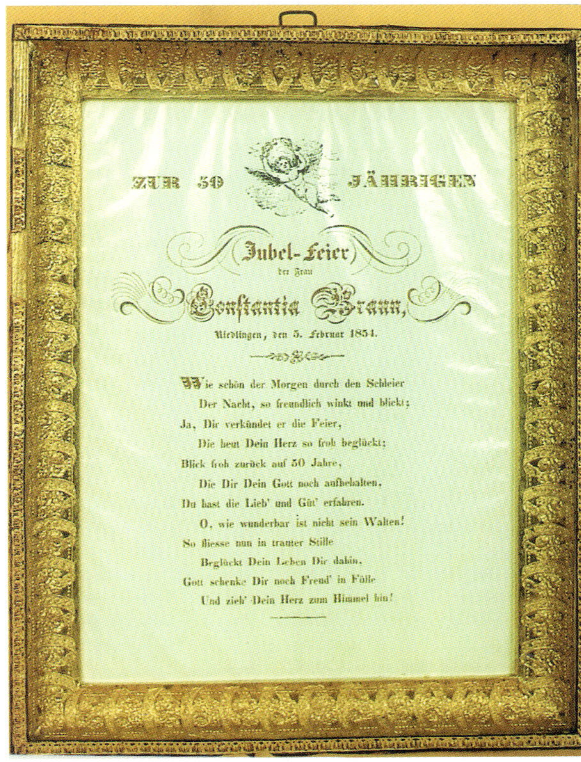

Jubelfeier
Im Klosterleben war die 50-jährige Professfeier eines Konventualen oder einer Konventualin schon immer ein herausragendes Ereignis gewesen. Mit welchen Empfindungen mochte es die kurz vor der Säkularisation eingetretene ehemals Heiligkreuztaler Klosterfrau 1854 im Kloster Stams und in ihrer Heimatstadt Riedlingen begangen haben?
Gedenkblatt, Riedlingen, 5. Februar 1854.
Privatbesitz.

Ehemalige feiern Goldene Profess

Zehn Jahre, nachdem sie das Kloster Heiligkreuztal verlassen hatten, feierten die Schwestern Constantia Braun und Xaveria Spör am 4. Oktober 1853 im Zisterzienserkloster Stams/Österreich vor Abt Aloisius Schnitzer ihre Jubel-Profess.[20] Obwohl die Schwestern nicht mehr in der Ordensgemeinschaft lebten, fühlten sie sich noch dem Orden zugehörig. 60 Jahre zuvor war die damalige Heiligkreuztaler Äbtissin mit einigen Schwestern während der Kriegszeiten ins Kloster Stams geflohen, daher rührt die Verbindung mit Heiligkreuztal. In seiner erhalten gebliebenen Ansprache erinnerte der Abt an die Säkularisation des Klosters Heiligkreuztal kurz nach dem Eintritt der beiden Schwestern, die am 5. Februar 1804 ihre Profess abgelegt hatten. Der Abt: *So war fast vor 50 Jahren euer Kloster aufgehoben. Die Welt glaubte, ihr würdet mit Freuden die angebotene Freyheit ergreifen und froh seyn, eines lästigen Zwanges enthoben zu werden; aber ihr habet das Gegentheil gethan. So lange es möglich war, und wohl 40 Jahre nach der Aufhebung, habt ihr die gelobte Lebensweise freywillig beobachtet und euer Mutterhaus nicht eher verlassen, als bis der Tod so vieler eurer Mitschwestern von selbst das Kloster auflöste und euch nöthigte, aus den öden Mauren in die Welt zurük zu kehren. Und jetzt, obschon weit von eurem Kloster entfernt, verlangt ihr eure Gelübde zu erneuern, die ihr vor 50 Jahren in dem Kloster abgelegt habt.* Die beiden Schwestern baten um die Erneuerung ihrer Gelübde, versprachen ihren Wandel zu verbessern, der Regel des hl. Benedikt zu folgen, *so gut es in den gegenwärtigen Verhältnissen möglich ist.* Sie versprachen auch, wieder in das Kloster einzutreten, falls es wiederhergestellt werde.

Aus einem Brief des Abtes vom 19. Oktober 1853 an Schwester Constantia Braun geht hervor, dass die Schwestern mit ihm in ständigem Briefwechsel standen. Der Abt richtete auch an die Schwester Luciana Ried herzliche Grüße aus. Sie hatte schon vorher in Stams ihre Gelübde erneuert, da sie bereits 1801 Profess gefeiert hatte.

Als erste der Schwestern starb Xaveria Spör 1851 in ihrer Heimat Axams/Tirol im Alter von 71 Jahren. Ihr folgte Constantia Braun, die 1861 in ihrer Heimatstadt Riedlingen starb, wohin sie wohl nach dem Tod ihrer Mitschwester Hildegard Scheible von Munderkingen umgezogen sein muss, im hohen Alter von 84 Jahren. Als Letzte des Klosters Heiligkreuztal starb am 14. Januar 1863 in Ehingen Luciana Ried im 82. Lebensjahr. Kurz vor ihrem Tod hatte sie dem Pfarrer von Heiligkreuztal noch 100 fl. für die Anschaffung eines Rauchmantels übergeben. Die Jahrtage für die Äbtissin Bernarda Kohlhund und Luciana Ried wurden bis ins 20. Jh. gefeiert.[21]

[1] Literaturauswahl über Heiligkreuztal: *Ingeborg Buck/Otto Beck*, Heiligkreuztal. Regensburg 1999 (Schnell Kunstführer Nr. 1629); *Ursmar Engelmann*, Heiligkreuztal. Wege zum Verständnis von Kloster und Kirche. Beuron 1979; *Anton Hauber*, Urkundenbuch des Klosters Heiligkreuztal. Bd. 1 u. 2. Stuttgart 1910/1913 (Württembergische Geschichtsquellen ; Bd. 9 u. 14); *Maren Kuhn-Rehfus*, Heiligkreuztal, in: Der Landkreis Biberach. Bd. I. Sigmaringen 1987, 433–444; *Günther Pape*, Kurze Geschichte des ehemaligen Zisterzienserinnenklosters. Heiligkreuztal 1976; *Karl Werner Steim*, Heiligkreuztal. Vom Kloster zum Dorf. Altheim 1992.

[2] *Matthias Erzberger*, Die Säkularisation in Württemberg von 1802–1810. Ihr Verlauf und ihre Nachwirkungen. Stuttgart 1902, 247–255.

[3] SAS Wü 125/21, Nr. 1 u. 2; SAS, FAS, DS, 151,3.

[4] HSAS B 457, Bü 70; SAS Wü 125/21, Nr. 4.

[5] SAS Wü 125/21, Nr. 4.

[6] HSAS B 467, Bü 525.

[7] DAR A I 2c, Bü 17, U 7.

[8] HSAS B 467, Bü 525.

[9] SAS Wü 125/21, Nr. 4 und Nr. 803; PfA Heiligkreuztal, Sterberegister III, 1784–1840.

[10] DAR A I 2c, Bü 17/5.

[11] DAR A I 2c, Bü 17, U 7.

[12] SAS Wü 125/21, Nr. 4.

[13] Ebd.

[14] Ebd.

[15] SAS Wü 125/21, Nr. 117.

[16] PfA Heiligkreuztal, Kirchenkonventsprotokoll I und Stiftungsratsprotokoll I.

[17] Gemeindearchiv Heiligkreuztal, Inventuren und Teilungen.

[18] Ebd.

[19] SAS Wü 125/21, Nr. 4 und Nr. 4a; PfA Heiligkreuztal; *Erzberger*, Säkularisation (wie Anm. 2), 254–255; *Steim*, Heiligkreuztal, (wie Anm. 1), 44–45.

[20] Stiftsarchiv Stams/Österreich, Tagebuch des Abtes Alois Schnitzer. Unterlagen in Riedlinger Privatbesitz.

[21] PfA Heiligkreuztal: Chronik der Pfarrei, Verkündbuch der Pfarrei Heiligkreuztal II, III und V.

Nur noch *zu Guggen und zum Verpacken* geeignet?

Die Säkularisation des Dominikanerklosters Rottweil

von Winfried Hecht

Im religiösen, kulturellen und sozialen Leben der Stadt Rottweil und ihres weiteren Umlandes hatte der 1266 vom Gesamtorden anerkannte Rottweiler Dominikanerkonvent seinen festen und im allgemeinen recht achtbaren Platz.[1] Zwischen Rindermarkt und nördlicher Stadtmauer und wenige Schritte entfernt von Rottweils Hauptkirche Heilig Kreuz gelegen, wurde er 1518, noch kurz vor der Glaubensspaltung, reformiert. Im Kriegsjahr 1643 erlebten zahlreiche Gläubige vor dem Rosenkranz-Altar der zum Konvent gehörigen, auf Albert den Großen zurückgehenden Predigerkirche das Wunder der *Augenwende*. Das 18. Jh. brachte seit 1731 die Barockisierung dieses Gotteshauses und ab 1759 den Neubau der Klosteranlage. Nicht zuletzt dank des persönlichen Formats einer Gruppe von aus Rottweil stammenden Patres im Konvent mit dem 1752 erstmals in sein Amt gewählten und erst am 2. März 1795 verstorbenen Prior Hermenegild Linsenmann an der Spitze war der Ordensgemeinschaft danach eine gute Zeit beschieden, auch wenn Herzog Karl Eugen von Württemberg im Januar 1787 bei einem kurzen Besuch weder die *neue Dominicar-Kirche*, noch deren Büchersammlung *merckwürdig* fand.[2] In Rottweil sah man dies anders und reagierte in herzlicher Verbundenheit, als z. B. 1791 das Goldene Priesterjubiläum Prior Linsenmanns von Stadt und Konvent gemeinsam gefeiert wurde.

Am 8. September 1802 wurden die Reichsstadt Rottweil und ihre Landschaft von württembergischen Truppen in beachtlicher Stärke im Vorgriff auf den RDH besetzt.[3] Am 23. November 1802 machte Regierungsrat Friedrich Wilhelm v. Weckherlin das Besitzergreifungspatent seines herzoglichen Herrn auf dem Rottweiler Rathaus vor versammeltem Rat und den kirchlichen Würdenträgern bekannt und nahm für Friedrich II. von Württemberg die Huldigung der Bevölkerung der bisherigen Reichsstadt entgegen. Der seit 1795 amtierende Prior Alexius Seyfried vom Rottweiler Predigerkonvent stellte bei diesem Anlass auch im Namen der Kapuziner der Stadt fest, die Achtung vor den *Allerhöchsten Landesherrlichen Befehlen* sei für sie *eine in der Religion begründete Schuldigkeit*. Dem folgten von Seiten der Rottweiler Dominikaner alsbald Taten: Zum *hohen Geburtstagsfest* des neuen Landesherrn predigte in Heilig Kreuz der Rottweiler Dominikanerpater Vincenz Boch, und dies offenbar so überzeugend, dass seine Predigt im Druck erschien.

Wenige Wochen später erklärte der aus Rottweil stammende herzogliche Hofkommissär Carl v. Langen am 29. Dezember 1802 auf Anordnung des neuen Landesherrn das Rottweiler Dominikanerkloster für aufgehoben.[4] Die Klostergebäude sollten geschlossen werden, die Patres wurden bis zu ihrer Pensionierung oder Weiterverwendung in der Seelsorge vorläufig ins Rottweiler Kapuzinerkloster eingewiesen, das bis 1805 weiter bestehen blieb – im Gegensatz zum Kloster der Rottweiler Dominikanerinnen unter Priorin Nepomucena Gugel, welches gleichfalls sofort aufgehoben wurde. Nachdem Kaiser Franz II. den RDH am 28. April 1803 ratifiziert hatte, war diese Entwicklung unumkehrbar geworden, auch für Rottweil und seine Klöster. Als Württemberg kurz darauf Kurfürstentum wurde, hielt erneut *der so rühmlich bekannte* Pater Vincenz aus dem aufgehobenen Rottweiler Predigerkloster als *Stadtprediger* vor *in unglaublicher Menge versammeltem Volk* eine später gedruckte Festpredigt;

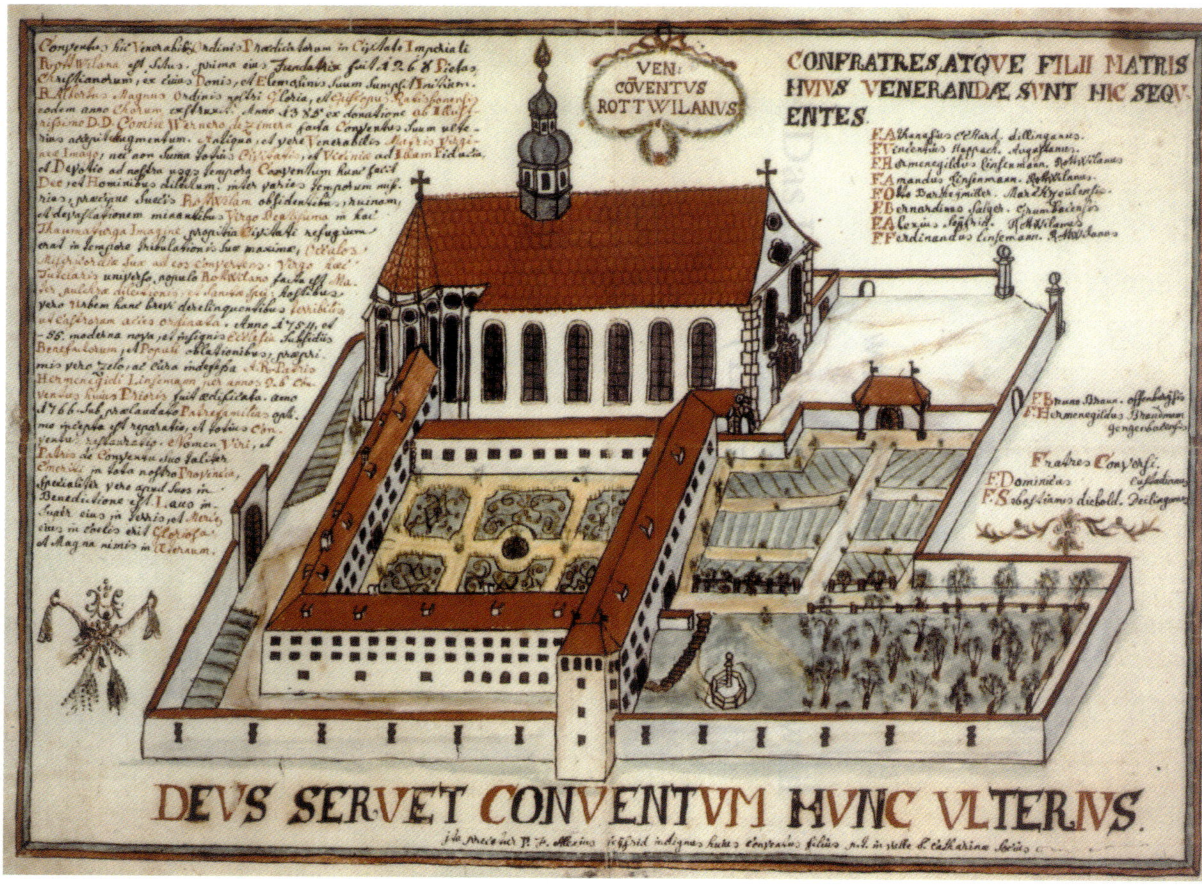

Deus servet conventum hunc ulterius – Gott erhalte dieses Kloster auch ferner!
Ansicht des Rottweiler Dominikanerklosters.
Kol. Zeichnung, 1784.
WLB Stuttgart.

aus gleichem Anlass wurde in seinem früheren Kloster ein *frohes Mahl* gegeben und *auf das hohe Wohl unseres erhabenen Khurfürsten getrunken.*[5]

Die Übertragung der *Madonna von der Augenwende* nach Heilig Kreuz

Schon die Schließung der Predigerkirche am 29. Dezember 1802 führte zu heftigeren Reaktionen der Rottweiler Bevölkerung.[6] Männer und Frauen versammelten sich in und vor der Klosterkirche, drohten den Vertretern der württembergischen Staatsgewalt mit Oberlandeskommissar v. Weckherlin an der Spitze und *rissen das Maul zum Schimpfen auf.* Als eine vom Stadtpfarrer angeführte Prozession das Gnadenbild der Madonna von der Augenwende von der Dominikanerkirche nach Heilig Kreuz abholen wollte, musste sie unverrichteter Dinge abziehen.
Auf Veranlassung des aus Rottweil stammenden Hofkommissars v. Langen wurde die ernste Situation auf dem Rathaus mit Vertretern der Bürgerschaft und Geistlichen wie Stadtpfarrer Johann Nepomuk Kolb und dem Dominikanerprior sowie seinem Subprior beraten. Bürgermeister Burkhard bat mit mehreren angesehenen Bürgern darum, das Vorgefallene nicht

zu übel zu verstehen.[7] So einigte man sich nun doch darauf, das Gnadenbild noch am gleichen Tag nach der Vesper um 16 Uhr unter feierlichem Gesang mit Kreuz und Fahnen abzuholen und nach einer Ansprache mit dem lateinischen Hymnus *Alle Tage sing und sage* [...] *nach Heilig Kreuz zu geleiten, wo es auf dem Marienaltar seinen künftigen Platz bekam. Danach wurde das Salve Regina angestimmt und der Abend mit der Heiligen Messe beschlossen.*
Kommissar v. Langen spielte in seinem Bericht über den Vorgang die zeitweilige Brisanz geschickt herunter. Er erklärte die Vorgänge einfach damit, *der Rottweiler Katholik* habe zum Gnadenbild aus der Predigerkirche eben *seine Anhänglichkeit.* Die *aufbemerkten widersetzlichen Männer* mussten *gebührende Abbitte tun.*[8]

Das Schicksal der Patres und Brüder

Schon am 2. Januar 1803 hatten die Rottweiler Dominikaner ihr Kloster geräumt und waren fürs erste zu den Kapuzinern im Waldtor-Ort der Reichsstadt gezogen. Prior Alexius Seyfried, der sein Amt 1795 angetreten hatte, musste bei der Auflösung seines Konvents mitwirken, wurde danach in der örtlichen Seelsorge verwendet und scheint weiter in seiner Heimatstadt Rottweil geblieben zu sein, wo er am 3. Januar 1813 mit 67 Jahren an Lungenentzündung starb.[9] Subprior Bernhardin Salzer aus Krumbach in Schwaben, der zuletzt auch als Organist und Beichtvater der Rottweiler Dominikanerinnen wirkte, zog nach Konstanz und *verzehrte seine Pension im Gasthaus der Klosterfrauen von Zofingen*, wo er am 25. Dezember 1809 gestorben ist. Pater Amandus Linsenmann[10], der Bruder des vorletzten Priors Hermenegild Linsenmann und selbst Generalprediger, Jubilar und Senior der Ordensprovinz, starb mit 88 Jahren am 26. Juni 1806 im Rottweiler Spital.[11] Sein jüngerer Bruder Pater Ferdinand Linsenmann, gleichfalls Generalprediger, war zuletzt Beichtvater der Kirchberger Dominikanerinnen und blieb nach Aufhebung ihres Klosters als Pfarrer der kleinen Gemeinde in Kirchberg; er starb als letzter Konventuale des Rottweiler Predigerklosters am 20. Januar 1823 in Rottweil.[12] Der 1769 in Augsburg geborene Pater Athanasius Philipp Seethaler, der 1791 Profess gemacht hatte und seit 1794 in Neufra bei Rottweil als Seelsorger tätig war, wurde dort auf den 1. April 1803 erster Pfarrer und wirkte bis 1818; er ist 1838 gestorben.[13] Bruder Sebastian Diepold, der letzte Koch, Gärtner und Sakristan im Kloster, starb am 10. März 1807 mit 77 Jahren in Rottweil.[14] Pater Bruno Braun hatte 1777 Profess gemacht und war gleichfalls als Beichtvater bei den Rottweiler Dominikanerinnen tätig. Über seinen weiteren Lebensweg ist ähnlich wenig bekannt wie über den von Pater Hermenegild Brandmann, der vier Jahre nach Pater Bruno Profess gemacht hatte, zeitweilig gleichfalls in Neufra bei Rottweil wirkte und vielleicht noch 1802 gestorben ist.[15] Die Patres Josef Hölzle von Ottobeuren und Vincenz Kast aus Attenhofen bei Weißenhorn hatten erst 1800 Profess gemacht und stu-

Muttergottes von der Augenwende
Spätgotisches Gnadenbild, bis 1802 auf dem Hochaltar der Rottweiler Dominikanerkirche.
Heilig-Kreuz-Münster, Rottweil.

dierten in Eichstätt noch Theologie[16]; Vincenz Kast wurde 1806 Seelsorger in Beffendorf bei Oberndorf.[17] Pater Vincenz Boch, der im Dezember 1802 zum Geburtstag des neuen Landesherrn und noch wiederholt im ersten Halbjahr 1803 in Heilig Kreuz gepredigt hatte, reiste schließlich in seinen Heimatkonvent Kirchheim in Schwaben ab; die Rottweiler Stadtkasse streckte ihm ein Reisegeld von vier Karolinen vor.[18]
Mit Dekret vom 23. April 1803 setzte der württembergische Staat insgesamt 1.196 fl. für acht Patres des ehemaligen Klosters aus, von denen drei als höchsten Satz 175 fl. bekommen haben, während ein weiterer unberücksichtigt blieb und der letzte Prior sich mit 25 fl. begnügen musste. Dies war im Durchschnitt »unter der Hälfte des reichsgesetzlichen Minimums«, wie schon Matthias Erzberger festgehalten hat.[19]

Unter dem Schutz der Muttergottes
Über der Darstellung der Belagerung Rottweils durch Marschall Guébriant im Jahre 1643 schwebt als Patronin die festlich gekleidete Muttergottes von der Augenwende.
Fresko, Joseph Wannenmacher, 1755.
Rottweiler Dominikanerkirche.

Kirche und Kultgegenstände

Die Rottweiler Predigerkirche blieb nach der Aufhebung des zugehörigen Konvents zunächst geschlossen, wurde 1806 evangelische Garnisonskirche für die in Rottweil stationierten württembergischen Truppen und 1818 erste evangelische Stadtkirche in Rottweil, wo sich seit dem Anschluss an Württemberg eine kleine protestantische Gemeinde gebildet hatte.[20] Von 1840 bis 1842 fand während der Regotisierung von Heilig Kreuz in der Predigerkirche nochmals regelmäßig katholischer Gottesdienst statt. 1924 bis 1926 wurde die Kirche erstmals restauriert und dabei vor allem das große Deckengemälde von Joseph Wannenmacher mit der Belagerung Rottweils von 1643 gesichert. Von 1971 bis 1974 wurden in der Kirche bei einer weiteren Gesamtrestaurierung archäologische Untersuchungen durchgeführt, welche bis in die Anfänge des Rottweiler Predigerklosters und seiner ursprünglichen Bettelordenskirche zurückführten.[21] Das Gotteshaus hat auch als evangelische Kirche dank des Verständnisses der Rottweiler Evangelischen und einer engagierten Betreuung durch die staatliche Bauverwaltung den barocken Glanz aus der Zeit der Rottweiler Dominikaner weitgehend bewahrt.
Das Gnadenbild der Madonna von der Augenwende vor dem Hauptblatt des Hochaltars wurde allerdings unmittelbar nach Schließung der Predigerkirche nach Heilig Kreuz übertragen und ist dort bis heute auf dem Marien-Altar des Rottweiler Münsters zu sehen, regotisiert und ohne barocke Kleiderpracht; an seinem ursprünglichen Platz ist es durch ein barockes Kruzifix ersetzt. Die knapp lebensgroße Plastik der heiligen Katharina von Siena, die zusammen mit einem hl. Dominikus auf dem Hochaltar die Madonna von der Augenwende flankierte, ist verloren, während der hl. Dominikus heute in der Sakristei aufgestellt ist. Zurückgekehrt in den Chor ist bei der letzten Restaurierung ein Teil des spätbarocken Gestühls, das sich in die Rottweiler Pulverfabrik »verirrt« hatte.

Abgängig sind weiter aus der Kirche vier Nebenaltäre. Schon 1813 überließ der württembergische Staat der Pfarrgemeinde Neufra, wo ja inzwischen ein ehemaliger Rottweiler Dominikaner als Pfarrer wirkte, den Nepomuk- und den Erasmus-Altar; die beiden Altäre sind inzwischen nach Horgenzell bei Ravensburg bzw. nach Hochwang bei Günzburg gelangt und restauriert, haben aber im Lauf der Jahre leider einen Teil ihres ursprünglich reichen, in Alabastergips gehaltenen plastischen Schmucks verloren. Ihre Altarblätter sind in der Rottweiler Predigerkirche seit einiger Zeit erfreulicherweise wenigstens als Fotoreproduktionen in Originalgröße wieder zu sehen. Spurlos verschwunden blieben dagegen bisher die Hauptblätter des Agatha- und des Wendelin-Altars in den westlichsten Seitenkapellen des Gotteshauses. Ihre Architekturteile wurden bei der letzten Kirchenrestaurierung für den Erasmus- und den Nepomuk-Altar verwendet. Nicht erhalten blieb auch die Orgel der Klosterzeit, die allerdings mit Prospekt und Werk eine gute Nachfolgerin gefunden hat.
Vom Kirchengerät behielt man die Paramente in Rottweil, weil *sie mit falschen Goldborten versehen* waren[22]; sie lassen sich heute nicht mehr identifizieren. Der Kirchenschatz aus Gold und Silber wurde auf mehr als 1.410 fl. geschätzt und kam Ende Januar 1803 nach Ludwigsburg. In der entsprechenden Zusammenstellung werden zwei silberne Monstranzen hervorgehoben sowie zwei Ziborien, sieben Kelche und ein Rauchfass aus dem gleichen Material. Weggeführt aus der Kirche wurde ferner ein Marienbild *mit silbernem Scheine* und einem Kranz von Rosen im Wert von 275 fl. sowie ein silbernes Jesuskind mit Weltkugel mit 80 fl. Wert, vermutlich in der Art eines Prager Jesulein. Schließlich gingen auch zwei *wertvolle Meßbücher* nach Ludwigsburg.

Die Klostergebäude

Vom eigentlichen Rottweiler Predigerkloster stürzte 1818 der Predigerturm in den Nägelesgraben.[23] Wann der Westflügel der Anlage abgebrochen wurde, ist bisher nicht genau bekannt; vermutlich geschah dies schon bald nach Aufhebung des Klosters. Das restliche ehemalige Kloster mit dem Nord- und dem Ostflügel wurde im übrigen zunächst als Kaserne genutzt und nahm 1827 die Rottweiler Volksschule für die Innenstadt auf. In den Jahren 1888 und 1889 stockte die Stadtverwaltung Rottweil das Gebäude auf, um zusätzlichen Schulraum zu gewinnen. Dies war auf die Dauer für die Statik vor allem des Nordflügels zuviel. Die Schule zog 1951 aus, und nur noch Teile des Gebäudes konnten weiter genutzt werden, etwa der Klosterkeller als Weinlager. 1972 wurde der Rest des ehemaligen Klosterbaus der Rottweiler Dominikaner abgerissen, ohne zuvor baugeschichtlich untersucht worden zu sein. Dies ließ sich teilweise wieder gut machen, nachdem 1987 die Bauarbeiten für das künftige, 1992 eröffnete Dominikanermuseum Rottweil, einem Zweigmuseum des Württembergischen Landesmuseums Stuttgart, mit gründlichen archäologischen Untersuchungen des gesamten Geländes begonnen wurden.[24]
Das Mobiliar des Rottweiler Dominikanerklosters und andere entbehrliche Gegenstände wie Betten, Zinngeschirr oder Blumenstöcke wurden Mitte Februar 1803 zusammen mit den Paramenten und Lichtstöcken aus seiner Kirche im *Stadt Rotweilischen Wochenblatt* ausgeschrieben und im Winterrefektorium des Klosters am 24. Februar 1803 versteigert.[25] Eine Anzahl von großformatigen barocken Gemälden mit Ordensheiligen scheint dabei nach Dietingen gelangt zu sein. Aufgenommen und abgeliefert wurde auch das Besteck des Konvents mit 22 silbernen Löffeln, 21 Messern und Gabeln und einem Vorlegelöffel aus Silber.[26]

Besitz, Archiv und Konventsbibliothek

Das Rottweiler Dominikanerkloster war vor der Säkularisation bestimmt nicht reich, aber auch nicht völlig unvermögend. Es hatte zuletzt in Rottweil und mehr als 30 Ortschaften rings um die Reichsstadt Besitzungen in Form von Höfen, Feldern und Wäldern sowie Einkünfte etwa aus den Zehnten von Göllsdorf und Neufra oder Fischereirechte wie in der Schwarzach, einem Zufluss der Schlichem, und im Neckar flussaufwärts der Neckarburg bei Rottweil. Von Seiten der württembergischen Behörden wurde der Besitz des Klosters einmal auf 10.000 fl. veranschlagt, bei jährlichen Erträgnissen in Höhe von immerhin 2.691

fl.[27] Damit verbunden war die Dotierung von Jahrtagen und anderen in die Predigerkirche gestifteten Gottesdiensten, welche nach Heilig Kreuz verlegt und mit 100 fl. pauschal neu ausgestattet wurden.[28]

Das Archiv des Rottweiler Dominikanerkonvents, das *nicht unbedeutend und gut geordnet war*, wurde zuerst ins Rottweiler Dominikanerinnenkloster, das nachmalige Rottweiler Oberamt, verlagert und gelangte zwischen 1824 und 1829 durch den Geheimen Archivrat Christoph Friedrich Lotter nach Stuttgart.[29] Was zu diesem Zeitpunkt noch vorhanden war, ist heute in der Regel dem Bestand an Archivalien aus der Rottweiler Reichsstadtzeit im dortigen Hauptstaatsarchiv zugeordnet.

Die Konventsbibliothek wurde unter dem 20. August 1803 von Landvogt Nikolaus v. Freyberg verzeichnet, der in seinem Bericht an die *Churfürstliche Durchlaucht* gebührend *auf die Unordnung* hinwies, in welche die Bücher nach der Vertreibung der Dominikanerpatres und die zwischenzeitliche Belegung des Klosters mit Militär geraten waren.[30] Etwa ein Dutzend vor allem theologischer Handschriften wurde danach in die Königliche öffentliche Bibliothek nach Stuttgart verbracht und wird heute von der Württembergischen Landesbibliothek Stuttgart aufbewahrt. Der Rest wurde verkauft und versteigert, hauptsächlich nach Freiburg und Tübingen. Dies besorgte Buchhändler Andreas Herderer 1803. In Tübingen befinden sich heute größere Bestände aus der Bibliothek der Rottweiler Dominikaner in der Universitätsbibliothek und im Wilhelmsstift. Weitere Bücher sind auch nachzuweisen in den Bibliotheken des Landkapitels Rottweil und des Albertus Magnus-Gymnasiums Rottweil, wobei nicht auszuschließen ist, dass sie im Einzelfall schon vor der Säkularisation in fremden Besitz gelangten.[31] Der aus dem Rottweiler Dominikanerkloster stammende Bücherbesitz der Hofbibliothek Sigmaringen könnte dagegen eher nach 1802 über das Verlagshaus Herder dorthin gelangt sein. 1813 wurde *in dem hiesigen vormaligen Manns-Kloster* offensichtlich der verbliebene Rest versteigert, darunter *deutsche Gebetbücher*, meist aber Stücke, nur *noch für Kaufleute und Krämer geeignet, weil bloß noch das Papier zu Guggen und zum Verpacken dienen kann*[32].

1 Vgl. dazu vor allem *Winfried Hecht*, Das Dominikanerkloster Rottweil (1266–1802). Rottweil 1991 (= Veröff. des Stadtarchivs Rottweil; 13) und *Winfried Hecht*, Ergänzungen zur Geschichte des Rottweiler Dominikanerklosters. Rottenburger JKG 17 (1998), 263–264.
2 *Hecht*, Dominkanerkloster Rottweil (wie Anm. 1), 181.
3 *Winfried Hecht*, Rottweil 1802 – 1970. Von der Reichsstadt zur Großen Kreisstadt. Rottweil 1997, 11 ff.
4 *Matthias Erzberger*, Die Säkularisation in Württemberg von 1802 bis 1810. Stuttgart 1902, 273 ff.
5 Stadt Rotweilisches Wochenblatt Nr. 19 vom 13.05.1803.
6 *Franz Betz*, Die frühere Dominikanerkirche in Rottweil. Rottweil 1957, 58 ff.
7 *Hecht*, Dominikanerkloster Rottweil (wie Anm. 1), 184 ff.
8 *Betz*, Dominikanerkirche (wie Anm. 6), 59.
9 *Hecht*, Dominikanerkloster Rottweil (wie Anm. 1), 186.
10 *August Bertsch*, Die Dominikaner in Rottweil. Rottweiler Heimatblätter 25. Jg. (1958), Nr. 1, 3.
11 Dominikanerkloster Rottweil (wie Anm. 1), 186.
12 *Hecht*, Ebd., 186.
13 *Stefan Krießmann*, Reihenfolge der Pfarrer (Series parochorum) in den katholischen Pfarreien des Dekanats Rottweil Diözese Rottenburg. Wangen i. A. o. J. XXI, 20 ff. Neufra.
14 *Hecht*, Dominikanerkloster Rottweil (wie Anm. 1), 186.
15 *Bertsch*, Die Dominikaner in Rottweil (wie Anm. 10), 3.
16 Ebd., 3.
17 DAR Bestand A I 2 c Nr. 159; frdl. Hinweis von Kurt Maier, Rottweil.
18 *Bertsch*, Die Dominikaner in Rottweil (wie Anm. 10), 3.
19 *Erzberger*, Säkularisation (wie Anm. 4), 273.
20 *Betz*, Dominikanerkirche (wie Anm. 6), 59 ff.
21 *Konrad Hecht*, Die Rottweiler Dominikanerkirche in der Gotik. Rottweil 1974 (= Kleine Schriften des Stadtarchivs Rottweil; 3).
22 *Erzberger*, Säkularisation (wie Anm. 4), 273.
23 *Hecht*, Dominikanerkloster Rottweil (wie Anm. 1), 188.
24 Vgl. *Dorothee Ade-Rademacher*, Kirchen, Klöster und Klausen im Spiegel archäologischer Befunde. In: »von anfang biss zu unsern zeiten«. Das mittelalterliche Rottweil im Spiegel archäologischer Quellen. Stuttgart 1998 (Archäologische Informationen aus Baden-Württemberg; 38), 65 ff.
25 A. a. O. Jg. 1803 Nr. 7.
26 *Erzberger*, Säkularisation (wie Anm. 4), 273.
27 Vgl. *Hecht*, Dominikanerkloster Rottweil (wie Anm. 1), 185.
28 Vgl. *Erzberger, Säkularisation* (wie Anm. 4), 73 ff., und DAR Bestand A I 2 a Nr. 392; frdl. Hinweis von Kurt Maier/Rottweil.
29 Vgl. *Friedrich Pietsch*, Die Archivreisen des Geheimen Archivars Lotter, in: Neue Beiträge zur südwestdeutschen Landesgeschichte, Fschr. Max Miller. Stuttgart 1962 (Veröff. der Kommission für Geschichtliche Landeskunde in Baden-Württemberg; B 21), 340 ff.
30 Vgl. *Hecht*, Dominikanerkloster Rottweil (wie Anm. 1), 185 ff.
31 Zu einem ähnlich gelagerten Fall vgl. *Werner Kessl*, Eine lateinische Schulgrammatik aus dem Kloster der Rottweiler Dominikaner. Rottweiler Heimatblätter 59. Jg. (1998) Nr. 5, 4.
32 Vgl. Wochenblatt der Königlich Wirtembergischen Landvogtei-Stadt Rotweil Nr. 2 vom 13.01.1813, 7.

Wie vergänglich dürfen Ruinen sein?

Das ehemalige Prämonstratenserkloster Allerheiligen im Schwarzwald

von Karin Stober

Allerheiligen einst und jetzt

Auf fast 700 m Höhe, eingebettet in die rauhe, waldreiche Landschaft des tiefen Schwarzwaldes, liegen die Ruinen der ehemaligen Prämonstratenserniederlassung Allerheiligen. Bis 1802, als der badische Staat Kloster Allerheiligen übernahm, hatten die Mönche ihren Konvent zu einer ansehnlichen Anlage ausgebaut, ein klösterliches Gymnasium unterhalten, die umliegenden Schwarzwaldtäler seelsorgerisch betreut sowie das Hochtal bewirtschaftet; darüber hinaus gehörte ein ausgedehntes Waldgebiet zum Kloster. Schon wenige Jahre nach der Aufhebung des Konvents waren von der Klosteranlage nur noch die Kirchenruine, der westliche Konventbau, ein Teil des Gasthauses, ein Wirtschaftsgebäude und Reste der Garteneinfassung vorhanden. Es klingt paradox: In dem Moment, als das Kloster unwiederbringlich ruiniert war, erfuhr es eine neue Wertschätzung. Die Ruinen von Allerheiligen gewannen als touristische Sehenswürdigkeit wachsende Bedeutung, und bis heute zählt der Ort zu den am meisten frequentierten Ausflugszielen des Schwarzwaldes.

Und so stellt sich Allerheiligen heute dem Besucher dar: Die Relikte des Klosters, einige Nebengebäude aus klösterlicher Zeit, zwei Hotelgebäude, die im späten 19. Jh. entstanden sind, ein paar moderne, über alten Fundamenten errichtete Gebäude, die Reste einer terrassierten, spätbarocken Gartenanlage und eine schlichte, moderne Kapelle füllen den Boden des Hochtals aus. Nach Süden verengt sich das Tal und wird zur Schlucht. Drei gut ausgebaute Fahrstraßen führen, von Süden, Westen und Norden kommend, in die unmittelbare Nähe des Klosters zu den großzügig angelegten Wald- und Wanderparkplätzen. Von hier aus verbleiben bis zum Kloster kurze Distanzen, die auf bequemen Wegen zu Fuß zurückgelegt werden können. Der beliebteste und berühmteste dieser Fußwege ist derjenige entlang der Wasserfälle, die sich rühmen dürfen, mit ihrer siebenteiligen Kaskade die größten natürlichen Wasserfälle Deutschlands zu sein. Als touristische Sehenswürdigkeit gehören heute Ruinen und Wasserfälle untrennbar zusammen – das eine scheint ohne das andere nie existiert zu haben.

Dem war früher freilich nicht so, und auch die großzügigen Fahrstraßen täuschen für die klösterliche Vergangenheit eine Zugänglichkeit vor, die der Realität nie entsprochen hat. Allerheiligen war *eine öde Wüstenei, ein entsetzlicher Ort, einsam rauh und kalt, weit entfernt von größeren Siedlungen.*[1] Es war ein gemiedenes und für eine Siedlung ungeeignetes Gebiet. Und so kam es in der Geschichte des Klosters nicht nur einmal vor, dass man versuchte, den unfreundlichen Ort zu verlassen, um ein erquicklicheres Dasein drunten im Tal zu führen.

Seit der Gründung am Ende des 12. Jhs. führte die Hauptverbindung in die Welt vom Kloster über den Sohlberg nach Lautenbach und Oberkirch, die heute noch *Allerheiligensteig* heißt.[2] Die Wasserfälle waren unzugänglich, und die Felswände der *Büttenschrofen* genannten Schlucht mussten weiträumig umgangen werden. Erst der Wege- und Straßenbau des 19. und 20. Jhs. hat das Bild des Waldes hier einschneidend verändert und war für die weitere Geschichte des ehemaligen Klosters, nachdem es 1802 aufgehoben worden war, entscheidend.

Die Säkularisation des Klosters

Seit dem 22. September 1802 hielten markgräfliche Truppen Kloster Allerheiligen besetzt.[3] Am 29. November eröffnete der ehemals Fürstbischöflich-Straßburgische Landvogt Geheimrat v. Lassolaye, der von der markgräflich-badischen Regierung als *Kommissär* eingesetzt worden war, in Gegenwart des versammelten Konvents die Aufhebung des Klosters und dessen Übergang in markgräflichen Besitz.[4] Der Konvent zählte damals 29 Mitglieder, von denen die meisten als Seelsorger eingesetzt waren. Sie behielten ihre Pfarreien, nachdem sie auf den neuen Patronatsherrn verpflichtet worden waren. Die Schließung des Gymnasiums wurde bis zum Ende des laufenden Schuljahres im September 1803 ausgesetzt. Am 1. Oktober 1803 hatten alle Prämonstratenser das Kloster verlassen. Die älteren Mitglieder waren nach Lautenbach übergesiedelt, den jüngeren Konventualen war es anheimgestellt, weiterhin in der Seelsorge zu arbeiten, die Lehrer am Gymnasium waren dem Pädagogium in Mahlberg zugewiesen. Die Klosterkirche wurde als Pfarrkirche deklariert, und die Seelsorge in Allerheiligen übernahmen zwei Kapuziner aus Oberkirch.

Die Prämonstratenserniederlassung war mit allen ihren Besitzungen von 1803 bis 1806 zunächst kurfürstlich-badisches Eigentum, 1806 wurde sie *großherzogliche Revierförsterey*. Die Wertigkeit hatte sich verlagert: Während früher der Wald zum Kloster gehörte, war es nun umgekehrt, das verlassene Kloster gehörte zum Wald.[5] Außer dem stattlichen Waldbesitz gab es in Allerheiligen nicht besonders viel, womit sich der Staat hätte bereichern können.[6] Das vergleichsweise bescheidene Klostersilber, einige Gemälde, das Archiv sowie ein Teil der Bibliothek kamen nach Karlsruhe, der andere wurde der Heidelberger Universitätsbibliothek zugeschlagen, und auch die Patres durften Bücher mitnehmen. Die liturgischen Geräte und die Heiligen Leiber wurden der Kirche in Lautenbach und der Katholischen Kirchenkommission in Bruchsal übergeben. Im Juni 1805 wurde der Hausrat versteigert.

Nach und nach verschwand auch die Barockausstattung der Kirche; sie findet sich heute in Teilen in den umliegenden Gemeinden wieder: Der Kreuzaltar und zwei Seitenaltäre wurden der Lokalkaplanei Peterstal zugesprochen, zwei weitere Seitenaltäre kamen nach Kappel und Waldulm. Ein anderer Altar, die Orgel und 31 Kirchenstühle wurden nach Oppenau gebracht.[7] Die drei letztgenannten Altäre sind zwischenzeitlich verschwunden. Die geschnitzten Heiligenbilder wurden ebenfalls auf die Pfarrkirchen der Umgebung verteilt.[8] Der letzte Abt erwarb durch Kauf seine ehemaligen Insignien. Damit war das klösterliche Inventar, so weit es ging, untergebracht und versilbert; vieles war freilich auch verlorengegangen oder geraubt worden.

Vom Kloster zur *Wüstenei*

Allein eine Antwort auf die Frage, was mit den Baulichkeiten droben im Wald geschehen sollte, gestaltete sich schwierig. Die Revierförsterei Allerheiligen war im ehemaligen Abteigebäude südlich der Kirche untergebracht. Dem Förster war es erlaubt, die Klosterwirtschaft weiter zu betreiben. Im selben Gebäude wohnten noch die Kapuzinerpatres, denen nach Auszug der Mönche die geistliche Versorgung der Bevölkerung der umliegenden Höfe anvertraut war, und der Apotheker. Die übrigen Gebäude standen leer, abgesehen davon, dass einige ehemalige Klosterbedienstete hier Unterschlupf fanden. Zunächst war vorgesehen, den Franziskanerkonvent aus Rastatt hierher zu verlegen. Dass man sich dann jedoch dazu entschied, in dieser *von der Natur verworfenen Wüstenei*[9] eine Korrektionsanstalt für Kleriker unterzubringen, entbehrt nicht eines gewissen Zynismus. Aber auch dazu kam es nicht.

Im Juni 1804 schlug der Blitz in den Kirchturm ein und verursachte einen Brand. Große Teile der Klausur erlitten dabei erheblichen Schaden. Die Klosterkirche war nur im Dachbereich beschädigt und wurde wieder repariert, so dass hier bis 1812 weiterhin Gottesdienst gehalten werden konnte. Aber der erste Schritt auf dem Weg zur Ruine war getan.

Neue Nutzungsversuche

Im Juli 1804 kam Friedrich Weinbrenner nach Allerheiligen, um sich den Schaden anzusehen, den der Brand angerichtet hatte, und um ein Gutachten zu er-

Kloster Allerheiligen
Ansicht der Anlage von Westen.
Radierung, Ende 18. Jh.
GLA Karlsruhe.

stellen, denn noch war die Klosterkirche Pfarrkirche und musste vom Staat, der die Baupflicht trug, repariert werden. Darüber hinaus kam der badische Baudirektor mit dem Auftrag hierher, ein ökonomisches Gutachten über die gesamte Gegend zu erstellen.[10] Weinbrenner fertigte einen umfangreichen Bericht. Die Brandschäden an der Kirche hielt er für behebbar. Ein dem Gutachten beigelegter Plan zeigt den neu zu errichtenden Dachstuhl, und für den schadhaften Turm lieferte Weinbrenner gleich einen Entwurf mit. Die Reparatur der Klausurgebäude lehnte Weinbrenner ab; es lohne nicht mehr, hier zu investieren. Im selben Gutachten widmete er seine Aufmerksamkeit ausführlich dem Wert und der Nutzbarmachung des Forstes.[11] Zur Verbesserung der Infrastruktur schlug Weinbrenner den Ausbau einer Straße durch das Lierbachtal nach Oppenau vor.[12] Die landschaftlichen Besonderheiten kümmerten den Baudirektor ganz und gar nicht; er sah das schlummernde wirtschaftliche Potential, das es hier zu mobilisieren galt. Im Wald sah er das Holz als Wirtschaftsfaktor, und mit dem Ausbau der Straße hatte er nicht den Fremdenverkehr im Visier, sondern die Verbesserung des Transportsystems. Als Vision schwebte ihm vor, aus Allerheiligen eine *neue Industrie-Kolonie* zu machen. Die innovativen Vorschläge wurden zwar begrüßt, aber der badische Staat war nicht bereit, hier oben im Schwarzwald zu investieren. Der Ausbau der Verkehrsanbindung als eine der wichtigsten Voraussetzungen für ein florierendes Gewerbe wurde zunächst noch nicht eingeleitet.

Weinbrenners Reparaturvorschläge an der Kirche wurden ausgeführt, aber offenbar nicht besonders gründlich. Nach dem Brand des mit Schindeln gedeckten Daches wurde die Kirche notdürftig mit Ziegeln eingedeckt. Schon im März 1805 stellten sich neue Schäden ein. Regen und Schnee drangen in die Kirche ein. Daraufhin wurde Baumeister Fischer, Mitglied des großherzoglichen Bauamtes, nach Allerheiligen geschickt. Der badische Baubeamte schlug eine ebenso zweckmäßige wie kompromisslose Instandsetzung vor: Außer den fälligen Reparaturen sollte für die Ableitung von Schnee- und Regenwasser gesorgt werden. Die Kirche musste statisch gesichert werden; sie sollte aber so gesichert werden, dass die Kreuzgangflügel für die Verstrebung der Südschiffwand entbehrlich würden und, da überflüssig, abgetragen werden könnten.[13]

Auf der Suche nach Käufern und Pächtern für die klösterlichen Immobilien sah es der Domänenfiskus besonders gern, wenn sich Gewerbetreibende und Unternehmer um die leerstehenden Gebäude bewarben. Ein Beschluss des kurfürstlichen Hofrates in Karlsruhe gab vor, dass auch die leerstehenden Gebäude in Allerheiligen nun gewerblich genutzt werden sollten – was von vornherein wegen der abseitigen Lage und schlechten Verbindungswege eigentlich als fragwürdiges Unterfangen erscheinen musste.[14] Da kam jedoch der Antrag

Die Ruinen von Allerheiligen
Ansicht von Nordosten.
Lavierte Bleistiftzeichnung, Ludwig Des Coudres, 1856.
Staatliche Kunsthalle Karlsruhe.

des Fabrikanten Reinhard Brenneisen aus Mailand, in Allerheiligen eine Wollmanufaktur einzurichten, gerade richtig. Die Idee versprach der Regierung in mehrfacher Hinsicht Vorteile.[15] Sie sah in Brenneisens Vorhaben nicht nur ein patriotisches Werk, das obendrein noch einen Pachtzins einbrachte. Auch die Arbeitsplätze, die der Fabrikant zusicherte, schienen einen notwendigen Ausgleich für die sozialen Folgen zu bieten, welche die Auflösung des Klosters, des einstigen wirtschaftlichen Mittelpunktes der Gegend, hinterlassen hatte. Die Regierung überließ dem Fabrikanten das gesamte Klosteranwesen mit Ausnahme der Kirche, des Schulhauses sowie der Wohnungen für die Geistlichen, den Apotheker und den Förster, und alsbald nach dem Brand ließ sich jener in Allerheiligen nieder.[16] Der Förster hieß übrigens Franz Brenneisen und war ein Bruder des Fabrikanten; zu dessen Unterstützung war er in den Allerheiligenwald versetzt worden.

Brenneisen, der die Wasser des Lierbachs als Energiequelle zum Betrieb seiner Maschinen verwenden wollte, scheiterte jedoch trotz Förderung durch die Regierung schon zwei Jahre später – nicht nur an den ungünstigen Standortverhältnissen, sondern auch an der eigenen Unfähigkeit als Unternehmer. Allerheiligen verkam zur »Räuberhöhle«, wo sich allerlei Gesindel herumtrieb, und sogar von zwei Mordtaten in der Gegend war zu jener Zeit die Rede.

Nicht allein zu Werkhallen, Wohn- und Schankgebäuden dienten Brenneisen die klösterlichen Immobilien. Als Geschäftsmann, der sich ständig in Geldnot befand, war er clever genug, rasch zu erkennen, dass sich in den alten Bauteilen gewinnbringende Ressourcen verbargen. Mit Gewalt versuchte er, die Kirche baufällig zu machen, indem er gemeinsam mit seinem Bruder die Gewölbe beschädigte.[17] Türschlösser und -schlüssel entfernte er und schaffte sie, wie vieles andere, beiseite, um damit die Löcher in seinem Portemonnaie zu flicken. Brenneisens Geschäftssinn beförderte die Stiftsgebäude ein ganzes Stück voran auf dem Weg zur Ruine, bis er schließlich 1806 in Allerheiligen abgewirtschaftet hatte. Er zog weiter nach Kloster Frauenalb und bemühte sich dort, eine Fabrik in klösterlichen Gebäuden zu installieren.[18]

Der Regierung schien es nun aussichtslos, für die noch erhaltenen Klostergebäude eine sinnvolle Nutzung zu finden, zumal Allerheiligen bei weitem nicht der einzige Problemfall dieser Art war. Landauf, landab standen mehr als genug aufgelassene Klöster umher, die, statt ein florierendes, gewinnbringendes Unternehmen zu beherbergen, dem Staat, der als Baulastträger für die Kosten aufzukommen hatte, auf der Tasche lagen. Das Angebot an Klostergebäuden überstieg auch bei weitem den Raumbedarf für Anstalten, Schulen und Gefängnisse im Land. Also wurde einfach nichts mehr unternommen, um in Allerheiligen die Bauwerke zu nutzen und zu erhalten.

Der Altbau als Ressource

Im September 1810 wurde beschlossen, das große Hospizgebäude samt dem Verbindungsgang zur Prälatur und den Gesindebau abzubrechen.[19] Das Mobiliar der Kirche war schon weitgehend weggeschafft, als 1812 auch der zweite Kapuziner aus Gesundheits- und Altersgründen den Bergkessel verließ. 1814 lehnte es die Diözese Konstanz definitiv ab, in Allerheiligen eine eigene Pfarrei einzurichten, und so war die Kirche als Gotteshaus endgültig aufgegeben. Die Konventgebäude wurden 1816 zum Abbruch freigegeben. Schritt für Schritt verschwanden sie bis auf die Grundmauern. Nur einige Stallungen sowie die ehemalige Prälatur mit der Försterswohnung und dem Wirtshaus überstanden die Demolierungen unversehrt, war doch dem Förster hier auch die Schildgerechtigkeit zugestanden worden, um das karge Gehalt durch einen Nebenverdienst etwas aufzubessern. Bei diesem öden und einsamen Alltag in dem desolaten Bergkessel wäre jede Abwechslung willkommen gewesen – allein: Die Gastwirtschaft bot nur noch wenig Anreiz, denn nach den unsittlichen Vorkommnissen unter dem Wirt Brenneisen waren nun Musik und Tänze verboten. Der diensthabende Förster wurde schließlich von einem Gemütsleiden befallen, und 1843 wurde die Verlegung des Forstamtes nach Ottenhöfen genehmigt.[20]

Was nach 1814 mit der Kirche geschah, ist unbekannt. 1821, nachdem die Pfarrei schließlich aufgegeben war, machte man auch vor der Klosterkirche nicht mehr halt. Die badische Regierung gestattete, dass sie – wie dies zu allen Zeiten und überall mit Ruinen geschah – als Steinbruch genutzt wurde. Dach, Dachstuhl und Holzwerk wurden abgetragen. Für das wertvolle Bau-

material glaubte man im Neubau der Pfarrkirche von Ottenhöfen eine adäquate Wiederverwendung gefunden zu haben.[21] Baumaterial aus Allerheiligen wurde auch für den Neubau der Acherner Pfarrkirche verwendet. Als Bauwerk, geschweige denn als Denkmal, galt die Klosteranlage dem badischen Staat noch nichts. Menschliche Eingriffe allein waren es nicht, die Allerheiligen zu dem verhalfen, wofür es bereits wenige Jahre später zu neuer Berühmtheit gelangen sollte. *Schon 25 Jahre nach der Klosterauflösung schien alles, mit Ausnahme der Försterwohnung und der Ruine der Kirche, in die alte Wildnis vor der Gründung der Kirche zurückgefallen. Kaum die Grundmauern der früheren Gebäude waren mehr aufzufinden. Gar gierig nagt der Zahn der Zeit in so rauher Gegend an dem verlassenen Menschenwerk, und die ewig schaffende Natur überwuchert üppig die verlassenen Stätten mit Busch- und Dornengestrüpp.*[22] Die Pflanzenwelt hatte von dem alten, gebrochenen Gemäuer Besitz ergriffen. Das dahingehende Menschenwerk verschmolz eng und enger mit der Natur und geriet zum Abbild einer sich immer weiter entfernenden, unwiederbringlich verlorenen Vergangenheit, zur Metapher für das Transzendente der weltimmanenten Vergänglichkeit.

Von der *Wüstenei* zum romantischen Stimmungspanorama

Um 1800 hatten Naturverständnis und Geschichtsbild der Romantik die Wahrnehmung der Welt grundsätzlich verändert und vor allem bildungsbürgerliche Kreise zum Sehen und Schauen motiviert. Gereist wurde nicht mehr nur nach Italien; auch die Naturschönheiten und Sehenswürdigkeiten der heimischen Umgebung wurden aufgesucht. »Wandern« sowie »Waldeinsamkeit« galten als Zauberwörter der Romantik. Verbarg sich an einem entlegenen Ort dann auch noch ein Zeugnis der Vergangenheit, ein mittelalterliches Bauwerk oder eine Ruine etwa, so besaß dieser Ort einen Zauber ganz besonderer Art. Besonders Ruinen übten auf romantische Gemüter wegen ihrer tiefensymbolischen Bedeutung und als Seelenspiegel eine große Anziehungskraft aus.

Der Anblick des zerstörten Klosters von Allerheiligen musste jedem Zeit- und Gesinnungsgenossen der Romantik das Herz höher schlagen lassen. In diesem Hochtal war einfach alles Wirklichkeit, was eine blühende Phantasie sich auszumalen vermochte. Jedes Klischee, jedes Symbol konnte hier abgerufen werden: eine wild überwachsene Ruine, der Wald, der Bach, die Wasserfälle, die Felsenschlucht, die Einsamkeit in der Natur und Fernsichten in eine Landschaft, die als Prädikate sämtliche im Sprachgebrauch der Romantik eingängigen Schattierungen zwischen *anmutig* und *unheimlich* zu bieten hatte. Sagen und Mythen rankten sich um die schaurig-schöne Gegend, die das verlassene Kloster in sich barg. Schon der Weg hinauf war ein Erlebnis: Er führte vom weiten, lieblichen Renchtal aus über das schon sehr viel düstere Lierbachtal zum abenteuerlichen Aufstieg über die Wasserfälle. Dort, wo das Wasser dramatisch zwischen den Felswänden zu Tal stürzte, gerieten die Gemüter heftig in Wallung, um sich dann weiter oberhalb zu beruhigen, wenn der Bach wieder harmlos gurgelnd seines Weges floss. Schließlich weitete sich unvermittelt die Schlucht zu einem Hochtal, und man war am Ziel dieser bewegenden Wanderschaft, bei der Ruine und beim Gasthaus, angekommen.

Entrückte Idylle oder populäres Ausflugsziel?

Die soeben ruinierte Kirche fand in der Reiseliteratur schon früh Erwähnung.[23] Aus den Beschreibungen spricht zunächst noch eine etwas kühle und unsichere Distanz, und als besondere Naturschönheit oder als altehrwürdige Stätte wird dieses Hochtal nicht ausdrücklich zum Besuch empfohlen. So ganz wohl hatten sich die Autoren hier in der wilden Natur angesichts eines desolaten Zerstörungswerks offenbar nicht gefühlt. Vor Ort gab es noch nichts, was auch nur ansatzweise hätte zivilisatorische Milderung oder Geborgenheit versprechen können: keine bequemen Wege oder Straßen, kein komfortables Gasthaus, ja nicht einmal Bänke zum Verweilen fand der Fremde hier vor.

Dies änderte sich, als Ernst Ludwig Mittenmeier (1800–1859) als *Waldhüter vom Fach* 1838 in Allerheiligen eingesetzt wurde. Mit ihm hatte es eine besondere Bewandtnis. Dass er kein besonders guter Waldhüter war, ist in den Forstamtsakten nachzule-

sen.[24] Seine Energie verwendete er nicht so sehr auf die Forstwirtschaft, sondern weit mehr auf die Bewirtschaftung des Hochtals, die Verbesserung des Landschaftsbildes sowie auf den Ausbau der Verkehrswege und der Infrastruktur für den Fremdenverkehr. Dazu war in erster Linie die Bereitstellung finanzieller Mittel erforderlich. Es gelang Mittenmeier, für die Baupflege der Ruine und der vernachlässigten Gebäude Mittel aus verschiedenen staatlichen Kassen zu mobilisieren. Langfristig focht er einen zähen Kampf mit den Behörden aus, um die unklaren Kompetenzen für Allerheiligen zu beseitigen, so dass schließlich die Verwaltung wie auch der Unterhalt der Baulichkeiten samt der Umgebung dem Forstdomänenärar zugeschrieben wurden. Mit einem schlichten Waldhüter hatten es die Behörden hier nicht zu tun.
Ernst Ludwig Friedrich Mittenmeier, geboren im großherzoglichen Forsthaus zu Ispringen, gilt als natürlicher Sohn des Großherzogs Carl Friedrich.[25] Darin teilt er das Schicksal mit Franz Joseph Herr, dem Kuppenheimer Pfarrektor, der sich mit außergewöhnlichem Engagement um Kloster Lichtenthal bemühte. Mittenmeier und Herr wären folglich Halbbrüder, und vielleicht kamen die gotischen Steinbildwerke der Uta v. Schauenburg und des Propstes Gerungus auf diesem Weg von Allerheiligen nach Lichtenthal, wo Herr sie an der Fassade der Fürstenkapelle aufstellen ließ. Dass sich von Anfang an der 1844 gegründete *Alterthumsvereins für das Großherzogtum Baden* mit dem Begründer August v. Bayer und seinem Schirmherrn, dem Großherzog Leopold, in Allerheiligen engagierte, mag ebenfalls auf Mittenmeiers direkte Verbindung in die höchsten Regierungskreise hinweisen. Unbestritten ist es Mittenmeiers Verdienst, dass Allerheiligen binnen weniger Jahre zum vielbesuchten Ausflugsziel wurde.
Gemeinsam mit Forstmeister Eichrodt, dem Amtsvorstand des Acherner Forstamtes, machte Mittenmeier als erstes ab 1840 die Wasserfälle begehbar.[26] Die Felsabhänge, über die der Bach in sieben *Bütten* stürzte und dabei einen Höhenunterschied von ca. 100 m überwand, mussten zunächst noch mit Leitern überwunden werden. Dies war nicht ungefährlich, erforderte Schwindelfreiheit und Trittsicherheit. Dennoch oder gerade deswegen zog der neue Weg rasch Wanderer und Touristen an. Zwei Jahre später, 1842, wurden die Leitern durch Holztreppen ersetzt, die gefährlichen Stellen durch ein festes Geländer gesichert.[27] Wieder ein paar Jahre später hatte der Aufstieg an Komfort weiter zugelegt: Der Fußpfad war durch Sprengungen erweitert worden, die Holztreppen waren Steintreppen mit Eisengeländern gewichen, und zum Verweilen luden Bänke ein.[28]
1833 griff die Generalforstkommission auf die Vorschläge von Friedrich Weinbrenner zurück und begann mit dem Ausbau der Straße von Oppenau hinauf in den Allerheiligenwald.[29] Als der neue Fahrweg durch das schwierige Gelände fertiggestellt war, wurde er als ingenieurtechnische Meisterleistung gefeiert. Wer auf Rädern jedoch direkt bis zum Kloster gebracht werden wollte, musste von hier aus als letztes Wegstück zunächst noch einen abschüssigen, rampenartigen Zufahrtsweg in Kauf nehmen. Als nach

Romantischer Aufstieg für Wanderer
Die Wasserfälle von Allerheiligen. Lithographie, um 1840. GLA Karlsruhe.

Erschließung der Wasserfälle der Fremdenverkehr erheblich zugenommen hatte, erhielt die Straße etwa die heutige Trasse mit direkter Zufahrt zum Kloster. Anlässlich der Fertigstellung verkündete der Bezirksförster: *Die Besucher Allerheiligens werden die neue Straße als Wohltat begrüßen, und niemand wird noch Gefahr laufen, umgeworfen und mit zertrümmerter Equipage von Allerheiligen abziehen zu müssen, wie schon öfters vorgekommen ist.*[30] Mit dem Ausbau des neuen Straßennetzes machten die alten Verbindungs- und Wirtschaftswege keinen rechten Sinn mehr. Sofern sie nicht in die neue Trassenführungen integriert oder zu Wanderwegen umfunktioniert wurden, verkamen sie und verschwanden unter dem Deckmantel der Natur. Der Bedarf an Wanderwegen war, seitdem die Romantik das Wandern erfunden hatte, groß, so dass die bereits vorhandenen Wege eigens zu diesem Zweck sogar durch neue ergänzt wurden. Kurz nach der Mitte des 19. Jhs. war Allerheiligen ein regelrechter Knotenpunkt aus lauter neu ausgewiesenen Wanderwegen.[31]

Für die vielen Fremden, die nun aus allen Richtungen kamen, sorgte Waldhüter Mittenmeier: Die heruntergekommene Bauernwirtschaft mit der ärmlichen Försterwohnung machte er zu einem komfortablen Gasthof mit Bewirtung für den Touristen- und Sommerfrischenbetrieb. In der Mitte des 19. Jhs. war Allerheiligen für den Fremdenverkehr sozusagen perfekt erschlossen. Eine wichtige Voraussetzung, nämlich die Erreichbarkeit, war mit dem Bau der Eisenbahnlinie im Rheintal zwischen Karlsruhe und Basel zwischenzeitlich auch gegeben. An den Bahnhöfen in Achern und Oberkirch standen Transportmittel bereit, um die Besucher weiter Richtung Wasserfälle oder auch direkt bis zum Kloster zu befördern. 1876 schließlich war der Ausbau der Eisenbahnlinie ins Renchtal bis Oppenau abgeschlossen.

1853 stattete Karl Baedeker Allerheiligen einen Besuch ab und nahm es *mit prächtigen Wasserfällen, Klosterruinen und besuchenswerter Gastwirtschaft inmitten ausgedehnter Hochwaldungen* als bedeutende Sehenswürdigkeit in seinen Reiseführer auf. Dass Allerheiligen schon 1854 im *Baedeker* stand, beförderte seinen Bekanntheitsgrad ungemein. Die Häufigkeit, mit der die Ruine und die Wasserfälle in der Mitte des 19. Jhs. in Reiseführern beschrieben und ins Bild gebracht wurden, erhellen ihre enorme Beliebtheit als Ausflugsziel.[32] Allerheiligen wurde ein *weltbekannter Luftkurort.*[33] Die tosenden Kaskaden wurden in den Reiseführern ebenso gerne abgebildet wie die Ruinen und die Rundblicke. Im Hochsommer waren alle Zimmer im Gasthof belegt, und dazu kamen noch die zahllosen Tagesausflügler, die den Aufstieg über die Wasserfälle wagten oder sich in einer Chaise von Ottenhöfen hierher bringen ließen.

Unter den zahlreichen Prominenten, die Allerheiligen aufsuchten, hat den weitesten Weg hierher wohl Mark Twain zurückgelegt. Als er 1878 zu Fuß durch Europa reiste, führte ihn sein Weg auch über den Schwarzwald. Bis zur Jahrhundertwende erlebte der Tourismus in Allerheiligen ein explosionsartiges Wachstum. Von Jahr zu Jahr nahm die Zahl der hier eintreffenden Gäste zu. Ernst Ludwig Mittenmeiers Sohn Karl errichtete 1871 und 1887 die beiden mehrstöckigen Kurhäuser, so dass sich die Anzahl der Übernachtungsgäste vervielfachte.[34] Über 90 Jahre und drei Generationen bewirtschafteten die Mittenmeiers die Gastronomieeinrichtungen in Allerheiligen. Nach dem Ersten Weltkrieg jedoch, nach Inflation und Weltwirtschaftskrise, brach das Tourismusgeschäft zusammen. 1933 wurde in den beiden Hotels ein Kinderheim untergebracht, 1947 kaufte sie der Caritasverband der Erzdiözese Mainz. Die Gastwirtschaft wurde 1949 ebenfalls an den Caritasverband verpachtet. 1960 ließ die Mainzer Diözese eine neue Kirche oberhalb der Ruine errichten und schuf damit die Voraussetzung dafür, dass in Allerheiligen wieder Gottesdienste für die Bevölkerung in der Nachbarschaft sowie für Erholung suchende Gäste abgehalten werden konnten. 1964 baute der Caritasverband auf dem Gelände des ehemaligen Mittenmeierschen Privathauses ein neues, komfortables Gästehaus. Aus dem Kinderheim wurde 1982 ein Landschulheim. 1990 überließ der Caritasverband die beiden ehemaligen Hotelgebäude der aus Malta stammenden katholischen Laienorganisation Internationales Catholisches Programm für Evangelisation (ICPE).

Bis heute zählt Allerheiligen zu den beliebtesten Ausflugszielen im Schwarzwald – auch wenn die romantischen Phantasien angesichts der wohlarrangierten und geordneten Verhältnisse sowie der 250.000 Besucher, die hier jährlich meist als Tagesausflügler und motori-

siert eintreffen, längst nicht mehr greifen. Dafür hat die Liegenschaftsverwaltung 1996 anlässlich des 800-jährigen Klosterjubiläums hier ein Museum eingerichtet, das den Besucher über die Geschichte und Baugeschichte des Klosters aufklärt. Im Wind flatternde Fahnen winken zu den Lokalitäten herbei, denn die Zahl der Besucher soll weiter gesteigert werden.

Die Ruinen von Allerheiligen als Objekt der Denkmalpflege

Ruinen sind Fragmente einer architektonischen Schöpfung, die dem Lauf der Geschichte als Kulisse gedient hat. Ruinen leben aber auch durch ihre transzendenten Eigenschaften, durch ihre besondere allegorische Bedeutung. Bauwerkserhaltung an einer Ruine zu betreiben, bedeutet, paradoxerweise Zerfall und Vergänglichkeit mitzukonservieren. Derselbe Prozess, der als unaufhaltsames Geschehen den wunderbaren Zauber einer ganz der Natur überlassenen Ruine ausmacht, muss abgefangen und dem Lauf der Zeit entzogen werden. Eine Ruine, die vor dem fortschreitenden Zerfall bewahrt wird, führt – abstrakt gesehen – ein absurdes Dasein zwischen Vergänglichkeit und Bestand. Der Balanceakt ist nicht nur ein ideeller und theoretischer; in der denkmalpflegerischen Praxis muss der äußerst labile Gleichgewichtszustand ständig neu arrangiert werden – denn beidem, dem Stimmungsbild und dem Erhalt des Geschichtszeugnisses, muss Rechnung getragen werden. Ruinen sind pflegeintensive Denkmäler. Hier wird nicht nur historische Substanz, sondern auch sehr viel weniger Konkretes erhalten und gepflegt, ja ständig neu geschaffen: Ästhetik, Atmosphäre und Stimmung.
Auf wessen Veranlassung zurückgeht, dass das Ministerium des Innern den Waldhüter Mittenmeier 1840 anwies, Sorge dafür zu tragen, *daß an der Klosterruine nicht weiter gewalttätig, wie dies mitunter früher der Fall war, ruiniert und namentlich keine Hausteine mehr von dem Mauerwerk herausgebrochen und gestohlen werden*[35], ist nicht mehr nachzuvollziehen. Jedenfalls wurde 1840, im gleichen Jahr, als auch die Wasserfälle begehbar gemacht wurden, ausdrücklich dem aktiven Zerstörungsprozess an den Klostergebäuden Einhalt geboten.

Zwei oder drei Jahre später reiste August v. Bayer, der im März 1844 zum Direktor des neugegründeten *Alterthumsvereins für das Großherzogtum Baden* ernannt werden sollte, nach Lautenbach, um die Aufnahme und Vermessung der Anlage vorzubereiten.[36] Die Zeichnungen und die Bauaufnahmen, die auf seine Veranlassung hin gefertigt wurden oder sogar von seiner Hand stammen, waren zur Veröffentlichung in der Publikationsreihe des Vereins vorgesehen. Der Band über Allerheiligen ist zwar nie erschienen, der Altertumsverein initiierte jedoch die erste Instandsetzung der Klosterruine, die auf der Grundlage der Zeichnungen und Pläne v. Bayers ausgeführt wurde. 1846 wurde die in Teilen einsturzgefährdete Ruine zunächst notdürftig gesichert.[37] Dem Domänenfiskus gegenüber argumentierte v. Bayer nicht mit dem kunst- und baugeschichtlichen Wert, als es darum ging, die finanziellen Mittel für die Instandsetzung zu erlangen, sondern mit dem regen Ausflugsverkehr der Baden-Badener Kurgäste[38], denn das internationale Flair des berühmten Heilbades im Oostal polierte den Glanz der großherzoglich-badischen Krone erheblich auf.
In zwei Abschnitten wurde unter der Leitung August v. Bayers zwischen 1850 und 1851 an der Klosterkirche gearbeitet.[39] In und um die Kirche herum wurden der Schutt und das anstehende Erdreich abgetragen. Die tonnengewölbte Vorhalle war vom Einsturz bedroht und musste statisch gesichert werden. Dazu wurden im Eingangsbereich Stützmauern errichtet, und das Gewölbe erhielt eine hölzerne Stützkonstruktion aus Bögen und Schalen. Treppenstufen wurden eingezogen, die nun in das Innere der Vorhalle hinabführten, vermauerte Bogenstellungen und Fensteröffnungen wurden wieder geöffnet. Der Treppenturm am nördlichen Querhaus musste ebenfalls gesichert werden. Die Arbeiten in Allerheiligen brachen an dieser Stelle vorläufig ab, da die finanziellen Mittel erschöpft waren. Die Finanzbehörde war zunächst nicht bereit, noch weitere Maßnahmen an der Kirche zu finanzieren. *Als Kunstdenkmal hat dieselbe keine besondere Bedeutung; auch ist uns keine Anzeige bekannt, dass dort an geschichtlichen Denkmälern etwas Erhebliches zu suchen wäre* – so lautete die Einschätzung der Behörde. Um aus Allerheiligen ein unterstützenswertes Kunstdenkmal zu machen, bestand also Forschungsbedarf.

Zwei Monate später stand dann plötzlich doch das nötige Geld zur Verfügung, und zwar in reichlichem Maß. So vermittelt es jedenfalls das Gesamtbild, welches v. Bayer im Rückblick auf das in Allerheiligen Geleistete zeichnet: *Großartige Lichtungen und Wegräumungen von Schutt und Graus* sowie *Bau-Ergänzungen* seien hier durchgeführt worden, so dass *die ihrer reichen Bauart wegen lehrreichen Reste der ehemaligen Klosterkirche frei zu liegen kamen und gefahrdrohende Bautheile wieder verfestigt wurden.*
Forstverwaltung und Altertumsverein, sprich: Mittenmeier und v. Bayer, arbeiteten Hand in Hand und *standen in harmonischer Verbindung miteinander*, so dass das Bauwerk nun nicht allein *ohne Gefahr* zugänglich war; auch die neuen Hinzufügungen und Ausbesserungen waren bravourös natürlich gestaltet, und die Fortschreibung der Geschichte Allerheiligens als romantische Ruine war gewährleistet.
25 Jahre nach der ersten Instandsetzung waren an der Ruine wieder erhebliche Bauschäden aufgetreten. Ein Kostenvoranschlag für die anstehenden Reparaturarbeiten des Bezirksbauamtes Achern war schon lange erstellt, und das Geld für die notwendig gewordenen Reparaturen gegen den *drohenden Verfall* hatte die Finanzverwaltung bereits seit einem Jahr zur Verfügung gestellt, als sich Gustav Kachel, der für den Bereich Baudenkmalpflege zuständige Konservator, 1876 auf Veranlassung des Ministeriums des Innern hinauf ins Lierbachtal zum ehemaligen Kloster begab.[40] Den baulichen Zustand der Ruine und das, was er von den Arbeiten seines Amtsvorgängers in Allerheiligen sah, konnte Kachel überhaupt nicht loben. Auch hatte sich im Denkmalverständnis zwischen den Generationen ein Wechsel vollzogen; als Architekt und Zeitgenosse von Carl Schäfer und Eduard Paulus d. J. lag Kachel der schöpferische Umgang mit den alten Bauwerken näher als das passive Bewahren der Relikte aus der Vergangenheit. Und so missfiel es dem neuen Konservator, dass es sich bei den Arbeiten v. Bayers in Allerheiligen nicht um *Restaurieren* gehandelt habe, sondern *das ganz bescheidene »Conservieren« des Vorgefundenen.*
Im Sommer 1878 wurden die Arbeiten ausgeführt. In den fünf Monaten, die witterungsbedingt von Mai bis Oktober gearbeitet werden konnte, muss Allerheiligen mehr einer Großbaustelle als einer Ruine geglichen haben, denn die Maßnahmen, die in der vergleichsweise kurzen Zeit durchgeführt wurden, waren erheblich. An der Kirche wurde nicht nur untersucht, gesichert, abgerissen und neu gebaut, sondern auch ausgegraben, fundamentiert und neu angepflanzt. Das Bezirksbauamt legte großen Wert darauf, dass die Reparaturen und Ergänzungen am Mauerwerk der Ruine *unter Wahrung des alterthümlichen Aussehens* ausgeführt würden.[41] Und so hatte auch Gustav Kachel seine Aufgabe in Allerheiligen verstanden und wahrgenommen: Es galt, neben den Sicherungs- und Ergänzungsarbeiten ein Phänomen zu bewahren; hier sollten Stimmung und Sentiment konserviert werden.
Was an Ruinen schon immer und an Kloster Allerheiligen betont um 1875 haltbar gemacht und weitergeschrieben werden sollte, darüber diskutierte man im generellen Umgang mit den Denkmälern erst 30 Jahre

Die Natur vereinnahmt das Bauwerk
Zustand der Klosterkirche Allerheiligens (Mittelschiff und südliches Seitenschiff nach SO) 25 Jahre nach der ersten Instandsetzung. Foto, vor 1878.
Landesdenkmalamt Baden-Württemberg, Karlsruhe.

später, als von Alois Riegl das *Gefühl* und der *Gefühlswert* in die Denkmaltheorie eingebracht wurden: *Das entscheidende in der Wirkung eines Denkmals auf den modernen Beschauer [...] liegt vielmehr in einem an sich undefinierbaren Gefühl, das sich lediglich als eine unstillbare Sehnsucht nach Anschauung eines »alten« äußert.*[42]

Gustav Kachel verstarb 1882 im Alter von 39 Jahren. Daraufhin kümmerte sich Ernst Wagner, der nach der Aufteilung des Konservatorenamtes den Großherzoglichen Sammlungen vorstand, wieder mehr um die historischen Bauwerke im Land. In Allerheiligen fielen dem Konservator und ambitionierten Museumsmann besonders die skulptierten Steinfragmente auf, und 1887 wagte er bei der Domänendirektion einen Vorstoß: Er beantragte, die besseren Stücke *der sehr interessanten Fragmente, sculptirten Säulenkapitäle, Gewölbeschlußsteine mit Apostelköpfen* in die Altertümersammlung nach Karlsruhe zu holen, denn dort fehlte *es an gothischen Stücken ohnedem noch fast ganz.*[43] Zwar bewilligte die Domänendirektion das Gesuch des Großherzoglichen Sammlungsdirektors, erinnerte aber auch ausdrücklich den Großherzoglichen Konservator an seine Aufgaben: *Da es zu den Obliegenheiten des Großh. Conservators gehört, die Erhaltung der Alterthümer nicht allein in der Alterthumshalle, sondern auch an Ort und Stelle zu fördern*[44], sollten die Trümmer besser in der Vorhalle der Klosterkirche geborgen und ausgestellt werden. Es verging ein Jahr, bis Wagner sich von der Idee verabschiedet hatte, die Steine nach Karlsruhe bringen zu lassen, und bereit war sich dafür einzusetzen, dass in Allerheiligen ein Lapidarium eingerichtet wird. Jetzt wollte Wagner aber nicht nur die skulptierten Steine in der Vorhalle untergebracht wissen, jetzt setzte er sich weit umfassender für die Instandsetzung der Klosterruine ein. Die Grabplatten vor dem Chor sollten gehoben und ebenfalls in der Vorhalle aufgestellt

Klosterkirche von Allerheiligen
Schnitt durchs Querhaus nach Osten im Auftrag der Großherzoglichen Baudirektion.
Aquarellierte Federzeichnung, 1875.
Landesdenkmalamt Baden-Württemberg, Karlsruhe.

werden. Die bereits wieder gefährdeten Mauern der Kirche sollten gesichert und die Gewölbe der kleinen Kapelle repariert werden. Das Feuchteproblem im Fundamentbereich und besonders in der kleinen Kapelle war noch nicht gelöst, so dass neue Drainagen und Kanäle gelegt werden mussten. Erhaltenswert erschien Wagner nun auch das *Thor aus der Barockzeit*, das von einem Ökonomiegebäude übriggeblieben war, sowie *die italienische Gartenanlage mit Architekturzier* [...] *und Wasserwerk*.
Wagners Eingabe war an das Ministerium für Justiz, Kultus und Unterricht gerichtet; von da aus wurde sie an den Direktor der Großherzoglichen Baudirektion weitergeleitet. So kam es, dass Josef Durm sich 1888 aktiv in die Instandsetzung der Klosterruine einschaltete.[45] Durm unterstützte den Antrag Ernst Wagners in allen Punkten, beauftragte die Bezirksbauinspektion in Achern mit einer Kostenaufstellung und begab sich persönlich am 7. Januar 1889 hinauf in den Schwarzwald, um die Ruine in Augenschein zu nehmen. Die Bergung und Aufstellung der Steine und Grabplatten sowie die Instandsetzung des Mauerwerks schienen für den im Umgang mit historischen Bauwerken routinierten Baudirektor problemlos bewältigbar zu sein. Nicht ganz so eindeutig verhielt es sich mit der Gartenanlage und der Wasserkunst, die in weiten Teilen zerstört und nicht einfach zu rekonstruieren war.
Einer weiteren Reise Durms nach Allerheiligen im Juli 1890 waren offenbar Klagen über die Art und Weise vorausgegangen, wie die Bezirksbauinspektion die Arbeiten an der Klosterruine zur Ausführung gebracht hatte. Durm war vom Zustand des restaurierten Gemäuers *nicht gerade sehr erbaut*.[46] Dem zuständigen Bauinspektor warf Durm Interesselosigkeit und einen Mangel an Verständnis für diese Aufgabe vor. Die beanstandeten Mängel in der Bauausführung mussten korrigiert werden, die Wiederherstellung der Gartenanlage und die Ausbesserungen am Klostertor wurden bis auf weiteres verschoben.[47]

Kunst- und Baugeschichtsforschung nach der Wende zum 20. Jahrhundert

Um 1900 leisteten die Geschichtswissenschaften der Suche nach einer nationalen Identität Hilfestellungen. Nach Georg Dehio wurde ein Baudenkmal nicht nur konserviert, *weil es schön ist, sondern weil es ein Stück unseres nationalen Daseins bildet.*[48] So rückte auch die Klosterruine von Allerheiligen als Geschichtszeugnis ins Zentrum bau- und kunstgeschichtlicher Forschungsarbeit. Die Zeit, in der man in der Ruine ein idealistisch romantisches Lebensgefühl gespiegelt sah, war zwar nicht in dem Sinn vorüber, aber nach und nach gewannen daneben die Architekturfragmente den Status eines Kunst- und Baudenkmals. Der Hauptakzent im Umgang mit der Ruine verschob sich damit vom *Stimmungsgehalt* zu ihrer *kunsthistorischen Bedeutung*.[49] Wilhelm Lübke wies auf die Klosterkirche als besonders frühe Hallenkirche hin, Franz Joseph Schmitt versuchte eine erste stilgeschichtliche Ein-

Die Ruine kurz nach der Wende zum 20. Jh.
Blick in das nördliche Querhaus nach Norden.
Foto, um 1910.
Landesdenkmalamt Baden-Württemberg, Freiburg.

ordnung, indem er Notre Dame zu Laon vergleichsweise heranzog. Mit dieser Konstruktion stieß er schnell auf heftige Gegenrede[50], aber die Diskussion um die Baugeschichte der Klosterkirche war auf den Weg gebracht.

Die ersten, die kurz nach der Jahrhundertwende in Allerheiligen eine gründliche Bauforschung durchführten, waren Joseph Sauer und Max Wingenroth. Mit genauen Beobachtungen, Bauaufnahmen, technischen Untersuchungen und durch die gemeinsam mit Karl Staatsmann durchgeführten Grabungsarbeiten trugen sie Indizien zusammen, mit denen sie nicht nur eine wissenschaftlich sanktionierte Baugeschichte der Klosterkirche rekonstruierten, sondern auch deren Aussehen am Ende des Mittelalters.[51] Sauer, Wingenroth und Staatsmann waren davon überzeugt, dass *für die Kunstgeschichte lediglich die Kirchenruine interessant* sei[52], und so lag ihr gemeinsamer Forschungsschwerpunkt in der Rekonstruktion des architektonischen Skeletts der mittelalterlichen Klosterkirche – spätere Veränderungen finden in den Erörterungen keine Erwähnung. Als Ergebnis der Forschungsarbeiten kristallisierte sich der Nukleus der zukünftigen wissenschaftlichen Diskussion um Allerheiligen heraus: War die Klosterkirche in einer ersten, später überbauten Phase bereits als gotische Hallenkirche konzipiert?[53]

Allerheiligen hatte die Weihe als kunstgeschichtlich bedeutendes Bauwerk erhalten. Angesichts der malerisch in die Natur eingebetteten Architekturfragmente war neben das Sentiment die analytische Sachlichkeit getreten und gab die Richtung vor, in die das Pendel der Entwicklung weiter ausschlug; Allerheiligen wurde zum Objekt spröder Wissenschaftlichkeit.

Zwischen Sentiment und analytischer Sachlichkeit

Mag nun auch die Ruine im dunklen, bachdurchrauschten Tannenforst ihre eigenartige Stimmung haben, wir Heutige sind Wirklichkeits- und Tatmenschen, und die Zeit der Ruinenschwärmerei ist vorbei. Wir würden lieber an ihrer Stelle den wohl erhaltenen Bau sehen, meinte Carl Anton Meckel 1935, nachdem er die Mauern einer optischen Analyse unterzogen hatte und dabei – wie 30 Jahre zuvor Georg Dehio – zu dem Schluss gekommen war, dass Allerheiligen nicht als Hallenkirche geplant gewesen sei.[54]

Die zeittypische Art des Positivismus, die Meckel als *Wirklichkeits- und Tatmensch* vertrat, verführte zu dem Glauben, die Welt sei beherrschbar und die Wirklichkeit grundsätzlich gestaltbar. Bauwerke mit Denkmaleigenschaft waren a priori *emotional positiv besetzt* und boten sich für eine politische Instrumentalisierung förmlich an. Folglich wurde gerade in den 1930er Jahren von Staats wegen in die Denkmäler investiert.

Zu dieser Zeit machte der Zustand der Klosterruine im Schwarzwald erneut *umfassende und kostspieligere Sicherungsmaßnahmen* erforderlich.[55] Otto Linde, der als Geschäftsführer des Badischen Landesdenkmalamtes tätig war, entwarf das Programm für die Instandsetzung. Mit einem Kostenvoranschlag wandte sich das Kultusministerium daraufhin an *den Reichs- und Preußischen Minister des Innern* in Berlin, um für Allerheiligen, *wo mit Rücksicht auf die Nachbarschaft von Straßburg noch besondere Gründe mitspielen, finanzielle Mittel der Westhilfe* des Reiches zu erhalten. Die *Westhilfe* trat unterstützend für Projekte ein, die innerhalb einer 25 km breiten Zone entlang dem Rhein lagen. In den höchsten politischen Rängen interessierte man sich nun für *das stimmungsvollst in Tannen des Schwarzwaldes einsam gelegene Bauwerk der erwachenden Gotik von kunsthistorischer Bedeutung.*[56] So kam es, dass die folgende Instandsetzung von der *Reichsgrenzlandfürsorge* finanziert wurde. Im Sommer der Jahre 1937 und 1938 wurde das Areal trockengelegt und gesäubert sowie das Mauerwerk in allen Teilen auf seine Standsicherheit hin überprüft und gesichert. Zur Einrichtung einer kleinen örtlichen *Sammlung zur Verwahrung der zahlreichen Architektur- und Skulpturfragmente, Ansichten, Pläne* etc.[57] kam es aber ebenso wenig wie zur Wiederherstellung der Gartenanlage, als 1939 der Krieg ausbrach.

Wenn auch später Schäden am Mauerwerk durch den von Linde verwendeten Zementmörtel und die Eisenbänder auftraten und deshalb wieder entfernt werden mussten[58], so waren seine gründlichen Sicherungsmaßnahmen gerade rechtzeitig genug gekommen, dass die Klosterruine die miserablen Kriegs- und

Nachkriegsjahre überstand und ihr weiterer Zerfall nicht wesentlich voranschreiten konnte.

Ruinenromantik und Funktionalismus

Gefühlsmäßige Vorgänge waren in der Zeit des Nationalsozialismus zu einer methodisch geordneten, kollektiven Angelegenheit geworden. Sprach man die Gefühle an, so hatte man die »Volksmassen« hinter sich, rief man sie planmäßig ab, so wurden sie zur Waffe. Ins geballte Pathos gesteigert bahnten sie schließlich den Weg in die Katastrophe des Zweiten Weltkrieges. Als Reaktion wurde in den Jahrzehnten, die anschließend folgten, diese Art von Gefühlen tabuisiert. Immer weiter zog man sich auf den scheinbar objektiven und weniger verfänglichen wissenschaftlichen Funktionalismus zurück. So ist auch die erste ausführliche Monographie, die Eva Zimmermann 1948 der Architektur des ehemaligen Prämonstratenserklosters widmete, eine gründliche, sachlich verfasste Analyse der mittelalterlichen Bauteile und deren Einordnung in die Kunst- und Architekturlandschaft des deutschen Südwestens.[59] Die baugeschichtlich wichtigen alten Ansichten und Pläne der Klosteranlage sind hier zusammengetragen und kritisch betrachtet. Der Forschungsbedarf an der Klosterkirche war mit dieser Arbeit weitgehend erschöpft. Die Baugeschichte und die Rekonstruktion des gesamten Bauwerks sowie die architekturgeschichtliche Einordnung seiner Einzelformen schienen auf einem festen wissenschaftlichen Fundament zu stehen.

Die verlorengegangene Klausur rückte erst 1975 ins Zentrum wissenschaftlichen Interesses, als wegen einer geplanten Neugestaltung des Areals südlich der Klosterkirche Notgrabungen durchgeführt werden mussten.[60] Obwohl stets behauptet worden war, dass von der Klausur bis auf die Grundmauern alles abgetragen sei, traten unter den Schuttschichten nicht nur Fundamentreste sondern auch aufgehendes Mauerwerk bis in Kniehöhe und Fußböden der Barockzeit zutage. Die baulichen Reste wurden analysiert und in das bislang bekannte baugeschichtliche Gesamtbild eingeordnet. Die freigelegten Mauerzüge wurden konserviert und mitunter auch ergänzend rekonstruiert.[61] Der Sockel des Chorhauptes wurde um noch ein weiteres Profil freigelegt, und endlich war auch Geld für die Rekonstruktion und Gestaltung der Gartenanlage da.

Nicht nur die Ruine wurde im wissenschaftlichen Sinn versachlicht, der Funktionalismus wurde ebenso der Natur entgegengebracht. In den 60er und den 70er Jahren des 20. Jhs. fanden erhebliche Eingriffe in die Landschaft um Allerheiligen herum statt, und ihr Anblick veränderte sich dadurch auffallend. Die Zugangswege wurden ausgebaut, die Straßen verbreitert und riesige Parkplätze angelegt, mit der Absicht, noch mehr Besuchern eine noch schnellere Anreise zu ermöglichen. Seither ist der Weg, der entlang der Kaskaden zur Klosterruine führt, noch sicherer, noch leichter zu unterhalten und ermöglicht noch mehr Besuchern einen noch bequemeren Aufstieg. Die Stufen sind von DIN-genormter Trittsicherheit und breit genug, um einem gegenläufigen Fußgängerstrom kollisionslos ein mehr oder weniger zügiges Emporschreiten zu ermöglichen. Freilich: der einerseits vielleicht gut gemeinte, andererseits am finanziellen Zugewinn orientierte Ausbau der Infrastruktur im großen Stil hat der Ruine im Schwarzwald ihren früheren Charme bis zu einem gewissen Grad genommen. Aber die Rechnung ging auf: Allerheiligen zehrt noch heute von seinem Ruf als Ort stimmungsvoller Architekturfragmente und wildromantischer Naturbilder, und an Popularität hat die Ruine bei den Wasserfällen weiter zugelegt.

Die Dekonstruktion des Geschichtszeugnisses

Der Lauf der Zeit macht auch vor methodisch erarbeiteten Forschungsergebnissen nicht Halt. Die Konstruktion der Baugeschichte schien für die Klosteranlage so weit abgeschlossen, da setzte auch schon wieder ihre Dekonstruktion ein. 1992 hat Jörg Sigwart den Versuch unternommen, eine Monographie zu erarbeiten. Er holte nach, was bislang unterblieben war: Seine Baugeschichte sollte sich nicht nur auf der Analyse der vorhandenen Architekturfragmente gründen; Sigwart sichtete die Bauakten des 19. und 20. Jhs. in den Archiven des Denkmal- und Hochbauamtes.

Den festverankerten Glauben an das seit 1820 bis heute *kaum mehr veränderte Gesicht*[62] des Klosters

desillusionierte Sigwart gründlich. Die Beschäftigung mit den Bauakten ergab, dass um ihres Erhaltes willen, aber auch wegen der Erwartungshaltung, mit der die romantische Ruine gesehen werden wollte, erhebliche Eingriffe in den authentischen Baubestand vorgenommen worden waren. Nachdem Sigwart die baulichen Reste der Klosterkirche einer Analyse unterzogen hatte, wurde auch die mit stringenter Logik gewobene Baugeschichte fadenscheinig: Spolien seien irrtümlich als originale Bauteile angesehen und in die Indizienreihe für die baugeschichtlichen Rekonstruktionen aufgenommen worden.[63] Endlos viele Einzelbeobachtungen reihte Sigwart aneinander. Sigwarts Arbeit über Allerheiligen endet mit der Demontage. Danach war die Montage für ein neues baugeschichtliches Gedankengebäude nicht mehr möglich; er beleuchtet, wie er es nennt, *Aspekte*.

Zusammenfassung

Während seiner 600-jährigen Zeit als Prämonstratenserkloster besaß Allerheiligen im nahen Umland Einfluss und Geltung. Als Ruine wurde Allerheiligen weit über die Landesgrenzen hinaus berühmt, und noch heute zählt die Ruine im Schwarzwald zu den prominentesten Sehenswürdigkeiten Badens. Je »romantischer« eine Ruine wirkt, desto gefährdeter ist sie in ihrem Bestand. Je angestrengter die Bemühungen sind, den weiteren Zerfall eines bereits zerfallenen Bauwerks aufzuhalten, desto weniger spricht aus ihm die Vergänglichkeit und die Vergeblichkeit menschlichen Seins und Tuns, die Vanitas-Allegorie, die der romantischen Ruine innewohnt. Je weiter sich das 19. Jh. entfernte, desto weiter entfernte sich auch die Ruinenromantik. Je weiter das 20. Jh. voranschritt, desto ordentlicher, gepflegter und musealer wurde es auch in den Ruinen. Je mehr in der Ruine das zu bewahrende, wissenschaftlich interessante Bauwerk gesehen wird, desto größer ist die Bereitschaft, die Ruine dem Jenseits zu entreißen und sie künstlich und – mal mehr, mal weniger – künstlerisch ans Diesseits zu binden. Aber anders als das populäre Ausflugsziel kam das Baudenkmal Allerheiligen trotz intensiv betriebener Forschung und trotz der anfänglichen Versuche, die Klosterkirche in die Reihe der Großen der abendländischen Architektur aufzunehmen, auf wissenschaftlicher Ebene nie über seine regionale Bedeutung hinaus.

[1] GLAK 84/62. Beschwerde der Mönche beim Generalvikar des Ordens. o. D. [18. Jh.]
[2] *Hellmut Gnädinger*, Zur Geschichte des Klosterwaldes Allerheiligen und des aus ihm hervorgegangenen Staatswaldes. Stuttgart 1982, 30.
[3] GLAK 48/5493, 16.09.1802; 48/5969, 24.09.1802; *Karl Rögele*, Säkularisation und Untergang des Klosters Allerheiligen. In: FDA N.F. 27 (1926), 326–374; *Hermann Schmid*, Die Säkularisation der Klöster in Baden 1802–1811. Überlingen 1980, 184, 202–206.
[4] GLAK 84/103, 29. 11. 1802; *Gnädinger* (wie Anm. 2), 55.
[5] *Gnädinger* (wie Anm. 2), 144.
[6] *Rögele* (wie Anm. 3), 331; *Hugo Schneider*, Geschichte des Klosters Allerheiligen im Schwarzwald, in: *Wolfgang Müller* (Hg.), Die Klöster der Ortenau, in: Die Ortenau 58 (1978), 348–387; 382f.
[7] GLAK 84/59, 07.01.1804; 05.01.1805; 31.01.1805; 11.12.1806; 12.02. 1807; *Bernhard Huber*, Beziehungen des Klosters Allerheiligen zu Straßburg und Bad Peterstal, in: 800 Jahre Allerheiligen, hg. von *Städten und Gemeinden des Renchtales*. Offenburg 1996, 165–175.
[8] *Rögele* (wie Anm. 3), 373.
[9] Zit. aus dem Bericht des bad. Kommissärs Lasollaye nach *Rögele* (wie Anm. 3), 327.
[10] GLAK 84/9, 07.07.1804.
[11] Vgl. auch *Gnädinger* (wie Anm. 2), 73.
[12] GLAK 84/9, 07.07.1804.
[13] GLAK 84/10, 02.03.1805.
[14] *Gnädinger* (wie Anm. 2), 144f.
[15] GLAK 84/44, 08.06.1804: Für die Einrichtung von Brenneisens Fabrik standen neben Allerheiligen zunächst noch andere ehem. Klöster zur Auswahl: Frauenalb, Schwarzach und Ettenheimmünster. Nachdem Brenneisen die Anlagen in Augenschein genommen hatte, entschied er sich aus Kostengründen für Allerheiligen (GLAK 84/44, 16.06.1804).
[16] GLAK 84/44, 06.11.1804; 17.11.1804; *Rögele* (wie Anm. 3), 356–374.
[17] *Rögele* (wie Anm. 3), 370–372.
[18] *Schmid* (wie Anm. 3), 188; zur Tätigkeit Brenneisens vgl. *Wolfram Fischer*, Der Staat und die Anfänge der Industrialisierung in Baden. Berlin 1962, 202f.
[19] GLAK 84/5, 10.09.1810.
[20] *Gnädinger* (wie Anm. 2), 137f.
[21] Vgl. *Jörg Sigwart*, Aspekte des Prämonstratenserklosters Allerheiligen im Schwarzwald. Lizentiatsarbeit am Kunsthistorischen Seminar der Universität Basel, 1992 (unveröff.). Exemplar beim Landesdenkmalamt Baden-Württemberg, Außenstelle Freiburg, 34.
[22] *Friedrich von Boeckh*, Geschichte des Kurortes Allerheiligen im badischen Schwarzwald von der Gründung des Klosters bis auf die neueste Zeit. Lahr 1879. Zit. nach *Gnädinger* (wie Anm. 2), 151.

[23] Vgl. *Horst Hoferer*, Allerheiligen. Kloster – Ruine – Wasserfälle. Offenburg 1995, 60; *Joseph Zentner*, Das Renchthal und seine Bäder Griesbach, Petersthal, Antogast, Freiersbach und Sulzbach. Freiburg 1827.
[24] *Gnädinger* (wie Anm. 2), 153.
[25] Ebd., 153.
[26] Vgl. hierzu und im folgenden: Ebd., 151.
[27] GLAK 233/27502, 04.04.1842.
[28] *Horst Hoferer*, Allerheiligen nach der Klosterauflösung bis heute – Romantik und Tourismus, in: 800 Jahre Allerheiligen, 1996, 177–192, hier: 181.
[29] *Gnädinger* (wie Anm. 2), 128 f.
[30] GLAK 391/29799. Zit. nach Ebd., 128.
[31] Ebd., 32.
[32] Vgl. *Max Schefold* (Hg.), Der Schwarzwald in alten Ansichten und Schilderungen. Sigmaringen 1981, 33.
[33] Zit. nach *Gnädinger* (wie Anm. 2), 155.
[34] Vgl. hierzu u. im folgenden Ebd., 157.
[35] Zit. nach *Gnädinger* (wie Anm. 2), 153.
[36] Vgl. *Franz Jakob Schmitt*, Die Bauthätigkeit der ehemaligen Prämonstratenser-Abtei Allerheiligen auf dem Schwarzwalde, in: ZGO N.F., IX (1894), 274–283, hier: 274.
[37] Vgl. *Sigwart* (wie Anm. 22), 37.
[38] Vgl. Ebd., 35 u. Anm. 273.
[39] Vgl. hierzu und im folgenden *August von Bayer* (Hg.), Generalbericht der Direktion des badischen Alterthumsvereines über Wirken und Gedeihen der Gesellschaft seit ihrer Gründung im Mai 1844 bis heute (Mai 1858). Karlsruhe 1858, 17
[40] Vgl. hierzu und im folgenden: *Sigwart* (wie Anm. 22), 39–44; die Zitate ebenfalls nach *Sigwart* (wie Anm. 22).
[41] GLAK 422/181, 03./04.08.1875: *Summarischer Kostenanschlag über die zur Erhaltung der Klosterruine Allerheiligen nöthigen Bauherstellungen.*
[42] Zit. nach *Alois Riegl*, Neue Strömungen in der Denkmalpflege, in: Mitt. der k. k. Zentralkommission für Erforschung und Erhaltung der kunst- und histor. Denkmale. 3, IV. Wien 1905, 85ff.; *Eva-Maria Höhle*, Das Gefühl in der Denkmalpflege, in: Die Denkmalpflege, 2 (1994). Berlin/München 1994, 128–132.
[43] Vgl. hierzu und im folgenden: *Sigwart* (wie Anm. 22), 44–46.
[44] Zit. nach Ebd., 45.
[45] Vgl. hierzu und im folgenden GLAK 422/181; Josef Durm, Ernst Wagner und Adolf von Oechelhäuser gaben gemeinsam die Kunstdenkmäler-Inventarbände des Großherzogtums Baden heraus.
[46] GLAK 422/181, 04.07.1890.
[47] GLAK 422/181, 14.07.1890.
[48] *Georg Dehio*, Denkmalschutz und Denkmalpflege im 19. Jh., in: Kunsthistorische Aufsätze. München/Berlin 1914, 268.
[49] *Max Wingenroth* (Bearb.), Die Kunstdenkmäler des Kreises Offenburg. Die Kunstdenkmäler des Ghzm. Baden, hg. von *Josef Durm/ Adolf von Oechelhäuser/Ernst Wagner.* Tübingen 1908, 223.
[50] *Franz Jakob Schmitt*, Die Bauthätigkeit der ehemaligen Prämonstratenser-Abtei Allerheiligen auf dem Schwarzwalde, in: ZGO IX (1894), 274–283; *Wingenroth* (wie Anm. 51), 223, 264.
[51] GLAK 235/47771; *Wingenroth* (wie Anm. 51); *Karl Staatsmann*, Die Klosterkirche Allerheiligen im Schwarzwald und ihr Zustand im 13. und 16. Jh., in: Die Ortenau, 5 (1914), 1–11.
[52] Zit. nach *Wingenroth* (wie Anm. 51), hier: 263.
[53] *Wingenroth* (wie Anm. 51), hier: 265; *Staatsmann* (wie Anm. 53), 11, Anm. 1: Dass Allerheiligen als frühgot. Hallenkirche geplant gewesen sei, bezweifelt *Georg Dehio* im Hdb. der Deutscher Kunstdenkmäler, Teil Südwestdeutschland.
[54] *Carl Anton Meckel*, Romanische und gotische Baukunst in der Ortenau, in: Badische Heimat 1935, 103–120, hier: 115f.; *C. A. Meckel* entwarf gemeinsam mit *A. Rickert* für Allerheiligen das 1925 gebaute Gefallenendenkmal (Ehrenmal) des Schwarzwaldvereins.
[55] Vgl. hierzu und im folgenden *Sigwart* (wie Anm. 22), 47–50.
[56] GLAK 235/47822, 19.11.1938. Ergebnis der Informationsreise des Leiters des Deutschen Denkmalpflegetages Ministerialrat D. Dr.-Ing. Hiecke, Referent für Denkmalpflege im Reichsministerium für Wissenschaft, Erziehung und Volksbildung, Berlin.
[57] GLAK 235/47822.
[58] *Sigwart* (wie Anm. 22), 50.
[59] *Eva Zimmermann*, Die Klosterkirche Allerheiligen. Masch. Diss. Freiburg 1948.
[60] *Peter Schmidt-Thomé*, Archäologische Untersuchungen im ehemaligen Kloster Allerheiligen, in: *Wolfgang Müller* (Hg.), Die Klöster der Ortenau, in: Die Ortenau 58 (1978), 342–347.
[61] *Schmidt-Thomé* (wie Anm. 63), 345.
[62] Zit. nach Ebd., 4.
[63] *Sigwart* (wie Anm. 22), 55f.

Salem und Petershausen

Zum Schicksal zweier Reichsabteien nach der Säkularisation

von Ulrich Knapp

Salem und Petershausen vor der Säkularisation

Salem und Petershausen waren zwei Reichsabteien, die auf den ersten Blick wenig gemeinsam haben. *Petershausen* war 983 durch Bischof Gebhard von Konstanz als bischöfliches Eigenkloster am Nordufer des Rheins, gegenüber der Bischofsstadt Konstanz, gegründet und mit dem bedeutungsträchtigen Namen Petri Domus versehen worden. Der Gründungskonvent reformierter Benediktiner kam aus Einsiedeln.[1] Im 12. Jh. war der Konvent in eine ernste Krise geraten und erst die Privilegien Friedrichs I. Barbarossa 1155, der das Kloster unter königlichen Schutz stellte, sicherten dessen Bestand.[2] Im Zuge einer durchgreifenden Erneuerung wurde auch eine neue Klosterkirche errichtet, deren ungewöhnliche Form einen bemerkenswerten Einzelfall in der romanischen Architektur des Bodenseeraumes bildete: Der Baukörper war in ein langgestrecktes Rechteck einbeschrieben. Das Querhaus überragte die Fluchten der Seitenschiffe und der Chornebenräume nicht. Der gewestete Bau besaß im Osten eine Schildfassade, die den tatsächlichen Querschnitt des Kirchenbaues verschleierte.[3] In der zweiten Hälfte des 18. Jhs. wurde in Petershausen ein neues Abtei- und Konventsgebäude errichtet; der projektierte Neubau der Klosterkirche unterblieb.[4] Südwestlich des Neubaues stehen bis heute Reste der sog. *Alten Abtei* aus dem 16. Jh.

Der Petershausener Konvent galt als ausgesprochen aufgeklärt, und Joseph Anton Koch rühmte ihn in den Tagebuchaufzeichnungen seiner Bodenseereise im Jahre 1790 neben dem Salemer Konvent. Besonders die Sammlungen, v. a. das Naturalienkabinett, hatten das Interesse des Malers geweckt.[5] Die Besitzungen der Klosters waren weit verstreut. Diejenigen im Hegau wurden durch das Amt Hilzingen verwaltet, diejenigen am südlichen Abfall der Schwäbischen Alb durch das Amt Herdwangen. Der Besitz um das Kloster selbst war eher gering, und die Lage unmittelbar vor den Toren der Stadt Konstanz ließ wenig Entfaltungsmöglichkeiten.[6]

Die Geschichte des 1134 gestifteten Zisterzienserklosters *Salem* ist wesentlich besser bekannt als jene von Petershausen.[7] Durch Privilegien staufischer Könige und Kaiser begünstigt, stieg die Abtei rasch auf. Die 1179 geweihte erste Klosterkirche dürfte noch dem Typus der tonnengewölbten Staffelhalle, wie sie für Frienisberg, St. Urban, Hauterive, Bonmont und viele andere Zisterzen in Südwestdeutschland und der Schweiz belegt ist, angehört haben. Nach Rückschlägen während des Interregnums wurden sämtliche Rechte und Privilegien des Klosters durch König Rudolf I. von Habsburg bestätigt und erweitert. Unter den Äbten Eberhard II. (1241–1276), Ulrich I. (1276–1282) und Ulrich II. (1282–1311) waren die Beziehungen zu den Habsburgern sehr gut, und die Abtei erlangte einen zweiten wirtschaftlichen Höhepunkt in ihrer Geschichte. Wohl ab Mitte der 1280er Jahre arbeitete man am Neubau der Klosterkirche, dem *Salemer Münster*. Der heutige Bau entstand nach Planwechseln und kurzen Bauunterbrechungen nach 1291 und 1308 in rascher Folge. Nur das erste westliche Joch blieb zunächst unvollendet. Bemerkenswert erscheint der grundlegende Planwechsel, der zur heutigen Gestalt des Münsters geführt hat. An Stelle eines von einem zweischif-

figen Hallenumgang umgebenen polygonalen Hochchores nach dem Vorbild von Lilienfeld, an dessen Gründung Abt Eberhard I. von Salem beteiligt war, wurden die drei mittleren Achsen der östlichen Chorumgangshalle zweigeschossig ausgeführt, so dass das Chorpolygon von außen nicht erkennbar war. Im weiteren war der Bau so geplant, dass die Querhausarme die Fluchten der Seitenschiffe und des Hallenumgangs nicht überragen. In der geometrischen Form ergibt sich so ein Baukörper, der eine verblüffende Ähnlichkeit mit der fast 150 Jahre älteren Abteikirche Petershausens aufweist. In beiden Fällen steht der Neubau mit einer Sicherung und Stärkung des Konventes und einer Erneuerung des königlichen Schutzes über die Abtei in Zusammenhang. Nicht auszuschließen ist daher, dass der Salemer Neubau neben vielen anderen formalen und stilistischen Quellen auch ein Architekturzitat der Petershausener Kirche enthält. In beiden Fällen dürfte der Kirchenneubau mit der gefestigten Rechtsposition der Abtei innerhalb des Reiches in Bezug gebracht worden sein.[8]

Im 18. Jh. waren die Gebäude der Abtei und ihre Einrichtungen in großem Umfang erweitert worden. Nach dem Klosterbrand in der Nacht vom 9./10. März 1697 wurden das Abtei- und Konventsgebäude nach Plänen und einem Modell von Franz II. Beer bis zum Jahre 1708 neu errichtet. An der Ausstattung der Innenräume wurde bis zur Aufhebung des Klosters gearbeitet. Besonders die Repräsentationsräume, die Fürstenzimmer sowie die Räume für die Bibliothek und die Sammlungen, erhielten aufwendige Neuausstattungen im Stile der Zeit. Gleichzeitig wurden die Gebäude im Klosterbezirk und in den klostereigenen Besitzungen modernisiert und erweitert. Zu den bekanntesten der vor allem für Salem tätigen Künstler zählen die Bildhauer Joseph Anton Feuchtmayer, Johann Georg Dirr und Johann Georg Wieland. Das Kloster hatte fest angestellte Handwerker wie die Maurermeister, die Brunnen- und Zimmermeister, die Schreiner, die Ziegler, Schlosser, Glaser und Flaschner. Die in den benachbarten Dörfern Mimmenhausen und Weildorf wohnenden Handwerker und Künstler, so z. B. auch die oben genannten Bildhauer, wurden zu den auswärtigen Handwerksleuten gerechnet.

Unter den Äbten Anselm II. (1746–1778) und Robert (1778–1802) entwickelte sich die Abtei zu einem Zentrum des Frühklassizismus in Südwestdeutschland. Abt Anselm II. hatte schon auf seiner Pariser Reise 1765, als er im Auftrag des Generalabtes zu Verhandlungen nach Paris und Versailles gesandt worden war, neben seinen spektakulären Büchereinkäufen[9] Kontakte zu Künstlern aufgenommen und sich Entwürfe und Kostenvoranschläge anfertigen lassen. 1767 stand er in Kontakt zu dem aus Nîmes stammenden Architekten Pierre Michel d'Ixnard[10], die offensichtlich bis in die Mitte der 1770er Jahre fortbestanden haben. Über die Vermittlung des in Dijon ansässigen Orgelbauers Karl Joseph Riepp, der für Anselm II. ab 1767 neue Orgelwerke für das Salemer Münster plante und ausführte, hatte Anselm Kontakte zu französischen Künstlern aufgenommen bzw. wie im Fall des Bildhauers Bisac wiederaufgenommen. Gleichzeitig erwarb er für die Salemer Bibliothek systematisch die Sammlungen neuester Musterstiche und zeitgenössische Architekturtraktate und Plansammlungen, die er den für ihn tätigen Künstlern zum Gebrauch zur Verfügung stellte. So gelangten letztendlich doch die Entwürfe der Salemer Künstler zur Ausführung. Einen entscheidenden Anteil dürfte dabei der 1773 bis 1775 in Salem als Baudirektor tätige Johann Joachim Scholl aus Schillingsfürst gespielt haben, der 1772/73 als Zeichner bei Pierre Michel d'Ixnard an dessen Ellinger Residenzprojekt mitgearbeitet hatte.[11] Da d'Ixnard in der Folge wiederholt mit Scholl in Salem nachweisbar ist, liegt es nahe, anzunehmen, dass die von Scholl umgesetzten Planungen insbesondere für das Münster, auf den in den Quellen dokumentierten aber verschollenen Skizzen d'Ixnards basieren.[12] Nach der Demission Scholls war es vor allem der Bildhauer Johann Georg Wieland, der mit seinen strengen klassizistischen Entwürfen das Kunstschaffen und vor allem das Kunsthandwerk in Salem und seinen Besitzungen prägte.

Zur selben Zeit wurden die Sammlungen des Klosters in großem Stil erneuert und ausgebaut. Nachdem man die damals modernsten süddeutschen Bibliotheken, wie Schussenried und Ochsenhausen besichtigt hatte[13], erhielt 1786 Johann Georg Wieland den Auftrag zur Neugestaltung der Salemer Bibliotheksräume, die sich über drei Geschosse erstreckten. Im Zuge dieser Neugestaltung wurde eine neue Systematik für die Bibliothek erarbeitet, und Matthias Schiltegger be-

gann mit der Arbeit an einem neuen systematischen Katalog, der allerdings nicht mehr abgeschlossen werden konnte.[14]
Zur selben Zeit (1790) wurde über dem Eingang zum Münster, über der heutigen Taufkapelle, ein mathematischer Turm mit Observatorium aufgesetzt und das mathematisch-physikalische Kabinett systematisch erweitert.
1790 schließlich wurde nach Entwürfen von Wilhem Kleinheinz das neue Gymnasium errichtet, ein Internatsgebäude nach den damals modernsten Ansprüchen.[15] Die Gymnasiasten stammten meist aus den Familien der Salemer Beamten, des Adels der näheren Umgebung und wohlhabende Bürger. Viele der späteren Salemer Beamten zählten zu den Absolventen des Salemer Gymnasiums. Der Schulneubau war 1802 noch nicht ganz abgeschlossen. Zwar stand das Hauptgebäude, das auch seiner Bestimmung gemäß genutzt wurde, doch war die geplante eigene Küche für die Schule noch nicht vollendet. Neben diesem Gymnasium gab es die Normalschule, die gegen Ende des 18. Jhs. bis ins 20. Jh. über dem 1714/15 von Franz II. Beer errichteten sog. *Neuen Weinkeller* untergebracht war.
Die hier fassbare Erneuerung des Klosters blieb nicht auf die Sammlungen und das Erscheinungsbild der Gebäude und ihrer Innenräume beschränkt, sondern man befasste sich auch mit einer nachhaltigen Reform der Klosterökonomie und insbesondere der Landwirtschaft. Gerade im Bereich der Ökonomiegebäude im Westen des Klosterareals sind für diese Zeit umfangreiche Umbauten am dortigen Sennhof belegt. Gleichzeitig wurden weitere Wiesen trockengelegt und neue Kanäle angelegt, darunter v. a. der bis heute bestehende Aachkanal. Bücherankäufe bezeugen, dass man sich im letzten Viertel des 18. Jhs. intensiv mit den Fragen moderner Milchwirtschaft auseinandergesetzt hat.
Vergleicht man beide Abteien, so sind Gemeinsamkeiten in der aufgeklärten Grundeinstellung der Konvente und ihrer Äbte, aber auch große Unterschiede, insbesondere in der Struktur der Klöster und ihrer wirtschaftlichen Potenz zu beobachten.

Vorboten der Säkularisation

Das letzte Jahrzehnt des 18. Jhs. war für die Reichsabteien in mehrfacher Hinsicht eine unruhige Zeit. Zum einen wurden sie durch die Kriegslasten in Folge der Revolutionskriege stark in Anspruch genommen, zum anderen wurde schon offen über eine mögliche Auflösung der Reichsklöster und die Einziehung ihres Vermögens zur Deckung etwa der Kriegs- und Entschädigungskosten diskutiert. In unzähligen Flugschriften wurde hierzu Stellung bezogen. Zu den Autoren solcher oft anonym oder unter einem Pseudonym veröffentlichten Flugschriften zählten dabei durchaus renommierte Personen, wie etwa der spätere Verweser des Bistums Konstanz, Ignaz Heinrich Frh. v. Wessenberg.[16] Ob diese Schriften in Salem gezielt angekauft

Abt Caspar Oexle (1802–1804, † 1820)
Letzter Reichsprälat des Zisterzienserklosters Salem.
Öl auf Lw., unbek. Maler, 1802.
Städt. Museum, Überlingen.

worden oder dem Kloster von interessierter Seite zugesandt worden sind, lässt sich nicht mehr zweifelsfrei klären. Jedenfalls sammelte sich ein reicher Bestand an, der heute durch den Salemer Broschürenkatalog der Universitätsbibliothek Heidelberg dokumentiert wird. Bedauernswerterweise ist ein sehr großer Teil dieser Bändchen im Zweiten Weltkrieg verbrannt. Es lassen sich daher heute nur noch wenige dieser Schriften mit Salemer Besitzvermerk in den Beständen der Universitätsbibliothek Heidelberg nachweisen.[17] Aufschlussreich ist der sehr einseitige Briefwechsel eines solchen Autors mit Abt Robert von Salem: Karl Ludwig v. Cahill war 1763, damals Fähnrich, mit der Tochter des Salemer Abtssekretäres und Archivars Christoph Ludwig Marchand geflohen. In der Folge der Revolutionskriege war er zum Königlich Sardinischen Oberst, General-Adjunkt und Kommandeur des Phoenix-Ordens aufgestiegen. Er nannte sich nun ô Cahill. Am 10. Dezember 1800 wandte er sich von Würzburg aus an Abt Robert von Salem: *Euer Hochwürden dem Herrn Reichsprälaten habe ich die Ehre, hier meine neue Schrift, welche ich über die bedrohte Gefahr der Reichsverfaßung in französischer Sprache geschrieben habe, zu übersenden. Zu den Plagen des schrecklichsten aller Krige gehört noch, daß einige Protestantische Höfe im Geheimen an einer neuen Reichsverfaßung zum Schaden der Reichs Stände arbeiten.*

Die Schädlichkeit von diesem Projekt, zeige ich in dieser Schrift, die ich aus reinen Absichten für die gute Sache auf meine eigenen Kosten habe drucken lassen, und da selbige eben kein beliebter Kaufartikel ist, so bin ich gezwungen, Euer Hochwürden den Herrn Reichsprälaten um einen kleinen Beytrag zu den gehabten Druckkosten ganz gehorsamst zu bitten. Diesem Brief folgten noch zahlreiche weitere Schreiben Cahills, aus denen hervorgeht, dass Abt Robert in keiner Weise auf die Schreiben und die übersandten Druckschriften, die genannte Abhandlung in französischer Sprache und die 1797 in Frankfurt und Leipzig gedruckte Flugschrift *Gefahr, die für Regenten und Stände durch eine Secularisierung entsteht*, reagiert hat.[18] Allem Anschein nach hatte Abt Robert ebenso wie sein am 11. März 1802 gewählter Nachfolger Caspar Oexle mit großer Umsicht gehandelt und alles unterlassen, was zu einer Eskalation der politischen Lage hätte führen können. Als am 5. September 1803 Caspar Oexle benediziert wurde, erhielten die Ammänner des Klosters die ausdrückliche Anweisung, dass dies ohne öffentliche Ehrenbezeigungen und in aller Stille erfolgen solle. Zwar wurde vermutlich für diesen Anlass ein neuer silberbeschlagener Schmuckeinband für ein Missale angefertigt, das das Wappen Abt Caspars, das Augsburger Beschauzeichen von 1802 und das Meisterzeichen des Augsburger Goldschmieds Johann Balthasar Stengelin trägt[19], doch blieben die Feierlichkeiten und der dabei betriebene Aufwand weit hinter dem üblichen Maß zurück. An der politischen Lage konnte diese Form der Zurückhaltung indes auch nichts mehr ändern.

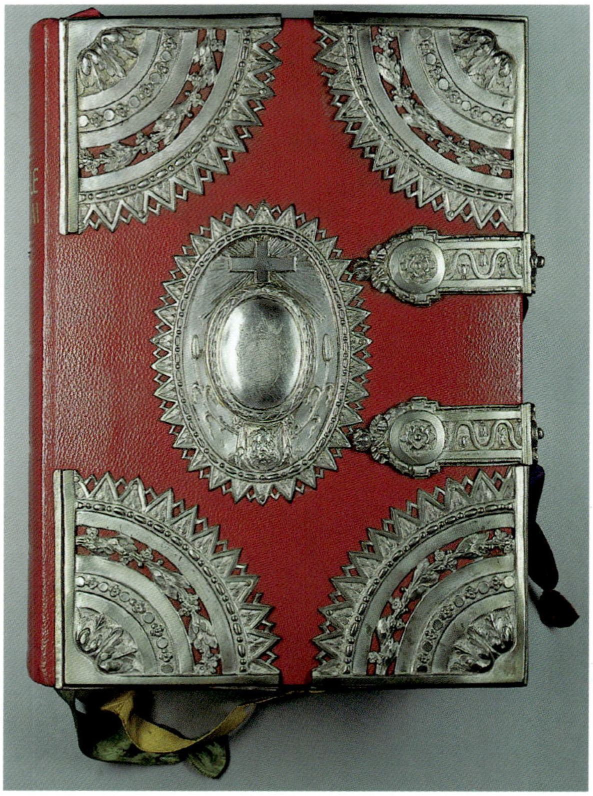

Buchbeschläge für ein Missale Romanum, 1802
Die Goldschmiedearbeit von Johann Balthasar Stengelin (?) dürfte anläßlich der Weihe des letzten Salemer Abts Caspar Oexle angefertigt worden sein.
Kath. Kirchengemeinde Salem.

Die Inbesitznahme

Am 1. Oktober 1802, nur etwa vier Wochen nach der Weihe Abt Caspars traf in Salem eine badische Kommission unter der Leitung des Geheimen Rates Reinhard zur provisorischen militärischen Inbesitznahme in Salem ein.[20] Petershausen wurde am 6. Oktober 1802 ebenfalls von einer Kommission unter der Leitung des Geheimen Rates Reinhard provisorisch in Besitz genommen. Reinhard berichtet: *Den 6ten dieses Monats haben wir endlich auch bei dem Herrn Reichs Prälaten von Petershausen den uns von Euer Hochfürstlichen Durchlaucht ertheilten Auftrag ausgeführt und das Besitznahmepatent sowohl an dem Haupteingang des Prälatur Gebäudes, als an dem äußeren Thor des Hofes, durch welchen man hereinkommt, angeschlagen, auch die Anstalt getroffen, daß in der Herrschaft Herdwangen, welche die vor erlangte Besitzung dieses Reichsstandes enthält, und wo wegen der Landeshoheit kein Streit ist, die Patente durch einen Oberoffizier der in hiesiger Gegend von Euer Hochfürstlichen Durchlaucht kommandierten Manschaft angeschlagen* werden.[21]

Grundlage dieses Vorgehens waren der Separatfrieden zwischen der Französischen Republik und Baden vom 22. August 1796 und die Bestimmungen im Friedensvertrag von Lunéville vom 9. Februar 1801. Auf der Grundlage eines am 11. Oktober 1801 geschlossenen Geheimabkommens zwischen Frankreich und Russland wurde schließlich am 3. Juni 1802 ein von Vertretern beider Parteien ausgearbeiteter Entschädigungsplan für diejenigen deutschen Fürstentümer vorgelegt, die im Frieden von Lunéville linksrheinische Gebiete verloren hatten.[22] Obwohl dieser Verteilungsplan einer Bestätigung durch die Reichsdeputation bedurfte und daher noch nicht rechtskräftig war, suchten die jeweils begünstigten Fürsten ihre aus dem Entschädigungsplanentwurf zu erwartenden Ansprüche zu sichern. Die Sicherung erfolgte durch die genannte provisorische militärische Inbesitznahme für Markgraf Karl Friedrich von Baden. Sie war den Reichsprälaten von Salem und von Petershausen jeweils mehrere Tage zuvor schriftlich angekündigt worden. In beiden Fällen wird berichtet, dass dies jeweils unter Beachtung des angemessenen Respektes erfolgte. Der symbolischen Sicherung der möglichen zukünftigen Ansprüche des

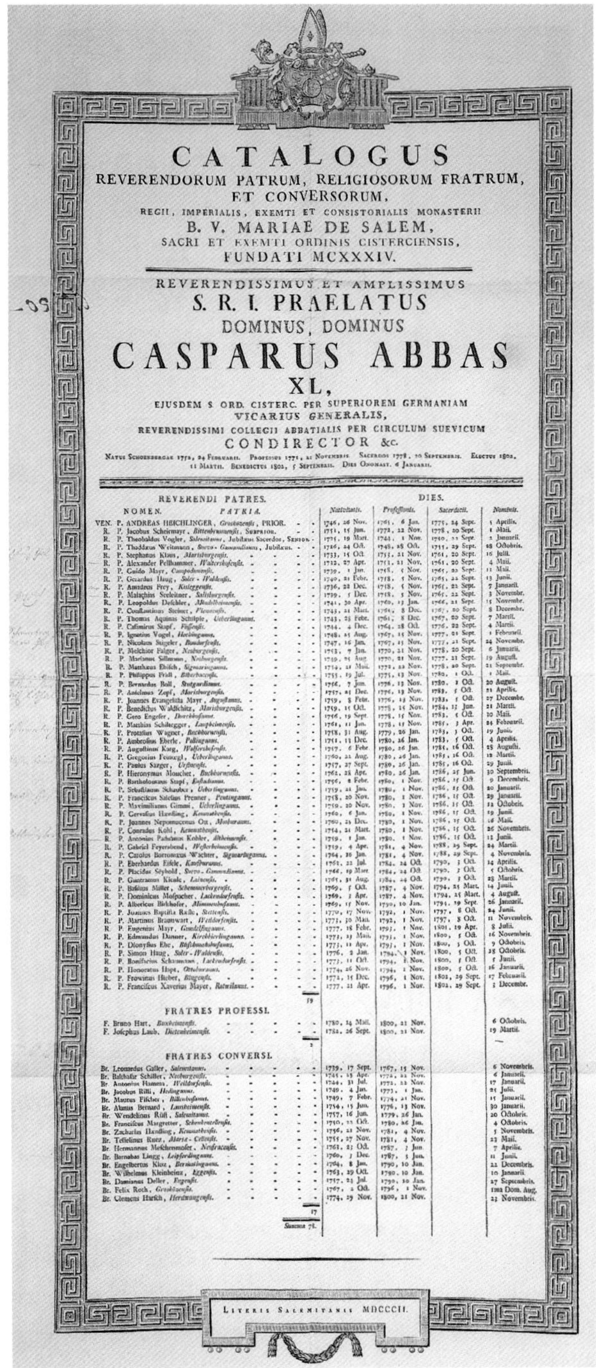
CATALOGUS
REVERENDORUM PATRUM, RELIGIOSORUM FRATRUM, ET CONVERSORUM,
REGII, IMPERIALIS, EXEMTI ET CONSISTORIALIS MONASTERII
B. V. MARIAE DE SALEM,
SACRI ET EXEMTI ORDINIS CISTERCIENSIS,
FUNDATI MCXXXIV.
REVERENDISSIMUS ET AMPLISSIMUS
S. R. I. PRAELATUS
DOMINUS, DOMINUS
CASPARUS ABBAS
XL,
EJUSDEM S. ORD. CISTERC. PER SUPERIOREM GERMANIAM
VICARIUS GENERALIS,
REVERENDISSIMI COLLEGII ABBATIALIS PER CIRCULUM SUEVICUM
CONDIRECTOR &c.

REVERENDI PATRES.
FRATRES PROFESSI.
FRATRES CONVERSI.

LITERIS SALEMITANIS MDCCCII.

Konventskatalog Salems von 1802
Verzeichnis der Salemer Patres sowie Fratres professi und conversi unter dem 1802 gewählten 40. und letzten Abt Caspar Oexle (1802–1803).
FZA Regensburg.

Ansicht Salems aus der Säkularisationszeit
Soldaten haben das Kloster besetzt. Das Münster trägt noch den barocken Dachreiter, der wenig später abgebrochen wurde.
Aquarell, Johann Sebastian Dirr, 1804.
Bodensee-Geschichtsverein.

Markgrafen und seiner Rechtsnachfolger diente jeweils ein kleines Kontingent badischer Soldaten, das in den beiden Klöstern stationiert wurde.
Die Rechtmäßigkeit dieses Handelns wurde von den beiden betroffenen Reichsäbten nach den bislang bekannt gewordenen Quellen nicht in Frage gestellt. Der Reichsabt von Petershausen wurde im Falle der Anbringung des Besitznahmepatents am Salmansweiler Hof in Konstanz sogar um Amtshilfe gebeten, die dieser, nachdem die Fragen der Territorialhoheit geklärt waren, auch gewährte.[23] Nur vereinzelt wurden, wie etwa in Hilzingen (für Baden) und Ostrach (für Thurn und Taxis), Besitznahmepatente abgerissen.[24]
Am 15. November 1802 hatte der Geheime Rat in Karlsruhe unter Nr. 2381 unter Bezug auf die vorläufige Erklärung Nr. 2088 vom 21. Oktober 1802 beschlossen, *die Prälaturen Salmansweiler und Petershausen samt ihren Gebieten und Zugehörden, nichts ausgenommen, soweit alles dies Ihnen durch die dermalige Berichtigung der Indemnisations Angelegenheit der deutschen Erbfürsten schon zugesagt sei und bleibe (jedoch im unverhofften Fall einer Schmälerung des dem regierenden Hauses angewiesenen Looses, unter verhältnißmäßiger Antheilnahme an solcher) als Indemnisations Gegenstand für die im Elsaß verlorenen Güter und Rechte gedachter Durchlauchtigster Prinzen, welche sie aus väterlichem und Stammhauslichem Recht an die Republik Frankreich gegen gehörige, dafür zugesagte Vergütungen in Höchstdero Separatfrieden vom Jahr 1796 cediert hätten, zu betrachten und*

behandeln zu lassen, wie Sie daher solche Prälaturen, mit allen von Rechts und Gewohnheits wegen darauf ruhenden Vortheilen und Lasten welche sich durch jene Berichtigung der Indemnisations-Angelegenheit nun ergeben, oder als fortdauernd darstellen würden, als Surrogat für deren verlohrene Elsäßische Herrschaft Kazenhausen und deren Zugehörden einräumen, und mit allen darauf sich ergebenden Qualitäten denenselben zuscheiden wollten, also und dergestalt, daß die Höchstgedachten Prinzen, alle von den seitherigen Prälaturen als weltliche Herren darin geübten Rechte unter dem Landesfürstlichen Badischen Hoheits-Verband, besitzen und ausüben sollen.[25] Dieser Beschluss bezieht sich auf den am 21. Juni 1792 von Markgraf Karl Friedrich von Baden zur Sicherung eines standesgemäßen Unterhalts für seine nachgeborenen Söhne Friedrich und Ludwig Wilhelm August eingerichteten sog. *Bodensee-Fideikommiss*. Das Fideikommissvermögen durfte durch die Berechtigten in seinem Bestand nicht angegriffen werden. Nur die Erträge aus dem Vermögen durften zum Verbrauch entnommen werden. Zu den Gütern des Fideikommissvermögens zählte die erwähnte Herrschaft Kazenhausen, die im Separatfrieden von 1796 an Frankreich abgetreten worden war. Die hierdurch eingetretene Schmälerung des Stammvermögens war so groß, dass die Prinzen Friedrich und Ludwig 1799 beantragten, sie wegen eines Teiles ihrer mütterlichen Erbschaft von den Einschränkungen des Fideikommisses zu befreien. Dies wurde ihnen gestattet *unter der Bedingung, daß für den Fall der Zurückgabe der Herrschaft Kazenhausen mit ihren Zugehörden, oder aber dafür eine anderweitige Entschädigung erfolgen sollte, jene Herrschaft oder diese Herrschaft wieder in das Fidei-Commiß eingelegt werden müßte.*[26] Daraus folgte, dass die Güter und Vermögen der den beiden Prinzen als Entschädigung zugesprochenen Reichsprälaturen Salem und Petershausen in den Bodenseefideikommiss eingebracht werden mussten und die Verfügung hierüber den Beschränkungen des Fideikommissvertrages unterlag.

Diese außergewöhnliche Konstellation sollte das Schicksal der beiden säkularisierten Reichsabteien in entscheidendem Maße bestimmen. Markgraf Karl Friedrich unterrichtete die Reichsprälaten von Salem und Petershausen, Abt Caspar Oexle und Abt Joseph Keller, schriftlich über die Änderung der Rechtslage. In dem gedruckten Zivilbesitznahmepatent Karl Friedrichs vom 19. November 1802 wird bereits deutlich zwischen den an das herrrschende Haus fallenden Besitzungen und *denen an gedacht Unser Herrn Söhne Liebden fallenden Prälaturen Salmansweiler und Petershausen, mit allen Hoheits- und Staatseigenthums= Rechten* unterschieden.[27] Auch bei dieser Zivilbesitznahme handelte es sich um einen vorläufigen Akt vorbehaltlich der Verabschiedung des Entschädigungsplanes durch die Reichsdeputation und den Reichstag. Auf dieser Grundlage schrieben die beiden berechtigten Prinzen Friedrich und Ludwig an die beiden Äbte. Im Konzept des Schreibens an Abt Joseph von Petershausen heißt es: *Es ist demselben wahrscheinlich bereits bekannt, daß uns zur Entschädigung für unsere im Elsaß abgetretenen Besitzungen auch die Reichsabtei Petershausen durch besondere Verträge, in denen Gemäßheit unseres geliebtesten Herrn Vaters des regierenden Herrn Markgrafen von Baden Gnaden, den Militaire Besitz schon vor einiger Zeit ergriffen haben, in saecularisiertem Zustand zugeschieden worden ist. Wir fühlten selbst sehr wohl, wie empfindlich dieses Ereignisse E. Hochwürden und den Wohlehrwürdigen Herrn PP. fallen müssen, und bitten daher die Versicherung gefellig anzunehmen, daß wir unserer Seits alles anwenden werden, was zur Erleichterung und Beruhigung aller dabei betheiligten Personen dienen könne.*

Die von uns abgeordneten Comissarii sind auch insbesondere von uns hierzu angewiesen, uns so wie wir von denselben hoffen, daß Sie selbst rücksichtlich der bevorstehenden Saecularisation und der daraus nothwendig fließenden Einrichtungen denenselben mit dem nöthigen Beyrath an Hand gehen werden, so fügen wir nun noch die Versicherung jener besonderen Hochachtung und Wertschätzung hier bey, mit der wir beharren.[28]

Salem und Petershausen wurden jeweils zum 1. Dezember (Petershausen) bzw. zum 4. Dezember (Salem) 1802 durch eine Kommission unter der Leitung des Kammerrats v. Vierordt für die beiden Prinzen in Besitz genommen und die entsprechenden Patente öffentlich angeschlagen. In beiden Fällen mussten die Reichsprälaten die Beamten und Bediensteten ihres Klosters entpflichten, und diese hinwiederum muss-

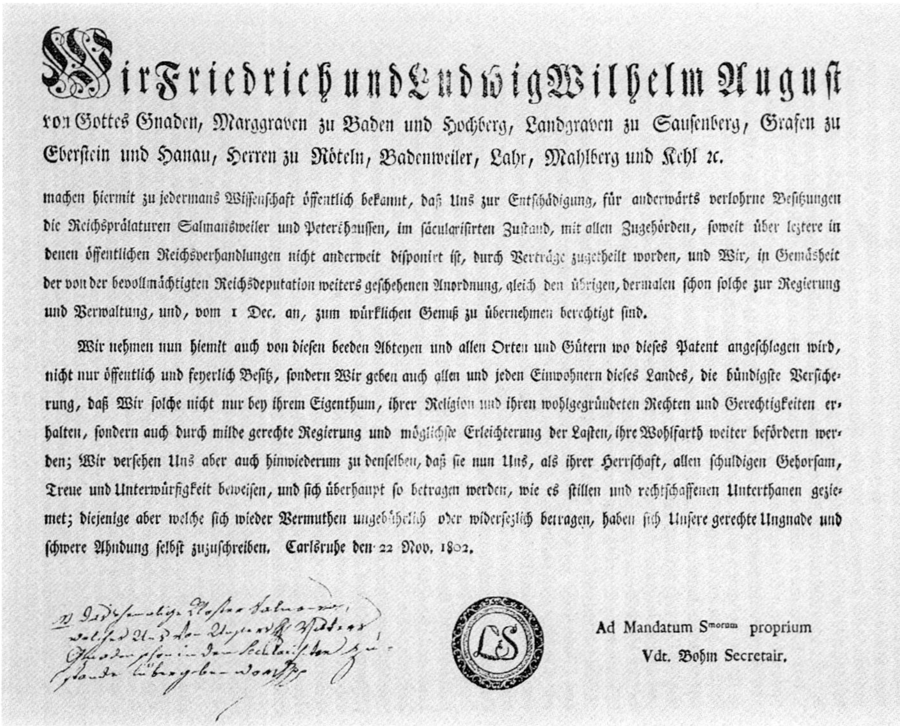

Wir Friedrich und Ludwig Wilhelm August
von Gottes Gnaden, Marggraven zu Baden und Hochberg, Landgraven zu Sausenberg, Grafen zu Eberstein und Hanau, Herren zu Röteln, Badenweiler, Lahr, Mahlberg und Kehl 2c.

machen hiermit zu jedermans Wissenschaft öffentlich bekannt, daß Uns zur Entschädigung, für anderwärts verlohrne Besitzungen die Reichsprälaturen Salmansweiler und Peterßhaussen, im säcularisirten Zustand, mit allen Zugehörden, soweit über leztere in denen öffentlichen Reichsverhandlungen nicht anderweit disponirt ist, durch Verträge zugetheilt worden, und Wir, in Gemäsheit der von der bevollmächtigten Reichsdeputation weiters geschehenen Anordnung, gleich den übrigen, dermalen schon solche zur Regierung und Verwaltung, und, vom 1 Dec. an, zum würklichen Genuß zu übernehmen berechtigt sind.

Wir nehmen nun hiemit auch von diesen beeden Abteyen und allen Orten und Gütern wo dieses Patent angeschlagen wird, nicht nur öffentlich und feyerlich Besitz, sondern Wir geben auch allen und jeden Einwohnern dieses Landes, die bündigste Versicherung, daß Wir solche nicht nur bey ihrem Eigenthum, ihrer Religion und ihren wohlgegründeten Rechten und Gerechtigkeiten erhalten, sondern auch durch milde gerechte Regierung und möglichste Erleichterung der Lasten, ihre Wohlfarth weiter befördern werden; Wir versehen Uns aber auch hinwiederum zu denselben, daß sie nun Uns, als ihrer Herrschaft, allen schuldigen Gehorsam, Treue und Unterwürfigkeit beweisen, und sich überhaupt so betragen werden, wie es stillen und rechtschaffenen Unterthanen geziemet; diejenige aber welche sich wieder Vermuthen ungebührlich oder widersezlich betragen, haben sich Unsere gerechte Ungnade und schwere Ahndung selbst zuzuschreiben. Carlsruhe den 22 Nov. 1802.

L.S.

Ad Mandatum Smorum proprium
Vdt. Bohm Secretair.

Salem und Petershausen fallen an das Haus Baden 1802
Besitzergreifungspatent der Markgrafen Friedrich und Ludwig für Salem und Petershausen. Karlsruhe 22. 11. 1802. GLA Karlsruhe.

ten sich nun auf die beiden Prinzen neu verpflichten. Reinhard berichtet hierüber: [...] *auch das Stift Petershausen in Besitz zu nehmen und haben dieses wirklich auch getan am 30*[ten] *Nov. also ins Werk gesetzt, daß wir dem Prälaten nach Eröffnung unseres Auftrags, CivilBesiz von seinem Stifft und allen dessen Zugehörden zu nehmen, Euer Hochfürstlichen Durchlaucht an ihn gerichtetes Schreiben zustellten, ihm unsere Vollmacht vorlegten und von ihm die Entlassung seiner Beamten, Diener und Unterthanen aus seinen Pflichten verlangten, jedoch aber dabey nicht nur die künftige Genehmigung von Kayser und Reich vorbehielten, sondern auch alle die Vortheile zusicherten, welche von der Reichsdeputation in Absicht auf seine Person, seine Conventualen, Beamten, Diener und Unterthanen festgesetzt worden sind.* [...] [und] *erklärten wir in Seiner und seiner Beamten Gegenwart deß Höchsten diesselbenn demselben erhaltenen Civil Besitznahme dieses Stiffts, jedoch mit Vorbehalt des durch besondere Übereinkunft zwischen Euer hochfürstlichen Durchlaucht und Höchstdero durchlauchtigsten Prinzen Friedrich und Ludwig bestimmten Hoheitsverbandes letzteren hiermit bestimmt wieder abträten, und stellten ihm die Abgeordneten dieser Prinzen, welche sich schon vorher durch Vorlegung ihrer Vollmachten legitimiert hatten, als diejenigen Personen, welche nunmehr die Regulierung des Stiffts das Nöthige im Namen ihrer höchsten Committenten anordnen würde.*[29]

Im Falle Salems ist die Verpflichtungserklärung der ehemaligen reichsabteiischen Beamten und Bedienten auf die Prinzen Friedrich und Ludwig noch erhalten.[30] Keiner der Beamten und Bediensteten hat den Treueeid auf die neuen Herren verweigert. Mit der personellen Kontinuität war auch die Fortführung der Verwaltungsstruktur gesichert. Noch am 17. Mai 1802 hatte der kurz zuvor zum Abt gewählte Caspar Oexle der Salemer Verwaltung neue Richtlinien und einen neuen Geschäftsverteilungsplan gegeben, in dem die Zuständigkeiten der Beamten klar umrissen wurden. U. a. waren die Amtsräte fortan verpflichtet, pro Woche zwei Amtstage abzuhalten, am Donnerstag und am Samstag. Weiter erhält das Dekret eine Anweisung darüber in welcher Konstellation die Beamten über Widersprü-

che zu entscheiden hatten.[31] Diese Regelung wurde auch unter badischer Verwaltung beibehalten und entsprechend auch auf die Verwaltung in der neuen Standesherrschaft Petershausen übertragen. Ferner wurde in Fortführung dieser Anordnung eine gemeinsame zweite Instanz, die jeweils mit Salemer und Petershausener Beamten besetzt war, eingerichtet und auf diese Weise ein zweizügiges Gerichtssystem gewährleistet.[32]
Sowohl in Petershausen als auch in Salem wurden umfangreiche Erhebungen über den Grundbesitz, seinen Wert und seine Erträge, die Außenstände und die Schulden, die beweglichen Inventarstücke und den Viehbestand erstellt. In Salem scheint dies weitgehend ohne größere Probleme vonstatten gegangen zu sein. So wurde durch den Archivar Gabriel Feyerabend ein neues Repertorium des Salemer Urkundenbestandes erstellt.[33] In den verschiedenen Inventarverzeichnissen werden die Einrichtungen und Werkstätten des Klosters aufgelistet. Sie bestanden in *1. Eine Bibliothek, wovon ausführliche Kataloge sich darin befinden; 2. Armarium Physicum* […]; *3. Ein kleines Naturalienkabinett; 4. Ein neu gerichtetes Schulgebäude; 5. Apothek; 6. Buchdruckerey mit 2 Pressen; 7. Treibhaus und kleine Orangerie; 8. Obsthaus mit Brauchöfen und Dörrkästen; 9. Kellereyen mit Wein beyläufig vor 200.000 F und Fässern vor 50.000 f; 10. Fruchtkasten; 11. Buchbinderey, mit Einrichtung; 12. Weberey, Weiszeuge mit zerschiedenen Zeichnungen so zu verfertigen; 13. Mühle; 14. Beckerey; 15. Kiefferey; 16. Metzge; 17. Schreinerey; 18. Zinngießerei; 19. Strumpfwirkerey; 20. Zeugmacherei; 21. Schmidte.*[34] Bei diesen Einrichtungen handelte es sich allerdings nur um jene, die innerhalb der Klostermauern vorhanden waren. Nicht erfasst sind beispielsweise die beiden Ziegeleien sowie die Säge- und Ölmühle. Da durch die Besitznahmekommission nur die herrschaftlichen Einrichtungen, d. h. die ehemals von der Reichsabtei selbst unterhaltenen Einrichtungen und Werkstätten aufgenommen wurden, sind beispielsweise die Werkstätten der in den Klosterdörfern Mimmenhausen und Weildorf tätigen Handwerker und Künstler nicht erfasst. Insofern geben die 1803 aufgestellten Verzeichnisse ein unvollständiges Bild der Infrastruktur im Gebiet der ehemaligen Reichsabtei und nunmehrigen Standesherrschaft Salem. Es fehlen hier insbesondere die Salemer Bildhauerwerkstätte, die bis 1802 von Johann Georg Wieland (1742–1802) und danach von Joseph Anton Dirr (1766–1831) betrieben wurde, oder die Bronzegießerei von Felix Anton Koch, beide in Mimmenhausen. Auch über die Zahl der in den Salemer Besitzungen lebenden Handwerker geben die Erhebungen wenig Auskunft. Zwar wurde die Zahl der Untertanen erfasst, nicht aber deren Tätigkeit. Es genügt daher nicht, nur das Schicksal der herrschaftlichen Werkstätten im Auge zu behalten. Vielmehr muss auch das der in den Dörfern angesiedelten Handwerker und Künstler, deren Hauptauftraggeber ebenfalls die Abtei gewesen war, in die Betrachtung miteinbezogen werden. Schließlich sind die Kauf- und Handelsleute zu nennen, die entweder die Abtei belieferten oder – wie die Überlinger Familie Vanotti – eine eigene Filiale in Salem unterhielten.
Im Falle von Petershausen gestaltete sich die Erfassung der Besitzstände offensichtlich problematischer. Eine Ursache lag darin, dass oftmals keine Urkunden oder rechtsverbindlichen Schriftstücke vorhanden waren, so dass durch aufwendige Befragungen die jeweiligen Rechtsverhältnisse geklärt werden mussten.[35] Auch von Petershausen wurden Inventare erstellt, die, wie im Fall des Sakristeiinventars von 1806[36], wesentlich detaillierter sind als die entsprechenden Salemer Inventare. Hier hat sich auch das Inventar des nachmaligen Schlossgebäudes erhalten.
Obwohl die Vorgänge in Salem und Petershausen zunächst weitgehend parallel liefen, haben die beiden ehemaligen Reichsabteien in der Folge sehr unterschiedliche Schicksale.

Petershausen nach 1802

Nachdem durch den RDH der Übergang der ehemaligen Reichsabtei an die Prinzen Friedrich und Ludwig bestandskräftig geworden war, wurde ein Signet von der Herrschaft angefertigt. Das Wappen der neuen Grafschaft Petershausen war ähnlich dem der Grafschaft Salem (Abb. 2): Der hochovale, längsgeteilte Schild zeigt in der linken Hälfte die badischen Farben, in der zweigeteilten rechten Häfte oben einen Schlüssel Petri und unten einen Fisch.[37]
In Petershausen wurde im Laufe des Jahres 1803 der gesamte Bestand an Nutzvieh verkauft.[38] Dem Kon-

vent wurde der weitere Verblieb im Kloster gestattet, doch durfte er keine Novizen aufnehmen. Da das Kloster offenbar keine eigenen Werkstätten unterhalten hatte und auch keine eigene Schule besaß, stellte sich die Frage nach deren Fortführung nicht. Die Kinder der Klosterbediensteten besuchten die Normalschule in Konstanz.[39]

Die Verwaltung des ehemaligen Klosterbesitzes und der nunmehrigen Standesherrschaft Petershausen wurde von den ehemaligen Klosterbeamten fortgeführt. Der Reichsprälat und die Konventualen erhielten jährliche Pensionen.[40] Die Abrechnungen der Kommunität sind noch erhalten.[41] Insbesondere die Bewirtungsaufwendungen erlauben interessante Rückschlüsse über die Kontakte unter den Angehörigen der aufgelösten Konvente. Bemerkenswert oft sind Salemer Exkonventualen und der Salemer Reichsprälat zu Gast in Petershausen. Die Kommunität in Petershausen bestand bis zum Tod des letzten Konventualen, Konrad Bluem, im Jahre 1832 fort. Als Abt Joseph Keller im Herbst 1808 starb, durfte in der Versammlung der Kommunität vom 13. Oktober 1808 kein neuer Abt, wohl aber ein Superior gewählt werden, der fortan die Leitung übernahm.[42]

Der Kommunität stand weiterhin die ehemalige Klosterkirche und das Konventgebäude zu Verfügung. Das Kircheninventar blieb zunächst weitgehend in Petershausen. Die detaillierten Inventare von 1806 und 1828[43] geben hiervon Zeugnis. Nach Erstellung des Inventars von 1828 wurde ein Marienbild *von Composition* samt dem zugehörigen schwarzen Postament aus Holz mit silbernen Verzierungen nach Wil verkauft. Zu dem wenigen dokumentierten frühen Verkäufen zählte der Lettner der Kirche, der bereits 1803 entfernt wurde.[44]

Die Prinzen Friedrich und Ludwig scheinen sich eher selten in dem nunmehrigen Schloss Petershausen aufgehalten zu haben. Für den Aufenthalt am 9. und 10. Juli 1808 haben sich die Anordnungen der Hofhaltung, welche Räume welchen Personen zur Nutzung zuzuweisen seien, sowie die Tischordnung erhalten.[45] Demnach nahmen an der I. Tafel im großen Saal die Markgräfin und Markgraf Friedrich, Markgraf Louis, die Hofdame Fräulein v. Knebel, General v. Goetz, der Reichsprälat von Petershausen (nur Sonntagnachmittag) und Rath Vierordt teil. Die II. Tafel war im kleinen Saal, die III. Tafel in der Schreibstube des Inspektors Barth.

Die umfänglichen, doch wenig genutzten Räumlichkeiten haben manches Interesse geweckt. So sollten im September 1803 56 nach Russland emigrierende Schweizer Familien einquartiert werden. Vierordt setzte sich am 25. September 1803 vehement gegen diesen Plan zur Wehr und schrieb, die *Einquartierung kann nicht statt haben, weil sie unschicklich und sowohl für den Herrn Reichsprälaten und die Herren Religiosen als selbst für die durchl. Herrschaft lästig wäre, und man muß sich wundern, wie sie innerhalb der Kloster Mauern hat verlangt werden können.*[46]

Doch in der Folgezeit konnte nicht jeder derartige Plan verhindert werden. 1814 wurde in dem ehemaligen Klostergebäude ein Lazarett eingerichtet.[47] Vermutlich wurden im Vorfeld dieser Nutzung die wertvollsten Inventarstücke, wie etwa die später mit der Salemer Bibliothek verkauften Petershausener Handschriften, zur Sicherheit nach Salem gebracht. Einem Bericht vom 16. März 1827 ist zu entnehmen, dass in den Jahren 1814, 1815 und 1816 *die bey den österreichischen Feldspitälern angestellten Ärzte und andere Militärs in die Bibliothek gewaltsam eingebrochen, und nebst Büchern auch andere Gegenstände entwendet haben, die daselbst aufbewahrt wurden.* Nach dem Abzug des letzten Feldspitals hätten die Krankenpfleger *etlich und zwanzig Schlösser nebst mehr andern nagelhaft angemachten Sachen gewaltsam abgebrochen und verschleppt* [...]. Die entwendeten Stücke konnten nicht wieder aufgefunden werden.[48]

Um 1830 erfolgte wohl eine neue eingehende Überprüfung der Gebäude in der Standesherrschaft Petershausen. Der nunmehr zuständige Bauinspektor Oehl hatte sowohl in Petershausen als auch in Salem die bestehenden Gebäude insbesondere daraufhin untersucht, ob sie auch in Zukunft erforderlich wären. Als um 1830 die Petershausener Kommunität fast gänzlich erloschen war, fiel die Entscheidung, die nicht mehr benötigte ehemalige Klosterkirche von Petershausen auf Abbruch zu versteigern. Dies erfolgte am 16. März 1831.[49] Der Ersteigerer sollte alle Materialien von Kirche und Turm erwerben, mit Ausnahme der Uhr, der Glocken samt dem dazu gehörigen Stuhl, den Steinen vom Hauptportal des Langhauses gegen die Landstraße und dem im Innern der Kirche befindlichen Frh. v. Reischach'schen Monument und aller sich eventuell vorfindenden Kostbarkeiten, Geld etc. Die roma-

nischen Skulpturen vom Hauptportal befinden sich heute im Badischen Landesmuseum Karlsruhe.
Markgraf Ludwig von Baden hatte sich schon 1811 mit dem Gedanken getragen, die Petershausener Klosterkirche abtragen zu lassen und stattdessen in Kapitelsaal und Bibliothek eine Kirche einzurichten.[50]
Zwischen 1828 und 1831 waren die meisten der Petershausener Inventarstücke nach Salem gebracht worden. Über die dortige Oberverrechnung wurde der Verkauf beziehungsweise die weitere Abgabe der Stücke, beispielsweise an Pfarreien, betrieben. Am 16. April 1831 teilte die Großherzogliche Domänenkanzlei in Karlsruhe der Salemer Oberverrechnung mit, dass die durchlauchtigste Herrschaft genehmigt habe, dass *die Petershauser Kirchenparamente an sich anmeldende Pfarrer oder Kirchenvorsteher, für einen, den Inventar Anschlag übersteigenden Preis, sämmtlich verkauft werden können*.[51] Die Pfarrei Sauldorf, die kurz zuvor eine neue Kirche errichtet hatte und daher relativ mittellos war, erhielt 1834 *2 große Reliquien Pyramiden mit rothem Samet und Silbenborten im Werth von fl. 12 und 4 größere Blumenstöcke* geschenkweise.[52] Paramente und Kirchengeräte wurden ferner an die Kirche in Reichenau-Oberzell[53] und die Pfarrkirche Romanshorn[54] abgegeben; andere wurden an Händler und Privatpersonen verkauft. Nach Karlsruhe wurden am 5. November 1832 noch einige Silbersachen abgeliefert.[55]
Die heutige Ausstattung der Pfarrkirche Sauldorf ist ein gutes Beispiel für den Umgang mit dem Inventar der säkularisierten und nicht mehr benötigten Kirchen durch die Oberverrechnung Salem. So stammen die beiden Seitenaltäre, Arbeiten aus der Werkstatt Johann Georg Wielands, aus der 1829/30 abgebrochenen Schlosskapelle von Kirchberg[56] und die seitlichen Figuren des neu geschaffenen Hochaltars, Arbeiten von Christoph Schenck, von dem frühbarocken Hochaltar des Salemer Münsters. Der große Kruzifix von Hans Christoph Schenck gehörte mit hoher Wahrscheinlichkeit zu dem frühbarocken Kreuzaltar im Salemer Münster.[57] Die Gemälde von Andreas Brugger waren Teil eines für Salem geschaffenen Zyklus', dessen übrige Teile sich bis heute dort befinden.[58]
Das weitere Schicksal der ehemaligen Reichsabtei Petershausen ist rasch skizziert. Das badische Kriegsministerium interessierte sich für die Gebäude und das zugehörige Gelände, um darauf eine Kaserne unterzubringen. Während das Finanzministerium eine langfristige Anmietung der Immobilie befürwortet hatte, drängte das Kriegsministerium auf einen Ankauf. Dieser kam schließlich im Jahre 1850 zustande, und so gingen die Gebäude und der Grund der ehemaligen Reichsabtei in Staatsbesitz über.[59]

Salem nach 1802

Das Schicksal der ehemaligen Reichsabtei Salem verlief vollkommen anders. Dies mag zum einen seinen Grund darin haben, dass Salem wesentlich größer als Petershausen war, zum anderen vor allem darin, dass Salem 1802 ein relativ geschlossenes Territorium am Nordufer des Bodensees besaß und über eine überaus fortschrittliche Verwaltung verfügte, die in badischer Zeit zunächst ohne wesentliche Veränderungen fortgeführt und sukzessive weiter ausgebaut werden konnte. Ferner dürfte der Umstand, dass die Abtei über ausgedehnte Werkstätten verfügte, die ihr eine gewisse Autarkie gewährten, für die neuen Herren von besonderem Interesse gewesen sein.

Standesherrschaft Salem
Petschaft (Siegelstempel) mit dem badischen Wappen. Privatbesitz.

Ähnlich wie in Petershausen sollte auch in Salem der Konvent, nunmehr ebenso als *Kommunität* bezeichnet, fortbestehen, und die beiden Prinzen äußerten ausdrücklich den Wunsch, die Ökonomie durch den Konvent und die Beamten des ehemaligen Klosters fortführen zu lassen.[60] Die Gründe, die schließlich zu der von den beiden Prinzen auf den 23. November 1804 festgesetzten Auflösung der Kommunität führten, die in der Ablegung des Ordenskleid ihren für alle sichtbaren Ausdruck fand, lassen sich derzeit nicht klar fassen. Voraus gingen gegenseitige Beschuldigungen, wobei unklar bleibt, inwieweit diese zu Recht oder zu Unrecht erhoben worden waren.[61]

Bereits im Dezember 1802 hatten wohl auf Veranlassung Abt Caspar Oexles die von Salem betreuten Pfarreien Aufstellungen über von ihnen benötigte Kirchengeräte und Paramente aufgestellt. Diesen Wünschen wurde zumeist durch Abgaben aus der Münstersakristei und aus der Abteikapelle entsprochen.[62] Nach der Aufhebung des Konvents blieb ein Grundstock an Kirchengeräten im Münster, andere gingen an die benachbarten Pfarreien Leutkirch, Owingen, Mimmenhausen, Bermatingen, Mühlhofen und Seefelden. Verluste an dem seit 1808 in der Münstersakristei nachweisbaren Bestand traten nur durch zwei Diebstähle in den 1920er-Jahren ein.[63] Mit der Umwandlung der Kloster- in eine Pfarrkirche kam es auch zum Verkauf nicht mehr benötigter Ausstattungsstücke: Am 17. November 1807 veräußerte man die von Johann Nepomuk Holzhey geschaffene Chororgel nach Überlingen, 1809 wurde die Liebfrauenorgel nach Winterthur verkauft und schließlich 1817 das seit 1789 leere Gehäuse der Tabernakelorgel nach St. Stephan in Konstanz. Nach 1802 sind jedoch nicht nur Verluste zu verzeichnen. Als 1808 auch die Wallfahrtskirche Birnau geschlossen wurde überführte am 23. April 1808 P. Alberich Birkhofer das Birnauer Gnadenbild nach Salem. Es fand am Altar der Schmerzhaften Mutter Gottes im südlichen Querhausarm seine Aufstellung. Später gelangte auch der größte Teil des Birnauer Kirchengestühls in das Salemer Münster, wo es sich bis heute befindet.

Anders als in Petershausen wurde die Ökonomie des Klosters fortgeführt. Die klostereigenen Handwerkerwerkstätten wurden vermietet oder verpachtet. Dabei achtete man besonders darauf, dass sich keiner der Nutzer einen unberechtigten Vorteil gegenüber seinen Konkurrenten sicherte. Als beispielsweise der Steinmetz Stephan Birkenfeld am 12. Oktober 1804 darum ersuchte, ihm die Salemer Steinhütte zum Gebrauch zu überlassen, wurde von Seiten der Domänenkanzei nach Salem geschrieben: *Wenn er aber, mit Ausschluß des Widmanns von Mimmenhausen die Privatische Benutzung der Herrschaftl. Werkstatt beabsichtigt, so findet sein Gesuch nicht statt.*[64] Die meisten der innerhalb der Klostermauern vorhandenen Werkstätten wurden an die bisherigen Betreiber vermietet. Da die meisten von ihnen in den benachbarten Dörfern, mehrheitlich in Mimmenhausen, wohnten, wurde bald der Wunsch nach Wohnungen in unmittelbarer Nähe der Werkstätten laut, dem in der Regel durch Umbauten in den Gebäuden rund um den großen Hof im Norden der Prälatur und des Münsters entsprochen wurde.[65]

Auch die Sammlungen des Klosters sollten wohl zunächst fortgeführt werden. Zwar gibt es wenige sichere Anzeichen für eine Fortführung der Bibliothek, und die Graphiksammlung der Abtei war noch 1804 in den beiden Kisten verpackt, in denen sie 1796 vor den anrückenden Truppen in Sicherheit gebracht worden war, doch hat sich im Falle des mathematisch-physikalischen Kabinetts eine Aufstellung der in den Jahren 1803 und 1804 angekauften Materialien und Geräte erhalten[66], aus der sich ergibt, dass Angehörige des Konventes weiter an der Fertigstellung der schon 1802 in Arbeit befindlichen astronomischen Geräte arbeiteten. Nach der Auflösung des Konvents wurde diese Sammlung samt einer zugehörigen Spezialbibliothek 1807 an die Universität Freiburg veräußert.[67]

Relativ rasch entwickelte sich Salem zum Verwaltungszentrum für die beiden neuen Grafschaften Petershausen und Salem. Früh zeichnet sich eine Verlagerung der Entscheidungskompetenzen zu der Salemer Oberverrechnung, der Vorläuferinstitution des späteren Rentamtes, ab. Eine Ursache kann in der gut eingespielten Klosterverwaltung gesehen werden, die ohne größere Brüche unter den Prinzen und späteren Markgrafen fortgeführt und ausgebaut wurde. So blieben alle Salemer Beamten in ihren alten Funktionen in Dienst. Der ehemalige Salemer Konverse Wilhelm Kleinheinz, der 1790 ins Kloster eingetreten war und dort die Funktion eines Klosterbaumeisters wahrnahm, war 1803 aus dem Kloster ausgetreten, hatte seinen bürgerlichen Namen Joseph wieder angenom-

men und war am 16. Dezember 1803 als Markgräflich Badischer Werkmeister in den Grafschaften Salem und Petershausen angestellt worden.[68] Allerdings tat sich Kleinheinz mit den neuen Arbeitsbedingungen zunächst schwer. Nach seinem Konventsaustritt hatte er sich in Überlingen niedergelassen, und es bedurfte einer ernsten Ermahnung, bis er wieder eine Wohnung an seinem Dienstort Salem bezog.[69] Auch die neuen Verwaltungsvorschriften waren ihm ungewohnt. So sah sich die Domänenkanzlei in Karlsruhe am 4. Januar 1804 zu folgender Anordnung veranlasst: *So hat der Werkmeister Kleinheinz dieß und jedesmal bey derartigen Vorschlägen einen deutlichen Handriß anzulegen, was für Veränderungen vorgenommen und welchen Raum jeder Bewohner erhalten soll, was für Materialien hierzu erfordert werden, welche zu spezifizieren sind.*[70] Die Planungsvorgaben unter den Salemer Äbten und unter der badischen Verwaltung scheinen ebenfalls sehr unterschiedlich gewesen zu sein, denn am 21. März 1804 heißt es aus Karlsruhe, dass man *mit Mißvergnügen bemerken muß, daß mehrgedachter Kleinheinz ohne hinlängliche Behutsamkeit und Oekonomie kostspielige Bau=Pläne projectiert, die zuletzt d. Herrschaft unerschwingliche Ausgaben verursachen müßten, weswegen auch in Zukunft ohne der Oberverrrechnung Beistimmung nichts zu unternehmen sei.*[71] Kleinheinz lässt sich bis 1822 in den Akten als Werkmeister nachweisen. Ob allerdings der 1804 erhobene Vorwurf unangemessen teurer Bauprojekte zutrifft, mag man heute vielleicht bezweifeln, denn die 1790 von Kleinheinz geplanten Bauten des ehemaligen Gymnasiums in Salem und der Kapelle in Tepfenhart scheinen in besserem baulichen Zustand zu sein, als die nach 1804 ausgeführten Planungen von Kleinheinz, wie beispielsweise der neue Dachreiter auf dem Salemer Münster, der erst jüngst einer umfassenden Restaurierung unterzogen werden musste.

Nicht alle Einrichtungen des Klosters konnten indes fortgeführt werden. So sollte beispielsweise der Schulbetrieb im neu errichteten Gymnasium zunächst weiter unterhalten werden. Die laufenden Kosten erwiesen sich jedoch als so hoch, dass ein kostendeckender Betrieb nicht zu gewährleisten war. Der Kommunität wurde daraufhin freigestellt, ob sie das Gymnasium auf eigene Rechnung unter drastischer Erhöhung des Schulgeldes fortführen wolle. Hierzu kam es nicht. Der Schulbetrieb im Gymnasium wurde Ende 1803 eingestellt.[72] Nur die im Obergeschoss des sog. *Neuen Kellers* untergebrachte Normalschule wurde weiterbetrieben. Damit war man auch frei in der Entscheidung, wie die bereits hergestellten Bauteile, insbesondere Fenster, für die noch nicht errichtete Schulküche verwendet werden sollten.[73]

Die Auflösung der Kommunität zum 23. November 1804 bewirkte eine entscheidende Wende in der Entwicklung Salems. Dieses war nun ausschließlich Schloss und Verwaltungssitz. Offensichtlich wurden hieran von zahlreichen Handwerkern und Händlern große Erwartungen geknüpft, die wohl eine neue Residenz mit entsprechender Hofhaltung erwarteten. Hier mag der Fall des Mailänder Zuckerbäckers Rochus Romano als Beispiel dienen. Auf seinen Antrag hin wird ihm am 15. April 1805 gestattet, sich in Salem niederzulassen. Er erhielt Schutz und Gewerbefreiheit sowie gegen Zahlung eines angemessenen Mietzinses das ehemalige Hühnerhaus im westlichen Bereich der nunmehrigen Schlossanlage als Wohnung und Ladenlokal. Romano, der zuvor in der ehemaligen Reichsstadt Überlingen und in der fürstbischöflichen Residenzstadt Meersburg ansässig gewesen war, sah sich jedoch bald in seinen Erwartungen getäuscht und bat am 24. Juni 1807 um Zuweisung einer Wohnung und eines Ladens in der Nähe des Schlosses. Seinen schlechten Absatz führte er insbesondere auf die abgelegene Lage seines Ladens zurück.[74] Dem Gesuch wurde nicht entsprochen, doch dürfte sich sowohl auf seine Geschäfte als auch auf die anderer Händler und Kaufleute der mehrjährige, wenn auch unfreiwillige Aufenthalt Markgraf Ludwigs von Baden in Salem ab dem Jahr 1808[75] belebend ausgewirkt haben.

Nicht alle Anträge auf die Überlassung von Räumen in Salem wurden positiv beschieden. Zum einen wollte man sich keinen Sachzwängen aussetzten, und so blieben beispielsweise zunächst die Räume im ehemaligen *Beschaidt* ungenutzt, da man für den Fall von Einquartierungen über entsprechende Räume außerhalb des Schlosses verfügen wollte. Zum anderen wurde aber auch die Ansiedlung von Gewerben, denen man keine Erfolgschancen beimaß – wie etwa der Antrag des Alois Engelhard aus Herdwangen vom 24. Januar

1806, in dem ehemaligen Gießhaus eine Braustätte einzurichten – nicht gestattet.[76]

Neben der Vermietung oder Verpachtung der vorhandenen Werkstätten wurde in Einzelfällen auch der Neubau solcher Werkstätten genehmigt. So erhielt 1804 der Kunstweber Anton Laub, der vielleicht mit dem Professen Joseph Laub identisch ist[77], einen Bauplatz südlich des ehemaligen Klosterwirtshauses, des heutigen Wirtshauses zum Schwanen, zugewiesen, auf dem er ein Wohn- und Werkstattgebäude errichtete. Zum Betrieb der Weberei erhielt er schenkungsweise den großen herrschaftlichen Webstuhl, der erst wenige Jahre zuvor unter Abt Robert für das Kloster angeschafft worden war.[78] In der Folge wurden Neubauten in der unmittelbaren Nähe des Schlosses, von wenigen Ausnahmen abgesehen, nicht gestattet und statt dessen Bauplätze in Stephansfeld verkauft, wo ein neuer Siedlungskern entstand. Zu den wenigen Neubauten zählt ein ab 1817 errichtetes neues Wohnhaus für den Säger Johannes Zeller.[79]

Ab 1804 wurden die Räume des Konventsgebäudes den neuen Bedürfnissen entsprechend zu Wohnungen umgestaltet. Da man auf die alte Infrastruktur des Gebäudes angewiesen war, entstanden großzügig dimensionierte Wohnungen, vor allem in den Bereichen des ehemaligen Noviziates und der Räume von Prior, Subprior etc., die sich bei den Ex-Konventualen und bei den Salemer Beamten großer Beliebtheit erfreut haben.[80]

Die Gebäude der ehemaligen Reichsabtei blieben, von einer Ausnahme abgesehen, zunächst vollständig erhalten. Nur der große Vierungsturm auf dem Münster, ab 1753 von Johann Kaspar Bagnato für Abt Anselm II. geplant und gebaut, der das größte Glockengeläut Süddeutschlands trug und ein weithin sichtbares Symbol der aufgelösten Reichsabtei war, wurde nach Sturmschäden 1807 abgetragen und durch den bis heute bestehenden niedrigen Dachreiter ersetzt, der nach Entwürfen von Kleinheinz gebaut worden ist.[81] Die bis heute spürbaren Abrisse, insbesondere der Leonhardskirche (1833), der Flügelbauten des Unteren Tores (1836), des ehemaligen Kaufladens (1834), des Mittleren Tores mit dem Beamtenbau (1842), des Stockacher Tores (1839), der Altane im Schlossgarten (1844) und anderer kleinerer Bauten gingen auf die Gebäudeerfassung des Baumeisters Oehl zurück und erfolgten ab 1833, also etwa eine Generation nach der Säkularisation.[82] Sie erfolgten damit ungefähr zu derselben Zeit, zu der in Petershausen die ehemalige Abteikirche auf Abbruch versteigert wurde. In dieser Zeit erfolgte auch der Abschied von der noch aus er klösterlichen Zeit stammenden Beamtenschaft. Mit den neuen personellen Kräften kamen auch neue Ideen nach Salem, die sich vor allen im Betrieb der Ökonomie und der Bewirtschaftung der Güter niederschlugen.

Gleichzeitig (1826/27) erfolgte auch der Verkauf der Bibliothek an die Universität Heidelberg.[83] Da die Universitätsbibliothek für die zugehörige Einrichtung keine Verwendung hatte, wurde diese am 11. August 1827 in Salem öffentlich versteigert.[84]

Schluss

Eine Kontinuität kann nur auf der Verwaltungsebene und bei den als notwendig erachteten eigenen, nunmehr herrschaftlichen Werkstätten beobachtet werden. Anders scheint die Lage bei den Werkstätten in den Klosterdörfern, insbesondere in Mimmenhausen, gewesen zu sein. Für die Arbeiten im Schloss wurden in der Regel die eigenen Handwerker herangezogen, wobei es durchaus zu bemerkenswerten Vermengungen kam. So führte der Zimmermeister Johannes Zeller, der zum Werkmeister bestellt wurde, nicht nur Zimmer- sondern auch Maurer- und Dachdeckerarbeiten aus. Nur wenige Aufträge gingen an die in den Dörfern ansässigen Handwerker. Gerade im Bereich der künstlerisch tätigen Werkstätten gingen die Aufträge fast vollständig zurück. Der Bildhauer Joseph Anton Dirr, der die Bildhauerwerkstatt Johann Georg Wielands übernommen hatte, bewohnte zumindest bis September 1803 zu einem jährlichen Zins von 45 fl. ein herrschaftliches Haus in Mimmenhausen[85], zog aber dann noch im selben Jahr nach Beuren. Andere Werkstätten werden überhaupt nicht mehr fortgeführt. Relativ lang, nämlich bis in die 1820er Jahre, bestand noch die Bronzegießerei von Felix Anton (II) Koch in Mimmenhausen, die bis zum Schluss noch die von Joseph Anton Feuchtmayer geschaffenen Modeln verwendete. Schließlich wurde die Werkstatt von der Überlingener Gießerei Karl Theodor Blerschs (1811–1895) übernommen.[86]

Der Wegfall des Klosters als Auftraggeber hatte gerade für diese Handwerke, die in ganz besonderem Maße auf die Bedürfnisse der Reichsabtei ausgerichtet waren und fast ausschließlich für diese arbeiteten, besonders einschneidende Folgen. Als der hohe Qualitätsansprüche stellende Auftraggeber wegfiel, trat hier nicht nur eine Stagnation sondern eine ernste Rezession ein. Die neuen Herren Salems vergaben hier so gut wie keine Aufträge. Darüberhinaus orientierten sich deren Ansprüche an denen des Karlsruher Hofes und der internationalen Fürstenhöfe, die von den Karlsruher Hoflieferanten oder Lieferanten in den damaligen Kunstzentren befriedigt wurden. Die kleinteilige, auf die Ansprüche der regionalen Auftraggeber spezialisierte Struktur der Kunstlandschaft rund um den Bodensee fand mit dieser Neuorientierung ein jähes Ende. Allgemein ist das Phänomen eines künstlerischen Rückschrittes, wie beispielsweise im Werk des Malers Andreas Brugger (1737–1812), festzustellen. Der Verlust potenter und nicht dem Vergleichsdruck internationaler Höfe ausgesetzte Auftraggeber, wie etwa der Reichsäbte von Salem, deren Förderung die Entwicklung von Künstlerpersönlichkeiten wie Joseph Anton Feuchtmayer, Johann Georg Dirr und Johann Georg Wieland ermöglicht hatte, führte hier zu einer bis in die Mitte des 19. Jhs. anhaltenden Stagnation. Bemerkenswert bleibt, dass sich gerade in den lokalen Werkstätten nicht nur Inventarstücke aus diesen Werkstätten erhalten haben, sondern dass man vor allem für den regionalen Bedarf noch bis weit in das 19. Jh. hinein nach diesen Entwürfen gearbeitet hat.

[1] *Gebhard Spahr*, Zur Geschichte der Benediktinerabtei Petershausen 983–1802, in: 1000 Jahre Petershausen. Beiträge zu Kunst und Geschichte der Benediktinerabtei Petershausen in Konstanz. Konstanz 1983, 9–40, bes. 10ff.; *Helmut Maurer*, Konstanz im Mittelalter. Konstanz 2. Aufl. 1996, 76ff.; *Ulrich Knapp*, Ottonische Architektur. Überlegungen zu einer Geschichte der Architektur während der Herrschaft der Ottonen, in: *Klaus Gereon Beuckers/Johannes Cramer/Michael Imhof* (Hgg.), Die Ottonen. Kunst, Architektur, Geschichte. Petersberg 2002, 205–258, bes. 215f.

[2] *Spahr*, Petershausen (wie Anm. 1), 20; *Maurer*, Konstanz im Mittelalter (wie Anm. 1), 104ff.

[3] *Randi Sigg-Gilstad*, Beiträge zur Baugeschichte der ersten und zweiten Klosterkirche von Petershausen, in: 1000 Jahre Petershausen. Beiträge zu Kunst und Geschichte der Benediktinerabtei Petershausen in Konstanz. Konstanz 1983, 41–70, bes. 47ff. mit Diskussion der älteren Literatur.

[4] *Paul Motz*, Die Neubauten der ehemaligen Benediktiner- und Reichsabtei Petershausen bei Konstanz im 18. Jh., in: 1000 Jahre Petershausen (wie Anm. 3), 82–102.

[5] *Theodor Musper*, Das Reiseskizzenbuch des Joseph Anton Koch aus dem Jahre 1791, in: Jb. der preußischen Kunstsammlungen 35 (1935), 167–193.

[6] S. hierzu *Hermann Schmid*, Die Säkularisation der Klöster in Konstanz und Umgebung 1782–1832, in: SVG Bodensees 96 (1978), 69ff.; *Ders.* Die Säkularisation der Klöster in Baden 1802–1811. Überlingen 1980, 57ff.

[7] *Werner Rösener*, Reichsabtei Salem. Verfassungs- und Wirtschaftsgeschichte des Zisterzienserklosters von der Gründung bis zur Mitte des 14. Jhs. Sigmaringen 1974.

[8] *Ulrich Knapp*, Salem. Ehemalige Zisterzienserabtei. Regensburg 1998, 9ff.; *Ders.*, Die Gebäude der ehemaligen Zisterzienserabtei und ihre Ausstattungen (im Druck).

[9] *Armin Schlechter*, Die Bibliothek des Klosters Salem, in: *Rainer Brüning/Ulrich Knapp* (Hgg.), Salem. Vom Kloster zum Fürstensitz 1770–1830. Karlsruhe 2002, 37–37–47, bes. 38f. und Kat. Nrn. VI.3–VI.10 (*A. Schlechter*).

[10] GLAK 98/1141.

[11] GLAK 98/312; 98/3127.

[12] *Ulrich Knapp*, Die Kloster- und Schloßanlage Salem im 18. und frühen 19. Jh., in: *Brüning/Knapp*, Salem (wie Anm. 9), 49–62, bes. 52.

[13] GLAK 65/457 II, fol. 101v.

[14] *Dagmar Jank*, Der Bestand »Historica« der ehemaligen Bibliothek des Klosters Salem, in: Bibliothek und Wissenschaft 19 (1985), 49–145; *Schlechter*, Bibliothek (wie Anm. 9), 37ff.; *Brüning/Knapp*, Salem (wie Anm. 9), Kat. Nr. VI.1 (*A. Schlechter*).

[15] *Brüning/Knapp*, Salem (wie Anm. 9), Kat. Nr. VI.16 (*U. Knapp*).

[16] Wessenberg verfasste anonym z. B. »Die Folgen der Säkularisation«. Zürich 1801.

[17] Siehe dazu *Brüning/Knapp*, Salem (wie Anm. 9), Kat. Nr. IX.3-IX.4 (*U. Knapp*).

[18] GLAK 98/1113.

[19] *Brüning/Knapp*, Salem (wie Anm. 9), Kat. Nr. V.18 (*U. Knapp*).

[20] GLAK 48/ 5822; 98/1550–1551; zur Inbesitznahme Salems grundlegend: *Hermann Schmid*, Die Säkularisation des Reichsstifts Salem durch Baden und Thurn und Taxis 1802–1804. Überlingen 1980; *Ders.* Die Säkularisation der Klöster in Baden (wie Anm. 6), 61ff.; vgl. dazu nunmehr *Rainer Brüning*, Der Übergang des Klosters Salem an das Haus Baden (1802–1804), in: *Brüning/Knapp* (Hgg.), Salem (wie Anm. 9), 63–70.

[21] GLAK 48/5742 und 95/1068.

[22] Dazu numehr *Volker Rödel*, Die große Säkularisation von 1802/03 in Süddeutschland, in: *Brüning/Knapp*, Salem (wie Anm. 9), 11–17.

[23] GLAK 95/1068.

[24] Ebd. (Hilzingen); FZA Regensburg, Schwäb. Akten 1289 (Ostrach).

[25] GLAK FA/Generalia 63, Beil. 2.

[26] GLAK FA/Generalia 63, 4f.

[27] GLAK 48/5742; 48/5669.

[28] GLAK 95/423-1.

[29] GLAK 48/5742. Die Bevollmächtigten der Prinzen waren der Kammerrat v. Vierordt und der Hof- und Regierungsrat Fischer.
[30] GLAK 48/5821; *Brüning/Knapp*, Salem (wie Anm. 9), Kat. Nr. IX.12 (*R. Brüning*).
[31] GLAK 98/643; *Brüning/Knapp,* Salem (wie Anm. 9), Kat. Nr. IX.16 (*U. Knapp*).
[32] GLAK 95/1068.
[33] GLAK 61/692–695; *Brüning/Knapp,* Salem (wie Anm. 9), Kat. Nr. IX.17 (*K. Krimm*). Der erste Band zeigt auf dem Titelblatt bereits das Wappen der Grafschaft Salem. Die Einträge in dem Repertorium lassen den Schluss zu, dass sie bereits zu Lebzeiten von Abt Robert verfasst worden sind.
[34] GLAK 98/2320; vgl. *Brüning/Knapp*, Salem (wie Anm. 9), Kat. Nr. IX.15 (*U. Knapp*).
[35] GLAK 65/423-2–6; 95/1070; 48/5742.
[36] GLAK 65/143.
[37] Markgräflich Badisches Archiv Salem (MBA) Lade 121 Fasc. 3, Rechnung 1803. Im August wurde ein Signet für 10 fl., im April 1804 ein großes Signet für 33 fl. angeschafft. Für die Gewährung der Einsicht in die Archivalien des Markgräflichen Archives gilt dem Haus Baden ein besonderer Dank.
[38] GLAK 229/82930.
[39] MBA Lade 117 Fasc. 24.
[40] GLAK 95/423.
[41] GLAK 95/304.
[42] GLAK 95/423.
[43] GLAK 229/82929, textgleich mit MBA Lade 122 Fasc. 30.
[44] GLAK 229/82930.
[45] MBA Lade 122 Fasc. 10.
[46] GLAK 95/1070.
[47] GLAK 236/1187; 236/1251.
[48] MBA Lade 122 Fasc. 27.
[49] Ebd.
[50] *Hansmartin Schwarzmaier*, Das Kloster als Fürstensitz, in: *Brüning/Knapp*, Salem (wie Anm. 9), 71–84.
[51] MBA Lade 117 Fasc. 28.
[52] Ebd.
[53] Die Kirche erhielt u. a.: an Messgewändern: zwei rote mit guten Borten, ein schwarzes mit guten Borten, ein blaues mit Silberborten, ein weißes mit Goldtaft und guten Borten, ein grünes mit falschen Borten, ein neues weißes mit falschen Borten, ein blaues mit gelben Blumen, ein gelbes von Damast, ein blaues von Wellengang, ein schwarzes dto. und ein rotes dto. An Weißzeug gingen nach Oberzell eine alte gestickte Albe, drei Alben, drei Altartücher und drei Koporalien. An Verzierung erhielt die Abtei sechs *sturzene* Leuchter, vier Reliquien von der Gesellschaft der hl. Ursula, zwei weitere mit Holzrahmen, zwei kleine messinge Leuchter, drei Convivtafeln, ein breites Zingulum aus Seide, drei weitere Zingula, ein kleines Särgleich, einen Tabernakel für die Karwoche, einen doppelten Beichtstuhl, vier schwarze Lichtstöcke, einen Paramentenkasten, zwei alte rote Fähnlein, zwei Reliquiensärglein, zwei blaue Ministrantenröcke und einen Baldachin von Seidentaft.
[54] Der Kirche erhielt: Zwei metallene Sanctus-Leuchter, eine Hostienbüchse aus Zinn, drei Paar metallene Leuchter, zwei Paar kleinere metallene Leuchter, drei ovale Teller aus Zinn und ein Postament.
[55] Es handelte sich um: Einen vergoldeten Kelch mit getriebenen Blumen, ein Ziborium samt Krone, zwei Käpselchen zum Heiligen Öl, zwei Käpselchen *singular* zum Krankenziborium, eine Muttergottes Krone, ein silbernes Szepter, eine Krone zum Jesusbild, ein silbernes Christusbild und ein silbernes Marienbild.
[56] *Ulrich Knapp*, Zur Baugeschichte von Schloß Kirchberg, in: Immenstaader Heimatblätter 17 (1998), 36–43, bes. 38.
[57] *Ulrich Knapp*, Hans, Christoph und Hans Christoph Schenck. Eine Skizze zum Werk der älteren Schenck-Generationen, in: Christoph Daniel Schenck. Katalog der Ausstellung Konstanz/Freiburg/Stuttgart. Sigmaringen 1996, 71–92.
[58] *Hubert Hosch*, Andreas Brugger 1737–1812. Sigmaringen 1987, 149ff. Kat. Nr. B 22 und B 25.
[59] GLAK 237/8905.
[60] GLAK 4/74 und Eintrag im Tagebuch Abt Caspar Oexles: GLAK 65/11727 fol. 250.
[61] GLAK 4/7758.
[62] GLAK 98/747.
[63] *Knapp*, Kloster- und Schloßanlage (wie Anm. 12), 60f.; *Brüning/Knapp*, Salem (wie Anm. 9), 124ff. (*U. Knapp*).
[64] MBA Lade 137 Fasc. 1.
[65] *Knapp*, Kloster- und Schloßanlage (wie Anm. 12), 54ff.
[66] GLAK 98/2320. Ein Teil der von P. Gregor Feinoegl konstruierten Geräte wurden allerdings bereits am 16.03.1803 nach Karlsruhe übersandt: GLAK 48/5634. Den Hinweis auf diesen Bericht verdanke ich Andrea Huber/Mühltal.
[67] *Reinhard Schneider*, Die Geschichte Salems, in: *Reinhard Schneider* (Hg.), Salem. 850 Jahre Reichsabtei und Schloss. Konstanz 1984, 11–153, hier 85.
[68] GLAK 95/1070.
[69] MBA Lade 135 Fasc. 1.
[70] Ebd.
[71] Ebd.
[72] Ebd.
[73] Ebd. Die Fenstergerichte wurden für den neuen Maierhof in Salem verwendet.
[74] MBA Lade 135 Fasc. 5
[75] *Schwarzmaier*, Fürstensitz (wie Anm. 50), bes. 74ff.
[76] MBA Lade 137 Fasc. 1; *Knapp*, Kloster- und Schloßanlage (wie Anm. 12), 55.
[77] Laub gehörte bei der Auflösung der Kommunität nicht mehr der Gemeinschaft an und erhielt daher auch bei deren Auflösung keinen Anteil vom Kommunitätsvermögen: MBA Lade 175 Fasc. 1.
[78] MBA Lade 137 Fasc. 1.
[79] S. dazu *Knapp*, Kloster- und Schloßanlage (wie Anm. 12), 56.
[80] Ebd., 55f.
[81] Ebd., 56.
[82] *Ebd.*, 56f.
[83] *Schlechter*, Bibliothek (wie Anm. 9), 43ff.
[84] Universitätsarchiv Heidelberg K-Ia/512/17.E, 7 Salem.
[85] MBA Lade 135 Fasc. 1.
[86] *Ulrich Knapp*, Joseph Anton Feuchtmayer. Konstanz 1996, 339.

Vom Kloster zur Kaserne

Militärische Nutzung säkularisierter Klöster in Württemberg

von Bernhard Theil

Infolge der staatlichen Neuordnungen nach dem Frieden von Lunéville 1801 übernahm Kurfürst und dann König Friedrich I. von Württemberg in mehreren Stufen insgesamt 95 Klöster und geistliche Besitzungen.[1] Als Ergebnis des RDHs fielen 1803 einige reichsunmittelbare Klöster – etwa Comburg, Ellwangen, Rottenmünster oder Zwiefalten – und die in den mediatisierten Reichsstädten Schwäbisch Gmünd, Heilbronn und Rottweil ansässigen klösterlichen Niederlassungen – insgesamt 23 – an Württemberg. Durch den Anfall Vorderösterreichs nach dem Frieden von Pressburg 1805 kamen immerhin noch 22 klösterliche Institute in den vorösterreichischen Städten sowie durch den Erwerb weiterer Territorien 15 geistliche Niederlassungen und Besitzungen und mit dem Erwerb der Landeshoheit über bereits früher säkularisierte Klöster noch einmal 20 Konvente hinzu. Nach der endgültigen Aufhebung des Deutschen Ordens und nach dem Ausgleich mit Bayern in den Jahren 1809/1810 erhielt Württemberg schließlich noch in Mergentheim die Deutschordenskommende sowie das Dominikaner- und das Kapuzinerkloster, in Ravensburg die Klöster der Karmeliter, Kapuziner und der Franziskanerinnen sowie in Söflingen die Niederlassung der Klarissen. Letztere waren schon 1803 von Bayern säkularisiert worden. Nur mit einem kleineren Teil dieser Klöster fielen auch Hoheitsrechte an und damit echte staatliche Neuerwerbungen, bei vielen dagegen handelte es sich nur um Grundbesitz, der entweder als Grundherrschaft weiter geführt wurde – wobei sich für die Bauern selbst wenig änderte – oder aber als Eigenbetrieb an Bürger, Bauern oder Adelige verpachtet bzw. mitunter auch veräußert wurde[2], bei allen aber erwarb der Staat Immobilien und Inventar. Diese sogenannte »Vermögenssäkularisation« bereitete dem neuen Besitzer vielfach Probleme.[3] Während das Inventar – Kirchen- und Tafelsilber, Bilder, Bibliotheksgut, aber auch Einrichtungsgegenstände – noch vergleichsweise problemlos versteigert, verkauft oder verschleudert werden konnte, waren die vielen Gebäude – Kirchen, Konventsgebäude, Verwaltungsgebäude, Stallungen, Wirtschaftsgebäude – nur schwer nutzbringend zu verwenden.[4] Nur in wenigen Fällen fanden sich private Käufer, die meist unter Wert die Gebäude übernahmen, um darin etwa gewerbliche Betriebe einzurichten. Der größte Teil allerdings verblieb dem Staat. Wenn er überhaupt zu nutzen war, dann durch Amtsgebäude, Beamtenwohnungen oder andere öffentliche Einrichtungen wie Schulen und Arbeitshäuser.

Militärische Nutzung von Klosteranlagen

Eine weitere Möglichkeit war in diesem Zusammenhang auch die Nutzung der Immobilien für militärische Zwecke. Diese bot sich um so mehr an, als seit Ausbruch der Koalitionskriege gegen Frankreich auch Württemberg immer größere Truppenkontingente aufzustellen hatte. Erst recht galt dies nach dem Anschluss Friedrichs an Napoleon, der etwa im Allianzvertrag von Ludwigsburg im Jahre 1805 6300 Mann mit 800 Pferden und 16 Geschützen verlangte.[5] Die Verpflichtungen aus dem Rheinbundvertrag von 1806 forderten dann noch weit mehr, nämlich 12.000 Mann.[6] Auf diesem Hintergrund ist auch die neue

Konskriptionsordnung für das Königreich Württemberg vom 6. August 1806 zu verstehen, welche die allgemeine Wehrpflicht bereits recht umfassend formulierte. Durch sie vergrößerte sich entsprechend der Bedarf an Unterkünften noch einmal erheblich.
Militairunterbringung, so formulierte es Kurfürst Friedrich selbst einmal in einer Randbemerkung auf einem entsprechenden Gutachten, *ist erstes Staatsbedürfnis.*[7] Allerdings muss vorab schon darauf verwiesen werden, dass bei der Nutzung von Klostergebäuden als Kasernen auch Probleme bestanden. So war die Raumaufteilung häufig nicht bedarfsgerecht. Insbesondere fehlten vielfach Möglichkeiten für Stallungen. Und schließlich: Die Nutzung von Klostergebäuden als Kasernen ging naturgemäß nach dem Wiener Kongress wieder zurück, als die Truppen des Königreichs drastisch verringert wurden. Trotzdem blieben einige ehemalige Klöster als Kaserne erhalten, vereinzelt kamen auch neue hinzu.
Ein Überblick über die Verhältnisse in den einzelnen Standorten soll einen Eindruck von den Auswirkungen der Vermögenssäkularisation und dem damit verbundenen mentalen Verhältnis zur Vergangenheit des Alten Reichs vermitteln.[8]

Ehemalige Klöster als Kasernen.

Schon im Jahre 1803, nach der Bildung von Neuwürttemberg, wurde über die Nutzung damals säkularisierter Klostergebäude als Kasernen nachgedacht. Dies gilt zunächst für das Dominikanerkloster in der neu erworbenen Reichsstadt **Rottweil**, die schon im Vorgriff auf den RDH Anfang September 1802 von württembergischen Truppen besetzt worden war.[9] Nicht zuletzt zur Sicherung der teilweise noch widerstrebenden Stadt[10] sollte hier alsbald eine Garnison errichtet werden. Am 18. April 1803 berichtete Generalintendant von Camrer in einer Meldung an Kurfürst Friedrich, dass im Dominikanerkloster, das bereits Ende des Jahres 1802 geräumt worden war, *die zwekmäßigste Einrichtung zur Unterkunft von 60–100 Mann geschehen könne.*[11] Im Erdgeschoss schlug er zwei große Säle, drei Zimmer und eine große Küche vor, im Obergeschoss einige Offizierswohnungen. Das Ganze sollte etwa 700 fl. kosten. Die Reaktion Friedrichs war allerdings zurückhaltend. Wies er doch in seiner Randbemerkung zu der Meldung Camrers die mit der Durchführung der Inbesitznahme der Neuerwerbungen befasste Organisationskommission an, zunächst einmal zu prüfen, ob die Gebäude des Dominikanerklosters nicht bereits anderweitig vergeben seien.[12] Drei Tage später schon teilte die Organisationskommission dem Kurfürsten das Ergebnis ihrer Untersuchungen mit: Die Gebäude des Dominikanerklosters seien bereits zum Verkauf an die Spitalverwaltung als Waisen-, Arbeits- und Krankenhaus bestimmt, da es ohne größeren Aufwand nicht für herrschaftliche Beamte zu nutzen sei. Diese Nutzung brächte im übrigen wegen des erheblichen Werts der Gebäude – mindestens 12 000 fl. – für den Staat klare Vorteile. Die Kommission betonte außerdem die sozialpolitische Leistung für die Stadt, denn das alte Spitalgebäude sei äußerst baufällig und ein Arbeitshaus sei bei den vielen städtischen Müßiggängern unbedingt erforderlich. In den Gebäuden seien außerdem zur Zeit einige Mietwohnungen untergebracht, die wegen der großen Wohnungsnot in Rottweil nicht gut zu entbehren seien. Die Kommission schlug statt der Gebäude des Dominikanerkloster daher das städtische Zeughaus vor, das für eine Kaserne bestens geeignet sei. Der Kurfürst lehnte diesen Vorschlag jedoch offensichtlich ab und verlangte zunächst weitere Vorschläge, wenn keine kämen, müsste das Kloster – bei der hohen Priorität, die Friedrich dem Militär zuwies – deshalb zur Kaserne umgewidmet werden, was dann auch geschah. Allerdings ist auch das Zeughaus 1805 als Kaserne belegt.[13] Die Kirche des Dominikanerklosters wurde im übrigen 1806 evangelische Garnisonkirche. Die Klostergebäude blieben bis 1817 im Besitz der Militärverwaltung, nachdem sie schon seit 1811 nicht mehr genutzt wurden[14], und wurden dann an die Stiftsverwaltung von Rottweil eingetauscht. Das Finanzministerium wies dabei ausdrücklich darauf hin, dass die Gebäude wohl nur schwer verkäuflich wären.[15]
Auch in **Schwäbisch Gmünd** musste nach der Besitzergreifung durch Württemberg im November 1802 das Dominikanerkloster schon einen Monat später geräumt werden.[16] Wie in Rottweil sollte die militärische Sicherung der Neuerwerbung durch Errichtung einer Kaserne verstärkt werden. Erste Vorbereitungen

Der Prediger als Kaserne
Das zur Kaserne umgewidmete Dominikanerkloster Schwäbisch Gmünd. Lithographie von Theodor Carl Weber, 1847. Städtisches Museum Schwäbisch Gmünd.

wurden schon im Sommer 1803 veranlasst[17]; 1804 erfolgte dann der Umbau durch das Kameralamt Gmünd, das die Gebäude 1805 an das Kriegsministerium übergab.[18] Im Zuge der Neuorganisation und Reduzierung der württembergischen Truppen im Jahre 1817 wurde jedoch schon wieder deren Schließung erwogen. Wiederum wies das Finanzministerium allerdings darauf hin, dass *bei dem gesunkenen Werth der Gebäude in Gmünd* das Objekt kaum zu verkaufen sein dürfte. Im übrigen befinde sich derzeit auch noch die für die Bewachung des Zuchthauses Gotteszell zuständige Polizeieinheit in dem Gebäude.[19] Es blieb daher auch weiterhin im Besitz des Kriegsministeriums. Außerdem wurde die Klosterkirche seit 1821 als Stall verwendet. Die Beschaffung ausreichender Stallungen für Pferde blieb aber auch weiterhin ein Problem, so dass immer wieder zusätzliche Ställe angemietet bzw. neue Ställe in den folgenden Jahrzehnten erbaut wurden.[20] Seit den 1840er Jahren mussten im übrigen weitere Truppenkontingente in der Stadt untergebracht werden. Dieses führte unter anderem dazu, dass in der Dominikanerkirche eine Zwischendecke eingezogen wurde, durch die Raum für einen weiteren Mannschaftssaal gewonnen wurde.[21] Immerhin sollte bei dieser Gelegenheit das Deckengemälde durch den Maler Tiefenbronn aus Cannstatt »instandgesetzt« werden, ohne dass jedoch Näheres hierüber aus den Akten hervorgeht.[22] Es ist aber davon auszugehen, dass hierbei keinerlei denkmalpflegerische Überlegungen eine Rolle spielten, sondern im Gegenteil die damals noch vorhandenen Fresken letztlich zerstört wurden. Das Klostergebäude blieb bis in den Ersten Weltkrieg hinein Kaserne eines Bataillons, obwohl sich die Klagen über Mängel gegen Ende des

Jahrhunderts häuften und schließlich über eine Verlegung nachgedacht wurde.[23] Erst 1919 wurde es dann an die Stadt verkauft.[24]

In **Heilbronn** kam es nach der Besitzergreifung durch Württemberg zur Auflösung der beiden dort seit dem Dreißigjährigen Krieg bestehenden Klöster. Das Konventshaus der Karmeliter wurde 1804 in eine Kaserne umgewandelt, 1805 zum Militärhospital bestimmt.[25] 1812 in einem vom Ministerium der geistlichen Angelegenheiten gefertigten Verzeichnis noch als Kaserne genannt, dürfte es kurze Zeit später, spätestens wohl 1817 bei der Heeresreform, aufgegeben worden sein.[26] Die Niederlassung des Deutschen Ordens in Heilbronn fiel 1805 an Württemberg und wurde dann ebenfalls Kaserne, sogar bis zum Jahre 1856, in dem es für eine Entschädigung von 10.000 fl. an die Kameralverwaltung überging.[27]

In **Ellwangen** scheinen Teile der Propsteigebäude ebenfalls für kurze Zeit militärisch genutzt worden zu sein. 1808 ist die Rede von einem Plan, dort das 1. Linien-Infanterieregiment unterzubringen, der aber anscheinend wieder aufgegeben wurde, weil die Räumlichkeiten zu klein waren.[28] 1812 wurde der größte Teil der Propsteigebäude militärisch genutzt, *vorzüglich für die Offiziere.*[29] Bald nach 1817 dürfte sich dann das Militär endgültig aus Ellwangen zurückgezogen haben.[30]

Auf der **Comburg** wurden die Gebäude zunächst vom württembergischen Prinzen Paul genutzt[31] und erst 1817 dem württembergischen Ehreninvalidenkorps zugeteilt, das zuvor – seit 1806 – in Stuttgart seinen

Deutschhofkaserne Heilbronn
Ansicht der ehem. Deutschordensniederlassung von der Deutschhofstraße aus.
Lithographie von Gebr. Wolf, Heilbronn, 19. Jh.
StA Heilbronn.

Seminariumsgebäude Rottenburg
Auch in den Gebäuden des ehemaligen Karmeliterklosters wurde eine Kaserne eingerichtet. Ansicht von der Gartenseite.
Aquarell von J. B. Fürst, 1828.
WLB Stuttgart.

Sitz hatte. Das Ehreninvalidenkorps blieb auf der Comburg bis zu seiner Auflösung im Jahre 1909.[32]
Auch für **Schöntal** und **Zwiefalten** sind aus dem Jahr 1808 Pläne für eine militärische Nutzung belegt. Die Militärverwaltung hielt die Gebäude jedoch, auch wegen fehlender Stallungen, für ungeeignet.[33]
Durch den Pressburger Frieden und den Abschluss des Rheinbundvertrags Ende 1805/Anfang 1806 fielen weitere klösterliche Niederlassungen an Württemberg. Zu nennen sind zunächst die Erwerbungen in den vorderösterreichischen Oberämtern Altdorf und Rottenburg, also in der alten Landvogtei Schwaben und in der Grafschaft Hohenberg.
Das Dominikanerinnenkloster in **Löwental** (heute Stadtteil von Friedrichshafen) wurde 1806 aufgehoben.[34] Die Nonnen konnten zunächst dort bleiben, mussten aber 1812 das Kloster verlassen, nachdem König Friedrich nach der Abtretung der ehemaligen Reichsstadt Buchhorn durch Bayern im Jahre 1810 und deren Vereinigung mit Kloster Hofen und der Umbenennung Buchhorns in »Friedrichshafen« dort eine Kaserne errichten wollte.[35] Die Konventsgebäude samt Nebengebäuden wurden noch im Sommer desselben Jahres zur Kaserne umgebaut[36], nachdem Einrichtung und Mobiliar für 1295 fl. verkauft worden waren.[37] Aber schon im Jahre 1815 begannen auch dort die Klagen der stationierten Truppen über bauliche Mängel – räumliche Enge, schlechte Heizbarkeit und anderes mehr – sowie über die die schlechten Lebensverhältnisse in der Garnison Löwental.[38] Sicher nicht deswegen, sondern wohl wegen der Verringerung der Truppen nach dem Ende der Befreiungskriege

wurden die Gebäude schon 1816 wieder geräumt[39] und sollten verkauft werden, was aber offensichtlich ausgesprochen schwierig war.[40] Noch 1821 waren sie *ohne Bestimmung.*[41] Nach erheblichen Schwierigkeiten wurden die Konventsgebäude samt der Kirche schließlich 1826 für 5.110 fl. an Andreas Sporer aus Weingarten und das Gasthaus für 1.650 fl. an Blasius Metzler aus Ittenhausen verkauft.[42]
In **Rottenburg** wurde 1806 unter anderen das Karmeliterkloster aufgehoben, dessen Konventsgebäude aus einer vierflügeligen, dreistöckigen 1736 und 1747 erbauten Anlage bestanden. 1807 für die Zwecke des Militärs umgebaut, zogen noch im selben Jahr die ersten Soldaten ein.[43] Die Gebäude wurden allerdings nur bis 1813[44] militärisch genutzt und danach Generalvikariat und Priesterseminar.
Im damals ebenfalls erworbenen **Oberndorf** wurde im ehemaligen Augustinerkloster, wohl zur Sicherung, eine Kaserne errichtet, die bis 1811 genutzt und dann für die staatliche Gewehrfabrik, aus der später die Mauser-Werke hervorgingen, Verwendung fand.[45]
Im Zusammenhang mit dem Ende Vorderösterreichs fiel auch **Wiblingen** an das Königreich Württemberg.

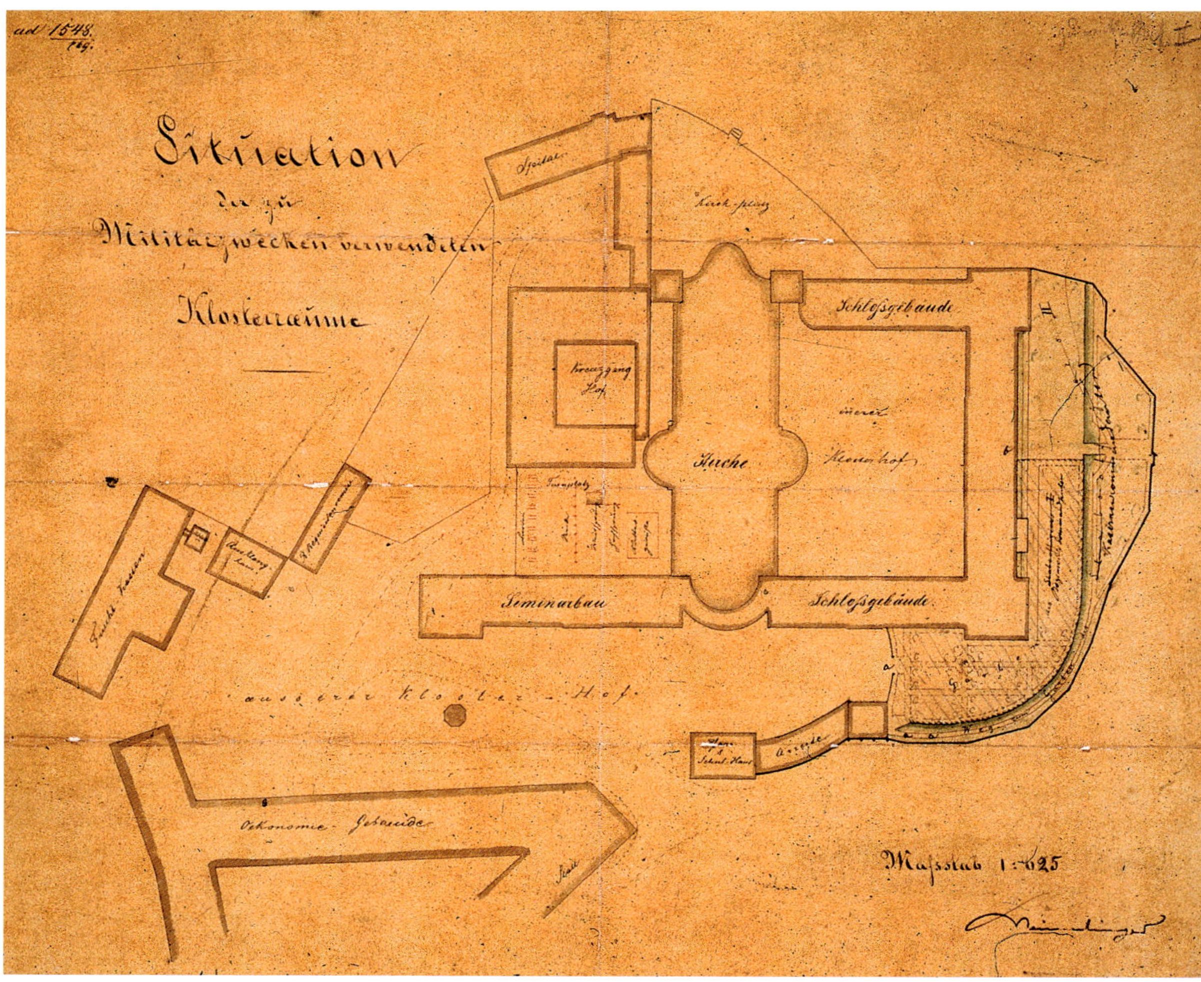

Klosterkaserne Wiblingen
Situationsplan der im ehem. Benediktinerkloster untergebrachten württembergischen Kaserne, 1855. HSA Stuttgart.

Es diente zunächst dem jüngsten Bruder des Königs, Herzog Heinrich, als Residenz, war aber in Teilen bereits 1812 Kaserne.[46] Nach dem Auszug des Herzogs im Jahre 1822 diente das inzwischen »Schloss« genannte Anwesen vorwiegend als Kaserne, stand aber inzwischen auch zeitweise leer. Im Jahre 1848 bestand offenbar ein erhöhter Bedarf an Unterkünften, bedingt auch durch den Ausbau der Festung Ulm. Gutachten ergaben, dass durch Umbauten bis zu 260 Mann zusätzlich untergebracht werden konnten, allerdings wurden auch die fehlenden Heizanlagen beanstandet.[47] In der zweiten Hälfte des 19. Jhs. wurde dann durch weiteren Umbau die militärische Nutzung immer wieder verändert bzw. erweitert.[48] Allerdings wehrte sich die Finanzverwaltung gegen die Überlassung des Bibliothekssaals an das Kriegsministerium, das dort 80 Mann des 3. Jägerbataillons unterbringen wollte, wobei nunmehr auch bereits kunsthistorische oder denkmalpflegerische Gesichtspunkte ins Feld geführt wurden.[49] 1868 wurden, wohl vor dem Hintergrund weiteren erhöhten Bedarfs, noch einmal genaue Erhebungen über die Kapazität der Gebäude angestellt, die maximal mit 446 Mann belegt werden könnten. 1869 ist die Rede vom Einbau von Pferdeställen, wozu Teile der Wirtschaftsgebäude genutzt wurden.[50]
Der akute Raumbedarf veranlasste die Militärverwaltung schließlich in den Jahren 1915 bis 1917, den im 18. Jh. nicht mehr fertiggestellten Südteil im alten Stil nach den Plänen Christian Wiedemanns, des ersten Architekten des barocken Neubaus, zu Ende zu führen.[51] Die Wiblinger Schlosskaserne ging nach dem Ersten Weltkrieg an das Reich über und behielt ihre Funktion mit Unterbrechungen bis in die Zeit des Zweiten Weltkrieges.[52]
In den übrigen 1806 angefallenen Gebieten gab es dagegen nur vereinzelt Überlegungen, säkularisierte Klöster militärisch zu nutzen. So sollte das Franziskanerinnenkloster in Biberach zunächst Kaserne werden, ohne dass dieser Plan verwirklicht wurde.[53]
In den Jahren 1809/1810 kamen weitere ehemalige geistliche Niederlassungen an Württemberg. Zunächst fielen im Zuge der Aufhebung des Deutschen Ordens die Ordensgebäude in **Mergentheim**, aber auch die Gebäude des dortigen Dominikaner- und Kapuzinerklosters an. Da die Inbesitznahme Mergentheims bekanntlich nicht ohne Gewaltanwendung verlief, ergab sich zwangsläufig die Stationierung von Truppen in größerem Ausmaß. Dafür waren sowohl die Wohngebäude des Dominikanerklosters als auch Teile des Deutschordensschlosses vorgesehen.[54] Vorübergehend wurde auch das Kapuzinerkloster als Militärspital genutzt.[55] Schon 1814 verließen die letzten Einheiten wieder Mergentheim, und 1817 wurden die Gebäude des Dominikaner- und des Kapuzinerklosters für 6200 fl. an die Stadt Mergentheim verkauft.[56] Das Schloss blieb im Besitz des Staates und wurde ab 1827 Wohnsitz des Herzogs Paul. Nach dessen Tod 1860 und dem Wegzug seines Sohnes Maximilian 1867 dienten die Gebäude ab 1868 bis 1919 wieder als Kaserne.
1810 brachte schließlich der Gebietaustausch zwischen Bayern und Württemberg noch einigen Zugewinn. Darunter befanden sich ehemalige Klosterniederlassungen, die bereits von Bayern säkularisiert worden waren. Von ihnen waren, wieder zunächst aus Sicherungsgründen, zwei als Kasernen vorgesehen. In der ehemaligen Reichsstadt **Ravensburg** war dies das Karmeliterkloster, in **Ulm** das Augustinerkloster in den Wengen. Die Gebäude des Karmeliterklosters wurden von 1810 mit Unterbrechungen bis 1815 genutzt[57] und 1817 für den recht gering eingeschätzten Preis von 5.660 fl. an die Stadt Ravensburg verkauft, die sie als Schule nutzen wollte.[58]
Im Ulmer Wengenkloster hatte bereits Bayern eine Kaserne eingerichtet, die von Württemberg dann übernommen wurde. Die Gebäude blieben in dieser Funktion bis zur Demobilmachung im Jahre 1919.
Eine Sonderstellung nimmt im vorliegenden Zusammenhang das Kloster **Weingarten** ein, das nach der Säkularisation durch den Fürsten von Oranien-Nassau im Jahr 1803 und der Übernahme durch Württemberg 1806 zunächst Schloß und dann ab 1825 Waisenhaus wurde und erst im Jahre 1868 als Kaserne Verwendung fand. Die Neuerrichtung einer Kaserne in Württemberg steht in engem Zusammenhang mit der allgemeinen Truppenvermehrung dieser Jahre, bedingt durch die Neuorientierung der württembergischen Politik an Preußen. Aber auch die Gemeinde war sehr interessiert.[59] Schon 1865 hatte der Gemeinderat des im selben Jahr zur Stadt erhobenen Weingarten dieses als Garnison angeboten – das Waisenhaus könne nach Ochsenhausen verlegt werden.[60] Für die Kaserne sollte vor allem der Fruchtkasten, aber

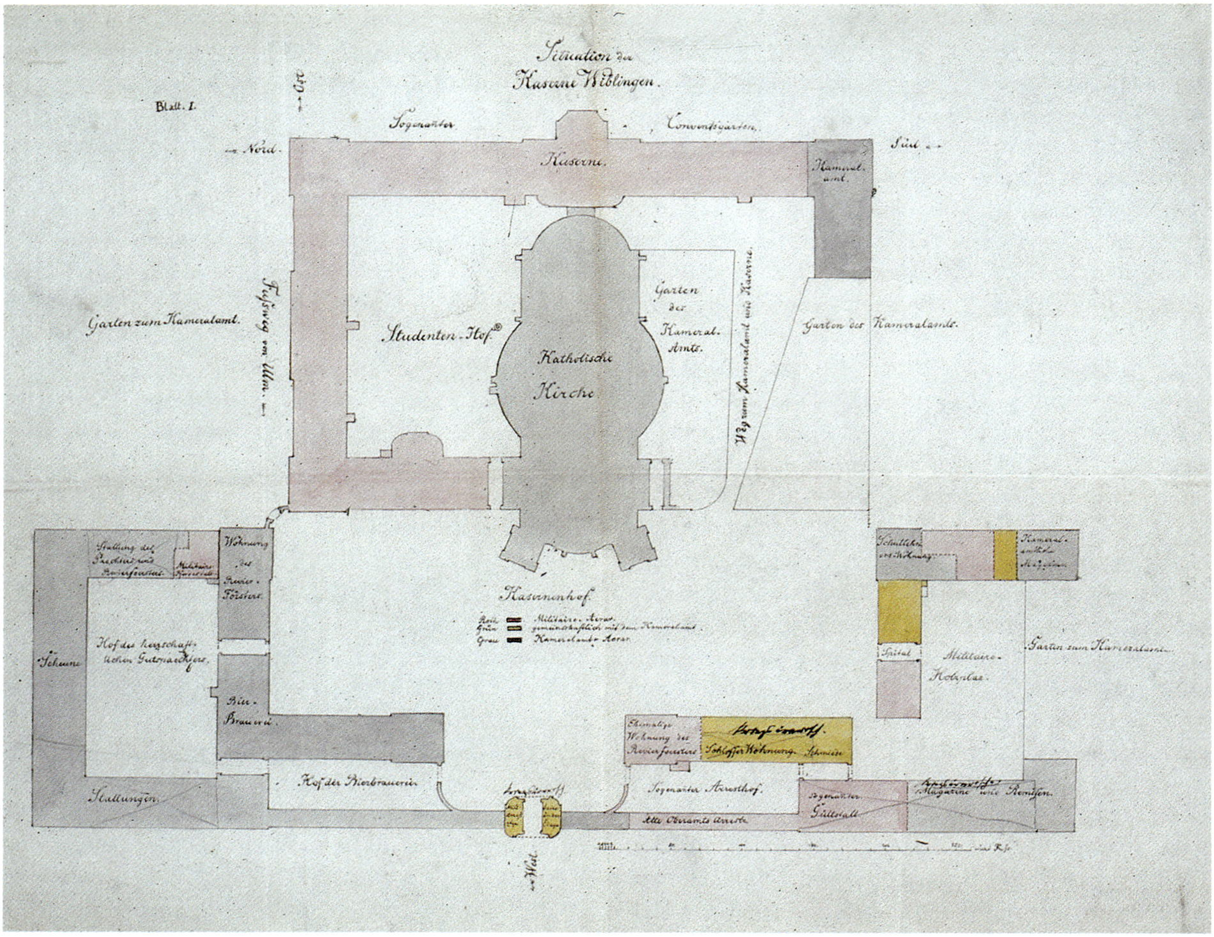

Die Kaserne Weingarten
Situationsplan der zu Militärzwecken verwendeten Gebäude und Räume des ehem. »Heiligblutklosters«.
Zeichnung von Baurat Heimerdinger, 1869.
HSA Stuttgart.

auch der Seminarbau verwendet werden. Nach dem Auszug des Waisenhauses erfolgten die Umbauarbeiten, die insgesamt 8.642 fl. betrugen.[61] Die Gebäude blieben im Besitz des Militärs bis ins Jahr 1919.

Zusammenfassung und Fazit

Als Ergebnis ist festzuhalten: In einer Zeit, in der der württembergische König einerseits im inneren den Neuaufbau und die Sicherung des vergrößerten Staates zu leisten hatte, andererseits aber auch unter äußerem Druck stand – zunächst im Kampf gegen das revolutionäre Frankreich, dann an der Seite Napoleons, schließlich im Kampf gegen Napoleon – war durch die Vermehrung der Truppen ein erheblicher zusätzlicher Bedarf an militärischen Unterbringungsmöglichkeiten entstanden. Dabei wurde auch auf die Gebäude der durch Württemberg säkularisierten bzw. der von anderen Herrschaften bereits säkularisiert übernommenen Anlagen zurückgegriffen. Dies stellten jedoch nicht die einzigen Ressourcen dar, ja sie waren nicht einmal die wichtigsten. Der König hat daneben auch kleinere Städte wie Stockach, Mengen,

Fridingen, Crailsheim, Schwäbisch Hall und andere Städte mit Truppen belegt, um seine Präsenz zu demonstrieren und gegebenenfalls gegen Unruheherde vorgehen zu können. Dabei wurden alle möglichen geeigneten Räumlichkeiten requiriert. Auch in den hier behandelten Garnisonorten wurden neben den Klostergebäuden vielfach noch andere Baulichkeiten herangezogen. So scheint die militärische Nutzung von ehemaligen Klostergebäuden letztlich eher eine Verlegenheitslösung gewesen zu sein, zumal diese nach dem Urteil der Fachleute vielfach wenig geeignet waren – es fehlten etwa, wie mehrfach erwähnt, Möglichkeiten zur Einrichtung von Stallungen. Von den anfangs genannten 95 säkularisierten Klöstern im Gebiet des Königreichs Württemberg wurden also trotz anfänglichen erheblichen Bedarfs nur 14 militärisch genutzt. Viel häufiger war die Nutzung der Räume als Ämter, Schulen, Beamtenwohnungen oder auch Pfarrräume.[62] Es verwundert also nicht, dass nach den Friedensschlüssen von 1815 und den damit verbundenen Truppenreduzierungen die meisten Klosterkasernen aufgegeben wurden. Erhalten blieben nur die Garnisonen in Gmünd, Ulm und Wiblingen. Ein Verkauf der Baulichkeiten, bzw. eine andere angemessene Verwendung auf Dauer war allerdings in der Regel mit Schwierigkeiten verbunden und meist nur unter Wert möglich, da die Immobilienpreise in den betreffenden Städten durch den Verlust der früheren Zentralität stark gesunken waren. In vielen Fällen gelang ein Verkauf erst mit erheblicher Verzögerung, in manchen Fällen eine angemessene Nutzung überhaupt nie. Nur die Anlagen in Mergentheim und Weingarten fanden später noch eine besondere militärische Bestimmung, als vor dem Hintergrund der Neuorientierung der württembergischen Politik an Preußen, aber auch der zunehmenden nationalen Begeisterung der Bevölkerung nach 1866 Kasernen neuerrichtet werden konnten und damit eine Nutzung der Gebäude für längere Zeit ermöglicht wurde.

In aller Regel wurden die säkularisierten Klöster unter reinen Nützlichkeitsgesichtspunkten gesehen. Nur in einem Fall scheint wenigstens beim Finanzministerium eine Ahnung vom kulturhistorischen Wert der Gebäude vorhanden gewesen zu sein, als dieses wie dargelegt dem Militär die Nutzung des gut erhaltenen Bibliothekssaals des Klosters Klosters Wiblingen verweigerte, ohne allerdings dabei auf großes Verständnis des Kriegsministeriums zu stoßen.

So zeigt die militärische Nutzung der säkularisierten Klöster schlaglichtartig das Dilemma der Säkularisation. Während die Herrrschaftssäkularisation den neuen Staaten die notwendigen Neuerwerbungen brachte, die für die Abrundung und Konsolidierung territorial geschlossener Flächenstaaten erforderlich waren, brachte die Vermögenssäkularisation zwiespältige Ergebnisse, die auch in der Forschung unterschiedlich beurteilt wurden. Während die einen ihre wirtschaftlichen und sozialen Folgen als einschneidend und nachhaltig beurteilten, betrachteten die anderen sie als gering, da sich die gesellschaftlichen Verhältnisse durch sie nicht geändert hätten.[63] In jedem Fall stellten die frei werdenden Gebäude für die neuen Staaten erhebliche Belastungen dar, die nur unzureichend bewältigt werden konnten, wobei sich wieder einmal zeigt, dass die Säkularisation der geistlichen Niederlassungen wirtschaftlich insgesamt als Misserfolg betrachtet werden muss[64] und letztlich nur aus dem aufgeklärten Staatsverständnis des späten 18. Jh. verstanden werden kann.

[1] Dazu und zum folgenden noch immer grundlegend: *Matthias Erzberger*, Die Säkularisation in Württemberg von 1802–1810. Ihr Verlauf und ihre Nachwirkungen. Stuttgart 1902, v. a. Tabelle auf 120ff., allgemein ferner: *Hermann Schmid*, Die Säkularisation und Mediatisation in Baden und Württemberg, in: *Württembergisches Landesmuseum Stuttgart* (Hg.), Baden und Württemberg im Zeitalter Napoleons. Ausstellung des Landes Baden-Württemberg. Stuttgart 1987, 135–155.

[2] Vgl. *Eberhard Weis,* Die Säkularisation der bayerischen Klöster 1802–1803. Neue Forschungen zu Vorgeschichte und Ergebnissen. München 1983.

[3] Vgl. dazu zuletzt den Sammelband des Max-Planck-Instituts für Geschichte in Göttingen: Zur Säkularisation geistlicher Institutionen im 16. und 18./19. Jh., hier v. a. *Rudolf Vierhaus*, Säkularisation als Problem der neueren Geschichte (13–30), und *Harm Klueting*, Die sozioökonomischen Folgen der Säkularisation des 19. Jhs. im rechtsrheinischen Deutschland (102–120).

[4] Vgl. dazu *Hermann Schmid,* Säkularisation und Schicksal der Klöster in Bayern, Württemberg und Baden 1802–1815 unter bes. Berücksichtigung von Industrieanlagen in ehem. Konventen. Überlingen 1975, 59.

[5] *Günter Cordes*, Das württembergische Heerwesen zur Zeit Napoleons, in: *Württembergisches Landesmuseum* (Hg.) (wie Anm. 1), 277.
[6] Ebd. 277.
[7] HSAS A 15 Bü 75 Gutachten der Organisationskommission an den Kurfürsten über die Nutzung des Rottweiler Dominikanerklosters vom 21. 04. 1803.
[8] Über die in Folge der Säkularisation zur Disposition stehenden Klostergebäude gibt es bisher wenig Literatur; eine Ausnahme bietet *Schmid* (wie Anm. 4).
[9] *Winfried Hecht*, Das Dominikanerkloster Rottweil (1266–1802). Rottweil 1991, 183.
[10] Freundlicher Hinweis von Herrn Kollegen Dr. Hecht, Rottweil.
[11] HSAS A 15 Bü 75.
[12] Ebd. Danach auch das Folgende.
[13] Ebd.: *Auszug aus den General Verzeichnissen sämtlicher Herrschaftlicher Gebäude. In der Stadt Steuer Einnehmerei Rothweil. On der Land Steuer Einnehmerei Rothweil. In dem Stabs. u. Rentamt Rothenmünster. Rücksichtlich der entweder gegenwärtig nicht benutzten oder in Zukunft besser zu benutzenden Gebäude. Ellwangen, den 2. September 1805.*
[14] Vgl. HSAS M 738 Bü 63 (Aufzeichnungen von Dipl.Ing. *Egid Fleck*, Garnisonen im jungen Königreich Württemberg, hier: Oberndorf a. N. und Rottweil a. N., 1941).
[15] HSAS E 271b Bü 345: Note an das Kriegsministerium vom 13.07.1817.
[16] Dazu und zum Folgenden: *Kurt Seidel*, Schwäbisch Gmünd im 19. Jh., in: *Klaus-Jürgen Herrmann* (Hg.), Geschichte der Stadt Schwäbisch Gmünd. Stuttgart 1984, 307–365.
[17] Ebd., 319.
[18] *Peter Scherer*, Das Dominikanerkloster in Schwäbisch Gmünd (1294–1802) und die zwischen 1802 und 1968 im Klostergebäude untergebrachten Einrichtungen, in: Einhorn 116 (1973), 106.
[19] Wie Anm. 14.
[20] HSAS E 271c Bü 1969–1971.
[21] HSAS E 271c Bü 1972.
[22] Ebd.
[23] Vgl. HSAS M 1/6 Bü 849, 901.
[24] *Ernst Lämmle*, Vom Kaiserreich über die Zeit der Weltkriege bis zur demokratischen Republik. I. Schwäbisch Gmünd von 1894 bis 1945, in: *Herrmann* (wie Anm. 15), 385.
[25] *Friedrich Dürr*, Chronik der Stadt Heilbronn 741–1895. Unveränderter ND der 2. Aufl. 1926. Heilbronn 1986, 339–340.
[26] HSAS E 201 b Bü 80: dort von späterer Hand gestrichen. Im Kasernenverzeichnis von 1820 (HSAS E 271b Bü 345) nicht mehr aufgeführt.
[27] HSAS E 271c Bü 1892; vgl. auch *Norbert Jung*, Der Deutschhof in der Zeit von 1805 bis 1974, in: Schwaben und Franken. Historische Beilage zur Heilbronner Stimme, 1975, Nummer 1, III-IV.
[28] HSAS E 270a Bü 48.
[29] HSAS E 201b Bü 80: Beilage zu einer Aufstellung des Ministeriums der geistlichen Angelegenheiten.
[30] HSAS E 201b Bü 80, E 271b Bü 345.
[31] HSAS E 201b Bü 80.
[32] *Cordes* (wie Anm. 5), 294.
[33] HSAS E 270a Bü 48
[34] Zu Löwental neuerdings: 750 Jahre Kloster Löwental. Dominikanerinnen in Löwental 1250–1806. Texte: *Raimund Waibel* und *Georg Wieland*. Friedrichshafen 2000, ferner: *Karl-Otto Müller*, Das Kloster Löwental zur Zeit seiner Aufhebung, in: SVG Bodensee 61 (1934), 80–127.
[35] HSAS M 738 Bü 63 (wie Anm. 14): Löwental(-Friedrichshafen) als Garnison des jungen Königreichs Württemberg.
[36] Vgl. HSAS E 201b Bü 80, E 271b Bü 356.
[37] SAS Wü 125/5, T. 1.
[38] HSAS E 271d Bü 113: Meldung des 2. Bataillons des 10. Rgts. leichte Infanterie vom 11.01.1815.
[39] SAS Wü 125/5, T.1.
[40] Vgl. HSAS E 271b Bü 185, 345.
[41] HSAS E 270a Bü 499.
[42] HSAS M 738 Bü 63 (wie Anm. 34), SAS Wü 125/5, T. 1, *K. O. Müller* (wie Anm. 34), 126.
[43] HSAS M 738 Bü 63 (wie Anm. 13): Rottenburg als Garnison im jungen Königreich Württemberg, 1943.
[44] HSAS E 271b Bü 345: Note des Finanzministeriums an das Kriegsministerium vom 09. 12. 1820; vgl. dagegen die Ausführungen von Fleck (wie Anm. 14), der in seiner Abhandlung »Rottenburg a. N. als Garnison im jungen Königreich Württemberg« von 1943 das Jahr 1815 angibt.
[45] M 738 Bü 63 (wie Anm. 14): Oberndorf a. N. und Rottweil a. N. als Garnisonen im jungen Königreich Württemberg, 1941.
[46] Vgl. *Ingrid Münch*, Kloster Wiblingen. München/Berlin 1999, 11; HSAS E 201b Bü 80.
[47] HSAS E 271c Bü 2103.
[48] Dazu und zum Folgenden v. a. HSAS E 271c Bü 2104.
[49] HSAS E 271c Bü 2104: Note des Finanzministeriums an das Kultministerium vom 22.03.1866.
[50] HSAS E 271c Bü 2106.
[51] *Münch* (wie Anm. 46), 11, 19.
[52] Freundliche Auskunft von Dr. Gebhard Weig, StA Ulm.
[53] *Erzberger* (wie Anm. 1), 315.
[54] HSAS M 738 Bü 63 (wie Anm. 14): Mergentheim als Garnison im jungen Königreich Württemberg (1809–1814); vgl. auch *Heinrich* Schmitt, Garnisongeschichte der Stadt Mergentheim seit dem Ende des 18. Jhs. Stuttgart 1895.
[55] HSAS E 201b Bü 80.
[56] HSAS E 271b Bü 345, 379.
[57] Vgl. M 738 Bü 63 (wie Anm. 14): Ravensburg als Garnison im jungen Königreich Württemberg, 1942.
[58] HSAS E 271b Bü 345, 382; E 270a Bü 499.
[59] Vgl. *Herbert Reuther*, Weingarten als Garnisonstadt, in: *Norbert Kruse/Hans Ulrich Rudolf/Dietmar Schillig*, *Edgar Walter* (Hgg.), Weingarten. Von den Anfängen bis zur Gegenwart. Biberach 1992, 331f. Vgl. auch: Der Fruchtkasten des Klosters Weingarten 1688–1988 (hg. von *Hans Ulrich Rudolf/Norbert Kruse*. Bergatreute: Eppe 1988 (Weingartener Hochschulschriften; 7)).
[60] HSAS E 271c Bü 2113.
[61] Ebd.
[62] *Schmid* (wie Anm. 4), 53.
[63] Vgl. *Klueting* (wie Anm. 3), 107ff.
[64] Vgl. *Schmid* (wie Anm. 4), 58ff.

Pflicht, die zweckmäßige Behandlung der Gemüths- und Geisteskranken wahrzunehmen …

Der Ausbau des Medizinalwesens nach 1803 am Beispiel des Klosters Zwiefalten

von Sylvelyn Hähner-Rombach

Wo man früher den Chorgesang der Mönche hörte, schallt heute das Gekreisch der Irren; die Stätte der Pflege wahrer Wissenschaft und Geistesbildung ist der Ort geworden, wo heute jedermann eindringlich die Schwäche und Unvollkommenheit des menschlichen Geistes gepredigt wird. Armes Zwiefalten![1]

So äußerte sich knapp hundert Jahre nach der Säkularisation in Württemberg der Zentrumspolitiker Matthias Erzberger. Als »schwäbischer Diasporakatholik« lag ihm die Enteignung der katholischen Kirche durch die Säkularisation offenbar mehr am Herzen als das Schicksal der Geisteskranken in Württemberg.

Für den württembergischen Staat sah die Sache anders aus. Neben Gebietserweiterungen und materiellen Vorteilen durch die Säkularisation tat sich mit der Übernahme des Klosters Zwiefalten[2] die Möglichkeit auf, das schon seit längerem drängende »Irrenproblem« zu lösen. Bislang gab es in Württemberg nur eine staatliche Irrenanstalt, das sog. »Tollhaus« in Ludwigsburg, das zwischen 12 und 46 Kranke aufnehmen konnte. Abgesehen von dem Mangel an Platz erfüllte diese Einrichtung auch sonst in keiner Weise die Forderungen der Reformpsychiater, die seit dem Ende des 18. Jhs. auch in Württemberg ihre Stimme erhoben.

Das Tollhaus in Ludwigsburg

1746 erließ Herzog Carl Eugen eine Anordnung zur Gründung des *Tollhauses* in Ludwigsburg, nachdem seit 1738 die Klagen über die im Stuttgarter *Lazareth* untergebrachten geisteskranken Patienten nicht aufgehört hatten.[3] Das Lazarett war als fürstliche Stiftung für arme kranke Dienstboten gegründet worden und sah sich seit längerer Zeit mit der Aufnahme von Geisteskranken überfordert, die nicht nur Platz beanspruchten, sondern bei den anderen Kranken Bestürzung hervorrufen konnten und das Pflegepersonal über Gebühr in Anspruch nahmen. Zudem befürchteten die Verantwortlichen, dass die Präsenz der Irren im Lazarett den Ruf ihrer Einrichtung schädigen und infolgedessen Stiftungsbeiträge ausbleiben würden.

Vor der Anordnung zur Gründung des Tollhauses hatte Carl Eugen die Herzogliche Deputation aufgefordert, Angaben über die Anzahl der in Württemberg lebenden Geisteskranken zu machen, die für die Unterbringung in einer Anstalt in Frage kämen. Die Deputation legte daraufhin eine Liste mit den Namen von zwölf Frauen und elf Männern vor, die aufgrund ihrer geistigen Erkrankung und fehlender familiärer Versorgung aktenkundig geworden und den verschiedenartigen Plätzen unter unzulänglichen Bedingungen untergebracht waren.[4] Die Beschaffenheit der Unterkunft dieser Kranken resultierte aus dem Mangel an Unterbringungsmöglichkeiten und Geld. Die Hospitäler wollten aus verschiedenen Gründen keine Irren aufnehmen. Dazu gehörte die bereits erwähnte Belastung für die Kranken und die Wärter. Andere Argumente lauteten: Die Geisteskranken zerstörten Mobiliar und Wäsche, seien unreinlich, laut, und es sei schwer, sie wieder loszuwerden, weil Heilungs- oder Besserungsaussichten nur in seltenen Fällen bestanden. Die Weigerung der Hospitäler, Irre aufzunehmen, führte teilweise dazu, dass diese aufgrund fehlender Alternativen in Zucht- und Arbeitshäusern untergebracht waren. Die Bedingungen der Kranken,

Zwiefalten im 19. Jh.
Kupferstich, Eberhard Emminger, ca. 1850. PLK Zwiefalten.

die zu Hause bleiben konnten, waren in vielen Fällen auch nicht viel besser als im Zucht-, Arbeits- oder Armenhaus. So heißt es in einem Aufnahmegesuch für das Ludwigsburger Tollhaus vom 15. Januar 1753: *Johs. Sch., Dorf-Schütz und Margarett Sch. ledig, bitten Unterthänigst und demüthigst ihre verheyrathete Schwester Susanna, Michael A.'s, eines Schaafknechts von Bürkach Eheweib, in das Tollhaus zu Ludwigsburg gnädigst aufzunehmen.* [...] *Sie ist nicht nur ganz blödsinnig, und zu keinen Geschäften mehr tüchtig, sondern sie tobt auch sehr mit Schreyen und Klopfen, trägt nicht nur wie Kinder Steine im Stall, wo man sie bisher einsperren müssen, zusammen, sondern legt sich auch zuweilen Steine auf die Füsse und auf die Brust* [...], *und nun verreisst sie Alles, zerreisst die Hemder zu Fezen und läuft zuweilen nacket im Stall herum und isst den Kalch von der Wand herab, steigt auf die Raufen und schlägt die Wände hinaus.*[5]

In einem anderen Aufnahmegesuch aus dem folgenden Jahr ist zu lesen, dass die Ehefrau eines unvermögenden Bäckers, die im Armenhaus untergebracht war, an Ketten gelegt werden musste.[6]

Die Einrichtung einer eigenen Anstalt war also notwendig und bedeutete angesichts der äußerst dürftigen anderweitigen Unterbringungsmöglichkeiten in gewissem Sinne eine Verbesserung.

Über den Ort der Errichtung war man sich schnell einig, nicht zuletzt deshalb, weil es dafür anderenorts Vorbilder gab[7]: Das Tollhaus wurde als Annex des bereits bestehenden Ludwigsburger Zucht- und Arbeitshauses erbaut und konnte 1749 die ersten Geisteskranken aufnehmen. Die neue Anstalt sollte zum einen kirchliche Stiftungen, öffentliche Kassen und Heimatgemeinden bzw. Familien der Kranken entlasten, die zu Hause nicht mehr tragbar schienen, zum anderen der öffentlichen Sicherheit dienen. Daneben

war aber auch schon die Rede von besserer Versorgung der Geisteskranken und gegebenenfalls von ihrer Verwendung zu leichteren Arbeiten. So heißt es in dem Reskript Carl Eugens an den Verwalter des Tollhauses vom 17. April 1749 zur Behandlung der Insassen: [...] *daß diese elende und commiserationswürdige Personen nach allen Theilen ihrer Bedörfniß gewissenhafft und nothdürfftiglich verpflegt, und das beständige Augenmerck zugleich mit dahin genommen werden solle, ob nicht selbige etwann unter der guten Hand Gottes mittelst einer ordentlichen Pfleeg und eines mit dem erforderlichen Ernst verknüpften liebreichen und glimpflichen tractaments, auch allenfalsiger Anweisung einer ihren Umständen gemäßen Arbeit, wenigstens succesive widerum möchten können zurecht gebracht werden.*[8]

Der erste Bericht des Tollhauses von 1749 zeigt indes, dass es weder um Heilung oder Rekonvaleszenz noch um eine frühe Form der »Arbeitstherapie« ging bzw. aufgrund des physischen und psychischen Zustandes der Insassen gehen konnte. An erster Stelle stand weiterhin die Wahrung der öffentlichen Sicherheit vor den *rasenden Tollen.*[9] Auch hier wurden die »Tobsüchtigen« bei ihren Anfällen angekettet, um sich oder andere nicht zu verletzen bzw. das Mobiliar nicht zu zerstören. Die hilflosen *Blödsinnigen* wurden eher verwahrt als versorgt, von ärztlicher Behandlung konnte – außer in akuten Krankheitsfällen – keine Rede sein. Die Schwerkranken kamen praktisch nicht an die frische Luft, weil das Tollhaus keinen eigenen Garten besaß, auch waren die hygienischen Verhältnisse in den Zellen ohne Licht sehr schlecht: »Nach einem Gutachten des späteren Pflegers Kammerrat Wider vom 17. Dezember 1784 herrschte im ganzen Tollhaus ein ›unausständlicher‹ übler Geruch.«[10] Die zunehmende Zahl von Aufnahmegesuchen führte zum Ausbau des Tollhauses in den Jahren 1788 bis 1791, das nun außer besseren Zimmern auch vier Höfe erhielt, in denen sich die Kranken stundenweise aufhalten konnten. 1801 wurde eine Erhöhung des Kostgeldes pro Insasse und Jahr von 50 auf 125 fl. verfügt. Damit sollte das Defizit des Tollhauses reduziert werden, das keinen eigenen Fonds hatte, sondern dem Zucht- und Arbeitshaus zugeordnet war. Die Anhebung führte dazu, dass die Institutionen oder Personen, die für den Unterhalt der Insassen aufkommen mussten, die Entlassung derselben beantragten. Bevor dieser zugestimmt wurde, waren die betroffenen Kranken allerdings ärztlich zu begutachten, um die öffentliche Sicherheit nicht zu gefährden. Trotz einiger auf diese Weise zustande gekommenen Abgänge erhöhte sich die Zahl der Insassen des Tollhauses zwischen 1801 und 1812 insgesamt auf 46 Kranke. Der Bedarf an Plätzen zur Unterbringung Geisteskranker nahm weiter zu, zumal die Bevölkerungszahl Württembergs seit der Säkularisation gestiegen war. Bereits 1801 wurde über den Bau einer neuen und größeren Anstalt auf dem Land diskutiert. An dieser Diskussion beteiligte sich auch der Tübinger Medizinalprofessor Johann Friedrich Autenrieth (1772–1835). Er sprach sich allerdings gegen das Konzept großer zentraler Heil- und Pflegeanstalten aus. Autenrieth bevorzugte statt dessen die Einrichtung spezieller Zimmer in den städtischen Spitälern und die Versorgung minderschwerer Fälle in Familien.[11]

Die zunehmend als ungenügend empfundene Aufnahmekapazität des Tollhauses zusammen mit der unbefriedigenden ärztlichen Betreuung drängte auf eine Entscheidung: Das Stuttgarter Medizinalkollegium empfahl König Friedrich I., das Tollhaus aufzulösen und eine neue, größere Anstalt für Geisteskranke in dem ehemaligen Kloster Zwiefalten einzurichten.

Das Medizinalwesen vor 1803

Die Neugestaltung Württembergs durch die Säkularisation hatte weitreichende Auswirkungen auf das Medizinalwesen. Doch bevor darauf genauer eingegangen wird, soll zunächst ein kurzer Blick auf die Zustände und Bedingungen vor der Säkularisation geworfen werden.

Die Versuche, das Medizinalwesen, vor allem die Tätigkeiten und Befugnisse der Heilpersonen und Apotheker gesetzlich zu regeln, nahmen seit dem 17. Jh. stark zu. Wurden im Laufe des 16. Jhs. in Württemberg 15 Gesetze erlassen, die das Medizinalwesen betrafen, waren es im 17. Jh. schon 42, und im 18. Jh. schnellte ihre Zahl auf 108 Gesetze hoch.[12] Die *Erste Medicinal-Ordnung* in Württemberg, die ursprünglich *Apotheker-Ordnung* hieß, stammt aus dem Jahr 1720, die zweite wurde 1755 erlassen.[13] Seit dem letzten Drittel

des 18. Jhs. zeigten in vielen deutschen Staaten die Bemühungen, die medizinischen Berufe mit Hilfe von Gesetzen genauer zu definieren, zu differenzieren und zu hierarchisieren, erste Früchte.[14] So wurden die Aufgaben der Amtsärzte genauer festgelegt, die Hebammen – zumindest auf dem Papier – stärker kontrolliert, auch der Verkauf von Heilmitteln sollte strenger geregelt werden. Besonders betroffen waren Bader und Barbiere, deren ärztliches Praktizieren im Laufe des 18. Jhs. zunehmend eingeschränkt wurde. Von den Chirurgen, die in verschiedene Klassen von Wundärzten eingeteilt waren, wurden die niederen Klassen ebenfalls sukzessive von der Heilkunst ausgeschlossen. Sieger in diesem Streben nach einer Professionalisierung blieben die akademischen Ärzte[15], wenngleich ihr Kampf gegen »Pfuscher« aller Couleur sehr lange andauern sollte.

In Württemberg unterstand das Gesundheitswesen der Oberaufsicht des Kirchenrats, der schon im 16. Jh. die Kontrolle über Medizinalpersonen und Siechenhäuser führen sollte. Daneben war durch die Ausweitung des Medizinalwesens nahezu der gesamte Verwaltungsapparat in diesen Bereich involviert. »Die normative Regelung der Verwaltung aber blieb deutlich hinter den aktuellen Anforderungen zurück. Es existierten kaum Bestimmungen über die beteiligten Behörden, ihre Ressorts und Entscheidungsgewalten, über den Instanzenzug und die Verwaltungsabläufe im einzelnen.«[16] Die oberste Behörde des Geheimen Rats prüfte alle Gesetze und Verordnungen, also auch

Zwiefalten
Krankenabteilung im OG des Gastbaus (II). Die Tür im Hintergrund führt zur Orgelempore des Münsters.
Foto, 1912.
PLK Zwiefalten.

diejenigen, die das Medizinalwesen betrafen. Der Kirchenrat, der selbst keine Mediziner unter seinen Mitgliedern zählte, wurde von zwei Sachverständigengremien, den sogenannten *Collegia medica* aus Stuttgart und Tübingen, unterstützt bzw. beraten. In Stuttgart setzte sich das Collegium aus den zwei dienstältesten herzoglichen (später königlichen) Leibärzten zusammen, in Tübingen aus den drei ordentlichen Professoren der medizinischen Fakultät. Der Status der Collegia medica war nicht klar definiert, sie waren jedenfalls keine wirklichen Sonderbehörden. Der Kirchenrat betrachtete sie demzufolge als ihm untergeordnet, woraus sich Spannungen zwischen beiden Gremien ergaben. Aber auch untereinander konkurrierten die beiden Collegia in Stuttgart und Tübingen aus materiellen Interessen und aus Prestigegründen. Neben der Gutachtertätigkeit und der Prüfung der Wundärzte gehörte auch die Kontrolle der Medizinalpersonen durch regelmäßige Visitationen zu ihrem Aufgabengebiet. Allerdings erfolgten diese Kontrollbesuche selten.

Neben dem Kirchenrat gab es auf der Ebene der Zentralbehörden den Regierungsrat (zuständig für das Polizeiwesen) und den Kriegsrat (zuständig für das Gesundheitswesen im Militär), die ebenfalls ein Mitspracherecht beim Medizinalwesen beanspruchten.

1734 bestätigte der Landesherr die sogenannte *Sanitätsdeputation* als ständige Einrichtung. Ihr gehörten die Leib- und Hofärzte oder die Stadtärzte der Residenzen Stuttgart und Ludwigsburg an. Ursprünglich für die Abwehr von Seuchen bestellt, dehnte sich die Tätigkeit dieser Institution auf immer mehr Bereiche des öffentlichen Gesundheitswesens aus. Neben der Sanitätsdeputation gab es noch andere beständige oder zeitlich befristete Deputationen, denen bestimmte Aufgaben des Medizinalwesens übertragen wurden, und die einen Hinweis auf die Zersplitterung der Medizinalverwaltung geben.

Ein Jahr nach der Übernahme der Regierung forderte Friedrich II. 1796 den Kirchenrat auf, Vorschläge zur Gestaltung des Medizinalwesens auszuarbeiten. Auch das Collegium medicum aus Stuttgart äußerte sich dazu. Veränderungen resultierten aus diesen Stellungnahmen jedoch nicht. »Wenn auch angesichts der Mängel der überalterten Verwaltungsstrukturen und der ständig wachsenden Staatsaufgaben sowohl der Landesherr als auch die Verantwortlichen im Gesundheitswesen Reformen als nötig erachteten, so genügte diese Einsicht alleine noch nicht als wirksamer Reformanstoß.«[17] Die Säkularisation sollte sich als ein solcher Anstoß erweisen.

Der Einfluss Neuwürttembergs auf die Neuordnung des Medizinalwesens

Die durch die Säkularisation gewonnen Gebiete und Länder (»Neuwürttemberg«) unterlagen nicht dem Einfluss der Landstände, wodurch sich für Friedrich die Möglichkeit bot, hier seine Reformpolitik zu testen. Die Medizinalgesetzgebung der neuen Länder erfolgte durch das Generalreskript vom 10. Dezember 1804: *Wir haben gleich bey dem RegierungsAntritt Unserer Neuen Lande die Nothwendigkeit gefühlt, das* [...] *höchst wichtige Sanitäts- und Medicinal-Wesen in die gehörige Ordnung zu bringen, und daher schon in Unserem gnädigsten Manifeste v. 1. Jan. 1803 beschlossen, ein Ober- und mehrere untergeordnete Sanitäts-Collegien und -Behörden zu errichten.*[18]

Friedrich ging mit seiner Neuordnung über die Empfehlungen des Collegium und des Kirchenrats hinaus. Als einflussreich erwiesen sich Modelle, die vor allem Ärzte aus Neuwürttemberg entworfen hatten.[19]

Durch das Generalreskript wurde als oberste Zentralbehörde des gesamten Sanitäts- und Medizinalwesens das sogenannte »Obersanitätskollegium« in Ellwangen errichtet, das die Aufsicht über alle Inhaber der ärztlichen und wundärztlichen Stellen führte. Neu installiert wurde eine Mittelbehörde für das Gesundheitswesen, die sich aus drei Landvogteisanitätskollegien zusammensetzte. Ferner wurde bestimmt, dass in jedem Oberamt und Stabsamt ein (studierter) Oberamtsphysicus oder Stabsamtsphysicus sowie ein Oberamtschirurg oder Stabsamtschirurg gewählt werden sollte. Auch Tierärzte waren vorgesehen, wobei sich hier mehrere Oberämter oder Stabsämter einen Veterinärmediziner teilen konnten. Die erlassenen Verfügungen konnten jedoch wegen fehlender Finanzierung und ungenügender Zahl von Kandidaten für das Amt des Physicus nicht gänzlich umgesetzt werden. Bevor die Neuordnung der Medizinalverwaltung in Neuwürttemberg abgeschlossen wurde, trat mit der

Erlangung der Souveränität Ende 1805 für Friedrich eine grundlegende Veränderung ein. Er war nun nicht mehr gezwungen, die neuen Landesteile gesondert von Altwürttemberg zu regieren.[20] Bei der neuen Organisation für das Königreich übernahm er deshalb Bestandteile der Reform von Neuwürttemberg.

Am 18. März 1806 befahl König Friedrich die Einrichtung eines *Königlichen Medicinal-Departments* als Aufsichtsorgan für die Medizinalanstalten und das Sanitätswesen. Dem Medizinaldepartement, das seine Instruktionen am 23. Juni 1807 erhielt, unterstanden alle für *Gesundheits-Pflege öffentlich angestellten Haupt- und Hülfs-Personen*[21], also alle Mediziner, Wundärzte, Barbiere, Hebärzte[22], Tierärzte und Hebammen, nicht dagegen das Personal der akademischen Lehranstalten. Die Collegia waren weiterhin zuständig für die Kontrolle der Geburtshilfe und der Chirurgen. Außerdem besorgten sie die Prüfung der Apotheker. Um sicherzustellen, dass sich das Medizinalpersonal an die Verordnungen hielt, wurden Visitationen angeordnet: *Damit das Medicinal-Departement sich in Kenntniß seze, in wie fern alle mit dem Medicinal-Wesen in Verbindung stehenden Personen ihre Amtsobliegenheiten erfüllen, und wie das Publicum in medicinisch-polizeilicher Hinsicht berathen sey, bestätigen Wir die schon bestehende Anstalt der Apotheker-Visitationen mit der Ausdehnung auf alle zum Ressort des Medicinal-Departments gehörigen Personen und Gegenstände auf Unsere neuen Lande.*[23]

Das Medizinaldepartement sollte gewährleisten, dass die Kontrollbesuche alle vier Jahre erfolgten und zwar in der Weise, dass der Visitator jährlich einen Teil seines Bezirks bereise. Weitere Pflichten bestanden in der Aufsicht über alle öffentlichen Krankenanstalten einschließlich des Irrenhauses in Ludwigsburg sowie aller in Württemberg befindlichen Bäder und Gesundbrunnen. Lediglich die Militärspitäler und das Klinikum in Tübingen waren ausgenommen. Neben Kontrolle und Aufsicht trat die Aufgabe der Prävention, indem das Medizinaldepartement angehalten wurde, *in Fällen, wo Einzelne aus Unwissenheit ihre Gesundheit in Gefahr sezen könnten* [...], *Warnungen und Belehrungen öffentlich zu erlassen.*[24] Beim Ausbruch von Epidemien sollten Erkundigungen über die Krankheiten eingezogen und alsdann Ärzte und Bevölkerung belehrt sowie Berichte über den Verlauf der Epidemie mit Verzeichnissen der Erkrankten und Gestorbenen angefertigt worden.

Mit der Einrichtung der neuen Aufsichtsbehörde des Medizinaldepartements sollte das Gesundheitswesen besser strukturiert und kontrollierbarer werden. Eine tiefgreifendere Veränderung trat jedoch erst mit der Generalverordnung vom 14./22. März 1814 ein. Als Grund für den Erlass wurde die Einteilung der Oberämter und Landvogteien des Königreichs vom 10. Oktober 1810 angegeben, mit der die Organisation der Medizinalverfassung übereinstimmen sollte. Die Generalverordnung legte fest, dass jedes Oberamt einen Oberamtsarzt als *öffentlichen Gesundheits-Beamten* erhalten sollte, dem innerhalb des Oberamts *alle in das Gesundheitswesen einschlagenden Geschäfte, insbesondere die Aufsicht über alle Medicinal-Anstalten und das übrige medicinische Personal, die öftere Visitation der Apotheken, so wie der Wundärzte und ihrer Instrumente, die Prüfung der der Wundarzneikunst sich widmenden Jünglinge, die Besorgung der Legal-Fälle, Epidemien, in Ermangelung eines besonderen Thierarztes auch Epizootien, Conscriptions-Geschäfte, ferner, wenn er zugleich Geburtshelfer ist, der Unterricht der Hebammen obliegen sollten.*[25]

Daneben hatte er den Hausarmen, den öffentlichen Spitälern und Krankenhäusern ärztliche Hilfe zu leisten sowie alle Berichte und Gutachten in medizinisch-polizeilichen Angelegenheiten zu erstellen. Da ein Oberamtsarzt für weitflächige Oberämter nicht ausreichte, konnten gegebenenfalls auch Unteramtsärzte eingestellt werden, die maximal das halbe Gehalt eines Oberamtsarztes erhielten. Es zeigte sich jedoch schnell, dass es schon schwierig genug war, die Oberamtsarztstellen zu finanzieren; daher wurden die Stellen für die Unteramtsärzte meist gar nicht besetzt.

Die Aufgaben des Landvogtei-Arztes waren noch vielfältiger: Aufsicht über das gesamte medizinische Personal sowie alle Medizinalanstalten, Kontrolle über die Vollziehung der Medizinalgesetze sowie die Abfassung jährlicher Berichte über den Gesundheitszustand der Bevölkerung in seiner Landvogtei. Die von den Oberamtsärzten geführten Aufzeichnungen über die Pockenschutzimpfung, die Tagebücher der Geburtshelfer und Hebammen sollten an ihn gehen, bevor er sie an die *Section des Medicinal-Wesens* weiter-

zuleiten hatte. Dazu kamen alle zwei Jahre Medizinalvisitationen im Oberamt.
Insgesamt gesehen, wertete die Generalverordnung sowohl das Amt des Oberamtsarztes als auch das des Landvogteiarztes gegenüber der vorherigen Gesetzgebung auf. Vor allem hinsichtlich ihrer Stellung zu den Kommunen erhielten sie in medizinischen Angelegenheiten mehr Autorität. Damit war eine alte Forderung der Medizinalbeamten erfüllt.
1817 löste König Wilhelm I. die 12 Landvogteien auf und fasste sie zu vier Kreisen zusammen, die sich ihrerseits aus insgesamt 64 Oberämtern zusammensetzten. Damit war eine Umverteilung der Aufgaben notwendig geworden, wozu zwei neue Institutionen geschaffen wurden: das Medizinalkollegium und die Kreisregierungen, deren Geschäftskreis 1818 gesetzlich festgelegt wurde.[26] Das Medizinalkollegium ersetzte die *Königliche Section des Medicinal-Wesens* und unterstand dem Ministerium des Innern. Das neue Gremium besaß keine Vollzugsgewalt. Es hatte vor allem beratende Funktion und war mit der Abfassung von Gutachten, der Vorbereitung und Bearbeitung von Gesetzen und Vorschriften, die das Medizinalwesen betrafen, sowie Instruktionen und Kontrolle der Medizinalpersonen und -anstalten betraut. Die Oberamtsberichte sowie die Tabellen der medizinischen Statistik mussten von nun an dem Medizinalkollegium vorgelegt werden. Dessen Standpunkt war für die Kreisregierungen bindend. Letztere hatten die Aufsicht über das Gesundheitswesen und mussten die

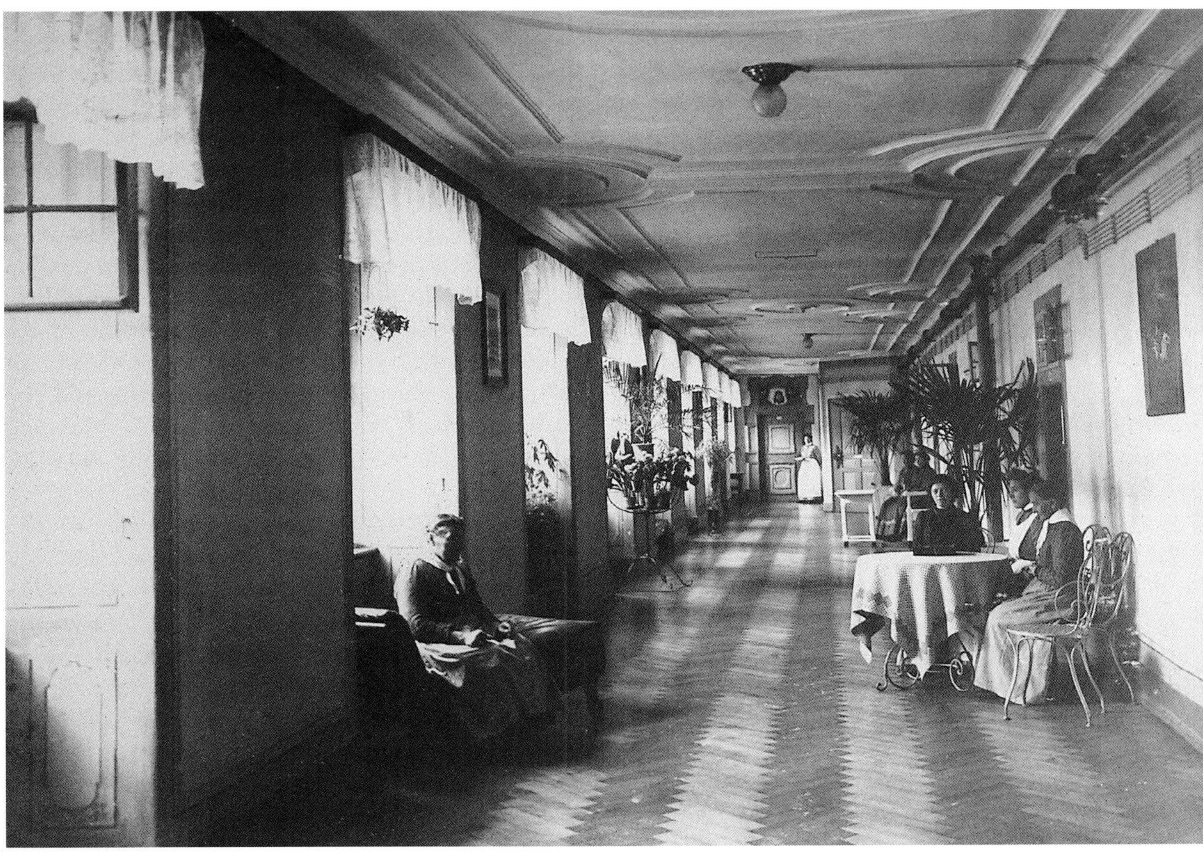

Zwiefalten
Gang im 3. OG des Gartenbaus (II). Die Tür im Hintergrund führt zur ehem. Bibliothek.
Foto, 1912.
PLK Zwiefalten.

Durchführung der medizinisch-polizeilichen Maßnahmen überwachen. Außerdem war ihnen die Anstellung der Oberamtsärzte übertragen. Zu den weiteren Aufgaben der Kreisregierungen gehörten u. a. die Aufsicht über die Bäder, das Apothekerwesen, die Kontrolle fremder, umherziehender Ärzte, die Bestrafung von Quacksalbern sowie die *Sorge für die zweckmäßige Behandlung der Gemüths- und Geistes-Kranken* und deren Aufnahme in eine Anstalt. Zuständig für die Aufsicht über die Anstalt Zwiefalten wurde die Regierung des Donaukreises, an die auch die Aufnahmegesuche zu richten waren. Wichtig in dem staatlichen Regulierungsprozess für den Umgang mit Geisteskranken wurde vor allem die Verfügung des Innenministeriums von 1836, in der es u. a. heißt: *Durch häufige Erfahrungen von Vernachlässigung oder verkehrter Behandlung geisteskranker Personen sieht sich das Ministerium des Innern veranlasst, die Polizeistellen an die ihnen obliegende Pflicht, die zweckmässige Behandlung der Gemüths- und Geisteskranken wahrzunehmen, zu erinnern und insbesondere Folgendes vorzuschreiben:*

1) Die Ortsvorsteher haben von jedem zu ihrer Kenntniss kommenden Fall einer Geisteskrankheit den Bezirks-Polizeibeamten Anzeige zu machen.

2) Der Bezirksbeamte hat unter Beihülfe oder Vermittlung des Ober-Amts-Arztes von dem Zustande und der Behandlung des Geisteskranken Kenntniss zu nehmen, und wenn sich [...] *offenbare Mängel und Gebrechen herausstellen, zu deren Abstellung das Geeignete einzuleiten. Er wird hierbei die aus den Verhältnissen, in denen der Kranke lebt, für dessen zweckmässige Behandlung sich ergebende grössere oder geringere Gewähr gehörig würdigen und jede mit der Wahrung des Zwecks vereinbarte Discretion beobachten.*[27]

Die Anordnung basiert auf der vom Staat übernommenen Verantwortung für eine »zweckmäßige« Behandlung der Geisteskranken. Die Meldepflicht der Ortsvorsteher sollte – im Prinzip – eine Überwachung auch in kleinen und abgelegenen Ortschaften gewährleisten, die Kooperation zwischen Bezirksbeamten und Oberamtsärzten für ein administratives Gelingen bürgen. Dagegen stand jedoch die immer wieder ins Feld geführte eingeschränkte Aufnahmekapazität der Anstalten, d. h. die angestrebte Erfassung der Kranken stand im Widerspruch zu der Möglichkeit, diese einweisen zu können. Dennoch muss festgehalten werden, dass die Kommunen mit dieser Verfügung zumindest formal in die Pflicht genommen wurden, die Lebensbedingungen der Geisteskranken in ihrem Bezirk zu kontrollieren. Und mit der – wenn auch verzögerten – Einrichtung von zwei weiteren großen staatlichen Anstalten, auf die weiter unten kurz eingegangen wird (Winnenthal 1834 und Schussenried 1876), versuchte der Staat, dem Mangel an Plätzen entgegenzuwirken.

Zurück zu Zwiefalten

Die ehemalige Reichsabtei Zwiefalten, die durch den Friedensvertrag von Luneville 1801 Württemberg zugesprochen worden war, wurde bereits 1803 aufgehoben, nachdem sie am 9. September 1802 militärisch besetzt worden und am 25. November desselben Jahres die Zivilbesitzergreifung erfolgt war.[28] Die Klostergebäude waren seit der Vertreibung der Mönche und Laienbrüder zur Unterbringung einzelner Ämter benutzt worden, ein Teil wurde 1807 als Kaserne eingerichtet. Es gab also noch Platz, Platz in einem Gebäudekomplex, dessen Architektur der eines Hospitals in einigen wesentlichen Punkten nicht unähnlich ist. Zudem hatte die »Überführung« eines Klosters in ein Spital oder in ein Irrenhaus im Zuge einer Säkularisation durchaus Vorbilder.

Ein frühes Beispiel einer Säkularisation

In Hessen waren bereits im 16. Jh. Hospitäler aus ehemaligen Klöstern entstanden: Haina, Merxhausen, Hofheim im Ried und Gronau bei St. Goar, die bis auf Gronau noch heute als psychiatrische Einrichtungen bestehen. Landgraf Philipp der Großmütige (1504–1567) war einer der ersten Landesherren, der sich zu den Lehren der Reformation bekannt hatte. 1526 beschloss die Homburger Synode die Aufhebung der hessischen Klöster und Stifte, ein Jahr später kam es bereits zur Durchführung dieses Beschlusses. Die Einrichtung der vier genannten Hospitäler entsprang dabei keinem festgelegten Vorhaben, sondern

entwickelte sich nach 1526 analog zu den religiösen, gesellschaftlichen und politischen Anforderungen und Veränderungen.[29] Um 1530 ordnete Landgraf Philipp Visitationen an, die u. a. zur Neugründung von Spitälern führten. Vor allem auf dem Land fehlte es an Versorgungseinrichtungen für Arme und Kranke. Hier schufen die vier Hospitäler, die zur Versorgung arbeitsunfähiger Männer und Frauen mit christlicher Lebensweise gedacht waren, Abhilfe. Gestiftet als Hospitäler für »arme Kranke«, veränderte sich die Anstaltspopulation bis zum 19. Jh. je nach dem, »welche Gruppen der Bevölkerung jeweils Hilfe erwarten durften und welche Leiden in besonderer Weise Hilfsbedürftigkeit verursachten«.[30] Noch während des 16. Jhs. wurden auch Findel- und Waisenkinder sowie *unsinnige* und *wahnsinnige* Frauen und Männer aufgenommen. Letztere vor allem dann, wenn ihre Unterbringung in den Bürgerspitälern wegen ihrer Tobsuchtsanfälle oder Gewalttätigkeit nicht mehr tragbar war. Das heißt, geistig Kranke, aber auch Behinderte, gehörten praktisch seit Umwandlung der Klöster zu Hospitälern zu deren Klientel und machten schon im 16. Jh. rund ein Viertel der Insassen aus.[31] In der zweiten Hälfte des 18. Jhs. lag ihr Anteil bei einem Drittel, Anfang des 19. Jahrhunderts bereits bei mehr als der Hälfte aller Insassen. Die Umwandlung von einem Hospital zur Versorgung »armer Kranker« zu einer überwiegend für geistig Kranke gedachten Institution ging also über einen längeren Zeitraum, was sich aus der frühen Gründung der Hospitäler erklärt. Zu dem Zeitpunkt, als das ehemalige Kloster Zwiefalten zur Irrenanstalt wurde, war eine Trennung der Geisteskranken von den übrigen Kranken schon gang und gäbe. Diese Trennung, die mit neuen Forderungen an die Behandlung der Geisteskranken einherging, war maßgeblich durch die Aufklärung beeinflusst.

Die Aufklärung und die Irren

Ende des 18. Jhs. gab es eine Fülle aufklärerischer Veröffentlichungen über die Unterbringung der Irren.

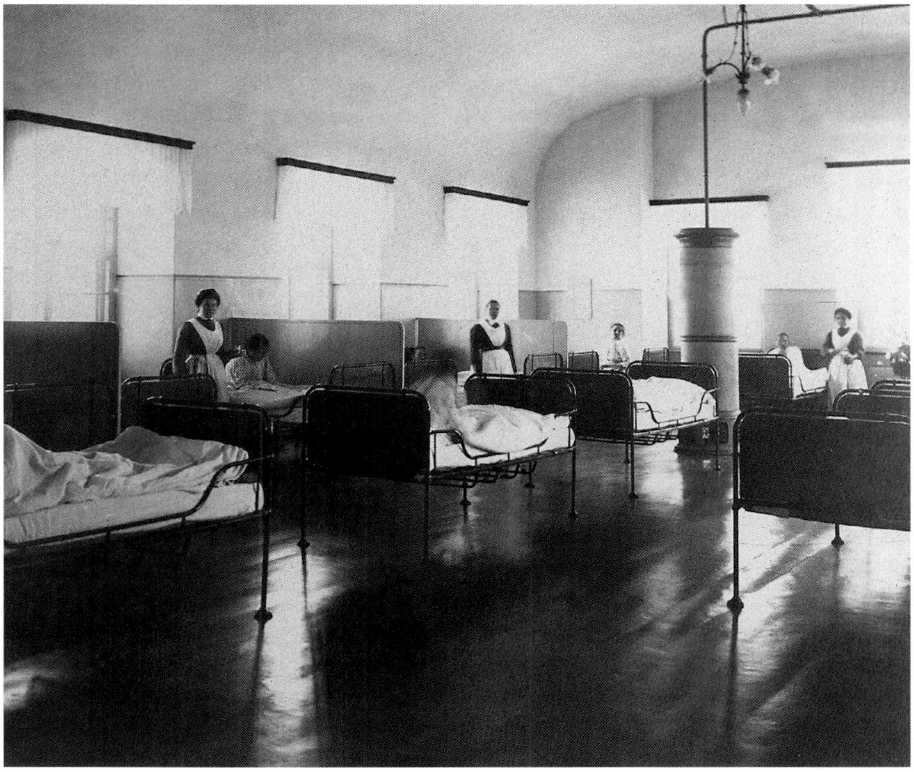

Zwiefalten
Großer Krankensaal in der ehem. Bibliothek, eingerichtet 1906/07. Der ehemals reiche Wessobrunner Stuck ist verschwunden. Foto, 1906/07. PLK Zwiefalten.

In Form von Reisebeschreibungen und Schilderungen von Irrenhausbesuchen wurde die Kritik an den in den Anstalten herrschenden Bedingungen artikuliert.[32] Diese würden nicht nur eine Heilung praktisch unmöglich machen, sondern auch zur Verschlimmerung leichterer Formen des Wahnsinns beitragen, weil die Irren nicht nach der Schwere der Krankheit getrennt wurden. Scharf kritisiert wurde auch die Kombination von Zucht- und Irrenhaus. Zum einen stünden die Irren hierarchisch noch unterhalb der Kriminellen, zum anderen sei die Behandlung der Kranken durch die Zuchthauswärter alles andere als heilungsfördernd. Zudem fehle es an kontinuierlicher ärztlicher Betreuung. »Der Schlüsselbegriff dieser Kritik« – so hat es Doris Kaufmann ausgedrückt – »ist ›Heilung‹ der Irren. Sie wurde nach Meinung der Reformer durch die Organisation des kombinierten Anstaltswesens überhaupt verhindert.«[33] Dabei ging es nicht nur um die Verknüpfung von Zuchthaus und Irrenanstalt, sondern auch um die von Armenhaus und Irrenanstalt. Nachdem die Irren als »Kranke« »entdeckt« und anerkannt waren, sollten sie als solche im zweifachen Sinn des Wortes »behandelt« werden. Das war der Ausgangspunkt für eine Neuorientierung im Umgang mit den Geisteskranken, in der es nicht nur um die »›Befreiung der Geisteskranken von ihren Ketten‹, wie die Entwicklung der klinischen Psychiatrie nach den 1794 einsetzenden Reformbemühungen des Pariser Psychiaters Philippe Pinel etwas plakativ genannt wurde«[34], ging.

Die Entscheidung für Zwiefalten

Vor allem die räumlichen Verhältnisse, aber auch die medizinische Betreuung der Insassen des Ludwigsburger Tollhauses waren ein Problem, das nicht an Ort und Stelle gelöst werden konnte, ohne größere Kosten zu verursachen. Aus diesen finanziellen Erwägungen heraus bot sich ein Gebäudekomplex an, der keiner größeren Umbaumaßnahmen bedurfte. Inwiefern auch die Abgeschiedenheit der zukünftigen Königlichen Heilanstalt Zwiefalten eine Rolle bei der Entscheidung gespielt hat, konnte nicht ermittelt werden. Jedenfalls fiel, entgegen dem Rat Autenrieths, die Entscheidung für das abgelegene Zwiefalten. Am 10. Mai 1811 erließ König Friedrich I. das folgende Reskript:

Liebe Getreue! Da Wir beschlossen haben, daß das hiesige Irrenhaus nach Zwiefalten verlegt werden soll, so geben Wir euch solches mit dem Anfügen gnädigst zu erkennen, daß das ganze ehemalige Kloster daselbst, selbst die für uns darin bestimmten Wohnungen, [...] dazugezogen und eingerichtet werden können, und weil es wesentlich notwendig ist, daß in Ermangelung eines eigenen Physici in Zwiefalten für die täglichen und dringenden Fälle eine Art von Unterarzt unter der Leitung des Oberamts-Physici eigens für das Institut aufgestellt werde, so ist hiezu auf einen der verabschiedeten Militärärzte Rücksicht zu nehmen.[35]

Mit der Bereitstellung einer hauptamtlichen Stelle für einen Arzt, wenn auch vorerst nur ein »Unterarzt«, wurde einer weiteren Forderung der Reformer entsprochen, nachdem die Trennung von Zuchthäuslern und Irren schon beschlossen worden war. Insofern war der zweite Schritt der Abfolge »von drei gleichsam idealtypischen Anstaltsmodellen – Tollhaus, Irrenanstalt, psychische Heil- (und Pflege)anstalt« erfolgt.[36] Kurz nach der Bekanntgabe der Verlegung des Tollhauses reiste eine Kommission nach Zwiefalten, um die Bedingungen und notwendigen Veränderungen vor Ort untersuchen zu können. Die Kommission bestand aus dem Ludwigsburger »Irrenhauspfleger« Oberpolizeirat Roller, dem Hausarzt Hofmedicus v. Flander und dem Landbaumeister Kümmerer. Ihr Auftrag lautete, *das dortige Local in Augenschein zu nehmen und sowohl in Hinsicht auf das Bauwesen als auch in Ansehung der übrigen Instituts-Einrichtungen ihre Anträge samt Kosten und Ueberschlägen vorzulegen.*[37] In dem ministeriellen Resümee, das dem Report in einer Abschrift vorangestellt wurde, heißt es: *Aus den hierauf eingekommenen Berichten ist nun ersichtlich, das das Institut durch die befohlene Verlegung in jeder Hinsicht gewinnen wird.*[38]

Der ausführliche Bericht vom 10. Juni 1811, der u. a. an das *Oekonomie Collegium* ging, entspricht an erster Stelle gleich einer weiteren Forderung der Reformer: Die 93 vorgesehenen »Irrenzellen« sollten so verteilt werden, *daß die Irren nach dem Grade ihrer Geistesverwirrung voneinander abgesondert und die ruhigen in gehöriger Entfernung von den Tobenden untergebracht werden können.*[39] Es war nicht nur an

die Unterbringung Schwerkranker gedacht, Zwiefalten sollte auch »blödsinnige, melancholische und halbverrückte Menschen« aufnehmen können, die zu Hause nicht die nötige Pflege und Behandlung erfuhren. Für diese und für die schwerer Erkrankten in ihren ruhigen Phasen wurde ein gemeinsames Arbeits- und Aufenthaltszimmer geplant. Auch an die Unterbringung von Patienten *von besserem Stand* war gedacht. Für diese sollten einige *besondere Zimmer zubereitet werden*, für die dann ein höheres Verpflegungsgeld verlangt werden konnte. Neben den Wohnungen für den Hausmeister, *Irrenmeister* und einen *Chirurgus* wurden Krankenzimmer, ein Badezimmer sowie *die in dem Clinicum zu Tübingen vorhandenen Einrichtungen zu einem Sturzbad, einem Tropfbad und einem Dampfbad* eingeplant. Die Kommission hatte sich nämlich u. a. mit Professor Autenrieth in Tübingen beratschlagt. Da die Kosten so gering wie möglich gehalten werden sollten, wurde beschlossen, die Gitter, Öfen, Türen und sonstigen vorhandenen Gegenstände vom Tollhaus nach Zwiefalten zu transportieren. Das zukünftige Personal fand ebenfalls Berücksichtigung im Bericht. Neben dem Vorsteher, der die *Oberaufsicht über das Institut* innehaben sowie die *Leitung der Geschäfte* besorgen sollte, war schon an einen bestimmten »Unterarzt« und an einen bestimmten Hausmeister gedacht. *Außerdem sind die bereits in Ludwigsburg angestellten 2 Irrenmeister mit dem Institut nach Zwiefalten zu versezen, und für diejenigen Functionen, welche bisher durch den Tollknecht und die Tollmagd versehen worden sind, eigene tüchtige und gut prädicirte Leute wie anderes Gesinde zu dingen.*[40] Die Vorbereitung durch die Kommission beinhaltete darüber hinaus Vorschläge über die Bezahlung des Personals. Lediglich die Frage des Arztes, der dem »Unterarzt« Anweisungen geben sollte, war noch nicht geklärt.

Die Übersiedelung der Irren zog sich länger hin, als geplant war, was den Unmut König Friedrichs hervorrief. Er gab am 22. August 1811

zu erkennen, daß der Transport der Irren dahie von Ludwigsburg noch vor dem Winter wohl würde haben geschehen können, wenn eher an dem Bauwesen angefangen worden wäre. […] diese Saumseligkeit ist unverzeihlich und zieht als Folge nach sich, daß zu Ludwigsburg die neue Einrichtung des Waisenhauses nicht vor sich gehen kann. S. K. M. befehlen daher, daß mit aller Strenge untersucht werde, woran diese Zögerung gelegen ist, und daß durch Verdoppelung der Arbeit auf Kosten der Urheber das Bauwesen befördert werde, worauf die beyden Ministerien das Erforderliche zu verfügen wissen werden.[41]

Trotz dieser Aufforderung dauerte es noch zehn Monate, bis der Transport der Insassen von Ludwigsburg nach Zwiefalten erfolgte. Probleme bei der Materialbeschaffung sowie der Mangel an Arbeitskräften in den Erntemonaten verzögerten die Neu- und Umbaumaßnahmen in Zwiefalten. Die Verlegung im Winter schied nicht nur wegen der Kälte während der Reise aus, sondern auch, weil die Gebäude in Zwiefalten noch nicht trocken waren. So wurde es Juni 1812, bis die Ludwigsburger Insassen in drei Transporten mit Hilfe von Kutschen und Ochsenkarren nach Zwiefalten kamen.

Die Umsiedelung wird für die Kranken aufgrund der vorhandenen Gartenanlagen, der Einrichtung von Gemeinschaftsräumen und der Anwesenheit eines Arztes eine gewisse Verbesserung bedeutet haben. Dennoch waren sie weiterhin die meiste Zeit isoliert in Einzelzellen untergebracht, auch erwies sich die Anstellung von Pflegepersonal als schwierig. Deshalb wurden weiterhin Zuchthaussträflinge zur Betreuung der Insassen eingesetzt. Die ersten beiden Hausärzte der Anstalt, Dr. Narziß Ulrich Schreiber, der von 1812 bis 1817 tätig war, und sein Nachfolger Dr. Andreas Elser, der bis 1837 die Kranken betreute, bemühten sich anfangs sehr, weitere Verbesserungen durchzusetzen. Elser reiste 1825 extra zu der damaligen *Vorzeige-Irrenanstalt* Sonnenstein bei Pirna, *um Anregungen zur Verbesserung der Versorgung und Behandlung von Geisteskrankheiten zu sammeln*[42], worüber er einen ausführlichen Bericht anfertigte.[43] Das Engagement der Ärzte wurde zum einen durch fehlende Finanzierung gebremst, zum anderen waren sie dem Anstaltsvorstand, einem Verwaltungsbeamten, hierarchisch untergeordnet. Auch war die Umsetzung einer »Reformpsychiatrie« Anfang des 19. Jhs. nicht nur politisch schwer durchzusetzen, »weil die angenommenen Koordinaten der Reform selbst noch geschaffen werden mussten. Weder konnten die Irrenanstaltsärzte den von den ärztlichen Teilnehmern der Reformbewegung postulierten Grad an psychiatrischer Professio-

nalisierung schon vorweisen und umsetzen, noch gab es eine größere Gruppe als heilbar beurteilter Insassen in den Anstalten.«[44] Als ausgesprochen hinderlich erwies sich ebenfalls der schon angesprochene Mangel an qualifiziertem Pflegepersonal.
1817, das Jahr, in dem Dr. Elser sein Amt antrat, war die Diskussion über die zukünftige öffentliche Versorgung der Irren, an der auch Professor Autenrieth lebhaft teilnahm, in vollem Gange.[45] Ein Resultat dieser Diskussion war der Vorschlag, dass die Zwiefaltener Anstalt nicht nur die Funktion des Gewahrsams erfüllen, sondern auch die Heilung der Kranken in Betracht ziehen sollte. Welche der beiden Funktionen den Vorrang haben sollte, war damit aber noch nicht entschieden.[46] Elser bemühte sich, der Heilungsfunktion mehr Gewicht zu verleihen. Das korrelierte mit dem Interesse der Regierung, die geheilten und gebesserten Kranken zu entlassen, um Platz für Neuaufnahmen zu schaffen. Um die Heilungsaussichten zu fördern, brauchte es jedoch auch mehr und andere Räumlichkeiten, nicht nur, um die Lebensbedingungen der Insassen, sondern auch die Arbeitsbedingungen des Arztes zu verbessern. Außerdem zielten Elsers Umbauwünsche »auf die Werbung von neuen Patienten vor allem aus den bürgerlichen Schichten ab, deren Angehörige – als einzige Bevölkerungsgruppe – von dem aufklärerischen Heilungsparadigma von Seelenstörungen überzeugt waren und nach allgemeiner reformärztlicher Ansicht am ehesten dazu gebracht werden konnten, ihre Irren und zwar noch im Frühstadium ihrer Krankheit an eine Heilanstalt abzugeben.«[47] Elser konnte jedoch seine Vorstellungen über die Veränderung der Anstalt nicht durchbringen. Lediglich die Trennung der Patienten nach Geschlecht, der Schwere und der Art der Krankheit und dem sozialen Status war durchsetzbar, weil die Umsetzung dieser Maßnahme nicht viel Geld kostete. Die Einlösung der Forderung, den Heilungsaussichten auch durch bauliche Veränderungen bzw. eine Trennung zwischen Heil- und Pflegeanstalt mehr Aufmerksamkeit zu schenken, erfolgte erst mit der Einrichtung der neuen Heilanstalt Winnenthal 1834 im ehemaligen Deutschordensschloss. Der Grund für die Errichtung dieser zweiten großen öffentlichen Institution lag nicht in erster Linie darin, eine Heilanstalt zu schaffen. Ausgangspunkt der Diskussionen, die zur Errichtung von Winnenthal führten, war vielmehr der eklatante Mangel an Unterbringungsplätzen für Geisteskranke. Das Innenministerium erließ 1832 eine Verordnung über die statistische Erfassung aller »Irren« durch die Oberämter der vier Kreisregierungen. Die Zählung erbrachte 1087 Personen ohne Zurechnung der sogenannten »Blödsinnigen« – Zwiefalten hatte zu dieser Zeit 98 Insassen, d. h. der Bedarf war um ein Vielfaches höher als die Anzahl der zur Verfügung stehenden Plätze.
Mit der Errichtung der Anstalt Winnenthal als Heilanstalt änderte sich der Status der Anstalt Zwiefalten. Sie wurde nun zur Pflegeanstalt für Kranke, deren Heilung kaum oder gar nicht in Betracht gezogen wurde. Das bedeutete allerdings nicht, dass in Zwiefalten von ärztlicher Seite keine Heilungsversuche mehr vorgenommen wurden. Im Gegenteil: Die Amtszeit des dritten Anstaltsleiters Dr. Carl Schäffer (1837–1874) zeichnete sich durch wohldurchdachte, an der Schule des bekannten Psychiaters Wilhelm Griesinger (1817–1886) orientierte Behandlung aus.[48]

Schlussbetrachtung

Die Einrichtung einer Irrenanstalt in dem ehemaligen Benediktinerkloster Zwiefalten ist eine der herausragenden und sichtbaren Folgen der Säkularisation auf die Entwicklung des Medizinalwesens in Württemberg, speziell auf den Aufbau von Einrichtungen zur Unterbringung psychisch Kranker. Denn es sollte langfristig nicht bei Zwiefalten (und Winnenthal) bleiben. 1878 wurde die ehemalige Prämonstratenserabtei Schussenried, die durch den RDH an das gräfliche Haus Sternberg-Manderscheid gefallen war und 1835 an Württemberg verkauft wurde, zur dritten staatlichen Irrenanstalt Württembergs.
Die Säkularisation im Anschluss an den RDH rief natürlich die Kritik der katholischen Kirche und der Katholiken hervor, das änderte sich – wie das Eingangszitat von Matthias Erzberger gezeigt hat – auch Jahrzehnte nach der Enteignung nicht. Auch die Tatsache, dass nicht nur evangelische, sondern auch katholische Landesherren Kirchengüter enteigneten, führte nicht zu einer Minderung der Kritik. Paragraph 35 RDH bestimmte, *dass alle Güter der fundierten*

Stifter, Abteien und Klöster [...] *der freien und vollen Disposition der respektiven Landesherren, sowohl zum Behuf des Aufwandes für Gottesdienst, Unterricht und andere gemeinnützige Anstalten, als zur Erleichterung ihrer Finanzen überlassen werden.*[49] Das bedeutet zwar nicht, dass diese Landesherren rechtlich in die Pflicht genommen waren, z. B. ehemals katholische gemeinnützige Anstalten zu bewahren oder in den übernommenen Gebäuden neue zu schaffen. Das Beispiel Philipps des Großmütigen während der Reformation zeigt aber, dass dieser mit der Umwandlung der aufgehobenen hessischen Klöster zu Hospitälern ein gutes Argument gegen die aufrechterhaltenen Besitzansprüche der katholischen Kirche bei der Hand hatte und sich gleichzeitig als mildtätiger, christlicher Herrscher präsentieren konnte. Er war nicht der einzige, der, wenn nicht zum Vorbild, so doch zum Vorläufer werden konnte. Zeitlich näher liegt Kaiser Joseph II. (1741–1790), der »alle frommen Stiftungen verstaatlichte, Pfründner und Versorgungsbedürftige in die aufgehobenen Klöster einwies, alle Kranken [...] unter einer einzigen Verwaltung in seinem Universalspital zentrierte« und auf diese Weise »das administrative Hospitalprinzip des aufgeklärten Absolutismus verwirklicht[e]: Säkularisierung, Rationalisierung und Zentralisierung.«[50] Nun zeigt das Zitat von Matthias Erzberger, dass der württembergische Regent mit der Umwandlung des ehemaligen Benediktinerklosters Zwiefalten in eine Irrenanstalt bei den oder zumindest manchen Katholiken keine Akzeptanz erringen konnte. Dennoch war die Einrichtung der ersten großen öffentlichen Irrenanstalt des Landes durch die Inbesitznahme Zwiefaltens zu einem frühen Zeitpunkt möglich geworden und ebnete so den Weg für die anstehenden Reformen im Umgang mit den Geisteskranken.

Die Änderungen im Medizinalwesen insgesamt stehen zu einem großen Teil in Zusammenhang mit den Folgen der Säkularisation, wenn die Umsetzung der Reformen auch einen längeren Zeitraum in Anspruch nehmen sollte. In den neu gewonnenen Gebieten konnten Veränderungen leichter angeordnet und damit ausprobiert werden als in Altwürttemberg, wo sich die alten Strukturen als widerständiger erwiesen. Mit der Erlangung der Souveränität war Friedrich in der Lage, seine Reformen auf das ganze württembergische Reich auszudehnen. Insofern beschleunigte die Säkularisation auch die Reformvorhaben im Medizinalwesen. Die Neuordnung der Medizinalbürokratie, die einen längeren Zeitraum benötigte, fand mit der Verwaltungsreform Wilhelms I. in den Jahren 1816/17 ihren vorläufigen Abschluss. Es war zumindest auf dem Papier gelungen, das Medizinalwesen stärker zu zentralisieren, die Hierarchie und die Ressorts der einzelnen Gremien klarer abzugrenzen.

[1] *Matthias Erzberger*, Die Säkularisation in Württemberg von 1802–1810. Ihr Verlauf und ihre Nachwirkungen. Stuttgart 1902, 225.

[2] Zur Geschichte des Klosters Zwiefalten liegt eine Reihe von Werken vor. Exemplarisch siehe: *Vereinigung von Freunden der Geschichte Zwiefaltens, seines Münsters und Klosters* (Hg.), Kloster Zwiefalten. Ulm 1986.

[3] Siehe dazu: *Doris Kaufmann*, Aufklärung, bürgerliche Selbsterfahrung und die »Erfindung« der Psychiatrie in Deutschland, 1770–1850. Göttingen 1995, 131ff.; *Otto-Joachim Grüsser*, Vom »Tollhaus« in Ludwigsburg zur Königlichen Heilanstalt Winnenthal. Psychiatrie in Württemberg im Spannungsfeld von Aufklärung und Romantik, in: Baden und Württemberg im Zeitalter Napoleons. Bd. 2. Stuttgart 1987, 373–410.

[4] Vgl. *Kaufmann*, Aufklärung (wie Anm. 3), 134.

[5] Zit. nach *Binder*, Das Tollhaus zu Ludwigsburg, seine Gründung und die ersten 10 Jahre seines Bestehens, in: Medicinisches Correspondenz-Blatt des Württembergischen ärztlichen Landesvereins 70 (1900), 101–106, hier 102.

[6] Ebd., 103.

[7] Zucht- und Tollhäuser gab es bereits in Celle (1710), ein sehr großes in Waldheim in Sachsen (1716), das 1756 schon 600 Insassen zählte, Pforzheim (1714) sowie das Tollhaus beim Zuchthaus Neumünster (1728). Spätere Gründungen sind Flensburg (1748), Braunschweig (1748), Mannheim (1749), Glückstadt (1755), Schwabach (1780) und Bayreuth (1788). Vgl. *Dieter Jetter*, Grundzüge der Geschichte des Irrenhauses. Darmstadt 1981, 18–25. Siehe auch *Ders.*, Zur Typologie des Irrenhauses in Frankreich und Deutschland (1780–1840). Wiesbaden 1971.

[8] Herzogliches Reskript vom 17. 04. 1749, in: HSAS A 244b, Bü 64, zit. nach *Kaufmann*, Aufklärung (wie Anm. 3), 140.

[9] Ebd.

[10] *Angela Roth, Würdig einer liebevollen Pflege.* Die württembergische Anstaltspsychiatrie im 19. Jh. Zwiefalten 1999, 14.

[11] Vgl. *Grüsser*, Vom »Tollhaus« (wie Anm. 3), 383ff. sowie *Kaufmann*, Aufklärung (wie Anm. 3), 180ff.

[12] Auszählung der Gesetze bei *August Ludwig Reyscher*, Vollständige, historisch und kritisch bearbeitete Sammlung der württembergischen Gesetze. Bd. 12–15. Tübingen 1842ff. Sabine Sander hat die Gesetze und

Verordnungen, die zw. 1806 und 1855 erlassen wurden, nach der Übersicht bei Hermann Otto Friedrich Hettich überschlagen. Sie kommt dabei zu dem Schluß, dass »sich die Zahl der württembergischen Medizinalgesetze im Vergleich zum 18. Jh. rund verzehnfacht, im Vergleich zum 17. Jh. sogar verzwanzigfacht« hat. Vgl. *Sabine Sander*, Die Bürokratisierung des Gesundheitswesens. Zur Problematik der »Modernisierung«, in: Jb. des Instituts für Geschichte der Medizin der Robert Bosch Stiftung. Bd. 6. Stuttgart 1989, 185–218, hier 215 (Fußnote 79).

[13] Zum Medizinalwesen in der Frühen Neuzeit und den beiden Medizinalordnungen von 1720 und 1755 siehe *Mary Nagle Wessling*, Medicine and Government in Early Modern Wurttemberg. Ann Arbor 1989, 105ff.

[14] Für Württemberg siehe *Claudia Weiss*, Die Medizinalgesetzgebung in Württemberg im 19. Jahrhundert unter besonderer Berücksichtigung des Chirurgen- und Baderwesens. Diss. med. Ulm 1983. Für Baden: *Francisca Loetz*, Vom Kranken zum Patienten. »Medikalisierung« und medizinische Vergesellschaftung am Beispiel Badens 1750–1850. Stuttgart 1993.

[15] Zu den Wundärzten siehe *Sabine Sander*, Handwerkschirurgen. Sozialgeschichte einer verdrängten Berufsgruppe. Göttingen 1989. Zur Professionalisierung der Ärzte siehe *Robert Jütte*, Die Entwicklung des ärztlichen Vereinswesens und des organisierten Ärztestandes bis 1871, in: *Ders.* (Hg): Geschichte der deutschen Ärzteschaft. Organisierte Berufs- und Gesundheitspolitik im 19. und 20. Jh. Köln 1997, 15–42; *Claudia Huerkamp*, Der Aufstieg der Ärzte im 19. Jh. Vom gelehrten Stand zum professionellen Experten: Das Beispiel Preußen. Göttingen 1985; *Annette Drees*, Die Ärzte auf dem Weg zu Prestige und Wohlstand. Sozialgeschichte der württembergischen Ärzte im 19. Jh. Münster 1988.

[16] *Sander*, Die Bürokratisierung (wie Anm. 12), 186.

[17] Ebd., 195f.

[18] *General-Rescript, die persönliche Medicinal-Verfassung Neu-Württembergs betreffend* vom 10.12.1804. Abgedruckt in: *August Ludwig Reyscher*, Vollständige (wie Anm. 12), Bd. 15,1, 1256–1260, hier 1256. In dem *Organisations-Manifest für die neu erworbenen Lande* vom 1. 1. 1803 heißt es: *Endlich bildet jedes Vogtgericht unter Beyziehung des ältesten Physici der Stadt das Sanitäts-Collegium für seinen Bezirk*, abgedruckt in: *Ebd.*, 1212.

[19] Vgl. *Sander*, Die Bürokratisierung (wie Anm. 12), 196.

[20] Vgl. Ebd., 198.

[21] *Instruction für das Königl. Medicinal-Departement* vom 23. 06. 807. Abgedruckt in: *Reyscher*, Sammlung (wie Anm. 18), 109.

[22] »Hebärzte« sind männliche Geburtshelfer.

[23] *Instruction für das Königl. Medicinal-Departement* vom 23. 06. 1807. Abgedruckt in: *Reyscher*, Sammlung (wie Anm. 18), 113.

[24] Ebd., 115.

[25] *General-Verordnung, die Organisation der Medicinal-Verfassung im Königreiche betreffend*, vom 14./22. 03. 1814. Abgedruckt in: *Reyscher*, Sammlung (wie Anm. 18), 726f.

[26] *Verordnung über den Geschäfts-Kreis des Medicinal-Collegiums und der Kreis-Regierungen in medizinisch-polizeilicher Hinsicht* vom 06. 06. 1818, abgedr. in: *Reyscher*, Sammlung (wie Anm. 18), 1037–1043.

[27] Verfügung des Ministeriums des Innern vom 15.07.1836, betreffend die polizeiliche Fürsorge für Geisteskranke (RGBl, 279). Zit. n.: Gesetze und Verordnungen in Deutschland betreffs der Geisteskranken. Supplementheft zum XIX. Bande der Allg. Zs. für Psychiatrie. Berlin 1862, 195.

[28] Dazu siehe: *Vereinigung von Freunden der Geschichte Zwiefaltens, seines Münsters und Klosters* (Hg.), Kloster Zwiefalten (wie Anm. 1); *Irmtraud Betz-Wischnath/Hermann Josef Pretsch* (Hgg.), Das Ende von Reichsabtei und Kloster Zwiefalten. Berichte, Aufzeichnungen, Briefe und Dokumente. Ulm 2001.

[29] Vgl. *Christina Vanja*, Vom Hospital zur Irrenanstalt. Studien zur institutionellen Geisteskrankenfürsorge in Hessen von der Reformation bis zum Ersten Weltkrieg. Unveröff. Habil.schrift [2000], 11.

[30] Ebd., 17.

[31] Vgl. Ebd., 20.

[32] Vgl. *Kaufmann*, Aufklärung (wie Anm. 3), 111ff.

[33] Ebd., 126.

[34] *Grüsser*, Vom »Tollhaus« (wie Anm. 3), 373. Zur Reformpsychiatrie Pinels s. auch *Klaus Dörner*, Bürger und Irre. Zur Sozialgeschichte und Wissenschaftssoziologie der Psychiatrie. Frankfurt 1984, 143ff.

[35] Zit. nach *Camerer/Krimmel*, Geschichte der Königl. Württembergischen Heilanstalt Zwiefalten 1812–1912. Zur Feier des hundertjährigen Bestehens der Anstalt. Stuttgart 1912, 9f.

[36] *Kaufmann*, Aufklärung (wie Anm. 3), 195.

[37] HSAS Bestand E 146/2 Bü 1735.

[38] Ebd.

[39] Ebd.

[40] Ebd.

[41] Ebd.

[42] *Roth, Würdig einer liebevollen Pflege* (wie Anm. 10), 16.

[43] Bericht befindet sich im SAL E 163 Bü 29. Zur Anstalt Sonnenstein siehe *Hans Eichhorn*, Die Heil- und Verpflegungsanstalt Sonnenstein bei Pirna und ihre Bedeutung für die Entwicklung der deutschen Psychiatrie, in: *Thom, Achim* (Hg.), Zur Geschichte der Psychiatrie im 19. Jh. Berlin (Ost) 1984, 49–57.

[44] *Kaufmann*, Aufklärung (wie Anm. 3), 195.

[45] Vgl. *Grüsser*, Vom »Tollhaus« (wie Anm. 3), 384f.

[46] Vgl. *Kaufmann*, Aufklärung (wie Anm. 3), 198f.

[47] Ebd., 201.

[48] Zu Griesinger siehe *Dörner*, Bürger und Irre (wie Anm. 34), 279ff. Zu den Behandlungskonzepten selbst: *Roth, Würdig einer liebevollen Pflege* (wie Anm. 10), 88ff.

[49] Zit. nach *Erzberger*, Die Säkularisation (wie Anm. 1), 55.

[50] *Erna Lesky*, Das Wiener Allgemeine Krankenhaus. Seine Gründung und Wirkung auf deutsche Spitäler, in: Clio Medica 2 (1967), 23–37, hier 26. Zu den josephinischen Reformen siehe auch *Dies.*, Österreichisches Gesundheitswesen im Zeitalter des aufgeklärten Absolutismus. Wien 1959; *Johannes Wimmer*, Gesundheit, Krankheit und Tod im Zeitalter der Aufklärung. Fallstudien aus den habsburgischen Erbländern. Wien/Köln 1991.

Wirkkräftig bis in unsere Tage

Gesellschaftlich-kulturelle Auswirkungen von Säkularisation und Mediatisierung

von Hans-Georg Wehling

Einleitung

Die Säkularisation der Klöster und Stifte in Deutschland stellt einen *Prozess* dar, kein einmaliges Ereignis, auch wenn mit dem RDH von 1803 ein dramatischer Höhepunkt erreicht wurde. Es war ein komplexer Prozess mit einem Auf und Ab, mit Vorbereitungen und vor allem mit erheblichen Nachwirkungen und Folgen fast bis in unsere Tage – darin nicht unähnlich dem Säkularisierungsprozess im Denken, in den Einstellungen und Verhaltensweisen, der den Prozess der Säkularisation mit vorbereitet und begleitet hat.

Von der Säkularisation profitierten in vielerlei Hinsicht letztlich die mittleren und großen Territorialstaaten in Deutschland, in unserem Raum Österreich, Bayern, Württemberg und Baden. Die kleineren und kleinsten weltlichen Herrschaften in Deutschland hatten am politischen *Macht*gewinn durch die Säkularisation nur wenige Jahre Anteil; der teilweise erhebliche *Besitz*zuwachs jedoch blieb den kleineren Herrscherhäusern ungeschmälert.

Gemeinsam ist der Säkularisation der geistlichen Herrschaften und der Mediatisierung der kleineren Territorien, dass hierdurch die politische Landkarte Deutschlands grundlegend neu gestaltet worden ist. Man wird bei dieser durch französische Interessen ausgelösten und v. a. mit *Napoleon I.* in Verbindung gebrachten territorialen Neuordnung durchaus von einer *Territorialrevolution* sprechen können.[1] Zwar wird der Begriff Revolution im Alltagssprachgebrauch bei uns mit Stichworten wie Massen, Straße, Gewalt und Blutvergießen in Verbindung gebracht. Doch das ist lediglich die spektakuläre Außenseite, die Oberfläche, deren Bild von ganz bestimmten Revolutionen geprägt worden ist, wie der Schreckenszeit *(Terreur)* während der Französischen Revolution. Zu wenig beachtet bleibt die Innenseite, der Inhalt dessen, was Revolution ausmacht: die radikale Veränderung aller Lebensumstände, der Institutionen, Denkweisen und Wertvorstellungen, die davon miterfasst und umgestaltet werden. Revolutionen lassen nichts unberührt – nichts ist nach einer Revolution noch so, wie es vorher war. Vielfach wird eine solche umfassende, tiefgreifende, radikale Veränderung der Lebensumstände mit Gewalt bewirkt, bei der auch Blut fließt, die Massen, die »Straße« mobilisiert werden. Zwangsläufig ist das nicht.

Die Napoleonische Neugestaltung Deutschlands war eine Revolution im inhaltlichen Sinne. Nicht nur, dass sich rund 3 Millionen Menschen innerhalb neuer Grenzen wiederfanden, mit neuen Obrigkeiten, denen sie fortan zu gehorchen hatten. Es war mehr zerbrochen: Jahrhunderte alte Herrschaftsverhältnisse, Fürsten von Gottes Gnaden, angeblich, zum Herrschen berufen, bis dato unantastbar, als »geliebte Herrscher« verehrt, waren beinahe über Nacht verschwunden, die geheiligten Symbole ihrer Herrschaft wurden profaniert, verkauft, zerstört, wie es sich besonders eindrücklich in den geistlichen Herrschaften zeigen lässt. Gehörte bis dahin zur Herrschaft die Dauer, so mussten die Menschen innerhalb weniger Jahre erleben, wie möglicherweise auch die neue Obrigkeit einer größeren und stärkeren wieder weichen musste. Was die mit kirchlichen Territorien entschädigten kleinen Reichsfürsten bald erleben sollten: aus den neuen Herren wurden im Gefolge der Mediatisierung Untertanen

des badischen Großherzogs, des bayerischen oder des württembergischen Königs, wenn auch mit privilegiertem Status als »Standesherren« und mit eigenen Ämtern auch so etwas wie »Unter-Landesherren« – jedoch auch das nur für wenige Jahrzehnte.
In gesellschaftlich-kultureller Hinsicht waren die *Folgen* tiefgreifend, manchmal sogar katastrophal. Mit den Herrschaftszentren verschwanden geistig-kulturelle Zentren, Bildungseinrichtungen, wirtschaftliche Zentren, Nachfrager nach handwerklichen und wirtschaftlichen Leistungen, nach Arbeit überhaupt, soziale Sicherheitssysteme.
Die *kollektiven Schlüsselerlebnisse* dieser Zeit haben vermutlich in hohem Maße Mentalitätsänderungen in der Bevölkerung verursacht, die weitgehend noch nicht untersucht sind. Nicht übersehen werden darf, dass diese Veränderungen Gegenreaktionen verursacht haben, die ihrerseits Denken und Verhaltensdispositionen der Menschen erheblich und lang anhaltend geprägt haben. Man denke nur an die katholisch-kirchliche Gegenbewegung des »Ultramontanismus«.

Die Aufklärung als Paradigmenwechsel

Säkularisierung im Denken, *Säkularisation* als handgreiflicher, materieller Akt, Mediatisierung und neues Staatsverständnis sind Ergebnis der Aufklärung, die recht eigentlich einen Paradigmenwechsel abendländischen Denkens darstellt. Die Göttin der Aufklärung ist die *Vernunft*. Alle menschlichen Werke und Verhältnisse haben sich vor ihr zu rechtfertigen. Das betrifft das Individuum, die menschlichen Sozialbeziehungen; Herrschaft, Herrschaftsverhältnisse, Herrschaftsausübung; Religion, Wissenschaft und Kunst; menschliches Wirtschaften und Alltagshandeln – kurz alles, was von Menschen geschaffen ist, einschließlich der Natur, die in dieser Zeit längst schon nicht mehr Naturlandschaft, sondern von Menschen gestaltete Kulturlandschaft ist. Verbunden damit ist der Glaube an die *Machbarkeit* aller menschlichen Lebensbezüge, ja die Formung des Individuums selbst, die Schaffung eines Vernunftmenschen, der sich rational verhält – von daher stellt Aufklärung immer auch ein *Erziehungsprogramm* dar. Denn der Glaube an die Machbarkeit beinhaltet zugleich die Verpflichtung zur Umgestaltung: vernunftgeleitet, auf Verbesserung angelegt, auf Fortschritt.
Herrschaft: der Monarch, seine Regierung und seine Beamtenschaft konnten nicht länger ihre Legitimation von Gott beziehen – von Gottes Gnaden –, sondern mussten sich durch ihre aufgeklärte, aufklärerische, unter Anleitung der Vernunft gestaltende Funktion legitimieren. Sie mussten den allgemeinen Nutzen mehren, nicht nur ihre Staatskassen füllen mit dem Ziel opulenter Herrschaftspräsentation, Herrschaftsdemonstration und Herrschaftsgenuss (wie im Barock). Der neue Geist verlangte klare Verhältnisse, nicht zufällig steckt das Wort »klar« in »Aufklärung«. Der Staatsaufbau hatte einheitlich und übersichtlich zu sein, mit dem gleichen Status aller Untertanen. Das bürokratische Regiment, nach festen Hierarchien und strengen Regeln ausgeübt, zentralistisch, entsprach dem am besten. Der Staat hatte sowohl nach funktionalem als auch territorialem Aufbau sich klar zu präsentieren. Gewachsene Strukturen, der Wirrwarr im Laufe der Geschichte erworbener Rechte und Privilegien, einschließlich Selbstverwaltung, passten nicht ins Bild. Klare Zuständigkeitsstränge und Hierarchien, in eine Spitze mündend, als Organigramm abbildbar, und territoriale Verwaltungsuntereinheiten, möglichst mit dem Lineal gezogen und durchnummeriert wie die Départements der Französischen Revolution, entsprachen der Herrschaftsästhetik der Aufklärung. Zudem hatten weltliche Herrschaft und kirchliche Jurisdiktion deckungsgleich zu sein, wobei die kirchliche Oberhoheit des Monarchen als Ausfluss seiner Souveränität begriffen wurde.
Die *Wirtschaft*, damals noch im wesentlichen Landwirtschaft, war zu modernisieren, nach den Maßstäben der Vernunft, die den Kriterien von Effektivität (Zielgenauigkeit) und Effizienz (optimaler Ziel-Mittel-Einsatz) folgten. Vernünftig, rational waren, so verstanden, klare Trennlinien: zwischen Wald, Wiese und Feld. War bis dato die Vermischung der Nutzungsarten und -weisen charakteristisch, auch im Sinne der Extensivierung von Innen (dem Dorf) nach Außen (dem Wald), mit Gärten, Feldern, Wiesen und Weiden, mit Viehtrieb und Allmende, bei denen auch der Wald noch als Viehweide genutzt wurde, so hatte jetzt Feld Feld, Mähwiese Mähwiese und Wald ausschließlich Holzproduzent zu sein. Das Vieh hatte

künftig im Stall zu stehen, so konnte es keinen Schaden anrichten, und die Düngergewinnung war maximal:

»Der aufklärerische Umbau der Natur zum höheren Zweck des menschlichen Nutzens geschah unter dem Vorzeichen einer ›ökologischen‹ Ratio, die auf die Beseitigung des Unbrauchbaren, die Trennung des Vermischten und die Homogenisierung des Getrennten abzielte. [...] Zu trennen war, was nutzbar ist, aber vermischt auftrat. [...] Ein Wald war dazu da, aus Holz und nichts anderem zu bestehen. Und so ging man an der Wende vom 18. zum 19. Jh. fast überall daran, eine Barriere zwischen den Wäldern und dem landwirtschaftlich genutzten Raum aufzurichten, Holz- und Bauernland, Forst- und Landwirtschaft strikt von einander zu trennen. [...] Die Waldlandschaft konnte damit zu einer verdichteten, leistungsbetonten Monokultur umgestaltet werden. Umgekehrt hatten Bäume nichts mehr inmitten kultivierter Äcker und Wiesen zu suchen. Derselbe Absonderungsprozess bei ungeregelten Bächen und Flussläufen. Hier war das Wasser auf ein klar definiertes Bett einzugrenzen, das ihm keine unbeabsichtigten Übergriffe auf sein Umland erlaubte.«[2]

Die Dörfer wurden umgestaltet, mit klaren geometrischen Abgrenzungen, selbst die Friedhöfe wurden rechteckig angelegt, mit Gräbern in Reih und Glied.

Für die neue Landwirtschaft brauchte man *neue Menschen.* Aufklärung ist ihrem Wesen nach ein pädagogischer Prozess, an dem alle Institutionen und Personen mit Funktion und Ansehen zu beteiligen sind: Staat, Kirche und Schule, Amtsleute, Pfarrer und Lehrer. Dass der *Pfarrer* in die Rolle des dörflichen Innovators gerät, der in seinem Garten als erster Gemüse und Salat anbaut und die Dörfler zur Nachahmung anregt, dass er von der Kanzel nützliche Hinweise gibt, für die Verwendung mineralischer Düngung wirbt (wie nicht nur der legendäre »Gipspfarrer« *Johann Friedrich Mayer* im hohenlohischen Kupferzell), kommt so nicht von ungefähr. Die Aufklärung sollte den Nutzen vermehren, für den Staat, aber auch für jeden einzelnen, den Bauern eingeschlossen. Von daher hatte auch der Pfarrer den allgemeinen Nutzen zu mehren, auch durch die Predigt.

Aufgeklärt, »klar« hatte auch die *Kunst* zu sein: die klare Linie, nicht die Vermischung, wenige, klare Grundfarben, vor allem Weiß und auch Gold, sollten den Ton abgeben. Die Formensprache sollte die geo-

Die Pfarrkirche von Oberdischingen
In den Grundmustern der Geometrie: Rechteck, Quadrat, Dreieck und Kugel. Die Vorliebe für klare Formen entspricht genau so dem aufgeklärten Geist wie die Orientierung am römischen Pantheon, dem Tempel für alle Götter. Oberdischingen/Alb-Donau-Kreis.

Sog. »Roentgen-Uhr«
Eine Bodenstand-Uhr von David Roentgen, deren Gehäuse aus geometrischen Grundformen, wie Rechteck, Quadrat, Kugel, Kreis, Trapez oder Dreieck, besteht, also dem aufgeklärten Geist mit seiner Vorliebe für klare Formen entspricht.
Uhrwerk von Peter Kinzing.
Eiche mit Ahornwurzelfurnier, feuervergoldete Bronze, Neuwied, zw. 1785–1787.
Staatliches Museum, Schwerin.

metrischen Grundmuster benutzen: den Kreis, das Quadrat, das Rechteck, das Dreieck, die Kugel, den Würfel. Am deutlichsten mag diese neue moderne Kunstauffassung in der Klosterkirche von St. Blasien im Schwarzwald repräsentiert sein, aber auch in der Kirche im Dorf Oberdischingen des »Malefiz-Schenken«: beide Kirchen sind nicht zufällig am Pantheon in Rom orientiert – glaubte man doch im Zeichen der Aufklärung an so etwas wie eine allgemeine Menschheitsreligion. Selbst im Kleinen werden diese geometrischen, »vernünftigen« Grundformen repräsentiert, so in einer Bodenstanduhr von *David Roentgen* aus dem Revolutionsjahr 1789 im Gartenschloss der »württembergischen« Zarin *Maria Fjodorowna* in Pawlowsk: der Gehäusekasten formt ein Trapez, die Kannelierungen ein Rechteck, das Uhrengehäuse ein Quadrat, die Uhr ein Kreis und obendrauf – als Abschlusszier – ein metallenes Dreieck.

Der Grad der Aufgeklärtheit von Klöstern ließ sich an ihren Bauformen ablesen, da Ende des 18. Jhs. zur gleichen Zeit zwei konträre Baugesinnungen zur Verfügung standen: entweder Rokoko mit seiner verschlungenen, asymmetrischen, die geometrischen Grundmuster kaschierenden Formensprache und üppiger Farbgebung, wie noch im Bibliothekssaal des Klosters St. Peter im Schwarzwald, oder eben St. Blasien. Dessen Bauherr war der auch bei aufgeklärten, protestantischen Katholikenfeinden wie *Friedrich Nicolai* angesehene Abt *Martin II. Gerbert.*

Aufklärung ist ein Prozess, der den Menschen zur Klarheit, zur Vernunft, zu sich selbst, zu einer vernünftigen Lebensführung bringen soll. Dazu braucht er Hilfe. Vor allem durch den aufgeklärten Staat, seinen aufgeklärten Monarchen und seine aufgeklärten Helfer: Verwaltungsbeamte, Pfarrer, Lehrer. Letztlich sind alle Lehrmeister, im Dienste des aufgeklärten Erziehungsziels. Der Staat gerät so zur *Anstalt*, die die Menschen zu ihrem Glück verhelfen soll, wie bei unmündigen Kindern, die man gegebenenfalls mit Druck zur Mündigkeit heranziehen soll.

Klöster und Aufklärung

Klöster haben schlechte Karten in der Aufklärung. Soweit sie Herrschaftseinheiten sind – und bis auf die

Bettelorden sind sie das alle, mehr oder weniger –, stören sie der Staatsästhetik mit dem klaren Aufbau und der Gleichheit aller Untertanen. Die Ordensregeln, die Gehorsam, Armut und Ehelosigkeit verlangen, widersprechen den aufklärerischen Idealen: Die Aufgabe des eigenen Willens im Gehorsam, zumeist noch von altersmäßig Unmündigen gelobt, ist nicht zu vereinbaren mit dem Ideal des selbstbestimmten Individuums. Die neue Gesellschaftsordnung beruht auf Eigentum, das zu mehren Pflicht eines Jeden ist, was er aber nur tut, wenn das Land ihm auch gehört. Darauf wiederum beruht der Nutzen aller. Armut, auch freiwillige, macht hier keinen Sinn. Ehelosigkeit wirkt widernatürlich, da der Mensch als Geschlechtswesen geboren wird, mit dem natur-immanenten Auftrag, sich zu mehren. Eigentum und Familie gelten nunmehr als die Grundfesten des Staates.

Daneben gelten die Klöster als Hort beschaulichen – in der Wertung der Aufklärung damit nutzlosen – Lebens, schmarotzerhaft die Arbeit anderer (aus)nutzend. Mit ihrer Mildtätigkeit halten sie zudem andere davon ab, sich einer nutzbringenden Arbeit zuzuwenden: Vögel, die gefüttert werden, verlieren die Fähigkeit, sich selbst das Futter zu suchen – ein Argument, mit dem man auch gegen die Spitäler der Städte vorging. Hinzu kommt, dass die Klöster als Brutstätten unaufgeklärten Aberglaubens gelten, die die Menschen davon abhalten, Kausalitäten zu durchschauen und gegebenenfalls zu unterbrechen; und als Förderer und Zielpunkte von Wallfahrten halten sie die Menschen periodisch von nutzbringender Arbeit ab.
Wollen Klöster im aufgeklärten Kontext eine Zukunft haben, müssen sie ihre Nützlichkeit nachweisen: als Stätten der Wissenschaft, als Schulen und Bildungs-

Der Abt als Lehrer
Demonstrativ wird im Bibliothekssaal von St. Peter im Schwarzwald auf die Nützlichkeit von Klöstern hingewiesen. Tafelbild, Franz Ludwig Herrmann, 1752. St. Peter i.S., Klosterbibliothek.

zentren, als Hilfseinrichtungen für Kranke und Gebrechliche. So hat der aufgeklärte Kaiser *Joseph II.* sehr früh schon (1781/82) und zuallererst jene Klöster aufgelöst, die keine wissenschaftliche, bildende oder karitative Funktion wahrnahmen.

Den Klöstern blieb der Geist der Aufklärung nicht fremd. Sie spürten vielfach den Gegenwind, beteiligten sich ihrerseits am *Diskurs*[3], aus ihren Reihen kam eine Fülle von Verteidigungsschriften klösterlicher Existenz. Sie ergriffen zudem *Defensivstrategien*, indem sie auf Wissenschaft, Bildung und karitative Tätigkeit umschwenkten. Manche klösterliche Bibliothek verdankt ihnen Bau und Vollendung. Manchmal ließ sich der Abt demonstrativ in der Bibliothek abbilden, wie er höchstselbst Kinder unterrichtet, wie im Kloster St. Peter im Schwarzwald.

Manche Klöster wurden zum *Hort von Wissenschaft und höherer Bildung*, in unserem Raum St. Blasien unter Abt *Martin II. Gerbert*. Eindrucksvoller noch Kremsmünster in Oberösterreich mit seinem »Wissenschaftshochhaus« mit umfassenden Sammlungen und allen notwendigen Instrumenten, Hilfsmitteln, Präparaten. Klöster wie die genannten konnten in der *scientific community* ihrer Zeit mithalten. Kremsmünster wurde denn auch nicht säkularisiert.

Doch das blieb Ausnahme. Zur *ideologischen Rechtfertigung* der Säkularisation kamen *materielle Interessen*: Der teilweise beträchtlicher Besitz der Klöster

Das Stift Kremsmünster von NW

Modern mutet die Sternwarte des Klosters an, die von 1748 bis 1759 erbaut worden ist. Dieses erste Hochhaus Europas ist eigentlich ein Zentrum wissenschaftlicher Sammlungen, Geräte, Instrumente und Präparate.
Kupferstich, nach einer Federzeichn. von Joseph Kostner, 1777.
Kremsmünster, Stiftsbibliothek.

Das Observatorium
Die Ochsenhausener Sternwarte war in der Kuppel eines der die markante Klostersilhouette bildenden Türme untergebracht.

machte ihre Aufhebung finanziell attraktiv – und das um so mehr, als die Revolutionskriege und vor allem die Napoleonischen Kriege die Staatskassen ungeheuer strapazierten. Die französische Regierung legte nahe, sich mit Hilfe der Klöster finanziell schadlos zu halten, formal gerechtfertigt mit dem Verlust von Gebieten westlich der neuen Rheingrenze.

Die Sternwarte von Ochsenhausen
Der wiederhergestellte Azimutalquadrant ist das letzte Zeugnis der ehem. Klostersternwarte Ochsenhausens.

Säkularisation 1803 – Mediatisierung 1806

Wenn in Deutschland von *der* Säkularisation die Rede ist, ist damit durchweg die Aufhebung sämtlicher geistlicher Reichsstände auf der Grundlage des *RDHs* vom 24. März 1803 gemeint. Die geistlichen Reichsstände verloren sowohl Herrschaft als auch Besitz. Im einzelnen handelte es sich um die Kurfürstentümer Köln und Trier sowie die Bistümer Salzburg, Trient, Brixen, Eichstätt, Würzburg, Bamberg, Freising, Augsburg, Passau, Hildesheim, Paderborn, Münster, Osnabrück, Konstanz, Speyer, Basel, Straßburg, Lübeck, Fulda, Corvey, Chur (Reihenfolge entlang den Paragrafen des RDHs) – einschließlich der Güter der Domkapitel und der bischöflichen Domänen. Hinzu kamen 44 Reichsabteien. Zunächst noch ausgenommen blieben der Deutsche Orden und der Johanniterorden sowie das Bistum Regensburg, das zusammen mit dem Fürstentum Aschaffenburg das Territorium für den Kurerzkanzler und Mainzer Erzbischof, *Karl Theodor v. Dalberg*, abgab. Der RDH stellte den weltlichen Reichsständen ferner frei, die rund 200

landsässigen Klöster und Stifte zu säkularisieren (das sogenannte »Dispositionsgut«), also sich deren Besitz einzuverleiben. Die meisten Reichsstände ließen sich das nicht zweimal sagen, hatten vielfach sogar schon vor der rechtlichen Sanktionierung zugegriffen. Vom RDH betroffen waren ferner 41 Reichsstädte, von denen 23 im heutigen Baden-Württemberg liegen. Insgesamt wechselten so rund 3 Millionen Einwohner ihre Herrschaft, auf einem Gebiet von knapp 100.000 km^2. Mit der Gründung des Rheinbundes 1806 im Gefolge des *Friedens von Preßburg* (1805) wurden anschließend nahezu alle kleinen Territorien den neu gebildeten Mittelstaaten zugeschlagen, darunter auch die reichsritterschaftlichen Gebiete: »Der Kleine vergewaltigte den Kleineren, der Schwächere den Schwächsten«[4], hat *Heinz Gollwitzer* lakonisch kommentiert. Verschont blieben in Baden-Württemberg lediglich die beiden hohenzollerischen Territorien *Hohenzollern-Hechingen und Hohenzollern-Sigmaringen.* Sie besaßen allerhöchste Protektion dank der Freundschaft von Fürstin *Amalie-Zephyrine* von Hohenzollern-Sigmaringen mit *Josephine Beauharnais*, der Frau Napoleons. Hohenzollern konnte bis 1850 seine Selbstständigkeit bewahren, erst in Folge der Revolution von 1848/49 wurde den preußischen Verwandten die Souveränität über Hohenzollern angetragen.

Die mediatisierten weltlichen Reichsfürsten verloren zwar ihre Herrschaft, nicht aber – im Gegensatz zu den ehemaligen geistlichen Reichsfürsten – ihren Besitz. Für die Untertanen der Mediatisierten war der Einschnitt nicht allzu groß: Die bisherigen Herren blieben nach wie vor existent, wohnten weiter in ihren Schlössern, hatten Anspruch auf Ehrerbietung und auch auf Abgaben, verwalteten ihre bisherigen Untertanen in standesherrlichen Ämtern. Der neue Souverän war quasi darüber gesetzt worden – was auch ein zusätzlicher Schutz vor Willkür sein konnte.

Die bisherigen weltlichen Reichsfürsten hatten als Mediatisierte eine Sonderstellung. Für sie wurde eigens eine neue Adelskategorie geschaffen, die der *Standesherren*, verbunden mit einer Reihe von Privilegien, unter anderem mit einem Sitz in der Ersten Kammer der Ständeversammlungen. Zwar wurden diese Sonderstellungen von den aufgeklärten Bürokratien als anachronistisch angesehen – und sie taten alles, um die Privilegien abzubauen, im Falle von Württemberg schon zu Zeiten des ersten württembergischen Königs *Friedrich I.*, des »Dicken Friedrich«, durchaus auch schikanös, sodass Württemberg seinerzeit als »Purgatorium der Standesherren« galt. Doch die ökonomische Position blieb unangetastet, das aus der Herrschaftstradition kommende Prestige bewahrt – bis in unsere Tage. Erhalten blieb auch über ein Jahrhundert hinweg eine Distanz, eine Aversion, wenn nicht gar Feindschaft gegenüber Württemberg, was die Standesherren davon abhielt, in württembergische Dienste zu treten, seien sie ziviler oder militärischer Natur. An Stelle dessen engagierte man sich kirchlich, versuchte zum Sprecher regionaler Interessen zu werden und betätigte sich politisch über Württemberg hinaus: schon in der Frankfurter Paulskirche wie der »Rote Fürst« *Constantin von Waldburg-Zeil-Neutrauchburg* (der sich in die dortige »Linke« einordnete) bis hin zum Deutschen Bundestag unserer Tage.[5]
Die Feindschaft zum Haus Württemberg wurde erst beendet, als nach dem Sturz der Monarchie in Deutschland die Württemberger selbst Teil der oberschwäbischen, katholischen Adelslandschaft geworden waren, mit Sitz in Altshausen und in Friedrichshafen am Bodensee, sichtbar erst 1988 durch die Hochzeit des Erbgrafen von Waldburg-Zeil mit einer Tochter des Herzogs von Württemberg.

Die Folgen

Die Säkularisation hatte sowohl direkte Folgen, die waren eher kurzfristiger Art, als auch indirekte Folgen von erheblich dauerhafterer Wirkung, mit sehr viel mehr Gewicht.

Eine umfangreiche Darstellung der Säkularisation und ihrer unmittelbaren Folgen lieferte aus Anlass der 100. Wiederkehr der Ereignisse der Zentrumspolitiker *Mathias Erzberger*[6] in Form einer Bestandsaufnahme, allerdings nur für Württemberg. Erst 1980 entstand in Freiburg als Doktorarbeit eine Untersuchung über die Säkularisation in Baden von *Hermann Schmid*[7], kurioserweise mit dem selben ultramontanen Gestus wie die sehr viel frühere Arbeit von *Erzberger*. Somit wissen wir recht gut Bescheid, wie sich die Ereignisse im Einzelnen vollzogen haben, auch um welche Vermögenswerte es im Einzelfall ging.

Jedoch nicht unbedingt, welche *Folgen (volks)wirtschaftlicher und sozialer Art*, erst recht nicht welche *mentalen Folgen* für die Bevölkerung die Säkularisation in Deutschland hatte.[8]
Die aufgelösten Klöster waren ja mehr als spirituelle und seelsorgerische Einheiten. Sie waren wirtschaftliche, soziale und kulturelle Einheiten. In erheblichem Umfang waren sie Arbeitgeber und Auftraggeber für Handwerk und Gewerbe. Nicht zuletzt boten sie Systeme sozialer Sicherung, für Bedienstete wie Untertanen. Nun fielen die Aufträge weg, die Menschen standen auf der Straße, die Netze sozialer Sicherung waren zerrissen. Auf die säkularisierenden Obrigkeiten kamen Probleme zu, mit denen sie nicht gerechnet hatten und mit denen selbst Mittelstaaten vielfach überfordert waren.
Schlimmer noch: Die *finanziellen Erlöse*, die man sich von der Aufhebung der Klöster versprochen hatte und die man brauchte, um die durch die Kriegsanstrengungen der Napoleonzeit arg in Bedrängnis geratenen Staatsfinanzen wieder in Ordnung zu bringen, fielen sehr viel geringer aus als erwartet. Die Klöster hatten Getreidelager angelegt, die jetzt auf den Markt geworfen wurden. Die Folge des plötzlich großen Angebots: Die Preise verfielen, und davon waren auch die Untertanen negativ betroffen, nicht selten existenzbedrohend. Ähnlich war es bei Immobilien und Inventar. Auch hier kam es wegen des Überangebotes zu erheblichem Preisverfall, gerade weil die neuen Herren an schnellen Einnahmen interessiert waren. Das ökonomische Gesetz von Angebot und Nachfrage war offensichtlich nicht bekannt, zumindest nicht in seiner ganzen Tragweite.
Wenig erforscht ist, wie sich Säkularisation und Mediatisierung auf das *Bewusstsein der Bevölkerung* ausgewirkt haben. Möglicherweise haben diese Vorgänge die aufklärerischen Kategorien von Veränderung und Veränderbarkeit, ja von Machbarkeit in die Köpfe von Menschen gebracht, wenn – wie in den geistlichen Territorien – Jahrhunderte alte Herrschaft, geheiligt, unantastbar, sich von heute auf morgen in nichts auflösen, wenn die Symbole der Herrschaft verkauft und auch von Bauern erworben werden konnten, wenn der Sitz der Herrschaft versteigert, einem anderen Zweck zugeführt oder sogar als Steinbruch abgetragen werden konnte.

Die aufgeklärte Kirche nach 1803

Die Säkularisation von 1803 bedeutete einen tiefen Einschnitt im deutschen Katholizismus, für das bestehende konfessionelle politische Gewicht, für die Kirche als Organisation, für die theologisch-kirchenpolitische Ausrichtung, für die katholische Bevölkerung – sowohl für deren gesellschaftliche Chancen als auch für die Mentalitätsstrukturen.
Doch zunächst einmal stehen die ersten Jahrzehnte nach der Säkularisation im Zeichen der *Kontinuität von Aufklärung*. Im deutschen Südwesten dominierte eine Geistlichkeit mit aufgeklärten Überzeugungen und aufklärerischem pädagogischem Eifer, abgestützt durch die neuen Kirchenregierungen einschließlich Domkapitel in Freiburg und Rottenburg, die staatskirchlich ausgerichtet und ebenfalls aufklärerisch gesonnen waren – letztlich die Folge der Kirchenpolitik von *Ignaz Heinrich Freiherr v. Wessenberg* und des Wirkens seines Priesterseminars in Meersburg. Staat und Kirche, Beamtenschaft und Geistlichkeit zogen in ihrem aufklärerischen Bemühen an einem Strick, mit dem Ziel, die katholische Bevölkerung im aufgeklärten Geist in Richtung Modernisierung umzuerziehen. Mehr noch – und vor allem intensiver – als der Staat reichte die Kirche mit diesen Bestrebungen bis ins letzte Dorf hinein. Doch Staat und Kirche sind mit diesen aufklärerischen Bemühungen zur (Um)-Erziehung gescheitert.[9]
Kirche, Gläubigkeit, Frömmigkeit sollten vor der Vernunft bestehen können. Das Trennende zwischen den Konfessionen wurde in Lehre und Erscheinungsformen – in Absetzung von der Kontroverstheologie der Gegenreformation – zurückgedrängt, zugunsten einer eher überkonfessionellen christlichen Allgemein-Religion. Ohne den transzendentalen Anspruch aufzugeben, bekam die christliche Lehre, wie sie von der Kanzel verkündet wurde, doch stark den Auftrag, zur Versittlichung des Menschengeschlechts beizutragen, gekoppelt mit ganz praktischen, nützlichen Hinweisen zur besseren Bewältigung und Modernisierung des Alltags. Eine besondere Rolle kam dabei den Innovationen in der Landwirtschaft zu.
Auch die Formen des Gottesdienstes wurden mit der Verwendung der deutschen Sprache »vernünftiger« gestaltet. Die Gläubigen sollten am Gottesdienst aktiv

teilnehmen. Nicht nur Unterhaltung mit Pauken und Trompeten, sondern Mitbeten und Mitsingen zur Orgel, die jetzt einen neuen Stellenwert bekommt. Disziplin wurde von den Gläubigen erwartet, die Teilnahme am Gottesdienst von Anfang an und bis zum Schluss, in der Kirche und nicht vor der Tür, wie es namentlich bei Männern üblich zu sein schien.
Wie schon vor der Säkularisation wurden im Zeichen der Aufklärung Heiligenverehrung und Wunderglauben, Bräuche und Wallfahrten zurückgedrängt, wenn nicht gar verboten. All das war den Aufklärern – und das heißt immer auch: den aufgeklärten Pfarrherren – als Aberglaube erschienen. Kirchweih und Feste im Anschluss an die *rites de passage* im menschlichen Leben wie insbesondere Hochzeiten sollten den Charakter von ausschweifenden Gelagen, von Prunk und Prachtentfaltung abstreifen. Die Zahl der kirchlichen Feiertage wurde drastisch reduziert, zur Förderung der Arbeitsmoral, war man doch in aufgeklärten Kreisen der Meinung, dass die schlechtere wirtschaftliche Situation der katholischen Lande eine Folge der überbordenden Feiertage sei, an denen die Menschen nichts schafften.
Gescheitert sind diese gemeinsamen Bemühungen von Staat und Kirche, Beamtenschaft und Geistlichkeit primär deshalb, weil sie an den Bedürfnissen der bäuerlichen Lebenswelt vorbeigingen. Weniger Feiertage bedeutete für Knechte und Mägde eine beträchtliche Arbeitszeiterhöhung. Die Krämer und Wirte in den städtischen Zentren profitierten während der Fest- und Feiertage von Einkauf und Einkehr und wollten diese Einnahmequelle erhalten wissen. Die üppigen Hochzeitsfeiern unterstrichen den sozialen Status derer, die als »beati possidentes«, als Hoferben, heiraten konnten. Auch hier kamen ökonomische Interessen der Wirte hinzu. Kirchweih und Wallfahrten ermöglichten Mobilität, Erfahrungen und zwischenmenschliche Kontakte (welcher Art auch immer), Urlaub vom harten bäuerlichen Alltag. Die schon vor der Säkularisation vielfach unterbundenen abergläubisch anmutenden Frömmigkeitsformen, Bräuche und Heiligenverehrungen schienen den Menschen notwendig, um Unheil abzuwenden, den Viehbestand vor Seuchen zu schützen, mit Krankheiten fertigzuwerden, zumal eine moderne medizinische Versorgung noch nicht gegeben war. Auch wenn Hagel- und Feuerversicherung im Württembergischen eingeführt wurden: Wetterkerze oder Gewitterläuten waren ein zusätzlicher Schutz. Der Blutritt in Weingarten schien unverzichtbar: als Öschumritt, der Unheil von Feldern und Wiesen nehmen sollte, aber auch zur Unterstreichung des sozialen Status der Bauern, die sich Pferde leisten konnten. Kein Wunder also, dass trotz Verboten der Blutritt nicht völlig unterbunden werden konnte: Zwar gab es nicht mehr die bäuerliche Großveranstaltung, aber die inoffiziellen Reiter, die die Flur Weingartens umrundeten, mit Gebet, konnte keine Obrigkeit hindern.[10]
Die aufgeklärten Pfarrer gerieten so in ihren Gemeinden in die *Defensive*, der Widerstand konnte durchaus handgreifliche Formen annehmen. Nichts zu lachen hatten Pfarrherren, die das Wetterläuten unterbunden hatten, wenn dann Hagel die Ernte vernichtete oder der Blitz einschlug. Vielfach nur mit Hilfe des Staates und seines Repressionsapparates konnten sich die aufgeklärten Pfarrherren in ihren Gemeinden durchsetzen – was sie in den Augen ihrer »Schäflein« diskreditierte. Diese Entwicklung nahm in den ersten Jahrzehnten des 19. Jhs. zu, eskalierte, bis zum Zusammenbruch von Staatskirchen-System und kirchlicher Aufklärung.

Das Gegenmodell: »Ultramontanismus«

Französische Revolution und Säkularisation, die Stellung der katholischen Kirche angesichts der völlig veränderten deutschen Staatenwelt sowie die enge Verquickung von Staat und Kirche im staatskirchlichen System, hatten in Teilen des Klerus, gerade bei den nachwachsenden jungen Theologen, zu einem Umdenken geführt. Namentlich Geistliche, die im Elsass mit der Aufhebung von Klöstern, der Profanierung von Gotteshäusern, der Verfolgung und Guillotinierung von Priestern und Ordensleuten die kirchenfeindlichen Auswüchse der Französischen Revolution erfahren hatten, wurden zu Wortführern einer Neuorientierung der katholischen Kirche in Deutschland, wie z. B. der spätere Bischof von Mainz, *Colmar*, und dessen Mitarbeiter *Bruno Franz Leopold Liebermann*, später Generalvikar in Straßburg, und *Andreas Räß*, der spätere Bischof von Straßburg. Sie sammelten sich

um die Zeitschrift mit dem programmatischen Titel »Der Katholik«, die seit 1821 erschien.
Dieser Konzeption nach musste die Kirche aus der Defensive herausgeführt werden. Wenn sie sich künftig behaupten wollte, musste sie sich als Kampfverband formieren, streng militärisch: mit dem Klerus als Kader, den Bischöfen als Generalität und dem Papst als Oberbefehlshaber, unangreifbar im fernen Rom, jenseits der Alpen, *ultra montes*. Von daher wurde diese neue Ausrichtung der katholischen Kirche von ihren Gegnern »ultramontan« genannt. Definieren lässt sich dieser »Ultramontanismus«[11] theologisch-ideologisch als betonte *Abkehr von der Aufklärung* und damit in bewusster Frontstellung gegen den Zeitgeist, binnenstrukturell-organisatorisch-kirchenpolitisch als eine verstärkte *Klerikalisierung* und *Hierarchisierung*, verbunden mit dem Anspruch auf Autonomie innerhalb des Staates, und schließlich im Alltag des katholischen Bevölkerungsteils als Abschließung in die *Subkultur*, in ein selbst gewähltes Getto mit eigenen Kommunikations- und Interaktionsstrukturen, verbunden mit einer Revitalisierung der Volksfrömmigkeit als emotionalem Kitt.
Von diesem Konzept her wurden die kirchenfeindlichen Auswüchse der Französischen Revolution als Folgen der Aufklärung interpretiert; Liberalismus, Aufklärung und schließlich die Reformation in einen Kausalzusammenhang gebracht. Hatte nicht auch die katholische Aufklärung zum Verbot von Wallfahrten, kultischen Heiligenverehrungen und religiösen Bräuchen geführt? Hatte die Aufklärung in den katholischen Ländern nicht schon vor 1803 die Aufhebung von Klöstern gefordert und begünstigt? War von den aufgeklärten Geistlichen nicht eine Auflösung des Numinosen, ja des Transzendenten in der Religion betrieben und der Gottesdienst dem protestantischen Kult angenähert worden? Hatte sich die katholische Geistlichkeit nicht allzu sehr dem Staat angebiedert, sich als Staatsdiener verstanden, wurde sie vom katholischen Volk nicht dementsprechend als »Obrigkeit« wahrgenommen? Das war die Stoßrichtung, in der hier argumentiert wurde, innerkirchlich ausgerichtet gegen die katholische Aufklärung und ihre Anhänger.
Das propagierte Gegenmodell war dementsprechend betont anti-aufklärerisch, griff zurück auf die Gegenreformation, versuchte, den Katholizismus scharf zu profilieren, kämpferisch gegen den Zeitgeist, aber auch gegen alles Protestantische. Ein neuer *Konfessionalismus* war die Folge. Die Frontstellung gegen die Moderne, gegen die Zeit verlangte Einigelung, Geschlossenheit, Organisation zum Kampfverband. Theologische Fakultäten an den Universitäten wurden abgelehnt wegen des Staatseinflusses, mehr noch, weil die angehende Geistlichkeit dort mit modernen Ideen in Berührung komme. Eigenständige theologische Hochschulen wurden angestrebt, mit einer Krönung der geistlichen Ausbildung an dem von Jesuiten geleiteten Priesterseminar in Rom, dem (1824 gegründeten) *Collegium Germanicum.*
Das katholische Kirchenvolk sollte *organisatorisch* fest eingebunden werden, in ein vielfältiges, alle menschlichen Bedürfnisse abdeckendes *Vereinswesen*. Die Vereine dienten nicht zuletzt der Geselligkeit; eigene Vereinshäuser, wie später beispielsweise die Kolpinghäuser, gaben die Kommunikationsräume ab, Gaststätten wie der »Vatikan« in Wangen im Allgäu machten deutlich, wer hier verkehrte. Katholische Geselligkeit im Rahmen der Pfarrgemeinde und des Vereinswesens diente zudem der katholischen Eheanbahnung. Denn um das Kirchenvolk zusammenzuhalten, sind *Mischehen* verpönt, mehr noch: man verlangt vom Staat, dass er sich in seiner Ehegesetzgebung die katholisch-kirchliche Sicht zu eigen macht.
Von konkurrierenden Einflüssen soll das Kirchenvolk ferngehalten werden, durch eine eigene *katholische Massenpresse*, die bis in den letzten Weiler hineinreicht, durch Pfarrbibliotheken, katholische Verlage und Buchgemeinschaften. Darüber hinaus sorgt der *Index verbotener Bücher* auch quasi administrativ für die Ausschaltung konkurrierenden Gedankenguts.
Die Menschen müssen vor allem auch emotional an ihre Kirche gebunden werden. Dem dient die *Wiederbelebung der Volksfrömmigkeit*, die allerdings – und das ist das Neue – streng kontrolliert und von jedem Wildwuchs ferngehalten werden soll. Hinzu kommt ein ausgesprochen *demonstrativer* Zug der Frömmigkeitsformen: Nach außen soll Geschlossenheit und das eigene Gewicht bekundet werden, durch Massendemonstrationen wie z. B. die Fronleichnamsprozession. Individuelle Frömmigkeitsbezeugungen treten zurück. Die ultramontane Kirche greift nicht nur alte Fröm-

migkeitsformen auf. Sie schafft neue Kulte, die Verehrung des Heiligsten Herzen Jesu entsteht, forciert wird die Marienverehrung; Marienerscheinungen, aber auch Stigmatisierungen finden große Aufmerksamkeit. Verbunden ist mit all diesen Frömmigkeitsformen eine gewisse *Sentimentalisierung*, sicher auch in dieser Hinsicht eine Abgrenzung zur als zu rational, als kalt empfundenen Aufklärung. Gerade in der Praktizierung der Frömmigkeitsformen wird ein scharfer Strich zum Protestantismus und zur aufgeklärten, bürgerlich-liberalen Öffentlichkeit gezogen. Es sind die Frömmigkeitsformen, die die Katholiken profilieren, sie als Gruppe sichtbar machen, sich selbst gegenüber im Sinne von Identitätsstiftung wie gegenüber der auf sie herabschauenden nicht-katholischen Öffentlichkeit.

Zur Pflege der Volksfrömmigkeit benötigt man *Orden*, genau so wie für die *Volksmissionen*, die die katholische Bevölkerung in ihrem Glauben bestärken sollen: mit flammenden Predigten, mit anschließender Beichte und Kommunion, massenhaft. So werden aufgelöste Klöster wiederbelebt und neue gegründet. Zahlen für Bayern liegen vor: Gab es 1825 dort lediglich 27 Klöster und Ordenshäuser, waren es 1837 schon 83, 1848 160 und schließlich 1864 441! Gezielt gefördert wurden dabei insbesondere romfreundliche Orden wie Jesuiten und Redemptoristen.

Vom Konzept des Ultramontanismus her erscheint es nur logisch, wenn man katholischerseits die kirchlich-konfessionelle Kontrolle über die Schule behaupten will, man will die *Konfessionsschule* einschließlich konfessioneller Lehrerbildung; eine überkonfessionelle »Christliche Gemeinschaftsschule« bleibt verpönt. Vor allem an der Frage der Konfessionsschule, zudem an der Mischehenfrage, wird sich ein scharfer Konflikt zwischen Staat und Kirche entzünden: ein *Kulturkampf*, der zunächst in Baden, dann vor allem in Preußen mit ungewohnter Heftigkeit tobt. Denn hier ging es um Prinzipien, um »ureigenste Anliegen«, die der Natur der Sache nach kaum kompromissfähig waren. Die Schulfrage blieb dabei bis in unsere Zeit auf der Tagesordnung, erst mit der Bildung der Großen Koalition 1966 ist in Baden-Württemberg die Konfessionsschulfrage einschließlich der konfessionellen Lehrerbildung ad acta gelegt worden.

Um sich im Prozess der staatlichen Willensbildung zu behaupten, muss schließlich eine eigene Partei her, die als *Zentrumspartei* dann Gestalt gewinnt – die erste Volkspartei in Deutschland, die alle sozialen Schichten und Interessen umfasst, basierend ausschließlich auf dem gemeinsamen Bekenntnis. Die Wahl dieser Partei im sich demokratisierenden Deutschland wird so zu einer politischen Form des Glaubensbekenntnisses; das Stärkeverhältnis dieser Partei sagt nichts aus über Programmatik oder personelle Präferenzen, sondern markiert ausschließlich das Ausmaß von Geschlossenheit des katholischen Bevölkerungsteils.

Mag man kirchenpolitisch-ideologisch den Ultramontanismus als rückwärtsgewandt, ja als reaktionär ansehen – von den Organisations- und Kommunikationsformen her war er äußerst modern, weitgehend seiner Zeit voraus, Maßstäbe setzend bis in unsere Zeit. Insgesamt war der Ultramontanismus ungeheuer erfolgreich, wie zuvor auf religiösem Gebiet eigentlich nur die Reformation. War zunächst der Ultramontanismus *eine* Richtung im Katholizismus unter anderen, zudem eine ausgesprochene Minderheitströmung, wurde er schließlich zur dominierenden, ja zur allein herrschenden Richtung, bis in die sechziger Jahre des 20. Jhs. hinein, bis zum Zweiten Vaticanischen Konzil und der mit ihm verbundenen Absicht des *Aggiornamento*: der – bis dahin verpönten – Öffnung gegenüber der Jetztzeit. Gegenströmungen konnten sich allenfalls »untergründig« behaupten, mit der Gefahr der Exkommunizierung, wenn sie manifest wurden. Mit dem Ultramontanismus wurde die These eines fortschreitenden, einsinnigen Säkularisierungsprozesses in Deutschland falsifiziert. Erst recht nicht wurde der Säkularisierungsprozess durch die Säkularisation der Klöster und geistlichen Herrschaften befördert – ganz im Gegenteil. Möglicherweise war die Bevölkerung nie zuvor so stark kirchlich gebunden, dogmatisch orientiert, kirchlich praktizierend und partizipierend (andächtiger Gottesdienstbesuch und Teilnahme an den Sakramenten), »kirchentreu« und »fromm« wie in der Zeit des Ultramontanismus. In der Mentalität des katholischen Bevölkerungsteils hat er tiefe Spuren hinterlassen.

Von seiner historischen Bedeutung her ist die Frage nach den *Erfolgsbedingungen* des Ultramontanismus zu stellen. Sie hängen – zumindest teilweise – eng mit der Säkularisation und ihren Folgen zusammen:

- Mit dem Verlust von Herrschaft und Besitz wurde die katholische Kirche *auf sich selbst zurück gewor-*

fen, auf den Kern von Religion und Kirche: Dogma und Spiritualität, Glaube und Frömmigkeit.

- Mit dem Verlust von Herrschaft und Besitz war die Kirche als Pfründe uninteressant geworden. Priester wurde man künftig primär aus Berufung, nicht um wirtschaftlich versorgt zu werden. Damit verbunden war eine Entfeudalisierung bzw. eine *Demokratisierung des Klerus*. Hohe Kirchenämter dienten nicht länger adeligem Macht- und Versorgungsstreben. Zwar gibt es nach wie vor Bischöfe adeliger Abkunft, doch ihre Zahl schrumpft rapide. Damit nahmen auch Selbstbewusstsein und Selbstherrlichkeit von Kirchenfürsten gegenüber dem Papst ab, Bischöfe »aus dem Volk« lassen sich leichter hierarchisch disziplinieren. So fällt es auf, dass es gerade die jungen Geistlichen sind, Kapläne und Vikare, die ultramontan gesonnen gegen die aufgeklärten, staatskirchlich eingestellten Pfarrherren Front machen, sicherlich auch im Sinne eines Generationenkonfliktes.
- Päpstliche *Personalpolitik* hat den Ultramontanismus als in ihrem Interesse wahrgenommen, staatskirchlich-aufklärerische Geistliche bei der Besetzung von Bischofsstühlen verhindert, Ultamontane bevorzugt. Das erste prominente Opfer war *Wessenberg* selbst (in Freiburg und Rottenburg).
- Mit der engagierten Förderung von Volksfrömmigkeit hat der Ultramontanismus sich eine breite *Massenbasis* schaffen können. Hier war er zweifellos besser an den menschlichen Bedürfnissen orientiert als die aufgeklärte Kirche.
- Schließlich kamen staatliche Ungeschicklichkeiten hinzu, die letztlich im *Kulturkampf* zwischen liberalem (protestantischen) Staat und katholischer Kirche mündeten. Hier setzte eine großflächige Solidarisierung ein, die dazu führte, dass im Gefolge des Kulturkampfes der Ultramontanismus zur allein das Feld beherrschenden Richtung im deutschen Katholizismus wurde.

Fazit

Säkularisation und Mediatisierung in Deutschland waren überaus folgenreich. Ihre Auswirkungen sind auch nach 200 Jahren nicht zu übersehen. Die *Länder* der Bundesrepublik Deutschland ruhen weitgehend auf den durch die »Napoleonische Flurbereinigung« geschaffenen Mittelstaaten, wenngleich deren Binnengliederung die vorangegangenen Strukturen aus der Zeit des Alten Reichs durchaus noch erkennen lässt, einschließlich der Zentrenbildung innerhalb eines System zentraler Orte im deutschen Südwesten: mit quasi »natürlichen« (das heißt: historischen) kulturellen und wirtschaftlichen Zentren. Als weiteres Erbe der Säkularisation ist das spezifisch deutsche *Verhältnis von Staat und Kirche* anzusehen, das eben nicht auf einer Trennung von Staat und Kirche beruht, sondern eine vielfältige Verquickung kennt, einschließlich Finanzleistungen an die Kirchen – als Folge von Verpflichtungen, die die deutschen Staaten mit der Säkularisation eingegangen sind.

Als Folgen der Mediatisierung sind mächtige *Adelsgeschlechter* in Süddeutschland auszumachen, die Nachfahren der mediatisierten, einstmals regierenden Häuser. Ihr politisches Gewicht und ihre soziale Stellung beruhen heute weitgehend auf ihrer ökonomischen Stellung: Eine Folge davon, dass zur Zeit der Mediatisierung noch nicht zwischen Staatsbesitz und Privatbesitz des Herrscherhauses unterschieden wurde, wodurch sie im Schnitt vermögender sind als die regierenden Häuser, die erst im Gefolge der Abschaffung der Monarchie in Deutschland nach dem Ersten Weltkrieg entthront wurden.

Schmerzlich ist der *Verlust an Kulturgütern* im Gefolge der Aufhebung der Klöster. Schmerzlicher noch, dass mit der Säkularisation auch die *Bildungseinrichtungen*, weit gestreut im Lande, wegfielen, Schulen mit höheren Bildungsangeboten, Stätten der Pflege von Kultur und Wissenschaft. So geht es nicht allein darum, dass *vorhandene* Kulturgüter zerstört wurden oder verfielen, auch die *Potenziale* für die Zukunft gingen verloren.

Bedeutender als die *direkten* Folgen der Säkularisation in Deutschland waren deren *indirekte* Auswirkungen. Hier ist vor allem die *ultramontane Wende* der katholischen Kirche zu nennen, die ohne die Französische Revolution und ohne die Säkularisation in Deutschland nicht denkbar ist. Der Ultramontanismus stellt sich als die *kirchenpolitische Schlussfolgerung der Säkularisation* in Deutschland dar.

Die Folgen dieser ultramontanen Wende der katholischen Kirche in Deutschland zogen sich über ein Jahr-

hundert hin, bis in unsere Tage. Das bedeutete auch: Zum Verlust der katholischen Bildungszentren in den geistlichen Herrschaften und insbesondere durch die Aufhebung der Klöster kam die *selbstgewählte Bildungsabstinenz* aus Furcht vor dem Zeitgeist hinzu. Beides addierte sich in fataler Weise, führte zu dem, was der Zentrumsführer *Georg Freiherr v. Hertling* und – dieses Wort dann später aufgreifend – der katholische Bildungspolitiker *Karl Erlingenhagen* 1965 in einer wissenschaftlichen Studie als das »katholische Bildungsdefizit« bezeichnet haben[12] – von dem wir nicht wissen, wie weit es inzwischen beseitigt ist, da z. B. bei der Immatrikulation in den Hochschulen die Konfession nicht mehr erhoben wird. Das Studium, abgesehen von dem der katholischen Theologie, galt prinzipiell als gefährlich, Glauben und Milieuzugehörigkeit zum Wanken bringend – auch wenn die Gründung *katholischer Studentenverbindungen* wie CV, KV, UV, RKDB und späterer eher jugendbewegter Akademikergruppen wie *Neudeutschland* (ND) auch die Studierenden katholischer Abkunft aufzufangen suchte. Dem Image der Katholiken war das keineswegs förderlich: Sie galten bis in unsere Tage als »dümmer« und rückständiger.

Aus der katholischen Bildungsabstinenz ergab sich zwangsläufig eine *Untervertretung des katholischen Bevölkerungsteils in den Funktionseliten* bis in unsere Tage, abgesehen von den politisch-parlamentarischen Eliten. Das betrifft nicht zuletzt auch die administrativen Eliten. Die Beamtenschaft war bis weit ins 20. Jh. hinein liberal-protestantisch, diesem Geist hatten sich die wenigen Katholiken dort durchweg angepasst, nicht nur aus Karrieregründen. Verstärkt wurde diese Ausrichtung dadurch, dass der katholische süddeutsche standesherrliche Adel aus Ressentiment wegen seiner Mediatisierung sich dem Staatsdienst einschließlich der militärischen Laufbahn weitgehend verweigerte. Zu der politischen Entmachtung durch die Aufhebung der geistlichen Herrschaften und der Mediatisierung der kleineren weltlichen katholischen Herrschaften kam auch hier die *selbstverschuldete Unterrepräsentation durch Abstinenz*.

Mittels Ultramontanismus hat schließlich die Säkularisation als historisches Ereignis in Deutschland die *Säkularisierung als Verweltlichungs- bzw. Entchristlichungsprozess* im katholischen Bereich nicht befördert, sondern gestoppt, für eine gewissen Zeit sogar umgekehrt, langfristig zumindest verzögert.

Die Säkularisation von vor 200 Jahren ist somit nicht Geschichte, Vergangenheit. Sie ist vielmehr wirkkräftig bis in unsere Tage.

[1] Vgl. *Hans-Georg Wehling/Angelika Hauser-Hauswirth* (Hg.), Die großen Revolutionen im deutschen Südwesten. Stuttgart 1998, insbes. die Einführung.

[2] *Rainer Beck*, Die Abschaffung der Wildnis, in: Der Bürger im Staat 44 (1994), 14–21, 18. Ferner *Ders.*, Unterfinning. Ländliche Welt vor Anbruch der Moderne. München 1993.

[3] *Hans-Otto Mühleisen*, Der politisch-literarische Kampf um die südwestdeutschen Klöster in der Zeit der Französischen Revolution, in: *Ders.* (Hg.), Die Französische Revolution und der deutsche Südwesten. Freiburg i. Br. 1989, 203 – 263.

[4] *Heinz Gollwitzer*, Die Standesherren. Die politische und gesellschaftliche Stellung der Mediatisierten 1815–1918. Ein Beitrag zur deutschen Sozialgeschichte. Göttingen 2. Aufl. 1964, 18.

[5] Vgl. *Walter-Siegfried Kircher*, Ein fürstlicher Revolutionär aus dem Allgäu. Fürst Constantin von Waldburg-Zeil 1807–1862. Kempten 1980. *Andreas Dornheim*, Adel in der bürgerlich-industrialisierten Gesellschaft. Eine sozialwissenschaftlich-historische Fallstudie über die Familie Waldburg-Zeil. Frankfurt/M 1993.

[6] *Mathias Erzberger*, Die Säkularisation in Württemberg von 1802–1810. Ihr Verlauf und ihre Nachwirkungen. Stuttgart 1902.

[7] *Hermann Schmid*, Die Säkularisation der Klöster in Baden 1802–1811. Freiburg i. Br. 1980

[8] Zusammenfassend immer noch am besten *Dietmar Stutzer*, Die Säkularisation 1803. Der Sturm auf Bayerns Kirchen und Klöster. Rosenheim 1979. Ferner *Josef Kirmeier/Manfred Treml* (Hg.), Glanz und Ende der alten Klöster. Säkularisation im bayerischen Oberland 1803. Katalog zur Ausstellung Benediktbeuern 1991. München 1991.

[9] *Vadim Oswald*, Staat und ländliche Lebenswelt in Oberschwaben 1810–1871. Leinfelden-Echterdingen 2000.

[10] *Norbert Kruse/Hans Ulrich Rudolf* (Hg.), 900 Jahre Heilig-Blut-Verehrung in Weingarten 1094–1994. Festschrift Teil 1. Sigmaringen 1994. Insbes. *Hans Ulrich Rudolf*, Die Heilig-Blut-Verehrung im Überblick. Von den Anfängen bis zum Ende der Klosterzeit (1094–1803), 3–52, und *Alfred Lutz*, Zwischen Verbot und Wiederbelebung – der Heilig-Blut-Kult in der ersten Hälfte des 19. Jhs., Ebd. 151–162, *Oswald*, Staat und ländliche Lebenswelt (wie Anm. 9), 178ff.

[11] Zusammenfassend immer noch am besten *Thomas Nipperdey*, Deutsche Geschichte 1800 – 1866. München 1983, Kap. IV, 403–423. Ferner *Ders.*, Religion im Umbruch. München 1988.

[12] *Karl Erlinghagen*, Katholisches Bildungsdefizit in Deutschland. Freiburg i. Br. 1965

Staat und Kirche nach der Säkularisation

Die Organisation der »Geistlichen Angelegenheiten« in Baden und Württemberg

von Hans-Otto Binder

Einleitung: Definition und Problem

Die Säkularisation von 1803 lässt sich nicht isoliert, sondern nur unter Einbeziehung ähnlicher Vorgänge in Europa begreifen. Was sich auf dem Gebiet des Alten Reiches abspielte, war ja in vielem die Folge der Revolution in Frankreich.[1] Gegenüber der gängigen Auffassung, Religion allgemein und Christentum im besonderen hätten seit der Französischen Revolution einen Bedeutungsverlust erfahren, wird gelegentlich sogar die gegenteilige Auffassung vertreten.[2] Die Aufgaben und Organisation des Staates veränderten sich indessen unter vielfältigem politischem, sozialem und ökonomischem Druck. Demographische und industrielle Revolution sind wohl die tiefgreifendsten und bis heute anhaltenden Umwälzungen. Es ist also nicht angebracht, die großen Veränderungen der Revolutionszeit allein oder vorwiegend unter dem Aspekt der territorialen Revolution zu betrachten. Dass die territoriale Neuordnung im wesentlichen ohne größeren Widerstand durchgeführt werden konnte, darf allerdings nicht dazu verführen, eine geheime Zustimmung anzunehmen, wie es umgekehrt auch nicht erlaubt ist, aus Nostalgie ältere Herrschaftsverhältnisse zu verklären. Es gehört zum Merkmal des Untertanen, dass er sich darüber nicht zu äußern hat. Daran haben sich die Untertanen mit wenigen Ausnahmen auch gehalten.[3]

Richtungweisend für Staat und Kirche wurde die entschädigungslose Enteignung der Kirche und die Umwandlung ihres Besitzes in Nationaleigentum am 2. November 1789 sowie die Erklärung der Menschen- und Bürgerrechte am 26. August 1789 durch die Französische Revolution. Im Artikel X war die Meinungsfreiheit und als Ausfluss davon die Religionsfreiheit mitsamt ihrer Ausübung garantiert: *Niemand soll wegen seiner Ansichten, auch nicht wegen der religiösen, behelligt werden, sofern ihre Äußerung die durch das Gesetz festgelegte Ordnung nicht stört.*

Die Formulierung war ein Kompromiss zwischen den Vertretern einer uneingeschränkten Meinungs- und Kultfreiheit und denjenigen, die der katholischen Religion das Vorrecht der herrschenden Religion bewahren wollten.[4] Besonders nachdrücklich hatte der Protestant Rabaut-St. Etienne die bloße Toleranz im Namen der Gleichberechtigung zurückgewiesen.

Die Reglementierung der Religionsausübung wurde auf die Verfassungsgebung verschoben. In Titel I der Verfassung von 1791 wurde dann in groben Zügen die neue Aufgabenverteilung skizziert: Die Überführung des Kirchenguts in Nationaleigentum wurde bestätigt. Die Aufgaben der Armenpflege, sowie die Sorge um ein allgemeines und kostenloses Schulwesen wurden der Obhut des Staates anvertraut. Das waren die Grundpositionen und Probleme, die von der Französischen Revolution auf die politische Tagesordnung gesetzt wurden und auch auf der anderen Seite des Rheins angegangen werden mussten.

Die staatliche Organisation

§ 60 des Reichsdeputationshauptschlusses (RDH) von 1803 bestimmte: *Die dermalige politische Verfassung der zu säcularisirenden Lande, in soweit solche auf gültigen Verträgen zwischen dem Regenten und*

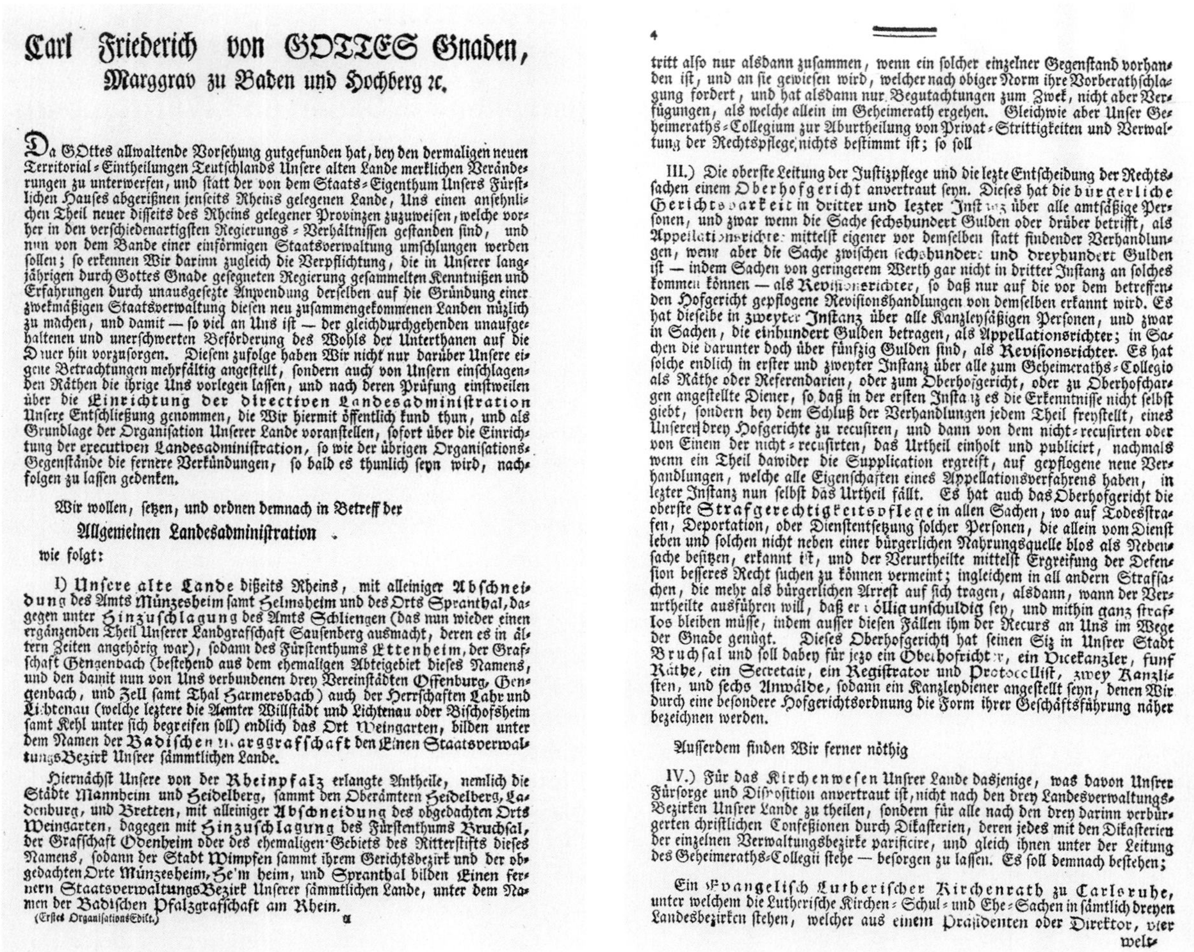

Carl Friederich von GOTTES Gnaden,
Marggrav zu Baden und Hochberg ꝛc.

Da GOttes allwaltende Vorsehung gutgefunden hat, bey den dermaligen neuen Territorial-Eintheilungen Teutschlands Unsere alten Lande merklichen Veränderungen zu unterwerfen, und statt der von dem Staats-Eigenthum Unsers Fürstlichen Hauses abgerißnen jenseits Rheins gelegenen Lande, Uns einen ansehnlichen Theil neuer dißeits des Rheins gelegener Provinzen zuzuweisen, welche vorher in den verschiedenartigsten Regierungs-Verhältnissen gestanden sind, und nun von dem Bande einer einförmigen Staatsverwaltung umschlungen werden sollen; so erkennen Wir darinn zugleich die Verpflichtung, die in Unserer langjährigen durch Gottes Gnade gesegneten Regierung gesammelten Kenntnißen und Erfahrungen durch unausgesezte Anwendung derselben auf die Gründung einer zwekmäßigen Staatsverwaltung diesen neu zusammengekommenen Landen nüzlich zu machen, und damit — so viel an Uns ist — der gleichdurchgehenden unaufgehaltenen und unerschwerten Beförderung des Wohls der Unterthanen auf die Dauer hin vorzusorgen. Diesem zufolge haben Wir nicht nur darüber Unsere eigene Betrachtungen mehrfältig angestellt, sondern auch von Unsern einschlagenden Räthen die ihrige Uns vorlegen lassen, und nach deren Prüfung einstweilen über die Einrichtung der directiven Landesadministration Unsere Entschließung genommen, die Wir hiermit öffentlich kund thun, und als Grundlage der Organisation Unserer Lande voranstellen, sofort über die Einrichtung der executiven Landesadministration, so wie der übrigen Organisations-Gegenstände die fernere Verkündungen, so bald es thunlich seyn wird, nachfolgen zu lassen gedenken.

Wir wollen, setzen, und ordnen demnach in Betreff der

Allgemeinen Landesadministration

wie folgt:

I) Unsere alte Lande dißeits Rheins, mit alleiniger Abschneidung des Amts Münzesheim samt Helmsheim und des Orts Sprantbal, dagegen unter Hinzuschlagung des Amts Schliengen (das nun wieder einen ergänzenden Theil Unserer Landgrafschaft Sausenberg ausmacht, deren es in ältern Zeiten angehörig war), sodann des Fürstenthums Ettenheim, der Grafschaft Gengenbach (bestehend aus dem ehemaligen Abteigebiet dieses Namens, und den damit nun von Uns verbundenen drey Vereinstädten Offenburg, Gengenbach, und Zell samt Thal Harmersbach) auch der Herrschaften Lahr und Lichtenau (welche leztere die Aemter Willstädt und Lichtenau oder Bischofsheim samt Kehl unter sich begreifen soll) endlich das Ort Weingarten, bilden unter dem Namen der Badischen Marggrafschaft den Einen StaatsverwaltungsBezirk Unsrer sämmtlichen Lande.

Hiernächst Unsere von der Rheinpfalz erlangte Antheile, nemlich die Städte Mannheim und Heidelberg, sammt den Oberämtern Heidelberg, Ladenburg, und Bretten, mit alleiniger Abschneidung des obgedachten Orts Weingarten, dagegen mit Hinzuschlagung des Fürstenthums Bruchsal, der Grafschaft Odenheim oder des ehemaligen Gebiets des Ritterstifts dieses Namens, sodann der Stadt Wimpfen sammt ihrem Gerichtsbezirk und der obgedachten Orte Münzesheim, Helmsheim, und Sprantbal bilden Einen fernern StaatsverwaltungsBezirk Unserer sämmtlichen Lande, unter dem Namen der Badischen Pfalzgrafschaft am Rhein.

(Erstes OrganisationsEdikt.) a

4

tritt also nur alsdann zusammen, wenn ein solcher einzelner Gegenstand vorhanden ist, und an sie gewiesen wird, welcher nach obiger Norm ihre Vorberathschlagung fordert, und hat alsdann nur Begutachtungen zum Zwek, nicht aber Verfügungen, als welche allein im Geheimerath ergehen. Gleichwie aber Unser Geheimeraths-Collegium zur Aburtheilung von Privat-Strittigkeiten und Verwaltung der Rechtspflege nichts bestimmt ist; so soll

III.) Die oberste Leitung der Justizpflege und die lezte Entscheidung der Rechtssachen einem Oberhofgericht anvertraut seyn. Dieses hat die bürgerliche Gerichtsbarkeit in dritter und lezter Instanz über alle amtsäßige Personen, und zwar wenn die Sache sechshundert Gulden oder drüber betrifft, als Appellationsrichter mittelst eigener vor demselben statt findender Verhandlungen, wenn aber die Sache zwischen sechshundert und dreyhundert Gulden ist — indem Sachen von geringerem Werth gar nicht in dritter Instanz an solches kommen können — als Revisionsrichter, so daß nur auf die vor dem betreffenden Hofgericht gepflogene Revisionshandlungen von demselben erkannt wird. Es hat dieselbe in zweyter Instanz über alle Kanzleysäßigen Personen, und zwar in Sachen, die einhundert Gulden betragen, als Appellationsrichter; in Sachen die darunter doch über fünfzig Gulden sind, als Revisionsrichter. Es hat solche endlich in erster und zweyter Instanz über alle zum Geheimeraths-Collegio als Räthe oder Referendarien, oder zum Oberhofgericht, oder zu Oberhofchargen angestellte Diener, so daß in der ersten Instanz es die Erkenntnisse nicht selbst giebt, sondern bey dem Schluß der Verhandlungen jedem Theil freystellt, eines Unserer drey Hofgerichte zu recusiren, und dann von dem nicht-recusirten oder von Einem der nicht-recusirten, das Urtheil einholt und publicirt, nachmals wenn ein Theil dawider die Supplication ergreift, auf gepflogene neue Verhandlungen, welche alle Eigenschaften eines Appellationsverfahrens haben, in lezter Instanz nun selbst das Urtheil fällt. Es hat auch das Oberhofgericht die oberste Strafgerechtigkeitspflege in allen Sachen, wo auf Todesstrafen, Deportation, oder Dienstentsetzung solcher Personen, die allein vom Dienst leben und solchen nicht neben einer bürgerlichen Nahrungsquelle blos als Nebensache besitzen, erkannt ist, und der Verurtheilte mittelst Ergreifung der Defension besseres Recht suchen zu können vermeint; ingleichem in all andern Strafsachen, die mehr als bürgerlichen Arrest auf sich tragen, alsdann, wann der Verurtheilte ausführen will, daß er völlig unschuldig sey, und mithin ganz straflos bleiben müsse, indem ausser diesen Fällen ihm der Recurs an Uns im Wege der Gnade genügt. Dieses Oberhofgericht hat seinen Siz in Unsrer Stadt Bruchsal und soll dabey für jezo ein Oberhofrichter, ein Vicekanzler, fünf Räthe, ein Secretair, ein Registrator und Protocollist, zwey Kanzlisten, und sechs Anwälde, sodann ein Kanzleydiener angestellt seyn, denen Wir durch eine besondere Hofgerichtsordnung die Form ihrer Geschäftsführung näher bezeichnen werden.

Ausserdem finden Wir ferner nöthig

IV.) Für das Kirchenwesen Unsrer Lande dasjenige, was davon Unsrer Fürsorge und Disposition anvertraut ist, nicht nach den drey Landesverwaltungs-Bezirken Unsrer Lande zu theilen, sondern für alle nach den drey darinn verbürgerten christlichen Confeßionen durch Dikasterien, deren jedes mit den Dikasterien der einzelnen Verwaltungsbezirke parificire, und gleich ihnen unter der Leitung des Geheimeraths-Collegii stehe — besorgen zu lassen. Es soll demnach bestehen;

Ein Evangelisch Lutherischer Kirchenrath zu Carlsruhe, unter welchem die Lutherische Kirchen- Schul- und Ehe-Sachen in sämtlich dreyen Landesbezirken stehen, welcher aus einem Präsidenten oder Direktor, vier welt-

Verhältnis Kirche–Staat in Baden
Erstes Badisches Organisationsedikt, 4.2.1803, S. 1, 4 u. 5.
GLA Karlsruhe.

dem Lande, auch andern reichsgesetzlichen Normen ruht, soll ungestört erhalten, jedoch in demjenigen, was zur Civil- und Militair-Administration und deren Verbesserung und Vereinfachung gehört, dem neuen Landesherrn freie Hand gelassen werden.

Das Großherzogtum Baden

Baden hat zwischen der Bewahrung der alten Ordnung und der Forderung nach grundlegenden Neuordnungen zunächst einen Weg des Kompromisses gesucht. Die beiden maßgebenden Politiker dieser Zeit waren Johann Nikolaus Brauer (1754–1813) und Sigismund v. Reitzenstein (1766–1847), beide keine gebürtigen Badener. Brauer war 1774 in den Dienst des Markgrafen Karl Friedrich von Baden getreten, zunächst im Hofrats- und Kirchenratskollegium und seit 1790 als Mitglied im Geheimen Rat . Er war maßgeblich an der Organisation der inneren Verwaltung von Staat und Kirche beteiligt und Hauptverfasser der Organisationsedikte von 1803. Reitzenstein war 1789 in badische Dienste getreten. 1797 wurde er Gesandter in Frankreich und vertrat geschickt die badischen Interessen. So wurde er der erfolgreichste Diplomat Ba-

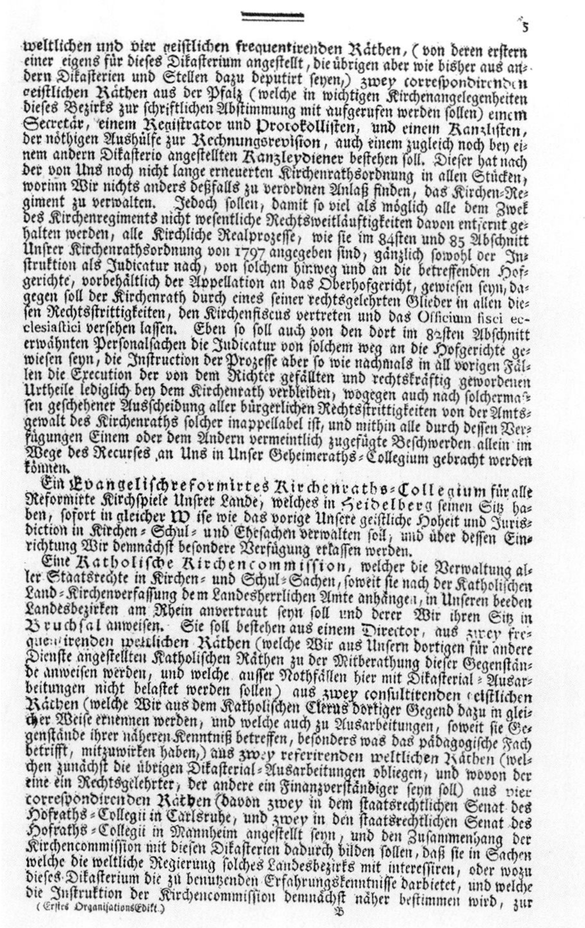

5

weltlichen und vier geistlichen frequentirenden Räthen, (von deren erstern einer eigens für dieses Dikasterium angestellt, die übrigen aber wie bisher aus andern Dikasterien und Stellen dazu deputirt seyen,) zwey correspondirenden geistlichen Räthen aus der Pfalz (welche in wichtigen Kirchenangelegenheiten dieses Bezirks zur schriftlichen Abstimmung mit aufgerufen werden sollen) einem Secretär, einem Registrator und Protokollisten, und einem Kanzlisten, der nöthigen Aushülfe zur Rechnungsrevision, auch einem zugleich noch bey einem andern Dikasterio angestellten Kanzleydiener bestehen soll. Dieser hat nach der von Uns noch nicht lange erneuerten Kirchenrathsordnung in allen Stücken, worinn Wir nichts anders deßfalls zu verordnen Anlaß finden, das Kirchen-Regiment zu verwalten. Jedoch sollen, damit so viel als möglich alle dem Zwek des Kirchenregiments nicht wesentliche Rechtsweitläuftigkeiten davon entfernt gehalten werden, alle Kirchliche Realprozesse, wie sie im 84sten und 85 Abschnitt Unsrer Kirchenrathsordnung von 1797 angegeben sind, gänzlich sowohl der Instruktion als Judicatur nach, von solchem hinweg und an die betreffenden Hofgerichte, vorbehältlich der Appellation an das Oberhofgericht, gewiesen seyn, dagegen soll der Kirchenrath durch eines seiner rechtsgelehrten Glieder in allen diesen Rechtsstrittigkeiten, den Kirchenfiscus vertreten und das Officium fisci ecclesiastici versehen lassen. Eben so soll auch von den dort im 82sten Abschnitt erwähnten Personalsachen die Judicatur von solchem weg an die Hofgerichte gewiesen seyn, die Instruction der Prozesse aber so wie nachmals in all vorigen Fällen die Execution der von dem Richter gefällten und rechtskräftig gewordenen Urtheile lediglich bey dem Kirchenrath verbleiben, wogegen auch nach solchermassen geschehener Ausscheidung aller bürgerlichen Rechtsstrittigkeiten von der Amtsgewalt des Kirchenraths solcher inappellabel ist, und mithin alle durch dessen Verfügungen Einem oder dem Andern vermeintlich zugefügte Beschwerden allein im Wege des Recurses an Uns in Unser Geheimeraths-Collegium gebracht werden können.

Ein **Evangelischreformirtes Kirchenraths-Collegium** für alle Reformirte Kirchspiele Unsrer Lande, welches in **Heidelberg** seinen Sitz haben, sofort in gleicher Weise wie das vorige Unsere geistliche Hoheit und Jurisdiction in Kirchen- Schul- und Ehesachen verwalten soll, und über dessen Einrichtung Wir demnächst besondere Verfügung erlassen werden.

Eine **Katholische Kirchencommission**, welcher die Verwaltung aller Staatsrechte in Kirchen- und Schul-Sachen, soweit sie nach der Katholischen Land-Kirchenverfassung dem Landesherrlichen Amte anhängen, in Unseren beeden Landesbezirken am Rhein anvertraut seyn soll und derer Wir ihren Sitz in **Bruchsal** anweisen. Sie soll bestehen aus einem Director, aus zwey frequentirenden weltlichen Räthen (welche Wir aus Unsern dortigen für andere Dienste angestellten Katholischen Räthen zu der Mitberathung dieser Gegenstände anweisen werden, und welche ausser Nothfällen hier mit Dikasterial-Ausarbeitungen nicht belastet werden sollen) aus zwey consultirenden geistlichen Räthen (welche Wir aus dem Katholischen Clerus dortiger Gegend dazu in gleicher Weise ernennen werden, und welche auch zu Ausarbeitungen, soweit sie Gegenstände ihrer näheren Kenntniß betreffen, besonders was das pädagogische Fach betrifft, mitzuwirken haben,) aus zwey referirenden weltlichen Räthen (welchen zunächst die übrigen Dikasterial-Ausarbeitungen obliegen, und wovon der eine ein Rechtsgelehrter, der andere ein Finanzverständiger seyn soll) aus vier correspondirenden Räthen (davon zwey in dem staatsrechtlichen Senat des Hofraths-Collegii in Carlsruhe, und zwey in den staatsrechtlichen Senat des Hofraths-Collegii in Mannheim angestellt seyn, und den Zusammenhang der Kirchencommission mit diesen Dikasterien dadurch bilden sollen, daß sie in Sachen welche die weltliche Regierung solches Landesbezirks mit interessiren, oder wozu dieses Dikasterium die zu benutzenden Erfahrungskenntnisse darbietet, und welche die Instruktion der Kirchencommission demnächst näher bestimmen wird, zur

(Erstes OrganisationsEdikt.) B

dens. 1809 wurde er an die Spitze des Staatsministeriums berufen. Reitzenstein war der radikalere Neuerer. Natürlich sollte die alte Zersplitterung in kleine und kleinste Herrschaften nicht einfach weitergeführt werden, aber der Gedanke, an deren Stelle einen einheitlich regierten und verwalteten Staat zu errichten, war noch zu neu. Brauer wollte mehr an das Alte anschließen, während Reitzenstein z. B. darauf drängte, die Breisgauer Stände aufzulösen.[5] Mit den 13 Organisationsedikten schloss Brauer an das Überkommene an.[6] Das erste Edikt vom 4. Februar 1803 regelte die Landesadministration. Es teilte die Länder ein in die *Badische Markgrafschaft*, die *Badische Pfalzgrafschaft am Rhein* und das *Fürstenthum am Bodensee*. An der Spitze des Gesamtstaats stand das *Geheimeraths-Collegium*. Die Geschäfte wurden in drei Departements besorgt: der *Staatsrat* behandelte die Haus- und Auswärtigen Angelegenheiten samt Post und Landesarchiv, der *Regimentsrath* die Landesgesetzgebung und staatsrechtlichen Angelegenheiten, dem *Finanzrath* fiel die Leitung der staatswirtschaftlichen Aufgaben zu. Diese Departements bereiteten die Entscheidungen vor, die aber letztlich vom Geheimrat getroffen wurden. Neben diesen drei Departements gab es noch die Einteilung des Geheimrats in *Conferenzen*. Auf der *allgemeinen Conferenz* hatten Minister, Räte und Referendare anwesend zu sein. Dann gab es noch auf Einberufung durch den Landesherrn *die Geheime Conferenz*, die *Evangelische* und die *Katholische Conferenz*. Diese bestanden je aus den evangelischen bzw. katholischen Mitgliedern des Geheimerats und sollten die Aufrechterhaltung der Kirchenverfassung sichern. Als weiteres zentrales Leitungsgremium war das *Oberhofgericht* für die Entscheidung in Rechtssachen zuständig. Weiter gab es noch *Generalcommissionen* für das Forstwesen, den Straßen- und Wasserbau, für staatliche Hochbauten, für das Gesundheitswesen und eine für die Arbeitshäuser. Auch die Kirchenorganisation wurde im 1. Edikt geregelt. Die Allgemeine Landesadministration oblag den Regierungen der drei Provinzen mit den Regierungssitzen Karlsruhe, Mannheim und Meersburg. Mit der Verordnung vom 20. März 1807 wurde dann ein erster Anlauf zur Einführung des Ressortprinzips genommen. Die kollegialische Organisation blieb zwar beibehalten, aber es wurden vier Ministerien geschaffen: 1. für allgemeine Staatsangelegenheiten, 2. für Justiz, 3. für Polizeiwesen und 4. für Finanzen. Brauer übernahm selbst das Polizeidepartement, zu dem die Kirchen und das Bildungswesen gehörten. Erst mit der Berufung Reitzensteins 1809 wurde eine wirkliche Neuorganisation vorgenommen. Er löste die Provinzen wieder auf, ersetzte sie durch 10 Kreise mit 118 Ämtern und schuf eine einheitliche Verwaltung des Landes und damit auch die Voraussetzungen für eine Amalgamierung der Bevölkerung. Der Geheime Rat wurde abgeschafft und ein Ministerium mit den fünf klassischen Ressorts Auswärtiges, Justiz, Finanz, Inneres und Krieg mit Ministerkonferenzen aber ohne besonderes Kabinettsministerium gebildet.[7] Die Übernahme des *Code Napoléon* als

Konfessionen in Baden[19]

	Evangelisch	Katholisch	Dissidenten	Mennoniten	Israeliten
1821	335.024	719.378	–	1.512	16.640
1846	433.273	908.490	467	1.519	23.737

Badisches Landrecht, noch von Brauer betrieben, unterstrich die Orientierung am französischen Vorbild. Die Absicht, den Staatsumbau mit einer Repräsentativverfassung abzuschließen, enthielt schon das Organisationsedikt v. Dalbergs. Der Anstoß dazu kam durch äußere Einflüsse und aus den dynastischen Bedürfnissen.[8] Reitzenstein war aber von der Notwendigkeit einer Verfassung überzeugt, denn er glaubte, nur so das wesentlich von ihm Zusammengebrachte *durch die lebendigen Kräfte des Volksganzen zusammenfassen zu können.* Mit der Ausarbeitung wurde Karl Friedrich Nebenius (1784–1857) beauftragt, der als II. Kammer eine reine Abgeordnetenkammer mit einem relativ liberalen Wahlrecht vorschlug.[9] Die Verfassung vom 22. August 1818 garantierte die wichtigsten Grundrechte sowie die politischen Rechte der drei christlichen Konfessionen und sicherte die Einheit des künstlichen Staates.[10]

Das Königreich Württemberg

Herzog Friedrich befand sich seit seinem Regierungsantritt in einer dauernden Auseinandersetzung mit den Ständen. Die territoriale Neuordnung und die Erlangung der Königswürde und das Ende des Alten Reichs gaben ihm die Gelegenheit, sich von der Mitregierung der ungeliebten Stände zu befreien. So wurden die Neuerwerbungen nicht in das Land inkorporiert, aber auch nicht in den alten Herrschaftsformen belassen. Sie wurden am 1. Januar 1803 in den drei Landvogteien Ellwangen, Rottweil und Heilbronn zusammengefasst und eine Oberlandesregierung in Ellwangen für Neuwürttemberg gebildet.[11] Sie war zuständig für Justiz und Finanzen. Leitender Minister wurde Philipp Christian v. Normann (1756–1817), der Württemberg bei der Reichsdeputation in Regensburg vertreten hatte. Am 18. März 1806 hob Friedrich die landständische Verfassung auf und konnte nun Alt- und Neuwürttemberg unter seiner absolutistischen Herrschaft vereinigen.[12] Es wurde nun das Ressortprinzip eingeführt und ein Staatsministerium gebildet mit den Departements: für auswärtige Angelegenheiten, für das Innere, die Justiz, Krieg, Finanzen und das *Geistliche Departement.* Dessen erster Minister wurde Ulrich Leberecht v. Mandelsloh (1760–1827), ein Zögling der Karlsschule und Vertreter des Absolutismus. Sein Geschäftskreis war: der Kultus der evangelischen wie der katholischen Religion, sowie der anderen im Staat tolerierten Religionsgemeinschaften und die Aufsicht über die Universität Tübingen und alle Bildungsanstalten. Ihm unterstand das *Ober-Consistorium* für das evangelische Kirchen- und Schulwesen, das theologische Stift in Tübingen, sowie die evangelischen Klosterschulen. Es bestand aus einem Präsidenten, einem Direktor, drei weltlichen und drei geistlichen Räten. Für die Wahrung der weltlichen Rechte wurde für die katholische Kirche ein *Geistlicher Rath*[13] mit zwei weltlichen und einem geistlichen Rat als Mitglieder gebildet. Als dritte Behörde hatte die *Studien-Ober-Direction* die Aufsicht über sämtliche Lehranstalten und war auch zuständig für die wissenschaftlichen Fächer. Auch sie bestand aus zwei weltlichen und einem geistlichen Rat.

Der Abschluss des Verfassungskampfes, der durch die Zustimmung des Königs zum Prinzip der Vereinbarung möglich wurde[14], brachte dann die Wiedereinfüh-

Konfessionen im Kgr. Württemberg 1875

Evangelisch	Katholisch	Andere Christen	Israeliten	Andere Rel.
1.296.650	567.578	4.167	12.881	229

rung des Geheimen Rats, jedoch wurde das Ressortprinzip mit verantwortlichen Ministern beibehalten (§ 51 VU). Die Einteilung in Kreise und Oberämter wurde festgeschrieben. Das repräsentative Element war deutlich schwächer als in Baden. In der Kammer der Abgeordneten waren neben den gewählten Abgeordneten noch 13 Mitglieder des reichsritterschaftlichen Adels, sechs protestantische Generalsuperintendenten, der katholische Landesbischof[15], ein Mitglied des Domkapitels, der am längsten amtierende katholische Dekan und der Kanzler der Universität vertreten.

Die Kirchen und Konfessionen im modernen Staat

Die bisherige Religionsübung eines jeden Landes soll – wie es in § 63 RDH heißt – gegen Aufhebung und Kränkung aller Art geschützt seyn; insbesondere jeder Religion der Besitz und ungestörte Genuß ihres eigenthümlichen Kirchenguts, auch Schulfonds nach der Vorschrift des Westphälischen Friedens ungestört verbleiben; dem Landesherrn steht jedoch frei, andere Religionsverwandte zu dulden und ihnen den vollen Genuß bürgerlicher Rechte zu gestatten.

Die Religionsgemeinschaften

Die Territorien des Alten Reichs waren seit dem Augsburger Religionsfrieden konfessionell homogen. Neben den drei anerkannten christlichen Konfessionen, Katholiken, Lutheranern und Reformierten, gab es nur noch die jüdische Minderheit. Eine weitere Ausnahme wurde für die wenigen orthodoxen Christen gemacht, die durch Heiraten an die Höfe gekommen waren. Die Zugehörigkeit zu einer Konfession war praktisch zwingend. Selbst dort, wo der Staat Glaubens- und Gewissensfreiheit garantierte, war damit nur die freie Wahl der Religionszugehörigkeit gemeint, nicht aber Konfessionslosigkeit. In Preußen genügte die Mitteilung an den Richter, in Württemberg musste der Entschluss dem bisherigen Seelsorger angezeigt werden. In Baden erlaubte das Konstitutionsedikt den freien Wechsel von einem Glaubenbekenntnis zum anderen.[16] Wer zu keiner der anerkannten Konfessionen gehörte, war gezwungen auszuwandern, was aber nicht immer möglich war. Auch wer vom Protestantismus zum Katholizismus übertrat, musste noch 1740 das Land verlassen. Erst die Frankfurter Reichsverfassung von 1849 hat dann die Religion in § 144 konsequent privatisiert: *Jeder Deutsche hat volle Glaubens- und Gewissensfreiheit. Niemand ist verpflichtet, seine religiöse Überzeugung zu offenbaren.* Das Dissidentengesetz vom 9. April 1872 in Württemberg ermöglichte die Bildung *religiöser Vereine* unabhängig von einer staatlichen Genehmigung, aber es ging letztlich von einer *gemeinsamen Religionsübung* der Staatsbürger aus.[17] Erst das preußische Gesetz vom 14. Mai 1873 regelte nicht nur den Übertritt zu einer anderen Religionsgemeinschaft, sondern auch den Kirchenaustritt.[18]

In Baden war die Markgrafschaft lutherisch, die Pfalz reformiert und Südbaden katholisch. Vor der territorialen Neuordnung gab es noch 6.510 Juden mit geringeren Rechten, etwa 1,5% der Bevölkerung.

1846 waren erstmals Dissidenten gezählt worden, wobei nicht klar ist, ob es sich um christliche oder nichtchristliche Dissidenten handelte. 1875 waren dann die Angaben etwas präziser; jetzt wurde sogar nach Freireligiösen und Konfessionslosen unterschieden. Nach wie vor gab es außer Israeliten kaum nichtchristliche Religionszugehörige.[20]

Das evangelische Württemberg war vor den Neuerwerbungen konfessionell geschlossen. Eine kleine geduldete Minderheit bildeten die *Reformierten*: Waldensergemeinden in der Gegend von Mühlacker und aus Mömpelgard Zugezogene. Sie zählten etwa 1.700 Einwohner. Mit der Verordnung vom 25. Oktober 1791 wurden die *Mennoniten* geduldet, sie konnten aber kein Bürger- oder Beisitzrecht erwerben.[21] *Katholiken* durften, wenn sie überhaupt geduldet waren, ihre Religion nur privat und in aller Stille ausüben. Sie erhielten erst 1798 das Recht, in Stuttgart und Ludwigsburg ein Bethaus zu errichten.[22] *Juden* waren nur in den Kammerorten des Herzogs, Freudental und Hochberg, geduldet und zählten vor 1800 etwa 500 Einwohner. *Orthodoxe* waren durch die russischen Heiraten des Hofes nach Württemberg gekommen. In diese Übergangsphase fällt auch die Tolerierung der Brüdergemeinden und Freikirchen im badischen Königsfeld (1806) sowie in Korntal[23] und Wilhelms-

dorf.[24] Die Mennoniten auf dem Lauterbacher Hof wurden mit Erlass vom 25. Oktober 1801 geduldet.[25] An den Größenordnungen hatte sich im 19. Jh. bis zur Reichsgründung nicht viel verändert. Die Volkszählung vom 1. Dezember 1875 ergab:
Von den ganz wenigen Angehörigen »anderer Religionen« lebte die Hälfte in der Hauptstadt.[26]

Der konfessionell neutrale Staat

Auf dem Wiener Kongress wurde auch die konfessionelle Frage behandelt und versucht, eine Art Rahmen für die deutschen Bundesstaaten zu finden. Das Ergebnis war die Vorschrift gleicher Rechte der Konfessionen in Art. 16: *Die Verschiedenheit der christlichen Religions-Partheyen kann in den Ländern und Gebieten des deutschen Bundes keinen Unterschied in dem Genusse der bürgerlichen und politischen Rechte begründen.*
Der zweite Absatz stellte eine einheitliche Regelung der Gleichstellung des jüdischen Glaubens in Aussicht. Doch ist es dazu von Bundes wegen nicht gekommen. Selbst die Bestandssicherung wurde nicht zuverlässig garantiert. Bei dem Satz *Jedoch werden den Bekennern dieses Glaubens bis dahin die denselben von den einzelnen Bundesstaaten bereits eingeräumten Rechte erhalten,* wurde der Akzent auf *von* gelegt und die unter französischer Herrschaft *in* den Staaten eingeführten Bestimmungen aufgehoben. So blieb das anfängliche Ziel der Gleichstellung unerreicht und diese Entscheidung beeinflusste auch die Konfessionspolitik im Südwesten.

Großherzogtum Baden
Baden hatte im 3. Organisationsedikt über Religionsübung und Religionsduldung vom 11. Februar 1803 eine erste Bestimmung über das Zusammenleben seiner drei christlichen Konfessionen gemacht und auf Ängste in dieser Hinsicht reagiert. Das Edikt behandelte die Bürgeraufnahme, Eheschließung und Feiertagsordnung.[27] Nur in schon gemischten Orten war die freie Niederlassung erlaubt. In unvermischten Städten sollte aus wirtschaftlichen Erwägungen der Zuzug fremder Religionsverwandter gestattet werden können. In unvermischte landwirtschaftliche Dörfer sollte der Zuzug in der Regel nicht möglich sein. Die Untertanen wurden gehalten, anderen Religionsverwandten gegenüber Achtung zu erzeigen und *nie Scherz oder Spott über Gegenstände sich zu erlauben, welche für den andern Gegenstände des religiösen Cultus sind.* Niemand dürfe *in dem vollen Umfang der Rechte der Gewissensfreyheit in Beziehung auf sich, seine Familie und Hausgenossen, gehindert werden.* Zu dieser Freiheit gehörte auch, dass bei gemischten Orten kein Religionsteil vom anderen die Unterlassung weltlicher Arbeit an den eigenen Feiertagen fordern durfte.
Bei der Bestellung von Staatsdienern sollte Qualifikation und Anciennität (Dienstalter) entscheiden. In gemischten Landesteilen sollte allerdings immer auf eine gewisse Verhältnismäßigkeit geachtet werden. Dagegen sollte bei der Besetzung der unteren Staatsämter in unvermischten Orten die Religionszugehörigkeit möglichst berücksichtigt werden.
Die Verfassung von 1818 garantierte dann den *Landeseinwohnern* [...] *Gewissensfreiheit und in Ansehung der Art seiner Gottesverehrung den gleichen Schutz* (§ 18). Aber er gewährte nur den Angehörigen der drei christlichen Konfessionen die gleichen politischen Rechte (§ 19) und den gleichen Zugang zu allen Civil- und Militärstellen sowie den Kirchenämtern (§ 9).[28]

Württemberg
Das Religionsedikt vom 14. Februar 1803 für Neuwürttemberg gewährte den drei christlichen Konfessionen die freie Religionsübung, den Genuss ihres Kirchenguts und die Gleichberechtigung bei Stellenbesetzungen. Der Zugang zum Staatsdienst sollte nur noch nach Fähigkeit und Verdienst geregelt werden.[29] Die Gemeinden waren gehalten, Zugezogene in ihr Bürgerrecht aufzunehmen und keinerlei *Religions-Partheilichkeit* stattfinden zu lassen; die Gemeindeämter standen solchen Mitbürgern aber nur eingeschränkt offen.[30] Er entsprach damit der Zusage, *daß sämtlichen Entschädigungslanden ihre bisherige Religions-Übung, und jeder christlichen Konfession der Besiz und ungestörte Genuß ihres eigenthümlichen Kirchenguts, soweit solches keiner Säkularisation unterworfen ist, so wie ihre Schulfonds, nach der Vorschrift der Reichs-Geseze, verbleiben solle.* Für die Ausübung der Toleranz spielte auch die Nützlichkeit eine Rolle, denn Friedrich war der Überzeugung, dass diese *Industrie*, *sittliche Bildung* und *Wohlstand* för-

Nro. 112. 1807.

Königlich-Württembergisches Staats- und Regierungs-Blatt.

Dienstag, 15. Dec.

Religions-Edict, vom 15. Oct. 1806. *)

Friderich, von Gottes Gnaden, König von Württemberg ꝛc. ꝛc. ꝛc.

Fügen hiemit zu wissen: Um Unsern Königl. Unterthanen, zu welcher der bisher aufgenommenen christlichen Religionspartheien sie auch gehören, eine freie und ungehinderte Religionsübung in dem ganzen Umfang Unseres Königreichs zu sichern, setzen Wir hiemit folgende, dem Geiste der wahren Christenthums entsprechende Bestimmungen fest:

I. Jede christliche Kirche, sie gehöre zu den beiden protestantischen oder zur katholischen Confession, hat gleiche Ansprüche auf Unsern Königl. Schutz. In dieser Gemäßheit sichern Wir jeder kirchlichen Gemeinde die Fortdauer ihrer bisherigen Religionsübung und den Genuß ihrer nach Vorschrift Unserer Geseze zu verwaltenden Güter und Einkünfte, so wie ihres Schulfonds zu.

II. Wenn an einem Orte Unseres Reichs bisher nur Eine Religionsübung statt fand, die Genossen einer andern Confession sich aber in diesem Orte so sehr vermehren, daß sie eine kirchliche Gemeinde bilden können; so werden Wir ihnen auf ihr allerunterthänigstes Ansuchen die freie Uebung ihrer Religion, nach den Vorschriften ihres Cultus, in dem Innern eines Kirchengebäudes allergnädigst gestatten. Es muß jedoch der zu Einrichtung des Gottesdiensts nöthige Aufwand ohne Kosten und Beschwerniß der zu einer andern Confession gehörigen Mitglieder der Gemeinde und ihrer Fundationen aufgebracht werden können, indem Wir nie gestatten werden, daß Ein Religionstheil sich in den Mitgebrauch und Mitgenuß der Güter, Einkünfte und Stiftungen der Kirche eines andern Religionstheils eindringe.

III. Können die von der herrschenden Confession eines Orts dissentirenden Einwohner eine besondere kirchliche Gemeinde nicht bilden; so ist ihnen unbenommen, nicht nur die benachbarte Kirche ihres Cultus zu besuchen, sondern auch einen Geistlichen ihrer Confession zum häuslichen Religions- und Kinderunterricht, so wie zu Administrirung der Sacramente,

*) Man wiederholt hier diese Allerhöchste Verordnung, weil dieselbe nach ihrem ganzen Inhalt in einigen Gegenden des Königreichs nicht genug bekannt geworden zu seyn scheint.

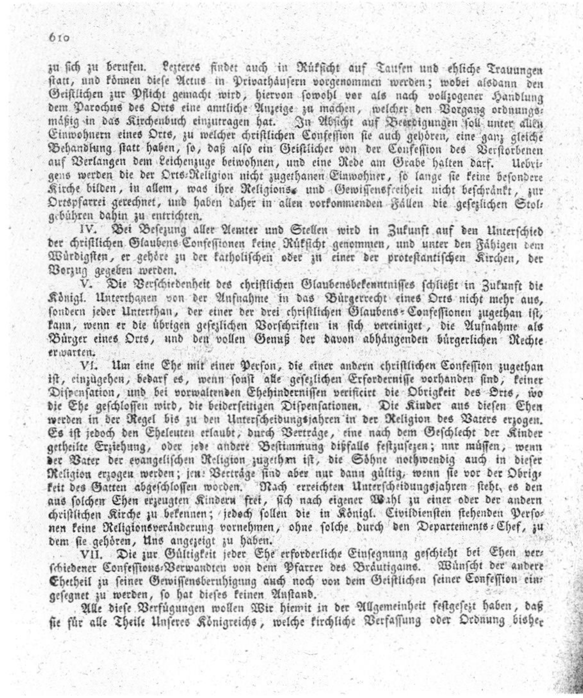

610

zu sich zu berufen. Lezteres findet auch in Rücksicht auf Taufen und eheliche Trauungen statt, und können diese Actus in Privathäusern vorgenommen werden; wobei alsdann den Geistlichen zur Pflicht gemacht wird, hiervon sowohl vor als nach vollzogener Handlung dem Parochus des Orts eine amtliche Anzeige zu machen, welcher den Vorgang ordnungsmäßig in das Kirchenbuch einzutragen hat. In Absicht auf Beerdigungen soll unter allen Einwohnern eines Orts, zu welcher christlichen Confession sie auch gehören, eine ganz gleiche Behandlung statt haben, so, daß also ein Geistlicher von der Confession des Verstorbenen auf Verlangen dem Leichenzuge beiwohnen, und eine Rede am Grabe halten darf. Uebrigens werden die der Orts-Religion nicht zugethanen Einwohner, so lange sie keine besondere Kirche bilden, in allem, was ihre Religions- und Gewissensfreiheit nicht beschränkt, zur Ortspfarrei gerechnet, und haben daher in allen vorkommenden Fällen die gesezlichen Stolgebühren dahin zu entrichten.

IV. Bei Besezung aller Aemter und Stellen wird in Zukunft auf den Unterschied der christlichen Glaubens-Confessionen keine Rücksicht genommen, und unter den Fähigen dem Würdigsten, er gehöre zu der katholischen oder zu einer der protestantischen Kirchen, der Vorzug gegeben werden.

V. Die Verschiedenheit des christlichen Glaubensbekenntnisses schließt in Zukunft die Königl. Unterthanen von der Aufnahme in das Bürgerrecht eines Orts nicht mehr aus, sondern jeder Unterthan, der einer der drei christlichen Glaubens-Confessionen zugethan ist, kann, wenn er die übrigen gesezlichen Vorschriften in sich vereiniget, die Aufnahme als Bürger eines Orts, und den vollen Genuß der davon abhängenden bürgerlichen Rechte erwarten.

VI. Um eine Ehe mit einer Person, die einer andern christlichen Confession zugethan ist, einzugehen, bedarf es, wenn sonst alle gesezlichen Erfordernisse vorhanden sind, keiner Dispensation, und bei vorwaltenden Ehehindernissen verificirt die Obrigkeit des Orts, wo die Ehe geschlossen wird, die beiderseitigen Dispensationen. Die Kinder aus diesen Ehen werden in der Regel bis zu den Unterscheidungsjahren in der Religion des Vaters erzogen. Es ist jedoch den Eheleuten erlaubt, durch Verträge, eine nach dem Geschlecht der Kinder getheilte Erziehung, oder jede andere Bestimmung dißfalls festzusezen; nur müssen, wenn der Vater der evangelischen Religion zugethan ist, die Söhne nothwendig auch in dieser Religion erzogen werden; jene Verträge sind aber nur dann gültig, wenn sie vor der Obrigkeit des Gatten abgeschlossen worden. Nach erreichten Unterscheidungsjahren steht es den aus solchen Ehen erzeugten Kindern frei, sich nach eigener Wahl zu einer oder der andern christlichen Kirche zu bekennen; jedoch sollen die in Königl. Civildiensten stehenden Personen keine Religionsveränderung vornehmen, ohne solche durch den Departements-Chef, zu dem sie gehören, Uns angezeigt zu haben.

VII. Die zur Gültigkeit jeder Ehe erforderliche Einsegnung geschieht bei Ehen verschiedener Confessions-Verwandten von dem Pfarrer des Bräutigams. Wünscht der andere Ehetheil zu seiner Gewissensberuhigung auch noch von dem Geistlichen seiner Confession eingesegnet zu werden, so hat dieses keinen Anstand.

Alle diese Verfügungen wollen Wir hiemit in der Allgemeinheit festgesezt haben, daß sie für alle Theile Unseres Königreichs, welche kirchliche Verfassung oder Ordnung bisher

Verhältnis Kirche–Staat in Württemberg
Württembergisches Religionsedikt, 15.10.1806.
Kgl. Württembergisches Staats- und Regierungsblatt Nr. 112, 1807.

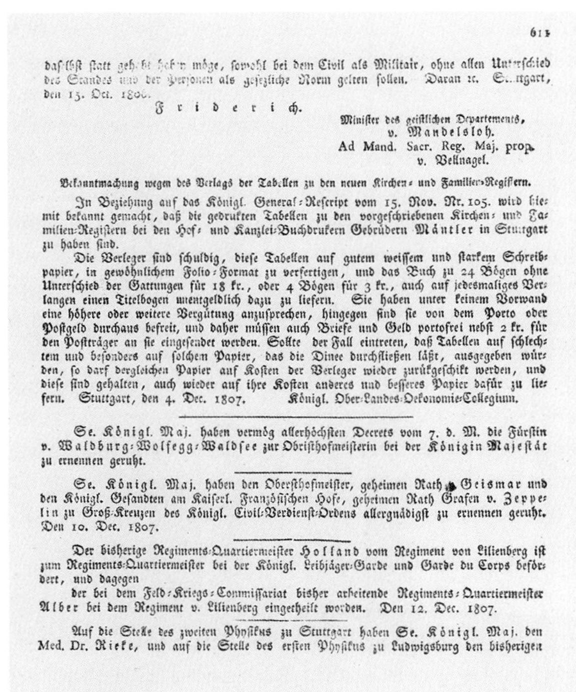

611

daselbst statt gehabt haben möge, sowohl bei dem Civil als Militair, ohne allen Unterschied des Standes und der Personen als gesezliche Norm gelten sollen. Daran ꝛc. Stuttgart, den 15. Oct. 1806.

Friderich.

Minister des geistlichen Departements, v. Mandelsloh.
Ad Mand. Sacr. Reg. Maj. prop. v. Vellnagel.

Bekanntmachung wegen des Verlags der Tabellen zu den neuen Kirchen- und Familien-Registern.

In Beziehung auf das Königl. General-Rescript vom 15. Nov. Nr. 105. wird hiemit bekannt gemacht, daß die gedrukten Tabellen zu den vorgeschriebenen Kirchen- und Familien-Registern bei den Hof- und Kanzlei-Buchdrukern Gebrüdern Mäntler in Stuttgart zu haben sind.

Die Verleger sind schuldig, diese Tabellen auf gutem weissem und starkem Schreibpapier, in gewöhnlichem Folio-Format zu verfertigen, und das Buch zu 24 Bögen ohne Unterschied der Gattungen für 18 kr., oder 4 Bögen für 3 kr., auch auf jedesmaliges Verlangen einen Titelbogen unentgeldlich dazu zu liefern. Sie haben unter keinem Vorwand eine höhere oder weitere Vergütung anzusprechen, hingegen sind sie von dem Porto oder Postgeld durchaus befreit, und daher müssen auch Briefe und Geld portofrei nebst 2 kr. für den Postträger an sie eingesendet werden. Sollte der Fall eintreten, daß Tabellen auf schlechtem und besonders auf solchem Papier, das die Dinte durchfließen läßt, ausgegeben würden, so darf dergleichen Papier auf Kosten der Verleger wieder zurükgeschikt werden, und diese sind gehalten, auch wieder auf ihre Kosten anderes und besseres Papier dafür zu liefern. Stuttgart, den 4. Dec. 1807. Königl. Ober-Landes-Oekonomie-Collegium.

Se. Königl. Maj. haben vermög allerhöchsten Decrets vom 7. d. M. die Fürstin v. Waldburg-Wolfegg-Waldsee zur Obristhofmeisterin bei der Königin Majestät zu ernennen geruht.

Se. Königl. Maj. haben den Oberstihofmeister, geheimen Rath v. Geismar und den Königl. Gesandten am Kaiserl. Französischen Hofe, geheimen Rath Grafen v. Zeppelin zu Groß-Kreuzen des Königl. Civil-Verdienst-Ordens allergnädigst zu ernennen geruht. Den 10. Dec. 1807.

Der bisherige Regiments-Quartiermeister Holland vom Regiment von Lilienberg ist zum Regiments-Quartiermeister bei der Königl. Leibjäger-Garde und Garde du Corps befördert, und dagegen der bei dem Feld-Kriegs-Commissariat bisher arbeitende Regiments-Quartiermeister Alber bei dem Regiment v. Lilienberg eingetheilt worden. Den 12. Dec. 1807.

Auf die Stelle des zweiten Physikus zu Stuttgart haben Se. Königl. Maj. den Med. Dr. Rieke, und auf die Stelle des ersten Physikus zu Ludwigsburg den bisherigen

dern könnte. In Alt-Württemberg blieb das Erfordernis der evangelischen Religion zur Niederlassung dagegen bestehen.[31] Die neuen Bürger wurden aufgefordert, auch ihrerseits Toleranz gegenüber anderen Religionen zu üben. Erst mit der vollen Souveränität und dem Zusammenschluss von Neu- mit Altwürttemberg wurde die freie Religionsübung und Niederlassung allen christlichen Untertanen auch in Altwürttemberg zugesichert.[32] Das Religionsedikt vom 15. Oktober 1806 gewährte diese Rechte nun den christlichen Konfessionen im ganzen Königreich. Allerdings wurde in Rangfragen den evangelischen Geistlichen vor den katholischen ein Vorrang eingeräumt, weil sie die Religion des Königs vertreten.[33]

Die württembergische Verfassung von 1819[34] garantierte wie die badische den Staatsbürgern Gewissensfreiheit ohne Unterschied der Religion (§§ 24, 27). Die freie und öffentliche Religionsausübung wurde dagegen nur den christlichen Konfessionen zugesichert

(§ 70). Nur ihnen wurden auch die staatsbürgerlichen Rechte gewährt (§ 27; wurde am 31.12.1861 aufgehoben).

Juden[35]
Es ist bemerkenswert, wie lange die staatsbürgerliche Gleichberechtigung auf die drei christlichen Konfessionen beschränkt blieb. Ausgenommen waren damit nicht nur die Juden, sondern auch die Angehörigen nicht anerkannter christlicher Gemeinschaften und die von nichtchristlichen Religionen. Es waren also nicht wirklich religiös neutrale Staaten.
Die Juden Badens erhielten mit dem 1. Organisationsedikt vom 14. Mai 1807 die Möglichkeit, Staatsbürger zu werden. Mit dem 6. Edikt vom 4. Juni 1808 wurden sie dann auch zu Staatsämtern zugelassen; in den Gemeinden blieb ihnen allerdings das freie Niederlassungsrecht noch lange verwehrt. Die volle Gleichberechtigung der israelitischen Konfession wurde nach langen Kämpfen erst 1862 erreicht.[36]
Die jüdische Bevölkerung Württembergs war fast ausschließlich in Neuwürttemberg ansässig. Mit der Aufhebung der ständischen Verfassung entfiel auch die bisherige Ausschließung der Juden aus Altwürttemberg. Dennoch dauerte es noch eine geraume Zeit, bis sie sich auch dort niederlassen konnten. In den an ihn herangetragenen Einzelfällen erwies sich der König als großzügig, und 1808 gab er den Entwurf für eine generelle Verordnung zur rechtlichen Gleichstellung in Auftrag. Ganz im Gegensatz zu seinem sonstigen Verhalten ließ er sich aber in diesem Fall durch die Kritik von seinem Vorhaben abbringen und verzichtete dann doch auf eine allgemeine Regelung. 1820 hatte dann die Abgeordnetenkammer eine gesetzliche Regelung gefordert, die dann aber erst 1828 zustande kam. Das Gesetz stellte schwer zu erfüllende Bedingungen für Freizügigkeit und Berufswahl und gewährte noch keine religiöse Gleichberechtigung. Dagegen schuf es eine den christlichen Kirchen nachgebildete Organisation.

Die Organisation der Kirchen

Die evangelischen Kirchen
In Baden wurde die kirchliche Organisation zusammen mit der staatlichen im 1. Organisationsedikt landeseinheitlich geregelt. Für die Lutherischen gab es den *Evangelisch-Lutherischen Kirchenrath* in Karlsruhe mit einem Präsidenten sowie vier weltlichen und geistlichen Räten, der zuständig war für Kirchen-, Schul- und Ehesachen. Für ihn galt weiterhin die Kirchenratsordnung von 1797. Das *Evangelisch-Reformirte Kirchenraths-Collegium* hatte seinen Sitz in Heidelberg. Mit dem 1. Konstitutionsedikt wurden die neuen Kirchenkollegien wieder aufgelöst. Die beiden evangelischen Kirchen erhielten einen gemeinsamen Oberkirchenrat in Karlsruhe und zwei Kirchenökonomiekommissionen in Karlsruhe und Heidelberg.[37] Das war der erste Schritt zu einer »Union von oben«. Es dauerte jedoch noch einige Jahre bis der Unionsgedanke sich in Baden durchsetzte. Bei der Bevölkerung brachten erst die Feiern zum Jubiläum der Reformation einen weiteren großen Schritt auf dem Weg zur Union. Mit einer Generalsynode beider Bekenntnisse wurde die Union am 26. Juli 1821 beschlossen.[38]
In Württemberg war wegen der Einteilung in Alt- und Neuwürttemberg auch die evangelische Kirche zunächst getrennt organisiert. Für Neuwürttemberg wurde ein Oberkonsistorium in Heilbronn geschaffen, zu dem die Dekanate Hall, Heilbronn, Aalen, Esslingen und Reutlingen gehörten. Es bestand aus dem Heilbronner Landvogt sowie einem weltlichen und geistlichen Konsistorialrat.[39] Mit dem Dekret vom 14. Juni 1807 wurden dann sämtliche Neuerwerbungen sowie die Patrimonialpfarreien zu einer einheitlichen Kirchenorganisation zusammengeschlossen und am 21. Oktober 1823 nochmals zur genaueren Abstimmung mit den politischen Grenzen verändert.[40] Die wenigen Reformierten, zu denen auch die Waldensergemeinden bei Mühlacker gerechnet wurden, waren im Dekanat Cannstatt zusammengeschlossen. Ihre Vereinigung mit der lutherischen Landeskirche wurde vom König verfügt.[41] Lediglich die Brüdergemeinden Korntal und Wilhelmsdorf wahrten ihre Selbstständigkeit.

Die Katholische Kirche
Obwohl schon der RDH das Ende des Reichs und damit auch seiner Kirchenverfassung gebracht hatte, war die Reichsdeputation noch von einer reichsgesetzlichen Regelung ausgegangen: *Die Erz- und Bischöflichen Diöcesen aber verbleiben in ihrem bisherigen Zustande, bis eine andere Diöcesaneinrichtung*

auf reichsgesetzliche Art getroffen seyn wird, wovon dann auch die Einrichtung der künftigen Domkapitel abhängt, hieß es in § 62 RDH.

Das Konkordat mit Frankreich vom 15. Juli 1801 schien den zu beschreitenden Weg aufzuzeigen und eine neue kirchliche Ordnung auf dem Weg eines Reichskonkordats zu ermöglichen. Dalberg und auch Napoleon selbst strebten nach 1806 dann eine Regelung für den Rheinbund an. Noch auf dem Wiener Kongress gab es Bestrebungen für eine bundeseinheitliche Lösung. Auch die neuen Souveräne bevorzugten Landesorganisationen.

In Württemberg gab es vor den Neuerwerbungen keine katholischen Gemeinden. Die etwa 450.000 Katholiken, die Württemberg nun bekommen hatte, lebten in 650 Pfarreien, die zu fünf verschiedenen Bistümern gehörten. Es war aber kein Bischofssitz dabei. Für kirchliche Angelegenheiten war zunächst die Oberlandesregierung in Ellwangen zuständig. Von staatlicher Seite war mit dem Organisationsdekret vom 18. März 1806 die Einheitlichkeit des Landes hergestellt. Das *Geistliche Departement* war nun zuständig für die kirchlichen Angelegenheiten des Gesamtstaats, der *Geistliche Rat* war die Behörde für die katholische Kirche und hatte die Souveränitätsrechte des Königs der Kirche gegenüber zu wahren.

Nuntius della Genga war von der Kurie beauftragt, die Verhandlungen mit Bayern und Württemberg zu führen. Am 25. September 1807 begannen in Stuttgart die Gespräche mit dem Minister für die geistlichen Angelegenheiten Ulrich Leberecht Graf v. Mandelsloh. Die Verhandlungen waren schon ziemlich weit gediehen, da wurde della Genga nach Paris beordert, weil Napoleon keine Partikularkonventionen wollte. Ob die ausgehandelte Konvention schon unterschriftsreif oder nur ein Entwurf war, wurde von den Beteiligten unterschiedlich gesehen.[42] Das Projekt hatte zwei Bistümer mit Ellwangen und Rottweil als Bischofssitzen vorgesehen. Nach dem Scheitern der Verhandlungen mit della Genga beschritt der König einen anderen Weg, um zu einem Landesbistum zu kommen. Er ernannte am 28. September 1812 den Stiftsdekan von Ellwangen, Franz Karl Fürst v. Hohenlohe, zum Generalvikar.

Am 17. Februar 1817 starb mit v. Dalberg der letzte Bischof von Konstanz, der am längsten die Idee einer Reichskirche vertreten hatte. Zur Konstanzer Diözese gehörte der größte Teil des katholischen Württemberg. Nach den württembergischen Teilen des Bistums Augsburgs und Würzburgs wurden nun auch die der Diözesen Konstanz, Worms und Speyer dem Ellwangener Generalvikar unterstellt. Damit waren die äußeren Voraussetzungen für ein Landesbistum geschaffen. Nachdem die Idee einer Reichskirche gescheitert war, vereinbarten eine Reihe von Klein- und Mittelstaaten ein gemeinsames Vorgehen. Auf Initiative des früheren württembergischen Kultusministers und nunmehrigen Bundestagsgesandten v. Wangenheim begannen am 24. März 1818 die Konferenzen von Frankfurt. Obwohl keine vollständige Einigung erzielt werden konnte,

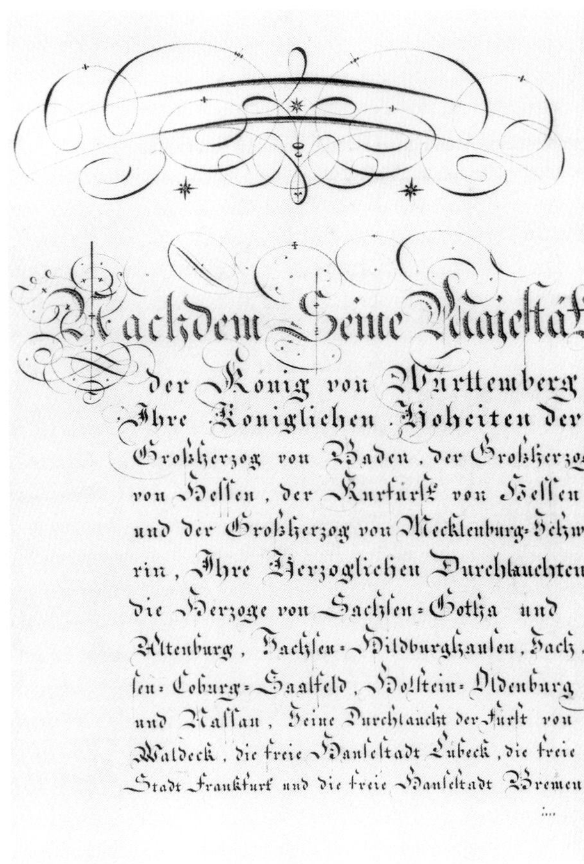
Nachdem Seine Majestät der König von Württemberg, Ihre Königlichen Hoheiten der Großherzog von Baden, der Großherzog von Hessen, der Kurfürst von Hessen, und der Großherzog von Mecklenburg-Schwerin, Ihre Herzoglichen Durchlauchten, die Herzoge von Sachsen-Gotha und Altenburg, Sachsen-Hildburghausen, Sachsen-Coburg-Saalfeld, Holstein-Oldenburg, und Nassau, Seine Durchlaucht der Fürst von Waldeck, die freie Hansestadt Lübeck, die freie Stadt Frankfurt und die freie Hansestadt Bremen, ...

Oberrheinische Kirchenprovinz
Erste Seite des Staatsvertrags über die Errichtung der Oberrheinischen Kirchenprovinz.
HSA Stuttgart.

führten die Verhandlungen doch zu dem Ergebnis, dass durch die Bulle *Provida sollersque* vom 16. August 1821 die Bistümer Rottenburg (Württemberg), Freiburg (Baden und Hohenzollern), Limburg (Nassau und Frankfurt) neu errichtet wurden. Zusammen mit den neu umgrenzten Bistümern Mainz (Hessen-Darmstadt) und Fulda (Hessen-Kassel) bildeten sie das neue Erzbistum mit Sitz in Freiburg. Die Verlegung des Generalvikariats nach Rottenburg erfolgte wegen der Randlage Ellwangens. Geistlicher Rat Johann Baptist Keller (1774–1845) war zunächst zum Provikar und dann zum Titularbischof (von Evara) ernannt worden. Nach dem Tod v. Hohenlohes am 9. Oktober 1819 folgte Keller als Generalvikar und wurde vom Papst am 16. Februar 1820 bestätigt. Aber Keller musste auf seine feierliche Einsetzung als Bischof noch bis zum 28. Mai 1828 warten.

In der Verfassung hatte der Staat der Kirche zwar Autonomie in inneren Angelegenheiten gewährt (§ 71), aber er beanspruchte weiterhin das obersthoheitliche Schutz- und Aufsichtsrecht und die Genehmigung für Verordnungen der Kirchengewalt (§ 72).

Ähnlich wie in Württemberg gehörten die katholischen Gebiete des neuen Baden zu fünf verschiedenen ehemaligen Bistümern (Konstanz, Basel, Straßburg, Speyer, Worms und Mainz); es hatte dabei allerdings erheblich mehr an geistlichen Einrichtungen miterworben.

Durch das 1. Organisationsedikt vom 4. Februar 1803 war die *Katholische Kirchencommission* für die zwei Landbezirke am Rhein gebildet worden. Sie hatte ihren Sitz in Bruchsal und bestand aus einem Direktor, zwei *frequentirenden* weltlichen Räten, zwei *consultirenden* geistlichen Räten, zwei *referirenden* weltlichen Räten und vier *correspondirenden* Räten aus den Hofratskollegien Karlsruhe und Mannheim. Zu ihrer Aufgabe gehörte die *Verwaltung aller Staatsrechte in Kirchen- und Schulsachen.* Mit dem 3. Organisationsedikt vom 11. Februar 1803 wurde die Religionsübung und -duldung geregelt. Durch das 1. Konstitutionsedikt 1807 wurden die drei Kirchenkollegien wieder aufgelöst. Die Kirchengewalt der katholischen Kirche wurde einem noch gar nicht vorhandenen Bischof übertragen, der seinen ständigen Aufenthalt im Lande haben musste.[43] Die Bischofsgewalt der verschiedenen Diözesen *sollte nur* noch zu Lebzeiten der jetzigen Amtsinhaber gelten, *dann aber nur noch provisorisch* von *einer der andern noch in Amtsgewalt befindlichen Bischöfl. Rathsstellen* übernommen werden. Die staatliche Kirchengewalt wurde von der Kirchenkommission auf eine Ökonomiekommission bei den drei Provinzregierungen übertragen und damit gegenüber dem gemeinsamen Oberkirchenrat der evangelischen Kirchen in Karlsruhe abgewertet.[44] Damit wurde der Druck auf Rom zur Einleitung von Verhandlungen über die Bildung einer Landesdiözese verstärkt. Ein großes Problem bei der Schaffung eines badischen Landesbistums war, dass Generalvikar Wessenberg als prominenter Aufklärer der Kurie nicht genehm war. Selbst nach der Bulle *Provida sollersque* wurde erst 1827 Bernhard Boll (1756–1836) als erster Erzbischof von Freiburg päpstlich bestätigt.

Die israelitischen Religionsgemeinschaften

Die Angehörigen der *jüdischen Nation*, wie es noch in der badischen Verordnung vom 4. Juni 1808 hieß, wurden zwar aus der Leibeigenschaft entlassen, die rechtliche Gleichstellung wurde aber von ihrem Bestreben nach einer besseren Bildung abhängig gemacht. Ihre kirchliche Organisation wurde mit der Verordnung vom 13. Januar 1809 vom Staat ziemlich einseitig verfügt.[45] Von nun an war *die Judenschaft des Großherzogthums [...] ein eigener konstitutionsmäßig aufgenommener Religionstheil unseres Landes* mit eigenem Kirchenregiment. Die jüdische Bevölkerung wurde zusammengefasst in *Ortssinagogen* mit einem Rabbiner und einem Ortsältesten. Der staatlichen Organisation entsprechend gab es als Mittelbehörden drei *Provinzsinagogen* mit einem Landrabbiner und zwei Landältesten. An der Spitze stand ein *Oberrat,* gebildet aus einem Obervorsteher, zwei Landrabbinern, zwei weltlichen und drei zugeordneten Oberräten. Erster Obervorsteher wurde Hoffaktor Elkan Reutlinger.[46]

In Württemberg gestand das Gesetz von 1828[47] den Israeliten die öffentliche Religionsausübung zu, und es regelte auch ihre Organisation. Jeder israelitische Religionsangehörige hatte einer Kirchengemeinden mit Synagoge und Kirchenvorsteher anzugehören (Art. 49). Ihre Rabbiner mussten auf der Universität ein vorbereitendes Studien mit einer Vorprüfung und ihr eigentliches Studium mit einer ordentlichen Staatsprüfung abgeschlossen haben. Danach wurden sie von der

Ober-Behörde vorgeschlagen und von der Staatsregierung ernannt. Nach ihrer Ernennung mussten sie sich auf Gehorsam gegenüber den Staatsgesetzen verpflichten (Art. 52). Die zweite Dienstprüfung wurde dann vor der versammelten Oberkirchenbehörde durch den Theologen und einen Rabbiner abgenommen.[48] Die Ober-Behörde war zuständig für das gesamte israelitische Kirchen- und Armenwesen und bestand aus einem Vertreter der Regierung und mindestens vier israelitischen Beisitzern (Art. 57). Sie war eine staatliche Einrichtung. Zur Sicherung ihrer Aufgaben, musste jede Gemeinde einen Kirchenfonds und die Gemeinschaft einen Zentralfonds anlegen (Art. 58). Durch die Verordnung vom 3. August 1832 war die israelitische Religionsgemeinschaft Württembergs in 41 Gemeinden und 13 Rabbinate eingeteilt. Die jüdischen Volksschulen unterstanden seit 1828 je nach den Größenverhältnissen in den Gemeinden der katholischen oder evangelischen Oberschulbehörde.

Zentralprobleme im Verhältnis Staat–Kirche

Das Personenstandswesen

Das sog. *Personenstandswesen* war insgesamt eine kirchliche Angelegenheit oder doch wenigstens vom Staat an die Kirche delegiert. Konfliktträchtig waren Eheschließung, Ehescheidung und Taufe. Nach katholischem Kirchenrecht war die Ehe ein Sakrament und deshalb unauflöslich. Bei schweren Eheverstößen war lediglich eine Trennung von Tisch und Bett ohne Wiederverheiratung möglich. Nach protestantischem Verständnis war Ehe ein *weltlich Ding*.[49] So gab es hinsichtlich der Ehe zwei verschiedene Konfessionskulturen. Der *Codex Maximilianeus Bavaricus Civilis* von 1756 überließ Eheschließung und Trennung ausschließlich dem Kirchenrecht. Das *Allgemeine Bürgerliche Gesetzbuch* Österreichs von 1811 entsprach weitgehend dem katholischen Eherecht: Eheverträge begründeten grundsätzlich eine unzertrennliche Gemeinschaft (§ 44). Ehen zwischen Christen und Nichtchristen waren nicht möglich bzw. ungültig (§ 64). Bei christlichen Mischehen musste die Einwilligung vor dem katholischen Pfarrer erklärt werden (§ 72). Für zerrüttete Ehen war nur die Trennung von Tisch und Bett möglich (§ 103). Dagegen konnten nichtkatholische Christen und Juden sich scheiden lassen, wenn es ihre Religionsvorschriften erlaubten (§§ 115, 133). In Frankreich war schon vor dem *Code civil* die obligatorische Zivilehe und die Möglichkeit der Ehescheidung eingeführt worden. Mit dem *Code civil* von 1804 wurde das gesamte Personenstandswesen verstaatlicht (Buch I, Titel II). Der Code behielt die Zivilehe (Buch I, Titel V, Kap. 2, § 165) und die Möglichkeit der Ehescheidung bei. Die Scheidung wurde durch ein richterliches Urteil ausgesprochen (Buch I, Titel VI, Kap. 2, § 234). Die Scheidung im gegenseitigen Einverständnis wurde allerdings nicht leicht gemacht (Buch I, Titel VI, Kap. III). Das *Allgemeine Landrecht für die preußischen Staaten* von 1783 überließ den Kirchen das Recht der Eheschließung und machte auch die konfessionellen Mischehen von den Kirchen abhängig (Buch II, Titel I, Abschn. 3, §§ 136, 137). Dagegen war eine Mischehe mit einem Angehörigen einer nichtchristlichen Religion praktisch unmöglich, denn dieser musste sich den christlichen Ehegesetzen unterwerfen (Buch II, Titel I, Abschn. 1, § 36). In Bezug auf die Ehescheidung war das Allgemeine Landrecht am liberalsten: Da der Zweck der Ehe, die Erzeugung von Kindern, in einer zerrütteten Ehe nicht mehr erreicht werden könne, solle eine zweite Heirat erleichtert werden. *Unüberwindliche Abneigung* war ein ausreichender Scheidungsgrund (Buch II, Titel I, Abschn. 8, § 668). Die Scheidung wurde von einem bürgerlichen Gericht vollzogen.

In Baden wurde die Eheordnung zunächst im 3. Edikt über die Religionsübung und -duldung festgelegt. Danach stand die Eheschließung im freien Belieben der Bürger; die rechtliche Gültigkeit der Ehe war allein abhängig vom weltlichen Trauschein. Dennoch blieben die Ehesachen bei unvermischten Ehen weiterhin den geistlichen Gerichten übertragen. Bei gemischten Ehen sollten die Kinder ohne Unterschied des Geschlechts in der Religion des Vaters erzogen werden. Von Ehescheidung war in diesem Edikt nicht die Rede. Die Eheordnung vom 15. Juli 1807 war ein Musterbeispiel für ein verwirrendes Gesetz. Einerseits wurde an der Weltlichkeit der Ehe festgehalten: *Die Ehen an sich, als ein bürgerlicher Vertrag betrachtet, und alle daraus fließende bürgerliche Gerechtsame und Verbindlichkeiten erhalten ihre Wesenheit,*

Kraft und Bestimmung ganz und einzig von den landesfürstlichen Gesetzen (Art.1). Daran anschließend wurde eingeschränkt: *Diese Gesetze heben damit die kirchliche Natur dieses Vertrags nicht auf, und können also niemals eine solche Anwendung erhalten, womit ein Theil genöthiget würde, etwas zu thun oder zu unterlassen, wobey ihn die Grundsätze seiner Kirche für das Gegentheil verpflichten* (Art. 2) Die Zweideutigkeit wurde in der Bestimmung über die Trauung fortgesetzt: *Die Trauung selbst, als Staatshandlung betrachtet, ist die Vernehmung, Bestättigung und Beurkundung des Pfarrers* (Art. 19). Die an sich unauflösliche Ehe (Art. 42) war eben nicht unauflöslich: Gelang der obligatorische Versöhnungsversuch vor dem Pfarrer nicht, so konnte die Ehe mit einem einfachen *Trennungsschein* von der *Oberpolizey-Behörde* aufgelöst werden (Art. 44).[50] 1809 führte Brauer dann den Code civil in Baden ein und damit die Zivilehe und Ehescheidung. Die Eheschließung und die Führung der Standesbücher erfolgte allerdings durch die Pfarrer aller Konfessionen, auch die Rabbiner; dadurch entstand eine gewisse Konfusion und ein jahrzehntelanger Mischehenstreit.[51]

In Württemberg war allein die kirchlich geschlossene Ehe gültig, Ehescheidung aber möglich. Kinder sollten bei Mischehen in der Religion des Vaters erzogen werden, doch war es den Ehepartnern erlaubt, vertraglich eine andere Regelung festzulegen, allerdings mit einer gewichtigen Ausnahme: War der Vater evangelisch, mussten die Söhne in jedem Fall evangelisch erzogen werden.[52] Es ist erstaunlich, dass die katholische Kirche dies ohne Widerspruch akzeptiert hat. Erst mit ihrem Wiedererstarken kam es dann auch in Württemberg nach 1830 zu einem Mischehenstreit.[53]

Solange die Konfessionen getrennt und die Territorien noch nicht konfessionell gemischt waren, waren die unterschiedlichen Eheordnungen nicht in Konflikt geraten. Die große territoriale Revolution der Säkularisation und Mediatisierung hatte zu Staaten mit verschiedenen Konfessionen geführt und damit auch verstärkt zum Problem der Mischehen. Solange die Neuerwerbungen in gesonderter Verwaltung blieben und sich die Idee des zentralistischen, integrativen Staats, der seinen Bürgern Rechtsgleichheit gewährte, noch nicht durchgesetzt hatte, hielten sich die Mischehen noch in Grenzen. In Baden wollte man den status quo zunächst behalten. Das 3. badische Organisationsdekret vom 11. Februar 1803 über Religionsübung und Religionsduldung wollte die Mobilität in Grenzen halten: Nur in Orten mit gemischter Religion sollte die Bürgeraufnahme unabhängig von der Religionsausübung möglich sein. In unvermischten Orten sollten dagegen in der Regel keine fremden Religionszugehörigen aufgenommen werden. Einheiratende Frauen waren von dieser Bestimmung ausgenommen. Weitere Ausnahmen waren nur aus wirtschaftlichen Gründen möglich und mussten von der Regierung genehmigt werden.[54] Aber Mobilität wurde zum Signum der bürgerlichen Gesellschaft, und die zunehmende Freizügigkeit und Niederlassungsfreiheit für Staatsangehörige führten zu einer stärker konfessionell gemischten Gesellschaft. Am Anfang waren es vorwiegend nur staatliche Beamte, die absichtlich in Territorien mit einer mehrheitlich anderen Konfession geschickt wurden. Mit der Entfesselung der Wirtschaftsordnung und der Industrialisierung zogen jedoch auch Tagelöhner und Arbeiter in größerem Umfang hinter der Arbeit her, so dass sich nicht nur Konfessionen sondern auch soziale Schichten stärker vermischten. Dieser Prozess wurde vom Staat zunächst eher zögerlich, dann immer entschlossener gefordert und gefördert. Ein erster Schritt dazu war in Württemberg nach der Herstellung der Einheit des Landes die Genehmigung des freien Zugs innerhalb des Landes für die drei christlichen Konfessionen.[55]

Die Armenpflege

§ 65 RDH *Fromme und milde Stiftungen sind, wie jedes Privateigenthum zu konserviren, doch so, daß sie der landesherrlichen Aufsicht und Leitung untergeben bleiben.* Diese Formulierung des § 65 RDH stand ganz im Zeichen einer schon länger bestehenden Tendenz, über die frommen und milden Stiftungen im Wege des Aufsichtsrechts zu verfügen. Die Armenfürsorge war ein klassisches Feld der kirchlichen Tätigkeit. Stifte und Klöster gründeten im 12. Jh. Hospitäler für Arme, Alte, Waisen, Kranke und Invalide. Auch die Pflicht der Kommunen auf Unterstützung ihrer unschuldig in Not geratener Bürger hat ihre Wurzeln im Mittelalter.[56] Die materielle Grundlage der kirchlichen Caritas beruhte auf einer umfangreichen Ausstattung der Kir-

che mit frommen und milden Stiftungen und Einrichtungen. Eine klare und konsequente Aufgabenteilung zwischen Kirche und Kommune gab es nicht, und ebenso wurden die Mittel für unterschiedliche Bedürfnisse eingesetzt. So wurden die Fonds zum Ausbau und Erhalt der Kirchen häufig auch entgegen dem Stiftungszweck für das Schulwesen verwendet. Da Schule und Kirche zusammengehörten, wurde dies nicht als zweckwidrig aufgefasst. Im Zweifel mussten die pia corpora aber auch für weltliche Zwecke herhalten.[57]
Beide Staaten garantierten in ihren Verfassungen den Erhalt und zweckentsprechenden Gebrauch der Stiftungen (Baden § 20, Württemberg § 70). Im 10. badischen Edikt war jedoch festgehalten, dass die Gemeinden für die Armenversorgung auf die Almosen und *Kirchspiel-Fonds* zurückgreifen dürfen.
In Württemberg wurde mit Verordnung vom 9. Juli 1811 die Verwaltung des Stiftungswesens erheblich verändert. Denn es habe bei *der Administration dieser Institute bis zur höchsten Ungerechtigkeit und Unterdrückung der Armuth steigende Mißbräuche* gegeben, die dadurch abzustellen seien, dass *Alles Vermögen mit Ausnahme des Vermögens der Commune* [...] *den Königl. Cameral-Verwaltern zur Administration zu übergeben* [sei]. Damit übernahm das Finanz-Departement die Oberaufsicht über die milden Stiftungen.[58]
Das Edikt über die Verwaltung der Stiftungen unterstellte sie der gemeinsamen Obhut der geistlichen und weltlichen Ortsvorsteher. Aus Gemeinderat und Ortsgeistlichen wurde der Stiftungsrat gebildet, der dann wieder die Stiftungspfleger wählte. Gemeinderat und Bürgerausschuss wurden gestärkt, weil sie nach Meinung der Regierung aus eigenem finanziellen Interesse sparsam wirtschaften würden. 1822 wurde diese Verordnung nun als Gesetz wiederholt und nur unwesentlich verändert. Das Stiftungsvermögen durfte auf keinen Fall angegriffen werden; notfalls mussten die Ausgaben für die Stiftungszwecke eingestellt werden. Die Konfessionen sollten insofern berücksichtigt werden, als in gemischten Gemeinden bei rein gottesdienstlichen Zwecken die jeweiligen Mitglieder der anderen Konfession abtraten. Die örtliche Aufsicht hatte der Kirchenkonvent aus Ortsgeistlichen, Ortsvorsteher, Stiftungspfleger und zwei bis drei Mitgliedern des Stiftungsrats. Er hatte *für die Erhaltung der Sitten-, Kirchen- und Schul-Polizei Sorge zu tragen*.[59]
Der Gedanke, bürgerliche und kirchliche Gemeinde in einer kombinierten staatlich-privaten Landesorganisation zu vereinen, lag auch der Idee eines landesweiten Wohltätigkeitsvereins zu Grunde. Die von Königin Katharina initiierte Zentralleitung in Stuttgart versuchte, in Oberämtern und Gemeinden ein flächendeckendes Vereinsnetz aufzubauen.[60]
Die Tendenz, kirchliche Wohltätigkeit aus dem öffentlichen Bereich zu verdrängen und als Privatangelegenheit zu verstehen, korrespondierte mit der katholischen Caritasbewegung und der evangelischen *Inneren Mission*.[61] Baden ging in dieser Beziehung besonders rigoros vor. Mit den Kirchengesetzen 1860 unterstellte es auch *das Vermögen, welches den kirchlichen Bedürfnissen* [...] *gewidmet ist* [...], der gemeinsamen Leitung von Kirche und Staat. Der letzte Schritt in dieser Richtung war, neue Stiftungen zukünftig nur noch zu erlauben, wenn sie staatlich genehmigt worden waren. Stiftungen für Armen- und Krankenpflege galten im allgemeinen nicht als kirchliche Stiftungen.[62]
Das **jüdische Armenwesen** ging ebenso wie das christliche auf biblische Vorschriften zurück und besaß seine eigene Tradition. Das dürfte aber nicht der einzige Grund gewesen sein, warum das Armenwesen dieser Minderheit noch längere Zeit in eigener Hand blieb. Die badische Juden-Verordnung von 1809[63] argumentierte: *Da das Armenwesen von jeher hauptsächlich als Anhang des Kirchenwesens behandelt wurde, und sowohl wegen der getheilt bleibenden Stiftungsmittel, als auch wegen der mancherley eigenen religiösen Verpflichtungen desfalls auf sich haben, abgesondert bleiben muß; so haben dieselben ihre Armen, Waisen und Kranken allein zu versorgen.* Sie konnten auch an allgemeinen Einrichtungen teilnehmen, wenn deren Mitglieder einverstanden waren (Art. VII).
Das württembergische Gesetz von 1828 hat ebenfalls der israelitischen Kirchenbehörde die Armenversorgung zugewiesen (Art. 21), obwohl mit diesem Gesetz jeder *einheimische Israelit* wenigstens Beisitzer einer Gemeinde war (Art. 11) und als solcher Anspruch auf Unterstützung gehabt hätte. Jeder israelitischen Kirchengemeinde wurde die Schaffung von örtlichen Fonds *für Kirchen-, Schul- und Armen-Bedürfnisse* zur Pflicht gemacht (Art. 58). Nur wenn die Kirchengemeinde zu arm war, musste die bürgerliche Gemeinde zusammen mit dem zu bildenden israelitischen Zent-

ralfonds (Art. 57) die Armenversorgung übernehmen (Art. 21 Abs. 2).[64]
Was letztlich der Grund war, die Juden so lange vom vollen Gemeindebürgerrecht auszuschließen, ist vor allem im Falle des liberalen Badens noch nicht richtig klar.[65] Auf jeden Fall zählten die Juden in dieser Zeit zum ärmeren Teil der Bevölkerung, so dass angenommen werden kann, dass sich die Kommunen vor möglichen Lasten fürchteten. In vielen Fällen war dies allerdings mehr eine Schutzbehauptung. Die Weiterexistenz vieler sozialer Vereine hat auf jeden Fall die jüdische Konfession gestärkt.

Das Bildungswesen

Im Verhältnis von Staat und Kirche gehörte das Bildungswesen zu den Feldern des öffentlichen Lebens, bei denen beide Organisationen eng verzahnt waren. Bildung war aus staatlichen Gründen in erster Linie religiöse Bildung. Der Staat wollte darauf aus eigenem Interesse auf keinen Fall verzichten. Das staatliche Interesse an den Schulen war, dass der Untertan lernte, *was ihm für seinen LebensBeruf als Christ und Staatsbürger zu wissen nothwendig* war.[66] Selbst als Bildung mehr und mehr zur Staatsaufgabe wurde, vollzog sie sich noch weitgehend im konfessionellen Rahmen. An dieser Zielsetzung änderte sich im Vormärz wenig. Das Schulgesetz Württembergs von 1836 formulierte die Aufgabe unverändert: *Zweck der Volksschulen ist die religiös-sittliche Bildung und Unterweisung der Jugend in den für das bürgerliche Leben nöthigen allgemeinen Kenntnissen und Fertigkeiten* (Art. 1).[67] Der vom Ortsgeistlichen zu erteilende Religionsunterricht behielt die erste Priorität. Blieb so Religion bis weit in das 19. Jh. wichtigstes Bildungsgut und der Kirche die Mitwirkung an der allgemeinen Bildung erhalten, so griff der Staat auf der anderen Seite zunehmend formal reglementierend und auch inhaltlich in die Ausbildung der Geistlichen ein. Die Verpflichtungen, die er durch die Säkularisation übernommen hatte, gaben ihm dazu Anlass und dienten als Argument. Schon organisatorisch kam diese Verzahnung zum Ausdruck: Bei der Entwicklung zum modernen Staat hat sich rasch das *geistliche Departement* als Ministerium für Kirchen- und Schulwesen zusätzlich zu den fünf klassischen Ministerien fest etabliert. Selbst wenn es zeitenweise *Policey-Departement* hieß, wie in Baden, gehörten Kirche und Schule in der staatlichen Verwaltung zusammen. Nach einer kurzfristigen Trennung wurde das Schulwesen wieder den Kirchensektionen im Innenministerium unterstellt. Der Staat bestimmte den Inhalt, die Aufsicht überließ er der Kirche.
Obwohl also das niedere Schulwesen im wesentlichen die religiös-sittliche Erziehung der Landbevölkerung und städtischen Unterschichten zum Ziel hatte, emanzipierten sich die früheren Mesnerschulen von bloßen Anhängseln der Kirche zu einer Einrichtung mit eigenständigem Profil und festem Berufsbild der Lehrer.[68] Dazu gehörte vor allem die Ausbildung der Lehrer in Seminaren.[69] In Baden war schon 1768 ein mit dem Gymnasium Karlsruhe verbundenes Lehrerseminar eingerichtet worden. Nach zwischenzeitlicher Aufhebung wurde es 1823 wiedererrichtet. Das erste katholische Lehrerseminar wurde am 1. November 1809 in Rastatt eröffnet.[70]
In Württemberg wurde 1811 in Esslingen ein Seminar für evangelische und 1825 in Gmünd das für katholische Lehramtsbewerber gegründet. Lehrplan, Prüfung und Schulinspektion waren Angelegenheit von katholischem Kirchenrat, evangelischem Oberkonsistorium und Ortsgeistlichkeit (§ 23).[71] Die Professionalisierung des Schulwesens führte schließlich zu dem Bemühen, die Mitwirkung der Kirche auf den Religionsunterricht zu beschränken und sie von der Schulaufsicht zu entfernen. So heißt es im badischen Gesetz über die Stellung der Kirchen vom 9. Oktober 1860: *§ 6 Das öffentliche Unterrichtswesen wird vom Staate geleitet. Andere Unterrichts- und Erziehungsanstalten stehen unter der Aufsicht der Staatsregierung* und im *§ 12 Den Religionsunterricht überwachen und besorgen die Kirchen für ihre Angehörigen, jedoch unbeschadet der einheitlichen Leitung der Unterrichts- und Erziehungsanstalten. Die Kirchen sind befugt, Bildungsanstalten für Diejenigen, welche sich dem geistlichen Stande widmen, zu errichten.*
Besonders aufschlussreich für das verworrene und inkonsequente Verhältnis von Staat, Religion und Religionsgemeinschaft sind die Bestimmungen für die Schulen der jüdischen Bevölkerung. In Baden wurde die Schulpflicht für jüdische Kinder 1809 eingeführt, denn auch sie sollten zu gleicher *Reinlichkeit, Ordnung und Anständigkeit wie die Christenkinder ange-*

wöhnt werden.[72] Da das Schulwesen konfessionell organisiert war, wurden den Juden eigene Schulen in Aussicht gestellt. Solange es aber nicht genügend geeignete Lehrer für ein jüdisches Erziehungssystem gab, sollten sie die vorhandenen Ortsschulen besuchen (Art. X). Vorher hatte es in einzelnen jüdischen Gemeinden Schulen durch private Initiativen gegeben.[73] In Württemberg gab es vor dem Emanzipationsgesetz von 1828 ebenfalls nur freiwillige Schulgründungen auf Grund privater Initiativen.[74] Erst mit diesem Gesetz wurde die Schulpflicht auch für jüdische Kinder eingeführt (Art. 42). Während die Gemeinden die Kosten allein zu tragen hatten, wurden die Lehrer nach Ablegung einer Dienstprüfung vom Staat ernannt. Es entstand jedoch keine eigene Behörde, sondern je nach den Bevölkerungsverhältnissen fungierte das evangelisches Konsistorium oder der katholischer Kirchenrat als Aufsichtsorgan.[75] Die israelitischen Lehramtsanwärter wurden am Seminar in Esslingen ausgebildet, weil es dort eine israelitische Schule gab. Für ihre Prüfung wurde die Kommission durch Mitglieder der israelitischen Oberkirchenbehörde verstärkt.

Die Ausbildung des geistlichen Nachwuchses

Vielleicht noch einschneidender als der Verlust der Mitwirkungsrechte im Bereich der Elementarschule war der Eingriff des Staates in die Ausbildung des geistlichen Nachwuchses. Durch die kirchlichen Verluste war die Ausbildung in eigener Regie gefährdet.
Bei den Verhandlungen über die Bildung der Oberrheinischen Kirchenprovinz war auch die Ausbildung der Geistlichen Thema gewesen. Die Landesherren hatten in gleichlautenden Verordnungen[76] die Pflicht des Staats eingeräumt, für katholisch-theologische Lehranstalten und Priesterseminare zu sorgen.
In Württemberg war in der Verfassung die Wiederherstellung und autonome Verwaltung des Kirchengutes zugesichert (§§ 70, 77) und der katholischen Kirche die Bildung eines Kirchenfonds versprochen (§ 82) worden. Beides wurde nicht eingehalten. Die badische Verfassung garantierte allgemeiner den Erhalt der kirchlichen Güter und ihre zweckgebundene Verwendung (§ 20).
Da Württemberg keine Ausbildungsstätten erworben hatte, musste es neue schaffen und sie entsprechend dotieren. Bei den Bemühungen um ein Landesbistum spielte natürlich die Frage der Dotation und die Einrichtung von Ausbildungsplätzen eine gewichtige Rolle. Bei den ersten Konkordatsverhandlungen waren noch zwei Priesterseminare und die Erhaltung der Lateinschulen in den katholischen Städten zugesagt worden.[77] Mit der Errichtung des Generalvikariats in Ellwangen wurde dort 1812 auch ein Priesterseminar errichtet. Der Lehrplan musste vom *Geistlichen Rat* und die Auswahl der Zöglinge vom König genehmigt werden. Mit der Verlegung der Ellwangener Universität nach Tübingen wurde dort im ehemaligen *Collegium illustre* das nach dem König benannte *Wilhelmsstift*[78] für künftige Geistliche und Lehrer eingerichtet. Bei den Frankfurter Verhandlungen über die Oberrheinische Kirchenprovinz hatte Kardinal Consalvi auch für die Kirche die Oberaufsicht über das ganze katholische Schulwesen beansprucht. Mit ihrem Scheitern waren wieder die Einzellösungen notwendig. Erst 1824 wurden analog zu den evangelischen Seminaren die niederen Konvikte in Ehingen und Rottweil und 1828 das Priesterseminar in Rottenburg gegründet, das zur Bistumsdotation gehörte.[79] Damit schien die Frage des Kirchenfonds zunächst stillschweigend erledigt.[80]
Das Gesetz vom 30. Januar 1862 unterwarf dann auch die Konvikte Tübingen, Ehingen und Rottweil der Oberaufsicht des Staates (§ 11). In Freiburg gehörte das Priesterseminar ebenfalls zur Grundausstattung des Bistums und wurde 1827 eröffnet; das schon länger geforderte Konvikt folgte 1842.[81] Der Einfluss des Staates auf die Klerikerausbildung kulminierte im badischen Kulturexamen von 6. September 1867.[82]
Die Voraussetzungen zum Rabbiner waren noch stärker staatlich kontrolliert. Das badische Judenedikt hatte 1809 vom Ortsrabbiner noch in allgemeiner Form gefordert, dass er *gehörig studirt haben, ordnungsgemäß geprüft, von der Behörde ernannt, und von der ProvinzRegierung bestättigt seyn muß.*[83] Das württembergische Gesetz forderte etwas detaillierter, *1) daß er nicht blos die mosaische Theologie, sondern auch die allgemeinen Vorbereitungs-Wissenschaften, und zwar die letzteren auf einer Universität nach erstandener Vorprüfung studirt und hierüber gute Zeugnisse aufzuweisen habe* [...] (Art. 52). Die erste Dienstprüfung wurde nach der Verordnung vom 31. Januar 1834 vor einer Kommission in Tübingen

Das »Wilhelmsstift« in Tübingen im 19. Jh.
Nach der Verlegung der Theologischen Fakultät von Ellwangen nach Tübingen richtete Kg. Wilhelm I. 1817 das Gebäude des ehem. Collegium illustre nach dem Vorbild des Evang. Stifts zum »Hohen Katholischen Konvikt« her. 1934 gingen alle Aufsichtsrechte auf den Bischof über. Zeichnung, J. B. Fürst, 1827.
Institut für Hochschulkunde, Würzburg.

abgelegt. Mitglieder der Prüfungskommission waren: je ein Professor der evangelisch-theologischen und der katholisch-theologischen Fakultät, vier Professoren der philosophischen Fakultät sowie ein theologisches Mitglied der israelitischen Oberbehörde. Eine besondere Sorge für ihre theologische Ausbildung in Form der Errichtung einer Jüdisch-theologischen Fakultät hat kein deutscher Staat aufgebracht.[84]

Die Universitäten

Von den säkularisierten und mediatisierten Territorien hatten Vorderösterreich und die Pfalz ein qualitativ hochstehendes Bildungswesen besessen.[85] An Baden fielen die Universitäten Heidelberg und Freiburg. Obwohl die allgemeine Tendenz schon vor 1800 in Richtung Schließung von Universitäten gegangen war[86], hat Baden beide Universitäten erhalten. Die von 35 (1789) auf 18 (1815) reduzierten Universitäten haben von der Konzentration fast alle profitiert.

Die *Universität Heidelberg* hatte mit der Säkularisation den größten Teil ihres Vermögens verloren und stand kurz vor dem Bankrott. Der Großherzog verkaufte den Rest des Vermögens und bezahlte davon die Schulden. Für den Unterhalt gewährte er jährlich 50.000 fl. Dafür wurde sie zu einer Staatsanstalt unter

Das Wilhelmsstift in Tübingen heute

der Leitung eines Kurators.[87] Brauer wollte aus ihr eine reine Unterrichtsanstalt machen. Die Universität wurde im 13. Organisationsedikt direkt dem Landesherrn unterstellt und von einem weisungsgebundenen Prorektor zusammen mit einem Engeren Rat aus 6 Mitgliedern geleitet. Die bisherigen Privilegien und Freiheiten wurden aufgehoben. Mit dem Erwerb Freiburgs wurde die Diskussion um die Schließung, die auch später noch anhielt, wieder laut. Es wurde dann aber nur die katholische Abteilung der theologischen Fakultät 1807 nach Freiburg verlegt. Die Reorganisation kam erst richtig in Schwung, als sich v. Reitzenstein im September 1806 aus der Außenpolitik zurückzog und als ehrenamtlicher Kurator daran ging, den Nepotismus zu zerschlagen und hervorragende Professoren, vorwiegend aus Jena und Göttingen, zu berufen. Obwohl Heidelberg schon 1799 nicht mehr konfessionell gebunden war, führte die Berufungspolitik Reitzensteins zu einem starken protestantischen und norddeutschen Einfluss. Heidelberg wurde dafür über Baden hinaus attraktiv. Schon 1830 war die Zahl von 300 (1800) auf über 800 Studierende gestiegen; davon stammten mehr als die Hälfte aus dem deutschen Ausland.

Die *Universität Freiburg* war trotz Güterverlusten noch gut dotiert und deshalb weniger auf staatliche Hilfe angewiesen als Heidelberg. Die Entwicklung zur Staatsanstalt wie in Heidelberg war trotzdem nicht aufzuhalten. Obwohl die *professio fidei* 1812 abgeschafft wurde, behielt Freiburg wegen der Verlegung der katholisch-theologischen Fakultät von Heidelberg und der dortigen protestantischen Dominanz

ihren konfessionell-katholischen Charakter. Als einer katholischen Universität hätte ihr Vermögen als Kirchengut gelten müssen.[88] Freiburg profitierte vom Aufschwung der Universitäten weniger als Heidelberg und blieb noch lange im 19. Jh. bei der Studentenzahl von 300.

Nach der Schließung der *Hohen Karlsschule* in Stuttgart 1794 war die *Universität Tübingen* wieder die Landesuniversität. Offiziell ist die 1628 eingeführte Vereidigung der Universitätsbürger auf die *formula concordiae* (württ. Konkordienformel) nicht abgeschafft worden. Die *Organischen Gesetze* vom 17. September 1811 hoben jedoch alle Privilegien auf und damit auch die konfessionelle Bindung. Das Gesetz vom 30. März 1828 machte dann aus den Universitätsbürgern gewöhnliche Staatsbürger, die nach den gleichen Prinzipien anzustellen waren.[89] 1806 wurde die Universität direkt dem Minister unterstellt; die tatsächliche Leitung hatte jedoch der Kurator, wobei vor allem Karl August v. Wangenheim von Bedeutung war. In seine Zeit fiel die Verlegung der 1812 gegründeten katholischen Universität Ellwangen als Katholisch-theologische Fakultät an die Universität Tübingen und die Einrichtung der Staatswirtschaftlichen Fakultät. Unter ihm verlor sie aber auch mit den neuen Statuten ihre Autonomie und wurde zur Staatsanstalt. Ellwangen war gegründet worden, weil die Ausbildung der katholischen Geistlichen für die neuen Länder außerhalb Württembergs erfolgte. Das entsprach den absolutistischen Staatsvorstellungen des Königs nicht. Die neue Friedrichs-Universität wurde mit fünf Lehrstühlen ausgestattet. An der Spitze stand der von der Regierung ernannte Rektor. Dieser übte die Aufsicht zusammen mit zwei Mitgliedern des *Geistlichen Rats* aus. Das gleichzeitig eingerichtete Priesterseminar war ebenfalls eine Staatsanstalt. Der Lehrplan musste vom *Geistlichen Rat* und der Eintritt ins Seminar vom König genehmigt werden. Das Fehlen von ausreichenden Möglichkeiten, philosophische und philologische Lehrveranstaltungen anbieten zu können, war angeblich der Grund für die Verlegung nach Tübingen. Allerdings entsprang dies mehr einem Wunsch des Staats als dem der Kirche.[90]

Betrachtet man die drei von der Französischen Revolution und Napoleon vorgegebenen Felder zusammen, so fällt das Gesamtergebnis nicht einheitlich aus. Zwar scheinen die unübersehbaren Einmischungen und Kompetenzerweiterungen des Staates das charakterisierende Element zu sein, doch darf man dies nicht einfach mit einem Bedeutungsverlust von Religion und Kirche gleichsetzen. Auch lässt sich die These von einer »Zweiten Konfessionalisierung«[91] nicht durchweg bestätigen. Durch den Ausbau von verschiedenen Bildungssystemen scheint sich in diesem Bereich eine Konfessionalisierung im 19. Jh. vollzogen zu haben, dagegen weniger in Ehe und Familie und im Armenwesen. Die Säkularisation als Teil der territorialen Revolution hat mit der Entstehung von mehrkonfessionellen Staaten die tiefgreifende Veränderungen im politischen, sozialen und kulturellen Leben mit Sicherheit beschleunigt.

Karl August Frh. von Wangenheim (1773–1850)
Seit 1806 im württ. Staatsdienst.
Ölgemälde.
Staatsgalerie Stuttgart.

[1] *René Rémond*, Religion und Gesellschaft in Europa. Von 1789 bis zur Gegenwart. München 2000, 249.
[2] *Thomas Nipperdey,* Deutsche Geschichte 1800–1866. Bürgertum und starker Staat. München 1983, 403.
[3] *Matthias Gindele*, Der Aufstand der Bauern des Oberamts Tauber im Jahre 1809, in: ZWLG 46 (1987), 163–203.
[4] *Marcel Gauchet*, Die Erklärung der Menschenrechte. Die Debatte um die bürgerlichen Freiheiten 1789. Hamburg 1991, 176.
[5] *Franz Schnabel*, Sigismund von Reitzenstein, der Begründer des badischen Staats. Heidelberg 1927, 114.
[6] *Hugo Ott*, § 6 Baden, in: *K. A. Jeserich/H.Pohl/G.-Ch. v. Unruh*, Deutsche Verwaltungsgeschichte. Bd. 2: Vom Reichsdeputationshauptschluß bis zur Auflösung des Deutschen Bundes. Stuttgart 1983.
[7] Die Ministerien und ihre Zuständigkeiten in: Regierungsblatt (künftig: Reg.Bl) Baden 1808, 185. Das Organisationsedikt vom 26.11.1809; Ebd. 1809, 395–398. Die Anlage mit der Einteilung der Kreise und Ämter s. Ebd., 403–414.
[8] *Willy Andreas*, Die Entstehung der badischen Verfassung. Marburg 1912, 68.
[9] Ebd., 71–81.
[10] *Hans-Peter Ullmann*, Baden 1800 bis 1830, in: Handbuch der baden-württembergischen Geschichte. Bd. 3. Stuttgart 1992, 63.
[11] *A. L. Reyscher* u. a. (Hg.), Vollständige, historisch und kritisch bearbeitete Sammlung der württembergischen Gesetze. Tübingen/Stuttgart 1828ff., Bd. XIV, 1209.
[12] *Reyscher* (wie Anm. 11), Bd. III, 247.
[13] 1816 umbenannt in *Katholischer Kirchenrat.*
[14] Vgl. dazu *Joachim Gerner*, Vorgeschichte und Entstehung der württembergischen Verfassung im Spiegel der Quellen (1815–1819). Stuttgart 1989.
[15] Den es noch nicht gab.
[16] Vgl. Das *Allgemeine Landrecht für die preußischen Staaten*. Buch II, Titel 11, §§ 1–6 und 40ff. Für Württemberg Erlass vom 16.08.1819: *Reyscher* (wie Anm. 14), Bd. IX, 474. Auch das österreich. *Allgemeine Bürgerliche Gesetzbuch* § 39 sah die Religionszugehörigkeit als privatrechtl. irrelevant, ging aber von ihr aus. Nach *August Ludwig Reyscher*, Das gesammte württembergische Privatrecht. Tübingen 1846, § 178, war der Abfall von der christl Lehre auf Grund der verfassungsmäßig zugesicherten Gewissensfreiheit nicht mehr gesetzwidrig. Für Baden *Ernst-Rudolf-Huber/Wolfgang Huber,* Staat und Kirche im 19. und 20. Jh. Bd. 2, 82
[17] Reg.Bl Württemberg 1872, 151.
[18] *Huber/Huber*, Staat und Kirche (wie Anm. 16), Bd. 2, Nr. 285, § 1.
[19] Beiträge zur Statistik der inneren Verwaltung des Ghzms. Baden. Carlsruhe 1855, 222.
[20] Die Religionszugehörigkeit in Baden. Freiburg 1928, 115.
[21] Sie mussten das Schutzgeld dennoch entrichten: *Reyscher* (wie Anm. 11), Bd. VIII, 747.
[22] *Reyscher* (wie Anm. 11), Bd. IX, Einl. § 57.
[23] 22.08.1819: Bürgerliche Verfassung, Glaubensbekenntnis und Kirchenordnung in: *Reyscher* (wie Anm. 11), Bd. IX, 475.
[24] 26.09.1825: *Reyscher* (wie Anm. 11), Bd. IX, 675.
[25] *Reyscher* (wie Anm. 11)), Bd. IX, 747. Dazu auch *Hans Jakob Reimers*, Die evangelischen Freikirchen von den Anfängen bis zur Gegenwart, in: Die Religionsgemeinschaften in Baden-Württemberg. Stuttgart 1984, 158–170.
[26] Die vorläufigen Ergebnisse der Volkszählung im Kgr. Württemberg, in: Württ. Jbb. f. Statistik und Landeskunde 1875.
[27] Hier wird für gemischt-konfessionelle Orte das Recht auf Arbeit an Feiertagen der anderen Konfession geschützt. Lediglich an konfessionell einheitlichen Orten haben fremde Konfessionszugehörige die Arbeitsruhe einzuhalten.
[28] Text der Verfassung bei *Ernst Rudolf Huber*, Dokumente zur deutschen Verfassungsgeschichte. Bd. 1. Stuttgart 3. Aufl. 1978, 172. Die Beschränkung auf die drei christl. Konfessionen wurde mit dem Gesetz vom 17.02.1849 aufgehoben.
[29] Noch die aus Frankreich kommende reformierte Familie Maucler ließ 1797 ihren Sohn Eugen lutherisch konfirmieren, damit er später in den Zivildienst eintreten konnte. Im Dienste des Fürstenhauses und Landes Württemberg. Die Lebenserinnerungen der Freiherrn Friedrich und Eugen von Maucler, bearb. von *Paul Sauer.* Stuttgart 1985, 87.
[30] *Reyscher* (wie Anm. 11), Bd. IX, 3.
[31] *Reyscher*, Privatrecht (wie Anm. 16), § 172, 283.
[32] Religionsedikt vom 15.10.1806: *Reyscher* (wie Anm. 11), Bd. IX, 69.
[33] Erlass vom 23.07.1811: *Reyscher* (wie Anm. 11), Bd. IX, 253.
[34] Text bei *Huber*, Dokumente (wie Anm. 28).
[35] Während heute die Staatsbürgerschaft mit israelisch bezeichnet wird und die konfessionelle mit jüdisch, war es in der Zeit um 1800–1850 gerade umgekehrt: israelitisch wurde damals in Frankreich neu eingeführt für die Religionszugehörigkeit, um den negativ besetzten Begriff Jude zu vermeiden. Mosaisch wurde sowohl für die Religion wie für die Theologie verwendet. Ich verwende die jeweils benutzten Begriffe, ohne sie immer als Quellenbegriffe zu bezeichnen.
[36] *Gerhard Taddey*, Die jüdischen Gemeinden in Baden von der Emanzipation bis 1933, in: Religionsgemeinschaften (wie Anm. 25), 178.
[37] RBl Baden 1807, 87 und 213.
[38] *Gustav Adolf Benrath*, Die Evangelische Landeskirche in Baden von den Anfängen bis zur Zeit nach dem Zweiten Weltkrieg, in: Religionsgemeinschaften (wie Anm. 25), 122f. Die Texte der bad. Union bei *Huber/Huber*, Staat und Kirche (wie Anm. 16), Bd. 1, 673–684.
[39] *Reyscher* (wie Anm. 11), Bd. XIV, 1209.
[40] *Reyscher* (wie Anm. 11), Bd. XIV, 88 und 620.
[41] *Erlaß betr. die Einrichtung des reformirten Kirchenwesens* vom 19.09.1823 *Reyscher* (wie Anm. 11), Bd. IX, 612; *Heinz Fischer*, Siedlungen religiöser Gruppen in Württemberg, in: Jbb. f. Statistik und Landeskunde von Baden-Württemberg 8 (1964), 12–22.
[42] *Otto Mejer*, Die Concordatsverhandlungen in Württemberg 1807. Stuttgart 1859, 72; *August Hagen,* Geschichte der Diözese Rottenburg 1, 182; *Reyscher* (wie Anm. 11), Bd. X, Einl., 15.
[43] *Huber/Huber*, Staat und Kirche (wie Anm. 16), 91.
[44] Ebd.; im Reg.Bl Baden 1807 nur knappe Auszüge.
[45] Reg.Bl Baden 1809, 29–44.
[46] Ebd., 226.
[47] 25.04.1828: Reg.Bl Württemberg 1828, 501.
[48] *Reyscher* (wie Anm. 11), Bd. XX, 84.
[49] *Stephan Buchholz* in: Handbuch der Quellen und Literatur der neueren europäischen Privatrechtsgeschichte, hg. von *Helmut Coing*. Bd. 3: Das 19. Jh. München 1982, 1626.
[50] *Ehe-Ordnung für das Großherzogtum Baden*. Carlsruhe 1807: knappe Zusammenfassung Reg.Bl Baden 1807, 231.
[51] Reg.Bl Baden 29.11.1811 und *Werner Schubert*, Französisches Recht in Deutschland zu Beginn des 19. Jhs. Köln 1977, 452. Zur Einführung des Code civil in Baden s. Ebd., 323–325.
[52] Religionsedikt vom 15.10.1806: *Reyscher* (wie Anm. 11), Bd. IX, 71.
[53] *August Hagen*, Der Mischehenstreit in Württemberg (1837–1855). Paderborn 1931. Für Baden s. *Huber/Huber,* Staat und Kirche (wie Anm. 16), Bd. 1, 493–519.
[54] Kurfürstlich Badische Landes-Organisation. In 13 Edikten. Carlsruhe 1803. 3. Edikt 11. Hornung 1803: *ReligionsUebung und ReligionsDuldung*.

[55] Die Verordnung über den freien Zug vom 04.02.1806: *Reyscher* (wie Anm. 11), Bd. III, 247.
[56] Hier ist der institutionelle Aspekt gemeint. Vgl. dazu *Alfred Wendehorst*, Art. *Hospital*, in: TRE 15, 600–604, und *Cristoph Sachße/Florian Tennstedt*, Geschichte der Armenfürsorge in Deutschland. Bd. 1: Vom Spätmittelalter bis zum Ersten Weltkrieg. Stuttgart 2. Aufl. 1998. Die religiösen Wurzeln sind natürlich wesentlich älter.
[57] *Hermann Bierer*, Handbuch des gesamten, in Württemberg geltenden Privatrechts. Bd. I. Stuttgart 1862, 107.
[58] Reg.Bl Württemberg 1811, 357.
[59] Reg.Bl Württemberg 1819, 23; Reg.Bl Württemberg 1822, 178–189; *W. Bätzner*, Handbuch der neuen Gesetzgebung über die öffentliche Armenpflege nach deutschem und württembergischem Recht. Stuttgart 1873.
[60] Akten zur Wohltätigkeits- und Sozialpolitik Württembergs im 19. und 20. Jh. Stuttgart 1983, 9–14.
[61] *Sachße/Tennstedt*, Armenfürsorge (wie Anm. 56), 277.
[62] *Huber/Huber*, Staat und Kirche (wie Anm. 16), Bd. 2, 234–236, 241–244, 268.
[63] Wie Anm. 45.
[64] Wie Anm. 47, 307, 318f.
[65] Dazu *Berthold Rosenthal*, Heimatgeschichte der badischen Juden. Bühl 1927; auch *Paul Nolte*, Gemeindebürgerrecht und Liberalismus in Baden 1800–1850. Göttingen 1994, bringt keine Erklärung.
[66] 13. Organisationsedikt vom 13.05.1803, 1 und *Bernhard Theil*, Die israelitische Oberbehörde Stuttgart und ihre Kritiker, in: ZWLG 39 (1980), 206–219. Religion als Mittel zur staatsbürgerlichen Erziehung (206).
[67] 29.09.1836 Reg.Bl Württemberg 1836, 492.
[68] *Gerd Friederich*, Die Volksschule in Württemberg im 19. Jh. Weinheim 1978. Zwei Thesen: 1. Volksschule kommt im 19. Jh. nicht über den Stand einer Katecheseschule hinaus. Sie hat i. W. die religiös-sittliche Erziehung der Landbevölkerung und städt. Unterschichten zur Aufgabe. 2. Die Volksschullehrer bekommen im letzten Drittel des 19. Jhs. ein neues Selbstverständnis und lehnen die Berufsrolle als Mesnerlehrer ab, Ebd., 10.
[69] Gotha 1783, Dresden 1787, Weißenfels 1794: *Heinz-Elmar Tenorth*, Lehrerberuf und Lehrerbildung, in: Handbuch der deutschen Bildungsgeschichte. Bd. 3: 1800–1870. München 1987.
[70] *Karl Stiefel*, Baden 1648 bis 1952. Bd.1. Karlsruhe 1978; *Karl Brunner* (Hg.), Die badischen Schulordnungen. Bd.1. Berlin 1908, 174.
[71] *Reyscher* (wie Anm. 11), Bd. XI/1, 229, 446.
[72] 13.01.1809: Reg.Bl Baden 1809, 1.
[73] *Rosenthal, Heimatgeschichte (wie Anm. 65)*, 2.
[74] Bis 1828 waren das elf. *Ruth E. Gregorius*, Das jüdische Schul- und Erziehungswesen in Württemberg. Diss. Hagen 2000, 92.
[75] Verfügung vom 25.03.1829 § 10 in: *Reyscher* (wie Anm. 11), Bd. XX, 59.
[76] 30.01.1830: Text bei *Huber/Huber*, Staat und Kirche (wie Anm. 16), Bd. 2, 203.
[77] *Mejer*, Die Concordatsverhandlungen (wie Anm. 42), 43.
[78] *Reyscher* (wie Anm. 11), Bd. IX, vom 22.01.1818, 594; *Werner Gross*, Das Wilhelmsstift Tübingen 1817–1869. Theologenausbildung im Spannungsfeld von Staat und Kirche. Tübingen 1978.
[79] *Reyscher* (wie Anm. 11), Bd. X, 1067.
[80] *Hagen*, Diözese Rottenburg (wie Anm. 42), 404; *Reyscher* (wie Anm. 11), Bd. X, Einleitung, 75ff.
[81] *Stiefel*, Baden (wie Anm. 70), 690.
[82] *Huber/Huber*, Staat und Kirche (wie Anm. 16), Bd. 2, 251.
[83] Reg.Bl Baden 1809, 40.
[84] Erst 1854 wurde das Jüdisch-theologische Seminar Breslau gegründet.
[85] *Franz Quarthal*, Vorderösterreich in: Handbuch der baden-württembergischen Geschichte. Bd. I/2. Stuttgart 2000
[86] *Anton Schindling*, Bildung und Wissenschaft in der Frühen Neuzeit 1650–1800. München 2. Aufl. 1999, 81.
[87] *Eike Wolgast*, Das bürgerliche Zeitalter (1803–1918), in: Semper apertus. 600 Jahre Ruprecht-Karls-Universität Heidelberg 1386–1986. Bd. 2: Das 19. Jh. 1803–1918. Berlin 1985, 1–31; Handbuch der deutschen Bildungsgeschichte. Bd. III. München 1987, 228.
[88] *Hans Gerber*, Der Wandel der Rechtsgestalt der Albert-Ludwigs-Universität zu Freiburg im Breisgau seit dem Ende der vorderösterreichischen Zeit. Entwicklungsgeschichtlicher Abriß. Freiburg 1957.
[89] *Reyscher* (wie Anm. 11), Bd. XI/3, 710.
[90] *Gisela und Günther Hollenberg*, Die katholische Kirchenpolitik der württembergischen Kultusbürokratie unter Frh. von Wangenheim, in: ZWLG 36 (1977), 119.
[91] *Olaf Blaschke*, Das 19. Jh.: Ein Zweites konfessionelles Zeitalter?, in: GG 26 (2000), 38–75.

Widerstand, Anpassung und Akzeptanz

Zum Verhältnis der Oberschwaben zu Baden und Württemberg – Das Beispiel Biberachs im 19. Jh.

von Maria Elisabeth Gründig

Vom Reich zu Baden

Vom Eckstein des Turmes sah ich mir den Einzug des Oberamtsrats Müller mit an. ... [D]*ie Kutsche mit dem ersten Würdenträger der Stadt (rollte) vorbei; Dr. Stecher saß neben ihm und schaute so feierlich drein wie bei einem Begräbnisse.*[1] Der Biberacher Bürgersohn Johann Baptist Pflug beschreibt hier den Tag der zivilen Besitznahme der Freien Reichsstadt durch den badischen Oberamtsrat Johannes Carl Müller.[2] Mit diesem Tag, es war der 30. September 1803, ging die Regierungsgewalt an das Herzogtum Baden über. Künftig hatten die Senatoren der Stadt und die beiden konfessionsverschiedenen, durch die paritätische Stadtorganisation gleichberechtigten Bürgermeister nur noch wenig frei zu entscheiden. Für den Beobachter Pflug wie für den von ihm beschriebenen bisherigen »ersten Würdenträger« der Stadt, Amtsbürgermeister Georg Stecher, bedeuteten Mediatisierung und Säkularisation auch einen großen persönlichen Verlust. Beide mussten akzeptieren, dass der Herrschaftswechsel ihre bisherigen Lebens- und Karrierepläne in Frage stellte oder gar grundlegend veränderte.

Johann Baptist Pflugs Schullaufbahn wurde schon im Herbst 1802 durch die Säkularisation der Benediktinerabtei Weingarten jäh unterbrochen. Damit war auch die einzige reale Chance des damals 17-Jährigen, als Sohn einer Handwerkerfamilie zu höherer Bildung zu gelangen und möglicherweise ein Universitätsstudium beginnen zu können, zerstört. Johann Baptist war gezwungen, in seine Heimatstadt zurückzukehren, wo er freudlos eine Lehre als Bortenwirker begann. Sein Wunsch, eine Lehre bei einem Weingartener Kirchenmaler zu absolvieren, wurde nicht erfüllt[3], galt dieser Berufszweig nach der Enteignung der meisten geistlichen und weltlichen Auftraggeber doch als brotlose Kunst.

Pflug konnte also vermutlich recht gut nachvollziehen, was an diesem 30. September 1803 in dem 42-jährigen Georg Stecher vorging. Der Sohn einer Biberacher Conditorenfamilie und promovierte Jurist war erst fünf Jahre zuvor als erster »Plebejer«[4] zum evangelischen Amtsbürgermeister gewählt worden. Dieses einflussreiche Amt hatte bislang lebenslange Versorgung und ein hohes gesellschaftliches Ansehen garantiert. Für Stecher wie für seinen katholischen Kollegen Fidel Magnus v. Pflummern bedeutete die Übergabe der Amtsgeschäfte an den badischen Oberamtsrat das Ende dieser Sicherheit und gleichzeitig das Ende ihrer Macht. Für Stecher wurde dieser Verlust auch nicht durch das Angebot der badischen Regierung, als Hofrat an das Karlsruher Hofgericht zu gehen, aufgewogen.[5] Er blieb in seiner Heimatstadt und bei seinem Familienclan. Allerdings zeigt das bei Pflug beschriebene Mienenspiel, dass Stecher wohl deutlich voraussah, was auf ihn zukommen würde: Er musste sich daran gewöhnen, Untergebener und Befehlsempfänger des badischen Oberamtsrates zu werden. *Dahin war nun die Machtfülle des Amtsbürgermeisters, einsam das Rathaus – eine vergrößerte Schreibstube!*, mit solchen Worten hat Pflug rückblickend die Situation Stechers und der Stadt kommentiert.[6]

Folgen wir dem Bericht Pflugs über die Besitznahme weiter, so wird allerdings auch klar, dass die Bevölkerung Biberachs die Situation weniger bedrohlich empfand als Stecher, sein Amtskollege Pflummern oder

Pflug. Viele Bürgerinnen und Bürger brachten dem politischen Wechsel auch positive Gefühle entgegen. Pflug notierte: *Die Reiter begleiteten den neuen Machthaber bis zu seiner Wohnung; dort zogen die Kompagnien zu Fuß vorüber und entfernten sich nicht bälder, als bis sie dreier Ehrensalven los waren.*[7]

Man mag das Abholen und Begleiten neuer Führungspersonen in ihren künftigen Wirkungsort zu den traditionellen dörflichen oder städtischen und oft durch die Herrschaft verordneten Ritualen zählen, die keineswegs einen eindeutigen Beweis für starke Sympathien oder gar für Akzeptanz liefern. Vergleicht man jedoch die Biberacher Aktionen bei der Begrüßung des Oberamtsrates mit einer anderen mediatisierten Reichsstadt wie Esslingen am Neckar, wo die militärische Übernahme ohne jede Beteiligung der Stadtführung und der Bürgerschaft vor sich ging und wo weder der württembergische Beamte noch der kurze Zeit später zu einer Stippvisite nach Esslingen gereiste neue Landesherr empfangen oder diesem gehuldigt wurde[8], so lässt sich doch schließen, dass viele Biberacher das Ende der reichsstädtischen Verfassung auch als eine Chance betrachteten. In den Begrüßungsritualen zeigt sich, was offenbar viele Bürger dachten und was Johann Konrad Krais, einer der bedeutendsten Biberacher Chronisten und Zeitgenosse Pflugs, in seinen Chroniken in sehr vorsichtigen Worten formuliert: Dass nämlich die reichsstädtische *Verfassung freilich in manchen Stüken eine Reform nöthig gehabt hatte.*[9] Tatsächlich hatten im 18. Jh. wiederholt Nichtprivilegierte vornehmlich aus der Biberacher Handwerkerschaft bei den zuständigen Reichsgerichten wegen der *Mißwirtschaft* des Magistrates Klage geführt. Dies blieb für die Beschuldigten zwar oft folgenlos, hatte für die aktiven Bürger jedoch zum Teil harte Bestrafung zur Folge.[10] Die Mediatisierung Biberachs mag zwar mit vielen Nachteilen verbunden gewesen sein, doch war mit ihr endlich ein Ende der Unterdrückung durch den Senat, genauer durch die Patrizier, erreichbar. Der politische Übergang wurde den Bürgerinnen und Bürgern zudem dadurch erleichtert, dass die Steuern nur unwesentlich erhöht wurden[11], die Familien keine Söhne zum Soldatendienst stellen mussten und die Stadt viele Sonderrechte – u. a. die Religionsparität in der städtischen Verwaltung – beibehalten konnte.

Mit Offenheit, wiedererwachter Hoffnung und Neugierde reagierten vor allem die Mitglieder der in Biberach seit Jahrhunderten unterdrückten Zünfte, die Mitglieder des sich nun stärker formierenden, von Protestanten dominierten »Bildungsbürgertums« und die plebejischen Stadträte. Aus diesen Gesellschaftsschichten stammten auch die Autoren der *Hymne auf Karl Friedrich*: der Prediger Johann Jakob Mayer, der den Text schrieb, und Musikdirektor Justin Heinrich Knecht, der die Musik komponierte, ebenso wohl auch die Rezitierenden, die Sängerinnen und der Chor, die dem badischen Oberamtmann – als Vertreter von Herzog Karl Friedrich – folgende Verse vortrugen: *Oh, Tausende sind es, die für den Edeln glühn / Für ihren guten, besten Landesvater! /* [...] / [Der] *für seine Kinder sorgt und wacht / Der Menschenrechte heilig ehrt /* [...] */ Lieber Menschenfreund, Berather / Wirst Du Deinen Kindern seyn.*[12]

Diese wenigen Zeilen belegen anschaulich, dass die Biberacher von ihrem neuen Landesfürsten viel erwarteten; Erwartungen, die sie an die bisherige Stadtregierung, die von wenigen mächtigen Männern dominiert war, wohl kaum mehr gestellt hätten, denn wiederholt hatten die Bürger die negativen Folgen ihrer Beschwerden am eigenen Leib erfahren.[13] Die Hoffnung auf Veränderung ihrer Situation unter der reichsstädtischen Herrschaftsordnung dürfte um 1800 sehr gering gewesen sein. Es gilt also zu differenzieren, für welche Personen oder Personengruppe, für welchen sozialen Stand damals was verloren ging und wer in der Stadt welche kurz-, mittel- und langfristigen Erwartungen hegte. Erwartete und erlebte Verluste und Gewinne persönlicher, sozialer, politischer, rechtlicher oder wirtschaftlicher Art sind zweifellos wichtige Indikatoren für das Verhältnis der Biberacher und aller Oberschwaben zu den neuen Machthabern. Sie sind die Grundlage für Widerstand, für Anpassung oder Akzeptanz.

Bedeutung für die städtische Führungselite

Wie die Beschreibung Pflugs deutlich macht, fiel den beiden bisherigen Amtsbürgermeistern Stecher und Pflummern die Unterwerfung unter die neuen Machthaber sehr schwer: Der Rücktritt des Katholiken und Patriziers Fidel Magnus v. Pflummern in dieser Zeit

des Übergangs mag zwar vor allem durch sein fortgeschrittenes Alter begründet sein und dürfte auch dem Wunsch der neuen Machthaber entsprochen haben. Sicherlich war seine Resignation aber auch eine Reaktion auf die Abwertung des Amtes, von dem seine gesellschaftliche und persönliche Stellung abhing. Der Zusammenbruch des Alten Reiches und das unaufhaltsame Ende der Reichsstadt Biberach trafen ihn total. Denken und Handeln, Auftreten und Habitus der patrizischen Gesellschaftsschicht passten weniger denn je in die neue Zeit. Bisher hatte man Pflummerns herausgehobene Stellung als führendes Mitglied des Stadtadels allein schon an seiner luxuriösen Kleidung erkannt: Seidenfrack, bestickte Atlasweste und eine mit Brillianten gesetzte Schmucknadel am Seidenhemd hatten offenbar lange zu Pflummerns üblicher Kleidung gehört.[14] Nach 1802 fand in Biberach das aufgeklärte bürgerliche Leitbild der »Simplizität« leichter Eingang, ein Leitbild, welche den »Luxus« und überschwängliche Denk- und Verhaltensmuster kritisierte und ablehnte.[15] Der seit 35 Jahren in Biberach regierende und residierende Pflummern war offensichtlich nicht bereit oder in der Lage, sich den neuen »Moden« weiter anzunähern und sich der egalisierend wirkenden, nun auch von der Regierung verordneten »simplen« Lebensweise anzupassen. Pflummern verschloss sich, wie offenbar die meisten patrizischen Familien, weitgehend dem Neuen.[16]

Sein wesentlich jüngerer evangelischer Amtskollege Georg Stecher meisterte die Annäherung an die von Baden und Württemberg favorisierte Kultur und Lebensweise leichter. Der 1760 geborene Spross einer Biberacher Konditorenfamilie zählte schon als Dreißigjähriger zur aufgeklärten Avantgarde der Stadt.[17] Er gehörte zum gebildeten, innovativen und toleranten Bürgertum und vertrat ähnliche Denk- und Wertemuster wie viele aufklärerische Zeitgenossen innerhalb wie außerhalb Oberschwabens. Stecher schien zudem die enge Allianz, die zwischen evangelischer Kirche und württembergischem Staat aufgrund des Summepiskopats bestand, im privaten Leben selbst zu verkörpern: Seit 1795 war Stecher mit Justine Johanna Volz, der Tochter des damaligen Spitalpredigers und späteren evangelischen Dekans Johann W. Volz, verheiratet.[18] Sicherlich trugen diese Umstände dazu bei, dass Stecher als Biberacher Schultheiß übernommen und nicht versetzt wurde. In den meisten anderen ehemaligen Reichsstädten hatten die neuen Regierungen den raschen Austausch der bisherigen Führungselite veranlasst.[19]

Trotz seiner mentalen Nähe zu den neuen Führungs- und Deutungseliten musste Georg Stecher doch eine immense Anpassungsleistung erbringen. Offenbar sah er diese Folgen bei der Begrüßung von Oberamtsrat Müller mehr als deutlich voraus. Tatsächlich sollten in den folgenden 15 Jahren die ausnahmslos von außerhalb kommenden Führungsbeamten zu den wirklichen Machthabern in den Oberamtsstädten und in den dazugehörenden Oberämtern werden. Die Bürgermeister wurden zu Erfüllungsgehilfen degradiert.

Wie die Bürgermeister so erwarteten auch die Senatoren nichts Gutes von der neuen fremden Herrschaft. Ihnen war klar, dass das relativ unabhängige und freie Regieren im Rathaus bald zu Ende sein würde. Besonders die adeligen Senatoren, die katholischen Patrizier und die evangelischen Nobilitierten und Graduierten[20], erwarteten rigide Einschnitte, zumal ihre oligarche Regierungsform bald nicht mehr durch den Kaiser legitimiert und gestützt wurde. Dagegen hatten die plebejischen Stadträte, die in der Vergangenheit vom evangelischen und katholischen Stadtadel behindert worden waren, begründete Hoffnungen auf eine Besserung ihrer Lage.

Tatsächlich wurde der Einfluss des Senats in den folgenden Monaten und Jahren rigide beschränkt. Die Zahl der Ratsstellen wurde halbiert und viele der wegen der Religionsparität doppelt besetzten hochrangigen und gut bezahlten städtischen Ämter wurden reduziert. Neubesetzungen wurden nicht mehr dem katholischen oder evangelischen Rat überlassen, und selbst die Vergabe städtischer Aufträge an die Biberacher Handwerker und andere Dienstleister erfolgte bald nach strengen Regeln.[21] Die Senatoren waren daher künftig nicht mehr in der Lage, ihre eigenen Interessen zu vertreten, Familie und Verwandtschaft zu protegieren und, dies war für den katholischen Bevölkerungsteil besonders wichtig, die Existenzsicherung der mehrheitlich vermögenslosen Glaubensbrüder und -schwestern zu garantieren.[22] Der nun unnachgiebige Einzug von Steuern, Schuldzinsen oder auch Darlehensraten verschärfte in mancher alteingesessenen, bislang als »vermöglich« geltenden Familie

die finanzielle Situation erheblich.[23] Hiervon war wiederum das schon im 18. Jh. wirtschaftlich angeschlagene katholische Patriziat besonders stark betroffen. Trotz des scharfen Windes, der den Stadtvätern ins Gesicht blies, ging von der Oberschicht weder gegen die neue badische noch gegen die württembergische Staatsgewalt offener Widerstand aus.

Die Mediatisierung der Reichsstädte beeinträchtigte also zunächst vor allem die bisherigen Führungs- und Deutungseliten. Diese hatten mit der Unterordnung unter die Regierungsverordnungen große Probleme.[24] Trotz ihrer immensen Machtverluste fanden sie sich letztendlich passiv mit der neuen Situation ab. Dies galt auch für die bislang vom Stadtadel abhängigen unteren Bevölkerungsschichten. Den etwa 400 Dienstboten, Mägden und Knechten mag es zunächst unerheblich erschienen sein, wem sie zu dienen hatten, und für die 317 Empfänger städtisch-hospitälischer Unterstützung[25] war es das Wichtigste, dass sie auch weiterhin nicht hungern mussten, auch wenn Baden die Heischebräuche, die bislang ein Zubrot eingebracht hatten, 1804 untersagte.[26]

Reaktionen und Aktionen der Mittelschichten

Obwohl die Bürgerinnen und Bürger an jenem 30. September 1803 ihren neuen Regierungsbeamten freudig und mit großem Aufwand begrüßt hatten, entwickelten die Stadtbewohner, aber auch die Bewohner des Umlands, der *Landschaft*, gegenüber ihrem neuen »ersten Würdenträger« rasch eine ablehnende Haltung. Zwangsläufig stellt sich hier noch einmal die Frage, ob die freundliche Aufnahme Müllers nicht doch nur verordnet gewesen war und sich dahinter möglicherweise eine latente Feindschaft gegenüber dem neuen Landesherrn und seiner Regierung verbarg, die in den dann erfolgten Angriffen gegen Oberamtsrat Müller ein Ventil fand. Oder waren die Menschen in und um Biberach nur maßlos enttäuscht über die Regierung des Oberamtsrats?

Während der insgesamt drei Amtsjahre Müllers untergrub dieser zwar erwartungsgemäß und sicher zur Freude der städtischen Mittelschichten, zu denen etwa 600 Biberacher Handwerkerfamilien zählten[27], das Machtgefüge des Senats. Jedoch ging die hierdurch freigesetzte Macht nicht auf die aufstrebende Bürgerschicht, sondern auf den Oberamtsrat selbst über. Dieser präsidierte jeder Magistratssitzung und beeinflusste damit alle Entscheidungen maßgeblich. Rasch wurde Müller wegen seines *barschen Auftretens*, über das nicht nur Pflug, sondern auch Chronist Krais berichtet, zu einer *berüchtigten* Person.[28] Unnachgiebig verbot er, wie von Karlsruhe gefordert, zahlreiche populäre Feste und Feiern in der Stadt und auf dem Land. Die zwangsvereinigten Schützengesellschaften, die Schauspielgruppen und ihre Feste waren ebenso betroffen wie die öffentlichen Singbräuche oder die Kirchenmusik.[29] Johann B. Pflug berichtet zudem von zahlreichen *Amtstagen* (Gerichtstage), an denen *das Landvolk in Haufen zur Abrüge*[30] nach Biberach kommen musste, weil es sich nicht an die Weisungen des Oberamtsrates gehalten hatte.

Auch die besitzenden Städter aus den Mittelschichten reagierten schon im ersten Jahr nach Müllers Amtsantritt äußerst ablehnend. Als der Oberamtsrat von ihnen die persönliche Ableistung von Straßensäuberungsarbeiten verlangte – bisher waren dafür Tagelöhner eingesetzt worden – reagierten sie zuerst mit Resistenz, dann mit Renitenz: Zum ersten von Müller anberaumten Termin erschienen sie zunächst gar nicht, worauf Müller einen zweiten ansetzte. Zu diesem kamen sie zwar mitsamt Handwerkszeug, allerdings waren sie alle mit ihren *besten Anzügen* bekleidet.[31] Als der Oberamtsrat, der sich von den Bürgern verhöhnt fühlen musste, den Wechsel der Kleidung befahl, entgegneten die Biberacher, dass dieser über *ihre Anzüge nichts zu befehlen* habe. Gleichzeitig erinnerten sie ihn daran, dass der badische Landesherr ihre *Rechte anerkannt* und *sie sogar von der Konskription befreit habe.*[32] Müller, der zu einer strikten Sparpolitik verpflichtet war, blieb jedoch unnachgiebig und zwang die Bürger auch weiterhin zur persönlichen Ableistung der Arbeit. Die Verstimmung der Biberacher wuchs in den folgenden Tagen und Wochen weiter, weil Müller die Arbeitenden durch berittene *Quartiermeister* kontrollieren und vom Pferd herab zu schnellerer Arbeit antreiben ließ.[33]

Vertrauen in den Landesfürsten

Diese Episode aus der frühen Geschichte des badischen Biberach zeigt nicht nur, dass die Regierungs-

beamten auch hier mit wenig Einfühlungsvermögen und mit zum Teil ausgeprägter Arroganz agierten.[34] Gleichzeitig belegt sie einen wichtigen Grundsatz: Für die Biberacher stand die Verfügung Müllers im Widerspruch zu den vom badischen Landesherrn garantierten Rechten. Dies ist ein wichtiger Fakt, der zeigt, dass aus der Existenz von Verweigerungshaltungen und aus dem Auftreten von Widersetzlichkeiten vor Ort keinesfalls auf eine allgemeine Regierungsfeindschaft geschlossen werden kann. Vielmehr macht der Fall deutlich, dass die Biberacher ihrem Landesherrn einen relativ konstanten Vertrauensvorschuss einräumten, der sich auch dann nicht rasch verbrauchte, wenn sich dessen Beamte scheinbar als intransingente Despoten erwiesen.

Trotz unpopulärer Führungsbeamter und erzwungener Unterordnung zogen sich die meisten Biberacher nicht resigniert aus der Politik zurück. Das politische Interesse und der Wunsch nach konstruktiver politischer Teilhabe wurde aufrecht erhalten. Als ehemalige Reichsstädter waren sie seit Generationen daran gewöhnt, ihre Angelegenheiten selbst in die Hand zu nehmen und, wenn nötig, intern nicht lösbare Probleme über eine außerörtliche Institution – bislang über die Reichsgerichte oder den Kaiser persönlich – prüfen, klären und schlichten zu lassen. Zwar vertrauten die Biberacher Bürger den Entscheidungen des Reichsgerichts, trotzdem verzichteten sie nie auf konkrete Vorschläge zur Problemlösung.[35]

Auch wenn in der Vergangenheit die Rechtsprechung die Parteien langfristig keineswegs befrieden konnte, so behielten die Biberacher doch auch unter badischer Herrschaft, und wie dargestellt werden wird, auch unter Württemberg, ein konstantes Vertrauen in eine über den Parteien stehende Macht – vornehmlich in den Landesherrn – bei. Im ersten Viertel des 19. Jhs. wurde die Wertschätzung des Landesherrn in kritischen Zeiten allerdings oft dadurch aufrecht erhalten, dass man die Realität verbog. Für die meisten unpopulären Reformen wurde der örtliche Führungsbeamte verantwortlich gemacht, obgleich dieser oft nur die landesherrlichen Verordnungen umsetzte, auf die er kaum Einfluss hatte und die für das ganze Land galten. Im badischen Biberach konnte man sich nicht vorstellen, dass das Verbot des Schützenfestes, der Fastnacht, der »Meistersinger« oder des Weingartener Blutritts vom Kurfürsten (seit 1803) und späteren Großherzog (seit 1806) selbst verordnet worden sein könnte. Vielmehr unterstellte man dem Staatsbeamten vor Ort, beispielsweise durch eine falsche Darstellung der Sachlage selbst für Verbote gesorgt oder aber selbstmächtig Verbote ausgesprochen zu haben.[36] Tatsächlich entsprachen aber die Fest- und Feiertagsverbote und die dazugehörenden Begründungen den aufklärerischen Denkmustern der weltlichen und kirchlichen Führungs- und Deutungseliten in dieser Epoche.[37]

Die Ansicht, dass der Landesvater im Grunde an den Fehlentwicklungen unschuldig sei, verfestigte sich sicherlich nicht nur in Biberach durch die Erfahrungen, dass Eingaben bei übergeordneten Behörden oder beim Landesherrn zum Teil erfolgreich waren. In Biberach erreichte im Frühsommer 1804 eine Eingabe nach Karlsruhe, dass eine *gemeinschaftliche Schützenfreude* in zwar eingeschränkter Form und deutlich verspätet am 3. Oktober, aber letztendlich doch noch stattfinden konnte.[38] Das Fest mag den badischen Landesherrn und seine Regierung gestützt haben, für den Oberamtsrat hatte diese Entscheidung große Nachteile.

Seit Januar 1804 war die Bürgerschaft mit einer Flut unpopulärer Verordnungen – einige wurden schon genannt – konfrontiert worden, die kaum einen Bereich der Biberacher Fest- und Alltagskultur unangetastet ließen. In Biberach brodelte es. Wie schon im Mai oder Juni, so trafen sich auch im Sommer 1804 – damals wussten die Bürger noch nichts vom Erfolg ihrer Karlsruher Eingabe – katholische und evangelische Biberacher, zumeist Handwerker, wiederum zu *geheimen Zusammenkünften*[39], um eine weitere Beschwerdeschrift zu formulieren. Diese wurde der Kreisregierung in Meersburg durch den Zeugmacher und plebejischen Stadtrat Johann Georg Flächer und den Kaminfeger Johann Benedikt Kibel überbracht. In dieser Schrift führten die Bürger Klage gegen die Amtsführung von Oberamtsrat Müller und gegen einige seiner Anordnungen, beispielsweise den Verkauf von Gemeindegrundstücken, die kostspielige Justizverwaltung, die Abschaffung von Fest- und Feiertagen und die strengen sonntäglichen Öffnungszeiten für Werkstätten, Läden und Gasthäuser.[40]

Die Rückkehr der beiden Bürgersprecher aus Meersburg gestaltete sich für sie sehr unangenehm. Flächer

und Kibel wurden von Müller sofort für drei Wochen in Einzelhaft gesteckt, *eingetürmt.*[41] Diese Strafe verhinderte allerdings nicht, dass kurze Zeit später der badische Vizepräsident Geschwend von Meersburg nach Biberach reiste, um die Vorwürfe der Bürger gegen ihren Oberamtsrat zu prüfen. Dieser *verurteilte*, wie Chronist Krais berichtet, fünf Biberacher Bürger dazu, sich beim Magistrat zu entschuldigen. Eine Verpflichtung zur Zahlung von 86 fl. – die Erstattung der Reisekosten für den aus Meersburg Angereisten – kam hinzu. Der Vizepräsident hatte, auch wenn die Biberacher die Bezahlung der Reisekosten und die erzwungene Entschuldigung als eine Art Verurteilung empfinden mochten, im Sinne der Biberacher entschieden. Durch ihren Widerstand hatten sie die Überprüfung der Klagen vor Ort und zudem die Lockerung der Ladenöffnungszeiten erreicht. Obgleich dem unbeliebten Oberamtsrat offenbar keine Rüge erteilt wurde, so wurde dessen Autorität doch ein irreversibler Schaden zugefügt, dem schnell ein weiterer folgen sollte.

Trotz des Autoritätsverlustes für den Oberamtsrat stärkte das »Urteil« indirekt die Stellung des Landesherrn und der badischen Kreisregierung. Das in die Regierung gesetzte Vertrauen hatte sich für die Biberacher ausgezahlt.

Erstarken bürgerschaftlicher Solidarität

Nicht zu unterschätzen sind zudem die Auswirkungen des Verfahrens auf die Genese einer belastbaren und anhaltenden überkonfessionellen bürgerschaftlichen Solidarität: ein vor allem nach Außen wirksames Gemeinschaftsgefühl, das die Biberacher Mittelschichten über die Konfessionsgrenzen hinweg einte. Langfristig entwickelte sich daraus eine stabile, wirkmächtige und säkulare Solidargemeinschaft, die sich immer weniger von einer zumeist bewusst eingesetzten konfessionellen Polemik beeinflussen ließ. Diese Solidarität sollte im Laufe des 19. Jhs. kontinuierlich wachsen und die für Biberach so typisch gewordenen konfessionellen Streitigkeiten immer mehr aus der Stadtpolitik in die dann verselbstständigten Kirchengemeinden verdrängen.[42] Sie fand nach dem Streit mit Müller sogleich ein neues Aktionsfeld: Um die fünf zur Zahlung der Reisekosten verpflichteten Bürger zu entlasten, führten kurzerhand zwei Bürger bei allen Biberacher Familien eine erfolgreiche *Collecte* durch.[43] Diese Geldsammlung ist nicht nur als Zeichen überkonfesssioneller bürgerschaftlicher Solidarität interpretierbar. Sie stellt gleichzeitig eine spezifische Form von Volkswiderstand dar. Denn die Sammlung untergrub die Autorität des Oberamtsrates weiter. Die Geldsammlung ließ die Strafe wirkungslos werden: Weder stigmatisierte diese die Delinquenten oder schreckte sie ab, noch sedierte sie die Regelübertreter und deren soziales Umfeld. Vielmehr zeigte sich vor Ort das gegenteilige Ergebnis: Selbstbewusster und einiger denn je versuchten die Biberacher, den unbeliebten Oberamtsrat aus der Stadt zu vertreiben. Schon wenige Monate später zeigten sie ihn wegen der Annahme eines Neujahrsgeschenks der Landschaft in Höhe von 14 Louis d'Or an.[44]

Allerdings löste letztendlich nicht der bürgerschaftliche Widerstand das Problem Müller, sondern die Politik. Im Herbst 1806 wurde Biberach aufgrund eines Tauschvertrages Württemberg einverleibt. Oberamtsrat Müller verließ kurz nach der Huldigung der Bevölkerung an die neue Herrschaft *in aller Stille*, also ohne jeden offiziellen Abschied durch die Biberacher, die Stadt.[45] Sein Weggehen werden wohl die meisten Stadtbewohner, wenn auch nicht die gesamte Landbevölkerung, die, trotz aller Widrigkeiten eine starke *Anhänglichkeit* entwickelt hatte[46], mit Erleichterung aufgenommen haben. Dagegen blieb der Landesherr, das Großherzogtum Baden, bei manchen, vielleicht sogar bei vielen Biberachern in guter Erinnerung. Der selbstbewusste Johann Georg Flächer sollte später und im Vergleich zu Württemberg notieren, dass *Baden* [...] *in den mehrsten Puncten* [...] *mit seinen Versprechungen* Wort gehalten hat.[47]

Leben unter Württemberg

Die meisten Biberacher reagierten auch beim Übergang an das Königreich Württemberg zuversichtlich und duldsam. Wie die badischen Beamten, so wurden am 25. Oktober 1806 auch die württembergischen von den beiden Bürgermeistern Georg Stecher und Karl v. Klockh in die Stadt geleitet und mit Böllerschüssen, Türkischer Musik und der Parade der Bür-

gerkompanien begrüßt. Der württembergische Abgesandte aus Ulm, Geheimrat Eberhard v. Bühler, war von der stillen Feierlichkeit dieser Zeremonie freudig überrascht[48], denn er hatte, wie der Chronist Krais berichtet, mit *Unruhen*[49] gerechnet. Tatsächlich war die höfliche Aufnahme der Beamten keineswegs selbstverständlich. In einigen Regionen und Orten Neuwürttembergs, beispielsweise in Ellwangen und Esslingen, war es während dieser Zeremonien oder auch später zu widerständischen Aktionen der Bevölkerung gekommen.[50] Vielleicht wäre die Huldigungszeremonie in Biberach nicht so still und feierlich verlaufen, hätten die für den Nachmittag in das Rathaus beorderten Biberacher gewusst, dass die dort gestellte Frage nach der Zahl ihrer über 16-jährigen Söhne zur baldigen Musterung und letztendlich zum Kriegsdienst führen sollte.[51]

Trotz der schon bald entstehenden Widrigkeiten und Probleme wurden alle Besuche des Königs und der Königin[52] und, anders als beispielsweise in Weißenhorn, selbstverständlich auch die Geburtstage des Landesvaters von der Biberacher Bürgerschaft in bekannter Form, mit viel persönlichem Aufwand und zumeist auch mit Freude vorbereitet und durchgeführt. Zwar sorgte ein Reglement dafür, dass die Königsfamilie immer in einem passenden Rahmen empfangen wurde, allerdings hätten freiwillige Ehrenbezeugungen, wie sie für Biberach beschrieben sind, auch ersatzlos wegfallen können.[53]

Vertrauen in den König

Die Ausgestaltung dieser Besuche belegt die Existenz einer relativ konstanten Vertrauensbeziehung zum König bzw. zur Königsfamilie zumindest bis in die vierziger Jahre. Viele Bürger waren der festen Überzeugung, dass der Landesherr ihr Bestes wollte und vertrauten auf desse ausgeprägtes (Un-)Rechtsbewusst sein. Die Akzeptanz der württembergischen Verfassung mit ihrem Mehrheitswahlrecht, das den Verzicht der Biberacher auf das bislang unangetastete Recht der Religionsparität bedeutete, geht auf diese Vertrauensbeziehung zum Königshaus zurück: Die Bürger verließen sich bewusst, so merkte Bürgermeister Stecher 1819 kritisch an, auf die *Gnade* des Königs.[54]

Sicherlich war die festgestellte Akzeptanz der neuen Herrschaft auch das Ergebnis eines durchdachten vernunftgesteuerten Kalküls – ein Abwägen von Gewinn und Verlust. Allerdings gab es dazu auch keine Alternative. Letztendlich waren die Biberacher darauf angewiesen, mit den Landesherren in Frieden zu leben, auch wenn sie sich nie als »Badener« und schon gar nicht als »Württemberger« fühlten. Es wurde schon angedeutet: Die Biberacher suchten einen Mittelweg: Sie akzeptierten zwar die neue politische Vorherrschaft weitgehend, handelten aber vorausschauend, um erwartete Nachteile zu entschärfen. Nach 1806 begegneten sie beispielsweise der drohenden Soldatenaushebung, indem sie alle wahrscheinlich davon betroffenen Söhne heiraten ließen oder auf Wanderschaft schickten.[55] Erschienen Verordnungen als unerträglich, widersprachen sie mit Nachdruck und suchten diese durch Anfragen und Eingaben bei der Regierung zu verhindern.

All diese Aktivitäten hatten in Biberach Tradition. Dort war man seit Generationen darin geübt, politische Veränderungen vorherzusehen und Ungewolltes selbstständig abzuwenden, sich zu beschweren, offen konstruktiven Widerstand zu leisten oder eigene Verbesserungsvorschläge auszuarbeiten. Die Geschichte der Gravamina (Beschwerden, meist beim Reichsgericht) belegt dies sehr anschaulich.

Die Deutung, Herrscherakzeptanz und Harmoniestreben seien vor allem eine Folge von Verhaltensmustern, die über Jahrhunderte gegenüber der jeweiligen Herrschaft eingeübt worden seien, – z. B. Unterwürfigkeit gegenüber Autoritäten[56] – scheint für die Bevölkerung in der ehemals Freien Reichsstadt nicht zuzutreffen. Wie schon angemerkt und mit Beispielen belegt, verfassten im 17. und 18. Jh. Bürgergruppen selbstbewusst und selbstständig Beschwerdeschriften. Diese Haltung setzte sich auch im 19. Jh. fort, auch wenn sich die Adressaten änderten.[57] Blieben diese »Eingaben« ohne Erfolg, so wandte sich die Bürgerschaft Biberachs vertrauensvoll an den König oder die Königin – zum Teil mit großem Erfolg.[58] Diese Eingaben belegen ein zwar kritisches, aber keinesfalls misstrauisches oder gar widerständisches Verhältnis der Biberacher zu ihrem Herrscher. Vielmehr sind sie ein eindrucksvoller Beleg für die politische Reife der Biberacher Bürgerschaft und ein Beweis für

die Existenz einer eigenständigen republikanischen, liberalen und gegenüber demokratischen Strukturen aufgeschlossenen Gesinnung.[59]
Die Parallelität von Vertrauen in einen adeligen Landesherrn und politischer Eigenständigkeit stellt in Biberach keinen unüberbrückbaren Gegensatz dar. Ebensowenig sind die bereits beschriebenen regionalen und innerörtlichen Konflikte mit einzelnen Beamten der Regierung ein eindeutiger Indikator für eine allgemeine Regierungsfeindschaft.

Die bürgerlichen Mittelschichten als Hauptgewinner

Der Grund für die unerwartet friedfertige Haltung der Bevölkerungsmehrheit beim Übergang an Württemberg und, mit wenigen Ausnahmen, auch in den folgenden Jahrzehnten, liegt vor allem bei denjenigen Bürgern, die sich vom Umsturz der alten politischen Ordnung Vorteile erhofften oder, oft unerwartet, Vorteile durch die neue Ordnung erreichten.
Zu den unerwarteten Gewinnern der Mediatisierung gehörten nicht zuletzt die beiden zunächst so unglücklichen Biberacher Georg Stecher und Johann Baptist Pflug. Georg Stecher machte doch noch Karriere in Biberach: Von der badischen und der württembergischen Regierung wurde er als Stadtschultheiß verpflichtet. Nach sicherlich harten Jahren der Unterordnung erhielt die Stadt durch die Organisationsedikte von 1817 und durch die württembergische Verfassung von 1819 sogar vielfältige Rechte zuerkannt. Stecher war in den vergangenen Jahren für die württembergische Regierung zu einem zuverlässigen Beamten geworden, der die zahlreichen, oft unpopulären Regierungserlasse vor Ort pflichtbewusst umsetzte. Auch wenn er von vielen als zu nachgiebig und regierungstreu eingeschätzt wurde und sich durch sein Handeln manche Feinde in der Bürgerschaft gemacht hatte – man denke etwa an die Bürgersöhne, die ihm einmal einen wütenden Geißbock auf den Hals gejagt hatten, und die er später als erste auf die Liste der Soldaten für den Russlandfeld gesetzt hatte, von denen keiner wieder heimkehren sollte[60] – so erhielt er doch 1819 bei der Stadtschultheißenwahl und trotz zweier Gegenkandidaten die Stimmenmehrheit.[61] Die Tatsache, dass Stecher nach 1819 keinen gleichberechtigten Kollegen der anderen Konfession mehr neben sich dulden musste, hat sein Berufsleben wohl wesentlich vereinfacht. Obgleich nie besonders geschätzt oder gar verehrt, wirkte er doch mit Erfolg und im Interesse der Stadt und ihrer Bürgerinnen und Bürger. 1823 ging er, selbstbewusst wie je, in Pension. Er starb, nachdem er sich erfolgreich für die evangelische Gemeinde und ihr Vermögen eingesetzt hatte, im Jahr 1829.[62]

Georg Ludwig Stecher (1760–1829)
Porträt des evangelischen Stadtschultheißen von Biberach. Medaillon, vielleicht von Johann Baptist Pflug. Braith-Mali-Museum, Biberach.

Auch Johann B. Pflug machte Karriere. Schon nach dem ersten Jahr seiner Bortenwirkerlehre erhielt er die Gelegenheit, im Haus des Biberacher Geheimrates Scheffold unter Anleitung von dessen 80-jährigem Vater, einem ehemaligen Kirchenmaler, seine zeichnerischen Fähigkeiten zu vertiefen.[63] Die Chance, über Vermittlung des seit der Säkularisation des Klosters in Ochsenhausen residierenden Grafen v. Metternich (sen.), in Wien Kirchenmalerei zu studieren, konnte Pflug wegen des Krieges nicht wahrnehmen. Stattdessen wurde Pflug 1806 in der Münchner *Gallerie*[64] als

Schüler aufgenommen. Nach einem weiteren Studienaufenthalt an der Stuttgarter Karlsschule kehrte er 1810 nach Biberach zurück, um eine Stelle als Zeichenlehrer im neugegründeten Gymnasium anzunehmen und später katholische Sonntagsschüler zu unterrichten.[65] Diese Aufgabe machten ihn zwar nicht zu einem reichen Mann, doch ließen sie ihm ausreichend Zeit für die eigene Malerei.[66] Er wurde ein berühmter und dann auch gutsituierter Sohn der Stadt, der seine Fähigkeiten vielen Biberacher Bürgersöhnen vermittelte, von denen wiederum viele populäre Maler wurden.[67]
Pflug und Stecher entstammten den handwerklich orientierten und bildungsbeflissenen bürgerlichen Mittelschichten der Stadt. Diese erhielten unter Württemberg besonders große Entwicklungschancen und genossen Vorteile. In wenigen Jahren verdrängte das Wirtschafts- und Bildungsbürgertum die alten reichsstädtischen Eliten und zerstörte Zug um Zug deren Seilschaften. Württemberg machte diese Bevölkerungsgruppe nicht ohne Grund zu der von ihr protegierten Gesellschaftsschicht. Bewusst wurden die mittleren Bevölkerungsschichten von der Regierung als Destabilisatoren des alten Regimes instrumentalisiert. Schon seit vielen Jahrzehnten hatten diese Bürger gefordert, die *bisherige elende Regierungsverfaßung*[68] der Stadt, gemeint war das Regiment des bislang fast omnipotent agierenden »Inneren Rates«, endlich zu beenden. Ihr Ziel war schon 1798 die Gründung einer freien *Republik* gewesen.
Allerdings wollten sie damals eine *fremde Herrschaft*[69] nicht akzeptieren. Auch wenn sie ebendies nach 1802 hinnehmen mussten, so erreichten sie doch mit Hilfe der Regierungen innerhalb weniger Jahre die gewünschte Entmachtung der Stadtregierung, vor allem des evangelischen und katholischen Stadtadels.[70] Auch wenn die Macht bis 1817/19 durch den Oberamtmann ausgeübt wurde, was zu vielfältigen Irritationen in einer Zeit kriegerischer Auseinandersetzungen, wirtschaftlicher Stagnation und Regression und strenger werdendem Reglement durch Württemberg und den König führte, so hoffte das zünftisch gebundene sowie das freie Wirtschafts- und Bildungsbürgertum auf mehr Einfluss.
Ein großer Teil der bislang vom Magistrat unterdrückten bürgerlichen Mittelschichten entwickelte sich nach 1802 wirtschaftlich zwar nur langsam, politisch aber doch kontinuierlich. Das in Biberach existierende innovative, aufgeklärte und aufgeschlossene bürgerliche Potenzial, das vornehmlich aus der produzierenden und vertreibenden Handwerkerschaft stammte, wurde Schritt für Schritt als neue Führungselite etabliert. Als Bürgerdeputierte bzw. Mitglieder des Bürgerausschusses 1817 in freier Wahl von der männlichen besitzenden Bürgerschaft gewählt, entfalteten die ehemaligen »Plebejer« trotz Behinderungen durch die lebenslang gewählten Stadträte künftig eine rege Tätigkeit und steigerten Jahr für Jahr ihren Einfluss auf die Entwicklung der Stadt. Gleichzeitig entstand ein neues mentales Klima der Offenheit und selbstbewussten Liberalität. Hinter der neuen städtischen Führungsschicht stand eine wesentlich breitere Gesellschaftsschicht als in reichstädtischer Zeit. Hierzu zählten neben den (rasch prosperierenden) Gastwirten und Handelsunternehmern im ersten Jahrhundertviertel etwa 700 Handwerksbetriebe bzw. -familien.[71] Diese Familien hatten zwar Haus-, Wohnungs- und/oder Grundbesitz, die Handwerksmeister arbeiteten aber fast ausschließlich ohne Gesellen. Es waren also Familienbetriebe. Umsatz und Gewinn waren in der Mehrzahl der Betriebe gering. Wollten sie wirtschaftlich überleben, so waren sie existenziell auf Unterstützung angewiesen. Folglich setzten sie ihre Hoffnung auf eine neue städtische Politik und damit auf ihre Bürgerdeputierten, außerdem auf die Unterstützung Württembergs und ihres Landesherrn.

Biberach 1817/1819 und 1848

Auch wenn sich die Biberacher, wie wohl alle Oberschwaben, niemals als »Landeskinder« fühlten oder eine Identität als Württemberger entwickelten[72], so war, wie gesagt, der König und die Königin spätestens um 1819 von der Bevölkerungsmehrheit doch akzeptiert, von vielen Bürgerinnen und Bürgern sogar verehrt. Hierbei spielten die Mittelschichten eine überaus wichtige Rolle; Eine Rolle, die auch bei der Auseinandersetzung um die Annahme der württembergischen Verfassung deutlich wird.
Im Wiener Kongress hatten sich die Landesfürsten dazu verpflichtet, ihren Staaten eine konstitutionelle Verfassung zu geben. Doch der erste, noch unter König Friedrich erarbeitete Entwurf von 1815 wurde

Lehrer und Schüler
Der Maler Johann Baptist Pflug und Anton Braith. Öl auf Leinwand, 1856. Braith-Mali-Museum, Biberach.

von den Landständen abgelehnt. Auch der im März 1817 unter König Wilhelm formulierte Entwurf fand im Land keine Mehrheit – auch nicht im Oberamt Biberach. Selbst der Verfassungsentwurf vom Juni 1817, in dem den Volksvertretern breitere Mitbestimmungsrechte eingeräumt wurde, erhielt nicht genügend Zustimmung. Die am 13. Juni 1817 in Biberach stattfindende *Amtsversammlung* – eine Art Kreistag, in dem alle Schultheißen des Oberamts Biberach stimmberechtigte Mitglieder waren – lehnte den Entwurf ebenfalls ab.[73] Damals war die Amtsversammlung (noch) stark von den beiden juristisch versierten und argumentativ starken Biberacher Stadtschultheißen Stecher und Klockh dominiert. Die Mehrheit der Deputierten schloss sich deren Meinung an. Sie hofften, durch die erneute Ablehnung des Entwurfs die aus der reichsstädtischen Zeit stammenden Sonderrechte zu retten. Zu diesen zählte neben der Befreiung von der verhassten Militärpflicht auch die Religionsparität. Viele kritisierten auch die geplante Errichtung einer Privilegiertenkammer und die Einführung des Mehrheitswahlrechts, das die Biberacher Parität vollends gekippt hätte. Dies wiederum, so befürchtete man für Biberach und das Umland, musste wie in Ravensburg geschehen zwangsläufig zur Unterdrückung der Katholiken führen.[74]

In der entscheidenden Amtsversammlung wurde deutlich, dass die Verfassungsfrage ein Thema war, das nicht nur die kommunalen Führungsebenen, sondern auch die breiten Bevölkerungsschichten Biberachs beschäftigte. An diesem 13. Juni traten zwei konkurrierende Bürgergruppen auf, die ihre Stellungnahmen abgaben. Die kleinere Bürgergruppe sprach sich mit den Kritikern in der Amtsversammlung gegen die Annahme des Verfassungsentwurfs aus, während sich die größere für die bedingungslose Annahme des Entwurfs stark machte. Deren Vertreter überreichten eine Unterschriftenliste mit 87 Namen und traten sehr selbstbewusst auf. Obgleich ihre Namen nicht überliefert sind, wird aus späteren Vorgängen klar, dass diese Freunde der Konstitution aus den Biberacher Mittelschichten stammten. Deren Führer wurden am 24. Juli 1817, also nur wenige Wochen später, in das Gremium der Bürgerdeputierten gewählt.

Obgleich die Amtsversammlung trotz der Intervention der Verfassungsfreunde den Entwurf vom Juni abgelehnt hatte, erreichten die Verfassungsfreunde durch Aktionen in Biberach und bei der Stuttgarter Regierung und letztendlich auch mit Hilfe eines neuen Oberamtmanns, dass die Amtsversammlung die Ablehnung vom 13. Juni doch noch zurückzog.[75] Der in Biberach wie immer mit großem bürgerschaftlichen Engagement vorbereitete und durchgeführte Besuch des Königspaares am 30. September 1817 half den Verfassungsfreunden, denn das Königspaar begeisterte offenbar das Gros der Biberacher und der Landleute, die an diesem Tag den Michaelimarkt besuchten.[76] Wenige Tage danach führten einige der im Juli gewählten Bürgerdeputierten eine Unterschriftenaktion in der gesamten männlichen Bürgerschaft Biberachs durch.[77] Dies war notwendig geworden, weil die Verfassungskritiker bezweifelten, ob hinter den Verfassungsfreunden wirklich die Bevölkerungsmehrheit stehe. Exakt 569 männliche Biberacher unterzeichneten, unabhängig von Stand, Vermögen und Konfession, das *Circulair* der Bürgerdeputierten. Das war ein überzeugendes Votum für die Verfassung.[78] Die Verfassungsfreunde hatten damit einen großen Sieg errungen, der Stuttgart offenbar zu einer wichtigen Reaktion motivierte: Die Regierung verfügte die Entsendung eines tatkräftigen katholischen Oberamtsmannes, Joseph Christian Schliz. Dieser hatte schon in Ehingen für die Annahme des Verfassungsentwurfs gesorgt.

Tatsächlich erreichte erst die Koalition der Biberacher Mittelschichten mit einigen sehr einflussreichen und dem König freundlich gesinnten Bürgerdeputierten und dem in der zweiten Januarhälfte 1818 kurzfristig eingesetzten Oberamtmann Schliz ihr Ziel. Innerhalb weniger Stunden führten die Gespräche des Katholiken Schliz dazu, dass die Mehrheit der Verfassungsgegner zerbrach. In einer ersten Sitzung am Vormittag des 28. Januar 1818 mit den Bürgerdeputierten und den Dorfschultheißen des Oberamts scheint der Oberamtmann deutlich gemacht zu haben, dass eine Ablehnung des modifizierten Verfassungsentwurfs zwar im Interesse der Führung Biberachs, aber keinesfalls im Interesse der Landschaft sei. Tatsächlich hatte das Organisationsedikt vom November 1817, das Teile der Verfassung vorweg nahm, die Stellung der Ortschaften gegenüber Biberach schon wesentlich gestärkt und auch die bislang überproportional

hohen Zahlungsverpflichtungen der Landschaft gegenüber Biberach neu fixiert.[79] Schliz versprach zudem, dass Württemberg die Schulden der Landschaft tilgen werde. In der direkt anschließenden Sitzung des Biberacher Stadtrats machte Schliz nicht nur deutlich, welche Vorteile auch die Stadt aus der Verfassung ziehen könne, sondern stellte auch in Aussicht, dass er eine Bürgerbefragung durchführen wolle, falls der Magistrat weiterhin bei der Ablehnung der Konstitution bliebe. Da die Ratsherren wussten, dass die Mehrheit der Bürgerschaft für die Annahme des Verfassungsentwurfs war, zogen sie ihren Widerspruch gegen den Verfassungsentwurf zurück.[80]

Damit war der Versuch der Biberacher Schultheißen und Stadträte, unter anderem durch den Hinweis auf die bikonfessionelle und paritätische Sondersituation der Stadt von der Regierung Sonderrechte abzuhandeln, gescheitert. Die Bürgerschaft verzichtete freiwillig auf das Sonderrecht der Parität und vertraute weiterhin lieber auf den König. Der Widerstand gegen die Verfassung war endgültig gebrochen. Die Stadträte schwenkten nun um und änderten ihre Strategie. Auch sie setzten jetzt mehrheitlich auf die *Gerechtigkeit Seiner Majestät* und gaben ihrer Hoffnung auf eine *väterliche Regierung*[81] des Königs Ausdruck. Manche betonten, dass sie ihre Gegnerschaft eigentlich schon im November 1817 abgebaut hätten, als das Organisationsedikt in Kraft trat. Diese Aussagen machen deutlich, dass die städtische Führung nach diesem Dissenz ihr Verhältnis zur Regierung wieder zu verbessern trachtete. Auch Stadtschultheiß Stecher fügte sich, zwar sehr enttäuscht und resigniert, in das Unabänderliche. Sein Amt stand nun, ebenso wie das seines katholischen Kollegen Klockh, zur Disposition. Der 1798 noch auf Lebenszeit zum Bürgermeister Bestellte hatte sich künftig, wie alle seine Amtsnachfolger, regelmäßig einer Volkswahl zu stellen.

1819 war ein wichtiges Kapitel der württembergisch-biberachischen Geschichte abgeschlossen. Die Umgestaltung und Neuorganisation von Verwaltung, Vermögen, Rechten und Lasten konnte wie im ganzen Land begonnen werden. Allerdings war die so imposant zur Schau gestellte Verehrung des Königshauses und die Akzeptanz des Verfassungsentwurfs kein Zeichen für künftige duldsame Unterordnung. Unpassend erscheinende Verordnungen wurden von den Biberachern keineswegs kritiklos hingenommen, sondern auch weiterhin kommentiert, Änderungsvorschläge formuliert und der Regierung vorgelegt. In starker Solidarität verbundene Biberacher erreichten beispielsweise, dass Stuttgart die paritätische Ämterstruktur in Biberach stillschweigend hinnahm.[82]

Die Menschen in Biberach waren und blieben *sperrige Landsleute*[83], die es mit Liberalität, Republikanismus und Demokratie ziemlich ernst meinten.

Auffallenderweise gehörten viele liberale Verfassungsfreunde Biberachs in den Revolutionsjahren 1847 und 1848 zu den Aufständischen. Hatte die württembergische Regierung zu Beginn des 19. Jhs. die politische Mitwirkung der liberalen Mittelschichten erwünscht und unterstützt, so wurden dieselben Menschen 1848 kriminalisiert und der einflussreichere Teil, der sich in den vergangenen Jahrzehnten wirtschaftlich schon entwickelt hatte, mit Erfolg sediert, durch Errungenschaften wie die Presse- und Versammlungsfreiheit zur Ruhe gebracht. Hier findet sich im übrigen die für Biberach typische konfessionelle Dichotomie wieder: Waren schon 1817 die katholischen Bürgerdeputierten besonders aufgefallen[84], so gehörten auch 1848 die Katholiken in und um Biberach zu den ›linken‹ Aufständischen, die mehr forderten, als ihnen die »Märzerrungenschaften« gaben. Ihre evangelischen, wirtschaftlich meist besser gestellten politischen Freunde waren dagegen mit dem Erreichten zufriedener.[85]

Sonderfall der Bikonfessionalität

Anders als in anderen ehemaligen Reichsstädten war im bikonfessionellen Biberach die Verdrängung und Entmachtung der alten Eliten durch das mittelständische Bürgertum gleichzeitig eine konfessionelle Verdrängung. Verlierer waren die Katholiken. Das katholische Patriziat war schon seit Jahrzehnten durch Veränderungen der Produktionsformen, der Verlegung der Handelswege und Grenzen wirtschaftlich angeschlagen. Kapitalmangel lähmte wie andernorts deren Unternehmen. Hinzu kam, dass die Fähigkeit, sich an veränderte politische und wirtschaftliche Situationen anzupassen und neue wirtschaftliche Herausforderungen zu wagen, in der Vergangenheit wenig geübt worden war. Viele patrizische Familien hatten sich nach 1800 aus dem aktiven (Wirtschafts-)Leben

Der erste Erntewagen
Ein sog. Hungerbild, wie sie vielerorts nach dem Ende der Hungersnot von 1817 entstanden. Es zeigt die festliche Ankunft des ersten Erntewagens auf dem Biberacher Marktplatz.
Braith-Mali-Museum, Biberach.

zurückgezogen, einige hatten Biberach verlassen oder waren in ihrer männlichen Linie ausgestorben.[86] Damals wirkte sich zudem die restriktive Bildungspolitik des Patriziats, die den katholischen Handwerkersöhnen ein Universitätsstudium, mit Ausnahme der Theologie, versagt hatte, negativ aus. Die dünne katholische Mittelschicht hatte, anders als die evangelischen Nachbarn, kein ›zweites Standbein‹ – nämlich eine moderne, ökonomisch oder juristisch orientierte Bildung ihrer Söhne – entwickelt.[87] Seit dem 17. Jh. von höherer Bildung ausgeschlossen und daher außer Stande, eine eigene ökonomisch orientierte Bildungstradition auszubilden, wurde den Biberacher Katholiken nach 1802 zudem durch die Schließung der Klosterschulen eine der wenigen bezahlbaren Bildungseinrichtungen genommen. Johann Baptist Pflug dürfte nicht der einzige Biberacher und nur einer von vielen Oberschwaben gewesen sein, die ohne Abschluss aus den enteigneten Klöstern heimkehrten und sich irgendwie durchschlagen mussten.

Gleichzeitig warf der Mangel an einer breiten, selbstbewussten und innovativ orientierten Mittelschicht den katholischen Bevölkerungsanteil zusätzlich zurück. Das katholische Patriziat hatte nach 1648 aus Machtkalkül das Erstarken einer katholischen Handwerkerschicht bewusst verhindert und statt dessen auf die Einbürgerung vermögensloser Familien gesetzt. Diese Familien waren immer von den Zuwen-

dungen des katholischen Rates abhängig geblieben. Sie waren, anders als die protestantischen Handwerker, die im Stadtrat vertreten waren, nicht in der Lage, die Vorherrschaft der katholischen Oberschicht in Frage zu stellen oder eine eigene Politik zu betreiben. Sie blieben abhängig. Der wirtschaftliche und soziale Niedergang der katholischen Privilegierten setzte sich daher zwangsläufig in der gesamten katholischen Stadtbevölkerung fort. Die allgemeine Pauperisierung der Handwerkerschaft in der ersten Hälfte des 19. Jh. traf die Biberacher Katholiken stärker als die Protestanten. Zudem konnten die katholischen Handwerker die fehlende Nachfrage der säkularisierten Klöster und mediatisierten weltlichen katholischen Herrschaften nicht rasch genug substituieren.
Als sich in der Mitte des 19. Jhs. der Motor der Industrialisierung schneller zu drehen begann, spielte das katholische Patriziat keine entscheidende Rolle mehr. Seine Aufgabe als Beschützer der vermögenslosen Katholiken hatte es schon seit Jahrzehnten verloren. Während die alleingelassenen Katholiken aus den unterbürgerlichen und den mittleren Gesellschaftsschichten sich erst ihrer neuen Situation bewusst werden und neue Wege zur Existenzsicherung suchen mussten, saßen die evangelischen Handwerkerfamilien bereits in den Startlöchern. Durch die permanente Auseinandersetzung mit dem evangelischen Patriziat – mit den ›Graduierten‹ und ›Nobilitierten‹ – und den Zwang, die Existenz selbst zu sichern, entwickelten sie früh Denk- und Verhaltensmuster, die ihnen in der Phase der wirtschaftlichen Entwicklung und der Industrialisierung den Aufbau und Ausbau ihrer Gewerbe wesentlich erleichterte. Im 19. Jh. suchten und fanden protestantische Handwerker rasch Produktnischen – vom Nachbau von Kaleidoskopen über kunstvolles Zuckerwerk bis zum Zierrat und Spielzeug aus Blech – und wandten neue Produktionsmethoden an. Folglich prosperierten zuerst und in der Mehrzahl evangelische Bürgerfamilien vom wirtschaftlichen Aufstieg. Es verwundert nicht, dass es zumeist Protestanten gelang, ihre Handwerksbetriebe zu maschinengesteuerten Fabrikationsstätten auszubauen.[88] Während überproportional viele Protestanten zu erfolgreichen Fabrikanten und Kaufleuten wurden, stieg der Anteil der katholischen Arbeiter, Arbeiterinnen und Dienstboten kontinierlich an. Das wirtschaftliche Übergewicht der protestantischen Geschäftsleute hielt sich während des gesamten 19. Jhs. Möglicherweise gab es im 20. Jh einen Wandel, denn um 1900 war der Katholik Otto Schlee der größte Arbeitgeber der Stadt.[89]
Zusammenfassend ist zu sagen, dass nach dem Ende der reichsstädtischen Epoche die bisherigen Führungs- und Deutungseliten einem rigiden und irreversiblen Machtverlust unterworfen waren. Nach einer Epoche der Stabilisierung und Organisierung der neuen staatlichen Herrschaft erkämpften sich die bislang meist unterdrückten Mittelschichten eine neue Machtposition; Trotz einzelner widerständischer Aktionen und aller Schwierigkeiten, die sich aus der Anpassung an die neue Herrschaft und ihre Organisation ergaben, hatten sie sich mehrheitlich mit dem württembergischen Königshaus arrangiert. Die Mittelschichten konnten ihre gesellschaftliche wie politische Stellung, trotz der Rückschläge z. B. in der Revolution 1848, verteidigen und ausbauen. Somit hat die Mediatisierung der Reichsstädte einen wesentlichen Beitrag zur Genese einer politisch und sozial wirkmächtigen mittelständisch-bürgerlichen und demokratisch orientierten Gesellschaftsschicht geleistet, die im gesamten 20. Jh. unsere Gesellschaft wesentlich mitgestaltet hat.

[1] Aus den Erinnerungen des Genremalers Johann Baptist Pflug. Bilder aus Oberschwabens Zopf-, Räuber- und Franzosenzeit, hgg. von *Julius Ernst Günthert*, bearb. von *Matthäus Gerster*. Biberach 1. Aufl. 1874. Hier Ausgabe 1923, 75.
[2] StA Biberach M2 Personendokumentation. Johannes Carl Müller.
[3] *Pflug* (wie Anm. 1), 67ff.
[4] Als plebejische Räte bezeichnet man nichtadelige, aus dem Zunftbürgertum stammende Biberacher.
[5] Stecher hatte den Ruf vom Mai 1803 nicht angenommen. Nach *Johann Konrad Krais*: *Beschreibung, Warum und auf welche Art Biberach seine Reichsstädtische Verfassung verlohren und wem es zugetheilt worden und wie es an Würtemberg gekommen – samt einigen Anmerkungen, was sich unter einer jeden Regierung hier bis zum Jahr 1834 Merkwürdiges zugetragen hat. 1800–1834.* (= Bd. 29 seiner Gesamtchronik). Handschrift um 1834 im StA Biberach, hier 26.

[6] *Pflug* (wie Anm. 1), 77. Nicht immer ist eindeutig ersichtlich, ob eine Textstelle »Aus den Erinnerungen« von Pflug selbst oder ob sie von Julius E. Günthert stammt. Günthert hat, wie er angibt, Pflug oft zugehört, wenn dieser im »Schwarzen Ochsen«, Pflugs Stammlokal, von früheren Zeiten erzählte. Vgl. *Adam Kuhn*, Chronik der Stadt Biberach. Vom Ende der Reichsstadtzeit bis zum Beginn des Weltkriegs 1800–1914. Biberach 2000.
[7] *Pflug* (wie Anm. 1), 77. Ähnlich auch bei *Adam Kuhn* nach Durchsicht der Ratsprotokolle. *Ders.*, Das Ende der Reichsstadtherrlichkeit Biberachs, in: Zeit und Heimat. Beiträge zur Heimatgeschichte (1925), 95–98.
[8] *Kirsten Fast und Susanne Feldman, Eine deß Heijl. Röm. Reichs Freije Statt im Württemberger Land am Neckar.* Die Beziehungen der Reichsstadt Esslingen nach außen und im Inneren. In: *Denn was innen, das ist außen.* Begleitbuch zum Ausstellungsprojekt des Museumsverbandes Baden-Württemberg, 161–182, 177.
[9] *Krais 29* (wie Anm. 5), 9.
[10] 1733 wurde Johann Georg Flächer wegen einer Beschwerde durch das Stadtgericht zu einer 21-monatigen Arreststrafe, abzusitzen im Bürgerturm, verurteilt. Nach den Aufzeichnungen seines gleichnamigen Enkels. *Ders., Widerwärtig stinkendes und giftartiges Brod* abgedruckt, in: BC 1994/2, 27–36, hier 27.
[11] Vgl. Krais 29, (wie Anm. 5), 51.
[12] *Krais* 29 (wie Anm. 5), 39–48.
[13] Zum Kampf um Mitsprache im Stadtrat vgl. *Andrea Riotte*, Die paritätische Stadt: Biberach 1649–1806, in: *Dieter Stievermann u. a.* (Hg.), Geschichte der Stadt Biberach. Stuttgart 1991, 309–366, hier 344–361.
[14] Zur Kleidung vgl. *Pflug* (wie Anm. 1), 1ff.
[15] Zum aufgeklärten Menschenbild vgl. *Maria E. Gründig,* Zur sittlichen Besserung und Veredelung des Volkes. Zur Modernisierung katholischer Mentalitäts- und Frömmigkeitsstile im frühen 19. Jh. am Beispiel des Bistums Konstanz unter Ignaz H. von Wessenberg. Stuttgart 1997, 112–115.
[16] Der adelige Habitus hielt sich lange. *Willi A. Boelcke*, Wirtschaft und Gesellschaft vom 18. Jh. bis zur Gegenwart. In: *Stievermann* (wie Anm. 13), 417–498, hier 423.
[17] 1790 gründete Stecher eine Lesegesellschaft, in der katholische und evangelische Bürgerliche (auch Kleriker) aus Biberach und der Umgebung dominieren. *Georg Stecher*, Schriften und gedruckte Sachen auch Kupferstiche, welche im Dezember 1817 im Knopfe des Weißen Turmes verwahrt worden sind. Abschrift bei *Krais* 29, 236 (wie Anm. 5), Handschrift auch im StA Biberach.
[18] *Johann Konrad Krais*, Kronik der Stadt Biberach. Handschrift um 1835 in 11 Bänden, hier Bd. 8 (= 11/8), 67 und 304f.
[19] Vgl. hierzu die Auflistung bei *Max Miller*, Neuwürttemberg unter Herzog und Kurfürst Friedrich. Organisation und Verwaltung. Stuttgart 1934, 33f.
[20] Zum Patriziat gehörten alteingesessene adelige, meist kath. Familien, Nobilitierte waren in den Adelsstand Aufgenommene, Graduierte waren Familienoberhäupter mit Universitätsabschluss.
[21] *Krais* 29 (wie Anm. 5), 67f. und zusammenfassend *Kuhn*, Chronik der Stadt Biberach (wie Anm. 6).
[22] Dieses Patronagesystem war für das katholische Patriziat ein wichtiges Instrument zur Verhaltensregulierung der meist vermögenslosen katholischen (Neu-)Bürger und zur Machtstabilisierung.
[23] *Boelcke* (wie Anm. 16), 421–423.
[24] *Carl Friedrich Dizinger*, Denkwürdigkeiten aus meinem Leben und aus meiner Zeit. Ein Beitrag zur Geschichte Deutschlands, vornämlich aber Württembergs und dessen Verfassung. Tübingen 1833, 209.
[25] *Krais* 11/4 (wie Anm. 18), 260f.
[26] *Krais* 11/3 (wie Anm. 18), 91.
[27] Stecher zählte 1816 600 Meisterbetriebe, von denen nur 41 Gesellen beschäftigten. Nach *Stecher* (wie Anm. 17), 97f.
[28] Vgl. hierzu und zum folgenden *Pflug* (wie Anm. 1), 75f. und *Krais* 11/4 (wie Anm. 18), 186–190.
[29] *Krais* 11/3 (wie Anm. 18) und *Krais* 29 (wie Anm. 5).
[30] *Pflug* (wie Anm. 1), 76.
[31] *Krais* 11/4 (wie Anm. 18), 198.
[32] Zur anfänglichen Akzeptanz Biberacher Sonderrechte durch Baden vgl. *Maria E. Gründig*, Verwickelte Verhältnisse. Folgen der Bikonfessionalität im Biberach des 19. und beginnenden 20. Jhs. (= Oberschwaben – Geschichte und Kultur, Band 19, bibliotheca academica Verlag). Tübingen/Epfendorf 2002.
[33] *Krais* 11/4, (wie Anm. 18), 200.
[34] Zum Umgang mit der Bevölkerung andernorts vgl. *Johann Georg Pahl*, Denkwürdigkeiten aus meinem Leben und aus meiner Zeit. Tübingen 1840, 107f. und 210.
[35] Vgl. *Volker Press*, Biberach – Reichsstadt im späten Mittelalter und in der frühen Neuzeit, in: *Stievermann* (Hg.) (wie Anm. 13), 21–64, hier 54–61 und *Riotte* (wie Anm. 13), 309–366.
[36] Krais formuliert in seiner Chronik *Jemand« habe das [Schützen-] Fest »vielleicht der Regierung in diesem [falschen A.d.V.] Licht dargestellt; Krais* 29 (wie Anm. 5), 58f.
[37] Vgl. hierzu *Gründig*, Zur sittlichen Besserung (wie Anm. 15), 61–94 und 195–343.
[38] Zum Streit und zur Reform des Schützenfestes im Jahr 1804 vgl. *Krais* 29 (wie Anm. 5), 58–62.
[39] *Krais* 11/4 (wie Anm. 18), 200f.
[40] *Krais* 11/4 (wie Anm. 18), 198–206.
[41] Hierzu und zum folgenden vgl. *Krais* 11/4 (wie Anm. 18), 218f.
[42] *Gründig*, Biberach (wie Anm. 32), 126–137.
[43] *Krais* 11/4 (wie Anm. 18), 218f.
[44] StA Biberach M 2 (wie Anm. 2), Johannes Carl Müller. 14 französische Goldtaler hatten einen Wert von 154 fl.
[45] *Krais* 11/4 (wie Anm. 18), 234f.
[46] *Krais* 29 (wie Anm. 5), 112. Unter Baden (und Württemberg) wurden die Lasten der »Landschaft«, die den Städten bisher überproportionale Leistungen zu erbringen hatte, wesentlich reduziert.
[47] *Flächer* (wie Anm. 10), 30. Flächer bezieht sich hier v. a. auf den reichen Spitalbesitz, den Baden nicht angegriffen hatte.
[48] *Pflug* (wie Anm. 1), 76f. und damit übereinstimmend *Krais* 11/4 (wie Anm. 18), 234–240. Vgl. a. das Übergabeprotokoll vom 24.10.1806 von Baron v. Reischach im HSAS B 162, Bü. 19.
[49] *Pflug* (wie Anm. 1), 76f.
[50] Z. B. in Ellwangen am Tag der Zivilbesitznahme. Vgl. hierzu *Miller*, Neuwürttemberg (wie Anm. 19), 32. Vgl. auch *Pahl*, Denkwürdigkeiten (wie Anm. 34), 211–213.
[51] *Krais* 29 (wie Anm. 5), 109. Widerstand gegen den Kriegsdienst auch in Weißenhorn am Geburtstag des Königs. Vgl. *Georg Stecher*, Schriften im Weißen Turm (wie Anm. 17), 23f.
[52] Biberach wurde 1807 nur kurz, 1817, 1821, kurz 1832 und 1841 besucht.
[53] Vgl. *Krais* 11/9 (wie Anm. 18), 241. Ähnliches zeigte sich bei dem von der Regierung verordneten Siegesfest (Schlacht bei Friedland) im Juli 1807. Vgl. hierzu *Krais* 11/5 (wie Anm. 18), 25f.
[54] SAS Oberamt Biberach, Württemberg 65/5, Bd. 55. Amtsversammlung vom 13.06.1817 und die diesbezüglichen Ausführungen in *Gründig*, Biberach (wie Anm. 32), 108f.
[55] *Krais* 29 (wie Anm. 5), 123.
[56] Zum überkommenen und mit der Spätaufklärung auch ins Volk zu implementieren versuchten Gottes-, Kaiser- und Menschenbild vgl. *Gründig*, Zur sittlichen Besserung (wie Anm. 15), 104–112.

[57] Nach 1802 wurden sie nicht mehr dem Kaiser oder den Reichsgerichten, sondern den Kreisregierungen in Meersburg und später in Ulm, sowie dem Geh. Rat und den Ministerien in Stuttgart übergeben.
[58] Eingaben gegen Verordnungen zu den Ladenöffnungszeiten, gegen Festtags- und Feiertagsgesetze, für und gegen die Verfassung, gegen den Simultaneumsvertrag von 1832. Besonders erfolgreich waren die evangelischen Biberacher in ihrem Kampf um die Beibehaltung des Biberacher Gesangbuches. Vgl. hierzu *Gründig*, Biberach (wie Anm. 32), 284–291.
[59] Diese Denkmuster existierten schon seit der frühen Neuzeit und nicht nur in Biberach. Vgl. hierzu *Peer Frieß*, Reichsstädtischer Republikanismus zwischen Reformation und Revolution. In: Verborgene republikanische Traditionen in Oberschwaben. Tübingen 1998, 101–129, hier 119.
[60] *Georg Luz*, Beiträge zur Geschichte der ehemaligen Reichsstadt Biberach. Biberach 1876, 467; *Pflug* (wie Anm. 1), 72 und StA Biberach M 2 (wie Anm. 2), Georg Stecher.
[61] *Krais* 11/5 (wie Anm. 18), 186f. und *Krais* 11/9 (wie Anm. 18), 182f.
[62] Zum Streit über die Eigentumsrechte an den Spitalvermögen vgl. *Gründig*, Biberach (wie Anm. 32), 126–141.
[63] Hierzu und zum folgenden *Pflug* (wie Anm. 1), 69–71.
[64] Ebd., 92–97.
[65] KAKA. *Katholische Stiftungsrats- und Kirchenconventsprotokolle*, Bd. 103, Februar 1817.
[66] *Otto Funk*, Genremaler Johann Baptist Pflug, der Maler des oberschwäbischen Volkslebens. In: Zeit und Heimat. Beiträge zur Heimatgeschichte. 35 (1927), 245–249, hier 246.
[67] Z. B. Franz Xaver Förg, Karl v. Ebersberg, Eberhard Emminger, Anton Braith, Karl Friedrich Göser, Karl Martini (übrigens allesamt Katholiken), Hermann Volz, Ernst Rau. Vgl. hierzu *Otto Borst*, Biberach. Geist und Kunst einer schwäbischen Stadt. In: *Stievermann* (Hg.), Geschichte der Stadt Biberach (wie Anm. 13), 65–169, hier 144–157.
[68] Vgl. Briefe aus Biberach und Ravensburg an den Rastatter Kongress von 1798. Zitiert bei *Klaus-Peter Schroeder*, Das alte Reich und seine Städte. München 1991, 48.
[69] Ebd.
[70] Die beiden Adelsgesellschaften wurden aufgelöst. Nach *Krais* 11/4 (wie Anm. 18), 250.
[71] Davon waren etwa 140 Meister im zurückgehenden garn- und stoffverarbeitenden Gewerbe tätig. *Boelcke* (wie Anm. 16), 428.
[72] Erst mit der Reichsgründung nach 1871 entwickelte sich eine eindeutigere politische Identität, die des Kosmopoliten. Vgl. hierzu *Gründig*, Biberach (wie Anm. 32), 266f.
[73] Protokoll der Amtsversammlung vom 13.06.1817: SAS OA Biberach. Württemberg 65/5, Bd. 55.
[74] Vgl. hierzu die Ausführungen bei *Gründig*, Biberach (wie Anm. 32), 103–105.
[75] Vgl. *Gründig*, Biberach (wie Anm. 32), 112f.
[76] *Krais* 11/5 (wie Anm. 18), 132–142.
[77] Ebd., 143–145.
[78] 1819 gab es in Biberach 776 Wahlberechtigte bei einer Gesamtbevölkerung von knapp 4500.
[79] *Hartwig Brandt*, Parlamentarismus in Württemberg 1819–1870. Anatomie eines deutschen Landtages. Düsseldorf 1987, 329f.
[80] *Krais* 11/5 (wie Anm. 18), 156–166.
[81] Ebd., 166.
[82] Vgl. *Gründig*, Biberach (wie Anm. 32), 106.
[83] So der Buchtitel nach einem Zitat von König Wilhelm bei *Karl Moersch*, Sperrige Landsleute. Leinfelden/Echterdingen 1996.
[84] Mehr bei *Gründig*, Biberach (wie Anm. 32), 117–119.
[85] Ebd., 241, 245–251.
[86] Vgl. hierzu *Hermann Grees*, Sozialstruktur und Sozialtopographie Biberachs um 1700 – mit einem Ausblick auf die Stadtentwicklung bis ins 19. Jh. In: *Stievermann* (Hg.), Geschichte der Stadt Biberach (wie Anm. 17), 367–416, hier 385f. *Boelcke* (wie Anm. 21), 421.
[87] Als 1823 ein neuer Stadtschultheiß gewählt werden sollte, fehlte es an geeigneten katholischen Kandidaten. Vgl. hierzu *Gründig*, Biberach (wie Anm. 32), 119f.
[88] Z. B. Die Brüder Goll und Gerster, Heinrich Ostermayer, Robert Langer, Rock & Graner, Wißhak & Handtmann.
[89] Vgl. *Adam Kuhn*, Biberach im Jahre 1900, in: Katalog der Bezirks-Gewerbe-Austellung Biberach. Biberach 1900, 49–76.

Staatsleistungen für die Kirche

Folgen der Säkularisation in Baden und Württemberg

von Gerold Gutmann

Säkularisation maßgeblich für die noch heute gezahlten Staatsleistungen

Bei den Staatsleistungen handelt es sich um »Geld- oder Naturalleistungen, die der Staat aufgrund von Rechtspflichten, die vor dem Jahre 1919 begründet worden sind, den Kirchen und Religionsgemeinschaften zur Bestreitung ihrer Unterhaltsbedürfnisse erbringt«.[1] Ihren geschichtlichen Ursprung haben die Staatsleistungen in den Säkularisationen, welche die Reformation und vor allem das letzte Gesetz des alten Reiches, der Regensburger Reichsdeputationshauptschluss (RDH) vom 25. Februar 1803[2] auslösten.

Der RDH selbst enthielt Anspruchsgrundlagen auf Staatsleistungen: § 35 RDH verband mit der Befugnis zur Einziehung der Güter der fundierten Stifter, Abteien und Klöster die Verpflichtung, *sowohl zum Behuf des Aufwandes für Gottesdienst, Unterricht- und andere gemeinnützige Anstalten* beizutragen und die Bistümer bleibend auszustatten.[3] Eine weitere Rechtsgrundlage stellt das Prinzip der Gesamtrechtsnachfolge dar, das § 77 RDH ausdrücklich anerkannte.[4] So gingen z. B. mit der Säkularisation der Stifter, Klöster und Abteien auch die mit den inkorporierten Pfarreien verbundenen Verpflichtungen für Kultus, Baulast und Pfarrbesoldung auf die Begünstigten über.[5]

In Württemberg hatte König Friedrich von der Säkularisationsbefugnis auf katholischer Seite umfassend Gebrauch gemacht, in den Gebieten, die ihm 1803 durch den RDH zugefallen waren, ebenso, wie in den später in den Friedensschlüssen von Preßburg 1805 und Wien 1809 und in Tauschverträgen mit Baden und Bayern 1810 erworbenen Gebieten.[6] Dementsprechend übernahm der Staat die finanzielle Ausstattung des neu errichteten Bistums Rottenburg und die mit dem Erwerb des Vermögens der inkorporierten Pfarreien verbundenen Verpflichtungen.

König Friedrich fand in § 35 RDH auch die Begründung, das im »gemeinen Kirchenkasten« zusammengefasste evangelische Kirchengut – das Pfründ- und Fabrikvermögen und das Vermögen der nach der Reformation säkularisierten Stifter und Klöster[7] – mit dem Staatskammergut zu vereinigen und die Verwaltung dieses Kirchenguts der Oberfinanzkammer zu übertragen. »Das evangelische Kirchengut wurde für Staatseigentum erklärt«.[8] In dem dazu ergangenen Generalreskript vom 2. Januar 1806 erklärte der König, *alle auf der – bisher unter der Benennung des Geistlichen Guts laufenden Fundation haftende Schulden und Obliegenheiten, in so fern solche Kirchliche, Lehr-, Schul- oder andere gemeinnützige Armen-Anstalten betreffen, wie seither, auf das genaueste und pünktlichste für Uns und Unsere Thronfolger zu übernehmen.*[9] Dieses Königswort angesichts einer radikalen Säkularisation des evangelischen Kirchenguts ist gleichsam die *Magna Charta* für die umfassenden Staatsleistungen an die evangelische Landeskirche Württemberg geworden.[10] Damit wurden ab 1806 der Aufwand für die Pfarrbesoldung, für kirchliche Gebäude und für die Ausbildung der Theologen vom Staat übernommen, soweit er bisher vom Kirchengut getragen worden war.[11]

In den badischen katholischen Stammlanden und in den neubadischen katholischen Landesteilen wurde ebenfalls auf Grund des RDHs säkularisiert. Auch

Baden übernahm daher die mit dem Erwerb kirchlichen Vermögens verbundenen Verpflichtungen.[12] Nicht säkularisiert wurden hier – anders als in Württemberg – die vielfach bestehenden überörtlichen Fonds, z. B. der Breisgauer Religionsfonds oder der Meersburger Priesterhausfonds, da sie unmittelbar der Seelsorge dienten.[13] Die Erhaltung der überörtlichen Fonds war für die weitere Entwicklung der Staatsleistungen von entscheidender Bedeutung.[14]
Das evangelische Kirchengut in Baden wurde nicht inkameriert, aber »geistlichen Verwaltungen« unterstellt, deren Geschäfte in der Regel von der staatlichen Amtsverwaltung mit besorgt wurden.[15] Mit der Zeit wurde die getrennte Rechnungsführung für das Kirchengut und das Kammergut aufgegeben, 1811 wurden die letzten noch bestehenden »geistlichen Verwaltungen« in Rötteln, Hochberg und Pforzheim aufgehoben.[16] »Durch diese Aufhebung der geistlichen Verwaltung, die sich als nichts anderes als eine Verwaltungsmaßnahme in der Rechnungsführung darstellt, durch die aber ein Nachweis für Bestand und Umfang der einzelnen kirchlichen Vermögensrechte teils erschwert, teils unmöglich gemacht wurde, ist das Kirchengut, ohne dass hierfür auch nur der Schein einer Berechtigung erbracht werden konnte oder kann, nach und nach mit dem Staatsgut vermischt worden«.[17] Mit der Vermischung der beiden Vermögensmassen, die als »schleichende Säkularisation« bezeichnet wurde[18], war nach damaliger Auffassung kein Eigentumsübergang auf den Staat verbunden.[19] Nach der am 6. Juli 1797 von Markgraf Karl Friedrich erlassenen Kirchenratsinstruktion sollte das Kirchengut zwar weiterhin unter der *Obsorge* der fürstlichen Rentkammer verbleiben, es sollten *jedoch jederzeit, wie bisher, alle darauf jeweils gelegene ordentliche Kirchen- und Schul-Ausgaben an Besoldungen, Baulichkeiten und anderen gottesdienstlichen- oder kirchlichen Nothwendigkeiten unverrückt bestritten werden.*[20] Der Staat hat also die bisher auf dem »säkularisierten« Kirchengut liegenden Lasten wie ein Gesamtrechtsnachfolger übernommen.[21] Ebenso wie bei der katholischen Kirche blieben auch hier überörtliche Fonds unangetastet.
Diese Säkularisationen zu Beginn des 19. Jhs. sind in erster Linie maßgeblich für die noch heute an die Kirchen gezahlten Staatsleistungen.[22] Sie sind später in deutschen Verfassungen rechtlich abgesichert worden.

Bemessung der Staatsleistungen nach der Übernahme des Kirchenvermögens

Schwerpunkt der Staatsleistungen: Zuschüsse zur Pfarrbesoldung

Schwerpunkt bei den Staatsleistungen waren bei der evangelischen und katholischen Kirche von Anfang an die Zuschüsse zur Besoldung der Geistlichen. Sie resultierten bei der evangelischen Kirche aus der Inkamerierung der Pfründgüter. Bei der katholischen Kirche begründeten die bei der Säkularisation der Stifter, Klöster und Abteien auf den Staat mit übergegangenem Vermögen der inkorporierten Pfarreien die Besoldungsverpflichtungen. In Württemberg waren bei der Säkularisation 150 Pfarreien inkorporiert[23], in Baden 264 Pfarreien.[24] Später erhöhte der Staat seine Zuschüsse zu den Pfarrbesoldungen, z. B. als Entschädigungen für Einkommensverluste im Zusammenhang mit der Zehntablösung und für Gehaltsaufbesserungen wegen der Geldentwertung, auch bei den Pfarrstellen, deren Pfründen erhalten geblieben sind.
Betragsmäßig von geringerer Bedeutung waren die Baulasten, d. h. die Verpflichtung zur baulichen Unterhaltung bzw. zum Neubau von Kirchen, Schulgebäuden und Pfarrhäusern, obwohl die Staaten für eine große Zahl von Gebäuden entsprechende Verpflichtungen übernommen hatten.[25] Nach einem Bericht in der Württembergischen Kammer der Abgeordneten am 23. März 1830 oblagen nach der Inkamerierung des evangelischen Kirchengutes dem Staat Baulasten für etwa 3.000 Kirchen-, Pfarr- und Schulgebäude, insoweit nicht privatrechtliche Verpflichtungen Dritter bestanden oder die Kirchengemeinden einzutreten hatten.[26] Bei den Pfarrhäusern in Alt-Württemberg hatte der Staat bei fast allen Pfarrhäusern die Baulast.[27] Baden oblag die Baulast für 202 Kirchengebäude der evangelischen Kirche. [28]
Bei der katholischen Kirche hatten die Staaten die Baulast insoweit zu übernehmen, als sie bisher von den säkularisierten Instituten zu leisten war. Nach Meyding waren es 199 Pfarr- und Kaplaneihäuser in Württemberg [29], über Zahlen für Kirchen in staatlicher Baulast gibt es in der Literatur keine Hinweise, für Baden werden 96 kirchliche Gebäude in staatlicher Baulast genannt.[30]

Staatliche Finanzierung der obersten Kirchenbehörden eigentlich keine Staatsleistung

Die Kosten der obersten Kirchenbehörden trug in Württemberg und Baden der Staat. Bei den evangelischen Kirchen waren die obersten Kirchenbehörden bis über die Mitte des 19. Jh. hinaus reine Staatsbehörden[31], die vom Staat übernommenen Kosten dieser Behörden waren daher eigentlich keine Staatsleistungen. Auch die mit der Wahrnehmung der staatlichen Hoheitsrechte gegenüber der katholischen Kirche und mit der kirchlichen Vermögensverwaltung betrauten Behörden, der katholische Kirchenrat in Württemberg und die katholische Kirchensektion bzw. der katholische Oberkirchenrat in Baden waren Staatsbehörden und wurden aus der Staatskasse finanziert. Bei der katholischen Kirche lag die Leitung der Kirche in den Händen kirchlicher Behörden. In Württemberg schuf König Friedrich für die katholische Kirche mit dem Generalvikariat in Ellwangen 1812 eine kirchliche Verwaltungsbehörde für die württembergischen Anteile »ausländischer« Bistümer[32], *biß* [...] *in Absicht einer eigenen Land-Hierarchie neue Vorkehrungen werden getroffen werden können.*[33] Die Kosten für das Generalvikariat hat Friedrich übernommen. Die Tatsache, dass ihm kein Bistumsgut zugefallen war, spielte keine Rolle, da der RDH die Verpflichtung zur Ausstattung der Bistümer nur mit der Übernahme von Dispositionsgut in Verbindung brachte.[34] In Baden führten die Bischöfe von Konstanz und Speyer (Bruchsal) die kirchlichen Amtsgeschäfte für die »ausländischen« Bistumsanteile weiter.[35] Die Kosten des Generalvikariats in Konstanz wurden von 1803–1818 allein aus Taxgebühren bestritten, ab 1818 gewährte Baden einen bescheidenen Zuschuss zu den Kanzleikosten.[36]

Staatsleistungen für die neuen (Erz-)Bistümer Freiburg und Rottenburg 1827/28

Auswirkungen auf die Staatsleistungen hatte zunächst die Festsetzung der Finanzausstattung der neuerrichteten (Erz)Bistümer Freiburg und Rottenburg.

Die territorialen Veränderungen zu Beginn des 19. Jh. in Südwestdeutschland machten eine Neuorganisation der katholischen Kirche notwendig, das ergab sich aus § 62 RDH, das forderten auch die Landesherren: In Württemberg unterstanden die Katholiken ausschließlich der Jurisdiktion auswärtiger Bischöfe,[37] in Baden zum Teil.[38] Dies hinzunehmen waren die absolutistischen Landesherren nicht bereit, sie wollten ›mit den Staatsgrenzen übereinstimmende, personell und verwaltungsmäßig ihrer Souveränität unterworfene Landesbistümer‹.[39] Nachdem eine den Deutschen Bund umfassende Neuorganisation der katholischen Kirche an den partikularen Interessen der Länder gescheitert war[40], erarbeiteten protestantische Bundesstaaten, darunter Baden und Württemberg, in Frankfurt Grundsätze für die Neuordnung der katholischen Kirche in ihren Ländern und für die finanzielle Ausstattung der einzurichtenden Bistümer. Die Bulle *Provida sollersque* vom 16. August 1821 übernahm die Vorschläge für die finanzielle Ausstattung.[41] Die staatliche Ausstattungsurkunde wurde in Baden am 16. Oktober 1827, in Württemberg am 14. Mai 1828, der Kirche übergeben. Rechtsgrundlage für die Dotation der Bistümer, d. h. für die Bereitstellung der Mittel für den Unterhalt der Bischöfe und Domkapitel und für die notwendigen Diözesaneinrichtungen wie Ausbildungsstätten für angehende Theologen und bischöfliche Behörden, war der bereits erwähnte § 35 RDH. Die rechtlichen Fragen spielten damals jedoch keine Rolle. »Bei der Dotationsfeststellung um 1820 bewegte dagegen die rechtliche Seite die Regierungen wenig oder gar nicht«.[42] Herzog Friedrich von Württemberg wäre 1802 sogar bereit gewesen, zwei Bistümer zu dotieren, wenn es nur gelungen wäre, sogleich ein Landesbistum zu erhalten.

Als Dotationssumme für das Bistum Rottenburg wurden in der Ausstattungsurkunde 50.022 fl. festgelegt.[43] Die Staatsleistungen für das Bistum Rottenburg erhöhten sich damit von 29.698 fl. in 1826/27 auf 44.745 fl. in 1828/29.[44] Von der Dotationssumme von 50.022 fl. wurden die mit den Domkapitularsstellen verbundenen Pfründeinnahmen und die Zulage für den Generalvikar von 1700 fl. abgezogen, da der Posten unbesetzt blieb.[45] Für das Erzbistum Freiburg wurde eine Dotation von 75.364 fl. festgelegt, wovon die Staatskasse 28.000 fl. zu tragen hatte[46], den überwiegenden Teil der Dotation aber die *überörtlichen Fonds* übernahmen, die in Baden erhalten blieben. Die Dotationen wurden später mehrfach der Lohn- und Preisentwicklung angepasst.

Unterschiedliche Staatsleistungen in Württemberg und Baden

In Baden bleiben überörtliche Kirchenfonds erhalten

Nach der Untersuchung von Miller betrugen die Staatsleistungen im Jahre 1835 für beide Kirchen in Württemberg – ohne Baulasten[47] – 688.307 fl., in Baden 380.375 fl.[48] Die Staatsleistungen waren 1835 damit in Württemberg fast doppelt so hoch wie in Baden, was nach Miller mit der Erhaltung der überörtlichen Fonds begründet ist.[49]

Auch bei der weiteren Entwicklung der Staatsleistungen in den folgenden Jahrzehnten spielten die in Baden beibehaltenen überörtlichen Fonds eine Rolle. Während in Baden für zusätzliche kirchliche Bedürfnisse die Erträge dieser Fonds eingesetzt werden konnten, hatte in Württemberg dafür jeweils der Staatshaushalt aufzukommen. Das galt selbst für die Reisekosten des Bischofs, die in der Ausstattungsurkunde nicht veranschlagt waren[50], oder für die Postgebühren bei der Aufhebung der Portofreiheit für die kirchliche Amtspost.[51] Das Fortbestehen kirchlicher Fonds stellt »wenn nicht den Angelpunkt, so doch eines der wichtigsten Momente für die unterschiedliche Entwicklung in den beiden südwestdeutschen Staaten dar.[52]

Der in diesem Zusammenhang oft erwähnte *Interkalarfonds*, mit dem »der katholischen Kirche in Württemberg ein gemeinsames Vermögen verschafft wurde«[53], wurde am 30. Dezember 1808 vom *»geistlichen Rath«* (später *königl. katholischer Kirchenrat* genannt) eingerichtet.[54] Ihm flossen die Erträge nicht besetzter Kirchenstellen zu. Der Interkalarfonds kann also nicht mit den in Baden erhalten gebliebenen überörtlichen Fonds gleichgesetzt werden, ihm flossen nur kirchliche Mittel zu.[55]

Württembergische Verfassung von 1819: Verpflichtung zu steigenden Leistungen

Ein weiterer Grund für das unterschiedliche Ansteigen der Staatsleistungen in Württemberg und Baden hängt mit den Regelungen in den Verfassungen zusammen, die auf Grund der Wiener Bundesakte vom 8. Juni 1815 in den beiden Staaten geschaffen worden sind.[56] Während die Badische Verfassungsurkunde vom 22. August 1818 in § 20 lediglich den Bestand des Kirchengutes garantierte und keine weiteren Verpflichtungen enthielt,[57] bestimmte die Württembergische Verfassungsurkunde vom 25. September 1819 auf Grund der Forderungen der evangelischen und katholischen Stände[58]: *Die abgesonderte Verwaltung des evangelischen Kirchen-Gutes des vormaligen Herzogthums Württemberg wird wiederhergestellt (§ 77)* und *Die katholische Kirche erhält zur Bestreitung derjenigen Bedürfnisse, wozu keine örtlichen Fonds vorhanden sind oder die vorhandenen nicht zureichen, und besonders für die Kosten der höheren Lehr-Anstalten, einen eigenen, diesen Zwecken ausschließlich gewidmeten Kirchenfond* (§ 82).[59] Die in den §§ 77 und 82 der Württ. Verfassungsurkunde gegebenen Zusagen wurden nie verwirklicht, diese Verfassungsbestimmungen haben aber verbindliche Leistungspflichten erzeugt: [60] *Regierung wie der Landtag konnten sich dem Argument nicht verschließen, die Nichterfüllung der Verfassungs-Zusage auf Schaffung von Kirchenfonds verpflichtete den Staat zur Aufbringung der erforderlichen Mittel.*[61] Daraus hat sich der durch »jahrzehntelange Übung bestätigte Rechtszustand« [62] herausgebildet, dass der Staat für die Bedürfnisse der evangelischen Kirche, vor allem für die Gehälter und Pensionen der Geistlichen aufzukommen habe, »und zwar ohne Rücksicht auf die Erträgnisse des Kirchenguts, ohne Unterscheidung zwischen Alt- und Neu-Württemberg und ohne Rücksicht auf die Eigenschaft der Pfarreien als Kirchengutspfarreien«.[63] Neben den Anspruch auf Staatsleistungen auf Grund der Inkamerierung des Kirchenguts trat ab der Mitte des 19. Jh. so der Grundsatz der Staatsfürsorge für die Kirche, für die Bedürfnisse der Kirche, auch für die mit der Zeit steigenden, aufzukommen.[64] Aus Gründen der Parität hat der Staat auch die Kosten für die steigenden Bedürfnisse der katholischen Kirche übernommen[65], die katholische Kirche leitete allerdings unmittelbar aus § 35 RDH einen Rechtsanspruch auf staatliche Zuschüsse für ihre wachsenden Aufgaben ab.[66]

Auf Grund dieser tatsächlichen und rechtlichen Gegebenheiten gewährte Württemberg im Laufe der Zeit zusätzliche Staatsleistungen für neue Seelsorgestellen,

für theologische Ausbildungsstätten, für Gehaltsaufbesserungen und für Pensionen evangelischer und katholischer Geistlicher und für die geistliche Witwenkasse der evangelischen Kirche.[67] In Baden konnte wie bereits erwähnt bei Pensionen und bei neuen Seelsorgestellen auf die vorhandenen überörtlichen Fonds verwiesen werden. Zusätzliche Staatsleistungen wurden vom Staat lediglich für die Aufbesserung der Pfarrgehälter und für die obersten Organe der kirchlichen Vermögensverwaltung übernommen.[68] Nach der Einführung der allgemeinen Kirchensteuer – in Baden im Jahre 1892, in Württemberg im Jahre 1924 – wurden die Kirchen mit ihren neuen Bedürfnissen grundsätzlich auf die Einnahmen aus dieser Steuer verwiesen.

Entwicklung der Staatsleistungen in Württemberg

Staatliche Zuschüsse für neue Kirchenstellen

Bereits zwischen 1806 und 1814 hatte der württembergische Staat steigende Bedürfnisse der katholischen Kirche durch die Errichtung der nötigen Seelsorgestellen dort, wo solche noch nicht bestehen[69], erfüllt und katholische Pfarreien in Stuttgart, Ludwigsburg, Esslingen, Tübingen und Hohenasperg geschaffen und die Kosten dafür zum größten Teil übernommen.[70] Die wachsende Bevölkerung und die Industrialisierung und damit verbunden die zunehmende Vermischung der Konfessionen machte die Einrichtung weiterer evangelischer und katholischer Pfarreien notwendig. Ab 1850 wurden dafür unter Hinweis auf die nichterfüllte Verfassungsbestimmung des § 77 der Verfassungsurkunde von 1819 Zuschüsse für die evangelische Kirche in den Staatshaushalt eingestellt[71], ab 1852 aus Gründen der Parität auch für die katholische Kirche.[72] Der Landtag sprach sich für diese Ansätze im Haushalt aus, da er es nicht für richtig hielt, *an Ausgaben zu sparen, welche zur weiteren Pflege religiöser und kirchlicher Bedürfnisse bestimmt sind.*[73] Hier tritt das Argument der Staatsfürsorge für die Kirche in den Vordergrund, das 1911 in einer Denkschrift über Vereinfachungen in der Staatsverwaltung als Begründung dafür diente, dass die Zahl der Seelsorgestellen keinesfalls vermindert werden konnte: *In Zusammenhang mit dem Anwachsen der Bevölkerung der größeren Städte und Industriegemeinden und mit der Erweiterung der den Geistlichen gestellten Aufgaben wird auch künftig die Einrichtung neuer Kirchenstellen ein dringendes Bedürfnis bilden; der Kirche die Befriedigung dieses Bedürfnisses zu ermöglichen* [...] *ist* [...] *eine Obliegenheit des Staates,* sie *entspricht bei der großen Bedeutung, welche der Arbeit der Geistlichen* [...] *zukommt, einem unmittelbar staatlichen Interesse* [...].[74]

Staatsleistungen für theologische Ausbildungsstätten

Die Staatsleistungen für die Ausbildungsstätten angehender Theologen machten in Württemberg von Anfang an einen erheblichen Betrag aus. Die Kosten für die evangelisch-theologischen Ausbildungsstätten – das Stift in Tübingen und die Klosterschulen in Maulbronn, Schöntal, Urach und Blaubeuren – hatte nach der Inkamerierung des Kirchengutes in Württemberg die Staatskasse zu übernehmen. Da die Studenten und Zöglinge freie Unterkunft und Verpflegung erhielten, hingen die Staatsleistungen von der Zahl der Studenten und Zöglinge, von den Lebensmittelpreisen und von der Zahl der Betreuer ab. Im Staatshaushalt 1819/20 waren bereits 138.054 fl. für die evangelischen Ausbildungsstätten veranschlagt. Die Staatszuschüsse stiegen bei geringen Schwankungen kontinuierlich an.[75]

Die Dotation für das Priesterseminar in Rottenburg in der Ausstattungsurkunde von 1828 ging vom 30 Alumnen aus, die tatsächliche Belegung war regelmäßig höher. So reichte die zugesagte Summe nicht zur Deckung der Kosten. Zuerst wurden die Erübrigungen bei anderen Positionen der Bistumsdotation herangezogen, ab 1835 übernahm der Staat die Mehraufwendungen.[76] Die Priesteramtskandidaten erhielten wie die Studenten des Tübinger Stiftes freie Kost und Logis.

Mit dem Tübinger Stift und den evangelischen Klosterschulen vergleichbare Einrichtungen besaß die katholische Kirche in Württemberg nicht. Mit der Säkularisation der Klöster verschwanden auch die dort geführten Schulen, darunter Lateinschulen und höhere Lehranstalten, in denen Kinder ärmerer Leute unentgeltlich ausgebildet worden sind.[77] Das führte zu einem Absinken der Bildung auf dem Lande, die Priesterberufe gingen zurück.[78] Schon 1815 erreichte die Zahl der Theologiestudierenden nur etwa ein Viertel des Bedarfs. »Die Gründe waren z. T. sicher in

dem Mangel an Studienanstalten«[79] für Schüler und Studenten zu suchen.
1818 errichtete der Staat in Tübingen das Wilhelmstift, ein Konvikt für die Studenten der katholischen Theologie, *um zugleich dem höchst fühlbaren Mangel an Candidaten des katholischen geistlichen Standes durch gehörige Unterstützung derselben zu begegnen* [...].[80] Die Kosten für das Stift übernahm der Staat, denn kirchliche Mittel standen seit der Säkularisation dafür nicht mehr zur Verfügung. Nach der Bereitstellung des in § 82 der Württ. Verfassungsurkunde zugesagten Kirchenfonds sollten die Kosten für den *unentgeldlichen Unterricht, Kleidung und Verpflegung*[81] jedoch daraus finanziert werden. Weiterhin erhielt die katholische Kirche 1824 zwei »niedere« Konvikte in Rottweil und Ehingen. Dort wurden Schüler untergebracht, die später Theologie studieren wollten und die örtlichen Gymnasien besuchten.
Die Kosten des Wilhelmstiftes waren im Staatshaushalt 1820/21 mit 27.136 fl., 1825/26 mit 39.000 fl. veranschlagt, die Kosten der beiden Konvikte Rottweil und Ehingen 1825/26 mit 22.748 fl.[82] Die weitere Entwicklung der Ausgaben hing auch hier wesentlich von der Zahl der Studenten und Zöglinge, von den Lebensmittelpreisen und von der Zahl der Mitarbeiter und deren Gehaltsentwicklung ab. Die Plansätze stiegen stetig an.

Anpassung der Pfarrgehälter an die Geldentwertung

Die Einkommen der württembergischen Pfarrer wurden durch die Ablösung der grundherrlichen Lasten[83] und Zehnten[84] und durch die Geldentwertung stark geschmälert. Zusätzlich entfielen bei den evangelischen Pfarrern Gebühreneinnahmen nach dem Erlass des Personenstandsgesetzes vom 6. Februar 1875[85], das die Beurkundung ziviler Trauungen, Geburten und Todesfällen den Standesämtern übertrug; bisher gehörten diese Gebühren zum Diensteinkommen der evangelischen Geistlichen.
Die Ablösung der grundherrlichen Lasten und der Zehnten, die einen erheblichen Anteil an den Pfründeinnahmen ausmachten, führte vor allem bei den katholischen Geistlichen zu Einnahmeverlusten, da die Pfründstiftungen erhalten blieben, soweit die Pfarreien nicht in säkularisierten Instituten inkorporiert waren.[86] Bei den evangelischen Geistlichen spielten die örtlichen Einkommensquellen nach der Inkamerierung des Kirchengutes dagegen eine geringere Rolle.[87] Auch beim Interkalarfonds verminderten sich die Einnahmen wegen der Ablösung der grundherrlichen Lasten und Zehnten von bisher jährlichen Einnahmen von 25–30.000 fl. auf 10.000 fl.,[88] so dass dieser zum Ausgleich der Einkommensverluste der Geistlichen nicht mehr viel beitragen konnte.
Mit dem Gesetz vom 14. August 1849, betreffend die Erweiterung der Ablösungsgesetze auf das Einkommen der Kirchen- und Schuldiener,[89] schuf der Staat teilweise Abhilfe und begründete damit neue Staatsleistungen: Für die Einkommensverluste evangelischer Pfarrer von 60.754 fl. leistete er Ersatz in Höhe von 23.550 fl., die katholischen Pfarrer erhielten von den Einkommensverlusten von 134.000 fl. nur 36.450 fl. ersetzt.[90] Der Not in den Pfarrhäusern wurde damit nur wenig abgeholfen.[91]
Neben den Ablösungsgesetzen zehrte auch die Geldentwertung am Einkommen der Geistlichen. Wie die Staatsbeamten – so die Begründung eines Antrages auf Aufbesserung der Gehälter der Pfarrer zum Hauptfinanzetat 1861/64 für das Kirchen- und Schulwesen – sind auch *die Pfarrgeistlichen durch die anhaltende Vertheuerung der meisten Lebensbedürfnisse in die Lage versetzt, dass ihnen die Anschaffung ihres und ihrer Familien Unterhalt immer mehr erschwert wird* [...][92], zumal die Einkommensverluste auf Grund der Ablösung nur zu einem kleinen Teil ausgeglichen worden sind, und die Regierung kommt zu dem Ergebnis, dass *unter solchen Umständen die Existenz des Bedürfnisses einer Gehaltsaufbesserung sich außer Zweifel befindet.*[93] Der Landtag stimmte erstmals 1861 einem Zuschuss für Gehaltsaufbesserungen für die Geistlichen zu und hat *damit den Grund für die ganze weitere Entwicklung der Staatsleistungen für die Kirche bis zum heutigen Tag gelegt*, so Staatspräsident von Hieber am 26. Juli 1923 im württembergischen Landtag.[94] Der evangelischen Kirche wurden ab dem Etatjahr 1861/64 65.700 fl.[95], der katholischen Kirche 35.000 fl. für Gehaltsaufbesserungen gewährt.[96]
Bereits 1867/71 wurde eine weitere Besoldungserhöhung bewilligt, nachdem *die Ausgaben für einen anständigen Lebensunterhalt allerwärts noch mehr und nachhaltig gestiegen sind.*[97] Die weitere Erhöhung wurde wiederum auch damit begründet, dass die bis-

herigen Aufbesserungen die Verluste aus der Gefäll- und Zehntablösung immer noch nicht ausgeglichen haben.[98] Weitere Erhöhungen folgten in den Etatperioden 1871/73 und 1873/75, dann wieder 1889/91 und in unregelmäßigen Abständen in den folgenden Jahren.[99] Ab 1873 erhielt die katholische Kirche die Hälfte der der evangelischen Kirche gewährten Aufbesserungssumme entsprechend der konfessionellen Zusammensetzung der Bevölkerung.[100]

Verfassung § 74: Höhere Zuschüsse zu den Pensionen der Pfarrer und Hinterbliebenen

Die auf dem evangelischen Kirchengut ruhenden Pensionsverpflichtungen sind nach der Inkamerierung vom Staat übernommen worden. Die rechtliche Verpflichtung des Staates zur vollen Übernahme der Pensionen der evangelischen Pfarrer und zur Anpassung der Pensionen an die Entwicklung der Lebenshaltungskosten wurde von der Regierung und den Ständen auf Grund der Bestimmung des § 74 der Württ. Verfassungsurkunde von 1819, nach der Kirchendiener einen Anspruch auf ein angemessenes lebenslängliches Ruhegehalt haben, und im Hinblick darauf, dass das altwürttembergische Kirchengut noch nicht ausgeschieden war, anerkannt.[101]

Die staatlichen Leistungen für die Pensionen wurden mehrfach aufgebessert, zunehmend wurden die Pensionsbestimmungen für die evangelischen Pfarrer den Regelungen bei den staatlichen Beamten angeglichen.[102] Das kirchliche Pensionsgesetz vom 11. September 1909[103] brachte schließlich die Herabsetzung des Pensionsalters für die Pfarrer auf 65 Jahre. Die Pensionsleistungen des Staates betrugen 1819/20 5.397 fl. und erhöhten sich bis 1854 auf 68.498 fl.; nach 1900 stiegen die staatlichen Pensionsleistungen auf Grund der Gehaltsaufbesserungen und wegen der Verbesserungen des Pensionsrechtes kräftig an.[104]

Seit 1867/68 gewährte der württembergische Staat auch Pensionsleistungen für katholische Geistliche. Da das für die Besoldung der katholischen Geistlichen maßgebliche Pfründsystem den Lebensunterhalt bis zum Lebensende garantierte – der katholische Geistliche konnte nach den Regeln des Konzils von Trient (1545–1563) ohne seine Zustimmung nicht aus dem bepfründeten Amt entfernt werden[105] – war ein formelles Pensionsrecht nicht erforderlich, und daher hatte auch § 74 der Württembergischen Verfassungsurkunde hier zunächst keine Auswirkungen. In besonderen Notfällen konnte der Interkalarfonds Beihilfen zur Besoldung eines Vertreters des Pfarrers gewähren. Der Planansatz für die Pensionen der katholischen Geistlichen stieg von 11.000 fl. in 1867/68 (= 28.362 Mark) auf 100.000 Mark im Jahre 1899.[106] 1903 wurde ein Pensionsstatut für die *ständigen katholischen Geistlichen* erlassen[107], das eine Beziehung zwischen Dienstgehalt und Pensionshöhe herstellte. Diese Verbesserung führte zu vermehrten Pensionsanträgen und damit zu weiter steigenden Staatsleistungen. 1909 wurde das Pensionsstatut geändert und weitgehend den beamtenrechtlichen Regelungen angepasst; es brachte auch für die katholischen Geistlichen den Pensionsanspruch mit 65 Jahren.[108]

Seit 1833 gab der Staat auch Zuschüsse zur geistlichen Witwenkasse der evangelischen Kirche in Württemberg; diese Kasse war bereits im Jahre 1700 gegründet worden.[109] Sie wurde aus Stiftungen und aus Beiträgen der Geistlichen gespeist. 1833 beantragte Prälat v. Kapff in der Zweiten Kammer einen Zuschuss von 6000 fl. *als provisorische Ausgabe bis zur Ausscheidung des Kirchengutes*[110], obwohl aus dem evangelischen Kirchengut keine Zuschüsse gegeben worden waren.[111] 1839 wurde erwogen, die Witwenkasse durch eine einmalige Dotation abzufinden.[112] 1844 wurde der staatliche Zuschuss auf 10.800 fl. erhöht, und er blieb bis 1872 unverändert, ab 1873 beteiligte sich die Staatskasse wieder an der Erhöhung der Hinterbliebenenbezüge. Ab 1877 wurden die Pensionsgrundsätze für die Hinterbliebenen der evangelischen Geistlichen dahin geändert, dass sich nunmehr die Witwen- und Waisenpensionen nach der Höhe des Gehaltes der Geistlichen richteten.[113] 1907 wurden die Pensionsgrundsätze für die Hinterbliebenen fast vollständig den beamtenrechtlichen Regeln angepasst. Das hatte jeweils erhöhte Ausgaben der Witwenkasse zur Folge, die z. T. durch höhere Staatszuschüsse ausgeglichen wurden.

Entwicklung der Staatsleistungen in Baden

Erhöhung der Zuschüsse für die Pfarrbesoldung

In Baden wurden die Zehnten, die für die Pfründstiftungen *als unbefristet fließende Einkünfte und wegen*

ihrer Wertbeständigkeit einen wertvollen Einnahmeposten[114] darstellten, bereits durch Gesetz vom 15. November 1835 abgelöst.[115] Die Zehntablösung führte zu einer erheblichen Verschlechterung der wirtschaftlichen Lage der Kirchen und hier lag einer der wesentlichen Gründe für »die spärliche Pfarrbesoldung und deren fortlaufende Verschlechterung«[116] Das Realeinkommen der evangelischen und katholischen Geistlichen wurde weiterhin gemindert durch die Preissteigerungen und durch den Wegfall der Gebühren auf Grund des Personenstandsgesetzes vom 6. Februar 1875.[117]

Zunächst gewährte der Staat kleinere Ausgleichsbeträge, etwa einen Zuschuss von 5000 fl. zum »Allgemeinen Kirchenfonds« der evangelischen Kirche, aus dem auch Unterstützungen an geringdotierte Pfarreien gezahlt werden konnten.[118] Außerdem konnten die Zehntablösungskapitalien für 10 Jahre bei der Staatskasse angelegt werden, die 5 % Zinsen zahlte, obwohl der Marktzinssatz geringer war.[119] Diese Regelung wurde 1848 um 10 Jahre verlängert.

Nachdem die Erträge verschiedener kirchlicher Fonds für Gehaltsaufbesserungen bis zum Vertretbaren eingesetzt waren, für die Mehrheit der Pfarrer es trotzdem unmöglich war, »für den standesgemäßen Unterhalt ihrer Familien zu sorgen«[120], mussten andere Quellen für die Aufbesserung der Pfarrgehälter gesucht werden. Daher richtete der evangelische Oberkirchenrat die Bitte an die Staatsregierung, unter Berufung auf das Gesetz vom 9. Oktober 1860, die rechtliche Stellung der Kirche und kirchlichen Vereine im Staate betreffend (*Kirchengesetz*)[121], das in § 7 den Kirchen das Selbstverwaltungsrecht einräumte, der evangelischen Kirche das Recht zur Erhebung der Kirchensteuer zu gewähren[122]; hilfsweise sollte eine staatliche Beihilfe gewährt werden. Auch das Erzbischöfliche Ordinariat, das ebenfalls bereits bei der Regierung Vorstöße für ein kirchliches Besteuerungsrecht unternommen hatte, bat um einen Zuschuss zur Aufbesserung der Gehälter von 400 Geistlichen, deren Einkommen nicht mehr ausreichend war.[123] Die Landstände und die Regierung anerkannten die Notwendigkeit der Gehaltsaufbesserung bei den Geistlichen und sprachen sich *im Hinblick auf die hervorragende politische Bedeutung der Kirche*[124] für Abhilfe aus. Während die II. Kammer für ein Besteuerungsrecht der Kirchen votierte, hielten I. Kammer und Regierung staatliche Zuschüsse zur Gehaltsaufbesserung für die richtigere Lösung.[125] Dies führte zum Gesetz vom 25. August 1876, die Aufbesserung gering besoldeter Kirchendiener aus Staatsmitteln betreffend (*Dotationsgesetz*).[126] Der Gesamtbetrag der Zuschüsse für die evangelische und katholische Kirche wurde auf je 200.000 Mark begrenzt. Die Aufbesserungen wurden nach § 6 Abs. 3 des Dotationsgesetzes aber nur dann gewährt, wenn die oberste Kirchenbehörde des Landes sich schriftlich verpflichtete, alle Staatsgesetze zu befolgen und ihre Geistlichen zu deren Befolgung anzuhalten. Das Erzbischöfliche Ordinariat lehnte diese Verpflichtungserklärung im Hinblick auf das geforderte »Kulturexamen« ab, daher erhielten die katholischen Geistlichen vorerst keine Aufbesserung.[127] Erst 1882, nachdem die entsprechende Bestimmung des Dotationsgesetzes suspendiert worden war, konnten die Geistlichen die Aufbesserung entgegennehmen.[128]

Neuregelung der Verwaltung des Kirchenvermögens führt zu höheren Staatsleistungen

Eine weitere Erhöhung der Staatsleistungen in Baden ergab sich aus dem erwähnten Kirchengesetz vom 9. Oktober 1860. Bisher oblag die Verwaltung des Kirchengutes dem evangelischen bzw. katholischen Oberkirchenrat.[129] Beide waren Staatsbehörden und wurden auch vom Staat finanziert. § 10 des Kirchengesetzes von 1860 übertrug die Verwaltung des Kirchenvermögens auf den Staat und die Kirche gemeinsam. Zuständig für die Vermögensverwaltung wurden gemischt kirchlich-staatliche Behörden, der evangelische Oberkirchenrat und der katholische Oberstiftungsrat. Die auf die Kirchen entfallenden Kosten der neuen Gremien übernahm der Staat. Bei der katholischen Kirche waren es im Jahre 1864 17.000 fl.[130], bei der evangelischen Kirche betrug der Staatszuschuss für den Oberkirchenrat als oberste Behörde der kirchlichen Vermögensverwaltung und als Kirchenregiment 19.042 fl.[131] Ab 1890 wurden die Kosten des evangelischen Oberkirchenrates und des katholischen Oberstiftungsrates von Staat und Kirche je hälftig getragen.[132]

Entwicklung der Staatsleistungen in Württemberg und Baden bis 1914

Die bisherigen Ausführungen lassen sich wie folgt zusammen fassen: Die »totale Säkularisation des Kirchenguts«[133] in Württemberg mit Ausnahme des örtlichen katholischen Kirchenguts und die Erhaltung der überörtlichen Fonds in Baden sowie die unterschiedlichen rechtlichen Gegebenheiten auf Grund der Verfassungsbestimmungen in den beiden Ländern führten zu unterschiedlichen Ausgangsbeträgen bei den Staatsleistungen; auch die weitere Entwicklung der Staatsleistungen verlief unterschiedlich: 1835 leistete Württemberg 688.307 fl., Baden 380.375 fl. an die Kirchen.[134] Bis zu Beginn des ersten Weltkrieges erhöhten sich die Staatsleistungen in Württemberg um das 5,5fache auf 6.442.789 Mark, in Baden um das 3,8fache auf 1.835.286 Mark.[135] Während in Baden der Staat zusätzliche Leistungen nur für die Aufbesserungen der Pfarrgehälter und für die obersten Behörden der kirchlichen Vermögensverwaltung erbrachte, im übrigen für neue Aufgaben der Kirchen die Erträge der überörtlichen Fonds, die der Staat bis 1860 allein verwaltete, herangezogen werden konnten, übernahm der württembergische Staat früher als Baden und »in wesentlich stärkerem Maße und in breiterem Umfang«[136] und ohne Vorbedingungen Aufbesserungen der Pfarrgehälter. Er gewährte Zuschüsse für neue Kirchenstellen, für Ruhegehälter und Witwenpensionen, und er finanzierte auch kleinere Positionen wie Mietzinsentschädigungen an Geistliche, die noch keine Dienstwohnung hatten, Reisekosten des Bischofs bei Amtsreisen oder der Pfarrer bei Besuchen in Filialorten und Postgebühren für die kirchliche Amtspost nach der Aufhebung der Portofreiheit im Jahre 1881. Auf Grund der nicht erfüllten Zusagen der §§ 77 und 82 der Württembergischen Verfassungsurkunde von 1819 sah sich der Staat verpflichtet, für die wachsenden Bedürfnisse der Kirchen aufzukommen.

Staatsleistungen nach Einführung der Kirchensteuer (1892/1924)

Die Landeskirchensteuer, die schließlich in Baden 1892 und in Württemberg 1924 eingeführt wurde, hatte in beiden Ländern die gleichen Folgen: Die Kirchen wurden bei neuen Bedürfnissen grundsätzlich auf den Ertrag aus der Landeskirchensteuer verwiesen, darüber hinaus wurden Reduzierungen bei den Staatsleistungen vorgenommen.

In Baden war die Erhebung der Landeskirchensteuer auf allgemein kirchliche Bedürfnisse beschränkt[137], wozu z. B. die Aufwendungen für die obersten kirchlichen Landesbehörden und für die Aufbesserung gering besoldeter Kirchendiener und Pensionen gehörten, also Aufgabenbereiche, für die im wesentlichen auch die bisherigen Staatsleistungen gewährt wurden. Im Kirchensteuergesetz wurde aber gleichzeitig festgelegt, dass die Staatsdotation für die Aufbesserung der Pfarrgehälter bis zur Budgetperiode 1898/99 weitergezahlt wird[138]; anschließend sollten die Kirchen auf die Landeskirchensteuer verwiesen werden. Die Entwicklung der Landeskirchensteuer im Vergleich zu den steigenden Bedürfnissen der Kirchen ließ eine Einstellung der Staatszuschüsse zur Pfarrdotation 1899 nicht zu, daher wurde das Pfarrdotationsgesetz mehrfach verlängert.[139] 1914 wurde die Pfarrdotation noch einmal für weitere zehn Jahre zugesagt mit der Begründung, *dass die Kirchen noch eine längere Zeit benötigten, um die noch verhältnismäßig junge Einrichtung der allgemeinen Besteuerung so auszubauen, dass die Staatszuschüsse ohne Schädigung der Kirchen zurückgezogen werden könnten.*[140] Gleichzeitig wies das Ministerium des Kultus und Unterrichts die Kirchen darauf hin, dass nach Ablauf der 10 Jahre die Dotation abgebaut werde, weswegen die Kirchen Vorsorge treffen sollten. Der erste Weltkrieg und der anschließende Währungsverfall verschlechterten jedoch die wirtschaftliche Situation der Kirchen und machten nicht nur die Weiterzahlung, sondern auch eine Erhöhung der Pfarrdotation notwendig.

Die Einführung der Landeskirchensteuer in Baden hat erst ab 1932 zu einer Reduzierung der Dotation für gering besoldete Pfarrer[141] geführt. Da diese Pfarrdotationen nicht in den evangelischen Kirchenvertrag bzw. in das Konkordat mit dem Freistaat Baden von 1932 aufgenommen worden waren,[142] wurden sie 1935 von den neuen politischen Machthabern vollständig gestrichen; die Bezüge der Geistlichen wurden ebenfalls reduziert. Leistungen für neue kirchliche Bedürfnisse waren seit der Einführung der Landeskirchensteuer 1892 vom Staat nicht mehr übernommen wor-

den, wenn man von Ausgleichszahlungen wegen der wirtschaftlichen Depression und der Geldentwertung ab 1919 absieht.
In Württemberg erhielten die Kirchen das Steuerrecht im Jahre 1924.[143] Zum Verhältnis der Landeskirchensteuer zu den Staatsleistungen machte die Verfassung des freien Volksstaates Württemberg vom 20. Mai 1919[144] insofern eine Aussage, als diese für die Kirchen als Abfindung ihrer Vermögensansprüche an den Staat eine unveränderliche Geldrente und gleichzeitig eine Landeskirchensteuer vorsah. Der Grundgedanke dieser Bestimmungen war, *der Kirche die derzeitigen Staatsleistungen zu belassen und sie nach dem Grundsatz der Selbstverwaltung mit ihrem künftigen Mehrbedarf auf die Erhebung allgemeiner Kirchensteuern zu verweisen.*[145]
Die Auswirkungen der Landeskirchensteuer auf die Höhe der Staatsleistungen wurden dann bei der Beratung des Gesetzes über die Kirchen, das in Abschn. III den Kirchen das Besteuerungsrecht brachte, und bei den jährlichen Haushaltsberatungen thematisiert.[146] Letzten Endes ist die Bemessung der Staatsleistungen, vor allem der Zuschüsse für die Gehälter und Pensionen der Geistlichen, *nach der Verabschiedung der Verfassung von 1919 durch die wechselnde politische Kräfteverteilung bestimmt worden.*[147]
Nach der auf Grund des Ermächtigungsgesetzes vom 24. Dezember 1923[148] erlassenen Verordnung des Staatsministeriums über die Staatsleistungen zu dem kirchlichen Besoldungs- und Pensionsbedarf vom 28. März 1924[149] hatten die Kirchen 20 % des Pfarrbesoldungs- und Pensionsbedarfs aus der Landeskirchensteuer zu übernehmen. Mit dem Eigenanteil der Kirchen von 20 % sollten die nach der Verabschiedung der Württ. Verfassung vom 25. September 1919[150] gewährten weiteren Aufbesserungen der Pfarrgehälter abgegolten werden, da diese nach der Übergangsbestimmung in der Verfassung als ohne Rechtspflicht gezahlte Leistungen angesehen wurden (§ 63 Abs. 2 Satz 2 der Württ. Verfassung vom 25. September 1919).[151] Die Zusage der Geldrente trat an die Stelle der Ansprüche aus den §§ 77 und 82 der Verfassungsurkunde von 1819, für die Übernahme zusätzlicher Leistungen an die Kirchen wegen Nichterfüllung der Verfassungszusage von 1819 gab es daher nach staatlicher Auffassung keinen Grund mehr. Außerdem sollten sich die Kirchen künftig mit der Landeskirchensteuer an bisher vom Staat »freiwillig«, d. h. auf Grund der staatlichen Fürsorgepflicht geleisteten Zahlungen beteiligen.[152] In dieser Verordnung wurde das Kultministerium ermächtigt, die Staatsleistungen bei Erhöhung der Beamtenbezüge entsprechend anzupassen (§ 4 Abs. 1 der Verordnung). Diese Ermächtigung galt allerdings nur für das Etatjahr 1924. Im Dezember 1924 machte Staatspräsident Bazille den Kirchen dann eine Zusage, die im Staatsanzeiger veröffentlicht worden ist: *Es soll von der nach der Verordnung vom 28. März 1924 vorgesehenen Verteilung (Staat 4/5, Kirche 1/5) nicht zum Nachteil der Kirche abgegangen, vielmehr sollen die dort bestimmten Staatsleistungen jeweils im Verhältnis der Erhöhung der Beamtenbezüge erhöht werden.*[153] Diese Zusicherung hat die Entwicklung der Staatsleistungen im nächsten Jahrzehnt bestimmt.[154] Die Staatsleistungen wurden nach dem in der Verordnung von 1924 festgelegten Verteilungsverhältnis und wie die Beamtenbezüge fortgeschrieben. Eine Verpflichtung des Staates sollte daraus aber nicht abgeleitet werden können, die rechtliche Auseinandersetzung zwischen Staat und Kirche über die Staatsleistungen wurde einer späteren Zeit zur Entscheidung überlassen.[155] Leistungen für neue kirchliche Bedürfnisse, z. B. für neue Pfarrstellen oder Kirchenbauten, hat der Württemberg ebenso wie Baden nach der Einführung der Landeskirchensteuer nicht mehr übernommen.[156]
Ab 1930 führten die staatlichen Sparmaßnahmen zu einer Kürzung der Staatsleistungen und damit zur Herabsetzung der Gehälter der Pfarrer. Nach der Machtergreifung der Nationalsozialisten wurden die seit 1918 gewährten Aufbesserungen der Pfarrgehälter vollständig gestrichen.

Staatsleistungen nach 1945 – Anknüpfung an die Zeit vor 1933

Nach dem 2. Weltkrieg wurden die Absenkungen der Staatsleistungen rückgängig gemacht und wieder nach den bis 1933 geltenden Grundsätzen fortgeschrieben[157], für den Wiederaufbau zerstörter kirchlicher Gebäude und für die seelsorgerliche Betreuung der Heimatvertriebenen gewährte der Staat zusätzliche

Unterstützung.[158] 1973 wurde eine Neuregelung der Staatsleistungen zugunsten der Badischen Kirchen vorgenommen. Außerdem wurden die Einzelleistungen zu einem Gesamtbetrag zusammengefasst, der seither entsprechend der staatlichen Besoldungsentwicklung fortgeschrieben wird.[159]

[1] *Josef Isensee*, Staatsleistungen an die Kirchen und Religionsgemeinschaften, in: *Joseph Listl/Dietrich Pirson* (Hgg.), Handbuch des Staatskirchenrechtes der Bundesrepublik Deutschland. Bd. I. Berlin 1994, 1009–1063, 1009.
[2] *A. L. Reyscher* (Hg.), Sammlung der württembergischen Gesetze. Bd. 3. Stuttgart/Tübingen 1830, 619ff.
[3] *Klaus Dieter Hömig*, Der Reichsdeputationshauptschluss vom 25. Februar 1803 und seine Bedeutung für Staat und Kirche. Tübingen 1969, 113ff.
[4] *Godehard Josef Ebers*, Staat und Kirche im neuen Deutschland. München 1930, 224; *Ernst Rudolf Huber*, Die Garantie der kirchlichen Vermögensrechte in der Weimarer Verfassung. Tübingen 1927, 66f.
[5] *Axel Frh. von Campenhausen*, Staatskirchenrecht. München 3. überarb. u. ergänzte Aufl. 1996, 32.
[6] *Gregor Richter*, Staatsleistungen an die Kirchen. Herkommen und Entwicklung nach 1945, in: Rottenburger JbKG 7 (1988), 33–50, 35.
[7] *Viktor Ernst*, Die Entstehung des Württembergischen Kirchenguts, in: WJbb (1911), 377–424, 387ff.
[8] *Robert von Mohl*, Das Staatsrecht des Königreiches Württemberg. 2. Bd. Tübingen 2. Aufl. 1840, 470.
[9] *Reyscher*, 3. Bd. (wie Anm. 2), 244f.
[10] *Max Miller*, Gesamtbericht der Archivdirektion über die Ergebnisse der Historischen Untersuchungen über die Ursachen der unterschiedlichen Höhe der Staatsleistungen an die Kirchen in den Landesteilen Baden und Württemberg. Mit den Beil. I A–X, II A–M, III A–C, IV und V. Stuttgart 1968, 27.
[11] *Miller*, Gesamtbericht, I A (wie Anm. 10), 11.
[12] *Karl Stiefel*, Baden 1648–1952. Bd. I. Karlsruhe 1977, 653f.
[13] *Miller*, Gesamtbericht (wie Anm. 10), 28ff.
[14] *Miller*, Gesamtbericht, II A (wie Anm. 10), 61.
[15] *Hans Niens*, Kirchengut, Pfarrbesoldung und Baulast in der evangelischen Landeskirche in Baden. Heidelberg 1991, 101.
[16] Ebd., 107.
[17] *Otto Friedrich*, Der evangelische Kirchenvertrag mit dem Freistaat Baden. Lahr 1933, 105.
[18] *Niens*, Kirchengut (wie Anm. 15), 100.
[19] Ebd., 105
[20] Art. IX der Kirchenratsinstruktion vom 06.07.1797; Friedrich, Der evangelische Kirchenvertrag (wie Anm. 17), 105.
[21] *Niens*, Kirchengut (wie Anm. 15), 109.
[22] *Ernst Rudolf Huber*, Deutsche Verfassungsgeschichte seit 1789. Bd. I: Reformation und Restauration 1789 – 1830. Stuttgart 1957, 55.
[23] *Richter*, Staatsleistungen an die Kirchen (wie Anm. 6), 37.
[24] Staat und Kirche in der Badischen Geschichte. Denkschrift über die Entwicklung der Rechtsverhältnisse zw. dem bad. Staat und den beiden christlichen Kirchen, Beilage zur Niederschrift über die 13. Sitzung (des Badischen Landtags) vom 27.01.1926, Karlsruhe 1926, 5.
[25] *Miller*, Gesamtbericht, IH (wie Anm. 10), 1ff.
[26] Verh. der Kammer der Abgeordneten des Königreichs Württemberg im Jahre 1830. Heft 5. Stuttgart 1830, 1304; *D. K., Mayer*, Die finanziellen Beziehungen zwischen der Evangelischen Kirche und dem Staat in Württemberg von 1806 bis 1919, in: BllWKG., NF XXXVI (1932), 108–139, 117.
[27] *Hermann Ehmer*, Die Geschichtlichen Grundlagen der Staatsleistungen an die ev. Landeskirchen in Württemberg und Baden, in: *Hans Ammerich/Johannes Gut* (Hgg.), Zwischen »Staatsanstalt« und Selbstbestimmung. Kirche und Staat in Südwestdeutschland vom Ausgang des Alten Reiches bis 1870. Stuttgart 2000, 233–253, 233.
[28] *Friedrich*, Der evangelische Kirchenvertrag (wie Anm. 17), 103.
[29] *Meyding*, Die Rechtspflicht des Landes Württemberg zu Leistungen an die Kirchen nach der Übergangsregelung der württ. Verfassung von 1919. Rechtsgutachten für das Staatssekretariat für das französisch besetzte Gebiet Württ.-Hohenzollerns, Landesdirektion der Finanzen vom 31.01.1947, DAR G 1.1, A 17.4 f., 88.
[30] *Miller*, Gesamtbericht, II E (wie Anm. 10), 1.
[31] Für Württemberg z. B. § 33 des V. Edicts, die Organisation und die Geschäftsverhältnisse des Königl. Geheimen-Raths und der Departements-Chefs betreffend, *Reyscher.* Bd. 3 (wie Anm. 2), 480f.
[32] *Max Miller*, Die Errichtung der oberrheinischen Kirchenprovinz, insbesondere des Bistums Rottenburg, und die württembergische Regierung, in: HJb. 54 (1937), 317–347, 319.
[33] Organisation-Manifest für die neuerworbenen Lande vom 01.01. 1803, V: *A. L. Reyscher* (Hg.), Sammlung der Württembergischen Gesetze. Bd. 14. Tübingen 1843, 1214.
[34] *Anton Scharnagl*, Zur Geschichte des Reichsdeputationshauptschlusses von 1803, in: HJb 70 (1951), 238–259, 242.
[35] *Gregor Richter*, Die Errichtung und Ausstattung der Erzdiözese Freiburg und der Diözese Rottenburg zu Beginn des 19. Jhs., in: FDA 98, 3. Folge 30 (1978), 509–549, 523.
[36] *Franz Xaver Bischof*, Das Ende des Bistums Konstanz. Stuttgart/Berlin/Köln 1998, 540ff.
[37] Die Katholiken Württembergs gehörten zu den Diözesen Konstanz/Augsburg/Würzburg/Speyer/Worms und zur exemten Propstei Ellwangen.
[38] Die Katholiken Badens gehörten zu den Bistümern Konstanz/Basel/Straßburg/Speyer/(Bruchsal)/Mainz/Worms und Würzburg.
[39] *Manfred Weitlauff*, Staatskirchentum und Papstkirchentum im Widerstreit – Der schwierige Weg zur Gründung der Oberrheinischen Kirchenprovinz im frühen 19. Jh., in: ZKiG 112, 4. Folge XLX (2001), 220–254, 222.
[40] *Rudolf Reinhardt*, Von der Reichskirche zur Oberrheinischen Kirchenprovinz, in: ThQ 158 (1978), 36–50, 45.
[41] *A. L. Reyscher* (Hg.), Sammlung der württembergischen Geseze. Bd. 10. Stuttgart 1836, 874ff.
[42] *Richter*, Die Errichtung (wie Anm. 35), 537.
Thomas Miller, Das katholische Kirchengut in Württemberg. Diss. Tübingen 1936, 94
[43] *Reyscher*, Bd. 10. (wie Anm. 42), 1069f.
[44] Ebd., Einleitung, Anlage zu 82f.
[45] *Richter*, Die Errichtung (wie Anm. 35), 535.
[46] *Miller*, Gesamtbericht, II B (wie Anm. 10), 2ff.

[47] Für die Staatsleistungen für die Baulasten gibt es keine zusammenfassende Übersichten, da sie über die Kameralämter abgerechnet wurden. *Miller,* Gesamtbericht, I H (wie Anm. 10), 1.
[48] *Miller,* Gesamtbericht (wie Anm. 10), 15f.
[49] Ebd., 40. Für Württemberg entnehmen wir aus dem Rechenschaftsbericht des ständigen Ausschusses an die Ständeversammlung über den Rechnungsabschluss für das Haushaltsjahr 1820/21 folgende Leistungen des Staates an die Kirchen: Für die evangelische Kirche wendete der Staat (ohne Baulasten) 511.993 fl. auf, darunter für die Besoldung der Geistlichen und Schuldiener 373 763 fl. und für theologische Ausbildungsstätten 123.154 fl. Bei der katholischen Kirche waren es insgesamt 218.193 fl. (ohne Baulasten), darunter 104.253 fl. für die Besoldung der Geistlichen, 45.583 fl. für das Generalvikariat und die geistliche Verwaltung in Ellwangen und 51.993 fl. für theologische Ausbildungsstätten.
Verh. in der Kammer der Abgeordneten des Königreiches Württemberg im Jahre 1823, Außerordentl. Beilagen-Heft, Stuttgart o. J., 110.
[50] *Miller,* Gesamtbericht, I R (wie Anm. 10), 23.
[51] *Miller,* Gesamtbericht, I R. Ebd., 1.
[52] *Miller,* Gesamtbericht (wie Anm. 10), 33.
[53] *Robert von Mohl,* Das Staatsrecht (wie Anm. 8), 506.
[54] *Reyscher,* Bd. 10 (wie Anm. 42), Einleitung, 19; *(Hirscher),* Über die Intercalar-Gefälle der katholischen Curat-Kirchenstellen, in: ThQu 1825, 45ff.
[55] *Miller,* Gesamtbericht (wie Anm. 10), 35.
[56] Ebd., 33.
[57] *Ernst Rudolf Huber/Wolfgang Huber,* Staat und Kirche im 19. und 20. Jh. Bd. I: Staat und Kirche vom Ausgang des Alten Reichs bis zum Vorabend der bürgerlichen Revolution. Berlin 1973, 147. *Miller,* Gesamtbericht, II G (wie Anm. 10), 23.
[58] RegBlW 1819, 633ff.
[59] *Huber/Huber,* Staat und Kirche, Bd. I (wie Anm. 61), 143.
[60] *Huber,* Die Garantie (wie Anm. 4), 77.
[61] *Miller,* Gesamtbericht (wie Anm. 10), 36.
[62] *Karl Geier,* Die Staatsleistungen an die evangelische Kirche, in: WJbb (1936/37), 114–150, 116.
[63] Ebd., 116.
[64] *Meyding,* Die Rechtspflicht (wie Anm. 29), 7.
[65] *Gregor Richter,* Staatsleistungen an die katholische Kirche in Württemberg. Grundlegung und Ausformung nach Recht, Gesetz und evangelischem Vorbild, in: *Hans Ammerich/Johannes Gut* (Hgg.), Zwischen »Staatsanstalt« und Selbstbestimmung. Kirche und Staat in Südwestdeutschland vom Ausgang des Alten Reiches bis 1870. Stuttgart 2000, 255–268, 258.
[66] *Johannes Baptist Sägmüller,* Der Rechtsanspruch der katholischen Kirche in Deutschland auf finanzielle Leistungen seitens des Staates. Freiburg i. Br. 1913, 113.
[67] *Miller,* Gesamtbericht (wie Anm. 10), 35.
[68] Ebd., 36.
[69] *Max Miller,* Zur Geschichte der Klosterpfarreien und der Gründung neuer Pfarreien in Württemberg nach der Säkularisation, in: RMpTh 12 (1928/29), 108–116, 129–137, 175–179, 109.
[70] *Richter,* Staatsleistungen (wie Anm. 69), 259.
[71] Ebd., 260.
[72] *Miller,* Gesamtbericht (wie Anm. 10), 27.
[73] Verh. der Württembergischen Kammer der Abgeordneten (im Jahre 1851–1852. 2. Beil. Bd. 1, 1. Abt. Stuttgart 1852, 175), 175.
[74] Verh. der Württembergischen Zweiten Kammer auf dem 38. Landtag in den Jahren 1911/1912. Beilagenbd. 109. Stuttgart 1911, 485f.
[75] *Miller,* Gesamtbericht (wie Anm. 10), 24ff.
[76] *Miller,* Gesamtbericht, I R (wie Anm. 10), 15.
[77] *M. Erzberger,* Die Säkularisation in Württemberg von 1802–1810. Stuttgart 1902, 75.
[78] *Karl Josef Benz,* Zu den kulturpolitischen Hintergründen der Säkularisation von 1803, in: Saeculum 26 (1975), 364–385, 381.
[79] *August Hagen,* Geschichte der Diözese Rottenburg. Bd. 1. Stuttgart 1958, 323.
[80] Königliche Verordnung, die katholischen Lehranstalten im Königreiche betreffend vom 25.10.1817, *Reyscher,* Bd. 10. (wie Anm. 42), 572.
[81] Ebd., 573.
[82] Verh. in der Kammer der Abgeordneten des Königreiches Württemberg im Jahre 1823 (wie Anm. 52), 110. *Reyscher*, Bd. 10 (wie Anm. 42), Einleitung, Anlage zu 82f.
[83] Gesetz vom 14.04.1848, RegBlW 1848, 165ff.
[84] Gesetz vom 17.06.1849, RegBlW 1849, 181ff.; *Wolfgang* von *Hippel,* Die Bauernbefreiung im Königreich Württemberg. Bd. I. Darstellung, Boppard am Rhein 1977, 480ff.
[85] RGBl. 1875, 23ff.
[86] *Miller,* Gesamtbericht, I O (wie Anm. 10), 19.
[87] *Mayer,* Die finanziellen Beziehungen zwischen der Evang. Kirche und dem Staat in Württemberg von 1806–1919 (wie Anm. 26), 111.
[88] Verh. der Württembergischen Kammer der Abgeordneten im Jahre 1851–1852, Bd. 4., Stuttgart 1852, 2084.
[89] RegBlW 1849, 383ff.
[90] Verh. der Württembergischen Kammer der Abgeordneten in den Jahren 1856–1861. 2. Beilagenbd., 2. Abt. Stuttgart 1862, 1116.
[91] Verh. der Württembergischen Kammer der Abgeordneten (wie Anm. 89), 2083.
[92] Verh. der Württembergischen Kammer der Abgeordneten (wie Anm. 91), 1158.
[93] Ebd., 1159.
[94] Verh. des Landtags des Freien Volksstaats Württemberg auf dem 1. ordentlichen Landtag in den Jahren 1920/1923, Prot. Bd. 6. Stuttgart 1923, 5005
[95] Verh. der Württembergischen Kammer (wie Anm. 91), 1161.
[96] *Miller*, Gesamtbericht, I O (wie Anm. 10), 23.
[97] Verh. der Württembergischen Kammer der Abgeordneten 1866–1868. 2. Beilagenbd., 1. Abt. Stuttgart 1867, 350.
[98] Ebd., 350.
[99] *Miller,* Gesamtbericht, I B (wie Anm. 10), 24.
[100] Ebd., 29.
[101] Verh. der Kammer der Abgeordneten des Königreichs Württemberg auf dem Landtage von 1839. Bd. 9. 1. Beilagenheft, 1. Abt. Stuttgart 1839, 261ff. Verh. der Württembergischen Kammer (wie Anm. 91), 1042f., 1571.
[102] *Miller,* Gesamtbericht, I C (wie Anm. 10), 11.
[103] Evangelisches Amtsblatt, XV (1908–1910), 163ff.
[104] *Miller,* Gesamtbericht, I C (wie Anm. 10), 17f.
[105] *Heribert Schmitz,* Besoldung und Versorgung des Diözesanklerus vom ausgehenden 18. Jh. bis zur Rechtslage auf Grund des Codex Iuris Canonici von 1983. Egelsbach/Frankfurt/Washington 1995, 14.
[106] *Miller,* Gesamtbericht, I P (wie Anm. 10), 6.
[107] Kirchliches Amts-Blatt für die Diözese Rottenburg 1903, 163ff.
[108] Kirchliches Amts-Blatt für die Diözese Rottenburg 1909, 177ff.
[109] *A.L. Reyscher* (Hg.) Sammlung der württembergischen Geseze. Bd. 8. Tübingen 1834, 513f.
[110] Verh. der Kammer der Abgeordneten des Königreichs Württemberg auf dem zweiten Landtage von 1833. Bd. 9, 53. Sitzung. Stuttgart 1834, 9ff.
[111] *Miller,* Gesamtbericht, I D, (wie Anm. 10), 11.
[112] Ebd., 12.

Verh. der Kammer der Abgeordneten des Königreichs Württemberg auf dem Landtage von 1839. Bd, 4. 46. Sitzung. Stuttgart 1839, 49.

[113] Miller, Gesamtbericht, ID (wie Anm. 10), 15f.

[114] *Miller,* Gesamtbericht, II G (wie Anm. 10), 24.

[115] *Adolf Kopp,* Zehentwesen und Zehentablösung in Baden. Freiburg 1899.

[116] *Miller,* Gesamtbericht, II G (wie Anm. 10), 26f.

[117] RGBl. 1875, 23ff.

[118] Staat und Kirche in der Badischen Geschichte (wie Anm. 24), 38.

[119] *Harald Winkel,* Die Bedeutung der Ablösungsgesetzgebung des 19. Jh. für die Finanzierung der Kirchen, in: ZAA (1970), 43–61, 54.

[120] *Miller,* Gesamtbericht, II M (wie Anm. 10), 9.

[121] *Ernst Rudolf Huber/Wolfgang Huber,* Staat und Kirche im 19. und 20. Jh. Bd. II. Staat und Kirche im Zeitalter des Hochkonstitutionalismus und des Kulturkampfes 1848–1890. Berlin 1976, 234f.

[122] *Miller,* Gesamtbericht, II M (wie Anm. 10), 5.
Heinrich Maas, Geschichte der katholischen Kirche im Großherzogthum Baden. Freiburg i. Br. 1891, 421.

[123] *Miller,* Gesamtbericht, II F (wie Anm. 10), 3.

[124] Ebd., II M, 6.

[125] *Walter Erasmy,* Die Entstehung und Entwicklung der Kirchensteuer in Baden. Diss. Freiburg 1990, 86ff.

[126] *Huber/Huber,* Bd. II (wie Anm. 132), 741f.

[127] *Hermann Lauer,* Geschichte der katholischen Kirche im Großherzogtum Baden. Freiburg i.Brsg. 1908, 315.

[128] *Miller,* Gesamtbericht, II M (wie Anm. 10), 46.

[129] Ebd., II A, 61.

[130] Ebd., II B, 45.

[131] Ebd., II G, 30.

[132] Staat und Kirche in der Badischen Geschichte (wie Anm. 24), 20 und 46.

[133] *Miller,* Gesamtbericht (wie Anm. 10), 40.

[134] Ebd., 15f.

[135] Der Umrechnungskurs betrug 7 fl. = 12 Mark, Ebd., 41.

[136] *Miller,* Gesamtbericht (wie Anm. 10), 40.

[137] Gesetz, die Besteuerung für allgemeine kirchliche Bedürfnisse betr., vom 18.06.1892, *Ernst Rudolf Huber/Wolfgang Huber,* Staat und Kirche im 19. und 20. Jh. Bd. III. Staat und Kirche von der Beilegung des Kulturkampfs bis zum Ende des 1. Weltkriegs. Berlin 1983, 95ff.

[138] *Miller,* Gesamtbericht, II M (wie Anm. 10), 29.

[139] Ebd., II F, 13.

[140] Ebd., II M, 38.

[141] Gesetz vom 03.04.1930 über die Aufbesserung gering besoldeter Pfarrer aus Staatsmitteln, in: StRegBlB 1930, 85.

[142] *Friedrich,* Der evangelische Kirchenvertrag mit dem Freistaat Baden (wie Anm. 17), 97; *Ernst Föhr,* Das Konkordat zwischen dem Heiligen Stuhle und dem Freistaate Baden. Freiburg i. Br. 1933, 19.

[143] *Friedrich Haller,* Das Württembergische Gesetz über die Kirchen vom 03.03.1924. Stuttgart 1924.

[144] RegBlW 1919, 85f.

[145] *Meyding,* Die Rechtspflicht (wie Anm. 29), 15.
K. Mayer, Die Ansprüche der evangelischen Landeskirche in Württemberg an den Staat, in: Zs. für die freiwillige Gerichtsbarkeit und die Gemeindeverwaltung in Württemberg (1928), 177–190, 177ff.

[146] Verh. des Landtags des freien Volksstaats Württemberg. Bd. 6 Stuttgart 1858. 5000ff.

[147] *Meyding,* Die Rechtspflicht (wie Anm. 29), 45.

[148] RegBlW 1923, 525.

[149] RegBlW 1924, 183ff.

[150] RegBlW 1919, 281ff.

[151] *Alfred Dehlinger,* Württembergs Rechtswesen in seiner gesellschaftlichen Entwicklung bis heute. Bd. 1. Stuttgart 1951, 423.
K. Mayer, Staat und Kirche. Zur Auslegung des § 63 der Württ. Verfassung, in: Zs. für die freiwillige Gerichtsbarkeit und die Gemeindeverwaltung in Württemberg (1922), 73–84, 80.

[152] *Richter,* Staatsleistungen (wie Anm. 6), 38.

[153] Staatsanzeiger vom 02.12.1924, Nr. 280, 4. Verh. des Landtags des Freien Volksstaates Württemberg auf dem zweiten ordentlichen Landtag in den Jahren 1924/1925. Prot. Bd. 2. Stuttgart 1925, 1065f.

[154] *Meyding,* Die Rechtspflicht (wie Anm. 29), 46.

[155] LKA Stuttgart, A 126, 946.

[156] *Richter,* Staatsleistungen an die Kirchen (wie Anm. 6), 38.

[157] *Dieter Kleinmann,* Staatsleistungen und Religionsunterricht in der Evangelischen Landeskirche in Württemberg, in: BllWKG 89 (1989), 309–335, 319.

[158] *Richter,* Staatsleistungen (wie Anm. 6), 47ff.

[159] *Klaus Braun,* Kommentar zur Verfassung des Landes Baden-Württemberg. Stuttgart/München/Hannover 1984, 33f.

Die Landvogtei Schwaben

Ausschnitt aus der »Tabula Geographica« der Reichslandvogtei Schwaben, in: Johann Reinhard Wegelin: Gründlich-Historischer Bericht von der Kayserlichen und Reichs Landvogtei in Schwaben: wie auch dem Frey Kayserlichen Landtgericht auf Leutkircher Haid und in der Pirß; Aus den bewährtesten-Geschichtsschreibern und CCLXXV meistentheils noch unedierten Archival-Urkunden zusammengetragen … Lindau 1755.

Forsten und *Freie Pürsch*

Zur Waldgeschichte Oberschwabens und zur Entstehung des württembergischen Staatswaldes

von Rudolf Kiess

Einleitung

Forst und *Freie Pürsch* sind Begriffe, die beide auf Reichsrechte zurückgehen und zu verschiedenen Zeiten entstanden sind. Der Begriff *Forst* geht auf die merowingische und karolingische Zeit zurück und die Forsten blieben bis 1800 Bestandteile der über eine lange Zeit erhaltenen Grafschaften wie Königsegg, Heiligenberg, Kirchberg und Waldburg mit Trauchburg (seit 1306), ursprünglich auch Eglofs. Zur österreichischen Landvogtei gehörte ebenfalls ein Forst. Schwieriger ist es, den Begriff *Pürsch* einzuordnen. Zunächst ist festzustellen, dass Pürschgebiete öfters, aber nicht immer in der Umgebung von Reichsstädten wie Rottweil und Ulm auftauchen.[1] In Oberschwaben findet sich dazuhin eine großräumige Ausprägung von Pürsch bzw. Birs, die sich vom Gebiet der Landvogtei bis in das in den Bodensee mündende Rheintal erstreckt. Der Begriff Forst steht für das Verfügungsrecht über die Jagd eines einzelnen Forstherrn, der Begriff Pürsch dagegen, vergleichbar mit der Verfassung einer Reichsstadt, für das Jagdrecht einer Mehrheit von Personen, wobei es sich im Einzelfall um nur sehr wenige Berechtigte handeln kann. Diese Institution ist wohl auf die staufische Territorialpolitik des 13. Jhs. zurückzuführen. Die folgenden Ausführungen sollen die These des Verfassers stützen, dass die Freie Pürsch wohl nicht eine Fortsetzung der vermutlich ursprünglich freien Jagdausübung, sondern eine Institution parallel zum Forst war.[2] Die Spannung zwischen Forst und Pürsch berührte am Rande auch die Grafschaft Württemberg, prägte jedoch die Form der Waldherrschaft in Oberschwaben in ganz besonderem Maße. Bei der Verwendung des Begriffs Forst ist zwischen Hoheitsrecht und blosser Bezeichnung eines Waldes zu unterscheiden.

Die Freie Pürsch

Die *Freie Pürsch* war am Ende des 18. Jhs. ein wesentliches Element der Wald- und Jagdorganisation in Oberschwaben und ein Gegensatz zum Begriff des Forsts. Allerdings darf man das Attribut »frei« nicht überbewerten, wie die Beispiele zeigen werden. Es gab auch Übergänge zwischen den beiden Organisationsformen, am eindrücklichsten zu beobachten an der Geschichte des Kirchberger Forsts, der sich als Teil eines wohl aus der Stauferzeit stammenden oberschwäbischen Forstsystems ursprünglich vom Bussen über den Schussenursprung und Schloss Zeil mindestens bis zur Iller und dann donauaufwärts wieder bis zum Bussen erstreckte.
Westlich der Riß belegt eine Quelle von 1466 noch Reste einer alten Forstorganisation mit vier Kelhöfen als Stützpunkte sowie Jagensmannschaften, mit deren Hilfe die Herren v. Stein zwischen Warthausen und dem Federsee jagten. Sie betrachteten das Gebiet des Kirchberger Forsts westlich der Riß schon damals als *gemeine Pürsch* und wurden bei ihrem Tun nur ein einziges Mal und ohne Erfolg von den Grafen v. Kirchberg gestört. So entstand aus einem absterbenden Forst eine Freie Pürsch, die als größter Freipürschbezirk in Oberschwaben bis nach 1800 bestand. Es war wohl kein Zufall, dass nach 1510, im gleichen Jahr, als der letzte Graf v. Kirchberg starb, der erste Pürschtag

stattgefunden haben soll.[3] Pürsch im Sinne einer Mehrheit von Berechtigten bedeutete jedoch keinesfalls ein Jagdrecht aller Insassen, sondern ein buntes Gemisch von adliger Jagd und der Jagdausübung durch eher wenige bürgerliche und bäuerliche Berechtigte. Östlich der Riss zog sich der Verfallsprozess des alten Kirchberger Forsts, jetzt den Fuggern gehörend, bis in die zweite Hälfte des 18. Jhs. hin. Da gab es Forsten, die unabhängig von Terrritorien verkauft, man möchte fast sagen: gehandelt wurden. Im Unterschied zu den stabilen Territorien wie Waldburg, Königsegg, Landvogtei waren dort z. B. Hochgerichts- und Forstgrenzen nicht mehr identisch. Solche Forsten waren keine Hoheitsbezirke im ursprünglichen Sinne mehr, sondern waren zu disponiblen Jagdbezirken herabgesunken. Auf der Leutkircher Heide treffen in einem verhältnismässig kleinen Raum Forsten und Pürschgebiete aufeinander und zwar in enger Verbindung mit den für Oberschwaben typischen Formen der politischen Organisation: Territorium, Reichsstadt, Freie Bauern und übergreifendes altes Landgericht.

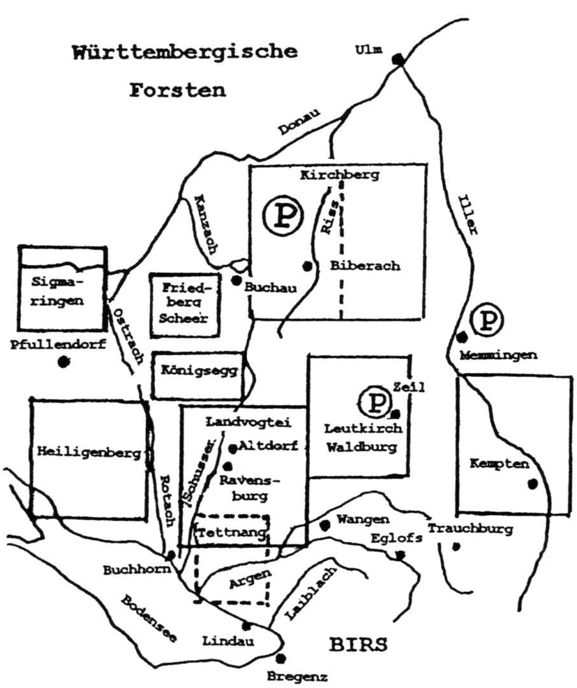

Forstbezirke ☐ und Freie Pürsch (P) in Oberschwaben 1600-1800 (schematisch)

Die Karte zeigt neben den Herrschaftsgrenzen eine sehr differenzierte Aufteilung der Jagdrechte. Grundlage der Kartenskizze ist ein nicht ins Reine übertragener Entwurf einer Karte aus dem Zeiler Archiv.[4] Deshalb die Frage: Tatsache oder Wunschbild? Den Rahmen bilden die Grenzen der umliegenden Forstbezirke. Die beiden als Freie Pürsch ausgewiesenen Areale im Westen und im Osten sind verhältnismässig klein. Größere Flächen sind zum Teil gemeinsame Jagdbezirke. Offen bleibt, inwieweit und wo die zur Leutkircher Heide gehörenden, aber keineswegs dort angesiedelten Freien Bauern im Gebiet der heutigen Gemeinden Gebrazhofen, Herlazhofen und Wuchzenhofen im landvogteilichen Territorium das Jagdrecht besaßen. Die Freien Bauern gehörten seit 1580 zur Landvogtei.

Die Reichsstadt Leutkirch war fast ganz von diesem Territorium umgeben. Auffällig ist die geringe Zahl von nur vier in der Pürsch jagdberechtigten Bürgern. Dieses Mitjagen wurde der Stadt schon 1580 eingeräumt, als sie auf die hohe Gerichtsbarkeit außerhalb der *Friedsäulen*, also in einem großen Teil ihrer Markung, verzichtete.[5] Über die Einhaltung der Jagdeinschränkungen wachten Beauftragte der Landvogtei. Als 1823 die Stadt Leutkirch die Rückgabe der Jagdrechte beantragte, war die Sache eine Entschädigung von 182 fl. 30 kr. wert, weil man *unleugbare Nachteile der freyen Pürsch und Bürger Jagd* anerkannte. Der Begriff Freie Pürsch war also noch bekannt.

Die Reichstadt Biberach lag ursprünglich im Kirchberger Forst links und rechts der Riß. Nach dessen Zerfall bemühte sie sich ohne Erfolg um eine eigene Freie Pürsch. Sie wurde dann schließlich Sitz des Direktoriums der Freien Pürsch zwischen Donau, Riß und Schussenursprung. Die Reichsstadt Ravensburg kam weder zu einer forstlichen Selbständigkeit, noch verfügte sie je über eine Freie Pürsch angesichts ihrer Waldrechte im Altdorfer Wald. Die Reichsstadt Isny fiel zusammen mit dem Stift Isny 1803 an die Grafen (seit 1901 Fürsten) v. Quadt-Wykradt-Isny. Anläßlich der staatsrechtlichen Anerkennung erhielten sie 1827 auch die Forstgerichtsbarkeit[6], was sich nur auf den großen Waldbesitz, nicht auf einen früheren Forst beziehen konnte. Die Reichstadt Wangen »besaß nur in einem Teil ihrer Waldungen (1750: 322 Ju, 401 ha) die forstliche Oberhoheit. Daher mußte sie

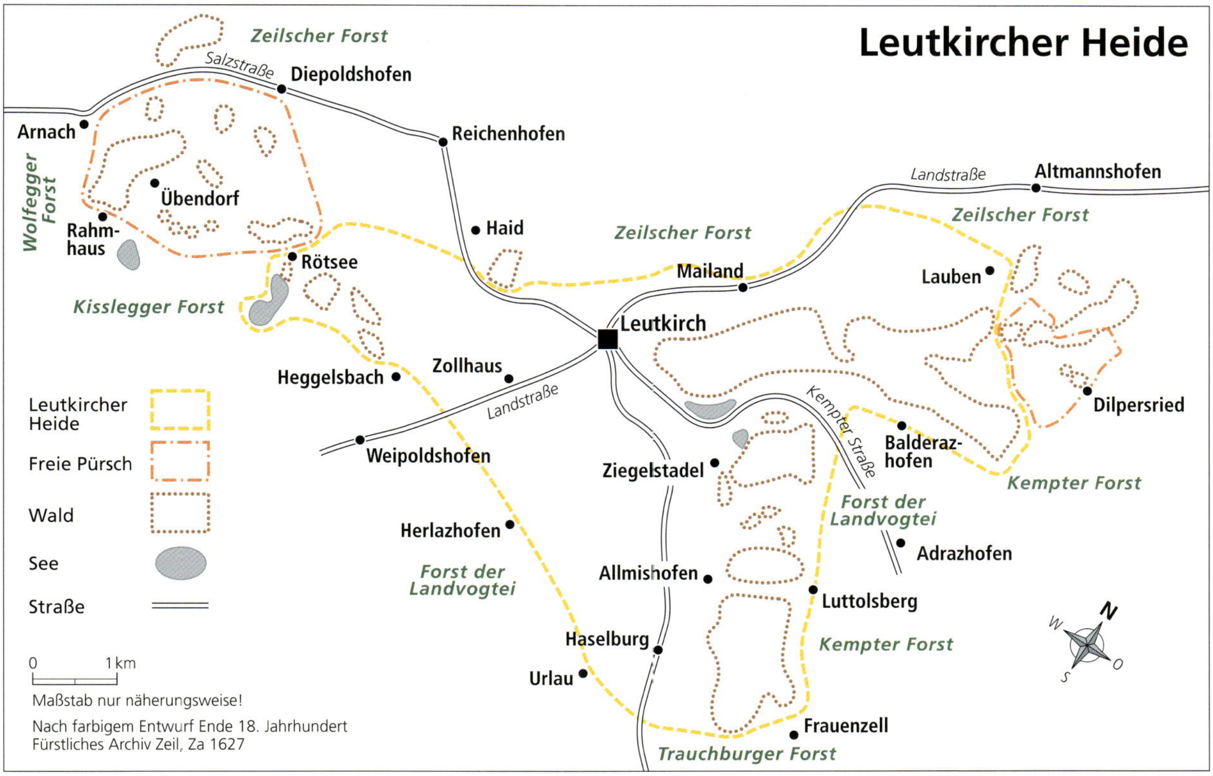

sich mit den benachbarten Herrschaften (Bregenz, Tettnang, Eglofs) über die Ausübung der Jagd in denjenigen Gebieten einigen, in denen ihr nur die niedere Gerichtsbarkeit zustand«.[7] Das Wangener Ratsprotokoll vom 8. Februar 1803 erwähnt die Aufstellung von Jägern für den oberen, mittleren und unteren Forst. Auch der Familienname *Forster* kommt vor.[8] Für Lindau gab es zwar eine Forst- und Jagdordnung[9], doch lag das Territorium auf dem Festland ganz im Tettnanger bzw. landvogteilichen Forst. Dasselbe gilt für Buchhorn (Friedrichshafen): Die Bürger durften nur Vögel fangen sowie Füchse und Hasen jagen.[10]
Die Reichsstadt Memmingen verfügte über einen grösseren Freipürschbezirk mit dem Mittelpunkt im *Booser Hart*, der allerdings noch im 15. Jh. umstritten war und von den Herren v. Rechberg beansprucht wurde. Eine Intervention Kaiser Maximilians von 1489 bestätigte die Freie Pürsch und könnte ein Beleg dafür sein, dass unterstützt vom Reich in der Nähe von Reichsland und Reichsstädten gegen landesherrliche Forsten Stellung bezogen wurde.[11] Bisher lässt sich diese These nur für die Leutkircher Heide belegen. Andererseits erlauben Pürschrechte innerhalb eines kaiserlichen Forsts bei Donauwörth und das *iudicium in Piersse* bei Ulm von 1259 die Vermutung, dass der Begriff Birs/Pürsch eine Besonderheit des schwäbischen Herzogtums sein könnte.[12] Wegelin kommentiert die Bestrebungen des Landvogts Jacob v. Landau im 16. Jh. nach Ausdehnung der Freien Pürsch folgendermaßen: *dabey aber seine Intention haubtsächlich darinnen fundiret, und pro Norma ac Regula zu halten praetendiret hat, daß so weit die Freye Pürs als des Reichs Forst und Wildban sich erstreckhe, selbige mit aller Hoher Obrigkeit in die Landtvogtey gehörig seye.*[13] Diese Formulierung unterstützt die Annahme, dass Freie Pürsch und Reichsland identisch sind, wobei zu beachten ist, dass die einzelnen Freipürschgebiete, etwa der Bereich des *Landgerichts auf Leutkircher Heide und in der Birs* oder die Birs im Rheintal südlich des Bodensees nicht gleichartig waren.

Württembergs Staatswald in Oberschwaben

Vor 1800 verfügte der Herzog von Württemberg in Oberschwaben südlich der Donau über keinerlei Waldbesitz, obwohl er zwar nicht führend, aber als Mitglied der leitenden Behörde der Freipürsch wenigstens in Jagdangelegenheiten in Oberschwaben mitzureden hatte wegen seiner Besitzungen und Rechte im Freipürschgebiet auf dem Hochsträß nördlich der Donau zwischen Ehingen und Ulm. Der seit Anfang des 19. Jhs. in Oberschwaben entstandene Staatswald entsprang unterschiedlichen Quellen, wobei auffällt, dass

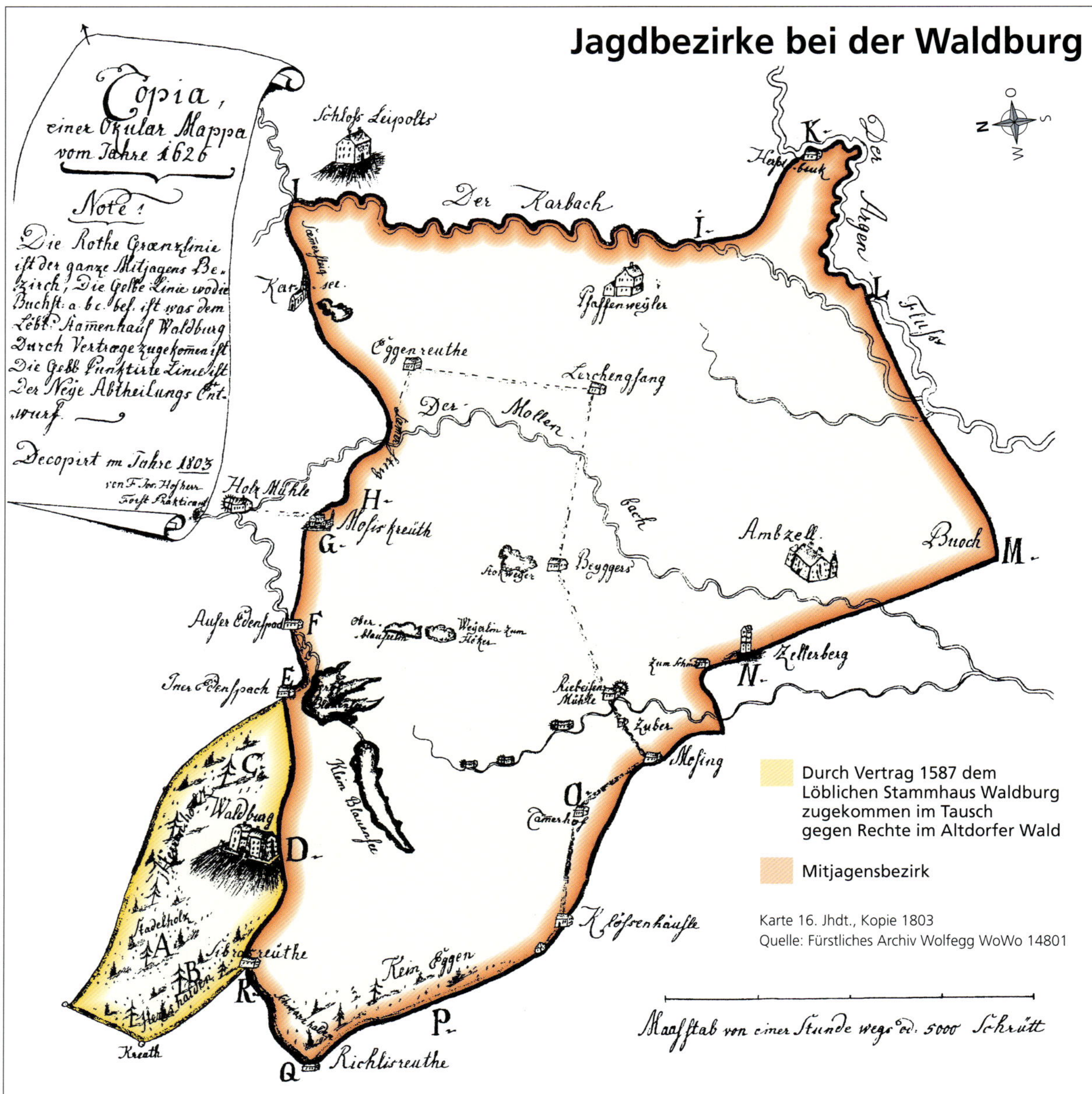

bis heute die standesherrlichen Waldungen sehr viel umfangreicher sind. Für den württembergischen Staat wie für die Standesherren, die von jeher grosse Wälder besaßen, waren Säkularisation und Mediatisierung die entscheidenden Faktoren für den Umfang ihres künftigen Waldbesitzes. Die mediatisierten Territorien, wie etwa das Fsm. Waldburg oder die Reichsgft. Königsegg, waren ursprünglich Württemberg ebenbürtige Staatsgebilde. Ihre umfangreichen Wälder könnte man als Staatswald bezeichnen. Diese Wälder wurden jedoch im Zuge der Mediatisierung nicht dem württembergischen Staatswald zugeschlagen, weil in Art. 27 der Rheinbundakte ausdrücklich festgelegt war, dass die bisher regierenden Fürsten und Grafen ihre Domänen als private Patrimonialgüter ohne Ausnahme behalten. Dazu gehörten z. B. die niedere und mittlere Gerichtsbarkeit, die Forstgerichtsbarkeit *(police forestière)*, die Jagd und die Fischerei sowie die Einnahmen aus den genannten Domänen und Rechten.[14] An dieser Stelle interessiert ein Urteil aus dem Jahr 1823 über die Nachhaltigkeit der Wolfegg'schen Hochwaldungen: Es verdient vielleicht erwähnt zu werden, daß zur nämlichen Zeit [um 1800] alle Waldungen der Herrschaft Wolfegg und Waldsee genau vermessen und taxiert wurden.[15] Tatsächlich befinden sich im Waldburg'schen Archiv in Wolfegg kostbare, fast künstlerisch gestaltete Waldbeschreibungen der Standesherrschaft. Ihre Qualität übertrifft eindrucksvoll die der gleichzeitigen württembergischen Aufzeichnungen und begründete vielleicht einen gewissen Respekt vor der standesherrlichen Forstverwaltung. So beurteilt Tessin das Verhältnis des Staats zu den Standesherren als sehr ausgewogen: *Die Staats= oder Kronwaldungen werden von dem Staatsforstpersonale zusammen als ein Ganzes verwaltet, auch werden die demselben hinsichtlich des technischen Betriebes untergeordneten Stiftungs=, Commun= und Privatwaldungen nach denselben Grundsätzen, als die übrigen demselben untergeordneten Waldungen behandelt. Die dem hohen und niedern Adel gehörigen Waldungen sind dagegen ihren Eigenthümern zur pfleglichen Bewirthschaftung selbst überlassen, die Landesherrschaft aber hat sich die höhere Aufsicht über die Waldcultur und Waldökonomie und die Einsprache gegen eine ordnungswidrige Waldwirthschaft vorbehalten.*[16] Zugänge zum württembergischen Staatswald aus dem Besitz großer Klöster als Folge der Säkularisation (1802/03) kamen im Laufe des 19. Jhs. zum Teil auf dem Umweg über damals neu entstandene und später wieder aufgegebene bzw. beschlagnahmte Standesherrschaften oder Gebiete, die ursprünglich Baden oder Bayern zugeteilt worden waren:

Ursprung/Herkunft	**an Württemberg**
Weingarten 1802 (Oranien-Nassau)	1806/08
Weissenau 1802/03 (Sternberg-Manderscheid)	1835
Schussenried 1803 (Sternberg-Manderscheid)	1803
Ochsenhausen 1803 (Fürst Metternich)[17]	1825
Wiblingen 1805 (Baden u. Bayern)	1806
Rot an der Rot 1803 (Graf Wartenberg, dann Grafen v. Erbach-Wartenberg-Roth, die 1829 auf die Forstgerichtsbarkeit verzichteten.[18] 1844 endete die Standesherrschaft wegen Verkaufs an Bürger.)[19]	

Der Besitz des Klosters Salem fiel an Baden. Auf die neu erworbenen Wälder der Fürsten v. Thurn und Taxis aus dem Besitz des Klosters Marchtal und des Stifts Buchau kommen wir noch später zu sprechen.
Eine Besonderheit bilden die Verhältnisse im einst bauernfeindlichen Kloster Ochsenhausen, das 1786 den 23 Klostergemeinden statt der schwer kontrollierbaren Waldnutzung fast die Hälfte seiner Wälder als Eigentum überlassen hatte. Es waren fast immer nur Teile der Waldareale, so dass ein Gemisch von klösterlichem und kommunalem Wald entstanden war. Als der Staat letztlich diese Wälder übernahm, war dann eine frühe »Flurbereinigung« fällig.[20]
Die erwähnten Veränderungen betrafen zunächst lediglich das Waldeigentum. Neben dem württembergischen Staatswald stand der Waldbesitz der Standesherren und anderer Adliger. Damit ist noch nichts ausgesagt, wie es aus württembergischer Sicht um die Forsthoheit stand. In Altwürttemberg war es selbstverständlich, dass neben dem herzoglichen Wald auch die Wälder der Gemeinden und der Einzelpersonen, darunter die der Adligen, unter württembergischer Forsthoheit standen.
Der erste volle Zugriff auf Waldbesitz und Forst gelang Württemberg 1805 im Gefolge des Friedens von Preßburg durch den Erwerb der Landvogtei Schwaben mit Altdorf samt dem bisher landvogteilichen Forst. Der Altdorfer Wald ist bis heute mit rund 8.000 ha der größte württembergische Staatswald in Ober-

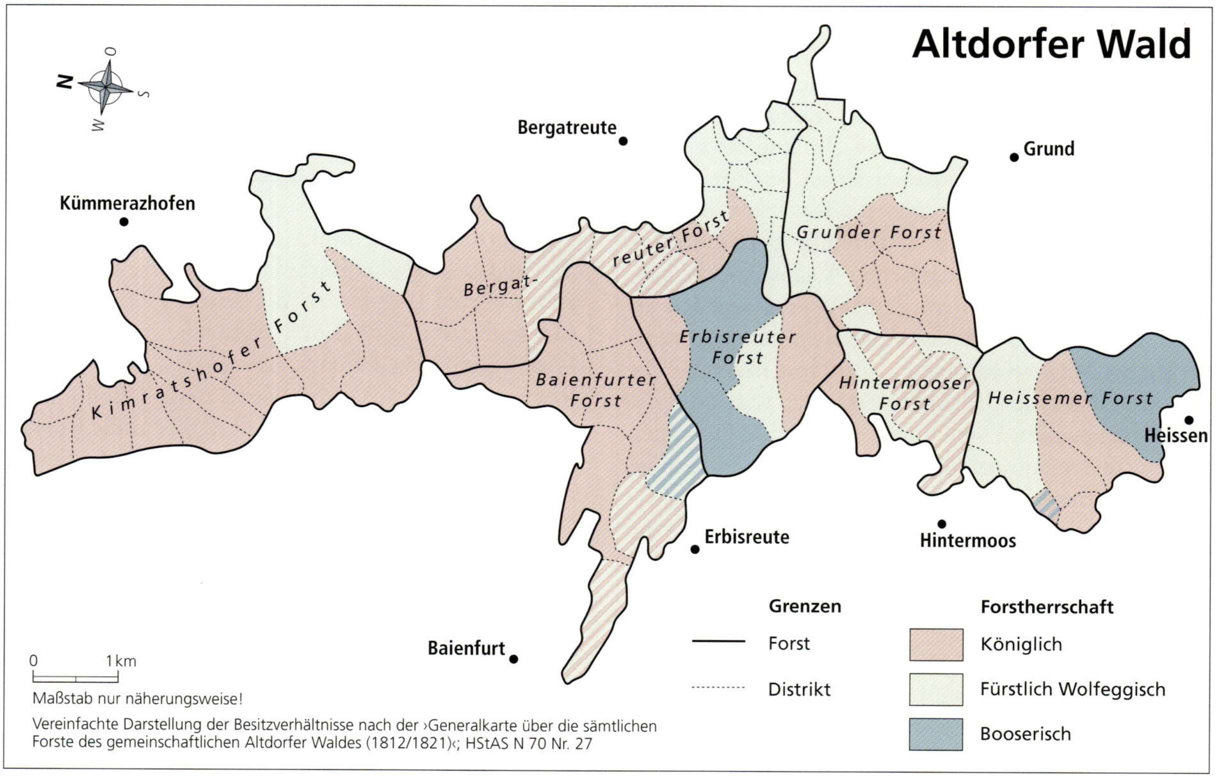

Vereinfachte Darstellung der Besitzverhältnisse nach der ›Generalkarte über die sämtlichen Forste des gemeinschaftlichen Altdorfer Waldes (1812/1821)‹; HStAS N 70 Nr. 27

schwaben und bewahrt den Namen des alten Hauptorts der Landvogtei (der seit seiner Stadterhebung 1865 nach dem 1803 säkularisierten Kloster *Weingarten* heißt). Wie der Schönbuch wird der Altdorfer Wald selten als Forst bezeichnet, ein Begriff, den wir als Attribut einer alten Grafschaft kennen. Denn er ist kein Forstbezirk, kein Hoheitsbezirk, sondern eben ein nutzbarer Wald im Bereich des ehemaligen Fiskus Schussen (1366: *des Rychswald und Vorst, der da gehaizzen ist Altdorffer Wald*). Bemerkenswert ist allerdings, dass eine ganze Reihe von kleinen Einheiten dieses Waldes Forsten heißen, häufig nach ursprünglichen Inhabern, aber auch nach Örtlichkeiten, so bis heute auf der Karte 1:50 000 der »Baienfurter Forst«. Vermutlich stecken dahinter die vom Verfasser beschriebenen »Kleinen Forsten« aus sehr früher Zeit.[21] Nutzungsberechtigt waren hauptsächlich die »Mitherrschaften« Waldburg und Ravensburg sowie die angrenzenden Klöster Weingarten, Weissenau und Baindt. Mit der Einverleibung der Landvogtei 1805 fiel der Wald größtenteils an Württemberg und Waldburg, ein kleiner Teil an die Booser v. Wetzisreute, eine Familie, die angeblich auf den natürlichen Sohn eines Truchsessen zurückgeht[22], nicht an Ravensburg, obwohl die Stadt seit 1368 das Oberste Forstamt als Reichsamt innegehabt hatte. Der 1790 als *Genoßenwald* bezeichnete Wald[23] war stark gegliedert. Die obenstehende Karte zeigt die Einteilung nach dem Übergang an Württemberg, ältere Karten die davorliegende feinere Aufteilung.[24] – Ähnlich wie der Schönbuch war der Altdorfer Wald durch Übernutzung stark geschädigt. Ein Vorteil für den Staat war, dass die Standesherren ihre Forstverwaltung selbst finanzieren mussten.

Die neue Forstverwaltung

Am 27. Juli 1805[25] wurden für Neuwürttemberg neben den altwürttembergischen Bezirken die Oberforste

Ellwangen, Comburg, Zwiefalten und das Forstamt Rottweil neu geschaffen. Verglichen mit der einheitlichen Organisation in Altwürttemberg waren angesichts der staatlichen Zersplitterung in Oberschwaben die Voraussetzungen ganz anders.

Der zur 1803 säkularisierten Reichsabtei Zwiefalten gehörige Forst, den der geldbedürftige Herzog Carl Eugen 1749 an die Abtei verkauft hatte, fiel jetzt wieder an Württemberg zurück und wurde zur Basis der forstlichen Neuorganisation in Oberschwaben. Im *Königlich Württ. Adreßbuch* von 1806 erscheint erstmals das neue Oberamt Altdorf, doch noch ohne Hinweis auf eine Forstverwaltung. Im ersten Hof- und Staatshandbuch von 1807/08 gehört dann zum Zwiefalter Forst bereits eine *Hut* (Teil eines Forstbezirks) *Biberach* unter einem *Reisigen Förster* (Oberförster) mit Dienstsitz Biberach samt einem *Beiknecht* in Schaiblishausen (südöstlich von Ehingen) und einem *Waldschützen* in Harthausen/Staig. Jetzt wird auch der neue Oberforst Altdorf aufgeführt mit einem *Oberforstmeister* und einem *Forstkassier* in Altdorf sowie mit sieben *Huten*: zwei in Altshausen, je eine in Altdorf, Baindt, Berg, Klecken (jetzt Klessenbühl/Gde. Grünkraut). Württemberg hatte wenigstens zum Teil Besitz ergriffen vom großen Altdorfer Wald, der bisher vor allem von der Landvogtei, der Herrschaft Waldburg und der Reichsstadt Ravensburg genutzt worden war. 1812 wohnte der Oberforstmeister des Oberforsts Zwiefalten in Biberach und gebot über 12 Huten mit Förstern in Biberach, Gutenzell, Heiligkreuztal, Laupheim, Ochsenhausen, Rot, Saulgau, Schussenried, Uttenweiler, Waldsee und Zwiefalten. 1824 finden wir dann in Oberschwaben nur noch die Forstämter Altdorf (mit den Huten Baindt, Schussenried, Altdorf und Blitzenreute) und Tettnang (mit Tettnang, Hirschlatt, Wilhelmskirch, Leutkirch und Langentrog/Gde. Liebenau).

Man beobachtet ein langsames Vordringen in Oberschwaben, aber auch deutliche Veränderungen des Verfahrens im Laufe der Jahre, was wohl größtenteils auf eine neue grundsätzliche Einstellung zur Bewertung der Forsten zurückzuführen ist. Wahrscheinlich hätte man gerne das altwürttembergische System auf Oberschwaben übertragen, so wie die allgemeine Verwaltung mit Erfolg an das – allerdings gleichzeitig reformierte – württembergische Modell angepasst wurde. Hinsichtlich Forst und Wald waren wohl die Besitzverteilung allgemein und der Beharrungswille der größeren Adelsherrschaften ein Grund dafür, dass Württemberg bereit war, seine Politik zu ändern. Da Württemberg erst allmählich einen nennenswerten Staatswald aufzubauen vermochte, sind die Waldverwaltungen der großen Standesherrschaften unter staatlicher Oberaufsicht bis heute konkurrierende Faktoren geblieben.

Der Stellenwert des Forsts

Die Eigentumsveränderungen lassen noch nicht erkennen, welche grundlegende Wandlung nach 1800 im Forstbereich eingetreten ist. Viel hing ab vom politischen Selbstverständnis des Landesherrn und seiner persönlichen Beziehung zum traditionellen Jagdvergnügen.

Am Anfang stand die autoritäre auf absolutistischen Vorstellungen gegründete Haltung König Friedrich (1797–1816). Im Generalreskript vom 16. Juli 1807 betreffend *Die Behandlung der Patrimonial= Besitzungen in Forst=Sachen*[26] an die Ober-Forstämter, denen *noch die nöthige wahre Einsicht Unserer Allerhöchsten Willensmeinung abgeht*, verfügte er: *Vorerst versteht es sich von selbst, daß die Königl. Württembergische Forst= und Jagd=Gesetze in allen Unserer Hoheit unterworfenen Patrimonial=Besizungen, ohne allen Unterschied, als gesezliche Norm beobachtet,* [...] *und nach eben den forstwirthschaftlichen Grundsäzen behandelt werden sollen, wie es mit den in Unserm ehemaligen Herzogthum Württemberg gelegenen Waldungen geschah. Eben so fließt es aus den Rechten der Souverainetät, daß nur Wir in Unsern Königl. Staaten Titel ertheilen, und Uniform geben können. Es steht daher auch den Patrimonial=Herrschaften nicht zu, weder Ober= noch Forstmeister, noch Förster oder Unterförster aufzustellen, sondern dieselbe können nur Forstverwalter und Forstknechte ernennen, die angestellte Personen mögen übrigens von einer Geburt seyn, von welcher sie wollen.*

Nicht überraschend war, dass König Friedrich am 5. Juli 1806[27] die *besonders in Hinsicht der öffentlichen Ordnung und Sicherheit höchst nachtheilige freie Pürsch in sämtlichen Unsern Kön*[igl]. *Staaten* aufhob.

In den angrenzenden neuerworbenen Pürschgebieten sollte die hohe Jagd nur durch königliche Forstbeamte ausgeübt werden und das erlegte Wild den Kommunen zukommen. In den ehemals ritterschaftlichen Gebieten hörte die freie Pürsch ebenfalls auf, und die niedere Jagd wurde *den Guts=Besizern als Eigenthum eingeräumt, die hohe Jagd hingegen von denselben* gemeinschaftlich mit dem Oberforstmeister *auf herrschaftliche Rechnung genossen*. Eine kgl. Verordnung vom 14. Juni 1807 übertrug diese Regelung auch auf die *der Krone Württemberg unterworfenen fürstlichen und gräflichen Herrschaften*.[28]

König Friedrich war der letzte württembergische Landesherr, der nochmals die Jagd in großem Umfang zur öffentlichen Macht- und Prachtentfaltung missbrauchte. Erst 1815, ein Jahr vor seinem Tod, ordnete er an, dass das Verhältnis zwischen Wildstand und Waldfläche ausgeglichen werde, damit *das Rehwild nicht mehr genöthiget wird, auf den Gütern der Unterthanen Nahrung zu suchen*, stellte aber dann einige Monate später *mit gerechter Verwunderung* fest, dass der Wildschaden immer noch groß war.[29]

Der *Entwurf des zu erneuernden Württembergischen Verfassungsvertrags* von 1816 signalisierte eine neue bereits bevölkerungsfreundlichere Einstellung zu den Forstproblemen: *Der ritterschaftliche Adel und überhaupt alle zur Jagd berechtigten Privaten haben für jeden durch Ausübung der Jagd=Rechte entstehenden Schaden auf gleiche Weise Vergütung zu leisten wie die Königliche Forst=Casse. Die nähern Bestimungen über die Forst- und Jagd=Rechte der ersten Standesherrn hingegen bleiben eben so, wie ihre Verhältnisse zum Staat überhaupt* [bis] *auf weitere Verhandlungen ausgesetzt*.[30]

Mit dem Regierungsantritt König Wilhelms (1816 bis 1864), der wenig Interesse an der Jagd zeigte, kam es dann zu einer wirklichen Wende. An die Stelle der landesherrlichen Jagdexzesse in mehreren Forsten trat eine beschränkte Hofjagd, so zum Beispiel 1818 in Gestalt von sog. *Hofjagdbezirken* in den Oberforsten Leonberg, Kirchheim, Engelberg (Schorndorf) und Reichenberg.[31] Was ausnahmsweise schon früher, zum Beispiel 1629 und wegen des Wildschadens sogar 1765, erwogen worden war, nämlich die Verpachtung von Jagdbezirken, wurde jetzt mit gewissen gesellschaftspolitischen Einschränkungen zur Regel. Als König Wilhelm mit Dekret vom 31. August 1817 die Verpachtung aller Jagden ausserhalb der Hofjagdbezirke befahl, kamen vom Forstrat vergeblich Bedenken, und man sah schliesslich ein, dass nicht nur Ober- und Revierförster, Staatsbeamte, *Rentenirer* und Grosshändler zuzulassen waren: Man *glaubt daher, daß, mit Ausnahme gemeiner Landleute und Handwerker, deren häusliche Verhältnisse durch Ausübung der Jagd leicht eine nachteilige Störung leiden, jeder unbescholtene Bürger, der die erforderliche Caution zu leisten, und die Pachtbedingungen zu erfüllen im Stande ist, zuzulassen seyn möchte*.[32] Obwohl schon 1815 eine Reduzierung der Jagdfronen verfügt worden war[33], wurde diese Dienstverpflichtung der *Untertanen* zusammen mit anderen *Fronen* erst 1836 gegen Geldzahlung abgelöst.[34]

Eine wichtige Grundlage für den Umgang mit Forstfragen war König Wilhelms Dekret [betr.] *Organisation der Forst-Verwaltung* vom 7. Juni 1818:

§ 2. Die gesetzliche Aufsicht des Staats über die Privat- und Commun-Forsten, so wie die Rechte desselben in Ansehung dieser Forsten, sollen unter der Oberleitung Unsers Forst-Rathes, von denjenigen Ober- und Revier-Förstern ausgeübt werden, in deren Bezirken dieselben gelegen sind.

§ 3. Mit dem Recht der Forstgerichtsbarkeit, welche nach Maßgabe des § 16 des Adels-Statuts, den Fürsten und Grafen, [...] *sowohl in ihren eigenthümlichen, als auch in den in ihren Besitzungen befindlichen Gemeinde-Stiftungs- und Privat-Waldungen zurückgegeben werden wird, erklären Wir zugleich die Pflicht verbunden, das für den Forstschutz und für die Handhabung der Forst-Polizei erforderliche Personal auf ihre Kosten zu bestellen* [...]. *Diese Befugnis* [...] *so wie überhaupt der Genuß aller derjenigen Rechte, welche in dem § 51–56 des Adelsstatuts aufgeführt sind, soll demselben vom 1. August an, die Ausübung der Forstgerichtsbarkeit aber erst alsdann übertragen werden, wenn ihre Jurisdictions=Verhältnisse überhaupt geordnet sein werden. Bis dahin, daß dieses bewirkt sein wird, soll die Forstgerichtsbarkeit und die Abwandelung der Forstfrevel wie bisher durch Unsere Beamten bewirkt werden*.[35] Die wichtigsten Stichworte: Rückgabe vorgesehen und Verhandlungen!

Das folgende *unmittelbare königliche Decret* vom 13. Juni 1818 beanspruchte dann nur noch die gesetzliche

Aufsicht des Staates über die *Privat= und Commun= Forsten.*[36] Paragraph 3 des Dekrets vom 7. Juni wurde wörtlich wiederholt. Wichtig war § 4: *Zu gleicher Anstellung des Schutzpersonals (Jäger, Waldschützen, Holzwärter) auf eigene Kosten sollen auch die übrigen Waldbesitzer und die Communen verpflichtet, und die oberste Forstbehörde* [Forstrat] *berechtigt sein, darauf, daß dieses Personal in der erforderlichen Anzahl aufgestellt werde, zu halten.*

Die beiden auf der veränderten Neubewertung der Forsten beruhenden königlichen Edikte sollten den Weg freimachen für ein Zusammenwirken zwischen Staat und Standesherren. Die Konzessionen und der Rückzug auf die Oberaufsicht, verbunden mit finanziellen Vorteilen für den Staat, bestehen bis heute. Entscheidend für den Wandel der Beziehungen war die Tatsache, dass die Jagd nicht mehr wie einst Symbol der landesherrlichen Macht war.

Die erste großzügige Vereinbarung kam 1819 mit den Fürsten v. Thurn und Taxis zustande.[37] Dort heißt es in § 34: *Die fürstlichen Gerichts= und Forstbehörden haben die Forst=Gerichtsbarkeit, Forst= und Jagd= Polizei und Forst=Verwaltung, nach Vorschrift der Königl. Gesetze und Verordnungen mit gleichen Befugnissen, als Unsere Königlichen, und in dem Umfang auszuüben, wie sie dieselben zur Zeit der Unterwerfung unter die Staats= Hoheit rechtmäßig hergebracht hatten, sowohl in ihren eigenthümlichen, als auch in den innerhalb ihrer Besitzungen liegenden Gemeinde=, Stiftungs= und Privat=Waldungen, wogegen sie das zur Ausübung dieser Gerechtsame erforderliche Personal auf ihre Kosten zu bestellen haben.*

Dies klingt fast wie die Beschreibung eines Staats im Staat – mit dem Trost, dass der Staat sich die Konzessionen teuer bezahlen ließ, was auch bei späteren Vereinbarungen mit anderen Adligen praktiziert wurde. Eine kleine Einschränkung in § 38: *Die fürstlichen Forst= Beamten können keinen höheren Amts=Charakter führen, als Unsere Königlichen von der entsprechenden Kategorie.* Immerhin trugen sie die Uniform der Königlichen Oberförster, *jedoch mit Knöpfen* […], *auf denen sich das fürstl. Wappen befindet.*[38]

Es ist die Frage, ob es klug war, den ersten Schritt mit der Familie Thurn und Taxis zu tun, einer Familie, die – erst seit 1785 Inhaber der Herrschaft Friedberg-Scheer – nicht zu der Gruppe der alteingesessenen oberschwäbischen Grafen und Fürsten gehörte, die zum Teil sehr lange eine Vereinbarung hinauszögerten? In ihren Augen war die 1819 den Thurn und Taxis verliehene Würde und das Amt eines Königl. Württembergischen Erb=Landpostmeisters wohl kein Zeichen der Ebenbürtigkeit.[39] Im Hof- und Staatshandbuch 1824[40] finden wir dann *Beamte des Fürstlichen Hauses Thurn und Taxis zu Ausübung der demselben in seinen Besitzungen zustehenden Forst=Verwaltung, Forst= und Jagd=Polizei und Forst=Gerichtsbarkeit.* Schon 1819 hatte König Wilhelm verfügt: *Das fürstliche Haus Thurn und Taxis behält die Ebenbürtigkeit in dem bisher damit verbundenen Begriffe und gehört zum hohen Adel.*[41] Eine solche Formulierung wäre für das Haus Waldburg nicht in Frage gekommen und deutet eher darauf hin, dass das Haus Thurn und Taxis um die Anerkennung und Gleichstellung bangen musste und deshalb für Neuerungen aufgeschlossen war. Die Klärung des Verhältnisses zu den Waldburgern ließ dann noch lange auf sich warten. Da nur 1812, 1813 und 1815 im Oberforst Altdorf eine Hut Wolfegg mit Beamten in Wolfegg und Karsee überliefert ist, kann man vermuten, dass ein forstorganisatorischer Zugriff auf die waldburgischen Waldungen Episode blieb und vermutlich nicht erwünscht oder nicht zweckmäßig war. Die letzte Vereinbarung mit der Familie Waldburg kam dann erst 1838 zustande, was an Formalien hängen mochte, etwa an dem Vorwurf, dass ihre Förster sich nur Forstverwalter und nicht Oberförster nennen durften.[42] Es blieb ihnen dennoch nicht erspart, dass die *Unmittelbaren Königlichen Dekrete* für Waldburg-Wolfegg-Waldsee vom 22. Februar 1838 und für Waldburg-Zeil-Trauchburg vom 3. September 1838[43] Bezug nahmen auf die Vereinbarungen mit dem Haus Thurn und Taxis vom 12. Juni 1823.[44] Die Vorgänge sind ein Zeugnis für die lange anhaltenden Spannungen zwischen Krone und Standesherren. Mit den Grafen v. Königsegg-Aulendorf war es dagegen schon 1826/28 zu einer Vereinbarung gekommen.[45] Vorteilhaft für die Staatsverwaltung war, dass die Standesherren die Kosten ihrer Forstverwaltung selbst tragen mussten. Am Ende, nämlich 1836, gab es dann im Donaukreis nur noch die Forstämter Altdorf und Ochsenhausen; Zwiefalten umfasste wieder seinen alten Bezirk. Daneben existierten jetzt Standesherrliche Forstverwaltungen, z. B. die *Königlich Württembergischen Fürstlich Thurn- und*

Taxis'schen Forst= Verwaltungen in Siessen und Buchau, eine *K. Württ. Gräfliche Erbach=Wartemberg= Roth'sche* in Roth und eine *K. Württ. Gräfl. Königsegg= Aulendorfische Forst=Verwaltung* in Königseggwald. Eine Ausnahme bildeten dagegen die Waldburger, in deren Bereich es keine unmittelbar staatliche Forstverwaltung gab, wie ein Blick auf die jeweiligen Huten zeigt. Somit war es offenbar nicht möglich gewesen, vielleicht aber auch nicht zweckmässig erschienen, eine den ganzen südlichen Landesteil umfassende staatliche Forstverwaltung aufzubauen. Eine Besonderheit bildete auch das *Hofkameralamt Altshausen*, das unter diesem Namen noch heute die privaten Wälder des Hauses Württemberg verwaltet. Den Schlusspunkt im Wandel der württembergischen Forstgeschichte setzte Art. 1 des Gesetzes über das Jagdwesen von 1849: *Jedes Jagdrecht auf fremdem Grund und Boden ist aufgehoben und geht auf den Eigenthümer über.*[46] Adlige und Bürger waren fortan gleichberechtigt.

Die Landvogtei Schwaben

Das einzige mit dem Herzogtum Württemberg wegen seiner Verflechtung mit Österreich politisch ebenbürtige Territorium in Oberschwaben war die habsburgische Landvogtei Schwaben, die eine eigene Betrachtung erfordert. Der dazugehörige Forst hatte allerdings nicht dasselbe Gewicht wie die Forsten in Altwürttemberg. Gewisse Bedeutung hatten die Forstgrenzen, die allmählich zu Landesgrenzen wurden und darin liegende grundherrschaftliche Bezirke einschlossen. Was im Vergleich zu Altwürttemberg fehlte, waren herrschaftliche Jagdbedürfnisse. Überraschend im Vergleich mit den forstlichen Verhältnissen in Württemberg, aber doch folgerichtig war 1749 der Vorschlag einer *Hochen Hof Commißion*, den Forst der Landvogtei der *Landschaft* gegen jährlichen *Erlag* von 1.600 fl. zu überlassen.[47] Mit *Landschaft* war im Sinne von Landtag die Vertretungskörperschaft der im Gebiet der Landvogtei begüterten Reichsstände gemeint, so das Reichsstift Weingarten *mit 7*[00] *bis 800 Bauern, die Grafen von Waldburg wegen des Schlosses Waldburg, die Reichsstädte Ravensburg und Buchhorn mit ihren Dörfern und weitere Adlige*. Ein Motiv für diesen Vorschlag waren die Klagen über Wildschaden. Es wurde vorgebracht, mancher Güterbesitzer müsse ein bis zwei Knechte mehr halten, die seine Felder *nächtlicherweil von dem Fraß und Umsturz retten*. Deshalb wollte man das Territorium je nach Intensität des Wildschadens aufteilen und dachte sogar daran, das Projekt *könnte auf die übrigen vorländischen Oberförste extendiert werden.*[48]

Nachdem 1749 der weitergehende Schritt einer Umwandlung des Forsts in eine Freie Pürsch nicht vollzogen worden war, kam 1767/68 wieder derselbe Vorschlag. Allerdings hielten die lokalen Behörden den Vorschlag für *unthunlich*, denn die meisten Orte litten nicht unter Wildschaden, nur die *am großen Wald* [Altdorfer Wald] und die würden *in Steuern und Anlagen geringer als andere gehalten*. Gewichtiger war das Argument: *Verschiedene Reichsstände haben das Jagen theils neben der Landvogtey, theils mit Ausschlusse der Landvogtey im Landvogteyischen Forste und Wildbanne durch Verträge und Bewilligungen erlanget, oder sonst hergebracht.*[49] Nebenbei unterstreicht die Diskussion wiederum, dass von der Landvogtei her kein Interesse an einer landesherrlichen Jagdausübung wie in Württemberg bestand, weil Repräsentanten der Herrschaft Österreich nicht ansässig waren.

Nach 1790 bemühte man sich um eine *neue Wald- und Buß-Ordnung über den Altdorfer Genoßenwald*, jedoch ohne nachhaltige Wirkung.[50] Ein von 1796 bis 1799 tätiger Forstmeister setzte sich gegenüber dem fachlich unzulänglichen Forstpersonal nicht durch, und auch die Unterstellung unter ein Oberforstamt Günzburg führte nicht weiter.[51]

Am Ende blieb der Altdorfer Wald der grösste württembergische Staatswald in Oberschwaben neben den Wäldern des Adels. Noch heute zeigt die Verteilung des Waldeigentums im Oberland – gemeint ist das Gebiet zwischen Donau, Iller und dem westlichen Ende des Überlinger Sees – einen hohen Anteil von privatem Großgrundbesitz:

Staatswald	30 703 ha	21,56 %
Körperschaftswald	26 698 ha	18,75 %
Privatwald	84 824 ha	59,5 %

Beim Privatwald beträgt der Anteil von Waldeigentum über 1.000 ha fast die Hälfte (41.467 ha = 48,88 %). Das ist auf den Anteil der Standesherrschaften zurück-

zuführen[52], denn diese hatten den Zuwachs der Säkularisation und den günstigen Bedingungen der Mediatisierung zu verdanken.
Zu den grösseren Komplexen zählen auch die zum Teil ebenfalls erst infolge der Säkularisation erworbenen Wälder der Fürsten v. Thurn und Taxis (Buchau, Obermarchtal). Größerer Waldbesitz verblieb der Stadt Biberach wegen ihrer Spitalwaldungen, während Ravensburg den Verlust seiner Anteile am Altdorfer Wald als großes Unrecht empfand, zumal Württemberg diese Anteile schon 1805 an sich gezogen hatte, als Ravensburg noch bayerisch war.[53]
Das Jahr 1805 bescherte Württemberg mit dem Altdorfer Wald seinen letztlich größten Staatswald in Oberschwaben. Dieser war allerdings wegen vielfältiger Nutzungsrechte ähnlich wie der Schönbuch in schlechtem Zustand. Ausserdem war noch zu klären, welche Teile dem Haus Waldburg verbleiben sollten. Auch Bayern hatte vorübergehend einen Anteil zu beanspruchen. Die Oberaufsicht durch ein Waldgericht ohne forstwirtschaftliche Kenntnisse und die *Administration durch unwissende und eigennützige Bauern* wurden jetzt beseitigt. Die Neuorganisation wurde dem Oberforstamt Altdorf übertragen, dem ersten neuen württembergischen Forstamt in Oberschwaben. Zu Territorium und Forst der Landvogtei um 1800 gehörte auch die erst 1780 durch Österreich erworbene ehemalige Grafschaft Montfort-Tettnang. Trotz prekärer Finanzsituation hatten die Grafen v. Montfort bis zuletzt Wert auf eine Forstorganisation gelegt, was wiederum zeigt, dass Forst als Hoheitsrecht zu einem richtigen Territorium gehörte. Die Instruktion für einen Forstmeister aus dem Jahr 1748 enthält einen umfangreichen Aufgabenkatalog und Angaben zu seiner guten Besoldung. Von einem herrschaftlichen Jagdbetrieb ist keine Rede, auch wenn es in Form von Einkünften noch Spuren von Hundslegen und Gastungsrechten gab.[54] Schon 1739 war *der Wildbann, zunächst auf 10 Jahre gegen 3.000 fl. im Jahr an die tettnangische Landschaft überlassen worden, und zwar so, dass in jedem Amt zwei oder drei* [Leute] *zu Ausübung der Jagd bestellt werden sollten, während jeder auf seinen Feldern das schadende Wild zugunsten der Landschaft erlegen durfte. Dem Grafen sollten Enten, Biber, Otter, Rebhühner und Vögel vorbehalten, auch ihm persönlich samt seinen Gästen das Schießen von Wildbret gestattet sein.*[55] So weit konnte das Prestige eines Landesherrn absinken! Ursprünglich waren Teile des Forsts südöstlich von Ravensburg und westlich der Schussen mit der Landvogtei gemeinsam, auch wusste man noch von Verbindungen mit dem *Bregenzer Forst*.[56]

Ergebnisse

Insgesamt führten die Veränderungen nach 1800 im Forst- und Jagdwesen zu einem tiefgreifenden Wandel. Zwei Faktoren waren entscheidend. Auf König Friedrich (1797–1816), für den die Jagd fast bis zum Ende seiner Regierungszeit hohe Priorität besessen hatte, folgte Wilhelm I. (1816–1864), der für die Jagd weniger übrig hatte und deshalb Reformen durchaus zugänglich war. Der zweite Faktor war die schwierige Aufgabe, die neuen Landesteile mit dem altwürttembergischen Stammland zu vereinigen. Während die allgemeine Verwaltung konsequent auf die neuerworbenen Gebiete übertragen wurde, ergaben sich im Forstwesen Probleme vor allem deshalb, weil die Besitzungen des Adels mit zum Teil sehr großen Waldflächen nicht so leicht in die bisherige württembergische Forstorganisation eingefügt werden konnten. Der in Altwürttemberg eher spärlich vertretene ritterschaftliche Adel hatte niemals über Forsten verfügt, sondern allenfalls kleine Bezirke als sog. *Gnadenjagen* eingeräumt bekommen. Da die neu »unterworfenen« Standesherren auch staatsrechtlich eine Sonderbehandlung erfuhren, indem ihnen zum Beispiel die Gerichtsbarkeit auf der unteren Ebene zugestanden wurde, mussten auch im Forst- und Jagdwesen neue Wege beschritten werden. Wie wichtig den Standesherren das Thema Forst und Wald war, geht daraus hervor, dass erst Ende der 1830er Jahre in diesem Zusammenhang die staatsrechtliche Stellung des Hauses Waldburg als letztem Kontrahenten geklärt wurde. Die Zeit war vorbei, als Württemberg flächendeckend in gleichartige Forstbezirke eingeteilt war. Nur formal war dies auch nach den Mediatisierungsgewinnen und der Neuorganisation der Fall; tatsächlich aber verfügten die Standesherren über eigene Forstorgane mit abgestuften Kompetenzen unter der Oberaufsicht der staatlichen Forstämter.

An die Stelle der herzoglichen und zuletzt königlichen Jagdexzesse in mehreren Forsten trat eine beschränkte Hofjagd, etwa in Teilen des Schönbuchs. Es begann die Verpachtung von Jagdbezirken an geeignete und würdige Bürger. Erst spät (1836) wurden die früheren Jagdfronen gegen Geldzahlung abgelöst. Für die einst umstrittene Institution der Freien Pürsch bestand jetzt kein Bedarf mehr.

[1] *Karl Siegfried Bader*, Zur schwäbischen Verfassungsgeschichte. Grundzüge der territorialen Entwicklung Schwabens und der Oberrheinlande in nachstaufischer Zeit, in: ZGO 55 (1942), 725.
[2] *Rudolf Kiess*, Zur Frage der Freien Pürsch, in: ZWLG 22 (1963), 57–90, bes. 68ff.; *Hans-Karl Schuler*, Grundzüge der Forstgeschichte. Rottenburg 2001, 118ff., vertritt mit Bezug auf andere Autoren die gegenteilige Position, zitiert aber auch ein Beispiel der Einrichtung einer Freien Pürsch als Mittel der Territorialpolitik (122). Das Buch ist eine nützliche neue Zusammenfassung der Forstgeschichte. Unentbehrlich für die Zeit um 1800 *Wilfried Ott*, Die Entwicklung der Forstorganisation in Württemberg seit 1803. Stuttgart 1979.
[3] *Kiess* (wie Anm. 2), 74.
[4] Fürstl.Waldburg-Zeil´sches Gesamtarchiv Schloß Zeil (ZAZ) 1627.
[5] *Hans Werner*, Der Stadtwald Leutkirch, in: In und um Leutkirch, red. von *Emil Hösch*. Leutkirch 1993, 83.
[6] Regierungsblatt für Württemberg (ab 1824 Regierungsblatt für das Königreich Württemberg), hg. vom *Württ. Finanzministerium* (ab 1824 vom *Württ. Staatsministerium*), künftig nur: Reg. Bl., hier Reg. Bl. 1827, 179.
[7] *Albert Scheurle*, Aus Wirtschaft und Verkehr der ehemaligen Reichsstadt, in: Wangener Hefte 1 (1970), 4–64, hier 29–31.
[8] StA Wangen, Ratsprotokoll, 298f.
[9] *Karl Wolfart*, Geschichte der Stadt Lindau. Bd. 1,2. Lindau 1909, 132.
[10] Beschreibung des Oberamts Tettnang, hg. vom *Kgl. statistisch-topographischen Bureau*, red. von *Johann Daniel Georg von Memminger*. Stuttgart 1838. ND Magstadt 1979, 736.
[11] Historischer Atlas von Bayern. Teil Schwaben. H. 4: Memmingen, bearb. von *Peter Blickle*. München 1967, 257, 267.
[12] *Kiess* (wie Anm. 2), 90.
[13] *Johann Reinhard Wegelin*: Gründlich-historischer Bericht von der Kayserlichen und Reichs-Landvogtei in Schwaben, wie auch dem frey-Kayserl. Land-Gericht auf Leutkircher Haid und in der Pirsch, aus Urkunden. Lindau 1755, 282.
[14] Württembergische Geschichtsquellen. Bd.11. Stuttgart 1911, 189.
[15] *Wilhelm von Tessin*, Forststatistik von Würtemberg. Tübingen 1823, 85.
[16] Ebd., 155f.
[17] HSAS E 221 Bü 993f.: Nach langen Verhandlungen ging die Metternich'sche Herrschaft mit 4.890 Morgen Wald um 1.200.000 fl. 1825 an Württemberg über, finanziert von Baron Salomon v. Rothschild, für die sofortige Zahlung von 300.000 fl. und eine ratenweise Zahlung von 900.000 fl. in vier Jahren.
[18] Reg. Bl. 1829, 326f.
[19] HSAS E 221 Bü 2743.
[20] Herrn Forstdirektor a.D. K.H.Pfeilsticker in Ochsenhausen danke ich für freundliche Unterstützung.
[21] *Rudolf Kiess*, Forst-Namen als Spuren frühmittelalterlicher Geschichte in Württemberg, in: ZWLG 51 (1992), 11–116; *Ders.*, Forst-Namen [...] II: Beispiele aus Baden und angrenzenden Territorien, in: ZGO 144 (1996), 47–124; *Ders.*, Die Rolle der Forsten im Aufbau des württembergischen Territoriums bis ins 16. Jh. Stuttgart 1958.
[22] *Ferdinand Graner*, Der Altdorfer Wald in Oberschwaben, ein Ausschnitt aus der deutschen Rechtsgeschichte, in: Allg. Forst- und Jagdzeitung 111 (1935), 47.
[23] HSAS B 60 Bü 43.
[24] Stand um 1800: Karte bei *Anton Huber*, Beiträge zur Geschichte des Altdorfer Waldes, hg. von *Rolf Bosch*. [o.O.] 1998, farbige Karte auf Faltblatt am Buchende; älterer Stand s. *Rudolf Kiess*, Forsten in Oberschwaben, in: UuO 40/41 (1973), 69–122, hier 96.
[25] SAL Neuwürttemberg D 2–3.
[26] Reg. Bl. 1807, 288f.
[27] Reg. Bl.1806, 98f.
[28] Reg. Bl.1807, 209.
[29] HSAS E 221 Bü 1823.
[30] Entwurf des zu erneuernden Württembergischen Verfassungs= Vertrags. Nach den Beschlüssen des Ständischen Instructions= Comités 1816, 187f.
[31] Reg. Bl. 1818, 177ff.
[32] HSAS E 13 Bü 12 Nr. 3; Dekret nicht im Reg. Bl.
[33] Reg. Bl. 1815, 159f.
[34] Reg. Bl. 1836, 558f.
[35] Reg. Bl. 1818, 281ff.
[36] Reg. Bl. 1819, 505ff.
[37] Ebd., 513.
[38] Reg. Bl. 1823, 672.
[39] Reg. Bl. 1819, 617ff.
[40] Hof- und Staatshandbuch 1824, 501f.
[41] Reg. Bl. 1819, 505.
[42] HSAS Finanzministerium E 222 II Bü 2958; Reg. Bl. 1838, 137 u. 505.
[43] Reg. Bl. 1838, 137ff. und 505f.
[44] Reg. Bl. 1823, 667.
[45] Reg. Bl. 1828, 663ff.
[46] Reg. Bl. 1849, 466ff.
[47] HSAS Oberamt Altdorf B 61 II Bü 48.
[48] Wie Anm. 45.
[49] Wie Anm. 45.
[50] HSAS B 60 Bü 43.
[51] HSAS B 60 Bü 34–36.
[52] Jahresbericht 2000 der Landesforstverwaltung Baden-Württemberg 48. Jg., 1–3.
[53] *Alfons Dreher*: Geschichte der Reichsstadt Ravensburg. Bd. 2. Weißenhorn 1972, 826.
[54] HSAS Grafschaft Tettnang-Montfort B 123 Bü 253.
[55] OAB Tettnang (wie Anm. 10), 311.
[56] Ebd., 308.

Verwaltungselite vor Ort – Kontinuität oder Wandel?

Württembergs Oberamtmänner in Oberschwaben 1810 bis 1850

von Petra Sachs-Gleich

Die Einteilung *ist übrigens nach meiner Ansicht kein Meisterstük, sie hat uns vielmehr das bild des vormaligen heiligen römischen Reichs in einem schlechten Miniatur-Gemälde erhalten*[1], konstatierte der württembergische Regierungsrat Rummel anlässlich seiner Visitation des Oberamts Ravensburg im Jahr 1822. Der Zusammenbruch politischer Systeme rückt früher wie heute das Wechselverhältnis von Kontinuität und Wandel ins Rampenlicht. Im Folgenden richtet sich die Aufmerksamkeit auf einen kleinen Mosaikstein aus diesem weiten Feld: Welcher Oberamtmänner bediente sich das nunmehrige Königreich Württemberg nach dem Ende des Alten Reiches im oberschwäbischen Neuwürttemberg? Sie gelten als »beamtete Missionare altwürttembergischen Wesens«[2], doch erst jüngst ist ihr Wirken erstmals historisch fundiert analysiert worden.[3]

Grundpfeiler moderner Staatlichkeit, wie sie Württemberg unter französischer Hegemonie anstrebte, waren Gesetzmäßigkeit und Bürokratisierung des Staatsapparates durch eine zentralistisch, hierarchisch und spezialisiert aufgebaute Verwaltung in der Hand eines qualifiziert ausgebildeten und abgesicherten Berufsbeamtentums. Schriftlichkeit und Eigeninitiative sollten das Verwaltungshandeln bei der Durchsetzung der Staatsziele prägen, welche die Förderung des (finanziellen) Staatswohls wie des Bürgerwohls im Auge hatten.[4] Die Oberamtmänner waren Spitzenbeamte des staatlichen Verwaltungspersonals vor Ort, zu dem auch Oberamtsrichter, Kameral- und Stiftungsverwalter, Amtspfleger, Revisoren, Schreiber, Aktuare, Notare, Ärzte, Lehrer, Postverwalter, Zoll-, Jagd- und Forstaufseher zählten. In ihrer Person vollzog sich der unmittelbare Kontakt zwischen staatlicher Verwaltung und Bevölkerung im Neuerwerbungsgebiet, wobei Alt- und Neuwürttemberg bekanntlich große Strukturunterschiede in konfessionell-mentaler und sozio-ökonomischer Hinsicht aufwiesen. Mit ihrem Wirken hatten sie maßgeblichen Anteil nicht nur an der Propagierung staatlicher Interessen und Ziele, sondern auch am Ge- oder Misslingen von Integration und nicht zuletzt an der Ausbildung spezifischer Oberschwabenbilder.[5]

Im Zuge der politischen Neuordnung vor 200 Jahren gelangte Württemberg in den Besitz jenes Teils des historischen Oberschwaben, der sich zwischen Bodensee im Süden, Donau im Norden (teils über sie hinausgreifend), zwischen Ostrach und Rotach im Westen, zwischen Iller, Lautracher Ach, Eschach und Argen im Osten erstreckt und den Württemberg in den nachmaligen zehn Oberämtern Biberach, Ehingen, Wiblingen (seit 1845 Laupheim), Leutkirch, Ravensburg, Riedlingen, Saulgau, Tettnang, Waldsee und Wangen organisierte.[6] In der ersten Phase der Klostersäkularisationen und Reichsstadtmediatisierungen von 1802/03 war Württemberg südlich der Donau noch nicht zum Zug gekommen. Nur die nördlich der Donau gelegenen Klöster Zwiefalten und Heiligkreuztal waren in seinen Besitz gelangt. Es waren fremde und einheimische, in der Regel katholische Fürstenhäuser, welche die hier gelegenen Reichsklöster (Weingarten, Ochsenhausen, Rot, Weißenau, Schussenried, Marchtal, Heggbach, Gutenzell, Baindt) erhalten hatten. Die Reichsstädte waren in den Besitz Bayerns (Ulm, Ravensburg, Wangen, Leutkirch, Buchhorn), Badens (Biberach), der Fürsten von

Thurn und Taxis (Reichsstadt und Stift Buchau) und der Fürsten Quadt (Reichsstadt und Kloster Isny) gelangt. Erst mit der Mediatisierung adligen Besitzes 1805/06 stieß Württemberg ins Herz Oberschwabens vor. Es erhielt nicht nur österreichische Gebiete, sondern auch die durch andere Fürstenhäuser bereits säkularisierten Klöster und mit Biberach die erste Reichsstadt. Außerdem wurden seiner Souveränität nunmehr die Besitzungen der Adelshäuser Thurn und Taxis, Waldburg mit seinen verschiedenen Linien und Königsegg-Aulendorf, der Deutsche Orden sowie zahlreiche reichsritterliche Familien unterstellt. Württemberg hatte damit bereits den Löwenanteil Oberschwabens in Besitz, noch aber war auch Bayern mit den Reichsstädten und einer Reihe adliger Herrschaften präsent. Erst nach dem 1810 erfolgten Gebietsaustausch mit Bayern war Württemberg – von wenigen Exklaven abgesehen – alleiniger neuer Landesherr in Oberschwaben.

Ausgangslage

Es handelte sich um ein Konglomerat vieler unterschiedlich großer, räumlich teils nicht zusammenhängender, ehemals feudaler Herrschaften. Entsprechend ihrer jeweiligen Größe und Bedeutung variierten die seither bestehenden Verwaltungsstrukturen. Einen letzten großen Überblick über die Verhältnisse vor dem Ende des Alten Reiches bietet das *Staats- und Addresshandbuch des Schwäbischen ReichsKraises auf das Jar 1799*, das den Stand von 1798 wiedergibt.[7] Die großen Territorien verfügten über differenziert aufgebaute Zentralverwaltungen. An der Spitze der dezentralen Ämterverwaltungen amtierten für Verwaltung und Rechtsprechung zuständige Oberamtmänner und Amtmänner bzw. Obervögte und Vögte, denen weitere Subalternbeamte, wie Rentbeamte, Landschaftskassiere, Sekretäre und Schreiber untergeordnet waren. Als Räte waren die Oberamtmänner üblicherweise auch in den Regierungszentralen präsent.

In der Amtsverwaltung Altwürttembergs waren Ende des 18. Jhs. bürgerliche Juristen in der Funktion von Oberamtmännern längst Standard. Als Kanzleiverwalter, als Konsulenten oder Syndiki in den Zentralverwaltungen des Adels, der Reichsstädte und Klöster, der Ritterkantone und der Kaiserlichen Landgerichte waren Juristen zwar auch in Oberschwaben praktisch überall zu finden.[8] Oberamtmänner mit juristischer Ausbildung waren hingegen eine Seltenheit.[9] Das gilt auch für die größeren Adelsterritorien. In den kleineren Klöstern waren weltliche Zentralverwaltung und Lokalverwaltung häufig als *Premierrat/Erster Rat und Oberamtmann* in Personalunion verbunden. Hier verfügten einzelne über eine juristische Ausbildung.[10] Von 33 ermittelten Oberamtmännern oder Obervögten in den adligen und klösterlichen Herrschaften Oberschwabens waren 1798 22 Bürgerliche und 11 Adlige.[11]

Mit den Oberämtern schuf Württemberg einerseits geographisch zusammenhängende, annähernd größengleiche Verwaltungseinheiten. Andererseits wurde damit ohne Rücksicht auf bestehende Herrschaftsverhältnisse bislang Getrenntes zusammengefügt und Zusammengehöriges auseinandergerissen. So waren beispielsweise die Besitzungen des Klosters Weingarten auf die Oberämter Ravensburg, Saulgau, Leutkirch, Wangen und Tettnang verteilt. Das ehemals zur österreichischen Landvogtei gehörende Gebiet lag nun in den Oberämtern Ravensburg, Waldsee, Wangen, Saulgau und Tettnang verstreut, jenes der Fürsten von Thurn und Taxis in den Oberämtern Saulgau, Riedlingen, Ehingen und Biberach, jenes der verschiedenen Linien des Hauses Waldburg in den Oberämtern Wangen, Leutkirch, Waldsee, Ravensburg, Saulgau und Biberach. Das Oberamt Ehingen umfasste beispielsweise neben ehemals altwürttembergischem und österreichischem Besitz solchen von drei ehemaligen Klöstern, einem Stift und mindestens einem Dutzend reichsritterschaftlicher Familien. Zum Biberacher Oberamt gehörten neben ehemals reichsstädtischen, österreichischen und königsegg-aulendorfischen Besitzungen auch solche von einem halben Dutzend ehemaliger Klöster und einem weiteren halben Dutzend ritterschaftlicher Orte. Vergleichsweise übersichtlich waren da noch die Verhältnisse im Oberamt Leutkirch, wo sich zu ehemals reichsstädtischem und österreichischem Besitz *nur* jener von drei ehemaligen Klöstern und der drei Linien des Hauses Waldburg gesellte. Der Vergleich mit Baden zeigt die Alternative auf. Hier überwog bei der Einteilung der Bezirksämter die Tendenz zur Erhaltung der vorgefundenen territorialen

Gliederung. Der Nachteil: die Größenverhältnisse der Bezirksämter waren damit recht unterschiedlich, was in der Folge jahrelang mehr oder weniger glückliche Umverteilungen veranlasste.[12] In Württemberg blieben dagegen die 1810 festgelegten Oberamtsgrenzen, von unbedeutenden Ausnahmen abgesehen, bis zu den Kreisreformen des 20. Jhs. bestehen.

Die Bevölkerung in diesem Raum war katholisch, nur in den gemischtkonfessionellen Reichsstädten Biberach und Ravensburg sowie in den evangelischen Reichsstädten Leutkirch und Isny gab es mit Ausnahme Ravensburgs einen überwiegenden protestantischen Bevölkerungsanteil. Außerdem lagen im Oberamt Ehingen mit Steißlingen, Rottenacker und Mundingen sowie im Oberamt Riedlingen mit Pflummern altwürttembergische, protestantische Ämter. Vor allem in den südlichen Teilen Oberschwabens herrschten in Folge der Vereinödung äußerst zersplitterte Siedlungsverhältnisse, die zentralistischen Verwaltungsansätzen entgegen standen. In den Oberämtern Ravensburg und Leutkirch beklagte man noch 1822/23 die durch den Wegfall des karitativen Wirkens der Klöster ausgelösten Probleme in der Armenfürsorge, die Stadt Wangen monierte die durch die Vertreibung der Kapuziner entstandenen Defizite in der Seelsorge.[13] Die Agrarverfassungsverhältnisse waren nicht reformiert worden. So hatte der mediatisierte Adel zwar seine Souveränität, nicht jedoch Besitz und Einfluss verloren. Dessen zunächst noch bestehende Patrimonialämter wurden 1809 vorläufig aufgehoben. Aufgrund der Deutschen Bundesakte von 1815 und nach Einzelregelungen mit Württemberg unterhielten zwischen 1819 und 1849 dann wieder die Fürsten v. Thurn und Taxis vier Patrimonialämter sowie die verschiedenen Linien der Fürsten v. Waldburg vier und die Grafen v. Königsegg-Aulendorf ein Bezirksamt in Oberschwaben.[14]

Quantitativer Befund

Die in Oberschwaben agierenden Oberamtmänner traten also kein leichtes Amt an. Für einen quantitativ-vergleichenden Überblick wurden die 56 Oberamtmänner und Oberamtsverweser, die zwischen 1810 und 1850 ihren Dienst in Oberschwaben antraten, genauer untersucht. Damit kommt auch noch die Revolutionsära in den Blick.[15] Knapp zwei Drittel von ihnen hatten ein Studium und zwar zumeist ein juristisches Studium absolviert, auf das mehrere Jahre Praktikanten- und Assessorenzeit gefolgt waren, nur 11 % waren über eine Schreiberausbildung in den höheren Staatsdienst gelangt.[16] Bei zwei Dritteln waren die Väter Akademiker (Beamter, Pfarrer, Lehrer, Arzt, Schultheiß, Jurist). In jeweils einem Fall war der Vater Kaufmann, Zimmermeister, Bäckermeister, Bauer, Förster oder Strumpfwirker.[17] Nur die Oberschicht konnte ihren Söhnen eine so lange und kostspielige Ausbildung finanzieren. Traditioneller Geburtsadel war in der württembergischen Oberamtsverwaltung nur noch bei den von früheren Herrschaften übernommenen Beamten zu finden. Träger des württembergischen Verdienstadels waren wenige.[18] 61 % gehörten der evangelischen, 30 % der katholischen Konfession an.[19] Aus Altwürttemberg bzw. dem übrigen Königreich Württemberg stammten 64 %, aus einem der zehn oberschwäbischen Oberämter selbst 16 %, von außerhalb des Königreichs 7 %.[20] Bei Dienstantritt im jeweiligen Oberamt waren die Beamten im Durchschnitt 38 Jahre alt. Im Durchschnitt verblieben sie sieben Jahre auf einem Amt, wobei die Bandbreite weit war und zwischen einem und bis zu 27 Jahren (J. J. Lauth in Leutkirch 1847–1874) Amtszeit auf einem Oberamt schwanken konnte.[21] Durch Vermeidung persönlicher Verflechtung mit der Gesellschaft vor Ort wollte der moderne Verwaltungsstaat die Unabhängigkeit des Verwaltungshandelns herstellen. Bei Personalwechsel waren Versetzungen auf andere Oberämter (44 %) oder Tod und Pensionierung (21 %) die wesentlichen Gründe. Aufstieg in höhere Staatsämter war in 16 % der Fälle, Suspendierung oder Dienstenthebung andererseits in 7 % die Ursache.[22] Doch beschönigt die geringe Zahl von Dienstenthebungen die tatsächlichen Verhältnisse insofern, als sich hinter mancher Versetzung oder Pensionierung bislang nicht erschöpfend erfasste Disziplinarmaßnahmen verbergen dürften.

Der Vergleich mit elf Bezirksämtern im badischen Seekreis, also im nachmals badischen Teil des historischen Oberschwaben, zeigt, wie unterschiedlich sich Kontinuität oder Wandel im Blick auf Verwaltungselite vor Ort darstellen konnte. Berücksichtigt sind

die sieben landesherrlichen Bezirksämter Blumenfeld, Konstanz, Meersburg, Pfullendorf, Radolfzell, Stockach und Überlingen sowie die vier standesherrlichen Bezirksämter Engen, Heiligenberg, Messkirch und Salem, welche in Baden den landesherrlichen Ämtern im wesentlichen gleichgestellt waren.[23] Im Unterschied zu Württemberg kamen in der ersten Hälfte des 19. Jhs. nahezu ausschließlich katholische Amtmänner zum Einsatz. Nur ein protestantischer Bezirksamtmann Badens konnte zweifelsfrei ermittelt werden.[24] Der Anteil der aus der untersuchten Region stammenden ist mit 33 % doppelt so hoch wie in Württemberg. Bei 20 % Unbekannten stammten 41 % aus dem übrigen Baden, hier aber in erster Linie aus dem katholischen, südlichen Landesteil und 6 % von außerhalb Badens. Die ab etwa 1820/30 zum Einsatz kommende Amtmännergeneration hatte üblicherweise ein Jurastudium absolviert. Die durchschnittliche Amtszeit der badischen Bezirksamtmänner im südlichen Seekreis währte ebenfalls 6,9 Jahre, bei Dienstantritt waren sie mit 41,2 Jahren nur wenig älter als ihre württembergischen Kollegen. Die Ursachen für Amtswechsel stimmen mit jenen in Württemberg weitgehend überein.[25]

Kurzgefasst ergibt sich folgendes Profil der in Oberschwaben eingesetzten württembergischen Oberamtmänner. Die Absolvierung eines zumeist juristischen Studiums war nahezu selbstverständlich. Sie entstammten in der Regel der bürgerlich-akademischen Oberschicht, zwei Drittel waren aus Altwürttemberg und protestantisch. Sie blieben häufig nur wenige Jahre im jeweiligen Oberamt. Obwohl sie in Oberschwaben keine leichte Aufgabe hatten, boten sich für sie von hier aus – abgesehen vom Wechsel auf ein besser besoldetes Oberamt – nur geringe Aufstiegschancen jenseits der Oberamtmannsposition. Einige bemerkenswerte Ausnahmen fallen hingegen ins Auge. Einerseits wirkten im Oberamt Saulgau sieben Oberamtmänner, die bis auf eine kurze einjährige Ausnahme eines katholischen Oberamtsverwesers alle Protestanten waren. Andererseits war im Oberamt Ehingen die Bevölkerung in knapp 40 Jahren mit nur vier ausschließlich katholischen Oberamtmännern konfrontiert. Nicht zuletzt stößt man auf eine ganze Reihe von katholischen Oberamtmännern mit überdurchschnittlich langen Amtszeiten:

N. v. Bagnato	in Waldsee	1807–1822
M. Gugger v. Staudach	in Tettnang	1810–1822
G. F. Bäuerle	in Riedlingen	1811–1826
F. v. Rom	in Wangen	1811–1822
F. T. Wirth	in Ravensburg	1816–1825
J. v. Bagnato	in Ehingen	1819–1831
J. A. Weber	in Leutkirch	1824–1847
F. W. Gaul	in Wiblingen	1825–1841
A. Steinhäuser	in Ehingen	1831–1842

Insgesamt wurden die zehn Oberämter Oberschwabens zwischen 1807 und 1850 mit einem Zeitanteil von 40 % von katholischen Oberamtmännern geleitet. Damit relativiert sich das Bild eines von altwürttembergisch-protestantischen Oberamtmännern dominierten Oberschwaben zumindest für die erste Hälfte des 19. Jhs.

Übergangsphase

Zu Beginn seiner Herrschaft bildete Württemberg in Oberschwaben 1807 zunächst sieben Oberämter, fünf im Kreis Ehingen (Biberach, Ehingen, Riedlingen, Saulgau, Zwiefalten), zwei im Kreis Altdorf (Altdorf, Waldsee).[26] Der Größenzuschnitt der Oberämter war noch sehr heterogen (zwischen ca. 40.000 Einwohnern in Altdorf und ca. 11.000 in Ehingen). Bis 1810 waren das Oberamt Altdorf und die kurzfristig bestehenden Oberämter Zwiefalten, Ochsenhausen, Isny aufgehoben bzw. zu Unterämtern heruntergestuft, Leutkirch, Wiblingen, Ravensburg, Tettnang und Wangen neu gebildet worden. Alle verfügten nun über eine annähernd gleichmäßige Bevölkerungszahl von etwa 20.000 Einwohnern (Großherzogtum Baden: durchschnittlich 11.000 Einwohner in den Bezirksämtern).[27] Die Übergangsphase war durch teils häufige Personalwechsel geprägt, die vereinzelt den Charakter provisorischer Interimslösungen tragen.[28] Zur Beschreibung der ersten Oberamtmännergeneration werden daher all jene ins Auge gefasst, die zwischen 1807 und 1813, als sich eine gewisse erste Konsolidierung erkennen lässt, ihren Dienst antraten. Das waren insgesamt 25. Bei einem Anteil von zehn unbekannten, hatten die 15 übrigen ein rechtswissenschaftliches Studium absolviert. 44 % übernahm Württemberg von anderen Herrschaften, 24 % stammten aus der alt-

württembergischen Verwaltung, 20 % hatten ihren Staatsdienst erst im Königreich Württemberg angetreten.[29] Bei sieben Oberamtmännern ist die Konfession nicht bekannt, zehn waren Protestanten und acht Katholiken, wobei es sich bei den altwürttembergischen Beamten und Beamtenanfängern in der Regel um Protestanten und bei den von anderen Herrschaften übernommenen Beamten um Katholiken handelte. Dabei scheint man bis zu einem gewissen Grad konfessionelle Rücksichten auf die Situation in den Oberamtsstädten, in denen die Oberamtmänner zu dieser Zeit auch als Stadtvorstände fungierten, genommen zu haben. In den gemischtkonfessionellen bzw. evangelischen Oberamtsstädten Biberach, Ravensburg und Leutkirch amtierten überwiegend protestantische Oberamtmänner, in der katholischen, ehemaligen Reichsstadt Wangen und in den ebenfalls katholischen, ehemals österreichischen Städten Ehingen, Riedlingen, Tettnang und Waldsee überwiegend katholische Oberbeamte. Saulgau und Wiblingen hatten dagegen protestantische Oberamtmänner.

Württemberg fuhr in Oberschwaben anfangs also doppelgleisig: teils wurden juristisch ausgebildete Beamte aus der eigenen, häufig Oberamtsverwaltung oder Berufsanfänger herangezogen, teils wurde Personal der seitherigen Herrschaften weiterverwendet, sofern es sich dabei um größere Territorien mit einer erwartungsgemäß soliden Verwaltung und juristisch ausgebildetes Personal handelte. Als typische Phänomene der Übergangsepoche erweisen sich die drei in Waldsee, Wangen und Tettnang wirkenden Oberamtmänner N. v. Bagnato (1763–1827, geb. in Altshau-

Württembergische Beamte und Gesellschaft vor Ort
Gemeinsam stifteten der Wangener Oberamtmann F. v. Rom und der Amts- und Stadtschreiber K. G. E. Paulus im Jahr 1816 als Bestgeber eine Schützenscheibe zum Eröffnungsschießen der wiedergegründeten Wangener Schützengesellschaft. Sie zeigt in Landschaft zwei Obelisken mit den Familienwappen v. Rom und Paulus.
Städtisches Museum Wangen.

sen), F. v. Rom (1760–1829, geb. in Haigerloch) und M. Gugger v. Staudach (1770–1822, geb. in Feldkirch). Alle drei verfügten über ein rechtswissenschaftliches Studium bzw. eine juristische Ausbildung, waren katholisch, von den vormaligen größeren Herrschaften Österreich, Bayern und dem Deutschen Orden übernommen worden und amtierten über zehn Jahre als Oberamtmänner.

Das seitherige feudale Amtspersonal Oberschwabens insbesondere der Reichsstädte und Klöster war an der Spitze der württembergischen Oberamtsverwaltung von Anfang an so gut wie nicht mehr präsent. Seine weitere Verwendung bedürfte eingehender Nachforschungen. Eine ganze Reihe dieser Beamten stand aber 1807/08 noch an der Spitze der Patrimonialämter des mediatisierten Adels.[30]

Die Unterschiede zu den elf südlichen badischen Bezirksämtern sind evident: Baden hat hier zwischen 1803 und 1815 nahezu alle Amtmänner von den seitherigen Herrschaften übernommen. Bei 35 % handelte es sich um die seitherigen Amtsvorstände selbst, bei 25 % um von der jeweiligen Herrschaft übernommenes sonstiges Personal und bei weiteren 35 % um Personalübernahmen aus anderen vormaligen Herrschaften der Region. Nur eine einzige Person aus dem badischen Staatsdienst war zu ermitteln.[31] Ganz anders verfuhr Württemberg in den Ämtern Stockach und Radolfzell, die ihm 1806–1810 zugesprochen waren. Es setzte dort umgehend eigene seitherige Oberamtmänner aus Altwürttemberg ein.

Kontrolle und »Bereinigung«

Bis zum Beginn der 1820er Jahre beließ es Württemberg bei der geschilderten Konstellation. Mittlerweile hatte es einen Regierungswechsel gegeben. Unter König Wilhelm waren Tendenzen staatlicher Verwaltung in Richtung auf Dezentralisierung und mehr Bürgernähe erkennbar. In den Hungerjahren 1816/17 musste der neue Staat seine Leistungsfähigkeit im Blick auf die Fürsorge für seine Untertanen unter Beweis stellen. Verschiedene Verwaltungsreformen hatten stattgefunden: Einrichtung der Oberamtsgerichte und Trennung der Verwaltung von der Rechtsprechung 1818, Wiederherstellung der Selbständigkeit der Oberamtsstädte durch Abberufung der Oberamtmänner als Stadtvorstände 1818, Stärkung der kommunalen Autonomie durch Wahlen sowie Selbstverwaltung von Gemeindeangelegenheiten und -vermögen im Zuge der Verfassungsgebung 1819 und des Verwaltungsedikts 1822.[32] Beim Problem der Schuldenregulierung, v. a. der Haushalte in den Oberamtsstädten, zeichneten sich durch staatliches Entgegenkommen Lösungen ab, die auch dem Engagement der Oberamtmänner zu verdanken waren. Mit all dem hatte sich der Staat, so sei hier vermutet, bei seinen neuen Bürgern wenn nicht Sympathien, so doch größere Akzeptanz erworben.

Es dauerte geraume Zeit, bis der württembergische Staat sich der Überprüfung der in der Übergangsphase geschaffenen Verwaltungsverhältnisse im oberschwäbischen Teil Neuwürttembergs zuwandte. Dazu dienten sog. *Oberamtsvisitationen* durch Regierungsräte der mittlerweile in Ulm eingerichteten Kreisregierung. Anlässlich der Visitationen hatten auch Ortsvorsteher, Gemeinderäte und Bürgerdeputierte Gelegenheit zur Meinungsäußerung. Die erste nahm 1820 der inzwischen zum Regierungsrat aufgestiegene, ehemalige Saulgauer Oberamtmann Hauff im Oberamt Wiblingen vor. Das Ergebnis erwies sich aus Regierungssicht als alarmierend.[33] Das Nebeneinander von Kontinuität und Wandel wird hier exemplarisch evident. In Folge des außergewöhnlich hohen Anteils mediatisierter, ehemals ritterschaftlicher Gutsherrschaften im Oberamt war das Verhältnis zwischen Gemeinden und Adel insbesondere im Blick auf Steuerfragen konfliktbeladen. 1819 war mit Daniel v. Baldinger (1768–1834) nicht nur ein Mitglied des hier gutsbesitzenden Adels, sondern auch der vermutlich ausgeprägteste Vertreter des traditionellen Amtmannstyps in der ersten Hälfte des 19. Jhs. als Oberamtmann in dieses Oberamt berufen worden. Baldinger war in Ulm als Sohn eines Ratsälteren geboren, weshalb hier die Zugehörigkeit zur protestantischen Konfession angenommen werden darf, hatte in Erlangen Rechts-, in Göttingen Staats- und Kameralwissenschaften studiert, war als Stadt Ulmischer Obervogt in Albeck von Württemberg übernommen und ebendort 1810 bis 1819 als Oberamtmann tätig gewesen. Mit der Versetzung nach Wiblingen wechselte der Protestant von einem protestantischen in ein

Hungerbild von 1817
Ansicht Wangens mit Kirche und Rathaus. Eben wird der erste Getreidewagen nach der Epoche von Missernten und Hungersnot 1816/17 festlich in die Stadt gebracht. Staatliche Beamtenschaft und Bürgerschaft zeigen sich im Erfolgsgefühl gemeinsamer Krisenbewältigung.
Stadt Wangen, Rathaussaal.

überwiegend katholisches Oberamt. Nach Aktenlage musste Regierungsrat Hauff ihm katastrophale Unordnung, Saumseligkeit und Lustlosigkeit in der Geschäftsführung bescheinigen. Darüber hinaus konfrontierten Ortsvorsteher und Amtsangehörige den Visitator mit einer Flut von Beschwerden über den Oberamtmann wegen Verzögerungen im Geschäftsgang, rüden Umgangstons und Schikanen im schriftlichen wie im persönlichen Verkehr, über Hass und Feindschaft innerhalb der Beamtenschaft, vor allen Dingen aber über Bevorzugung des Adels und Benachteiligung der Gemeinden bei der Steuererhebung. So kam Regierungsrat Hauff zum Urteil, dass v. Baldinger ein höchst aufbrausender Mensch mit geringer Gesetzeskenntnis sei, der sein amtliches Ansehen mehr auf die Vorzüge seiner Geburt als auf ein würdevolles Betragen zu gründen suche, der sich selbst zur privilegierten Klasse zähle und daher die bestehenden Interessengegensätze zwischen adligen Gutsherrschaften und Amtsangehörigen nicht neutral beheben könne. Bei der ein Jahr später erfolgten Nachuntersuchung kam Regierungsrat Rummel zu der Einschätzung, dass v. Baldinger zum Oberamtmann nicht tauge. Er besitze zwar viele belletristische Kenntnisse, mit den württembergischen Gesetzen und Geschäftsformen sei er hingegen nicht vertraut. Das gerichtliche Nachspiel führte schließlich zur Suspendierung v. Baldingers.

Offensichtlich hatten die Vorgänge in Wiblingen für Beunruhigung gesorgt. Gleich 1822 wurden durch Regierungsrat Rummel sicher nicht von ungefähr in den Oberämtern Tettnang, Waldsee und Wangen sowie im Oberamt Ravensburg, wo seit 1816 der vom Deutschen Orden übernommene Katholik F. T. Wirth amtierte, Visitationen durchgeführt. Es scheint offenkundig, dass insbesondere die alte Amtmännergeneration ins Visier der württembergischen Verwaltungskontrolle geraten war. In Waldsee bescheinigte die Visitation Oberamtmann Hofrat N. v. Bagnato, Sohn des Baudirektors und Rates der Deutschordenskommende in Altshausen, Franz Anton v. Bagnato, und bis 1806 selbst als Syndikus der Ballei Elsaß-Bur-

Franz Anton Bagnatos Familie
Franz Anton Bagnato (1731–1810) war seinem Vater Johann Caspar (1696–1757) als Rat und Baudirektor des Deutschen Ordens in Altshausen gefolgt. Der am rechten Bildrand dargestellte Sohn Nepomuk (1763–1827) stieg bis zum Syndikus der Ballei Elsaß-Burgund und Oberamtmann der Landkommende Altshausen auf. 1807 bis 1822 amtierte er als württ. Oberamtmann in Waldsee. Ölgemälde (Ausschnitt), Wirth, um 1775. Deutschordensmuseum Bad Mergentheim.

gund und Oberamtmann in Altshausen in Diensten des Deutschen Ordens tätig, mangelhafte Akten- und Geschäftsführung, Untätigkeit und zerrüttete Vermögensverhältnisse. Das Oberamt könne von ihm nicht sehr gewinnen, lautete der Kommentar, obwohl die Amtsangehörigen keine Klagen gegen ihn erhoben hatten. V. Bagnato resignierte altershalber noch 1822.[34]
Oberamtmann Wirth in Ravensburg genoss zwar das uneingeschränkte Vertrauen der Landbewohner, der Ravensburger Stadtrat, laut Regierungsrat Rummel aus durchgängig sehr gebildeten Männern bestehend, vermisste beim Oberamtmann jedoch Klugheit, gediegenes Wissen und Energie des Charakters. Drei Jahre später wurde Wirth wegen seiner geringen Fähigkeiten auf das weniger geschäftsvolle Oberamt Waiblingen versetzt.[35] In Wangen erhoben die Gemeinden keine Beschwerden gegen Oberamtmann v. Rom. Regierungsrat Rummel nahm jedoch mit Missfallen den regellosen Zustand seiner Aktenführung – *ein wahres Chaos* – zur Kenntnis. V. Rom sei weder ein talentvoller noch ein fleißiger Beamter, ein guter und ausgezeichneter Oberamtmann werde er in diesem Leben nie. Ein Jahr später wurde v. Rom nach vollendetem 40. Dienstjahr in Pension versetzt.[36] Oberamtmann Gugger v. Staudach in Tettnang war noch vor Beginn der Visitation verstorben. So konnten nur noch die traurigen Folgen seiner ungeordneten, nachlässigen und kraftlosen Amtsführung festgestellt werden, obwohl es im ganzen Oberamt nicht eine unzufriedene Gemeinde gab.[37]
Im folgenden Jahr 1823 fanden vier weitere Visitationen statt. In Ehingen, Leutkirch und Riedlingen waren katholische Oberamtmänner zu kontrollieren, in Saulgau amtierte seit kurzem ein neuer protestantischer Oberbeamter. Der Katholik J. v. Bagnato (geb. 1779 in Altshausen), jüngerer Sohn des erwähnten Deutschordensbaudirektors F. A. v. Bagnato und Bruder des Waldseer Oberamtmanns N. v. Bagnato, ebenfalls studierter Jurist, hatte seine Laufbahn zwar noch als Sekretär der Deutschordenskommende in Altshausen begonnen, doch bereits ab 1807 in Württemberg eine klassische Beamtenanwärterlaufbahn absolviert. Seit 1819 wirkte er erstmals als Oberamtmann in Ehingen. Die Visitation endete zufriedenstellend. Klagen gegen v. Bagnato wurden weder von Amtsangehörigen noch vom Visitator vorgebracht.[38] Insgesamt sah Regierungsrat Rummel die dortigen Verhältnisse in einem äußerst positiven Licht. Das Oberamt

Ehingen erscheint hier geradezu als Paradebeispiel für den erfolgversprechenden, wenn auch dornigen Verlauf der Integration Oberschwabens in den württembergischen Staat. Nach so günstigem Ergebnis der Visitation konnte Oberamtmann v. Bagnato bis zu der von ihm 1831 krankheitshalber beantragten Versetzung in den Ruhestand sein Amt in Ehingen bekleiden.
Die Visitation in Leutkirch endete ähnlich günstig.[39] Widersprüchlich fiel das Urteil über den Oberamtsverweser Nagel aus. Amtsangehörige und Ortsvorsteher hatten nicht nur keine Beschwerden gegen ihn, sondern äußerten sich im Gegenteil sehr schmeichelhaft über dessen Tätigkeit. Der aus Oberschwaben stammende Katholik F. Nagel (1782–1844, geb. in Altdorf) hatte nach absolviertem Studium seine Laufbahn bereits im württembergischen Dienst begonnen und war seit 1819 in Leutkirch als Verweser tätig. Obwohl der Visitator die Achtung, die Nagel im Oberamt genoss, seinen tadellosen und fleißigen Charakter nicht verkannte, wies er dennoch eindringlich auf Geschäftsrückstände, schleppende Amtsführung und den ungeordneten Zustand der Registratur hin. Die Kreisregierung kam zu der Überzeugung, dass ihm überhaupt die Eigenschaften fehlten, die ein Oberamtmann besitzen muss und dass er deshalb auf einer anderen Stelle besser aufgehoben sei. 1824 wurde er Assistent und Sekretär beim Katholischen Kirchenrat in Stuttgart, wo er bis zu seinem Tod blieb.
G.F. Bäuerle (1775–1847, geb. in Rottenburg), katholisch, studierter Jurist, über österreichische und Frhn. v. Ulmsche Dienste von Württemberg übernommen, war schon seit 1811 Oberamtmann in Riedlingen. Die Verhältnisse wurden auch hier als zufriedenstellend befunden.[40] Die Amtsangehörigen waren mit dem Oberbeamten nicht nur einverstanden, sondern er hatte sich deren Achtung und Vertrauen erworben, das sie ihm sogar durch förmliche Dankadressen ausdrückten. Dagegen hielt der Visitator es für erforderlich, dem Beamten das Missfallen der Regierung über verschiedene Missstände zum Ausdruck zu bringen. Die ungebildeten und indolenten Ortsvorsteher und untergebenen Beamten beaufsichtige er nicht streng genug, es mangle ihm an energischer Tätigkeit, strenger Ordnungsliebe, Gesetzeskenntnis und genügender Erfahrung im Rechnungs- und Ökonomiewesen. Die ergangenen Ermahnungen nutzten scheinbar nichts. 1826 wurde er nach 15 Jahren zum Oberkirchenrat des Bischöflichen Generalvikariats in Rottenburg versetzt.
In Saulgau war Oberamtmann G. H. Schüllermann (1781–1847, geb. in Einsiedel/OA Tübingen) erst ein Jahr vor der Visitation ins Amt gekommen.[41] Nach einer Schreiberausbildung war der Protestant in altwürttembergische Dienste getreten und hatte in Saulgau seine erste Stelle als Oberamtmann übernommen. Die dort festgestellten katastrophalen Verwaltungszustände wurden insbesondere dem nur ein Jahr (1817–1818) im Amt gewesenen Oberamtsverweser und vorherigen katholischen Saulgauer Bürgermeister Dr. J. M. Diesch (1768–1832, geb. in Ertingen) zur Last gelegt. Vermutungen über eine Mitverantwortung der beiden anderen Amtsvorgänger I. H. Hauff (1785–1841, geb. in Oberholzheim, mittlerweile Regierungsrat Schwarzwaldkreis) und I. F. Weihenmeier (1783–1836, geb. in Steinenbronn/OA Stuttgart, mittlerweile Oberamtmann Ludwigsburg) wurde keine Bedeutung beigemessen.[42] Schüllermanns eigenes Verhalten gab Hoffnungen auf Besserung, und so blieb er bis zu seinem Tod 1847 auf seinem Posten in Saulgau.
Als letztes der zehn oberschwäbischen Oberämter wurde 1826 Biberach visitiert.[43] C. F. Reuß (geb. 1788 in Stuttgart), evangelisch, Jurastudium, hatte seine Laufbahn im Königreich begonnen und in Biberach 1823 seine erste Stelle als Oberamtmann angetreten. Insgesamt wurde die Situation im Oberamt zufriedenstellend beurteilt. Reuß genoss das Vertrauen und die Achtung der Einwohner. Der Stadtrat im gemischtkonfessionellen Biberach stellte dem Protestanten ein gutes Zeugnis aus. Er äußerte ausdrücklich den Wunsch, dass die dem Amt vorstehenden Beamten auf ihren dermaligen Stellen belassen werden möchten, weil man mit ihnen vollkommen zufrieden sei. Immerhin bemerkte der Visitator Mängel des Oberamtmanns im Ökonomie- und Rechnungswesen sowie einen teils schleppenden Geschäftsgang. Sein Verhalten lasse indessen hoffen, dass die Mängel bald behoben würden. 1829 wurde Reuß zum Oberamtmann in Heilbronn berufen und stieg 1833 zum Regierungsrat des Jagstkreises auf.
Die Tendenz der Visitationswelle in den 1820er Jahren liegt auf der Hand. Noch im Dienst befindliche

Oberamtmänner des traditionellen Typs wurden abgelöst, obwohl sie in den Augen der Amtsangehörigen teils lange Jahre verdienstvoll gewirkt hatten. Außer im Falle v. Baldingers in Wiblingen war nirgendwo Kritik der Verwalteten an Person oder Geschäftsführung der Oberamtmänner laut geworden. Allein die staatlichen Aufsichtsbehörden fanden immer Gründe, ihnen mit mangelnder Gesetzeskenntnis, schlechter Aktenführung und Untätigkeit Versäumnisse in bürokratischer Hinsicht anzulasten, ohne dass die Verhältnisse in den von ihnen verwalteten Oberämtern Anlass zu ernster Besorgnis lieferten. Die Oberamtmänner wiederum äußerten sich ebenfalls mit Zufriedenheit über ihre Amtsangehörigen. Allenfalls fand die geringe Befähigung der Ortsvorsteher und Gemeinderäte ihre Missbilligung, von denen *jeder sich Glück wünscht, wenn er zu einem Amte nicht gewählt wird*.[44] Beherrschendes Thema waren vielmehr die Grundherrschaftsverhältnisse. Die staatlichen Beamten beklagten, dass die Standesherren Fronablösung, Aufhebung der Leibeigenschaft und Allodifikationen verweigerten.[45] Viele Gemeinden trugen darüber hinaus sogar Beschwerden über Verschlechterung der Lehenbedingungen vor. Nicht wenige Standesherren erhöhten bei Lehenveränderungen die Abgaben, verweigerten bzw. verminderten die Gegenleistungen, wie Holzabgaben, oder wandelten Lehen- in Pachtverhältnisse um.[46] In bürokratischer Hinsicht riefen vor allem das komplizierte neue Rechnungswesen und die hohen Kosten für die Rechnungsstellung durch die Stadtschreiber vielerorts Unmut und den Wunsch nach Abänderung hervor.[47] Trotzdem artikulierten die neuwürttembergischen Untertanen in Oberschwaben zu Beginn der 1820er Jahre keine grundsätzliche Kritik am bürokratischen Verwaltungsstaat und seinen Beamten (mehr).

Arrangement

Im Gefolge der Visitationen von 1822 bis 1826 wurden in Ravensburg, Riedlingen, Tettnang, Waldsee und Wangen als Nachfolger der seitherigen katholischen Oberbeamten protestantische, teils aus Altwürttemberg stammende Oberamtmänner eingesetzt, von denen anscheinend keiner ein juristisches Studium absolviert hatte.[48] Gerade noch fünf katholische Oberamtmänner traten zwischen 1825 und 1850 in Oberschwaben an: Weber in Leutkirch 1824–1847, danach in Ehingen 1847–1851, Gaul in Wiblingen 1825–1841, Steinhäuser in Ehingen 1831–1847, Schubart in Wangen 1841–1850 und Herder in Biberach 1847–1850. Nur drei stammten aus einem der zehn oberschwäbischen Oberämter: neben Schubart aus Heggbach und Herder aus Friedingen auch der Protestant Grüzmann aus Saulgau, Oberamtmann in Tettnang 1843–1851 und danach bis 1855 in Biberach.[49] Einheimische Katholiken waren nicht gerade chancenlos, aber doch Ausnahmen in der oberschwäbischen Oberamtmännerriege Württembergs geworden. Hier fehlten allerdings auch entsprechende Bildungseinrichtungen. Das einzige Gymnasium lag an der Peripherie in Ehingen, die nächsten Universitäten in Tübingen und Stuttgart außerhalb der Region und wurden von Katholiken kaum besucht. Und staatliche Ansätze für Verbesserungen stießen in der Region selbst nicht immer auf Begeisterung. Gegen die ihr gegen alle Proteste aufgezwungene Lateinschule beschwerte sich die Stadt Leutkirch 1823, dass damit – um vier oder fünf Knaben einige Worte Latein beizubringen – einige hundert Bürgerkinder einen gründlichen deutschen Unterricht entbehren müssten.[50]

Jenseits aller Konfessions- und Herkunftsgrenzen hatten schon altersbedingt ohnehin alle Oberamtmänner ihre Beamtenausbildung im württembergischen Verwaltungssystem erfahren, auch wenn die Katholiken zumeist an den bayrischen Universitäten studierten. So nimmt es nicht Wunder, dass die in den 1830er und 1840er Jahren vorgenommenen Visitationen durchweg zufriedenstellende Ergebnisse erbrachten. Die Amtsführung der Oberamtmänner Hoyer in Ravensburg 1837, Schüllermann in Saulgau 1837 und Cunradi ebendort 1847, v. Leypold und seiner Vorgänger Mann und Kaußler in Wangen 1838, Walther und seines Vorgängers v. Klemm in Tettnang 1839 und Weber in Leutkirch 1845 wurde nicht nur gelobt, sondern teils für mustergültig erklärt.[51] Und weil eine gute Amtsführung üblicherweise gute Resultate liefert, fanden auch die in den oberschwäbischen Oberämtern herrschenden Verhältnisse – von kleineren Mängeln abgesehen – nun den Beifall der Regierungsvertreter. Das lehrte auch, dass mit dem Ansehen der Verwaltungs-

Ravensburg
Blick auf die sog. See-Vorstadt (heute Seestraße) vom Marienplatz aus. Links das 1847/48 errichteten Oberamtsgebäude. Ursprünglich war die Verwaltung überall in vorhandenen oder angemieteten Bauten untergebracht gewesen. Die ersten eigenständigen Oberamtsgebäude Oberschwabens baute Württemberg in Leutkirch (1884/45) und Ravensburg.
Stahlstich, anonym, um 1900.
Stadtarchiv Ravensburg

spitze jenes des Oberamtes selbst korrelierte. Bei den Amtsangehörigen herrschte offenkundig ebenfalls Zufriedenheit mit den Amtmännern. Die Arbeit von Vadim Oswalt zeigt anschaulich, welche wechselseitigen Strategien des Verhandelns in Anwendung kamen, um bei den Auseinandersetzungen in der Sache zu Rande zu kommen.[52] Man hatte sich arrangiert. Die meisten Probleme bereitete nach wie vor die nicht reformierte Agrarverfassung mit ihren anhaltenden Auseinandersetzungen zwischen Standesherren und Grundholden.

Allein die Vorgänge um die Strafversetzung des bis dahin unbescholtenen und bei den Amtsangehörigen geschätzten Ravensburger Oberamtmanns F. K. L. Hoyer (1785–1855, geb. in Aalen) 1838 versetzte Oberschwaben in diesen Jahren in Unruhe. Anlass war das Eintreten des Protestanten für die Wiedereinführung des Blutrittes in Weingarten, die Folge seine

Strafversetzung als Oberamtmann nach Gerabronn. Eine Vielzahl von Gemeinden des Oberamts bemühte sich mit schriftlichen Eingaben nach Stuttgart um seinen Verbleib.[53] Bemerkenswert ist, dass alle Eingaben zwei wesentliche Qualitäten der Amtsführung dieses Oberamtmanns als besonders positiv herausstellen: die Beförderung des Wohlstands aller Amtsangehörigen und die Aufrechterhaltung von Ruhe, Sicherheit und Ordnung. Dies ließe sich zumindest in Ansätzen als erfolgte Anpassung an moderne Staatsziele im württembergischen Oberschwaben interpretieren. Den Oberamtmännern schrieb man offenbar gewichtigen Anteil an dieser Entwicklung zu.

Nicht einmal in den Revolutionsjahren machte das Verhalten der Oberamtmänner ein regierungsseitliches Einschreiten erforderlich. Keiner wurde suspendiert oder amtsenthoben.[54] Im Gegensatz zu anderen staatlichen Einrichtungen, wie beispielsweise Oberamtsgericht und Kameralamt in Wangen, oder standesherrlichen Beamten, wie z. B. in Isny, Königseggwald, Scheer, Neufra oder Obermarchtal[55], waren Person oder Amtsführung der Oberamtmänner zu Beginn der Revolution in keinem der oberschwäbischen Oberämter Auslöser oder Anlass bürgerlichen Protestes. Unbehelligt von der Bevölkerung blieben die katholischen Oberamtmänner Herder in Biberach, Weber in Ehingen und Schubart in Wangen, ebenso die Protestanten Cunradi in Saulgau und Schneider in Ravensburg.[56] Oberamtmann Herder in Biberach wurde sogar mit einem Fackelzug die Kandidatur als Abgeordneter für die Nationalversammlung angetragen, ein ganz ungewöhnlicher Vorgang. Auf Betreiben der Ortsvorsteher wurde Herder jedoch abgelehnt, weil man *nur zu oft gesehen habe, daß Beamte das öffentliche Vertrauen in ihrem privaten Interesse auszubeuten gewohnt sind.*[57] Allenfalls ihr regierungstreues Verhalten im weiteren Verlauf der Geschehnisse rief Kritik hervor und machte sie teilweise zu Zielscheiben von Katzenmusik und Fenstereinwerfen.[58]

In der Revolution zeigte sich dessen ungeachtet, dass die Mehrheit der oberschwäbischen Bevölkerung das Streben nach Wohlstand und Sicherheit befürwortete und bei allem Reformwillen diese nicht um jeden Preis riskieren wollte.[59] Insofern herrschte Übereinstimmung mit staatlichem Wollen, auch wenn es dafür moderne staatliche Verwaltungsinstrumente, wie Bürokratisierung und Berufsbeamtentum, in Kauf zu nehmen galt. Sofern die Oberamtmänner sich als Förderer und Garanten von Sicherheit und Wohlstand erwiesen, konnten sie mit Respekt, ja sogar Wertschätzung in Oberschwaben rechnen – jenseits konfessioneller und mentaler Gegensätze.

[1] SAL E 179 II, 2044, Visitationsbericht vom 18.02.1822, nicht pag.

[2] *Hans-Georg Wehling*, Oberschwaben im 19. und 20. Jh., in: *Peter Eitel/Elmar L. Kuhn* (Hgg.), Oberschwaben. Beiträge zu Geschichte und Kultur. Konstanz 1995, 133–155, hier 142.

[3] *Vadim Oswalt*, Staat und ländliche Lebenswelt in Oberschwaben 1810–1871. (K)ein Kapitel im Zivilisationsprozeß? Leinfelden-Echterdingen 2000.

[4] Nach *Bernd Wunder*, Die Entstehung des modernen Staates in Baden und Württemberg, in: *Württembergisches Landesmuseum Stuttgart* (Hg.), Baden und Württemberg im Zeitalter Napoleons. Katalog zur Ausstellung des Landes Baden-Württemberg. Bd. 2. Stuttgart 1987, 103–120. Schwerpunkte der oberamtlichen Tätigkeitsfelder waren: Durchführung der Kommunalverfassung und Kommunalaufsicht, Kontrolle des Rechnungswesens der Gemeinden und Körperschaften, Polizeiaufsicht, Öffentliche Sicherheit und Ordnung, Medizinalwesen, Schulwesen, Armenunterstützung, Feuerlöschwesen, Straßen- und Flussbau. Aufschlussreich hat *Oswalt*, Staat und ländliche Lebenswelt (wie Anm. 3) hier das Verhältnis von staatlichem Anspruch und Verwaltungspraxis vor Ort analysiert.

[5] Siehe dazu *Oswalt*, Staat und ländliche Lebenswelt (wie Anm. 3), insbes. 35–52.

[6] Wegen seiner überwiegend evangelischen Bevölkerung wurde das Oberamt Ulm nicht einbezogen. Erläuterungen zur territorialen Entwicklung zusammengestellt nach *Walter Grube/Hans Haller*, Württemberg in napoleonischer Zeit, in: *Kommission für geschichtliche Landeskunde in Baden-Württemberg* (Hg.), Historischer Atlas von Baden-Württemberg: Erläuterungen. Stuttgart 1982, hier: Beiwort zur Karte VII, 2; *Ulrike Redecker/Wilfried Schöntag*, Verwaltungsgliederung in Baden, Württemberg und Hohenzollern. Ebd., Beiwort zu den Karten VII, 4–5, insbes. 12–15; *Königlich Statistisch-topographisches Bureau* (Hg.), Beschreibungen der Oberämter Biberach, Ehingen, Laupheim, Riedlingen, Ravensburg, Leutkirch, Waldsee, Wangen, Saulgau, Tettnang. Stuttgart/Tübingen 1826 ff; *Michael Holzmann*, Die Gliederung der Oberämter im Königreich Württemberg, in: ZWLG 38 (1979), 164–187; *Arbeitsgemeinschaft der Kreisarchivare beim Landkreistag Baden-Württemberg* (Hg.), Die Amtsvorsteher der Oberämter, Bezirksämter und Landratsämter in Baden-Württemberg 1810–1972. Stuttgart 1996.

[7] Gesamtarchiv der Fürsten zu Waldburg-Wolfegg, Schloss Wolfegg, *Staats- und Addresshandbuch des Schwäbischen ReichsKraises auf das Jar 1799*. Ulm 1799. Die folgenden Einschätzungen basieren auf der Voraussetzung, dass das Staats- und Adresshandbuch den Stand von

1798 einigermaßen verlässlich wiedergibt. Die Ergebnisse bedürfen darüber hinaus noch der Überprüfung durch lokalgeschichtliche Quellen und Literatur.

[8] Es gab auch juristisch ausgebildete Bürgermeister: Dr. iur. G. L. Stecher in Biberach, J. v. Beck in Ravensburg, F.A. Loth in Wangen. Nach *Staats- und Addresshandbuch* (wie Anm. 7), Bd. 2, 168, 174, 192.

[9] Solche Ausnahmen waren: Stift Buchauische Amtmänner in Mengen und Saulgau, Oberamtmann Thurn und Taxis in Scheer, Oberamtmann der Deutschordenskommende Altshausen in Altshausen, Königsegg-Aulendorfischer Oberamtmann in Aulendorf, Fuggerischer Oberamtmann in Dietenheim. Mit einer Ausnahme (Oberamtmann in Altshausen) waren sie alle Bürgerliche. Nach *Staats- und Addresshandbuch* (wie Anm. 7), Bd. 1, 363, 424; Bd. 2, 38, 62, 68.

[10] Z. B. in Marchtal, Weißenau und Zwiefalten. Die Klöster Weingarten und Ochsenhausen verfügten mit Ausnahme ihrer Prokuratoren beim Reichskammergericht anscheinend nicht über juristisch gebildete Oberamtmänner. In Rot waren dagegen sogar der Registrator und der Oberamtsaccessist Kandidaten der Jurisprudenz. Nach *Staats- und Addresshandbuch* (wie Anm. 7), Bd. 2, 9, 11, 21, 22, 25, 28.

[11] *Staats- und Addresshandbuch* (wie Anm. 7), passim. Für reichsstädtische Territorien und ritterschaftliche Orte liefert das Werk keine ausreichenden Informationen.

[12] Nach *Meinrad Schaab/Hans Haller*, Baden in napoleonischer Zeit, in: *Kommission für geschichtliche Landeskunde* (Hg.), Historischer Atlas (wie Anm. 6), Beiwort zur Karte VII,1; *Ulrike Redecker/Wilfried Schöntag*, Verwaltungsgliederung (wie Anm. 6); *Arbeitsgemeinschaft*, Amtsvorsteher (wie Anm. 6); *Franz Götz*, Amtsbezirke und Kreise im badischen Bodenseegebiet. Ihre Entwicklung seit 1803 und ihre wichtigsten Organe. Radolfzell 1971.

[13] SAL E 179 II, 2035, Visitationsbericht Leutkirch vom 08. 12. 1823, fol. 33; Ebd., 2044, Visitationsbericht Ravensburg vom 18. 02. 1822, nicht pag.; Ebd., 2077, Visitationsbericht Wangen vom 9./22. 09. 1822, nicht pag.

[14] *Sonja-Maria Bauer*, Revolution 1848/49 in Oberschwaben. Eine oberschwäbische Revolution? in: Haus der Geschichte Baden-Württemberg (Hg.), Ohne Gerechtigkeit keine Freiheit. Begleitbuch zu Ausstellungen in Wolfegg, Ravensburg, Friedrichshafen und Schloß Maurach. Offenbach/Main 1999, 8–31, hier 12.

[15] Als Datengrundlage dienen die biografischen Zusammenstellungen der verdienstvollen und materialreichen Publikation der *Arbeitsgemeinschaft*, Amtsvorsteher (wie Anm. 6). Auf detaillierte Einzelnachweise zur Biografie oder Laufbahn der untersuchten Oberamtmänner wird hier deshalb verzichtet. Details sind in den alphabetisch zusammengestellten Beamtenviten der genannten Veröffentlichung nachzuschlagen. In der Arbeit von *Oswalt*, Staat und ländliche Lebenswelt (wie Anm. 3) werden die hier behandelten Fragen weniger unter biografisch-vergleichenden Gesichtspunkten als vielmehr unter dem Aspekt der konkreten Verwaltungspraxis untersucht. Einen ähnlichen Ansatz verfolgt *Joachim Eibach*, Der Staat vor Ort. Amtmänner und Bürger im 19. Jh. am Beispiel Badens. Frankfurt/Main 1994, allerdings ohne regionale Differenzierung zwischen Altbaden und Neuerwerbungsgebiet. Die nachrevolutionäre Zeit brachte, wie *Oswalt* (insbes. 79–81und 198–199) und *Eibach* (insbes. 112–138) zeigen, einen grundsätzlichen Wandel im Blick auf staatliche Verwaltungsnormen und das Anforderungsprofil der Oberamtmänner.

[16] Studium abs. 35, davon juristisches Studium abs. 31, Schreiberausbildung abs. 6, unbekannt abs. 15 = 27 %.

[17] Oberschicht abs. 37, unbekannt abs. 13 = 23 %. Nach *Eibach*, Staat (wie Anm. 15), 36/37, im Großherzogtum Baden 1841 86 % Söhne von Staatsdienern, Lehrern, Pfarrern und Ärzten.

[18] Geburtsadel abs. 9 = 16 %. Württ. Verdienstadel abs. 8=14 %.

[19] Evangelisch abs. 34, katholisch abs. 17, unbekannt 5 = 9 %.

[20] Altwürttemberg abs. 36, aus Oberschwaben abs. 9, außerhalb Württemberg abs. 4, unbek. abs. 7=13 %.

[21] *Eibach*, Staat (wie Anm. 15), 40, für Großherzogtum Baden 1820–1848: 7,1 Jahre.

[22] Versetzung in anderes Oberamt abs. 27 (davon 6 innerhalb Oberschwabens), Tod und Pensionierung abs. 13, Aufstieg abs. 10, Suspendierung und Dienstenthebung abs. 4, unbek. 7=12 %.

[23] Das Folgende nach *Arbeitsgemeinschaft*, Amtsvorsteher (wie Anm. 6) und *Götz*, Amtsbezirke (wie Anm. 12).

[24] Dabei ergibt sich das Problem, dass in Folge zahlreicher Übernahmen aus seitherigen Herrschaften in *Arbeitsgemeinschaft*, Amtsvorsteher (wie Anm. 6) die biograf. Angaben, insbesondere zu Ausbildung und Konfession, sehr lückenhaft sind. Hier wurde davon ausgegangen, dass es sich bei aus kath. Herrschaften übernommenen Amtmännern um Katholiken handelte. Unter dieser Voraussetzung Katholiken 67 % (abs. 45, davon 26 gesichert, 19 Annahme nach Übernahme aus kath. Herrschaft); unbek. 31 % (abs. 21).

[25] Amtswechsel 38 %, Tod/Pensionierung 29 %, Aufstieg 16 %, Suspendierung/Dienstenthebung 10 %, unbek. 7 %.

[26] Das Folgende nach Württembergische Landesbibliothek Stuttgart, Ze 700: *Königlich Württembergisches Staatshandbuch auf die Jahre 1807/08*; Ebd., *Königlich Württembergisches Hof- und Staatshandbuch 1809/10* und *1812*.

[27] *Redecker/Schöntag*, Verwaltungsgliederung (wie Anm. 6), 13; *Eibach*, Staat (wie Anm. 15), 54.

[28] Durchschnittl. Amtszeit 4 Jahre. 1811 erfolgten zwei Amtsenthebungen mit anschließender Festungshaft (Geß in Ehingen, v. Koch in Ravensburg) sowie eine Suspendierung (Jäger 1811 in Leutkirch).

[29] **Aus altwürtt. Verwaltung übernommen**: v. Dizinger 1807 und Volz 1812 in Biberach, Geß 1809 in Ehingen, v. Pistorius 1810 in Wiblingen, Hofacker 1807 in Saulgau, Steck 1807/08 in Zwiefalten;
Dienstantritt im Königreich Württemberg: Hettler 1812 in Leutkirch, Rümelin 1813 in Ravensburg, Golther und Hauff 1811 in Saulgau, Sorn 1812 in Wiblingen;
Von anderen Herrschaften übernommen: Schliz 1811 in Ehingen von Hohenlohe, Jäger 1810 in Leutkirch von Bayern, v. Koch 1807/08 in Altdorf, später Ravensburg von Vorderösterreich, v. Hirrlinger 1809 von Freiherrn v. Speth, v. Steinkühl 1810 von Metternich, Märklin 1810 von Marchtal, Bäuerle 1811 von Österreich, alle vier in Riedlingen, Gugger v. Staudach 1810 in Tettnang von Bayern, N. v. Bagnato 1807 in Waldsee vom Deutschen Orden, Würth 1810 von Bayern und v. Rom 1811 von Österreich, alle beide in Wangen.
Unbekannt: Häfele 1807/08 in Riedlingen, Fischer 1807/08 in Ehingen, v. Bühler 1809 in Biberach.
Nach *Staatshandbuch 1807/08, 1809/10* (wie Anm. 26) und *Arbeitsgemeinschaft*, Amtsvorsteher (wie Anm. 6).

[30] Vergleich nach *Staats- und Addresshandbuch 1799* (wie Anm. 7) und *Staatshandbuch 1807/08* (wie Anm. 26): J. B. Schauber, ehem. Erster Rat und Oberamtmann **Kloster Heggbach** – Patrimonialobervogt ebd. (Waldbott-Bassenheim); J. A. Schönhammer v. Treywerth, Erster Rat und Oberamtmann zu **Warthausen (Stadion)** – Patrimonialobervogt ebd.; F. Kirn, Oberamtmann zu **Stadion (Stadion)** – Patrimonialbeamter ebd.; J. A. Grimm, Oberamtmann **Scheer (Thurn und Taxis)** – Patrimonialobervogt ebd.; F. K. Ackermann v. Waizenfeld, Premier Rat und Oberamtmann **Kloster Marchtal** – Patrimonialobervogt ebd. (Thurn und Taxis); T. Matt, Rat und Oberamtmann **Kloster Baindt** – Patrimonialobervogt ebd. (Aspermont-Linden); J.M. Bechter, Obervogt zu **Bettenreute (v. Rehling)** – Patrimonialamtmann ebd.; D. Scharpf, Oberamtmann zu **Eglofs (Traun)** – Patrimonialobervogt ebd. (Windischgrätz); F. B. v. Kürsinger, Rat und Oberamtmann **Kloster**

Isny – Patrimonialobervogt ebd. (Quadt); A. v. Wocher, Oberamtmann zu **Trauchburg (Waldburg-Zeil)** – Patrimonialobervogt Kisslegg-Wurzach (Waldburg-Wurzach) und Waldburg-Zeil (Waldburg-Zeil-Trauchburg); J. F. v. Gimmi, Erster Rat und Kanzleidirektor zu **Zeil (Waldburg-Zeil)** – Patrimonialobervogt zu Waldburg-Zeil-Trauchburg (Waldburg-Zeil-Trauchburg); X. Milz, Rat und Konsulent **Kloster Weißenau** – Patrimonialobervogt Weißenau (Sternberg-Manderscheid); J. F. Weickmann, Erster Rat und Oberamtmann **Kloster Gutenzell** – aber K. Weickmann, Patrimonialobervogt ebd. (Törring); J. B. Ebdauer, Kanzleiverwalter zu **Aulendorf (Königsegg-Aulendorf)** – Patrimonialobervogt ebenda; J. T. v. Kolb, Erster Rat und Oberamtmann **Kloster Rot** – Patrimonialobervogt ebd. (Wartenberg); A. Baur, Kanzleirat Oberamt **Waldsee (Waldburg-Wolfegg)** – Obervogt ebd.; F. Rugl, Kanzleirat und Landschaftskassier Oberamt **Wolfegg (Waldburg-Wolfegg)** – Patrimonialobervogt ebd.; N. N. Steffelin, Oberamtmann **Wurzach (Waldburg-Zeil-Wurzach)** – A. I. Steffelin v. Hartenstein, Patrimonialobervogt ebd.

[31] *Eibach*, Staat (wie Anm. 15), 56, für Großherzogtum Baden 1814: 70 % Übernahmen von anderen Herrschaften, 27 % aus bad. Staatsdienst.

[32] *Wunder*, Entstehung (wie Anm. 4), 110–111; *Christoph J. Drüppel*, Staatsregie und Selbstverwaltung. Oberämter, Bezirksämter und Landratsämter in Baden, Hohenzollern und Württemberg 1810–1972, in: Arbeitsgemeinschaft, Amtsvorsteher (wie Anm. 6), 21.

[33] Das Folgende nach SAL E 179 II, 2083 und 2084, hier Berichte an die Kreisregierung vom 28. 12. 1820 und 20. 11. 1821, nicht pag.

[34] SAL E 179 II, 2069, Visitationsbericht vom 08. 02. 1822, insbes. fol. 2v, 32/33, 36ff, 62f.

[35] SAL E 179 II, 2044, Visitationsbericht vom 18. 02. 1822, nicht pag.; *Arbeitsgemeinschaft*, Amtsvorsteher (wie Anm. 6), 589.

[36] SAL E 179 II, 2077, Visitationsbericht vom 09./22. 09. 1822, nicht pag.

[37] SAL E 179 II, 2064, Visitationsbericht vom 24. 09. 1822, insbes. fol. 3, 8, 12.

[38] SAL E 179 II, 2011, Visitationsbericht vom 29. 03. 1823, insbes. fol. 26–67, 78v.

[39] SAL E 179 II, 2035, Visitationsbericht vom 08. 12. 1823, insbes. fol. 6ff, 24–26, 61, 93–98.

[40] SAL E 179 II, 2048, Visitationsbericht vom 24. 12. 1823, insbes. 2vf, 116–117.

[41] SAL E 179 II, 2058, Visitationsbericht von Feb./Juli 1823, insbes. 3v–17, 32v, 87ff; Ebd., 2059 Bericht über die Nachvisitation v. 24.02. 1825, 41.

[42] I. H. Hauff, ev., juristisches Studium, seit 1808 zunächst Advokat, dann Aktuar bei verschiedenen württ. Ämtern, 1811–1817 Oberamtmann Saulgau, 1817–1822 Regierungsrat Donaukreis Ulm, in dieser Funktion Durchführung der Visitation in Wiblingen 1820, 1822–32 Regierungsrat Schwarzwaldkreis, 1832–1841 Regierungsrat Neckarkreis; I. F. Weihenmaier, ev., Schreiberausbildung, 1809–1818 Stadtschreiber in Waldsee, 1819–1822 als Oberamtmann in Saulgau der unmittelbare Vorgänger Schüllermanns, 1822–1832 Oberamtmann Ludwigsburg, 1832–1836 Oberamtmann Künzelsau.

[43] SAL E 179 II, 2001, Kommissionsrelation vom 04. 06. 1826, insbes. 4vf., 25f, 28–30, 37, 107v, 108–110.

[44] SAL E 179 II, 2069, Visitationsbericht Waldsee vom 08. 02. 1822, 17v; ähnliche Kritik auch in Biberach, Ehingen, Ravensburg, Riedlingen, Saulgau, Tettnang in den einschlägigen Visitationsberichten (s.o.).

[45] So in Ehingen, Leutkirch, Saulgau, Waldsee, Wangen, Wiblingen in den einschlägigen Visitationsberichten (s.o.).

[46] Solche Beschwerden in Leutkirch gegen Waldburg-Zeil-Wurzach, in Ravensburg gegen v. Rehling, in Saulgau gegen Thurn und Taxis, in Waldsee gegen Sternberg, in Wangen gegen Waldburg-Wolfegg, Windischgrätz und Quadt in den einschlägigen Visitationsberichten (s. o.).

[47] Beispielsweise in Ravensburg, Saulgau, Waldsee, Wiblingen in den einschlägigen Visitationsberichten (s. o.).

[48] F. K. L. Hoyer (geb. 1785 in Aalen), Oberamtmann Ravensburg 1826–1838; K. H. F. v. Lang (geb. 1792 in Krefeld), Oberamtmann Riedlingen 1826–1850; J. F. v. Klemm (geb. 1793 in Brenz), Oberamtmann Tettnang 1822–1835; C. G. Schmidlin (geb. 1789 in Stuttgart), Oberamtmann Waldsee 1822/24–1829; B. F. Reinhardt (geb. 1785 in Obersontheim), Oberamtmann in Wangen 1824–26.

[49] J. A. Weber: geb. 1786 in Weißenstein/ehem. OA Geislingen, Studium Rechts- und Kameralwissenschaften in Landshut; F. W. Gaul: geb. 1784 in Baldern/Jagstkreis, Studium Rechtswissenschaften in Landshut und Würzburg; A. Steinhäuser: 1781 geb. in Gmünd, Studium Rechts- und Finanzwissenschaften in Würzburg und Göttingen; W. Schubart: 1808 geb. in Heggbach, Studium Rechts- und Kameralwissenschaften Tübingen, L. Herder: 1808 geb. in Friedingen/OA Riedlingen, Studium in München und Tübingen; A. Grüzmann: 1808 geb. in Saulgau, Studium der Rechts- und Kameralwissenschaften Tübingen.

[50] SAL E 179 II, 2035, Visitationsbericht vom 08. 12. 1823, fol. 92 f.

[51] Nach Exzerpten aus den einschlägigen Visitationsberichten in SAL E 179 II, 2038, 2045, 2057, 2060, 2065, 2078, die mir Dr. Vadim Oswalt freundlicherweise zur Einsichtnahme zur Verfügung gestellt hat.

[52] *Oswalt,* Staat und ländliche Lebenswelt (wie Anm. 3), insbes. Abschnitt 4.

[53] Ebd., 184–192; außerdem seine Exzerpte aus HSAS E 146/1, 2744.

[54] Herder in Biberach 1847–50, 1850 zur Regierung des Jagstkreises; Weber in Ehingen 1847–51, 1851 krankheitsbedingter Ruhestand; Lindenmayer in Wiblingen/Laupheim 1841–53, 1853 zur Regierung des Jagstkreises; Lauth in Leutkirch 1847–74; Schneider in Ravensburg 1838–1857; v. Lang in Riedlingen 1826–50, 1850 in Ruhestand; Cunradi in Saulgau 1847–50, 1850 nach Wangen; Grüzmann in Tettnang 1843–51, 1851 nach Biberach; Schertlin in Waldsee 1836–51, 1851 wohl Pensionierung; Schubart in Wangen 1841–50, 1850 nach Neckarsulm.

[55] *Werner Heinz*, »Mitbürger greifet zu den Waffen«. Die Revolution 1848/49 in Oberschwaben. Konstanz 1998, 32, 35, 39, 44f.

[56] Ebd., passim.

[57] Ebd., 123–124, Zitat 124.

[58] Ebd., 162, 399–400, 458–460, 510–512, 525.

[59] Nach den einschlägigen neueren Veröffentlichungen zum Thema: *Heinz*, Mitbürger (wie Anm. 55); *Haus der Geschichte Baden-Württemberg* (Hg.), Ohne Gerechtigkeit keine Freiheit. Begleitbuch zu Ausstellungen in Wolfegg, Ravensburg, Friedrichshafen und Schloß Maurach. Offenbach/Main 1999; *Arbeitsgemeinschaft hauptamtlicher Archivare im Städtetag Baden-Württemberg* (Hg.): Revolution im Südwesten. Stätten der Demokratiebewegung 1848/49 in Baden-Württemberg. Karlsruhe 1997.

Alte Archive – neue Herren

Säkularisation, Mediatisierung und die Folgen für die heutige Archivlandschaft

von Robert Kretzschmar

Grundlegende Veränderungen in Staat und Gesellschaft bleiben in der Regel nicht ohne Folgen für die Archive. Die mit dem Begriff der *Wende* bezeichneten Vorgänge geben hierfür ein aktuelles Beispiel. Die Verabschiedung des Stasi-Unterlagen-Gesetzes, die Einrichtung der sog. *Gauck-Behörde*, die Expansion des nunmehr auch in Berlin ansässigen Bundesarchivs und seiner Bestände, all dies kann als ein spannendes Kapitel deutscher Archivgeschichte betrachtet werden.
So waren auch die Umwälzungen, die sich aus der Säkularisation und Mediatisierung ergaben, alles andere als folgenlos für die Archivgeschichte. Was aus den Archiven der ehemaligen Herrschaften wurde, davon ist das Archivwesen in Baden-Württemberg und den angrenzenden Ländern bis heute bestimmt. Ohne Übertreibung kann man sagen, dass mit der Aufhebung der geistlichen Territorien eine neue Epoche der deutschen Archivgeschichte begann. Die Folgen der Veränderungen geben selbst heute noch den Archivaren manches Problem auf, das nur bei näherer Kenntnis der vor 200 Jahren eingetretenen Entwicklungen verständlich ist. Vor allem aber ist die Verteilung der Archivbestände aus der Zeit vor 1803 auf die verschiedenen Archive im heutigen Bundesland Baden-Württemberg das Ergebnis dieser Entwicklungen.
Wenn heute etwa das Hauptstaatsarchiv Stuttgart, das auf das Archiv des Herzogtums Württemberg im Alten Reich zurückgeht, und das Generallandesarchiv in Karlsruhe, das aus dem Archiv der alten Markgrafschaft Baden hervorgegangen ist, zu den größten und bedeutendsten Urkundenarchiven der Bundesrepublik zählen, dann ist dies eine Folge der Säkularisation. Denn nur ein Teil der Urkundenfonds beider Häuser

Archivschrank, 18. Jh.
In solchen Schränken – hier ein Exemplar aus Heiligkreuztal, 18. Jh. – wurden im Alten Reich Urkunden und Akten verwahrt.
SA Ludwigsburg.

mit insgesamt rund 110.000 (Stuttgart) bzw. 120.000 Urkunden (Karlsruhe) entstammt dem alten herzoglichen bzw. markgräflichen Archiv. In großer Zahl sind darin Pergamenturkunden aus den Archiven der säkularisierten Klöster, Stifte und sonstigen geistlichen Herrschaften, aber auch der mediatisierten Städte und weltlichen Herrschaften eingegangen. Dies ist freilich nicht nur eine Frage der Quantität; vielmehr – und dies berührt die Qualität – sind es gerade die ältesten und historisch besonders wertvollen Diplome auf Pergament, ausgestellt von Kaisern, Königen und Päpsten des frühen und hohen Mittelalters, die so ihren Weg nach Stuttgart und Karlsruhe gefunden haben. Der Umfang allen Archivguts, das in die beiden Archive aus säkularisierten und mediatisierten Territorien gekommen ist, ist beträchtlich. Wer die gedruckten und nunmehr online im Internet zugänglichen Beständeübersichten durchsieht, wird dies rasch feststellen.[1] Wenn Stuttgart und Karlsruhe heute wichtige Zentren archivalischer Forschung für die Geschichte Südwestdeutschlands im Alten Reich darstellen, dann ist dies dem Zuwachs in der Folge von 1803 bzw. 1806 zu verdanken.

Wer allerdings meint, die Übernahme der Archive säkularisierter und mediatisierter Herrschaften sei ohne Brüche, gut durchdacht und konsequent in der Abwicklung erfolgt, der irrt. Unter dem Strich muss man als Historiker und Archivar den Gang der Entwicklung sogar eher bedauern. Selbst wenn man ihn verständnisvoll erklärend an den Möglichkeiten und am *Geist* der Zeit misst, so ist doch zu konstatieren: Erstens sind die eingetretenen Verluste immens, zweitens wurden die Bestände zum Teil so zerrissen, dass die Forschung mangels Transparenz der Überlieferung bis heute erschwert ist. Wieso das so ist, soll im Folgenden geschildert werden.

Mit der Aufhebung der geistlichen Territorien hatten ihre Archive ihren bisherigen Wert keineswegs verloren. Den alten Herren hatten sie zur Rechtssicherung gedient; Urkunden etwa konnten als Beweismittel höchstrelevant sein. Auch in Akten und in Amtsbüchern waren Informationen gespeichert, auf die ein Rückgriff möglich sein musste. Die Aufbewahrung von Unterlagen in Archiven war im Alten Reich an den Interessen einer geordneten Verwaltung und der Rechtssicherheit orientiert.

Dieser Gesichtspunkt lag auch Bestimmungen zugrunde, die sich in zahlreichen Verträgen der napoleonischen Zeit zur Behandlung des von den Gebietsveränderungen betroffenen Archivguts finden.[2] Darin hatte man die Aufteilung und den Tausch von Archivalien vorgesehen, um so dem jeweiligen Besitznachfolger alle einschlägigen Unterlagen zu seinen Gebieten in die Hand zu geben. Die Verteilung gewachsener Archive auf die Nachfolgestaaten folgte dem Territorialitätsprinzip bzw. dem Prinzip der Archivfolge. Dieses Denken bestimmte das Handeln der mit der Abwicklung betrauten Beamten und Archivare bis weit in das 20. Jh. hinein, auch wenn der Wert des Archivale als historische Quelle seit Anfang des 19. Jhs. zunehmend in das Bewusstsein derer trat, die Archivgut zu verwalten hatten. Die Abwicklung des Zer- oder Verteilens und des Austauschs war ein schwieriger Prozess von langer Dauer. Weder vollzog er sich zügig noch konsequent; letzten Endes blieb er unvollendet. Man muss sich in diesem Zusammenhang bewusst machen, dass von dem Vorgang der Übernahme bzw. Aufteilung bestehender Registraturen und Archive ungeheure Mengen an Schriftgut betroffen waren, dass praktische Erfahrungen dafür ebenso fehlten wie ein theoretisches Konzept zur Umsetzung, vor allem aber dass die übernehmenden Staaten in baulicher, personeller, organisatorischer und fachlicher Hinsicht keineswegs vorbereitet waren. Vergegenwärtigen kann man sich dies am Beispiel des Archivs des Klosters Ellwangen, dessen Größe bei seinem Anfall an Württemberg die des alten württembergischen Archivs um mehr als das Doppelte übertraf[3], oder an der Tatsache, dass sich das markgräfliche Archiv durch die nach 1803 erfolgten Übernahmen um ein Zehnfaches vergrößerte.[4] Die Archive des alten Herzogtums Württemberg bzw. der Markgrafschaft Baden in Stuttgart und Karlsruhe wären in keiner Weise in der Lage gewesen, nach ihrer Besitzergreifung und Versiegelung die betroffenen Archive in toto aufzunehmen, um sie dann nach dem Prinzip der Archivfolge systematisch aufzuteilen. Vielmehr entstanden bei oder in der Nähe der alten Standorte entweder reine Depots oder nachgeordnete Nebenarchive. Die komplizierte Geschichte all dieser Depots und Archive soll hier nicht noch einmal im Detail, aber doch in den Grundzügen geschildert werden.

In Rechnung stellen muss man schließlich dabei, dass die beiden erheblich vergrößerten Staaten Baden und Württemberg in der Übergangszeit und auch danach ganz andere Probleme zu bewältigen hatten als die Übernahme angefallener Archive. Bis sich jene Strukturen herausgebildet hatten, auf denen das Archivwesen im badischen und im württembergischen Landesteil heute noch fußen, sollten Jahrzehnte vergehen: Jahrzehnte der Improvisation und des Überdenkens.

Zupackendes Baden

Immerhin traf man in Baden sehr rasch erste organisatorische Maßnahmen. Das am Karlsruher Zirkel gelegene Gebäude des *altbadischen* Archivs, das nach der 1771 erfolgten Vereinigung der beiden Markgrafschaften errichtet und zwischen 1792 und 1797 bezogen worden war, war in keiner Weise auf den potenziellen Zustrom ausgerichtet; zudem hatte es Teile seiner Räumlichkeiten an andere Behörden abgetreten. Daher wurde in einem Organisationsedikt vom 8. Februar 1803, dem Zweiten Organisationsedikt in der Folge der Säkularisation, eine mehrgliedrige Archivverwaltung geschaffen.[5] Das Karlsruher Hauptarchiv erhielt den Namen *General-Landesarchiv*, den es – einem jeden unverständlich, der die Archivgeschichte nicht kennt – als *Generallandesarchiv* (GLA) bis heute noch trägt. *General-Landesarchiv,* das bedeutete: für das ganze Land zuständig. Diesem Hauptarchiv wurden drei *Provincialarchive* mit regional beschränkter Zuständigkeit unterstellt: ein badisches in Karlsruhe für die Markgrafschaft, ein pfälzisches in Mannheim für die Pfalzgrafschaft und ein konstanzisches in Meersburg für das badische Fürstentum am Bodensee bzw. den Seekreis. Letzteres bestand im Kern aus den Archiven von Bistum und Domkapitel Konstanz, die am Ende des Alten Reichs in der neuen Residenz zu Meersburg untergebracht waren, wo man sie 1802 bei der Besitzergreifung durch den badischen Staat versiegelt hatte. Nachdem der Breisgau an Baden gekommen und das Land in die Provinzen Ober-, Mittel- und Niederrhein eingeteilt worden war, ging 1807 das *Meersburger Provincialarchiv* im neu eingerichteten *Archiv der oberrheinischen Provinz* auf, das seinen Sitz nunmehr in Freiburg i. Br. hatte und die Archive des vorderösterreichischen Breisgaus zusätzlich aufnahm.

Insgesamt hatte man die Sprengel der Provinzialarchive der Kreiseinteilung angepasst. Das *rheinpfälzische Provincialarchiv* zu Mannheim war zuständig für die Überlieferung der badischen Pfalz, des Bistums Speyer und für einzelne Stifts- und Ritterschaftsarchive aus seinem Sprengel. Das *badische* oder *mittelrheinische Provincialarchiv*, das dem GLA inkorporiert war, verwaltete die Unterlagen der Markgrafschaften Baden-Durlach und Baden-Baden, ebenfalls Teile des Speyerer sowie des Straßburger Bistumsarchivs und entsprechend Archivgut von Ritterschaften, Reichsstädten und Reichsstiftern. Die drei Provinzialarchive hatten also eine klare Abgrenzung in der Zuständigkeit. Dies galt auch gegenüber dem Generallandesarchiv, das alle Urkunden, alle Unterlagen aus der Zeit bis 1500 und alle Archivalien in Buchform aufnehmen sollte – aus allen einverleibten Territorien unter Einschluss der lokalen Administration. In den Provinzialarchiven sollten nur die Akten der Lokalverwaltung aus der Zeit nach 1500 archiviert werden.

Da aus Raumgründen Teile der Konstanzer und Speyerer Archivalien jedoch in Meersburg und in Bruchsal verblieben und auch in Rastatt ein badisches Restdepot fortbestand, war Anfang des 19. Jhs. zunächst folgende Archivorganisation für die Aufnahme des Archivguts der säkularisierten und mediatisierten Territorien entstanden: Das Karlsruher Hauptarchiv, in dem das GLA und das mittelrheinische Provinzialarchiv vereinigt waren, sowie insgesamt fünf Teilarchive bzw. Depots in Mannheim, Freiburg, Meersburg, Speyer und Bruchsal. Dazu kam 1830 noch ein Aktendepot in Durlach, weil in Karlsruhe der Platz nicht mehr ausreichte.

In der weiteren Entwicklung, die als Gesamtprozess immerhin bis 1872 andauerte, wurden freilich alle diese Provinzialarchive und Depots nach und nach wieder aufgehoben: Bruchsal gleich zu Beginn der zwanziger Jahre, Mannheim dann 1826, Rastatt 1834, Meersburg 1838, Freiburg 1840, das Durlacher Depot schließlich 1872. Der badische Landtag hatte schon 1821 aus finanziellen Gründen die Zusammenlegung der Archive gefordert. Und zwei Jahre später hatte der Geheime Referendar Baur eine Denkschrift verfasst, in der er ausführte, dass ein Staatswesen von der

Größe des Großherzogtums nicht so viele Archive unterhalten müsse.
Als 1840 das Freiburger Provinzialarchiv, das im Predigertor untergebracht war, aufgelöst wurde, umfassten seine Bestände etwa 1.000 Urkunden, circa 800 Kästen mit Akten und mehrere tausend Bände an Protokollen, Rechnungen und Archivalienverzeichnissen (sog. Repertorien). Dabei ist zu berücksichtigen, dass bereits 1807 bei der Verlegung des oberrheinischen Provinzialarchivs von Meersburg nach Freiburg rund 4.000 Urkunden unmittelbar von Meersburg an das GLA nach Karlsruhe abgegeben worden waren. Wer

Generallandesarchiv Karlsruhe
Der in seiner Zeit sehr fortschrittliche Archivzweckbau des Badischen Generallandesarchivs an der Hildapromenade in Karlsruhe (erbaut 1905) nahm alle Archivbestände auf, die an Baden gefallen waren.
GLA Karlsruhe.

heute die Übersicht über die Urkundenbestände des GLA Karlsruhe[6] in die Hand nimmt, kann anhand der Beschreibungen der einzelnen Urkundenbestände im Einzelnen nachvollziehen, welch immense Schätze an Archivgut damals gesichert wurden, um über die Provinzialarchive oder direkt den Weg in das GLA zu finden. Die Bestände des Bistums und Domkapitels Konstanz mit denen des inkorporierten Klosters Reichenau und des Stifts Öhningen, der konstanzischen Stifter, der österreichischen Regierung in Konstanz, des Dominikanerinnenklosters zu Meersburg und der Stadt Konstanz, Archivgut aus der Kurpfalz und Vorderösterreich, vor allem aber die gesamten Archive der Klöster St. Georgen in Villingen, St. Märgen, St. Peter, St. Ulrich, St. Trudbert, Himmelpforte, Oberried, Günterstal, Tennenbach, Wonnental, Waldkirch, Ettenheimmünster, Schuttern, Gengenbach, Schwarzach, Allerheiligen, Lichtenthal und Frauenalb, des Stifts Säckingen, der Deutschordenkommenden Mainau, Freiburg und Beuggen, des Johanniter-Großpriorats Heitersheim, der Johanniterkommenden Grünenwörth, Freiburg, Rheinfelden und Villingen sowie weiterer kleinerer Klöster, all dies wurde unmittelbar badisches Eigentum. Dazu kamen später noch ein Teil des Klosterarchivs von St. Blasien sowie Archivbestände der an das großherzogliche Haus gefallenen Klöster Salem und Petershausen. Von den Bistümern Basel, Speyer und Straßburg wurden alle Urkunden abgegeben, die das rechtsrheinische Gebiet betrafen, aus den Archiven der Reichsstädte Überlingen, Pfullendorf, Gengenbach, Offenburg und Zell am Harmersbach die wichtigsten Privilegien und eine Auswahl als relevant erachteter Stücke.

Den Übernahmen lag durchaus auch eine konzeptionelle Planung zugrunde. Diese sah vor, ausnahmslos alle Unterlagen bis zum Stichjahr 1501 und aus der Zeit danach alle Urkunden, alle politischen Akten, alle Haus- und Hofsachen sowie schließlich alle Generalakten im GLA zu vereinigen. In Baden lag also – anders als in Württemberg, wie noch zu sehen ist – eine feste und praktikable Zeitgrenze dem Zugriff auf die in jedem Falle für die Archivierung vorzusehenden Unterlagen zugrunde.

Relativ früh war man sich in Baden auch bewusst, dass Archivalien nicht nur unter dem Gesichtspunkt der Rechtswahrung aufzubewahren sind, sondern als Quellen zur Erforschung der Geschichte allgemein zugänglich sein sollten. In der bereits erwähnten Denkschrift des Geheimen Referendars Baur von 1823 ist dies ausdrücklich ausgeführt.[7]

Die damals gewählten Gesichtspunkte erklären den Umfang der Karlsruher Urkundenbestände. Sie erklären aber auch, warum bei den Bänden und Akten nicht unerhebliche Überlieferungslücken bestehen; denn hier wurde von vorne herein eine strenge Auswahl getroffen. Zudem wurden bei der Auflösung der Nebenarchive zum Teil umfassende Kassationen vorgenommen. So vernichtete man zum Beispiel pfälzische *Concessionen zum Betrieb von Gewerben*, Akten über die *Bestrafung medicinischer Pfuschereien* sowie über Milizpflichtige und Deserteure, ferner Breisgauer Akten über Erbsteuer, Frohnden, Werbung und Rekrutierung, weil sie als *für den Dienstgebrauch beinahe ganz wertlos* erachtet wurden.[8]

Was schließlich in das Karlsruher Archiv gelangte, beruht also einerseits auf klaren Auswahlkritieren, ist andererseits aber natürlich auch von der jeweiligen Abwicklung geprägt. Dies begann schon vor Ort bei der Trennung der Unterlagen, die für die Abgabe vorzusehen waren, von jenen, die für die laufenden Geschäfte noch benötigt wurden. Am 12. Januar 1807 vermerkt Ignaz Speckle, Abt von St. Peter, in seinem Tagebuch: *Sollen alle Archivalien nach Absonderung derer, welche zum laufenden Geschäftsgang und Gefällverwaltung nötig sind, nach Karlsruhe abgegeben werden.*[9] So fest die Archive bei der Inbesitznahme durch den Staat auch versiegelt worden waren, so sehr wurden sie in der Folge zerpflückt, indem einzelne Teile zur Verwaltungskontinuität an verschiedene Nachfolgebehörden ausgefolgt wurden. Dass in jenen Jahren auch vieles quasi unkontrolliert vernichtet wurde, ohne dass die durch das Organisationsdekret von 1803 geschaffene Archivverwaltung fachlich beteiligt war, das kann man ebenfalls im Tagebuch des Ignaz Speckle nachlesen. Im November 1811 hält er fest: *Pater Karlmann kam in diesen Monaten nach St. Peter. Der Herr Amtmann hatte die Absicht, die unnötigen alten Schriften, Rechnungen und dergleichen aus dem Archiv wegräumen zu lassen. Da nun das Archiv dem Pater Karlmann am besten bekannt, so übernahm er das Geschäft und separierte die vorhandenen Akten und Bücher. Was für die Kanzlei keinen Nutzen hatte,*

ward weggebracht. Das meiste bestand in Haus- und Ökonomierechnungen. Diese wurden meist zum Verbrennen bestimmt. Einige wenige [...] nahm ich noch zur Hand, mit den übrigen war nichts anzufangen, als sie zu vernichten [...].[10]

Zögerliches Württemberg

In Württemberg verlief die Entwicklung weniger stringent, ja komplizierter als in Baden. Hier war man schon wesentlich zögerlicher mit der Schaffung einer klar gegliederten Archivorganisation, hier gab es kein Organisationsedikt und auch kein so eindeutiges Kriterium wie das in Baden gewählte Stichjahr 1501 für die Übernahme als Archivgut. Insgesamt sind die Parallelen freilich größer als die Unterschiede.[11]
Dies beginnt damit, dass das alte herzogliche, seit 1803 kurfürstliche Archiv im Alten Schloss zu Stuttgart räumlich bei weitem nicht dem potentiellen Zustrom gewachsen war, den es bestimmungsgemäß aufzunehmen hatte. Seit 1556 war es in einem niederen Anbau gegenüber dem heutigen Karlsplatz und in zwei Stockwerken des nordöstlichen, daran angrenzenden Eckturms untergebracht. Doch in Württemberg ging man nicht sofort daran, eine durchstrukturierte Archivorganisation zur Bewältigung des Zustroms zu schaffen. Vielmehr wurden nur Depots eingerichtet. Selbst in Stuttgart ging man diesem Weg, indem ein auf verschiedene Gebäude verteiltes Depot geschaffen wurde, das die Akten der von Kurfürst bzw. König Friedrich im Zuge der Neuorganisation des Staatswesens aufgehobenen Behörden und ausgewählte Archivalien aus *Neuwürttemberg*[12] aufnahm. Daneben unterhielt das Finanzdepartement eine eigene *Registratur der älteren Akten*, in die hauptsächlich Akten der Rentkammer und des Kirchenrats eingingen und die später als eigenes *Finanzarchiv* fortlebte. Neben dem Hauptdepot in Stuttgart wurden an verschiedenen Orten Neuwürttembergs kleinere Aktendepots etabliert. Sie waren den örtlichen Kameralämtern unterstellt und hatten die Aufgabe, die Archive der säkularisierten und mediatisierten Herrschaften in ihrem Umfeld zu übernehmen. Es gab zum Beispiel solche Aktendepots in Ravensburg und Weingarten für die Überlieferung der Landvogtei Schwaben und des vorderösterreichischen Amts Altdorf sowie das Archiv des Klosters Weingarten, in Friedrichshafen für das Archivgut des Klosters Löwental und des Priorats Hofen, in Wiblingen für das Archiv des Klosters Wiblingen und die zwischen den Nachfolgestaaten aufzuteilenden Unterlagen aus Vorderösterreich. Eine Ausnahme bildete das besonders umfangreiche Archiv der Fürstpropstei Ellwangen; es blieb als solches bestehen, ja erweiterte sich sogar, da es die Akten der aufgelösten Ämter des Fürstabts und des Kapitels aufnehmen musste. Die Archivbestände wurden in verschiedenen Lokalitäten der Stadt und ihrer Umgebung, so im Gebäude des ehemaligen Jesuitenkollegiums und im Bibliothekssaal des Priesterseminars auf dem Schönenberg untergebracht.
Das weitere Schicksal der Archive war nun ganz davon bestimmt, was vor Ort geschah. Stuttgart mit seinem Kurfürstlichen bzw. Königlichen Archiv war fern. Von einer Kontrolle der Depots konnte keine Rede sein. Und die Stuttgarter Archivare strebten sie nicht einmal an.
Wie wenig im ersten Jahrzehnt nach 1803 in das Stuttgarter Archiv gelangt ist, vor allem aber auch wie hilflos und zögerlich, ja geradezu passiv man dort der Situation gegenüber stand, das bezeugt eindrücklich ein *Allerunterthänigstes Gutachten der Königlich Geheimen Archivare*, das die Archivare Johann Friedrich Jäger, Wilhelm Ferdinand Ludwig Scheffer und Carl Friedrich Pfaff[13] am 17. März 1813 unterzeichneten.[14]
Die von der Hand Pfaffs geschriebene Denkschrift – von der bisherigen Forschung wurde sie bisher nur beiläufig beachtet[15] – geht zunächst darauf ein, welche der württembergischen *Membra*, also der im alten württembergischen Archiv seit langem gebildeten archivalischen Mischbestände[16], mit weiteren Archivalien aus Behördenablieferungen angereichert werden sollten. Hier lässt sich greifen, dass man noch ganz in der Gedankenwelt des kleinen, altwürttembergischen Archivs gefangen war, dass man die Perspektiven für ein Zentralarchiv, die sich aus der historischen Situation seit 1803 ergeben hatten, nicht einmal im Ansatz erkannte. Nicht die Sicherung der an den württembergischen Staat gefallenen Archive war das wichtigste Anliegen der drei Archivare, nicht einmal die Übernahme bedeutender Einzelstücke aus diesen, sondern – aus einem ganz engen Blickwinkel

heraus – die Ergänzung des eigenen Archivs unter Beibehaltung seiner Strukturen. Erst im letzten Abschnitt des Gutachtens kommt man überhaupt auf die angefallenen Archive zu sprechen, wobei man für die weitgehende Unkenntnis über ihren Zustand nicht einmal eine Entschuldigung sucht: *Euer Königlichen Majestät haben in dem allergnädigsten Decret vom 18. Februar d.J. zuletzt allerunterthänigste Vorschläge verlangt, was zur Vervollständigung der für das Königliche Archiv sich eignenden Acten etwa aus anderen Acten-Sammlungen und Registraturen zu verfügen seyn möchte? Hiebei kommen nun 1. die Archive und Registraturen der vielen seit 1803 der Krone Württemberg einverleibten vormaligen deutschen Reichsstände vorzüglich in Betrachtung. Ob nun alle diese Acten-Sammlungen bereits untersucht und dasjenige separirt worden ist, was für das Königliche Archiv geeignet war, darüber ist uns im Allgemeinen nichts bekannt gemacht worden.*

Der weitere Bericht belegt nun, dass bis zu diesem Zeitpunkt nur in äußerst beschränktem Umfang Abgaben nach Stuttgart erfolgt waren. Die Aufstellung spricht für sich: *Nur von folgenden erhielten wir bisher Acten in das Königliche Archiv:*

a) Im Jahr 1806 wurden einige Paquets und Kisten mit Lehens-Documenten von den vormals sogenannten Neuwürttembergischen Ländern durch den Secretär Lohbauer übergeben.

b) Ingleichen im Jahr 1809 durch den Registrator Hausleutner 4 Kisten mit vormals vorderösterreichischen Acten. Es sind aber nach deßen Äußerung im Depot zu Wiblingen noch mehrere Acten für das Königliche Archiv vorhanden, wegen deren Abgabe also das weitere seiner Zeit noch zu verfügen wäre.

c) Im Jahr 1812 durch den Diaconus Pfister einige Kisten mit Documenten und Acten aus dem Archiv zu Weingarten. Und endlich

d) Zu Ausgang 1812 einen Fascikel mit alten Documenten von Heiligkreuzthal [...].

Eine nähere Strategie, wie im Weiteren verfahren werden solle, wird in dem Gutachten nicht entwickelt. Zwar wird durchaus die Notwenigkeit gesehen, sich ein Bild von der Gesamtsituation zu verschaffen. *Da jedoch die Untersuchung derselben durch eigends dazu abgeordnete Personen mit allzu großen Kosten und Weitläufigkeiten verknüpft wäre und am Ende durch den Erfund nicht belohnt werden dürfte, so wagen wir es nicht darauf allerunterthänigst anzutragen.* Zum jetzigen Zeitpunkt, so die Stuttgarter Archivare, möge es genügen, die vor Ort eingerichteten *Archive* um Bericht zu bitten, ob schon etwas für das Königliche *Central-Archiv* in Stuttgart ausgesucht worden sei und – wenn ja – *wohin es eingeschikt worden, ob überhaupt alte Original-Documente aus dem XIII. und XIV. (oder früheren) Jahrhunderten und solche Stükhe darinn vorhanden sind, die ihrer Seltenheit wegen oder weil sie noch jetzt für das Ganze wichtig sind, zur Aufnahme in das Königliche Archiv sich eignen,* schließlich wem die Aufsicht über das Archiv vor Ort anvertraut sei und ob *General- oder Spezialrepertorien* vorhanden seien. Erst wenn einmal alle Berichte im Königlichen Archiv eingegangen seien, sähe man sich in der Lage, *mehr ins Detail gehende allerunterthänigste Vorschläge zur Vervollständigung desselben zu machen.*

Die Stuttgarter Archivare beschäftigten sich also in erster Linie mit ihren Membra und warteten erst einmal ab. Konkrete Vorstellungen, was aus der Masse der angefallenen Archive und Registraturen für das Zentralarchiv in Stuttgart bedeutsam sein könnte, und welche Maßnahmen zu treffen seien, werden nicht formuliert.

Als geradezu grotesk muss man – auch bei Würdigung aller Zeitumstände – werten, dass es nach der Inbesitznahme der Archive durch den württembergischen Staat zunächst allein dem in dem Gutachten erwähnten Untertürkheimer Pfarrer Pfister überlassen blieb, das zur Disposition stehende Archivgut zu sichten. Johann Christian Pfister, der als Verfasser historischer Schriften hervorgetreten war und später die Herausgabe eines württembergischen Urkundenbuches bis zum Anfang des 14. Jhs. realisieren wollte[17], hatte von der Regierung den Auftrag erhalten, die Archive der Reichsstädte und Abteien zu sichten und geeignete Unterlagen für das Staatsarchiv auszuscheiden. Pfister erledigte dies für die Archive in Weingarten, Biberach, Wiblingen, Ulm und Esslingen, wobei er jeweils einige Kisten nach Stuttgart schickte.[18] Das Ergebnis kann nicht einmal als der berühmte Tropfen auf den heißen Stein betrachtet werden. Tatsächlich belegt die Beauftragung Pfisters nur noch einmal mehr die völlige Passivität und Hilflosigkeit der Stuttgarter Archivare, die

– ganz befangen in ihrer Welt der altwürttembergischen *Membra* – offensichtlich mit weitergehenden Konzeptionen überfordert waren. Solche zu entwickeln und im *politischen Raum* einzufordern, dazu waren sie ja regelrecht aufgefordert. Sicher genügt es nicht, ihre Haltung als *bockige Demonstration* zu erklären[19], als Reaktion auf ein Dekret König Friedrichs von 1811, demzufolge *die Archive der mediatisierten Städte genau zu untersuchen und alles, was sich nicht streng genommen auf die städtische Administration bezieht, mithin alle allgemein historischen Denkwürdigkeiten, Curiosa und dergleichen davon zu trennen und zur kgl. Bibliothek in Stuttgart abzugeben* waren.[20] Denn diese Aktion war im Sande verlaufen und gerade das hatte ja die Möglichkeit eröffnet, umfassende Gestaltungsvorschläge zu unterbreiten. Wenn man in Baden in der Lage war, halbwegs praktikable Definitionen dafür zu entwickeln, was in das Generallandesarchiv und was in die Provinzialarchive übernommen werden sollte, dann wäre dies sicher auch für Württemberg möglich gewesen. Auch bei den Stuttgarter Archivaren zeichnete sich ja, wie das Gutachten belegt, zumindest in Ansätzen die Erkenntnis ab, dass es nicht nur darum ging, Unterlagen zu sichern, die für die Bedürfnisse des Staatswesens aufzubewahren sind, sondern auch solche, die ihren Wert als *Denkmale und Quellen für den Geschichtsforscher* haben.[21] Dies war ja im Übrigen auch die Sichtweise, die den Ausscheidungen des Geschichtsforscher Pfisters zugrunde lag.[22]

Mit dem sehr zögerlichen Gutachten der drei Stuttgarter Archivare von 1813 wurde sicher eine Chance vertan. So sollte auch mehr als ein weiteres Jahrzehnt vergehen, bis man sich erneut der Frage widmete, was aus dem in den Depots zusammengezogenen Archivgut werden sollte. Am 29. Mai 1824 erhielt der württembergische Geheime Archivrat Christoph Ludwig Friedrich Lotter den Auftrag, die im Land verstreuten Archive und Aktendepots zu besichtigen, geeignete Unterlagen für das Staatsarchiv auszuheben sowie ein Gutachten für die zukünftige Gestaltung des Staatsarchivs und den Umgang mit den vor Ort verwahrten Archivalien zu erstellen.

Lotter, der dem *Archiv des Innern* vorstand und zugleich Beamter des Staatsarchivs war[23], unternahm seine Archivreisen in den Jahren 1824 bis 1829. Seine anschaulichen Berichte[24] ergeben ein umfassendes Bild der zwischenzeitlich eingetretenen Situation.[25] Die Depots hatten die Besitzveränderung recht unterschiedlich überstanden. So waren – ein besonders krasser Fall für den sorglosen Umgang der lokalen Depotverwalter mit dem ihnen anvertrauten Archivgut – von dem einst umfangreichen Archiv des ehemaligen Reichsstifts Rottenmünster nur noch 7 Aktenfaszikel übrig geblieben. Bei einer Ausscheidung, die der örtlich zuständige Kameralbuchhalter vorgenommen hatte, war alles andere, einschließlich der kaiserlichen und päpstlichen Privilegien, als wertlos weggegeben worden. Lotter gelang es immerhin, einige Reste bei einem Bergkadetten, bei einem Seifensieder und bei einem Schützenwirt wieder aufzuspüren. Weitere Teile fanden sich in den Kameralamtsregistraturen von Rottenmünster und Rottweil vor.

Insgesamt waren in vielen Archiven Verluste eingetreten, teils weil man als wertlos erachtete Unterlagen ohne jede Sachkunde vernichtet hatte, teils weil zusammengehörige Unterlagen auseinandergerissen worden waren, um sie zu Verwaltungszwecken an württembergische Nachfolgebehörden abzugeben. So fand Lotter im Depot des Kameralamts Weingarten nur noch fragmentarische Überbleibsel des Karmeliterklosters Ravensburg, des Frauenklosters St. Michael zu Ravensburg und des Nonnenklosters Altdorf vor; von der Frauensammlung zu Rottweil und der Klause auf Hochmauren war überhaupt nichts mehr erhalten. Das ehemalige Kanzleigebäude in Rottweil, in dem das städtische Archiv und die Registratur des Hofgerichts untergebracht gewesen waren, war 1809/10 an einen Privatmann verkauft worden, wobei man im Gebäude verwahrte Archivalien wahllos an Krämer und Buchbinder verkauft hatte und der Rest völlig in Unordnung geraten war. Und überall im Lande hatten sich zur Führung ihrer Geschäfte die Oberämter, Gerichtshöfe, Forstverwaltungen und Kameralämter einzelner Unterlagen bemächtigt und bei der Suche nach relevanten Vorgängen oft auch noch die vorgefundene Ordnung der Archive durcheinander gebracht.[26] Unter sachverständiger Aufsicht waren nur einige wenige besonders große Archive geblieben: das Ellwanger Archiv unter der Leitung des früheren fürstpröpstlichen Archivars von Hardt, das Archiv des Deutschen Ordens zu Mergentheim unter dem

seinerzeitigen Deutschordenssekretär Breitenbach, die im ehemaligen Kloster Wiblingen zusammengezogenen vorderösterreichischen Archivalien unter dem Archivkommissar für die vorderösterreichische Aktenausscheidung Philipp Wilhelm Gottlieb Hausleutner.[27]
Die Archivreisen Lotters hatten nun selbst keineswegs die endgültige Sicherung der Archive zum Ergebnis, sondern vielmehr abermals die Herausnahme einzelner Teile. Dasselbe gilt für die Reisen, die sein Nachfolger Johann Ferdinand Friedrich Oechsle in den Jahren 1844–1845 unternahm. Beide – Lotter und Oechsle – bestimmten bei der Besichtigung jeweils einzelne Unterlagen für die Abgabe an das Königliche Staatsarchiv in Stuttgart, das 1826 seinen Neubau an der Neckarstraße bezog.
Seine Zweckbestimmung hatte im selben Jahr der Kanzleidirektor Rosner im Ministerium der auswärtigen Angelegenheiten wie folgt festgelegt: *Der Zweck des Archivs ist ein gedoppelter: es soll einen Teils dazu dienen, für die Geschichte des Staates und des Regentenhauses Belege zu sammeln und für die Nachwelt zu erhalten, anderen Teils wichtige Dokumente sicher aufzubewahren, welche die Rechte und Verbindlichkeiten des Landes in seinen äußeren und inneren Verhältnissen zum Gegenstand haben.*[28]
Damit war unzweideutig formuliert, dass das Archiv nicht nur der Rechtswahrung im staatlichen Interesse dienen sollte, sondern vor allem auch als zugängliche Forschungsstätte der Verwahrung historischer Dokumente. Dies stand mit seiner räumlichen Trennung von der Verwaltung und der gemeinsamen Unterbringung mit dem Naturalienkabinett ebenso im Einklang wie mit dem ihm 1835 erteilten Auftrag zur Herausgabe eines Württembergischen Urkundenbuches.[29] Das Königlich Württembergische Archiv hatte seine Bestimmung als wissenschaftliches Institut damit gefunden. Und es war in museale Nähe gerückt: der Neubau vereinte die Denkmäler der Natur- mit denen der Staatsgeschichte.[30]
Was aber sollte es nun bei dieser Zweckbestimmung aus den Depots übernehmen? Zu Recht hat Alois Sailer betont: »Was Lotter und seine Nachfolger im einzelnen ausgehoben haben, lässt sich nicht präzise umreißen. Ihr Auftrag entbehrte letztlich einer klaren Festlegung, zumal man, etwa im Gegensatz zu Bayern und Baden, auf eine – wenn auch noch so primitive – Jahresgrenze als Terminus ante quem der Übernahme verzichtete.«[31] Wenn es aber einmal darum ging, Dokumente über die an den württembergischen Staat übergegangenen Hoheitsrechte zu sicher, andererseits aber auch Archivalien von historischem Wert, dann war immerhin eine Richtung vorgegeben. Dass dazu vorzugsweise ältere Unterlagen, *aus dem XIII. und XIV. (oder frühern) Jahrhunderten und solche Stükhe* […] *,die ihrer Seltenheit wegen oder weil sie noch jetzt für das Ganze wichtig sind,* gehören würden, wie es Jäger, Scheffer und Pfaff 1813 formuliert hatten, verstand sich damals von selbst. Ausgehend von solchen Grundgedanken bemühte sich nun Lotter in einem Memorial um Konkretisierung, ohne dabei eine Einteilung nach den zwei verschiedenen Kategorien des Staatsinteresses und des historischen Wertes vorzunehmen.[32] Herrschaftliche Kaufbriefe, Lehenbriefe, Bündnisse, Verträge sollten in jedem Falle übernommen werden, wohl da sie den Staat und seine Geschichte betrafen, nicht dagegen jedoch Zinsbriefe, Urfehden und Manumissionen, die nur als Dokumente persönlicher Verhältnisse angesehen wurden. Von den herrschaftlichen Lagerbüchern wollte er nur das jeweils älteste und das jüngste in Stuttgart archivieren, auf die Urbare der Städte, Flecken und Spitäler wollte er ganz verzichten. Wichtig erschienen ihm dagegen alle Diplomatare sowie Dotations- und Statutenbücher. Generell erfuhr natürlich auch in Württemberg die Pergamenturkunde die höchste Wertschätzung, während Akten nur in strenger Auswahl – *mit äußerster Vorsicht* – in das Staatsarchiv übernommen werden sollten. Vollends ausschließen wollte Lotter die Übernahme von Reichstags- und Kammergerichtsakten, Kriminal- und Zivilprozessen sowie allen Unterlagen zum Rechnungs- und Steuerwesen. Hingegen erhoffte er, Unterlagen mit *Notizen über den Ursprung und älteste Geschichte der Städte* übernehmen zu können. An solchen Überlegungen wird deutlich, dass Lotter über keinerlei Kenntnisse in der Auswertung von Dokumenten verfügte, dass hier *einer*, wie Pietsch einmal zutreffend formuliert hat, *fortgeschickt wurde, von dem keine Zeile einer historischen Darstellung bekannt geworden ist* und *der in diesen Zeiten des Umbruchs schon genau wissen sollte, was ›historisch wertvoll‹ ist.«*[33]
In seiner Sichtweise der Aktenüberlieferung erweist sich Lotter im Übrigen nicht nur als Kind seiner Zeit,

sondern auch ganz als württembergischer Archivar, der den Wert von Archivalien aus der engen Perspektive einer staatstragenden württembergischen Geschichtsschreibung bemisst. Württemberg mit seiner Geschichte und seinen Archivbeständen war auch bei Lotter der Bezugspunkt allen archivarischen Handelns – selbst beim Umgang mit dem Schriftgut der angefallenen Archive. So ging Lotter davon aus, dass schon rein umfangsmäßig das altwürttembergische Archiv der Kernbestand des Staatsarchivs bleiben werde. Und noch wichtiger: Die für Stuttgart auszuhebenden Unterlagen sollten Lücken in den altwürttembergischen *Membra* schließen. Wenn sie diesen Zweck erfüllten, sah Lotter auch umfangreichere Aktenübernahmen als legitim an. Besonders zu achten sei, so Lotter, auf Schriftgut aus der Reformationszeit, zum Schwäbischen Bund und zum Schmalkaldischen Krieg, da das altwürttembergische Archiv dazu in der österreichischen Zeit und während des Dreißigjährigen Kriegs große Verluste erlitten habe: *neuwürttembergische* Archvalien als subsidiäre Quellen zur altwürttembergischen Geschichte.

Was von Lotter und Oechsle im Einzelnen ausgehoben wurde, entsprach weitgehend den hier geschilderten Kriterien.[34] Bei den Städten, deren Lehnsurkunden zu einem guten Teil bereits 1806 ausgefolgt worden waren, waren es vom Betreff her vor allem die Beziehungen zu Kaiser und Reich sowie zu den benachbarten Herrschaften, aber auch die wesentlichen Stationen ihrer allgemeinen politischen Geschichte, auf die er sein besonderes Augenmerk richtete. Vor Ort belassen wurden dagegen alle Unterlagen der inneren Verwaltung, insbesondere die Rats- und Gerichtsprotokolle, die Rechnungsserien und alles, was die Administration der städtischen Güter und Gefälle betraf. In ähnlicher Weise blieb bei den Klöstern und Stiften alles zurück, was die Klosterverwaltung im engeren Sinne betraf, während die päpstlichen, bischöflichen, kaiser- und königlichen Privilegien, alle Rechtsverleihungen sowie alle Urkunden über den Besitzstand eines Ortes vor der Erwerbung durch das Kloster bzw. Stift nach Stuttgart kamen. Bei den Archiven der Standesherren übte man auf höchste Weisung größte Zurückhaltung; die Übernahmen beschränkten sich hier aus politischer Rücksichtnahme im Wesentlichen auf die Lehnsurkunden und -akten. Deutliche Unterschiede zeigen sich so auch zwischen den Übernahmen aus den Archiven der direkt in Staatseigentum übergegangenen Klöster und aus ehemaligen Klosterarchiven in zwischenzeitlich standesherrlichem Besitz[35]: über die Behandlung der letzteren führte man sehr vorsichtig Verhandlungen. So wurde beispielsweise 1825 ein Vertrag mit dem Haus Thurn und Taxis geschlossen, demzufolge auf ausdrücklichen Wunsch der fürstlichen Regierung bei den Archiven des Klosters Obermarchtal, des Damenstifts Buchau und der Reichsabtei Neresheim alle Urkunden und Akten, die nur für die Geschichte des jeweiligen Klosters bzw. Stifts wichtig waren, zurückbehalten wurden. Von Urkunden über Patronatsrechte sollten nur Abschriften ausgeliefert werden, die Originale aber im Archiv verbleiben; umgekehrt verfuhr man mit den päpstlichen, bischöflichen, kaiserlichen und königlichen Privilegien. Auch wurden alle Urkunden über Besitzerwerbungen und grundherrliche Rechte sowie über noch strittige Gegenstände von der Abgabe nach Stuttgart ausgenommen und nur die Vorurkunden zum Besitzstand eines Ortes vor dem Erwerb durch das Kloster oder Stift für die Auslieferung vorgesehen.

Die heutige Verteilung vieler Archivbestände auf verschiedene Archive erklärt sich aus den damals getroffenen Abgrenzungen. Und die Bestände des Hauptstaatsarchivs (künftig HSA) Stuttgart zu den entsprechenden Provenienzen sind bis heute von den damals entwickelten und praktizierten Gesichtspunkten geprägt. Als Ergebnis der vielfältigen, im einzelnen gut dokumentierten Übernahmen verstand man sich im Königlichen Staatsarchiv als Elitearchiv, in das nur die wertvollsten Stücke in rechtlicher oder historischer Hinsicht Eingang finden sollten. Alles Übrige sollte in den Archiven und Depots vor Ort verbleiben. Dieses theoretische Konzept war freilich eher die Folge der Raumnot als stringenter archivfachlicher Überlegungen. Denn die Raumplanung des Archivneubaus von 1826 war keineswegs auf den Zustrom der an Württemberg angefallenen Archive ausgerichtet; dieser musste vielmehr von Anfang an radikal gedrosselt werden. So machte man aus der Not eine Tugend, aus dem Königlichen Archiv eine Elitearchiv und aus fehlendem Raum ein theoretisches Konzept. Als Elitearchiv ist das Staatsarchiv in Stuttgart also in den zwanziger Jahren des 19. Jhs. etabliert worden – ein Vorgang, der durchaus vergleichbar mit der Zweck-

bestimmung des GLAs in Baden ist. Allerdings war in Baden die Abgrenzung zwischen dem Zentralarchiv und den Provinzialarchiven von Anfang an klar definiert, während man in Württemberg nur Depots ohne klare Zuständigkeiten eingerichtet hatte. Bemühungen, nun auf dem Erlasswege aus den Depots relevante Unterlagen für das Elitearchiv anzufordern, waren mehr oder weniger erfolglos. So blieb ein Erlass des Finanzministeriums von 1831, mit dem alle Kameralämter aufgefordert wurden, in ihrer Verwahrung befindliche Pergamenturkunden, Diplomatare, Lagerbücher und entsprechende Unterlagen dem Staatsarchiv einzusenden, fast überall ohne Ergebnis.

1836 beschloss man, die Depots aufzulösen. Die in ihnen verwahrten Bestände sollten von Archivkommissären nochmals gesichtet werden, was zu einer weiteren Ausscheidungswelle führte, die bis in die vierziger Jahre reichte und mit der von Seiten des Staatsarchivs vor allem Oechsle befasst war. Dieser führte zum Beispiel 1844 am Archiv der Reichsabtei Ochsenhausen eine zweite Aussonderung durch, nachdem bereits 1826 – also fast zwanzig Jahre zuvor – Lotter dort einzelne Archivalien für das Staatsarchiv ausgehoben hatte. Die zweite Aussonderungswelle führte auch zu kontrollierten Kassationen. In Ochsenhausen vernichtete Oechsle rund 20 laufende Meter

Das alte Hauptstaatsarchiv
Das von Oberbaurat Barth 1822–1826 erbaute Gebäude Neckarstraße 4 in Stuttgart mit dem Kgl. Haus- und Staatsarchiv im Erdgeschoss und dem Naturalienkabinett im Obergeschoss. Das Gebäude wurde im Zweiten Weltkrieg stark beschädigt, die Ruine in der Nachkriegszeit abgebrochen. Das Hauptstaatsarchiv erhielt 1969 einen Neubau.
Foto, ca. 1927.

Akten – mit der Begründung, dass ihre Aufbewahrung überflüssig sei, da sie doch im alten Repertorium des Klosters so gut verzeichnet seien.[36]
Die Auflösung der Depots ging einher mit der Einrichtung von Nebenarchiven, die nun – rund vierzig Jahre später als in Baden – so etwas wie eine geordnete Archivlandschaft entstehen ließ.[37] Als solche wurden nun drei *Filialarchive* in Mergentheim (für die Restüberlieferung des Deutschen Ordens, die Archivalien neuerworbener Gebiete und altwürttembergische Lokalakten), in Ellwangen (im Wesentlichen für das ellwangische Archiv) und in Stuttgart geschaffen. Das Nebenarchiv in Stuttgart, das 1840 in der Tübinger-Tor-Kaserne aus der Vereinigung mehrerer Depots entstand und dessen Verwaltung in der Hand des Archivkommissärs Valentin Schloßstein lag, wurde 1858 nach Heilbronn verlegt. Es enthielt vormalige österreichische Regierungs- und landständische Akten, Klosterarchive, Akten des schwäbischen Grafenkollegiums und der schwäbischen Ritterschaft sowie altwürttembergische Reichstags- und Kreistagsakten. 1868/69 wurden die drei Nebenarchive in das Ludwigsburger Schloss verbracht und dort zum *Staatsfilialarchiv* vereinigt. Die damit begründete Struktur lebt bis heute im Nebeneinander des HSAs Stuttgart und des Staatsarchivs Ludwigsburg mit ihren verzahnten Beständen fort.

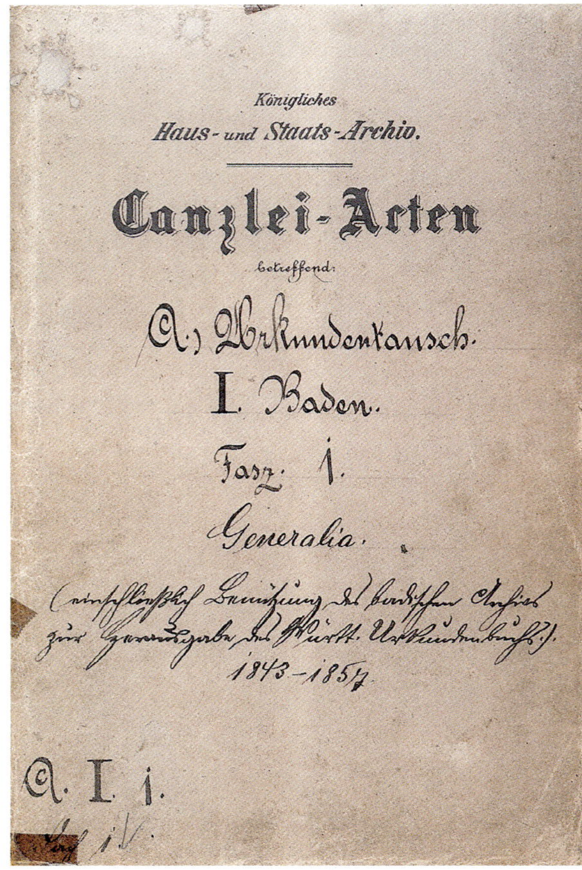

Archivalientausch
Über den Archivalientausch zwischen den verschiedenen Nachfolgestaaten sind zahlreiche Akten erhalten, hier die Generalakten zum Urkundentausch des Kgl. Haus- und Staatsarchivs in Stuttgart mit Baden aus den Jahren 1843 bis 1857.
HSA Stuttgart.

Extradition und Aufteilung nach Pertinenz

Die heute in Stuttgart und Ludwigsburg verwahrten *neuwürttembergischen* Bestände sind in Struktur und Inhalt jedoch nicht nur vom geschilderten Gang ihrer Übernahme geprägt, sondern auch von zwei weiteren Entwicklungen, die im Wesentlichen danach einsetzten: zum einen von den wechselseitigen Extraditionen, mit denen nach dem Prinzip der Archivfolge einzelne Archivalien aus der Zeit des Alten Reiches zwischen den Archiven der *Nachfolgestaaten* ausgetauscht wurden, zum anderen von den Ablieferungen württembergischer Behörden, die zu verschiedenen Zeiten zahlreiche Vorakten neuwürttembergischer Provenienz im Zuge von Aktenaussonderungen abgegeben haben. Beide Vorgänge sind in den Akten des HSA Stuttgart detailliert nachzuvollziehen.[38] Insbesondere haben sich zu dem Archivalienaustausch mit den benachbarten Staaten Baden und Bayern zahlreiche Unterlagen erhalten, in denen die Verhandlungen und ihre Ergebnisse dokumentiert sind. So wurden zum Beispiel aus dem Archiv der Abtei Söflingen die auf bayerische Orte bezüglichen Archivalien von Stuttgart an das HSA in München abgegeben, während nach Stuttgart Akten aus Bayern kamen, die württembergisch gewordene Orte betrafen. Eine gewisse Rolle spielte bei dem Archivalienaustausch bald auch die Herausgabe von Urkundenbüchern, wie schon der Titel folgender Kanzleiakte aus dem Königlichen Haus- und Staatsarchiv in Stuttgart belegt: *Urkundentausch. Baden.*

Generalia (einschließlich Benützung des badischen Archivs zur Herausgabe des Württ. Urkundenbuchs). 1843–1857.[39] Aus den Zugängen von Behörden sind vor allem die Kameralämter zu erwähnen, die besonders viele *Vorakten* aus der Zeit des Alten Reiches zur Fortführung der Geschäfte in den Depots übernommen hatten und sich dieser nach und nach entledigten. Eine regelrechte Welle von Zugängen erfolgte mit der Auflösung der Kameralämter 1922.

Dass die betroffenen Bestände auf diese Weise Zu- und Abgänge erhielten, vollzog sich in Karlsruhe nicht anders als in Stuttgart und Ludwigsburg. In einem Punkt jedoch verlief die Entwicklung im Badischen nun völlig anders als in Württemberg. Während in den württembergischen Archiven die *neuwürttembergischen* Bestände als Fonds so erhalten geblieben sind, wie sie eingekommen sind und Ergänzungen oder Abgänge erfahren haben, hat man im GLA die Bestände bei der Bearbeitung im Archiv weitgehend aufgelöst, um sie auf der Grundlage der *Archivordnung und Instruktion* des Markgrafen Karl Friedrich von 1801 nach den sogenannten *Brauerschen Rubriken* – der Geheime Rat Friedrich Brauer hatte sie 1797 entwickelt – in ein Pertinenzsystem einzubringen.[40] Wenn man so will: Wieder einmal war man in Baden zupackender als in Württemberg, wo Lotter und seine Nachfolger die fondsmäßige Gliederung der *neuwürttembergischen* Bestände im Wesentlichen beibehielten[41]. Wer mit den Findmitteln zu den jeweiligen Beständen in den verschiedenen Häusern arbeitet, merkt dies sofort. Während in Stuttgart und Ludwigsburg relativ schnell festzustellen ist, welche Unterlagen dieser oder jener Provenienz aus der Zeit des Alten Reiches vorhanden sind, muss man in Karlsruhe findig auf die Suche gehen und in der Regel zahlreiche Bestände überprüfen. Symptomatisch sind dafür etwa in der Gesamtübersicht über die Urkundenbestände Hinweise wie: »Weitere Archivalien gleicher Provenienz befinden sich vor allem in den Beständen A, B, C, D, E, 61, 62, 64, 65, 66, 67, 68, 98, ferner in Bestand 229 unter den zur Klosterherrschaft gehörigen Orten.«[42]

Das was mit den Archiven der ehemaligen Herrschaftsträger in der Folge der Säkularisation und Mediatisierung geschah, erklärt zahlreiche Lücken in der Überlieferung und die vielfach eingetretene Zerrissenheit der Bestände. Es bleibt die Aufgabe der Archivare von heute, die Überlieferungslage transparent zu machen und zumindest grobe Verwerfungen zu beheben. Der in Bayern gewählte Weg einer umfassenden Beständebereinigung[43] wird angesichts beschränkter Ressourcen und neuer Herausforderungen an die Archive – verwiesen sei nur auf das weite Feld der Überlieferungsbildung aus digitalen Unterlagen – in dieser Weise kaum anderswo zu beschreiten sein. Wenn aber in den staatlichen Archiven Baden-Württembergs anlässlich von Erschließungsarbeiten auf der Grundlage klarer Richtlinien[44] nach und nach Bereinigungen erfolgen[45], so wird dies sicher über kurz oder lang seine Früchte tragen. In jedem Falle sind weitestmöglich die neuen Möglichkeiten zu nutzen, Archivbeständen im Internet Transparenz zu verleihen und zumindest *virtuell* das zusammenzuführen, was zerrissen wurde.[46]

Irreversibel sind dagegen die eingetretenen Verluste. Besonders schmerzlich können sie am Beispiel jener Klosterarchive nachvollzogen werden, die gegen Ende des Alten Reiches umfassend verzeichnet worden waren und so in ihrer potentiellen Gesamtheit dokumentiert sind. Dies ist zum Beispiel bei Ochsenhausen der Fall, dessen Archiv 1790 in zwölf Bänden detailliert verzeichnet wurde, sowie bei der Reichsabtei Schussenried, dessen ebenfalls zwölfbändiges Archivrepertorium zu Beginn des 18. Jhs. entstand.[47]

[1] Zu erreichen über das Internet-Angebot der Landesarchivdirektion Baden-Württemberg: www.lad-bw.de; dort sind auch die gedruckten Beständeübersichten im Einzelnen nachgewiesen.

[2] Zum Folgenden vgl. *Joachim Fischer*, Grenzüberschreitendes Schriftgut in den Staatsarchiven von Baden-Württemberg, in: Archivalische Zs. 77 (1992), 6f. mit Anm. 6 sowie neuerdings *Bernhard Theil*, »Archivfolge«. Zur Geschichte und zum Quellenwert des vorderösterreichischen Verwaltungsschriftguts, in: ZWLG 60 (2001), 404ff.

[3] *Alois Sailer*, Die Archive der einstigen Reichsklöster in Württemberg nach der Säkularisation, in: ZWLG 23 (1964), 321–344, hier 323.

[4] Die Bestände des Generallandesarchivs Karlsruhe. Teil 2. Urkundenbestände (1–45), bearb. von *Hansmartin Schwarzmaier* und *Gabriele Wüst*. Stuttgart 1996, 13.

[5] Zum Folgenden vgl. Gesamtübersicht der Bestände des GLAK, bearbeitet von *Manfred Krebs*. I. Teil (bis Abteilung 150). Stuttgart

1954, 18ff.; *Adolf Brenneke*, Archivkunde. Leipzig 1953, 316ff.; Bestände des GLAK Teil 2 (wie Anm. 4), 11ff.

[6] Wie Anm. 4.

[7] Gesamtübersicht der Bestände des GLAK (wie Anm. 5), 20.

[8] Ebd., 19.

[9] Das Tagebuch von Ignaz Speckle, Abt von St. Peter im Schwarzwald. Teil II (1803–1819), bearb. von *Ursmar Engelmann*. Stuttgart 1966, 209.

[10] Ebd., 389; weitere Hinweise auf das klösterliche Archivwesen bei Speckle ebd., 5, 11f.,129, 150, 156, 197 sowie in Bd. 1 seines Tagebuchs 411, 482, 491.

[11] Zum Folgenden s. *Friedrich Pietsch*, Die Archivreisen des Geheimen Archivars Lotter, in: Neue Beiträge zur südwestdeutschen Landesgeschichte. Stuttgart 1962, 333–353; *Sailer* (wie Anm. 3); Gesamtübersicht über die Bestände der staatlichen Archive Württembergs in planmäßiger Einteilung, bearb. von *Karl Otto Müller*. Stuttgart 1937; Übersicht über die Bestände des Hauptstaatsarchivs Stuttgart. Neuwürttembergische Herrschaften vor 1803 bzw. 1806–1810. Reichs- und Kreisinstitutionen vor 1806. 2. erw. Aufl. bearb. von *Margareta Bull-Reichenmiller/Konrad Krimm*. Stuttgart 1994

[12] Zum Begriff, bes. auch im archivgeschichtl. Kontext, s. Übersicht über die Bestände des Hauptstaatsarchivs Stuttgart (wie Anm. 11), 13.

[13] Zu ihnen vgl. Gesamtübersicht über die Bestände der staatlichen Archive Württembergs (wie Anm. 11), 20f.

[14] HSAS E 61 Bü. 503.

[15] *Pietsch*, Archivreisen (wie Anm. 11), 336.

[16] *Eugen Schneider*, Zur Geschichte des württembergischen Staatsarchivs, in: WVjhLg N.F. 12 (1903), 1–22.

[17] Zu Pfister vgl. *Friedrich Pietsch*, Der Weg und der Stand der Urbaredition in Baden-Württemberg, in: ZWLG 18 (1959) 322f. vgl. auch Anm. 19 mit weiterer Literatur.

[18] Vgl. *Pietsch*, Archivreisen (wie Anm. 11), 336.

[19] Zum Folgenden *Pietsch*, Archivreisen (wie Anm. 11), 336.

[20] Zitiert nach Ebd., 336.

[21] Ebd., 337.

[22] Ebd., 338.

[23] Gesamtübersicht über die Bestände der staatlichen Archive Württembergs (wie Anm. 11), 22, 29.

[24] Diese haben nach der Neuverzeichnung des Bestandes die Signatur HSAS E 61 Bü. 508. Notizen und Gutachten Lotters finden sich in zahlreichen weiteren Akten des Bestands E 61, die zu einzelnen Ausscheidungen angelegt wurden. Eine umfassende Auswertung ist bisher noch nicht erfolgt.

[25] Zum Folgenden *Sailer* (wie Anm. 3), 329; *Pietsch*, Archivreisen (wie Anm. 11), 342f.

[26] Ebd., 340.

[27] Gesamtübersicht über die Bestände der staatlichen Archive Württembergs (wie Anm. 11), 29.

[28] Zitiert nach *Pietsch*, Archivreisen (wie Anm. 11), 228.

[29] *Pietsch*, Der Weg (wie Anm. 17), 323 Anm. 19

[30] *Pietsch*, Archivreisen (wie Anm. 11), 344. Zu dem Bau siehe auch *Roland Müller*, Standort und Funktion. Zur Geschichte des Hauptstaatsarchivs und der Stuttgarter Kulturmeile im 19. Jh., in: *Wolfgang Schmierer/Günter Cordes/Rudolf Kieß/Gerhard Taddey* (Hgg.), Aus südwestdeutscher Geschichte. Stuttgart 1994, 653–672, bes. 654f.

[31] *Sailer* (wie Anm. 3), 328. – Zur Entwicklung in Bayern vgl. den grundlegenden und zum Vergleich mit dem Südwesten höchst interessanten Beitrag von *Walter Jaroschka*, Die Klostersäkularisation und das Bayerische Hauptstaatsarchiv, in: *Josef Kirmeier/Manfred Treml/Evamaria Brockhoff*, Glanz und Ende der alten Klöster. München 1991, 98–107.

[32] Zum Folgenden *Pietsch*, Archivreisen (wie Anm. 11), 348f.

[33] Ebd., 348; vgl. auch *Sailer* (wie Anm. 3), 23.

[34] Zum Folgenden Übersicht über die Bestände des Hauptstaatsarchivs Stuttgart (wie Anm. 11), 16f.

[35] *Sailer* (wie Anm. 3), 324 und 334ff.

[36] Ebd., 333.

[37] Zum Folgenden *Karl Otto Müller*, Das Württembergische Staatsfilialarchiv in Ludwigsburg, in: Archivalische Zs. 35 (1925), 61–110; vgl. auch *Brenneke* (wie Anm. 5), 313ff.

[38] HSAS Bestand E 61.

[39] HSAS E 61 Bü. 249.

[40] Vgl. dazu Gesamtübersicht der Bestände des GLAK (wie Anm. 5), 16; *Hansmartin Schwarzmaier*, Die Einführung des Provenienzprinzips im Generallandesarchiv Karlsruhe, in: Der Archivar 43 (1990), 347–360 .

[41] *Sailer* (wie Anm. 3), 341; *Pietsch*, Archivreisen (wie Anm. 11), 353.

[42] Die Bestände des GLAK Teil 2 (wie Anm. 4), 46.

[43] *Walter Jaroschka*, Zentralisierung und Dezentralisierung im bayerischen Archivwesen. Voraussetzungen und Ergebnisse der Beständebereinigung, in: *Hermann Bannasch* (Hg.), Beständebildung, Beständeabgrenzung, Beständebereinigung. Stuttgart 1993, 37–51.

[44] Die staatliche Archivverwaltung Baden-Württemberg hat vor kurzem entsprechende Richtlinien in Kraft gesetzt, die im Internet publiziert sind (zu erreichen über www.lad-bw.de).

[45] Für gewisse Bereinigungen bei der vorderösterreichischen Überlieferung s. *Theil* (wie Anm. 2), 414f.

[46] *Robert Kretzschmar/Peter Müller*, Virtuelle Bestände oder Beständebereinigung, in: Der Archivar 50 (1997), 593–597.

[47] *Sailer* (wie Anm. 3), 333f. Das Archiv von Zwiefalten ist zu Beginn des 18. Jhs. grundlegend neu geordnet und verzeichnet worden, wobei Spezialrepertorien zu den einzelnen Kisten und Laden angelegt wurden; vgl. ebd., 330.

Geraubt oder gerettet?

Die Bibliotheken säkularisierter Klöster in Baden und Württemberg

von Magda Fischer

Die Entfremdung und Verschleppung von Büchersammlungen ist kein Phänomen der Säkularisation und auch kein Spezifikum der Zeit um 1800, sondern hat eine durch die Jahrhunderte reichende Tradition, die immer wieder die Frage nach Raub oder Rettung von Bücherschätzen aufwarf.[1] Als aber am Ende des 18. Jhs. durch die napoleonischen Veränderungen nicht nur einzelne Bibliotheken, sondern mit einem Schlag eine ganze Bibliothekslandschaft von solchen Entfremdungen getroffen wurde, erhielt diese Frage eine ganz andere Dimension. Hunderttausende von Büchern, ob sie nun sorgsam gehütet waren und genutzt wurden oder vernachlässigt in ihren Depots schlummerten, wurden aus ihrem althergebrachten Zusammenhang gerissen, in ihrem Wert inflationär gemindert; große Teile davon gingen unwiederbringlich verloren. Bis heute und in immer neuen Variationen wird erzählt, wie angeblich mit den alten Folianten Wege gepflastert wurden, um die auf Karren gepackten Bücherschätze leichter abtransportieren zu können.[2] Es wird berichtet von Dublettenversteigerungen immensen Ausmaßes, von Verschleuderungen und zentnerweisem Verkauf der Bücher als Makulatur für die Papierhändler.

In seinen umfangreichen und vielzitierten Tagebüchern hat Ignaz Speckle, der letzte Abt des Klosters St. Peter auf dem Schwarzwald, wie wenige seiner Zeitgenossen nicht nur die politische und interne Situation der Klöster zur Zeit der Säkularisation reflektiert, sondern auch den vielfach in Resignation verstummten Ordensleuten eine Stimme verliehen. 1807, als die von der Hofbibliothek in Karlsruhe angeforderten Bücher seines Klosters in 30 Kisten

Historia
Balustradenfigur im Bibliothekssaal von St. Peter im Schwarzwald. M. Faller, 1752.
Priesterseminar St. Peter

abtransportiert wurden, berichtet er über das einstige Glanzstück der Abtei: *Nun siehet die Bibliothek*

Schussenried
Bibliothekssäle, wie der berühmte Saal der ehem. Prämonstratenserabtei Schussenried mit seinem anspruchsvollen Skulpturen- und Freskenprogramm (1756–66), belegen die hohe Wertschätzung der Prämonstratenserchorherrn des 18. Jhs. für Bildung, Studium und Wissenschaft.

einem ausgeraubten Hause ähnlich. Der Saal ist schön, aber an guten Büchern leer.[3] Dass dieser Raum heute trotzdem immer noch als ein großartiges Gesamtkunstwerk wahrgenommen werden kann, verdankt er wohl nur dem Umstand, dass die Bücherschränke *mit den architektonischen Verzierungen in Verbindung* standen, *zirkelförmig oder spießeckig* waren und somit für einen anderen Standort untauglich erschienen.[4] So konnte die *Kommission auf Plünderung*, wie Speckle die Abgesandten der Universität Freiburg nannte, nur weitere 17 Kisten mit Büchern wegführen, nachdem sie den weniger kostbaren, dafür aber aktuelleren Teil der Bibliothek, den die Hofbibliothek übrig gelassen hatte, besichtigt und die für die Universitätsbibliothek als nützlich erachteten Bücher ausgewählt hatte. Bücherregale bezog sie hingegen aus Tennenbach, wo von dem alten Glanz der Bibliothek und überhaupt der gesamten Klosteranlage heute nahezu nichts übrig geblieben ist.[5]

Wie Speckle empfanden viele Ordensleute, die ihre alten Bücherschätze sorgsam gehütet, sich mit neuer und neuester Literatur versorgt und diese produktiv genutzt hatten, die Auflösung ihrer Bibliotheken nach der Säkularisation als Raub und Plünderung. Auch wenn sich die Inhalte und Schwerpunkte des Wissens in der Zeit der Aufklärung vielfach verändert hatten und mancherorts auch der Eifer erlahmt und der Anschluss an den aktuellen Wissensstand verlorengegangen war, so blieb die lange und weitgehend ungebrochene Tradition der Wissenschaftspflege und Buchsorge vielerorts bis zuletzt fester Bestandteil klösterlichen Lebens und Selbstverständnisses und ließ manche Klöster sogar zu Zentren der »modernen« Wissenschaften werden.

Andererseits können heute die Kostbarkeiten aus Klosterbesitz von einem breiten Publikum in Ausstellungen bestaunt werden; die in Klöstern produzierten und gesammelten Werke sind allgemein zugänglich und können von jedem Interessierten zu eigener Lektüre und Forschung genutzt werden. Sie sind in Museen, Archiven und öffentlichen Bibliotheken mit Sorgfalt und neuester Technik restauriert und gesichert, vielfach hervorragend erschlossen und stehen keineswegs, wie Speckle befürchtete, unbeachtet in den Bibliotheken einiger weniger Hauptstädte. So sprechen, wie aus der Sicht der öffentlichen Hand resümiert wurde, »die gemachten Erfahrungen für die These, daß die Überführung [der klösterlichen Buchbestände] in staatliche Bibliotheken die Rettung dieser Schätze bedeutet hat.«[6]

Geraubt oder gerettet? Diese entgegengesetzten Urteile stehen nicht etwa für eine in 200 Jahren gewandelte Weltanschauung oder ein verändertes Geschichtsbewusstsein, sondern kennzeichnen früher wie heute die bisweilen sehr emotional geführten Diskussionen über Auflösung und Veräußerung von Bibliotheken; sie bestimmen auch, da der Prozess der Zerstreuung von Kulturgut noch bis in unsere Tage andauert bzw. wieder neu in Gang gekommen ist[7], die Positionen, wenn über die Bereitstellung von finanziellen Mitteln für die Bewahrung dieser Güter entschieden werden muss.

Pauschale Urteile werden indessen den komplexen Vorgängen der Büchersäkularisation kaum gerecht. So viele Klöster, Stifte und andere Institutionen der Säkularisierung bzw. Mediatisierung zum Opfer fielen – im Gebiet des heutigen Landes Baden-Württemberg waren es allein ca. 250, von denen die meisten eine Büchersammlung aufzuweisen hatten, – so verschieden waren die Motive und die Vorgehensweise bei ihrer Auflösung, so sehr differiert der Prozentsatz der erhaltenen Bücher und so unterschiedlich sind die Wege ihrer Überlieferung. Dennoch gibt es eine Anzahl wiederkehrender Faktoren, sowohl auf Seiten der Klöster wie auf Seiten ihrer »Erben«, die für das Schicksal der einzelnen Bibliotheken nach der Säkularisation entscheidend waren. Sie geben gleichsam einen Leitfaden zur Beantwortung der Frage, was über die Säkularisation hinweg erhalten geblieben und was endgültig verloren ist, was an materiellen Gütern, an Arbeit und Mühe von Generationen von Ordensleuten, an Bibliothekskonzeptionen und -profilen, an kulturellem Erbe insgesamt gerettet und was in neuer Weise fruchtbar gemacht werden konnte, und schließlich, welche Konsequenzen daraus für den heute erneut gefährdeten Bestand zu ziehen sind.

Das Büchererbe der Klöster und Stifte

Die Größenordnung

Die Büchersammlungen der im heutigen Land Baden-Württemberg gelegenen Klöster und anderer geistlicher und weltlicher Institutionen, die um 1800 aufgelöst worden sind, reichen von den großen und berühmten Bibliotheken etwa der Benediktinerklöster Weingarten und Ochsenhausen oder des Zisterzienserklosters Salem mit jeweils 40–60.000 Bänden bis hin zu den bescheidenen Bücherkontingenten einiger Frauenklöster von weniger als 100 Bänden.[8] Es ist heute nicht mehr möglich, die Gesamtzahl der Bücher aus Säkularisationsbeständen auch nur annähernd zu schätzen oder gar exakt zu bestimmen, jedoch ist sicher, dass unvorstellbar große Büchermassen innerhalb kurzer Zeit verfügbar wurden und bewältigt werden mussten. Wenn man sich vor Augen hält, dass z. B. die Universitätsbibliotheken von Heidelberg und Freiburg, denen innerhalb des badischen Landesteils ein wesentlicher Teil des Abwicklungsgeschäfts zufiel, noch um 1785 selbst nur ca. 12.000 bzw. 36–40.000 Bände, also weniger als manche Klosterbibliothek, besaßen, dass sie über keine ausreichenden Räumlichkeiten und nur über eine höchst unzulängliche Personal- und Finanzausstattung verfügten[9], wird deutlich, dass die Übernahme solcher Büchermengen nicht reibungslos, nicht schnell und erst recht nicht in toto erfolgen konnte.

Bibliotheksprofile

Ebenso schwierig wie die Schätzung des Gesamtumfangs der Bibliotheken ist auch die Erfassung ihres inhaltlichen Spektrums insgesamt und der verschiedenen Orden und Klöster im einzelnen. Es ist selbstverständlich, dass jede Bibliothek eines Klosters, eines Stifts oder einer anderen geistlichen Einrichtung eine ähnliche Grundausstattung mit Bibeltexten und Bibelexegese, theologischen und aszetischen Werken und meistens auch einen größeren Bestand an Predigtliteratur und (kirchen-)geschichtlichen Titeln enthält.[10] Daneben zeigen die einzelnen Orden und Klöster aber durchaus spezifische Bibliotheksprofile, die hier nur in ganz groben Umrissen skizziert werden können.[11]
An erster Stelle hinsichtlich Umfang und wissenschaftlichem Anspruch stehen die gelehrten Orden, im Gebiet des heutigen Landes Baden-Württemberg am Ende des 18. Jhs. vor allem die Benediktiner, etwa St. Blasien mit Schwerpunkt in der Geschichtswissenschaft, St. Peter in den biblischen und naturwissenschaftlichen Fächern, Weingarten auf dem Gebiet der Theologie und Geschichte, besonders der Ordensgeschichte, Wiblingen mit Schulliteratur und Buchkunde,

Ochsenhausen in besonders hervorragender Weise in den Naturwissenschaften, ferner die Zisterzienser in Salem auf historischem Gebiet und in den orientalischen Sprachen, Tennenbach mit einem relativ reichen Bestand an neuerer deutscher Dichtung. Weniger umfangreich, aber nicht unbedeutend waren die Bibliothek der Kartäuser in Freiburg sowie die Bibliotheken der Augustinerchorherren zu den Wengen in Ulm, in Waldsee und St. Märgen, deren Bedeutung allerdings nicht an die Büchersammlungen der bayerischen Stifte dieses Ordens heranreichen.

Buchbestände anderer Zusammensetzung finden sich bei den Orden, deren Schwerpunkte in Erziehung und Seelsorge liegen, wie bei den Prämonstratensern etwa in Schussenried und Weißenau, bei den Jesuiten, vor allem in Freiburg, Rottenburg und Konstanz, auch bei Dominikanern, Augustiner- und Paulinereremiten sowie bei der großen Anzahl von Franziskanern und Kapuzinern, die mit mittleren und kleineren Buchbeständen vertreten sind.

Schließlich bilden eine besondere Gruppe die Büchersammlungen der Frauenklöster. Zwar sind sie in sich nicht homogen – zwischen den Bibliotheken der Zisterzienserinnen in Lichtental oder Kirchheim am Ries und den unscheinbaren Büchersammlungen der Tertiarinnen in Altdorf (Weingarten) oder Unlingen etwa gibt es augenfällige Unterschiede in Inhalt, Quantität und Qualität.[12] Insgesamt aber sind sie deutlich verschieden von den Bibliotheken der Männerorden, denen sie an Umfang und Wissenschaftlichkeit nicht gleichkommen. Jedoch verleiht ihnen der Bestand an deutschsprachigen Werken und an Andachtsliteratur durchaus ein eigenes Gewicht.

Einen anderen Zuschnitt weisen die Bibliotheken der Bischöfe von Konstanz und Speyer in Meersburg und Bruchsal auf sowie die Bibliotheken der Ritterorden, die weitgehend Adelsbibliotheken vergleichbar sind. Schließlich ist noch hinzuweisen auf städtische Bibliotheken mit ihrem oft alten Buchbestand oder auf die Kantonsbibliotheken der Ritterschaft mit ihrem Schwerpunkt auf der juristischen, historischen und genealogischen Literatur, die infolge der Mediatisierung nach 1803 ebenfalls in den Besitz des Staates übergingen.

Mit diesen wenigen Stichworten kann die Vielfalt der südwestdeutschen Bibliothekslandschaft um 1800 allenfalls angedeutet werden; jede einzelne Bibliothek ist ein sehr viel komplexeres Gebilde, in dem nicht nur die Anzahl der Bücher, sondern noch viel mehr das Verhältnis von altem Bestand und aktueller Literatur in den einzelnen Fächern Auskunft über den geistigen Standort der Klöster gibt und ihre individuelle Geschichte widerspiegelt.[13]

Gerade die Zusammensetzung einer Bibliothek und ihre Schwerpunkte sind aber auch ein wichtiger Faktor für ihre Überlieferung. Es versteht sich von selbst, dass die hauptsächlich nicht-geistlichen Erben der Klosterbibliotheken bei ihrer notwendigen Auswahl ganz andere Kriterien anwandten und anwenden mussten als die vormaligen Besitzer. Wie etwa das Beispiel der Deutschordenskommende Altshausen mit ihrem starken Anteil an (französischer) Adelsliteratur zeigt, war das Interesse des württembergischen Königs an solchen Sammlungen weit größer als etwa an den insgesamt viel bedeutenderen Bibliotheken von Zwiefalten, Schöntal oder Schussenried.

Ordnung und Katalogisierung

So verschieden die Inhalte und Besonderheiten der einzelnen Bibliotheken und das Interesse der neuen Besitzer an ihnen waren, so gravierend erwiesen sich auch die Unterschiede in Ordnung und Erschließung der Bücherbestände. Nahezu alle Klöster, die umfangreichere Bibliotheken besaßen, hatten im Lauf des 18. Jhs. in dem zeittypischen Bemühen, das Wissen zu ordnen und in ein rationales System zu bringen, ihre Bestände zu katalogisieren begonnen. Die größten Anstrengungen dazu waren wohl in Salem unternommen worden. In drei Anläufen hatte man dort versucht, die Bücher zu ordnen – um 1739 in einem zweibändigen systematischen Katalog, um 1780 in einem vierbändigen alphabetischen Katalog und um 1800 schließlich in einem fünfzehnbändigen, bis ins Detail systematisierten Katalog, die alle heute noch erhalten sind.[14] Auch in Weingarten hatte ein kenntnisreicher Bibliothekar in regem Gedankenaustausch mit den Buchgelehrten seiner Zeit eine neue Einrichtung seiner Bibliothek konzipiert und die Katalogarbeiten so weit vorangebracht, dass seine Nachfolger 1803, sozusagen in letzter Minute und noch über das Ende des Klosters hinaus, den umfangreichen systemati-

»Registrum Librorum«
Bibliothekskatalog des Dominikanerklosters Wimpfen. Titelblatt mit fiktiver Bibliotheksarchitektur und Klosteransicht, 1688. Hessische Landes- und Hochschulbibliothek Darmstadt, Hs 3319.

Klosterbibliothek Salem
Grundriss des unteren Geschosses des Salemer Bibliothekssaals. Handkol. Zeichnung im Salemer Bibliothekskatalog von 1739. UB Heidelberg, Codex Salemitanus XI, 42, fol. 7.

schen Katalog in 20 Foliobänden fertig stellen konnten. Sie sicherten damit der Nachwelt ein detailliertes Bild der Bibliothek und ihrer Schätze, das die neuen Herren durchaus beeindruckte.[15] Beachtliche Kataloge aus dem 18. Jh. sind auch aus den Klöstern und Stiften Marchtal, Neresheim, St. Märgen, St. Peter i. S., Wengen oder Wiblingen und aus einigen Jesuitenniederlassungen erhalten.[16]

Vielen Klöstern war es jedoch nicht mehr möglich, ihre Bücherkataloge fertigzustellen oder auf den neuesten Stand zu bringen. In Schussenried etwa blieben die Bemühungen um eine neue Systematik in den theologischen Fächern stecken.[17] Manche Kataloge sind auf dem Weg durch die Instanzen verloren gegangen und bis heute verschollen, z. B. in Gengenbach, Bruchsal oder Meersburg.[18] Oft hatten schon die Auflösungskommissionen keinerlei Unterlagen mehr vorgefunden, wie z. B. in der an mittelalterlichen Schätzen überaus reichen Bibliothek von Zwiefalten.[19] Vor allem gilt dies für die vielen kleineren Klöster, deren Bücherbestände so überschaubar waren, dass sie keinen Katalog benötigten oder denen die personellen Möglichkeiten fehlten, einen Katalog zu erstellen. In manchen Klöstern mag auch ein Gedanke mitgespielt haben, den der Bibliothekar des Klosters Einsiedeln später als Grund für den Verzicht auf einen aktualisierten Katalog anführte: *weil ja doch solche Verzeichnisse nur im Fall der weltlichen Verwaltung oder Aufhebung als Inventarien und zur Hinderung allfälliger Rettung gebraucht werden.*[20]

Bei der Auflösung der Bibliotheken ließ man, wo die Kataloge fehlten, die vorgefundenen Bücher durch ehemalige Konventualen oder durch Amtsleute verzeichnen, eine Maßnahme, der wir heute bei manchen Klöstern die einzigen Kenntnisse über die Buchbestände verdanken und die daher eine wichtige Quelle der Bibliotheksgeschichte darstellen. Allerdings darf nicht übersehen werden, dass die Qualität dieser Verzeichnisse vielfach zu wünschen übrig lässt. Bei den fast durchweg engen Zeitvorgaben, die den Katalogbearbeitern eingeräumt wurden, war eine sorgfältige Verzeichnung fast unmöglich; auch fehlte den ehemaligen Ordensleuten verständlicherweise die Motivation, gegen geringe Entlohnung und unter meist schlechten Arbeitsbedingungen zu arbeiten. Während aber kaum irgendwo eine Weigerung, den neuen Herren in die Hände zu arbeiten, aktenkundig geworden ist, machten die Exkonventualen oftmals keinen Hehl daraus, wie gering sie selbst den Wert von Teilen ihrer Bibliothek einschätzten. Bereits um 1780 hatte der gewiss bücherliebende Weingartener Bibliothekar Bommer als Tauschobjekte *ein für allemal Predigten und Theologen* abgelehnt, weil, wie er sich drastisch ausdrückt, *dergleichen Zeugs genug in unserer Bibliothek sind.*[21] Im Kloster St. Georgen in Villingen stellte 1784 der Katalogbearbeiter – entgegen aller monastischen Tradition, nach der die Bibelausgaben und theologischen Fächer den ersten Platz in der Systematik einnehmen – das Fach der *Belles lettres* (in das er neben einzelnen Werken der Dichtkunst auch historische, geographische, grammatische und philosophische Werke einreihte) an die Spitze seines Katalogs.[22] Besonders deutlich wird die veränderte Einstellung zu manchen Fachgebieten im Augustinerchorherrenstift Waldsee, wo die ehemaligen Kanoniker gleich vier Bücherschränke mit über 600 Bänden unverzeichnet ließen, weil sie ihnen *der Mühe nicht werth erschienen, daß sie besonders sollten beschrieben werden*[23], und auch im Paulinerkloster Rohrhalden verzichtete der ehemalige Bibliothekar darauf, eine *Menge alter Postillen, Predigten, Gebethbücher, einzler kleiner Legenden und Länderbeschreibungen, Schulbücher etc.* zu verzeichnen.[24]

Aus solchen Äußerungen wird deutlich, dass die Mönche selbst nicht eine museale Bibliothek, sondern eine mit aktueller Literatur bestückte Büchersammlung als ideal ansahen.[25] Für die Erhaltung der Bücher über die Säkularisation hinweg wirkte sich diese Einstellung und die daraus resultierende selektive und mangelhafte Verzeichnung (etwa auch ohne Erscheinungsjahr der Drucke) sehr negativ aus.

Bibliotheksauflösungen im 18. Jh.

Die Jesuitenbibliotheken

Bereits im Vorfeld des Reichsdeputationshauptschlusses (RDH) sind Bibliotheksauflösungen zu nennen, die für die Bestände der heutigen baden-württembergischen Bibliotheken von nicht unerheblicher Bedeutung sind.

Als 1773 Papst Clemens XIV. den Jesuitenorden aufhob, wurde bestimmt, dass ihr Besitz, darunter auch

die Bibliotheken, an die jeweiligen Landesherren fallen sollte. Demnach gelangten die Bibliotheken von Freiburg, Rottenburg und Konstanz, um nur die Bestände der größeren Niederlassungen zu nennen, an Vorderösterreich. Dem Gesuch der vorderösterreichischen Universität Freiburg um Überlassung von Jesuitenbibliotheken wurde umso eher entsprochen, als der österreichischen Regierung die schlechte Bücherausstattung der Universitätsbibliothek bekannt war.[26] Bedenken wegen des möglicherweise rückständigen oder einseitigen Inhalts scheinen nicht grundsätzlich bestanden zu haben, wenn auch die Universitätsbibliothek bei der Übernahme der Bücher teilweise sehr selektiv und damit gewissermaßen doch auch ideologisch vorging.

Wie subjektiv die Kriterien bisweilen waren und wie unterschiedlich dadurch die Überlieferung der Jesuitenbibliotheken ausfiel, mögen zwei Beispiele illustrieren: Während die Bibliothek des Freiburger Jesuitenkollegs mit ca. 6.000 Bänden vollständig übernommen bzw. mit der Universitätsbibliothek vereinigt und damit eine Öffnung der Bibliothek für Professoren und Studenten überhaupt erst ermöglicht wurde[27], verzeichnete der nach Rottenburg zur Sichtung der dortigen Jesuitenbibliothek abgesandte Bibliothekar Franz Würth (1722–1788), selbst ehemaliger Jesuit, Präfekt und Bibliothekar des Freiburger Jesuitenkollegs, nur einen Teil der Rottenburger Bestände.[28] Er empfahl, nur eine Auswahl davon nach Freiburg zu transportieren, vor allem die *lutherische Bibliothek* sowie die in Freiburg nicht vorhandenen Werke und Dubletten bemerkenswerter Ausgaben, während der übrige *Bücherquark* die Transportkosten nicht aufwiege.[29] Sein Vorschlag wurde akzeptiert, zumal die Schulliteratur für ein projektiertes Gymnasium in Rottenburg und die übrigen Bücher zur Benutzung für die Geistlichkeit am Ort belassen werden sollten. Ein neuer, im Auftrag der vorderösterreichischen Regierung in Freiburg von dem Rottenburger Stadtpfarrer Hassler erstellter Katalog sparte wiederum als unwichtig erachtete Teile der Bibliothek, diesmal die aszetischen Werke, aus.[30] Erst 1791 kamen die von der Universität ausgewählten Bände nach Freiburg, wohin auch ein kleinerer Teil der Feldkircher Jesuitenbibliothek gelangte.[31] Insgesamt verfügt die Universität Freiburg damit über einen repräsentativen Bestand der für die klösterliche Wissenschafts- und Bildungsgeschichte hauptsächlich des 17. Jhs. so bedeutsamen Jesuitenliteratur, während dieser Sektor in den Landesbibliotheken von Stuttgart und Karlsruhe meistens wohl nur indirekt (in der Vermittlung durch die Klöster anderer Orden) vertreten sein dürfte.[32] Die Bibliothek des Konstanzer Jesuitenkollegs hingegen blieb am Ort und wurde dem Gymnasium überlassen, was auch ihr eine relativ gute Erhaltung bis heute sicherte.

Ebenso konnten die Jesuitenbibliotheken in Baden-Baden, Ellwangen, Mannheim und Rottweil weiterhin als Schulbibliotheken genutzt werden. Dass die meisten Jesuitenbibliotheken im heutigen Land Baden-Württemberg als relativ geschlossene Bestände erhalten sind (vielfach an den Buchrücken auch noch erkennbar), verdanken sie wohl hauptsächlich ihrem Schwerpunkt auf Schul- und Unterrichtsliteratur. Das nach der Aufhebung des Jesuitenordens in der Jugendbildung entstandene Vakuum konnte weder im Hinblick auf die personelle und materielle Ausstattung noch im Hinblick auf Unterrichtsziele und -methoden und auf den Fächerkanon kurzfristig ausgeglichen bzw. verändert werden, so dass die Übernahme des Unterrichtsmaterials zunächst geboten schien.

Die Klosteraufhebungen Kaiser Josephs II.

Von den josephinischen Klosteraufhebungen, die zuerst die beschaulichen Orden trafen, wurden im heute baden-württembergischen Gebiet immerhin mehr als 30 Klöster erfasst.[33] Ihre Bibliotheken sind zur Ersparung von Transportkosten und wohl auch, weil man die Wiener Hofbibliothek nicht mit einem Wust von unbrauchbaren »theologischen Ungereimtheiten« überschwemmen wollte, mit Hofdekret vom 23. September 1782 den jeweils nächstgelegenen Lehranstalten des Landes zugesprochen worden. Diese sollten die Büchersammlungen vor Ort selbst verzeichnen oder von den örtlichen Behörden in ein Verzeichnis bringen lassen; ein Duplikat musste nach Wien an die Hofbibliothek geschickt werden, der immer die erste Auswahl zukam.

Bei dem lückenhaften Bestand und der schlechten finanziellen Ausstattung der Universitätsbibliothek in Freiburg war diese Zuwendung höchst willkom-

men, auch wenn sich damit das Gleichgewicht zwischen Altbestand und gezielten Neuanschaffungen ebenso wie zwischen den einzelnen Fächern (zugunsten der Theologie) zunehmend verschob. Bedenken zur Übernahme *von schlechten Aszeten, Casuisten, Dogmatikern und Polemikern, welche die Köpfe der guten Bürger verwirren und ihre Herzen auf irgendeine Weise vergiften könnten*, wurden – anders als in Wien – in Freiburg nicht aktenkundig.[34]
So übernahm die Universität zunächst die Bücher einiger Freiburger Klöster: die Bibliothek der Kartause mit einem auf über 4.000 Bände geschätzten, Bestand (aus dem die Hofbibliothek allerdings ca. 400 Bände anforderte) sowie des Augustinerinnenklosters »zum grünen walde« und des Klarissenklosters. Außerdem erhielt sie Büchersammlungen der Franziskanerinnen- bzw. Tertiarinnenklöster in Ehingen-Krockental, Laiz, Moosheim, Munderkingen, Reute, Riedlingen, Säckingen, Saulgau, Sipplingen, Unlingen, Waldsee und Warthausen, einiger heute in Bayern gelegener Konvente und des Klarissenklosters in Villingen. Im Vergleich mit den Bibliotheken etwa von Zisterzienserinnenklöstern war der Büchervorrat dieser Frauenklöster – entsprechend ihrer Größe und Struktur – im allgemeinen von kleinem Umfang und begrenztem inhaltlichen Spektrum. Während z. B. die Bibliothek des Klosters Gorheim mit ca. 350 Bänden noch relativ gut bestückt war, die durchschnittliche Bibliothek ca. 100–150 Werke umfasste, verzeichnete man in Munderkingen nur ca. 40, in Unlingen gar nur 12 Werke. In der »oberen Klause« in Rottenburg fanden sich überhaupt keine Bücher vor.[35]
Auch wenn sich noch manche Gebets- und Betrachtungsbücher in den Händen der Klosterfrauen und liturgische Bücher in den Kirchen befunden haben dürften und die Angaben über Umfang und Inhalt, die überwiegend von den Aufhebungskommissaren stammen, nicht immer zuverlässig und oft von Vorurteilen geprägt sind, so werfen diese Zahlen doch ein Licht auf die teils sehr ärmliche Bücherausstattung dieser Konvente. Zwar wies diese kaum aktuelle Literatur auf, aber Handschriften und alte Drucke waren über die Jahrhunderte benützt und bewahrt worden. Gerade diese alte, weitgehend deutschsprachige Frömmigkeitsliteratur findet nicht erst heute Beachtung. Vielmehr wurde schon bei der Aufhebung der Klöster die Hofbibliothek in Wien auch in diesen kleinen Beständen fündig und wählte gezielt einzelne Handschriften, Inkunabeln und seltene Drucke aus, so dass einige aus breisgauischen und oberschwäbischen Klöstern stammende Stücke heute in Wien zu suchen sind; der Hauptanteil wird in der Universitätsbibliothek in Freiburg verwahrt.[36]
Größer war die Ausbeute aus den in einem zweiten Anlauf aufgelösten vorderösterreichischen Klöstern, deren Bücher erst nach 1790 an die Universität gelangten. Zu ihnen gehörte vor allem das Augustinerchorherrenstift Waldsee mit einer Bibliothek von ca. 2.500 Bänden, das Franziskanerkloster in Horb mit ca. 750 Bänden, die Paulinerklöster Langnau und Rohrhalden mit ca. 1.800 und 900 Bänden, schließlich das Dominikanerkloster in Freiburg. Während die Bibliothek von Waldsee, über die sich der Bibliothekar der Freiburger Universität (im Gegensatz zu den ehemaligen Chorherren und der Bibliotheksadministration) begeistert äußerte und die gegen den vehementen Widerstand des Waldseer Magistrats abtransportiert werden musste[37], von der Universitätsbibliothek weitgehend geschlossen übernommen wurde, zeichnet sich bei der Paulinerbibliothek von Langnau bereits deutlich die zukünftige Linie ab: nur etwa die Hälfte der Bücher wurde ausgewählt, vor allem Inkunabeln sowie ältere und neueste Drucke, hauptsächlich aus den Fächern der klassischen Autoren, der Polymathia, Geschichte, Naturgeschichte, Jurisprudenz und (erst als letztes Fach) Theologie.[38]

Die Bibliothekssäkularisation nach 1802/1803

Eine Reihe von vorderösterreichischen Klöstern, wie z. B. St. Blasien, St. Märgen, St. Trudpert, St. Peter oder auch Wiblingen, mehrere Franziskaner- und Kapuzinerklöster sowie einige Frauenklöster in Städten waren zunächst der vorderösterreichischen Aufhebung entgangen. Aber nach dem Frieden von Preßburg und nach dem Übergang an die neuen Besitzer traf auch sie der Schlag der Säkularisation und stellte sie den übrigen Klöstern, die bereits unmittelbar nach dem RDH aufgelöst worden waren, gleich. Waren die jesuitischen und die durch die Aufhebungen Josephs II.

und seines Nachfolgers freigewordenen Bücherbestände noch einigermaßen überschaubar gewesen und hatte man aus ihnen mit Bedacht – wenn auch vielleicht bereits mit fragwürdigen Kriterien – eine Auswahl getroffen, so brachten die großen Säkularisierungswellen von 1803/04 bzw. 1805/06 bis 1810/11 einen ungleich größeren Anfall von Büchern mit sich, deren Integration teils in die bestehenden, teils in neugeschaffene Institutionen eine enorme Herausforderung für die staatliche Verwaltung wie auch für das wissenschaftliche bzw. bibliothekarische Fachpersonal bedeutete, das darauf kaum vorbereitet war.
Im benachbarten Bayern, waren dagegen bereits seit 1801 Strategien zur Durchführung der Säkularisation getroffen worden. Dabei sollten die Bibliotheken *eines besonderen Augenmerks für würdig erachtet* werden, wollte man doch einerseits den schädlichen Einfluss, den man dem Schrifttum insbesondere der Bettelorden zumaß, beseitigen, andererseits aber auch das in den Bibliotheken der gelehrten und reicheren Orden schlummernde Potential an alten Schätzen und modernem Wissen nutzen. Aus dieser doppelten politischen Motivation resultierte dann auch das ebenso zielstrebige wie rigorose Vorgehen der bayerischen Auflösungskommissäre, allen voran des Regierungsrats und späteren Hofbibliothekars Johann Christoph v. Aretin, der die treibende Kraft bei der Auflösung der Büchersammlungen war, die Bibliotheken mit zwei weiteren Sachverständigen selbst bereiste und den weitaus größten und bedeutendsten Teil für die Münchener Hofbibliothek sicherte[39].
In Baden und Württemberg nahmen die Bibliotheksauflösungen einen davon verschiedenen, auch zwischen den beiden Ländern sowie den Standesherrschaften durchaus unterschiedlichen Verlauf. Bereits vor dem RDH hatten sich bekanntlich einige Länder, darunter auch Baden und Württemberg, in Separatverträgen mit Frankreich geeinigt und die Entschädigungsfragen geregelt; einzelne Klöster wurden von ihnen bereits 1802 in Besitz genommen.[40] In dem engen Besitz- und Herrschaftsgeflecht im deutschen Südwesten gab es zwischen den beiden Ländern, aber auch mit den Ritterorden, die verschiedene Bettelklöster als Entschädigung zugewiesen bekommen hatten, und mit den Fürsten und Grafen, die im Gebiet des heutigen Baden-Württemberg entschädigt wurden, vielfach Konkurrenzkämpfe um einzelne Klöster, die z. T. einen wiederholten Besitzwechsel erdulden mussten. Für die Bibliotheken war damit immer die Gefahr der Zersplitterung und Zerstreuung der Bestände verbunden.

Bibliotheksauflösungen in Baden

Auch in Baden verliefen die Bibliotheksauflösungen nicht geradlinig.[41] Eine von den Prälatenklöstern im Breisgau offensichtlich gefürchtete Option war ihr Übergang an den Malteserorden. Dies führte dazu, dass das Kloster St. Blasien Verhandlungen mit der Universität Freiburg führte mit dem Ziel, seine Bibliothek der Universität, zumindest pro forma, zu schenken, um sie gegebenenfalls wieder zurückzuerhalten, falls das Kloster weiterbestehen könnte. Auch das benachbarte St. Peter trug sich zunächst mit ähnlichen Gedanken, fürchtete aber, in Konkurrenz mit St. Blasien könnte die Wertschätzung für die eigene Bibliothek gemindert werden. Aus »politischen« Gründen verzichtete schließlich die Universität auf die Schenkung von Seiten des Klosters St. Blasien, um sie von den neuen Herren entgegenzunehmen.
Als 1806 schließlich die Besitzverhältnisse im Breisgau, vor allem zwischen Baden und Württemberg und gegen die Malteser, geklärt waren, verfügte der Großherzog die Aufhebung nahezu aller Klöster seines Landes. Sofort richtete die Universität ein Gesuch an den badischen Hofkommissar in Klostersachen, Karl Maximilian Maler, und bat um Überlassung der Bibliotheken aus den Breisgauklöstern, die von den kurzfristigen Besitzwechseln (mit wenigen Ausnahmen) glücklicherweise kaum tangiert worden waren. Dem Gesuch wurde am 28. November 1806 entsprochen, allerdings musste der Hofbibliothek in Karlsruhe grundsätzlich die erste Wahl aus allen Beständen eingeräumt werden; einige wenige Bibliotheken wurden der Universität Heidelberg zugesprochen.[42]

Die Hofbibliothek in Karlsruhe

Der Bücherbestand der badischen Hofbibliothek in Karlsruhe war auch nach der Zusammenführung der Bibliotheken beider Landesteile (1772) mit ca. 20.000

Bänden, die bis um 1800 auf ca. 30.000 Bände angewachsen waren, im Vergleich zu anderen Hofbibliotheken nicht eben umfangreich zu nennen.[43] Sowohl der seit vielen Jahren in markgräflichen Diensten stehende Friedrich Valentin Molter (1722–1808), seit 1769 Vorstand der Hofbibliothek, der sich mit der Ordnung und Neueinrichtung der Bibliothek und der Organisation des Bibliotheksbetriebs nicht nur große Anerkennung, sondern auch reiche Erfahrung in Bibliotheksfragen erworben hatte, wie auch sein Mitarbeiter und späterer Nachfolger Johann Wilhelm Hemeling (1758–1817) zeigten daher großes Interesse, beim Anfall der säkularisierten Klöster den Bestand der Hofbibliothek »ohne viele Kosten« zu vermehren und die vorhandenen Prachtwerke aus markgräflichem Besitz mit den bisher fehlenden *Quellen, wissenschaftlichen Entdeckungen und literarischen Seltenheiten*, d. h. vor allem mit Handschriften und Inkunabeln, zu ergänzen.[44]

So ist es verständlich, dass ihre Auswahl aus den Bibliotheken der aufgehobenen Klöster und anderer geistlicher Institutionen wesentlich extensiver war als die der Wiener Hofbibliothek nach den vorderösterreichischen Bibliotheksauflösungen. Während damals die Universität Freiburg die obligatorische Vorauswahl der Wiener Hofbibliothek im allgemeinen akzeptiert hatte[45], beklagte sie sich nun in einem Schreiben an den Großherzog, dass in den Bücherkatalogen, die sie vor Ort einholen bzw. erstellen lassen und der Hofbibliothek vorlegen musste, selten *ein bedeutendes und schönes Werk erscheint, welches nicht für die Hofbibliothek vorgemerkt ist*[46], ja, dass die Hofbibliothek sogar nachweislich Stücke auswähle, die sie bereits besitze. Interessant ist die Begründung der Universität, die u. a. auch auf den regionalen Bezug von Bibliotheken und ihren Nutzern abhebt: Die Universität sei eine *Staatsanstalt*, und in der Pflicht des Staates obliege sie *der Bildung der Jugend zum Dienste des Fürsten und Vaterlandes*, vor allem aber müsste es *eine traurige Erinnerung* für die Nachkommen sein, *welchen es bekannt ist, wie viele Bibliotheken einst dieses Land hatte, wenn nichts Bedeutendes von diesen Schätzen der Litteratur und Behelfen der wissenschaftlichen Bildung im ganzen Breisgau übrig bleiben sollte* [...]. Die Beschwerde wurde jedoch als ungehörig abgewiesen und die Universität (anlässlich der Bitte um Überlassung der Bibliothek von St. Trudpert) an ihren Status erinnert: *Alles freye Guth aufgehobener Klöster wird Eigenthum des Staats und des Regenten, und ein anderweiter rechtlicher Anspruch darauf findet nicht statt. Bey deren Verwendung ist die Bereicherung der Hofbibliothek dahier aus den Seiner Königl. Hoheit heimgefallenen Klosterbibliotheken der erste Augenmerk, und wenn die sehr ansehnlichen Reste den Schulanstalten* [hier: der Universität] *überlassen werden wollen, so ist dieses ein reiner Ausfluß der Gnade und der milden Vorsorge Sr. Königl. Hoheit für die öffentliche Bildung.*[47] Insgesamt übernahm die Hofbibliothek schließlich Handschriften, Inkunabeln und neuere Drucke aus 27 Bibliotheken, darunter vor allem den bedeutenden mittelalterlichen Handschriftenbestand aus der Reichenau und aus St. Peter.[48]

Die Universitätsbibliothek in Freiburg

Die Konkurrenzsituation zwischen der Hofbibliothek in Karlsruhe und der Universität Freiburg, zu der zeitweise auch noch die Universität Heidelberg trat, blieb eine Konstante der badischen Bibliotheksauflösungen, die sich bis in die Jahre um 1830 hinzogen. Während die Hofbibliothek, wie die Universität in Freiburg richtig bemerkt hatte, bei ihrer Vorauswahl grundsätzlich die Zimelien auswählte, hatte die Universität Freiburg immerhin einige Möglichkeiten zur Lenkung der Bücherströme, die sie geschickt nutzte. Für den ehemals vorderösterreichischen und überhaupt für den südlichen Teil der Markgrafschaft lag die Abwicklung der Bibliotheksaufhebungen weitgehend in den Händen der Universität, vor allem wegen der aufgrund der Lage der Stadt relativ niedrigen Transportkosten. Da nur wenige Klöster bei ihrer Aufhebung aktuelle Bücherkataloge besaßen, mussten auch jetzt wieder die für die Auswahl der Bücher unerlässlichen Verzeichnisse neu erstellt werden, teils durch örtliche Beamte, teils durch ehemalige Konventualen; bei den ehemals vorderösterreichischen Klöstern beauftragte die Bibliothekskommission der Universität größtenteils ihren Bibliothekskustos, zuweilen auch Johann Leonhard Hug, einen ihrer Professoren, die Bücher am Ort einzusehen, zu verzeichnen, das Geeignete auszuwählen und für den Transport der

brauchbaren Bücher nach Freiburg zu sorgen. Der Kustos Josef Baggati (1756–1823) nahm sich dieser Aufgabe mit großem Eifer an und legte, ähnlich wie die bayerischen Kommissare, ausführliche Berichte über seine Reisen vor.[49] Dass damit eine Vorauswahl getroffen wurde, liegt auf der Hand. Vor allem aber beklagte sich die Karlsruher Hofbibliothek, dass einiges, vor allem Bücher aus St. Trudpert und Handschriften aus St. Peter und St. Blasien, die ihr zustünden, ebenso wie die zugehörigen Verzeichnisse in Freiburg zurückgehalten und überhaupt die Weiterleitung der von Karlsruhe ausgewählten Stücke verzögert werde.[50]

Es ist kein Zufall, dass gerade die Bibliotheken von St. Peter und St. Blasien immer wieder Gegenstand der Auseinandersetzung waren, wusste man doch auf beiden Seiten den Wert dieser reichen Büchersammlungen zu schätzen, die vor allem unter ihren Äbten Philipp Jakob Steyrer bzw. Martin Gerbert systematisch und äußerst sachkundig, bisweilen unter Ausnutzung der Nachgiebigkeit oder der finanziellen Engpässe anderer Klöster (Entfremdung oder Rettung von Büchern?) zusammengetragen worden waren. Insbesondere stieß St. Blasien mit seinem breiten Fächerspektrum, das sich nach Meinung der Bibliothekare deutlich über die übrigen Klosterbibliotheken erhebe, auf großes Interesse.[51] Gerade diese Bibliothek aber konnte Baden nicht vollständig an sich bringen. Da das Kloster wohl von langer Hand seine Transferierung ins österreichische Ausland vorbereitet hatte und über eine Zwischenstation in Spital am Pyhrn schließlich in St. Paul im Lavanttal eine neue Heimat erhielt, gelang es ihm nicht nur, als eines der wenigen Klöster seinen Fortbestand zu sichern, sondern auch, die wertvollsten und für das Selbstverständnis des Klosters wichtigsten Bestände seiner Bibliothek zu retten und sogar Teile der bereits nach Karlsruhe gebrachten Bücher zurückzuerhalten.[52]

Gleichwohl war die Ausbeute für die Universitätsbibliothek immer noch beträchtlich. Bedeutenden Zuwachs sowohl an Umfang wie auch innerem Gehalt brachten jedenfalls auch die anderen Benediktinerklöster, die sich im Süden des Landes konzentrierten, St. Georgen in Villingen, Gengenbach, St. Peter und St. Trudpert, die Zisterzienser in Tennenbach, die bischöfliche Bibliothek in Meersburg oder auch die Zisterzienserinnen in Wonnental und Günterstal, um nur die wichtigsten zu nennen. Dass auch die Klöster der Bettelorden Interessantes zu bieten hatten, zeigt das Beispiel von Kenzingen, wo die Abgesandten der Universität noch vor Aufhebung des Klosters den Bücherbestand inspizierten und sich Teile davon einpacken ließen (wogegen sich das Kloster mit Erfolg wehrte). Zahlreiche Franziskaner- und Kapuzinerklöster und auch die meisten Frauenklöster entgingen jedoch zunächst der Aufhebung; die Büchersammlungen blieben ihnen vorerst noch für Seelsorge und Schulunterricht überlassen. Da die Bücher später vielfach an die örtlichen Gymnasien übergingen, gelangte nur ein relativ geringer Anteil an die Hofbibliothek und an die Universitäten.[53]

Indessen herrschte innerhalb der akademischen Bibliotheken oft Uneinigkeit darüber, was an Klosterliteratur übernommen werden sollte. Bei Büchern, die mit geringem Kostenaufwand zu haben waren, zeigten sich wenig Differenzen, gab es doch in den meisten Fächern noch immer einen großen Nachholbedarf bei allen »öffentlichen« Bibliotheken. Jedoch wurde der mit Kosten verbundene Erwerb jedes Einzelstücks immer ausgiebig diskutiert, was auch grundsätzlichere Positionen offenlegte.

Ein besonders signifikantes Beispiel hierfür bietet der projektierte Ankauf einer *Complutenser Polyglotte*-Bibel aus dem Besitz des Prälaten von St. Trudpert, die dessen Erben 1811 aus seinem Nachlass zur Versteigerung vorgesehen hatten. Offensichtlich war das Angebot sehr günstig und die Verkäufer auch geneigt, das seltene und begehrte Stück der Universität Freiburg zu überlassen. Aber nun hatte die Universität Heidelberg angeblich bereits ein höheres Angebot gemacht, und es schien unerträglich, dass zwei Landesanstalten sich gegenseitig hochsteigerten. So holte man zunächst die schriftlichen Voten der einzelnen Mitglieder der Bibliothekskommission ein. Die Professoren der theologischen Fakultät plädierten dafür, *dieß opus summae raritatis et ornamentum omnium bibliothecarum* auf jeden Fall zu erwerben, und wollten eventuell selbst zur Finanzierung beitragen. Dagegen meldete der für seine aufgeklärte Gesinnung bekannte und nicht zuletzt als Herausgeber der Zeitschrift »Der Freymüthige« vielfach angefeindete Professor und Oberbibliothekar Johann Kaspar Adam

Haec tibi pentadecas tetragonon respicit illud
Hospitium petri ⁊ pauli ter quinq3 dierum.
Namq3 instrumẽtum vetus hebdoas innuit: octo
Lex noua signatur. ter quinq3 receptat vtrunq3.

Vetus testamentũ multiplici lingua nũc primo impressum. Et imprimis Pentateuchus Hebraico Greco atq3 Chaldaico idiomate. Adiũcta vnicuiq3 sua latina interpretatione.

Eine Polyglottbibel
Die Complutenser Polyglottbibel von 1520 aus dem Besitz des Abst Columban II. Christian (1780–1806) von St. Trudpert. Titelblatt und Beginn der Schöpfung. UB Freiburg.

Ruef (1748–1825)[54] seine Bedenken an, da er in der Bibel nur ein Schaustück ohne wissenschaftlichen Nutzen sah; es sei *endlich einmal Zeit, auf neuere und brauchbare Werke bedacht zu seyn.* Ihm schloss sich der bekannte Geschichtsprofessor Karl v. Rotteck (1775–1840) an und brachte die Problematik der Übernahme von Klosterliteratur auf den Punkt: *Daß bey der Acquisition der Klosterbibliotheken die theologischen Fächer ohnehin den unvergleichbar beträchtlichsten Erwerb gemacht haben. Es würde daher unverantwortlich seyn, ihnen auch noch das wenige disponible Geld zuzuwenden* [...] *Unsere Bibliothek ist nicht blos theologische – sie ist Universitäts-Bibliothek,* und er fährt fort: *Wenn wir die bis jetzt befolgten Grundsätze beim Bücherkauf – nämlich vorzugsweise Schaustücke und typographische Seltenheiten anzuschaffen – noch ferner beobachten, so wird die Einrichtung unserer Bibliothek bald derjenigen eines Hauses gleichen, in welchem man etruskische Vasen, aber keinen Kochtopf und Gerätschaften aus Pompeji, aber weder Tisch noch Stuhl fände.*[55]

Die Universitätsbibliothek Heidelberg

Entzündete sich dieser Widerstreit der Meinungen über Funktion und Erfordernisse einer wissenschaftlichen Bibliothek hier an einer relativ geringfügigen Summe von schließlich 10 *Louisd'or*, so standen in Heidelberg ganz andere Dimensionen zur Debatte. Diese Universität fand bei der Verteilung der Klosterbücher,

wie bereits erwähnt, weit weniger Berücksichtigung als Freiburg.[56] Zunächst wurde ihr nur die Bibliothek von Schuttern zugesprochen, später sollten immerhin die Büchersammlungen von Ettenheimmünster, Öhningen, Allerheiligen, Schwarzach, der Reichenau, Teile der Lichtenthaler Bibliothek, die bischöflich-speyerische Bibliothek in Bruchsal sowie, zusammen mit Freiburg, die bischöflich konstanzische Bibliothek in Meersburg und die Bibliothek in Gengenbach zukommen. Besonders im Fall der Reichenau hatte sich jedoch die Hofbibliothek alle Handschriften und einen bedeutenden Teil der Inkunabeln gesichert, aus der Bibliothek von Allerheiligen wählte sie zweimal aus, und auch aus den Büchersammlungen von Schuttern, Ettenheimmünster und Öhningen gelangten, aus jeweils verschiedenen Gründen, wohl kaum oder nur sehr dezimierte Teile der Bestände nach Heidelberg. In Gengenbach hatte nach der Karlsruher Vorauswahl die Universität Heidelberg nahezu dieselben Bücher ausgewählt wie die Universität in Freiburg, so dass sich die Bibliothekare beider Institutionen erst an Ort und Stelle über die Aufteilung einigen mussten.

Als Ursache für die im Vergleich zu Freiburg geringere Ausbeute aus Säkularisierungsgut muss neben den höheren Transportkosten wohl auch die zumindest zu Beginn der Verteilungsaktion eher zögerliche Haltung der Heidelberger bzw. das größere Engagement und die bessere Taktik der Freiburger Universität gesehen werden, die durch die Übernahme der vorderösterreichischen Klosterbibliotheken bereits Erfahrungen gesammelt hatte; möglicherweise wollte man auch einen gewissen Nachholbedarf der im Vergleich zu Heidelberg jüngeren und weniger berühmten Universität ausgleichen, nachdem ihre (seit dem Übergang von Stadt und Universität Freiburg an Baden 1805) gefährdete Existenz als zweite Landesuniversität vorerst gesichert schien.[57]

Dagegen gelang es der Heidelberger Bibliothek 1826/27, vor allem durch die Bemühungen ihres provisorischen Bibliotheksdirektors, des Geschichtsforschers und späteren Karlsruher Archivdirektors Franz Joseph Mone (1796–1871), gegen den Willen des Bibliotheksdirektors Friedrich Christoph Schlosser (1776–1861), sozusagen in der zweiten Runde der Säkularisation, die Bibliothek von Salem um die Summe von 20.000 fl. dem Markgrafen v. Baden abzukaufen.[58] Damit war die größte der an Baden gefallenen Büchersammlungen, der kurz nach der Säkularisation noch die Bibliothek von Petershausen einverleibt worden war, nahezu geschlossen übernommen worden und ist – abgesehen von einzelnen Abgaben und Bücherverlusten und allerdings umfangreichen Dublettenverkäufen – bis heute an einem Ort erhalten geblieben.[59]

Die Lehranstalten

Den meisten der in Baden aufgelösten Klosterbibliotheken war dies nicht vergönnt. Außer den großen Bibliotheken des Landes bemühten sich auch kleinere Institutionen, vor allem die örtlichen Gymnasien, um Klosterbücher und wurden von der Regierung meistens sehr großzügig bedacht. Vielfach erhielten die Universitäten die Anweisung, auf die Bedürfnisse der Schulen Rücksicht zu nehmen und ihnen die Schulliteratur zu überlassen. Dies sparte Transportkosten, diente aber auch den staatlichen Bemühungen um einen Neuaufbau der Jugenderziehung, die ja vor der Säkularisation weitgehend von den Orden getragen worden war. Diese Nutzung bewahrte nicht nur einen beträchtlichen Teil dieser Klosterbücher bis in unsere Zeit, sondern rettete auch eine der Intentionen ihrer früheren Besitzer in andere Zeiten hinüber.

Bibliotheksauflösungen in Württemberg

Dass die Säkularisation in Württemberg einen anderen Verlauf nahm als in Baden, hat verschiedene Gründe, die nicht zuletzt in den Persönlichkeiten der beiden Herrscher, Großherzog Karl Friedrich und König Friedrich, aber sicher auch in der unterschiedlichen konfessionellen Zusammensetzung ihrer Länder lagen, die sich bis hin zu den Bibliotheksauflösungen auswirkten, vor allem aber lagen sie in der Verschiedenheit der Institutionen und Verwaltungsebenen, die mit der Umsetzung der von den Regenten vorgegebenen Richtlinien beauftragt waren.[60]

Die Zentralbibliothek in Ellwangen

Entscheidend war in Württemberg zunächst der Entschluss des Königs, die infolge des RDH 1803 ange-

fallenen Besitzungen nicht in das Herzogtum zu integrieren, sondern in einem eigenen Staat *Neuwürttemberg* mit Ellwangen als Regierungssitz zusammenzufassen. Eine Zentralbibliothek sollte dort die Bücherbestände aller in den neuen Gebieten aufgehobenen Klöster vereinigen.[61]

Während in Stuttgart bereits eine gut ausgestattete und renommierte Bibliothek bestand, die dank der reichen Zuwendungen ihres Gründers, des als Bücherliebhaber bekannten Herzogs Karl Eugen (1728–1793), über einen Bestand von etwa 100.000 Bänden verfügte (womit sie die badische Hofbibliothek in Karlsruhe bei weitem übertraf) und von fünf ausgewiesenen Bibliothekaren verwaltet wurde, musste in Ellwangen erst eine Institution aufgebaut werden, die die Bücher aufnehmen konnte. Als Leiter der neuen Bibliothek wurde Christian Ludwig Schübler (1754–1820) berufen, der letzte Bürgermeister der Reichsstadt Heilbronn vor ihrem Übergang an Württemberg, ein Mann aus der Verwaltung also, aber immerhin eine »Gelehrtennatur« mit hohem Ethos, wie Zeitgenossen von ihm berichten.[62] Er begann seine Arbeit mit Büchern aus den Ellwanger Klöstern, der Jesuitenbibliothek und der Bibliothek der ehemaligen Fürstpropstei. Offensichtlich sah man wie in Bayern und Baden auch hier schon von Anfang an davon ab, die Bibliotheken vollständig zu übernehmen. Jedenfalls sonderten Schübler und sein Mitarbeiter bereits bei der Durchsicht der Jesuitenbibliothek die sog. »schlechten« (vorwiegend theologischen) von den »guten«, für die Zentralbibliothek tauglich erscheinenden Büchern ab.

Außerdem waren die Bibliotheken aus Klöstern in Schwäbisch Gmünd, Groß- und Kleincomburg, Schöntal, Heilbronn, Zwiefalten, Rottenmünster, Rottweil und Weil der Stadt sowie die Bibliotheken der Ritterkantone und die Stadtbibliotheken von Schwäbisch Hall, Heilbronn, Rottweil, Reutlingen und Esslingen für die Zentralbibliothek bestimmt.[63] Da die Verzeichnisse, die die örtlichen Verwaltungen von ehemaligen Konventualen, Pfarrern und Vikaren am Ort oder anderen Hilfskräften anfertigen ließen, oft mangelhaft waren, konnte Schübler kaum einen Überblick über die Bestände gewinnen. Bei den kurzen Fristen, die auch ihm gesetzt waren, den räumlichen Unzulänglichkeiten und angesichts seiner Spezialinteressen wäre ihm eine repräsentative Auswahl oder gar die Bewahrung der Eigenart einzelner Büchersammlungen – selbst wenn dies je intendiert gewesen wäre – wohl kaum möglich gewesen.

Am besten illustriert dies das Beispiel der ehemals so bedeutenden Bibliothek Zwiefaltens, die 1803 wohl nicht mehr in bestem Zustand war.[64] Immerhin wurde ihr Wert bei der Aufhebung des Klosters auf 40.000 fl., den vierthöchsten Posten des Klostervermögens, angeschlagen.[65] Die Verzeichnisse trafen in 28 Einzellieferungen ein[66]; vieles blieb unverzeichnet, so dass zunächst nur die Handschriften und Inkunabeln (die grundsätzlich bei jeder Bibliothek angefordert wurden) und wenige neuere Drucke übernommen wurden, die Masse der Bücher aber zurückblieb.

Die Königlich Öffentliche Bibliothek

Auch andere Bücher gelangten nicht nach Ellwangen, wie das Beispiel des Chorherrenstifts Comburg zeigt. Zwar war auch von dort ein Katalog an Schübler gekommen, ein erster Büchertransport erfolgte aber erst 1805. Inzwischen war der Staatsminister für Neuwürttemberg, möglicherweise im Zusammenhang mit eigenen historischen Forschungen, in Kontakt mit Friedrich David Gräter, dem Rektor des Gymnasiums in Schwäbisch Hall, getreten, der die Sammlung kannte, sie nach Inhalt und »typographischem oder handschriftlichem Wert« zu präsentieren wusste und erreicht hatte, dass die Transporte erst einmal gestoppt wurden. Auch wenn Kurfürst Friedrich im Hinblick auf die Dublettenverkäufe, von denen er sich reichen finanziellen Ertrag versprach, jeden Aufschub ablehnte, ließ er sich doch persönlich auf der Comburg von Gräter die Schätze der Bibliothek vorstellen und war vor allem von den Handschriften und Inkunabeln so angetan, dass er sie der Königlich Öffentlichen Bibliothek in Stuttgart zum Geschenk machte. Erstmals schickte er einen der Stuttgarter Bibliothekare an den Ort selbst, der allerdings unter den noch vorhandenen 3.500 Büchern kaum 50 geeignete Werke fand; jedenfalls nahm er nur die Handschriften und einen Teil der Inkunabeln mit.

Damit bahnte sich eine Wende in der Bibliothekspolitik des Kurfürsten an, die allerdings überwiegend politische Ursachen hatte. Als Friedrich aufgrund des

Preßburger Friedens 1805/06 die volle Souveränität über die neuerworbenen Länder und die Königswürde erlangt hatte, hob er die württembergische Verfassung auf und vereinigte die alt- und neuwürttembergischen Gebiete. Ellwangen verlor damit seine Bedeutung als Verwaltungsmittelpunkt und damit auch die Begründung für seine Zentralbibliothek.
Im Oktober 1806 entschied König Friedrich dann, dass *die ganze Ellwanger Bibliothek sowie alle übrigen noch in Klöstern, Stiften usw. wie z. B. in Comburg* [...] *vorhandenen Werke mit der hiesigen* [Stuttgarter] *Bibliothek vereinigt werden sollen, wo sodann das Unnöthige abgesondert und veräußert* werden könne.[67] Bereits seit August 1806 waren schon aus den Mendikanten- und anderen Klöstern in den ehemals vorderösterreichischen Landen, darunter aus dem Kollegiatstift, dem Kapuziner- und dem Karmeliterkloster in Rottenburg sowie aus einigen Frauenklöstern Kataloge eingeschickt worden. Im Januar 1807 folgte die Mitteilung, dass die Kameralverwaltungen angewiesen worden seien, vollständige Verzeichnisse aus Klöstern in Rottweil, Weil der Stadt, Heilbronn u. a. sowie erneut aus Komburg, Schöntal und Zwiefalten zu übersenden. Im Gegensatz zu den badischen Bibliotheken nahmen jedoch die Stuttgarter Bibliothekare die Nachricht von dem zu erwartenden Bücherzuwachs sehr zurückhaltend auf. Unter Hinweis auf ihre seit langem unzulänglichen Bibliotheksräume baten sie das zuständige Ministerium nachdrücklich, zunächst nur Handschriften und Bücherverzeichnisse, nicht aber die Bücher selbst nach Stuttgart schicken zu lassen. Indessen erkannten andere Institutionen eher, welche Chance sich bot, und bemühten sich sofort um die Zuweisung von Klosterbüchern zur Einrichtung oder Erhaltung von Bibliotheken für die Seminarien des Landes. Zwar wurde ihrem Gesuch entsprochen, allerdings durften sie nur aus dem sog. *unbrauchbaren Rest*, den die Königliche Bibliothek übrig ließ, auswählen.[68]
Zunächst also waren die Stuttgarter Bibliothekare am Zug. Bereits 1808 konnte der Oberbibliothekar der Königlichen Bibliothek, Johann Gottlieb Schott (1751–1813), der für die geschichtlichen Fächer sowie für Handschriften und Inkunabeln zuständig war, berichten, dass die meisten Kataloge bereits durchgesehen und die ausgewählten Bücher größtenteils *eingekommen* seien.[69] Die Ausbeute dürfte allerdings nur gering gewesen sein, fiel das Urteil Schotts über die Klosterbücher doch nicht sehr positiv aus: *Die meisten Bücher gehören zu dem alten Wust von katholischen Klosterbibliotheken und sind für unser Zeitalter zwecklos und unverkäufflich. Sie würden, wenn sie verkauft würden und je einen Liebhaber finden sollten, sich selten über den Preis von 6–12 kr. erheben. Es befinden sich zwar unter denselben einige Bücher vom alten Druck, aber ihr innerer Werth ist äußerst gering.*[70] Vor allem die Büchersammlungen der Frauenklöster, die ja ihre überkommenen Bücher und handgeschriebenen Texte meist lange in Gebrauch behielten, schienen ihm veraltet. So fand er etwa in den Beständen der Dominikanerinnen von Kirchberg, der Benediktinerinnen von Urspring und der Zisterzienserinnen von Rottenmünster angeblich nichts Taugliches.[71]
Nun konnte man von den Bibliothekaren im protestantisch geprägten Altwürttemberg kein besonderes Verständnis für die katholische Gebets- und Erbauungsliteratur erwarten, und auch bei der Auswahl theologischer Fachliteratur boten sich ihnen sicher andere Kriterien als etwa der Universität Freiburg, die nicht nur aus einer völlig anderen Tradition lebte (auch wenn diese an der als aufgeklärt geltenden Universität vielfach einer scharfen Kritik unterzogen wurde), sondern auch ganz konkret die Bücher, die die Professoren der theologischen Fakultät benötigten, bereitstellen musste. Andererseits fand Schott etwa in den Bibliotheken der Dominikaner und Augustinereremiten in Gmünd *eine ziemliche Zahl brauchbarer Bücher besonders in dem theologischen Fach der Römisch-katholischen Kirche*. So scheinen nicht in erster Linie die konfessionellen Unterschiede, sondern ebenso auch – entsprechend den Vorgaben König Friedrichs – finanzielle Aspekte, nämlich die Verkäuflichkeit der Bücher, sowie der Mangel an räumlichen und personellen Kapazitäten die Zurückhaltung bei der Auswahl bestimmt zu haben.
Aufschlussreich für die schwierige Situation des Büchermarkts ist Schotts Gutachten über die Bibliothek der Augustinereremiten in Oberndorf, aus der er bereits 1806 einige Stücke ausgewählt hatte. Als der Bibliotheksraum dort für das Militär gebraucht wurde, musste über die noch ca. 1.200 Nummern umfassende

Kreuzigung
Kanonbild aus dem Weingartener Berthold-Sakramentar (vor 1215). Dieses Spitzenprodukt des Weingartener Skriptoriums gelangte als Folge der Säkularisation über Fulda, Paris und Holkham Hall/Norfolk 1926 nach New York, Pierpont Morgan Library, New York, MS 710, fol. 10v.

Büchersammlung entschieden werden.[72] Schott selbst fand bei der erneuten Durchsicht des Katalogs nur eine einzige brauchbare Inkunabel. Aber auch der Verkauf der Bücher bot keine guten Aussichten, war doch seit mehr als einem Jahr, wie Schott ausführt, *in ganz Schwaben in dem Bücher Handel eine ungewöhnliche Rührung mit Verkäuffen von Bibliotheken aufgehobener Klöster von Seiten der größeren Staten, welche Besizer des Eigenthums dieser geistlichen Corporationen geworden sind. Diese Bibliotheken haben alle* **einen** *Zuschnitt; der Gegenstand und Inhalt der Bücher, so wie derselben Ausgaben gleichen sich, sie haben meistens das iezige Zeitalter, so wie dessen Geschmak überlebt* [...] *Zum Unglük für diese Verkäuffe sind mit den erloschenen Stiftern und Klöstern die beste Abnehmer von solchen Büchern vom Schauplatz abgetretten; denn die auf den Dörfern wohnende katholische Welt-Geistliche lassen sich selten tief in Bücher ein.* So stimmt er dem zuständigen Kreissteuerrat zu, die Bücher nicht am Ort zu verkaufen, sondern die Bibliothek als Ganzes einem Antiquar in Tübingen oder noch besser in Freiburg anzubieten. Aber auch dort waren die Buchhändler seit den badischen Klosteraufhebungen von 1806 bereits mit besseren Angeboten überhäuft. Immerhin bot die Buchhandlung Herder in Rottweil schließlich doch 98 fl. und bekam den Zuschlag.[73]

Inzwischen trafen in Stuttgart neben den Sendungen aus der Ellwanger Zentralbibliothek, die sich noch bis 1810 hinzogen, und den genannten Klöstern noch weit umfangreichere Büchertransporte ein aus Klöstern, die nach 1805, z. T. von anderen Vorbesitzern, an Württemberg gefallen waren. Dazu gehörten die Benediktinerklöster Wiblingen[74] und vor allem Weingarten, das die größte der von Württemberg erworbenen Bibliotheken besessen hatte. An diesem Kloster nun zeigte sich plötzlich ein ganz neues Interesse. Nach Durchsicht der Kataloge äußerten die Stuttgarter Bibliothekare den *gemeinschaftlichen Wunsch* [...], *bey dem vorzüglichen Werthe dieser Sammlung, worin sich die bekannte Gelehrsamkeit jenes Ordens besonders im 16. Jahrhundert ein Denkmal gesezt zu haben scheint* [...] *und die sowohl für die Geschichte nach ihrem weiteren Umfang als für das ganze Gebiet der strengeren Wissenschaften einen biß zur Quelle dringenden Forschergeist ihrer Besitzer verrathen* [...], *jeden auch blos partiellen Verlust dessen zu vermeiden, was als wirklicher Gewinn für dieselbe* [Königliche Bibliothek] *in Anschlag zu kommen scheint.*[75]

Diese hohe Wertschätzung der Bibliothek, die eine vorurteilslose Achtung vor der wissenschaftlichen Leistung der Benediktinermönche erkennen lässt, war – ähnlich wie bei der Salems – nicht zuletzt auch den hervorragenden systematischen Bibliothekskatalogen zu verdanken. Aber der Wunsch nach der möglichst vollständigen Übernahme aller ausgewählten Bücher war hier nicht mehr zu erfüllen, hatten die Fürsten v. Nassau-Oranien, die Weingarten zunächst »geerbt« hatten, doch bereits die *besseren Bücher* und die kostbarsten mittelalterlichen Handschriften nach Fulda gebracht; einzelne Spitzenwerke der Buchkunst sind heute in aller Welt zerstreut.[76] Der zahlenmäßig größere Teil und ein noch immer überaus reicher Bestand an Handschriften, Inkunabeln und neuer wissenschaftlicher Literatur war jedoch am Ort verblieben. Davon kamen 13 Kisten direkt an die Königliche Bibliothek, der große Rest aber wurde, zusammen mit größeren Lieferungen aus Weißenau, Schöntal und Schussenried, komplett nach Stuttgart geschickt und in der Hofkirche zwischengelagert.

Da nun die Aussortierung in den Händen der Bibliothekare lag, die die Bücher in Augenschein nehmen und den Wert der Bücher besser beurteilen konnten als die örtlichen Verwaltungsbeamten und ihre Helfer, hätte dies die Chancen für eine qualifizierte Auswahl deutlich verbessern können, wenn nicht die Räumlichkeiten zu beengt und die Bibliothekare mit der Einordnung und Katalogisierung der Bücher nicht völlig überlastet gewesen wären.

Hinzu kam, dass erneut der König selbst in den Gang der Arbeiten eingriff und ein weiteres Mal seine Bibliothekskonzeption änderte. An der Auswahl der Bücher in der Hofkirche wurde nun plötzlich auch seine Privatbibliothek beteiligt, der künftig die Hauptrolle bei der Übernahme säkularisierter Buchbestände zukommen sollte.

Die württembergische Hofbibliothek in Stuttgart

Die Privatbibliothek König Friedrichs, die spätere sog. *Königliche Handbibliothek* und schließlich *Hofbibliothek*, bot keineswegs günstigere Voraussetzungen, die Integration der Klosterbücher in württembergischen Besitz zu bewältigen. Ihre Anfänge reichen erst

ins Jahr 1808 zurück, als König Friedrich mit Friedrich Lehr (1782–1854) einen jungen Gelehrten in seine Dienste nahm, um von ihm seine etwa 6.700 Bände umfassende Privatbibliothek ordnen, die literarische Korrespondenz führen und sich vorlesen zu lassen. Sammelgebiete waren ursprünglich nicht die sog. Fakultätswissenschaften Theologie, Recht und Medizin, sondern eher die Liebhabereien des Königs, der selbst über die Anschaffung und Aufstellung jedes einzelnen Buchs entschied. 1809, als nach der Aufhebung des Deutschen Ordens das Hochmeistertum Mergentheim von Napoleon der Krone Württembergs direkt zugesprochen wurde, lieferte ihm dies den Rechtstitel, die reichen Bücherbestände von Mergentheim, deren Inhalt seinen eigenen Interessen entsprach, seiner Privatbibliothek zuzuweisen.[77] Sie sollte, wie es scheint, vollständig nach Stuttgart überführt werden. Der Entschluss, mit anderen säkularisierten Bibliotheken ebenso zu verfahren (auch wenn die Rechtsgrundlage dafür nicht gegeben war), ließ die Privatbibliothek nach Umfang und Inhalt schnell dem Rahmen einer privaten Büchersammlung entwachsen. Sie wurde zu einer neuen Institution, der seit etwa 1810 und bis zum Ende der Regierungszeit König Friedrichs grundsätzlich der Vorrang zukam. Ingesamt übernahm sie ca. 40.000 Bände aus Säkularisationsbeständen.[78] Über jeden Arbeitsschritt musste Lehr dem König persönlich Bericht erstatten, der der Bibliothek neue Räume zuwies und die Handschriften und Bücher *in königlichem Glanze in 160 Glaskästen aufstellen ließ*.

Es versteht sich von selbst, dass bei diesem Bemühen, eine repräsentative Büchersammlung aufzubauen, die Eigenart der einzelnen Klosterbibliotheken kaum Beachtung fand, sondern dass – noch stärker als bei der Karlsruher Hofbibliothek – der Blick vor allem auf Handschriften, Inkunabeln, seltene und kostbare Drucke gerichtet war, die noch heute die Zierde der Hofbibliotheksbestände in der heutigen Württembergischen Landesbibliothek ausmachen, während ein großer Teil der theologischen Fachliteratur, die von keiner der Stuttgarter Bibliotheken geschätzt wurde, in 240 Verschlägen in der Hofkirche stehen blieb. Erst 1822 überließ König Wilhelm ein größeres Kontingent von Büchern und sogar Handschriften aus diesen Beständen dem Tübinger Wilhelmsstift zur katholischen Theologenausbildung. Auch die Auflösung der Bibliotheken des Benediktinerklosters Wiblingen und des Augustinerchorherrenstifts Wengen, die nach einem kurzen bayerischen Zwischenspiel an Württemberg gefallen waren und deren Bestände 1813 sortiert wurden, kam nur langsam voran; eine gewisse Sättigung wurde immer deutlicher spürbar. Nur die Bibliotheken des Landkomturs und der Deutschordenskommende Altshausen (aus der von der Großen Königlichen Bibliothek lediglich eine kleine Auswahl getroffen worden war) stieß noch einmal auf größeres Interesse beim König. Er schickte eigens einen Bibliotheksangestellten nach Altshausen, um die Privatbibliothek des Landkomturs käuflich zu erwerben, und wünschte, die übernommenen Bücher vor ihrer Einordnung persönlich zu besichtigen.[79]

Fürsten und Grafen als Erben

Bereits mehrfach wurden neben Baden und Württemberg einige andere Länder und Standesherrschaften erwähnt, die innerhalb des heutigen Landes Baden-Württemberg zunächst oder auf Dauer in den Besitz säkularisierter Klöster kamen. Der Umfang ihrer Erwerbungen ist insgesamt – die Fürsten v. Fürstenberg übernahmen allein 18 Klöster[80] – beträchtlich, auch wenn sich kaum Klöster der gelehrten Orden mit bedeutenden Bibliotheken darunter befanden. Die Auflösung der Büchersammlungen vollzog sich auch hier nicht einheitlich. Meistens wurde den Franziskaner- und Kapuzinerklöstern sowie den Frauenklöstern, die die Hauptmasse der übernommenen klösterlichen Niederlassungen ausmachten, ein langsames Sterben zuteil, das sich auf die Büchersammlungen selten günstig auswirkte. Oft blieben die Bibliotheken am Ort, wurden zweckentfremdet und ausgeplündert und mit den Buchbeständen anderer Institutionen vermischt und dann doch versteigert.[81] Die Bandbreite reicht von dem professionellen und rigorosen Vorgehen Bayerns, das allerdings an den ostschwäbischen Rändern und, was das später württembergische Gebiet von Ulm mit den Bibliotheken der Klöster Wiblingen und Wengen betraf, nicht mehr in seiner früheren Konsequenz vorging[82], bis hin zu den Grafen v. Oettingen-Wallerstein, denen etwa das Zisterzienserinnenkloster Kirchheim eine relativ geschlossene Überlieferung verdankt.[83]

Vielfach versuchten die fürstlichen und gräflichen Häuser, die Aufhebung der Klöster ohne Härten durchzuführen, und behandelten die Konventualen großzügig und verständnisvoll. Da ihre zum Teil gut gepflegten Hofbibliotheken, anders als die der größeren Länder, nicht von säkularisiertem Bibliotheksgut überschwemmt wurden, war ihnen der Zuwachs meistens sehr willkommen. Dies konnte zwar eine vollständigere Übernahme begünstigen; allerdings waren (und sind auch heute noch) die erworbenen Bücherbestände bei finanziellen Engpässen oder nachlassendem Interesse ihrer Besitzer eher gefährdet als in den großen Bibliotheken, die sich zunehmend auch einem größeren (wenn auch meist immer noch beschränkten) Benutzerkreis öffneten und damit auch einer gewissen öffentlichen Kontrolle unterlagen.

Wie verheerend sich solche Interessenverlagerungen auf die materielle und auch »virtuelle« Überlieferung mancher Klosterbibliotheken auswirkten, zeigt vielleicht am eindrücklichsten die Bibliothek von Schussenried, die 1803 den Grafen v. Sternberg-Manderscheid zugesprochen worden war.[84] Über die Bücherbestände wurde zunächst keine Entscheidung getroffen; Graf Franz ließ sogar noch Bücher aus dem ihm ebenfalls zugefallenen Prämonstratenserstift Weißenau nach Schussenried bringen. Als das Kloster dann 1806 unter württembergische Landeshoheit kam, ordnete der neue Besitzer 1809 den Transport der auf etwa 20.000 Bände veranschlagten Bibliothek nach Stuttgart an. Teile von ihr gelangten wohl in die Große Königliche Bibliothek, ein bedeutender Anteil wurde aber auch in die Königliche Privatbibliothek eingeordnet und, wie in Stuttgart üblich, ohne Wahrung der Provenienzzusammenhänge, auf die einzelnen Fächer verteilt. 1814 jedoch forderten die Nachkommen des Grafen Franz v. Sternberg-Manderscheid die Schussenrieder Bibliothek als ihren Besitz zurück und bekamen sie 1819 von König Wilhelm schließlich auch zugesagt.[85] Da keine Übernahmeverzeichnisse vorhanden waren, erwies sich die Aussonderung der Bücher als sehr mühsam, teilweise als unmöglich. Noch 1823/24 wurden ca. 4.000 Bände von den Grafen reklamiert. Zehn Jahre später boten sie dann die gesamte Bibliothek dem Stuttgarter Antiquar Steinkopf zum Kauf an, der sie 1835 übernahm. Damit muss diese Büchersammlung als vollständig verloren gelten, umfassen die in der Stiftszeit begonnenen Kataloge doch nur wenige Beständegruppen, so dass eine Rekonstruktion der Bibliothek oder auch nur eine annähernde Vorstellung davon, für welche Schätze der prachtvolle Bibliothekssaal konzipiert worden war, heute nicht mehr möglich ist.

Ähnlich interessiert waren etwa auch die Grafen v. Waldbott-Bassenheim an ihren neuerworbenen Bibliotheken. Sie beauftragten den ehemaligen Bibliothekar des Klosters Salem, Matthias Schiltegger, der nach der Aufhebung seines Klosters im Zisterzienserinnenkloster Heggbach lebte und dessen Bibliothekssystematik das Interesse des Grafen fand[86], mit der Einrichtung seiner Bibliothek in der ehemaligen Kartause Buxheim. Dorthin ließ er nach und nach auch Bücher aus Heggbach transportieren. Die Schuldenkrise seiner Nachfahren führte dann jedoch immer wieder zu Veräußerungen einzelner Stücke, schließlich zur Pfändung seiner Kunstschätze und damit zum Verkauf der gesamten Bibliothek von Buxheim, in der auch der größte Teil der Heggbacher Büchersammlung aufgegangen war. Auch hier lässt kein Bücherverzeichnis das Ausmaß des Verlusts ahnen.

Ebenso blieben die Bibliotheken, die an die Fürsten v. Thurn und Taxis gelangt sind, nicht geschlossen erhalten; immerhin finden sich Kataloge des 18. Jhs. aus Neresheim und aus Marchtal noch heute in Regensburg, wohin bereits 1817 einige Stücke, später noch weitere Teile der Bibliotheken selbst kamen, nachdem Pläne zum Verkauf der beiden Bibliotheken (1828) nicht realisiert worden waren. Bücher aus Marchtal und einen großen Teil der Neresheimer Bibliothek erhielt im 20. Jh. schließlich das neugegründete Benediktinerkloster in Neresheim als Leihgabe, so dass diese Bestände wieder in ihre alte Funktion zurückgeführt wurden; vieles war jedoch in dem Jahrhundert seit der Säkularisation zerstreut worden oder verloren gegangen, ebenso wie die meisten Bücher des adeligen Damenstifts Buchau oder die Bücher aus den anderen Frauenklöstern, die an Thurn und Taxis gefallen waren.[87]

Städte als Nutznießer

Dass mit der ersten Besitznahme der Klöster der Vorgang der Bibliotheksauflösungen bei weitem nicht

abgeschlossen war, sondern sich bis in die Gegenwart hinein fortsetzt, können jedoch nicht nur die Bibliotheken im Besitz des Adels, sondern auch die von Städten und Gemeinden illustrieren.
Wie bereits erwähnt, bemühte sich der Magistrat mancher Städte um die Bücher der städtischen Klöster. Während sich aber die Städte bei größeren Bibliotheken (wie etwa in St. Georgen/Villingen oder Waldsee) kaum gegen die Konkurrenz der Hof- und Universitätsbibliotheken durchsetzen konnten, blieben ihnen oftmals Bücher, zumindest Restbestände, bisweilen aber auch kostbare Handschriften und Inkunabeln aus den Bibliotheken der Karmeliter, Franziskaner oder Kapuziner und insbesondere der Frauenkonvente überlassen. Der lokale oder regionale Kontext, der sich in den städtischen Klosterbibliotheken viel stärker manifestierte als in den Bibliotheken der großen Klöster außerhalb der Städte[88], konnte so immerhin mancherorts, wie etwa beim Adelhausenkloster in Freiburg i. Br., gerettet werden.[89]
Andererseits mussten jedenfalls in Württemberg 1803, nach der Besitznahme der Reichsstädte, Inventare ihrer Bibliotheken an die Ellwanger Zentralbibliothek eingesandt werden.[90] Im allgemeinen beließ man dann jedoch die Bücher am Ort. Damit sollte die Literaturversorgung von Verwaltung und Lehrerschaft sichergestellt werden. Hinzu kam, dass in manchen Städten, wie z. B. in der 1806 von den Fürsten v. Hohenlohe an Württemberg übergegangenen Stadt Öhringen, eine unklare Rechtsposition den Abtransport der Bücher nicht geraten erscheinen ließ. So ist zumindest ein Gutachten der Stuttgarter Bibliothekare zu interpretieren: Obwohl sie betonten, dass die ehemalige Stifts- und spätere Gymnasiumsbibliothek (die aus Geldern des Stiftsvermögens, Zuwendungen des Fürsten v. Hohenlohe und umfangreichen Büchernachlässen vermehrt worden war) unzweifelhaft Eigentum des württembergischen Königs sei, sahen sie es als *billig* an, die Bücher der Stadt zu überlassen. Allerdings war ihre Meinung, dass *die dem Staat obliegende Sorge der Verstandes Entwicklung* […] *nicht von der Zufälligkeit solcher Stiftungen abhängig sein dürfe*; vielmehr müssten die Büchervorräte zum Nutzen der Allgemeinheit dienen .[91]
Auch etwa die Reichsstadt Ravensburg, die infolge der Mediatisierung 1802 zuerst an Bayern und erst 1810 an Württemberg fiel, konnte im Besitz ihrer Bücher bleiben. Zunächst bemühte sich die bayerische Regierung, die städtische Bibliothek, die nach dem Willen des Magistrats ausschließlich den Protestanten zugänglich gewesen war, auch für den katholischen Bevölkerungsteil zu öffnen und mit entsprechender Literatur, hauptsächlich aus den Ravensburger Klöstern, zu vermehren. Deren Buchbestände waren 1805 aus dem kurzzeitigen Besitz des Deutschen Ordens, der sie am Ort belassen hatte, in städtische Verwaltung übergegangen. Württemberg schließlich schenkte der Stadtbibliothek wohl keine weitere Beachtung und beließ sie samt den Klosterbeständen am Ort.[92]
Die Beispiele ließen sich auch aus dem badischen Landesteil vermehren.
Was jedoch zur Zeit der Säkularisation den Städten und ihren Lehranstalten, denen die Klosterbücher meistens zugeteilt wurden, noch als großer Gewinn erschien, um den zu kämpfen sich lohnte, erwies sich auf Dauer oftmals als überflüssig und überholt, benötigte Platz und Pflege, so dass man auch hier nach einiger Zeit die Bestände wieder verkaufte.[93]

Die kirchlichen Erben

Der Anteil der Äbte und Konventualen

Nicht nur die Hofbibliotheken, staatliche und städtische Bildungseinrichtungen, sondern auch kirchliche Institutionen waren in die Bücherverteilung, wenn auch nie an erster Stelle, einbezogen und profitierten, ebenso wie die in ihrem Dienst stehenden Personen, von den Klosterauflösungen.
Dabei ist zunächst zu fragen: Was blieb den Klöstern selbst, den Klosteroberen und den einzelnen Ordensangehörigen von ihren Bibliotheken? Die Unterschiede sind beträchtlich. So erbat etwa der Abt von St. Peter für sich persönlich nicht einmal zehn Werke, die er aber nur »zum Gebrauch« (wie er enttäuscht bemerkte) zugestanden bekam.[94] Weniger bescheiden zeigte sich der Umfang der Abtsbibliothek des Abts Berthold Rottler von St. Blasien, in der auch die Bibliotheken seiner Vorgänger aufgegangen waren und die er im Wesentlichen nach St. Paul bringen konnte, wohingegen die Wiblinger Abtsbibliothek infolge der

Flucht des Abtes *pleno jure* an Württemberg fiel.[95] Andere Bücher in den Händen von Äbten wurden einer genauen Prüfung unterworfen und mussten von ihren Besitzern als Privateigentum ausgewiesen werden, wie etwa eine Prachtausgabe von Cervantes' Don Quijote, die man aber schließlich dem Abt von Gengenbach belassen musste.[96]
Im württembergischen Landesteil ist ein Einvernehmen mit den Prälaten kaum aktenkundig geworden. Ein gutes Verhältnis bestand dagegen zum Landkomtur von Altshausen, der – wie auch seine großzügig bemessene Pension zeigt – dem Adel und nicht den Prälaten gleichgestellt wurde. Er beeilte sich nicht nur, dem württembergischen König seine Ergebenheit auszudrücken, sondern konnte ihm auch seine Privatbibliothek verkaufen, nachdem er ihm einige Stücke davon legiert hatte.[97]
Hervorzuheben ist, dass in Baden bisweilen auch den Exkonventualen ausdrücklich die Möglichkeit zu kostenloser Bücherauswahl eingeräumt wurde wie z. B. in Allerheiligen; in Öhningen erhielten immerhin die Ortsgeistlichen, die die von der Universität Freiburg ausgewählten Bücher herausgesucht hatten, die verbliebenen Restbestände.[98] Berichtet wird auch, dass einige Konventualen auf ihren Zellen Bücher zu eigenem Gebrauch hatten oder auch horteten, die sie zum Teil auf eigene Kosten angeschafft, zum Teil aber aus der Klosterbibliothek entliehen hatten, oder dass der Abt sie, wie etwa in St. Peter, mit Büchern versorgte, um wenigstens einiges vor dem Zugriff der Aufhebungskommissäre zu retten. Im allgemeinen wurde solcher »Privatbesitz« von der Säkularisation ausgenommen und den Mönchen belassen; in St. Blasien jedoch forderte der mit der Auflösung betraute Kommissar, der ehemalige Johanniterkanzler Joseph Albert v. Ittner, die Rückgabe der Bücher.[99]

Bucherwerb von Ordens- und Weltklerus

Auf jeden Fall stand den Ordensleuten, sofern sie über die finanziellen Mittel verfügten, die Möglichkeit offen, kostengünstig Bücher bei Dubletten- und anderen Verkäufen zu erwerben und ihre Bibliothek damit zu bereichern. So brachte Sales Wocheler, ehemaliger Benediktiner von St. Georgen in Villingen, auf diese Weise eine Sammlung von immerhin 10.000 Bänden zusammen, die er später als Stadtpfarrer von Überlingen der Stadt vermachte und auf der dort die renommierte Rudolph-Sophien-Bibliothek basiert.[100] Erhalten blieb auch das Säkularisationsgut, das über die Privatbibliotheken von Franz Xaver Allgayer, Rektor des Ehinger Gymnasiums, und Friedrich Laun, Pfarrer in Ellwangen und Domkapitular, in das Tübinger Wilhelmstift bzw. in die von Laun initiierte Diözesanbibliothek kam.[101] Hingegen wurden ca. 20.000 Bände, darunter viele Klosterbücher, aus der von Zeitgenossen mit 30.000–50.000 Bänden wohl überschätzten Bibliothek des Johann Baptist v. Keller (1774–1845), des ersten Bischofs von Rottenburg, nach seinem Tod in Frankfurt versteigert.[102]
Schließlich war auch das Interesse einzelner Ortspfarrer an Büchern aus Säkularisationsgut nicht gering. Manche nutzten die Gunst der Stunde und versuchten, ganze Klosterbibliotheken aufzukaufen, wie etwa die der Dominikanerinnen in Kirchberg und die der Benediktinerinnen in Urspring, jedoch war dies, soweit den Akten zu entnehmen ist, eher die Ausnahme.[103] Ein größeres Interesse als bisher in der Literatur vermutet, zeigt sich bei den Dublettenversteigerungen, bei denen neben den Professoren die Pfarrer der Umgebung, oftmals ehemalige Ordensleute, zu den Hauptabnehmern gehörten.[104]

Rettungsversuche einzelner Konvente

Die Grenzen zwischen der Aufstockung des eigenen Bücherbedarfs mit Büchern, die für die künftige Tätigkeit notwendig erschienen, und systematischen Rettungsaktionen der Konvente sind fließend und die Aktionen im einzelnen kaum nachweisbar. Das Beispiel St. Blasiens, das am besten vorbereitete und dank seiner Beziehungen zu Österreich auch erfolgreichste Unternehmen, wurde bereits genannt. Aus den in St. Paul im Lavanttal in reichem Maß überlieferten Beständen des Klosters ist ersichtlich, welcher Teil ihrer Bibliothek den Mönchen für die Weiterführung ihres Klosterlebens am neuen Ort unverzichtbar erschien: die mittelalterlichen Handschriften und alten Drucke, die Schriften zur Tradition ihres Klosters und die Sammlungen zu ihrem berühmten wissenschaftlichen Unternehmen, zur Germania Sacra und zur Geschichte Österreichs, um nur die wichtigsten Gebiete zu nennen.

Ähnlich verfuhr auch das Kloster Wiblingen. Bereits im Vorfeld der Säkularisation verteilte es den wichtigsten Büchervorrat auf verschiedene Personen und Depots. Da aber der Neuanfang im galizischen Tyniez scheiterte, wurden die Bücher, die der Prior und spätere Bischof von Linz mitgenommen hatte – ebenfalls Werke zur Klostertradition, aktuelle theologische Literatur für Ausbildung, Predigt und Seelsorge sowie der bibliothekarische Apparat – weit verstreut. Reste seiner Privatbibliothek, die bei seinem Tod immerhin über 2.000 Bände umfasste, sowie Stücke aus der Klosterbibliothek sind heute u. a. noch in Linz und St. Florian zu finden. Andere Bibliotheksteile wurden in die Klosterpfarreien überführt, wo sie ebenfalls dem Zugriff des Staates entzogen waren.[105]

Pfarrbibliotheken als Bücherhort

Auch andere Klöster sahen in der Einrichtung von Pfarrbibliotheken eine Rettungsmöglichkeit für ihre Buchbestände. Während in Württemberg derartige Transaktionen wohl eher verdeckt vor sich gingen, im allgemeinen aber liegengebliebene Restbestände oder Privatbibliotheken der Pfarrer den Grundstock der zukünftigen Pfarrbibliotheken bildeten, war das Vorgehen in Baden beinahe planmäßig zu nennen. Allen voran hatte sich Abt Ignaz Speckle von St. Peter um diese Verwendung der Klosterbücher bemüht. Nachdem sein Plan zur Übernahme eines Gymnasiums nicht beachtet und der Vorschlag zur Errichtung eines *Hülfs Priester Collegiums* abgelehnt worden war, versuchte er, durch die Einrichtung einer Pfarrbibliothek die Bücher am Ort zu halten. Allerdings wurde – bei aller gegenüber dem Abt gewahrten Höflichkeit – die von ihm getroffene Auswahl der Bücher einer Kontrolle von Regierung und Universität unterzogen und nach Zahl und Inhalt korrigiert. Auch in anderen ehemaligen Klosterpfarreien, wie z. B. in St. Märgen, St. Trudpert, St. Blasien oder Oberried, entstanden Pfarrbibliotheken; vielfach wurden sie mit ausdrücklicher Genehmigung der badischen Regierung und auf Weisung der Universität eingerichtet, die *aus freyer Willkür*, wie sie betonte, den Pfarreien aus ihrem Kontingent (von der Hofbibliothek gewünschte Bücher durften nicht zurückbehalten werden) entbehrlich scheinende Bücher, *Pastoralanleitungen*, Predigtliteratur, katechetische, moralische, aszetische, *ritualische* und kirchengeschichtliche Werke, als Eigentum überließ.[106]

Schweizer Klöster als Fluchtorte und Käufer

Mehrere Wege zur Sicherung von Klosterbüchern führen in die Schweiz. Während die Flüchtungen von Büchern aus St. Blasien wohl nicht mehr im einzelnen aufzudecken sind, ist dokumentiert, dass Mönche aus St. Peter und St. Trudpert, an ihrer Spitze wiederum Abt Ignaz Speckle, Handschriften und Bücher dem grenznahen Benediktinerkloster Mariastein bei Basel vermachten bzw. verkauften, teilweise unter dem Vorbehalt der Rückgabe im Fall einer Wiederherstellung der Klöster. Ein Band aus Schuttern wurde 1829 von Mariastein der Universitätsbibliothek Heidelberg abgekauft. Zusammen mit eigenen Beständen des Klosters kehrten solche Erwerbungen nach längerem »Exil« in Solothurn in jüngerer Zeit wieder nach Mariastein zurück.[107] Weitere Bücher aus süddeutschen Klöstern wurden nach Rheinau verbracht; einige aus St. Peter stammende Stücke gelangten von dort in die Fürstlich Fürstenbergische Bibliothek nach Donaueschingen, verloren erneut ihre Bibliotheksheimat, kamen mit den von Baden-Württemberg 1983 angekauften Handschriften an das Land und sind jetzt wieder mit den Handschriften dieses Klosters in der Badischen Landesbibliothek vereinigt.[108]

Die Klöster der Schweiz dienten demnach nicht nur als Fluchtort, sondern traten selbst aktiv als Käufer auf. So erwarb das Benediktinerkloster Einsiedeln 1823 den reichen Musikalienbestand des Klosters Weingarten für seine eigene Musiksammlung.[109] Belegt ist auch der Ankauf von Büchern aus süddeutschen Klöstern; der spätere Einsiedler Bibliothekar Gall Morel berichtet in seinen Aufzeichnungen von Besitzvermerken anderer Klöster: *Wer damals Zeit und Mittel gehabt hätte, dem wäre es leicht gewesen, für ein Geringes die größten litterarischen Schätze zusammenzubringen*; er selbst erinnere sich noch, *wie um 1810 und folg.* [end] *ganze Wagen voll Bücher aus schwäbischen Klöstern nach Wyl auf den Markt geführt und da nach dem Gewicht verkauft wurden.*[110] Offensichtlich wich man also angesichts der Übersättigung des deutschen Buchmarkts auf das Nachbarland aus, in dem die Klöster noch Bestand hatten.

Klosterbücher zur Bildung der Kleriker

Auf das Interesse einzelner Weltgeistlicher an säkularisiertem Bibliotheksgut wurde bereits hingewiesen. Dennoch hielt man es für notwendig, den Bildungsstand des Klerus insgesamt zu verbessern. Als beste Möglichkeit dazu galt – wie auch schon früher die Überlegungen des Benediktiners Franz Stephan Rautenstrauch (1734–1785) bei der theresianisch-josephinischen Studienreform in Österreich zeigen – weniger die Einrichtung von Pfarrbibliotheken als von Lesegesellschaften bzw. -bibliotheken auf der Ebene der Landkapitel. Sie sollten insbesondere den Landgeistlichen den Zugang zu theologischer sowie allgemeinbildender Literatur erleichtern; gleichzeitig boten sie aber auch die Möglichkeit, die Lektüre zu verordnen und zu überwachen.[111]
Während der Generalvikar des Bistums Konstanz, Ignaz Heinrich v. Wessenberg (1774–1860), in seinem Entwurf zur Finanzierung und Organisation solcher Lesegesellschaften ausdrücklich Bezug nahm auf die aufgelösten Klosterbibliotheken des Breisgaus, die die Landkapitel durch Ankauf vor der Zerstreuung retten könnten (was die badische Regierung aber mit dem Argument ablehnte, die veraltete Theologie der Klöster sei für die Bildung des Klerus nicht geeignet), wollte Benedikt Maria Werkmeister, der führende Kopf des Katholischen Geistlichen Rats in Württemberg, ehemaliger Benediktiner des Klosters Neresheim, vorwiegend neuere theologische Werke für die pastorale Praxis anschaffen und durch einen Pflichtbeitrag der Geistlichen finanzieren lassen. Von Büchern aus Klosterbibliotheken ist hier nicht die Rede. Dennoch finden sich auch in württembergischen Kapitelsbibliotheken alte Drucke aus Klöstern, die möglicherweise wegen ihres geringen Schätzwertes am Ort liegengeblieben waren oder aus den mit den Kapitelsbibliotheken vereinigten Pfarrbibliotheken stammen.[112]
Zur Ausbildung des Theologennachwuchses wurde das Potential der Klosterbibliotheken ebenfalls nur teilweise genutzt. Die heutigen Seminarbibliotheken, die bei der Gründung der Diözesen in der Nachfolge des Konstanzer Bistums neu etabliert werden mussten, weisen immerhin größere, wenn auch stark durchmischte Klosterbestände auf. So erhielt das Priesterseminar in Freiburg bzw. in St. Peter auf Wunsch Bücher unbekannter Anzahl, darunter auch Inkunabeln, aus den bischöflichen Bibliotheken in Bruchsal und Meersburg sowie aus Beständen von Freiburger Klöstern. 1874 schließlich genehmigte das Freiburger Ordinariat, die Pfarrbibliothek von St. Peter mit der Seminarbibliothek (allerdings in gesonderter Aufstellung und mit eigenen Signaturen) zu vereinigen. Aus ihr dürfte denn wohl auch ein großer Teil des heute wieder im Bibliothekssaal aufgestellten Altbestandes von St. Peter stammen, den Speckle so tatsächlich gerettet und (über Umwege) wieder an seinen alten Standort gebracht hat.[113]
Auf württembergischer Seite standen für das zunächst in Ellwangen eingerichtete Seminar die Reste der Zentralbibliothek, ab 1814 weitere säkularisierte Bibliotheken zur Auswahl; ca. 12.000 Bände umfasste dort der Bestand der Seminarbibliothek. Nach der Verlegung der Priesterausbildung nach Tübingen bzw. Rottenburg wurde dieser Bestand zwischen Konvikt und Seminar aufgeteilt; ca. 1.150 Werke kamen 1818 nach Rottenburg, wo sie dann mit Büchern aus Heilbronner und Rottenburger Stifts- und Klosterbibliotheken angereichert wurden.[114] Ebenso reichhaltig war das Angebot für das katholische Konvikt und spätere Wilhelmsstift in Tübingen, wenn auch diese Institution erst an nachgeordneter Stelle ihre Auswahl treffen konnte: Bücher aus Rottenburg, Wolfegg, Uttenweiler, Wiblingen, Wengen, Ellwangen und anderen Klöstern sowie Dubletten der Königlich Öffentlichen Bibliothek flossen dort zusammen. Den größten Anteil an Säkularisationsgut erhielt diese Institution jedoch mit ca. 9.000 Bänden aus dem theologischen Bestand der Königlichen Handbibliothek (darunter mehr als 2.000 Bände aus dem Kloster Weingarten), die König Wilhelm ihm 1822, allerdings unter Eigentumsvorbehalt, überließ und die 1885 auch wieder zurückgegeben wurden.[115]

Privatsammler und Händler

Schließlich rief der Büchermarkt mit seinem üppigen und preiswerten Angebot auch die privaten Sammler auf den Plan, die gleichzeitig zur Rettung und erneuten Zerstreuung der Klosterbibliotheken beitrugen. Einige Personen aus dem kirchlichen Umfeld wurden bereits genannt, die mit Eifer und Sachverstand ihre Bücher-

sammlungen auf- und ausbauten. Aus Säkularisationsgut schöpften jedoch auch jene Gelehrten und Sammler, denen weniger die Rettung der Klosterbestände als die Bewahrung der »Altertümer« insgesamt, vor allem aber der in den Klöstern überlieferten literarischen Denkmäler des Mittelalters, am Herzen lag und die sich um ihre wissenschaftliche Erforschung bemühten.
Zuerst ist hier der Bücher- und Handschriftensammler Joseph Frh. v. Laßberg (1770–1855) zu nennen, der die romantische Begeisterung für die mittelalterlichen Schätze als Zeugnisse nationaler Geschichte wohl mit vielen Zeitgenossen teilte, aber sie an Zielstrebigkeit und Originalität (zuweilen auch Sonderlichkeit) doch übertraf. Seine Bibliothek umfasste ca. 11.000 Drucke und wohl um 300 Handschriften[116], unter denen sich neben seinen berühmten Spitzenstücken auch ganze Bücherkontingente, wie etwa aus dem Franziskanerkloster Hedingen bei Sigmaringen, befanden. Obwohl Laßberg Vorsorge getroffen hatte, seine Sammlungen als geschlossenen Bestand zu erhalten und er sie in den Händen des Fürsten v. Fürstenberg in Donaueschingen gut aufgehoben glaubte, ist dies, wie bekannt, nur auf Zeit gelungen.
Besser erging es den Handschriften und Büchern des Freiburger Professors Johann Leonhard Hug (1765–1846), der mit Laßberg in enger Verbindung (und im Bücheraustausch) stand. Seine ebenfalls beachtliche Sammlung, die ohne das Angebot aus Säkularisationsbeständen nicht denkbar ist, kam nach seinem Tod in die Freiburger Universitätsbibliothek. Ob ihm die Tätigkeit vor Ort bei der Übernahme der Klosterbibliotheken einzelne Stücke verschafft hat – solche Arbeit wurde von badischer Seite zuweilen mit Büchern entlohnt –, ist nicht belegt; einen Überblick über die Klosterbestände hat sie ihm zweifellos gewährt.[117]
Es scheint, dass auch in Württemberg die Büchersammler, die Interesse an säkularisiertem Bibliotheksgut hatten, vielfach aus dem räumlichen Umfeld der Klöster kamen.[118] Solche Sammlungen aus den neuwürttembergischen Gebieten kamen aber kaum den Stuttgarter Bibliotheken, sondern eher kirchlichen Institutionen zu; allerdings sind hier bislang die Käuferschichten und der Bücherfluss nicht im einzelnen untersucht. Insgesamt gelang es selten, die privaten Büchersammlungen – sei es aufgrund der wirtschaftlichen Lage oder aus mangelndem Interesse der Erben – über mehrere Generationen hinweg zu bewahren.
Zu Nutznießern der Bibliothekssäkularisationen, vor allem in der Spätphase, sind schlussendlich auch diejenigen Personen geworden, deren Profession der Handel mit Büchern war. Von den Schwierigkeiten des Buchmarkts war bereits die Rede, aber natürlich verstanden es auch viele Buch- und Papierhändler, von dem reichen Angebot zu profitieren. Vermutlich zählten zu dieser Gruppe etwa auch der Emmendinger *Papirer*, der *alte Bücher in die Stampfe* suchte und von der Freiburger Universitätsbibliothek 36 Zentner *meistens ascetische Werke*, den Zentner zu 1 fl. 12 bzw. 20 kr., erhielt, oder der jüdische Händler, der 1821 der Universitätsbibliothek zwei Handschriften aus der Konstanzer Dombibliothek für 66 fl. verkaufen konnte[119], oder der Donaueschinger Hoffaktor Samuel Rothschild, der 1827 30 fl. bot, um die Pfarrbibliothek von St. Blasien zu erwerben, wogegen der dortige Pfarrer bei seiner kirchlichen Oberbehörde und beim Ministerium des Innern in Karlsruhe mit Erfolg intervenierte.[120]

Joseph Frh. von Laßberg (1770–1855)
Porträt, Lithographie.
FFA Donaueschingen.

Nachlese und Dublettenverkäufe

Wer nun auch immer die klösterlichen Büchersammlungen in Besitz nahm, einige Faktoren sind nahezu allen Bibliotheksauflösungen gemeinsam: Während die mittelalterlichen Handschriften und die Inkunabeln, unabhängig vom Inhalt der Texte, von den Fachgelehrten ab der zweiten Hälfte des 18. Jhs. in ihrem Wert allgemein anerkannt und deshalb zum überwiegenden Teil von den staatlichen Bibliotheken übernommen worden waren, traf man aus den Drucken nur eine mehr oder minder sorgfältige Auswahl. So blieb fast immer ein unaufgelöster Rest von Büchern und neueren Handschriften, die als unbrauchbar angesehen wurden, am Klosterort zurück. Andererseits sammelte sich in allen Empfängerbibliotheken eine große Menge von Dubletten an.

Nun waren die Dubletten, wie bereits schon in den Klöstern[121], ein begehrter, bisweilen umkämpfter Artikel, der bei der schlechten Finanzausstattung der Bibliotheken als Tausch- oder Verkaufsobjekt eine notwendige Einnahmequelle bedeutete. Die Hofbibliothek in Karlsruhe und die Universitätsbibliotheken in Freiburg und Heidelberg konnten die Dublettenverkäufe in eigener Regie durchführen und den Erlös direkt zu Neuanschaffungen und zur Bezahlung von Übernahme- und Transportkosten nutzen. In Württemberg dagegen drängte der König selbst auf die Aussonderung der Doppelstücke, da er sich aus dem Verkauf von Dubletten (ebenso wie aus der Verwertung liturgischer Gewänder und aus der Einschmelzung von Pretiosen aus Klosterbesitz) große finanzielle Gewinne erhoffte; über die Einnahmen konnte die Bibliothek allenfalls teilweise und nur mit höchster Genehmigung verfügen.[122]

Die Masse der Bücher, die mit diesen Verkäufen auf den Markt geworfen wurden, ist enorm, wie die erhaltenen Dublettenverzeichnisse mit jeweils mehreren tausend Nummern zeigen.[123] Die Bücher wurden öffentlich in Zeitungen oder Broschüren, nach Fächern sortiert, angeboten, die Dublettenkataloge aber auch gezielt an auswärtige und ausländische Buchhändler oder Interessenten geschickt, die ihre Wünsche oft mit dem Angebot eigener Tauschexemplare verbanden. Interessant sind die Namen der Käufer, die in manchen Exemplaren der Dublettenverzeichnisse jeweils bei den einzelnen Büchern notiert sind. Während an den Dublettenkäufen um 1790, also nach den josephinischen Klosteraufhebungen, auch noch einzelne Klöster, etwa St. Blasien, St. Peter und St. Trudpert, aber auch Schweizer Klöster wie z. B. St. Urban, beteiligt waren[124], fiel diese Käuferschicht seit den Aufhebungen nach 1803 aus. Die Hauptabnehmer waren nun wohl die Buchhändler, aber auch die Bibliothekare selbst versorgten sich mit der preisgünstigen Literatur; erwartungsgemäß sind auch Professoren, Pfarrer, Lehrer und Studenten, der Adel der Umgebung sowie interessierte Bürger (Pastetenbäcker, Buchbinder, Seifensieder und Trödler) unter den Käufern vertreten. Auch einige prominente Namen wie v. Wessenberg und die badischen Beamten Maler und v. Ittner sind genannt.

In der Freiburger Bibliothek wurden *vielen Büchern, vorzüglich denen, welche in Holz gebunden waren* [...], *theils um den Aufenthalt der Würmer zu zerstören, theils um den Transport zu erleichtern, die Decke abgenommen*. Die abmontierten Messingschließen von Chorbüchern ließen sich einzeln offensichtlich ebenfalls gewinnbringend verkaufen.[125]

Da nicht nur die großen Bibliotheken, sondern auch die übrigen fürstlichen und gräflichen Besitzer ihre Dubletten verkauften, gab es wohl kaum eine Bibliothek, die sich ungeschmälert erhalten hätte. Wenn nun auch nach heutigem Verständnis solche Zerstörungen der Bücher ebenso wie die Zerstörungen der gewachsenen Gesamtstruktur der einzelnen Bibliotheken, auch ihre gründliche Zerstreuung und Verteilung auf viele Einzelpersonen als ein schlimmer Akt der Barbarei erscheint, so muss man doch auch sehen, dass auf diese Weise die Klosterbücher eine breitere Schicht der Bevölkerung erreichten und zu ihrer Bildung beitragen konnten. Auch ist zu bedenken, dass aus wirtschaftlichen Gründen seit Jahrhunderten eine Weiterverwertung aller verfügbaren Gegenstände zur notwendigen Gewohnheit geworden war.

Nicht alle Klosterbücher wurden jedoch so verwertet; nahezu an allen Klosterorten waren Bibliotheksreste zurückgeblieben. Vielfach wurde man erst auf sie aufmerksam, wenn die Räume anderweitig benötigt wurden oder die örtlichen Behörden eine Entscheidung anmahnten. So war fast überall eine Nachlese notwendig. In Württemberg geschah dies nun endlich in

planvoller Weise. Als König Friedrich 1816 starb, nahm sein Nachfolger König Wilhelm I. einige Änderungen in der Organisation der Bibliotheken vor. Er wies die Königliche Privatbibliothek der Krondotation zu und überführte sie damit in das Eigentum des Staates. Damit verlor sie ihre bevorzugte Stellung und wurde mit der Großen Königlichen, jetzt als Königlich Öffentliche bezeichneten Bibliothek unter eine gemeinsame Direktion gestellt. In einem 1820 erstellten »Finalbericht« wird das Ergebnis der vom König angeordneten Erfassung der Restbestände in den neugebildeten vier Kreisen des Landes aufgelistet.[126] Die Verteilung erfolgte nach einer genau festgelegten Reihenfolge, die erstmals auch andere Bildungseinrichtungen des Landes systematisch einbezog: Die Vorhand hatte nun wieder die Öffentliche Bibliothek, deren Bibliothekar mit der Sichtung der unverzeichneten Bestände am jeweiligen Klosterort beauftragt wurde und die angeblich noch einmal 20.000 Bände übernahm; ihr folgte die ehemalige Privatbibliothek, die nur noch wenige Stücke auswählte. Danach kamen die Universität Tübingen, die bereits zu Beginn der Büchersäkularisation, allerdings nur an nachgeordneter Stelle und in geringem Ausmaß, Bücher erhalten hatte[127], und anschließend das katholische Wilhelmsstift, das immer noch einen großen Bedarf an theologischen Werken hatte und umfangreichen Zuwachs erhielt, sowie das evangelische Stift in Tübingen, das Gymnasium in Stuttgart, die übrigen Gymnasien und niederen Seminarien des Landes, sodann Gerichtshof, Regierung und Finanzkammer in Ulm, schließlich die Zentralstelle des landwirtschaftlichen Vereins in Stuttgart. Was nach diesem Revirement noch übrig blieb, wurde meistens als Makulatur an die Papierhändler verkauft; der nach Abzug der Unkosten verbleibende Überschuss kam immerhin nicht in die allgemeine Staatskasse, sondern durfte für die Bedürfnisse der Lehranstalten verwendet werden.

Erhaltung und Verlust

Erschließung der Bestände

Nachdem nun also die Klosterbibliotheken ausgeräumt und die Speicher der staatlichen und kirchlichen Institutionen reich gefüllt waren, war auch die Sorge für die Bücher an die neuen Besitzer übergegangen, die sich dieser Verpflichtung im allgemeinen stellten und sich bemühten, die neuen Bestände einzugliedern und zu erschließen. Auf badischer Seite hob man hervor, dass es *dem Charakter des Regenten und dem Zweck der Sammlung* [der Hofbibliothek] *entspreche, den Gelehrten den Zugang zu diesen Heiligtümern zu erlauben, denn ein toter Schatz ist wahrlich ein unnützer Schatz*. Außerdem sei den Klöstern immer der Vorwurf gemacht worden, *daß ihre Hallen die Gräber so vieler literarischer Seltenheiten seyen.*[128] Um sie aber der Öffentlichkeit präsentieren zu können und sie benutzbar zu machen, waren die Bibliothekare aller Institutionen schon vor Abschluss der Auflösungsaktionen von den Regenten bzw. den nachgeordneten Behörden gedrängt worden, Kataloge zu erstellen. Welche Leistungen dabei erbracht wurden, ist heute kaum noch vorstellbar.

In der Königlichen Handbibliothek in Stuttgart sollen 1817 bereits 50 Katalogbände fertiggestellt gewesen sein, jedoch wird noch 1868 beklagt, dass die Bücher nicht ordentlich aufgestellt und verzeichnet waren. In der Öffentlichen Bibliothek war zu dieser Zeit kaum erst mit einem Gesamtkatalog begonnen worden. Dagegen wurden dort seit 1805/06 nach und nach Fächerkataloge erstellt, die teilweise von beachtlicher Qualität waren, vor allem die Handschriftenverzeichnisse des Bibliothekars Schott. Manche von ihnen sind noch bis heute in Gebrauch, während die Handschriftenbestände der württembergischen Hofbibliothek nahezu vollständig durch moderne Kataloge erschlossen sind. Freilich zerstörte gerade die Einordnung der neuen Bestände in die bereits bestehenden Fächer die Strukturen und die Provenienzzusammenhänge der ehemaligen Klosterbibliotheken aufs nachhaltigste. Dies gilt auch für die Universitätsbibliotheken des Landes, denen eine systematische Aufstellung ebenfalls unumgänglich erschien. Nur in der badischen Hof- und heutigen Landesbibliothek in Karlsruhe sind wenigsten die Handschriften nach ihren Provenienzen aufgestellt worden.

Heute ermöglichen die mit Hilfe der Deutschen Forschungsgemeinschaft und Landesmitteln erstellten Handschriften- und Inkunabelkataloge und die Erfassung der historischen Buchbestände in den Bibliotheken sowie die wissenschaftliche Bearbeitung vieler

Einzelstücke einen guten Zugang vor allem zur mittelalterlichen Klosterkultur mit ihren Kostbarkeiten, die unter staatlicher Obhut nicht nur sorgfältig verwahrt, sondern oftmals durch aufwendige Restaurierungsarbeiten vor materiellem Schaden und Verfall gerettet worden sind.

Verlust von Drucken des 16.–18. Jhs.

Weniger positiv ist die Bilanz für den Bestand der neueren Drucke aus den Klosterbibliotheken. Hier sind durch das mangelnde Interesse an den theologischen Fächern, die das Herzstück fast jeder klösterlichen Büchersammlung bildeten, vor allem bei den Werken des 17. und beginnenden 18. Jhs. sehr große Verluste zu beklagen. Zentnerweise wurden solche als unnützer »Quark« angesehene Bücher, die von den Auflösungskommissionen in den Klöstern zurückgelassen worden waren, als Makulatur verkauft und eingestampft, so dass manche Titel heute kaum noch in den baden-württembergischen Bibliotheken zu finden sind. Die große Masse der als Dubletten verkauften Bücher blieb immerhin dem Bücherkreislauf zunächst erhalten und brachte einen vielfachen, wenn auch nicht messbaren Nutzen für Bildung und Wissen von Einzelpersonen, die ihre Sammlungen jedoch meistens kaum über ihre Generation hinaus sichern konnten. Aber auch diejenigen Werke, die von den großen Bibliotheken übernommen und in ihre Bestände integriert worden waren, sind heute stark dezimiert. Während im zweiten Weltkrieg die Handschriften überall ausgelagert waren und damit gerettet wurden, ist als Folge der Bombenangriffe in der Landesbibliothek Stuttgart ein erheblicher Teil, in Karlsruhe nahezu der ganze Bestand an neueren Drucken vernichtet worden.

Verlust von Bibliothekszusammenhängen

Immens ist schließlich der Schaden, der den Bibliotheken durch die Zerstörung ihrer Existenz als Ensemble oder, wenn man die Raumkonzeption hinzunimmt, als »Gesamtkunstwerk« zugefügt wurde. Nur ganz selten sind Bibliotheken als Ganzes übernommen worden. Dem standen nicht nur die immer wieder von den Bibliothekaren beklagten Raumnöte und der eklatante Personalmangel entgegen, sondern weit mehr noch der mangelnde Sinn für die durch die Jahrhunderte gewachsenen Strukturen und die Individualität einer Klosterbibliothek. Vielmehr bediente man sich der Büchersammlungen, ähnlich der Gebäude eines Klosterkomplexes, sozusagen als Steinbruch zur billigen Beschaffung von Material für bereits vorhandene oder auch neue Einrichtungen; bisweilen fanden die so entstandenen Ruinen eine neue Nutzung, bisweilen aber blieb eine »tabula rasa« zurück, auf die nur noch wenige Spuren hinweisen.

Verlust von bibliothekarischem Wissen

Im Gegensatz zu Bayern wurde auch die Chance zur Nutzung des in den Klöstern vorhandenen bibliothekarischen Wissens weitgehend vertan. Zwar erhielten einige ehemalige Konventualen eine Anstellung in staatlichen oder herrschaftlichen Bibliotheken[129] oder wurden zur Verzeichnung der Klosterbestände herangezogen; nirgends aber setzte man sie an verantwortlicher Stelle ein. Früh wurde in Bayern auch der Wert der alten Klosterkataloge erkannt, die in München gesammelt und genutzt wurden.[130] In Baden-Württemberg sind diese wichtigen Quellen auf viele Bibliotheken und Archive des Landes, teilweise auch außerhalb des Landes verteilt.[131] Wenn nun auch die materielle Existenz der ehemaligen Klosterbibliotheken als verloren gelten muss, so kann doch mit der Sammlung und Erschließung der alten Kataloge wenigstens virtuell die Identität der einzelnen Klosterbibliotheken ebenso wie die Vielfalt und der Reichtum einer ganzen Bibliotheksregion rekonstruiert und »gerettet«, nicht zuletzt auch der kulturellen Leistung und Anstrengung von Generationen von Mönchen Reverenz erwiesen werden.

Freilich haben auch die ehemaligen Besitzer Anteil an der Verschleuderung von Bibliotheksgut: Vernachlässigte Sammlungen, die nicht durch Kataloge erschlossen waren, boten schlechte Voraussetzungen für eine gute Überlieferung. Hinzu kam, dass die traditionellen Inhalte der Bibliotheken dem »Zeitgeist« entgegenstanden und seit den 1770er Jahren im Mittelpunkt heftigster Polemik und Satire protestantischer und außerkirchlicher Aufklärer, aber auch aufgeklärter Kreise innerhalb des Katholizismus, nicht zuletzt auch innerhalb der Klöster selbst standen.

Bibliothekskonzeptionen in alter und neuer Zeit

Schließlich bleibt noch zu fragen, inwieweit die staatlichen Erben auch Konzeptionen und Intentionen übernommen haben, die die Klöster in ihren Bibliotheken realisiert hatten. Die Präsentation eines Gesamtkosmos des Wissens in den Bibliotheken, wie sie sich noch heute in einigen barocken Büchersälen manifestiert, hatte sich auch in den Klöstern längst überlebt; viele Ordensgemeinschaften hatten es jedoch verstanden, die traditionelle Funktion der Bibliothek als Hilfsmittel zu wissenschaftlicher Arbeit und zu Bildung und Ausbildung der Jugend den Erfordernissen der Zeit anzupassen. Die wissenschaftliche und pädagogische Nutzung der übernommenen Klosterbücher für Universitäten, Schulen und für die Klerikerbildung lag auch in der Intention des Staates, in Baden vielleicht mehr als in Württemberg. Zwar sorgten auch in Baden die Verordnungen dafür, dass mit den Zimelien der Klosterbibliotheken in erster Linie das Ansehen und der Glanz der Hofbibliothek vermehrt wurde; an zweiter Stelle stand dann jedoch die Literaturversorgung der Universitäten, danach und teilweise sogar gleichrangig die Ausstattung der Gymnasien, Lehrerbildungsanstalten und Pfarrbibliotheken. Zumindest im Einflussbereich der Universität Freiburg bereiste ein Mann der Wissenschaft oder ein Bücherkenner die Bibliotheken und traf eine vielleicht subjektive und selektive, aber doch insgesamt kompetente Auswahl.

In Württemberg hingegen bestimmte der König selbst bis ins Detail, mit wechselnden Vorgaben und vielfach unter rein finanziellen Aspekten, über die Verwertung der Bücher; den Stuttgarter Bibliothekaren blieb dabei wenig Raum zu eigener Initiative. So profitierten die beiden Königlichen Bibliotheken in größerem Umfang als in Baden von Säkularisationsgut. Einerseits schmückten sie sich mit Handschriften, alten und seltenen Drucken, andererseits aber versorgten sie sich auch mit neuesten Werken aus allen Fächern, die aber in der Hofbibliothek – im Gegensatz zu der in Karlsruhe[132] – zunächst keineswegs einer breiteren Öffentlichkeit zugänglich waren. Erst danach, zum Teil überhaupt erst bei der Nachlese der am Ort liegengebliebenen Reste nach dem Regierungsantritt König Wilhelms, wurden die Universität Tübingen, die Einrichtungen der Theologenausbildung beider Konfessionen, die Seminare und Gymnasien an der Auswahl beteiligt.

Ungünstig wirkte sich in Württemberg auch der vielfache Wechsel der zuständigen Ministerien und Behörden aus. Über weite Strecken vollzogen sich die Bibliotheksauflösungen auf der unteren Verwaltungsebene; nur in Ausnahmefällen, wie z. B. auf der Comburg und in Altshausen, wurden die Bibliotheken vor Ort durch einen Fachmann gesichtet. So bestimmten im allgemeinen weniger bildungspolitische Überlegungen oder bibliothekarische Sachkenntnis als vielmehr räumliche Gegebenheiten, kleinliche Bürokratie und buchhalterische Mentalität, bisweilen auch Schikanen die Bibliotheksauflösungen.

In Bayern hatte der Hofbibliothekar Aretin, dessen Vorgehen wohl rigoroser war als das in Württemberg und erst recht in Baden, immerhin bereits im Vorfeld der Säkularisation ein »Bibliothekskonzept« entwickelt, das die Bibliotheken geistlicher Institutionen ebenso wie Stadt- und Universitätsbibliotheken umfasste und die Einrichtung von Provinzialbibliotheken vorsah. Damit sollte eine flächendeckende Bücherversorgung der Bevölkerung erreicht und der Zusammenhang einer Region mit den dort erwachsenen Beständen erhalten werden. Allerdings sollte dadurch der Gewinn für die Münchener Hofbibliothek nicht geschmälert werden. Insgesamt blieben diese Ideen aber ebenso in den Ansätzen stecken wie die Pläne zur Verwendung der Klosterbücher für die Einrichtung von Ruralkapitelsbibliotheken.[133]

In Baden und Württemberg fehlte es an solchen weiterreichenden Konzeptionen. Die drei großen, jetzt gut bestückten Bibliotheken von Karlsruhe, Freiburg und Heidelberg gewährleisteten immerhin eine geographisch einigermaßen ausgewogene Bücherversorgung. In Württemberg hätte vielleicht die Zentralbibliothek in Ellwangen die Funktion einer Regionalbibliothek übernehmen können, jedoch lagen ihrer Gründung von vornherein keine bildungs- oder bibliothekspolitischen Überlegungen, sondern verfassungsrechtliche, organisatorische und finanzielle Motive zugrunde. Mit der Änderung der politischen Voraussetzungen fand sie deshalb auch ein schnelles Ende. Am gründlichsten und nachhaltigsten wurde wohl die reiche und vielgestaltige oberschwäbische Bibliotheksland-

schaft zerstört. Erst allmählich gewann der Gedanke einer ortsnahen Bücherversorgung für eine breitere Schicht der Bevölkerung an Bedeutung.
Bei allem Bedauern über die vielfältigen Verluste ist jedoch auch zu bedenken, dass Bibliotheken, die ihren Bildungsauftrag erfüllen und ihrer Funktion gerecht werden wollen, keine musealen Gebilde bleiben dürfen. Um Neues aufnehmen zu können und dabei räumliche, finanzielle und personelle Kapazitäten nicht zu überschreiten, mussten sie immer Ballast abwerfen, auch schon zu Klosterzeiten. Ebenso notwendig ist es jedoch, Perspektiven und Konzeptionen zu entwickeln, die es ermöglichen, das in den Büchern verkörperte Erbe und Gedächtnis der Klosterkultur zu erhalten und vor weiterem Ausverkauf zu bewahren.

[1] Eines der spektakulärsten Beispiele ist die Wegführung der Bücherschätze aus der Heidelberger »Palatina« nach Rom im 17. Jh. Zur Problematik von Raub oder Rettung dieser Bestände vgl. *Elmar Mittler/Wilfried Werner* (Hg.), Mit der Zeit. Die Kurfürsten von der Pfalz und die Heidelberger Handschriften der Bibliotheca Palatina. Wiesbaden 1986, 39–43. – Zu grundsätzlichen Fragen der Säkularisierungen, die immer auch Konsequenzen für die Bücher hatten, vgl. *Irene Crusius* (Hg.), Zur Säkularisierung geistlicher Institutionen im 16. und im 18./19. Jh. Göttingen 1996.

[2] Solche Geschichten werden bisweilen bestätigt, vielfach sind sie jedoch zum Topos geworden, vgl. *Gerhard Römer*, Bücher, Stifter, Bibliotheken. Buchkultur zwischen Neckar und Bodensee. Stuttgart/Berlin/Köln 1997, 121.

[3] Vgl. Das Tagebuch von Ignaz Speckle, Abt von St. Peter im Schwarzwald, bearb. von *Ursmar Engelmann*. 3 Bde. Stuttgart 1966–1968, Bd. 2, 222 (Veröff. der Kommission für Geschichtliche Landeskunde in Baden-Württemberg ; A 12–14)

[4] Vgl. den Bericht von Josef Baggati, Kustos der UB Freiburg, vom 17.04.1807, abgedruckt bei *Elmar Mittler*, Die Universitätsbibliothek Freiburg i. Br. 1795–1823. Personal, Verwaltung, Übernahme der säkularisierten Bibliotheken. Freiburg/München 1971, 152.

[5] Vgl. Bericht Baggatis vom 31.03.1807, *Mittler* (wie Anm. 4), 150–152; über den Transport von 29 Bücherschränken, einer Bibliotheksleiter auf Rädern und zwei Schreibtischen von Tennenbach nach Freiburg vgl. seinen Bericht vom 06.07.1807, Universitätsarchiv (= UA) Freiburg A 25/26.

[6] Vgl. *Wilhelm Hoffmann*, Öffentliche und private Bibliotheken, in: Baden-Württemberg. Staat – Wirtschaft – Kultur, hg. von *Theodor Pfizer*. Stuttgart 1963, 402. Der immer wieder erhobene Vorwurf, die Klöster hätten ihre Schätze »vergraben«, trifft so pauschal keineswegs zu; in vielen Klöstern hatten weltliche Gelehrte Zugang zu den Büchern, die auch nach auswärts ausgeliehen und verschickt wurden; andererseits standen auch die sog. öff. Bibliotheken im 18. Jh. meistens nur einer ausgewählten Öffentlichkeit zur Verfügung (vgl. *Peter Schmidt*, Die Universität Freiburg i. Br. und ihre Bibliothek in der zweiten Hälfte des 18. Jhs. Freiburg 1987; siehe auch S. [26f.]).

[7] Vgl. *Klaus Graf*, Der Tradition nicht verpflichtet, in: Badische Heimat 75 (1995), 319–331, aktualisiert in: http://www.uni-koblenz.de/~graf/don.htm.

[8] Die Angaben zu Salem nach freundlicher Auskunft von Dr. Armin Schlechter/UB Heidelberg; zum Umfang des Weingartener Bibliotheksbestandes vgl. *Magda Fischer*, Ordnung und Präsentation des Wissens: Die Bibliothek des Klosters Weingarten zwischen Barock und Aufklärung, in: Rottenburger JKG 21 (2002), im Druck (mit weiteren Literaturangaben). Zu Bestand und Umfang der Frauenklöster siehe S. [4].

[9] Vgl. *Armin Schlechter*, Die Büchersammlung des Klosters Salem, in: *Ders.* (Hg.), Kostbarkeiten gesammelter Geschichte. Heidelberg und die Pfalz in Zeugnissen der Universitätsbibliothek. Heidelberg 1999, 111–124, hier 112; *Mittler* (wie Anm. 4), 27–44, 55; zu dieser Zeit hatte Freiburg bereits Bücher aus einigen Jesuitenklöstern und anderen vorderösterreichischen Bibliotheken übernommen.

[10] Einen allg. Überblick bietet *Ladislaus Bužas*, Deutsche Bibliotheksgeschichte der Neuzeit. Bd. 2. Wiesbaden 1976, 52–62; vgl. auch die exemplar. Untersuchungen von *Alois Schmid*, Die Rolle der bayerischen Klosterbibliotheken im wissenschaftlichen Leben des 17. und 18. Jhs., in: Öffentliche und private Bibliotheken im 17. und 18. Jh. Raritätenkammern, Forschungsinstrumente oder Bildungsstätten. Bremen/Wolfenbüttel 1977, 143–186 (Wolfenbütteler Forschungen; 2); *Harm Klueting*, Klosterbibliotheken im Herzogtum Westfalen am Ende des 18. Jhs., in: ZHF 7 (1980), 77–111; *Dieter Breuer* (Hg.), Die Aufklärung in den deutschsprachigen katholischen Ländern 1750–1800. Kulturelle Ausgleichsprozesse im Spiegel von Bibliotheken in Luzern, Eichstätt und Klosterneuburg. Paderborn u. a. 2000. Zu den Beständen im Einz. vgl. auch *Bernhard Fabian/u. a.* (Hg.), Handbuch der historischen Buchbestände in Deutschland. Bd. 7–9. Hildesheim/Zürich/New York 1994.

[11] Die Aufzählung muss sich auf wenige Beispiele aus dem umfangreichen Aktenmaterial und der inzw. ebenfalls sehr zahlr. Lit. beschränken; kleinere Klöster und Frauenklöster sind bei weitem noch nicht flächendeckend untersucht.

[12] Vgl. Die Handschriften von Lichtenthal, beschr. von *Felix Heinzer* u. *Gerhard Stamm*. Wiesbaden 1987 (Die Handschriften der Badischen Landesbibliothek in Karlsruhe 11); *Arnold Schromm*, Die Bibliothek des ehemaligen Zisterzienserinnenklosters Kirchheim am Ries. Buchpflege und geistiges Leben in einem schwäbischen Frauenstift. Tübingen 1998 sowie z. B. das *Verzeichniß der in dem Kloster Unlingen vorhandenen gedruckten Bücher* (UA Freiburg, A 25/255) mit nur 12 Titeln.

[13] Vgl. z. B. die eindrucksvollen Ergebnisse der Untersuchungen von *Felix Heinzer*, Lichtenthaler Bibliotheksgeschichte als Spiegel der Klostergeschichte, in: ZGO 136 (1988), 35–62, und *Dieter Mertens*, Zum Buchbesitz der Kartause *Mons Sancti Johannis* bei Freiburg i. Br., in: *Sönke Lorenz*, Bücher, Bibliotheken und Schriftkultur der Kartäuser. Stuttgart 2002, 65–81.

[14] UB Heidelberg, Cod. Sal. XI 42–43; Cod. Sal. XI 23–26 und Cod. Sal. XI 27–41, vgl. *Dagmar Jank*, Der Bestand »Historica« der ehem. Bibliothek des Klosters Salem, in: Buch und Wissen 19 (1985), 49–145, sowie *Armin Schlechter*, Gelehrten- und Klosterbibliotheken in der Universitätsbibliothek Heidelberg. Heidelberg 1990, 81–86 (Heidelberger Universitätsschriften 43). Zum bislang unbekannten Bearbeiter des alphabet. Katalogs vgl. *Fischer*, Ordnung und Präsentation (wie Anm. 8).

[15] Heute in der Württembergischen Landesbibliothek (=WLB) Stuttgart, HB XV 108c-w.
[16] Die Kataloge von Marchtal und Neresheim befinden sich heute in Regensburg, die Kataloge von St. Peter und St. Märgen in der UB Freiburg, der Wengener Katalog in der Staatsbibliothek Eichstätt, (vgl. *Hans Radspieler*, Zur Bibliotheksgeschichte des Augustiner-Chorherrnstifts zu den Wengen in Ulm, in: Aus Archiv und Bibliothek. Studien aus Ulm und Oberschwaben. Weißenhorn 1969, 208–239, hier 218–221). Zum Wiblinger Katalog vgl. *Heribert Hummel*, Bibliotheca Wiblingana, in: StMittOSB 89 (1978), 510–570, hier 550–555.
[17] Vgl. WLB Stuttgart, HB XV 124/4, ausführlich beschr. in: *Magda Fischer* (Bearb.), Die Handschriften der Württembergischen Landesbibliothek Stuttgart. Bd. 2,5. Stuttgart 1975, 82.
[18] Vgl. Die Kleinen Provenienzen, beschr. von *Armin Schlechter/Gerhard Stamm*. Wiesbaden 2000, 65, 140 u. 144 (Die Handschriften der Badischen Landesbibliothek Karlsruhe ; 13).
[19] Vgl. *Heribert Hummel*, Eine Zwiefalter Bibliotheksgeschichte, in: *Hermann Josef Pretsch* (Hg.), 900 Jahre Benediktinerabtei Zwiefalten. Ulm 1989, 101–121, hier 116–118.
[20] Vgl. *Gall Morel*, Zur Geschichte der Bibliothek des Stiftes Einsiedeln, Mskr. GM 18, 166, zitiert bei *Odo Lang*, Bibliotheksstatuten, in: StMittOSB 111 (2000), 459.
[21] Vgl. Briefwechsel mit Georg Wilhelm Zapf, 28. Dez. 1781, Staats- und Stadtbibliothek Augsburg, Cod. Aug. 2°, Bd. 423.
[22] Vgl. UB Freiburg, Hs. 312. Als Verfasser des alphabet. Katalogs, der in seiner Anlage nicht eben eine bibliothekar. Meisterleistung ist, nennt sich P. T[heoger] R[ombach], ein damals noch junger Konventuale von St. Georgen.
[23] Vgl. den Waldseer Übergabekatalog von 1788, UA Freiburg, A 25/256, 27v.
[24] Der Katalog (ebd. A 25/266) wurde von dem Expauliner P. Kasimir Stahl angelegt, vgl. *Magda Fischer*, Bibliotheken in südwestdeutschen Paulinerklöstern des 17. und 18. Jhs., in: *Kaspar Elm* (Hg.), Beiträge zur Geschichte des Paulinerordens. Berlin 2000, 63–94, hier 74.
[25] Die Deutschordenskommende in Ulm verbrachte ihre alten Bücher auf einen *Getreidboden*, wo sie vollständig in Vergessenheit gerieten. Erst bei einer Visitation 1788/89 fand man die – inzw. wertvollen – alten Drucke wieder auf, vgl. SAL B 232 Bü 2030, u. *Fischer*, Handschriften (wie Anm. 17), 72.
[26] Vgl. *Schmidt* (wie Anm. 6), 32f.
[27] Vgl. Übergabekatalog im UA Freiburg A 76/65–77.
[28] Vgl. Würths Verzeichnis UA Freiburg A 25/227. – Zu Franz Würth vgl. *Schmidt* (wie Anm. 6), 86–89; zur Verwendung von ehem. Jesuiten als Bibliothekare vgl. *Hermann Haberzettl*, Die Stellung der Exjesuiten in Politik und Kulturleben Österreichs zu Ende des 18. Jhs. Wien 1973, 130–137.
[29] Vgl. *Schmidt* (wie Anm. 6), 33–37; die Kontroversliteratur und der Bestand *Heterodoxi* waren sehr stark vertreten, vgl. *Fischer*, Paulinerbibliotheken (wie Anm. 24), 64.
[30] Vgl. UA Freiburg A 25/268 mit beil. Korrespondenz über seine Katalogisierungsarbeiten. Der Freiburger Bibliothekar Kaspar Ruef wollte sich für die Versetzung des ihm geistesverwandten Pfarrers nach Freiburg verwenden, was Hassler aber ablehnte. Zu Ludwig Anton Hassler (1755–1825), ADB 11.
[31] Vgl. UA Freiburg A 25/227; *Schmidt* (wie Anm. 6), 32–38.
[32] Zur jesuit. Ausrichtung von Bibliotheken auch anderer Orden vgl. etwa *Klueting* (wie Anm. 10), 110 u. ö.; *Fischer*, Paulinerbibliotheken, (wie Anm. 24), 79f.
[33] Vgl. *Hermann Franz*, Studien zur kirchlichen Reform Josephs II. mit bes. Berücksichtigung des vorderösterreich. Breisgaus. Freiburg 1908, 138. Die Angaben differieren zw. geplanter und tatsächlich erfolgter Aufhebung, vgl. auch *Ute Ströbele* im vorl. Band.
[34] Vgl. *Simon Laschitzer*, Die Verordnungen über die Bibliotheken und Archive der aufgehobenen Klöster in Österreich, in: MIÖG 2 (1881), 401–440, hier 415f. und 431; exemplarisch *Christine Tropper*, Schicksale der Büchersammlungen niederösterreichischer Klöster nach der Aufhebung durch Joseph II. und Franz (II.) I., in: MIÖG 91 (1983), 95–150. – Zu Bestand und Übernahme der Bücher durch die Universitätsbibliothek vgl. *Schmidt* (wie Anm. 6), 39–46.
[35] Vgl. Mitteilung an die Universität vom 11.02.1782, UA Freiburg A 25/25.
[36] Mehrere der heute dort verwahrten Prachthandschriften stammen allerdings aus den städt., erst später aufgehobenen Frauenklöstern (siehe S. [20]).
[37] Vgl. Bibliothekar Ruef an das Consistorium, 26.11.1791, UA Freiburg A 25/41. Magistrat und Bürgerschaft von Waldsee hatten den Administrator gezwungen, eine bereits geladene und gewogene Fuhre wieder abzuladen, da sie beim Bischof um ein Weiterbestehen des Chorherrenstifts als weltliches Stift eingegeben hatten (vgl. Berichte vom Febr. 1791, ebd.).
[38] *Vera Sack*, Die Inkunabeln der Universitätsbibliothek und anderer Öffentlicher Sammlungen in Freiburg im Breisgau und Umgebung. Wiesbaden 1985, XXVII–XLII; *Fischer*, Paulinerbibliotheken (wie Anm. 24), 92. – Der Bestand der Dominikanerbibliothek ist nicht ausgezählt, vgl. den Übergabekatalog im UA Freiburg A 107/305.
[39] Vgl. *Paul Ruf*, Säkularisation und Bayerische Staatsbibliothek. Bd. 1. Wiesbaden 1962; *Hermann Hauke*, Die Bedeutung der Säkularisation für die bayerischen Bibliotheken, in: *Josef Kirmeier u. a.* (Hg.), Glanz und Elend der alten Klöster. Säkularisation im bayerischen Oberland 1803. München 1991, 87–97 und die dort gen. Lit.
[40] Vgl. *Hermann Schmid*, Die Säkularisation der Klöster in Baden 1802–1811. Überlingen 1980, u. *Matthias Erzberger*, Die Säkularisation in Württemberg von 1802–1810. Ihr Verlauf und ihre Nachwirkungen. Stuttgart 1902.
[41] Die badische Büchersäkularisation und die Vorgänge in den einzelnen Klöstern ausführlich dargestellt bei *Mittler* (wie Anm. 4), 70–108.
[42] Vgl. ebd., 146f.
[43] Vgl. *Engelbert Strobel*, Aus der Geschichte der badischen Hofbibliothek in Karlsruhe bis zu ihrer Verstaatlichung im Jahre 1872, in: Bad. Heimat 34 (1954), 285–289, hier 287; s. auch *Gerhard Römer*, Der Bericht des Hofbibliothekars […] aus dem Jahr 1838, in: *Birgit Schneider/Felix Heinzer/Vera Trost* (Hgg.), Bücher, Menschen und Kulturen. München 1999, 214–228, hier 220.
[44] Vgl. Gutachten des Karlsruher Hofbibliothekars Friedrich Valentin Molter für den Geh. Rat des Kurfürsten Karl Friedrich, 10.07.1804: GLAK 96/48, zit. bei *Felix Heinzer*, Die Reichenauer Inkunabeln der Badischen Landesbibliothek in Karlsruhe. Ein unbekanntes Kapitel Reichenauer Bibliotheksgeschichte, in: Bibliothek und Wissenschaft 22 (1988), 1–127, hier 4.
[45] Nur einmal hatte sie gezielt um ein Werk über das Konzil von Konstanz gebeten, das die Wiener Hofbibliothek zusammen mit zwei weiteren Titeln aus der Bibliothek des Dominikanerklosters in Freiburg ausgewählt hatte. Offensichtlich verblieb das Werk in Freiburg, vgl. UA Freiburg A 25/41 sowie *Mittler* (wie Anm. 4), 68.
[46] Vgl. Schreiben vom 06.03.1807, GLAK 56/1827.
[47] Vgl. Schreiben des Kabinettsministeriums an die Universität, 02.09. 1808, UA Freiburg B 6/31, sowie die Rechtfertigung der Hofbibliothek für ihre extensive Auswahl, 30.03.1807 (GLAK 56/1827). Unterstützung für ihr Vorgehen erhält die Hofbibliothek von Seiten des Freiburger Professors Dr. Johann Leonhard Hug. Er rühmt nicht nur

die Reichenauer Handschriften als eine enorme Bereicherung für die Hofbibliothek, die ihr einen hervorragenden Platz unter den Höfen von Wien, München und Wolfenbüttel einräumten, sondern er schlägt auch vor, sich um die Bibliothek des Klosters St. Emmeram zu bemühen, da diese sonst doch noch das Los haben könnte, nach München zu wandern (Gutachten vom 06.05.1808. Ebd.).

[48] Vgl. *Strobel* (wie Anm. 43), 287.

[49] Vgl. UA Freiburg A 25/26, und B 6/29 und 6/30, teilw. abgedr. bei *Mittler* (wie Anm. 4), 145–158.

[50] Vgl. Bericht des Hofbibliothekars Hemeling, 05.07.1808 (GLAK 56/1827) und Bericht der Freiburger Regierung vom 30.06.1808, betr. St. Trudpert (Ebd.).

[51] Vgl. Schreiben vom 19.02.1810, UA Freiburg B 6/32.

[52] Vgl. *Gerhard Stamm*, Zur Geschichte der Bibliothek [St. Blasien], in: Das tausendjährige St. Blasien. Ausstellung 1983, Bd. 2, 179 und 196.

[53] So etwa die Bibliothek der Franziskaner in Villingen, aus der die Hofbibliothek nur einige Stücke anforderte. Bei dem 1794 angesetzten Verkauf der Bibliothek erwarb das Haus Fürstenberg bedeutende Teile, darunter auch Hss. und Inkunabeln, die jetzt erneut veräußert und damit zerstreut wurden, vgl. *Babette Stadie*, Katalog der Bibliothek des Franziskanerklosters Villingen. Rekonstruktion, in: Geschichts- und Heimatverein Villingen 21 (1996/97), 36–43; siehe auch S. [20].

[54] Zu Ruef, der zu den bekanntesten Persönlichkeiten der kath. Aufklärung im südl. Deutschland gehörte, vgl. *Schmidt* (wie Anm. 6), 89–95, und die dort gen. Lit.

[55] Vgl. Votum der Bibliothekskommission vom 25.03.1811, UA Freiburg B 6/33; vgl. auch *Mittler* (wie Anm. 4), 60f.

[56] Vgl. *Schlechter* (wie Anm. 14), 15–27.

[57] Vgl. *Sack*, wie Anm. 38, Bd. 1, XLIV). Inwiefern die Diskussionen um den Weiterbestand von zwei bad. Universitäten bzw. die drohende Schließung der Universität Freiburg die Bibliothekspolitik beeinflusst haben, ist bislang nicht im Einz. untersucht. Im März 1806 fragt Ruef bei der Bibliotheksdeputation der Universität an, ob der Druck eines von ihm erstellten Dublettenverzeichnisses lohne, *wenn – quod Superi hominesque advertant – die Universität aufgehoben werden sollte*; im Okt. wurden der Bibliothek aber bereits Bücher aus Günterstal zugewiesen (UA Freiburg B 6/28); im Nov. erhielt sie die Zusage für die Breisgauklöster (s. oben S. [10]). Der Fortbestand der Universität war erst 1819 endgültig gesichert.

[58] Vgl. *Schlechter* (wie Anm. 9), 112f.

[59] Allerdings waren bereits 1808 die astronom. Werke nach Freiburg gelangt; ein Teil der Hss. verblieb mit den Akten in Karlsruhe. Dagegen wurden die Inkunabeln 1831 der Universität noch nachträglich übergeben, vgl. *Schlechter* (wie Anm. 14), 23.

[60] Zur Säkularisation in Württemberg allgemein vgl. *Erzberger* (wie Anm. 40), der zum Teil auch die Bibliotheken berücksichtigt. Für die Bibliotheken vgl. *Christoph Friedrich Stälin*, Zur Geschichte und Beschreibung alter und neuer Büchersammlungen im Königreich Württemberg, in: Württ. Jbb. 1837, Heft 2, 293–387. Zu den Vorgängen bei der Übernahme der Bücherbestände in Württemberg und über die damit befassten Behörden generell (und im Folgenden ohne Einzelbelege) vgl. *Magda Fischer*, »... und muß nun rauben lassen, was wir und unsere Vorfahren gesammelt haben.« Süddeutsche Klosterbibliotheken zwischen Politik und Verwaltung zu Beginn des 19. Jhs., in: *August Heuser* (Hg.), »und muß nun rauben lassen ...« Zur Auflösung schwäbischer Klosterbibliotheken. Stuttgart 1988, 9–42 (Hohenheimer Protokolle; 25)

[61] Vgl. *Wolfgang Irtenkauf*, Die Ellwanger Zentral- und Universitätsbibliothek 1803–1818, in: Ellwangen 764–1964. Beiträge und Untersuchungen zur 1200-Jahr-Feier. 1964, 583–605.

[62] Vgl. *Irtenkauf* (wie Anm. 61), 586f.

[63] Vgl. Bericht von 1803, SAL D 22 Bü 26.

[64] Vgl. *Hummel* (wie Anm. 19), 116; 1778 kamen über den Freiburger Professor Joseph Anton v. Riegger zwei Verschläge mit *auserlesenen und seltenen Büchern* (400 Bände) aus Zwiefalten an die Universität, vgl. UA Freiburg, A 25/45.

[65] Zur Aufstellung der Vermögenswerte vgl. HSAS A 15 Bü 79.

[66] Vgl. *Magda Fischer*, Zur Behörden- und Bestandsgeschichte der Württembergischen Hofbibliothek unter König Friedrich, in: Die Handschriften der Württembergischen Landesbibliothek Stuttgart. Bd. 2,5. Wiesbaden 1975, 109–143, hier 133–135; *Hummel*, Zwiefalten (wie Anm. 19), 118–121.

[67] Für das Folgende vgl. vor allem die Akten der WLB Stuttgart, Dekrete 1806 (hier: Anweisung an die Große Königliche Bibliothek vom 28.10.1806), sowie HSAS E 221 Bü 2699d.

[68] Vgl. Schreiben vom 17.12.1807, HSAS E 221 Bü 2699d.

[69] Vgl. Bericht von Schott über die *Bibliotheken der geistlichen Korporation Schwaben*, 16.01.1808, HSAS E 201 Bü 131.

[70] Vgl. Bericht vom 04.07.1807, HSAS E 221 Bü 2700.

[71] Dennoch wurde den Klosterfrauen von Rottenmünster der Erwerb ihrer Sammlung geistl. Bücher (ca. 30 Titel in 203 Bänden) erst erlaubt, als sich beim Verkaufstermin kein Interessent zeigte: HSAS E 221 Bü 2701/5.

[72] Das Kloster war 1802 zunächst der Universität Freiburg zugewiesen und von ihr auch in Besitz genommen, wenige Monate später ihr aber wieder abgesprochen worden. Sie konnte jedoch einige Stücke aus der Bibliothek nach Freiburg bringen (vgl. *Sack*, wie Anm. 38, Bd. 1, XLII). 1806 erfolgte dann die Aufhebung durch Württemberg.

[73] Vgl. den Katalog von 1806 und die zugehörige Korrespondenz 1807–1808, HSAS E 221 Bü 2700/5; ein weiterer Katalog befindet sich in Ludwigsburg (SAL F 73 Bü 2).

[74] Vgl. *Magda Fischer*, Das Schicksal der Wiblinger Bibliothek in der Zeit der Säkularisation, StMittOSB 106 (1995), 423–456, hier 434f.

[75] Vgl. Gutachten vom 20.01.1810, HSAS E 201 b Bü 99.

[76] Vgl. *Wolfgang Irtenkauf*, Fulda und Weingarten. Zur Säkularisierung der Weingartner Klosterbibliothek, in: *Artur Brall* (Hg.), Von der Klosterbibliothek zur Landesbibliothek. Stuttgart 1978, 339–360.

[77] Vgl. *Heinz Finger*, Untersuchungen zur Geschichte der Bibliothek des Deutschen Ordens in Mergentheim, in: Gutenberg-Jb. 55 (1980), 325–354; 56 (1981), 245–260.

[78] Vgl. *Fischer*, Hofbibliothek (wie Anm. 66), 109–143, mit weiterer Lit.; über den Inhalt der übernommenen Bibliotheken vgl. vor allem *Eugen Jedele*, Zur Geschichte der Kgl. Württembergischen Hofbibliothek wie der ihr einverleibten Stifts- und Klosterbibliotheken, in: Lit. Beil. des Staatsanzeigers für Württemberg. 1913, 9–16, 20–24, 33–39, 49–53.

[79] Vgl. *Fischer* (wie Anm. 60), 32f. (mit weiterer Lit.).

[80] Vgl. *Peter Mašek*, Die Provenienzzusammensetzung der Fürstlich Fürstenbergischen Hofbibliothek in Donaueschingen, in: Schriften des Vereins für Geschichte und Naturgeschichte der Baar 38 (1995), 67–72, hier 68–70; die aufgeführten Provenienzen betreffen größtenteils nicht die Bibliotheken der auf fürstenberg. Territorium liegenden Klöster; vgl. auch *Felix Heinzer*, Zur Geschichte der Fürstlich Fürstenbergischen Handschriftensammlung, in: *Ders.* (Hg.), »Unberechenbare Zinsen«: bewahrtes Kulturerbe. Ausstellung der vom Land Baden-Württemberg erworbenen Handschriften der Fürstlich Fürstenbergischen Hofbibliothek. Stuttgart/Karlsruhe 1993, 5–13, hier 10f.

[81] So etwa die Bibliothek des Paulinerklosters Grünwald, das durch Fürstenberg säkularisiert wurde, vgl. *Fischer*, Paulinerbibliotheken (wie Anm. 24), 93f.

[82] Vgl. *Helmut Gier*, Das Schicksal der Stifts- und Klosterbibliotheken im Bistum Augsburg in der Zeit der Säkularisation, in: Die Säkularisation im Bistum Augsburg 1802–1803. Augsburg 1986, 66–94.

[83] Vgl. *Schromm* (wie Anm. 12).

[84] Vgl. *Fischer*, Hofbibliothek (wie Anm. 66), 130–132.
[85] Vgl. *Helmut Binder*, Eine Prämonstratenser-Bibliothek in alle Welt zerstreut: Weißenau, in: »...und muß nun rauben lassen...« (wie Anm. 60), 57–68, hier 66.
[86] Vgl. *Jank* (wie Anm. 14), 73; zu Schilteggers Katalog siehe oben S. [4]. Vgl. auch *Otto Beck*, Die Reichsabtei Heggbach. Kloster. Konvent. Ordensleben. Ein Beitrag zur Geschichte der Zisterzienserinnen. Sigmaringen 1990, 451 u. ö.
[87] Vgl. Handbuch der historischen Buchbestände in Deutschland 12: Bayern, hg. von *Eberhard Dünninger*, bearb. von *Irmela Holtmeier Birgit Schäfer.* Hildesheim/Zürich/New York 1996, 248f. und 257; *Bernhard Theil*, Das (freiweltliche) Damenstift Buchau am Federsee. Berlin/New York 1994, 38–42 (Germania Sacra NF ; 32). – Über die Bibliotheksauflösungen der Fürsten v. Hohenzollern-Sigmaringen, vgl. *Otto Becker*, im vorl. Band.
[88] Auch diese Klosterbibliotheken waren selbstverständlich nicht ohne regionale Bezüge, wie z. B. die »landesgeschichtlichen« Werke, etwa in St. Blasien oder die hagiograph. und die Wallfahrtsliteratur zeigen. Zudem werden in jeder Büchersammlung mit Besitzeinträgen und Lesespuren regionale Bezüge fassbar.
[89] Zur Bedeutung lokaler Zusammenhänge für kunstgeschichtl. oder auch frömmigkeitsgeschichtl. Forschungen vgl. *Angela Karasch*, Verborgene Pracht. Illuminierte Handschriften in Freiburger Sammlungen, in: Verborgene Pracht. Mittelalterliche Buchkunst aus acht Jahrhunderten in Freiburger Sammlungen. Katalog der Ausstellung des Augustinermuseums Freiburg. Lindenberg 2000, 9–33, hier 31.
[90] Gen. sind die Stadtbibliotheken von Hall, Heilbronn, Gmünd, Rottweil, Reutlingen und Eßlingen, vgl. SAL D 22 Bü 26, sowie *Stälin* (wie Anm. 60), 363–368.
[91] Vgl. Berichte und Gutachten von Nov. 1811 und Juli 1821 sowie den Katalog der Öhringer Bibliothek (HSAS E 221 Bü 2701).
[92] Vgl. Handbuch (wie Anm. 10). Bd. 8, 200.
[93] In Offenburg z. B. kam zwar ein 1926 und 1940 beschlossener Verkauf nicht zustande (vgl. ebd., 183f.); jedoch hatte bereits 1879 das Kloster Engelberg Inkunabeln erworben (vgl. Katalog der Inkunabeln in der Stiftsbibliothek Engelberg, bearb. von *Sigisbert Beck*, in: StMittOSB. Ergänzungsbd. 27. St. Ottilien 1985, 22).
[94] Vgl. *Speckle* (wie Anm. 3), Bd. 2, 213. Nach seinen Tagebuchaussagen lag auch ihm ein Angebot des Wiener Hofs vor, den Konvent nach Österreich zu verlegen und den Unterricht dort zu übernehmen, wofür er im Konvent aber keinen Rückhalt fand (vgl. Ebd., 227f.).
[95] Die teilw. umfangreichen Abtsbibliotheken wurden sowohl von Baden wie von Württemberg grundsätzlich als Privatbesitz anerkannt und verblieben den Besitzern. Während Abt und Konvent von St. Blasien zumindest mit nachträgl. Billigung des Landesherrn das Land verließen, wurde die Flucht des Abts von Wiblingen als illegal angesehen, vgl. *Stamm* (wie Anm. 52), 190 und 199f., sowie *Fischer*, Wiblingen (wie Anm. 74), 426 und 434.
[96] Vgl. Protokolle vom 08.12.1807 und 05.06.1808, GLAK 56/1827.
[97] Vgl. *Magda Fischer*, Zur Geschichte der Deutschordensbibliothek in Altshausen, in: ZWLG 47 (1988), 266.
[98] Vgl. *Schlechter* (wie Anm. 14), 17; *Mittler* (wie Anm. 4), 87.
[99] In einem Inventar des Stifts Allerheiligen von 1804, SA Freiburg B 1120/2 Nr. 3, ist die nicht unerhebliche Anzahl von Büchern in den Zellen der einz. Chorherren vermerkt, die sich zw. 7 u. 400 Bänden bewegt; zu den (viel kleineren) Bücherkontingenten der Pauliner in Rohrhalden; vgl. *Fischer*, Paulinerbibliotheken, wie Anm. 24), 89. Zum Vorgehen Ittners vgl. *Mittler* (wie Anm. 4), 89, und *Speckle* (wie Anm. 3), 98.
[100] Vgl. *Hermann Schmid*, Franz Sales Wocheler, ehemaliger Stadtpfarrer von Überlingen, in: FDA 97 (1977), 565–568.
[101]. Vgl. *Heribert Hummel*, Zum kirchlichen Anteil der Auflösung von Klosterbibliotheken im Zeitalter der Säkularisation, in: *Heuser*, »...und muß nun rauben lassen...« (wie Anm. 60), 43–55, hier 53f.
[102] Vgl. *Hubert Wolf*, Habent sua fata libelli. Bischof Johann Baptist von Keller. Ein geistlicher Bücherfreund und das Schicksal seiner Bibliothek, in: Rottenburger JKG 5 (1986), 353–356. Die Bibliothek erbrachte 34.314 fl., eine Summe, die bei Bibliotheksverkäufen in Baden und Württemberg nie erzielt worden war.
[103] Vgl. Bericht vom 15.06.1807, HSAS E 221 Bü 2700 (betr. Kirchberg) und vom 18.04.1807, Ebd. Bü 2701 (betr. Urspring); die Pfarrer waren ehem. Ordensgeistliche aus Rot a. d. Rot bzw. Wiblingen; vgl. auch *Hummel* (wie Anm. 101), 52.
[104] Siehe S. [26].
[105] In Unterkirchberg, wo der vormals für die Wiblinger Bibliothek zuständige P. Amandus Storr seit 1799 Pfarrer war, hatte dieser eine Bibliothek zusammengetragen, die weit über den Rahmen einer Pfarrbibliothek hinausging, vgl. *Fischer*, Wiblingen (wie Anm. 74), 436–440; in der Wiblinger Pfarrbibliothek fanden sich noch ca. 100 alte Drucke mit Wiblinger Besitzvermerken, vgl. *Bernd Breitenbruch*, Schule, Studium und Wissenschaft in der ehemaligen Benediktinerabtei Wiblingen, in: StMittOSB 106 (1995), 175–199, hier 177.
[106] Vgl. Schreiben der Universität an Baggati, 16.12.1806 und 12.03. 1807, UA Freiburg B 6/28 und B 6/29. – Zur Pfarrbibliothek von St. Peter vgl. das Verzeichnis GLAK 102/27 (siehe auch [S. 20]. – In St. Blasien wurden die 1.500 Titel, die ursprünglich vorgesehen waren, auf 300 reduziert, ca. 200 sind noch erhalten, vgl. das Verzeichnis UA Freiburg A 25/327; *Mittler* (wie Anm. 4), 90; *Stamm* (wie Anm. 52), 199. Auch in Oberried, der ehem. Propstei von St. Blasien, befinden sich noch zahlr. Bücher aus St. Blasien, darunter auch Inkunabeln. Die alte Pfarrbibliothek von St. Märgen ist zwar verbrannt, jedoch gelangten über die Nachlässe der Pfarrer wiederum einige Bücher aus anderen Klöstern dorthin. Eine syst. Erfassung der in Klosterpfarreien noch vorhandenen Bücher ist angesichts der Auflösung von Pfarrzentren ein dringendes Desiderat.
[107] Vgl. *Lukas Schenker*, Zur Bibliotheksgeschichte des Benediktinerklosters Mariastein, in: StMittOSB 112 (2001), 369–382, hier 372f. und 380f. U.a. verkaufte Speckle auch die Bücher aus dem Nachlass seines Mitkonventualen P. Karlmann Lang (1757–1821), der nach der Aufhebung des Klosters als Bibliothekar in Heidelberg angestellt war und dort als Käufer bei Dublettenauktionen genannt ist. – Zu St. Blasien vgl. *Stamm* (wie Anm. 52), 192;
[108] Vgl. Die Handschriften von St. Peter im Schwarzwald. 1. Teil: Die Papierhandschriften, beschr. von *Klaus Niebler*. Wiesbaden 1969, XIII; *Heinzer* (wie Anm. 80), 11.
[109] Vgl. *Lukas Helg*, Die neue Musikbibliothek des Klosters Einsiedeln. Einsiedeln 1999, 12 und 32. Ein Verzeichnis des Weingartener Musikalienbestandes befindet sich in: SAS Wü 64/8, Nr. 49. Vermutlich waren die Noten, die normalerweise auf der Orgelempore in der Kirche aufbewahrt wurden, in den Besitz der Pfarrei gekommen und von ihr veräußert worden.
[110] Vgl. Stiftsbibliothek Einsiedeln, Hs. GM 18 [M 55], bearb. von *P. Odo Lang*, Einsiedeln 1992.
[111] Für das Folgende vgl. *Georg Ott-Stelzner*, Landkapitelbibliotheken Württembergs im 19. Jh., in: Mitteilungsblatt der AG Katholisch-Theologischer Bibliotheken 44 (1997), 53–76.
[112] Vgl. Katalog der Inkunabeln in Bibliotheken der Diözese Rottenburg-Stuttgart, bearb. von *Heribert Hummel/Thomas Wilhelmi*. Wiesbaden 1993, 20.
[113] Vgl. Kleine Provenienzen (wie Anm. 18), 137f., 143; Handbuch (wie Anm. 10), Bd. 8, 242.

[114] Vgl. *Dieter Manz*, Bücher in Rottenburg, in: Die Diözesanstelle Buch und das Buchwesen der Stadt. Rottenburg 1990, 89–270, hier 251–256.
[115] Vgl. *Gerhard-Peter Handschuh*, Zur Geschichte der Bibliothek des Wilhelmsstiftes Tübingen, in: ZWLG 27 (1968), 152–162; *Eugen Fesseler*, Die Bibliothek des Wilhelmstifts als heutiger Standort von Büchern aus säkularisierten Klöstern, in: *Heuser*, »...und muß nun rauben lassen...« (wie Anm. 60), 69–91.
[116] Zu Biographie und Bedeutung für die Germanistik vgl. *Volker Schupp*, Joseph von Laßberg als Handschriftensammler, in: Unberechenbare Zinsen (wie Anm. 80), 14–33; *Ulrich Gaier / Helmut Weidhase*, Joseph Freiherr von Laßberg (1770–1855). Imaginierte Lebensformen des Mittelalters. Marbacher Magazin 82 (1998), sowie *Ute Obhof*, Joseph Freiherr von Laßberg und seine Bibliothek. Neuerwerbungen des Landes Baden-Württemberg in der Badischen Landesbibliothek. Bd. 1. Karlsruhe 2001 (mit weiterer Lit.).
[117] Vgl. *Winfried Hagenmaier*, Johann Leonhard Hug (1765–1846) als Handschriftensammler, in: FDA 100 (1980), 487–500; zu seinen Klosterreisen siehe oben S. [11].
[118] Ein Gmünder Advokat bemühte sich (vergeblich) um die dortige Augustiner- und Dominikanerbibliothek, vgl. *Hummel* (wie Anm. 101), 52.
[119] Vgl. Bericht Baggatis vom 17.07.1812 (UA Freiburg B 6/35); zu den Konstanzer Handschriften vgl. Die lateinischen mittelalterlichen Handschriften der Universitätsbibliothek Freiburg i. Br., beschr. von *Winfried Hagenmaier*. Wiesbaden 1974, Hs. 7 u. Hs. 8.; *Mittler* (wie Anm. 4), 91.
[120] Der von der örtlichen Domänenverwaltung betriebene und von der Domänenkammer in Karlsruhe angeordnete Verkauf wurde von der Katholischen Kirchensektion untersagt, nachdem die Besitzrechte der Pfarrei festgestellt waren, vgl. Korrespondenz Juni 1827–Aug. 1828, vgl. SA Freiburg B 1125/1 Nr. 208; vgl. auch oben Anm. 106.
[121] Vgl. z. B. GLAK 98/137 (Salem); auch in Weingarten galten Dubletten als wichtiges Zahlungsmittel (vgl. *Fischer*, Ordnung und Präsentation, wie Anm. 8).
[122] Vgl. *Karl Löffler*, Geschichte der Württembergischen Landesbibliothek (50. Beiheft zum Zentralblatt für Bibliothekswesen). Leipzig 1923, 64.
[123] Vgl. die »Beylagen zum fliegenden Antiquarius«. Freiburg 1802, UA Freiburg A 25/203, und mehrere handschriftliche Verzeichnisse (UA Freiburg A 25/201–203), die Kataloge der Universität Heidelberg von 1809, 1829 und 1832, UA Heidelberg, K- Ia, 671/1–5 (vgl. *Schlechter*, wie Anm. 14, 15f.), sowie das »Verzeichnis von Doubletten der Königl. öffentlichen Bibliothek zu Stuttgart [...]«. Stuttgart 1808.
[124] Vgl. Dublettenverkauf von 1780, UA Freiburg A 25/121.
[125] Vgl. »Beylagen zum fliegenden Antiquarius« (wie Anm. 123).
[126] Vgl. die Akten 1818–1824, HSAS E 11 Bü 82, sowie *Josef A. Giefel*, Die letzte Verteilung der Stifts- und Klosterbibliotheken in Württemberg 1818–1824, in: Bes. Beil. des Staatsanzeigers für Württemberg. 1903, 244–247.
[127] Zu den Klosterbeständen der Universitätsbibliothek, die zum Großteil aus den Säkularisationen des 16. Jhs. stammen, vgl. Die lateinischen Handschriften der Universitätsbibliothek Tübingen, Teil 1: beschr. von *Hedwig Röckelein*. Wiesbaden 1991, 35–49; Teil 2: beschr. von *Gerd Brinkhus/Arno Mentzel-Reuters*. Wiesbaden 2001, 30–35.
[128] Vgl. Bemerkungen des Geh. Rats Hauber auf das Gutachten Hugs (wie Anm. 47), 15.06.1808, GLAK 56/1827.
[129] Wie z. B. P. Karlmann Lang aus St. Peter, der nach Heidelberg berufen wurde (vgl. *Speckle*, wie Anm. 3, 221, und Anm. 107), oder der bereits erwähnte Matthias Schiltegger, der für den Grafen v. Waldbott-Bassenheim arbeitete (s. oben Anm. 107); in Württemberg ist eine solche Verwendung kaum denkbar.
[130] Sie sind heute hervorragend erschlossen, vgl. Historische Kataloge der Bayerischen Staatsbibliothek München. Münchner Hofbibliothek und andere Provenienzen, verz. von *Stephan Kellner/Annemarie Spethmann*. Wiesbaden 1996 (Catalogus codicum manu scriptorum Bibliothecae Monacensis ; XI)
[131] Die Bibliotheks- und Übergabekataloge der säkularisierten Klöster in Baden-Württemberg werden derzeit im Rahmen eines von der Stiftung Oberschwaben geförderten Projekts verzeichnet, das demnächst eine bessere Übersicht über Inhalte und Schwerpunkte auch der kleineren Bibliotheken ermöglichen dürfte.
[132] Vgl. *Gerhard Römer*, »Allen Landesangehörigen in freiester Weise zugänglich.« Die Hof- und Landesbibliothek in Karlsruhe im 19. Jh., in: Stadt und Bibliothek. Literaturversorgung als kommunale Aufgabe im Kaiserreich und in der Weimarer Republik. Wiesbaden 1997, 421–450, hier 428–431.
[133] Vgl. *Gier* (wie Anm. 82), 76f.; *Hauke* (wie Anm. 39), 93; *Fischer*, Wiblingen (wie Anm. 74), 428f.

Ein silberner und vergoldeter Kelch …

Silber aus Neresheim, Marchtal und Buchau als Säkularisationsgut der Fürsten von Thurn und Taxis

von Lorenz Seelig

Zu Anfang des 19. Jhs. erfuhr der Besitz des Fürstenhauses Thurn und Taxis in Oberschwaben bedeutenden Zuwachs. Zur Entschädigung für den Verlust der linksrheinischen und niederländischen Postgebiete erhielt Fürst Carl Anselm v. Thurn und Taxis Ende 1802 – wie es durch den RDH 1803 bestätigt wurde – unter anderem die Reichsstifte Neresheim und Marchtal sowie das gefürstete Damenstift Buchau. Dabei fiel dem Hause Thurn und Taxis auch die gesamte bewegliche Habe der vormaligen Stifte einschließlich des kostbaren Kunstbesitzes zu. Schon dem materiellen Wert nach nahmen die profanen wie die sakralen Gegenstände aus Silber und Gold herausgehobenen Rang ein. Im Falle Neresheims freilich war deren Bestand kurz zuvor erheblich geschmälert worden: 1796 durch die durchziehenden französischen Truppen und 1799 durch die an die kaiserliche Armee zu leistenden Kriegskontributionen.[1]

Bei solchen Säkularisationen war es üblich, den Kirchen das einfachere liturgische Gerät *zum anständigen Cultus*, wie es im Falle Marchtals hieß, zu überlassen.[2] Das Haus Thurn und Taxis war insgesamt jedoch weit großzügiger als die Landesherren anderer säkularisierter Territorien, denen unter allen Umständen daran gelegen war, in möglichst großem Umfang Silbergegenstände einzuziehen und der Münze zur Einschmelzung zu überweisen, um damit zur Finanzierung der immensen Militärausgaben beizutragen. So überließ die Thurn und Taxis'sche Administration den aus den Konventen verwiesenen Äbten, die zwar 1803 ihre Stellung als Reichsfürsten eingebüßt hatten, doch nicht zum vollständigen Verzicht auf eine standesgemäße Lebensführung gezwungen werden sollten, leihweise einen nicht unbeträchtlicher Teil des kirchlichen Silbers und Schmucks, mit der Maßgabe, dass nach deren Ableben die Pretiosen definitiv an das Haus Thurn und Taxis zurückgegeben werden mussten. Unter derartigen Prämissen stellte man dem Abt des vormaligen Prämonstratenserstifts Marchtal, Friedrich Walter (1802) den Abtsstab seines Vorvorgängers Paulus Schmid (1772–1796) auf Lebenszeit zur Verfügung[3], ebenso Brustkreuze und verschiedene Bestandteile des Tafelsilbers der einstigen Reichsprälaten. Der letzte Neresheimer Reichsprälat, Michael Dobler (1787–1803), erhielt zwar kein Tafelsilber, aber einen Teil des Pontifikalschmucks[4]: insbesondere edelsteinbesetzte Ringe und Pektoralien [Brustkreuze] sowie verschiedene Kelche und den silbernen Abtsstab der vormaligen Reichsabtei; allerdings wurde die letztgenannte Insignie noch zu Lebzeiten Doblers, vor dem Jahr 1810, auf Anforderung der fürstlichen Verwaltung nach Regensburg zurückgegeben und dort offensichtlich eingeschmolzen.[5]

Ansonsten aber fielen die wichtigsten Silber- und Goldobjekte des Neresheimer und des Marchtaler Bestandes – namentlich Abtskelche, Abtsstäbe und Brustkreuze – nicht der Einschmelzung zum Opfer, wie es etwa bei den an die Königreiche Württemberg und Bayern gelangten Stiften die Regel war. Vielmehr wurden die Pretiosen in die Regensburger Silberkammer der Fürsten v. Thurn und Taxis überführt, die seit 1748 in Repräsentationstrakten der Reichsabtei St. Emmeram und in nahegelegenen Palais residierten. So nennt das Thurn und Taxis'sche Silberkammerinventar des Jahres 1833[6] zahlreiche besonders aus Neresheim stammende Objekte, die größtenteils noch er-

halten sind. Die in Regensburg der Öffentlichkeit nicht zugänglichen Werke gerieten freilich bald in Vergessenheit.
Das Jahr 1993 brachte hier eine Wende: Nach dem Tod des Fürsten Johannes v. Thurn und Taxis (1926–1990) erwarb der Freistaat Bayern den Kernbestand der Kunstsammlungen des Fürstenhauses. Seit 1998 sind die überragenden Kunstgegenstände im Thurn und Taxis-Museum – einem Zweigmuseum des Bayerischen Nationalmuseums – im Regensburger Schloss St. Emmeram ausgestellt.[7]

Das Neresheimer Abtssilber

Die aus den oberschwäbischen Konventen stammenden Kleinodien im Regensburger Thurn und Taxis-Museum stellen heute einen singulären Bestand reichsstiftischer Repräsentation dar, der zudem aufgrund archivalischer Nachweise hohe Aussagekraft besitzt. In speziellem Maße gilt dies für die aus Neresheim übernommenen Goldschmiedewerke.[8] Exzeptionelle Bedeutung kommt hier dem Neresheimer Abtssilber zu – handelt es sich doch um das einzige Tafelservice eines Reichsprälaten des 18. Jhs., das in wesentlichen Elementen bewahrt ist. Denn alle entsprechenden Ensembles, wie sie zweifellos einst in großer Zahl existierten[9], sind zumeist in den Jahren um 1800 in die Münze gewandert.[10] Erhalten haben sich ansonsten nur – besonders in Schweizer Klöstern[11] – einzelne Bestecke oder Becher zum Gebrauch der Konventualen, wie sie auch in älteren Neresheimer Inventaren genannt werden.[12]

Der Anlaß der Entstehung

Das sog. Abtssilber entstand anlässlich eines für die Abtei Neresheim entscheidenden Ereignisses: Nach langen Prozessen vor dem Reichskammergericht in Wetzlar konnte das Stift im Jahr 1764 unter Abt Benedikt Maria Angehrn (1755–1787) die Reichsstandschaft erlangen. Freilich war der Preis dafür außerordentlich hoch. So mussten zahlreiche Besitzungen, darunter selbst die Stadt Neresheim, an die Grafen v. Oettingen-Wallerstein abgetreten werden. Reichsprälat Benedikt Maria hatte nun als Herr eines – wenn auch winzigen – Territoriums zu repräsentieren und vornehmlich auch die Souveräne der benachbarten Herrschaftsgebiete angemessen zu empfangen und zu bewirten; zum Beispiel war Herzog Karl Eugen v. Württemberg oftmals zu Gast. Hierfür eignete sich in besonderer Weise das außerhalb der Klausur im Gasttrakt gelegene *Tafelzimmer*[13], das durch einen Gang direkt mit der von dem Abt bewohnten sog. *Prälatur* verbunden war.[14] Zugleich äußerte sich hier auch eine spezifisch benediktinische Gastlichkeit. Hatte doch der hl. Benedikt in seiner Ordensregel geschrieben, dass man die Gäste wie Christus aufnehmen solle – das nicht zur Völlerei geratende Mahl, das insbesondere den Fremden dargeboten wurde, galt als *honesta voluptas*, als erlaubte Sinnlichkeit.[15]

Das Wappen des Besitzers

Abt Benedikt Maria gab sogleich im Jahr 1764 in Augsburg das erwähnte Silberservice in Auftrag,[16] welches das gravierte Wappen des Reichsprälaten, mit Krummstab und Schwert in Verbindung mit der Jahreszahl 1764 vorweist. Bemerkenswert ist das auf die weltliche Gewalt des Abtes verweisende Schwert[17]: Erst mit der Erlangung der Reichsstandschaft im Jahr 1764, mit der die Ausübung der Landeshoheit einherging, konnte das Schwert als Würdezeichen in das Wappen aufgenommen werden.

Der Umfang des Abtsservices

Ein am 4. Dezember 1802, im Augenblick des Übergangs an das Fürstenhaus Thurn und Taxis, vom Neresheimer Pater Ernst Danner verfasstes Inventar[18] dokumentiert den damaligen Umfang des Abtssilbers. An *vorräthigem Silber* werden dort genannt: *1 silberner Tafel Aufsatz, 6 Tafel Leuchter, 4 Kaffee Kannen, 1 Credenz Teller, 1 Lavor, 2½ Duzend Kaffee Löffelein, 2½ Duzend Bestecke, 1 Duzend Salzbüchslein, 1 großer Suppen Löffel, 1 kleines Zucker Aufsätzlein, 4 kleine Vorleg Löffel, 1 Tranchier Besteck* [...]. Das 1833 angelegte Inventar der Regensburger Silberkammer[19] erwähnt exakt alle jene Objekte; nur die Zahl der Kaffeelöffel ist von 30 auf 24 reduziert. Verloren bzw. zur Anfertigung neuen Gebrauchssilbers eingeschmolzen wurden seit 1833 lediglich zwei Karaffen

Das Reichsstift Neresheim 1792
Vogelperspektive in einer silberner Einfassung. Die Ansicht stimmt mit einem Kupferstich Johann Evangelist Reiters von 1792 überein. Bayerisches Nationalmuseum München.

des Tafelaufsatzes, das *Lavor*, d. h. die zur zeremoniellen Händewaschung dienende Garnitur aus Kanne und Becken, fünf große Löffel, das Tranchierbesteck und die zu den Kaffeekannen gehörige Zuckerbüchse. Hier zeigt sich, dass dem außerordentlich vermögenden Haus Thurn und Taxis daran gelegen war, stets eine größere Zahl von Servicen für verschiedene Residenzen und Familienmitglieder zu besitzen.

Untersetzplatte und Tafelaufsatz

Mittelpunkt des Services bildet der von Jakob Christian Laminit um 1761–1763 gefertigte Tafelaufsatz, der sich auf der um 1763–1765 von Johann Wilhelm Dammann geschaffenen Untersetzplatte erhebt. Der Tafelaufsatz oder *Surtout* diente zur Aufnahme der Zutaten, die während der Mahlzeit ständig auf der Tafel verblieben, wie Salz, Gewürz, Senf, Essig und Öl, bis hin zu dem besonders für den Dessertgang benötigten Zucker. Ferner gehörten zu dem Tafelaufsatz in der Regel ein bekrönender Fruchtkorb sowie gelegentlich auch mehrere Leuchterarme, deren Kerzen mit flackerndem Schein die Tafel reizvoll erhellten. Solche Tafelaufsätze stellten ein unentbehrliches Element des im 18. Jh. üblichen »Service à la française« dar, bei dem Teller, Platten, Schüsseln und Gefäße

mehrfach gewechselt wurden (gewöhnlich für zwei Hauptgänge und einen Dessertgang).
Während Johann Wilhelm Dammann, der Schöpfer der Untersetzplatte, zu den führenden Goldschmieden Augsburgs auf dem Gebiet anspruchsvoller Tafelgeräte zählt, ist Jakob Christian Laminit, der den eigentlichen Tafelaufsatz fertigte, kaum bekannt; der Kunsthandwerker hatte erst kurz zuvor, im Jahr 1761, die Meisterwürde in Augsburg erlangt. Der Tafelaufsatz besitzt die Gestalt eines aus durchbrochenen Rocaillen und Blütenranken gebildeten Korbes, über dessen zwei nach außen gerichteten Griffen sich jeweils ein Putto erhebt. Die Figürchen sind zum einen mit einem Gewehr und einem erlegten Hasen, zum anderen mit einer Weinranke und einem Vogel versehen. Hier wird somit auf die Freuden der Tafel – den Genuss des Wildbrets wie des Weines – verwiesen, zugleich aber auch verdeutlicht, dass die Jagd zu den standesgemäßen Vergnügungen der Reichsprälaten zählt, wie es auch für Benedikt Maria Angehrn überliefert ist[20]; zusätzlich ist der Aspekt der Versorgung der klösterlichen Tafel mit frischem Wild nicht außer Acht zu lassen (so finden sich beispielsweise in historischen Gewehrkammern verschiedentlich Gewehre aus dem Besitz geistlicher Herren[21]). Zudem stehen in dem Korb des Tafelaufsatzes zwei um 1763–1765 von Daniel Schiller gefertigte Gefäße zierlicher Erscheinung, die zur Aufnahme von Zucker und Senf dienten. Ursprünglich gehörten zu dem Tafelaufsatz auch zwei silbermontierte Kristallkaraffen für Essig und Öl, die noch in dem 1833 angelegten Inventar der Regensburger Silberkammer genannt werden[22], sich jedoch nicht erhalten haben.
Die Gestalt der beiden Kännchen lässt sich zuverlässig aus einer Zeichnung in der Staats- und Stadtbibliothek Augsburg erschließen[23], die exakt den Neresheimer Tafelaufsatz wiedergibt. Das sorgfältig ausgeführte Blatt gehört zu einem mehrere hundert Zeichnungen umfassenden Bestand, der sich ursprünglich im Besitz

Silberner Tafelaufsatz
Tafelaufsatz oder Surtout für Neresheim von Jakob Christian Laminit zur Aufnahme von Zutaten zur Mahlzeit (Salz, Essig, Zucker etc.) Augsburg, um 1761–63. Die Untersetzplatte stammt von Johann Wilhelm Dammann, 1763–65. Bayerisches Nationalmuseum München.

Messkännchengarnitur
Wein- und Wasserkännchen samt Untersatz für Neresheim. Silber, vergoldet, Anton Simon Lang, Dillingen, um 1725–30. Bayerisches Nationalmuseum München.

wohl mehrerer Augsburger Silberhändler befand.[24] Hier handelte es sich um maßgebliche Persönlichkeiten, die zwischen den Auftraggebern und den Goldschmieden vermittelten: Die oft auch als Bankiers und Finanziers auftretenden Agenten besuchten regelmäßig die großen Messen – besonders in Frankfurt und Leipzig – und bereisten die Höfe und Konvente; dort legten sie entsprechende Musterblätter vor, so dass die zumeist adeligen oder fürstlichen Auftraggeber eine visuelle Vorstellung von den gegebenenfalls zu bestellenden Services und sonstigen Silberobjekten gewinnen konnten. Anschließend teilten die Silberhändler die Aufträge auf verschiedene Spezialisten auf. So mag es sich erklären, dass der Neresheimer Tafelaufsatz – der eine Mittelstellung zwischen *Surtout* und *Huilier* einnimmt – von drei verschiedenen Goldschmieden gearbeitet wurde.

Zwölf Salzschälchen

Ferner zählen zu dem Service zwölf flache Salzschälchen in gelängter Form mit graviertem Laub- und Bandelwerkzierrat, die nach Form und Dekor etwa gegen 1730 entstanden zu sein scheinen. Doch trägt wenigstens eine der Ausführungen das Augsburger Beschauzeichen der Jahre um 1763–1765 sowie das Meisterzeichen des auf weltliches Gerät spezialisierten Goldschmieds Johann Leonhard Allmann. Ferner zeigen sie die gravierte Jahreszahl *1764* in Verbindung mit dem Stifts-, nicht aber dem Abtswappen: einem *N* mit Abtsstab (das Neresheimer Stiftswappen ist identisch mit dem des gefürsteten Damenstifts Niedermünster in Regensburg[25]). Möglicherweise handelt es sich hier weitgehend um ältere Lagerbestände, die nach Eingang des Auftrages 1764 von Johann Leonhard Allmann in der gleichen Form ergänzt wurden, wie man es auch von anderen Beispielen kennt.[26] Die Zwölfzahl der Salzschälchen legt die Vermutung nahe, dass das Neresheimer Abtsservice gewöhnlich für zwölf Gedecke ausgelegt war, so dass neben jedem Teller ein Salzgefäß stehen konnte. Auch lässt die Zwölfzahl wohl nicht zufällig eine Analogie zum Abendmahl deutlich werden.

Sechs Tischleuchter

Überdies haben sich sechs zu dem Ensemble gehörige Tischleuchter erhalten, die der Augsburger Leuchterspezialist Johann Balthasar Heckenauer um 1763–1765 fertigte. Nach Aussage früherer Servicezusammenstellungen und -pläne stand neben jedem Teller – oder auch neben jedem zweiten Teller – ein kleinerer Leuchter (hinzu kamen oftmals größere Leuchter mit mehreren Lichterarmen, sogenannte Girandolen, die eher zur Mitte der Tafel hin plaziert waren).

Dreißig Essbestecke

Ein wesentliches Element des Neresheimer Tafelservices bilden die 30 Essbestecke, die jeweils aus Löffel,

Gabel und Messer bestehen. Somit konnte das – wie oben dargelegt – gewöhnlich für zwölf Gedecke bestimmte Abtsservice durchaus auch für insgesamt 15 Personen dienen, da man in der Regel zwei Bestecke pro Couvert rechnete. Zwei Messer, um 1759–1761 entstanden, lassen darauf schließen, dass sie sich bereits im Bestand des auf Bestecke spezialisierten Goldschmieds Abraham IV Warnberger bzw. im Lager eines Augsburger Silberhändlers befanden und in den folgenden Jahren durch gleichartige Ausführungen ergänzt wurden. Wohl wegen des Verlusts einzelner Stücke fertigte man im Verlauf des letzten Drittel des 18. Jhs. einige Ergänzungen an.

Die Kredenz

Gleichsam als Zubehör zu den Tafelgeräten ist die von Johann Conrad Lotter um 1761–1763 gefertigte Kredenz – in Form einer gefußten Platte von ovalem Umriss – anzusehen.
Ursprünglich leitet sich der Name Kredenz vom lateinischen Wort credere, glauben oder vertrauen, ab: Die auf derartigen Platten kredenzten, d. h. dargebrachten Speisen und Getränke waren auf ihren möglichen Giftgehalt hin geprüft und somit vertrauenswürdig. Späterhin diente die Kredenz zum feierlichen Präsentieren von Handschuhen, Servietten oder auch Gläsern. Auf solche Weise bildete die Anbietplatte gleichsam ein Instrument der Distanzierung zwischen den Standespersonen und denjenigen, die ihrer Aufwartung dienten. Im Fall der Neresheimer Kredenz lässt sich vermuten, dass sie zum Darreichen von Gläsern bestimmt war. Gewöhnlich standen im 18. Jh. keine Trinkgläser auf der Tafel. Vielmehr wurden die Gläser von der Dienerschaft am Buffet mit Wein gefüllt und auf der Kredenz den Tafelnden dargebracht. Die geleerten Gläser stellte man nicht auf der Tafel ab, sondern reichte sie der Dienerschaft zurück.

Zusammenfassung

Die Silberobjekte der Tafel des Reichsabtes von Neresheim, wie sie heute im Regensburger Thurn und Taxis-Museum präsentiert wird, bilden einen stilistisch zusammenhängenden Komplex, auch wenn es überrascht, dass sowohl Teller, Platten und Schüsseln als auch Terrinen und Saucieren fehlen – möglicherweise standen keine Mittel zur Erwerbung derartiger Objekte zur Verfügung, die schon wegen des hohen Silbergewichts sehr kostspielig waren, so dass man sich notgedrungen mit Keramikausführungen begnügte[27] (vielleicht wurden die entsprechenden Teile aber auch bereits um 1796–1799 abgegeben oder eingeschmolzen). Dem recht bescheidenen Umfang des Komplexes entspricht die relativ geringe Größe des Tafelaufsatzes der Tischmitte, der hier weit weniger prominent ist als die gewöhnlich in Dreizahl auftretenden *Surtouts* der umfassenderen Augsburger Service, wie etwa des Hildesheimer Fürstbischofshofes.[28]
Dabei erscheint es bemerkenswert, dass das aus Augsburg bezogene Ensemble – wie es dem in der Mitte der 1760er Jahre in der Augsburger Goldschmiedekunst dominierenden Stil entspricht – noch in ausgeprägten Rokokoformen gehalten ist. Dagegen bevorzugte der in Geschmacksfragen stets sehr entschiedene Abt Benedikt Maria ansonsten, speziell in der Architektur, ruhige und zugleich monumentale Formen, die bereits auf den frühen Klassizismus verweisen.[29]

Das Kaffeeservice

Nach dem Mahl nahm man den Kaffee ein, jedoch nicht an der Tafel, sondern an eigenen Tischen. Aus dem Neresheimer Bestand haben sich zwei stilistisch höchst unterschiedliche Kannenpaare – jeweils aus einer Kaffee- und einer Milchkanne bestehend – erhalten.[30] Die um 1759–1761 von dem Augsburger Goldschmied Johann Christoph Engelbrecht gefertigte Kaffeekanne und die mit keinen Marken versehene Milchkanne, die beide das hohe Rokoko vertreten, tragen das Wappen und die Initialen des Abtes Benedikt Maria Angehrn. Dagegen ist das etwa zweieinhalb Jahrzehnte später entstandene Kannenpaar für Kaffee und Milch mit dem Dreischildwappen des Reichsabtes Michael Dobler versehen. Offensichtlich ließ der 1787 gewählte Reichsabt bald nach dem Amtsantritt die beiden Kannen im Stil des Frühklassizismus anfertigen, da das ältere Kannenpaar nicht dem mittlerweile stark gewandelten Geschmack entsprechen konnte. Die Ausführung übernahm um 1789–1791 der auf Tafel- und sonstiges profanes Gerät spezialisierte Augsburger Goldschmied Johann Christian Neuß.

Das Neresheimer Kirchensilber

Auf vergleichsweise wenige Objekte beschränkt sich das aus Neresheim stammende kirchliche Silber, das ebenfalls über die Thurn und Taxis-Sammlung in das Bayerische Nationalmuseum gelangt ist. Hier ist zu berücksichtigen, dass das Fürstenhaus Thurn und Taxis verschiedene im 19. Jh. nach Regensburg überführte Objekte, die das Regensburger Silberinventar von 1833 verzeichnet, dem Neresheimer Gotteshaus stiftete, nachdem im Jahr 1920 die Klosteranlage mitsamt der Kirche ihrer ursprünglichen Bestimmung zurückgegeben und durch Benediktiner aus dem Prager Emaus-Kloster wieder besiedelt worden war. So gelangte die mächtige Prunkmonstranz der beiden Augsburger Meister Johann Jakob Vogelhund und Johann Andreas Thelot aus den Jahren um 1708–1710[31], welche die Abtei 1715 für 3.800 fl. erworben hatte, 1927 nach Neresheim zurück.[32] Die im Augenblick des Anfalls an das Fürstenhaus Ende 1802 aufgestellten Verzeichnisse bieten hier nur wenige Anhaltspunkte. In dem vom Kustos P. Bonifaz Stütz am 3. Dezember 1802 verfaßten Inventar der Neresheimer Sakristei werden nur summarisch 31 Kelche genannt. Hingegen enthält das Inventar der Regensburger Silberkammer von 1833 nähere Hinweise zur Provenienz der Objekte. Schon nach Größe und Gewicht gebührt der höchste Rang dem prächtigen Messkelch, der nach Aussage der Marken um 1712 von Johann Georg Herkomer in Augsburg gefertigt worden ist. Zweifellos ist der Kelch mit jenem *mit Steinen besetzten Pontifikalkelch* identisch, den der *Goldschmied Reuschlin von Augsburg für 362 Gulden* im Jahr 1713 lieferte.[33] Hier handelt es sich um den Augsburger Feuermaler oder Emailleur Franz Joseph Reischle, der verschiedentlich mit Herkomer zusammenarbeitete, so 1712–1714 für Ochsenhausen[34] und 1716 wohl auch für Rott am Inn.[35] Demnach ist anzunehmen, dass die Erwerbung nicht über Herkomer, sondern über Reischle erfolgte, der somit auch als der Meister der qualitätvollen Emailmalerei zu identifizieren ist. Während die am Fuß applizierten drei Medaillons das von Mitra und Krummstab – doch nicht von dem Schwert – bekrönte Wappen des Neresheimer Abtes Amandus Fischer (1711–1729) sowie das Konventswappen der hll. Ulrich und Afra aufweisen, stellen die drei Medaillons der Kuppa den hl. Benedikt sowie die beiden Patrone dar.

Einen eigenen Komplex im ehemals Neresheimer Bestand bilden die Arbeiten des führenden Dillinger Goldschmieds des »style Régence« und des Rokoko, Anton Simon Lang. Der aus Tirol stammende Kunsthandwerker, der 1723 in Dillingen heiratete und dort 1753 starb, wirkte auch als Hofgoldschmied des in Dillingen residierenden Fürstbischofs von Augsburg. Da zwischen Neresheim und Dillingen stets enge Beziehungen bestanden[36], überraschen Dillinger Arbeiten im Neresheimer Bestand nicht. – Etwa um 1725 zu datieren sind die beiden mit Laub- und Bandelwerkdekor gezierten Messglöckchen des Anton Simon Lang, die im Neresheimer Inventar des Jahres 1802 als *zwey silberne Glöcklein* genannt werden. Die sogenannten Zimbeln oder Klinseln dienten dazu, wichtige Teile der Messfeier, vor allem die Elevation von Hostie und Kelch bei der Wandlung, anzukündigen. Ausführungen in Silber sind vergleichsweise selten. – Möglicherweise einige Jahre später entstanden ist die sogenannte Messpollen- oder Messkännchengarnitur, die zwei Ampullen auf einem gemeinsamen Tablett, der sog. *Pelvicula*, zusammenfasst (das Sakristei-Inventar des Jahres 1802 nennt *vier paar Kännlein von Silber mit Vergoldung und ebensolchen Tellern*, während das 1833 aufgestellte Inventar genauer beschreibt: *zwei silbern und vergoldete Meßkännchen samt Lavoir mit alten Verzierungen von Neresheimer Silber*[37]). Die Kännchen nehmen zum einen den für die Eucharistiefeier benötigten Wein, zum anderen das Wasser auf, das mit einem silbernen Löffelchen entnommen und dem Messwein beigemischt wird. – Der gegen 1750 entstandene Messkelch Langs im Thurn und Taxis-Museum, der das hohe Rokoko vertritt[38], gehört dagegen offensichtlich nicht zu den Objekten, die im Zuge der Säkularisation des Reichsstifts Neresheim an das Fürstenhaus fielen. Das Regensburger Silberkammerinventar des Jahres 1833 vermerkt lediglich: *ao. 1803 neu angeschafft.*[39] Möglicherweise wurde der Kelch von einem Neresheimer Konventualen 1803 aus finanzieller Not privat veräußert.[40]

Eine Sonderstellung außerhalb der Kategorien des weltlichen und des kirchlichen Silbers kommt zwei silbernen Rahmen in klassizistischen Formen zu, bei denen es sich – entgegen dem ersten Augenschein –

wohl nicht ursprünglich um die Fassungen von Kanontafeln handelt. Eingefügt in die aufwendig dekorierten Rahmen sind zwei für die Geschichte Neresheims bedeutsame Zeichnungen des Neresheimer Paters und Holzmeisters Johann Evangelist Reiter[41], die einerseits eine Karte des Herrschaftsgebietes des Reichsstiftes Neresheim, andererseits eine – exakt mit einem Kupferstich Reiters aus dem Jahr 1792[42] übereinstimmende – Ansicht der Klosteranlage in Vogelperspektive zeigen. Die beiden auf den 4. November 1802 datierten Blätter sind von dem formell noch regierenden Reichsprälaten Michael Dobler (dessen Wappen sich auf der Zeichnung mit der Klosteransicht findet) Fürst Carl Anselm v. Thurn und Taxis gewidmet, der an jenem Tag – dem Karlstag – seinen Namenstag beging.[43] Somit entstanden sie zu einem Zeitpunkt, an dem die Übergabe der Reichsabtei an den Fürsten bereits beschlossen, die tatsächliche Besitzergreifung jedoch noch nicht vollzogen war.[44]

Das Marchtaler Silber

Im Falle Marchtals besitzen wir weit weniger Anhaltspunkte hinsichtlich des weltlichen Silbers. Das am 21. Dezember 1802 angelegte Inventar der Großkellerei nennt 24 Paar Messer und Gabeln mit silbernen Heften, 24 Silberlöffel und 16 silberne *Eßlöffel*, einen großen silbernen Vorlegelöffel und zwölf silberne Kaffeelöffel; die anderen Tischgeräte dagegen waren aus Zinn. Der Bestand war somit wesentlich bescheidener als jener in Neresheim. Abt Friedrich Walter nahm, nach einer von ihm unterzeichneten Aufstellung vom 5. Februar 1803 (*Inventarium über das Staats-Mobiliar, welches Endes Unterzeichneter mit sich nach Kirchbierlingen mitzunehmen Willens ist*), lediglich *sechs Leuchter und Löffel von Silber* nach Kirchbierlingen mit; alle übrigen Serviceteile waren offenbar aus *Terre de Pipe*.[45]

Sakrale Pretiosen

Weit bedeutender hingegen waren die sakralen Pretiosen, die dem vormaligen Reichsabt Friedrich Walter zur Verfügung gestellt wurden. So überließ man ihm den kostbaren Abtsstab, der im Inventar des Kirchen-

Abtsstab aus Obermarchtal
Krümme des Abtsstabs für Paulus Schmid (1772–1796). Goldschmiedearbeit von Georg Ignatius Baur, Augsburg, 1777. Bayerisches Nationalmuseum München.

silbers vom 15. Dezember 1802[46] beschrieben wird als *Ein Praelatenstab mit Rubinen besezt, und vergoldet* und im Übergabeverzeichnis vom 5. Februar 1803 erscheint als *1 Krummstab mit Rubinen besetzt.* Offensichtlich verzögerte sich aber die tatsächliche Abgabe, da noch ein am 28. Februar 1805 angelegtes Verzeichnis des in der Sakristei zu Marchtal befindlichen Kirchengeräts *1 Staab mit Rubinen besetz* aufführt.[47] Der – wohl nach längerer Deponierung in anderen Räumlichkeiten des Schlosses St. Emmeram – erst

1890[48] in die Regensburger Silberkammer überwiesene Abtsstab bildet heute eines der herausragenden Werke des Thurn und Taxis-Museums: Die 1777 von Georg Ignatius Baur in Augsburg geschaffene Insignie des Abtes Paulus Schmid stellt im Bereich der Goldschmiedekunst das kostbarste Zeugnis der Klosterkultur Oberschwabens in den Formen des ausklingenden Rokoko dar.

Ebenfalls prominenten Rang besitzen die fünf Pektoralien, die dem vormaligen Abt Friedrich Walter leihweise überlassen und nach dessen Tod dem Regensburger Juwelenfundus einverleibt wurden. Das genannte Inventar vom 5. Februar 1803 beschreibt die fünf Pretiosen folgendermaßen: *1. Ein schönes Pectoral von Schmaragd-grünen Steinen mit Diamanten oder Rauten eingefaßt, oben eine Krone, unten mit einer grossen Perle, und neben her ein Ring. – 2. Ein größeres Pectoral sammt Rosette, mit blaßgrünen Steinen, und Rauten ohne Ring. – 3. Ein etwas kleineres Pectoral von chrysolitartigen blauen Steinen grüner Schmelzarbeit, mit Diamanten, oder Rauten, unten her eine Perle nebst Rosette und Ring. – 4. Ein noch kleineres Pectoral von violett blauen Steinen und unbedeutenden Rauten sammt Ring. – 5. Ein grosses Pectoral samt Rosette und Ring von lichtbraunen grossen Steinen, mit schönen weissen Rauten eingefaßt. – 6. Drei vergoldete Pectoralketten.*

Bei diesen fünf heute im Regensburger Thurn und Taxis-Museum ausgestellten Pektoralien[49] handelt es sich um einen archivalisch gesicherten Bestand, der innerhalb der deutschen Sammlungen wohl einzigartigen Rang besitzt. Denn gewöhnlich wurden derart kostbare Brustkreuze im Zuge der Säkularisierung zerbrochen und ihre Goldfassungen eingeschmolzen, während man die Edelsteine verkaufte oder für Pretiosen und Insignien der weltlichen Landesherren verwendete, wie im Falle der Insignien des Großherzogtums Baden.[50] Hervorzuheben ist auch, dass die fünf Pektoralien des 18. Jhs. eine stilistisch dichte Abfolge bilden, so dass sie wohl jeweils von verschiedenen Äbten in Auftrag gegeben wurden (zwischen 1711 und 1802 amtierten sieben Äbte). Dem entspricht es, dass das stilistisch jüngste der fünf Brustkreuze – das mit großen Granaten besetzte Pektorale in den Formen des *style Louis XVI* – auf einem wohl als Bildnis des Marchtaler Abtes Bernhard Kempter (1796–1802) anzusehenden Porträt im Besitz des Bayerischen Nationalmuseums wiedergegeben ist.[51] Schließlich ist noch ein sechstes Brustkreuz aus Thurn und Taxis-Besitz zu nennen, das geringere Größe besitzt und allein mit Diamanten besetzt ist. Das nicht zum Marchtaler Bestand zählende Kreuz könnte aus dem Damenstift Buchau stammen, auch wenn sich hierfür keine archivalischen Belege finden.

Schließlich gehen auf den Marchtaler Bestand drei bedeutende Kelche zurück, die bereits in dem am 15. Dezember 1802 angelegten Inventar der Marchtaler Sak-

Pektorale
Brustkreuz aus Marchtal, süddeutsch, 1. Viertel 18. Jh.
Nach der Säkularisation wurde es zusammen mit anderen Preziosen Abt Friedrich Walter leihweise überlassen und kam nach Kirchbierlingen.
Bayerisches Nationalmuseum München.

Messkelchpaar
Gastkelche, unter Abt Edmund Sartor (1746–1768) für das Prämonstratenserstift Marchtal gefertigt.
Die Emailmedaillons zeigen Marchtaler Heilige.
Silber, vergoldet, Email, Johann Christoph Schuch, Augsburg, um 1763–65.
Bayerisches Nationalmuseum München.

ristei als *Gastkelche* hervorgehoben werden (*Drey Gastkelche, überaus schön vergoldet, wovon einer mit Rubin Steinen besezt ist*), während das Inventar die übrigen 15 Kelche als *Ordinari Kelche* bezeichnet. Mit jenem *mit Rubin Steinen* besetzten Gastkelch ist der bemerkenswerte Kelch des Augsburger Goldschmieds Franz Thaddäus Lang aus dem Jahren um 1736/37 identisch, der am 30. November 1805 aus Marchtal in die Regensburger Silberkammer übernommen wurde[52]; wahrscheinlich geht er auf den Reichsprälaten Ulrich Blank (1719–1746) zurück. Die beiden anderen Prunkkelche verblieben dagegen zunächst in der nun zum Thurn und Taxis'schen Schloss gehörenden ehemaligen Klosterkirche von Obermarchtal: Das 1914 veröffentlichte Kunstdenkmälerinventar[53] nennt in der dortigen Sakristei zwei um 1763/65 von Johann Christoph Schuch in Augsburg ausgeführte Messkelche, deren Emailmedaillons in Marchtal verehrte Heilige zeigen; zudem trägt einer der beiden Kelche das Wappen des Abtes Edmund Sartor (1746–1768). Wesentlich später erst überführte man die beiden Kelche nach Regensburg (das Fürstliche Haus veräußerte Obermarchtal 1973).

Silber aus dem Damenstift Buchau

Weit weniger archivalische Nachrichten liegen für das Damenstift Buchau vor; hier sind offensichtlich auch keine Objekte in Regensburg erhalten. Das vom 6. bis 9. Dezember 1802 aufgestellte Inventar[54] nennt eine *große Monstranz mit Juwelen und guten Steinen* sowie verschiedene Kelche und verschiedene Vasa Sacra, die möglicherweise mit den noch heute in Buchau vorhandenen Kirchengeräten identisch sind.[55] Spezielles Interesse beanspruchen die dort genannten Teile des Silberservices: zwei Deckelterrinen mit Untersetzplatten, jeweils vier runde glatte und runde fassonierte Platten, vier dreieckige und vier viereckige Platten sowie acht fassonierte Assietten (hier eher kleinere runde Platten als Teller im engeren Sinne), zwei Saucieren, zehn Salzgefäße, zwei Essig- und

Ölgefäße und zwei Senftöpfe sowie 33 Messer, 29 Gabeln und 32 Löffel, nicht zuletzt verschiedene Vorlegelöffel, ferner u. a. vier größere Kandelaber und vier zugehörige Tafelleuchter. Die genannten Platten – bei denen es sich zum Teil wohl auch um Schüsseln mit hochgezogenem Rand handelt – stellen charakteristische Elemente der Tafelservice des 18. Jhs. dar. Den erwähnten Stückzahlen entsprechend kann vermutet werden, dass das Service etwa für zwölf bis fünfzehn Personen bestimmt war, wenn man zum Vergleich das wesentlich umfassendere Service des Hildesheimer Fürstbischofs für 30 Personen hinzuzieht.[56] Die Erwähnung von blauen Glaseinsätzen für die Salzfässer spricht für die Annahme, dass das Service etwa aus dem letzten Viertel des 18. Jhs. stammt und somit wohl an jene Phase anschließt, in der die Stiftsgebäude und die Stiftskirche nach den Plänen Pierre Michel d'Ixnards in den Jahren um 1767–1777 im aktuellen *style Louis XVI* entstanden (das Tafelzimmer im Kavalierbau wurde dagegen erst 1790 ausgestattet).[57] Dementsprechend wies das Service, der sich wandelnden Mode entsprechend, keinen silbernen Tafelaufsatz oder »Surtout« mehr auf. Ein geringerer Teil des Silbers – wie einige Leuchter und Bestecke – wurde im Jahr 1803 der 1814 verstorbenen Fürstäbtissin Maximiliane v. Stadion überlassen[58], während man ansonsten das Stiftssilber im Oktober 1803 nach Regensburg übersandte.[59] In den Inventaren der dortigen Silberkammer freilich haben die Buchauer Bestände – im Gegensatz zu denen aus Neresheim und Marchtal – keine Spuren hinterlassen.

[1] *Ludwig Reiss*, Der Reichsprälat Michael Dobler. Kempten/München 1915, 100, 107f.
[2] *Martin Dallmeier*, Das oberschwäbische Schloß Marchtal der Fürsten v. Thurn und Taxis im 19. Jh., in: *Max Müller/Rudolf Reinhardt/Wilfried Schöntag* (Hgg.), Marchtal. Prämonstratenserabtei, Fürstliches Schloß, Kirchliche Akademie. Festgabe zum 300-j. Bestehen der Stiftskirche St. Peter und Paul (1692 bis 1992). Ulm 1992, 321–353, 324.
[3] FZA (Fürst Thurn und Taxis Zentralarchiv) Regensburg, Rentamt Marchtal, 1707; *Dallmeier*, Marchtal (wie Anm. 2), 324.
[4] *Paulus Weißenberger*, Beiträge zur Kunst- und Kulturgesch. der Abtei Neresheim. Harburg 1945, 1–23, 18f. (Benediktinisches Mönchtum; 1); s. auch *Ders.*, Vom Leben und Sterben des Reichsprälaten Michael Dobler von Neresheim, in: Jb. des HV Dillingen an der Donau 67/68 (1965/66), 137–148, 138 (zu nicht spezifizierten Gegenständen, die im Falle des Ablebens Michael Doblers an das Haus Thurn und Taxis zurückfallen sollten).
[5] *Weißenberger*, Beiträge (wie Anm. 4), 18; *Paulus Weißenberger*, Der Abtsstab des letzten Reichsprälaten von Neresheim, in: Jb. des HV Dillingen an der Donau 85 (1983), 205–207.
[6] FZA Regensburg, HFS – Akten, 3329.
[7] *Reinhold Baumstark* (Hg.), Thurn und Taxis-Museum Regensburg. Höfische Kunst und Kultur. München 1998, 102–105, Nr. 29, sowie 148–163, Nr. 94–102 (*Lorenz Seelig*); die dort gen. Objekte, die im vorl. Beitrag behandelt werden, sind hier nicht im Einzelnen mit den jeweiligen Kat.nummern nachgewiesen.
[8] Zu den im Thurn und Taxis-Museum präsentierten Silberobjekten aus Neresheim s. *Lorenz Seelig*, Tafelsilber aus der Reichsabtei Neresheim, in: Pro Neresheim. Sonderausgabe: 900 Jahre Benediktinerabtei Neresheim 1095–1995. Aalen 1995, 152–169, mit eingehender Beschreibung und Abbild. aller Objekte. – Die ausführlichste Untersuchung des einstigen Silberbesitzes der Abtei Neresheim findet sich bei *Weißenberger*, Beiträge (wie Anm. 4), passim. Dass es sich auch bei den durch keine Wappen gekennzeichneten Werken um Objekte aus Neresheimer Besitz handelt, wird durch das 1833 angelegte Inventar der Thurn und Taxis'schen Silberkammer bestätigt, das jeweils die Herkunft aus Neresheim vermerkt und zudem eine Nummer aufweist, die sich in gravierter Form auch an den Vasa Sacra findet.
[9] Beispielsweise erwarb Ochsenhausen 1785 aus dem Erbe eines ksl. Ministers ein Silberservice für den bedeutenden Betrag von 12.126 fl. 14 kr. (Zur Geschichte der Pretiosa des Klosters Ochsenhausen, in: Von Mönchen und gemeinen Leuten. 500 Jahre Klosterkirche Ochsenhausen 1495–1995. Katalog der Ausstellung in der Klosterkirche Ochsenhausen. Ochsenhausen 1995, 48–54, 51).
[10] Man vergleiche – um ein Beispiel aus dem heutigen Baden-Württemberg zu nennen – die Beschreibung eines Augsburger Tafelaufsatzes aus der säkularisierten Benediktinerabtei Schwarzach bei Bühl, der 1803 in die Karlsruher Münze übersandt wurde. S. *Johann Michael Fritz*, Badisches Landesmuseum. Neuerwerbungen 1975. Tafelaufsatz, in: Jb. der Staatlichen Kunstsammlungen in Baden-Württemberg 13 (1976), 188–191, 190.
[11] S. z. B. *Werner-Konrad Jaggi*, Das Tafelsilber der Benediktinerinnenabtei St. Lazarus in Seedorf (Uri), in: Zs. für Schweizerische Archäologie und Kunstgeschichte 44 (1987), 33–42.
[12] *Paulus Weißenberger*, Baugeschichte der Abtei Neresheim. Stuttgart 1934, 38, Anm. 166; *Weißenberger*, Beiträge (wie Anm. 4), 8, 41–43.
[13] *Weißenberger*, Baugesch. (wie Anm. 12), 88f.; s. auch *Paulus Weißenberger*, Der Heimgang des Reichsprälaten Benedikt Maria Angehrn von Neresheim (1787), Vetter des Fürstabts Beda Angehrn von St. Gallen, in: Jb. des Vereins für Augsburger Bistumsgeschichte 13 (1979), 86–117, 87f., über das Jahr 1799: *Auch an vielen anderen Tagen des Jahres fehlte er [Abt Benedikt Maria Angehrn] bei Tisch oder im Chor, selbst wenn keine ›Tafel‹ mit Gästen im Speisesaal außerhalb der Klausur stattfand*; zur Lage der Räume s. auch Ebd. 92, Anm. 7.
[14] Karl Aloys Nack berichtet in seinen Tagebuchaufzeichnungen von zahlrr. Besuchern, etwa Musikern, die »zu Tisch« kamen. Doch ist hier nicht stets eindeutig zu klären, ob es sich um das Refektorium oder um das Tafelzimmer handelt (s. *Paulus Weißenberger*, Aus den klösterlichen Tagebuchaufzeichnungen des einstigen Priors von Neresheim und späteren Domkapitulars von Augsburg, Karl Aloys Nack, über das letzte Jahrzehnt des 18. Jhs., in: Jb. des Vereins für

Augsburger Bistumsgeschiche 15 (1981), 291–320, 314, 315, 317). Wenn dagegen der Abt Michael Dobler etwa den Beamtenfrauen Tafel gab, so geschah dies zweifellos im Tafelzimmer (*Reiss*, Dobler [wie Anm. 1], 115f.).

[15] *Gerhard Neumann*, Gedächtnismahl und Liebesmahl. Das Bildprogramm des »Fürstensaals« von St. Peter, in: *Hans-Otto Mühleisen* (Hg.), Das Vermächtnis der Abtei. 900 Jahre St. Peter auf dem Schwarzwald. Karlsruhe 1993, 149–184, 151f.; speziell zu Neresheim s. auch *Weißenberger*, Beiträge (wie Anm. 4), 41.

[16] Nach freundl. Mitteilung von Abt Norbert Stoffels OSB bestellte Abt Benedikt Maria Angehrn das Service wohl unverzüglich, um sogleich den Repräsentationsverpflichtungen in der Würde als Reichsfürst nachkommen zu können. Demgemäß existieren im Archiv Neresheims (wie auch im FZA in Regensburg) offensichtlich keine Hinweise auf den wohl in aller Eile erteilten Auftrag.

[17] *Paulus Weißenberger*, Benedikt Maria Angehrn – der Werdegang des Bauherrn, in: StMittOSB 86 (1975), 271–336, 306f.

[18] FZA Regensburg, Schwäbische Akten, 1201, fol. 609^{v}; zur Erfassung des Tafelsilbers auf Veranlassung der Klosteraufhebungskommission im Jahr 1802 s. auch *Weißenberger*, Beiträge (wie Anm. 4), 43.

[19] FZA Regensburg, HFS – Akten 3329; S. 102, 22, 59f., 297, 12, 80, 256, 348, 332, 316 und 269 (in der durch das Verzeichnis von 1802 vorgegebenen Reihenfolge der Nennungen).

[20] *Reiss*, Dobler (wie Anm. 1), 9; s. auch 79 und 115.

[21] S. auch *Weißenberger*, Beiträge (wie Anm. 4), 43.

[22] FZA Regensburg, HFS – Akten, 3329, 102.

[23] *Stefan Bursche*, Tafelzier des Barock. München 1974, Abb. 282.

[24] Zu den Zeichnungen s. Silber und Gold. Augsburger Goldschmiedekunst für die Höfe Europas. Katalog der Ausstellung des Bayerischen Nationalmuseums. München 1994, 548, 552, Anm. 4, Nr. 150 (*Lorenz Seelig*).

[25] Die Wappen der Bistümer und Klöster (*J. Siebmacher's* großes Wappenbuch 8). ND Neustadt a. d. Aisch 1976, Teil 3, 73f., Taf. 88.

[26] So wurde etwa beim Tafelservice des Hildesheimer Fürstbischofs Friedrich Wilhelm v. Westphalen zu einem um 1725–1730 entstandenen Rechaud gut drei Jahrzehnte später, um 1761–1763, ein identisches Gegenstück – in den Formen des Régence-Stils – gefertigt; s. *Manfred Boetzkes/Lorenz Seelig* (Hgg.), Die fürstliche Tafel. Das Silberservice des Hildesheimer Fürstbischofs Friedrich Wilhelm v. Westphalen. Katalog der Ausstellung im Roemer-Museum, Hildesheim. Hildesheim/München 1995, 168–171, Nr. 21.

[27] Laut Verzeichnis vom 21.04.1803 (FZA Regensburg, Schwäbische Akten, 1202, fol. 145^{r}- 148^{v}) nahm Abt Michael Dobler bei dem Auszug aus der Abtei Neresheim ein komplettes Porzellanservice mit.

[28] S. ausführlich *Boetzkes/Seelig*, Tafel (wie Anm. 26), passim.

[29] *Bruno Bushart*, Martin Knoller – der Freskant, in: Die Abteikirche Neresheim. Neresheim o. J. [ca. 1975], 33–81, 41.

[30] Zur Benennung als Kaffee- und Milchkannen s. Silberkammerinventar des Jahres 1833 (FZA Regensburg, HFS – Akten, 3329, S. 59).

[31] *Helmut Seling*, Die Kunst der Augsburger Goldschmiede 1529–1868. Bd. 3. München 1980, 290, Nr. 1934b.

[32] *Weißenberger*, Beiträge (wie Anm. 4), 13f., 22.

[33] Ebd., 13.

[34] Zur Gesch. der Pretiosa (wie Anm. 9), 50; *Ulrike Weinhold*, Emailmalerei an Augsburger Goldschmiedearbeiten von 1650 bis 1750. München/Berlin 2000, 64.

[35] Silbernes Brustbild des hl. Patrons Marinus von 1716, in: *Willi Birkmaier* (Hg.), Rott am Inn. Beiträge zur Kunst und Gesch. der ehemaligen Benediktinerabtei. Weißenhorn 1983, 247–249; *Peter Volk*, Die Altarausstattung der Klosterkirche von Rott am Inn (im Druck).

[36] S. u. a. *Weißenberger*, Angehrn (wie Anm. 18), 280–285, 310.

[37] FZA Regensburg, HFS – Akten, 3329, 145.

[38] Recht ähnlich ist ein Kelch in der Stadtpfarrkirche zu Dillingen, für den die Witwe Langs unmittelbar nach dessen Tod Zahlungen erhielt (*Werner Meyer/Alfred Schädler*, Die Kunstdenkmäler von Schwaben. Bd. VI: Stadt Dillingen a. d. Donau. München 1964, 166, Nr. 11, Abb. 75).

[39] FZA Regensburg, HFS – Akten, 3329, 150.

[40] Weitere Kelche Anton Simon Langs befinden sich noch in Neresheim (*Weißenberger*, Beiträge [wie Anm. 4], 20).

[41] Zu Johann Evangelist Reiter s. *Reiss*, Dobler (wie Anm. 1), u. a. 52f., 62; *Weißenberger*, Beiträge (wie Anm. 4), 32f. (auch zur Vermessung der Neresheimer Herrschaft durch Reiter); *Paulus Weißenberger*, Die Weihedaten der Abteikirche Neresheim, in: StMittOSB 86 (1975), 403–428, 415, Anm. 42, 423; *Weißenberger*, Nack (wie Anm. 14), 296, 297, 310.

[42] Titelkupfer in (*Karl Aloys Nack*), Reichsstift Neresheim. Neresheim 1792, ND Neresheim 1992 (s. *Reiss*, Dobler [wie Anm. 1], 53; *Weißenberger*, Nack [wie Anm. 14], 293; *Norbert Lieb*, Abtei Neresheim. München/Zürich 1985, Abb. S. 6).

[43] *Dallmeier*, Marchtal (wie Anm. 2), 323.

[44] *Dallmeier*, Marchtal (wie Anm. 2), 323.

[45] FZA Regensburg, Schwäbische Akten, 810, Prod. 155e.

[46] FZA Regensburg, Schwäbische Akten, 810, Prod. 113; s. auch *Dallmeier*, Marchtal (wie Anm. 2), 324.

[47] FZA Regensburg, Schwäbische Akten, 810 und Rentamt Marchtal, 1707.

[48] FZA Regensburg, HFS – Akten, 3330, fol. 111.

[49] *Baumstark*, Thurn und Taxis-Museum (wie Anm. 7), 149–153, Nr. 94c, d, b, e und f, in der Reihenfolge der Nennungen im Verzeichnis von 1803. Zu dem mit Amethysten besetzten Pektorale Nr. 94e könnte eventuell ein aus Thurn und Taxis-Besitz stammender Amethyst-Ring mit Brillanten-Einfassung gehören (Versteigerungskatalog Sotheby's, Genf, 17. 11. 1992, The Thurn and Taxis Collection, Nr. 249).

[50] Baden und Württemberg im Zeitalter Napoleons. Katalog der Ausstellung des Württembergischen Landesmuseums. Stuttgart 1987. Bd. 1,1, 94f., Nr. 213 (*Uta Bernsmeier*).

[51] Inv.-Nr. 93/528 (nicht im Thurn und Taxis-Museum ausgestellt).

[52] FZA Regensburg, HFS – Akten, 3329, 151: *Ein silberner und vergoldeter Kelch mit falschen grünen Steinen und mit Granaden besezt.*

[53] *Eduard v. Paulus* und *Eugen Gradmann*, Die Kunst- und Altertums-Denkmale im Königreich Württemberg. Inventar Donaukreis. Bd. 1. Eßlingen 1914, 147f.

[54] FZA Regensburg, Schwäbische Akten, 204.

[55] *Werner v. Matthey/Hans Klaiber*, Die Kunst- und Altertums-Denkmale im ehem. Donaukreis. Kreis Riedlingen. Stuttgart/Berlin 1936, 68f.

[56] *Lorenz Seelig*, Katalog des Tafelservices des Hildesheimer Fürstbischofs Friedrich Wilhelm v. Westphalen. In: *Boetzkes/Seelig*, Tafel (wie Anm. 26), 95–198, 103.

[57] *Erich Franz*, Pierre Michel d'Ixnard 1723–1795. Leben und Werk. Weißenhorn 1985, 41–44, 132, 144.

[58] FZA Regensburg, Schwäbische Akten, 204.

[59] FZA Regensburg, Schwäbische Akten, 213.

Sammeln und bewahren, was wir aus der Flut der Zeiten zu retten vermögen ...

Mittelalterliche Konstanzer Glasmalerei in Schloss Heiligenberg

von Gabriele Heidenreich

In der Kapelle des renaissancezeitlichen Schlosses Heiligenberg, unweit vom Bodensee, befinden sich 15 figürliche und drei ornamentale gotische Glasmalereischeiben aus der ehemaligen Dominikanerkirche Konstanz. Sie wurden im Verlauf der von 1878 bis 1882 durchgeführten Kapellenrenovierung durch den Karlsruher Architekten Adolf Weinbrenner eingebaut. Ihr Erwerb durch das Haus Fürstenberg datiert jedoch bereits aus der Zeit um 1817, als das Inventar des unter Kaiser Joseph II. aufgehobenen Konstanzer Dominikaner- oder Predigerklosters zum Verkauf stand. Der vorliegende Beitrag geht zum einen den Umständen und Anliegen des Ankaufes der Glasmalereischeiben im frühen 19. Jh. nach, zum anderen beleuchtet er die neue Verwendung der Glasgemälde als Kapellenschmuck eines gegen Ende des 19. Jhs. traditionsbewusst renovierten Familienstammsitzes der Fürstenberger. Insgesamt vermag die nachklösterliche Geschichte der mittelalterlichen Glasmalereien einen Beitrag zu leisten zum Funktionswandel, dem das mittelalterliche Klostergut im Verlauf des 19. Jhs. unterworfen war, und zur Neudefinition, die es bei diesem Prozess erfuhr.

Vom Predigerkloster zur Idienne-Fabrik

Die Aufhebung des 1236 gegründeten Konstanzer Dominikanerklosters St. Nikolaus[1] am Ende des 18. Jhs. war eng mit wirtschaftlichen Interessen verknüpft. Ein Jahr vor der am 30. Januar 1785 durch Kaiser Joseph II. verfügten Säkularisierung hatte der calvinistische Fabrikant Jacques Louis Macaire de l'Or, der wegen politischer Unruhen aus Genf nach Konstanz geflohen war, in Wien darum angesucht, in dem auf einer Insel vor der Stadt gelegenen Dominikanerkloster eine Indiennefabrik einzurichten.[2] Die Baulichkeiten mussten ihm geeignet erscheinen, da für das Färben der feinen Baumwollstoffe viel Wasser benötigt wurde. Joseph II., der sich durch die Ansiedlung der wohlhabenden Genfer Emigranten eine Belebung des Gewerbes in der an Bedeutung verlierenden vorderösterreichischen Landstadt erhoffte, ging auf das Angebot ein und überließ dem Fabrikanten das recht verwahrloste Kloster. Neben dem Emigranten Macaire etablierten sich in Konstanz in Kürze weitere Fabrikanten aus Genf. Macaire, das Haupt dieser Flüchtlingskolonie, erhielt neben Steuervergünstigungen, eine nur geringe jährliche Pacht. Die Überlassung des Klosters war mit der Auflage verbunden, dass *er und seine Erben und Zessionarien die Fabrik in gutem Zustand erhalten und fortführen werde(n).* Die mit der Überlassung verbundenen Privilegien und Verpflichtungen dokumentiert die Schenkungsurkunde vom 30. Juni 1785.[3] Noch bevor Macaire nach Konstanz übersiedelte, bat er in einem Schreiben an den Stadthauptmann darum, *dass die Kirche nichts mehr enthalten möge, was zum Gottesdienst gedient hat, sowie auch nichts, was mich dem Vorwurf irgendeiner Art von Entweihung aussetzen ließe,* [...] *alle Bilder entfernen zu lassen.*[4]

1813, sieben Jahre nachdem Konstanz dem neu gebildeten Großherzogtum Baden einverleibt worden war, konnten die Söhne David und Kaspar des zwischenzeitlich sich zur Ruhe gesetzten Fabrikgründers Jacques Louis Macaire (gest. 1824) die Klosteranlage

mitsamt der Insel vom ehemals vorderösterreichischen, nun großherzoglich badischen Religionsfond durch Kauf erwerben.[5] Die Steuerprivilegien, die die Familie Macaire bis dahin genossen hatte, erloschen; zugleich waren die Brüder von den vertraglichen Verpflichtungen aus der Schenkungsurkunde entbunden. Noch vor der Erwerbung durch die Söhne Macaires hatte der badische Staat im Jahr 1808 den Landbesitz des Konstanzer Dominikanerklosters, zu dem zahlreiche Weinberge gehörten, sowie das bewegliche Klosterinventar versteigert.[6] Erst nach dem Klosterkauf konnten die Brüder Macaire damit beginnen, die Farbverglasung zu veräußern, die nicht zum mobilen Inventar, sondern zum festen Bestandteil der Kirche zählte. Der Grund für diesen Verkauf muss zum einen in der Finanznot der Brüder Macaire gesucht werden, die sich nach Wegfall der Steuervergünstigungen einstellte, und die durch den Umstand verschärft wurde, dass mit der offiziellen Auflösung der Genfer Kolonie im Jahre 1812 auch alle anderen bis dahin von den Brüdern Macaire als Mitglieder der Kolonie in Anspruch genommenen finanziellen Vorzüge entfielen.[7] Zum anderen waren die Macaire an keine vertraglichen Verpflichtungen mehr gebunden, und es stand ihnen nunmehr frei, Eingriffe in die Bausubstanz der Klosterkirche vorzunehmen.

Umfang des Glasmalereiankaufs

Die nach Heiligenberg gelangten Glasmalereischeiben hatten innerhalb der mittelalterlichen Klosterkirche, einer langgestreckten dreischiffigen Basilika ohne Querhaus mit flach geschlossenem Chor, einen prominenten Platz eingenommen. Sie füllten das dreibahnige Mittelfenster des nach Osten auf den See ausgerichteten Chores.[8] Dargestellt war die Passion Christi in großen Figuren mit ausdrucksvoller Gestik und Mimik der Zeit um 1320.[9] Die Passion Christi zählt zu einem der wichtigsten Bildprogramme der Dominikaner. Der Zyklus umfasste ursprünglich 18 figürliche Scheiben, die in den oberen sechs Zeilen des Fensters angeordnet waren, sowie 12 Ornamentscheiben in den unteren vier Zeilen, die durch drei ornamentierte Dreipassscheiben jeweils im Scheitel der Bahnen ergänzt wurden.[10] Von den 18 figürlichen Scheiben des Passionszyklus sind lediglich jene 15 erhalten, die sich heute in Schloss Heiligenberg befinden.

In Ermangelung von Quellen, die Auskunft über den Umfang der Erwerbung der Glasscheiben durch das Haus Fürstenberg geben könnten, ist man bei der Beurteilung der damals vorgenommenen Auswahl der Scheiben auf jenen Bestand angewiesen, der am Ende des 19. Jhs. in die Heiligenberger Kapelle eingebaut wurde. Dort fällt auf, dass man den figürlichen Scheiben den Vorzug gab. Von den Ornamentscheiben wurden nur die Dreipässe verwendet, die den Figurenszenen zu einem typisch sakralen Abschluss verhalfen. Die ursprünglich 12 ornamentierten Rechteckscheiben des Konstanzer Stirnfensters sind, abgesehen von einem Stück, das eine Blattrosette darstellt, nicht erhalten. Weder die Ornamentscheiben noch drei zur Passionsgeschichte gehörende fehlende Figurenscheiben sind bislang aufgetaucht. Die Frage, ob die dem heutigen Bestand zu entnehmende Präferenz der figürlichen Scheiben durch den Ankauf vorgegeben war, lässt sich derzeit nicht beantworten. Da jedoch eine der rechteckigen Ornamentscheiben im späten 19. Jh. in Heiligenberg eingebaut werden konnte, ist mit der Möglichkeit zu rechnen, dass eine Kiste mit Glasscheiben, die die Ornamentscheiben und die drei abgängigen Figurenscheiben zum Inhalt hatte, nach dem Kauf verlorenging. In diesem Fall wäre nicht nur der Figurenzyklus in toto angekauft worden, sondern sämtliche Scheiben des mittleren Chorfensters der Konstanzer Dominikanerkirche.

Fürstin Elisabeth von Fürstenberg als Käuferin

Der Erwerb der Glasmalereischeiben durch das Haus Fürstenberg lässt sich bislang nicht durch Schriftquellen belegen.[11] Wer könnte als Käufer in Frage kommen und aus welchen Motiven heraus mag sich der Kauf ergeben haben? Verschiedene Sachverhalte lassen als Käufer die Fürstin Elisabeth von Fürstenberg (1767–1822)[12] und ihren Berater Reichsfreiherr Joseph v. Laßberg (1770–1855)[13] sowie als Datum die Jahre 1817–1822 in Betracht kommen.

Seit 1813 war Schloss Heiligenberg der bevorzugte Aufenthaltsort und ab 1817 schließlich Witwensitz der Fürstin Elisabeth. Das auf einem Felsvorsprung gelegene, weithin sichtbare Schloss lernte die Fürstin durch den Reichsfreiherrn Joseph v. Laßberg kennen und schätzen. Laßberg, in den Jahren 1792 bis 1804

Eine kunstsinnige Schlossherrin von Heiligenberg
Fürstin Elisabeth von Fürstenberg (1767–1822) mit ihrer Tochter Leopoldine.
Bleistiftzeichnung von Johann Baptist Seele, 1797.
Fürstlich Fürstenbergisches Archiv Donaueschingen.

Joseph Freiherr von Laßberg (1770–1855)
Zeichnung von Leonhard Hohbach, 1846.
Archiv des Landesdenkmalamtes Münster.

mit der Leitung des Oberforstamtes in Heiligenberg betraut, war Ort und Schloss innig verbunden. In seiner Stellung als Landesforst- und Jägermeister der Fürstlich Fürstenbergischen Zentralverwaltung in Donaueschingen begegnete er Fürstin Elisabeth erstmals 1805, als sie aus Böhmen in die fürstenbergische Residenz nach Donaueschingen reiste, um im Namen ihres minderjährigen Sohnes Karl Egon die Erbhuldigung entgegenzunehmen. Laßberg wurde sehr schnell Elisabeths Berater und enger Vertrauter. Im gleichen Jahr noch begleitete er sie auf einer Rundreise, die sie außer nach Schaffhausen auch nach Schloss Heiligenberg führte. Nur wenige Jahre später wählte die Fürstin das seit langem unbewohnte Heiligenberg zunächst als bevorzugten Aufenthaltsort und erkor diesen Landgrafensitz der Fürstenberger, nachdem sie 1817 ihrem Sohn Karl Egon frühzeitig die Regierungsgeschäfte übergeben hatte, auch zum Witwensitz. Die Liebe und Verbundenheit zu dem aus dem 13. Jh. stammenden, im 16. Jh. zunächst durch Friedrich von Fürstenberg und nachfolgend durch dessen Sohn Joachim großzügig erweiterten Renaissanceschloss teilte die Fürstin mit Laßberg – nicht zuletzt wegen der imponierenden Lage über dem Salemer Tal und wegen seiner Entfernung zum Regierungsort Donaueschingen. Laßberg wird es auch gewesen sein, der seiner Fürstin Schloss Heiligenberg als Refugium empfahl, um den zunehmenden Konflikten mit dem

fürstenbergischen Regierungschef Präsident Josef Kleiser zu entgehen, der sich durch die Übersiedlung der Fürstin nach Donaueschingen im Jahre 1806 in seinen Machtbefugnissen eingeschränkt fühlte und seinen Einfluss zunehmend geschmälert sah.[14]
Erste Baumaßnahmen an Schloss Heiligenberg leitete die Fürstin kurz nach ihrer endgültigen Übersiedlung in das Fürstentum Fürstenberg im Jahre 1806 ein. Bereits am 25. Februar 1807 stellte sie für ihren bevorstehenden Aufenthalt in Heiligenberg im Frühjahr desselben Jahres beim fürstlichen Oberbauamt den Antrag für einen *Überschlag über die höchstnöthigen Reparationen in dem Schloß zu Heiligenberg.*[15] Bei den *Reparationen* handelte es sich um kleinere, aber notwendige Instandsetzungsmaßnahmen wie die Ausbesserung der Fenster und der Türschlösser sowie das Weißeln der Zimmer und Flure im Südflügel des Schlosses. Außerdem beklagte sich die Fürstin, dass sich nichts im Schloss befinde, *was zur Führung einer Haußwirtschaft nothwendig ist.* Der Fürstin lag offensichtlich viel an der Instandsetzung des Schlosses, denn im Falle eines abschlägigen Bescheides wollte sie die Renovierung aus ihrer Privatkasse finanzieren. In den Folgejahren 1808 bis 1811 sind umfangreichere Arbeiten am Schloss zu verzeichnen. So wurde im Frühjahr 1810 im Südflügel ein Billardzimmer eingerichtet, 1812 kam ein Badezimmer hinzu. 1818 lieferte Hofgärtner Straubinger einen Plan zu einer neuen terrassierten Gartenanlage.[16] Fürstin Elisabeth hatte das Schloss wiederentdeckt und bewohnbar gemacht, um ihren Lebensabend in dem auf mittelalterliche Ursprünge zurückgehenden Bau zu verbringen. Laßberg unterstützte sie tatkräftig in ihrem von der Romantik inspirierten Tun, indem er sie beriet und in weiten Teilen die Bauaufsicht führte. Die aus den Bauakten verbliebenen Verzeichnisse über die *Reparationen* am Schloss enthalten keine Hinweise, die Rückschlüsse auf einen Einbau wertvoller Glasscheiben zuließen. In Anbetracht der Renovierung von Schloss Heiligenberg in den Jahren von 1806 bis 1818 erscheint ein Ankauf der Konstanzer Glasgemälde während dieser Zeit jedoch plausibel. Was die Fürstin mit den mittelalterlichen Scheiben vorhatte, entzieht sich unserer Kenntnis.

Warum Kauf von Säkularisationsgut?

Was bewog Fürstin Elisabeth und ihren engen Vertrauten, den Reichsfreiherrn v. Laßberg, mittelalterliche Glasmalereien zu erwerben? Die Fürstin übergab im Frühjahr 1817 ihrem noch minderjährigen Sohn die Verwaltung des Fürstentums. Im selben Jahr hatte sich Laßberg, der ihr bis dahin als Administrator der fürstenbergischen Territorien zur Seite gestanden hatte, nach seiner Pensionierung aus der Verwaltung des Hauses Fürstenberg zurückgezogen und widmete sich fortan intensiv seiner großen Leidenschaft, den germanistischen Studien und dem Sammeln von Urkunden, Handschriften und Gemälden. Frei von jeglichen Verpflichtungen hielt sich die Fürstin zusammen mit Laßberg von da an wechselweise auf dem 1812 von ihr erworbenen thurgauischen Gut Eppishausen[17] oder in Schloss Heiligenberg auf. Die mit Kunstsinn begabte Fürstin teilte mit Laßberg auch sein Interesse für das gesamte mittelalterliche Kulturgut. Wie Laßberg in vielerlei Hinsicht Spiritus rector der Fürstin gewesen sein muss, so war sie aktive Förderin seiner Sammelleidenschaft und letztlich Mäzenin seiner mittelalterlichen Sammlungen.

Die Sammelschwerpunkte Laßbergs

Laßbergs bibliophile Vorliebe galt fast ausschließlich dem mittelalterlichen deutschen Schrifttum. Eine seiner spektakulärsten Erwerbungen war die der Handschrift C des Nibelungenliedes im Jahr 1815, während des Wiener Kongresses, dem er als Begleiter der Fürstin beiwohnte.[18] Dank der finanziellen Unterstützung durch die Fürstin konnte er den Kaufpreis der in Wien angebotenen Handschrift gegenüber einem englischen Käufer überbieten und das Nibelungenlied für Deutschland »retten«.[19] Sein Interesse am deutschen Mittelalter erstreckte sich auch auf das Gebiet der Malerei. So umfasste seine Kunstsammlung nicht weniger als 61 Gemälde, Meisterwerke der schwäbischen und der schweizerischen Malerei des 14. und 15. Jhs. sowie zahlreiche Kabinettscheiben aus dem 16. Jh.[20] Die Gemäldesammlung wie auch große Teile der Handschriftensammlung verkaufte Laßberg 1853 an Elisabeths Sohn, Fürst Karl Egon II. von Fürstenberg.[21] Beide Sammlungen spiegeln Laßbergs von der

Romantik geprägte Vorliebe für das Mittelalter und seine Verbundenheit mit der altdeutschen Tradition wider. Ihm wie Fürstin Elisabeth galt das Mittelalter, insbesondere die Gotik, als die große Zeit deutscher Kultur, die es zu bewahren und im Bewusstsein zu erneuern galt.

Laßbergs Studien- und Sammeltätigkeit war begleitet von einer intensiven Korrespondenz mit führenden Germanisten seiner Zeit, wie den Gebrüdern Grimm, Ludwig Uhland und Gustav Schwab, und wurde befruchtet durch den Gedankenaustausch mit Kunstkennern. Immer wieder suchte er den Diskurs über mittelalterliche Kunst mit den Brüdern Melchior und Sulpice Boisserée, beide Kunstsammler und Kunstsachverständige, die nach dem RDH von 1803 daran gingen, das von Zerstörung und Zerstreuung bedrohte Kirchengut zu sammeln und zu retten und sich von 1819 bis 1827 mit ihrer Sammlung altdeutscher und niederländischer Malerei in Stuttgart aufhielten.[22] Aus diesen Kontakten bezog Laßberg Anregungen für seine Kunst- und Sammeltätigkeit sowie für seine Studien und Forschungen. Sie lieferten ihm den Rückhalt und die Legitimation für sein Kunstverständnis und sein Wirken.

Laßberg als Retter nationalen Kulturgutes

Für Laßberg bedeutete die Auseinandersetzung mit mittelalterlichem Kulturgut mehr als nur die reine Freude an der Kunst, mehr als Sammeln aus Selbstzweck. Für ihn wurde die intensive Beschäftigung mit Altem zum Auftrag, gerade in der politisch unruhigen, Werte wandelnden Zeit. Sein Anliegen formulierte Laßberg in einem Brief an seinen Freund Brenken vom 23. August 1820 folgendermaßen: *Lassen Sie uns, jeder an seinem Orte, sammeln und bewahren, was wir aus der Flut der Zeiten zu retten vermögen.*[23] Laßberg als Retter nationalen Kulturgutes?

Bereits fünf Jahre zuvor wurde in den Statuten zur Vereinsgründung *Die Kette*, als deren Mitbegründer Laßberg auftrat, der Auftrag zur Wahrung des Alten in ähnlicher Weise formuliert. In § 8 der Satzung werden die Mitglieder dazu aufgefordert, *Daß diejenigen unter ihnen, welchen ihre Fähigkeit und persönliche Verhältnisse es gestatten, Alles sammeln werden, was auf teutsche Sprache, Sitten, Geschichte, Kunst und Alterthümer Bezug hat, daß sie ein solches durch Briefwechsel oder mündlichen Vortrag, dem Verein und dessen Mitgliedern mittheilen, und auch wohl durch schriftliche Aufsätze und Abhandlungen solche Grundsätze und Gedanken verbreiten wollen, welche geeignet sind, den Adel zu seiner ursprünglichen Bestimmung, der erste und gebildetste Stand im Staat zu seyn, zu bilden.*[24] Der reichsunmittelbare Adel versuchte nach dem Verlust seiner politischen und gesellschaftlichen Position sich auf seine alten Adelswerte zurückzubesinnen und sich eine neue nationale Identität zu schaffen. Parallelen zu den Intentionen der Brüder Boisserée werden deutlich, denn das Ziel ihrer Sammeltätigkeit mittelalterlicher Kulturgüter bestand unter anderem darin, Zeugnisse deutscher Vergangenheit zu bewahren, um sie für die Erneuerung des nationalen Selbstverständnisses zu erhalten.[25]

Auf der Suche nach Glasmalereien

Konstanz, im 13. und 14. Jh. neben Köln und Straßburg ein Zentrum für Glasmalerei, war zu Beginn des 19. Jhs. ein geeigneter Ort für hochwertige Sammelfunde. Dies hatte mehrere Ursachen. Stadt und Umland wurden in den Jahren 1816 und 1817 durch Missernten und Hochwasser von einer großen Hungersnot heimgesucht. Mit der nach mehrjährigem Ringen schließlich doch endgültigen Aufhebung des Bistums Konstanz im Jahre 1821 verlor die Stadt nicht nur ihre kirchenpolitische Position, sondern auch wichtige Einkünfte[26] und sank zu einer Provinzstadt ab. In der Zeit allgemeiner Verarmung hatte man wenig Sinn und Interesse für mittelalterliche Kunst. Aufgrund der geringen Wertschätzung von Kunstschätzen, wie in diesem Fall der Glasmalereien, war die *Gefahr der Zerstörung dieser zerbrechlichen Produkte des Kunsthandwerkes aus Unkenntniss oder Muthwillen (war) damals viel größer als diejenige der Verschleppung durch Verkauf.*[27] Für Kunstinteressierte und wirtschaftlich Unabhängige war diese Zeit nicht nur äußerst günstig, sondern forderte sie auch dazu auf, Kulturgüter vor der Zerstörung zu retten und sie als nationales Erbe bewahrt zu wissen. Zu diesen Kunstinteressierten, zählten Laßberg und die Fürstin.

Der Kauf der Glasgemälde aus der Konstanzer Dominikanerkirche dürfte in die Jahre 1817 bis 1822 fallen,

denn in diesem Zeitraum waren Laßberg und die Fürstin nachweislich auf der Suche nach mittelalterlichen Kunstgegenständen. So bemühten sich die Fürstin und Laßberg um die Farbverglasung aus der Mauritiuskapelle des Konstanzer Münsters. Der Konstanzer Bistumsverweser Frh. Ignaz Heinrich v. Wessenberg sowie der Freiburger Fabrikprokurator Schwarz richteten auf Anfrage der Fürstin entsprechende Schreiben an die katholische Kirchensektion des Großherzoglich badischen Ministeriums des Innern. Erhalten ist ein Antwortschreiben aus Karlsruhe vom 20. April 1818, in dem der *Domfabrickpflege Konstanz* [...] *auf ihren Bericht vom 25. v. M. aufzugeben (ist), den Kaufs-Antrag des Freyherrn von Laßberg auf die Gemählde in der Münster-Sakristey, so wie auf die gemahlte Fensterscheiben in der Mauritiuskapelle allda für die verwittibte Frau Fürstin von Fürstenberg abzulehnen* [...].[28] Aus diesem Schriftstück geht eindeutig hervor, dass die Fürstin mit Laßbergs Unterstützung in der besagten Zeitspanne auf der Suche nach alten Scheiben war. Ihre Bemühungen um den Kauf der Farbverglasung des Klingenbergfensters aus der Mauritiusrotunde blieben allerdings erfolglos. Die Scheiben gingen 1819 nach Freiburg an die Domfabrik.[29] Doch bei diesem Versuch blieb es nicht. Aus der umfangreich erhaltenen Korrespondenz Laßbergs wissen wir von ausgiebigen Kontakten zu Kunsthändlern, Antiquaren und Kunstkennern, die im Auftrag des Freiherrn Säkularisationsgut und andere zum Verkauf stehende mittelalterliche Kunstgegenstände suchten, insbesondere im Konstanzer Raum.[30] Einer der intensivsten Kontakte bestand zum Konstanzer Adlerwirt Ferdinand Mayer, der als Kunst- und Antiquitätenhändler häufig für Laßberg unterwegs war. In der reichhaltig überlieferten Korrespondenz Mayer mit Laßberg ist häufig von *Glasmahlereyen*, *Glasgemählden* und *Scheiben* die Rede. Anfang 1818 hat Mayer in Wollmatingen 14 *Glasmahlereyen* an der Hand. Zehn Tage später sind die Verhandlungen zum Erwerb dieser Scheiben in vollem Gange.[31] Auch auf der Insel Reichenau stehen Glasmalereien zum Verkauf. [...] *im Raths Haus 26 Stück, worunter 12 Stück sehr schön; in der Klosterkirche aber fand ich 8 Stük, die 3 Schuh hoch und vorzüglich schön seye* [...].[32] Den Briefen Mayers an Laßberg ist zu entnehmen, dass dieser vornehmlich im Auftrag der Fürstin verhandelte: Stets übermittelte er seinen *tiefsten Respect an Durchlauchtigste gnädigste Fürstin.*

Frühe Sammler

Durch seine häufigen und regelmäßigen Aufenthalte in der Stadt Konstanz sowie durch seine Kontakte zu Händlern wie dem Konstanzer Adlerwirt Ferdinand Mayer war Laßberg über den aktuellen Kunstmarkt im Bilde. So ist anzunehmen, dass Laßberg und die Fürstin auch von den Verkaufsabsichten der Brüder Macaire unterrichtet waren und mit diesen wegen der Farbverglasung aus dem Inselkloster in Verhandlungen traten. Laßberg, der seit seiner Pensionierung 1817 die gesamte Geschäftskorrespondenz sowie die persönlichen Geldangelegenheiten der Fürstin regelte, hatte in der Zeit 1817–1818 häufig mit den Brüdern Macaire in Bankgeschäften zu tun, da diese neben der Indiennefabrik im Inselkloster ein Geldinstitut in Konstanz unterhielten.[33] Für diese Jahre ist eine rege Korrespondenz Laßbergs mit den Brüdern Macaire belegt.[34] Unter anderem geht es um Zahlungen an den Kunsthändler Ferdinand Mayer.

Zur selben Zeit, da Laßberg und die Fürsten auf der Suche nach mittelalterlichen Glasmalereischeiben waren, trug auch der in Konstanz sesshafte Piemonteser Antiquar, Kunsthändler und Sammler Johann Nikolaus Vincent eine erlesene umfangreiche Sammlung zusammen. 1816 erwarb er seine erste gemalte Scheibe.[35] Die Vincent'sche Sammlung blieb jedoch nicht auf Glasmalereien beschränkt, sondern umfasste neben einer Waffensammlung auch Mineralien, Münzen, Goldschmiedearbeiten, Gemälde, alte Drucke sowie sämtliche Majolikabestände aus dem bischöflichen Palast in Meersburg. Vincent erwarb auch eine große Anzahl mittelalterlicher Glasgemälde aus dem Konstanzer Münster, die er teils in seine Sammlung integrierte, teils mit großem Gewinn nach Mailand verkaufte.[36] Laßberg hat mit Sicherheit die Vincent'sche Sammlung gekannt; über nähere Beziehungen sind wir allerdings nicht unterrichtet.[37]

Mit ihrer Vorliebe für Glasmalerei standen die Fürstin und Laßberg, wie die Vincent'sche Sammlung gezeigt hat, nicht alleine. Auch Freiherr Karl vom Stein, ein guter Freund der Fürstin, der wiederholte Male im

Kampf um die Wiederherstellung der alten Rechte des Adels ihre Bestrebungen unterstützte, war ein leidenschaftlicher Sammler mittelalterlicher Glasmalereien.[38] 1815 hatte vom Stein auf seiner gemeinsamen Reise mit Goethe zwei großformatige Scheiben aus dem ehemaligen Kölner Dominikanerinnenkloster St. Gertrudis für seinen neugotischen Turm in Nassau erworben[39], den er mit mittelalterlichen und historisierenden, die alte Zeit verherrlichenden Kunstwerken ausgestalten wollte. Die Fürstin stand mit Stein in Briefkontakt; persönliche Begegnungen fanden in Freiburg 1814 und in Wien während des Kongresses 1815 statt. 1820 traf Laßberg den Freiherrn vom Stein in Konstanz.[40] Beide Männer verband die jeweils aus ähnlichen Motiven entsprungene Liebe zum Mittelalter und die Sammelleidenschaft von Kunstschätzen aus dieser Zeit. Beide widmeten sich der Beschäftigung des Sammelns intensiv nach ihrem Rückzug aus der aktiven Politik. 1819 gründete Freiherr vom Stein die *Gesellschaft für Deutschlands ältere Geschichtskunde*, der Laßberg sogleich beitrat. Die Fürstin schätzte das Tun beider Männer und unterstützte sowohl Laßberg als auch Stein in ihren Kunstbestrebungen finanziell. Stein finanzierte sie bei seiner Edition der *Monumenta Germania Historica*[41], Laßberg bei zahlreichen, bereits erwähnten Ankäufen. Es ist durchaus denkbar, dass Freiherr vom Stein über die Kaufoption der Glasmalereien aus dem Konstanzer Dominikanerkloster informiert war und aufgrund der freundschaftlichen und gesinnungsverwandten Beziehungen beratend wirkte.

Säkularisationsgut für den Witwensitz der Fürstin

Nach dem bisher Gesagten – man denke an das Interesse der Fürstin für das gesamte mittelalterliche Kulturgut, an Laßbergs Kontakte zu Kunsthändlern und an die intensive Suche nach Glasmalereien – dürfte Fürstin Elisabeth, nachdem sie sich zunächst erfolglos um den Erwerb der Glasmalereien aus der Mauritiusrotunde des Konstanzer Münsters bemüht hatte, mit Laßbergs Unterstützung die mittelalterliche Farbverglasung der Konstanzer Dominikanerkirche für das seit 1806 renovierten und seit 1817 zum Witwensitz erkorene Schloss Heiligenberg angekauft haben. Da sich diese zu vermutende Erwerbung bislang in keinem der Rechnungsbücher der fürstlichen Verwaltung nachweisen ließ, muss man derzeit davon ausgehen, dass die Fürstin, wie sie es häufiger tat, sie aus ihrer Privatschatulle bezahlte. Die Zeit zwischen 1815 und 1820 war für Transaktionen im Kunstbereich und Erwerbungen auf dem Kunstmarkt günstig und hochbrisant. So musste die Fürstin die Gelegenheit ergreifen und den Kauf möglicherweise ohne konkreten Bauanlass vollziehen. Auf lange Sicht sollten die Scheiben vermutlich in der Kapelle eingebaut werden. Zwar ist in den Bauakten zur Instandsetzung des über Jahrhunderte verwahrlosten Schlosses kein entsprechender Vermerk zu finden[42], doch wissen wir, dass die repräsentativen Räumlichkeiten Festsaal und Kapelle in Schloss Heiligenberg sehr renovierungsbedürftig waren. Geht man von ihrer zwar behutsamen, doch bestimmten Vorgehensweise in Sachen Renovierung ihres Witwensitzes Heiligenberg aus, kann man durchaus folgern, dass die Fürstin nach Wiederherstellung der Wohnräume im Südflügel an eine Renovierung des Festsaales und der Kapelle dachte. Dazu kam es zu Lebzeiten der Fürstin allerdings nicht. Diese kränkelte zunehmend und starb bereits 1822 im Alter von 55 Jahren.[43] Neben der Schlosskapelle kommen als Bestimmungsorte für die Scheiben die Bibliothek oder das Arbeitszimmer in Frage.[44] Doch für einen Witwensitz kommt der Ausstattung der Hauskapelle ein weit höherer Stellenwert zu als der eines Arbeitszimmers. Die Ausschmückung und die damit verbundene Nobilitierung der Hauskapelle blieben unausgeführt. Die Konstanzer Glasmalereischeiben gerieten über Jahrzehnte in Vergessenheit.

Wiederauffindung der Konstanzer Glasmalereien

Erst rund 50 Jahre nach dem Tod der Fürstin Elisabeth von Fürstenberg, Anfang der 70er Jahre des 19. Jhs., wurden die Scheiben auf dem Dachboden des Heiligenberger Schlosses in Kisten verwahrt wieder aufgefunden. In einem vom 10. Oktober 1872 datierenden Inventar werden die Scheiben erstmals erwähnt.[45] Zunächst war der Herkunftsort der mittelalterlichen Scheiben unbekannt. Der Scheibenfund gab offenbar Anlass, erneut über eine Renovierung der Heiligenberger Schlosskapelle nachzudenken.

Kreuzigung
Teil eines Glasfensters aus der Dominikanerkirche Konstanz von ca. 1320.
Heute in der Schlosskapelle Heiligenberg.

Die Renovation der Heiligenberger Schlosskapelle

Um 1880 wurde der Karlsruher Architekt Adolf Weinbrenner damit beauftragt, die Glasmalereischeiben im Zuge einer Neugestaltung der Heiligenberger Schlosskapelle in die dortigen, bis dahin mit Butzenscheiben verglasten Fenster einzufügen. Der Einbau der Scheiben erfolgte schließlich in Zusammenhang mit einer umfassenden Renovation und Neugestaltung der Kapelle in den Jahren 1878 bis 1882 unter Fürst Karl Egon III. von Fürstenberg, dem Enkel der Fürstin Elisabeth. Eine Restaurierung der Scheiben nahm – auf Empfehlung des zu Rate gezogenen Züricher Kunsthistorikers J. Rudolph Rahn – der Berner Glasmaler J. Heinrich Müller vor. Entgegen Adolf Weinbrenners Wunsch wurden die Scheiben dank des vehementen Einsatzes von Rahn seitlich nicht beschnitten. Rahn plädierte für eine museale Aufstellung der Scheiben in ihrer ursprünglichen Anordnung. In seinem umfangreichen Gutachten von 1878 empfahl er, *dass diese Bilder, soll ihre Aufstellung die ursprünglich beabsichtigte Wirkung gewähren, wieder zu einem festen Cyclus in architektonischer Umgebung, also in einem zweisprossigen, dreitheiligen Maßwerkfenster zu vereinigen sind.*[46] Rahns Vorschlag wurde nicht angenommen. Nach eingehender Restaurierung wurden die Scheiben in die vier Fenster der Heiligenberger Schlosskapelle eingesetzt. Weinbrenner, der für die Instandsetzung der Schlosskapelle verantwortlich zeichnete, beschreibt in seiner Abfassung zur Restaurierung 1882 die intendierte Wirkung der mittelalterlichen Scheiben wie folgt: *Demgemäß nehmen die vier hohen Maßwerkfenster in ihren unteren Flächen alte kirchliche Glasgemälde auf, welche, dem 14. Jahrhundert entstammend, durch ihr ehrwürdiges Alter, ihren ernsten Charakter und gesättigten Farbenglanz den Raum noch würdiger und weihevoller gestalten.*[47] Die mittelalterliche Farbverglasung mit religiösen Bildmotiven wurde zur Steigerung des Raumeindruckes in die Fenster der Renaissancekapelle eingesetzt. Den Herkunftsort der Scheiben kannte auch Weinbrenner noch nicht.[48]

Erst das Wiederauffinden der mittelalterlichen Scheiben dürfte den Anstoß dazu gegeben haben, ernsthaft an eine Renovation und Neugestaltung der fürstenbergischen Hauskapelle zu denken, nachdem deren Instandsetzung bis dahin immer wieder verzögert worden war.[49] Sowohl die große Anzahl der Scheiben dieses mittelalterlichen Fundes, als auch deren religiöse Thematik legten einen Einbau in die Kapelle, speziell in die renovierungsbedürftige Hauskapelle von Schloss Heiligenberg nahe.[50]

Realisierung und Neudefinition

Entgegen Rahns Vorschlag wurden die Scheiben also auf die vier lanzettförmigen zweibahnigen Fenster der

Schlosskapelle verteilt, wobei sich jeweils zwei Fenster an der westlichen und östlichen Kapellenseite gegenüberliegen. Jeweils vier figürliche Scheiben sind in ein Fenster gestellt und bilden eine Gruppe. Die fehlende 16. Scheibe wurde durch eine moderne, den Originalen nachempfundene Scheibe ergänzt. Die Anordnung der Scheiben, wie sie in Heiligenberg getroffen wurde, versucht, die chronologisch-thematische Abfolge des Passionsgeschehens weitestgehend zu berücksichtigen. Die Leserichtung der auf vier Fenster verteilten Szenen ist für den Betrachter klar und eindeutig. Gleich beim Betreten der Kapelle blickt er auf das dem Eingang gegenüberliegende Fenster, dessen Scheiben mit der Verkündigungsszene den Passionszyklus eröffnen. Im Uhrzeigersinn wird der Betrachter durch den Kapellenraum von Fenster zu Fenster geführt, um die Passionsgeschichte in den einzelnen Bildern zu lesen. Die Abfolge der Szenen

Anbetung der Könige
Teil eines Glasfensters aus der Dominikanerkirche Konstanz von ca. 1320.
Heute in der Schlosskapelle Heiligenberg.

Schlosskapelle Heiligenberg, 16. Jh.
Blick auf die Orgelempore. Links ein Fenster mit Glasbildfragmenten aus dem Konstanzer Dominikanerkloster.

innerhalb eines Fensters dagegen muss vom Betrachter »erarbeitet« werden. Sie folgt nicht immer ein und demselben Schema. So beginnt sie im ersten Fenster unten links, um zuerst oben links, dann unten rechts und am Schluss oben rechts fortgesetzt zu werden. Im zweiten Fenster beginnt die Abfolge unten links, geht über oben links nach oben rechts und endet unten rechts. Das dritte Fenster stimmt mit dem zweiten Fenster überein, im vierten Fenster ist die Bilderfolge analog zum ersten Fenster. Die Anordnung verzichtet auf die im Mittelalter gebräuchliche Erzählchronologie und folgt statt dessen einer ausgeklügelten Farbkomposition. Man beabsichtigte einen Wechsel der blauen und roten Farbgründe, – ein Kunstgriff, wie er auch im Chorfenster der Konstanzer Dominikanerkirche ursprünglich angewandt worden war, dort freilich unter Berücksichtigung der Erzählchronologie.

Der neue Bestimmungsort der Konstanzer Farbverglasung hatte eine veränderte Lesart der Scheiben zur Folge. Waren die Scheiben in Konstanz in ein großes Bildprogramm eingebunden, das von unten nach oben zu lesen war, wurden sie in Heiligenberg aus dem chronologischen Zusammenhang genommen. Der Passionszyklus wurde sequentiert, in Vierergruppen gebündelt und auf vier Fenster verteilt. Die inhaltliche Gesamtschau wurde somit reduziert. Doch nicht nur der inhaltliche Zusammenhang wurde verändert, sondern auch der figürlich-ornamentale Kontext, indem die Ornamentscheiben als Sockel der Figurenscheiben wegfielen. Die Lesbarkeit der Szenen hat sich dahingehend verändert, dass man nun durch einen schmalen Kapellenraum schreitend die Passionsgeschichte in Sequenzen erfasst. Der neue Bestimmungsort stellte die Konstanzer Scheiben auch in einen neuen Funktionszusammenhang. Während die Farbverglasung in der Dominikanerkirche Teil eines Programms war und mit der Wandmalerei eine Einheit bildete, wurde sie in Heiligenberg losgelöst aus diesem Konzept präsentiert. Sie wurde Fragment, für Weinbrenner gar Schmuckstück.

Zusammenfassung

Laßberg und Fürstin Elisabeth retteten Säkularisationsgut, Weinbrenner wies diesem erretteten Gut durch den Einbau in die Kapellenfenster von Schloss Heiligenberg nicht nur einen neuen Ort zu, sondern verlieh ihm einen neuen Stellenwert und belegte es mit einer neuen Definition. Während Rahn für eine konservierende, traditionsverpflichtende Lösung eintrat, indem er den Scheibenbestand in seinen ursprünglichen Zustand in ein großes Maßwerkfenster zurückführen wollte, beschritt Weinbrenner einen anderen Weg. Er wollte die mittelalterlichen Scheiben nicht an einem neutralen Ort, museal aufbewahrt wissen, vielmehr plädierte er für einen lebendigen Umgang mit dem mittelalterlichen Kulturgut, der allerdings auch einen tiefgreifenden Eingriff in das Kulturgut, die seitliche Beschneidung der Scheiben in Kauf nahm. Die ästhetische Dimension bei Weinbrenner bestand im Gegensatz zu Rahns Auffassung nicht darin, das Kulturgut in seinem Urzustand zu betrachten, sondern es übernahm eine schmückende Funktion, indem es Kraft seiner Farbenpracht und seiner Figurenstrenge den neu geschaffenen Kapellenraum nobilitierte.

Laßberg und Fürstin Elisabeth sammelten Säkularisationsgut, um es vor Zerstörung oder Zerstreuung zu retten. Sie erhoben es damit zum Kulturgut für die Nachwelt. Hinter dieser Haltung verbarg sich eine rückwärtsgewandte Weltanschauung und zugleich ein kulturpolitisches Programm, das auch die Brüder Boisserée vertraten.[51] Die Fürstin wie Laßberg versuchten in einer Zeit der Wirren und des Orientierungsverlustes die alte heile Welt, die ritterliche Welt des Adels zu bewahren und zu erneuern, indem sie an den Quellen der eigenen nationalen Vergangenheit festhielten und sich dadurch erhofften, dass die Werte der eigenen Kultur durch die mittelalterliche Kunst und Literatur wiederentdeckt würden. In diesem Sinne war die Erwerbung und das Sammeln von säkularisierter und somit funktionslos gewordener religiöser Kunst des Mittelalters eine Möglichkeit, dieses Werte tragende Kulturgut für die nachfolgenden Generationen zu retten und damit nationales Bewusstsein zu schaffen, um so die zerstörte Gegenwart zu heilen und zu erneuern. Die Konstanzer Farbverglasung erfuhr in diesem Zusammenhang eine neue Bewertung und zwar insofern, als sie zum Zeugnis nationalen Bewusstseins erhoben wurde.

[1] Das Konstanzer Dominikanerkloster, dessen Kirche eine der größten des Ordens in Deutschland war, erlebte im 14. Jh. seine Blütezeit. Bereits 1527 wurde es im Zuge der Reformation das erste Mal aufgehoben. Es wurde damals für 24 Jahre in ein Hospital umgewandelt bis die Dominikaner 1551 wieder in ihre angestammten Baulichkeiten zurückkehren durften. Siehe hierzu ausführlich *Eberhard Graf von Zeppelin*, Über das Dominikanerkloster in Konstanz, in: SVG Bodensee 6 (1875), 14–26.

[2] S. *Ernst Seeholzer*, Die Genfer Kolonie in Konstanz, in: SVG Bodensee 53 (1924), 175–300, hier 198ff. Die Genfer Flüchtlingskolonie in Konstanz war die treibende Kraft bei dem Prozess der Klosteraufhebungen, bat sie doch mehrfach um eine Klosterabtretung zur Etablierung von Fabriken. Bei der katholischen Konstanzer Bürgerschaft löste dies Protestwellen aus, da sie zur Klostergeistlichkeit stand (Ebd., 219–226). Über die Ursachen der Auswanderung der Genfer Calvinisten siehe *J. Marmor*, Die Genfer Kolonie in Konstanz, in: SVG Bodensee 1 (1869), 108–118, hier 109f.

[3] Laut Schenkungsurkunde vom 30.06.1785 hatte Macaire jährlich 25 fl., den fl. zu 60 kr. gerechnet, *Recognation* (Grundzins) an den vorderösterreich. Religionsfond zu bezahlen. Zudem musste er garantieren, die Fabrik in gutem Zustand zu erhalten. *Acte de Donations. Nachdem Jacob Louis Macaire de l'Or, mit allerhöchster Genehmigung S.K.A. Majestät sich entschlossen,* [...]. Den Text der Schenkungsurkunde veröffentlichte *Seeholzer*, Genfer Kolonie (wie Anm. 2), 204.

[4] Siehe *Leo Schmidt*, Identitätswandel durch Nutzungsänderung, in: Deutsche Kunst- und Denkmalpflege 46 (1988), 129–137, hier 131 ohne Quellenangabe.

[5] Kaufakte vom 10. 08. 1813, GLAK Konstanz Fasc. 351. Den Text der Kaufakte publiziert Seeholzer. *Seeholzer,* Genfer Kolonie (wie Anm. 2), 297.

[6] S. GLAK Fasc. 348, Bezirksamt Konstanz, 1808.

[7] *Seeholzer,* Genfer Kolonie (wie Anm. 2), 198–203 und 296.

[8] Das mittlere Chorfenster wurde von je einem Fenster flankiert. Unterhalb der Fenster befanden sich zwei gemalte Medaillons mit der Darstellung Mariens und des segnenden Christus. Außerdem waren die Chorfenster von einer ornamentalen Wandbemalung eingefasst. Glasmalerei und Wandmalerei bildeten im Chorbereich inhaltlich eine Einheit. Zur gotischen Ausstattung der Kirche siehe *Jürgen Michler*, Die Dominikanerkirche zu Konstanz und die Farbe in der Bettelordensarchitektur um 1300, in: ZfK 53 (1990), 253–274.

[9] Auf die einzelnen Scheiben gehe ich nicht ein. Siehe dazu das grundlegende, umfassende Werk von *Rüdiger Becksmann* (Hg.), Corpus Vitrearum Aevi, Deutschland. Teil II, 1. Die mittelalterlichen Glasmalereien in Baden und der Pfalz. Berlin 1979, 55f. und 132–139.

[10] Eine Rekonstruktion der ursprünglichen Scheibenverteilung findet sich bei *Werner Noack*, Das Chorfenster der Konstanzer Dominikanerkirche, in: Konstanzer Almanach 1960, 47–49.

[11] Nach *Zeppelins* Ausführungen von 1875 waren die *gemalte(n) Fensterscheiben* im Jahr 1820 von der Domfabrik in Freiburg erworben worden. *Zeppelin*, Dominikanerkloster in Konstanz (wie Anm. 1), hier 22. *Zeppelin* liefert keine Quellenangabe. *Kraus* schließt sich 1887 *Zeppelins* Behauptung an. S. *Franz Xaver Kraus*, Die Kunstdenkmäler des Großherzogtums Baden. Bd. 1: Kreis Konstanz. Freiburg 1887, 244–258, hier 247.

[12] Fürstin Elisabeth v. Fürstenberg wurde am 30. 11. 1767 als Prinzessin von Thurn und Taxis in Regensburg geboren. Näheres zu ihr bei *Albrecht Krause*, Frauen machen Politik. Amalie Zephyrine von Hohenzollern-Sigmaringen und Elisabeth von Fürstenberg, in: *Otto Borst* (Hg.), Frauen bei Hof. Tübingen 1995, 125–141.

[13] Zu Laßberg siehe vor allem die von *Karl Siegfried Bader* herausgegebene Aufsatzsammlung, Joseph von Laßberg, Mittler und Sammler. Stuttgart 1955.

[14] Der zu dieser Zeit regierende Landgraf Joachim Egon zu Fürstenberg, Onkel und damaliger Vormund von Karl Egon II., war schwach. Kleiser war der eigentliche Regent. 1809 wurde Fürstin Elisabeth zum Vormund ihres Sohnes bestimmt, erhielt jedoch Kleiser als Gegenvormund. Konflikte waren vorprogrammiert. 1814 erreichte die Fürstin Kleisers Entlassung, woraufhin dieser in badische Dienste trat. Laßberg übernahm nunmehr Kleisers Aufgabenbereich, nachdem er bereits 1807 zum *Geheimen Rat* ernannt worden war, und stand als Administrator der fürstenbergischen Territorien der Fürstin zur Seite. Vgl. *Bader* (Hg.), Mittler und Sammler (wie Anm. 13), 29ff.

[15] FFAD Dom. Administration Heiligenberg, Bauwesen, vol. I, Fasc. 1.

[16] FFAD Hofverwaltung Güter, vol. VIII, Fasc. 1.

[17] Fürstin Elisabeth kaufte das Gut Eppishausen im Thurgau im Jahre 1812 mit den Erträgen aus ihren böhmischen Gütern.

[18] Fürstin Elisabeth kämpfte um den Erhalt der Rechte und der Unabhängigkeit ihres Fürstentums. Da sie nicht auf die Reichsstandschaft und die Landesherrlichkeit verzichten und sich unter die Hoheit eines mächtigeren Landesherren begeben wollte, schloss sie sich einer Gruppe Mediatisierter an. Freiherr vom Stein unterstützte als Kriegskommissar diese Gruppe.

[19] *Theodor Abeling,* Das Nibelungenlied und seine Literatur. Leipzig 1907, 163ff.

[20] *Salm*, in: *Bader* (Hg.), Mittler und Sammler (wie Anm. 13), 65–87, besonders 72.

[21] Siehe hierzu Näheres bei *Joseph Ludolph Wohleb*, Der Übergang der Sammlungen Josef von Laßbergs an das Haus Fürstenberg, in: ZGO NF 58 (1949), 229–247.

[22] *Petra Maisak*, *Im Bildersaal.* Goethe und die Sammlung Boissereé in Heidelberg. Marbach 2000, 13.

[23] *Salm*, in: *Bader* (Hg.), Mittler und Sammler (wie Anm. 13), 65.

[24] Auszug aus: *Horst Conrad*, Die Kette. Eine Standesvereinigung des Adels auf dem Wiener Kongress. Münster 1979, 57.

[25] Vgl. dazu *Annemarie Gethmann-Siefert/Otto Pöggeler* (Hgg.), Kunst als Kulturgut. Die Bildersammlung der Brüder Boissereé – ein Schritt in der Begründung des Museums. Bonn 1995, 107.

[26] *Franz Xaver Bischof*, Das Ende des Bistums Konstanz. Hochstift und Bistum Konstanz im Spannungsfeld von Säkularisation und Suppression (1802/03–1821/27). Stuttgart/Berlin/Köln 1989.

[27] Catalog der reichhaltigen Glasgemälde- und Kunstsammlung der Herren C. und P.N. Vincent. Constanz, Juli 1890, IX.

[28] *Becksmann*, Corpus Vitrearum (wie Anm. 9), 292; EAF, Münsterrechnungen 1818/1819 Nr. 120, 71.

[29] *Becksmann*, Corpus Vitrearum (wie Anm. 9), 292.

[30] Neben seiner Vorliebe für Literatur und Malerei aus dem 14. und 15. Jh. aus dem heimatlichen süddeutschen und schweizerischen Raum kristallisiert sich eine Vorliebe für mittelalterliche Glasmalerei heraus. Laßberg sammelte in erster Linie Kabinettscheiben. *Salm*, in: *Bader* (Hg.), Mittler und Sammler (wie Anm. 13), 79. Bereits 1803 hatte Laßberg mit einem jüdischen Antiquitätenhändler aus Gailingen hinsichtlich Säkularisationsgut Kontakt. Laßberg war in dieser Auflösungszeit kulturell stark engagiert. *Martin Harris*, Joseph Maria Christoph Freiherr von Lassberg (1750–1855): Briefinventar und Prosopographie; mit einer Abhandlung zu Lassbergs Entwicklung zum Altertumsforscher. Heidelberg 1991, 356.

[31] *Harris*, Lassberg (wie Anm. 30), 332.

[32] *Ders.*, 332.

[33] Die Familie Macaire besaß seit 1786 ein Geldinstitut in Konstanz, das lange Zeit das einzige war. Außerdem förderte die Familie die Einführung der Dampfschifffahrt auf dem Bodensee. *Werner Schenkendorf*, Die Insel unter den Macaires. Zum 100. Geburtstag des Grafen Ferdinand von Zeppelin, in: Alemannisches Volk, Konstanz 09. 07. 1938, 6. Jg.(1938), 105–108, hier 108.

[34] Siehe *Harris*, Lassberg (wie Anm. 30), 184/185. Korrespondenzen sind vom 14. 08. 1817, 04. 12. 1817, 22. 12. 1817, 25. 12. 1817, 23. 01. 1818 überliefert.

[35] Johann Nikolaus Vincent stellte kurz nach 1829 seine Sammlung im Kapitelsaal des Konstanzer Münsters zur Schau. Die Privatsammlung stand 1890 zum Verkauf, nachdem dessen Söhne, die die Sammlung betreut hatten, ebenfalls verstorben waren. Aus diesem Grund wurde der in Anm. 27 zitierte *Catalog* erstellt. Der Züricher Kunsthistoriker Rahn verfasste dazu einen Nachruf des 1865 verstorbenen Vincent. S. *Catalog 1890* (wie Anm. 27).

[36] *Heribert Reiners*, Die Kunstdenkmäler Südbadens. Bd. 1: Das Münster Unserer lieben Frau zu Konstanz. Konstanz 1955, 268–270.

[37] *Adolf Kastner*, Konstanz und der Laßbergkreis. Kulturell-nachbarliche Beziehungen zwischen Konstanz und Meersburg im 19. Jh., in: Konstanzer Almanach 1958, 76–94, hier 77. Weitere Händlerkontakte bestanden zu dem Münchner Kunsthändler Raphael v. Kaula, der 1819 der Fürstin ein nicht näher bestimmbares Gemälde verkaufte, *Harris*, Lassberg (wie Anm. 30), 308, sowie zu einem Herrn Fechtig, der Laßberg 1820 eine Glasscheibe verkaufte, s. *Harris*, Lassberg (wie Anm. 30), 262.

[38] *Peter Bloch*, Über die Kunstbestrebungen und die Sammeltätigkeit des Reichsfreiherrn vom Stein, in: Ausstellungskatalog Meisterwerke mittelalterlicher Glasmalerei aus der Sammlung des Reichsfreiherrn vom Stein. Hamburg 1966, 9–13.

[39] *Rüdiger Becksmann*, Kunstgeschichtliche Einführung in die Sammlung, in: Katalog Meisterwerke mittelalterlicher Glasmalerei (wie Anm. 38), 25–29, hier 25; S. *Salm*, in: *Bader* (Hg.), Mittler und Sammler (wie Anm. 13), S. 72.

[40] *Harris*, Lassberg (wie Anm. 30), 372/373. S. außerdem *Franz Pfeiffer* (Hg.), Briefwechsel zwischen Joseph Freiherr von Laßberg und Ludwig Uhland. Wien 1870, 11; *Bader* (Hg.), Mittler und Sammler (wie Anm. 13), 32; *Max Binder*, Über Joseph Freiherrn von Laßberg und seinen Anteil an der Geschichtsschreibung des Bodenseegebietes, in: SVG Bodensee 57 (1929), 83–116, hier 97.

[41] *Georg Holmsten*, Freiherr vom Stein. In Selbstzeugnissen und Bilddokumenten. Hamburg 1975, 110–112.

[42] FFAD, Cam. 9, vol. II, Fasc. I.

[43] Lange Kuraufenthalte der Fürstin fanden 1817–1818 und 1821–1822 in Aarau/Baden statt. Vgl. *Harris*, Lassberg (wie Anm. 30), 358–359. Für Laßberg war der Tod der Fürstin ein schwerer Schlag.

[44] *Becksmann*, Corpus Vitrearum (wie Anm. 9), 134 nimmt ebenfalls an, dass die Scheiben für die Kapelle bestimmt waren.

[45] Die Scheiben wurden nach Donaueschingen gebracht. FFAD, Centr. Adm., Kunst und Wissenschaft IV, 1. Siehe *Becksmann*, Corpus Vitrearum (wie Anm. 9), Reg. 37.

[46] Zur Restaurierung siehe *Becksmann*, Corpus Vitrearum (wie Anm. 9), 294–295 und FFAD Centr. Adm. Kunst und Wissenschaft V, 8. Zu Rahns Gutachten siehe FFAD, Fritz Wowes, Sammlung von Abschriften; *Becksmann*, Corpus Vitrearum (wie Anm. 9), Reg. 38.

[47] *Adolf Weinbrenner*, Die F.F. Schlosskapelle zu Heiligenberg und deren Wiederherstellung. Konstanz 1882, 32.

[48] Der Herkunftsort der Heiligenberger Kapellenfenster war erst 1912 von Hans Wienecke auf die Konstanzer Dominikanerkirche eingeengt worden. S. *Becksmann*, Corpus Vitrearum (wie Anm. 9), 134.

[49] Bereits in den Jahren 1805 und 1808 wurden Eingriffe in die Kapelle vorgenommen. Sie standen jedoch nicht im Zusammenhang mit einer Wiederherstellung der Kapelle, sondern erfolgten aufgrund einer Erweiterung der Räume im Südflügel des Schlosses. (*Weinbrenner*, Schlosskapelle (wie Anm. 47), 6–10). Zwischen 1840 und 1843 begann man nach Abschluss der Arbeiten am großen Festsaal mit Vorarbeiten in der Schlosskapelle. Siehe Brief des Fürsten Karl Egon II. an den Konstanzer Glasmaler Stantz von 1847, bei *Becksmann*, Corpus Vitrearum (wie Anm. 9), 134 Anm. 12.

[50] Die Scheiben wurden während des 2. Weltkrieges wieder ausgebaut und in Sicherheit gebracht, 1946 und 1948/49 in Freiburg und Bern ausgestellt. Nach Erwägung einer musealen Aufstellung in den Fürstlich Fürstenbergischen Sammlungen in Donaueschingen wurden sie 1960 endgültig in die Kapelle von Schloss Heiligenberg eingesetzt.

[51] *Gethmann-Siefert/Pöggeler* (Hgg.), Kunst als Kulturgut (wie Anm. 25), I–V.

Musiker, Musik und Musikgeschichte

Auswirkungen der Säkularisation mit Beispielen aus der Reichsabtei Ochsenhausen und ihrer Umgebung

von Hans-Bruno Ernst

Bei Tag und Nacht ertönte von Gesängen
Die Kirche, vom Gebeth' der Marmorsaal,
Und in den hochgewölbten langen Gängen
Verlor sich wiederhallend der Choral.
Doch itzt ist alles stille und verlassen [...][1]

Musikhistorische Ausgangsfragen

Der Dichter der vorausgestellten Zeilen, P. Georg Geisenhof, war Zeitzeuge und Betroffener wie kein zweiter. Er war der letzte Ochsenhausener Konventuale und Musiker. Zugleich war er der letzte Benediktiner in Württemberg nach der Säkularisation. Das Zitat leitet Geisenhofs »*Kurze Geschichte des vormaligen Reichsstifts Ochsenhausen in Schwaben*, verfaßt von einem Mitgliede desselben« ein. Hier und im Rahmen der ganzen Klosterchronik werden vom Autor die gewaltigen Veränderungen um das Jahr 1803 zur Sprache gebracht. Einschneidend waren sie für die »Mönchsmusiker«, die Musik im allgemeinen und speziell für die musikgetragene Liturgie.
Der Terminus Säkularisation ist für den Musikhistoriker in seiner Verengung auf den musikalisch wenig ergiebigen Begriff der Verweltlichung nicht ungefährlich und bringt ihn leicht in die Gefahr der vordergründigen und oberflächlichen Kennzeichnung.[2] Deshalb stellen wir uns mit Blick auf Ochsenhausen folgende Fragen:

- Was geschah nach dem Säkularisationsdatum mit den Mönchen, die bereits vorher als Musiker hervorgetreten waren?
- Blieben sie Musiker oder schwand die musikalische Aktivität?
- Haben sich Musikwerke erhalten, die säkularisationsbedingte Veränderungen zeigen?

Ochsenhausens Musikermönche um 1800

P. Laurentius Bayrhoff

Bayrhoff wurde am 1. Mai 1751 in Biberach geboren. Seine Profess fand am 12. Mai 1771, seine Primiz am 29. September 1776 statt. In Ochsenhausen war er Professor der Rhetorik und Poesie. Dort starb er am 7. Februar 1824, als Mietbewohner der Klosteranlage. Seine *Elegie über den traurigen Zustand der einstmals hochberühmten Reichsabtei Ochsenhausen* (*Elegia de tristi modo statu celeberrimi quondam et imperialis Monasterii Ochsenhusani*) schildert den Schmerz des ehemaligen Konventualen über seinen vielfachen Verlust. Dabei bedient er sich der von den Benediktinern seit der Antike weitergeführten Tradition der Rhetorik, einer Mutter und Schwester der Musik, – wohl auch um durch die Bildungssprache Latein und die antikisierende Form die Wirkung der Aussagen über die Zeiten hinweg rhythmisch-musikalisch zu befestigen. In wohlgesetzten daktylischen Hexametern und Pentametern beginnt sein elegisches Distichon. Nach den Ausrufen zum Anfang spielen die bei Geisenhof mitgeteilten Verse[3] im weiteren auch auf Liturgie und Musik an. Rückblickend und klagend über den eingetretenen Zustand enthüllt der jetzt nur mehr zur Miete geduldete Klostergast sein Leid:

Hinc dedit alterno jubila festa choro.
Jubila jam cessant, festus & ille chorus & c.

Dic quis non doleat tantos hac aede tumultus
Qua cautum a tacitis abstinuisse sonis?
Der Lebensrhythmus war zerstört und verloren.
Hanc tamen injuste noxque diesque negant.[4]

Es muss schrecklich gewesen sein für den Pater, sein Kloster und sein Leben darin nach Jahren der Prägung durch den benediktinischen Rhythmus der Pervertierung zum Metternich'schen *Schloß Winneburg-Ochsenhausen* ausgesetzt zu sehen. Das Gedicht ist eine einzige Klage um so viele verlorene Werte des Klosterlebens, auch um den über Jahrhunderte gewordenen gemeinsamen Gesang. Interessant für den Musiker ist die Verwendung des Terminus *jubilus* bzw. *jubila.* Hier dürfte auf die sängerische Krönung des Gregorianischen Gesangs in den Jubilen angespielt sein. Kein Zweifel, P. Laurentius litt am Verlust der Güter, die dem Menschen durch die musikalische Klosterpraxis zuwachsen können: sinnvolle Gliederung und Ausfüllung von Zeit, Lebensrhythmus, Freude am festlichen und feierlichen Singen zusammen mit den Gleichgesinnten!

P. Georg Geisenhof

Geisenhof wurde am 14. Oktober 1780 in Vils in Tirol auf den Namen Max getauft. Seine Profess fand am 22. Juli 1799, die Primiz am 2. Oktober 1803 statt. Er war gewissermaßen der letzte Ochsenhausener Benediktiner, der in den schon in Auflösung begriffenen Konvent eintrat. Hier wirkte er noch als Musiklehrer. Zwischen 1805 und 1807 bildete er sich durch ein Studium an der Universität Würzburg zusätzlich fort. Am 10. Juli 1809 wurde er Pfarrer und Schulinspektor in Wiblingen. Ab 5. August 1819 war er Pfarrer in Unterkirchberg. Dort starb er am 18. September 1861.

Durch sein langes Leben, aber mehr noch durch sein schriftstellerisches Werk, wurde er Zeuge der Klosterkultur vor der Säkularisation. Im oben bereits teilweise angeführten Gedicht heißt es zum Schluss:

Dann mag der späte Enkel hier erfahren,
Wer da gewirkt, und was mit dir gescheh'n;
Was manche Klöster einst der Menschheit waren,
Die leider itzt, wie du, verödet steh'n.[5]

Im Anhang des wiedergedruckten Buches finden sich auch Kurzbiographien wichtiger Konventualen, die P. Pirmin Lindner, von Geisenhof ausgehend, zusammengestellt hat.[6] So kennen wir einige Mönche, die sich in der Musik hervorgetan haben, und finden musikhistorisch nicht unerhebliche Aussagen zur musikalisch-liturgischen Praxis im Kloster in früherer Zeit. Unter Abt Cölestin Frener (1725–1737) fehlt auch nicht die Erwähnung der Gabler-Orgel, für die die ehemalige Klosterkirche Ochsenhausen bis heute berühmt ist: *Das Beste, was unsere Kirche diesem sehr thätigen Abte zu danken hat, ist die große Orgel mit vier Klavieren und fünfzig Registern oder Zügen, die ein gebohrner Ochsenhauser, [...] Joseph Gabler, der später auch das Meisterwerk zu Weingarten bauete, verfertigt hat.*[7]

P. Anselm Härle[8]

Härle wurde am 23. Dezember 1768 in Winterrieden geboren. Am 8. Dezember 1788 hatte er Profess, am 29. September 1793 feierte er Primiz. Von 1803–1807 war er letzter Bibliothekar und Chorregent über die Aufhebung des Klosters Ochsenhausen hinweg; dann vom 19. Juni 1809 (Urkunde 24. März 1808) bis 10. Juli 1814 Kaplan in Ochsenhausen, vom 10. Juli 1814 bis 19. Dezember 1820 Pfarrer in Rottum, seit 19. Dezember 1820 bis zu seinem Tode am 5. März 1843 Pfarrer in Mittelbuch, auch Schulinspektor.[9]

Den Mönchen, die nach der Klosterauflösung »draußen« eine Pfarrei zu betreuen hatten, wurde es nicht leicht gemacht. Auch aus der Anstellungsurkunde Kaplan Härles ist das herauszulesen: *Ist den beiden Kaplänen in Ochsenhausen sowohl als dem nach Schweinhausen excurrierenden Kaplan zu Ummendorf nur ein Wohn- und ein Schlafzimmer in der Pfarrwohnung, nicht aber eine Küche, Stube für eine Köchin oder Magd, Keller oder dergl: – einzuräumen.* Härle beschrieb in einem Anstellungsgesuch (in der 3. Person) seine Seelsorge-Stationen, beginnend während der Klosterzeit: [...] *während dieser Zeit hat er durch 5 Jahre auf den Pfarreien zu Ochsenhausen, Ringschneid und Mittelbuch Dienste gethan, und mit dem Unterricht der Jugend in der Musik bis zur allgemeinen Saecularisation der Klöster sich beschäftiget, wo er als Pensionär unter dem Herrn Fürsten von Metternich als Bibliothekar und Musikdirektor bis zur gänzlichen Aufhebung durch vier Jahre diente;*

Ochsenhausen
Ansicht von Osten auf Kirche und Kloster.

dann ein Jahr bei H. Decanats-Commissaire und Pfarrer Rugel in Gutenzell, und hiernach bei dem Pfarrer Rudolf in Mittelbuch sich aufhielt bis zu seiner Ernennung auf die erste Kaplanei zu Ochsenhausen vom 19. Juni 1809, die er den 10. Jul besetzte, und unter seine Aufsicht die Schule der Filialorte Erlenmoos und Eichbühl bekam [...]

Einige Visitationsberichte geben uns tiefere Einblicke in das 23jährige Wirken als Ortspfarrer in Mittelbuch, länger als seine Ordensangehörigkeit gedauert hatte. Ihn erreichte z. B. im Mai 1835 ein Schreiben des Ordinariats über eine Kirchenvisitation 1833/34. Das Resumée Härles über seinen »souverainen Gemeinderath« klingt recht ernüchternd: *So lange es in Oben fehlt, wird es in Unten nicht besser werden.*

Härle muss ein gebildeter Mann gewesen sein. Als Schulinspektor war es ihm offensichtlich ein Anliegen, die seelsorglichen Bemühungen über die eigene Pfarrgemeinde hinaus auszudehnen. So brachte er u. a. einen Artikel in Druck, der seine liturgisch-musikalischen Grundanliegen nach der Säkularisation charakterisiert: *Worin bestehen die bisherigen Hindernisse zur Einführung des von den kirchlichen Oberbehörden so oft empfohlenen und angerühmten Volks-Gesangs bei dem Gottes-Dienste? Was kann zur Beseitigung dieser Hindernisse a) die Schule, und b) der Seelsorger beitragen?*[10]

Erstaunlich, dass sich ein ehemaliger Benediktiner, choralgewohnt, so für den Volksgesang einsetzte! Dabei ging es nicht darum, den »Gregorianischen Choral« durch volkstümliche Kirchenlieder à la Michael Haydn zu ersetzen. Was abgelöst werden sollte, war die orchesterbegleitete *Figuralmusik*, Messen und Vespern wie von Joseph Haydn oder auch solche im Stil von Pater Aemilian Rosengart, dem Ochsenhausener Klosterkomponisten; also ein Teil der alten musikalischen Klosterwelt.

Dabei erwies sich Härle als Kind seiner Zeit. Waren doch z. B. Werke des Schweizer Musikpädagogen Hans Georg Nägeli (1773–1836) unter der Überschrift *Die Pestalozzische Gesangsbildungslehre* inzwischen weit verbreitet und vielfältig wirksam. Das volksbildnerische Anliegen trat hervor. Generalvikar Johann Baptist von Keller hatte bereits 1824 zum Thema *Beförderung des allgemeinen deutschen Kirchengesangs bei dem öffentlichen Gottesdienste*, eine allgemeine *Oberhirtliche Belehrung an die Geistlichkeit unseres General-Vikariatssprengels* erlassen. Härle nahm die dort ausgesprochenen Gedanken auf und bezog sich ausdrücklich auf Nägeli. Besonders setzte er sich für den Lehrerstand ein. Vom evangelischen Gemeindegesang grenzte er sich ab: *ne protestantizare videamus*.

Ebenso erwies sich Härle als Musiker und erfahrener Musiklehrer, wenn er von den methodischen Schwierigkeiten beim Blattsingen, beim reinen Intervallsingen und bei der Realisierung »strenger Rhythmik« sprach. Die entscheidende Rolle kommt allerdings nach Härles Ansicht beim Prozess der Einführung gemeinsamen Liedguts der Geistlichkeit zu. 1841 war das offensichtlich immer noch kein ungefährliches Terrain; denn Härle musste sich beklagen: *Am letzten Kirchenpatronfest daselbst im Dezbr. v. J. wurde figuriert; und dies bewirkte bei den hiesigen abgeschafften Musikanten: daß, wenn ich nicht so alt wäre, sie mir die Fenster einwärfen, nun aber dafür eine Nacht- i. e. eine Kazenmusik bringen wollten.*

Härle war der letzte Chordirektor im ehemaligen Kloster Ochsenhausen von 1803 bis 1807, nicht der Komponist Pater Aemilian Rosengart, nicht die Musiklehrer Pater Philipp Kiene und Gerard Haller aus dem Konvent Ochsenhausen. Letztere zwei wirkten aber 1802 mit Pater Anselm zusammen an der vielzitierten Erstaufführung von Haydns *Schöpfung* in Biberach unter dem evangelischen Stadtkantor Justin Heinrich Knecht. Im Programmzettel ist *P. Anselm von Ochsenhausen* mit anderen Mönchen unter den *Bassisten* aufgeführt. Dabei finden wir in der Auflistung der *Discantisten* und *Altisten* auch die Namen mehrerer *Jungfern* und *Frauen*. Eine vielfache und kühne Neuerung: Nicht nur Angehörige verschiedener Orden und Klöster, Kinder, Jugendliche und Erwachsene, sogar Katholische und Evangelische, sondern im Chor auch zölibatäre Männer musizierten zusammen mit Frauen, – und Pater Anselm Härle mitten drin.

Doch nach einer – zumindest in Ochsenhausen hochgehaltenen Überlieferung – spielte er musikhistorisch im Zusammenhang mit Haydn eine noch bedeutendere Rolle. Härle ist dabei neben Haydn und Abt Romuald Weltin einer der leicht erkennbaren, gut charakterisierten Akteure. Matthäus Gerster hat diese Überlieferung in der Lausbubengeschichte, »Das Oechslein brüllt« 1928 zusammengefasst. [11]

Es geht um den angeblichen Besuch Joseph Haydns in der Reichsabtei Ochsenhausen, der leider nicht sicher nachzuweisen ist. Doch dies hatte auch einen Bezug zu Pater Anselm Härle lange nach der Säkularisation, als Härle längst die Abtei hatte verlassen müssen. Der Biberacher Komponist Adolf Kaim (1825–1887) berief sich nämlich auf den Pater bei der Herausgabe der sog. *Sprüchwörter*, im Haydn'schen Werkverzeichnis. (Im Hoboken-Verzeichnis unter Gruppe XXVc: G 2 erwähnt). Heute werden sie von der Musikwissenschaft dem Johann Anton André (1775–1842) zugeschrieben. Dafür spricht auch die Werkanalyse. Doch Kaim gab sie 1870 unter dem Namen Haydns heraus. Im Vorwort schrieb er über Härle: *Er wurde seiner musikalischen Anlagen wegen schon als Knabe im Kloster Ochsenhausen aufgenommen und später Chorregent im Kloster, der er bis zur Aufhebung des Klosters blieb. Er war ein enthysiastischer Verehrer Jos. Haydn's und nahm die Composition der ›Sprüchwörter‹ bei Aufhebung des Klosters aus der Klosterbibliothek mit sich. Pater Anselm hielt das Original so hoch in Ehren, dass er es nie aus der Hand liess. Er wurde nach Aufhebung des Klosters Pfarrer in Mittelbuch, dabei Musterlehrer und Schulinspektor. Er zeigte oft die von ihm so hoch verehrte Reliquie seinen Schülern und Freunden in den Jahren 1820 bis 1831 (siehe Brief-Copien und Zeugnisse) und erzählte ihnen die*

Der letzte Chordirektor Ochsenhausens (1803–1807)? *Dargestellt ist vermutlich P. Anselm Härle (1768–1843) oder der Chronist P. Georg Geisenhof (1780–1861), mit dem rechten Zeigefinger auf die Klosteransicht im Hintergrund zeigend. Ölgemälde. Privatbesitz, Dillingen.*

Geschichte der Entstehung dieser Composition. Herr Pfarrer Gams in Ingoldingen hat diese Composition vom Pater Härle eigenhändig erhalten und dieselbe 1831 aus dem Klostermanuscript abgeschrieben. Das Klostermanuscript trug, nach dem Zeugnisse des Herrn Pfarrers und des Herrn Lehrers Habrick [...] *sein hohes Alter an der Stirne. Das Notenpapier, war theilweise vergilbt, abgenutzt und im Format, wie alle die Messen, welche noch aus Klosterzeiten vorhanden waren. Die Noten waren kräftig und mit gelben Rändern versehen: die Textschrift war gemessen, steif, wie die Handschriften aus dem Ende des vorigen Jahrhunderts. Herr Pfarrer Gams schätzte dessen Alter im Jahre 1831 auf 40 bis 50 Jahre. Noch lebt die ehemalige Haushälterin des Herrn Pfarrers Anselm Härle, der 1843 starb. Sie erinnert sich recht gut, die Geschichte der Entstehung dieses Manuscriptes oft vom Pater Anselm gehört zu haben; sie sagt, sie habe die ›Sprüchwörter‹ und sogar Manches aus den Melodien im Gedächtniss.*[12]

Nach wie vor liegt ein Geheimnis über diesem Vorgang. Nur Pater Anselm Härle könnte es lüften!

Damals ging es auch darum, zusammenzutragen, was an Gemeindeliedern in den einzelnen Pfarreien gesungen wurde. Anselm Härle war Mitglied der Dekanatskommission und stellte einen umfangreichen Katalog zusammen.

Da finden sich:

- Messen, wie die Deutsche Messe von Michael Haydn *Hier wirft vor dir im Staub sich hin.*
- Vespern, z. B. von Schmid und Bühler oder aus dem *Tübinger Gesangbuch.*
- Verschiedene Gesänge wie z. B. *Großer Gott, wir loben dich*, insgesamt sicher mehr als 30 Titel (Zyklen und Liedtitel).

In der 1999 erschienenen Festschrift zum 125-jährigen Jubiläum des Musikvereins Ummendorf[13] heißt es zu weiteren musikpädagogischen Verdiensten Härles: *Zu diesem Zeitpunkt wurde am 25. Dezember 1814 Stephan Noherr, Sohn des damaligen Lehrers Johann Seraphin Noherr geboren. Seine musikalische Ausbildung erhielt er in Mittelbuch bei dem dort ansässigen Pater Härle, der bis zur Schließung des Klosters Ochsenhausen im Jahre 1803 als Klosterkapellmeister tätig war. Als er dann, wie auch sein Vater und Großvater, 1835 Lehrer in Ummendorf wurde, verwertete er seine musikalischen Kenntnisse als Dirigent des Kirchenchors. Doch damit noch nicht befriedigt, gründete er einen Musik- und Gesangsverein, welchen er mit dem Kirchenchor verschmolz und unter seiner Direktion vereinigte.*

Fast noch mehr war Härle dem Buch verbunden, wurde wohl deshalb zum Bibliothekar der Klosterbibliothek Ochsenhausen, auch nach Auflösung des Klosters. Joseph v. Schirt, Landschaftsphysikus und Metternich'scher Leibarzt, hat uns 1805 einen Bericht über die Bibliothek – er spricht von 70.000 Bänden – im damaligen Zustand überliefert. Er führt 40 Titel von besonders alten und wertvollen Büchern vom 11. bis zum 15. Jh. auf und nennt noch 14 Titel, z. T. auch sehr alte, die durch den Fürsten Metternich hinzukamen. Dann schließt er den Bericht ab mit dem interessanten Zusatz: *Eine gelehrtere und vollständigere Uebersicht dieser schönen Bibliothek läßt sich mit Zuversicht von der unermüdeten Thätigkeit des jetzigen Aufsehers Paters Anselmus Haerle erwarten, der gegenwärtig an einem Katalog raisonné arbeitet. Die Fächer der Theologie und Geschichte sind vorzüglich, mittelmäßig jenes der Naturlehre, und die medizinische Doctrin am schlechtesten bestellt.*[14]

Entweder konnte Härle den Katalog nicht fertigstellen oder der Katalog verschwand mit dem Transport der Bücher 1826 nach Böhmen. So ist diese Arbeit des letzten Bibliothekars nicht mehr auffindbar.

Ein anderer Katalog spiegelt Härles bibliothekarische Aktivitäten und Verdienste wieder. Am 24. September 1807 wurde ein Dekret zur Einführung der Landkapitelsgesellschaften und -bibliotheken im Königreich Württemberg erlassen. Die Dekane sollten Lesegesellschaften für ihre Geistlichen einrichten. Bis sich die kirchlichen Institutionen die Initiative zu eigen machten und umsetzten, vergingen u. U. Jahrzehnte.

Für Biberach liegt in Mittelbuch ein von Anselm Härle geführter *Catalog der Lesegesellschaft-Bücher für die Hw. Geistlichen des Land-Kapitels Biberach pro ao 1813* vor. Musikalische Titel sind kaum aufgeführt. Heute sind die im Gefolge der Säkularisation 1825 leer geräumten Bücherregale im klassizistischen Bibliotheksaal wieder gefüllt. Dem jetzigen Hauptnutzer des Klosters Ochsenhausen, der Landesakademie für die musizierende Jugend in Baden-Württemberg, gelang es, Bücher aus dem Bestand der alten

Landkapitelsbibliothek Biberach, an deren frühem Aufbau und sinnvoller Nutzung Anselm Härle mitgewirkt hat, zur Aufstellung zu bringen. Eine posthume Genugtuung würde ihm wohl sein, dass sich in diesem wieder aufgestellten Buchbestand auch 85 Bände befinden, die mit dem Stempel der Klosterbibliothek gekennzeichnet sind (»Historia ecclesiastica« von Fleury) und also nicht nach Böhmen abtransportiert wurden: in einem winzigen Punkt gewissermaßen Korrektur der Säkularisation. Leider sind unter diesen Büchern nur wenige zur Musik und Liturgie.

Notendruck aus dem »Vaterunser« von Rosengart 1757–1810
Ausschnitt.

Aufführungsmaterial und Handschriften der Klosterkomponisten sind im Schwäbischen Landesmusikarchiv Tübingen erst viel später (ab 1935) aus den Pfarreibeständen gesammelt worden.

P. Philipp Neri Kiene

Laut Geisenhof bzw. P. Pirmin Lindner ist er am 7. Januar 1777 zu Bingen geboren, feierte seine Profess am 8. Dezember 1794 und wurde 1800 zum Priester geweiht. Er wirkte als Professor der Mathematik und als Musiklehrer im Stifte Pfeffers in der Schweiz und war dann ab 1806 Kaplan in Ochsenhausen. Am 29. Juli 1814 starb er in Ringschnait. Leider erwähnt ihn die dortige Chronik nicht.[15] Auch das Landesarchiv in Lichtenstein, das die Archivalien des Stiftes Pfeffers aufbewahrt, führt den Namen nicht im Register.

P. Aemilian Rosengart

Joseph Aemilian Rosengart von Kirchheim bey Mindelheim gebürtig ward gebohren im Jahr 1757 den 29ten März, hat die untern Schulen bei den damaligen Wengen in Ulm studiert; dann begab er sich in das Kloster Ochsenhausen, wo er die Profession ablegte am 15ten Oktober 1775 und als Professus daselbst auch die oberen Schulen hörte. Am 31. März 1781 empfing er die Priesterweih in Konstanz. Am 22ten April 1781 in Ochsenhausen die erste heilige Messe; wurde hierauf Hülfspriester in Steinhausen, und nach ohngefähr 3 Jahren ins Kloster als Professor der Philosophie und Theologie berufen. Im Jahr 1791 ernannte ihn der Prälat zum Pfarrer in Sulmentingen, im Jahr 1795 dem 20 Jänner rief er ihn wieder zurück, und stellte ihn im Kloster als Musik-Direktor an. Vom Jahr 1797 an mußte er als Pfarrvikar Reinstetten und Hürbel versehen, am 22ten Oktober 1801 wurde er als Professor der Theologie abermals und am 1ten März 1803 als Subprior angestellt, in welchem Jahr die Säkularisation dieses Klosters geschah. Im Jahr 1804 wurde er von dem hiesigen Herrn Grafen Richard von Schäsberg, dem damals Thannheim samt dem Patronat-Recht jure Indemnisationis zugefallen ist, als Pfarrer präsentiert, und bekam die Admission vom Hochw. Bischof von Konstanz am 18. März 1805. [...] *Von dieser Zeit an versah er mit großen Seelen Eifer sein Hir-*

tenamt in Thannheim bis zum 19ten May 1810, wo er sein Müh- und Verdienstvolles Leben beschloß.[16]

Rosengart(h) kann mit seinen ca. 100 liturgischen Kompositionen als fruchtbarster und heute noch am meisten aufgeführter Ochsenhausener Komponist bezeichnet werden. Vor allem Messen, Vespern und Hymnen sind von ihm erhalten, auch eine Orgelkomposition.

Interessant in unserem Zusammenhang und neu ist eine Komposition aus der Zeit unmittelbar nach der Säkularisation, die wohl – so lange kein anderer Komponist Rosengart namhaft gemacht werden kann – unserem Pater Aemilian Rosengart zugeschrieben werden muss: *Das Vaterunser. Ein Psalm von Klopstock; Durchaus in Musik gesetzt von Rosengart aufs Fortepiano. 1804.* Dieses Musikstück, eine Art frühes Lied, ist ziemlich unbeachtet geblieben; doch bietet es uns einen Einblick in die Umbrüche nach der Säkularisation. [17] Vieles deutet darauf hin, dass es tatsächlich P. Aemilian war, der mit dem Druck 1804 bei Brentano in Bregenz[18] eine durchaus neuartige Komposition vorlegte. Ein anderer Komponist – zumal im Umkreis – mit dem Namen Rosengart ist nicht bekannt. Interessanterweise nennt der Druck nur den Familiennamen. Das Eitner'sche Quellenlexikon der Musiker und Musikgelehrten führt den Namen Rosengart nur mit dieser einen Komposition des Klopstock'schen Vaterunsers.[19]

Für Rosengart und die Klosterkomponisten besitzt das Werk eine ungewöhnliche Besetzung: Mezzo-Sopran und Klavier. Dass der Benediktiner Rosengart den evangelischen Textdichter Klopstock vertonte, mag einleuchten, wenn man sich vergegenwärtigt, dass Klopstock nach der Säkularisation auch in den katholischen Kirchengesangbüchern weit verbreitet war. Andere Vertonungen von Klopstocks Psalm – natürlich kein »echter« Psalm, sondern ein tropiertes Vaterunser – sind bekannt, so von Christian Friedrich Gottlob Schwenke (1744–1823) aus dem Jahre 1790 und von Johann Gottlieb Naumann (1741–1801) aus dem Jahre 1798.[20]

Wie der Komponist mit den in Einschüben paraphrasierten Vater-unser-Bitten der Textvorlage umging, legt den Vergleich mit Haydns Naturschilderungen in der »Schöpfung« nahe. Man erinnert sich, dass P. Aemilian Rosengart als Geiger an der Erstaufführung der Haydn'schen *Schöpfung* 1802 in Biberach unter Justin Heinrich Knecht mitgewirkt hatte, außerdem dass Haydn der örtlichen Überlieferung nach in Ochsenhausen gewesen sein soll. Auch der Gedanke, die Komposition als Vorläufer von Schuberts fast zehn Jahre später entstehenden frühen Liedern anzusehen, drängt sich auf. Eine neue aufgeklärte Welt präsentiert sich hier in der (wahrscheinlichen) Komposition des ehemaligen Klosterkomponisten Rosengart, jedenfalls andere Inhalte und eine andere Haltung als in den früheren lateinischen Kirchenkompositionen.

Bei Rosengarts Leichenbegängnis waren auch *seine Herrn Kapitelsbrüder, die sich aus der ganzen Nachbarschaft einfanden*, vertreten: *Nach der Beerdigung war in der Kirche zuerst ein Trauer- und dann ein Lobamt mit Figural-Musik; am Ende betheten die sämtlichen geistlichen Herren bei der Tumba, wie gebräuchlich ist, das Placebo, unter welchem das Volk die Wunden still anbethete.*

Die neue Zeit mit neuen Forderungen war schon im Visitationsrezess vom 31. August 1809 sichtbar geworden. Es begann relativ marginal, aber die Veränderungen wuchsen sich aus. Zunächst ging es u. a. um Reduktionsforderungen zu den *Beinhäusern*, die *Segnung der Kinder am Veitstag*, Kirchweihfeste, Predigt unter dem Amt, Oesch- und Fronleichnamsprozession, die *Kripplein*, das Grab Christi und andere Prozessionen entsprechend den Wessenberg'schen Reformen. Die Kindersegnung mit den Vitusreliquien wurde einfach verboten, *weil sie in den kirchlichen Segnungen keinen Grund habe und zu vielerlei Missbräuchen und zum Aberglauben Anlass gebe*. Darüber hinaus heißt es: *Die Oeschprozession so wie die Fronleichnamsprozession muß überall ohne Ausnahme mit dem vorgeschriebenen deutschen Ritus abgehalten werden.*

Diese und ähnliche Veränderungen bezogen sich immer auch auf die Musik in der Liturgie. Dem ohnehin angeschlagenen Gesundheitszustand Aemilian Rosengarts mögen sie nicht eben förderlich gewesen sein. Er starb ein knappes Jahr später.

P. Stephan Strobl

Zu Strobl teilt uns Geisenhof mit: geb. zu Mietingen 4. Sept. 1758, Prof. 7. April 1782, primizierte 10. August 1786, nach 1804 Hofmusiker in Stuttgart, dann Pensionär in Biberach, † daselbst 7. Juli 1812. Jedoch

konnte die Mitwirkung Strobls in der Stuttgarter Hofkapelle in Archivalien oder Originalquellen bisher nicht verifiziert werden.
Überdies scheint der Übergang in musikalische Tätigkeiten dieser Art nicht immer glatt gegangen zu sein. So wird von den beiden Zwiefaltener Benediktinern P. Ildephonsus Büchele und P. Bernhard Strobel berichtet, sie seien beide gute Musiker gewesen, wollten aber nicht Mitglieder der Stuttgarter Hofkapelle werden.

Zur Säkularisation in Ochsenhausen

Mochten auch die Schicksale sich je-individuell erfüllen, sie waren eingebettet in die säkularisationsbedingten Umwälzungen. Diese wurden erst nach und nach sichtbar. Schritt für Schritt trat zurück, was das Klosterleben der Benediktiner ausmachte, auch als Maßstab und Vorbild. Manche Veränderung schien am Anfang klein und wuchs sich dann zu unerwarteter Bedeutung aus.
So lesen wir über Ochsenhausen bei Erzberger zunächst vom ersten Entgegenkommen des Hauses Metternich[21]: *Infolge dieses Gnadenerweises konnten die Benediktinerpatres ruhig sich im Kloster den Wissenschaften und der Jugenderziehung widmen.* [...] *Sie wollen sich bestreben, durch Eifer im Gottesdienste, in der Seelsorge, im Jugendunterrichte, und überhaupt durch einen dem geistlichen Kommunitätsleben gemäßen auferbaulichen Wandel um die uns teuerste Fürdauer Hochdero landesherrlichen Schutzes und Gnade fortan verdient zu machen.*[22]
Die strenge Klosterordnung war allerdings aufgehoben und vom Grafen eine neue Tagesordnung erlassen. Hiernach war an Sonntagen die Mette gemeinschaftlich um 4½ Uhr ohne Gesang, nur an Festen erster Klasse wurde gesungen; die Prim und Terz betete jeder Pater privatim, Sext und Non wurden wie bisher gehalten; das Amt war wie bisher um 10 Uhr und ebenso um 3 Uhr Vesper; an Werktagen war auch die Mette privatim, Prim, Terz und Sext waren um 9½ Uhr unmittelbar vor dem Amte und die Non nach dem Amte. Die Klosterfeste wurden beinahe ganz abgeschafft. Die Konventsordnung setzte auf 5 Uhr das Aufstehen; die Zeit bis 9½ Uhr war dem Privatstudium gewidmet, der Nachmittag dem Jugendunterricht.[23]
Die Patres von Ochsenhausen hielten in den Tagen nach der Besitzergreifung durch den Fürsten Metternich treu an dem Geiste ihres Ordensstifters St. Benediktus.[24]
Die Patres erfüllten eifrig die ihnen anvertrauten Arbeiten, wie eine vom Prior am 21. Mai 1805 eingereichte Konduitenliste über 19 Patres zeigt, die im allgemeinen sehr günstige Zeugnisse über die wissenschaftliche Bethätigung und den Lebenswandel der Insassen enthält.[25]
Das Jahr 1806 brachte Ochsenhausen unter die württembergische Regierung, wobei ein längerer Streit bezüglich der Anheftung der Wappen entstand.[26]
Der Konvent zählte noch 23 Patres und 4 Laienbrüder.[27]

Musikgeschichtliche Auswirkungen

Wenn man das Geschehen in anderen oberschwäbischen Klöstern miteinbezieht, so stellen sich folgende Hauptauswirkungen der Säkularisierung im Hinblick auf Musik und Musikgeschichte heraus:

Liturgie und Kirchenmusik erfuhren weitgehende Veränderungen und Reduktionen.
Mit den Klöstern verschwanden auch das *Antiphonale* und *Graduale monasticum* in ihrer eigentlichen Realisation. Dabei sind weniger die Bücher gemeint, obwohl gerade diese in großer Zahl vernichtet wurden oder verschwanden, sondern vielmehr der Verlust der monastischen gregorianischen Gesangspraxis.
Die Messe als gewachsene Musikgattung mit Propriums- und Ordinariumsgesängen wurde nur mehr im Ausnahmefall so wie früher gefeiert. Vielmehr wurde sie reduziert (etwa der Zusammenhang Graduale, Alleluia, Tractus und Sequenz) und in Teilen ersetzt. Besonderheiten wie die Elevationsmusik mit Präludien oder Gesängen zur Darbietung der Gestalten bei der Wandlung verschwanden ganz.
Das Stundengebet (Offizium) bestand eigentlich aus bis zu acht gesungenen Gottesdiensten (Horen), jeder von der Überlieferung her einem Teil des Tages zugeordnet: Die Matutin wurde als Vigilien d. h. Nachtwachen gestaltet, beginnend nach Mitternacht, die Laudes als Morgengebet beim Morgengrauen, die Prim um 6, die Terz um 9 Uhr, die Sext am Mittag, die Non

um 15 Uhr, die Vesper bei der Dämmerung, die Complet (Abendgebet) vor dem Schlafengehen.
Die Horen des Offiziums setzen sich dabei aus Psalmen und Gesängen mit Antiphonen, Lesungen, denen Responsorien folgen, sowie Hymnen, Versikeln mit Antworten und Gebeten, zusammen.
Die Vielfalt und Vielzahl der Psalmen und Hymnen wurde als Kompositionsvorlage nach der Säkularisation zunehmend beschränkt. Der Cursus, die dem Tages- und Jahresverlauf angepasste Abfolge, konnte in der monastischen Ausprägung nicht mehr realisiert werden. Am Schluss dieses Prozesses stand auch für den ehemaligen Klosterpater die bloße tägliche Pflicht des *Brevier-betens.*

Choral und Choralbegleitung mussten sich andere Wege außerhalb der Klostermauern suchen.
Symptomatisch ist z. B. das Werk eines in Elchingen benediktinisch erzogenen Franziskaners aus Söflingen bei Ulm, P. Basilius Schwarz. Er versuchte, die verlorene Gesangspraxis der Mönche auf einfache Landchöre zu übertragen und irgendwie zu retten.[28]

Die Einführung des Volksgesangs schritt voran.
Manche Mönche traten jetzt geradezu ausdrücklich für diese neue Form der Beteiligung der Gemeinde, den »Meßgesang«, ein, wie P. Anselm Härle aus Ochsenhausen (s.o.).

Der Zusammenprall mit gegenläufigen volksmusikalischen Traditionen war dabei nicht zu vermeiden.
Auch hier geben die o.g. Erfahrungen P. Anselm Härles als Pfarrer in Mittelbuch ein gutes Beispiel für die Umbruchssituation in der Begegnung von noch wirksamem Choral, noch praktizierter Figuralmusik und stärker aufkommendem Volksgesang mit Anfängen einer volksmusikalisch begründeten Musizierpraxis (Blasmusik).

Die Lesegesellschaften hatten eine kulturelle Brückenfunktion für die jetzt weitgehend isolierten ehemaligen Konventualen.
Die Pfarrer auf den Dörfern, vielfach ehemalige Mönche, schlossen sich in den einzelnen Dekanaten zusammen und tauschten Bücher, auch Musikbücher und Liturgica aus. So konnte manche Tradition und Erinnerung gewahrt, aber auch manches Neue vermittelt werden.

Um dem Verlust wertvollen Notenmaterials gegenzusteuern, wurden einige Einzelpersonen in verdienstvoller Weise tätig.
Die Bibliotheken wurden – wie in Ochsenhausen – vielfach ihres Buchbestandes beraubt. Einige Klosterbibliothekare durften sich über den Säkularisationszeitpunkt hinaus noch um die Bücher, Handschriften und auch Musikalien kümmern. Sie taten das in unterschiedlicher Weise und mit unterschiedlichem Erfolg. Mitunter konnten auch neue Kreise, z. B. Lehrer, für dieses Anliegen gewonnen werden. Im besten Fall wechselten Musikalien, oft mühsam geschriebenes Stimmenmaterial, in den Besitz der Pfarrgemeinden und Kirchenchöre über. Es darf angenommen werden, dass der größere Teil der Klostermusikalien und auch Musikinstrumente verlorengingen bzw. vernichtet wurden.
Aus Ochsenhausens Klosterzeit ist z. B. nur mehr ein urtümliches Fagott gesichert. Glücklicherweise verrät eine Metallmanschette mit der Inschrift *Schola Ochsenhusana*[29] seine Herkunft.

In den säkularisationsbedingten Wirren wurden wertvolle Musikautographe zerstreut und die Herkunft von Kompositionen bzw. Komponisten verwechselt oder vergessen.
Die oben erwähnte Affäre um ein angeblich autographes Werk Haydns, das P. Anselm Härle gerettet haben soll, ist nur vor dem Hintergrund der Säkularisationswirren und der nachfolgenden Veränderungen zu verstehen, auch der Verlagerung der Klostermusikalien in alle Himmelsrichtungen. Die Zahl der nur mehr mit dem Komponistennamen »Anonymus« zu kennzeichnenden Musikalien stieg. Musikgeschichtlich wertvolle Quellen wurden vernichtet, verlagert und verschoben. So konnte z. B. erst in neuerer Zeit eine frühe Ochsenhausener Neumenhandschrift in Tschechien aufgefunden werden.

Die Vokalmusik erhielt neue Impulse durch die jetzt mögliche Besetzung mit Frauenstimmen.
Wichtige Aufführungen wie die der »Schöpfung« in Biberach und neuerer Werke, vielfach nun in deutscher

Sprache, unter neuen Vorzeichen und mit neuem Gedankengut, erfolgten logischerweise außerhalb der Klostermauern. Neue Musizierkreise erschlossen sich. Vokalsoli konnten jetzt auch den Frauen anvertraut werden.

Ein neuer Berufsstand bildete sich aus, ehemalige Mönche werden Musikanten oder Pädagogen.
Einige Mönche versuchten, ihre musikalischen Kenntnisse und Fähigkeiten als freie Künstler und als freie Musiklehrer zum Einsatz zu bringen. Häufig erwies es sich als musikpädagogisch äußerst günstig, dass die ehemaligen Konventualen als Dorfpfarrer musikalisch und zugleich volksbildnerisch tätig wurden: z. B. im Musikunterricht, aber auch durch gezielte Förderung des Gemeindegesangs. Die Mönche entwickelten überhaupt in ihrer neuen Situation verstärktes und vielseitiges Interesse für die unterschiedlichsten Gebiete. So kann etwa der Obermarchtaler Sixt Bachmann nicht nur als Musiker und Komponist angeführt werden, sondern (zusammen mit seinem Conventualen P. Meingosus Gaelle) auch als Literat und Sprachforscher.[30] Nicht selten wurde ein ehemaliger Klosterinsasse aufgrund seiner früheren umfassenden pädagogischen Tätigkeiten oder auch noch durch Zusatzstudien Schul- oder Religionslehrer oder Schulinspektor. In dieser Funktion wirkte er oft segensreich für die ganze Region, wie z. B. P. Anselm Härle von Mittelbuch aus.

Musikalische Bildung geht verloren.
Die Klosterschulen waren, modern ausgedrückt, Musikgymnasien, ihrem Anspruch nach oft beinahe heutigen Konservatorien zu vergleichen. Mit ihrem Verschwinden entstand für ganze Landstriche wie Oberschwaben eine gewisse kulturelle Leere auf musikalischem Gebiet. Es dauerte lange, bis Neugründungen einen Ersatz brachten oder andere Institutionen, z. B. Musikschulen, entsprechende Aufgaben übernahmen.

Der Reichtum an Bräuchen und Festen verschwindet.
Das Leben, die kirchlichen Feiern und Feste wurden ärmer durch die Reduktionsverordnungen, die im Zusammenhang und im Gefolge der Klosterauflösungen vorgenommen wurden. Die Zahl der Andachten, Prozessionen und Festtagsbräuche ging zurück, nicht ohne Einfluss auf die Musik. Darüber hinaus verminderte sich nach und nach die Ausrichtung und Sinngebung entlang der Liturgie des Kirchenjahrs und des daran gebildeten Festtagskalenders.

Eine neue kirchenmusikalische Literatur entstand nun zwar außerhalb der Klöster, aber noch beeinflusst von ihrem Wirken.
Präludien für Orgel, die von neuen, ungeübten Landorganisten zu bewältigen waren, und doch auch die Praxis der Mönche irgendwie weiterführen sollten, wurden verlegt.[31] Neue chorische Aufgaben sollten in den Pfarrgemeinden wahrgenommen werden, leichter, gemischtstimmig und vor allem auch mit Frauenstimmen; die zahllosen Kompositionen der Klosterkomponisten mit ihren vielen Psalmen, Hymnen und Vespern wollten nicht mehr so recht passen. Vieles von dem, was die Klöster über die Jahrhunderte in Gregorianik und Figuralmusik an differenzierten Formen und musikalischen Gattungen entwickelt hatten, erschien zu kompliziert und unpassend.[32] Der Boden für den Cäcilianismus, die kirchenmusikalische Reduktionsbewegung, aber auch für die Choralrestauration als einer Zentrierungs- und Läuterungsaufgabe war bereitet.

Zusammenfassung

In musikgeschichtlicher Hinsicht war die Säkularisierung der Klöster vom Blickwinkel Ochsenhausens aus eher ein Verlust als ein Aufbruch. Heute sind wir uns bewusst, dass die Klosterkultur gerade auch des 18. Jhs. in einer geschlossenen Zusammengehörigkeit der »süddeutschen« Region Schweiz – Oberschwaben – Bayern – Böhmen Schätze der Musik besaß, sie ausbildete und pflegte, die der Musik an den weltlichen Höfen nicht nachgestellt werden sollten, dass sie diese durchdrang und befruchtete, so stark, dass sie selbst noch lange nach der Säkularisation nachwirkte. Da auch die Musikpflege an den weltlichen Höfen zurückging, markiert die Säkularisation für die Musikgeschichte eher einen Verlust, zumindest zog sie eine zeitweilige Lähmung nach sich, bevor neue Gedanken sich Bahn brachen.

[1] Georg *Geisenhof*, Kurze Geschichte des vormaligen Reichsstifts Ochsenhausen in Schwaben, verfaßt von einem Mitgliede desselben. Ottobeuren 1829. (Erw. ND Biberach: BV 1984). Die Angaben dort und die nachgestellten Kurzbiographien von P. Pirmin Lindner bildeten den Ausgangspunkt für weitere biographische und musikgeschichtliche Forschungen. Geisenhofs Angaben und die Ergänzungen des Autors vermischen sich in der Darstellung.
[2] *Thrasybulos Georgiades*, Sakral und profan in der Musik. Vortrag, gehalten beim 488. Stiftungsfest der Ludwig-Maximilians-Universität am 25.06.1960. München o.J., 3. »Aber die Abgrenzung sowohl der sakralen als auch der geistlichen Musik gegen die weltliche ergibt sich lediglich aus der Funktion der Werke. Von der musikalischen Faktur her hingegen läßt sich keine klare Trennung zwischen sakralen, bzw. geistlichen, und weltlichen Werken durchführen.«
[3] *Geisenhof* (wie Anm. 1), 207f.
[4] Ebd., 208.
[5] Ebd., 105.
[6] Pirmin Lindner, Verzeichnis aller Aebte und der vom Beginne des XVI. Jhs. bis 1861 verstorbenen Mönche der Reichsabtei Ochsenhausen O. S. Bened.
[7] (wie Anm. 1), 179.
[8] Ein erhaltenes Portrait stellt wahrscheinlich P. Anselm Härle, den letzten Bibliothekar des Klosters Ochsenhausen, (nach der Säkularisation) dar, vielleicht aber auch den Chronisten P. Georg Geisenhof. (»Dann mag der späte Enkel hier erfahren, wer da gewirkt, und was mit dir gescheh'n [...]«). Vgl. *Hans-Bruno Ernst,* Lebensgeschichte eines Benediktiners. War es Pater Anselm Härle?, in: Zeit und Heimat. (Beilage der SZ, Ausg. Biberach, vom 04.11.1999, Nr. 3, 42. Jg.
[9] Dieses und die folgenden Zitate entstammen den im Pfarrhaus Mittelbuch gelagerten Archivalien.
[10] Kirchenblätter für das Bistum Rottenburg 1831, Erstes Heft, Zweyter Jahrgang, 425–435.
[11] *Hans-Bruno Ernst*, Adolf Kaim und Joseph Haydn. Wie Ochsenhausen mit Hilfe eines Biberachers beinahe den Weg in die ›große‹ Musikgeschichte gefunden hätte, in: BC – Heimatkundl. Blätter für den Kreis Biberach, 16 (1993), H. 2, 44–51.
[12] Vorbericht zur 2. Auflage im Jahre 1870.
[13] Ebd., 18
[14] *Matthias Erzberger,* Die Säkularisation in Württemberg von 1802–1810. Ihr Verlauf und ihre Nachwirkungen. Stuttgart 1902, 374f.
[15] *Josef Angele,* Ringschnait. 1083–1983. Biberach 1983.
[16] Mit der Überschrift *Tod des Pfarrers Aemilian Rosengart* gibt es für diesen ehem. Ochsenhausener Conventualen in den Pfarrbüchern seines letzten Wirkungsortes Thannheim unter der Jahreszahl 1810 diese weit ausführlichere Lebensbeschreibung, als sie z. B. durch Geisenhof bzw. P. Pirmin Lindner bekannt gemacht wurde.
[17] Ein Verzeichnis der Rosengart'schen Werke ist bei der Landesakademie in Ochsenhausen einzusehen bzw. dem Katalog der Ochsenhausener Klostermusikalien zu entnehmen; Georg *Günther,* Musikalien des 18. und 19. Jhs. aus Kloster und Pfarrkirche Ochsenhausen. Stuttgart 1995.
[18] *Schneider Erich*, Die ersten Bregenzer Notendrucke, in: Montfort 36 (1984), 2: »Die erste Buchdruckerei, die in Vorarlberg Musiknoten gestochen hat, war die Firma Josef Brentano in Bregenz. 1783 als Topographische Anstalt gegründet wurde die Druckerei 1786 von Brentano übernommen und bis etwa 1829 von ihm geführt. Ein Verzeichnis der Verlags- und Kommissionsbücher von 1814 weist 13 Musikalien aus, von denen einzelne Exemplare im Vorarlberger Landesarchiv, im Privatbesitz, im Archiv der Gesellschaft der Musikfreunde in Wien, im Benediktinerkloster Einsiedeln und im Britischen Museum in London vorhanden sind«.
[19] Als einzige Quelle wird das Stift Einsiedeln Musik-Bibliothek 140, 34 genannt. Es gibt aber noch ein 2. Druckexemplar in der Vorarlberger Landesbibliothek.
[20] Bei der Landesakademie für die musizierende Jugend in Baden-Württemberg, Schlossbezirk 7, 88416 Ochsenhausen, ist eine Tonaufnahme des Stücks auf CD (mit wissenschaftlichem Begleittext) zu erwerben: Unbekannte Kostbarkeiten aus der Musikgeschichte des Klosters Ochsenhausen (P + O Pallas CD 1).
[21] *Erzberger* (wie Anm. 14).
[22] Ebd., 370: Fürstl. Metternichsches Archiv Platz, F.O., Fasz. 16, H. I.
[23] Ebd.
[24] Ebd., 371.
[25] Ebd., 372 mit Quellenangabe »St.-A. in St., Fasz. 20«
[26] Ebd., 372 mit Quellenangabe »Akten des Kgl. Kameralamts Ochsenhausen«.
[27] Ebda.
[28] Der / Choral wie er auf dem Lande vorkommt, und nach den Regeln des Generalbaßes mit der Orgel zu begleiten ist. Ein ungekünsteltes, leichtfaßliches und systematisches Noth und Hülfsbuch für jeden Herrn Schullehrer auf dem Lande. von / B.[asilius] Schwarz. Augsburg: Boehm{nach 1822 <Schätzung Ernst>} (ca. 1810 bis 1815 <Schätzung Musikverlag Anton Böhm & Sohn>).
Vgl. auch *Hans-Bruno Ernst,* P. Basilius Schwarz aus Söflingen, Franziskaner, Komponist, Lehrerbildner, Musiktheoretiker: ein wechselvolles Leben im Gefolge der Säkularisation. (in Vorbereitung)
[29] Im Stadtmuseum München Inv.-Nr. 40–383.
[30] Vgl. *Sebastian Sailer*, Das Jubilierende Marchtall, oder Lebensgeschichte des Hochseligen Konrad Kneers [...]. Im Auftrag des Alb-Donau-Kreises und in Verb. mit der Deutschen Schillergesellschaft hg. von *Wolfgang Schürle*. Mit einem Nachwort von Hans Pörnbacher. Reprint nach dem Erstdruck im Selbstverlag des Reichsstifts Marchtal 1771. Weißenhorn: Konrad 1995.
Sebastian Sailers Schriften in schwäbischem Dialekte. Gesammelt, und mit einer Vorrede versehen von Sixt Bachmann, neu hg. von Hans Albrecht Oehler. Im Auftrag des Alb-Donau-Kreises und in Zus.arb. mit der Deutschen Schillergesellschaft. Weißenhorn: Konrad 2000.
[31] Praeludien über die gewöhnlichsten Partitur-Akkorde von J. N. Basilius Schwarz. Inspektor an dem Schullehrer Seminar in Dillingen Im Verlag bey Andreas Böhm in Augsburg. No. 62. [ca. 1825]
[32] P. Meingosus Gaelle aus Marchtal wurde 1804 Professor in Salzburg. Bezeichnenderweise nahm er seine lateinischen Kirchenkompositionen nicht nach Salzburg mit, nur weltliche, instrumentale, weltliche Kantaten, Chöre und Kirchenlieder.

Was macht die Musik im Schloss Oranien?

Die Säkularisation der Musikkultur im Kloster Weingarten

von Erno Seifriz

Für das Kloster Weingarten ist der *15. September 1802* ein Tag, der alles verändert. Die Beauftragten des Hauses Oranien-Nassau verhängen das Klosterwappen mit ihrem eigenen Hoheitszeichen: Die ehrwürdige Reichsabtei ist jetzt *Schloss Oranien* geworden. Vier Jahre später – ein neues Schicksalsjahr – wird aus Wirtemberg *Württemberg*, Mitglied des von Napoleon dirigierten Rheinbunds. Herzog Friedrich II. steigt im Zweisprung über den Kurfürstentitel zum König auf. Truppen marschieren ins Oberschwäbische, und am 28. November 1806 übernimmt der württembergische Kommissär v. Maucler auf dem Martinsberg Besitz von Schloss Oranien.
Verlorenem und Vergessenem nachzugehen ist mühsam und nicht immer erfolgreich. Spurensuche in Weingarten soll in diesem Beitrag der flüchtigsten aller Künste gelten, der verklingenden Musik.

Die klösterliche Musiktradition

Zunächst ein kurzer Rückblick auf das, was einst war.[1] Aus dem *Mittelalter*, der Zeit vor 1500, legen mindestens zwölf Choralhandschriften Zeugnis ab. Die meisten bewahrt die Württembergische Landesbibliothek Stuttgart auf, weitere liegen in Fulda, London und Wien, die älteren mit Neumen, spätere – eher an die Hirsauer Tradition als an St. Gallen anknüpfend – mit Liniennotation. Nehmen wir als Beispiel ein Stück aus dem *Cantionar*[2] (um 1250), das nach der Säkularisation an Württemberg kam und vor achtzig Jahren von der Musikwissenschaft als *Stuttgarter Handschrift* beschrieben worden ist. Es enthält einen *Planctus Sampsonis* (Klagegesang des Samson: *Samson dux fortissime*), ein lateinisches Liederspiel in Lai-Form und mit Neumen notiert, in dem der seiner Haarpracht beraubte Samson seine Ohnmacht, aber auch die verräterische Untreue der Geliebten Dalila beklagt (ein Thema, das zu besingen in einem Männerklöster wohl einigen Spaß gemacht haben mag). Von diesem Klagegesang sind heute nur noch zwei weitere Quellen bekannt: der durch den *Sommerkanon* berühmt gewordene Harley-Codex (um 1250) der englischen Abtei Reading (dort mit Liniennotation) und eine sizilianische Handschrift. Wahrlich ein imponierender europäischer Spagat!
Das zweite Kapitel der Weingartener Musikgeschichte spielt in den Jahrzehnten vor dem Dreißigjährigen Krieg, also in der ausgehenden *Renaissance* und im *Frühbarock*. Einige der Äbte waren kunstsinnig und weltläufig. Für ihre Klosterkantorei besorgen sie die neuesten Motetten und Messen, und Sängerknaben holten sie oft von weit (Worms, Lüttich, Zürich) her. Sogar der Niederländer Orlando di Lasso (1530–1594), Hofkapellmeister am herzoglichen Hof in München, besuchte mehrmals das Kloster und widmete Abt Georg Wegelin einen seiner bekanntesten Notendrucke, den Messenband *Patrocinium musices* (1589), dessen von Johannes Nel geschnittenes Titelblatt heute in fast jeder Musikgeschichte abgebildet ist. Ein anderer Flame, Jacobus de Kerle (1532–1591), der eigentliche *Retter der mehrstimmigen Kirchenmusik* beim Konzil von Trient (1545–1563), dedizierte Abt Johann III. Hablizel sein Motettenbuch von 1573.
Die zwei wohl bedeutendsten Klosterkapellmeister Oberschwabens waren Jakob Reiner (um 1555–1606)

und Michael Kraf (1595–1662), professionelle Musiker im Laienstand – der einheimische Reiner, Lieblingsschüler Lassos, stilistisch seinem Lehrer verpflichtet und eher konservativ, der aus Franken stammende Kraf, der *Venezianer auf dem Martinsberg*, dagegen agil und mit der Mode gehend, den modernen italienischen Stil (Venezianische Mehrchörigkeit, Viadana-Concerti) rasch aufgreifend. Darüber hinaus übernahm Kraf in den Kriegszeiten diplomatische Missionen und trat 1633 als Altdorfer Amman in den vorderösterreichischen Verwaltungsdienst. Die stattlichen Notendrucke beider Kapellmeister waren in den deutschen Ländern weit verbreitet.

Der Dreißigjährige Krieg schlug in Oberschwaben große Wunden, die nur schwer heilten. Erst im Lauf des 18. Jhs. blühten Kultur und Künste wieder auf. 1724 weihte der Konstanzer Fürstbischof die neue barocke Kloster- und Wallfahrtskirche der Heiligen Martin und Oswald. Zwischen 1737 und 1750 erbaute Joseph Gabler die Hauptorgel über der Westempore. In den schriftlichen Quellen ist immer wieder von der in dieser Zeit gültigen Auffassung aller Musik, der geistlichen wie der weltlichen, die Rede: Sie sollte der *Ehre Gottes (Soli Deo Gloria)* und der *Ergötzung (Recreation) des Gemüths* dienen. So gab es denn auch viel Musik zu hören, in den Gottesdiensten, bei repräsentativen Festlichkeiten und in den privaten *Recreations-Zimmern* der Patres.

Jetzt waren es in den oberschwäbischen Klöstern ausschließlich aus Liebhaberei musizierende und komponierende Mönche, bewundernswerte und oft vielseitig begabte Persönlichkeiten. Die wichtigsten im Kloster Weingarten sind Beda Stattmiller (1699–1770), Meingosus Rottach (1711–1760), Christoph Vogel (1722–1767), Bernhard Wahl (1732–1786) und Meingosus Gaelle (1752–1828).

Die regen klösterlichen Beziehungen, die in jener Zeit zwischen Salzburg und Weingarten bestanden, schlossen auch die Musik ein. Eine Gründonnerstags-Messe des Salzburgers Komponisten Johann Ernst Eberlin (1702–1762), die *Missa Caena Domino in Contra puncto*, eine kalligraphische Kostbarkeit, vom Komponisten 1741 dem Kloster überreicht, war offensichtlich Vorbild und Studienobjekt für die Weingartener Patres, besonders für Rottach und Vogel. Der Weingartener Abt Alfons I. Stadelmayr (1610–1683), ein Sohn des Innsbrucker Komponisten Johann Stadlmayr (gest. 1648), lehrte eine Zeit lang an der Universität in Salzburg, war dort auch Rektor und Erbauer der Neuen Universität (mit Theater).

Gestörte Lebenswege

Auf der dekorativen Konventsliste von 1801 *(Catalogus Weingartensis)*, die insgesamt 42 Patres nennt, finden sich nicht weniger als acht komponierende und musizierende Weingartener Benediktiner, die das Schicksal der Säkularisation von 1802/03 erlebt haben. Ihren letzten wechselvollen Lebensjahren – besonders denen des vielseitigen Gaelle – soll in diesem Kapitel kurz nachgegangen werden.

Meingosus Gaelle[3] ist am 16. Juni 1752 in Buch bei Tettnang (heute Gde. Meckenbeuren) geboren. Der begabte Bauernsohn kommt in die Lateinschule Tettnang, dann ins Gymnasium des Weingartener Priorats Hofen (heute Schloss des Hauses Württemberg).

Er erhält dort ersten Musikunterricht, auch im *Harfeschlagen* (die Harfe, im 18. Jh. in Oberschwaben sehr verbreitet, wird sein Lieblingsinstrument). 1769 bittet Gaelle um Aufnahme als Novize in die Benediktinerabtei Weingarten, legt 1771 die Profess ab und nimmt in Verehrung für sein Musikervorbild P. Meingosus Rottach (1711–1766), Komponist im Priorat Hofen, und den seligen Abt Meingoz (1108–1200) den Ordensnamen Meingosus an.

Der Abt fördert den jungen Gaelle und erlaubt ihm 1771 ein Priesteramtsstudium an der Benediktineruniversität Salzburg, wo er nach zwei Jahren zum Dr. phil. (1773) und nach vier Jahren zum Dr. theol. (1777) promoviert. In dieser ersten Salzburger Zeit spielt auch schon die Musik eine Rolle. Zeugnis dafür ist seine Liedersammlung *Das unschuldige Vergnügen*. Er beginnt sich für Physik zu begeistern; die Elektrizität wird später sein naturwissenschaftliches Lieblingsfach. Zurück in Weingarten weiht ihn der Bischof von Konstanz 1777 zum Priester. Am Klosterlyzeum unterrichtet er nun Mathematik und Philosophie. Als Theologe meldet er sich 1784–1789 mit vier lateinischen Disputationen (*Positiones*) zum Wort. 1789 wird ihm das verantwortungsvolle Amt des Novizenmeisters übertragen, danach ist er ab 1795 Unterbibliothe-

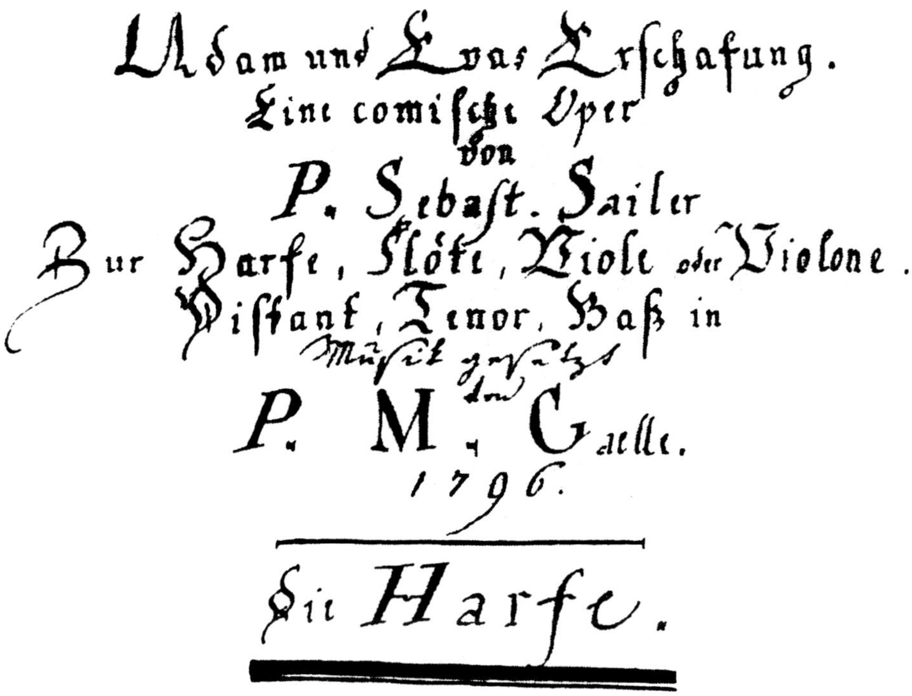

Meingosus Gaelle, Adam und Evas Erschaffung. Eine komische Oper
Gaelle hat das Singspiel auf den Text der »Schwäbischen Schöpfung« des Obermarchtaler Paters Sebastian Sailer komponiert. Es nimmt innerhalb der verschiedenen Schöpfungs-Vertonungen einen völlig eigenständigen Platz ein. 1804 nahm Gaelle die Noten mit nach Salzburg.
Titelblatt der Harfenstimme, 1796.
Abtei St. Peter, Salzburg.

kar und Chorregent. Er baut ein physikalisches Kabinett auf, in dem er u. a. mit der *Leidener Flasche* und dem Blitzableiter experimentiert. Er komponiert jetzt auch viel Kirchenmusik[4] und glänzt *in conventu* als Cembalist und Harfenspieler.
1800 verteidigt er als Küchenmeister bei der Einquartierung französischer Soldaten nachdrücklich die klösterlichen Interessen. Diese sich häufenden Durchzüge napoleonischer Generäle und die laufenden Gerüchte von nicht enden wollenden Verhandlungen in Paris und von der Reichsdeputation beunruhigt die Mönche von St. Martin immer stärker.
Dann kommt der 15. September 1802, an dem die Beauftragten des Hauses Nassau-Oranien-Fulda vor Ort die Inbesitznahme des Klosters vollziehen und sich dessen Auflösung ankündigt. Eine mildernde Geste des neuen Herrn: Den Mönchen wird erlaubt, vorläufig noch im Konventsgebäude zu wohnen. Gaelle hätte das Kloster verlassen können, doch er bleibt vor allem Abt Anselm Rittler zuliebe, dessen Gesundheit durch die turbulenten Ereignisse stark angeschlagen ist. Ab dem 1. Mai 1804 erhält er wie seine Mitbrüder bei freier Wohnung und Holzversorgung eine Pension von 500 fl. pro Jahr. Am 19. Juni 1804 stirbt der Abt. Der damals 52-jährige Gaelle fühlt sich frei genug, um mit Salzburg und der dortigen Universität die traditionellen Verbindungen wieder zu knüpfen. Im November übersiedelt er dann an die Salzach, wo er eine Professur für Dogmatik und Kirchengeschichte übernimmt. Allerdings erlöschen nun seine Weingartener Pensionsansprüche. Am 1. Februar 1805 tituliert Kurfürst Ferdinand alle geistlichen Professoren in Geistliche Räte um. Für zwei Studienjahre (1806/07 und 1809/10) wird Gaelle von seinen Kollegen zum Dekan der theologischen Fakultät gewählt.
Er wendet sich auch wieder dem Lieblingsfach Physik zu, experimentiert zusammen mit den naturwissenschaftlichen Fachkollegen, den ehemaligen Benediktinern Vital Mener (1759–1828), einst Kloster Zwiefalten, und Josef Maria Wagner (1770–1837), einst Kloster Benediktbeuren, und schreibt an einer zweibändigen *Elekticitäts-Lehre,* die 1813 und 1815 in Salzburg in Druck ging. Der genaue Titel des ersten Bandes von 1813: *Beyträge zur Erweiterung und Vervollkomm-*

nung der Elektricitätslehre in theoretischer und practischer Hinsicht; worin unter andern neuen Versuchen auch das Abspringen des Blitzes von der Wetterstange an der Maschine sichtbar dargestellt wird. Mit einer literarisch-physikalischen Fehde, die sich nach Erscheinen des Buches mit einem weiteren Exbenediktiner aus dem Kloster Scheyern und damaligem Professor für Naturlehre am königlichen Lyzeum in München, Thaddäus Siber (1774–1854) entspannt, müssten sich einmal Physiker näher beschäftigen.

Im Kreis der Ordensbrüder von St. Peter wird viel musiziert, werden Namenstage und Priesterjubiläen gefeiert. Michael Haydn zählt zu Gaelles Freunden. Es scheinen für diesen ein paar glücklichere Jahre gewesen zu sein. So schreibt er vor allem Kammermusik (Sonaten für ein bis drei Instrumente), Kantaten und Gesänge für Männerstimmen. Seine *Schwäbische Schöpfung* nach Sebastian Sailer – Originaltitel *Adam und Evas Erschaffung, eine comische Oper*[5] – hat Gaelle mit Sicherheit wieder aus dem Notenschrank

Reichsstift Weingarten um 1800 mit Konventskatalog von 1802/1803

Die nach dem Idealplan fiktiv vollendete Anlage des Reichsstifts wird flankiert von der Ansicht der Gebäude des Priorats Hofen (heute: Friedrichshafen) und des Schlosses Liebenau (rechts) sowie gekrönt vom Weingartener Klosterwappen. Der »Catalogus« enthält die Namen von acht Musikpatres.

Benediktinerabtei Weingarten.

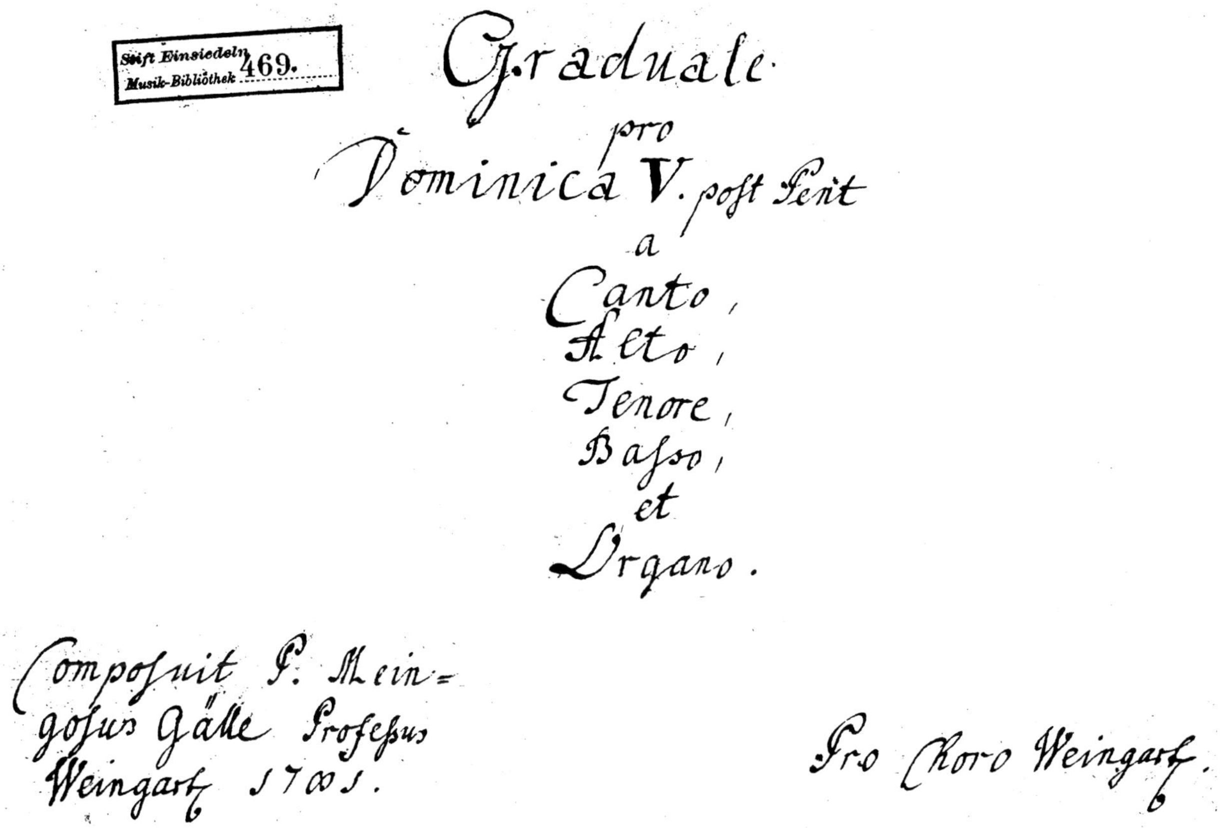
Stift Einsiedeln Musik-Bibliothek 469.

Graduale
pro
Dominica V. post Pent
a
Canto,
Alto,
Tenore,
Basso,
et
Organo.

Composuit P. Meingosus Gälle Professus Weingart 1700.

Pro Choro Weingart.

Meingosus Gaelle, Graduale
Graduale für den 5. Sonntag nach Pfingsten, komponiert für den Chor [pro Choro Weingartensi] Weingartens.
Titelblatt der Notenhandschrift, Weingarten 1700.
Kloster Einsiedeln, Stiftsbibliothek.

geholt – er hatte sie bereits 1796 in Weingarten komponiert und die Noten mit nach Salzburg genommen (heute in St. Peter archiviert).
Doch die napoleonischen Zeiten bleiben weiterhin unruhig. Nach dem Frieden von Schönbrunn am 14. Oktober 1809 wird Salzburg bayerisch. Die Folge ist, daß der neue Landesherr am 24. Dezember 1810 die Universität auflöst und zu einem königlichen Lyzeum degradiert. Gaelle, jetzt nur noch Lyzealprofessor, komponiert dennoch *Auf unsern guten König*, den von Bayern, pflichtschuldigst ein Lied für drei Singstimmen mit Harfe und *Bassetl* (Bassettklarinetten). Am 8. Dezember 1811 tritt Gaelle im Alter von 59 Jahren in den Ruhestand. Auf persönlichen Wunsch amtiert er noch als Superior an der durch Mozarts Krönungsmesse berühmt gewordenen Wallfahrtskirche Maria-Plain.
Im Januar 1816 leidet er an einer *Gedärmentzündung*. Nach elftägigem Krankenlager stirbt er am 4. Februar *um ½8 Uhr*. Seine letzte Ruhe findet er auf dem Kirchhof des nahe bei Maria-Plain gelegenen Bergheim.
In den Nachrufen wird Gaelle *ein guter moralischer Mann, ein vollkommener Musiker* und *ein liebenswürdiger Gesellschafter* genannt. Als Wahlspruch zitiert er in der Vorrede seiner Elektrizitätslehre den römischen Dichter Horaz (Epist. I, 6): *Kennst du bessere Weisheit, als ich sie wusste, so gib mir redlich davon, sonst zehre von meiner.*

Meingosus Gaelle, Graduale-Canto
Anfang der Sopranstimme »Alleluja«.
Notenhandschrift, Weingarten 1700.
Kloster Einsiedeln, Musikbibliothek.

Über die letzten Lebensjahre der anderen Musikpatres aus der Konventsliste von 1801 sind noch folgende Einzelheiten überliefert[6]:

– *Bernard, Georg,* geb. 1745 in Langenargen, *schied 1806 aus der Communität, und begann eine eigene Wirtschaft, im S. Benedictus Zimmer wohnend,* gest. 1811 in Weingarten.

– *Hespelin, Oswald* (Philosophie- und Theologieprofessor), geb. 1733 in Markdorf, starb als *Senior* 1803 in Weingarten.

– *Mayr, Martial* (letzter Subprior), geb. 1746 in Ottobeuren, bezog 1809 eine Wohnung im Flecken Altdorf/Weingarten, wo er 1821 starb.

– *Mayr, Placidus* (Organist) geb. 1766 in Kaufbeuren. Seine Notizen in *Miscellanea*[7] *(Schrift vermischten Inhalts)* von 1802 bis 1812 sind die einzige ausführlichere Quelle, in der wir etwas über die persönlichen Schicksale der Konventualen nach der Klosteraufhebung erfahren. Hier ein kurzer Auszug: *Am 31. Juli 1807 zog P. Michael Steyr nach Ravensburg. Von diesem Tage an übernahm ich wieder die Schlüssel über die Chorregentorey* (wohl das Notenarchiv der Klosterkantorei) *und grossen Orgel, die ich schon vorher mit Recht besorgte. Am 1. Dec. 1807 errichtete ich mit Genehmigung des* (württembergischen) *Justiz-Rates Rath eine eigene Oekonomie und Küche auf eigene*

Kosten (wo er Knaben unterrichtete). *Von meiner Pension musste ich aber monatlich 5 fl. 10 kr. in die Gemeindekasse abgeben. Am 5. April 1809 starb Pater Hieronymus* (Wezel), *dann machte ich gleich Anstalt, seine Wohnung aussäubern zu lassen, die ich am 26. April bezog*. Ein Gesuch an den Stuttgarter Hof, für die Überwachung der Gabler-Orgel entschädigt zu werden, wurde genehmigt: *Für die Orgelinspektion erhielt ich also die freie Wohnung im Kloster, sonst neben der Pension gar nichts weiter.* Er starb 1819 in Weingarten.

– *Rüeff (Rieff), Leonard* (Bibliothekar), geb. 1760 in Buchau, zog in das Stift St. Lambrecht (Steiermark) als Theologieprofessor, kehrte dann an seinen Geburtsort Buchau zurück, wurde dort 1806 Schlosskaplan und Chorregent im Fürstlich Thurn und Taxis'schen Schloss und schließlich Pfarrer in Renhardsweiler (zw. Saulgau und Schussenried), wo er 1828 starb.

– *Steyr, Michael*, geb. 1757 in Ottobeuren, lebte von 1807 bis zu seinem Tod 1809 in Ravensburg.

– *Wezel, Hieronymus*, geb. 1751 in Horb, starb 1809, noch im Kloster wohnend, und wurde als Erster auf dem Ortsfriedhof am Kreuzberg begraben.

Verstummte Hinterlassenschaften

Über die Notenmaterialien, die der von P. Placidus Mayr überwachte Schrank enthielt, wissen wir nichts Genaues. Ziemlich sicher ist, dass dort von den Stimmbüchern des Jakob Reiner und Michael Kraf, also aus der Zeit vor dem Dreißigjährigen Krieg, nichts mehr vorhanden war.

Unsere Spurensuche führt uns allererst in die *Musikbibliothek des Klosters Einsiedeln (Schweiz)*[8]. Nach Auskunft ihres Leiters P. Lukas Held hat P. Bernhard Foresti von Einsiedeln aus 1824 Weingarten besucht und dort eine *große Anzahl* von Musikhandschriften wohl um geringes Entgelt für sein Kloster erworben. Es waren Manuskripte von zwölf Weingartener Komponisten: P. Johann Baptist Barmann, P. Georg Bernard, P. Meingoz Gaelle, P. Oswald Hespelin, P. Martial Mayr, P. Meingoz Rottach, P. Leonhard Rüeff, P. Beda Stattmiller, P. Michael Steyr, P. Christoph Vogel, P. Berhard Wahl, P. Hieronimus Wezel. Außerdem finden sich dort in Abschriften von Meingosus Rottach die fünfstimmigen Turbachöre von Jakob Reiners Johannes-, Markus- und Lukas-Passion mit neu hinzugefügter Generalbassstimme.

Mit etwa 230 Manuskripten ist der Einsiedler Bestand an ehemals Weingartener Musikalien erstaunlich. Allein 45 Werke tragen den Namen von Gaelle; dazu kommen 41 anonyme Werke aus dem Weingartener Repertoire, die allerdings auch zum Teil von fremden Autoren stammen können. Nach welchen Gesichtspunkten P. Foresti seine Auswahl getroffen hat, wissen wir nicht. Es überrascht der große Anteil an Marianischen Gesängen, was in Verbindung mit der Verehrung der Gnadenmadonna von Einsiedeln gesehen werden kann. Ob sich dieser ganze Bestand ohne diese Transaktion in das Schweizer Kloster bis heute erhalten hätte, ist mehr als fraglich.

Vermutlich hatten wie Gaelle, als er nach der Säkularisation nach Salzburg übersiedelte, auch die anderen Musikpatres einen Teil ihrer Kompositionen im Reisegepäck, als sie Weingarten für immer verließen. Was auf diesen Wegen verloren gegangen ist, lässt sich heute kaum mehr nachweisen.

Nicht wenige der musikalischen Hinterlassenschaften Weingartener Patres haben sich auch im Nachlass der oberschwäbischen Nachbarklöster erhalten und werden heute im Schwäbischen Landesmusikarchiv Tübingen aufbewahrt.

Bei all diesen Beständen lässt sich nicht immer sicher nachweisen, ob der Notenschreiber auch der Autor war. Ein großes siebensätziges *Stabat mater* in c-Moll beispielsweise ist im Notenmaterial aus dem Kloster Isny von Meingosus Gaelle signiert, in dem des Klosters Ottobeuren von dem Zwiefaltener Musikpater Ernestus Weinrauch (1730–1795).

Über den in Weingarten nach Forestis Kauf verbleibenden Bestand erfahren wir Einzelheiten erst mehr als hundert Jahre später, im Oktober 1935, als – eine verdienstvolle Initiative – Ernst Fritz Schmid am Musikwissenschaftlichen Institut der Universität Tübingen das *Schwäbische Landesmusikarchiv*[9] gründete. Hier sollte das, was sich in oberschwäbischen Notenschränken noch aus der Klosterzeit finden ließ, in einem zentralen Archiv als Leihgaben gesammelt, aufbewahrt und bearbeitet werden. In den letzten Jahren (seit 1994) hat Georg Günther begonnen, neue Archivkataloge zu erstellen. Das Projekt ist leider zur Zeit ins

Stocken geraten, ausgerechnet bei dem geplanten Band über Weingarten. Dem alten, wenig Detailangaben enthaltende Inventarverzeichnis von 1963 ist aber zu entnehmen, dass in Tübingen der Weingartener Bestand – was Gewichtung wie Zahl anlangt – weit geringer ist als der Einsiedelns.

Orgelschicksale

Über die Schicksale der *Orgeln in oberschwäbischen Klosterkirchen* nach der Säkularisation sollte in einer gesonderten Untersuchung berichtet werden. Viele von ihnen wurden transloziert oder aus stilistischen und technischen Gründen umgebaut, die Metallpfeifen oft als billige Rohmaterialien angesehen. Das Schicksal der Hauptorgel des Klosters Zwiefalten (65 Register, vier Manuale), um 1775 von dem unter Gablers Einfluss stehenden Meister Johann Martin von Hayingen erbaut, ist kein Einzelfall. Sie wurde zwischen dem 17. November und 31. Dezember 1807 abgebaut, nach Stuttgart transportiert und in der Stiftskirche wieder errichtet. Ausgerechnet dem Oberschwaben Justin Heinrich Knecht (1752 in Biberach geboren, dort zunächst evangelischer Kantor und Musikdirektor, von 1806 bis 1808 etwas glückloser Kapellmeister in Stuttgart) fiel als Orgelberater am Stuttgarter Hof die Pflicht zu, die Ausführung dieses Auftrags zu überwachen. 1944 haben dann Fliegerbomben die Stuttgarter Altstadt samt Stiftskirche und Martins Orgel zerstört.
Die von Joseph Gabler von 1737–1750 erbaute, von Legenden umwobene große *Weingartener Orgel* blieb vor größeren Eingriffen verschont. Die Ehrfurcht vor dem *rühmlichst bekannten alten Orgelwerk* – mit ihren lichtdurchfluteten Pfeifentürmen auch ein architektonisches Wunder – scheint sie davor bewahrt zu haben. Der ehemalige Klosterorganist P. Placidus Mayr hat sich, wie schon erwähnt, zunächst um die Orgel gekümmert. 1811 konnte die königliche Kameralverwaltung auf der Suche nach einem Orgelrevisor den Konstanzer Gottfried Maucher, einen Schüler Gablers, ausfindig machen. Sein Kostenvoranschlag von 678 fl. für Reparaturarbeiten wurde aber als zu hoch abgelehnt. Zwei Jahre später sollten dann für nur 145 fl. *bloß die nothwendigsten Ausbesserungen vorgenommen und demnach nur die vordere Facade der Orgel, aus 300 zinnernen Pfeifen bestehend, von dem vielen Staube gereinigt und der ursprüngliche Glanz derselben wieder hergestellt, auch das verdorbene Glockenspihl repariert werden.*[10] 1826, 1860/62 und 1887 folgten weitere Pflege- und Reparaturarbeiten.

Nach Erstarrung zaghafte Neuanfänge

Die etwa 2.000 Bewohner des Fleckens Altdorf am Fuß des Martinsbergs konnten nicht fassen, dass es die feierlichen Hochämter und die festlichen Empfänge nicht mehr geben sollte. Nach erstem schüchternen Bewusstwerden folgte allmählich ein zaghafter Neubeginn. In Schriftstücken des Stadtarchivs erfahren wir immer wieder von Initiativen, in denen sich Altdorfer um die Musik bemühten, nun ohne Kloster! So stellte etwa am 8. Oktober 1817 der Kirchenpfleger Egger einen umständlich formulierten Antrag *(Ich verharre in schuldiger Hochachtung)* an die *Königlich Hochlöbliche Stiftungs-Verwaltung*[11] zur Besoldung von Musikern für die ehem. Klosterkirche, die 1816 Pfarrkirche geworden war: *Da nun bei der hiesigen Kirche eine ziemliche Anzahl von Musikern nothwendig sind – wenn anders der Sonntägliche Gottesdienst in diesem großen Tempel verhältnismäßig verherrlicht werden sollte – und diese schon lange nichts mehr erhielten –, so ist durch das Ausbleiben des Einen und des Andern, leider! zu schließen, dass in kurzer Zeit jede festliche Funktion musikalischer Begleitung eingehen dürfte.*
Die Antwort des evangelischen Stiftungsverwalters Niethamer aus Ravensburg einen Monat später ist ohne Grußformel und ernüchternd: Die Kirchenpflege habe *keinen Überschuß, sondern ein jährliches Deficit*, vielleicht könnte dies *durch irgend eine Einwohner-Quelle gedeckt werden, z. B. durch eine von jedem getraut werdenden Ehepaar einzuziehende Gebühr.*
Aus späteren Jahren erfahren wir, dass die Altdorfer Werktagsschule, ähnlich der alten Lateinischen Klosterschule die Aufgabe übernahm, *Gesangs- und Instrumentalunterricht* zu erteilen, um der Kirchenmusik zu helfen. Dies schien jedoch zunächst nur bescheiden zu gelingen. 1857 nahmen bei Musiklehrer Walter sieben *Violinspieler* und sechs *Blasmusikinstrumentespieler* wöchentlich fünf bzw. drei Stunden Unterricht.

1865 wurde der Flecken Altdorf zur Stadt Weingarten erhoben. Bei Chordirektor Ottmar Dreßler waren es dann im Schuljahr 1872/73 neben sechs *Violinisten* schon 48 namentlich genannte Schüler mit *Gesangsunterricht.* Zu ihnen kamen *die Lateinschüler,* die ohnehin Musikunterricht hatten. Dabei waren mehr als die Hälfte Mädchen, die später wohl meist im Münsterchor sangen. Die Weingartener Kirchenmusik blühte auf: Der neue Typus der *Laienkirchenchöre,* bei denen statt der Singknaben nun die Frauen zusammen mit den Männern auf der Orgelempore singen, hatte sich also auch hierzulande etabliert.

Bürgerliche Musikvereine

Die Biographien der Weingartener Gesangs- und Musikvereine wissen von keinem markantem Gründungsdatum. In der erwachenden Männerchorbewegung waren es im süddeutschen Raum die *Liederkränze,* die der Schweizer Hans Georg Nägeli mit vom humanistisch-sozialen Bildungsideal Pestalozzis geprägten Grundsätzen ins Leben rief: Volkstümlicher Gesang, verbunden mit Geselligkeit, an dem alle Schichten der Bevölkerung mitwirken können. Wie rasch Oberschwaben an dieser Bewegung teilgenommen hat, mögen einige Jahreszahlen belegen:

1805 hat Nägeli das *Züricher Singinstitut,* in Süddeutschland Vorbild aller Liederkränze gegründet, 1809 Carl Friedrich Zelter die *Berliner Liedertafel,* für Norddeutschland grundlegend; 1824 ist das Geburtsjahr des Stuttgarter Liederkranzes. 1825 knüpften die Liederkränze Ulm und Memmingen unmittelbar an die Tradition des alten Meistergesangs an. 1827 gilt als Gründungsjahr des Ravensburger Liederkranzes, 1841 als das des Liederkranzes Weingarten.

Den Liederkränzen und Kirchenchören hinkten zeitlich ein wenig die *Blasmusikkapellen* nach, die mit den neu entwickelten, leichter zu spielenden Ventil- und Klappeninstrumenten ein breiteres Laienmusizieren ermöglichten. Im 19. Jh. nannten sie sich oft *Harmonie- oder türkische Musiken.* Ihren neuartigen klanglichen Zunder bekamen sie durch eine stark besetzte Gruppe von Rhythmus- und Lärminstrumenten (Trommel, Kesselpauken, Becken, Triangel, Schellenbaum – das *Dschinderassabum* der Janitscharenmusik). In Weingarten finden wir schon in der ersten Jahrhunderthälfte Hinweise auf ein Zusammenwirken von Blasmusikern bei kirchlichen und profanen Anlässen. So spielten etwa 1815 *Orts Musikanten*[12] am Blutfreitag und Fronleichnam zur Prozession auf. Das offizielle Gründungsjahr des Musikvereins in Weingarten 1907 erscheint aus diesem Grund doch etwas spät. Dass hier auch die *Regimentsmusik* – Weingarten war ab 1868 Garnisonsstadt – mit dem städtischen Orchester auf verschiedene Weise zusammenwirkte, ist anzunehmen.

Jakob Reiners Wiederentdeckung

Noch einmal machte sich ein Schweizer um die Weingartener Klostermusik verdient: Jakob Reiner war zu seiner Zeit ein *weitberühmbter Musicus* gewesen, wie es auf dem Titelblatt seiner *Teutschen Psalmen* 1589 vermerkt ist. Noch in der Barockzeit steht sein Name in den Musiklexika, als alter Meister in Erinnerung, aber sicher nicht mehr aufgeführt (etwa bei Johann Gottfried Walther, 1732, wo er wie auch später immer wieder fälschlich als Mönch bezeichnet wird). Dann aber geriet er völlig in Vergessenheit, bis *Anselm Schubiger*, Benediktiner aus Einsiedeln, Verfasser der denkwürdigen *Sängerschule St. Gallens,* in den Jahren der romantischen Wiederentdeckung der *Altklassischen Vokalpolyphonie* wieder auf ihn aufmerksam machte. Er schrieb 1853 in seinen *Historischen Notizen über die Pflege der Kirchenmusik im ehemaligen Kloster Weingarten*[13]: *Mit Recht wurden schon von Alters her die Stifter und Klöster als vorzügliche Pfleger und Erhalter der ächten Kirchenmusik angesehen* [...]. *Unter* (diesen) *zeichnete sich die berühmte Benediktinerabtei Weingarten besonders aus. Hatte sie ja schon im 16. Jahrhundert unter ihren Conventualen Componisten aufzuweisen, die einen weit verbreiteten Ruf erlangten. Wir meinen da jenen Zeitgenossen des grossen Orlando Lasso, den fleissigen Jacobus Reinerus, Benediktinermönch im benannten Stifte, der eine Menge Kirchenwerke im grossartigen Stile seiner Zeit förderte. Wenn uns auch die Geschichte über die Lebensverhältnisse dieses merkwürdigen Mannes nichts aufbewahrt hat,* [...] *so wissen wir aus seinen zahlreichen Werken doch so viel, dass er ein ausgezeichneter und äusserst fleissiger Componist war, dessen Arbeiten auch jetzt*

noch unsere Beachtung im vollsten Maasse verdienen. Wie manche derselben würden noch heut zu Tage dem Heiligthum besser anstehen, als so viele geist- und herzlose Musik der Gegenwart.

Zwei Jahrzehnte später, 1875 gibt *Ottmar Dreßler*, Lehrer, Komponist, *Weingartens Chordirektor*, der *in Lebenstagen gesungen hat zur Ehre Gottes und des Heiligen Bluts* (so die Grabinschrift), einen Notendruck von *Jakob Reiner* neu heraus. In neunjähriger Arbeit hat er dessen *Liber cantionum sacrarum* von 1579, eine Sammlung von 22 Motetten, aus den alten Stimmbüchern der Proske'schen Musibibliothek Regensburg in Partitur gesetzt, in Kupfer stechen lassen und dem König von Württemberg gewidmet – eine musikwissenschaftliche Leistung und eine bibliophile Rarität zugleich. Wir haben dieses Ereignis bis jetzt wohl viel zu gering geachtet: Ein einfacher Schulmeister einer kleinen Provinzstadt hebt längst vergessene Motetten klösterlicher Liturgie wieder ins Licht, in das zweite Dasein einer nun *freien, reinen Tonkunst* – eine kleine, aber helle Fassette, die auch mit Säkularisation zu tun hat.

[1] *Erno Seifriz,* Musikschaffen u. Musikpflege, in: Oberschwaben, Gesicht einer Landschaft, hg. von *Stefan Ott.* Ravensburg 1971, 235–280; *Ders.,* Kirchen- u. Klostermusik im 17. u. 18. Jh., in: Weingarten. Von den Anfängen bis zur Gegenwart, hg. von *Norbert Kruse/Hans Ulrich Rudolf/Dietmar Schillig/Edgar Walter.* Biberach 1991, 240ff.; *Ders.,* Nicht nur musizierende Putten, in: Mitteilungen vom Martinsberg, hg. von der Vereinigung der Freunde der Pädagogischen Hochschule Weingarten, red. von *Norbert Feinäugle.* Nr. 44 (Weingarten 1994).

[2] WLB Stuttgart, HB I 95, fol. 30r.

[3] *Emil Karl Blümml,* Die Liederhandschrift des Weingartener Benediktiners P. M. Gaelle, in: Quellen u. Forschungen zur deutschen Volkskunde VIII (1912). Wien 1912, 7–25; *Erno Seifriz,* Meingosus Gaelle. Art. in: MGG, Neue Ausgabe. Kassel-Basel 2002 (in Vorb.).

[4] *Ders.,* Booklets zu den CDs der Reihe »Musik in oberschwäbischen Klöstern« – Weingarten und Isny. Diepholz 1989ff.; *Gaelle, Meingosus,* Huc venite, piae mentes; Salve Regina, hg. von *Erno Seifriz.* Altötting 1996.

[5] *Ders.,* Adam und Evas Erschaffung, hg. von *M. Bieler/R. Faber/A. Haug/B. Moosbauer,* in: Denkmäler der Musik in Baden-Württemberg. Bd. 9 (2001). München 2001.

[6] *Pirmin Lindner,* Professbuch der Benediktiner-Abtei Weingarten. Kempten/München 1909 (Beiträge zu einem Monasticon-benedictinum Germania, hg. von *Pirmin Lindner* ; II)

[7] Ebd., 135–141.

[8] *Lukas Helg,* Die Musikhandschriften zw. 1600 u. 1800 in der Bibliothek des Klosters Einsiedeln. Einsiedeln 1995; auch in RISM, Serie A/II.

[9] *Walter Gerstenberg,* Schwäbisches Landesmusikarchiv am Musikwissenschaftlichen Institut der Universität Tübingen. Inventar. Tübingen 1963.

[10] *Ottmar Dreßler,* Die große Orgel in der ehem. Klosterkirche zu Weingarten, in: Cäcilienkalender. Regensburg 1878, 51–58.

[11] StA Weingarten, Akte Nr. 791.

[12] Ebd., Gemeinderatsprotokoll vom 31.05.1815.

[13] *Anselm Schubiger,* Historische Notizen über die Pflege der Kirchenmusik im ehem. Kloster Weingarten, in: Organ für kirchliche Tonkunst, Nr. 7 (1853), 145–149.

Klingendes Erbe

Zur Rezeption der oberschwäbischen Klostermusik seit der Säkularisation

von Michael Gerhard Kaufmann

Die Musik gehört von jeher zum geistigen Leben der christlichen Ordensgemeinschaften als integraler und integrierender Bestandteil der Liturgie von Stundengebet und Messe: Indem in den Klosterkirchen einstimmige Gregorianische Gesänge, mehrstimmig-polyphone Motetten und vielfältig-instrumentale Figuralmusik erklingen, entsteht gemäß dem antiken beziehungsweise mittelalterlichen Denkmodell der Dreiheit von *musica mundana* [Weltmusik], *musica humana* [Menschmusik] und *musica instrumentalis* [Instrumentalmusik] gleichsam ein durch den Menschen realiter auf Erden hörbar gemachtes Abbild der Musik des Himmels. Auch erfüllt die gottesdienstliche Musik eine zentrale Funktion im Hinblick auf die Repräsentation irdischer Herrschaft und politischer Macht der Klöster: Die künstlerische Ausgestaltung und der personelle Aufwand beim Musizieren spiegeln das Selbstverständnis und den gesellschaftlichen Anspruch der geistlichen Herren als weltliche Fürsten.

Das Ende der klostermusikalischen Kultur des Barock im 19. Jh.

Im Zeitalter des Barock wurde dieses wechselseitige Verhältnis – Musik als Bedeutungsträger innerhalb der Liturgie und zugleich als Ornament der Repräsentation – zu einem die Klosterkultur weltweit bestimmenden Moment, als in den Konventen der katholischen Kirche die Prachtentfaltung auf allen Gebieten der Künste einen einzigartigen Höhepunkt erreichte und Architektur, Malerei sowie Musik sich zu einem Gesamtkunstwerk vereinten, das gleichermaßen Gott und seine Schöpfung sowie seine Diener im Hier und Jetzt pries. Auch die nach dem Dreißigjährigen Kriege vorgenommene Umgestaltung der Abteien der Benediktiner, Prämonstratenser und Zisterzienser in Oberschwaben im modischen Barockstil geschah aus diesem inneren Bedürfnis heraus.

Während jedoch Architektur und Bildende Kunst in den zahlreichen während vergangener Jahrzehnte entlang der *Oberschwäbischen Barockstraße* vorbildlich restaurierten Klosteranlagen und Kirchen für den gegenwärtigen Betrachter unmittelbar erfahrbar sind, ist die in den Konventen Oberschwabens gepflegte Musik längst verklungen; einzig in den wenigen noch authentisch erhaltenen imposanten Orgeln von Joseph Gabler (1700–1771), Karl Joseph Riepp (1710–1775) oder Johann Nepomuk Holzhey (1741–1809), der Trias der genialen Orgelbauer in Oberschwaben, wird noch etwas von der ehemals großartigen Klangpracht spürbar.

Abbruch der musikalischen Kontinuität

Zum einen liegen die Gründe für diese Entwicklung in der politischen Geschichte der Region des einst vorderösterreichischen Raumes seit dem beginnenden 19. Jh.: Die oberschwäbischen Klöster gehörten zu den Barockabteien der deutschen Alpen- und Voralpenländer. Sie standen zumeist in voller Blüte, als sie 1803 im Zuge der Säkularisation aufgehoben und den durch Napoleons Gnaden zu Königreichen avancierten Staaten Bayern und Württemberg zugeschlagen wurden. Mit der Entmachtung und Vertreibung der Mönche brach eine kulturelle Kontinuität von mehre-

ren Jahrhunderten gewaltsam ab, die geprägt war durch die enge Verbindung der Klöster untereinander und zu ihren geistigen Zentren Wien, Salzburg und Augsburg. Während die Bayern eingegliederten Abteien zu einem Staatswesen kamen, das streng katholisch war, also wenigstens in konfessioneller Hinsicht das Erbe antreten konnte, war Württemberg bis dahin ein rein evangelischer Staat gewesen, in dem die katholischen Gebiete nun zwar in die neu errichtete Diözese Rottenburg integriert wurden, aber politisch sozusagen ohne Schutzmacht blieben.

Stilwandel der Kirchenmusik

Des weiteren kamen mit dem Zusammenbruch der Konvente und der Vertreibung ihrer Bewohner bereits in den Jahrzehnten zuvor feststellbare Tendenzen bezüglich eines Stilwandels der Kirchenmusik unter liturgischen Aspekten zum Tragen, die mit der Gründung des Bistums Rottenburg offiziell vertreten wurden: An die Stelle der lateinischen Chor- und Orchestermesse waren immer mehr musikalisch eher schlichte Singmessen als eine Art von freiem Liederzyklus geistlichen Inhalts für das sogenannte Deutsche Hochamt getreten. Auch erhielt allmählich der deutsche Volksgesang in den weiterhin lateinisch abgehaltenen Gottesdiensten einen festen Platz. Zudem galten für die neu komponierte polyphone Kirchenmusik auf lateinische Texte die in idealisierender Weise formulierten Grundsätze des sog. *Caecilianismus*, das heißt eine Ausrichtung an den Regeln der Musik des den Ausklang der italienischen Renaissance bestimmenden päpstlichen Kapellmeisters Giovanni Pierluigi da Palestrina (um 1525–1594) im Zeichen des Historismus.

Musikwissenschaft und Protestantismus

Zum dritten dominierte mit der politischen Einigung Deutschlands 1871 unter der Führung Preußens der deutsche Protestantismus im Bereich der Wissenschaft: Als sich während des letzten Drittels des 19. Jhs. die Musikwissenschaft als eigenständige Disziplin innerhalb des geistes- und kulturwissenschaftlichen Fächerkanons an den deutschsprachigen Universitäten etablierte, konzentrierte sich die Erschließung der Kirchen- und Tastenmusik des 17. und 18. Jhs. über lange Zeit vornehmlich auf den protestantischen Bereich. Die ersten Seminare an den Universitäten in Straßburg, Leipzig und Berlin setzten als Forschungsschwerpunkte neben der Musik der franko-flämischen Meister die von Heinrich Schütz (1585–1672) und Johann Sebastian Bach (1685–1750) sowie von Komponisten aus deren lutherischem Umfeld. Das an der Universität Wien begründete Institut stellte dagegen die Werke der sogenannten Wiener Klassiker Joseph Haydn (1732–1809), Wolfgang Amadeus Mozart (1756–1791) und Ludwig van Beethoven (1770–1827) in den Mittelpunkt.

Letztlich hatte der Barock, dem die oberschwäbische Klosterkultur ja kunstgeschichtlich zugehört, seit dem späten 18. Jh. jedes Ansehen verloren, und es dauerte bis gegen Ende des 19. Jhs., bis dieser architektonische Stil in seiner Neoform wiederum eine Akzeptanz fand. Es ist also ein Syndrom von politischen, konfessionellen, liturgischen, musikphilologischen und kunsthistorischen Gründen, die es der oberschwäbischen Klostermusik aus dem 18. Jh., die stilistisch in der Tradition der Wiener Kirchenmusik des kaiserlichen Kapellmeisters Johann Joseph Fux (1660–1741), eines Joseph Haydn oder Wolfgang Amadeus Mozart steht und somit geprägt ist durch den aus Italien über die habsburgischen Erblande in das vorderösterreichische Gebiet gekommenen konzertanten Stil, als einem Nebenschauplatz der Musikgeschichte über einen langen Zeitraum schwer machten, eine angemessene Rezeption zu finden.

Wiederentdeckung und -belebung der Klostermusik im 20. Jh.

Das Schwäbische Landesmusikarchiv seit 1935

Die Bemühungen einzelner Forscher zur Sicherung der seit der Säkularisation im Besitz von Pfarrgemeinden als den Rechtsnachfolgern der ehemaligen Konvente im Land befindlichen Klostermusik und zu deren Wiederbelebung fanden von Anfang an die Unterstützung der *Eberhard Karls Universität Tübingen*, als 1935 auf Betreiben des Direktors des Musikwissenschaftlichen Instituts, Ernst Fritz Schmid, das *Schwäbische Landes-*

Abt Nikolaus Betscher (1745–1811)
Öl auf Lw., ca. 1800.
Rot a. d. Rot.

musikarchiv [1] mit der Aufgabe der Sammlung und Verwahrung der zerstreuten musikalischen Bestände entstand. Mit Unterstützung des Bischöflichen Ordinariates Rottenburg und des Evangelischen Oberkirchenrates Stuttgart gelang es, im Verlauf von gut einem Jahr eine umfangreiche Sammlung von Noten aus insgesamt dreißig Orten zusammenzutragen. Die in mehreren Phasen archivierten und heute unter etwa 3.000 Signaturen verwahrten Musikhandschriften und Musikdrucke stammen aus dem Zeitraum von etwa 1750 bis zur Mitte des 19. Jhs. und waren einst bestimmt für den Gebrauch innerhalb der liturgischen Feiern, so dass sie sowohl das reiche Musikleben in den oberschwäbischen Klöstern vor 1803 als auch den kirchenmusikalischen Alltag katholischer und evangelischer Gemeinden bis zur Jahrhundertmitte widerspiegeln.

Persönliche Initiativen – Alexander Šumski und Erno Seifriz

Ebenfalls an der *Eberhard Karls Universität Tübingen* greift seit 1984 das Projekt *Musik in oberschwäbischen Klöstern*, das sich die Erforschung, Aufarbeitung, Pflege und Verbreitung der in Vergessenheit geratenen Musiktradition der oberschwäbischen Klöster zur Aufgabe stellt und das seit 1986 durch den *Verein zur Förderung der Musik Oberschwabens* getragen wird. Mit der Wiederaufführung der *Missa in C* von Nikolaus Betscher (1745–1811), dem letzten Abt der Prämonstratenser-Reichsabtei Rot an der Rot, unter der Leitung des damaligen Tübinger Universitätsmusikdirektors Alexander Šumski wurde ein erster Schritt getan. Seither folgten Konzerte mit Werken der Klosterkomponisten Isfrid Kayser (1712–1771) und Sixt Bachmann (1754–1825), Obermarchtal, Aemilian Rosengart (1757–1810), Ochsenhausen, Franz Xaver Schnizer (1740–1785), Ottobeuren, Franz Xaver Schlecht (1730–1782), Andreas Heichlinger (1746–1809) und Jakob Sommer (1764–1788), Salem, Ernest Weinrauch (1730–1793) und Conradin Kreutzer (1780–1849), Zwiefalten. Die Aufführungen fanden statt in ihren ehemaligen Heimatklöstern und an zahlreichen Orten in Europa, wie Paris, Venedig und Bukarest, in Südamerika und Afrika, sowie in Gestalt von Hörfunk- und Fernsehsendungen, CD- und Video-Produktionen. Auf Initiative und unter der Leitung von Erno Seifriz, Professor an der Pädagogischen Hochschule Weingarten, entstanden Produktionen der Werke der Weingartener Klosterkomponisten Jakob Reiner (1555–1606), Michael Kraf (1595–1662), Meingosus Rottach (1711–1760), Christoph Vogel (1722–1767), Bernhard Wahl (1749–1831), Meingosus Gaelle (1752–1816) und Leonard Rieff (1760–1828) sowie von Johann Nepomuk Gaumer (1727–1793), Isny, und Gallus Zeiler (1705–1755), Füssen, statt.[2]

Erfolgreiche Bemühungen – zwei Beispiele

Der Erfolg dieser Bemühungen zur Wiederbelebung der oberschwäbischen Klostermusik beruht auf der engen Zusammenarbeit zwischen der *Eberhard Karls Universität Tübingen* und dem Südwestrundfunk sowie auf der entscheidenden Hilfe der Robert Bosch Stiftung; wesentliche Unterstützung gewähren die Landkreise Biberach, Reutlingen und Ravensburg, der Alb-Donau- und der Bodenseekreis sowie zahlreiche private Sponsoren. Im Jahr 1986 wurde an der Universität Tübingen die *Verbindungsstelle für oberschwäbische Klostermusik*[3] als zentrale Koordinationsstelle für die umfassenden Maßnahmen zur Rezeption der Musik oberschwäbischer Klöster des 17. und 18. Jhs. eingerichtet. Sie schafft seither die Voraussetzung für deren systematische Erschließung, Verbreitung und kontinuierliche Pflege durch deren künstlerische und wissenschaftliche Aufarbeitung. Die von ihr eingeleiteten Aktivitäten mit dem Ziel einer Weckung des Bewusstseins für die reiche Tradition oberschwäbischer Klostermusik sollen im folgenden exemplarisch an Biographie und Werk zweier Komponisten verdeutlicht werden.

Nikolaus Betscher (1745–1811)

Der am 31. Oktober 1745 in Berkheim geborene Nikolaus Betscher – Taufname Leonardus Wolfgangus – erfuhr seine geistige Prägung in der nahe gelegenen Prämonstratenser-Reichsabtei Rot an der Rot, wo er am 11. November 1765 seine Profess ablegte und am 23. September 1769 zum Priester geweiht wurde. In seinem fünfundvierzigsten Lebensjahr wurde Betscher am 3. November 1789 zum fünfundvierzigsten

und – wie sich später herausstellen sollte – letzten Abt der Reichsabtei gewählt; zusätzlich hatte er ab dem Jahr 1795 das Amt des Generalvikars der deutschen Ordensprovinz des Prämonstratenser-Ordens inne. Nach Aufhebung des Konventes am 1. März 1803 in der Folge der Säkularisation lebte Betscher bis zu seinem Tod am 11. November 1811 in Rot.
Seine musikalische Ausbildung erhielt Betscher während seiner Jugend im Kloster Rot; in späteren Jahren bekam er wesentliche Impulse durch enge freundschaftliche Kontakte zu Michael Haydn (1737–1806), Konzertmeister und Domorganist am Hof des Salzburger Fürsterzbischofs. Betschers heute noch erhaltenen dreiundvierzig Kompositionen ruhen zum größeren Teil verstreut in mehreren Archiven Süddeutschlands, zum kleineren Teil im Pfarrarchiv Maria Steinbach (südlich von Memmingen). Es handelt sich vorwiegend um Kirchenmusik, die man aufgrund ihrer jeweiligen Konzeption in zwei Gruppen gliedern kann: Die eine Gruppe besteht – ihrer Ausdehnung und Instrumentierung nach – aus verhältnismäßig groß angelegten Werken, die in der Regel das damals

Abt und Komponist Nikolaus Betscher (1745–1811)
Notenblatt aus der Missa in C-Dur. Klarinettenstimme. Verbindungsstelle für oberschwäb. Klostermusik/Uni Tübingen.

übliche Orchester einbeziehen und sämtliche mit lateinischen Texten unterlegt sind; sie gehören den Gattungen Messe, Requiem oder Psalm zu und dienten der musikalischen Ausgestaltung der prachtvoll inszenierten Gottesdienste an den kirchlichen Hochfesten innerhalb der Reichsabtei. Die andere Gruppe besteht aus kleineren und schlichter gestalteten deutschsprachigen Stücken, die wahrscheinlich für die Wallfahrtskirche zu Maria Steinbach verfaßt worden sind. Zudem sind noch einige wenige weltliche Kompositionen für Instrumente oder Chor des von seinen Zeitgenossen hochgeschätzten Roter Abtes erhalten.[4]
In Betschers bedeutsamem musikalischem Oeuvre läßt sich der Verlust der klösterlichen Aufführungsmöglichkeiten in der Folge der Säkularisation deutlich ablesen: Vor dem Jahr 1803 komponierte Betscher zahlreiche groß angelegte und repräsentative, jedoch nur wenige kurze und sich in der Wahl der Mittel eher bescheidende Kompositionen; nach dem erzwungenen Ruhestand entstanden zumeist unter Verzicht auf jeglichen musikalischen Glanz noch einige Kurzmessen für Chor, Streicher und Orgel, jedoch zahlreiche einfache Lieder für Chor mit oder ohne Instrumentalbegleitung für Prozessionen und Fastenandachten.

Konradin Kreutzer (1780–1849)
Porträt des jungen Musikers.
Verein zur Förderung der Musik Oberschwabens e.V./Biberach.

Conradin Kreutzer (1780–1849)

Der am 22. November 1780 in Meßkirch geborene Conradin Kreutzer erhielt seine musikalische Ausbildung in Musiktheorie und Orgelspiel ab 1789 zunächst in der Benediktinerabtei Zwiefalten bei dem Ordenskapitular Ernest Weinrauch, der als Musiklehrer und Komponist im vorderösterreichischen Raum hohes Ansehen genoss, dann an der Klosterschule der Prämonstratenser-Reichsabtei Schussenried, in der mehrere Patres eine Kirchenmusikpraxis auf hohem Niveau hielten. Dort entstand während der Napoleonischen Kriege auch seine erste eigene Komposition, der patriotische *Gesang für Österreichs Krieger* – in der Intention gleichsam ein Gegenstück zur französischen *Marseillaise*. Nach einem abgebrochenen Studium der Rechtswissenschaften in Freiburg war der weitere Lebensweg geprägt durch stetes Drängen auf der Suche nach neuen Erfolgen, weshalb jeweils das Verweilen an einem Ort mit ausgedehnten Reisen wechselte. 1804 ging Kreutzer in die europäische Musikhauptstadt Wien und nahm Unterricht bei Johann Georg Albrechtsberger (1736–1809), Hoforganist und Kapellmeister am Stephansdom sowie ehemals auch Lehrer Ludwig van Beethovens. Nach Anstellungen als Hofkapellmeister in Stuttgart 1812 und Donaueschingen 1818 sowie als Kapellmeister am Kärntnertor-Theater Wien 1822 führten ihn Konzertreisen ab 1827 durch die europäischen Großstädte Paris, Prag und Berlin. Nach seiner Rückkehr in Wien wurde er 1832 nochmals Kapellmeister am Kärntnertor-Theater und zusätzlich 1833 am Theater in der Josefstadt. Das 1840 übernommene Amt des Städtischen Kapellmeisters am Theater in Köln gab er 1842 auf, um auf weiteren Konzertreisen seine Komposi-

tionen bekannt zu machen und um die Karriere seiner beiden von ihm als Sängerinnen ausgebildeten Töchter zu fördern. Nach Stationen in Wiesbaden, Brüssel, Lüttich, Aachen, Mainz, Graz, Hamburg und zahlreichen anderen Städten wurde er 1846 als Nachfolger Otto Nicolais (1810–1849), seines einstigen Schülers, nochmals Kapellmeister in Wien. 1848 zog er mit seiner Familie nach Riga, wo er an dem blühenden Kulturleben der baltischen Handelsmetropole partizipieren wollte. Dort verstarb er am 2. Dezember 1849 an einem Schlaganfall, nachdem seine zweite Tochter, auf deren sängerisches Talent er große Hoffnungen gesetzt hatte, spektakulär auf der Bühne versagt hatte. Kreutzer war ein in den damals gepflegten musikalischen Gattungen äußerst fruchtbarer Komponist, der vor allem mit seinen etwa fünfzig Opern und Singspielen – darunter *Konradin von Schwaben*, *Libussa*, *Melusine*, *Das Nachtlager von Granada*, *Die Höhle bei Waverly* – quer durch Europa Erfolge feiern konnte. Aber auch seine Sonaten für verschiedene Soloinstrumente und Klavier, Kammermusik für Streicher mit oder ohne Klavier, Konzertstücke für Blasinstrumente und Orchester, Konzerte für Klavier und Orchester sowie Schauspielmusiken für Orchester wurden vom Publikum mit Begeisterung aufgenommen. Vor allem mit seinen Vertonungen von Texten aus dem Schwäbischen Dichterkreis für Männerchor a cappella – Ludwig Uhland *Die Kapelle* – oder Solostimme und Klavier – Friedrich von Schiller *Die Sehnsucht* – traf Kreutzer sensibel den Nerv der

Konradin Kreutzer (1780–1849)
Notenblatt zum Credo der Missa in Es-Dur de Sta. Franzisca. Verbindungsstelle für oberschwäb. Klostermusik/Uni Tübingen.

Zeit, indem die Schlichtheit der Melodien, der Wohllaut der Harmonien und die Klarheit der Textvertonung die Stücke rasch zum unverzichtbaren Bestandteil des musikalischen Repertoires für gesellige Stunden werden ließen. Nicht zuletzt bereicherte er das musikalische Repertoire für die Gestaltung von Gottesdiensten an Festtagen mit mehreren größeren und kleineren Messen für Chor und Orchester – beispielsweise die in Meßkirch verwahrte *Missa B-Dur* und die für Riga gedachte *Missa de Sta. Francisca Es-Dur* – sowie zahlreicher weiterer Kirchenmusik für unterschiedliche Besetzungen – wie dem *Te Deum D-Dur* und dem Oratorium *Die Sendung Mosis*.[5]
Auch Kreutzer zwangen die Folgen von Französischer Revolution und Säkularisation zu einer Umorientierung auf dem eigenen Lebensweg: Die musikalische Begabung stand nicht mehr im Dienst des Kultus, sondern erfuhr ihre Entfaltung auf der Bühne, im Konzertsaal oder im Salon; dabei diente das in den oberschwäbischen Klöstern erlernte und in Wien vervollkommte kompositorische Handwerk als Grundlage für eine Karriere, die den Künstler durch große Teile Europas bis in dessen Norden führte.
Die Wiederentdeckung der abseits des gängigen Repertoires stehenden und bisher gänzlich unbekannten Kompositionen Betschers sowie der den bisher nur geringen Ausschnitt des umfangreichen Œuvre erweiternden Kompositionen Kreutzers geht einher mit einer allgemein zu verzeichnenden Bewusstwerdung verschütteter Traditionen: Die Kirchenmusik des ausgehenden 18. und beginnenden 19. Jhs. stand an einer Wende des stilistischen Geschmacks und bezog ihren Reiz gerade aus der Verbindung von konservativer Grundhaltung mit modernem Ausdrucksempfinden; zudem war sie einem Denken in christlichen Werten verpflichtet, wie es den über Jahrhunderte gewachsenen und trotz nationaler Idiome einheitlichen Kulturraum des Habsburgischen Imperiums bestimmte. Aus einem Wechsel der Paradigmen resultierend, vermögen die geistlichen Werke oberschwäbischer Komponisten als Teil der eigenen Geschichte im aktuellen Kontext des europäischen Einigungsprozesses ähnlich den anderen Künsten aus Zeiten des gesellschaftlichen Umbruchs einen Beitrag zur Findung einer europäischen Identität zu leisten.

Die Verbindungsstelle für Klostermusik

In diesem Sinne definiert sich die Arbeit der *Verbindungsstelle für oberschwäbische Klostermusik*: Neben produktions- und editionsbegleitenden Arbeiten, wie Forschungen zur Biographie der einzelnen Komponisten und wissenschaftlicher Textkritik, beschäftigt sie sich mit Fragestellungen, die in ihrer Gesamtheit die Problematik der Rezeption erfassen: In Zusammenarbeit mit dem Musikwissenschaftlichen Institut der Universität Tübingen werden über Jahre hinweg Seminare und Editionspraktika angeboten.
Seit 1999 bestehen enge Kontakte zu Wissenschaftlern in Bolivien und Polen, da in diesen Ländern während der vergangenen Jahre in einer parallelen Entwicklung zur Tätigkeit der Tübinger Einrichtung ähnliche Projekte der Wiederbelebung barocker Klostermusik aktiviert wurden: Die Missionen der Jesuiten waren seit dem frühen 16. Jh. über weite Flächen des heutigen Argentinien, Bolivien, Brasilien und Paraguay verbreitet. Die Bemühungen der Ordensgeistlichen um die einheimische Bevölkerung hatten zum Ziel, soziale Strukturen zu schaffen, um auch die kulturelle Entwicklung der Chiquitos, Moxos und Guaranis zu ermöglichen. Die Musik nahm in diesem Konzept einen herausragenden Stellenwert ein. Doch im Laufe von zwei Jahrhunderten kam es ständig zu Konflikten mit den Kolonialherren, die 1767 schließlich zur Vertreibung der Ordensmissionare führten. Damit war auch die musikalische Tradition abgebrochen. Erste Bemühungen um das kulturelle Erbe der Chiquitos erfolgten in den 1970er Jahren durch Jesuiten aus Deutschland und der Schweiz unter der Federführung des Züricher Architekten Hans Roth. 1978 wurde das Archiv der Chiquitos in Concepción gegründet, dessen Aufgabe die Sammlung und Herausgabe der Musik der ehemaligen Jesuiten-Komponisten ist. Seither finden auf staatliche und private Initiativen hin Musik-Festivals in Santa Cruz und Concepción statt, an denen Interpreten aus Lateinamerika und einigen europäischen Ländern teilnehmen. Die Ordensgemeinschaften im heutigen Polen standen im 17. und 18. Jh. in engem Kontakt mit den Konventen Süddeutschlands, so dass die in den oberschwäbischen Abteien komponierte Musik auch in schlesischen, pommerschen, westpreußischen und zentralpolni-

schen Klöstern gepflegt wurde. Neueste Recherchen in den nationalen und kirchlichen Archiven belegen die einst regen musikalischen Kontakte zwischen weit voneinander entfernten klösterlichen Kulturzentren. So fanden sich beispielsweise Kompositionen Isfrid Kaysers (ehem. Prämonstratenser-Reichsabtei Marchtal) in der Bibliothek des Jesuitenkollegs Warschau (Kollegium Jezuitów Warzsawa), die ihrer Provenienz nach aus dem Kloster Heiligelinde (Swieta Lipka) stammen. Anläßlich des fünfzigjährigen Jubiläums des Landes Baden-Württemberg im Jahr 2002 fand in der Württembergischen Landesbibliothek Stuttgart erstmals ein wissenschaftliches Symposium unter dem Titel *Barocke Klostermusik aus Archiven ehemaliger Abteien Oberschwabens in Deutschland, Frankreich, Schweiz, Polen und Ungarn* [6] statt, das die Verbreitung der Musik oberschwäbischer Klosterkomponisten in entfernteste klösterliche Kulturzentren Europas aufarbeitete.

Die umfangreichen Tätigkeiten der *Verbindungsstelle für oberschwäbische Klostermusik* sind belegt in einem Archivkatalog, einem Informationsheft und einem Dokumentationsheft: Die Verbindungsstelle verfügt über ein eigenes Notenarchiv, das ganz auf die Anforderungen der Arbeit ausgerichtet ist und derzeit 205 Titelaufnahmen umfasst, die von 54 Komponisten stammen. Da es primär für Forschung und Praxis angelegt ist, enthält es alle Materialien – von der Kopie der Quelle über die verschiedenen Spartierungen und Revisionsfassungen bis hin zur kopierfertigen Vorlage und dem Aufführungsmaterial – und fungiert dabei als Dokumentationsstelle der ausgeführten Arbeiten. Ein Überblick über den Stand der Archivierung bietet der jährlich aktualisierte Archivkatalog. Die Orte und Daten von Aufführungen und Produktionen der Werke oberschwäbischer Klosterkomponisten sind systematisch erfasst in dem jährlich aktualisierten Informationsheft. Über die in einem bestimmten Zeitraum geleistete Arbeit unterrichten die in zweijährigem Turnus herausgegebenen Dokumentationen anhand von Besprechungen von Konzerten, Aufnahmen und Rundfunk- beziehungsweise Fernsehsendungen über die Einzelprojekte und deren Breitenwirkung. Mittelfristiges Ziel ist die Herausgabe eines Kataloges *Oberschwäbische Klostermusik*, der die Hochblüte dieser Musik im 17. und 18. Jh. in seiner geschichtlichen Bedeutung einordnen soll.

Die Öffentlichkeitsarbeit begleitet und unterstützt die Tätigkeiten der *Verbindungsstelle für oberschwäbische Klostermusik*. Neben den erwähnten Publikationen zum Projekt *Musik in oberschwäbischen Klöstern* werden regelmäßig Broschüren zu Aufführungen, Rundfunk- und Fernsehproduktionen sowie Schallplatten- und CD-Einspielungen oberschwäbischer Klostermusik herausgebracht. Einen wichtigen Bereich der Information bilden Texte für Programmhefte und Tonträger, für Presse und Verlage, Rundfunk und Fernsehen sowie Vorträge. Ferner ist auch ein der Öffentlichkeit zugängliches Informationsarchiv entstanden, das eine Sammlung von Aufsätzen, Monographien, Lexikonartikeln und nicht publizierten Referaten beinhaltet. Zusätzlich zum wissenschaftlichen Apparat stehen somit dem Benutzer weitere Aufarbeitungen des Themas und seines Umfelds zur Verfügung. Damit konnte innerhalb weniger Jahre eine solide Ausgangsbasis für eine neue Wertschätzung der facettenreichen Klostermusik der oberschwäbischen Landschaft geschaffen werden.

[1] *Walter Gerstenberg*, Schwäbisches Landesmusikarchiv am Musikwissenschaftlichen Institut der Universität Tübingen. Tübingen 1963, III; *Georg Günther*, Musikalien aus dem Pfarramt Weissenau im Schwäbischen Landesmusikarchiv (Tübingen) – Kirchenmusikalische Zeugnisse aus der ersten Hälfte des 19. Jhs., in: *Georg Günther/Helmut Völkl* (Hgg.), Musik in Baden Württemberg. Jahrbuch 1995 (Band 2). Stuttgart/Weimar 1995, 193–210, hier 193–195; *Georg Günther*, Musikalien des 18. und 19. Jhs. aus Kloster und Pfarrkirche Ochsenhausen – Katalog. Stuttgart/Weimar 1995, IX-XI; *Georg Günther*, Musikalien des 18. Jhs. aus den Klöstern Rot an der Rot und Isny – Katalog. Stuttgart/Weimar 1997, IX–X.

[2] In der Reihe *Musik in oberschwäbischen Klöstern* (da music, Deutsche Austrophon Diepholz) sind bisher folgende Tonträger erschienen: Ehemalige Prämonstratenser-Reichsabtei Rot an der Rot – Werke von Nikolaus Betscher (CD 77304); Ehemalige Prämonstratenser-Reichsabtei Obermarchtal – Werke von Isfrid Kayser und Sixt Bachmann (CD 77305); Ehemalige Benediktiner-Reichsabtei Zwiefalten – Werke von Ernest Weinrauch (CD 77306); Ehemalige Benediktiner-Reichsabtei Weingarten – Werke von Michael Kraf (CD 77307); Benediktiner-Abtei Ottobeuren – Werke von Franz Xaver Schnizer (CD 77308); Ehemalige Zisterzienser-Reichsabtei Salem – Werke von Andreas Heichlinger, Franz Xaver Schlecht und Jakob Sommer (CD 77309); Ehemalige Bene-

diktiner-Reichsabtei Weingarten – Werke von Jakob Reiner (CD 77323); Ehemalige Benediktiner-Reichsabtei Ochsenhausen – Werke von Joseph Haydn, Gregor Schmid und Aemilian Rosengart (Doppel-CD 77324); Ehemalige Benediktiner-Reichsabtei Weingarten – Werke von Meingosus Rottach, Christoph Vogel, Bernhard Wahl, Meingosus Gaelle, Aemilian Kayser und Leonard Rieff (CD 77328); Ehemalige Prämonstratenser-Reichsabtei Rot an der Rot – Werke von Nikolaus Betscher (CD 77329); Ehemalige Benediktiner-Abtei Füssen – Werke von Gallus Zeiler (DC 77330); Ehemalige Prämonstratenser-Reichsabtei Rot an der Rot – Werke von Nikolaus Betscher (CD 77331); Ehemalige Benediktiner-Reichsabtei Isny – Werke von Meingosus Rottach, Johann Nepomuk Gaumer und Johann Georg Zechner (CD 73333); Ehemalige Benediktiner-Reichsabtei Zwiefalten – Werke von Ernest Weinrauch (CD 77334); Ehemalige Benediktiner-Reichsabtei Weingarten – Werke von Meingosus Gaelle (CD 77336); Ehemalige Zisterzienser-Reichsabtei Salem – Werke von Franz Xaver Schlecht und Jakob Sommer (CD 77337); Geistliche Werke von Konradin Kreutzer (CD 77339); Ehemalige Prämonstratenser-Reichsabtei Rot an der Rot – Werke von Nikolaus Betscher (CD 77340).

[3] *Michael Gerhard Kaufmann*, Aus dem Himmelreich des Barock – Die Verbindungsstelle für oberschwäbische Klostermusik an der Universität Tübingen, in: Musik und Kirche 72 (2001), 398–399.

[4] *Heribert Hummel*, Michael Haydn als Komponist für das Prämonstratenserkloster Rot – Zu einem Antiphonar in der Diözesanbibliothek Rottenburg, in: BC, 4 (1981), H. 1, 17–21; *Gertrud Beck*, Ein Musiker mit dem Krummstab – Reichsprälat Nikolaus Betscher von Rot, in: BC 7 (1984), H. 1, 45–50; *Gertrud Beck*, Nikolaus Betscher, der Klosterkomponist von Rot an der Rot, erfährt breite Anerkennung, in: BC 9 (1986), H. 1, 55–59; *Gertrud Beck*, Roter Äbte als Auftraggeber Ochsenhausener Orgelbauer – Aus den Rechnungsbüchern der Äbte Ignatius Vetter und Ambrosius Guggenmos, in: BC 15 (1992), H. 2, 22–25; *Konstantin Maier*, Nikolaus Betscher (1745–1811) – Ein Reichsprälat zwischen den Zeiten, in: BC 13 (1990), H. 2, 30–35; *Alexander Šumski*, Die Wiederentdeckung oberschwäbischer Barockmusik – Nikolaus Betscher und seine Musik, in: Katholische Kirchengemeinde St. Verena Rot an der Rot/Fördergemeinschaft Restaurierung Holzhey-Orgel Rot an der Rot (Hgg.), Die Holzhey-Orgel in der Klosterkirche Rot an der Rot, Rot an der Rot 1989, 36–39; *Alexander Šumski*, Nikolaus Betscher, in: *Carl Dahlhaus/Hans Heinrich Eggebrecht/Kurt Oehl* (Hgg.): Brockhaus Riemann Musiklexikon. Ergänzungsband. Mainz 2. Aufl. 2000, 27; *Alexander Šumski*, Nikolaus Betscher, in: *Ludwig Finscher* (Hg.): Die Musik in Geschichte und Gegenwart, Personenteil. Bd. 2. Kassel 2. Aufl. 2000, 1522–1524.

[5] *Karl-Peter Brecht*, Conradin Kreutzer – Biographie und Werkverzeichnis, Meßkirch 1980; *Hans-Bruno Ernst*, Conradin Kreutzer (1780–1849) – Leben – Werk – Wirkung, Typoskript, Ochsenhausen 1999; *Hans-Bruno Ernst*, Ernest Weinrauch – Benediktiner, Komponist und Lehrer, Typoskript, Ochsenhausen 1999; *Reiner Nägele*, Meines Vergnügens halber nahm ich Sie in Dienste« – Conradin Kreutzer (1780–1849) in Donaueschingen, in: *Matthias Miller/Martina Rebmann* (Hgg.), »Liebhaber und Beschützer der Musik« – Die neu erworbene Musikaliensammlung der Fürsten zu Fürstenberg in der Badischen Landesbibliothek. Karlsruhe 2000, 37–46; *Michael Gerhard Kaufmann*, Conradin Kreutzer und die Rührung des Gemütes, in: Musica sacra, 121 (2001), H. 5, 6–7; *Michael Gerhard Kaufmann*, Reine Herzensmusik – Wiederentdeckung von Conradin Kreutzer – Komponist des Biedermeier, in: *Kunst & Kultur*, 9 (2002), H. 3, 46–47.

[6] Ein Tagungsbericht hierzu befindet sich in Vorbereitung.

Weitere Information:

Eberhard-Karls-Universität Tübingen, Verbindungsstelle für oberschwäbische Klostermusik
Biesingerstraße 26, D-72070 Tübingen, Tel. (0 70 71) 29-7 70 56, Fax (0 70 71) 40 08 68, E-Mail: klostermusik@uni-tuebingen.de

Nur noch Reparaturen und Umsetzungen

Die Auswirkungen der Säkularisation auf den Orgelbau in Oberschwaben

von Ulrich Höflacher

Oberschwaben hat bei Musikfreunden einen klangvollen Namen vor allem auf Grund der Tatsache, dass sich hier bedeutende und große Orgeln aus dem 18. Jh. erhalten haben. Gemeint sind die Hauptorgeln, wo hingegen sich die Chororgeln außer in Ottobeuren nur in Teilen erhalten haben. Dreizehn Instrumente mit drei oder vier Manualen wurden in jener Zeit in Oberschwaben erbaut, und damit steht diese »Orgellandschaft« ohne Vergleichsbeispiel in Süddeutschland da. Im angrenzenden Altbayern wurde in damaliger Zeit beispielsweise nur eine Orgel mit drei Manualen erbaut.[1] Alle Instrumente wurden zudem von einheimischen Orgelmachern erstellt; »fremde« Meister hatten anscheinend keine Chance. Die erfolgreichsten Meister waren Joseph Gabler, Karl Joseph Riepp, Johann Nepomuk Holzhey und Joseph Höß. Nur Holzhey hat die Säkularisation erlebt und die Folgen dieser einschneidenden Ereignisse am eigenen Leib zu spüren bekommen.

Der Bau repräsentativer Orgelwerke

Bevor wir uns Johann Nepomuk Holzhey und den Auswirkungen der Säkularisation zuwenden, müssen wir aber zunächst klären, warum in Oberschwaben der Orgelbau im 18. Jh. zu großer Blüte kam.
Zum einen war der Aufschwung dem Umstand zu verdanken, dass durch den Bau neuer Klosteranlagen etwa ab dem Jahr 1700 ein Bedarf an neuen Instrumenten gegeben war. Fast alle neuen Großinstrumente wurden in Klosterkirchen errichtet bis auf zwei: die von Höß gelieferte neue Orgel für die Biberacher Stadtkirche und die völlig neu gestaltete Hauptorgel des Ulmer Münsters von Georg Friedrich Schmahl.
Die Großzahl der Instrumente ließen also reichsunmittelbare Klöster errichten. Die Neubauten waren Ausdruck eines wiedergewonnenen Selbstbewusstseins der katholischen Kirche im Zuge der Gegenreformation. Somit sollten die Orgeln nicht nur Musikinstrument für den Gottesdienst, sondern repräsentative Kunstobjekte zum Ruhme Gottes, der wiedererstarkten katholischen Kirche und ihrer Auftraggeber sein. Die Instrumente sind also viel größer als sie eigentlich sein müssten, wenn wir die Kompositionen für Orgel jener Zeit betrachten. Alle Orgelstücke kommen mit einem, höchstens zwei Manualen aus, wie es im gesamten süddeutschen Raum über Jahrhunderte Selbstverständlichkeit war. Zudem erforderte die katholische Liturgie das freie Spiel des Organisten. Bei Improvisationen sind mehrere Manuale zwar hilfreich, aber nicht erforderlich.
Die oberschwäbischen Klosterorgeln sind ferner nicht nur repräsentative Instrumente, sondern fügen sich in besonderer Weise der Architektur des Raumes ein, manchmal sogar der spirituellen Gesamtkonzeption eines Bauwerks. Ein Beispiel dafür ist die Verwirklichung der großen Orgel zu Weingarten. Joseph Gabler bekam seinen Auftrag für den Bau einer viermanualigen Orgel weniger aus musikalischen Gründen, sondern weil Gabler der Orgel so viele Pfeifen gab, wie Jesus der Legende nach Peitschenhiebe bei der Geißelung erhalten hatte[2], nämlich 6.666. Wenn man nun weiß, dass die Weingartener Klosterkirche ganz im Bewusstsein der Gegenreformation als Heiligtum des Hl. Blutes Jesu Christi errichtet wurde, ist

Johann Nepomuk Holzhey (1741–1809)
Porträt des Orgelbauers.
Ölgemälde, ca. 1790.
Benediktinerabtei Ottobeuren.

klar, dass die Einbindung der Orgel in diese Konzeption für das Kloster sehr reizvoll erschienen sein mag. Der ganze Landstrich war zu jener Zeit vom »Wieswunder«, das sich an der Statue »Jesus an der Geißelsäule« in der Wieskirche ereignet hatte, erfasst. Zudem steigerte Gabler die bisherige zweimanualige Orgel auf vier Manuale mit Pfeifen in 32'-Länge[3], was dem Repräsentationsbedürfnis der bedeutenden Benediktinerabtei sehr entgegenkam. Außerdem ordnete er die Orgel der Architektur unter, indem er die sechs Westfenster kunstvoll umrahmte. Die Orgelfassade erreichte eine Prachtentfaltung und Plastizität, wie sie in Süddeutschland noch nie gebaut worden war und auch später kaum mehr erreicht wurde. Freilich erkaufte sich Gabler diese Virtuosität in der Gestaltung mit manchen Problemen bei der Mechanik und Windversorgung, die er aber großteils zu lösen wusste. Seitdem stehen die Orgeln in Oberschwaben in keinen standardisierten Orgelgehäusen mehr, sondern es werden individuelle Gehäuse angefertigt, die auf die Architektur der Kirchenräume eingehen.
Diese Orgelgehäuse wurden deshalb auch nicht mehr von den Orgelbauern hergestellt, sondern von Kunstschreinern gefertigt. Erst wenn die Gehäuse mit dem Zierrat der Bildhauer standen, baute der Orgelbauer das Instrument in die Gehäuse ein. Die beeindruckenden Orgelfassaden sind also ein Gemeinschaftskunstwerk von Schreinern, Bildhauern und Fassmalern und haben mit dem eigentlichen Orgelwerk nichts zu tun. Selbstverständlich entstanden die Orgelgehäuse in genauer Absprache mit den Orgelmachern, da ja die größten Pfeifen in die Fassade gesetzt wurden und auch die Mechanik untergebracht werden musste. Diese Arbeitsteilung erforderte eine intensive Verständigung aller beteiligten Künstler und man ersieht daraus, dass große Orgelbauten komplizierte und teure Unternehmungen waren. Bei großen Instrumenten wirkten beim Entwurf der Orgelgehäuse auch Architekten mit, wie beispielsweise in Neresheim, wo der Baudirektor der Abtei, Thomas Scheithauf, für den Gehäuseentwurf verantwortlich zeichnete.[4]
Noch wichtiger als die repräsentativen Monumentalorgeln, die in Klosterkirchen ja relativ selten erklangen, waren die Chororgeln für die täglichen Konventsgottesdienste. Der technische Aufwand, der dabei getrieben wurde, nötigt auch heute noch Respekt ab. Da seit Gabler die Spieltische oft mitten im Chorraum platziert wurden, musste zunächst ein Kanal gegraben werden, der unter die beiden Chorgestühlshälften führte und die Mechanik samt Windkanälen zu den beiden Orgelhälften aufnahm. Die Pfeifen standen in Gehäusen über den Chorstühlen, und Verbindungswege über 15 Meter Länge waren nicht selten. Solche technischen Herausforderungen anzunehmen, haben sich Orgelbauer anderer Regionen selten zugetraut. Riepp, ganz dem rationalen französischen Orgelbau verpflichtet, lehnte solche komplizierten Mechaniken ab und baute beispielsweise für Ottobeuren zwei völlig eigenständige Orgeln über den beiden Chorgestühlshälften ein. Höß und Holzhey dagegen übernahmen Gablers Idee beim Bau ihrer Chororgeln in Neresheim, Ochsenhausen, Rot oder Obermarchtal.
Von einer *einheitlichen* oberschwäbischen Orgellandschaft zu sprechen, verhindert der markante Perso-

nalstil der hier tätigen Meister. Zwar stammen sie alle aus Oberschwaben, haben aber ihre Ausbildung zum Teil außerhalb absolviert. Gabler lernte in Mainz, Riepp arbeitete und lebte in Dijon und adaptierte die klassische französische Orgel. Holzhey genoss eine Ausbildung wohl bei seinem Onkel Alexander Holzhey, übernahm als Mitarbeiter Riepps aber auch Ideen des französischen Orgelbaus. Höß verbrachte seine Gesellenzeit sehr wahrscheinlich in Sachsen. So verbergen sich hinter den individuell angefertigten Orgelgehäusen auch ganz verschiedene Orgeltypen, die unterschiedliche Klangkonzepte aufweisen.

Eine weitere wesentliche Voraussetzung für das Entstehen dieser einzigartigen oberschwäbischen Orgellandschaft war eine allgemeine hohe Wertschätzung der Musik, die in vielen Abteien nachgewiesen werden kann. In jedem Konvent gab es zudem komponierende Patres, die als Dilettanten gute Gebrauchsmusik schrieben. Erinnert sei an den letzten Abt von Rot an der Rot, Nikolaus Betscher, der sich in Oberschwaben großer Wertschätzung erfreute. Seltener ist der Fall, dass ein ausgebildeter Musiker in einen Konvent eintrat und weiterhin komponierte. Diese Musik erreicht höhere Qualität und lässt sich durchaus mit

Holzhey-Orgel der ehem. Klosterkirche Weissenau, 1784
Pfarrkirche Weissenau.

den bedeutenden Komponisten der Zeit vergleichen. Ein solcher »Profi-Musiker« war im 17. Jh. P. Christian Keifferer, der im Prämonstratenserstift Weißenau wirkte.[5] Die Wertschätzung der Musik fand vor allem während der Barockzeit in den großen Orgelwerken ihre nach außen sichtbare Verkörperung, die auch nach der Säkularisation unmittelbar erlebt werden konnte. Die Musik, welche in den Kirchen und Festsälen erklang, war jedoch untergegangen und wird erst in den letzten Jahren wieder erschlossen und zur Aufführung gebracht.

Allen Orgelbaumeistern kam also zugute, dass die Auftragslage günstig war. Jede Reichsabtei ließ aus Repräsentationsgründen oft sogar mehrere Orgeln bauen. Die Wertschätzung der Musik war hoch, und man ließ sich die Instrumente daher etwas kosten. Komplizierte Orgelanlagen entstanden, die sonst in kaum einer Landschaft außerhalb Oberschwabens realisiert wurden. Die einheimischen Meister verwirklichten unterschiedliche Orgelkonzepte, so dass das 18. Jh. das goldene Zeitalter der Orgelbaukunst in Oberschwaben werden konnte.

Joseph Gabler und Karl Riepp stellten die erste Generation der bedeutenden Orgelbauer des 18. Jhs. in Oberschwaben dar. Gabler wurde 1700 in Ochsenhausen, Riepp 1710 in Eldern bei Ottobeuren geboren. Die Meister haben sehr unterschiedliche Biographien aufzuweisen. Gabler hatte zeitlebens Geldprobleme und starb verarmt und unbeachtet 1771 in Bregenz. Riepp gelang es in materieller Sicherheit seinem Handwerk nachzugehen. Er starb 1775 hochgeachtet in seiner Wahlheimat Dijon. Johann Nepomuk Holzhey erblickte in Rappen, wenige Kilometer östlich von Ottobeuren, 1741 das Licht der Welt, Joseph Höß 1745 in Dietenheim. Höß betrieb seine Orgelwerkstatt in Ochsenhausen und starb 1797 in Bozen. Nur Holzhey erlebte, wie schon erwähnt, die Säkularisation und starb nach einem arbeitsreichen Leben 1809 in seinem Heimatort Ottobeuren.

Die Umbrüche am Beispiel Holzheys

Nach seiner Ausbildung als Orgelmacher bei seinem Onkel Alexander Holzhey gelang es Johann Nepomuk Holzhey schnell, sich zu etablieren. Durch die Heirat 1766 mit Cäcilia, der Tochter des 1760 verstorbenen Orgelbauers Joseph Zettler, gelangte er in den Besitz der Ottobeurer Orgelwerkstatt. Schon 1770 starb seine erste Frau und noch im gleichen Jahr heiratete er die Kaufmannstochter Walburga Stempfle. Zu einem Sohn aus erster Ehe gesellten sich noch weitere elf Kinder, bis auch Walburga 1788 starb. Nach langem Witwerdasein schloß Holzhey im Jahr 1802 eine dritte Ehe mit Klara Degen. Von den insgesamt acht Söhnen und vier Töchtern haben den Meister vermutlich nur vier Kinder überlebt.[6]

Das beeindruckende Lebenswerk Holzheys beginnt nachweisbar mit einer fast einjährigen Zusammenarbeit mit Karl Riepp bei dessen Orgelbauten in Salem. Riepp errichtete von 1754 bis 1774 in seiner Heimat außer den Orgeln für die dortige Zisterzienserabtei auch zwei Chororgeln für die Abtei in Ottobeuren. Nach dem Tode Riepps wartete Holzhey die beiden Ottobeurer Instrumente und war auch weiterhin in Salem tätig. Ab 1769, Holzhey war 28 Jahre alt, verging kein Jahr, für das sich nicht ein Orgelneubau oder eine größere Instandsetzung nachweisen lässt. Man darf sagen, dass der Meister in fast allen Abteien Oberschwabens mit Arbeiten beauftragt wurde und sein Wirkungskreis sich darüber hinaus bis nach München erstreckte.

Nicht eine einzige seiner damals neugeschaffenen Orgeln steht allerdings in einer evangelischen Kirche! Holzhey und seine drei bis vier Mitarbeiter musste die Säkularisation deshalb besonders hart treffen, weil seine Werkstatt ausschließlich für katholische Auftraggeber gearbeitet hatte. Orgelbauer, die die »evangelische Kundschaft« bedienten, wie die Familie Schmahl aus Ulm, erlitten durch die Säkularisation so gut wie keine Einbußen, doch die reichen katholischen Stifte und Klöster hatten sie auch nur selten etwas verdienen lassen.[7]

Das unten stehende Arbeits- und Werkverzeichnis mag einen Eindruck davon geben, was Holzhey und seine Mitarbeiter geleistet haben. An einem größeren Instrument waren etwa drei bis vier Orgelbauer beteiligt. Auch mit heutigen Arbeitsmitteln, bei der elektrische Holz- und Metallbearbeitungsmaschinen eingesetzt werden, benötigt man zur Fertigstellung einer dreimanualigen Orgel etwa eineinhalb Jahre.[8] Zeitaufwändig waren auch der Transport oder die Beschaf-

fung mancher Materialien. Hinzu kamen die oftmals kunstvollen Gehäuse, die aber bei größeren Instrumenten immer von einem Kunstschreiner oder der Klosterschreinerei gefertigt worden sind. Drei Jahre sind das zeitliche Minimum, das man bei einer Orgel mit etwa 40 Registern ansetzen muss.
In Holzheys Arbeits- und Werkverzeichnis gibt die arabische Zahl die Anzahl der Register wieder, die römische Ziffer die Zahl der Manuale. Neubauten sind mit »N«, Reparaturen mit »R« und sonstige Arbeiten mit »S« ausgewiesen.

Hauptorgel in Rot a.d. Rot
Holzhey baute zuvor 1785/86 die Chororgel.

Jahr	Art der Arbeit	Ort und Bemerkungen
1767–68	S	**Salem**, Mitarbeit bei Riepp
1769	N	**Heiligkreuz**, 7/I
1770	N	**Seewis**, 8/I
1771–72?	N	**Grönenbach**, 19/II
1773	N	**Meßkirch**, Hauptorgel, 25/II
	R	**Meßkirch**, Reparatur und Umbau der Chororgel
1773–75	N	**Buchau**, Hauptorgel, 25/II
		Buchau, Chororgel, 7/I
1774	R	**Türkheim**, kleine Reparatur, Neubau vor 1770?
1774–75	N	**Oberelchingen**, Chororgel, 13/I
1775–77	N	**Ursberg**, Hauptorgel, 26/II
1775	R	**Salem**, Reparatur
1776–77?	N? R?	**Schussenried**, vermutlich Neubau einer Chororgel oder Reparatur der Orgel von Ä. Schnitzer
1777	N	**Wiggensbach**, 10/I
	R	**Ottobeuren**, kleinere Arbeiten
	S	**Kempten**, Orgelstimmung
	S	**Buchau**, Orgelstimmung
1777–78	N	**Ursberg**, Chororgel, 11/I
1778	N	**Memmingen**, Oberhospital, 24/II
	R	**Memmingen**, Reparatur der Gabler-Orgel
1778–80	N	**Obermarchtal**, Hauptorgel, 41/III
1780–81	N	**Wiblingen**, Chororgel, 24/II
1781	N	**Augsburg**, St. Salvator, 22/II
1781	R	**Salem**, Reparatur
1782–84	N	**Obermarchtal**, Chorgel, 24/II
1783	R	**Grönenbach**, kleinere Reparatur
1784	R	**St.Gallen**, St. Laurenzen, Reparatur der Bommer-Orgel
1784–87	N	**Weißenau**, Hauptorgel, 41/III
1785	R?	**Ottobeuren**, Pfarrkirchenorgel repariert oder umgebaut
1785–86	N	**Rot**, Chororgel, vermutlich 23/II
1787	S	**Ottobeuren**, Riepp-Orgeln höher gestimmt
1787–88	R	**Augsburg**, Hl. Kreuz, Umbau der Stein-Orgel, 14 Register neu
1788	N	**Erkheim**, 10/I
	R	**Salem**, Reparatur der Liebfrauen-Orgel
	S	**Obermarchtal**, Orgelstimmung
1789–90?	N	**München**, St. Anna, 20/II
1789–1790	R	**Salem**, Reparatur und Umbau der Hauptorgel

1791	S	**Ottobeuren**, Verhinderung der Versetzung der Dreifaltigkeitsorgel auf die Eingangsempore
1792–93	N	**Rot**, Hauptorgel, 36/III
1793	N	**Zell**, Positiv, etwa 5–6 Register
	R	**Neresheim**, Umbau der Chororgel von Joseph Höß
1794–97	N	**Neresheim**, Hauptoregl, 48/III
1794	S	**Oberelchingen**, Stimmung der Haupt- und Chororgel
1795	N	**Ottobeuren**, Positiv unbekannter Größe
	R	**Fultenbach**, kleine Reparatur
	R	**Eldern**, Reparatur der Orgel von Christoph Vogt
	R	**Elchingen**, kleinere Reparatur
1796	R	**Roggenburg**, Umbau der Schmahl-Orgel
1797–98	N	**Schießen**, 16/II
1798	R?	**Ohmenheim**, vermutlich kleinere Reparatur
1802	N	**Kirchbierlingen**,12/I?
1803	R	**Mehrerau**, Wartung der Orgel
1803–04	R	**Bregenz**, Reparatur der Gabler-Orgel und der Chororgel von Allgäuer
1805	S	**Eldern**, Übertragung der Orgel nach Ummendorf
	S	**Ottobeuren**, Schätzung der Orgel in der Pfarrkirche
1807	S	**Ottobeuren**, Versetzung der Pfarrkirchenorgel nach Ungerhausen
1808	S	**Memmingen**, Übertragung der Orgel nach Thannhausen
1809	N	**Dürmentingen**, 16/II
	S	**St. Gallen**, Vorarbeiten für die Vergrößerung der Orgel

Das Werkverzeichnis ist sicherlich nicht vollständig, und erst in jüngster Zeit sind weitere Arbeiten Holzheys bekannt geworden.[9] Doch ist auffällig, dass Holzhey bis 1798 vollauf beschäftigt war und die Auftraggeber auf die Instrumente oft mehrere Jahre warten mussten. Wenn wir Holzheys Arbeitsleben von etwa 44 Jahren in vier Abschnitte einteilen, stellen wir zusammenfassend fest:

In seinem letzten Abschnitt von 1799 bis 1809 hat der Meister lediglich zwei Orgelneubauten erstellt mit zusammen 28 Registern. Auch führte er nur zwei größere Reparaturen aus. Drei Instrumente wurden in andere Orte versetzt, eine bis dahin nicht gekannte Tätigkeit. In seinem dritten Arbeitsabschnitt von 1788 bis 1798 sind sieben Orgelneubauten mit zusammen 136 Registern bekannt, wobei noch vier bedeutende Umbauten dazukommen. In seine zweite Schaffensperiode von 1777 bis 1787 fallen neun Orgeln mit 220 Registern und zwei größere Reparaturen. Von 1766 bis 1776 wissen wir von sieben oder acht Neubauten mit zusammen etwa 130 Registern. Holzhey hat, soviel wir heute wissen, über 530 Register in Neu- und Umbauten realisiert. In sein letztes Arbeitsviertel um die Jahre 1800 entfallen davon gerade 5,28%.

Auf die miserable Auftragslage ab 1798 reagierte Holzhey wohl so, wie es jeder Unternehmer heute noch tut. Alle seine Mitarbeiter wird er entlassen haben. Schriftliche Zeugnisse aus dieser Umbruchszeit haben sich aber bis heute nicht gefunden. Seine Orgel in Kirchbierlingen jedenfalls setzte er 1802 zwischen September und Ende Oktober lediglich mit seinem Sohn Franz Joseph auf. Aus den Rechnungen der Heiligenpflege geht hervor, dass der Pfarrhof für die tägliche Verköstigung des Orgelmachers und seines Sohnes 144 fl. berechnete.[10] Kirchbierlingen gehörte zum Stift Obermarchtal, und dieser Orgelneubau war sicher der letzte, den die »alten Herren« bezahlt haben. Das Instrument kostete nahezu 1.500 fl.

Etliche Jahre vor der Säkularisation zeichnete sich schon ab, dass die Zeit der Stifte zu Ende ging. Investitionen wurden nur noch selten vorgenommen. Im Zuge der sich an die Französische Revolution anschließenden Koalitionskriege kam es in Oberschwaben zu Franzosendurchzügen, und es ist bekannt, dass man dem französischen Offizierskorps anlässlich eines Kriegsrates 1796 auf der fast fertiggestellten großen Orgel in Neresheim vorspielen musste.[11] Doch schon zu Beginn seines Berufslebens hatte Holzhey vorgesorgt: 1769 schloss er mit den Schreinern in Ottobeuren in einer Streitsache den Vergleich, dass er Gesellen nur von den ansässigen Schreinern einstellen sollte, er dafür aber, *fahls der Orgelmacher zu seiner*

Kunst ohnfähig werden sollte, als Schreinermeister anerkannt würde.[12] Sicherlich war damit zunächst eine krankheitsbedingte Arbeitsunfähigkeit gemeint, doch gegen Ende seines Lebens ermöglichte es vielleicht dieser Vertrag, dass der Orgelmachermeister nun als Schreinermeister sein Auskommen finden konnte. Jedenfalls betrieben seine Nachkommen bis in die siebziger Jahre des letzten Jahrhunderts eine Schreinerei in Ottobeuren.

Aber noch 1798 war »Schwabens berühmtester Orgelmacher«, wie er in Neresheim genannt wird, mit Orgelarbeiten überlastet, so dass er eine Orgel für St. Ulrich in Südtirol von seinen Gesellen Benedikt Grieser und Michael Schultes bauen ließ.[13] Der anschließende rasante Niedergang war nicht nur für Holzhey eine Katastrophe, sondern für den eigenständigen Orgelbau in Oberschwaben überhaupt. Ohne die Stifte waren keine repräsentativen Orgelneubauten mehr möglich. Holzheys frühere Gesellen versuchten sich zwar mit Wartungsarbeiten und kleinen Orgelneubauten über Wasser zu halten, keiner konnte aber nur annähernd die Bedeutung ihres Lehrmeisters erreichen. Der glanzvolle, von einheimischen Meistern getragene Orgelbau war nur noch Geschichte.

Der Orgelbau nach der Säkularisation

Von den namentlich bekannten Mitarbeitern Holzheys ist uns teilweise der weitere Werdegang bekannt. *Meinrad Dreher* (1763–1838), Mitarbeiter Holzheys beim Bau der Obermarchtaler Orgeln, war über acht Jahre in seinen Diensten. Er versetzte die Gabler-Orgel in Zwiefalten vom Chor auf die Empore. Die Hauptorgel Joseph Martins wurde auf Wunsch des württembergischen Königs nach Stuttgart transloziert, was 15.704 fl. verschlang.[14] Die Monumentalorgel verbrannte schließlich 1944 bei einem Bombenangriff. *Franz Joseph Wirth* (1760–1819) erlernte von 1780 bis 1785 bei Holzhey den Orgelbau und ließ sich 1789 in Augsburg nieder. Er versetzte 1809 die Orgel der Jesuitenkirche St. Salvator in die St. Georgskirche. Wirth schätzte den Aufwand auf über 1.000 fl., bekam schließlich aber nur 525 fl. Er übernahm den Auftrag nur, weil Orgelarbeiten selten geworden waren.[15] *Johann Michael Schultes* (1776–1858) betreute die Orgeln Neresheims ab 1800 durch seine dort gegründete Werkstatt. Er transferierte 1834 die Orgel der Klosterkirche Urspring in das »orgelbedürftige« Bellamont.[16] *Benedikt Grieser* (1754–1838), langjähriger Mitarbeiter Holzheys, hat sich beim Bau der Hauptorgel in Rot auf der großen C-Pfeife »verewigt«. Vermutlich war Grieser später in Konstanz ansässig. *Sebastian Krämer* (1751–1830), aus dem Elsaß gebürtig, arbeitete beim Bau der Orgel in Neresheim mit und war anschließend bis 1805 in Lauingen selbstständig. Danach kehrte er ins Elsaß zurück. Namentlich bekannte Gesellen waren darüber hinaus noch *Johann Georg Merkle*, der in Obermarchtal mitarbeitete, und *Immanuel Kummer*, der seinen Namen auf der größten Pfeife in Rot hinterlassen hat.

Die neuen württembergischen und bayerischen Verwaltungen ließen untersuchen, ob man entbehrliche Orgeln in bedürftigen Pfarreien aufstellen könne. Es setzte eine Welle von Orgeltransferierungen ein, wie wir schon gesehen haben. Auch Holzhey hatte drei Instrumente an neuen Orten aufzustellen. Da die Auftragslage aber schlecht war, wanderte Thomas Höß, Sohn des Orgelmachers Joseph Höß aus Ochsenhausen, 1811 nach Wien aus, um dort kunstfertige Spieluhren herzustellen. Die in der Heimat verbliebenen Orgelmacher belieferten die Dorfkirchen mit kleinen Instrumenten zwischen acht und zehn Registern. Oft waren diese kleinen Instrumente die ersten Orgeln in den Kirchen, nachdem nun der deutsche Gemeindegesang üblich und eine instrumentale Unterstützung als unentbehrlich angesehen wurde. Das große Erbe hervorragender Instrumente aus dem 18. Jh. wurde selten gepflegt und mehr schlecht als recht unterhalten. Die »neuen Herren« versuchten die Kosten auf ein Minimum zu drücken. Ihr Interesse galt nicht in erster Linie der Musik, sondern sie wollten aus den neuen Besitzungen Kapital schlagen. Viele billig arbeitende Pfuscher trugen sich an und verdarben mehr an den Orgeln als sie reparierten. Ein Beispiel dafür ist Kaspar Speidel, der 1828 die Weißenauer Holzhey-Orgel »reparierte«, sich aber in Ravensburg als Mehlhändler durchschlagen und mangels Kunstfertigkeit seine Arbeit auswärts suchen musste. Von Speidel stammt aber immerhin die erste Dispositionsaufzeichnung der Weißenauer Orgel samt einer wertvollen Registrieranweisung. Seine beiden Söhne wanderten 1853 nach Amerika aus.[17] Hier

zeigt sich auch eine allgemeine Verelendung weiter Bevölkerungskreise, die mit den Hungersnöten zu Beginn des 19. Jhs. zu tun hatte.[18]
Die Qualität des Orgelbaus nahm erst wieder zu, als die königlichen Verwaltungen um 1840 Musikrevidenten einsetzten und es fortan eine behördliche Qualitätskontrolle gab. Vor allem bei den Klosterorgeln, die durch Verkauf der früheren Besitzer in staatliche Hände gefallen waren, sorgten die königlichen Kameralämter wenigstens für deren Unterhalt. Die vereidigten Musikrevidenten bewirkten aber auch, dass bei Neubauten die Orgelbauer sich zunehmend den behördlichen Vorstellungen zu unterwerfen hatten und sogar die Dispositionen von den Revidenten vorgeschrieben wurden. Die stilistische Vielfalt des 18. Jhs in Oberschwaben wich einem standardisierten Zeitgeschmack; Uniformität folgte der Individualität. Nur Franz Anton Kiene (1777–1847), der zunächst in Kißlegg seine Werkstatt hatte, konnte an die oberschwäbische Tradition anknüpfen und lieferte qualitätsvolle Instrumente. Die Leistungen des oberschwäbischen Orgelbaus des 18. Jhs. gerieten mit Ausnahme von Gablers Werk großteils in Vergessenheit. Oft blieben nicht einmal mehr die Namen der Orgelbauer bekannt. Es brauchte 150 Jahre, bis man sich des reichen kulturellen Erbes wieder bewusst wurde. Leider wurde dann bei den zahlreichen Instandsetzungen ab etwa 1950 mehr Originalsubstanz zerstört als in den vergangenen Jahrzehnten des »Dornröschenschlafs«.[19] Erst mit der Renovierung der Chororgel von Oberelchingen im Jahr 1969 durch Hubert Sandtner wurden dann wissenschaftliche Maßstäbe für spätere Restaurierungen gesetzt. Die Restaurierungen der Orgeln von Neresheim (1979 Holzhey), Weingarten (1983 Gabler), Ochsenhausen (1988 Rekonstruktion der Höß-Orgel), Weißenau (1989 Holzhey), Rot (1989 Holzhey), Schießen (1996 Holzhey) und Ursberg (1999 Holzhey) haben neue Aufmerksamkeit auf die historische Orgellandschaft Oberschwabens gelenkt. Augenblicklich stehen die Renovierungen der Gabler-Orgel von Ochsenhausen und der beiden Holzhey-Orgeln in Obermarchtal an. Ein bedeutender Teil der oberschwäbischen Orgellandschaft ist im Begriff, in alter Pracht wiederzuerstehen.

[1] Eine dreimanualige Orgel wurde von Johann Ignaz Egedacher für den Dom zu Passau 1731–1733 erbaut.
[2] *Lucia Haselböck,* »In summa 6.666 Pfeifen« – Zur Frage der Zahlensymbolik in der Gabler-Orgel zu Weingarten, in: Ars organi, 35. Jg. (1987), H. 4, 203–208. Haselböck legt dar, wie die Vorliebe für das »Geheime Leiden Christi« als Teil der Volksfrömmigkeit sich stark in der Barockzeit verbreitete und den Bestrebungen der Gegenreformation im süddeutschen Raum sehr entgegenkam. In einem Gebetszettel mit Christus an der Geißelsäule heißt es: *Ihr Lehrer des Himmels helfet mir klagen, / Mein Heiland wird grausam mit Rutten geschlagen / Sechstausend sechshundert der blutigen Streich, / Man zählet noch sechsundsechzig zugleich.*
[3] Das entspricht mit dem Pfeifenfuß etwa einer Länge von 10 Metern.
[4] *pro Neresheim 8.* o. O., o. J., 10.
[5] *Ulrich Höflacher,* P. Christian Keifferer und die Musikpflege im Kloster Weißenau um 1600, in: *Helmut Binder* (Hg.), 850 Jahre Prämonstratenserabtei Weißenau 1145–1995. Sigmaringen 1995, 507–523.
[6] Weitere Angaben und genaue Ausführungen zum Werk Holzheys finden sich in *Ulrich Höflacher,* Johann Nepomuk Holzhey – Ein oberschwäbischer Orgelbauer. Ravensburg 1987, 372 S.
[7] Nur die große Orgel in der Roggenburger Prämonstratenserkirche wurde an den evang. Schmahl vergeben.
[8] Freundl. Auskunft von Orgelbaumeister W. Stützle, Waldkirch.
[9] Holzheys Orgelbau in Kirchbierlingen verdanke ich dem freundl. Hinweis von Wolfgang Manecke, Biberach, der zus. mit Johannes Mayr wertvolle Beiträge zur Orgelgeschichte Oberschwabens geliefert hat. Falsche Datierungen, wie beispielsweise in Obermarchtal, konnten durch neue Quellenfunde 2001 berichtigt werden.
[10] *Anton Huber,* Die Pfarrkirche zum hl. Martinus in Kirchbierlingen/Ehingen (Donau). Kirchenführer, hg. von der *Kirchengemeinde. Kirchbierlingen* 1993, 26.
[11] *Höflacher,* Holzhey (wie Anm. 6), 67.
[12] Ebd., 19.
[13] *Alfred Reichling,* Orgellandschaft Südtirol. Bozen 1982, 19.
[14] Die Angaben sind großteils folgenden Publikationen entnommen: *Wolfgang Manecke/Johannes Mayr,* Historische Orgeln im Alb-Donau-Kreis, in Ulm, Hayingen und Zwiefalten. Ulm 1999; *Wolfgang Manecke/Johannes Mayr,* Historische Orgeln in Oberschwaben. Der Landkreis Biberach. Regensburg 1995.
[15] *Hermann Meyer,* Orgeln und Orgelbauer in Oberschwaben, in: Zs. des HV für Schwaben 54 (1941), 315.
[16] *Manecke/Mayr,* Historische Orgeln (wie Anm. 14).
[17] Freundl. schriftl. Mitteilung von Wolfgang Manecke, Biberach. Speidel besaß ein kleines Haus in der Klostergasse in Ravensburg.
[18] Vgl. z. B. *Manfred Thierer,* 1816: Das Jahr ohne Sommer, in: Im Oberland 11 (2000), H. 2, 3–9. Solche Hungersnöte ereigneten sich auch in den folgenden Jahren.
[19] Vor allem die Hauptorgeln von Obermarchtal und Ochsenhausen wurden stark in Mitleidenschaft gezogen.

Von Vorarlberger Baumeistern zu oberschwäbischen Handwerkern, Bauern, Lehrern usw.

Die Familie Rief von Gutenzell

von Günther W. Knödler

Als der Schrecken des Dreißigjährigen Krieges mit all den Zerstörungen allmählich gewichen war, musste man daran gehen, die staatliche Ordnung wiederherzustellen und verloren gegangene Bausubstanz aufzubauen. Die Protagonisten der sich nun etablierenden Staatsform des Absolutismus förderten das in Italien entstandene Barock als den für ihr Selbstverständnis und Repräsentationsbedürfnis gemäßen Baustil und sorgten in ihren Herrschaftsbereichen in den nächsten hundert Jahren für dessen Verbreitung.

Im barocken Sakralbau waren nach Vorläufern aus Oberitalien und Graubünden überwiegend einheimische Künstler tätig. Hierbei erzielte die Vorarlberger Bauschule eine nachhaltige Wirkung. Sie wurde durch eine Gruppe von Baumeistern verkörpert, die im 17. und 18. Jh. vor allem in Südwestdeutschland und in der Schweiz Klöster und Kirchen von einheitlichem barocken Typus – weitgehend vom italienischen Vorbild befreit – errichtet haben. Die im Bregenzerwald ansässigen Bauhandwerker leisteten mit dem von ihnen weiter entwickelten Wandpfeilerschema und ihrem handwerklichen Können einen eindrucksvollen Beitrag zum barocken Kloster- und Kirchenbau. Ursprung und Lebensmittelpunkt dieser Bauhandwerker waren vornehmlich der Ort Au und seine Umgebung. Die dort existierende Bauzunft war der »Innsbrucker Zunftlade« angeschlossen.[1] Sie war eine Berufs- und Standesvereinigung mit religiösem Charakter und sorgte sich um Aus- und Fortbildung der Bauhandwerker, Maurer, Zimmerleute und Steinmetzen. Die Wintermonate nutzten diese zu gemeinsamer Schulung und zum Austausch von Erfahrungen. Zu Beginn des Frühjahres verließen sie die Heimat und zogen auf die Baustellen, die die Baumeister zuvor eingeworben hatten. Diese Baumeister waren Planer und Generalunternehmer für die Ausführung der geplanten Projekte. Sie warben die Bauleute an, stellten sie nach Bedarf zu Gruppen zusammen und führten sie zu den oft weit entfernten Baustellen, wo sie während ihrer Tätigkeit auch versorgt wurden. Die Stärke dieser Bauleute war ihr familiärer Zusammenhalt, Kreativität und Können sowie ihr religiöser Sinn. Jährlich kam man vor dem Auszug in die Ferne in der Auer Kirche zu Gottesdienst und Segnung zusammen.[2] Mitglieder in diesem Verbund waren schon früh auch Männer, welche den Namen Rief (auch Rüeff, Rüf o. ä. geschrieben) trugen. Sie sind seit Mitte des 17. Jhs. erwähnt und haben sich durch Einheirat mit anderen Auer Familien verbunden, z. B. mehrmals mit Angehörigen der Familie Moosbrugger. Während die Baumeister der Beer und Thumb mit ihren Leuten besonders im damaligen Schwaben tätig waren, zog es die Moosbrugger und die Rief vornehmlich in die Schweiz. So war Michael Rief an der ersten Bauphase des Klosters Einsiedeln als Baumeister beteiligt und bei der Errichtung des Klosters Kalchrain im Thurgau zusammen mit seinem Schwager Andreas Moosbrugger tätig.[3] Noch eindrucksvoller mutet das Lebenswerk des Baumeisters Johannes Riefs an. Als wollte er seinem Großvetter Michael nacheifern, fungierte er, der mit Christian Thumb als gleichrangig angesehen werden kann[4], 30 Jahre als Werkführer beim Bau Einsiedelns und verwirklichte dabei das geniale Baukonzept des dem Kloster angehörenden und ebenfalls aus Au stammenden Laienbruders Caspar Moosbrugger. Daneben fand Johannes Rief noch Zeit, ab 1731 das

Zisterzienserinnen-Reichsstift Gutenzell
Ansicht der ehemaligen Kloster- und heutigen Pfarrkirche St. Cosmas und Damian mit dem klösterlichen Gastbau von Südwesten her. Der Klausurtrakt ist 1864 weitgehend abgebrochen worden.

völlig niedergebrannte Benediktinerkloster Engelberg bei Luzern nach im wesentlichen eigenen Entwürfen wieder aufzubauen und Pläne für verschiedene Klöster in der Schweiz zu fertigen.
Die Geschichte des gleichfalls aus dem Bregenzerwald stammenden und nach Gutenzell zugewanderten Stiftsbaumeisters Nicolaus Rief und seiner Nachfolger ist das Beispiel einer Familie, die vom 18. Jh. bis heute den Gang der Zeit sowie den Wandel der Herrschafts- und Lebensverhältnisse, aber auch deren Wertvorstellungen widerspiegelt. Sie waren diesen einerseits ausgeliefert, nutzten sie andererseits aber auch zu erfolgreicher Gestaltung und Behauptung. Besonders einschneidend erfuhr diese Familie die Ereignisse und Auswirkungen der Säkularisation. Diese traf existenziell nicht nur zahlreiche Ordensleute, sondern auch Klosterbedienstete und -untertanen. Eine besondere, bisher wenig untersuchte Gruppe stellen die Klosterhandwerker dar. Zu ihnen zählte die Familie Rief.
Geschildert wird im Folgenden das Festhalten am Maurer- und Baumeisterberuf während dreier Generationen und die dann durch die Säkularisation notwendig werdende Hinwendung zu anderen Berufen und Lebensmustern in dem nun zur Heimat gewordenen oberschwäbischen Rottal.

Nicolaus Rief im Dienste der Reichsabtei Gutenzell 1726–1763

Im Jahre 1726 machte sich der 1693 wohl zu Au im Bregenzerwald geborene Nicolaus Rief (1693–1763) auf den Weg, um das bis dahin unstete Dasein eines Wanderarbeiters mit einer Lebensstellung zu vertauschen.[5]
Das Jahr 1726 war für Nicolaus Rief in zweifacher Hinsicht erfolgreich. Er wurde als Stiftsbaumeister ins damaligen Reichsstift der Zisterzienserinnen von Gutenzell berufen, und er heiratete dort Anna Prestler, die Tochter des bisherigen Klosterbaumeisters und Inhabers des Maurergeschäfts Peter Prestler.[6] Art und Umfang der vorausgegangenen Tätigkeiten Riefs sind noch unbekannt. Dem Ehepaar wurden zwischen 1728 und 1743 acht Kinder geboren.[7]
Die wirtschaftliche Grundlage der mehrköpfigen Familie war das vom Schwiegervater übernommene Maurergeschäft. Dies begründete neben dem Amt als Stifts-

baumeister auch die unternehmerische und gesellschaftliche Eigenständigkeit der Familie.[8] Nicolaus Rief diente während seiner Wirkungszeit drei Reichsäbtissinnen: Bernarda v. Donnersperg (bis 1747), Francisca v. Gall (bis 1759) und Alexandra Zimmermann (1759–76).[9] Er war zuständig für das gesamte Bauwesen, für Neubauten, Umbauten und Restaurationen. Besonders mühsam und kostspielig gestaltete sich in den Jahren vor 1750 die Beseitigung der beträchtlichen Kriegsschäden. Hinzu traten verschiedene auswärtige Neu- und Umbauten. 1739 errichtete Rief in dem teilweise zu Gutenzell gehörenden Oberholzheim unter Mitwirkung von Dominikus Zimmermann die dem Spital Biberach unterstehende evangelische Peter- und Paulskirche[10], einen Bau von beispielhaft ausgeglichenen Proportionen. (Das daneben stehende Pfarrhaus ist das Geburtshaus des Dichters Christoph Martin Wieland.) Ebenfalls in den Jahren 1739–41 baute Rief die zu Sulzberg bei Kempten gehörende Pfarrkirche St. Johannes der Täufer in Moosbach um; er war hier an der Verbreiterung des Langhauses beteiligt.[11] 1747 wurde die Wendelinskapelle in Niedernzell fertig gestellt.[12]

Höhepunkt der Gutenzeller Tätigkeit Nicolaus Riefs war aber der barocke Umbau der aus dem 14. Jh. stammenden Klosterkirche St. Cosmas und Damian von 1755/56. Harmonie der Baustile, der Proportionen, der Formen und Farben zeichnen das wohl gelungene Werk aus. Die künstlerische Urheberschaft ist bis heute noch nicht geklärt.[13] Beteiligt waren Dominikus Zimmermann mit Entwürfen, Franz Xaver Feuchtmayer mit Entwurf und den Stuckarbeiten sowie Nicolaus Rief, von dem ebenfalls Risse vorliegen und der die Bauleitung inne hatte. Vom harmonischen Zusammenwirken des Baumeisters mit den beteiligten Künstlern kündet die Darstellung Riefs unter der Nonnenempore durch den der Maler Georg Dieffenbrunner.[14] Hinzu trat die Zusammenarbeit mit dem späteren Nachfolger im Amt des Stiftsbaumeisters Simon Thaddäus Rief (1729–1790) und dem noch jugendlichen, ebenfalls im Maurerhandwerk nachfolgenden Sohn Maximilian Josef. Erwähnt sei auch die Kooperation mit örtlichen Handwerkern, die später ebenfalls zu verwandtschaftliche Beziehungen führte. Noch heute kann man aus den Aufzeichnungen im sog. *Baubüchel* anhand der dort nach Art und Umfang dargestellten Einzelmaßnahmen, der damals tätigen Künstler, Handwerker und Hilfskräfte und der dafür aufzuwendenden Gelder in etwa entnehmen, welche geistigen und körperlichen Anstrengungen den Hauptverantwortlichen, so auch dem Stiftsbaumeister als Werkmeister, abverlangt wurden. Das von ihm in eigener Verantwortung mit seinen Gesellen zu bewältigende Gewerk an Maurerarbeiten ergab in der Rubrik des *Ausgabgeltes den Kürchenbau betreffend* den größten Einzelposten mit 1.413 fl. 26 kr. 6 hl.[15] Die vom *Züegler in Pollsperg* gelieferten 14.528 *Maurstain* mussten fachmännisch verarbeitet werden. Aus dem *Baubüchel* erfährt man außerdem, dass die Zahl der Gesellen während der Bauzeit in den Monaten August bis Oktober 1755 zwischen neun und 16 geschwankt hat. Leider enthält diese Quelle nur wenige Angaben über den Ablauf der Umbauarbeiten. Sichergestellt wurde eine mögliche Wiederverwendung von Abbruchmaterial und die weitestgehende Vermeidung von Störungen des Klosterbetriebs.[16] Anlässlich der im Jahr 2001 durchgeführten Renovierungsmaß-

Stiftsbaumeister Nicolaus Rief (*1693, 1726–1763)
Klosterbaumeister Gutenzells (ab 1726), Bauleiter beim Umbau der Gutenzeller Klosterkirche nach Plänen von Dominikus Zimmermann und Franz Xaver Feuchtmayer.
Fresko, Pfarrkirche Gutenzell, 1756/57.

nahmen war vorübergehend durch die kurzzeitige und teilweise Freilegung der Ummantelung der Pfeiler und Wände auch das darunter befindliche mustergültige Mauerwerk zu sehen.

Im Dienste von Stift und Adel – Simon Thaddäus und Maximilian Joseph

Die Riefs und die allgemeine Entwicklung

Die 1726 gegründete Familie Nicolaus Riefs entwickelte sich kräftig weiter. Die in einem Zeitraum von 15 Jahren geborenen zahlreichen Kinder bildeten die zweite Generation des oberschwäbischen Zweiges der Urfamilie Rief im Bregenzerwald, der sich nun kräftig verzweigte. Aus der 1758 geschlossenen Ehe des ältesten Sohns Nicolaus Riefs, Simon Thaddäus (geb. 1729) mit Lutgardis Bozenhart aus Gutenzell; gingen zwischen 1759 und 1773 fünf Kinder hervor, darunter der Sohn Joseph (geb. 1773). Das jüngste Kind Nicolaus Riefs war Maximilian Joseph (geb. 1742), welcher nach dem Tod der ersten Ehefrau 1769 Maria Fischer aus Gutenzell ehelichte, mit der er drei Kinder hatte, darunter den Sohn Nikolaus (geb. 1774).
Simon Thaddäus und Maximilian Joseph wandelten auf dem zur Tradition gewordenen Berufsweg der Rief, dem Bauwesen, insbesondere dem Kloster- und Kirchenbau. Während in der beruflichen Wirkungszeit von Simon Thaddäus Rief († 1790) allenfalls erste Vorzeichen eines Wandels spürbar waren, brachten die letzten Jahre Maximilian Josephs († 1807) in Gestalt der Säkularisation dann den einschneidenden Wandel, welcher den Klosterbau vernichtend traf.
Simon Thaddäus Rief hatte sich schon zu Lebzeiten mit Veränderungen in der Branche auseinanderzusetzen; Veränderungen, welche eine wirtschaftliche und eine stilistisch-künstlerische Komponente hatten. Einerseits bewirkte die vorausgegangene beispiellose Barockisierungswelle des Kloster- und Kirchenbaus einen großen Sättigungsgrad, der die Nachfrage stark reduzierte; zum anderen standen infolge der der Säkularisation von 1803 vorausgehenden kostspieligen Koalitionskriege und der damit einhergehenden wachsenden Verschuldung von Adel, Städten und Stiften für Baumaßnahmen kaum noch Geldmittel zur Verfügung. Die Herrschaften hielten, wenn überhaupt, nach bescheideneren Lösungen im Bauwesen Ausschau. Hinzu kam, dass sich im allgemeinen Bau- und Kunstgeschmack – auch als Reaktion auf die »Übertreibungen« des Rokoko – bereits im letzten Drittel des 18. Jhs. eine Abkehr vom Barock andeutete. Künstler und Bauhandwerker waren mit der Barockepoche und deren Protagonisten groß und teilweise berühmt geworden, und nun drohte ihnen Beschäftigungslosigkeit und Verarmung. Der barocke Überschwang war zu Ende, und aus der Sehnsucht nach klareren und einfacheren Formen entstand der Stil des Frühklassizismus. Da auch in Gutenzell nach dem großen Umbau, den Simon Thaddäus Rief mit der Errichtung des Dachreiters als Glockenstuhl der Kirche im barocken Stil 1765 für ein Entgelt von 200 fl. abschloss, keine neuen oder spektakulären Arbeiten mehr anstanden, musste sich Rief neue Arbeits- und Erwerbsmöglichkeiten suchen.[17] Hierbei erwies er sich als zukunftsoffener Baumeister sowie mutiger Unternehmer, der den Absprung vom Spätbarock hin zum Frühklassizismus wagte. Der Blick über die Grenzen Gutenzells hinaus, sein Ansehen als Angehörige einer aus dem Bregenzerwald stammenden Baumeisterfamilie und die seit jeher bewährte Protektion durch geistliche und adelige Bauherren verhalfen auch den Bau- und Maurermeistern der zweiten Gutenzeller Rief-Generation noch eine Zeit lang zu Aufträgen.

Die Stadtpfarrkirche St. Martin in Donzdorf

Ein erstes und zugleich herausragendes Ergebnis des Bemühens Thaddäus Riefs um weitere Aufträge und künstlerische Entfaltung war 1778/79 der große Umbau der Stadtpfarrkirche St. Martin in Donzdorf/Krs. Göppingen. Diesen Auftrag verdankte Rief vermutlich den dortigen Patronatsherren, den Frhn. v. Rechberg, welche auch Güter unweit Gutenzells besaßen. Sie dürften Rief als *einer bekannten Vorarlberger Baumeisterfamilie aus der Au im Bregenzerwald* angehörig[18] von seiner Tätigkeit in Gutenzell her gekannt und vielleicht auch von der Äbtissin empfohlen bekommen haben.
In Donzdorf wurde der Chor gewölbt, mit einem Flachbogen aufgeweitet und dadurch näher ans Kirchenvolk gebracht. Das Langhaus wurde verlängert

und erhöht sowie mit Rundbogenfenstern versehen. Im Innern wurden *Schiff und Chor mit Lisenen, Plavons und Quatratur nach jonischer Ordnung ausgeziert.* Damit lässt die Donzdorfer Kirche schon im wesentlichen die Rief'sche »Handschrift« der später neu- oder umgebauten Kirchen erkennen, den Louis-Seize-Stil. In einer Beschreibung wird der Raumeindruck des Kircheninnern gerühmt. Die alles überspannende, mit Stichkappen durchsetzte, breitflächige Spiegeldecke, die gepaarten Pilaster an den Wänden mit hohen Kämpfern vermittelten den Geist der Erhebung und *dem Raum wohnt ein hoch Feierliches inne.* Dazu trügen die seitlich hoch angesetzten Korbbögen bei. Unterstützt werde der Gesamteindruck durch das große Deckenbild von Josef Wannenmacher aus Tomerdingen, welches dieses Raumgefühl weiterführe und verstärke. Auch für die Neugestaltung des Treppenhauses im Neuen Schloss liegen Pläne Thaddäus Riefs von 1778 vor.[19]

Das Schloss in Wain

Als die einstmals reiche und einflussreiche Stadt Ulm zu Beginn des 18. Jhs. durch Kriegsbelastungen schwer verschuldet war, musste sie sich von der Herrschaft Wain trennen. Der im venezianischen Handel reich gewordene Memminger Kaufmann Frh. Benedikt v. Herman konnte Wain für rund 430.000 fl. erwerben. Johann Theobald v. Herman erbaute dann 1780/81 das jetzige Schloss mit Nebengebäuden, darunter Jäger- und Gärtnerhaus, als Sommersitz der Familie; der Hauptwohnsitz blieb in Memmingen. Als Architekt des Wainer Schlosses gilt der Münchner Hofbaumeister Lorenzo Quaglio, als ausführender Maurermeister Simon Thaddäus Rief aus Gutenzell.[20]

Die Pfarrkirche Maria Verkündigung in Wullenstetten

Die Umgestaltung der weiträumigen Saalkirche Maria Verkündigung in Wullenstetten, heute ein Stadtteil von Senden an der Iller, erfolgte durch Simon Thaddäus Rief in den Jahren 1780/82. Die Fugger'sche Patronatsherrschaft hatte ihn bevorzugt (vgl. auch Pfarrkirche Buch und Filialkirche Hittistetten). Die Gestaltung erfolgte wie im Falle Donzdorfs mit Elementen des Frühklassizismus. Der Chor erhielt hohe, weit in die Stichkappen hinaufreichende Rundbogenfenster in profilierter Rahmung. Die Wandgliederung erfolgte durch ionische Pilaster mit hohen Sockeln und mit Gebälkstücken. Das Langhaus bildet einen Saal von vier Achsen mit Rundbogenfenstern. Seine Seitenwände sind durch flache ionische Doppelpilaster gemeinsamen Gebälkstücken gegliedert; neben den Ostecken sind jeweils halbe, in den Westecken keine Pilaster. Anstelle einer flachen Holzdecke wurde eine Spiegeldecke mit niedriger Wölbung eingebracht. Wullenstetten gilt als besonders geglückte Lösung des frühklassizistischen Kirchenumbaus in »schlichter Klarheit und bürgerlicher Intimität«.[21]

Die Pfarrkirche St. Valentin in Buch

Den Auftrag für den Neubau der Pfarrkirche St. Valentin in Buch im Rothtal bei Illertissen erteilte der Ortsherr Johann Nepomuk Graf Fugger-Kirchberg 1781. Rief gestaltete die Kirche ebenfalls in der ihm inzwischen vertrauten neuen Kunstrichtung des vornehme Distanz ausstrahlenden Frühklassizismus. Ein Kirchenführer vermerkt freilich, daß »man noch einen entfernten Widerhall des Barock in der Weite des Raumes« spüre.[22]

Weitere Kirchen und Bauten

Weitere Werke von Simon Thaddäus Rief sind Umbauten und Neugestaltungen von Kirchen im Herrschaftsgebiet der Fugger. So hat er 1783 die Filialkapelle St. Leonhard in Hittistetten bei Wullenstetten erneuert, indem er den Chor »in seiner Manier neu gestaltete« und im saalartigen Langhaus beiderseits je zwei Rundbogenfenster und eine Spiegeldecke anbrachte. Als weitere Orte mit nachgewiesenen oder zugeschriebenen Kirchenumbauten werden Biberach, Oberhausen, Nordholz und das zu Kloster Roggenburg gehörige Ingstetten genannt. Daneben sind von ihm noch eine Anzahl von Profanbauten, insbesondere Pfarrhäuser, entworfen und gebaut worden.[23]

Bautätigkeit von Maximilian Josef Rief

Die zügige Durchführung der bisher bekannten Aufträge von Simon Thaddäus Rief an Neu- und Umbau-

Klosterkirche Gutenzell
Blick von Westen auf den Chor, der um 1756/57 im Innern i.w. von Johann Georg Dieffenbrunner (Fresken) Franz Xaver Feuchtmayer (Stuck) ausgestalteten Kirche.

ten von Sakral- und Profanbauten in den siebziger und achtziger Jahren des 18. Jhs. bis zu seinem Tod 1790 lassen den Schluss zu, dass er zur Erledigung der zahlreichen Baumaßnahmen über ein leistungsfähiges Bauunternehmen mit einer beachtlichen Anzahl von Bauleuten verfügt haben muss. Vor allem war der jüngere Bruder von Simon Thaddäus, der ebenfalls als Maurermeister tätige Maximilian Joseph Rief zumindest in die Ausführung der von Simon Thaddäus Rief eingebrachten und konzipierten Baumaßnahmen einbezogen gewesen. Maximilian Joseph Rief hat auch selbständig Aufträge übernommen und durchgeführt. So wird ihm als ausführendem Maurermeister auch das 1786 erbaute Herrenhaus in Bellenberg zugeschrieben, das der Ortsherr, Baron Philipp Adolph v. Herman auf Wain, in Auftrag gegeben hatte.[24]
Insbesondere nach dem Tod des Bruders bis zu seinem eigenen Tod 1807 war Maximilian Joseph dann

zwangsläufig eigenständig tätig. Er hat wohl die Aufgabe Simon Thaddäus Riefs als Klosterbaumeister Gutenzells übernommen. Wenn dort auch in den Neunziger Jahren des 18. Jhs. nicht mehr viel Neues zu bauen war, so hat er doch nach der in Folge der Säkularisation erfolgten Übernahme des ehemaligen Klosters durch den Reichsgrafen v. Törring Bauaufträge bekommen. Um den wirtschaftlichen Nutzen zu steigern, ließ v. Törring z. B. 1803 durch Maximilian Rief einen Viehstall und einen Eiskeller errichten. Damit war das Rief'sche Baugewerbe zunächst über die schwierigste Zeit hinübergerettet. Bekannt ist ferner 1813 der Bau eines Kellers und eines Fruchtstadels (Kornhaus) in der Gutenzeller Anlage. Da Maximilian Joseph bereits 1807 verstorben war, muss es sich bei diesem Projekt bereits um Angehörige der Familie Rief aus der dritten Generation, vermutlich Nikolaus und Josef Rief, gehandelt haben.[25]

Von Maurer- zu Hafnermeistern

Die dritte Generation der Familie Rief wuchs hinein in die äußerst bewegten Ereignisse der Säkularisation und ihrer Folgezeit. War die Zeit davor unruhig und kriegerisch, so die Folgezeit ungewiss und wechselhaft. In der dritten Generation führten zwei Vettern die Rief'sche Tradition der Bauleute fort: Josef Rief (geb. 1773), Sohn von Simon Thaddäus Rief, und Nikolaus (geb. 1774), Sohn von Maximilian Joseph Rief. Beide waren wie die Vorväter Maurermeister und verbanden sich mit Gutenzeller Handwerksfamilien, die dem Bauhandwerk verbunden waren: Josef Rief heiratete 1799 Crescentia, die Tochter des Zieglers und Schultheißen Möhrlin von Bollsberg, Nikolaus Rief Theresia, die Tochter des Gutenzeller Hammerschmieds Widemann. Aus Josefs Ehe gingen zwischen 1800 und 1822 elf Kinder hervor, aus der des Nikolaus 10 Kinder.

Im Jahr 1803 schlug auch das Ende der Reichsabtei Gutenzell: sie wurde säkularisiert und als Entschädigung dem Reichsgrafen Joseph August v. Törring (1753–1826) zugeteilt. Das Ende der Reichsunmittelbarkeit und des Klosterdaseins betraf – wie in anderen Beiträgen mehrfach geschildert – existenziell nicht nur die Klosterfrauen, sondern auch die Klosterhandwerker, die unter der neuen Herrschaft fast ausnahmslos, sofort oder allmählich, ihre Existenzgrundlage verloren. Wollten sie überleben, mussten sie sich neu orientieren. Das war jedoch meist mit großen Schwierigkeiten verbunden. Die beiden Riefs z. B. waren beim Status- und Herrschaftswechsel 1803 um die 30 Jahre alt und hatten eine ansehnliche Schar von Kindern zu ernähren.

Da die bisherigen Klostergebäude den Raumbedarf der neuen Eigentümer vollauf deckten, ja überstiegen, standen in der Folge eher Abrisse – in Gutenzell wurden 1864 die Konventsgebäude weitgehend abgebrochen – als große Neubauten an. Allenfalls die intensivere landwirtschaftliche Nutzung der Klosteranlage machte hier und da Umbauten erforderlich. In diese Richtung gingen auch die ersten Dispositionen der neuen Gutenzeller Herrschaft. Daraus ergaben sich zwischen 1803 und 1807 kleinere Maureraufträge für die Riefs, im Ganzen gesehen ging jedoch deren Bauhandwerkstradition zu Ende. Im allgemeinen wurden nun andere Erwerbsmöglichkeiten angestrebt. So ergriff der 1814 geborene Thaddäus Rief, ein Sohn Josefs, zwar noch den Maurerberuf, sein Zwillingsbruder Cosmas Damian dagegen wurde Schuster.

Von der vierten Generation an dominierte in der Familie Rief für zwei weitere Generationen bis zum Beginn des 20. Jh., das Hafnergewerbe. Geeignete Tonvorkommen waren in Familienhand, die notwendigen Werkstätten und Geräte ließen sich beschaffen. Hinzu kam die kunstgewerbliche Fertigkeit zur Modellierung und das Streben nach handwerklicher Qualität. Diese dauerhafte Ausübung des Gewerbes lässt die Annahme zu, dass die Riefs auch auf diesem Sektor erfolgreich waren. Die vielfältigen Verwendung von irdenem Geschirr in den bäuerlichen Haushalten für Lagerung, Zubereitung und Konsum von Lebensmitteln in zahlreichen Familien und die dazu gehörenden Dienstboten garantierten Hafnerwaren einen guten Absatz. Zu diesen gehörten ja auch Tonerzeugnisse für die bäuerliche Wirtschaft, wie Drainagerohre und Elemente für Brunnen sowie Kacheln für den Bau von Öfen. So wurde aus der ursprünglich heraufziehenden Not ein auskömmliches Gewerbe mit relativer Wohlhabenheit.

Zwei Söhne von Nikolaus Rief werden erstmals als Hafnermeister genannt. Xaver Rief (1806–74), der aus zwei Ehen Vater von 8 Kindern war, und sein Bruder

Josef Alois (geb. 1818), der aus ebenfalls zwei Ehen insgesamt 13 Kinder besaß.

Neue Zeiten – neue Berufe. Ein Ausblick

Von den Kindern des Hafnermeisters Josef Alois Rief, der 5. Generation, wurde der Älteste, Burkhard Albert (geb. 1845), Nachfolger im Familienbetrieb der Hafnermeister. Gleichsam als Nachklang zur vergangenen Klosterzeit ergriffen zwei seiner Brüder geistliche Berufe: Friedrich Adolf (geb. 1848) war zunächst Stadtpfarrvikar in Tuttlingen und seit 1887 bis 1900 Stadtpfarrer von Friedrichshafen. Daneben war er wissenschaftlich tätig und verfasste Beiträge zur Geschichte der Klöster Weissenau und Hofen sowie der Reichsstadt Buchhorn.[26] Er starb früh im Jahre 1900.
Josef Anton (geb. 1867) trat nach bürgerlicher Berufsausbildung und geistlichem Studium als Benediktiner in die 1863 neu gegründete Abtei Beuron (heute Erzabtei) ein, wo er als »Pater Gotthard« bereits 1903 nach schwerem Leiden früh verstarb.
Die 1726 begründete Gutenzeller Rief-Familie hat sich im Laufe der Jahrhunderte weit verzweigt und stark gewandelt. An vielen Orten gehen ihre Nachfahren heute einer Vielzahl von Berufen nach. Handwerk und Landwirtschaft gehören ebenso dazu wie das Lehreramt.

[1] *Werner Oechslin* (Hg.), Die Vorarlberger Barockbaumeister. Katalog zur Ausstellung in Einsiedeln. Einsiedeln 1973, 19–20.
[2] Ebd., 19.
[3] Ebd., 187.
[4] Ebd., 13.
[5] Sämtliche aufgeführten Personendaten sind den Kirchenbüchern der kath. Pfarrgemeinde Gutenzell entnommen.
[6] Ebd. und KA Biberach; Akten Kloster Gutenzell; Fundstelle über Maurermeister Peter Prestler, Protokolle von 1725, fol. 86.
[7] *Otto Beck/Ludwig Haas* (Hg.) Gutenzell. Festschrift zur 750-Jahrfeier. München/Zürich 1988, 76.
[8] Ebd. und KA Biberach, Akten Kloster Gutenzell; Fundstellen über Nicolaus Rief,
Jahresrechnung von 1754/55 Nr. 16, Abgaben 5 fl. 48 kr.
[9] Ebd., Anm. 8
[10] *Gerhold Kittelberger,* Gutenzell-Hürbel, in: Die Kreisbeschreibung Biberach. Sigmaringen 1990, 369: zur Pfarrkirche Oberholzheim.
[11] *Kath. Kirchengemeinde Moosbach bei Sulzberg (*Hg.). Faltblatt zur dortigen Pfarrkirche.
[12] *Beck/Haas* (Hg.) Gutenzell (wie Anm. 7), 79: Die Konsekration erfolgte durch den Konstanzer Weihbischof Franz Carl Joseph v. Fugger.
[13] *Sixtus Lampl,* Dominikus Zimmermann wie ihn kaum jemand kennt. München 1987, 28–29.
[14] *Beck/Haas* (Hg.) Gutenzell (wie Anm. 7), 6.
[15] *Kurt Diemer*, Die Barockisierung der Klosterkirche Gutenzell 1755–1770, in: ZWLG 41 (1982), 530–540, und in: BC 5 (1982), H. 2, 14–21.
[16] *Günter Kolb,* Barockbauten im Gebiet der Abtei Zwiefalten, in: 900 Jahre Benediktinerabtei Zwiefalten, hg. von *Hermann Josef Pretsch*. Ulm 1989, 317, Anm. Nr. 37.
[17] KA Biberach, Akten Kloster Gutenzell: Fundstellen über Thaddäus Rief: Jahresrechnung 1764/65 Nr. 35, Abgaben 5 fl. 48 kr. Ebd., 122 Abrechnung mit dem Maurermeister und seinen Gesellen Summa 162 fl. 32 kr. 4 hl.; Jahresrechnung 1765/66 Nr. 16, Abgaben 5 fl. 48 kr.; Ebd., 124 Abrechnung mit dem Maurermeister und seinen Gesellen, *Ausgabgelt den neuen Kirchenthurm betreffend*, dem Maurer lt. Akkord für den neuen Thurm 200 fl.
[18] Gräfl. Rechberg'sches Archiv Donzdorf, Bestand A 4509; Heimatbuch Donzdorf, hg. von der *Stadt Donzdorf*. Donzdorf 1976, 70–72.
[19] Heimatbuch Donzdorf, Ebd., 87.
[20] *Harald Kächler/Reinhard Keller,* Wain im Wandel der Jahrhunderte, hg. von der *Gemeinde Wain*, Kr. Biberach. Ulm 1999, 81.
[21] *Heinrich Habel,* Bayerische Kunstdenkmale, hg. von *Stadt und Landkreis Neu-Ulm*. München 1966, 251; *Kath. Kirchengemeinde Wullenstetten* (Hg.), Kirchenführer der Pfarrkirche »Maria Verkündigung«. Wullenstetten 1962.
[22] *Heinrich Habel,* Bayerische Kunstdenkmale, hg. vom *Landkreis Illertissen*. München 1967, 63–65; *Kath. Kirchengemeinde Buch* (Hg.), Festschrift 200 Jahre Pfarrkirche St. Valentin Buch 1781–1981. Buch 1982.
[23] *Habel,* Bayerische Kunstdenkmale (wie Anm. 21), 77 u. 92, und *Habel* Bayerische Kunstdenkmale Illertissen (wie Anm. 22), 165, 167.
[24] *Habel,* Bayerische Kunstdenkmale Illertissen (wie Anm. 22), 59.
[25] KA Biberach, Gutenzell betreffende Resolutionen von 1803 und 1813.
[26] *Friedrich A. Rief,* Die Geschichte des Klosters Hofen und der Reichsstadt Buchhorn, in: SVG Bodensee 21 (1892), 111–163, und 22 (1893), 13–78; *Ders.*, Urkunden und Regesten zu der Geschichte der Stadt Buchhorn, des Klosters Hofen und von Hofen »ze Dorff« genannt, in: Ebd. 18 (1889), 9–104; Ders., Die Geschichte der kgl. Domaine Manzell und im Zusammenhang damit die Geschichte des Klosters Weissenau, in: Ebd. (1892), 65–210.

Die Sorge für die Kranken muß vor und über allem stehen ...

Ehemalige Klosterapotheken in Baden-Württemberg

von Wolfgang Caesar

Die Medizin hatte im abendländischen Mönchtum von Anfang an eine bedeutende Rolle gespielt, heißt es doch im 36. Kapitel *Über die kranken Brüder* der Benediktinerregel*: Die Sorge für die Kranken muss vor und über allem stehen.*[1] Darüber hinaus motivierte das Vorbild des Barmherzigen Samariters die Mönche zur Krankenpflege an den Laien, seien es Pilger oder ihre eigenen Untertanen. Klöster tradierten das medizinisch-pharmazeutische Wissen der Antike und unterhielten Hospitäler, Kräutergärten und Apotheken, wie es für St. Gallen der berühmte Klosterplan aus dem 9. Jh. belegt.[2] Ihre führende Rolle im Gesundheitswesen verloren die Mönche im 13. Jh., als die Kirche den Geistlichen bestimmte medizinische Handlungen untersagte und sich im Bürgertum die Professionen des akademisch gebildeten Arztes, des zunftmäßig organisierten Wundarztes oder Chirurgen und des Apothekers etablierten. Der Staat förderte diese Entwicklung, und schließlich nahmen sogar viele Klöster die Dienste bürgerlicher Heilberufler in Anspruch.[3] Erst für das 18. Jh. ist teilweise wieder eine gegenläufige Tendenz festzustellen.

Verbreitung der Klosterapotheken

Die Geschichte der Klosterapotheken ist mehr von lokaler als von regionaler Bedeutung. Dadurch wird leicht übersehen, dass sie in ihrer Gesamtheit eine bedeutende Rolle in der arzneilichen Versorgung der Bevölkerung gespielt haben. Für ein größeres Territorium wie das Kurfürstentum Bayern ist dies in einer Monographie dargestellt worden: In den altbairischen Gebieten bestanden um 1800 mehr Klosterapotheken als bürgerliche Apotheken. Andererseits waren dort die Klöster ohne Apotheke noch zahlreicher als die Klöster mit Apotheke.[4]

Innerhalb Südwestdeutschlands finden wir nicht nur die meisten Klöster, sondern auch die meisten Klosterapotheken im Raum zwischen Donau und Bodensee.[5] Ob ein Kloster damals über eine eigene Apotheke verfügte, war weitgehend dem Zufall überlassen, doch stieg die Wahrscheinlichkeit, wenn folgende Bedingungen erfüllt waren: Lage auf dem Lande, Prälatenkloster, Nonnenkloster. Der erste Punkt erklärt sich daraus, dass bürgerlichen Apotheken damals nur in Städten anzutreffen waren und dass ihre Position dort durch Privilegien gesichert war; eine städtische Klosterapotheke durfte deshalb in der Regel nur als Hausapotheke geführt werden, aber selbst unter diesen Umständen kam es häufig zu Streitigkeiten mit den bürgerlichen Apotheken. Zum zweiten Punkt: Da sich die Mendikantenorden – im Gegensatz zu den Prälatenorden – bevorzugt in Städten niederließen, besaßen sie auch meistens keine Apotheke. Und drittens: Dass Nonnenklöster häufiger als Mönchsklöster eine eigene Apotheke führten, lag an den insgesamt geringeren Möglichkeiten einer sinnvollen Beschäftigung für Nonnen – sie konnten sich ja nicht wie die Mönche im Pfarrdienst und nur in Ausnahmefällen im Schuldienst betätigen – und auch an ihren bescheideneren Besitzverhältnissen; die Apotheke ermöglichte es ihnen, durch eigene Tätigkeit die finanziellen Ausgaben des Klosters zu verringern und eventuell sogar einen Gewinn zu machen. Der finanzielle Aspekt war jedoch nie ein vorrangiges Motiv für den

Betrieb einer Klosterapotheke gewesen; wichtiger waren das Streben nach Autarkie und der Wille zur tätigen Nächstenliebe.

Lage der Apotheken im Klosteranwesen

In den größten Klöstern des Untersuchungsgebietes finden wir auch die längste Tradition von Klosterapotheken. Sie soll in Salem bis auf das 16. Jh. zurückreichen.[6] Grundsätzlich bedeutet die Erwähnung einer Apotheke nicht, dass dort auch Arzneimittel hergestellt wurden, wie auch die Existenz einer Infirmaria (Krankenhaus) keine Rückschlüsse auf die Anwesenheit eines Arztes im Kloster zulässt. Bei der Apotheke könnte es sich lediglich um einen Arzneimittelvorrat handeln, der von einer bürgerlichen Apotheke bezogen wurde. Da die Salemer Apotheke mit dem Krankenhaus in einem Anbau am Ostflügel des Klaustrums in der Nähe der Abtswohnung und der Hauskapelle untergebracht war[7], liegt die Vermutung nahe, dass sie von einem Klosterangehörigen versorgt wurde. Im Zusammenhang mit der Neueinrichtung der Klosterapotheke in Heggbach wird 1728 tatsächlich ein fachkundiger *Frater Damian von Salem* erwähnt, anscheinend ein Apotheker, der als Laienbruder ins Kloster eingetreten war.[8] – In St. Blasien werden im späten 17. Jh. die Patres Giselbert Straubhaar und Damian Scharff als erste Apotheker namentlich genannt; die Apotheke befand sich am östlichen Ende des 1667 erbauten Nordflügels, während das Krankenhaus im benachbarten Ostflügel untergebracht war. Im Jahr 1765 wird erstmals ein dem Laienstand angehöriger Apotheker aktenkundig, und nach dem Brand von 1768 wurde die Apotheke in den neuen Südflügel in die Nähe des Tors zum südlichen Klosterhof verlegt.[9] – Im Kloster Weingarten war die bereits 1593 errichtete Infirmaria mit Apotheke nicht, wie üblich, im östlichen, intimen Bereich der Klausur[10], sondern südwestlich der Kirche im Grenzbereich der Klausur angesiedelt; dies könnte damit zusammen hängen, dass die Wallfahrt es schon früh erforderlich gemacht hat, die Gesundheitsfürsorge vorrangig auf die Laien auszurichten. Die Klosterapotheke deckte zudem noch den Bedarf des nicht zum Klosterterritorium, sondern zu Vorderösterreich (Landvogtei Schwaben) gehörigen und als Verwaltungszentrum nicht unbedeutenden Marktfleckens Altdorf (heute Stadt Weingarten), in dem erst 1801 eine eigene Apotheke eröffnet wurde.[11]

Im späten 18. Jh., wo in keinem Mönchskloster Südwestdeutschlands mehr ein Ordensangehöriger als Apotheker nachweisbar ist, kann die Lage der Klosterapotheke neben dem Eingang zum Klosteranwesen als typisch gelten. Eine bemerkenswerte Ausnahme, die die Entwicklung nach der Säkularisierung vorwegnimmt, bildet Ochsenhausen: Nachdem 1725 der einzige für dieses Kloster nachweisbare Apotheker-Mönch, Georgius von Eichstätt, gestorben war, errichtete der Abt 1736 außerhalb der Klausur (heute: Schlossstr. 67) eine Apotheke.[12]

Apotheker als Angestellte oder Pächter

Parallel zur Verlegung der Klosterapotheken vom inneren zum äußeren Klosterbezirk oder gar darüber hinaus vollzog sich in mehreren Fällen auch eine Änderung der Betriebsform: Waren die bürgerlichen Klosterapotheker anfangs ausschließlich Angestellte gewesen, finden sich im 18. Jh. zunehmend Pachtverhältnisse. In Schöntal, dessen Apotheke außerhalb der Klausur im Neuen Offiziantenbau untergebracht war, wechselten angestellte Apotheker und Pächter mehrmals mit einander ab.[13] Das Kloster Schwarzach wandelte im Jahr 1801 die Pacht sogar in eine Erbpacht um.[14] Das Kloster Weißenau ermöglichte es 1756 seinem Kammerdiener, Gastmeister und außerordentlichen Chirurgen Gregor Goßner, in einem dem Kloster gehörenden Gebäude in der benachbarten Reichsstadt Ravensburg eine Apotheke zu errichten, die von der Stadt als dritte öffentliche Apotheke anerkannt wurde; erst 1790 verkaufte das Kloster das Gebäude an den Sohn des ersten Inhabers.[15] Das Kloster Neresheim unterhielt gleichfalls keine eigene Apotheke, sondern gestattete dem 1777 angestellten Stiftsmedicus Josef Zoller gegen ein Rekognitionsgeld von 10 fl. jährlich, sich selbst eine Apotheke im Klosteranwesen einzurichten, was dieser auch tat.[16] Umgekehrt ermahnte das Kloster Isny 1756 den angestellten Chirurgen und Apotheker Balthasar Berger, nicht selbst eine Apotheke zu errichten, sondern sich aus

Prozessionsfahne aus dem Zisterzienserinnenkloster Gutenzell
Die Heiligen Cosmas und Damian vor dem Gekreuzigten sind sowohl Patrone des Klosters als auch der Ärzte und Apotheker. Dies erklärt, warum unter ihnen eine Apotheke dargestellt ist. Die Offizin ist in zwei Hälften geteilt, die das Kloster wie eine Kulisse einrahmen; ihre Einrichtung besteht aus großen Rezepturtischen und offenen, mit einheitlichen Standgefäßen gefüllten Repositorien. Die Losung »Allen Alles« erinnert daran, dass Cosmas und Damian die Kranken unentgeltlich heilten. Die Nonnen von Gutenzell dürften sie sich zum Vorbild genommen haben.
Öl auf Leinwand, 200 x 110 cm, nach 1755.
Kath. Kirchengemeinde Gutenzell.

der bestehenden *Gotteshausapotheke* zu bedienen.[17] Diese letzten Beispiele zeigen auch, dass reichsunmittelbare Klöster ebenso wie kleinere weltliche Territorien die in den größeren deutschen Staaten seit dem 16. Jh. vollzogene Trennung von Medizin, Chirurgie und Pharmazie nicht unbedingt anwendeten.

Apotheken in Nonnenklöstern

Anders als im Mönchskloster lag in Nonnenklöstern die Apotheke grundsätzlich in der inneren Klausur und hatte meist bescheidenere Ausmaße: In Mariaberg umfasste sie nur einen einzige Raum[18], in Gutenzell immerhin einen Komplex von vier Räumen mit Flur[19]. In Heiligkreuztal[20] und in Heggbach[21] befanden sich die ebenfalls geräumigeren Apotheken in einem an den Westflügel angebauten bzw. frei davor stehenden Nebengebäude, in Löwental in einem Separatgebäude vor dem Ostflügel[22]; möglicherweise entsprangen diese letzteren Lösungen dem Gedanken des Brandschutzes. Die Räumlichkeiten der Heiligkreuztaler Apotheke sind die einzigen eines südwestdeutschen Nonnenklosters, die erhalten geblieben sind. Im Stiegenhaus des ehemaligen Terziarinnenklosters Maria Rosengarten in Bad Wurzach sind im Stuck der Decke ein Destilliergerät (Mitte) und Arzneiflaschen dargestellt, die auf die ehemalige Klosterapotheke hinweisen.[23]
Die Leitung der Apotheke oblag grundsätzlich einer Konventualin oder einer Laienschwester. Oft hatten sie vor dem Eintritt ins Kloster eine Ausbildung in einer bürgerlichen Apotheke erhalten. So war Maria Anna Nothelfer, die 1748 in das Kloster Wald eintrat, in der Stadtapotheke Sigmaringen ausgebildet worden; das dafür aufgewandte Lehrgeld wurde vom Kloster als Ersatz für eine Mitgift anerkannt.[24] Als Alberta Nattermann 1796 ins Dominikanerinnenkloster Löwental eintrat, wurde ihr ebenfalls eine Mitgift erlassen, weil sie zuvor *mit vielen Kosten* die Apothekerkunst erlernt hatte.[25] Die Ausbildungsmöglichkeiten für junge Frauen in öffentlichen Apotheken bestanden gerade im Hinblick darauf, dass sie in ein Kloster eintreten würden, denn nur dort war ihnen die Berufsausübung gestattet.[26] Selbstverständlich wurden junge Nonnen aber auch im Kloster zu Apothekerinnen ausgebildet.[27] Obwohl die Apotheken in der inneren Klausur lagen, konnte es geschehen, dass sie von einem Mann verwaltet wurden. Dies ist für das Kloster Löwental immerhin für den Zeitraum von 1790 bis 1796 belegt.[28]

Mediatklöster in Vorderösterreich

Im Laufe des 18. Jhs. zentralisierten die größeren Territorialstaaten die Aufsicht über das Gesundheitswesen. In Österreich wurde durch das Sanitäts-Hauptnormativ von 1770 das gesamte Gesundheitswesen reformiert.[29] Ergänzend trat 1773 ein Sanitäts-Normativ hinzu.[30] Die Bestimmungen betrafen auch den Status der Klosterapotheken sowie die Ausbildung der Apotheker und die Überwachung der Apotheken. Sie erneuerten das bereits 1713 erlassene Verbot an die Klöster, Arzneimittel an die Öffentlichkeit abzugeben; davon ausgenommen waren zwei Orden, die sich der Krankenpflege widmeten: die Barmherzigen Brüder und die Elisabethinnen, die jedoch in Vorderösterreich keine Niederlassungen gegründet hatten. Ansonsten durften Klöster nur Hausapotheken für den eigenen Bedarf unterhalten. Die Arzneimittel sollten nicht im Kloster hergestellt, sondern von einer öffentlichen Apotheke bezogen werden.[31] In erstaunlicher Verkennung der gesundheitspolitischen Lage versuchte das Augustinerchorherrenstift im vorderösterreichischen Waldsee noch 1771 eine eigene Apotheke zu errichten, freilich ohne Erfolg.[32]
Die Prüfung der Apotheker und die Visitation der Apotheken wurde den Medizinischen Fakultäten der Universitäten – in Vorderösterreich der Universität Freiburg – übertragen, die diese Aufgaben teilweise an die Physikate delegierten.[33] Die praktische Umsetzung der neuen Regelungen erfolgte mit einiger Verzögerung und mit Ausnahmeregelungen; die darüber angefertigten Protokolle und die daraus entstandenen Streitigkeiten geben uns einige Kenntnisse über die damaligen Klosterapotheken Vorderösterreichs, die wir in dieser Form von anderen Klosterapotheken Südwestdeutschlands nicht besitzen.
Das Zisterzienserinnenkloster Wald verfügte, wie der zuständige Physikus von Stockach 1785 berichtete, über eine sehr gut eingerichtete Apotheke. Sie verkaufte viele Medikamente über die Landesgrenzen hin-

weg in nicht-österreichische Gebiete wie die Reichsstadt Pfullendorf und die fürstenbergischen Gebiete Meßkirch und Heiligenberg, sodass sie von dem erwirtschafteten Gewinn in größerem Maße Arzneien kostenlos an Arme abgeben konnte. Insbesondere aus diesen wirtschaftlichen Gründen gestattete die Freiburger Regierung, dass die Apotheke bestehen bleiben durfte, verlangte aber, dass die professionell ausgebildete Apothekerin auch geprüft wurde, wie es die Sanitäts-Normative verlangten, und dass außerdem Laienschwestern zu Apothekermägden und Krankenwärterinnen ausgebildet wurden.[34]

Auch die folgende Sondergenehmigung war wirtschaftlich motiviert: Fünf Jahre, nachdem die Freiburger Regierung dem Kloster Heiligkreuztal durch Regierungsdekret vom 28. August 1781 die öffentliche Abgabe von Arzneimitteln untersagt hatte, bat der Bürgermeister der Gemeinde darum, das Verbot zurückzunehmen, weil die nun zuständige Apotheke in Riedlingen in sehr schlechtem Zustand sei und alle anderen erreichbaren Apotheken außerhalb des Landes lägen. Daraufhin ließ die Regierung die Klosterapotheke visitieren und noch 1786 wieder in eine öffentliche Apotheke umwandeln.[35] Anscheinend änderte sich dieser Zustand auch nicht, nachdem die Riedlinger Apotheke 1788 einen neuen Besitzer erhalten hatte und wieder ordnungsgemäß geführt wurde, wie die Regelung des Fortbestands der Apotheke im Jahr 1804 zeigt (s. u.).

Auch die Hausapotheken der Klöster Vorderösterreichs wurden der Aufsicht durch weltliche Beamte unterstellt, was freilich einer gewissen Gewöhnung bedurfte. So widersetzte sich das Kloster Kirchberg im Jahr 1786 energisch einer Visitation durch den Physikus des Oberamts Hohenberg, ließ diese dann aber im Jahr 1793 anstandslos über sich ergehen. Dem Protokoll zufolge befand sich die Apotheke in einem guten Zustand. Die Arzneien stammten allerdings aus einer Apotheke in Tübingen und waren folglich nicht nach dem amtlichen österreichischen Arzneibuch, der Pharmacopoea austriaco-provincialis, sondern nach dem württembergischen Arzneibuch angefertigt worden. Dies widersprach der Vorschrift, deren Einhaltung hier praktisch ein Importverbot von Arzneimitteln bedeutete und insofern auch volkswirtschaftlich relevant war.[36]

Epitaph des Schöntaler Klosterapothekers Joseph Adam Strobel und seiner Gattin
Der zweihenkelige Mörser mit dem T-förmigen Pistill unterhalb der Madonna verweist auf den Apothekerberuf.
Stein, 1722.
Kloster Schöntal, Torkapelle St. Kilian.

Finanzielle Aspekte des Apothekenbetriebs

In den bürgerlichen Apotheken richtete sich der Preis der Arzneimittel nach einer amtlichen Taxe, in den Klosterapotheken dagegen nach den sozialen Verhältnissen des Empfängers, sodass das Kloster gegebenenfalls auf eine Bezahlung ganz verzichtete – dies war auch der hauptsächliche Beschwerdepunkt bür-

gerlicher Apotheken, wenn sie sich der Konkurrenz einer Klosterapotheke ausgesetzt sahen. Die Preisgestaltung der Klosterapotheken und ihre Bilanz sind für Altbayern so charakterisiert worden: »Praktisch wurde ein Solidarausgleich durchgeführt, bei dem die wirtschaftlich Leistungsfähigeren über höhere Preise den Bedarf der Schwächeren subventionierten. Gewinne aus den Apotheken lassen sich bei den Klöstern nur gelegentlich feststellen.«[37]
Diese Feststellung dürfte auf Südwestdeutschland übertragbar sein, jedenfalls lässt sie sich am Beispiel der Klosterapotheke von Ochsenhausen verifizieren. Dort waren die Einnahmen und Ausgaben der Klosterapotheke im Zeitraum von 1736 bis 1770 summarisch in die Abteirechnungen des Klosters übernommen worden.[38] Aus den Aufzeichnungen ergibt sich, dass die Ausgaben für den Einkauf von Waren und für die Besoldung des Apothekers in etwa den Einnahmen aus dem öffentlichen Verkauf von Arzneien entsprachen, wobei sich die Summen in den Rechnungsjahren etwa zwischen 500 und 950 fl. bewegten. Einen Gewinn in ungefähr gleicher Höhe, der jedoch nur auf dem Papier stand, machte die Apotheke mit der Abgabe von Arzneien an den Konvent und an Arme. Das heißt: Die Apotheke deckte ihre Unkosten durch den kommerziellen Verkauf von Arzneimitteln und erwirtschaftete darüber hinaus die kostenlose Arzneiversorgung des Konvents und bedürftiger Armer im Wert von bis zu 1.000 fl. jährlich. Zu einem ähnlichen Ergebnis führte die Auswertung der Rechnungen in der Abtei Gengenbach: »Der Gewinn aus der Klosterapotheke war lediglich der, dass die Klosterinsassen unentgeltlich Arzneien erhalten konnten.«[39]

Säkularisation und Privatisierung

Nach der Säkularisation erkannten die neuen Landesherren die Privilegien der von den ehemaligen Klöstern öffentlich betriebenen Apotheken an, und es gelang ihnen in den meisten Fällen, die Apotheken zu verpachten oder zu verkaufen, wobei sie meistens die vormaligen Inhaber zum Zuge kommen ließen. Eine größere Apotheke, wie z. B. die St. Blasiens, wurde im Jahr 1813 mitsamt Inventar für 8.000 fl. privatisiert.[40] Die Klosterapotheke von Zwiefalten erbrachte bei der Versteigerung im Jahr 1803 immerhin 5.070 fl.[41], diejenige von Schwarzach, die der Käufer bereits in Erbpacht besaß, nur 2.000 fl.[42] Problematisch war der Fortbestand von Klosterapotheken in ausgesprochen ländlichen Gebieten oder in der Nachbarschaft anderer Apotheken. Die Apotheke von Schuttern ging ein, diejenige von Ettenheimmünster wurde nach St. Landelin verlegt.[43] Die Apotheke von Schöntal konnte

Offizin aus Schwarzach
Apothekeneinrichtung aus dem ehem. Benediktinerkloster Schwarzach. Im Repositorium dürften früher v. a. Fayencen und Holzbüchsen gestanden haben. Holz, bemalt, um 1725. Deutsches Apothekenmuseum, Heidelberg.

sich erstaunlicherweise in dem kleinen Ort halten; der Verwalter Christian Ludwig Fortbach – er war 1800 vom Kloster angestellt worden, obwohl er Protestant war – führte sie 1803 als Pächter weiter und kaufte sie 1822.[44] In Gengenbach und Isny, wo sowohl die Stadt als auch das Kloster reichsunmittelbar gewesen waren, bestanden jeweils zwei Apotheken. Während sie in Isny die Säkularisation überdauerten, wurde in Gengenbach 1829 die eine der beiden Apotheken nach Zell am Harmersbach verlegt.[45] Als unliebsame Konkurrenz der öffentlichen Apotheken verschwand in Mannheim die Apotheke des Carolus-Borromaeus-Spitals mitsamt den Barmherzigen Brüdern, die das Spital bis 1803 geleitet hatten.[46]
Keinen Platz in der säkularisierten Gesellschaft gab es für die ehemaligen Klosterapothekerinnen, denn als bürgerlicher Beruf durfte die Pharmazie nur von Männern ausgeübt werden. Wo die Nonnenkonvente vorläufig bestehen blieben, gestattete der Staat jedoch in vielen Fällen die Weiterführung bestehender Apotheken, damit die Nonnen dadurch ihre staatliche Pension aufbessern konnten. So blieb den Nonnen des ehemals reichsunmittelbaren Klosters Rottenmünster ihre Apotheke in vollem Umfang erhalten. Das Protokoll einer Visitation vom 22. September 1828 nennt die professionell ausgebildete, nunmehr schon 75 Jahre alte Apothekerin und eine Gehilfin und vermerkt über den Betrieb: *Die bezahlten Rezepte wurden weit unter der Taxe befunden, da sie [die Nonnen] für ihre Mühe nichts rechneten. Waagen und Gewichte in Ordnung. Auch die neuen Arzneimittel, Chinine und Kali jodinicum sind vorhanden. Chemische Präparate, z. B. Tartarus emeticus [Brechweinstein], werden nicht mehr selbst gemacht, sondern gekauft. Extrakte, Tinkturen, Aquae destillatae sind gut.*[47] In sachlicher Hinsicht gab es dort also nichts zu beanstanden. Als die Apothekerin drei Jahre später starb, stellte der Konvent den Betrieb der Apotheke ein.
Bei der Übernahme von Heiligkreuztal hatte Württemberg den Fortbestand der Apotheke nur als Hausapotheke gestattet. Dennoch duldete die Medizinalbehörde die öffentliche Abgabe von Arzneimitteln, insbesondere in Notfällen. Als die letzten vier Nonnen, darunter die Apothekerin Xaveria Spö(h)r, im Jahr 1843 Heiligkreuztal verließen[48], behauptete das Finanzministerium sogar, die Apotheke sei seit 1786

Christus als Apotheker
Klosterapotheken besaßen nicht nur eine unmittelbare praktische Bedeutung. Seit dem 16. Jh. häuft sich das Motiv der »Geistlichen Apotheke«. Sie zeigt Christus als Seelenapotheker in einer Offizin mit der Waage in der einen und einem Arzneibuch (Hl. Schrift) in der anderen Hand. Die Gefäße vor ihm enthalten die himmlischen Hauptarzneien Glaube, Hoffnung und Liebe.
Öl auf Lw.
WLM Stuttgart.

als öffentliches Gewerbe betrieben worden, es handle sich also um ein Realrecht, das der Staat nun öffentlich versteigern könne. Tatsächlich wurde die Apotheke verkauft und 1850 mitsamt dem Realrecht nach Uttenweiler verlegt.[49] Auch die Klosterapotheke von Löwental, die 1805 geschlossen wurde, wurde von der Regierung sieben Jahre später, als der Apotheker Wilhelm Weismann die Hinterlassenschaft kaufte, um sich in Friedrichshafen eine Apotheke einzurichten, als Realrecht angesehen.[50] Die Apotheke des Damenstifts Buchau wurde bereits 1803 in die Stadt verlegt.[51] Ansonsten wurden in Württemberg keine Apotheken von Nonnenklöstern in öffentliche Apotheken umgewandelt. In Hohenzollern wurden 1834/35 die Apotheken der ehemaligen Nonnenklöster von Inzigko-

fen, Habsthal und Wald geschlossen; doch nur in Wald wurde gleichzeitig eine bürgerliche Apotheke eröffnet.[52] Im Großherzogtum Baden scheint keine öffentliche Apotheke die Tradition eines Nonnenklosters fortgesetzt zu haben.

Wo nicht der Landesherr, sondern ein Landstand das Kloster säkularisiert hatte, entschied dieser über das Schicksal der Klosterapothekerinnen mit. So bestanden die neuen Eigentümer von Baindt und Gutenzell auf der Fortführung der ehemaligen Klosterapotheken durch die Nonnen, damit diese sich so ihre Pension aufbessern konnten. Dies wurde von der württembergischen Regierung akzeptiert.[53]

Klostermedizin – ein fragwürdiger Begriff

Abschließend noch ein Wort zur so genannten Klostermedizin, die heute einiges Interesse findet, wie u. a. die Popularität der von dem ehemals in Konstanz ansässigen Arzt Gottfried Hertzka (1913–1997) begründeten *Hildegard-Medizin* belegt.[54] In ihrem Arzneischatz richteten sich die Klosterapotheken nach den seinerzeit amtlichen oder gängigen Arzneibüchern, zumal die Apotheker(innen) ja auch meistens in bürgerlichen Apotheken ausgebildet worden waren. Eine bis ins Mittelalter, etwa auf Hildegard von Bingen (1098–1179), zurückreichende Tradition der Klostermedizin oder -pharmazie gab es nicht. Auch das Gerücht, dass man in schwäbischen Klöstern *geheime Heil-, Abtreib- und Zaubermittel* erhalten konnte, die zudem kräftiger waren als die Mittel im protestantischen Württemberg[55], dürfte kaum den Realitäten entsprochen haben. Zu den wenigen klösterlichen Arzneispezialitäten des 18. Jhs. zählt der Melissen- oder Karmelitergeist, dessen Produktion das Regensburger Karmeliterkloster 1721 unter Aufsicht des pharmazeutisch gebildeten Paters Johann Peter Elberskirch

Angebliches Apothekenschränkchen aus dem Dominikanerinnenkloster Löwenthal
Holz, bemalt, 18. Jh., 88 x 81 x 45 cm.
Friedrichshafen, Privatbesitz.

(1662–1724) aufnahm.[56] Ein ähnliches Produkt, nämlich ein *heilsames Schlagwasser* zu innerlichem und äußerlichem Gebrauch, stellten die Heilbronner Klarissen her; es wurde 1793 im Heilbronner Wochenblatt empfohlen.[57] Das von der Säkularisation verschonte Sepulcherinnenkloster zum Heiligen Grab in Baden-Baden stellte seit dem 18. Jh. bis zum Jahr 2001 eine Spezialität namens *Eau verte* her.[58] Eine großkommerzielle Verwertung von urspünglich klösterlichen Rezepturen, wie sie z. B. die ehemalige Karmeliternonne Maria Clementine Martin (1775–1843) ab 1825 unter dem Namen *Klosterfrau* in Köln begann[59], fand in Südwestdeutschland nicht statt. Einen in pharmazeutischer Hinsicht besonderen Platz nimmt heute das erst 1862 gegründete Benediktinerinnenkloster Marienburg in (Wutöschingen-) Ofteringen ein; es führt nicht nur eine Hausapotheke, sondern produziert auch für den Arzneimittelmarkt die *Ofteringer pharmazeutischen Spezialitäten* – kurz *Ophas*. Das Kloster begründet diese Aktivitäten bezeichnender Weise, indem es sich in die (fragwürdige) mittelalterliche Tradition stellt: »Es war seit den frühen Tagen des Mittelalters teuerstes Erbe der Klöster, den Heilkräutern und edlen Pflanzensäften größte Aufmerksamkeit zu schenken. Die Apotheke war schon eine Selbstverständlichkeit des Mittelalters.«[60]

Der Überblick über das Schicksal der Klosterapotheken während der Säkularisation zeigt uns, dass Apotheken in Klöstern um 1800 nicht gerade selbstverständlich, aber doch häufig anzutreffen waren. Ein besonderes Profil im Vergleich zu bürgerlichen Apotheken hatten sie, was den Arzneischatz betrifft, nicht, wohl aber hinsichtlich der Preisgestaltung. Die Apotheken von Mönchsklöstern, die zurzeit der Säkularisation schon weitgehend »verbürgerlicht« waren, bestanden meistens fort und firmieren teilweise heute noch unter *Kloster-Apotheke*. Die in der Regel kleineren Apotheken der Nonnenklöster gingen mehrheitlich ein, wenn auch in einigen Fällen mit jahrzehntelanger Verzögerung. Dies bedeutete auch das vorläufige Aus der »weiblichen Pharmazie«. Es sollten noch fast hundert Jahre vergehen, bis Frauen wieder den Beruf der Apothekerin ergreifen durften.

[1] *Johannes Gartner*, Die Benediktusregel – Heilquelle zur Gesundung des ganzen Menschen, in: *Amt der NÖ Landesregierung* (Hg.), Kunst des Heilens – aus der Geschichte der Medizin und der Pharmazie. Wien 1991, 297–305.

[2] *Johannes Duft*, Die Apotheke und der Heilkräutergarten im Hospital des karolingischen Klosterplanes zu St. Gallen, in: *Ernst Ziegler* (Hg.), Apotheken und Apotheker im Bodenseeraum. Fschr. Ulrich Leiner. Sigmaringen 1988, 13–24.

[3] So bezogen Abt und Kloster Zwiefalten größere Mengen Arzneimittel aus dem jenseits der Alb und knapp 40 km entfernt gelegenen Reutlingen, wie 1558 bei einer Verhandlung über den Kauf der dortigen Apotheke angegeben wurde. Siehe *Armin Wankmüller*, Die vorderösterreichischen Apotheken in Oberschwaben, in: Beitr.w.Apoth.G. 2 (1953), 6–16.

[4] *Rainer Schnabel*, Pharmazie in Wissenschaft und Praxis, dargestellt an der Geschichte der Klosterapotheken Altbayerns vom Jahre 800 bis 1800. München 1965.

[5] Für die Verbreitung um 1800 im späteren Königreich Württemberg siehe: *Armin Wankmüller*, Kleiner Atlas zur Apothekengeschichte Süddeutschlands. Stuttgart 1964, 24f.; zu den hier verzeichneten 15 Klosterapotheken wären zumindest noch die diejenigen von Neresheim, Söflingen, Mariaberg, Heggbach u. Wurzach zu ergänzen.

[6] *Dietrich Rudolf Kanzler*, Zur Geschichte des Apothekenwesens im westlichen Bodenseeraum. Marburg 1989, 154–157. Zur Geschichte der Apotheke des Klosters Salem bietet diese Untersuchung fast gar nichts.

[7] *H. Ginter*, Salem vor dem Brande des Jahres 1697, in: Bodensee-Chronik 23 (1934), Nr. 14.

[8] *Otto Beck*, Die Reichsabtei Heggbach – Kloster, Konvent, Ordensleben. Sigmaringen 1980, 184.

[9] *Brigitte Matt-Willmatt*, Aus der Geschichte der Klosterapotheke St. Blasien. Unveröffentlichtes Manuskript, 1985.

[10] Eine solche Lage dokumentiert heute noch das ehemalige Zisterzienserkloster Bronnbach. Siehe *Gerhard Wissmann*, Kloster Bronnbach. Tauberbischofsheim o.J.

[11] *Paul Braun*, Zur Geschichte der Klosterapotheke in Weingarten/Württ., in: Beitr.w.Apoth.G. 1 (1950), 21–26.

[12] *Armin Wankmüller*, Die einstige Klosterapotheke Ochsenhausen, in: Beitr.w.Apoth.G. 6 (1964), 72–78; da der Name des ersten angestellten Apothekers, Franz Joseph Riz, demjenigen des Ordensbruders Gerard Rist ähnelt, der zudem Medizin studiert hatte, ist wohl fälschlich der Eindruck entstanden, dieser habe die Apotheke »versorgt«. Siehe *Konstantin Maier*, Die Äbte des Klosters Ochsenhausen im 17. und 18. Jh., in: *Max Herold* (Hg.), Ochsenhausen – Von der Benediktinerabtei zur oberschwäbischen Landstadt. Weißenhorn 1994, 362–390, hier 387.

[13] *Egid Fleck/Armin Wankmüller*, Schöntaler Apotheker, in: Beitr.w. Apoth.G. 8 (1969), 125f.; der angestellte Apotheker Joseph Adam Strobel trat nach dem Tod seiner Gattin, 1722, als Laienbruder in das Kloster ein und errichtete seiner Frau ein Epitaph. Siehe *Heinz Schumacher*, Epitaph der Frau Apotheckerin Stroblin aus dem Jahre 1722 im Kloster Schöntal/Jagst, in: Beiträge zur Geschichte der Pharmazie 31 (1979), 5f.

[14] *Adolf Hirth*, Von der »Closter appotheck« zur Klosterapotheke Schwarzach, in: Deutsche Apotheker Zeitung 115 (1975), 335–337.

[15] Freundliche Mitteilung von Herrn Apotheker *Gerhard Schmidt*, Ravensburg.

[16] *P. Paulus Weißenberger*, Ärzte und Apotheker im Reichsstift Neresheim, in: Aquileja 1 (1990), 268–272; Einrichtungsgegenstände der Klosterapotheke gelangten 1870 in den Besitz der Stadtapotheke und von dort in den Besitz des Härtsfeld-Museums. Siehe *Georg Schwedt*, Die Apotheke im Härtsfeld-Museum Neresheim, in: Deutsche Apotheker Zeitung 128 (1988), 846 f.
[17] Dienstbrief des Balthasar Berger: Klosterarchiv Isny, Prot. Beh. L1, fol. 229.
[18] *Karl Rudolf Eder* (Hg.), Mariaberg – Beiträge zur Geschichte eines ehemaligen Frauenklosters. Sigmaringendorf 1991, 156 und 160.
[19] *Otto Beck/Ludwig Haas* (Hgg.), Gutenzell – Geschichte und Kunstwerke. Festschrift zur 750–Jahrfeier der einstigen Frauenzisterze 1238–1988. München 1988, 26f.
[20] *Richard Schurr*, Die Klosteranlage Heiligkreuztal. Diss. Tübingen 1933.
[21] *Beck*, Heggbach (wie Anm. 8), 183f.
[22] *Raimund Waibel/Georg Wieland*, 750 Jahre Kloster Löwental. Friedrichshafen 2000.
[23] *Otto Frisch*, Aus der Geschichte des Wurzacher Apothekerwesens, in: Beitr.w.Apoth.G. 9 (1972), 100.
[24] *Maren Kuhn-Rehfus*, Das Zisterzienserinnenkloster Wald. Berlin 1992, 594f.
[25] *Egid Fleck*, Aus der Apothekengeschichte der früheren Reichsstadt Buchhorn und der Stadt Friedrichshafen, in: Beitr.w.Apoth.G. 4 (1960), 133–139.
[26] Moderne Fachhistorikerinnen kommentierten dies so: »Außerhalb der Klöster hatten Apothekerinnen keine Chance. Ein weibliches Wesen, das Zugang zu Giften hatte, nicht im Schutzraum Kloster lebte und damit allen Versuchungen des Lebens ausgesetzt war, war undenkbar.« So *Gabriele Beisswanger et al.*, Frauen in der Pharmazie. Stuttgart 2001, 21; freilich gab es insofern Ausnahmen, als junge Frauen zumindest kurzzeitig in öffentlichen Apotheken beschäftigt wurden. Siehe *Karl Biechele*, Geschichte der Eichstätter Apotheken. Eichstätt 1978, 46.
[27] *Kuhn-Rehfus*, Wald (wie Anm. 24), 599f.
[28] *Fleck*, Buchhorn (wie Anm. 25), 133f.
[29] *Josef Anton Petzek*, Systematisch-chronologische Sammlung aller Gesetze und Verordnungen für die vorderösterreichischen Lande. Freiburg 1792–1796, VI, 30.
[30] Ebd., 158.
[31] *Otto Nowotny*, Zur Geschichte der Klosterapotheken in Österreich, in: Österreichische Apotheker Zeitung 10 (1956), 353–358, 367–370, 426–429.
[32] *Armin Wankmüller*, Die Apotheke in Bad Waldsee, in: Beitr.w. Apoth.G. 5 (1962), 129–133.
[33] *Willi Wolz*, Pharmazeutische Ausbildung an der Universität Freiburg und im Oberrheingebiet. Freiburg i. Br. 1960, 33–37.
[34] *Kuhn-Rehfus*, Wald (wie Anm. 24), 304.
[35] *Wankmüller*, Vorderösterreichische Apotheken (wie Anm. 3).
[36] *Armin Wankmüller*, Die Apotheken der Grafschaft Hohenberg, in: Beitr.w.Apoth.G. 1 (1952), 134–139.
[37] *Dietmar Stutzer*, Klöster als Arbeitgeber um 1800 – die bayerischen Klöster als Unternehmenseinheiten und ihre Sozialsysteme zur Zeit der Säkularisation von 1803. Göttingen 1986, 132.
[38] *Wankmüller*, Ochsenhausen (wie Anm. 12).
[39] *Erwin Schell*, Zur Geschichte der Abtei Gengenbach, besonders in den Jahren 1802 bis 1807, in: ZGO 84 (1932), 566–606, hier: 587.
[40] *Matt-Willmatt*, St. Blasien (wie Anm. 9).
[41] *Irmtraud Betz-Wischnath*, Das Oberamt Zwiefalten (1803–1810), in: *Hermann Josef Pretsch* (Hg.), 900 Jahre Benediktinerkloster Zwiefalten. Ulm 1989, 475–501, hier: 495.
[42] *Hirth*, Schwarzach (wie Anm. 14).
[43] *Ulrike Rödling*, Die Aufhebung der Benediktinerabtei Ettenheimmünster und die Veräußerung ihrer Liegenschaften, in: Zs. des Breisgau-Geschichtsvereins »Schau-ins-Land« 114 (1995), 127–134.
[44] *Christian Ludwig Fortbach*, Erinnerungen eines schwäbischen Klosterapothekers, in: *Bildungshaus Kloster Schöntal* (Hg.), Kloster Schöntal – Materialien zur Geschichte der ehemaligen Zisterzienserabtei, Heft 1 (1983), 51–63.
[45] *Walther Zimmermann*, Apotheken und Apotheker in Baden, in: Süddt. Apotheker-Zeitung 80 (1940), 483.
[46] *Hermann Schmid*, Die Säkularisation in Baden 1802–1822. Überlingen 1980, 239f.
[47] *Otto Sautermeister*, Die Obere Apotheke in Rottweil von den ältesten Zeiten ihrer Existenz bis zum Jahr 1903. Rottweil 1903, 70f.
[48] *Karl Werner Steim*, Heiligkreuztal – vom Kloster zum Dorf. Riedlingen 1992, 44 und 49.
[49] *Armin Wankmüller*, Die Aufhebung der Klosterapotheken Rottenmünster, Kirchberg, Heiligkreuztal, Gutenzell und Baindt, in: Beitr.w. Apoth.G. 3 (1956), 78–81.
[50] *Fleck*, Buchhorn (wie Anm. 25).
[51] *Johann Evangelist Schöttle*, Geschichte von Stadt und Stift Buchau. Bd. I. Waldsee 1884, 215.
[52] *Alexander von Hoffmeister*, Arzneiversorgung in der Grafschaft Hohenzollern-Sigmaringen im 18. Jh., in: *Werner Dressendörfer et al.* (Hgg.), Pharmazie und Geschichte. Fschr. Günter Kallinich zum 65. Geburtstag. Straubing/München 1978, 100–112.
[53] *Wankmüller*, Aufhebung (wie Anm. 49).
[54] *Gottfried Hertzka*, Das Wunder der Hildegard-Medizin. Stein a. Rh. 1978.
[55] *Angelika Bischoff-Luithlen*, Barock im altwürttembergischen Dorf?, in: *Badisches Landesmuseum Karlsruhe* (Hg.), Barock in Baden-Württemberg. Karlsruhe 1981, Bd. 2, 417–425.
[56] *Schnabel*, Pharmazie (wie Anm. 4), 113f.
[57] *Friedrich Dürr*, Chronik der Stadt Heilbronn 741–1895. Heilbronn 1986, 321.
[58] *Elisabeth Pleißner*, Kloster vom Heiligen Grab 1670–1970. Baden-Baden 1970.
[59] *Günter Garlet*, Die Klosterfrau und ihre Zeit – die Lebensgeschichte der Maria Clementine Martin, Gründerin des Hauses Klosterfrau. Köln 1989.
[60] *Hieronymus Haas*, Kloster Marienburg zu Ofteringen 1862–1962. Ofteringen 1962, 111f.

Klöster als Manufakturen und Fabriken

Raumwirtschaftspolitik und industrielle Standortwahl im Säkularisationsprozess Südwestdeutschlands

von Gert Kollmer-von Oheimb-Loup

Einleitung und Fragestellung

Der Reichsdeputationshauptschluss (RDH) im Jahre 1803 ermächtigte die Staaten des Reiches, alle auf ihren alten und neu hinzugekommenen Territorien sich befindenden landsässigen Stifte, Abteien und Klöster aufzuheben und über deren Vermögen frei zu verfügen. Den neuen Landesherren fielen dabei sowohl vermögende, als auch verschuldete geistliche Besitzungen zu. Der RDH regelte jedoch auch, dass die Säkularisatoren finanzielle Verpflichtungen, wie z. B. die Übernahme von Schulden der ehemaligen geistlichen Territorien, Pensionszahlungen sowie Staatsleistungen an die aufgehobene Geistlichkeit erbringen mussten, was die Staatshaushalte nicht gering belastete.[1]

Der nachfolgende Beitrag beschäftigt sich mit dem aus der Säkularisation sich ergebenden Themenkomplex der Nutzung säkularisierter geistlicher Besitzungen für Manufakturen und frühe Fabrikanlagen.[2] Dabei werden nicht nur große Gebäudekomplexe behandelt, sondern auch kleinere Einheiten berücksichtigt. Dagegen sind weiterbetriebene Klostermühlen, -werkstätten und -brauereien nicht Gegenstand der Betrachtung. Unbeachtet bleiben auch Klosteranlagen, die bereits durch die Reformation weltlichen Herrschaften zugefallen waren und die zu Beginn des 19. Jhs. industriell genutzt wurden, wie z. B. Herbrechtingen.[3] Jedoch soll der Blickwinkel der Untersuchung insofern erweitert werden, als die Klosteraufhebungen durch Kaiser Joseph II. infolge der Klosterreformen ab 1782 in den deutschen Erblanden mit in die Betrachtung aufgenommen werden. Auch finden sich Beispiele für eine frühindustrielle Nutzung wie das Dominikanerkloster in Konstanz oder der Franziskanerinnenkonvent in Säckingen. Aber nicht nur diese Vorphase soll mit berücksichtigt werden, sondern auch die Spätphase, als den Mittelstaaten die Möglichkeit gegeben wurde, säkularisierte Herrschaften zur Arrondierung ihrer Territorien hinzuzukaufen, in deren Klostergebäude Industriebetriebe errichtet wurden. Ferner sei angemerkt, dass ein Anspruch auf Vollständigkeit nicht erhoben wird.

Es ist sicherlich unbestritten: industriepolitische Absichten standen nicht im Zentrum des Säkularisationsgedankens, ganz im Gegensatz dazu die fiskalpolitischen Erwägungen aufgrund der schlechten Finanzsituation vieler Einzelstaaten. An erster Stelle ist jedoch die napoleonische Politik sowie das Souveränitätsstreben der neugebildeten Mittelstaaten zu nennen. Die Frage der Verwendung der säkularisierten Gebäudekomplexe ist somit als Folgeproblem der Säkularisation anzusehen, mit dem auch die staatliche Wirtschaftspolitik konfrontiert wurde. Die bisherige Forschung, die sich mit der Industrieansiedlung in ehemaligen Konventen als Folge der Säkularisation beschäftigte, hat das Thema nicht unter mikro- oder makroökonomischen Gesichtspunkten behandelt, vielmehr wurden bisher entweder Einzelstudien durchgeführt oder rein quantitative Auszählungen vorgenommen. So errechnete Schmid die Anzahl der von ihm untersuchten aufgehobenen Klöster, verteilt auf die jeweiligen Nutzungsarten im Zeitraum zwischen 1802 und 1815. Danach ergibt sich für Württemberg und Baden folgende Verteilung:

Die Tabelle zeigt, dass die industrielle Nutzung in Baden bei 9,5 Prozent und in Württemberg bei 2,7

Nutzungsart*	Württemberg %	Baden %
Ämter, Schulen, Pfarrräume	32,9	16,8
Kasernen, Lazarette, Spitäler	17,8	9,5
Herrschaftssitze	13,7	3,2
Sammel- und Aussterbeklöster	13,7	28,4
Abgetragen, leerstehend, dem Verfall preisgegeben	9,6	14,7
Ökonomie-, Wohn-, Lagergebäude	6,9	10,5
Industrielle Nutzung	2,7	9,5
Brauerein, Gaststätten, Badeanstalten	2,7	7,4
	100,0	100,0

*Errechnet aus *Schmid*, Säkularisation (wie Anm. 1), 53f.

Prozent lag. Schmid schließt aus dem Verhältnis industrieller Nutzung zwischen 1802 und 1815 zur Gesamtzahl der aufgehobenen Klöster, dass die Zahl der als Manufakturen und Industriebetriebe genutzten säkularisierten Klöster von geringer Bedeutung war, woraus abzuleiten wäre, dass die Unternehmer an einer industriellen Nutzung leerstehender Klostergebäude kein Interesse bekundeten. Schmid fragt auch nicht nach der qualitativen Bedeutung der Industrieansiedlungen in säkularisierten Klöstern und ihre Auswirkungen auf die aufkommende Industrialisierung im volkswirtschaftlichen Kontext.[4] So ist letztendlich nicht die Frage nach der Anzahl der ›Klosterfabriken‹, sondern die qualitativen Impulse, die von ihnen auf die gesamte Volkswirtschaft ausgehen, von Bedeutung. Die Frage nach der bloßen Nutzung der Gebäude hilft hier nicht weiter. Der nachfolgende Beitrag verfolgt nun drei Ziele: Zuerst wird danach gefragt, ob mit der Nutzung der säkularisierten Anlagen für industrielle Zwecke staatliche wirtschaftspolitische Interessen in Form von Raumwirtschaftspolitik, regionaler Strukturpolitik und Gewerbeförderung in Verbindung zu bringen sind. Dann stellt sich die Frage, inwieweit säkularisierte Klöster die Voraussetzungen für einen aus der Sicht der Unternehmer ausreichend optimalen betriebswirtschaftlichen Standort boten.

Immerhin standen die ehemaligen klösterlichen Gebäude mit den dazugehörigen Einrichtungen und Rechten vor allem im Wettbewerb zu den traditionellen Handels- und Gewerbezentren in den Reichs-, Residenz- und Landstädten und der Option, an einem günstigen Standort auf der grünen Wiese ein Unternehmen neu zu errichten. Es mussten sich also ausreichende Vorteile sowohl für den Unternehmer bei der Standortwahl als auch für den Staat bei der Auswahl eines Unternehmens ergeben. Drittens wäre auf die Bedeutung der ›Klosterfabriken‹ für den ganzen Entwicklungsprozess der Frühindustrialisierung hinzuweisen und auf eventuelle Unterschiede in Baden und Württemberg aufmerksam zu machen.

Die Interessen des Staates – Raumwirtschaftpolitik

Ausgang unserer Betrachtung sind die säkularisierten Klosterbesitzungen, die in die Verwaltung der habsburgischen Monarchie sowie Badens und Württembergs übergingen. Damit fiel diesen Staaten als Eigentümer und Verwalter die Schlüsselfunktion und alleinige Entscheidungsbefugnis über die Verwendung der teilweise weitläufigen Klosterkomplexe einschließlich ihres Zubehörs und ihrer Rechte zu. Zunächst stellt sich die Frage nach Nutzungsmöglichkeiten der aufgehobenen Klosteranlagen im gewerblich-industriellen Bereich. Auf andere Nutzungsmöglichkeiten wie in der Tabelle aufgeführt, wird im Nachfolgenden nicht eingegangen. Bei der Nutzung zu industriellen Zwecken sind drei Optionen denkbar: Der Staat

- verpachtet oder verkauft die säkularisierten Gebäudekomplexe an Kleingewerbetreibende,
- an Manufakturen und frühindustrielle Unternehmen der Privatwirtschaft oder
- bringt staatseigene Unternehmen darin unter.

Für die hier zu behandelnde Fragestellung sind jedoch nur die beiden letzten Varianten relevant.

Insgesamt gesehen verursachten die säkularisierten geistlichen Liegenschaften auf die Dauer gesehen erhebliche Unterhaltungs- und Instandhaltungskosten. Die ohnehin hochverschuldete staatliche Verwaltung hatte naturgemäß ein großes Interesses daran, die Kosten für den Unterhalt der ehemaligen Klostergebäude zu minimieren, bzw. eine möglichst hohe Rendite zu erwirtschaften. Diese Überlegungen erscheinen vor allem unter dem Gesichtspunkt einer hohen

Staatsverschuldung plausibel, zumal die prekäre Haushaltssituation noch durch die Staatsleistungen an die Kirche und die aufgehobene Geistlichkeit sowie die Verpflichtung, die Kameral- und Landesschulden des untergehenden Staates zu übernehmen, verstärkt wurde.[5] Dies erhöhte den Druck auf die staatlichen Finanzverwaltungen, sich um die Verwertung der ehemals geistlichen Gebäude verstärkt anzunehmen. Die Größe der Immobilien sowie ein zeitliches Überangebot beschränkte den Handlungsspielraum jedoch von vornherein. Da auf dem Wege der Vermietung oder Verpachtung oftmals keine zufriedenstellende Rendite erzielt werden konnte, sind anhand der Quellen drei Möglichkeiten zu beobachten, um die Baulast loszuwerden:

1. Der Staat unterließ die notwendigen Unterhaltungsmaßnahmen, und die Gebäude gerieten daher schnell in einen schlechten baulichen Zustand, womit eine nicht unerhebliche Gebäudesubstanz dem Abbruch preisgegeben wurde.
2. Der Staat verpachtete die Gebäude zu günstigen oder kostenfreien Konditionen; meist übernahm dann der Pächter die Baulast.
3. Der neue Eigentümer versuchte zu verkaufen. Interessant sind in diesem Zusammenhang die Konditionen und die Frage, ob fiskalisches Denken stets den Nutzungsentscheid bestimmte.

Wenn nun der Staat eine Vermietung oder einen Verkauf an private Unternehmer vornahm oder aber die ehemaligen geistlichen Gebäudekomplexe durch Staatsbetriebe selbst nutzte, so stellt sich die Frage, von welchen Absichten sich die Staatsverwaltungen haben leiten lassen. Sicherlich, fiskalische Interessen kamen dabei immer ins Spiel. Doch es gibt genug Beispiele, wie in St. Blasien oder in Weissenau, wo wirtschaftspolitische Ziele vor fiskalpolitische Überlegungen gestellt wurden und der Staat die Nutzung nicht vom höchsten Pacht- oder Kaufgebot abhängig machte, dabei sogar lukrativere Angebote ausschlug. In diesen Fällen konnte der Staat einen Teil der säkularisierten Besitzungen, wenn sie sich für industrielle Zwecke eigneten, als wirtschaftspolitische Verfügungsmasse nutzen, mit der raumwirtschaftspolitische Ziele durch struktur- und gewerbefördernde Maßnahmen verfolgt werden konnten. Wie die Quellen zeigen, konnte dies unkoordiniert von Fall zu Fall oder aber konsequenter, wie in Baden, geschehen. Der Staat wirkte – wenn überhaupt – auf einen Wirtschaftsraum immer dann, wenn die Zuordnung der Wirtschaft zum Raum nicht optimal war, die Istwerte dem politisch gewünschten Zustand widersprachen und die Produktionsstruktur eines Raumes durch eine ökonomische Strukturpolitik beeinflusst werden sollte. Hierzu gehören z. B. die Forderungen von Rückstandsgebieten, verbunden mit dem Ziel, kein zu großes Gefälle zwischen den verschiedenen Regionen oder Kern- und peripheren Räumen entstehen zu lassen.[6]
Zu den Mitteln einer Raumwirtschaftspolitik gehören die Ansiedlung staatlicher Betriebe an ausgewählten Standorten, Kreditbeschaffung, zinslose Kredite, Zinsverbilligungen, Steuernachlässe sowie die Gewährung von Sachleistungen wie günstige oder kostenlose Verpachtung von Immobilien oder der Verkauf von Liegenschaften zu bevorzugten Preisen.
Wie noch ausführlich zu zeigen sein wird, ist die Verwendung von säkularisierten Baukomplexen für industrielle Zwecke meist gekoppelt an die Wirtschaftspolitik der jeweiligen Staaten. Dabei ist zu berücksichtigen, dass die Zielvorstellungen der einzelnen Staaten unterschiedlich entwickelt und im Laufe der Zeit Änderungen unterworfen waren. Es soll hier nicht die Wirtschaftspolitik Österreichs, Württembergs und Badens einer eingehenden Untersuchung unterzogen werden. Wenige knappe Hinweise sollen genügen, um die Nutzung der Klöster im Industrialisierungsprozess einordnen zu können.

Vorderösterreich nach 1782

Am Beginn der Betrachtung stehen die wirtschaftspolitischen Folgen der Josephinischen Reform. Das Toleranzedikt Josephs II. vom Jahre 1781 verstärkte den protoindustriellen Aufschwung in den österreichischen Vorlanden durch den Zuzug protestantischer Fabrikgründer aus der Schweiz.[7] Der Staat unterstützte Aufbau und Modernisierung notwendiger Gewerbe, zu denen im frühindustriellen Prozess an erster Stelle die Textilindustrie zu nennen ist.
Insbesondere in Vorderösterreich, das zum traditionsreichen südwestdeutschen Textilproduktionsgebiet gehörte, war seit Jahrhunderten eine ausgeprägte Ver-

lagsstruktur vorhanden. Mit dem kaiserlichen Klosteraufhebungspatent vom 12. Januar 1782 standen auch Klosteranlagen für gewerbliche Zwecke zur Disposition. Jedoch konnte nur ein geringer Teil der dem Staat zugefallenen Klostergebäude für Manufakturen nutzbringend umgewidmet werden.[8]

Im 1782 aufgelösten Franziskanerinnen-Konvent in Säckingen gelang es der österreichischen Verwaltung ganz im Sinne des josephinischen Reformgedankens, die Gebäude 1784 an den Schweizer Baumwollfabrikanten Johann Georg Grob aus Wattwill im Toggenburg zu veräußern. In der 1633 vor der Stadt neu erbauten Anlage richtete dieser eine Baumwollmanufaktur ein. Der Zuschlag an Grob stand ganz unter dem wirtschaftspolitischen Gedanken, das Textilgewerbe der Hochrheinregion zu heben und der dortigen Bevölkerung Arbeitsplätze zu verschaffen. Die Manufaktur beherbergte eine Baumwollspinnerei und -weberei sowie eine Baumwollbleicherei und Musselinfabrik. Neben den in der Fabrik beschäftigten, nahezu ausnahmslos einheimischen Arbeitskräften beschäftigte das Unternehmen 1793 noch rund 50 Weber in Heimarbeit.

Sowohl für die Unterbringung der Spinnerei und Weberei, als auch für den Bleichvorgang wurde die Klosteranlage als geeignet bezeichnet.[9] Weitaus größere Bedeutung für den frühen Industrialisierungsprozess in der Bodenseeregion gewann jedoch die Ansiedlung vermögender Genfer Kaufleute, die aus politischen Gründen ihre Heimatstadt verlassen und sich aufgrund des Toleranzedikts Josephs II. in Konstanz niederlassen wollten. Herausragend ist dabei die Indiennedruckerei Macaire. Die vorderösterreichische Regierung überlies dem Genfer Fabrikanten Jacques Louis Macaire de l'Or die Dominikanerinsel mitsamt dem Klostergebäude nahezu kostenlos. Die Dominikanermönche mussten 1785 das Kloster innerhalb kürzester Frist räumen und zogen in die Gebäude der Dominikanerinnen von St. Peter in der Niederburg.[10]

Dass die vorderösterreichische Regierung den Fabrikanten Macaire bevorzugt aufnahm, liegt auf der Hand: Macaire bedruckte gebleichte Baumwolltücher, die unter der Bezeichnung Indienne ein in der damaligen Zeit stark nachgefragtes Modeprodukt waren. Der Baumwolldruckerei räumte man zurecht am Beginn des 19. Jhs. große Zukunftschancen ein, da die Produktion im Gegensatz zu Wolltüchern relativ billig war und der neuesten Mode entsprechend mit beliebigen Mustern und Farben angepasst werden konnte. Für die österreichische Regierung war nicht nur die Baumwolldruckerei in Konstanz von Interesse, sondern auch das von Macaire geplante Verlagssystem. Mit ihm sollten Spinner und Weber in der Konstanzer Region »verlegt« werden, um möglichst verkehrsnah und preiswert Halbfertigprodukte zur Veredelung beziehen zu können.[11]

Das Königreich Württemberg

Wenden wir uns nun Württemberg zu. Dort nahm Friedrich I., obwohl zwischen merkantilistisch-physiokratischem und frühliberalem Gedankengut stehend, eine nahezu konsequente Haltung ein, wenn es darum ging, privates unternehmerisches Engagement zu unterstützen. Die kostspieligen Manufakturunternehmen seines Vorgängers, Herzog Karl Eugen, die bedrückende Staatsschuldenlast sowie wirtschaftsliberale Ideen veranlassten Friedrich I., von gezielten Maßnahmen zur Förderung privater Unternehmungen abzusehen. Eine Vervollkommnung und Ausbreitung von Gewerbe und früher Industrie versuchte er vor allem mit Landesausstellungen anzuregen. Die von ihm verteilten Geldpreise für Erfindungen und technische Verbesserungen können jedoch kaum als Gewerbeförderungspolitik gewertet werden. Ganz im Sinne Friedrichs agierte auch die württembergische Ministerialbürokratie, die auf die Privatinitiative einzelner Unternehmer setzte und vielfach der Heimarbeit den Vorzug vor der Fabrikarbeit gab. Im Gegensatz zu fehlendem Engagement des Staates bei privatwirtschaftlichen Initiativen zeigte der Staat an ihm nützlich erscheinenden Staatsbetrieben regeres Interesse. Die württembergische Wirtschaftspolitik Friedrichs I. konzentrierte sich somit auf Maßnahmen der staatlichen Ordnungspolitik, insbesondere der Zollpolitik, sowie auf den Ausbau der Infrastruktur wie das Post- und Straßenwesen.[12]

Dagegen trat sein reformfreudiger und an Wirtschaft und Technik in hohem Maße interessierter Nachfolger Wilhelm I. eine andere Politik an. Er begriff die aufkommende Industrialisierung als wirtschaftspoliti-

sches Gesamtkonzept und sah in der Industrialisierung des Landes die einzige Möglichkeit, um der Massenarmut und Massenauswanderung zu begegnen und die Lebensqualität seiner Untertanen zu verbessern. In seinen wirtschaftspolitischen Vorstellungen finden sich wirtschaftsliberale Elemente mit starken Anreizen zur Hebung und Erziehung von Gewerbe und Industrie durch gezielte Förderungsmaßnahmen oder die Errichtung der *Zentralstelle für Gewerbe und Handel*. Zu seinem dezidierten Bekenntnis für eine zukunftsorientierte und erfolgreiche Ordnungspolitik gehörten der Beitritt Württembergs zum Deutschen Zollverein, die Fabrikkonzessionierung und die stufenweise Einführung der Gewerbefreiheit, um nur einiges zu nennen.[13] Wie wirkte sich nun die Wirtschaftspolitik der beiden Monarchen auf die Nutzung der säkularisierten Klöster aus? In Württemberg wurden große klösterliche Gebäudekomplexe zunächst nicht für privatwirtschaftliche Unternehmen genutzt. Einerseits fehlte es an der Aktivität des Staates, zum anderen war aber auch das industrielle Engagement von Seiten der Privatwirtschaft zwischen 1802 und 1815 in Württemberg eher zurückhaltend. Die meisten Betriebe waren Manufakturen, die nur wenige Mitarbeiter beschäftigten, wie z. B. die Kardätschen- und Nadelmanufaktur Ungeheuer in Ludwigsburg oder die Schröpf- und Aderlassinstrumentenfabrik in Deggingen im Oberamt Biberach.[14] Für solche Betriebe waren die Gebäudekomplexe der Klöster zu groß. Und die großen frühindustriellen Unternehmen? Diese gründeten sich oft in den ehemaligen Reichsstädten, wo sie die vorhandene Verkehrs- und Infrastruktur nutzten, wie z. B. Deffner und Schöllkopf in Esslingen oder Bruckmann in Heilbronn. Andernfalls wählten sie sich standortbegünstigte Residenz- und Amtsstädte aus oder ließen sich in traditionsreichen Gewerbezentren wie in Calw nieder.[15] So kam es unter Friedrich I. nur zur Unterbringung von zwei Unternehmen in säkularisierten Gebäuden. Während das eine davon, eine im ehemaligen Franziskaner-Hospiz in Öffingen bei Cannstatt errichtete Baumwollmanufaktur, nur drei Jahre bestand[16], sollte das andere große Bedeutung erlangen.

Die kgl. Gewehrfabrik in Oberndorf a. N.

Bereits 1805 entschloss sich die württembergische Regierung, eine staatliche Gewehrfabrik zu gründen und errichtete im staatlichen Hüttenwerk Christophstal bei Freudenstadt verschiedene Schmiedeeinrichtungen sowie eine Bohrmühle. Dort wurden Einzelteile wie Bajonette, Ladestöcke, Gewehrschlösser, Rohre etc. gefertigt, die nach Ludwigsburg transportiert und im Arsenal weiterbearbeitet und zu Geweh-

Oberndorf am Neckar
Ansicht der königlichen Gewehrfabrik in Oberndorf am Neckar. Farblithographie.

ren zusammengesetzt wurden. Doch die keineswegs rationelle Fertigung wurde im Zuge der Säkularisation neu überdacht. So wurden 1811 die Produktionsstätten zusammengeführt und die gesamte königliche Gewehrfabrik in das ehemalige Augustinerkloster Oberndorf am Neckar verlegt. Staatsrat und Oberst Karl Friedrich v. Kerner empfahl der Regierung, die Gewehrfabrik in Oberndorf anzusiedeln.[17] Neben betriebswirtschaftlichen Gründen spielten ebenso strukturpolitische Erwägungen eine nicht unerhebliche Rolle. Durch den Frieden von Preßburg im Jahre 1805 wurde Oberndorf von Österreich an Württemberg abgetreten und fiel an den neu gebildeten Mittelstaat. Gerade in dem Dreieck zwischen den Orten Sulz, Schramberg und Villingen fand sich kaum vorindustrielles prosperierendes Gewerbe. Mit der Neuorganisation der Verwaltung wurde auch Oberndorf aufgewertet, wobei auch durch die Gewehrfabrik, die zu Beginn knapp 100 Beschäftigte zählte, das Niveau an qualitativer Arbeit in der ganzen Region gehoben wurde. Immerhin produzierte das Unternehmen im Jahre 1815/16 bereits nahezu 3600 Gewehre, über 3500 Infanterie- und Kavalleriesäbel sowie 106 Karabiner.[18] In der Regierungszeit Wilhelms I. gibt es dann einige Beispiele für die Nutzung ehemaliger Konvente durch frühe Industrieunternehmen.

Die Wilhelmshütte in Schussenried

Bleiben wir zunächst bei den staatlichen Betrieben. Das zweite staatliche Unternehmen, das in einem Klostergebäude untergebracht wurde, ist das jüngste unter den württembergischen Hüttenwerken, die Wilhelmshütte in Bad Schussenried. Sie entstand zwischen 1837 und 1840 in den Gebäuden des 1803 säkularisierten Prämonstratenserstifts, das die württembergische Krone 1835 mit den ehemaligen Klosterherrschaften Schussenried und Weissenau von den Grafen v. Sternberg-Manderscheid zur Arrondierung ihres Territoriums ankaufte.[19] Seit 1835 erwog man im Finanzministerium und im Bergrat die regional- und strukturpolitisch motivierte Gründung eines Eisenwerks in Oberschwaben. Eine Fachkommission des Bergrats, dem unter anderem der Hüttenverwalter Faber du Faur aus Wasseralfingen angehörte, prüfte verschiedene Standorte und empfahl die Errichtung eines Eisenschmelzwerkes und Hochofens in Schussenried sowie eines Hammerwerks in Weissenau. Lässt man die betrieb-

Wilhelmshütte in Schussenried
Erster Abstich des Hochofens. Druckgraphik.

lichen Standortüberlegungen außer acht, so gaben folgende Gründe den Ausschlag für die Standortwahl: [...] *eines theils auch in jener Gegend die Gewerbsamkeit mehr anzuregen u. anderntheils mit dem sich stets mehrenden Bedarf an Eisen so viel tunlich im Land zu erzeugen und die immer noch erhebliche Einfuhr dieses Artikels zu vermindern.* Dabei steht wiederum im Zentrum der Überlegung, eine gewerbe- und industriearme Region, diesmal zwischen Biberach und Ravensburg, an die aufkommende Industrialisierung heranzuführen. Wichtig war dabei, dass nicht nur Arbeitsplätze in Schussenried geschaffen wurden. Durch die Gewinnung der reichlich vorhandenen Bohnerze in Zwiefalten, Scheer und Friedingen, die Bereitstellung von Brennholz und den Abbau der großen Torfvorkommen in der Umgegend von Schussenried sollten auch hier Arbeitsplätze geschaffen werden. Hinzu kam das regionale Fuhrgewerbe, das nicht nur vom Erztransport, sondern auch von der Heranschaffung des Brennmaterials profitieren sollte.[20] Der Standort Schussenried war nicht unumstritten. Der Präsident des königlichen Bergrats Kerner favorisierte ein anderes Strukturkonzept. Er votierte für einen Hochofen in Ulm und gab einem, wie er es nannte, *ineinandergreifenden System von Hüttenwerken,* ausgehend von Brenz und Kocher, den Vorrang vor dem südlicher gelegenen Schussenried. Mit der Entscheidung des Standortes Schussenried sah er das württembergische Eisenhüttenwesen zerstückelt und die Chance für die Schaffung optimaler Bedingungen für den württembergischen Eisenmarkt vertan.[21] Wie stark die Regierung und nicht zuletzt König Wilhelm I. einer am industriell unterentwickelten Raum ausgerichteten Wirtschaftspolitik den Vorzug gaben, wird am Beispiel Schussenrieds besonders deutlich. Nur das von der Fachkommission des Bergrats ebenfalls empfohlene Hammerwerk in Weissenau, das das in Schussenried erzeugte Roheisen weiterverarbeiten sollte, wurde nicht realisiert.

Die Baumwollspinnerei in Urspring

Werfen wir nun einen Blick auf privatwirtschaftliche Investoren, die ehemalige Konvente als Betriebsstätten favorisierten. Spielte hier bei der Vergabe der Gebäude durch den Staat ebenfalls die Raum- und Strukturpolitik eine Rolle? Der erste große säkularisierte Konvent, der auf diese Weise in Württemberg genutzt wurde, war das Benediktiner-Frauenkloster Urspring bei Blaubeuren. Es gehört zu den seltenen Fällen, bei denen Württemberg die Industrieansiedlung mit Hilfe von ehemaligen Klostergebäuden förderte. Nach dem Ableben der Klosterfrauen bot die Regierung die gesamte Klosteranlage mit dazugehörigem Areal und Wasserkraft zum Verkauf an mit der Auflage, dass der Käufer innerhalb von zwei bis drei Jahren eine Fabrik errichten sollte. Von dem Baumwollindustriellen Georg Reichenbach, der den Zuschlag bekam, versprach sich die württembergische Regierung eine wirtschaftliche Belebung im Oberamt Blaubeuren, dessen Baumwollweberei die erste Fabrik in der Region war. Gleich nach ihrer Gründung wurden dort ca. 120 Arbeiter beschäftigt, die vor allem aus Urspring und Schelklingen kamen. Gerade diese Region bereitete der Verwaltung strukturell stets große Sorgen, da in Ermangelung größeren Grundbesitzes und ausreichender Beschäftigung viele Einwohner dem Bettel verfallen waren. Das Unternehmen belebte durch Aufträge auch das umliegende Handwerk.[22]

Die Bleicherei und Appreturanstalt in Weissenau

Auch die Gründung der Bleicherei und Appreturanstalt von G. H. Erpf in Weissenau im Oberamt Ravensburg muss im Zusammenhang staatlicher Raumwirtschaftspolitik zur Förderung der industriearmen Region Oberschwaben gesehen werden.

Die Gesellschaft zur Beförderung der Gewerbe sowie die württembergischen Behörden wussten, dass der württembergischen Textilindustrie im Lande eine zeitgemäße Appreturanstalt fehlte. Viele württembergische Textilunternehmer ließen deshalb in der Schweiz ihre Produkte ausrüsten. Die württembergische Regierung gewährte aus diesem Grund in den 1820er und 1830er Jahren dafür sogar weitgehende Zollfreiheiten. Über den Ravensburger Stadtschultheißen und Webereibesitzer v. Zwerger, der 1838 mit dem Esslinger Metallindustriellen Deffner in Ravensburg eine Baumwollweberei gründete, wurde der St. Gallener Textilfabrikant Eduard Erpf zur Errichtung einer Appreturanstalt in Oberschwaben angeregt. Da die Errichtung eines Hammerwerks in der ehemaligen

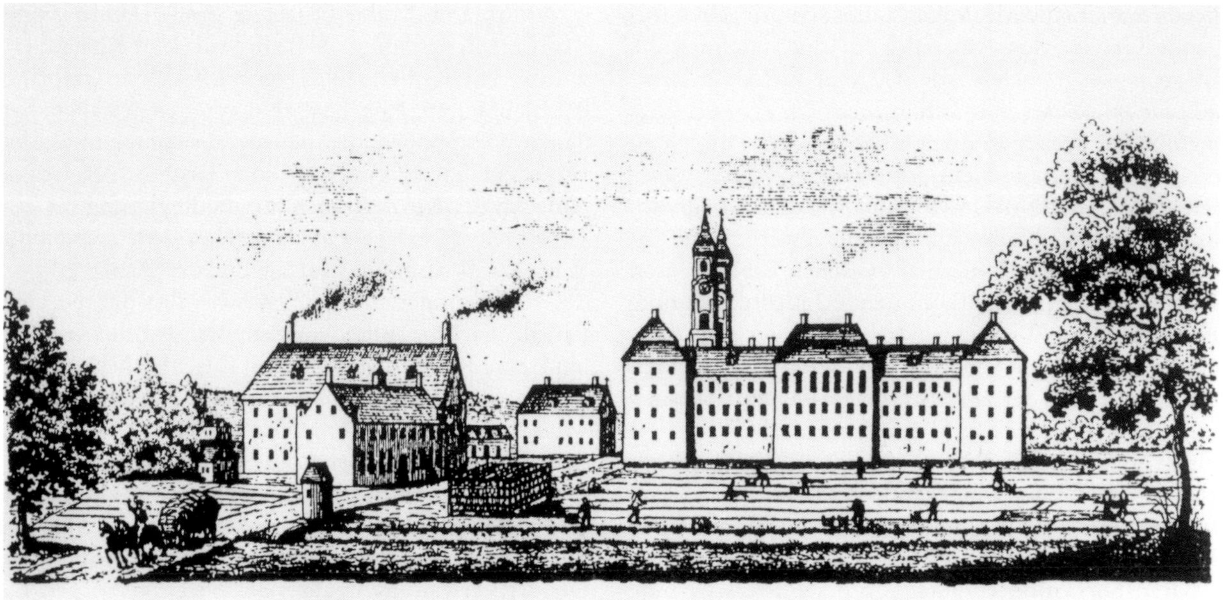

Das ehemalige Kloster Weissenau von Süden
Blick auf die Sengerei, Zwirnerei, Bleicherei und Appreturanstalt von G. H. Erpf in Weissenau. Druckgrafik, um 1840/45.

Prämonstratenserabtei Weissenau staatlicherseits nicht realisiert wurde, trug sich das Finanzministerium mit dem Gedanken, in den Klostergebäuden eine Fabrik unterzubringen. Mit der Gründung einer Appreturanstalt hat die Regierung die sich gerade etablierende Leitbranche Textilindustrie wesentlich unterstützt und zusätzlich die Industrialisierung in der oberschwäbischen Region mit einer weiteren zukunftsträchtigen Unternehmung vorangebracht.[23]

Das Großherzogtum Baden

Baden entwarf mit dem VI. Konstitutionsedikt vom Jahre 1808 Grundzüge einer neuen Gewerbeverfassung. Diesem Edikt folgten jedoch bis über die Mitte des 19. Jhs. keine Ausführungsgesetze, mit denen ein wirtschaftspolitisches Ordnungsprinzip formuliert worden wäre. Der badischen Ministerialbürokratie stand somit ein recht breiter Spielraum bei der Anwendung wirtschaftspolitischer Maßnahmen zur Verfügung. Dennoch nahm die badische Verwaltung in der Raumwirtschafts- und Strukturpolitik in Bezug auf die Nutzung säkularisierter Klöster eine auffallend einheitliche Haltung ein, obwohl im neu gebildeten Großherzogtum Territorien mit recht unterschiedlichen wirtschaftspolitischen Vorstellungen zusammenkamen. In napoleonischer Zeit war die wirtschaftspolitische Grundhaltung der Beamtenschaft tendenziell von gemäßigtem liberalem Denken geprägt, so dass neben der Selbstentwicklung der Gewerbe auch staatliche Hilfen auszumachen sind. Hierbei unterschied sich die badische Wirtschaftspolitik deutlich von der Württembergs unter König Friedrich.
In Baden reagierte die Staatsverwaltung auf die Ereignisse der napoleonischen Kriege und des Säkularisationsprozesses keineswegs mit einer zufällig verfügten regionalen Raumwirtschaftspolitik. Im Vordergrund stand dabei die Förderung der Industrialisierung. Der Staat versuchte neuen Unternehmungen die Ansiedlung zu erleichtern und favorisierte dabei den Maschinenbau und die Einführung neuer Arbeitsmaschinen, um damit im neu konstituierten Großherzogtum Arbeitsplätze zu schaffen. Dabei muss man sich vergegenwärtigen, dass noch 1809 lediglich ein Prozent der Bevölkerung Badens von Fabrikarbeit lebte.[24]

Privatwirtschaftliche Manufakturen in Klöstern

Die napoleonischen Kriege brachten nicht unerhebliche Teile Oberbadens und insbesondere die ehemaligen geistlichen und vorderösterreichischen Gebiete im Schwarzwald in große wirtschaftliche Bedrängnis und Not. Hinzu kam, dass die Klöster als Arbeitgeber für die umliegende Bevölkerung wegfielen.[25] Aus diesen Gründen brachte die Verwaltung der Initiative privatwirtschaftlicher Unternehmer großes Interesse entgegen. Im Falle der Klöster, die sich im Eigentum des Staates befanden, bemühte sich der Staat in nicht wenigen Fällen um eine privatwirtschaftliche Nutzung. Die ersten Klöster, die einer solchen Nutzung zugeführt wurden, waren die Benediktinerabteien Schwarzach und Ettenheimmünster. 1804 errichteten die Gebrüder Bleuler im Konvent von Schwarzach eine Manufaktur für Seide- und Halbseidestoffe, die knapp zehn Jahre an diesem Standort blieb.[26] Ettenheimmünster wurde 1804 an die Handelsgesellschaft Wunderlich & Herbst in Lahr verpachtet, die hier eine Zichorienfabrik gründete. Wie stark der staatliche Fördergedanke bei der Nutzung ehemaliger Klostergebäude mitspielte, zeigt das weitere Geschehen in Ettenheimmünster.

Das Unternehmen geriet 1809 in finanzielle Schwierigkeiten. Der neue assoziierte Teilhaber Karl Helbing, Kaufmann und wichtiger badischer Kriegslieferant, drängte nun auf einen Kauf der gepachteten Liegenschaften, wollte aber weit weniger als andere Mitbieter bezahlen. Dennoch, das Finanzministerium veräußerte das Kloster unter Verzicht eines höheren Verkaufspreises an Helbing aus Lahr, weil es sich von ihm die größten Beschäftigungsanreize für die Region versprach.[27] Die Familie Helbing begegnet uns noch einmal: 1807 erwarben die Kaufleute Bausch und Helbing das Zisterzienserinnenkloster Wonnental zu einer bevorzugten Kaufsumme, die sie in Raten abtragen durften. Bedingung war jedoch, dass die Käufer, um die Unterbeschäftigung in der Bevölkerung abzubauen, im Kloster eine Zichorienfabrik errichteten.[28]

Das Beispiel Allerheiligen

1804 zog der Mechaniker Heinrich Brenneisen im ehemaligen Prämonstratenserstift Allerheiligen ein. Den Standort hatte sein Bruder, der Förster in Allerheiligen war, für ihn ausfindig gemacht. Brenneisen sollte der erste sein, der in einem säkularisierten Kloster eine mechanische Fabrik errichtete. Sein Plan war, eine mechanische Spinnerei einzurichten und an der Herstellung von Spinnmaschinen zu arbeiten. Aufgrund dieser Absichten unterstützten die Behörden Brenneisens Vorhaben. Eine staatliche Visitation setzte die Kommission in Erstaunen: Brenneisen führte eine gut funktionierende Baumwollkartäschmaschine für Wasser- und Handbetrieb vor. Die Regierung war davon überzeugt, dass Brenneisen der badischen Industrie durch seine Ingenieurleistungen sehr nützlich sein konnte, weshalb ihm erlaubt wurde, Allerheiligen zu verlassen, das ihm nach zwei Jahren Aufenthalt doch als zu abgelegen erschien, um sich im säkularisierten Benediktinerinnenkloster in Frauenalb einzurichten.

Der Finanzrat sah jedoch auch Frauenalb im Vergleich zu Allerheiligen als keinen vorteilhafteren Standort an und empfahl aus regionalpolitischen Erwägungen, sich im breisgauischen Kloster Tennenbach niederzulassen, weil es dort eine beträchtliche Anzahl arbeitsloser Familien gäbe. Brenneisen folgte dem Vorschlag jedoch nicht und gab Frauenalb weiterhin den Vorzug. Die Behörden ließen ihn gewähren, da sie von ihm wesentliche Impulse für den Maschinenbau und damit auch für die Textilindustrie Badens erhofften.[29]

Das Projekt Sankt Blasien

Mit der Beförderung des Maschinenbaus und der Textilindustrie hat auch das nächste Beispiel zu tun. Wiederum führten, ausgehend von dem Grundgedanken, dass wertvolle Bausubstanz nicht dem Verfall preisgegeben werden sollte, raumwirtschaftliche Überlegungen eine Rolle. Das große Benediktinerkloster St. Blasien stand zur Disposition. Mit der Säkularisierung des Klosters war auch die von den Äbten St. Blasiens seit dem 18. Jh. geförderte Baumwollhandspinnerei und Musselinstickerei eingegangen. Diesmal kam von Seiten der Bauverwaltung der Vorschlag, die Klostergebäude industriell zu nutzen. Die Größe des Baukomplexes gab Anlass zur Sorge. Man dachte an die hohen Unterhaltskosten sowie an die Weitläufigkeit der Gebäude, für die nur schwer eine adäquate Verwertung gefunden werden konnte. Die Behörden folgten dem Vorschlag des Baudirektors Weinbrenner

und boten die Gebäude unter Ausschluss der Kirche im Jahre 1808 zur gewerblichen Verwendung an. Nun begann ein wechselvolles Hin und Her, bis 1811 ein Vertragsabschluss zustande kam. Wolfram Fischer hat die Geschichte der St. Blasischen Fabriken sehr anschaulich und ausführlich beschrieben. Auf die Ausschreibung erschien zuerst Johann Georg Bodmer aus Küssnacht, der hier Textilmaschinen bauen wollte. Oberforstmeister Gerer erkannte das technische Genie Bodmers und empfahl dringend, ihn in St. Blasien einziehen zu lassen. Jedoch trat kurz darauf ein zweiter Bewerber, der Fabrikant Heinrich Düggli aus Zürich, auf den Plan, der in St. Blasien eine Gewehrfabrik einrichten wollte. Auf Anraten Gerers übersiedelte Bodmer 1809 nach St. Blasien, ohne dass die juristischen Verhältnisse geklärt waren. Seine in dieser Zeit erbauten Probemaschinen wurden von dem Geh. Hofrat v. Langsdorf mit großem Respekt gewürdigt, und er empfahl dem Großherzog dringlichst die Ansiedlung Bodmers im Klosterkomplex. Die badische Verwaltung zögerte, nutzte die komfortable Situation zweier interessanter Angebote und kam nur schwer zu einer Entscheidung. Für beide Bewerber sprachen raumwirtschaftspolitische Überlegungen. Beide wollten ihren hohen Eisenbedarf aus den südbadischen Hütten- und Hammerwerken Albbruck, Hausen und Kutterau beziehen, und die Holzversorgung sollte aus der Umgegend mit einheimischen Fuhrunternehmern erfolgen. Auf staatlicher Seite war man sich darüber im Klaren, dass beide Unternehmen im Einzugsgebiet St. Blasiens sowohl Arbeitsplätze schaffen – Bodmer beschäftigte bereits 1809 57 Schwarzwälder –, als auch hochqualifizierte Facharbeiter ausbilden würden, die überall im Lande dringend gebraucht wurden. Die Regierung wusste, Bodmer wollte die Maschinenspinnerei im Schwarzwald einführen und würde den Maschinenbau und die Textilindustrie Badens beleben. Andererseits stellte eine Gewehrfabrik für den badischen Staat zweifellos einen besonderen Wert dar. Es lag ganz im Trend der Zeit, dass die neuen Mittelstaaten eine vom Ausland unabhängige, an den Landesbedürfnissen ausgerichtete Rüstungsindustrie anstrebten. Das Problem bei den Behörden lag in der Einschätzung der kaufmännischen Solidität und finanziellen Potenz der Bewerber, vor allem Bodmers. So wurde mit dem Gewehrfabrikanten Düggli 1810 ein Pachtvertrag über einen Teil der Klostergebäude geschlossen. Eine Regelung mit Bodmer, der bereits 1809 wegen des eventuell begrenzten Absatzes seiner Textilmaschinen auch noch eine Baumwollspinnerei gründete und 40 Personen beschäftigte, stand immer noch aus. Die Ereignisse überschlugen sich: Die Gewehrfabrik kam mangels Facharbeiter nicht zustande und Bodmer geriet in der Zwischenzeit in finanzielle Schwierigkeiten. Erst als sich 1810 der Karlsruher Hofbankier David Seligmann, der spätere Freiherr v. Eichthal, an dem Unternehmen beteiligte, betrachtete man die Finanzierung als gesichert und schloss 1811 den Pachtvertrag. Der Société de St. Blaise, die Seligmann kurz darauf ganz übernahm, wurde 1813 noch eine Gewehrfabrik angegliedert.[30]

Ein Pionier der Industrialisierung Badens
Porträt des Karlsruher Hofbankiers und Fabrikanten David Seligmann.

Günterstal und St. Margareten in Waldkirch

Bei zwei weiteren säkularisierten Baukomplexen, dem Zisterzienserinnenkloster Günterstal und der Probstei St. Margareten in Waldkirch, spielten in der badischen Verwaltung regionalwirtschaftliche Überlegungen eine

entscheidende Rolle, die Gebäude für Fabrikzwecke zu verwerten.[31] In Günterstal herrschte große Armut in der Bevölkerung und in Waldkirch wurden mit der Säkularisation über 100 Familien brotlos. In der österreichischen Zeit arbeiteten sie in der Edelsteinschleiferei und bezogen dazu Granatsteine aus Böhmen. Seit der Loslösung des Breisgaus von Österreich mussten die Steine mit einem Viertel des Warenwertes verzollt werden.[32] Die badische Regierung verkaufte Günterstal 1812 an die Firma Friedrich Mez & Co., die im Kloster eine mechanische Baumwollspinnerei einrichtete.[33] In Waldkirch waren es die Freiburger Gebr. Kapferer, die 1816 ihre Baumwollweberei mit 40 Webstühlen eröffneten und die ein Jahr später durch eine Türkischrotfärberei ergänzten. Insgesamt wurden dort ca. 150 Personen beschäftigt.[34]

Die Interessen der Unternehmer – Standortwahl

Wenden wir uns nun den Standortüberlegungen der frühen Unternehmer zu. Was bewog Teile der Unternehmerschaft, ehemalige Klosterkomplexe als Standort für ihre Fabriken zu favorisieren? Dies zahlenmäßig erfassen zu wollen, ist anhand der Quellenüberlieferung nicht möglich, da sich betriebswirtschaftliches Schriftgut dieser Firmen nicht erhalten hat. Gleichwohl geben die Quellen umfassend Auskunft über die den damaligen Unternehmen wichtig erschienenen Standortfaktoren. Die Entscheidung, eine ehemalige Klosteranlage als Betriebsstätte zu wählen, hing somit von folgenden Faktoren ab:
– Öffentliche Förderung

Günterstal bei Freiburg
Ansicht des ehemaligen Zisterzienserinnenklosters.

Die Indiennemanufaktur Macaire
Gebäude des ehem. Dominikanerklosters Konstanz. Druckgrafik.

- Grundstücke, Gebäude, Energie und Rohstoffe, Bodenbeschaffenheit
- Frachtkosten und Verkehr
- Lohnkosten und Arbeitskräfteangebot.

Da wir es überwiegend mit wirtschaftlichen Standortfaktoren zu tun haben, müssen Kostenvorteile ausschlaggebend gewesen sein. Eine ganz entscheidende Rolle bei nahezu allen Beispielen, sieht man von Staatsunternehmen ab, spielte die ***öffentliche Förderung***. Dies erklärt sich vor allem daraus, dass der aufkommenden Industrialisierung zu wenig Kapital zur Verfügung stand. Die Förderung erfolgte in Form geringer Pachtkosten, wie bei der Firma Macaire in Konstanz, die nur 25 fl. jährlich für die gesamte Dominikanerinsel zu entrichten hatte[35], oder die Gebäude wurden sogar kostenlos zur Verfügung gestellt, wie in St. Blasien, Allerheiligen oder Frauenalb.[36] Eine andere Möglichkeit ergab sich durch günstige Kaufpreise. So wurde das Kloster Günterstal statt zu einem Schätzpreis von rund 25.000 fl. zu einem Materialwert von 8000 fl. an die Firma Mez & Cie. verkauft.[37] Ähnliches vollzog sich auch in Säckingen, Waldkirch, Wonnental, Urspring und Weissenau. Die Weissenauschen Gebäude wurden auf nahezu 79.000 fl. geschätzt, der Fabrikant Erpf konnte sie jedoch um nur 56.000 fl. erwerben.[38] In St. Blasien wie auch in Weissenau gehörten zur öffentlichen Förderung auch größere Kredite zu Vorzugszinsen. Erpf erhielt beim Kauf des Klosters Weissenau zusätzlich 40.000 fl. Kredit, dem ein Jahr später ein weiterer über 30.000 fl. folgte.[39] Zur

öffentlichen Förderung gehörten aber auch freier Absatz, Steuer- und Zollerleichterungen, wie sie vor allem die durch Joseph II. geförderten Unternehmen, aber auch Bodmer und Düggli in St. Blasien erhielten.[40]
Ein geordneter und rationell betriebener Produktionsprozess erforderte auch schon bei frühen Textilbetrieben ***ausreichende Flächen*** für Rohwarenmagazine sowie große und möglichst ineinandergehende Arbeitssäle. In ähnlicher Weise gestaltete sich der Produktionsablauf in den Maschinenfabriken. Diesen Bedürfnissen kamen die großen, langgestreckten und meist solide gebauten Klostergebäude entgegen, die mit relativ geringem baulichen Aufwand den fabrikmäßigen Bedingungen angepasst werden konnten und die zudem häufig auch noch Nebengebäude wie Magazine, Stallungen, Remisen und Mühlen besaßen. Diesem Vorteil standen, wie Bodmer in St. Blasien hinwies, die Kosten des Unterhalts entgegen.
Eindrucksvoll schildert der Fabrikant Ludwig Hartmann, der sich 1829 um den Ankauf der alten Klostergebäude in Herbrechtingen bewarb, den Raumbedarf einer Spinnerei: *Vor 18 Jahren habe ich erfahren, was eine Spinnerei für Raum bedarf, wenn sie auch nur von mäßigem Umfang ist, aber ordentlich betrieben werden soll.*[41]
Nahezu unabdingbare Standortfaktoren waren für die Produktion brauchbare Gebäudekomplexe, vorhandene Grundstücksreserven sowie mit der Liegenschaft verbundene, möglichst ***große Wasserkräfte***, ohne die keine industrielle Fertigung in dieser Zeit auskam. Die Schwarzwaldklöster sowie die Dominikanerinsel in Konstanz garantierten dies. Aber auch Weissenau, Oberndorf und Schussenried verfügten über teils exzellente Wasseranbindung, Schussenried hatte noch den Vorzug ausreichender Holz- und Torfressourcen. Bodmer legte auch besonderen Wert auf ein rohstoffreiches Umfeld. Mit der Nähe zu den staatlichen Eisenhütten und Hammerwerken im südlichen Schwarzwald und den reichen Waldvorkommen schätzte er die niedrigen Holz- und Eisenpreise.[42]
Von zentraler Bedeutung ist auch die Frage nach den ***Frachtkosten*** und die ***Anbindung an das regionale und internationale Verkehrsnetz*** und die Verteilerzentren. So war für Macaire in Konstanz der Bezug von Halbfertigfabrikaten aus der Schweiz eine existenzielle Voraussetzung. War die Verkehrsanbindung für die in Oberschwaben und in der Nähe des Bodensees und der Schweiz gelegenen Betriebe vorteilhaft, so war sie für die ›Klosterfabriken‹ auf dem Schwarzwald extrem ungünstig. Seligmann brachte es auf den Punkt: Zu lange Winter, zu schlechte Straßen, die Fabrikationsstätten in entlegenen und unwirtlichen Gegenden mit teilweise entfernt liegenden Fruchtmärkten, für die Viehzucht und den Ackerbau nur zum Teil günstig, kurzum: in Zeiten sich verflechtender Marktwirtschaft ein Nachteil.[43]
Was einerseits verkehrsmäßig ungünstig war, bot andererseits Vorteile, wie ein großes ***Arbeitskräfteangebot*** bei niedrigen Löhnen. Auch bei den Klosterstandorten in Oberschwaben galt ein niedriges Lohnniveau als wichtiger Standortfaktor. Interessant ist die Stellungnahme Bodmers für den Standort St. Blasien, in der er explizit die Geschicklichkeit der Schwarzwälder in mechanischen Arbeiten hervorhebt und als wichtigen positiven Standortfaktor für die Schwarzwaldklöster anführt.[44] Eine Sonderrolle nahmen die Unternehmer der Nahrungsmittelbranche ein. Für sie war vor allem die klimatische Lage sowie die Bodenbeschaffenheit für den Anbau der entsprechenden Produkte ausschlaggebender Standortfaktor. Dies wird bei der ehemaligen Benediktinerabtei Schwarzach bei Bühl sowie beim Nonnenkloster Wonnental bei Kenzingen deutlich. In den Gebäuden von Wonnental betrieben seit 1807 die Lahrer Kaufleute Bausch und Helbing eine Zichorienfabrik, die jedoch nur wenige Jahre bestand.[45] Besser florierte dagegen die 1812 von den Straßburger Kaufleuten Gebrüder Humann in der Abtei Schwarzach gegründete Zucker- und Tabakfabrik, die sie bis 1824 betrieben und dann verkauften.[46]
Dass sich für Unternehmen säkularisierte Gebäude auch als Fehlentscheidung herausstellen konnten, dokumentieren die Beispiele Allerheiligen, Frauenalb und das Franziskanerhospiz in Öffingen bei Cannstatt. Die dort 1810 errichtete Baumwollmanufaktur hatte nur drei Jahre Bestand, die Inhaber verlegten die Fabrik nach Esslingen.[47] Als ungünstig erwies sich auch der Standort des Franziskanerhospizes in Seelbach und der Benediktinerabtei Schuttern. Den dort gegründeten Baumwollgarnfabriken war nur eine kurze Lebensdauer beschieden. Während die Baumwollspinnerei in Seelbach immerhin knapp über zehn Jahre betrieben wurde[48], scheint der Standort der

Abtei Schuttern, obwohl von der badischen Regierung als äußerst günstig gepriesen, unter betriebswirtschaftlichen Kriterien nicht tragfähig gewesen zu sein.[49]
Aber nicht nur private Unternehmer, auch der Staat ließ sich neben den wirtschafts- und regionalpolitischen Überlegungen maßgeblich von betriebswirtschaftlichen Standortfaktoren leiten: Neben Immobilien waren dies vor allem die Energieversorgung wie die Wasserkraft in Oberndorf und Schussenried oder die Bohnerz-, Holz- und Torfvorkommen in erreichbarem Umkreis der Wilhelmshütte. Auch hier waren die Rekrutierung von Arbeitskräften und Niedriglöhne nicht zu vernachlässigende Standortfaktoren.

Die Bedeutung der Klosterfabriken für die Industrialisierung

Fassen wir zusammen: Es zeigt sich, dass dem Staat als neuem Eigentümer der Klöster und nicht zuletzt, weil zur Zeit der Säkularisation von privater Seite kaum Kapital in die Industrialisierung floss, eine zentrale Funktion zufiel und die Bedeutung der ›Klosterfabriken‹ in der Regel mit der Frage nach der jeweiligen staatlichen Wirtschaftspolitik verbunden war. Dies wird schon in vorderösterreichischer Zeit deutlich, wo die Klosteraufhebungen zum Experimentierfeld josephinischer Wirtschaftspolitik wurden. Diese Untersuchung widerlegt wie auch Fischer[50] die Feststellung Kaisers[51], dass die badische Regierung der Industrialisierung kein Interesse entgegenbrachte. So wird deutlich, dass der Staat säkularisierte Klöster teilweise sogar aus eigener Initiative als Instrument für seine Raumwirtschaftspolitik und regionale Strukturpolitik nutzte. In Württemberg ergab sich zunächst ein anderes Bild. Unter Friedrich wurde die freigewordene Gebäudesubstanz, wenn überhaupt eine industrielle Verwendung erfolgte, nur für staatliche Unternehmen genutzt. Auch die Einführung des technischen Fortschritts in den Produktionsprozess war der privaten Initiative überlassen. Dies änderte sich in der Regierungszeit Wilhelms I., der eine gemäßigte wirtschaftsliberale Auffassung verfolgte, was sich auch auf die zur Disposition stehenden ehemaligen Klosterkomplexe auswirkte. Dabei ergriff die württembergische Regierung selbst die Initiative für ein tragfähiges Nutzungskonzept.
Die Beispiele zeigen, dass die herausgearbeiteten Standortfaktoren wesentlich zur Standortbestimmung einer ›Klosterfabrik‹, sei sie nun privat oder staatlich geführt, beitrugen. Standortfaktoren wie öffentliche Förderung, Immobilien, Energie und Rohstoffe oder aber Löhne und die Rekrutierungsmöglichkeiten von Arbeitskräften wurden von den ›Klosterfabrikgründern‹ als signifikante Kostenvorteile angesehen und beeinflussten zentral die Entscheidung. Dabei spielten die verschiedenen Standortfaktoren je nach Branche und Produkt eine unterschiedliche Rolle.
Welche Bedeutung kam nun den ›Klosterfabriken‹ im Industrialisierungsprozess Südwestdeutschlands zu? Bemerkenswert ist, dass die meisten mehr als zehn Jahre, nicht wenige wie Oberndorf, Urspring, Weissenau, St. Blasien, Günterstal, Konstanz oder Waldkirch mehrere Generationen bestanden, die Wilhelmshütte in Schussenried existiert sogar bis heute. Die Auswirkungen für den Industrialisierungsprozess sind:
1. Die meisten der ›Klosterfabrikgründer‹ hatten, indem sie in enger Beziehung zu allen Verwaltungsebenen sowie zur Regierung standen, diesen Stellen den Blick für unternehmerische und allgemeinwirtschaftliche Probleme im frühen industriellen Prozess geöffnet.
2. Da die ›Klosterfabriken‹ zu den frühen Industriegründungen gehörten und meist in wenig entwickelten Regionen entstanden, trugen sie dort maßgeblich dazu bei, die Bevölkerung mit den durch die Industrialisierung veränderten Lebens- und Arbeitsbedingungen vertraut zu machen.
3. Die in ehemaligen Klöstern untergebrachten Unternehmen trugen über den schwierigen Prozess der frühen Industrialisierung hinweg über viele Jahrzehnte zur gesamtwirtschaftlichen Produktionstätigkeit bzw. zum Volkseinkommen bei.
4. Mit der Einbindung säkularisierter Klosterkomplexe in staatliche raumwirtschafts- und strukturpolitische Überlegungen und der Ansiedlung frühindustrieller Unternehmen wurden die Arbeitslosigkeit sowie Armut und Bettel, insbesondere im Schwarzwald, zurückgedrängt.
5. Der Bedarf an qualifizierten Arbeitskräften stieg mit Gründung der ›Klosterfabriken‹ an, in ganz besonderem Maße in den Maschinenfabriken von Brenn-

eisen (Allerheiligen und Frauenalb) und Bodmer (St. Blasien) sowie in der königlichen Gewehrfabrik in Oberndorf und der Wilhelmshütte in Schussenried. Mit diesem Bedarf war auf längere Sicht auch die Bereitstellung qualitativ höherwertiger Ausbildungsplätze verbunden, was manche ›Klosterfabrik‹ zu einem Zentrum qualifizierter, auf die Fabrikarbeit abgestimmter Facharbeiterausbildung werden ließ.

6. Die ›Klosterfabriken‹ lösten in einigen Fällen Agglomerationsprozesse und Anreize in unterschiedlichen Branchen aus, wie z. B. Macaire. Konstanz wurde neben Lörrach und Heidenheim eines der wichtigsten Zentren des Kattundrucks im deutschen Südwesten. Nicht zu unterschätzen sind auch Effekte, die von der Appreturanstalt Weissenau auf ganz Württemberg ausgingen: So entstanden eine ganze Reihe von Betrieben, die hochwertige Ausrüstungsverfahren durchführen konnten. Trotzdem ließen 1857 noch 109 Firmen aus Württemberg in Weissenau veredeln.

Nicht zuletzt auch als Folge der hochwertigen Veredelung in Weissenau erlebte die Region um Ravensburg einen starken Aufschwung in der Herstellung von Baumwoll- und Mischgewebe. Das Oberamt Ravensburg gehörte mit seinen Baumwollspinnereien, -webereien, der Bleich- und Appreturanstalt sowie der in Heimarbeit produzierenden Stickereien zum bedeutendsten Zentrum der württembergischen Weißwarenindustrie.[52] In Biberach begründete die längere Zeit im Kapuzinerkloster untergebrachte Bandfabrik von Heinrich Ostermayer eine lange Tradition industrieller Fertigung von Bändern, Schnüren, Fahnen und Posamenten.[53] Von besonderer Bedeutung sind die Impulse, die von Brenneisen in Allerheiligen und Frauenalb, in ganz besonderem Maße aber von Bodmer in St. Blasien in frühester industrieller Zeit für die badische und südwestdeutsche Textilmaschinenindustrie ausgingen. Beide standen mit Fabrikbesitzern im Südwesten, Bodmer auch international mit Ingenieuren und Unternehmern in Verbindung. Die Firmengründungen von Bodmer und Brenneisen sind nur verständlich unter Berücksichtigung der länderübergreifenden und eng verflochtenen Wirtschaftsräume im Länderdreieck Schweiz, Südbaden und Elsass. Baden profitierte von der Übertragung technischen Knowhows aus den großen frühen Industriezentren im Elsass und der Schweiz durch Bodmer. Dieser hatte zahlreiche grundlegende und weiterführende Erfindungen im Spinnereimaschinenbau gemacht. Er besaß Kontakte zu französischen Ingenieuren ebenso wie zu den führenden Maschinenkonstrukteuren Englands, so dass er auch bei Übermittlung neuer Technologien von England ins Dreiländereck eine zentrale Rolle spielte. Wesentliche Neuerungen gelangten Bodmer mit einer Muldenzuführung für verschiedene Vorbereitungs- und Vorspinnmaschinen bei der Baumwollproduktion. Mit Bodmers Wickelmaschinen wurde das Prinzip des Doublierens und Streckens technisch vervollkommnet, was die Garnqualität erheblich erhöhte. Sein Bandvereinigungssystem, das er zwischen 1809 und 1816 in St. Blasien entwickelte, fand in Mitteleuropa der 1820er Jahre allgemeine Verbreitung.[54]

7. Einige der ›Klosterfabriken‹ wie St. Blasien, die Appreturanstalt in Weissenau, die Gewehrfabrik in Oberndorf oder die Wilhelmshütte in Schussenried trugen zur beschleunigten Ausbreitung technischer Kenntnisse in den neuen Mittelstaaten bei.

Will man die Bedeutung der ›Klosterfabriken‹ zusammenfassend beurteilen, so wird man wohl sagen können, dass sie einen nicht zu unterschätzenden Beitrag zur Industrialisierung im deutschen Südwesten leisteten. Ihre Bedeutung wurde durch zwei Umstände verstärkt. Zum einen standen sie am Beginn bzw. in einer sehr frühen Phase der industriellen Entwicklung und erreichten dadurch zwangsläufig einen höheren Aufmerksamkeits- und Diffusionsgrad als später gegründete Unternehmen. Dies ist bei badischen Maschinenfabriken besonders auffällig. Zum anderen stellte der große technische Fortschritt sowohl bei der Produktion als auch bei den Produkten einen qualitativen Beitrag zur Industrialisierung dar.

[1] *Hermann Schmid*, Säkularisation und Schicksal der Klöster in Bayern, Württemberg und Baden 1802–1815 unter besonderer Berücksichtigung von Industrieansiedlungen in ehemaligen Konventen. Überlingen 1975, 14.
[2] Unter Manufaktur versteht man einen zunftfreien Großbetrieb ohne wesentlichen Maschinenpark, unter Fabrik eine mit Antriebs- und Arbeitsmaschinen ausgestattete arbeitsteilige Produktionsstätte. Allerdings ist zwischen Fabrik und Manufaktur oft nicht genau zu trennen, da es schon in der vorindustriellen Phase Maschinen gab, die von Wind- und Wasserkraft angetrieben wurden.
[3] *K. K. Meck*, Die Industrie- und Oberamtsstadt Heidenheim a. Br. nebst dem Schloß Hellenstein in der Vergangenheit und Gegenwart. Teil 2. Heidenheim 1910, 29; *Michael Krüger*, Heidenheim – die Stadt und ihre Industrie im 19. Jh. Heidenheim 1984, 35f.
[4] *Schmid*, Säkularisation (wie Anm. 1), 1f., 53ff.
[5] *Hans-Peter Ullmann*, Baden 1800 bis 1830, in: *Hansmartin Schwarzmaier* (Hg.), Handbuch der Baden-Württembergischen Geschichte. Bd. 3. Stuttgart 1992, 50; *Wolfgang von Hippel*, Wirtschafts- und Sozialgeschichte 1800 bis 1918, in: *Hansmartin Schwarzmaier* (Hg.), Handbuch Ebd. 593f.; *Ders.*, Staatsschulden und Reformpolitik. Die Entstehung moderner öffentlicher Schulden in Bayern und Baden 1780–1820. Bd. 1. Göttingen 1986, 255, 307ff., 330f., 398f.; *Walter Steitz*, Budgetrecht und Haushaltsstruktur des württembergischen Hauptfinanzetats im 19. Jh, in: ZWLG 33 (1974), 161–182.
[6] *Erich Egner*, Art. Raumwirtschaftspolitik, in: HdSW Bd. 8. Stuttgart/Tübingen/Göttingen 1964, 694–704; *Edwin von Böventer*, Art. Raumwirtschaft I: Theorie, in: HdWW. Bd. 6. Stuttgart/New York/Tübingen/Göttingen/Zürich 1981, 407–429; *Harald Jürgensen*, Art. Raumwirtschaft II: Politik, in: HdWW, 429–441.
[7] *Elisabeth Bradler-Rottmann*, Die Reformen Kaiser Josephs II. Göppingen 2. Aufl. 1976, 102ff., 147ff.; *Ernst Bruckmüller*, Handel und Gewerbe zur Zeit Josephs II., in: Österreich zur Zeit Kaiser Josephs II. Mitregent Kaiserin Maria Theresias, Kaiser und Landesfürst. Katalog des Niederösterreichischen Landesmuseums NF 95. Wien 1980, 52–66; *Martin Burkhardt*, Konstanz im 18. Jh., in: Geschichte der Stadt Konstanz. Bd. 3. Konstanz 1991, 380ff.
[8] *Schmid*, Säkularisation (wie Anm. 1), 5f.; *Ders.*, Die Säkularisation der Klöster in Baden 1802–1811. Überlingen 1980, 10f.; *Elisabeth Kovács*, Josephinische Klosteraufhebungen 1782–1789, in: Österreich zur Zeit Kaiser Josephs II. (wie Anm. 7), 169–173.
[9] *Franz Hosef Gemmert*, Die Schicksale der Textilfabriken in den säkularisierten Breisgauer Klöstern, in: Schau-ins-Land 77 (1959), 63ff.
[10] *Burkhardt*, Konstanz (wie Anm. 7).
[11] Ebd., 382.
[12] *Paul Sauer*, Der schwäbische Zar. Friedrich – Württembergs erster König. Stuttgart 3. Aufl. 1997, 362ff.; *Willi A. Boelcke*, »Glück für das Land«. Die Erfolgsgeschichte der Wirtschaftsförderung von Steinbeis bis heute. Stuttgart 1992, 25ff.
[13] *Gert Kollmer-von Oheimb-Loup*, Zollverein und Innovation. Die Reaktion württembergischer Textilindustrieller auf den Deutschen Zollverein 1834–1874. St. Katharinen 1996, 33ff.; *Paul Sauer*, Reformer auf dem Königsthron. Wilhelm I. von Württemberg. Stuttgart 1997, 339ff.
[14] *Gerhard Seybold*, Württembergs Industrie und Außenhandel vom Ende der Napoleonischen Kriege bis zum Deutschen Zollverein. Stuttgart 1974, 52–113.
[15] Ebd. *Jürgen Gysin*, »Fabriken und Manufakturen« in Württemberg während des ersten Drittels des 19. Jhs. St. Katharinen 1989, 28–248.
[16] *Schmid*, Säkularisation (wie Anm. 1), 38f.
[17] Geschichte der Mauser-Werke, hg. aus Anlaß des hundertfünfundzwanzigjährigen Bestehens der Gewehrfabrik in Oberndorf a. N. Berlin 1938, 9ff.
[18] Ebd., 16f.
[19] *Karl Kaufmann*, Der ehemalige Klosterflecken Schussenried von der Säkularisation bis zum Ersten Weltkrieg, in: *Hubert Kohler* (Hg.), Bad Schussenried. Geschichte einer oberschwäbischen Klosterstadt. Sigmaringen 1983, 169.
[20] HSAS E 221 Bü 2146: Anbringen an den König vom 07. 02. 1807.
[21] HSAS E 221 Bü 2146: Gutachten des Präsidenten des kgl. Bergrats Kerner vom 27.06.1837.
[22] *Friedrich-Franz Wauschkuhn*, Die Anfänge der württembergischen Textilindustrie im Rahmen der staatlichen Gewerbepolitik 1806–1848. Hamburg 1974, 339f.
[23] Ebd., 350ff.; *Max Preger*, Geschichte der Bleicherei, Färberei- und Appreturanstalt in Weissenau (»Bleicherei Weissenau«), in: *Peter Eitel* (Hg.), Weissenau in Geschichte und Gegenwart. Festschrift zur 700-Jahrfeier der Übergabe der Heiligblutreliquie durch Rudolf von Habsburg an die Prämonstratenserabtei Weissenau. Sigmaringen 1983, 317–335.
[24] *Wolfram Fischer*, Der Staat und die Anfänge der Industrialisierung in Baden 1800–1850. Berlin 1962, 34ff, 278.
[25] Ebd., 196.
[26] *Schmid*, Die Säkularisation der Klöster in Baden (wie Anm. 8), 201f.
[27] *Fischer*, Der Staat (wie Anm. 24), 198ff.; *Schmid*, Die Säkularisation der Klöster in Baden (wie Anm. 8), 224f.
[28] *Schmid*, Die Säkularisation der Klöster in Baden (wie Anm. 8), 127.
[29] *Fischer*, Der Staat (wie Anm. 24), 200ff.
[30] Ebd., 209–268.
[31] *Gemmert*, Die Schicksale (wie Anm. 9), 76.
[32] Ebd., 82.
[33] Ebd., 78; *Schmid*, Die Säkularisation der Klöster in Baden (wie Anm. 8), 140.
[34] *Gemmert*, Die Schicksale (wie Anm. 9), 84ff.
[35] *Burkhardt*, Konstanz (wie Anm. 7), 381.
[36] Wie Anm. 29.
[37] *Gemmert*, Die Schicksale (wie Anm. 9), 76f.
[38] Ebd., 63f., 84f.; *Wauschkuhn*, Die Anfänge (wie Anm. 22), 339, 354ff.; *Preger*, Geschichte (wie Anm. 23), 320.
[39] *Fischer*, Der Staat (wie Anm. 24), 215ff.; *Wauschkuhn*, Die Anfänge (wie Anm. 22), 354ff.
[40] Wie Anm. 34; *Fischer*, Der Staat (wie Anm. 24), 230ff.
[41] Zitiert nach *Krüger*, Heidenheim (wie Anm. 3), 36.
[42] *Fischer*, Der Staat (wie Anm. 24), 212f.
[43] *Fischer*, Der Staat (wie Anm. 24), 242.
[44] Ebd., 213.
[45] Wie Anm. 28.
[46] *Schmid*, Die Säkularisation der Klöster in Baden (wie Anm. 8), 202.
[47] *Ders.*, Säkularisation (wie Anm. 1), 38f.
[48] *Ders.*, Die Säkularisation der Klöster in Baden (wie Anm. 8), 227f.
[49] Ebd., 122f.
[50] Wie Anm. 25.
[51] *W. Kaiser*, Die Anfänge der fabrikmäßig organisierten Industrie in Baden, in: ZGO NF 46 (1933), 622.
[52] *Preger*, Geschichte der Bleicherei (wie Anm. 23), 323ff.
[53] *Adam Kuhn*, Chronik der Stadt Biberach. Vom Ende der Reichsstadtzeit bis zum Beginn des Weltkriegs 1800–1914 (mit Nachträgen bis 1930). Biberach 2000, 223.
[54] *Peter Dudzik*, Innovation und Investition. Technische Entwicklung und Unternehmerentscheide in der schweizerischen Baumwollspinnerei 1800 bis 1916. Zürich 1987, 149ff.; *Fischer*, Der Staat (wie Anm. 24), 200ff.

Sparpfennige unserer großen weltlichen Fürsten ...

Zur Vermögenssäkularisation der ostschwäbischen Stifter und Reichsklöster

von Volker Dotterweich

Über der Geschichte der Reichskirche zwischen dem Westfälischen Frieden von 1648 und dem Reichsdeputationshauptschluss (RDH) von 1803 – zwei Marksteinen in der historischen Entwicklung von Kirche und Reich – könnte als Motto jener Satz stehen, den die geistreiche, in Kaufbeuren geborene Sophie v. La Roche (1730–1807) im Jahre 1754 von dem kurmainzischen Minister Friedrich v. Stadion gehört haben will: *Die geistlichen Stifter und Länder sind Sparpfennige unserer großen weltlichen Fürsten, die sie bei der nächsten großen Gelegenheit angreifen und teilen werden.*[1]
Tatsächlich zieht sich der Säkularisationsgedanke wie ein roter Faden durch die letzten 150 Jahre der Reichsgeschichte. Ja man kann sagen, in den verschiedenen Anläufen des 17. und 18. Jhs., *den geistlichen Staats-Mantel des Teutschen Reiches noch um ein paar Ellen kürzer zu machen*, wie sich der aus Württemberg stammende Staatsrechtler Friedrich Carl v. Moser ausdrückte[2], spiegelt sich der historische Wirkungszusammenhang zwischen dem Aufstieg des modernen Fürstenstaates, der Entwertung der alten Reichsverfassung und der Auflösung der geistlichen Herrschaften. Im 18. Jh. bezweifelten aufklärerische Staatsrechtler dann nicht mehr nur die Existenzberechtigung der geistlichen Staaten, sondern im Verein mit einer europaweit verbreiteten kirchenfeindlichen Publizistik und Belletristik behaupteten sie darüber hinaus mit einiger Leidenschaft den Anspruch des Staates auf das Kirchenvermögen. Den Endpunkt dieser Entwicklung markiert Artikel 35 RDH, der die Aufhebung der *fundierten Stifter, Abteien und Klöster* von Reichs wegen sanktionierte.[3]

Territoriale und demographische Dimension der Säkularisation in Ostschwaben

Für Pfalz-Bayern lagen die begehrten geistlichen Herrschaften geradezu vor der Schwelle. Die Besitznahme der von bayerischem Territorium umschlossenen geistlichen Herrschaftsinseln, des Hochstifts Freising und des salzburgischen Mühldorf, verstand sich so gut wie von selbst. Aus dem Gebiet der Hochstifte Eichstätt und Passau waren hingegen nur Grenzabrundungen zu erwarten. Daher kam den unmittelbar benachbarten geistlichen (und weltlichen) Herrschaften des schwäbischen und fränkischen Raumes für die Vergrößerung Altbayerns besondere Bedeutung zu. Wie Franken stellte Schwaben ein Herrschaftsmosaik dar, dem geistliche Fürstentümer, Reichsabteien und Reichsstädte das Gepräge gaben, mithin Herrschaften, die keiner Dynastie erblich angehörten und daher am ehesten geeignet schienen, zum Ausgleich linksrheinischer Gebietsverluste der Entschädigungsmasse des Hauses Wittelsbach zugeschlagen zu werden. Ihre Säkularisation und Mediatisierung veränderte die politische Landkarte westlich des Lechs und östlich der Iller von Grund auf.
Den größten Anteil am geistlichen Herrschaftsbesitz in Ostschwaben hatte das *Hochstift Augsburg*. Zählt man den Besitz des Domkapitels und der inkorporierten Stifte und Klöster hinzu, dann umfasste das Stiftsgebiet eine Fläche von 54 QM mit rund 100–120.000 Einwohnern. Das Jahreseinkommen wurde auf 400.000 fl. geschätzt. Sodann bildete das Territorium der *Fürstabtei Kempten* einen relativ geschlossenen Komplex, der lediglich von der Reichsstadt Kempten

Herrschaftssäkularisation im Bistum Augsburg 1803

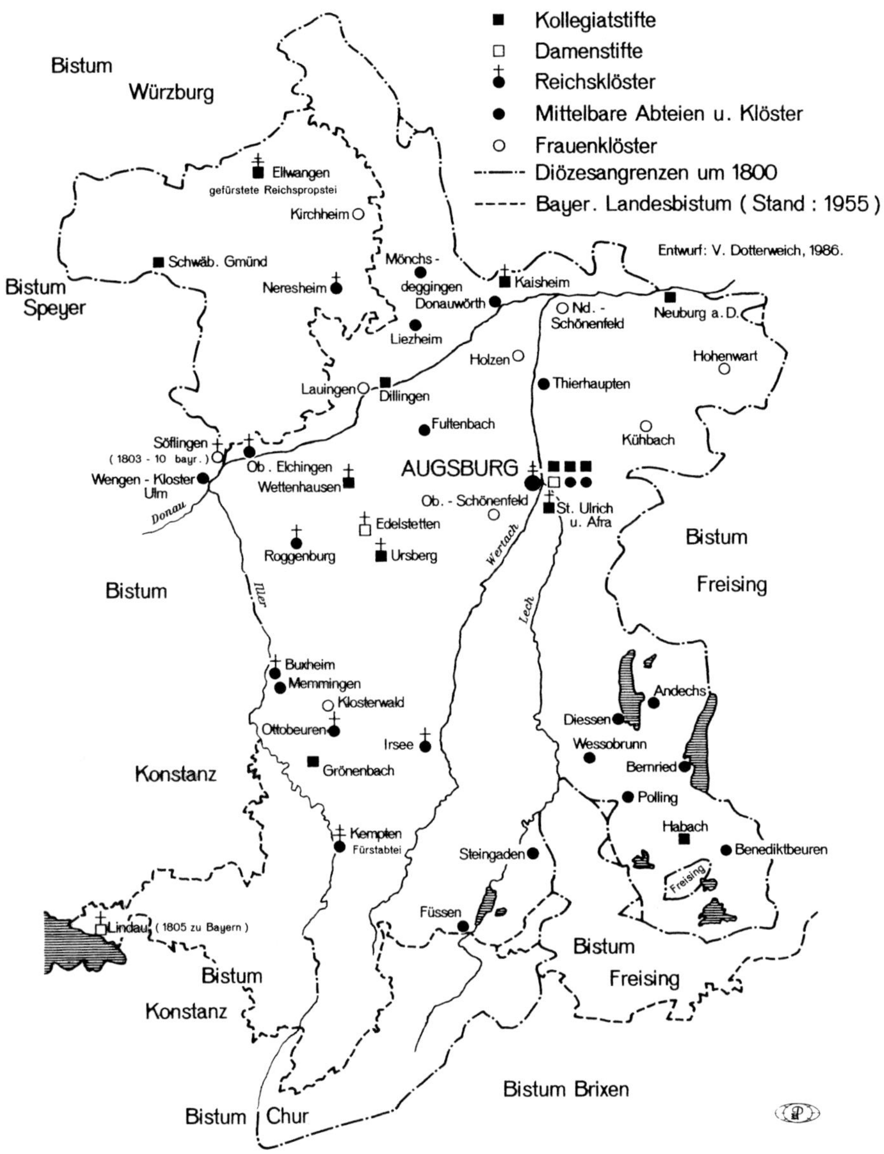

Herrschaftssäkularisation im Bistum Augsburg 1803
Die Karte zeigt die Art, den staatsrechtlichen Charakter (reichsunmittelbare/landsässige Klöster) und die Standorte der 1803 säkularisierten Klöster. Volker Dotterweich.

und Streubesitz auswärtiger Herrschaften durchbrochen wurde. Das Stiftsgebiet umfasste mit der Stiftsstadt, sieben Marktflecken und 85 Dörfern ein Areal von 16 bis 18 QM mit rund 42.000 Einwohnern. Zusammen mit den wittelsbachischen Herrschaften westlich des Lechs um Schwabegg und Mindelheim stellten beide geistliche Fürstentümer einen territorialen Grundstock dar, der die umliegenden *Reichsklöster* gravitätisch anzog. Zu ihnen zählen vier Benediktinerabteien, nämlich *St. Ulrich und Afra* in *Augsburg*,

Elchingen, *Irsee* und *Ottobeuren*, das Zisterzienserkloster *Kaisheim*, die Prämonstratenserklöster *Ursberg* und *Roggenburg*, das Augustiner-Chorherrenstift *Wettenhausen* und das Klarissenkloster *Söflingen*. Das vielfach übersehene Augustiner-Chorherrenstift *zu den Wengen* in Ulm beanspruchte einen »Sonderstatus«. Es bezeichnete sich, wie auch das Memminger Kreuzherrenkloster, wohl als »Reichsgotteshaus«, reichsunmittelbar war es jedoch nicht.

Über die Fläche und die Bevölkerungszahl des Herrschaftsbesitzes der Reichsklöster liegen zum Teil nur differierende Angaben vor. Das jeweilige Herrschaftsgebiet umfasste zwischen einer und sechs QM oder umgerechnet zwischen 56 und 336 km^2 und vereinigte zwischen 3.000 und 9.000 Untertanen. Über den kleinsten Besitz verfügte das Ulmer Wengenkloster mit einer Viertel QM, rund 500 Einwohnern und einem Jahreseinkommen von 24.000 fl. Nicht immer war den Äbten und Pröpsten die Abrundung ihres Herrschaftsgebietes gelungen. Bei Kaisheim oder St. Ulrich und Afra handelte es sich um ausgesprochene Streulagen, während Ottobeuren, Wettenhausen und Ursberg, das Mutterhaus der deutschen Prämonstratenser, geschlossenere Herrschaften ausgebildet hatten.

Erfasst man den territorialen und demographischen Austausch von 1802/03 in Zahlen, dann erhielt Pfalz-Bayern nach amtlichen Auflistungen für einen Verlust von insgesamt 255 QM mit 730.000 Einwohnern links

Tab. 1 Fläche, Bevölkerungszahl und Jahreseinnahmen

Herrschaftsgebiet	Fläche in QM	Bevölkerungszahl Min.–Max.	Jahreseinnahmen in Gulden (fl.)
1. Hochstift Augsburg einschl. Domkapitel, Stifte und Klöster	54	80.000–120.000	400.000
2. Kempten	18	42.000–43.000	300.000
3. Ottobeuren	4,75	10.000	130.000
4. St. Ulrich u. Afra/Augsburg	*2	5.000	47.000
5. Elchingen	2	4.000–4.200	50.900
6. Irsee	2	3.200–4.200	48.000
7. Kaisheim	6	9.500–10.000	110.000
8. Roggenburg	2	3.300–5.000	40.000
9. Ursberg	1,8	3.000–3.600	34.900
10. Wettenausen	*1	5.400	*40.000
11. Söflingen	2	3.800–4.000	65.000
12. Wengen-Ulm	0,25	500	24.000
	95,80	169.700–214.900	1.289.800
2. Buxheim	*0,5	1.000	39.000
3. Lindau	–	*500	*10.000
4. Edelstetten	0,75	1.300	16.000
	97,05	172.500–217.700	1.354.800

* Schätzwerte, die in Relation zu bekannten Daten vergleichbarer Klöster ermittelt wurden.

Reichsstift Wettenhausen
Propst Dionysius von Rehlingen stellt das nach den Schrecken des Dreißigjährigen Krieges erneuerte Stift unter den Schirm der Gottesmutter. Gemälde (um 1680/90).
Kloster Wettenhausen.

des Rheins ein Gebiet von 288 QM mit 843.000 Einwohnern. Dies entsprach einem Landgewinn von 13 % und einem Bevölkerungszuwachs von 15 %. Gemessen am Gesamtumfang der Herrschaftssäkularisation im rechtsrheinischen Reichsgebiet (1.295 QM mit rund 2,36 Mio. Untertanen) entfielen auf das Kurfürstentum 22 % der gesamten geistlichen »Entschädigungsmasse« und ein Bevölkerungsanteil von 36 %.
Hier kommt es auf den Anteil der geistlichen Herrschaften Ostschwabens an der bayerischen Entschä-

digungsquote an. Er belief sich – rechnet man die beiden gefürsteten Damenstifte *Lindau* und *Edelstetten* sowie die Reichskartause *Buxheim* hinzu, die 1805/06 an Bayern kamen – hinsichtlich der Bodenfläche auf 33 % (rund 97 QM) und der Bevölkerungszahl auf 20 % bis etwa 25 % (172.000–217.000 Einwohner). Im Verhältnis zur Bevölkerungsstatistik von 1821 bewegt sich der Anteil an der bayerischen Gesamtbevölkerung bei etwa 5 %.

Drohender Staatsbankrott und fiskalische Interessen

Bezeichnenderweise bewegten sich die Verhandlungen über die Entschädigung für die linksrheinischen Gebietsverluste weniger um Quadratmeilen und Kopfzahlen als um die laufenden Jahreseinkünfte der geistlichen Herren, das heißt um die Summe aller Steuern und (Grund-)Renten sowie die Einnahmen aus eigenbewirtschafteten Gütern und Betrieben, galt doch die Reichskirche im allgemeinen als vermögend, während die Kassen der weltlichen Fürsten leer waren. Es ist eine wenig bekannte Tatsache, dass die Ermächtigung zu einer umfassenden Konfiskation des Kloster- und Kirchengutes, von der auch die mittelbaren Stifter, Abteien und Klöster nicht ausgenommen und nur die Pfarrgüter der Ortskirchen verschont wurden, vornehmlich auf Betreiben Bayerns in den RDH aufgenommen wurde.

In der für die Vermögenssäkularisation vorentscheidenden Sitzung der pfalz-bayerischen Regierung, in der Staatskonferenz vom 4. November 1799, ging es primär um die Frage, wie mittels Klosterbesitz die Lücke im Staatshaushalt zu schließen sei. Denn soeben hatte ein streng geheimer Kassensturz ergeben, dass von den laufenden Staatsausgaben nur mehr 56 % durch Einnahmen gedeckt waren – und dies bei einer Staatsverschuldung von 30 Mio. fl. Aus dieser katastrophalen Finanzlage, so hoffte man, würde eine Konfiskation des Klostervermögens herausführen.[4]

Doch gab es innerhalb der Regierung auch Stimmen, die vor den nachteiligen politischen und ökonomischen Folgen warnten, die ein derart radikaler Eingriff in das ständische Gefüge nach sich ziehen würde, zumal niemand genau zu sagen wusste, ob die Rechnung auch tatsächlich aufging. Klosterfreundlich waren diese Stellungnahmen aus der Spitzenbürokratie freilich nicht. Die pragmatischen Einwendungen Franz v. Krenners etwa, der sich als Geheimer Finanzsekretär nach heutigen Begriffen im Range eines Staatssekretärs befand und zu den wichtigsten Mitarbeitern des leitenden Staatsministers Graf Montgelas zählte, sprechen für sich:

Die Gründe gegen die gänzliche Aufhebung eines oder mehrerer Klöster sind vorzüglich folgende:
1. die Rücksicht, daß [...] *ihre Güter im Auslande alsogleich von den dortigen Landesherrn eingezogen werden, wo sie jetzt ein nutztragender Fond der bayerischen Geistlichkeit sind,*
2. die Anständ, welche man mit wahren oder prätendierten ausländischen Lehensherrn hat [...],
3. gibt es niemand, der ein ganzes Kloster mit allen seinen unnütz werdenden Gebäuden erkaufen könnte, und selbst die Grundstücke könnten in keinem angemessenem Wert verkauft werden, weil die Population zu gering ist, und hier zu viel Verkaufs-Ware auf einem Platz beisammen stände,
4. dürfte bei einer solchen Operation niemals die Vorsicht für die richtige Erhaltung des pfarrlichen Gottesdienstes außer Augen gelassen werden. Es fallen also nicht nur der Prälat mit allen seinen Konventualen ad dies vita [d. h., so lange sie leben] *dem Staate mit einer nicht unbeträchtlichen Pension zur Last, sondern es müssen zu ewigen Zeiten sowohl der Pfarrer in loco* [d. h. der Ortspfarrer] *mit seinen Kaplänen, als auch die Pfarrer auf den inkorporierten Pfarreien, deren manches Kloster 6 und 10 hat, und welche nicht selten das Hauptgrundvermögen des Klosters mit konstituieren, fundiert oder dotiert werden* [...],
Von der Rücksicht auf öffentliche Meinung, auf Schulanstalten, auf Unterstützung der Armen in dortigen Gegenden pp. will ich hier gar nichts erwähnen.
Ich bin also jederzeit der Meinung gewesen und bleibe es noch, daß, wenn man eine oder mehrere Mio. [Gulden] *aus den Klöstern ziehen will, dieses niemals durch die gänzliche Aufhebung, sondern weit sicherer und schneller dadurch bewirkt werde, wenn jedes Kloster einen Teil seiner Realitäten und insbesondere die Grundbarkeit der einzelnen zerstreuten Grunduntertanen, an die Untertanen selbst verkauft und bei den dadurch verlierenden Einkünften die bisherige An-*

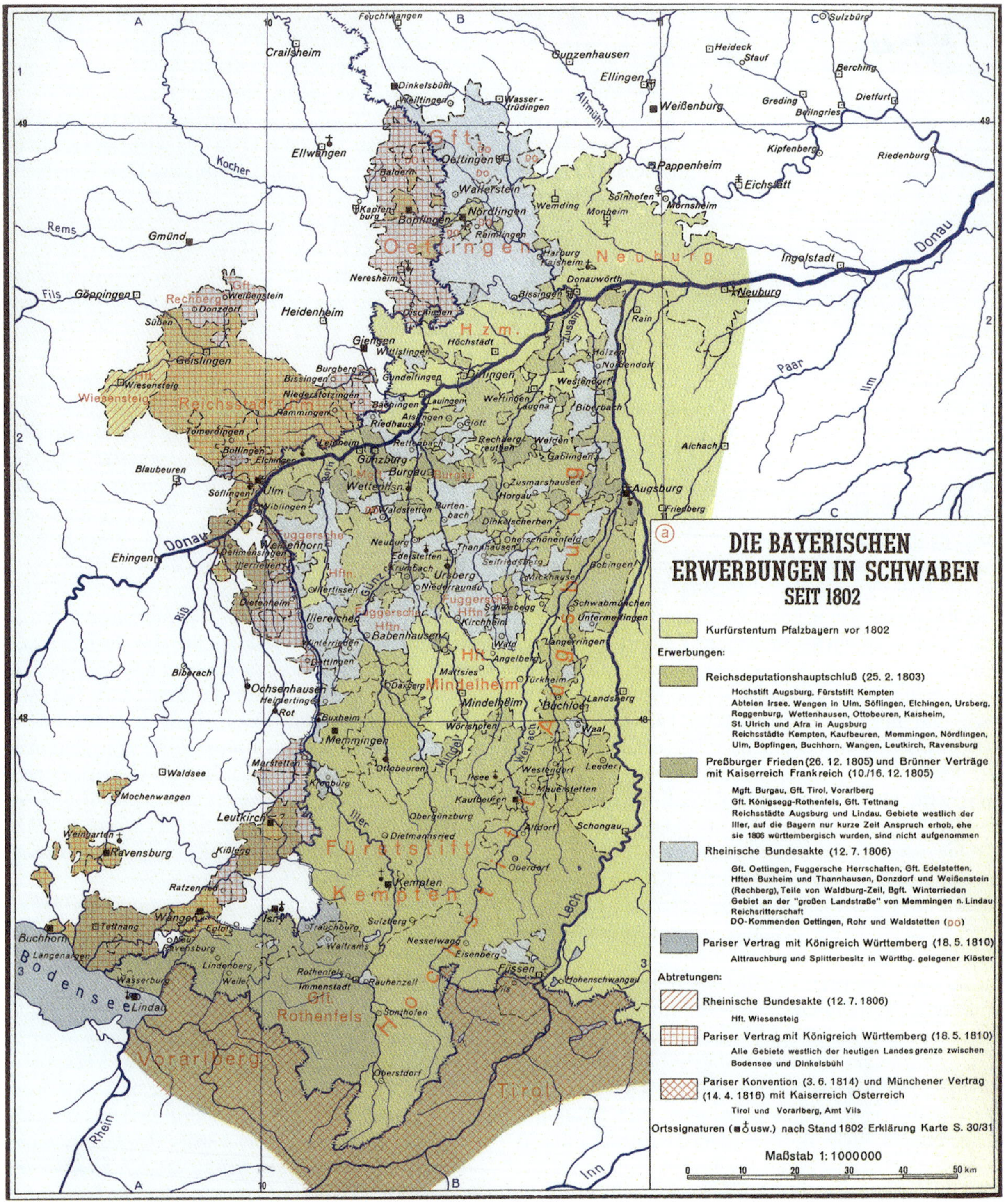

Die bayerischen Erwerbungen in Schwaben 1802–1810

Die Karte verdeutlicht den Vorgang der Mediatisierung und die Stufen der Gebietserweiterung Bayerns in der Napoleonischen Zeit. Aus: Max Spindler, Bayerischer Geschichtsatlas, BSV München 1969, 34.

Reichsabtei Roggenburg
Votivbild zur Vollendung des Klosterneubaus 1768 mit Abt Georg IV. Lienhardt, dem Konvent und den Patronen des Klosters.
Bayerisches Nationalmuseum.

zahl der 30 und 40 Konventualen nach vorläufiger Abschaffung des Chors auf 10 oder 20 reduziert.[5]
Montgelas hat derartig kritische Voten unterdrückt. Denn die Vermögenssäkularisation war für ihn nicht allein der einzig gangbare, wenngleich rein spekulative Versuch, den bayerischen Staatshaushalt auf Dauer zu sanieren, und zugleich ein Mittel, durch Auflösung des Prälatenstandes die bayerischen Landstände entscheidend zu schwächen, die der bürokratisch-zentralistischen Neuorganisation des Kurfürstentums hindernd im Wege standen, sondern auch »eine Frage der persönlichen Ideologie«.[6] Der Fürstenstaat war für Montgelas der Inbegriff der Hoheit und die einzige Quelle des Rechts. Er war der Ursprung aller politischen Gewalt. Ein wie immer geartetes *imperium in imperio*, ein Staat im Staate, verbot sich nach seiner Überzeugung von selbst. Die Säkularisation war somit letztlich die Konsequenz einer aufklärerischen, ganz auf die Durchsetzung der bayerischen Staatsräson hin orientierten Gesinnung, eines bürokratischen Absolutismus, der ein objektives Abwägen des Für und Wider nicht zuließ.
So bedeutsam Montgelas' machtpolitisches Motiv ist, so wenig kann die Vermögenssäkularisation von 1802/03 aus dem Kontext der pfalz-bayerischen Konfiskationspolitik Ende des 18. Jhs. herausgelöst werden. Denn sie war nur der Abschluss einer Entwicklung, die schon im Jahre 1798, also noch *vor* dem Regierungsantritt Max IV. Josephs und der Wirksamkeit seines Ersten Ministers, eingeleitet wurde. Damals erwirkte der korrupte Münchener Nuntius Graf Ziucci gegen die Hoffnung, der bayerische Staat würde seine Privatschulden in Höhe von 300.000 fl. übernehmen, von dem alten und kranken Papst Pius VI. für den Kurfürsten Karl Theodor die Genehmigung, von den Klöstern Altbayerns und der Oberpfalz 15 Mio. fl. zur Erleichterung der bayerischen Finanznot zu erheben.[7] 15 Mio. fl. – das entsprach etwa drei Jahreseinnahmen des herzoglichen Bayern. Die Summe war völlig illusorisch. Trotzdem gelang es dem Kurfürstentum, seinen Klöstern die noch immer ungeheuere, großenteils nur durch Kredite zu finanzierende Auflage von fünf Mio. fl. abzupressen.
Auf diese Teilenteignung folgten im Jahre 1802 die Säkularisation der Bettelorden, dann die der nichtständischen Abteien der Oberpfalz und schließlich die Aufhebung der landständischen Klöster sowohl in Altbayern wie in den mediatisierten Gebieten. Dem etatistischen Ziel, den Prälatenstand politisch auszuschalten, und dem aufklärerischen Impetus gegen das

Mönchtum als Sozialstand verband sich das fiskalische Interesse eines überschuldeten Staates an einem möglichst hohen Säkularisationsgewinn.

Besitzumschichtung: Gewinnmaximierung durch Versteigerung des Kirchenguts?

Die Aufhebung der geistlichen Landeshoheit in Ostschwaben zog unmittelbare steuer- und vermögensrechtliche Konsequenzen nach sich. Denn der neue Staat trat in die Hoheits- *und* in die Eigentumsrechte der mediatisierten Herrschaften ein. Das fiskalische Interesse gab den Ausschlag, dass Pfalz-Bayern von seinem Entschädigungsrecht in umfassender und rücksichtsloser Weise Gebrauch machte. Es beeilte sich, das beanspruchte Entschädigungsgut zu sichern und so rasch als möglich Hoheitsakte gegenüber dem Hochstift Augsburg und den Reichsklöstern zu setzen. Anfang September 1802 erfolgten erste militärische Maßnahmen gegen die schutz- und wehrlosen Herrschaften, bereits am 24. November die zivile Besitzergreifung. Gleichzeitig traten auch in den altbayerischen Gebieten Lokalkommissionen zur Inbesitznahme der landständischen Klöster in Aktion.
Im Vergleich mit den »revolutionären Säkularisierern« im französischen Annexionsgebiet links des Rheins gingen die bayerischen Aufhebungskommissäre mit äußerster Konsequenz ans Werk. Die ergriffenen Maßnahmen glichen sich: Der zeremoniellen Übergabe des Besitzergreifungspatents an Prälaten und Konvente und der Vereidigung der Beamten und Verwalter auf die neue Regierung folgte die Ausweisung der landfremden und die Zusammenfassung der verbleibenden Ordensmitglieder, dann das Verbot, Novizen aufzunehmen und schließlich die Inventarisierung aller Vermögenswerte, die Vermessung des Grundbesitzes sowie die Schätzung der Immobilien. Kaum ein Jahr später war die Mehrzahl der Klostergebäude geräumt, der ökonomisch nutzbare Stiftsbesitz zur Versteigerung oder Verpachtung angeboten. Alle feudalen Besitztitel (z. B. Grundabgaben der Bauern) gingen unmittelbar an den Staat über.
Die Akten der peinlich genauen Inventurkommissionen enthalten Aufstellungen über die Aktiv- und Passivkapitalien der Klöster, den Barbestand der verschiedenen Klosterkassen sowie bis ins einzelne gehende Auflistungen aller Sachwerte, der Kunst- und Sakralgegenstände, des Mobiliars, der Vorräte an Naturalien und Werkmaterial, der Gerätschaften in den Klosterökonomien, der Gebäude und Liegenschaften. Sie vermitteln ein plastisches Bild von den Vermögensverhältnissen der Klöster vor ihrer Aufhebung, aber auch von zahlreichen materiellen Bedürfnissen im Alltag der Klostergemeinschaft.[8] Mit Ausnahme von hochrangigen Wertsachen, der Archiv- und der wertvolleren Bibliotheksbestände kam alles, was nicht niet- und nagelfest war, zur Versteigerung. Um den Vorgang aus den Roggenburger Säkularisationsakten zu illustrieren:
Es fanden sich in der Abtei und im Gotteshaus u. a. *5 Brustkreuze, ein großes Muttergottesbild aus Silber, ein Kreuz mit einem Christus aus Silber, 2 Monstranzen, 1 silbernes Waschbecken, 1 silberner Stab, 6 Kelche, 3 Paar silberne Opferkännchen mit Teller, 1 silbernes Rauchfaß mit Weihrauchschiffchen, 2 Infuln, verschiedene Meßbücher, 6 vollständige Ornate, 15 Meßgewänder und 13 Alben*; in den herrschaftlichen Gebäuden und Waldungen: *126 Klafter Buchenholz, 114 Klafter Birkenholz, 75 Klafter Tannenholz, 75 Klafter Mischlinge und 160 Bretter*; im Konventskeller: *50 Maß besserer und 32 Eimer geringerer Neckarwein, 24 Eimer Seewein, 8 Standen Sauerkraut, 6 Zentner Schmalz, 62 Zentner Stockfisch, 720 Stück Karpfen und 84 Hechte*; im Brauhaus: *195 Malter Malz, 38 Malter Gerste, 5 Zentner Hopfen, 15 Eimer 30 Maß Sommerbier, 115 Eimer 5 Maß Weißbier, 10 Maß Branntwein und 30 Maß Essig*; auf dem Kornspeicher an *Feesen, Roggen, Gerste, Haber, Erbsen, Wicken, Lein und Raps 1.467 Malter*; in den beiden Ziegelstadeln zu Roggenburg und Waldhausen: *32.000 Stück Ziegelsteine und 800 Dachplatten*; in den drei Meiereien: *an Pferden 2 Hengste, 49 Wallachen und 20 Stuten, an Rindern 12 Zugochsen, 9 Mastochsen, 24 Stiere, 89 Melkkühe, 68 Kälber, an Schweinen 2 Eber, 16 Mutterschweine, 8 Mastschweine, 42 Ferkel und 132 Frischlinge, an Schafen 4 Hammel, 5 Mutterschafe, 38 Lämmer und an verschiedenem Geflügel bei 300 Stück*. Die Räume des Abtes und der Konventualen wurden eingehend besichtigt. Es wurde alles aufgezeichnet, was an *Schränken, Tischen, Stühlen, Hemden, Handtüchern, Handschuhen, Schnupftü-*

chern, Sommer- und Winterstrümpfen usw. vorhanden war. Es folgt ein Verzeichnis der Gerätschaften und Handwerkszeuge in den verschiedenen Klosterwerkstätten, in den Zimmern und Kammern der Hofdienerschaft und in den Wagenremisen. Die Barschaft der Klosterkasse belief sich auf 2.268 fl. Den Aktivkapitalien in Höhe von 48.988 fl. standen Schulden von 72.012 fl. gegenüber. 40.000 fl., veranschlagt für Lieferungen der Abtei an den Kaiserlichen Hof, mussten angesichts der Zeitumstände abgeschrieben werden. Die Gesamtbilanz war durchaus positiv, eine Ausnahme unter den ostschwäbischen Reichsklöstern, wie der Aufhebungskommissar eigens vermerkte.[9]

Den größten Gewinn erhofften sich die staatlichen Auktionäre von der Veräußerung und Verpachtung der Liegenschaften. Im Bereich der Grundherrschaft standen lediglich die vom Kloster in eigener Regie bewirtschafteten oder kurzfristig verpachteten Güter und Werkstätten dem staatlichen Zugriff offen. Überall kamen die Klosterrealitäten, die Feld- und Wiesengründe, die großflächigen, zum Teil aufgelassenen Klosterweiher, die Ökonomiegebäude und Wirtschaftsbetriebe, die Mühlen, Sägewerke, Brauereien und Ziegeleien zur Versteigerung. Der Forschungsstand erlaubt es nicht, die Frage nach dem Gesamtumfang der hierdurch im ostschwäbischen Raum ausgelösten Bodenbewegung und Vermögensumschichtung zuverlässig zu beantworten. Aber so viel lässt sich sagen: Der Anteil des im Zuge der Vermögenssäkularisation veräußerten oder verpachteten Grundbesitzes an der landwirtschaftlichen Nutzfläche des jeweiligen Herrschaftsgebiets wurde für Irsee (414 Tagwerk) mit 2,27 %, für Elchingen (411 Tagwerk) mit 2,50 % und für das reich begüterte Roggenburg (972 Tagwerk) mit 5,34 % errechnet. Für den Bereich der ostschwäbischen Reichsabteien dürfte der entsprechende Durchschnittswert zwischen 2 % und 3 % liegen. Er übersteigt damit deutlich den für altbayerische Klöster errechneten Anteil des veräußerten Klostergutes an der landwirtschaftlichen Nutzfläche von weniger als 1 %.[10]

Die Höhe des Gewinns aus den Grundstücks- und Gebäudeverkäufen war auch von der staatlichen Verkaufspolitik abhängig. Die Verkaufspraxis in Schwaben glich weitgehend der in den altbayerischen Gebieten. Die Versteigerungen wurden angesichts der Finanznot des Staates meist rasch angesetzt und erfolgten an Ort und Stelle. Sie bedurften der Bestätigung durch die fürstliche Finanzkammer, die sich an den Schätzwerten der Aufhebungskommissionen orientierte und bei zu geringem Gebot oder ungünstigen Vertragsbedingungen die Kaufverträge aufhob. Dieses mitunter langwierige Verfahren schob wohl der Bodenspekulation einen Riegel vor, verhinderte aber auch spontane Kaufabschlüsse und verminderte die Kauflust der Interessenten. Einen höheren Verkaufserlös erhoffte sich die Kammer vom Parzellieren des landwirtschaftlich nutzbaren Grundbesitzes, wovon die arrondierten Hofgüter allerdings ausgenommen waren. In Kempten wurden vorrangig die künstlich angelegten und nun aufgelassenen größeren Klos-

Reichsabtei Kaisheim
Perspektivische Ansicht der Klosteranlage von Osten. Im Vordergrund die Prälatur mit dem Kaisersaal, im Hintergrund der Gerätetrakt und die Wirtschaftsgebäude.
Gemälde eines unbekannten Meisters, 1721/22.
Kaisheim, Ehem. Klosterkirche.

terweiher in Parzellen von 6 bis 8 Tagwerk zerstückelt und zu einem Durchschnittspreis von 35 fl. je Tagwerk veräußert. Tatsächlich konnten kleinere Grundstücke in der Regel gut und rasch verkauft werden, weil die landhungrige dörfliche Unterschicht die Preise in die Höhe trieb. Aber nicht immer waren die Auktionatoren erfolgreich. Denn hohe Darlehenszinsen (in Kempten 1803/04 10–12 %) und harte Zahlungsbedingungen dämpften das Kaufinteresse. Auch die geringe Nachfrage nach größeren Objekten, vor allem nach nur schwer nutzbaren Klostergebäuden, nach geschlossenen Hofgütern und entlegenen Schweigen, drückte erheblich auf die Preise.[11]

Ob in der ersten Verkaufsphase jedoch von einem »Preissturz«[12] auf dem Bodenmarkt die Rede sein kann, lässt sich bezweifeln. Die Schätzwerte der Aufhebungskommissionen wurden bei den Verkäufen teils über, teils geringfügig unterschritten. Die Vermutung, die zugezogenen Sachverständigen, in der Regel ortsansässige Maurer und Zimmerleute für die Gebäude und Bauern für die Ackerflächen und Wiesen, hätten die Preise ihres eigenen Vorteils wegen zu tief angesetzt[13], lässt sich für die Liegenschaften der ostschwäbischen Reichsklöster nicht bestätigen. Im Gegenteil: Als in Kempten der Güterverkauf nur schleppend voranging, erfolgte »von oben« die Weisung, *daß von allen bereits eingeschätzten Gütern und Grundstücken von der Schätzungssumme der vierte Teil abzuziehen* sei.[14] Wenn man davon ausgeht, dass die Schätzwerte der Aufhebungskommissionen eine realistische Wertgrenze darstellten, dann darf der Verallgemeinerung, die Klosterrealitäten seien »verschleudert« worden, widersprochen werden.

Abweichend von Altbayern wurden die Klosterökonomien, Hofgüter und Wirtschaftsbetriebe in Irsee, Elchingen, Ottobeuren, Roggenburg und anderen ostschwäbischen Abteien zu einem erheblichen Teil zunächst an die umliegenden Dorfgemeinden, die ehemaligen Klosterhandwerker und Pächter sowie an weitere Interessierte auf neun Jahre in Zeitpacht gegeben und nach Ablauf dieser Frist endgültig veräußert. Auch in dieser zweiten Verkaufsphase von 1811/12 waren offenbar keine überdurchschnittlichen Grundstückspreise zu erzielen. Im Großen und Ganzen konnten aber die ursprünglichen Schätzwerte erreicht werden. Offenbar hat die nun relativ günstige Konjunkturlage für Agrarprodukte auf die Bodenpreise durchgeschlagen: Der Zehnjahresdurchschnitt des mittleren Schrannenwertes für Weizen und Roggen der Jahre 1801/10 lag mit 22,5 fl. bzw. 15,5 fl. pro Scheffel erheblich über dem Preisniveau in der zweiten Hälfte des 18. Jhs. (15 fl. bzw. 10 fl.). Größere Gutskomplexe waren aber nach wie vor nur schwer abzusetzen und wurden, sobald sich ein potenter Käufer fand, relativ rasch abgestoßen.[15]

Gerade in Bayern, wo das Defizit der Staatskasse für die Vermögenssäkularisation den Ausschlag gab, blieb der Versteigerungserlös insgesamt hinter den Erwartungen zurück. Er reichte nicht einmal in jedem Falle aus, die Passiva der einst baufreudigen und zuletzt

Tab. 2 Säkularisationsbilanz des Reichsklosters Elchingen

Einnahmen		*Ausgaben*	
1. Kassen-Bestand	27.343 fl.	1. Übernommene Schulden	14.285 fl.
2. Aktiva des Klosters	50.707 fl.	2. Abfindungen	1.181 fl.
3. Versteigerungserlös	30.081 fl.	3. Pensionen/ Besoldungen des Personals	8.864 fl.
4. Eingeschmolzenes Silber	614 fl.	4. Pensionen des Konvents	12.470 fl.
5. Pachtgelder	3.753 fl.	5. Pensionen des Militärs	324 fl.
6. Kameraleinkünfte	50.924 fl.	6. Instandsetzung Gebäude	5.848 fl.
	163.422 fl.		42.990 fl.
Saldo			+ 120.432 fl.

durch die Koalitionskriege stark gebeutelten Stifte auszugleichen. Kemptens Schulden von 2,25 Mio. fl. z. B. standen Versteigerungserlöse von 400.000 fl. gegenüber. Der Schuldendienst belastete auf Jahre hinaus den Fiskus. Ottobeuren wies – einschließlich 200.000 fl. Kriegslasten – ein Passivum von 354.000 fl. und ein Aktivum von 104.000 fl. auf, Irsee war mit 166.000 fl. (davon 106.000 fl. Kriegslasten) im Rückstand. Roggenburg und Wettenhausen hatten, aufs Ganze gesehen, nahezu ausgeglichene Bilanzen, während Ursberg und Elchingen Überschüsse erwirtschafteten. Wohl lasteten 174.000 fl. bzw. 254.000 fl. Schulden auf den Landschaftskassen der letzteren, aber die Salden der Aktiv- und Passivkapitalien der beiden Klöster ergaben ein Plus von jeweils mehr als 50.000 fl. Rechnet man z. B. für Elchingen die laufenden Einnahmen im Jahre der Besitznahme und den Versteigerungserlös zusammen, dann erzielte der bayerische Fiskus einen Überschuss von 120.000 fl.[16]
Wie diese Bilanz zeigt, addierte sich zu den übernommenen Schulden die beträchtliche Summe für Pensionen und Abfindungen, die den Prälaten, den Konventualen, schließlich auch den stiftischen Beamten und Bediensteten zu zahlen waren, sofern sie nicht anderweitig Verwendung fanden. Rein rechnerisch waren für die Prälaten, Chorherren und Konventualen des Hochstifts Augsburg und der ostschwäbischen Reichsabteien jährlich annähernd 250.000 fl. an Pensionen aufzubringen. Dies hätte einem Anteil von 18 % der Jahreseinnahmen der vormaligen geistlichen Herrschaften entsprochen. Allerdings sollten sich – zeitgenössischen Berechnungen zufolge – die Pensionszahlungen innerhalb von 10 Jahren um zwei Drittel verringern.
Im Rückblick wird deutlich, dass der materielle Hauptgewinn des Staates aus der Vermögenssäkularisation in der Vielzahl der vorgefundenen Kulturgüter und im Besitz der ausgedehnten Klosterwaldungen lag, die noch im Jahre 1924 nach Auskunft des damaligen bayerischen Finanzministers die klar wertvollere Hälfte des bayerischen Staatswaldes ausmachten. Hier handelte es sich jedoch ebenso wie bei den Kunstschätzen der bayerischen Galerien und Museen aus ehemaligem Kirchenbesitz, den Beständen aus Klosterarchiven und Klosterbibliotheken, deren Wert kaum abzuschätzen ist, um Aktivposten, die fiskalisch kurz- und mittelfristig nicht zu Buche schlugen. Auch die neueren Gewinnberechnungen aus der Vermögenssäkularisation in Bayern – sie schwanken zwischen 10 und 13,4 Mio. fl. – widerlegen nicht den Eindruck, dass die optimistischen Annahmen der pfalz-bayerischen Regierung, mit Hilfe des »reichen« Klosterbesitzes die Staatsfinanzen auf Dauer zu sanieren, reine Spekulation war. Da der aus der Kirchengutssäkularisation tatsächlich erzielte monetäre Überschuss durch Kriegskosten und Folgelasten aufgezehrt wurde, stieß die ursprüngliche Intention der Vermögenssäkularisation, *dem kranken Staatskörper ein wahres und dauerhaftes Heilmittel*[17] zu geben, vollkommen ins Leere. Am 1. Oktober 1811 betrug die gesamte bayerisch Staatsschuld 118 Mio. fl.!

Zur Sozial- und Wirtschaftsgeschichte der Säkularisation

Der Eigentumsverlust des Hochstifts Augsburg, des Augsburger Domkapitels und der Fürstabtei Kempten, die bekanntlich als einzige der schwäbischen Benediktinerklöster bis zur ihrer Auflösung an der adeligen Zusammensetzung des Konvents festhielt[18], zerstörte, wie überall im Alten Reich, die vermögensrechtliche Grundlage der engen *Beziehung zwischen Adel und hohem Klerus*. Denn die reiche Ausstattung der geistlichen Institutionen mit Herrschaftsrechten und Feudalbesitz war die Voraussetzung für die Besetzung der leitenden Kirchenämter mit Angehörigen der katholischen Aristokratie.
Weder der Augsburger Bischofsstuhl noch die Kemptener Prälatur waren durch Satzung oder Herkommen der Sekundogenitur eines bestimmten Fürstenhauses zugeordnet. Schwerer als ihr Verlust wog der Wegfall der Kapitelstellen für den heimischen Adel. Zur Zeit der Säkularisation umfasste das Augsburger Domkapitel 40 adelige Kapitulare, deren jährliches Gesamteinkommen auf etwa 100.000 fl. veranschlagt wurde. Kempten zählte zur selben Zeit zwölf adelige Konventualen mit Barbezügen von 10.000 fl. und, rechnet man die Naturalien hinzu, mit Gesamteinkünften von schätzungsweise 40.000 fl. Setzt man die so ermittelten 52 Domherren- und Kapitelstellen, auf die nun der schwäbische Adel die Anwartschaft verlor, in

Relation zur Konzentration hochadeliger und reichsritterlicher Familien in Schwaben, dann wird man doch zögern, für diese Region auch nur von einer partiellen wirtschaftlichen Existenzgefährdung *des* Adels als Folge der Säkularisation zu sprechen. Einen Verlust herkömmlicher standesgemäßer Versorgungsmöglichkeiten und von politischem Einfluss bedeutete der Säkularisierungsprozess für die reichsunmittelbaren Stände aber in jedem Fall.

Zukunftsweisend war zweifelsohne, dass die Beseitigung der reichskirchlichen Feudalität einen tiefgreifenden Prozess *sozialer Einebnung und Umschichtung innerhalb der katholischen Hierarchie* einleitete, damit analoge Entwicklungen in den Bereichen der staatlichen Verwaltung und des Militärs einholte und nicht zuletzt die für die kirchliche Erneuerungsbewegung des 19. Jhs. benötigten Kräfte freisetzte. Gerade in reformkatholischen Kreisen wurde die Auflösung der Adelskirche lebhaft begrüßt. Tatsächlich führte der Aufstieg in die leitenden Kirchenämter nach einer gewissen Übergangsphase über eine innerkirchliche Stufenleiter, die in der Regel mit dem einfachen Pfarramt begann. Das kirchliche Laufbahnprinzip aber schreckte den an sein Privileg gewohnten Adel nachhaltig ab. Auch diese Beobachtung lässt sich am regionalen Beispiel belegen: Von der ersten Ordination in der neu formierten Augsburger Diözese abgesehen, saß im Laufe des 19. Jhs. kein Adeliger mehr auf dem Augsburger Bischofsstuhl. Fünf von sechs Bischöfen waren (klein-)bürgerlicher Herkunft, einer entstammte einer bäuerlichen Familie. Die Egalisierung innerhalb der katholischen Hierarchie hat in der Säkularisation nicht ihre einzige Ursache. Doch trug diese wesentlich dazu bei, dass sich die gesellschaftliche Kluft zwischen niederer und höherer Geistlichkeit im Laufe des Jahrhunderts schloss.

Wie stand es aber um das *Schicksal der Ordensmitglieder*? Die Orden kamen bekanntlich auf den Aussterbeetat. Die Prälaten der Reichsklöster wurden nach den im RDH niedergelegten Grundsätzen mit Mindestpensionen von 2.400 fl. ausgestattet. Ausnahmen wurden bei bedeutenderen Klöstern zugelassen. Die Äbte von Ottobeuren und Kaisheim erhielten Jahrespensionen von 3.000 bzw. 4.400 fl. Mindestpensionen von 300 fl. standen kraft gesetzlicher Regelung auch allen Konventualen zu, ob sie nun die Klosterzellen verließen oder nicht. Den Religiosen der ostschwäbischen Reichsabteien wurden nach Lebensalter und Professjahren abgestufte Pensionen zwischen 400 und 450 fl. zugesprochen. Verständlicherweise ergriff die Regierung zahlreiche Maßnahmen, um die noch leistungsfähigen Konventualen – in der Regel unter Fortfall der Pensionszahlung – im Pfarr- oder Schuldienst, vereinzelt auch in der akademischen Lehre unterzubringen. Schlimm war es um die Novizen bestellt, die mit einem Reisegeld von 120 oder 150 fl. die Klöster verlassen mussten.[19]

Geradezu typisch nehmen sich die Lebensläufe der 17 Konventualen des Benediktinerklosters Irsee aus, die stichprobenartig überprüft wurden: Sechs der Ex-Religiosen fanden in der Pfarrseelsorge Verwendung. Einer begegnet zunächst als Haus-, dann als Schullehrer, ein weiterer als Ökonomieverwalter, ein dritter lehrte vorübergehend als Theologe in Wiblingen und

Tab. 3 Verbleib der Konventualen nach der Säkularisation

	Elchgn.	Irsee	Kaish.	Roggb.	total	In %
im Kloster verblieben	4	–	19	10	33	23,24
lebte als Pensionär außerhalb des Klosters	5	4	17	1	27	19,01
in der Seelsorge tätig	8	6	22	24	60	42,25
andere Tätigkeit	3	3	5	1	12	8,45
nicht ermittelt	5	4	–	1	10	7,04
erfasste Lebensgänge	25	17	63	37	142	

Reichskloster Kaisheim
Ansicht des Klosters zur Zeit der Säkularisation. Rechts im Hintergrund die 1872 abgebrochene Kirche St. Martin vor der Pfordten. Sie diente einst den im Kloster beschäftigten Laien und dem Kaisheimer Militär als Gotteshaus.
Kol. Federzeichnung eines unbekannten Malers.
StA Donauwörth, Graph. Sammlung.

widmete sich schließlich ganz der wissenschaftlichen Arbeit. Der Abt, der Subprior und zwei weitere Konventualen lebten von ihren Pensionen bei Freunden und Verwandten. Vier Lebensgänge sind nicht bekannt.

Die statistische Erfassung der Lebensdaten von insgesamt 142 Konventualen aus Elchingen, Irsee, Kaisheim und Roggenburg erbrachte dies: Trotz der Zerstörung der monastischen Gemeinschaft blieb ein knappes Viertel der Konventualen in den Klöstern zurück, 19 % lebten als Pensionäre bei Freunden und Verwandten, mehr als 42 % waren für kürzere oder längere Zeit in der Seelsorge tätig. Nur etwa 8 % übten nachweislich andere Tätigkeiten aus.

Insgesamt waren von der Säkularisation der ostschwäbischen Reichsklöster, einschließlich der Reichskartause Buxheim und des Ulmer Wengen-Klosters, 343 Ordensleute betroffen. Die nüchterne Auflistung sagt so gut wie nichts über die Tragik aus, die sich hinter manchem Lebensschicksal verbirgt, das bei der Durchsicht der Konventslisten begegnet. Denn der einzelne Mönch, der für die rasche Eingliederung in das »bürgerliche Leben« weder die Voraussetzungen noch die erforderliche Flexibilität besaß, wurde für die folgenden Jahrzehnte zu einem sozialen Problem.

Mehr in die Breite geht die Wirkung, die langfristig vom Ausfall der Orden auf die *Struktur des in der Pfarrseelsorge tätigen Klerus* ausging. Der neu auf-

Reichskloster Irsee
Kloster, Dorf und ehemalige Pfarrkirche nach der Klosteraufhebung. Aquarellierte Federzeichnung in der Kaufbeuerer »Schropp«-Chronik, Mitte 19. Jh. StA Kaufbeuren.

kommende Typ des Weltgeistlichen verdrängte die bisher so zahlreichen Stifts- und Ordensmitglieder aus den Pfarreien.

In der Übergangsphase wurden die ehemaligen Konventualen in relativ hoher Zahl in den Stand der Weltpriester übergeleitet und mit Pfarreien betraut, was unmittelbar nach 1803 zu einer merklichen Verbesserung der Seelsorge führte. Das änderte sich schlagartig in den beiden folgenden Jahrzehnten. Exemplarisch wird dies am Diözesanschematismus der Augsburger Diözese deutlich. Demnach zählte die Diözese vor 1800 3.767 Geistliche, von denen 1.673 (= 44 %) Welt- und 2.094 (= 56 %) Ordenspriester waren. Knapp dreißig Jahre später, 1825, war die Zahl der Ordensgeistlichen um 84 % auf 344 gesunken. Im selben Zeitraum nahm die Zahl der Priester in der Diözese Augsburg insgesamt um 2.398 oder 63 % ab. Die enorme Bedeutung, die der Ordensklerus gerade auch für die Pfarrseelsorge hatte, wird daran deutlich, dass sich sein Anteil an der drastischen Minderung der Augsburger Geistlichkeit auf nicht weniger als 73 % belief. Wenn demnach zu Beginn des 19. Jhs. in der Pfarrseelsorge erhebliche Lücken hingenommen werden mussten, dann handelte es sich hierbei nicht zum geringsten Teil um eine Folge der Säkularisation.[20]

Die wichtige Frage, ob und inwieweit sich die Mediatisierung der geistlichen Herrschaften und die Säkularisation des Kirchengutes unmittelbar auf die *Besitzverhältnisse und die Sozialstruktur der Stiftsuntertanen* auswirkten, wurde für Altbayern mehrfach untersucht.[21] Die Ergebnisse dieser Studien lassen sich zum Teil an den schwäbischen Reichsklöstern, vornehmlich an der Besitzumschichtung innerhalb der Fürstabtei Kempten, bestätigen.

Von den Ordensmitgliedern abgesehen, scheint die Vermögenssäkularisation für keine andere Bevölkerungsgruppe schwerwiegendere Folgen gehabt zu haben als für die Bediensteten der Klöster. Während die Beamten des Hochstifts und der Reichsabteien zum überwiegenden Teil in den Staatsdienst über-

nommen, zum mindesten aber mit ausreichenden Pensionen in den Ruhestand versetzt wurden, verloren die Dienerschaft, das Gesinde, die Klosterhand- und Klostertagwerker durch die Säkularisation ihre Existenz. Sie mussten sich mit einer einmaligen Abfindung begnügen oder wurden mit dem Viertel eines Jahreslohnes entlassen. In Roggenburg waren, um die Größenordnung zu verdeutlichen, um die es hier geht, 94, in Elchingen 107 Beamte, Handwerker und sonstige Bedienstete von der Klosteraufhebung unmittelbar betroffen. In Kempten zählte allein der Hofstaat einschließlich der mit Amtsfunktionen betrauten Konventualen 232 Personen, deren Besoldung man auf jährlich 80.000 bis 90.000 fl. angesetzt hat. Noch vor der Auflösung des Stifts bat der Fürstabt den bayerischen Kurfürsten, eine der neuen Provinzialregierungen nach Kempten zu legen, da sich die Bevölkerung der Stiftsstadt im letzten halben Jahrhundert mehr als verdoppelt habe. Das Ministerium hat dem entsprochen, in der fürstäbtlichen Residenz zunächst eine »kollegialische Behörde« errichtet, deren Geschäftsbereich sich auf die Eingliederung der säkularisierten Gebiete erstreckte, und schließlich im Jahre 1808 in Kempten das Generalkommissariat des neu gebildeten Illerkreises etabliert.

Planmäßig tat die pfalz-bayerische Regierung allerdings wenig, um die Folgen des wirtschaftlichen Ausfalls der fundierten Klöster erträglicher zu machen und für das brotlos gewordene Klostergesinde Erwerbsmöglichkeiten zu schaffen. Die »moderne« Vorstellung, in den Klostergemarkungen Domänen als landwirtschaftliche Musterbetriebe und in den leeren Konventsgebäuden staatliche Manufakturen zu errichten oder aber den Erwerb der Klostergebäude durch Private von einer entsprechenden Nutzung abhängig zu machen, war jener Zeit nicht völlig fremd. Ein solches Projekt wurde in Bayern jedoch nur in einem einzigen Falle mit Erfolg verwirklicht, als ein Mitglied der mit der Abwicklung der Säkularisationsgeschäfte betrauten Generallandesdirektion, Joseph v. Utzschneider, das altbayerische Kloster Benediktbeuren zu einer Glas- und Tabakfabrik ausbaute, die im Jahre 1817 etwa 400 Leute beschäftigte.[22] Hierbei handelte es sich, wohlgemerkt, um eine private Initiative. Denn schon die prekäre Lage des Staatshaushalts verbot der »öffentlichen Hand« nach damaliger Vorstellung derartige Investitionen, an denen im übrigen das in Bayern noch schwache Wirtschaftsbürgertum so gut wie nicht interessiert war.

Das soziale Problem, das sich mit dem *Verlust der Klöster als Wirtschaftsfaktoren* auftat, war der Regierung nicht unbekannt. Um so berechtigter erscheint die Frage, inwieweit die Bürokratie auf dem Wege der Umverteilung der kirchlichen Liegenschaften der Notlage des Dorfhandwerks, der von den Klöstern abhängigen Kleinbauern und der ländlichen Unterschicht Rechnung trug. Prinzipiell hatte die Regierung aus rein fiskalischen Gründen entschieden, alle Klosterrealitäten mit Ausnahme der Waldungen zu veräußern, nur im Falle ihrer Unverkäuflichkeit zu verpachten und, sofern Streubesitz vorlag, in kleineren Parzellen anzubieten. Deutlicher als bei der Vermögensveräußerung der altbayerischen Klöster werden im ostschwäbischen Raum jedoch auch sozial- und siedlungspolitische Intentionen fassbar.

Der Grundbesitz wurde auch hier in drei Größenordnungen angeboten, und zwar in Kleinparzellen, Bauernhöfen und größeren geschlossenen Besitzungen (Meierhöfe und Schlossgüter). Im Bereich der ehemaligen Klosterdörfer und Klostermärkte wie in Elchingen, Irsee, Ottobeuren oder Roggenburg nahm die Regierung Streubesitz, aber auch zusammenhängende landwirtschaftliche Nutzflächen in der ersten Verkaufsphase von 1803/04 von der Veräußerung aus und gab sie zu relativ günstigen Bedingungen zur Verpachtung an die umliegenden Bauern und Gemeinden frei. Nachweislich in Roggenburg und Ottobeuren wurde darauf geachtet, dass Wiesen und Ackerflächen vorrangig zur Existenzsicherung von Kleinbauernstellen abgegeben wurden. In Irsee erging an den Auktionskommissar die Weisung, die Ackerflächen und Wiesen der Hofgüter an diejenigen Gemeinden zu verpachten, *welche bisher vom Kloster ihren Unterhalt bezogen und in der Nähe derselben lagen.*[23] Auf diese Weise kamen 168 Tagwerk Grund an die Gemeinde. Es handelte sich nicht etwa um minderwertige Flächen, sondern um Böden mittlerer und besserer Bonität, wie der Schätzwert von 15.462 fl. erkennen lässt. Weniger als 3 Tagwerk zusammen wollte man nicht abgeben. Die Dorfgemeinden sollten die Grundstücke in Pacht nehmen und an ihre Mitglieder verteilen. Der Pachtschilling betrug 5 % des Schätzwertes.

Andernorts richtete er sich auch nach dem jeweiligen Ertragswert der landwirtschaftlichen Nutzflächen. Ermäßigungen des Pachtschillings konnten nur bei Totalhagelschlag gewährt werden, doch blieben die Böden im Laufe der Pachtzeit von allen Steuern und Abgaben frei. Zum Bau von Wasserrinnen zur Bewässerung der Wiesen und Weideflächen stellte der Staat das Holz unentgeltlich zur Verfügung. Nichtbestellung der Felder führte unweigerlich zur Auflösung des Pachtkontraktes. In Kempten wurden vor allem die großflächigen Klosterweiher zerstückelt und verkauft, offenbar auch, um einer Vielzahl ärmerer Familien zu einer landwirtschaftlichen Einkommensgrundlage zu verhelfen. Wer sich ansiedelte und ausreichend viele Parzellen erwarb, um davon eine Familie zu ernähren, konnte auf Befreiung vom Militärdienst rechnen.

Die Wirtschaftsbetriebe samt den Konzessionen, die Brauhäuser, Klostermühlen, Sägewerke, Kalköfen, Ziegelstadel, Steinbrüche, Klostergärten, Schmieden, Küfereien, Metzgereien usw. wurden nicht selten, in Irsee und Ottobeuren nahezu ausschließlich, von den ehemaligen Klosterhandwerkern und Verwaltern gepachtet und zum größten Teil nach Ablauf der Pachtzeit auch käuflich erworben. Eine generelle Bevorzugung dieser Gruppe durch die Versteigerungskommissäre ist jedoch nicht mit Sicherheit erkennbar. Es lässt sich nicht ausschließen, dass zum Auktionstermin keine anderen Interessenten zur Stelle waren.

Die Masse des zerstückelten Grundbesitzes der ostschwäbischen Reichsklöster, ob er nun verkauft oder in Pacht gegeben wurde, kam, so kann mit einiger Vorsicht resümiert werden, an eine vorwiegend ärmere, in gewissem Sinne auch proletaroide Schicht aus der unmittelbaren Umgebung der Klöster. Zu ihr gehörten die niederen Bediensteten, die Tagelöhner und einfacheren Handwerker, die im Dienste der Klöster gestanden hatten und sich nun – nach dem Fortfall oft jahrhundertealter Erwerbsquellen ihrer Familien – genötigt sahen, ihre geringen Pensionen und Abfindungen einzusetzen, um sich eine bescheidene Existenz auf landwirtschaftlicher Grundlage zu schaffen. Die Tatsache, dass selbst unterbäuerliche Schichten in der Lage waren, ehemaligen Klosterbesitz zu erwerben, darf jedoch nicht überbewertet und als umfassender staatlicher Sozialplan fehlgedeutet werden. Die ansatzweise erkennbare Besitzumschichtung zugunsten der ländlichen Unterschichten und des Dorfhandwerks erklärt sich zu einem Teil aus dem Überangebot auf dem örtlichen Immobilienmarkt, das auf die Grundstücks- und Gebäudepreise drückte und das Parzellieren der Nutzflächen nahelegte.

Insgesamt fehlt es nicht an Beispielen negativer Mobilität. Eine solche lässt sich teilweise auch bei den meist höherqualifizierten Handwerkern und Kunsthandwerkern feststellen, die für den Aufbau und die Erhaltung der aufwendigen Barockanlagen und die Versorgung der Residenzstädte benötigt wurden, nun aber die Umstellung auf den Betrieb von Kleinbauernstellen mit dem Verlust ihrer beruflichen Kenntnisse und speziellen Fähigkeiten erkauften. Nicht immer gelang es ihnen, die erlittenen Einbußen durch die Bewirtschaftung von einigen Tagwerken klösterlichen Ackerlandes wettzumachen und ihre Existenz als Kleinbauern, vielleicht auch nur als agrarische Selbstversorger, auf eine gesicherte Basis zu stellen. Und selbst, wenn Pauperisierung nicht eintrat, ist gerade bei dieser Berufsgruppe ein rückläufiger Prozess festzustellen, da die Aufgabe differenzierter Gewerbetätigkeit auf die bereits überwundene Stufe ackerbauenden Dorfhandwerks zurückführte.[24]

Erst eine umfassende statistische Auswertung der Klosterinventare und Versteigerungsprotokolle würde eine differenzierte Anschauung der *dominierenden Käuferschicht* zulassen. Doch reichen die derzeitigen Kenntnisse hin, um die Qualität der Vermögensumschichtung für Ostschwaben im groben Umriss zu bestimmen und vorweg jene älteren Pauschalvorstellungen zu widerlegen, der Besitzwechsel infolge der Säkularisation sei primär protestantischen Adeligen, jüdischen Spekulanten und sog. *Aufkaufgesellschaften* zugute gekommen, während die katholische Bevölkerung in der Furcht des Kirchenbannes leer ausgegangen sei. Unter den Kaufwilligen, die im Fürststift Kempten in der Lage waren, größere Objekte zu ersteigern, befinden sich nur wenige Landfremde, nur *ein* jüdischer »Makler«, ansonsten aber ortsansässige vermögende Handwerker, Gastwirte und Braumeister, der Postwirt und der Posthalter, ein Buchhändler und ein Buchdrucker, auch ehemalige Pächter und Verwalter sowie einige wenige Adelige. Am höchsten bot die Kurfürstin Maria Leopoldine, die Witwe Karl

Theodors, die das Kemptener Brauhaus im Jahre 1812 für 90.000 fl. ersteigerte. Verschiedene klösterliche Wirtschaftsbetriebe, darunter drei weitere Brauhäuser, welche die kurfürstliche Regierung zunächst vergeblich in eigener Regie zu führen versuchte, wurden samt Rohmaterial und Konzessionen von ehemaligen Gerstenlieferanten und bisherigen Pächtern erworben, jedenfalls von bürgerlichen Familien weitergeführt. Und auch da, wo nicht Gebäude und Gewerbebetriebe, sondern geschlossene Höfe und größere agrarische Nutzflächen zur Auktion kamen, finden sich unter den neuen Besitzern neben Angehörigen der bäuerlichen auch solche der kaufkräftigen bürgerlichen Schicht. Der Klerus griff so gut wie nicht zu. Lediglich Kastolus v. Reichlin-Meldegg erwarb ein stiftsnahes, fünf Tagwerk großes Grundstück, und Frh. v. Tänzl-Trazberg, ein früherer Kapitular, ersteigerte in der Stiftsstadt ein Wohnhaus mit Garten für 2.615 fl. Insgesamt hatten in der Fürstabtei Kempten vier adelige und 11 bürgerliche Käufer zusammen mit einer sozial nicht näher charakterisierten städtischen Käuferschicht einen Anteil von 55 % an der Gesamtkaufsumme.[25]

Der Adel und das vermögende Bürgertum, so wird man zusammenfassen dürfen, hatten den Löwenanteil an der durch die Säkularisation ausgelösten Vermögensumschichtung. Zur bürgerlichen Käuferschicht zählen auch diejenigen Gewerbetreibenden, die durch Konzessionen vor Konkurrenz geschützt waren und für den relativ unelastischen täglichen Bedarf produzierten. Sie waren angesichts des Bargeldmangels und der relativ hohen Hypothekenzinsen jener Zeit in der Vorhand und sicherten sich nun durch zusätzlichen Immobilienerwerb ab. Die Frage nach dem realen Gewinn lässt sich nur sehr schwer beantworten. Einige Bedeutung in diesem Zusammenhang kommt sicherlich der Tatsache zu, dass Grundbesitz als solcher bereits einen nicht unwesentlichen Prestigefaktor darstellte und dass sein realer Gegenwert zuweilen eine »untergeordnete Rolle« spielte.

Es bleibt nach den Wirkungen der Säkularisation auf die ökonomisch tragende Bevölkerungsgruppe in der agrarisch strukturierten Gesellschaft zu fragen. Die selbständig wirtschaftenden Voll- und Halbbauern sowie die Besitzer kleinerer Anwesen, die *Grundholden der Stifte und Klöster* waren, traten zum Staat in das gleiche Rechtsverhältnis.[26] Vorweg wurde mit den ländlichen Gemeinden über die Ablösung aller Naturalfronen, Hand- und Spanndienste verhandelt, die nun generell durch jährliche Geldleistungen ersetzt wurden. Jede Gemeinde haftete *in corpore* für das auf sie berechnete Frongeld. Die Lasten der grundbaren Höfe waren nun an die staatlichen Rentämter zu entrichten. Sie stellten eine fortwährende Einnahmequelle und nach übereinstimmender Auffassung der neueren Forschung den tatsächlichen monetären Säkularisationsgewinn des Staates dar. *Die Macht der Regierung*, hieß es 1821, *ist durch die Obereigentumsrechte und die daraus fließenden Grundrenten* [...] *im eigentlichen Sinne fundiert und noch fester als durch Besitz von Grund und Boden selbst versichert.*[27] Aus fiskalischen Gründen bot der Staat auch hier an, die grundbaren Höfe gegen ein Ablösekapital von 600 fl. in bäuerliches Volleigentum, die Leibgelder und Laudemien in Bodenzinse umzuwandeln.[28] Von dieser Möglichkeit machten nur verhältnismäßig wenige Bauern Gebrauch. Sie sahen hierin entweder keine Notwendigkeit oder sie empfanden die Ablösesummen in ihrer wirtschaftlich ohnehin angespannten, durch Kriege und Abgaben verschärften Lage als zu hoch.[29] Somit blieb das Umland der Klöster nahezu unverändert in der Hand derer, die seit Jahrhunderten schon ein gesichertes Untereigentum an der Scholle besaßen, bis die Ablösung der Grundlasten im Jahre 1848 obligatorisch wurde. Von einer einschneidenden Strukturveränderung des bäuerlichen Besitzrechtes als einer *unmittelbaren* Folge der Säkularisation kann nicht gesprochen werden. Der soziale und ökonomische Wandel des Jahrhunderts hätte sicher auch ohne die Kirchengutsenteignung die Bauernbefreiung erzwungen. Ohne Zweifel hat jedoch der Besitzwechsel von 1803 die Entlastung der Bauern von Grundrenten und Fronen erleichtert.[30]

[1] *Sophie La Roche*, Ihre Briefe an die Gräfin Elise zu Solms-Laubach 1787–1807, hg. von *Kurt Kampf*. Offenbach 1965, 90.

[2] Zit. nach *Heribert Raab*, Geistige Entwicklungen und historische Ereignisse im Vorfeld der Säkularisation, in: *Anton Rauscher* (Hg.), Säkularisierung und Säkularisation vor 1800. München/Paderborn/Wien 1976, 13.

[3] Die bibliographischen Angaben der folgenden Abhandlung beschränken sich auf unabdingbare Nachweise. Zur Rezeption der älteren Literatur und zur Auseinandersetzung mit der Säkularisationsforschung s. *Volker Dotterweich*, Herrschafts- und Vermögenssäkularisation in Bayerisch-Schwaben, in: *Pankraz Fried* (Hg.), Probleme der Integration Ostschwabens in den bayerischen Staat. Sigmaringen 1982, 114–153; *Ders.*, »Zur Erleichterung ihrer Finanzen ...«. Das Ende der Reichskirche im Bistum Augsburg, in: *Katholische Akademie Augsburg* (Hg.), Die Säkularisation im Bistum Augsburg (1802–1803). Ursachen, Durchführung, Folgen. Augsburg 1986, 5–49. – Neuere Literatur zu den geistlichen Herrschaften Ostschwabens bei *Andreas Kraus* (Hg.), Handbuch der Bayerischen Geschichte. Bd. 3/2: Geschichte Schwabens bis zum Ausgang des 18. Jhs. München 2001. Zur Säkularisationsforschung: *Christof Dipper*, Probleme einer Wirtschafts- und Sozialgeschichte der Säkularisation in Deutschland (1803–1813), in: *Armgard v. Reden-Dohna* (Hg.), Deutschland und Italien im Zeitalter Napoleons. Wiesbaden 1979; *Harm Klueting*, Die Folgen der Säkularisation, in: *Helmut Berding/Hans-Peter Ullmann* (Hgg.), Deutschland zwischen Restauration und Revolution. Königstein/Ts. 1981, 184–208. *Ders.*, Die sozio-ökonomischen Folgen der Säkularisation des 19. Jhs. im rechtsrheinischen Deutschland, in: *Irene Crusius* (Hg.), Zur Säkularisation im 16. und im 18./19. Jh., Göttingen 1996, 102–120.

[4] Zu den internen Vorgängen innerhalb der bayerischen Regierung *Eberhard Weis*, Die Säkularisation der bayerischen Klöster 1802/03. Neue Forschungen zu Vorgeschichte und Ergebnissen. München 1983, 32ff.

[5] Ebd., 57f.

[6] So das Urteil von *Eberhard Weis*, ebd., 42.

[7] Vgl. *Georg Schwaiger*, Die kirchlich-religiöse Entwicklung in Bayern zwischen Aufklärung und katholischer Erneuerung, in: *Hubert Glaser* (Hg.), Krone und Verfassung. König Max I. Joseph und der neue Staat. München 1980, 125; *Eberhard Weis*, Montgelas. 1759–1799. Zwischen Revolution und Reform. München 1971, 379–394.

[8] Vgl. die Instruktion der pfalz-bayerischen Regierung vom 03.11. 1802 für alle in die Klöster abgeordneten Kommissarien und den Erlass der kfsl. Generallandesdirektion vom 11.03.1803, gedr. bei: *Anton Schneider*, Der Gewinn des bayerischen Staates von den säkularisierten landständischen Klöstern in Altbayern. München 1970, 254ff. u. 258ff.; vgl. auch das Beispiel bei *Alfred Lohmüller*, Das Reichsstift Ursberg. Weißenhorn 1987, 208ff.

[9] *Josef Rottenkolber*, Die Aufhebung des Reichsstiftes Roggenburg, in: Der Heimatfreund. Gesch. Heimatbll. Museumsverein Weißenhorn (1935) Nr. 3–9, hier Nr. 6.

[10] Errechnet nach *Ignaz Rudhart*, Über den Zustand des Königreiches Baiern nach amtlichen Quellen. Bd. I. München 1825, 109. Zum Grundbesitz der Reichsklöster: *Josef Rottenkolber*, Die Säkularisation der Reichsabtei Irsee, in: StMittOSB 50 (1932), 225–248, bes. 227; *Ders.*, Die Säkularisation des Reichsstiftes Oberelchingen, in: Aus dem Ulmer Winkel. Mitt. HV Neu-Ulm (1930), Nr. 4ff.; *Ders.*, Roggenburg (wie Anm. 9), Nr. 10. – Zum säkularisierten Grundbesitz der altbayerischen Klöster *Dipper*, Probleme (wie Anm. 3), 133f.

[11] *Josef Rottenkolber*, Die Fürstabtei Kempten am Vorabend der Säkularisation und ihr Übergang an Bayern. Kempten 1927, 53, 55 u. 62; *Ders.*, Geschichte des hochfürstlichen Stiftes Kempten. Kempten 1934; *Dipper*, Probleme (wie Anm. 3), 138.

[12] *Rudolf Morsey*, Wirtschaftliche und soziale Auswirkungen der Säkularisation in Deutschland, in: *Rudolf Vierhaus/Manfred Botzenhart* (Hgg.), Dauer und Wandel in der Geschichte. Fschr. Kurt von Raumer. Münster 1966, 361–383, hier 380.

[13] So *Hans Christian Mempel*, Die Vermögenssäkularisation 1803/10. Verlauf und Folgen der Kirchengutssäkularisation in verschiedenen deutschen Territorien. Bd. 2. München 1979, 180.

[14] Zit. nach *Rottenkolber*, Fürstabtei Kempten (wie Anm. 11), 54.

[15] Errechnet nach *Rudhart*, Königreich Baiern (wie Anm. 11), Beil. XXXVI.

[16] Dazu im einzelnen *Dotterweich*, Herrschafts- und Vermögenssäkularisation (wie Anm. 3), 138; Tabelle erstellt nach *Rottenkolber*, Oberelchingen (wie Anm. 10), 31.

[17] Zit. nach *Barnabas Schroeder*, Die Aufhebung des Benediktiner-Reichsstiftes St. Ulrich und Afra in Augsburg 1802–1806. München 1929, 11; *Franz Segner*, Die bayrische Staatsschuld, in: Finanz-Archiv 20 (1903), 241.

[18] Vgl. *Volker Dotterweich*, Das Fürststift und die katholische Reform in der Barockzeit, in: *Ders. u. a.* (Hgg.), Geschichte der Stadt Kempten. Kempten 1989, 257–273.

[19] Nachweise und Statistik bei *Dotterweich*, Herrschafts- und Vermögenssäkularisation (wie Anm. 3), 142f.

[20] *Franz X. Hartmann*, Die zeitliche, örtliche und soziale Herkunft der Geistlichen der Diözese Augsburg. Von der Säkularisation bis zur Gegenwart 1804–1917. Diss. Erlangen 1918, 21ff. Zur Problematik im Allg. s. *Morsey*, Wirtschaftliche und soziale Auswirkungen (wie Anm. 12), 313.

[21] Vgl. vor allem *Dietmar Stutzer*, Die Säkularisation 1803. Der Sturm auf Bayerns Kirchen und Klöster. München 3. Aufl. 1990; ferner *Dipper*, Probleme (wie Anm. 3) und *Mempel* (wie Anm. 13). Zum Folgenden: *Rottenkolber*, Fürstabtei Kempten (wie Anm. 11), 23ff. u. 49; *Dotterweich*, Herrschafts- und Vermögenssäkularisation (wie Anm. 3), 145ff.

[22] Vgl. *Hermann Schmid*, Säkularisation und Schicksal der Klöster in Bayern, Württemberg und Baden 1802–1815. Überlingen 1975.

[23] *Rottenkolber*, Irsee (wie Anm. 10), 237; zum folgenden *Ders.*, Oberelchingen (wie Anm. 10), 26, u. Fürstabtei Kempten (wie Anm. 11), 62.

[24] Vgl. *Pankraz Fried*, Zur Geschichte der dörflichen Unterschichten in den ländlichen Siedlungen Bayerisch-Schwabens, in: Zs. HV f. Schwaben 71 (1977), 109–129; *Andreas Schlittmeier*, Die wirtschaftlichen Auswirkungen der Säkularisation in Niederbayern, in: Verh. HV f. Niederbayern 87 (1961), 25f., 70 u. passim.

[25] Einzelnachweise bei *Dotterweich*, Herrschafts- und Vermögenssäkularisation (wie Anm. 3), 149f.

[26] Vgl. zum folgenden vor allem die Beispiele Ottobeuren und Roggenburg; dazu: *Josef Heider*, Grundherrschaft und Landeshoheit der Abtei Ottobeuren, in: StMittOSB 73 (1962), 63–95; *Rottenkolber*, Roggenburg (wie Anm. 9), 25. Zur Grundentlastung: *Friederike Hausmann*, Die Agrarpolitik der Regierung Montgelas. Bern 1975.

[27] *Rudhart*, Königreich Baiern (wie Anm. 10), 158.

[28] Verordnung vom 31.06.1803, gedr. bei: *Georg Ferdinand Döllinger*, Sammlung der im Gebiete der inneren Staats-Verwaltung des Kgr. Bayern bestehenden Verordnungen. Bd. 5. München 1838, 325.

[29] *Hausmann*, Agrarpolitik (wie Anm. 26), 205.

[30] *Eberhard Weis*, Die Begründung des modernen bayerischen Staates unter König Max I. (1799–1825), in: *Max Spindler* (Hg.), Handbuch der bayerischen Geschichte. Bd. IV/1. München 1978, 44.

Alles ist nahrungslos …

Die Auswirkungen der Säkularisation auf das Handwerk Schwäbisch Gmünds

von Heike Krause

Keine Nahrung unter allen Professionisten, Geldmangel, unsere Herren und Offizianten wie auch Geistliche sehen ihrem Ende nahe entgegen, schrieb der Gmünder Chronist Dominikus Debler am 14. Januar 1803[1] unmittelbar vor dem Beschluss der letzten außerordentlichen Reichsdeputation vom 25. Februar 1803.

Um die Tragweite der Säkularisierung für die Stadt Schwäbisch Gmünd zu verstehen, ist ein kurzer Exkurs in die Wirtschaftsgeschichte notwendig. Eine der ersten Beschreibungen der Gmünder Ökonomie findet man in der *Cosmography oder Weltbeschreibung* des Sebastian Münster, gedruckt in Basel 1544. Dort heißt es: *Es ist zu unsern Zeiten groß Gewerb da von Christallinen* [von Glas], *Augstein* [Gagat] *und beinen Pater noster.*[2]

Dass sich im mittelalterlichen Schwäbisch Gmünd gerade die Herstellung von Paternostern, Rosenkränzen, etablierte, lässt sich wohl großteils mit der Dominanz der katholischen Kirche, dem Neubau des Heilig-Kreuz-Münsters im 14. Jh., der Existenz zahlreicher kleinerer Kirchen und vor allem mit der Ansiedlung von fünf klösterlichen Niederlassungen[3] in der Stadtgemarkung seit dem 13. Jh. erklären. Diese Häufung klerikaler Institutionen – im Vergleich: vor der Reformation gab es in der etwa gleich großen Stadt Schwäbisch Hall zwei Klöster (Franziskaner und Johanniter) und eine Beginenklause – führte zu einer Hinwendung der Gmünder Handwerker zur Herstellung von Devotionalien, und dazu zählten vor allem die Paternoster als ein Artikel, der in allen Bevölkerungsschichten Eingang und Verwendung gefunden hatte. Wohl ausgehend von den Handarbeiten, die von Klosterangehörigen für die Gläubigen als Wallfahrtsandenken und für die häusliche Andacht gefertigt wurden, entdeckte die ›weltliche‹ Bevölkerung ein Betätigungsfeld, das im Zeitalter stark wachsender Kirchlichkeit und Frömmigkeit für ausreichende Nahrung sorgte. Vermutlich nutzten auch die ansässigen Goldschmiede diese damalige Zeiterscheinung, um sich ein Auskommen zu sichern. Sie wurden zum einen zu Zulieferern für die »Paternosterer«, indem sie diese mit Perlen und Zwischengliedern aus Silber und Messing versorgten, zum anderen aber entdeckten die Goldschmiede rasch eine damals populär werdende ›Marktlücke‹: den Ablasshandel. Bereits in der Hochscholastik bildete sich die Theorie des Ablasses (lat. »indulgentia«) als ein Erlass kirchlicher Bußstrafen heraus, der sich auf die ›Verdienste‹ des Gläubigen gründete. Im Verlauf des 15. Jhs. wurde die Idee vom Ablass zunehmend als kuriale Einnahmequelle ausgenutzt. In diesem Zusammenhang wurden die Ablassmünzen geprägt und vor allem in Wallfahrtsorten an Gläubige verkauft. Gefasst fanden Ablassmünzen ihre häufigste Verwendung als Anhänger am Rosenkranz. Die Gmünder Wirtschaft lebte in vorreformatorischer Zeit fast ausschließlich von der Produktion von und dem Handel mit Devotionalien. Dies ist wohl auch ein Grund dafür, dass Gmünd eine der wenigen Reichsstädte war, in der die Reformation nicht Fuß fassen konnte: Die Bevölkerung hätte dadurch ihre eigene Existenzgrundlage vernichtet.

In der Zeit der Gegenreformation und des Dreißigjährigen Krieges stieg die Zahl der Goldschmiede kontinuierlich. Gerade der kirchenpolitische Umbruch, das Wiedererstarken der katholischen Kirche und die Festigung des katholischen Glaubens in der

Bevölkerung sorgten für diese rasche Zunahme der Handwerker und die sich dadurch erhöhende Produktionsrate: Die Katholiken mussten in Zeiten glaubensmäßiger Unsicherheiten und Irritationen mit heilsverkündenden Realien – Devotionalien – versorgt werden, um den Glauben auch durch Äußerlichkeiten zu binden und zu festigen. Doch Devotionalien wurden nicht allein zur Stärkung des Glaubens jedes einzelnen Katholiken gebraucht, sondern auch als veräußerlichtes Zeichen für die Zugehörigkeit zur »Rechtgläubigkeit«. Das öffentliche Tragen der Rosenkränze in Gmünder Ratssitzungen sollte nicht nur ein Ausdruck des Trägers für seine Konfessionszugehörigkeit, sondern vielmehr auch Sinnbild für die Rechtgläubigkeit der gesamten Gmünder Bevölkerung sein, und dies wollte man vor allem dem katholischen Kaiser demonstrieren. Durch die Gegenreformation und die Stärkung des Katholizismus war die Wirtschaft Gmünds auf eine solide Basis gestellt. Die verinnerlichte und veräußerlichte Frömmigkeit in der Bevölkerung verlangte nach Zeichen in Form von Devotionalien. Der Broterwerb vieler Goldschmiede – die den Wunsch der ›breiten Masse‹ nach preisgünstigen Zeichen stillten – war gesichert, und der ›Markt‹ oder die Nachfrage verlangte damals geradezu nach einer Wachstumssteigerung im Gewerbe. Die Gmünder Goldschmiede hatten sich also, bedingt durch die Zeitumstände, auf die Herstellung von religiösen Massenprodukten für den Export in katholisch gebliebene Regionen Mitteleuropas spezialisiert.[4]

Das Ende der Reichsstadtzeit

Seit Ende des 18. Jhs. hatte die Wirtschaft der Stadt Gmünd zunehmend mit Problemen zu kämpfen – mit Problemen, die zum Teil aus der wirtschaftlichen Struktur der Stadt selbst resultierten, die aber auch die politische Lage in Europa nach sich zog. Die Spezialisierung auf die Produktion von sogenannten Luxusgütern, zu denen auch billige Devotionalien (Rosenkranzperlen und gefasste -anhänger, Kreuze, Walpurgisölbüchschen etc.), kleinteiliges Silbergerät, Körper- (v. a. Haarnadeln) und Gewandschmuck (Knöpfe, Haken, Schnallen etc.) trotz der massenhaften Produktionszahlen zu rechnen sind, die fortschreitende Abhängigkeit der Goldschmiede von den Handelshäusern, der Verlust von Absatzgebieten durch die merkantilistische Politik des Kaisers Joseph II., das Festhalten an veralteten und erstarrten Ordnungen in Gmünder Politik und Handwerk verschärften unter anderem die ökonomische und finanzielle Lage der Stadt. Die beiden Koalitionskriege gegen Frankreich von 1792 bis 1797 und 1799 bis 1801 und die mit ihnen einhergehenden Requisitionen und Plünderungen brachten die Stadt an den Rande des Bankrotts. Einen weiteren Tiefpunkt erlebte die Stadt 1802 mit dem Übergang an das Herzogtum Württemberg. Der Verlust der Reichsunmittelbarkeit und damit die Degradierung von der freien Reichsstadt zu einer württembergischen Oberamtsstadt, der Abstieg eines selbstherrlich regierenden Magistrats, der nur dem Kaiser untertan war, zu einem reinen ›Ausführungsorgan‹ württembergischer Verordnungen sowie das Ersetzen der katholischen Gmünder Obrigkeit durch württembergische – und dazuhin evangelische – Beamte führten sozusagen zu einer ›Identitätskrise‹ in der Gmünder Bevölkerung. Dazu beigetragen hatte sicher auch das beherrschende Auftreten der Württemberger gegenüber der abgewirtschafteten Stadt und ihrer Bevölkerung. Ressentiments, Vorurteile und sonstige Vorbehalte, die die neuen ›Machthaber‹ gegen Gmünd und überhaupt gegen die neuwürttembergischen Landesteile hegten, wurden besonders in der *Geographie und Statistik von Wirtemberg* des altwürttembergischen pietistischen Pfarrers Philipp Ludwig Hermann Roeder deutlich. Er schrieb über die Gmünder Einwohner, sie seien *in ihrem Fleiß und Gewerbsamkeit, und damit auch in ihrem Wohlstande und Nahrung weit herabgekommen* [...]. *Nirgends wird man mehr Bettler finden, welche die Fremden haufenweise anfallen, als in Gmünd, und gewiß nirgends mehr müssige Leute, als eben da.* [...] *Die verderblichste Art des Luxus hat eingerissen, nemlich die, wenig zu arbeiten, und dann den Verdienst schnell wieder zu verzehren.* Roeders Polemik galt vor allem dem Katholizismus und seinen ›Auswüchsen‹: *In der Stadt Gmünd sind zu 5.600 Seelen 18 Kirchen, von deren Thürmen ein immerwährendes Geklingel ertönt, welches die Leute einladet, von der Arbeit weg, und in die Kirchen zu laufen. Dieses behagliche Nichtsthun wird endlich zur Gewohnheit, und zur*

Schwäbisch Gmünd um 1810
Kol. Radierung, Johann Sebald Baumeister (1775–1825). Museum und Galerie im Prediger, Schwäbisch Gmünd.

Veranlassung, auch andere Zerstreuung aufzusuchen, wozu die Religiosität, die Möncherei und Fanatismus die Hand bietet. [...] *Werden nun nicht diese Quellen des Müssiggangs verstopft, diese 18 Kirchen bis auf 2 oder 3 geschlossen, und die Wallfahrten, Prozessionen und Feiertage aufgehoben, so wird Gmünd auch bei allen Bemühungen für die Industrie nie wieder zu seinem ehemaligen Wohlstande kommen.*[5]

Aus freien Reichsbürgern sind wir Heloten geworden, in schrecklich harte Dienstbarkeit gefallen, so beschrieb Dominikus Debler die Situation Gmünds nach dem Übergang an Württemberg aus seiner, nämlich Gmünder Sicht.[6] In seiner *Chronica* kommentierte er diese ereignisreiche Zeit und ihre Folgen; z. B. 1799, *Handel und Wandel stehet still, Geld ist rar und alles sehr tot,*[7] und 1801, *Handwerksleute* [...] *können ihren Lohn nicht erhalten, und so stockt eine Hand die andere, wo wird es zuletzt hinauslaufen? Die Frankfurter Meß war äußerst schlecht, keine Nahrung,* [...] *was wird zuletzt werden?*[8] Die Eintragungen in den städtischen Akten über Arbeitslosigkeit und Verarmung der Bevölkerung nahmen in dieser Zeit kontinuierlich zu. Verschärft wurde die Situation 1803 durch die Säkularisierung der Kirchen und Klöster und das Verbot von Wallfahrten, denn nun geriet der Verkauf von Devotionalien und Ablassmünzen völlig ins Stocken. *Die Zeiten haben sich geändert, viele Bürger leiden wegen Härte der Zeit an ihrer Nahrung* [...]. *In summa alle Professionen leiden ziemlich, was erst die hiesige Fabrik der Gold- und Silber- und Messingarbeiter samt dem Händler und Kaufmann, wie viel War haben sie in den vielen Prälaturen, Abteien und Klöstern jährlich verschliessen, die alle derzeit und gleichfalls auf einmal aufgehoben,*

folglich auf einmal soviel Nahrungszweig hinweggenommen, schrieb Dominikus Debler am 14. Januar 1803.[9] Im Herbst 1805 hatte sich an der Lage nichts verändert: *Alles ist nahrungslos, kein Goldschmied, weniger ein Professionist, hat jetzt Arbeit; die Gesellen werden nur für die Kost, ohne Lohn behalten, allein jetzt schickt man sie gar fort, über eine kleine Weile kann es so mit Knechten und Mägden gehen.*[10] Überhaupt ähnelten sich die Einträge des Chronisten Debler in den darauffolgenden Jahren. 1806 hieß es: *Immer wird die Aussicht schlechter für die hiesige Inwohnerschaft* [...]. *Vor wenigen Jahren wurde Österreich gesperrt, dadurch hiessiger Handel einen starken Stoss bekommen, dann wurde Frankreich gesperrt, mehrere Plätze in der Schweiz, jetzt soll ganz Italien gesperrt werden, und darf keine andere Ware dahin gehen, als Leder und Leinwand. Nach Preussen, Sachsen soll in 6 Monaten keine Mess noch Markt gehalten werden. Holland ist ganz gesperrt, und was sieht man nun in Zukunft, daß Bayern, Salzburg, Frankfurt und überhaupt alles nachfolgen wird, so daß nirgends mehr eine Handelsschaft wird bestehen können, ein jedes Land wird nur suchen, von seinen Produkten zu leben, was wird aber aus uns werden?*[11] 1807: *Bisher hat man sich immer auf bessere Zeiten getröstet, allein je länger, je schlimmer wird die Zeit. Man ist jetzt zwar eine Zeit her ganz frei von Durchmärschen und Einquartierungen, dagegen aber immer mehr und mehr Steuern und Abgaben zu entrichten, so daß es bald nichts mehr aufzutreiben sein wird. Dazu kommt leider, indem in den preussischen Landen der Kriegsschauplatz, wodurch die dortigen Messen und Märkte eingestellt, und viele Bancrotte entstehen werden, wobei hiesige Handlungshäuser sehr viel dabei verlieren* [...].[12] 1810: *Daß die Handlung hier nicht nur viel leidet, sondern algemach zu Schaden geht, erfährt man täglich klarer. Die größten Handlungshäuser klagen nicht nur, sondern sie sind gezwungen zurückzuhalten, wo sie nur können und sicher sind, sie geben keine Bestellung den Arbeiter als das sie just gebrauchen, und das sind nur wenige.* [...] *Die* [Handlungs-]*Häuser ziehen sich zurück und die Arbeiter sitzen ohne Arbeit, ohne Brot, was soll es werden?*[13] 1811: *Alles teuer und wenig Nahrung. Die Handlungen haben aufgehört zu zahlen.* [...] *Viele Goldschmiede mußten ihre Häuser verkaufen und das um ein Spottgeld.*[14] 1813: *Von hiessigen 1.200 Bürgern sind sicher hier 600 bettelarm, von 1.200 Bürgern haben kaum 300 Arbeit, die andern leben vom Gewinn, die andern vom Bettel.*[15] 1814 kam es zu einer kurzfristigen Entspannung der Lage, bedingt durch den Pariser Frieden und die Neuordnung Europas auf dem Wiener Kongress, aber auch durch die Einrichtung der Kontrollanstalt für Silberwaren[16] in Gmünd 1813: *Die Messen sollen ziemlich gut ausgefallen sein, die Goldschmiede haben dadurch ziemlich gut Arbeit.*[17] Juli 1814: *Die Gold- und Silberschmiede haben* [...] *genug zu tun, und können nicht alles machen, weil ihnen Gesellen fehlen, – es sind viele beim Militär.*[18] November 1814: *Mit der Handlung sieht es auch gut aus, die Arbeiter haben*

Ein Gmünder Goldschmied
Selbstbewusstes Porträt des Gmünder Goldschmieds Jacob Riegert (vulgo Mäusle). Die Darstellung widerspricht aber der tatsächlichen Situation der Gmünder Handwerker, die um 1800 großteils am Rande des Existenzminimums lebten.
Öl auf Holz in Filigranrahmung, um 1800.
Museum und Galerie im Prediger, Schwäbisch Gmünd.

viel Arbeit, und werden sich bald wieder erholen.[19] Doch aufgrund der Unflexibilität der Gmünder Wirtschaft und der Starrheit von Handwerk und Betriebsformen musste Debler 1819 erneut vermerken: *Goldschmiedsprofession: die etwas gehabt, haben es eingebüßt, derzeit ist alles nahrungslos.*[20] So verwundert es nicht, wenn im Gmünder Gewerbekataster von 1823 zwar 255 Goldschmiedemeister aufgezählt wurden, von denen aber 41 krankheits- oder altershalber nicht mehr arbeiteten, zwei Almosen empfingen und 61 Meister in einem anderen, manchmal nur periodisch ausgeübten Beruf (unter anderem als Ratsdiener, Bretterhändler, Bierschenk, Torwart, Waldinspekteur und als Musikant) tätig waren. Insgesamt gab es nur achtzehn Werkstätten, denen ein ordentliches Auskommen bescheinigt wurde![21]

Von der wirtschaftlichen ›Trostlosigkeit‹ berichtete auch der damalige Stadtarzt in Schwäbisch Gmünd Franz Joseph Werfer in seinem *Versuch einer medizinischen Topographie der Stadt Gmünd* 1813: *Leider aber ist der Handel mit diesen Artickeln* [Werfer sprach zuvor von *allen Gattungen von Bijouterie*[22] *und Filigranartickeln*] *äußerst gesunken, und seit vielen Jahren so unbedeutend, daß nur wenige unsrer Goldschmiede, und diese nur zu Zeiten einige Arbeit und Beschäftigung, und folglich wenig und seltenen Verdienst haben; und der immer sinkende Wohlstand und die stets mehr zunehmende Nahrungslosigkeit, zunächst unserer Manufakturisten* [Handwerker], *von wo aus sich die traurigen Folgen dann auf alle übrige Klassen der Einwohner erstrecken und verbreiten, werden täglich sichtbarer und drückender, wie die jährlich sich mindernde Zahl sonst steur- und zahlbarer Bürger, und die wachsende Mehrheit der Armen und Mittellosen sprechende Beweise sind.*[23]

Geld ist rar … – Versuch eines Neubeginns

Bereits Mitte November 1802 waren die neuen Landesherren durch Beschlüsse der Reichsdeputation ermächtigt worden, die ihnen zugeteilten Gebiete, als Entschädigung für die an Frankreich abgetretenen Areale, in Besitz zu nehmen. Als Termin wurde der 23. November festgesetzt, an dem der Regierungsrat Karl Graf v. Reischach in vier Städten (Ellwangen, Aalen, Gmünd und Schwäbisch Hall mit Comburg) den »Besitzergreifungsakt« durchführen sollte. Der Umfang der Tätigkeiten machte es jedoch erforderlich, dass ihm der Rentkammer-Rat Johann Friedrich Bernritter für die Reichsstädte Aalen und Gmünd zur Seite gestellt wurde.[24] Am 27. November 1802 verlas Bernritter in Gmünd das herzogliche *Patent* für die *Civil-BesizErgreiffung* und ließ die Angehörigen des Magistrats *Handtreue an Aides stadt* schwören.[25] Zwei Tage später schrieb Bernritter an den Herzog von Württemberg, dass er bei der Überprüfung der bisherigen Stadtverwaltung feststellen musste, *in welch zerrüttetem Zustand sich das Oekonomie- und Rechnungswesen* […], *dem ich nun in allen seinen Teilen näher auf den Grund zu sehen mir angelegen seyn lassen werde, befindet.*[26] Es zeigte sich, dass das in den Kassen vorhandene Bargeld von 5.505 fl. 27 kr.[27] einem Schuldenberg von 1.028.762 fl. gegenüberstand.[28] Bernritter erhielt kurze Zeit später die Anweisung aus Stuttgart, den *unglaublich zerrütteten Zustand des Oeconomie- und Rechnungswesens der Stadt Gmünd* […] *genau zu untersuchen, um womöglich auf den Grund dieser herrschenden unverantwortlichen Nachläsigkeit oder Treulosigkeit zu kommen.*[29]

Aus dem Jahre 1803 findet sich im Staatsarchiv Ludwigsburg ein anonymes handschriftliches Manuskript mit dem Titel *Bemerkungen über die Industrie und den Nahrungszustand der hiesigen Stadt und einige der vorzüglichsten Hindernisse, die diesen im Weg stehen, nebst einigen weitern die Stadt und ihre Einwohner betreffenden Notizen.*[30] Das Schriftstück stammt vermutlich aus der Feder des Kanzleiadvokaten Sattler, der am 3. Dezember 1802 Bernritter in Schwäbisch Gmünd ablöste[31], bzw. von einem von Sattler aus Stuttgart angeforderten *Substituten.*[32] Wichtiger als der Name des Autors sind dessen Beschreibungen über den Zustand der Stadt und seine Ideen zur Verbesserung der wirtschaftliche Situation. So heißt es bei ihm: *Der vorzüglichste Nahrungszustand der Stadt ist Handel a) mit Waaren von Gold, Silber, Similor, Tomback, Zinn, Messing und anderen Metallen mit oder ohne Steine in dichter oder Filigran=Arbeit, welche durch die hiesigen Gold- und Silberarbeiter verfertiget werden und b) mit Baumwolle.* […] *Da der Handel dieser hiesigen Waaren durch die bisherig kriegerischen Zeiten, den allgemein herrschenden Geldmangel*

und durch den denselben nunmehro verwehrten Eingang in allen österreichischen Staaten seit einigen Jahren sehr gesuncken ist, so hat dieß auf den ehemaligen Wohlstand der hiesigen Stadt und auf die Nahrungsquellen der Arbeiter und Handelsleuthe den nachtheiligsten Einfluß, so daß viele der erstern wenige oder gar keine Geschäfte mehr zu machen finden. Als Möglichkeit, die bestehende Arbeitslosigkeit unter den Goldschmieden einzudämmen, schlug der Schreiber die *Errichtung einer besonderen Bijouterie-Fabrik in hiesiger Stadt* vor, *wozu sich das Lokale von einem oder dem anderen der vorhandenen Gebäude von den hier aufgehobenen Klöstern leicht anbieten würde.* Durch eine solche Maßnahme *möchte zwar die Klasse der unbeschäftigten und armen Gold- und Silberarbeitern die sich nach Arbeit und Dienst sehnen, vielleicht auf einmal am besten aufzuhelfen seyn, allein, es wäre hiebey zu überlegen, ob nicht durch Ausführung dieses Projekts die Klasse der vielen hiesigen Kauf- und Handelsleuthe, die sich bisher von dem Verkauf dieser Arbeiten fast ausschließend ernährt haben, vollends gänzlich zu Grunde gerichtet werden würde.* Der Schreiber erkannte zwar die starke Lobby, die die Kauf- und Handelsleute in Gmünd innehatten, doch er meinte, dass der eine Berufszweig nicht *auf Kosten des anderen zu erhalten* sei, und dass in erster Linie die ökonomische Situation der Goldschmiede verbessert werden müsse. Um die Goldschmiede autark von Orten zu machen, die bezüglich der Bearbeitung von Silber und Gold den Weg in die Technisierung eingeschlagen hatten, schlug der Schreiber vor, solle *auf Kosten des Staates (weil sich bisher keiner der hiesigen Partikuliers zu diesem Aufwand verstehen wollen) eine Guillochiermaschine angeschafft werden, um nicht alle Arbeiten, die das Guillochieren*[33] *erfordern, hiezu mit Kosten außwärts verschicken* zu müssen. *Dies würde höchstens einen Aufwand von 1.500 bis 2.000 fl. erfordern, der sich vielleicht schon an sich durch eine mäßige – vom jedesmaligen Gebrauch der Maschine zu reichenden Abgabe verinteressieren dörfte, der Vortheile nicht zu gedencken, welche der beträchtlichen Klasse dieser samtlichen Arbeiter und folglich mittelbarerweise immer auch dem Staat selbst zugehen würde.*[34] An dieser Ausführung lässt sich erkennen, dass die Goldschmiede bzw. ihr Handwerksvorstand sich immer strikt den technischen Innovationen verschlossen hatten, dass sie aber nicht umhin kamen, trotzdem die Neuerungen zu nutzen. Anstatt sich den Entwicklungen offen zu zeigen und vielleicht diesbezüglich eine Vorreiterrolle einzunehmen, vergab man die nur mit Maschineneinsatz zu realisierenden Arbeiten nach auswärts und bezahlte die hierfür anfallenden, hohen Kosten. Die Vorstellung des württembergischen Beamten bzw. die allgemeine Kritik der Beamten an der Wirtschaftsführung in Gmünd stieß sowohl bei der ehemaligen Obrigkeit als auch beim Handwerk auf Unverständnis und Ablehnung. Dabei könnte es auch eine Rolle gespielt haben, dass die Ideen und Kritiken von einer als unliebsam empfundenen, aufoktroyierten Macht formuliert wurden, die für die Gmünder sicher einen ›besserwisserischen‹ und auch bevormundenden Beigeschmack hatten.

Rosenkranzanhänger in Herzform
Sog. »Herzpfennige« wurden zwischen 1734 und 1837 aus Schwäbisch Gmünd nach Altötting geliefert.
Zwei Messingmünzen mit Altöttinger Gnadenbild und Gnadenkapelle in Silberfiligranfassung, spätes 18. Jh.
Wallfahrts- und Heimatmuseum Altötting.

Gerade die Forderungen nach Rationalisierung und nach Steigerung der Effektivität in der Goldschmiedebranche kam einer generellen Infragestellung der Gmünder Ökonomie gleich und wurde deshalb vehement abgelehnt. So schrieb zum Beispiel Dominikus Debler in seiner *Chronica* über die Mechanisierung im Gewerbe – und mit seiner Meinung identifizierte sich wohl die Mehrheit der Gmünder Handwerker: *Betrachte die viel Maschinen, was für ein Aufwand! und was für ein Nutzen. Sie ist der Ruin ganzer Familien, ganzer Städte und Dörfer. Die Maschin' ist in einer reichen Hand, sie verfertiget von 10, 15, 20 und mehrer Händ die Arbeit mit 2–3 Händ. Die Waren werden mehr verfertiget, sie kommt wohlfeiler, man gibt auch wohlfeiler ab und das Facit ist: Alle Arbeiter stehen still ohne Arbeit, weil die Maschine arbeitet, sie zehren sich auf und werden Bettler. Das sind Folgen der neuen Erfindung.*[35] Debler verschloss in seiner Aussage die Augen vor der Realität: Er glaubte, dass mit der Maschinenproduktion die Produktionsmittel allein in der Hand weniger reicher Fabrikanten monopolisiert würden und dadurch der Arbeiter ›unfrei‹, angewiesen auf den Besitzer der Produktionsmittel, wäre. Die Mehrzahl der Goldschmiede war bereits seit der Mitte des 18. Jhs., obwohl sie über die Produktionsmittel verfügten, von den Kauf- und Handelsleuten vollständig abhängig, die sie mit Aufträgen und Rohstoffen versorgten und den Absatz organisierten. Das Bild von dem Goldschmied, der in seiner Werkstatt mit seinem Gesellen und Lehrjungen, nur sich selbst und seinem Kunden verantwortlich zeichnend, am Brett arbeitete, oder wie Debler an anderer Stelle idealisierend meinte: *Jedes Haus eines Goldschmieds ist eine Fabrikstätte im kleinen*[36], stimmte schon lange nicht mehr.

Die allgemeine Fortschrittsfeindlichkeit lässt sich auch an dem Streit der Gebrüder Debler mit den Gmünder Glasschleifern ablesen. 1803 wollte das *Gebrüder Debler'sche Handelshaus* Schleifmaschinen anschaffen. In dieser Zeit stand in Gmünd das Perlenstricken in hoher Blüte, und die Frauen fertigten in dieser Technik Taschen, Beutel etc. Aus diesem Grunde stieg der Bedarf an Glasperlen stark an; größere Glasperlen wurden zudem auch zu Rosenkränzen verarbeitet. Die in der Stadt ansässigen Glasschleifer konnten diese Nachfrage nicht mehr befriedigen; sie befürchteten aber, dass die Maschinen ihnen plötzlich die Arbeit wegnehmen könnten und klagten deshalb beim Oberamt: mit Erfolg. Die Maschinen durften nicht eingeführt werden.[37]

Der Weg in die Industrialisierung

Einer der wenigen Gmünder, der die Mängel innerhalb der heimischen Wirtschaft erkannte, war der Kaufmann Johann Chrysostomus Mayer.[38] Im Jahre 1818 gab er eine Denkschrift mit dem Titel *Ideen über den Verfall des Handels und der Fabrikation von Gmünd, und die mögliche Verbesserung derselben*[39] heraus, die auch dem württembergischen König und der königlichen Regierung übergeben wurde.[40] Aus der Sicht des Kaufmanns beschrieb Mayer die gegenwärtige katastrophale Wirtschaftslage, nicht nur im Goldschmiedehandwerk, sondern auch in der Herstellung und dem Vertrieb von Baumwollwaren und Pfeifenköpfen[41], er analysierte die Ursachen und unterbreitete »Vorschläge«, wie die bestehenden Missstände zu beseitigen seien, und somit der Wirtschaft neuer Auftrieb gegeben werden könne. Mayer beurteilte dabei die spezifische Gmünder Produktion sehr viel realistischer als einige seiner Zeitgenossen, die sich den in dieser Zeit einsetzenden verherrlichenden Tendenzen über die Vergangenheit des Goldschmiedehandwerk anschlossen. Er meinte z. B., dass die (Silber)-Waren aus Gmünd ihre weite Verbreitung im 18. Jh. *keineswegs durch die Vorzüge unserer Fabrikate* [...] erfahren hätten, *sondern daß nur begünstigende äußere Zufälle, als der allgemeine Wohlstand der Völker, der Geldfluß und dessen durch den Krieg beförderte Cirkulation, die Wohlfeilheit der Lebensbedürfnisse, der Mangel an Fabriken und Arbeitern und der leichter zu befriedigende Geschmack jener Zeit dieses Resultat erweckt und befördert haben, und daß widrige Umstände die umgekehrte Erscheinung hervorbringen werden und müssen, weil das ganze Gebäude unsers Glücks ohne Grund, und den Einflüssen der Zeit unbedingt überlassen sey.*[42]

Eine wichtige Rolle spielte für Mayer die veralteten technischen und personellen Strukturen. Als völlig unzeitgemäß betrachtete er die Heimarbeit der Goldschmiede: *Bey uns besteht keine eigentliche Fabrik-*

Rosenkranzanhänger
Die Form des abgebildeten Reliquiars verweist unverkennbar nach Weingarten. Der Anhänger könnte für einen Heilig-Blut-Bruderschaftsrosenkranz bestimmt sein.
Emailmalerei in reichem Silberfiligranrahmen, Schwäbisch Gmünd, um 1800.
Museum und Galerie im Prediger, Schwäbisch Gmünd.

Einrichtung und Anstalt [...], *sondern jeder einzelne Meister bildet mit seiner Familie, höchstens mit ein Paar* [sic!] *Gesellen und Lehrling eine besondere Werkstälte* [sic!] [...]. *Dergleichen Werkstätte einzelner Arbeiter können unmöglich für sich die Vortheile erreichen, und ihren Fabrikationen die Vorzüge geben, die aus einer vollständigen Fabrikeinrichtung gleichsam von selbst hervorgeht.* [...] *Was könnte auch der Einzelne leisten, was nur vereinten Kräften möglich ist?*[43] Eine hohe Arbeitsteiligkeit, dadurch Verringerung der Produktionszeit und Erhöhung der Produktivität des einzelnen Arbeiters, Rentabilität durch Technisierung oder Mechanisierung, Senkung der Preise bei gleichzeitiger Qualitätssteigerung, all dies sah Mayer durch die neue industrielle Produktionsform gewährleistet: Er forderte *Maschinen, Künstler und Anstalten.*[44] Das generelle schlechte Ansehen der Waren aus Gmünd, verursacht durch ihre Geringlö-

tigkeit[45], eine mangelhafte Ausbildung der Goldschmiede und ihre Zulassung zum Meister ohne Vorweisung von Qualifikationen (Meisterstück), der Hang der Goldschmiede *zu Vergnügen* und Verschwendungssucht, gepaart mit *Arbeitsscheu*[46], die Rolle des Handwerksvorstandes bei der Zulassung bzw. Verhinderung neuer Technologien, die fehlende Motivation des einzelnen Goldschmieds, neues zu lernen, und der *Mangel an Lehr- und Bildungs-Anstalten*[47] führten nach Mayers Ansicht dazu, dass Schwäbisch Gmünd weit hinter seinen Möglichkeiten zurückgeblieben und von anderen Goldschmiedezentren, z. B. Pforzheim, schließlich überrundet worden sei. *Alles schüttet sich aus in bittern Klagen über die Zeit, die man als die einzige Ursache alles Mißgeschicks ansieht, ohne in sich selbst den Hauptgrund der Nahrungslosigkeit erkennen zu wollen.*[48] Anstatt Auswege aus der Misere zu suchen und zu beschreiten, würden die Betroffenen ihre Hände in den Schoß legen und auf bessere Zeiten warten. Zwar könne man nichts gegen die Zeitumstände tun, sehr wohl aber etwas gegen die *Konkurrenz*[49] von außen. Doch in Schwäbisch Gmünd blieben sowohl Mayers Ideen und Vorschläge als auch die Ratschläge der württembergischen Regierung weitgehend ungehört.

Im Vergleich zu Pforzheim, wo es 1810 bereits 21 Betriebe gab, die industriell produzierten[50], etablierten sich in Schwäbisch Gmünd die ersten Manufakturen in der Edelmetallbranche, die sich durch die Merkmale Arbeitsteilung und Maschineneinsatz definierten, relativ spät. Der erste Betrieb, auf den diese Beschreibung zutraf, war die 1832 von dem Esslinger Kaufmannssohn Gustav Friedrich Haag gegründete Silberwarenfabrik, wobei bemerkenswert ist, dass ein Auswärtiger und kein Gmünder die Vorreiterrolle übernahm. Haag maß einem umfangreichen Maschinenpark eine große Bedeutung zu. Gefertigt wurden vor allem Leuchter, Salz-, Essig- und Ölgestelle, Schalen, Körbe und Ornamentbeschläge aus Silber – eine bis dahin in Gmünd völlig unbekannte Produktionspalette. Der Nachfolgebetrieb Kott, Walter & Forster erweiterte das Angebot auf Kleinsilberwaren (zum Beispiel Strickzeug- und Nadelbehälter, Schlüsselhaken, Zuckerzangen, Messerschalen, Tortenheber) und Tafelgerät (zum Beispiel Kannen, Platten, Leuchter).[51] Ein weiterer, ebenfalls nicht aus Gmünd gebürtiger Begründer einer Silber- und Metallwarenfabrik war Karl Gottlob Erhard, der Sohn eines Willsbacher Pfarrers. 1843 gründete er mit seinen Söhnen Karl und Julius die Firma Erhard & Söhne, die zuerst Börsenbügel, Collierschlösser, ornamentale Beschläge, Gesangbuch- und Albumschließen, Kirchengerät, Devotionalien und Metallspielzeug aus Silber und Messing, auch Silberfeinguss für die übrigen Gmünder Betriebe in ihrer Gießerei fertigte. Als eine der ersten deutschen Fabriken produzierte man seit 1857 Galvanoplastiken.[52]

Der Übergang von der Herstellung von Devotionalien und billigem Silberschmuck zu Großsilberwaren, Gold- und vergoldetem Schmuck erfolgte im zweiten Drittel des 19. Jhs. *Seit jener Zeit hat aber die echte und die unechte Metall=Bearbeitung einen ganz bedeutenden Aufschwung genommen, denn es wird jetzt hochfeine, mittelfeine und courante Goldschmuckwaaren, Groß= und Klein=Silberarbeit geprägte, gegossene und galvanoplastisch erzeugte Broncewaare hier gemacht. Die ganze Branche beschäftigt eine Anzahl von circa 2000 Arbeitern und Arbeiterinnen in etwa 140 verschiedenen Geschäften*, hieß es 1870 in der Oberamtsbeschreibung über die Wirtschaftsstrukturen Gmünds.[53] Erst dieser Wandel führte dazu, dass die verheerenden Folgen der Säkularisation für die Gmünder Wirtschaft letztendlich nach rund 70 Jahre überwunden werden konnten!

[1] StA Schwäbisch Gmünd, *Dominikus Debler*, Chronica – Beschreibung der Heil. Röm. uralt gantz Kathol. Kaiserl. Königl. Freyen ReichsStadt Schwäb. Gmünd. Ms. 12 Bde. 1780–1818/20; Bd. 6, 141

[2] *Sebastian Münster*, Cosmography oder Weltbeschreibung. [Erstmals erschienen 1544]. Basel 1558, 1000.

[3] Dominikanerkloster Gotteszell außerhalb der Stadtmauern, Gründung vor 1246. Innerhalb der Mauern drei Bettelordenskonvente: Franziskaner (seit der 1. Hälfte des 13. Jhs.), Augustinereremiten (seit 1284) und Dominikaner (seit 1294). 1445 wurde das »Seelhaus« gegründet, eine Frauengemeinschaft, die sich in den 1470er Jahren den Franziskanerterziarinnen anschloss.

[4] Vgl. dazu *Heike Krause-Schmidt*, »...ihr Brodt mit kleiner Silber-Arbeit erwerben«. Schwäbisch Gmünd 1999.

[5] *Philipp Ludwig Hermann Roeder*, Geographie und Statistik Wirtembergs. Bd. 2. Ulm, 34ff. Roeder veröffentlichte sein Werk anonym.

[6] *Debler*, Chronica (wie Anm. 1), Bd. 1, 3.

[7] *Debler*, Chronica (wie Anm. 1), Bd. 5, 551
[8] Ebd., 712
[9] *Debler*, Chronica (wie Anm. 1), Bd. 6, 147.
[10] Ebd., 346.
[11] Ebd., 465.
[12] Ebd., 477.
[13] Ebd., 618f.
[14] Ebd., 681f.
[15] *Debler*, Chronica (wie Anm. 1), Bd. 7, 99.
[16] Am 01.01.1813 wurde die erste *öffentliche Gold- und Silberkontrolle* in Gmünd eingeführt. Württ. Beamte kontrollierten bis 1862 das verarbeitete Gold und Silber. Nur ›einwandfreie‹ Produkte, d.h. Ware mit dem vorgeschriebenen Gold- oder Silbergehalt, wurden mit der Stadtbeschaumarke und der Nummer mit der Lötigkeitsangabe versehen.
[17] *Debler*, Chronica (wie Anm. 1), Bd. 7, 186f.
[18] Ebd., 203.
[19] Ebd., 253f.
[20] *Debler*, Chronica (wie Anm. 1), Bd. 14, 72.
[21] StA Schwäbisch Gmünd, Gewerbearchiv Nr. 731: Katastertabelle von 1823.
[22] Der Begriff *Bijouterie* wird in Gmünd erstmals in der Zeit der franz. Besatzung gebräuchlich und meinte ursprünglich alle Arten von Gold-, Silber-, Semilor- und Tombakarbeiten. Im 19. Jh. verstand man darunter serienmäßig hergestellten Schmuck, häufig aus unedlem Material.
[23] *Franz Joseph Werfer*, Versuch einer medizinischen Topographie der Stadt Gmünd. Schwäbisch Gmünd 1813, 92.
[24] *Ursula Laurentzsch*, Der Anfang vom Ende – Politische Strukturen der Reichsstadt im 18. Jh., in: *Stadtarchiv Schwäbisch Gmünd* (Hg.), Geschichte der Stadt Schwäbisch Gmünd. Stuttgart 1984, 293–306.
[25] SAL D 997 Bü 1: Bericht an den Herzog vom 29.11.1802.
[26] Ebd.
[27] Ebd.
[28] *Laurentzsch*, Anfang (wie Anm. 24), 306.
[29] SAL D 997 Bü 1: Schreiben vom 01.12.1802.
[30] SAL D 24 Bü 2 (= D 93 Bü 93).
[31] *Laurentzsch*, Anfang (wie Anm. 24), 306.
[32] SAL D 997 Bü 1: Schreiben Sattlers an den Herzog von Württemberg vom 23.12.1802.
[33] Als *Guillochieren* bezeichnet man die Herstellung einer aus verschlungen Linien bestehenden Verzierung, die im 19. Jh. v. a. auf Dosen, Uhrendeckeln und Gefäßwandungen Verwendung fand.
[34] SAL D 24 Bü 2.
[35] *Debler*, Chronica (wie Anm. 1), Bd. 1, 31.
[36] Ebd., 121.
[37] *Wolfgang Braun*, Geschichtliche Entwicklung und wirtschaftl. Bedeutung des Schmuckwarengewerbes in Schwäbisch Gmünd bis zum Beginn der Industrialisierung. Masch. Dipl.arb. Nürnberg 1970, 99.
[38] Johann Chrysostomus Mayer wurde am 25.10.1784 als Sohn eines Gmünder Kaufmanns geboren. 1824 wanderte er nach Bregenz aus und wollte dort das alte Eisenschmelzwerk *am Bäumle* durch die Gründung einer Aktiengesellschaft zu neuer Blüte erwecken. Außer seiner Denkschrift *Ideen über den Verfall des Handels und der Fabrikation von Gmünd* von 1818 erschienen 1826 eine Ausarbeitung über ein neues Rechnungssystem für Verwaltungen und 1839 eine Abhandlung über die Rentabilität einer Pferdeeisenbahn von Langenargen durchs Argental nach Leutkirch und Ulm. 1850 kehrte er mittellos nach Schwäbisch Gmünd zurück, wo er 1854 starb.
[39] *Johann Chrysostomus Mayer*, Ideen über den Verfall des Handels und der Fabrikation von Gmünd, und die mögliche Verbesserung derselben. o. O. (wohl Schwäbisch Gmünd) 1818.
[40] Ebd., VI.
[41] Ebd., 4. Pfeifenköpfe wurden vor allem in Waldstetten und Rechberg in Heimarbeit hergestellt und überwiegend in den *nordischen Länder Europas* vertrieben. In der Verarbeitung von Baumwolle waren zur Zeit Mayers ca. 5.000 Menschen aus den *bedürftigen Volksklassen in Stadt und Land* tätig. *Diese Punkt fanden auf den Messen von Frankfurt am Mayn bedeutenden Absatz nach dem Ueberrhein und Holland.*
[42] *Mayer*, Ideen (wie Anm. 39), 4.
[43] Ebd., 21.
[44] Ebd., 22.
[45] Die Gmünder Goldschmiede erlangten seit dem 17. Jh. die traurige Berühmtheit, dass sie die vorgeschriebene Lötigkeit, d.h. den Silbergehalt, nicht einhielten.
[46] *Mayer*, Ideen (wie Anm. 39), 26f.
[47] Ebd., 28.
[48] Ebd., 34.
[49] Ebd., 38.
[50] *Wolfgang Braun*, Umrisse einer Wirtschaftsgeschichte des Gmünder Schmuckhandwerks, in: *Peter Scherer* (Hg.), Das Gmünder Schmuckhandwerk bis zum Beginn des XIX. Jhs. Schwäbisch Gmünd 1971, 9–43, 39.
[51] Vgl. *Krause-Schmidt*, Brodt (wie Anm. 4), 142.
[52] Ebd., 143.
[53] Beschreibung des Oberamts Gmünd. Stuttgart 1870, 110.

Die Leistungen der Finanzverwaltung haften für immer auf dem Staatsgut …

Die Verstaatlichung der Haller Saline 1804

von Bernd Wunder

Eine auffallende Besonderheit der Mediatisierung der Reichsstadt Schwäbisch Hall war, dass es der Stadt gelang, den württembergischen Staat bei der Abtretung der Haller Saline zu übervorteilen: Württemberg verpflichtete sich, unabhängig von der alsbaldigen Stilllegung der Haller Saline, zur Zahlung ewiger Renten an den Sieder. Insgesamt änderte dieser Erfolg aber nichts an der langfristigen Provinzialisierung der gesamten Region.

Die Bedeutung der Saline

Die Stadt lebte wirtschaftlich von ihrer Salzquelle.[1] Dies hatte 1802 auch der bayerische Offizier Ribaupierre erkannt, als er Montgelas über die Reichsstadt berichtete: *Die Stadt selbst würde ohne ihre Salzquelle gar nichts sein. Beinahe ganz Württemberg, ein Teil der Rheinpfalz und des Ansbachischen werden von Hall mit Salz versehen. Der übrige Handel ist nichts, Fabriken sind keine im Lande.*[2] Wenn auch nur ein Teil der Bürgerschaft Besitzrechte an der Salzquelle hatte oder direkt an der Salzsiederei beteiligt war, so waren doch indirekt, als Zulieferer, durch die Holzflößerei und den Salzhandel, große Teile der Bürgerschaft wirtschaftlich von der Salzquelle abhängig. Diese Einnahmequelle war jedoch durch die Mediatisierung gefährdet, da der Landesherr die Salzproduktion als Regal einziehen wollte. Um der Beschlagnahme durch den neuen Landesherrn zu entgehen, betonte der Haller Rat das Privateigentum an der Salzquelle. Entsprechend hatte Hall im August 1802 in die Ulmer Denkschrift der Reichsstädte an den Reichstag die Forderung einfügen lassen, *dass bei Bergwerken, Salinen etc. jene Rechte, welche den Städten und Privaten daran als Eigentum zustehen, in ihrer Kraft erhalten werden* (§ 16). Zugleich hatte Hall zusätzlich eine eigene *Denkschrift zur näheren Kenntnis der Salinenverfassung in der kaiserlichen freien Reichsstadt Hall in Schwaben* direkt an die Reichstagsdeputation geschickt. Kurfürst Friedrich anerkannte das Privateigentum an der Haller Saline. Aber da Hall die einzige nennenswerte Saline in Württemberg war, suchte er sie aufzukaufen.

Die traditionelle Nutzung der Salzquelle

Die Nutzung der Haller Salzquelle war lehensrechtlich organisiert: Seit dem Spätmittelalter war die Nutzung in 111 sog. *Sieden* oder *Pfannen* aufgeteilt, deren Inhaber die Sole jahrweise nutzten.[3] Die Lehensinhaber waren aber 1802 mit Ausnahme der Fürsten v. Hohenlohe (6 Sieden) nicht mehr Adlige und Klöster, sondern der Rat der Stadt, das Spital und die Haller Kirche (36 Sieden = 33 %), ferner Ratsfamilien und Geistliche (49 Sieden = 44 %) sowie einige Handwerker (8 Sieden), nicht zuordenbare Witwen etc. Die städtischen Sieden zog der Kurfürst als Staatsbesitz ein, und den übrigen Lehensherren kaufte er 1804 ihre Rechte ab. Die Siedensherren hatten aber ihrerseits die Nutzungsrechte an der Salzquelle gegen eine Geldabgabe (sog. *Rechnung*) an die sog. *Sieder* weiterverliehen. Diese, die zweite hier zu betrachtende Gruppe, besaßen ihre Lehen wie grundherrschaftliche Bauern zu unterschiedlichem Erbrecht: Zwei Drittel der Sieden wurden im Erbgang innerhalb der Siederfamilie auf alle Kinder weitervererbt (68 *fließende*

Erbsieden), wobei das Siederecht nur von einem Familienmitglied gegen eine Ausgleichszahlung an seine Verwandten wahrgenommen wurde. Das letzte Drittel (43 Sieden) waren *freieigene*, d. h. frei verkaufbare Sieden, deren Preis am Ende des 18. Jhs. bei 3.000 fl. lag. Von den 43 freieigenen Sieden waren 24 im Besitz des Rates oder wurden vom Kurfürsten aufgekauft und fielen damit an den württembergischen Staat. Kurfürst Friedrich musste sich also mit den Besitzrechten der Inhaber der 68 fließenden und 19 freien Erbsiedern auseinandersetzen, wenn er den Betrieb der Saline in die Hand bekommen wollte. Schließlich gab es noch eine dritte Gruppe, die als Berufssieder in der Saline arbeitete, aber nur zum Teil, während einiger Wochen, Erbsieder waren, sich anschließend bei anderen Erbsiedern oder dem Rat als Salinearbeiter verdingten oder einzelne Siedewochen als eine Art Subunternehmer kauften.

Der Erwerb der Saline durch Württemberg

Friedrich ließ sich zu Zugeständnissen hinreißen, die durch die baldige Stilllegung der Haller Salzquelle jeder Begründung entbehrten. In mehreren Verträgen zwischen 1804 und 1827 wurden den Siederfamilien ewige Renten zugesagt, die bis heute ausbezahlt werden. Am 30. Mai 1804 machte der Ellwanger Vizekammerdirektor Parrot im *Haller Wochenblatt* bekannt, dass der Kurfürst die Saline aufkaufen wolle und er deshalb zu Verhandlungen nach Hall kommen werde. Am 17. August 1804 wurde der erste Vertrag mit den Vertretern der sog. *Haalverwaltung* abgeschlossen.[4] Darin übernahm der Kurfürst Besitz und Unterhalt der Saline einschließlich der Schulden sowie der Holzflößkosten, d. h. den Salzbrunnen, die Sied- und Gradieranstalten samt allen Grundstücken und Gebäuden, als Eigentum, *um dem Betrieb derselben die möglichste Vollkommenheit zu geben*. Die Lehenbesitzer verkauften die *Oberlehensherrlichkeit des Salzbrunnens*, d. h. ihre Lehenseinnahmen von damals jährlich 240 fl., gegen eine Abschlagssumme an den Kurfürsten. Die Ablösungsbeträge für grundherrschaftliche Abgaben waren damals der 18–25-fache Betrag der jährlichen Abgaben.
Die Abtretung der Lehensrechte wurde jedoch von den Haller Eigentümern an die weitere Nutzung der

Schwäbisch Hall
Ansicht von Norden. Blick vom Rippberg über das westl. Kocherufer auf die Stadt.
Die Ansicht wird dominiert von den Gradieranstalten und dem Reservoir des Salinenbetriebs.
Radierung, farbig aquarelliert.
Hällisch-fränkisches Museum, Schwäbisch Hall.

Quelle durch die Erbsieder gebunden. Man ging von einem Kalenderjahr aus, das nicht mit dem Siedejahr identisch war. Während dieser Zeit hatte jeder Inhaber eines der 111 (später einschließlich zusätzlicher Sieden für Betriebskosten etc.: 135) Siedeanteile oder Pfannen Anspruch auf Sole während sechs Siedewochen, die wöchentlich zwölf sog. *Stippiche* (d. h. Salzfässer à sieben Zentner) Salz ergaben. Von dem wöchentlichen Ertrag von zwölf Stippichen musste der Jahressieder an den neuen Oberlehensherrn zwei Stippiche und statt der üblichen Geldabgaben für den Unterhalt der Saline einen weiteren Stippich Salz abliefern. Ferner übernahm der Kurfürst die Ausgleichszahlungen der Jahressieder an ihre Verwandten in Höhe von 480 fl. Dafür mussten diese weitere vier Stippiche Salz an das herrschaftliche Magazin abliefern. Von den zwölf Stippichen Ertrag pro Siedewoche verblieben den Jahressiedern also jeweils 5 Stippiche Salz, d. h. 42 % des Ertrages. Davon gingen Unkosten für den Kauf des Brennholzes und für den Wochenlohn der Mitarbeiter, d. h. zumeist zur Zeit nicht beschäftigter Jahressieder, ab. Den Rest durften sie frei verkaufen. Die freieigenen Sieder mussten nur zwei Stippiche an den Lehensherrn und ein Stippich Salz von den zwölf Stippichen Ertrag pro Siedenswoche an das staatliche Salzmagazin abliefern. Die freieigenen Jahressieder konnten also mehr Salz auf dem freien Markt verkaufen. Dem Staat kam es 1804 vor allem darauf an, möglichst viel gesottenes Salz für sein geplantes Salzmonopol in die Hand zu bekommen. Den Betrieb der Saline selbst überließ er aber den Siedern in der überkommenen Form, um so den *Nahrungsstand der Bürgerschaft und Siederschaft* zu befördern, d. h. die bisherige Vollbeschäftigung der Haller Bürger zu sichern.

Als der Ertrag der Saline nicht wie erhofft wuchs, die Unkosten für den Betrieb aber stiegen, wurde als erstes der Haller Oberamtmann Dünger 1808 strafversetzt. 1811 setzte der König eine hochrangige Untersuchungskommission mit dem Staatsrat v. Süßkind und dem Bergbaurat Bilfinger ein, die die völlige Übernahme des Betriebes der Saline durch den Staat durchsetzen sollten, d. h. die 1804 getroffene Vereinbarung mit den Siedern gegen eine Entschädigung aufheben sollten. Die brauchbarsten Mitglieder aus der Siederschaft – dies war ein Zugeständnis an die städtische Bevölkerung – sollten als Arbeiter beibehalten werden. Die von der Kommission ausgearbeitete Regelung wurde vom König gebilligt und am 3. Dezember 1811 in Hall publiziert.[5]

Dieses Reskript ist die Grundlage der Siedensrente. Es ging dabei um drei Gruppen. Am besten standen sich die 13 Inhaber der erbfreien Siedensanteile: Ihnen wurde der Ertrag der sechswöchentlichen Siedezeit, d. h. 24 Stippiche bzw. 480 Mess Salz, zum Normalpreis von 1 fl. 30 kr. pro Mess ersetzt, d. h. zu 720 fl. Dazu kamen 80 fl. *Rekompenz* für den jeweiligen Jahressieder als Gewerbeentschädigung, d. h. insgesamt wurde jeder freie Siedensanteil mit jährlich 800 fl. entschädigt. Die 70 erbfließenden Sieden wurden nur mit einem Preis von 1 fl. pro Mess, d. h. mit 48 fl. pro Siedewoche einschließlich 90 fl. Rekompenz, d. h. mit insgesamt 570 fl. entschädigt, die 1812 auf 600 fl. aufgerundet wurden. Die dritte Gruppe bildeten die 195 Siederfamilien (einschließlich der Siederswitwen), die in der Saline arbeiteten und neben ihren Wochenlöhnen durch die Übernahme einzelner Siedensanteile einen zusätzlichen Gewinn erwirtschaften konnten, den sie jetzt verloren. Sie erhielten ein *Benefiz* von jährlich 100 fl. Insgesamt wurden so der Siederschaft 19.500 fl., den Erbberechtigten beider Rechtsformen 49.009 fl., d. h. in summa 68.509 fl. Entschädigung pro Jahr zugesagt. Die Höhe der Renten wurde also nach dem Gewinn aus dem Verkauf von Salz und nach der Arbeitsleistung berechnet.

Über Dauer und Bedingtheit der Zahlungen wurde am 3. Dezember 1811 nichts festgesetzt. Dies wurde jedoch auf Bitten der Betroffenen nachgeholt. Unter dem 20. Januar 1812 sagte der König zu, die Auszahlung der Entschädigung für die dreizehn freieigenen Sieden in Höhe von 800 fl. *ohne auf irgendeinen Wechsel der Zeiten Rücksicht zu nehmen, bis in die spätesten Zeiten auch für die Nachkommenschaft unabänderlich beizubehalten und (dass) also niemals eine sie verringernde Veränderung vorgenommen werden solle*. Die Entschädigung für die freien Erbsieden wurde *als Zins eines wirklichen Kaufschillings* definiert, d. h. Zins für ein verliehenes Kapital. Für die *Fideikommissanteile* der fließenden Erbsieden wurde dies nicht explizit festgelegt. Das Benefiz der 100 fl. wurde *auch den künftigen Siedensfamilien auf solange garantiert, als dieselbe die Ausübung des Siedens, rechtsfolglich auch den Gewinn von ihrem Gewerbe*

entbehren müssen. Künftige Siederswitwen wurden ausdrücklich einbezogen. Dies bedeutete eine Ausdehnung über die 1811 Beschäftigten hinaus auf ihre männlichen Nachkommen.

Die Stilllegung des Haller Salzbrunnens 1825

Die Leichtfertigkeit dieser Zusagen ist umso erstaunlicher, als dass Ende der Haller Salzquelle abzusehen war. Zwar hatte die Haller Saline durch die Gradierung ihrer Sole ihren Ausstoß von 10.000 Zentner zu Beginn des 18. Jhs. auf 80.000 Zentner steigern können, aber zu Beginn des 19. Jhs. hatte aufgrund genauerer geologischer und technischer Kenntnisse die Erschließung von Steinsalzlagern begonnen.[6] Dies führte zu einem dramatischen Zusammenbruch des Salzpreises. 1810 waren im 1805 württembergisch gewordenen Deutschordensgebiet bei Offenau und 1816 in Jagstfeld Solequellen durch Tiefbohrung erschlossen worden, aber Bohrungen, die seit 1812 im Kochertal bei Hall vom neuen staatlichen Salinendirektor Thon vorgenommen wurden, waren ergebnislos geblieben. Erst eine Bohrung bei der Neumühle, zehn Kilometer oberhalb von Hall im Kochertal, stieß 1822 in 95 Meter Tiefe auf ein Steinsalzlager, und 1823–24 gelang es erstmalig in Mitteleuropa, durch einen Schacht im Tiefbau ein Salzbergwerk, das neue *Wilhelmsglück*, zu erschließen. Der sinkende Ausstoß der Haller Saline wurde nun durch das neue Steinsalz ersetzt. Da es nicht unbearbeitet als Speisesalz verwendet werden konnte, wurde es verflüssigt und in einer Rohrleitung nach Hall geleitet: 1825 wurde der Haller Salzbrunnen stillgelegt, die Gradierwerke abgerissen und seitdem die hochprozentige Sole aus Wilhelmsglück in Hall verarbeitet. Bereits 1826 wurden schon 150.000 Zentner produziert, während die Haller Saline in ihren letzten Jahren nur 60.000 Zentner Salz produziert hatte. 1826 wurde das Doppelte verarbeitet und der Ausstoß stieg alsbald auf jährlich über 200.000 Zentner, bevor Wilhelmsglück in den fünfziger Jahren von dem ergiebigeren Salzbergwerk in Neckarsulm in den Hintergrund gedrängt wurde. Das verkehrsungünstige Steinsalzbergwerk Wilhelmsglück wurde schließlich 1900 geschlossen. Die staatliche Saline in Hall, durch eine weitere Bohrung bei Tullau ab 1880 mit Sole versorgt, stellte 1924, ebenfalls ihre Produktion ein. Hall hatte also in der ersten Hälfte des 19. Jhs. noch von dem Boom der Salzproduktion auf Grund staatlicher Investitionen und der politischen Entscheidung, die Installationen der Saline Hall für das Steinsalzbergwerk Wilhelmsglück zu nutzen, profitiert.

Der Haalplatz
Im Vordergrund der Haalplatz, den gerade ein Salzfuhrwerk verläßt, im Hintergrund die Gradierwerke.
Schützenscheibe, gestiftet von G. C. Haspel, Haal-Hauptmann (1798).
Öl auf Holz.
Hällisch-fränkisches Museum, Schwäbisch Hall.

Der Vergleich über die Siedensrenten 1827

Der Wegfall der Saline Hall führte auch bald zur Frage, wofür die Siedensrenten denn eigentlich gezahlt würden. 1827 teilte der württembergische Finanzminister[7] der 2. Kammer des Stuttgarter Landtags mit, dass bei Staatseinnahmen von knapp 10.000.000 fl. der Gewinn aus der Salzproduktion 800.000 fl. ausmache. Von insgesamt 400.000 Zentnern Salz produzierte Hall 114.500 Zentner, also ein Viertel. Die Kosten der Siedensrenten betrugen jährlich knapp 70.000 fl. Als der erboste König Wilhelm einen Rechenschaftsbericht darüber anforderte, musste das Finanzministerium ihm erklären, dass die Fehlentscheidung, Renten unabhängig vom Bestand der Salzquelle in Hall zu

Der Haal
Ansicht vom roten Steg aus. Im Vordergrund der Kocher. Hinter dem Mauergürtel rechts das Haal und die Siedhäuser mit den Dunstabzugsgaupen auf den Firsten. Ganz rechts der turmartige Förderaufbau über dem Salzbrunnen.
Aquarell, 1868.
StA Schwäbisch Hall.

zahlen, auf König Friedrich persönlich zurückginge. Die Ministerien waren sich aber einig, dass die Ansprüche der Sieder privatrechtlich unanfechtbar seien, doch man versuchte auf dem Verordnungsweg – bis zu einer höchstinstanzlichen richterlichen Entscheidung – eine Kürzung der Renten durchzusetzen. Fast schien dieser Weg erfolgreich zu sein, da die Vielzahl der Siedensberechtigten sich nicht über eine Prozessvollmacht einigen konnten. Doch da griff der aus Hall stammende Landtagsabgeordnete Karl Friedrich Hufnagel, aus Tübingen, ein und vermittelte einen Vergleich zwischen den Siedern und dem Finanzministerium.

Dieser Vergleich vom 27. Juni 1827[8] bedeutete unter Verzicht auf rückständige Zahlungen einen Erfolg für die Sieder: Die Siederschaft bestätigte dem Staat als Eigentümer das Recht, freie Hand beim Betrieb der Saline zu haben, der Staat sagte aber zu, die Haller Saline weiterhin mit dem Steinsalzbergwerk in Wilhelmsglück zu verbinden und damit den Standort Hall zu erhalten. Ferner wurde auf Vorschlag der Vertreter der Sieder ausdrücklich bestätigt, dass die staatlichen Zahlungen *vom Bestehen der Saline unabhängig* seien. *Die Leistungen der Finanzverwaltung* [...] *haften für immer auf dem Staatsgut und können durch keinen Wechsel der Zeiten und der politischen Verhältnisse, durch keine Veränderung, die sich an der Saline und an der Salzquelle durch Vorrichtungen, Bauten oder irgendein Naturereignis ergeben würden, vermindert oder aufgehoben werden.* Diese Formulierung, die gegenüber 1812 deutlicher ausfiel, umfasste erstmals explizit auch die erbfließenden Sieden. Nur bei dem Benefiz für die in der Saline tätigen Sieder wurde die Zahlung auf die ältesten Söhne, so sie in Hall wohnten, eingeschränkt. Tatsächlich führte dies zum allmählichen Erlöschen dieses Teils der Siedensrente (1812: 195, 1877: 58 und 1900: 16 Personen).

Noch zweimal versuchte der Staat die weitere Zahlung der immer weiter zersplitterten Siedensrenten einzustellen. Nach der Inflation 1923 wollte die Republik sie auf 25 % der früheren Sieden (1900: 87.077 Mark) beschränken. Ein Landgerichtsurteil sprach den Siedensberechtigten 50 % zu; in einem Vergleich vom 24. November 1928 wurden 40 % rückwirkend ab 1922 von den Siedern akzeptiert. 1977 fiel dem Finanzministerium auf, dass seit der Weimarer Verfassung von 1919 Fideikommisse als aufgehoben galten, und wollte mit dieser Begründung die Weiterzahlung der Siedensrenten beenden. Wieder entschieden die Gerichte, dass die Haller Siedensrenten rechtens seien.

Die württembergische Regierung hatte von Anfang an auch Zusicherungen für den *Nahrungsstand der*

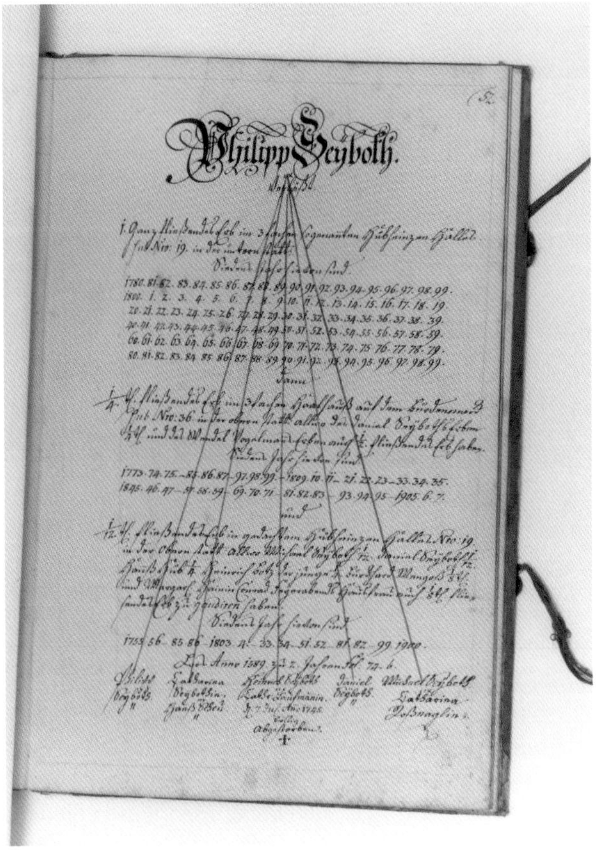

Siedensrechte
Beschreibung der Siedensrechte des Philipp Seyboth und seiner Erben, 1794.
StA Schwäbisch Hall.

Bürgerschaft und Siederschaft gemacht. Die Regelung von 1804 beließ – trotz des Besitzwechsels – die bestehende Betriebsart, doch 1811 führte die Übernahme des Salinebetriebes durch den Staat zu einer Entlassungswelle. Die Reorganisation ging von 195 Siederfamilien einschließlich der Familien von 59 Siederwitwen aus. Bei der Reorganisation wurden nur noch 16 Siedmeister und 68 Sieder, d. h. 84 Arbeitskräfte, benötigt. Die freigesetzten 73 Sieder sollten mit geringer entlohnten Tätigkeiten (3 fl. 24 kr., statt 4 fl. 30 kr. Wochenlohn) beschäftigt werden, aber monatlich mit den besser bezahlten Siedern wechseln. Arbeitsunfähige bzw. alte Sieder erhielten ein Gnadengehalt von 2 fl. 45 kr. wöchentlich. 1826 wurde der Personaletat der Saline auf 62 Sieder und 44 Arbeiter, d. h. 106 Personen festgesetzt. 23 Beschäftigte erhielten wie 1811 ein Gnadengeld (Altersversorgung von 2 fl. 45 kr.) und rund 74 Personen wurden arbeitslos; sie behielten das sog. *Feiergeld,* eine Art Arbeitslosenunterstützung von 2 fl. 30 kr., wozu noch das Benefiz von 100 fl. kam.[9] Weiterhin sollten beschäftigte und arbeitslose Sieder im – nun zweimonatigen – Turnus wechseln. Die Beschäftigung von Siedern wurde jetzt nur allgemein in Aussicht gestellt. Die neue Freizügigkeit schmälerte langfristig die Arbeitschancen der Eingesessenen. Im Laufe des 19. Jhs. wurden je rund hundert Personen in der Saline in Hall und im Salzbergwerk in Wilhelmsglück beschäftigt.[10] Die Saline blieb also während der gesamten Zeit ihres Bestehens ein wichtiger Arbeitgeber.

1 *Werner Matti*, Verfassung und Wirtschaftspolitik der Saline Schwäbisch Hall bis zum Jahre 1802, Masch. wirtsch. wiss. Diss. Tübingen 1952; *Kuno Ulshöfer/Herta Beuter* (Hg.), Hall und das Salz. Sigmaringen 1982; *Theo Simon*, Salz und Salzgewinnung im nördlichen Baden-Württemberg. Sigmaringen 1995.

2 *Hans Huber Hofmann, ... sollen bayerisch werden*. Die politische Erkundigung des Majors von Ribaupierre durch Franken und Schwaben im Frühjahr 1802. Kallmunz 1954, 23f.

3 Knapper Überblick, s. die Einleitung von *Robert Uhland*, Das Haalarchiv in Schwäbisch Hall. Inventar. Karlsruhe 1965.

4 *Carl Friedrich Hufnagel*, Beleuchtung der in Ansehung der Saline Schwäbisch Hall bestehenden Rechtsverhältnisse. Tübingen 1827, Anhang I ff.

5 Druck in *Hufnagel* (wie Anm. 4), XI ff.

6 *Walter Carlé*, Beiträge zur Geschichte der württembergische Salinen. Stuttgart 1968.

7 Zum Folgenden s. *Raimund J. Weber*, Der Siedensrentenvergleich vom 27. Juni 1827, in: WFr 66 (1982), 81–126.

8 Ebd., 107ff.

9 Ebd., 95.

10 1844: 105 bzw. 94 Arbeiter; vgl. *Kuno Ulshöfer*, Schwäbisch Hall und die Industrialisierung im 19. Jh., in: WFr 58 (1974), 485.

Bildnachweis

Aalen *Dieter Pohl* (†) 212 (2x), 214 (3x), 215 (2x), 216, 217 — Altötting *Hans J. Strauß* 1418 — Altshausen *Gesellschaft für Geschichte und Heimatpflege* 1242 — Augsburg *Haus der Bayrischen Geschichte* 401, 830, 835 – *Volker Dotterweich* 1396 – *Hans Frei* 1408 – *Stadtarchiv* 138 – *Stadt- und Staatsbibliothek, Graphiksammlung* 130, 141 – *Staatsarchiv* 403 – *Städtische Kunstsammlungen* 134 – *Benediktinerabtei St. Stephan* 203 – *Universitätsbibliothek* 302, 307 – *Wolfgang Wüst* 137 — Bad Schussenried *Josef Ege* 1264 — Bad Waldsee *Rupert Leser* 187 — Berlin *Archiv für Kunst und Geschichte* 233 – *Sammlung Preußischer Kulturbesitz/Staatliche Museen zu Berlin* 148 — Beuron *Erzabtei St. Martin* 627, 628 — Biberach *Braith – Mali – Museum* 430, 652, 1200, 1202, 1205 – *Foto Gallus* 38, 231, 1165 (2x) – *Kreisarchiv* 29, 1075 – *Verein zur Förderung der Musik Oberschwabens e.V.* 179, 1345, 1348 — Bietigheim *Peter Rückert* 451, 452 — Bietigheim-Bissingen *Kurt Gramer* 1317, 1366 — Bingen/Hohenzollern *R. Löbe* 119, 122, 622, 660, 663 — Blaustein *Wolfgang Adler* 320 — Böhmenkirch-Steinenkirch *Hermann Josef Pretsch* 322 — Bonn *Udo Arnold* 526 — Dachau *Wolf-Christian von der Mülbe* 1403 — Darmstadt *Hessische Landes- und Hochschulbibliothek* 1267 — Den Haag *Koninklijk Huisarchief* 468 (2x), Dietenheim *Pfarramt* 1001 — Dillenburg *Foto Haase* 466 (Vorlage: *Stadtmuseum Dillenburg*) — Dillingen/Donau *Hans-Bruno Ernst* 1325, 1327 — Donaueschingen *Fürstlich Fürstenbergisches Archiv* 694, 695, 1287, 1311 (l. o.) — Donauwörth *Stadtarchiv /Graphische Sammlung* 222, 1407 — Dresden *Staatliche Kunstsammlungen /Kupferstichkabinett* 331 — Ehingen *Stadtverwaltung* 961, 965, 970, 971, 973, 974 (alle Aufn. v. *R. Trab*, Ehingen) — Eichstätt *Universitätsbibliothek* 224 — Einsiedeln/CH *Abtei* 1337, 1338 — Ellwangen *Hans Pfeifer* 396 — Esslingen *Peter Köhle* 1021, 1022, 1025, 1026 — Freiburg i. Br. *Erzbischöfliches Archiv* 1011 – *Corpus Vitrearum Deutschland (R. Toussaint), Akademie der Wissenschaften und der Literatur Mainz* 1316, 1317 (l. u.) – *Verlag Herder* 6, 8, 12, 240 (ursprüngl. Rechtsinh. unbek.), 242 (desgl.), 244 (desgl.) – *Rudi Keller* 508 – *Kulturamt* 579 – *Landesdenkmalamt Baden-Württemberg* 1114 – *Universitätsarchiv* 679 (2x) – *Universitätsbibliothek* 1275 (2x) — Friedrichshafen *Kreisarchiv Bodenseekreis/Collectio Paulina* 685, 687, 689 – *Georg Wieland* 494 — Fulda *Vonderau Museum* 470 — Gammertingen *Herbert Burkarth* 875, 876, 877 — Göppingen *Kreisarchiv* 635 — Göttingen *Staats- und Universitätsbibliothek* 241, 439 (2x) — Gutenzell *Pfarrarchiv* 1080 — Habsthal *Kloster Habsthal* 549 — Heidelberg *Deutsches Apothekenmuseum* 1374 – *Universitätsbibliothek* 1268 — Heilbronn *Stadtarchiv* 750, 1138 – *Städtische Museen* 754, 755 — Karlsruhe *Generallandesarchiv* 11, 97, 106, 109, 194, 350, 371, 512, 565, 580, 594, 596, 601(l. o.), 678, 739, 1105, 1109, 1126, 1174 (2x), 1175, 1252, 1375 – *Landesdenkmalamt Baden-Württemberg* 1112, 1113 – *Landesmedienzentrum* (s. Stuttgart) – Rudolf Metz 569, *Staatliche Kunsthalle* 1106 — Kempten *Stadtarchiv* 408 (Graphiksammlung), 834 — Kirchentellinsfurt *Manfred Grohe* 706 — Koblenz *Landesarchiv* 139 — Königsbachstein *Martin Renner* 602 (2x), 604, 606 — Konstanz *Rosgartenmuseum* 149, 352 – *Photo-Werkstatt Stiele-Werdermann* 357 – *Wessenberg-Bibliothek* 358 – *Wessenberg-Galerie* 357 — Krems/A *Weinstadtmuseum;* (Aufn. *Peter Böttcher,* Allhartsberg) 369 — Lauda-Königshofen *Foto Besserer* 1373 — Laupheim *Foto-Seifert* 1002 — Leonberg *Ulrich Knapp* 1121, 1122, 1129 — Lichtenthal *Abtei* 1054, 1056 — Lindau *Toni Schneiders* 25, 146, 378, 1124, 1376 — Lindenberg *Dietmar Hecke* 272 – *Kunstverlag Josef Fink* 1363 — Ludwigsburg *Städtisches Museum* 894 (Aufn. *LMZ* Stuttgart), 895 (Aufn. *LMZ* Stuttgart) — March-Neuerhausen *Bildverlag J. Gass* 1263 — Marxzell *Gemeindeverwaltung* 605 — Meersburg *Stadtverwaltung* 351 — München *Archivum Monacense SJ* 78, 79, 82, 83 – *Bayerisches Hauptstaatsarchiv* 637 – *Bayerisches Nationalmuseum* 1299, 1300, 1301, 1304, 1305, 1306, 1401 – *Bayerischer Schulbuchverlag* 1400 – *Bayerische Staatsbibliothek* 193 – *Staatliche Graphische Sammlung* 368 — Münster *Porträtarchiv Diepenbroick* 65 – *Westfälisches Amt für Denkmalpflege* 1311 (r.o.) – *Westfälisches Landesmuseum für Kunst und Kulturgeschichte* 66, 330 — New York, *Pierpont Morgan Library* 489, 1279 — Nördlingen *Foto Hirsch* 300 (Vorlage: *Stadtmuseum Nördl.*) — Nürnberg *Germanisches Nationalmuseum* 77, 85, 184, 372 – *Günther Schuhmann* 864 — Ochsenhausen *Foto Mutschler* 1323 — Oberdischingen *Franz Ruß* 1161 — Offenburg *Museum im Ritterhaus* 744 — Ostfildern *Jan Thorbecke Verlag GmbH* 47 — Ottobeuren *Benediktinerabtei* 188 – *Archiv der Abtei* (2x) – *Foto Braun* 1354 — Pliezhausen *J. Feist* 227 — Prag *V. Obereigner* 499, 504 — Rain *Foto Nitsche* 164, 165 (2x), 166, 168 (2x), 169, 171 (2x), 172, 173 (2x), 174 — Rastatt *Gerhard Hoffmann* 150 – *Wehrgeschichtliches Museum* 510 — Ravensburg *Film und Foto Wolfgang Braig* 484 – *Ulrich Höflacher* 1355, 1357 – *Kreisarchiv* 532 (Vorlage; Aufn: René Schrei) – *René Schrei* 500 (2x), 531 (Aufn; Vorlage: *Fürstlich Hohenzollerische Sammlungen Sigmaringen*), 532 (Aufn.; Vorlage: *Kreisarchiv Ravensburg*) – *Stadtverwaltung* 764 – *Stadtarchiv* 669, 671, 770, 785, 786, 787, 89, 1245 (Aufn: *Foto Joos*) – *Johannes Volz* 761 – *Thomas Weiß* 496, 762, 767 — Regensburg *Verlag Schnell & Steiner* 1362 – *Fürst Thurn und Taxis Zentralarchiv* 205, 206, 419, 421, 1123 – *Foto-Atelier Wagmüller* 420 — Riedlingen *Winfried Assfalg* 438, 548, 1089 – *Thomas Warnack* 1090, 1092, 1094, 1095 — Rottenburg *Diözesanverwaltung* 1042 – *Diözesanarchiv* 1064 (PfA Rottweil-Altstadt) – *Diözesanmuseum* 1040 – *Wilfried Eschenfelder* 417 — Rottweil *Stadtarchiv* 1069, 1099, 1100 (Aufn. *Gerald P. Mager*) – *Kurt Maier* 1068 – *Hans Josef Birner* 1065, 1066 — Salzburg *Abtei St. Peter* 1335 — Schwäbisch Gmünd *Museum und Galerie im Prediger* 278, 1137, 1415, 1416 — Schwäbisch Hall *Hallisch-Fränkisches Museum* 793, 796, 799 – *Atelier Kern* 557 (Vorlage: *Stadtarchiv*), 792 (Vorlage: *Stadtarchiv*), 1424, 1426 – *Historischer Verein für Württembergisch Franken* 859 – *Stadtarchiv* 1427, 1428 — Schwaz/A *Provinzialarchiv der Franziskaner* 101 — Schwerin *Staatliches Museum* 1162 (Aufn.: *Fachlab. Dormoolen, Hamburg*) — Sigmaringen *Staatsarchiv* 117 – *Fürstl. Archiv* (Depositum im Staatsarchiv) 902 (2x) – *Fürstlich Hohenzollerische Sammlungen* 119, 531 (Vorlage; Foto: *René Schrei*, Ravensburg), 898 (2x; Fotos: *WLM Stuttgart*), 899 (Foto: *WLM Stuttgart*) – *Kreisarchiv* 122, 283, 286, 288, 295 — Speyer *Bischöfliches Ordinariat* 364 (2x) – *Archiv des Bistums Speyer* 362, 363 — St. Ottilien *Eos-Verlag* 43, 55 — St. Paul im Lavanttal/A *Benediktinerstift St. Paul* 571, 573 — St. Peter auf

dem Schwarzwald *Wolfgang Mecklenburg* 577, 582, 586, 1163 — Stuttgart *Hermann Ehmer* 699 – *Hauptstaatsarchiv* 102, 103, 384, 456, 467, 479, 503, 547, 639, 655, 692, 846, 849, 868, 884, 889, 980, 982, 983, 985, 986, 989 (3x), 992, 993, 1041, 1140, 1142, 1181, 1249, 1260 – *Haus der Geschichte Baden-Württemberg, Sammlung Metz* 1189 – *Atelier Hostrup-Zehnder* 1043 – *Rudolf Kiess* 1222, 1224, 1225, 1226, 1228 – *Kohlhammer Verlag* 349 – *Kommission für geschichtliche Landeskunde* 601 (r. u.), 886, 908, 909 – *Landesmedienzentrum Baden-Württemberg (LMZ)* 70, 91, 147, 170, 377, 412, 413, 427, 702 (l. o.), 704, 851, 1259 – *Landesvermessungsamt* 601 (r. u.), 886 – *Kurt Sautter* 847 – *Staatliche Schlösser und Gärten – Oberfinanzdirektion Stuttgart* 71 – *Staatsgalerie* 1190 – *Stadtarchiv* 339 – *Verein für württembergische Kirchengeschichte* 702 (r. o.) – *Württembergische Landesbibliothek* 348, 385, 703, 781, 1010, 1098, 1139 – *Württembergisches Landesmuseum* 440; Aufnahmen von *Frankenstein/Zwietasch*: 31, 71, 248, 249, 250, 251, 388, 392, 394, 445, 611, 1073, 1371 — Stuttgart-Hohenheim *Wirtschaftsarchiv Baden-Württemberg* 567, 1383, 1384, 1386, 1388, 1389, 1390 — Tübingen *Schwäbisches Landesmusikarchiv Tübingen* 178, 180 (2x), 180, 182 – *Universität, Verbindungsstelle für oberschwäbische Klostermusik* 1347, 1349 – *Universitätsbibliothek* 72 – *Wilhelmsstift* 1045, 1047, 1048 — Überlingen *Leopold-Sophien-Bibliothek* 304 – *Siegfried Lauterwasser* 154 — Ulm, *Stadtarchiv* 28, 319, 808, 809, 811, 812, 814 — Ulm/ Wiblingen *Archiv der Universitätsbibliothek* 221 — Villingen-Schwenningen *Stadtarchiv* 681 – *Franziskanermuseum* 680 — Waldstetten *DTB u. Digital Imaging* 1420 — Wangen *Stadtarchiv* 818, 819, 824, 826, 1239, 1241 — Wangen-Primisweiler *Otto Beck* 254, 255, 260, 264, 265, 266, 1000, 1072 — Weingarten *Benediktinerabtei* 220 – *Stadtarchiv* 478, 487, 490, 1031, 1032, 1033, 1034, 1336 – *Stadtverwaltung* 167 — Weissenhorn *Anton H. Konrad Verlag* 196, 1398 — Wertheim *Staatsarchiv* 616, 912, 913, 914, 915 – *Hans Wehnert* 614 — Wien *Foto Bundesdenkmalamt* 1164 – *Bildarchiv der Österreichischen Nationalbibliothek* 581 – *Deutschordenszentralarchiv* 522 (l.u.) – *Haus-, Hof- und Staatsarchiv* 654 – *Historisches Museum der Stadt Wien* 104 – *Internationale Historische Kommission zur Erforschung des Deutschen Ordens* 516, 519, 520, 522 (2x) — Wietze *Bildarchiv Gerstenberg* 335, 343, 365, 794, 951 — Wolfegg *Kunstsammlungen der Fürsten zu Waldburg-Wolfegg, Schloß Wolfegg* 69, 645, 646, 647, 649, 933 — Würzburg *Institut für Hochschulkunde* 1188 – *Mainfränkisches Museum* 553 (Aufn.: *Elmar Hahn*, Veithöchsheim) — Zeil *Fürstl. Waldburg-Zeil'sches Gesamtarchiv Schloß Zeil* 920, 921, 923, 925, 927, 931, 943, 949, 952, 956 (Aufn. 943–956: *Foto Thanner*, Leutkirch) — Zwiefalten *Psychiatrisches Landeskrankenhaus* 1146, 1148, 1151, 1153 – Heinz Baumeister 318 — Privatbesitz 31, 95, 344, 530, 537,540, 853

Publikationen: Ignaz Felbiger: *Vorlesung von der Schuldigkeit der Geistlichen in der Absicht auf die Pfarrschulen,* Wien 1782, 303

Register

Begriffe – Orte – Personen – Sachen

Autoren

Ammerich, Dr. Hans, geb. 1949
Archivdirektor i.K., Leiter des Bistumsarchivs Speyer, Dozent für Diözesangeschichte am Bischöflichen Priesterseminar in Speyer, Lehrauftrag an der Universität Koblenz-Landau

Bayrle-Sick, Dr. phil. Norbert, geb. 1956
Diplom-Soziologe, Sozialpädagoge, Kolping-Akademie Augsburg

Beck, Dr. theol. Otto, geb. 1932
Pfarrer i.R., Wangen-Primisweiler

Beck, Rudolf, geb. 1938
Historiker, StD, Leiter des Waldburg-Zeil'schen Gesamtarchivs in Schloss Zeil u. des Waldburg-Wolfegg'schen Gesamtarchivs in Wolfegg

Becker, Dr. phil. Otto H., geb. 1942
Oberarchivrat, Staatsarchiv Sigmaringen

Binder, Dr. phil. Hans-Otto, geb. 1940
Akad. Oberrat für Neuere Geschichte i.R., Universität Tübingen

Bischof, Prof. Dr. theol. Franz Xaver, geb. 1955
Apl. Prof. für Kirchengeschichte, Universität München

Böck M.A., Dr. phil. Franz-Rasso, geb. 1957
Leiter des Stadtarchivs Kempten i.A.

Brendle, Dr. phil. Franz, geb. 1964
Akad. Rat für Neuere Geschichte, Universität Tübingen

Büchele, Berthold, geb. 1947
Musikwissenschaftler, OStR, Ratzenried

Bumiller, Dr. phil. Casimir, geb. 1951
Freiberuflicher Historiker, Lehrauftrag an der Universität Freiburg

Burkarth, Dr. med. Herbert, geb. 1924
Arzt für Allgemeinmedizin i.R., Gammertingen

Caesar, Dr. phil. Wolfgang, geb. 1951
Redakteur, Freier Mitarbeiter am Institut für Geschichte der Medizin der Robert Bosch Stiftung, Stuttgart

Cox, Georg, geb. 1969
Wiss. Mitarbeiter an der Universität Bonn, Doktorand

Diemer, Dr. phil. Kurt, geb. 1942
Kreisarchivdirektor, Leiter des Kreiskultur- u. Archivamts Biberach u. des Kreisfreilichtmuseums Kürnbach

Dotterweich, Dr. phil. Volker, geb. 1943
Akad. Direktor für Neuere u. Neueste Geschichte, Universität Augsburg

Ehmer, Dr. theol. Hermann, geb. 1943
Kirchenoberarchivdirektor, Leiter des Landeskirchlichen Archivs Stuttgart

Eitel, Dr. phil. Peter, geb. 1938
Stadtarchivdirektor i.R., Ravensburg

Endres, Prof. emer. Dr. phil. Rudolf, geb. 1936
OProf. für Bayerische und Fränkische Landesgeschichte i.R., Universität Bayreuth, Buckenhof

Ernst, Prof. Dr. phil. Hans-Bruno, geb. 1939
Musikwissenschaftler, Prof. u. Direktor der Landesmusikakademie Ochsenhausen i.R., Dillingen

Fischer, Magda, geb. 1942
Historikerin, Stuttgart

Fritz, Dr. phil. Eberhard, geb. 1957
Historiker, Archivar des Hauses Württemberg, Schloss Altshausen

Gabor M.A., Dr. phil. Ingo, geb. 1966
Kunsthistoriker, Wiss. Mitarbeiter am WLM Stuttgart

Gruber, Karlfriedrich, geb. 1931
Historiker, StD i.R., Geislingen a.d.St.

Gründig M.A., Dr. rer. soc. Maria E., geb. 1959
Freie Kulturwissenschaftlerin, Neuhausen a.d.F.

Günther M.A., Georg, geb. 1959
Musikwissenschaftler, Wiss. Mitarbeiter am Deutschen Literaturarchiv, Marbach/N.

Gutmann, Gerold, geb. 1941
Dipl.-Volkswirt, Ltd. Direktor im Finanzreferent der Diözese Rottenburg-Stuttgart

Hähner-Rombach, Dr. phil. Sylvelyn, geb. 1959
Historikerin, Wiss. Mitarbeiterin am Institut für Geschichte der Medizin der Robert Bosch- Stiftung

Haub M.A., Dr. phil. Rita, geb. 1955
Historikerin, Leiterin des Archivum Monacense SJ, München

Hecht, Dr. phil. Winfried, geb. 1941
Stadtarchivar u. Leiter der Städtischen Museen, Rottweil

Heidenreich, Dr. phil. Gabriele, geb. 1957
Kunsthistorikerin, Grundschulrektorin

Heim M. A., Armin, geb. 1962
Empirischer Kulturwissenschaftler, Wiss. Mitarbeiter am Kreisarchiv Sigmaringen, Ehrenamtl. Stadtarchivar u. Leiter des Martin-Heidegger-Archivs, Meßkirch

Höflacher, Dr. Ulrich, geb. 1954
Musikwissenschaftler, StD i.K., Stv. Schulleiter, Ravensburg

Hohkamp, Dr. phil. Michaela, geb. 1958
Historikerin, Wiss. Ass. am Friedrich-Meinecke-Institut, FU Berlin

Immler, Dr. phil. Gerhard, geb. 1961
Oberarchivrat, Abteilungsleiter am Bayerischen Hauptstaatsarchiv München

Jensch M.A., Dr. phil. Rainer, geb. 1960
Kunsthistoriker, Leiter des Stadtarchivs Wangen i. A.

Jooss, Prof. Dr. phil. Rainer, geb. 1938
Prof. für Mittlere/Neuere Geschichte u. Didaktik, Pädagogische Hochschule Schwäbisch Gmünd

Kaufmann, Dr. phil. Michael Gerhard, geb. 1966
Musikwissenschaftler, Lehrauftrag an der Musikhochschule Trossingen und Universität Karlsruhe, Wiss. Mitarbeiter an der Universität Tübingen, Orgelsachverständiger für das Ebtm. Freiburg

Kiess, Dr. phil. Rudolf, geb. 1930
Historiker, Abteilungsdirektor am Oberschulamt Stuttgart i.R.

Kiessling, Prof. Dr. phil. Rolf, geb. 1941
OProf. für Bayerische u. Schwäbische Landesgeschichte, Universität Augsburg

Kimminich, Prof. Dr. phil. Eva, geb. 1957
Prof.'in am Frankreich-Zentrum der Universität Freiburg

Klueting M.A., Prof. Dipl.-Theol. Dr. phil. Harm, geb. 1949
OProf. für Kirchengeschichte, Universität Hermannstadt (Sibiu)/ Rumänien, APL Prof. für Neuere Geschichte, Universität Köln

Knapp, Dr. Ulrich, geb. 1956
Freiberuflicher Kunsthistoriker und Bauforscher

Knödler, Günther W., geb. 1940
Dipl. Finanzwirt (FH), Oberamtsrat im Wissenschaftsministerium Baden-Württemberg

Köhle-Hezinger, Prof. Dr. phil. Christel, geb. 1945
OProf.'in für Volkskunde (Empir. Kulturwissenschaft), Universität Jena

Köhler, Prof. Dr. theol. Joachim, geb. 1935
Prof. für Kirchengeschichte i.R., Universität Tübingen

Kollmer-von Oheimb-Loup, Prof. Dr. rer. pol. Gerd, geb. 1949
Prof. für Wirtschafts- u. Sozialgeschichte, Universität Hohenheim, u. Direktor des Wirtschaftsarchivs Baden-Württemberg

Krause, Dr. rer. soc. Heike, geb. 1960
Freiberufliche Kulturwissenschaftlerin

Kretzschmar, Dr. phil. Robert, geb. 1952
Ltd. Archivdirektor, Leiter des Hauptstaatsarchivs Stuttgart

Kuhn, Elmar, geb. 1944
Historiker, Kreisarchivar u. Leiter des Kulturamtes des Bodenseekreises Friedrichshafen

Lutz, Dr. phil. Alfred, geb. 1963
Historiker, Wiss. Mitarbeiter der Landesarchivdirektion Baden-Württemberg/Amtliche Kreisbeschreibung.

Maegraith M.A., Janine, geb. 1970
Historikerin, derzeit Assistentin der Geschäftsführung der New European Festival GmbH Stuttgart

Maier, Prof. Dr. theol. Konstantin, geb. 1949
OProf. für Kirchengeschichte, Katholische Universität Eichstätt

Maier, Kurt, geb. 1945
Archivangestellter im gehobenen Dienst, Diözesanarchiv Rottenburg

Maulhardt, Dr. phil. Heinrich, geb. 1953
Stadtarchivdirektor, Leiter des Stadtarchivs u. der Städtischen Museen Villingen-Schwenningen

Mayer, Dr. Bernd, geb. 1954
Kunsthistoriker, Leiter der Kunstsammlungen der Fürsten zu Waldburg-Wolfegg

Meier, Dr. phil. Frank, geb. 1959
Akad. Rat für Mittlere/Neuere Geschichte u. Didaktik, Pädagogische Hochschule Weingarten

Mühleisen, Prof. phil. Dr. Hans-Otto, geb. 1941
OProf. für Politikwissenschaft, Universität Augsburg

Müller, Dr. phil. Anneliese, geb. 1936
ORR i.R., ehem. bei der Landesbeschreibung Baden-Württemberg

Müller, Prof. Dr. phil. Winfried, geb. 1953
Prof. für Sächsische Landesgeschichte, Techn. Universität Dresden, Direktor des Instituts für Sächs. Geschichte u. Volkskunde, Dresden

Neesen M. A., Dr. phil. Claudia Maria, geb. 1967
Archivrätin, Leiterin des Archivs u. der Wiss. Bibliothek des Rhein-Sieg-Kreises, Siegburg.

Oberst, Manuela, geb. 1972
Wiss. Mitarbeiterin am Lehrstuhl für Mittlere u. Neue Kirchengeschichte, Katholische Universität Eichstätt

Oer, Prof.'in Dr. phil. Rudolfine Freiin von, geb. 1930
Prof.'in für Neuere Geschichte u. Didaktik i.R., Pädagogische Hochschule Westfalen-Lippe u. Universität Münster

Ohngemach, Dr. phil. Ludwig, geb. 1958
Leiter des Stadtarchivs Ehingen/D. u. des Museums der Stadt Ehingen

Oswalt, Dr. phil. Vadim, geb. 1957
OStR a.e.H. für Neuere/Neueste Geschichte u. Didaktik, Pädagogische Hochschule Weingarten

PFEIFER, DR. PHIL. HANS, GEB. 1929
Historiker, OStD. a.D., Ellwangen

POHL, PROF. DIETER, GEB. 1929, GEST. 2002
Prof. für Werkstoffkunde, FH Aalen

PRETSCH, HERMANN JOSEF, GEB. 1938
Seelsorger und Archivar i.R., Zwiefalten

QUARTHAL, PROF. DR. PHIL. FRANZ, GEB. 1943
OProf. für Landesgeschichte, Universität Stuttgart

REDEN-DOHNA, DR. PHIL. ARMGARD VON, GEB. 1941
Historikerin, ehem. Wiss. Mitarbeiterin am Institut für Europäische Geschichte Mainz

RENNER M.A., MARTIN, GEB. 1972
Historiker, derzeit Studienreferendar

RÜCKERT, DR. PHIL. MARIA MAGDALENA, GEB. 1960
Oberarchivrätin, Referentin im Staatsarchiv Ludwigsburg

RUDOLF, PROF. DR. PHIL. HANS ULRICH, GEB. 1943
Prof. für Mittlere/Neuere Geschichte und Didaktik, Pädagogische Hochschule Weingarten

SACHS-GLEICH M.A., PETRA, GEB. 1956
Historikerin

SCHERG, DR. PHIL. LEONHARD, GEB. 1944
Historiker, OStR a.D., Erster Bürgermeister der Stadt Marktheidenfeld

SCHINDELE, SR. M. PIA, GEB. 1929
Archivarin u. Historikerin der Klostergemeinschaft von Lichtenthal

SCHINDLING, PROF. DR. PHIL. ANTON, GEB. 1947
OProf. für Mittlere und Neuere Geschichte, Universität Tübingen

SCHIRMEIER, STUD. PHIL. BJOERN T., GEB. 1974
Geschichtsstudent, Universität Stuttgart

SCHMAUDER M.A., DR. PHIL. ANDREAS, GEB. 1966
Stadtarchivrat, Leiter des Stadtarchivs Ravensburg

SCHRENK, DR. PHIL. CHRISTHARD, GEB. 1958
Stadtarchivdirektor, Leiter des Stadtarchivs Heilbronn, Lehrauftrag an der FH Heilbronn

SCHROEDER, PROF. DR. JUR. UTR. KLAUS-PETER, GEB. 1947
OProf. für Deutsche Rechtsgeschichte, Universität Heidelberg

SEELIG, DR. LORENZ, GEB. 1943
Kunsthistoriker, Hauptkonservator, Bayerisches Nationalmuseum München

SEIFRIZ, PROF. ERNO, GEB. 1932
Prof. i.R. für Musikwissenschaft und -didaktik, Pädagogische Hochschule Weingarten

SEYFFER, STUD. PHIL. DAVID R., GEB. 1974
Geschichtsstudent, Universität Stuttgart

SPECKER, PROF. DR. PHIL. HANS EUGEN, GEB. 1937
Ltd. Stadtarchivdirektor i.R. u. Honorarprof. für Neuere Geschichte, Universität Tübingen

STEIM, KARL WERNER, GEB. 1947
Journalist, Redaktionsleiter bei der SZ Riedlingen

STOBER M.A., DR. PHIL. KARIN, GEB. 1956
Lehrerin, Freiberufliche Kunsthistorikerin

STOCKERT, DR. PHIL. HARALD, GEB. 1970
Stadtarchivrat, Abteilungsleiter am Stadtarchiv Mannheim

STRÖBELE, UTE, GEB. 1961
Historikerin, Wiss. Mitarbeiterin an versch. landeskundlichen Projekten

TADDEY, PROF. DR. PHIL. GERHARD, GEB. 1937
Ltd. Archivdirektor i.R., Leiter des Staatsarchivs Ludwigsburg

THEIL, DR. PHIL. BERNHARD, GEB. 1945
Archivdirektor, Hauptstaatsarchiv Stuttgart

WALTHER, PROF. DR. PHIL. GERRIT, GEB. 1959
Prof. für Neuere Geschichte, Bergische Universität/Gesamthochschule Wuppertal

WEBER, DR. PHIL. EDWIN, GEB. 1958
Kreisoberarchivrat, Leiter des Kultur- u. Archivamtes des Landkreises Sigmaringen

WEHLING, PROF. DR. PHIL. HANS-GEORG, GEB. 1938
Prof. für Politikwissenschaft, Universität Tübingen

WIELAND, DR. PHIL. GEORG, GEB. 1950
Leiter des Stadtarchivs Friedrichshafen

WÜRMSEHER M.A., MARKUS, GEB. 1967
Dipl. Ing. (FH) für Architektur, Kunsthistoriker, derzeit Doktorand, Katholische Universität Eichstätt

WÜST, PROF. DR. PHIL. WOLFGANG, GEB. 1953
OProf. für Bayerische und Fränkische Landesgeschichte, Universität Erlangen

WUNDER, PROF. DR. PHIL. BERND, GEB. 1938
Prof. für Neuere Geschichte, Universität Konstanz

ZEKORN, DR. PHIL. ANDREAS, GEB. 1957
Leiter des Kreisarchivs Zollernalbkreis

ZÜCKERT, DR. HARTMUT, GEB. 1953
Historiker, Lehrer, Köln

ZÜRN, DR. PHIL. MARTIN, GEB. 1961
Historiker, derzeit Berufsschullehrer u. Habilitation, Meersburg

schen Mittelalter und Moderne grundlegend veränderte. Dabei verzahnten sich zwei sehr unterschiedliche Prozesse: Zum einen ging es um die Schwerpunktverlagerung zwischen Reichsstädten einerseits und Residenz- bzw. sonstigen Territorialstädten andererseits, zum anderen um eine verstärkte Funktionalisierung der Städte für den frühmodernen Staat, bei der die Bedeutung der Autonomie einer Stadtgemeinde gegenüber dem Standort zentraler Funktionen in den Hintergrund trat. Das hatte erhebliche Folgen für die Stellung in ihrer Region.

Geht man von Oberschwaben als einer ›Städtelandschaft‹ aus[88], so lässt sich unschwer bis in die Gegenwart hinein die Dominanz der alten Reichsstädte festhalten. Nach ihrer jeweiligen individuellen Entstehung als Bischofs- oder Abteistädte, als Funktionsmittelpunkte vor allem der staufischen Reichslandpolitik straff verwaltet, hatten sie nach ihrer Emanzipation vom Stadtherrn und der Einbindung in das Reich die frühe und prägende Struktur innerhalb des Urbanisierungsprozesses ausgebildet – eindeutig gilt dies für Ostschwaben, zumindest ansatzweise auch für den nördlichen Bodenseeraum und das westliche Oberschwaben in Konkurrenz zu den sog. fünf ›Donaustädten‹, nur noch bedingt für Innerschwaben. Die daraus resultierende Dominanz in der demographischen wie ökonomischen Entwicklung hatte bis ins 16. Jh. auch ihr politisches Gewicht bedingt. Verfassungsrechtlich gesehen waren sie zwar ›Inseln‹ in einer zunächst feudalen, dann fürstlich-territorialen ›Umwelt‹ – soweit sie nicht eigenständige und selbst rigoros obrigkeitlich strukturierte Territorien aufbauen konnten. Betrachtet man sie aber funktional, so waren auch sie Mittelpunkte ›ihres Landes‹, d. h. sie bildeten städtisch bestimmte Einflusszonen aus und wurden so in gewerblich verdichteten Regionen wie etwa der Textillandschaft zwischen Bodensee, Lech und Donau/Alb zu den eindeutigen Zentren. Es erscheint nicht als Zufall, dass die Reichsstädte Adel und Klöster veranlassten, sich auf diese Zentren auszurichten: Zwischen Augsburg, Ulm, Biberach, Memmingen und Kaufbeuren war kein vergleichbarer anderer Mittelpunkt zu finden.[89]

Die Konsequenz, sich dieser urbanen Strukturen beim Ausbau des Territoriums zu versichern, führte bekanntlich zu einigen frühen Mediatisierungen: Sieht man von der spätmittelalterlichen Verpfändungspolitik von den frühen Habsburgern bis zu den Luxemburger Königen ab, die bereits einen ersten Einbruch in die sich gerade als Reichsstädte abzeichnende Städtegruppe nach sich zog[90], so war die Einverleibung von Konstanz durch Habsburg 1548/49 im Kontext der Reformation und von Donauwörth durch die Wittelsbacher 1608 – nachdem es bereits im 15. Jh. längere Zeiten der Pfandschaft erfahren hatte –, zwei herausragende Fälle, während bei Reutlingen der Versuch Herzog Ulrichs 1519 scheiterte. Aber auch die Pläne eines Max Emanuel setzten im Spanischen Erbfolgekrieg 1704 u. a. bei der Mediatisierung von Augsburg, Ulm und Memmingen an, so wie Karl VII. 1742 nicht nur nach Kirchengut, sondern auch nach Reichsstädten in Schwaben und Franken griff, wohin ja bereits seit dem Spätmittelalter die Expansionsrichtungen des wittelsbachischen Bayern gelaufen waren.[91]

Diese Gewichtung verschob sich allerdings spätestens im 17. Jh. Etienne François hat bereits vor geraumer Zeit darauf hingewiesen, dass bezogen auf das gesamte Deutschland der Charakter der Zentren sich während der Frühen Neuzeit von den Handelsrepubliken zu den politischen Kapitalen verlagerte; in Süddeutschland traten neben den Reichsstädten Augsburg, Ulm, Regensburg, Nürnberg und Frankfurt zu den Residenzstädten München und Würzburg als neue Stuttgart, Mainz und Mannheim auf der Ebene der Großstädte mit mehr als 10.000 bzw. 20.000 Einwohnern in den Vordergrund.[92] Selbst unterhalb dieser Ebene kommt man für Oberschwaben prinzipiell zu einem ähnlichen Ergebnis, denn auch bei Städten mit etwa 2.000 Einwohnern schoben sich nach einer eindeutigen Dominanz der Reichsstädte noch um 1600 die territorialen Aufsteiger wie Günzburg, Dillingen, Gundelfingen, Saulgau oder Riedlingen langsam nach vorne.[93] Und es ließ sich am Beispiel des Textilgewerbes im Zuge der Protoindustrialisierung mehrfach zeigen, dass davon nicht zuletzt auch wirtschaftliche Konkurrenzen ausgingen, die in der Markgrafschaft Burgau bzw. von der Schwäbischen Alb oder aus dem Schwarzwald die alten reichsstädtischen Zentren in Frage stellten – und zumindest zeitweise bzw. regional partiell in die Defensive drängten[94], ein Vorgang, der allerdings insgesamt im Zeitalter des Merkantilismus gegenüber der Rolle der Reichsstädte vielleicht etwas zu stark gewichtet wurde.[95]

Die andere Seite war die Stellung der Städte im Herrschaftsverband. Auch hier hat die stadtgeschichtliche Forschung eine Tendenz für die Frühe Neuzeit herausgearbeitet[96], die darauf hinausläuft, dass im Kontext der frühmodernen Staatsbildung seit der Wende des Dreißigjährigen Krieges der Druck auf die Reichsstädte wuchs, der Verlust an Autonomie aber nicht nur sie bedrohte, sondern strukturell auch die Städte in den Territorien in eine andere Rolle drängte, wenn der »Wandel von der freien (oder eigenrechtlichen) zur beauftragten Selbstverwaltung« konstatiert wird, d. h. die im Mittelalter durchaus noch ausgebildete Selbstverwaltung durch die Zentralverwaltung des Territorialstaates abgelöst wird; »der Landesherr wird zum Auftraggeber«.[97] Dies ist am Fall des wittelsbachischen Bayern insofern stringent weiter entwickelt worden, als die stärkere Einbindung der altbayerischen Städte in das Kurfürstentum zwar als Funktionsverlust beschrieben, gleichzeitig aber auch ihr Gewinn als zentrale Orte erfasst wurde: Sie wurden als Sitz der staatlichen Behörden und herrschaftlichen Funktionen in ihrer Urbanität umgeformt.[98] Die vorderösterreichischen Landstädte und die württembergischen Amtsstädte stellen dafür aufschlussreiche Pendants im Südwesten dar. Die »quasi-reichsstädtische Freiheit« Ehingens und der fünf Donaustädte wurde nach der Oberamtsreform Kaiser Karls VI. 1726 und vollends der theresianischen Staatsreform von 1753/56 bzw. der Magistratsreform Josephs II. ab 1785 durch systematische Eingriffe in die Stadtverfassungen und eine Ausrichtung auf effektivere Verwaltung erheblich beschnitten; ganz allgemein wurden »die Kommunalverwaltungen in den habsburgischen Städten Südwestdeutschlands auf den modernsten Stand im Sinne absolutistischen Staatsverständnisses gebracht« – ohne damit die Begrenzungen in der tatsächlichen Durchführung zu unterschätzen –, d. h. auch hier waren »die Kommunen damit effektiv zu staatlichen Verwaltungsinstanzen unterer Ebene geworden«. Und die württembergischen Kommunordnungen von 1702 und 1756 setzten auch hier einheitliches Recht, dessen Wirksamkeit allerdings stärker programmatischer Natur zu sein schien.[99]
Zwei Stadtmodelle standen sich also gegenüber: auf einer Seite das der ›alten‹ Reichsstadt mit kommunaler Autonomie, die ihr Selbstverständnis im Spätmittelalter entwickelt und zumindest partiell trotz der Oligarchisierung der Frühneuzeit beibehalten hatte – auf der anderen Seite das der ›neuen‹ Stadt als Zentrum von territorialer Herrschaft, eingebunden in die Funktionalität einer auf Effektivität angelegten Verwaltung und kontrolliert durch staatliche Organe.
War damit die Mediatisierung der Reichsstädte eine Konsequenz der Entwicklung des urbanen Systems? Aufgrund der Verschiebung des politischen Schwerpunktes zugunsten der Territorien waren die Reichsstädte insgesamt in der Defensive, aufgrund des Funktionswandels der Städte von der Autonomie des Stadtbürgertums zur Zentralität im Kontext einer Effektivitätssteigerung des Verwaltungsstaates liefen sie Gefahr, von den Territorialstädten ›überholt‹ zu werden. War die Mediatisierung also nicht einfach eine politische Neuordnung, die lediglich eine ohnehin ›überholte‹ Institution ablöste, sondern ein ›notwendiger‹ Schritt bei der Modernisierung des Verfassungs- und Verwaltungssystems von Staatlichkeit?

Urbanisierung und Modernisierung: Versuch einer Einordnung

Eine Antwort auf diese Frage nach dem historischen Stellenwert der Mediatisierung zu finden, heißt die Argumentationsmuster und Bewertungen zusammenführen und in Beziehung setzen: Der Immobilismus eines verknöcherten Systems steht gegen die Selbstbestimmung einer republikanischen Bürgerlichkeit, die ökonomische Stagnation oder gar Rückbildung und die politische Rückständigkeit gegen die Modernisierung in Form von Rationalisierung und Effektivitätssteigerung des Staates.
Wenn Volker Press die Reichsstädte in den Kontext der Modernisierung gestellt und dabei die Problematik am Ende des Alten Reiches als weitgehend unlösbar akzentuiert hat, dann musste die Mediatisierung unausweichlich erscheinen: Sie waren »gegen Ende des 18. Jhs. offensichtlich in eine Sackgasse geraten«; »der mediatisierende Zugriff der rheinbündischen Mittelstaaten, der diese Veränderungen [d. h. den Weg zur Modernisierung, R.K.] einleitete«, erscheint bei ihm als konsequent, denn »das Verschwinden einer bunten Welt [war] der Preis für die notwendige Mo-

dernisierung«[100]; auch wenn durchaus Anstöße von außen durch die Französische Revolution erkennbar werden, so hatte sie doch auch »überdeutlich gemacht, daß eine Modernisierung der Reichsstadt unausweichlich war, wollte sie überleben – sie waren jedoch in eine unlösbare Spannung zwischen Reich und Revolution, zwischen einem erstarrenden Verfassungsdenken und weitertreibenden Reformvorstellungen geraten«, wobei sie freilich »die Probleme weder aus eigener Kraft [...], noch mit Hilfe von Kaiser und Reich mehr lösen konnte«.[101] Damit wird die politische Abwertung auf die rationale und abstrakte Ebene eines langfristigen Geschichtsablaufs gehoben. Wird er auch zurecht damit bestätigt?

Da ist zum Ersten die Bewertung der Situation der Reichsstädte im 18. Jh. selbst in Rechnung zu stellen. Selbst wenn man die skizzierten Neuinterpretationen in wirtschaftlicher und kultureller Hinsicht akzeptiert, bleibt doch die innere Reformbedürftigkeit des Systems bedingt durch Oligarchisierung und Finanzkrisen.[102] Nun haben neuere Untersuchungen zu den Reichsstädten gerade in Schwaben auch die Überlegung zutage gefördert, die vielfach seit der Mitte des 18. Jhs. eingesetzten kaiserlichen Untersuchungskommissionen nicht nur als mehr oder weniger erfolgreiche letzte Versuche einer Bewältigung derartiger Krisen zu begreifen[103], sondern generell auch als »Signale [...] für eine stärkere reichsstädtische Integration im Reichsverband«.[104] Der Grad der Reformfähigkeit war zweifellos unterschiedlich, aber die konkrete Analyse zeigt durchaus Erfolge: sei es in den Finanzkrisen von Nördlingen oder Esslingen[105], besonders aber auch zur Kleinstadt Isny[106], sei es bei dem Ansatz einer Verwaltungsreform von Buchhorn[107] – zumal die Situation in den Territorien nicht unbedingt bessere Voraussetzungen bieten musste.[108]

Lässt sich die Frage nach der Reformfähigkeit der reichsstädtischen Kommunen auf die Weise auch nicht eindeutig beantworten, und ist die Vorstellung von der ›Republik‹ als Alternative zum Fürstenstaat auch nicht im Sinne einer tatsächlichen politischen Gleichrangigkeit zu gewichten, so verbindet sich diese Einschätzung doch mit der Überlegung nach ihrem Stellenwert in den regionalen Entwicklungsfeldern des Reichsverbandes selbst – also den Mustern neben der absolutistischen bzw. reformstaatlichen Variante. Unbestritten ist dabei die herausragende Bedeutung der Reichsstädte im Rahmen der territorienübergreifenden Zusammenarbeit bei der Versorgungspolitik im kleinräumigen Bereich[109] wie in der Landfriedenspolitik des Schwäbischen Bundes im 15./16. Jh.[110] Auch hier ist die Diskussion auf der Ebene der Reichskreise und der regionalen politischen Kommunikation[111] zu einer Neubewertung vorgestoßen, die sie als Gegengewichte zu den Fürstenstaaten zumindest etwas gestärkt hat.[112] Gerade der Schwäbische Kreis war in der Schlussphase des Reiches neben seinen militärischen und policeylichen Aufgaben mit sehr bemerkenswerten eigenständigen überterritorialen Initiativen hervorgetreten[113], die wirtschaftlich relevanten Faktoren, angefangen vom Chausseebau über Münzkonventionen bis zur Getreidepolitik[114] waren nicht unbeträchtlich. Und selbst wenn man auf den ersten Blick die restriktive Rolle stärker akzentuieren mag[115], so entwickelten sie doch zumindest im Zusammenhang mit der Regelung des textilwirtschaftlich zentralen Garnmarktes und des Landhandwerks geradezu Züge eines »reichsstädtisch geprägten Kreismerkantilismus« und damit einer »die Wirtschaft gestaltende(n) Funktion«.[116] War denn nicht auch Ober- und Ostschwaben als ›offene Gewerbelandschaft‹[117] durchaus eine Region wirtschaftlicher Prosperität, die der eines geschlossenen bayerischen Territorialstaates mit sehr begrenzter ökonomischer Potenz und eines mit ähnlichen Ambitionen angetretenen Herzogtums Württemberg durchaus an die Seite zu stellen[118], wenn nicht überlegen war?

Anders formuliert: Eine Fixierung auf die ›Modernisierung‹ unter dem Dach der frühmodernen Staatlichkeit droht den Blick zu verstellen auf die Leistungsfähigkeit ›offener Systeme‹, und gleichermaßen dann, wenn man zu eingeschränkt die Reichsstädte gleichsam nur von ihren ›innerstädtischen‹ Problemen her erfasst. So bleibt im Kern die Feststellung, dass die Mediatisierung der Reichsstädte, im Kontext einer euphemistisch als ›Flurbereinigung umschriebenen Konzeption eben ein Akt der Machtpolitik unter maßgeblicher Beteiligung der Fürstenstaaten war, obwohl auf diese Stadtrepubliken als mindermächtige Reichsstände das Prinzip der Bestandsgarantie zutraf – selbst wenn der RDH als ›letztes Reichsgrundgesetz‹ formell-verfassungsgemäß zustande gekommen war und schon für die Zeitgenossen »kein Rechtsproblem« dar-

stellte; man sah sie »unter Berufung auf das Staatsnotrecht des Reiches als gerechtfertigt und damit rechtmäßig an«.[119]
Eine andere Frage ist die nach der historischen Kontinuität. Der offensichtliche Bruch der Mediatisierung – er wurde nur von den vier Fällen Frankfurt, Hamburg, Bremen und Lübeck als autonome Städte durch die Restitution auf dem Wiener Kongress in Form eines Anknüpfens an die alten Verfassungen kompensiert – mündete in die Umgestaltung durch die ›Munizipalordnungen‹ der neu geformten Staaten. Die ›deutsche Reformzeit‹ mit ihrem umfangreichen Maßnahmenkatalog zwischen Vollendung des Absolutismus und ›defensiver Modernisierung‹ wies auch den Städten eine neue Aufgabenstellung zu.[120] Da das neue Verständnis einer restriktiven Staatsaufsicht im Falle Bayerns und Württembergs zunächst rigoros eingesetzt und damit der formelle Handlungsspielraum nicht zugunsten einer eingeschränkt privilegierten Stellung ausgeschöpft wurde, vielmehr die Nivellierung auf niedrigem Niveau erfolgte, muss auch die anschließende Wiederbelebung einer kommunalen Selbstverwaltung im Zuge des Aufbaus der modernen Verfassungen als etwas Neues begriffen werden.
Etwas gemilderter erscheint der Übergang, wenn man ihn an den Veränderungen der jeweiligen territorialen Städte misst: So war etwa in Bayern durch die Instruktion von 1748 eine Revision der Stadt- und Marktordnung erfolgt, um die latenten Missstände abzustellen[121], aber nach wie vor war das Prinzip der Privilegierung ebenso wenig angetastet wie die Landstandschaft der Städte und Märkte, vielmehr war sie durch die staatliche Aufsicht überlagert und reduziert worden. Unter Montgelas ging es nun um ein einheitliches System, das diese Privilegiensituation – und zwar sowohl der Stadt als Korporation als auch des uneinheitlichen Bürgerstandes – beseitigte.[122] Da in diesem monistischen Staatsgedanken der Gemeindezweck dem Staatszweck entsprechen musste, zog die Einheit der Staatsgewalt konsequenterweise eine Vereinheitlichung von oben nach sich. Dabei war eine ›mittelbare Staatsverwaltung‹ als dezentrales Element durchaus nicht ausgeschlossen, vielmehr »erfüllten die gemeindlichen Institutionen sowohl Aufgaben als Selbstverwaltungskörper als auch als staatliche Verwaltungsbehörden«.[123] Sie mündete in die Konstitution von 1808. Eine solche Sicht kann auch als Fluchtpunkt der bereits charakterisierten Entwicklung von Territorialstädten gesehen werden – aber nur von diesen, und nicht mehr von ehemaligen Reichsstädten. Die Weiterentwicklung zur Verfassung von 1818 mit ihrem Zugeständnis neuer Rechte im Gemeinde-Edikt von 1818 bedeutete keine Rückkehr zur ›alten Stadt‹, sondern lediglich eine »schrittweise Rückgabe kommunaler Selbstverwaltung«[124], denn gerade in der allgemeinen Kommunalorganisation unter Einschluss der Ruralgemeinden liegt die Leistung für die moderne beauftragte Gemeindeselbstverwaltung.[125]
Für Württemberg gilt im Prinzip das Gleiche[126]: Als die unterschiedliche Behandlung von Alt- und Neuwürttemberg im Herbst 1805 beendet war, führte auch hier der Weg über die vereinheitlichte Verwaltung in Kreisen und (neuen) Oberämtern zur Neubestimmung der städtischen Gemeinden. Städte wie Dörfer büßten ihre Selbständigkeit ein – Ortsvorsteher und Magistrate wurden fortan vom Staat ernannt. Die neue Verfassung im Rahmen der Rheinbundstaaten brachte dann 1822 eine Wiederherstellung kommunaler Selbstverwaltung auf der Basis der Bürgergemeinde, die prinzipiell die Städte nicht anders als die Landgemeinden behandelte und ihnen lediglich die Verwaltung ihrer eigenen Belange samt dem Vermögen zugestand – aber unter der Aufsicht des Staates, wenn auch mit etwas größerem Bewegungsspielraum.[127] Doch auch hier steht der deutlichen Diskontinuität in den Grundsätzen der Verfassung von 1819 gegenüber der altwürttembergischen Zeit die absolutistische Praxis der Staatsaufsicht gegenüber, dass auf der Basis der *Commun-Ordnung* von 1758 die »Regierung in Stuttgart im 18. Jh. die städtische Selbstverwaltung oft zur Farce werden ließ«.[128]
Baden wiederum setzte den Schlusspunkt unter die 1803 noch zugestandene historische Tradition in seinen Konstitutions-Edikten von 1807: Nun wurden auch hier die Reste der kommunalen Selbständigkeit beseitigt.[129] Die Verfassung von 1818 aber hatte trotz eindeutig liberaler Elemente auch einen »etatistischen Grundzug«, der um der Einheitlichkeit des Staates willen »unverkennbar in der Tradition des bürokratischen Absolutismus (stand)«[130], so dass sich auch lange »keine Möglichkeit für die Entfaltung eigenen kommunalen Lebens« bot.[131]

Die gemeinsame Grundintention einer Konzentration der obrigkeitlichen Gewalt auf die Souveränität des Staates mit der Konsequenz der ›beauftragten Selbstverwaltung‹ stellt also eine Brücke zur Frühen Neuzeit her. Sie war und blieb die Basis der neuen städtischen Zentralität im Staatsverband. Sie brachte aber auch entsprechende neue Funktionen in der Situierung der Regierungen, der Behörden und Institutionen mit sich. Die neue Zentralität der Stadt als Sitz staatlicher administrativer Funktionen – des bayerischen Generalkommissariats, der Regierungsstellen und administrativen Zentren, der württembergischen Landvogteien und Oberämter – lag ohnehin nahe. In Württemberg wurde sie expressis verbis insofern mit der Verkehrslage verknüpft, als *der Sitz des Kreisamts, immer so viel möglich, in der der Residenz am nächsten liegenden Amtsstadt um der leichteren Kommunikation willen, gewählt wird*, während *der Oberamtssitz nur in einer Stadt genommen werden kann, welche an einer frequentierten Commercial- und Vicinalstrasse liegt und worin sich eine königliche Postverwaltung befindet*[132]; die Beispiele von Ulm, Ravensburg und Wangen machen das im Konkreten recht deutlich – ohne dass dabei die ambivalenten Züge eines neuen administrativen Regelungsanspruchs vergessen werden dürfen[133] –, zeigen freilich auch gleichzeitig die administrativen Verluste durch die Abtrennung der alten territorialen Zusammenhänge, wie sie etwa besonders in Schwäbisch Hall und Ulm, aber selbst letztlich in Wangen zu Buche schlugen.[134]

Im europäischen Urbanisierungsprozess jedenfalls bedeutete die Mediatisierung der Reichsstädte keinen entscheidenden Einschnitt. Begreift man ihn mit Jan de Vries als einen Vorgang in drei Dimensionen: als demographisches Wachstum der Städte, d. h. immer mehr Menschen leben in Städten, als strukturelle Entwicklung, d. h. immer mehr Funktionen werden in den Städten angesiedelt, und als Verschiebung der Lebensformen, d. h. die städtisch-bürgerlichen Verhaltensweisen bestimmen immer mehr die Gesellschaft[135], dann war die Verfasstheit als ›autonome Stadt‹ im Rahmen des Alten Reiches ohnehin kein notwendiges Kriterium für einen Fortgang der Entwicklung. Die Industrialisierung der Wirtschaft wie die Modernisierung der Gesellschaft waren nicht an eine wie auch immer gefasste Selbstverwaltung gebunden – auch wenn das Modell der »okzidentalen Stadt«[136] gerade an diesen Punkt seine spezifische Ausformung und damit in der Reichsstadt einen seiner spezifischen historischen Orte gewann. Schon Aeneas Silvio Piccolomini, der Humanist und spätere Papst Pius II., hatte 1457/58 in einem Brieftraktat nach einer Reise durch das südliche Reich seine Eindrücke über die Städtekultur emphatisch zusammengefasst: *Es gibt in Deutschland überaus reiche und volkreiche Städte, die man freie Städte nennt, weil sie nur dem Kaiser untertan sind, dessen Joch so gut wie Freiheit ist. Und wahrlich: nirgends in der Welt gibt es so große Freiheit, wie diese Städte sie genießen.*[137]

[1] Zu den Abläufen in Bayern bereits differenziert *Friedrich Blendinger,* Die Mediatisierung der schwäbischen Reichsstädte, in: *Hubert Glaser* (Hg.), Wittelsbach und Bayern. Bd. III/1: Krone und Verfassung. König Max I. Josef und der neue Staat. München 1980, 101–113; aus der Perspektive des Südwestens *Volker Press,* Die Reichsstädte des Schwäbischen Reichskreises zwischen Revolution und Mediatisierung, in: *Württembergisches Landesmuseum Stuttgart* (Hg.), Baden und Württemberg im Zeitalter Napoleons. Bd. 2: Aufsätze. Stuttgart 1987, 121–133; umfassend *Klaus-Peter Schroeder,* Das Alte Reich und seine Städte. Untergang und Neubeginn: Die Mediatisierung der oberdeutschen Reichsstädte im Gefolge des Reichsdeputationshauptschlusses 1802/03. München 1991.

[2] *Carl Hermann Hemmerde,* Briefe von und über Augsburg. [Hof] 1789, 72; zit. nach *Franz Herre,* Das Augsburger Bürgertum im Zeitalter der Aufklärung. Augsburg 1951, 13.

[3] *Alfred Lutz,* Das Ende der Reichsstadt Ravensburg (wie Anm. 3), in diesem Band ([Anm. 140].

[4] *Hans Eugen Specker,* Die Mediatisierung der Reichsstadt Ulm, in diesem Band.

[5] *Rainer Jensch,* Die Mediatisierung der Reichsstadt Wangen im Allgäu, in diesem Band.

[6] *Lutz,* Ravensburg (Anm. 3), in diesem Band [Anm. 144f.].

[7] *Christhard Schrenk,* Die Mediatisierung der Reichsstadt Heilbronn – Schock und Chance, in diesem Band [Anm. 29].

[8] *Lutz,* Ravensburg, in diesem Band [Anm. 143].

[9] Vgl. *Volker Press,* Österreich, das Reich und die Eindämmung der Revolution in Deutschland, in: *Helmut Berding* (Hg.), Soziale Unruhen in Deutschland während der Französischen Revolution. Göttingen 1988, 237–258; vgl. dazu auch die Einzelstudien dieses Teilbandes, insbesondere die von *Alfred Lutz* zu Ravensburg.

[10] *Karl Siegfried Bader,* Die Reichsstädte des schwäbischen Kreises am Ende des alten Reiches, in: UuO 32 (1951), 47–70, hier als Fazit 70.
[11] Zum historischen Ablauf zusammenfassend *Karl Otto Frhr. von Aretin,* Vom Deutschen Reich zum Deutschen Bund. Göttingen 1980, 77–94; *Ders.*, Das Alte Reich Bd. 3: Das Reich und der österreichisch-preußische Dualismus (1745–1806). Stuttgart 1997, 450–477.
[12] *Volker Press,* Südwestdeutschland im Zeitalter der Französischen Revolution und Napoleons, in: Baden und Württemberg im Zeitalter Napoleons (wie Anm. 1), 9–24, Zitat 14.
[13] Zum Folgenden ausführlich *Schroeder,* Das Alte Reich (wie Anm. 1), 31–101.
[14] Zit. nach Ebd., 34, 36.
[15] Sie wird referiert Ebd., 78–81, und bei *Blendinger,* Mediatisierung (wie Anm. 1), 105.
[16] *Schroeder,* Das Alte Reich (wie Anm. 1), 79.
[17] Der Text des RDH bei *Ernst Rudolf Huber,* Dokumente zur deutschen Verfassungsgeschichte. Bd. 1. Stuttgart 3. Aufl. 1978, Nr. 1, 1–28, Zitat 13.
[18] Dazu die entsprechenden Passagen in den Handbüchern: *Hans-Peter Ullmann,* Baden 1800 bis 1830, in: *Hansmartin Schwarzmaier* u. a. (Hg.), Handbuch der baden-württembergischen Geschichte Bd. 3. Stuttgart 1992, 25–78, hier 26–38; *Bernhard Mann,* Württemberg 1800 bis 1830, in: Ebd., 235–331, hier 239–262; *Eberhard Weis,* Die Begründung des modernen bayerischen Staates unter König Max I. (1799–1825), in: *Max Spindler* (Hg.), Handbuch der bayerischen Geschichte. Bd. IV, 1. München 1974, 3–86, hier 3–38.
[19] Zuletzt ausführlich *Rosemarie Dietrich,* Die Integration Augsburgs in den bayerischen Staat (1806–1821). Sigmaringen 1993, 73–105.
[20] Zu dieser Phase als Sonderfälle *Schroeder,* Das Alte Reich (wie Anm. 1), 427–445.
[21] Zuletzt *Eberhard Weis,* Der Umbruch von 1799. Die Regierung Max Josephs und ihre Bedeutung für die Geschichte Bayerns, in: *Kommission für bayerische Landesgeschichte* (Hg.), Der Umbruch von 1799. Zum Regierungsantritt der wittelsbachischen Linie Pfalz-Zweibrücken in Bayern. München 1999, 19–34.
[22] *Maximilian Joseph von Montgelas,* Denkwürdigkeiten des bayerischen Staatsministers Maximilian Grafen von Montgelas 1799–1817. Stuttgart 1887, 169f.; zit. nach *Schroeder,* Das Alte Reich (wie Anm. 1), 156.
[23] *Hans Hubert Hofmann, ... sollen bayerisch werden.* Die politische Erkundung des Majors von Ribaupierre durch Franken und Schwaben im Frühjahr 1802. Kallmünz 1954.
[24] Vgl. dazu *Blendinger,* Mediatisierung (wie Anm. 1), 106f.; sowie die Beiträge von *Hans-Eugen Specker* zu Ulm, von *Rainer Jensch* für Wangen und von *Alfred Lutz* bzw. *Peter Eitel* für Ravensburg in diesem Band.
[25] Vgl. dazu *Stefan Fischer,* Der politische Umbruch. Die bayerische Stadt des 19. Jhs. in den Ereignissen deutscher Staatsentwicklung (1780 bis 1914), in: *Jürgen Kraus/Stefan Fischer* (Hgg.), Die Stadt Kaufbeuren. Bd. I: Politische Geschichte und Gegenwart einer Stadt. Thalhofen 1999, 100–127, hier 103f.; *Jörg Westerburg,* Integration trotz Reform. Die Eingliederung der ostschwäbischen Territorien und ihrer Bevölkerung in den bayerischen Staat in der ersten Hälfte des 19. Jhs. Thalhofen 2001, 457–463.
[26] *Paul Hoser,* Die Geschichte der Stadt Memmingen. Vom Neubeginn im Königreich Bayern bis 1945. Stuttgart 2001, 17–23.
[27] *Franz-Rasso Böck,* Kempten im Umbruch. Studien zur Übergangsphase von Reichsabtei und Reichsstadt zur bayerischen Landstadt unter besonderer Berücksichtigung von Kontinuität und Wandel in Verfassung und Verwaltung 1799 –1818. Augsburg 1989, 157–166.
[28] So die Formulierung nach *Blendinger,* Mediatisierung (wie Anm. 1), 106.
[29] *Schroeder,* Das Alte Reich (wie Anm. 1), 157.
[30] Vgl. *Walter Demel,* Der bayerische Staatsabsolutismus 1806/08–1817. Staats- und gesellschaftspolitische Motivationen und Hintergründe der Reformära in der ersten Phase des Königreichs. München 1983.
[31] Dazu *Wilhelm Volkert,* Bayerns Zentral- und Regionalverwaltung zwischen 1799 und 1817, in: *Eberhard Weis* (Hg.), Reformen im rheinbündischen Deutschland. München 1984, 169–180; die kartographische Darstellung bei *Wolfgang Zorn* (Hg.), Historischer Atlas von Bayerisch-Schwaben. Augsburg 1955, Karte 54–56.
[32] Zum Folgenden neben *Schroeder,* Das Alte Reich (wie Anm. 1), 168–195; auch *Josef A. Weiss,* Die Integration der Gemeinden in den modernen bayerischen Staat. Zur Entstehung der kommunalen Selbstverwaltung in Bayern (1799–1818). Kallmünz 1986, 44–74.
[33] Vgl. dazu ausführlich Ebd., 32–41.
[34] Die Grundsätze werden auch von *Peter Eitel* in seinem Beitrag in diesem Band aufgeführt.
[35] *Weiss,* Integration (wie Anm. 32), 121–256.
[36] Vgl. *Volker Press,* König Friedrich I. – der Begründer des modernen Württemberg, in: Baden und Württemberg im Zeitalter Napoleons (wie Anm. 1), 25–40.
[37] Vgl. zu den Stationen und Plänen bzgl. Württemberg den Beitrag von *Bernd Wunder* in diesem Band.
[38] *Schroeder,* Das Alte Reich (wie Anm. 1), 321.
[39] Vgl. dazu *Max Miller,* Die Organisiaton und Verwaltung von Neuwürttemberg unter Herzog und Kurfürst Friedrich. Stuttgart 1934.
[40] Dazu zusammenfassend *Bernd Wunder,* Die Entstehung des modernen Staates in Baden und Württemberg, in: Baden und Württemberg im Zeitalter Napoleons (wie Anm. 1) 103–120, hier 108–111.
[41] *Schroeder,* Das Alte Reich (wie Anm. 1), 328f.
[42] *Mann,* Württemberg (wie Anm. 18), 255.
[43] Vgl. dazu den Beitrag von *Klaus-Peter Schroeder* in diesem Band, der auch die Entstehung des Großherzogtums Baden ausführlicher behandelt; deshalb wird dieser Aspekt im Folgenden nur knapp dargestellt.
[44] *Wunder,* Entstehung des modernen Staates (wie Anm. 40), 105–108.
[45] Detailliert dazu *Schroeder,* Das Alte Reich (wie Anm. 1), 401–411.
[46] Ebd., 285.
[47] Ebd., 277.
[48] *Bader,* Die Reichsstädte des schwäbischen Kreises (wie Anm. 10), 69.
[49] *Hofmann*, Ribaupierre (wie Anm. 23), dezidiert 22 (Heilbronn), 33 (Ulm), 36 (Memmingen), 40 (Kaufbeuren); vgl. *Blendinger,* Mediatisierung (wie Anm. 1), 106.
[50] *Ingrid Bátori,* Die Reichsstadt Augsburg im 18. Jh. Verfassung, Finanzen und Reformversuche. Göttingen 1969, 109–173; *Peter Fassl,* Konfession, Wirtschaft und Politik. Von der Reichsstadt zur Industriestadt, Augsburg 1750–1850. Sigmaringen 1988, 181; *Dietrich,* Integration Augsburgs (wie Anm. 19), 66f.; 90f.
[51] *Westerburg,* Integration trotz Reform (wie Anm. 25), 458–460.
[52] Ebd., 35.
[53] Vgl. den Beitrag von *Hans Eugen Specker* in diesem Band.
[54] Vgl. dazu *Uwe Schmidt,* Südwestdeutschland im Zeichen der Französischen Revolution. Bürgeropposition in Ulm, Reutlingen und Esslingen. Stuttgart 1993.
[55] Ebd., 280–288, Zitat 284.
[56] Ebd., 293–298.
[57] *Volker Press,* Reichsstadt und Revolution, in: *Bernhard Kirchgässner/Eberhard Naujoks* (Hgg.), Stadt und wirtschaftliche Selbstverwaltung. Sigmaringen 1987, 9–59, Zitate 58.
[58] Dazu ausf. *Schmidt,* Südwestdeutschland (wie Anm. 54), 87–164.
[59] Ebd., 88f.

[60] Ebd., 114–119, 321–334, Zitat: § 1, 321.
[61] So nach *Specker*, Ulm, in diesem Band.
[62] *Reinhard Hildebrandt,* Rat contra Bürgerschaft. Die Verfassungskonflikte in den Reichsstädten des 17. und 18. Jhs., in: Zs. für Stadtgeschichte, Stadtsoziologie und Denkmalpflege 1 (1974), 221–241.
[63] Vgl. dazu *Blendinger,* Mediatisierung (wie Anm. 1), 101–103.
[64] *Reinhard Hildebrandt,* Zur Frage der reichsstädtischen Finanzen und Haushaltspolitik seit dem Westfälischen Frieden, in: *Erich Maschke/Jürgen Sydow* (Hgg.), Städtisches Haushalts- und Rechnungswesen. Sigmaringen 1977, 91–107, hier 99–102.
[65] Dazu ausführlich *Urs Hafner,* Republik im Konflikt. Schwäbische Reichsstädte und bürgerliche Politik in der frühen Neuzeit. Tübingen 2001, 130–145.
[66] *Heinz Schilling,* Gab es im späten Mittelalter und zu Beginn der Neuzeit in Deutschland einen städtischen Republikanismus? Zur politischen Kultur des alteuropäischen Stadtbürgertums, in: *Helmut G. Koenigsberger* (Hg.), Republiken und Republikanismus im Europa der Frühen Neuzeit. München 1988, 101–143, hier 139–142.
[67] Vgl. etwa in knapper Form *Peter Blickle,* Republiktheorie aus revolutionärer Erfahrung (1525), in: *Ders.* (Hg.), Verborgene republikanische Traditionen in Oberschwaben. Tübingen 1998, 195–210; *Ders.,* Der Kommunalismus als Gestaltungsprinzip zwischen Mittelalter und Moderne, in: *Nicolai Bernard* (Hg.), Gesellschaft und Gesellschaften. Fschr. Ulrich Imhof. Bern 1982, 95–113; jetzt umfassend *Ders.,* Kommunalismus. Bd. 1: Oberdeutschland. München 2000.
[68] *Hafner,* Republik im Konflikt (wie Anm. 65), 74–86; vgl. dazu auch speziell *Wolf-Henning Petershagen,* Schwörpflicht und Volksvergnügen. Ein Beitrag zur Verfassungswirklichkeit und städtischen Festkultur in Ulm. Ulm 1999.
[69] *Hafner,* Republik im Konflikt (wie Anm. 65), 146–220.
[70] Vgl. dazu auch *Bernd Roeck,* Rathaus und Reichsstadt, in: *Bernhard Kirchgässner/Hans-Peter Becht* (Hgg.), Stadt und Repräsentation. Sigmaringen 1995, 93–114.
[71] *Ulrich Meier,* Republikanische Ikonographie in oberschwäbischen Reichsstädten, in: *Peter Blickle* (Hg.), Verborgene republikanische Traditionen in Oberschwaben. Tübingen 1998, 81–99, Zitate 86, 99.
[72] *Hafner,* Republik im Konflikt (wie Anm. 65), 260, 265, 270f. (Zitate).
[73] *Bader,* Die Reichsstädte des schwäbischen Kreises (wie Anm. 10), 54, 56, 62, 64, 66.
[74] Vgl. den Beitrag von *Alfred Lutz* in diesem Band.
[75] *Wolfgang Zorn,* Handels- und Industriegeschichte Bayerisch-Schwabens 1648–1870. Augsburg 1961; vgl. dazu auch *Hermann Kellenbenz,* Die wirtschaftliche Rolle der schwäbischen Reichsstädte in neuem Licht, in: Esslinger Studien 10 (1964), 222–227.
[76] *Mark Häberlein/Michaela Schmölz-Häberlein,* Die Erben der Welser. Der Karibikhandel der Augsburger Firma Obwexer im Zeitalter der Revolutionen. Augsburg 1995.
[77] *Rita Huber-Sperl,* Memmingen zwischen Zunfthandwerk und Unternehmertum. Ein Beitrag zur reichsstädtischen Geschichte 1648 bis 1802. Memmingen 1995, Zitat 207.
[78] Vgl. *Rolf Kießling,* Die Nördlinger Pfingstmesse im 15./16. Jh. Aufstieg und Strukturwandel eines süddeutschen Wirtschaftszentrums, in: Jb. des HV für Nördlingen und das Ries 29 (1999), 69–95.
[79] *Willi A. Boelcke,* Wirtschaft und Gesellschaft vom 18. Jh. bis zur Gegenwart, in: *Dieter Stievermann* u. a. (Hg.), Geschichte der Stadt Biberach. Stuttgart 1991, 417–498, Zitate 437.
[80] So *Christhard Schrenk* in seinem Beitrag in diesem Band.
[81] Vgl. dazu jetzt *Wolfgang Petz,* Zweimal Kempten – Geschichte einer Doppelstadt (1694–1836). München 1998.
[82] Dazu und generell *Volker Press,* Der Merkantilismus und die Städte in: *Ders.* (Hg.), Städtewesen und Merkantilismus in Mitteleuropa, Köln/Wien 1983, 1–14, hier 11f.
[83] *Otto Borst,* Die Kulturbedeutung der oberdeutschen Reichsstadt am Ende des Alten Reiches, in: BlldtLG 100 (1964), 159–246; *Ders.,* Kulturfunktionen der deutschen Stadt im 18. Jh., in: *Wilhelm Rausch* (Hg.), Städtische Kultur in der Barockzeit. Linz/Donau 1982, 1–34; *Ders.,* Babel oder Jerusalem? Sechs Kapitel Stadtgeschichte. Stuttgart 1984.
[84] *Helmut Schmid,* Ain liebrey zu den büchern. Die mittelalterliche Predigerbücherei der Nikolaikirche zu Isny. Isny [2000].
[85] Dazu umfassend *Helmut Gier,* Buchdruck und Verlagswesen in Augsburg vom Dreißigjährigen Krieg bis zum Ende der Reichsstadt, in: *Ders./Johannes Janota* (Hgg.), Augsburger Buchdruck und Verlagswesen. Von den Anfängen bis zur Gegenwart. Wiesbaden 1997, 479–516.
[86] *Otto Borst,* Buch und Presse in Esslingen am Neckar. Studien zur städtischen Geistes- und Sozialgeschichte von der Frührenaissance bis zur Gegenwart. Esslingen 1975.
[87] *Bernd Roeck,* Lebenswelt und Kultur des Bürgertums in der Frühen Neuzeit. München 1991, 108–112, Zitat 112.
[88] Vgl. dazu auch bezüglich der Beschreibung des Phänomens *Helmut Flachenecker/Rolf Kießling* (Hgg), Städtelandschaften in Altbayern, Franken und Schwaben. Studien zum Phänomen der Kleinstädte während des Spätmittelalters und der Frühen Neuzeit. München 1999; speziell zu Oberschwaben *Rolf Kießling,* Die Urbanisierung einer Region. Zur Entwicklung der Städtelandschaft Oberschwaben im Spätmittelalter, in: Mitt. der Gesellschaft Oberschwaben 1 (1999), 2, 34–55.
[89] Vgl. dazu ausführlich *Rolf Kießling,* Die Stadt und ihr Land. Umlandpolitik, Bürgerbesitz und Wirtschaftsgefüge in Ostschwaben vom 14. bis ins 16. Jh. Köln/Wien 1989.
[90] Dazu *Götz Landwehr,* Die Verpfändung der deutschen Reichsstädte im Mittelalter. Köln/Graz 1967.
[91] Vgl. auch die Hinweise bei *Press,* Reichsstädte (wie Anm. 1), 121–123; *Blendinger,* Mediatisierung (wie Anm. 1), 103.
[92] *Etienne François,* Des républiques marchandes aux capitales politiques, in: RHMC 25 (1978), 578–603, nach den dort skizzierten Verteilungen der Großstädte im Reich um 1500 und um 1800.
[93] Nach den Daten in *Erich Keyser,* Württembergisches Städtebuch. Stuttgart 1962; *Erich Keyser/Heinz Stoob,* Bayerisches Städtebuch. Bd. II. Stuttgart u. a. 1974.
[94] Vgl. dazu *Rolf Kießling,* Ländliches Gewerbe im Sog der Proto-Industrialisierung? Ostschwaben als Textillandschaft zwischen Spätmittelalter und Moderne, in: Jb. für Wirtschaftsgeschichte 1998/2, 49–78; *Anke Sczesny,* Zwischen Kontinuität und Wandel. Ländliches Gewerbe und ländliche Gesellschaft im Ostschwaben des 17. und 18. Jhs. Tübingen 2002, 49–114; für Württemberg vgl. *Sheilagh Olgivie,* Soziale Institutionen, Korporatismus und Protoindustrie. Die Württembergische Zeugmacherei (1580–1797), in: *Dieter Ebeling/Wolfgang Mager* (Hgg.), Protoindustrie in der Region. Europäische Gewerbelandschaften vom 16. bis zum 19. Jh. Bielefeld 1997, 105–139.
[95] Vgl. *Press,* Der Merkantilismus und die Städte (wie Anm. 82), 1–14.
[96] Vgl. dazu *Heinz Schilling,* Die Stadt in der Frühen Neuzeit. München 1993, 38–49.
[97] *Luise Wiese-Schorn,* Von der autonomen zur beauftragten Selbstverwaltung. Die Integration der deutschen Stadt in den Territorialstaat am Beispiel der Verwaltungsgeschichte von Osnabrück und Göttingen in der frühen Neuzeit, in: Osnabrücker Mitt. 82 (1976), 29–59; zit. nach *Schilling,* Die Stadt (wie Anm. 96), 78f.
[98] Vgl. dazu *Carl A. Hoffmann,* Landesherrliche Städte und Märkte im 17. und 18. Jh. Studien zu ihrer ökonomischen, rechtlichen und sozialen Entwicklung in Oberbayern. Kallmünz 1997, 21–60; *Ders.,* Territorialstadt und landesherrliche Politik in Altbayern. Aspekte des

Verhältnisses in der Frühen Neuzeit, in: *Helmut Flachenecker/Rolf Kießling* (Hgg.), Städtelandschaften in Altbayern, Franken und Schwaben. Studien zum Phänomen der Kleinstädte während des Spätmittelalters und der Frühen Neuzeit. München 1999, 81–112.
[99] *Franz Quarthal*, Verfassung und Verwaltung in südwestdeutschen Städten der Frühen Neuzeit, in: *Michael Stolleis* (Hg.), Recht, Verfassung und Verwaltung in der frühneuzeitlichen Stadt. Köln/Wien 1991, 217–140, Zitate 232–234; vgl. auch *Hans Eugen Specker*, Die Verfassung und Verwaltung der württembergischen Amtsstädte im 17. und 18. Jh., dargestellt am Beispiel Sindelfingen, in: *Erich Maschke/Jürgen Sydow* (Hgg.), Verwaltung und Gesellschaft in der südwestdeutschen Stadt des 17. und 18. Jhs. Stuttgart 1969, 1–21.
[100] *Volker Press*, Die Reichsstadt in der altständischen Gesellschaft, in: *Johannes Kunisch* (Hg.), Neue Studien zur frühneuzeitlichen Reichsgeschichte. Berlin 1987, 9–42, Zitate 36, 41.
[101] *Press*, Reichsstadt und Revolution (wie Anm. 57), 58.
[102] So die drei Hauptfaktoren der Krisen bei *Press*, Reichsstadt und Revolution (wie Anm. 57), 10–18, und die obige Relativierung.
[103] So *Quarthal*, Verfassung und Verwaltung (wie Anm. 99), 234–238.
[104] *Martin Fimpel*, Reichsjustiz und Territorialstaat. Württemberg als Kommissar von Kaiser und Reich im Schwäbischen Kreis (1648–1806). Tübingen 1999, 115–122.
[105] So Ebd., 169f.
[106] *Hermann Speth*, Die Reichsstadt Isny am Ende des alten Reiches (1775–1806). Untersuchungen über Verfassungs-, Finanz-, Wirtschafts- und Sozialgeschichte der Stadt im Vergleich mit Wangen i.A. und Leutkirch. Stuttgart 1973, 39–69.
[107] *Fimpel*, Reichsjustiz (wie Anm. 104), 123–172.
[108] So auch *Quarthal*, Verfassung und Verwaltung (wie Anm. 99), 223.
[109] Vgl. *Rolf Kießling*, Die ›Nachbarschaft‹ und die ›Regionalisierung‹ der Politik: Städte, Klöster und Adel in Ostschwaben um 1500, in: *Ferdinand Seibt/Winfried Eberhard* (Hgg.), Europa 1500. Integrationsprozesse im Widerstreit: Staaten, Regionen, Personenverbände, Christenheit. Stuttgart 1987, 262–278; *Ders.*, Die Überwindung herrschaftlicher Grenzen durch regionale Zusammenarbeit. Ostschwaben im 15./16. Jh., in: *Wolfgang Schmale/ Reinhard Stauber* (Hgg.), Menschen und Grenzen in der Frühen Neuzeit. Berlin 1998, 155–170.
[110] Dazu jetzt umfassend *Horst Carl*, Der Schwäbische Bund 1488–1534. Landfrieden und Genossenschaft im Übergang vom Spätmittelalter zur Reformation. Leinfeld/Echterdingen 2000.
[111] Vgl. dazu die Ansätze bei *Carl A. Hoffmann/ Rolf Kießling* (Hgg.), Kommunikation und Region. Konstanz 2001.
[112] Vgl. jetzt *Wolfgang Wüst* (Hg.), Reichskreis und Territorium: Die Herrschaft über der Herrschaft? Supraterritoriale Tendenzen in Politik, Kultur, Wirtschaft und Gesellschaft. Ein Vergleich süddeutscher Reichskreise. Stuttgart 2000.
[113] Dazu speziell *Bernd Wunder*, Der Schwäbische Kreis, in: *Claus-Peter Hartmann* (Hg.), Regionen in der Frühen Neuzeit. Reichskreise im deutschen, Raum, Provinzen in Frankreich, Regionen unter polnischer Oberhoheit: Ein Vergleich ihrer Strukturen, Funktionen und ihrer Bedeutung. Berlin 1994, 23–39.
[114] Detailliert *Frank Göttmann*, Getreidemarkt am Bodensee. Raum – Wirtschaft – Politik – Gesellschaft (1650–1810). St. Katharinen 1991.
[115] So *Fimpel*, Reichsjustiz (wie Anm. 104), 165f.
[116] *Anke Sczesny*, Kontinuität und Wandel (wie Anm. 94), 147–167, Zitat 166.
[117] Dazu *Rolf Kießling*, Oberschwaben – eine offene Gewerbelandschaft. Wirtschaftliche Entwicklungen und »Republikanismus«, in: *Blickle, Peter* (Hg.), Verborgene republikanische Traditionen in Oberschwaben. Tübingen 1998, 25–55; *Ders.*, Proto-Industrialisierung (wie Anm. 94), passim.
[118] Vgl. dazu *Eckart Schremmer*, Die Wirtschaft Bayerns. Vom hohen Mittelalter bis zum Beginn der Industrialisierung. München 1970; *Ders.*, Gewerbe und Handel, in: *Max Spindler/ Andreas Kraus* (Hgg.), Handbuch der bayerischen Geschichte. Bd. II: Das Alte Bayern. Der Territorialstaat vom Ausgang des 12. Jhs. bis zum Ausgang des 18. Jhs. München 2. Aufl. 1988, 754–801; *Willi A. Boelcke*, Wirtschaftsgeschichte Baden-Württemberg von den Römern bis heute. Stuttgart 1987; *Meinrad Schaab*, Siedlung, Gesellschaft Wirtschaft von der Stauferzeit bis zur Französischen Revolution, in: Handbuch der baden-württembergischen Geschichte. Bd. I, 2. Stuttgart 2000, 457–585.
[119] *Schroeder*, Das Alte Reich (wie Anm. 1), 20–30, Zitat 28.
[120] Vgl. zusammenfassend *Walter Demel*, Vom aufgeklärten Reformstaat zum bürokratischen Staatsabsolutismus. München 1993, insbes. 31–55, 93–128.
[121] Vgl. dazu *Carl A. Hoffmann*, Die kurfürstlichen Instruktionen für die Magistrate der bayerischen Städte und Märkte aus den Jahren 1670 und 1748, in: *Elisabeth Lukas-Götz u. a.* (Hg.), Quellen zur Verfassungs-, Sozial- und Wirtschaftsgeschichte bayerischer Städte in Spätmittelalter und Früher Neuzeit. München 1993, 271–320; vgl. oben Anm. 98.
[122] Vgl. dazu *Karl Möckl*, Der moderne bayerische Staat. München 1979, 125–135.
[123] Ebd., 130.
[124] *Weiss*, Integration (wie Anm. 32), 121–262, Zitat 262.
[125] *Volkert*, Bayerns Zentral- und Regionalverwaltung (wie Anm. 31), 179.
[126] Vgl. dazu grundlegend *Mann*, Württemberg (wie Anm. 18), 252–259; *Wunder*, Entstehung des modernen Staates (wie Anm. 40), 108–111.
[127] Dazu *auch Eberhard Naujoks*, Strukturwandlung kommunaler Selbstverwaltung in württembergischen Gemeinden während der frühen Industrialisierung, in: *Bernhard Kirchgässner/ Jörg Schadt* (Hgg.), Kommunale Selbstverwaltung – Idee und Wirklichkeit. Sigmaringen 1983, 112–139.
[128] Ebd., 114.
[129] Vgl. dazu den Beitrag von *Klaus-Peter Schroeder* in diesem Band.
[130] So *Ullmann*, Baden 1800 bis 1830 (wie Anm. 18), 38–62, Zitate 62f.
[131] *Wolfgang Leiser*, Die Einwohnergemeinde im Kommunalrecht des Großherzogtums Baden, in: *Bernhard Kirchgässner/Jörg Schadt* (Hgg.), Kommunale Selbstverwaltung – Idee und Wirklichkeit. Sigmaringen 1983, 39–59, hier 46.
[132] *Wunder*, Entstehung des modernen Staates (wie Anm. 40), 110.
[133] Vgl. dazu *Vadim Oswalt*, Staat und ländliche Lebenswelt in Oberschwaben 1810–1871. (K)ein Kapitel im Zivilisationsprozeß? Leinfelden/Echterdingen 2000, sowie die einschlägigen Passagen in den Beiträgen von *Peter Eitel* und *Rainer Jensch* in diesem Band.
[134] Vgl. die verschiedenen Akzentuierungen in den Beiträgen von *Specker, Eitel, Jensch* und *Wunder* in diesem Band.
[135] *Jan de Vries*, European Urbanization 1500–1800. London 1984, 11–13.
[136] *Max Weber*, Die Stadt (1921), in: *Ders.*, Wirtschaft und Gesellschaft. Grundriß der verstehenden Soziologie, hg. von *Johannes Winckelmann*. Tübingen 5. Aufl. 1980, 727–814.
[137] Zit. nach *Otto Borst*, Babel oder Jerusalem (wie Anm. 83), 126.

Moderate et prudenter …

Die Markgrafschaft Baden und die Mediatisierung der Reichsstädte 1802/03

von Klaus-Peter Schroeder

Letztes Grundgesetz des Alten Reiches

Die Städte am Ende des Alten Reichs

Nach einer trefflichen Metapher Golo Manns glich die Landkarte des Heiligen Römischen Reiches Deutscher Nation mit seinen 300 Teilstaaten beim Ausbruch der Französischen Revolution einer »Milchstraße von Reichsritterschaften und Reichsstädten, Abteien und Bistümern, Mark-, Land- und Rauhgrafschaften«.[1] Die so bildhaft angesprochene Partikularisierung des Reiches war das Ergebnis der mittelalterlichen Verfassungsentwicklung in Deutschland. Zahllose Grenzlinien durchschnitten diese gewaltige Ländermasse in der Mitte Europas, eine Zollschranke löste die andere ab. Die bunte Vielfalt an Währungen und Münzsorten fand ihre Ergänzung in der Zersplitterung der Rechtslandschaften, ein einheitlicher, Handel und Gewerbe fördernder Wirtschaftsraum bestand nicht. Längst gehörten die Glanzzeiten der Reichsstädte, in denen ihre großen Handelshäuser den europäischen Kontinentalmarkt beherrscht und politische Entscheidungen beeinflusst hatten, der Vergangenheit an. Gegenüber den aufstrebenden fürstlichen Territorialstaaten waren die reichsunmittelbaren Stadtrepubliken und geistlichen Länder – sichtbar für alle – ins Hintertreffen geraten. Trotz des Glanzes ihrer Vergangenheit verfügten sie in den letzten Jahrzehnten des ausgehenden 18. Jhs. nicht mehr über genügend Kraftreserven, um eigene, schöpferische Innovationen anzuregen und durchzusetzen. Schutzlos nach außen, wurden sie im Innern von Konflikten und Gegensätzen erschüttert.[2] So suchten manche Reichsstädte im Vorfeld des RDH verzweifelt nach einem beschreitbaren Weg, der sie aus diesen Bedrängnissen herausführen könnte. Letztlich war man sogar bereit, die *alte, theuer erworbene Reichsfreiheit* freiwillig aufzuopfern. In der Mediatisierung der Reichsstadt sah man das kleinere Übel gegenüber einem vollständigen wirtschaftlichen Bankrott des gesamten Gemeinwesens.[3] Die Ansicht, in einer sonderbaren Art von »Endzeit« zu leben, breitete sich in vielen Städten aus.[4] Es waren jedoch nicht revolutionäre Propaganda und demagogische Umtriebe, die den Reichsstädtern die Ausweglosigkeit ihrer Lage bewusst machten, sondern vielmehr die konkret erfahrbaren Nöte des alltäglichen Lebens, die sich zu einer ökonomischen und sozialen Krise ausweiteten. Bis an die Grenze des Möglichen war die Steuerkraft der Bürger durch die Anforderungen der Koalitionskriege erschöpft, eine sich drastisch verschlechternde Wirtschaftskonjunktur verschärfte die vielerorts bereits bestehenden Gegensätze und Spannungen.[5] Unübersehbar blieb trotz aller Kraftanstrengungen die Schwäche des Reiches auf dem militärischen Sektor und seine Ohnmacht auf dem politischen Feld, so dass die Reichsstädte »das Selbstvertrauen verloren« (Bader). Hinzu kamen die strukturellen Schwächen des reichsstädtischen Verfassungs- und Verwaltungsorganismusses. Die in vielen Städten während des 17. und 18. Jhs. als bürgerschaftliche Kontrollinstanzen eingerichteten Deputationen hatten größtenteils versagt, indem sie selbst dem Prozess der Oligarchisierung nicht widerstanden. Wahlbeeinflussung durch die Regierenden, Bestechlichkeit der leitenden Beamten und der generalisierende Vorwurf der »Vetterleswirtschaft« führten zu einer krisenhaften Atmosphäre, in der die Bürger die »demo-

kratische Regierungsform« in den »Despotismus eines Alleinherrschers« abgleiten sahen.[6]
Mit dem RDH wurde die Liquidation des Reiches eingeleitet.[7] Von den 41 Reichsstädten konnten allein Augsburg, Bremen, Frankfurt, Hamburg, Nürnberg und Lübeck ihre selbständige politische Existenz im Reich für kurze Zeit bewahren. Nur wenige unter jenen Fürsten, denen einzelne Reichsstädte mit dem Deputationsrezess gleich Beutegut zugeteilt worden waren, empfanden Skrupel oder machten sich Gedanken über die Frage nach der Rechtmäßigkeit der Städtemediatisierung.[8] Denn eine Mediatisierung der Reichsstädte war keineswegs erforderlich, um die Verluste der weltlichen Reichsstände auf dem linken Rheinufer wettzumachen, nachdem der Entschädigungsausgleich auf der Grundlage des Säkularisationsprinzips mit dem Lunéviller Friedensschluss vom 9. Februar 1801 reichsrechtlich anerkannt worden war. Bezeichnenderweise ist in diesem, aufgrund kaiserlicher Ratifikation vom 9. März 1801 zum Reichsgrundgesetz erhobenen Vertragswerk auch nicht ausdrücklich die Rede von Indemnisationen durch Mediatisierung von Reichsstädten, die undurchsichtige Fassung des siebenten Artikels des Lunéviller Friedens schloss sie aber nicht aus. Einzig die auf der Basis des französischen Entschädigungsentwurfs vom 9. März 1801 zwischen Frankreich und Bayern, Württemberg und Preußen abgeschlossenen Verträge, welche die Entschädigung dieser Länder vorweg regelten, sahen die Annektion einer großen Zahl von Reichsstädten vor. Geringfügig modifiziert fanden jene Festsetzungen dann Aufnahme in die Junideklaration der vermittelnden Mächte vom 3. Juni 1802, die am 24. August 1802 der Reichsdeputation zu Regensburg als allgemeiner Entschädigungsplan vorgelegt wurde. Spätestens zu diesem Zeitpunkt stand die Mediatisierung der Reichsstädte zum Zweck der Entschädigung von deutschen Reichsfürsten fest.[9] Die Bestimmungen des späteren RDH waren nur – von einzelnen Modifikationen abgesehen – vorweggenommen worden. Ohne die Entscheidung der Reichsdeputation abzuwarten, deren Hauptschluss erst durch kaiserliche Ratifikationskommission am 27. April 1803 in Kraft trat, erfolgte bereits in den Monaten August und September 1802 die militärische Okkupation der Indemnisationsgebiete.

Der »Totenschein« für die Reichsstädte

Von Anfang an hatte Frankreich die Regelung der Entschädigungsangelegenheit als eine eminent politische und keineswegs als bloß rechtliche Angelegenheit betrachtet. Napoleon lag einzig daran, das Gewicht Preußens in der Balance zu halten, dabei gleichzeitig die von Österreich erstrebte Suprematie im Reich zu unterlaufen und zusammen mit allen mittleren deutschen Ständen ein Gegenpotential aufzubauen, das dann aber seinerseits nicht allzu unabhängig oder einflussreich sein durfte. So sollte z. B. das bayerische Kurfürstentum, ohnehin der mächtigste Staat im süddeutschen Raum, nur so viele neue Gebiete erhalten, bis es stark genug war, um sowohl ein Vordringen Preußens nach Süden als auch ein Ausgreifen Österreichs nach Norden zu verhindern. Nach dem Vorbild der französischen revolutionären Politik gegenüber Deutschland betrieb Napoleon eine föderalistische Umgestaltung des *Imperium germanicum* in der Absicht, den ohnehin geringen kaiserlichen Einfluss im Reich nachhaltig zu zerstören.[10]
Die knapp neunzig, teilweise recht umfänglichen Artikel dieses letzten Reichsfundamentalgesetzes veränderten so grundlegend die Verfassungsstruktur des Reiches, dass sie – in den Worten eines zeitgenössischen Beobachters – förmlich »von Spitz auf Knopf« gestellt wurde; an Wirkungen und Folgen übertraf es bei weitem die Veränderungen im Gefolge des Westfälischen Friedensinstruments. Nachhaltig vereinfachte der RDH das allzu bunte Staatenbild der deutschen Länderkarte. Bis heute geht insbesondere die territoriale Gliederung des süddeutschen Raumes in ihren wesentlichen Teilen auf diesen letzten Reichsrezess zurück, welcher »geradezu eine Art verkappte gesamtdeutsche Verfassungsurkunde« darstellte.[11]
Die umfänglichsten territorialen Veränderungen in Deutschland – bis zum Zweiten Weltkrieg – wurden eingeleitet mit der Besetzung des linken Rheinufers durch französische Truppenverbände im Gefolge der Revolutionskriege. Neben den Reichsstädten Aachen, Köln, Speyer und Worms verlor das Reich weite Teile der Kurpfalz, die Herzogtümer Kleve, Geldern und Jülich, Simmern und Zweibrücken, die Grafschaften Sponheim und Saarbrücken wie auch – soweit sie linksrheinisch lagen – die Erzbistümer Köln, Trier und

Mainz neben den Bistümern Speyer und Worms. Der RDH selbst bedeutete – nach den bereits eingetretenen Territorialverlusten auf der linken Rheinseite – ferner für 112 rechtsrheinische Reichsstände das definitive Ende ihrer Existenz; aufgelöst wurden die Reste der zwei geistlichen Kurfürstentümer Kurköln und Kurtrier, des pfälzischen Kurstaates, 24 Fürstbistümer, 44 Reichsabteien wie auch 41 Reichsstädte. Als Kompensationsobjekte wurden sie jenen erblichen Reichsständen zugeschlagen, welche auf der linken Rheinseite Einbußen erlitten hatten. Im gesamten deutschen Reich hörten mit diesem Rezess sämtliche reichsunmittelbaren geistlichen Fürstentümer, Bistümer wie auch Klöster, Stifte und Orden auf, weltliche Herrschaftsbereiche zu sein; nahezu drei Millionen geistliche Staatsuntertanen erhielten eine neue, weltliche Obrigkeit. Mit der Mediatisierung der Reichsstädte griff der RDH gleichfalls tief in den Bereich der weltlichen Miniaturherrschaften ein. Nur die sechs bereits erwähnten Reichs- und Hansestädte konnten das oft beschworene *Kleinod der Reichsunmittelbarkeit* über die Umbrüche des Jahres 1803 hinwegretten.[12] Die restlichen reichsunmittelbaren Kommunen aber, die sich selbst gerne als Republiken bezeichnet hatten, wurden größtenteils benachbarten Territorialherren überwiesen und erhielten in der Folgezeit den Status einer gewöhnlichen Munizipalstadt.

Von den durch den letzten Reichsrezess verfügten territorialen Umschichtungen profitierten insbesondere Baden, Bayern, Hessen-Darmstadt und Württemberg; um so differenzierter wurde der Ausgleich für die kleineren, mindermächtigen Reichsstände bemessen. Dies lag im Kalkül der französischen Politik, die ein machtvolles deutsches Reich für immer verhindern wollte und mit der Bildung vergrößerter Mittelstaaten die Suprematie Österreichs in Deutschland zu brechen glaubte: die Kräfte des Alten Reiches sollten Habsburg nicht länger zur Verfügung stehen. Deshalb stärkte Paris unter der Masse der kleineren Herrschaftsgebilde insbesondere die süddeutschen Länder, welche aus dem RDH als leidlich arrondierte Mittelstaaten hervorgingen, die zwar »zu schwach waren, gegen Frankreich sich zu wenden, aber stark genug, um Frankreich gegen Österreich zu festigen« (F. Schnabel). Gleichfalls sahen sie sich nach der teilweise beträchtlichen Gebietsvermehrung in ihrem Streben nach Unabhängigkeit von der Reichsgewalt gestärkt und konnten neben dem kaiserlichen Hof in Wien eine selbständige Politik betreiben. Das auf bündische Einung gerichtete föderalistische Prinzip des alten deutschen Reiches war damit pervertiert und beschleunigte die Destruktion seiner komplizierten, altüberlieferten Verfassungsstruktur.[13]

Der RDH, der nicht mehr vom »Römischen Reich«, sondern nur noch vom »Deutschen Reich« sprach, versuchte trotz der territorialen Umgestaltung Deutschlands die Fassade des *gothischen Gebäudes* (Dalberg) der Reichsverfassung dem äußeren Scheine nach aufrecht zu erhalten. Konserviert werden sollte wenigstens die herkömmliche Gliederung des Reichstages mit seinen drei Kurien. So ergänzte der Rezess das ehemals achtköpfige kurfürstliche Kollegium, aus dem

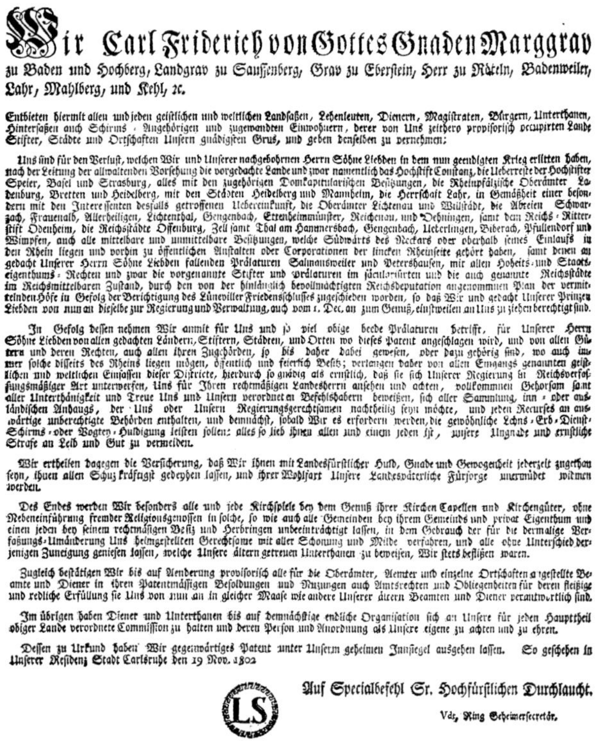

Wir Carl Friderich von Gottes Gnaden Marggrav zu Baden und Hochberg, Landgrav zu Saussenberg, Grav zu Eberstein, Herr zu Röteln, Badenweiler, Lahr, Mahlberg, und Kehl, 2c.

Entbieten hiermit allen und jeden geistlichen und weltlichen Landsaßen, Lehenleuten, Dienern, Magistraten, Bürgern, Unterthanen, Hintersaßen auch Schirms-Angehörigen und zugewandten Einwohnern, derer von Uns zeithero provisorisch occupirten Lande Stifter, Städte und Ortschaften Unsern gnädigsten Grus, und geben denselben zu vernehmen:

Uns sind für den Verlust, welchen Wir und Unserer nachgebohrnen Herrn Söhne Liebden in dem nun geendigten Krieg erlitten haben, nach der Leitung der allwaltenden Vorsehung die vorgedachte Lande und zwar namentlich das Hochstift Constanz, die Ueberreste der Hochstifter Speier, Basel und Strasburg, alles mit den zugehörigen Domkapitularischen Besitzungen, die Rheinpfälzische Oberämter Ladenburg, Bretten und Heidelberg, mit den Städten Heidelberg und Mannheim, die Herrschaft Lahr, in Gemäßheit einer besondern mit den Interessenten desfalls getroffenen Uebereinkunft, die Oberämter Lichtenau und Willstädt, die Abteien Schwarzach, Frauenalb, Allerheiligen, Lichtenthal, Gengenbach, Ettenheimmünster, Reichenau, und Oehningen, samt dem Reichs-Ritterstift Odenheim, die Reichsstädte Offenburg, Zell samt Thal am Hammersbach, Gengenbach, Ueberlingen, Biberach, Pfullendorf und Wimpfen, auch alle mittelbare und unmittelbare Besitzungen, welche Südwärts des Neckars oder oberhalb seines Einlaufs in den Rhein liegen und vorhin zu öffentlichen Anstalten oder Corporationen der lincken Rheinseite gehört haben, samt denen an gedacht Unserer Herrn Söhne Liebden fallenden Prälaturen Salmansweiler und Petershausen, mit allen Hoheits- und Staatseigenthums-Rechten und zwar die vorgenannte Stifter und Prälaturen im säcularisirten und die auch genannte Reichsstädte im Reichsmittelbaren Zustand, durch den von der hinlänglich bevollmächtigten Reichsdeputation angenommenen Plan der vermittelnden Höfe in Gefolg der Berichtigung des Lüneviller Friedensschlusses zugeschieden worden, so daß Wir und gedacht Unserer Prinzen Liebden von nun an dieselbe zur Regierung und Verwaltung, auch vom 1. Dec. an zum Genuß, einstweilen an Uns zu ziehen berechtigt sind.

In Gefolg dessen nehmen Wir anmit für Uns und so viel obige beede Prälaturen betrifft, für Unserer Herrn Söhne Liebden von allen gedachten Ländern, Stiftern, Städten, und Orten wo dieses Patent angeschlagen wird, und von allen Gütern und deren Rechten, auch allen ihren Zugehörden, so bis daher dabei gewesen, oder dazu gehörig sind, wo auch immer solche disseits des Rheins liegen mögen, öffentlich und feierlich Besitz; verlangen daher von allen Eingangs genannten geistlichen und weltlichen Einsassen dieser Districte, hierdurch so gnädig als ernstlich, daß sie sich Unserer Regierung in Reichsverfassungsmäßiger Art unterwerfen, Uns für Ihren rechtmäßigen Landesherrn ansehen und achten, vollkommnen Gehorsam samt aller Unterthänigkeit und Treue Uns und Unsern verordneten Befehlshabern beweißen, sich aller Sammlung, inn- oder ausländischen Anhangs, der Uns oder Unsern Regierungsgerechtsamen nachtheilig seyn möchte, und jeden Recurses an auswärtige unberechtigte Behörden enthalten, und demnächst, sobald Wir es erfordern werden, die gewöhnliche Lehns-Erb-Dienst-Schirms-oder Vogtey-Huldigung leisten sollen: alles so lieb ihnen allen und einem jeden ist, unsere Ungnade und ernstliche Strafe an Leib und Gut zu vermeiden.

Wir ertheilen dagegen die Versicherung, daß Wir ihnen mit Landesfürstlicher Huld, Gnade und Gewogenheit jederzeit zugethan seyn, ihnen allen Schuz kräftigst gedeyhen lassen, und ihrer Wohlfart Unsere Landesväterliche Fürsorge unermüdet widmen werden.

Des Endes werden Wir besonders alle und jede Kirchspiele bey dem Genuß ihrer Kirchen Capellen und Kirchengüter, ohne Nebeneinführung fremder Religionsgenossen in solche, so wie auch alle Gemeinden bey ihrem Gemeinds und privat Eigenthum und einen jeden bey seinem rechtmäsigen Besiz und Herbringen unbeeinträchtigt lassen, in dem Gebrauch der für die dermalige Verfaßungs-Umänderung Uns heimgestellten Gerechtsame mit aller Schonung und Milde verfahren, und alle ohne Unterschied derjenigen Zuneigung geniesen lassen, welche Unsere ältern getreuen Unterthanen zu beweisen, Wir stets beflißen waren.

Zugleich bestätigen Wir bis auf Aenderung provisorisch alle für die Oberämter, Aemter und einzelne Ortschaften angestellte Beamte und Diener in ihren Patentmäßigen Besoldungen und Nuzungen auch Amtsrechten und Obliegenheiten für deren fleißige und redliche Erfüllung sie Uns von nun an in gleicher Maase wie andere Unserer ältern Beamten und Diener verantwortlich sind.

Im übrigen haben Diener und Unterthanen bis auf demnächstige endliche Organisation sich an Unsere für jeden Haupttheil obiger Lande verordnete Commission zu halten und deren Person und Anordnung als Unsere eigene zu achten und zu ehren.

Dessen zu Urkund haben Wir gegenwärtiges Patent unter Unserm geheimen Innsiegel ausgehen lassen. So geschehen in Unserer Residenz Stadt Carlsruhe den 19 Nov. 1802

LS

Auf Specialbefehl Sr. Hochfürstlichen Durchlaucht.

Vdt, Ring Geheimersecretär.

Badisches Besitzergreifungspatent vom 19. Nov. 1802

Neben den kirchlichen Besitzungen werden die Reichsstädte Offenburg, Zell samt dem Reichstal Harmersbach, Gengenbach, Überlingen, Biberach, Pfullendorf und Wimpfen aufgeführt.

GLA Karlsruhe.

Trier und Köln ausgeschieden waren, durch die Erhebung des säkularisierten Fürstbistums Salzburg, Württembergs, Badens und Hessens zu Kurfürstentümern. Nunmehr gehörten dem Kurfürstenkolleg zehn Mitglieder an: neben dem Kaiser als König von Böhmen der Erzbischof von Regensburg-Aschaffenburg als Reichserzkanzler, der König von Preußen als Markgraf von Brandenburg, der König von England als Herzog von Hannover, der mit Salzburg ausgestattete Großherzog von Toskana, die Herzöge von Sachsen, Bayern und Württemberg, der Landgraf von Hessen-Kassel und gleichfalls der Markgraf von Baden; sechs evangelischen Kurfürsten standen nunmehr vier katholische gegenüber. Auch im Reichsfürstenrat kam es zu erheblichen Verschiebungen: nach der vom Reichsrezess verfügten, vom Kaiser jedoch nicht ratifizierten Stimmverteilung hätte das Verhältnis 78 evangelische gegenüber 53 katholischen Stimmen betragen; bis zum Ende des Alten Reiches kam es in dieser Frage, die den Reichstag praktisch zum Stillstand verurteilte, zu keiner Einigung mehr.[14] Radikal beschnitten wurde ebenso die Städtebank: von vormals 41 reichsunmittelbaren Kommunen waren allein noch die evangelischen Städte Frankfurt a.M., Hamburg, Bremen, Lübeck wie auch Nürnberg und das paritätische Augsburg im Reichstag vertreten. Um nicht zu einem bloßen Anhängsel des Reichsfürstenrates zu verkümmern, betrieben sie unter der Federführung Hamburgs bis zum Ende des Reiches eine auf Wahrung ihres Status gerichtete, im Rahmen ihrer Möglichkeiten durchaus selbstbewusste und – im Gegensatz zu früher – korporative Politik. Bezeichnend hierfür ist, dass der Kaiser bei diesen Reichsstädten, die einstmals zu seinen verlässlichsten Stützen im Reich gezählt hatten, keinen Rückhalt mehr fand.[15]
Neben der Säkularisation mit ihren unübersehbaren Folgen für die rechtliche und gesellschaftliche Struktur von Kirche und Staat stellte die Mediatisierung von 41 Reichsstädten den zahlenmäßig größten Herrschaftswechsel seit dem Dreißigjährigen Krieg dar. Die ehemals autonomen, nur Kaiser und Reich untergebenen Kommunen verloren mit der Übernahme der Stadtherrschaft ihren reichsunmittelbaren Status, d. h. sie sanken auf die Stufe von Mediatstädten herab. Das früher stattliche »collegium civitatense« fand sich nach 1803 auf sechs Mitglieder reduziert. Im Gefolge des Preßburger Friedens wurde es weiter dezimiert, so dass es danach nicht mehr lebensfähig war.[16]
Als »magna charta« der Reichsstädte wurde von den Abgeordneten des letzten schwäbischen Städtetages zu Ulm 1802 der spätere § 27 RDH gepriesen.[17] Zwar verpflichtete jene umfängliche Norm des Rezesses *die Kurfürsten und Fürsten, welchen Reichsstädte als Entschädigung zufallen* [...], *diese Städte in Bezug auf ihre Municipalverfassung und Eigenthum auf den Fuß der in jedem der verschiedenen Lande am meisten privilegierten Städte zu behandeln.* In der Praxis des Mediatisierungsgeschäftes, das weit vor der Ratifikation des RDH eingeleitet wurde, kam dieser Bestimmung jedoch nur papierner Wert zu; weder am Münchener Hof noch in Berlin, Darmstadt oder Stuttgart dachte man daran, den ehemaligen Reichsstädten einen Sonderstatus einzuräumen. Eine Ausnahme bildete lediglich die Markgrafschaft Baden.

Von der Markgrafschaft zum Großherzogtum

Aufbau eines neuen Staates

Das letzte Reichsfundamentalgesetz des Jahres 1803 zeitigte – wie bereits angedeutet – für die Markgrafschaft Baden territoriale Zugewinne von erheblichen Ausmaßen. Um mehr als das Zehnfache überstiegen sie die Verluste linksrheinischer Gebiete, die dem französischen Staat einverleibt worden waren. Neben Resten der Bistümer Konstanz, Basel, Straßburg und Speyer wie auch sieben ehemaligen Reichsstädten zählten zu dem Entschädigungstableau fürstenbergische und löwensteinische Besitztümer sowie reichsritterschaftliche Gebiete.[18] Zugesprochen wurden der Markgrafschaft Baden gleichzeitig weite Teile der ehemaligen Kurpfalz um Mannheim und Heidelberg, *mit welchen Baaden die grössten, volkreichsten und schönsten Städte, das grösste Schloss und die einzige Universität seines alten und neuen Landes erhalten hat.*[19] Nach Norden erstreckte sich nun das badische Staatsgebiet bis über den Neckar hinaus, auf der östlichen Rheinseite stieß es bis Worms vor, griff in den nördlichen Odenwald aus und umfasste am linken Neckarufer hin den kleinen Odenwald bis Sinsheim.

Im Süden wurden die alten Besitzungen im mittleren Baden mit dem Stammland verbunden. Mit der Abtretung der hessen-darmstädtischen Ämter Lichtenau und Willstätt erhielt Markgraf Karl Friedrich einen eigenen Weg von Karlsruhe über Rastatt nach Kehl. Vom Kniebis erstreckte sich nach Süden die neue Landeshoheit zum Kinzigtal und nahm die Reichsstädte Offenburg, Zell und Gengenbach auf; störende Enklaven wie die Ortenau und die Grafschaft Hohengeroldseck blieben dazwischen liegen. Vorläufig politisch bedeutungslos waren die Erwerbungen in der Südwestecke Deutschlands am Bodensee mit Konstanz, Meersburg und Überlingen bis zu den Höhen des Heiligenbergs.

Die heterogensten Elemente fanden sich in diesem neuen Staatsgebilde zusammengefasst. Gleichfalls war noch keineswegs der schwierige Assimilierungsprozess zwischen den beiden erst kurz zuvor – 1771 – vereinigten badischen Landesteilen, dem rückständigen Baden-Baden der katholischen Linie und dem um Reform bemühten Baden-Durlach Karl Friedrichs, abgeschlossen.[20] Für die dem Deputationsrezess nachfolgenden Jahre stellte sich dem Karlsruher Hof zunächst die vordringliche Aufgabe, das Territorium des badischen Staates abzurunden und günstigere Verbindungen zwischen den einzelnen Landesteilen anzustreben. Eine politische Notwendigkeit von größtem Gewicht war insbesondere die organisatorische Einbindung der durch Säkularisation und Mediatisierung erworbenen Territorien in die alten Stammlande. Im Rahmen dieses komplexen Prozesses, der sämtliche Gebiete des neu entstandenen Gemeinwesens umfasste, bemühte man sich insbesondere darum, im Volk ein selbständiges Staatsbewusstsein zu fördern.

Neuorganisation der Landesverwaltung

Noch vor Beginn der Besitzergreifung der durch den RDH zugewiesenen Territorien wurde der Wirkliche Geheime Rat Johann Friedrich Brauer mit der Ausarbeitung der Verwaltungsorganisation des mit Hilfe des französischen Imperators Napoleon aus der Taufe gehobenen badischen Kurstaates beauftragt.[21] Seine Vorschläge bildeten den Gegenstand der Beratungen im Geheimen Rat am 25. Februar 1803, die zügig zum Abschluss gelangten. Aufgrund dieser Vorarbeiten konnten unmittelbar nach Verabschiedung des RDH in rascher Folge vom Februar bis Mai 1803 die dreizehn Organisationsedikte publiziert werden, nach denen die neue *kurfürstlich-badische Landesorganisation* eingerichtet wurde.[22] Zunächst ging es einzig darum, die verschiedenen Landesteile mit den ihnen eigenen Einrichtungen, Behörden und Körperschaften im Wege allmählicher Gewöhnung zu einem einheitlichen Staatskörper zu verschmelzen. Nur in seltenen Ausnahmefällen beruhten die Verwaltungsinstitutionen auf völlig neuer Grundlage; im wesentlichen wurden die altüberlieferten und bewährten Institutionen der Markgrafschaft lediglich umgebildet oder erweitert. Brauer ging es darum, die unterschiedlichen Traditionselemente der einzelnen Landesteile bei dem Neuaufbau des Staates zu berücksichtigen, althergebrachte Institutionen mit neuen Einrichtungen organisch zu verbinden, um auf diesem Wege den Untertanen den Herrschaftswechsel zu erleichtern. So wurzeln auch die Organisationsedikte, das maßgeblich von Brauer geschneiderte Korsett des zerbrechlichen badischen Staatskörpers, in der baden-durlachschen Tradition und weisen zu einem Gutteil altdeutsches, territorialstaatliches Gepräge auf. Sie reflektieren die Auffassung ihres Autors Brauer, eine »Mittelstraße« zu weisen, »gegen welche hin das divergierende Interesse der befangenen Teile durch Aufopferungen wechselseitiger strengrechtlicher Ansprüche zu einer gemeinsamen Convenienz geleitet werden kann«.[23] Unter dieser Prämisse nahm er die ihm von seinem Landesherrn gestellte Aufgabe in Angriff, die Organisation des badischen Staates nach der Besitznahme der neu erworbenen Territorien durch die kurfürstlichen Kommissare vorzubereiten.

Markgraf Karl Friedrich (1728–1811), erzogen im Geist der Aufklärung, war der Fürst, unter dem Baden sein neu gestaltetes Gesicht erhielt.[24] Aufgeschlossen, breit gebildet und skeptisch gegenüber hergebrachten Traditionen, sah er die Aufgabe des Herrschers darin, den Staat nach den Grundsätzen der Vernunft und Zweckmäßigkeit einzurichten. Gleichfalls stand er modernen Lehren offen gegenüber, auf deren Grundlage ein Kreis reformfreudiger Männer gleichermaßen Verwaltung, Wirtschaft und den kulturellen Bereich planvoll umgestalteten. Junge Leute wurden nach England und Frankreich entsandt, um fortschrittliche

Techniken auf dem Gebiet der Landwirtschaft zu studieren. Großes Gewicht legte er auf die Förderung des Bildungswesens. 1755/59 wurde die allgemeine Schulpflicht eingeführt, der Unterricht gemäß den Lehren Basedows, später denen Pestalozzis eingerichtet. Baden erwarb sich bald den Ruf eines reformfreudigen, weltoffenen Landes, in dem Religionsfreiheit und geistige Toleranz herrschten. Bereits 1783 war die Leibeigenschaft aufgehoben worden. Nach dem Urteil des »schwäbischen Rebellen« Christian Friedrich Schubart zählte Baden-Durlach zu den »glücklichsten und besteingerichteten Staaten der Welt«.[25] Eine Fülle bedeutender Gelehrter wie Wieland und Gluck, Lavater und Klopstock verkehrten am geselligen Karlsruher Hof. Freilich stieß man bei allen Reformvorhaben ständig auf vielfältige Widerstände, auf Beharren am Althergebrachten, so dass grundlegenden Umwälzungen enge Grenzen gezogen waren. Daran änderte auch nichts der – nach mancherlei Zögern und Schwanken vollzogene – rückhaltlose Anschluss an Frankreich, dem Staat der Revolution. Als Karl Friedrich nach 60-jähriger Regierungszeit am 10. Juni 1811 verstarb, war das nunmehrige Großherzogtum Baden auf 15.000 qkm mit über einer Million Einwohner angewachsen. Insbesondere die Erwerbungen infolge des Preßburger Friedens und der Rheinbundakte schufen die Grundlagen, auf denen der Mittelstaat Baden aufgebaut wurde. Prägnant notiert Willy Andreas in seiner umfassend geplanten Geschichte der badischen Verwaltungsorganisation und Verfassung: »Das Großherzogtum Baden ist eine Schöpfung der französischen Revolution«.[26] Ergänzen muss man aber diese Notiz gleichzeitig um den Hinweis auf Sigismund v. Reitzenstein, den eigentlichen »Begründer des badischen Staates«. Ohne dessen Persönlichkeit wäre Baden in seiner Bedeutungslosigkeit verharrt, wenn nicht gar von der politischen Landkarte völlig getilgt worden. Unter Reitzensteins entschlossener Führung entwickelte sich die bescheidene Markgrafschaft zu einem prosperierenden Mittelstaat.[27]

Reitzenstein stand seit 1788 in badischen Diensten. Vor dem Hintergrund der Koalitionskriege stieg er vom unbekannten Landvogt von Rötteln zum versiertesten diplomatischen Vertreter seines Landes auf, der virtuos bei dem Ausverkauf des Reiches in Paris um das Los Badens schacherte. Günstig wirkte es sich für Baden auch aus, dass der französische Kaiser dem russischen Zaren Alexander, der mit einer badischen Prinzessin verheiratet war, die Mitwirkung bei der Durchführung des Entschädigungsgeschäftes anbot. Gegenüber dem badischen Erbprinzenpaar, das im Herbst 1801 St. Petersburg besuchte, versprach der Zar, sich nachhaltig für ihre Interessen bei dem großen Länderausverkauf in der französischen Hauptstadt einzusetzen. So verwundert es nicht, dass das Entschädigungslos für das badische Haus in der Pariser Konvention vom 3. Juni 1802 reichlich bemessen ausfiel.[28] Ein Großteil der badischen Erwerbungen war jedoch gegen den erbitterten Widerstand des russischen Gesandten in Paris, Morkow, mit Hilfe Talleyrands durchgesetzt worden. Morkow, ein Vertreter der altrussischen Partei, neigte Österreich zu und förderte nach Kräften – gegen den ausdrücklichen Wunsch des Zaren – die Interessen des Stuttgarter Hofes. Die Kaisermutter stammte aus dem württembergischen Königshaus, und auf ihrer Seite stand Morkow gegen die dem badischen Haus angehörende junge Zarin Elisabeth. Talleyrand aber erzwang die Zustimmung Morkows zu Objekten, die Reitzenstein selbst nie für das badische Entschädigungslos gefordert hatte; denn auch Talleyrands Ziel bildete die Schaffung eines einheitlichen, geographisch zusammenhängenden Territoriums. Bedingungslos verfocht er das Interesse Frankreichs, das die Vorherrschaft eines der drei süddeutschen Hauptstaaten verhindern wollte und mit Baden eine Brücke gewann, welche die französische Einflussnahme auf das Reich sicherstellte. So waren im badischen Entschädigungstableau die Reichsstädte Überlingen, Pfullendorf, Biberach, Wimpfen und Heilbronn nicht angeführt. Baden erhielt sie nun auf ausdrücklichen Wunsch Frankreichs *pour améliorer notre lot*.[29] Allein Heilbronn wurde auf Morkows erneute Intervention hin noch Württemberg zugesprochen. Im übrigen verblieb es bei dem in der Deklaration vom 3. Juni 1802 für Baden vorgesehenen Entschädigungsanteil.

Die Übernahme der Reichsstädte

Gerade die letztgenannten Reichsstädte folgten nur mittelbar dem Prinzip der Arrondierung, betrachtete sie doch Talleyrand als Objekte, die dem einzelnen Staat nach eigenem Gutdünken zum Austausch für

anderweitige Gebiete zur Verfügung stehen sollten: *J'avais donné Biberach à l'Electeur pour l'échanger contre Geroldseck.*[30] Baden benutzte auch diese, von Talleyrand aufgezeigte Möglichkeit, als es unmittelbar nach Verkündung des RDH aus seinem Entschädigungsfond die Exklave Wimpfen zur Arrondierung am Neckar verwendete.[31] Betrachtet man insbesondere die neubadischen Erwerbungen in den oberschwäbisch-alemannischen Gebieten, welche von einer Vielzahl fremder Territorien durchkreuzt und zerschnitten wurden, so ist diesem Gesichtspunkt Talleyrands eine praktische Bedeutung nicht abzusprechen. Schon Ende August dachte man in Karlsruhe daran, im Rahmen eines größeren Tauschprojekts die ehemaligen Reichsstädte Biberach und Pfullendorf an Württemberg abzutreten.[32] § 5 RDH wies Baden folgende Reichsstädte endgültig zu: Offenburg, Zell am Harmersbach, Gengenbach, Überlingen, Biberach, Pfullendorf und Wimpfen.[33] Entsprechend der Aufforderung Napoleons entschloss sich Baden, wenn auch zögerlich, von seinen neuen Landen Besitz zu ergreifen. Nirgends stießen die badischen Truppen auf bedeutsamen Widerstand. Gerade in den Reichsstädten nahm man den Wechsel der Herrschaft und den damit verbundenen Verlust der Reichsunmittelbarkeit äußerlich gleichmütig auf. Einzig der österreichische Landvogt der Ortenau erhob – vergeblichen – Protest gegen die Okkupation der drei ortenauischen Städte Offenburg, Gengenbach und Zell am Harmersbach. Nunmehr stellte sich mit den Worten Reitzensteins die schwere Aufgabe, *einem zwar um das Doppelte vermehrten, aber aus einer Menge heterogener Bestandteile zusammengesetzten Lande eine durchaus neue Gestalt zu geben.*[34]

Die Mediatisierung der Reichsstädte

Mit dem Anfall der Reichsstädte erhielt der badische Staat unvermutet autonome Gemeinwesen, in denen sich über Jahrhunderte hinweg ein komplizierter Verfassungsorganismus ausgebildet hatte. Obgleich vielerorts erstarrt und verkrustet, trat der reichsstädtische Magistrat aber immer noch mit dem Anspruch auf Regelung sämtlicher kommunaler Bedürfnisse und Angelegenheiten auf, ohne jedoch darüber hinaus einen politisch übergeordneten Zweck zu verfolgen.[35] Keinerlei Verständnis brachte man innerhalb der Mauern der an Baden übergehenden reichsstädtischen Gemeinwesen für eine irgendwie geartete Teilnahme am politischen Zeitgeschehen mehr auf. Gelassen ertrugen sie den durch den RDH verfügten Verlust ihrer Reichsunmittelbarkeit und erwarteten geduldig die Besitzergreifung durch badische Truppen.[36]

§ 27 RDH verpflichtete den badischen Kurfürsten, die ihm zugesprochenen Reichsstädte *gleich den am meisten privilegierten Städte zu behandeln, so weit es die Landesorganisation und die zum allgemeinen Besten nöthigen Verfügungen gestatten.* Brauer, Reichsjurist alter Schule, nahm sich dieser Aufgabe mit dem ihm eigenen Respekt vor der Tradition organisch gewachsener Institutionen an. Hierbei vergaß er keineswegs, dass sich den Erfordernissen des neuen Kurstaates die *wohlerworbenen Rechte* der alten Stadtrepubliken beugen mussten. Aber die eigentümlichen, gelegentlich anachronistisch anmutenden Verfassungsverhältnisse der früheren reichsstädtischen Gemeinwesen sollten nicht mit schematischer Härte, die abstrakten Regeln folgte, nivelliert werden, sondern sich langsam unter Achtung ihrer historischen Herkunft in die badische Verwaltungsorganisation einfügen. Skrupellose Einpassung der ehemaligen reichsunmittelbaren Kommunen in den Rahmen einer nivellierenden territorialen Verwaltungsorganisation, wie man es im benachbarten Bayern und Württemberg praktizierte, widersprach der strengen Rechtlichkeit Brauers – eine Haltung, die Kurfürst Karl Friedrich mit seiner Regierungsmaxime des *moderate et prudenter* teilte. Ebensowenig konnte Brauer das naheliegende Vorbild der französischen Gemeindegesetzgebung dazu verleiten, sie auf Baden zu übertragen und damit einen völligen Neubau anzustreben. Gewissenhaft bemühte er sich darum, bei der Ausarbeitung des 7. Organisationsedikts die Vorgaben des § 27 RDH zu beachten, ohne sie jedoch auf altbadischen Fuß zu stellen; sein Bestreben ging dahin, bei der anstehenden Neuorganisation der früheren Reichsstädte ihnen den Verlust ihrer Gerechtsame erträglich zu gestalten. Neben dem 4. Organisationsedikt über die »Stifter und Klöster« ist es das einzige Edikt, das sich unmittelbar mit der Regelung der Verhältnisse der Indemnisationsobjekte zu den neuen Gewalten befasste.[37]

Von der Reichs- zur Munizipalstadt
Durch die Mediatisierung wurde die abgebildete ehem. Reichsstadt Offenburg zur »Großherzoglich Badischen Stadt Offenburg«. Museum im Ritterhaus, Offenburg.

Das Siebte Organisationsedikt vom 18. März 1803

Nach einem einheitlichen Muster geformte Verwaltungs- und Verfassungsinstitutionen lösten die Eigentümlichkeiten reichsstädtischen Gemeindelebens, welches auf alte Gerechtsame, Vorrechte und kaiserliche Privilegien gegründet war, ab. Dies aber vollzog sich keineswegs radikal, sondern unter schonsamer Beachtung städtischer Traditionen. Bewusst verzichtete der badische Staat darauf, in den ehemaligen Reichsstädten das kommunale Verfassungsleben in völliger Abhängigkeit von der landesherrlichen Gewalt auszugestalten. In seinem Entwurf zum 7. Organisationsedikt trug Brauer den gutachtlichen Vorschlägen zur Mediatisierung der Reichsstädte und den Leitlinien des Geheimen Rats, wie sie in der Sitzung vom 20. September 1802 niedergelegt worden waren, Rechnung. Ausgehend von diesen Vorgaben, verfasste er am 18. März 1803 das Konzept zum 7. Organisationsedikt, welches noch am gleichen Tag im Geheimen Rat beraten, von Kurfürst Karl Friedrich ohne wesentliche Modifikationen genehmigt und zum Druck befördert wurde.
Deutlich beweist die Ausgestaltung der Magistratsverfassungen das Bestreben Brauers, an die hergebrachten städtischen Institutionen anzuknüpfen; auch künftighin standen den Städten die ihnen vormals verliehenen Privilegien und Exemtionen zu, *so weit sie mit ihrem mediatisierten Stand* [...] *vereinbarlich sind.*[38] Keineswegs schematisch verfahrend, sondern unter Berücksichtigung der individuellen Verhältnisse der einzelnen Städte, wurde die Zusammensetzung der städtischen Magistrate festgelegt. In Biberach sollte zukünftig der Rat – entsprechend dem während der reichsstädtischen Ägide bei der Ämterbesetzung geübten konfessionellen Proporz – aus je zwei Bürgermeistern, zwei Stadtrichtern, zwei Ratskonsulenten, zwei Stadtschreibern – die zugleich die Registratur besorgen – und zehn Ratsherren bestehen.[39] Aus gleichfalls zehn Ratsherren, einem Bürgermeister, Stadtrichter, Ratskonsulent und einem Stadtschreiber setzte sich künftig der Überlinger Magistrat zusammen[40]; je ein Bürgermeister, Stadtrichter, Ratskonsulent – zugleich zuständig für die Stadtschreiberei – und acht Ratsherren wurden für die Besetzung des Pfullendorfer Magistrats festgelegt.[41] In Gengenbach und Zell am Harmersbach residierten neben den sechs Ratsherren je ein Ratsschultheiß, ein Stättmeister und ein Ratskonsulent, in dessen Aufgabenbereich gleichfalls die Stadtschreiberei fiel, im Magistrat.[42] Etwas komplizierter war die Offenburger Ratsverfassung beschaffen: Neben dem Ratsschultheißen, den zwei Stättmeistern, den Ratskonsulenten und den sechs Ratsherren, die den eigentlichen Rat bildeten, wurde noch *in Rücksicht auf die auswärtigen Verhältnisse* ein Zwölferrat eingerichtet, dem die zwei ältesten Ratsherren und die beiden Stättmeister angehörten.[43] Außer in Offenburg war damit in allen übrigen Städten die frühere – größtenteils bedeutungslos gewordene – Zweiteilung der gemeindlichen Behörde beseitigt worden. Damit erreichte Brauer wenigstens in den Grundzügen eine gewisse Übereinstimmung der kommunalen Verfassungsverhältnisse in den früheren Reichsstädten. Sämtliche ehemaligen Reichsstädte wurden *allgemein* in – je nach Größe der Stadt differierend zwischen drei und sechs – *Quartiere* unterteilt, denen ein Oberquartiermeister und ein bis zwei Unterquartiermeister vorstanden. Vom Rat *aus angesehenen* [...], *nicht mittellosen Gliedern der Bürgerschaft* ernannt, sorgten diese Quartiermeister ehrenamtlich für Sicherheit und Ordnung in den verschiedenen Stadtteilen. Soweit in den Städten Zünfte mit politischem Anspruch existierten *und als solche einen Einfluß in die Municipal Verwaltung gehabt haben mögen,* wurden diese untersagt und ihre Mitglieder auf die Innungsversammlungen verwiesen. Verfügungen über die gleichfalls durch den RDH der Markgrafschaft Baden zugesprochene Reichsstadt Wimpfen hatte man in dem 7. Organisationsedikt nicht mehr getroffen; die Verhandlungen mit Hessen-Darmstadt

über den Austausch verschiedener Entschädigungsobjekte, zu denen auch Wimpfen gehörte, waren bereits in das Endstadium gelangt: Hessen sollte Wimpfen erhalten, eine Interimsorganisation der Stadt erschien damit als überflüssig.[44]

Berücksichtigte man bei der Ausgestaltung der Ratsverfassung noch gewisse städtische Eigentümlichkeiten, so wurden jedoch die Ratswahl wie auch das Wahlverfahren zu den übrigen städtischen Ämtern vereinheitlicht: Vorbehaltlich des landesherrlichen Konfirmationsrechts erfolgte die Wahl der Bürgermeister, Stadtrichter, Stättmeister und Ratsherren durch den Stadtrat aus der Bürgerschaft. Ohne jegliche bürgerschaftliche Mitwirkung wurde der Ratsschultheiß durch den Landesherrn, *jedoch aus der Bürgerschaft*, eingesetzt. Damit war der Weg zur völligen staatlichen Bevormundung des städtischen Gemeinwesens geebnet. Weitgehend, aber nicht völlig beschnitten wurde gleichfalls der Kompetenzbereich des Magistrats. Die legislative Gewalt zog der neue Stadtsouverän völlig an sich; einen minimalen Restbestand an Satzungsbefugnissen konzedierte man dem Stadtrat auf dem Gebiet des Polizeirechts; dies allerdings nur insoweit, *wie er damit nicht gegen ergehende allgemeine Landes-Polizey Ordnungen verstieß*. Die bisher im Kreis der Stadtmauern geltenden Normen bürgerlichen und strafrechtlichen Inhalts blieben, *so lange Wir neue nicht zu ertheilen Uns im Fall befinden*, vorläufig in Kraft.[45]

In einer großen Zahl der Reichsstädte war der Rat zugleich das städtische Gericht, oftmals fungierte er auch als Appellationsinstanz gegenüber den erstinstanzlichen Urteilen des Schultheißengerichts. In Anknüpfung an diese jurisdiktionelle Tradition des reichsstädtischen Magistrats wurde ein mit vier bis sechs der jüngsten Ratsmitglieder und dem Ratskonsulenten besetztes Gericht unter dem Vorsitz der Stadtrichter oder Stättmeister eingerichtet. Seine Kompetenz erstreckte sich auf bürgerliche Rechtsstreitigkeiten und auf kriminelle Handlungen, *deren Bestrafung nach der Art des Verbrechens dem Rat zusteht*.[46]

Während die Karlsruher Regierung das Reformationsrecht und die hohe Kirchenvogtei an sich zog, beließ sie dem Magistrat die niedere Kirchenvogtei. Mit ihr verbunden war die Befugnis, unter Bestätigung der jeweiligen landesherrlichen Behörde *Trivialschullehrer* und Stiftungspfleger einzusetzen, Anordnungen über die Zeiten des Gottesdienstes und der Schule sowie über die Kirchen- und Sittenpolizei zu treffen. Landesschutz und Landesverteidigung fielen dagegen in den Kompetenzbereich des Landesherrn und seiner Behörden. Bedeutsam für die Bürger der mediatisierten Reichsstädte war in diesem Zusammenhang die zukünftige Handhabung der Rekrutierungspflicht, von der die Städte bisher als nur dem Kaiser und Reich unterworfenen Körperschaften befreit waren. Im Gegensatz zu den Maßnahmen der benachbarten Regierungen in München und Stuttgart, die zu erheblicher Unruhe und Spannungen innerhalb der Bürgerschaft führten, respektierte Karl Friedrich diese Tradition und forderte von den Gemeinden *nur einen verhältnismäßigen Beitrag in Geld: ihre einzelnen Bürger und Unterthanen concurriren dazu durch persönliche Dienstleistung weiter nicht*.[47] Besonderes Gewicht für die Finanz- und Wirtschaftskraft der Städte kam der Regelung des Steuerwesens und der Verteilung des kommunalen Finanzaufkommens zu. Nach dem Organisationsedikt standen prinzipiell dem Landesherrn die Regalien und Steuern zu, den Städten hingegen verblieben die Beede und die Vogteigefälle. Nur schwer war aber in manchen Bereichen zu entscheiden, wohin das eine oder andere zu zählen sei. Die detaillierte Aufteilung und Zuweisung der einzelnen Rechte und Gefälle, die Brauer vornahm, folgte als Leitlinie dem, *was in den privilegiertesten Städten unserer Markgravschaft üblich ist*, und war darüber hinaus bestrebt, den *mediatisierten Reichsstädten noch einige weitere Vortheile zuzuwenden, als sie blos durch diese Partification würden erhalten haben*.[48] Peinlich genau achtete Brauer darauf, bei dieser Auseinandersetzung das Privateigentum der Städte in keiner Weise anzutasten; Gebäude, Allmenden und *baubare Güter*, Wälder und *Fischwaßer*, Erblehen und Schupflehen standen weiterhin im Eigentum der Städte mit *allen den Rechten und Freyheiten, wie sie es bisher beseßen* hatten. Nicht angetastet werden sollten auch die in den ehemaligen Reichsstädten bestehenden Gerechtsame der Reichsmitstände *so weit sie nach Mediatisirung der Reichsstädte noch ein bleibenden Object haben*.[49] Vorläufig (*provisorisch und nur provisorisch*) blieben die Städte gleichfalls den alten Matrikularanschlägen im Reich und Kreis unterworfen. Zu der dringend gebotenen Überarbeitung des gesamten Anschlagwesens kam es

nicht mehr. Aber dennoch hatte der badische Staat bei einer zukünftigen Reform der Reichs- und Kreislasten in Aussicht gestellt, denjenigen Teil zu übernehmen, *den es Uns nach Verhältniß der Renten, welche an Uns übergehen, gegen das ganze ehevorige Einkommen der Stadt gerechnet, treffen mag.*[50]

Lebenswichtig für die Finanzkraft der Städte war die Verteilung der Lasten und Schulden zwischen dem städtischen Gemeinwesen und dem Landesherrn. Wie in den übrigen Bereichen, so strebte Brauer auch auf diesem Sektor einen gerechten Ausgleich an: Das Passivvermögen wurde entsprechend dem Verhältnis der Renten- und Steuerzuweisungen zwischen Stadt und Landesherrn aufgeteilt; als Maßstab diente eine »Durchschnittsberechnung« der städtischen Einnahmen zwischen den Jahren 1781 bis 1790. Auf Entlastung der kommunalen Finanzen zielte die Reduzierung des früheren reichsstädtischen Behördenapparates. Nur noch einzelne »Nebenämter« blieben zum Teil bestehen.[51]

Nach dem 7. Organisationsedikt erfreuten sich sämtliche mediatisierten Reichsstädte der Kanzleisässigkeit, d. h. der Freiheit der Stadt von erstinstanzlicher Gerichtsbarkeit; sie konnten nur vor dem Hofgericht verklagt werden. Als *beständiger Regierungs Commissarius* überwachte der Obervogt, in dessen Bezirken die Städte lagen, das Polizeiwesen und die kommunale Verwaltung. Jederzeit war es ihm gestattet, im Rat zu erscheinen und ihn hinsichtlich der letztgenannten Bereiche *mündlich und schriftlich deßfalls zur Rechenschaft (zu) ziehen, ihm Belehrungen, Weisungen und Verweise (zu) geben, wo es erforderlich ist.* Über sein Amt liefen die Berichte des Magistrats an die höheren Behörden; umgekehrt eröffnete er dem Rat *mit oder ohne weitere Belehrung oder Weisung* die von *oben herunterkommenden Anordnungen.* In dieser hervorgehobenen Position des Obervogtes, welcher als *beständiger Aufseher* umfassend das gesamte Gebaren des Magistrats kontrollierte, manifestiert sich wohl am sichtbarsten die staatliche Kuratel über das städtische Gemeinwesen; von dieser Institution erhofften die Karlsruher Regierungsstellen, einen Gesamtüberblick über die kommunalen Verhältnisse zu erlangen.[52]

Brauer scheute noch davor zurück, die Städte nach dem Vorbild der markgräflichen Gemeinden für schlechthin minderjährig zu erklären und die Rechtsverbindlichkeit der Magistratsbeschlüsse generell einer »oberbehördlichen« Genehmigung zu unterwerfen. Für eine noch unbestimmte Übergangszeit sollten die mediatisierten Reichsstädte zunächst langsam mit dem strafferen landesherrlichen Regiment vertraut gemacht werden.[53] Ein legislatorisches Meisterstück für diese – auch auf anderen Gebieten zu beobachtende – »Eingewöhnungstaktik« Brauers stellen gerade jene oben besprochenen Artikel des 7. Organisationsediktes dar, welche die staatliche Kontrolle der städtischen Verwaltung festschrieben; der Boden war damit vorbereitet für das II. Konstitutionsedikt vom 14. Juli 1807, das die Einzelverfassungen der Städte beseitigte und generell die gemeindlichen Verfassungsformen regelte.[54]

Das Zweite Konstitutionsedikt vom 14. Juli 1807

Unmittelbar nach der Publikation des 7. Organisationsedikts erhoben sich Stimmen, welche die *Milde* beklagten, die von seiten des badischen Staates gegenüber den ehemaligen Reichsstädten geübt werde. So bedauerte der Geheime Rat Reinhard, wie Brauer ein Mann der älteren Schule, dass dieses Edikt dem Markgrafen in den ehemaligen Reichsstädten so *blutwenig* gebe, wo man doch hätte weit mehr erzielen können.[55] Nicht allein in Gengenbach konstatierte man zufrieden, dass es zwar *empfindlich seyn dürfte, die uralt beseßene Unmittelbarkeit zu verlieren,* jedoch *seyn dieser Verlust schon dadurch in dem vollsten Maase ersetzt, in dem der hiesigen Gemeinde das glücklichste Loos zu theil geworden, künftighin Sr. Hochfürstl. Durchlaucht, dem Herrn Markgraven von Baaden, dem gerechtesten und weißesten Fürsten Deutschlands,* anzugehören.[56]

Im Rahmen eines überschwenglichen Festaktes feierte man gar die Okkupation der Reichsstadt Zell auf dem Rathaus, *wo auf das höchste Wohlseyn Serenissimi unter abermaliger Abfeuerung der Kanonen von sämtlich anwesenden Mitgliedern des Stadtmagistrats getruncken wurde und jeder einzelne Bürger an dieser Freudensbezeugung den lebhaftesten Antheil* nahm.[57]

Mit dem Ende des Alten Reiches und dem Bewusstsein der durch den Rheinbund 1806 geschaffenen neuen Lage forderte man späterhin in Karlsruhe unverhohlen die gänzliche Beseitigung der den mediatisierten Reichsstädten verbliebenen Privilegien kraft der dem

Großherzoglichen Hause nunmehr zustehenden absoluten Souveränität. Notwendig sei eine Egalisierung zum Zwecke der »Einheit des Staates«, dem man einen wesentlichen Teil seiner Gewalt entziehen würde, wenn man den Städten ihre Vorrechte beließe. Die vielköpfige und nur schwer zu überschauende Munizipalverwaltung der Städte erschwere ihre Leitung, sie kompliziere den Gang der Administration durch eine kostspielige Vermehrung der Kontrollorgane. Aus dem Gedanken des Wohlfahrtsstaates leitete späterhin auch der Großherzog seine Pflicht ab, die selbständigen Körperschaften innerhalb seines Territoriums zu beseitigen, da er sich für das Wohl dieser Bürger ebenso unmittelbar verantwortlich fühle wie für das der übrigen Landeskinder.[58] In den Konstitutionsedikten des Jahres 1807 wurden diese Forderungen verwirklicht. Einleitend formulierte das erste Edikt vom 14. Mai 1807: *Nachdem durch Aufhebung der Kraft aller ehemaligen Grundgesetze des deutschen Reichs die Verfassung aller derer Lande schwankend und unsicher geworden ist, deren Rechtszustand vorhin durch jene Gesetze regiert wurde, so finden Wir unumgänglich nötig, die Stelle jener veralteten Grundgesetze mit neuen, der Lage unseres Grossherzogtums angemessenes zu ersetzen.*[59] Das auf dem 7. Organisationsedikt beruhende, privilegierte Sonderdasein der mediatisierten Reichsstädte in Baden fand sein Ende mit dem Erlass des zweiten Konstitutionsediktes vom 14. Juli 1807, die »Verfassung der Gemeinheiten, Körperschaften und Staatsanstalten betreffend«. Aber erst das berühmte Organisationsedikt vom 26. November 1809, welches die innere Verwaltung von Grund auf umgestaltete und dem badischen Staat ein völlig neues Gesicht gab, beseitigte jede, noch bis dahin verbliebene kommunale Selbständigkeit. Diese Planierung der kleinräumigen Städtelandschaft bedeutete auch in Baden den definitiven Beschluss des in den Verhältnissen des Mittelalters gewachsenen, späterhin in barocker Vielfalt auswuchernden, weithin aber als selbstverständlich empfundenen reichsstädtischen Verfassungslebens. Überlieferte Besitz- und Prestigegarantien gingen verloren, Autoritäten und Werte, Traditionen, Privilegien und Ämter verschwanden endgültig. Als unmöglich erwies es sich daher, nach dem Zusammenbruch des napoleonischen Imperiums den ehemaligen Reichsstädten auf dem Wiener Kongress im Rahmen einer umfassenden Restauration ihren früheren Status wieder einzuräumen: Dies wäre dann in der Tat ein »politischer Anachronismus« gewesen, welchen der aus seiner Heimatstadt Ulm vertriebene Johann Afsprung den Reichsstädten bereits 1784 vorgeworfen hatte.[60]

[1] *Golo Mann*, Deutsche Geschichte des 19. und 20. Jhs. Frankfurt/M. 1966, 53.

[2] Vgl. *Volker Press*, Kriege und Krisen. Deutschland 1600–1715. 1. Aufl. München 1991, 124ff.; *Martin Fimpel*, Reichsjustiz und Territorialstaat – Württemberg als Kommissar von Kaiser und Reich im Schwäbischen Kreis (1648–1806). Tübingen 1. Aufl. 1999, 118ff.

[3] S. insbes. *Klaus-Peter Schroeder*, Das Alte Reich und seine Städte. Untergang und Neubeginn: Die Mediatisierung der oberdeutschen Reichsstädte im Gefolge des Reichsdeputationshauptschlusses. München 1. Aufl. 1991, 11ff.

[4] *Karl Siegfried Bader*, Die Reichsstädte des schwäbischen Kreises am Ende des alten Reiches, in: UuO 32 (1951), 47–70, 64f.

[5] *Reinhard Hildebrandt*, Zur Frage der reichsstädtischen Finanzen und Haushaltspolitik seit dem Westfälischen Frieden, in: *Erich Maschke/Jürgen Sydow* (Hgg.), Städtisches Haushalts- und Rechnungswesen. Sigmaringen 1977, 91–107, 105f.; *Uwe Schmidt*, Südwestdeutschland im Zeichen der Französischen Revolution. Bürgeropposition in Ulm, Reutlingen und Esslingen. Stuttgart 1. Aufl. 1993, 27ff., 35ff.; *Klaus-Peter Schroeder*, Notizen zur reichsstädtischen Finanzlage am Vorabend des Reichsdeputationshauptschlusses, in: *Gerhard Lingelbach* (Hg.), Staatsfinanzen – Staatsverschuldung – Staatsbankrotte in der europäischen Staaten- und Rechtsgeschichte. Köln/Weimar/Wien 2000, 91–107, 105f.

[6] *Schroeder*, Das Alte Reich (wie Anm. 3), 18f.

[7] S. hierzu insbes. *Klaus-Peter Schroeder*, Der Reichsdeputationshauptschluß vom 25.02.1803 – Letztes Grundgesetz des Alten Reiches, in: Juristische Schulung 29 (1989), 351–357, 354; *Ders.*, Das Alte Reich (wie Anm. 3), 67ff.; *Karl Härter*, Reichstag und Revolution 1789–1806. Die Auseinandersetzung des Immerwährenden Reichstags zu Regensburg mit den Auswirkungen der französischen Revolution auf das Alte Reich. Göttingen 1. Aufl. 1992, 567ff. – Nur wenig ergiebig für die vorliegende Fragestellung *Klaus-Dieter Hömig*, Der Reichsdeputationshauptschluss vom 25.02.1803 und seine Bedeutung für Staat und Kirche. Tübingen 1. Aufl. 1966, 30f.; *Michael Hackner*, Der Friede von Lunéville. Zum 200. Jahrestag des ersten Schritts zum Untergang des Heiligen Römischen Reiches Deutscher Nation, in: Juristische Arbeitsblätter 33 (200f.), 813–820, 819; vgl. in diesem Zusammenhang *Jan Ziekow*, Zur Geschichte der Säkularisationen zu Beginn des 19. Jhs., in: ZNR 18 (1996), 278–287, 283f.

[8] Ausführlich zur Rechtsproblematik der Mediatisierung von Reichsstädten *Schroeder*, Das Alte Reich (wie Anm. 3), 20ff.

[9] *Schroeder*, Das Alte Reich (wie Anm. 3), 67ff.

[10] Vgl. *Härter*, Reichstag und Revolution (wie Anm. 7), 597 f.; *Karl Otmar von Aretin,* Heiliges Römisches Reich 1776–1806. Reichsverfassung und Staatssouveränität, Teil 1. Wiesbaden 1. Aufl. 1967, 436ff.; *Thomas Nipperdey*, Deutsche Geschichte 1800–1866. Bürgerwelt und starker Staat. München 4. Aufl. 1987, 12; *Bernd Wunder*, Europäische Geschichte im Zeitalter der Französischen Revolution 1789–1815. Stuttgart/Berlin/Köln 1. Aufl. 2001, 98ff.

[11] S. *Hans-Ulrich Wehler*, Deutsche Gesellschaftsgeschichte, Bd. 1: Vom Feudalismus des Alten Reiches bis zur Defensiven Modernisierung der Reformära 1700–1815. München 1. Aufl. 1987, 364.

[12] Vgl. *Schroeder*, Das Alte Reich (wie Anm. 3), 89 ff., 93ff.

[13] *Georg Schmidt*, Geschichte des Alten Reiches – Staat und Nation der Frühen Neuzeit 1495–1806. München 1. Aufl. 1999, 340ff.; *Härter*, Reichstag und Revolution (wie Anm. 7), 632ff.

[14] *Härter*, Reichstag und Revolution (wie Anm. 7), 611ff.

[15] *Schroeder*, Das Alte Reich (wie Anm. 3), 126ff.

[16] *Schroeder*, Das Alte Reich (wie Anm. 3), 132f.

[17] Zur Genese des »Reichsstädteartikels« vgl. *Schroeder*, Das Alte Reich (wie Anm. 3), 82ff.

[18] *Willy Andreas*, Badische Politik unter Karl Friedrich, in: ZGO NF 26 (1911), 415–442, 421ff.; *Schroeder*, Das Alte Reich (wie Anm. 3), 259ff.

[19] So *Adam Christian Gaspari*, Der Deputations-Recess mit historischen, geographischen und statistischen Erläuterungen und einer Vergleichungs-Tafel. Bd. 2. Hamburg 1. Aufl. 1803, 76ff.

[20] Vgl. *Wolfgang Windelband*, Die Verwaltung der Markgrafschaft Baden zur Zeit Karl Friedrichs. Leipzig 1. Aufl. 1916, 11f.

[21] *Schroeder*, Das Alte Reich (wie Anm. 3), 266ff.; *Willy Andreas*, Geschichte der badischen Verwaltungsorganisation und Verfassung in den Jahren 1802–1818, Bd. 1. Leipzig 1. Aufl. 1913, 53ff.

[22] Ausführlich hierzu *Schroeder*, Das Alte Reich (wie Anm. 3), 266ff.

[23] *Johann Friedrich Brauer*, Beiträge zu einem allgemeinen Staatsrecht der Rheinischen Bundesstaaten in fünfzig Sätzen. Karlsruhe 1. Aufl. 1807, VIII.

[24] Vgl. *Siegfried Fiedler*, Der Markgraf, in: *Badische Museen* (Hg.), Carl Friedrich und seine Zeit. Baden-Baden 1981, 17ff.

[25] Zu Schubart vgl. *Otto Borst*, Die heimlichen Rebellen. Schwabenköpfe aus fünf Jahrhunderten. Stuttgart 1. Aufl. 1980, 51ff.

[26] Geschichte der badischen Verwaltungsorganisation (wie Anm. 21), 1.

[27] *Franz Schnabel*, Sigismund von Reitzenstein – der Begründer des badischen Staates. Heidelberg 1. Aufl. 1927.

[28] S. hierzu insbes. *Volker Press*, Die Reichsstädte des Schwäbischen Reichskreises zwischen Revolution und Mediatisierung, in: *Württembergisches Landesmuseum Stuttgart* (Hg.), Baden und Württemberg im Zeitalter Napoleons. Stuttgart 1987, 121–133, 129ff.; *Hermann Schmid*, Die Säkularisation und Mediatisation in Baden und Württemberg, in: Ebd., 135–155, 139ff., 149ff.; *Schroeder*, Das Alte Reich (wie Anm. 3), 264ff.

[29] *Schroeder*, Das Alte Reich (wie Anm. 3), 264.

[30] *Schroeder*, Das Alte Reich (wie Anm. 3), 264.

[31] Vgl. *Schroeder*, Das Alte Reich (wie Anm. 3), 401ff.

[32] Geheimes Ratsprotokoll vom 30. 8. 1802, GLAK 50/1277 a.

[33] Leicht zugänglich sind die Bestimmungen des RDHs bei *Ernst Rudolf Huber*, Dokumente zur deutschen Verfassungsgeschichte. Bd. 1. Stuttgart/Berlin/Köln/Mainz. 3. Aufl. 1978, 1ff. Nr. 1.

[34] Zit. nach *Schnabel*, Reitzenstein (wie Anm. 27), 63; vgl. ebenso *Bernd Wunder*, Die Entstehung des modernen Staates in Baden und Württemberg, in: *Landesmuseum Stuttgart* (Hg.) (wie Anm. 28), 103–120, 105ff.

[35] Vgl. *Schroeder*, Das Alte Reich (wie Anm. 3), 455ff.

[36] Ausführlich zur militärischen Besitzergreifung der Reichsstädte *Erwin Schell*, Die Reichsstädte beim Übergang an Baden. Heidelberg 1. Aufl. 1929, 15ff., 97ff.; *Schroeder*, Das Alte Reich (wie Anm. 3), 278ff.

[37] Zur Ausarbeitung des 7. Organisationsedikts *Schroeder*, Das Alte Reich (wie Anm. 3), 269ff.

[38] *Schroeder*, Das Alte Reich (wie Anm. 3), 271.

[39] Zu Biberach vgl. *Schroeder*, Das Alte Reich (wie Anm. 3), 298ff.

[40] Zu Überlingen vgl. *Schroeder*, Das Alte Reich (wie Anm. 3), 288ff.

[41] Zu Pfullendorf vgl. *Schroeder*, Das Alte Reich (wie Anm. 3), 292ff.

[42] Zu Gengenbach und Zell am Harmersbach vgl. *Schroeder*, Das Alte Reich (wie Anm. 3), 303ff., 307ff.

[43] Zu Offenburg vgl. *Schroeder*, Das Alte Reich (wie Anm. 3), 310ff.

[44] Vgl. *Schroeder*, Das Alte Reich (wie Anm. 3), 402f., 406f.

[45] Zur Neuorganisation der Reichsstädte durch Baden s. *Schroeder*, Das Alte Reich (wie Anm. 3), 273ff.

[46] *Schroeder*, Das Alte Reich (wie Anm. 3), 275ff.

[47] Vgl. Art. V Nrn. 19, 20, 21 des 7. Organisationsedikts.

[48] Im einzelnen sind diese in Art. VIII Nrn. 31f. des 7. Organisationsedikts aufgezählt, vgl. *Schroeder*, Das Alte Reich (wie Anm. 3), 276ff.

[49] Vgl. Art. IX Nr. 44 des 7. Organisationsedikts.

[50] Art. VIII Nr. 37 des 7. Organisationsedikts.

[51] Art. IX Nr. 42 des 7. Organisationsedikts.

[52] Vgl. hierzu den umfänglichen Art. X des 7. Organisationsedikts.

[53] Vgl. *Schroeder*, Das Alte Reich (wie Anm. 3), 277ff.

[54] Vgl. insbes. *August-Wilhelm Blase*, Die Einführung konstitutionell-kommunaler Selbstverwaltung im Großherzogtum Baden. Berlin 1. Aufl. 1938, 27ff.

[55] Vgl. *Andreas*, Die badische Verwaltungsorganisation (wie Anm. 21), 70; *Schroeder*, Das Alte Reich (wie Anm. 3), 277ff.

[56] Vgl. *Schroeder*, Das Alte Reich (wie Anm. 3), 281; *Schell*, Die Reichsstädte (wie Anm. 36), 17f.

[57] *Schroeder*, Das Alte Reich (wie Anm. 3), 283.

[58] *Schroeder*, Das Alte Reich (wie Anm. 3), 278.

[59] Zur Gemeindeverfassung und den Konstitutionsedikten vgl. *Carl Stroebe*, Die gesetzgeberische Entwicklung der badischen Gemeindeverfassung. Freiburg i. Br. 1. Aufl. 1894, 12ff.

[60] Vgl. insbes. *Schroeder*, Das Alte Reich (wie Anm. 3), 29f., 465ff.

Schock und Chance

Die Mediatisierung der Reichsstadt Heilbronn

von Christhard Schrenk

Aufstieg und Blüte

Der Weg zur Reichsstadt

Heilbronn tritt als *villa helibrunna* erstmals im Jahre 741 ins Licht der Geschichte. König Rudolf von Habsburg verleiht dem Gemeinwesen 1281 ein Stadtrecht nach dem Vorbild von Speyer. Kaiser Karl IV. ordnet 90 Jahre später nach scharfen innerstädtischen Auseinandersetzungen die Machtverhältnisse neu und gibt Heilbronn im Jahre 1371 eine reichsstädtische Verfassung. Dabei werden einerseits die Zünfte aufgelöst und existieren fortan nur noch als lockere Bruderschaften, andererseits erhalten die Kaufleute und Handwerker politisch das gleiche Gewicht wie die alteingesessenen Patrizier. Diese paritätische Struktur bleibt bis in die Mitte des 16. Jhs. erhalten.

Die Maximilianische Ordnung

In der Reformationszeit stellt sich Heilbronn 1524/28 auf die Seite Luthers und tritt 1538 dem Schmalkaldischen Bund bei.[1] Dieses Bündnis der protestantischen Stände wirft Kaiser Karl V. 1546/47 militärisch nieder. Er hält in Heilbronn ein Strafgericht ab und gibt der Stadt 1552 eine neue Verfassung. Diese »Karolinische Ordnung« weist deutlich konservativere Züge auf als das von Karl IV. eingeführte paritätische Prinzip. Kernpunkt ist eine wesentliche Stärkung der eher konservativ eingestellten alten Aristokratie. Verlierer sind die einst von Karl IV. politisch gestärkten Kaufleute und Handwerker. Ähnlich wie in zahlreichen anderen Reichsstädten wird in Heilbronn der kaiserliche Rat Dr. Heinrich Has mit der Einführung der neuen Ordnung beauftragt.[2] Die Regelungen von 1552 werden 1566 durch die *Maximilianische Ordnung* und 1654 durch den nach einem Streit zwischen Bürgerschaft und Rat erlassenen »Ferdinandischen Rezess« ergänzt bzw. bestätigt.[3] Sie behalten bis zum Ende der Reichsstadtzeit Gültigkeit.

Der »Hasenrat« entlässt 1552 die Mitglieder der alten Ratsgremien und führt drei neue Gremien ein: den Inneren Rat, das Gericht und den Äußeren Rat. Den größten Einfluss besitzt der *Innere Rat*, der später auch lediglich als Rat oder als Senat bezeichnet wird. Dieser besteht aus drei Bürgermeistern, die sich im viermonatigen Rhythmus mit der Führung der Amtsgeschäfte abwechseln, aus vier Steuerherren und aus acht Senatoren. Der Innere Rat bestimmt und lenkt in wöchentlich drei Sitzungen alle wichtigen Angelegenheiten der Stadtpolitik. Die drei Bürgermeister bilden zusammen mit den beiden dienstältesten Steuerherren den geheimen Rat. Dieser tritt nur bei eiligen Angelegenheiten zusammen und kann Sofortentscheidungen treffen. Der Innere Rat wird formal jährlich am 2. Januar gewählt, de facto ergänzt er sich aber selbst. Ihm steht das Recht zu, die Stadtbeamten zu ernennen und die Mitglieder des Äußeren Rats und des Gerichts zu wählen. Der Innere Rat urteilt auch über Kriminalfälle, während das Gericht als zweites reichsstädtisches Gremium für zivilrechtliche Angelegenheiten zuständig ist. Dem *Gericht* steht ein Stadtschultheiß vor, ihm gehören außerdem zusätzlich der Anwalt als erster Votant und elf Assessoren oder Richter an. Das dritte Gremium, der *Äußere Rat*, besteht aus 13 Mitgliedern des »Kleinbürgerstandes«. Es wird nur selten einberufen, z. B. bei der Fest-

setzung der Weinrechnung im Herbst und beim jährlichen Schwörtag an Dreikönig, an welchem die Bürgerschaft dem Inneren Rat auf dem Marktplatz huldigt.[4]

Das Territorium

Das Territorium der Reichsstadt ist mit etwa 65 Quadratkilometern relativ klein. Der Aufbau dieses Territoriums beginnt 1342 mit dem Erwerb von drei Vierteln der Vogtei in Böckingen; den Rest der Vogtei und alle anderen Rechte erlangt Heilbronn erst im Jahre 1431. In Flein kauft die Stadt 1385 Vogtei und Gericht. 1430/38 kann das Dorf Frankenbach erworben werden. Bereits 1341 erhält Heilbronn das Dorf Neckargartach als Lehen, eine vollständige territoriale Aneignung gelingt aber erst 1754. Die Reichsstadt setzt in allen diesen sogenannten Herrendörfern je einen Vogt ein. Dessen Aufgabe besteht u. a. darin, beim jährlichen Vogtgericht die Rechnungen abzuhören sowie das aus Bürgern bestehende Gericht und das Schultheißenamt neu zu besetzen.[5] Im Jahre 1798 zieht es der Rat in Erwägung, die in den Dörfern bestehende Leibeigenschaft aufzuheben, er sieht davon aber dann doch davon ab.[6]
Im Spätmittelalter markiert die Reichsstadt die Grenze ihres Territoriums teilweise mit der sogenannten Heilbronner Landwehr. Die Stadt selbst bedeckt eine schildförmige Fläche von etwa 26 ha. Sie ist durch eine 2,4 km lange Mauer sowie durch Wall und Graben geschützt. Die Einwohnerzahl beläuft sich im Jahre 1400 auf etwa 5.500 Menschen. Sie steigt mit Schwankungen auf mehr als 7.000 im Jahre 1800 an, zuzüglich der etwa 3.000 Personen in den Herrendörfern des Territoriums.[7]

Reichsstadt in der Blüte

In ihrer äußeren Politik pflegt die Reichsstadt jeweils gute Beziehungen zum König bzw. Kaiser und zu anderen Städten. Vom naheliegenden und mächtigen Hause Württemberg versucht Heilbronn sich jedoch abzugrenzen. Denn einerseits fühlt sich die Stadt bedroht, andererseits ist den Württembergern der Heilbronner Endpunkt der Neckarschifffahrt ein Dorn im Auge. In diesem Zusammenhang unterhält Heilbronn als klares Zeichen der politischen Abwehr gegen Württemberg vom 15. bis zum 17. Jh. Schirmverträge mit der Kurpfalz, welche mächtig ist, aber nicht zu nahe liegt.[8]
Während das 17. Jh. durch den Dreißigjährigen Krieg und die Franzosenkriege geprägt ist, stellt das 18. Jh. eine Phase der Prosperität dar. Die Heilbronner Bürger leben hauptsächlich vom Wein-, Garten- und Obstbau. Das Handwerk spielt nur eine durchschnittliche Rolle. Von bemerkenswerter und stetig zunehmender Bedeutung ist dagegen Heilbronns Funktion als Handelsplatz. Zur Ausfuhr gelangen z. B. Vieh, Heilbronner Sandstein und Gips, der Durchgangshandel

Die Reichsstadt Heilbronn von Westen
Kupferstich von J. M. Pressel, 1723.
StA Heilbronn.

vertreibt vorwiegend Kolonialwaren. In der Stadt wachsen verschiedene international operierende Handelshäuser heran.[9] Mitte des 18. Jhs. setzt eine gewerbliche Entwicklung im Sinne einer Vorstufe der Industrialisierung ein. Die örtlichen Großhandelshäuser erwerben Mühlen und schaffen sich dadurch die Möglichkeit, ihre Handelsprodukte – z. B. Rohstoffe wie Ölsaaten, Tabak, Gips und Farbhölzer – selbst weiterzuverarbeiten. Sie bekommen so neben dem Transport auch die Veredelung in die Hand.[10]
Die finanzielle Situation der Reichsstadt Heilbronn ist hervorragend. Im Jahre 1790 beschließt der Rat *wegen der verbesserten Umstände der Stadtkasse* die Vermögenssteuer von ½ % auf ⅓ % zu reduzieren – weitere nennenswerte Abgaben werden nicht erhoben.[11] Diese positive äußere Lage führt zu einem grundsätzlichen Konsens zwischen allen städtischen Schichten. Wesentliche Unruhen sind nicht überliefert, wenn man vom Neckargartacher Aufstand um 1750 absieht. Heilbronn entfaltet im 18. Jh. eine Blüte, die sich insbesondere auf wirtschaftlichem, städtebaulichem und kulturellem Gebiet.[12] Die zweite Hälfte des 18. Jhs. ist für Heilbronn also weder eine Phase der Verknöcherung noch der Verschuldung, sondern eine Zeit des Gedeihens und Aufschwungs.[13]

Der Schock

Auf diesen *goldenen, harmonischen Abendglanz*[14] fallen Ende des 18. Jhs. jedoch dunkle Schatten. Es ist die große Weltpolitik, die sich ganz konkret auch in Heilbronn auswirkt – bezüglich der internationalen Ereignisgeschichte sei an die Stichworte *Französische Revolution, Koalitionskriege* und *Napoleon* erinnert.

Die Auswirkungen des ersten Koalitionskrieges

Zu Beginn des ersten Koalitionskrieges, den Frankreich von 1792 bis 1797 gegen Österreich und Preußen führt, wird ein Teil des Heilbronner Kontingents in die Reichsfestung Kehl verlegt. Es beteiligt sich später von dort aus an verschiedenen militärischen Operationen. Nun beginnt auch eine fast endlose Kette von Truppendurchzügen und Einquartierungen in der Stadt. Als im September 1792 die Franzosen Speyer einnehmen, verbreitet sich in Heilbronn Angst und Schrecken vor einem Überfall. Die hier liegende Abteilung kaiserlicher Soldaten flüchtet.[15]
Trotzdem herrscht in Heilbronn noch immer eine sehr gute Situation. Eine dominierende Persönlichkeit in der Stadt ist Georg Heinrich v. Roßkampff (1720–1794), ein überzeugter Anhänger der Aufklärung. Er gehört seit 1751 dem Rat der Reichsstadt an und fungiert ab 1769 als Bürgermeister. Er fördert das städtische Bauwesen und lässt z. B. 1765/66 einen Rokoko-Zweckbau für das Stadtarchiv erstellen. Und nach 1792[16] unterstützt er durch wirtschaftsfördernde Maßnahmen, dass Privatleute in Heilbronn bessere Steinhäuser errichten. Nicht weniger gilt sein Augenmerk der Verkehrspolitik und der sozialen Fürsorge – so lässt er z. B. ein vorbildliches Waisen-, Zucht- und Armenhaus errichten. Heilbronn verdankt dieser herausragenden Persönlichkeit ganz wesentlich die dynamische Entwicklung, welche die Stadt in der zweiten Hälfte des 18. Jhs. prägt.[17]
Als 1793 das Reich an Frankreich den Krieg erklärt, stimmt Heilbronn auf dem Reichstag zu Regensburg durch seinen Abgeordneten Bößner für Neutralität.[18] Und immer wieder zeigen die Heilbronner in den folgenden Jahren gegenüber den Franzosen mehr Sympathie als gegenüber den Österreichern. So treten sie z. B. für die Freilassung eines in Heilbronn gefangengesetzten französischen Offiziers ein und verhelfen einem Adjutanten des französischen Generals Moreau zur Flucht. Die kaiserlichen Truppen empfindet man weniger *als befreundete Deutsche, als vielmehr wie eine fremde kriegführende Macht.*[19] Im Jahre 1797 wird der ersten Koalitionskrieg mit dem Frieden von Campo Formio beendet. Er bringt u. a. die Abtretung des linken Rheinufers an Frankreich. Im anschließenden Kongress von Rastatt wird über die Entschädigung derjenigen Fürsten verhandelt, die dort Land verlieren. Rasch sickert in Heilbronn durch, dass es in diesem Zusammenhang geheime Abmachungen zu Lasten der Reichsstädte gäbe.
In dieser Situation nutzt Heilbronn seine französischen Beziehungen. Zunächst reisen im Januar 1798 die beiden Heilbronner Kaufleute August Orth und August Schreiber privatim nach Rastatt. Sie versuchen die französischen Abgeordneten Roberjot und Rosenstiel Stimmung für den Erhalt der Selbständigkeit der

Reichsstadt Heilbronn zu gewinnen. Im März begeben sich dann in offizieller Mission und mit gleicher Absicht Senator Christoph Ludwig Schreiber und Ratskonsulent Anton Flaxland nach Rastatt. Im Oktober schließlich reist der Heilbronner Kaufmann Günther Orth ebenfalls dort hin. Er ist mit Roberjot eng befreundet, und der Franzose verspricht dem Heilbronner auf Ehre, dass die Stadt ihre freie Existenz behalten solle und er sie in seinen besonderen Schutz nehme. Der Jubel über diese Nachricht ist in Heilbronn groß, doch die Freude sollte nicht lange anhalten. Denn ehe der Rastatter Kongress zu einer Einigung gelangen kann, brechen die Feindseligkeiten wieder aus. Roberjot, der Heilbronn die künftige Freiheit versprochen hatte, wird im April 1799 ermordet.[20]

Die Auswirkungen des zweiten Koalitionskrieges

Im zweiten Koalitionskrieg (1799–1802) hat Heilbronn erneut viel zu erdulden. Die Stadt wird wiederholt von französischen und kaiserlichen Truppen besetzt und muss hohe Kontributionen in Form von Geld und Sachleistungen bezahlen. Heilbronn gelingt es zwar, diese jeweils ein Stück weit herunterzuhandeln, aber trotzdem übersteigen die Forderungen die Finanzkraft der Stadt bei weitem. Im Sommer 1800 erlegt der französische General Moreau der Stadt eine Sonder-Kontribution in Höhe von 400.000 Frs. auf. Da Heilbronn zu solch einer Zahlung aber nicht imstande ist, wirft die Stadt alle vorhandenen guten Beziehungen zu den Franzosen in die Waagschale und erreicht es tatsächlich, dass Moreau diese Kontribution den Heilbronnern vollständig erlässt.[21]

Mit dem Frieden von Lunéville, welcher den Frieden von Campo Formio bestätigt, geht 1801 der zweite Koalitionskrieg zu Ende. Die Stadt Heilbronn, die wenige Jahre zuvor noch wirtschaftlich glänzend dagestanden hatte, liegt nun ökonomisch völlig am Boden. Im Jahre 1792 betragen die städtischen Einnahmen etwa 131.000 fl., die Ausgaben liegen bei ca. 101.000 fl., der Überschuss beläuft sich also auf ungefähr 30.000 fl. Noch 1793 besitzt Heilbronn in der Kasse 30.000 fl. in bar und 180.000 fl. an ausgeliehenen Kapitalien. Nur acht Jahre später – 1801 – sitzt die Stadt auf einem Schuldenberg von 350.000 fl.: Beiträge zur Reichsoperationskasse, zur Schwäbischen Kreiskasse und sonstige Marsch-, Quartier- und Kriegskosten hatten den Wohlstand vernichtet.[22]

Das letzte Aufbäumen

Noch mehr als der materielle Niedergang bewegt die Reichsstädter jedoch die Tatsache, dass mit dem Frieden von Lunéville auch besiegelt ist, dass die deutschen Fürsten als Ausgleich für ihre linksrheinischen Verluste u. a. durch die Reichsstädte entschädigt werden sollen. In dieser aussichtslosen Lage unternimmt Heilbronn einen letzten Versuch, die Selbständigkeit zu retten. Im Sommer reist eine Delegation unter Ratskonsulent Anton Flaxland und Kaufmann August Schreiber mit einem Blankowechsel[23] nach Paris, um dort entsprechende Verhandlungen zu führen. Es gelingt ihnen zwar, bei Talleyrand empfangen zu werden. Aber dieser teilt ihnen lediglich mit, dass für Heilbronn nichts mehr getan werden könne und das Schicksal der Stadt entschieden sei.[24] Noch vor Rückkunft der Delegation aus Paris begibt sich eine Abordnung der Heilbronner Kaufleute zum Herzog von Württemberg nach Stuttgart, *um sich des*sen Huld und Gnade zu empfehlen. Sie wird aber nicht empfangen.[25]

Die Pariser Delegation trifft am 3. September wieder in Heilbronn ein und erstattet zwei Tage später im Rat Bericht. Dieser beschließt, fremde Truppen ohne Widerstand aufzunehmen – gemäß der Vereinbarung, die drei Wochen zuvor auf dem letzten abgehaltenen Städtetag in Ulm getroffen worden war.

Die Besitzergreifung durch Württemberg

Am 7. September kommt der württembergischen Hofkammervizedirektor Parrot nach Heilbronn und kündigt an, dass Württemberg zwei Tage später die Stadt provisorisch militärisch in Besitz nehmen werde. Der Rat informierte die Bürgerschaft darüber und fordert sie zugleich zu ruhigem Verhalten auf.

Am 9. September 1802 rücken um 6 Uhr früh[26] 470 Mann herzogliche Truppen unter Generalmajor v. Mylius in Heilbronn ein, zum Stadtkommandanten wird Major Stumpe ernannt. Es kommt zu keinerlei Auseinandersetzungen, das Verhältnis zwischen Garnison und Bürgerschaft wird geradezu als freundschaftlich beschrieben. Am 23. November führt Parrot die

Zivilbesitzergreifung der Stadt und ihres Gebietes durch. Dabei erklärt der Rat zunächst, dass Heilbronn aus den Pflichten gegen Kaiser und Reich noch nicht entlassen sei, dass man aber keinen Widerstand leisten werde. Parrot entbindet daraufhin den Rat von diesen Pflichten. Dieser legt anschließend die *Handtreue* ab. Einzig Senator Christoph Ludwig Schreiber verweigert diese Eidesleistung und gibt sein Amt in die Hände des gerade noch amtierenden reichsstädtischen Rats zurück. Schreiber lehnt wenige Tage später auch *eine sehr ehrenvolle Stelle im Kabinett mit 2500 fl. Besoldung* ab.[27]
Am Nachmittag leisten auch die Mitglieder des Gerichts und des äußeren Rats den Eid. Danach wird das württembergische Besitzergreifungspatent am Rathaus angeschlagen, die reichsstädtischen Herrschaftszeichen am Rathaus und an öffentlichen Gebäuden, insbesondere der Adler bzw. die Stadtwappen werden entfernt. Während alle städtischen Beamten in ihren Stellungen verbleiben, beruft Parrot am 27. November eine erste Sitzung des in einen Munizipalrat umgewandelten Senat ein. Dieses Gremium gibt ihm ein Danksagungs- und Bittschreiben an den Landesfürsten mit. Am 7. Dezember reist eine Abordnung des Rates nach Stuttgart, um die Huld des Herzogs zu erlangen. Wenige Tage später erlässt die Stadtspitze Vorschriften darüber, in welcher Form *alleruntertänigste Bittschriften an den höchsten Landesherrn* abzufassen seien. Am Silvestertag schickt sie ein *untertäniges Neujahrswunschschreiben an serenissimus* ab.[28]
Durch die Verkündigung des RDHs am 25. Februar 1803 wird die Besitznahme Heilbronns durch Württemberg offiziell besiegelt. Und ein Chronist berichtet: *Ohne sich in kindischen, unmächtigen Trotz zu verbohren, verstand man es, mit weiser Resignation sich in das Unabänderliche zu ergeben.*[29] Mehr noch, als der Kurfürst am 29. Juli 1803 aus Ellwangen kommend in Heilbronn eintrifft, wird er glänzend empfangen. Unter anderem streuen 24 weiß gekleidete Jungfrauen in griechischer Tracht Blumen, und es findet eine Illumination statt.[30]

Neue Strukturen

Heilbronn wird im Frühjahr 1803 neben Ellwangen und Rottweil Sitz einer der drei Landvogteien Neuwürttembergs. Landvogt Ludwig Friedrich v. Jahn bezieht Wohnung und Kanzlei im Schöntaler Hof. Ihm sind sechs Oberämter zugeordnet, eines davon ebenfalls in Heilbronn. Oberamtmann Ostertag amtet im Syndikatshaus neben dem Rathaus. Außerdem erhält Heilbronn den Sitz des Oberkonsistoriums für alle evangelischen Christen in Neuwürttemberg. Das Heilbronner Dekanatsamt übernimmt Christian Friedrich Duttenhofer.
Am 18. Mai wird die Munizipal-Verfassung in Heilbronn eingeführt und ein Stadtmagistrat eingesetzt. Dieser besteht aus dem Stadtgericht und dem Ratskollegium. Beim Stadtgericht handelt es sich um zwei Bürgermeister und um zehn Gerichtsverwandte, die unter dem Vorsitz des Oberamtmanns tagen. Diese sind für die Verwaltung des städtischen Vermögens, für das Polizeiwesen sowie für die Justiz in erster und zweiter Instanz zuständig. Dem Stadtgericht obliegt also die eigentliche Verwaltung. Der Regent ernennt die Mitglieder dieses Gremiums bei der erstmaligen Besetzung der Ämter. Später darf sich das Gremium selbst ergänzen, wobei die Wahl jeweils auf Lebenszeit erfolgt. Auch die Mitglieder des Ratskollegiums werden 1803 vom Fürsten ernannt, künftig darf die Bürgerschaft diese Persönlichkeiten wählen. Das Ratskollegium setzt sich aus zwölf Personen zusammen und tagt in seiner Gesamtheit nur in Angelegenheiten, welche die Allgemeinheit betreffen.[31] Ansonsten kann das Stadtgericht das Ratskollegium als ganzes oder einzelne seiner Mitglieder zu Konsultationen heranziehen.
Die Organisationskommission für Neuwürttemberg beordert am 18. Mai 24 Heilbronner Bürger auf das Rathaus, setzt sie in die insgesamt 24 neuen Ämter ein, und führt sofort auch eine Verpflichtung durch. Außerdem wird ein Aktuar bestellt, der zugleich als Stadt- und Amtsschreiber fungiert und für die gesetzmäßige Geschäftsführung Verantwortung trägt.
Bei der Besetzung der 24 neuen Ämter berücksichtigt Württemberg 13 der insgesamt 41 Personen, die bis zuletzt den drei reichsstädtischen Gremien Innerer Rat (Senat), Gericht und Äußerer Rat angehört hatten. Von den zwölf Mitgliedern des einflussreichen neuen Stadtgerichts sitzen immerhin neun bereits bis 1802 in den reichsstädtischen Gremien Innerer Rat (5) und Gericht (4). Verschiedene andere Mitglieder des

Die Heilbronner Stadtbefestigung gegen Ende der Reichsstadtzeit
Blick von der Allee in Richtung Fleiner Tor.
Kupferstich von C. Lang, 1795.
Städtische Museen Heilbronn.

ehemaligen Inneren Rates werden in den württembergischen Staatsdienst eingebunden, weitere in den Ruhestand geschickt. Im neuen zwölfköpfigen Ratskollegium sitzen vier ehemalige Mitglieder der alten reichsstädtischen Gremien.[32] In den Spitzenpositionen zeigt sich also 1802/03 personelle Kontinuität, bei weniger einflussreichen Ämtern überwiegt der Wandel.
Die vier ehemaligen reichsstädtischen Dörfer werden jeweils zu einer eigenständigen Gemeinde mit einem eigenen Schultheiß an der Spitze. Der Schultheiß steht dem Dorfmagistrat vor, welchem zwei Bürgermeister und drei Magistratsverwandte angehören. Diese fünf Magistratsmitglieder werden von der Bürgerschaft auf Lebenszeit gewählt. Der Schultheiß seinerseits ist dem Oberamtmann untergeordnet. Er wird auf Vorschlag des Oberamtmanns und des Dorfmagistrats von der Landesherrschaft eingesetzt.
Im Rahmen der *Sonderung des Staats- und Stadteigentums*, in der auch die städtischen und die staatlichen Einkünfte abgeteilt und verzeichnet werden, nimmt Württemberg verschiedene repräsentative Gebäude und ein Waldstück in Besitz. Käuflich erwirbt der Staat das ehemalige städtische Waisenhaus und richtet es als fürstliches Palais ein. Der Kaisheimer Hof und der Hipfelhof fallen an Bayern.
Weitere Veränderungen ergeben sich 1805. Als Folge des dritten Koalitionskrieges zieht Württemberg in Heilbronn den Besitz der Ritterschaft und die Deutschordenskommende an sich. Der Deutschhof in Heilbronn wird Kaserne für die hiesige Garnison.
Im Königreich Württemberg erfolgen ab 1806 zahlreiche Umorganisationen. Diese betreffen jeweils auch Heilbronn. 1806 wird das 1803 eingerichtete Oberkonsistorium wieder aufgelöst und das Land in sechs Generalate eingeteilt. Im Ergebnis verliert die Stadt den Sitz einer den Oberämtern übergeordneten Institution, und das örtliche Oberamt wird in seinem Zuschnitt immer wieder verändert.
Auf religiösem Gebiet entsteht in Heilbronn aufgrund des königlichen Religionsediktes 1803 erstmals ein katholisches Stadtpfarramt. Dieses erhält die Deutschordenskirche als Gotteshaus. Auf evangelischer Seite wird Heilbronn 1810 Sitz einer Generalsuperintendenz (heute: *Prälatur*).
Am 26. Januar 1811 verleiht König Friedrich Heilbronn und sechs weiteren Kommunen das Prädikat

Die Situation nach der Schleifung der Stadtmauer
Blick von der Allee in Richtung Fleiner Tor.
Lithographie der Gebr. Wolff, 1823.
Städtische Museen Heilbronn.

Gute Stadt. Dieser Ehrentitel berechtigt ab der Verfassungsreform von 1815 dazu, einen eigenen Abgeordneten in die Ständeversammlung zu entsenden. Ab 1819 tritt dann an die Stelle des Stadtmagistrats ein Stadtrat. Diesem Gremium gehören 18 von den Bürgern auf Lebenszeit (bis 1849) gewählte Mitglieder an. Der Stadtrat wird von einer Persönlichkeit geleitet, die vom König auf Lebenszeit ernannt wird (bis 1891) und zunächst den Titel *Oberbürgermeister,* ab 1823 den Titel *Stadtschultheiß* trägt. Dem Stadtrat steht ein 17-köpfiger, gewählter Bürgerausschuss zur Seite. Diesem muss der Stadtrat über alle wichtigen Verhandlungen Kenntnis geben, und der Bürgerausschuss darf sich dazu äußern.[33]
Die durch die Umwälzungen von 1802/03 ausgelösten Veränderungen betreffen aber nicht nur die politische Situation in Heilbronn. Symbolhaft deutlich kann man das Ende der jahrhundertealten Heilbronner Reichsfreiheit auch an verschiedenen anderen Entwicklungen ablesen. So wird rasch begonnen, die alte Stadtmauer als Bollwerk der Selbstverteidigung niederzulegen.[34] Der Galgen als Symbol der reichsstädtischen Hochgerichtsbarkeit wird 1811 entfernt.[35] Das alte Heilbronner Stapelrecht wird 1814/15 durch den Wiener Kongress aufgehoben und durch den 1819 bis 1821 erbauten Wilhelmskanal obsolet gemacht. Und schließlich werden 1825 alle rechtlich noch relevanten Dokumente und historisch wichtige Akten und Urkunden des Heilbronner Stadtarchivs als der Seele des reichsstädtischen Gemeinwesens durch den geheimen Archivar Christoph Friedrich Lotter ausgehoben und nach Stuttgart gebracht.[36]

Chance

Gewerbe und Industrie bis etwa 1850

So sehr das Ende der Reichsfreiheit auch einen Schock für die Heilbronner bedeutet, so sehr bietet die Eingliederung in ein wesentlich größeres Staatswesen auch gute Entwicklungsmöglichkeiten für die Zukunft. Und die Heilbronner ergreifen diese Chance. Statt sich ins biedermeierliche Privatleben zurückzuziehen, lenken sie ihre Kraft in Richtung Gewerbe und Industrie. Basis dafür ist die beachtliche gewerbliche Entwicklung, die in Heilbronn bereits in der Mitte des 18. Jhs. eingesetzt hatte.
Träger dieser Entwicklung sind die schon erwähnten ortsansässigen Handelshäuser. Diese erwerben oder

errichten im 18. Jh. Mühlen, um die Rohstoffe, welche sie transportieren, zusätzlich auch veredeln zu können. Die Mühlen konzentrieren sich räumlich auf zwei Neckarinseln, den Hefenweiler und das benachbarte Spitalgrün (Bleichinsel). Im frühen 19. Jh. werden diese beiden Inseln zur Keimzelle für die Heilbronner Industrie. Um 1830 existieren in Heilbronn zwölf industrielle Großbetriebe mit zusammen etwa 450 Beschäftigten. Zehn davon liegen auf diesen beiden Inseln und werden mit Wasserkraft betrieben. Es sind also die Mühlen bzw. die Nutzung von Wasserkraft, welche den finanzkräftigen Heilbronner Handelshäusern den Weg zur Industrialisierung ebnen. Hierin unterscheidet sich Heilbronn deutlich vom sonstigen Württemberg, wo die Industrie meist aus Handwerksbetrieben erwachsen ist.[37]

Der Öl- und der Tabaksektor stehen am Anfang der Industrialisierung in Heilbronn. Das Handelshaus Baumann errichtet 1771 eine erste Ölmühle. Wesentlich beeinflusst wird diese Entwicklung anschließend von der internationalen Kolonialwaren-Handelsgesellschaft Gebrüder Rauch, die sich 1786 eine große Öl-, Tabak- und Farbholzmühle schafft und durch die Kombination von Handel und Veredelung sehr viel Geld verdient. Andere Heilbronner Handelshäuser folgen den Beispielen von Baumann und Rauch und engagieren sich ebenfalls im Bereich der Öl- und der Tabakherstellung. So entwickelt sich die Stadt zu Beginn des 19. Jhs. rasch zu einem Zentrum insbesondere der Ölproduktion. Diesen Schwerpunkt kann Heilbronn ständig ausbauen, so dass die Stadt im Jahre 1914 immerhin ein Drittel der gesamten Ölerzeugung im damaligen Deutschen Reich herstellt.[38]

Die Ölproduktion und die Tabakerzeugung sind die ältesten Zweige der Heilbronner Nahrungs- und Genussmittelindustrie, die sich bald weiter ausdifferenzieren sollte. Wohl 1837 kommt der Kaufmann Carl Heinrich Knorr von Meerdorf bei Braunschweig nach Heilbronn. Ein Jahr später gründet er ein Handelshaus zum Vertrieb von Getreide- und Hülsenfrüchten. Bald befasste er sich auch mit der Produktion von Zichorien- und Kaffeesurrogaten. Seine beiden Söhne nehmen um 1870 die Eigenfabrikation verschiedener Produkte im Nahrungsmittelsektor – insbesondere von Suppenpräparaten – auf. Daraus entsteht schließlich eine Weltfirma.[39]

Große Bedeutung kommt in Heilbronn aber auch der chemischen Industrie zu. Deren Geburtsstunde schlägt im Jahre 1801. Mit der Firma Rund ist es erneut ein Handelshaus, das seinen bereits bestehenden Geschäftszweigen die Bleiweißherstellung hinzufügt. Bei Bleiweiß handelt es sich um eine beim Anstreichen häufig verwendete weiße Deckfarbe, die bei der Zersetzung von Blei mit Hilfe von Essig- und Kohlensäure entsteht. Diese Farbenherstellung entwickelt sich so erfolgreich, dass die Firma Rund bald alle anderen Geschäftsaktivitäten aufgibt und ab 1832 nur noch Bleiweiß und Essig produziert. 1830 errichtet mit Friedrich Michael Münzing ein Handwerker die erste Schwefelsäurefabrik in Württemberg.

Im Jahre 1822 schlagen Moriz und Adolf v. Rauch als Inhaber des bereits erwähnten Handelshauses »Gebrüder Rauch« ein ganz neues Kapitel der Heilbronner Industriegeschichte auf. Sie geben ihre Handelsgeschäfte auf und rüsten ihre Öl- und Tabakmühle für die Papierfabrikation um.

Sie sind die ersten in Süddeutschland, die den Versuch wagen, Papier in endlosen Bahnen maschinell herzustellen. Dieser extreme Schritt der Diversifikation führt die Gebrüder Rauch in eine wirtschaftlich erfolgreiche Zukunft und löst zugleich einen äußerst raschen Umstrukturierungsprozess auf dem Papierherstellungssektor aus. Die traditionsreichen Papiermühlen, welche ihr Produkt von Hand schöpfen, versuchen zunächst, sich dieser neuen Konkurrenz zu erwehren. Aber innerhalb weniger Jahre werden fast alle vom Markt verdrängt, die nicht selbst möglichst rasch auf die neue Technik umgestiegen sind. In Württemberg nimmt in dieser Phase die Textilindustrie eine Schlüsselstellung ein, in Heilbronn dagegen wird die Papierherstellung zum eigentlichen Motor der Industrialisierung. Bald entsteht hier auch die Produktion von Papiermaschinen, und schließlich etabliert sich der Papierhandel.

Zwar ist es ganz überwiegend die Großhändler-Schicht, welche der Industrialisierung in Heilbronn wesentliche Impulse verleiht. Aber natürlich trägt auch das örtliche Handwerk zu dieser Entwicklung bei. So gründet bereits im Jahre 1805 Peter Bruckmann eine Silberwarenfabrik für Bestecke usw., die sehr rasch wächst und für lange Zeit die größte in Deutschland bleibt.

Die württembergische Gewerbestatistik des Jahres 1832 erlaubt es, eine erste Zwischenbilanz dieser Entwicklung zu ziehen. Hier steht Heilbronn mit 17 Fabriken vor Stuttgart (14) und Esslingen (7). Die Stadt wird jedoch mit ihren 450 Arbeitern von Esslingen mit 640 Arbeitern übertroffen.[40] Zu den traditionellen Gewerbezweigen des 18. Jhs. wie Nahrungs- und Genussmittel sind inzwischen noch Bereiche wie Papier, Chemie und Silberwaren getreten.

Die zweite Hälfte des 19. Jahrhunderts

Ab der Mitte des 19. Jhs. beschleunigt sich der Industrialisierungsprozess in Heilbronn. Einige Zweige – wie z. B. die ohnehin nicht sehr bedeutende Textilindustrie – gehen zurück. Aber viele andere Bereiche differenzieren sich aus, blühen auf oder kommen neu hinzu. Die Fabrikation von Seifen, Kerzen, Leim und Lacken lassen Heilbronn zu einem Zentrum für diese Bereiche werden. Die Herstellung von Zucker aus Zuckerrüben beginnt, während die Öl-, die Tabak-, die Essig und die Branntweinindustrie ihren Aufschwung fortsetzten. Zusätzlich entstehen Eisengießereien und Maschinenbaufirmen, deren Produktionspaletten von landwirtschaftlichen Maschinen bis zu Lokomotiven reichen. Schließlich nimmt 1885 die Salzwerk Heilbronn AG ihre Produktion auf.

Insgesamt blüht Heilbronn im 19. Jh. zu einem führenden Wirtschaftsstandort Württembergs auf. Die Bevölkerung wächst stark an – ab 1864 mit jährlich durchschnittlich 3,0 % – im Jahre 1900 leben in Heilbronn 37.900 Personen.[41] Die württembergische Gewerbestatistik von 1895 weist für Heilbronn 10.099 Beschäftigte nach. Davon arbeiten 8.965 Menschen in 361 Unternehmen des Handels, des Gewerbes und der Industrie mit mehr als 6 Mitarbeitern. Nur Stuttgart rangiert noch vor Heilbronn; Göppingen und Ulm liegen beinahe gleich auf.[42]

Während des gesamten 19. Jhs. steht Heilbronn allen technischen Neuerungen sehr aufgeschlossen gegenüber. 1841 wird ein Dampfschiff-Linien-Betrieb auf dem Neckar nach Heidelberg aufgenommen, 1848 hält die Eisenbahn Einzug, und Heilbronn wird aus eigener Initiative zur Verbindungsdrehscheibe zwischen den beiden zu diesem Zeitpunkt modernsten Transportsystemen. 1886 geht in Heilbronn das in Württemberg nach Stuttgart zweite öffentliche Telefonnetz in Betrieb, ab 1892 erhält Heilbronn als erste Stadt der Welt eine elektrische Drehstromversorgung von außerhalb. Zum Großereignis wird 1897 eine Kunst-, Industrie- und Gewerbeausstellung, die nicht nur für die Kommune, sondern auch für das gesamte Königreich und weit darüber hinaus Bedeutung hat. Alles, was Rang und Namen hat, präsentiert sich hier einem internationalen Publikum. Und die fortschrittsorientierten Heilbronner Stadtväter lassen sich für die Gäste etwas ganz Besonderes einfallen: Sie schaffen 1897 ein supermodernes Verkehrsmittel, welches den Hauptbahnhof mit dem Ausstellungsgelände verbindet: eine elektrische Straßenbahn.[43]

Fazit: Die Chance wurde genutzt

Betrachtet man die wirtschaftliche Entwicklung der Stadt Heilbronn nach dem Ende der Reichsstadtzeit zusammenfassend, so ergeben sich im Vergleich zu Württemberg manche Unterschiede. In Heilbronn bildet nicht der Textilsektor, sondern die Papierindustrie den Motor der Industrialisierung, und in Heilbronn entwickelt sich die Industrie nicht aus Handwerksbetrieben, sondern aus wohlhabenden Handelshäusern.

Und damit wird nun auch der Zusammenhang deutlich, der zwischen der Mediatisierung und der Industrialisierung von Heilbronn besteht. Zum Ende des 18. Jhs. ist Heilbronn eine wohlhabende Stadt, in der u. a. eine reiche Händlerschicht gute Geschäfte macht. Von Verknöcherung oder wirtschaftlichem Niedergang ist nichts zu spüren. Bereits zu dieser Zeit investieren die Großhändler in Mühlen, um die Rohstoffveredelung in die Hand zu bekommen. Sie genießen hervorragende Standortvorteile, wie z. B. das alte Heilbronner Stapelrecht oder die politisch absolut stabile Struktur der Stadt. Um 1800 ändert sich die Lage sehr dramatisch. Die Großhändler sehen eine schlechte Zukunft auf sich zukommen. Schuld daran sind einerseits die Kontinentalsperre Napoleons und andererseits die Aufhebung des Heilbronner Stapelrechts in Verbindung mit dem Bau des Wilhelmskanals, wodurch der Neckar bei Heilbronn erstmals seit Jahrhunderten wieder passierbar wird. Das bedeutet, dass die Heilbronner Handelshäuser durch die mit

der Mediatisierung zusammenhängenden Umwälzungen ihrer Standortvorteile beraubt werden.
Diese Heilbronner Handelshäuser besitzen also zu Beginn des 19. Jhs. zwar noch eine enorme Finanzkraft, aber keine gute Zukunftsperspektive mehr. Einige risikofreudige Großhändler erkennen trotz des Schocks der Mediatisierung die Chance des großen Wirtschaftsraumes, die sich durch die erzwungene Zugehörigkeit zu Württemberg ergibt, und sie investieren ihr Kapital in die Schaffung völlig neuer Industriezweige. Dabei nutzen sie geschickt die Wasserkraft, die sie mittels ihrer Mühlräder für den Maschinenantrieb einsetzen. Besonders erfolgreich verläuft der in Süddeutschland erstmals unternommene Versuch der maschinellen Papierherstellung. Trotzdem entwickelt sich in Heilbronn keine Monostruktur, sondern eine bunte Branchenvielfalt. Schon bald ist die Stadt als Standort so attraktiv, dass sich Firmengründer oder anderswo sogar schon bestehende Unternehmen hier niederlassen.
Die Industrialisierung verläuft so erfolgreich, dass Heilbronn am Ende des 19. Jhs. einen Spitzenplatz im Königreich Württemberg einnimmt. Allerdings ist spätestens zu Beginn des 20. Jhs. der Höhepunkt dieser Entwicklung bereits überschritten.

[1] *Helmut Schmolz/Hubert Weckbach*, Heilbronn. Geschichte und Leben einer Stadt. Weißenhorn 2. Aufl. 1973, 116 f.
[2] *Schmolz/ Weckbach*, Heilbronn (wie Anm. 1), 65.
[3] *Moriz von Rauch*, Heilbronn in der zweiten Hälfte des 18. Jhs., in: Jb. für schwäbisch-fränkische Geschichte 9 (1906–1909), 32–73, 34.
[4] *Christhard Schrenk*, Heilbronn, in: Hdb. der baden-württembergischen Geschichte. Bd. 2. Die Territorien im Alten Reich. Stuttgart 1995, 683.
[5] *Christhard Schrenk/Hubert Weckbach*, Der Vergangenheit nachgespürt. Bilder zur Heilbronner Geschichte von 741–1803. Heilbronn 1993, [3].
[6] *Rauch*, zweite Hälfte (wie Anm. 3), 39.
[7] *Schrenk/Weckbach*, Vergangenheit (wie Anm. 5), [3–4].
[8] *Schrenk*, Heilbronn (wie Anm. 4), 681 f.
[9] *Susanne Schlösser*, Äußeren Widrigkeiten zum Trotz. Die Reichsstadt Heilbronn behauptet sich als Handelsplatz, in: *Schrenk/Weckbach/Schlösser*, Von Helibrunna nach Heilbronn. Eine Stadtgeschichte. Stuttgart 1998, 90–96, 94–95.
[10] *Christhard Schrenk*, Heilbronn. Ein führender Wirtschaftsstandort Württembergs im 19. Jahrhundert, in: *Christhard Schrenk/Hubert Weckbach/Susanne Schlösser*, Von Helibrunna nach Heilbronn (wie Anm. 19), 113–119, 113.
[11] *Rauch*, Zweite Hälfte (wie Anm. 3), 41–42.
[12] *Schrenk/Weckbach*, Vergangenheit (wie Anm. 5), [6].
[13] *Rauch*, zweite Hälfte (wie Anm. 3), 73.
[14] *Schmolz/Weckbach*, Heilbronn (wie Anm. 1), 19.
[15] *Friedrich Dürr*, Chronik der Stadt Heilbronn. 741–1895. Heilbronn 2. Aufl. 1986, 318.
[16] *Dürr*, Chronik 741–1895 (wie Anm. 15), 319.
[17] *Schmolz/Weckbach*, Heilbronn (wie Anm. 1), 68.
[18] *Friedrich Dürr*, Beschreibung des Oberamts Heilbronn. Teil I. Stuttgart 1901, 217.
[19] *Dürr*, Beschreibung (wie Anm. 18), 218.
[20] *Dürr*, Beschreibung (wie Anm. 18), 218–219.
[21] *Dürr*, Chronik 741–1895 (wie Anm. 15), 330–333.
[22] *Dürr*, Chronik 741–1895 (wie Anm. 15), 319, 334.
[23] *Dürr*, Chronik 741–1895 (wie Anm. 15), 335.
[24] *Dürr*, Beschreibung (wie Anm. 18), 221.
[25] *Hubert Weckbach*, Das Ende der Selbständigkeit. Heilbronn wird württembergisch. In: *Schrenk/Weckbach/Schlösser*, Von Helibrunna nach Heilbronn (wie Anm. 9), 104–112, 105.
[26] StA Heilbronn, RP 205, Nr. 1815.
[27] *Oskar Friedrich Tscherning*, Tscherningsches Vergißmeinnicht. Heilbronn 1905, 129 f.
[28] *Dürr*, Chronik 741–1895 (wie Anm. 15), 336.
[29] *Dürr*, Beschreibung (wie Anm. 18), 221–223.
[30] *Dürr*, Chronik 741–1895 (wie Anm. 15), 338.
[31] *Weckbach*, Ende der Selbständigkeit (wie Anm. 25), 108.
[32] *Weckbach*, Ende der Selbständigkeit (wie Anm. 25), 109.
[33] *Weckbach*, Ende der Selbständigkeit (wie Anm. 25), 108–111.
[34] *Schmolz/Weckbach*, Heilbronn (wie Anm. 1), 29.
[35] *Dürr*, Chronik 741–1895 (wie Anm. 15), 347.
[36] *Hubert Weckbach*, Das Stadtarchiv – die »Seele des Staates«. Zur Geschichte des Stadtarchivs und der Schriftgutverwaltung in Heilbronn bis zur Zerstörung der Stadt 1944, in: *Christhard Schrenk/ Hubert Weckbach*, Die Vergangenheit für die Zukunft bewahren. Das Stadtarchiv Heilbronn. Geschichte-Aufgaben-Bestände. Heilbronn 1993, 9–98, 64.
[37] *Willi A. Boelcke*, Heilbronn – von der mittelalterlichen Mühlenstadt zur ersten Gewerbestadt des Königreichs Württemberg. In: *Christhard Schrenk/Hubert Weckbach* (Red.), Region und Reich. Zur Einbeziehung des Neckar-Raumes in das Karlolinger-Reich und zu ihren Parallelen und Folgen. Heilbronn 1992, 237–253, 250–251.
[38] *Schmolz/Weckbach*, Heilbronn (wie Anm. 1), 135.
[39] Christhard *Schrenk/Hubert Weckbach, ... für Ihre Rechnung und Gefahr.* Rechnungen und Briefköpfe Heilbronner Firmen. Heilbronn 1994, 62.
[40] Württembergische Jahrbücher für vaterländische Geschichte, Geographie, Statistik und Topographie Jg. 1832 (1833), 169.
[41] *Schrenk*, Wirtschaftsstandort (wie Anm. 10), 116.
[42] Württembergische Jahrbücher für Statistik und Landeskunde. Ergänzungsband I, Heft 2. Stuttgart 1900, errechnet aus S. II 570 f.
[43] vgl. dazu *Christhard Schrenk*, Technologieregion Heilbronn. Glanzlichter aus dem 19. Jh., in: *Schrenk/Weckbach/Schlösser*, Von Helibrunna nach Heilbronn (wie Anm. 9), 143–148.

Die Reichsstadt Ravensburg am Ende des Alten Reiches

von Alfred Lutz

Politik und Gesellschaft in der paritätischen Reichsstadt

Durch die Ereignisse des Dreißigjährigen Krieges und seiner Folgen war die Einwohnerzahl der Reichsstadt Ravensburg drastisch gesunken. Hatte sie um 1500 mit rund 5.000 Einwohnern zu den vier größten Städten im Gebiet des späteren Königreichs Württemberg gezählt[1], so sank die Einwohnerzahl bis 1648 auf 2.100 bis 2.300 ab.[2] Während der für Oberschwaben weitgehend friedlichen Zeit bis 1789 stieg sie wieder auf 3.925 an, ständisch gegliedert in Bürger, Beisitzer, Hintersassen, Schutzverwandte und Dienstboten mit einer in dieser Reihenfolge abnehmenden Rechtsstellung. 2.485 Einwohner (= 63,3 %) waren katholisch, 1.440 (= 36,7 %) evangelisch. Diese Details ergeben sich aus dem *Häuser- und Seelenbeschrieb*, einer 1789 erfolgten erstmaligen Totalzählung *des in der Reichsstadt Ravensburg und deren Vorstädten, auch auf denen in den Stadtgerichten gelegenen Landgütern sich befindenden Personals und Viehstandes.*[3] Nicht darin berücksichtigt war die Bevölkerung, die im verglichen etwa mit Rottweil, Schwäbisch Hall oder gar Ulm bescheidenen und durch Verkäufe nach dem Dreißigjährigen Krieg gar noch reduzierten Ravensburger Landgebiet lebte. Infolge der Kriegsereignisse ab 1792 ging die Einwohnerzahl der Stadt bis 1802 erneut auf nur noch 3.381 zurück, während damals im ehemaligen Ravensburger Landgebiet, der *Landschaft* (Schmalegg, Hinzistobel, Bitzenhofen-Neuhaus, Winterbach, Wolpertswende, Mochenwangen, Bavendorf), 1.890 Einwohner (*Untertanen*) lebten.[4]

Der Reichsverband stellte die »Grundbedingung« der reichsstädtischen Existenz dar; die Reichsstädte zählten zu den »sichersten Bastionen kaiserlichen Einflusses«.[5] Bei verschiedenen Anlässen stellte auch die Reichsstadt Ravensburg stolz ihre lebendige Verbundenheit mit dem Kaiser als dem Stadtherrn und dem Reich unter Beweis. Durch eine im Vergleich zu anderen Reichsstädten relativ früh eingesetzte, wegen des drohenden finanziellen Zusammenbruchs Ravensburgs notwendig gewordene kaiserliche Kommission waren 1719/20, vor allem durch die Konzentration der kommunalen Kassen im neu geschaffenen Rentamt (unter Leitung zweier bürgerlicher, nach Konfessionsproporz ausgewählter Verwalter!), die Konsolidierung des Haushalts eingeleitet und die heftigen, krisenhaften Konflikte zwischen dem Patriziat und der *Gemeinde*, d. h. der übrigen Bürgerschaft, weitgehend beendet worden. Mit diesem Eingriff des Kaisers und seiner Behörden wurde seine letztverbindliche Autorität als Stadtherr auch für die Reichsstadt Ravensburg unter Beweis gestellt. Des weiteren besserte sich die finanzielle Situation der Stadt durch einen teilweisen Schuldenerlass seitens ihrer Gläubiger, durch Ermäßigung der Abgaben an Reich und Schwäbischen Reichskreis und nicht zuletzt durch eine sparsame Ausgabenpolitik. Die Konfliktbereinigung im Finanzbereich durch die kaiserliche Kommission ist einer der Gründe, warum die sozialen Spannungen in der Reichsstadt Ravensburg im Zeitalter der Französischen Revolution nicht eskalierten.

In der Reichsstadt Ravensburg waren die Zunfthandwerker seit der Karolinischen Regimentsverfassung von 1551 von der Ratsmitgliedschaft weitestgehend

ausgeschlossen. An ihre Stelle trat eine bürgerliche und überwiegend protestantische, wirtschaftlich erfolgreiche Schicht von »Aufsteigern«, vor allem Handelsleuten, die mit dem Patriziat zu der in der Stadt tonangebenden Führungsschicht verschmolz. Die Magistrats (Rats-)mitglieder wurden meist regelmäßig, quasi routineartig, in ihren Ämtern bestätigt und verharrten häufig lebenslang auf ihren mit teils lukrativen Nebenämtern der Stadtverwaltung verbundenen Posten, was aufgrund mangelnder Kontrolle der Erstarrung, Selbstherrlichkeit, Vetternwirtschaft und Cliquenbildung zwangsläufig Vorschub leistete; der Einfluss der übrigen Bürgerschaft war gering. Bei Tod oder sonstigem seltenem Ausscheiden eines Mitglieds kooptierte der zentrale, oligarchisch strukturierte Rat ein neues Mitglied der betroffenen Konfession, etwa aus den Reihen des 22-köpfigen Großen Rates (Repräsentation der Bürgerschaft), dessen Kompetenzen im wesentlichen auf Beratung (etwa bei Verkauf und Erwerb von Liegenschaften, Darlehensaufnahmen) und Akklamation beschränkt waren.[6] Gemäß dem Lindauer Rezess von 1649 mussten bis zur Mediatisierung mindestens die Hälfte der 16 (und ab 1719/23 insgesamt 18) Ratsmitglieder Patrizier sein.

Das Stadtgericht bestand aus dem Stadtammann und 12 Assessoren. Die Bürgermeister- und Stadtammannämter konnten dem Lindauer Rezess zufolge nur mit Patriziern besetzt werden. Doch konnte das Patriziat in der Folgezeit aufgrund seiner zahlenmäßigen Schwäche mitunter gar nicht immer alle ihm zustehenden Posten besetzen. Die geringe Geburtenhäufigkeit bei vielen patrizischen Familien, das Überwiegen der weiblichen Geburten gegenüber den männlichen sowie schließlich immer wieder Abwanderungen – da Patrizier in diesem ständisch eng umgrenzten Umfeld mitunter keine ebenbürtigen Ehepartner und bei Wahl eines akademischen Berufes in der klein gewordenen Stadt kein adäquates Betätigungsgebiet fanden und nichtstandesgemäße bürgerliche Arbeit ablehnten – führten dazu, dass das seit dem 14. Jh. in der *Gesellschaft zum Esel* organisierte Patriziat Anfang des 19. Jhs. ausstarb.[7]

Die dynamischen, wirtschaftlich fortschrittlichen und meist protestantischen Kaufmannsfamilien zeigten kaum Bereitschaft, Adelsbriefe zu erwerben und in die Reihen der Eselsgesellschaft zu treten. Sie konzentrierten sich auf ihren wirtschaftlichen Erfolg, auf gute Heiratspartien innerhalb der evangelischen Oberschicht und traten teilweise, wie Angehörige der Familien Möhrlin, Gradmann, Kutter oder Spohn, aus der Schneiderzunft in die Reihen der *Ballengesellschaft* über, dieser erstmals 1425 erwähnten, gesellig-korporativen »Zwischenstufe« zwischen den Zünften und der Patriziergesellschaft *zum Esel*, deren Mitglieder jedoch keine garantierten Ansprüche auf die kommunalen Posten und Ratssitze besaßen.[8] 1720 zählte die Ballengesellschaft nur fünf, zum Zeitpunkt ihrer Auflösung 1813 jedoch 17 überwiegend im Kaufmannsberuf tätige Mitglieder und war als Korporation der im ausgehenden 18. und im 19. Jh. in Ravensburg dominierenden wirtschaftsbürgerlichen, zumeist evangelischen Oberschicht wesentlich vitaler und wohlhabender als die von innerer Auszehrung und Stagnation gekennzeichnete Eselsgesellschaft.

Ein zentrales Charakteristikum der Ravensburger Verfassung war die seit dem Westfälischen Frieden und dem ihm 1649 nachfolgenden Lindauer Rezess detailliert festgelegte konfessionelle Parität: Der 16- (seit 1719/23 18-) köpfige Rat bestand zur Hälfte aus Katholiken und Protestanten, in Kirchen- und Schulsachen tagten getrennte Räte. Das Stadtgericht setzte sich aus je sechs katholischen und evangelischen Assessoren zusammen. Alle vier Monate wechselten sich der katholische und der evangelische Bürgermeister in der Geschäftsführung ab, genauso wechselte das Amt des Ammanns, des Vorsitzenden des Gerichts, im Vier-Monats-Rhythmus zwischen Katholiken und Protestanten; war ein Katholik Bürgermeister stellten die Protestanten den Stadtammann und umgekehrt. Auch der 22-köpfige Große Rat bestand zur Hälfte aus Katholiken und Protestanten. Schließlich wurde die Parität bei allen Ämterbesetzungen angewandt, bis hin zu den Totengräbern, spitalischen *Kindsmüttern* und Sauhirten.[9] Ließ sich bei ungerader Zahl der Stellen eine völlige konfessionelle Gleichberechtigung nicht realisieren, ernannte man entweder einen weiteren Bediensteten oder wechselte nach Konfessionen ab. Die ohnehin kostspielige und unübersichtliche Verwaltung wurde allerdings durch die Parität mit ihren Doppelbesetzungen weiter kompliziert. Das System der Parität wurde schließlich immer weiter verfeinert und bei Änderungen in der Verwaltung

Der paritätische Friedhof
Der heute nur noch in Resten erhaltene seit 1542 bestehende »Alte Friedhof« wurde seit Einführung der Reformation 1544/46 gemeinsam von beiden Konfessionen genutzt. Der Friedhofsplan aus dem Jahre 1776 unterscheidet die Grabstätten katholischer (=c) und evangelischer (=e) Familien. Kol. Federzeichnung, Johann Nepomuk Speißer, 1776. StA Ravensburg.

oder im Bereich der Ämterstellen penibel angewandt. Ein 1773 zustande gekommener Vergleich bestimmte z. B., dass die Stelle des Ravensburger Reichshofratsagenten von den Katholiken, die des Reichskammergerichtsadvokaten hingegen von den Protestanten besetzt werden musste.[10] Andererseits gab es bereits seit 1544/46 einen von beiden Konfessionen genutzten Friedhof vor den Mauern der Stadt, und im Alltagsleben der bikonfessionellen Reichsstadt zeigten sich am Ende des 18. Jhs. größere Toleranz und Entspannung unter den Konfessionsparteien.

Röders *Geographisch Statistisch-Topographisches Lexikon* von 1792 berichtet, dass die Parität in Ravensburg nicht wie in anderen Städten *der Drache* [war], *der mit Eifersucht über alle Kleinigkeiten wacht, und bei dem unbedeutendsten Anlaß Raufereien erzeugt.*[11] Zwischen den beiden Konfessionen herrsche viel Toleranz und Aufklärung. Dass dies jedoch eine neuere Entwicklung war, zeigt die Bemerkung: *Steife Schildbürgerei und ängstliche Entfernung der beiden Religionsteile von einander, die noch vor 30 Jahren* [um 1760, d. Verf.] *hier beherrschend war, ist nicht mehr zu finden.* Als Belege für dieses tolerantere, unverkrampftere Klima erfährt man, dass um 1790 katholische Dienstboten mitunter in protestantischen Haushalten beschäftigt waren.[12] Man erfährt in Röders Lexikon weiter, dass die Ravensburger Katholiken und Protestanten zwanglos an Volksfesten teilnahmen. Das steife reichsstädtische Zeremoniell *bei Hochzeiten, Leichen, Kindtaufen* sei abgeschafft, und *auch bei Gastmahlen, Konzerten, Badgesellschaften, Trink- und Spielklubbs*[13] seien nur noch wenig Religionsunterschiede zu spüren. Unter dem Einfluss der Aufklärung änderten sich auch die kirchlichen Gebräuche der Katholiken, die seit etwa 1772 *keinen Palmesel und sogenannten Funkenkloz* mehr bei Prozessionen mitführten. Die evangelischen Geistlichen zeigten sich durchaus in *gefärbten Kleidern* und besuchten Schauspielaufführungen in dem über

Schützenscheibe von 1779
Im Hintergrund des Ravensburger Stadtwappens (»Torburg«) das 1777 errichtete Fest- und Schützenhaus auf der Kuppelnau (heute Kuppelnauwirtschaft). Rathaus Ravensburg.

der Brotlaube (Marktstraße) gelegenen Theater (*ohne Aufsehen zu erregen*), was im gleichfalls paritätischen Augsburg undenkbar gewesen wäre.[14]
Bezeichnend für ein gewisses Maß an Rücksichtnahme auf die nach wie vor bestehenden konfessionellen Empfindlichkeiten ist der ernstliche Rat des evangelischen Ratsteils an den evangelischen Pfarrer Johann Georg Beck, von der Herausgabe einer Stadtbeschreibung mit Kirchengeschichte Abstand zu nehmen, *da dies leicht zu Verdrießlichkeiten mit den Katholiken führen könnte.*[15] Kleinere Spannungen zwischen den Konfessionen traten jedoch immer wieder auf. 1789 wurde ein scharfer Protest des evangelischen Ratsteils provoziert, als der katholische Kontingentsfähnrich v. Ortlieb am Rat vorbei den Befehl erteilt hatte, auch die evangelischen Stadtsoldaten hätten an der Fronleichnamsprozession paradierend teilzunehmen. Wegen seiner *anmaßlichen Verfügungen* wurde Ortlieb vom Rat getadelt und an seinen dem Gremium schuldigen *Gehorsam, Respekt und Subordination* erinnert.[16] Als die Schützengesellschaft 1792 einen neuen Schützenwirt wählte, protestierten die katholischen Schützen vehement, da bei der Wahl nur acht Katholiken, jedoch zehn evangelische Schützen zugegen gewesen waren.[17]
Seit einem Pogrom 1429 und nachfolgender Vertreibung war den Juden für viele Jahrhunderte die Niederlassung in Ravensburg untersagt gewesen, und noch im 18. Jh. hatten verschiedene Ratsbeschlüsse die Bewegungsfreiheit und Handelstätigkeit von Juden in der Stadt stark eingeschränkt.[18] Erst ganz am Ende der reichsstädtischen Zeit, 1802, verfügte der reichsstädtische Rat unter dem Einfluss aufklärerischer Tendenzen, dass alle mit Kutschen oder zu Pferd ankommenden Juden, wie andere Fremde auch, in den Wirtshäusern *ungehindert einkehren und übernachten dürfen.*[19] Doch erst nach der Mediatisierung der Reichsstadt durch Bayern (1802) wurden mit Hilfe staatlicher Ver-

ordnungen gegen Widerstand der städtischen Repräsentanten und der Konkurrenz fürchtenden Kaufleute, verschiedene, die Juden bislang diskriminierende Bestimmungen beseitigt. 1807 fiel das Verkaufsverbot für Juden innerhalb der Stadtmauern, 1808 wurde der Leibzoll abgeschafft.[20]

Im 18. Jh. trafen sich bei Schützenveranstaltungen zur Pflege bürgerlicher Geselligkeit Patrizier, Mitglieder der Ballengesellschaft und Zunfthandwerker, wo doch *sonst schroffe* [soziale] *Scheidewände sich auftürmten*.[21] Es wurde im 18. Jh. zu einem beliebten Brauch, dass Mitglieder der Esel- und Ballengesellschaft wie auch Zunftangehörige meist aus besonderen Anlässen (z. B. Hochzeiten) Freischießen ausrichteten; aus diesem Anlass wurden bemalte Schützenscheiben angefertigt. Neben einer 1605 begründeten, seit 1719 den evangelischen Bürgern offenstehenden Bibliothek bestand in Ravensburg im Sinne der Aufklärung bereits um 1780 eine ganz auf das gehobene, gebildete Bürgertum zugeschnittene, privat organisierte Lesegesellschaft. Ihren Mitgliedern wurde wöchentlich ein neues Buch ausgeliehen; angeschafft wurden vor allem wissenschaftliche Werke, Reisebeschreibungen, geschichtliche Werke und Biographien.[22]

Seit Ende des 17. Jhs. bestand eine zunächst konfessionell gemischte, im Laufe des 18. Jhs. jedoch in eine aktivere protestantische und eine katholische Abteilung aufgespaltene *Bürgerliche Komödiantengesellschaft*, die regelmäßig Aufführungen im Saal über der Brotlaube veranstaltete. Dennoch war das kulturelle Leben in der Reichsstadt zu jener Zeit bescheiden. Bei wohlhabenderen Bürgern war es Ende des 18. Jhs. Mode, ihre Freizeit in den reizvollen, zu einem kleinen Teil bis heute erhaltenen Gartenanlagen- und Häuschen sowie Landgütern vor allem nördlich der alten Stadtmauer zu verbringen. Jährlich im August (Montag und Dienstag nach Mariä Himmelfahrt) feierte man das erstmals 1645 erwähnte, noch bis 1804/09 konfessionell getrennt abgehaltene Rutenfest.

Handel und Zunfthandwerk um 1800

Nach dem Dreißigjährigen Krieg war vom einst glanzvollen Ravensburger Fernhandel nur wenig übrig geblieben: Vor allem das Textilgewerbe war in den Kriegsjahren schwer geschädigt worden und zeigte sich danach der herangewachsenen schweizerischen Konkurrenz nicht gewachsen. Trotz der langen Friedensphase nach 1714 war der wirtschaftliche Aufschwung recht bescheiden, was sich in einer geringen Bautätigkeit wiederspiegelte. Man kann dies im Stadtbild bis heute an den nur spärlich vertretenen Barockbauten ablesen, die denn auch oftmals mit dem Geld umliegender Klöster oder Orden finanziert wurden, wie etwa die Pfarrhäuser von St. Jodok (um 1731) und Liebfrauen (1757) oder der Altshauser Hof (nach 1730). Die spätmittelalterliche Stadtbefestigung, die spätestens mit dem Dreißigjährigen Krieg ihren militärischen Wert eingebüßt hatte, verfiel zusehends.[23]

Ein ökonomischer Lichtblick war für Ravensburg mit seinem weiten landwirtschaftlichen Hinterland der florierende Getreideexport in die Schweiz und nach Vorarlberg, daneben auch die 1755 erfolgte Einrichtung eines bayerischen Nebenlagers (Hauptlager in Buchhorn) für den Salzexport in Richtung Bodenseegebiet und Schweiz. Gegenüber den größeren Flächenstaaten mit ihrer oft moderneren Wirtschaftspolitik waren die oberschwäbischen Reichsstädte jedoch ins Hintertreffen geraten, wobei im Falle Ravensburgs vor allem die umgebende Landvogtei Schwaben als Instrument der österreichischen Territorial- und merkantilistischen Wirtschaftspolitik mit ihren Zollbarrieren und sonstigen Abschnürungspraktiken viele Kaufleute vom Besuch des Ravensburger Marktes abhielt und die wirtschaftliche Erholung der Stadt nachhaltig behinderte.[24] Aber auch die oft allzu starr gehandhabte Zollpolitik des Magistrats erschwerte mitunter die Handelsbeziehungen über die Stadtgrenzen hinaus.[25] Dennoch gab es vor allem im Kreis der bürgerlichen evangelischen Handelsfamilien Repräsentanten, die durch Innovationsbereitschaft und unternehmerischen Wagemut einen beachtlichen wirtschaftlichen Aufstieg erlebten. Genannt sei stellvertretend die Familie Kutter, die vor allem durch die Begründung von Strumpfmanufakturen sowie den 1777 abgeschlossenen Erwerb von fünf der sechs traditionsreichen Papiermühlen, Ende 18. Jh. zum wohl reichsten Ravensburger Familienverband avancierte.[26]

Die acht im 14. Jh. gebildeten Handwerkerzünfte prägten die Ravensburger Wirtschaft bis zur württembergischen Gewerbeordnung von 1828. Noch

Ravensburger Ratskalender von 1791
Vedute der Stadt von Nordosten und Wappen der Ratsmitglieder. Die Tradition der jährlichen Ratskalender endete mit der Mediatisierung der Reichsstadt 1802.
Kupferstich 1791.
Ravensburg, Rathaus, Kleiner Sitzungssaal.

1828 waren gut 57 % der (männlichen) Bürger und Beisitzer im handwerklichen Sektor tätig. Die stärksten Handwerkszweige bildeten 1789 die Rebleute mit 70, die Strumpfstricker- und -wirker mit 57, die Bäcker mit 41, die Weber mit 34, die Schneider mit 27, die Schuhmacher mit 25, die Metzger mit 23, die Schmiede mit 22 und die Rotgerber mit 21 Meistern. Die Zahl der in Ravensburg überwiegend evangelischen Kaufleute belief sich damals auf 48.[27] Die Handwerker produzierten am Ende der Reichsstadtzeit mit wenigen Ausnahmen (Strumpfproduktion, Papier) überwiegend für den städtischen bzw. regionalen Markt. Nur im Ravensburger Strumpfstrickerhandwerk, in Ansätzen auch im Woll- und Knopfmachergewerbe, hatte sich im 18. Jh. das Verlagssystem ausgebildet, wobei in der Regel fähige Handwerker selbst die Rolle von Verlegern übernahmen. Immer mehr Strickmeister sanken quasi zu Verlagsarbeitern (*Stuckmeistern*) herab, während die Verleger die Rohstoffe einkauften, die Produktion lenkten und in der Art von Kaufleuten den Absatz organisierten. Der Kapitalbedarf für die Strumpffabrikation hielt sich in Grenzen. Mindestens die Hälfte der rund 70 Strickmeister war um 1800 als Verlagsarbeiter tätig.[28]
Mit einem umfassenden Regelwerk der handwerklichen Arbeit, mit Beschränkungen unter anderem in der Zahl der Produktionsmittel, der Gesellen und Lehrlinge, durch die Preisgestaltung, oft auch mit Widerstand gegen die Aufnahme von Handwerkern in den Bürgerverband mit dem Argument der Übersetzung, hatten die Zünfte auf Erhaltung und Stabilisierung der bestehenden Wirtschaftsordnung gezielt, jedoch zunehmend den Fortschritt und die Einführung großbetrieblicher Produktionsweisen in einer Zeit des Übergangs zu neuartigen und teils auch überregionalen Formen gewerblicher Betätigung gehemmt. Mehr und mehr war andererseits das Scheitern der Zünfte an ihrer zentralen Aufgabe absehbar, der Sicherstellung der *auskömmlichen Nahrung* für ihre Mitglieder.[29]
Ein gravierendes Problem war die personelle Übersetzung mancher Handwerkszweige, was den verstärkten Drang zur Abschottung nach außen, den versteiften Widerstand gegen die Aufnahmegesuche auswärtiger Handwerker in das Bürgerrecht und den Zunftverband zur Folge hatte. Des weiteren ist in diesem Zusammenhang auf den wachsenden Konkur-

renzdruck durch das aufstrebende Landhandwerkertum und den Hausierhandel zu verweisen, der aus Gründen eines *heilsamen Korrektivs* für das Preis- und Qualitätsniveau der Warenangebots in der Stadt vom Rat mitunter sogar geduldet wurde. Die protoindustriellen, vielfach von den Territorialstaaten zur Wirtschaftsbelebung geförderten Manufaktur- und Heimarbeitserzeugnisse waren oftmals qualitativ besser, ästhetisch ansprechender und billiger als die Ravensburger Handwerksprodukte. Insbesondere die Ravensburger Strumpfstricker und -wirker, Woll- und Leinenweber, Tuchmacher, Schneider und Hutmacher, auch Gerber und Färber, wurden dadurch und durch die erheblichen Handelsstörungen aufgrund der Kriegsereignisse, später durch neue Einfuhrzölle, teils auch Einfuhrverbote in verschiedenen einstigen wichtigen Absatzländern wie Frankreich und den italienischen Staaten[30], auch durch stark gestiegene Rohstoffpreise, schwer getroffen. Im Lunéviller Friedensschluss von 1801 wurde der deutsche Papierexport nach Frankreich verboten, während Papier aus Frankreich ungehindert auf dem rechten Rheinufer abgesetzt werden konnte[31]; dadurch wurden auch die bislang noch recht bedeutenden Ravensburger Papiermühlen betroffen.

Gegen die zahlenmäßige *Übersetzung* etwa bei den Branchen der Bäcker, Metzger, Schuhmacher und Schneider ergriff der Magistrat nur unkoordinierte, nicht sonderlich wirkungsvolle Maßnahmen, so etwa 1791 mit der Bestimmung, dass nur noch jeweils ein Sohn eines Metzgers dasselbe Gewerbe wie der Vater erlernen und kein Metzger mehr als Bürger aufgenommen werden dürfe, es sei denn, er heirate eine Meisterswitwe.[32] Teilweise wurden die Lehrzeiten schikanös verlängert, so z. B. 1790 bei den Knopf- und Bortenmachern auf fünf bis sechs Jahre.[33] Für Meisterprüfungen erhoben die Zünfte höhere Gebühren, andererseits wurden Meistersöhne teils durch Privilegien begünstigt oder sogar von Herstellung des Meisterstücks oder von der Wanderpflicht befreit.[34]

Bei den Bittstellern um Armenunterstützung waren z. B. 1789/90 besonders die Weber, Schuhmacher, Schreiner und die in Ravensburg meist als Lohnarbeiter tätigen Rebleute überproportional vertreten[35]; teils verdienten Handwerker ihren Lebensunterhalt durch Hilfsarbeiten; einige mussten Konkurs anmelden.

Die Tendenz der Handwerker, neben ihrem Gewerbe noch einen kleinen Kramladen zu betreiben, nahm am Ende des 18. Jhs. zu. Daraus ergaben sich wiederum notorische Streitigkeiten mit den Kaufleuten.[36] An der Tagesordnung waren auch ständige Auseinandersetzungen zwischen den Handwerksbranchen um die Abgrenzung der Produktions- und Arbeitsrechte. Die Weberzunft z. B., die aufgrund der schweizerischen Konkurrenz, der beginnenden Mechanisierung des Fabrikationsprozesses und des Preisverfalls an Bedeutung verloren hatte und verarmt war, verlegte aus Kostengründen und wegen der gesunkenen Mitgliederzahl ihre Herberge 1779 in das Zunfthaus der Schuhmacher.[37] Andere Zunfthäuser waren in baulich schlechtem Zustand.[38] Die Autorität des Magistrats bei der Regelung von Handwerksangelegenheiten wurde von den Zunftangehörigen immer weniger respektiert; Proteste, Widersetzlichkeiten und mitunter durch die konfessionelle Spaltung angeheizte Streitigkeiten häuften sich. 1792/94 z. B. entflammte ein heftiger Streit zwischen den Metzgern und dem Rat, der für alltägliche Güter und Lebensmittel die Preisvorschriften zu erlassen hatte. Zahlreiche Metzger setzten sich über den obrigkeitlich festgelegten Preis für ihre Waren hinweg und erhöhten ihn eigenmächtig, drohten sogar damit, das Schlachten bestimmter Fleischsorten einzustellen[39]; der Magistrat kündigte daraufhin an, mit Metzgern aus dem benachbarten vorderösterreichischen Altdorf einen Vertrag über Fleischlieferungen nach Ravensburg abzuschließen und denjenigen Metzgern, die aufgrund ihres Widerstands in eine Notlage geraten waren, städtische Unterstützung zu verweigern.

Infolge der Abschließungspolitik der Zünfte, mangelnder Aufstiegschancen und der sich Ende des 18. Jhs. insgesamt verschlechternden wirtschaftlichen Gesamtsituation nahmen sich auch in Ravensburg soziale Lage und berufliche Perspektiven der Gesellen zunehmend düster und problematisch aus. 1788 wurde berichtet, *daß der Zulauf von Handwerksgesellen nun so stark sei, daß mehrere Handwerker zum Zehrpfennig* [für die Gesellen] *nichts mehr beitragen wollen*. Der *entsetzliche Überlauf* von Handwerksgesellen veranlasste den Rat zu dem Beschluss, *alle übelgekleidete oder sonst lumpichte Handwerkspursche, bey denen man voraussieht, daß sie keine Arbeit bekommen*,

mit Hilfe der Wache nicht mehr zu den Stadttoren hereinzulassen; auch das Almosengeben an die Handwerksgesellen wurde verboten. Angesichts dieser Notlage erstarkte in deren Reihen, ab 1789 offenbar noch zusätzlich beflügelt durch die Französische Revolution, ein kämpferisches Solidaritätsgefühl, das in Ravensburg mitunter zu Streiks oder zur Androhung von Arbeitsniederlegungen führte, um bessere Arbeitsbedingungen und Lohnerhöhungen durchzusetzen. 1790 drohten die Maurer- und Zimmerergesellen mit Arbeitsniederlegung und kollektivem Auszug aus der Stadt, wenn *bei dieser theuren Zeit* ihr Lohn nicht von 30 auf 34 kr. erhöht würde. Der Rat, der ihre Löhne festzulegen hatte, stimmte, auch auf Drängen der Meister, schließlich zu.[40] Maurer- und Zimmerergesellen beschlossen 1801, ihre Arbeitszeit vom Georgitag (23. April) bis zum Martinitag (11. November) um eine Stunde zu verkürzen. Sie verwiesen darauf, dass auch die gleich entlohnten Schreinergesellen nicht länger arbeiteten und *jeder Tagewerker ebenfalls mit dieser Stunde Feyerabend machte*. Nachdem der Rat Erkundigungen bei den Reichsstädten Memmingen, Überlingen, Lindau und Wangen eingeholt hatte, gab er den Forderungen der Gesellen nach, die damit einen Etappensieg errangen.[41] 1796 brachen die Gesellen des Schlosser- und Büchsenmacherhandwerks *die Lade* im Zunfthaus auf, entwendeten das darin verwahrte Geld und flüchteten aus der Stadt.[42] Zu regelrechten Gesellenaufständen kam es in Ravensburg im Gegensatz zu anderen Städten aber nicht. Als die Reichsstädte Ulm und Nürnberg 1798 um die Unterstützung Ravensburgs für ihren Antrag auf eine Reichsverordnung gegen das *tumultuarische Betragen der Handwerkspursche*[n] baten, signalisierte der Ravensburger Rat zwar Zustimmung, teilte aber dennoch trotz einiger Vorfälle mit, *daß sich die Handwerkspursche*[n] *in hiesiger Stadt bisher noch keine die öffentliche Ruhe störenden Auftritte erlaubt hätten*.[43]

Kriege und bürgerschaftliche Spannungen

Die 1792 ausgebrochenen Koalitionskriege zwischen dem revolutionären Frankreich sowie Österreich, Preußen und dem Reich (letzteres ab 1793) mit Truppendurchzügen, Einquartierungen und immensen Kontributionsverpflichtungen stürzten wie viele andere kleine Reichsstände auch Ravensburg vor allem ab 1796 in eine existentielle Krise, die schließlich zu »katastrophalen Dimensionen eskalierte«.[44] Sie sollte bald die Lebensfähigkeit vieler Reichsstädte in Frage stellen. Die Reichsstadt Ravensburg hatte dazuhin ein Kontingent der Truppen des Schwäbischen Kreises zu stellen (z. B. 1792: 41 Mann; 1794: 60 Mann; 1800 51 Mann)[45] und aufgrund der Kriegsereignisse laufend steigende Matrikularbeiträge zu entrichten. Nachdem das Jahr 1796 Ravensburg bereits zahlreiche Kriegslasten durch kaiserliche Truppen gebracht hatte, sah der Sommerfeldzug dieses Jahres bald die Franzosen im Kriegsglück, die unter General Moreau am 24. Juni bei Kehl über den Rhein setzten. Die zertrümmerten Regimenter des Schwäbischen Kreises fluteten unter den militärischen Schlägen der Franzosen in völliger Unordnung zurück. Am 1. Juli 1796 wurde im Ravensburger Rat das Vordringen der französischen Rheinarmee diskutiert.[46] Wenige Tage später beschloss das Gremium, vorerst kein Getreide mehr zu verkaufen, die Bürgerschaft zu Ruhe und Ordnung sowie zum Unterlassen von Diskussionen, die Misstrauen erregen könnten, zu veranlassen. Mit Hilfe der zahlreich sich meldenden Freiwilligen aus der Bürgerschaft sollten die Tore bewacht, Vorposten aufgestellt, Patrouillen ausgeschickt und ein Bürgermilitär aufgestellt werden.[47] Die in Augsburg tagende Versammlung des Schwäbischen Kreises, zu der Ravensburg den Syndikus Merkel entsandt hatte, beschloss die Einleitung von Verhandlungen über einen Waffenstillstand, der am 27. Juli 1796 von den Abgesandten des Kreises, v. Lassolaye und v. Mandelsloh, sowie von General Moreau als Oberbefehlshaber der französischen Rhein- und Moselarmee unterzeichnet und am 30. Juli von der Kreisversammlung genehmigt wurde. Seine Bedingungen waren sehr hart. Von den Kontributionsverpflichtungen des Schwäbischen Kreises von insgesamt fast 11 Mio. fl. entfielen allein auf Ravensburg 75.000 fl.[48] Der Rat hatte die Ravensburger Bevölkerung zuvor aufgerufen, *sich still, ruhig und gesittet gegen die französischen Truppen zu betragen, alles Zusammenlaufen und unanständiger Äußerungen sich zu enthalten*.[49] Um wegen der Kontributionsforderungen einen Überblick über die Lebensmittelbestände zu gewinnen, mussten die in der Stadt befind-

lichen Stiftungen, Klöster und Geistlichen den Umfang ihrer Geld- und Getreidevorräte mitteilen, der Verkauf von Getreide und Pferden in der Stadt und im Landgebiet wurde verboten; teilweise beschlagnahmte der Rat private Getreidevorräte.[50] Von der zeitweisen Einquartierung von rund 9.000 französischen Soldaten ab 3. August 1796 war in erster Linie das Ravensburger Landgebiet betroffen.

Während der französischen Besetzung flackerten auch in Ravensburg die bisher nur schwelenden Konflikte zwischen kaiserlich Gesinnten bzw. Trägern der alten ständischen Ordnung der Reichsstadt und *Patrioten*, d. h. Sympathisanten der Französischen Revolution und offenbar auch Kritikern der kaiserlich-österreichischen Kriegspolitik, auf; es zeigte sich auch in Ravensburg ein gewisses Protestpotential. Bald gab das Tragen von blau-weiß-roten Kokarden Anlass zu *manchen Verdrießlichkeiten*.[51] Reisende evangelische Handwerksgesellen, aber auch Ravensburger Gesellen und einige Bürger, zeigten mit solchen Kokarden nun immer häufiger ihre republikanische Gesinnung, offensichtlich auch ihre Hoffnung auf Veränderung der bestehenden politischen und sozialen Verhältnisse und einen baldigen Friedensschluss. Am 20. August 1796 entwickelte sich vor dem Gasthaus *zum Goldenen Lamm* nach aufrührerischen Reden eine schwere Schlägerei zwischen katholischen und evangelischen Handwerksgesellen. Der Vorfall eskalierte *beinahe zum Todtschlagen*.[52] Die Katholiken wollten nicht dulden, dass die Evangelischen Kokarden in den durch die Französische Revolution 1794 eingeführten Nationalfarben blau-weiß (silber)-rot trugen; zudem hatten einige Gesellen im *Goldenen Lamm* aufrührerische *Freyheitslieder* angestimmt.[53] Gerade die Gesellen konnten in der Revolution und ihren Ideen eine Alternative zu ihrer vielfach bedrückenden Lage sehen.

Zunfttafel der Schmiedezunft
Zur Schmiedezunft zählten, wie die Zeichen und Symbole der neu zwischen 1730 und 1801 aufgenommenen Meister belegen, metallverarbeitende Berufe, wie die Hufschmiede, Schlosser, Zinngießer und Juweliere, aber auch Bauhandwerker, Hafner, Ziegler und Ofensetzer.
Ravensburg, Waaghaus.

Eine vom Rat angeordnete Untersuchung ergab, dass sich in der Stadt *Absonderungen und Faktionen*, politische Zirkel also, gebildet hatten, die sich mit oder ohne Unterscheidungszeichen voneinander abhoben. Der um den inneren Frieden in der Stadt, auch um seine Machtposition und Autorität besorgte Rat klagte, es würden *gegen alle gutgemeynte Abwarnungen verdächtige Zusammenkünfte und Conventicula gehalten, über die dermalige Lage der Dinge und politische wie Kriegshändel in den Tag hinein fort räsoniert, und damit Streit und Hader angefacht.*[54] Er beschloss angesichts dieser brisanten Lage und offenbar nicht ohne Wirkung, eine Ermahnung an die *Bürger- und Einwohnerschaft*, dass *sich keine Partheyen formieren, daß man nicht durch Absönderungen und unnöthige Auszeichnungen zu Händeln und Zusammenläufen Anlaß gebe, daß die Meister ihre Gesellen, und besonders die noch zügellos sich betragenden Lehrjungen in besserer Zucht und Ordnung halten.*[55]

In diesem Zusammenhang verdient eine Eintragung im Tagebuch des Altdorfer Hechtwirts Franz Joseph Miller Beachtung. Am 24. August 1796 hätte ein katholischer, kaiserlich gesonnener Bauer aus dem westlich von Ravensburg gelegenen Dorf Zußdorf einem *patriotisch* gesonnenen Protestanten in Ravensburg erregt zugerufen: *Ihr haltet den König von Preußen für einen Schutzengel, die Franzosen für Gott, den Kaiser für einen Teufel; aber am Ende wird der Teufel trotz Gott und Schutzengel Euch alle holen.*[56] Offenbar gab es zumindest im protestantischen Teil der paritätischen Reichsstadt angesichts der schweren Lasten, die der Schwäbische Kreis zu schultern hatte, auch Sympathien für die preußische (Neutralitäts-) Politik seit dem Friedensschluss von Basel (5. April 1795). Eine Art »protestantischer Solidarität« der evangelischen Reichsstädte bzw. der protestantischen Bevölkerungsteile der paritätischen Reichsstädte mit Preußen hatte es ja bereits zur Zeit Friedrichs des Großen gegeben. Vor allem nach dessen spektakulären militärischen Erfolgen in den beiden Schlesischen Kriegen und im Siebenjährigen Krieg war man selbst in Oberschwaben, »der traditionellen Einflusszone des Hauses Österreich, [...] in evangelischen Kreisen weithin ›fritzisch‹ gesinnt«[57] gewesen. Da mit dem militärischen Vorrücken der kaiserlichen Streitkräfte die *französischen* Kokarden allmählich wieder verschwanden und vermehrt solche mit den kaiserlichen Farben schwarz-gold auftauchten, wurde der Bürgerschaft durch Ratsbeschluss vom 23. September 1796 *das Tragen aller Cocarden und anderer Unterscheidungszeichen verboten.*[58] Angesichts der in manchen Kreisen offenbar grassierenden Abneigung gegen das kaiserlich-österreichische Militär, wurde die Bürgerschaft angehalten, bei *dermalig bedenklichem Zeitpunkt* [...], *miteinander friedfertig und verträglich zu leben, bey Durchmärschen und Einquartierungen aber das Militär weder mit Worten noch Werken zu beleidigen, oder zum Misstrauen zu reizen, folglich nicht rottenweise zusammen zu laufen, geheime Unterredungen zu halten, und dergleichen.*

Aus einem Gefecht mit den vorstoßenden österreichischen Truppen im Raum Ravensburg-Weingarten-Baienfurt-Mochenwangen am 29./30. September gingen die französischen Truppen siegreich hervor; nach dem Wiedereinzug von 20.000 Mann kam es in Ravensburg, Altdorf und Umgebung zu Plünderungen und Übergriffen, die schwere Schäden verursachten. Einer nachträglichen Aufstellung zufolge sollen in den zwei Monaten der französischen Besetzung der Stadt wegen Requisitionen Kosten von 125.000 fl. und den Bürgern von 72.500 fl. entstanden sein.[59]

Als die kaiserlich-österreichischen Truppen unter General v. Klinglin nach dem Abmarsch der Franzosen in Richtung Markdorf und Stockach (5. Oktober) in Ravensburg einrückten, fürchtete der Rat Repressalien, da die Stadt von der k.k. Armee der Anhänglichkeit gegenüber den Franzosen bezichtigt werde. Auch der Hechtwirt Miller bemerkte, dass die einziehenden kaiserlichen Truppen von den katholischen Bürgern mit größter Freude gefeiert wurden, nicht aber von manchen Evangelischen, die ja zuvor einige frankophile Sympathien gezeigt und durch das Tragen von Kokarden zum Ausdruck gebracht hatten. In Teilen der Bevölkerung wurde der Kaiser für die Fortsetzung des Krieges verantwortlich gemacht, und die kaiserliche Armee war wegen ihrer wenig schonenden, mitunter geradezu feindseligen Behandlung des Kreisgebietes nach dem Waffenstillstand 1796 schlecht angesehen.[60] In dieser höchst erregten Stimmung nach der Rückkehr der Kaiserlichen verbreitete sich dem protestantischen Kaufmann Ulrich Christoph Gradmann zufolge sogar das unsinnige Gerücht,

daß die Katholischen die Lutherischen umbringen wollen.[61]
Die nach dem Ausscheiden Preußens aus dem Reichskrieg 1795 mit einer erschöpften süddeutschen Klientel allein gelassene österreichische Armee war in der Tat immer misstrauischer geworden und sah durch Defätismus und eine oftmals übertriebene Revolutionsfurcht ihr rückwärtiges Gebiet und damit die Front gegen das revolutionäre Frankreich bedroht.[62]
Der Rat beschloss, zur Besänftigung ein *nachdrücksames Schreiben* an die kommandierenden Generäle v. Latour und v. Frölich zu verfassen, in dem die gute Behandlung der österreichischen Truppen bei ihren häufigen Durchmärschen und die großen Opfer der Ravensburger während der bisherigen Kriegszeit *zur Widerlegung des nachtheiligen Gerüchtes über das Benehmen der diesseitigen Bürgerschaft* angeführt wurden. Als Zeugen zur Widerlegung der Vorwürfe berief sich der Rat auf das benachbarte, über die Ravensburger Verhältnisse in der Regel gut informierte vorderösterreichische Oberamt Altdorf und auch auf den österreichischen Hauptmann Zumtobel, der in Ravensburg Werbungen für die österreichische Armee durchführte.
Am 31. Oktober 1796 erhoben Bürger des rund 20 km westlich von Ravensburg gelegenen bischöflich-konstanzischen Städtchens Markdorf weitere für Ravensburg nicht ungefährliche Beschuldigungen: Demnach hätten Ravensburger Bürger während des Gefechts vor den Toren der Stadt zwischen Franzosen und Kaiserlichen am 30. September auf letztere geschossen, ja der Ravensburger Magistrat hätte angeblich bewusst Militär ausgesandt, um auf die kaiserlichen Truppen schießen zu lassen.[63]
In den folgenden Monaten wurde der Druck der kaiserlich-österreichischen Armee immer spürbarer. Damit ging eine starke Kontrolle der kleineren Reichsstände und die Bereitschaft einher, radikale Bewegungen in den Reichsstädten und aufkeimende Revolutionsideen zu unterbinden. So kam ein letztes Mal die direkte kaiserliche Einmischung den reichsstädtischen Oligarchen zugute. Doch unter dieser Decke gab es nach wie vor Spannungen zwischen dem obrigkeitlichen Rat und der nur über geringe Mitwirkungsrechte verfügenden übrigen Bürgerschaft, ein Potential der Unzufriedenheit mit den bestehenden Verhältnissen. So erfuhr die Deputation der Reichsstadt Augsburg auf dem Rastatter Kongress Anfang 1798 durch Briefe aus Ravensburg und Biberach, dass Teile der Bürgerschaft dieser Städte »zwar keine fremde Herrschaft wollten, aber sich gerne ihrer *bisherigen elenden Regierungsverfaßung* entledigen würden, denn *in Teutschland könne man ebenso wohl als anderswo Republiken errichten.*[64]
Obwohl der Rat 1797 verschiedene, bisher für einzelne Berufsgruppen und Stände geltende Quartierbefreiungen aufgehoben hatte, gab es immer wieder Klagen in der Bevölkerung, insbesondere in den Orten der Ravensburger Landschaft, über ungerechte Belastungen durch Einquartierungen oder Sondersteuern.[65] Die finanziellen Belastungen infolge der Präsenz der kaiserlichen Armee erwiesen sich als gravierend und für den Bestand auch der Reichsstadt Ravensburg als bedrohlich.[66] Die Reichsstädte des deutschen Südwestens, bislang die treueste Klientel des Kaisers, wurden von den siegreichen kaiserlichen Truppen wie Besiegte behandelt; »die kaiserliche Armee erregte Furcht, aber kaum noch Sympathie«.[67]
Sehr kostspielig waren für Ravensburg die laufenden Proviantlieferungen an die kaiserlichen Verpflegungsmagazine vor allem in Wangen, Stockach, Radolfzell, Pfullendorf, Riedlingen, Lindau und Bregenz. Da die Stadt ihren gigantischen Lieferungsverpflichtungen nicht immer vollständig nachkommen konnte, wurde sie z. B. im April 1799 mit einer *Exekution* belegt.[68]
Zur Erfüllung der oft plötzlich entstehenden Verpflegungs- und Kontributionsforderungen der kriegführenden Mächte schloss die Stadt zwischen 1796 und 1802 vielfach Lieferungsverträge mit jüdischen und christlichen Hoffaktoren sowie mit Kaufleuten ab, die für ihre Überstellung der Ravensburg auferlegten Naturalienverpflichtungen an die Magazine Obligationen und auch österreichische Verpflegungsquittungen erhielten.[69]
Die Zeit zwischen dem ersten und zweiten Koalitionskrieg verlief für Ravensburg verhältnismäßig ruhig, doch waren die Belastungen wegen der weiterhin bereit stehenden Heere beträchtlich. Der neuerliche Krieg zwischen Frankreich und den Koalitionsmächten ab März 1799 führte dazu, dass im August dieses Jahres starke russische Truppenverbände auf ihrem Durchzug in die Schweiz in Ravensburg unterge-

Das Zentrum der Reichsstadt Ravensburg am Ende des 18. Jhs.
Im Vordergrund rechts Waaghaus und Blaserturm.
Guckkastenbild (gespiegelt). Kol. Kupferstich von B. F. Leizelt nach J. A. Gmeinder.
StA Ravensburg.

bracht und ab September für mehrere Wochen zudem ein russisches Lazarett im Zucht- und Arbeitshaus eingerichtet wurden.[70]
Am 29. April 1800 überschritten die Franzosen bei Stein und Dießenhofen den Rhein; bereits am 8. Mai rückte die erste Division der Rheinarmee unter General Vandamme in Ravensburg ein. Ravensburg musste an sofortigen Versorgungsleistungen erbringen: 1.000 Rationen Brot, 10.000 Maß Wein, 60 Ochsen, 400 Säcke Mehl, 100 Säcke Roggen und 400 Säcke Hafer.[71]
Kurz nach dem Rheinübergang der Franzosen wurde dem Schwäbischen Kreis eine Kriegskontribution von 6 Mio. Franken auferlegt, von denen auf Ravensburg 43.459 Franken entfielen. Daneben belastete General Vandamme Ravensburg mit einer besonderen Kontribution von 10.000 fl., einer Summe, die später trotz aller Proteste auch an General Moreau entrichtet werden musste.[72] Insgesamt zogen rund 20.000 Mann durch Ravensburg und Umgebung, davon blieben 100–200 Mann als Besatzung in der Stadt; auch ein französisches Lazarett wurde eingerichtet. Die Durchzüge der Franzosen und die hohen Proviantforderungen dauerten auch 1800 und 1801 an.[73]

Dramatische Verschärfung der Finanzkrise

1719/20 hatten mit den Anordnungen und Verwaltungsreformen der kaiserlichen Kommission für die Reichsstadt Ravensburg viele Jahrzehnte einer wenn

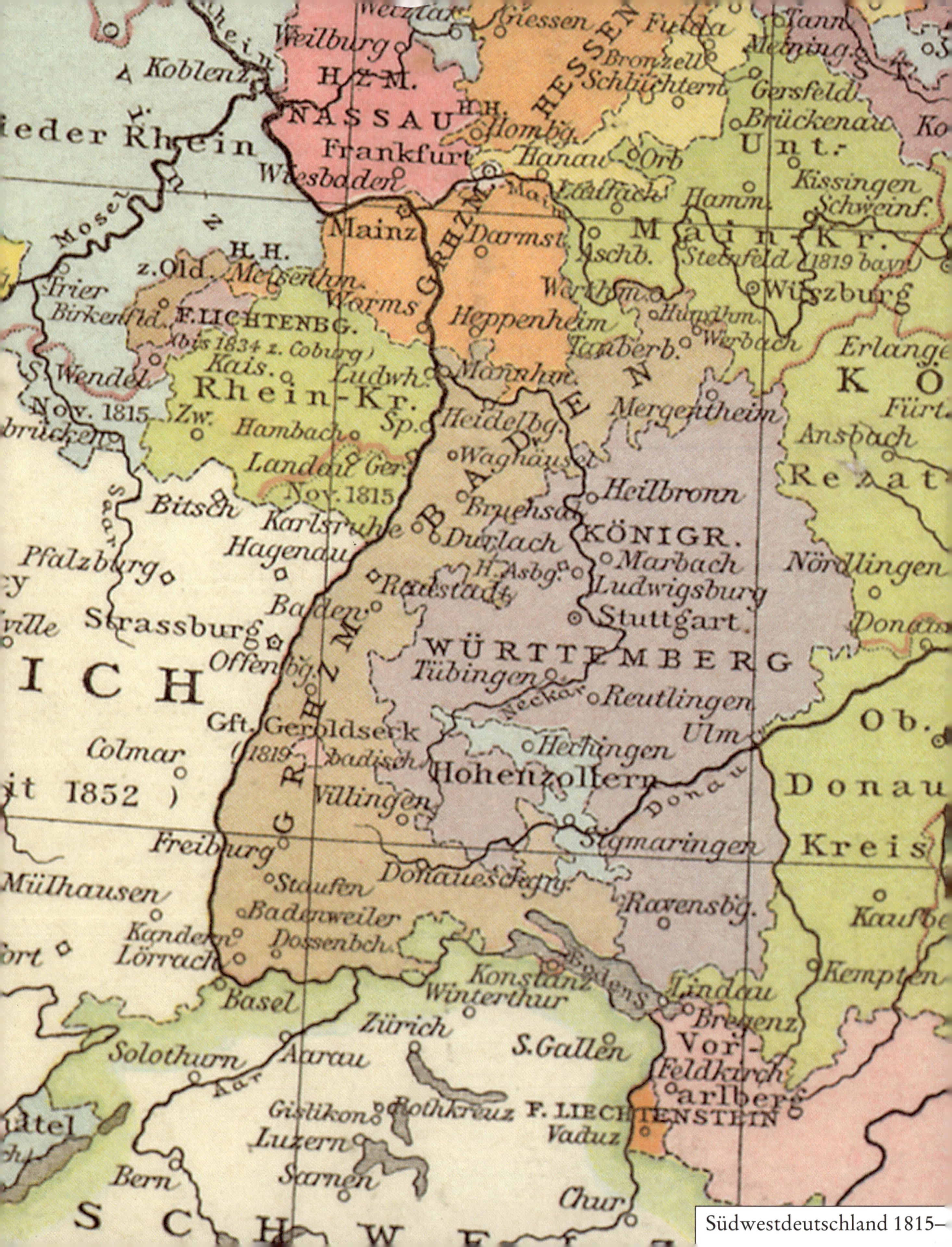

Südwestdeutschland 1815–

Uniformen und Hakenkreuzfahnen:
Maifeier auf dem Marktplatz, 1. Mai 1941; StALu [f 14]

Am Brückenaufgang vor dem Pfalzbau
1941; StALu [f 15]

Spaziergänger auf dem Ludwigsplatz
1938; StALu [f 16]

Blick unter der Bahnüberführung in die Heinigstraße
1938; StALu [f 17]

Blick in die Bismarckstraße
In der Mitte auf der rechten Seite das Gesellschaftshaus, um 1940; StALu [f 18]

Spaziergänger im Stadtpark
um 1940; StALu [f 19]

Kurfürstenstraße im Winter
um 1940; StALu [f 20]

Werksfußball 1939
Pfalzwerke (blau) gegen Wolpert (rot) auf dem werkseigenen Sportplatz; StALu [f 21]

Am Rande des neuen ›Groß-Ludwigshafen‹:
Alltag beim Oggersheimer Buschweg mit Radfahrern und Fuhrwerken, 1938; StALu [f 22]

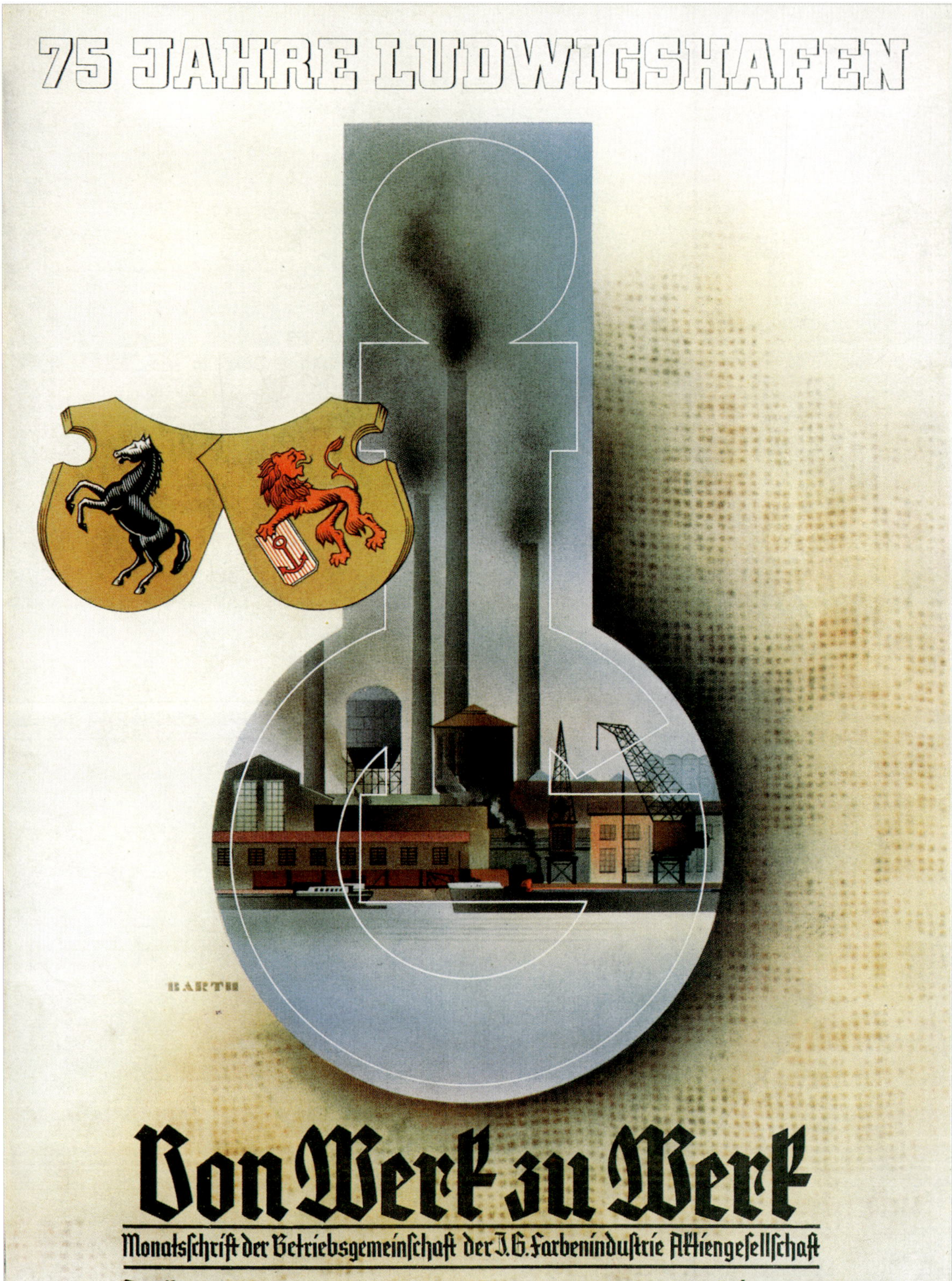

Das Werk und die Stadt im Zeichen des I. G.-Kolbens:
Titelblatt der Werkszeitung des I. G.-Farbenwerks Ludwigshafen, der früheren BASF, April 1940; StALu, DS [f 23]

Auf die zweite Abzugswelle der Auslandseinlagen folgte eine Lawine von Angstabhebungen inländischer Anleger. Sämtliche Kreditinstitute in Deutschland erlebten einen panikartigen Ansturm auf Konten und Spareinlagen. Der Bankrott des deutschen Geldgewerbes schien unmittelbar bevorzustehen, als die Reichsregierung die Notbremse zog und für den 14. und 15. Juli 1931 zwei ›Bankfeiertage‹ anordnete. Danach wurden die Abhebungen auf dringende Fälle wie z. B. anstehende Lohnzahlungen beschränkt und die Auszahlung von Sparguthaben auf geringe Beträge begrenzt. Die am 25. Juli 1931 eigens gegründete ›Akzept- und Garantiebank‹ half auch der Ludwigshafener Stadtsparkasse mit „Bereitschaftskrediten" aus der Bedrängnis, für die es im übrigen auch einen ›hausgemachten‹ Grund gab.

Denn in der Bankenkrise rächte sich, daß die Stadt Ludwigshafen selbst bei ihrer Sparkasse mit mehr als drei Millionen Reichsmark in der Kreide stand, was einem Viertel der Einlagen entsprach. „Dieser mittel- bis langfristig eingefrorene Aktivposten wurde zum lästigen Klotz am Bein der Stadtsparkasse, weil er in der Bankenkrise ihre Liquidität gefährdete."[295] Zugleich kam Nervosität unter der Kundschaft auf, weil Gerüchte im Umlauf waren, „die das Ansehen der städtischen Sparkasse und das Vertrauen in ihr Geschäftsgebaren außerordentlich erschüttern", entrüstete sich Oberbürgermeister Ecarius in der Stadtratssitzung am 17. Juli 1931. Von „verantwortungslosen Bierbankpolitikern" werde behauptet, „daß die Stadtsparkasse ihre Zahlungen einstellt und daß die Stadt die Bestände der Sparkasse beschlagnahmen" werde. Zweifellos war in dieser Situation ein eindeutiges Dementi des Stadtoberhauptes vonnöten. Ecarius lehnte sich jedoch ziemlich weit aus dem Fenster, sprach von einem Finanzinstitut, „das mit den denkbar weitestgehenden Sicherheiten für eine ständige unbedingte Liquidität umgeben ist." Und: „Ohne Übertreibung" könne gesagt werden, „daß kein anderes Geldinstitut dem Sparer größere Sicherheiten bietet als die städtische Sparkasse."[296] Geholfen hat's wenig, wie oben dargestellt. Die nachwirkende Inflationsmentalität in den Köpfen der Sparer reagierte auch auf Gerüchte. Vertrauensbildender war schließlich das im Oktober 1931 per Notverordnung ergangene strikte Kommunalkreditverbot.

Mieterproteste

Unter den Auswirkungen der Weltwirtschaftskrise und der Massenarbeitslosigkeit wurde die Wohnungssituation noch prekärer als zuvor. Nun schwebte die Zwangsräumung wie ein Damoklesschwert über zahlreichen, auch besser verdienenden Familien. Mit Erwerbslosen- oder gar Wohlfahrtsunterstützung konnten weder 130prozentige Friedensmieten in Altbauten noch gar die wesentlich höheren Neubaumieten ohne Armutsfolgen bezahlt werden, so daß zunehmend Leerstände im gehobenen Preissektor eintraten oder erhebliche Mietrückstände aufliefen. Vor diesen Problemen stand seit 1930 auch die GAG. „Mit zunehmender Einkommensminderung aller Bevölkerungskreise", so der Vorstandsbericht der GAG für das Geschäftsjahr 1931, „erschien einem Teil unserer Mieter, insbesondere solcher der Groß-Siedlung beim Ebertpark, der Mietzins untragbar. Viele Mieter kündigten ohne vorher mit uns in Verbindung zu treten, andere wurden vorstellig und begehrten individuelle Mietsenkung, eine große Anzahl aber schloß sich zusammen, um eine generelle Mietsenkung zu erreichen."[297]

Noch einmal erfolgreich
Wahlaufruf der SPD zur Reichstagswahl 1928 [209]

Das ›Aktionskomitee der GAG-Mieter‹, aus dem im Oktober 1931 ein GAG-Mieterschutzverein entstand, versuchte auch über den Stadtrat seiner Forderung Nachdruck zu verleihen. Verlangt wurde, die Mieten generell um 15% zu senken, „da die Lage zahlreicher GAG-Mieter, die doch auch Bürger der Stadt sind, infolge der andauernden Lohn- und Gehaltskürzungen und der unverändert hohen Mieten eine unhaltbare geworden" sei.[298] Doch der Ratssaal war, wie Oberbürgermeister Ecarius in der Sitzung vom 12. Oktober 1931 klarstellte, die falsche Adresse für das Anliegen der Mieterschaft, schließlich sei die GAG eine Aktiengesellschaft. Zudem schloß er eine allgemeine Reduzierung der Mietpreise aus, solange keine Zinssenkung für das geliehene Baukapital zugestanden werde.[299]

Diesen Weg machte erst die „Notverordnung des Reichspräsidenten zur Sicherung von Wirtschaft und Finanzen" vom 8. Dezember 1931 frei. Sie schrieb sowohl Zinssenkungen als auch Mietermäßigungen vor, allerdings in einem Rahmen, der dem GAG-Vorstand nicht ausreichend schien, „um den derzeitigen Mietern das Verbleiben in ihren Wohnungen zu ermöglichen oder um neue Wohnungsliebhaber für die leerstehenden Wohnungen zu gewinnen." Eine nochmalige, „fühlbare Mietsenkung", speziell für die teuren Ebertblock-Wohnungen, erfolgte dann ab 1. August 1932, nachdem sich alle GAG-Darlehensgeber zu einer nochmaligen Reduktion der Zinsen bereitgefunden hatten.[300] Der Nachlaß bei den Mieten bewegte sich zwischen sechs und 25%, die Heizkosten wurden um fünf Prozent reduziert, für warmes Wasser zahlte die Mieterschaft jetzt zehn Prozent weniger.

In der Folge gingen die Leerstände von GAG-Wohnungen binnen eines Jahres von 41 auf 20 Ende 1932 zurück, außerdem registrierte die Gesellschaft weniger Wohnungskündigungen. Daß ein erheblicher Teil ihrer Mieter sich dennoch in einer weiter „zunehmenden Notlage" befand, belegen die wachsenden Mietrückstände. Sie verfünffachten sich von 1929 bis Ende 1932 auf mehr als 51 500 Reichsmark.[301]

Die Agonie der Republik: Wählerverhalten in Ludwigshafen

Die Reichstagswahlen von 1928 hatten unter vergleichsweise günstigen wirtschaftlichen und politischen Verhältnissen stattgefunden. In Ludwigshafen konnte die SPD bei einer um sechs Prozentpunkte höheren Wahlbeteiligung die Zahl ihrer Stimmen von 13 220 – Dezember 1924 – auf 19 378 steigern und errang damit 40,4%, ein Wert, der deutlich über dem Durchschnitt deutscher Großstädte lag und einen großen Erfolg darstellte. Liberale Gruppen (DDP, DVP, Wirtschaftspartei) erhielten 21,1%, das katholische Lager (Zentrum und BVP hatten sich auf eine Liste geeinigt) 18,5%. Rund ein Zehntel der Voten entfiel auf die KPD, die NSDAP erhielt nur 3%.

Die fatale Septemberwahl 1930 veränderte auch in Ludwigshafen das Bild drastisch: Die NSDAP, die schon 1929 bei der Stadtratswahl 8,1% erhalten hatte, gewann 15,7% der Wähler, wurde damit allerdings nur drittstärkste Partei. Stärkste Partei blieb die SPD, die aber ca. 2 400 Stimmen verlor. Wegen der erneut gestiegenen Wahlbeteiligung – sie lag nunmehr bei 83,9% – errang sie damit nur noch 31,7%. Auf Platz zwei rangierte wie gehabt das Zentrum mit 18,4%. Deutlich schwand das liberale Lager, das nur noch 16,6% der Stimmen auf sich vereinte.

Anmerkungen
Seite 168

298 *GA, 9.10.1931: Ein GAG-Mieterschutzverein*
299 *SRP 12.10.1931, Bd. 51, Bl. 562ff*
300 *GA, 20.2.1932: Die Mieten gesenkt.*
301 *GAG-Geschäftsbericht 1932, S. 6f*

Wahlergebnisse der Reichstagswahlen in Ludwigshafen 1928—1933[1]

Jahr	WBet.	KPD	Extr.Li	SPD	DDP	DVP	WiP	Z/BVP	Div.Re	NSDAP
1928	76,4	10,2	1,5	40,4	5,1	11,4	4,6	18,5	4,7	3,0
1930	83,9	13,5	–	31,4	3,5	7,1	6,0	18,4	4,1	15,7
1932/1	83,9	16,5	–	28,0	0,7	2,0	–	18,9	2,7	30,1
1932/2	77,4	18,7	–	25,1	0,8	3,3	–	18,7	4,2	28,2
1933	88,4	15,2	–	25,3	0,8	1,7	–	17,9	4,4	34,7

1 Angaben in % der abgegebenen Stimmen

Stimmanteile von SPD, KPD und NSDAP in Ludwigshafen [L] und dem Durchschnitt deutscher Großstädte [G][1]

Jahr	SPD G	SPD L	KPD G	KPD L	NSDAP G	NSDAP L
1928	25,0	30,1	12,6	7,6	2,0	2,3
1930	21,8	26,4	16,0	11,2	14,4	13,1
1932/1	20,5	23,4	16,8	13,8	26,9	25,1
1932/2	18,0	19,7	18,4	14,7	22,8	22,1
1933	18,5	22,8	15,9	13,7	33,3	31,3

1 Angaben in % der Wahlberechtigten

Die Wahlen des Jahres 1932 ließen dann endgültig, wenn auch nur knapp, die NSDAP vor der SPD zur stärksten Partei werden (im November 1932 28%: 25%), während das Zentrum stabil blieb und die Liberalen mit zusammen 4,1% praktisch verschwanden. Die KPD konnte ihren Stimmenanteil auf 19% fast verdoppeln.

Will man das Wählerverhalten der Ludwigshafener besser verstehen, so ist erneut ein Blick auf die eben erwähnten GAG-Mieter nützlich, speziell die der Groß-Siedlung am Ebertpark. Bereits an anderer Stelle wurde auf das rechtsextremistische Wählerverhalten der dortigen Bewohner verwiesen und im Abschnitt über den Wohnungsbau kam zum Ausdruck, wer sich solche Mietwohnungen leisten konnte. Zur Erinnerung: Die im Adreßbuch von 1930 am häufigsten angeführten Berufe der Mieter waren Kaufleute (105), Studienräte und Lehrer (45), Techniker und Ingenieure (30), Meister (27), Obersekretäre (19) sowie Chemiker (15).

Die Wahlresultate in diesem Stimmbezirk sind deshalb sowohl sozialstrukturell als auch mit Blick auf die wahrscheinliche Wählerwanderung interessant. Die Anteile für die NSDAP sind mit die höchsten, die in Ludwigshafen auf Stimmbezirksebene vorzufinden sind. Zum Vergleich: Im gesamten Stadtgebiet erhielten die Nationalsozialisten im Juli 1932, auf dem Höhepunkt ihrer Wahlerfolge, knapp 30% der gültigen Stimmen, im Stimmbezirk der Ebertblock-Bewohner jedoch annähernd 50%! ›Antizyklisch‹ verhielten sie sich jedoch bei den beiden folgenden Reichstagswahlen, indem kein geringer Teil deutschnational wählte. Aus dieser politischen Ecke, der Deutschen Volkspartei vor allem, wurde der nationalsozialistische Wahlerfolg in diesem Stimmbezirk ganz offensichtlich gespeist. Doch auch ursprüngliche DDP- und SPD-Wähler sind zu erheblichen Teilen von diesen Parteien abgewandert. Relativ konstante Ergebnisse über alle Wahlen hinweg weisen das Zentrum und die dort marginale KPD aus.

Plakat der KPD zur Reichspräsidentenwahl 1932 [210]

Wahlplakat der NSDAP zur Reichstagswahl vom 31. Juli 1932 [211]

Brüning im Ebertpark 1932 [212]

„Rotes Ludwigshafen zeige Dich"; große Wahlkundgebung der ›Eisernen Front‹ auf dem Meßplatz 14. Juli 1932 [213]

Stimmbezirk 51: Ebert-Blöcke[1]

Wahl	WBer.	WBet.	Gültig	SPD	KPD	Z/BVP	DVP	DDP	NSDAP	Sonst.
SR 1929	696	68,7	478	27,2	1,9	13,4	20,3	14,9	13,2	9,2
RT 1930	860	85,7	737	21,6	2,6	14,9	19,0	10,6	23,2	8,0
LT 1932	954	73,0	693	17,0	3,2	13,1	9,4	3,5	47,2	6,6
RT 7/32	n.a.	n.a.	666	15,6	4,4	16,7	6,8	2,6	49,8	4,2
RT 11/32	n.a.	n.a.	746	16,8	4,3	13,3	9,0	2,8	42,0	11,9[2]
RT 3/33	n.a.	n.a.	848	15,8	4,2	12,5	4,8	3,4	48,0	11,2[3]

Stimmbezirk 36: Gellertstraße, Unteres Rheinufer[1]

Wahl	WBer.	WBet.	Gültig	SPD	KPD	Z/BVP	DVP	DDP	NSDAP	Sonst.
RT 1928	n.a.	n.a.	898	46,0	26,1	7,9	2,4	1,6	0,7	15,4[4]
SR 1929	1209	65,1	787	38,4	24,9	9,2	1,4	1,4	3,8	21,0[5]
RT 1930	1314	83,3	1084	34,0	39,2	10,7	1,4	2,2	5,1	7,4[6]
LT 1932	1476	63,1	930	29,0	36,2	12,3	4,9	0,5	15,1	1,9
RT 7/32	n.a.	n.a.	1142	27,0	45,8	11,6	0,4	0,0	13,8	1,4
RT 11/32	n.a.	n.a.	1040	25,8	47,4	11,1	1,0	0,0	12,3	2,5
RT 3/33	n.a.	n.a.	1176	25,5	43,3	11,6	0,3	0,0	17,3	2,0

1 Angaben zur Wahlbeteiligung (WBet.) und zu den auf die Parteien entfallenen Stimmanteilen in %
2 davon Deutschnationale (Kampffront) 10,5%
3 davon Deutschnationale (Kampffront) 10,6%
4 für Alte Kommunisten 8,7%; 4,9% für Wirtschaftspartei
5 für Linke Kommunisten 8,9%
6 für Reichspartei des Deutschen Mittelstands 5,4%

Anmerkungen
Seite 171

302 *zu den Wahlkämpfen: Meinzer, Machtergreifung, S. 119f; GA, 8.4.1930; NPfL, 27.7., 1.8., 28.10., 7.11.1932; PfP, 6.7., 1.8. 1932*

Ein Beispiel für die Linksradikalisierung der Wählerschaft in der Stadt bietet der Stimmbezirk 36, dem in der Hauptsache die Bewohner der Gellert- (heute: Hemshof-)straße angehörten. Es überrascht sicherlich nicht, wenn in dieser Straße zu zwei Dritteln Arbeiter mit ihren Angehörigen lebten. Laut Adreßbuch von 1930 wohnten dort 241 Arbeiter, Fabrikarbeiter und Taglöhner sowie 127 Facharbeiter. 47 Bewohner gingen einem Dienstleistungsberuf nach, der Rest verteilte sich auf Geschäfts- bzw. Kaufleute, Gastwirte und Händler.

In diesem Arbeiter-Stimmbezirk haben sich von 1928 bis zu den letzten Reichstagswahlen in der Weimarer Republik die Wähleranteile von SPD und KPD geradezu umgekehrt. Erhielten die Sozialdemokraten 1928 dort noch 46% der gültigen Stimmen, waren es im November 1932 nur noch knapp 26%, und die Kommunisten freuten sich über 47,4% – ihr bestes Ergebnis auf Stimmbezirksebene überhaupt.

Die Gellert- (Hemshof-)Schule in Nord, der Wahlbezirk mit dem höchsten Stimmenanteil für die KPD in der Stadt [214]

Unruhige Zeiten: gepanzerte Polizeifahrzeuge fahren am Marktplatz auf 1932 [215]

Aufmarsch der sozialdemokratischen ›Eisernen Front‹ in Ludwigshafen [216]

Die SPD war bis in die Endphase der Republik am erfolgreichsten bei den Wählern in der Gartenstadt, wo sie noch im Juli 1932 absolute Mehrheiten im Stimmbezirk 57 erhielt. Das Zentrum hatte seine größte Hochburg in Mundenheim in der Adler- bis zur Hopfenstraße mit konstant 36—37% Wähleranteilen.

Die Radikalisierung der Wählerschaft spiegelte sich auch in den Wahlkämpfen wider.[302] Nicht nur die Nationalsozialisten und Kommunisten, auch die demokratischen Parteien, allen voran die ›Volksparteien‹ SPD und Zentrum, entwickelten einen deutlich aggressiveren Stil als in den besseren Jahren der Republik. ›Massenversammlungen‹ wurden einberufen – und die Menschen kamen zu Tausenden: Der Auftritt Hitlers und Görings am 7. April 1932 im Ebertpark mobilisierte fast 30 000 Menschen – im Gegensatz zu den sonstigen NS-Veranstaltungen, die unerachtet der Wahlerfolge der Partei eher schlecht besucht waren.

Die kommunistische Jugend demonstriert Auffahrt Viadukt, 1932 [217]

Wahlparty anno 1930
nach einem Bericht des ›General-Anzeigers‹ vom 15. September 1930

„Wie bei den letzten Wahlen, so sammelte sich auch gestern Abend wieder in der Amtsstraße vor dem Geschäftsgebäude des ›General-Anzeiger‹ und der ›Pfälzischen Rundschau‹ eine nach Hunderten zählende Menge, um hier der Bekanntgabe der ersten Wahlresultate aus Stadt, Land und Reich zuzuhören. Ein Lautsprecher verkündete sie weithin hörbar, so daß sich immer mehr Leute in der engen Straße ansammelten und stauten.

Von der Lutherkirche bis zur Bismarckstraße standen ›Kopf an Kopf‹ die Neugierigen, verfolgten mit einem wahren Enthusiasmus die jeweilige Bekanntgabe des Wahlergebnisses ihrer Partei und brachen in einen fanatischen Jubel aus, wenn ihre Parteiziffer immer mehr anschwoll. Zwischenhinein sorgten noch nette Schallplattenkonzerte und ulkige Trickfilme für weitere Stimmung, die auch von Stunde zu Stunde stieg. Die herrlichen Pfalzbilder auf der Leinwand trugen nicht minder hierzu bei. Erst gegen halb elf Uhr, als mit der Polizeistunde das Ende der Lautsprecherverkündung nahte, strömten die Massen wieder ab, in Lokale, wo bei Wein und Gerstensaft Sieg und Niederlage begossen wurden.

In der Stadt selbst herrschte bis nach Mitternacht noch ein bewegter Verkehr. Zu Zwischenfällen ist es jedoch nirgends gekommen. Und als heute früh grau in grau der Morgen dämmerte, verkündeten nur noch eine Unmenge von Papierfetzen, zerrissene Propagandazettel, Wahlplakate und Extrablätter von der geschlagenen Wahlschlacht."

Am 14. Juli 1932 demonstrierte die ›Eiserne Front‹, die Kampforganisation von SPD, Gewerkschaften und ›Reichsbanner‹, unter der Parole ›Das rote Ludwigshafen marschiert‹. Über 20 000 Menschen folgten dem Appell. Auch das Zentrum bildete mit der ›Pfalzwacht‹ eine Kampforganisation, die Aufmärsche organisierte. Die beständige Nutzung kriegerischen Vokabulars und das Auftreten uniformierter ›Parteisoldaten‹ aller Couleur wurde von den Zeitgenossen in Ludwigshafen als neu und bedrohlich empfunden. Vor und während der Reichstagswahl im Juli 1932 herrschte „politische Hochspannung", lagen „gewisse Teile der Bevölkerung wie im Fieberwahn", stellte die ›Pfälzische Post‹ fest. In der Stadt herrschte ›Flaggenkrieg‹, da die politischen Parteien ihre Anhänger ermutigten, ihre Überzeugung durch das Heraushängen der Parteifahnen aus ihren Wohnungen zu demonstrieren. So glichen viele Straßen einem Flaggenmeer mit Eiserne-Front-Pfeilen, Hakenkreuzen, Hammer-und-Sichel-Symbolen, und Schwarz-Rot-Goldenen und Schwarz-Weiß-Roten Fahnen. Am Wahltag selbst spazierten Tausende mit Parteiabzeichen an der Kleidung herum. Dessenunerachtet blieben Ludwigshafen die Gewaltexzesse weitgehend erspart, die in anderen Teilen des Reichs die politische Auseinandersetzung in der Endphase der Republik prägten. Die Wahltage verliefen generell ruhig, Ausschreitungen waren isolierte Einzelereignisse. Eine Saalschlacht zwischen Kommunisten und Nationalsozialisten bei einer KPD-Kundgebung im Gesellschaftshaus 1930 – die Kommunisten hatten die Hitler-Anhänger ausdrücklich zur Diskussion eingeladen – und Prügeleien zwischen Nazis und KPD-Anhängern bei einer NSDAP-Demonstration 1932 wurden als außergewöhnliche Vorkommnisse vermerkt.

Der ›Flaggenkrieg‹ in Ludwigshafen, Hartmannstraße im Hemshof, links das Stadthaus Nord, um den 31. Juli 1932 [218]

Aufmarsch der Brüning-Anhänger BASF-Siedlung, 1932 [219]

Insgesamt hat sich Ludwigshafen in der Endphase der Weimarer Republik ein Resistenzpotential gegen die NS-Bewegung bewahrt, das unter lokalen Bedingungen groß genug gewesen wäre, um eine Machtübernahme der Nazis verhindern zu können. Für die Sozialdemokraten und Kommunisten votierte bei den Reichstagswahlen zwischen 1930 und 1933 ein relativ geschlossener Wählerblock. Zusammen kamen beide Parteien regelmäßig auf 41% bis 45% der Stimmen, bei der nicht mehr regulären März-Wahl 1933 immerhin noch auf 40,5%. Die Anteile verschoben sich allerdings von 1930 an (SPD 31,8%; KPD 13,5%) zugunsten der Kommunisten, die im Juli 1932 16,5%, vier Monate später 18,7% der Ludwigshafener Wählerstimmen erhielten. Konstant war auch der Stimmenblock des politischen Katholizismus: Die Listenverbindung von Zentrum und Bayerischer Volkspartei (BVP) konnte durchweg mit 18% bis 19% der gültigen Voten rechnen. Die demokratischen Parteien erreichten bei den Wahlen des Jahres 1932 etwa 50% der Stimmen.

Mit diesen knappen Hinweisen auf die relative Stabilität des ›roten‹ und ›schwarzen‹ Lagers soll indessen nicht der Eindruck erweckt werden, die braunen Uniformen der Nazis hätten im Stadtbild der Chemie-Metropole am Rhein keine Rolle gespielt. Auch hier waren die politischen Auswirkungen der Wirtschaftskrise durch den Aufstieg der NSDAP von einer Splittergruppe zur wählerstärksten Partei gekennzeichnet. Doch sie konnte eben in Ludwigshafen bei weitem nicht so Fuß fassen wie in der Pfalz insgesamt oder im Durchschnitt auf Reichsebene. Selbst in den Wahlgängen des Entscheidungsjahres 1932 kam die Hitler-Partei in Ludwigshafen nicht über 30% der Stimmen hinaus.

Vor dem Wahllokal in der Rheinschule im Stadtteil Süd, 31. Juli 1932 [220]

Litfaßsäule vor dem Viadukt mit Wahlpropaganda vor der Reichstagswahl am 5. März 1933 [221]

Im Schnitt waren dies sieben Prozentpunkte weniger als im Reich und sogar 14 Prozentpunkte weniger als in der Pfalz. Die Stimmengewinne der NSDAP gingen hier wie in anderen Städten und Regionen vor allem zu Lasten der liberalen, bürgerlichen und konservativen Parteien, die, wie oben dargelegt, nahezu verschwanden. Schon bald verschwand auch die Möglichkeit einer freien Wahl – die Machtübernahme stand bevor.

Abelshauser, Werner (Hg.): Die Weimarer Republik als Wohlfahrtsstaat: zum Verhältnis von Wirtschafts- und Sozialpolitik in der Industriegesellschaft, Stuttgart 1987

125 Jahre BASF, Katalog zur Jubiläumsausstellung, hg. vom BASF-Unternehmensarchiv, Ludwigshafen 1990

Baum, Herbert: Lebende Bilder in unserer Stadt. Ein Jahrhundert Ludwigshafener Kinogeschichten, Ludwigshafen 2003

Bayer. Staatskommissar für die Pfalz (Hg.): Die Pfalz unter französischer Besatzung von 1918 bis 1930, München 1930

Becher, Ursula A. J.: Geschichte des modernen Lebensstils. Essen, Wohnen, Freizeit, Reisen, München 1990

Belitz, Hans-Joachim: Evangelische Kirche in Ludwigshafen 1918—1945, hg. v. Theodor Hofäcker; Veröffentlichungen des Stadtarchivs Ludwigshafen 13, Ludwigshafen 1989

Berg, Arthur: Zur Entwicklung der Musikpflege in Ludwigshafen am Rhein, in: Weiß, S. 321—332

Berghahn, Volker R.: Sarajewo, 28. Juni 1914. Der Untergang des alten Europa, München 1997

Blaich, Fritz:

Der Schwarze Freitag. Inflation und Wirtschaftskrise, München 1994 [zit. Blaich, Inflation]

Möglichkeiten und Grenzen kommunaler Wirtschaftspolitik während der Weltwirtschaftskrise 1929—1932. Dargestellt am Beispiel der Stadt Ludwigshafen am Rhein, in: Archiv für Kommunalwissenschaften, Jg. 9/1970, S. 92—108 [zit. Blaich, Wirtschaftspolitik]

Boehe, Ernst: Das Pfalz-Orchester und seine Mission, in: Weiß, S. 337—339

Braun, Günter:

Schichtwechsel. Arbeit und Gewerkschaft in der Chemie-Stadt Ludwigshafen, 2. erw. Aufl., Mannheim 1999 [zit. Braun, Schichtwechsel]

(Hg.): Der Freiheit und Demokratie verpflichtet. Beiträge zur Geschichte der Ludwigshafener Sozialdemokratie, Red. Günter Braun, Neustadt a. d. Weinstraße 1986, Schriftenreihe des SPD-Stadtverbandes Ludwigshafen am Rhein; 3 [zit. Braun, Freiheit]

Breier, Thomas:

Eine Stadt wird gebaut. Ludwigshafen am Rhein von der Gründung bis zum Zweiten Weltkrieg; Veröffentlichungen des Stadtarchivs Ludwigshafen 18, Ludwigshafen 1994 [zit. Breier, Stadt]

Zeiten der Not entstanden, in: Im Westend zu Haus, Ausgabe 1/ März 2001, S. 4—5 [zit. Breier, Zeiten der Not]

Breunig, Willi: Soziale Verhältnisse der Arbeiterschaft und sozialistische Arbeiterbewegung in Ludwigshafen 1869—1919; Veröffentlichungen des Stadtarchivs Ludwigshafen 5, 2. Aufl., Ludwigshafen 1990

Christmann, Daniela: Die Moderne in der Pfalz. Künstlerische Beiträge, Künstlervereinigungen und Kunstförderung in den zwanziger Jahren, Heidelberg 1999

Demessier, Michael: Der pfälzische Kirchenkampf im Spiegel der Ludwigshafener Gemeinden, in: Belitz, Bd. 2

Ditthardt, Jens: Die Entwicklungen von Leibesübungen und Sport in der Stadt Ludwigshafen vom Ende des 1. Weltkrieges bis zur nationalsozialistischen Machtergreifung unter besonderer Berücksichtigung des Arbeitersports, Staatsexamensarbeit im Fachbereich Sport, (Johannes-Gutenberg-Universität) Mainz 1992

100 Jahre Pfarrei St. Dreifaltigkeit Ludwigshafen, Ludwigshafen 1991 [zit. Dreifaltigkeit]

Eicke, ? : Die Reorganisation der Stadtverwaltung Ludwigshafen Rh., 1932, Gutachten in Bibl. StALu

Entwicklung des Wohnungsbaus in Ludwigshafen bis 1945, hg. von der Stadtverwaltung Ludwigshafen, Ludwigshafen 1983

50 Jahre Erlöserkirche Ludwigshafen-Gartenstadt, Ludwigshafen 1981 [zit. Erlöserkirche]

Falter, Jürgen W.: Hitlers Wähler, München 1991

Fauck, Siegfried: Geschichte der Stadt Ludwigshafen a. Rh. in Daten, 1. Aufl., Speyer 1972

Frerich, Johannes/Frey, Martin: Handbuch der Geschichte der Sozialpolitik in Deutschland, Bd. 1: Von der vorindustriellen Zeit bis zum Ende des Dritten Reiches, 2. Aufl., München 1996

50 Jahre Friedenskirche Ludwigshafen-Friesenheim, Ludwigshafen 1982 [zit. Friedenskirche]

Friedrich, Claudia: Emanzipation auf Widerruf. Arbeiterfrauen in Ludwigshafen a. Rh. im Ersten Weltkrieg; Veröffentlichungen des Stadtarchivs Ludwigshafen 28, Ludwigshafen 2000

Führer, Karl Christian: Arbeitslosigkeit und die Entstehung der Arbeitslosenversicherung in Deutschland 1902—1927, Berlin 1990

Geiring, ? : Ludwigshafen als Sportstadt, in: Die Pfalz am Rhein, 14. Jg., Nr. 9, 1.5.1931, S. 207

Geis, Manfred/Nestler, Gerhard (Hg.): Die pfälzische Sozialdemokratie. Beiträge zu ihrer Geschichte von den Anfängen bis 1948/49, Edenkoben 1999

Gembries, Helmut: Der Handlungsspielraum der pfälzischen Behörden, in: Kreutz/Scherer

Gerlach, Hans: Zwei Siedlungen in Ludwigshafen am Rhein, in: Die Wohnung. Zeitschrift für Bau- und Wohnungswesen, 5. Jg., Heft 2, Berlin 1930, S. 35—52

25 Jahre gemeinnütziger Wohnungsbau der GEWOGE 1926—1951, Ludwigshafen 1951 [zit. GEWOGE]

Geschichte der Berufsschule siehe Grosche/Molter

Gräber, Gerhard/Spindler, Matthias: Revolverrepublik am Rhein. Die Pfalz und ihre Separatisten, Bd. 1: November 1918—November 1923, Landau/Pfalz 1992

Graf, Hermann: Die Stadt heute und morgen, in: Weiß, S. 49—61

Grevenig, Fritz: Kunstpflege in der Stadt Ludwigshafen a. Rh. Rückblicke, Umblicke, Ausblicke, in: Kunst und Künstler der Pfalz. Eine Feststellung des künstlerischen Nebeneinanders in der Provinz heutiger Tage. Festschrift zum 15jährigen Bestehen des Vereins für bildende Kunst Ludwigshafen am Rhein, Ludwigshafen 1927

Grosche, Clemens/Molter, Edwin: Geschichte der Berufsschule Ludwigshafen am Rhein, Ludwigshafen 1976

Haffner, Sebastian: Geschichte eines Deutschen. Die Erinnerungen 1914 bis 1933, 7. Aufl., Stuttgart 2001

Hansmeyer, Karl-Heinrich (Hg.): Kommunale Finanzpolitik in der Weimarer Republik, Stuttgart u. a. 1973

Hennig, Diethard: Johannes Hoffmann, Sozialdemokrat und bayerischer Ministerpräsident: Biographie, München u. a. 1990, Schriftenreihe der Georg-von-Vollmar-Akademie; 3

Hentschel, Volker: Geschichte der deutschen Sozialpolitik, Frankfurt am Main 1983

Homburg, Heidrun: Vom Arbeitslosen zum Zwangsarbeiter. Arbeitslosenpolitik und Fraktionierung der Arbeiterschaft in Deutschland 1930—1933 am Beispiel der Wohlfahrtserwerbslosen und der kommunalen Wohlfahrtshilfe, in: Archiv für Sozialgeschichte 25 (1985), S. 251—298

Illik, Gabriela: Die Entwicklung der NSDAP in Ludwigshafen 1922—1933, Magisterarbeit Universität Mannheim 1987

Janson, Günther: Leben, Wirken und Schicksal von Paul Kleefoot, in: Braun, Freiheit, S. 85—90

Jöckle, Clemens: Willy Weber (1895—1959), hg. v. d. Kreisvolkshochschule Ludwigshafen, Speyer 1989

Keitz, Christine: Die Anfänge des modernen Massentourismus in der Weimarer Republik, in: Archiv für Sozialgeschichte 33 (1993), S. 179—209

Kinzinger, Ernst: Der Einfluß der Sozialpolitik der Nachkriegszeit auf die Arbeitsmarktlage insbesondere in Ludwigshafen a. Rh. (Ein Beitrag zum Problem der Arbeitslosigkeit), Diss. Heidelberg 1926

Kleefoot, Paul: Fünf Jahre Arbeit in der Ludwigshafener Stadtverwaltung, Ludwigshafen 1924

Kreutz, Wilhelm/Scherer, Karl (Hg.): Die Pfalz unter französischer Besetzung (1918/19—1930), Institut für pfälzische Geschichte und Volkskunde, Kaiserslautern 1999

Kupper, Alfons: Das Schicksal der Dominikanerinnenschule in Ludwigshafen unter der Herrschaft des Nationalsozialismus, in: Edith-Stein-Schule Speyer, Schulbericht 1978—1980, S. 13—29

Laur, Alfred: Maßnahmen der Stadt Ludwigshafen a. Rh. zur Förderung des Wohnungsbaues, in: Weiß, S. 62—82

Lehnert, Detlef: Die Weimarer Republik: Parteienstaat und Massengesellschaft, Stuttgart 1999

Lieb, Franz: Das Steuerwesen der Stadt Ludwigshafen a. Rh., in: Weiß, S. 35—39

Maase, Kaspar: Grenzenloses Vergnügen. Der Aufstieg der Massenkultur 1850 bis 1970, Frankfurt am Main 1997

Mann, Klaus: Der Wendepunkt. Ein Lebensbericht, Frankfurt am Main 1989

Marßolek, Inge: Radio in Deutschland 1923—1960. Zur Sozialgeschichte eines Mediums, in: Geschichte und Gesellschaft, 27.2001, S. 207—239

Meinzer, Lothar:

„Produktives Pfand" oder „wirtschaftliche Vernunft": Die BASF unter französischer Besatzung 1919—1923, in: Kreutz/Scherer, S. 243—254 [zit. Meinzer, Pfand]

Stationen und Strukturen der nationalsozialistischen Machtergreifung. Ludwigshafen am Rhein und die Pfalz in den ersten Jahren des Dritten Reiches, Veröffentlichungen des Stadtarchivs Ludwigshafen 9, Ludwigshafen 1983, 2. Aufl. 1991 [zit. Meinzer, Machtergreifung]

Von der Dauerkrise in die Staatskonjunktur. Die pfälzische Industrie in der Zwischenkriegszeit, in: Nestler/Ziegler (Hg.): Die Pfalz unterm Hakenkreuz, 2. Aufl. 1997, S. 161—184 [zit. Meinzer, Dauerkrise]

Mörz, Stefan:

„[...] Segensreich auswirken zum Besten der Jugend [...]", in: Neue LU, März/April 2001, S. 18f [zit. Mörz, Jugend]

Zur kommunalen Verwaltungsgeschichte des Ludwigshafener Raums seit dem 18. Jahrhundert, in: ders., Das Gedächtnis der Stadt: das Stadtarchiv Ludwigshafen a. Rh. und seine Bestände, Veröffentlichungen des Stadtarchivs Ludwigshafen 22, S. 23—50, Ludwigshafen 1996 [zit. Mörz, Gedächtnis]

Vom Westboten zur Rheinpfalz. Die Geschichte der Presse im Raum Ludwigshafen von den Anfängen bis zur Gegenwart, Veröffentlichungen des Stadtarchivs Ludwigshafen 19, Ludwigshafen 1994 [zit. Mörz, Westbote]

Müller, Reinhold: Die Ludwigshafener Gartenstadt. Vom Werden und Wachsen eines Stadtteils, in: Gartenstadt, hg. v. Arbeitsgemeinschaft der Gartenstädter Vereine, Ludwigshafen 1989, S. 9—72

Münch, Simon: Die Kulturpolitik der französischen Besatzungsmacht in der Pfalz 1918—1930, Wissenschaftl. Arbeit Universität Mannheim; Typoskript in Bibl. StALu, 1996

Peukert, Detlev J. K.: Die Weimarer Republik. Krisenjahre der Klassischen Moderne, Frankfurt 1987

Pfanz-Sponagel, Christiane: ... Politisch auf eigenen Füßen stehen. Frauen in der Ludwigshafener Kommunalpolitik, Hg. von der Stadtverwaltung Ludwigshafen, Ludwigshafen 1993

Rebentisch, Dieter: Die Selbstverwaltung in der Weimarer Zeit, in: Handbuch der kommunalen Wissenschaft und Praxis, hg. von G. Püttner, Bd. I, 1981, S. 90f

Reinfrank, Arno: Die Krodd in de Dudd, Speyer 1997

Reinfried, Markus: Im Spiegel der Zeit 1888—1988. 100 Jahre Stadtsparkasse, Ludwigshafen a. Rh. 1988

Reulecke, Jürgen: Geschichte der Urbanisierung in Deutschland, Frankfurt a. M. 1985

Rothenberger, Karl-Heinz: Kraftfahrzeugverkehr in der Pfalz. Die 1920er und 1930er Jahre als Wegbereiter der Massenmobilisierung, in: Mitteilungen des historischen Vereins der Pfalz, 98. Band, Speyer 2000, S. 345—383

Ruck, Michael: Der Wohnungsbau – Schnittpunkt von Sozial- und Wirtschaftspolitik. Probleme der öffentlichen Wohnungspolitik in der Hauszinssteuerära (1924/25—1930/31), in: Abelshauser, S. 91—123

Rudloff, Wilfried: Die Wohlfahrtsstadt. Kommunale Ernährungs-, Fürsorge- und Wohnungspolitik am Beispiel Münchens 1910—1933, Göttingen 1995; Schriftenreihe der Historischen Kommission bei der Bayerischen Akademie der Wissenschaften; 63

Ruf, Peter/Minor, Ulrike: Juden in Ludwigshafen, Veröffentlichungen des Stadtarchivs Ludwigshafen 15, Ludwigshafen 1992

Saldern, Adelheid von: Häuserleben. Zur Geschichte städtischen Arbeiterwohnens vom Kaiserreich bis heute, Forschungsinstitut der Friedrich-Ebert-Stiftung, 2., durchges. Aufl., Bonn 1997; Reihe: Politik- und Gesellschaftsgeschichte; 38

Scheeder, Bettina: Geschichte des Kunstvereins Ludwigshafen – von den Anfängen in den zwanziger Jahren bis heute. Magisterarbeit Rupprecht-Karl-Universität Heidelberg, in Bibl. StALu, 1997

Schiffmann, Dieter:

Die Ludwigshafener Sozialdemokratie in der Weimarer Republik, in: Braun, Freiheit, S. 53—83 [zit. Schiffmann, Sozialdemokratie]

Sozialdemokratische Kommunalpolitik in der Weimarer Republik. Das Beispiel Ludwigshafen, in: Geis/Nestler, S. 442—449 [zit. Schiffmann, Kommunalpolitik]

Von der Revolution zum Neunstundentag. Arbeit und Konflikt bei der BASF 1918—1924, Frankfurt am Main/New York 1983 [zit. Schiffmann, Revolution]

Schönhoven, Klaus: Reformismus und Radikalismus. Gespaltene Arbeiterbewegung im Weimarer Sozialstaat, München 1989

Schug, Erich: Ein Maler erinnert sich, in: Neue LU, Nr. 7, Juli 1982

Stabel, Otto: Die Ergebnisse der Wohnungszählung vom 10. Mai 1925, Ludwigshafen 1927; Veröffentlichungen des Amtes für Wirtschaft und Statistik der kreisunmittelbaren Stadt Ludwigshafen am Rhein; 3

Statistik des Deutschen Reiches, Bd. 406, H. 6: Volks-, Berufs- und Betriebszählung 1925. Die berufliche und soziale Gliederung der Bevölkerung in den Großstädten, Ludwigshafen am Rhein, S. 666—672

Walter, Franz/Regin, Cornelia: Der ›Verband der Vereine für Volksgesundheit‹, in: Walter/Denecke/Regin, Sozialistische Gesundheits- und Lebensreformverbände, Bonn 1991, S. 17—97

Weckesser, Franz: Neues Bauen in Ludwigshafen, in: Die Pfalz am Rhein, 14. Jg. 1931, S. 385

Weiß, Christian (Hg.): Die Stadt Ludwigshafen, Berlin-Friedenau 1927; Monographien deutscher Städte; 21

Wetzler, Eva: Die Katholische Kirche und der Nationalsozialismus in Ludwigshafen 1933—1945, Bd. II: Die Laien; Schriften des Diözesanarchivs Speyer Bd. 11/II, Speyer 1995

Winkler, Heinrich August: Weimar 1918—1933. Die Geschichte der ersten deutschen Demokratie, 2., durchges. Aufl., München 1994

Wirsching, Andreas: Zwischen Leistungsexpansion und Finanzkrise: Kommunale Selbstverwaltung in der Weimarer Republik, in: Adolf M. Birke/Magnus Brechtken (Hg.): Kommunale Selbstverwaltung: Geschichte und Gegenwart im deutsch-britischen Vergleich, München 1996, S. 37—64

Zweig, Stefan: Die Welt von gestern. Erinnerungen eines Europäers, Wien 1952

Zwick, Albert: Verkehrsentwicklung und Verkehrspolitik, in: Weiß, S. 247—257

Titelbild Kapitel 10: Das neue Gesicht des Entrées der Stadt von der Rheinbrücke aus: links das Kaufhaus Tietz, rechts der Pfalzbau, Foto um 1930

[7] StALu, Schriftbeispiele
[10] entnommen aus: Mörz, Westbote, S. 73
[12, 13] BASF-Unternehmensarchiv
[14, 18] StALu, Zeitungssammlung
[22] StALu, ZR 2211/3
[27] StALu, Zeitungssammlung
[28] BASF-Unternehmensarchiv
[29] StALu, Zeitungssammlung
[30, 31] BASF-Unternehmensarchiv
[36] Bayerisches Hauptstaatsarchiv, MA (Akten des Äußeren) 107974
[37] Sammlung Günter Braun
[38, 39] Bayerisches Hauptstaatsarchiv, MA (Akten des Äußeren) 107974
[44] StALu, DS 653/54
[46] entnommen aus: Willy Kullmann, Architekt, Ludwigshafen. o. J., in Bibl. StALu
[55, 56] Stadtmuseum Ludwigshafen
[57] StALu, DS 489
[60] StALu, DS-Sammlung
[82] entnommen aus: Graf, S. 56
[83] Entwurf Stefan Mörz, Ausführung Harald Kasparek
[92] entnommen aus: 125 Jahre BASF, S. 41
[93] BASF-Unternehmensarchiv
[94] StALu, DS 653/54
[99] StALu, Zeitungssammlung
[106b] entnommen aus: Friedhelm Borggrefe: Unterwegs zum Hafen der Hoffnung. 150 Jahre Protestantische Kirche in Ludwigshafen am Rhein; Veröffentlichungen des Stadtarchivs Ludwigshafen 32, Ludwigshafen 2003, S. 89
[114] entnommen aus: Personalakte Kaufmann, StALu, LUN 3125
[122] StALu, Zeitungsschnittsammlung P 70
[127] entnommen aus: Fauck, Ludwigshafen wie es war, in Bibl. StALu, S. 103
[138] entnommen aus: Gerlach
[140, 141] entnommen aus: ebd.
[152] StALu, Sammlung von Ausstellungskatalogen, o. Nr.
[156] StALu, Zeitungssammlung (Mundenheimer Anzeiger)
[158, 159] StALu, N 34 (Willy Weber), Skizzenbücher, unverz.
[171, 172] StALu, N 27 (Georg Gehring)
[181—183] entnommen aus: 50 Jahre Pfalzorchester, in Bibl. StALu
[184] entnommen aus: Begleitbuch zur Einspielung von Kompositionen Boehes ›Aus Odysseus' Fahrten‹, StALu, CD-Sammlung, 8
[185] entnommen aus: Werbebroschüre Ludwigshafen, ca. 1930, StALu, noch unverz.
[186] entnommen aus: Ludwigshafener Theater- und Konzert-Zeitung, 39/1928, StALu, DS 304
[187] entnommen aus: Christmann, S. 194
[188] DS in Bibl. StALu
[190, 191] entnommen aus: Karl Latteyer, Architekt, Ludwigshafen. Ausgeführte Bauten, in Bibl. StALu
[200] StALu, Zeitungssammlung

[203] StALu, Schriftbeispiele
[208] DS in Bibl. StALu

[1—3, 5, 6, 8, 9, 11, 15—17, 19—21, 23—26, 29, 32—35, 40—43, 45, 47—54, 59, 61, 62—81, 84—91, 96, 100—106a, 107—113, 115—121, 123—126, 128—137, 139, 142—151, 153—155, 157, 160—170, 173—180, 187, 189, 192—198, 204—207, 214—221]
Fotosammlung StALu

[4, 58, 95, 97, 98, 199, 201, 202, 209—213]
Plakatsammlung StALu

Die Reihen fast geschlossen: Ludwigshafen im Nationalsozialismus

1933—1939

Die SA spielt auf; vor dem Gebäude der von ihr besetzten sozialdemokratischen ›Pfälzischen Post‹ [2]

Der 30. Januar 1933, der Tag, an dem Adolf Hitler zum Reichskanzler ernannt wurde, war für die Zeitgenossen zunächst kaum mehr als ein weiterer Regierungswechsel, wie sie ihn in den letzten Jahren der Weimarer Republik so häufig erlebt hatten – ein Regierungswechsel freilich, der im Gegensatz zu den vorangegangenen die Menschen aufwühlte, viele von ihnen mit großer Hoffnung erfüllte und zu emphatischen Fackelzügen veranlaßte, der sie aber auch polarisierte und Furcht verbreitete. Von einer nationalsozialistischen ›Machtergreifung‹ konnte aber an jenem Tag noch nicht die Rede sein. „Solange Herr von Hindenburg Reichspräsident ist", so kommentierte der Ludwigshafener ›General-Anzeiger‹ am 1. Februar, „besitzt in diesem Gremium die stärkste Machtposition zweifellos Herr von Papen". Diese Auffassung – Hitler sei von konservativen Politikern ›eingerahmt‹ und darum gezähmt – war vor allem im bürgerlichen Lager weit verbreitet. Aber schon in den folgenden Wochen sollte eine ›legale Revolution‹ von oben – mit Notverordnungen und ›Ermächtigungsgesetzen‹ – und eine ›Parteirevolution‹ von unten – mit Terror und Gleichschaltung – die Reste der Weimarer Republik hinwegfegen und zur Errichtung der nationalsozialistischen Diktatur führen. Damit war auch die Entwicklung auf kommunaler Ebene vorgezeichnet: Verfolgung oder Vereinnahmung der politischen Gegner, Machtübernahme in den Rathäusern, Gemeinderäten und Verwaltungen, und schließlich die ›Gleichschaltung‹ allen politischen und gesellschaftlichen Lebens. Auch Ludwigshafen, die stolze „Stadt der Arbeit" – und der Arbeiter –, geriet rasch in den Sog der braunen Machtergreifung.

Der Weg zum Ein-Parteien-Staat

Noch vor der Gleichschaltung der Länder nach den Reichstagswahlen vom 5. März 1933 begann im Reich und auch im – noch konservativ regierten – Bayern die Verfolgung und Zerschlagung der KPD. In Ludwigshafen wurden bereits am 31. Januar das KPD-Haus und die Wohnungen von Funktionären durchsucht und zwei Personen verhaftet. Ab dem 10. Februar wurden alle Mitglieder der Bezirksleitung, u. a. der Landtagsabgeordnete Herbert Müller, mit Haftbefehl gesucht, und am 2. März verbot die Polizeidirektion sämtliche KPD-Veranstaltungen und Wahlversammlungen.[1] Das pfälzische KPD-Organ, die Ludwigshafener ›Arbeiter-Zeitung‹, die bereits in der Zeit vom 13.—16. Februar wegen „Beschimpfung der Reichsregierung" verboten worden war, mußte am 28. Februar ihr Erscheinen endgültig einstellen.[2] An diesem Tag besiegelte die Notverordnung des Reichspräsidenten zum Schutze von Volk und Staat, die sogenannte Reichstagsbrand-Verordnung, das Schicksal der KPD. Sämtliche Funktionäre wurden verhaftet, das Parteieigentum beschlagnahmt und die Partei faktisch in die Illegalität abgedrängt. Zwar ließ man die KPD aus wahltaktischen Gründen noch auf den Stimmzetteln der Reichstagswahl vom 5. März erscheinen, aber praktisch alle Kandidaten waren entweder schon verhaftet oder untergetaucht.

Der erste große Schlag gegen die SPD erfolgte in der Nacht vom 9. auf den 10. März. Nach der Gleichschaltung Bayerns durch Einsetzung eines Reichskommissars verfügte der neu ernannte Innenminister Adolf Wagner mit seiner ersten Amtshandlung das sofortige Verbot des ›Reichsbanner Schwarz-Rot-Gold‹, der ›Eisernen Front‹ und der ›Sozialistischen Arbeiterjugend‹. Außerdem ließ er alle sozialdemokratischen

Anmerkungen
Seite 186 und 187

1. *NSZ, 1.2.1933, 15.2.1933; GA, 3.3.1933*
2. *Halbmonatsbericht des Regierungspräsidenten der Pfalz vom 18.2.1933; BayHStA, MA 106675. Die letzte Ausgabe der ›Arbeiter-Zeitung‹ erschien am Morgen des 28. Februar*
3. *Meinzer, Machtergreifung, S. 32; GA, 13.3.1933*
4. *GA, 10.3.1933*
5. *Am 22.3. legten zehn SPD-Stadträte ihr Mandat nieder; GA, 23.3.1933; am 29.3. die verbliebenen drei; GA, 30.3.1933; Haftentlassung: NPfL, 5.4.1933*
6. *Das „vorläufige Gesetz zur Gleichschaltung der Länder mit dem Reich" vom 31.3.1933 verfügte die Auflösung aller kommunalen Selbstverwaltungskörper und ihre Neubildung gemäß dem jeweiligen örtlichen Ergebnis der Reichstagswahlen vom 5.3.1933; vgl. Meinzer, Machtergreifung, S. 175*
7. *SRP 28.4.1933, S. 369; StALu, Pa I, 51*
8. *Nestler, S. 297*

Ergebnis der Reichstagswahl vom 5. März 1933 in Ludwigshafen in %

	5. März 1933	(November 1932)
KPD	15,2	(18,7)
SPD	25,3	(25,1)
DDP	0,8	(0,8)
DVP	1,7	(3,3)
Zentrum/BVP	17,9	(18,7)
DNVP	3,1	(2,6)
Sonstige Rechte	1,3	(1,6)
NSDAP	34,7	(28,2)

Demokratische Vielfalt vor dem Untergang: der Ludwigshafener ›Blätterwald‹ mit den Schlagzeilen vom 31. Januar 1933 zur Ernennung Hitlers zum Reichskanzler [3]

Funktionäre „im Interesse der öffentlichen Sicherheit" in ›Schutzhaft‹ nehmen.[3] SA- und SS-Truppen besetzten sofort das Gewerkschaftshaus, ebenso das Verlagsgebäude der sozialdemokratischen ›Pfälzischen Post‹ in der Maxstraße, und hißten Hakenkreuzfahnen.[4] Tags darauf erschien die letzte, bereits gründlich zensierte Ausgabe dieser Zeitung. Die 13 sozialdemokratischen Stadträte wurden während der Schutzhaft dazu gedrängt, ihr Mandat niederzulegen. Erst danach, am 4. April, entließ man sie aus der Haft.[5] Für die Neubildung des Stadtrates entsprechend dem Ergebnis der Reichstagswahlen[6] standen sie aber nicht mehr zur Verfügung. Auf die Schnelle mußte die Parteiführung einen „Wahlvorschlag" mit neuen, unerfahrenen Kandidaten einreichen, denen schließlich nur eine kurze Amtszeit vergönnt sein sollte. Am 22. April wurde die künftige Zusammensetzung des Stadtrates bekanntgegeben – jetzt mit 11 Sitzen für die SPD, während die Stimmenanteile der KPD schon gar nicht mehr berücksichtigt wurden. Der feierlichen Eröffnungssitzung des neuen Stadtrats am 27. April blieben die SPD-Stadträte aus Furcht vor angedrohten Repressalien fern, tags darauf, bei der ersten Arbeitssitzung, wurden sie auf Antrag der NSDAP zwangsweise entfernt: „Die nationalsozialistische Fraktion des Stadtrates ersucht dringendst, daß die Mitglieder der sozialdemokratischen Fraktion innerhalb von 2 Minuten den Saal verlassen. Es ist unmöglich, daß wir hier in diesem Saal mit Leuten zusammenarbeiten, die Schuld daran sind, daß wir heute am Hungertuch zu nagen haben, mit Leuten, die jetzt noch glauben, sich als Vertreter eines untergegangenen Systems zur Geschäftsordnung melden zu müssen".[7] Nach einem dreimaligen, geschlossenen „Raus!" der NS-Fraktion mußten sie den Sitzungssaal verlassen. Am 22. Juni erfolgte dann das reichsweite Verbot der SPD durch den Reichsinnenminister.

Die größte Fraktion im bürgerlichen Lager bildeten in Ludwigshafen während der Weimarer Republik die katholisch geprägte Zentrumspartei und ihre bayerische Schwester, die Bayerische Volkspartei (BVP). Beide genossen vor dem Hintergrund der Verhandlungen Hitlers mit dem Vatikan über das Reichskonkordat zunächst noch eine gewisse Schonfrist. Außerdem gingen sie fest davon aus, daß gegen den „christlichen Block der Mitte" auf Dauer nicht regiert werden könne.[8] Dennoch waren auch sie von Anfang an den Pressionen der Nationalsozialisten ausgesetzt. Bereits in der Nacht des 9. März besetzte die SA die Redaktion der ›Neuen Pfälzischen Landeszeitung‹, des Ludwigshafener

Der nach den ›Säuberungen‹ allein von Nationalsozialisten besetzte Stadtrat am Ende des Jahres 1933 [4]

Feierliche erste Sitzung des nach den Reichstagswahlergebnissen vom März 1933 neugebildeten Stadtrats im Pfalzbau [5]

Zentrumsorgans.[9] Erst nach einer politischen Wohlverhaltenserklärung der Redaktion konnte das Blatt am 14. März wieder erscheinen.[10] Politisches Wohlverhalten – und damit der Versuch, die Partei zu retten – bestimmte auch den Kurs der Stadträte von Zentrum und BVP. Fraktionsführer Reichling verkündete wiederholt, daß man dem „Volkswillen" Rechnung tragen und die Politik der NSDAP unterstützen werde.[11] Das erklärte Ziel – als Hospitanten in die NS-Fraktion aufgenommen zu werden – konnten sie damit aber nicht erreichen. Immer weitere Nadelstiche sollten die Partei zur Selbstauflösung drängen. Ende Mai wurde die ›Neue Pfälzische Landeszeitung‹ erneut für zehn Tage verboten,[12] und am 20. Juni holte die ›Bayerische Politische Polizei‹ zum großen Schlag gegen die BVP aus. Sämtliche politischen Funktionäre und Mandatsträger wurden in ›Schutzhaft‹ genommen.[13] Nach solchen Repressalien beschlossen schließlich die BVP am 4. Juli, das Zentrum am 5. Juli, die Selbstauflösung.[14]

Auch die kleineren Parteien des bürgerlichen Lagers verschwanden schnell von der Bildfläche. Die liberale Deutsche Demokratische Partei (DDP), die schon bei den Wahlen in der Endphase der Weimarer Republik zur Bedeutungslosigkeit herabgesunken war, löste sich in Ludwigshafen am 9. Mai auf, die nationalliberale Deutsche Volkspartei (DVP) hatte bereits am 27. April diesen Schritt vollzogen; ihr einziges Stadtratsmitglied Kief kam bis zu seinem Rücktritt im August 1933 bei der nationalsozialistischen Fraktion unter. Hitlers Koalitionspartner im Reichstag, die Deutschnationale Volkspartei (DNVP), konnte schließlich ihrer Auflösung ebenfalls nicht entgehen. Aber sie erreichte immerhin ein „Freundschaftsabkommen" mit der NSDAP, nach dem alle ihre Mandatsträger – so auch der Ludwigshafener Stadtrat Dr. Acker – Unterschlupf in den NS-Fraktionen finden konnten.[15] Mit dem „Gesetz gegen die Neubildung von Parteien" vom 14. Juli 1933, das die NSDAP zur einzigen legalen Partei erklärte, war der nationalsozialistische Einparteienstaat offiziell besiegelt, die Einheit von Partei und Staat vollzogen.[16]

Anmerkungen
Seite 188 und 189

9 *GA, 11.3.1933*

10 *NPfL, 14.3.1933. Chefredakteur war Dr. Albert Fink, 1951—1956 Kultusminister des Landes Rheinland-Pfalz. Der Druck auf Redaktion und Partei war tags zuvor durch die Verhaftung des Ludwigshafener Reichstagsabgeordneten Hermann Hofmann (Zentrum) noch verstärkt worden; Nestler, S.297*

11 *Meinzer, Machtergreifung, S.176, 188f*

12 *Prantl, S.3, 19, 65, 72*

13 *Meinzer, Machtergreifung, S.44f, 179*

14 *ebd., S.179*

15 *ebd., S.175, 178f*

16 *Broszat, S.126*

17 *München, Hauptstadt der Bewegung, S.214*

18 *Bosl, S.727*

19 *GA, 21.9.1933*

20 *Meinzer, Machtergreifung, S.165ff. Die einzelnen Ortsgruppen, allen voran die Friesenheimer, führten sogar eigene ›Akademikerlisten‹; StALu, LUN 2911/8*

21 *Gestapo-Akte Ecarius; LASp, H 91, B 2639*

22 *Meinzer, Pfalz, S.47f*

23 *NSZ, 11./12.3.1933*

Ein Ludwigshafener als bayerischer Ministerpräsident: ***Ludwig Siebert***

Die Machtergreifung spülte auch einen Ludwigshafener an die Spitze des bayerischen Staates. Im April 1933 wurde Ludwig Siebert Ministerpräsident Bayerns. Geboren 1874 als Sohn eines Lokomotivführers der Pfälzischen Bahnen war Siebert Jurist geworden und zuerst als Amtsanwalt in Neustadt/W. und Staatsanwalt in Fürth im Staatsdienst tätig. 1906 wechselte er in den Kommunaldienst und wurde Rechtsrat in Lindau, 1908 Bürgermeister von Rothenburg ob der Tauber und 1933 Oberbürgermeister von Lindau. 1931 trat er in die NSDAP ein und wurde nach der ›Machtergreifung‹ zuerst bayerischer Finanzminister, bevor er einen Monat später zum Regierungschef avancierte. Seit 1936 war er auch Wirtschaftsminister. Das Hauptinteresse des „vom Zuschnitt her eher ruhigen und sachlich orientierten Beamten"[17] galt der Sanierung der Staatsfinanzen. „Trotz seiner Ämterfülle war Siebert, auch nachdem er sich in dem Konkurrenzkampf mit dem bayerischen Reichsstatthalter Ritter von Epp 1936 mit Hilfe des Münchner Gauleiters Wagner und des Reichsinnenministers Frick durchgesetzt hatte, infolge der Gleichschaltung der Länder und des Machtdualismus von Staat und Partei vorwiegend Ausführender."[18] Dennoch war die Anwesenheit eines Ludwigshafeners an der Spitze der bayerischen Regierung für die Stadt nicht ungünstig, häufig wurde er um Hilfe angegangen. Schon im April 1933 übertrug ihm die Stadt zusammen mit dem Reichsstatthalter von Epp, Hitler und Hindenburg die Ehrenbürgerwürde. Bei einem triumphalen Besuch in Ludwigshafen und der Pfalz im September des Jahres wurde ihm die Urkunde im Rahmen größerer Feierlichkeiten überreicht.[19] Siebert starb 1942 in Stock am Chiemsee.

[S. M.]

Gebürtiger Ludwigshafener und NS-Ministerpräsident von Bayern: Ludwig Siebert [6]

Die ›Säuberung‹ der Stadtverwaltung

Der straff gelenkte Führerstaat war freilich größtenteils Fassade. Dahinter agierten die verschiedenen Gliederungen und Funktionsträger der Partei, vereint nur im Kampf gegen alle Feinde der ›Bewegung‹, meist aber im Konkurrenzkampf untereinander, notfalls auch gegen die – sehr bald auch von Parteigenossen gelenkten – staatlichen Stellen, um ihre jeweiligen Gruppeninteressen durchzusetzen. Die Ludwigshafener NSDAP, vor der Machtergreifung mit ihren drei Stadträten Foerster, Beißwenger und Keßler wenig auffällig, wies anfangs das parteitypische kleinbürgerliche Gepräge auf. Mit Beginn der dreißiger Jahre traten aber viele Akademiker in die Partei ein, hauptsächlich Ingenieure aus dem Ludwigshafener I. G. Farben-Werk, die das Gesicht der Partei entscheidend veränderten. Ein Repräsentant dieses ›Akademikerflügels‹, Dr. Wittwer, übernahm auch die im Oktober 1932 erstmals eingerichtete Kreisleitung.[20] Die innerparteilichen Spannungen traten nach der Machtergreifung offen zu Tage und manifestierten sich besonders beim Kampf um die Macht im Ludwigshafener Rathaus. Hier residierte seit 1930 unangefochten Oberbürgermeister Dr. Fritz Ecarius, ein parteiloser, konservativer Verwaltungsexperte, dem selbst die Geheime Staatspolizei später attestierte, er sei „schon in der Systemzeit als guter Deutscher bekannt" gewesen.[21] Er genoß das Vertrauen von Kreisleiter Wittwer und offenbar auch das des Gauleiters Josef Bürckel, der sich im März 1933 mit einer chaotischen Welle von Amtsenthebungen und Beurlaubungen in der gesamten Pfalz konfrontiert sah und wenigstens in den größeren Städten halbwegs geordnete Verhältnisse sichern wollte.[22] Somit hatte der NSDAP-Fraktionsvorsitzende Heinrich Foerster zunächst keine Chance, den Oberbürgermeister abzulösen. Am 10. März, nach der NS-Machtübernahme in Bayern, fand ein erstes Gespräch zwischen Ecarius und Foerster in dieser Sache statt, an dessen Ende nur die lapidare Mitteilung stand: „Auf Grund der Aussprache sind zunächst irgendwelche Maßnahmen gegen den Oberbürgermeister unterblieben."[23]

Der nationalsozialistische Bürgermeister Heinrich Foerster [7]

Allerdings wurde noch am gleichen Tag der sozialdemokratische zweite Bürgermeister, Paul Kleefoot, mit sofortiger Wirkung beurlaubt und in Schutzhaft genommen;[24] einige weitere Amtsenthebungen, vor allem von sozialdemokratischen Beamten, folgten. Schließlich entfernte man auch den jüdischen Stadtrechtsrat Dr. Weiler aus dem Amt und strich die Stelle des dritten, ehrenamtlichen Bürgermeisters; der bisherige Amtsinhaber Franz Zang (Zentrum) war somit zum Ausscheiden aus dem Amt gezwungen.

All das entsprach aber bei weitem nicht dem, was man sich an der Parteibasis unter dem Sieg der „nationalen Revolution" vorgestellt hatte: einen „Flugtag" in der städtischen Verwaltung nämlich, um die Masse der arbeitslosen ›alten Kämpfer‹ mit Posten im Rathaus versorgen zu können. So machte sich zunehmend Unruhe breit, und der Unmut richtete sich vor allem – so wurde aus SS-Kreisen berichtet – gegen die ›Akademiker‹ in der Kreisleitung, „die nach dem Ausgang der letzten Wahl [vom 5. März 1933] anstatt eine sofortige rücksichtslose Säuberungsaktion durchzuführen, nur mit Glacéhandschuhen die Sache anpackten."[25] Am 17. März schließlich eskalierte die Situation. Aufgebrachte Parteigenossen, unterstützt von SA- und SS-Leuten, an deren Spitze sich der für seine Brutalität bekannte SS-Chef Theodor Eicke setzte, stürmten das Gebäude der ›Pfälzischen Post‹ in der Maxstraße, wo sich Kreisleiter Wittwer und einige NSDAP-Stadträte gerade aufhielten, um die Herren abzusetzen und in Schutzhaft zu nehmen. Der alarmierte Gauleiter Bürckel sah, nachdem den Meuterern mit gutem Zureden nicht beizukommen war, am Ende keine andere Möglichkeit mehr als die Schutzpolizei um ihr Eingreifen zu bitten. Diese erschien mit drei Panzerwagen und einem Aufgebot berittener Polizei, drang unter Einsatz von Tränengas in das Gebäude ein und nahm die Rädelsführer fest; eine schnell zusammengeströmte Menschenmenge sah „hohnlächelnd" dem Abtransport zu.[26]

Dieser Putschversuch machte nun auch dem Gauleiter den Ernst der Lage in Ludwigshafen deutlich, und er reagierte prompt. Den Kreisleiter und seinen Akademikerflügel verbannte er vorerst ins zweite Glied, den Oberbürgermeister stellte er kalt und gab dafür Heinrich Foerster und seiner radikalen Gefolgschaft freie Hand. Foerster übernahm am 20. März, zunächst kommissarisch, das Amt des zweiten Bürgermeisters[27] und eröffnete noch am gleichen Tag die von der Parteibasis herbeigesehnte Treibjagd auf städtische Bedienstete: „Seit Samstag Vormittag hat die Säuberungswelle in den städtischen Betrieben in vollem Umfang eingesetzt."[28] Politische Motive spielten dabei freilich selten eine Hauptrolle, sondern eher Neid, Mißgunst und Rache. Nicht nur „rote und schwarze Parteibuchbeamte", nicht nur Juden fielen in den folgenden Wochen den Säuberungen zum Opfer. Jeder Kommunalbedienstete, der den Parteigenossen unliebsam aufgefallen war oder auf dessen Posten spekuliert wurde, war seines Bleibens nicht mehr sicher. Ziel dieser ›Aufräumungsarbeiten‹ war eindeutig die Versorgung der arbeitslosen alten Kämpfer, und man scheute sich nicht, dies auch offen auszusprechen. Man habe, so erklärte Personalamtsleiter Weinman, diese Maßnahmen „auch mit aus dem Grund ergriffen, um SA-Männer einstellen zu können."[29] Platz dafür schuf Bürgermeister Foerster mit seinen Aktionen reichlich. 48 Beamte und Angestellte ließ er im Lauf des Jahres 1933 entlassen oder beurlauben, dazu noch 67 städtische Arbeiter – mithin 7,4% der insgesamt 1 557 Beschäftigten der Stadt.[30]

Anmerkungen
Seite 190

24 *NSZ, 11./12.3.1933; vgl. auch Gestapo-Akte Kleefoot; LASp, H 91, B 5385; zu den weiteren ›Säuberungen‹ in der Stadtverwaltung ausführlich Meinzer, Machtergreifung, S. 183ff*

25 *Bericht des SS-Sturmbanns II/10 Ludwigshafen an die Reichsleitung SS vom 20.3.1933; SS-Pers.-Akte Theodor Eicke, Berlin Document Center*

26 *Meinzer, Machtergreifung, S. 186f*

27 *Gewählt vom Verwaltungs- und Polizeisenat der Stadt; Öff. Senatsprotokolle, Bd. 116, S. 993ff; StALu, Pa I, 91. Am 27. April wurde Foerster einstimmig vom Stadtrat gewählt; ebd., SRP 27.4.1933, S. 346ff; StALu, Pa I, 51*

28 *GA, 20.3.1933*

29 *Protokoll Personalausschuß 19.1.1934, S. 16; StALu, Pa I, 202*

30 *Meinzer, Machtergreifung, S. 196ff; Gesamtzahl der Beamten, Angestellten und Arbeiter: 1 557 am Stichtag 31.12.1932*

Ein Ludwigshafener Bürger als Chef aller deutschen Konzentrationslager

Theodor Eicke *wurde 1892 in Hampont in Lothringen als Sohn eines Bahnhofsvorstehers geboren. Im Ersten Weltkrieg stieg er beim Militär zum Zahlmeister auf, danach trat er in den Polizeidienst in Thüringen ein. Seit 1921 lebte er in Ludwigshafen, arbeitete zuerst weiter bei der Polizei, seit 1923 beim Werksschutz und der Spionageabwehr der BASF/I. G. Farben. 1928 trat er in die NSDAP ein, und wurde 1930 Chef der Ludwigshafener SS. „Dort zeichnete sich Eicke nicht nur durch Brutalität und Draufgängertum bei Saalschlachten mit dem politischen Gegner, sondern auch durch sein Organisationstalent aus."[31] Er stieg zum Führer der SS in der Vorderpfalz auf und legte im Auftrag des Gauleiters, zu dessen ›Intimfeind‹ er sich entwickelte, 1931 ein Bombenarsenal für einen eventuellen Bürgerkrieg – gegen die KPD – an. Entdeckt, wurde er zu zwei Jahren Zuchthaus verurteilt, aber schon bald wegen angeblicher Nervenleiden für haftunfähig erklärt. Nach einem ›Exil‹ in Italien kehrte Eicke Anfang März 1933 nach Ludwigshafen zurück – um sofort an der Revolte gegen Kreisleiter Wittwer teilzunehmen. Kurzfristig wurde er daraufhin in eine Nervenheilanstalt eingewiesen – aus der er wenige Wochen später als Chef des KZs Dachau wieder auftauchte. 1934 wurde er Chef aller deutschen KZ und Führer der SS-Totenkopfverbände, eine Position, die er seiner Rolle beim ›Röhmputsch‹ und der Liquidierung des Stabschefs der SA im Gefängnis Stadelheim verdankte. In seiner Amtsführung zeichnete sich Eicke durch kompromißlose Härte aus. Im Jahr des Kriegsbeginns avancierte er zum Kommandeur der SS-Totenkopf-Division und wurde 1942 General der Waffen-SS und SS-Obergruppenführer. Im Februar 1943 starb er bei einem Aufklärungsflug über Rußland. [S. M.]*

SS-Mannschaft im KZ Dachau [8]

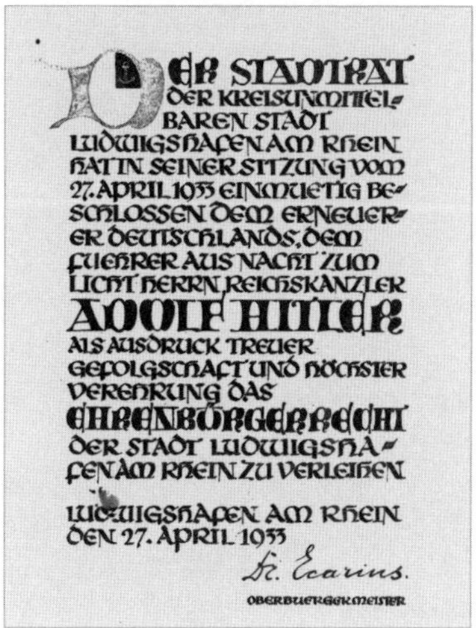

Der Stadtrat
der Kreisunmittelbaren Stadt
Ludwigshafen am Rhein
hat in seiner Sitzung vom
27. April 1933 einmütig beschlossen dem Erneuerer Deutschlands, dem
Führer aus Nacht zum
Licht Herrn Reichskanzler
Adolf Hitler
als Ausdruck treuer
Gefolgschaft und höchster
Verehrung das
Ehrenbürgerrecht
der Stadt Ludwigshafen am Rhein zu verleihen.

Ludwigshafen am Rhein
den 27. April 1933

Dr. Ecarius.
Oberbürgermeister

Ehrenbürgerurkunde für Adolf Hitler der Stadt Ludwigshafen am Rhein 27. April 1933 [9]

Zugleich ging Foerster auch an die Säuberung der Aufsichtsräte von gemischtwirtschaftlichen Unternehmen, an denen die Stadt beteiligt war, und von Verbänden und Kammern. Auch das bedeutendste Wohnungsbauunternehmen in Ludwigshafen, die ›Gemeinnützige Aktiengesellschaft für Wohnungsbau‹ (GAG), an der die Stadt mehrheitlich beteiligt war, war betroffen. Vor der regulären Generalversammlung der GAG Ende Juni 1933 ließ Foerster sowohl den Aufsichtsratsvorsitzenden des Unternehmens, Oberbaudirektor Marcus Sternlieb als auch dessen Vertreter, den SPD-Stadtrat Valentin Bauer, in Schutzhaft nehmen, um sie am Erscheinen in der Versammlung zu hindern. Dort wurde dann Foerster selbst zum Vorsitzenden des Aufsichtsrats gewählt, und auch die weiteren Aufsichtsratsmandate der Stadt gingen sämtlich an NSDAP-Stadträte.[32] Ähnlich verfuhr man bei der ›Gleichschaltung‹ der Pfalzwerke AG. Foerster entfesselte vor der Generalversammlung vom 26. Juni 1933 in gewohnter Manier eine öffentliche Kampagne gegen die Aufsichtsräte, die nicht freiwillig vor der Sitzung zurücktraten, und scheute sich auch nicht, ihnen offizielle Schreiben des Bürgermeisteramtes Ludwigshafen mit der Aufforderung zum Rücktritt zugehen zu lassen. Der Vorsitzende des Aufsichtsrates, Geheimrat Friedrich Mahla, wandte sich daraufhin an die Regierung der Pfalz, unterrichtete sie von diesen Vorgängen und bat um Intervention, damit der „Rücktritt von Aufsichtsratsmitgliedern abgewendet" werden könne.[33] Regierungspräsident Osthelder, selbst unter Beschuß durch die Partei, sah sich dazu nicht in der Lage; noch vor der Generalversammlung traten Mahla und zehn weitere Aufsichtsräte zurück und machten so den Weg für eine reibungslose ›Nazifizierung‹ des Unternehmens frei.[34] Noch problemloser verlief die Sache bei der Industrie- und Handelskammer für die Pfalz in Ludwigshafen. Ihr wurde schon im April 1933 durch Entschließung der bayerischen Staatsregierung der NSDAP-Stadtrat Dr. Albert Reimann (Firma Benckiser) als Sonderkommissar beigeordnet, um schon im Vorfeld der Generalversammlung vom 8. Juni für die nötigen Gleichschaltungsmaßnahmen zu sorgen.[35]

*Anmerkungen
Seite 191*

31 *Meinzer, Machtergreifung, S. 84*
32 *Meinzer, Machtergreifung, S. 210; Minor/Ruf, S. 70*
33 *Schreiben vom 3.4.1933; LASp, H3, 10664*
34 *vgl. StALu, Jahresberichte 1933 und 1934 der Pfalzwerke*
35 *Meinzer, Machtergreifung, S. 213*

Gauleiter Josef Bürckel, hier beim Gauparteitag der pfälzischen NSDAP 1938 in Ludwigshafen [10]

Der Spuk dieser wilden ›Parteirevolution von unten‹ war freilich bald wieder verflogen. Dies mußte Foerster schon im Sommer 1933 erfahren, als er, beflügelt von den Erfolgen seiner Personalpolitik, selbst nach dem Amt des Oberbürgermeisters greifen wollte. Am 23. Juni erschien er im Dienstzimmer von Ecarius und eröffnete ihm, daß er vorläufig beurlaubt sei und er, Foerster, seine Vertretung übernehmen werde.[36] Der Oberbürgermeister, der ohnehin im Juli seinen Jahresurlaub antreten wollte, nutzte die Zeit, um Gauleiter Bürckel, Innenminister Wagner und Ministerpräsident Siebert zu alarmieren. In langen Briefen[37] schilderte er seine prekäre Situation und beteuerte seine absolute „politische und nationale Zuverlässigkeit". Er biete „die sichere Gewähr dafür, daß er jederzeit rückhaltlos für den nationalen Staat eintrete". Ecarius, der erst wenige Monate zuvor als ›Märzgefallener‹ in die Partei eingetreten war, verstieg sich im Bemühen, sein Amt zu retten, sogar zur Behauptung: „Ohne Übertreibung darf ich deshalb von mir behaupten, daß ich das Ideengut des Nationalsozialismus seit vielen Jahren in aller Öffentlichkeit und wie ich später dartun werde, auch in meiner ganzen Amtsführung vertreten habe." Kurze Zeit später wurden Foerster und Ecarius nach München zum Innenminister zitiert. In Anwesenheit des Gauleiters bekam Foerster dann offenbar kräftig die Leviten gelesen. Jedenfalls mußte er nach der Rückkehr nach Ludwigshafen dem eilends einberufenen Stadtrat mitteilen, daß in München „alle bestehenden Angelegenheiten eingehend erörtert und eine beiderseitige Auffassung herbeigeführt worden" sei, „die eine dauernde Zusammenarbeit gewährleistet".[38] Mit anderen Worten: Foerster hatte ausgedient, seine Rolle als Vollender der ›nationalsozialistischen Revolution‹ in Ludwigshafen war beendet.

Der OB dagegen fand sich in seinem Amt bestätigt, nicht zuletzt deshalb, weil sich die politische Großwetterlage im Juli 1933 entscheidend geändert hatte. Immer lauter waren die Stimmen derjenigen geworden, die vor einer nachhaltigen Erschütterung der Staatsautorität durch die allenthalben herrschenden chaotischen Verhältnisse warnten. Hitler gab deshalb am 6. Juli auf der Konferenz der Reichsstatthalter in Berlin ein klares Signal für die „Beendigung der Revolution" und ihre Einmündung „in das Stadium der Evolution, d. h. normale gesetzmäßige Aufbauarbeit."[39] Am gleichen Tag erschienen die Ausführungsbestimmungen zum „Gesetz zur Wiederherstellung des Berufsbeamtentums" (BBG) vom 7. April 1933.[40] Zwar bildetete das BBG eine wesentliche Grundlage der nationalsozialistischen Machtergreifung vor allem in höheren staatlichen Verwaltungsfunktionen. Zugleich aber war es ein wichtiges Instrument der Regierung in dem Versuch, den chaotischen Verhältnissen gerade im kommunalen Bereich Einhalt zu gebieten, die Autorität der staatlichen Aufsichtsbehörden wiederherzustellen und unumgängliche Entlassungen auf der Grundlage rechtseinheitlicher und angemessener Maßstäbe zu vollziehen.[41] Erst nach einem klaren Instanzenweg, der bei Beamten über die Kreisregierung und das Innenministerium bis zum Reichsstatthalter führte und auch Angestellten und Arbeitern ein Beschwerderecht bis zum Innenministerium einräumte, waren nun Entlassungen und Ruhestandsversetzungen möglich. Tatsächlich mußte OB Ecarius nach der Rückkehr in sein Amt feststellen, daß im Vollzug des BBG viele der ausgesprochenen Entlassungen oder Beurlaubungen nicht zu halten waren und alsbald rückgängig gemacht werden

Anmerkungen
Seite 192

36 GA, 24.6.1933

37 gleichlautende Briefe an Wagner (6.7.1933) und Siebert (7.7.1933); BayHStA, MA 106003. Der Brief an Bürckel ist nicht überliefert; ein Hinweis auf seine Existenz in einem Brief Ecarius' an Bürckel vom 11.7.1936; ebd.

38 Protokoll Geheime Stadtratssitzung 11.8.1933, S. 258; StALu, Pa I, 79. Eine gemeinsame Erklärung wurde am nächsten Tag in der Presse veröffentlicht: NPfL, 12.8.1933

39 Rundschreiben von Reichsinnenminister Frick an alle Reichsstatthalter und Länderregierungen vom 10.7.1933; Bundesarchiv, R 43 II, 1263; vgl. Broszat, S. 258ff

40 Bayer. Gesetz- und Verordnungsblatt 1933, Nr. 25, S. 173ff

41 vgl. Meinzer, Pfalz, S. 50; Broszat, S. 250f

mußten. So stellte sich heraus, daß von den 48 Beamten und Angestellten, die Foerster gefeuert hatte, lediglich zehn tatsächlich unter die Bestimmungen des BBG fielen, davon nur eine Entlassung nach § 2 („Parteibuchbeamte": Bürgermeister Kleefoot), eine Ruhestandsversetzung nach § 3 („Arierparagraph": Sanitätsrat Dr. Kaufmann), drei Ruhestandsversetzungen nach § 4 („bietet nicht die Gewähr dafür, rückhaltlos für den nationalen Staat einzutreten"), und fünf Ruhestandsversetzungen bei vollen Bezügen nach § 6 („Vereinfachung der Verwaltung"). Von den städtischen Arbeitern hatte man zunächst 64 entlassen. Aber auch hier mußten bei der Abwicklung des BBG wieder Abstriche gemacht werden. Viele Arbeiter nutzten ihr Beschwerderecht, und nach den ersten Entscheidungen des Innenministeriums befürchtete die Stadt, etwa ein Drittel der Entlassenen wieder einstellen zu müssen. Nach Einspruch des Stadtrates ordnete der Innenminister schließlich die Rückkehr von immerhin zwölf Entlassenen an.[42] Diese „legalistische" Vorgehensweise löste erneut Unruhe an der Parteibasis aus, und obwohl Ludwigshafen schließlich mit knapp 4% BBG-Fällen beispielsweise erheblich über denen der „Hauptstadt der Bewegung" München lag,[43] mußte sich OB Ecarius energisch gegen „die Auffassung, die in der Öffentlichkeit vorherrsche," verwahren, „als ob er persönlich die Beamten wieder in Dienst gestellt hätte oder er dafür verantwortlich sei, daß die getroffenen Maßnahmen vom Ministerium nicht bestätigt wurden".[44]

Der Verantwortliche für die getroffenen Maßnahmen, Bürgermeister Foerster, der schon durch den Fehlschlag seines Manövers gegen den OB angeschlagen war, verlor in den folgenden Monaten völlig an Boden. Auch die Verleihung der goldenen Traditionsnadel der NSDAP an den ›alten Kämpfer‹ im Oktober 1933 konnte über seine Entmachtung nicht hinwegtäuschen. Ohnmächtige Wut gegen „dieses Otterngezücht", wie er das Ludwigshafener Establishment nannte, war die Folge.[45] Schon bald kursierten in der Stadt aber auch Gerüchte, wonach sich Foerster betrügerischer Handlungen schuldig gemacht habe.[46] Ihm wurde vorgeworfen, im jüdischen Bankhaus Straßburger in Mannheim Geld entwendet, die Aktienbrauerei in Ludwigshafen um mehrere tausend Mark betrogen und Parteispendengelder unterschlagen zu haben. Als schließlich polizeiliche Ermittlungen eingeleitet wurden, reagierte Gauleiter Bürckel. Er ließ die belastenden Unterlagen verschwinden, nahm Foerster aus der Schußlinie und berief ihn als Gaupresseamtsleiter zu sich nach Neustadt. Sein Amt als zweiter Bürgermeister in Ludwigshafen hatte er pro forma noch einige Zeit inne, bevor er zum 31. Dezember 1934 auch offiziell zurücktrat.[47] OB Ecarius dagegen hatte seine Position zumindest vorläufig stabilisiert. Im Juli 1934 durfte er erstmals voller Stolz die Amtskette tragen, die Juwelier Albert Hoch angefertigt hatte.[48] Er publizierte Aufsätze im ›Völkischen Beobachter‹[49] und in der ›Nationalsozialistischen Gemeinde‹,[50] hielt bei der Pfälzischen Verwaltungsakademie Vorlesungen über deutsches Verwaltungs- und Beamtenrecht.[51] Sein Verhältnis zu Kreisleiter Wittwer und den Stadträten war gut und ungetrübt. Mit der Einführung der neuen „Deutschen Gemeindeordnung" (DGO) vom 30. Januar 1935 – auch sie ein Versuch, die „Revolution" zu beenden und geordnete Verhältnisse in den Kommunen wiederherzustellen – wurde sein Amt weiter gestärkt.[52] Im Zeichen des Führerprinzips wurden fast alle legislativen und exekutiven Befugnisse in der Hand des Oberbürgermeisters vereint. Anstelle der gewählten

Der Ludwigshafener Juwelier Albert Hoch überreicht Oberbürgermeister Ecarius die erstmals für ein Oberhaupt der Chemiestadt angefertigte metallene Amtskette [11]

Anmerkungen Seite 193

42 *Meinzer, Machtergreifung, S. 196ff*

43 *Dort wurden nur 2% der städtischen Belegschaft entlassen; vgl. Hanko, S. 397f*

44 *SRP 20.12.1932, S. 503; StALu, Pa I, 51*

45 *Anonymes Schreiben an Reichsinnenminister Frick vom 7.2.1934; Durchschlag im BayHStA, MA 106003*

46 *NSZ, 20.11.1933*

47 *Meinzer, Machtergreifung, S. 193f*

48 *Fauck, S. 92*

49 *30.1.1934 über Ludwigshafen am Rhein*

50 *„Was der Nationalsozialismus von den Beamten, Angestellten und Arbeitern der Gemeinden fordert"; NSG 2 (1934), S. 338—340*

51 *Meinzer, Machtergreifung, S. 96*

52 *ebd., S. 95f*

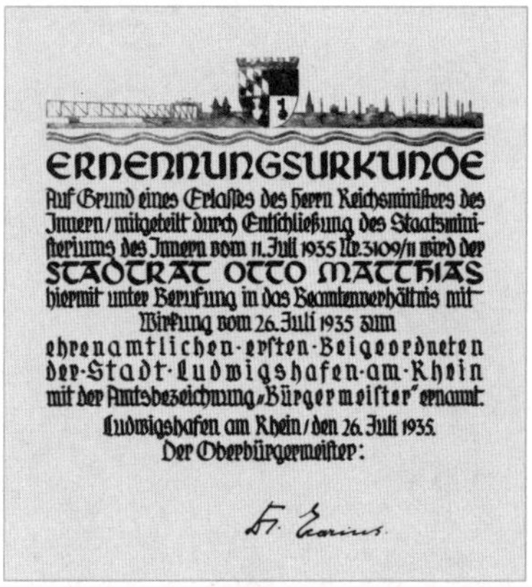

ERNENNUNGSURKUNDE
Auf Grund eines Erlasses des Herrn Reichsministers des Innern / mitgeteilt durch Entschließung des Staatsministeriums des Innern vom 11. Juli 1935 Nr. 3109/11 wird der
STADTRAT OTTO MATTHIAS
hiermit unter Berufung in das Beamtenverhältnis mit Wirkung vom 26. Juli 1935 zum
ehrenamtlichen · ersten · Beigeordneten der · Stadt · Ludwigshafen · am · Rhein
mit der Amtsbezeichnung „Bürgermeister“ ernannt.
Ludwigshafen am Rhein / den 26. Juli 1935.
Der Oberbürgermeister:

Ernennungsurkunde für Bürgermeister Matthias, 1935 [12]

„Nie wieder Marxismus“: Bücherverbrennung von unerwünschten Beständen der Stadtbibliothek in der Westend-Siedlung, 7. Mai 1933 [13]

Stadträte traten nun ›Ratsherren‹, die von sogenannten Parteibeauftragten der NSDAP – in Großstädten der Kreisleiter – ernannt wurden und lediglich noch beratende Funktion hatten. Zwei Jahre später erhielt die Stadt die heute noch gebräuchliche Verwaltungsstruktur mit nach Sachprinzipien gegliederten ›Dezernaten‹, an deren Spitze ›Beigeordnete‹ standen. Die Mitwirkung bei der Berufung der Beigeordneten wie des Bürgermeisters wurde im übrigen von der Gemeindeordnung nicht etwa den Ratsherren, sondern den Parteibeauftragten zugestanden. Dies geschah erstmals im September 1935, als der von OB Ecarius und Kreisleiter Wittwer einvernehmlich zum Nachfolger Foersters als zweiter, ehrenamtlicher Bürgermeister berufene Buchhändler Otto Matthias sein Amt antrat.[53]

Nationalsozialistische Propagandaflut: die ›braune‹ Stadt

So schien, nach den ersten wilden Wochen und Monaten der nationalsozialistischen Machtergreifung, tatsächlich der Übergang von der „Revolution“ zur „Evolution“ gelungen, und die Dinge gingen meist wieder ihren gewohnten Gang. Die Stadt hatte sich allerdings verändert. Erstes Indiz dafür war der Wandel in ihrem äußeren Bild. Seit der spektakulären Flaggenhissung vom 8. März 1933, bei der SA und SS handstreichartig die beiden Stadthäuser gestürmt und die Hakenkreuzfahne aufgezogen hatten,[54] beherrschten die NS-Fahnen das Bild. Auch Privathäuser waren bei entsprechenden Anlässen zur Anbringung von Flaggenschmuck gehalten. Viele Straßen, in denen die Hakenkreuzfahnen wehten, trugen jetzt andere Namen – nicht nur die Stadtverwaltung wurde ›gesäubert‹. Den ›Geist der neuen Zeit‹ wollte auch der Leiter der Stadtbücherei, H. G. Geißler, mit der ›Reinigung‹ der städtischen Bibliotheken befördern. Schon am 5. März ließ er sogenannte marxistische und bolschewistische Literatur von der Ausleihe sperren, am 7. Mai

Anmerkungen
Seite 194 und 195

53 *Matthias war ›alter Kämpfer‹ – Parteieintritt 1.6.1925 – und seit 1933 Stadtrat; vgl. Meinzer, Machtergreifung, S. 166*

54 *Meinzer, Machtergreifung, S. 171ff*

55 *zit. n. Steiger, S. 15*

56 *NSZ, 3.1.1934*

57 *Mörz, Gedächtnis, S. 38*

58 *Fauck, S. 104*

Die Jugend wird vereinnahmt: Aufnahme der Zehnjährigen in die ›Hitler-Jugend‹ um 1935 [14]

organisierte er auf dem Meßplatz eine symbolische Bücherverbrennung. In der Folgezeit trat unter seiner Leitung ein Prüfungsausschuß für die Volksbüchereien zusammen, der bis ins Jahr 1934 hinein sich in insgesamt 23 Sitzungen mit der weiteren Säuberung der Bibliotheken befaßte. In seinem Abschlußbericht von 1935 konnte Geißler dann zwar Vollzug melden, mußte aber dennoch bedauernd feststellen: „In den privaten und Vereinsbüchereien sind noch so viele Hintertüren offen, die unseren Bemühungen um ein einwandfreies Schrifttum in den Rücken fallen."[55] Solche Hintertüren wollte der ›Kampfbund für Deutsche Kultur‹ in Neustadt beim Fasching nicht zulassen und gab eigens neue Richtlinien heraus. Man wolle hier keinen Abklatsch der Rheinländer haben: „Der Karneval muß pfälzisch werden!"[56]

Es ist bezeichnend, daß es die nationalsozialistische Stadtverwaltung war, die erstmals 1934 ein eigenes Presseamt ins Leben rief, dem auch die Aufgaben eines Kultur- und Fremdenverkehrsamtes übertragen wurden. Auch der im Dritten Reich so hochgeschätzte Sport wurde diesem Komplex beigesellt, der dann in den folgenden Jahren in immer neuen Kombinationen arrangiert wurde – so 1937 als ›Presse- und Kulturamt‹ und ›Verkehrs- und Wirtschaftsamt‹, 1939 als ›Kultur- und Sportamt‹.[57] Der fünf Monate vor Kriegsbeginn ernannte Beigeordnete Ewald Backe wurde dann Ludwigshafens erster ›Kulturdezernent‹.[58] 1934 übernahm die Stadt die im Ludwigshafener Verlag Neubauer gedruckte Kulturzeitschrift ›Stadt-Anzeiger‹ und machte sie zum Verkündigungs- und Propaganda-Organ der Verwaltung. „Dem in Böhmen gebürtigen, jüdischen Druckereibesitzer Richard Neubauer war aufgrund des ›Gesetzes über den Widerruf von Einbürgerungen‹ vom 14. 7. 1933 die deutsche Staatsbürgerschaft aberkannt worden, zumal, wie das geheime Senatsprotokoll der Stadt vom 8. Mai 1934 ausführt, ‚nach dem Polizeibericht vom 29. 1. 1934 [...] gegen die politische Zuverlässigkeit des N. im Sinne der heutigen Staatsführung Bedenken' bestanden. Dem

Veteranen beim Feldgottesdienst auf dem Marktplatz, 21. März 1933 [15]

Feldgottesdienst auf dem Marktplatz nahe der Lutherkirche aus Anlaß der Eröffnung des Reichstags am 21. März 1933 [16]

so geübten Druck war vermutlich der Übergang des ›Stadt-Anzeigers‹ an die Gemeinde zuzuschreiben."[59] Vor allem die Jugend wurde mit allen modernen Medien der zeitgemäßen Propaganda ausgesetzt. So förderte die Stadtverwaltung schon ab 1933 die Ausstattung der Schulen mit Rundfunkgeräten. „Dadurch ist die Möglichkeit gegeben, daß die Schuljugend gemeinsam über die großen Aufgaben und Ziele unserer Zeit unterrichtet werden kann", stellte der Verwaltungsbericht der Stadt fest.[60] Auch wurden die Schüler verpflichtet, Jahr um Jahr eine Reihe von Propaganda-Filmen zu besuchen. So sahen etwa 1933 über 5 000 von ihnen den Streifen ›Hitlerjunge Quex‹, der das Lob eines Buben aus dem Berliner Arbeiter-Bezirk Wedding singt, der sich der Hitler-Jugend verschreibt, von seiner Familie dafür verstoßen und zuletzt von den Kommunisten ermordet wird – offenbar ein Lehrstück für die Jugend der Arbeiterstadt Ludwigshafen.[61] Auch das Kinoangebot für Erwachsene erfuhr einen langsamen Wandel: Deutlich stieg die Zahl der Propaganda-Filme unter den gezeigten Produktionen. Von 170 zwischen Juli 1933 und Januar 1938 gezeigten Filmen in Oggersheim waren immerhin 56 mit deutlich politischem Inhalt, wenn auch die „Filme heiterer Grundhaltung mit nur latenter politischer Funktion" überwogen.[62]

Die Ludwigshafener Bürger sahen sich in bisher nicht gekanntem Maße mobilisiert und politisiert, sei es durch die von Reichsminister Goebbels gelenkte Propagandaflut in Rundfunk und Zeitungen, sei es durch immer neue Versammlungen, Aufmärsche und Kundgebungen. Der große Festakt anläßlich der Eröffnung des Reichtags am 21. 3. 1933 wurde in Ludwigshafen zum Beispiel ganztägig gefeiert. Um 11 Uhr begann der ›Feldgottesdienst‹, an dem neben den aufmarschierten Verbänden von Schupo, SA, SS, Stahlhelm und der örtlichen Krieger- und Militärvereine auch die Mitarbeiter der Stadtverwaltung sowie Vertreter der staatlichen Behörden, der Wirtschaft, des Handels und der Industrie teilnahmen.[63] Nach der Predigt des protestantischen Pfarrers Rupp, der den „nationalen Aufbruch" begrüßte und Adolf Hitler von Herzen dankte,[64] fand eine Parade aller „vaterländischen Verbände"

Anmerkungen Seite 196

59 *Mörz, Westbote, S. 121f*
60 *VB 1933, S. 66*
61 *Steiger, S. 73*
62 *ebd., S. 74f, auf der Grundlage der Liste in StALu, Og. 607*
63 *NSZ, 22. 3. 1933*
64 *Demessier, S. 60ff*

Versammlung zum 1. Mai 1933 auf dem Marktplatz [17]

Plakette der ›NSBO‹ – Nationalsozialistische Betriebsorganisation – zum 1. Mai 1933 [18]

statt. Später am Nachmittag spielte die Kapelle der 10. SS-Standarte im – gerade umgetauften – Hindenburgpark auf, und zum Abschluß des ›Tages von Potsdam‹ formierte sich ein Fackelzug durch die Stadt. Solche Veranstaltungen dienten auch als Ersatz für die nicht mehr gegebene politische Mitwirkungsmöglichkeit der ›Volksgenossen‹ und wiesen damit den Weg in die vom Führer geleitete neue ›Volksgemeinschaft‹ mit ihrer allgemeinen Uniformität – und buchstäblichen Uniformierung – nicht nur des politischen, sondern auch des alltäglichen Lebens der Stadt. Nach dem 21. März rollte schon im ersten Jahr der NS-Herrschaft eine Welle von besonderen Ereignissen bzw. von Ereignissen, die durch die Einbeziehung von Militär und Parteiformationen zu besonderen Anlässen hochstilisiert wurden: die feierliche erste Sitzung des ›umgebildeten‹ Stadtrats am 27. April, der erstmals zum gesetzlichen Feiertag erhobene 1. Mai, der Besuch des Gauleiters von München und bayerischen Innenministers Wagner am 8. Mai, das „Fest der deutschen Jugend" am 24. Juni, der Besuch Ministerpräsident Sieberts im September und die propagandistisch groß aufgezogene Kampagne für die mit Reichstags-›wahlen‹ nach Einheitsliste verbundene Abstimmung zum Austritt Deutschlands aus dem Völkerbund am 12. November.

Viele nahmen an solchen Ereignissen wohl nicht ungern teil. Nachdem die ersten Auswüchse der Machtergreifung wie etwa Schutzhaft und Säuberungen oder die Terrorisierung von Regimegegnern und Juden vorerst abgeklungen waren, griff eine nationale Euphorie und Aufbruchstimmung Platz, die auch diejenigen mitriß, die vorher den Nationalsozialisten skeptisch gegenübergestanden hatten. Nun war man sich einig: Wo der zerrissene Parteienstaat der schwachen Republik in einen starken, einheitlichen Führerstaat verwandelt wurde, wo nationale Größe wieder etwas galt, wo, wie am 1. Mai, Unternehmer und Arbeiter, Meister und Gesellen, „Arbeiter der Faust und Arbeiter der Stirn", Protestanten und Katholiken einträchtig Hand in Hand marschierten, wollte kaum einer beiseite stehen.

Feier der ›Volksgemeinschaft‹ Eintopfessen, organisiert vom in Ludwigshafen stationierten Militär, vermutlich November 1937 [19]

Die gleichgeschaltete Stadt: Hitlergruß und Marschtritt beim Soldatentreffen in Ludwigshafen, am Rand der Hemshof-Siedlung, 1. September 1934 [20]

Ein Stadt wird ›gleichgeschaltet‹

Kein Wunder also, daß der Begriff der ›Gleichschaltung‹ nun zum Wort der Stunde wurde, das nicht auf die hohe Politik beschränkt blieb, sondern unter dem auch gesellschaftliche und private Organisationen – Verbände und Kammern, Vereine und Gesellschaften, Klubs und Vereinigungen – sich entweder freiwillig durch Aufnahme von Nationalsozialisten in die Vorstände den neuen Gegebenheiten anpaßten oder durch die Einsetzung von NS-Kommissaren dazu gezwungen wurden. So häuften sich in der Presse schon bald die Meldungen über den „freiwilligen Vollzug der Gleichschaltung zur nationalen Regierung".[65] Am 18. März wurde beispielsweise über eine Treuekundgebung des Gauverbandes Pfalz im Bayerischen Beamtenbund für die nationale Regierung berichtet.[66] Die pfälzische Bezirksgruppe des Reichsverbandes deutscher Dentisten unterstellte sich am 10. April der nationalen Regierung und kündigte ihre weitere Tätigkeit „unter dem Gesichtspunkt der Rassenhygiene" an.[67] Auch der pfälzische Kreislehrerverein stellte sich „mit vollem Einsatz hinter die nationale Regierung",[68] die Elektro-Innung bekundete ebenfalls ihre Treue zum neuen Staat,[69] und schließlich verkündeten am 1. Juli selbst die Ludwigshafener Mineralwasserhändler ihre freiwillige ›Gleichschaltung‹.[70]

Die Arbeiterbewegung und ihr Umfeld

Durchaus nicht freiwillig verlief die Gleichschaltung der Gewerkschaften. Insbesondere die Funktionäre des ›Allgemeinen Deutschen Gewerkschaftsbundes‹ (ADGB) und seiner Einzelgewerkschaften wurden nach der Reichtagswahl vom 5. März drangsaliert oder in Schutzhaft genommen, die Gewerkschaftshäuser von der SA besetzt.[71] Gleichzeitig setzte eine von Goebbels meisterhaft inszenierte arbeiterfreundliche Propaganda ein, die ihren Höhepunkt in den gigantischen Feiern zum ›Tag der nationalen Arbeit‹ am 1. Mai 1933 erreichte. Durch die fahnengeschmückten Straßen Ludwigshafens zog stundenlang ein riesiger Festzug, an dem sich Vertreter aller „schaffenden Stände" beteiligten; selbst der ADGB hatte zur Teilnahme aufgerufen. Bei der anschließenden Kundgebung auf dem Neuen Meßplatz sprach Gauleiter Bürckel.

Anmerkungen
Seite 198 und 199

65 *GA, 10.4.1933*
66 *ebd., 18.3.1933*
67 *ebd., 10.4.1933*
68 *ebd., 19.4.1933*
69 *ebd., 10.5.1933*
70 *NSZ, 1./2.7.1933*
71 *Meinzer, Machtergreifung, S. 213ff*
72 *GA, 2.5.1933*
73 *NSZ, 4.5.1933*
74 *Broszat, S. 182ff; Liste der verbotenen gewerkschaftlichen Organisationen in Ludwigshafen bei Meinzer, Machtergreifung, S. 217*
75 *LASp, H 74,62; Abdruck der Verfügung auch in StALu, LUN 1211*
76 *GA, 5.4.1933; ausführliche Darstellung bei Meinzer, Machtergreifung, S. 218ff*

Die Gleichschaltung der Gewerkschaften wird den Arbeitern ›erklärt‹
Plakat vor einem Ludwigshafener Werkstor [21]

Übernahme des Gewerkschaftshauses durch die NSBO
2. Mai 1933, rechts noch das ›Sporthaus der Naturfreunde‹ [22]

„Gebt Euch die Hände, Ihr alten Gewerkschafter", rief er den versammelten Arbeitern zu, „auch wir geben Euch die Hand, auch Ihr wart ehrenhafte Kämpfer".[72] Nach diesen Sonntagsreden begann am nächsten Morgen die reichsweite Zerschlagung der Gewerkschaften. Um 10 Uhr besetzten SA- und SS-Kommandos das Ludwigshafener Gewerkschaftshaus, nahmen sechs Bezirkssekretäre in Schutzhaft und sperrten sämtliche Bankkonten.[73] Noch am gleichen Tag proklamierte ein bisher geheimes ›Aktionskomitee zum Schutze der Deutschen Arbeit‹ unter Führung von Robert Ley den Zusammenschluß aller bisherigen Gewerkschaften zu einer „Deutschen Arbeitsfront" (DAF). Wenige Tage später wurde die DAF als neue, gleichgeschaltete Einheitsorganisation aller Arbeiter und Angestellten auch offiziell ›aus der Taufe gehoben‹.[74]

Gravierender und einschneidender war freilich für eine Arbeiterstadt wie Ludwigshafen die ebenfalls schon bald nach der Machtergreifung einsetzende Zerstörung der blühenden Arbeitervereinskultur. Sie betraf direkt das soziale Umfeld vieler Bürger. Hier, im Sportverein, im Gesangverein, im Schachclub waren sie wirklich ›zu Hause‹, waren in ein festgefügtes soziales Milieu eingebunden, das so recht eigentlich den Charakter der Arbeiterbewegung und der Sozialdemokratie ausmachte und das nach dem Ende des „Dritten Reiches" auch nicht wieder aufleben sollte. Die Zerschlagung der Arbeitervereine begann mit einer Verfügung des bayerischen Innenministers Wagner vom 29. März 1933. Danach sollten die Polizeidirektionen alle Vereine verbieten, „wenn der Personenkreis, den sie einschließen, besonders die leitenden Kräfte, der marxistischen Weltanschauung nahe stehen oder ihre Haltung darauf schließen läßt."[75] Die Polizei handelte schnell. Bereits eine Woche später konnte in der Presse vermeldet werden: „In den letzten Tagen sind durch die Polizeidirektion Ludwigshafen etwa 50 marxistisch eingestellte Organisationen aufgelöst worden. Es handelt sich um Sportvereine, die dem Arbeitersportkartell angeschlossen waren, um Gesangsvereine, Musikvereine und dergleichen mehr [...] Versammlungen und sonstige Veranstaltungen der aufgelösten Vereine, sowie auch jede sonstige Betätigung, die sich als Fortführung des aufgelösten Vereins darstellt, sind verboten und strafbar."[76] Den jeweiligen Vereinsvorsitzenden

Im NS-Mütterheim an der Kleinen Blies, vormals Besitz des sozialistischen ›Vereins für Volksgesundheit‹, um 1934 [23]

wurde gegen Unterschrift die Auflösung des Vereins und die Beschlagnahmung des Vereinsvermögens eröffnet. Das bewegliche Vermögen – z. B. Sport- oder Musikgeräte – stellte die Polizei den entsprechenden ›nationalen‹ Vereinen zur Verfügung, aber auch Immobilienbesitz in zum Teil beträchtlichem Umfang ging an die Partei über. Die ›Naturfreunde‹ zum Beispiel verloren ihr Vereinshaus in Elmstein an die ›Nationalsozialistische Volkswohlfahrt‹, die daraus ein ›Gauheim Mutter und Kind‹ machte.[77] Die vom sozialistischen ›Verein für Volksgesundheit‹ betriebene Badeanlage an der Kleinen Blies wurde ebenfalls als Mütterheim von der NSV übernommen. Sonstiges Vermögen wurde versteigert oder verkauft, Geldwerte und den Erlös der Versteigerungen zog der bayerische Staat zugunsten der Staatskasse ein. Die Polizeidirektion mußte angesichts der oftmals komplizierten Abwicklung der Schuldens- und Vermögenslage einzelner Vereine eigens eine Sonderabteilung einrichten, die zum Beispiel im Falle der ›Vereinigten Freien Turnerschaft Ludwigshafen‹ bis ins Jahr 1941 mit der Vermögensabwicklung beschäftigt war.[78] Als schwieriger Fall erwies sich auch die ›Athletik-Sportvereinigung Ludwigshafen-Nord‹, da auf dem neu erbauten Klubhaus über 25 000 RM Schulden lasteten und die Ansprüche von 16 Gläubigern zu befriedigen waren. Erst 1940 konnte man die Sache abschliessen, die entsprechende Akte in der Polizeidirektion war bis dahin auf über 600 Blatt angewachsen.[79]

Doch auch die Fahndungsabteilung der Polizei war weiterhin mit Vereinsangelegenheiten beschäftigt, denn mit den 50 im April 1933 aufgelösten Vereinen waren noch längst nicht alle ›marxistischen‹ Organisationen erfaßt – am Ende sollten es insgesamt 76 werden.[80] Zur Unterstützung der Polizei stellte die Partei eigens einen Sonderkommissar ab, SS-Sturmbannführer Emil Streb, der im Stadthaus Nord residierte und in der Folgezeit eifrig verdächtige Vereine aufspürte und meist kurzerhand selbst auflöste.[81] Im Juni 1933 beschwerten sich zum Beispiel Parteigenossen und SA-Leute bei der Kreisleitung, daß der „stark linksgerichtete" Mieterverein immer noch existiere. Die Kreisleitung verständigte den Sonderkommissar, der mit seinem Adjutanten und einigen SA-Leuten umgehend in der Wohnung des Geschäftsführers erschien, den Verein für aufgelöst erklärte und die Vereinsakten sowie sämtliche Einrichtungsgegenstände des Büros – Privateigentum des Geschäftsführers – beschlagnahmte. Auf seinen Protest erwiderte man lakonisch: „Wenn Sie kein Hitler sind, dann sind sie auch kein Deutscher."[82] In den folgenden Tagen hatten die Kassierer des Vereins im Dienstzimmer des Sonderkommissars zu erscheinen und sämtliche Beitragsrückstände abzuliefern. Erst danach wurde die Polizei eingeschaltet, die erst einmal umfangreiche Ermittlungen darüber anstellte, „ob die Mitglieder des Mietervereins, insbesondere die leitenden Kräfte, tatsächlich der marxistischen Weltanschauung nahe stehen". Die Nachforschungen ergaben schließlich, daß der größte Teil der Mitglieder der SPD angehört hatte, also „dürfte das Fortbestehen des Mietervereins e. V. in seiner bisherigen Zusammensetzung nicht mehr dem Volksempfinden entsprechen." Die Polizeidirektion zog die „bei der gegebenen Sachlage" einzig mögliche Konsequenz und löste den Verein am 13. September 1933 nun auch amtlicherseits auf.

Die ständigen polizeilichen Ermittlungen nicht nur in Sachen ›marxistischer‹ Vereine schufen in der Stadt ein Klima der Einschüchterung

Anmerkungen
Seite 200 und 201

77 *Touristenverein*
78 *LASp, H 74, 60*
79 *ebd., H 74, 5—15*
80 *vollständige Liste bei Meinzer, Machtergreifung, S. 222f*
81 *LASp, H 74, 38*
82 *Vorgang in LASp, H 74, 38*
83 *LASp, H 74, 22, Ermittlungsakte ›Deutscher Freidenkerverband‹*
84 *LASp, H 74, 59; wenigstens wurden die Spareinlagen den Mitgliedern zurückerstattet*
85 *Prantl, S. 9*

und Verängstigung. Sie öffneten zudem einem völlig willkürlichen Denunziantentum Tür und Tor, denn wie anders als durch „vertrauliche Mitteilungen" konnte die Mitgliedschaft eines verdächtigen Vereins mit oft weit über 100 Personen überprüft werden. Dementsprechend waren die polizeilichen Ermittlungsakten voll von Denunziationen wie: „J. L. ist als Anhänger der KPD bekannt [...] Noch heute singt er in seiner Wohnung die Internationale", oder: „L. Z. war Anhänger der SPD. Öffentlich hat er sich marxistisch nicht betätigt, jedoch im Hause gegen national eingestellte Personen gehetzt."[83] Ein typisches Beispiel für die fortdauernde Verfolgung verdächtiger Vereine ist die Auflösung des ›Sparvereins Zufriedenheit 1906 Ludwigshafen am Rhein‹, der die erste Zerschlagungswelle im Frühjahr 1933 unbeschadet überstanden hatte, im Sommer 1934 aber von einem aufmerksamen Zeitgenossen entdeckt und denunziert wurde. Im Polizeiprotokoll heißt es dazu: „Betreff: Illegaler Verein ehemaliger Kommunisten [...] Der Angestellte Fr. [SS-Truppführer] des Palasttheaters, hier, hat mir [dem Polizeibeamten] heute mitgeteilt, daß ihm der Bäcker Fe., hier, Fabrikstraße, erzählt habe, der bekannte Kommunist K., hier, Fabrikstraße, habe einen Sparverein gegründet, dem lauter ehemalige Kommunisten angehören würden. Die Zusammenkünfte der Vereinsmitglieder fänden in den Wohnungen des K. statt." Bäcker Fe., daraufhin zur Sache vernommen, mußte zwar einräumen, daß er in der betreffenden Wohnung noch nie mehrere Personen bei einer Zusammenkunft beobachtet habe. Gerade dies sei aber verdächtig, da K. ein bekannter Kommunist sei. Er gehe fest davon aus, „daß K. heute noch gegen den nationalsozialistischen Aufbau arbeitet." Bei der Vernehmung des K. stellte sich dann heraus, daß dieser seit 1926 ordentlicher Vorstand des eingetragenen Vereins Zufriedenheit war und diese Tätigkeit auch nach 1933 arglos fortgesetzt hatte, da niemand die Existenz dieses unpolitischen Vereins in Frage gestellt hatte. Selbst der ermittelnde Kriminalbeamte mußte danach feststellen, daß „nach Lage der Sache [...] keine Anhaltspunkte dafür vorhanden" seien, „daß es sich hier um einen illegalen Verein ehemaliger Kommunisten handelt". Dennoch ordnete Polizeipräsident Antz die Überprüfung sämtlicher (!) 154 Vereinsmitglieder an. Dabei stellte sich dann heraus, daß angeblich „ein erheblicher großer Teil" der KPD und SPD nahe stand oder gar angehört hatte und es infolgedessen auszuschließen war, „daß diese Mitglieder hinter der nationalen Regierung stehen". Der Sparverein Zufriedenheit wurde am 16. Juli 1934 unter Einziehung des Vermögens aufgelöst.[84]

Von den Behörden mißtrauisch beäugt: Fronleichnamsprozession der Pfarrei St. Josef in Friesenheim, 1934 [24]

Das im ›schweren‹ NS-Stil zum städtischen Museum umgebaute Dominikanerinnenkloster in der Rottstraße [25]

Begeisterte Zustimmung und Widerstand: die Kirchen

Zu den 1933/34 als „marxistisch" aufgelösten Vereinen gehörte vorübergehend auch der ›Katholische Lehrerverein der Pfalz‹ in Ludwigshafen. Dessen Verbot war von der Polizeidirektion im Zuge der Großaktion gegen die Bayerische Volkspartei am 26. Juni 1933 verfügt worden. Schon zuvor, am 13. Juni, hatte man in Vorbereitung dieser Maßnahmen alle katholischen Vereine mit einem Versammlungsverbot belegt und deren Konten gesperrt.[85] Die Verbote und Zwangsmaßnahmen mußten aber nach Abschluß des Reichskonkordats mit Rom am 8. Juli wieder zurückgenommen werden; danach wurde auch der Katholische Lehrerverein wieder zugelassen, wenngleich das Versammlungsverbot bis in den November hinein bestehen blieb. Zugleich hatte

aber in der Pfalz, wo das Verhältnis der beiden Konfessionen traditionell gespannt war, die Gauleitung im Zeichen der Auseinandersetzung um die Bekenntnisschule den Kampf gegen die katholische Kirche aufgenommen. Er erreichte im Juni 1933 seinen ersten Höhepunkt mit zahlreichen Überfällen auf Pfarrhäuser, Mißhandlungen von Priestern und Schutzhaftmaßnahmen. In der Nacht zum 27. Juni wurde dabei Pfarrer Caroli, einer der entschiedensten Nazi-Gegner unter der Priesterschaft, vor seinem Pfarrhaus in Rheingönheim von drei SA-Männern überfallen und mit Gummiknüppeln bis zur Bewußtlosigkeit geschlagen.[86] Auch in der Folgezeit ging der Kleinkrieg der Partei gegen die katholischen Pfarrer weiter. Von den 132 in Ludwigshafen und den Randgemeinden während der NS-Zeit tätigen Geistlichen erhielten 37 Verwarnungen, 30 wurden zu Verhören vorgeladen, je 29 Schulverbote bzw. wurde gegen sie gerichtlich ermittelt, 25 Aufenthaltsverbote bzw. wurden zwangsversetzt, sechs wurden brutal überfallen. Vier Ludwigshafener Pfarrer wurden ins KZ eingewiesen, darunter Pfarrer Caroli, der im Februar 1942 nach Dachau kam und dort wenige Monate später verstarb. Auch der Kampf gegen die katholischen Vereine wie zum Beispiel den ›Jungmännerverband‹ wurde erbittert geführt. Er wurde schließlich, zusammen mit den ›Jungfrauenkongregationen‹, im Januar 1938 endgültig aufgelöst; bald darauf folgte die Auflösung der übrigen katholischen Vereine in Ludwigshafen – 38 an der Zahl.[87]

Auch die erst in den 1920er Jahren gestärkte Position des Katholizismus im Sozial- und Schulwesen Ludwigshafens wurde geschwächt. Die Klosterschule der Dominkanerinnen[88] geriet 1935 in ernste Schwierigkeiten, als das durch Regierungsmaßnahmen finanziell gebeutelte Speyerer Mutterhaus das in der Schweiz aufgenommene Baudarlehen für die Ludwigshafener Schule nicht mehr bedienen konnte. Die Nonnen wollten das Institut an die Stadt verkaufen. Die Eltern der Schülerinnen protestierten jedoch öffentlich, waren zu finanziellen Opfern bereit, und der Bischof von Speyer hoffte schon, den „schweren Schlag" für „die katholische Sache in Ludwigshafen" abgewendet zu haben.[89] Die Anfang 1938 eingeführte Neuordnung des höheren Schulwesens in Bayern sah jedoch die Schließung der klösterlichen Schulen vor. Nun versuchte die Stadt, das Gebäude zu einem Spottpreis zu erwerben. Die Nonnen widerstanden jedoch allen Erpressungsversuchen, so daß die Stadtverwaltung im April 1938 zum Mittel der Enteignung griff – was sie hatte vermeiden wollen, da sie damit aufgrund der Gesetzeslage gezwungen war, alle an dem Gebäude haftenden Verbindlichkeiten zu übernehmen. So entgingen die Speyerer Dominikanerinnen dem finanziellen Ruin – ihre Schule, die von der städtischen Mädchenschule und dem Stadtmuseum übernommen wurde, war freilich verloren. Auch das vom Elisabethenverein betriebene große ›Don-Bosco-Haus‹ im Hemshof eignete sich die Stadt an: Die Verwaltung hatte alle Schuldscheine für das Gebäude erworben und kündigte Ende 1939 das gesamte Kapital samt Zinsen. „Der Konkurs mit all seinen üblichen Begleiterscheinungen – politischer Hohn! – schien unvermeidbar."[90] Diesem Druck wich der Verein und übergab das Haus der Stadt.

Ein gutes Beispiel für die Unempfänglichkeit des katholischen Milieus für den Nationalsozialismus zeigen die Jugenderinnerungen Helmut Kohls, der 1930 als Sohn des in Friesenheim wohnhaften Finanzbeamten Hans Kohl geboren wurde.[91]

Anmerkungen
Seite 202 und 203

86 *Hofen, S. 50; vgl. auch Debus, S. 247f; umfassend zur katholischen Kirche in Ludwigshafen während des Nationalsozialismus Wetzler, Bd. I und II*

87 *Liste bei Meinzer, Machtergreifung, S. 227*

88 *zum Schicksal der Schule vgl. Kupper*

89 *zit. n. Kupper, S. 18*

90 *zit. n. Dreifaltigkeit, S. 32*

91 *zit. n. Kohl, S. 315f*

92 *zur protestantischen Kirche in der Pfalz vgl. Faber und Debus; für Ludwigshafen umfassend Demessier; zur Hitler-Trauung Demessier, S. 55f*

„Mein Elternhaus war, wenn ich es in einem Satz sagen darf, katholisch, aber gleichzeitig liberal – und gemäßigt national, ohne je der Gefahr zu unterliegen, in nationalistisches Fahrwasser zu geraten.

Beide Elternteile nahmen ihren Glauben, ihre Religion ernst, auch die Praktizierung der Religion. Die katholische Kirche war für sie die schützende und gleichzeitig schöpferische Mitte, die Gottvertrauen und Lebenstüchtigkeit, Gelassenheit und Beharrlichkeit vermittelte. Vor allem für meine Mutter war ihr Glaube Mittelpunkt ihres Daseins. Sie kannte sich nicht nur in der Bibel aus, sondern auch im Leben der Heiligen, die sie je nach Bedarf und Zuständigkeit anrief; sie ging regelmäßig beichten und übte die vorgeschriebenen Riten sorgfältig und gewissenhaft aus. Aber sie tat es ohne Anmaßung, mit schlichter Selbstverständlichkeit, ohne sich deshalb besser zu dünken als diejenigen, die es nicht taten.

Dem entsprach ihre religiöse Toleranz. Sie respektierte den Protestantismus in all seinen Färbungen und Ausprägungen. Im Rundfunk bevorzugte sie die evangelischen Gottesdienste, weil sie der Meinung war, daß in ihnen gründlicher, tiefer und besser gepredigt würde. Auch für meinen Vater war Toleranz gegenüber anderen Bekenntnissen eine Pflicht, die keiner Erklärung und keiner besonderen Legitimation bedurfte. Ihre evangelische Schwiegertochter haben meine Eltern vom ersten Tag an herzlich aufgenommen.

Daß man national war, verstand sich ebenfalls von selbst. Das zu Hause herrschende Nationalgefühl war jedoch frei von missionarischen oder gar sektiererischen Elementen. Die Eltern fühlten sich dem Vaterland, in das sie hineingeboren waren, verbunden, sie identifizierten sich mit seinen Interessen, ohne die ›der anderen‹ zu leugnen, sie hatten die Daten der deutschen Geschichte im Kopf, sie waren stolz auf die kulturellen Leistungen ihres Volkes, sie liebten ihre Heimat, deren Bräuche, deren Traditionen, deren Sprache, und sie gebrauchten das Wort Vaterland ganz selbstverständlich. Ihre Wertskala war eindeutig christlich bestimmt.

Der Nazismus konnte deshalb keinen Eingang in mein Elternhaus finden. Dort gab es keinen Nährboden für totalitäre Ideologien. Mein Vater trat 1933 sogar aus dem ›Stahlhelm‹ aus, dem deutschnationalen Bund der Frontsoldaten, in dem er sich bis dahin auch als engagierter Zentrumswähler wohl gefühlt hatte, obwohl er seinem beruflichen Fortkommen damit sicher geschadet hat. Er sah mit Hitlers Machtergreifung einen zweiten Weltkrieg kommen, und er fürchtete ihn. Und er verabscheute die Verbrechen, die im Zeichen des Rassismus und einer mißverstandenen Deutschtümelei im Namen Deutschlands verübt wurden. Deutlich erinnere ich mich noch, wie er einmal, während eines Urlaubs, einen Bericht über seine Erlebnisse ›draußen‹ mit dem Satz beschloß: ‚Gnade uns Gott, wenn wir das einmal büßen müssen [...]' Damit hat er sicherlich die Meinung von Millionen ausgesprochen."

Helmut Kohl als Volksschüler [26]

Im Gegensatz zur katholischen Kirche, die sich auch vor 1933 oftmals in scharfer Form gegen den Nationalsozialismus ausgesprochen hatte, sah man bei den pfälzischen Protestanten in der neuen Regierung eher einen Anlaß zur Hoffnung denn zur Ablehnung.[92] Schon 1930 hatte die Trauung eines SA-Mitglieds in voller Unform als ›Hitler-Trauung‹ durch Pfarrer Knecht in der Apostelkirche großes Aufsehen erregt. Vor dem Hintergrund auch in Ludwigshafen ›gefahrener‹ sozialistischer Kirchenaustrittskampagnen der späten Weimarer Jahre waren viele der konservativ-obrigkeitstreuen, dem ›protestantischen‹ Deutschen Reich verbundenen Geistlichen nur zu bereit, der zu Anfang kirchenfreundlichen Rhethorik der Nationalsozialisten Glauben zu schenken. „Unsere Religion heißt Christus, unsere Politik Deutschland", verkündete der

Im Januar 1939 ließ Dekan Emrich im Gemeindesaal Ludwigshafen-Nord das dort befindliche Christusbild durch ein Hitlerbild ersetzen; den bereits zuvor unter dem Christusbild angebrachten Sinnspruch „Er kann helfen" ließ er bezeichnenderweise jedoch hängen [27]

Anmerkungen
Seite 204 und 205

93 *VB 1933, S. 64*
94 *zu Emrich vgl. Fandel, S. 376ff*
95 *StALu, LUA 86*
96 *ebd., S. 377*
97 *Erinnerungen Bergmann, zit. n. Demessier, S. 140*
98 *ebd.*
99 *Zipfel, S. 208*

Jahresbericht der Ludwigshafener Volksschule als neue leitende Maxime.[93] Pfarrer Rupp von der Lutherkirche gab am 21. 3. 1933 den Feiern am Tag von Potsdam den kirchlichen Segen. Zwar wurden im Frühjahr 1933 die auch in der Landessynode vertretenen ›Religiösen Sozialisten‹ aufgelöst und verboten, und im März 1934 die evangelischen Jugendverbände ebenfalls aufgelöst oder in die Hitlerjugend überführt. Doch

unter der Führung des im Oktober 1933 neu gewählten Dekans Pfarrer Emrich[94] und des Wortführers unter den Presbytern, Stadtschulrat Nessel – beide überzeugte Nationalsozialisten – steuerte die Ludwigshafener protestantische Kirche einen strammen NS-Kurs. Beide verhinderten zum Beispiel jeden Versuch einer Neubelebung der evangelischen Jugendarbeit, wie er etwa 1935 von Pfarrer Knecht in der Apostelkirche angestrebt wurde. Auch der immer deutlicher werdende kirchenfeindliche Kurs des Regimes ließ offenbar bei Emrich und seinen Genossen keine Zweifel wach werden. Viele Laien sahen es hingegen als opportun an, sich von der Kirche zu distanzieren: Nachdem die Zahl der Kirchenaustritte in Ludwigshafen nach der Machtergreifung zuerst stark gesunken war, 1933/34 je nur ca. 50, schwoll sie danach wieder stark an; 1937 kehrten nicht weniger als 471 Protestanten ihrer Kirche den Rükken. Bei den Katholiken zeigten die Austrittszahlen zwar eine ähnliche Tendenz, waren aber in Ludwigshafen 1933 bis 1936 deutlich höher als die der zahlenmäßig stark überlegenen Protestanten.[95] Wie ihre katholischen Amtskollegen unterlagen die protestantischen Geistlichen der staatspolizeilichen Überwachung, doch nur wenige, wie etwa der Pfarrer der Lutherkirche, Bergmann, fielen mit im Sinne des Regimes anstößigen Äußerungen auf. Eine gezielte Verfolgung wie bei den katholischen Geistlichen der Stadt hat es nicht gegeben. Dennoch formierte sich schließlich ein von gemäßigt-nationalsozialistischen Pfarrern bis zu der Bekenntniskirche nahestehenden Theologen reichender innerkirchlicher Widerstand gegen die extreme deutsch-christliche Haltung der Ludwigshafener Kirchenführung. Offen zutage trat er 1937 im Wahlkampf für die dann doch – wegen des für den NS-Staat vorhersehbar peinlichen Ergebnisses – abgesagten Kirchenwahlen. Seine Wortführer waren ausgerechnet die Pfarrer Knecht und Rupp. Mehr als 4000 Menschen besuchten Gottesdienste der „Oppositionsfront" in der Luther- und Pauluskirche. Die Friedenskirche hingegen, jenes ganz vom Geist der Moderne zeugende Gotteshaus, wurde als Pfarrkirche des Dekans Schauplatz abstoßender antisemitischer und nationalsozialistischer Veranstaltungen, bei denen Emrich von der Bekehrung „zu dem neuen Weltbild, zu den gesicherten Erkenntnissen der Wissenschaft und zu den neufunkelnden Werten von Blut, Boden und Rasse"[96] schwärmen konnte. Als Besucher bei einer Gelegenheit die Kirche angeekelt verlassen wollten, verschloß die Frau des Dekans die Außentüren. „Erst als Handgreiflichkeiten drohten, machte sie Platz [...]"[97] Sie versteckte sich auch in einem Schrank, um Gespräche der kritischen Amtskollegen ihres Mannes zu belauschen.[98] Darüberhinaus schreckte das Ehepaar Emrich nicht davor zurück, durch Anzeigen bei der Gestapo seine Gegner zu bekämpfen. Obwohl Emrich sich selbst von gemäßigt NS-staatstreuen Geistlichen völlig isoliert hatte und kaum mehr seine Amtsgeschäfte wahrnehmen konnte, blieb er bis 1945 im Amt, da die Kirchenregierung den offenen Konflikt scheute.

Mit der Zerschlagung der „marxistischen" und konfessionellen Vereine und Organisationen einher ging auch der Kampf gegen christliche Sekten wie zum Beispiel die Neuapostolische Gemeinde, die in Ludwigshafen besonders scharf verfolgt wurde.[99] Aber auch alle nichtchristlichen Sekten, philosophische und philanthropische Vereinigungen, Logen und alle nichtkonfessionellen Jugendbünde der Wandervogelbewegung wurden schließlich aufgelöst. Die eng mit der sozialdemokratischen Führungselite verbundene Freireligiöse Gemeinde wurde im Frühjahr 1933 verboten, während ihre Mannheimer Schwesterorganisation

Fasnacht im Geist des nationalsozialistischen Deutschlands: Sitzung der ›Eulen‹ im Pfalzbau 1936 [28]

Besetzung der ›Neuen Pfälzischen Landeszeitung‹ durch die SA 1933 [29]

Anmerkungen
Seite 206 und 207

100 *Freireligiöse, S. 14f*

101 *Meinzer, Machtergreifung, S. 229f*

102 *zur Entwicklung der Ludwigshafener Presse vgl. umfassend Mörz, Westbote*

103 *Josef Bürckel (1895—1944), seit 1926 NSDAP-Gauleiter der Pfalz, Vertrauter Hitlers, dehnte seinen Machtbereich auch auf das Saargebiet und 1940 auf Lothringen aus, 1938 Beauftragter Hitlers für die Eingliederung Österreichs*

104 *vgl. Meinzer, Machtergreifung, S. 72f*

bestehen blieb, sich anpaßte und auch Ludwigshafener Glaubensgenossen eine Zuflucht bot.[100]

Schließlich blieben ›normale‹, unpolitische bürgerliche Vereine von der großen Gleichschaltungswelle nicht verschont. Viele konnten zwar durch freiwillige ›Selbstgleichschaltung‹ ihre Existenz weitgehend erhalten, wurden aber in den folgenden Jahren oft in NS-Organisationen eingegliedert oder lösten sich schließlich selbst auf.[101] Mit der Auflösung von insgesamt weit über 200 Vereinen in Ludwigshafen war auch im Bereich des Alltagslebens jener Grad an Uniformität erreicht, der das äußere Bild des Regimes prägte. Nach der Überführung der gewerkschaftlichen Organisationen in die DAF, nach der Auflösung der karitativen Vereine bzw. ihrer Überführung in das Winterhilfswerk und die NSV, nach dem Verschwinden der konfessionellen Vereine und der Überführung ihrer Jugendorganisationen in die HJ, nach dem Verbot der Vereine der Arbeiterbewegung und der Gleichschaltung der bürgerlichen Vereine gab es für den Einzelnen nur noch die Möglichkeit, sich ganz aus dem kulturellen und sozialen Leben zurückzuziehen oder eine Betätigung in einem von der NSDAP genau abgesteckten und kontrollierten Raum zu akzeptieren. Jedes Ausbrechen aus dem genormten Alltag wurde aber auch in der Folgezeit genau überwacht und bestraft.

Durchsuchung und Besetzung der „Pfälzischen Post„

Der Betrieb nicht eingestellt — Die „Pfälzische Post" unter Vorzensur

Auf behördliche Anordnung wurde heute in den frühen Morgenstunden (zwischen 4 und 6 Uhr) der Betrieb der „Pfälzischen Post" in der Maxstraße von Polizei- und Krimtnalbeamten, die sich in Begleitung eines Schupokommandos befanden, durchsucht. In der Hauptsache wurde nach Waffen gefahndet. Die Durchsuchung, die in Gegenwart des Geschäftsführers und eines Redakteurs stattfand, erstreckte sich auf alle Räume vom Speicher bis zum Keller. Auch die Räume des Parteisekretariats wurden nicht vergessen. Es wurden weder Waffen gefunden — weil es diese im Betrieb nicht gibt — noch wurden sonst Gegenstände oder Schriftstücke beschlagnahmt.

Als die Durchsuchung beendet war, nahm ein Posten SA.-Leute vor dem Gebäude Aufstellung.

Der Betrieb wird unter polizeilichem Schutz aufrechterhalten. Vor Ausgabe der „Pfälzischen Post" muß ein Abzng der Polizeidirektion zur Prüfung vorgelegt werden.

Gewerkschaftshaus besetzt

Zur gleichen Zeit wurde auch im Gewerkschaftshaus am alten Marktplatz eine Durchsuchung der Räume auf Waffen vorgenommen und das Haus besetzt. Auch hier sind solche nicht gefunden worden.

Gegen 9 Uhr früh wurde auf dem Gewerkschaftshaus die Hakenkreuzfahne gehißt.

Verhaftungen

Einige führende Kameraden des Reichsbanners in den verschiedenen Stadtteilen wurden in Haft zenommen. Ob es sich nur um Schutzhaft handelt, darüber sind wir nicht informiert.

Letzte Ausgabe der ›Pfälzischen Post‹ vom 9. März 1933 [30]

Die besetzte ›Pfälzische Post‹ 10. März 1933 [31]

Nr. 182 — Ludwigshafen a. Rh., Freitag, den 7. Juli 1933 — 34. Jahrgang

Pfälzische Rundschau

Unabhängige Zeitung für nationale Politik

Pfälzische Handelszeitung · Familienblatt der Pfalz · Pfälzische Landeszeitung

Die „Pfälzische Rundschau" unterstellt sich Hitler

An unsere Leser!

›Pfälzische Rundschau‹ 7. Juli 1933 [32]

Die Gleichschaltung der Presse

Die nationalsozialistische Machtergreifung läutete auch das Ende der einst blühenden und bunten Ludwigshafener Presselandschaft ein. Gleich aus mehreren Richtungen wurde den drei Parteizeitungen – der sozialdemokratischen ›Pfälzischen Post‹ (PfP), der kommunistischen ›Arbeiter-Zeitung‹ (AZ) und der zentrumsnahen ›Neuen Pfälzischen Landeszeitung‹ (NPfL) – sowie den bürgerlich-konservativen Blättern aus dem Verlag Waldkirch, dem ›General-Anzeiger‹ (GA) und der ›Pfälzischen Rundschau‹ (PfR), zugesetzt.[102] Reichspropagandaminister Goebbels baute ein ausgeklügeltes System der Presselenkung auf, das binnen kurzer Zeit zu einer völligen inhaltlichen Gleichschaltung der deutschen Zeitungen führte. Die Notverordnungen des Reichspräsidenten ermöglichten ein schnelles Verbot der regimekritischen Presse, insbesondere der der Arbeiterbewegung. Und schließlich lag es nicht nur im politischen, sondern auch im wirtschaftlichen Interesse des Hitler nahestehenden pfälzischen Gauleiters Josef Bürckel,[103] die von ihm 1930 gegründete ›NSZ Rheinfront‹ zur Monopolzeitung in der Pfalz zu machen, zumal es ihm dank einer Sondergenehmigung Hitlers gelungen war, die NSZ in eine Stiftung einzubringen, über deren Erträge er allein verfügen konnte.[104]

NSZ-Werbung 1940 [33]

Erstes Opfer der nationalsozialistischen Pressepolitik war – wie oben erwähnt – die kommunistische ›Arbeiter-Zeitung‹, die bereits am Tag nach dem Reichstagsbrand aufgrund der Notverordnung vom 28. Februar verboten wurde. Die ›Pfälzische Post‹ konnte noch einige Tage länger erscheinen. Die Redaktion wurde aber schon am Abend des 9. März von der SA besetzt, tags darauf erschien die letzte Ausgabe der Zeitung. Das Druck- und Verlagshaus der PfP, Gerisch & Cie, wurde wenig später enteignet.[105] Über die beiden leitenden Redakteure, Friedrich Steffen und Heinrich Hartmann, verhängte man sofortige Schutzhaft. Außerdem ließ der Gauleiter wegen früherer Artikel in der PfP Beleidigungsklagen anstrengen. Hartmann wurde am 8. Mai 1933 vom Amtsgericht Ludwigshafen wegen „übler Nachrede" gegen Bürckel zu einer Gefängnisstrafe von vier Monaten verurteilt. Steffen, der es gewagt hatte, noch im Februar 1933 einen Artikel aus dem Nürnberger ›Nazi-Spiegel‹ über den dubiosen Umgang der Gauleitung mit SA-Geldern nachzudrucken („Die Pfalz-Bonzen der NSDAP"), wurde im September 1933 wegen Beleidigung des Gauleiters ebenfalls zu vier Monaten verurteilt. Nach Verbüßung dieser Strafe strengte Bürckel wegen eines anderen Artikels erneut einen Beleidigungsprozeß gegen Steffen an, der diesem im Juni 1934 noch einen Monat Gefängnis einbrachte.[106] Gegen die katholische ›Neue Pfälzische Landeszeitung‹ setzten die Nazis zunächst auf eine Taktik der Nadelstiche. Das Blatt wurde, ebenso wie die PfP, am 9. März von der SA besetzt, konnte kurz darauf wieder erscheinen, wurde im Juni erneut verboten, dann mehrere Male verwarnt, schließlich im Dezember nochmals verboten. Die Abonnentenzahl ging rapide zurück, und nachdem die sogenannten „Amann-Verordnungen" des Reichsleiters für die Presse der NSDAP im Jahr 1935 unter anderem den eindeutig konfessionellen Zeitungen die Grundlage entzog, war die NPfL reif für die Übernahme durch die NSZ. Am 2. April 1936 stellte sie ihr Erscheinen ein, Abonnenten und Rechte gingen an die NSZ über.[107]

Hauptgegner der Partei war aber der Verlag Waldkirch und zunächst vor allem die ›Pfälzische Rundschau‹, die größte Tageszeitung der Pfalz, die der NSZ mit zahlreichen Werbemaßnahmen einen erbitterten Kampf um die Leser lieferte. Die Antwort ließ aber nicht lange auf sich warten. Am 8. April 1933 verfügte die Stadtverwaltung, daß ihre amtlichen Bekanntmachungen künftig nur noch in der NSZ erscheinen dürften: „Den übrigen Zeitungen dürfen auch zur kostenlosen Aufnahme amtliche Bekanntmachungen nicht überlassen werden."[108] Der Entzug des Amtsblattcharakters war schon ein harter Schlag für die Waldkirch-Zeitungen, die gleichzeitig auch unter publizistisches Trommelfeuer der NSZ gerieten. Dort hieß es schon im März, daß man „Schmierblättern wie der Pfälzischen Rundschau die Haltung" beibringen werde, „die wir von einem nichtnationalen Blatt erwarten".[109] Höhepunkt der Kampagne war dann im Juli eine ganzseitige, reißerisch aufgemachte Veröffentlichung des Gauleiters in der NSZ. Unter den dicken Balkenüberschriften „Gebt den Heuchlern die Antwort, die sie verdienen [...] Der Hort der Gegenrevolution ist die sogenannte bürgerlich-nationale Presse!" verbot Bürckel allen Parteistellen, dieser Presse Materialien aus der „Bewegung" zur Verfügung zu stellen, Parteiveranstaltungen ankündigen zu lassen, den Journalisten Zutritt zu Parteiveranstaltungen zu gewähren oder überhaupt mit ihnen in „parteiamtlichen

Anmerkungen
Seite 208 und 209

105 Meinzer, Machtergreifung, S. 74
106 ebd.
107 Mörz, Westbote, S. 119f
108 StALu, ZR 1211
109 NSZ, 11./12.3.1933
110 NSZ, 1./2.7.1933
111 Meinzer, Machtergreifung, S. 76f
112 ebd.
113 Mörz, Westbote, S. 119f
114 ebd.

Verkehr" zu treten.[110] Damit waren die bürgerlichen Zeitungen nicht nur von amtlichen Bekanntmachungen, sondern praktisch von der gesamten Berichterstattung über lokales Geschehen ausgeschlossen, da gerade in Ludwigshafen viele Ereignisse und Entscheidungen im Rahmen von Parteiveranstaltungen bekanntgegeben wurden. Gleichzeitig kündigte der Gauleiter an, wie er sich die Presselandschaft in Ludwigshafen künftig vorstellte: „Wir nehmen als Staatspresse und amtliche nationalsozialistische Gaupresse eine Sonderstellung ein. Wir verlangen Totalität auch auf diesem Gebiet". Diese Drohung wurde wenige Tage später in die Tat umgesetzt. Am 6. Juli 1933 drangen SA- und SS-Abteilungen in den Verlag Waldkirch in der Amtsstraße ein, besetzten Druckerei und Redaktion der PR und zwangen Geheimrat Waldkirch zum Verlassen der Firma. Ihm wurde erklärt, daß die Partei den Betrieb übernehmen und vier Kommissare zur Weiterführung des Verlags einsetzen werde. Am nächsten Tag erschien die Zeitung unter der Schlagzeile: „Die Pfälzische Rundschau unterstellt sich Hitler". Doch Geheimrat Waldkirch gelang es mit Hilfe höchster Parteistellen, diesem illegalen Handstreich ein Ende zu bereiten. Minister Goebbels intervenierte höchstpersönlich, und die Besetzer verließen nach einigen Tagen wieder den Betrieb. Der Geheimrat konnte sogar den als ›Kommissar‹ an der Aktion beteiligten Prokuristen Trömel entlassen.[111] Dieser Erfolg war freilich von kurzer Dauer. Nach weiteren massiven Pressionen mußte Waldkirch im Oktober 1933 die mehrheitlichen Anteile an der PR dem Gauverlag übereignen. Die Zeitung erschien danach unter ihrem alten Titel als „Amtliches Organ der NSDAP in der Pfalz", ab 1934 mit dem Untertitel ›Das nationalsozialistische Abendblatt der Pfalz‹. Im Gegenzug wurde Waldkirch wenigstens zugesichert, den ›General-Anzeiger‹ weiterführen zu können.[112]

Gleichzeitig ließ der Gauleiter den Ausbau der NSZ weiter forcieren. Uniformierte Werbekolonnen schwärmten in der ganzen Pfalz aus – „In jedes Haus die NSZ Rheinfront!", um der „einzigen führenden und größten nationalen Zeitung" neue Abonnenten zu verschaffen. Als Bürckel zu Ohren kam, daß viele Beamte immer noch andere Zeitungen abonniert hätten, legte die Gaufachschaft für Beamte jedem Staats- und Kommunalbediensteten in der Pfalz einen Fragebogen vor, in dem der Betreffende angeben mußte, welche Zeitung er abonniert hatte und ob er die NSZ bezog. Falls nicht, wurde eine ausführliche Begründung und eine zusätzliche Stellungnahme seiner Dienststelle verlangt. Im Jahr 1934 stieg so die Auflage der NSZ auf über 90 000. Dennoch gingen die Angriffe gegen die letzte freie Zeitung in Ludwigshafen, den ›General-Anzeiger‹, und die Pressionen gegen Geheimrat Waldkirch weiter, der sich standhaft weigerte, auch den GA der Partei auszuliefern. Trotz der inhaltlichen Gleichschaltung und der penibelsten Beachtung aller vorgegebenen ›Sprachregelungen‹ „galt die Waldkirch-Zeitung dennoch bei allen dem Regime Fernstehenden als das im Vergleich zur NSZ ‚respektablere Blatt'."[113] Dementsprechend wurde Waldkirch von der Partei als einer der „Schädlinge des Dritten Reiches" bezeichnet, die „aus dem Zeitungswesen ausgeschlossen werden müssten."[114] Schließlich drohte Bürckel unter Berufung auf die „Amann-Verordnungen" mit einem Enteignungsverfahren, das im Dezember 1938 tatsächlich durchgeführt wurde. Der GA erschien aber unter seinem alten Namen weiter, bis man ihn im September 1941 ganz eingestellte. Um 1939/40 wurde so

Präsentation der gleichgeschalteten Presse: ›Grenzland-Presseschau‹ in der ›Hindenburghalle‹, 1938 [34]

Nächtliche Propaganda für die ›Reichstagswahlen‹ und die Volksabstimmung über den Austritt Deutschlands aus dem Völkerbund am Stadthaus Nord November 1933 [35]

die Amtsstraße zum Zentrum der pfälzischen Parteipresse. Der NSZ-Verlag übersiedelte 1940 in das vormalige Gebäude des Ludwigshafener Amtsgerichts, gegenüber, im ehemaligen Waldkirch-Gebäudekomplex, wurden NSZ, PfR und der GA hergestellt. Die NSZ erwarb auch das Gelände der am 9. November 1938 zerstörten Synagoge in der Kaiser-Wilhelm-Straße von der Stadt. Dem NSZ-Presseimperium gelang es schließlich während des Krieges, über das Saarland bis nach Lothringen, in die besetzen Gebiete Rußlands und gar nach Norwegen auszugreifen. Mit einer Gesamtauflage von 412 000 Stück war die NSZ im Mai 1944 die drittgrößte Zeitung im ›Großdeutschen Reich‹.[115]

Auch formal war so schließlich die Gleichschaltung im Pressewesen vollzogen, die aber inhaltlich schon mit der Machtergreifung durchgesetzt worden war und die seither keine von der offiziellen Sprachregelung abweichende Information, geschweige denn Meinungsäußerung mehr zugelassen hatte. Oder, wie es die NSZ formulierte: „Die NS-Presse ist es, die die Verbindung zwischen Führer und Volk garantiert."[116]

Anmerkungen
Seite 210 und 211

115 *Mörz, Westbote, S. 112*
116 *NSZ, 12.3.1938*
117 *LASp, J 72, 131*

Stimmenauszählung
in einem Ludwigshafener Wahllokal
12. November 1933 [36]

Durchdringung des öffentlichen Raumes mit NS-Ideologie [37]

Überwachung, Diskriminierung, Verfolgung – und Anpassung

„Du kannst Dir manchmal nicht vorstellen, wie es bei uns zugeht, wie das Volk alles mitmacht. Jede Äußerung, die nur ein wenig nach Kritik aussieht, wird als staatsfeindlich ausgewertet. Jeder leiseste Versuch, aus den letzten 14 Jahren etwas Gutes herauszuholen, wird als staatsfeindlich angesehen und man muß sich gefaßt machen, daß jeder Trottel einen ins Gefängnis bringen kann, wenn man Kritik übt. Man weiß heute in Deutschland nicht, was wahr und ehrlich, was gelogen und berechnend ist. Da kommt man sich mit seinen Gesinnungsgenossen wie auf einer Insel vor."[117] Dies schrieb eine Ludwigshafener Bürgerin Anfang 1934 in einem Brief an einen Bekannten in Holland. Die treffende Schilderung der Zustände in ihrer Heimatstadt macht deutlich, wie schnell es den Nationalsozialisten nach der Ausschaltung der Parteien, nach der Gleichschaltung des öffentlichen Lebens und nach der Zerschlagung der Vereine gelungen war, im Alltagsleben der Bürger ein Klima der permanenten Verunsicherung und Verängstigung zu schaffen.

NS-Wahlpropaganda [38]

Nur so konnten auch weiterhin alle individuellen Verhaltens- und Äußerungsformen unterbunden werden, „die nicht begeisterter Bejahung, Gefolgschaftstreue und respektvoller Ehrerbietung gegenüber den Führern, Organen und Symbolen des Regimes entsprachen"[118] – also beispielsweise das – in der ersten Zeit nach der Machtergreifung noch recht häufige – Verteilen verbotener Druckschriften, das Weiterarbeiten in verbotenen Vereinen, jegliche verbale politische Kritik, aber auch häufig harmlose regimekritische Äußerungen am Stammtisch.

Die Schaffung eines Klimas der Angst – sie ergänzte jene großaufgezogenen Propagandaanstrengungen, die die Herzen der Menschen gewinnen sollten. Diese ›Zuckerbot-und-Peitsche‹-Taktik war aus Sicht der Nationalsozialisten wohl gerade in einer Stadt wie Ludwigshafen erforderlich. Zwar war hier schon 1922 die zweite pfälzische Ortsgruppe der NSDAP gegründet worden, und schon in den 1920er Jahren hatte die NS-Presse hier Fuß gefaßt. Doch blieben die Wahlergebnisse der Partei 1932 und 1933 etwa 10% unter dem Reichsdurchschnitt, die Linke, SPD und KPD, erzielte konstant über 40% und damit deutlich mehr als die NSDAP. Auch bei den gelenkten Abstimmungen über den Austritt aus dem Völkerbund – November 1933 – und zur Erhebung Hitlers zum Staatsoberhaupt nach dem Tod Hindenburgs – August 1934 – stimmten 9,6% bzw. 12,2% mit Nein. Noch weit schwächer schnitten die NS-Organisationen nach den Berichten der Untergrund-SPD bei den Wahlen zu den ›Vertrauensräten‹ in den Betrieben ab. 1935 erhielten die offiziellen Listen im I. G. Farben-Werk nur 40—45% der Stimmen, bei Giulini lag die Zahl der Nein-Stimmen über 50%. „Die Wahl des Vertrauensrates für die städtischen Betriebe von Ludwigshafen ergab für die amtliche Liste nur 46%. Auch die Wahl des Bürgermeisters Ecarius zum Gefolgschaftsführer endigte mit einer Ablehnung von 54%. Die ›Listenmänner‹ wurden natürlich trotzdem als Vertrauensräte eingesetzt."[119] Zwar wies der NSDAP-Kreis Ludwigshafen einen hohen Organisationsgrad auf – fast in allen Stadtteilen und den zugehörigen Landgemeinden gab es verschiedenste NS-Organisationen – NS-Volkswohlfahrt, Deutsche Arbeitsfront (DAF), Frauenschaft, SA, Berufsverbände etc. Doch kam zum Beispiel 1935 auf 412 Einwohner nur ein NSDAP-Blockwart. Das war ein recht dünnes Netz, verglichen mit Kreisen wie Kusel oder Kaiserslautern, wo ein Blockwart 118 bzw. 305 Menschen zu überwachen hatte. Freilich war Kusel mit einem Anteil von 5% NSDAP-Mitgliedern an der Wohnbevölkerung der ›beste‹ NSDAP-Kreis. In Ludwigshafen betrug der Prozentsatz lediglich 2,57% – in der Pfalz lag er nur im katholischen Bezirk Speyer noch niedriger.[120]

Dennoch verfügte die Partei auch in Ludwigshafen über Augen und Ohren: Ein weit verbreitetes Denunziantentum, das von der Partei durch ihre Haus- und Blockwarte noch zusätzlich gefördert wurde, war Voraussetzung für das Aufspüren regimekritischer Äußerungen. Vergeblich bemühten sich die staatlichen Stellen darum, „die des deutschen Volkes und des nationalsozialistischen Staates unwürdige Erscheinung" abzustellen. Reichsminister Frick wies in einem Runderlaß an die Landesregierungen und Reichsstatthalter vom April 1934 auf die Dringlichkeit des Problems hin. „Bei näherer Prüfung" sei nämlich festzustellen, so Frick, „daß diese Anzeigen fast ausschließlich auf persönliche Streitigkeiten zurückzuführen sind [...] Namentlich werden bei Hausstreitigkeiten die Gegner oft politisch verdächtigt."[121] Die Intervention

Anmerkungen
Seite 212

118 Hüttenberger, S.443
119 Deutschland-Berichte, Bd.2, S.547, 791
120 Heinz, S.89, 92, 104
121 Runderlaß betr. „Bekämpfung des Denunziantentums", Abdruck in StALu, LUN 1211

Fricks blieb freilich ohne Folgen, denn die untergeordneten Behörden dachten nicht im Traum daran, sich deshalb mit der Partei anzulegen.

Außerdem war bereits im März 1933 ein neues Instrument politischer Justiz eigens für die Verfolgung regimekritischer und unbotmäßiger Äußerungen geschaffen worden: die Sondergerichte.[122] Sie waren in den ersten Jahren des Dritten Reiches hauptsächlich für Verstöße gegen die Notverordnung „zur Abwehr heimtückischer Angriffe gegen die Regierung der nationalen Erhebung" vom 21. März 1933 zuständig. In § 3 hieß es dort: „Wer vorsätzlich eine unwahre oder gröblich entstellte Behauptung tatsächlicher Art aufstellt oder verbreitet, die geeignet ist, das Wohl des Reiches oder eines Landes oder das Ansehen der Regierung oder einer Landesregierung oder der hinter dieser Regierung stehenden Parteien oder Verbände schwer zu schädigen, wird [...] mit Gefängnis bis zu zwei Jahren, und wenn er die Behauptung öffentlich aufstellt oder verbreitet, mit Gefängnis nicht unter drei Monaten bestraft."[123] In Bayern wurden noch im März 1933 vier Sondergerichte etabliert, darunter eines für die Pfalz beim Landgericht Frankenthal.[124] Die Verfahren fanden mit deutlich verkürzten Rechtsmitteln für die Angeklagten und ohne Revisionsmöglichkeit statt. Hinzu kamen systematische Behinderungen der Verteidigung. So wurde zum Beispiel ein Rechtsanwalt, der „die Frechheit besessen" hatte, „einige Beweisanträge für den Wahrheitsbeweis zu stellen", im Jahr 1934 vom damaligen Gaurechtsamtsleiter – und späteren Oberbürgermeister der Stadt Ludwigshafen – Stolleis heftig gerügt.[125] Anfangs gehörte die Verfolgung aktiver politischer Gegner des Regimes noch zu den Hauptaufgaben des Sondergerichts in Frankenthal: Betätigung in einer verbotenen marxistischen Organisation (Partei oder Verein) oder Verbreitung ›kommunistischer‹ – also auch sozialdemokratischer – Druckschriften, manchmal auch nur ein demonstratives „Heil Moskau"-Rufen auf öffentlichen Plätzen. Über die Aktivitäten dieser „roten Wühlmäuse" wurde auch in der Presse häufig berichtet.[126] Aber noch im Verlauf des Jahres 1933 wandelte sich das Bild. Mehr als die Hälfte der vom Sondergericht verhandelten Delikte bestand in „unwahren Behauptungen tatsächlicher Art", im Jahr darauf machten diese sogenannten Heimtückefälle fast 90% aller Verfahren aus. Das breite Spektrum der inkriminierten Heimtückereden macht deutlich, daß grundsätzlich jeder, der eine irgendwie geartete kritische Meinung äußerte, Gefahr lief verurteilt zu werden.[127] In fast allen Fällen war die Strafverfolgung wegen ›Heimtücke‹ die Folge von Denunziationen aus der Bevölkerung. Eine Auswertung der im Landesarchiv Speyer vorhandenen Akten zu 660 Fällen in der Pfalz aus den Jahren 1936 bis 1945 zeigt, daß nicht weniger als 22,3% der Verfahren Personen aus Stadt und Kreis Ludwigshafen betrafen, obwohl diese Region nur einen Anteil von 17% an der Bevölkerung der Pfalz hatte. Dies spricht für die potentielle Widerspenstigkeit der Arbeiterstadt, aber auch für die von Zuträgern erleichterte Arbeit der örtlichen Gestapo-Stelle.[128]

In Ludwigshafen tauchte anfangs am häufigsten die Behauptung auf, die Nazis hätten den Reichstag angesteckt. Zwei Chauffeure hatten geäußert, daß der vermeintliche Täter, der holländische Anarchist van der Lubbe, Bursche bei einem NSDAP-Reichstagsabgeordneten gewesen sei, und bekamen dafür zehn Tage Gefängnis. Die offene Behauptung, daß die NSDAP den Reichstag angezündet habe, brachte einem

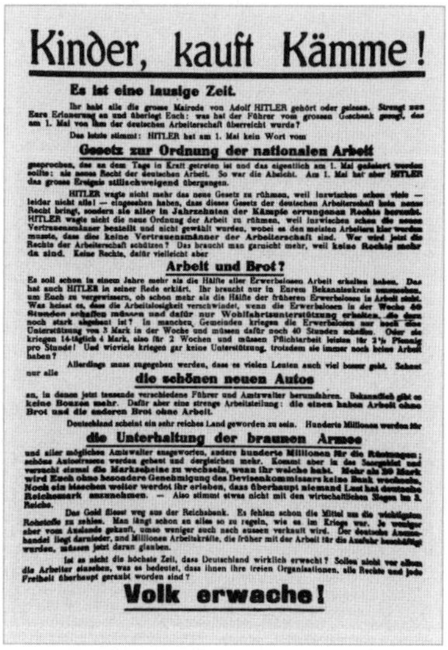

Kinder, kauft Kämme!

Es ist eine lausige Zeit.

Ihr habt alle die grosse Mairede von Adolf HITLER gehört oder gelesen. Strengt nun Eure Erinnerung an und überlegt Euch: was hat der Führer vom grossen Geschenk gesagt, das am 1. Mai von ihm der deutschen Arbeiterschaft überreicht wurde?

Das letzte stimmt: HITLER hat am 1. Mai kein Wort vom

Gesetz zur Ordnung der nationalen Arbeit

gesprochen, das an dem Tage in Kraft getreten ist und das eigentlich am 1. Mai gefeiert werden sollte: als neues Recht der deutschen Arbeit. So war die Absicht. Am 1. Mai hat aber HITLER das grosse Ereignis stillschweigend übergangen.

HITLER wagte nicht mehr das neue Gesetz zu rühmen, weil inzwischen schon viele — leider nicht alle! — eingesehen haben, dass dieses Gesetz der deutschen Arbeiterschaft kein neues Recht bringt, sondern sie aller in Jahrzehnten der Kämpfe errungenen Rechte beraubt. HITLER wagte nicht die neue Ordnung der Arbeit zu rühmen, weil inzwischen schon die neuen Vertrauensmänner bestellt und nicht gewählt wurden, wobei es den meisten Arbeitern klar werden musste, dass dies keine Vertrauensmänner der Arbeiterschaft sind. Wer wird jetzt die Rechte der Arbeiterschaft schützen? Das braucht man garnicht mehr, weil keine Rechte mehr da sind. Keine Rechte, dafür vielleicht aber

Arbeit und Brot?

Es soll schon in einem Jahre mehr als die Hälfte aller Erwerbslosen Arbeit erhalten haben. Das hat auch HITLER in seiner Rede erklärt. Ihr braucht nur in Eurem Bekanntenkreis umzusehen, um Euch zu vergewissern, ob schon mehr als die Hälfte der früheren Erwerbslosen in Arbeit steht. Was heisst es, dass die Arbeitslosigkeit verschwindet, wenn die Erwerbslosen in der Woche 40 Stunden schaffen müssen und dafür nur Wohlfahrtsunterstützung erhalten, die dazu noch stark abgebaut ist? In manchen Gemeinden kriegen die Erwerbslosen nur noch eine Unterstützung von 3 Mark in der Woche und müssen dafür noch 40 Stunden schaffen. Oder sie kriegen 14-täglich 4 Mark, also für 2 Wochen und müssen Pflichtarbeit leisten für 2½ Pfennig pro Stunde! Und wieviele kriegen gar keine Unterstützung, trotzdem sie immer noch keine Arbeit haben?

Allerdings muss zugegeben werden, dass es vielen Leuten auch viel besser geht. Schaut nur alle

die schönen neuen Autos

an, in denen jetzt tausende verschiedene Führer und Amtswalter herumfahren. Bekanntlich gibt es keine Bonzen mehr. Dafür aber eine strenge Arbeitsteilung: die einen haben Arbeit ohne Brot und die anderen Brot ohne Arbeit.

Deutschland scheint ein sehr reiches Land geworden zu sein. Hunderte Millionen werden für

die Unterhaltung der braunen Armee

und aller möglichen Amtswalter ausgeworfen, andere hunderte Millionen für die Rüstungen; schöne Autostrassen werden gebaut und dergleichen mehr. Kommt aber in das Saargebiet und versucht einmal die Markscheine zu wechseln, wenn ihr welche habt. Mehr als 30 Mark wird Euch ohne besondere Genehmigung des Devisenkommissars keine Bank wechseln. Noch ein bisschen weiter werdet ihr erleben, dass überhaupt niemand Lust hat deutsche Reichsmark anzunehmen. — Also stimmt etwas nicht mit den wirtschaftlichen Siegen im 3. Reiche.

Das Geld fliesst weg aus der Reichsbank. Es fehlen schon die Mittel um die wichtigsten Rohstoffe zu zahlen. Man fängt schon an alles so zu regeln, wie es im Kriege war. Je weniger aber vom Auslande gekauft, umso weniger auch nach aussen verkauft wird. Der deutsche Aussenhandel liegt darnieder, und Millionen Arbeitskräfte, die früher mit der Arbeit für die Ausfuhr beschäftigt wurden, müssen jetzt daran glauben.

Ist es nicht die höchste Zeit, dass Deutschland wirklich erwacht? Sollen nicht vor allem die Arbeiter einsehen, was es bedeutet, dass ihnen ihre freien Organisationen, alle Rechte und jede Freiheit überhaupt geraubt worden sind?

Volk erwache!

Flugblatt der Untergrund-SPD 1934 [39]

Anmerkungen Seite 213

122 *Notverordnung des Reichspräsidenten vom 21.7.1933; Reichsgesetzblatt I, S. 136*

123 *ebd.*

124 *hier und im Folgenden ausführlich Meinzer, Machtergreifung, S. 234ff; dort wurden die nur für die Jahre 1933 und 1934 erhaltenen Prozeßakten, insgesamt 184, in den Fällen ausgewertet, die Ludwigshafener Bürger betrafen. Zum Sondergericht Frankenthal vgl. Justiz im Dritten Reich, Teil 1 und 2*

125 *ebd., S. 235f*

126 *Zitat im GA, 8.6.1933; weitere Berichte ebd., 8.4.1933, 30.6.1933, 11.10.1933, 12.10.1933, 14.10.1933, 11.11.1933; NPfL, 17.6.1933, 22.6.1933, 1.7.1933; NSZ, 12.10.1933*

127 *Nachweise für die im Folgenden zitierten Fälle, sämtlich Ludwigshafener Fälle vor dem Sondergericht Frankenthal betreffend, in Meinzer, Machtergreifung, S. 240ff*

128 *Scharf, S. 698*

Maurer drei und einer Hausfrau vier Monate Gefängnis ein, während ein Invalide – „Die Hitler haben ihn angesteckt" – mit einem Monat davonkam. Höher fiel die Strafe meistens dann aus, wenn weitere regimekritische Äußerungen gefallen waren. Ein erwerbsloser Matrose hatte zunächst gesagt, daß van der Lubbe unschuldig sei, dann aber noch hinzugefügt: „Was Hitler im Sinn habe, sei Ausbeuterei", und wurde insgesamt zu fünf Monaten verurteilt. Die gleiche Strafe erhielt ein Tagelöhner, der zusätzlich geäußert hatte: „Die Beamten werden weggeschmissen, damit Hitler seine Leute unterbekommt". Die höchste Strafe in einem Heimtückefall erhielt mit sieben Monaten Gefängnis ein Elektriker, der die Führung der NSDAP neben der Urheberschaft für den Reichstagsbrand der persönlichen Bereicherung bezichtigt hatte: „Das Geld, welches sie zusammenbetteln und welches den Leuten in den Fabriken abgezogen wird, behalten Hitler und seine Kumpanen."

Weitere ›Heimtückereden‹, die häufig auftraten, waren im Grunde harmlose Spitzen gegen führende Personen der NSDAP, insbesondere gegen Hitler selbst. Da gab es Anspielungen auf Hitlers Junggesellendasein – „Hitler ist schwul" (Freispruch) oder „Hitler und Röhm haben intime Beziehungen" (Verfahren nach nervenärztlichem Gutachten eingestellt), auf seine geistigen Fähigkeiten – „Hitler ist auch keiner von den Hellen, nur durch seine große Gosche ist er hochgekommen" (vier Monate) – oder sein Verhalten im Krieg: „Ich bin an der Front gewesen, Hitler aber hat sich hinten herumgedrückt" (vier Monate). Ein Erwerbsloser behauptete, Hitler „hat Angst vor dem Kapital und holt alles von den Kleinen" (sechs Monate), und ein Nachtwächter schloß seine Heimtückerede mit der glänzenden Pointe: „Der Arbeitslosenrückgang ist nur in dem Falle zu verzeichnen, daß Hitler ⅔ in das Konzentrationslager und ⅓ in Uniform gesteckt hat" (ein Monat). Andererseits zeigte sich in manchen Heimtückereden bereits die Entstehung des Mythos vom guten Führer, der lediglich von schlechten Beratern umgeben sei. Ein weit verbreitetes Gerücht beschrieb eine Szene beim Parteitag in Nürnberg, in der Hitler seine höchsten Parteiführer beim Sektgelage überrascht und ihnen aus Verärgerung über ihr „Bonzentum" das Tischtuch heruntergerissen habe (100 RM Geldstrafe). Die Gliederungen der Partei sahen sich dagegen stets herber Kritik ausgesetzt. Ein Spengler bezeichnete die Mitglieder der NSBO (Nationalsozialistische Betriebszellenorganisation) als „Zuchthäusler, Fremdenlegionäre und sonstiges Gesindel" (ein Monat). Über die SS wurde behauptet: „Früher waren sie Separatisten und im Zuchthaus und heute sind sie bei der SS" (sechs Monate), und „die SA hat alles gebraucht, Separatisten, Zuchthäusler und Verbrecher, sonst wäre Adolf nicht wo er jetzt ist" (zwei Monate).

Ständige Überwachung, Einschüchterung, Verunsicherung – der totale Staat war im Leben der Bürger allgegenwärtig. Bei den Scheinwahlen zum Reichstag 1936 und 1938 sank die Zahl der ungültigen bzw. Nein-Stimmen auf 0,6% bzw. 0,3%, was nicht nur ein Zeichen für wachsende Konformität und Zustimmung war. Denn die Abstimmungen wurden von Drohungen begleitet. In manchen Orten wurden die Stimmzettel schon fertig angekreuzt ausgehändigt. Ein ›früherer‹ Zentrumsanhänger, der in einem pfälzischen Ort um ein noch unausgefülltes Formular bat, wurde von einem SA-Mann angeschnauzt: „Was ist, Schwarzkopp, willst Du gegen den Führer stimmen?" und dann

Anmerkungen
Seite 215

129 Deutschland-Berichte, Bd. 3, S. 438
130 ebd., Juni 1936, S. 711
131 Scharf, S. 660
132 zit. n. Braun, Widerstand, S. 403
133 ebd., S. 404
134 Haucks Erinnerungen, nach Morweiser, Anlage 73
135 Deutschland-Berichte, Bd. 3, S. 436
136 Nord, S. 23
137 Lagebericht der Gestapo Neustadt vom 28.11.1938, bei Morweiser, Anlage 49

zusammengeschlagen. „In den Lokalen war die Kontrolle so scharf, daß es nur unter dem Risiko sofortiger Prügel und schlimmster Nachwirkungen möglich gewesen wäre, den Zettel mit einem ›Nein‹ ungültig zu machen [...] Aus Ludwigshafen und Pirmasens werden bereits Entlassungen gemeldet wegen Wahlenthaltung [...]", berichtete die Untergrund-SPD im April 1936.[129] Entsprechend war der Druck auch am Arbeitsplatz: „Früher beherrschte das Leben in der Anilinfabrik in Ludwigshafen auch die meisten Diskussionen der Arbeiter. Auch die Arbeiterpresse befaßte sich oft kritisch mit den Vorgängen [...], wobei viele Informationen über die Produktionsvorgänge an die Öffentlichkeit kamen. Heute ist das anders. Allen Beschäftigten ist strengstes Schweigen auferlegt und die Frage eines Außenstehenden könnte sehr leicht als Spionage ausgelegt werden und üble Folgen haben [...]"[130]

1. Mai 1934
auf dem Gelände der I. G. Farben [40]

Widerstand war unter diesen Bedingungen kaum mehr möglich. Die systematische Überwachung, Verfolgung, Inhaftierung und gelegentliche Ermordung von aktiven Oppositionellen führte je länger, je mehr zu einem deutlichen Nachlassen regimekritischer Aktivitäten. Allein vom Zeitpunkt der Machtergreifung bis Mitte April 1933 wurden in der Pfalz 1 100 bis 1 200 Personen in die sogenannte ›Schutzhaft‹ genommen,[131] und schon 1933/34 wurden viele kommunistische und sozialdemokratische Untergrundnetzwerke zerschlagen. Ein Lagebericht der Leitung der Untergrund-KPD Baden-Pfalz vom Ende des Jahres 1935 beschrieb den Unterbezirk Ludwigshafen als den „schlechtesten". „Hier ist es uns nicht möglich gewesen, irgendetwas aufzubauen. Jeder Ansatz einer Organisation wurde bisher von der Gestapo zerschlagen. Das geht so weit, daß keiner unserer Instrukteure nach Ludwigshafen will [...]"[132] Das Ludwigshafener Debakel war kein Zufall. Es war der Geheimpolizei gelungen, einen Spitzel bei der KPD einzuschleusen, der zahlreiche „Täter ihrer Bestrafung zuführen" konnte, wie der Leiter der Ludwigshafener Gestapo, Hauck, lobte.[133] Während Hauck gegenüber ›marxistischen‹ Kräften weniger Milde walten ließ, versuchte der evangelisch-kirchlich engagierte, aus der Weimarer Bürokratie in die Staatspolizei überführte Polizeibeamte des öfteren vor allem bürgerliche und kirchliche Regimegegner zu schützen – was ihm 1940 die fünfmonatige Einlieferung in ein SS-Gefängnis und die Suspendierung vom Dienst einbrachte.[134] Denjenigen Gegnern des Nationalsozialismus, die auf – relativ – freiem Fuß blieben, diente das Schicksal der verfolgten Gesinnungsgenossen zur Abschreckung. Dennoch ging das Regime vor dem Besuch Hitlers in Ludwigshafen im März 1936 kein Risiko ein: circa 150 Menschen wurden vorbeugend verhaftet.[135] Trotzdem kam es zu einer Aktion, bei der an vielen Stellen der Stadt Klebezettel mit dem Text „Wer Hitler wählt, wählt den Krieg" auftauchten.[136] Solche Unternehmen waren aber eher die Ausnahme. Es spricht Bände, daß die Gestapo in ihren Berichten über KPD und SPD vom November 1938 nicht mehr über deren Auftreten in Ludwigshafen zu berichten wußte, als daß auf der Innenseite der Eingangstür einer Toilettenanlage in Friesenheim ein Unbekannter mit Bleistift einen Sowjetstern und die Pfeile der sozialdemokratischen ›Eisernen Front‹ gekritzelt hatte – das war alles, was vom ›Widerstand‹ geblieben war.[137]

Wer sich weiterhin noch zur Arbeiterbewegung oder zu den christlichen Parteien zählte, mußte sich darauf beschränken, insgeheim und möglichst unauffällig den Kontakt mit Gleichgesinnten zu pflegen,

Karl Nord
1932 [41]

Im September 1938 wurde der damals 26jährige Karl Nord, der spätere langjährige Leiter des Ludwigshafener Kulturamts, verhaftet. Er hatte sich in der Spätphase der Weimarer Republik der ›Sozialistischen Arbeiterpartei‹, einer linken Absplitterung der SPD, angeschlossen, und war auch im Dritten Reich seiner Gesinnung – und seinen Genossen – treu geblieben.[138]

„Sieben Uhr morgens. Es läutete zweimal kurz und heftig. Ich eilte zur Tür und öffnete. Zwei Männer standen vor mir und fragten, ob ich Karl Nord sei. Sie hätten den Auftrag, mich zu einer Vernehmung im Polizeipräsidium Ludwigshafen abzuholen.

„Waschen Sie sich den Seifenschaum aus Ihrem Gesicht!", sagte einer der beiden mir völlig unbekannten Herren. „Packen Sie Ihre Zahnbürste und ein Stück Seife ein!", wies mich der andere an, „sie kann immerhin etwas länger dauern, Ihre Vernehmung."

Meine Mutter und mein Stiefvater waren inzwischen aus Ihrem Schlafzimmer getreten; blaß und erregt er, meine Mutter aber in Tränen: „Mein Karl, was werden sie alles mit dir machen."

Beide Männer, die sich zwischenzeitlich meinem Stiefvater als Hilfspolizisten der Geheimen Staatspolizei Ludwigshafen ausgewiesen hatten, waren anständig zu meinen Eltern, trösteten sie sogar und meinten, daß ja alles gar nicht so schlimm sein werde. Sie hätten doch nur den Auftrag, mich zu einer Vernehmung abzuholen.

Ich hatte inzwischen meine Toilettenutensilien in einen Beutel verpackt und folgte, nach der Verabschiedung von meinen Eltern, den beiden Gestapobeamten. Im Treppenhaus hatte sich ein Spalier gebildet. Alle Frauen, einige von ihnen weinten, Männer und Kinder standen dort und auch auf der Straße schauten einige Menschen stumm und betreten zu.

Nachdem ich im Wagen neben einem der Polizisten auf dem Rücksitz Platz genommen hatte, erklärte mir dieser, daß er bei Fluchtversuch von seiner Schußwaffe Gebrauch machen werde, ich solle also keine Dummheiten machen.

Sie fuhren mich zunächst ins Polizeipräsidium. Nach etwa einstündiger Vernehmung im Büro der Gestapo wurde ich schließlich nach Mannheim in das Untersuchungsgefängnis im Schloß eingeliefert.

Es war der 8. September 1938. Diesen Tag werde ich nie in meinem Leben vergessen!

Ein älterer Gefängnisbeamter nahm mich in Empfang. Ich mußte meinen Geldbeutel, meine Uhr, mein Taschentuch auf einen Tisch legen, auch der Gürtel wurde mir abgenommen. Führerschein und Personalausweis wurden konfisziert. Kamm, Zahnbürste und Waschlappen durfte ich behalten. Der Beamte sagte mir, daß ich ab sofort nicht mehr mit ›Heil Hitler‹ grüßen dürfe. Dieser Gruß sei nur den ›freien Deutschen‹ erlaubt. [...] ‚Sie haben stets ihre Zelle sauberzuhalten und jede Nichteinhaltung einer Vorschrift, wie Sprechen während der Hofstunde etc., wird mit einer Hausstrafe wie Essenentzug oder Dunkelhaft bestraft. Halten Sie sich an die Anordnung, dann wird auch Ihr Aufenthalt bei uns herumgehen', fügte er hinzu und verließ die Zelle. Die Tür fiel ins Schloß und wurde lautstark verriegelt.

Nun war ich allein ...

Furchtbare Gedanken stürmten auf mich ein. Es schien mir einfach undenkbar zu sein, daß ich es in dieser kleinen, halbdunklen Zelle aushalten könnte. Was habe ich getan, daß man mich so behandeln durfte [...]."

Karl Nord verschwand damals für drei Jahre im Zuchthaus.

Anmerkungen
Seite 216 und 217

138 Nord, S. 25ff
139 Braun, Müller, S. 19f

Auch der damals 32jährige spätere Ludwigshafener Ehrenbürger Herbert Müller, Funktionär der Kommunistischen Partei und Mitglied des Stadtrats und des bayerischen Landtags, war bereits seit der Machtergreifung der Verfolgung ausgesetzt. Über seine Haft im Konzentrationslager Dachau, in das viele Pfälzer als bayerische Bürger eingewiesen wurden, und die Jahre bis zu seiner geglückten Flucht nach Frankreich ist in seinem Lebensbericht zu lesen:[139]

Herbert Müller im französischen Exil 1944 [42]

Nahezu zwei Jahre lang mußte der ›Schutzhaftgefangene‹, der zusammen mit etwa fünfzig anderen Leidgenossen aus der Pfalz in das berüchtigte Konzentrationslager eingeliefert worden war, in dieser „Inkarnation der Hölle" vegetieren. Empfangen wurden die Neuankömmlinge mit fünfundzwanzig Stockhieben. „Wir hatten alle Angst", erinnerte sich Herbert Müller noch fünfzig Jahre später. „Unser Leben war keinen Pfifferling mehr wert. Es wurden jeden Tag Menschen erschlagen, erschossen, hingerichtet. Jeden Tag hatten wir uns gewünscht, wir hätten 10 Jahre Zuchthaus, dann wären wir dort sicherer gewesen als im KZ." Unvergessen blieb Herbert Müller ein SS-Kommandant namens Steinbrenner, den er als besonders sadistisch und pervers beschrieb: „Er hat auf alles geschossen, was ihm in die Quere kam. Wenn auch nur sein Schatten zu sehen war, sprangen wir aus den Fenstern der Baracken."

Bis zum letzten Tag hatte Müller nicht an eine mögliche Entlassung geglaubt, die dann am 3. April 1935 überraschend doch erfolgte. „Laut Verfügung der Bayerischen Politischen Polizei München vom 29. März dieses Jahres", so steht es auf dem Entlassungsschein, „wurde die Schutzhaft aufgehoben". Ein freier Mensch war er damit nicht. Tag für Tag mußte sich der allzu bekannte Kommunist und Nazi-Feind in seiner Heimatstadt auf dem Polizeirevier melden. Unter Aufsicht eines SA-Mannes fegte er im Hindenburg-Park – später wieder Friedrich-Ebert-Park – und anderen Ludwigshafener Grünanlagen gefallenes Laub zusammen – für fünf Pfennige die Stunde.

Im Olympiajahr 1936 wurde Herbert Müller erneut inhaftiert. Nicht weil man ihm direkte politische Aktivitäten gegen das Regime vorzuwerfen gehabt hätte; allein, daß man dem Antifaschisten mißtraute, genügte in diesem Fall. Denn für den 25. März 1936 hatte sich Hitler zum Besuch in der Chemiestadt angekündigt – Grund genug, politische Sicherheitsrisiken bereits im Vorfeld auszuschalten.

Aus Leitungsfunktionen der KPD-Untergrundarbeit hatte sich der stets Überwachte zwar nach der KZ-Haft vernünftigerweise herausgehalten. Gleichwohl hielt er Kontakt zu Gesinnungsgenossen und tat das für ihn Mögliche, um gegen die verhaßte NS-Diktatur zu kämpfen. Sehr bedrohlich wurde Müllers Lage, als im November 1936 in einem Hochverratsprozeß in München sein Name gefallen war. Ein Freund überbrachte die verhängnisvolle Information. Da er geschworen hatte, sich nie mehr nach Dachau verschleppen zu lassen, blieb nur noch ein Ausweg: die Emigration.

Über die Umstände seiner Flucht vor der Gestapo berichtete der Journalist Klaus Hofmann aus Gesprächen mit Herbert Müller aus dem Jahre 1985:

„In den frühen Nachtstunden verabschiedete sich Frau Martha auf der Rheinbrücke nach Mannheim von ihrem Mann. Es war die letzte Umarmung für fast zehn Jahre. Am folgenden Morgen um 5 Uhr forderten Beamte der Geheimen Staatspolizei Einlaß in die Wohnung, um Herbert Müller zu verhaften [...]"

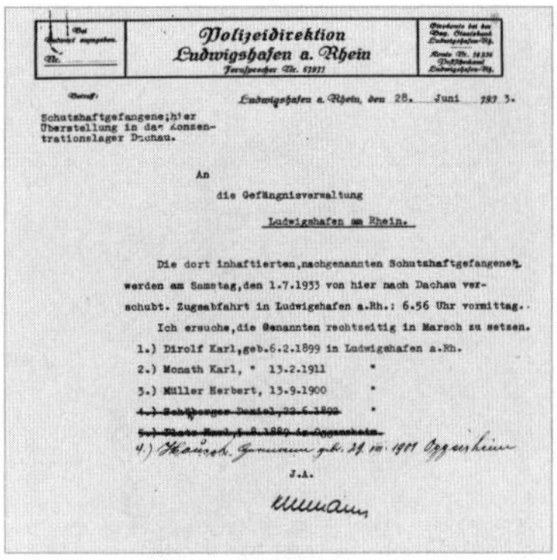

Polizeidirektion
Ludwigshafen a. Rhein
Fernsprecher Nr. 67971

Betreff:

Ludwigshafen a. Rhein, den 28. Juni 1933.

Schutzhaftgefangene; hier Überstellung in das Konzentrationslager Dachau.

An

die Gefängnisverwaltung

Ludwigshafen am Rhein.

Die dort inhaftierten, nachgenannten Schutzhaftgefangenen werden am Samstag, den 1.7.1933 von hier nach Dachau verschubt. Zugsabfahrt in Ludwigshafen a.Rh.: 6.56 Uhr vormittag.

Ich ersuche, die Genannten rechtzeitig in Marsch zu setzen.

1.) Dirolf Karl, geb. 6.2.1899 in Ludwigshafen a.Rh.
2.) Monath Karl, " 13.2.1911 "
3.) Müller Herbert, 13.9.1900 "
~~4.) Schöberger Daniel, 22.6.1899~~ "
~~5.) Platz Karl, 1.8.1889 in Oggersheim.~~
4.) Hauck Hermann geb. 29. III. 1901 Oggersheim

J.A.

Ullmann

›Schutzhaftgefangene‹ nach Dachau
›Verschubungsverfügung‹ durch die Ludwigshafener Polizeidirektion, u. a. von Herbert Müller (3)
28. Juni 1933 [43]

Zusammenhalt und Tradition zu wahren.[140] Doch selbst dies erwies sich häufig als fast unmöglich in einem sozialen Umfeld, in dem sich jeder durch Anpassung und Wohlverhalten doch recht gemütlich einrichten konnte. Auch die Arbeiterschaft hatte sich im Zeichen der endlich einsetzenden wirtschaftlichen Erholung, der suggestiven Propaganda und der für die Beschäftigten veranstalteten ›Kraft durch Freude‹-Fahrten ganz überwiegend mit dem Regime arrangiert.[141] Für viele Pfälzer, die sich nie zuvor einen Urlaub hatten leisten können, blieben KdF-Exkursionen etwa in die glänzende Metropole München als Lebenshöhepunkte im Gedächtnis.

Als Hitler am 25. März 1936 nach der militärischen Besetzung des Rheinlands die Stadt besuchte und im ›Hindenburg-‹, d. h. dem früheren Ebertpark, sprach, drängten sich Tausende an den Straßen selbst des ›sozialistischen‹ Hemshofs. Es ist nicht davon auszugehen, daß die offensichtliche Begeisterung vieler dieser Menschen, wie sie auf zahlreichen erhaltenen Fotografien überdeutlich wird, nur geheuchelt oder erzwungen war.

Die Verfolgung in Zahlen

Die gegenüberstehende Liste[142] zeigt die Häufigkeit, mit der eine der schärfsten Waffen der Justiz im Dritten Reich in Ludwigshafen angewendet wurde. Die weitaus überwiegende Zahl der 1 261 Eingewiesenen kam nach Dachau, doch auch das Arbeitslager Kislau sowie Sachsenhausen, Buchenwald, Mauthausen, Ravensbrück und in drei Fällen Auschwitz werden genannt. Schon das Erscheinen des Namens ›Auschwitz‹ zeigt, daß nicht alle KZ-Eingewiesenen ›politisch‹ waren. Die rassisch Verfolgten, etwa die nach der Reichspogromnacht 1938 nach Dachau verbrachten jüdischen Bürger, zählten ebenfalls dazu. Daneben enthalten die Zahlen auch nicht eben wenige auffällige Kriminelle und sogenannte Asoziale, die, teilweise in regelrechten Kampagnen, in Konzentrationslager eingewiesen wurden. Der erste in den Strafbüchern erwähnte KZ-Häftling ist allerdings definitiv politisch: Es handelt sich um den 32jährigen KPD-Landtagsabgeordneten Herbert Müller.

Nach einem 1947 von der Ludwigshafener ›Betreuungsstelle Opfer des Faschismus‹ aufgrund der dort eingegangenen 277 Anträge von Verfolgten angefertigten Bericht[143] hatten diese Personen insgesamt 640 Jahre in Gefängnissen, Zuchthäusern, Konzentrationslagern oder als Flüchtlinge in der Emigration verbracht. Von den 277 registrierten Verfolgten waren 41 weiblich. Das älteste Opfer war bei seiner Verhaftung 64 Jahre alt und verbrachte 7 Jahre in Haft, die älteste inhaftierte Bürgerin war 68 und war über sechs Jahre interniert. Das jüngste Opfer wurde im Alter von 18 Jahren zu drei Jahren Haft verurteilt. Der Stelle waren 27 unter der NS-Herrschaft aus politischen und religiös/weltanschaulichen Gründen ermordete Ludwigshafener bekannt, von denen die meisten in Konzentrationslagern ums Leben kamen, einige wurden im Gefängnis erhängt, einige hingerichtet, einige starben an den Haftfolgen.

Zu dieser vermutlich noch um eine Dunkelziffer zu ergänzenden Zahl politischer Opfer kamen noch die weit über 100 jüdischen Opfer des Rassenwahns, die ganz überwiegend in den Vernichtungslagern des Ostens umkamen. Etwa tausend jüdischen Mitbürgern blieb zudem kaum etwas anderes als der Gang ins Zwangs-›Exil‹, oft unter entwürdigenden Umständen und unter Zurücklassung größerer Vermögenswerte. Einige in Ludwigshafen ansässige Sinti und Roma wurden aus ›rassischen‹ Gründen sterilisiert.

Anmerkungen
Seite 218 und 219

140 *zum Widerstand der Arbeiterparteien und der christlichen Parteien vgl. Braun, Widerstand und Nestler*

141 *Dies bestätigen auch die Deutschland-Berichte, Dezember 1936, Bd. 3, S. 1596*

142 *Die Liste wurde im Rahmen der Arbeit an der Dokumentation ›Justiz im Dritten Reich‹ in Rheinland-Pfalz aus den Gefangenenbüchern des Amtsgerichtsgefängnisses Ludwigshafen erhoben und dem Stadtarchiv von Herrn Eginhard Scharf, Speyer, zur Verfügung gestellt*

143 *StALu, LUN 2429*

144 *KZ-Einweisungen in % der gesamten Haft-Einweisungen von Ludwigshafen aus*

145 *NSZ, 24.2.1933; zum Schicksal der Juden in Ludwigshafen vgl. ausführlich Minor / Ruf*

146 *GA, 4.4.1933; NSZ, 23.3.1933; NPfL, 7.4.1933; vgl. Meinzer, Machtergreifung, S. 253ff*

147 *ebd., S. 254f*

Anpassung: begeisterte Menschen beim Hitlerbesuch, 25. März 1936 [44]

Transparent zum Hitlerbesuch „Dein Wort Führer ist unser Gesetz" [45]

Massenandrang in der Ludwigstraße beim Hitlerbesuch [46]

Hitler auf dem Weg zum ›Hindenburg‹(Ebert)park [47]

Einweisungen in verschiedene Konzentrationslager aus dem Amtsgerichtsgefängnis Ludwigshafen 1933 bis 1940 [144]

1933	1934	1935	1936	1937	1938	1939	1940	
54	43	106	296	193	239	246	84	
2,9	2,4	6,3	13,2	9,5	12,6	15,7	7,2	[in %]

Die Judenverfolgung

Die Reihen der neuen ›Volksgemeinschaft‹ blieben nur einer Gruppe verschlossen, die im Zeichen des nationalsozialistischen Rassenwahns mit mörderischer Konsequenz diskriminiert und verfolgt wurde: den Juden. Schon unmittelbar nach der Machtergreifung begann ein aus den unterschiedlichsten Aktionen der lokalen Parteibasis, des Gauleiters, der Polizei und des Gesetzgebers gespeister Radikalisierungsprozeß, der schließlich in der ›Endlösung der Judenfrage‹ gipfeln sollte.

Erste Maßnahmen galten auch hier der Säuberung der allgemeinen staatlichen Verwaltung, der Justiz und des Gesundheitswesens. In Ludwigshafen hatte die NSDAP schon im Februar 1933 eine drastische Reduzierung des hohen Prozentsatzes jüdischer Ärzte angekündigt.[145] Schon wenige Tage später wurde der jüdische Bezirksarzt Dr. Dreyfuß beurlaubt, ebenso Sanitätsrat Dr. Kaufmann vom städtischen Krankenhaus. Am 6. April verfügte Bürgermeister Foerster, daß vom städtischen Wohlfahrtsamt keine Krankenscheine mehr für jüdische Ärzte ausgestellt würden; sämtlichen jüdischen Schulärzten war bereits zum 30. April gekündigt worden.[146] Symptomatisch für den Bereich der Schulen war der Fall des Neuphilologen Dr. Adolf Wetzlar an der Oberrealschule. Wetzlar, der Englisch und Französisch unterrichtete, hatte sich vor der Machtergreifung politisch gegen die NSDAP engagiert. Um seine rasche Beurlaubung zu erzwingen, organisierten Partei und Hitlerjugend am 15. Mai einen Demonstrationszug der Oberrealschüler und ihrer Eltern, an dem etwa 1 000 Personen teilnahmen und ultimativ die Entfernung Wetzlars von der Schule forderten, was auch bald geschah.[147] Bei der Stadtverwaltung war es der verdiente Stadtsyndikus

Gefangene im Konzentrationslager Dachau 1933 [48]

„Juden haben keinen Zutritt" Willersinnfreibad in Oppau [49]

Antijüdische Plakataktion der SA vor einem jüdischen Geschäft in der Wredestraße 28. März 1933 [50]

Dr. Weiler, ein hochdekorierter Weltkriegsoffizier, der als solcher unter die Ausnahmeregelungen des BBG fiel, dennoch aber sofort beurlaubt und weiterhin so drangsaliert wurde, bis er sich Ende 1934 in den einstweiligen Ruhestand versetzen ließ.[148] Auch der Gauleiter setzte alles daran, seinem Führer möglichst bald einen ›judenfreien‹ Gau Pfalz melden zu können. Bürckel veranlaßte dazu schon im März 1933 die Deportation sogenannter Ostjuden, die in der jüdischen Gemeinde Ludwigshafens stark vertreten waren, nach Polen. Bereits wenige Wochen später konnte Bürgermeister Foerster die Wohnungen der Ausgewiesenen für wohnungssuchende ›arische‹ Familien zur Verfügung stellen.[149] Ausgenommen von dieser Aktion blieben zunächst noch Personen mit deutscher Staatsangehörigkeit. Aber nachdem ein Reichsgesetz vom 14. Juli 1933 den Widerruf von Einbürgerungen und die Aberkennung der deutschen Staatsbürgerschaft erleichterte, konnte in der NSZ bereits einen Tag später die lückenlose „Ausmerzung dieser unerwünschten Zeitgenossen aus dem deutschen Staatsverband" angekündigt werden: „Die Ostgalizier werden abgestoßen."[150] Auch die Bayerische Politische Polizei beteiligte sich von Anfang an am Kampf gegen die Juden.

Anmerkungen
Seite 220 und 221

148 Meinzer, Machtergreifung, S. 197f
149 GA, 24.6.1933
150 NSZ, 15.6.1933; vgl. Meinzer, Machtergreifung, S. 257f
151 Gesamter Vorgang in LASp, H 74, 33
** Bei ›Fr. W. Wagner‹ handelt es sich jedoch um den Sozialdemokraten und späteren Vizepräsidenten des Bundesverfassungsgerichtes Friedrich Wilhelm Wagner*

„Deutsches Volk [...] Kauf nicht beim Juden": Aufruf zum Boykott jüdischer Geschäfte durch SA-›Demonstranten‹ vor dem Hauptbahnhof, 28. März 1933 [51]

Schild am Haupteingang des Willersinnfreibads in Oppau, Detail aus Abb. 49 [52]

Boykott jüdischer* Rechtsanwälte März 1933 [53]

Sie ließ am 19. Juni sämtliche Geschäftsstellen und Heime jüdischer Organisationen durchsuchen und deren gesamtes Vermögen beschlagnahmen. „Die Geschäftstellen usw. sind zu schließen, Schutzhaft gegen Vorstände ist zu verhängen sofern diese auf Grund des vorgefundenen Materials staatsfeindlicher Umtriebe verdächtig." In Ludwigshafen wurde zwar niemand verhaftet und, laut Vollzugsmeldung der Polizeidirektion, auch „nichts politisches" gefunden. Aber immerhin fiel den Beamten die Mitgliedsliste des ›Vereins zur Abwehr des Antisemitismus e.V.‹, Ortsgruppe Ludwigshafen, in die Hände, dem neben zahlreichen Mitgliedern der jüdischen Gemeinde auch weitere Ludwigshafener Bürger wie zum Beispiel Rechtsanwalt Friedrich Wilhelm Wagner (MdR, SPD) und Stadtrat Bertram (DDP) angehörten oder wie Oberlehrer Hermann Hofmann (MdR, Zentrum), Bürgermeister Paul Kleefoot (SPD) und Kirchenrat Karl Kleinmann als Sympathisanten aufgeführt waren.[151]

Schließlich begann auch schon im März 1933 der Boykott jüdischer Geschäfte, bei dem sich antisemitischer Konkurrenzneid und, wie später noch zu zeigen ist, der schon lange angekündigte Kampf gegen Warenhäuser, Konsumgenossenschaften und Einheitspreisgeschäfte à lá

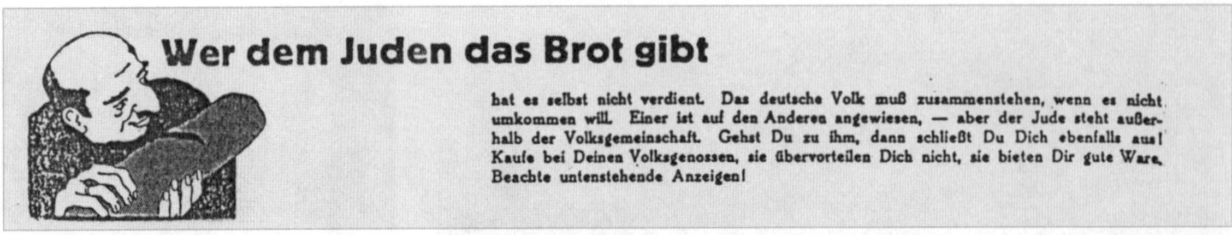

Wer dem Juden das Brot gibt

hat es selbst nicht verdient. Das deutsche Volk muß zusammenstehen, wenn es nicht umkommen will. Einer ist auf den Anderen angewiesen, — aber der Jude steht außerhalb der Volksgemeinschaft. Gehst Du zu ihm, dann schließt Du Dich ebenfalls aus! Kaufe bei Deinen Volksgenossen, sie übervorteilen Dich nicht, sie bieten Dir gute Ware. Beachte untenstehende Anzeigen!

Rassistische Hetze gegen Juden unter der Rubrik (Geschäfts-)›Anzeigen‹ in der NSZ, 22. August 1935 [54]

Nach der ›Reichskristallnacht‹: Abbrucharbeiter in Pose, zerstörte Synagoge, Kaiser-Wilhelm-Straße [55]

Anmerkungen
Seite 222 und 223

152 *Denkschrift über die Lage des Einzelhandels in Ludwigshafen a. Rh. vom 26.9.1933; StALu, LUA 146, S.6ff*

153 *Minor/Ruf, S.122ff; vgl. Unterkapitel ›Kampf gegen die Kaufhäuser‹, S.229ff*

154 *Ausgabe vom 21.6.1933*

155 *Minor/Ruf, S.113f*

156 *ebd., S.28f*

Woolworth manifestierten. Das Ludwigshafener Geschäftszentrum in der Bismarck- und Ludwigstraße zwischen Pfalzbau und Hauptbahnhof war in den zwanziger Jahren aufgeblüht, als es, begünstigt durch die französische Besetzung des linken Rheinufers und die Errichtung einer Zollgrenze am Rhein, zum Einkaufsmagneten für die gesamte Vorderpfalz wurde und der Mannheimer Konkurrenz endlich Paroli bieten konnte. Zwar hatte nur ein Viertel der Geschäfte im Zentrum jüdische Inhaber, aber in ihren großen und attraktiven Häusern fanden 63% aller im Einzelhandel der City Beschäftigten Anstellung.[152] Zu den bekanntesten jüdischen Geschäften gehörten die Kaufhäuser Wronker, Gebr. Rothschild und Leonhard Tietz, die Schuhhäuser Altschüler und Weiler, das Modehaus Julius Ziegler, Haushaltswaren Gimbel & Neumond oder das Bettenhaus Grombacher. In der Ludwigshafener City begann, früher und radikaler als in anderen Städten, die Verdrängung der Juden aus dem Wirtschaftsleben.[153] Kein Wunder also, daß in den Sprechstunden der großen jüdischen Gemeinde in Mannheim, wo die Verhältnisse noch

Rassistische Hetze gegen Juden unter der Rubrik (Geschäfts-)›Anzeigen‹ in der NSZ, 22. August 1935 [56]

Feuerwehr bei der Synagoge am Morgen nach dem Pogrom 1938 [57]

erträglicher waren, auch zahlreiche auswärtige Hilfesuchende erschienen, die meisten aus Ludwigshafen. Im Israelitischen Gemeindeblatt hieß es schon im Juni 1933: „Aus Gründen, auf die wir hier nicht eingehen, ist der Notstand in der Pfalz und die Hilfsbedürftigkeit ihrer jüdischen Bewohner besonders groß."[154]

Der brutale und ungehinderte Ausschluß der Juden aus allen Bereichen, der 1933 seinen unrühmlichen Auftakt nahm, ging auch in den folgenden Jahren weiter. Schritt für Schritt wurde den Juden auch im Alltag jede Bewegungsmöglichkeit genommen, bis hin zu dem in Ludwigshafen schon im Sommer 1935 verhängten Zutrittsverbot in öffentlichen Sportstätten und Schwimmbädern.[155] Auch der Boykott der jüdischen Geschäfte ging so lange weiter, bis die Inhaber entweder ›freiwillig‹ schlossen oder bereit waren, ihren Besitz an ›Arier‹ zu verkaufen. Im Verwaltungsbericht der Stadt konnte schon 1935 vermeldet werden, daß es gelungen war, „nach und nach eine Reihe größerer Einzelhandelsgeschäfte der Innenstadt aus jüdischem Besitz in deutsche Hände zu überführen."[156]

Die mit einem nicht-jüdischen Unternehmer in Ludwigshafen verheiratete Selma Löser beschreibt eindrücklich ihre wachsende Isolation, besonders nach dem November 1938:[157]

„Vom November 1938 (Kristallnacht) an wurde mir nahegelegt, mich nicht mehr im Büro zu zeigen, da der Betrieb sonst als jüdischer Betrieb angesehen würde. Am Abend, wenn die Angestellten und Arbeiter weg waren, arbeitete ich noch stundenlang hinter verschlossenen Türen.

Während dieser Zeit erlitt ich mit meinem 77jährigen Vater und meinen beiden Schwestern und deren Angehörigen alle Qualen, die das tausendjährige Reich über uns herauf beschwor. Selbst war ich wohl kein Sternträger (der Judenstern auf der Kleidung), mußte jedoch von allen Veranstaltungen der Kultur fernbleiben. Meinem Mann, der leidenschaftlicher Sportler und 1926 deutscher Meister über 100 m war, verbot man sofort 1933 die Teilnahme an Sportfesten und die Zugehörigkeit zum Turn- & Fechtclub Ludwigshafen. Unsere Bekannten zogen sich alle zurück und wir waren zu einem einsamen Dasein voller Sorgen verpflichtet. Während dieser Zeit kamen unsere drei Kinder zur Welt. Jedes wurde mit Sorgen erwartet, mit Sorgen groß gezogen. Bei der Geburt der beiden Buben konnte ich nur mit Mühe in der Klinik unterkommen und bekam allein ein Hinterzimmer. Als der Kleinste drei Wochen alt war, mußten meine Angehörigen Ludwigshafen verlassen. Die Nacht vorher verbrachten sie bei uns im Hause und am Morgen mußte mein Mann zu ihnen sagen, geht, ich kann Euch auch nicht helfen. Sie gingen dann freiwillig dem Transport nach [hier handelt es sich um die Deportation der pfälzischen Juden ins südfranzösische Gurs 1940]. Die Schwierigkeiten nahmen dauernd zu, neben Abholen der Lebensmittelkarten an Sondertüren, Bestellungen auf die Gestapo wegen angeblicher Korrespondenz ins Ausland, Zurückweisen von Paketen, die ich versuchte meinen Angehörigen nach Gürs zu schicken und neuerlichen Verhören, konnte ich zu keinem Friseur mehr gehen, da man mich hinauswarf. Von 1943 ab lebten wir in der Evakuierung, da wir in Ludwigshafen total fliegergeschädigt waren. Von da aus wurde ich 1945 wegen angeblicher Verweigerung des Arbeitseinsatzes verhaftet und über das Gefängnis Bensheim, Darmstadt mit dem Transport von Frankfurt aus nach Theresienstadt eingewiesen.

Im Juni 45 befreit fingen bald nach Rückkunft deprimierende Stimmungen an, Gewalt über mich zu bekommen und ließen bis heute nicht mehr nach. Meine Arbeitskraft erlahmte, ich bin so nervös, daß ich mich auf keine Arbeit konzentrieren kann, ich bekomme Wutausbrüche, wenn ich einer Arbeit nicht gerecht werde, die ich gerne ausführen möchte. Mein Gedächtnis ist so schlecht, daß ich vor Personen stehe, die ich gut kenne und kann ihren Namen nicht aussprechen. Ständig suche ich Dinge und weiß nicht, wo ich sie hingelegt habe."

Als 1938 der organisierte Judenpogrom, die sogenannte Reichskristallnacht, den Übergang zur letzten und barbarischsten Phase nationalsozialistischer Judenpolitik einläutete, waren die meisten jüdischen Geschäfte in Ludwigshafen schon nicht mehr vorhanden bzw. ›arisiert‹. Die jüdische Gemeinde, welche vor der Machtergreifung zeitweise 1400 Mitglieder zählte, war durch die Zwangsdeportationen des Gauleiters und durch freiwillige Emigration auf unter 700 Personen geschrumpft. In der Nacht vom 9. auf den 10. November brannte die Synagoge in der Kaiser-Wilhelm-Straße bis auf die Grundmauern nieder.[158] Nicht die ›erregten Volksmassen‹, wie Berichte in der Presse glauben machen wollten, sondern der Ludwigshafener SS-Sturmbann

Anmerkungen
Seite 224 und 225

157 *StALu, M 406*
158 *f.d.F. vgl. Minor/Ruf, S. 140ff*
159 *zit.n. Minor/Ruf, S. 144*
160 *ebd.*
161 *StALu, M 404*

hatte sie angezündet. SS-Leute drangen in dieser Nacht auch in jüdische Geschäfte und Wohnungen ein, zerschlugen das Mobiliar, schlitzten die Bettwäsche auf, schlugen die Scheiben ein und warfen das Porzellan auf die Straße. Alle jüdischen Männer wurden verhaftet und in das KZ Dachau gebracht, Frauen und Kinder trieb man zusammen, verfrachtete sie in Boote und setzte sie auf den Mannheimer Rheinwiesen aus. Auch geraubt und geplündert wurde in jener Nacht, nicht nur von der SS. Dr. Edgar Strauss, Augenzeuge und Betroffener, schilderte die Geschehnisse:[159] „Ich war allein in unserer Wohnung mit unserer Haushälterin [...]. Mein Vater war bei Freunden in Mannheim. Die Straße füllte sich plötzlich mit einer Menge Menschen an, manche in Uniform, manche in Zivil. Sie kamen in unsere Wohnung, rissen die Kronleuchter herunter, zerbrachen das Kristall, zerschnitten die Polstermöbel und nahmen mich mit zur Polizeistation. Wir verbrachten die Nacht im Gefängnis in Ludwigshafen, am nächsten Morgen wurden wir in Lastwagen zur Bahn gebracht. In der Nähe der Bahn mußten wir uns aufstellen und zu den Klängen von ›Muß I denn ...‹ zur Bahn marschieren zum Transport nach Dachau." Auch Dr. Roggenkamp war hier Augenzeuge, als er mit seiner Frau durch die Maxstraße ging:[160] „Erschütternd zu sehen, wie eine große Kolonne schwarzgekleideter Männer schweigend dastand und auf den Abtransport wartete, der dann unter den Klängen einer Musikkapelle erfolgte. Widerlich zu sehen, wie aus einer Kneipe Volksgenossen diesen Zug verhöhnten. Wir wandten uns beschämt ab."

Selbst die eher trockene und regimetreue Schilderung eines städtischen Bediensteten läßt die Schrecken der Reichspogromnacht in Ludwigshafen ahnen:[161]

> „In der Morgenfrühe setzten Aktionen gegen die Juden ein [...] In Ludwigshafen wurde sämtlichen Juden von kleinen Trupps das gesamte Mobiliar: Möbel, Wäsche, Einrichtungsgegenstände restlos zerstört. In den Judenläden wurden die Fensterscheiben eingeschlagen und die Waren z. Teil zerstört.
>
> Die männlichen Juden sollen in Schutzhaft genommen worden sein. Der Jude Weiler, der früher ein Schuhgeschäft Ecke Ludwigs- und Kaiser-Wilhelmstraße besaß, wurde handgreiflich, als ein Zerstörungstrupp in seine Wohnung eindrang; er wurde sofort verhaftet.
>
> Seit der Morgenfrühe brennt die Synagoge in der Kaiser Wilhelmstr. Das Eisengeschäft der Gebr. Strauss in der Oggersheimerstraße macht einen trostlosen Eindruck. Die Scheiben sind völlig eingeschlagen, Waschkessel verbeult, Regale umgestürzt. Vor dem Laden steht Polizei als Wache.
>
> Um 8^{30} Uhr früh zeigte ein Menschenauflauf in der Ludwigstraße von weitem an, daß ‚etwas los' sei. Ein Zerstörungstrupp hauste in der Wohnung des Juden Kaufmann, der im gleichen Hause früher ein Textil- und Konfektionsgeschäft betrieb. Man hörte dumpfe Schläge und Krachen und Klirren. Aus Unvorsichtigkeit ging dabei eine kleine Scheibe eines Zimmerfensters entzwei. Sonst war alles eigentlich ziemlich ruhig. Höchstens 30 Neugierige konnten gezählt werden, aus Hausgängen sah man einige erstaunte Gesichter blicken.
>
> Der Straßenverkehr war etwas nervös, Autos huschten hin und her, in Seitenstraßen sah man junge Männer beisammenstehen, die der SA und SS angehörten.
>
> Nach einiger Zeit kamen aus dem Anwesen Ludwigstraße (früher J. Kaufmann) einige ruhig aussehende Männer, von denen einer in der äusseren Rocktasche ein Beil trug. Die Schaufenster der Lederhandlung

Scharff sind eingeschlagen, der Laden demoliert. In der Morgenfrühe wurde in der Wohnung des Rabbiners Steckelmacher dieselbe Zerstörung vorgenommen; dabei wurden Akten mitgenommen [...].

Von Augenzeugen wird berichtet, daß die kostbarsten Möbel, Betten, Teppiche, Gemälde und sonstigen Kunst- und Gebrauchsgegenstände erbarmungslos vernichtet wurden. Außer der Synagoge wurden auch die sonstigen Betsäle der Juden demoliert. Ein Jude vermochte dem in seiner Wohnung eindringenden Zerstörungstrupp zu entkommen und auf die Polizeiwache zu eilen. Dort machte er Meldung und konnte erreichen, daß ein Polizeibeamter mit ihm ging und die Wohnung in Schutz nahm.

In der Kaiser Wilhelmstraße drang man auch in das jüdische Schuhgeschäft ›Inger und Bransdorfer‹ ein, um es zu zerstören, dabei sollen auch Waren geraubt worden sein. Mitten in dem Zerstörungswerk kam die Polizei und gebot Einhalt mit der Bemerkung, daß das Geschäft bereits in arischen Besitz übergegangen sei. Den entstehenden Schaden, der dem neuen Besitzer erwachsen ist, muß nun wohl das Reich tragen.

Der besonnenere Teil der Bevölkerung hat im allgemeinen wohl die Zerstörung für berechtigt gehalten, aber doch bedauert, daß so viel wertvolles Gut sinnlos vernichtet wurde; denn es ist doch ein Teil des Nationalvermögens."

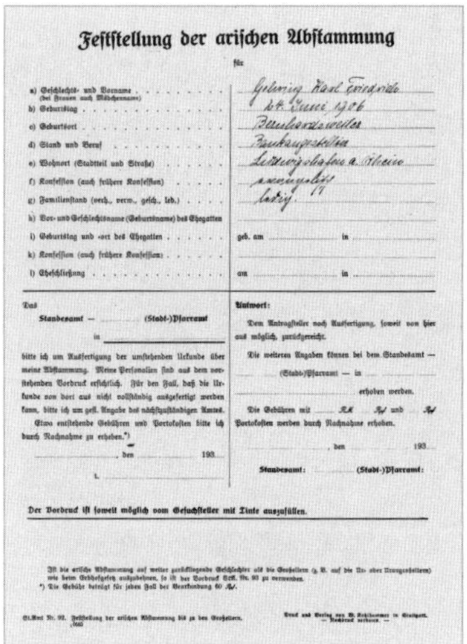

Feststellung der arischen Abstammung

für

a) Geschlechts- und Vorname (bei Frauen auch Mädchenname) ....
b) Geburtstag .... 24. Juni 1906
c) Geburtsort ....
d) Stand und Beruf .... Bankangestellter
e) Wohnort (Stadtteil und Straße) .... Ludwigshafen a. Rhein
f) Konfession (auch frühere Konfession) .... evangelisch
g) Familienstand (verh., verw., gesch., led.) .... ledig
h) Vor- und Geschlechtsname (Geburtsname) des Ehegatten ....
i) Geburtstag und -ort des Ehegatten .... geb. am .... in ....
k) Konfession (auch frühere Konfession) ....
l) Eheschließung .... am .... in ....

Das

Standesamt — .... (Stadt-)Pfarramt

in ....

bitte ich um Ausfertigung der umstehenden Urkunde über meine Abstammung. Meine Personalien sind aus dem vorstehenden Vordruck ersichtlich. Für den Fall, daß die Urkunde von dort aus nicht vollständig ausgefertigt werden kann, bitte ich um gefl. Angabe des nächstzuständigen Amtes.

Etwa entstehende Gebühren und Portokosten bitte ich durch Nachnahme zu erheben.*)

......., den .... 193..

I. ....

Antwort:

Dem Antragsteller nach Ausfertigung, soweit von hier aus möglich, zurückgereicht.

Die weiteren Angaben können bei dem Standesamt — .... (Stadt-)Pfarramt — in .... erhoben werden.

Die Gebühren mit .... RM .... Rpf und .... Rpf Portokosten werden durch Nachnahme erhoben.

......., den .... 193..

Standesamt: .... (Stadt-)Pfarramt:

Der Vordruck ist soweit möglich vom Gesuchsteller mit Tinte auszufüllen.

Ist die arische Abstammung auf weiter zurückliegende Geschlechter als die Großeltern (z. B. auf die Ur- oder Urgroßeltern) wie beim Erbhofgesetz auszudehnen, so ist der Vordruck StA. Nr. 93 zu verwenden.

*) Die Gebühr beträgt für jeden Fall der Beurkundung 60 Rpf.

St.Amt Nr. 92. Feststellung der arischen Abstammung bis zu den Großeltern.

Druck und Verlag von W. Kohlhammer in Stuttgart. — Nachdruck verboten. —

Nachweis der arischen Abstammung, der sogenannte ›Arierpaß‹ [58]

In den folgenden Wochen und Monaten sorgte eine Flut von Gesetzen und Verordnungen für die endgültige Überführung jüdischen Besitzes „in deutsche Hände". Alle noch existierenden Geschäfte mussten verkauft werden, ebenso Häuser und Grundbesitz. Insbesondere die Stadt profitierte von dieser ›Arisierungswelle‹, konnte sie doch günstig eine große Anzahl an Immobilien und Grundstücken erwerben. Aber auch Privatleute griffen zu und kauften jüdischen Besitz, meistens deutlich unter dem reellen Markt- oder Verkehrswert. Nach dem Pogrom kam das jüdische Leben in Ludwigshafen praktisch zum Erliegen. Die Existenzgrundlagen waren vernichtet, das Gemeindeleben zerstört. Viele ergriffen die letzte Chance zur Flucht oder Auswanderung, die Lage der Zurückgebliebenen wurde immer prekärer.

Die wirtschaftliche Lage 1933—1936

Fortdauernde Krise

Die wirtschaftliche Lage der Stadt war schlecht, und trotz der nationalen Aufbruchstimmung zwang die äußerst angespannte Haushaltslage weiterhin zu größter Sparsamkeit. 1932, auf dem Höhepunkt der Weltwirtschaftskrise, wurden in Ludwigshafen im Jahresdurchschnitt 11 874 Erwerbslose gezählt, im Juni 1933 bei der Volks- und Berufszählung sogar 12 432.[162] Dies entsprach einer Arbeitslosenquote von 27%, im Reichsdurchschnitt waren es 18,1%. Die sozialen Folgelasten der Krise wurden zunehmend den Städten und Gemeinden aufgebürdet. Arbeitslose erhielten nur für sechs Monate die staatliche Arbeitslosenunterstützung. Danach fielen sie als sogenannte Wohlfahrtserwerbslose in voller Höhe den kommunalen Wohlfahrtsämtern zur Last und rissen damit schwere Lücken in den städtischen Haushalt. Gleichzeitig gingen die Steuereinnahmen der Stadt, insbesondere die Erträge an Gewerbesteuer, drastisch zurück. Betrugen sie 1930 noch rund 9 Mio. RM, so waren sie zwei Jahre später bereits auf 5 Mio. RM gefallen.[163] Mit drastischen Einsparungen versuchte die Stadtverwaltung der finanziellen

Anmerkungen Seite 226 und 227

162 *Wort und Zahl 2 (1936), Nr. 2; StALu, DS 241; Reichsstatistik, Bd. 453, Heft 30*

163 *PR 13.7.1939, S. 325; StALu, Pa I, 56*

164 *Meinzer, Machtergreifung, S. 156ff*

165 *Meinzer, Machtergreifung, S. 160; PR 21.2.1938, S. 5; StALu, Pa 1, 55*

166 *Brief von OB Ecarius an das bayerische Innenministerium vom 30.1.1936; Bundesarchiv, NS 25/324. Darstellung der Verhältnisse der Stadt Ludwigshafen und deren kommunalpolitische Aufgaben, Ausarbeitung von OB Ecarius vom 3.3.1936; StALu, ZR 1251/3*

167 *PR 31.1.1939, S. 31; StALu, Pa I, 56*

Arbeitslose als Hinterhofkapelle
um 1934 [59]

Arbeitsbeschaffung:
Beginn der ›Arbeitsschlacht‹ 1934
Oberbürgermeister Ecarius führt den ersten Spatenstich für Ausbauten beim Hindenburgpark durch [60]

Maiumzug 1934
Auf dem Wagen des Arbeitsamts wird die ›Schwarzarbeit‹ angeprangert [61]

Krise Herr zu werden. Die Löhne und Gehälter der Stadtbediensteten wurden mehrmals gekürzt, ebenso die Richtsätze für Wohlfahrtserwerbslose und Fürsorgeempfänger.[164] Gleichzeitig erhöhte man die städtischen Gebühren und Steuern, beispielsweise die Bürgersteuer, ein Zuschlag zur Einkommensteuer. Sie blieb bis Anfang 1938 auf 900% des Basissatzes – und damit an der Spitze aller deutschen Großstädte, um dann erst auf 800% gesenkt zu werden.[165] Die tiefbaulichen Gebühren – Müllabfuhr, Straßenreinigung etc. – waren mit 11% der Friedensmiete ebenfalls außergewöhnlich hoch, und die aus Realsteuern – Grund-, Haus- und Gewerbesteuer – zu erhebende Gemeindeumlage betrug 400% des Basissatzes. Dies alles summierte sich zu einer Abgabenhöhe, die „der Bürgerschaft der Stadt Ludwigshafen die höchste Belastung aller Städte Deutschlands aufbürdete."[166] Der städtische Schuldenberg erreichte 1933 mit fast 35 Mio. RM ungeahnte Höhen. Er konnte auch in den Folgejahren praktisch nicht abgebaut werden und lag vor den Eingemeindungen des Jahres 1938 immer noch knapp über 30 Mio. RM.[167]

Die wirtschaftliche Erholung setzte nur langsam ein. Zwar konnte die Reichsregierung bis 1934 durch die enorme Ausweitung von Arbeitsbeschaffungsprogrammen die Zahl der Arbeitslosen insgesamt

Militär auf dem linken Rheinufer: Einzug des Artillerie-Regiments 33 in Ludwigshafen am 11. November 1937 [62]

signifikant reduzieren. Auch nach Ludwigshafen flossen größere Reichs- und Landeszuschüsse und Darlehen. Zeitweise wurden hunderte von Notstandsarbeitern beschäftigt. Dennoch sank die Zahl der Wohlfahrtserwerbslosen nur langsam. Sie betrug 1933 im Jahresdurchschnitt 6 398, ging im Jahr darauf auf 4 434 zurück, lag aber am Stichtag, dem 1. April 1935, immer noch bei 3 638[168] und belastete den Haushalt der Stadt in diesen Jahren regelmäßig mit rund 2 Mio. RM, zusammen mit den Aufwendungen für die Führsorgeempfänger sogar deutlich über 4 Mio. RM.[169] Hinzu kamen die strukturellen Probleme der pfälzischen Wirtschaft, die sich seit dem Ende des Ersten Weltkriegs durch die Abschnürung in der entmilitarisierten Zone links des Rheins entwickelt hatten. Sie konnte jetzt, aufgrund der nach wie vor für die entmilitarisierte Zone geltenden alliierten Bestimmungen, von der Aufrüstungspolitik der Nationalsozialisten, die im Reich als Konjunkturlokomotive ersten Ranges wirkte, so gut wie nicht profitieren.[170] Von der „großen, unmittelbar Arbeit schaffenden Wirkung durch die Herstellung all dessen, was die neue deutsche Wehrmacht braucht", konnte die pfälzische IHK nur träumen. Denn „bauliche Anlagen, Waffen und Munition, Fahrzeuge, Motoren, Schiffe, Flugzeuge, Arbeitsgeräte, Uniformen und Ausrüstungsgegenstände jeglicher Art" – all dies durfte in der entmilitarisierten Zone nicht hergestellt werden.[171] Noch im Februar 1936 beklagte man sich heftig beim Reichsbankpräsidenten Schacht: „Wir erhalten hier in der entmilitarisierten Zone ausschließlich sogenannte pazifistische Aufträge."[172] Aber selbst die Erwartungen auf einen entsprechenden Ausgleich durch vermehrte Vergabe von Aufträgen beispielsweise der Reichspost oder der Reichsbahn erfüllten sich nicht. Im Gegenteil, gerade die Stadt Ludwigshafen erlitt durch die Auflösung der Reichsbahndirektion 1936/1937 einen herben Verlust. Sie war die einzige übergeordnete Behörde von Rang und trug mit 500 Arbeitsplätzen erheblich zur Wirtschaftskraft der Stadt bei.[173] Auch die Ludwigshafener Filiale der Bayerischen Notenbank wurde 1936 aufgelöst.[174]

Aber auch hausgemachte Probleme trugen entscheidend zu den wirtschaftlichen Schwierigkeiten der Stadt bei. An erster Stelle ist hier die Personalpolitik zu nennen. Schon während der Krise Anfang der dreißiger Jahre hatte sich der Personalbestand als eindeutig zu hoch erwiesen.[175] Nach der Machtergreifung begann jedoch im Zuge der Säuberung der Stadtverwaltung ein dramatischer Personalaufbau. 1933 wurden nicht nur anstelle der 64 entlassenen Arbeiter sofort erwerbslose SA-Mitglieder eingestellt, sondern im Rahmen der von der obersten Parteiführung propagierten Sonderaktion zur Versorgung der arbeitslosen alten Kämpfer auch rund 90 Aushilfsangestellte. Die „Erfüllung der Dankespflicht gegenüber den Kämpfern der nationalsozialistischen Bewegung"[176] erwies sich bald als schwere Belastung des städtischen Haushalts. Sie ging aber auch in den Folgejahren weiter und führte „zu einer beträchtlichen Überhöhung des Personalbestandes", die, so klagte Oberbürgermeister Ecarius im Dezember 1934 beim Präsidenten des Deutschen Gemeindetages, „angesichts der besonders angespannten Finanzlage der Stadt nicht mehr verantwortet werden könne." Ludwigshafen hatte bis zu diesem Zeitpunkt insgesamt 174 „alte Kämpfer" eingestellt, 68 Angestellte und 106 Arbeiter, und immer noch „werden dauernd neue Gesuche um Einstellung eingereicht."[177] Zwar gelang es im

Anmerkungen
Seite 228 und 229

168 Wort und Zahl 2 (1936), Nr. 2 und 3; StALu, DS 241; vgl. VB 1935, S. 67

169 PR 13.7.1939, S. 325; StALu, Pa I, 56; PR 20.12.1936, S. 421f; StALu, Pa I, 53

170 Meinzer, Industrie, S. 170

171 Jahresbericht 1935 der Industrie- und Handelskammer der Pfalz, S. 1

172 Archiv des Verbandes der Pfälzischen Industrie, Neustadt / Weinstraße, IV 146

173 PR 20.12.1936, S. 423f; StALu, Pa I, 53

174 ebd.

175 Blaich, S. 98f

176 hier und zum Folgenden Meinzer, Machtergreifung, S. 200f

177 Brief vom 12.12.1934, Bundesarchiv, NS 25/324

178 StALu, ZR 1545/4

179 ebd.

180 StALu, ZR 3303/4

181 ebd.

182 Broszat, S. 208

183 Broszat, S. 210

184 hier und zum Folgenden Meinzer, Machtergreifung, S. 135ff, 250ff; Minor/Ruf, S. 122ff

185 Meinzer, Machtergreifung, S. 138f

Jahr darauf, 45 Mitarbeiter in der Privatwirtschaft unterzubringen, dafür mußten aber auf Druck der Partei Festeinstellungen von bisherigen Aushilfsangestellten vorgenommen werden, so daß Anfang 1936 schließlich 238 alte Parteigenossen in städtischen Diensten standen, fast 15% der Gesamtbelegschaft.[178] Im Vergleich mit anderen Städten nahm Ludwigshafen damit einen Spitzenplatz ein.[179] Offenbar konnten anderenorts starke Oberbürgermeister mit entsprechendem Durchgriff in die örtliche Parteiorganisation manches verhindern, was Ecarius in Ludwigshafen aufgrund seiner nie richtig gesicherten Position versagt blieb. So konnte er auch nicht verhindern, daß alljährlich beträchtliche Summen aus der Stadtkasse als Zuwendungen an die verschiedenen Parteigliederungen flossen. In Ludwigshafen galt beispielsweise eine Regelung, nach der die Partei für die Überlassung von Gebäuden und Büros lediglich eine Miete von 30% des normalen Mietwerts zu zahlen hatte. Turnhallen, Schwimmbäder, Spielplätze etc. wurden unentgeltlich überlassen.[180] Aber auch Spenden und Zuschüsse gab es reichlich. Nach einer Aufstellung aus dem Jahr 1938 wurden jährlich laufend über 60 000 RM veranschlagt, hinzu kamen allein in diesem Jahr über 410 000 RM an einmaligen Barzuschüssen für die Partei.[181]

Das ›arisierte‹ frühere Kaufhaus Rothschild in der Ludwigstraße [63]

Der Kampf gegen die Kaufhäuser

Wiederum die Partei war es, die auch an anderen Stellen die Wirtschaft in der Stadt erheblich beeinträchtigte. Der untere Mittelstand, „dessen Ideologien und Forderungen den ältesten Kern der NS-Bewegung ausmachten",[182] gab die Schuld an seiner Notlage hauptsächlich der vermeintlich übermächtigen Konkurrenz der Warenhäuser, Konsumgenossenschaften und Einheitspreisgeschäfte. Nach der Machtergreifung sahen die im ›Kampfbund des gewerblichen Mittelstandes‹ zusammengeschlossenen Kleinhändler, Handwerker und sonstigen Kleingewerbetreibenden ihre Stunde gekommen. Antikapitalistische Existenzängste und antisemitischer Konkurrenzneid mündeten nun in gewaltsame Aktionen und eine umfassende Boykottwelle gegen diese „unerwünschten Betriebsformen." Sowohl die Reichsleitung der NSDAP wie auch die Reichsregierung versuchten, den kaum zu bändigenden Aktionismus auf einen kontrollierten, eintägigen „Abwehrboykott" gegen die vorgebliche jüdische „Greuelpropaganda" im Ausland abzulenken.[183] In der diesbezüglich besonders radikalen Pfalz und insbesondere in Ludwigshafen begannen diese Aktionen aber schon lange vor dem ›offiziellen‹ Boykottag und richteten auch noch in der Zeit danach erhebliche Schäden an.[184] Sie trafen nicht nur jüdische Geschäfte, sondern gezielt auch die Kaufhäuser und Konsumgenossenschaften. In Ludwigshafen, wo mit den Firmen Wronker, Gebr. Rothschild und Leonhard Tietz drei große, angesehene Warenhäuser vertreten waren, begannen die Boykottmaßnahmen mit einem Paukenschlag: am 13. März 1933 mussten die Warenhäuser ihre Erfrischungsräume – Cafeterien – bis auf weiteres schließen – eine Aktion, über die von der ›Frankfurter Zeitung‹ auch überregional berichtet wurde und die wegen ihrer offenkundigen Illegalität Aufsehen erregte.[185] OB Ecarius begründete diesen Schritt mit den bezeichnenden Worten: „Die Schließung der Erfrischungsräume der bisherigen Warenhäuser erfolgte nicht auf amtliche Anordnung. Es bestand die Gefahr, daß die Geschäfte mit solchen

Das Kaufhaus Tietz gibt seine ›Arisierung‹ bekannt
Anzeige aus dem ›General-Anzeiger‹ 1933 [64]

›Freiwillig‹ geschlosssen Caféteria des Kaufhauses Tietz 13. März 1933 [65]

Erfrischungsräumen zur Schließung derselben durch die erregten Volksmassen gezwungen worden wären. Die Geschäftsinhaber haben dann auf eigenen Antrieb die Erfrischungsräume geschlossen."[186] Eine Woche später ging die Stadtverwaltung dann zum offenen Boykott über und verkündete, daß sie „mit Rücksicht auf die große Notlage des Kleinhandels" ihre Bestellungen und Einkäufe nicht mehr in Warenhäusern, Einheitspreisgeschäften und Großhandelsgeschäften tätigen werde.[187]

Somit erschien der reichsweite ›Abwehrboykott‹ in Ludwigshafen vom 1. April 1933 lediglich als ein weiterer, wenn auch öffentlichkeitswirksamer Schritt im Kampf gegen die verhaßte Konkurrenz. Das Kaufhaus Tietz mußte sich etwa am 12. April wieder über SA-Formationen beklagen, die mit Schildern des Kampfbundes den ganzen Tag über den Eingang blockiert hatten.[188] Das Warenhaus Brandt (Wronker) wies am 18. Mai auf den andauernden Boykott hin, der die Existenzgrundlage des Betriebs bedrohe.[189] Inzwischen waren auch die ersten Entlassungen zu verzeichnen. Rothschild kündigte 17 Angestellten zum 30. April, Tietz informierte am 18. Mai über geplante Entlassungen von Mitarbeitern,[190] und auch die ersten Lieferanten wurden bereits in Mitleidenschaft gezogen. So meldete die pfälzische Bauernschaft, daß seit der Schließung der Kaufhaus-Cafes die Lieferungen von Butter, Eiern und Milch nach Ludwigshafen um 20% zurückgegangen seien.[191] Als sich dann herausstellte, daß Ludwigshafen inzwischen die einzige Stadt im Reich war, in der die Erfrischungsräume des Tietz-Konzerns noch geschlossen blieben, regte sich auch innerhalb der Partei erstmals Widerstand gegen das rigorose Vorgehen des Kampfbundes und der Stadtverwaltung. Die ›NSBO-Betriebszellenleiter‹ der betroffenen Kaufhäuser mobilisierten den SA-Sonderkommissar bei der Regierung der Pfalz, Brigadeführer Schwitzgebel. Dieser forderte die Stadt auf, angesichts der zu erwartenden weiteren Entlassungen endlich die Wiedereröffnung der Erfrischungsräume zu genehmigen, besonders nachdem sich der Kampfbund des gewerblichen Mittelstandes entgegen seiner früheren Zusage nicht in der Lage sehe, die betroffenen Mitarbeiter in seinen eigenen Betrieben unterzubringen.[192] Die fanatischen Ludwigshafener Parteigenossen kümmerte dies wenig. Sie hatten in dieser Zeit noch deutliches Oberwasser, und ihr Anführer, Bürgermeister Foerster, kündigte am 24. Juni sogar noch eine Verschärfung der Gangart an: ab sofort wurden die gesamten Lebensmittelabteilungen der Kaufhäuser geschlossen.[193] Der Kampf gegen die Warenhäuser ging also weiter, und die Handwerkskammer lieferte auch gleich die Vorlage für den nächsten Schritt. Sie forderte die Schließung aller Handwerksbetriebe der Kaufhäuser – also Schreinereien, Polsterbetriebe, Schuhmachereien und Friseurläden – und versorgte Foerster gleich mit einer säuberlichen Auflistung der in Frage kommenden Handwerker.[194] Diesmal, am 11. Juli, kam ein Gesetz zu Hilfe, das die allmähliche Auslagerung von Handwerksbetrieben aus Warenhäusern bis Ende 1935 vorsah.[195] In Ludwigshafen wurden aber noch am gleichen Tag sämtliche Handwerksbetriebe in den Warenhäusern geschlossen.[196]

Die nachteiligen wirtschaftlichen Folgen machten sich nun immer stärker bemerkbar, denn auch Passanten und Käufer wurden durch sporadische Warenhausblockaden der SA, durch Schilderaktionen des Kampfbundes, durch Kundenanprangerungen, Drohbriefe und durch die ständige Agitation in der Parteipresse systematisch verunsichert und

Anmerkungen
Seite 230 und 231

186 *Schreiben an die Polizeidirektion Hamburg vom 25.3.1933; StALu, LUN 403*
187 *StALu, ZR 1211*
188 *Schreiben an OB Ecarius; StALu, LUA 146*
189 *Schreiben an die RdP, ebd.*
190 *ebd.*
191 *Minor/Ruf, S. 124*
192 *Schreiben vom 22.5.1933; StALu, LUA 146*
193 *NSZ, 24.6.1933*
194 *Schreiben vom 5.7.1933; StALu, LUA 146*
195 *Ergänzungsgesetz zum Gesetz zum Schutze des Einzelhandels; vgl. Uhlig, S. 93*
196 *NPfL, 11.7.1933*
197 *Denkschrift über die Lage des Einzelhandels in Ludwigshafen a. Rh. vom 26.9.1933; StALu, LUA 146*
198 *ebd.*
199 *Anzeige der Kaufhof A. G.; StALu, LUA 146*
200 *Schreiben vom 8.9.1933, ebd.*
201 *Meinzer, Machtergreifung, S. 146f*
202 *NSZ 9.9., 11.9., 15.9., 19.9.1933*

eingeschüchtert. Den Angehörigen der Partei war das Betreten von Warenhäusern ohnehin verboten. Abbau von Arbeitsplätzen und ein rascher und besorgniserregender Rückgang der Umsätze waren die Folge, und im Sommer 1933 drohte einigen Häusern, zumal den jüdischen, der Ruin. Eine Erhebung des Amtes für Wirtschaft und Statistik der Stadt Ludwigshafen bei je zwei jüdischen Geschäften der Schuh-, Herrenkonfektions- und Textilbranche sowie bei einem Warenhaus wies nach, daß der Gesamtumsatz in den Monaten Januar bis Juli 1933 im Vergleich zu den entsprechenden Vorjahresmonaten um fast 28% zurückgegangen war. Die Hochrechnung dieser Ergebnisse auf alle jüdischen Geschäfte in der City für das gesamte Jahr 1933 ergab einen Umsatzausfall von 2 bis 2,5 Mio. RM und damit für die ohnehin defizitäre Stadtkasse einen Ausfall an Umsatzsteuern von bis zu 300 000 RM.[197] Dabei profitierte die ›arische‹ Konkurrenz kaum von diesen Verlusten, wie das Beispiel des Lebensmittelhandels zeigte. Hier gab es nur ein großes jüdisches Geschäft am Ort, nämlich die Lebensmittelabteilung des Kaufhauses Tietz, dagegen 42 deutsche Händler. Aber trotz Schließung der Lebensmittelabteilung verzeichneten die anderen Geschäfte Umsatzrückgänge von bis zu 12%. Der Grund dafür lag in der Abwanderung der Käufer ins benachbarte Mannheim, wo „im Gegensatz zu dem scharfen Vorgehen in der Pfalz" die Kaufhäuser und die jüdischen Geschäfte kaum Behinderungen ausgesetzt waren. Dort verzeichnete man deutlich steigende Umsätze, während der Ludwigshafener Einzelhandel insgesamt der Verlierer war. Dr. Moll, der Leiter des statistischen Amtes, wies in seiner Denkschrift geradezu prophetisch darauf hin, daß Ludwigshafen so seine mühsam erlangte Position als Handelszentrum für die Vorderpfalz wieder an die alte Konkurrentin Mannheim verlieren werde.[198]

Die Ludwigshafener Parteigenossen, unterstützt durch die Gauleitung, ließen sich aber auch durch solche Argumente nicht beeindrukken. Die Boykottmaßnahmen gingen ohne Einschränkung weiter, und daß sie sich nicht nur gegen jüdische Firmen richteten, sondern explizit gegen Kaufhäuser generell, zeigt das Beispiel der Ludwigshafener Filiale der L. Tietz AG. Die Gesellschaft war am 11. Juli 1933 ›arisiert‹ und in ›Westdeutsche Kaufhof A. G.‹ umbenannt worden.[199] Der Geschäftsführer der Filiale, Abels, wandte sich danach an die Stadtverwaltung, um „eine endgültige Klärung aller unser Geschäft behindernder Umstände" herbeizuführen. Er zitierte dabei Stellungnahmen der Treuhänder der Arbeit zum Beispiel aus Köln oder Frankfurt, die in ihren Bezirken die Anweisung gegeben hätten, „alle diejenigen Personen, die Parteimitglieder oder Beamte am Kauf in unseren Häusern hindern, oder sonst wie belästigen, sofort als Saboteure der Wirtschaft zu verhaften."[200] In Ludwigshafen wurde natürlich niemand verhaftet, im Gegenteil. Die von den Kleingewerbetreibenden heftig bekämpften Konsumvereine und Verbrauchergenossenschaften – obwohl seit Juni 1933 gleichgeschaltet und unter Aufsicht der Deutschen Arbeitsfront stehend – wurden nach wie vor behindert, so daß der Konsumverein Ludwigshafen fast 10% seiner Angestellten entlassen mußte.[201] Und auch der Kampf gegen die Kaufhäuser ging im September verstärkt weiter, wie zahlreiche Artikel in der Parteipresse dokumentieren.[202] Geschäftsführer Abels vom Kaufhof informierte daraufhin Staatssekretär Stocker vom bayerischen Wirtschaftsministerium über „die unhaltbaren Zustände, die sich in der Pfalz gegenüber den Warenhausbetrieben herausgebildet" und „weiterhin

Das Ludwigshafener Gaswerk in der Humboldtstraße, 1933 [66]

stark verschlechtert" hätten. Obwohl er in „Regierungskreisen und in den obersten Parteiinstanzen" auf vollstes Verständnis gestoßen sei, würden die „pfälzischen Parteiinstanzen" alle stillen und offenen Boykottmaßnahmen weiterhin praktizieren und damit seine Firma zwingen, in nächster Zukunft mindestens ein Drittel ihres Personals zu entlassen. Dies sei alles um so unverständlicher, als er, Abels, selbst alter ›Parteigenosse‹ sei und nach der „durchgreifenden Kapitalumstellung" des Unternehmens nur noch 7,9% jüdisches Kapital am Kaufhof beteiligt sei.[203]

Staatssekretär Stocker versprach daraufhin, sich bei seiner bevorstehenden Pfalzreise persönlich um die Sache zu kümmern und verwies vorab in einem Rundschreiben noch einmal auf die grundsätzliche Einstellung des Reichswirtschaftsministers zu diesen Fragen: „eine Unterscheidung zwischen arischen und nichtarischen Firmen" sei nicht möglich und deshalb jede Boykottaktion unzulässig und als Eingriff in das Wirtschaftsleben zu verhindern.[204] Dieser Appell blieb, wie üblich, ohne Wirkung. Am 2. Oktober wurde zu erneuten Boykotten gegen die Ludwigshafener Kaufhof-Filiale aufgerufen,[205] und tags darauf ließ Gauleiter Bürckel kategorisch und in aller Öffentlichkeit erklären:

> „Ich erhalte wiederholt Anfragen über unsere Stellungnahme zur Warenhausfrage und der Behandlung jüdischer Geschäfte. Man bringt irgendwelche Erlasse damit in Zusammenhang, die zu Mißverständnissen führen könnten. Dazu diene allen folgendes:
> 1. Das Warenhaus war vor der Machtergreifung für uns der Ramschladen, der dem kleinen Geschäftsmann den Ruin brachte. Bei dieser Beurteilung bleibt es für alle Zukunft. Es erscheint mir verwunderlich, daß man überhaupt hierzu noch ein Wort verliert. Das gleiche gilt für die Behandlung der Judenfrage.
> 2. Uns alte Nazis gehen die Auslassungen irgendeines Renommiernazi gar nichts an. Für uns gibt es nichts anderes als die Erfüllung des Programms, so wie es der Führer will."[206]

So ging der systematische Kleinkrieg der Partei gegen die Ramschläden auch in den folgenden Jahren weiter. Als der Kaufhof im Jahr 1939 erweitern und dazu den Nachbarbau in der Jubiläumsstraße 1 von der Stadt kaufen wollte, lehnte diese brüsk ab, obwohl „geldlich gesehen [...] der Verkauf für die Stadt wohl günstig gewesen" wäre. Aber, so gab der Oberbürgermeister zu Protokoll, „es ist jedoch nicht erwünscht, daß sich der Kaufhof erweitert. Auch der Gauwirtschaftsberater hat sich gegen eine Vergrößerung des Kaufhofs ausgesprochen."[207]

Ferngas von der Saar

Eine weitere Bedrohung für die wirtschaftliche Leistungsfähigkeit der Stadt hatte sich schon am Ende der zwanziger Jahre abgezeichnet, wurde aber erst nach der Machtergreifung virulent. Sie betraf die städtischen Eigenbetriebe. Die Versorgung ihrer Bürger mit Elektrizität, Gas und Wasser betrieb die Stadt in Eigenregie. Elektrizität und Wasser wirtschafteten profitabel und trugen im Geschäftsjahr 1934/35 mit Gewinnen von 880 000 RM bzw. 630 000 RM nicht unerheblich zu den Einnahmen im städtischen Haushalt bei – übrigens ganz im Gegensatz zum Krankenhaus und der Straßenbahn.[208] Gerade letztere gehörte zu den Sorgenkindern der Stadtkämmerer, hatte sich doch ihr Zuschußbedarf im Vergleich zum Ende der zwanziger Jahre mehr als verdoppelt

Anmerkungen Seite 232 und 233

203 Schreiben vom 23.9.1933; BayHStA, MA 105484
204 StALu, ZR 1211
205 NSZ, 2.10.1933
206 PfR, 3.10.1933, zit.n. Genschel, S.82
207 PR 12.6.1939; StALu, Pa I, 56
208 Jahresberichte 1934—1937 der städtischen Gas-, Wasser- und Elektrizitätswerke; StALu, DS 585
209 VB 1936 und 1937
210 Jahresbericht der städtischen Gas-, Wasser- und Elektrizitätswerke 1934/35; StALu, DS 585
211 Sitzung des Aufsichtsrats der Pfälzischen Gas AG vom 17.12.1929; StALu, ZR II, 4422/6; f.d.F. Meinzer, Machtergreifung, S.99ff
212 Vieler, S.138
213 StALu, ZR 4422/6
214 ebd., Gutachten vom 20.4.1934, erstellt durch den Leiter der Städtischen Werke Stuttgart

und betrug damit im folgenden Jahrzehnt jährlich rund 500 000 RM.[209] Das städtische Gaswerk, das sich gerade von den durch die Weltwirtschaftskrise hervorgerufenen Verlusten zu erholen begann und 1934/35 nur noch mit 36 000 RM Verlust abschloß,[210] rückte in dieser Zeit aber ins Fadenkreuz überregionaler Interessen. Der Expansionsdrang der Ruhrgas AG auf dem Sektor der Ferngasversorgung hatte das Unternehmen mit Beteiligungen an der Hessischen Kommunalen Gasversorgung und der Ferngas Saar GmbH (FGS) auch in Süddeutschland aktiv werden lassen. Die FGS war gegründet worden, um den erheblichen Gasüberschuß der saarländischen Kokereien zu vermarkten – mit Zielrichtung Pfalz. Bereits 1929 mußte Oberbürgermeister Weiß feststellen, „daß z. Zt. ein Angriff der Wirtschaft auf die gemeindlichen Betriebe einsetzt", und der zweite Bürgermeister der Stadt, Kleefoot, erklärte prophetisch, „das Durchsetzen der Politik der Ruhrgas" werde „das Ende aller gemeindlichen Gaswerke sein."[211] Nachdem das Thema während der Weltwirtschaftskrise zunächst von der Tagesordnung verschwunden war, wurde es nach 1933, nun unter eminent politischen Aspekten, wieder aufgegriffen. Der Ausbau der Gasfernversorgung erwies sich als bevorzugtes Projekt zahlreicher Arbeitsbeschaffungsprogramme, im Zeichen der neuen Autonomie- und Aufrüstungspolitik forcierte die Reichsregierung die Rationalisierung und Konzentration der gesamten Energieproduktion, und schließlich wollte man im Hinblick auf die zu erwartende Wiedereingliederung des Saarlandes in das Reich – die Volksabstimmung stand im Januar 1935 an – bereits jetzt die wirtschaftliche Reintegration fördern; dazu gehörte auch eine Garantie für die Übernahme der saarländischen Gasproduktion im Reich.[212]

Insbesondere Gauleiter Bürckel, der im Januar 1933 von Hitler zum kommissarischen Leiter des Gaues Saarland und später zum Saarbevollmächtigten der Reichsregierung ernannt worden war, machte nun Druck beim Ferngasprojekt. Dazu bediente er sich vor allem der 1929 von den pfälzischen Städten gegründeten Pfälzischen Gas AG (PGAG), deren Leitung im März 1933 gleichgeschaltet wurde. Bereits einen Monat später holte die PGAG ein Gutachten bei einem Münchner Ingenieurbüro ein, das zu dem Ergebnis kam, daß man die Ferngasversorgung der Pfalz nur positiv beurteilen könne. Auch Städte wie Ludwigshafen, die dabei ihr eigenes Gaswerk stillegen müßten, könnten mit Gewinnen rechnen, ja in Ludwigshafen, so hieß es später, sei sogar eine jährliche Ersparnis von 100 000 RM zu erwarten.[213] Gegen Ende des Jahres hatte die PGAG schon fertige Anschlußpläne bereit, die als erstes den Bau einer direkten Leitung von den Saarhütten nach Ludwigshafen vorsahen.

Nun endlich reagierten die pfälzischen Städte, an ihrer Spitze Ludwigshafen. Oberbürgermeister Ecarius fuhr nach Berlin, um beim Reichswirtschaftsminister eine Aussetzung der Pläne zu erreichen, und gab zudem ein Gegengutachten in Auftrag. Dieses bestärkte die Stadt in ihrer schon ablehnenden Haltung, machte aber zugleich sehr deutlich, daß Ludwigshafen eine Schlüsselstellung für das Projekt zukomme: „Es bleibt die Tatsache bestehen, daß ein Ferngasbezug von Ludwigshafen entscheidend für die Verlegung einer Saargasleitung durch die Pfalz [...] sein würde."[214] Ein weiteres Gutachten kam schließlich sogar zu dem Ergebnis, daß die Stadt sicherlich nicht mit Gewinnen, sondern im Gegenteil mit einem jährlichen Einnahmeausfall von mindestens 70 000 RM rechnen müsse. Deshalb lehnten der Oberbürgermeister, der Stadtrat

und auch Kreisleiter Wittwer einhellig das Projekt ab, um „die Stadt vor finanziellem und wirtschaftlichen Schaden zu bewahren".[215] Doch Ludwigshafen geriet nun rasch in die Defensive. Ministerpräsident Siebert und Gauleiter Bürckel übten heftigen Druck aus und betonten die „Notwendigkeit, daß auch die pfälzischen Städte dazu mitwirken, die Eingliederung des Saarlandes in das deutsche Wirtschaftsleben möglichst reibungslos zu gestalten".[216] Mittlerweile hatte auch die PGAG den Liefervertrag mit der Ferngas Saar paraphiert. So faßte der Stadtrat am 25. Juni 1934 notgedrungen den schwerwiegenden Entschluß, grundsätzlich einem Vertrag mit der PGAG zuzustimmen und das eigene Gaswerk stillzulegen. Allerdings müßten die einzelnen Bestimmungen des Liefervertrages noch ausgehandelt werden, und dabei zeigte sich bald, daß alle Befürchtungen der Stadt berechtigt waren. Die PGAG signalisierte weder bei der Frage der Übernahme des städtischen Gaswerkspersonals Kompromißbereitschaft noch beim Gaspreis, der deutlich höher lag als bei Eigenerzeugung durch die Stadtwerke. Außerdem waren aufgrund der anderen Beschaffenheit des Ferngases enorme Gasverluste im Rohrnetz zu befürchten – mit „geradezu erschreckenden Auswirkungen", wie sich später herausstellte.[217] Im Juli 1934 trat der Stadtrat noch einmal zusammen, um über den Ferngasanschluß zu beraten. An dem vorherigen Beschluß, dem Gasbezug von der Saar aus politischen Gründen vom Grundsatz zuzustimmen, hielt man dabei fest. Angesichts der zu erwartenden finanziellen Mehrbelastung für die Stadt wurde aber der vorliegende Vertragsentwurf der PGAG konsequent abgelehnt.[218] Aber auch die Gegenseite dachte nicht daran, irgendwelche Konzessionen zu machen, und hoffte auf entsprechenden politischen Rückenwind. Da der Gauleiter aber mit der Vorbereitung der Saarabstimmung alle Hände voll zu tun hatte, lag die Sache vorerst auf Eis.

Die Abstimmung im Januar 1935 brachte einen in dieser Höhe nicht erwarteten Erfolg: 91% der Saarländer stimmte für die ›Heimkehr ins Reich‹. Bürckel wurde in Anerkennung seiner Verdienste zum Reichskommissar für das Saarland ernannt und leitete auch den erweiterten Gau Saarpfalz. Nun war auch die Bahn frei für das Ferngasprojekt. Die PGAG trieb den Bau der Leitungen voran, und nach einigem Hin und Her fand schließlich im November 1935 unter Vorsitz des Reichswirtschaftsministeriums die entscheidende Sitzung über den Ludwigshafener Ferngasbezug statt. Oberbürgermeister Ecarius, gestützt auf das Votum seiner Ratsherren, war fest entschlossen, die Sache abzulehnen. Doch kurz vor Sitzungsbeginn ließ der Gauleiter die Bombe platzen: es läge, so verkündete er, ein Befehl des Führers vor, das Projekt auszuführen.[219] Damit war alles entschieden, der Anschluß der Stadt an die Ferngasversorgung beschlossene Sache. Noch Ende 1935 wurde mit den Arbeiten zur Stillegung des Ludwigshafener Gaswerks begonnen. Ein erheblicher Teil der Belegschaft ging ›freiwillig‹ in den vorzeitigen Ruhestand, der Rest mußte anderweitig in den Stadtwerken untergebracht werden. Am 24. April 1936 wurde dann das Gaswerk abgeschaltet und der Anschluß Ludwigshafens an die Ferngasversorgung der PGAG vollzogen.[220] Im darauf folgenden Geschäftsjahr 1936/37 schloß das Gaswerk mit einem Rekordverlust von fast 111 000 RM ab.[221]

Machtwechsel: die Oberbürgermeisterkrise 1936/37

Die Querelen um das Ferngasprojekt beschädigten Amt und Position des Oberbürgermeisters erheblich. Ecarius war schon seit der

Anmerkungen
Seite 234 und 235

215 *OB Ecarius in einem Brief an Gauleiter Bürckel vom 12.6.1934; StALu, ZR 4422/6*

216 *Protokoll geheime Stadtratssitzung vom 29.5.1934; StALu, Pa I, 79*

217 *VB 1936, S. 30*

218 *Protokoll geheime Stadtratssitzung vom 23.7.1934; StALu, Pa I, 79*

219 *Bericht in einem Schreiben dreier Ratsherren an Ecarius vom 29.1.1936; BayHStA, MA 106003*

220 *VB 1936*

221 *StALu, DS 585*

222 *f.d.F. Meinzer, Machtergreifung, S. 105ff*

Propaganda-Kulisse: Gauparteitag der NSDAP in Ludwigshafen 1938
Aufmarsch vor der Hindenburghalle, am Platz der heutigen Eberthalle [67]

Gauparteitag 1938 in Ludwigshafen
Gauleiter Bürckel spricht [68]

Machtergreifung im Grunde ein OB auf Abruf gewesen. Obwohl er sich äußerlich vollkommen an die neuen Verhältnisse anpaßte, mußte er bereits im Sommer 1933, wie oben geschildert, um sein Amt bangen. Zwar gelang es ihm zunächst sich zu behaupten, vor allem wohl aufgrund mangelnder personeller Alternativen, aber auch wegen seines Rückhalts beim ›Akademikerflügel‹ im Stadtrat und in der Kreisleitung der NSDAP. Dennoch blieb sein Handlungsspielraum in jeder Hinsicht äußerst eingeschränkt. Die Balance zwischen sachlicher Notwendigkeit, politischen Rahmenbedingungen und Forderungen der Parteibasis erwies sich als fast unmöglich. Die prekäre finanzielle Situation der Stadt, die sich nach 1933 zunächst eher verschlechterte als verbesserte, ließ ein gestaltendes Wirken kaum zu. Politisch blieb Ecarius notgedrungen völlig in Deckung, allenfalls reaktiv Dinge aufgreifend, ein nüchterner und farbloser Sachwalter der Interessen der Stadt Ludwigshafen. Doch selbst dieses wurde ihm schließlich zum Verhängnis, denn mit seiner standhaften Haltung im Ferngasprojekt fiel er beim Gauleiter in Ungnade. Das Kesseltreiben gegen den OB begann 1935 mit der Abberufung von Kreisleiter Wittwer, einem engen Vertrauten von Ecarius.[222]

Bürckel ersetzte ihn durch Karl Kleemann, seinen alten Vertrauensmann aus der ›Kampfzeit‹. Kleemann, zuvor Kreisleiter in Landau, kam offenbar mit dem Auftrag nach Ludwigshafen, die dortigen Ratsherren, die mehrheitlich hinter Ecarius standen, zur Räson zu bringen. Zugleich schickte Bürckel einen weiteren Kumpanen aus seiner Gauclique vor, um Ecarius direkt einzuschüchtern. Richard Imbt, Oberbürgermeister der ›Gauhauptstadt‹ Neustadt und Präsident des Kreistages, erklärte bald offen und sogar im Beisein von Ecarius, daß er von der Gauleitung als neuer Oberbürgermeister in Ludwigshafen vorgesehen sei. Imbt war es auch, der den ersten direkten Angriff auf Ecarius vorbereitete: seine Abwahl aus dem Aufsichtsrat der Pfalzwerke AG. Zunächst ließ Imbt verlauten, daß er als stellvertretender Aufsichtsratsvorsitzender und auch die anderen Mitglieder dieses Gremiums nicht mehr zu den Sitzungen erscheinen würden, wenn Ecarius dort weiter teilnähme.[223] Zuvor schon hatte er Ecarius nach der entscheidenden Ferngassitzung gedroht: „Das wird Ihnen teuer zu stehen kommen!"

Die Demontage des Oberbürgermeisters ging bei der Generalversammlung der Pfalzwerke am 10. Juli 1936 weiter. Vier Tage zuvor rief Gauamtsleiter Knissel beim Zweiten Bürgermeister Matthias an und schärfte ihm ein, dafür zu sorgen, „daß er als Vertreter der Stadt im Aufsichtsrat der Pfalzwerke für die nächste Wahlperiode vorgeschlagen werde."[224] Tatsächlich wurde bei der Generalversammlung „auf Grund höherer Weisung" der Antrag gestellt, anstelle von Ecarius den Zweiten Bürgermeister Matthias in den Aufsichtsrat zu wählen, und einstimmig angenommen. Nach der Sitzung nahm Gauamtsleiter Knissel Ecarius beiseite und eröffnete ihm, daß er „zu verschiedenen Gelegenheiten [...] die Intentionen der Gauleitung nicht befolgt" und somit das Vertrauen des Gauleiters endgültig verwirkt habe.[225] Die Abwahl von Ecarius war nun in der Tat eine eklatante Rechtsverletzung, denn in der Deutschen Gemeindeordnung war eindeutig geregelt, daß der Oberbürgermeister einer Stadt auch ihr gesetzlicher Vertreter im Aufsichtsrat von Unternehmen sein muß, an denen die Stadt beteiligt ist.[226] Der Ernst der Lage war damit offenkundig. Ecarius unternahm einen letzten Versuch, den Gauleiter doch noch umzustimmen, und schrieb am 11. Juli 1936 einen langen Brief an Bürckel, in dem er auf sein stets loyales Verhalten hinwies: „Es kann mir niemand beweisen, daß ich jemals bei der Leitung der Stadtverwaltung die großen Ziele und Grundsätze der Bewegung, der ich ja selbst angehöre, außer Acht gelassen habe". Er könne seine Leistungen in jeder Hinsicht neben solche Stadtverwaltungen stellen, die von alten Parteigenossen geführt werden. „Ich zermartere mir deshalb das Gehirn mit der Frage, wie kommt es, daß trotzdem in Ludwigshafen Oberbürgermeisterkrisen entstehen. Warum werde ich wie ein gehetztes Tier behandelt, wie Freiwild [...] wie ein ehr- und rechtloser, ja geächteter Mann?"[227] Am selben Tag noch reiste Ecarius nach München, um seine Sache direkt bei der Staatsregierung vorzubringen. Noch hatte er die Hoffnung, der Ministerpräsident und der Gauleiter könnten „mit einem Schlage die Lage entwirren, wenn Sie erklären, der Mann bleibt in seinem Amt und steht künftig unter unserem Schutz. Dann ist der ganze Spuk verflogen."[228]

Inzwischen trat aber Kreisleiter Kleemann in Aktion, um die Ratsherren zu bearbeiten. Diese hatten sich zuletzt anläßlich des Streits um die Ferngasversorgung offen zu Ecarius bekannt. Noch Anfang des Jahres ließen sie verlauten, daß es doch keineswegs im Sinne des Führers sein

Anmerkungen
Seite 236 und 237

223 *Über diesen und die folgenden Vorgänge unterrichten hauptsächlich Briefe von Ecarius an Ministerpräsident Siebert, Gauleiter Bürckel und Gauamtsleiter Knissel vom Juli 1936; BayHStA, MA 105480 und 106003*

224 *Ecarius an Knissel vom 7.7.1936, ebd.*

225 *Ecarius an Bürckel vom 11.7.1936, ebd.*

226 *DGO, § 36 und § 40*

227 *BayHStA, MA 106003*

228 *Ecarius an Siebert vom 18.7.1936, ebd.*

229 *Brief an Ecarius vom 29.1.1936, ebd.*

230 *RdP an Ecarius, 14.7.1936, ebd.*

231 *Ecarius an Siebert, 18.7.1936, ebd.*

232 *Über die folgenden Vorgänge unterrichtet der Briefwechsel des Ratsherren Klingenberg mit Ministerpräsident Siebert, ebd.; und Reichsinnenminister Frick; Bundesarchiv, NS 25/324, vom November und Dezember 1936*

könne, wenn „ein Oberbürgermeister, der auf den Rat seiner nationalsozialistischen Fachberater die berechtigten Interessen seiner Stadt vertritt, eine Diffamierung von anderer Seite befürchten muß".[229] Am 13. Juli riefen Kleemann und Gauamtsleiter Knissel die Ratsherren zusammen und setzten ihnen solange zu, bis sie der Aufgabe zweier Telegramme an die Regierung in Speyer zustimmten:

> 1. „Sämtliche Ratsherren der Stadt Ludwigshafen a. Rh. sind nicht mehr in der Lage, dem Oberbürgermeister der Stadt Ludwigshafen a. Rh. ihr Vertrauen entgegenzubringen und sehen sich daher veranlaßt, jede weitere Zusammenarbeit mit ihm abzulehnen. Matthias, Bürgermeister."
> 2. „Politische Gründe machen mir jede Zusammenarbeit mit Oberbürgermeister Dr. Ecarius, Ludwigshafen a. Rh. unmöglich. Gauleiter Bürckel wurde hiervon verständigt und gebeten, die notwendigen Maßnahmen einzuleiten. Kleemann, Beauftragter und Kreisleiter."[230]

Durch diese massive Aktion der Partei wurden nun die staatlichen Aufsichtsbehörden erstmals offiziell mit der Sache befaßt. Die Kreisregierung berichtete nach München, ebenso Ecarius, dem aber mittlerweile klar geworden war, daß er auf verlorenem Posten stand. Er bat Ministerpräsident Siebert lediglich noch um „die baldige Wiederherstellung meiner verletzten Berufsehre" und, im Vertrauen „auf die unbeugsame Gerechtigkeit, die im nationalsozialistischen Staat erstes Staatsprinzip ist", um eine „für mich befriedigende Lösung des Konflikts."[231] Danach trat Ecarius seinen verlängerten Jahresurlaub an. Die Partei blieb aber nicht untätig.[232] In der Stadt kursierten plötzlich Gerüchte, nach denen Ecarius sich die Parteimitgliedschaft durch Zahlung eines hohen Geldbetrages erkauft habe. Zuvor schon hatte man auch versucht, den Oberbürgermeister bei einigen Auftritten in der Stadt, etwa bei der Einweihung eines Kriegerdenkmals, öffentlich zu brüskieren. Ende August schließlich versammelte Kleemann erneut die Ratsherren und wies sie an, für den Fall der Rückkehr des Oberbürgermeisters aus dem Urlaub ein ultimatives Rücktrittsgesuch zu stellen.

Nun endlich schritt Reichsinnenminister Frick ein, allerdings ohne großen Erfolg. Die Autorität seines Ministeriums, der obersten kommunalen Aufsichtsbehörde, hatte in zahlreichen Auseinandersetzungen mit der Partei schon schwer gelitten. Immerhin ließ er über das bayerische Innenministerium bescheiden, daß Ecarius' Dienstantritt nach Ablauf seines Urlaubs nichts im Wege stünde. Außerdem wies er die Ludwigshafener Ratsherren an, ihre gesetzmäßigen Dienstobliegenheiten unbedingt zu erfüllen. Damit verschaffte er Ecarius aber nur eine kurze Atempause, denn der ›Streik‹ des Kreisleiters und der Ratsherren ging unbeirrt weiter. Als dann aus der Gauleitung wieder verlautete, Ecarius sei für die Partei nicht mehr tragbar, war die Sache endgültig entschieden. Weder Frick noch Siebert sahen sich in der Lage, dem Gesetz Geltung zu verschaffen und Ecarius zu helfen. Der Ministerpräsident räumte in einem Brief an Ratsherr Klingenberg die Ohnmacht des Staates gegenüber der Partei offen ein: „Die politische Seite erklärt, mit Oberbürgermeister Ecarius nicht mehr arbeiten zu können und zu wollen, der Kreistagspräsident desgleichen, ebenso die Ratsherren, gleichgültig ob aus freiem Entschluß oder auf Befehl [...] Da gibt es nur eine Konsequenz, die Oberbürgermeister Ecarius wird ziehen müssen, so bitter er das empfindet. Denn es nützt seine Rechtsauffassung gar nichts. Bürgermeisterstellen sind nun einmal an das Vertrauen der

›Partei und Staat‹
In ihrer rohen Primitivität erschreckende Wanddekoration für die ›Jugendschrifttums-Ausstellung‹ im Gesellschaftshaus, 1938 [69]

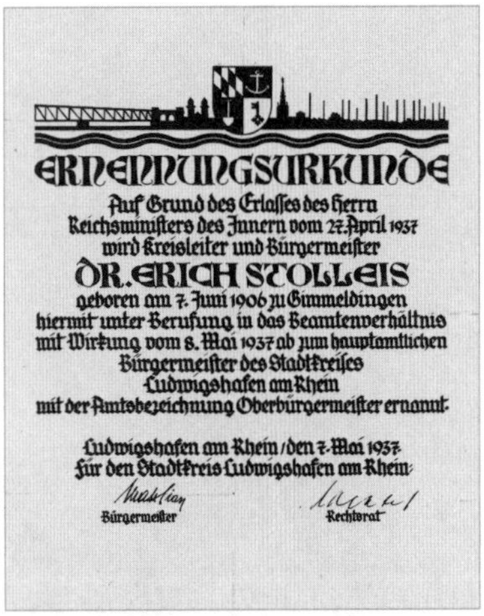
Ernennungsurkunde
Auf Grund des Erlasses des Herrn
Reichsministers des Innern vom 27. April 1937
wird Kreisleiter und Bürgermeister
Dr. Erich Stolleis
geboren am 7. Juni 1906 zu Gimmeldingen
hiermit unter Berufung in das Beamtenverhältnis
mit Wirkung vom 8. Mai 1937 ab zum hauptamtlichen
Bürgermeister des Stadtkreises
Ludwigshafen am Rhein
mit der Amtsbezeichnung Oberbürgermeister ernannt.

Ludwigshafen am Rhein, den 7. Mai 1937
Für den Stadtkreis Ludwigshafen am Rhein:

Bürgermeister
Rechtsrat

Ernennungsurkunde für Oberbürgermeister Stolleis [70]

politischen Leitung und des Wahlkörpers zu dem Stelleninhaber gebunden. Ob dieses Vertrauen zu Recht oder Unrecht entzogen wurde, ist im Effekt gleich [...] Eine Wandlung der Dinge kann nur, nachdem man dem Führer die Sache nicht vortragen kann, durch den Gauleiter herbeigeführt werden [...] Denn, wenn auch das Reichsinnenministerium die Rechtsauffassung von Dr. Ecarius bestätigt, kann er diese nicht durchsetzen [...] So die nackte Wirklichkeit."[233] Nach diesem Offenbarungseid des Staates war die Sache für Ecarius hoffnungslos geworden. Ihm blieb nur noch das Bemühen um einen ›ehrenvollen‹ Abgang, den er auch tatsächlich erreichen konnte. „Aus Gründen, die von ihm nicht verschuldet sind", wurde Ecarius zunächst bis Ablauf seiner regulären Amtszeit am 1. Mai 1941 in den Wartestand, anschließend in den Ruhestand versetzt. Er war berechtigt, die Amtsbezeichnung Oberbürgermeister weiterhin zu führen, in der Wartezeit mit dem Zusatz „z. D.", danach „a. D." In der Versetzungsurkunde wurde ihm die „Anerkennung für vorzügliche Dienstleistung" ausgesprochen. Gleichzeitig teilte Bürgermeister Matthias in einer öffentlichen Ratsherrensitzung am 23. Februar 1937 mit, daß OB Ecarius mit Wirkung vom 1. März 1937 in die Dienste der I. G. Farbenindustrie AG übertreten und dort eine Aufgabe im Rahmen des Vierjahresplans übernehmen werde.[234] Damit folgte Ecarius manch anderen beim Regime unbeliebten Ludwigshafenern, vor allem bürgerlicher oder jüdischer Herkunft, die bei den I. G. Farben eine berufliche Zuflucht fanden bzw. durch eine Versetzung ins Ausland vor dem Zugriff der NS-Behörden gesichert wurden.[235]

Anmerkungen
Seite 238 und 239

233 *Brief vom 3.12.1936; BayHStA, MA 106003*
234 *PR, S.2ff; StALu, Pa I, 53*
235 *vgl. z.B. Borggrefe, S.74*
236 *PR 1.4.1937, S.161f; vgl. StALu, Personalakte Stolleis, LUN 1644*
237 *NSZ, 8.5.1937*
238 *zu Stolleis vgl. Personalakte; StALu, LUN 1644/I*
239 *StALu, Personalakte Suttor, LUN 1646; vgl. VB 1937*
240 *PR 31.1.1939; StALu, Pa I, 56*
241 *PR 25.5.1938; StALu, Pa I, 55*
242 *Personalakte Matthias; StALu, LUN 1635*

Ludwigshafen im Aufbruch?

Und wieder ›Aufräumen‹ in der Stadtverwaltung

Zum Nachfolger von Ecarius erkor die Gauleitung den gerade 30jährigen Juristen Dr. Erich Stolleis. Er war vormals Kreisleiter und Bürgermeister der Stadt Landau, Mitglied einer Anwaltskanzlei, Leiter des Gaurechtsamts bei der Gauleitung Neustadt und Vorsitzender des NS-Juristenbundes der Pfalz. Bei seiner Berufung ging die Partei genauso hemdsärmlig vor wie bei der Abberufung Ecarius'. Zwar wurde die Stelle immerhin in der NSZ ausgeschrieben – aber nicht etwa von der Stadt, sondern vom Gauamt für Kommunalpolitik in Neustadt. Auch die gesetzlich vorgeschriebene Präsentation von drei Kandidaten beim Reichsinnenminister unterblieb. Es käme ausschließlich Parteigenosse Dr. Stolleis in Frage, teilte Kreisleiter Kleemann am 1. April 1937 mit, „von der Erfordernis zweier weiterer Vorschläge bitte ich Abstand nehmen zu dürfen." Lapidar forderte er Frick auf, die „Einverständnißerklärung bald zu übersenden", da der „Amtsantritt sofort erfolgen solle."[236] Das Eintreffen der ministeriellen Entschließung wurde dann auch gar nicht mehr abgewartet, bereits am 8. Mai 1937 wurde der neue Oberbürgermeister feierlich in sein Amt eingeführt.

Die Umstände seiner Berufung machten allen deutlich, daß Stolleis das Vertrauen des Gauleiters und des Kreisleiters genoß. Diese zunächst starke und unangefochtene Position konnte er nutzen, um ein umfangreiches personelles Revirement in der Stadtverwaltung teilweise auch gegen den Widerstand der lokalen Parteiorganisation und der Ratsherren durchzusetzen. Bereits Ende 1936 war die Stelle eines Stadtsyndikus und Rechtsrats ausgeschrieben worden. Stolleis nutzte die

Vom Liebling des Gauleiters zum ›Parteifeind Nummer 1‹: ***Erich Stolleis***

Erich Stolleis wurde 1906 als Sohn des Weingutsbesitzers Heinrich Stolleis in Gimmeldingen geboren und wuchs auf dem elterlichen ›Carl-Theodor-Hof‹ auf. Nach dem Besuch des Gymnasiums in Neustadt/Haardt studierte er Rechtswissenschaft in Erlangen und promovierte 1931 zum Dr. iur. Im Jahr darauf ließ er sich als Rechtsanwalt in Neustadt nieder.

Schon seit 1929 war er für die NSDAP tätig, zwei Jahre später wurde er Parteimitglied, danach Mitglied der SA. „In der Kampfzeit war er Strafverteidiger der Parteigenossen."[237] Seinen guten Beziehungen zu Gauleiter Bürckel verdankte Stolleis seine Berufung an das Polizeipräsidium Saarbrücken im Frühjahr 1935. Wenig später wurde er Kreisleiter und bald darauf Oberbürgermeister der Stadt Landau.

Im Mai 1937 beförderte der Gauleiter den Dreißigjährigen auf den Stuhl des Oberbürgermeisters von Ludwigshafen. In den folgenden Jahren geriet der Oberbürgermeister in immer heftigere Konflikte mit der örtlichen Partei, die ihn als zu nachgiebig oder als Mann der „feinen Leute" ohne Gespür für die Arbeiterschaft kritisierte. Auch zerbrach das gute Verhältnis zum Gauleiter, der seinen einstigen Protegé zuletzt als „Parteifeind Nummer 1" bezeichnete.

Wohl um sich den Auseinandersetzungen zu entziehen, meldete sich Stolleis 1939 und 1940 zum Militär. Mitte 1941 geriet er auf dem afrikanischen Kriegsschauplatz in britische Kriegsgefangenschaft. Bis 1947 verblieb er in einem Kriegsgefangenenlager im australischen Bundesstaat Victoria. Nach Deutschland zurückgekehrt, nahm er seinen Wohnsitz auf dem väterlichen Carl-Theodor-Hof in Gimmeldingen und arbeitete nach der Entnazifizierung wieder als Rechtsanwalt.

Lange rang Stolleis mit der Stadt Ludwigshafen um die Zahlung einer Pension, die ihm unter Hinweis auf die Formfehler bei seiner Erhebung zum Stadtoberhaupt verweigert wurde. Schließlich einigte er sich mit der Stadt auf die Pensionszahlung vom 65. Lebensjahr an. Erich Stolleis starb 1986. Die Todesanzeige hebt aus seinem Lebenslauf hervor, was ihm wichtig war: „Weingutsbesitzer" und „Oberbürgermeister a. D."[238]

[S. M.]

Oberbürgermeister Stolleis begrüßt die Gauleiter aus der ›Ostmark‹ im Rathaussaal, 1938 [71]

Gauleiter aus der ›Ostmark‹ Rathaussaal, 1938 [72]

Gelegenheit und hievte – ohne Einhaltung der gesetzlichen Vorschriften – seinen Freund Josef Suttor auf die Stelle. Suttor, noch keine 28 Jahre alt, ebenfalls Jurist, war zuvor in der Kanzlei von Stolleis und im Gaurechtsamt beschäftigt und hatte sich als Ermittler im Parteiausschlußverfahren gegen OB Ecarius hervorgetan. Gerade erst zum Regierungsassessor ernannt, trat Suttor am 1. Juni 1937 die Stelle bei der Stadt an. Schon im September dieses Jahres wurde er dann zum hauptamtlichen Beigeordneten berufen.[239] Im gleichen Monat verpflichtete Stolleis Dipl.-Ing. Clemens Weber, der vorher ebenfalls in der Gauleitung tätig war, als Oberbaurat und Leiter des Stadtplanungsamts. Auch Weber avancierte kaum ein Jahr später zum hauptamtlichen Beigeordneten. Schließlich wurde nach der Eingemeindung noch der letzte Bürgermeister der Stadt Oppau, Parteigenosse Adam Wolf, als hauptamtlicher Beigeordneter in Ludwigshafen übernommen.[240]

Mit Rückendeckung der neuen Stadtspitze ging Stolleis nun daran, mit dem weiteren personalpolitischen Erbe der Ära Ecarius aufzuräumen. Das ständige Hineinregieren der Partei, das der Oberbürgermeister damals widerspruchslos hinnehmen mußte, zeitigte allmählich seine Folgen. „Das Personal läßt in manchen Dingen zu wünschen übrig. Im Allgemeinen ist nicht gerade ein überragender Mitarbeiterstab noch sehr tüchtiges Personal vorhanden" – diese Feststellung des neuen Oberbürgermeisters war noch sehr vorsichtig ausgedrückt.[241] Eine von ihm in Auftrag gegebene Revision im Personalamt deckte in der Tat erschreckende Verhältnisse auf.[242] Insgesamt 114 städtische Bedienstete waren vorbestraft, darunter offenbar manch einer der alten Kämpfer, die durch die beschriebenen Sonderaktionen in die Verwaltung gekommen waren. Die Vorstrafen beruhten in der Regel auch nicht, wie man

Der Beigeordnete Suttor (rechts) beim Empfang der Soldaten nach dem ›Frankreichfeldzug‹, 1940 [73]

vielleicht vermuten könnte, auf politischen Vergehen, sondern waren hauptsächlich „ehrenrührige Strafen". Jedenfalls habe die Stadt, so stellte der Revisor fest, „einer Anzahl von zweifelhaften Elementen Unterkommen gewährt" – kein Wunder angesichts der völlig chaotischen Verhältnisse im Personalamt. Eine geregelte Aktenführung war nicht festzustellen, die Personalakten unvollständig, überall lagen Aktenberge herum. Über die an die DAF und andere Organisationen abgeführten Beiträge wurde nicht ordentlich Buch geführt, eine Prüfung von eingereichten Krankenkassenbelegen erfolgte generell nicht. Auskünfte aus Personalakten wurden bereitwillig an Parteidienststellen gegeben, sogar bis hinunter zu Blockwarten, denen man gar fernmündlich zu Diensten war. Leiter des Personalamts war seit 1935 der ›alte Kämpfer‹ Karl Weinmann, den Stolleis vorerst geräuschlos ins Kulturamt abschob. Dort fiel Weinmann schon bald wegen größerer Unterschlagungen auf, wurde von Stolleis angezeigt und im Sommer 1939 verhaftet.[243]

Ähnliche Verhältnisse wie im Personalamt herrschten offenbar auch im Wohlfahrtsamt, ebenfalls unter Leitung eines ›alten Kämpfers‹. Der Kellner Hans Keßler gehörte 1929 zum ersten in den Stadtrat gewählten NS-Trio. Das seit den Zeiten hoher Arbeitslosigkeit personell völlig übersetzte Amt vermochte er aber offenbar nicht in den Griff zu bekommen. Es gab keine klaren Aufgaben- und Verantwortungsbereiche, keine Richtlinien für die Bearbeitung von Anträgen und damit auch keine Kontrolle über die Mittelverwendung. Das Vorliegen von Bedürftigkeit wurde nicht richtig geprüft, Weitervermittlungen in den ersten Arbeitsmarkt erfolgten unsystematisch, ebenso die Rückforderung von Erstattungsleistungen bei Versicherungen und Krankenkassen. Auch hier griff Stolleis durch: bereits im Oktober 1937 erfolgte eine gründliche Neuorganisation des Amtes, 22 Mitarbeiter wurden abgebaut, jährliche Einsparungen von 40 000 RM standen dadurch in Aussicht.[244] Personalamt sowie Wohlfahrtsamt unterstanden direkt dem Zweiten – ehrenamtlichen – Bürgermeister Otto Matthias, der ebenso wie sein Vorgänger Heinrich Foerster als Vertrauensmann der Ludwigshafener Parteibasis fungierte. Stolleis zögerte aber nicht, diese Verantwortlichkeiten klar anzusprechen und Konsequenzen daraus zu ziehen. Die Reorganisation des Wohlfahrtsamtes ließ er, ohne Matthias einzubeziehen, direkt von seinem Vertrauten, dem Beigeordneten Suttor durchziehen. Wenig später entzog er Matthias die Zuständigkeit für das Personalamt und unterstellte es sich persönlich.[245] Dies führte zu erheblicher Unruhe an der Parteibasis, und auch Matthias selbst versuchte sich gegen seine Entmachtung zu wehren und beim Gauleiter, dem Kreisleiter und den Ratsherren gegen Stolleis zu intrigieren. Dieser wiederum wandte sich mit einem langen Brief an die Gauleitung, in dem er sich bitter darüber beklagte, „daß ich als der vom Gauleiter eingesetzte Oberbürgermeister Schwierigkeiten von 3 bis 4 Parteigenossen ausgesetzt bin." Noch ging Stolleis fest davon aus, „daß beim Gauleiter meine nationalsozialistische Einstellung als auch meine Einstellung zum Verhältnis Partei und Staat in meinem mir vom Gauleiter übertragenen Amte bekannt ist."[246]

Dennoch schien Matthias zunächst Erfolg zu haben. Das Gaugericht begann mit Ermittlungen gegen Stolleis, die Ludwigshafener Ratsherren setzten das Thema von sich aus auf die Tagesordnung und baten um Auskunft, „aus welchen Gründen der Oberbürgermeister die

Anmerkungen
Seite 240 und 241

243 *Meinzer, Machtergreifung, S. 201; PR 9.10.1939; StALu, Pa I, 56*

244 *PR 26.10.1937; StALu, Pa I, 54*

245 *Personalakte Matthias; StALu, LUN 1635*

246 *Brief vom 28.10.1938, ebd.*

247 *Im Reiche der Chemie, S. 54*

248 *PR 4.11.1938, S. 431f; StALu, Pa I, 55*

249 *Bericht vom 4.3.1939, Personalakte Stolleis; StALu, LUN, 1644/II; Stimmungsberichte seit 1937 auch StALu, ZR 1006/5*

250 *Personalakte Matthias; StALu, LUN 1635*

Das erste auf Tonband aufgenommene Konzert: Feierabendhaus Ludwigshafen 1936 [74]

Triumphe der I. G. (BASF)-Forschung: Tonband und Kunststoffe

Am 19. November 1936 wurde ein Konzert der Londoner Philharmoniker unter Sir Thomas Beecham im Feierabendhaus der I. G. Farben als erstes in der Welt auf Tonband aufgenommen.
Dieser neue Tonträger war nach einem Abkommen mit der AEG 1932 im Ludwigshafener Werk der I. G. Farben entwickelt worden. 1935 erregte das erste Magnetophon auf der Berliner Funkausstellung großes Aufsehen. Unmittelbar nach der Aufzeichnung seines Konzerts ließ sich Sir Thomas das Band vorführen. Wie Teilnehmer berichten, „war er in die [...] Erfindung so vertieft, als ob sonst auf der Welt nichts existierte." Schon 1939 betrug die Fabrikation von Magnetophonband BASF 12 Millionen Meter. Bedeutender noch waren die Erfindungen der BASF auf dem Gebiet der Kunststoffe. Hier wurden in den 1930ern die Grundlagen für den Massenkonsum der Wirtschaftswunderjahre geschaffen.[247]

Leitung des Personalamts selbst an sich genommen habe und dadurch den Pg. Matthias in seinen Rechten und seinem Ansehen geschmälert habe". Bei der anschließenden Diskussion ließen immerhin neun von 26 anwesenden Ratsherren zu Protokoll geben, daß sie mit dem Vorgehen des Oberbürgermeisters nicht einverstanden waren.[248] Auch in den Stimmungsberichten aus der Parteibasis, die Kreispropagandaleiter Kegel monatlich zusammenstellte, wurde die Kritik an Stolleis immer lauter. Zum Beispiel kolportierte man Gerüchte, der OB habe sich die Herrichtung seines Hauses 70 000 RM kosten lassen. „Der kleine Mann, der mit der Bürgersteuer (Kopfsteuer der Kampfzeit) mithelfen muß, diese Aufwendungen zu tragen, versteht das nicht mehr."[249] Schließlich konnte sich Stolleis aber in Sachen Matthias doch beim Gauleiter durchsetzen. Der zweite Bürgermeister wurde mit Wirkung vom 1. Juni 1939 bis zum Ablauf seiner Amtszeit am 31. Juli 1941 vom Dienst beurlaubt. Um sein Gesicht zu wahren, gestand man Matthias zu, daß diese Beurlaubung nicht veröffentlicht würde und er seine Aufwandsentschädigung weiterhin ausbezahlt bekäme.[250]

Vollbeschäftigung und ausgreifende Projekte

Trotz dieser personalpolitischen Querelen, ohne die es in Ludwigshafen anscheinend nicht ging, setzte Stolleis seinen Erneuerungskurs fort. Zielsicher nahm er sich nun die beiden größten Verlustbringer im städtischen Haushalt vor, das Krankenhaus und die Straßenbahn. Auch hier setzte Stolleis seinen Beigeordneten Suttor ein, der sich insbesondere bei der Sanierung des städtischen Krankenhauses seine Sporen verdienen sollte. Ineffiziente Verwaltung, chaotische Abläufe bei der Essensversorgung, zu hohe Gehälter der Chefärzte und ein viel zu hoher Personalstand waren dort augenfällig. Die zahlenmäßige Relation zwischen Patienten und Beschäftigten lag bei 1:1, in vergleichbaren Krankenhäusern betrug sie dagegen 2:1. All dies führte zu einem jährlichen Zuschußbedarf von regelmäßig über einer halben Mio. RM. Mit Maßnahmen zur Effizienzsteigerung, aber auch durch Personalabbau gelang

Hitlers 50. Geburtstag
Festdekoration in der Ludwigstraße
20. April 1939 [75]

Lehrlinge der Maschinenfirma Sulzer, um 1938 [76]

es Suttor, die Zuwendungen für das Krankenhaus schon für das Haushaltsjahr 1938 um 150 000 RM zu senken.[251] Danach beauftragte die Stadt sogar die ›Wirtschaftsberatung Deutscher Gemeinden A. G.‹ in Berlin, eine Wirtschaftsprüfungsgesellschaft, damit, weitere Möglichkeiten der Effizienzsteigerung zu eruieren.[252] Auch die Probleme bei der Straßenbahn, deren Defizit sich in etwa in der Größenordnung des Krankenhauses bewegte, wurden angegangen, hauptsächlich durch Reorganisationsmaßnahmen und den Ausbau des Omnibusverkehrs als Ersatz auf den weniger frequentierten Straßenbahnstrecken. Als Ratsherr Nessel kritisch die geringe Dichte der Straßenbahnen in den Vororten monierte, wurde er diesbezüglich kurz und knapp abgefertigt.[253]

Den unaufhaltsamen Anstieg der städtischen Belegschaft wollte oder konnte freilich auch der neue Oberbürgermeister nicht stoppen. Ende 1932 waren es noch rund 1 550 Beschäftigte gewesen, Ende 1937, kurz vor den Eingemeindungen, zählte man fast 1 700 städtische Mitarbeiter.[254] Dagegen gelang es Stolleis erstmals, die drängenden Strukturprobleme der Stadt aktiv anzugehen. Er profitierte dabei ohne Zweifel von den Grundlagen, die seine Vorgänger geschaffen hatten. Ecarius war es gelungen, durch eiserne Sparsamkeit den Haushalt weitgehend zu konsolidieren. Die wenigen freien Mittel setzte er hauptsächlich für Arbeitsbeschaffungsprogramme ein – 1933/1934 allein 2,5 Mio. RM, um die drückende Zahl der Wohlfahrtserwerbslosen zu verringern.[255] Vieles mußte dabei notgedrungen zu kurz kommen, insbesondere der städtische Wohnungsbau und die Stadtsanierung. Hier konnte nun Oberbürgermeister Stolleis ansetzen, begünstigt durch den raschen Konjunkturaufschwung in der Pfalz nach dem Einmarsch deutscher Truppen in die entmilitarisierte Zone im März 1936. Weitere Impulse gaben der 1936 verkündete zweite Vierjahresplan und der Beginn des Westwallbaus.[256] Jetzt endlich begann die Zahl der Beschäftigten deutlich zu steigen. Vor Kriegsbeginn betrug die Zahl der Krankenkassenmitglieder 66 654 gegenüber 44 145 am Ende des Jahrs 1933 und 53 212 Ende 1936.[257] In Ludwigshafen war Vollbeschäftigung erreicht. Ja, es herrschte sogar schon ein solcher Arbeitskräftemangel, daß man verstärkt Frauen anwerben mußte. Zwischen August 1938 und August 1939 wurden im

Anmerkungen
Seite 242 und 243

251 *PR 26.10.1937, S.630ff; StALu, Pa I, 54; zum städtischen Krankenhaus vgl. ausführlich v. Hippel, S.309ff*

252 *ebd., S.345ff*

253 *PR 21.2.1938, S.6 und 25.5.1938, S.180; StALu, Pa I, 55*

254 *VB 1932—1937*

255 *SRP 19.12.1934, S.678; StALu, Pa I, 51; PR 20.12.1936, S.420ff; StALu, Pa I, 53*

256 *Meinzer, Industrie, S.171*

257 *Wort und Zahl, Jahresübersichten 1936 und 1938; StALu, DS 241*

258 *Scharf, in: MHVP 94/1996, S.465*

259 *StALu, LUA 2063*

260 *PR 13.7.1939, S.325; StALu, Pa I, 56*

261 *ebd., 13.10.1938, S.383*

262 *PR, 31.1.1939, S.22; StALu, Pa I, 56; f.d.F. vgl. auch die programmatischen Reden des OB vor den Ratsherren am 17.8.1937, 21.2.1938, 31.1.1939 und 13.7.1939*

Ehrung der Preisträger für Verbesserungsvorschläge bei Giulini, um 1940 [77]

Künstlerisch gestaltet: großer Fasching im Gesellschaftshaus, Februar 1939 [78]

Arbeitsamtsbezirk Ludwigshafen 13 000 weibliche Arbeitskräfte vermittelt.[258] Auch der bei weitem größte Arbeitgeber, das I. G. Farbenwerk Ludwigshafen/Oppau steigerte seine Beschäftigtenzahl auf fast 26 000 vor Kriegsbeginn.[259] Umgekehrt sank die Zahl der Arbeitslosen, die im April 1936 noch 5 489 betragen hatte, auf nurmehr 561 Ende 1938; die Zahl der Wohlfahrtserwerbslosen sank ab der zweiten Jahreshälfte 1937 deutlich unter 1 000. Dies bedeutete eine deutliche Entlastung des Haushalts. Zudem hatten die Steuereinnahmen der Stadt im Jahr 1936 erstmals wieder die 10-Millionen-Grenze überschritten, 1938 lagen sie bereits bei 13,6 Mio. RM.[260] Nun war auch Ludwigshafen in der Lage, dem Beispiel anderer Großstädte zu folgen und fünf Volkswagen für den städtischen Fuhrpark zu bestellen.[261]

Die ›glänzende‹ Stadt

Erstmals konnte ein Oberbürgermeister jetzt seine Vision vom neuen Ludwigshafen formulieren. Innerhalb von zehn Jahren, verkündete Stolleis, wolle er eine Stadt schaffen „von ausgeglichener Wirtschaft, eine Stadt, die alles besitzt was eine Stadt ihrer Größe und Bedeutung braucht, die in ihrem Kern städtebaulich neu gestaltet, schön ist und in der die Menschen nicht nur arbeiten, sondern auch wohnen und leben wollen."[262] Voraussetzung für die Ausgestaltung dieser Vision war zunächst die Behebung der seit Jahrzehnten beklagten „Raumnot" der Stadt durch die Eingemeindung von Oppau, Oggersheim, Maudach und Rheingönheim. Mit tatkräftiger Unterstützung des Gauleiters gelang dies zum 1. April 1938. Ergänzend dazu betrieb Stolleis die systematische Erweiterung des städtischen Grundbesitzes, der in Ludwigshafen nur knapp 20% der Gemarkung ausmachte, während vergleichbare Großstädte bei 40% lagen. Mit Hilfe der Eingemeindungen, aber auch durch umfangreiche Zukäufe konnte – gegenüber 1933 – bis 1939 eine Verdoppelung auf über 1 530 Hektar erreicht werden.

Auf dieser Grundlage, aber stets vor dem Hintergrund einer soliden Haushaltspolitik, entwickelte Stolleis nun im Einzelnen seine ehrgeizigen Pläne. Schwerpunktmäßig sollten vor allem zwei Bereiche angegangen werden. Zum einen legte der Oberbürgermeister zunächst ein

Ludwigshafener ›Arbeits-Neger‹
›Kolonialfestzug‹ 1938 [79]

Kolonialistische Traumwelt
Ludwigshafener ›Freizeit-Neger‹
1938 [80]

umfangreiches Wohnungsbauprogramm auf, um dem drückenden Wohnungsmangel zu begegnen und entsprechende Bedingungen für den Zuzug weiterer Einwohner zu schaffen. Dazu gehörten auch die entsprechenden Maßnahmen im Straßen- und Kanalbau sowie der Straßenbeleuchtung. Seine Hauptaufgabe sah Stolleis aber in der „Neugestaltung des verkehrsmäßig und städtebaulich verbauten und unansehnlichen Stadtbildes." Hier kündigte er zum Beispiel ein Altstadtsanierungsprogramm an, aber auch die Neugestaltung der Innenstadt, wie sie durch den Abriß des Blocks zwischen Jubiläums-, Ludwig- und Wredestraße und die Anlage eines repräsentativen Platzes vor dem Pfalzbau – ›Hermann-Göring-Platz‹ – schon begonnen wurde. Auch die umfangreiche Anlage von Plätzen, Parks und Sportplätzen war vorgesehen, ebenso die Erweiterung des Hindenburgparks (Ebertpark). Vordringlich erschien auch die Erweiterung der Grünflächen, die bisher nur 2,3% der Gemarkung ausmachten. Schließlich sollten auch die die Stadt in der Mitte entzweischneidenden und nur durch das völlig überlastete Viadukt überbrückten Eisenbahnanlagen ebenso wie der Bahnhof verlegt und die Verkehrsinfrastruktur durch den Bau einer zweiten Rheinbrücke verbessert werden. Selbst das Problem des völlig durch Industrie- und Verkehrsanlagen zugebauten Rheinufers wurde thematisiert. Mit Hilfe der Initiative ›Macht Ludwigshafen schöner‹, die Stolleis schon kurz nach seinem Amtsantritt ins Leben rief, strebte man schließlich die aktive Beteiligung aller Ludwigshafener Bürger an der Verschönerung des Stadtbildes an (siehe Kapitel 12, ›Groß-Ludwigshafen im Großdeutschen Reich‹).

Das neue ›Groß-Ludwigshafen‹, das sich im Glanz vergrößerter Gemarkungsgrenzen, wirtschaftlichen Wachstums und – für die NS-Verwaltung wichtig – einer eigenen Wehrmachts-Garnison in der für die französische Besatzung erbauten Kaserne sonnen konnte, verfiel im Jahr 1938 geradezu in einen Feiertaumel:[263] Am 3. April wand sich der Lindwurm des kilometerlangen Eingemeindungsfestzugs durch die Stadt, der 1. Mai wurde wie üblich mit großem auch militärischem Gepränge begangen. Im Juni wurden südfranzösische Trachtengruppen zu einem aufwendig gestalteten Besuch empfangen. Im darauffolgenden Monat

Anmerkungen
Seite 244 und 245

263 *siehe die umfangreiche Fotodokumentation der Veranstaltungen im StALu*

264 *StALu, Pa I,56*

„Ich fresse: Abfälle von …"
Vollgummireifen-Futterwagen der NSV-Schweinemastanlage
1939 [81]

Ludwigshafener ›Parade-Neger‹
1938 [82]

„Des Pudels Kern": „… Deutsche Tüchtigkeit – Deutsches Soldatentum … unzertrennlich …"
›Kolonialfestzug‹ in Ludwigshafen
1938 [83]

war Ludwigshafen nicht nur Schauplatz eines mehrtägigen ›Gauappells‹ der pfälzischen NSDAP, zu dem der von Hitler mit der Eingliederung Österreichs in das ›Großdeutsche Reich‹ beauftragte Gauleiter Bürckel auch die Parteigewaltigen der NSDAP-Gaue der ›Ostmark‹ eingeladen hatte. Anläßlich des ›Kolonial-Volksfestes‹ fand ein weiterer großer Umzug statt, bei dem schwarzbemalte Ludwigshafener ›Neger‹ für das Recht des Deutschen Reiches auf Kolonien warben. Im August schließlich wurde der ›Kavallerietag‹ abgehalten. In der Ausstellungshalle des Hindenburgparks zeigte man die große ›Grenzland-Presseschau‹.

Der Ausbruch des Krieges im September 1939 machte dem glänzenden neuen Ludwigshafen ein Ende. Verdunkelung war angesagt: „Vor allem müssen alle großen Planungen und Aufgaben zurückgestellt werden" – so lautete der Tenor in der Ratsherrensitzung vom 9. Oktober 1939.[264] Stattdessen mußte man sich mit so profanen Dingen wie der restlosen Erfassung und nutzbringenden Verwertung von Altmaterial und Abfallstoffen oder dem Bau von Stallungen für die von der Stadt im Rahmen des Vierjahresplans errichtete und betriebene Schweinemästerei befassen. Die von Oberbürgermeister Stolleis beschriebenen und angegangenen Probleme und Defizite der Stadt aber blieben, und sie sollten die Stadtväter auch nach Kriegsende noch lange Zeit beschäftigen.

Blaich, Fritz: Grenzlandpolitik im Westen 1926—1936. Die ›Westhilfe‹ zwischen Reichspolitik und Länderinteressen, Stuttgart 1978

Borggrefe, Friedhelm: Juden in der BASF; Veröffentlichungen des Stadtarchivs Ludwigshafen 27, Ludwigshafen 2000

Braun, Günter:

Sozialdemokratischer und kommunistischer Widerstand in der Pfalz. Illegale Organisationsansätze und politische Traditionswahrung der Arbeiterparteien unter dem NS-Regime, in: Nestler/Ziegler (Hg.), Die Pfalz unterm Hakenkreuz, Landau 1993, S. 377—412 [zit. Braun, Widerstand]

Zwischen Leid und Hoffnung. Die Zeit im Widerstand gegen das NS-Regime und im Exil 1933—1945, in: SPD-Stadtverband Ludwigshafen u. a. (Hg.): „Der Mensch muß zur Geltung kommen." Zur Erinnerung an Herbert Müller, Ludwigshafen 1997, S. 17—23 [zit. Braun, Müller]

Bosl, Karl: Bosls Bayerische Biographie, Regensburg 1983

Broszat, Martin: Der Staat Hitlers, München 1969

Debus, Karl Heinz: Die großen Kirchen unter dem Hakenkreuz. Kirchen und Religionsgemeinschaften in der Pfalz 1933—1945, in: Nestler/Ziegler (Hg.): Die Pfalz unterm Hakenkreuz, Landau 1993, S. 227—272

Demessier, Michael: Der pfälzische Kirchenkampf im Spiegel der Ludwigshafener Gemeinden, in: Evangelische Kirche in Ludwigshafen am Rhein 1919—1945, hg. v. Theodor Hofäcker; Veröffentlichungen des Stadtarchivs Ludwigshafen 13, Ludwigshafen 1989

Deutschland-Berichte der Sozialdemokratischen Partei Deutschlands (Sopade) 1934—1940, 5 Bde., Salzhausen/Frankfurt/M. 1980

100 Jahre Pfarrei St. Dreifaltigkeit Ludwigshafen, 1991 [zit. Dreifaltigkeit]

Faber, Karl-Georg: Überlegungen zu einer Geschichte der Pfälzischen Landeskirche unter dem Nationalsozialismus, in: Blätter für pfälzische Kirchengeschichte und religiöse Volkskunde 41 (1974), S. 29—59

Fandel, Thomas: Konfession und Nationalsozialismus. Evangelische und katholische Pfarrer in der Pfalz 1930—1939; Veröffentlichungen der Kommission für Zeitgeschichte, Reihe B 76, Paderborn 1997

Fauck, Siegfried: Geschichte der Stadt Ludwigshafen am Rhein in Daten; Veröffentlichungen des Stadtarchivs Ludwigshafen 2, 1. Aufl., Speyer 1972

100 Jahre Freireligöse Gemeinde Ludwigshafen, 1991 [zit. Freireligiöse]

Genschel, Helmut: Die Verdrängung der Juden aus der Wirtschaft im Dritten Reich, Göttingen 1966

Hanko, Helmut: Kommunalpolitik in der ›Hauptstadt der Bewegung‹ 1933—1935, in: Broszat, Martin (Hg.): Bayern in der NS-Zeit, Bd. 3, München/Wien 1981, S. 329—441

Heinz, Hans-Joachim: „ . . . die Reihen fest geschlossen." Organisationsgeschichtliche Aspekte der pfälzischen NSDAP und ihrer Gliederung, in: Nestler/Ziegler (Hg.): Die Pfalz unterm Hakenkreuz, Landau 1993, S. 87—118

Hippel, Wolfgang von: Zum Wohle der Kranken. Vom Hospital zum Klinikum der Stadt Luwigshafen am Rhein. 100 Jahre städtisches Krankenhaus 1892—1992, Ubstadt-Weiher 1992

Hofen, Karl: Das Bistum Speyer in den Jahren religiöser Bedrückung durch den Nationalsozialismus, Speyer 1947, Neudruck Speyer 1980

Hüttenberger, Peter: Heimtückefälle vor dem Sondergericht München 1933 bis 1939, in: Bayern in der NS-Zeit, hg. v. Martin Broszat u. a., Bd. 4, München/Wien 1981, S. 435—526

Im Reiche der Chemie, hg. v. BASF AG, Düsseldorf/Wien 1965

Justiz im Dritten Reich: NS-Sondergerichtsverfahren in Rheinland-Pfalz. Eine Dokumentation, hg. v. Ministerium der Justiz, Rheinland-Pfalz, Teil 1 und 2, Frankfurt 1994

Kohl, Helmut: Katholisch, liberal, patriotisch, in: Pörtner, Rudolf (Hg.): Mein Elternhaus, Düsseldorf/Wien 1984

Kupper, Alfons: Das Schicksal der Dominikanerinnenschule in Ludwigshafen unter der Herrschaft des Nationalsozialismus, in: Edith-Stein-Schule Speyer, Jahresbericht 1978—1980, S. 13—29

Meinzer, Lothar:
Stationen und Strukturen der nationalsozialistischen Machtergreifung: Ludwigshafen am Rhein und die Pfalz in den ersten Jahren des Dritten Reiches; 1. Aufl.; Veröffentlichungen des Stadtarchivs Ludwigshafen 9, Ludwigshafen 1983 [zit. Meinzer, Machtergreifung]

Die Pfalz wird braun. Machtergreifung und Gleichschaltung in der bayerischen Provinz, in: Nestler/Ziegler (Hg.): Die Pfalz unterm Hakenkreuz, Landau 1993, S. 37—62 [zit. Meinzer, Pfalz]

Von der Dauerkrise in die Staatskonjunktur. Die pfälzische Industrie in der Zwischenkriegszeit, in: Nestler/Ziegler (Hg.): Die Pfalz unterm Hakenkreuz, Landau 1993, S. 161—184 [zit. Meinzer, Industrie]

Minor, Ulrike/Ruf, Peter: Juden in Ludwigshafen; Veröffentlichungen des Stadtarchivs Ludwigshafen 15, Ludwigshafen 1992

Mörz, Stefan:
Vom Westboten zur Rheinpfalz. Die Geschichte der Presse im Raum Ludwigshafen von den Anfängen bis zur Gegenwart; Veröffentlichungen des Stadtarchivs Ludwigshafen 19, Ludwigshafen 1994 [zit. Mörz, Westbote]

Zur kommunalen Verwaltungsgeschichte des Ludwigshafener Raums seit dem 18. Jahrhundert, in: ders., Das Gedächtnis der Stadt. Das Stadtarchiv Ludwigshafen und seine Bestände; Veröffentlichungen des Stadtarchivs Ludwigshafen 22, Ludwigshafen 1996 [zit. Mörz, Gedächtnis]

Morweiser, Hermann: Auch in Ludwigshafen gab es Widerstand gegen den Faschismus, Selbstverlag, Ludwigshafen 1981

München, Hauptstadt der Bewegung. Begleitbuch zur Ausstellung im Münchner Stadtmuseum 1994

Nestler, Gerhard: „In einem Namen nur ist Heil." Der Widerstand ehemaliger Zentrums- und BVP-Politiker gegen die nationalsozialistische Diktatur in der Pfalz, in: Nestler/Ziegler (Hg.): Die Pfalz unterm Hakenkreuz, Landau 1993, S. 293—324

Nord, Karl: Im Kampf gegen das Unrecht und für die Freiheit. Erlebnisse und Erfahrungen eines politischen Gefangenen unter der NS-Diktatur; Schriftenreihe des SPD-Stadtverbandes Ludwigshafen 2, Ludwigshafen 1986

Prantl, Helmut (Hg): Die kirchliche Lage in Bayern nach den Regierungspräsidentenberichten 1933—1943;
Bd. V: Regierungsbezirk Pfalz 1933—1940, Mainz 1977

Scharf, Eginhard: Justiz und Politische Polizei, in: Justiz im Dritten Reich, Teil 2, S. 623—756

Steiger, Christian: Kommunale Kulturpolitik im ›Dritten Reich‹ am Beispiel der Stadt Ludwigshafen am Rhein, Mag.-Arbeit Universität Mannheim, 2000; in Bibl StALu

Festschrift ›50 Jahre Touristenverein. Die Naturfreunde Ludwigshafen am Rhein‹, 1960 [zit. Touristenverein]

Uhlig, Heinrich: Die Warenhäuser im Dritten Reich, Köln/Opladen 1956

Vieler, F.: Ferngas an der Saar, in: Zeitschrift des Vereins Deutscher Ingenieure 79 (1935), S. 137—139

Wächter, Katja-Maria: Die Macht der Ohnmacht. Leben und Politik des Franz Xaver Ritter von Epp; Europäische Hochschulschriften, Reihe III 824, Frankfurt/M. 1999

Wetzler, Eva: Die Katholische Kirche und der Nationalsozialismus in Ludwigshafen 1933—1945. Bd. I, Die Geistlichen, Speyer 1987.
Bd. II, Die Laien, Speyer 1995; Schriften des Diözesan-Archivs Speyer 11/1 u. 11/2

Zipfel, Friedrich: Kirchenkampf in Deutschland 1933—1945, Berlin 1965

Bildnachweis

Titelbild Kapitel 11: NS-Propaganda-Veranstaltung auf dem Ludwigsplatz – Blick Richtung Bahnhof – vor 1938

[3] StALu, Zeitungssammlung

[8] Archiv der KZ-Gedenkstätte, Dachau

[24] entnommen aus: Wetzler, Eva: Bd. I, S. 232

[27] entnommen aus: Reichrath, Hans: Ludwig Diehl. Kreuz und Hakenkreuz im Leben eines Pfälzer Pfarrers und Landesbischofs, Speyer 1995, S. 37

[30, 32] StALu, Zeitungssammlung

[33] entnommen aus: Adreßbuch Ludwigshafen 1942

[37] StALu, Schriftbeispiele

[38] StALu, Plakatsammlung

[39] entnommen aus: Geis/Nestler: Die pfälzische Sozialdemokratie, Edenkoben 1999, S. 517

[41] entnommen aus: Nord, S. 11

[42] StALu, N 1 (Herbert Müller), 372

[43] entnommen aus: SPD-Stadtverband Ludwigshafen u. a. (Hg.): „Der Mensch muß zur Geltung kommen". Zur Erinnerung an Herbert Müller, Ludwigshafen 1997, S. 8

[48] Archiv der KZ-Gedenkstätte, Dachau

[54, 56] StALu, Zeitungssammlung

[58, 64] StALu, Schriftbeispiele

[74] BASF-Unternehmensarchiv

[1, 2, 4—7, 9—23, 24—26, 28, 29, 31, 34—36, 40, 44—47, 49—53, 55, 57, 59—63, 65—73, 75—83]
Fotosammlung StALu

›Groß-Ludwigshafen‹ im ›Großdeutschen Reich‹

Stadtplanung und Stadtentwicklung im Nationalsozialismus

Ansichtskarte mit ›Hindenburgpark‹ [2]

Das Stadtgesicht im Geist des NS-Regimes

„Ludwigshafen, so wie es sich heute repräsentiert, ist wahrhaft ein wenig erfreuliches steingewordenes Symbol des mangelnden Weitblickes früherer Stadtväter."[1] Mit solchen Worten, die pauschal die Arbeit aller vorangegangenen Verwaltungen abwertete, versuchten sich die neuen NS-Herrscher der Stadt von ihren Vorgängern abzusetzen. In ihren Augen hatte die Stadt „in den ersten Jahrzehnten ihres Werdens darunter gelitten, daß alle Arbeit der Betriebsführer und ihrer Gefolgschaften von dem jüdischen Geist liberalistischer und kapitalistischer Wirtschaftsauffassungen verflucht war".[2] Demgegenüber sei nun „die Arbeit im nationalsozialistischen Geiste und mit nationalsozialistischer Tatkraft ein Segen und Ludwigshafen größer und schöner" geworden. Alle stadtplanerischen Ansätze wurden so zu Verdiensten der ›neuen Zeit‹ erklärt, ob es sich dabei um die Eingemeindungen, die Anlage von Grünflächen, die Stadtsanierung oder den Kleinsiedlungsbau handelte. Tatsächlich handelte es sich dabei fast ausschließlich um die Fortführung bzw. das Wiederaufgreifen lange zuvor entwickelter Projekte, deren Verfolgung vernünftige Überlegungen bzw. Sachzwänge zugrunde lagen. Die ›Ummantelung‹ bzw. Umdeutung im Sinne nationalsozialistischer Ideologie war oft rein äußerlicher Natur.

Ganz allgemein stand die NS-Stadtführung vor der Frage, wie sie der eher ›links‹ gestimmten jungen Arbeiterstadt Ludwigshafen jenseits zahlreicher Propaganda-Veranstaltungen und Aufmärsche dauerhaft ihren Stempel aufdrücken sollte. Für große Projekte stand gerade in der ersten, von Arbeitslosigkeit und Wohnungsnot geprägten Zeit nach der Machtergreifung kaum Geld zur Verfügung. So bot sich in der Umbenennung zahlreicher mißliebiger, von der ›Systemzeit‹, d. h. Weimarer Zeit, geprägten Straßennamen gerade im Bereich der Stadterweiterungen der 1920er Jahre ein preiswertes und probates Mittel, den Geist der neuen Zeit zum Ausdruck zu bringen.[3] Auf Anregung der NSDAP, die teilweise bei Kundgebungen einfach Namensänderungen bekanntgab, ohne auf formelle Beschlüsse zu warten, verwandelten sich die Ebert-, Rathenau- sowie Erzbergerstraße in Adolf-Hitler-, Theodor-Fritsch- und Ludwig-See-Straße.[4] Der Platz der Republik vor der Christian-Weiß-Siedlung im Stadtteil Süd wurde zum Horst-Wessel-Platz,[5] der Ebert- zum Hindenburgpark. Auch der Name des Oberbürgermeisters der Weimarer Zeit verschwand: Die Christian-Weiß-Siedlung erhielt den Namen des Gauleiters Josef Bürckel, die gleichnamige Straße hieß wieder wie vor 1930 Kurfürstenstraße. Aus „weltanschaulichen und rassepolitischen Gesichtspunkten" wurden die Juden Mendelssohn und Rubinstein durch Bruckner und Brahms ersetzt, der Name des jüdischen Chemikers Paul Ehrlich durch Bunsen – gegen den Widerstand der I. G. Farben (!), die darauf hinwiesen, daß Ehrlich einer „der größten Wohltäter der Menschheit" sei, „der er für immer bleiben wird".[6] Im April 1938 setzte man mit der Umbenennung der Kaiserallee, des Rupprechtplatzes und der Rupprechtstraße – nach dem bayerischen Kronprinzen – in Saarlandstraße, Ostmarkplatz und -straße ein Zeichen der Abgrenzung gegen die konservativen Kräfte, die man zur Zeit der Machtergreifung noch umworben hatte. Neue Straßennamen würdigten deutsche Kolonialhelden – im zur ›Adolf-Hitler-Siedlung‹ umbenannten Niederfeld –, örtliche Todesopfer der französischen Besatzungszeit – Friedrich Heene, Karl Krämer, – den Anschluß Österreichs – im Gartenstädter ›Österreich‹- bzw. ›Ostmark‹-Viertel – oder 1940 Danzigs

Anmerkungen
Seite 252

1 *NSZ, 10.5.1937*

2 *Gauwirtschaftsleiter Bösing, in: Lenhard, S.IX*

3 *zu den Straßennamen vgl. Senat, 20.3.1933; SRP 27.4.1933; NSZ, 17.3.1933; StALu, ZR II 3211 (A—Z); Gebauer, Manuskript zur Geschichte der Straßennamen in Ludwigshafen*

4 *Ludwig See, 1919 beim Angriff französischer Polizei auf die Ludwigshafener Post erschossener Postbeamter; Theodor Fritsch (1852—1933), antisemitischer Publizist*

5 *Horst Wessel (1907—1930), Autor des Horst-Wessel-Liedes, seit 1926 Mitglied der NSDAP*

6 *I. G. Farben an OB Ecarius, 15.5.1935; StALu, ZR II, 3211 (A—K)*

und weitere NS-Größen: 1936 wurde die Rheinbrücke nach Leo Schlageter[7] benannt, 1939 der neue Platz im Bereich der Rheinbrückenauffahrt – in etwa das Gelände des heutigen Berliner Platzes – nach Hermann Göring.[8] Ein anbiederndes Bekenntnis zu den proletarischen Wurzeln der Stadt war die Hervorhebung des zu Beginn des Jahrhunderts verschämt abgeschafften Namens Hemshof: 1935 erhielt die Gellert- wieder den Namen Hemshofstraße, der Hemshof wurde oft zum Synonym für die Stadt und ihre ›heldenhaften‹, arbeitsamen Bewohner. Selbst die Zeitschrift der Kreis-Parteileitung für die Ludwigshafener Soldaten während des Krieges wurde ›Hemshof-Echo‹ genannt.

Neben Straßennamen konnten auch größere öffentliche Gebäude und Denkmäler die NS-Ideologie vor Augen führen. In Ludwigshafen kamen jedoch neben der in dieser Hinsicht eher zurückhaltenden Industrie nur die örtliche Partei und die Kommunalverwaltung als Auftraggeber für solche repräsentativen Planungen in Frage, da keine überörtlich bedeutsamen Einrichtungen und Institutionen des Reiches, Landes oder der NSDAP in der jungen Stadt ihren Sitz hatten. Dieser von den Ludwigshafener Nationalsozialisten wortreich beklagte ›Mißstand‹ erfuhr in der NS-Zeit kaum eine Veränderung. Im Gegenteil, mit der Auflösung der Reichsbahndirektion Ludwigshafen 1937 ging der Stadt trotz heftiger Proteste eine wichtige regionale Behörde verloren.[9]

Partei und Verwaltung der krisengeschüttelten Stadt mußten zudem in den ersten Jahren nach der Machtergreifung auf ›luxuriöse‹ Projekte verzichten und andere Schwerpunkte setzen. So kam die Planung repräsentativer Anlagen und Gebäudekomplexe erst um 1938 in Gang.[10] Am als Entrée zur Stadt gedachten Göring-Platz sollte das große ›Haus der Partei‹ als Sitz der Kreisleitung der NSDAP einen besonderen Akzent setzen. Das Gebäude wurde erst nach 1939 begonnen, seine Fertigstellung vom Krieg verhindert. Das ›Aufmarschfeld‹ vor der Marienkirche wurde zwar 1941 vollendet, die vom Münchner Bildhauer Rauch dafür geschaffenen monumentalen Adler aber offenbar nicht mehr aufgestellt. Pläne für ein großes neues Rathaus blieben gänzlich unausgeführt. Das vom örtlichen Kriegerverein inspirierte und 1936 eingeweihte Kriegerdenkmal auf dem zeitgleich so benannten Langemarckplatz in Mundenheim – jetzt Zedtwitzhof – blieb das einzige wirklich größere öffentliche Denkmal in der Stadt während der NS-Zeit.[11]

Angesichts dieser Armut an baulichen Zeugnissen der NS-Herrschaft war das Einrücken einer deutschen Garnison in die Stadt im März 1936 nach der militärischen Besetzung des Rheinlandes hochwillkommen,[12] und noch nach Beginn des Krieges bemühte man sich um die Errichtung einer örtlichen SS-Standarte[13] – hier spielte wohl auch der Wunsch eine Rolle, der naturgemäß eher NS-fernen Bevölkerung die Symbole der Macht von Staat und Partei vor Augen zu führen.

„Macht Ludwigshafen schöner!"

Die NS-ferne Bevölkerung zu gewinnen – dies war das Ziel zahlreicher stadtplanerischer Maßnahmen seit der Machtergreifung. Dabei konnte schwer der Analyse von Experten widersprochen werden, daß in der Stadt „außergewöhnlich häßliche, enge, ungesunde und überbevölkerte Wohnviertel"[14] vorhanden seien und die Mischung von Wohnquartieren und Industriebetrieben Ludwigshafen nicht nur „ein überaus unschönes Gepräge" gab, sondern auch mit Rauch-, Ruß-, Geruchs- und Lärmbelästigung Wohlbefinden und Gesundheit der Bewohner

Im Geist der ›neuen‹ Zeit
›Alte‹ Ansichtskarte des ›Ebertparks‹ mit dem ›neuen‹ Namen ›Hindenburgpark‹, frisch überdruckt [3]

Anmerkungen
Seite 253

7 *Leo Schlageter (1894—1923), Offizier und Freikorpskämpfer, seit 1922 Mitglied der NSDAP, nach Anschlägen im ›Ruhrkampf‹ durch die französische Besatzungsmacht verhaftet und hingerichtet*

8 *PR 12.6.1939; StALu, PR I*

9 *VB 1937*

10 *zu den Planungen und der Ausführung von Haus der Partei und Aufmarschfeld vgl. StAnz., 1/1941; Brinkmann, S. 7ff, hier bes. S. 10ff*

11 *GA, 28.9.1936*

12 *VB 1935, S. 8*

13 *StALu, LUA 2576*

14 *Gutachten Prof. Schuster, 22.11.1937; StALu, ZR 1071/7*

Die Industrie als Auftraggeber für NS-›Kunst‹: ›Arbeiter der Stirn und Faust‹ Skulptur eines Brunnens zum Gedenken an das 50jährige Betriebsjubiläum der Firma Knoll, von Theo Siegle, 1936 [4]

Kutsche auf der ›Märchenwiese‹ 1938 [5]

beeinträchtigte.[15] Zu alledem waren Mieten und Steuerbelastung in der dichtbevölkerten Stadt deutlich höher als in den Randgemeinden. So war es kaum erstaunlich, daß trotz der im Zeichen der Überwindung der Krise steilen Zunahme der in Ludwigshafen Beschäftigten von 44 000 im Jahr 1933 auf 62 000 im Jahr 1938 die Zahl der in Ludwigshafen wohnhaften Erwerbstätigen nur um 1 000 von 46 000 auf 47 000 zunahm.[16] Auch die Gesamtbevölkerung stagnierte bei circa 108 000 – mit einer Zunahme von 1933 bis 1939 um nur 1,4%.[17] Die Menschen bevorzugten die Randgemeinden, wo es bessere Luft, mehr Raum, niedrigere Mieten und in der Regel eine gute öffentliche Verkehrsanbindung gab. So wuchs in den erst 1938 eingemeindeten Stadtteilen die Bevölkerung 1933—1939 um 10,7%, die Zahl der Erwerbspersonen gar um 16,5%.

Eine grundsätzliche Veränderung der engen Verhältnisse versprach sich die Stadtverwaltung nur durch die Eingemeindung der Randgemeinden. Dies war jedoch ohne die Zustimmung übergeordneter Instanzen nicht zu bewerkstelligen. So versuchte man zuerst einmal – selbst zur Zeit der tiefen Wirtschaftskrise – im Rahmen der beschränkten Möglichkeiten eine Verbesserung des „überaus unschönen Gepräges" Ludwigshafens zu erreichen. Noch vor der Machtergreifung wurde im Januar 1933 die alte Dampf-Lokalbahn zwischen Mundenheim und der Innenstadt eingestellt, womit ein seit Jahren beklagtes Verkehrshindernis verschwand und mit ihm der Ruß und Dreck der alten Lokomotiven. Im Jahr darauf installierte die Verwaltung anläßlich des 75jährigen Stadtjubiläums erstmals eine Weihnachtsbeleuchtung. ›Ludwigshafen im Lichterglanz‹ wurde ein voller Erfolg. Die Beleuchtung wurde fortan bis zum Krieg Jahr um Jahr wiederholt und seit 1937 um eine Ausstellung plastischer Märchenszenen auf dem Ludwigsplatz ergänzt.[18]

Anmerkungen
Seite 254 und 255

15 *OB an bayer. Wirtschaftsministerium, 29.6.1939; StALu, ZR 3010/6*

16 *Ludwigshafen und seine Berufspendler; Veröffentlichungen des Stat. Amtes der Stadt Lhfn a. Rh., Reihe B, Heft 11, 1954*

17 *Hauptzahlen über die Bevölkerungsbewegung in Ludwigshafen 1913 und 1919 bis 1938, in: Wort und Zahl 1938, S.42*

18 *VB 1934 bis 1937 (Wirtschafts- und Verkehrsverwaltung)*

19 *VB 1933 bis 1937; betr. des Betrags 1933: VB 1933, S.3*

20 *StALu, LUA 1060*

21 *VB 1936, S.53*

22 *VB 1937, S.130; NAZ, 6.10.1937, 28.9.1940; Stahl, Otto: Das Sportfeld an der Mundenheimer Straße, in: StAnz. 50, 1940*

23 *NAZ, 12.12.1938; Ludwigshafens neues Hallenbad, in: StAnz. 18, 1940*

›Märchenwiese‹ auf dem Ludwigsplatz, dahinter die Ludwigstraße im ›Lichterglanz‹ Dezember 1938 [6]

Kriegerdenkmal Mundenheim 1936 [7]

Müll-›Verwertung‹ auf dem Gelände des späteren Stadions, um 1938 [8]

Abbruch des Monumentalbrunnens auf dem Ludwigsplatz, 1938 [9]

Stadtverschönerung wurde auch im Rahmen umfangreicher Arbeitsbeschaffungsmaßnahmen betrieben, für die die Stadt beispielsweise 1933 2,3 Millionen Mark aus Reichs- und Landesmitteln erhielt:[19] Hunderte von Notstands- und Pflichtarbeitern legten Aufschüttungen an, planierten und verbreiterten Straßen und Baugelände, erweiterten den Hindenburgpark – hier entstand ein Tierpark mit Bärenzwinger –, das Bliesbad und den Hauptfriedhof, arbeiteten bei Bauprojekten wie dem Wasserwerk auf der Parkinsel oder neuen Gebäuden des Schlachthofes mit oder bei der Meliorierung des Maudacher Bruchs.

Seit Ende 1933 begann die Verwaltung Überlegungen zu einer Sanierung des Hemshofs,[20] des Viertels mit der größten Bevölkerungsdichte und der erbärmlichsten Wohnqualität. Wegen fehlender staatlicher Zuschüsse konnte jedoch wenig geschehen. Immerhin entstand im Herzen des Stadtviertels die ›Goethe-Anlage‹ mit einem ›Alte-Leute-Garten‹ und einem Spielplatz.[21] Dies war allerdings nur eine der Grünflächen und kleinen Parks, die während der NS-Zeit neu angelegt wurden. Unter anderem sind hier in der Gartenstadt der ›Volkspark‹ und im Stadtteil Süd die Anlage am Bürgermeister-Krafft-Platz zu nennen. Die Erholung des Arbeiters sollte gefördert werden – und, ganz der Ideologie gemäß, die körperliche Ertüchtigung. Demgemäß plante man in der Stadt, die bisher kein großes modernes Sportfeld besaß, zuerst beim Hindenburgpark, dann entlang der Mundenheimer Straße eine großzügige Anlage mit ›Wettkampfbahn‹, Übungsplätzen, Freibad und Turnhallen.[22] Das Areal wurde mit Müll und Schutt aufgefüllt, und bis 1940 entstand die als Vorläufer des Südweststadions anzusehende ›Kampfbahn‹. Die restlichen Gebäude wurden wegen des Krieges nicht ausgeführt, ebensowenig wie das große Hallenbad an der Ostmarkstraße, ein Geschenk der I. G. Farben für die Stadt anläßlich des 75jährigen Jubiläums der BASF, für das Ende 1938 der erste Spatenstich erfolgte.[23]

Am Danziger Platz um 1940 [10]

Goetheanlage, 1938 [11]

Im Jahr 1937 wurde unter der Ägide des neuen Oberbürgermeisters Stolleis der Wettbewerb ›Macht Ludwigshafen schöner‹ aus der Taufe gehoben.[24] Bis zum Krieg wurden in jährlichen Ausscheidungen mustergültige Hausfassaden, Kleinhäuser, Blumendekorationen, geschmackvolle Reklame und schöne Gaststätten prämiert, wobei sich die ersten Preise zwischen 150 und 700 Mark bewegten. Mit Appellen und Vermahnungen wurde die Anlage ordentlicher Zäune und die Vermeidung marktschreierischer Reklametafeln betrieben. Neben dem praktischen Zweck diente die Aktion der Betonung der (Volks-)Gemeinschaft aller Ludwigshafener, in der jeder, ob arm oder reich, seinen Beitrag leisten könne. Im Rahmen des Verschönerungsprogramms wurde 1938 auch der Ludwigsplatz als Parkanlage neu gestaltet, mit Platanen bestückt und der alte Monumentalbrunnen abgebaut.[25] Die innerstädtischen Brachen der stillgelegten Betriebe Kuhn & Adler sowie Harry Held erfuhren eine Neugestaltung: Das Held-Areal wurde zum Platz ausgebaut, der 1939 zur Erinnerung an die ›Rückkehr‹ der Stadt zum Reich den Namen ›Danziger Platz‹ erhielt. Nach seiner im Krieg mit Hilfe polnischer Kriegsgefangener erfolgten Fertigstellung fand in seiner Mitte ein Brunnen des pfälzischen Bildhauers Karl Emanuel Aufstellung.[26] Auf dem Gelände von Kuhn & Adler wurde ein neuer Wohnblock mit Vorgarten errichtet. Mit großen propagandistischen Fanfarenstößen begann man Mitte 1939 mit dem Abriß der alten Häuser auf dem Gelände des geplanten Hermann-Göring-Platzes. „Das Alte stürzt [...] es werde Licht in Ludwigshafen [...]", tönte die NSZ.[27]

Wohnungsbau und Wohnungselend

Im Zentrum der städtischen Planungen stand allerdings nicht die Sanierung oder Stadtverschönerung, sondern die Schaffung neuen Wohnraums. Die Wohnungsnot war nach den Worten von Oberbürgermeister Ecarius neben der Arbeitslosigkeit das drängendste Problem der Stadt zum Zeitpunkt der Machtergreifung,[28] sie brannte den Menschen auf den Nägeln. Hier konnten die neuen Stadtväter ›Herzen gewinnen‹. Allerdings wurde die öffentliche Förderung in den ersten Jahren der NS-Zeit nicht in die relativ kostengünstige Schließung von Baulücken

Anmerkungen Seite 256 und 257

24 *NSZ, 23.6.1937; VB 1937, S.63ff*
25 *NSZ, 22.3.1938; VB 1937, S.63f*
26 *Brinkmann, S.7ff, hier bes. S.12*
27 *NSZ, 22.7.1939*
28 *VB 1933, S.3*
29 *Boris, S.126f*
30 *VB 1933, S.31; f. d. Kleinsiedlung in Lhfn allg. Boris; Schmidt*
31 *GA, 17.10.1934*
32 *Boris, S.113ff*
33 *Bellaire, S.53; Schmidt, S.425*
34 *zu Ausstattung und Größe der Häuser vgl. Schmidt*
* *›Nationalsozialistische Volkswohlfahrt‹*

Der neugestaltete Ludwigsplatz, 1939 [12]

Die Niederfeld-(Adolf-Hitler-)Siedlung, rechts oben die Große Blies Luftbild um 1935 [13]

Haus in der Niederfeld-Siedlung Küche mit Herd, um 1938 [14]

Haus in der Niederfeld-Siedlung Wohnstube, um 1938 [15]

geleitet, die keine neue Infrastruktur erforderten und von denen es zehn Kilometer entlang der Ludwigshafener Straßen gab.[29] Die großstadtfeindliche Blut-und-Boden-Ideologie der Nationalsozialisten war zunächst ganz allgemein dem Geschoßwohnungsbau, den man in Ludwigshafen bevorzugt haben würde, wenig freundlich gesinnt. Der mit öffentlichen Mitteln geförderte Wohnungsbau stand „vielmehr fast ausschließlich im Zeichen der vorstädtischen Kleinsiedlung".[30] Die Randsiedlung, die als sozialpolitische Notmaßnahme begonnen hatte, wurde nunmehr ideologisch überhöht und propagandistisch ausgebeutet. Die Kleinhäuser mit ihren riesigen, 600 qm großen Gärten galten jetzt als Mittel zur Wiederverwurzelung des Arbeiters in ›deutscher Erde‹, als Lebensraum für ›erbgesunde‹ Familien. Eine Ausstellung im Hindenburgpark 1934 pries die nunmehr ›Adolf-Hitler-Siedlung‹ genannte Anlage im Niederfeld als weitgehende Verwirklichung der Gedanken des Nationalsozialismus, als „Verbindung des Menschen mit Blut und Scholle".[31] Statt Arbeitslosen wurden nunmehr vor allem Stammarbeiter der Industrie in die neuerstellten Häuser eingewiesen, rassische und politische Kriterien sollten bei der Auswahl der Siedler eine Rolle spielen. Die ursprünglichen, noch in der Weimarer Zeit bestimmten Siedler wurden 1937 einer Überprüfung durch NSV* und Gestapo unterzogen,[32] wobei die Polizei vor allem aktive Sozialdemokraten und Kommunisten als „ungeeignet" für eine nach dreijähriger „Probezeit" vorgesehene dauerhafte Übertragung der Siedlerstelle einstufte. Faktisch ausgewiesen wurde aber niemand, man verlängerte für die mißliebigen Kandidaten allerdings die Probezeit.

Die Siedlung wuchs zwischen 1933 und 1938 – nach 1935 mit deutlich reduziertem Tempo – von ca. 90 auf etwa 450 Häuser an, die Bevölkerungszahl wuchs 1939 auf 2 792.[33] Eine extrem einfache Ausstattung blieb Teil der vom Reich geförderten ›Siedlungsideologie‹. An zum Teil nur primitiv befestigten Straßen, ohne Kanalisation, Bad und WC, mit maximal 43 qm Wohnfläche für eine große Familie, boten die Kleinhäuser zwar ein billiges und – im Vergleich zu heruntergekommenen Hemshof-Wohnungen – gesundes, aber überaus bescheidenes Zuhause.[34] Immerhin verfügten die Behausungen der Adolf-Hitler-Siedlung über

›Volkswohnungen‹ in der Raschigstraße [16]

Idyll in der Schreberstraße [17]

einen Anschluß ans städtische Wassernetz, womit der vom Reich vorgeschriebene einfache Standard übertroffen wurde, allerdings nur, weil die geplanten Brunnen sich wegen der schlechten Wasserqualität im Niederfeld als nicht machbar erwiesen.

Der riesige Raumverbrauch der Siedlung, für die die Gemeinde teuer Grund erwerben und schon bald Teile der Gemarkungen Oggersheim und Maudach einzugemeinden versuchen mußte, sowie der Mißerfolg einer großen Zahl von Siedlern bei der Nutzung ihrer Gärten machten es der Stadt leicht, die reichsweit nach 1936/37 vollzogene Hinwendung zur Erstellung billigen Wohnraums in Form von Wohnblöcken mit ›Volkswohnungen‹ nachzuvollziehen.[35] Seit 1935 flossen die öffentlichen Fördermittel für die Baugesellschaften der Stadt, die vor allem solche Gebäude errichteten, deutlich stärker und begannen den Kleinhäuserbau in den Hintergrund zu drängen.[36] Mit großem Pomp etwa wurde im April 1938 der erste Spatenstich zu einem großen Komplex von Volkswohnungen im ›Ostmarkviertel‹ der Gartenstadt vollzogen – der dann kriegsbedingt nur zum Teil fertiggestellt wurde.[37]

Betrachtet man die Gesamtbilanz des Wohnungsbaus in Ludwigshafen während der NS-Zeit, so waren unabhängig von den Schwerpunkten öffentlicher Förderung und Propaganda in jedem Vorkriegsjahr außer 1939 private Bauherren die Träger von weit mehr als der Hälfte der fertiggestellten Einheiten.[38] Für sie, deren Bauvorhaben mit Reichsbürgschaften gefördert wurden, stellte die Stadt, wie oben erwähnt, umfangreiches neues Bauland zur Verfügung. Insgesamt wuchs die Zahl der Wohnungen in Ludwigshafen zwischen Ende 1932 und 1938 von 27 550 auf 31 136.[39] Im neuen ›Groß-Ludwigshafen‹ stieg sie von Ende 1938 bis zum Höchststand vor Einsetzen der großen Luftangriffe am 31. Dezember 1942 von 40 351 auf ca. 42 000.[40] Insgesamt blieb der jährliche Wohnungszugang jedoch deutlich hinter dem der Weimarer Zeit zurück, sank von 639 (1924/32) über 598 (1933/38) auf 390 (1939/42). Auch blieben die Summen öffentlicher Förderung insgesamt recht bescheiden – für Ludwigshafen 1932/33 bis 1939 insgesamt 4,1 Millionen Mark. In keinem Jahr wurden offenbar die noch 1931 gewährten 1,5 Millionen Mark erreicht.

Anmerkungen
Seite 258 und 259

35 *Boris, S. 126f; GA, 18.9.1935*

36 *zu den Zahlen vgl. das Statistische Jahrbuch Deutscher Gemeinden 1934—1941*

37 *Bellaire, S. 44f; die Zeremonie war Teil der Festwoche anläßlich der Eingemeindungen 1938*

38 *Zahlen aus dem Statistischen Jahrbuch Deutscher Gemeinden*

39 *Wohnungsbaustatistik 1924 bis 1937, in: Wort und Zahl 1938, S. 6*

40 *Moll, Karl: Der Wohnungsbestand in Ludwigshafen am Rhein vor und nach dem Kriege 1939/45; Veröffentlichungen des Stat. Amtes der Stadt Lhfn a. Rh., Reihe B, Heft 13, 1956, S. 5ff*

41 *Zahlen errechnet aus: Wohnungsbaustatistik 1924—1937, in: Wort und Zahl 1938, S. 6; Statistisches Jahrbuch Deutscher Gemeinden 1940—1941*

42 *Ludwigshafen in der Wohnungsstatistik, in: Rhpf, 16.11.1946*

43 *Gespräch OB Stolleis mit Regierungspräsident Barth, 19.10.1940; StALu, LUA 2517*

44 *Gutachten, 23.6.1941; StALu, LUA 764*

45 *VB 1934, S. 64f*

46 *VB 1933, S. 31 und folgende Jahre*

Stallanbau und Hühnerhof eines Siedlerhauses [18]

Rückseite des ›Sonnenblocks‹ in der heutigen Berliner Straße [19]

Dennoch war der Anspruch der NS-Stadtväter, zu den Städten mit den höchsten Wohnungsbauleistungen zu gehören, offenbar begründet. Nach den Zahlen des ›Statistischen Jahrbuchs Deutscher Gemeinden‹ lag Ludwigshafen in den meisten Jahren deutlich über dem Schnitt an Wohnungszugängen pro 10 000 Einwohner sowohl aller deutschen Städte als auch von Städten vergleichbarer Größe. Und noch ein weiterer Anspruch der Verwaltung scheint gerechtfertigt: Während man der Systemzeit vorwarf, schöne, große, aber für den durchschnittlichen Arbeiter unbezahlbare Wohnungen gebaut zu haben, nahm man für sich selbst in Anspruch, kleine bedarfsgerechte Ein- bis Drei-Zimmer-Wohnungen – Küche immer eingerechnet – zu erstellen, deren Mieten erschwinglich waren. In der Tat betrug der Anteil der Ein- bis Drei-Zimmer-Wohnungen am Wohnungs- bzw. Neuwohnungszugang 1924 bis 1929 nur 35%, 1930/32 62,5%, 1933—1937 58,4%, 1938—1939 70,1%. Allerdings zeigen die Zahlen, daß der Wandel zur Kleinwohnung schon während der Krise nach 1930 vollzogen worden war und während des Nationalsozialismus dann lediglich fortgeführt wurde.[41]

Insgesamt blieb die Versorgung mit Wohnraum selbst in der baufreudigen Stadt Ludwigshafen ungenügend. Durch die gesamte NS-Zeit sprechen die Quellen von großer Wohnungsnot. So ermittelte man Mitte 1939 einen Fehlbedarf von 4 308 Wohnungen,[42] und Oberbürgermeister Stolleis sprach 1940 in einem Gespräch mit Regierungspräsident Barth im Zeichen des Zustroms von Arbeitern für die Rüstungswirtschaft gar von 9 700 fehlenden Einheiten.[43] In diese Zahl floß wohl auch der Bestand von 656 Elends- und 2 504 Notwohnungen ein, die es in Ludwigshafen noch 1941 gab.[44] Viele Arme konnten sich keine ordentliche Bleibe leisten und noch 1934 fanden 266 Zwangsräumungen statt,[45] wobei nur knapp die Hälfte der Verwiesenen eine neue Wohnung erhielt. Die anderen mußten in Baracken und Gartenhäuschen, in Schulsäle und leere städtische Zimmer, in Herbergen, Gasthöfe und Heime sowie zu Verwandten und Bekannten ziehen. Auch die NS-Verwaltung war gezwungen, auf dem Gelände der alten städtischen Ziegelei im Bruch nach 1933 eine Barackensiedlung für Obdachlose errichten zu lassen,[46] die sich als weit dauerhafter erwies als wohl ursprünglich

Anmerkungen
Seite 260 und 261

47 *PR 12.6.1939; StALu, PR I*
48 *Statistisches Jahrbuch des Deutschen Reiches 1937, S. 11, 187*
49 *VB 1933, S.59*
50 *Personalakte Stolleis; StALu, LUN 1644*
51 *OB an GAG, 6.7.1939; StALu, ZR 3010/5*
52 *vgl. StALu, LUA 960; Schmidt*
53 *errechnet aus Wohnungsbaustatistik 1924—1937, in: Wort und Zahl 1938, S.6*
54 *VB 1936, S.57*
55 *zu den Einkommensverhältnissen in Ludwigshafen 1934 vgl. Wort und Zahl 1937, S.25ff*
56 *zu den Mieten vgl. StALu, LUA 89, p.262; NSZ, 11.8.1939*
57 *Die Entwicklung des Fürsorgeaufwandes in Ludwigshafen am Rhein (1933—1937), in: Wort und Zahl 1938, Nr.4*
58 *VB 1937, S.96*

Blick in den Hof des Hauses Ecke Hemshof- und Böhlstraße
Heim für 43 Familien mit 64 Kindern, 1935 [20]

geplant. Selbst mit der Judenfrage wurde die Wohnungsnot verknüpft: 1939 plante man, die Juden in Wohnbaracken in der Oggersheimer Brucknerstraße zu kasernieren; den dortigen Bewohnern sollten bessere Quartiere zugewiesen werden. Der Plan fand allerdings nicht den Beifall der Ratsherren aus dem neueingemeindeten Stadtteil, die den Zustrom von unerwünschten Elementen in das bisher ›judenfreie‹ Oggersheim für unzumutbar hielten.[47]

Vor allem billiger Wohnraum fehlte Mitte 1939 noch immer: 1937 war die durchschnittliche Belegung der Wohnungen in Ludwigshafen mit 3,6 Personen deutlich höher als der Durchschnitt in den Großstädten des Reichs (3,4) oder in Berlin und Hamburg (3,0 und 3,19) –

ein Befund, der durch den hohen Anteil an Kleinwohnungen in der Stadt (51%) noch verschärft wurde.[48] Unter diesen Bedingungen blieben die (1933) 375 Bier- und Weinwirtschaften sowie die 103 Trinkhallen weiterhin wichtige Treff- und Erholungspunkte für die Arbeiterschaft.[49] Als Oberbürgermeister Stolleis, wie oben erwähnt, von Mitte 1939 ab die alten Häuser auf dem Gelände des künftigen Hermann-Göring-Platzes abreißen ließ, geriet er wegen des dadurch entstehenden Wohnraumverlustes ins Visier der NSDAP-Kreisleitung, die ihn scharf kritisierte.[50] Er fördere luxuriöse städtebauliche Projekte und vernichte billigen Wohnraum. Der Oberbürgermeister war sich des Problems wohl bewußt und ordnete an, nur noch Ludwigshafenern Neubauwohnungen in der Stadt zuzuweisen. Selbst von den I. G. Farben empfohlene Neuzuwanderer sollten leer ausgehen![51]

Diese Auseinandersetzung zeigt umso deutlicher die Dramatik des Wohnraummangels, wenn man berücksichtigt, welche zum Teil haarsträubenden Verhältnisse in den abgebrochenen Häusern herrschten:[52] Toiletten fanden sich in der Regel für mehrere – bis zu fünf – Familien auf dem Treppenabsatz, oft in einem einfachen Holzverschlag. In manchen Häusern war auf dem Treppenabsatz auch der einzige Wasserhahn mit Abfluß. Die Wohnungen waren verwanzt, feucht und schlecht belüftet, die Familien oft von Erkältungskrankheiten geplagt. Während die Häuser der zwanziger Jahre – und auch die Geschoßbauten der NS-Zeit – alle mit Bad und WC in den Wohnungen versehen waren, fanden sich in den älteren Arbeitermietshäusern der Kaiserzeit solche Annehmlichkeiten nicht – und rund 20 000 der 31 000 Wohnungen in Ludwigshafen ohne die 1938 eingemeindeten Stadtteile stammten aus der Zeit vor 1914![53] Noch 1936 waren 1 367 Häuser der Stadt nicht an die Kanalisation angeschlossen, die 8 840 Häuser bediente, sondern nur durch Sickergruben entsorgt.[54]

Lebensstandard in der ›Stadt der Arbeit‹: Moderne ohne die Bevölkerung

Daß viele Menschen dennoch unmögliche Wohnbedingungen hinnahmen oder auch ein primitives Siedlungshaus einer guten Wohnung vorzogen, hatte seine überzeugenden materiellen Gründe: 56,8% aller Lohnsteuerpflichtigen der Stadt hatten 1934 ein Jahreseinkommen von unter 1 500 Mark,[55] über 46% unter 1 200 Mark. Da waren die durchschnittlichen Wohnungsmieten für 3-Zimmer-Wohnungen, Küche eingeschlossen, von 30—35 Mark schon eine sehr große Belastung,[56] ein Siedlungshaus für 11 Mark Monatsmiete mit großem Garten zur Selbstversorgung ein attraktives Angebot. Noch 1938 wurden ca. 7 600 Menschen – Ortsarme, deren Zahl gegenüber 1933 sogar noch gestiegen war, Arbeitslose, Klein-, Sozialrentner und Kriegsopfer – von der städtischen Fürsorge betreut,[57] die städtische Suppenküche gab 1937 noch immer 177 452 Mittagessen aus, im Schnitt 650 täglich[58] – zum Vergleich, 1932: 252 584. Der so dokumentierten Ärmlichkeit der Hälfte der Ludwigshafener Einkommensbezieher steht die Tatsache gegenüber, daß die lohnsteuerbelasteten männlichen Beschäftigten – bis zu einem Einkommen von 1 200 Mark blieb man von der Lohnsteuer befreit – im Durchschnitt 2 654 Mark verdienten, ein Wert, der „in keiner anderen deutschen Großstadt erreicht wird". In dieser Lohnspreizung spiegelt sich klar die Vorherrschaft der chemischen Industrie – die so in keiner

›... nach des Alltags Mühe und Arbeit frohe Stunden ...‹ Werbung für das neueröffnete Rheingold-Kino der Ufa September 1935 [21]

›Das Radio‹ im Wohnzimmer einer Oggersheimer Familie Weihnachten 1938 [22]

Vor der Unterführung zum Bahnhof, von der Friesenheimer Straße aus gesehen 1938 [23]

Anmerkungen Seite 262 und 263

59 *Die soziale und wirtschaftliche Gliederung der Bevölkerung des Wirtschaftsgebietes Ludwigshafen am Rhein, in: Wort und Zahl 1937, S.33*

60 *nach Bösing, in: Lenhard, S.XXIV*

61 *Zahlen nach den Monats- und Jahresstatistiken, in: Wort und Zahl, 1932—1938*

62 *Wort und Zahl 1938, S.42; München, Hauptstadt der Bewegung*

63 *VB 1933 bis 1937*

64 *Jahresrückblick 1938, in: Wort und Zahl 1938, S.47*

65 *ebd.*

anderen Großstadt des Reiches bestand. Sie bezahlte einerseits Fachkräfte und Stammarbeiter besser als der Durchschnitt der deutschen Industrie. Andererseits beschäftigte sie einen hohen Anteil an ungelernten und dementsprechend geringbezahlten Kräften. Insgesamt lag allerdings das Einkommen selbst der steuerbelasteten *Arbeiter* – und 1933 waren 56% der Beschäftigten der Stadt Arbeiter![59] – mit 1 914 Mark im Jahr deutlich unter dem der Ludwigshafener Angestellten mit 3 133 und der Beamten mit 3 944 Mark.

Die Verdienstmöglichkeiten in der Industrie-, Handels- und Hafenstadt in zentraler Verkehrslage zeigen sich andererseits in der Tatsache, daß im Jahr 1934 Ludwigshafen 76 Einkommensteuerpflichtige auf 1 000 Einwohner hatte, während der Durchschnitt der Großstädte bei 54 lag. Die Bedeutung von Groß- und Einzelhandel erklärt auch, warum der Durchschnittsverdienst der lohnsteuerbelasteten Frauen in Ludwigshafen mit 1 957 Mark im Jahr einen guten, wenngleich keinen Spitzenplatz im Städtevergleich erreichte: Handel und Verwaltung boten weiblichen Arbeitskräften Arbeitsplätze mittlerer und gehobener Qualität; die vorherrschende Chemieindustrie hingegen mit ihren teils hochdotierten, teils extrem schlecht bezahlten Stellen blieb Frauen jedoch weitgehend verschlossen. Insgesamt war Ludwigshafen keine Stadt des verbreiteten Reichtums: das durchschnittliche Pro-Kopf-Privatvermögen in der ›Arbeiterstadt‹ betrug in den 1930er Jahren 489 Mark gegenüber 826 Mark in Mannheim und 1 724 Mark in der ›Rentiersstadt‹ Wiesbaden.[60]

An der Bahnunterführung, Rohrlachstraße 1938 [24]

Für die damalige Anschauung beängstigender Verkehr: an der Bahnunterführung vor der Kreuzung Rohrlach- und Frankenthaler Straße, um 1938 [25]

Das Leben der meisten Ludwigshafener im nationalsozialistischen Staat mit seinen eingefrorenen Lohnstundensätzen und Preisen blieb auf bescheidenem Niveau. Der Milch- und Fleischverbrauch pro Kopf der Bevölkerung stieg zwar nach 1932 wieder an, erreichte jedoch – möglicherweise auch durch staatliche Lenkungsmaßnahmen – bis 1938 nie mehr die Werte der Weimarer Zeit.[61] Dennoch führte der Rückgang der Arbeitslosigkeit und die Überwindung der Krise offenbar zu einer Entspannung bei den Lebensumständen. Die Zahl der Eheschließungen und Geburten auf 1 000 Einwohner, die 1931/32 stark zurückgegangen war, erreichte wieder die Werte der Weimarer Zeit – übertraf sie allerdings auch nicht.[62] Konstant blieb auch die Säuglingssterblichkeit, die beständig zwischen 6% und 8% schwankte.[63] Bei den unehelich Geborenen erreichte der Prozentsatz etwa das Doppelte. Für ein bescheidenes Maß an ›Wohlstand‹ sprechen die stark steigenden Spareinlagen bei Sparkassen – von 20,8 Millionen Mark Ende 1934 auf 31 Millionen Mark Ende 1938[64] – und die wachsende Zahl der Kinobesuche. Nach einem Tiefstand während der Krisenjahre – mit 769 000 Besuchern – überschritt die Zahl 1938 die Millionenmarke und war damit deutlich größer als 1932.[65] Mit einer Zahl von 51,1 Kino-Sitzplätzen pro 1 000 Einwohner übertraf die junge Industriestadt 1935 weit den bayerischen Durchschnitt von 18,3 und den der Metropole München (37,4) mit ihrem vielseitigen großstädtischen Unterhaltungsangebot, das in Ludwigshafen selbstverständlich fehlte. Damals existierten sieben ›Lichtspielhäuser‹, von denen eines zwischen 500 und 1 000, zwei über 1 000 Plätze hatten.

Der ›KdF-Wagen‹ auf der ›Grenzlandpresseschau‹ im Hindenburgpark 1938 mit Texttafel: „Prawda | Die Prawda, das Jüdische Sprachrohr Moskaus, erfand ein neues Märchen: ...“ Das Plakat zieht die Vermutung der sowjetischen ›Prawda‹ ins Lächerliche, das Fahrzeug werde in einem zukünftigen Krieg genutzt [26]

Sechs spielten täglich, drei boten je drei und mehr Vorstellungen am Tag.[66] Auch die Zahl der Rundfunkempfänger in der Stadt vermehrte sich deutlich – wie es von der parteiamtlichen Propaganda gewollt wurde. 1938 verfügten 64,1% der Haushalte Ludwigshafens über ein Radio, bis 1941 stieg die Zahl auf 71,6%, eine Ziffer, die eher durchschnittlich war und weit hinter Berlin (78,7%), Königsberg (80,2%) oder Stuttgart (86,3%) zurückblieb.[67]

Der Aufbruch in die Moderne vollzog sich im Ludwigshafen der 1930er Jahre abgesehen von Kino und Rundfunk weitgehend ohne die Beteiligung der Masse der Bevölkerung. Vielmehr spiegeln Motorisierung und Telefonverbreitung, an die hier besonders zu denken ist, den industriell-gewerblichen Reichtum der Stadt, nicht den ihrer Bevölkerung wider. Die Zahl der Telefone lag 1937 bei 3 557 – in Groß-Ludwigshafen Ende 1938 bei 3 649.[68] Dabei ist bemerkenswert, daß die Zahl der Hauptanschlüsse 1932 um ca. 200 höher lag als 1937: Zeigt sich hier der Wegzug jüdischer Selbständiger und Geschäftsleute sowie die staatlich gelenkte Verringerung der Zahl von Einzelhandelsgeschäften und Gastwirtschaften?[69] Das Telefonbuch der Stadt des Jahres 1939[70] nennt nahezu ausschließlich Industrie-, Handwerks- und Handelsunternehmen, Behörden und Selbständige als Inhaber eines Anschlusses. Telefone in Privathand gab es praktisch kaum, in Arbeiterhand gar nicht.

Diese Feststellung trifft wohl weitgehend auch auf die Verbreitung von Motorfahrzeugen zu. Zum Stichtag, dem 1. Juli 1937, gab es in Ludwigshafen 5 129 Kraftfahrzeuge, 45,5% davon Pkw, 12,8% Lkw, der Rest zumeist Krafträder.[71] Damit kam auf 21,0 Ludwigshafener ein Kraftfahrzeug. Dieser Wert war höher als der in der Reichshauptstadt Berlin (21,3). In den Randgemeinden der Stadt kam Anfang 1938 auf 23 Einwohner ein Kraftfahrzeug. Die Zahl der Kraftfahrzeuge in der Stadt hatte sich seit 1932 um 137% erhöht und wuchs auch danach noch rasch an. Am 1. Juli 1938 waren in Groß-Ludwigshafen 7423 Motorfahrzeuge gemeldet.

Schon im November 1939 beklagte ein Gutachten für die städtische Straßenbahn, daß die wachsende Motorisierung sowie die große Zahl der Fahrräder in der Stadt – ca. 23 000 im Jahr 1937 – der Nutzung des öffentlichen Verkehrsmittels abträglich sei. Hatten 1930 fast 19 Millionen Menschen die Straßenbahn benutzt, so war die Zahl während der Wirtschaftskrise steil abgestürzt und bis 1937 nur auf ca. 11—12 Millionen wiederangestiegen.[72] Dies war aber nur zum geringen Teil die Folge wachsenden Autobesitzes; der blieb das Privileg der Wohlhabenden. Eine Untersuchung der I. G. Farben aus dem Jahr 1939 über die Art, wie die Beschäftigten das Werk erreichten,[73] zeigte je ein Drittel Fußgänger und Radfahrer – 72% der Beschäftigten wohnten in einem Radius von 0—10 km um den Betrieb – sowie rund 30% Bahnbenutzer. Ganze 1,6% der Beschäftigten kamen mit dem Auto, 1,3% mit dem Motorrad. Ähnliche Ergebnisse brachten Verkehrszählungen in der Stadt im Jahr 1938.[74] Ohne Berücksichtigung der Fußgänger und Strassenbahnen ergaben sich Ziffern von ca. 80% für das Fahrrad als Fortbewegungsmittel. Lediglich auf der Rheinbrücke mit ihrem überörtlichen Verkehr machten Kraftfahrzeuge schon nahezu die Hälfte der Fahrzeuge aus – Zeugnis ihrer gewachsenen Bedeutung im regionalen Verkehrsgeschehen.

Anmerkungen
Seite 264 und 265

66 *Zs. des Bayerischen Statistischen Landesamts 1938, S. 211*

67 *Statistisches Jahrbuch für Bayern 1938, S. 387; Statistisches Jahrbuch Deutscher Gemeinden 1941, S. 702f*

68 *Wort und Zahl 1938, S. 47*

69 *Die Zahl der Rechtsanwälte in der Stadt sank z.B. nach dem Zeugnis der Adreßbücher zwischen 1932 und 1938 von 45 auf 29.*

70 *StALu, DS 3/2*

71 *Wort und Zahl 1938, Nr. 8, S. 47; Statistisches Jahrbuch Deutscher Gemeinden 1938, S. 479ff*

72 *Gutachten über die Wirtschaftlichkeit der städtischen Straßenbahn Ludwigshafen am Rhein, erarbeitet von R. Gretsch, Berlin 1939; in StALu, Zugang Verkehrsbetriebe, Februar 1998*

73 *Zahlen aus Meinzer, S. 2012*

74 *StALu, LUA 1043*

75 *Aderhold, S. 59*

76 *Matzerath, S. 355ff*

77 *StALu, DS 154/5*

›Groß-Ludwigshafen im Großdeutschen Reich‹

Die durch den stets wachsenden regionalen Straßenverkehr nötige Neuordnung der Infrastruktur war auch eines der Argumente, die die Ludwigshafener Stadtväter für eine ausgreifende Einbeziehung der Randgemeinden in die Gemarkung der Stadt ins Feld führten. Schon um 1928 hatte sich Oberbürgermeister Weiß vergeblich um die Eingemeindung von Oggersheim, Oppau, Rheingönheim, Maudach und Altrip bemüht.[75] Nach der Machtergreifung setzte im ganzen Deutschen Reich ungeachtet der großstadtfeindlichen Rhetorik der Nationalsozialisten eine Welle von durch örtliche Parteigewaltige angestoßenen Stadtvergrößerungen ein.[76] Seit Ende 1934 bemühte sich auch Oberbürgermeister Ecarius darum, die vorgesetzten Behörden von der Notwendigkeit einer Eingemeindung der schon 1928 anvisierten Orte des Umlands zu überzeugen. Im Februar 1935 ließ er unter seinem Namen eine umfangreiche Denkschrift mit dem zeitgemäßen Titel ›Ludwigshafen – Stadt ohne Raum‹ veröffentlichen.[77] Darin wurde die Eingemeindung schlechthin als Allheilmittel für alle Übel der ›Stadt der Chemie‹ dargestellt. Ecarius wies darauf hin, daß Ludwigshafen mit 49 Einwohnern pro Hektar die am dichtesten bevölkerte Großstadt des Reiches war – dichter noch als Berlin. In der – flächenmäßig – kleinsten deutschen Großstadt waren 18% der Gemarkung mit Eisenbahn- und Straßenanlagen bedeckt – ein extrem hoher Wert, und nur 38%, d. h. 818 Hektar, konnten als freie Fläche angesehen werden. In der Tat gab es wenig Raum für neue Industrie- und Verkehrsanlagen, für die Entflechtung von Industrie und Wohngebieten, für die ›Auflockerung‹ der alten Stadtteile durch Grünflächen. In Anlehnung an die NS-Ideologie wurde hervorgehoben, daß Raum vor allem für die Kleinsiedlungen fehle, die die Arbeiter wieder bodenständig verwurzeln und ihrer Existenz in elenden Wohnquartieren abhelfen könnten. Die Stadt bot den Einwohnern der Randgemeinden Berufs- und höhere Schulen sowie Krankenhäuser, ohne angemessene Gegenleistungen zu erhalten. Die Randgemeinden stellten sich finanziell recht gut, Ludwigshafen war mit Schulden überladen – 278 Mark pro Einwohner gegenüber Oppau mit 13,72 Mark! – und die Bürger von hohen Steuern geplagt. Die Stadt betrieb Straßenbahnen und versorgte Oggersheim und Rheingönheim mit Strom und Wasser, Rheingönheim auch mit Gas und Kanalisation. Zwischen 48% (Oggersheim) und 66% (Maudach) der in den Randgemeinden wohnhaften Arbeiter und Angestellten waren 1933 in Ludwigshafen beschäftigt. Oppau, Oggersheim, Rheingönheim und Maudach – von Altrip war vorläufig nicht mehr die Rede – seien, so Ecarius, mit der Stadt aufs engste verzahnt, alles spreche für die Eingemeindung. Nur sie garantiere eine einheitliche, harmonische Planung, die Wohnung, Verkehr und Industrie in ein rechtes Gleichgewicht bringen könne. Der Oberbürgermeister vergaß nicht hinzuzufügen, daß die Sozialstruktur der Randgemeinden der der Stadt fast gleich war. In den Arbeiterorten des Ludwigshafener Umlands sei kaum mehr bodenständiges ›wertvolles‹ deutsches Bauerntum vorhanden, das durch den Anschluß an die Stadt benachteiligt werden könnte.

Trotz dieser sachlich und ideologisch geschickten Argumentation kam das Vorhaben zunächst nicht voran. Die erste Eingemeindungswelle nach 1933 hatte Widerstände bei der Bauernschaft ausgelöst, der die

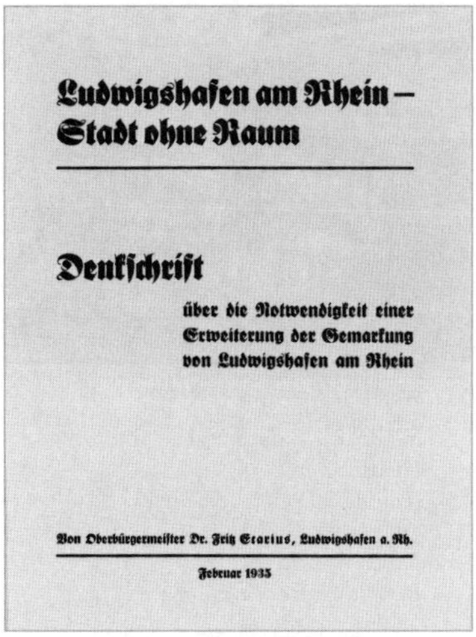

Ludwigshafen am Rhein – Stadt ohne Raum

Denkschrift

über die Notwendigkeit einer Erweiterung der Gemarkung von Ludwigshafen am Rhein

Von Oberbürgermeister Dr. Fritz Ecarius, Ludwigshafen a. Rh.

Februar 1935

Denkschrift des Oberbürgermeisters zur Gebietserweiterung von Ludwigshafen 1935 [27]

Feierliche Ratsherren-Sitzung aus Anlaß der Eingemeindung 1. April 1938 [28]

Reichsregierung durch restriktive neue Regelungen zur Erweiterung von Städten Rechnung trug. Dennoch war klar, daß im Falle eines positiven Votums des Gauleiters für die Eingemeindung keine weiteren Widerstände der Regierungsbehörden zu erwarten sein würden.[78] Ein solches Votum konnte Ecarius allerdings aufgrund seines eskalierenden Streites mit Gauleiter Bürckel kaum erreichen. Erst nach dem Sturz des Oberbürgermeisters und seiner Ersetzung durch den – zunächst dem Gauleiter sehr nahen – Parteigenossen Stolleis im Mai 1937 konnte das Projekt entscheidend vorangebracht werden. Auch der neue Oberbürgermeister veröffentlichte – im November 1937 – ein umfangreiches Gutachten zur Eingemeindung unter dem Titel ›Ludwigshafen am Rhein braucht Raum!‹ Darin wiederholte er im wesentlichen die Argumente von Ecarius, ergänzte sie aber bezeichnenderweise um Hinweise zum Nutzen der „Stadterweiterung in aufgelockerter Form aus Gründen der Volksgesundheit und des Luftschutzes".[79] Die von Stolleis favorisierte Einbeziehung auch von Neuhofen, Altrip und Limburgerhof scheiterte am Einspruch Bürckels – obgleich der Altriper Bürgermeister einer Eingemeindung schon zugestimmt hatte. Die Eingemeindung der ursprünglich anvisierten Gemeinden wurde dafür umso energischer unterstützt. Zwar leisteten die Städte und Dörfer, allen voran und am heftigsten Oppau, Widerstand gegen die Pläne, doch stellte der Oppauer Bürgermeister am 19. August 1937 bereits vor seinen Ratsherren fest: „Mein Eindruck ist der, daß die Stadt Ludwigshafen alle maßgebenden Stellen für ihre Sache gewonnen hat. Wie aus gut unterrichteten Kreisen verlautet, ist auch der Gauleiter von der Notwendigkeit der Eingemeindung überzeugt".[80]

Am 3. Oktober 1937 lud Bürckel Vertreter der betroffenen Gemeinden in seinen Amtssitz nach Neustadt.[81] Unter Drohungen und Beschimpfungen wurde den Anwesenden ein Formular vorgelegt, mit dem sie der Eingemeindung zustimmen sollten. Wider Erwarten fügte sich jedoch nur Oggersheim, weshalb der Gauleiter einem der anwesenden Ratsherren auf dem Gang vor dem Sitzungszimmer gesagt haben soll: „Wieviel Starrköpfe sind noch vorhanden? In fünf Minuten seid Ihr rasiert!" Am 14. Oktober erfolgte die Zustimmung Oppaus zur Eingemeindung, am Tag darauf bat Stolleis den aus Ludwigshafen stammenden bayerischen Ministerpräsidenten Siebert um seine Zustimmung zur Eingemeindung mit der Feststellung, daß Gauleiter, Reichsinnenministerium, Regierung der Pfalz und „alle" betroffenen Gemeinden einverstanden seien. Zu diesem Zeitpunkt hatten weder Maudach noch Rheingönheim einer Eingemeindung ihre Zustimmung gegeben. Erst unter Druck gaben sie am 29. und 30. November einschlägige Erklärungen ab. Am 3. Dezember 1937 erfolgte der formelle Eingemeindungsantrag Ludwigshafens bei der Regierung der Pfalz.

In den letzten Monaten des Jahres 1937 unterschrieb die Stadt mit allen anvisierten Gemeinden von der Regierung angemahnte ›gütliche Einigungen‹, die Bedingungen für die Eingemeindungen formulierten.[82] Dabei zeigte sich Ludwigshafen mit Zusicherungen recht großzügig. Die niedrigeren Steuersätze der Orte wurden für einige Zeit garantiert, der Fortbestand der kulturellen Einrichtungen Oppaus bejaht und Oggersheim bzw. Rheingönheim bestätigt, daß keine kostspieligen Neuerungen wie etwa Müllabfuhr – nur in Rheingönheim –, Straßenreinigung oder

Anmerkungen
Seite 266 und 267

78 *für die folgende Darstellung zur Eingemeindung: Aderhold, S. 98ff*

79 *StALu, DS 154/4, S. 7*

80 *zit. n. Aderhold, S. 107*

81 *Aderhold, S. 110, auch f. d. F.*

82 *StALu, ZR 1071/6*

83 *Reichsstatthalter an OB, 8. 2. 1938; StALu, ZR 1071/6*

84 *NSZ, 1. 4. 1938*

85 *zum Ablauf der Feierlichkeiten vgl. StALu, ZR 1071/8*

86 *zum Festzug vgl. auch: Werkregister Willy Weber, Anmerkung zu 1938; StALu, N 34*

Fäkalienabfuhr dort eingeführt werden sollten. Als dann der Reichsstatthalter für Bayern, Ritter von Epp, in einem Erlaß vom 8. Februar 1938 die Eingemeindungen sanktionierte und für den 1. April des Jahres festsetzte, war er allerdings nur bereit, die allmähliche Anpassung der Steuern und Gebühren bis zum Jahr 1942 zu bestätigen. Die Erfüllung „aller" anderen Punkte der gütlichen Einigungen zwischen Ludwigshafen und den Randgemeinden wurde mehr oder minder ins freie Belieben der Stadt gestellt: Man solle sie erfüllen, „soweit nicht rechtliche oder zwingende sachliche Gründe dem entgegenstehen".[83] Einklagbar waren sie demzufolge nicht.

Die Stadt feierte ihren großen Erfolg mit überschwenglichen Worten: Da die Eingemeindung nur kurze Zeit nach dem Anschluß Österreichs erfolgte, bot sich das Wortspiel ›Groß-Ludwigshafen im Großdeutschen Reich‹ geradezu an.[84] Beim Festakt des Stadtrates im großen Saal des Pfalzbaus am 1. April erhielt der Oberbürgermeister von einem örtlichen Goldschmied eine neue Amtskette, die neben NS-Symbolen mit den Wappen der seit 1892 eingemeindeten Stadtteile geschmückt war. Der bisherige Bürgermeister von Oggersheim überreichte das mittelalterliche Stadtsiegel als Festgabe. Reichsinnenminister Frick und Gauleiter Bürckel, denen man wegen der Eingemeindung viel zu danken hatte, wurde das Ehrenbürgerrecht verliehen. Höhepunkt der Ludwigshafener ›Festwoche‹ vom 1. bis zum 10. April[85] war der sechs Kilometer lange Festzug,[86] der sich am 3. April durch die Stadt wand. Nach dem Vorbild des alljährlich in München zum ›Tag der Deutschen Kunst‹ abgehaltenen Zugs – von dem man auch Gewänder lieh – war er das aufwendigste derartige Schauspiel, das Ludwigshafen bis zu diesem Zeitpunkt gesehen hatte – und wohl auch seitdem gesehen hat. Unter der Regie der Maler Willy Weber und Erich Schug arbeiteten die Ludwigshafener Künstler an Entwurf und Gestaltung der 206 Zugnummern. Breit dokumentiert wurden dabei die Geschichte des Raumes Ludwigshafen von der Frankenzeit bis zur Gegenwart sowie ›Trachten und Brauchtum der Saarpfalz‹; die neuen Ortsteile stellten sich mit aufwendig gestalteten Wagen vor, und auch Industrie, Handel, Bahn und die NS-Organisation ›Kraft durch Freude‹ wirkten mit Wagen und Gruppen mit. Insgesamt entstanden 30 von mehreren hundert Pferden gezogene Festwagen, zu denen sich 25 Musikkapellen und 200 Reiter sowie zahlreiche Gruppen in historischen und modernen Kostümen hinzugesellten. Für die Anfertigung der Gewänder mußten bis zu 30 Schneiderinnen beschäftigt werden, die Beschaffung des nötigen Materials bereitete im Zeichen einer langsam auf die Rüstungsproduktion zusteuernden Wirtschaft nicht geringe Probleme. Noch in der Nacht vor dem angesetzten Termin drohte ein orkanartiger Sturm die gesamten Dekorationen zu vernichten. Am Tag jedoch konnten dann Zehntausende die geschmückten Straßen säumen und dem Zug zusehen, dessen Stil und Inhalt ganz dem Gedankengut und der Ästhetik der NS-Ära entsprach und die heroische deutsch-germanische Vergangenheit, ›Volkstum‹ und ›Volksgemeinschaft‹ verherrlichte. Der Spatenstich für die Gartenstädter ›Ostmarksiedlung‹ sowie ›öffentlicher Tanz‹ und Varieté-Vorstellungen in den neuen Stadtteilen ergänzten das Festprogramm. Am 10. April beschloß ein großes Feuerwerk im Hindenburgpark die Feiern.

›Willkommen in Ludwigshafen‹ zur Eingemeindungs-Festwoche [29]

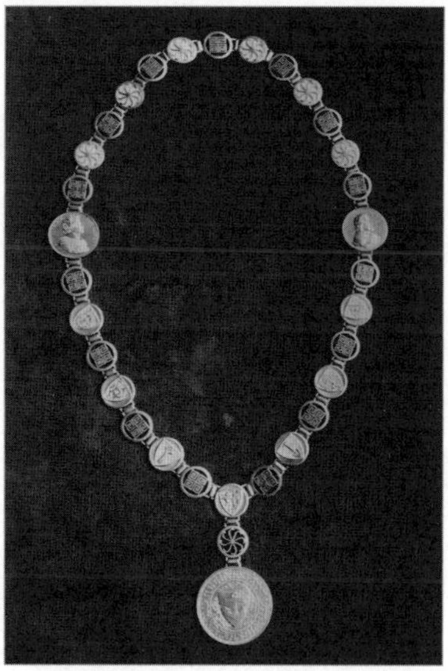

Die neue Amtskette des Oberbürgermeisters – geänderte Form ohne die ursprünglichen sechs Hakenkreuze – mit den Wappen der alten und neuen Stadtteile und ›germanischen‹ Symbolen [30]

Der Eingemeindungsfestzug
Die Wappen der Stadtteile [31]

Der Eingemeindungsfestzug
Modell von Oggersheim [32]

Der Eingemeindungsfestzug
3. April 1938 [33]

Anmerkungen
Seite 268 und 269

87 OB Stolleis in Denkschrift November 1937, S. 6; Oberbaurat Weber in NSZ, 6.4.1938

88 StALu, ZR 3010/6

89 OB Stolleis: Die Notwendigkeit der Umgestaltung der Eisenbahnanlagen in Ludwigshafen am Rhein, 1939; StALu, DS 363

90 Benckiser-Chronik, Bd. 2, S. 96f

91 Oberbaurat Weber in NSZ, 6.4.1938; OB an bayerischen Wirtschaftsminister, 26.9.1939; StALu, ZR 3010/6

Stadtplanung vor Kriegsbeginn

Die Stadtplanung erhielt durch die Eingemeindung wesentliche neue Impulse. Im Rahmen einer umfassenden Neugestaltung der Verkehrsinfrastruktur sollte „dem in dem Industriezentrum stark zunehmenden Autoverkehr"[87] durch einen Zubringer zu der neuen, nördlich an der Stadt vorbeiführenden Reichsautobahn und eine zweite Rheinbrücke Rechnung getragen werden, neue elektrische Vorortbahnen, Buslinien und ein umfassendes Radwegenetz sollten den Arbeitern den Weg in ihre Betriebe erleichtern. Am Haupttor der I. G. Farben wurden Parkplätze und eine größere Zufahrt geplant.[88] Eine Denkschrift des Oberbürgermeisters vom Juli 1939 empfahl einmal mehr die schon oft erwogene Verlegung des Hauptbahnhofs in etwa an den heutigen Platz.[89] Allerdings sollte er mit dem Rhein durch eine breite Prunkallee verbunden werden. Die Planungen veranlaßten die Firma Benckiser,[90] sich 1939 ein neues Produktionsareal in Ladenburg zu erwerben, da die beiden alten Grundstücke am Dörrhorst und an der Frankenthaler Straße von der Bahnhofsverlegung betroffen waren und ohnehin keine Expansion dort mehr möglich war. Vergeblich versuchte die Stadt, die den Produktionsstandort nicht verlieren wollte, dem Unternehmen ein Gelände am Kaiserwörthhafen zu offerieren. Trotz des Drucks der Gauleitung, das Angebot zu akzeptieren, winkte Benckiser ab.

Plan der Bahnhofsverlegung von Prof. Pirath, Stuttgart 1938/39 [34]

Der Eingemeindungsfestzug Wagen der I. G. Farben [35]

Der Eingemeindungsfestzug ›Stabträger‹ verschiedener Ludwigshafener Firmen [36]

Ausgreifende Pläne zu einer Entflechtung von Industrie und Wohnen, zur durchgrünten ›Auflockerung‹ der alten Stadtteile und vor allem des Hemshofs sowie der Anlage neuer Wohnviertel an der Peripherie der Stadt wurden entwickelt[91] – und bis weit in die Kriegsjahre hinein weiterbetrieben. Man sprach schon vom ›Häuschen im Grünen‹ als erstrebenswertem Ziel – und wies damit auf die Entwicklung der 1960er Jahre, d. h. auf die Zeit nach der Jahrhundertkatastrophe, die 1939/45 über die Stadt hereinbrach.

Aderhold, Christel: Kommunale Selbstverwaltung und staatlicher Dirigismus – aufgezeigt am Beispiel der Eingemeindungspolitik der Stadt Ludwigshafen in den Jahren 1890 und 1938; schriftliche Hausarbeit zur Prüfung von Volksschullehrern für das Lehramt an Realschulen; Geb. Typoskript im StALu, 1971

Bellaire, Wilhelm: Unsere Gartenstadt. Bausteine zur Geschichte des jüngsten Ludwigshafener Stadtteils, Kaiserslautern 1969

Boris, Anton: Wohnungs- und Siedlungsbau und Wohnungs- und Siedlungsbaupolitik zur Zeit der Weimarer Republik und während des Nationalsozialismus im Vergleich – am Beispiel der Stadt Ludwigshafen am Rhein; Diplomarbeit an der Universität Mannheim; Geb. Typoskript im StALu, 1996

Brinkmann, Carl J.: Ludwigshafen, die jüngste Großstadt am Rhein, in: Einwohnerbuch der Stadt Ludwigshafen a. Rh. 1942, S. 7—15

Heinz, Hans-Joachim: NSDAP und Verwaltung in der Pfalz. Allgemeine innere Verwaltung und kommunale Selbstverwaltung im Spannungsfeld nationalsozialistischer Herrschaftspraxis 1933—1939; Geschichte im Kontext, Reihe der Ludwig-Maximilians-Universität München 1; Mainz 1994

Lenhard, Josef: Stadt der Arbeit. 80 Jahre Ludwigshafen am Rhein, Potsdam 1939

Matzerath, Horst: Nationalsozialismus und kommunale Selbstverwaltung; Schriftenreihe des Vereins für Kommunalwissenschaften Berlin 29, Stuttgart 1970

Meinzer, Lothar: Das Werk Ludwigshafen der BASF AG – Die Wohnorte der Mitarbeiter der BASF Aktiengesellschaft in Ludwigshafen, in: Alter (Hg.): Pfalzatlas, Textband IV, S. 2005—2015, Speyer 1994

München, Hauptstadt der Bewegung. Begleitbuch zur Ausstellung im Münchner Stadtmuseum 1994

Schmidt, Maria: Über das Problem der Stadtrandsiedlung; gezeigt am Beispiel von Ludwigshafen a. Rh., in: Gesundheitstechnik und Städtehygiene, Heft 8, 1933, Sp. 425ff

Titelbild Kapitel 12: In der damaligen Selzner-, der späteren Rheinsiedlung in Oppau, um 1935.
Die Siedlung wurde später abgerissen und ging in den 1970ern im Werksgelände der BASF auf.

[21] StALu, Zeitungssammlung (NSZ)

[27] StALu, DS 154/5

[34] entnommen aus: StALu, DS 363

[1—20, 22—26, 28—33, 35, 36]
Fotosammlung StALu

Eingemeindung als Schicksal?

Die Randgemeinden Ludwigshafens 1900—1938/74

Modernität auch im Dorf: der Pflugfabrikant Büttner – erster Autobesitzer in Maudach, Aufnahme von 1910/12 [2]

Das erste Jahrzehnt des neuen Jahrhunderts

„Aufstreben und Kulturfortschritt"

„Es dürfte wohl kaum in der Pfalz eine Landgemeinde geben, die aufstrebender und kulturfortschrittlicher genannt zu werden verdient als Rheingönheim. Es ist seit 6 Jahren durch eine elektrische Straßenbahn mit Ludwigshafen-Mannheim verbunden, hat Gas- und teilweise auch elektrisches Licht in fast allen seinen Häusern, in manchen Werkstätten, auch Bauernanwesen, elektrische Betriebskraft, die Straßenbeleuchtung (Gas) ist mustergiltig. Im letzten Jahre kamen dazu die vollständig durchgeführte Kanalisation und die Wasserleitung. Weiter wurde ein schönes neues Schulhaus mit Zentralheizung gebaut und damit ein Volks- und Schulbad verbunden, in dem alle neuzeitlichen Errungenschaften angewendet sind. Es fehlt nunmehr nur noch die Neuchaussierung der Straßen. Aber auch diese ist bereits in Angriff genommen [...] Trotz alledem hat die Gemeinde nur 130 Prozent Gleichstellungsumlagen. Es befinden sich hier die sehr leistungsfähige Woellnersche Waschpulver- und Putzwollfabrik, dann eine Filiale der Frankenthaler Zuckerfabrik auf der zur Gemeinde gehörigen Friedensau, ferner drei blühende Backstein- und Ziegelbrennereien. Die Seelenzahl beträgt rund 4400. Für das Wohl der Einwohner sorgen 15 Lehrkräfte (11 prot. und 4 kath.), ein prot. und ein kath. Pfarrer, ein Arzt und ein Apotheker ..."[1]

Mit diesem hymnischen Zivilisationslob bedachte die nationalliberale ›Pfälzische Rundschau‹ im Mai 1913 das damals schon von einem Sozialdemokraten (siehe unten) regierte Dorf Rheingönheim. Dabei wird die günstige Verbindung zwischen eigener leistungsstarker Industrie – die Einnahmen brachte – und kluger Nutzung der Infrastrukturangebote der benachbarten Stadt deutlich: Gas, Wasser, Elektrizität und die Straßenbahn kamen aus Ludwigshafen. In der Tat hatte das erste Jahrzehnt des neuen Jahrhunderts das Gesicht des Dorfes verändert.

Dies traf weit weniger auf die anderen Ortschaften am südlichen und westlichen Rand der Stadt zu,[2] obgleich auch Oggersheim durch den Anschluß an Wasserversorgung (1905) und Straßenbahn (1912)

Anmerkungen
Seite 274 und 275

1 *PfR, 4.5.1913*
2 *Mörz, Verwaltungsgeschichte, S. 36f*
3 *Braun, S. 538ff*
4 *zur Entstehung des Werks vgl. Johnson; Mach; Nagel; 125 Jahre BASF; 100 Jahre chemische Industrie*

Das Oppauer Werk im Bau, 1912: deutlich erkennbar die Aufschüttungen für die Gebäude in der tiefgelegenen Rheinniederung [3]

›Gruß aus Rheingönheim‹ mit Paradestücken der Moderne: Bahnhof ... [4]

... und Mozartschule auf einer Postkarte vom Anfang des 20. Jahrhunderts [5]

enger mit der großen Nachbarstadt verbunden wurde. Bei der Gasversorgung wählte das Städtchen mit der Errichtung eines eigenen Werks (1909) einen unabhängigen Weg, gefolgt von Maudach (1910) und Oppau (1912). Oggersheim und Ruchheim wurden ab 1913 Station der Rhein-Haardt-Bahn von Ludwigshafen nach Bad Dürkheim. Einen wirklichen Durchbruch zu modernen Standards der Hygiene und Infrastruktur konnte aber keine dieser Gemeinden erreichen.

Kunstdünger statt Kartoffeln – der Aufstieg Oppaus

Die größte Veränderung im Umkreis Ludwigshafens erlebte Oppau.[3] Aus dem alten Bauerndorf war schon in der zweiten Hälfte des 19. Jahrhunderts ein ›Maurerdorf‹ geworden, in dem nicht zuletzt wegen des Lokalbahnanschlusses viele Arbeiter wohnten. Durch Landverkäufe und die Ansiedlung des Stickstoffwerkes der BASF erfuhr der Ort eine rasante Entwicklung zu einer wohlhabenden Industriegemeinde.

Der seit Ende des 19. Jahrhunderts schwelende Rechtsstreit mit der Stadt Mannheim wegen der Höhe des Verkaufspreises für Gelände auf der Friesenheimer Insel, das zur Anlage des Industriehafens benötigt wurde, endete im Jahr 1900 mit der Niederlage Oppaus. Obwohl der Oppauer Gemeinderat nicht gewillt war, weiteres Land abzugeben, mußte der Ort in den Folgejahren erneute Flächenabtretungen zugunsten Mannheims hinnehmen. Als die badische Großstadt den gemeindlichen Restbesitz auf der Insel für die Errichtung von Industriebetrieben forderte, beugte sich Oppau dem Zwangsenteignungsverfahren vom 31. Mai 1907. Eine von Bürgermeister Adam Willersinn einberufene Bürgerversammlung entschloß sich angesichts der Ausweglosigkeit der Situation und der hohen Prozeßkosten – allein für den ersten Inselprozeß beliefen sich die Oppauer Gerichtskosten auf über 34 000 Mark – zum Verzicht auf eine Berufung.

Bereits 1904 hatte die Gemeinde auch 31 Hektar minderwertiges Land am linksseitigen Rheindamm an die benachbarte BASF verkauft,[4] die dort die in ihrem Betrieb anfallende Schlacken- und Schuttmassen ablagerte. Für weiteres Gelände hatte das Unternehmen damals ein

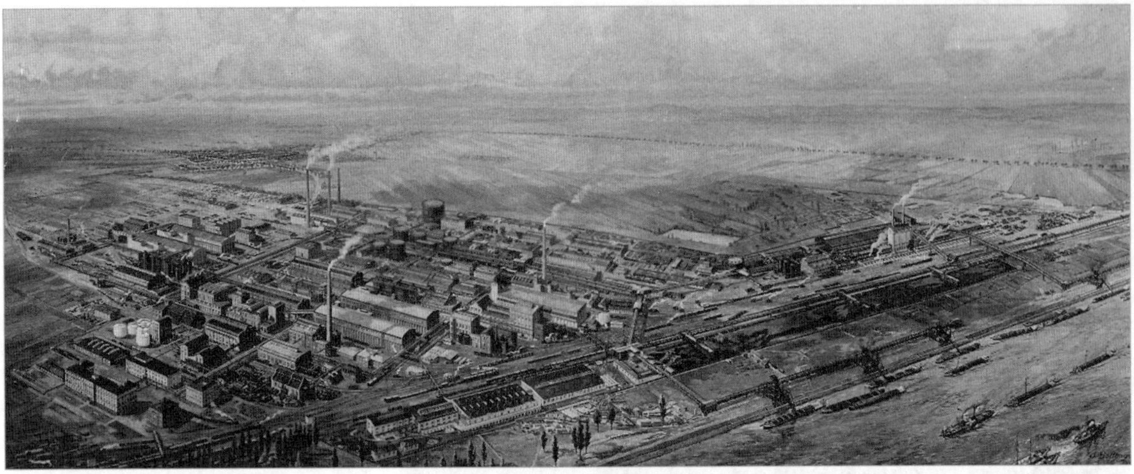

Das Oppauer Werk 1917
Gemälde des bekannten Bremer Industriemalers Otto Bollhagen [6]

Vorkaufsrecht erworben. Dieses wollte die BASF 1911 geltend machen, um auf dem Gesamtareal eine neue Fabrik zu erbauen, in der das bahnbrechende ›Haber-Bosch-Verfahren‹ der Ammoniak-Synthese erstmals großindustriell genutzt werden sollte. Bei den Verhandlungen im Bezirksamt Frankenthal betonte der Leiter des BASF-Bauwesens, Eugen Haueisen, „daß die Gemeinde durch die Fabrikations-Anlage einen eminenten Vorteil erhalte und daß es ihr destoweniger auf den Preis des Geländes ankommen dürfe. Nach dem gesteckten Ziel würden vorerst 8 Millionen Mark für den Betrieb aufgewendet werden. Später und zwar in kurzer Zeit sei ein Aufwand [...] von ca. 25—30 Millionen Mark vorgesehen. Dadurch sei der Gemeinde die Gewähr gegeben, daß ein Betrieb in großzügiger Weise errichtet werden soll. Zudem sei der Betrieb der harmloseste Betrieb, der existiere. Belästigungen seien vollkommen ausgeschlossen."[5]

Der Kaufwunsch der Anilin stieß bei den Oppauern auf wenig Gegenliebe, da weite Teile der Bevölkerung auf die Allmenden nicht verzichten wollten und der Preis durchaus nicht, wie von Haueisen erhofft, gleichgültig war. Vielmehr wünschten die Betroffenen zuerst einen Quadratmeterpreis von 3 Mark. Der Gemeinde war darüber hinaus eine angemessene Kanalisation des Werks und die Frage der Versorgung Oppaus mit Elektrizität durch das Werk wichtig. Es ist auf die Intervention des Frankenthaler Bezirksvorstandes Fischer zurückzuführen, daß die Gemeinde in das Geschäft einwilligte. In einer „denkwürdigen"[6] Nachtsitzung des Gemeinderates gelang es ihm am 7. September 1911, die Mehrheit der Bürgervertreter vom Vorteil einer Industrialisierung zu überzeugen, so daß sich das Gremium mit 11 gegen 8 Stimmen für den Verkauf zum Preis von 1,50 Mark je Quadratmeter entschied. Weitere Abtretungen der Oppauer Gemarkungsfläche folgten innerhalb kurzer Zeit, so daß über 60 Hektar Land für das neue Werk bereitlagen. Die Weichen für die Zukunft der Gemeinde waren gestellt: Oppaus Felder wurden nicht mehr vorrangig landwirtschaftlich genutzt, sondern zum Industriestandort ausgebaut.

Im Sommer 1911 hatte die BASF ein Planungsbüro für das neue Oppauer Werk ins Leben gerufen.[7] Im Gegensatz zum Ludwigshafener

Anmerkungen
Seite 276 und 277

5 *Gesprächsnotiz, 9. Juni 1911; StALu, Op. 780*
6 *Braun, S. 541*
7 *Mach, S. 44ff*
8 *ebd., S. 54*
9 *Johnson, S. 166*

Eines der wenigen von Architekten entworfenen Häuser im Werk: Verwaltungs- und Laborgebäude mit Gartenanlagen [7]

Treppenhaus im Laborgebäude um 1920 [8]

Werk, das über Jahrzehnte gewachsen war, bestand hier die Chance zu einer einheitlichen Konzeption. Obwohl das für die BASF charakteristische ›Verbundkonzept‹ erst später aus der Taufe gehoben wurde, stand die ihm zugrunde liegende Idee bereits beim Bau des Oppauer Werkes Pate: die optimale Verknüpfung der Produktionen. Die einzelnen Fabrikationen sollten aufeinander aufbauen, die Produkte und Reststoffe der einen Fabrik dienten in der nächsten Anlage als Rohstoffe. Da man sich der Gefährlichkeit verschiedener Produktionsprozesse durchaus bewußt war, waren bei den Planungen auch die entsprechenden Sicherheitsvorkehrungen zu bedenken. Aus diesen Gründen wurden keine Einheits-, sondern auf die jeweilige Einrichtung abgestimmte Bauten entwickelt, wobei als „Fabrikationsbauten durchweg hohe luftige Hallen in Stahlgerippebauweise" entstanden. „Die Außenwände bestanden aus Backsteinmauerwerk, als Bedachung nahm man anstelle der im alten Werk üblichen Dachziegel ein massives Eisenbetondach mit einer Abdichtung aus Dachpappe."[8] Die funktional, aber schlicht gestalteten Gebäude „repräsentierten den neuesten Stand der Industriearchitektur."[9] Lediglich beim Arbeiterbad, einigen Sozialbauten und später dem großen Ammoniaklaboratorium kamen Architekten zum Zuge. Die meisten Werksbauten wurden auf einem auf die Höhe des Hauptrheindamms hochwassersicher aufgefüllten Gelände errichtet. Vor dem Rheindamm entstanden lediglich das Wasserwerk, die Wasserreinigung, das Kohlenlager mit Lösch- und Fördereinrichtungen und der Hauptwassersammelkanal. Direkt hinter dem Damm wurde ein großer Rangierbahnhof angelegt.

„Schon die Vorarbeit zum Aufbau des Werks, die Auffüllung der Niederung, rief eine Menge Hilfskräfte herbei. Im Februar 1912 erfolgte der erste Spatenstich und bald wimmelte es dort draußen von Arbeitern und Bauleuten vieler deutscher Großfirmen, die Hallen und Fabrikationsräume verschiedenster Größe und Form, Silos und Riesenschlote bis 113 Meter in die Höhe trieben [...]. Wie Belagerungstürme in dem alten Krieg schoben sich die Schachtgerüste nach dem Dorfe vor. Feldbahnen mit endlosen Kieswagen rollten durch die Fluren an die Betonmaschinen. Die Lieferanten Willersinn und Stöcker baggerten die nunmehr zu hohem Ansehen gekommenen Kiesäcker zu tiefen, seeähnlichen

Gerüste für eine Fabrikhalle des Oppauer Werks [9]

Fabrikstraße im Oppauer Werk um 1920 [10]

Anmerkungen Seite 278 und 279

10 *Braun, S. 542f*

11 *näheres siehe Band 1 dieser Stadtgeschichte im Kapitel 9 ›Burgfrieden und Brotunruhen‹*

12 *zu Haber vgl. Stolzenberg; Szöllösi-Janze*

13 *StALu, Op. 1152/2*

14 *Schiffmann, S.460*

15 *StALu, Op. 1014d*

Weihern aus, an denen die Namen ihrer ›Ausbeuter‹ haften blieben."[10] Während der Stöckerweiher später wieder verschwand, entwickelte sich der Willersinnweiher zu einem beliebten Ausflugsziel.

Im Sommer 1913 konnten die ersten Anlagen in Betrieb gehen. Das Dorf wurde so zum Standort der ersten Ammoniaksyntheseanlage der Welt und des zweiten großen deutschen BASF-Werkes, das im Gegensatz zum allmählich entstandenen Ludwigshafener Standort einer einheitlichen Planung und Konzeption seine Entstehung verdankte. Der nach dem Haber-Bosch-Verfahren, einer Hochdrucktechnologie, die ihren beiden Entdeckern Fritz Haber und Carl Bosch den Nobelpreis einbrachte, hergestellte Ammoniak wurde zu Stickstoffdünger weiterverarbeitet. Im Ersten Weltkrieg zeigte sich die Ambivalenz des chemischen Produkts. Als die rüstungsbedingte Nachfrage nach Salpeter stieg, wurde der synthetische, für die Steigerung landwirtschaftlicher Erträge geschaffene Ammoniak, in Salpetersäure für die Sprengstoffindustrie umgewandelt.[11] Die anfängliche Jahresproduktion von 7 200 Tonnen Ammoniak konnte beträchtlich gesteigert werden, das Werksgelände

Die Väter des Haber-Bosch-Verfahrens

Fritz Haber[12]

Fritz Jakob Haber wurde am 9. Dezember 1868 in Breslau als Sohn des Farben- und Chemikalienhändlers Siegfried Haber und seiner Frau Paula geboren. Nach dem Abitur am humanistischen Gymnasium nahm der naturwissenschaftlich und philosophisch interessierte Schüler 1886 das Chemiestudium an der Universität Berlin auf. Im zweiten Semester wechselte er an die Universität Heidelberg, wo er Vorlesungen bei Robert Bunsen hörte. Das durch den Militärdienst unterbrochene Studium beendete Haber 1891 in Berlin mit der Promotion. Im Folgejahr konvertierte Haber vom Judentum zum evangelischen Glauben. Nach verschiedenen Industriepraktika und der Mitarbeit im väterlichen Betrieb entschied er sich für die wissenschaftliche Laufbahn. 1894 trat er eine Assistentenstelle an der Technischen Hochschule Karlsruhe an und arbeitete zunächst im Bereich der Brennstoffchemie. Mit einer Arbeit über die thermische Zersetzung der Kohlenwasserstoffe habilitierte Haber 1896, zwei Jahre später wurde er zum außerordentlichen Professor ernannt. 1901 heiratete er die Chemikerin Clara Immerwahr. Der 1906 zum ordentlichen Professor für physikalische und Elektrochemie berufene Wissenschaftler fand 1908 eine Möglichkeit zur Synthese von Wasserstoff und Stickstoff zu Ammoniak. Der BASF gelang unter Leitung von Carl Bosch die großtechnische Umsetzung der Ammoniaksynthese. Die als ›Haber-Bosch-Verfahren‹ bezeichnete Entdeckung ging als eine der bahnbrechendsten Erfindungen des 20. Jahrhunderts in die Chemiegeschichte ein. Im Jahr 1911 übernahm Haber die Leitung des neu gegründeten Kaiser-Wilhelm-Instituts für physikalische Chemie in Berlin. Im Ersten Weltkrieg stellte Haber seine Arbeit der Obersten Heeresleitung zur Verfügung. Da er die Produktion von Salpeter, der für die Sprengstoffherstellung notwendig war, förderte und den Einsatz von Giftgasen forcierte, wurde er nach dem Krieg von den Siegermächten als Kriegsverbrecher gebrandmarkt. Für seine Verdienste um die Ammoniaksynthese wurde ihm andererseits aber 1919 der Nobelpreis für Chemie von 1918 verliehen. Die Reparationsforderungen der Alliierten veranlaßten Haber zu Forschungen über die Goldgewinnung aus Meerwasser. Sein Meergoldprojekt scheiterte Mitte der zwanziger Jahre, da es nicht gelang, ein rentables Verfahren zu finden, mittels dessen das im Meerwasser gelöste Gold extrahiert werden konnte. Die Entwicklung von Schädlingsbekämpfungsmitteln war ein weiteres Arbeitsgebiet. Mit zunehmendem Alter kümmerte sich Haber, der seit 1925 dem Aufsichtsrat der BASF bzw. der I. G. Farben angehörte, um die Forschungsförderung und die Pflege internationaler Wissenschaftsbeziehungen. Nicht zuletzt sein enormes Arbeitspensum führte auch zum Scheitern seiner zweiten Ehe mit Charlotte Nathan.

Aufgrund seiner jüdischen Abstammung wurde der renommierte Wissenschaftler nach Hitlers Amtsantritt zum Rücktritt von allen seinen Ämtern gezwungen. Am 29. Januar 1934 starb der seit Jahren gesundheitlich angeschlagene Haber auf einer Auslandsreise in Basel.

Fritz Haber [11]

wurde nochmals erheblich ausgeweitet, so daß es bald schon an Größe mit Oppau selbst praktisch gleichzog. Eine Aufstellung vom Januar 1922 nennt 228 Bauten – vom ›Abort‹ bis zum Riesensilo – auf dem Areal des Werks.[13] Die Zahl der dort beschäftigten Arbeiter wuchs von knapp 1 000 1914 auf 7 600 1920;[14] 1928 umfaßte die Belegschaft in Oppau 9 183 Arbeiter und 2 158 Angestellte und damit kaum weniger Mitarbeiter als das Ludwigshafener Werk.[15] Für die dem Katalyse-Chemiker Alwin Mittasch unterstellte Forschungsabteilung war 1917/18 auf dem Oppauer Werksgelände das Ammoniaklaboratorium erbaut worden.

Dem neuen Großarbeitgeber BASF ›folgte‹ ein überproportionaler Bevölkerungszuzug. Während im Jahr 1900 Oppau 3 354 Einwohner zählte, war die Bevölkerungszahl bis 1919 auf 6 063, d. h., um über 80% angestiegen. Die anderen Randgemeinden und Ludwigshafen wuchsen im selben Zeitraum nur um deutlich unter 50%. Auch nach 1919 setzte sich diese steile Bevölkerungszunahme fort, so daß der Gesamtanstieg zwischen 1900 und 1939 insgesamt 215% – auf 10 585 Menschen – betrug. Edigheim, ebenfalls nahe dem Oppauer Werk gelegen, wuchs im

Das prosperierende Dorf
Mitten im Ersten Weltkrieg erhielt Oppau 1916 ein neues Rathaus [12]

Wo später die Katastrophe ihren Lauf nahm: Blick in einen mit Düngesalz gefüllten Silo, um 1920 [13]

selben Zeitraum um 145% auf 4010 Einwohner. Die Erwerbsstruktur Oppaus wandelte sich in schnellem Tempo weiter. Hatten um die Jahrhundertwende noch über ein Viertel der Oppauer Einwohner in der Landwirtschaft gearbeitet, waren es 1915 weniger als 10%.[16]

	Bevölkerungswachstum in %		Bevölkerungszahl
	1900—1919	1919—1939	1939
Edigheim	31,8	85,9	4010
Oggersheim	46,3	36,2	12217
Oppau	80,7	74,5	10585
Maudach	23,5	31,8	2718
Rheingönheim	39,7	26,9*	5531
Ruchheim	10,1	19,7	1451
Ludwigshafen	46,5	20,8	109643

Dank der Einnahmen aus den Landverkäufen und der Gewerbesteuer wurde Oppau zum reichsten Dorf der Pfalz.[17] Die Gemeinde war finanziell in der Lage, Edigheim, Oggersheim, Rheingönheim und anderen Kommunen Darlehen zu gewähren. Eine rege Bautätigkeit setzte im Ort ein, neben zahlreichen Privathäusern wurde auch ein zusätzliches Schulgebäude und ein neues Rathaus gebaut. Mit der Errichtung eines Gaswerkes im Jahre 1912 und eines Wasserwerks 1913/14 sowie der Straßenkanalisation wurde die Infrastruktur Oppaus auf den modernsten Stand gebracht. Die Verkehrsverbindungen verbesserten sich durch die 1917/18 erfolgte Anlage einer neuen Eisenbahnstrecke und eines Rangierbahnhofs. Ein zweiter und dritter Arzt zogen zu, eine Apotheke öffnete ihre Pforten, und der Zustrom vieler Bau- und anderer Arbeiter führte 1914 zur Einrichtung einer Gendarmeriestation, die die öffentliche Ordnung sicherstellen sollte. Die Oppauer „hatten eine große Lebsucht", wie der Ortshistoriker und Lehrer Karl Otto Braun feststellte.[18] Nicht nur die Gemeinde, auch viele Private waren durch den Verkauf einstmals wenig ertragreicher Äcker bei – vor allem während des Ersten Weltkriegs – steigenden Preisen zu Geld gekommen. Zudem ließen die Mitarbeiterscharen der am Bau des Werks beteiligten Firmen als Kostgänger oder ›Schläfer‹ ihr Geld im Ort, wovon wiederum der Handel profitierte.

Anmerkungen
Seite 280 und 281

16 *Baumgärtner, S.28f*
17 *Braun, S.544ff*
18 *ebd., S.545*
19 *zu Bosch vgl. Holdermann; Nagel; Oelsner; Kißener*
20 *zu Mittasch: Schuster, S.22*
* *Wegfall der Bevölkerung der Friedensau 1930*

Die Väter des Haber-Bosch-Verfahrens

Carl Bosch[19]

Carl Bosch wurde am 27. August 1874 in Köln als Sohn eines Installationshändlers geboren. Einer seiner Onkel war Robert Bosch, der Gründer des gleichnamigen Stuttgarter Unternehmens. Nach dem Abitur an der Oberrealschule und einem einjährigen Praktikum an der Marienhütte in Kotzenau/Schlesien begann er 1894 mit dem Studium der Hüttenkunde und der Chemie an der TH Berlin. 1898 promovierte er an der Universität Leipzig in organischer Chemie. Da es ihm aus finanziellen Gründen nicht möglich war, die angestrebte Universitätslaufbahn einzuschlagen, trat Bosch eine Stelle bei der BASF an. 1910 gelang ihm mit Hilfe des Katalyse-Chemikers Alwin Mittasch und des Anlagenspezialisten Franz Lappe, das von Fritz Haber im Labormaßstab ausgearbeitete Verfahren zur Ammoniaksynthese in den großtechnischen Maßstab umzusetzen. Die Hochdrucktechnik des Haber-Bosch-Verfahrens begründete nicht nur einen neuen Zweig der chemischen Industrie, sondern steigerte auch die Erträge in der Landwirtschaft erheblich. Die Gewinnung von „Brot aus Luft" war nun möglich, denn ein Kilogramm Stickstoff ergab eine zusätzliche Menge von zwölf Kilogramm Getreide. Der Erste Weltkrieg zeigte die Janusköpfigkeit der Ammoniaksynthese, da Ammoniak nicht nur Ausgangsstoff für die Düngemittelproduktion war, sondern auch für die Herstellung von Salpeter, der von der Sprengstoffindustrie benötigt wurde. Um die Salpeterproduktion zu erhöhen, entstand unter Boschs Regie das Ammoniakwerk Leuna-Merseburg. 1916 begann auch Boschs Karriere als Wirtschaftsführer. Er wurde in den BASF-Vorstand berufen, drei Jahre später zum Vorstandsvorsitzenden ernannt. Auch in der 1925 gegründeten I. G. Farbenindustrie übernahm er die Konzernleitung. 1931 wurde dem Spitzenmanager zusammen mit Bergius der Nobelpreis für die Entwicklung chemischer Hochdruckmethoden verliehen. Obwohl Bosch kein parteipolitisch interessierter Mensch war, hatte er nach Kriegsende die Interessen der deutschen Chemieindustrie bei den Verhandlungen zum Versailler Vertrag vertreten. Auch im ›Dritten Reich‹ empfand es der Unternehmer, der gegenüber der NSDAP eine distanzierte Haltung einnahm und ihre Juden- und Autarkiepolitik ablehnte, als seine Pflicht, den Nationalsozialisten die Kooperation nicht zu verweigern, um „das Schlimmste" zu verhindern. Nicht zuletzt an dieser zwiespältigen Haltung zerbrach er. 1935 zog sich Bosch aus dem I. G. Vorstand zurück und übernahm den Vorsitz im Aufsichtsrat. Zwei Jahre später wurde er als Nachfolger von Max Planck Präsident der Kaiser-Wilhelm-Gesellschaft. In seiner Freizeit widmete sich der passionierte Naturwissenschaftler seiner Käfersammlung und astronomischen Beobachtungen. Am 26. April 1940 starb der seit längerem kranke Bosch in Heidelberg, wohin er mit seiner Familie gezogen war. Ein Gymnasium und eine Straße in Ludwigshafen, eine Wohnsiedlung in Frankenthal sowie ein Museum in Heidelberg erinnern an einen der bedeutendsten ›Aniliner‹.

Carl Bosch [14]

Alwin Mittasch [15]

Der Chef im Oppauer Ammoniaklaboratorium

Alwin Mittasch[20]

Alwin Mittasch, geboren am 27. Dezember 1869 in Groß-Dehsa bei Löbau in der Lausitz, gestorben am 4. Juni 1953.

Mittasch bildete sich zunächst als Volksschullehrer aus und war als solcher in seiner Heimat und später in Leipzig tätig. Dort hörte er Vorlesungen philosophischen und naturwissenschaftlichen Inhalts und wurde besonders durch die Persönlichkeit und den Vortrag Wilhelm Ostwalds so gefesselt, daß er im Jahre 1896 das Studium der Chemie begann, welches er im Jahre 1901 mit einer Doktorarbeit bei Bodenstein über die katalytische Zersetzung von Nickelcarbonyl abschloß. Nach mehrjähriger Assistententätigkeit bei Ostwald trat er im Jahre 1904 bei der BASF ein und arbeitete von da an in Verbindung mit Bosch an dem Problem der Stickstoffbindung. In strenger und weitausholender Systematik hat Mittasch zunächst mit wenigen, später zahlreichen Mitarbeitern im Ammoniaklaboratorium nicht nur den Ammoniaksynthesekontakt geschaffen, sondern auch für die Ammoniakverbrennung, für die Kohlenoxydhydrierung und für die Chemie der Metallcarbonyle sehr wichtige Erkenntnisse und Erfindungen erarbeitet. Das Wissen über die Mischkatalysatoren und über den Ablauf katalytischer Vorgänge wurde von ihm wesentlich gefördert. Neben seinen rein naturwissenschaftlichen Arbeiten widmete er sich, nachdem er 1933 in den Ruhestand getreten war, vor allem philosophischen und chemiegeschichtlichen Studien, die in verschiedenen Schriften und Büchern ihren Niederschlag fanden.

Neue Häuser in Oppau um 1914 [16]

„Die Oppauer haben die Lebsucht": ›Bierstreik‹ im Dorf 1911 [17]

Krieg, Krisen, Katastrophen

Kriegstote des Ersten Weltkriegs[21]

	gesamt	in % der männlichen Bevölkerung 1910
Edigheim	74	7,4
Maudach	70	6,9
Oggersheim	239	6,2
Oppau	162	6,8
Rheingönheim	130	6,0
Ruchheim	30	5,3
Ludwigshafen	2 668	6,4

Der Erste Weltkrieg und die Nachkriegszeit

„Jeder Schuß – ein Ruß! Jeder Stoß – Franzoß! Jeder Tritt – ein Britt! Jeder Klaps – ein Japs!"[22] Solche chauvinistischen, das Grauen der modernen militärischen Auseinandersetzung verkennenden Sprüche kennzeichnen das von Selbstüberschätzung und Hurrapatriotismus gekennzeichnete Klima der ersten Kriegswochen. Doch schnell wich die Begeisterung der Ernüchterung über die Kriegsfolgen. Aufgrund der alliierten Blockade brach die Versorgung der Bevölkerung in der Heimat zusammen. In den Industriegemeinden Oppau und Oggersheim, das trotz seiner überwiegend nicht-landwirtschaftlichen Bevölkerung den umliegenden Dörfern gleichgestellt wurde,[23] gab es massive Versorgungsschwierigkeiten. Im Auftrag des Staates versuchte eine ausufernde kommunale Bürokratie, den Mangel zu verwalten. Lebensmittel, Bekleidung und Brennstoffe wurden rationiert und konnten nur gegen Karten bezogen werden. Die Verwendung von Ersatzstoffen erklärte man zur vaterländischen Pflicht der Hausfrauen. So sollten z. B. verstärkt Rüben gekocht werden. Nicht immer trafen die neuen Gerichte den Geschmack. Eine Marmelade aus Kohlrüben beispielsweise „fand ihres Geruches wegen nur wenige Liebhaber."[24] Um die „weibliche Heimarmee" bei der kriegsgemäßen Haushaltsführung zu unterstützen, wurde 1917 in

Anmerkungen Seite 282 und 283

21 *Kreuter, Oggersheim, S. 136; ders., Maudach, S. 126; ebd., S. 55f; Braun, S. 620ff; Schäfer, Rheingönheim, S. 29*

22 *Braun, S. 551*

23 *Kreuter, Oggersheim, S. 134f*

24 *Braun, S. 573*

25 *Janson / Schork, S. 10, a.f.d.F.*

26 *OA, 14.11.1918*

Kriegsnot
Schulspeisung in Oppau 1918 [18]

Ehrentafel für die im Ersten Weltkrieg gefallenen Mitglieder des Fußballclubs ›Arminia‹ Rheingönheim [19]

Oppau ein Frauenverein gegründet. Frauen dienten freilich auch in der Industrie, und hielten zusammen mit – in den Randgemeinden vor allem in der Landwirtschaft beschäftigten – Fremdarbeitern die Produktion am laufen. Durch die Nachbarschaft zur BASF litten auch die Ludwigshafener Randgemeinden unter den gegnerischen Luftangriffen, den sogenannten ›Feindlichen Fliegern‹.

Nach dem Zusammenbruch des Kaiserreiches verkündete der Vorsitzende der SPD Oppau, Heinrich Süss, am 10. November 1918 vor dem Rathaus einer großen Menschenmenge das Ende der „Throne" und den Anbruch der sozialen Republik.[25] In der Nacht vom 11. auf den 12. November 1918 bildeten SPD, USPD und Bauern einen Arbeiter- und Bauernrat, der alle verordnende und vollziehende Gewalt beanspruchte. Die Aufrechterhaltung von Ruhe und Ordnung sowie die Sicherung der Versorgung waren die Hauptaufgaben des neu geschaffenen Gremiums, welche es gemeinsam mit der Gemeindeverwaltung in Angriff nahm. Auch die in Edigheim und Oggersheim eingerichteten Räte kooperierten eng mit der jeweiligen Kommunalvertretung. Um über eine möglichst große Akzeptanz in der Bevölkerung zu verfügen, war der Oggersheimer Arbeiterrat durch drei Landwirte und vier Vertreter des Bürgertums zum Arbeiter-, Bürger- und Bauernrat erweitert worden.[26]

Auch nach Kriegsende blieb die Versorgungssituation kritisch. Zwischen den bäuerlichen und den städtischen Gemeinden des Ludwigshafener Umlands kam es zu wachsenden Spannungen. Viele Städter gingen aufs Land, um Nahrungsmittel zu ergattern – teilweise mit Gewalt. „So bewegte sich Ende 1920 ein großer Zug Menschen – es mögen über tausend gewesen sein – von der Maxdorfer Straße her nach Ruchheim hinein. Sie trugen Transparente mit drohenden Aufschriften, z. B. ›Grumbeere raus, sonst kommt der rote Hahn aufs Haus‹. Der Bürgermeister und einige Gemeinderäte gingen den Demonstranten entgegen, um mit ihnen zu verhandeln. Auf dem Weg ins Dorf begegnete dem Protestzug der Landwirt A. K., der im Wagen Kartoffeln heimfuhr. Der Landwirt wurde gezwungen, seinen Wagen in Richtung Oggersheim zu

›Quartier Verdun‹ in Oggersheim, das ehemalige französische Tabakmagazin des frühen 19. Jahrhunderts, als französische Kaserne, um 1920 [20]

fahren, bis die Gemeinderatsmitglieder die Demonstranten [...] überreden konnten, die Kartoffelfuhre wieder ins Dorf fahren zu lassen ...“ [27] In Oggersheim wurden die verzweifelten Menschen dann offenbar fündig und plünderten die Firma König & Herf, bei der 45 Zentner Kartoffeln und 120 Pfund Wurst gelagert waren. Der Laster des Unternehmens sowie verschiedene Büros wurden zerstört.[28] Die desolate Gesamtlage führte im Oppauer Werk der BASF in den frühen 1920er Jahren zu schweren sozialen Auseinandersetzungen, deren Dimension und Gewalttätigkeit alles bisher in der Industrie Ludwigshafens und seiner Randgemeinden Dagewesene in den Schatten stellte.[29]

Der Einmarsch der Franzosen Anfang Dezember 1918 [30] führte zur Auflösung der Arbeiter- und Bauernräte, da die Besatzungsmacht politische Aktivitäten untersagte. Pressezensur, die Einführung der Identitätskarte und die Einschränkung des Verkehrs waren weitere einschneidende Maßnahmen. Die Pfalz war vom übrigen Deutschland abgeschnitten, worunter besonders die in Mannheim beschäftigten Arbeitnehmer und die auf rechtsrheinische Lieferanten und Kunden angewiesenen Geschäftsleute litten. Die Uhren wurden um eine Stunde auf französische Zeit zurückgestellt, ein Akt von symbolischer Bedeutung. In Oggersheim waren 2 500 Soldaten in der stillgelegten Samtfabrik einquartiert, das alte Tabakmagazin bei der Wallfahrtskirche wurde zur französischen Kaserne, neben der eine Reithalle erstellt wurde. In der Stadtgartenstraße entstanden auf Kosten des Reiches Wohnungen für französische Offiziere. Aber auch Privatunterkünfte mußten den Besatzungstruppen zur Verfügung gestellt werden. Neben Wohnraum requirierten die Franzosen Heizmaterial und Lebensmittel. Die als ungerecht empfundenen Beschlagnahmungen bei der notleidenden Bevölkerung, die Ressentiments der Unterlegenen gegenüber der Siegermacht sowie rassistisches Denken waren die Ursachen, daß auch Bewohner der Ludwigshafener Umlandgemeinden den nordafrikanischen Besatzungssoldaten mit Vorurteilen begegneten.

Nach den Bedingungen des Versailler Friedens mußten alle deutschen Industrieanlagen, die ›Kriegsmaterial‹ herstellten, geschlossen werden – es sei denn, sie erhielten von den Alliierten eine Sondergenehmigung. Die französische Besatzung drohte, diese Möglichkeit auf

Anmerkungen
Seite 284 und 285

27 *Barth, Ruchheim, S. 57*

28 *StALu, Og. 916; auch in Oppau kam es zu Nahrungsunruhen vor dem Rathaus; Braun, S. 593*

29 *näheres, auch zur wirtschaftlichen Entwicklung der Nachkriegszeit, siehe im Kapitel 10 ›Eine Großstadt wird korrigiert‹*

30 *vgl. u. a. AVT 4 / 1930, 5 / 1933; Braun, S. 597ff; Janson / Schork, S. 11 sowie allg. Gembries; Gräber / Spindler; Kreutz / Scherer; Fenske, Monarchie; Zerfass*

31 *Johnson, S. 195f, 198*

32 *Braun, S. 614; Janson, Fries, S. 101*

Nach der Explosionskatastrophe: Französische Soldaten versorgen die Bevölkerung mit mobilen Küchen [21]

das Oppauer Stickstoffwerk anzuwenden – wenn die BASF ihnen nicht die Lizenz für das Haber-Bosch-Verfahren gebe. Da das Unternehmen vom Wohlwollen der Besatzungsmacht abhängig und sich ohnehin nicht sicher war, welche Informationen die Franzosen bei ihren umfangreichen Besichtigungen und Durchsuchungen des Geländes nach ihrem Einmarsch bereits in Erfahrung gebracht hatten, fügte es sich: So entstand auf französischem Boden nach deutschen Angaben eine genaue Kopie des Oppauer Werks.[31]

Der ›Ruhrkampf‹ verschärfte die Besatzungsherrschaft. Als der Edigheimer Bürgermeister Martin Fries und der Gemeindesekretär Karl Enzenauer der Weisung, einen französischen Zollposten einzuquartieren, nicht Folge leisteten, wurden sie am 7. Februar 1923 von der Besatzungsmacht verhaftet.[32] Trotz des Protestes des Gemeinderates unter Vorsitz des 2. Bürgermeisters Andreas Baum, der die Rechtmäßigkeit des Verhaltens der beiden Beamten betonte, wurden die Inhaftierten vor das Kriegsgericht gestellt und verurteilt. Fries mußte ein halbes Jahr im Militärgefängnis in Landau verbüßen, Enzenauer sogar ein ganzes Jahr.

Auf den passiven Widerstand der Bevölkerung reagierten die Franzosen mit Ausweisungen, die in den Ludwigshafener Randgemeinden die Reichsbahnmitarbeiter trafen. Die Besatzungsbehörden bezichtigten sie der Dienstverweigerung, da die Eisenbahner infolge des Verbotes des Reichsverkehrsministeriums, Kohle für Frankreich und Belgien zu befördern, die Arbeit niedergelegt hatten. Die von den Franzosen betriebene sogenannte ›Regiebahn‹ wurde von der Bevölkerung, die auf das Fahrrad auswich oder gar zu Fuß ging, gemieden. Als der Bahnboykott zu erlahmen drohte, wurden auf der Bahnstrecke bei Rheingönheim bzw. Mutterstadt einige Sprengkörper gefunden. Der Sabotageakt veranlaßte die Besatzungsbehörde zu einer Verschärfung der Sanktionen.

Um ihren Reparationsforderungen Nachdruck zu verleihen, besetzten französische Truppen am 30. Mai 1923 auch das Oppauer Werk der BASF. Da die Werksleitung sich weigerte, den Abtransport der konfiszierten Düngemittel zu unterstützen, überstellte man sie dem Kriegsgericht in Landau. Das Stickstoffwerk wurde stillgelegt. Die Produktion der Zuckerfabrik Friedensau wurde ebenfalls beschlagnahmt.

Ein Oppauer und seine Familie vor den Ruinen ihres Hauses [22]

Anmerkungen
Seite 286 und 287

33 *Fenske, Monarchie, S. 30*
34 *StALu, Rgh. 794a*
35 *Braun, S. 615; Barth, Ruchheim, S. 58*
36 *StALu, Og. 72/3*
37 *StALu, Rgh. 794*
38 *StALu, Bestand Oppau; BASFUA, A 832 Explosion; Braun, S. 624ff; Bilhöfer; Hilfswerk Oppau; Rugel*
39 *Braun, S. 625*

1922/23 kulminierte die seit langem schwelende Geldentwertung in einer Hyperinflation, die in der Pfalz durch den ›Kalten Krieg‹[33] zwischen Deutschland und Frankreich eine noch größere Beschleunigung erfuhr als im unbesetzten Reichsgebiet. Im April 1923 kostete z. B. in Rheingönheim ein Pfund Brot 1 200 Mark, im November 43,5 Milliarden Mark.[34] Zeitzeugen schildern, wie rasch das Geld seine Kaufkraft verlor. Um zu verhindern, daß der ausgezahlte Wochenlohn am folgenden Tag allenfalls noch für ein Pfund Fleisch reichte, mußten mit dem empfangenen Gehalt sofort Sachwerte erstanden werden. Mit der Einführung der Rentenmark wurde die Grundlage für eine stabile Währung gelegt. Die Erschütterung des Mittelstandes gehörte zu den Folgen der Inflation, die das demokratische System belasteten.

Gegenüber dem von den Franzosen unterstützten Separatismus zeigten sich Edigheim, Oppau und Ruchheim weitgehend unbeeindruckt.[35] Oggersheim dagegen wurde in der zweiten Separatismuswelle von Anhängern der von Franz Josef Heinz aus Orbis geführten ›Autonomen Pfalz‹ am 23. November 1923 besetzt. Wie viele andere pfälzische Landgemeinden gab auch Oggersheim eine Loyalitätserklärung ab.

Die verwüstete katholische Kirche in Oppau [23]

Bereits am 23. Dezember des Jahres widerrief der Stadtrat die vom Bürgermeister unterzeichnete Erklärung, was die Vermutung nahelegt, daß die Zustimmung zur Regierung Heinz mehr unter dem Druck der durchziehenden separatistischen Trupps erfolgte als aus Überzeugung.[36] Der Rheingönheimer Bürgermeister wurde jedenfalls zur Abgabe der Loyalitätserklärung genötigt. Die „mit Gewaltandrohung abgerungene Erklärung"[37] nahm er in der Gemeinderatssitzung vom 3. Januar 1924 zurück.

Nach Abschluß des Locarnovertrages im Jahr 1925 entspannte sich das Verhältnis zwischen den Pfälzern und den Franzosen, die 1930 die Besatzung beendeten.

Die Oppauer Explosion von 1921[38]

„Ein greller Blitz durchleuchtete den tauigen Herbstmorgen, der Boden erzitterte wie bei einem Erdbeben, ein rollender Donner folgte, dann abermals ein gewaltiger Blitz mit nachfolgenden unerhörten Explosionen. Häuser wankten, Mauern barsten und stürzten ein, Fensterscheiben klirrten",[39] beschrieb Karl Otto Braun die Katastrophe.

Alptraumhafte Mondlandschaft: am Rande des Explosionskraters [24]

Anmerkungen
Seite 288 und 289

40 siehe Hilfswerk Oppau, S. VI
41 BASFUA, A 832 I/17

Am 21. September 1921 um 7[32] Uhr erschütterten zwei gewaltige Detonationen das Oppauer Werk der BASF und den Rhein-Neckar-Raum. Noch in Frankfurt am Main gingen Glasscheiben zu Bruch und am Hochrhein soll der dumpfe Knall der Explosion vernehmbar gewesen sein. 561 Menschen starben und fast 2 000 erlitten zum Teil schwere Verletzungen. Von den angrenzenden Gemeinden wurden Oppau und Edigheim am meisten betroffen. In Oppau waren 80% der Wohngebäude zerstört, der Rest stark beschädigt. „Umgeweht, auseinandergerissen ganze Straßenzüge, die Bedachung der Häuser, der Stallungen und Scheunen weit fortgetragen, zerklüftet das Mauerwerk, das Gebälk durcheinandergewirbelt, öd die Fensterhöhlen, entwurzelte Bäume darüber gestülpt, zerschlissene Traghölzer, verbogene Eisenschienen kahl in die Lüfte ragend, darunter zerschmettert Mobiliar und Wirtschaftsgerät, übersät von Glasscherben und Splittern, die in der Sonne blitzten, ängstlich brüllendes Vieh, heulende Hunde, verscheuchtes Geflügel, stampfende, in den Ketten klirrende Pferde – ein endlos langes, wüstes Trümmerfeld [...], das war jetzt Oppau, vordem eine der blühendsten, regsamsten Ortschaften der Pfalz [...]"[40] Explosionsherd war das Düngemittelsilo Op 110 des 1913 in Betrieb gegangenen Stickstoffwerkes der BASF. Die Detonation der dort gelagerten ca. 4 000 Tonnen des Düngemittels Ammonsulfatsalpeter riß an der Stelle des Silobaus einen 125 m langen, 90 m breiten und 20 m tiefen Krater. Das Werk war so stark zerstört worden, daß die Produktion elf Wochen stillstand.

Unmittelbar nach der Katastrophe lief die von der Oppauer Gemeindeverwaltung maßgeblich koordinierte Soforthilfe an. Rettungskräfte aus der ganzen Umgebung, Feuerwehrleute, Sanitätskolonnen sowie französische Besatzungssoldaten, kümmerten sich um die Versorgung der Verletzten, die Bergung der Toten sowie die Betreuung der Obdachlosen. Zeitzeugen erinnern sich noch daran, wie sie als Kinder nach der Zerstörung des Elternhauses in Kinderheimen oder bei privaten Pflegefamilien in der Pfalz, Bayern oder Baden Unterkunft fanden. Das Unglück löste eine Welle der Hilfsbereitschaft und Spendenfreudigkeit aus. Eine Flut von Beileidstelegrammen ging in Oppau ein. Nur die Schaulustigen und einige Fälle von Plünderei trübten die positive Bilanz.

Zerstörte Häuser, Straße in Oppau [25]

Am Sonntag, dem 25. September fand in Anwesenheit von Reichspräsident Friedrich Ebert, des bayerischen Ministerpräsidenten, des Regierungspräsidenten der Pfalz und anderer in Ludwigshafen die zentrale Trauerfeier statt. Ebert bezeichnete in seiner Rede die Explosion als die fürchterlichste Katastrophe in der Geschichte der deutschen Industrie.

Obwohl sich nicht nur die BASF selbst um Aufklärung der Hintergründe bemühte, sondern auch vom Reichstag und bayerischen Landtag Untersuchungskommissionen eingerichtet wurden, konnte die Unglücksursache nicht eindeutig geklärt werden. Auslöser der Katastrophe war eine der routinemäßigen Lockerungssprengungen, die vor der Verladung des Düngemittels vorgenommen wurden, um den durch die Lagerung zusammengebackenen Mischdünger Ammonsulfatsalpeter zu lösen. Über 20 000 Routinesprengungen waren der Explosion vorausgegangen, bei denen es keinerlei Zwischenfälle gegeben hatte. Daher war es umso rätselhafter, warum dieser Vorgang am 21. September 1921 zur Katastrophe führte. Nach intensiver Ursachenforschung kam der Unterausschuß des Reichstages zu dem Resultat: „Bei dem Explosionsunglück in Oppau handelt es sich um eins jener Betriebsunglücke, deren Ursachen durch alle Anstrengungen der Untersuchung unter Zuhilfenahme der Wissenschaft und Technik nicht zuverlässig ergründet werden können."[41] Gerüchte, die Detonation sei die Folge von Sabotage, erwiesen sich als völlig haltlos.

Zur Koordination der Hilfsmaßnahmen wurde am 26. September 1921 auf Anregung der bayerischen Staatsregierung das ›Hilfswerk Oppau‹ ins Leben gerufen. Die Unterbringung und Versorgung der 7 500 Obdachlosen, die Regulierung der Personen- und Sachschäden sowie die Spendensammlung gehörten zu den Aufgaben der verschiedenen Ausschüsse der Organisation. Als der Bayerische Staatskommissar für das Hilfswerk Oppau, Karl Stützel, am 30. November 1924 die Tätigkeit der Einrichtung für beendet erklärte, war der Wiederaufbau im wesentlichen abgeschlossen. Stützel wurde für viele Oppauer zum Synonym für das Hilfswerk, das sie ›Stitzel-Werk‹ nannten. In dankbarer Anerkennung seiner Verdienste verlieh der Gemeinderat dem ehemaligen Staatskommissar Ende 1924 die Ehrenbürgerwürde.

Die Aufnahme trägt den Titel ›Der Auszug der Obdachlosen‹ [26]

Anmerkungen
Seite 290 und 291

42 *StALu, Op. 1903*

43 *StALu, Op. 2478*

44 *Rede Carl Boschs am 25.9.1921; zit.n. 125 Jahre BASF, S.37*

45 *Bilhöfer*

46 *zu Stützel vgl. Jelic*

47 *Hilfswerk Oppau, S.28f*

48 *Luxbacher, S.61*

49 *Die Auswertung der Wahlergebnisse erfolgte anhand der von Stefan Mörz zusammengestellten Zahlen: Mörz, Wahlen*

50 *Janson / Schork, S.9*

Über die Frage der finanziellen Beteiligung der BASF am Hilfswerk Oppau konnten sich die bayerische Staatsregierung und das Chemieunternehmen zur Verbitterung der Betroffenen zunächst nicht einigen. Obwohl der Vorstandsvorsitzende und Initiator des Stickstoffwerkes Carl Bosch bei der Sondersitzung des Oppauer Gemeinderates am Unglückstag „[...] unter Tränen erklärte: ‚Die Anilinfabrik kommt für alles auf,'"[42] verhärteten sich die Fronten unter dem Schock des Ereignisses schnell. Bereits am 22. September 1921 beantragte der Oppauer Bürgermeister Heinrich Süss beim Bezirksamt Frankenthal als Sicherheitsmaßnahme „die Beschlagnahme des Privatvermögens der Direktion und Aktionäre"[43] der Badischen Anilin- und Sodafabrik. Bei der Trauerfeier am 25. September wies Carl Bosch daher darauf hin, daß ein unvorhersehbares Ereignis die Explosion verursacht hatte. „Kein Kunstfehler und keine Unterlassungssünde hat die Katastrophe herbeigeführt. Neue, uns auch jetzt noch unerklärliche Eigenschaften der Natur haben all unseren Bemühungen gespottet. Gerade der Stoff, der bestimmt war, Millionen unseres Vaterlandes Nahrung zu schaffen und Leben zu bringen, den wir seit Jahren hergestellt und versandt haben, hat sich plötzlich als grimmiger Feind erwiesen aus Ursachen, die wir noch nicht kennen."[44] Erst nach langwierigen Verhandlungen kam am 17. Januar 1922 eine Vereinbarung zustande, welche die Mittel für den Wiederaufbau sicherstellte. Die BASF lehnte zwar ein Schuldanerkenntnis und damit die rechtliche Verpflichtung zur Wiedergutmachung der Schäden ab, war aber bereit, „aus freien Stücken" in den Fonds des Hilfswerks einzuzahlen.[45] Im Zeichen der galoppierenden Geldentwertung zerrannen freilich die meisten gezahlten Entschädigungsgelder ins Nichts. Doch gelang es dem Staatskommissar Stützel, die BASF im November 1924 dazu

›Gestützelte Häuser‹. Bayerischer Minister und Ehrenbürger Oppaus:
Karl Stützel[46]

Karl Konrad Stützel wurde am 22. Mai 1872 als Sohn einer katholischen Handwerkerfamilie in Speyer geboren. Nach dem Studium der Rechts- und Volkswirtschaft sowie dem Militärdienst legte er 1899 als einer der besten seines Jahrgangs das zweite Staatsexamen ab.

Der ehrgeizige junge Assessor nahm die Tätigkeit im bayerischen Staatsdienst auf, die ihn unter anderem auch nach Neustadt a. d. Haardt führte. Stützel, der mit der Edesheimerin Franziska Wack verheiratet war, bewarb sich 1911 vergeblich um den Bürgermeisterposten seiner Heimatstadt Speyer. Im Mai 1918 übernahm er auf Wunsch des bayerischen Innenministers Dr. von Brettreich als Regierungsrat das Referat für Wohnungswesen. Im Zuge der ›Novemberrevolution‹ wechselte Stützel mit seiner Abteilung in das neugeschaffene Ministerium für Soziale Fürsorge. In diese Zeit fiel auch sein Eintritt in die Bayerische Volkspartei (BVP). Nach der Oppauer Explosionskatastrophe war der gebürtige Pfälzer als Staatskommissar für das Hilfswerk Oppau tätig. Aufgrund seiner Verdienste um den Wiederaufbau des Ortes verlieh man ihm 1924 die Ehrenbürgerwürde und benannte die neue, den Ort von der BASF trennende Ringstraße nach ihm. Im Volksmund blieben seine Hilfsleistungen durch Wortschöpfungen wie ›gestützelte‹ Häuser, ›gestützelte‹ Möbel oder ›gestützelte‹ Kleider lebendig.

Am 2. Juli 1924 wurde Stützel zum bayerischen Innenminister im Kabinett Held berufen. Durch seine Maßnahmen zur Staatsvereinfachung, zur Reorganisation der Polizei und zur Gemeindeordnung von 1927 machte sich der zum Ehrendoktor ernannte Politiker einen Namen. Stützel, der in den Endjahren der Weimarer Republik versucht hatte, die NSDAP in Schach zu halten, wurde nach der ›Machtergreifung‹ ein Opfer des nationalsozialistischen Terrorregimes: er wurde von SA-Leuten verschleppt und mißhandelt. Sein Ministeramt mußte er aufgeben. Bis zu seinem Tode am 25. Juli 1944 lebte der mittlerweile erkrankte Mann völlig zurückgezogen in München.

Karl Stützel [27]

Urkunde zur Verleihung des Ehrenbürgerrechts an Karl Stützel, 1924 [28]

zu bewegen, den so um ihre Entschädigung Betrogenen „ohne Anerkennung einer Rechtsverpflichtung" eine Rentenzahlung bzw. eine Geldabfindung zukommen zu lassen.[47]

Eine schreckliche Ironie der Geschichte ist es, daß am 21. September 2001, auf den Tag genau 80 Jahre nach der Oppauer Explosion, das nach den Bestimmungen des Versailler Vertrags mit Unterstützung der BASF erbaute Stickstoffwerk Grande Paroisse in Toulouse ebenfalls durch eine Explosion von Ammoniumnitrat verwüstet wurde. „Die Detonation riß einen 50 Meter breiten und fünf Meter tiefen Krater und forderte 29 Tote sowie mehr als 2 300 Verletzte. 3 000 Wohnungen wurden teilweise schwer beschädigt [...], der Schaden wird auf mehrere Milliarden Euro geschätzt."[48]

Politik und Verwaltung

Politische Verhältnisse – Parteien und Wahlen[49]

Der Aufstieg der Sozialdemokratie setzte sich nach der Jahrhundertwende fort. In Edigheim, Oppau und Rheingönheim war die Arbeiterbewegung die dominierende politische Kraft. Während die 1898 gegründete Edigheimer SPD im Jahr 1904 erstmals zu den Kommunalwahlen zugelassen worden war, wurde der ältere Oppauer Sozialdemokratische Ortsverein, der bereits seit 1895 im Gemeinderat vertreten war, mit 27% stärkste Fraktion. 1909 errang die SPD in den beiden Dörfern die absolute Mehrheit der Gemeinderatsmandate. Nach der Bekanntgabe des Abstimmungsergebnisses kam es in Oppau zu einem spontanen Freudenzug mit Musik.[50]

Einer der ersten SPD-Bürgermeister in Bayern: der Rheingönheimer Bürgermeister Peter Horlacher und seine Frau [29]

KPD-Demonstrationszug (?) in Rheingönheim, Mitte der 1920er Jahre [30]

Anmerkungen
Seite 292 und 293

51 *vgl. auch Nestler, S. 295ff; lediglich in Edigheim kam es zu einer leicht abweichenden Entwicklung*

52 *Janson / Schork, S. 12*

53 *Vorläufer war das 1926 in Edigheim gegründete ›Sportkartell‹; vgl. auch Janson / Schork, S. 15*

Auch bei überregionalen Wahlen war die SPD in den mehrheitlich protestantischen Arbeiterwohnorten erfolgreich. Bei den Reichstagswahlen 1912 beispielsweise erreichte sie in Rheingönheim, Edigheim, und Oppau mit über 70% der Stimmen Traumergebnisse. Im katholischen Maudach und im gemischt konfessionellen Oggersheim konnte sie ebenfalls über die Hälfte der Wähler für sich gewinnen.

Nach ihrem Erfolg bei den Wahlen zur Verfassunggebenden Nationalversammlung 1919 mußte die SPD in den Ortschaften des Ludwigshafener Umlandes infolge der Enttäuschung der Wähler über die „stekkengebliebene Revolution" bei den Reichstagswahlen vom 6. Juni 1920 und 24. Mai 1924 herbe Verluste verbuchen. In der Arbeiterhochburg Rheingönheim überflügelte im Mai 1924 die KPD die Sozialdemokraten. Erst bei den wegen der Reichstagsauflösung im Dezember des Jahres erfolgten Neuwahlen konnte die Talfahrt der SPD gestoppt werden.[51]

Bei den ersten Gemeinderatswahlen nach dem Krieg gewann die Oppauer SPD die Hälfte der 20 Sitze. In Edigheim setzte sich die SPD bei den im April 1920 stattfindenden Kommunalwahlen mit einer Zweidrittelmehrheit durch. Trotz der Einführung des Frauenwahlrechts 1918 waren in den sozialdemokratischen Gemeinderatsfraktionen noch keine Frauen vertreten. 1925 delegierte der Edigheimer Sozialdemokratische Frauenverein Anna König und Susanne König in den Ortsfürsorgeverband und den Gemeindewaisenrat der Kommune. Der Genossin Johanna Willer gelang 1929 der Einzug in den Stadtrat von Oppau-Edigheim. Seit 1921 fanden im Edigheimer Wäldchen die gemeinsamen Maifeiern, Kundgebungen und Feste der umliegenden SPD-Ortsvereine statt, was dem früher als ›Lehmkaut‹ bezeichneten Gelände den Spitznamen ›Sozzenwäldchen‹ einbrachte.[52]

Das sozialdemokratische ›Reichsbanner Pfalz‹ bei der Einweihung des Oggersheimer Friedrich-Ebert-Platzes 6. März 1927 [31]

Bereits in den ›Goldenen Jahren‹ der Republik, der Periode der Scheinstabilität zwischen 1924 und 1928, gründete die SPD zum Schutz der Republik das ›Reichsbanner Schwarz-Rot-Gold‹, dessen Oppauer Ortsgruppe Fridolin Braun leitete. Als in der Auflösungsphase der Weimarer Republik Zusammenstöße zwischen Nationalsozialisten und Mitgliedern der Arbeiterparteien an der Tagesordnung waren, bemühte sich die von SPD, Reichsbanner, Freien Gewerkschaften und Arbeitersportvereinen getragene ›Eiserne Front‹, die Demokratie zu verteidigen. Auch durch den Zusammenschluß aller Edigheimer und Oppauer Arbeitervereine zum Gesamtkartell im Jahr 1931 wurde die Einheit der SPD-nahen Organisationen gestärkt.[53]

Dem Zentrum fiel es zunächst schwer, sich im Ludwigshafener Umland durchzusetzen. Selbst in Maudach, in dem über zwei Drittel der Bevölkerung dem katholischen Glauben angehörte, war zur Zeit des Wilhelminischen Kaiserreiches die SPD stärkste politische Kraft. Erst ab 1920 avancierte das Zentrum zur beliebtesten Partei in dem noch sehr ländlich geprägten Ort. Dieser Aufstieg war auch eine Folge des Frauenwahlrechts, denn Katholikinnen bevorzugten die ihrem Milieu nahestehende Partei. Das gute Abschneiden des Zentrums in der Kleinstadt Oggersheim, in der der Katholikenanteil knapp über 50% lag, verdeutlicht seinen Charakter als Weltanschauungspartei der bekenntnistreuen Katholiken aller sozialen Schichten. Das protestantische Bürgertum bevorzugte eher die liberalen Parteien.

Die schon seit 1884 in Bedrängnis geratene Vorherrschaft der Nationalliberalen bröckelte nach der Jahrhundertwende weiter. Sie fielen in den meisten der untersuchten Orte hinter SPD und Zentrum zurück, die sich zu Volksparteien entwickelten. Im agrarisch strukturierten

Ruchheim trat der Bund der Landwirte das liberale Erbe an. Nach dem Ersten Weltkrieg konnte die DVP die Spitzenstellung im Dorf wiedergewinnen. Während das liberale Lager mit den Schwesterparteien DVP und DDP bei der Nationalversammlung 1919 in den mehrheitlich evangelischen Orten Edigheim, Oppau und Rheingönheim den zweiten Rang einnahm, reichte es in Oggersheim und Maudach nur zum dritten Platz, hinter dem Zentrum. Im Gegensatz zur Reichsebene lag der Stimmenanteil der zur Weimarer Koalition gehörenden linksliberalen DDP in allen Gemeinden außer Maudach und Rheingönheim unter dem der rechtsliberalen DVP. Bei den Kommunalwahlen kandidierten in allen Randgemeinden liberal bestimmte ›Bürgerblöcke‹, denen es zum Teil gelang, stärkste oder zweitstärkste Kraft zu werden. Vor allem in Rheingönheim war diese Vereinigung recht erfolgreich. Gegen Ende der zwanziger Jahre verlor der politische Liberalismus rapide an Macht durch die Abwanderung breiter mittelständischer Wählerschichten nach rechts.

Oggersheims erster Berufsbürgermeister: der SPD-Politiker Heinrich Treiber [32]

An der Spitze der Gemeinde(verwaltung)

Da man sich im Wilhelminischen Kaiserreich scheute, den als ›vaterlandslose Gesellen‹ betitelten SPD-Mitgliedern politische Verantwortung zu übertragen, gelang es den Sozialdemokraten trotz ihrer Wahlerfolge nur langsam, Gemeindeämter zu besetzen. 1909 wurde der Genosse Johann Ullrich in Oppau zum Adjunkten gewählt. In Edigheim konnte erstmals 1915 ein SPD-Mitglied ein Gemeindeamt übernehmen. Umso beachtlicher ist daher die Tatsache, daß der Buchdrucker Peter Horlacher bereits 1910 Erster Bürgermeister Rheingönheims wurde. Er war einer der ersten beiden[54] sozialdemokratischen Bürgermeister in Bayern. Bis zum Jahr 1924 bekleidete er den Posten.

In der Weimarer Republik kamen die Sozialdemokraten in ihren Hochburgen an die Macht. Der SPD-Vorsitzende Heinrich Süss stand seit 1919 als ehrenamtlicher[55] 1. Bürgermeister an der Spitze des Oppauer Gemeinderates, sein Stellvertreter Jakob Rutt kam ebenfalls aus den Reihen der Genossen. In Edigheim wurden 1920 die Sozialdemokraten Martin Fries und Andreas Baum zum 1. und 2. Bürgermeister berufen. Fries, der aus einer der ältesten Familien des Dorfes stammte, leitete die Gemeindeverwaltung bis zur Eingemeindung des Ortes nach Oppau. Sein Hauptaugenmerk galt dem Wohnungsbau und der Erwerbslosenfürsorge. Heute ist eine im Zentrum Edigheims gelegene Straße nach dem verdienstvollen Kommunalpolitiker benannt.

Um der Tatsache Rechnung zu tragen, daß sich Oppau zur grössten Landgemeinde Bayerns entwickelt hatte, wurde am 29. April 1927 der Sozialdemokrat Dr. Rudolf Zorn zum rechtskundigen Berufsbürgermeister gewählt. Die Warnungen des Bayerischen Innenministers und früheren Staatskommissars für das Hilfswerk Oppau Stützel, wonach der Ort vulkanischer Boden sei, beeindruckten den aus dem Allgäu stammenden Juristen nicht sonderlich.[56] Der tatkräftige Mann baute die Infrastruktur des Ortes entscheidend aus. Oppau erlebte in der ›Ära Zorn‹ seine Blütezeit, deren Höhepunkte die Eingemeindung Edigheims und die Erhebung zur Stadt waren. Die Stadt Oggersheim hatte bereits 1920 zur Bewältigung der zahlreichen neuen Aufgaben einen Berufsbürgermeister angestellt. Vom 14. November 1920 bis zur nationalsozialistischen ›Machtergreifung‹ bekleidete der Sozialdemokrat Heinrich Treiber das Amt.

Anmerkungen
Seite 294 und 295

54 *Fenske, Jahre, S. 216f*
55 *Seit 1921 war er hauptamtlicher Bürgermeister*
56 *zit. n. Janson, Zorn, S. 103*
57 *zu Zorn, vgl. Janson, Zorn*
58 *zit. n. Janson, Zorn, S. 107*
59 *Bayerische Beamtenzeitung*

Vom Oppauer Bürgermeister zum bayerischen Finanzminister:

Rudolf Zorn[57]

Rudolf Zorn wurde am 24. Dezember 1893 in Kempten im Allgäu geboren.

Nach dem Abitur im Jahre 1912 studierte er in München Rechts- und Staatswissenschaften. Sein durch die Teilnahme am Ersten Weltkrieg unterbrochenes Studium beendete er 1920 mit der Promotion.

In seiner Studienzeit war der aus dem Bürgertum stammende Mann Mitglied der SPD geworden und hatte Artikel für verschiedene sozialdemokratische Zeitungen geschrieben. 1922 trat Zorn, der ein Prädikatsexamen abgelegt hatte, in den bayerischen Staatsdienst ein. Zunächst war er bei der Regierung in München tätig, 1925 wurde er Bezirksamtmann im oberbayerischen Lichtenfels. Da Zorn die Gestaltungsmöglichkeiten in der Kommunalpolitik reizten, bewarb er sich 1927 als rechtskundiger Bürgermeister in Oppau.

Der Gemeinderat wählte ihn am 29. April 1927 unter 27 Kandidaten aus. In seiner Amtszeit erlebte Oppau seine Blütezeit. Am 10. März 1933 wurde Rudolf Zorn, der Widerstand gegen die Besetzung des Rathauses geleistet hatte, verhaftet. Aus dem Gefängnis beantragte der von den Nationalsozialisten ohne Dienstbezüge entlassene Bürgermeister beim Bezirksamt ein Dienststrafverfahren gegen sich selbst, in dem festgestellt werden sollte, ob er gegen seine Pflicht verstoßen habe. Nach zwei Jahren wurde das Verfahren eingestellt, da „sein Verhalten am 10. März 1933 nicht Ausfluß einer unanständigen Gesinnung"[58] war. Zorn übersiedelte nach seiner Haftentlassung nach Dresden, wo er in der Zigarrenfabrik, in der sein Schwager Direktor war, eine Anstellung als Syndikus fand.

Nach Kriegsende arbeitete der überzeugte Sozialdemokrat am Wiederaufbau der Demokratie mit. Er kehrte nach Bayern zurück und übernahm zunächst die Leitung des neu gegründeten Landesamtes für Vermögensverwaltung und Wiedergutmachung. Der Volkswirt wurde in der ersten Nachkriegsregierung zum Wirtschaftsminister berufen. 1951 bekleidete er zeitweise das Amt des Staatsministers der Finanzen. Seine Erfahrungen mit der Ministerialverwaltung waren sehr ernüchternd: „Wir haben zu wenig Beamte und zuviele Bürokraten. Diese beiden Typen unterscheiden sich nicht weniger als ein guter Arzt von einem Kurpfuscher."[59] beklagte er sich Anfang der fünfziger Jahre. Er war mittlerweile zum Präsidenten des Bayerischen Sparkassen- und Giroverbandes gewählt worden. Dieses Amt hatte er bis zu seiner Pensionierung inne. Die Gemeinde Oppau, der er zeitlebens verbunden blieb, unterstützte er in der Nachkriegszeit bei der Förderung des sozialen Wohnungsbaus. In seiner Freizeit war Rudolf Zorn auch als Übersetzer und Schriftsteller tätig. Seine Übersetzungen der Werke Macchiavellis fanden weite Beachtung. Die literarischen Arbeiten veröffentlichte er unter dem Pseudonym Rudolf Wrede.

Am 21. Januar 1966 verstarb der engagierte Politiker.

Rudolf Zorn [33]

Das durch Krisen und Skandale erschütterte politische Leben der Weimarer Republik spiegelte sich auch – wenn auch im kleineren Maßstab – auf Kommunalebene wider.

So kam es in Rheingönheim bei der Bürgermeisterwahl am 18. Dezember 1924 zum Eklat. Die Wahl des Landwirtes Eugen Schmidt von der Bürgervereinigung wurde von dem Sozialdemokraten Fritz Schäfer und anderen Rheingönheimer Bürgern angefochten. In ihrem Einspruch beantragten sie, die Wahl wegen Formfehlern für nichtig zu erklären. Zwei Verstöße gegen die Gemeindewahlordnung erschienen besonders schwerwiegend: Obwohl Ansprachen und Beratungen im Wahlraum verboten waren, hielt der Zentrumsabgeordnete Adam Kohl dort eine „längere Propagandarede", die den SPD-Kandidaten ins falsche Licht setzte. Die fünf kommunistischen Gemeinderäte bekamen die Order, „weiße Zettel" abzugeben. Die drei KPD-Abgeordneten, die für den sozialdemokratischen Bewerber stimmen wollten, fügten sich der Anweisung und enthielten sich. Die Kommunisten Philipp Hammann und Ludwig Becker jedoch wählten Schmidt, womit sie dem Kandidaten der Bürgerpartei zum Sieg verhalfen. Ihre Mißachtung des Fraktionszwangs

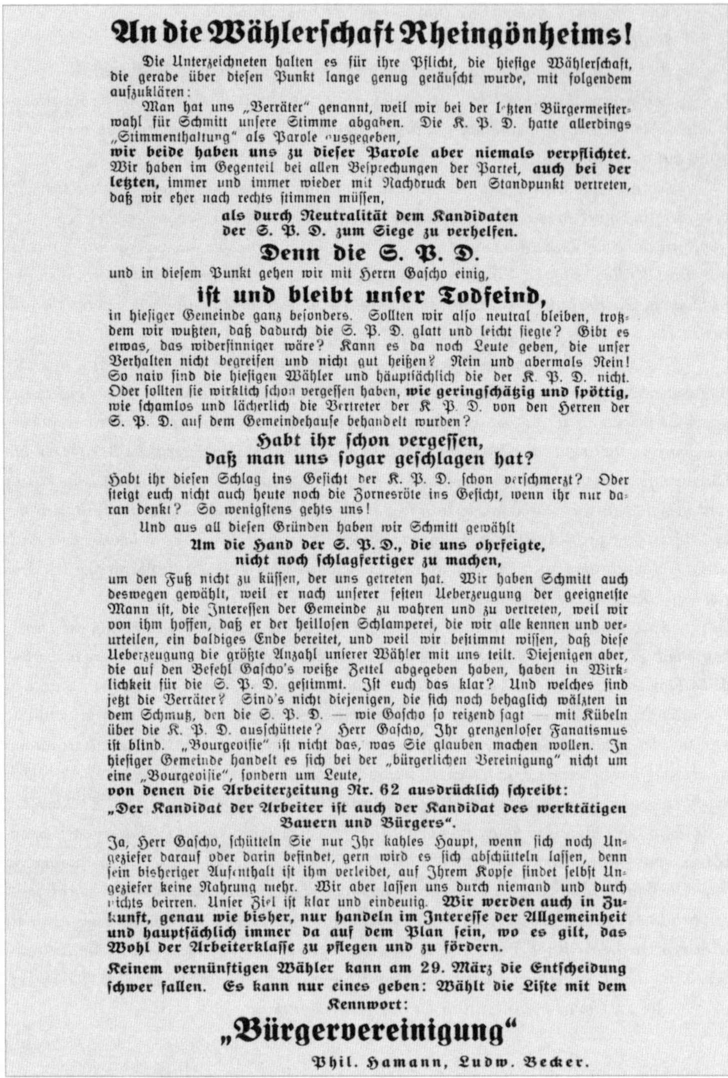

An die Wählerschaft Rheingönheims!

Die Unterzeichneten halten es für ihre Pflicht, die hiesige Wählerschaft, die gerade über diesen Punkt lange genug getäuscht wurde, mit folgendem aufzuklären:

Man hat uns „Verräter" genannt, weil wir bei der letzten Bürgermeisterwahl für Schmitt unsere Stimme abgaben. Die K. P. D. hatte allerdings „Stimmenthaltung" als Parole ausgegeben, **wir beide haben uns zu dieser Parole aber niemals verpflichtet.** Wir haben im Gegenteil bei allen Besprechungen der Partei, **auch bei der letzten,** immer und immer wieder mit Nachdruck den Standpunkt vertreten, daß wir eher nach rechts stimmen müssen,

als durch Neutralität dem Kandidaten der S. P. D. zum Siege zu verhelfen.

Denn die S. P. D.

und in diesem Punkt gehen wir mit Herrn Gascho einig,

ist und bleibt unser Todfeind,

in hiesiger Gemeinde ganz besonders. Sollten wir also neutral bleiben, trotzdem wir wußten, daß dadurch die S. P. D. glatt und leicht siegte? Gibt es etwas, das widersinniger wäre? Kann es da noch Leute geben, die unser Verhalten nicht begreifen und nicht gut heißen? Nein und abermals Nein! So naiv sind die hiesigen Wähler und hauptsächlich die der K. P. D. nicht. Oder sollten sie wirklich schon vergessen haben, **wie geringschätzig und spöttig,** wie schamlos und lächerlich die Vertreter der K. P. D. von den Herren der S. P. D. auf dem Gemeindehause behandelt wurden?

Habt ihr schon vergessen, daß man uns sogar geschlagen hat?

Habt ihr diesen Schlag ins Gesicht der K. P. D. schon verschmerzt? Oder steigt euch nicht auch heute noch die Zornesröte ins Gesicht, wenn ihr nur daran denkt? So wenigstens gehts uns!

Und aus all diesen Gründen haben wir Schmitt gewählt

Um die Hand der S. P. D., die uns ohrfeigte, nicht noch schlagfertiger zu machen,

um den Fuß nicht zu küssen, der uns getreten hat. Wir haben Schmitt auch deswegen gewählt, weil er nach unserer festen Ueberzeugung der geeignetste Mann ist, die Interessen der Gemeinde zu wahren und zu vertreten, weil wir von ihm hoffen, daß er der heillosen Schlamperei, die wir alle kennen und verurteilen, ein baldiges Ende bereitet, und weil wir bestimmt wissen, daß diese Ueberzeugung die größte Anzahl unserer Wähler mit uns teilt. Diejenigen aber, die auf den Befehl Gascho's weiße Zettel abgegeben haben, haben in Wirklichkeit für die S. P. D. gestimmt. Ist euch das klar? Und welches sind jetzt die Verräter? Sind's nicht diejenigen, die sich noch behaglich wälzten in dem Schmutz, den die S. P. D. — wie Gascho so reizend sagt — mit Kübeln über die K. P. D. ausschüttete? Herr Gascho, Ihr grenzenloser Fanatismus ist blind. „Bourgeoisie" ist nicht das, was Sie glauben machen wollen. In hiesiger Gemeinde handelt es sich bei der „bürgerlichen Vereinigung" nicht um eine „Bourgeoisie", sondern um Leute,
von denen die Arbeiterzeitung Nr. 62 ausdrücklich schreibt:

„Der Kandidat der Arbeiter ist auch der Kandidat des werktätigen Bauern und Bürgers".

Ja, Herr Gascho, schütteln Sie nur Ihr kahles Haupt, wenn sich noch Ungeziefer darauf oder darin befindet, gern wird es sich abschütteln lassen, denn sein bisheriger Aufenthalt ist ihm verleidet, auf Ihrem Kopfe findet selbst Ungeziefer keine Nahrung mehr. Wir aber lassen uns durch niemand und durch nichts beirren. Unser Ziel ist klar und eindeutig. **Wir werden auch in Zukunft, genau wie bisher, nur handeln im Interesse der Allgemeinheit und hauptsächlich immer da auf dem Plan sein, wo es gilt, das Wohl der Arbeiterklasse zu pflegen und zu fördern.**

Keinem vernünftigen Wähler kann am 29. März die Entscheidung schwer fallen. Es kann nur eines geben: Wählt die Liste mit dem Kennwort:

„Bürgervereinigung"

Phil. Hamann, Ludw. Becker.

„Denn die SPD [...] ist und bleibt unser Todfeind"; Wahlflugblatt der ›Bürgervereinigung‹ bei der Wiederholung der Gemeinderatswahl in Rheingönheim 1925 [34]

Anmerkungen
Seite 296 und 297

60 *StALu, Rgh. 794*

61 *StALu, Rgh. 38*

62 *vgl. Presseberichte in StALu, Op. 2377, ZS L 11*

63 *StALu, N. Rosenkranz, 68*

bezahlten sie am 22. Dezember 1924 mit dem Parteiausschluß. Zur Niederlegung ihrer Mandate waren die beiden Politiker in den folgenden, recht lebhaft verlaufenden Gemeinderatssitzungen nicht zu bewegen.[60] Mit Massenaustritten aus dem Gemeinderat, die in der Folge zur Beschlußunfähigkeit des Gremiums führten, konnte ein erneuter Urnengang am 29. März 1925 erzwungen werden.[61] Der daraus hervorgegangene Gemeinderat bestätigte Eugen Schmidt als Bürgermeister. Zu seinem Stellvertreter wurde der gemeinsam mit Becker zur Bürgervereinigung übergetretene Hammann gewählt.

Kurze Zeit später geriet die Gemeinde Oppau in die Schlagzeilen. Wegen des Vorwurfs der Korruption und des Betrugs wurde Bürgermeister Heinrich Süss 1926 vor Gericht gestellt.[62] Auch ein Gemeindebeamter und ein Gemeinderatsmitglied waren in die Schmiergeldaffäre bei der Vergabe öffentlicher Aufträge verwickelt. Die öffentliche Stimmung wandte sich gegen den zuletzt aufgrund seiner selbstherrlichen

An die Gemeindewähler in Rheingönheim!

Was hat die bisherige Gemeinderatsmehrheit für Euch getan?

so fragt der **Grund- und Hausbesitzerverein** und gibt auch gleich die Antwort darauf:

1. Euch mit **Umlagenforderungen** bedacht, die kein Grund- und Hausbesitzer bezahlen kann.

2. Ein Gesuch um **Ermäßigung der Umlagensätze** durch Uebergang zur Tagesordnung erledigt.

3. **Die Rechte** und begründeten **Wünsche** der Grund- und Hausbesitzer **nicht gewürdigt.**

Wählerinnen und Wähler! Auch die Gemeinderatsmehrheit empfindet genau so hart die Schwere der Steuern und Umlagen, würden gerne, und dies aus **eigenem Interesse**, die Umlagensätze ermäßigen, aber hier sei **volle Klarheit** und zugleich die beiden Punkte 2 und 3 damit erledigt.

Es ist eine Unmöglichkeit

die Umlagensätze **zu ermäßigen**, aus dem ganz einfachen Grunde, weil die Gelder aus diesen Umlagen **nicht ausreichen**, die Lasten und den Gemeindehaushalt zu bestreiten. Dieses sei hiermit bewiesen: Die **Gesamteinnahmen** aus diesen Umlagen belaufen sich auf **39 000 Mark**, davon gehen 5000 Mk. Distriktsumlagen ab, sodaß der Gemeinde noch **34 000 Mk.** verbleiben. Dieser **Einnahme**, die allerdings vorerst noch auf dem Papier steht, steht eine **Ausgabe von 37000 Mk.** gegenüber. Diese setzen sich zusammen aus

12 000 Mark Armenlasten,
7 000 „ Beitrag zur Arbeitslosenversicherung,
und 18 000 „ Beitrag zur Bezirksfürsorge,

zus. 37 000 Mark Ausgaben, mithin ein **Fehlbetrag von 3000 Mark.** Hier stehen also tatsächlich an **Ausgaben 37 000 Mark** einer **Einnahme von 34000 Mark** gegenüber. Nun muß aber neben sonstigen Ausgaben auch der Gemeindehaushalt geführt werden. Der Gemeinderat hat in seiner Sitzung am letzten Donnerstag beschlossen:

Einspruch gegen den allzu hohen Betrag der Bezirksfürsorge zu erheben,

aus dem einfachen Grunde, weil der Gemeinde die hierzu erforderlichen Mittel fehlen und die Umlagen **unter keinen Umständen noch mehr erhöht werden können!**

Weiter stellt der **Grund- und Hausbesitzerverein** die folgenden Forderungen:

1. **Sparsamkeit im Gemeindehaushalt.** Dieser Forderung schließen auch wir uns an.

2. **Ermäßigung der Gemeindeumlagen.** Dieses ist nach klarer Ueberlegung nicht möglich.

3. **Abbau der Zwangswirtschaft im Wohnungswesen.** Auch hier stimmen wir mit ein,

verlangen aber vorher schleunigste Erstellung einer genügenden Anzahl Wohnbauten und Wohnungen.

Zur nötigen Orientierung lassen wir einen Vergleich unserer Umlagensätze mit derjenigen verschiedener Gemeinden folgen:

	Haussteuer	Grundsteuer	Feldhut	Grundsteuer-Soll
Rheingönheim	400 Proz.	600 Proz.	400 Proz.	1500 Mk.
Weisenheim a. S.	400 „	600 „	350 „	
Dudenhofen	400 „	500 „	500 „	
Annweiler	400 „	600 „	400 „	
Ludwigshafen	550 „	750 „	600 „	
Neuhofen	400 „	600 „	300 „	1700 „
Mutterstadt	350 „	400 „	300 „	3800 „
Altrip	400 „	600 „	750 „	1700 „
Maudach	550 „	550 „	310 „	
Oggersheim	600 „	900 „	305 „	1700 „

Sie ersehen alle, daß Rheingönheim mit an **unterster** Stelle steht. Der Umstand, daß Mutterstadt einen **etwas** niedrigeren Prozentsatz hat, ergibt sich daraus, daß unser Grundsteuersoll 1500 Mark macht, während das Grundsteuersoll der Gemeinde Mutterstadt 3800 Mark beträgt.

Die Kandidaten der Bürgerpartei sollen obige Forderungen vertreten. Außerdem bekundet die Bürgerpartei noch **folgendes** Wollen:

1. Sorgfältige Abwägung der Interessen der **Gesamtgemeinde:**

Diese sorgfältige Abwägung der Interessen der Gesamtgemeinde durch die Herren der Bürgerpartei ist **zur Genüge bekannt** und dürfte von keinem Arbeiter vergessen sein, zumal diese Herren unter Gesamtgemeinde

die Arbeiterschaft nicht mit einschließt.

2. **Sparsamkeit** am richtigen Platze im Gemeindehaushalt: Auch diese Sparsamkeit ist noch zur Genüge bekannt. Hat man doch nur als Beispiel den alten Herrn Gemeindeschreiber **Schmitt**, der im Dienste ergraut war und ein sehr tüchtiger und zuverlässiger Beamter war, mit 1200 Mark pro Jahr abgespeist, Schlacken und Kies in die Ortsstraßen gefahren und so den **Morast** von Jahr zu Jahr **vermehrt**, die Schulen **verwahrlost** und **noch vieles** mehr, das wohl **Sparsamkeit, aber nicht am richtigen Platze war.**

3. **Vermeidung unproduktiver Ausgaben:** Auch hier ist die Einstellung und der Begriff „produktiv“ der Bürgerpartei, in seliger Erinnerung „Bauernbund“ **so bekannt, daß kein Arbeitnehmer**

„[...] zumal diese Herren unter Gesamtgemeinde die Arbeiterschaft nicht mit einschließt“; SPD-Flugblatt zur Wiederholung der Gemeinderatswahl 1925 [35]

Amtsführung umstrittenen Politiker, dessen Verdienste um Oppaus Wiederaufbau nach der Explosion jedoch in der zeitgenössischen Presse lobend erwähnt wurden. Die Schilderungen der in ausufernden Zechgelagen endenden Autofahrten von Süss sollten den dekadenten Lebenswandel des nunmehr in Zeitungsartikeln als ›Vampir‹ bezeichneten Mannes illustrieren. Der ehemalige Bürgermeister wurde wegen passiver Bestechung zu knapp drei Jahren Gefängnis und Aberkennung der bürgerlichen Ehrenrechte auf fünf Jahre verurteilt. Einer Amtspflichtverletzung wegen Etatüberschreitung hatte er sich ebenfalls schuldig gemacht. Die Gemeinde Oppau machte Süss für den angerichteten Schaden haftbar.

Gegen Ende der Weimarer Republik kam es auch in Maudach zu einem aufsehenerregenden Abtritt des Gemeindeoberhauptes. Bürgermeister Franz Josef Wolf kehrte nicht aus seinem am 15. September 1930 angetretenen Urlaub zurück.[63] Da der finanziell in Bedrängnis

Das Oppauer Postamt, um 1925 [36]

Blick über das wiederaufgebaute Oppau, um 1925 [37]

geratene Unternehmer Gelder unterschlagen hatte, war er mit seiner Familie nach Argentinien geflohen. Über sein Schicksal kursierten wilde Gerüchte. So wurde fälschlicherweise in der Presse gemeldet, daß der als Plantagenbesitzer gescheiterte Wolf, nachdem er seine Familie erschossen habe, in Südamerika Selbstmord begangen hätte.[64] Wolf stellte sich Ende August 1931 den deutschen Behörden.[65] Im Frühjahr 1932 wurde ihm der Prozeß gemacht, der mit der Verurteilung wegen Unterschlagung, Untreue und Betrug zu einer Gefängnisstrafe von 2½ Jahren endete.

Anmerkungen
Seite 298 und 299

64 *vgl. OEA, 18.8.1931*
65 *vgl. OEA, 2.9.1931*
66 *Baumgärtner, S.35ff*
67 *Schiffmann, S.460*
68 *GA, 8.12.1928; StALu, ZS L 9, Bl.37*
69 *ebd., 12.11.1929*
70 *König, S.22*
71 *GA, 10.11.1928; StALu, ZS L 11*
72 *ebd., 29.9.1928*

Die alte und die neue Stadt

Oppauer Reichtum, Oggersheimer Armut

Das nach der Explosion wiederaufgebaute Oppau war vom Ortsbild her kein Dorf mehr, sondern eine Kleinstadt mit einer weitaus solideren Bausubstanz als zuvor.[66] Nachdem man die Explosionsschäden an den Häusern untersucht hatte, wurden Richtlinien entworfen, die die Erstellung minderwertiger Bauten verhinderten. Auch sollten gleichmäßige, aber nicht eintönige Straßenzüge entstehen, wobei man versuchte, die Grundlinien des Ortsbildes zu erhalten. Völlig neu war lediglich ein breiter Schutzstreifen zwischen Ortsmitte und der BASF, auf dem eine Umgehungsstraße und eine Grünanlage angelegt wurden. Die Entwürfe für die neuen Häuser und Straßen fertigten 31 Privatarchitekten der Region an. Es entstanden, auch unter Berücksichtigung der Wünsche einzelner Bauherren, gut geschnittene ein- bis zweistöckige Doppel-Häuser in halboffener Bauweise, mit Höfen und oft von niedrigen durchsichtigen Lattenzäunen eingefaßten Vorgärten. Viele Straßen wurden von Bäumen gesäumt. Erhaltenswerte Gebäude wurden nach Möglichkeit wiederhergestellt. Insgesamt errichtete man 457 Haupt- und 514 Nebengebäude sowie 69 Scheunen neu.

In die Gemeinde wie zum wiederaufgebauten Oppauer Werk der BASF kehrte in der Folge „die Prosperität zurück." Nach dem durch Besatzung, Separatismus und Währungsverfall ausgelösten Tiefstand der

Friedhofstraße Oppau mit neugebauten landwirtschaftlichen Anwesen, um 1925 [38]

Die Maschinenhalle des Pumpwerks der Oppauer Kläranlage, 1929 [39]

Beschäftigtenzahl im Werk stieg diese seit 1925 wieder deutlich an.[67] „Oppau wurde, obgleich von Tausenden von besitzlosen Arbeitern überschwemmt, zum reichsten, weltbekannten deutschen Dorf."[68] In einer Zeit, in der die meisten deutschen Kommunen, Ludwigshafen eingeschlossen, über große Finanznöte klagen mußten, konnte Oppau seinen Haushalt regelmäßig ohne Fehlbeträge abschließen. Der Geldsegen der Gewerbesteuer der BASF – seit 1925 Teil der I. G. Farben – machte es möglich. 90—98% der Steuereinnahmen der Gemeinde kamen aus dieser Quelle. So ausgestattet konnte Oppau in den 1920er Jahren beim Willersinnweiher ein Freibad einrichten, die Elektrizitätsversorgung – bis 1924 – voll ausbauen, eine Müllabfuhr einrichten, die Kanalisation vollenden und 1929 sowohl ein Klär- und Pumpwerk wie eine vom Architekten Latteyer entworfene eigene Berufsschule einweihen, die beide in den eleganten Formen der Bauhaus-Moderne gehalten waren.[69] Seit 1927 verband anstelle der Lokaldampfbahn eine elektrische Straßenbahn Oppau mit Ludwigshafen. Die Strecke nach Frankenthal wurde 1933 stillgelegt und durch einen Bus bedient.[70]

Ganz anders als die Entwicklung Oppaus sah die Oggersheims in den ›Goldenen Zwanzigern‹ aus. Die „große Armut an Industrie und gewerblichen Betrieben", besonders an wirklich florierenden, bescherten der alten Stadt die Einnahmen „einer Dorfgemeinde", während die Ausgaben auf dem Niveau einer „mittleren Stadt" lagen.[71] Die Verschuldung der Gemeinde war hoch, ebenso die Soziallasten. Der Einzelhandel Oggersheims litt darunter, daß die Käufer und Kunden lieber nach Ludwigshafen gingen, und das Handwerk bekam kaum größere Aufträge. Angesichts der desolaten Lage konnte die Gemeinde nur wenige Projekte auf den Weg bringen, so die Elektrifizierung seit dem Jahr 1921, die Einrichtung eines – später lange Zeit geschlossenen – Volksbads in der Schillerschule und, als größtes Werk der 1920er, mit der 1928 in Betrieb genommenen Kläranlage die Vollendung einer modernen Kanalisation. Endlich mußten die Abwässer nicht mehr ungeklärt in den Altrheingraben abfließen, ein Zustand, der zuvor für die Nachbargemeinden äußerst unerfreulich und für die Stadt mit großen Kosten für die Reinigung verbunden gewesen war.[72] Weitere Ideen, wie die Konzeption

Bürgerhäuser in der Oppauer Rathausstraße, um 1925 [40]

Gastwirtschaft und Metzgerei Ecke Kirchen- und Ludwigstraße, Oppau, um 1925 [41]

eines Stadterweiterungsplans, der Ausbau des vor dem Ersten Weltkrieg angelegten Stadtgartens oder der ehemaligen Reithalle der französischen Besatzung zur Festhalle, konnten nicht realisiert werden.[73]

Freilich spiegelt jenes eben entworfene Schwarz-Weiß-Gemälde nicht die ganze Wirklichkeit. Die Modernität Oppaus ist relativ zu sehen: Die neuerstellten Wohnungen waren oft noch ohne Bad geplant, und, um einige weitere Beispiele zu nennen, erst 1927 erhielt der Ort seinen ersten Krankenwagen, erst drei Jahre später die erste öffentliche Telefonzelle.[74] Trotz seiner vielen Probleme wies Oggersheim mit seiner alten (klein-)städtischen Tradition eine deutlich breiter fundierte Gewerbe- und Handelsstruktur auf als das rasch emporgewachsene Oppau. Dies zeigt sich deutlich an der Zahl der Telefonanschlüsse, über die damals nahezu ausschließlich Geschäftsleute, Wirte und Selbständige – Ärzte etc. – verfügten: 1928 hatte die ›alte‹ Stadt etwa doppelt so viele ›Fernsprecher‹ wie die ›neue‹ – ohne diejenigen der I. G. Farben. In Oggersheim kam deshalb auf 70 Einwohner ein Telefon, in Oppau auf 143. Zum Vergleich: In Ludwigshafen war dieses Verhältnis 1937 1:30, in Maudach allerdings – im Jahr 1934 – 1:274. In der dörflichen Gemeinde gab es damals nur neun Anschlüsse.[75]

Auch im Wohnungsbestand wies Oggersheim um 1927 eine deutlich städtischere Struktur als Oppau auf.[76] Denn hier war der Anteil der Gebäude, die mehr als eine Wohnung beherbergten, d. h., zumeist mehrstöckig waren, wesentlich höher. Während in Edigheim, Maudach und Ruchheim die Zahl der Wohnungen mit der Zahl der Wohngebäude weitgehend identisch war – Kennzeichen eines dörflichen Siedlungsbilds – differierte dieser Wert in Oppau um 37% und in Oggersheim und Rheingönheim um ca. 55%. In der Großstadt Ludwigshafen betrug die Differenz allerdings 229%, ein Beleg für das Vorhandensein großer, mit vielen Wohnungen bestückter Mietshäuser, die im kleinstädtischen Oggersheim und Oppau weitgehend fehlten.

Bei der Wohnungsversorgung, d. h., der Bereitstellung einer eigenen Wohnung für jeden Haushalt, sprach ebenfalls nicht alles für das

Anmerkungen
Seite 300 und 301

73 *StALu, ZS L 11*

74 *Zeitungsverkartung ›Oppau‹ im StALu; Hilfswerk Oppau, Musterpläne*

75 *Zahlen aus den Adreßbüchern des Landkreises Ludwigshafen 1928/29 und 1934/35*

76 *Reichswohnungszählung in Bayern vom 16. Mai 1927; Heft 108 der Beiträge zur Statistik Bayerns, München 1928; StALu, DsB 125/108*

77 *GA, 10.1.1927*

78 *Kleinwohnungsbau in Oggersheim, in: AVT 5/1927*

79 *Der Wohnungsbestand in Ludwigshafen vor und nach dem Krieg 1939/45; Veröff. d. Statist. Amtes Lu, R. B. 13; Rheingönheim +32,9%, Edigheim +27,4%*

80 *vgl. StALu, Ed. 1 u. 2; Op. 3, Op. 4/1, Op. 4/2, Op. 5/1; Fauck; Schulze*

Oppauer beim Wiederaufbau, 1922 [42]

Oppauer Modernität: die Goetheschule (Berufsschule), 1929 [43]

›neue‹ Oppau und gegen das ›alte‹ Oggersheim. Nach der Reichswohnungszählung von 1927 waren in Oppau – explosionsbedingt – fast zwei Drittel aller Wohnungen des Ortes nach 1918 bzw. erst nach 1922 erstellt worden. In Oggersheim und den anderen Randgemeinden lag dieser Prozentsatz nur bei ca. 15%. Doch übertraf in Oppau die Zahl der Haushalte die der Wohnungen um fast 13%, in Oggersheim nur um 4,9%. Entsprechend kamen in Oppau 4,8 Einwohner auf eine Wohnung, ein Wert, der deutlich höher lag als in allen Randgemeinden und auch in Ludwigshafen selbst. In der zeitgenössischen Wahrnehmung zählte freilich besonders Oggersheim „zu den wohnungskritischsten Städten."[77] Seine Bevölkerung wuchs immer noch recht stark – 1900 bis 1939 um nahezu 100%, nicht jedoch seine Wirtschaftskraft, da fast alle Neubürger in Ludwigshafen beschäftigt waren. Der Versuch der Gemeinde, ähnlich wie Ludwigshafen das Wohnungsproblem durch die Gründung einer Gemeinnützigen Wohnungsbaugesellschaft zu meistern, war 1922 nach nur zwei Jahren kläglich gescheitert – in Rheingönheim erlebte ein gleiches Projekt dasselbe Schicksal.[78] Hilfe kam vor allem vom Wohnungsverband des Bezirks Ludwigshafen, der in Oggersheim eine große Zahl von Gebäuden erstellte. Insgesamt jedoch wuchs in den Jahren von 1927 bis 1942 – wohl ganz entsprechend dem Bedarf – die Zahl der Wohnungen von allen Teilen des heutigen Ludwigshafen am stärksten in Oppau, nämlich um 92%. In Ludwigshafen selbst und den anderen Randgemeinden waren es deutlich weniger als 50% – Spitzenreiter war Oggersheim mit 42,4%, gefolgt von Ludwigshafen mit 39,5% und Maudach mit 39,3%.[79]

Die Eingemeindung Edigheims 1928[80]

Hohe Soziallasten bei gleichzeitig geringen Einnahmen führten im Arbeiterwohnort Edigheim zu permanenten Haushaltsdefiziten. Diese prekäre Finanzsituation veranlaßten den Edigheimer Gemeinderat, den Anschluß an eine der wohlhabenderen Nachbargemeinden in Erwägung zu ziehen. Die Stadt Frankenthal, die Edigheim mit Wasser versorgte,

Die evangelische Kirche in Edigheim Das in Jugendstilformen gehaltene Gebäude wurde 1914—1916 errichtet [44]

Moderne Zeiten? Am Lokalbahnhof Maudach 1930 [45]

unterbreitete dem Dorf 1907 ein erstes Eingemeindungsangebot. Frankenthal war vor allem an der Edigheimer Gemarkung interessiert, da es das Gelände für den geplanten Kanalausbau benötigte, der dem Ort den Anschluß an den Schiffsverkehr des Rheins ermöglichen sollte. Die Mehrheit der Edigheimer sprach sich für die Vereinigung mit der traditionsreichen Nachbarstadt aus. Die Entwicklung des Kanalprojektes, für das sich die bayerische Regierung nicht erwärmen konnte, beeinflußte den Verlauf der Eingemeindungsverhandlungen entscheidend. Nachdem die Gespräche wiederholt ins Stocken geraten waren, schliefen die Verhandlungen während des Ersten Weltkrieges ganz ein.

Mittlerweile hatte auch das durch die BASF zu Wohlstand gekommene Oppau Edigheim den Zusammenschluß vorgeschlagen. Oppau erhoffte sich von der Eingemeindung des Nachbarortes die Ausdehnungsmöglichkeit nach Norden, die ihm bisher durch die Edigheimer Gemarkungsgrenze versperrt war. Der Edigheimer Gemeinderat stand der Anfrage zwar „wohlwollend"[81] gegenüber, beschloß aber, die Angelegenheit bis nach dem Krieg zu vertagen. Die 1919 wieder in Gang gekommenen Verhandlungen wurden nicht zuletzt wegen der von der „Braut Edigheim" erhobenen Forderungen bald erneut eingestellt.

Frankenthals neu erwachtes Interesse am Anschluß Edigheims und die immer desolater werdende Finanzlage des Dorfes, das zunehmend auf Oppauer Darlehen angewiesen war, führten zur Wiederaufnahme der Eingemeindungsverhandlungen im Jahre 1925. Nach langen Diskussionen und diversen Änderungen kam der Einigungsvertrag zwischen Oppau und Edigheim am 24. November 1927 zustande. Die von der bayerischen Regierung genehmigte Vereinbarung trat zum 1. April 1928 in Kraft. „Die Schicksalsgemeinschaft früherer Jahrhunderte ist nun auch rechtlich sanktioniert."[82] kommentierte der Oppauer Bürgermeister Zorn den Zusammenschluß der seit langem eng verbundenen Nachbargemeinden. Die Einwohner Edigheims wurden in „allen Rechten und Pflichten, Genüssen und Leistungen vollständig den Bewohnern der

Anmerkungen
Seite 302 und 303

81 StALu, Op. 3
82 StALu, Op. 4/2
83 StALu, Op. 4/1
84 Fauck, S. 10
85 vgl. StALu, Op. 6; Braun, S. 685ff
86 PfP, 6.4.1929

Die Rhein-Haardt-Bahn nähert sich; Oggersheim, Schillerplatz, 1920er Jahre [46]

Der Edigheimer Wasserturm der Frankenthaler Wasserversorgung [47]

Gemeinde Oppau gleichgestellt."[83] Eine Verbesserung der Infrastruktur Edigheims war nun möglich. Der Ortsteil sollte an die Oppauer Gasversorgung angeschlossen werden, das elektrische Ortsnetz umgebaut, die Straßen asphaltiert und kanalisiert werden. Außerdem war auch die Einrichtung eines Kindergartens und die Angleichung des Schulwesens an das Oppauer Vorbild mit 8. Schuljahr und Berufsschule vorgesehen. Im Gegenzug brachte Edigheim seinen Grundbesitz von 600 Morgen Land ein. Trotz seiner Schulden – zum Abschluß des Haushaltsjahres 1926/27 betrugen sie 134 561,80 Mark – war Edigheim „also beileibe keine arme Kirchenmaus."[84] Die vereinigte Gemeinde führte den Namen ›Oppau‹, Edigheim hatte sich mit der Forderung nach der Ortsbezeichnung ›Oppau-Edigheim‹ nicht durchsetzen können. ›Edigheim‹ blieb nur als innergemeindliche Bezirksbezeichnung erhalten. Martin Fries, der ehemalige Edigheimer Bürgermeister, und die früheren Edigheimer Gemeinderäte Andreas Baum, Friedrich Braun, Adam Grimm, Ludwig Massar und Heinrich Ohlinger wurden in den erweiterten Gemeinderat Oppaus berufen. Anläßlich der Eingemeindung Edigheims fand am 31. März 1928 im Gasthaus ›Zum roten Löwen‹ in Oppau eine kleine Feier statt. Da es sich eher um eine ›Vernunftehe‹ als um eine ›Liebesheirat‹ handelte, erschien ein schlichter Festakt passender. An die Schulkinder wurden im Mai des Jahres Brezeln verteilt.

Schwierigkeiten bei der Durchführung der Eingemeindung gab es im Postwesen, weder die zweimalige Briefzustellung in Edigheim noch die telefonische Direktverbindung mit Oppau war zunächst möglich.

Die Stadtwerdung Oppaus 1929[85]

„Drum hott die Palz nit schlecht geguckt,
Wie neilich sie konnt lese,
Daß Oppa een Schduf ruff geruckt
Unn ›Schadt‹ sich derf jetzt heeße!"[86]

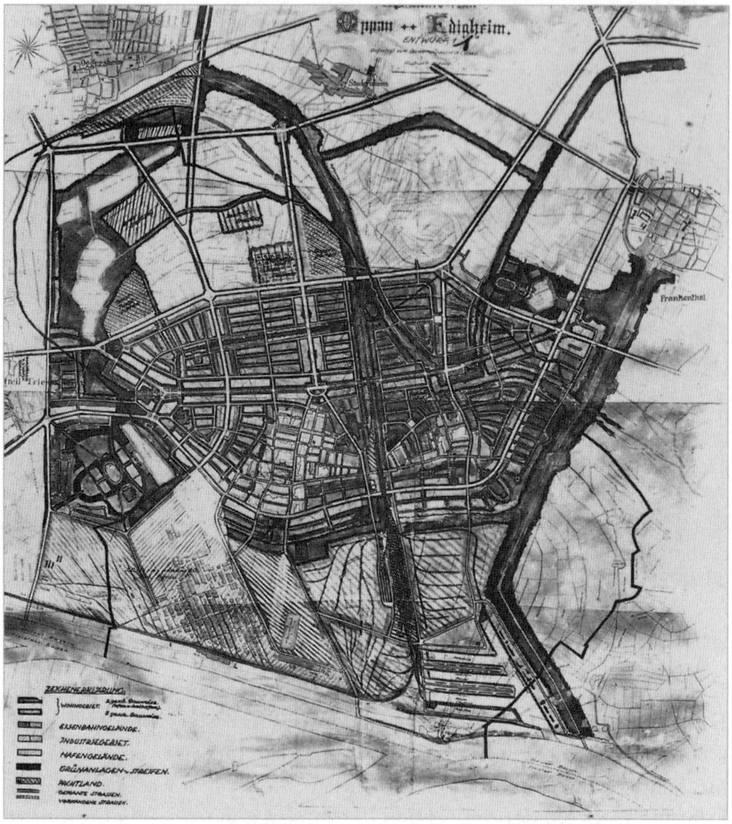

Die – etwas zu – selbstbewußte neue Stadt: der überaus ›großzügig‹ bemessene Generalsiedlungsplan Oppaus aus dem Jahr 1929 [48]

Anmerkungen
Seite 304 und 305

87 StALu, Op. 6
88 GA, 10.4.1929
89 Braun, S. 685
90 GA, 24.11.1930; StALu, ZS L 9
91 f.d.F. vgl. Hoppe

Hintergrund für diese im pfälzischen Dialekt verfaßten Gedichtzeilen war die Erhebung Oppaus zur Stadt am 1. April 1929. Um die Kaufkraft vor Ort zu halten, regten der Gewerbeverein Oppau-Edigheim und der Handelsschutzverein 1928 an, der Gemeinde Oppau die Bezeichnung ›Stadt‹ zu verleihen. Es wurde darauf hingewiesen, daß Oppau kein Dorf mehr sei, sondern städtischen Charakter habe. „Oppau ist eine Stadt; es ist eine Stadt der Arbeit. Die Industrie hat sie geschaffen, der Industriearbeiter hat ihr das Gepräge gegeben."[87] Die Bevölkerungszahl Oppaus war 1928 auf 8 243 angewachsen, nach der Eingemeindung Edigheims zählte die Kommune über 11 000 Einwohner. Das bäuerliche Element war von der Industrialisierung zurückgedrängt worden. Die Berufe setzten sich wie folgt zusammen: 69,3% Arbeiter, 13,5% Beamte und Angestellte, 13,2% selbständige Gewerbetreibende und nur noch 2,8% Landwirte.[88] Oppau verfügte über eine gut ausgebaute Infrastruktur mit eigenem Gaswerk, einem Wasserwerk, einem elektrischen Ortsnetz, öffentlichen Bädern, einer Müllabfuhranstalt, einer Sparkasse und einer Berufsschule. „Auch architektonisch macht Oppau nicht den Eindruck eines Dorfes, sondern den einer mittleren Industriestadt."[89] Es gelang zwar nicht, die Stadterhebung Oppaus mit der Eingemeindung Edigheims zu verbinden, aber mit dem ersten Jahrestag des Zusammenschlusses durfte sich die vereinigte Gemeinde ›Stadt‹ nennen. Rechtliche Konsequenzen zog diese Bezeichnung nicht nach sich, denn Oppau blieb weiterhin mittelbar, d. h., dem Bezirksamt

Der Darsteller der schwedischen Königs, Umzug beim Gustav-Adolf-Fest in Oppau 1932 [49]

Frankenthal unterstellt. Nicht nur aus Gründen der wirtschaftlichen Konkurrenzfähigkeit war den Oppauern die Stadterhebung jedoch trotzdem wichtig. Der Prestigeakt demonstrierte das Selbstbewußtsein des Ortes und stärkte seine Unabhängigkeit gegenüber den Begehrlichkeiten der Nachbarstädte Ludwigshafen und Frankenthal. Der Ende 1930 vom Oppauer Rat verabschiedete ›General-Siedlungs-Plan‹[90] sah eine großartige Zukunft voraus und plante ein Gemeinwesen, das größer sein sollte als die beiden benachbarten Industriestädte zusammen. Solche kühnen Visionen wurden im Zeichen der Weltwirtschaftskrise freilich bald zuschanden.

Die Entstehung der Gemeinde Limburgerhof[91]

Im Gegensatz zu Oppau mußte sich die Gemeinde Rheingönheim mit dem Verlust an Gemarkungsfläche auseinandersetzen. Die Siedlung rund um den Limburgerhof, die Versuchsstation der BASF und die Zuckerfabrik Friedensau war immer mehr gewachsen, besaß aber keinerlei kommunale Einrichtungen und Struktur. Vielmehr gehörte das Areal zu vier verschiedenen Gemeinden, neben Rheingönheim noch Mutterstadt, Neuhofen und Schifferstadt. Dies empfanden sowohl die Einwohner wie die vorgesetzten Verwaltungsbehörden zunehmend als untragbar. Auf Wunsch zahlreicher örtlicher Bürger entschied deshalb das Bezirksamt Neustadt 1927, daß eine neue Gemeinde mit dem Namen ›Limburgerhof‹ gebildet werden sollte. Rheingönheim, für das der

Stationsaltar für die Rheingönheimer Fronleichnamsprozession 1930 [50]

Die Rheingönheimer St. Josefskirche [51]

Verlust der Friedensau Einnahmeverluste von 20 000—30 000 Mark Gewerbesteuer jährlich bedeutete,[92] erhob mit den anderen drei betroffenen Gemeinden förmlichen Protest und reichte eine Klage beim Bayerischen Verwaltungsgerichtshof ein. Auch die I. G. Farben und die Zuckerfabrik, die höhere Steuern für den Unterhalt der neuen Kommune fürchteten, schlossen sich an. Die Richter wiesen die Bedenken jedoch zurück – und so entstand zum 1. Januar 1930 die neue Gemeinde Limburgerhof. Als letztes Rückzugsgefecht weigerten sich die betroffenen Ortschaften, ihren Anteil an den Kosten für die Abmarkung der Gemeindegrenzen zu zahlen – und wurden per Urteil dazu gezwungen. Letztlich erwies sich der Verlust für Rheingönheim als nicht so schlimm, denn 1932 wurde die Zuckerfabrik im Zeichen der Wirtschaftskrise stillgelegt – die Einnahmen wären also ohnehin verloren gewesen.

Kirche und Kultur

Konfessionelle Verhältnisse

Die konfessionellen Verhältnisse blieben in den Ludwigshafener Umlandgemeinden im Vergleich zum 19. Jahrhundert weitgehend konstant. Während Maudach eine katholische Hochburg war, lebten in Edigheim, Oppau, Rheingönheim und Ruchheim überwiegend Protestanten. Nur in Oggersheim war der Katholiken- und Protestantenanteil annähernd ausgewogen. Auffallend ist die Zunahme der Einwohner, die sich zu keiner Konfession bekannten. Bei der Volkszählung von 1910 war der Anteil der Konfessionslosen* in Rheingönheim von einem Prozent noch der Höchstwert in allen Randgemeinden. 1925 gehörten bereits 236 Rheingönheimer, was 4,9% der Bevölkerung entsprach, keiner Religionsgemeinschaft an. Und in Edigheim lag der Anteil der Bekenntnislosen sogar bei 5,3%. Die freireligiöse Bewegung gewann in den Arbeiterwohnorten langsam Anhänger.[93]

Anmerkungen
Seite 306 und 307

92 *Schäfer, Rheingönheim, S. 33*

93 *vgl. offizielle bayer. Statistiken zur Bevölkerungsentwicklung der Gemeinden im heutigen Stadtkreis der Jahre 1861 bis 1938, zusammengefaßt in Kopien in Bibl. StALu, Sign. Ga 28*

94 *Oexner, S. 174ff*

* *eigentlich der ›Sonstigen‹ jenseits von Protestanten, Katholiken und Juden. Dabei handelte es sich vorzugsweise um Konfessionslose und Freireligiöse.*

Das Innere der St. Josefskirche [52]

Die St. Josefskirche in Rheingönheim ist in der Tat einer der hervorragendsten Kirchenbauten nicht nur der Stadt, sondern der Region. 1914/15 nach den Plänen des überregional bekannten Würzburger Kirchenarchitekten Albert Boßlet erbaut, zeigt das Gotteshaus im Äußeren vor allem Elemente des Heimatstils. Seine Innenarchitektur verbindet geschickt romanisch/römische Assoziationen mit einer reichen Jugendstildekoration. Der Skulpturenschmuck ist im Beuroner Stil mit seiner strengen Stilisierung und herben Formensprache gehalten.[94]

Dennoch spielte die Kirche weiterhin eine nicht zu unterschätzende Rolle im Leben der Menschen. Tausende besuchten die Oggersheimer Wallfahrt. Die 150-Jahr-Feier der Oggersheimer Wallfahrtskirche 1925, das Gustav-Adolf-Fest in Oppau 1932 oder die Weihe der mit Formen des Jugendstils verzierten St. Josefskirche in Rheingönheim 1915 waren Höhepunkte im Leben der Ludwigshafener Umlandgemeinden in der ersten Hälfte des 20. Jahrhunderts.

Die Beziehungen zwischen den einzelnen Konfessionen waren nicht immer spannungsfrei, wie das Beispiel des sogenannten Oppauer ›Kulturkampfes‹ von 1930 zeigt. An diesem Streit wird auch die Verquickung zwischen Religionsbekenntnis und Parteienpräferenz gut deutlich: Die Ortsgruppe der Deutschen Zentrums- und Bayerischen Volkspartei, die für sich in Anspruch nahm, im Namen aller Oppauer Katholiken zu sprechen, griff in einem Leserbrief die „sozialdemokratisch-protestantische Front" scharf an. Bei der letzten Etatverhandlung seien die katholischen Vereine und Einrichtungen benachteiligt worden. In seiner Replik wies Bürgermeister Zorn darauf hin, daß die katholischen Organisationen und Institutionen sogar überproportional unterstützt würden. „In Bayern, wo das Verhältnis der Konfessionsstärken umgekehrt ist und sich daher der Verteilungsschlüssel 2:1 zu Gunsten der Katholiken auswirkt, haben die regierenden Kreise der Bayer. Volkspartei noch nie die für die beiden Konfessionen ausgeworfenen Mittel zu gleichen Teilen verteilt und selbstverständlich auch nicht, wie unser Artikelschreiber, darnach gefragt, ob die Protestanten für ihre Einrichtungen nicht die gleichen Ausgaben haben, wie die Katholiken. Hier in Oppau, wo sich das Verhältnis zu Ungunsten der Katholiken auswirkt, wollen die ›Kreise der Bayer. Volkspartei‹ ebensoviel wie die Protestanten. Dieser Anspruch bedarf keines weiteren Kommentars. Mit welch wirklicher Toleranz übrigens die hiesigen katholischen Vereine und Verbände von der sozialdemokratischen Mehrheit behandelt werden, das mögen die einstimmig beschlossenen Zuschüsse zu ihren Vereinen beweisen. So

Protestantische Hochzeit in Ruchheim, 1929 [53]

Festwagen beim Gustav-Adolf-Umzug in Oppau, 1932 [54]

erhält der St. Elisabethverein Oppau 1 000 RM, der protest. Krankenpflegeverein Oppau nur 1 200 RM, die kathol. Kinderschule 1 000 RM, die prot. Kinderschule Oppau 2 000 RM, also Beträge, die teilweise sogar noch über den Verteilungsschlüssel 2:1 hinausgehen."[95] Den Zentrum/BVP-Vertretern waren auch die vom örtlichen Volksbildungsverein organisierten Aufführungen des Landestheaters und Pfalzorchesters im protestantischen Gemeindehaus ein Dorn im Auge. Der Vorwurf des „Kulturunitarismus" wurde erhoben. Da es den Oppauer Katholiken nicht zugemutet werden konnte, „durch ihren Besuch die Finanzierung des (Gemeinde)Hauses zu fördern",[96] beantragte Stadtrat Schäfer, die neu gebaute Turnhalle für Theater- und Konzertaufführungen kostenlos zur Verfügung zu stellen. Aus finanziellen und ästhetischen Gründen lehnte die sozialdemokratische Stadtratsmehrheit diesen Vorschlag ab.

In den letzten Jahren vor der ›Machtergreifung‹ der Nationalsozialisten verschoben sich die Fronten. Der seit 1931 in Oppau amtierende Pfarrer Stöppler,[97] der sich vom Freidenker zum Christen und vom Sozialisten zum Nationalsozialisten gewandelt hatte, ließ 1931 den Saal des protestantischen Gemeindehauses für Kundgebungen aller Parteien öffnen. Damit gab er erstmals der NSDAP in Oppau ein Forum; zuvor hatte ihr niemand im Ort einen Raum zur Verfügung gestellt. Aus Protest zogen sich die Anhänger der ›Religiösen Sozialisten‹ aus dem Presbyterium zurück, die SPD rief zum Kirchenaustritt auf, und in der Tat kehrten rund 130 Oppauer Protestanten ihrer Kirche 1932 den Rücken.

Nur noch ein Schatten ihrer selbst waren die Israelitischen Kultusgemeinden in Ruchheim und Rheingönheim.[98] Wie andernorts machte sich auch hier der durch Geburtenrückgang sowie Aus- und Abwanderung verursachte Niedergang des Landjudentums bemerkbar. Die Zahl der Juden nahm kontinuierlich ab, was zu einer Einschränkung der Gemeindeaktivitäten führte. In Ruchheim gab es Probleme, die für einen Gottesdienst erforderlichen zehn Männer (›Minjan‹) aufzutreiben. Nur durch den Besuch auswärtiger Juden konnten die Sabbat- und Feiertagsgottesdienste gesichert werden. Zur politischen Gemeinde Ruchheims

Anmerkungen
Seite 308 und 309

95 *OEA, 3.5.1930*
96 *OEA, 8.5.1930*
97 *Fandel, S.79f, 547ff*
98 *zu Ruchheim vgl. Barth, Ruchheim, S.93ff; Barth, Juden; Kreiselmaier; Kukatzki; zu Rheingönheim: Schäfer, Odyssee; Fücks/Jäger, S.186ff; Schäfer in StALu, M 245*
99 *StALu, M 245*

Fahnenweihe des Oggersheimer Gesangvereins ›Frohsinn‹, 1904 [55]

Das Oppauer protestantische Gemeindehaus neben dem Rathaus, hier schon als städtischer Ratskeller, nach 1935 [56]

bestanden gute Beziehungen wie die Mitgliedschaft des IKG-Vorsitzenden Samuel Neuberger im örtlichen Gemeinderat 1907 zeigt. Im selben Jahr lehnte die Rheingönheimer Kommunalvertretung das Gesuch der dortigen Juden nach Errichtung eines eigenen Friedhofes ab. Der Gegenvorschlag des Gemeinderates, eine Parzelle auf dem christlichen Friedhof für Juden abzutrennen, war wiederum für die jüdische Gemeinde nicht akzeptabel. Die Rheingönheimer Juden konnten es sich finanziell leisten, 1911 Josef Jakob als Kantor, Religionslehrer für die jüdischen Kinder des Dorfes und der benachbarten Orte sowie Schächter einzustellen. 1928 wurde allerdings der Unterricht eingestellt, Jakob wechselte zur jüdischen Gemeinde in Ludwigshafen. Die aus Mannheim stammenden Juden Dr. Leopold Hirsch und Gustaf Lefo hatten 1897 im Ort ein kleines Chemieunternehmen gegründet.[99] Die Firma wurde wegen der dort hergestellten grünen Farbstoffe im Volksmund ›Grünes Fabrikel‹ genannt. Die Ruchheimer Juden lebten vom Handel. Die bekannteste jüdische Familie Ruchheims, die Levas, betrieben Viehhandel. Veränderte Handelsbedingungen seit dem Ersten Weltkrieg führten dazu, daß das Einkommen der Geschäftsleute ständig sank. Das Verhältnis zwischen Christen und Juden war ambivalent, neben antisemitischen Vorurteilen gab es auch freundschaftliche Beziehungen.

*„Ich bleibe bei meiner Gemeinde": **Josef Jakob***

Josef Jakob wurde 1875 in Büdingen/Lothringen geboren.

Nach einer Ausbildung zum jüdischen Kantor und Religionslehrer in Colmar erhielt er eine Stelle in Rüdesheim. Von dort kam er 1911 nach Rheingönheim, wo er bis zu dem durch das weitgehende Verschwinden des pfälzischen Landjudentums verursachten Ende des Gemeindelebens seine Ämter ausübte. Seit Mitte der 1920er Jahre wirkte er bei der jüdischen Gemeinde Ludwigshafen – auch nach dem Beginn der NS-Herrschaft. 1936 siedelte er nach Mannheim über. Nach dem Pogrom (›Reichskristallnacht‹) für einige Zeit im KZ Dachau inhaftiert, ermöglichte er im Frühjahr 1940 seiner Familie die Flucht. Er selbst aber wählte einen anderen Weg: „Ich bleibe bei meiner Gemeinde."

1942 wurde Josef Jakob nach Theresienstadt verschleppt.

Er wurde 1942 in Maly Trostinec ermordet. [S. M.]

Im Biergarten des Edigheimer Gasthauses ›Zur Krone‹, nach 1900 [57]

Die Frauenriege der Turngesellschaft ›Frei Heil‹ Rheingönheim, 1920er Jahre [58]

„Ludwigshafen bietet genügend Abwechslung [...]"[100] Vereinswesen, Kulturleben und Freizeitgestaltung

„Die in kürzester Zeit zu erreichende Stadt Ludwigshafen bietet genügend Abwechslung [...]" Mit diesen Worten umschrieb der Rheingönheimer Volksbildungsausschuß ein Dilemma, das in allen Randgemeinden in Beziehung auf ›moderne‹ oder ›höhere‹ Formen der Unterhaltung fühlbar war.

Zwar fand seit Mitte der 1920er Jahre das Radio als erstes modernes Massenmedium auch in die Haushalte Oppaus, Oggersheims und der anderen Orte Eingang. Dieser Prozeß wurde im ›Dritten Reich‹ durch die gezielte Förderung des Erwerbs von ›Volksempfängern‹ weiter beschleunigt. So finanzierten die Pfalzwerke 1935 etwa 150 Oggersheimer Familien den Kauf eines solchen Geräts.[101] Doch das andere weitverbreitete Unterhaltungsmedium, das Kino, hatte in den Randgemeinden eher einen schweren Stand.[102] Schon vor dem Ersten Weltkrieg eröffnete ein Lichtspieltheater in Oppau. In Oggersheim gab es zu dieser Zeit nur Aufführungen mit mobilen Geräten in Gasthaussälen. Hier wurde ein ortsfestes Haus nicht vor dem Jahr 1920 etabliert. Rheingönheim erhielt erst 1936 ein Kino. Alle diese Häuser waren eher klein, und weiterhin nutzten wohl viele Einwohner das weitaus bessere Angebot in Ludwigshafen. 1938 kamen in den Randgemeinden auf einen Einwohner nur fünf jährliche Kinobesuche in den örtlichen Häusern, in Ludwigshafen waren es mehr als doppelt so viele.[103]

Der Erfolg der in Oggersheim, Oppau, Rheingönheim und Ruchheim bestehenden Volksbildungsvereine war durchaus unterschiedlich und spiegelte wohl auch die Nähe der jeweiligen Bevölkerung und Verwaltung zu der eher ›linken‹ Volksbildungsbewegung, eine Vorstufe der späteren Volkshochschulen. Während die Vereine in Oggersheim und Ruchheim in einer Übersicht ihrer Arbeit aus dem Jahr 1929[104] mehr oder minder Fehlanzeige erstatten mußten, war Rheingönheim zwar ganz rege, klagte jedoch über die Schwierigkeiten, verschiedene Themen an das „gemischte Publikum" zu bringen. Zudem sei die „Gemeinde an der Volksbildungsarbeit sehr wenig interessiert." Ein ganz anderes Bild bot Oppau: Der 1920 gegründete örtliche Volksbildungsverein

Anmerkungen
Seite 310 und 311

100 *Jahresbericht Volksbildungsausschuß Rheingönheim 1928/29, in: Pfälzische Theater- und Volksbildungsblätter 3/1929, S. 297; StALu, Z 34/7*

101 *StALu, Og. 978/4*

102 *Baum, Kinogeschichte, in: Rhpf, 7.3., 27.6., 18.7.2001*

103 *Wort und Zahl, Jahresübersicht 1938; StALu, DS 241/1938*

104 *Jahresbericht Volksbildungsausschuß Rheingönheim 1928/29, in: Pfälzische Theater- und Volksbildungsblätter 3/1929; StALu, Z 34/7*

105 *Mörz, Westbote, S. 53ff, 98ff*

Das erste große Rennen im ›Olympia-Stadion‹ Rheingönheim, 1. Juni 1924 [59]

Moderne Unterhaltung: der Oggersheimer Schillerplatz mit den örtlichen ›Lichtspielen‹, rechts im Bild 1930er Jahre [60]

Oppauer Volksbücherei, 1932 [61]

Sommertagszug der Rheingönheimer Karnevalsgesellschaft ›Klotzgrumbeer‹ 1926 [62]

hatte über 500 Mitglieder und bot in Zusammenarbeit mit Gemeinde und protestantischer Kirche eine breite Palette von Aktivitäten und Veranstaltungen. 1928 zum Beispiel gastierte hier nicht nur das ›Landestheater für Pfalz und Saargebiet‹ – mit anspruchsvollen Stücken von Tolstoi, Schiller, Shakespeare, Hauptmann –, sondern auch mehrmals das Pfalzorchester. Auch Vorträge, Stenographie- und Bastelkurse, Lehrwanderungen und Ausstellungen fanden statt. Die vom Verein mitunterstützte Volksbücherei war mit 2 400 Bänden recht groß und wurde eifrig genutzt. Alles in allem manifestierte sich hier der kulturelle Anspruch der großgewordenen Gemeinde, die zudem noch die Mittel hatte, solche Aktivitäten auch zu unterstützen. Das 1928 fertiggestellte protestantische Vereinshaus schuf einen großzügigen Rahmen für Veranstaltungen aller Art, den es so zuvor nicht gegeben hatte. 1930 öffnete darüberhinaus auch ein Heimatmuseum in Oppau seine Pforten. Oggersheim erhielt ähnliche Einrichtungen erst in der Zeit des Nationalsozialismus (siehe unten, Seite 320).

Grundsätzlich aber änderte sich trotz aller unter verschiedenen ideologischen Vorzeichen unternommenen Bemühungen nichts am kleinstädtischen Charakter des ›Kulturlebens‹ in den Randgemeinden. Kennzeichnend dafür ist die Lage der Presse.[105] Schon seit 1870 hatten einzelne Unternehmer versucht, eine Lokalzeitung in Oggersheim zu gründen. Doch erst Hermann Riebsams ›Oggersheimer Anzeiger‹ wurde 1911 ein Erfolg. Zwei Jahre später erschien der ›Oppau-Edigheimer Anzeiger‹. Beide Blätter konnten schon auf die Lieferung von durch zentrale Nachrichtenagenturen vorgefertigten ›Matern‹ mit einem vollständigen ›Mantel‹ aus internationalen und nationalen Nachrichten zurückgreifen, die den Lokalzeitungen ein deutlich verbessertes Informationsniveau und Aussehen bescherten. Die damit verbundene Arbeitserleichterung ermöglichte auch, daß seit 1926 ein Lokalblatt in Rheingönheim und 1928/29 kurzzeitig ein Blatt für Maudach erschienen, dem allerdings die Weltwirtschaftskrise schnell den Garaus machte.

Generell blieben die Verhältnisse klein, waren Sach- und Personalausstattung gering. Während die Auflage der Ludwigshafener Zeitungen um die 20 000 Exemplare schwankte, erreichte die der Lokalblätter

Die Belegschaft der Oggersheimer Brauerei Mayer, 1929 [63]

maximal 2 000. In Rheingönheim waren die beiden Zeitungsgründer zugleich Redakteure, Drucker und Vertreiber der Zeitung. Um über örtliche Begebenheiten im Bild zu sein, ließ sich einer der Zeitungseigner jeden Tag beim Friseur rasieren, dessen Geschäft man als ideale Nachrichtenbörse betrachten konnte. Hermann Riebsam, der Oggersheimer Verleger, betonte, wie wenig es sich das Lokalblatt leisten konnte, dezidiert Partei zu beziehen; das wäre, bei Verärgerung von Teilen der Leserschaft und der Anzeigenkunden, einem wirtschaftlichen Selbstmord gleichgekommen. Man stand eben „mitten in den Dingen",[106] in einer kleinen, engen Welt, in der politische und religöse Überzeugungen hart aufeinanderprallten.

Die dörfliche und kleinstädtische Gemeinschaft, die Nachbarschaften fanden, wie im 19. Jahrhundert, ihre Zentren weiterhin in Gasthäusern, in dort veranstalteten Tanzvergnügen oder im Laienschauspiel örtlicher Vereine, die sich verstärkt nach 1900 bildeten. Überhaupt blieben in den Ludwigshafener Umlandgemeinden die Vereine das Rückgrat vieler kultureller Aktivitäten. Da nicht nur das Bürgertum, sondern auch die Arbeiterbewegung und die Kirchen ihre Vereinskultur pflegten, war das Vereinsleben rege und vielseitig. Das Spektrum reichte von Gesang-, Sport- und Wohltätigkeitsvereinen über Berufsverbände zu Tierzucht- und Kleingartenvereinen. Überblickt man die am Ende der Weimarer Zeit – um 1928/29 – bestehenden Assoziationen,[107] so fällt der deutliche Bezug zwischen städtischer, selbst kleinstädtischer Tradition, nichtlandwirtschaftlicher Bevölkerung und Vereinswesen auf – was einmal mehr die Gewichte zugunsten Oggersheims verschiebt. In der ›alten‹ Industriestadt Oggersheim, gab es 112(!) Organisationen, darunter so moderne wie den ›Verein der Radiofreunde‹, den ›Motorrad-Club‹, den ›Naturheilverein‹, oder, Ausdruck heftiger ideologischer Auseinandersetzung, die ›Gemeinschaft proletarischer Freidenker‹. Die neue Großgemeinde Oppau wies demgegenüber eine eher traditionelle Riege von kirchlichen, Arbeiter- u. a. Vereinen auf. Zudem waren von den 53 dortigen Organisationen 20 erst nach 1900 und 18 erst nach 1920 gegründet worden, also nach dem Aufstieg der Gemeinde zum Industrieort.

Anmerkungen
Seite 312 und 313

106 Riebsam im OA, 29.9.1921

107 Die folgenden Informationen stammen aus: Einwohnerbuch des Landbezirks Ludwigshafen und der Orte Oppau-Edigheim [...] 1928—1929, Ludwigshafen 1928

108 Schäfer, Rheingönheim, S. 33

109 StALu, Op. 1014d, 2470

Notstandsarbeiten: Kanalbau in Oppau, 1934 [64]

Sowohl in Oggersheim wie in Oppau entstanden in den ersten beiden Jahrzehnten des 20. Jahrhunderts Ortsgruppen des Pfälzerwaldvereins und des sozialdemokratischen Touristenvereins der Naturfreunde, Ausdruck des gewandelten Freizeitverhaltens auch in kleinstädtischen Milieus: Wandern, Zelten, Ausflüge in die weitere Umgebung wurden modern – und die verbesserten Arbeitsbedingungen der Weimarer Republik gaben den Menschen etwas mehr ›Freizeit‹. Neben den beiden grossen Gemeinden fiel die Zahl der Vereine in den kleineren Orten deutlich ab: in Rheingönheim gab es nur 23, in Maudach 16, in Ruchheim gar nur acht! Eine Besonderheit war in Rheingönheim die ›Olympia-Stadion Ludwigshafen-Rheingönheim‹ genannte Radrennbahn, die, 1924 eröffnet, national und international genutzt wurde.[108]

Von der Weltwirtschaftskrise zum Nationalsozialismus

Die Folgen der Weltwirtschaftskrise

Auch die Kommunen im Ludwigshafener Umland litten erheblich unter der Weltwirtschaftskrise. Betriebe wurden zeitweise stillgelegt oder schlossen ganz wie z. B. die ehemalige Oggersheimer Samtfabrik. Das Oppauer Werk der I. G. Farben war Mitte 1932 lediglich noch zu 20% ausgelastet. Schon zu Beginn der Krise hatte der Konzern drohend festgestellt, daß die Steuerbelastung für Unternehmen seiner Art in Bayern 1,5 mal so hoch sei wie im übrigen Deutschland. Die Ludwigshafener Stadtverwaltung sah einen Zusammenhang mit dem drastischen Produktionsrückgang und bat die Landesbehörden inständig um Steuererleichterungen „angesichts der katastrophalen Folgen einer Abwanderung des Werks für Ludwigshafen und die ganze Vorderpfalz.“ Differenzierter urteilte der ebenfalls um seine Meinung gefragte Oppauer Bürgermeister Zorn, der den Einbruch beim Oppauer Werk auf den Zusammenbruch des Weltmarktes für Stickstoff zurückführte. Doch auch er gab zu, daß die Steuerlast Oppau und Ludwigshafen gegenüber den anderen Werken des seit 1925 vereinigten Konzerns benachteilige.[109]

Achtung, neu......

ROTE WELLE

Kampfblatt für die Werktätigen v. Oggersheim

6. Jahrgang Nr. 1 / Verantw. Phil. Böhm, Oggersheim / Januar 1933.

Den werktätigen Oggersheimern war bisher der "ROTE BOTE" der Helfer und Freund, welcher in all das Dunkel leuchtete, wo Fäulnis und Modergeruch in Amtsstuben und bei den Gegnern des schaffenden Volkes aufgehäuft ist, von der bürgerlichen Presse aber [illegible] verschwiegen wird.--- Die Aufgabe des Roten Boten übernimmt von nun ab [illegible] die ROTE WELLE!

Rot Front 1933

Die erste Nummer geht hinaus mit dem Versprechen und nach dem Grundsatz oft und schonungslos dazwischen zu funken, wann und wo auch die Rechte der Erwerbslosen, der Arbeiter und aller kleinen Leute, geschmälert und missachtet werden.
In diesem Sinne guten Empfang.....

----- Ich rufe zum Kampf, Klasse gegen Klasse,
----- Euch Hungernde, die ihr im Elend wohnt,
----- Für Brot, Arbeit, Freiheit den schaffenden Massen,
----- Im Sturmschritt der Roten Einheitsfront...

Inhalt der No. 1: Besinnliches für den S.A.-Mann / S.P.D. in der [illegible]front / Pfarrer Gottschall auf dem Kriegspfad gegen den KOMMUNISMUS / Die Oggersheimer SA-Weihnachtsfeier / Drei Pfeilchen, drei Pfeilchen/ RUDOLF, der Erste, einer neuer KOMET / und allerlei Gepfeffertes............

›Rote Welle‹, Kampfblatt der Werktätigen von Oggersheim, Januar 1933 [65]

Erwerbslose in % der Erwerbspersonen im Juni 1933 [110]

Oggersheim	34,7
Oppau	34,2
Ludwigshafen	27,0
Rheingönheim	26,7
Übriger Kreis Ludwigshafen mit Maudach und Ruchheim	23,1

Die Werksleitung versuchte zunächst mittels der Fünf-Tage-Woche, eines rollierenden Beurlaubungssystems und der vorzeitigen Pensionierung von Angestellten Arbeitsplätze zu erhalten. Trotz dieser Maßnahmen sank die Mitarbeiterzahl im Stickstoffwerk Oppau, die 1928 bei 11 300 gelegen hatte, um fast ⅔ auf 4 600 im Jahr 1931. Vergeblich richtete die Gemeinde wiederholt Hilferufe an das Unternehmen, die Oppauer bei den Entlassungen zu verschonen bzw. ihr in der Sorge um die Erwerbslosen beizuspringen. Zwischen 1929 und Ende 1931 wuchs die Zahl der nicht mehr vom Arbeitsamt, sondern von der Gemeinde betreuten ›Wohlfahrtserwerbslosen‹ von 80 auf 750, die Soziallasten der Stadt verdreieinhalbfachten sich von 200 000 auf 750 000 Mark.[111] Im Ausmaß der Not waren sich das ›arme Oggersheim‹ und das eben noch so ›reiche Oppau‹ recht ähnlich: Fast die Hälfte der Oppauer Bevölkerung war von der Arbeitslosigkeit betroffen,[112] in Oggersheim waren ca. 6 000 der 11 000 Einwohner im Jahr 1932 von öffentlichen Leistungen abhängig. Mit diesen Zahlen waren die beiden Städte traurige Spitzenreiter in Bayern.[113] Noch Mitte 1933 übertrafen die Oggersheim/Oppauer Arbeitslosenziffern weit die von Ludwigshafen und der übrigen Randgemeinden (siehe Statistik). Die Gemeindehaushalte waren durch die exorbitant gestiegenen Fürsorgeausgaben bei gleichzeitig dramatisch gesunkenen Einnahmen aufs äußerste belastet. Vergeblich lehnte der Oggersheimer Stadtrat Ende 1930 von der Aufsichtsbehörde geforderte Steuererhöhungen als unsozial und nur die wenig wohlhabenden Einwohner treffend ab. Unter dem Druck der sich weiter verschlimmernden Situation mußte er 1932 doch zustimmen.[114] Auch Oppau mit seiner nahezu absoluten Abhängigkeit vom Stickstoffwerk war besonders betroffen. Seine Steuereinnahmen gingen zwischen 1929 und Ende 1931 um 66% zurück.[115]

Aus der Massenarbeitslosigkeit resultierte die soziale Verelendung. „Unser bisheriges bescheidenes Leben wurde noch bescheidener. Wir wurden arm. Das lag an der unheilvollen Zeit, die auf uns zugekommen war. Immer mehr Familienväter wurden arbeitslos. Auch mein Vater. Wir verließen das Haus in der engen Straße, das Haus, das so düster, so drohend dastand, und in dem mir doch so viel Liebe gegeben worden war. Wenn man bedenkt, daß der Auszug aus Gründen der Not erfolgte, kann man sich vorstellen, daß dies eine der dunkelsten Stunden im Leben meiner Eltern gewesen sein muß. Die Arbeitslosenunterstützung reichte nicht aus, um die Miete zu bezahlen. Im Haus des Großvaters, der zweiten Station meines jungen Lebens, fanden wir Obdach",[116] schilderte die Rheingönheimerin Helene Schwarz in ihren Lebenserinnerungen die Folgen der Weltwirtschaftskrise aus der Sicht eines Kindes. Der Oppauer Lehrer Karl Otto Braun berichtete, daß das Bürgermeisteramt Oppau im Sommer 1930 vorschlug, die Schüler angesichts der wirtschaftlichen Notlage barfuß in den Unterricht zu schicken. In

Anmerkungen
Seite 314 und 315

110 *nach: Wort und Zahl, November 1936; StALu, DS 241 / 1935—1937*

111 *GA, 12.12.1931*

112 *1932 kamen auf 1 000 Einwohner 160 Arbeitslose. Rechnet man deren Familienangehörige ein, war ca. 50% der Bevölkerung auf die Fürsorge angewiesen.*

113 *PfP, 21.11.1932; GA, 18.2.1932*

114 *GA, 12.12.1930, 31.3.1932*

115 *GA, 12.12.1931*

116 *Schwarz, S.17*

117 *Rede Rudolf Zorns am 21.9.1931; zit.n. Braun, S.687*

Reichspräsident Hindenburg durchfährt Oggersheim bei seinem Besuch der nach dem Abzug der französischen Besatzungstruppen ›befreiten Pfalz‹, 1930 [66]

seiner Rede zum zehnten Jahrestag der Explosion beschrieb der Oppauer Bürgermeister Zorn die aktuelle Situation sehr anschaulich: „Auch heute ist wieder eine Katastrophe über Oppau hereingebrochen [...]. Die Katastrophe, die heute, vernichtend und Hunger und Elend verbreitend, unsere Stadt erschüttert, heißt Arbeitslosigkeit [...]. Wie vor zehn Jahren, so stehen auch heute wieder Hunderte von Menschen hungernd und darbend in den Straßen unserer Stadt. Wie vor zehn Jahren, so sind es auch heute wieder Tausende und Abertausende von Vermögenswerten, die verlorengehen. Hab und Gut muß veräußert werden, um das nackte Leben zu fristen. Alle sauer ersparten Pfennige werden aufgezehrt, Häuser versteigert, Geschäfte geschlossen. Das Gewerbe darbt und in langen Ketten stehen Hunderte von Fürsorgeempfängern vor dem Rathaus, um kärgliche Unterstützungen in Empfang zu nehmen. Die Katastrophe von heute hat den Menschen alle Sicherheit des Daseins genommen [...]."[117] Mit der Einführung von Arbeitsdiensten und Notstandsarbeiten im Straßen- oder Kanalbau versuchte man, die Not zu lindern.

Das Ende der Republik und die nationalsozialistische ›Machtergreifung‹

Neben den ökonomischen Auswirkungen erwiesen sich die psychologischen Folgewirkungen der Weltwirtschaftskrise als verheerend für die Stabilität der Weimarer Demokratie. Bei der ›Katastrophenwahl‹ vom 14. September 1930, bei der die NSDAP im Reich erhebliche Gewinne verbuchen konnte, erreichte sie die Stimmenmehrheit in Ruchheim. Auch bei den folgenden Wahlen in Ruchheim behaupteten die Nationalsozialisten ihren Wahlsieg. Neben dem Zusammenbruch der DVP profitierten sie von der größeren Anfälligkeit der überwiegend protestantischen Arbeiterbauern Ruchheims für die Hitlerbewegung.

Im ebenfalls noch stark landwirtschaftlich orientierten Maudach bewahrte die Bindung der Bewohner an das katholische Milieu den Ort mehr vor den Nationalsozialisten. Bis zum Ende der Weimarer Republik entfielen die meisten Stimmen auf die Zentrumspartei. Erst 1932 stieg die NSDAP zur zweitstärksten politischen Kraft auf.

„Hier hängt Zorn / der SPD Lumpp Zorn" Kommunistische ›Graffiti‹ auf dem Lattenzaun eines Sportplatzes in Oppau April 1932 [67]

Wahlergebnisse in den Randgemeinden in %

Reichstagswahl November 1932

	NSDAP	KPD	SPD	Z
Maudach	28,8	8,5	20,2	39,2
Oggersheim	29,4	27,8	17,7	19,8
Oppau	29,5	18,4	36,3	12,6
Rheingönheim	34,4	21,5	26,7	12,6
Ruchheim	55,2	7,4	19,8	11,4

Reichstagswahl März 1933

	NSDAP	KPD	SPD	Z
Maudach	34,1	7,9	18,8	38,0
Oggersheim	33,2	19,8	21,8	21,1
Oppau	30,3	15,8	38,5	12,5
Rheingönheim	36,7	18,6	28,4	12,8
Ruchheim	58,1	4,9	21,6	11,8

Auch die Zugehörigkeit zur Arbeiterbewegung verlieh eine gewisse Resistenz gegenüber der NS-Ideologie. In Rheingönheim gelang der NSDAP erst bei der Landtagswahl 1932 der Durchbruch. Der Wahlerfolg der Nazis wurde aber durch die Tatsache, daß die beiden Arbeiterparteien SPD und KPD zusammen mehr Stimmen erhielten als die NSDAP, relativiert. Die Existenz einer starken Arbeiterbewegung verhinderte auch in Oppau-Edigheim den ungebremsten Siegeszug der Nationalsozialisten. Noch bei den unter dem Druck des nationalsozialistischen Terrorregimes stattfindenden Reichstagswahlen am 5. März 1933 lag die SPD mit 38,5% der Stimmen vor der NSDAP, die auf 30,3% kam.

Der ökonomische Niedergang führte im politisch und konfessionell stark gespaltenen Oggersheim zu einer besonders extremen Polarisierung. Die örtliche NSDAP, die erst im Mai 1930 von Ludwigshafen aus mit einer nur kleinen Zahl örtlicher Aktiver gegründet worden war,[118] stieg rasch zur größten Partei auf. Keine andere demokratische Partei konnte mehr mit ihr konkurrieren. Die KPD jedoch wuchs zu fast gleicher Stärke. Bei den Reichstagswahlen vom November 1932 erreichte die NSDAP 1 789 Stimmen und die KPD 1 695. Mit 1 082 Wählerstimmen landete die SPD noch hinter dem Zentrum auf Position vier, vielleicht auch ein Ergebnis der schwachen Führung der Gemeinde durch den sozialdemokratischen Bürgermeister Treiber, dessen Amtsführung offenbar unter seinen häufigen Krankheiten litt, und der dafür in der NS-Presse heftig attackiert wurde.[119]

Überhaupt waren auch in den Randgemeinden Ludwigshafens die politischen Leidenschaften in der Endphase der Republik stark ›entflammt‹. Die Oggersheimer KPD griff beispielsweise nicht nur die Nationalsozialisten und den rechtskonservativen evangelischen Pfarrer schwer an, sondern auch die örtlichen Sozialdemokraten, denen die schärfste Polemik galt.[120] Der reichsweite Kampf der beiden Linksparteien fand damit auch hier seinen Niederschlag. In Oppau klagte 1932 ein SPD-Stadtrat die örtliche Polizei der politischen – rechtslastigen – Einseitigkeit an, ein Vorwurf, den diese wütend dementierte.[121]

Anmerkungen
Seite 316 und 317

118 *Geschichte der NSDAP Oggersheim bis 1933; StALu, M 332*

119 *StALu, Og. 105*

120 *›Rot-Front‹. Kampfblatt für die Werktätigen Oggersheims, Januar 1933; StALu, DS 651*

121 *StALu, Op. 2489*

122 *Bericht Rosenkranz; StALu, N. Rosenkranz, 103*

123 *Janson / Schork, S. 15f*

* *Der Oggersheimer Bürgermeister Dr. Erich Lauterbach beendete seine Karriere in der Bundesrepublik als Bürgermeister von Rothenburg ob der Tauber.*

Der um Bürgermeister Lauterbach (3. v. r. sitzend) gescharte Stadtrat von Oggersheim am Tag der Verleihung der Ehrenbürgerwürde an Hitler, 20. April 1934* [68]

Das Oppauer sozialdemokratische ›Reichsbanner‹, 1932 [69]

Das Ende der demokratisch legitimierten Gemeindeverwaltungen kam nach den Märzwahlen 1933. Der Wahlsieg der NSDAP wurde in Oggersheim mit einem Fackelzug der örtlichen NSDAP gefeiert. Am 7. März hißte die SA erstmals kurzzeitig die Fahne auf dem Rathaus der Stadt. In der Nacht zum 10. März 1933 übernahm der Nationalsozialist Ritter von Epp die Regierungsgewalt in Bayern. Am Morgen darauf wurde erneut – unter großem Volksauflauf – die Nazi-Fahne auf dem Oggersheimer Rathaus gehißt. Selbst im kleinen Maudach kam es am 11. März gegen 12 Uhr zur formalen ›Machtergreifung‹: „Ein Trupp SA und Stahlhelm zog von der Wirtschaft ›Zum Saalbau‹ unter Vorantritt eines Trommler- und Pfeifenkorps durch die Kreuz- und Kirchenstraße zum Gemeindehaus. Dort wurden die schwarz-weiß-rote Fahne und das Hakenkreuzbanner nach einer kurzen Ansprache [...] ausgehängt. Am Schlusse wurde die [...] Reichsflagge Schwarz-Rot-Gold von den SA-Leuten [...] aus dem Gemeindebüro geholt und vor dem Gemeindehaus durch Übergießen mit Benzin in Brand gebracht. Zu diesem Ereignis hatte sich eine große Anzahl von Ortseinwohnern eingefunden."[122]

Der folgenschwerste Zwischenfall ereignete sich bei der Fahnenhissung in Oppau.[123] Am Morgen des 10. März drangen handstreichartig SA- und SS-Männer in das Oppauer Rathaus ein und hißten die Hakenkreuzfahne aus einem Fenster des Erdgeschosses. Eine verstörte, fassungslose, unschlüssige Menge versammelte sich vor dem Gebäude. Der sozialdemokratische Bürgermeister Rudolf Zorn, der von den Genossen Peter Beringer und Peter Janson in das Rathaus begleitet wurde, forderte die Nationalsozialisten auf, die Fahne wieder einzuholen. Da die SA- und SS-Posten seinen Anweisungen keine Folge leisteten, kam es zu einem Handgemenge. Bei dem Versuch, die Fahne von außen herunterzureißen, wurde der Spengler Georg Hüter von einem Nationalsozialisten erschossen. „Ich sah, die Umstehenden auch, wie sich für Augenblicke die Fahne aus dem Fenster senkte, sah wie der mir gut bekannte Sozialdemokrat und Reichsbannermann Georg Hüter, 63 Jahre alt, als einziger aus der erstarrten Menschenmenge trat, ruhig, entschlossen die ersten Stufen der Rathaustreppe hinaufging, sah, wie er sich nach der

Georg Hüter [70]

Sozialdemokratisches Opfer des NS-Terrors:

Georg Hüter[124]

Georg Hüter wurde am 31. März 1870 in Groß-Bockenheim in Hessen geboren.

Nach dem Besuch der Volksschule erlernte der Arbeitersohn das Spenglerhandwerk. Auf seiner Gesellenwanderung kam er 1888 nach Oppau, wo er sich niederließ. Er heiratete und gründete eine Familie.

1902 trat Hüter der SPD bei. In den zwanziger Jahren wurde er Mitglied des neu gegründeten Reichsbanners. Außerdem war er in der Arbeitersportbewegung bei der Turnabteilung aktiv.

Als Georg Hüter am 10. März 1933 gegen die Besetzung des Oppauer Rathauses durch die Nationalsozialisten Widerstand leistete, wurde er von Hugo Schulze erschossen.

Anläßlich des 20. Todestages im Jahr 1953 brachte man zu seinen Ehren eine Gedenktafel am Rathaus an und benannte den Platz vor dem Gebäude nach ihm. In seiner Rede bei der Gedenkfeier erinnerte der ehemalige Oppauer Bürgermeister Rudolf Zorn an das mutige Eintreten des engagierten Sozialdemokraten für die Demokratie. „Der Name Georg Hüter bleibt stets mit dem Begriff Freiheit verbunden."[125]

Fahne reckte, sie aber nicht erreichte. Als er dies ein weiteres Mal, wieder vergebens, versuchte, peitschten vom Rathauseingang her drei Schüsse. Noch nicht begreifend, aber dann voller Entsetzen, sah ich Georg Hüter getroffen zusammensinken, sah ihn lautlos sterben."[126] So schilderte der Augenzeuge Günter Janson den Tathergang. Die gespannte und erregte Atmosphäre führte kurze Zeit später vor dem Gewerkschaftshaus in der Kirchenstraße zu einem weiteren Zusammenstoß zwischen Nationalsozialisten und Sozialdemokraten. Aus Wut und Empörung über Georg Hüters Ermordung verlor der Reichsbannermann Heinrich Haber die Beherrschung und verprügelte mit zwei weiteren Genossen den ersten Nationalsozialisten, der ihnen begegnete: Habers Schwager, der zwar Parteimitglied war, sich aber an der Rathausbesetzung nicht beteiligt hatte. Für diese Mißhandlungen wurden die drei Sozialdemokraten mit Zuchthausstrafen belegt. Georg Hüters Mörder wurde erst 1946 verurteilt.

Während es dem Ludwigshafener Oberbürgermeister Ecarius gelang, sein Amt über die Machtergreifung hinweg zu behalten, wurden die Amtskollegen in den Randgemeinden im Laufe des Jahrs 1933 durch Nationalsozialisten ersetzt. Der kommissarische NS-Bürgermeister Oggersheims, Kreisleiter Wilhelm Bader, geriet allerdings bei seiner eigenen Partei schon bald in Schwierigkeiten, weil er sich einer radikalen, oft auf haltlosen Denunziationen beruhenden ›Säuberung‹ der Kommunalverwaltung verweigerte, die Platz schaffen sollte für die Beschäftigung ›alter Kämpfer‹ der NSDAP. Offizieller Grund für seinen im Sommer 1933 erzwungenen Rücktritt war sein Auftreten in Parteiuniform bei der Fronleichnamsprozession.[127] In Oppau gerieten Bürgermeister Zorn, Peter Beringer, Peter Janson, Peter Trupp, Zweiter Bürgermeister und später Ludwigshafener Ehrenbürger, Fridolin Braun, Stadträtin Johanna Willer und weitere elf Sozialdemokraten sowie vier Kommunisten in ›Schutzhaft‹. Unter dem Druck der neuen Machthaber erklärten die KPD- und SPD-Stadträte ihren Austritt aus der Gemeindevertretung. Dem nach dem Gleichschaltungsgesetz vom 31. März 1933 neu gebildeten Stadtrat gehörten nur noch elf NSDAP-Vertreter und vier Abgeordnete von Zentrum und Bayerischer Volkspartei an. Letztere schieden noch vor der Selbstauflösung der Parteien am 10. Juli 1933

Anmerkungen
Seite 318 und 319

124 *Janson, Kampf; Janson/Schork, S. 20*
125 *zit. n. Janson, Freiheit, S. 47*
126 *Janson, März, S. 534*
127 *OA, 29.3.1933; Bader, S. 11*
128 *StALu, Op. 9, Op. 60/1, Op. 132; OEA, 28.4., 27.6.1933*
129 *OA, 1.4.1933*
130 *Meinzer, S. 64*
131 *Braun, S. 693*
132 *ebd., S. 693ff*
133 *Janson/Schork, S. 16*

Die Nazi-Fahne auf dem Oggersheimer Rathaus, 10. März 1933 [71]

Titelseite der Ehrenbürgerurkunde der Stadt Oggersheim für Adolf Hitler 1934 [72]

ebenfalls aus.[128] Zuvor war bereits die Arbeiterbewegung zerschlagen worden: Die Vereinslokale hatte man gestürmt, das Inventar zerstört oder an genehmere Organisationen übergeben und das Vermögen beschlagnahmt. Zahlreiche Funktionäre gerieten in Haft, und in Oggersheim mußten Anfang April 1933 „die kommunistischen Wahlaufschriften [...] von arbeitslosen kommunistischen Burschen entfernt" werden.[129] Straßen und Plätze wurden nach Hitler und Hindenburg, Schlageter und Horst Wessel benannt, die Erinnerung an Politiker der Weimarer Zeit getilgt. Ähnlich lief die ›Gleichschaltung‹ auch in den andern Randgemeinden ab. Die Deutsche Gemeindeordnung von 1935 ersetzte die gewählten Stadt- und Gemeinderäte durch die sogenannten ›Ratsherrenkollegien‹, die von den nationalsozialistischen Funktionären am Ort ernannt wurden. Sie hatten ohnehin nur noch beratende Funktion, da gemäß dem Führerprinzip die – ebenfalls bestimmten und nicht gewählten – Bürgermeister mit umfassenden Vollmachten ausgestattet wurden. Ihre Befugnisse wurden durch die Kontrolle der vorgesetzten staatlichen Aufsichtsbehörde und – viel entscheidender – das Mitspracherecht der ›Parteibeauftragten‹ eingeschränkt.[130]

„Das alte marxistische Oppau war kaum mehr zu erkennen":[131] Die Randgemeinden im Nationalsozialismus

Nach der Machtergreifung versuchten die neuen Herren, den entweder katholisch – wie Maudach – oder ›marxistisch‹ – wie Oppau – geprägten Gemeinden ihren Stempel aufzudrücken. Die überall im Dritten Reich festzustellende Politisierung des gesamten Alltags, der massive Einsatz von Propaganda fand auch hier ihren Niederschlag. Oppau[132] sei hier als Beispiel gewählt, da sich die Nationalsozialisten gerade hier der Ablehnung der Bevölkerungsmehrheit bewußt waren. Deshalb wurden zugleich mit der massiven Verfolgung jeglichen Widerstands[133] große Anstrengungen zur Feier der neuen ›Volksgemeinschaft‹ unternommen: Die Reichstagseröffnung am 21. März 1933 wurde mit „reicher" Beflaggung der Häuser, Glockengeläut beider Kirchen, Fackelzug und großer Kundgebung begangen. Ähnlich groß zog man, unter besonderer Beteiligung der NS-Betriebsgruppe des Oppauer Werks, den

WIR BÜRGERMEISTER UND STADTVERORDNETEN DER STADT OGGERSHEIM IN DER RHEINPFALZ BEKENNEN UND BEKUNDEN HIERMIT, DASS DIE STADTVERORDNETENVERSAMMLUNG IN IHRER HEUTIGEN SITZUNG
DEN VOLKSKANZLER
HERRN
ADOLF
HITLER
ANLÄSSLICH DER VOLLENDUNG SEINES
44. LEBENSJAHRES ZUM
EHRENBÜRGER
DER STADT OGGERSHEIM ERNANNT HAT.
WIR SIND STOLZ, DEN VOLKSKANZLER UNSERES VATERLANDES, DEM WIR BEDINGUNGSLOS FOLGEN, ZU DEN BÜRGERN UNSERER STADT ZÄHLEN ZU DÜRFEN. SEINE FÜHRUNG GIBT UNS IN DER WESTMARK NEUEN, STÄRKSTEN LEBENSMUT UND DIE GEWISSHEIT UNLÖSLICHER VERBUNDENHEIT MIT DEM VATERLAND.

DES ZU URKUND IST DIESER EHRENBÜRGERBRIEF MIT UNSERER UNTERSCHRIFT UND UNTER ANHÄNGUNG DES STADTSIEGELS AUSGEFERTIGT WORDEN
SO GESCHEHEN
OGGERSHEIM,
DEN 20. APRIL 1934
DIE BÜRGERMEISTER
UND DIE STADTVERORDNETEN:

Innenseiten der Ehrenbürgerurkunde mit ›Ehrentext‹, Unterschriften und Siegel [73, 74]

Oggersheimer Anzeiger

Dem Andenken Friedrich von Schillers

Erinnerungen an den Aufenthalt Schillers in Oggersheim

Die alte Stadt betont ihre historische Bedeutung: die örtliche Schillerfeier ›Oggersheimer Anzeiger‹, 1934 [75]

Wirtschaftsaufschwung: Waschmittelwerbung der Rheingönheimer Firma Woellner um 1936 [76]

Anmerkungen Seite 320 und 321

134 Braun, S. 694
135 Schultagebuch, S. 4; StALu, N. Rosenkranz, 107
136 StALu, DS L 11
137 NSZ, 17.9.1934
138 auch Maudach erhielt 1936 eine Volksbücherei; vgl. StALu, N. Rosenkranz, 68
139 Stokes, S. 273
140 Braun, S. 698
141 Wort und Zahl, Jahresrückblick 1938; StALu, DS 241/1938
142 ebd.
143 StALu, N. Rosenkranz, 103
144 StALu, ZS L 10
145 StALu, ZS L 9
146 näheres siehe im Kapitel 12 ›Groß-Ludwigshafen im Großdeutschen Reich‹
147 Braun, S. 698
148 50 Jahre Siedlung Notwende, S. 34ff

1. Mai auf. Am 13. Mai wurden auf dem Marktplatz „antideutsche Bücher" verbrannt, wobei besonders die Jugend Oppaus „dem großangelegten Akt der Vernichtung verderblicher Literatur der Städtischen Volksbücherei"[134] beizuwohnen hatte. Etwa 10% des Bestandes von 5 000 Bänden wurden verbrannt. Nach dem sommerlichen ›Fest der deutschen Jugend‹ und der Sonnwendfeier wurde das ›deutsche Erntedankfest‹ am 1. Oktober mit einem Umzug und der Übertragung von Hitlers Rede auf dem Marktplatz begangen. Bei der Volksabstimmung zum Austritt Deutschlands aus dem Völkerbund setzte man, wie das Maudacher Schultagebuch vermerkt, vor allem die Schuljugend zur Wahlpropaganda ein. Mit großen Transparenten und HJ-Fahne marschierte sie durch die Ortsstraßen, „an geeigneten Stellen wurde ein Sprechchor gesprochen und ein vaterländisches Lied gesungen."[135] Auch in den folgenden Jahren sollte der Reigen der NS-Gedenktage und Großveranstaltungen wie zum Beispiel das ›Kurpfälzische Schützenfest‹ 1934 in Oggersheim den Geist der Bevölkerung gefangennehmen.[136] Nach dem tiefen Einbruch, den die Weltwirtschaftskrise verursachte, förderten die NS-Machthaber „bewußt die Schaffung einer Volkskultur", wie die parteiamtliche ›NSZ‹ anläßlich der Eröffnung der Oggersheimer Volksbücherei 1934 feststellte.[137] Oggersheim, das zuvor aufgrund seiner extrem schlechten Finanzlage kaum aktiv geworden war, erhielt nun neben der Bibliothek noch die schon lange geplante Festhalle und ein Heimatmuseum.[138] Die gesamte Kulturarbeit wurde von der NS-Kulturgemeinde übernommen, die ›linke‹ Volksbildungsbewegung war verboten worden.

Die im wesentlichen von der NS-Agrarpolitik ausgelöste Erholung der Stickstoffproduktion[139] und die nach der Besetzung des zuvor entmilitarisierten Rheinlands ab 1936 betriebene Aufrüstung des Oppauer Werks im Zeichen des Vierjahresplans sorgten dafür, daß der Abbau der Arbeitslosigkeit in Oppau deutlich schneller gelang als etwa in Ludwigshafen selbst. Die Zahl der Arbeitslosen sank zwischen Januar 1933 und August 1936 von 1 802 auf 187, die der die Stadtkasse so belastenden Wohlfahrtserwerbslosen von 1 112 auf 15.[140] Auch in den anderen

Blick über den Teich, das Melmbad, zur Siedlung ›Notwende‹ 1936 [77]

Siedlung ›Notwende‹ Kleinhäuser im Bau um 1934 [78]

Randgemeinden verschwand durch diese ›Vorkriegskonjunktur‹ die Arbeitslosigkeit bis 1938 völlig.[141] Zum unmittelbaren Kampf gegen die Erwerbslosigkeit waren die bereits in der Weimarer Republik aufgelegten Arbeitsbeschaffungsprogramme mit finanzieller Hilfe von Reich und Land in großem Stil ausgebaut und für Straßen- und Kanalbauten genutzt worden.[142] Maudach begann erst jetzt – 1936/37 – mit dem Anschluß an die Wasserversorgung der Stadt Ludwigshafen und der Anlage einer Kanalisation,[143] Oggersheim richtete in diesen Jahren erstmals eine Müllabfuhr ein. Auch wurde der schon lange geplante ›Durchbruch‹ neben dem Rathaus mit dem Abriß der seit Jahrzehnten fremdgenutzten alten Reformierten Kirche vollzogen.[144] Oppau plante ein im Stil der Zeit gehaltenes geradezu riesenhaftes Rathaus, das aber nie gebaut wurde.[145]

Ihren dauerhaftesten baulichen Niederschlag fand die NS-Ära in den Randgemeinden in den Kleinhäusersiedlungen, die in der Endphase der Weimarer Republik als Selbsthilfeprojekte für Arbeitslose begonnen bzw. projektiert worden waren. Die nationalsozialistischen Gemeindeverwaltungen bemächtigten sich sofort dieser Ansätze und stellten die Kleinsiedlungen als Produkte der neuen ›Volksgemeinschafts‹-Ideologie dar.[146]

So entstand in Oppau neben einigen anderen Projekten seit 1933 auf teilweise durch Enteignung erworbenem Gelände eine nach dem Leiter des pfälzischen Siedlungswerkes, dem Gaubetriebszellenleiter Claus Selzner, benannte Siedlung mit 100 Häusern.[147] Sie wurde nach dem Zweiten Weltkrieg in ›Rheinsiedlung‹ umgetauft und ist mittlerweile im Werksgelände der BASF aufgegangen. Auch in Rheingönheim, Maudach und Ruchheim wurden kleinere Siedlungskomplexe angelegt.

Die größte Siedlung entstand in Oggersheim.[148] Die Gewanne ›Im Melm‹ wurden 1933 als weniger ertragreiches Ackerland für ihren Bau ausgewählt. Das Pfälzische Siedlungsamt verhandelte nicht nur mit der Stadt Oggersheim sondern auch mit den regionalen Wirtschaftsunternehmen über eine Beteiligung. Die I. G. Farbenindustrie, bei der der Werkswohnungsbau eine lange Tradition besaß, griff den Gedanken der

Stammarbeitersiedlungen bereitwillig auf. Zur Realisierung des Projektes wurde die ›Gemeinnützige Siedlungsgesellschaft I. G. (Gesiege)‹ gegründet, die sich um die Auswahl der Siedler, die Finanzierung und die Erbauung der Siedlungen sowie die Siedlerbetreuung kümmerte. Die Siedlung sollte im Selbsthilfebau der für diese Aufgabe freigestellten Stammbelegschaftsmitglieder entstehen.[149] Ein Dreivierteljahr nach dem ersten Spatenstich im Frühjahr 1934 war der erste Bauabschnitt beendet: zehn Doppelhäuser für die städtischen Erwerbslosen, die ersten 44 Häuser der I. G.-Siedlung, elf Häuser der Korksteinfabrik Grünzweig & Hartmann, sechs der Ludwigshafener Walzmühle und fünf des Chemieunternehmens Benckiser konnten bezogen werden. Am zweiten Bauabschnitt beteiligten sich auch die Firma Sulzer sowie die Oggersheimer Brauereien ›Gebrüder Mayer‹ und ›Feldschlößchen Heinrich Treiber‹.

Alle Haustypen, Doppelhäuser, Einfamilienhäuser und die kleinen ›Behelfshäuser‹, waren mit Garten und Stallgebäuden versehen, denn die Siedlerstelle sollte als ›Wirtschaftsheimstätte‹ dienen. Die einfach ausgestatteten Häuser waren zwar an die Stromversorgung angeschlossen, aber der Gasanschluß fehlte und die Wasserleitung wurde erst 1937 gelegt. Da die Straßen in dem sumpfigen Gebiet nicht asphaltiert waren, war es üblich, daß die Siedler beim Gang in die Stadt ein Paar Ersatzschuhe mit sich führten. Die schlammverkrusteten Schuhe konnten sie beim Schrankenwärter am Buschweg deponieren.[150] Die Teilhabe an den neuesten „Segnungen der Zivilisation" war auch nicht das vorrangige Ziel des Siedlungsprogrammes, sondern gemäß der nationalsozialistischen Blut- und Boden-Ideologie bekamen die Siedler die Möglichkeit, die düsteren und schmutzigen Wohnungen in den Mietskasernen der Großstadt gegen „Freiheit, Licht, Luft und Sonne"[151] auf der eigenen Scholle einzutauschen. Die Einrichtung einer Gaststätte, eines Lebensmittelladens, eines Friseurgeschäftes, einer Bäckerei und die Eröffnung des Melmschwimmbades verbesserten einerseits die Infrastruktur und förderten andererseits das Gemeinschaftsleben, dem eine zentrale Rolle im Siedlungskonzept zukam.

Die mittlerweile größte Werkssiedlung Deutschlands[152] erhielt 1936 den programmatischen Namen ›Notwende‹.

Ein zeittypisches Kuriosum ist die Anpflanzung von Maulbeerbäumen für die Seidenraupenzucht im Jahr 1937. Die aus wehrwirtschaftlichen Gründen Autarkie anstrebenden Nationalsozialisten versuchten auf diese Weise, den Bedarf an Naturseide für die Fallschirmherstellung zu sichern.[153]

Widerstand, Verfolgung und Anpassung

Angesichts der rigiden Kontrollmechanismen der NS-Machthaber lassen sich nur schwer Aussagen über die tatsächliche Haltung der Bevölkerung zum Regime machen. Verfolgung und Vernichtung oppositioneller Regungen einerseits und die allgegenwärtige Propaganda, der wirtschaftliche Aufschwung sowie das breitgefächerte soziale und kulturelle Angebot des NS-Staates und der Gemeindeverwaltungen – Büchereien, Bäder, KdF-Reisen etc. – andererseits verfehlten sicherlich ihre Wirkung nicht. Dennoch waren kaum alle früheren Gegner zu Anhängern geworden. Gewisse Aufschlüße geben die Ergebnisse der Volksabstimmungen und ›Reichstagswahlen‹.

Anmerkungen
Seite 322 und 323

149 *Stammarbeitersiedlung, S. 5*
150 *vgl. 50 Jahre Siedlung Notwende, S. 53*
151 *NSZ, 25. 1. 1934*
152 *GA, 19. 7. 1935*
153 *vgl. 50 Jahre Siedlung Notwende, S. 58f*
154 *nach den Zahlen in der zeitgenössischen Presse*
155 *StALu, N. Rosenkranz, 68*
156 *Fandel, S. 424*
157 *Fandel, S. 423*
158 *zit. n. Wetzler, Bd. 2, S. 76*

Nein- und ungültige Stimmen bei Wahlen 1933—1936 in %[154]

	Nov. 1933	Hitler Staatsoberhaupt Aug. 1934	Reichstags- ›Wahl‹ März 1936
Maudach	5,7	10,1*	0,2
Oggersheim	5,8	7,7	0,4
Oppau	2,3	1,0	0,0
Rheingönheim	1,6	9,3	0,7
Ruchheim	2,1	5,2	0,3

* Wahlbeteiligung 93,3%

1933 und 1934 wagte zum Teil noch eine beträchtliche Zahl von Wahlberechtigten, der Einheitsliste der NSDAP und der Erhebung Hitlers zum Staatsoberhaupt nach dem Tod Hindenburgs ihre Zustimmung zu versagen. Beispielsweise erschienen bei der Volksabstimmung vom 19. August 1934 fast 7% der Maudacher Bürger nicht an den Urnen. 1936 war die Kontrolle von Staat und Partei dann so stark, daß sich Opposition nicht mehr äußern konnte – ein Zustand, der im ehemals ›marxistischen‹ Oppau offenbar schon Ende 1933 erreicht worden war. In Maudach jedoch wurde noch im März 1937 bei der Abstimmung über die Einführung der Gemeinschaftsschule die Distanz der katholischen Einwohner des Ortes zum Regime deutlich: 14% der Stimmberechtigten brachten den Mut auf, gegen die Maßnahme zu votieren.[155]

Weiter differenziert wird das Bild bei der Betrachtung einzelner gesellschaftlicher Gruppen – Widerstand und Vereinnahmung finden sich in bunter Mischung überall: Das immer noch stark bäuerlich geprägte protestantische Ruchheim erwies sich schon 1930 als überaus anfällig für die Propaganda der NSDAP, und auch auf Seiten der evangelischen Pfarrerschaft der Randgemeinden gab es durchaus Sympathien für das neue Regime, umso mehr, als es sich zu Beginn ja recht kirchenfreundlich zeigte. Der oben erwähnte Oppauer Pfarrer Stöppler wurde zum herausragendsten Exponenten der NS-treuen Pfarrerschaft im Ludwigshafener Umland und blieb trotz wachsender Enttäuschung über den immer kirchenfeindlicheren Kurs der NSDAP bei seiner Haltung. Auch der seit 1937 in Rheingönheim amtierende Pfarrer Kuntz war Anhänger der ›Deutschen Christen‹ und des Nationalsozialismus. Sein katholischer Amtskollege Wilhelm Caroli hingegen, obgleich durchaus kein Verfechter der Weimarer Demokratie,[156] zeigte sich als kompromißloser Gegner des NS-Regimes – und bezahlte seine aufrechte Haltung mit dem Leben. 1933 machte ihm die Rheingönheimer NSDAP ein unfreiwilliges Kompliment, als sie feststellte, daß ihre Bemühungen, die katholische Bevölkerung des Ortes für den Nationalsozialismus zu gewinnen, durch Carolis Wirken zum Scheitern verurteilt waren.[157] Auch in Oggersheim bot gerade die Wallfahrt wiederholt Gelegenheit zu offen ausgetragenen Konflikten zwischen Staat und Katholizismus. So prangten bei der Jungmännerwallfahrt 1935 über den Einfallstraßen nach Oggersheim große Transparente mit Aufschriften wie „Es gibt nur eine Jugend, die HJ!" oder „Quertreiber sind hier unerwünscht."[158] Die eng mit der Sozialdemokratie verbundene Freireligiöse Gemeinde in Oppau, die 1933 wie alle ihre Schwesterorganisationen in Bayern verboten worden war, suchte sich 1934 mit dem Versuch des Anschlusses an die

Geschäftsboykott der jüdischen ›Edelweiß-Öl-Gesellschaft‹ in Oggersheim April 1933 [79]

nationalsozialistische ›Deutsche Glaubensbewegung‹ zu retten. Das Bezirksamt Frankenthal verbot jedoch die Betätigung der ehemaligen Freireligiösen, da sie fast ausschließlich als ›Marxisten‹ eingestuft wurden.[159] Und während die offizielle Arbeiterbewegung nach der Machtergreifung sofort ein Opfer der NS-Verfolgung wurde, wechselten eine Reihe von Anhängern der Linksparteien die Fronten.[160]

Die jüdischen Mitbürger der Randgemeinden hatten allerdings keinerlei Chancen, der vom Rassenwahn gespeisten Verfolgung zu entgehen. Durch Boykottmaßnahmen, Diskriminierung und Entrechtung wurde das Leben der jüdischen Bevölkerung immer stärker eingeschränkt. Eine Reihe von Juden emigrierte, so daß 1938 in Rheingönheim nur noch 25, in Ruchheim lediglich noch sieben ältere Menschen jüdischen Glaubens lebten. Die Alten wollten ihre Heimat nicht verlassen. So erklärte der Ruchheimer Jakob Leva: „Ich habe niemand etwas getan. Warum soll ich weggehen?"[161] Jakob Leva erzählte seinen wenigen verbliebenen Ruchheimer Freunden immer wieder von den Demütigungen, die er von anderen Einwohnern des Dorfes zu erleiden hatte, „wobei er keine Namen nannte."[162] Die Reaktion der nichtjüdischen Umwelt reichte von vereinzelten Hilfeleistungen über Gleichgültigkeit bis zur Verfolgung. Während des verharmlosend ›Reichskristallnacht‹ genannten Pogroms wurde die Ruchheimer Synagoge am 10. November 1938 verwüstet. Die Ehefrau Levas und seine 90jährige Schwiegermutter wurden im Gemeindehaus festgehalten, während man ihre Wohnung plünderte. „Auf dem Weg zum Gemeindehaus hatten die beiden Frauen weinend um Erbarmen gefleht, man möge sie in ihrer Wohnung belassen. Klara Leva soll gesagt haben: ‚Ihr werdet mich doch nicht aus dem Haus jagen, ich hab' doch auch Gold fürs Vaterland gegeben' – wobei sie auf die eiserne Brosche wies, die sie als Anerkennung für eine geleistete Geldspende im Ersten Weltkrieg erhalten hatte."[163] In der Nacht zuvor hatte, nach dem Bericht eines jüdischen Zeitzeugen, ein SA-Mann ihn vor der bevorstehenden Zerstörung gewarnt und ihm so die Rettung der Thora-Rolle ermöglicht. Die Rheingönheimer Judenschule, die auch als Bethaus gedient hatte, blieb unzerstört, da sie schon im März 1938 an die politische Gemeinde verkauft worden war. Im

Anmerkungen
Seite 324 und 325

159 *Fandel, S. 551, Anm. 242*
160 *Fandel, S. 551, 425. So trat ein ehemaliger Kommunist etwa in Rheingönheim in die Reihen der regime-gesteuerten Demonstranten gegen Pfarrer Caroli.*
161 *zit. n. Barth, Juden, S. 9*
162 *zit. n. Kukatzki, S. 48*
163 *Kukatzki, S. 49f*
164 *StALu, M 245*
165 *vgl. StALu, Op. 8; Og. 7, Og. 72 / 8; LUN 88, LUN 89; Aderhold*
166 *StALu, Op. 8*

Kinder plündern nach der Zerstörung der Ruchheimer Synagoge November 1938 [80]

Zuge der ›Arisierung‹ mußten die Inhaber des ›Grünen Fabrikels‹ ihre Firma verkaufen. Die noch in den Umlandgemeinden verbliebenen Juden wurden in der ›Wagner-Bürckel-Aktion‹ am 22. Oktober 1940 in das südfranzösische Lager Gurs deportiert. Hunger und Seuchen forderten dort viele Opfer. Ab 1942 wurden die in Gurs Inhaftierten in die Vernichtungslager im Osten gebracht, wo sie ermordet wurden. Unter ihnen war auch der Mitinhaber des kleinen Rheingönheimer Chemiebetriebs, Dr. Franz Schweizer, der im Vertrauen auf sein im Ersten Weltkrieg erworbenes Eisernes Kreuz aus den USA nach Deutschland zurückgekehrt und geblieben war.[164]

Der Weg zu ›Groß-Ludwigshafen‹[165]

Die Finanzmisere der Randgemeinden Ludwigshafens und ihre dadurch bedingte Abhängigkeit von den Versorgungs- und Verkehrseinrichtungen der Großstadt einerseits sowie der Raumbedarf der expandierenden Industriestadt andererseits hatten bereits zur Eingemeindung Friesenheims 1892 und Mundenheims 1899 geführt. 1902 trat das stark verschuldete Oggersheim mit dem Wunsch nach Angliederung an Ludwigshafen heran. Ludwigshafen, das der Aufnahme von Eingemeindungsverhandlungen mit Rheingönheim größere Priorität beimaß, vertröstete die kleine Nachbarstadt. Ludwigshafen bot nur den Anschluß an die städtische Wasser- und Gasversorgung an. Die erste der beiden Offerten wurde angenommen, in puncto Gasversorgung entschloß sich Oggersheim zum Bau eines eigenen Gaswerkes.

1911 wandte sich Ludwigshafen erneut mit Eingemeindungsabsichten an Rheingönheim. Die Verflechtung zwischen den beiden Orten war eng: Ludwigshafen belieferte die Gemeinde mit Wasser, Strom und Gas, seit 1907 gab es eine Straßenbahnlinie von Ludwigshafen nach Rheingönheim. Das traditionsreiche Chemieunternehmen Giulini lag teils auf Ludwigshafener und teils auf Rheingönheimer Gebiet. Dennoch lehnte der Rheingönheimer Gemeinderat einen politischen Zusammenschluß mit der Großstadt ab. Auch das zu Wohlstand gekommene Oppau, dessen Grundsatz „Selbständigkeit über alles"[166] war, hatte nicht das geringste Interesse an einer Vereinigung mit Ludwigshafen.

›Heldengedenktag‹ vor der Ruchheimer protestantischen Kirche, 1940 [81]

Kreuz und Hakenkreuz in konfliktträchtigem Nebeneinander: Prozession anläßlich des silbernen Priesterjubiläums des Maudacher Pfarrers Anslinger August 1934 [82]

Die Belastung der Gemeindefinanzen durch die notwendig gewordene Anstellung eines Berufsbügermeisters bewog Oggersheim 1920 erneut dazu, einen Vorstoß bei Ludwigshafen wegen der Eingemeindung zu wagen. Da Ludwigshafen nicht gewillt war, dem Nachbarort den Ausbau seiner Infrastruktur in Form von Stromanschluß, Kanalisation und Straßenbau zu finanzieren, zeigte es wenig Entgegenkommen. Der Oggersheimer Stadtrat beschloß daher, „vorläufig von weiteren Verhandlungen abzusehen."[167] In Oppau und Rheingönheim dagegen stießen Ludwigshafens Eingemeindungswünsche nach wie vor auf keine Gegenliebe. Es bestanden Ressentiments gegen die als ›Emporkömmling‹ empfundene Industriemetropole. Ludwigshafens Eingemeindungsbestrebungen waren in den zwanziger Jahren aussichtslos, da der Bayerische Landtag die Angliederung ländlicher Gebiete an Großstädte in der Krisenzeit ablehnte. Eine Anfrage im Bayerischen Landtag 1928 zur Ändrung der Gemeindegrenzen im Raum Ludwigshafen-Frankenthal führte zur Diskussion der Eingemeindungsfrage in der Presse, die die Fronten weiter verhärtete.

Anmerkungen
Seite 326 und 327

167 OA, 5.10.1920

168 zu Caroli vgl. Fandel, S.417ff; Wetzler, Bd. 1

Opfer des kompromißlosen Widerstands gegen den Nationalsozialismus:[168]

Wilhelm Caroli

Wilhelm Leo Josef Caroli wurde am 7. April 1895 in Saarlouis im Bistum Trier als Sohn des Gerichtsobersekretärs Adolf Caroli und seiner Frau Katharina geboren.

Wie seine beiden älteren Brüder August und Adolf fühlte auch er sich zum Priesteramt berufen und trat nach dem Ersten Weltkrieg, an dem er als Sanitätsunteroffizier teilgenommen hatte, in das Priesterseminar Trier ein. 1920 mußte der Priesteramtskandidat nach Speyer wechseln. Am 12. März 1921 wurde Wilhelm Caroli von Bischof Dr. Ludwig Sebastian zum Priester geweiht. Nachdem er als Kaplan in Ludwigshafen, Grünstadt und Kusel gewirkt hatte, übernahm er am 1. Dezember 1926 die Pfarrei Rheingönheim.

Bereits in der Weimarer Republik griff Caroli als Schriftleiter des Katholischen Kirchenblattes die Nationalsozialisten scharf an. Der eigenwillige Mann war kein Befürworter der Demokratie, sondern lehnte die NSDAP „sowohl aus weltanschaulichen Motiven als auch vor allem wegen seines ausgeprägten Rechtsbewußtseins" ab. Nach der Machtergreifung wurde er vom Ortsgruppenleiter wegen seiner „Wühltätigkeit" gegen die nationalsozialistische Bewegung verwarnt. Die von der Gauleitung Neustadt am 21. Juni 1933 angesetzte „Schutzhaft" unterblieb. Wenige Tage später jedoch wurde der Geistliche nachts vor dem Pfarrhaus überfallen und bewußtlos geschlagen, so daß er ins Marienkrankenhaus eingeliefert werden mußte. Seine von den Nationalsozialisten geforderte Versetzung lehnte Caroli ab. Aber Bischof Sebastian, gegen den der Pfarrer seit Ende der zwanziger Jahre einen Rechtsstreit führte, entzog ihm die Schriftleitung des Katholischen Kirchenblattes. Im Jahr 1935 wurde der den Rückhalt seiner Gemeinde besitzende Seelsorger, der die NSDAP durch Verstöße gegen das Flaggengesetz reizte, erneut Opfer des nationalsozialistischen Terrors. Am 8. Juli fand eine von den Nationalsozialisten initiierte Demonstration gegen Caroli statt. Im Anschluß an die Kundgebung drangen die ›Demonstranten‹ in Pfarrsaal, Kirche und Pfarrhaus ein, wo sie das Mobiliar zertrümmerten und die Kirchenfahnen verbrannten. Während die Gewalttäter ungeschoren davon kamen, wurden sieben Katholiken, die während der Ausschreitungen die Kirchenglocken geläutet hatten, verhaftet. Zwei Tage nach dem Vorfall erteilten das Bezirksamt und die Gestapo-Außenstelle Ludwigshafen Caroli einen Ortsverweis. Der Geistliche versuchte von Mundenheim und später von Mannheim aus, seine Pfarrei weiterzuführen. Um diesen unhaltbaren Zustand zu beenden, wurde der Seelsorger, der nicht zum Verzicht auf die Rheingönheimer Pfarrstelle bereit war, am 18. Oktober 1937 seines Amtes enthoben. Im Juni des Jahres war der keine Auseinandersetzung mit dem Nazi-Regime scheuende Pfarrer vom Sondergericht Frankenthal wegen fortgesetzten Vergehens gegen das Flaggengesetz, Vergehens gegen das Heimtückegesetz, übler Nachrede, falscher Anschuldigung und Beleidigung zu acht Monaten Gefängnis und einer Geldstrafe von 50 Reichsmark verurteilt worden. Nach der Verbüßung der Haftstrafe zog Caroli, der seit dem 7. April 1937 mit einem Aufenthaltsverbot für die Pfalz und das Saarland belegt war, zu seinen als Pfarrer tätigen Brüdern in den Raum Mayen. Er schrieb das Buch ›Heiliges Mutterland‹ und vertrat Kollegen.

Nach einer Predigt gegen die Euthanasie wurde Caroli im Oktober 1941 wegen ›Kanzelmißbrauchs‹ verhaftet und am 18. Februar 1942 ins KZ Dachau überstellt. Dort starb der durch die Haftbedingungen geschwächte Mann in der Nacht vom 22. auf den 23. August 1942 an den Folgen eines Darmkatarrhs. Seine zunächst in der Eifel aufbewahrte Urne wurde 1996 in der Vorkapelle der Rheingönheimer Pfarrkirche beigesetzt. Die Kapelle, die an der Rheingönheimer St. Josefskirche gelegene Straße und das Pfarrheim der Gemeinde wurden nach dem unbeugsamen Geistlichen benannt.

Wilhelm Caroli [83]

Im ›Dritten Reich‹ brachte die von dem Ludwigshafener Oberbürgermeister Fritz Ecarius Anfang des Jahres 1935 herausgegebene Denkschrift ›Ludwigshafen am Rhein – Stadt ohne Raum‹ die Eingemeindungsbemühungen wieder in Gang. In der Tat war Ludwigshafen die dichtbesiedeltste deutsche Großstadt: Aufgrund des starken Bevölkerungswachstums auf mittlerweile 108 000 Einwohner bei einer seit

Maudach, um 1933 [84]

Anmerkungen Seite 328 und 329

169 Aderhold, S. 77 und 83ff
170 Aderhold, S. 93
171 StALu, Og. 5

1899 gleichgebliebenen Gemarkungsfläche von 2 175 ha hatte der Ort eine Bevölkerungsdichte von 49 Personen pro Hektar erreicht. In der Nachbarstadt Mannheim, die eine Reihe von Eingemeindungen durchgeführt hatte, lag – im Vergleich dazu – die Bevölkerungsdichte pro Hektar bei 19,2 Einwohnern. 2 000 Wohnungen fehlten, fast ebensoviele waren renovierungsbedürftig. Platz für Grünanlagen war so gut wie nicht vorhanden. Da Eingemeindungen aufgrund der Intervention des Reichsbauernführers Walter Darré, der den ›Reichsnährstand‹ schützen wollte, seit 1935 erschwert worden waren, betonte Ludwigshafen, um die strengeren Auflagen zu erfüllen, die wirtschaftliche, kulturelle und soziale Verflechtung der vier avisierten Gemeinden Maudach, Oggersheim, Oppau und Rheingönheim mit der Chemiemetropole.[169] Die Ludwigshafener Stadtväter beklagten, daß die Stadt ungerechterweise allein die Lasten für gemeinschaftlich genutzte Einrichtungen wie das Krankenhaus oder die Mittelschulen tragen müsse. Mit einer pro-Kopf-Verschuldung von 278 Reichsmark war Ludwigshafen im Vergleich zu den vier Nachbarorten die am stärksten in der Kreide stehende Gemeinde. Dank des Stickstoffwerkes der I. G. Farben war Oppaus Vermögen im Verhältnis zur Einwohnerzahl gesehen weitaus größer als das Ludwigshafens. Die Stadt verfügte über eine moderne Infrastruktur und unterhielt sogar ein Strandbad. Mit dem Luxus, selbst Feldwege zu asphaltieren, erregte Oppau den Neid seiner Nachbarn. Zur gleichen Zeit gab es z. B. in Rheingönheim noch keine Müllabfuhr und in Maudach fehlte die Kanalisation. „[Es …] läßt sich der Schluß ziehen, daß Ludwigshafen die Eingemeindung der drei vergleichsweise mäßig begüterten Orte Oggersheim, Rheingönheim und Maudach betrieb, um sich auszudehnen, während bei der Eingemeindung Oppaus finanzielle Gründe am stärksten hervortreten."[170]

Ludwigshafens Antrag auf Grenzänderungen gegen Maudach und Oggersheim am 26. Februar 1935 weckte die Gegenwehr der Kleinstadt Oggersheim, die sich zuvor jahrelang um eine Eingemeindung bemüht hatte. Der Gemeinde gelang es zwar, die Durchführung des Antrages zu

Oggersheim, 1920er Jahre [85]

verzögern, aber nicht ihn zu verhindern. Ludwigshafens Pläne beunruhigten auch Rheingönheim. Zu Recht, denn das an die Versorgungseinrichtungen der Großstadt angeschlossene Dorf stand auf der Ludwigshafener Wunschliste ganz oben.

Nicht nur im Fall Rheingönheims begannen nun langwierige Verhandlungen Ludwigshafens mit den zuständigen Dienststellen über die Köpfe der betroffenen Gemeinden hinweg. Die nur gerüchteweise informierten Kommunen, die allesamt eine Einverleibung ablehnten, versuchten ihrerseits, bei den staatlichen Behörden und Parteigliederungen der NSDAP Fürsprecher für ihren Standpunkt zu finden. So führte man die historische Tradition und die gewachsene Identität der Gemeinden als Argumente für die Unabhängigkeit der Orte ins Feld oder appellierte an die Blut- und Boden-Ideologie des Nationalsozialismus: „Es wäre nicht im Sinne des neuen kulturellen Aufbaus, die Selbständigkeit einer geschichtslosen, in einigen Jahrzehnten aus dem Boden geschossenen Stadt, die jeglichen Reizes und städtebaulicher Eigenart entbehrt, zu opfern [...]. Nie mehr dürfen Stätten geschaffen werden, wie sie leider nun einmal die Großstädte sind, wo Sitte und Brauchtum des Deutschen Volkes verloren gehen. Die Großstadt würde [...] eine Entwurzelung bringen [...]."[171]

Erbitterster Gegner der Ludwigshafener Eingemeindungspolitik war Oppau. Die Oppauer befürchteten, daß die Gemeinde nach dem Anschluß an Ludwigshafen von einer wohlhabenden und gut ausgebauten Stadt zu einem schlecht behandelten Vorort an der Peripherie herabsinken würde. Der Kommune würden eine Reihe finanzieller Nachteile entstehen. Beispielsweise sei mit der Erhöhung der Bürgersteuer um 600% und der Wiedereinführung der in Oppau abgeschafften Getränkesteuer zu rechnen. Ein Ratsherr, der zu den schärfsten Opponenten des Anschlusses Oppaus an Ludwigshafen gehörte, trat die Flucht nach vorn an. Er schlug die Eingemeindung Ludwigshafens nach Mannheim vor. „Auch ich bemühe mich diese ganzen Fragen nicht von einem engstirnigen Schildbürgerstandpunkt zu beurteilen. Nach meiner Ansicht ist eine

Rheingönheim, im Vordergrund die Woellnerwerke, 1930/31 [86]

Eingemeindung von Ludwigshafen nach Mannheim vordringlich und wird auch kommen müssen. [...] Die kulturelle, wirtschaftliche und bevölkerungspolitische Lage Ludwigshafens wird sich nur im Verein mit Mannheim, nicht gegen Mannheim bessern lassen."[172] Das zum Bezirksamt Frankenthal gehörende Oppau versuchte auch mit einer Annäherung an die Stadt Frankenthal, die drohende Eingemeindung nach Ludwigshafen abzuwenden. Das Interesse an der ›Mitgift‹ des reichen Oppaus und die Sorge vor der Übermacht Ludwigshafens machten Frankenthal zu Oppaus Verbündetem. Im Februar 1937 plante man den Bau eines gemeinsamen Schlachthofes. Als diese Bemühungen fehlschlugen, unternahm Oppau, dem mit der Abtrennung der I. G. Farben oder Edigheims gedroht worden war, den Versuch, sich seine Unabhängigkeit zu erkaufen. „Die im Geld schwimmende Stadt" bot dem „engen, armen"[173] Ludwigshafen an, Zugeständnisse bei der Verteilung der Körperschaftsteuer zu machen, das Strandbad abzugeben und nahe Friesenheim liegende Grundstücke auszumarken. Dieses bei Licht besehen nicht allzu großzügige Angebot wurde jedoch abgelehnt.

Mit einem Machtwort beendete Gauleiter Bürckel Anfang Oktober 1937 bei einer Sitzung mit den betroffenen Parteien in Neustadt die schleppenden Eingemeindungsverhandlungen. „Bei dieser Besprechung ergriff der Gauleiter der NSDAP das Wort und betonte u. a., daß er das Zustandekommen der Eingemeindungen aus politischen Gründen wünsche. Er verließ hierauf den Saal. [...] Nicht nur, daß die geladenen Bürgermeister und Ratsherren keine Gelegenheit hatten, zu dem Problem überhaupt Stellung zu nehmen, wurde ihnen eine Niederschrift vorgelegt, nach der sie die Eingemeindung beantragen sollten."[174] Nach einem letzten Sträuben folgten Oppau und Oggersheim am 14. Oktober 1937 dem ›Wunsch‹ des Gauleiters.[175] Rheingönheim und Maudach lenkten erst Ende November ein. Aber auch gegen den Willen der betroffenen Gemeinden wären die Eingemeindungen nach der Deutschen Gemeindeordnung von 1935 rechtskräftig gewesen. Am 8. Februar 1938

Anmerkungen Seite 330 und 331

172 StALu, Op. 8

173 ebd.

174 ebd. Während die Sitzung in den Oppauer Quellen auf den 3. Oktober 1937 datiert wird, ist in den Oggersheimer Beständen von einer Besprechung mit dem Gauleiter und den vier Gemeinden am 4. Oktober 1937 die Rede. Da der 3. Oktober 1937 ein Sonntag war, kann davon ausgegangen werden, daß das Treffen in Neustadt am 4. Oktober 1937 stattfand.

175 Über den Zeitpunkt der Zustimmung der Stadt Oggersheim finden sich in den Quellen widersprüchliche Angaben. Laut dem Oppauer Stadtratsprotokoll vom 8. Oktober 1937 unterschrieb der Oggersheimer Bürgermeister die Entschließung noch während der Besprechung mit dem Gauleiter in Neustadt am 3. Oktober 1937 (s.o.); bei der Lektüre der entsprechenden Oggersheimer Archivalien entsteht jedoch der Eindruck, daß Bürgermeister Lauterbach auch erst am 14. Oktober 1937 zustimmte

176 Barth, Ruchheim, S. 92

177 zu den Zahlen vgl. Kapitel 14 ›Der Tod über der Stadt‹

Das ländliche Ruchheim
Blick auf das Hofgut, rechts
1958 [87]

verfügte der Reichsstatthalter in Bayern, Ritter Franz von Epp, daß die Gemeinden Maudach, Oggersheim, Oppau und Rheingönheim mit Wirkung vom 1. April 1938 der Stadt Ludwigshafen einverleibt wurden. Die früher ausgehandelten Eingemeindungsbedingungen waren zusammengestrichen worden und vom Ermessen Ludwigshafens abhängig.

Durch die Eingemeindungen verdreifachte sich Ludwigshafens Gemarkungsfläche, seine Bevölkerung stieg um 30% und sein Reinvermögen nahm zu. Mit einer unter dem Motto ›Wir gehören zusammen‹ stehenden Festwoche wurden die Eingemeindungen gefeiert. Höhepunkt der Veranstaltungen war der historische Festzug ›Von der Rheinschanze zur Großstadt Ludwigshafen am Rhein‹.

Nach dem Zweiten Weltkrieg bemühte sich Oppau vergeblich darum, wieder ausgemeindet zu werden. Auch der in Rheingönheim kursierende Spruch ›Von Oppau kam das Geld, von Rheingönheim das Feld‹ zeigt, daß noch Animositäten bestanden. Ein halbes Jahrhundert später war die Integration der Vororte jedoch längst gelungen.

Ruchheim und seine Eingemeindung

Nach 1938 war allein Ruchheim von allen heutigen Stadtteilen noch nicht eingemeindet. Trotz seines ländlichen Charakters wurde das Dorf vom Krieg in Mitleidenschaft gezogen. 265 Männer mußten zur Wehrmacht einrücken, ihren Platz nahmen ab 1940 Hunderte von Kriegsgefangenen und Fremdarbeitern aus West- und Osteuropa ein, von denen vor allem das große Bürklin-Wolffsche Hofgut sehr viele beschäftigte. In bleibender Erinnerung blieb Marcel Baroffio, ein französischer Kriegsgefangener, der als Sanitäter für seine Landsleute wirkte und sich als Ordensgeistlicher nach dem Krieg besonders für die deutsch-französische Verständigung einsetzte.[176] Bis Kriegsende blieben 17% der männlichen Bevölkerung von 1939 auf den Schlachtfeldern zurück, und Luftangriffe hatten 4% der Gebäude des Ortes völlig zerstört; 5% der Bauten waren schwer und 31% leicht beschädigt.[177]

Ernte 1958 [88]

Ernte 1929 [89]

In der unmittelbaren Nachkriegszeit wurde Ruchheim einmal mehr – wie schon während und nach dem Ersten Weltkrieg – zum Ziel von ›Hamsterfahrten‹ der Stadtbewohner. „Hungrige, Bettler, Stoppler und solche, die sich durch Diebstahl oder gar Gewalt etwas verschaffen wollten, brachten die Landwirte in schwierige oder gar gefährliche Situationen. Es gab viele nächtliche Einbrüche durch Banden." [178] Mit der Währungsreform normalisierten sich die Verhältnisse wieder.

In den folgenden Jahrzehnten erlebte Ruchheim einen tiefgreifenden sozialen Wandel.[179] Waren 1939 bzw. 1950 noch 53,2% bzw. 47,9% aller Erwerbstätigen in der Landwirtschaft tätig, sank dieser Prozentsatz bis 1970 auf nur noch 16,7%. Der bei weitem größte Teil der Beschäftigten (56,4%) arbeitete in jenem Jahr bereits in Industrie und Handwerk, und auch die Zahl der in Handel und Dienstleistungen Tätigen übertraf schon deutlich die derjenigen im Agrarbereich. Zeichen der Zeit war die 1964 erfolgte Schließung des Bürklin-Wolffschen Hofgutes, das von der BASF-Wohnungsbaugesellschaft übernommen wurde. Insgesamt sank die Zahl der Kleinlandwirtschaften deutlich, denn nur die größeren Höfe erwiesen sich als überlebensfähig.[180] Ebenso drastisch veränderte sich die landwirtschaftliche Produktion, die vor allem auf Gemüsebau mit Unterglasbau für den Markt der benachbarten Großstadtregion umgestellt wurde. Die traditionelle Mischwirtschaft verschwand. Die Ende der 1950er Jahre durchgeführte Flurbereinigung führte zur Gründung von 16 ›Aussiedlerhöfen‹ auf der Gemarkung, d.h., von aus dem Dorfkern ausgesiedelten bäuerlichen Anwesen. Die zunehmend mechanisierte und modernisierte Landwirtschaft verlangte mehr Raum.[181]

In den 1960er Jahren begannen einige wenige größere Handels- und mittelständische Industriebetriebe sich im Ort anzusiedeln.

Die Bevölkerung Ruchheims vermehrte sich von 1570 im Jahr 1950 auf 2486 im Jahr 1973. Und sie wandelte sich: Wurden in den 1950ern insgesamt 340 Heimatvertriebene und DDR-Flüchtlinge aufgenommen,[182] so kamen ab den 1960ern vornehmlich türkische, in der Landwirtschaft und der benachbarten Industrie tätige Gastarbeiter, die meist in aufgelassenen bäuerlichen Anwesen in Gruppen untergebracht wurden.[183] Durch Familiennachzug stieg ihre Zahl bis 1973 auf 245,

Anmerkungen
Seite 332 und 333

178 Barth, Ruchheim, S.64
179 f.d.F. vgl. allg. Barth, Ruchheim, S.81ff
180 Barth, W., Entwicklung, S.66f
181 Barth, Ruchheim, S.145
182 ebd., S.65
183 ebd., S.132
184 Die Schwierigkeiten, die ›alte‹ und ›neue‹ Ruchheimer miteinander hatten, spiegeln sich auch in der Beschreibung der in Ruchheim ansässigen Türken als „im allgemeinen [...] fleißig, friedliebend und genügsam" durch den Ortshistoriker Pfarrer Barth wider; n. Barth, Ruchheim, S.132
185 Barth, W., Entwicklung, S.66f
186 Barth, Ruchheim, S.106ff
187 ebd., S.156

d. h., ca. 10% der Wohnbevölkerung. Im ehemaligen Gemeinde- und Schulhaus erhielten sie einen Gebets- und Freizeitraum.[184] Ebenfalls in den 1960ern erschien eine weitere völlig neue Schicht von ›Neuruchheimern‹ erstmals in größerer Zahl: die ›Stadtflüchtlinge‹, die sich in der ruhigeren und billigeren ländlichen Umgebung den Wunsch nach einem Eigenheim verwirklichen wollten. Diese vor allem der Mittelschicht angehörenden Menschen, unter ihnen viele Akademiker, trugen deutlich zur Veränderung der oben angesprochenen Sozialstruktur bei.[185]

Neue Wohngebiete: ›Bei der Wolfsgrube‹ Ruchheim, Februar 1974 [90]

Dem Bevölkerungswachstum entsprechend, entstanden einige Neubaugebiete, die ersten 1951 für die Heimatvertriebenen. Ansonsten blieben die Ansätze moderner Infrastruktur eher rudimentär: 1951 nahm der erste Arzt seine Praxis in Ruchheim auf, und das 1956 eingeweihte neue Schulhaus besaß noch ein Volksbad, da die allermeisten Häuser kein Bad hatten. Eine gemeindliche Wasserleitung, die die häuslichen Pumpbrunnen ablöste, wurde erst 1957 installiert, eine Kanalisation erst 1969 begonnen. Durch den Bau von Schnellstraßen und Autobahnen in der Nähe des Dorfes wurde dessen Anbindung erheblich verbessert. 1973 wurde die Autobahnmeisterei Ruchheim in Betrieb genommen.

Das politische Leben der Gemeinde[186] wurde nach dem demokratischen Neubeginn für über 20 Jahre von Kurt Kreiselmeier bestimmt, der, Chef der 1952 von der CDU abgespaltenen Wählergruppe Kreiselmeier, insgesamt 14 Jahre Bürgermeister Ruchheims war. Seit 1969 stand mit Ernst Gutermann ein SPD-Politiker an der Spitze der Gemeinde. Bei den Wahlen war meist die SPD die stärkste Fraktion, auch die Liberalen blieben bis Mitte der 1960er Jahre in dieser alten Hochburg recht stark – 1953 errangen sie bei der Bundestagswahl fast 20% der Stimmen. Erwähnt werden muß in diesem Zusammenhang die unrühmliche Tatsache, daß die NPD 1969 knapp 7% der Stimmen erhielt.

An der Eingemeindung Ruchheims im Jahr 1974 zeigte sich, welche Anziehungskraft Ludwigshafen mittlerweile ausübte. Im Zuge der zwischen 1966 und 1974 durchgeführten rheinland-pfälzischen Verwaltungsreform mußte sich die kleine Landgemeinde Ruchheim bis Ende 1971 entscheiden, mit welcher größeren Verwaltungseinheit sie sich verbinden wollte. Das von der SPD regierte Ruchheim lehnte Ende 1969 den Vorschlag des Landratsamtes ab, mit Birkenheide, Fußgönheim und Maxdorf eine Verbandsgemeinde zu bilden, und beschloß stattdessen den Anschluß an die Nachbarstadt Ludwigshafen, zu der bereits gute Beziehungen bestanden. Während sich Ruchheim von der Eingemeindung die Unterstützung bei dringend notwendigen Modernisierungsmaßnahmen wie dem Bau der Kanalisation erhoffte, war Ludwigshafen an Bauland interessiert. Nach dem raschem Abschluß der einvernehmlich verlaufenden, den Wunschkatalog Ruchheims berücksichtigenden Verhandlungen konnte bereits am 15. Mai 1970 der Eingliederungsvertrag unterzeichnet werden. „So wird Ruchheim sein bäuerlich-konservatives Bild von gestern in das Image einer Vorstadtgemeinde von morgen wandeln", kommentierte Bürgermeister Ernst Gutermann die 1974 in Kraft getretene Eingemeindung.[187] In den Folgejahren wurde im Ort die Kanalisation fertiggestellt, die Straßen ausgebaut, die Energieversorgung verbessert und der Stadtteil an das Ludwigshafener Trinkwassernetz angeschlossen.

Aderhold, Christel: Kommunale Selbstverwaltung und staatlicher Dirigismus – aufgezeigt am Beispiel der Eingemeindungspolitik der Stadt Ludwigshafen in den Jahren 1890—1938, Examensarbeit Ludwigshafen 1971, in Bibl. StALu

Bader, Wilhelm: Aus dem Familienstammbuch des Kreisleiters der NSDAP, Kreis Ludwigshafen Land, in: Dokumente aus Oggersheims Vergangenheit, Hg. Heimatkundlicher Arbeitskreis Ludwigshafen-Oggersheim, Ludwigshafen 1993, S. 11f

Barth, Friedrich:
Die Geschichte der Juden in Ruchheim, Ludwigshafen 1985 [zit. Barth, Juden]
Ruchheim gestern und heute; Veröffentlichungen des Stadtarchivs Ludwigshafen 4, 2. erw. Auflage, Ludwigshafen 1986 [zit. Barth, Ruchheim]

Barth, Waltraud: Die Entwicklung der Bevölkerungsstruktur der Gemeinde Ruchheim im 19. und 20. Jahrhundert im Zusammenhang mit der politisch-wirtschaftlichen Entwicklung, Examensarbeit Ludwigshafen 1969, in Bibl. StALu [zit. Barth, W., Entwicklung]

BASF (Hg.): 125 Jahre BASF. Stationen ihrer Geschichte. Ausstellung im Rathaus-Center Ludwigshafen, 28. April bis 29. Juni 1990, Ludwigshafen 1990 [zit. 125 Jahre BASF]
Daten und Ereignisse aus der Geschichte der BASF. Ausgabe 1996, Ludwigshafen 1995 [zit. BASF, Daten]

Baumgärtner, Roswitha: Die physiognomischen und bevölkerungsgeographischen Wandlungen Oppaus im 20. Jahrhundert; Staatsarbeit Erziehungswissenschaftliche Hochschule Worms, 1973, in Bibl. StALu

Bayer, Hans: Streifzug durch die Geschichte von Oppau – Edigheim – Pfingstweide, Ludwigshafen 1997

Bayerisches Staatskommissariat für das Hilfswerk Oppau (Hg.): Denkschrift über die Tätigkeit des Hilfswerkes Oppau, Neustadt 1925 [zit. Hilfswerk Oppau]

Bilhöfer, Peter: 21.9.1921 – Das BASF-Werk Oppau explodiert, in: Die Rheinpfalz, 22.9.2001

Braun, Karl Otto: Geschichte der beiden Rheindörfer Oppau und Edigheim, Ludwigshafen 1953

Carl-Bosch-Museum (Hg.): 100 Jahre chemische Industrie im Rhein-Neckar-Dreieck. Begleitbroschüre zur Sonderausstellung 100 Jahre chemische Industrie im Rhein-Neckar-Dreieck, Heidelberg 1999 [zit. 100 Jahre chemische Industrie]

772—1997. 1 225 Jahre Edigheim, Ludwigshafen 1997

Fandel, Thomas: Konfession und Nationalsozialismus. Evangelische und katholische Pfarrer in der Pfalz 1930—1939; Veröffentlichungen der Kommission für Zeitgeschichte, Reihe B, 76; Paderborn, 1997

Fauck, Siegfried: Die Vereinigung Edigheims und Oppaus 1928, in: Stadtverwaltung Ludwigshafen (Hg.): Oppau und Edigheim 60 Jahre vereint, Ludwigshafen 1988, S. 9ff

Fenske, Hans:
Jahre des steten Aufstiegs. Die pfälzische Sozialdemokratie 1900—1914, in: Geis, Manfred/Nestler, Gerhard (Hg.): Die pfälzische Sozialdemokratie. Beiträge zu ihrer Geschichte von den Anfängen bis 1948/49, Edenkoben 1999, S. 197ff [zit. Fenske, Jahre]
Konstitutionelle Monarchie und frühe Republik, in: Rothenberger, Karl-Heinz u.a. (Hg.): Pfälzische Geschichte, Band 2, Kaiserslautern 2001, S. 1ff [zit. Fenske, Monarchie]

Foltz, Ruben: Die Entwicklung Oppaus 1928—1938. Aufgezeigt an der Berichterstattung der lokalen Presse, Facharbeit Ludwigshafen 1991, in Bibl. StALu

Fücks, Karl/Jäger, Michael: Synagogen der Pfälzer Juden, Eigendruck Edesheim/Böbingen 1988

Gembries, Helmut: Verwaltung und Politik in der besetzten Pfalz zur Zeit der Weimarer Republik, Kaiserslautern 1992

Gräber, Gerhard/Spindler, Matthias: Revolverrepublik am Rhein. Die Pfalz und ihre Separatisten, Band 1: November 1918—November 1923, Landau 1992

Heinz, Hans-Joachim; NSDAP und Verwaltung in der Pfalz. Allgemeine innere Verwaltung und kommunale Selbstverwaltung im Spannungsfeld nationalsozialistischer Herrschaftspraxis 1933—1939. Ein Beitrag zur zeitgeschichtlichen Landeskunde, Mainz 1994

Hilfswerk Oppau siehe Bayerisches Staatskommissariat

Holdermann, Karl: Im Banne der Chemie. Carl Bosch. Leben und Werk, Düsseldorf 1953

Hoppe, Werner: Die Entstehung der politischen Gemeinde, in: Historischer Verein der Pfalz, Ortsgruppe Limburgerhof (Hg.): Das gedenkt mir. – Beiträge zur Geschichte von Limburgerhof, Limburgerhof 1980, S. 85ff

Janson, Günther/Lutz, Hans und Käthe: Wer für die Freiheit stirbt, der ist nie tot. Die Machtergreifung der Nationalsozialisten am 10. März 1933 in Oppau, Ludwigshafen 1989 [zit. Janson, Freiheit]

Janson, Günther/Schork, Horst: Die Geschichte der Oppauer Sozialdemokratie, Ludwigshafen 1954 [zit. Janson/Schork]

Janson, Günther:

Oppauer Sozialdemokraten im Kampf gegen den Nationalsozialismus; Schriftenreihe des SPD-Stadtverbandes Ludwigshafen 1, Ludwigshafen 1985 [zit. Janson, Kampf]

Bürgermeister von 1927—1933: Dr. Rudolf Zorn. Leben und Wirken einer bedeutenden Persönlichkeit, in: Stadtverwaltung Ludwigshafen (Hg.): Oppau und Edigheim 60 Jahre vereint, Ludwigshafen 1988, S. 103ff [zit. Janson, Zorn]

Der letzte Bürgermeister von Edigheim, Martin Fries, in: Stadtverwaltung Ludwigshafen (Hg.): Oppau und Edigheim 60 Jahre vereint, Ludwigshafen 1988, S. 98—102 [zit. Janson, Fries]

Der 10. März 1933 in Oppau. Erlebt und nachgezeichnet, in: Geis, Manfred/Nestler, Gerhard (Hg.): Die pfälzische Sozialdemokratie. Beiträge zu ihrer Geschichte von den Anfängen bis 1948/49, Edenkoben 1999, S. 532ff [zit. Janson, März]

Jelic, Stefan: Karl Stützel und der Nationalsozialismus. Zur Auseinandersetzung des bayerischen Innenministers mit der NSDAP in den Jahren 1930 bis 1933, in: Zeitschrift für Bayerische Landesgeschichte 63, 2000, S. 787—866

Johnson, Jeffrey Allan: Die Macht der Synthese (1900—1925), in: Abelshauser, Werner (Hg.): Die BASF. Eine Unternehmensgeschichte, München 2002, S. 117—220

Kißener, Jutta: Carl Bosch. Chemiker, Unternehmer, Wahlheidelberger, in: Pioniere aus Technik und Wirtschaft in Heidelberg, hg. von Peter Blum, Aachen 2000, S. 156ff

Kleinwohnungsbau nach dem Kriege, in: AVT 5/1927

König, Günter: Aus der Geschichte der meterspurigen Lokalbahnen im Raum Ludwigshafen am Rhein, Teil 3, in: Die Museums-Eisenbahn. Zeitschrift für Kleinbahn-Geschichte, 3/1999, S. 16—33

Kreiselmaier, Kurt: Geschichte der Juden in Ruchheim, Ludwigshafen 1994

Kreuter, Karl:

Aus der Chronik von Oggersheim; Veröffentlichungen des Stadtarchivs Ludwigshafen 10, 4. erw. Auflage, Ludwigshafen 1983 [zit. Kreuter, Oggersheim]

Maudach im Wandel der Zeiten; Veröffentlichungen des Stadtarchivs Ludwigshafen 6, 3. erw. Auflage, Ludwigshafen 1986 [zit. Kreuter, Maudach]

Kreutz, Wilhelm/Scherer, Karl (Hg.): Die Pfalz unter französischer Besatzung (1918/19—1930), Kaiserslautern 1999

Kukatzki, Bernhard: Juden in Ruchheim. Spuren ihrer Geschichte 1706 bis 1940, Ludwigshafen 2001

Luxbacher, Günther: Sprengstoff oder Brot? Die chemische Industrie und der Versailler Vertrag, in: Damals, 8/2002, S. 60—64

Mach, Erich: Entwerfen und Bauen. Von der Zusammenarbeit der Architekten und Ingenieure mit Chemikern und Physikern in einem chemischen Großbetrieb; Schriftenreihe des BASF-Archivs 13, Ludwigshafen 1975

Meinzer, Lothar: Ludwigshafen am Rhein und die Pfalz in den ersten Jahren des Dritten Reiches; Veröffentlichungen des Stadtarchivs Ludwigshafen 9, 2. Auflage, Ludwigshafen 1991

Mörz, Stefan:

Wahlen in Ludwigshafen ab 1853/1868—1991, Ludwigshafen 1994, Manuskr. in Bibl. StALu [zit. Mörz, Wahlen]

Vom Westboten zur Rheinpfalz. Die Geschichte der Presse im Raum Ludwigshafen von den Anfängen bis zur Gegenwart; Veröffentlichungen des Stadtarchivs Ludwigshafen 19, Ludwigshafen 1994 [zit. Mörz, Westbote]

Zur kommunalen Verwaltungsgeschichte des Ludwigshafener Raums seit dem 18. Jahrhundert, in: Das Gedächtnis der Stadt. Das Stadtarchiv Ludwigshafen a. Rh. und seine Bestände; Veröffentlichungen des Stadtarchivs Ludwigshafen 22, Ludwigshafen 1997, S. 23—50 [zit. Mörz, Verwaltungsgeschichte]

Mohr, Heinz: 100 Jahre SPD Edigheim. Mit den Menschen, für den Menschen, in: Edigheimer Pumpe. Sozialdemokratische Stadtteilzeitung, Mai 1998, S. 23ff

Nagel, Alfred von: Stickstoff – Die Chemie stellt die Ernährung sicher, 2. überarb. Auflage, Mannheim 1991

Nestler, Gerhard: Die Geschichte der pfälzischen SPD in der Weimarer Republik 1918—1929, in: Geis, Manfred/Nestler, Gerhard (Hg.): Die pfälzische Sozialdemokratie. Beiträge zu ihrer Geschichte von den Anfängen bis 1948/49, Edenkoben 1999, S. 288—328

50 Jahre Siedlung Notwende, Hg. Siedlergemeinschaft Notwende, 1984

Oelsner, Reiner F.: Bemerkungen zum Leben und Werk von Carl Bosch. Vom Industriechemiker zum Chef der I. G. Farbenindustrie. Mannheim 1998, (LTA-Forschung 28)

Oexner, Mara: Denkmaltopographie der Bundesrepublik Deutschland. Kulturdenkmäler in Rheinland-Pfalz 8: Die Stadt Ludwigshafen a. Rh., Düsseldorf 1990

Rugel, Eugen: Die Katastrophe von Oppau. Schlaglichter auf Zeit und Menschen, Mannheim 1921

Schäfer, Walter:

Rheingönheim. Damals und heute, Ludwigshafen 1987 [zit. Schäfer, Rheingönheim]

Eine jüdische Odyssee, o. O. 1983, in Bibl. StALu [zit. Schäfer, Odyssee]

Schiffmann, Dieter: Von der Revolution zum Neunstundentag. Arbeit und Konflikt bei der BASF 1918—1924, Frankfurt/M. 1983

Schulze, Antonia: Auf dem Weg zu Groß-Frankenthal. Die Vereinigungsbestrebungen der Stadt Frankenthal mit Edigheim (1907—1917) bzw. die Eingemeindungen von Studernheim, Flomersheim und Mörsch (1917—1919). Ein Vergleich. Facharbeit Frankenthal 1995, in Bibl. StALu

Schuster, Curt: Badische Anilin- & Soda-Fabrik AG. Ein Beitrag zur Geschichte der chemischen Technik, Ludwigshafen o. J. [1961]

Schwarz, Helene: Was vom Leben bleibt, sind Bilder und Erinnerungen. Kindheit und Jugend von 1929 bis 1946 in Rheingönheim und Ludwigshafen, Ludwigshafen 1998

Stadtverwaltung Ludwigshafen am Rhein (Hg.):
Oppau und Edigheim 60 Jahre vereint, Ludwigshafen 1988
100 Jahre Ludwigshafen am Rhein, Ludwigshafen 1953

Die Stammarbeitersiedlung der I. G. Farbenindustrie Aktiengesellschaft, Werke Ludwigshafen a. Rh. und Oppau 1933—1936, Gemeinnützige Siedlungsgesellschaft I. G. mbH (Hg.), Ludwigshafen 1936, in Bibl. StALu [zit. Stammarbeitersiedlung]

Stokes, Raymond G.: Von der I. G. Farbenindustrie AG bis zur Neugründung der BASF (1925—1952), in: Abelshauser, Werner (Hg.): Die BASF. Eine Unternehmensgeschichte, München 2002, S. 221—358

Stolzenberg, Dietrich: Fritz Haber. Chemiker, Nobelpreisträger, Deutscher, Jude, Weinheim 1994

Szöllösi-Janze, Margit: Fritz Haber, 1868—1934. Eine Biographie, München 1998

Wetzler, Eva: Die Katholische Kirche und der Nationalsozialismus in Ludwigshafen 1933—1945, 2 Bde.; Schriften des Diözesanarchivs Speyer 11, Speyer 1987 und 1995

Zerfass, Günter (Hg.): Die Pfalz unter französischer Besatzung von 1918 bis 1930. Kalendarische Darstellung der Ereignisse vom Einmarsch im November 1918 bis zur Räumung am 1. Juli 1930, 3. Auflage, Koblenz 1996

Bildnachweis

Titelbild Kapitel 13: Oppau mit dem im Hintergrund gelegenen Oppauer Werk der BASF. Luftaufnahme vom 6. Juli 1933

[3] StALu, N 2 (Lutz), 42g

[8] entnommen aus: Die Badische Anilin-und Soda-Fabrik, o. D. [ca. 1920], in Bibl. StALu, S. 185

[9] StALu, N 2 (Lutz), 42g

[10] entnommen aus: Die Badische Anilin-und Soda-Fabrik, o. D. [ca. 1920], in Bibl. StALu, S. 166

[11] BASF Unternehmensarchiv

[12] StALu, N 2 (Lutz), 232

[13] entnommen aus: Die Badische Anilin-und Soda-Fabrik, o. D. [ca. 1920], in Bibl. StALu, S. 178

[16, 17] StALu, N 2 (Lutz), 232

[21, 24, 26] StALu, N 2 (Lutz), 42d

[34, 35] StALu, DS 653/54

[36] entnommen aus: Hilfswerk Oppau, S. 39

[37] entnommen aus: ebd., S. 16

[38] entnommen aus: ebd., S. 42

[39] entnommen aus: Die Kanalisation in Oppau, 1992; StALu, DS, noch unverz.

[40] entnommen aus: Hilfswerk Oppau, S. 39

[41] entnommen aus: ebd., S. 34

[49, 54] StALu, N 2 (Lutz), 253

[56] ebd., 252

[57] ebd., 41i

[64] ebd., 248

[65] StALu, DS 651

[69] StALu, N 2 (Lutz), 219

[75] StALu, Zeitungssammlung

[1, 2, 4—7, 14, 15, 18—20, 22, 23, 25, 27—33, 42—48, 50—53, 55, 58—63, 66—68, 70—74, 76—90]
Fotosammlung StALu

Der Tod über der Stadt

Ludwigshafen im Zweiten Weltkrieg

RHEIN NSZ FRONT

Die ersten Kampfhandlungen in Polen

Deutschlands Gegenaktion

Erfolge auf allen Fronten

Der Führer in Feldgrau

Bei unseren Truppen

Die Angreifer

Zum Krieg
Die parteiamtliche NSZ
2.9.1939 [2]

Truppendurchmarsch, Oggersheim
Januar 1940 [3]

Vom Kriegsausbruch zum ›Rußlandfeldzug‹

Ein Wechselbad der Stimmungen

In den letzten Augusttagen des Jahres 1939 veranstaltete die Firma Benckiser ein großes Betriebssportfest auf dem Dörrhorst. Mitten im Ablauf der Wettkämpfe erschien zu Rad ein Polizist und fragte nach einem der Teilnehmer, dem er einen Brief überreichte. Der Empfänger zog sich wortlos an und verschwand. Mehrmals wiederholte sich dieser Vorgang bei den jüngeren Teilnehmern. Sie hatten ihren Gestellungsbefehl zum sofortigen Einrücken zu einer „Übung der Wehrmacht" erhalten.[1]

Der Ausbruch des Zweiten Weltkriegs stand unmittelbar bevor, und am 1. September mußte auch die Bevölkerung Ludwigshafens ihre Friedenshoffnungen, die seit der Sudetenkrise 1938 ständig angefacht und enttäuscht worden waren, endgültig begraben. Noch Mitte August hatten sich auf den Seiten der parteieigenen ›NSZ‹ Friedenszeichen und Kriegsvorboten die Waage gehalten:[2] Der ›Parteitag des Friedens‹ in Nürnberg wurde ausführlich angekündigt, die Zeitung brachte eine Veranstaltungsvorschau unter dem Titel ›Sport und Frohsinn in der Pfalz‹, Reisetips und erläuterte die Pläne zur Gestaltung der Stadtmitte. Daneben standen jedoch Reportagen von einer der großen ›Waffenschmieden‹ des Reiches, vom „polnischen Terror" gegen die deutsche Bevölkerung, vom „wehrhaften Westwall" und der „offenkundigen Schwäche" Großbritanniens und Frankreichs.

Nach der Bekanntgabe des deutsch-sowjetischen Paktes in der Ausgabe vom 22. August 1939 erfolgte ein klarer Umschwung der Presse zur kriegsvorbereitenden Propaganda. Seit dem 28. August wurden die reichseinheitlichen Regelungen zur Rationierung der Lebensmittel und Verbrauchsgüter und zum Luftschutz verkündet.[3] Mit Kriegsbeginn war die Bevölkerung zur Verdunkelung verpflichtet, Warnungen vor Spionage und Sabotage wurden veröffentlicht. In den ersten

Anmerkungen
Seite 342 und 343

1. *Benckiser-Chronik, Bd. 2, S. 113*
2. *NSZ, 15.8.—16.9.1939*
3. *NSZ, 14.9.1939*
4. *Bergmann, Memoiren, S. 271; StALu, M 279*
5. *Wetzler, Bd. I, S. 132*
6. *NSZ, 7.9.1939*
7. *Dr. Fritz Müller, Luftschutzbeauftragter der I. G. Farben Lhfn: Aufzeichnungen zu den Fliegeralarmen, S. 1; StALu, ZS 40, p. 160*
8. *Listen in StALu, LUN 2063*
9. *Bergmann, Memoiren, S. 279; OLG-Präsident, Bericht v. 8. 1. 1940, zit. n. Oldenhage, in: Jb. Westdt. Lg. 1979*
10. *StALu, LUN 2904*
11. *OLG-Präsident, Bericht v. 8. 1. 1940, zit. n. Oldenhage in: Jb. Westdt. Lg. 1979*
12. *›Hemshof-Echo‹, 6/April 1940*
13. *OLG-Präsident, Bericht v. 4. 3. 1940, zit. n. Oldenhage in: Jb. Westdt. Lg. 1979*

Der Krieg kommt nach Ludwigshafen: Warnung vor Blindgängern in Oppau, Friedrichstraße, April 1941 [4]

Warnung in der Werkszeitschrift der I. G. Farben Ludwigshafen, 1940 [5]

›Denk immer daran: Feind hört mit‹ Zusatzstempel auf einer in Ludwigshafen aufgegebenen Postkarte Dezember 1939 [6]

Tagen des Krieges stand in Erwartung eines unmittelbar bevorstehenden französischen Angriffs das öffentliche Leben weitgehend still: Schulen, Theater, Kinos und auch die Kirchen blieben geschlossen. Am ersten Kriegssonntag waren Gottesdienste und Glockenläuten verboten.[4] Ein Geistlicher der katholischen Ludwigskirche, der dennoch in der Sakristei des Gotteshauses eine Messe feierte, wurde von einer Nachbarin bei der Polizei denunziert und erhielt eine Vorladung.[5]

Die Ermittlungen wurden jedoch eingestellt, da die Versammlungsverbote schon am 7. September wieder aufgehoben wurden.[6] Zwar war am 5. September der erste Luftalarm im Raum Ludwigshafen-Mannheim erfolgt,[7] ein Angriff war jedoch ausgeblieben. Während allein im September 1939 über 2 500 Ludwigshafener zur Wehrmacht eingezogen wurden, deren Zahl bis Juli 1940 auf ca. 10 000 wuchs,[8] während Polen überrannt und verwüstet wurde, tat sich am Westwall nichts. Die merkwürdigen Monate des ›Sitzkrieges‹ zwischen Deutschland und den Westmächten hatten begonnen.

Die pfälzische Bevölkerung zeigte wie die Deutschen allgemein keine besondere Begeisterung für den Krieg.[9] Zu lebhaft war wohl bei vielen noch die Erinnerung an den Ersten Weltkrieg. Aufmerksam registrierte die örtliche Gestapo-Stelle Äußerungen wie die des Pensionisten Heinrich Haarbardt, der kurz nach Kriegsausbruch in einem Geschäft gegenüber Wehrmachtsfreiwilligen sarkastisch bemerkte: „Habt Ihr noch nicht genug von 1914?"[10] Solche und ähnliche Bemerkungen fielen häufiger. Zwar behaupteten offizielle Stellen, die Bevölkerung Ludwigshafens sei „entschlossen und im allgemeinen auch zuversichtlich."[11] Dennoch hielten es die örtlichen NSDAP-Stellen für nötig, Anfang 1940 mit einer ›Versammlungswelle‹ die Kriegsbegeisterung der Menschen anzufachen.[12] In der grenznahen Industriestadt Ludwigshafen mit ihren vielen Rüstungsbetrieben war die Furcht vor einem Angriff deutlich fühlbar, eine Furcht, die sich mit dem Beginn des Westfeldzugs am 10. Mai 1940 noch steigerte.[13] Nach dem Abwurf einiger weniger

Festlicher Empfang für die deutschen Soldaten in Ludwigshafen 30. September 1940 [7]

›Frankreich besiegt‹: Ludwigshafener bejubeln aus Frankreich zurückkehrende Panzertruppen, Juli 1940 [8]

Anmerkungen
Seite 344 und 345

14 *StALu, ZS 41, p.7*
15 *ebd., p.39*
16 *Bericht vom 21.7.1940; StALu, ZS 41*
17 *Bericht v. 1.8.1940, zit.n. Oldenhage in: Jb. Westdt. Lg. 1979*
18 *Wichtigste Ereignisse in Ludwigshafen am Rhein, in: StAnz. 31/2.8.1940, 41/11.10.1940*
19 *›Hemshof-Echo‹, 9/Juli 1940*
20 *ebd., 14/März 1941*
21 *nach Oldenhage, in: Jb. Westdt. Lg. 1979, S.308, Anm. 28*
22 *Bergmann, Memoiren, S.271f; StALu, M 279*
23 *Statistisches Jahrbuch der Stadt Ludwigshafen 1965, S.159*
24 *OLG-Präsident, Bericht v. 1.8.1940, zit.n. Oldenhage in: Jb. Westdt. Lg. 1979*
25 *vgl. Anm. 23*
26 *OLG-Präsident, Bericht v. 9.7., 8.9.1941, zit.n. Oldenhage in: Jb. Westdt. Lg. 1979*

Sprengkörper am 3. Juni 1940 erfolgte der erste größere Luftangriff auf die Stadt in der Nacht vom 4. auf den 5. Juni und richtete in Oppau und im Oppauer Werk der I. G. Farben einige Schäden an.[14] Bis zur Verkündigung des deutsch-französischen Waffenstillstandes am 22. Juni gab es noch drei weitere Angriffe. Zwar war vor allem die wiederholt betroffene Bevölkerung Oppaus nach amtlichen Angaben „nervös und ängstlich."[15] Die Schäden waren jedoch noch etwas so Seltenes, daß viele Ludwigshafener mit Kind und Kegel herbeipilgerten, um sie zu begaffen. Verärgert stellten die Behörden fest, daß die Rettungsmaßnahmen so behindert wurden, daß man Absperrungen aufstellen mußte.[16]

Das siegreiche Ende des ›Frankreichfeldzuges‹ stellte dann zweifellos den Höhepunkt der stimmungsmäßigen Identifikation zwischen NS-Regime und Bevölkerung während des Krieges dar. Der Sieg über Frankreich habe „nirgends so freudigen Widerhall gefunden" wie in der Pfalz, bemerkte der Präsident des Oberlandesgerichtes Zweibrücken in seinem in Ludwigshafen verfaßten Bericht vom August 1940.[17] „Für zehn Tage trug Ludwigshafen festlichen Flaggenschmuck, eine Woche lang läuteten täglich die Glocken des Sieges." Nach der freudig begrüßten Rückkehr einzelner Truppenteile, die mit Applaus und Blumen empfangen wurden, säumten am 30. September 1940 Zehntausende die Strassen der Stadt beim feierlichen Einzug der Soldaten.[18] „Herzlich und spontan" sei der Empfang gewesen, berichtete der OLG-Präsident, und das parteiamtliche, von der Kreisleitung Ludwigshafen für die Soldaten im Feld herausgegebene ›Hemshof-Echo‹ schwärmte: „Das Willkommen war echt und aus begeistertem Herzen"[19] – ein Lob, das mehr verrät, als gemeint war, denn eigentlich hätte aus Sicht der Partei ja jegliche dem Regime dargebrachte Freudenkundgebung ›echt‹ sein müssen. Über 50 000 Ludwigshafener sahen 1941 in den Kinos der Stadt den Film ›Sieg im Westen‹.[20] Der mit den regimefeindlichen Regungen auch in der Pfalz befaßte Generalstaatsanwalt in Stuttgart konnte im August 1940 einen „entschiedenen Rückgang" der „politischen Kriminalität" in seinem Berichtsgebiet feststellen – Zeichen einer gewachsenen Einheit zwischen Regime und Volk.[21]

Neujahr 1940/41 bei einer Ludwigshafener Familie: im Wohnzimmer eine große Karte ›Ein Jahr Krieg‹ (im Foto oben rechts) [9]

Sommerferien 1940 [10]

Auch der Pfarrer an der Lutherkirche und spätere Oberkirchenrat Bergmann bemerkte, daß der Sieg im Westen den Glauben vieler Menschen an die „Unüberwindlichkeit des Führers" nährte.[22] Freilich war die Hoffnung auf ein nunmehr bevorstehendes Ende des Krieges Teil der vorherrschenden Begeisterung. In den Jahren 1939 und 1940 starben ›nur‹ insgesamt 12 bzw. 148 Ludwigshafener auf den Schlachtfeldern,[23] und auch die eher seltenen Luftangriffe forderten nur wenige Opfer. Man hoffte, daß es damit sein Bewenden habe, glaubte an den baldigen Sieg über Großbritannien.[24] Der Fortgang des Krieges bewirkte dann schon bald eine Abkühlung des ›Stimmungsklimas‹, der mit dem Beginn des ›Rußlandfeldzugs‹ am 22. Juni 1941 in Bestürzung umschlug. Tausende pilgerten in die Kinos, um – oft wohl mit bangem Herzen – die Wochenschauen über den neuen Kriegsschauplatz zu sehen, meldete der ›Stadt-Anzeiger‹ im August 1941. Im ›Hemshof-Echo‹ begannen lange, mit Fotos der Toten versehene Gefallenenlisten immer breiteren Raum einzunehmen. Fast 600 Ludwigshafener verloren 1941 an den Fronten ihr Leben, drei Viertel davon im Osten.[25] Der Flug des ›Führerstellvertreters‹ Rudolf Heß nach Großbritannien im Mai 1941 und der Ausbruch der Kämpfe in Rußland beunruhigten die Bevölkerung der Pfalz, berichtete der OLG-Präsident, und im September 1941 stellte er lapidar fest, daß die Stimmung schlecht sei: Der zähe Krieg im Osten, der keine Aussicht auf Sieg biete, die Knappheit der Lebensmittel und die Luftangriffe mit ihren Schäden – im August 1941 war Ludwigshafen viermal Ziel von feindlichen Flugzeugen gewesen – bedrückten die Menschen.[26]

›Normalität‹ der ersten Kriegsjahre? Die Stadtentwicklung

Der Krieg begann immer tiefer in das Leben der Bevölkerung einzugreifen, begann mehr und mehr jene fast friedensmäßige ›Normalität‹ zu verlieren, die nach den stolzen Worten der offiziellen Berichterstatter die ersten Kriegsjahre gekennzeichnet hatte. Doch wie ›normal‹ war das Leben der ersten Kriegsjahre wirklich?

›Danziger Platz‹ um 1942 [11]

Stadtplanung im Krieg: Modell des ›Hermann-Göring-Platzes‹, wie es vom ›Stadt-Anzeiger‹ präsentiert wurde, Anfang 1941 [12]

„Welch ein Unterschied zwischen unserem Schaffen und dem Leben, das sich in den Städten unseres Feindes abspielt", prahlte Oberbürgermeister Stolleis in der ersten Ausgabe des ›Stadt-Anzeigers‹ 1941 – eine Feststellung, die einem angesichts der Zerstörung Rotterdams und der über England tobenden ›Luftschlacht‹ schaudern macht. In der Tat hatte er jedoch insofern Recht, als die in der Vorkriegszeit begonnenen stadtplanerischen Maßnahmen und Projekte der Verwaltung auch nach Kriegsausbruch weiterbetrieben werden konnten:[27] Der zum Gedenken an die Rückkehr Danzigs zum Reich so genannte Danziger Platz wurde – mit Hilfe polnischer Kriegsgefangener – ebenso fertiggestellt wie das ›Aufmarschfeld‹ vor der Marienkirche, der heutige ›Marienpark‹, die Wettkampfarena an der Mundenheimer Straße, sowie Grünanlagen an der Mundenheimer und Gräfenaustraße. Der ›Hermann-Göring-Platz‹ vor der Rheinbrückenabfahrt wurde wie vorgesehen freigelegt, von der geplanten repräsentativen Randbebauung wurde jedoch lediglich das ›Haus der Partei‹ an der Jubiläumsstraße begonnen. Das große, mit einem markanten Turm geschmückte ›Hotel am Platz‹, für das Stadt und Industrie noch 1940 die ›Rheinhof-Hotel AG‹ gründeten, blieb ebenso unausgeführt wie das Rathaus auf dem Marktplatz, dem Gelände des heutigen Wilhelm-Hack-Museums. Im Zeichen des Krieges diente der Göring-Platz hauptsächlich dazu, unter ihm den sogenannten ›Pfalzbau‹-Tiefbunker zu errichten.

Angesichts des schon vor dem Krieg bestehenden Bedarfs von fast 10 000 zusätzlichen Wohnungen in der Stadt und der Notwendigkeit, weitere nach Ludwigshafen mit seinen bedeutenden kriegswichtigen Unternehmen strömende Arbeitnehmer unterzubringen, gelang es der Verwaltung, den Wohnungsbau bis zu einem gewissen Grade aufrechtzuerhalten.[28] Vor allem die Baugesellschaften der Stadt und der I. G. Farben, GAG und Gewoge, errichteten noch eine größere Zahl von Gebäuden: So wurden noch 876 Wohnungen 1939, im Jahr 1940 immerhin noch 320, 1941 und 1942 195 bzw. 180 Wohnungen fertiggestellt.[29] Mit

Anmerkungen
Seite 346 und 347

27 Einwohnerbuch der Stadt Ludwigshafen am Rhein 1942, S. 10ff
28 Protokoll: Gespräch OB Stolleis – Regierungspräsident Barth, 19.10.1940; StALu, LUA 2517
29 Liste der Bautätigkeit in Ludwigshafen, in: StALu, LUN 2923
30 vgl. Anm. 27 und 28; OB Stolleis, in: StAnz. 1/1941
31 PR 8.5.1944; StALu, Pa 1; Protokoll-Gespräch OB Stolleis – Regierungspräsident Barth, 16.10.1940; StALu, LUA 2517; StALu, ZR 7214/5, 7214/6

Blick in die Bismarckstraße: im Hintergrund der Rohbau des geplanten neuen NSDAP-Hauptquartiers der Stadt, heute Stadthaus Süd, um 1941/42 [13]

Das Stadion an der Mundenheimer Straße kurz vor der Vollendung, im Hintergrund die Raschig-Villa, 1940 [14]

dem Jahr 1943 kam die gesamte zivile Bautätigkeit endgültig zum Erliegen. In diesem Jahr wurde keine Wohnung mehr in Ludwigshafen erstellt, 1944 eine einzige!

Die vor 1939 begonnenen Planungen für eine künftige Stadtgestaltung, die vielfach bis heute aktuelle Themen und Ideen aufgriffen, wurden bis zum Kriegsende weiterbetrieben. Grundsätzliche Überlegungen stellte die Stadtverwaltung dabei zur künftigen Industrieansiedlung sowie zur Gestaltung und Schaffung von Grünflächen und Erholungsgebieten in und um die Stadt an:[30] Am Rhein sollte ein Grünzug vom Stadtpark bis zum Ludwigsplatz entstehen, der seine Fortsetzung in einem nach Süden erweiterten ›Hindenburg-(Ebert-)Park‹ und einer Erholungszone mit großzügigem Wohngebiet am Willersinnweiher finden sollte. Ebenso dachte man auch schon an die Anlage von Erholungsgebieten im Maudacher Bruch und im Bereich des heutigen Rheingönheimer Wildparks und der ›Blauen Adria‹. Ein breiter Grünstreifen sollte das Gelände der I. G. Farben von der Stadt trennen. Durch den ganzen Krieg verhandelte man mit dem Werk über die Abgrenzung von Interessenzonen:[31] Die Stadt wollte den Frankenthaler Kanal als grünen Finger zum Rhein erhalten und nördlich davon auf der Mörscher Gemarkung einen neuen Hafen anlegen. Die ›große Fabrik‹ wünschte ihn jedoch auf dem Gelände des Kanals, wo er dann in den 1970er Jahren als Landeshafen entstand. Der mit den Verhandlungen beauftragte Stadtkämmerer Stabel stellte im August 1941 verbittert fest, daß die I. G. doch ohnehin schon eine Uferstrecke habe, „wie sie kaum ein anderes Werk in Deutschland aufzuweisen hat." Das Werk habe bereits „einen derartigen Umfang, daß eine weitere Ausdehnung nicht mehr verantwortet werden kann." Trotz dieser Gegensätze gelangte man 1944 zu einer Einigung, die aber keine Rechtskraft mehr erlangte.

Im Rahmen weitreichender Regionalplanungen gab es immer wieder Gerüchte um eine bevorstehende Einbeziehung von Ludwigshafen in den Gau Baden wie umgekehrt der Stadt Mannheim in die Westmark

Monumentalkitsch mit Künstlerpose
Der Münchner Bildhauer Rauch mit einem der monumentalen Adler für das Aufmarschgelände vor der Marienkirche 1940 [15]

Die Deutsche Arbeitsfront

NSG „Kraft durch Freude“

Kreisdienststelle Ludwigshafen a. Rh.

BEILAGE ZUM MONATSHEFT „KRAFT DURCH FREUDE“ / OKTOBER 1940

Der Arbeitsplan der Volksbildungsstätte Ludwigshafen am Rhein

Vorbemerkungen

Der Arbeitsplan der Volksbildungsstätte Ludwigshafen am Rhein erstreckt sich zunächst nur auf die Zeit von Anfang Oktober bis Mitte Dezember 1940 und behält sich damit die Möglichkeit vor, die zweite Winterhälfte, also die Zeit nach Weihnachten, entsprechend den Erfahrungen des ersten Winterhalbjahres auszugestalten. Der Arbeitsplan für das zweite Winterhalbjahr wird also zu Anfang Dezember in der gleichen Weise wie der vorliegende für das erste Winterhalbjahr erscheinen.

Die Veranstaltungen der Volksbildungsstätte Ludwigshafen am Rhein sind in zwei Gruppen eingeteilt, in öffentliche Vorträge und in Arbeitsgemeinschaften. Die öffentlichen Vorträge finden teils Samstags nachmittags 5.30 Uhr, teils Sonntags vormittags 11 Uhr statt, sämtliche in der Aula der Mädchenoberschule, Friedrich-Heene-Straße. Die öffentlichen Vorträge sollen Höhepunkte unseres Gemeinschaftslebens im Zeichen der Besinnung auf die deutsche Kultur bedeuten. Infolgedessen suchen sie den Anschluß an die in unserer Heimatstadt lebendigen Bestrebungen, wie sie auf die bildende Kunst, die Musik und das Schrifttum gerichtet sind. Sie wollen in diesem Sinne als eine das Ganze der deutschen Kultur umfassende Einheit genommen werden.

Die Verlegung der Termine auf den späten Samstagnachmittag und auf den Sonntagvormittag ist geleitet von der Absicht, allen Kreisen die Vorträge leicht zugänglich zu machen. Die Samstagsvorträge liegen zeitlich so, daß sie weder die mittägliche Erholung, noch die Absichten für den Abend stören. Kulturelle Darbietungen am späten Sonntagvormittag haben ihren Anklang gerade in Ludwigshafen am Rhein längst gefunden und bewährt. Es ist überdies eine erfreuliche Tatsache, daß der Samstagnachmittag und der Sonntag lieber zur Sammlung und Erhebung, als zur Zerstreuung benutzt werden. An diesen Tagen macht die feiertägliche Gehobenheit für seelisch-geistige Erlebnisse besonders empfänglich. Und die Bereitschaft, durch Sammlung Kraft zu finden, hat sich in unserer Zeit verstärkt und kann für die Absichten unserer öffentlichen Vorträge nicht übersehen werden. So liegt in der Wahl der Vortragstermine die Voraussetzung für die Gestaltung von Stunden der Sammlung und der inneren Bereicherung an Tagen und zu Stunden, welche ohnehin die Voraussetzung dafür von je enthalten.

Anmeldungen zu den Vorträgen wollen mündlich oder schriftlich unter Angabe des Zu- und Vornamens, des Berufes und der Adresse in gut lesbarer Schrift gerichtet werden an die Deutsche Arbeitsfront, NS.-Gemeinschaft „Kraft durch Freude“, Ludwigshafen am Rhein, Bismarckstraße 45. Für die Mitglieder des Vortragsringes ist der Zutritt zu den öffentlichen Vorträgen der Volksbildungsstätte frei.

Die öffentlichen Vorträge

A. Die Epochen der deutschen Kunstgeschichte

(mit Lichtbildern) Dr. Passarge, Direktor der Städt. Kunsthalle, Mannheim.

1. **Von der altgermanischen Kunst bis zur ottonischen Zeit**
(Die ornamentale Kunst der Germanen. – Die Auseinandersetzung mit der Spätantike in der karolingischen Zeit. – Erste Blüte unter den ottonischen Kaisern: Baukunst, Plastik, Buchmalerei, Kunsthandwerk.)
Ort: Aula der Mädchenoberschule, Friedrich-Heene-Straße.
Zeit: Samstag, den 12. Oktober 1940, nachmittags 5.30 Uhr.

2. **Deutsche Romanik**
(Gestalten der Salier und Staufer. – Die deutschen Kaiserdome. – Vom „strengen Stil“ der hohen zum „reichen Stil“ der späten Romanik: Architektur, Plastik, Malerei, Goldschmiedekunst.)
Ort: Aula der Mädchenoberschule, Friedrich-Heene-Straße.
Zeit: Samstag, den 19. Oktober 1940, nachmittags 5.30 Uhr.

3. **Deutsche Gotik**
(Vom Ende der Staufer zum Aufschwung des deutschen Städtewesens. – Eindringen der Gotik. – Backsteingotik im Westen und Osten. – Die klassische Plastik des 13. Jahrhunderts: Straßburg, Bamberg, Naumburg usw. – Wandlungen der Plastik im 14. und 15. Jahrhundert. – Glas- und Tafelmalerei. – Handwerk.)

Programm der ›Volksbildungsstätte Ludwigshafen‹, Oktober 1940 [16]

Kulturleben im Krieg: Franz Lehàr dirigiert 1940 anläßlich seines 70. Geburtstags im Feierabendhaus das Pfalzorchester; neben ihm die Sängerin Esther Réthy [17]

des Gauleiters Bürckel.[32] Beide Aussichten alarmierten die Führung der Chemiestadt, die ihren Wunsch nach dem ›Erwerb‹ einiger Regionalbehörden auch damit begründete, besser im Kampf gegen das übermächtige Mannheim und badische Ansprüche gerüstet zu sein. Stärken wollte der Oberbürgermeister seine Stadt auch durch den 1940 in einer weiteren Denkschrift vorgetragenen Wunsch nach der Eingemeindung von Altrip, Neuhofen, Limburgerhof und des östlichen Teils der Gemarkung Mörsch,[33] auf der der oben erwähnte neue Hafen entstehen sollte. Ende 1943 wurden Pläne für einen koordinierten Wiederaufbau von Ludwigshafen und Frankenthal entwickelt, die ein zwischen den beiden Städten gelegenes neues Industrierevier vorsahen. Dorthin wollte man die Firmen Benckiser, Halberg sowie Grünzweig & Hartmann verlegen, um so Platz für eine Neugestaltung der Ludwigshafener Innenstadt zu gewinnen.[34] Auch die gemeinsame Planung mit dem rechtsrheinischen Nachbarn Mannheim fand weiterhin Aufmerksamkeit: Noch aus dem Februar 1945 existieren umfangreiche Pläne, die eine neue gemeinsame Stadtstruktur vorsahen.[35] Große breite Aufmarschstraßen sollten die Schwesterstädte verbinden, der Bahnhof der Chemiestadt in etwa an den Platz verlegt werden, den er heute einnimmt.[36] Zumindest in den ersten Kriegsjahren wurden die Pläne zur zukünftigen Stadtgestaltung und zum Wohnungsbau für die Zeit ›nach dem Krieg‹ immer wieder in der Presse veröffentlicht. Wenn sich aufgrund der Kriegsbeschränkungen schon nichts mehr in die Wirklichkeit umsetzen ließ, so wollte die nationalsozialistische Stadtführung auf diese Weise ihr Vertrauen in den ›Endsieg‹ und die ungebrochene Lebenskraft der Stadt dokumentieren.

Bildung, Kultur und Propaganda

Demselben Ziel der Stärkung der ›inneren Front‹ diente die starke Förderung des Kultur-, Unterhaltungs- und Bildungsangebots in der Stadt. Hier sollte das bisherige Friedensniveau gehalten, wenn nicht gar noch übertroffen werden. Trotz des durch den Wehrdienst verursachten Lehrermangels – fast ein Drittel der Berufsschullehrer war z. B. im

Anmerkungen
Seite 348 und 349

32 Gespräch OB Stolleis – Regierungspräsident Barth, 10.10.1940; StALu, LUA 2517

33 StALu, ZR 3010/6

34 StALu, LUA 2518; 1942 veranlaßte Gauleiter Bürckel eine örtliche ›Planungsstelle des Reichsstatthalters der Westmark‹, Chef wurde der Leiter des Stadtplanungsamtes. Sie sollte die Planungen zu Industrieansiedlung, Verkehr und Wohnungsbau im Raum Ludwigshafen/Frankenthal koordinieren und dabei alle laufenden Planungen begutachten. „Wehrwirtschaftliche Gesichtspunkte“ sollten wesentliche Berücksichtigung finden, was faktisch während des Krieges ein Eingehen auf alle Wünsche der Rüstungswirtschaft bedeutete. StALu, LUA 2276

35 Pläne des Architekten Alker, 1945, Stadtarchiv Mannheim

36 Gespräch OB Stolleis – Regierungspräsident Barth, 19.10.1940; StALu, LUA 2517

37 zur Berufsschule vgl. Grosche/Molter, S.39

38 StAnz.16/1941

39 ›Hemshof-Echo‹, 8/Juni 1940

40 ebd., 6/April 1940

41 ebd., 4/März 1940

Truppenbetreuung: das ›Bayerische Hies'l‹ in der Bismarckstraße als Soldatenheim [18]

Urlaubertreffen von Ludwigshafener Soldaten: Szene vor dem Pfalzbau 1943 [19]

Jahr 1941 eingezogen – wurde die für die ortsansässige Industrie – und damit letztlich für die Kriegsproduktion – wichtige berufliche Bildung ausgebaut. Schon 1940 wurde die Realschule zu einer zweiten Oberrealschule erweitert, und im April 1941 öffneten im Rahmen der Berufsschule[37] eine städtische zweijährige Wirtschaftsoberschule und eine Chemische Tagesfachschule ihre Pforten, letztere die erste ihrer Art in Süddeutschland. Ein Jahr später wurde das gesamte Berufschulwesen neu geordnet und in vier selbständige Schulen mit eigenen Leitungen untergliedert. Schon 1941 hatte die Stadt zusammen mit 15 Chemieunternehmen den Verein ›Deutscher Chemiehof Ludwigshafen a. Rh.‹[38] gegründet, dessen Aufgaben die Schaffung einer ständigen Ausstellung zur Geschichte der Chemie und die Förderung des beruflichen Nachwuchses sein sollten.

Der Vermittlung der „Werte deutscher Kultur in Kunst", Musik und Theater, der Behandlung von volkswirtschaftlichen und rechtlichen Themen sowie dem Erlernen von Fremdsprachen diente die im Oktober 1940 neueröffnete Volksbildungsstätte,[39] die in Kooperation von Stadt und dem Volksbildungswerk der KdF entstand – ein weiterer Versuch nach Ansätzen zur Jahrhundertwende und der frühen Weimarer Zeit, eine dauernde Volkshochschuleinrichtung in Ludwigshafen zu etablieren. Für die in der Stadt stationierten bzw. im Urlaub befindlichen Wehrmachtssoldaten wurde ein breites Programm geboten. Zwischen September 1939 und März 1940 betreute die KdF in 77 Veranstaltungen 46 500 Soldaten, davon 28 800 Mann in Varieté-Vorstellungen, 11 150 bei Theateraufführungen und 6 400 bei Dichterlesungen, Vorträgen, musikalischen Feierstunden und ›bildenden‹ Filmen wie dem ›Feldzug in Polen‹.[40]

„Entspannung, Unterhaltung und geistige Anregung"[41] sollte das Kulturleben der Bevölkerung im Krieg bieten, wobei leichte und heitere Stoffe gerade jetzt für das breite Publikum besonders gefördert wurden – der Zuspruch für die Soldatenangebote war eine deutliche Sprache. Das ›Pfalzbau-Café‹ bot weiterhin Kleinkunst und Cabaret,

Titelseite der ersten Nummer des von der örtlichen NSDAP für die Soldaten herausgegebenen ›Hemshof-Echos‹ Januar 1940 [20]

Ertüchtigung für die ›Gefolgschaften‹: Betriebssport bei Giulini um 1940/41 [21]

und das populäre sommerliche Konzertprogramm des Pfalzorchesters im Hindenburgpark wurde nach 1939 zuerst in vollem Umfang aufrechterhalten. Komponisten wie Johann Strauß, Léhar oder Donizetti standen nun deutlich öfter, ›schwerere‹ wie Wagner und selbst Mozart[42] seltener auf dem Programm. Ausführlich berichtete die Presse auch von den neuen Filmproduktionen, „hübsche, heitere Unterhaltungsfilme"[43] wurden breit gewürdigt. Die für ein gehobenes Publikum veranstalteten städtischen Symphoniekonzerte,[44] die in der Saison 1940/41 sechsmal mehr Abonnenten als vor dem Krieg hatten,[45] brachten nacheinander die Wiener, Münchner und Berliner Philharmoniker in die Stadt,[46] berühmte Dirigenten wie Hans Knappertsbusch standen am Pult. Aus Anlaß seines 70. Geburtstages dirigierte der Komponist Franz Léhar im November 1940 eine seiner Operetten in Ludwigshafen. Das erst im Juli 1939 von Mitgliedern des Pfalzorchesters gegründete Stamitz-Quartett und der Beethovenchor ergänzten das Konzertangebot. An junge Künstler vergab die Stadt Kompositionsaufträge, und während der Saison 1940/41 erklang z. B. das neue Oratorium ›Saat und Ernte‹ von Kurt Thomas, ein Stück, „das aus dem reichen Quell deutschen Empfindungslebens" floß, wie eine im schwulstigen NS-Stil gehaltene Besprechung hervorhob. Im April 1942 fanden in Ludwigshafen ›Brahmstage‹ mit 28 Veranstaltungen statt. Trotz der immer wieder betonten vom Krieg geforderten ›Konzentration aller Kräfte‹ leistete man sich weiterhin das Neben- und zum Teil Gegeneinander verschiedener Kulturanbieter.[47] Neben Veranstaltungen der Kommune und der KdF/NSK bestand das umfangreiche Kulturprogramm der I. G. Farben fort, das in offenbar immer geringerem Maße mit dem der anderen Kulturvermittler in Ludwigshafen koordiniert wurde. Dementsprechend gab es selbst 1941/42 noch viele Überschneidungen.

Dem demonstrativen Hochhalten ›kultureller Werte‹ standen deutliche kriegsbedingte Einschränkungen gegenüber.[48] War auch die ›Herbstmess‹, der Jahrmarkt, noch ganz als traditionelles Volksfest gestaltet, so hatte der Fasching des Jahres 1940 nur noch im Rahmen kleiner Veranstaltungen stattgefunden, Feste wie das ›Blumenfest‹ in der

Anmerkungen
Seite 350 und 351

42 *Steiger, S. 78; ›Hemshof-Echo‹, 11/September 1940*

43 *StAnz. 31/August 1941*

44 *zum Musikleben allg. vgl. Jung, Druckfahnen zur Musikgeschichte Ludwigshafens 1918—1943; StALu, M 262*

45 *Backe, in: StAnz. 1/1941, S. 22*

46 *Fauck, S. 104f*

47 *Jung, wie Anm. 44, S. 117; Steiger, S. 76*

48 *›Hemshof-Echo‹, 2/Januar 1940, 11/September 1940, 19/20 September 1941*

49 *ebd., 11/September 1940, 25/26 April 1942, 41/Mai 1944*

50 *Steiger, S. 31, 47*

51 *100 Jahre Carl-Bosch-Gymnasium 1986, S. 47ff*

Ludwigshafener ›Mess‹
Aus dem ›Stadt-Anzeiger‹ Jahrgang 1941 [22]

Bildlegende aus dem ›Stadt-Anzeiger‹: „Am ›Tag der Deutschen Polizei‹ wurde am Ludwigsplatz eine Brücke errichtet. Von oben her konnte man eine Riesenkarte Englands zum Vergnügen mit Knallerbsen bombardieren." [23]

Gartenstadt wurden überhaupt auf die Dauer des Krieges abgesagt. Die Gesang- und Musikvereine der Stadt konnten sich nach dem Wegfall der beim Militär stehenden mittleren Jahrgänge nur noch auf die Alten und ganz Jungen stützen, was auf die Dauer das Vereinsleben zum Erliegen brachte. Ähnlich wie bei den Gesang- sah es bei den Sportvereinen aus.[49] Nur noch die Veteranen und der Nachwuchs konnten hier an den Wettkämpfen teilnehmen, über die in den Sportteilen der Presse beständig breit berichtet wurde. Allerdings wurde der Betriebs- und Vereinssport während des Krieges als ›Wehr- und Kulturträger der Nation‹ ganz besonders gefördert. Anfang 1942 veranstaltete der TSG 1861 im Pfalzbau eine Veranstaltung mit dem Titel ›Leibesübungen – nun erst recht‹, ein Motto, das man über die Praxis des Sports im Krieg generell stellen könnte. Körperkultur war wichtig zur Heranbildung der Jugend für den Krieg, und ganz demgemäß beschränkte sich der Ludwigshafener Ruderverein mit Fortschreiten des Krieges auf das HJ-Rudern im Sinne einer vormilitärischen Ertüchtigung.

Wie ›normal‹ auch immer das Leben in den ersten Kriegsjahren war, unübersehbar blieb die Indienststellung nahezu aller Medien und Informationsträger für die Kriegspropaganda, die Ergänzung des Harmlos-Unterhaltenden durch massive Parolen, die Überformung der Bildungsvermittlung durch Ideologie. Dies war keine neue Erscheinung im nationalsozialistischen Deutschland und Ludwigshafen, nur war inzwischen alles der Maximierung der Kriegsanstrengung untergeordnet. So erwarb die städtische Volksbibliothek nach Kriegsbeginn mehr und mehr Literatur zum Ersten Weltkrieg, um dem Leser das Bild eines ›reinen‹ Kriegs und heroischen Kampfesmutes zu vermitteln. Im Jahr 1940 stand die Buchwoche unter dem Motto ›Buch und Schwert – ein Sinnbild unserer Zeit‹.[50] Ganz dem entsprechend wurden am späteren Carl-Bosch-Gymnasium 1940 für das Abitur Themen wie ›Front und Heimat, die Garanten des Sieges‹ oder ›Der Soldat, das deutsche Mannesideal‹ vorgeschlagen.[51] Die Schüler wurden ermuntert, ›Kriegstagebücher‹ zu führen, deren schönste dann prämiert wurden. Ein Luftwaffenkonzert am ›Führergeburtstag‹ 1941 endete mit dem häufig gespielten Lied

Aus dem Reigen nationalsozialistischer ›Gedenktage‹: ›Heldengedenktag‹ auf dem Hauptfriedhof, 16. März 1941 [24]

Ein weiterer nationalsozialistischer ›Gedenktag‹: Feier zum ›Gedenktag der Bewegung‹ im Feierabendhaus, 9. November 1942 [25]

Anmerkungen
Seite 352 und 353

52 *StALu, Fotosammlung Nr. 4679*

53 *›Hemshof-Echo‹, 27/28 Juni 1942*

54 *StAnz. 1/1941, S. 5*

55 *›Hemshof-Echo‹, 25/26 April 1942*

56 *f.d.F. Theiß, Wirtschaftsamt, in: StAnz. 1/1941, S. 11ff, 38/1941, S. 1ff; Moll, Ernährungsamt, in: StAnz. 1/1941, S. 17ff*

›Bomben auf Engelland‹, und am ›Tag der deutschen Polizei‹ im selben Jahr wurde auf dem Ludwigsplatz eine Brücke errichtet, von der „man eine Riesenkarte Englands zum Vergnügen mit Knallerbsen bombardieren" konnte.[52] Neben solche und andere Haßpropaganda trat die Verherrlichung der ›Volksgemeinschaft‹. Betriebsappelle beschworen den gerechten Kampf der „neuen sozialistischen Welt" des Dritten Reiches gegen „Plutokratie und Bolschewismus."[53] Im ›Stadt-Anzeiger‹ des Jahres 1941 umwarb der Oberbürgermeister die Arbeiterschaft mit der Feststellung, daß ihre früher verständliche marxistische Grundeinstellung nun in der ›klassenlosen‹ Welt des NS-Staates eine neue Heimat gefunden habe.[54] Ganz in diesem Sinne lobte das ›Hemshof-Echo‹ Anfang 1942 den Übergang zur halbmonatlichen Lohnzahlung in den Betrieben als Zeichen der statusmäßigen Annäherung der Arbeiter an die Angestellten.[55] Neben solcher auf das Publikum der Chemiestadt besonders zugeschnittener Propaganda trat die Feier des stets gleichen, durch den ganzen Krieg immer beobachteten Reigens der NS- und Staats-Gedenktage: ›Machtergreifung‹ (30. Januar), ›Heldengedenktag‹ (16. März), ›Führers Geburtstag‹ (20. April) und ›Gedenktag der Bewegung‹ (9. November), die Aufnahme der 18jährigen in die NSDAP und der Kleinen in die HJ, der ›Tag der Wehrmacht‹, der ›Tag der deutschen Polizei‹. Wieder und wieder versammelte man sich im I. G.-Feierabendhaus, das mangels anderer repräsentativer Säle zum Schauplatz der meisten Propagandakundgebungen wurde. Immer wieder waren die Zeitungen voll von Berichten über Gelöbnisse und große Reden. So lauschte die Menge am 30. Januar 1940 andächtig der Rede Hitlers, und das ›Hemshof-Echo‹ betonte: „Nur ein Wort und ein Glaube gelten für uns: Adolf Hitler und Deutschland!"

Ausufernde Bewirtschaftung: das Wirtschafts- und Ernährungsamt im großen Saal des Gesellschaftshauses in der Bismarckstraße, um 1939/40 [26]

Kleiderkartenstelle beim städtischen Wirtschaftsamt, 1940 [27]

Urlaub auf Marken
Reichskarte für Urlauber [28]

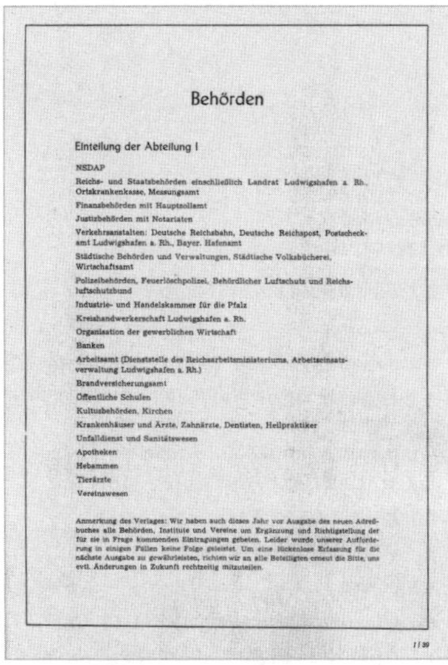

Behörden

Einteilung der Abteilung I

NSDAP

Reichs- und Staatsbehörden einschließlich Landrat Ludwigshafen a. Rh., Ortskrankenkasse, Messungsamt

Finanzbehörden mit Hauptzollamt

Justizbehörden mit Notariaten

Verkehrsanstalten: Deutsche Reichsbahn, Deutsche Reichspost, Postscheckamt Ludwigshafen a. Rh., Bayer. Hafenamt

Städtische Behörden und Verwaltungen, Städtische Volksbücherei, Wirtschaftsamt

Polizeibehörden, Feuerlöschpolizei, Behördlicher Luftschutz und Reichsluftschutzbund

Industrie- und Handelskammer für die Pfalz

Kreishandwerkerschaft Ludwigshafen a. Rh.

Organisation der gewerblichen Wirtschaft

Banken

Arbeitsamt (Dienststelle des Reichsarbeitsministeriums, Arbeitseinsatzverwaltung Ludwigshafen a. Rh.)

Brandversicherungsamt

Öffentliche Schulen

Kultusbehörden, Kirchen

Krankenhäuser und Ärzte, Zahnärzte, Dentisten, Heilpraktiker

Unfalldienst und Sanitätswesen

Apotheken

Hebammen

Tierärzte

Vereinswesen

Anmerkung des Verlages: Wir haben auch dieses Jahr vor Ausgabe des neuen Adreßbuches alle Behörden, Institute und Vereine um Ergänzung und Richtigstellung der für sie in Frage kommenden Eintragungen gebeten. Leider wurde unserer Aufforderung in einigen Fällen keine Folge geleistet. Um eine lückenlose Erfassung für die nächste Ausgabe zu gewährleisten, richten wir an alle Beteiligten erneut die Bitte, uns evtl. Änderungen in Zukunft rechtzeitig mitzuteilen.

I/39

Die Partei zuerst, die Stadtverwaltung deutlich weiter hinten: Inhaltsverzeichnis des Ludwigshafener Adreßbuchs 1942 [29]

Die Verwaltung als Instrument der Zwangswirtschaft

Bei aller betonten ›Normalität‹ wurde der Alltag der Menschen vom ersten Tag des Krieges an einem rigorosen Zwangssystem unterworfen, das die schon bestehenden Lenkungsmechanismen des NS-Staates auf wirtschaftlichem Gebiet nutzte und in großem Stil ausbaute: Versorgung und Handel, Arbeitsplatz und Wohnraum, Rohstoffzuteilung und Produktion, alles wurde aufgrund staatlicher Vorgaben reglementiert, von zahllosen Genehmigungen verschiedenster Stellen abhängig und weitgehend der freien Disposition der Menschen entzogen – ob sie nun als Arbeiter, Staatsbedienstete, Kommunalpolitiker, Geschäftsleute oder Unternehmer handelten. Nahm man dabei in der ersten Kriegshälfte auf die Bedürfnisse der Menschen noch eine gewisse Rücksicht – schon um „Ruhe an der Heimatfront" zu haben, wurde im Zeichen des ›totalen Kriegs‹ seit 1943 alles der maximalen Nutzung aller Ressourcen zugunsten der Kriegswirtschaft untergeordnet.

Aufgrund der Reichsverordnung vom 27. August 1939 wurde ein umfassendes System der Bewirtschaftung zahlreicher Lebensmittel und Bedarfsgüter geschaffen.[56] Die Zuteilung und Quotierung für die Versorgung der Stadt erfolgte von zentralen Stellen aus, die örtliche Abwicklung wurde den Gemeindeverwaltungen übertragen. So entstanden mit Kriegsbeginn auch in Ludwigshafen ein Wirtschaftsamt für die Bedarfsgüterbewirtschaftung und ein Ernährungsamt für die Lebensmittelverteilung. Den Menschen wurden je nach festgestellter Bedürftigkeit Bezugsscheine bzw. Lebensmittelmarken zugeteilt, die der Handel sammeln und sich damit wieder das Anrecht zum Erhalt neuer Waren erwerben mußte. Neben der allgemein wichtigen Lebensmittel-, Brennstoff- und Treibstoffversorgung war in der Industrie- und Arbeiterstadt

Futtermittelmarke für ein normal arbeitendes Pferd [30]

Nahrungsmittel-Wochenkarte für ausländische Zivilarbeiter [31]

Ludwigshafen die „Gesundheit und die Sicherung des Arbeitseinsatzes" von besonderer Bedeutung. Berufsschuhe wie auch Seife für die oft bei schmutzigen Tätigkeiten beschäftigten Arbeiter waren ebenso wichtig wie Reifen für die Fahrräder, die viele für die Fahrt zur Arbeit nutzten. Fast 50 000 Beschäftigte bezogen 1940 in Ludwigshafen besondere Lebensmittelzuteilungen für Schwer- und Schwerstarbeiter. Ein Mehr an Nahrung gab es auch für Mütter und Kranke.

Mißstimmung gerade bei den Rüstungsarbeitern erzeugte die zuerst ungeregelte Versorgung mit Tabakwaren. Vor den einschlägigen Geschäften bildeten sich lange Schlangen, und erst die Einführung der ›Raucherkarte‹ Ende 1941 brachte eine Besserung. In der Ratsherrensitzung vom 14. März 1940 wurde über den chaotischen Massenandrang beim Verkauf von Schokolade berichtet. Da dieses begehrte Gut jedoch ebenfalls nicht der Bewirtschaftung unterlag, sah man sich außerstande, für eine „gerechte Verteilung" zu sorgen. Auf Klagen über Versorgungsengpässe bzw. über mangelnde Gerechtigkeit bei der Versorgung reagierte die Verwaltung überaus sensibel. Im April 1942[57] betonte der kommissarische Oberbürgermeister Schubert in einer Ratsherrensitzung, daß die ›Führer‹ bei der Einhaltung der zugeteilten Versorgungsquoten mit gutem Beispiel vorangehen müßten. Gleichzeitig aber sei gegen „Miesmacher", die Kritik an der Versorgungslage äußerten, „mit strengsten Mitteln" vorzugehen. Ein Bericht über das Lebensmittelamt hob hervor,[58] daß alte Lebensmittelmarken eingestampft und neue in Banktresoren aufbewahrt würden. Auch diene ein ausgefeiltes System gegenseitiger Kontrolle der Bediensteten dazu, daß „keine Verleumdungen möglich" seien – was sich im Laufe des Krieges leider als unzutreffend erwies.[59] Mehrfach wurden die Ratsherren aufgefordert, in ihrem Umfeld unsinnigen Gerüchten entgegenzutreten und um Verständnis

Anmerkungen
Seite 354 und 355

57 *PR 23.4.1942; StALu, Pa I*
58 *vgl. Anm. 56*
59 *So wurde z. B. ein städt. Bediensteter 1944/45 beschuldigt, daß er sich bei der Wohnungszuteilung durch einen geschenkten Hasen habe bestechen lassen; StALu, LUA 2574*
60 *PR 4.3.1940, 17.3., 23.4.1942, 25.3.1943; StALu, Pa I*
61 *StAnz. 1/1941, S. 2, 14*
62 *OLG-Präsident, Bericht v. 11.11.1941, zit.n. Oldenhage, in: Jb. Westdt. Lg. 1979*
63 *OB Stolleis, in: StAnz. 1/1941, S. 2*
64 *Im StALu sind zahlreiche einschlägige Akten dazu vorhanden.*
65 *f.d.F. StAnz. 1/1941, S. 13ff, 22; ›Hemshof-Echo‹, 6/April 1940, 11/September 1940, 25/26 April 1942*

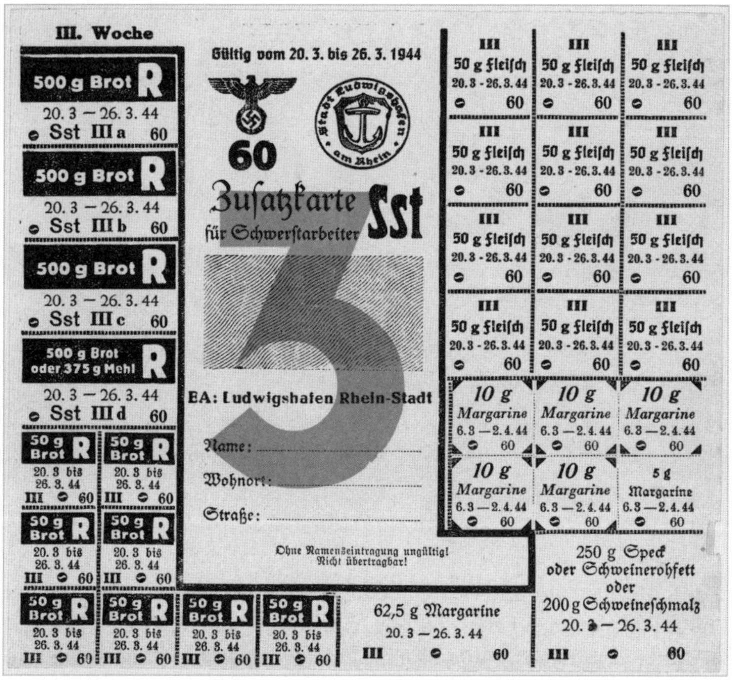

Nahrungsmittel-Zusatzkarte (Wochenkarte) für Schwerstarbeiter [32]

Großmengenmarke (GM) für Eisenmetall Es wurden auch Marken für beispielsweise je 1 kg ausgegeben [33]

für die kriegsnotwendigen Entbehrungen zu werben.[60] Klagen über die ungenügende und qualitativ schlechte Versorgung mit Kleidern und Schuhen in der Stadt wurden sogar offen im ›Stadt-Anzeiger‹ angesprochen, wobei verständnisheischend darauf hingewiesen wurde, daß Ludwigshafen über keinen einschlägigen Großhandel verfüge, wohl aber als Arbeiterstadt einen großen Bedarf habe.[61] Der Präsident des OLG Zweibrücken beobachtete um die Weihnachtszeit des Jahres 1941, daß die pfälzische Bevölkerung das eher spärliche Angebot zum Fest mit dem vergangener Jahre vergleiche, was „zwar nicht ohne Klagen, aber mit genügender Geduld hingenommen" werde.[62] Gerade in Ludwigshafen fiel durch den verdunklungsbedingten völligen Wegfall der erst in der NS-Zeit eingeführten Weihnachtsbeleuchtung die Glanzlosigkeit der Kriegsweihnacht besonders ins Auge. Andererseits betonte die Verwaltung, daß trotz der Nähe des Krieges „weder die Energie- noch die Lebensmittelversorgung auch nur einen Tag gestört" gewesen seien[63] – eine Feststellung, die trotz hie und da berechtigter Klagen im großen und ganzen für die gesamte Versorgung in den ersten Kriegsjahren – und mit Einschränkungen auch darüber hinaus – zutrifft.

Neben die Bewirtschaftung trat die ebenfalls von den Kommunen abzuwickelnde, allerdings vom Reich finanzierte, soziale Sicherung der Familien der Eingezogenen und die Kontrolle und Verteilung des in der Stadt vorhandenen Wohnraums. Auch mußte die Stadt mit Hilfe des ›Reichsleistungsgesetzes‹ Raum in geeigneten Gebäuden – Sälen, Gastwirtschaften, Schulen etc. – für Wehrmachts-, Arbeitsverwaltungs- und andere staatliche und kommunale Stellen schaffen.[64] Dazu traten noch eine Reihe weiterer Maßnahmen, die wohl kaum auf Dauer wirkliche Bedeutung hatten, aber von großer Symbolkraft für die „gemeinsame Anstrengung" waren:[65] Unter dem Schlagwort ›Kampf dem Verderb‹

›Es gibt Einmachgläser!‹ Schlangestehen im Krieg; Gebr. Pabst, Ludwigstraße [34]

Kontrollausweis
für den Einkauf H 560850
von Tabakwaren

Inhaber: ______ Vor- und Zuname ______ Wohnort

Ausgabestelle WA ______
Ohne Namenseintragung ungültig!

1 Tages-Abschnitt	1 Tages-Abschnitt	1 Tages-Abschnitt	1 Tages-Abschnitt	1 Tages-Abschnitt	1 Tages-Abschnitt	1 Tages-Abschnitt

›Raucherkarte‹ (Tabakwaren) [35]

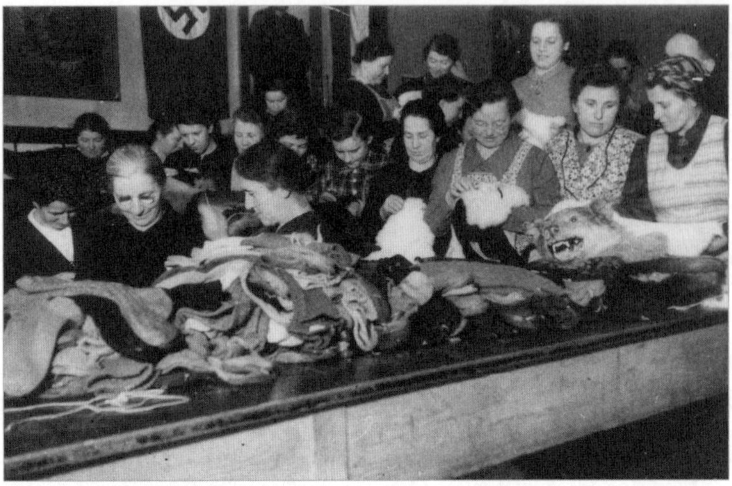

Durch Sammeln zum Sieg: Rheingönheimer Frauen beim Kleidersammeln für die Ostfront 1943 [36]

wurde eine Schuh- und Mantel-Sammel- und Tauschstelle eingerichtet und die planmäßige Erfassung von Altmaterialien aller Art eingeleitet, zu deren Sammeln vor allem Kinder und Schüler aufgefordert wurden. Für Kinder berufstätiger Frauen sammelte die NSV Wäsche und überschüssige Brotmarken, das ›Kriegswinterhilfswerk‹ rührte eifrig die Trommel. Die Zahl der Kleingärten zur Selbstversorgung wurde vermehrt, ebenso die Brachflächen in der Stadt mit Nützlichem bebaut.

Auch wenn immer wieder während des Krieges die Initiativen städtischer Verantwortlicher in der Presse hervorgehoben wurden – angesichts der zentralen Lenkung der Versorgung, der Wirtschaft und der Propaganda wurde der Gestaltungsspielraum der örtlichen Verwaltung immer geringer.[66] Eine Verordnung vom 26. September 1939 verbot den Gemeinden, andere als kriegswichtige Ausgaben zu tätigen,[67] so daß der Haushalt notgedrungen immer ›einfallsloser‹ wurde. Bei der Beratung des Etats für 1941 stellte der Ratsherr Dr. Weinmann fest, daß dem Zahlenwerk ohne weiteres zugestimmt werden könne, da es sorgfältig aufgestellt und die einzelnen Positionen „ohnehin zwangsläufig" seien.[68] Der durch das Reich von der Stadt geforderte ›Kriegsbeitrag‹ stieg von 4,58 Millionen Mark 1940 auf 4,8 Millionen 1941, 8,7 Millionen Mark 1942, 10,5 Millionen Mark 1943 und 14,8 Millionen 1944. Dabei kritisierte die Verwaltung immer wieder, daß der ›Beitrag‹ vor allem auf Grundlage der Gewerbesteuer berechnet wurde, die bekanntlich das Rückgrat der Ludwigshafener Einnahmen war. Die zum Teil üppigen sonstigen Einkünfte anderer Städte wurden hingegen kaum herangezogen.[69] Die Gesamtkosten für kriegswichtige Ausgaben betrugen 1941 7,1 Millionen Mark, bei einem Gesamthaushaltsvolumen von circa 50 Millionen Mark.[70] Da viele Projekte wegen des Krieges nicht in Angriff genommen werden durften, blieb die Haushaltslage, wie der Rat im März 1942 feststellte, „flüssig."[71] Erst 1944 schloß der Haushalt im Zeichen explodierender Kriegskosten mit einem Minus.[72]

Ein wesentlicher Grund für die Aushöhlung der kommunalen Selbstverwaltung war neben den gesetzlichen Beschränkungen die überaus prekäre Personalsituation der Stadt.[73] Schon die ›Wiedereingliederung Österreichs in das Reich‹ und der ›Anschluß Lothringens‹ an den

Anmerkungen
Seite 356 und 357

66 *vgl. allg. Heinz*
67 *ebd., S.523*
68 *PR 7.7.1941; StALu, Pa I*
69 *ebd., 25.3.1943*
70 *ebd., 7.7.1941*
71 *ebd., 17.3.1942*
72 *ebd., 18.5.1944*
73 *Heinz, S.467, 474, 478f*
74 *PR 9.10.1939; StALu, Pa I*
75 *Zahlen nach StALu, LUA 1064, p.31; LUA 1065, p.77*
76 *Heinz, S.489*
77 *StAnz. 1/1941, S.18; 38/1941, S.1ff; Schneider, 11.8.1940, in: Jansen, S.180; Bericht v. 17.8., 28.8.1944; StALu, LUA 1065*
78 *StAnz. 1/1941, S.17*
79 *Personalakte Stolleis; StALu, LUN 1644*

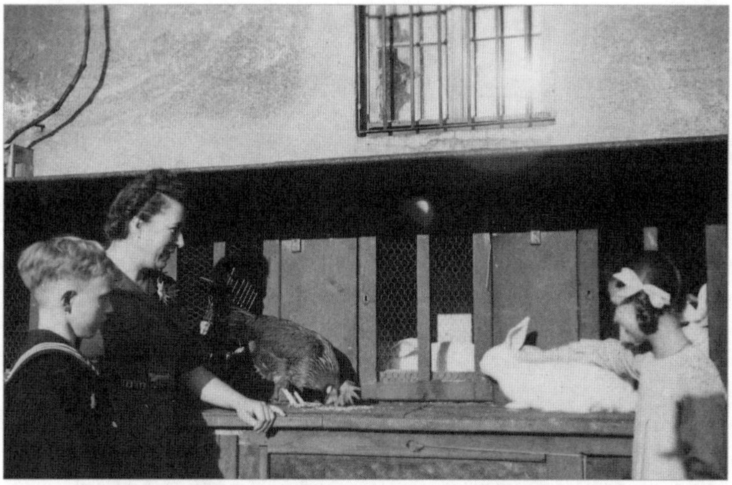

Selbstversorgung: Hasen- und Hühnerzucht während des Krieges auch in der Stadt
März 1943 [37]

Eine Markenrückseite [38]

Propaganda für die Metallspende auf dem Ludwigsplatz [39]

Gau Westmark hatten Lücken gerissen, die durch den Wehrdienst und die Abstellung von Kräften für die Rüstungsindustrie noch um vieles größer wurden, bei zunehmend umfangreicheren Aufgaben: Zu den vor 1939 neu hinzugekommenen Bereichen wie Luftschutz, Arbeitsbeschaffung, Erfassungswesen, Preisüberwachung und Vierjahresplan traten nach Kriegsbeginn noch die neuen, eben beschriebenen Auftragsangelegenheiten. In Ludwigshafen mußten für das Wirtschafts- und Ernährungsamt sowie die vom Wohlfahrtsamt organisierte Familienunterstützung fast 300 Stellen neu eingerichtet werden.[74] Der massive Aufgabenzuwachs führte zwar nach 1939 zu einem leichten Anstieg der Beschäftigtenzahl von 2 133 auf 2 295.[75] Die ›neuen Kräfte‹ waren jedoch oft reaktivierte Pensionisten oder stammten aus dem Reservoir an meist schlecht ausgebildeten weiblichen ›Kriegsaushilfskräften‹. Diese reichsweit gängige Praxis war durch einen Führerbefehl vom Januar 1942, die Verwaltungsarbeiten weitgehend durch ältere Arbeitskräfte und Frauen zu erledigen, noch einmal nachdrücklich bestätigt worden.[76] Darüber hinaus mußte die Mehrarbeit durch drastisch verlängerte Bürostunden und, besonders im Bereich des Wirtschafts- und Ernährungsamtes, durch ehrenamtliche Kräfte wie die Lehrer der Ludwigshafener Schulen – in den Ferien – oder die Abiturjahrgänge der Mädchenschule abgedeckt werden.[77] Die Verteilung und Verwaltung der Lebensmittelmarken übernahmen die politischen Leiter der NSDAP.[78] Dieser ebenfalls ehrenamtliche Einsatz der Parteimitglieder war nur eine Facette der immer engeren Verflechtung von Partei und Stadtverwaltung, der den Zugriff der NSDAP auf die Bevölkerung stärkte. Auch beim Luftschutz und im Bereich der propagandistisch so wirkungsvollen Kriegswohlfahrt dienten Kräfte der NSDAP und ihrer Unterorganisation als ›Arme‹ der Verwaltung. Die ›Einheit von Staat und Partei‹ wurde im Krieg vor allem durch die Unfähigkeit staatlicher und städtischer Institutionen bei der Bewältigung ihrer Aufgaben zunehmend Realität.

Dem entsprach auch die Entwicklung an der Stadtspitze, die die schwindende Bedeutung der kommunalen Autonomie widerspiegelte. Obwohl Parteigenosse und vom Gauleiter eingesetzt, geriet Oberbürgermeister Stolleis in schwere Konflikte mit den NSDAP-Gewaltigen.[79]

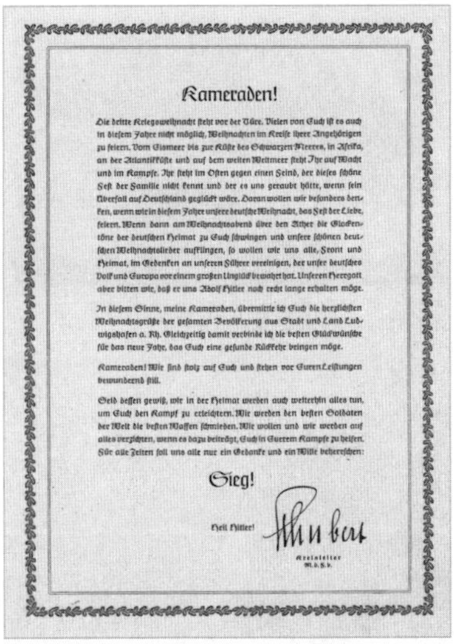

Kameraden!

Die dritte Kriegsweihnacht steht vor der Türe. Vielen von Euch ist es auch in diesem Jahre nicht möglich, Weihnachten im Kreise ihrer Angehörigen zu feiern. Vom Eismeer bis zur Küste des Schwarzen Meeres, in Afrika, an der Atlantikküste und auf dem weiten Weltmeer steht Ihr auf Wacht und im Kampfe. Ihr steht im Osten gegen einen Feind, der dieses schöne Fest der Familie nicht kennt und der es uns geraubt hätte, wenn sein Überfall auf Deutschland geglückt wäre. Daran wollen wir besonders denken, wenn wir in diesem Jahre unsere deutsche Weihnacht, das Fest der Liebe, feiern. Wenn dann am Weihnachtsabend über den Äther die Glockentöne der deutschen Heimat zu Euch schwingen und unsere schönen deutschen Weihnachtslieder aufklingen, so wollen wir uns alle, Front und Heimat, im Gedenken an unseren Führer vereinigen, der unser deutsches Volk und Europa vor einem großen Unglück bewahrt hat. Unseren Herrgott aber bitten wir, daß er uns Adolf Hitler noch recht lange erhalten möge.

In diesem Sinne, meine Kameraden, übermittle ich Euch die herzlichsten Weihnachtsgrüße der gesamten Bevölkerung aus Stadt und Land Ludwigshafen a. Rh. Gleichzeitig damit verbinde ich die besten Glückwünsche für das neue Jahr, das Euch eine gesunde Rückkehr bringen möge.

Kameraden! Wir sind stolz auf Euch und stehen vor Euren Leistungen bewundernd still.

Seid dessen gewiß, wir in der Heimat werden auch weiterhin alles tun, um Euch den Kampf zu erleichtern. Wir werden den besten Soldaten der Welt die besten Waffen schmieden. Wir wollen und wir werden auf alles verzichten, wenn es dazu beiträgt, Euch in Eurem Kampfe zu helfen. Für alle Zeiten soll uns alle nur ein Gedanke und ein Wille beherrschen:

Sieg!

Heil Hitler! Schubert

Kreisleiter
M.d.R.

Weihnachtsgrüße des Kreisleiters Schubert an die Ludwigshafener Frontsoldaten im ›Hemshof-Echo‹ [40]*

Durch Sammeln zum Sieg: Metallsammlung im Gesellschaftshaus Frühjahr 1940 [41]

Ein Bericht der Ludwigshafener NSDAP-Kreisleitung von 1939 kritisierte ihn als Mann, der ohne Rücksicht auf die Bedürfnisse der Arbeiter große Projekte und teure Veranstaltungen für ›bessere Kreise‹ fördere, die Parteiarbeit nicht genügend stütze und zu viele Juden in der Stadt dulde. Gauleiter Bürckel soll ihn gar um 1940 als „Parteifeind Nummer eins" bezeichnet haben. So nimmt es kaum wunder, daß Stolleis sich schon im April 1940 den Auseinandersetzungen durch sein Einrücken zur Wehrmacht entzog. Allerdings kehrte er im November des Jahres zurück, nicht ohne seine militärischen Vorgesetzten um baldige Wiedereinziehung gebeten zu haben. Dies geschah im April 1941. Im Sommer geriet Stolleis auf dem nordafrikanischen Kriegsschauplatz in britische Kriegsgefangenschaft und verbrachte die Zeit bis 1945 in einem Camp in Australien. Der Stolleis eng verbundene Beigeordnete Suttor, der zuerst als Vertreter fungierte, spürte anscheinend ebenfalls Widerstand und meldete sich zum August 1941 zum Kriegsdienst.[80] An seine Stelle trat der Stadtkämmerer Dr. Stabel,[81] der zwar regimetreu, aber damals noch nicht Parteimitglied war. Diese Lösung mißfiel offenbar Gauleiter Bürckel, der schon 1939 im Zeichen der Spannungen mit Stolleis die Position eines – mit der Ernennung der städtischen Bediensteten und Räte betrauten – ›Beauftragten der Partei‹ für die Stadt selbst übernommen hatte. Im September 1941 ernannte er den Kreisleiter von Saarbrücken, Franz Schubert,[82] zum kommissarischen Oberbürgermeister und Kreisleiter der Chemiestadt. Der 1905 geborene Schubert, von Beruf Förster und seit 1926 Parteigenosse, war ein, wie Stolleis sarkastisch bemerkte, „verläßlicher Parteimann",[83] der den Ratsherren versicherte, er wolle die Geschäfte „im Geiste des Nationalsozialismus" führen. Seine Doppelfunktion verwirkliche den Wunsch des Gauleiters nach der Einheit der politischen und kommunalen Führung.[84]

Schon ein Jahr später verließ Schubert die Stadt wieder. Er wurde Oberbürgermeister und Kreisleiter von Metz, eine Funktion, die vor ihm schon der ehemalige Ludwigshafener Kreisleiter Kleemann innegehabt hatte. Beim Abschied bekannte er, wie ungern er in die schmutzige

Anmerkungen
Seite 358 und 359

80 Personalakte Suttor; StALu, LUN 1646
81 Personalakte Stabel; StALu LUN 1636
82 Stockhorst, S. 398
83 Stolleis-Memorandum, 10.6.1966; StALu, LUN 1644
84 PR 20.11.1941; StALu, Pa I
85 Abschied von Kreisleiter Schubert, in: NSZ, 3.9.1942
86 Auskunft Stadtarchiv Kaiserslautern, 6.12.2000
87 Personalakte Suttor; StALu LUN 1646
88 Stockhorst, S. 208; Heinz, S. 128, Anm. 111
89 Auskunft von Dr. Maier, LASp, aus der Personalakte Horn
90 PR 25.3.1943; StALu, Pa I
** Auszug: ›Am Weihnachtsabend [...] wollen wir uns alle, Front und Heimat, im Gedenken an unseren Führer vereinigen [...]‹; unter der Faksimile-Unterschrift steht als Titel nur ›Kreisleiter / M.d.F.b.‹*

Der kommissarische Oberbürgermeister Kreisleiter Holzer beim Empfang von ›Deutschlands größtem Flieger‹, Ritterkreuzträger Major Graf, November 1942 [42]

Hans Horn, kommissarischer Oberbürgermeister und Kreisleiter 1943—1945 [43]

Industriestadt gekommen sei.[85] Bezeichnenderweise wurde in der Presse vom Weggang des ›Kreisleiters‹ berichtet, und nur nebenbei erfuhren die Leser, daß es sich dabei auch um den kommissarischen Oberbürgermeister gehandelt hatte – Zeichen für die weitgehend parteigeleitete Verschmelzung von Verwaltung und Partei. Nachfolger Schuberts wurde der aus Zweibrücken stammende Jurist Dr. Ludwig Holzer.[86] Der 41jährige hatte schon am Marsch auf die Feldherrenhalle 1923 teilgenommen und war damit Träger des NS-›Blutordens‹. Er hatte dem Gauleiter in verschiedensten Parteifunktionen gedient und war zuletzt vor seinem Einrücken zur Wehrmacht Beigeordneter der Stadt Kaiserslautern gewesen. Der neue Verwaltungschef war sich seiner Unkenntnis der örtlichen Verhältnisse nur allzu bewußt, und bat noch im September 1942, offenbar vergeblich, um die Freistellung des Beigeordneten Suttor.[87] Im März 1943 kehrte Holzer zur Wehrmacht zurück, und wurde durch den NSDAP-Gaugerichtsvorsitzenden Hans Horn[88] ersetzt. Der 1895 geborene Oberfranke war Lehrer und schon seit 1925 Parteimitglied. Die Spruchkammer beurteilte ihn später als „überzeugten Nationalsozialisten, aber anständigen Menschen."[89] Den Ratsherren gegenüber bekannte er recht freimütig: „Ich bin zwar kein Jurist und komme auch nicht aus der Verwaltung. Ich verspreche aber, daß ich mit allen Kräften mich einsetzen werde, um die Aufgaben hier zu meistern. Ich habe den Auftrag des Gauleiters als Nationalsozialist übernommen und werde ihn auch als Nationalsozialist erfüllen. Große neue Aufgaben werden ja nicht durchzuführen sein, alles was zu machen ist, ist durch die Kriegsverhältnisse bedingt."[90] Horn, der in seiner Amtsführung offenbar in sehr erheblichem Umfang vom sachkundigen Stadtkämmerer unterstützt wurde, blieb bis zum Kriegsende Kreisleiter und kommissarischer Oberbürgermeister. Mit seiner Einsetzung war die faktische Bankrotterklärung des Amtes, das er einnahm, öffentlich bekundet worden. Er mußte in der Tat keine positiven ›großen Aufgaben‹ mehr übernehmen – auf ihn aber wartete die Bewältigung der Schrecken des Bombenkrieges.

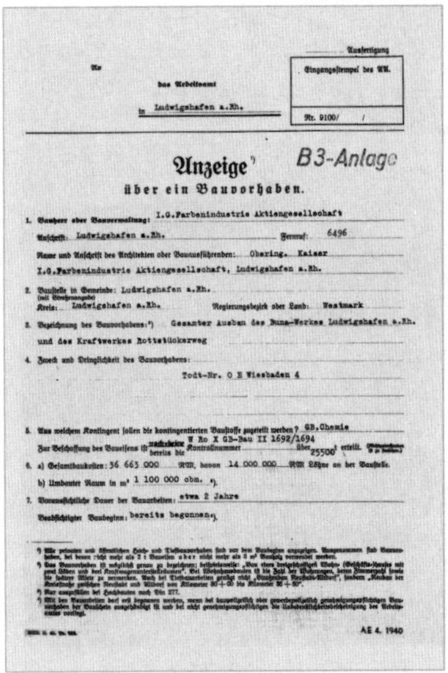

Ausfertigung

An

das Arbeitsamt

in Ludwigshafen a.Rh.

Eingangsstempel des AA.

Nr. 9100/ /

Anzeige[1] B3-Anlage

über ein Bauvorhaben.

1. Bauherr oder Bauverwaltung: I.G.Farbenindustrie Aktiengesellschaft
Anschrift: Ludwigshafen a.Rh. Fernruf: 6496
Name und Anschrift des Architekten oder Bauausführenden: Obering. Kaiser
I.G.Farbenindustrie Aktiengesellschaft, Ludwigshafen a.Rh.
2. Baustelle in Gemeinde: Ludwigshafen a.Rh.
(mit Straßenangabe)
Kreis: Ludwigshafen a.Rh. Regierungsbezirk oder Land: Westmark
3. Bezeichnung des Bauvorhabens:[2] Gesamter Ausbau des Buna-Werkes Ludwigshafen a.Rh. und des Kraftwerkes Rottstückerweg
4. Zweck und Dringlichkeit des Bauvorhabens:
Todt-Nr. O E Wiesbaden 4
5. Aus welchem Kontingent sollen die kontingentierten Baustoffe zugeteilt werden? GB.Chemie
Zur Beschaffung des Baueisens ist bereits die Kontrollnummer W Ro X GB-Bau II 1692/1694 über 25500 t erteilt.
6. a) Gesamtbaukosten: 36 663 000 RM, davon 14 000 000 RM Löhne an der Baustelle.
b) Umbauter Raum in m³ 1 100 000 cbm.[3]
7. Voraussichtliche Dauer der Bauarbeiten: etwa 2 Jahre
Beabsichtigter Baubeginn: bereits begonnen[4]

AE 4. 1940

Bauanzeige für die Buna-Fabrik auf dem I. G. Farben-Gelände zwischen Ludwigshafen und Oppau [44]

Anmerkungen
Seite 360 und 361

91 f.d.F. Damm, S. 30ff

92 Manuskr. Scharf, S. 23; Bauregister der Stadt Ludwigshafen; StALu, LUA 1201—1210

93 StALu, ZR 3531/5

94 Plumpe, S. 879ff; StALu, LUA 1891

95 Plumpe, S. 595f

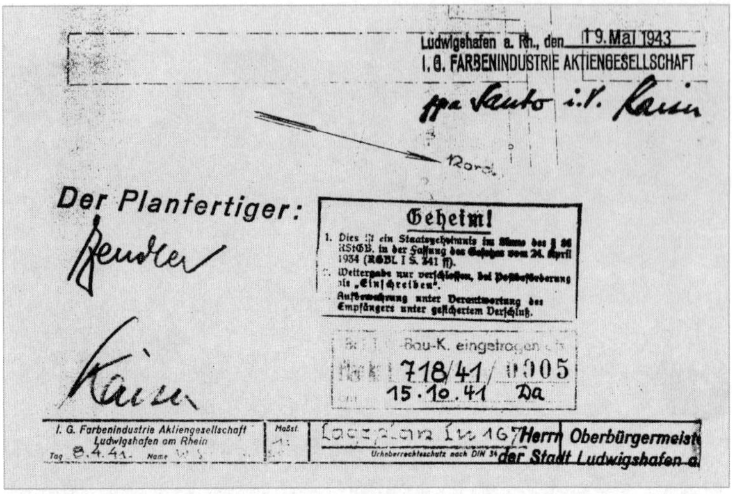

Ludwigshafen a. Rh., den 19. Mai 1943
I. G. FARBENINDUSTRIE AKTIENGESELLSCHAFT

Der Planfertiger:

Geheim!

1. Dies ist ein Staatsgeheimnis im Sinne des § 88 RStGB. in der Fassung des Gesetzes vom 24. April 1934 (RGBl. I S. 341 ff).
2. Weitergabe nur verschlossen, bei Postbeförderung als „Einschreiben".
3. Aufbewahrung unter Verantwortung des Empfängers unter gesichertem Verschluß.

Bau-K. eingetragen
718/41/ 0005
15.10.41 Da

I. G. Farbenindustrie Aktiengesellschaft Ludwigshafen am Rhein
Tag 8.4.41. Name
Maßst.
Urheberrechtsschutz nach DIN 34
Herrn Oberbürgermeister der Stadt Ludwigshafen a.

›Dies ist ein Staatsgeheimnis [...]‹ Vermerke auf einem Plan zum Bau der Buna-Fabrik der I. G. Farben in Ludwigshafen [45]

Wirtschaftsexpansion im Zeichen des Krieges

Die Nähe der französischen Grenze und die Furcht vor Luftangriffen und einer Invasion hatten dazu geführt, daß der Beginn des Zweiten Weltkriegs für die rüstungsrelevante Ludwigshafener Industrie keineswegs zu einer sofortigen Expansion führte.[91] Zwar arbeiteten die Betriebe weiter und wurden so gut als möglich genutzt. Gleichzeitig hielt man sich jedoch von Seiten des Reiches mit der Erlaubnis für die Planung und den Bau neuer Anlagen im ›gefährdeten Grenzgebiet‹ zurück. Die I. G. Farbenindustrie Aktiengesellschaft zum Beispiel entwickelte im Herbst 1938 einen ›Räumungsplan‹ für das Werk Ludwigshafen/Oppau, und am 26. August 1939 konfrontierte das Reichswirtschaftsministerium den Betriebsleiter des Werks, Carl Wurster, mit dem Plan, die Produktion in Ludwigshafen auf ein Minimum herunterzufahren und die Belegschaft anderweitig einzusetzen. Wurster konnte das verhindern, doch fortan wurden die in der Stadt erzeugten kriegswichtigen Produkte in grenzfernen Regionen gelagert, um nicht in die Hände der Franzosen zu fallen.

Erst der Sieg über Frankreich und der im Juni 1940 geschlossene Waffenstillstand veränderten aus Sicht der Behörden die Lage grundsätzlich. Nunmehr zeigte man sich den Argumenten der Industrie aufgeschlossen, daß gerade in Ludwigshafen neue Anlagen errichtet werden sollten, um so durch die hier bereits vorhandenen Kapazitäten Synergieeffekte zu erzielen. Die durch die Bedingungen der Kriegswirtschaft ohnehin stark erschwerte Bautätigkeit in der Stadt konzentrierte sich fortan noch mehr auf die Industrie als schon direkt nach Kriegsausbruch. Selbst ›Wohnbauten‹ waren nach 1941/42 fast ausschließlich Lager für Fremdarbeiter und ›sonstige Bauten‹, vor allem Luftschutzräume für die Arbeiterschaft.

Obwohl man in Ludwigshafen 1944 insgesamt 113 Firmen zählte, die als ›kriegswichtig‹ galten,[92] profitierten vor allem die I. G. Farben von der Konzentration auf die Kriegswirtschaft: Zwischen 1939 und 1944 stellte das Werk 677 Bauanträge, wovon lediglich 103 – die meisten erst 1944 – nicht ausgeführt wurden. Insgesamt wurden in der Stadt 2626 Gesuche eingereicht, von denen 1200 unrealisiert blieben.

Die gewaltige Anlage des Bayer-Werks der Firma Giulini im Bau 1941 [46]

Kriegsschäden auf dem Dörrhorst-Gelände der Firma Benckiser 1944 [47]

Am 29. Juli 1943 tötete eine Explosion im I. G. Farben-Werk 64 Menschen, neben den Katastrophen von 1921 und 1948 und dem Dioxin-Unfall der frühen 1950er Jahre das schwerste Unglück in der Geschichte des Werks [48]

An den fertiggestellten Gebäuden hatte die I. G. einen Anteil von 40% – an den Anträgen nur von 26%! Auf gelegentliche Versuche der Stadtverwaltung, die Interessen der gesamten Ludwigshafener Industrie gegenüber den Wünschen des großen Konzerns zu wahren, reagierte man extrem gereizt. Als die Kommune sich 1942 weigerte, Teile des zur Unterbringung der Fremdarbeiter der kleineren Betriebe bestimmten städtischen Fremdarbeiterlagers für die im Rahmen einer ›November-Rüstungsaktion‹ von der I. G. beschäftigten Ausländer zu überlassen, erklärte die Betriebsführung: „Jede Verzögerung [...] bedeutet eine Störung unserer äußerst kriegswichtigen Produktion."[93]

Im November 1940 fiel in Berlin die Entscheidung, nicht nur bei Auschwitz ein neues großes I. G.-Werk zu errichten, sondern auch eine weitere Anlage zur Herstellung von Buna – synthetischem Kautschuk – auf dem Gelände zwischen den Werken Ludwigshafen und Oppau. Allerdings erhielt dieses Projekt – ein Rest staatlichen Mißtrauens gegen den Standort? – nicht die höchste Erstellungspriorität und mußte so mit Stockungen der Bautätigkeit kämpfen. Das sogenannte B 3-Werk[94] entstand mit einem Gesamtaufwand von 113 Millionen Mark für Anlageinvestitionen in den Jahren 1941—1944. Geplant war es für eine Jahreskapazität von 25 000 Tonnen. Hätte es diese Zahl je erreicht, wäre es durch die Nutzung der Synergien mit den bestehenden Industriekomplexen das ›billigste‹ der I. G.-Buna-Werke gewesen, mit Kosten von ›nur‹ 4 536 Mark je Tonne Buna. Durch den dauernden Mangel an Bauarbeitern, unzureichende Eisenzuteilungen und die sich verstärkenden Luftangriffe ging das Werk allerdings erst verspätet in Betrieb und produzierte 1943/44 nur 8 700 bzw. 12 000 Tonnen, ein recht bescheidener Beitrag zur deutschen Bunaproduktion. Insgesamt investierte die I. G. Farben zwischen 1940 und 1944 rund 375 Millionen Mark in Ludwigshafen/Oppau und in das B 3-Werk,[95] was circa 13% aller Investitionen des Konzerns entsprach. Wegen der Herstellung von Buna und Flugbenzin genoß Ludwigshafen als einziges ›altes‹ Werk der I. G. Farben vermehrte Aufmerksamkeit. In die Werke Höchst und Leverkusen lenkte der Konzern zwischen 1941 und 1944 nur insgesamt 3,6% seiner Investitionen.

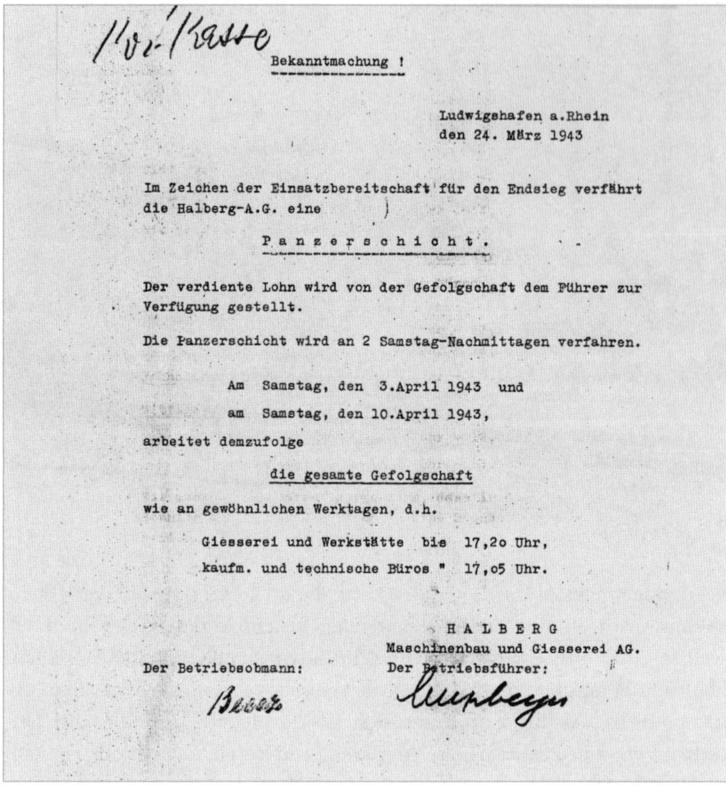

Bekanntmachung !

Ludwigshafen a.Rhein
den 24. März 1943

Im Zeichen der Einsatzbereitschaft für den Endsieg verfährt die Halberg-A.G. eine

P a n z e r s c h i c h t .

Der verdiente Lohn wird von der Gefolgschaft dem Führer zur Verfügung gestellt.

Die Panzerschicht wird an 2 Samstag-Nachmittagen verfahren.

Am Samstag, den 3.April 1943 und
am Samstag, den 10.April 1943,

arbeitet demzufolge

die gesamte Gefolgschaft

wie an gewöhnlichen Werktagen, d.h.

Giesserei und Werkstätte bis 17,2o Uhr,
kaufm. und technische Büros " 17,o5 Uhr.

H A L B E R G
Maschinenbau und Giesserei AG.

Der Betriebsobmann: Der Betriebsführer:

Anordnung einer unbezahlten ›Panzerschicht‹ für den ›Endsieg‹, Halberg, 1943 [49]

Anmerkungen
Seite 362 und 363

96 *Giulini-Chronik, Bd.IV, S.710ff; StALu, Ws 3b, 271*
97 *ebd., S.733*
98 *Zahlen in StALu, LUN 2063; Benckiser-Chronik, Bd.2, S.145; Giulini-Chronik, Bd.IV, S.767; StALu, Ws 3b, 271*
99 *StALu, LUN 2063*
100 *ebd.*

Die bei weitem extremste wirtschaftliche Expansion erlebte das Giulini-Werk,[96] das die für die Aluminiumherstellung so wichtige Tonerde produzierte. Im Herbst 1940 wurde mit dem Bau einer gewaltigen neuen Anlage begonnen, die Tonerde nach dem Bayer-Verfahren herstellen sollte. Zwar drängte das Reich auf baldige Vollendung, weigerte sich jedoch, der Firma finanzielle Absicherungen und Abnahmegarantien für die enorm erweiterten Kapazitäten auch nach Ende des Krieges zu geben. Seit 1943 betrieb man zusätzlich den Bau einer Schwefelsäure-Fabrik, der jedoch 1944 unter dem Druck der Kriegsereignisse aufgegeben wurde. Das Bayer-Werk erreichte, ähnlich wie das B 3-Werk der I. G. Farbenindustrie, nie seine geplante Kapazität. 1943 produzierte Giulini 99 700 Tonnen Tonerde, nur 5 800 Tonnen mehr als in der Zeit vor dem Bau der teuren Anlage, die zunehmend unter Luftangriffen und den Lieferschwierigkeiten für das Rohmaterial Bauxit litt. Gerade bei der Sicherung neuer Rohstoffquellen war Giulini ein gutes Beispiel für die Nutzung des eroberten bzw. verbündeten südosteuropäischen Raums durch die deutsche Wirtschaft. In Ungarn und Kroatien bestanden Zweig- und Beteiligungsgesellschaften des Unternehmens, in Bosnien betrieb man Bauxitgruben, deren Ausbeutung allerdings durch die Tätigkeit der jugoslawischen Partisanen immer schwieriger wurde. Ebenso bietet Giulini ein gutes Beispiel für die Zweischneidigkeit der ›Kriegskonjunktur‹. Durch die rigide Regulierung von Preisen und Produktion durch die Lenkungsbehörden des Reiches, den Zwang zur Herstellung kriegswichtiger, aber wenig rentabler Produkte und das Verbot beziehungsweise die Drosselung der Produktion lukrativer Waren geriet

Frauen im ›Kriegseinsatz‹: als Straßenbahnschaffnerin [50]

das Unternehmen ab 1942 in die roten Zahlen; zudem war es durch die gewaltigen Anlageinvestitionen völlig überschuldet. Ein Firmengutachten vom Anfang des Jahres 1945 beklagte denn auch bitter, daß die vom Reich geförderte Erweiterung des Werks „das finanzielle und wirtschaftliche Leistungsvolumen des Familienunternehmens weit überschritten"[97] habe.

Produktion und Umsatz der Ludwigshafener Industrie folgten ganz der eben skizzierten Entwicklung. Brachten die ersten Kriegsmonate Stillstand bzw. sogar einen Rückgang, so begann 1941 ein steiler Aufstieg.[98] Die höchsten Werte wurden in der Regel 1942/43 erreicht, d. h. in der Zeit nach der Fertigstellung der ab 1940 begonnenen neuen Anlagen, aber deutlich vor der in der ›Speer-Ära‹ erzielten Höchstproduktion der gesamten deutschen Kriegswirtschaft in der zweiten Jahreshälfte 1944. Der Hafen der Stadt registrierte nach etwa vier Millionen Tonnen Umschlag im Durchschnitt der Jahre 1931—1940 schon im Jahr 1941 mit 6,4 Millionen Tonnen die höchste Ziffer seiner bisherigen Geschichte.[99] Von der zweiten Jahreshälfte 1943 an führte die wachsende Zahl der Luftangriffe zu immer größeren Störungen der Produktion. Erreichten die registrierten ›Wirtschaftsschäden‹ der Industrie durch Luftalarme, die Abordnung von Mitarbeitern zu Aufräumungsarbeiten und Notdienstverpflichtungen 1942 nur den Wert von 125 250 Reichsmark, schwoll diese Summe 1943 auf 1 909 616 Reichsmark an und erreichte 1944 5 294 583 Reichsmark.[100] Die Belieferung mit Rohstoffen wurde immer schwieriger, und im Dezember 1944 wurde beispielsweise die Giulinische Bayer-Fabrik wegen Kohlenmangels stillgelegt.

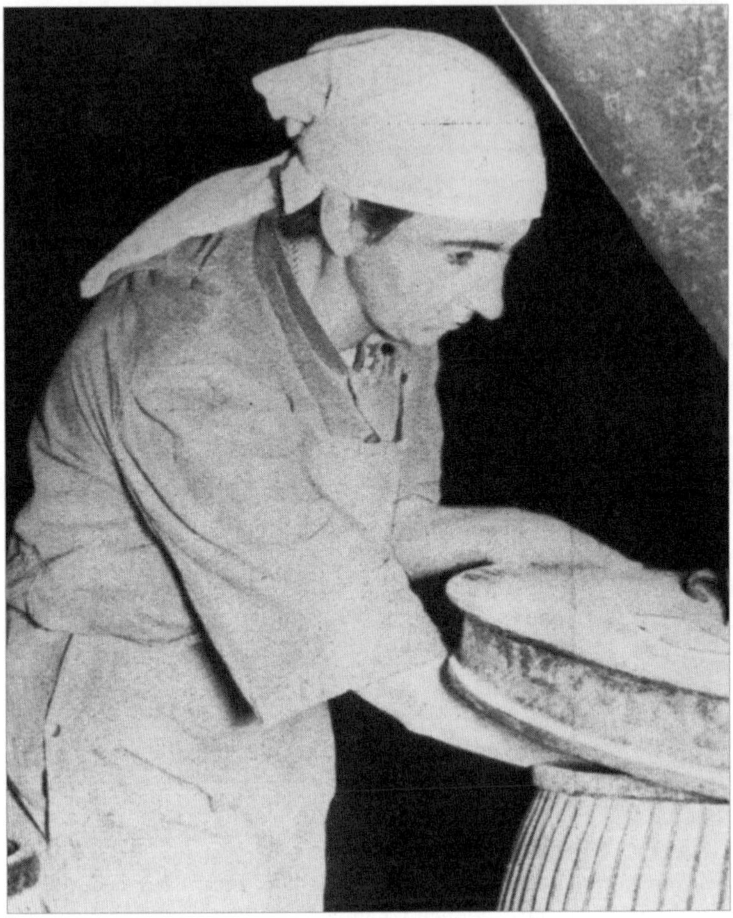

Frauen im ›Kriegseinsatz‹: in einer Basenfabrik [51]

Auch in Ludwigshafen führte der große Umfang der während des Krieges getätigten Investitionen allerdings dazu, daß die Industrieanlagen in der Stadt bei Kriegsende keineswegs nur Ruinenfelder waren.[101] Während jedoch in vielen Regionen des ›Reiches‹ zum Teil sogar mehr Anlagen als vor 1939 vorhanden waren, könnte man in der von vielen Luftangriffen getroffenen Chemiestadt eher von einem ›blauen Auge‹ sprechen, mit dem die großen Betriebe der Stadt ›davonkamen‹. Wegen seiner kriegswichtigen Produktionen war das I. G.-Werk das meistbombardierte deutsche Unternehmen und das nach Merseburg/Leuna am stärksten zerstörte Werk des Konzerns. 46% der Anlagen und 45% der Produktionskapazität waren 1945 vernichtet. Bei Höchst waren demgegenüber nur 2% (!) der Produktionskapazität verlorengegangen. Dennoch übertraf die Summe der Schäden am Ludwigshafener I. G.-Werk nur wenig die Summe der 1940—1944 in das ›alte‹ und das B 3-Werk getätigten Investitionen! Auch bei Giulini waren zwar 30% des Werks zerstört, doch übertrafen die Investitionen der Kriegszeit die Abschreibungen jener Jahre um ein Vielfaches. Bei Benckiser stellte sich nach Wegräumung des Schutts heraus, daß die wichtigsten Produktionsanlagen intakt geblieben waren. Insgesamt wurden nach einer Bilanz vom Juli 1945 rund 45% der Fabrikgebäude Ludwigshafens als gering bis gar nicht zerstört bezeichnet (Zerstörungsgrad von unter 50%).[102]

Anmerkungen
Seite 364 und 365

101 *Plumpe, S. 595f, 607; Benckiser-Chronik, Bd. 2, S. 187; Giulini-Chronik, Bd. IV, S. 768, 772; StALu, Ws 3b, 271*

102 *StALu, LUN 2063*

103 *OB an Arbeitsamt, 25. 3. 1941; StALu, LUA 764*

104 *Eingezogenen-Statistik, in: StALu, LUN 2063*

105 *Benckiser-Chronik, Bd. 2, S. 145*

106 *Beschäftigungsstatistik, in: StALu, LUN 2063*

107 *Kriegsgefangene in Ludwigshafen im Juni 1941: ca. 2 600, Statistisches Amt an OB, 14. 6. 1941; StALu 3010/6. Die weitere Entwicklung ist geschätzt, auch aufgrund der Zahlen bei Scharf für die gesamte Westmark, in: MHVP 94/1996, S. 461ff. Da die Hälfte der Zivilarbeiter der Stadt bei der I. G. Farbenindustrie Aktiengesellschaft beschäftigt war, wurde dieser Prozentsatz in etwa auch für die Kriegsgefangenen angenommen. Im August 1944 beschäftigte die I. G. ca. 3 200 Kriegsgefangene. Daraus ergibt sich die angegebene Gesamtzahl von ca. 6 000.*

Frauen im ›Kriegseinsatz‹: in einer Dreherei [52]

Arbeiter und Fremdarbeiter

Im Zeichen der Vollbeschäftigung hatte die Zahl der in den Ludwigshafener Betrieben Beschäftigten vor Kriegsausbruch stark zugenommen. Die Arbeitsverwaltung, die schon nach Maßgabe des Vierjahresplans den ›Arbeitseinsatz‹ lenkte, registrierte zwischen September 1938 und September 1939 einen Anstieg der Zahl der sozialversicherungspflichtig Beschäftigten von 58 611 auf 66 654.[103] Diese Entwicklung setzte sich dann aber in der grenznahen Chemiestadt keineswegs ungebrochen fort. Das Zögern bei den Neuinvestitionen und die Einberufung vieler Mitarbeiter zum Wehrdienst bewirkte zuerst sogar einen Rückgang der Beschäftigtenzahl zum Jahresende 1939. Bis zum Jahresende 1941 wurden fast 12 700 Ludwigshafener zum Wehrdienst eingezogen,[104] und bis Kriegsende beanspruchte das Militär zum Beispiel bei Benckiser 46% der Arbeiter und 59% der Angestellten der Vorkriegszeit.[105] Noch im ersten Quartal 1942 war die Zahl der Zivilbeschäftigten in der Industrie praktisch gleich der vom September 1939 (66 193).[106] Dazu traten allerdings um die 5 000 Kriegsgefangene,[107] die nicht sozialversichert waren und so in der Statistik nicht auftauchen. Ihren Höchststand erreichte die Beschäftigtenzahl der Ludwigshafener Industrie im vierten Quartal des Jahres 1943 mit 77 437 zivilen Mitarbeitern und vermutlich über 6 000 Kriegsgefangenen. Danach begann ein immer

Arbeiter aus allen Teilen Europas: die in vielen Sprachen publizierte Lagerzeitung der I. G. Farbenindustrie in Ludwigshafen [53]

Bevorzugter Einsatzort für Kriegsgefangene und ›Zivilitaliener‹: der Bunkerbau [54]*

deutlicherer Abstieg, der die zunehmenden Betriebsstörungen durch Luftangriffe und die Versuche widerspiegelte, immer mehr Kräfte für die Wehrmacht freizustellen. Insgesamt wuchs die Beschäftigtenzahl also nur um maximal 25% gegenüber dem Vorkriegsstand, und dies, obgleich der bei weitem größte Arbeitgeber der Stadt, die I. G. Farben die Zahl ihrer Mitarbeiter um 58% (von 26 000 auf maximal ca. 41 000) vermehrte;[108] bei Guilini betrug dieser Prozentsatz sogar 185%. Die offensichtlichen Diskrepanzen spiegeln die Verschiebung des Arbeitskräftepotentials in die kriegswichtige Industrie wider; andere Wirtschaftsbereiche bluteten aus.

Trotzdem verfügte selbst die Rüstungsindustrie über zu wenige Beschäftigte, und so wurde der Einzelne zu immer größeren Leistungen gezwungen.[109] Die Arbeitszeit in den Büros und Betrieben wurde von 48 auf durchschnittlich 56 Wochenstunden gesteigert, konnte aber auch in den späteren Kriegsjahren bis zu 72 Stunden und mehr betragen. Feiertage und Samstage wurden zu Vollarbeitstagen gemacht, Urlaubsmöglichkeiten gestrichen. Darüber hinaus verordneten manche Betriebe weitere Sonderleistungen. So verkündete die Führung von Halberg am 24. März 1943: „Im Zeichen der Einsatzbereitschaft für den Endsieg fährt die Halberg A. G. eine Panzerschicht. Der verdiente Lohn wird von der Gefolgschaft dem Führer zur Verfügung gestellt.“ (Abb. 49, S. 362)

Anmerkungen
Seite 366 und 367

108 *StALu 2063: I. G. 1939: 25 750 Mitarbeiter; Wurster am 28. 8. 1941, in: StALu, ZR 7214/6: I. G. hat ca. 29 000 Mitarbeiter, davon 5 000 Ausländer. Anfang 1943 lag der Mitarbeiterstand mit Ausländern und Kriegsgefangenen bei 41 000, Manuskr. Scharf, S. 23*

109 *Benckiser-Chronik, Bd. 2, S. 121; Interne Mitteilung der Firma Sulzer/Halberg 1939—1945, hier bes. vom 5. 3., 24. 3., 29. 3., 26. 10. 1943, 14. 8. 1944; StALu, Ws 2*

110 *Liste der Beschäftigten des „Arbeiterstandes“; BASFUA, C 62205*

111 *Scharf, in: MHVP 94/1996, S. 465*

* *hier die Errichtung des Tiefbunkers gegenüber der Herz-Jesu-Kirche an der Mundenheimer Straße im Stadtteil Süd, um 1941/42*

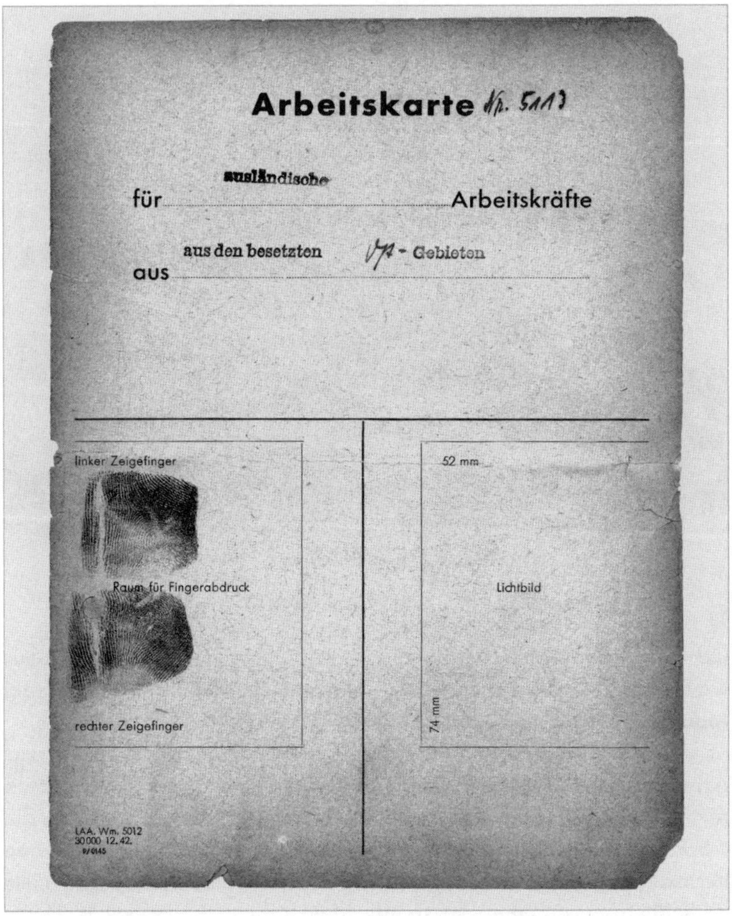
Arbeitskarte Nr. 5113

für ausländische Arbeitskräfte

aus den besetzten Ost-Gebieten

linker Zeigefinger

Raum für Fingerabdruck

rechter Zeigefinger

52 mm

Lichtbild

74 mm

LAA. Wm. 5012
30000 12.42.

Arbeitskarte eines in Ludwigshafen ›verwendeten‹ Ostarbeiters, Seite 1, 1944 [55]

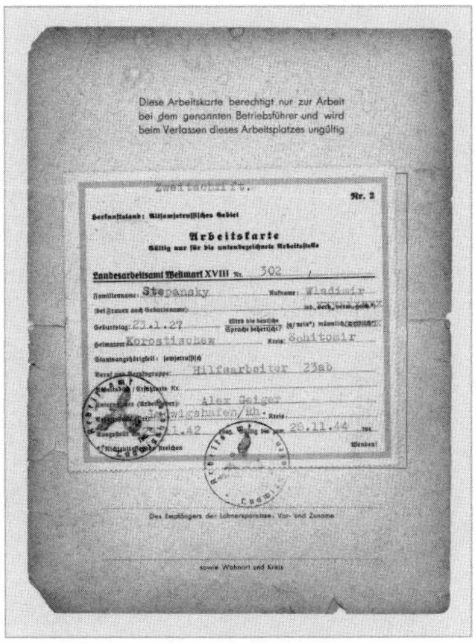
Diese Arbeitskarte berechtigt nur zur Arbeit bei dem genannten Betriebsführer und wird beim Verlassen dieses Arbeitsplatzes ungültig

Seite 2 der vierseitigen Karte mit Personaldaten (Abb. 55) [55a]

Der Versuch, neue Arbeitskräftepotentiale zu erschließen, führte auch zu einer dramatischen Veränderung der Zusammensetzung der ›Gefolgschaften‹ der Betriebe und Verwaltungen. Um die Eingezogenen zu ersetzen und den – besonders bei der Verwaltung – deutlich vermehrten Arbeitsanfall zu bewältigen, griff man, wie bereits oben angedeutet, zuerst auf die Frauen als ›klassisches‹ Arbeitskräftepotential zurück. Dies war auch schon im Ersten Weltkrieg geschehen, und wie damals waren die Verantwortlichen vom ideologischen Standpunkt aus keineswegs glücklich mit der Entwicklung.

Der Einsatz von Frauen hatte allerdings wegen des Arbeitskräftemangels schon vor dem September 1939 begonnen. So stieg die Zahl der bei den I. G. Farben Ludwigshafen/Oppau beschäftigten weiblichen Mitarbeiter des ›Arbeiterstandes‹ zwischen August 1938 und August 1939 von 113 auf 719![110] Insgesamt wurden im Arbeitsamtsbezirk Ludwigshafen ungefähr 13 000 Frauen zwischen 1938 und 1943 ›in Arbeit gebracht‹.[111] Mit Kriegsbeginn wurde dieser Einsatz dann auch propagandistisch überhöht. Schon am 16. September 1939 berichtete die ›NSZ‹ von den ersten Straßenbahnschaffnerinnen, die nun ›ihren Mann stünden‹ und die Heimatfront stärkten. Während des ganzen Krieges gab es immer wieder Propagandaveranstaltungen im Pfalzbau und im Feierabendhaus für berufstätige Frauen. 1942 besuchte Reichsfrauenführerin

Fremdarbeiter bei Giulini um 1942 [56]

Anmerkungen Seite 368 und 369

112 ›Hemshof-Echo‹, 35/36 April 1943

113 ebd., 6/April 1940, 10/August 1940, 35/36 April 1943

114 StALu, LUN 2063

115 StALu, LUA 1064

116 Situations-Monatsberichte; StALu, LUA 2398, bes. Okt. 1943, Jan., März, Mai 1944

117 Scharf, in: MHVP 94/1996, S.468ff

118 Bauverw. an OB, 23.8.1940; StALu, LUA 764

119 Damm, S.30f; Manuskr. Scharf, S.24

120 Statist. Amt an OB, 14.6.1941; StALu, ZR 3010/6

121 ebd.

122 Scharf, in: MHVP 94/1996, S.472

Gertrud Scholz-Klink die Stadt, und im folgenden Jahr betonte Gauwirtschaftsleiter Bösing bei einer Kundgebung: „Daß es an Waffen und Munition niemals mangelt, dazu ist die deutsche Frau aufgerufen."[112]

Die Stadt sorgte sich um Unterkünfte für junge Frauen, die zur Arbeit nach Ludwigshafen kamen, und die NSV richtete Kindergärten für berufstätige Mütter ein.[113] Mit Fortgang des Krieges versuchte die NS-Führung, immer mehr Frauen zur Arbeit heranzuziehen bzw. schon berufstätige Frauen in rüstungsrelevante Betriebe zu „verschieben." 1943 schließlich wurde eine umfassende Meldepflicht für Frauen im Alter zwischen 17 und 45 Jahren eingeführt. Allerdings handhabte man diese Verordnung wohl auch aus ideologischen Rücksichten sehr milde. Speziell die in Ludwigshafen vorherrschende Chemiebranche war schlicht für einen wirklich massenhaften Fraueneinsatz ungeeignet. Eine Statistik vom ersten Quartal des Jahres 1943 zeigt,[114] daß lediglich 13,7% der in der Stadt beschäftigten Zivilarbeiter in der Chemieindustrie deutsche Frauen waren. Im Maschinenbau betrug der Anteil 18,4%. Höhere Prozentsätze in traditionellen Männerbranchen zeigte lediglich das Verkehrsgewerbe (Bahn und Straßenbahn) mit 25% bzw. 31%. In Bereichen hingegen, wo immer schon viele Frauen gearbeitet hatten (Handel, Bildung, Gesundheit, Verwaltung), stieg ihre Zahl steil an. Bei der Stadtverwaltung erhöhte sich der Anteil der weiblichen Beamten zwischen 1938 und 1944 von 7,7% auf 14,4%, der der Angestellten von 32,2% auf 65,1%.[115] Bedingt durch die industrielle Grundstruktur Ludwigshafens stagnierte allerdings der Gesamtanteil deutscher Frauen an den Zivilbeschäftigten 1942—1944 bei 27% bis 30%.

Über den Einsatz der Frauen äußerten sich die Ludwigshafener Behörden eher unzufrieden.[116] Viele von ihnen, besonders die Halbtagsbeschäftigten, die wohl fast alle unter der Doppelbelastung von Beruf und Familie litten, „lassen hinreichendes Verständnis für die derzeitige Lage vermissen und geben nicht die Leistung, die man erwarten könnte", klagte die Wirtschaftskammer im Mai 1944. Mit Zunahme der Luftangriffe versuchten zahlreiche weibliche Beschäftigte die Stadt zu verlassen,

Die bessere Seite: Fremdarbeiter (Franzosen) vor dem ›Gemeinschaftslager VI‹ der I. G. Farben in Ludwigshafen [57]

und das Arbeitsamt stellte im Oktober 1943 fest, daß man ihre massenhaften Kündigungen trotz einer theoretischen Verweigerungsmöglichkeit habe akzeptieren müssen, da eine Ablehnung „Unruhe in der Bevölkerung bringen würde."

Da dem Einsatz deutscher Frauen aus ideologischen und praktischen Gründen Grenzen gesetzt waren, mußte der Arbeitskräftebedarf der Kriegsindustrie auf andere Weise gedeckt werden – durch das Heer der Kriegsgefangenen und Fremdarbeiter. Schon im November 1939 wurden die ersten polnischen Kriegsgefangenen in der Pfalz, vor allem in der Landwirtschaft, beschäftigt, denen ab Juli 1940 auch solche aus Frankreich folgten.[117] Jetzt begann auch der vermehrte Einsatz von Kräften in der Industrie und den Städten, wobei die Stadtverwaltung als Vermittlerin zwischen der die Kriegsgefangenen bereitstellenden Wehrmacht und dem örtlichen Gewerbe, ausgenommen das I. G.-Werk, fungierte. Im August 1940 waren 1 250 Kriegsgefangene in Ludwigshafen beschäftigt, davon 500 bei der I. G., 200 bei Giulini, 109 bei der Stadtverwaltung, 100 bei Meliorationsarbeiten im Maudacher Bruch und 30 bei Raschig.[118] Um dieselbe Zeit traten auch einige hundert Zivilarbeiter vorwiegend aus mit dem Dritten Reich befreundeten Staaten – Italiener und Slowaken – ihren Dienst bei den I. G. Farben Ludwigshafen an,[119] und vom Jahresende an arbeiteten bis zu 4 300 Italiener beim Bunkerbau in der Stadt mit.[120] Die immer größer werdenden Arbeitskräfteanforderungen von Landwirtschaft, Industrie, Bahn und Behörden konnten von der Arbeitsverwaltung kaum befriedigt werden, bzw. wurden bei zu geringer Kriegswichtigkeit der angestrebten Beschäftigung schlicht abschlägig beschieden. Im Juni 1941 war die Zahl der in der Stadt untergebrachten Fremdarbeiter bzw. Kriegsgefangenen auf ca. 7 500 bzw. 2 600 angewachsen.[121] Vom Jahresbeginn 1942 ab wurde dann eine rasch wachsende Zahl in ihrer Heimat auf brutalste Weise zwangsrekrutierter russischer und ukrainischer ›Ostarbeiter‹ in der Stadt beschäftigt,[122] die neben den Franzosen bald die größte Ausländergruppe stellten. Von den am 1. Juni 1943 gemeldeten 19 548 Zivil-Ausländern kamen 34,5% aus

Als ›Untermenschen‹ deklariert: Ostarbeiter des Bürklin-Wolffschen Hofgutes in Ruchheim, Postkarte 1942 [58]

Frankreich und 27,3% aus der UdSSR. Insgesamt stellten Arbeitskräfte aus Westeuropa 54,8% der Fremdarbeiter, solche aus Osteuropa 34,4%, wozu noch 7,2% aus den befreundeten Balkanstaaten kamen.[123] Bei den verschiedenen Branchen erreichte der Zivil-Ausländeranteil, d. h. ohne die Kriegsgefangenen, im ersten Quartal 1943[124] in der Landwirtschaft der Stadt 49,1% den höchsten Wert, gefolgt von der Chemie mit 38,2%, dem Baugewerbe mit 30,5%, dem Maschinenbau mit 21,3% und der Bahn mit 20,9%. Hier ersetzten hauptsächlich Ausländer die eingerückten Kräfte bzw. mußten den zusätzlichen Bedarf decken, nicht die deutschen Frauen. Der durchschnittliche Ausländeranteil bei allen sozialversicherungspflichtig Beschäftigten lag im ersten Quartal 1943 bei 27,3%. Ihren Höchststand erreichte die Ausländerbeschäftigung offenbar im zweiten Quartal 1944, als 22 117 Fremdarbeiter 30% der zivilen Beschäftigten ausmachten, wozu noch vielleicht ca. 5 000 Kriegsgefangene kamen. Etwa die Hälfte davon arbeiteten für den bei weitem größten Arbeitgeber der Stadt, die I. G. Farben, die im August 1944 ca. 10 100 Zivilarbeiter und ca. 3 400 Kriegsgefangene beschäftigte.[125] Der Anteil der Ausländer an der Gesamtbelegschaft der verschiedenen Industriebetriebe variierte stark. Bei der I. G. betrug er im August 1944 etwas über 40%, beim – stark expandierenden – Giuliniwerk 1942 fast 60%, bei Benckiser 1943 ›nur‹ 30%.[126] Unter Berücksichtigung der teilweise hohen Fluktuation waren in Ludwigshafen während des Zweiten Weltkriegs vermutlich insgesamt etwa 50 000 Ausländer (Zivilarbeiter und Kriegsgefangene) tätig.

Bei der Betrachtung der Lebens- und Arbeitsverhältnisse von Fremdarbeitern muß man in Ludwigshafen wie andernorts im ›Großdeutschen Reich‹ scharf zwischen ›Ostarbeitern‹ und Kriegsgefangenen einerseits und andererseits den Arbeitern aus Westeuropa und aus den befreundeten Staaten unterscheiden. Letztere kamen bis zum Kriegsbeginn oft noch freiwillig; die Zwangsrekrutierung im Osten setzte erst später ein. Bis Kriegsende wurden West- und Nordeuropäer aufgrund der NS-Rassenideologie jedoch entschieden weniger menschenunwürdig behandelt als die ›slawischen Untermenschen‹. Die Arbeiter aus dem Westen und den befreundeten Staaten konnten sich in vielen Fällen

Anmerkungen
Seite 370 und 371

123 Scharf, in: MHVP 94/1996, S. 480

124 Statistik in StALu, LUN 2063

125 Statistik der Belegung der I. G.-Lager, August 1944; StALu, LUA 2397

126 Müller, S. 28, StALu, M 35; Benckiser-Chronik, Bd. 2, S. 135; Giulini-Chronik; StALu, Ws 3b, 252/8

127 Polizei-Präsident an OB, Dez. 1942; StALu, ZR II, 2211, dort auch mehr zu dem vorhergehenden

128 zu den Lagern vgl. StALu, ZR II, 2046; ZR 3531/5; LUA 526; Bauregister, StALu, LUA 1201—1210; I. G.-Lager: Müller, S. 28ff; StALu, M 35; Manuskr. Scharf, S. 77

** Übersetzung des ukrainischen Textes: „Fotografie Für langes unvergeßliches Andenken für meine Eltern und alle meine Verwandtschaft von Eurem Sohn Sascha, der sich zur Zeit in Deutschland im Dorf Ruchheim befindet. 21. VIII. 1942, Euer Sohn Sascha."*

*** DAF: ›Deutsche Arbeitsfront‹, die NS-Pseudo-›Gewerkschaft‹*

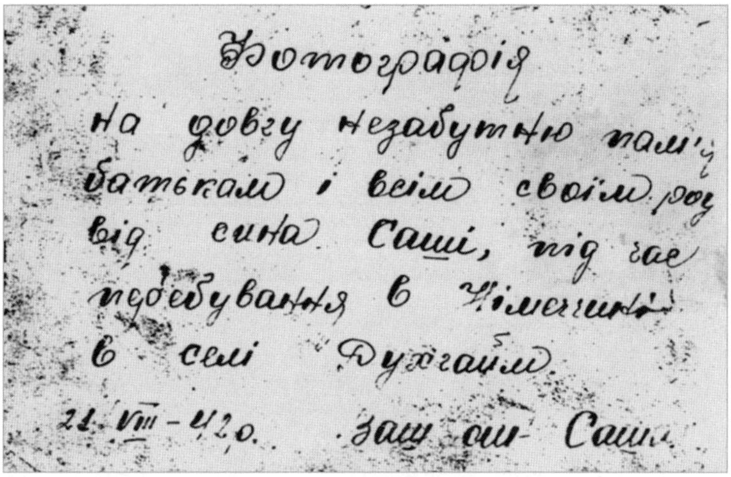

*„Für langes unvergeßliches Angedenken […] von Eurem Sohn Sascha"**
Rückseite der gegenüberliegenden Abbildung (58) [58a]

sogar Privatquartiere besorgen, was bei Stadt und NSDAP zu Klagen über die Belastung des Wohnungsmarktes und das allzu freie Gebaren der Ausländer führte. Die Partei verwies auf Spionage- und sexuelle Gefahren und forderte Abhilfe. Der Polizeipräsident mahnte jedoch zur Besonnenheit: Man habe keine Möglichkeit, angeworbenen Arbeitern aus befreundeten Staaten viel zu verbieten. Und zudem: „Nicht jeder Ausländer ist aber schon lästig und gefährlich."[127]

Grundsätzlich betrachteten die Behörden überwachte Gemeinschaftsunterkünfte als die beste Lösung.[128] Für Ostarbeiter und Kriegsgefangene war sie sogar zwingend. Angesichts des relativ raschen Zustroms von Fremdarbeitern in die Chemiestadt war die Unterbringung anfangs ein großes Problem, da Ludwigshafen nur über wenige große öffentliche Gebäude verfügte, die als Lager genutzt werden konnten. Einige Schulen, Gaststätten und Turnhallen wurden ebenso herangezogen wie die Knoll-Kaserne als zentrales, von der Stadt bereitgestelltes Lager für kriegsgefangene Beschäftigte kleinerer Betriebe. Die I. G. Farben begannen schon im Mai 1940 mit dem Bau eines ersten Lagers für Fremdarbeiter, zu dem bis Ende 1943 weitere sechs Lager für Zivilarbeiter sowie ein Kriegsgefangenen-Lager traten. Letzteres stand unter der Verwaltung der Wehrmacht, während die anderen von der DAF** betreut wurden. Auch die Stadt errichtete in der zweiten Jahreshälfte 1942 ein großes Zivil- und Militärgefangenenlager in den Bruchwiesen, das die Aufgabe der von der Wehrmacht benötigten Knoll-Kaserne übernahm und sich durch Beiträge der Firmen, Handwerksbetriebe und anderer Gewerbe finanzierte, deren Arbeiter dort untergebracht waren. Daneben bauten alle größeren Firmen der Stadt ab 1942 größere oder kleinere Barackenunterkünfte, oft getrennt nach West- und Ostarbeitern. Bruchwiesen- und die meisten anderen Industrielager wurden ebenso wie die der I. G. Farben von der DAF betrieben. Nachdem zu Beginn des Ausländereinsatzes oft unsägliche Zustände in den Lagern geherrscht hatten, boten sie – vor allem die der I. G. Farben – nach ihrem vollständigen Ausbau ein durchaus ordentliches Bild: Sie hatten moderne Küchen, Speisesäle, Bäder und Kranken- sowie ›Entlausungs‹-stationen, Bibliotheken und Veranstaltungsräume; man bot – NS-treue –

Einband des Strafbuchs für Ostarbeiter der I. G. Farben, Ludwigshafen [59]

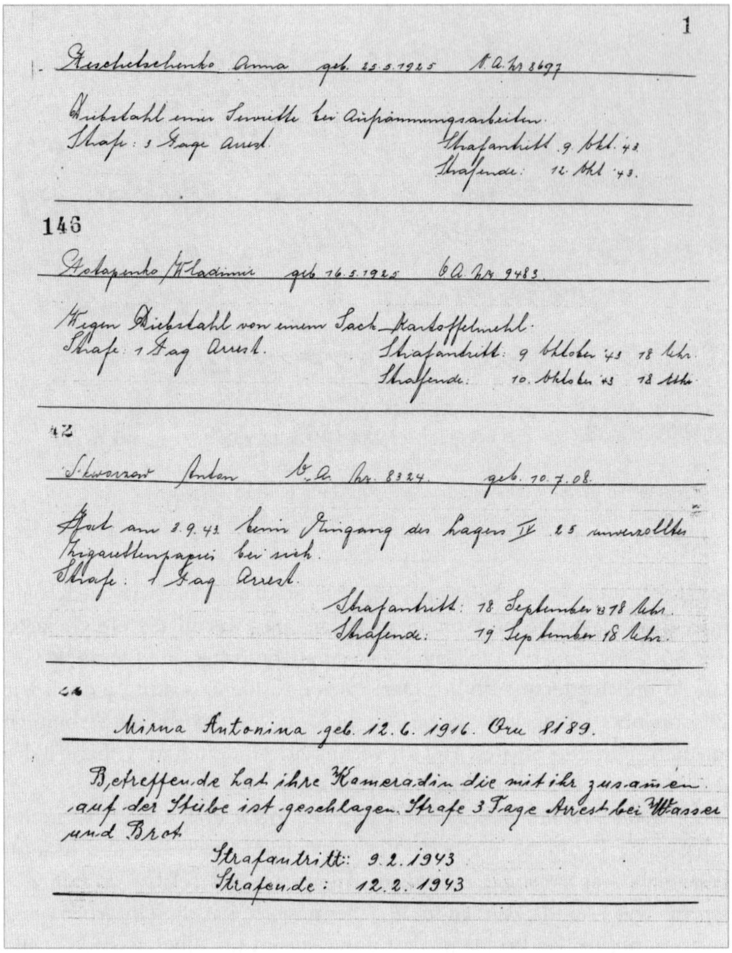

1

1. [illegible] Anna geb. 25.5.1925 [illegible]

Diebstahl einer Serviette bei Aufräumungsarbeiten.
Strafe: 3 Tage Arrest   Strafantritt 9. Okt. 43
Strafende: 12. Okt. 43.

146

[illegible] Wladimir geb. 16.5.1925 [illegible]

Wegen Diebstahl von einem Sack Kartoffelmehl.
Strafe 1 Tag Arrest.   Strafantritt: 9 Oktober 43 18 Uhr
Strafende: 10. Oktober 43 18 Uhr

42

[illegible] Anton [illegible] Nr. 8324. geb. 10.7.08.

Hat am 8.9.43 beim Eingang des Lagers IV 25 unverzollte Zigarettenpapier bei sich.
Strafe: 1 Tag Arrest.
Strafantritt: 18 September 18 Uhr.
Strafende: 19 September 18 Uhr.

Mirna Antonina geb. 12.6.1916. Oru 8189.

Betreffende hat ihre Kameradin die mit ihr zusammen auf der Stube ist geschlagen. Strafe 3 Tage Arrest bei Wasser und Brot.
Strafantritt: 9.2.1943
Strafende: 12.2.1943

Diebstahl einer Serviette, von Kartoffelmehl oder Zigarettenpapier und Verprügeln der Stubenkameradin: Zusammenstellung von Einträgen aus dem Strafbuch [60a]

Anmerkungen
Seite 372 und 373

129 StALu, LUA 1684
130 Müller, S. 30f; StALu, M 35
131 11.3.1944; StALu, LUA 526
132 ebd.

fremdsprachige Zeitungen an. Das Russenlager der I. G. besaß sogar eine orthodoxe Kirche. Insgesamt übertraf diese Ausstattung in mancher Hinsicht wohl noch den Lebensstandard, den viele der Zwangsarbeiter in der stalinistischen UdSSR genossen hatten. Für die sexuellen Bedürfnisse der Fremdarbeiter plante man sogar eine ›Bordellbaracke‹[129] – zu der jedoch aus rassistischen Erwägungen den Russen der Zutritt verwehrt sein sollte. Das Gebäude wurde allerdings nie errichtet, weil die I. G. Farben und Giulini als größte Fremdarbeiter-Arbeitgeber sich weigerten, für dessen Erstellung zu zahlen und darüberhinaus der Gauleiter moralische Bedenken geltend machte. Obgleich sich sogar die Parteikanzlei Hitlers einschaltete und Gauleiter Bürckel befahl, seinen Widerstand aufzugeben – was dieser eilfertig versicherte, verhinderten endlose Diskussionen über den Standort des Bordells seine Ausführung.

Durch die immer zahlreicheren Luftangriffe wurden die Lager stark in Mitleidenschaft gezogen, die Unterbringung immer primitiver.[130] Waschgelegenheiten wurden rar, ebenso angemessene Kleidung: Viele Ostarbeiter mußten völlig verdreckt in Lumpen ohne Schuhwerk ihrer Arbeit nachgehen. Vor allem in den Ostarbeiterlagern drohten Seuchen. Mit Schrecken registrierte das Gesundheitsamt im März 1944[131]

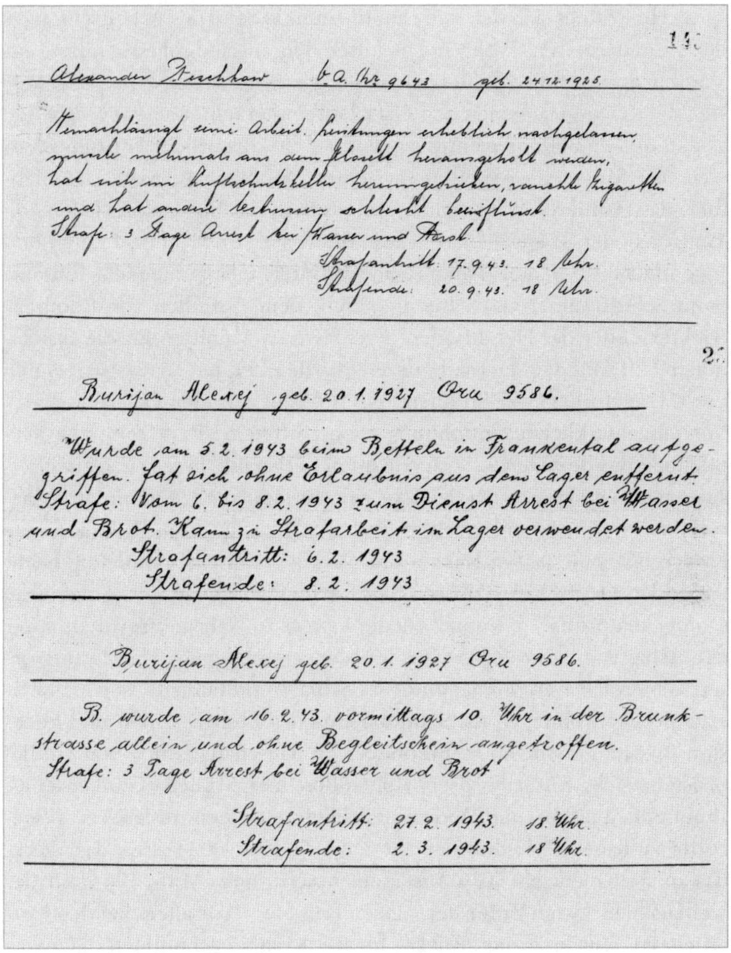

Alexander [illegible] b.A. Nr. 9643 geb. 24.12.1925.

Vernachlässigt seine Arbeit. Leistungen erheblich nachgelassen, musste mehrmals aus dem Klosett herausgeholt werden, hat sich im Luftschutzkeller herumgetrieben, rauchte Zigaretten und hat andere [illegible] schlecht beeinflusst.
Strafe: 3 Tage Arrest bei Wasser und Brot.
Strafantritt: 17.9.43. 18 Uhr.
Strafende: 20.9.43. 18 Uhr.

Burijan Alexej geb. 20.1.1927 Oru 9586.

Wurde am 5.2.1943 beim Betteln in Frankenthal aufgegriffen. Hat sich ohne Erlaubnis aus dem Lager entfernt.
Strafe: Vom 6. bis 8.2.1943 zum Dienst Arrest bei Wasser und Brot. Kann zu Strafarbeit im Lager verwendet werden.
Strafantritt: 6.2.1943
Strafende: 8.2.1943

Burijan Alexej geb. 20.1.1927 Oru 9586.

B. wurde am 16.2.43. vormittags 10 Uhr in der Brunkstrasse allein und ohne Begleitschein angetroffen.
Strafe: 3 Tage Arrest bei Wasser und Brot
Strafantritt: 27.2.1943. 18 Uhr.
Strafende: 2.3.1943. 18 Uhr.

Herumtreiben im Luftschutzkeller, Betteln in Frankenthal, vormittags allein in der Brunckstraße gelaufen: Zusammenstellung von Einträgen aus dem Strafbuch [60b]

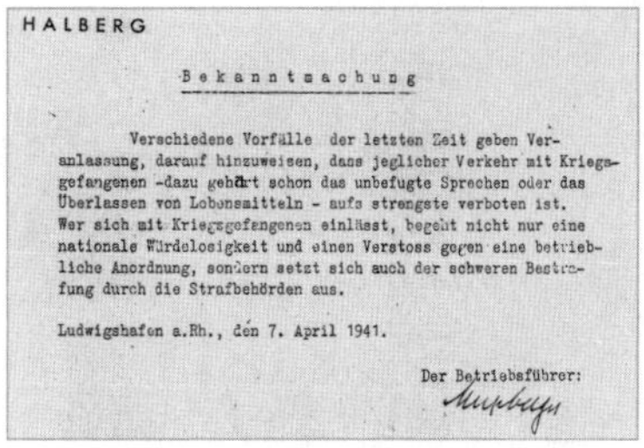

HALBERG

Bekanntmachung

Verschiedene Vorfälle der letzten Zeit geben Veranlassung, darauf hinzuweisen, dass jeglicher Verkehr mit Kriegsgefangenen -dazu gehört schon das unbefugte Sprechen oder das Überlassen von Lebensmitteln - aufs strengste verboten ist.
Wer sich mit Kriegsgefangenen einlässt, begeht nicht nur eine nationale Würdelosigkeit und einen Verstoss gegen eine betriebliche Anordnung, sondern setzt sich auch der schweren Bestrafung durch die Strafbehörden aus.

Ludwigshafen a.Rh., den 7. April 1941.

Der Betriebsführer:

„Jeglicher Verkehr mit Kriegsgefangenen – dazu gehört schon das unbefugte Sprechen oder das Überlassen von Lebensmitteln – ist aufs strengste verboten." Anordnung bei Halberg betreffend Fremdarbeiter aus dem Jahr 1941 [61]

einen Ausbruch von Typhus unter Ostarbeitern, der auch die deutsche Bevölkerung bedrohen konnte. Verbesserte Unterbringung und Sauberkeit wurde angemahnt, aber keineswegs überall erreicht. Medizinalrat Hatzfeld berichtete über die üblen Verhältnisse bei der Firma Halberg: „Schon beim Betreten des Lagers merkt man, daß es an gutem Willen fehlt [...]. Will man aber Leistungen aus einem Menschen herausholen, dann muß man ihm auch außerhalb der Arbeitsstätte einen Raum bieten, wo er sich von den Anstrengungen der Tagesarbeit erholen [...] kann. Die Räume bei Halberg sind aber fast menschenunwürdig. Das ganze Lager macht einen verwahrlosten und schmutzigen Eindruck. Beanstandungen werden [...] zur Kenntnis genommen, für eine Beseitigung der gröbsten Mißstände aber nicht die geringsten Schritte unternommen [...]. Die Wände und Fußböden [der Schlafräume] sind schmutzig, die Schlafstellen machen stellenweise einen verwahrlosten Eindruck [...]. Die Aborte sind völlig unzureichend. 2 Closetts für mehrere Hundert Frauen [...] Krankenstube und Isolierbaracke fehlen völlig [...]. Wenn auch das Lager [...] im September [1943] ein Raub der Flammen geworden ist, so ist das kein Grund, in den fünf Monaten alles liegen zu lassen [...]"[132]

Hier öffnet sich der Blick auf die dunkle Seite des Arbeitseinsatzes der Fremdarbeiter. Während es unter den ausländischen Kräften aus Westeuropa auch Fachkräfte gab, die Angestelltenstatus errangen, mussten die Kriegsgefangenen und Ostarbeiter unerachtet einer eventuellen akademischen Bildung primitivste und oft die körperliche Leistungskraft weit überfordernde Arbeiten verrichten. Straßenbaueinsätze, Müllabfuhr, das Hantieren mit gefährlichen Stoffen, das Be- und Entladen von Waggons oder Trägerdienste waren die Regel für Männer, Frauen und Jugendliche.[133] Zu den zivilen Arbeiten traten je länger je mehr Einsätze beim Schutträumen nach Luftangriffen, dem Auffüllen von Bombentrichtern oder das Herantragen der schweren Munition für die Flakkanonen. Elf Stunden Tagesarbeitszeit wurden bei den Kriegsgefangenen der I. G. gefordert, 67 Stunden in der Woche von den Ostarbeitern.[134] Von einer wirklichen Entlohnung konnte oft keine Rede sein. Die Verpflegung wurde gegen Kriegsende immer erbärmlicher, so daß zum Beispiel russische Frauen bei der I. G. mit Eisenpulver verunreinigtes Kartoffelmehl stahlen und „rostige Fladen" daraus backten.[135] Italienische Kriegsgefangene jagten Katzen und verkündeten einer mitleidig nachfragenden Deutschen: „Wissen Sie, Katzenmann nicht gut, Katzenfrau schmecken prima!"[136] Immer wieder kam es zu Nahrungsrevolten unter den Arbeitern. Sie wurden oft mit Nahrungsentzug und Haft beantwortet. Generell waren Mißhandlungen, Schläge und Fußtritte sowie drastische Strafandrohungen nicht unüblich und sollten Disziplin und höchsten Einsatz erzwingen.[137] Besonders die Geschäftsleitung von Giulini brüstete sich, mit rigorosen Kontrollen und Strafen Krankenstand, ›Bummelantentum‹ und Widersetzlichkeit unter den Ausländern ausgerottet zu haben,[138] und in der Tat zeigt die Krankenstatistik das Werk, das zu weit mehr als 50% Ausländer beschäftigte, Mitte 1944 mit der weitaus niedrigsten Ziffer der ganzen Region.[139] Vor allem bei den Ostarbeitern wurde wenig Rücksicht auf Kranke genommen. Schwerkranke und Sterbende wurden oft in die Heimat oder in Sterbelager deportiert, Schwangere zur Abtreibung gezwungen. Weit mehr als die Hälfte der in der Stadt im Krieg geborenen ›Russenkinder‹ starben im Säuglingsalter. Die Sterberate der Ostarbeiter war weit höher als die der Deutschen oder der westeuropäischen Fremdarbeiter.

Industrie und Behörden lebten angesichts der Zusammenballung so vieler ›feindlicher‹ Ausländer in ständiger Furcht vor dem Ausbruch von Unruhen. Der Werkschutz und die Wachmannschaften der Lager, oft ausgesprochen sadistische und grausame Menschen, wurden während des Krieges zum ›verlängerten Arm‹ der Gestapo, die generell mehr und mehr als Kontrollinstrument für die Zwangsarbeiter fungierte: 1943 waren 86% der in der Westmark von ihr Verhafteten Ausländer. Hochgerechnet kam jeder Zwanzigste von ihnen während dieses Jahres mit ihr in Kontakt.[140] Bei Widerstand oder Arbeitsverweigerung wurden die Fremdarbeiter sofort bestraft, vor allem die Ostarbeiter relativ oft an die Gestapo überstellt. Daneben unterhielt die I. G. ein Arbeitserziehungslager und ein Gefängnis im Ostarbeiterlager, aus dessen Folterkammer „manchmal die gräßlichsten Schmerzensschreie zu hören waren", wie ein Wachmann nach dem Krieg zu Protokoll gab. Gelegentlich griff die Gestapo auch in Ludwigshafen zum Mittel der ›Sonderbehandlung‹, d. h. der sofortigen Hinrichtung, die manchmal öffentlich zur Abschreckung vollzogen wurde.

Anmerkungen
Seite 374 und 375

133 *Die Briefe der ehemaligen Zwangsarbeiter an das StALu betreffend die Beschaffung von Nachweisen ihrer Beschäftigung enthalten zahlreiche einschlägige Informationen.*

134 *Elsner, S.46; Manuskr. Scharf, S.62, 64*

135 *Walter, S.15*

136 *Auer, S.56*

137 *Elsner, S.46f; Manuskr. Scharf, S.139, 148*

138 *StALu, Ws 3b, 181/182*

139 *StALu, LUN 2063; Manuskr. Scharf, S.92—100, 183ff*

140 *Scharf, Justiz, S.663ff, 717; Manuskr. Scharf, S.137ff*

141 *Jahresberichte Transportbetrieb; StALu, Ws 3b 396, 397*

142 *ausgewertet nach der Ausländerkartei der Krankenhauspatienten 1944, Beispielbuchstaben A und B*

143 *v. Hippel, S.362*

Im Februar 1997 schrieb die 1937 geborene Tamara Kamenkowa an die Stadtverwaltung Ludwigshafen. Sie war als Kind zusammen mit ihrer ganzen Familie 1942 von Weißrußland nach Ludwigshafen verschleppt und in einem Lager an der Maudacher Straße untergebracht worden. Sie berichtet: „Mitten auf einem Feld hinter Stacheldraht standen zwei oder drei Wohnbaracken, eine Toilette, ein Bunker [...] Täglich wurden die Erwachsenen auf die Eisenbahnstation zur Arbeit getrieben. Der Aufseher für die Kinder war ein alter Deutscher, der nach dem Weggang der Erwachsenen mit der Peitsche in die Baracke kam und sang: ‚Aufstehn, Arbeit gehen, ku, ku!' Wenn jemand trödelte, wurde er mit der Peitsche geschlagen. Wir mußten die Gebäude aufräumen, den Hof und die Toiletten reinigen. Ich erinnere mich an die Bestrafung zweier russischer Burschen. Sie wurden gehängt, wofür, weiß ich nicht [...]"

Nach der Veröffentlichung des Briefes erinnerten sich allerdings einige Leser der Tageszeitung ›Die Rheinpfalz‹ an die Umstände der Hinrichtung. Aus einem Leserbrief vom 23. August 1997: „Mein Vater erzählte mir, daß die beiden Russen einen Aufstand angezettelt hätten. [Dies traf, wie einschlägige Akten zeigen, in der Tat zu.] Das war ihr Todesurteil. Das ganze Lager mußte antreten und die Hinrichtung mit ansehen. Am Friesenheimer Weg war von der Polizei abgesperrt, daß wir Buben nichts sehen konnten. Auf dem Schießhausgelände stand eine große Sandsteinmauer mit Eisenhaken, da wurden sie aufgehängt [...]"

Trotz der rigorosen Diszplinierung blieben die Arbeitsergebnisse mäßig. Der wachsende Einsatz der vor allem in der ersten Kriegshälfte häufig ausgewechselten, verständlicherweise unwilligen und oft unausgebildeten Fremdarbeiter führte zu einem Rückgang der Arbeitsproduktivität. So sank der Umschlag pro Lohnstunde beim Transportbetrieb Giulinis[141] von 2,87 Tonnen 1939 auf 1,74 Tonnen 1942 und stieg erst dann wieder – durch eine Stabilisierung des Arbeitskräftestamms, bessere Ausbildung sowie rigorosere Strafmaßnahmen – auf 2,3 Tonnen 1944 an. Doch klagten die Verantwortlichen, daß zu Beginn des massenhaften Ostarbeitereinsatzes ab Mai 1943 „ausschließlich jugendliche Menschen, darunter auch Kinder nach unserem Begriff und bei den Frauen meist schwächliche Personen" ›angeliefert‹ worden seien. „Der größte Teil davon konnte die hier anfallenden schweren Arbeiten fast nicht ausführen." Erst langsam seien sie durch kräftigere Arbeiter ersetzt worden.

Die Jugendlichkeit vieler Ostarbeiter spiegelte ganz offensichtlich ihre Zwangsrekrutierung für den Einsatz in Deutschland wider. Während die im Krankenhaus 1944 behandelten Westarbeiter[142] zu 71% über 25 Jahre alt waren, waren rund 60% der Ostarbeiter unter 25; 5,7% gar unter 15 Jahre alt. Bei den Strafsanktionen, beim Arbeitsschutz, den Löhnen, bei den Lebensmittelzuteilungen und den Möglichkeiten, Heimatbesuche zu machen, in allen nur denkbaren Bereichen wurde durch die gesetzlichen Bestimmungen zwischen West- und Ostarbeitern differenziert, die ›Minderwertigkeit‹ der ›Untermenschen‹ betont und auch propagandistisch ausgeschlachtet. Ihr durch die Unterbringung und Behandlung oft erbärmliches Aussehen wurde als Beleg für ihre Inferiorität genommen. Als ein Krankenhausarzt im Juni 1943 eine Ostarbeiterin zur Entbindung unter deutsche Patientinnen verlegte, wurde ihm eine Rechtfertigung für dieses ›unerträgliche‹ Geschehen abverlangt.[143] Nicht nur Ostarbeitern, sondern allen Ausländern wurde in vielen Fällen der Zutritt zu den öffentlichen Luftschutzbauten verwehrt, obwohl die

Antisemitische Karikatur aus dem ›Hemshof-Echo‹ November 1940 [62]

Deportation der vorderpfälzischen Juden von Ludwigshafen aus 22. Oktober 1940 [63]

Reichsgesetzgebung dies keineswegs vorsah. Bei den I. G. Farben hatten die Fremdarbeiter generell Zutritt zu den Werksbunkern. In den Lagern existierten allerdings nur primitive Splittergräben, die kaum Schutz boten. Ein Bürger aus der Gartenstadt konnte beobachten, wie die lokalen Parteigewaltigen durch die Bunker gingen und die Fremdarbeiter, die sich dennoch dorthin geflüchtet hatten, ›mit Fußtritten und Rippenstößen‹ daraus vertrieben.[144] So ist es nicht verwunderlich, daß die Ausländer, die – Ende 1944 – höchstens ein Viertel der Bevölkerung der Stadt ausmachten, nach einer glaubwürdigen Statistik beinahe 50% (882 Tote) der Luftkriegsopfer stellten.[145]

Scharfe Strafsanktionen galten für den unerlaubten Umgang der Deutschen mit den ›Feinden‹. Im September 1940 berichtete das ›Hemshof-Echo‹ vom Fall des alten Sozialdemokraten Johann Krämer, der 20 Brötchen gekauft und sie den auf dem Danziger Platz schuftenden Kriegsgefangenen geschenkt hatte. Er wurde sofort wegen ›verbotenen Umgangs‹ verhaftet und zu vier Monaten Gefängnis verurteilt. „Eine zeitgemäße, drastische Lektion für die Unbelehrbaren und sicherlich ein abschreckendes Exempel für artverwandte Gesinnungsgenossen", kommentierte das Blatt. Auch eine Reihe von Frauen erhielt wegen ihres Mitleids mit französischen Kriegsgefangenen – in der Regel, weil sie ihnen Nahrungsmittel zugesteckt hatten – bis zu mehr als einjährige Haftstrafen. Eine aus einer deutsch-belgischen Ehe stammende junge Frau kostete wiederholter Kontakt zu belgischen Kriegsgefangenen das Leben. Sie wurde als „nicht von deutscher Art" abqualifiziert und ins KZ Ravensbrück verbracht, wo sie 1944 starb.[146]

Solche Vorfälle zeigen schon, daß das Verhältnis der Ludwigshafener zu den Fremdarbeitern zwiespältig war. Auf der einen Seite glaubten offenbar viele an die Propaganda vom ›slawischen Untermenschen‹,[147] waren sich auch der potentiellen Haßgefühle der geschundenen Menschen aus besiegten Nationen bewußt. Doch mußte zum Beispiel die Betriebsleitung der Firma Halberg ihre Beschäftigten wiederholt ermahnen,[148] daß der Kontakt mit Kriegsgefangenen und Zwangsarbeitern „eine unwürdige und den deutschen Interessen abträgliche Haltung" sei und die Betriebsführung Giulinis klagte 1944, daß viele

Anmerkungen Seite 376 und 377

144 *Erlebnisbericht Karl Kinzebach; StALu, M 74, S. 260ff*

145 *Zahlen nach den Berichten des LS-Beauftragten beim OB; StALu, LUN 2063*

146 *StALu, LUN 1705; Manuskr. Scharf, S. 105*

147 *vgl. z.B. die Lebenserinnerungen der Helene Schwarz, S. 98*

148 *Interne Mitteilungen der Firma Sulzer/Halberg 1939—1945, hier bes. 3.2., 7.4.1941, 20.6.1942; StALu, Ws 2; Schwarz, S. 98; Auer, S. 56; Walter, S. 15; Gambs, S. 254, 260; StALu, M unverz.*

149 *Scharf, Polen, S. 434f*

150 *StALu, ZR II, 2111; Benckiser-Chronik, Bd. 2, S. 121; Scharf, Polen, S. 401f*

151 *f.d.F. Minor/Ruf, S. 162ff*

Deportation der vorderpfälzischen Juden von Ludwigshafen aus 22. Oktober 1940 [64]

Das Ende für viele: Grabsteine auf dem Friedhof des Lagers Gurs in Südfrankreich [65]

›Unterführer‹ im Werk sich „schützend vor die bummelnden Ausländer" stellten. Zahlreich sind die Belege dafür, daß deutsche Arbeiter ihren ausländischen Kollegen etwas zusteckten oder ihre kleinen Diebstähle von Tauschgütern oder Nahrungsmitteln guthießen bzw. tolerierten. 1944 verteilten die Anwohnerinnen einer Straße in der Gartenstadt Brot an halbverhungerte russische Zivilarbeiter, die dort Aufräumarbeiten nach einem Luftangriff zu verrichten hatten. Als ein SS-Mann sie deswegen kritisierte und die Russen mit dem Gewehrkolben schlug, empörten sich die Frauen und riefen: „Ihr braunen Hunde, geht an die Front!" Wegen der insgesamt regimefeindlichen Stimmung in der Stadt entschied die Gestapo, keine der Protestierenden zu verfolgen.[149] Die Behandlung der Fremdarbeiter – ob Ost oder West – wurde nicht nur von staatlichen Normen bestimmt. Ukrainische Hausmädchen wurden durchaus wie Familienmitglieder behandelt, französische Kriegsgefangene auf Bauernhöfen gut versorgt und mit ihnen freundlicher Umgang gepflogen. Rund um die Lager konnten Schwarzmarkt und Bettelei blühen,[150] und russische Fremdarbeiter konnte man zum Entsetzen von Parteistellen auch jenseits der erlaubten Ausgänge in der Stadt beim Kinobesuch erblicken. Die Wirklichkeit war vielschichtig, und so waren auch die Gefühle der Menschen, die freiwillig oder unter hartem Zwang für die Deutschen in Ludwigshafen arbeiten mußten. In den Erinnerungen ehemaliger Zwangsarbeiter aus der Stadt spiegeln sich Haß auf die Peiniger ebenso wie Dankbarkeit für empfangene Gesten der Menschlichkeit. Eine Menschlichkeit, die umso mehr im Gedächtnis blieb, als viele Ostarbeiter nach ihrer Rückkehr in die Sowjetunion in die Mühlen der stalinistischen Verfolgungsmaschinerie gerieten, die alle ›westlich infizierten‹ Menschen fürchtete.

Rassisch Verfolgte und Regimegegner

Das Heer der Fremdarbeiter war nur eine Gruppe der Einwohnerschaft Ludwigshafens, die sich dauernden schweren Menschenrechtsverletzungen ausgesetzt sah. Im Zweiten Weltkrieg vollendete sich auch das Schicksal der jüdischen Gemeinde.[151] Eine Bemerkung Hitlers aufgreifend, trachteten der pfälzische Gauleiter Bürckel und sein

badischer Amtskollege Wagner danach, dem ›Führer‹ als erste die ›Judenreinheit‹ ihrer Gaue melden zu können. Sie nutzten die von den Deutschen geforderte Deportation der elsaß-lothringischen Juden Ende 1940, um am 22. Oktober dieses Jahres auch diejenigen ihrer Herrschaftsgebiete in südfranzösische Internierungslager abzuschieben. Am frühen Morgen wurden die vorderpfälzischen Juden von der Gestapo aus ihren Wohnungen abgeholt – nur schmales Gepäck durfte mitgenommen werden – und im Hof der Ludwigshafener Maxschule zusammengetrieben. Auch 183 Menschen aus der Stadt waren unter ihnen – Alte, Jugendliche, Frauen, eben alle diejenigen, die in den Jahren zuvor nicht ›den Absprung‹ geschafft hatten. „Die Aktion ist reibungslos und fast unbemerkt von der Öffentlichkeit verlaufen", betonte ein amtlicher Bericht.[152] Schon auf der qualvollen endlosen Eisenbahnfahrt nach Südfrankreich starben einige der Deportationsopfer. 42 ließen dort ihr Leben, 80 wurden in den Vernichtungslagern des Ostens nach 1942 umgebracht. 48 Menschen überlebten – zum großen Teil an Körper und Seele gebrochen. Über 13 Deportierte gibt es keine Nachricht. Das jüdische Vermögen wurde ›verwertet‹, d. h. die Grundstücke, Wohnungen, Möbel und Wertgegenstände gelangten zuerst unter die Regie der Stadt, später (1942) des Finanzamtes in neue Hände, wobei sich offenbar die Verwalter verschiedentlich selbst bereicherten.

Offiziell blieben neben einigen wenigen, die sich in dauernder Furcht vor Entdeckung den Krieg über versteckt hielten, die mit Nicht-Juden verheirateten Menschen jüdischer Herkunft und die sogenannten ›Mischlinge ersten Grades‹ zurück. Den ›Halbjuden‹ wurde 1942 der Zugang zu den öffentlichen Schulen verwehrt, und im Herbst 1944 wurden über 20 in Lager der paramilitärischen Bau- und Rüstungs-›Organisation Todt‹ zur Zwangsarbeit eingezogen. Schon 1942 waren bei den Neubauten von Giulini im Zeichen des Arbeitskräftemangels mit dem Davidstern gezeichnete Juden zusammen mit anderen Strafgefangenen eingesetzt worden. Nachweislich acht mit Nicht-Juden verheiratete Juden wurden noch Anfang März 1945, wenige Tage vor dem Eintreffen der US-Armee, ins KZ Theresienstadt verschleppt, von wo sie erst im August wieder befreit wurden.[153]

Waren Juden und Ostarbeiter in gleichsam unentrinnbarer Weise zu Opfern des NS-Systems vorherbestimmt, so brachte der Krieg auch für zahlreiche Regime-Gegner und sonstige Mißliebige eine Verschärfung ihrer Situation. Daneben gerieten mehr und mehr Menschen durch Verstöße gegen das ›Heimtückegesetz‹ sowie das 1938 eingeführte Delikt der ›Wehrkraftzersetzung‹ und des ›Rundfunkverbrechens‹ – des Abhörens von ›Feindsendern‹ – in das Räderwerk der politischen Justiz.

Gerade in der Industriestadt Ludwigshafen mit ihrem vor 1933, etwa im Hemshof, starken sozialdemokratisch-kommunistischen Milieu waren sich Partei und Behörden nur zu gut der latenten Gegnerschaft vieler Menschen bewußt. Als Kinder aus der ›Adolf-Hitler-(Niederfeld-)Siedlung‹ im April 1941 von den dort beim Bunkerbau eingesetzten französischen Kriegsgefangenen Schokolade erbettelten, kritisierte die örtliche NSDAP dies als unwürdig und bat die Polizei durchzugreifen. Eine Belehrung der Eltern sei nämlich „bei der bekannten Einstellung der meisten Einwohner der Siedlung" ohne jeden Zweck. Die Mütter würden lediglich zurückkeifen, man solle ihnen eben für ihre Kinder Schokolade geben.[154] Mit solchen Grundeinstellungen mußte gerechnet

Anmerkungen
Seite 378 und 379

152 *zit.n. Minor/Ruf, S.164*

153 *vgl. Auswertung der Liste der gemeldeten Opfer des Faschismus; StALu, LUN 1705; betreffend die Beschäftigung von Juden: Manuskr. Scharf, S.25*

154 *NSDAP an Polizeipräsidium, April 1941; StALu, ZR II, 2046*

155 *Scharf, Polen, S.410*

156 *vgl. Erinnerungen Schwarz, Walter, Gambs; StALu, M unverz. sowie autobiographische Aufzeichnungen Valentin Schmitt; in: StALu, N 23 unverz.*

157 *StALu, LUN 2905*

158 *Morweiser, S.40f; Nord, S.79, 88*

159 *StALu, LUN 2905*

160 *vgl. Fälle in StALu, LUN 1705; betreffend die Beschäftigung von Juden: Manuskr. Scharf, S.25*

161 *ebd.*
Sehr umfangreiches Material bieten auch die Fälle in den Gestapo-Akten des Landesarchivs Speyer, die jedoch nicht nach Orten aufgeschlüsselt sind und noch einer umfassenden Auswertung harren.

werden, und so ist es nicht verwunderlich, daß Ludwigshafen Sitz einer eigenen Gestapo-Außenstelle blieb.[155] Verwunderlich aber ist deren schlechte Personalausstattung, die zu Beginn des Jahres 1941 lediglich aus sechs Beamten und einer Stenotypistin bestand. Dies führte jedoch nicht notwendigerweise zu Hilflosigkeit. Durch die flächendeckende Parteiorganisation von der Zelle bis zur Kreisleitung verfügte die politische Polizei über viele Augen und Ohren. Darüberhinaus bezeugen die Lebensberichte einer ganzen Reihe von Ludwigshafener Jugendlichen ihren ›Führerglauben‹,[156] und selbstverständlich gab es auch in dieser Stadt viele überzeugte Nationalsozialisten, die selbst vor todbringenden Denunziationen nicht zurückschreckten. Andererseits betonte die Frau eines NSDAP-Zellenleiters bei der Strafverfolgung eines Nachbarn wegen kritischer politischer Äußerungen, daß viele ihrer Zuträger sich weigern würden, ihre Aussagen bei einer Vernehmung zu bekräftigen. Viele wolle sie auch nicht nennen, da diese „über mich verärgert sein könnten, wenn sie vernommen werden."[157]

Gerade in der ungewissen Situation unmittelbar um und nach Kriegsbeginn war das Regime in der grenznahen Westmark offenbar recht nervös. Eine ganze Reihe bekannter ›Antifaschisten‹, d. h. SPD- und KPD-Anhänger wurde sofort unerachtet ihres fortgeschrittenen Alters zum Wehrdienst eingezogen und so aus der Stadt entfernt.[158] Wehrdienst, vor allem im berüchtigten Strafbataillon 999, blieb dann während des ganzen Krieges ein probates Mittel, Oppositionelle zu disziplinieren. Der spätere Kulturamtsleiter Karl Nord, der erst im Oktober 1941 aus langer Haft entlassen wurde, mußte nach kaum einem Jahr in Freiheit, die zu erfahren ihm ein „unbeschreibliches Gefühl" gewesen war, im Januar 1943 zum Strafbataillon einrücken. Ähnliches erfuhren zahlreiche weitere politische Häftlinge, deren ›Freilassung‹ nur der Übergang zum Strafwehrdienst war. Andere Regimegegner wurden bei Kriegsbeginn inhaftiert und so aus dem Verkehr gezogen. Gerade Menschen, die man verdächtigte, in der Arbeiterbevölkerung Unruhe stiften zu können, gerieten besonders in das Visier der Verfolger.[159]

Auch die Berichterstattung des ›Hemshof-Echos‹ zeigte die Unsicherheit des Regimes bei Kriegsbeginn. Ausführlich wurde den Soldaten das Vorgehen gegen Regimegegner, ›Judenknechte‹, Homosexuelle und ›Sittenstrolche‹ in der Heimatstadt vor Augen geführt. Von Februar 1941 an verzichtete man dann auf solche Mitteilungen, offenbar weil man sie nicht mehr für nützlich oder nötig hielt. Der siegreiche Frankreich-Feldzug hatte eine Stabilisierung des politischen Systems bewirkt. Für einige oppositionelle Ludwigshafener, die im Nachbarland Zuflucht gesucht hatten, bedeutete das Vordringen der Wehrmacht allerdings Entdeckung und oft KZ-Haft bis zum Kriegsende.[160]

Von den 106 aus der Kriegszeit dokumentierten Fällen ›nicht-rassischer‹ Verfolgung in den Akten der örtlichen Wiedergutmachungsbehörde für NS-Opfer[161] betreffen 19 das Jahr 1940, nur acht das Jahr 1941. Je 16 Fälle stammen aus den Jahren 1942 und 1943. 1944, im Zeichen wachsender Unsicherheit und des Verlustes an Siegeszuversicht, stieg die Zahl der Verhaftungen offenbar wieder steil an. 29 der registrierten Fälle stammen aus diesem, weitere sechs aus dem Jahr 1945. Vom Mai 1944 an brachte das ›Hemshof-Echo‹ wieder Berichte über die Verurteilung von ›Volksschädlingen‹, und es stieg die Zahl der Fälle von Verhaftungen andernfalls unauffälliger Einwohner wegen

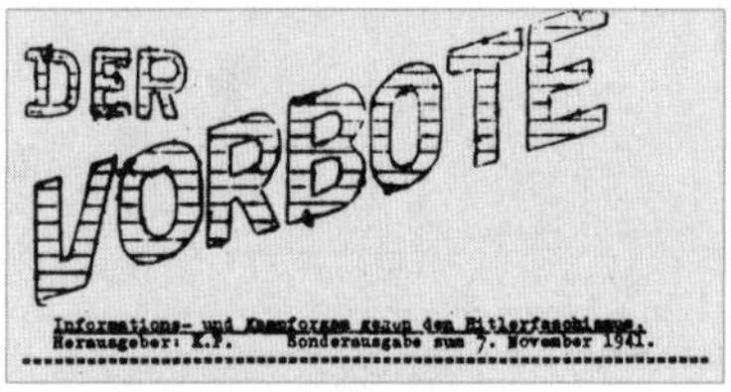

Zeugnis dauernden Widerstands in Mannheim und Ludwigshafen: der kommunistische ›Vorbote‹, November 1941 [66]

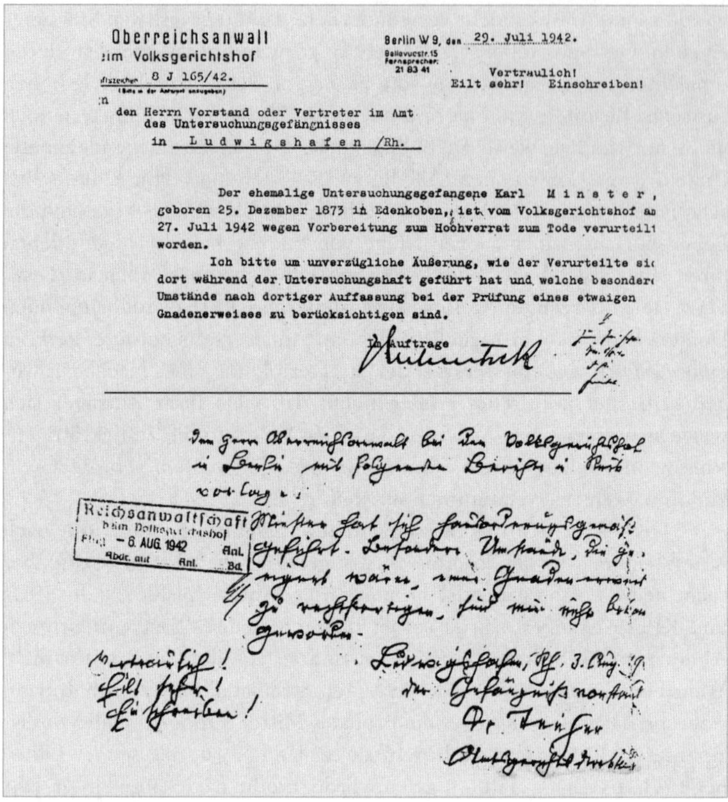

Oberreichsanwalt
beim Volksgerichtshof
Geschäftszeichen 8 J 165/42.
(Bitte in der Antwort anzugeben)

Berlin W 9, den 29. Juli 1942.
Bellevuestr. 15
Fernsprecher: 21 83 41

Vertraulich!
Eilt sehr! Einschreiben!

An
den Herrn Vorstand oder Vertreter im Amt
des Untersuchungsgefängnisses
in Ludwigshafen /Rh.

Der ehemalige Untersuchungsgefangene Karl Minster, geboren 25. Dezember 1873 in Edenkoben, ist vom Volksgerichtshof am 27. Juli 1942 wegen Vorbereitung zum Hochverrat zum Tode verurteilt worden.

Ich bitte um unverzügliche Äußerung, wie der Verurteilte sich dort während der Untersuchungshaft geführt hat und welche besondere Umstände nach dortiger Auffassung bei der Prüfung eines etwaigen Gnadenerweises zu berücksichtigen sind.

Im Auftrage

Reichsanwaltschaft beim Volksgerichtshof
Eing. – 6. AUG. 1942

Todesurteil gegen den zuvor in Ludwigshafen inhaftierten Sozialisten Karl Minster 1942 [67]

Anmerkungen
Seite 380 und 381

162 Scharf, Justiz, S. 699f
163 Morweiser, S. 37
164 vgl. StALu, LUN 1705, wie Anm. 153
165 Tafel mit den „Opfern des Faschismus" für die Ausstellung …; StALu, LUN 2429
166 Scharf, Justiz, S. 663ff

Äußerungen oder Handlungen, die als Heimtücke, Wehrkraftzersetzung oder Rundfunkverbrechen geahndet wurden. Zehn solcher ›Verbrechen‹ registrieren die Wiedergutmachungsakten für das Jahr 1940, 19 für die Periode 1944/45; für die Jahre 1941—1943 nur insgesamt 14. Bei der Verfolgung wußte die Gestapo durchaus zu unterscheiden:[162] Menschen, die in akutem Schmerz über den Verlust von Angehörigen oder allen Hab und Guts oft drastische Verfluchungen des Regimes äusserten, wurden unter Umständen freigelassen bzw. nicht belangt, andere, die man für gefährlich hielt, wegen geringfügiger Worte lange in Haft genommen. Dabei ist grundsätzlich zu betonen, daß es einen organisierten, in verbreitete Sabotage oder dauernden Protest mündenden Widerstand gegen das Regime in Ludwigshafen im Krieg nicht gegeben hat. Die Wiedergutmachungsakten registrieren kaum zehn Fälle von Flugblattverteilung oder ›Hochverrat‹, und der zuerst in Mannheim aufgetauchte kommunistische ›Vorbote‹ erschien nur kurz Ende 1941 auch in Ludwigshafen.[163] Dennoch wurde nach dem 20. Juli 1944 wieder verschärft gegen Regimegegner vorgegangen.[164] Eine 1947 zusammengestellte Liste nennt insgesamt 17 vorwiegend aus politischen Motiven vom Regime während des Krieges ermordete Ludwigshafener – eine Zahl, die sicherlich zu niedrig ist.[165]

Denn selbstverständlich repräsentieren die eben beschriebenen Fälle nur einen Bruchteil der gesamten Verhaftungstätigkeit der politischen Polizei gegenüber deutschen Regimegegnern. Auf der Grundlage erhaltener monatlicher Verhaftungsstatistiken für den gesamten Gau

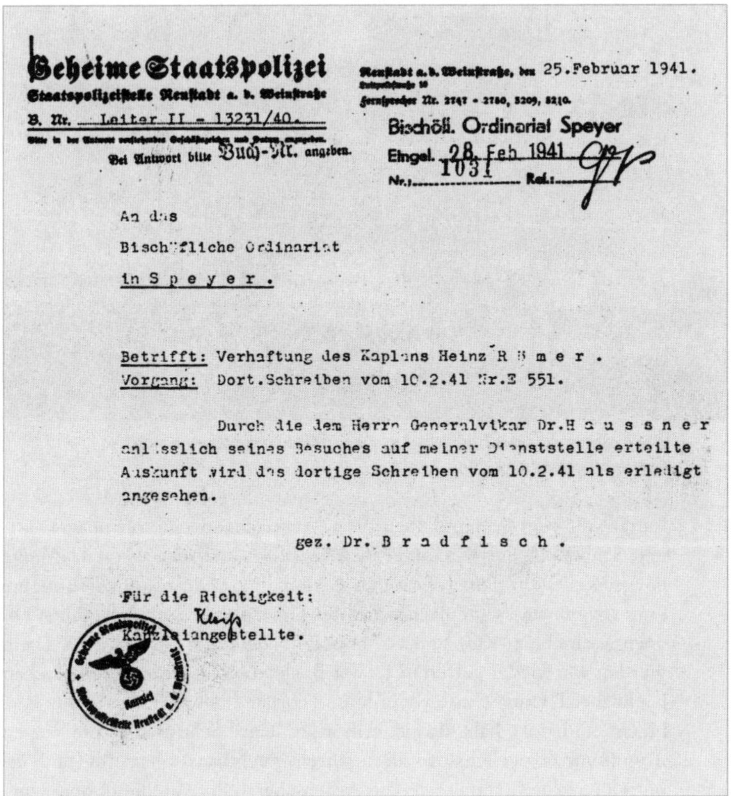

Geheime Staatspolizei
Staatspolizeistelle Neustadt a. d. Weinstraße
B. Nr. Leiter II – 13231/40.
Bei Antwort bitte Buch-Nr. angeben.

Neustadt a. d. Weinstraße, den 25. Februar 1941.
Fernsprecher Nr. 2747 – 2780, 5209, 5210.

Bischöfl. Ordinariat Speyer
Eingel. 28. Feb 1941
Nr.: 1031 Ref.:

An das
Bischöfliche Ordinariat
in Speyer.

Betrifft: Verhaftung des Kaplans Heinz Römer.
Vorgang: Dort. Schreiben vom 10.2.41 Nr. B 551.

Durch die dem Herrn Generalvikar Dr. Haussner anlässlich seines Besuches auf meiner Dienststelle erteilte Auskunft wird das dortige Schreiben vom 10.2.41 als erledigt angesehen.

gez. Dr. Bradfisch.

Für die Richtigkeit:
Kanzleiangestellte.

Notiz zur Verhaftung von Kaplan Römer
1941 [68]

Curt Schuster [69]

Westmark aus den eher ruhigen Jahren 1941 und 1943[166] kann man unter Berücksichtigung der Tatsache, daß Ludwigshafen Sitz einer Gestapo-Außenstelle war und viele potentiell regimekritische Einwohner hatte, auf eine Zahl von um die 700 bis 800 Fälle für die Gesamtdauer des Krieges kommen. Das ist keine exakte Zahl – es könnten auch einige hundert mehr oder weniger gewesen sein, gibt aber die Größenordnung wieder. In der Stadt mit ihren um 1943 ca. 125 000 deutschen Einwohnern wurde offenbar während des Krieges weniger als ein Prozent der Bevölkerung direkter Verfolgung unterworfen – doch die Schockwellen wirkten in weitem Umkreis als „zeitgemäße Lektion für die Unbelehrbaren", wie es 1940 im Fall des Rentners hieß, der Kriegsgefangenen Brötchen geschenkt hatte.

Auf schreckliche Weise vereint der Fall der Verfolgung des BASF-Chemikers Dr. Curt Schuster und seiner Frau, der Tochter des jüdischen Reichsgerichtsrates Dr. Meyer, politische und rassische Motive. Als „überzeugte Anhänger und Befürworter der Weimarer Verfassung" verkehrten die Schusters in regimekritischen Kreisen in Mannheim. Im Mai 1943 wurde das Ehepaar im Zuge von Gestapo-Ermittlungen nach der Flucht einer von dem Mannheimer Kreis unterstützten jüdischen Familie verhaftet. Nachdem er von seiner Frau getrennt worden war, blieb Curt Schuster über ein Jahr, bis zum Mai 1944, in Untersuchungshaft, da das Regime seinen Prozeß vorübergehend als Teil einer angeblichen großen ›Intellektuellenverschwörung‹ vor den Berliner Volksgerichtshof ziehen wollte. Im Ludwigshafener Untersuchungsgefängnis erlebte Schuster den

Not lehrt beten: in der Evangelischen Kirche Rheingönheim vor einem Gefallenengottesdienst 1942 [70]

Luftangriff vom 6. September 1943. Angesichts des Bombenhagels öffnete schließlich der Wachtmeister „die Zellen und verwies die Häftlinge in den Keller. In dem verwirrten Gedränge [...] stand plötzlich meine Frau vor mir und sagte nach wortloser Umarmung: ‚Nun bekommst Du doch noch einem Kuß zum Geburtstag' – denn der war am 6. 9. Dann wurden wir wieder getrennt. Es war das letzte Mal, daß wir uns gesehen [...] haben." Frau Schuster wurde im Februar 1944 nach Auschwitz verbracht und dort bald darauf ermordet. Curt Schuster wurde wegen ›Rundfunkverbrechens‹ zu drei Jahren Zuchthaus verurteilt und ins mitteldeutsche Chemierevier zur Arbeit überstellt. „Auf dieser denkwürdigen Reise bekam ich einen tiefen Eindruck von dem unterirdischen Gefangenen- und Häftlingsstrom, der in diesem Zwangsstaat flutete, von seinen vielen verschiedenen Beteiligten und Betroffenen und seinem Elend." Im Zuchthaus Halle primitivst untergebracht, erlebte er Luftangriffe und zahlreiche Hinrichtungen „mit dem Fallbeil." Bei Kriegsende befreit, kehrten Schuster und seine Tochter, die bei Verwandten überlebt hatte, im Juni 1945 in das unzerstörte Wohnhaus der Familie in Ludwigshafen zurück, „aber [...] meine liebe Frau Marie Regina kehrte nicht mehr heim."*

Gegnerschaft zum Dritten Reich konnte freilich nicht nur politische, sondern auch religiöse Gründe haben. Zwar brachte der Krieg allgemein eine parteiamtlich verordnete Beruhigung des Kirchenkampfs, und die Kirchen begrüßten den Sieg über Frankreich mit ergebenen Kanzelabkündigungen.[167] Selbst Pfarrer der bekennenden Kirche in der Pfalz lobten das Feldherrengenie des ›Führers‹ und zeigten sich zutiefst beeindruckt.[168] Andererseits ging die Verfolgung der ›Sekten‹ wie etwa der Zeugen Jehovas[169] unvermindert auch in Ludwigshafen weiter, und selbst bei Katholiken und Protestanten blieben Konflikte bis hin zur Verfolgung keineswegs aus. Nach wie vor war die große Masse der überzeugten Katholiken dem Regime gegenüber distanziert bis feindlich eingestellt, und eine ganze Reihe katholischer Geistlicher der Stadt geriet mit den Behörden in Streit, wurde wegen staatsfeindlicher Äußerungen verwarnt und vorgeladen.[170] Der Mundenheimer Pfarrer Heinz Robert Römer wurde wegen seiner fortgesetzten Anti-NS-Predigten im Dezember 1940 verhaftet und bis zum Kriegsende ins KZ Dachau verbracht.[171] Im gleichen KZ erlag am 23. August 1942 der Rheingönheimer Pfarrer Wilhelm Caroli den Haftbedingungen.[172]

Anmerkungen
Seite 382 und 383

167 *Morweiser, S. 36*
168 *Neuwerk-Kalender 1941*
169 *Fälle in StALu, LUN 1705 sowie Material der Zeugen Jehovas, 2001 dem StALu übergeben, unverz.*
170 *Wetzler, Bd. II, S. 37*
171 *Wetzler, Bd. I, S. 46*
172 *ebd., S. 119*
173 *ebd., S. 68; Bd. 2, S. 223*
174 *Wetzler, Bd. II, S. 283*
175 *Bergmann, Memoiren, S. 277; StALu, M 279*
176 *ebd., S. 287*
177 *Erinnerungen Pfarrer Jakob Jung, Limburgerhof, nach Auskunft von Hans Jung, Speyer*
178 *Erlebnisbericht Heinz Zittel, S. 58ff; StALu, M 74*
* *Bericht von Curt Schuster; StALu M 176*

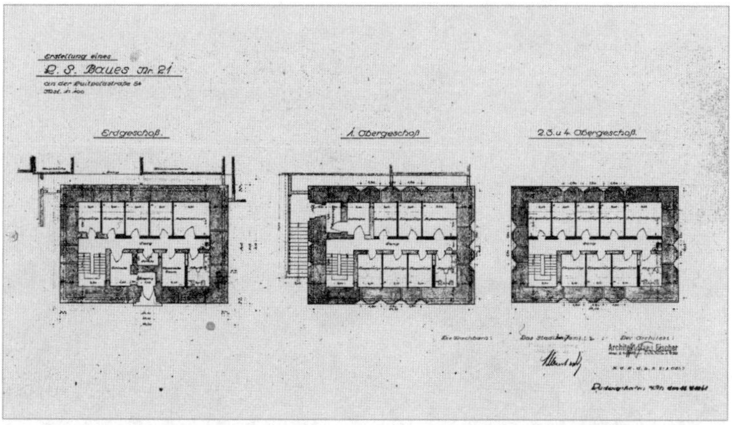

Seit Ende 1940 wachsen Bunker in der Stadt: Grundriß des Bunkers in der Luitpoldstraße [71]

Bunker in der Luitpoldstraße (Plan Abb. 71) [72]

Trotz des ›Burgfriedens‹ wogte 1941/42 ein heftiger Kampf um die Übernahme der kirchlichen Kindergärten durch die NSV, [173] und im Zeichen der Mobilisierung der Kräfte für den Krieg wurden kirchliche Feiertage auf den folgenden Sonntag verlegt. Reste des vor Kriegsbeginn schon weitgehend liquidierten katholischen Vereinswesens wurden mißtrauisch beobachtet, so daß es nur noch im Rahmen eher kleinerer und informeller Zirkel fortbestehen konnte. Den nicht verbotenen ›Kreuzbund‹ für die Trinkerfürsorge bezeichnete die Gestapo im Mai 1940 als ›Auffangorgansiation der staatspolizeilich verbotenen konfessionellen Vereine‹, dessen Versammlungen verdächtig gut besucht seien.[174]

Auch der Pfarrer der protestantischen Lutherkirche, Bergmann, mußte mit parteiamtlicher Empfindlichkeit Bekanntschaft machen.[175] Seine Betrachtung in einer Kirchenzeitschrift, die den biblischen Satz enthielt, daß ›der Christ viel Trübsal erleiden‹ müsse, wurde als Kritik an der Kirchenpolitik des Reiches aufgefaßt, die eine defaitistische Stimmung erzeugen und den Kriegseinsatz schwächen könne. Immerhin konnte der Pfarrer einen Ansatz ökumenischen Geistes erleben, als Prälat Walzer von der katholischen Ludwigskirche nach der Zerstörung der Lutherkirche 1943 den Protestanten anbot, in der katholischen Kirche ihren Gottesdienst zu halten.[176] Zudem begann sich nach Stalingrad die ausgesprochen kirchenfeindliche Haltung vieler nationalsozialistisch gesinnter protestantischer Kirchenmitglieder zu wandeln. Man grüßte wieder die Pfarrersfrau, die man zuvor geschnitten hatte, und die Gefallenengottesdienste waren recht gut besucht.[177] Die Enttäuschung über den Krieg, an dessen siegreichem Ende mehr als begründete Zweifel bestehen konnten und die Trauer über Tod und Schrecken lehrten, wie so oft, manchen beten.

Der Luftkrieg

Ein Ludwigshafener Soldat, der während seines Urlaubs den schweren Angriff auf die Stadt am 5./6. September 1943 erlebte, stellte entsetzt gegenüber seinem Vater fest, dies sei schlimmer als jede Fronterfahrung. Niemals wolle er während des Krieges hierher zurückkehren, ein Versprechen, das „er auch treulich gehalten hat."[178]

Kaum ein Ludwigshafener war auf die Schrecken des Bombenkriegs gefaßt, obwohl – oder gerade weil – die Behörden schon lange

Sorgfältig aufbewahren! Häufig durchlesen!

Luftschutz-Merkblatt

1. Verdunkelt sorgfältig!
Jeder Lichtschein dient den feindlichen Fliegern als Ziel. Überprüft daher immer wieder die Verdunklung aller Räume. Ihr nehmt dadurch dem Feind die Möglichkeit, sich zu orientieren und seine Bomben planmäßig abzuwerfen. Auch nach der Entwarnung ist Aufrechterhaltung völliger Verdunklung notwendig.

2. Die Entrümpelung der Dachböden
ist laufend zu überprüfen. Alle leicht brennbaren Gegenstände gehören nicht auf den Boden. Gegenstände, die dennoch auf dem Boden verbleiben müssen, sind derart zu lagern, daß beim Einschlag von Brandbomben überall eingegriffen werden kann.

3. Selbstschutzgerät.
Das gesetzlich vorgeschriebene Selbstschutzgerät muß stets bereitgehalten werden und sich in einem dauernd gebrauchsfähigen Zustand befinden. Hierunter fällt auch eine genügende Bereitstellung an Sand und Wasser.

4. Der Luftschutzraum ist der beste Schutz.
Fast alle Menschenverluste sind außerhalb der Luftschutzräume eingetreten. Suche daher beim Ertönen der Sirenen sofort den Luftschutzraum auf, gleichgültig, ob du im Hause oder auf der Straße bist.

5. Luftschutzraumgepäck.
Halte das Luftschutzraumgepäck (warme Kleidung, Decken, wichtige Papiere, Lebensmittelkarten, Erfrischungen, Eßbesteck, Spielzeug usw.) stets griffbereit.

6. Haustüren auf bei Fliegeralarm.
Gewährt den auf der Straße vom Fliegeralarm überraschten Volksgenossen Schutz in euren Häusern. Morgen könnt ihr selbst in die Lage kommen, im nächsten Luftschutzraum untertreten zu müssen.

7. Überwachung der Gebäude.
Die Durchschlagskraft der Brandbomben ist sehr verschieden. Oft durchschlagen sie nicht nur das Dach, sondern auch eine oder mehrere darunter liegende Decken. Im Luftschutzraum ist das Einschlagen von Brandbomben nicht immer zu hören. Es ist daher unbedingt notwendig, daß der LS-Wart während des Luftangriffs mehrfach Kontrollgänge anordnet.

„Sorgfältig aufbewahren – Häufig durchlesen" Luftschutzmerkblatt [73]

Kochraum im Bunker [74]

vor dem Krieg mit dem Aufbau einer umfassenden Luftschutzorganisation begonnen hatten, die den Eindruck erweckte, man werde die Lage in jedem Fall im Griff behalten. Der 1933 gegründete ›Reichsluftschutzbund‹ eröffnete schon im Oktober desselben Jahres die erste ›Luftschutzschule‹ Deutschlands in Ludwigshafen und trug die Gedanken des „Luftschutzes hinter der eigenen Haustüre" in die Bevölkerung.[179] Nachdrücklich wurde die Aufstellung von Löschmaterial auf den Dachböden, das Sammeln von Wasser in Behältnissen etc. angemahnt, um so dem Einzelnen die Rettung seiner durch Brandbomben gefährdeten Behausung zu ermöglichen. In Mannheim und Ludwigshafen, die aufgrund ihres industriellen Potentials und der Nähe der Grenze zu den ›Luftschutzorten erster Ordnung‹ gehörten, fanden schon 1933 erste Alarmübungen statt. Noch bei einer großen Verdunkelungs- und Rettungsübung 1937 markierten allerdings „Fanfarenbläser" die Alarmsirenen, die erst später installiert wurden. Mit Kriegsbeginn übernahm die Wehrmacht die ca. 20 Flakstellungen, die rund um die Stadt heranwuchsen sowie die Vernebelung, die gelegentlich vor allem das Gelände der I. G. Farben verhüllen sollte.[180] Meldungen über Fliegerbewegungen gelangten von der Warnzentrale Mannheim aus nach Ludwigshafen, wo das Polizeipräsidium als Luftschutzzentrale und die I. G. Farben direkt angeschlossen waren. Vom Polizeipräsidium aus wurden dann über die Großalarmanlage die entsprechenden Warnsignale ausgelöst, deren durchdringender Ton vielen ein Lebtag im Gedächtnis blieb.[181] Zentraler Leiter des öffentlichen Luftschutzes war der Polizeipräsident,[182] dem die Ordnungskräfte ebenso unterstanden wie – seit 1942[183] – die Feuerwehren, Instandsetzungs- und Sanitätsdienste. Er hatte während und unmittelbar nach einem Angriff die volle Befehlsgewalt und sollte für Sicherheit – z. B. die Abwehr von Plünderungen, Soforträumungen, Totenbergung u. a. sorgen. Die Partei, an ihrer Spitze der Kreisleiter der NSV, hatte besonders die Versorgung der Betroffenen zu übernehmen. Auch unterhielt sie einen Meldedienst aus HJ-Jungen, der beim Zusammenbruch des Telefonsystems in Aktion trat. Die Stadtverwaltung war für

Anmerkungen
Seite 384

179 NSZ, 16.10.1933; StALu, ZR 2107/3; Müller, Aufzeichnungen zur Organisation des Luftschutzes, in: StALu, ZsLu 40, p. 169

180 Unsere Flak schützt die Heimat, in: StAnz. 31/1941; Müller, S. 12f; StALu, M 35. Wie im Ersten Weltkrieg wurden auch ›Scheinanlagen‹ erstellt, die die Bomber ablenken sollten; Manuskr. Scharf, S. 124

181 Bericht des Oberbürgermeisters an die US-Militärverwaltung, 2.4.1945; StALu, LUN 2762

182 Müller, Aufzeichnungen zur Organisation des Luftschutzes, in: StALu, ZsLu 40, p. 168ff; Deutscher Gemeindetag, Dienststelle Westmark: ›Versorgungsmaßnahmen der Gemeinden im Fall von Fliegerangriffen‹, 21.7.1943; in: StALu, ZsLu 40, p. 367ff

183 Breunig, S. 28ff

Scheinbar wohlbehütet: ›Im Bunker‹; Zeichnung von Willy Weber, 1941 [75]

Bunker-›Normal‹-Zelle [76]

die Unterbringung der Obdachlosen und die weitergehenden Räumungs- und Versorgungsaufgaben zuständig. Das örtliche Gewerbe – die Baugeschäfte sowie verschiedene Groß- und Einzelhändler – waren in die Organisation der Räumungs- und Instandsetzungsarbeiten sowie die Lagerung von Notvorräten bestimmter Güter einbezogen. Zudem sollten auch Hilfskräfte – Feuerwehren, Handwerker etc. –, Vorratslager und Ausweichquartiere in der ganzen Pfalz und darüber hinaus für die Notlage nach einem Angriff herangezogen werden. Von der Wehrmacht konnten Bataillone kriegsgefangener Handwerker – z. B. Glaser – und von der Arbeitsverwaltung Ostarbeiter-›Hilfsvölker‹ angefordert werden. Neben dem öffentlichen gab es den Luftschutz der Industrie. So war das I. G. Werk in 32 Werksluftschutzabschnitte unterteilt, die alle ihre ausdifferenzierte Organisation besaßen, unter anderem auch ›Gasspürer‹.[184] Die Furcht vor dem Einsatz von Kampfgasen hatte auch im öffentlichen Bereich zur Verteilung – eher lächerlicher – ›Volksgasmasken‹ und der Anlage von Entgiftungseinrichtungen geführt, die jedoch nie benutzt wurden.[185]

Entscheidendes Element des Luftschutzes war die Anlage von Luftschutzräumen. Schon seit Anfang 1937 hatten Stadt und I. G. damit begonnen, solche Einrichtungen zu erstellen,[186] und mit Kriegsbeginn setzte der Bau von Dutzenden von ihnen vor allem in gewerblichen Betrieben ein.[187] In nahezu jedem unterkellerten Haus wurden private ›behelfsmäßige‹ Luftschutzräume für etwa insgesamt 83 000 Menschen angelegt; weiterhin entstanden im Stadtgebiet 103 öffentliche Luftschutzräume für etwa 12 000 Personen. In den nicht unterkellerten Stadtteilen z. B. der Niederfeld-Siedlung, dienten ›Deckungs‹- bzw. ›Splitter‹-Gräben für etwa 1 000 Menschen als Schutz.[188] All diese Unterstände konnten jedoch einem massiven Angriff nicht standhalten. Deshalb wurde nach dem Sieg über Frankreich „zum Erstaunen der Bevölkerung"[189] in besonders luftangriffsgefährdeten Orten aufgrund eines ›Führerbefehls‹ vom 10. Oktober 1940[190] mit dem Bau von bombensicheren Bunkern begonnen. In Ludwigshafen entstanden 29 öffentlich

Anmerkungen
Seite 385

184 *Müller, S. 3ff; StALu, M 35*
185 *v. Hippel, S. 374*
186 *VB 1937, S. 67, 72; Damm, S. 30f*
187 *vgl. Bauregister; StALu, LUA 1201—1210*
188 *Bericht der Luftschutzleitung Ludwigshafen, 21.7.1940; StALu, ZsLu 41, p. 50*
189 *Benckiser-Chronik, Bd. 2, S. 153*
190 *Mannheim, S. 30*

Bunker in der Rohrlachstraße [77]

Bunker von Bahn und Post im Stadtteil Mitte [78]

zugängliche Anlagen, meist Hoch-, in einigen Fällen – z. B. Pfalzbau-, Rottstraßenbunker – mit gärtnerischen Anlagen kaschierte Tiefbunker.[191] Dazu kamen eine Reihe von Bunkern auf dem Gelände der Reichsbahn und der I. G. Farben. Die meisten der öffentlichen Bunker entstanden in der Innenstadt, Oppau hatte nur zwei, Oggersheim und Rheingönheim nur einen, der gleichzeitig Reichsbahnbunker war, Maudach und Edigheim gar keine. Die meisten – sieben – fanden sich im I. G.-nahen Stadtteil Nord. Die Bunker waren ursprünglich nur für Schwerarbeiter, Alte, Kranke und Schwangere und Menschen ohne Luftschutzraum gedacht.[192] Für die Berechtigten wurden ›Bunkerkarten‹ vergeben. Nach einer Beschreibung vom November 1940[193] waren die damals im Bau befindlichen Hochbunker mit Belüftungsanlagen und Toiletten ausgestattet und besaßen 23 Liegeräume, die je sechs Betten hatten. Insgesamt waren sie damit nur für jeweils 140 Leute geplant.

Diese geringe Zahl war in den ersten Kriegsjahren auch kein Problem, denn „das Bunkerrennen war vor dem 5./6. September 1943 noch nicht Mode", wie eine Augenzeugin feststellt. „Die Hausgemeinschaft versammelte sich bei Alarm im Keller und unterhielt sich da ganz gut."[194] Man sprach über Kochrezepte und glaubte sich relativ sicher. Zudem gab es zwischen Ende Oktober 1941 und Anfang August 1943 nur insgesamt acht Angriffe auf die Stadt, die allesamt ohne größere Wirkung blieben. Freilich, andere deutsche Städte wurden bereits von verheerenden Luftangriffen heimgesucht – das steigerte auch in Ludwigshafen die Befürchtungen. Und dann kam die Nacht vom 9. auf den 10. August 1943.[195] Ein etwa einstündiger Angriff von ca. 300 britischen Bombern zerstörte viele Gebäude vor allem in den Stadtteilen Süd, Mundenheim und Rheingönheim, 88 Menschen starben, 238 wurden verletzt, etwa 1 500 wurden obdachlos. Die bescheidenen ›Selbstschutzeinrichtungen‹ in den Häusern erwiesen sich angesichts der ausbrechenden Flächenbrände als nahezu nutzlos.

All dies war jedoch nur ein schrecklicher Vorgeschmack auf den Angriff in der Nacht vom 5. zum 6. September 1943,[196] dem größten auf Ludwigshafen während des gesamten Zweiten Weltkriegs. Nach

Anmerkungen
Seite 386 und 387

191 *Listen und Lagepläne, in: StALu, LUN 2925*

192 *PR 7.7.1941; StALu, Pa I*

193 *StALu, LUA 3353; Müller, in: StALu, ZsLu 40, p. 175f*

194 *Erlebnisbericht Friedrike (?) Hilbert; StALu, M 74, p. 105ff*

195 *Polizeibericht, 13.8.1943; StALu, ZS 41, p. 207ff*

196 *Polizeibericht, 13.9.1943; StALu, ZS 41, p. 337ff*

197 *Erlebnisbericht Michael Kumpf; StALu, M 74, p. 67*

198 *Erlebnisbericht Walter Senk; StALu, M 74, p. 49ff*

199 *ebd., S. 51*

200 *Erlebnisbericht Heinrich Zittel; StALu, M 74, p. 58*

201 *Erlebnisbericht Walter Senk; StALu, M 74, p. 51*

202 *Erlebnisbericht Frau Scharpf; StALu, M 74, p. 78*

203 *Auer, S. 48*

US-Bomber greifen die I. G. Farben (BASF) und deren Raffinerien an 16. September 1944 [79]

„Auch mit Phosphorbrandbomben werden wir fertig!"; aus einer zeitgenössischen Informations-Broschüre zur Brandbekämpfung nach Luftangriffen [80]

einem schönen Spätsommer-Sonntag, der viele tagsüber zu Ausflügen und abends in Kinos, Theater und Gaststätten gelockt hatte, brach eine sternenklare Nacht an, „richtiges Fliegerwetter",[197] wie die Menschen sagten. Als sich die feindlichen Bomber näherten, wurden die Bahnanlagen verdunkelt, die Loks sandten ihr „gefürchtetes" Signal ab, die Betriebe stellten ihre Arbeit ein. Unheimliche Stille herrschte über der Stadt.[198] Um Mitternacht begann ein nur 40minütiger Angriff, bei dem 400 bis 500 Flieger – von denen gerade einmal fünf über dem Stadtgebiet abgeschossen wurden – 32 Minenbomben, 325 Sprengbomben, 62 000 Stabbrandbomben, 15 000 Phosphorbomben und 250 Phosphorkanister auf Ludwigshafen abwarfen. Besonders die Innenstadt wurde getroffen. Fast ein Drittel aller Ludwigshafener Bombenschäden des Zweiten Weltkriegs entstanden in dieser Nacht. Dem infernalischen Lärm und den Erschütterungen der Bombenabwürfe konnte sich niemand entziehen. „Man glaubte manchmal auf einem hohen Schiff zu sein, so schwankten die Schutzräume mit Boden, Wand und Decke."[199] Schreckliche Szenen spielten sich ab: „Frauen weinen und halten sich mit aller Gewalt die Ohren zu, die Kinder schreien und das Vieh in den Ställen tobt voller Unruhe."[200] „Geduldig wie ein Tier wartet man auf seine letzte Stunde", besessen nur von einem Gedanken: „Leben wollen."[201] Kellerfenster wurden eingedrückt, Staub, Qualm und Rauch drangen ein. Männer, die versuchten, in den oberen Etagen ihre brennenden Häuser zu löschen, kamen „blutig, verbrannt und voller Dreck" zurück.[202]

„Ludwigshafen bot sich uns als einziges Flammenmeer. Rot, gelb und schwarz die Luft und das Firmament. Durch unerträgliche Hitze jagte ein Sturmwind über Häuser und Ruinen. Der Wind entfachte die Brandherde immer neu. Von Phosphor, Rauch und Schmutz waren unsere Augen gerötet und verschwollen. Fassungslos mußten wir von der Straße her zusehen, wie sich langsam Stockwerk für Stockwerk rot färbte und unsere Einrichtungen [...] verbrannten." Viele Menschen saßen verzweifelt vor den wenigen geretteten, aber angekohlten und von Löschwasser durchnäßten Resten ihrer Wohnstätten.[203]

Deutlich schreiben!

Lebenszeichen von Maria Dörr
(Zuname) (Vorname)

[18]

aus Ludwigshafen / Rhein – Rheingönheim
(Ortsangabe) (Straße)

Datum: 1. 8. 44 (Inhalt zugelassen höchstens 10 Worte Klartext)

Menschen und Haus unbeschädigt
Brief folgt.

Formnachricht ›Lebenszeichen‹ [81]

Salpetersäureabsorptionsanlage I. G. Farben (BASF), 23. September 1943 [82]

Auf dem Werksgelände der I. G. Farben unmittelbar nach einem ›Luftschlag‹ der Alliierten, Herbst 1943 [83]

Anmerkungen
Seite 388

204 *Erlebnisbericht Ludwig Kissel; StALu, M 74, p. 56ff*

205 *Bericht des Kreisleiters/OB Horn vom Januar 1944; StALu, M 74, p. 1ff*

206 *ebd., S. 3*

207 *Bericht Wohnungsamt, 15. 11. 1943; StALu, ZsLu 41, p. 413*

Nach dem Angriff wurde es auf den Straßen lebendig.[204] „Geisterhaft huschten Menschen zwischen Glut und Flammen als Silhouetten", untätige Menschen versperrten den Rettungstrupps den Weg, während andererseits ein Junge sechs Verschüttete aus einem Keller rettete und dann selbst darin begraben wurde. 127 Menschen kamen ums Leben, 568 wurden verletzt, 1 605 Ludwigshafener erlitten Augenverletzungen, rund 55 000 Menschen wurden obdachlos. Viele der eingeteilten Rettungskräfte versuchten lieber, ihre eigenen Familien und Habseligkeiten zu sichern und waren so nicht zur Stelle.[205] Das gesamte Luftschutzsystem brach zusammen, die Wasser-, Strom- und Gasversorgung setzte zeitweise aus, das Telefon versagte, die Straßenbahn kam zum Stillstand. Die selbst aus dem Saargebiet herbeigeeilten Feuerwehren waren angesichts des Flammeninfernos weitgehend hilflos. Alle städtischen Ämter außer dem Wohlfahrts- und dem Bauamt wurden zerstört. Über dem öffentlichen Leben lag „lähmender Schock."[206] Immerhin konnten Lautsprecherwagen schon bald wichtige Mitteilungen absetzen und an den Straßenecken errichtete die NSV Notküchen. Auch während des Restes des Krieges blieb die Lebensmittelversorgung trotz aller Zerstörungen gesichert. Doch mußte das städtische Wohnungsamt zugeben, daß es bis November 1943 nur 16 500 der 55 000 Obdachlosen eine neue Bleibe in der Stadt hatte vermitteln können.[207]

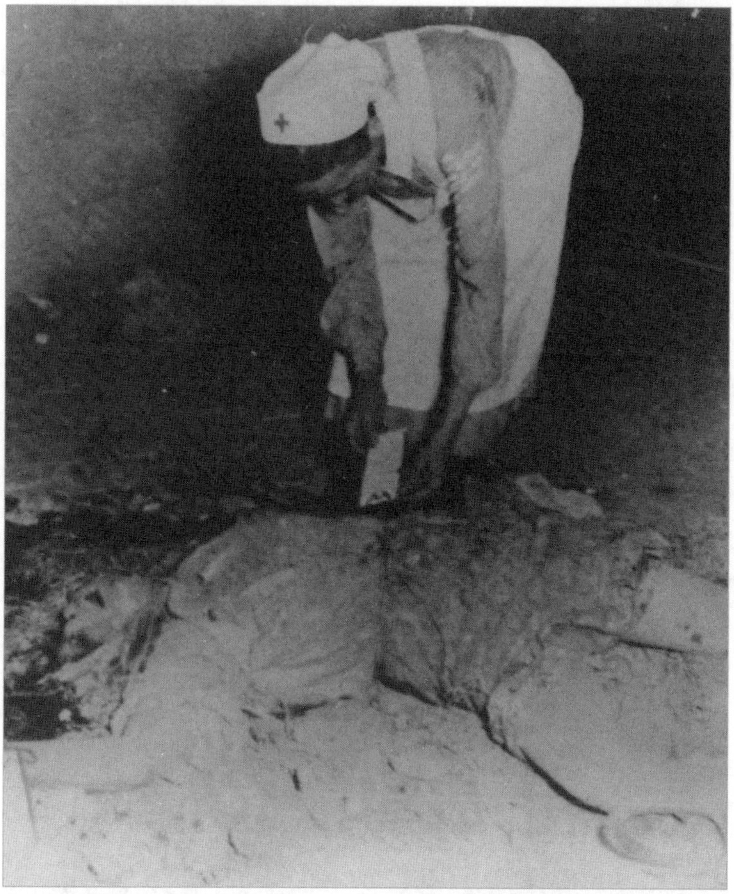

Luftkriegsopfer, vermutlich im Keller des Mannheimer Cafés ›Neuer‹
1943/44 [84]

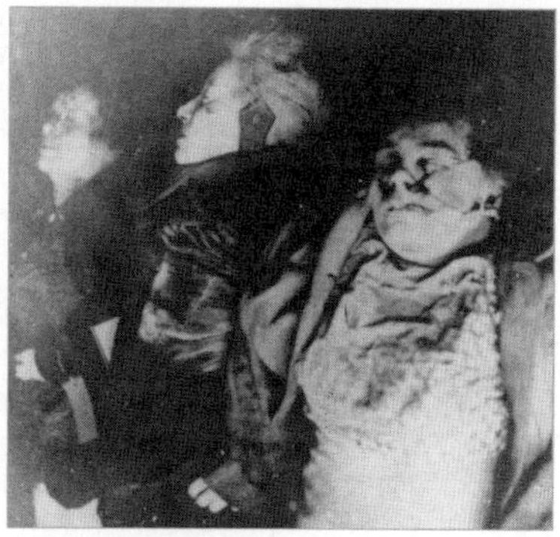

Luftkriegsopfer
vermutlich aus dem Keller des
Mannheimer Cafés ›Neuer‹
1943/44
Aufnahmen von Toten durch alliierte Luftschläge sind sehr selten, da sie nur mit Sondererlaubnis fotografiert werden durften [85]

Der Luftkrieg – Augenzeugenberichte*

„Wie durch ein Wunder", schreibt Hildegard Auer, „kam ich gegen Kriegsende mit dem Leben davon. Auf der Straße zum Werksausgang gab es eine furchtbare Explosion. Ich fiel vom Rad, warf mich auf die Erde und hielt die Aktenmappe über meinen Kopf. Steine und Dreck regneten auf uns herab. Als ich den Blick hob, bot sich mir ein Bild des Grauens. Tote, Verstümmelte, abgerissene Gliedmaßen lagen um uns herum. Zitternd gelang es mir, mich zu erheben. Meine Kollegin konnte sich nicht mehr rühren. Ein Sanitätswagen brachte uns zur Ambulanz. Mein Kopf war mit Glassplittern gespickt. Prellungen am ganzen Körper. Mein Mantel am Rücken zerschnitten. Doch ich erlitt keine ernsthaften Verletzungen. Um mich herum schreiende, wimmernde und sterbende Menschen. Ich empfand mich – auf wunderbare Weise gerettet – als neugeboren."

[Hildegard Auer]

„Der Eindruck, den unser Werk nach einem [...] Großangriff machte, war verheerend. Allenthalben waren die Werksstraßen durch Einschläge aufgerissen, deren Trichter sich meistens mit Wasser aus angeschlagenen Leitungen füllten, so daß Leute und Fahrzeuge in ihnen bei der nach dem Ausfall des Stroms herrschenden Dunkelheit zu versinken drohten – oder sie waren durch herabfallende Trümmer versperrt und mit Glasscherben

Anmerkungen
Seite 389

* *Die Augenzeugenberichte auf den folgenden Seiten geben ein ungeschöntes Bild vom Luftkrieg. Ausgewählt wurden:*
Bericht der in der BASF beschäftigten Hildegard Auer, zit.n. Auer, S.61f;
Bericht des Leiters des Werksluftschutzes der BASF über die Wirkungen eines Großangriffs auf das Werk, zit.n. StALu, M 74, S.88;
Bericht der in der Melm wohnenden Katharina Stöbener über die Folgen eines Luftangriffs am 5. September 1944 in der Melmsiedlung, zit.n. StALu, M 74;
Auszüge der als „ausgezeichnete Arbeit" bewerteten Schilderung des Oberrealschülers Walter Senk über den Angriff vom 5./6. September 1943, zit.n. StALu, M 74, S.48ff;
Bericht des Krankenhaus-Arztes Dr. Kleine über die drastischen Folgen des Luftkriegs, zit.n. Kleine, S.123

Ausgrabung und Totenbergung im Splittergraben an der Dürkheimer Straße 7. Januar 1944 [86]

Bayernstraße, nach dem 9. / 10. August 1943 [87]

und Holzsplittern dicht übersät, durch die Hände und Füße der Einsatzkräfte verletzt wurden. Hie und da waren sie durch eine eingestürzte Rohrbrücke unpassierbar geworden, deren zerstörte Leitungen entweder unter furchtbarem Zischen, das jede Verständigungsmöglichkeit unterband, Hochdruckdampf abbliesen, so die ganze Gegend in dichte Nebel hüllend [...] oder aus denen Gase austraten, die entweder stark rochen und zum Tragen einer Gasmaske zwangen [...] oder geruchlos, dabei aber hochgiftig waren [...]. Wieder andere [Leitungen brannten] mit hoher Flamme, wodurch die nähere Umgebung gespenstisch beleuchtet wurde [...] aus [anderen liefen] heiße oder brennbare Flüssigkeiten aus. [...] Zertrümmerte Eisenbahnwagen lagen teilweise brennend durch- und übereinander, die Schienen in der Nähe der Einschlagstelle waren nach oben gebogen [...] teilweise noch Starkstrom führende Drahtleitungen hingen herab [...] Hie und da ereigneten sich in den Gasleitungen durch das Eindringen von Luft sekundäre Explosionen. Zahlreiche Brände vom ungefährlichen Ausbrennen einer Stab- oder Phosphorbrandbombe bis zum Riesenbrand eines Tanklagers oder Lagerhauses machten rasches Eingreifen einzelner Kräfte oder ganzer Gruppen mit [...] Gerät nötig. Lange Leitungen mußten gelegt und die Tragkraftspritzen über Hindernisse geschleppt werden. Brennende Trümmer [...] fielen herab und Funken flogen manchmal so weit, daß sie in ganz abgelegenen Gebieten

Ausgebrannte Stabbrandbomben neben dem Pfalzbau, 3./4. Dezember 1943 [88]

Abgestürztes ›Feindflugzeug‹ neben der Lutherkirche 3. September 1944 [89]

Trümmerräumung in der Ludwigstraße nach dem ›Luftschlag‹ vom 5. auf den 6. September 1943 [90]

neue Brandherde erzeugten. Über allem lagerte dichter Rauch und Qualm, so daß der Himmel oder später bei den Tagesangriffen die Sonne nicht mehr zu sehen war(en) [...]."

[Fritz Müller]

Beim Angriff vom 5. September 1944 erhielt ein Splittergraben in der Melm, in dem 80 Menschen Schutz gesucht hatten, einen Volltreffer. „Unter Splitterregen und neuem Anflug von Kampfverbänden", schreibt Katharina Stöbener, „eile ich zur Trümmerstätte. Vor mir liegt eine Frau mit aufgetriebenem Leib, verschüttetem Kopf und Brust. Mit den Händen wühle ich Kopf und Brust frei, schüttle die Frau frei von Sand, bis sie zum Bewußtsein kommt. ‚Wo bin ich? [...] wo ist meine Renate?' waren ihre Fragen. Daneben sitzt eine Frau angelehnt an die Betonwand, Kopf und Brüste abgeschlagen – Rasch ihre Schürze über das grausige Bild [...] Eine verwundete Mutter klagt und weint um ihr zweijähriges Bübchen: Sein Vater [...] liegt erschlagen unter der Betonmauer, hält sein Büble an der Hand, das, wie ein Wunder, am Leben ist [...] Ein glücklicher Aufschrei, ein Liebkosen von Mutter und Kind [...] Im Laufe des Tages werden 18 verstümmelte Leichen geborgen, ganze Familien. 8 Menschen sind vermißt [...]"

[Katharina Stöbener]

Lebenszeichen auf Ruinen
In der Rottstraße, vermutlich nach dem 5./6. September 1943 [91]

Winter in den Ruinen: bei der Hauptpost in der Bismarckstraße [92]

„Ohnmächtig und wehrlos kauerten die Menschen in ihren Schlupfwinkeln, stumm mit zusammengebissenen Zähnen mußten sie das Unfaßliche über sich ergehen lassen," schreibt Walter Senk über den Luftangriff vom 5./6. September 1943. „Immer öfter konnten sie das eigenartige klatschende Detonieren hören – einschlagende Phosphorkanister. Man wußte noch nicht recht um die teuflische Wirkung dieser Bomben [...]. In dieser Nacht jedoch machte man erste und gründliche Bekanntschaft mit ihnen, denn überall an Wänden und Türen, auf dem Straßenpflaster und auf dem kochenden Asphalt begegnete man den ölig-rußenden Schwaden mit ihren gierigen, züngelnden Flammen, welche bald alles, was brennbar war, entzündeten [...]

Da, inmitten der Rettungsarbeiten – man glaubte, bereits stundenlang an der Arbeit zu sein, doch es waren nur ganz wenige Minuten – da! Ein grollendes Orgeln erhebt sich hoch in der flimmernden Luft, nimmt zu, wächst an zu einem satanischen Gebrüll, ein greller rötlich gelber Blitz auf der Erde und ein alles erbeben lassender, langer Knall – das war eine Minenbombe [...]

Bergungsarbeiten [93]

Aufräumtrupp in der Ludwigstraße Nach dem Angriff vom 5./6. September 1943 [94]

Jedem Einschlag folgte das gräßliche Ziehen der Luft, die in den luftleeren Raum der Einschlagstellen stürzte, und immer wieder folgte unter gewaltigem Erschüttern eine neue Druckwelle, die Ruß und Staub in die Gesichter schleuderte, dazu den Qualm und Rauch der Brände [...]

Die Hitze wurde immer stärker, fortwährend luden neue Kampfflugzeuge ihre verderbenbringenden Lasten ab. Man lief Gefahr, im eigenen Haus bei lebendigem Leib zu verbrennen. Panischer Schrecken bemächtigte sich vieler: verzweifelt, mit vor Entsetzen weit aufgerissenen Augen stürzten einige auf die Straße, sanken bis zu den Knöcheln im brodelnden Teer ein [...] Wenn schon sterben, dann lieber hier im Freien von einer Bombe zerfetzt, als in stickigen Kellern dem Feuer zum Opfer fallen! [...]

Frauen, Mädchen und Jungen [...] wühlten beim Schein brennender Häuser im heißen Schutt nach ihren verschütteten Angehörigen [...] Das ganze Gebäude der feingegliederten Luftschutzorganisation brach zusammen, jeder war sich selbst der Nächste und mußte sich selbst helfen, bevor er an die Nachbarn denken konnte. Unaufhörlich gellte der Donner weiter [...] So kam es, daß kaum jemand den Abflug der feindlichen

In der Maxstraße nach dem Angriff vom 7. Januar 1944 [95]

Bei der Brotverteilung [96]

Geschwader bemerkte, denn als der eigentliche Bombenlärm abebbte [...], setzte das Bersten der Zeitzünder und Blindgänger ein. Hinzu kam das Knistern und Prasseln der Brände, das Krachen der zusammenstürzenden Gebäude und – das entsetzliche Schreien der Bedrängten."
[Walter Senk]

„Die große Industriestadt war nach über hundert Luftangriffen nur noch eine einzige riesige Trümmerstätte. Auch mein eigenes Haus wurde mit dem gesamten Mobiliar zerstört. Aber ich hatte doch glücklicherweise Frau und Kinder rechtzeitig in Sicherheit bringen können.

In zahlreichen Straßen waren durch den Luftdruck die Häuserfassaden reihenweise fortgerissen worden, so daß die Zimmereinrichtungen der geräumten Wohnungen durch den ungehindert eindringenden Regen und Schnee allmählich verdarben [...]

In der Luisenstraße beim Brückenaufgang nach dem Angriff vom 9./10. August 1943 [97]

Zeitgenössische Beschriftung: „Menschen bestaunen den fliegenden Tod" [98]

Merkwürdig hohl hallten die Schritte wider, wenn man durch die evakuierte Ruinenstadt ging. Hier und dort stürzte bisweilen ein stehengebliebener Giebel oder eine ungestützte Mauer krachend ein [...] Alle Straßen und Gärten waren von Sprengbomben aufgewühlt. Infolge der Rohrbrüche hatten sich viele große Tümpel gebildet, aus denen ein modriger Geruch aufstieg. Ratten, Kakerlaken und Ameisen vermehrten sich massenhaft in dieser tristen Ödnis [...]

Auch unser Krankenhaus war völlig zerbombt worden – ungeachtet der auf die Dächer gemalten riesigen roten Kreuze. Alle Kranken wurden in einen großen unterirdischen Betonbunker gebracht, der mit den erforderlichen Wasch- und Operationsräumen ausgestattet war. Sooft ein geeigneter ärztlicher Vertreter zur Verfügung stand, und nicht gerade die Fliegeralarmsirenen heulten, konnte ich tagsüber für zwei, drei Stunden die ›Oberwelt‹ besuchen, um die Lungen mit frischer Luft aufzufüllen.

Beschaffung von Trinkwasser [99]

Bei meinen Gängen durch die trümmerübersäten Straßen stieß ich nur selten auf Menschen, denn die Stadt war mittlerweile weitgehend – bis auf die Werksangehörigen kriegswichtiger Betriebe – von den Einwohnern geräumt worden. Die Augen der mir Begegnenden blickten sonderbar leer und stumpf. Blicklose Augen, versteinte Augen, versteinte Herzen. Ach, schlimmer als aller Schutt, alle Trümmer und alle Ruinen war die Hoffnungslosigkeit in den Augen dieser Menschen [...]

Einmal traf ich vor einem niedergebrannten Hause eine Frau. Sie legte einen Kranz auf eine Kellerluke. ‚Dort drunten liegt unser treuer Hund', berichtete sie mir mit brüchiger Stimme, ‚wir haben ihn nicht mehr retten können.'

Ein anderes Mal sah ich einen weißhaarigen Greis auf den Trümmern einer von einer Luftmine umgerissenen Mietskaserne sitzen. Er erzählte mir schluchzend, daß sein geliebter zehnjähriger Enkel seit Monatsfrist unter dem riesigen Trümmerberg im Keller verschüttet läge. Die verzweifelte Mutter, die als Dienstverpflichtete in einer Munitionsfabrik gearbeitet habe und deshalb in jener Unglücksnacht abwesend war, hätte

Holzgewinnung aus den Ruinen [100]

man in eine Irrenanstalt bringen müssen. Der Vater, sein Sohn, sei im Osten vermißt [...]

Ich erlebte es, wie Verschüttete nach tagelanger mühevoller Aufräumarbeit geborgen wurden. Nie werde ich die verkrallten, wundgescheuerten Hände dieser Toten vergessen, deren Fingernägel vom verzweifelten Scharren völlig abgewetzt waren [...] Einmal wurde eine ganze Familie ausgegraben – Vater, Mutter und drei jüngere Kinder. Man fand die Erstickten eng umschlungen in einem Kellerwinkel [...]

In dem Stadtviertel, zu dem unser Wohnhaus gehörte, begegnete ich des öfteren einem mir persönlich bekannten Manne, dessen Frau während seiner Abwesenheit durch eine Bombe umgekommen war. Mehrmals versuchte ich, ein paar anteilnehmende Worte an ihn zu richten. Aber er wich mir stets aus. Er wünschte keine Unterredung.

Stundenlang blickte er, an eine Gartenpforte gelehnt, auf den hinter der Hausruine liegenden, übel zugerichteten Garten, in welchem er mit seiner Frau früher so viele schöne Stunden verlebt hatte. Ich wußte, daß die beiden sehr glücklich miteinander verheiratet gewesen waren.

Notwohnungen für Ausgebombte [101]

Nach dem Kriege habe ich bei seiner Firma Erkundigungen über ihn eingeholt. Keiner vermochte mir Auskunft über sein Verbleiben zu geben. Ob er bei einem späteren Luftangriff umkam oder ob er sich selbst den Tod gab, weiß niemand."
[Dr. Kleine]

Von nun an wurde der Bombenkrieg in schrecklicher Weise verschärft. Dabei änderten die Alliierten auch ihre Angriffstaktik. Seit dem Ende des Jahres 1943 setzten verstärkt amerikanische Tages-Großangriffe ein, die durch britische Nachtangriffe mit Moskito-Flugzeugen ergänzt wurden. Diese leichten Bomber waren schnell, „sie konnten sich deshalb oft unbemerkt dem Stadtgebiet nähern, so daß es öfters vorkam, daß die Bomben vor dem Alarm geworfen wurden." Dabei verwendeten sowohl die Moskitos wie die US-Bomber Spreng- und Minenbomben von außerordentlicher Kraft und Luftdruckwirkung. Zudem wurden ab Ende 1943 ›Teppichabwürfe‹ gestartet, bei denen ein verhältnismäßig kleines Zielgebiet von einer Gruppe von Bombern auf ein Signal hin gleichzeitig mit der gesamten Bombenfracht belegt wurde.[208] Die Folgen dieser Methoden waren verheerend.[209] Während zwischen Kriegsbeginn und dem Juni 1943 in der Stadt nur 4,6% der Verletzten und 2,1% der Toten des Luftkriegs zu beklagen waren, wozu gerade einmal 1,2% der Totalschäden kamen, bieten die Monate zwischen Juli 1944 und dem Kriegsende in Ludwigshafen ein völlig anderes Bild: 69,9% aller Luftwarnungen und 47,8% aller Luftalarme, die auf diese Warnungen folgten, fanden in dieser Zeit statt, weit mehr als einer am Tag, wobei sich das Stakkato zum Ende des Krieges hin steigerte. 64,4% aller Luftkriegsopfer der Stadt starben in dieser Zeit, 43,7% der Verletzten und 56,5% aller Totalschäden an Gebäuden waren zu beklagen.

Nunmehr wurden auch die Bunker zur überlebensnotwendigen Zufluchtstätte, „wo sich beim Kampf um den Zutritt oft menschenunwürdige Szenen abspielten."[210] In den Bunkern „wurde [...] zusammengerückt, bis man so dicht stand, daß niemand mehr umzufallen drohte. Wir waren wie eine Herde Schafe geduldig ausharrend ..."[211] Hier war

Anmerkungen
Seite 398 und 399

208 *Müller, S. 96; StALu, M 35*

209 *nach den Statistiken in StALu, ZsLu 40, p. 168ff, StALu, LUN 2063 sowie StALu, LUN 2429*

210 *Erlebnisbericht Walter Schäfer; StALu, M 74, p. 88*

211 *Schwarz, S. 80*

212 *Erlebnisbericht Walter Senk; StALu, M 74, p. 52*

213 *Statistik des Luftschutzbeauftragten beim OB, zit. in: StALu, LUN 2063*

214 *Die Kriegsverluste Ludwigshafens am Rhein, in: StAnz. 35 / 1.9.1951; Statistisches Jahrbuch der Stadt Ludwigshafen 1965, S. 159*

215 *Dieser Wert ist allerdings insofern theoretisch, als viele der Toten ja Ausländer waren und damit gar nicht zur Vorkriegsbevölkerung gehören.*

216 *Barth, S. 60*

217 *Moll, Wohnungsbestand; Statistik, 1.7.1945, StALu, LUN 2063; für Ruchheim: StALu, Ru. 986*

Gasthaus ›Zum Schwanen‹, Mundeneim, 1943 [102]

man zwar sicher, „aber die Gefühle der Insassen sind kaum wiederzugeben! Das tierische Gedränge, der unerträgliche Luftmangel, die Ausdünstungen der schwitzenden, geängstigten Menschenmassen und das Schwanken der Betonriesen ließen panikartige Unruhe entstehen."[212] Besonders unangenehm und psychisch belastend wurde es, wenn der Strom ausfiel und man im Dunkeln ausharren mußte. Immerhin verhinderten die Bunker, daß Ludwigshafen – obgleich hier bei 124 Luftangriffen 40 000 Spreng- und 800 000 Brandbomben fielen – eine riesige Anzahl von Luftkriegsopfern zu beklagen hatte. Nach einer recht vertrauenswürdigen Statistik[213] starben ›nur‹ 1 846 Menschen, ›nur‹ 3 147 wurden verletzt – in beiden Fällen wie erwähnt zu einem hohen Prozentsatz Ausländer, die kaum Zugang zu Bunkern hatten. Demgegenüber war der Blutzoll der zur Wehrmacht Eingezogenen ungleich höher. Den um die 23 000 Eingezogenen der Jahre 1939—1945 stehen – unter Einschluß von Ruchheim – ca. 6 100 ›Kriegssterbefälle‹ gegenüber.[214] Wiederum fielen die meisten in den Jahren 1944 und 1945, wobei der östliche Kriegsschauplatz mehr als die Hälfte der Toten forderte. Insgesamt kommt man mit den zivilen und militärischen Opfern des Krieges, gemessen an der Bevölkerungszahl des Jahres 1939, auf einen Prozentsatz an Kriegstoten von ca. 5,5%.[215] Allerdings lag der Wert bei den Frauen mit 0,6% weitaus niedriger als bei den Männern mit 11% – in Ruchheim waren es 17%![216]

Auch in die Bausubstanz der Stadt riß der Bombenkrieg furchtbare Wunden.[217] In kaum zehn Tagen und zehn Nächten, das sind circa 10 mal 24 Stunden, die die Luftangriffe insgesamt dauerten, wurde das Aufbauwerk eines Jahrhunderts vernichtet. Etwa 36% aller Gebäude der Stadt wurden zu über 50% zerstört. Allerdings variierte der Prozentsatz nach Gebäudekategorie und Stadtteil recht stark. So waren von den öffentlichen Gebäuden 45% zu 80% bis 100% zerstört, von den Läden und Lagerhäusern 41%, von den Industriebauten 35%, von den Wohn- und Mietshäusern aber nur 19%. Von ihnen galten fast 45% als wenig zerstört – Zerstörungsgrad 0% bis 30%. Der Wohnraumverlust war in der Innenstadt mit 72% – gemessen am Höchststand von Ende 1942 – am

›Volk ans Gewehr – Volk steh auf‹, auf den Mauern von Ruinen, Gesellschaftshaus in der Bismarckstraße, 1944 [103]

Sprachlos vor den Tümmern: in Oppau August 1944 [104]

größten. ›Spitzenreiter‹ war die Ludwigstraße mit 89% Verlust, während der I. G.-nahe Hemshof überraschenderweise nur einen Verlust von 22% aufzuweisen hatte. Manche Einwohner dieses Arbeiterviertels glaubten deshalb, die Amerikaner schonten diesen Bezirk besonders, da sie wüßten, daß hier ohnehin nur Kommunisten und keine Nazis wohnten.[218] Insgesamt wurde in Alt-Ludwigshafen 43,4% des Wohnraums, in den 1938 eingemeindeten Stadtteilen hingegen nur 17,5% vernichtet. Oggersheim kam mit einem Verlust von 4% am besten weg, und zeigt damit ein noch günstigeres Bild als das damals noch nicht eingemeindete Ruchheim, wo zwar nur 4% aller Gebäude total zerstört, aber 5% schwer und 31,8% leicht beschädigt waren.

Im übrigen sei hier angemerkt, daß es noch weit schlimmer hätte kommen können: Offenbar existierten Pläne, Mannheim/Ludwigshafen zum Ziel von Gas- und Atombombenabwürfen zu machen – eine albtraumhafte Vorstellung.[219]

Dem Untergang des ›Dritten Reiches‹ entgegen

Der Bombenkrieg veränderte das Leben in der Stadt von Grund auf, machte jedem Anschein friedensmäßiger Normalität ein Ende. Erst jetzt, nach dem Spätsommer 1943 begann die Einwohnerzahl Ludwigshafens drastisch zu sinken,[220] nachdem sie trotz der Einberufungen zur Wehrmacht durch den ›Zuzug‹ der vielen Ausländer 1941—1943 bei ca. 152 000 bis 155 000 gelegen hatte. Nun versuchten einerseits viele Menschen – selbst ›freiere‹ ausländische Zivilarbeiter – ihren Wohnsitz aus der Stadt herauszuverlegen. Andere schliefen Nacht für Nacht in den Bunkern.[221] Andererseits waren Zwangsmaßnahmen wie Evakuierungen und Kinderlandverschickungen durch die Behörden, mit denen man die Stadt zugunsten der Rüstungsarbeiter von überflüssigen Essern und Nutzern der Luftschutzeinrichtungen entlasten wollte, trotz allem nicht so erfolgreich wie gewünscht. Viele weigerten sich zu gehen, viele kehrten einfach zurück und kampierten, wenn sie ihr Zuhause verloren hatten, ohne Erlaubnis in Schulen oder gar Bunkern. Und manche

Anmerkungen
Seite 400 und 401

218 *Lebenserinnerungen Gerhard Dörr; StALu, M unverz.*

219 *Überscherr, S. 118f; Knopp, S. 107*

220 *Schätzungen in StALu, LUN 2063; Statistisches Amt an OB, 14.6.1941 (Bevölkerungszahl Juni 1941); StALu, ZR 3010/6; 1944: StALu, LUN 263; Monats-Berichte der Versorgungsverwaltung 1944—1945; StALu, LUA 2398*

221 *Bericht des Kreisleiters und OB, Januar 1944; StALu, M 74, p. 1ff*

222 *Müller, S. 28; StALu, M 35*

223 *›Hemshof-Echo‹, 33/34 Februar 1943; StALu, DS 273*

224 *PR 25.3.1943; StALu, Pa I*

225 *›Hemshof-Echo‹, 38/39 Juni 1943*

226 *Bericht OLG-Präsident, 1.4.1943, zit. n. Oldenhage, in: Jb. Westdt. Lg. 6/1980*

227 *Auer, S. 44*

228 *Erlebnisbericht Ludwig Kissel; StALu, M 74, p. 56*

Augenscheinlich bankrott: halb erbaut, schon zerstört; NSDAP-Zentrale, ›Hermann-Göring-Platz‹ (Jubiläumsplatz), 1943 [105]

Der Gau Westmark betrauert den Tod seiner tapferen Helden

Hart und schwer traf uns die immer noch unfaßbare und schmerzliche Nachricht, daß unser lieber, guter, braver und unvergeßlicher Sohn, Bruder, Schwager und Onkel

Fritz Göller

Uffz. in einem Grenadier-Regt. Inh. des Verwundetenabzeichens und des Westwallehrenzeichens

sein junges, hoffnungsvolles Leben nach 3jähriger, treuer Pflichterfüllung als Gruppenführer am 3. November 1943 bei den schweren Kämpfen im Osten dem Vaterland geopfert hat. Er ruht auf einem Heldenfriedhof, wo ihm seine Kameraden ein würdiges Heldengrab bereitet haben. Wer ihn gekannt, weiß was wir an ihm verloren haben.

In tiefem Leid: **Martin Göller und Frau Margarete** geb. Angel, Eltern; **Frau Anna Kumpf** geb. Göller, Schwester; **Maria Göller,** Schwester; **Fritz Kumpf,** Schwager, z. Z. in engl. Gef. **nebst allen Anverwandten**

Ludwigshafen a. Rh. (2. Gartenweg 46d), Weidenthal, Lambrecht, Hambach, Zürich, 12. Jan. 1944.

Tieferschüttert traf uns die Nachricht, daß nun auch mein zweiter Sohn den Heldentod für sein geliebtes Vaterland fand. Es starb am 24. Dez. 1943 in einem Kriegslazarett an den Folgen einer bei den harten Kämpfen an der Ostfront erlittenen schweren Verwundung unser lieber, guter Sohn, Bruder, Neffe und Vetter

Josef Hodenius

Unteroffizier

Inh. des EK 2, des Verw.-Abz., Inf.-Sturmabz. und der Ostmedaille

In tiefer, stolzer Trauer: **Familie Dr. Hodenius und Anverwandte**

Ludwigshafen a. Rh., Bonn, Remagen, Frankeneck und im Felde, den 12. Januar 1944.

Unser jüngster, unvergeßlicher, lieber Sohn, Bruder, Schwager, Onkel und Neffe, mein lieber Bräutigam

Walter Lang

Gefreiter in einem Gren.-Regt.

ist im Alter von nahezu 20 Jahren bei den schweren Abwehrkämpfen im Osten am 18. Dezember 1943 vor dem Feind geblieben. Er ruht wie sein Bruder Otto in fremder Erde. Beide werden unvergessen bleiben.

In tiefer Trauer: **Otto Lang und Frau Käthe** geb. Fischer; **Ferdinand Lang und Frau Erna; Walter Ziegler und Frau Lore** geb. Lang; **Ella Weißmann,** Braut

Frankenthal (Kantstr. 2)), Lambsheim, den 14. Januar 1944.

In tiefem Schmerz geben wir allen Verwandten und Bekannten die traurige Mitteilung, daß plötzlich und unerwartet, durch einen tragischen Unglücksfall mein über alles geliebter, unvergeßlicher Gatte, der beste, treusorgende Vater seiner Kinder, unser lieber Schwiegersohn, Bruder und Schwager

Andreas Schulz

Obergefreiter

im Alter von 39 Jahren für immer von uns genommen wurde. Unser ganzes Glück und unsere Hoffnung sank mit ihm ins Grab.

In unsagbarem Leid: **Frau Lina Schulz** geb. Werle **und Kinder Karl, Elisabeth, Renate u. Adelheid sowie alle Anverwandten**

Carlsberg, Alsenborn, Bad Mergentheim, Kaiserslautern, Böblingen, Altleiningen, Ramsen, (Neder-mehlingerhof, Diehlkirchen, im Felde und Lothringen, den 14. Januar 1944. Die Beerdigung fand am Donnerstag statt.

Die tägliche Kolumne: Todesanzeigen in der NSZ, 1944 Rubrik ›Tapfere Helden‹ [106]

Eltern weigerten sich, ihre Kinder ziehen zu lassen. Dennoch wurden vermutlich ca. 33 000 vor allem junge Menschen zwischen September 1943 und März 1944 aus der Stadt entfernt, die Zahl der Jugendlichen unter 18 Jahren in Ludwigshafen sank vermutlich von 37 000 auf 16 000. Dementsprechend verminderte sich die Zahl der deutschen Einwohner von ca. 127 000 (1. 7. 1943) auf 82 000 (1. 7. 1944). Auch die Zahl der Ausländer ging wegen der durch den ›Bombenterror‹ immer schlechteren Arbeitsbedingungen zurück. So sank die Zahl der bei der I. G. beschäftigten Nicht-Deutschen von durchschnittlich 14 300 im Jahr 1943 über 13 500 im August 1944 auf 10 100 im Dezember dieses Jahres.[222] Die Gesamteinwohnerzahl Ludwigshafens lag im Juli 1944 vermutlich bei ca. 105 000 Menschen, d. h., um rund ein Drittel niedriger als im Jahr zuvor.

Anläßlich des 10. Jahrestages der Machtergreifung 1943 berichtete das ›Hemshof-Echo‹, noch vor der Berliner Sportpalastkundgebung, von einem „machtvollen Bekenntnis zum totalen Krieg" in Ludwigshafen.[223] Zwei Monate später schlug auch Stadtkämmerer Otto Stabel einen heroischen Ton an, als er ausführte, daß Klagen über die Entbehrungen wohl oft berechtigt seien, aber in dieser Zeit könne man „auf das Einzelschicksal nicht oder nur wenig Rücksicht nehmen."[224] Besuche der drei neuen Ludwigshafener Ritterkreuzträger wurden für Durchhalteappelle genutzt: „Wir zwingen das Schicksal im Glauben an unsere Zukunft."[225] Der Zweibrücker OLG-Präsident stellte allerdings fest, daß die Bevölkerung abgenutzt und ausgelaugt sei. „Die Sehnsucht nach Frieden [...] wächst, die Stimmung wird geladener, gespannter, gereizter."[226] Die bei der I. G. beschäftigte Hildegard Auer konnte beobachten, wie sich in ihrer – katholisch geprägten – Umgebung die Stimmung zusehends gegen Hitler wendete. „Die Frau eines Kameraden meines Mannes zerriß vor meinen Augen die Hakenkreuzfahne."[227] Beim großen Luftangriff vom 5. auf den 6. September 1943 bemerkten die Menschen angesichts der Zerstörung sarkastisch: „Adolf bezahlt ja alles."[228] Über vieles schimpfte man „versteckt und offen", wußte der

Kinder bei der Luftabwehr: Flakstellung, Giulini, 1944 [107]

OLG-Präsident im Januar 1944 zu berichten,[229] und der Chef des städtischen Wirtschaftsamtes stellte fassungslos fest, daß sich „das Publikum" trotz der offensichtlichen Zerstörungen bei den Behörden und der unmöglichen Arbeitsbedingungen nicht scheute, „uns die bittersten Vorwürfe zu machen, da seine Wünsche nicht hundertprozentig erfüllt werden konnten."[230]

Immer deutlicher fühlbar wurden die nötigen Einschnitte selbst bei Propaganda und Kultur, auf die man doch so stolz gewesen war. Noch im Jahr 1941 hatten der traditionsreiche ›General-Anzeiger‹, der ›Stadt-Anzeiger‹ und alle Stadtteilzeitungen außer dem ›Oggersheimer Anzeiger‹ ihr Erscheinen einstellen müssen.[231] Das Oggersheimer Blatt folgte im Jahr darauf mit dem überraschend offenen und bitteren Kommentar, daß man sich „in der Rolle des Einzelgängers" nicht mehr recht wohlfühlen könne.[232] Damit bestanden nur noch die NSZ und die NAZ in der Stadt. Ab der zweiten Jahreshälfte 1944 begannen die verbliebenen Propaganda- und Werkszeitschriften in Zuschnitt und Format immer kleiner und schäbiger zu werden – ein Zeichen der schwindenden Kräfte. Auch die Vereinsarbeit – vielleicht einmal abgesehen von der der Sportvereine – trocknete mehr und mehr aus,[233] doch wurden die öffentlichen Konzertveranstaltungen trotz aller Schwierigkeiten aufrechterhalten. Allerdings gab es schon 1942 keine Sommerkonzerte im Hindenburgpark mehr, dafür aber ab dem Juni 1943 Standkonzerte der Luftwaffe auf dem Ludwigsplatz.[234] Noch Ende August 1944 kündigte das Pfalzorchester eine Uraufführung für den Winter 1944/45 an[235] – zwei Tage, bevor eine Verordnung Goebbels' die Schließung aller Orchester, Theater und Ausstellungen befahl. Die Musiker des Ludwigshafener Orchesters mußten sich in der Rüstungsindustrie verdingen – wo sie zum Beispiel als Pförtner arbeiteten.[236] Was blieb, waren vor allem Rundfunk und Kino – wobei die meisten Lichtspielhäuser der Stadt bereits zerstört waren. Dort, wo man sie sehen konnte, entfalteten allerdings die ersten Farbfilme ihre Faszination. Sie waren „im ewig währenden Grau des Kriegs [...] eine kleine Sensation." Marika Rökks Lieder seien überall geträllert und als Trost empfunden worden, beschreibt eine Zeitzeugin aus Ludwigshafen. „Vaterländische Lieder waren nicht mehr gefragt."[237]

Anmerkungen
Seite 402

229 *Bericht OLG-Präsident, 29.1.1944, zit.n. Oldenhage, in: Jb. Westdt. Lg. 6/1980*

230 *Bericht Wirtschaftsamt, 1947; StALu, LUN 2429*

231 *Mörz, S.126ff*

232 *Verleger Hermann Riebsam im ›Oggersheimer Anzeiger‹ vom 30.6.1942*

233 *Jung, Druckfahnen zur Musikgeschichte Ludwigshafens 1918—1943, S.19, 29, 31; StALu, M 262*

234 *›Hemshof-Echo‹, 38/39 Juni 1943*

235 *NAZ, 23.8.1944*

236 *30 Jahre Pfalzorchester, S.18; StALu, DS*

237 *Schwarz, S.97*

Flak-Kompanie: 1940/41 noch Soldaten, auf dem Gelände von Giulini [108]

Ludwigshafen am Rhein, Juni 1943

An die Einwohnerschaft von Ludwigshafen!

Um unnötige Verluste durch feindliche Luftangriffe zu vermeiden, ist es notwendig und direkt ein Gebot der Vernunft, alle nicht unbedingt an Ludwigshafen gebundenen Volksgenossen daraus zu entfernen.

Es geht daher der dringende Aufruf an alle Eltern, ihre Kinder, insbesondere auch die Mütter, die nicht durch ihren Beruf an Ludwigshafen gebunden sind, zu Verwandten und Bekannten in weniger luftbedrohten Orten zu verbringen. Darüber hinaus ergeht an alle älteren Männer und Frauen, soweit sie beruflich aus Ludwigshafen abkömmlich sind, die Aufforderung, sich in weniger bedrohte Gebiete des Reiches zu begeben.

Diese vorsorgliche Umquartierung ist nicht eine Frage des Feige- oder Mutigseins, sondern der nüchternen Überlegung, ob die Betreffenden mit ihrem Ausharren der Nation nicht unnötige Blutopfer aufbürden und den hier unentbehrlichen Männern und Frauen die Lage erschweren.

Die Eltern, die ihre Kinder nach auswärts verbringen wollen, und die älteren Männer und Frauen, die Ludwigshafen für die Zeit der Luftgefahr zu verlassen beabsichtigen, wollen dies bei der zuständigen Ortsamtsleitung der NSV. melden zum Zwecke der Ausstellung einer sogenannten Verwandtenmeldekarte. Mit dieser Verwandtenmeldekarte erwirbt der Betreffende den Anspruch auf Freifahrt. Wird die Umquartierung auf eigene Faust ohne Meldekarte unternommen, verliert der Betreffende nicht nur den Anspruch auf Freifahrt, sondern setzt sich auch der Gefahr aus, daß sein Quartier bereits anderweitig vergeben ist und er wieder nach Ludwigshafen zurückkehren muß.

Heil Hitler!

gez. Horn,

k. Kreisleiter und k. Oberbürgermeister

Seit 1943: Die Stadt wird geräumt [109]

In den Schulen fand im Schuljahr 1944/45 kaum mehr Unterricht statt.[238] Die Gebäude wurden, wenn nicht zerstört, in großen Teilen für die Obdachlosenunterbringung, als Fremdarbeiterlager, für Wehrmachts- und Sanitätsstellen genutzt. Zudem wurden seit Anfang 1943 Flaksoldaten an die Front abgezogen und zunächst durch Oberstufenschüler, später sogar durch 15jährige ›Flakhelfer‹ ersetzt, die unter dem Kommando eines Offiziers die Geräte bedienten, eine lebensgefährliche Aufgabe, da die Scheinwerfer feindlichen Fliegern ein gesuchtes und genaues Ziel boten. Die meisten anderen jüngeren Schüler wurden evakuiert, in Landlagern unterrichtet oder in benachbarten Städten, beispielsweise in Speyer, auf die Schulen geschickt. Im August 1944 wurde auch der Betrieb des vielgepriesenen Chemotechnikums eingestellt, die Studenten mußten in die Rüstungsindustrie.[239]

Sowohl die Stadtverwaltung als auch die nicht unmittelbar mit der Rüstungsproduktion befaßten Betriebe und Betriebsabteilungen waren je länger je mehr mit ›Auskämmungsaktionen‹ für Wehrmacht und Rüstung konfrontiert.[240] Im August 1944 mußten von 1 393 Beschäftigten der Stadtverwaltung 10 an die Front und 120, davon 70 Frauen, in die Industrie. 1944 wurden noch einmal mehr als 2 000 Männer aus Ludwigshafen zum Wehrdienst eingezogen. Selbst die ausländischen Arbeitskräfte und Kriegsgefangenen, die der Stadt nach dem September 1943 zur Trümmerräumung und Instandsetzung zugeteilt worden waren, wurden bis Oktober 1944 zu über der Hälfte wieder abgezogen.[241] In diesen Zusammenhang gehört auch die Heranziehung der jüdischen ›Mischlinge‹ zur Zwangsarbeit, über die schon berichtet wurde. Pfarrer Bergmann von der Lutherkirche konnte beobachten, wie sich im September 1944 ein Dachdecker mehr als drei Wochen mit zwei Hausdächern in der Lutherstraße abmühte, aber wegen der ständigen Alarme und Materialmangels zu keinem Ergebnis kam.[242] Auch in der Großindustrie fehlte es an Material zum Wiederaufbau zerstörter Betriebe.[243] Die Arbeitsbedingungen wurden immer miserabler. Undichte Leitungen zwangen Beschäftigte bei der I. G. an die frische Luft, um Vergiftungen zu entgehen. Nach weiteren Luftangriffen mußten sie unter freiem Himmel und ohne Toiletten arbeiten. Zur Reduzierung des Arbeitszeitverlustes durch die immer häufigeren Alarme wurden die Beschäftigten

Anmerkungen
Seite 403

238 Bericht zur Nutzung der Schulen, 11. 8. 1944; StALu, LUA 2397; Schneider, in: Jansen, S. 237; 80 Jahre Humanistisches Gymnasium Ludwigshafen, 1953, S. 27f; 100 Jahre Carl-Bosch-Gymnasium Ludwigshafen, 1986, S. 50; Bericht Volksschulen 1947; StALu, LUN 2429

239 StALu, LUA 1065

240 ebd.; Monatsberichte der Versorgungsverwaltung ab Oktober 1943; StALu, LUA 2398

241 Bauverwaltung, 4. 11. 1944; StALu, LUN 2641

242 Bergmann, Memoiren, S. 293; StALu, M 279

243 f.d.F. Walter, S. 14, 74, 100f

Spiegelung der Stimmung: von den Alliierten abgeworfene Postkarte [110]

gezwungen, bis zum eigentlichen Angriff auf ihrem Arbeitsplatz zu bleiben. Erst in letzter Minute durften sie die Bunker aufsuchen.[244] Bedarfsgüter waren immer schwerer zu erhalten, für Schuhe betrug die angepeilte Wartezeit schon im Januar 1944 zwei Jahre![245] Zwar mußte kein Deutscher verhungern, und bezeichnenderweise blieb die Quote der Lebensmitteldiebstähle im Vergleich zur Nachkriegszeit relativ gering. Dennoch wurde die Lage immer desolater: Die Rationen wurden kleiner, im Krankenhaus wurden eigenartige Kreationen wie der Tee-Ersatz ›Waldperle‹ angeboten,[246] und auch für den Normalverbraucher gab es kaum mehr etwas über eine dürftige Grundversorgung hinaus. Ende 1944 waren praktisch alle Märkte in der Stadt tot.[247] Nur manchmal noch erhielt man auf Marken Vierfruchtmarmelade, Kunsthonig und Zucker. In den I. G.-Kantinen habe es dünne Spinatsuppe für die Deutschen, für die Ausländer nur heißes Wasser mit Kohlblättern gegeben, bemerkt ein damaliger Beschäftigter, und fährt fort: „Auch das Produzieren für den Eigenbedarf wurde geduldet. Von den Mitarbeitern wurde die Arbeitszeit folgendermaßen eingeteilt: achtzig Prozent für die Firma, zwanzig Prozent für den Eigenbedarf. Dies wurde von den Vorgesetzten akzeptiert. So wurde Fettsäure zu Seife, Chlorsulfonsäure zu Süßstoff [...] Nur so konnte man überleben."[248]

Anmerkungen
Seite 404 und 405

244 *Walter, S. 98; Gambs, S. 260; StALu, M unverz.*

245 *Bericht OLG-Präsident, 8. 1. 1944, zit. n. Oldenhage, in: Jb. Westdt. Lg. 6/1980*

246 *v. Hippel, S. 370*

247 *Monatsbericht Versorgungsbehörden, Dezember 1944; StALu, LUA 2398*

248 *Walter, S. 30f, 98*

249 *ebd., S. 98; Gambs, S. 260; StALu, M unverz.*

250 *Schreiben, 26. 10. 1944; StALu, LUA 526; Manuskr. Scharf, S. 188*

251 *Erlebnisbericht Heinrich Zittel; StALu, M 74, p. 148ff*

252 *Auer, S. 64; Monatsbericht der Versorgungsverwaltung, Jan. / Febr. 1945; StALu, LUA 2398*

253 *Erlebnisbericht Adolf Decker; StALu, M 74, p. 73*

254 *Erlebnisbericht Walter Schäfer; StALu, M 74, p. 172*

NSZ WESTMARK

AMTLICHE TAGESZEITUNG DER NSDAP GAU WESTMARK

Sonntag, 18. März 1945 · Ausgabe: Ludwigshafen am Rhein · Nummer 66 / Preis 10 Pfg.

Der Nahe-Abschnitt Schwerpunkt der deutschen Abwehr

Ständige Gegenstöße gegen den Brückenkopf Remagen - Sperrmaßnahmen am Westwall

Alle Werte im Einsatz

Fanatisch und treu

Kampfparole des Gauleiters für die Westmark

Die Lage

Erfolgreiche Scharfschützen

Im Brückenkopf an der Saar

Vom schicksalhaften Verteidigungskampf an der Saarfront - Es geht um unsere deutsche Heimat

›Fanatisch und treu‹: die letzte Ausgabe der NSZ vom 18. März 1945 [111]

Bei Betriebsappellen und von Hauswänden wurden mehr und mehr Durchhalteparolen an die Menschen herangetragen.[249] ›Volk ans Gewehr‹ oder ›Volk steh auf‹ (siehe Abb. 103) oder ›Wenn auch unsere Mauern brechen, unsere Herzen nicht!‹ stand in weißer Schrift auf Ruinen, und die wegen der vielen Tieffliegerangriffe mit Panzerplatten versehenen und mit Tarnfarbe getünchten Lokomotiven trugen Hakenkreuze und die Aufschrift: ›Räder müssen rollen für den Sieg.‹ Angesichts der „sehr gespannten politischen Lage" fürchteten die Behörden Unruhen bei den Ausländern und kritisierten scharf deren wachsende „Frechheit."[250] Mehr und mehr westeuropäische Arbeiter kehrten nach ihren Heimaturlauben nicht wieder zurück. Gegen die Ostarbeiter wurden immer brutalere Disziplinierungsmethoden angewandt. Die deutsche Bevölkerung hingegen, deren Leben „einer Hetzjagd"[251] zwischen den Luftalarmen glich, wurde durch die Angst vor Bomben, dem Verlust von Leben, Gesundheit, Hab und Gut, und den Schlafentzug zermürbt. Gesundheits- und nervöse Störungen, Reizbarkeit waren die Folge.[252] Nur wenige glaubten noch an den ›Endsieg‹, und die meisten hofften wohl „auf Hilfe, auf ein Ende, auf Ruhe."[253] „Die Bevölkerung war an einem Punkte angelangt, der ein Ende herbeisehnt, egal wie es aussieht."[254]

Die Sprengung der Rheinbrücke am 20. März 1945 [112]

Das Kriegsende

Der rasche Vormarsch der Alliierten nach ihrer Landung in der Normandie am 6. Juni 1944 ließ die NS-Behörden fürchten, daß das linksrheinische Gebiet des Reiches schon bald zur Kampfzone werden würde. Zwar verlor die Offensive im September 1944 an Schwung, doch standen die gegnerischen Truppen im Nordelsaß und nicht weit von der westlichen Reichsgrenze und damit der Pfalz entfernt.[255] Während der langen Winternächte und an ruhigen Tagen konnte man nunmehr fortwährend das Bummern der nahen Front vernehmen.[256]

So wurden seit September 1944 zahlreiche deutsche und Fremdarbeiter und selbst Kinder aus der Stadt zum Ausheben von Verteidigungsgräben um Ludwigshafen und in der Vorderpfalz aufgeboten.[257] Vergeblich versuchte sich die Industrie gegen diesen Entzug von Arbeitskräften zu wehren, und so mußten viele bis zum Dezember 1944 wochenlang bei naßkalter Witterung, mit nassen Kleidern und erbärmlichem Schuhwerk, in Dreck und Schlamm schuften, in schlecht oder überhaupt nicht geheizten Unterkünften unter permanenter Fliegergefahr vegetieren.[258] Dazu kamen noch die Schikanen der Vorgesetzten und die offensichtliche Bevorzugung von Parteimitgliedern. Vom Jahresende 1944 ab wurden zahlreiche nicht-rüstungsrelevante Einwohner – Alte, Frauen, Kinder – aus der Stadt evakuiert.[259] Manche derjenigen, die wohl gehofft hatten, so dem Tod zu entrinnen, wurden während der Aktion ein Opfer des Krieges – wie etwa Dutzende von Ludwigshafenern, die im Februar 1945 bei einem Luftangriff bei Königbronn in Württemberg in einem Zug ums Leben kamen.[260]

Ebenfalls seit August 1944 begann man eine Verlegung wesentlicher Teile der Ludwigshafener Industrie ins Rechtsrheinische vorzubereiten.[261] Das Rüstungskommando Ludwigshafen leitete die geheime Aktion, die unter dem beschönigenden Ausdruck ›Wirtschaftsauflockerung‹ lief. Im November 1944 erhielt zum Beispiel Benckiser den Befehl, wesentliche Wirtschaftsgüter über den Rhein zu schaffen. Einen

Anmerkungen
Seite 406 und 407

255 *vgl. allg. Nosbüsch*
256 *Erlebnisbericht Georg Böhn; StALu, M 74, p. 127*
257 *Benckiser-Chronik, Bd. 2, S. 163f*
258 *Erlebnisbericht Heinrich Zittel; StALu, M 74, p. 149*
259 *Statistik in StALu, LUN 2063; Krause, S. 182; Erlebnisbericht Katharina Hauber; StALu, M 74, p. 340*
260 *StALu, M 644*
261 *Benckiser-Chronik, Bd. 2, S. 165f; Manuskr. Scharf, S. 27, 193f*
262 *Mörz, S. 129*
263 *Monatsbericht der Versorgungsbehörden, Jan. / Febr. 1945; StALu, LUA 2398*

US-Panzer am Lichtenberger-Ufer, März 1945 [113]

Monat später begann die Verschiebung der Fremdarbeiter ins Rechtsrheinische. Ihre Zahl in der Stadt sank nun rasch. Der Zusammenbruch geordneter Arbeitsverhältnisse sorgte wohl auch dafür, daß mit dem geplanten Einsatz von KZ-Häftlingen nicht mehr begonnen wurde. Längst war im übrigen aufgrund der Luftangriffe der Druck der ewig den ›Endsieg‹ beschwörenden NS-Blätter aus der Stadt nach Lambrecht verlegt worden. Die NAZ wurde zum 30. Januar 1945 eingestellt, die NSZ verstummte erst am 18. März 1845 kurz vor der Eroberung Lambrechts.[262]

Das Leben in der Stadt begann derweil zu ersterben. Ein Bericht vom Februar 1945 zeichnet ein dunkles Bild:[263] Die ›Feindeinwirkung‹ lähmte alles – am 5. Januar hatte ein Angriff 275 Tote und 173 Verletzte gekostet, und am 1. Februar war das ruhige Maudach Ziel eines Angriffs gewesen, bei dem das Schloß und 50 Häuser zerstört wurden. Der letzte Großangriff fand am 1. März 1945 statt. Die meisten Geschäfte waren zerstört, ihre alternative Unterbringung unmöglich, und die Geschäftsleute verließen trotz Verbots die Stadt. Ebenso mußten die Behörden „unter mehr als primitiven Verhältnissen" arbeiten und konnten ihren Dienstbetrieb „gerade noch zur Not aufrechterhalten." Zwar gelang noch die Grundversorgung der Bevölkerung mit Lebensmitteln, doch der häufige Zusammenbruch der Gas-, Wasser- und Elektrizitätsversorgung setzte auch Metzgereien und Bäckereien außer Betrieb, so daß das Brot ausging. Brennstoffe waren nur unzureichend vorhanden, alle nicht-rationierten Güter sowie Kleidung, Schuhe, Haushaltswaren und Möbel nicht mehr zu erhalten. Die Versorgung mit warmen Speisen für Arbeiter war weitgehend zusammengebrochen, die ärztliche und Apothekenversorgung war ebenso ungenügend wie die Wasserversorgung aus einem vielfach getroffenen Netz. Immer wieder konnten die Toiletten nicht benutzt werden. Die fortgesetzten feindlichen Fliegerangriffe zermürbten die geistige und körperliche Widerstandskraft und die Arbeitsleistung der Menschen. Die Straßenbahn rumpelte kaum noch durch die Stadt, die Straßen waren oft durch Trümmer verschüttet

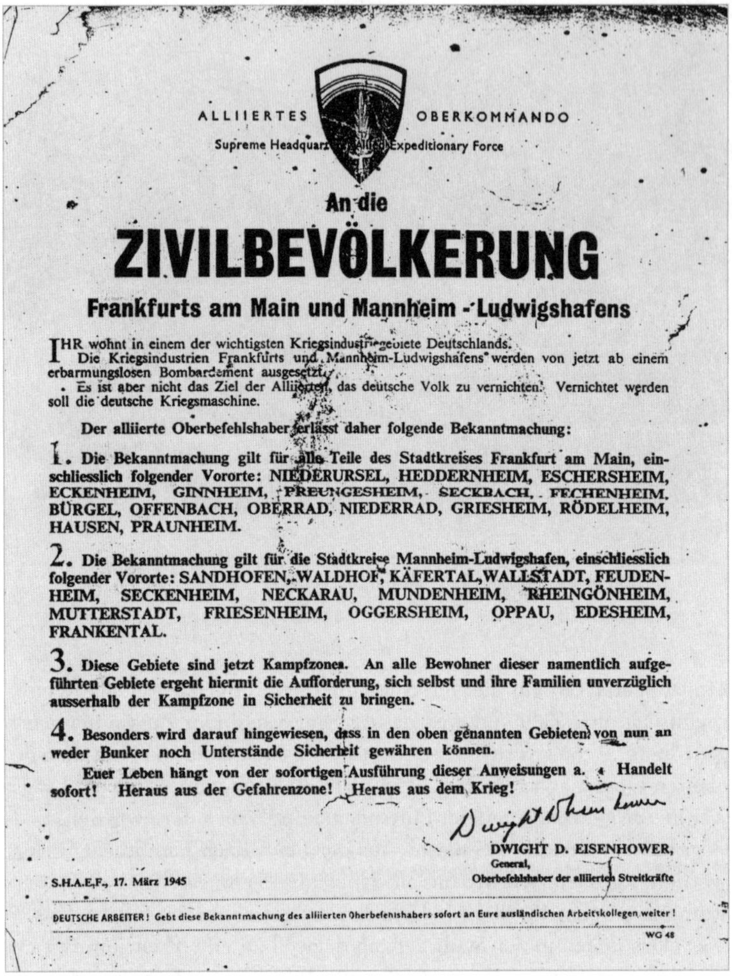

ALLIIERTES OBERKOMMANDO
Supreme Headquarters Allied Expeditionary Force

An die
ZIVILBEVÖLKERUNG
Frankfurts am Main und Mannheim - Ludwigshafens

IHR wohnt in einem der wichtigsten Kriegsindustriegebiete Deutschlands.
Die Kriegsindustrien Frankfurts und Mannheim-Ludwigshafens werden von jetzt ab einem erbarmungslosen Bombardement ausgesetzt.
Es ist aber nicht das Ziel der Alliierten, das deutsche Volk zu vernichten. Vernichtet werden soll die deutsche Kriegsmaschine.

Der alliierte Oberbefehlshaber erlässt daher folgende Bekanntmachung:

1. Die Bekanntmachung gilt für alle Teile des Stadtkreises Frankfurt am Main, einschliesslich folgender Vororte: NIEDERURSEL, HEDDERNHEIM, ESCHERSHEIM, ECKENHEIM, GINNHEIM, PREUNGESHEIM, SECKBACH, FECHENHEIM, BÜRGEL, OFFENBACH, OBERRAD, NIEDERRAD, GRIESHEIM, RÖDELHEIM, HAUSEN, PRAUNHEIM.

2. Die Bekanntmachung gilt für die Stadtkreise Mannheim-Ludwigshafen, einschliesslich folgender Vororte: SANDHOFEN, WALDHOF, KÄFERTAL, WALLSTADT, FEUDENHEIM, SECKENHEIM, NECKARAU, MUNDENHEIM, RHEINGÖNHEIM, MUTTERSTADT, FRIESENHEIM, OGGERSHEIM, OPPAU, EDESHEIM, FRANKENTAL.

3. Diese Gebiete sind jetzt Kampfzonen. An alle Bewohner dieser namentlich aufgeführten Gebiete ergeht hiermit die Aufforderung, sich selbst und ihre Familien unverzüglich ausserhalb der Kampfzone in Sicherheit zu bringen.

4. Besonders wird darauf hingewiesen, dass in den oben genannten Gebieten von nun an weder Bunker noch Unterstände Sicherheit gewähren können.

Euer Leben hängt von der sofortigen Ausführung dieser Anweisungen a. Handelt sofort! Heraus aus der Gefahrenzone! Heraus aus dem Krieg!

DWIGHT D. EISENHOWER,
General,
Oberbefehlshaber der alliierten Streitkräfte

S.H.A.E.F., 17. März 1945

DEUTSCHE ARBEITER! Gebt diese Bekanntmachung des alliierten Oberbefehlshabers sofort an Eure ausländischen Arbeitskollegen weiter!

WG 48

Erklärung der Gegend um Frankfurt und Mannheim-Ludwigshafen zur ›Kampfzone‹ Flugblatt der Alliierten vom 17. März 1945 [114]

Anmerkungen
Seite 408 und 409

264 *Fall Peter Schneider, in: StALu, LUN 1705*

265 *StALu, LUN 2905*

266 *Bericht OLG-Präsident, 12.2.1945, zit. n. Oldenhage, in: Jb. Westdt. Lg. 6/1980*

267 *Erlebnisbericht Georg Böhn; StALu, M 74, p. 127*

268 *Erlebnisbericht Heinrich Zittel; StALu, M 74, p. 148ff*

269 *Die Ereignisse um die Besetzung Ludwigshafens wurden aus der Serie der Erlebnisberichte in StALu, M 74 zusammengestellt.*

270 *Namentliches Melderegister der Stadt Ludwigshafen; Auskünfte Dr. Dieter Wolfanger, St. Wendel, nach Informationen der ›Saarbrücker Zeitung‹ von Anfang März 1945*

und jetzt im Winter verschlammt und glatt. Ständige Angriffe feindlicher Tiefflieger auf die Züge machten das „Bahnfahren zu einer lebensgefährlichen Angelegenheit." Längst gab es keine Müllabfuhr mehr, da es weder Treibstoff noch Arbeiter dafür gab. Der Abfall lagerte in den Ruinen der zerstörten Häuser und in Bombentrichtern, wo er Ratten und Mäuse anzog.

All diese Zeichen des nahen Endes bedeuteten jedoch nicht, daß das Regime seinen Kritikern gegenüber nachlässiger wurde. Im Gegenteil: Gegen Organisatoren des angesichts der Versorgungslage blühenden Schwarzhandels wurden exemplarische Strafen verhängt,[264] und noch im Februar 1945 wurde ein von der Frau eines Kollegen denunzierter Apotheker aus der Gartenstadt wegen regimefeindlicher Äußerungen verhaftet und auf dem Weg ins Gefängnis zu Tode geprügelt.[265] Wenn die Bevölkerung nun auch „an vielem mehr und lauter Kritik übt als früher", wie der OLG-Präsident im Februar 1945 feststellte,[266] so war doch der öffentliche Zweifel am ›Endsieg‹ unter Umständen noch immer lebensgefährlich. An die Deportation jüdischer Frauen nach Theresienstadt Anfang März 1945 sei hier noch einmal erinnert.

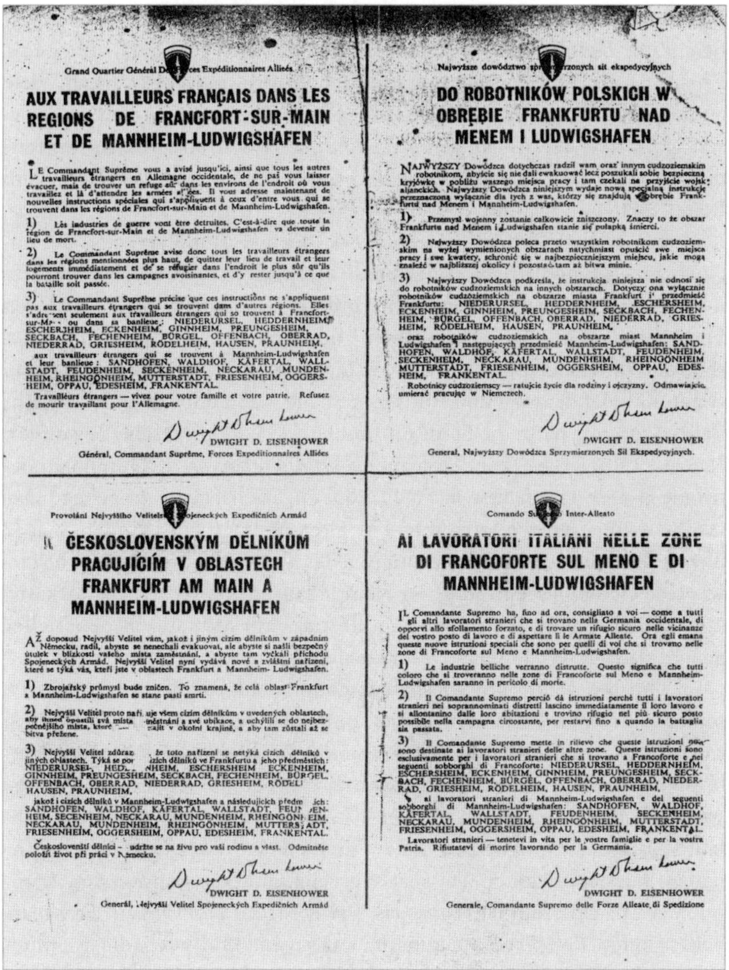

Grand Quartier Général D[...] Forces Expéditionnaires Alliés

AUX TRAVAILLEURS FRANÇAIS DANS LES REGIONS DE FRANCFORT-SUR-MAIN ET DE MANNHEIM-LUDWIGSHAFEN

LE Commandant Suprême vous a avisé jusqu'ici, ainsi que tous les autres travailleurs étrangers en Allemagne occidentale, de ne pas vous laisser évacuer, mais de trouver un refuge a[...] dans les environs de l'endroit où vous travaillez et là d'attendre les armées al[...]ées. Il vous adresse maintenant de nouvelles instructions spéciales qui s'appliquent à ceux d'entre vous qui se trouvent dans les régions de Francfort-sur-Main et de Mannheim-Ludwigshafen.

1) Les industries de guerre vont être detruites. C'est-à-dire que toute la région de Francfort-sur-Main et de Mannheim-Ludwigshafen va devenir un lieu de mort.

2) Le Commandant Suprême avise donc tous les travailleurs étrangers dans les régions mentionnées plus haut, de quitter leur lieu de travail et leur logements immédiatement et de se réfugier dans l'endroit le plus sûr qu'ils pourront trouver dans les campagnes avoisinantes, et d'y rester jusqu'à ce que la bataille soit passée.

3) Le Commandant Suprême précise que ces instructions ne s'appliquent pas aux travailleurs étrangers qui se trouvent dans d'autres régions. Elles s'adre[...]ent seulement aux travailleurs étrangers qui so trouvent à Francfort-sur-M[...] ou dans sa banlieue: NIEDERURSEL, HEDDERNHEIM, ESCHERSHEIM, ECKENHEIM, GINNHEIM, PREUNGESHEIM, SECKBACH, FECHENHEIM, BÜRGEL, OFFENBACH, OBERRAD, NIEDERRAD, GRIESHEIM, RÖDELHEIM, HAUSEN, PRAUNHEIM,

aux travailleurs étrangers qui se trouvent à Mannheim-Ludwigshafen et leur banlieue: SANDHOFEN, WALDHOF, KÄFERTAL, WALLSTADT, FEUDENHEIM, SECKENHEIM, NECKARAU, MUNDENHEIM, RHEINGÖNHEIM, MUTTERSTADT, FRIESENHEIM, OGGERSHEIM, OPPAU, EDESHEIM, FRANKENTAL.

Travailleurs étrangers — vivez pour votre famille et votre patrie. Refusez de mourir travaillant pour l'Allemagne.

DWIGHT D. EISENHOWER
Général, Commandant Suprême, Forces Expeditionnaires Alliées

Najwyższe dowództwo sp[...]rzonych sił ekspedycyjnych

DO ROBOTNIKÓW POLSKICH W OBRĘBIE FRANKFURTU NAD MENEM I LUDWIGSHAFEN

NAJWYŻSZY Dowódzca dotychczas radził wam oraz innym cudzoziemskim robotnikom, abyście się nie dali ewakuować lecz poszukali sobie bezpieczną kryjówkę w pobliżu waszego miejsca pracy i tam czekali na przyjście wojsk aljanckich. Najwyższy Dowódzca niniejszym wydaje nową specjalną instrukcję przeznaczoną wyłącznie dla tych z was, którzy się znajdują w obrębie Frankfurtu nad Menem i Mannheim-Ludwigshafen.

1) Przemysł wojenny zostanie całkowicie zniszczony. Znaczy to że obszar Frankfurtu nad Menem i Ludwigshafen stanie się pułapką śmierci.

2) Najwyższy Dowódzca poleca przeto wszystkim robotnikom cudzoziemskim na wyżej wymienionych obszarach natychmiast opuścić swe miejsca pracy i swe kwatery, schronić się w najbezpieczniejszym miejscu, jakie mogą znaleźć w najbliższej okolicy i pozostać tam aż bitwa minie.

3) Najwyższy Dowódzca podkreśla, że instrukcja niniejsza nie odnosi się do robotników cudzoziemskich na innych obszarach. Dotyczy ona wyłącznie robotników cudzoziemskich na obszarze miasta Frankfurt i przedmieść Frankfurtu: NIEDERURSEL, HEDDERNHEIM, ESCHERSHEIM, ECKENHEIM, GINNHEIM, PREUNGESHEIM, SECKBACH, FECHENHEIM, BÜRGEL, OFFENBACH, OBERRAD, NIEDERRAD, GRIESHEIM, RÖDELHEIM, HAUSEN, PRAUNHEIM,

oraz robotników cudzoziemskich na obszarze miast Mannheim i Ludwigshafen i następujących przedmieść Mannheim-Ludwigshafen: SANDHOFEN, WALDHOF, KÄFERTAL, WALLSTADT, FEUDENHEIM, SECKENHEIM, NECKARAU, MUNDENHEIM, RHEINGÖNHEIM MUTTERSTADT, FRIESENHEIM, OGGERSHEIM, OPPAU, EDESHEIM, FRANKENTAL.

Robotnicy cudzoziemscy — ratujcie życie dla rodziny i ojczyzny. Odmawiajcie umierać pracując w Niemczech.

DWIGHT D. EISENHOWER
General, Najwyższy Dowódzca Sprzymierzonych Sił Ekspedycyjnych.

Provolání Nejvyššího Velitels[...] Spojeneckých Expedičních Armád

ČESKOSLOVENSKÝM DĚLNÍKŮM PRACUJÍCÍM V OBLASTECH FRANKFURT AM MAIN A MANNHEIM-LUDWIGSHAFEN

AŽ doposud Nejvyšší Velitel vám, jakož i jiným cizím dělníkům v západním Německu, radil, abyste se nenechali evakuovat, ale abyste si našli bezpečný útulek v blízkosti vašeho místa zaměstnání, a abyste tam vyčkali příchodu Spojeneckých Armád. Nejvyšší Velitel nyní vydává nové a zvláštní nařízení, které se týká vás, kteří jste v oblastech Frankfurt a Mannheim-Ludwigshafen.

1) Zbrojařský průmysl bude zničen. To znamená, že celá oblast Frankfurt a Mannheim-Ludwigshafen se stane pastí smrti.

2) Nejvyšší Velitel proto naři[...]uje všem cizím dělníkům v uvedených oblastech, aby ihned opustili svá místa [...]městnání a své ubikace, a uchýlili se do nejbezpečnějšího místa, které [...]ajít v okolní krajině, a aby tam zůstali až se bitva přežene.

3) Nejvyšší Velitel zdůraz[...], že toto nařízení se netýká cizích dělníků v jiných oblastech. Týká se po[...] cizích dělníků ve Frankfurtu a jeho předměstích: NIEDERURSEL, HED[...]NHEIM, ESCHERSHEIM ECKENHEIM, GINNHEIM, PREUNGESHEIM, SECKBACH, FECHENHEIM, BÜRGEL, OFFENBACH, OBERRAD, NIEDERRAD, GRIESHEIM, RÖDEL[...] HAUSEN, PRAUNHEIM,

jakož i cizích dělníků v Mannheim-Ludwigshafen a následujících předm[...]ích: SANDHOFEN, WALDHOF, KÄFERTAL, WALLSTADT, FEU[...]ENHEIM, SECENHEIM, NECKARAU, MUNDENHEIM, RHEINGÖN[...]EIM, NECKARAU, MUNDENHEIM, RHEINGÖNHEIM, MUTTERS[...]ADT, FRIESENHEIM, OGGERSHEIM, OPPAU, EDESHEIM, FRANKENTAL.

Českoslovenští dělníci – udržte se na živu pro vaši rodinu a vlast. Odmítněte položit život při práci v Německu.

DWIGHT D. EISENHOWER
Generál, Nejvyšší Velitel Spojeneckých Expedičních Armád

Comando S[...] Inter-Alleato

AI LAVORATORI ITALIANI NELLE ZONE DI FRANCOFORTE SUL MENO E DI MANNHEIM-LUDWIGSHAFEN

IL Comandante Supremo ha, fino ad ora, consigliato a voi — come a tutti gli altri lavoratori stranieri che si trovano nella Germania occidentale, di opporvi allo sfollamento forzato, e di trovare un rifugio sicuro nelle vicinanze del vostro posto di lavoro e di aspettare lì le Armate Alleate. Ora egli emana queste nuove istruzioni speciali che sono per quelli di voi che si trovano nelle zone di Francoforte sul Meno e Mannheim-Ludwigshafen.

1) Le industrie belliche verranno distrutte. Questo significa che tutti coloro che si troveranno nelle zone di Francoforte sul Meno e Mannheim-Ludwigshafen saranno in pericolo di morte.

2) Il Comandante Supremo perciò dà istruzioni perchè tutti i lavoratori stranieri nei soprannominati distretti lascino immediatamente il loro lavoro e si allontanino dalle loro abitazioni e trovino rifugio nel più sicuro posto possibile nella campagna circostante, per restarvi fino a quando la battaglia sia passata.

3) Il Comandante Supremo mette in rilievo che queste istruzioni non sono destinate ai lavoratori stranieri delle altre zone. Queste istruzioni sono esclusivamente per i lavoratori stranieri che si trovano a Francoforte e nei seguenti sobborghi di Francoforte: NIEDERURSEL, HEDDERNHEIM, ESCHERSHEIM, ECKENHEIM, GINNHEIM, PREUNGESHEIM, SECKBACH, FECHENHEIM, BÜRGEL, OFFENBACH, OBERRAD, NIEDERRAD, GRIESHEIM, RÖDELHEIM, HAUSEN, PRAUNHEIM,

ai lavoratori stranieri di Mannheim-Ludwigshafen e dei seguenti sobborghi di Mannheim-Ludwigshafen: SANDHOFEN, WALDHOF, KÄFERTAL, WALLSTADT, FEUDENHEIM, SECKENHEIM, NECKARAU, MUNDENHEIM, RHEINGÖNHEIM, MUTTERSTADT, FRIESENHEIM, OGGERSHEIM, OPPAU, EDESHEIM, FRANKENTAL.

Lavoratori stranieri — tenetevi in vita per le vostre famiglie e per la vostra Patria. Rifiutatevi di morire lavorando per la Germania.

DWIGHT D. EISENHOWER
Generale, Comandante Supremo delle Forze Alleate di Spedizione

Erklärung zur ›Kampfzone‹ auf französisch, polnisch, tschechisch und italienisch Rückseite des Flugblatts der Allierten vom 17. März 1945 (Abb. 114) [115]

Mit dem Beginn des März 1945 wurde Ludwigshafen zum unmittelbaren Frontbereich. Der Vormarsch der Alliierten zeigte sich in stark erhöhter Fliegeraktivität. „Vor-Alarm, Alarm, Entwarnung, Vor-Alarm, so ging es Tag und Nacht."[267] Geregeltes Arbeiten, Schlafen, Essen, schlicht ein halbwegs normales Leben war unmöglich geworden.[268] Die Stadt wurde nun zur ›Verteidigung‹ vorbereitet.[269] Ein buntes Gemisch aus verschiedenen Wehrmachtsangehörigen, ›Genesungskompanien‹, Flakbesatzungen und Reichsarbeitsdienstlern, bezog die Panzersperren und neuangelegten Flakstellungen sowie die zahlreichen Grabenanlagen um die Stadt und zwischen den Stadtteilen – alles in allem nach Ausrüstung, Ausbildung und Stärke kaum ein überzeugendes Aufgebot.

Am 5. März verließ anscheinend schon Kreisleiter und Oberbürgermeister Horn die Stadt,[270] um wieder die Leitung des Gaugerichts zu übernehmen. In Vollzug eines grotesk-sinnlosen ›Führerbefehls‹ der letzten Stunde zur Trennung von Verwaltungs- und Parteiämtern wurde Kämmerer Otto Stabel mit der Leitung der städtischen Geschäfte betraut, während Franz Schubert wie schon 1941/42 zum Kreisleiter ernannt wurde. Am 18. März wurden die Parteigrößen zum Verlassen

Ludwigshafens aufgefordert und flohen ins Rechtsrheinische. Zur selben Zeit fluteten die geschlagenen deutschen Truppen über die Rheinbrücke. Viele kamen nur mit Handwagen und Fuhrwerken, viele zu Fuß und mit zerrissenen Uniformen und Schuhwerk, „müde und zerschlagen, [...] auf Stöcke gestützt, mit glanzlosen, müden Augen, teilnahmslos für ihre Umwelt, mit und ohne Waffen, mit Verbänden um Beine, Arme und Köpfe – ein nie gesehenes, trostloses Bild [...]."[271]

Ein Aufruf General Eisenhowers, der per Rundfunk und auf abgeworfenen Flugblättern in der Stadt bekanntgemacht wurde, erklärte diese zum Kampfgebiet und drohte mit der totalen und rücksichtslosen Vernichtung. Die Menschen sollten Ludwigshafen verlassen. So setzten sich Tausende noch in diesen letzten Tagen des Krieges in Bewegung und zogen mit Handkarren und Rucksäcken aufs Land oder über den Rhein. Bei Kriegsende hatte die Stadt nur noch ca. 55 000 deutsche Bewohner. Manche Offiziere verkündeten auch jetzt noch fanatische Durchhalteparolen, andere empfahlen ihren Flakbuben, nach Hause zu gehen. Der ›Volkssturm‹, jenes letzte Aufgebot alter Männer und Kinder, wurde überall kurz nach der Formierung wieder aufgelöst. Ein Offizier beantwortete die Frage, wie lange der Kampf dauern werde, mit der sarkastischen Bemerkung, die Fragerin solle nur drei Stunden in den Keller gehen, danach werde sie in Dollar zahlen können.[272]

Die Besetzung Ludwigshafens dauerte allerdings zum Entsetzen seiner Bewohner erheblich länger und kostete noch Dutzenden von Menschen das Leben. Am 20. März wurde um 18 Uhr abends die Rheinbrücke gesprengt, die Ämter stellten ihre Arbeit ein – bis zu diesem Tag war noch Post ausgetragen worden![273] Der Bevölkerung wurde empfohlen, so lange wie möglich im Bunker zu bleiben. Wilde Gerüchte begannen zu kursieren. Einen Tag später erreichten die vorrückenden Truppen der 10. US-Panzerdivision das Ortszentrum von Oppau. Fremdarbeiter liefen den Truppen jubelnd entgegen, und auch die Regimegegner des Stadtteils, die in den Tagen zuvor kleine Zusammenkünfte abgehalten hatten, sahen ihre Befreiung gekommen.[274] Bei der Besetzung kam es allerdings zu häßlichen Szenen. So ließen sich die US-Truppen unter Drohungen eine Reihe von Frauen aus den Bunkern, in denen die Bevölkerung Schutz gesucht hatte, zur ›sexuellen Nutzung‹ bereitstellen,[275] Fremdarbeiter durchwühlten verlassene Wohnungen und der Regimegegner Emil Fick, der auf dem Bunker die weiße Fahne gehißt hatte, wurde – vermutlich von einem enttäuschten Anhänger des Regimes – erschossen.[276] Am selben Tag wurden auch Ruchheim und Maudach kampflos besetzt. Beim Vormarsch von Oppau nach Friesenheim kam es allerdings zu Kämpfen mit Toten und Verletzten, so daß die US-Truppen erst am folgenden Tag den nördlichen Teil von Friesenheim bis zur Sternstraße – wo es erneut zu Kämpfen kam – sowie das Oppauer Werk besetzten. Dort hatten sich die Befürworter einer kampflosen Übergabe durchgesetzt. Die Amerikaner telefonierten mit dem Werksleiter Carl Wurster im Ludwigshafener Werk und forderten ihn auf, die Standorte explosiver Anlagen zu nennen, damit sie sie beim Beschuß nicht träfen. Wurster bot die Übergabe des Ludwigshafener Werksteils ohne Kampf an, das darauf in der Nacht vom 23. zum 24. März besetzt wurde.[277]

Am 22. März wurden auch die Gartenstadt und Oggersheim besetzt, was nicht ohne Blutvergießen abging. Allerdings konnte eine

Anmerkungen
Seite 410 und 411

271 Erlebnisbericht Heinrich Zittel; StALu, M 74, p. 148ff
272 Erlebnisbericht Walter Schäfer; StALu, M 74, p. 172
273 Tagebuch Fr. Ebert, nach Belitz, S. 23
274 Erlebnisbericht Peter Janson; StALu, M 74, p. 215ff
275 Polizeibericht, 26.3.1945, StALu, LUN 3944/1; Bericht OB für die Militärregierung, 10.4.1945; StALu, LUN 2762, p. 44
276 Bericht OB an Militärregierung, 10.4.1945; Erlebnisbericht Peter Janson; StALu, M 74, p. 215ff
277 Damm, S. 43ff
278 Erlebnisbericht ohne Name; StALu, M 74, p. 343
279 Erlebnisbericht Heinrich Zittel; StALu, M 74, p. 157
280 Fauck, S. 107
281 Erlebnisbericht Heinrich Zittel; StALu, M 74, p. 156
282 ebd., S. 155

Gruppe beherzter Frauen in Oggersheim durch ihr mutiges Auftreten eine Verteidigung des Stadtteils verhindern.[278] Von Süden her besetzten US-Einheiten am selben Tag auch Rheingönheim. Der 23. März brachte Kämpfe in den Gebieten zwischen Rheingönheim und Mundenheim und zwischen Oggersheim und der Stadt, doch waren bis zum Ende des Tages Mundenheim und ganz Friesenheim in der Hand der Amerikaner. Bei der Besetzung des Giulinigeländes gerieten die dortigen Flakmannschaften in Gefangenschaft, viele noch Kinder, „die ihre Mäntel aufheben mußten, um beim Laufen nicht darauf zu treten."[279] Um 16 Uhr trafen die US-Truppen von Süden kommend vor dem Polizeipräsidium ein, wo ihnen Kämmerer Stabel als amtierender Oberbürgermeister formell die Stadt übergab.[280] Am selben Tag begannen deutsche Truppen von jenseits des Rheins die Stadt zu beschießen, wobei einige Menschen getötet und in Rheingönheim ironischerweise das Kriegerdenkmal für die Gefallenen von 1914/18 zerstört wurde.[281] In der darauffolgenden Nacht erhielten die noch in der Stadt befindlichen kämpfenden Einheiten den Befehl zum Abzug und setzten sich über die Parkinsel ab. Am Morgen des 24. März wurden die Stadtteile Nord und Mitte, wo die Bevölkerung schon Tage in den Bunkern ausgeharrt hatte, von Nord und Süd her besetzt. Der Anblick der durchwegs motorisierten, gut genährten und ausgestatteten US-Truppen war vielen selbst regimetreuen Ludwigshafenern eine Offenbarung. Sie zerstörte endgültig die Ideen vom Endsieg und der ›Wunderwaffe‹. Der Krieg war vorüber, sein Ausgang für manche eine tiefe Enttäuschung, für viele eine Befreiung von endlosem politischem und rassistischem Druck, für die meisten das schiere Glück, überlebt zu haben und der täglichen Vernichtungsangst entronnen zu sein. „Es war ein sonderbares Gefühl, in der Nacht die Sirenen von Mannheim und Umgebung zu hören, ohne sich daran stören zu müssen."[282]

Auer, Hildegard: Das Leben lieben, Ludwigshafen 1997

Barth, Friedrich: Ruchheim gestern und heute; Veröffentlichungen des Stadtarchivs Ludwigshafen 4, 2. erw. Auflage, Ludwigshafen 1986

Belitz, Hans-Joachim: Evangelische Kirche in Ludwigshafen 1918—1945, hg. v. Theodor Hofäcker; Veröffentlichungen des Stadtarchivs Ludwigshafen 13, Ludwigshafen 1989

Breunig, Willi: 50 Jahre Berufsfeuerwehr der Stadt Ludwigshafen am Rhein, Ludwigshafen 1968

Damm, Veit: Carl Wurster, Chemiker und Manager... 1924—1953; Magisterarbeit an der TU Dresden, Geb. Typoskript im StALu, 2000

Elsner, Gine: Die Betriebsärzte der IG Farben-Werke. Im Dienste einer Menschenvernichtung durch Arbeit..., in: Beck, Winfried u. a. (Hg.): Pax Medica. Stationen ärztlichen Friedensengagements und Verirrungen ärztlichen Militarismus, Hamburg 1986

Fauck, Siegfried: Geschichte der Stadt Ludwigshafen am Rhein in Daten, Veröffentlichungen des Stadtarchivs Ludwigshafen 2; 2. Auflage, Speyer 1989

Grosche, Clemens/Molter, Edwin: Geschichte der Berufsschule Ludwigshafen am Rhein, Ludwigshafen 1976

Heinz, Hans-Joachim: NSDAP und Verwaltung in der Pfalz. Allgemeine innere Verwaltung und kommunale Selbstverwaltung im Spannungsfeld nationalsozialistischer Herrschaftspraxis 1933—1939, Mainz 1994

Hippel, Wolfgang v.: Zum Wohle der Kranken. Vom Hospital zum Klinikum der Stadt Ludwigshafen am Rhein. 100 Jahre Städtisches Krankenhaus 1892—1992, Ludwigshafen 1992

Jansen, H. (Hg.): Freundschaft über sieben Jahrzehnte. Rundbriefe deutscher Lehrerinnen 1899—1968, Frankfurt/M. 1991

Kleine, Hugo Otto: In der Ruinenstadt, in: ders., Episoden, Mannheim 1963, S. 121—124

Knopp, Guido: Topspione. Verräter im geheimen Krieg, 1997

Krause, Michael: Flucht vor dem Bombenkrieg. „Umquartierungen" im Zweiten Weltkrieg und die Wiedereingliederung der Evakuierten in Deutschland 1943—1963, Düsseldorf 1997

Mannheim im Zweiten Weltkrieg, hg. v. Jörg Schadt und Michael Caroli, Mannheim 1993 [zit. Mannheim]

Minor, Ulrike/Ruf, Peter: Juden in Ludwigshafen; Veröffentlichungen des Stadtarchivs Ludwigshafen 15, Ludwigshafen 1992

Mörz, Stefan: Vom Westboten zur Rheinpfalz. Die Geschichte der Presse im Raum Ludwigshafen von den Anfängen bis zur Gegenwart; Veröffentlichungen des Stadtarchivs Ludwigshafen 19, Ludwigshafen 1994

Morweiser, Hermann: Auch in Ludwigshafen gab es Widerstand gegen den Faschismus, Selbstverlag, Ludwigshafen 1981

Nord, Karl: Im Kampf gegen das Unrecht und für die Freiheit. Erlebnisse und Erfahrungen eines politischen Gefangenen unter der NS-Diktatur; Schriftenreihe des SPD-Stadtverbandes Ludwigshafen 2, Ludwigshafen 1986

Nosbüsch, Johannes: Damit es nicht vergessen wird...Pfälzer Land im Zweiten Weltkrieg. Schauplatz Südpfalz, Landau 1984

Oldenhage, Klaus: Die Pfalz und das Saarland während des Krieges (1939 bis 1945). Aus den Lageberichten des Oberlandesgerichtspräsidenten und Generalstaatsanwalts in Zweibrücken, in: Jb.Westdt. Lg. 5/1979, S. 303ff (1939/1941) und Jb.Westdt.Lg. 6/1980, S. 343ff (1942/1945)

Plumpe, Gottfried: Die I. G. Farbenindustrie AG. Wirtschaft, Technik und Politik 1904—1945, Berlin 1990

Scharf, Eginhard:

Justiz und Politische Polizei, in: Justiz im Dritten Reich. Justizverwaltung, Rechtsprechung und Strafvollzug auf dem Gebiet des heutigen Landes Rheinland-Pfalz; Schriftenreihe des Ministeriums der Justiz 3, Frankfurt/M. 1995, S. 623—756 [zit. Scharf, Justiz]

„Jede Veröffentlichung verboten!" – Vertrauliches Zahlenmaterial von Wehrmacht, Polizei und Arbeitsverwaltung zum Fremdarbeitereinsatz in der Pfalz während der NS-Zeit, in: MHVP 94/1996, S. 461—480 [zit. Scharf, in: MHVP 94/1996]

Quellenzeugnisse zum Umgang von Gestapo und Bevölkerung mit den polnischen Fremdarbeitern in der Pfalz. Eine Spurensuche in den Akten der Gestapo-Stelle Neustadt an der Weinstraße, in: MHVP 95/1997, S. 401—474 [zit. Scharf, Polen]

„Man machte mit uns, was man wollte." Ausländische Zwangsarbeiter in Ludwigshafen 1939—1945; Manuskript der geplanten Veröffentlichung des StALu, 2002 [zit. Manuskr. Scharf]

Schwarz, Helene: Was vom Leben bleibt, sind Bilder und Erinnerungen. Kindheit und Jugend von 1929 bis 1946 in Rheingönheim und Ludwigshafen. Ludwigshafen-Rheingönheim 1998

Steiger, Christian: Kommunale Kulturpolitik im ›Dritten Reich‹ am Beispiel der Stadt Ludwigshafen am Rhein; Magisterarbeit an der Universität Mannheim, Geb. Typoskript im StALu, 2000

Stockhorst, Erich: Fünftausend Köpfe. Wer war was im Dritten Reich, Kiel 1985

Überscherr, Gerd: Freiburg im Luftkrieg, 1990

Walter, Edwin: Ein Amboß zeigt Gefühl. Aus dem Leben eines Arbeitnehmers, Heidelberg 1998

Wetzler, Eva: Die Katholische Kirche und der Nationalsozialismus in Ludwigshafen 1933—1945. Bd. I, Die Geistlichen, Speyer 1987. Bd. II, Die Laien, Speyer 1995; Schriften des Diözesan-Archivs Speyer 11/1 u. 11/2

Bildnachweis

Titelbild Kapitel 14: ›Der Tod über der Stadt‹:
Der Sensenmann reitet auf einer Bombe im Licht der Suchscheinwerfer über Ludwigshafen. Deutlich erkennbar die Türme der Ludwigskirche und die Brückenportale.
Zeichnung von Willy Weber, 1956, in StALu, N 34. Das Thema des ›Todes über der Stadt‹ beschäftigte Willy Weber, dessen Atelier mit dem größten Teil seines Werkes beim Luftangriff auf Ludwigshafen am 5./6. September 1943 unterging, immer wieder.

[2] StALu, Zeitungssammlung

[5] entnommen aus: ›Von Werk zu Werk‹, Juni 1940; StALu, DS 576/1940

[7] entnommen aus: StAnz. 41/1940

[8] entnommen aus: StAnz. 31/1940

[9, 10] StALu, Fotosammlung, Album 42

[12] entnommen aus: StAnz. 2/1941

[15] entnommen aus: StAnz. 14/1940

[16] StALu, DS 422/1

[17] entnommen aus: StAnz. 50/1940

[19] entnommen aus: ›Hemshof-Echo‹, 37/38, 1943; StALu, DS 273

[20] StALu, DS 273
Die Zeichnung stammt von dem Ludwigshafener Maler Willy Weber, der 1940—1943 viele Zeichnungen für das ›Hemshof-Echo‹ lieferte.

[22, 23] entnommen aus: StAnz. 12/1941

[24] entnommen aus: StAnz. 16/1941

[25] entnommen aus: ›Hemshof-Echo‹, November/Dezember 1942; StALu, DS 273

[28] StALu, LUA 108

[29] StALu, DS-Sammlung

[30—33] StALu, LUA 108

[35] ebd.

[37] StALu, Fotosammlung, Album 42

[38] StALu, LUA 108

[40] entnommen aus: ›Hemshof-Echo‹, Weihnachten 1941; StALu, DS 273

[44, 45] entnommen aus: StALu, LUA 1891

[49] Innerbetriebliche Mitteilungen der Firma Halberg; StALu, Ws 2

[51, 52] entnommen aus: StAnz. 50/1940

[53] entnommen aus: BASF (Hg.): 125 Jahre BASF. Stationen ihrer Geschichte. Ausstellung im Rathaus-Center Ludwigshafen, 28. April bis 29. Juni 1990, Ludwigshafen 1990

[55] StALu, Schriftbeispiele

[57] BASF-Unternehmensarchiv

[59, 60] entnommen aus: Antifa-Archiv Morweiser, 3 Slu

[61] Innerbetriebliche Mitteilungen der Firma Halberg; StALu, Ws 2

[62] entnommen aus: ›Hemshof-Echo‹ 12/November 1940; StALu, DS 273

[66] entnommen aus: Morweiser, Anlage 53

[67] entnommen aus: ebd., Anlage 57b

[68] entnommen aus: Wetzler

[69] BASF- Unternehmensarchiv

[73] StALu, DS-Sammlung (noch unverz.)

[75] Zeichnung von Willy Weber,
entnommen aus: ›Hemshof-Echo‹ 16/Mai 1941; StALu, DS 273

[80] StALu, DS-Sammlung (noch unverz.)

[81] StALu, Schriftbeispiele

[82, 83] BASF-Unternehmensarchiv

[84, 85] Roden-Press

[106] StALu, Zeitungssammlung; NSZ, 14.1.1944

[109] StALu, Schriftbeispiele

[110] StALu, ZSL 40

[111] StALu, Zeitungssammlung

[114, 115] StALu, ZSL 40

[3, 4, 6—15, 17—19, 21—27, 34, 36, 37, 39, 41—43, 46—48, 50—52, 54, 56—58, 63—65, 70, 74, 76—79, 86—105, 107, 108, 112, 113]
StALu, Fotosammlung

davon aus dem Album 5 ›Krieg 1939—1945‹:
[72, 74, 76, 77, 86, 87, 89—102]

›Dorado der Trümmer‹

Facetten der Zusammenbruchgesellschaft in Ludwigshafen
1945—1948

Das zerstörte Ludwigshafener Zentrum
Blick vom Turm der Ludwigskirche hinüber zur Ruine der Lutherkirche, 1946 [2]

„Am Mittwoch hat sich die Stimmung etwas gehoben. Einer fragte den andern: ‚Wann kommen sie?' In den Straßen ist es still. Die Geschäfte sind seit Dienstag geschlossen. Nachmittags ward durchgegeben, wegen Annäherung des Feindes solle sich die Bevölkerung in den Bunker begeben. Es zieht sich dann hin bis zum Freitag. [...] Im katholischen Pfarrgarten haben sie am Vormittag des Freitags einen Mann begraben, weil man trotz der frühen Morgenstunde nicht mehr auf den Friedhof konnte", erinnerte sich Hedwig Bergmann[1] an die letzten Stunden vor dem Einmarsch der Alliierten in Ludwigshafen.

Während sie mit anderen Überlebenden in den Bunkern der Ludwigshafener Innenstadt des Zusammenbruchs harrte, hatte eine Panzerbrigade der 3. amerikanischen Armee – unter der Führung von General George Smith Patton – am 23. März 1945 Ludwigshafen eingenommen.

Die Bilanz des Krieges war verheerend. Der Kriegsheimkehrer Hans Bardens erinnerte sich noch Jahre später genau an den „schönen Herbstabend" des Jahres 1945, als er am Rheinufer in Mannheim einen ersten Blick auf seine Heimatstand warf: „Vor mir lag die total zerstörte Stadt Ludwigshafen. Ein Trümmerhaufen vom Rheinufer bis nach Friesenheim!"[2]

Durch insgesamt 124 Luftangriffe seit August 1940 war die Industriemetropole am Rhein zerstört worden. Im April 1945 ging Edwin Will in der ersten Sitzung eines von der amerikanischen Militärregierung eingesetzten ›Beirats‹ von Ludwigshafener Bürgern auf die katastrophale Situation ein und blickte zugleich in die Zukunft: „Unsere Stadt gleicht durch die Schuld Hitlers einem Trümmerhaufen und deshalb wollen wir die Beschaffung von Wohnungen für die vielen Obdachlosen als eine der vordringlichsten Aufgaben betrachten. [...] Das Land blutet aus tausend Wunden. [...] Aus vollem Herzen ersehnen wir die Waffenniederlegung der deutschen Streitkräfte."[3]

Anmerkungen
Seite 418 und 419

1 *Oberkirchenrat i. R. D. Richard Bergmann, Lebenserinnerungen, Ludwigshafen 1971; StALu, M 279, S. 308 künftig: Bergmann, Memoiren*

2 *Bardens, S. 13*

3 *Erklärung von Edwin Will, in: Beiratsprotokoll vom 27.4.1945, S. 15f; StALu, Pa II, 1 / 1*

4 *Verschiedene Gespräche des Autors mit Frau Hedwig Doll seit 1988 sowie eine Befragung vom 28. November 1997, teilweise abgedruckt in: Gleber, Film, S. 483ff*

5 *vgl. Breunig, Ludwigshafen, S. 73ff; Erbe, S. 349f; Moll, S. 49ff; Ludwigshafen wie es war und ist, in: Rhpf, 31.12.1947*

Der Ludwigsplatz
Aufnahme vom 15. Februar 1946 [3]

Der endgültige Zusammenbruch des Dritten Reiches am 8. Mai sollte in Ludwigshafen überhaupt keine Bedeutung haben. In den von alliierten Truppen eingenommenen Kommunen mußte die Nachkriegszeit sofort organisiert werden. Die nationale Geschichte wurde zur Nebensache, während die Bestandsaufnahme in der näheren Umgebung Vorrang hatte. Die Innenstadt war zu zwei Dritteln, die direkt angrenzenden Bezirke waren etwa zur Hälfte zerstört. „Nach dem Zweiten Weltkrieg war [...] die ganze Ludwigstraße kaputt, auch um den Pfalzbau, da war gar nichts mehr, unser Haus in der Oggersheimer Straße [heute: Bahnhofstraße] war ebenfalls völlig ausgebombt", erinnerte sich Hedwig Doll, die 1946 das erste private Kino in Ludwigshafen eröffnete. Auch ihr Elternhaus in Oggersheim war völlig zerstört: „Weg wars! Wie weggeblasen. [...] Es wäre wohl die Bombe gar nicht wert gewesen. [...] Die wollten ganz bestimmt die Anilin oder die Eisenbahn treffen, aber ‚unser Haiselcher' ganz bestimmt nicht."[4] raisonierte die Tochter des letzten demokratisch legitimierten Oggersheimer Bürgermeisters. In den 1938 eingemeindeten Vororten, es handelte sich neben Oggersheim um Oppau-Edigheim, Rheingönheim und Maudach, lag der Zerstörungsgrad zwischen 25% und 37%. Von den noch stehenden Gebäuden waren fast 50% so schwer beschädigt, daß sie nicht mehr bewohnt oder genutzt werden konnten. Die Bevölkerung, deren Zahl 1939 bei 144 000 gelegen hatte, war auf etwa 50 000 bis 60 000 Seelen geschrumpft. Nach einer Statistik von 1947 hatten bei den Bombenangriffen 1 778 Menschen den Tod gefunden. 3 193 Ludwigshafener waren auf den Kriegsschauplätzen gestorben, 2 051 Bürger galten noch als vermißt. Die übrigen waren entweder evakuiert worden oder vor den letzten Kampfhandlungen geflohen.[5]

Unmittelbar nach der Besetzung wurden die noch bestehenden Lebensmittellager von der hungernden Bevölkerung geplündert. „In

Das nach der Einnahme Ludwigshafens von den Amerikanern bei Rheingönheim eingerichtete Lager für deutsche Kriegsgefangene [4]

Amerikanische Militärlaster rollen vor der Kulisse des zerstörten Ludwigshafen über die Pontonbrücke nach Mannheim, Frühjahr 1945 [5]

Abwesenheit der ins Rechtsrheinische geflüchteten deutschen Polizei wurden zentnerweise Vorräte aus den Bunkern weggeschleppt, fielen ganze Eisenbahnzüge mit Lebensmitteln Plünderern in die Hände." Auch die in der Stadt verbliebenen Zwangs- und Fremdarbeiter beteiligten sich an diesen Aktionen. Manche gingen in langaufgestautem Haß auf ihre Peiniger los: Wohnungen wurden aufgebrochen und zerstört, und bewaffnete russische Banden raubten Lebensmittelgeschäfte aus. Die einrückenden Amerikaner versuchten gemäß dem Grundsatz „Ausländer zuerst, Deutsche nachher" Ordnung zu schaffen, was nur zum Teil gelang. Viele der Westarbeiter verließen unmittelbar nach dem Ende der Kampfhandlungen Ludwigshafen, um in ihre Heimat zurückzukehren. Die Italiener und Russen sowie die anderen Ausländer wurden im allgemeinen bis zur Ankunft der französischen Besatzungsmacht im Juli 1945 repatriiert. Nur bei den Polen dauerte der Rücktransport etwas länger.[6]

Im Sommer 1948 bezeichnete die ›Rheinisch-pfälzische Rundschau‹ das ehemalige „Mekka der chemischen Industrie" als „Dorado der Trümmer. [...] Wenn trotz dieses Erbes heute wieder 109 000 Einwohner in der Steinwüste hausen, so spricht dies für das Gesetz des Lebens und den Instinkt des Handelns, der über alle Wechselfälle des Schicksals siegreich bleiben will."[7]

Zwar stieg die Zahl der Bevölkerung bis zum Herbst 1946 weiter an, doch gerade dies stellte Besatzungsmächte wie Stadtverwaltung vor nahezu unüberwindliche Versorgungsprobleme. Der aus russischer Kriegsgefangenschaft heimgekehrte Günther Janson erlebte 1946 als Mitarbeiter des Wohnungsamtes jeden Tag „die Not der Menschen ohne Wohnung [...]. Tag für Tag, von morgens früh bis abends spät, drängten sie sich in langen Schlangen vor unseren Türen im Stadthaus Nord. Heimgekehrte Soldaten. In Ruinen hausende Familien. Obdachlose.

Anmerkungen
Seite 420 und 421

6 *Informationen aus Manuskr. Scharf, S. 196ff, dort auch Zitate, „Deutsche zuletzt ...", im Brief eines französischen Zwangsarbeiters im Anhang von Manuskr. Scharf*

7 *Ludwigshafen. Dorado der Trümmer, in: ›Rheinisch-pfälzische Rundschau‹, Bad Kreuznach, 17.6.1948; StALu, ZSL 27, Bl. 16*

8 *Janson, S. 60*

9 *Auer, S. 68f*

Im Kriegsgefangenenlager Rheingönheim; ca. 90 000 Soldaten wurden hier interniert, im Juli 1945 wurde das ›Camp‹ aufgelöst [6]

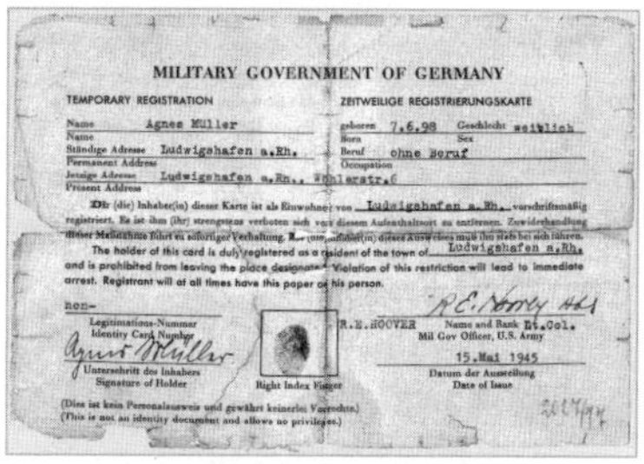

MILITARY GOVERNMENT OF GERMANY
TEMPORARY REGISTRATION — ZEITWEILIGE REGISTRIERUNGSKARTE
Name / Name: Agnes Müller — geboren / Born: 7.6.98 — Geschlecht / Sex: weiblich
Ständige Adresse / Permanent Address: Ludwigshafen a.Rh. — Beruf / Occupation: ohne Beruf
Jetzige Adresse / Present Address: Ludwigshafen a.Rh.

The holder of this card is duly registered as a resident of the town of Ludwigshafen a.Rh. and is prohibited from leaving the place designated. Violation of this restriction will lead to immediate arrest. Registrant will at all times have this paper on his person.

Legitimations-Nummer / Identity Card Number: non-
Unterschrift des Inhabers / Signature of Holder
Right Index Finger
R.E. HOOVER — Name and Rank Lt.Col. — Mil Gov Officer, U.S. Army
15.Mai 1945 — Datum der Ausstellung / Date of Issue
(Dies ist kein Personalausweis und gewährt keinerlei Vorrechte.)
(This is not an identity document and allows no privileges.)

›Zeitweilige Registrierungskarte‹ Mai 1945 [7]

Evakuierte. Heimatvertriebene. Flüchtlinge. Sie wollten, sie brauchten eine Wohnung, wenigstens eine Unterkunft für sich und ihre Familien, um in ihrer Heimatstadt leben zu können, hier bleiben oder zurückkehren zu dürfen."[8]

Die Geschäftsfrau Hildegard Auer bescheinigte Ludwigshafen „ein zerschundenes Gesicht mit vielen Sorgenfalten. [...] Die Bevölkerung war eingeschüchtert durch amerikanische und bald französische Besatzung. Die Hungersnot wurde immer bedrohlicher. Die Stadt war wie gelähmt durch den Stillstand der Verkehrsnetze. Die Infrastruktur war zusammengebrochen. Die Verwaltung arbeitete auf Sparflamme, da bisherige Beamte wegen ihrer Nazivergangenheit ihre Posten räumten, andere grundlos verdächtigt wurden. Die Moral hatte entsprechend gelitten. Jeder sah zu, wo er etwas ergattern konnte. Der Begriff ›organisieren‹, der während des Krieges aufkam, umfaßte jetzt alles: Tauschgeschäfte, Schmuggel, Schwarzschlachten, bis zu – Gott sei Dank – seltener vorkommendem Diebstahl. Man suchte nach Formen des Überlebens."[9]

Besatzungsmächte: amerikanischer Pragmatismus und französische Überheblichkeit

Am 24. März 1945 nahm die amerikanische Militärregierung in Ludwigshafen unter der Leitung von Lieutenant Colonel Ralph Edward Hoover die Arbeit auf. Die aus zehn Offizieren und 13 Mannschaften bestehende Besatzungsbehörde richtete sich zunächst provisorisch im Don-Bosco-Haus im Stadtteil Nord ein. Während der ersten Tage der rund dreimonatigen Besetzung Ludwigshafens durch die Amerikaner sind entscheidende Weichenstellungen erfolgt. So bestätigten sie sofort den noch von den Nationalsozialisten zum Leiter der Verwaltung eingesetzten Stadtkämmerer Dr. Otto Stabel, der nach der Flucht der Parteigrößen der NSDAP aus der Stadt die Übergabe geleitet hatte, als

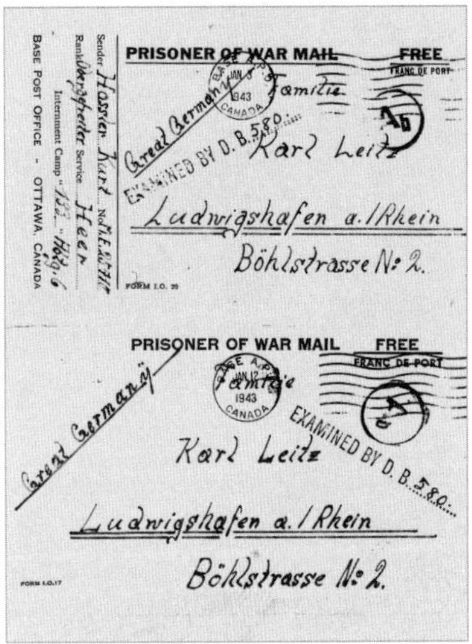

Tausende von Männern waren jahrelang in Gefangenschaft: Brief eines Ludwigshafener Kriegsgefangenen aus Kanada nach ›Great Germany‹ 12. Januar 1943 [8]

kommissarischen Oberbürgermeister. Dr. Karl Moll, der Leiter des Statistischen Amtes und des Ernährungsamtes wurde sein Stellvertreter. Diesen beiden, Stabel und Moll, gelang es am Tag darauf trotz vereinzelter Kämpfe im Stadtgebiet einige Ressortleiter zu einer ersten Besprechung zu versammeln.

Die Militärbehörde wollte so schnell wie möglich zur Normalität zurückkehren und zur Befriedung der Stadt beitragen. Zwei Tage nach ihrer Einquartierung im Don-Bosco-Haus zogen die Amerikaner ins Polizeipräsidium um. Für den Umzug mußte die Innenstadt immer noch wegen fortwährender Kämpfe gemieden werden. Am 27. März öffnete die Militärbürokratie und die Stadtverwaltung die Büros für den Publikumsverkehr. Sie verbreiteten neue Nachrichten, Gesetze und Verordnungen durch Plakate an den Anschlagbrettern.

Von Anfang an herrschte reger Betrieb bei den städtischen Behörden. Die Bürger stellten Anträge auf Gewerbeausübung, zur Benutzung von Fahrrädern, sie brauchten Pässe und Passierscheine. Unternehmen und Geschäftsleute beantragten die Wiederaufnahme ihrer Geschäftstätigkeiten. Im Gegenzug ordnete die Militärregierung die Abgabe von Waffen, Motorfahrzeugen und Fahrrädern, von Treib- und Baustoffen an. Abgegeben werden mußten auch Fotoapparate, Radios, Filmvorführgeräte usw.

Von alltäglicher Normalität waren die ersten Besatzungswochen jedoch weit entfernt. „Deutschland wird nicht besetzt zum Zwecke seiner Befreiung, sondern als besiegter Feindstaat."[10] Dieser Satz in der Direktive der Militärregierung vom April 1945 bewahrheitete sich insbesondere in der ersten Phase. Anfangs war es zu Schüssen auf Amerikaner gekommen, worauf diese mit Artilleriebeschuß drohten. Bei Rheingönheim richteten die amerikanischen Truppen ein Kriegsgefangenenlager ein, das erst am 3. Juli aufgelöst wurde. Es kam noch lange Zeit zu Sabotageakten. „Hände weg von Drahtleitungen!" warnte die Militärregierung. Noch im April hieß es, das nächstliegende Haus werde abgebrannt, wenn weiter Telefonleitungen durchschnitten würden. Im November 1945 drohten die Franzosen den Tätern Zuchthausstrafen an. Sie waren entschlossen, die Ludwigshafener Bürger zu zwingen, die Leitungen zu bewachen.[11] Sabotage gehörte auch zu den Hauptgründen für die Einführung der Sperrstunde zwischen 19 Uhr und sieben Uhr morgens. Zuwiderhandlungen wurden mit Festnahmen, oder schlimmer noch mit Schüssen auf die Ertappten geahndet.

Trotzdem versuchten die Amerikaner sofort auf offensichtlich unbelastete Verwaltungsvertreter zurückzugreifen, ebenso auf Vertreter der demokratischen Parteien vor 1933, die im ›Dritten Reich‹ von öffentlichen Ämtern ausgeschlossen waren oder sogar Verfolgung erlitten hatten. Das Besatzungspersonal war auf seine Aufgaben vorbereitet worden und kam mit entsprechenden Namenslisten in die Stadt. Außerdem informierten sie sich in vertrauenswürdigen, oft kirchlichen Kreisen über zuverlässige Personen für öffentliche Ämter. Wie schwierig es war, sofort auf unbelastetes Personal zurückzugreifen, zeigte die Bestätigung des regimefrommen Otto Stabel als kommissarischem Oberbürgermeister. Wenige Tage später, am 19. April, beriefen die Amerikaner allerdings dann den Sozialdemokraten Dr. Hans Hoffmann. Der Verwaltungsfachmann Stabel, später FDP-Mitglied, behielt aber bis 1963 das Amt des Stadtkämmerers.

Anmerkungen
Seite 422 und 423

10 *Direktive JCS 1067 der amerikanischen Militärregierung vom April 1945, in: Ruhl, S. 59*

11 *Allerlei aus Ludwigshafen, in: Rhpf, 21.11.1945*

12 *Personalakte Stabel; StALu, LUN 1636; Rhpf, 13.1.1970*

13 *vgl. Kusch, S. 136; Laufer / Ruf, S. 67; Pieroth, S. 857*

Die ersten Nachkriegsstadtoberhäupter Ludwigshafens

Otto Stabel[12] *wurde am 21. Dezember 1898 in Ludwigshafen geboren. 1919 trat er als Schreiberlehrling in die Dienste der Stadtverwaltung. Sie gab ihm Freistunden zum Studium. Er besuchte Vorlesungen an der Handelshochschule Mannheim und studierte gleichzeitig in Heidelberg, wo er 1922 zum Doktor der Staatswissenschaften promoviert wurde. 1922 wurde Stabel Stadtassistent, 1923 wissenschaftlicher Mitarbeiter beim Statistischen Amt, 1928 Leiter dieser Dienststelle. 1933 wurde er Direktor des Steuer- und Rechnungsamtes, 1934 Finanzdirektor und Leiter der Finanzverwaltung der Stadt. Im Mai 1940 wurde er zum hauptamtlichen Beigeordneten bestimmt. Der Aufstieg des von Oberbürgermeister Stolleis geförderten, zwar als regimetreu beschriebenen, aber damals noch nicht der NSDAP angehörenden Stabel wurde von der Gauleitung mit Mißtrauen betrachtet. Dennoch hatte er während des Krieges entscheidenden Einfluß auf die Leitung der Stadt, da es den kommissarischen Oberbürgermeistern an Erfahrung fehlte. 1942 wurde Stabel dann NSDAP-Mitglied. Im März 1945 wurde er zum letzten kommissarischen Stadtoberhaupt der NS- und zum ersten der Nachkriegszeit. Am 20. April 1945 wurde er von Hans Hoffmann in diesem Amt abgelöst und kehrte in seine vorherige Funktion als Stadtkämmerer zurück. Er verlor seinen Status als Beigeordneter, den er erst 1958 durch seine Wahl zum Finanzdezernenten und 3. Beigeordneten der Stadt Ludwigshafen wiedergewann. Am 31. Oktober 1963 trat Stabel in den Ruhestand.*

Er starb am 11. Januar 1970 in Bad Bergzabern. [K. B.]

Otto Stabel [9]

Geboren am 25. Juli 1893 als Sohn des pfälzischen SPD-Politikers Johannes Hoffmann (Ilbesheim 1867—Berlin 1930) in Bad Bergzabern, wurde ***Hans Hoffmann***[13] *das politische Engagement quasi in die Wiege gelegt. Sein Vater war Reichstagsabgeordneter und übernahm nach dem Ersten Weltkrieg das Amt des Kultusministers im Kabinett des bayerischen Ministerpräsidenten Kurt Eisner. Nach dessen Ermordung war er bis 1920 Ministerpräsident Bayerns. Der Sohn, Hans Hoffmann, besuchte das Gymnasium in Kaiserslautern, danach studierte er Volkswirtschaft und Rechtswissenschaft in Genf, München und Berlin. Nach der Promotion zog er als Soldat in den Ersten Weltkrieg. Seine ersten beruflichen Erfahrungen machte Hoffmann in der Kommunalverwaltung in Speyer und Kaiserslautern, bevor er 1925 als Rechtsrat in den Magistrat von Kiel wechselte. 1931 bis 1933 war er Abgeordneter für die SPD im Provinziallandtag von Schleswig-Holstein. Nach der Regierungsübernahme der Nationalsozialisten verlor Hoffmann aufgrund des ›Gesetzes zur Wiederherstellung des Berufsbeamtentums‹ sein Kieler Amt und wurde arbeitslos. Von 1941 bis zum Zusammenbruch des NS-Staates wurde er beim Reichsstatthalter Westmark dienstverpflichtet. Zweieinhalb Wochen vor der Kapitulation des Deutschen Reiches, am 20. April 1945, ernannten die Amerikaner den erfahrenen Kommunalpolitiker zum Oberbürgermeister Ludwigshafens. Im Juni übernahm Hoffmann zusätzlich das Amt des Regierungspräsidenten der Pfalz in Neustadt an der Weinstraße. Nach der Übernahme der Besatzungsregierung durch die Franzosen blieb er Chef der Behörde, die als Oberregierungspräsidium für das Gebiet Mittelrhein-Saar bzw. für Hessen-Pfalz zuständig war. Am 4. September 1945 löste Valentin Bauer Hoffmann als Oberbürgermeister der pfälzischen Chemiestadt ab. Nachdem er einen Monat später von den Franzosen seines Neustadter Postens enthoben worden war, ließ sich er sich als Notar in Wachenheim nieder. Hoffmann gehörte auch in seiner Partei zu den Männern der ersten Stunde. Er war von 1946 bis 1949 Mitglied des Bezirksvorstandes. Am 30. August 1946 wurde er Mitglied der Beratenden Landesversammlung und anschließend Mitglied des rheinland-pfälzischen Landtages. 1947 übernahm der erfahrene Kommunal- und Landespolitiker aus Weimarer Jahren das Amt des Ministers für Finanzen im ersten Kabinett von Peter Altmeier, 1948 zusätzlich noch das Wiederaufbauministerium im zweiten Kabinett Altmeier.*

Am 24. April 1952 verstarb Hans Hoffmann im Alter von 58 Jahren in Wachenheim.

Hans Hoffmann [10]

In den ersten Tagen konnte zwar von einem politischen Neuanfang noch nicht die Rede sein, weil den Ludwigshafenern die Betätigung im Bereich der Politik zunächst strikt verboten war. Zur Unterstützung der Verwaltung und des Oberbürgermeisters wurde jedoch ein Beirat gegründet, in welchem zunächst 16 Personen aus den verschiedenen

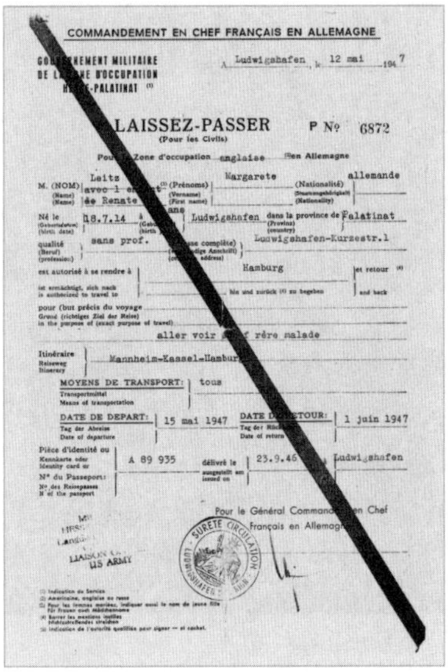

COMMANDEMENT EN CHEF FRANÇAIS EN ALLEMAGNE

GOU...NEMENT MILITAIRE
DE L... E D'OCCUPATION
H...-PALATINAT (1)

A Ludwigshafen, le 12 mai 1947

LAISSEZ-PASSER P № 6872
(Pour les Civils)

Pou... Zone d'occupation anglaise (2) en Allemagne

M. (NOM) (Name) (Name)	Leitz avec 1 en...t (3) de Renate	(Prénoms) (Vorname) (First name)	Margarete
(Nationalité) (Staatsangehörigkeit) (Nationality)	allemande		
Né le (Geburtsdatum) (birth date)	18.7.14	à (Gebu...) (birth ...)	Ludwigshafen
dans la province de (Provinz) (country)	Palatinat		
qualité (Beruf) (profession)	sans prof.	(...se complète) (...dige Anschrift) (...address)	Ludwigshafen-Kurzestr.1
est autorisé à se rendre à / ist ermächtigt, sich nach / is authorized to travel to	Hamburg	et retour (4) / hin und zurück (4) zu begeben / and back	

pour (but précis du voyage
Grund (richtiges Ziel der Reise)
in the purpose of (exact purpose of travel)
aller voir ...f rère malade

Itinéraire Reiseweg Itinerary	Mannheim-Kassel-Hambur...
MOYENS DE TRANSPORT: Transportmittel Means of transportation	tous
DATE DE DEPART: Tag der Abreise Date of departure	15 mai 1947
DATE D...ETOUR: Tag der Rück... Date of return	1 juin 1947
Pièce d'identité ou Kennkarte oder Identity card or N° du Passeport: № des Reisepasses N of the passport	A 89 935
délivré le ausgestellt am issued on	23.9.46 ... Ludwigshafen

Pour le Général Command... en Chef
Français en Allemag...

SURETE CIRCULATION
LUDWIGSHAFEN

LIAISON ...
US ARMY

(1) Indication du Service
(2) Américaine, anglaise ou russe
(3) Pour les femmes mariées, indiquer aussi le nom de jeune fille
Für Frauen auch Mädchenname
(4) Barrer les mentions inutiles
Nichtzutreffendes streichen
(5) Indication de l'autorité qualifiée pour signer — et cachet.

›Laissez-Passer‹ – Berechtigungsschein für eine Interzonenreise 1947 [11]

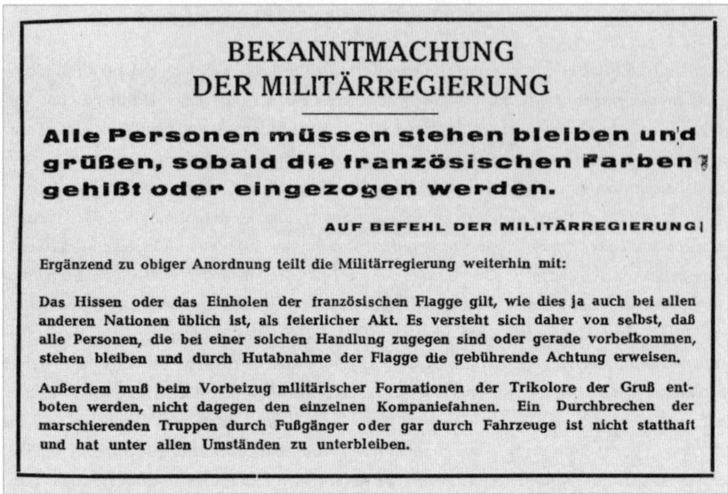

BEKANNTMACHUNG
DER MILITÄRREGIERUNG

Alle Personen müssen stehen bleiben und grüßen, sobald die französischen Farben gehißt oder eingezogen werden.

AUF BEFEHL DER MILITÄRREGIERUNG

Ergänzend zu obiger Anordnung teilt die Militärregierung weiterhin mit:

Das Hissen oder das Einholen der französischen Flagge gilt, wie dies ja auch bei allen anderen Nationen üblich ist, als feierlicher Akt. Es versteht sich daher von selbst, daß alle Personen, die bei einer solchen Handlung zugegen sind oder gerade vorbeikommen, stehen bleiben und durch Hutabnahme der Flagge die gebührende Achtung erweisen.

Außerdem muß beim Vorbeizug militärischer Formationen der Trikolore der Gruß entboten werden, nicht dagegen den einzelnen Kompaniefahnen. Ein Durchbrechen der marschierenden Truppen durch Fußgänger oder gar durch Fahrzeuge ist nicht statthaft und hat unter allen Umständen zu unterbleiben.

Eine der ersten Bekanntmachungen der französischen Militärregierung im ›Stadt-Anzeiger‹ vom 21. Juli 1945 [12]

Stadtteilen saßen. Dieses Gremium faßte keinerlei weitreichende Beschlüsse, seine Mitglieder sollten aber den Oberbürgermeister und die Stadtverwaltung bei der Lösung ihrer Aufgaben unterstützen und beraten. Darüber hinaus diente der Rat als Repräsentant der notleidenden Ludwigshafener Bevölkerung.[14]

Aus der Mitte des Beirates wurden drei schlagkräftige und kleine Ausschüsse zur Unterstützung des Wohnungsamtes, des Ernährungsamtes und des Personalamtes gebildet. Besonders nützlich war die Einsetzung eines engeren Beirates für die Angelegenheiten minderwichtiger Art, der dem Oberbürgermeister bei seinen Tagesgeschäften zur Seite stehen sollte. Diesem Gremium, das sich am 3. Mai 1945 konstituierte, gehörten neben dem Oberbürgermeister mit Karl Fischer, Fritz Baumgärtner und Otto Spieß je ein Sozialdemokrat, ein Kommunist und ein Vertreter des bürgerlichen Lagers an.[15]

Die Amerikaner kamen mit dem ihnen eigenen Pragmatismus und mit dem natürlichen Selbstbewußtsein einer echten Siegermacht. Gemeinsam mit den deutschen Stellen nahmen sie sich tatkräftig der bestehenden Probleme an und sorgten dafür, daß das kommunale Leben wieder einigermaßen in Gang kam.[16] Ein gutes Beispiel hierfür sind die 149 Verordnungen, die sie zwischen Ende März und Anfang Juli 1945 zur Regelung sämtlicher Bereiche des öffentlichen Lebens erlassen haben.

Am 5. Juni 1945 wurden die einzelnen Besatzungszonen geschaffen und gemäß wechselseitiger Vereinbarung der Alliierten zogen sich die amerikanischen Truppen Anfang Juli 1945 zugunsten der französischen Besatzungstruppen aus den südlichen Teilen Württembergs, Badens und des Rheinlands sowie aus der Pfalz zurück. Baden-Baden wurde Sitz der Besatzungsregierung und in Neustadt richteten sich die zuständigen französischen Behörden für die Pfalz und Rheinhessen ein. Am 10. Juli 1945 zogen die französischen Truppen in Ludwigshafen ein. Der Rhein wurde zur Grenze zwischen der amerikanischen und der französischen Zone. Wer von Ludwigshafen nach Mannheim wollte, brauchte einen Brückenpaß. Der Warenverkehr wurde eingeschränkt.

Anmerkungen
Seite 424 und 425

14 *Beiratsprotokoll vom 27.4.1945; StALu, Pa II, 1 / 1*

15 *ebd.*

16 *Erbe, S. 355*

17 *vgl. Breunig, Arbeiterschaft, S. 719ff; SPD-Fraktion, S. 69; Seidl, S. 467; Becker, Verdi, S. 31*

18 *vgl. Weber, Hermann, Band II, S. 68; Simon, S. 138; Argelès, S. 511; Becker, KPD, S. 417*

19 *Beiratsprotokoll vom 3.7.1945, S. 49; StALu, Pa II, 1 / 1*

Politiker der Ersten Stunde, I

Karl Fischer[17] wurde am 22. September 1877 in Ludwigshafen geboren. Ausbildung zum Dreher bei den Luxwerken. 1897 Mitglied des Deutschen Metallarbeiterverbands, 1898 der SPD. Fischer war zunächst vor allem gewerkschaftlich aktiv; u. a. ab 1903 als Vorsitzender des DMV Ludwigshafen sowie ab 1906 als dessen hauptamtlicher Geschäftsführer; weiterhin Aufsichtsratsvorsitzender des Konsumvereins sowie Vorsitzender des Gewerkschaftskartells. Von 1914 bis 1917 Militärdienst. Seit 1918 Mitglied im Stadtrat wurde er 1920 zum SPD-Fraktionsvorsitzenden und in den pfälzischen Bezirksvorstand seiner Partei gewählt. 1923 wurde er neun Monate von den Franzosen inhaftiert und anschließend aus der Pfalz ausgewiesen. 1924 Vorsitzender des ADGB in Ludwigshafen, ab 1928 MdL Bayern. Vom 2. bis 30. April 1933 wurde er in ›Schutzhaft‹ genommen, danach ständig überwacht und verfolgt, war er bis 1940 arbeitslos. Vom 17. August bis 13. September 1944 erneut inhaftiert. 1945/46 war Fischer als Vertreter der Sozialdemokratie Mitglied von Beirat und Bürgerkomitee der Stadt Ludwigshafen und beteiligte sich am Wiederaufbau von SPD und Gewerkschaften; er wurde am 22. Mai 1945 Vorsitzender des FDGB sowie am 18. Dezember 1945 stellvertretender Vorsitzender des Industrieverbandes Metall; anschließend wieder dessen Geschäftsführer. Ab September 1946 erneut Vorsitzender der SPD-Stadtratsfraktion. 1947/48 stellvertretender Gewerkschaftskartellvorsitzender in Ludwigshafen. Karl Fischer starb nach langer Krankheit am 25. Februar 1950 in Ludwigshafen. [K. B.]

Karl Fischer [13]

Fritz Baumgärtner[18] wurde am 14. März 1897 in Dielkirchen geboren. Metallarbeiter. 1919 USPD, 1920 KPD. 1922 Mitglied im Arbeiterrat der BASF, 1923 bis 1925 Geschäftsführer des kommunistischen Industrieverbandes Chemie. 1924 in den bayerischen Landtag gewählt, 1926 bis 1928 Politischer Leiter des Bezirkes Pfalz der KPD, 1928 Parteiausschluß. Anschließend Angehöriger der linken kommunistischen Opposition in der Pfalz, die sich jedoch 1929 von Baumgärtner trennte. 1930 bei der Firma Gebr. Sulzer als Metallarbeiter beschäftigt. 1931 in Folge der Wirtschaftskrise entlassen. Wiederaufnahme in die KPD und bis 1933 für die RGO (Revolutionäre Gewerkschaftsopposition) tätig. 1933 ›Schutzhaft‹, danach KZ-Haft in Dachau, anschließend 18 Monate Gefängnis. Am 17. Mai 1936 entlassen. Bis Juli 1939 als Metallarbeiter wieder bei der Firma Gebr. Sulzer beschäftigt, anschließend bei der Firma Lanz. Dort politisch gemaßregelt. Ende August 1939 bis April 1940 Militärdienst. Anschließend bei der Firma Gebr. Sulzer als Schlosser tätig. Im Juni 1944 erneut in Schutzhaft und 1945 kurz vor dem Einmarsch der Amerikaner Verfolgung durch die SS. 1945/46 war er Mitglied des von den Besatzungsmächten berufenen Bürgerrates bzw. Bürgerkomitees. Im Mai 1945 wurde er zum ersten Bezirksvorsitzenden der pfälzischen KPD in der Nachkriegszeit gewählt; abgelöst von Herbert Müller im August 1945, verblieb er als Mitglied der pfälzischen Bezirksleitung bis zu deren Auflösung 1948. Ab 1945 Betriebsratsvorsitzender bei der Firma Halberg und Sekretär sowie bis zu seinem Tod Landesvorsitzender der IG Metall in Rheinland-Pfalz. Februar 1946 Mitbegründer der KP Hessen-Pfalz und Mitglied der engeren Landesleitung. Vom September 1946 bis 1952 Mitglied des Stadtrates Ludwigshafen. 1946/47 MdBLV Rheinland-Pfalz, 1947 Vorsitzender des Gewerkschaftskartells in Ludwigshafen sowie Mitglied des Landesvorstandes Rheinland-Pfalz der KPD und bis 1948 des Sekretariats des Landesvorstandes. 1947 bis 1951 MdL Rheinland-Pfalz, 1949 Kandidat zum Bundestag im Wahlkreis Zweibrücken-Pirmasens-Bergzabern, 1950 Mitglied des Bezirkstages Pfalz. Am 19. Februar 1951 Austritt aus der KPD.

Fritz Baumgärtner starb am 10. April 1957 in Ludwigshafen. [K. B.]

Fritz Baumgärtner [14]

Glaubt man den Berichten des städtischen Beirates,[19] so waren die Ludwigshafener sehr „beunruhigt" über den Besatzungswechsel. Sie waren u. a. „der Auffassung, daß die Ernährungsschwierigkeiten noch grösser werden, da die Franzosen ihren Lebensmittelbedarf vielfach in unserem Lande decken." Auch bei der Verwaltung herrschte Skepsis vor. Man stellte sich darauf ein, daß „nicht alles so bleiben wird, wie es bei den Amerikanern war." Wie zum Trost bot Oberst Hoover, der bisherige Chef der Militärregierung, den Ludwigshafenern „seine Hand an", die er „auch jenseits des Rheines reichen" werde.

Die Nachbarn aus dem Westen bestätigten zunächst die Vorurteile und Befürchtungen eines Großteils der Bevölkerung. Seit Frühjahr 1945 hatte General Jean de Lattre de Tassigny, der Befehlshaber der 1. Französischen Armee, im bayerischen Lindau auf Kosten der Einheimischen eine geradezu operettenhafte, verschwenderische ›Hofhaltung‹ mit militärischem Gepränge zelebriert. Berüchtigt war dieses Verhalten nicht nur bei den Bewohnern der französischen Zone, sondern auch in London und Washington. Auch in Ludwigshafen zog eine französische Militärparade auf der Ostmarkstraße, der heutigen Leuschnerstraße, durch Friesenheim und den Stadtteil Nord. Es war nicht die letzte Parade, die die Ludwigshafener Trümmerwüste sehen sollte. In einer der ersten Bekanntmachungen ordnete die Militärregierung an, „daß die von ihr gehißten Fahnen durch Abnahme der Kopfbedeckung und Ansehen der Fahnen von der Bevölkerung zu grüßen sind. Beim Begegnen mit einem französischen Offizier ist der Gehsteig zu verlassen."

In Ernährungs- und Wohnungsfragen verhielten sich die Angehörigen der französischen Besatzungsbürokratie häufig arrogant gegenüber der notleidenden Bevölkerung: „Ausländer vergeuden vor den Augen der Bevölkerung hochwertige Lebensmittel. Auf die Frage, ob nicht einige Baumaterialien zur Instandsetzung schadhafter Bauten zur Verfügung gestellt werden können, erfolgt manchmal die höhnische Antwort: ‚Vergrößert lieber die Friedhöfe'. In einzelnen Fällen müssen innerhalb weniger Stunden ganze Blocks für die Besatzung geräumt werden. Die Insassen müssen zugleich die gesamte Einrichtung preisgeben. Sie bekommen zunächst weder Ersatz noch Entschädigung."[20]

Am 4. August hielt das französische Militärgericht im Amtsgerichtsgebäude seine erste Sitzung ab. Die Justiz der Sieger verhandelte nur die Verstöße gegen die zahlreichen Gesetze und Erlasse der alten und neuen Militärregierung. Es ging beispielsweise um verbotene Fahrradbenutzung, das Nichtabliefern von Radios, das Überschreiten der Rheinbrücke in die amerikanische Zone ohne oder mit gefälschten Dokumenten. Letzteres zog eine Gefängnisstrafe von bis zu sechs Monaten nach sich.

Auch die erste Ludwigshafener Kinobesitzerin, Hedwig Doll, bekam dieses Militärgericht zu spüren. Sie hatte zwei den französischen Besatzungsmitgliedern vorbehaltene Logenplätze an Einheimische vergeben: „Kurz nach Vorstellungsbeginn kam so ein [...] Unteroffizier mit seiner ›Dame‹ – und beanspruchte die beiden Plätze. [...] Ich sagte, es täte mir leid, ich könne während einer Vorstellung keine zahlenden Gäste hinauswerfen, um seinen Anspruch zu wahren. Daraufhin zeigte er mich an. Ich mußte acht Tage lang von morgens sieben Uhr bis nachmittags im Amtsgericht Ludwigshafen bei den Franzosen in einer Gefängniszelle sitzen. Ich kann mich heute noch an den Blick durch die Gitterstäbe in den Hof hinunter erinnern. Ich wußte überhaupt nicht warum das alles. Nur weil ich für diesen eingebildeten [...] und für sein ›Hürli‹ keinen Platz hatte."[21]

Frankreich war in der Tat eine geschwächte, von Minderwertigkeitskomplexen geplagte Nation. Erst im Februar 1945 wurde sie auf der Konferenz der drei alliierten Siegermächte Sowjetunion, USA und Großbritannien in Jalta als Siegermacht anerkannt. Zugleich hatte der westliche Nachbar den Anspruch, eine ›Grande Nation‹ zu sein und wollte wieder zu einer europäischen Macht aufsteigen. Hinzu kamen die

Anmerkungen Seite 426 und 427

20 *Bericht des protestantischen Pfarrers Knecht für die Pfarrbeschreibung, zit. n. Bergmann, Memoiren*

21 *Gleber, Film, S. 492*

22 *vgl. StALu, LUN 2764*

23 *vgl. Argelès; Becker, KPD, S. 436f; Weber, Hermann, Band II, S. 126*

Politiker der Ersten Stunde, II

Otto Spieß[22] *wurde am 12. Juli 1895 in Stein bei Annweiler geboren. Zahnarzt. 1901 Besuch der Volksschule in Stein bei Annweiler und ab 1909 des Gymnasiums in Vechta sowie 1914/15 in Speyer. Ab 1919 Studium in Heidelberg und Würzburg. Mitglied einer katholischen Verbindung. 1923 Promotion. Seit 1931 tätig in der eigenen Praxis. Während der nationalsozialistischen Herrschaft zeigte er eine ›passive Resistenz‹ und stand unter Beobachtung wegen seiner Unterstützung für jüdische Mitbürger. 1945/46 war er als Vertreter des bürgerlichen Lagers bzw. später der CDU Mitglied des von den Besatzungsmächten berufenen Bürgerrates bzw. Bürgerkomitees. Anschließend von September 1946 bis 1948 Mitglied des Stadtrates Ludwigshafen. 1947 stellvertretender Vorsitzender im CDU Kreisverband Ludwigshafen. 1948 schied er auch aus dieser Funktion aus.*

Otto Spieß verstarb Ende der sechziger Jahre in Ludwigshafen. [K. B.]

Otto Spieß [15]

Max Frenzel *wurde am 9. April 1891 in Nürnberg geboren.*[23] *Nach dem Besuch der Volksschule lernte er das Schlosserhandwerk und fand in der BASF in Ludwigshafen Arbeit. 1909 trat er der SPD bei, nach deren Spaltung im Jahre 1917 entschied er sich für die USPD. 1918 nahm er Verbindung zum Spartakusbund auf und wurde 1919 Mitglied der KPD. Frenzel war im Jahre 1920 Mitbegründer der KPD in Ludwigshafen, zwei Jahre später übernahm er das Amt des pfälzischen Bezirksvorsitzenden der Partei. Weil er dem Arbeiterrat in der BASF angehörte, wurde Frenzel im November 1922 entlassen. Ein Jahr später wiesen ihn die Franzosen nach der Rheinlandbesetzung aus der Pfalz aus. Als hauptamtlicher Funktionär arbeitete er zunächst illegal im Saargebiet und wurde Mitte 1924 zum Organisationsleiter des Bezirks Rhein-Saar berufen. Im Dezember 1924 belegte Max Frenzel bei den Reichstagswahlen den Listenplatz 3 im Wahlkreis Pfalz. Im gleichen Jahr wurde er in den Ludwigshafener Stadtrat gewählt, wo er Fraktionsvorsitzender seiner Partei war. Ende 1927 wurde Frenzel vom Zentralkomitee der KPD abgesetzt und im Februar 1928 ausgeschlossen. Anschließend war er Führer der Trotzkisten in der Pfalz. Nach längerer Erwerbslosigkeit arbeitete er wieder in seinem Beruf als Schlosser. 1928 trat er bei der Reichstagswahl als Spitzenkandidat der ›Alten Kommunistischen Partei‹ (AKP) in der Pfalz an. Zwischen 1929 und 1933 war Frenzel als Vertreter der ›Linken Opposition der KPD‹ erneut Mitglied des Stadtrats in Ludwigshafen. 1930/31 wurde er Mitglied der Reichsleitung der trotzkistischen ›Vereinigten Linken Opposition der KPD (Bolschewiki-Leninisten)‹. Die Nationalsozialisten inhaftierten ihn zwischen 1933 und 1945 dreimal für kürzere Zeit. Nach dem Zusammenbruch berief ihn die amerikanische Militärregierung in den Ludwigshafener Beirat und ernannte ihn im September zum Beigeordneten. Frenzel war maßgeblich am Wiederaufbau der Gewerkschaften in seiner Heimatstadt beteiligt, er arbeitete als Sekretär der IG Metall und war dort Beisitzer im Landesvorstand. Im Juni 1945 trat er wieder der KPD bei und wurde 1946 Mitglied der pfälzischen Bezirksleitung der KPD und der Landesleitung der KP Hessen-Pfalz sowie der Kreisleitung Ludwigshafen, zuständig für Kommunalpolitik. In der ersten Kommunalwahl kam Frenzel in den Stadtrat und wurde dort zum 2. Beigeordneten gewählt. 1948 wurde er erneut Mitglied des Ludwigshafener Stadtrates, aber als Beigeordneter nicht bestätigt. 1951 schloß ihn die KPD erneut aus, da er sich nicht von seinem Parteifreund, Stadtratskollegen und Landtagsabgeordneten Fritz Baumgärtner distanzierte, der aus der KPD ausgetreten war. Die Stadt Ludwigshafen verlieh Max Frenzel 1971 wegen seiner Verdienste um den Wiederaufbau Ludwigshafens den Ehrenring. Am 18. Oktober 1975 starb Frenzel in seiner Heimatstadt.*

Frenzels Sohn Waldemar war über viele Jahre Betriebsratsvorsitzender der Stadtwerke und äußerst einflußreiches Mitglied der SPD-Ratsfraktion. Die Bundestagsabgeordnete Doris Barnett ist Max Frenzels Enkelin.

Kommunistischer Beigeordneter in Ludwigshafen: Max Frenzel [16]

tiefliegenden Feindbildstereotypen der Ludwigshafener gegenüber den westlichen Nachbarn. Die meisten erinnerten sich noch sehr gut an die zwölfjährige Besatzungszeit zwischen 1918 und 1930. Zugleich vergassen die Bürger Ludwigshafens allzu oft, daß sich auch Frankreich durch die dreimalige deutsche Invasion seit 1870 bedroht fühlte. Die letzte deutsche Besetzung hatte das Land seit 1940 fast zugrunde gerichtet.

Valentin Bauer um 1945/46 [17]

Populärer Vater der Stadt: ***Valentin Bauer***

Im mittelfränkischen Nordheim kam Valentin Bauer[24] am 22. Juni 1885 zur Welt. Nach seiner Zimmererlehre ging er auf Wanderschaft. Im Jahre 1907 fand er bei der BASF in Ludwigshafen Arbeit und brachte es im Laufe der Jahre zum Obermeister und Leiter der firmeneigenen Holzwerkstätte.

Seit 1902 engagierte sich Bauer in der SPD, 1906 nahm er am Parteitag in Mannheim teil, wo ihn der Reichstagsabgeordnete Dr. Eduard David mit August Bebel bekanntmachte. 1920 – bis 1933 – war er für seine Partei erstmals in den Ludwigshafener Stadtrat gewählt worden. Seine gewerkschaftliche Arbeit begann 1903 beim Zentralverband der Zimmerer in Heidelberg und setzte sich 1910 im Vorstand der Betriebskrankenkasse der BASF fort. Von 1920 bis 1932 war Bauer im Aufsichtsrat der GAG vertreten, anschließend wurde er zu deren Alleinvorstand ernannt.

1933 teilte Valentin Bauer das Schicksal vieler demokratischer Politiker der Weimarer Republik. Die Nationalsozialisten verbrachten ihn im März 1933 ins Ludwigshafener Amtsgerichtsgefängnis und beraubten ihn seiner ehrenamtlichen Funktionen. Die Führung der BASF kündigte den verdienten Mitarbeiter und diffamierte ihn als „roten Bonzen" und Unruhestifter. Um die kriegsbedingten Lücken im Personal aufzufüllen wurde Bauer 1943 im Werksschutz beschäftigt. Das Angebot der BASF, als Werksmeister beim Ausbau des Vernichtungslagers Auschwitz mitzuarbeiten, lehnte er ab. Nach dem Attentat auf Hitler saß Bauer im Juli 1944 zwei Wochen lang im Gefängnis des Landgerichtsgebäudes in Frankenthal ein.

Direkt nach der alliierten Eroberung der Pfalz war Bauer einer von neun Sozialdemokraten, die von Ludwigshafen aus den Neuaufbau der Partei planten. Seit 1946 gehörte er dem Bezirksvorstand der pfälzischen SPD an.

Im April 1945 berief Hans Hoffmann, der nach dem Krieg kommissarisch zum Oberbürgermeister ernannt worden war, Valentin Bauer in den Beirat der Stadt. Mitglied des Stadtrates war er von 1946 bis 1949. Als Hoffmann zum Oberregierungspräsidenten in Neustadt berufen wurde, führte Bauer die Geschäfte des Oberbürgermeisters zunächst als Erster Beigeordneter weiter. Am 8. Dezember 1945 erfolgte seine Berufung zum Stadtoberhaupt. In der Stadtratssitzung vom 10. Januar 1949 wurde er auf zehn Jahre im Amt bestätigt. Am 30. Mai 1955, kurz vor seinem 70. Geburtstag, trat er nach zehn Jahren von seinem Amt zurück. Von den zahlreichen Ehrenämtern, die Bauer als Oberbürgermeister innehatte, sei nur seine liebgewordene Tätigkeit als Vorstand der GAG zu nennen, das er erst 1958, wegen fortschreitender Erblindung, aufgab. Bauer hat in den 13 Jahren nie eine zusätzliche Vergütung dafür erhalten. Von 1952 bis 1958 gehörte er auch dem Aufsichtsrat der BASF an.

Valentin Bauer wirkte auch kurzzeitig auf Landesebene: 1946/1947 war er Mitglied der Beratenden Landesversammlung Rheinland-Pfalz. Der gebürtige Franke trat mit Vehemenz für die Auflösung des künstlichen Bundeslandes ein und befürwortete die Rückgliederung der Pfalz an Bayern. Mit seinem Namen verbindet sich jedoch vor allem sein Wirken für Ludwigshafen. „Der Wiederaufbau von Ludwigshafen ist Ihr Werk", befand Ministerpräsident Altmeier zu seiner Verabschiedung nach zehn Jahren Aufbauarbeit. „Valentin Bauer gehörte zu den Menschen, die mehr hielten, als sie versprachen", resümierte Werner Ludwig, der 1965 in Bauers Fußstapfen trat: „Es war ein Glück für Ludwigshafen, daß er nach dem Krieg die Geschicke der Stadt bestimmen konnte. Sein Gespür für das Notwendige und Machbare, seine Unerschrockenheit auch gegenüber den Besatzungsbehörden, seine Lebenserfahrung und die engen Kontakte zur Bevölkerung ermöglichten es ihm, die Not der Menschen zu lindern und den Wiederaufbau der zerstörten Stadt zügig voranzutreiben."

Valentin Bauer hatte sich 1945 um sein Amt nicht beworben. „Es gab sonst niemanden, der in Frage gekommen wäre." Es folgten „die zehn schwersten Jahre meines Lebens", wie Bauer resümierte. Als zweitem Oberbürgermeister wurde ihm nach Friedrich Krafft die Ehrenbürgerwürde zuteil. Die ›Valentin-Bauer-Siedlung‹ trägt seit 1956 seinen Namen, die ehemalige Schlachthofstraße wurde 1962 nach ihm benannt. Die Bundesrepublik Deutschland verlieh ihm 1955 für seine herausragenden kommunalen Leistungen das Große Bundesverdienstkreuz. Das Land Rheinland-Pfalz überreichte dem Baumeister des neuen Ludwigshafen die Freiherr-vom-Stein-Plakette.

Im Alter von 89 Jahren starb Valentin Bauer am 27. Oktober 1974 in Bad Kreuznach.

Anmerkungen Seite 428 und 429

24 Die zehn schwersten Jahre meines Lebens, in: StAnz., 4.6.1955; Valentin Bauer. Sein Wirken für die Öffentlichkeit, in: StAnz., 21.6.1969; Kusch, S.48, 133, 192; Laufer, S.178f; Laufer/Ruf, S.67; Valentin Bauer (1945—1955), Ludwigshafen und seine Oberbürgermeister, in: Rhpf, 24.11.1954; Ludwig, S.60

25 Berichte über leitende Mitarbeiter der Stadt Ludwigshafen, o.J. (nach 1933); StALu, LUN 2903; Personalakte Dr. Ludwig Reichert; StALu, LUN 1632; Bürgermeister Dr. Ludwig Reichert 60 Jahre, in: Rhpf, 29.3.1954; Trauer um Bürgermeister Dr. Ludwig Reichert, in: ›Freiheit‹, 9.12.1957; Trauer um Bürgermeister Dr. Ludwig Reichert, in: StAnz., 14.12.1957; Hofmann, S.25ff; Kusch, S.216

Gründervater der CDU und Bürgermeister: **Ludwig Reichert**[25]

Ludwig Reichert wurde am 29. März 1894 als Sohn eines Oberpostinspektors in Kaiserslautern geboren. Nach dem Erwerb der Allgemeinen Hochschulreife am humanistischen Gymnasium ging Reichert 1914 nach München, wo er Volkswirtschaft und Rechtswissenschaften studierte. Doch schon im Januar 1915 wurde er zum Kriegsdienst einberufen. Nach Kriegsende konnte der Oberleutnant sein Studium in Freiburg und Würzburg fortsetzen. Nach seiner Promotion und der Prüfung für den höheren Verwaltungsdienst trat Reichert 1923 als Referent in die Dienste des Bezirksamtes in Kaiserslautern ein.

Kaum zwei Jahre später wurde er vom Stadtrat Ludwigshafen zum Rechtsrat und Leiter des Kommunalreferats ernannt. Damit gehörte Reichert von 1925 an neben dem Oberbürgermeister zu den höchstrangigen Beamten der Ludwigshafener Stadtspitze. Seine Aufgabengebiete waren das Grundstückswesen, die Bodenpolitik, Rechts- und Kulturangelegenheiten, die Amtsbücherei und die Registratur. Reichert war Vorsitzender der Ludwigshafener Zentrumspartei. Das schuf nach dem 30. Januar 1933 Probleme: Die örtliche NSDAP sah ihn als „eingefleischten schwarzen Zentrumsmann", „der noch viel umlernen muß", obgleich auch die neuen Machthaber „seine Fähigkeiten als Jurist und Verwalter der städtischen Grundstücksvermögenswerte" als „unbestritten hochstehend" einschätzten. Durch die Neustrukturierung der Verwaltung ab 1937 verlor Reichert dennoch seinen dezernentengleichen Status; einzelne Kompetenzen wurden ihm entzogen. Dem latenten Konflikt mit der NS-Führung und Vermahnungen durch die Gestapo, die seine Familie um ihre Sicherheit fürchten ließen, entzog er sich durch den Wehrdienst im Zweiten Weltkrieg. Als Major der Reserve erhielt er 1944 das ›Kriegsverdienstkreuz erster Klasse mit Schwertern‹.

Ludwig Reichert [18]

Sofort nach seiner Rückkehr aus der Kriegsgefangenschaft wurde Reichert im Dezember 1945 von der französischen Militärregierung zum ehrenamtlichen Bürgermeister der Stadt Ludwigshafen ernannt. Am 11. September 1946 wählte ihn der Stadtrat zum Bürgermeister, am 10. Januar 1949 erfolgte seine Wiederwahl auf die Dauer von zehn Jahren.

Politisch fand Reichert eine neue Heimat in der Union. Im Dezember 1945 wurde er in den Vorstand der Christlich-Demokratischen Partei Hessen-Pfalz berufen. 1946 übernahm er den Vorsitz des Bezirksausschusses der CDU Ludwigshafen. Ein Jahr später wurde er Mitglied des Parteivorstandes der CDU Pfalz und des Landesparteivorstandes dieser Partei. Als einziger Ludwigshafener gehörte er dem Verwaltungsausschuß der Gemischten Kommission an, die die Verfassungsarbeit im neuen Bundesland Rheinland-Pfalz vorbereiten sollte. Von Oktober 1946 bis Januar 1947 war Reichert Mitglied der Beratenden Landesversammlung und ab Dezember 1946 deren Präsident.

Als Kulturdezernent bemühte er sich, der Stadt Ludwigshafen auch ein angemessenes kulturelles und geistiges Gesicht zu geben. Sein besonderes Augenmerk galt dem Aufbau der Volkshochschule, deren direkter Leiter er bis zu seinem Tod blieb. Mit dem Bau des nach seinem Tod Bürgermeister-Ludwig-Reichert-Haus genannten Kulturhauses schuf er den passenden Raum für die Kultur-Einrichtungen. Reichert hatte auch den Vorsitz des Pfälzischen Vorschlagskomitees zum Zwecke des Einkaufs von Werken der bildenden Kunst inne.

Auch auf weiteren Feldern war Reichert tätig: Im Jahre 1946 wurde er an die Spitze des Sparkassen- und Giroverbandes Pfalz berufen, er war zudem stellvertretender Vorsitzender des Verwaltungsrates der Landesbank und Girozentrale Kaiserslautern. Ferner war er Mitglied des Verwaltungsrates und Vorsitzender des Kreditausschusses der Badischen Landesbausparkasse. Auch im ›Verein Kurpfalz‹, in der Kommunalen Arbeitsgemeinschaft Rhein-Neckar und der Deutsch-Französischen Gesellschaft bekleidete Reichert führende Ämter.

Reicherts Amtszeit als Bürgermeister wäre 1959 abgelaufen. Der Tod nahm ihm die Last seiner Arbeit und seiner schweren Krankheit bereits am 6. Dezember 1957. Oberbürgermeister Hans Klüber lobte ihn als zielbewußten und loyalen „Kämpfer für seine Überzeugung, nicht immer ein bequemer, aber stets ein wertvoller Mitarbeiter". Es zeuge von der Größe seiner Persönlichkeit, daß die SPD mit ihm als dem Vertreter einer anderen Partei in harmonischer Weise habe zusammenarbeiten können, lobte der spätere Vizepräsident des Bundesverfassungsgerichtes, Justizrat Friedrich Wilhelm Wagner den politischen Gegner. „Er wird weiterleben in seinem Werke und in unserem Herzen als ein Freund und als treuer Bürger dieser von ihm geliebten Stadt."

Auf der Rheinbrücke um 1949 [19]

Parade der französischen Besatzungstruppen vor dem Kaufhof-Gebäude am französischen Nationalfeiertag, 14. Juli 1947 [20]

Die Mehrheit der Nachkriegsdeutschen, da waren die hiesigen Bewohner keine Ausnahme, stellte sich die Frage nach den Ursachen des Zusammenbruchs, der Schuld daran und den jetzt darauf folgenden Erniedrigungen nicht. Es ist deshalb verständlich, daß die Besatzungsmächte auch in Ludwigshafen die Bewohner zunächst nicht nur als Besiegte, sondern auch als an den nationalsozialistischen Verbrechen moralisch Schuldige behandelten.[26]

Dennoch mußten die Sieger für die Bedürfnisse der ihnen anvertrauten Bürger sorgen. Dies ging nicht ohne ein Mindestmaß an Verwaltung. Die Besatzungsmächte hatten zu wenige Fachleute mit den erforderlichen Sprachkenntnissen, um die umfassenden Verwaltungsaufgaben selbst in die Hand nehmen zu können. Daher mußten sie sich auf grundlegende Gesetze und Erlasse und die Kontrolle der Einhaltung beschränken, die Umsetzung aber weitgehend einheimischen Fachleuten überlassen. Unter diesen gab es allerdings viele NSDAP-Mitglieder, die zum Teil in die Verbrechen der NS-Diktatur verstrickt waren. Ihre politische Säuberung sollte sich noch eine Weile hinziehen. Es gelang nicht überall, ältere, politisch unbelastete Fachleute aus der Zeit der Weimarer Republik zu reaktivieren, jüngere unbelastete gab es noch zu wenig. Das vorhandene, häufig unterernährte kranke Personal war schon seiner Zahl nach kaum in der Lage, die Aufgaben der unmittelbaren Nachkriegszeit zu erfüllen. Viele untere Verwaltungsangestellte waren zur Wehrmacht eingezogen worden und entweder gefallen oder noch in Kriegsgefangenschaft.

Wenige Wochen nach dem Wechsel der Besatzungsregierung gab es auch eine neue Führungspersönlichkeit an der Spitze der Stadtverwaltung. Nachdem die Franzosen Dr. Hans Hoffmann zum Regierungspräsidenten von Hessen-Pfalz ernannt hatten, bestimmten sie am 5. September 1945 den Sozialdemokraten Valentin Bauer zum neuen Oberbürgermeister von Ludwigshafen. Zu seinem Stellvertreter und Bürgermeister ernannte die Militärregierung im November Rechtsrat Dr. Ludwig Reichert, später CDU. Max Frenzel, KPD, übernahm das Amt des Beigeordneten.

Anmerkungen Seite 430 und 431

26 *Erbe, S. 354*

27 *Bürgerratsprotokoll vom 29.3.1946, S. 16f; StALu*

28 *Wolfrum*

„Fahrkarten nach dem Ausland und dem Saargebiet"
Schalter im Ludwigshafener Hauptbahnhof vor dem Umbau 1952 [21]

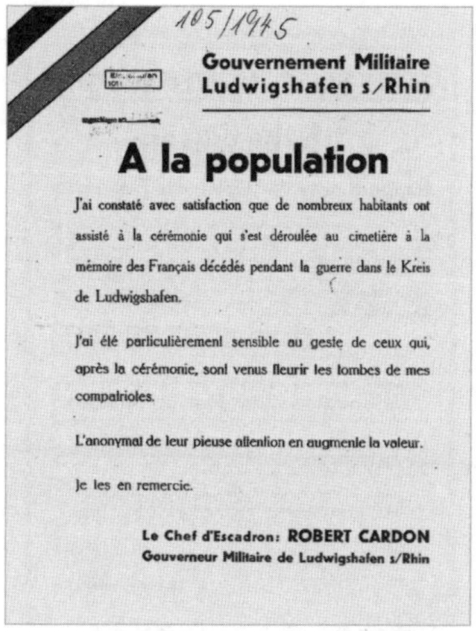
105/1945

Gouvernement Militaire
Ludwigshafen s/Rhin

A la population

J'ai constaté avec satisfaction que de nombreux habitants ont assisté à la cérémonie qui s'est déroulée au cimetière à la mémoire des Français décédés pendant la guerre dans le Kreis de Ludwigshafen.

J'ai été particulièrement sensible au geste de ceux qui, après la cérémonie, sont venus fleurir les tombes de mes compatriotes.

L'anonymat de leur pieuse attention en augmente la valeur.

Je les en remercie.

Le Chef d'Escadron: ROBERT CARDON
Gouverneur Militaire de Ludwigshafen s/Rhin

Der französische Kommandant äußert seinen Dank ... [22]

Die Tätigkeit des unter den Amerikanern eingesetzten Beirats ruhte in den ersten neun Monaten der französischen Besatzung. Allein die Ausschußarbeit wurde weitergeführt. Erst am 29. März 1946 setzte Oberst Robert Cardon, der Kommandant der Ludwigshafener Militärregierung, ein Bürgerratskomitee ein. Die 27 Mitglieder des Komitees wurden auf Vorschlag der drei Verwaltungsspitzen der Stadt berufen. Cardon rief den Ratsmitgliedern in Erinnerung, daß die Deutschen an ihrem Schicksal selbst schuld seien, weil sie es versäumt hätten „den nationalsozialistischen Machthabern einen Widerstand entgegenzusetzen". Die Ratsmitglieder müßten den „persönlichen Mut" aufbringen, den Bürgern zu sagen, wer wirklich für „die Unzulänglichkeit der Lebensmittelversorgung, den Mangel an Kleidung, an Schuhen" verantwortlich sei. Mittlerweile war seit der Besetzung Ludwigshafens ein Jahr vergangen, und die Probleme hatten sich enorm verschärft.[27]

Nicht nur in der deutschen Bevölkerung, auch unter den Historikern wurde die französische Besatzungszone in den ersten Jahrzehnten der Bundesrepublik als „Ausbeutungskolonie" gesehen, wie es Theodor Eschenburg damals formulierte. Die Militärregierung habe eine nahezu erbarmungslose Revanchepolitik betrieben. Das zielt vor allem auf die materiellen Lebensbedingungen ab, die objektiv schlechter waren als im übrigen Deutschland. Mittlerweile wird den Franzosen bescheinigt, in ihrer Zone eine Reform- und Demokratisierungspolitik eingeschlagen zu haben, die insbesondere im kulturellen und bildungspolitischen Bereich bedeutendere Impulse gab als die anderer westlicher Besatzungsmächte. Es ginge jedoch zu weit, die Besatzungszeit als erste Phase der deutsch-französischen Verständigungspolitik anzusehen.[28]

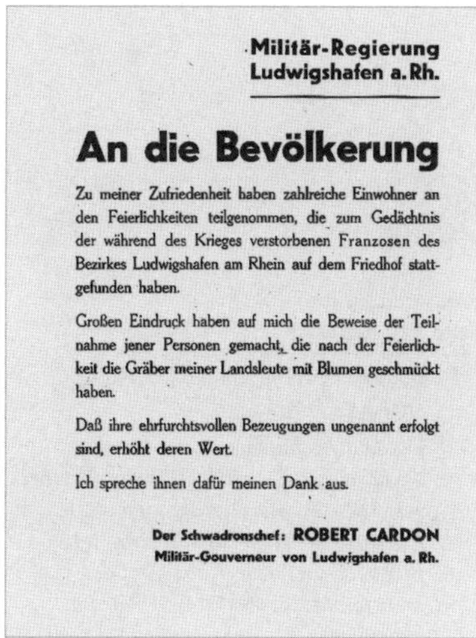
Militär-Regierung
Ludwigshafen a. Rh.

An die Bevölkerung

Zu meiner Zufriedenheit haben zahlreiche Einwohner an den Feierlichkeiten teilgenommen, die zum Gedächtnis der während des Krieges verstorbenen Franzosen des Bezirkes Ludwigshafen am Rhein auf dem Friedhof stattgefunden haben.

Großen Eindruck haben auf mich die Beweise der Teilnahme jener Personen gemacht, die nach der Feierlichkeit die Gräber meiner Landsleute mit Blumen geschmückt haben.

Daß ihre ehrfurchtsvollen Bezeugungen ungenannt erfolgt sind, erhöht deren Wert.

Ich spreche ihnen dafür meinen Dank aus.

Der Schwadronschef: ROBERT CARDON
Militär-Gouverneur von Ludwigshafen a. Rh.

... für die Teilnahme der Ludwigshafener Bevölkerung an den Feiern für die während des Krieges umgekommenen Franzosen.
Zweisprachiger Wandanschlag der Besatzungsbehörde, 1945 [23]

Politische Säuberung – Schule der Anpassung

Der politische Neuanfang in Deutschland ist untrennbar mit den Maßnahmen der politischen Säuberung durch die Alliierten verbunden, die darauf abzielten, die nationalsozialistische Herrschaft und ihre Grundlagen zu beseitigen und Vorsorge gegen ihre Erneuerung zu treffen. Die sogenannte Entnazifizierung – englisch: denazification – ist

ERSTE FRIEDENSWEIHNACHT

Weihnachten

für die Kinder der Opfer des Faschismus

Von all den fluchwürdigen Verbrechen, die der Faschismus auf sich geladen hat, ist keines so furchtbar wie das an den Kindern begangene. So unvorstellbar und grauenvoll ist das Martyrium dieser unschuldigen Opfer, die in den Vernichtungslagern ihr junges Leben haben lassen müssen, daß die Sprache versagt, daß der Mund verstummt, nur schweigend und in tiefster Trauer gedenken wir ihrer.

Unter uns leben Kinder, deren Eltern der Raserei der Mörder zum Opfer fielen; es leben Kinder unter uns, die Vater oder Mutter oder gar beide verloren haben; es leben Kinder unter uns, deren Eltern Unsagbares erlitten haben und an den Folgen von Einkerkerung und Mißhandlung auf Jahre hinaus zu tragen haben.

Diesen Kindern ein wenig Glück, ein wenig Freude zu bereiten, ein Lächeln auf ihren ernsten und schon vom Leiden gekennzeichneten Gesichtern hervorzurufen, ist eine Pflicht, und es wird wohl keinen Menschen geben, der sich ihr entziehen möchte.

Weihnachten, das Fest der Kinder!

Es wird in diesem Winter, dem schwersten, den wir zu übersteigen haben, sicherlich nicht viele Lichterbäume geben; es werden nicht viel Kerzen leuchten, aber wenn wir in den ernsten und traurigen Augen der Kinder, deren Eltern Opfer des Faschismus sind, ein Leuchten hervorrufen können, wenn wir ihnen auch nur eine winzig kleine Freude bereiten können, so hätten wir einen Bruchteil der unendlichen Schuld, die wir auf uns geladen haben, abgetragen.

Für eine reichliche Weihnachtsbescherung dieser Kinder gebt uns: Spielzeug, Kinderkleidungsstücke und was Ihr sonst entbehren könnt.

Geldspenden an die Stadtsparkasse Lu., Konto Nr. 5000 (Weihnachtsbescherung für die Kinder der Opfer des Faschismus). Annahmestelle für alle Gegenstände: Kriegsschädenamt, Abt. Betreuung der Opfer des Faschismus, Stadthaus Nord, 8. Zimmer 215

Ludwigshafen am Rhein, den 27. November 1945

DER OBERBÜRGERMEISTER:
In Vertretung: gez. Bauer, Bürgermeister

Aufruf zur Weihnachts-Hilfe für die Kinder der Opfer des Faschismus 1945 [24]

KPD-Gedenkfeier für die Opfer des Faschismus, März 1946 [25]

eine ›Erfindung‹ der Amerikaner, und sie wurde in deren Verwaltungsbereich besonders systematisch betrieben.

Auch in Ludwigshafen begannen die US-Truppen mit Verhaftungen und Internierungen belasteter Nationalsozialisten ungeachtet aller bestehenden Sachzwänge. Die ab Juni 1945 eingesetzte französische Besatzungsregierung hatte noch kein eigenes Konzept. Oberbürgermeister Hans Hoffmann äußerte aber die Erwartung, „daß die Franzosen eine viel mäßigere Entlassungsmethode anwenden werden."[29] In der Tat konnten sich Betroffene entlasten und die örtliche Militärverwaltung erlaubte die Weiterbeschäftigung einzelner Belasteter.

Ab August 1945 entwickelte die neue Besatzungsmacht ein eigenes Konzept der ›épuration‹, das sich bewußt von der schematischen Vorgehensweise der Amerikaner abgrenzte. Denn die US-Militärbürokratie hatte zunächst mit Hilfe eines ›Fragebogen‹-Systems den öffentlichen Dienst gesäubert, das sie später auf alle Bewohner ihrer Zone ausdehnte. Die Folgen zeichneten sich rasch ab. Ende 1945 waren dort über 42% der Beschäftigten des öffentlichen Dienstes entlassen worden. Die Verwaltung drohte zusammenzubrechen.

Das selektive französische Verfahren zielte dagegen auf bestimmte Berufsgruppen und vorwiegend auf Führungskräfte ab. Das Hauptgewicht wurde weniger auf eine politisch-moralische Abrechnung mit dem Nationalsozialismus, als vielmehr das Funktionieren der Verwaltung und der Wirtschaft gelegt, was dem Industriestandort Ludwigshafen zugute kam. Frankreich hatte vorwiegend seine nationalstaatlichen Sicherheits- und Reparationsinteressen im Blick. Daher mußten nur Beschäftigte im öffentlichen Dienst, Lehrer, Führungskräfte in der Wirtschaft und Angehörige bestimmter freier Berufe einen Fragebogen ausfüllen. Nur schwer belastete Nationalsozialisten wurden entlassen. Die Entnazifizierung der Ludwigshafener Stadtverwaltung übernahm ein vierköpfiger Säuberungsausschuß, dem neben einem Vertreter der Sozialdemokraten auch ein Kommunist, ein bürgerlicher Vertreter und der Oberbürgermeister angehörten. Obwohl der Ausschuß die Entlassung einiger hundert Beschäftigter der Stadtverwaltung vorschlug, stimmte die Militärverwaltung nur in etwa 200 Fällen zu.

Anmerkungen Seite 432 und 433

29 Bürgerratsprotokoll vom 3.7.1945; StALu, Pa II, 1/1

** Der Ludwigshafener Sozialdemokrat Rechtsanwalt Friedrich Wilhelm Wagner, vorne Mitte, beim Auftakt zum großen I. G. Farben-Prozeß in Nürnberg im Juli 1947, bei dem er den Chef des Ludwigshafener Werks, Carl Wurster, verteidigte.*

I. G. Farben-Prozeß in Nürnberg, Juli 1947 [26]*

Stadt-Anzeiger

Amtliche Mitteilungen der Militär-Regierung für Stadt- und Landkreis Ludwigshafen am Rhein

Nationalsozialisten

die im Bereich des Stadt- und Landkreises Ludwigshafen am Rhein von der Militär-Regierung bisher ihres Amtes enthoben wurden:

Entnazifizierung: ihres Amtes enthobene Nationalsozialisten werden im ›Stadt-Anzeiger‹ namhaft gemacht 7. Juli 1945 [27]

Gedenktafel für die Nazi-Opfer in der Ausstellung ›Ludwigshafen – Werden, Zerstörung, Wiederaufbau‹ 1947/48 [28]

Die Entnazifierung der Wirtschaft war je nach Betrieb verschieden. Während in der BASF zu Zeiten der US-Besatzung bereits über 750 Beschäftigte entlassen und zum Teil aus Werkswohnungen entfernt worden waren, bemängelten im November 1945 Gewerkschaftsvertreter, daß in der Walzmühle noch nichts geschehen sei.

Am 10. Oktober 1945, fünf Monate vor der Einführung eines gerichtsähnlichen Säuberungssystems in der US-Zone, übertrug die französische Militärregierung Hessen-Pfalz die Aufgabe der Säuberung des öffentlichen Dienstes den Kreisuntersuchungsausschüssen (KRUA). Sie waren ausschließlich mit acht deutschen Antifaschisten aus den Gewerkschaften, den Kirchen und dem politischen Bereich besetzt. Hinzugezogen wurden drei bis fünf Vertreter der betroffenen Fachbereiche. Es gab abgestufte Sanktionen bis zur Entlassung. Wer nicht entlassen wurde, mußte sich einem weiteren Verfahren vor der Zentralen Säuberungskommission (ZSK) beim Oberregierungspräsidium in Neustadt unterziehen, die auch Berufungsinstanz war. Sanktionen mußten von der Besatzungsregierung bestätigt werden. Bis zum 24. Februar 1946, dem geplanten Ende der Maßnahmen, hatte der Ludwigshafener Ausschuß erst 2 000 der eingereichten 2 700 Fragebögen bearbeitet. Oberbürgermeister Valentin Bauer klagte, er könne kaum noch Personal für den Ausschuß finden. Zudem verschärfe die Neustadter ZSK die Ludwigshafener Sanktionsvorschläge und habe kaum Verständnis für die Schwierigkeiten beim Wiederaufbau der örtlichen Verwaltung.

Am 9. Oktober 1946 stellte der KRUA seine Arbeit aus Protest gegen Neustadt ein. Die Zahl der Entlassungen im öffentlichen Dienst war in einem Jahr französischer Besatzungszeit nicht sprunghaft angestiegen. Die Kritik an der ZSK war offenbar taktischer Natur und sollte die Militärregierung zu weiteren Zugeständnissen gegenüber dem wichtigen Wirtschaftsstandort veranlassen. Insgesamt wurde in Ludwigshafen etwa jeder sechste, in Mannheim in der US-Zone dagegen fast jeder zweite städtische Mitarbeiter entlassen.

Auch für Ludwigshafener Unternehmen mit mehr als 50 Mitarbeitern wurde ein zweigleisiges System aus einem KRUA und einer ZSK in Neustadt implementiert. Sie bestanden jeweils aus Kapitaleignern, aus

„Was wir Kommunisten wollen" Plakat für einen Vortrag von Herbert Müller am 12. März 1946 im ›Rheingold‹ [29]

KPD-Parteitag Rheinhessen-Pfalz im ›Rheingold‹, Mai 1946 [30]

leitenden Angestellten und aus Gewerkschaftsmitgliedern, wobei die beiden ersten Gruppen eine Mehrheit hatten.

Zusätzlich wurde in Ludwigshafen ein Sonderausschuß für die I. G. Farben, das größte Unternehmen der französischen Zone, eingerichtet. Die Militärregierung drängte darauf, daß die Säuberung möglichst rasch abgeschlossen wurde und schwächte zugleich bereits beschlossene Sanktionsmaßnahmen gegen I. G. Farben-Mitarbeiter ab. Sie hatte kein Interesse daran, die Wirtschaftskraft des bedeutenden Unternehmens zu beeinträchtigen.

Im Gegenzug waren auch die Belegschaft und die Betriebsräte an einer milden Entnazifizierung interessiert, weil sie der Militärverwaltung keine Argumentationshilfen für Demontagen geben wollten, die den Arbeitsplatzverlust vieler Arbeitnehmer nach sich gezogen hätten.

Im Frühjahr 1947 setzte die Militärregierung die Kontrollratsdirektive Nr. 38 vom Oktober 1946 um. Auch innerhalb des neugegründeten Landes Rheinland-Pfalz fand eine Synchronisierung statt, als der Landtag am 17. April 1947 beschloß, in jedem [Stadt-]Kreis einen Untersuchungsausschuß und eine Spruchkammer zu etablieren. Den Kammern gehörten nur Parteienvertreter an, wohingegen in den Untersuchungsausschüssen auch Gewerkschaftsvertreter saßen. Am 1. September 1949 wurde die politische Säuberung in Ludwigshafen eingestellt, die offenen Verfahren wurden an das Oberregierungspräsidium in Neustadt abgegeben.

Die Bilanz in Ludwigshafen: Von 2 274 Mitarbeitern der Stadtverwaltung wurden 586 entlassen, 725 mußten Gehaltskürzungen, Rückstufungen oder Pensionskürzungen hinnehmen. In den Ludwigshafener Unternehmen wurden etwa 1 900 Beschäftigte mit Sanktionen belegt, das waren 6% der Arbeitnehmer der Chemiemetropole am Rhein. Davon wurden 495 Beschäftigte entlassen, 1 156 Mitarbeitern wurden Gehaltskürzungen oder Rückstufungen auferlegt.

Bis 1950 wurden in Rheinland-Pfalz etwa 300 000 Verfahren, das waren rund 11% der Bevölkerung, durch ein Spruchkammerverfahren überprüft. 4 840 Personen wurden als Minderbelastete, nur 440 als Belastete und fünf als Hauptschuldige eingestuft. Der weitaus größte Teil wurde nach einem langen Prozedur amnestiert oder der Kategorie der ›Mitläufer‹ zugeordnet.[30]

Anmerkungen
Seite 434 und 435

30 *vgl. Möhler, Entnazifizierung; ders. Politische Säuberung, S. 175ff; Seidl, S. 273ff; Niethammer, S. 90ff; für Ludwigshafen speziell Luley*

31 *Beiratsprotokolle 1945; StALu*

32 *Art. 9 Abs. 2; vgl. Ruhl, S. 115*

Parolen zum KPD-Parteitag, Mai 1946 [31]

Vor dem ›Rheingold‹ während des KPD-Parteitags, Mai 1946 [32]

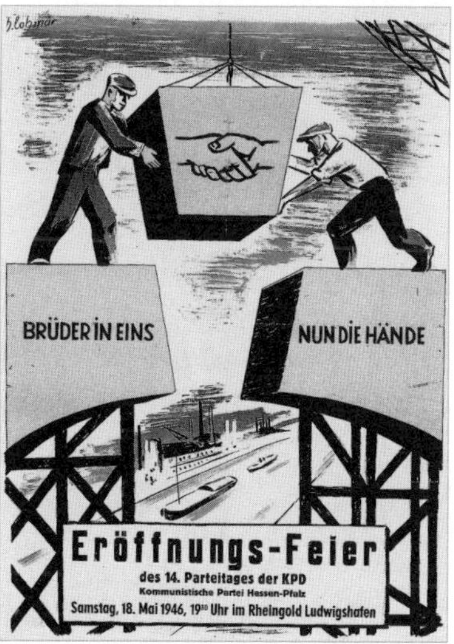

Für die Einheit der Arbeiterklasse Plakat zur Eröffnungsfeier des KPD-Parteitags im ›Rheingold‹ 18. Mai 1946 [33]

Politischer Neubeginn und Parteien

Obgleich unmittelbar nach dem Krieg das Primat des Besatzungsrechts galt, regten sich auch Ludwigshafen wieder politische Aktivitäten. Zunächst waren sie aber auf die private Sphäre beschränkt, da seitens der alliierten Besatzungsmächte ein demokratischer Umerziehungsprozeß der Deutschen eingeleitet werden sollte. Der Bevölkerung war eine politische Betätigung zunächst noch strikt verboten. Die meisten Deutschen verharrten nach den Kriegsereignissen und den immer offensichtlicher werdenden Verbrechen, die die Nationalsozialisten in ihrem Namen begangen hatten, in verständlicher politischer Lethargie. Für sie zählte zunächst die Organisation des beschwerlichen Alltags. Um diese dringenden Probleme mit Hilfe der einheimischen Bevölkerung lösen zu können, benötigten die Besatzungsbehörden jedoch nicht nur einen von ihnen kontrollierten unbelasteten Verwaltungsapparat und die Beiräte, die ja nicht demokratisch legitimiert waren, sondern auch funktionsfähige politische Parteien und Gewerkschaften.

Von den 16 Mitgliedern des am 27. April 1945 ernannten Beirates sympathisierten je fünf mit der Sozialdemokratie bzw. den Kommunisten, drei standen dem ehemaligen Zentrum und zwei keiner politischen Richtung nahe. Ein Ratsmitglied, Ernst Demuth, vertrat den politischen Liberalismus.[31] Die Militärregierung genehmigte die Personalvorschläge von Bürgermeister Hoffmann. Da der Beirat keine politischen Kompetenzen hatte und nicht von den Bürgern gewählt wurde, war er auf das gesellschaftliche Ansehen seiner Mitglieder angewiesen. Die Funktionäre der Parteien arbeiteten noch in der Illegalität und waren auf die stillschweigende Duldung des Ortskommandanten angewiesen. Sie waren aber schon im ersten Beirat vertreten und nutzten die Spielräume innerhalb des Rats zur Vorbereitung ihrer Organisation.

Obwohl seit dem Potsdamer Abkommen vom 2. August 1945[32] in ganz Deutschland Parteien erlaubt und gefördert werden sollten, war die französische Militärregierung im Gegensatz zu den übrigen Alliierten erst spät bereit, politische Organisationen zu gestatten. Erst mit der Verordnung Nr. 23 vom 13. Dezember 1945 legten die Besatzungsbehörden die Bildung demokratischer und antinationalistischer Parteien fest. Durch die Lizensierung der Parteien nahmen die Siegermächte Einfluß auf Gründung, Zulassung, Führungspersonal und Bezeichnung

SPD Sozialdemokratische Partei
Bezirk Hessen-Pfalz · Ortsgruppe Ludwigshafen

Einladung Am Sonntag, den 24. Februar 1946, nachmittags 15.00 Uhr, findet in der Eisenbahner-Kantine, Frankenthaler Straße, gegenüber der Fa. Benckiser, die

Gründungsfeier

der Sozialdemokratischen Partei, Ortsgruppe Ludwigshafen, statt.

Es spricht
Ministerialrat a.D. Fritz Profit

Die Feier wird umrahmt von Rezitation, Gesang und Musik

Eingeladen sind alle Männer u. Frauen, die bis 1933 Mitglied der Sozialdemokratischen Partei waren und die in den Jahren der Unterdrückung den alten Idealen treu geblieben sind

Eingeladen sind ferner alle, die mit dem Programm der Sozialdemokratischen Partei einverstanden sind.

DER VORSTAND

Einladung zur Gründungsfeier der Ortsgruppe Ludwigshafen der SPD 24. Februar 1946 [34]

Anmerkungen Seite 436 und 437

33 *vgl. Weitzel, S. 189ff; Becker, KPD, S. 84ff*

34 *vgl. Drescher, S. 15f; Pessel, S. 8ff*

35 *vgl. Becker, KPD, S. 84ff; Seidl, S. 246*

36 *Hundinger, S. 188*

37 *vgl. Hundinger, S. 177ff; Kusch, S. 47ff; Gleber, Tradition, S. 595; Gleber, SPD, S. 41ff, S. 118*

38 *Hübel, S. 22ff*

der Parteien. Im Gegensatz zu den Amerikanern und Briten verlangte die französische Besatzungsmacht die Konstituierung der Parteien auf mittlerer Ebene. Bevor beispielsweise in Ludwigshafen Ortsgruppen und ein Stadtverband entstehen konnten, mußten sich die Parteien auf Organisationen verständigen, die die Provinz Hessen-Pfalz umfaßten. Die Franzosen lehnten die Bildung von Parteiorganisationen auf der Ebene der Besatzungszone ab oder gar auf nationaler Ebene. Um einen deutschen Nationalstaat zu verhindern, erschwerten sie den Kontakt zu gleichgesinnten Politikern in anderen Besatzungszonen. Der Ausdruck ›Deutschland‹ durfte in den Parteibenennungen nicht vorkommen.

Als erste Partei nach dem Kriege genehmigten die Franzosen am 4. Februar 1946 die KP Hessen-Pfalz. Bereits wenige Wochen nach Kriegsende fanden Gespräche über den Neuaufbau der Partei statt. Schnell wurden Kontakte zum Zentralkomitee in Berlin aufgenommen. Soweit es in der Nachkriegszeit möglich war, wurde die Partei straff von oben geführt und kontrolliert. Die übergeordnete Parteileitung schlug die Kandidaten vor und ließ sie per Akklamation durch die Wahlgremien bestätigen. Viele der in der Weimarer Republik tätigen Funktionäre waren im Rahmen einer Säuberungswelle zwischen 1925 und 1929 aus der Partei ausgeschlossen worden und mußten ihre Loyalität gegenüber dem Zentralkomitee nachweisen. Im August 1945 wurde der ehemalige Bezirkssekretär der pfälzischen KPD und bayerische Landtagsabgeordnete Herbert Müller aus Ludwigshafen zum Vorsitzenden der Kommunisten in der Pfalz gewählt. Im Vorstand waren fast ausschließlich Personen aus der Vorderpfalz. Die Partei konnte bereits auf eine Organisationsbasis in den Betrieben zurückgreifen und begann nun mit dem Aufbau von Ortsgruppen. Im Dezember 1945 wurde der Unterbezirk Rheinhessen den pfälzischen Kommunisten zugeschlagen. Obgleich die Partei nach den Sozialdemokraten am 27. Januar 1946 einen Antrag auf Zulassung stellte, wurde die KP Hessen-Pfalz fünf Tage später schon zugelassen. Sitz des Landes- und Bezirkssekretariats war Ludwigshafen. Als erste Partei konnte die KP ein zentrales Sekretariat für die französische Zone in Mainz einrichten.[33]

In Ludwigshafen bereiteten bereits im Mai 1945 verschiedene kommunistische Funktionäre um die Gewerkschaftsfunktionäre Max Frenzel und Fritz Baumgärtner den Neuaufbau der Partei vor. Daneben organisierte sich die Partei gemeinsam mit den Sozialdemokraten in antifaschistischen Organisationsausschüssen.[34]

Seit Mai 1945 hatte es in Ludwigshafen direkte Unterredungen zwischen Vertretern der pfälzischen Kommunisten und Sozialdemokraten gegeben. Im Herbst 1945 besprachen beide Seiten die Bildung von ›Verständigungsausschüssen‹ auf bezirklicher Ebene und beschlossen eine Aktionseinheit. Im November 1945 führten KPD und SPD in Speyer zwei politische Veranstaltungen gemeinsam durch. Aufgrund der Entwicklung im Osten Deutschlands und weil sich die Sozialdemokraten in den Antifaschistischen Ausschüssen und in den Betriebsgruppen von den Kommunisten übervorteilt sahen, kündigten sie die Zusammenarbeit auf.[35]

Ebenso wie die Kommunisten hatten auch die Sozialdemokraten ihre ersten Kontaktgespräche in Ludwigshafen. Am ehemaligen Sitz des pfälzischen Bezirkssekretariats trafen sich am 18. April 1945 die einstigen Stadträte Valentin Bauer, Rudolf Hoffmann, Jakob Krug und Ernst

Lorenz, die ehemaligen Gewerkschaftssekretäre Karl Fischer und Oskar Vongerichten, der ehemalige Parteisekretär Georg Setzer, sowie der ehemalige Vorsitzende der Arbeiterwohlfahrt, Fritz Schott, und der ehemalige SPD-Bezirkssekretär Friedrich Profit. Besprochen wurde der Aufbau der Bezirksorganisation und der Ortsvereine. Im September 1945 forderte der Londoner Exilvorstand der SPD die Partei zur Gründung einer einheitlichen Organisation auf. Daraufhin wurde Fritz Schott von seinen Parteifreunden in Ludwigshafen beauftragt, den Aufbau einer Bezirksorganisation vorzunehmen. Anfang Oktober wurden vier pfälzische Delegierte – darunter war neben Profit mit Ernst Lorenz ein weiterer Ludwigshafener – zu einer Reichskonferenz der SPD in Wennigsen bei Hannover entsandt. Auf einer Konferenz der Ortsvereinsvorsitzenden wurde Adolf Ludwig zum vorläufigen pfälzischen Bezirksvorsitzenden und Fritz Schott zum Stellvertreter gewählt.[36] Auf der Liste der Gründungsmitglieder der SP Hessen-Pfalz vom 27. Dezember 1945 war mit Ernst Lorenz nur noch ein Ludwigshafener vertreten. Bevor die französische Militärregierung die Parteigründung am 6. Februar 1946 genehmigte, mußte Lorenz' Name von der Liste gestrichen werden. Im Oktober 1946 trennten sich die rheinhessische und die pfälzische SPD.[37]

›Ziele und Aufgaben der CDU‹ Kundgebung mit Josef Müller im ›Rheingold‹, 2. Juni 1946 [35]

Obgleich die Ludwigshafener Genossen nun nicht im Gründungsvorstand vertreten waren, war Ludwigshafen weiterhin der zentrale Ort des pfälzischen Organisationsaufbaus. Wegen der Nähe zur Besatzungsregierung wurde jedoch die Errichtung eines Bezirkssekretariats in Neustadt beschlossen. Adolf Ludwig forderte zur offiziellen Gründung der zahlreichen bereits illegal bestehenden Ortsgruppen auf. Die Ludwigshafener SPD wurde am 24. Februar in der Eisenbahnerkantine an der Frankenthaler Straße offiziell gegründet. Die Versammlung wählte Jakob Krug zum Vorsitzenden des Unterbezirks und Rudolf Hoffmann zum Vorsitzenden des Ortsvereins Ludwigshafen. Dem Vorstand gehörten auch Willi Heidelberg, Fritz Kern, Karl Nord, Änne Rumetsch, Arthur Schott, Fritz Schott und Georg Setzer an.

Danach begann der Aufbau der Partei in allen Ortsteilen. Sie wurden im Mai 1946 zum Stadtverband Groß-Ludwigshafen zusammengeschlossen. Die Wohnung von Jakob Süß am Meßplatz diente als provisorisches Unterbezirkssekretariat.[38]

Anders als bei den Kommunisten und den Sozialdemokraten spielte Ludwigshafen nur eine untergeordnete Rolle bei der Gründung der bürgerlichen Parteien in der Pfalz. Die Parteien des bürgerlich-konservativen Spektrums knüpften auch nicht an die Zeit vor 1933 an.

Unmittelbar nach 1945 gab es unterschiedliche Auffassungen von einer bürgerlichen Partei. In Landau sammelten sich unter der Führung von Gustav Wolf und Johannes Finck die Befürworter einer interkonfessionellen Partei, in Speyer und Kaiserslautern wurde die Wiedergründung des Zentrums favorisiert. In Neustadt wurde die Gründung einer evangelischen Partei propagiert. Nach dem Scheitern eines gemeinsamen Kompromißantrags zur Wiedergründung einer Zentrumspartei, mit der sich auch Anhänger der interkonfessionellen Idee zufrieden gaben, trafen sich in Ludwigshafen orthodoxe Zentrumsanhänger. Unter Führung des Ludwigshafener Prälaten Martin Walzer fanden im katholischen Pfarrhaus St. Ludwig Gespräche zur Gründung einer pfälzisch-katholischen Partei und eines Ortsvereines statt. Am 12. Dezember 1945 beantragte diese Gruppe die Gründung der Christlich-sozialen Union,

Wahlkampf
Die CDU bei der Stadtratswahl 1946 [36]

die die Zusammenarbeit mit den Protestanten ausschloß. Acht Tage später beantragte am 20. Dezember die Mehrheit einer Versammlung des ehemaligen Zentrums und der Bayerischen Volkspartei die Gründung einer überkonfessionellen Partei.

Außerdem beantragten vorwiegend westpfälzische Protestanten unter der Führung von Franz Zapf, Kaiserslautern, und Adolf Müller, Miesenbach, am 17. Januar 1946 den Christlich-sozialen Volksbund, eine kleinbürgerlich-agrarische protestantische Partei.

Die Besatzungsregierung signalisierte, daß sie in der Provinz Hessen-Pfalz nur eine christliche Partei zulassen werde, die Protestanten und Katholiken vereinige. Schließlich einigten sich die Vertreter der unterschiedlichen pfälzischen Strömungen nach langem Ringen mit den rheinhessischen Kollegen auf die Beantragung der Christlich-demokratischen Union Hessen-Pfalz mit überkonfessionellem Anspruch. Die Partei wurde am 5. März 1946 zugelassen. Schnell stellte sich heraus, daß die pfälzische CDU, trotz einzelner protestantischer Vertreter bis Mitte der sechziger Jahre keine überkonfessionelle Partei war, sondern im engen Einvernehmen mit der katholischen Amtskirche stand.[39] Im Februar 1947 gründete die CDU zusammen mit der CDP in Rheinland-Hessen-Nassau einen CDU-Landesverband Rheinland-Pfalz.[40]

Nachdem die Genehmigung der CDU Hessen-Pfalz vollzogen war, formierte sich die Partei rasch auf Ortsvereinsebene. Während die Kreisverbände Frankenthal, Speyer und Bad Dürkheim bereits Ende März entstanden waren, wurde der erste Ludwigshafener CDU-Ortsverein erst am 18. April 1946 im ›Pfälzer Hof‹ in Oggersheim gegründet. Zum Vorsitzenden wählte die Versammlung das Betriebsratsmitglied der Firma Giulini, Franz Ehret. Die Ortsgruppen wurden im Bezirk Ludwigshafen-Stadt zusammengefaßt, dessen Vorsitz Bürgermeister Ludwig Reichert innehatte. Am 2. Juni 1946 wurde in der Werkstatt des Schlossers Adolf Hemmer der Kreisverband Ludwigshafen gegründet. Erster Kreisvorsitzender wurde ebenfalls Dr. Reichert.[41]

Die Militärregierung genehmigte ferner den Christlich sozialen Volksbund unter dem Namen Sozialer Volksbund (SV). Die Partei wurde am 27. Juli 1946 in Kaiserslautern gegründet. Am 21. September des gleichen Jahres wurden neun Ortsverbände zum Bezirk Vorderpfalz zusammengefaßt. Im April 1947 schloß sich der SV mit der in den übrigen Gebieten von Rheinland-Pfalz bestehenden Liberalen Partei zusammen und firmierte seit dem Zusammenschluß der Liberalen in den Westzonen im Dezember 1948 als Freie Demokratische Partei.

Der SV konnte sich bis zu den Gemeinderatswahlen 1946 in Ludwigshafen nicht etablieren.[42] Dort vertrat eine Gruppe von freien Bewerbern, die sich unter dem Dach der ›Wirtschaftlichen Vereinigung‹ (WV) organisierten, wirtschaftsliberale und mittelständische Grundsätze. In der WV, die von Ernst Demuth, dem Inhaber eines Kunstgewerbehandels repräsentiert wurde, fanden sich Personen „aus Kreisen des Haus- und Grundbesitzes, des Handwerks, des Handels und Gewerbes."[43]

„Demokratische Bewährungsprobe": Wahlen

Nachdem die französische Militärregierung die wichtigsten politischen Strömungen zugelassen hatte, ordnete sie am 30. August 1946 die Gründung des Landes Rheinland-Pfalz an. Am 15. September 1946 fanden die ersten Gemeinderatswahlen statt. Schon Wochen zuvor hatte die

Anmerkungen
Seite 438 und 439

39 *BASp, 28/10—18/99; ZASp 120/20(2) Auch danach blieb sie vorwiegend katholisch geprägt.*

40 *vgl. Weitzel, S. 19ff; Martin, S. 68ff; Schwarzmüller, S. 77—82*

41 *vgl. Hofmann, S. 26ff; Wode, S. 15ff*

42 *Drescher, S. 17f*

43 *Beirats- und Bürgerratsprotokolle 1945—1948, Anwesenheitslisten; StALu*

44 *Rhpf, 31.8.1946*

45 *ebd., 5.9.1946*

46 *ebd., 12.9.1946*

47 *Die Stadtratswahl am 14.11.1948 in Ludwigshafen a. Rh.; Veröffentlichungen des Statist. Amtes Ludwigshafen 6; StALu, DS 242/6*

48 *ebd., 21.9.1946*

Wahlergebnis in Ludwigshafen 1946 aufgeschlüsselt nach Geschlechtern

in %	SPD	CDU	KPD	WV
gesamt	43,1	32,3	16,9	7,7
Männer	45,0	26,5	20,8	7,5
Frauen	41,5	36,4	14,1	7,7

›Rheinpfalz‹ zur Teilnahme gemahnt. Sie seien „die erste demokratische Bewährungsprobe der Wählerschaft."[44] Besonders die Frauen, die angesichts der vielen im Krieg gefallenen oder in Gefangenschaft befindlichen Männer ein deutliches Übergewicht unter den Stimmberechtigten hatten, wurden aufgefordert, zu den Urnen zu gehen.[45] Umfassende Vorbereitungen für einen reibungslosen Ablauf wurden getroffen, die Wähler in zahlreichen Artikeln über das Procedere und ihre Rechte informiert. „Frei, geheim und ungestört" sollte der Urnengang sein, betonte die ›Rheinpfalz‹.[46] Das traf allerdings nicht ganz zu. Denn zum einen konnten sich die liberalen Gruppierungen, die in der Vorkriegszeit in der Pfalz beträchtlichen Anhang gehabt hatten, kaum entfalten. Zum anderen blieben etwa in Ludwigshafen 3,9% der Bürger, 2 388 Personen, wegen ihrer Mitgliedschaft in der NSDAP vom Wahlrecht ausgeschlossen.[47]

Trotz solcher angesichts des kaum anderthalb Jahre zurückliegenden Endes der NS-Herrschaft nicht zu vermeidender Beschränkungen und der lange unterbrochenen Routine bei der Abwicklung freier Wahlen verlief der Urnengang „flott und reibungslos." In der Pfalz konnte man bei einer „entgegen manchen vorher geäußerten Befürchtungen" sehr hohen Beteiligung von 90,3% von einem wirklichen „Bekenntnis zur Demokratie" sprechen.[48]

Auf Landesebene waren die Wahlresultate für die Christdemokraten außerordentlich ermutigend. Mit über 45% der Stimmen wurden sie deutlich stärkste Partei, und auch in der Pfalz gelang es ihnen, mit über 39% die führende Kraft zu sein. Die Sozialdemokraten konnten landesweit nur ein Viertel der Stimmen auf sich vereinen. In der Pfalz, wo sie landesweit am besten abschnitten, erreichten sie mehr als 32%. Auch die Kommunisten hatten mit über 9% in der Pfalz ihre Hochburgen, während sie insbesondere in den nördlichen Regionen nur wenige Anhänger besaßen. Der SV trat nur in wenigen Gemeinden in Rheinhessen und der Pfalz an, wo er lediglich 2,8% der Stimmen erreichte.

Die politische Meinungsbildung in Ludwigshafen als der damals größten Stadt im Lande hob sich deutlich von den landesweiten Ergebnissen, aber auch von denen in der Pfalz ab. In der Chemiemetropole am Rhein wurden die SPD mit 43,1% – 22 Sitze im Stadtrat – und die CDU mit 32,3% – 16 Sitzen – stärkste Parteien, und auch die KPD schnitt mit 16,9% und acht Sitzen besser ab als vor 1933. Die liberal-mittelständische ›Wirtschaftliche Vereinigung‹ erreichte 7,7% und vier Sitze. 58,6% der Wahlberechtigten der Stadt waren Frauen gewesen. Davon hatte – wie schon seit der Einführung des Frauenwahlrechts 1919 – vor allem die Zentrumsnachfolgerin CDU profitiert, während SPD und vor allem KPD einen weit höheren Prozentsatz von Männern als von Frauen für sich gewannen.

Die Wahlresultate in den einzelnen Stadtteilen waren ein getreuer Spiegel sozialer und gesellschaftlicher Tendenzen, die zum Teil direkt an

Die KPD bei der Stadtratswahl 1946 [37]

Die Wirtschaftliche Vereinigung bei der Stadtratswahl, 1946 [38]

Die SPD bei der Stadtratswahl 1946 [39]

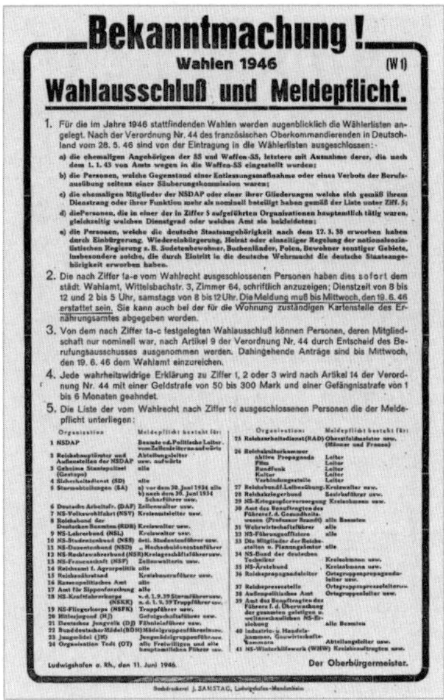
Bekanntmachung!

Wahlen 1946 (W 1)

Wahlausschluß und Meldepflicht.

1. Für die im Jahre 1946 stattfindenden Wahlen werden augenblicklich die Wählerlisten angelegt. Nach der Verordnung Nr. 44 des französischen Oberkommandierenden in Deutschland vom 28. 5. 46 sind von der Eintragung in die Wählerlisten ausgeschlossen:

a) die ehemaligen Angehörigen der SS und Waffen-SS, letztere mit Ausnahme derer, die nach dem 1. 1. 43 von Amts wegen in die Waffen-SS eingestellt wurden;

b) die Personen, welche Gegenstand einer Entlassungsmaßnahme oder eines Verbots der Berufsausübung seitens einer Säuberungskommission waren;

c) die ehemaligen Mitglieder der NSDAP oder einer ihrer Gliederungen welche sich gemäß ihrem Dienstrang oder ihrer Funktion mehr als nominell beteiligt haben gemäß der Liste unter Ziff. 5;

d) diePersonen, die in einer der in Ziffer 5 aufgeführten Organisationen hauptamtlich tätig waren, gleichzeitig welchen Dienstgrad oder welches Amt sie bekleideten;

e) die Personen, welche die deutsche Staatsangehörigkeit nach dem 12. 3. 38 erworben haben durch Einbürgerung, Wiedereinbürgerung, Heirat oder einseitiger Regelung der nationalsozialistischen Regierung z. B. Sudetenbewohner, Buchenländer, Polen, Bewohner sonstiger Gebiete, insbesondere solche, die durch Eintritt in die deutsche Wehrmacht die deutsche Staatsangehörigkeit erworben haben.

2. Die nach Ziffer 1a-e vom Wahlrecht ausgeschlossenen Personen haben dies sofort dem städt. Wahlamt, Wittelsbachstr. 3, Zimmer 64, schriftlich anzuzeigen; Dienstzeit von 8 bis 12 und 2 bis 5 Uhr, samstags von 8 bis 12 Uhr. Die Meldung muß bis Mittwoch, den 19. 6. 46 erstattet sein. Sie kann auch bei der für die Wohnung zuständigen Kartenstelle des Ernährungsamtes abgegeben werden.

3. Von dem nach Ziffer 1a-c festgelegten Wahlausschluß können Personen, deren Mitgliedschaft nur nominell war, nach Artikel 9 der Verordnung Nr. 44 durch Entscheid des Berufungsausschusses ausgenommen werden. Dahingehende Anträge sind bis Mittwoch, den 19. 6. 46 dem Wahlamt einzureichen.

4. Jede wahrheitswidrige Erklärung zu Ziffer 1, 2 oder 3 wird nach Artikel 14 der Verordnung Nr. 44 mit einer Geldstrafe von 50 bis 300 Mark und einer Gefängnisstrafe von 1 bis 6 Monaten geahndet.

5. Die Liste der vom Wahlrecht nach Ziffer 1c ausgeschlossenen Personen die der Meldepflicht unterliegen:

Organisation	Meldepflicht besteht für:	Organisation:	Meldepflicht besteht für:
1 NSDAP	Beamte od. Politische Leiter vom Zellenleiter an aufwärts	25 Reichsarbeitsdienst (RAD)	Oberstfeldmeister usw. (Männer und Frauen)
2 Reichshauptämter und Außenstellen der NSDAP	Abteilungsleiter usw. aufwärts	26 Reichskulturkammer aktive Propaganda, Film, Rundfunk, Kultur, Verbindungsstelle	Leiter
3 Geheime Staatspolizei (Gestapo)	alle	27 Reichsbund f. Leibesübung.	Kreiswalter usw.
4 Sicherheitsdienst (SD)	alle	28 Reichskriegerbund	Bezirksführer usw.
5 Sturmabteilungen (SA)	a) vor dem 30. Juni 1934 alle b) nach dem 30. Juni 1934 Scharführer usw.	29 NS-Kriegsopferversorgung	Kreisobmann usw.
6 Deutsche Arbeitsfr. (DAF)	Zellenwalter usw.	30 Amt des Beauftragten des Führers f. d. Gesundheitswesen (Professor Brandt)	alle Beamten
7 NS-Volkswohlfahrt (NSV)	Kreisamtsleiter usw.	31 Wehrwirtschaftsführer	alle
8 Reichsbund der Deutschen Beamten (RDB)	Kreiswalter usw.	32 NS-Führungsoffiziere	alle
9 NS-Lehrerbund (NSL)	Kreiswalter usw.	33 Die Mitglieder der Reichsstellen u. Planungsämter	alle
10 NS-Studentenbund (NSS)	örtl. Studentenführer usw.	34 NS-Bund der deutschen Techniker	Kreisobmann usw.
11 NS-Dozentenbund (NSD)	„ Hochschuldozentenführer	35 NS-Ärztebund	Kreisobmann usw.
12 NS-Rechtswahrerbund (NSR)	Kreisgeschäftsführer usw.	36 Reichspropagandaleiter	Ortsgruppenpropagandaleiter usw.
13 NS-Frauenschaft (NSF)	Zellenwalterin usw.	37 Reichspressestelle	Ortsgruppenpresseleiter usw.
14 Reichsamt f. Agrarpolitik	alle	38 Außenpolitisches Amt	Ortsgruppenleiter usw.
15 Reichsnährstand	Kreisbauernführer usw.	39 Amt des Beauftragten des Führers f. d. Überwachung der gesamten geistigen u. weltanschaulichen NS-Erziehung	alle Beamten
16 Rassenpolitisches Amt	alle	40 Industrie- u. Handelskammer, Gauwirtschaftskammern	Abteilungsleiter usw.
17 Amt für Sippenforschung	alle	41 NS-Winterhilfswerk (WHW)	Kreisbeauftragten usw.
18 NS-Kraftfahrerkorps (NSKK)	v. d. 1. 9. 39 Sturmführer usw. n. d. 1. 9. 39 Truppführer usw.		
19 NS-Fliegerkorps (NSFK)	Truppführer usw.		
20 Hitlerjugend (HJ)	Gefolgschaftsführer usw.		
21 Deutsches Jungvolk (DJ)	Fähnleinführer usw.		
22 Bund deutscher Mädel (BDM)	Mädelgruppenführerin usw.		
23 Jungmädel (JM)	Jungmädelgruppenführerin usw.		
24 Organisation Todt (OT)	alle Freiwilligen und alle hauptamtlichen Führer usw.		

Ludwigshafen a. Rh., den 11. Juni 1946. Der Oberbürgermeister.

Buchdruckerei J. SAMSTAG, Ludwigshafen-Mundenheim

Bekanntmachung zur Gemeinderatswahl 1946 [40]

Wahlergebnisse der Kommunalwahl 1946 nach Stadtteilen[49]

in %	SPD	KPD	Summe SPD/KPD	CDU	WV	Summe CDU/WV
Mitte/Süd	40,0	13,0	53,0	32,8	14,1	46,9
Nord/Hemshof	43,7	21,3	65,0	26,8	8,0	34,8
Friesenheim	42,7	12,0	54,7	36,1	9,0	45,1
Oppau	50,2	19,1	69,3	26,7	3,9	30,6
Oggersheim	41,4	14,9	56,3	37,5	6,2	43,7
Mundenheim	35,8	16,7	52,5	40,1	7,4	47,5
Gartenstadt	48,9	20,2	69,1	26,8	4,0	30,8
Maudach	32,7	7,7	40,4	55,2	4,3	59,5
Rheingönheim	46,0	16,5	62,5	31,6	5,8	37,4
Stadt	43,1	16,9	60,0	32,3	7,7	40,0

die Verhältnisse in der Weimarer Republik anknüpften und noch bis weit in die Geschichte der Stadt in der Bundesrepublik, ja bis zum heutigen Tag Bestand haben sollten. Der unmittelbaren Gegenwart war allerdings die Tatsache geschuldet, daß die größte Wählerzahl im Hemshof zur Urne ging – hier war die Zerstörung der großen Wohnhäuser weitaus geringer als in der Innenstadt. Das ›Arbeiterviertel‹ Hemshof war auch, neben der Gartenstadt und Oppau, die Hochburg der KPD, die in allen drei Stadtteilen über oder knapp unter 20% der Stimmen erringen konnte. Die SPD gewann in fast allen Stadtteilen zwischen 40% und 46%, nur in Oppau errang sie mit 50,2% die absolute Mehrheit. In den katholischen Orten – Maudach und Mundenheim – wurde sie von der CDU überrundet, die in Maudach die absolute Mehrheit gewann. Der trotz der Bemühungen zur Überkonfessionalität wesentlich katholische Charakter der Partei trat deutlich hervor. Schwerpunkt der Wirtschaftlichen Vereinigung war – kaum überraschend – der Stadtteil Mitte/Süd, wo 14% für sie stimmten – vermutlich Selbständige und Geschäftsleute, die dort ihren Wohn- und Arbeitsort hatten.

Ein – schon 1948 gezogener – Vergleich der ersten freien Kommunalwahl nach zwölf Jahren Diktatur mit den letzten freien Gemeindewahlen auf dem Gebiet der Stadt 1929 – also unter Einschluß der 1938 eingemeindeten Orte – zeigte starke Gewinne sowohl für die SPD als auch für das christlich/katholische Lager. Auch die KPD konnte zulegen. Der große Verlierer waren die liberalen Gruppen, die 1929 noch fast ein Viertel der Stimmen gewonnen hatten. Die starke kommunale Position des Liberalismus in Ludwigshafen und seinen Randgemeinden, ein Erbe des Aufstiegs der Stadt in der Zeit der Hochindustrialisierung, war zerstört – und sie lebte auch in der Folge nie mehr auf, obgleich die FDP in späteren Jahren noch einige Male mehr als 10% der Stimmen gewinnen konnte.

Ebenso wie die Wahl selbst wies auch der neue Stadtrat Elemente auf, die gleichermaßen in die Vergangenheit wie auch in die Zukunft wiesen. Bedingt durch den Bruch in den demokratischen Traditionen griffen alle Parteien auf Persönlichkeiten zurück, die schon vor 1933 kommunale Wahlämter bekleidet hatten bzw. Mitglied eines Stadt- oder

Anmerkungen
Seite 440 und 441

49 *nach Angaben aus dem Archiv der CDU; StALu, PGV 2*

50 *Die Stadtratswahl am 14. November 1948 in Ludwigshafen a. Rh.; Veröffentlichungen des Statist. Amtes Ludwigshafen 6; StALu, DS 242/6*

51 *Angaben aus den Personalakten der Stadträte StALu, LUN 2764, 4008 sowie dem Melderegister der Stadt*

52 *Stadtratspersonalakte Willy Feller; StALu, LUN 2764*

Kommunalwahlergebnisse im Gebiet des Stadtkreises Ludwigshafen (Grenzen von 1939) 1929 und 1946 im Vergleich[50]

in %	SPD	Zentrum/ CDU	KPD	Liberale	Rechte	NSDAP
1929	33,2	21,5	11,0	24,2	3,5	6,6
1946	43,1	32,3	16,9	7,7	–	–

Konfessionszusammensetzung des Stadtrats 1946[51]

in %	SPD	KPD	CDU	WV	gesamt
katholisch	2	–	11	1	14
protestantisch	6	1	5	3	15
freireligiös	7	1	–	–	8
konfessionslos	7	6	–	–	13

Wahlhelferinnen vor dem Wahllokal in der Gräfenauschule, 15. September 1946; die schlechte Bild- (und Material-)qualität der Nachkriegs-›Rheinpfalz‹ verdeutlicht die allgemeine Mangellage in dieser Zeit [41]

Gemeindeparlaments gewesen waren. Elf der 22 SPD-Abgeordneten, fünf Mitglieder der CDU-Fraktion, und je zwei Kommunisten und Vertreter der Wirtschaftlichen Vereinigung, d. h. 40% der Stadträte gehörten zu dieser Gruppe. Entsprechend hoch war mit 52 Jahren auch das Durchschnittsalter der 46 Männer und vier Frauen – zwei bei der CDU, je eine bei SPD und KPD. Der älteste Abgeordnete war der 1875 geborene, der CDU angehörende Rheingönheimer Landwirt Eugen Schmidt, der lange Jahre dem Gemeinderat seines Heimatortes angehört hatte und 1933/34 Bürgermeister gewesen war. Ebenso wie das Alter der Kommunalparlamentarier wies auch ihre Konfessionszugehörigkeit in die Vergangenheit; nur 58% gehörten einer der beiden großen christlichen Kirchen an, obgleich in der Stadtbevölkerung dieser Prozentsatz damals bei 95% lag. Hier schlug sich die Tatsache nieder, daß die KPD nahezu geschlossen konfessionslos war – Stadtrat Willy Feller betonte stolz „als Kommunist bin ich Atheist",[52] während die Führungselite der SPD – abgesehen vom evangelischen Oberbürgermeister Bauer – ganz überwiegend der Freireligiösen Gemeinschaft zugehörte. Alte Kampflinien zwischen antisozialistischen Kirchen und der Arbeiterbewegung wurden hier weitergeführt. Schon zehn Jahre später, 1956, gab es nach Ausscheiden der KPD keine Ratsfraktion mehr mit einer nicht-christlichen Mehrheit, die Zahl der konfessionslosen/freireligiösen Räte war auf 25% gesunken. Bei der CDU zeigte sich 1946 noch das Bemühen, überkonfessionell zu sein. Trotz einer überwältigenden Mehrheit von Katholiken unter Wählern und Mitgliedern waren fünf der 16 CDU-Stadträte, d. h. fast ein Drittel, evangelisch. Auch hier hatte sich zehn Jahre später das Bild verändert und der Realität der Partei angepaßt: Von 16 Stadträten waren damals nur noch drei protestantisch.

Ein viel ›typischeres‹ Bild auch für die Zukunft wies die Berufsstruktur der Ratsmitglieder auf. Waren die Bürgerräte noch mit Industriellen, Geistlichen und Selbständigen besetzt gewesen, so gehörten dem ersten Stadtrat wieder mehr Vertreter solcher Berufsgruppen an, bei denen kommunalpolitische Arbeit „dazugehörte" bzw. toleriert wurde. Zwar bezeichneten sich viele auf den Stimmzetteln als Handwerker oder Arbeiter, doch das zeigte oft nur ihre berufliche Herkunft.

KPD-Kundgebung zur Abstimmung über die Landesverfassung 1947 [42]

Berufszugehörigkeit der Stadträte 1946[53]

	SPD	KPD	CDU	WV	gesamt
Städtische Leitungsfunktionen	1	1	1	–	3
Gewerkschaften/Parteien	7	3	–	–	10
Freie Berufe	1	–	3	1	5
Selbständige/Handwerker	2	–	2	2	6
Stadt-/Staatsverwaltung	3	2	1	–	6
Gehobene Angestellte (Industrie)	–	–	4	1	5
Meister (Industrie)	2	–	1	–	3
Ausgebildete Arbeiter	3	2	2	–	7
Sonstige	3	–	2	–	5

In Wahrheit waren sie – vor allem bei SPD und KPD – längst meist hauptamtliche Funktionsträger von Gewerkschaften und Partei, die in der ›Arbeiterstadt‹ die Arbeiterschaft repräsentierten. Andere Stadträte kamen aus dem Kreis der traditionellen Elite der Arbeiterparteien, der – zum Teil in der Industrie beschäftigten – Handwerker, oder sie bekleideten gehobene Positionen wie die eines Werkmeisters. Bei der CDU fehlten in diesem ersten Stadtrat noch gänzlich die bestallten Gewerkschaftsvertreter, ihre Abgeordneten kamen ganz überwiegend aus dem Mittelstand – Angestellte, selbständige Handwerker, Freiberufler. Manche der Abgeordneten waren längst Ruheständler, was einerseits auf die Reaktivierung demokratisch legitimierter Politiker zurückzuführen war. Doch auch in den folgenden Jahrzehnten gab der Ruhestand manchem Raum für die Arbeit im Kommunalparlament. Ein letztes Charakteristikum der Stadträte, das bis zum heutigen Tag Bestand hat, ist ihre Herkunft aus allen Stadtteilen. Der ›Ortsteilproporz‹ wurde zu einem wichtigen Faktor bei beiden großen Parteien.

Zum Oberbürgermeister wählte der Stadtrat den bereits ein Jahr zuvor anstelle von Hans Hoffmann von der Besatzungsmacht eingesetzten Sozialdemokraten Valentin Bauer, der in seiner Einführungsrede den demokratischen Charakter des neugewählten Gremiums lobte. Hart geißelte er die autoritären und antiparlamentarischen Kampagnen der ausgehenden Weimarer Republik und fügte hinzu: „Ich weiß, daß die Ansicht, der Parlamentarismus trage die Hauptschuld am damaligen wirtschaftlichen Elend, von mehreren der damaligen Stadträte, die auch unserer heutigen Stadtvertretung angehören, geteilt wurde. Die Ergebnisse der Arbeit der sogenannten verantwortungsvollen Politiker in den zwölf Jahren, die das größte Elend [...] brachten und in deren Auftrag die scheußlichsten Verbrechen begangen wurden, werden jeden von den ›Vorzügen‹ der ›autoritären Regierungsform‹ überzeugt haben."[54]

Bei den ersten Wahlen offenbarte sich bereits die heterogene Zusammensetzung des neugegründeten Landes Rheinland-Pfalz. Mit der Gründung verfolgten die Franzosen ähnliche Ziele wie bereits nach 1918, nämlich die Schaffung eines vom übrigen Deutschland möglichst unabhängigen Staates, der sich weitgehend an Paris anlehnen sollte. Das Maximalziel der französischen Außenpolitik sah die Herauslösung des gesamten Rheinlandes bis zur niederländischen Grenze aus Deutschland vor, um dort eine Reihe kleinerer Pufferstaaten zu errichten. Dies jedoch stieß auf den hartnäckigen Widerstand der Briten, die bereits Mitte Juli

Anmerkungen Seite 442 und 443

53 *erschlossen nach den eingereichten Wahlvorschlägen sowie Angaben in den Personalakten (s.o.)*

54 *SRP 14.11.1946; StALu, Pa II, 1/2*

55 *Erbe, S. 357f*

* *Der 1946 gewählte Stadtrat kurz vor Ende seiner Amtszeit 1948 auf dem Dach des Kaufhofs; in der Bildmitte, sitzend, von links: Bürgermeister Reichert, Oberbürgermeister Bauer und die Bürgermeister Trupp und Frenzel*

Der 1946 gewählte Stadtrat [43]*

SPD gegen die Landesverfassung 1947 [44]

1946 den linksrheinischen Teil ihrer Zone dem neuen Land Nordrhein-Westfalen zuschlugen. Gerade jedoch die separatistischen Pläne, die stärker noch von der Militärregierung der französischen Zone in Baden-Baden, vor allem von dem bis 1949 amtierenden Oberbefehlshaber General Pierre Koenig, als von der politischen Führung in Paris selbst verfolgt wurden, stießen in der traditionell nationalbewußten Pfalz und besonders in Ludwigshafen auf heftigen Widerstand. Hier wie in der Vorderpfalz hätte man lieber die Ende des 18. Jahrhunderts untergegangene Kurpfalz wiederbelebt, sich also dem Land Nordwürttemberg-Nordbaden bzw. später dem neuen Südweststaat Baden-Württemberg angeschlossen, nicht zuletzt um den wirtschaftlichen Verflechtungen mit dem Raum um Mannheim besser Rechnung tragen zu können. Hierfür machten sich einflußreiche Politiker in der SPD stark. Solche Tendenzen entsprachen der eher zentralistischen Tradition der beiden Arbeiterparteien, die sich von der Organisation des übrigen Deutschlands nicht einfach abtrennen lassen wollten. Deutlich kam dies zum Ausdruck, als der von der im November 1946 in Koblenz zusammengetretenen Verfassunggebenden Landesversammlung erarbeitete Verfassungsentwurf zur Volksabstimmung gestellt wurde. Während er nämlich in den übrigen Landesteilen, vor allem in den stärker katholisch geprägten nördlichen und westlichen Regierungsbezirken, mit deutlicher und teilweise überwältigender Mehrheit angenommen wurde, war die Ablehnung in Rheinhessen zwar relativ knapp, in der Pfalz jedoch mit nahezu 60% Gegenstimmen überaus klar. Insgesamt erfolgte so die Zustimmung zur Verfassung und damit zur Landesgründung lediglich mit der relativ dünnen Mehrheit von 53% zu 47%.[55]

In Ludwigshafen wurde die Verfassung mit über 71% abgelehnt.

Ein ähnliches Bild zeigte sich bei der Abstimmung über die Schulform, die am gleichen Tag stattfand. Sie zeigt die deutliche Kluft zwischen der gemischtkonfessionellen, mehrheitlich protestantischen Region und den fast ausschließlich katholischen rheinischen Gebieten. Während die gemischtkonfessionellen Pfälzer und Rheinhessen die Konfessionsschule ablehnten, wurde sie aufgrund der großen Zustimmung in den rheinischen Gebieten mit einer knappen Mehrheit von 52% – bei 47% Neinstimmen – angenommen. In Ludwigshafen wurde die Konfessionsschule mit über 74% Gegenstimmen abgelehnt.

Aus den am gleichen Tag wie die Volksabstimmungen stattfindenden Landtagswahlen gingen die Christdemokraten mit 47% als Sieger

Stadt-Anzeiger
Amtliche Mitteilungen der Militär-Regierung für Stadt- und Landkreis
Ludwigshafen am Rhein

Wiederherstellung des Gewerkschaftsrechtes

Verordnung Nr. 6 betreffend Wiederherstellung des Gewerkschaftsrechtes im französischen Besatzungsgebiet

Verordnung:

Verfügung Nr. 6 des Administrateur Général betreffend Durchführung der Verordnung Nr. 6 vom 10. September 1945 über die Wiederherstellung des Gewerkschaftsrechtes im französischen Besatzungsgebiet

›Stadt-Anzeiger‹ vom 24. Oktober 1945 [45]

hervor, die Sozialdemokraten waren mit 34% zweitstärkste Partei, die beiden liberalen Parteien erreichten zusammen fast 10%, die Kommunisten 9% der Stimmen. In der Pfalz wurde die SPD mit 41,1% erstmals stärkste Partei vor der CDU mit 36,1%. Auch die KPD schnitt hier mit über 12% besser ab als im Land. Dieser Trend war in Ludwigshafen noch deutlicher ausgeprägt. Hier erreichten die Sozialdemokraten 47% und die Kommunisten 21%, während die CDU nur 27% und die FDP weniger als 6% der Stimmen auf sich vereinigen konnte. Für die Ludwigshafener Sozialdemokraten zogen Friedrich Wilhelm Wagner und Ernst Lorenz und in den Landtag. Die KPD wurde von Fritz Baumgärtner, Willy Feller und Herbert Müller vertreten. Für die Christdemokraten wurden Franz Heller und Ludwig Reichling gewählt.[56]

Es lag deshalb auf der Hand, daß die neue, ab Juli 1947 amtierende Landesregierung unter dem CDU-Politiker Peter Altmeier eine vorsichtige Integrationspolitik betreiben mußte. Rheinhessen, die Pfalz und nicht zuletzt die größte Stadt des Landes konnten sich aufgrund ihrer anderen konfessionellen und politischen Prägung nur schwer mit der Eingliederung in das neue Bundesland abfinden. Zunächst wurde die Verlegung des Regierungssitzes von Koblenz nach Mainz betrieben und damit der rheinhessische Landesteil gewissermaßen aufgewertet. Zum anderen regierte Altmeier bis April 1948 mit einer Allparteienkoalition aus CDU, SPD, KPD und Liberalen und trug damit auch der Stärke der beiden Arbeiterparteien in der Pfalz, insbesondere im Raum Ludwigshafen, Rechnung. Zu seinen wichtigsten Partnern zählten zwei Ludwigshafener – SPD-Finanzminister Hans Hoffmann und Willy Feller, der kommunistische Minister für Wiederaufbau.

Gewerkschaften und Arbeitgeberverbände

Früher als die Parteien und die politischen Gremien hatten sich die Gewerkschaften formiert. Als die Franzosen ihre Zone in Besitz nahmen, hatten sich an vielen Orten unter amerikanischer Besatzung bereits zentrale Einheitsgewerkschaften gebildet. In Ludwigshafen trafen sich einige ehemalige Gewerkschaftsmitglieder, die ein Komitee bestehend aus zwei ehemaligen Sozialdemokraten sowie je einem ehemaligen Mitglied der Kommunisten und des Zentrums bildeten. Anfang Mai 1945 unterbreiteten sie dem Stadtkommandanten eine Satzung und einen Organisationsplan zur Gründung eines überparteilichen und branchenübergreifenden Gewerkschaftsbundes, in dem Arbeiter, Angestellte und Beamte gemeinsam organisiert werden sollten. Sofort nach Erhalt des Zulassungsbescheides veranlaßten die Gewerkschafter in den größeren Firmen die Bildung von Betriebsvertretungen.

Am 22. Mai 1945 gründeten schließlich 62 Gewerkschaftsdelegierte und das provisorische Organisationskomitee den Freien Deutschen Gewerkschaftsbund – Ortsausschuß Ludwigshafen. Der Vorstand wurde per Akklamation bestimmt. Erster Vorsitzender war der Sozialdemokrat Karl Fischer, der bereits vor 1933 den Allgemeinen Deutschen Gewerkschaftsbund geleitet hatte. Auch der Zweite Vorsitzende, der Kommunist Max Frenzel, war bereits vor dem Krieg Mitglied des ADGB-Vorstandes. Ende Juni machte der FDGB Ludwigshafen bei den amerikanischen Behörden in Neustadt einen Vorstoß zur Gründung einer Regionalgewerkschaft, den der Wechsel der Besatzungsmacht gegenstandslos machte.

Anmerkungen
Seite 444 und 445

56 Fauck, S. 110
57 vgl. StALu, PGV 2 und 13
58 vgl. Becker, KPD, S. 434f; Pieroth, S. 850; Simon, S. 149
59 vgl. StALu, LUN 1705; Becker, KPD, S. 467

Ludwig Reichling [46]

Ludwig Reichling[57] wurde am 30. Dezember 1889 in Ludwigshafen geboren. Von Beruf Architekt, war er als Baumeister in der BASF beschäftigt. 1919 Mitglied des Zentrums, wurde er 1925 zum Vorsitzenden des Zentrums in Ludwigshafen-Nord gewählt. Von 1929 bis 1933 gehörte er dem Stadtrat an. 1945/46 trat er wieder als Mitbegründer der Ludwigshafener und pfälzischen CDU hervor. Am 2. Juni 1946 wurde er zum stellvertretenden Kreisvorsitzenden, am 13. Februar 1947 zum Kreisvorsitzenden gewählt. Ab dem 22. September 1946 war er Vorsitzender der CDU-Stadtratsfraktion, ab dem 18. Mai 1947 auch MdL. 1958 trat er vom Vorsitz des CDU-Kreisverbandes sowie des Bundestagswahlkreises zurück. 1959 kandierte er nicht mehr für den Landtag, 1960 nicht mehr für den Stadtrat.

Ludwig Reichling starb am 10. März 1964 in Ludwigshafen. [K. B.]

Willy Feller [47]

Willy Feller[58] wurde am 12. November 1905 in Ludwigshafen geboren. Nach dem Volksschulabschluß lernte er den Beruf des Formers und heiratete die Ludwigshafener Verkäuferin und Kommunistin Pauline Steinheimer. 1919 trat er der Freien Sozialistischen Jugend bei, 1920 wurde er Mitglied der KPD. 1929 unternahm Feller eine Studienreise in die Sowjetunion. Ab 1931 war er bei den KPD-Zeitungen ›Ruhrecho‹ in Essen und ›Kämpfer‹ in Chemnitz beschäftigt. Bei der Dresdner ›Arbeiterstimme‹ und der Kölner ›Sozialistischen Republik‹ hatte Willy Feller die Position des Chefredakteurs inne. Die Nationalsozialisten inhaftierten den kommunistischen Arbeiterführer mehrfach und verurteilten ihn wegen Hochverrat zu zwei Jahren Gefängnis. Als Feller 1935 aus dem KZ entlassen wurde, war er zunächst arbeitslos und verdiente schließlich seinen Lebensunterhalt als Versicherungsvertreter. 1943 diente er als Soldat im Strafbataillon 999, im Mai bis Juli 1944 wurde er erneut interniert. Nach Kriegsende engagierte sich Feller beim Wiederaufbau der KPD, 1946 bekleidete er das Amt des Landeskulturleiters. 1946 bis 1948 war er Mitglied der Bezirksleitung der pfälzischen KPD, danach gehörte er bis 1950 dem Landesvorstand und dem Sekretariat seiner Partei an. 1946 – bis 1948 bzw. 1952 – wurde Feller Mitglied der Kreisversammlung und des Stadtrates Ludwigshafen. Feller gehörte 1946/47 der Beratenden Landesversammlung an. Danach war er vier Jahre Abgeordneter im Landtag Rheinland-Pfalz und wurde im Juni 1948 zum Vorsitzenden der KPD-Landtagsfraktion gewählt. Seit 1950 war er Mitglied des Bezirkstags Pfalz. Unter der Allparteienregierung von Wilhelm Boden bekleidete Willy Feller das Amt des Ministers für Wiederaufbau und Verkehr, dem ersten Kabinett von Peter Altmeier gehörte er als Wiederaufbauminister bis 1948 an. Im selben Jahr übernahm er die Position des Chefredakteurs der KPD-Zeitung ›Neues Leben‹. 1950 und 1951 arbeitete er in der Abteilung Massenagitation beim Parteivorstand der KPD. Im September 1951 wurde Feller zweimal wegen der Volksbefragung gegen die Remilitarisierung in Ludwigshafen verhaftet. Im März 1952 wurde er von allen Parteifunktionen entbunden und legte das Stadtratsmandat nieder. Nach seinem Ausscheiden aus der Politik war er im Versicherungsbereich tätig. 1961 versuchte er als unabhängiger Kommunist für ein Bundestagsmandat zu kandidieren. Da die KPD jedoch seit 1956 verboten war, wurde er hierfür im November 1962 vom Landgericht Frankenthal mit acht Monaten Gefängnis auf Bewährung verurteilt. 1968 trat Feller der Deutschen Kommunistischen Partei (DKP) bei. 1977 wurde er mit dem Bundesverdienstkreuz ausgezeichnet.

Willy Feller starb am 9. Juli 1979 in seiner Geburtsstadt Ludwigshafen.

Paul Liebel [48]

Paul Liebel[59] wurde am 23. Dezember 1900 in Nürnberg geboren. Gewerkschaftssekretär. Wegen seiner aktiven Mitgliedschaft im kommunistischen Industrieverband 1924 bei der BASF entlassen. Vom 28. Mai bis 1. Juni sowie 27. Juni bis 30. Juni 1933 in ›Schutzhaft‹ und anschließend vom 30. Juni 1933 bis 23. Februar 1934 im KZ Dachau inhaftiert. 1945/46 Mitglied des von den Besatzungsmächten berufenen Bürgerrates bzw. Bürgerkomitees. Mai 1945 Mitglied der pfälzischen Bezirksleitung der KPD. Am 17. Dezember 1945 wurde Liebel zum Vorsitzenden der Gewerkschaft Chemie in Ludwigshafen gewählt. Im Februar 1946 Mitglied der Landesleitung der KP Hessen-Pfalz. Seit September 1946 Mitglied des Stadtrates in Ludwigshafen. März 1947 Abwahl als Vorsitzender der Gewerkschaft Chemie, aber Einstellung als hauptamtlicher Sekretär. 1949 Mitglied der Landesleitung der KPD in Rheinland-Pfalz. Am 7. April 1951 Austritt aus der KPD. 25. Februar 1952 Beitritt zur SPD.

Paul Liebel starb am 14. November 1963 in Ludwigshafen. [K. B.]

Maifeier der Gewerkschaften
1946, 10³⁰ Uhr [49]

Maikundgebung der Gewerkschaften
Herbert Müller, damals Vorsitzender der KP Hessen-Pfalz, am Rednerpult [50]

Die Franzosen verfügten im Juli 1945 zunächst ein Betätigungsverbot für die Gewerkschaften. In Ludwigshafen konnte die Gewerkschaftsorganisation zwar eine Auflösungsverfügung vermeiden, sie konnte aber nicht mehr nach außen wirken. Erst mit der Anordnung Nr. 6 und deren Durchführungsverfügung legten die Franzosen im September 1945 den Aufbau von dezentralen Strukturen fest. Obgleich die Besatzungsbehörden die in Ludwigshafen bestehende Organisation der Einheitsgewerkschaft ablehnten, entschlossen sie sich, den FDGB nicht zu zerschlagen. Vorrangiges Ziel der Franzosen war die wirtschaftliche Ausbeutung der Zone. Die Gewerkschaften sollten organisierend, lenkend und notfalls auch disziplinierend ins soziale Geschehen eingreifen. Die Besatzungsmacht hielt mit der Androhung der Organisationsauflösung ein Disziplinierungsinstrument in Händen, mit dem sie die Politik der Gewerkschaften bestimmen konnte. Sie beauftragte den Vorstand des FDGB umgehend autonome Industriegewerkschaften zu bilden. Bis Anfang Januar waren acht Verbände geschaffen worden. Zwischen März und September 1946 wurden der Reihe nach die Industrieverbände (IV) Chemie, Bau, Graphisches Gewerbe, Metall, Nahrungsmittel, Gemeinde- und Staatsarbeiter, Eisenbahn und Handel gegründet.[60]

Der mit Abstand wichtigste Verband war die Gewerkschaft Chemie, die bereits am 17. Dezember 1945 gegründet wurde. Dem Gründungsvorstand gehörten fünf Sozialdemokraten, vier Kommunisten, zwei spätere Christdemokraten und zwei Parteilose an. Erster Vorsitzender wurde der Kommunist Paul Liebel.

Im Juli 1946 wurde schließlich der bisher unter Vorbehalt agierende Ludwigshafener FDGB zum Ortskartell umgewandelt. Zusammenschlüsse auf höherer Ebene verzögerten sich, bis schließlich das Land Rheinland-Pfalz gegründet wurde. Aufgrund großer Organisationsschwierigkeiten in Rheinland-Hessen-Nassau wurde ein Dachverband der Landesgewerkschaften erst im April 1947, acht Monate nach der Gründung der Landesverbände in Württemberg-Baden, ins Leben gerufen.

Anmerkungen
Seite 446 und 447

60 *Seidl, S.472, Tabelle FN 55*
61 *ebd., S.605, Anhang Nr. 12*
62 *ebd., S.72ff, S.136ff, S.190ff*
63 *Kusch, S.163*
64 *Seidl, S.249, Tabelle 41*

Aufbruch zur Maikundgebung 1946 [51]

Maifeier der SPD 1946, 7 Uhr abends [52]

Den wichtigsten Verbänden des Landes – Chemie, Metall, Öffentliche Betriebe, Post – saßen mit Ernst Lorenz (SPD), Fritz Baumgärtner (KPD), Edwin Will (SPD) und Karl Grass (KPD) Funktionäre aus Ludwigshafen vor.[61] Die Stadt wurde auch Sitz der Bezirksleitung des IV Chemie.[62]

In den Ludwigshafener Betrieben konnten sich die Kommunisten sehr rasch eine Organisationsbasis sichern. Sie forcierten bereits kurz nach der Besetzung den Aufbau von Betriebsgruppen, die bis Ende 1945 ein engmaschiges Netzwerk bildeten. Weil die Partei aus Bielefeld und Berlin mit Agitationsmaterial versorgt wurde und weil sie „für jeden noch so unwichtig scheinenden Funktionärsposten sofort Kandidaten bereit" hielt, konnte sie zunächst eine starke Position in den Betrieben gewinnen.

Die SPD begann später als die Kommunisten mit dem Aufbau von Parteigruppen. Sozialdemokraten bei den Ludwigshafener I. G. Farben beklagten ihre eigene Passivität und die Vernachlässigung der Kleinarbeit. Man habe den Kommunisten das Feld überlassen.[63] Die offizielle Erlaubnis zur Gründung von SPD-Betriebsgruppen gab der Parteivorstand erst 1948, weil SPD-Gewerkschafter aus Angst um die Einheitsgewerkschaft auf länderübergreifender Ebene interveniert hatten. In Ludwigshafen wurde allerdings besonders vor den ersten Betriebsratswahlen 1947 der Kampf gegen die Kommunisten in den Betrieben forciert. Die Sozialdemokraten stellten in Ludwigshafen 68 von 169 Betriebsräten und konnten diesen Wert 1948 auf 69 von 140 Betriebsräten steigern. Die Anzahl kommunistischer Betriebsräte fiel von 60 auf 42, die der Christdemokraten von zwölf auf acht.[64]

Weitaus unproblematischer als die Gründung von Arbeitnehmervertretungen war die Organisation der industriellen Betriebe und der Handelsunternehmen in Ludwigshafen.

Unternehmen und Kapitaleigner verfügten vom ersten Tag der Besatzung an über ein funktionierendes Koordinations-, Kommunikations- und Organisationsinstrument: die Wirtschaftskammer Ludwigshafen.

Maifeier der KPD 1946, 14^{30} Uhr [53]

Ecke Friedrich-Heene- und Wittelsbachstraße, um 1946 [54]

Zwar untersagten die Alliierten sämtlichen Organisationen der Wirtschaft eine weitere Betätigung, lösten jedoch nur eine kleine Minderheit von ihnen formell auf. In der französischen Zone wurden – ähnlich wie im britischen Besatzungsgebiet – im wesentlichen die vor 1933 geltenden Gesetze für Industrie- und Handelskammern sowie Handwerkskammern wieder inkraftgesetzt. Die Kammern behielten also ihren öffentlich-rechtlichen Charakter und übernahmen in steigendem Maße Selbstverwaltungsaufgaben.[65]

Bereits am 2. Juni 1945 wurde die Industrie- und Handelskammer der Pfalz mit Sitz in Ludwigshafen gegründet. Verschiedene Betriebe waren zwangsweise Mitglied dieser einheitlichen Wirtschaftsvertretung, weshalb sie für die Militärregierung ein gutes Steuerungsinstrument für Produktion und Wiederaufbau war. Zwar mischte sich die französische Besatzungsregierung in die organisatorischen und personellen Fragen der Unternehmerorganisation ein und achtete penibel auf eine Parallelförderung von Wirtschaftskammern und Gewerkschaften. Die ununterbrochene Existenz der Ludwigshafener Kammer seit der Weimarer Republik über die NS-Zeit bescherte jedoch der ›Kapitalseite‹ gegenüber den Gewerkschaften einen eindeutigen strategischen Vorteil.[66]

Versorgung und Wohnen

Die Verkehrsverhältnisse bei Kriegsende waren katastrophal. Die Straßen der Innenstadt waren durch Trümmerberge und Erdtrichter nur schwer passierbar. Die Hauptverkehrsstraßen von Kaiserslautern über Bad Dürkheim in die Stadt und von Speyer über Oggersheim nach Frankenthal waren für den normalen Verkehr gesperrt worden und durften nur von Militärfahrzeugen genutzt werden. Schiffe konnten den Rhein nicht passieren, weil Trümmerteile der gesprengten Rheinbrücke und die im Mai 1945 errichtete hölzerne Pionierbrücke in Höhe der Kaiser-Wilhelm-Straße die Fahrrinne blockierten.[67] Sie wurde im August durch eine hölzerne Behelfsstraßenbrücke an der Wredestraße ersetzt, die eine genügend große Durchfahrt für Schiffe besaß. Züge konnten den Rhein erstmals schon Anfang April 1945 auf einer hölzernen Brücke überqueren, deren Stabilität jedoch so gering war, daß sie im Juli 1945 wieder aufgegeben wurde. Erst ab Juli 1946 stand dann eine eingleisige Behelfsbrücke zur Verfügung, die man an der Stelle der großen Rheinbrücke errichtet hatte. Mängel und Sperrungen der Behelfsbrücke, die immer wieder durch einen Fährverkehr zwischen Mannheim und Ludwigshafen ersetzt werden mußte, veranlaßten schließlich die beiden Städte, seit Sommer 1946 einen Wiederaufbau der alten Rheinbrücke mit einfachsten Mitteln zu betreiben. Die in Gustavsburg lagernde Stahlkonstruktion einer Kriegseisenbahnbrücke wurde erworben und zur Straßenbrücke umgerüstet. Vom Mai 1947 an wurden die schönen Brückenportale, die den Krieg überdauert hatten, abgebaut, und im Dezember 1948 konnten wieder Straßenbahnen auf einer Straßenbrücke an alter Stelle den Rhein überqueren.[68]

Die von der Besatzung verhängten Fahrverbote konnten nur wenige Kraftfahrzeuge treffen. Viele waren dem Krieg zum Opfer gefallen, und der städtische Fuhrpark war vor allem durch die Flucht von Bediensteten auf die rechtsrheinische Seite dezimiert worden. Oft mußten unzerstörte Motorfahrzeuge an die Militärbehörden abgegeben werden.

Anmerkungen Seite 448 und 449

65 *Tornow, S. 237*
66 *Seidl, S. 151f und S. 373f*
67 *Die erste Brücke war die von US-Pionieren Anfang April errichtete Pontonbrücke*
68 *MM, 18.12.1948*
69 *vgl. Zimmermann; Becker, ÖTV, S. 196ff; Becker, Verdi, S. 16ff*

Gewerkschafter zwischen Kaiserreich und Bundesrepublik:

Edwin Will,[69] *am 10. Oktober 1893 in Ludwigshafen als Sohn eines Schneiders geboren. Nach der Volksschule Lehre in der Metallverarbeitung, seit 1910 als Mechaniker bei der Stadt Ludwigshafen. Seit 1911 Mitglied des ›Verbandes der Gemeinde- und Staatsarbeiter‹ (VGS). 1913 zum Militär eingezogen, kam, durch einen Bauchschuß schwer verwundet, 1915 nach Ludwigshafen zurück und trat der SPD bei. 1916 Arbeiter bei den Städtischen Wasserwerken Ludwigshafen. 1920 Betriebsratsmitglied bei der Stadtverwaltung. Seit 1922 Betriebsratsvorsitzender der städtischen Betriebe. Von 1924 bis 1928 Vorsitzender der Filiale Ludwigshafen des VGS; in dieser Eigenschaft Mitglied des Ortskartells des ADGB. Seit 1925 SPD-Abgeordneter im Kreistag Ludwigshafen, Vorstandsmitglied der AOK und der örtlichen Organisation des ›Zentralverbandes der Konsumgenossenschaften‹. Seit 1927 Mitglied des Verbandsbeirates, dem höchsten Gremium der VGS. Im Jahr 1928 als Sekretär des Bezirks Berlin-Brandenburg hauptamtlich angestellt. Von 1929 bis 1930 in Breslau Sekretär des Verbandes im Bezirk Schlesien. April 1930 von der Organisation nach Frankfurt am Main delegiert. 1933 entlassen, zwei Wochen in ›Schutzhaft‹. Im August 1933 Rückkehr nach Ludwigshafen. Bis 1936 unter verschärfter Polizeiaufsicht, jede Arbeit wurde ihm verwehrt, verdiente er als Vertreter seinen kargen Lebensunterhalt. Von 1940 bis 1945 zum kasernierten Luftschutz eingezogen.*

Will gehörte zu dem Kreis Ludwigshafener Gewerkschafter, die im März 1945 die zukünftige Gewerkschaftspolitik beratschlagten. 1945/46 Vertreter der Sozialdemokratie im Beirat bzw. im Bürgerkomitee Ludwigshafens. Von 1946 bis 1952 Mitglied des Stadtrats. Am 22. Mai 1945 zum Vorstandsmitglied des ›FDGB Ortsausschuß Ludwigshafen‹ gewählt. Im Dezember 1945 konstituierte sich unter Wills Leitung der Industrieverband der Gemeinde- und Staatsarbeiter, dem zunächst – die französischen Militärbehörden hatten Angestellten und Beamten des öffentlichen Sektors jede gewerkschaftliche Organisation untersagt – nur Arbeiter beitreten durften. Seit Juli 1946 Mitglied des vorbereitenden Ausschusses zur Gründung der ›Gewerkschaft Öffentlicher Betriebe und Verwaltungen‹ in Hessen-Pfalz, im April 1947 1. Vorsitzender der rheinland-pfälzischen Landesgewerkschaft und auf der Interzonenkonferenz der Gewerkschaften des öffentlichen Dienstes für Rheinland-Pfalz in den Interzonenausschuß gewählt. Eine zentrale Forderung Wills auf dem 1. Verbandstag 1947, das Transport- und Verkehrswesen in diese Gewerkschaft zu integrieren, konnte wegen französischer Einsprüche bis 1949 nicht realisiert werden. Beim Gründungskongreß des ›AGB Rheinland-Pfalz‹ im Mai 1947 in Mainz Beisitzer im Vorstand. Als allseits akzeptierter Funktionär ›überlebte‹ Will 1947 den ›Machtwechsel‹ – kommunistische Mehrheit – im FDGB Ludwigshafen. 1948 mit dem drittbesten Ergebnis erneut in den lokalen – nun wieder sozialdemokratisch dominierten – Vorstand gewählt. Spätestens 1948 war bei Will eine deutliche Radikalisierung zu verzeichnen; als Leiter der ›Hungerdemonstrationen‹ in Ludwigshafen und Mitglied des großen Ernährungsausschusses Rheinland-Pfalz stellte er sich an die Spitze einer populistischen Bewegung. Nach seiner einstimmigen Bestätigung als Vorsitzender der Landesgewerkschaft des öffentlichen Dienstes 1948 wurde er im Januar 1949 zum Delegierten für den ›Vereinigungsverbandstag der Gewerkschaften des Öffentlichen Dienstes, Transport und Verkehr‹ gewählt. Will nahm am Verschmelzungsverbandstag teil, obgleich die Militärregierung den Delegierten aus ihrer Zone untersagt hatte, sich aktiv zu beteiligen. Demonstrativ zu einem der Beisitzer auf dem Verbandstag gewählt, brachte er den „Willen zur Vereinigung" der Mitgliedschaft der französischen Zone zum Ausdruck. Mitglied des Hauptvorstands der Gewerkschaft Öffentliche Dienste, Transport und Verkehr. Auf der Bezirkskonferenz im Dezember 1949 zum ersten Bezirksleiter der Gewerkschaft ÖTV von Rheinland-Pfalz gewählt. Seit Gründung Mitglied des Vorstandes des Bezirks Rheinland-Pfalz des DGB. Durch die als unglücklich empfundene Zusammensetzung des Bezirksvorstandes, die die konfessionelle, politische und landsmannschaftliche Zusammensetzung der Mitgliedschaft nur unzulänglich berücksichtigte, kam es innerhalb des Bezirks zu erheblichen Spannungen, die sich gegen den Bezirksleiter Will richteten. Seit Mitte 1957 forderte die Mehrheit der ehrenamtlichen Kreisvorsitzenden personelle Änderungen bei der Bezirksverwaltung. Will schied deshalb Ende 1958 aus dem Dienst der Gewerkschaft ÖTV aus. Sein sozialpolitisches Engagement blieb als ›Rentner‹ ungebrochen. Bis 1965 wirkte er als Landesarbeitsrichter in Mainz und als Sozialrichter in Speyer. Nach seiner Pensionierung Vorsitzender des Ältestenrates des SV Südwest. Bis 1970 Bundesvorsitzender des Zentralverbandes der Sozialversicherten, Rentner und deren Hinterbliebenen und Landesvorsitzender in Rheinland-Pfalz. Edwin Will starb am 6. November 1975 in Ludwigshafen. [K. B.]

Edwin Will [55]

›Verkehr‹ in der Bismarckstraße
Aufnahme vom 13. Februar 1946 [56]

Eine zerstörte Straßenbahn vor dem verwüsteten BASF-Gelände
1945 [57]

Die Besatzungsbehörden und die Polizei beschlagnahmten auch Fahrräder. Die Bürger quittierten solche Mobilitätseinschränkungen häufig mit wüsten Beschimpfungen. Denn es war für sie kein Trost, daß die Räder nicht repariert werden konnten, weil es an Reifen mangelte. Wer sein Fahrrad dennoch gerettet hatte, mußte es wie einen Schatz hüten, weil auch Diebe überall lauerten. Im Herbst 1945 wurde das Fahrradverbot gelockert, ›Drahtesel‹ blieben aber registrierungspflichtig und bekamen ein Nummernschild.

Die Rheinbrücke mit der im Juli 1946 wiederhergestellten eingleisigen Bahnstrecke. Das prächtige Portal wurde nach dem Frühjahr 1947 abgebaut; links im Hintergrund die Notbrücke [58]

Verkehr auf der Notbrücke um 1946 [59]

Auch der öffentliche Personennahverkehr war zum Stillstand gekommen. Straßenbahnen konnten nicht mehr fahren; 250 Oberleitungsmasten, über 300 Stellen am Gleiskörper, zwei Drittel der zweiachsigen Züge und drei Viertel der Beiwagen waren zerstört. Weil der bisherige Gemeinschaftsbetrieb mit Mannheim infolge der Zerstörung der Rheinbrücke nicht mehr möglich war, mußte eine neue Betriebsorganisation aufgebaut werden. Doch bereits am 19. Mai 1945 rollten die ersten Straßenbahnen vom Betriebshof am Luitpoldhafen zur Schützenstraße

Trümmerräumung in der unteren Bismarckstraße, rechts eine Trümmerbahn um 1946 [60]

Leben in der Brahmsstraße um 1946 [61]

und von dort nach Mundenheim. Im Juni wurde die Rhein-Haardt-Bahn-Linie von Oggersheim nach Bad Dürkheim aufgenommen, erst im November war Oggersheim wieder an das Ludwigshafener Schienennetz angebunden. Bis die Straßen geräumt, die Schienen repariert, die Fahrdrähte gespannt sowie zerstörte Gleise und Oberleitungen repariert werden konnten, dauerte es allerdings noch viele Monate. Weil es an Material und Arbeitskräften mangelte, konnte der Betrieb der Linie nach Oppau erst im August 1946 aufgenommen werden.

An einen Ersatzbusverkehr nach Oggersheim und Oppau war lange nicht zu denken, da Dieseltreibstoff rar war. Die Buslinie in die Gartenstadt wurde mit Gas betrieben. Die überalterten Fahrzeuge blieben jedoch häufig liegen, denn es mangelte an Ersatzteilen.

Nicht nur innerstädtische Verbindungen, auch der Regionalverkehr war zum Erliegen gekommen. Die Schienen der Eisenbahn waren unterbrochen, der Hauptbahnhof zerstört. Dennoch konnte bereits am 24. April 1945 der erste Personenzug vom Hauptbahnhof nach Neustadt fahren. Dringend erwartet wurden Güterzüge mit Kohle und Grundnahrungsmitteln. Die Züge fuhren nur unregelmäßig, weil das Zugmaterial stark reparaturbedürftig war.

Ein ernstes Problem waren die Abfallentsorgung und das Abwassernetz. Das städtische Kanalnetz wies über 1 000 beschädigte Stellen auf. Für die Ludwigshafener barg das ein großes Krankheitsrisiko, weil die Abwässer in die Keller der Wohngebäude eindrangen. Sogar im städtischen Krankenhaus „verbreitete sich ein fürchterlicher Gestank, und Seuchen konnten jederzeit ausbrechen."[70] Aus den gleichen Gründen bemühte sich die Stadtverwaltung zügig darum, die Müllabfuhr und die Entleerung der ›Abortgruben‹ voranzubringen.[71]

Anmerkungen
Seite 452 und 453

70 *v. Hippel, S. 394*

71 *Bürgerratsprotokoll vom 29. 3. 1946, S. 37, S. 42ff; StALu, Pa II, 1 / 2*

72 *Minor, S. 36*

73 *Allerlei aus Ludwigshafen, in: Rhpf, 21. 11. 1945*

74 *Änderung zur Stromeinschränkung, in: Rhpf, 28. 5. 1947*

75 *vgl. Becker, Stadt, S. 46ff; Minor, S. 26, S. 44ff; Fauck, S. 107—112*

Ein kleines rauchendes Ofenrohr: Kellerwohnung in der Lagerhausstraße nahe der Wittelsbachstraße, um 1946 [62]

Ludwigshafener Kinder 1947/48 [63]

Die Wasser-, Gas- und Stromversorgung war wegen der zerstörten Leitungen unterbrochen und konnte nur mit Mühe wieder aufgenommen werden. Zuerst funktionierte die Versorgung in den weniger zerstörten Vororten. Das Wasserwerk auf der Parkinsel, durch Luftangriffe erheblich zerstört, produzierte wieder ab Mai 1945. Schon seit April lieferte das Ferngaswerk Saar wieder Gas, das allerdings nur in die noch funktionsfähigen Netze in Oggersheim, Mundenheim und in der Gartenstadt eingespeist werden konnte. Erst Ende 1945 konnte Gas in der ganzen Stadt genutzt werden.

Am schnellsten war die Stromversorgung gesichert. Die Verbindung zu den Kraftwerken in Homburg und Mannheim wurde zwar erst im April und Mai wiederhergestellt. Die Stadt konnte sich jedoch schon im März mit Strom aus dem Kraftwerk der Firma Giulini versorgen.

Trotz der Instandsetzung der Infrastruktur unterlag die Energie noch lange Zeit der Zwangsbewirtschaftung durch die Militärregierung. Im Mai 1945 wurde der Verbrauch von Strom in Privathaushalten verboten. Elektrische Haushaltsgeräte mußten der Militärregierung gemeldet werden. Zwei Monate später wurde die Maßnahme gelockert. Dann war der Verbrauch von elektrischer Energie immerhin über Nacht von 16 Uhr bis 9 Uhr erlaubt, während der Tageszeit nutzte vor allem die Industrie die wertvolle Energie.[72]

Im November 1945 wurde die Benutzung elektrischer Raumheizgeräte verboten, und die Militärregierung schränkte den Gebrauch der übrigen elektrischen Geräte weiter ein, wie auch die Wasserversorgung drastisch eingeschränkt wurde.[73] Auch während der folgenden beiden Jahre mußten Privathaushalte und Industrie weiter zeitliche Beschränkungen[74] im Gas- und Stromverbrauch hinnehmen.[75]

Insgesamt bleibt es jedoch bemerkenswert, wie bald nach der ›Stunde Null‹ die öffentliche Ver- und Entsorgung wieder in Gang kam.

„Trümmerhöhlen" waren die Unterkünfte der verbliebenen Einwohner in der Innenstadt. Trotzdem war bei Kriegsende eigentlich genügend Wohnraum vorhanden. 1939 lebten 150 000 Menschen in 41 000 Wohnungen. Mitte 1945 lebte noch ein Drittel der Bewohner in den verbliebenen 17 240 leicht beschädigten Unterkünften, das waren etwa 40% des Vorkriegsbestandes. Rechnerisch war der Wohnungsbestand ausreichend, das Problem war die Verteilung. Während in den Vororten, besonders in Oggersheim, ausreichend Wohnraum vorhanden war, herrschte in der Innenstadt, insbesondere im Stadtteil Süd, die blanke Not.[76] Viele Menschen lebten in Kellern, Bunkern oder in total überbelegten Behausungen. Auch die notdürftig ausgebauten Schuppen in der Trümmerwüste und in den Schrebergärten dienten noch jahrelang als Bleibe. Mitunter teilten sich bis zu zehn Personen ein Zimmer, jeder Bewohner hatte durchschnittlich acht bis zehn Quadratmeter zur Verfügung.

Die Lage wurde noch dadurch verschärft, daß das städtische Wohnungsamt für das amerikanische wie später auch für das französische Besatzungspersonal und seine Angehörigen gut erhaltenen Wohnraum freimachen mußte. Als sich Jakob Häuselmann, der Leiter der Behörde, weigerte, die Beschlagnahmung vorzunehmen, drohte ihm die französische Militärregierung mit Amtsenthebung und inhaftierte ihn zwei Tage lang.

Die Situation wurde täglich dramatischer. Heimgekehrte Soldaten, Obdachlose, Evakuierte und Flüchtlinge ließen die Stadt 1946 auf 110 000 Einwohner anwachsen.[77] Wer in die Chemiestadt ziehen oder zurückkehren wollte, mußte eine Unterkunft bzw. einen Arbeitsplatz am Ort nachweisen. Aufgrund eines Gesetzes des Alliierten Kontrollrates[78] und einer Ermächtigung des Oberregierungspräsidiums war das Ludwigshafener Wohnungsamt bis zur Währungsreform 1948 berechtigt, intakte Quartiere, aber auch leerstehende Zimmer und Mansarden in der Stadt und in den umliegenden Landkreisen Ludwigshafen, Frankenthal, Speyer und Kirchheimbolanden zu beschlagnahmen. Oft mußte die Behörde ihren Anspruch gegenüber den Hausbesitzern mit Hilfe der Polizei und der Gendarmerie durchsetzen. Besonders in den Landgemeinden wurde die städtische Behörde angefeindet und mußte häufig ohne die Rückendeckung der Gemeindebürgermeister vorgehen.

Der Kritik der Wohnungsbesitzer, die von Beschlagnahme betroffen waren, begegnete die Stadt mit einem Appell näher zusammenzurücken, um das Wohnungselend zu beseitigen. So standen am Schießhaus in Maudach Baracken für 49 Personen: „Fast überall regnet es in Strömen ein. Es fehlt an Fenstern und zugfesten Türen. Die Wände sind zum Teil nur aus Kistenholz mit Packpapier oder Zeitungspapier überklebt, sind nass und bieten keinerlei Schutz gegen Zug, Nässe und Kälte. Es gibt Wohnungen [...] wo es an dreißig Stellen einregnet und es ist nicht selten, daß sich die beklagenswerten Bewohner solcher Behausungen mit dem aufgespannten Regenschirm zu Bett legen oder manchmal zu einem Nachbarn flüchten müssen [...]."[79] Im Heuweg, in der heutigen Niederfeldsiedlung, lebten ausgebombte Innenstädter zweieinhalb Jahre nach Kriegsende zusammengepfercht in den feuchten Erdlöchern ehemaliger Flakstellungen.

Anmerkungen
Seite 454 und 455

76 *Ludwigshafen wie es war und ist, in: Rhpf, 31.12.1947*

77 *Wohnraumproblem, in: Rhpf, 6.4.1946*

78 *Gesetz Nr. 18 des Alliierten Kontrollrates ›Housing law‹, in: Hemken*

79 *„Fast überall regnet es herein", in: Rhpf, 18.11.1947*

80 *Evangelisches Gemeindebuch, S. 19*

81 *Hübel, S. 49f*

82 *Ludwigshafen. Dorado der Trümmer, in: ›Rheinisch-pfälzische Rundschau‹, Bad Kreuznach, 17.6.1948; StALu, ZSL 27, Bl. 16; Wiederaufbauproblem der Stadt, in: Rhpf, 12.6.1946*

83 *Stadt Ludwigshafen (Hg.): Hundert Jahre, 1953, S. 125*

84 *vgl. StALu, LUN 2762; Janson, S. 59ff*

* *zit. n. Bergmann, Memoiren; StALu, M 279, S. 319*

Einer der Hauptgründe für die langanhaltende Not war der schleppende Wiederaufbau in Ludwigshafen. „Wie oft wurden Zusammenstellungen der Kriegsschäden angefordert, Materialmeldungen abgegeben, Baugesuche in Deutsch und Französisch eingereicht, Zuteilungen erbeten, Kommissionen beauftragt, bei der Baupolizei, dem Stadtbauamt, der Regierung und auch bei dem Bauoffizier der Besatzung vorzusprechen, – dickleibige Aktenbände mit freundlichen Schreiben sind meistens das einzige Ergebnis dieser Anstrengungen geworden."[80] In einer Versammlung der Oggersheimer SPD machte Änne Rumetsch 1946 dafür die französische Besatzungsregierung verantwortlich. Während Mannheim in der US-Zone monatlich 400 000 Dachziegel und 800 000 Backsteine zugeteilt bekomme, stünden in Ludwigshafen gerade mal 76 000 Dachziegel und 80 000 Backsteine zur Verfügung.[81] Zwar waren die Straßen schon recht früh geräumt, mit der systematischen Räumung der Trümmer begann man jedoch erst 1948.[82] Häufig mußten verwaiste Schulen als begehrtes Ersatzteillager herhalten. Viele Menschen „besorgten" sich Fensterscheiben, Türen, Schalter, Lampen, Bretter und Ziegel aus den vom Krieg verschonten Schulsälen.[83]

Der systematische Wiederaufbau begann in Ludwigshafen mit der Währungsreform. 1948 stand ausreichend Material für den Wiederaufbau zur Verfügung. Öffentliche Gelder für den Sozialen Wohnungsbau gab es aber erst Ende 1949. Bis dahin hatten die Bürger 3 600 Wohnungen mit viel Improvisationsgabe in Eigenleistung wiederhergestellt und bezogen.

Doch selbst diejenigen, die nach dem Krieg noch über intakte Wohnungen verfügten oder das Glück hatten, Wohnraum zugewiesen zu bekommen, litten an Brennstoffmangel, der noch weit bis ins Jahr 1948 anhalten sollte. Ebenso fehlte es an Kleidung, Schuhen, Wäsche, Mobiliar, ja selbst an Reinigungsmitteln.[84]

> „Ein Kind", so die eindrückliche Schilderung des protestantischen Pfarrers Knecht, „erzählt der Lehrerin, daß es zu Hause geschlagen wurde, weil es Kartoffeln genascht hätte. Ohnmachten auf der Schultreppe und im Schulsaal; kreideweißes Aussehen fällt auf. – Kinder fahren in die nähere und fernere Umgebung [...], um einige Kartoffeln zu erbetteln, [...]. Oft genug nimmt ihnen die Polizei ihre geringe Beute am Heimatbahnhof ab. Den Radfahrern nimmt sie ihr Rad samt Rucksack ab. Es gibt Familien, die monatelang von schlechten Kartoffeln und magerer Gemüsebrühe leben. – Leute prügeln sich um Lebensmittel; das Pfarramt wird bestürmt. Die angeblich ungerechte Verteilung einiger Heringe bringt öffentliche Angriffe und Feindschaft gegen die Kirche. [...] – Es gibt Gewichtsabnahmen bis zur Hälfte des Gewichts – Die Schulversäumnisse wegen Unterernährung und Schuhmangel mehren sich. – Lehrerinnen müssen wegen Ohnmacht [...] den Unterricht absagen. – Es ist eiskalt [...], weil die Feuerung fehlt. Von den Besatzungszügen werden laufend Kohlen gestohlen, was einzelnen das Leben kostet. – Es ist stockfinster in den Straßen, wenn die Konfirmanden an den Winterabenden über die Trümmer in ihren Unterricht gehen [...]. – Durch die rissigen Wohnungen pfeift der Wind. Bei längerem Regen dringt so viel Wasser [...] ein, daß man es wegen der Feuchtigkeit mancherorts nicht mehr aushalten kann. Die Leute helfen sich mit Regenschirmen über den Betten. – Scharen von hungernden Kindern treiben sich [...] an der Rheinbrücke herum und gehen die Passanten um ein Stück Brot an. Verwandte aus dem Rechtsrheinischen bieten einzelnen Familien gelegentlich Lebensmittel zum Abholen an. Es gibt aber selten Pässe."*

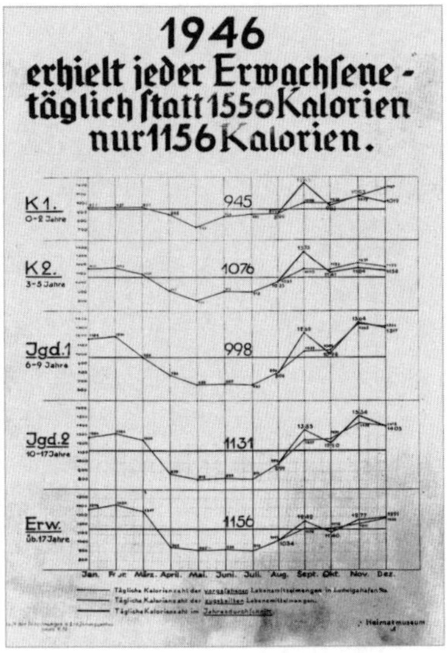

Kalorienzuteilungen in Ludwigshafen 1946 [64]

Anmerkungen
Seite 456 und 457

85 *v. Hippel, S.401*

86 *Keine Typhusgefahr mehr in Ludwigshafen, in: Rhpf, 2.8.1947*

87 *Befriedigender Gesundheitszustand der Ludwigshafener, in: Rhpf, 23.10.1948*

88 *Ansteigen der Geschlechtskrankheiten, in: Rhpf, 2.6.1948*

89 *Erbe, S.350*

90 *v. Hippel, S.393ff*

Hygiene und medizinische Versorgung

„Durch die herabgesetzte Widerstandskraft der Bevölkerung, durch den Mangel an Reinigungsmitteln und durch die schlechten hygienischen Wohnverhältnisse kommt es in erschreckendem Maße zu schwersten Wundeiterungen", stellte Professor Dr. Felix Jaeger, der Chefarzt des Städtischen Krankenhauses, 1947 fest.[85] Außerdem hatte sich die Tuberkuloserate gegenüber der Vorkriegszeit verdreifacht. Mangelnde Hygiene und eine Fliegenplage führten während der heißen Jahreszeit immer wieder zu Typhuserkrankungen. Sie konnten nur mit drastischen Maßnahmen begrenzt werden. So war im Sommer 1947 das Baden im Rhein, an der Blies, im Willersinnweiher und den übrigen Gewässern verboten. Auch der Verkauf und der Verzehr von Speiseeis mußte nach 70 Erkrankungen und zwei Todesfällen unterbunden werden. Verschärft wurde die Lage durch eine gleichzeitig auftretende Pferdefleischvergiftung. Das Gesundheitsamt warnte vor dem Verzehr von rohem Hackfleisch, Kartoffelsalat, sowie von Mehl-, Eier- und anderen Süßspeisen.[86]

Erst Ende 1948, als sich der Ernährungs- und Wohnungszustand in der Chemiestadt merklich besserte, führte der Rückgang der hygienebedingten Infektionskrankheiten zu einem „befriedigenden Gesundheitszustand der Ludwigshafener."[87] Zugleich nahm die Zahl der Geschlechtskrankheiten merklich zu.[88]

Die Sterblichkeitsrate lag bis 1947 im Jahresdurchschnitt deutlich über der der Geburten, so daß der Bevölkerungszuwachs ausschließlich auf Zuzug beruhte. Dabei schnellte die Säuglingssterblichkeit, die vor dem Krieg bei höchstens 6% der Lebendgeburten gelegen hatte, zeitweilig auf fast 14% hoch. Dies war den Besatzungsbehörden so peinlich, daß sie anläßlich einer Ausstellung mit dem Titel ›Ludwigshafen – Werden, Zerstörung, Wiederaufbau‹, welche die Stadtverwaltung um die Jahreswende 1947/48 zeigte, die Präsentation einer entsprechenden Schautafel untersagten.[89]

Eine wesentliche Ursache für die allgemein hohe Sterblichkeit lag in der mangelhaften Krankenversorgung. Das Marienkrankenhaus war lange Zeit für die Besatzungstruppen reserviert. Im Städtischen Krankenhaus standen statt ehemals 700 nur noch 100 Betten zur Verfügung. In den ersten Jahren mußten viele Operationen ambulant durchgeführt werden, die Nachsorge war unzureichend. Daß es binnen zwei Jahren gelang, wieder 620 Betten bereitzustellen, zeugt vom Improvisationstalent der Krankenhausmitarbeiter und freiwilliger Helfer. 1945 arbeiteten im Krankenhaus 346 Beschäftigte, nur 16 Personen weniger als 1939. 1946 war die Zahl der Beschäftigten sogar auf 393 gestiegen. Doch das Anwachsen der Beschäftigtenzahlen täuschte, weil es anfänglich an geschultem Personal – Ärzten wie Krankenschwestern bzw. Krankenpflegern fehlte. Außerdem gehörten Bauarbeiter zum Personal. Denn viele Gebäude waren völlig zerstört, die meisten beschädigt. Bis 1948 mußten die brauchbaren Ziegel und Steine der Trümmer verwendet werden, um reparaturbedürftige Gebäudeteile instandzusetzen. Die Rahmenbedingungen waren ungleich schwerer als vor dem Krieg. Das Personal mußte die Patienten in Bunkern, Kellern und teilweise zerstörten Gebäuden pflegen, operieren und versorgen. „Infolge des Mangels an Medikamenten und Verbandsstoffen können [...] Infektionen nicht sachgemäß behandelt werden, der notwendige Verbandswechsel kann

Lebensmittelrationen für die 6. (81.) Zuteilungsperiode
(15. Oktober bis 31. Oktober 1945)

Warenart	Kinder bis 3 Jahren		Kinder 3-6 Jahren		Jugendliche 6-10 Jahren		Jugendliche 10-18 Jahren		Erwachsene üb. 18 Jahren		Werdende Mütter		Schwer-arbeiter	
	K 1	Farbe blau	K 2	Farbe k'rot	Jgd 1	Farbe lila	Jgd 2	Farbe rosa	E	Farbe gelb	M	Farbe grün	Sch	Farbe braun
	Menge	Abschn. Nr.	Menge	Abschn. Nr.	Menge	Abschn. Nr.	Menge	Abschn. Nr.	Menge	Abschn. Nr.	Menge	Abschn. Nr.	Menge	Abschn. Nr.
Roggenbrot	—	—	je 700 g	1,2,3	je 1200 g	1,2,3	je 1000 g 400g	1,2,3 4 5	je 800g 500g	1,2,3 Kl.-Ab.	—	—	je 700g	221
Weißbrot	je 400g	1.2,3 4 5 100g	je 400g	4,5 6 50g	400g 100g	4 5,6	400g 300g	6 7	400g 100g	4 5	—	—	—	—
Fleisch	—	—	—	—	Woche je 60g	8, 9	Woche je 120 g	8, 9	Woche je 60 g	8, 9	—	—	Woche je 75 g	229
Käse	—	—	—	—	je 50g	29	je 50g	29	je 50g	29	—	—	—	—
Quark	—	—	—	—	je 50g	30	je 50g	30	je 50g	30	—	—	—	—
Oel	—	—	60g	22	100g	22	100g	22	75g 50g	22 Kl.Ab.	je 60g	427 428	je 50g	233
Butter	—	—	62,5 g	23	62,5 g	15	62,5 g	15	—	—	je 60g	425 426	je 50g	237
Nährmittel	je 100g	36,37 38	je 100g	36,37 38	je 100g	36,37 38	je 100g	36,37 38	je 100g	36,37 38	je 90g	421 422 423 424	je 150g	225
Kartoffeln	je 1800 g	A B	je 2400 g	A B	je 3000 g	A B	je 3000 g	A B	je 3000 g	A B	—	—	—	—
Zucker	je 250g	43,44	—	—	—	—	—	—	—	—	je 75g	429 430 431 432	je 125g	241
Kaffee-Ersatz . . .	—	—	—	—	—	—	—	—	—	—	—	—	—	—
V-Milch	tägl. 3/4 l	V-M K 1	tägl. 1/2 l	V-M K 2	—	—	—	—	—	—	tägl. 1/2 l		—	—
E-Milch	—	—	—	—	je nach Anfall	E-M Jgd1	je nach Anfall	E-M Jgd2	je nach Anfall	E-M E	—	—	—	—

Lebensmittelrationen
für die Zeit vom 15. bis 31. Oktober 1945;
aus dem ›Stadt-Anzeiger‹ [65]

Zuckerrübenaktion 1946; das Ziel: „Zuckerbeschaffung für unsere Kinder durch unsrer Hände Arbeit" [66]

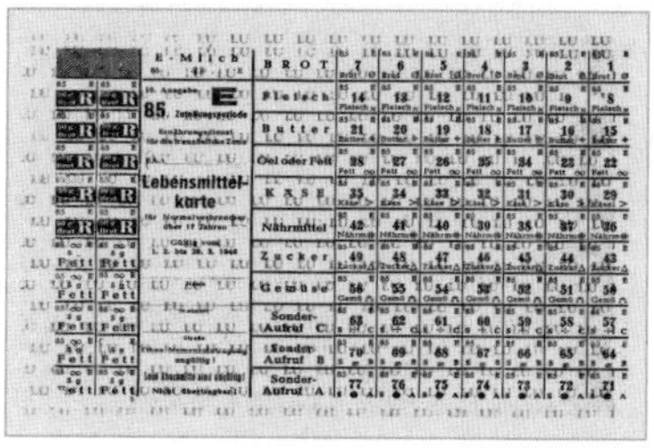

Weiter Leben auf ›Marken‹ Lebensmittelkarte für die 85. Zuteilungsperiode, Februar 1946 [67]

häufig nicht vorgenommen werden. Eine weitere Erschwerung in der sachgemäßen Pflege der Kranken und Operierten ist durch den sehr spürbaren Wäschemangel bedingt. Durch Kriegseinflüsse hat das Krankenhaus eine erhebliche Einbuße an Wäsche erlitten. Ersatzbeschaffung ist unmöglich", berichtete Professor Jaeger aus dem Klinikalltag. Bunker wurden noch bis in die fünfziger Jahre als Krankenräume genutzt, weil nach 1948 das Geld für einen raschen Wiederaufbau fehlte.[90]

Hunger, Kalorien und Bezugsscheine

Die Ernährungslage war schon vor dem Einmarsch der Amerikaner kritisch. Weil es durch den Zusammenbruch keine nationalen Strukturen mehr gab, war Ludwigshafen, ebenso wie die Umlandgemeinden auf sich alleine angewiesen. Die städtische Bevölkerung war von dieser kommunalen Vereinzelung in der Ernährungsfrage ungleich stärker betroffen als die Menschen auf dem Lande. Die Landbevölkerung sorgte naturgemäß zuerst für sich. Im übrigen verhinderten Transportprobleme dringend benötigte Lieferungen. Noch bestehende Vorräte aus der Kriegszeit verhinderten zunächst überall in Deutschland, daß sich die Mangelsituation sofort voll auf das Leben jedes Einzelnen durchschlug. Die Lage sei, bei sparsamster Verwendung der Lebensmittel, gesichert, resümierte Oberbürgermeister Hoffmann im

Hungerdemonstration auf dem Marktplatz (heute Wilhelm-Hack-Museum), 1947; am Pult der BASF-Betriebsratsvorsitzende Lorenz [68]

Juli 1945. Seit dem 1. April fuhr das erste Milchauto in die Trümmerstadt, man hoffte auf eine Normalisierung der Versorgung mit Milchprodukten. Bis auf Fleisch und Fett waren Grundnahrungsmittel, wie Mehl und Kartoffeln, Nährmittel und Teigwaren genügend vorhanden. Kurz vor dem Einmarsch der Franzosen stellte das Stadtoberhaupt den Bürgern die Ausgabe von anderthalb Kilo Brot pro Woche und Person in Aussicht. Vorgeschrieben war nur ein Kilo.

Die wirtschaftliche Lage in Deutschland verschlechterte sich jedoch, größere Versorgungsprobleme traten im Winter 1945/46 auf.

Die Zwangsbewirtschaftung der Lebensmittel und Bedarfsgüter aus der Kriegszeit war nach Kriegsende von den Amerikanern und später der französischen Besatzungsregierung nahtlos weitergeführt worden. Jeder Verbraucher erhielt weiterhin für vier Wochen seine Lebensmittelmarken und konnte darauf die ihm täglich zustehende Ration zu stets gleichbleibenden Preisen kaufen. Wenige Scheiben Brot, wenige Gramm Zucker, Fett, Käse und Fleisch – das war die Tagesration für Normalverbraucher. Auch andere Güter, wie Schuhe und Sohlen, Seife, Reifen, Zigaretten oder Benzin usw. waren ebenfalls nur auf Bezugsschein zu erhalten. Viel stärker als im Krieg spürten die Bürger den Mangel in den Jahren 1945 bis 1948. Häufig waren selbst die auf den Marken genannten Waren in den Läden nicht zu erhalten. Die Leute mußten Schlange stehen vor leeren Läden. Nicht nur der Einzelne, auch Betriebe und Verwaltungen waren von Bezugsscheinen und Zuteilungen abhängig. Für die Versorgung von Bevölkerung und Wirtschaft und die Verteilung der Bezugsscheine, Lebensmittel und Waren war das bereits im Krieg geschaffene Wirtschafts- und Ernährungsamt zuständig.

Die Bezugsscheine wurden in Ludwigshafen von freiwilligen Helfern der Caritas, der Diakonie und der Arbeiterwohlfahrt verteilt. Zwischen den Wohlfahrtsorganisationen entwickelte sich ein regelrechter Wettbewerb um die Verteilung. Denn die Helfer waren zugleich die Anlaufstelle für Hilfsbedürftige. Der SPD-Ortsvereinsvorsitzende von Ludwigshafen, Jakob Süß, rief 1947 die Parteisektionen und Ortsvereine auf, möglichst viele Helfer aufzubieten: „Je größer die Zahl [der

Anmerkungen Seite 459

91 StALu, N2, Nachlaß Hans Lutz, Nr. 120

92 Minor, S. 54

93 vgl. Seidl, S. 332; Eine Kundgebung zur Ernährungslage, in: Rhpf, 22.11.1946

Der glückliche Empfänger eines Hilfs-Pakets in Ludwigshafen 1948 [69]

Hilfsbedürftigen] ist, auf die die ›Arbeiter-Wohlfahrt‹ verweisen kann, um so größer wird auch der Einfluß der ›Arbeiter-Wohlfahrt‹ sein." Zugleich wollte der SPD-Chef auch das Arbeitermilieu festigen und neue Anhänger für die Partei gewinnen.[91]

Bereits im August 1945 stellten die Betriebsärzte der BASF bei der Belegschaft ein durchschnittliches Untergewicht von 10% fest. Bei den Bewohnern der Stadt war es deutlicher ausgeprägt, als bei den Pendlern aus den Umlandgemeinden. Da Arbeiter Zulagen erhielten, konnten sie sich besser ernähren als Angestellte.

Obwohl während der Besatzungszeit die Lebensmittelzuteilungen überall in Deutschland unzureichend waren, fielen sie in der französischen Besatzungszone besonders knapp aus. Bei einem normalen Tagesbedarf von 2 500 bis 3 500 Kalorien standen den Bewohnern der amerikanischen Zone 1946 täglich 1 330 Kalorien zu, gefolgt von den in der sowjetischen und britischen Zone lebenden Menschen mit je 1 083 und 1 050 Kalorien. Die Einwohner der französischen Besatzungszone waren mit nur 900 Kalorien deutlich schlechter gestellt. Immer wieder konnten Zuteilungen, die den Ludwigshafenern nach Lebensmittelkarten zustanden, gar nicht vorgenommen werden. Fleisch blieb meist aus, aber auch Gemüse und Obst. Nach den Vorgaben der Besatzungsregierung standen 1945 jedem Einwohner der Zone täglich Lebensmittelrationen zu, die einem durchschnittlichen Brennwert von 1 300 Kalorien entsprechen sollten. Heute geht man von einem täglichen Bedarf von 2 500 bis 3 500 Kalorien aus. 1946 betrug die vorgegebene Kalorienmenge durchschnittlich 1 156, im Jahr darauf sogar nur 1 110 Kalorien. Tatsächlich mußten die Ludwigshafener immer mit noch weniger Nahrung auskommen. 1945 standen gerade mal 900 Kalorien zur Verfügung. Wandschmierereien kündeten von der Unzufriedenheit der Bevölkerung: „Gebt uns mehr zu essen, sonst können wir Hitler nicht vergessen."[92] Besonders schlimm war die Situation im klirrend kalten Hungerwinter 1946/47 und im darauffolgenden Sommer. Im November 1946 forderten 30 000 Ludwigshafener die Zivil- und Militärregierung auf „einzugreifen und uns zu ermöglichen, diesen Winter zu überstehen."[93]

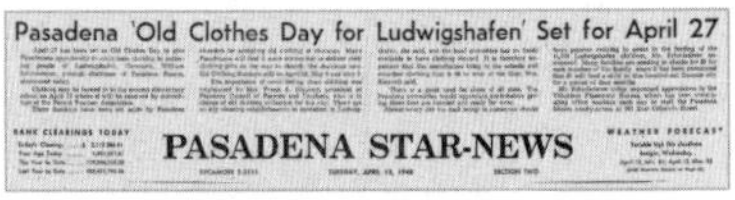
Pasadena 'Old Clothes Day for Ludwigshafen' Set for April 27

PASADENA STAR-NEWS

Pasadena hilft: Kleiderhilfe 1948 [70]

QUÄKERSPENDE AMERICAN FRIENDS SERVICE COMMITTEE LUDWIGSHAFEN

Lebensmittel-Sonderausgabe

Dienstag, 5. August:

für alte Leute über 65 Jahren

Donnerstag, 7. August:

Mittwoch, 6. August:

Freitag, 8. August:

Quäkerspende Ludwigshafen ›Lebensmittel-Sonderausgabe für alte Leute über 65 Jahre‹ 1947 [71]

Irland-Speck ist eingetroffen Geschenk zum Osterfest 1946 [72]

Auslöser war die Kürzung der Brotration durch die Franzosen. „Die Deutschen dürfen sich nicht darüber wundern, daß auch sie selbst im Augenblick unter den Übeln zu leiden haben, die durch die verbrecherische Politik ihrer Führer über die Welt gebracht worden sind", antwortete der Neustadter Directeur de l'Information, Jean Arnaud, auf deutsche Kritik. Trotzdem sei man nicht der Ansicht, „daß man die deutsche Bevölkerung hungern lassen muß."[94]

Hunger und Protest ließen dennoch nicht nach. Im heißen Sommer 1947 erreichte die Ernte nur 40% der Vorkriegsjahre. Die tatsächlich zugeteilte Kalorienzahl lag zwischen 600 und 800 Kalorien, weshalb viele Ludwigshafener im August auf dem Marktplatz gegen die Militärregierung protestierten. Obgleich sich die Lage 1948 zu bessern begann, streikten Arbeitnehmer bei der BASF und verschiedenen städtischen und privaten Betrieben. Zwar konnte der Ausstand, der zu einem landesweiten Generalstreik auszuarten drohte, mit Hilfe der Gewerkschaften ohne Ergebnis beigelegt werden. Allein den Mitarbeitern der BASF teilte die Militärregierung eine Stillhalteprämie von „zehn Pfund Kartoffeln" zu.[95]

„One of the neediest, most desolate cities in the world": Hilfe aus Irland, den USA und der Schweiz*

Zwischen 1946 und 1949 entgingen viele Bürger Ludwigshafens dem Hungertod, weil Wohlfahrtsverbände in europäischen und nordamerikanischen Ländern Hilfsmaßnahmen organisierten. So gab es kleinere Lebensmittelaktionen der Mennoniten sowie verschiedener Landesorganisationen des Roten Kreuzes. Das Irische Rote Kreuz sicherte den Ludwigshafenern 1946 ein bescheidenes Osterfest. Jedem Bürger stand zusätzlich 150 Gramm Fett zu und die Kinder durften sich je nach Ernährungszustand über ein bis zweieinhalb Kilo Zucker freuen.

Im August 1946 bewilligte das Schweizer Parlament eine Lebensmittelspende über eine Million Schweizer Franken, die den schwer fliegergeschädigten Städten zukommen sollten.[96] Ludwigshafen war einer von elf pfälzischen Orten, die von der Hilfsmaßnahme profitierten. Bis

Anmerkungen
Seite 460 und 461

94 Lebensfragen unserer Zone, in: Rhpf, 20.11.1946

95 vgl. Kleßmann, S. 37ff; Thies/v. Daak, S. 61ff; Meyer-Larsen, S. 125ff; Seidl, S. 33ff; Rothenberger, S. 35ff, Hübel, S. 44ff; Beirats- und Bürgerratsprotokolle 1946/47; StALu

96 25 200 Kinder werden gespeist, in: Rhpf, 24.8.1946

97 Nur ein Liter Essen? Kleine Plauderei über die Schulspeisung, in: Rhpf, 15.10.1946

98 Erholungsheim für Ludwigshafener Kinder, in: Rhpf, 17.8.1946

** Zitat aus: Early History of the Pasadena—Ludwigshafen affiliation, S. 2; StALu, DS 414; Übersetzung: „Eine der bedürftigsten und elendesten Städte der Welt"*

Speck aus Irland: der Laden ist noch geschlossen
Menschenschlange vor einer Metzgerei, Ostern 1946 [73]

Die Quäker-Hilfsgruppe vor ihrer Ludwigshafener Baracke in der Kaiser-Wilhelm-Straße, 1947 [74]

Pasadena stiftet Lebertran für die Kinder um 1948 [75]

Ende 1946 teilte das Programm bedürftigen Kindern in einer Art Patenschaft monatlich zu ihrer ›normalen‹ Lebensmittelration 100 Gramm Hülsenfrüchte mit fünf Gramm Fett an 15 Tagen, 50 Gramm Suppenmehl mit fünf Gramm Fett an zehn Tagen, ⅓ Dose kondensierte Milch mit ⅓ Pfund Trockenbirnen an fünf Tagen zu.

Im Oktober 1946 berichtete die Rheinpfalz von ersten Schulspeisungen aus den Beständen der Schweiz. Ludwigshafener Großküchen fanden sich bereit, die Lebensmittel zu verarbeiten. Das Essen wurde in den Schulen durch Mitarbeiterinnen des Evangelischen Frauenbundes und der Caritas ausgeteilt.[97]

Das Schweizer Hilfskomitee unterstützte auch ein neues Erholungsheim mit Nahrungsmitteln, das die Stadt Ludwigshafen in Altrip unterhielt. In dem im August 1946 eröffneten Heim bekamen unterernährte Kinder einen Unterricht von zwei Stunden täglich und eine Ernährung, die über normale Zuweisungen hinausging.[98]

Ende 1946 starteten Quäker, die sich entsprechend bereits nach 1918 in Deutschland engagiert hatten, ihre Hilfsaktion im zerstörten Deutschland. Die US-amerikanischen Glaubensbrüder der weltweit verbreiteten christlichen Glaubensgemeinschaft sammelten Geld, Lebensmittel- und Kleidungsspenden. Sie organisierten auch den Transport nach Deutschland sowie die Verteilung der Spenden an die Bedürftigen. Ludwigshafen hatten sie ausgesucht, weil es eine stark zerstörte Arbeiterstadt war. Zunächst mieteten 14 Mitglieder der Quäker eine kleine Baracke in der Kaiser-Wilhelm-Straße als Anlaufstelle für die Hilfsbedürftigen. Sie organisierten einen Fuhrpark in Ludwigshafen, um den reibungslosen Transport der Hilfsgüter zu gewährleisten. Sie gaben Lebensmittel an Mütter, Säuglinge, Kranke und Alte aus, deren Bedürftigkeit ärztlich festgestellt worden war.

Wenige Wochen später reichten die Räume in der Innenstadt nicht mehr aus. An der Einmündung der Erzbergerstraße in die Pettenkoferstraße errichtete die Glaubensgemeinschaft eine neue größere Baracke. Sie griff fortan auf besoldete und ehrenamtliche Mitarbeiter aus Ludwigshafen zurück und reagierte im erweiterten Hilfsprogramm auf den

Schlangestehen vor der Metzgerei Knittel
Ecke Oggersheimer- und Maxstraße, 1946 [76]

Mangel an Kleidung und Schuhen. Die Mitarbeiter richteten eine Schuhmacherei, eine Kleiderkammer und eine Nähstube ein. Das amerikanische Ehepaar Myers gründete eine Kinderhilfe, die Babyausstattungen zur Verfügung stellte und Kleidung in Schulen verteilte. Außerdem unterstützten sie Mütterberatungsstellen und das Kinderkrankenhaus St. Anna-Stift mit Kinder- und Babynahrung, um die hohe Zahl von Erkrankungen und Sterblichkeit von Kindern wirksam zu bekämpfen.[99] Durch Spenden trugen Quäker ab dem 18. März 1947 auch zu den Schulspeisungen bei.[100]

Die Mitarbeiter der Baracke statteten den Bedürftigen auch regelmäßige Hausbesuche ab und verteilten Spendenpakete. Häufig befanden sich darin die Adressen der Spender und die Bedürftigen schrieben Dankesbriefe, aus denen sich zuweilen lebenslange Kontakte nach Amerika entwickelten.

Kontakte entwickelten sich jedoch auch in der Pettenkoferstraße. Dort richteten die Quäker ein Nachbarschaftsheim ein, das bis in die fünfziger Jahre als Jugendtreff bestand. Nach Berichten von Zeitzeugen besuchten täglich mehrere hundert Ludwigshafener Bürger die unscheinbare Behausung. Wie viele internationale Besucher nutzte auch ein Sekretär von Mahatma Gandhi die Gastfreundschaft der Quäker in Ludwigshafen.

Langsam entwickelte sich aus dieser Baracke heraus auch wieder ein Gemeinschaftsleben in der Trümmerwüste der Chemiestadt. Es bildeten sich Bastel-, Sing-, Sport- und Handarbeitsnachmittage, aber auch abendliche Weiterbildungskurse in Englisch und Französisch für Erwachsene und eine Gruppe von Hobbyfotografen. Manche junge Ludwigshafener schauten regelmäßig vorbei im Nachbarschaftsheim, kamen so zu einer Tasse seltenen Bohnenkaffees und wurden mit der amerikanischen Sprache und Kultur vertraut.

Die Quäker beteiligten sich bei einzelnen Projekten auch am Wiederaufbau der zerstörten Stadt. Das Stammpersonal der Baracke ebnete beispielsweise an den Wochenenden den von Bomben durchpflügten

Anmerkungen
Seite 462 und 463

99 *Unsere Säuglinge werden betreut, in: Rhpf, 17.7.1948*

100 *Schulspeisung vor vierzig Jahren, in: ›Neue LU‹, 1987, Heft 5, S.31*

101 *The History of Pasadena and Ludwigshafen 1948—1986; StALu, DS 414; Erlebnisberichte Partnerschaft Pasadena 1946—1974; StALu, M 142; Freundeskreis Pasadena, 50 Jahre*

102 *Freundeskreis Pasadena, 50 Jahre, S.25*

* *›Cooperative for American Remittances to Europe‹, eine 1945 gegründete, von zahlreichen Wohlfahrtsorganisationen getragene Vereinigung zur Vermittlung privater Hilfssendungen aus den USA nach Europa. Auch Quäker- und katholische Hilfsorganisationen, die Sendungen nach Ludwigshafen vermittelten, waren Mitglied von CARE.*

** *„Ludwigshafen ist dankbar für Ihre Hilfsaktionen zu seinen Gunsten und wünscht Ihren Anstrengungen vollen Erfolg."*

Die berühmten ›CARE‹-Pakete*
Verteilung an die Opfer der BASF-Explosionskatastrophe 1948 [77]

Danziger Platz ein und half beim Wiederaufbau des Städtischen Krankenhauses. Eine Jugendgruppe widmete sich dem Wiederaufbau einer Schule.

Auch die Pasadena-Hilfe gelangte über die Quäker nach Ludwigshafen. Die Initiative[101] ging auf eine Bürgeraktion der gleichnamigen amerikanischen Stadt im Ballungsraum von Los Angeles zurück. Am 17. Dezember 1947 kamen dort 2 000 Menschen zusammen und beschlossen, einer europäischen Stadt zu helfen. Die Vertreter von weltlichen und kirchlichen Institutionen taten sich in einem Komitee zusammen, um das Hilfsprogramm ›Pasadena shares‹ zu organisieren. Sie folgten dem Anraten des von ihm konsultierten ›State Department‹, sich wegen der Auswahl der Stadt und der Verteilung der Hilfsgüter an eine bewährte Hilfsorganisation zu wenden. Ihre Wahl fiel auf das Quäker-Hilfswerk, das Ludwigshafen als eine der „bedürftigsten und elendesten Städte der Welt" ihrer Fürsorge empfahl und auch die Vermittlung der Güter aus Kalifornien übernahm.

Im April 1948 waren in Pasadena erste Kleidungsbündel gesammelt worden. Sie wurden nach Bremen verschifft und gelangten von dort nach Ludwigshafen. Die Bündel wurden in Zusammenarbeit mit dem Evangelischen Hilfswerk, der Caritas und der Arbeiterwohlfahrt verteilt. Später folgten Lebensmittel für tägliche Schulspeisungen, landwirtschaftliche und medizinische Geräte und Saatgut.

In einem Schreiben dankte Ludwigshafens Oberbürgermeister Bauer dem Komitee: „Ludwigshafen welcomes your campaign on our behalf with gratitude and best wishes for success."** Ebenso wie bei einigen Quäkerpaketen lagen auch bei den Pasadena-Hilfen Spenderadressen bei, und so entstanden langjährige Kontakte und Freundschaften zwischen einzelnen Bürgern beider Städte, die heute Partnerstädte sind.[102]

Praktische Hilfsangebote der Kirchen

Einen wesentlichen Beitrag zur Stabilisierung und sozialen Orientierung der Bevölkerung leisteten in diesen entbehrungsreichen Jahren

Prozession und Gottesdienst in der Ruine der Ludwigskirche [78]

Die evangelische Notkirche in Oppau [79]

die Kirchen. Mit ihrem schnell wiederaufgebauten Netz klassischer Hilfs- und Fürsorgeeinrichtungen trugen sie wesentlich zur Linderung des Elends bei und übernahmen angesichts des staatlichen Zusammenbruchs quasi-staatliche Funktionen, deren Erfüllung durchaus im Interesse der Besatzungsmächte lag. Daneben wandten sich die kirchlichen Träger auch mit spezifischen Einrichtungen an die Trümmergesellschaft. Sie richteten Nähstuben ein, verteilten Bezugsscheine und Essensspenden.

Nach dem Krieg waren die Kirchen in den Augen der Alliierten die einzigen Institutionen, die die NS-Zeit ohne Ansehensverlust überlebt hatten.[103] Das galt zumindest für die Katholische Kirche, deren Geistliche in Ludwigshafen besonders in der Kriegszeit Verfolgungen durch das NS-Regime ausgesetzt waren. Kirchliche Würdenträger, wie Prälat Martin Walzer, engagierten sich für den Wiederaufbau des politischen Katholizismus und pflegten das historisch gewachsene Milieu, das die Kirche seit dem 19. Jahrhundert umgab.

Die Protestanten verhielten sich im politischen Bereich auffällig neutral und widmeten sich der Vergangenheitsbewältigung. In der Pfälzischen Landeskirche waren 20% der Pfarrer Mitglied der NSDAP, 18 Geistliche, darunter Landesbischof Ludwig Diehl, hatten eine hervorgehobene Stellung im NS-Staat. Nicht belastete Pfarrer, wie Richard Bergmann von der Lutherkirchengemeinde, engagierten sich in der innerkirchlichen Zentralen Säuberungskommission, die Ende 1946 ihren Abschluß fand.[104] Sie bemühten sich um Glaubwürdigkeit gegenüber der Bevölkerung und der Militärregierung. Bergmann war auch einer der Unterzeichner einer Erklärung, die der Ludwigshafener Dekan Knecht der Militärregierung im April 1945 überreichte. Darin versicherten die Geistlichen Ludwigshafens ihre Loyalität mit den Besatzern und erbaten „die Freiheit ungehinderter Gottesdienste und Gemeindestunden, ungehinderter Jugendunterweisung und Jugendpflege, ungehinderter evangelischer Vereinstätigkeit – Stadtmission, Krankenpflegevereine, caritative Vereine etc. Sie erhoffen, daß ihnen die Rechte gewahrt bleiben, die sich aus der pfälzischen Kirchenverfassung und den mit dem bayerischen Staat geschlossenen Verträgen ergeben."[105]

Anmerkungen
Seite 464 und 465

103 Kleßmann, S. 62

104 Möhler, Entnazifizierung, S. 216ff, vgl. bes. S. 223

105 Erklärung der Evangelischen Gemeinden des Kirchenbezirks Ludwigshafen am Rhein vom 4.4.1945, zit. n. Bergmann, Memoiren

106 Ludwigshafen wie es war und ist, in: Rhpf, 31.12.1947

107 Fauck, S. 109

108 Bericht Walzers, in: Kath. Pfarramt St. Ludwig, S. 30

109 Diesen Begriff verwendet Kleßmann, S. 37

110 vgl. Bischofskonferenz (Hg.): Kirchliches Handbuch, S. 464f; Herman, S. 210ff; Schelsky, S. 270

111 vgl. Evangelisches Gemeindebuch, S. 19ff; Kath. Pfarramt St. Ludwig, S. 28ff; Kath. Pfarramt St. Sebastian, S. 74f

Fronleichnamsprozession in Mundenheim 1948 [80]

Katholikentag in Ludwigshafen 16. November 1947 [81]

Bevor die Geistlichen ihrem Auftrag nachgehen konnten, mußte die Infrastruktur aus Kirchen, Pfarrhäusern, sozialen Einrichtungen und Gemeindesälen wiederhergestellt werden. Von den 13 katholischen Kirchen waren sechs total zertrümmert, drei schwer, drei leicht beschädigt; von den elf protestantischen Gotteshäusern waren fünf zerstört und drei schwer, zwei leicht beschädigt. Am meisten hatten kirchliche Einrichtungen in der Stadtmitte und im Stadtteil Süd Schaden genommen. Völlig unbeschädigt blieben allein die Gebäude in Oggersheim. In allen anderen Stadtteilen waren die Schäden leicht bis schwer.[106]

Bis zur Währungsreform verhinderten die Hürden der Zwangswirtschaft den Wiederaufbau kirchlicher Gebäude. Eine Ausnahme bildete die protestantische Martinskirche in Maudach. Weil Gemeindemitglieder freiwillige Arbeit leisteten und Geschäftsleute eifrig Material spendeten, konnte sie als erstes wiederaufgebautes Gotteshaus der Pfalz am 2. Dezember 1945 eingeweiht werden.[107] Den katholischen und evangelischen Gemeinden der Innenstadt und Mundenheims dienten Wohnungen, Baracken und Gemeindesäle als Unterkünfte, von der Industrie mit Material unterstützt. Durch Vermittlung des Evangelischen Hilfswerks spendeten Protestanten aus den USA Geld und Baumaterial für die von Otto Bartning, dem ehemaligen Direktor der Weimarer Bauhochschule, geplante Melanchthonkirche. Der schlichte Backsteinbau mit Holzbinder-Konstruktion wurde noch vor der Währungsreform in Nachbarschaft zu den Trümmern der Lutherkirche begonnen.

Nach den Schilderungen des Pfarrers von St. Ludwig, Prälat Martin Walzer, „drängte sich" das Kirchenvolk zum Gottesdienst „in den [...] Zimmern und Gängen des erhalten gebliebenen ersten Stockwerkes des Pfarrhauses."[108]

Ob die Kirchenbesuche in der Ludwigshafener ›Zusammenbruchgesellschaft‹[109] wirklich höher waren als zu Normalzeiten darf allerdings bezweifelt werden. In Deutschland blieb die Zahl der Teilnahme an katholischen Gottesdiensten weit von den Zahlen der zwanziger und dreißiger Jahre entfernt. Beobachtungen bei den Protestanten[110] zeigten, daß sich Beten in der Not und Lethargie die Waage hielten, weil die Menschen mit den geschilderten Alltagsproblemen überlastet waren.[111]

Die Quäker organisieren Ausflüge für Kinder [82]

Schwarzmarkt: Kontrollen durch die Besatzungsmacht vor bzw. nahe der Notbrücke November 1945 [83]

Schwarze und graue Märkte, Tauschbörsen, Hamsterer und Diebe

Ein Spiegelbild der schlechten Ernährungslage waren der Tauschhandel, das Hamstern und der Schwarzmarkt. Diese Phänomene symbolisierten, häufig untereinander kombiniert, den Zustand der Zonenwirtschaft. Für ein paar tausend Menschen boten außergewöhnliche Wirtschaftsmethoden die Chance, ohne großen Arbeitsaufwand ein erträgliches oder sogar ein Leben in Luxus führen zu können. Gleichzeitig zwang er jedoch die meisten Menschen, ihre Arbeitsenergien, ihr Organisationstalent und ihre Kreativität fortlaufend zu steigern, um nur einen kleinen Vorteil zu ergattern.

Die von den Unternehmen geduldeten und von den Betriebsräten unterstützten Methoden des „grauen Marktes" minderten jedoch zugleich die Leistungsbilanz und den volkswirtschaftlichen Ertrag beträchtlich. So sicherten sich viele Mitarbeiter der BASF ihren bescheidenen Lebensstandard durch die Produktion von Ersatzstoffen in den Laboratorien: Sie stellten den Süßstoff Saccharin, Rübenzucker, Kartoffelstärke und Nährmittel her. Sie schroteten Weizen und entzogen Mohn wie auch im Wald gesammelten Bucheckern ein wohlschmeckendes Speiseöl. In den Werkstätten stellten die Dreher Kochtöpfe für die Mitarbeiter her statt ebenso dringend benötigter Maschinenteile. Aus Polyamidbändern flochten geschickte BASF-Mitarbeiter Handtaschen.[112] Die Produkte waren für die Mitarbeiter wertvoller als Geld, denn was sie nicht brauchen konnten, tauschten sie auf dem ›grauen Markt‹ gegen andere Waren ein.

Tauschstellen entwickelten sich jedoch auch zur von der Militärregierung und vom Wirtschaftsamt geduldeten und sogar geförderten Geschäftsidee. So eröffnete die Firma Nikolaus Mohr & Co. im Juli 1945 in der Kaiser-Wilhelm-Straße 53 eine Möbeltauschstelle. Nutzlos herumstehende Einrichtungsgegenstände konnten wieder einer sinnvollen Verwendung zugeführt werden. Im September 1945 richtete die Firma Otto Heil in Oggersheim eine Schuhumtauschstelle ein.[113]

Anmerkungen
Seite 466 und 467

112 *Minor, S. 34*

113 *Möbeltauschstelle, in: Rhpf, 28.10.1946; Minor, S. 42*

114 *Spinnstoffaktion Ludwigshafen a. Rh., in: Rhpf, 10.7.1946*

115 *›Tabakaktion‹ Ludwigshafen, in: Rhpf, 26.4.1947*

116 *Der ›Äppelexpreß‹, in: Rhpf, 26.11.1947*

Schulspeisung des Evangelischen Hilfswerks in der Gräfenauschule (?) 1946 [84]

Kinderspeisung in der Gräfenauschule um 1946/47 [85]

Doch auch das Wirtschaftsamt wurde zur Tauschbörse. Gegen Altkleider und Stoffreste konnten die Bürger dort neue Kleidung eintauschen. Für anderthalb Kilo Wollsachen, 750 Gramm Uniformreste und 460 Gramm Baumwolle konnte man zum Beispiel einen neuen Herrenanzug nach Hause tragen.[114]

1946 zogen die Ludwigshafener in Kleingärten, in Hinterhöfen und auf Balkons 381 866 Tabakpflanzen. Die Besatzungsbehörden duldeten die vom Volksmund als „Marke Siedlerstolz" bezeichnete Ware, vorausgesetzt die Hobbypflanzer lieferten die Ernte zur Weiterverarbeitung ab. Die Hälfte davon ging an den Fiskus.[115]

Ein gutes Beispiel für die Strapazen der Zusammenbruchgesellschaft ist der ›Äppelexpreß‹, der täglich verkehrende Schnellzug D 166 von Köln über Ludwigshafen nach Lindau. Zur Erntezeit fuhren täglich Hunderte Pfälzer an den Bodensee, um ein paar Kilo Äpfel zu organisieren: „Allein die Ergatterung der Zulassungskarte für diesen Schnellzug kostet Zeit. Die Stadt Frankenthal gibt z. B. nur zehn Zulassungskarten aus [...]. In Frankenthal sind die Zivilabteile bereits voll. Der erste Ansturm erfolgt in Ludwigshafen. Wer in Schifferstadt, wo die Anschlüsse aus Neustadt, Landau und Kaiserslautern bereits warten, noch ein Unterkommen findet, kann von Glück reden und trotzdem warten auf den weiteren Haltestellen noch Reisende, die mitgenommen sein wollen, und – es ist kaum zu glauben – gewöhnlich noch mitkommen. Am Zielbahnhof heißt es dann, sich eine Nacht im Wartesaal um den Kopf zu schlagen, bis der Tag anbricht. Dann setzt die Jagd nach den Äpfeln ein. [...] Die in Kisten, Kasten und Koffern untergebrachten Äpfel reisen als Passagier- oder Expreßgut nach Hause, um dort an dem um 18^{00} Uhr einpassierenden ›Äppelzug‹ von den Angehörigen abgeholt und im Triumph nach Hause gebracht zu werden."[116]

Im April 1947 klagte die Ludwigshafener Polizei über die vielen Eltern, fast ausschließlich aus den Stadtteilen Hemshof und Gartenstadt, die ihre Kinder zum Hamstern in die amerikanische Zone schickten. Mit Zwiebeln, Wein, Zucker und Gemüse beladen gingen die Kinder

über die Brücke nach Mannheim, um die nützlichen Dinge drüben an Straßenpassanten im Tauschhandel gegen Brot oder Geld abzusetzen. Diejenigen, die ohne gültigen Passierschein waren, fuhren vom Ludwigshafener Rangierbahnhof in den Bremserhäuschen der Güterzüge über die Grenze. Bettelei und Diebstahl waren bei Touren, die die häufig unter vierzehn Jahre alten ›Dreikäsehoche‹ durch Nordbaden führten, nicht seltene Begleiterscheinungen. Zurück kamen sie mit Geldbeträgen, die das Monatsgehalt eines mittleren Beamten oft weit überstiegen. Die ›Rheinpfalz‹ berichtete von zwei Geschwistern, die mit mehr als elf Brotlaiben von der badischen Polizei aufgegriffen wurden. Im Unterschied zu den Erwachsenen wurden sie nicht bestraft, sondern dem Ludwigshafener Jugendamt übergeben.[117]

Immer wieder wurden Landwirte aus den ländlichen Vororten Ludwigshafens zur Anzeige gebracht. Statt ihre Waren in die Läden zu bringen, betrieben sie schwunghaften Handel mit Kartoffeln und Gemüse, die sie gegen Briketts und Kohlen eintauschten.[118] Zugleich machten sich die Ludwigshafener zu Tausenden auf den Weg in die Dörfer bis an den Haardtrand und versuchten, wertvolles Geschirr, Bettwäsche, eine goldene Uhr oder einen Teppich gegen Lebensmittel oder anderes einzutauschen.

Während in Ludwigshafen gehungert wurde, wurden auf dem Lande Vorräte gehamstert. Es herrschte jedoch Zwangswirtschaft. Die Bauern waren verpflichtet, ihre Produkte zu festgelegten Preisen dem Markt zur Verfügung zu stellen. Da die zwangswirtschaftlichen Prinzipien noch aus der NS-Zeit stammten, fühlten sich die Landwirte nach dem Zusammenbruch nicht mehr daran gebunden.[119]

Im Winter 1947 machten die Sûreté, die französische Sicherheitspolizei, und die deutsche Polizei zusammen mit Landwirtschaftsexperten Großrazzien in den nordwestpfälzischen Dörfern Kerzenheim, Konken, Cölln, Oberndorf und Mannweiler. Die Dörfer wurden umstellt und Hof für Hof wurde durchkämmt. In katakombenähnlichen Kellern, Jauchegruben mit doppeltem Boden und anderen Verstecken wurden zentnerweise Weizen, Kartoffeln, Fleisch, Wurst und Kohlen gefunden und jede Menge Vieh, das die Bauern bei den Behörden nicht angemeldet hatten. Die Besatzungsverwaltung beschlagnahmte die Vorräte und ließ sie zum größten Teil der „schwer arbeitenden Stadtbevölkerung" Ludwigshafens zukommen.[120]

Nicht nur Lebensmittel wurden gehortet, sondern auch Kleidung und Schuhe. Die Ludwigshafener Kriminalpolizei entdeckte 3 000 Paar Schuhe, die die Inhaberin einer Ludwigshafener Tauschzentrale in ihrem Schlafzimmer und in ihren Geschäftsräumen gehortet hatte. Sie hielt sich für berechtigt, dieses ›private Vermögen‹ dem Wirtschaftsamt vorzuenthalten und in die kommende Währungsreform hinüberzuretten.[121]

Wo es an allem mangelte, wurde auch alles gebraucht, notfalls wurde es ›geklaut‹. Der Diebstahl von Lebensmitteln, Kleidung, Fahrrädern war, das verrät ein Blick in den Ludwigshafener Polizeibericht, nahezu alltäglich.[122] Auch hier wurden häufig Jugendliche ertappt, die zu den Verbrechen von ihren Eltern angestiftet wurden, weil das Jugendgericht nur geringe Strafen aussprach.[123] Auch „Glühbirnen-Marder" trieben ihr Unwesen in der Mangelwirtschaft. Hierbei handelte es sich nicht um bepelzte Raubtiere, sondern um Diebe, die Beleuchtungskörper aus öffentlich zugänglichen Lampen drehten. Mit Hilfe von Stöcken

Anmerkungen
Seite 468 und 469

117 *Kampf den Kleinhamsterern zwischen Ludwigshafen-Mannheim, in: Rhpf, 23.4.1947*

118 *Was der Polizeibericht meldet, in: Rhpf, 12.10.1946*

119 *Bürgerratsprotokoll vom 29.3.1946, S.25; StALu, Pa II, 1/2*

120 *Großaktion gegen schlechte Ablieferer, in: Rhpf, 15.11.1947*

121 *Wo die Schuhe bleiben, in: Rhpf, 12.11.1947*

122 *vgl. Was der Polizeibericht meldet, in: Rhpf, 1946—1948*

123 *Jugendliches Verbrecherunwesen, in: Rhpf, 24.3.1948; Jugendliche Verbrecher abgeurteilt, in: Rhpf, 10.7.1946; Bewaffnete Kartoffeldiebe, in: Rhpf, 19.7.1947*

124 *Der Glühbirnen-Marder, in: Rhpf, 24.1.1948*

125 *Thies/v. Daak, S.69ff*

126 *vgl. Auer; Ruppert, Auer, S.29*

Verwüstetes Industriegelände: Zollhofstraße und Stromhafen 1946/47 [86]

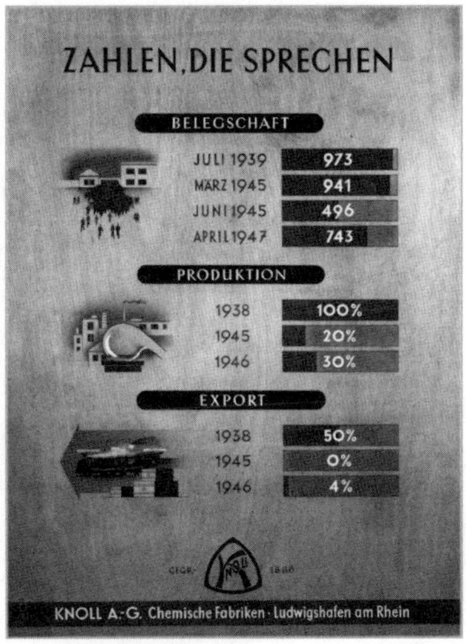

Langsamer Wiederaufbau Zahlen der Knoll A.-G., 1947 [87]

mit filzgepolsterten Greifern gelang sogar der Glühbirnen-Klau aus Deckenlampen.[124]

Was in normalen Läden nur auf Marken oder gar nicht angeboten wurde, bot der Schwarzmarkt in Hülle und Fülle zu Phantasiepreisen feil. Während ein Arbeiter monatlich im Durchschnitt knapp 200 RM verdiente, kostete ein Kilogramm Fleisch etwa 80 RM, genauso viel wert waren damals 20 amerikanische Zigaretten. Ein Pfund Kaffee kostete dort beispielsweise Ende 1946 bis zu 300 RM, eine Dose Nescafé 40 RM. Die Preise stiegen auch danach noch munter weiter und erreichten etwa für ein Kilogramm Butter 550 RM, die gleiche Menge Tee kostete den kaum vorstellbaren Betrag von 900 RM. ›Schwarz‹ wurde zum Modewort der Nachkriegszeit.[125]

Wirtschaft im Krebsgang

Um den Mangel an Waren zu beheben und die Not zu lindern, war es unabdingbar, daß die Wirtschaft in Gang kam. Da viele Firmen und Arbeitsplätze in Trümmern lagen, waren die Menschen zunächst ohne Beschäftigung. Manche Ludwigshafener, darunter auffallend viele Frauen, wagten den Schritt in die Selbständigkeit. Ein Beispiel hierfür ist Hildegard Auer. Die Ehefrau eines in Stalingrad vermißten Soldaten, stand nach dem Krieg völlig mittellos da. Ihre Wohnung und ihr Arbeitsplatz in der BASF waren 1943 und 1944 ausgebombt worden. Sie besann sich auf ihre Fähigkeiten als Einzelhandelskauffrau und als Wanderlehrerin für Waschmittel. Ihr Antrag auf Eröffnung eines Geschäftes wurde von den französischen Behörden genehmigt. Bei den deutschen Dienststellen stieß sie zunächst auf Ablehnung, weil alteingesessene Geschäftsleute bevorzugt wurden. Im Frühjahr 1946 eröffnete sie schließlich in der Heinigstraße ein Geschäft für Schreib- und Lederwaren, Gemälde und Schnitzereien. Im Hof des Geschäftes ließ Hildegard Auer eine ausgediente Arbeitsdienstbaracke aufstellen, in der Arbeitslose Heimtextilien aus Polyamidbändern der BASF herstellten. In Idar-Oberstein besorgte sie Schmuck und Edelsteine. Aufgrund eines Passierscheines konnte sie auch in der amerikanischen Zone einkaufen.[126]

BASF Werk Ludwigshafen
Luftaufnahme, Blick nach Süden; Juni 1945 [88]

Zu den alteingesessenen Geschäftsleuten in Ludwigshafen gehörte Carl-Arthur Koenig, dessen Familie seit 1884 ein Konditorei-Café in der Oggersheimer Straße [heute: Bahnhofstraße] betrieb. Aufgrund der Zerstörung seines Hauses und weil der einzige Sohn gestorben war, mußte der Konditormeister erst von den Stammkunden zum Wiederaufbau des Geschäftes ermuntert werden. Zusammen mit seiner Schwiegertochter eröffnete er das Café am alten Standort. Der Verkaufsraum war zunächst mit einfachsten Mitteln ausgestattet. Zwei Holzböcke und Baudielen dienten als Theke. Der Mangel an Zutaten wurde durch Phantasie wettgemacht, so daß die in einem alten Haushaltskühlschrank aufbewahrten Torten immer reißenden Absatz fanden.[127]

Einfach waren auch die Anfänge der Städtischen Sparkasse. Im Kellergewölbe der zerstörten Hauptstelle in der Ludwigstraße eröffneten in der zweiten Aprilwoche 1945 zwölf Beschäftigte die Schalter. Die Räume waren durch einen trümmergesäumten Trampelpfad zu erreichen. 1939 hatte es noch 46 männliche und zahlreiche weibliche Mitarbeiter gegeben. Der Finanzoffizier der Besatzungsregierung holte einige Ehemalige aus der Evakuierung auf dem Lande zurück. Im September 1945 wurde nach mehreren Interimslösungen der Sozialdemokrat Otto Metz neuer Sparkassenchef. Bis zum Spätsommer konnten keine Überweisungen getätigt werden, weil der Postverkehr nicht funktionierte. Anfänglich kamen die Kunden, um sich neue Sparbücher ausstellen zu lassen, weil die alten in den Kriegswirren abhanden gekommen waren. Monatlich durften nicht mehr als 300 Reichsmark abgehoben werden, damit Finanzreserven für den Wiederaufbau zur Verfügung standen. Bis 1947 war das Girokonto die einzige Anlagemöglichkeit, weil es keine verzinsliche gab. Weil sich vor der Währungsreform das Gerücht verbreitete, daß nur Guthaben, nicht aber Bargeld aufgewertet würde, wuchsen die Giroeinlagen von 13 Millionen auf 19 Millionen Reichsmark an.[128]

Anmerkungen
Seite 470 und 471

127 *vgl. Ruppert, Koenig, S. 254f*

128 *vgl. Reinfried, S. 76ff*

129 *Direktive JCS 1067 der amerikanischen Militärregierung vom April 1945, in: Ruhl, S. 59*

130 *Thies / v. Daak, S. 54f; StALu, LUN 2063*

Nicht alles war zerstört
Werk Oppau der BASF, Luftaufnahme in westlicher Richtung; 1. Juni 1945 [89]

Durch die Direktive JCS 1067[129] setzten die Alliierten im April 1945 vor allem der industriellen Entwicklung Deutschlands zuerst einmal enge Grenzen. Die Großkonzerne sollten entflochten und dezentralisiert und die Industrieproduktion sollte auf den Stand des Krisenjahres 1932 zurückgefahren werden. Die Herstellung von kriegswichtigen Gütern war verboten. Jede Macht sollte aus ihrer Zone Reparationen entnehmen dürfen.

Das schienen keine gute Voraussetzungen für Ludwigshafen, wo die großen Betriebe die meisten Arbeitsplätze stellten und die chemische Industrie die Lebensader bildete. Die Chemiestadt hatte aufgrund ihrer rüstungsrelevanten Produktion schwere Zerstörungen der Großbetriebe hinnehmen müssen. Trotzdem war das Industriepotential aufgrund des kriegsbedingten gewaltigen Ausbaus der Fabriken kaum geringer als vor 1939.[130] Zugleich war wegen der zerstörten Infrastruktur, sowie der besatzungsbedingten Zwangs- und Zonenwirtschaft der Anfang für alle Unternehmen schwer.

Ein gutes Beispiel ist die BASF, die schon in der NS-Zeit Teil der I. G. Farbenindustrie war. Obgleich die sofort einsetzbare Produktionskapazität immerhin noch ein Drittel des Leistungsvermögens aus dem Jahre 1943 betrug, litt das Unternehmen unter den besonderen Bedingungen der Nachkriegszeit. Die Fremdarbeiter, fast 40% der Kriegsbelegschaft, verschwanden mit Kriegsende, und viele ehemalige deutsche Mitarbeiter der BASF konnten durch die gekappten Verkehrsverbindungen nicht mehr zur Arbeit kommen. Am 11. April 1945 nahmen in Ludwigshafen und später überall in der Vorderpfalz 100 Verbindungsleute ihren Dienst auf. Ihre Aufgabe war es, ehemalige Beschäftigte zu informieren, ihnen eine Arbeitserlaubnis zu beschaffen und ihren Transport nach Ludwigshafen zu organisieren. Ende Mai appellierte das Unternehmen an die früheren Arbeitnehmer, ihre Beschäftigung wieder aufzunehmen oder aber auf die bereits erworbenen Rechte und Absicherungen

zu verzichten. Bis zum Juli des Jahres waren daraufhin wieder etwa 9000 Arbeiter im Werk tätig. Die weiteren Schwierigkeiten schildert ein Unternehmensbericht anschaulich:

> „Während das Werk im Jahre 1943 mit rund 37400 Menschen den Höchststand seiner Belegschaft erreicht hatte, kamen im Mai 1945 die ersten Fabrikationen mit kaum 800 Mann wieder zum Anfahren. [...] Für alle Fabrikationen waren Produktionsgenehmigungen seitens der Militärregierung erforderlich. Alle Roh- und Brennstoffe sowie die elektrische Energie waren bewirtschaftet; die Zuteilungen waren oft mehr als knapp. Mehrfach war das Werk in Gefahr, aus Kohlemangel zum Erliegen zu kommen. Infolgedessen gleicht die Produktionsstatistik der Jahre 1945 bis 1948 einer Fieberkurve. [...] Größte Schwierigkeiten wurden auch dadurch verursacht, daß die Fabrik nicht nur von der Welt, sondern sogar von der nächsten Umgebung abgeschnitten war. Die rechtsrheinischen Werksangehörigen konnten der Zonengrenze wegen oft nicht an ihre Arbeitsstätte kommen. Vorprodukte aus anderen früheren I. G.-Werken waren plötzlich nicht mehr erhältlich. Daß der Bezug ausländischer Rohstoffe, wie Schwefelkies und Rohphosphat, damals nicht möglich war, schien verständlich. Aber nun sollte die Fabrik plötzlich keine Kalksteine mehr aus dem Neckartal, kein Steinsalz mehr aus Heilbronn oder vom Niederrhein erhalten, nur weil diese Gebiete in einer anderen Besatzungszone lagen. Umgekehrt durfte die Fabrik in jener Zeit verschiedene Großabnehmer, die, wenn auch in der Nachbarschaft, so doch in einer anderen Zone lagen, nicht mehr beliefern. Unser Ammoniakversand nach Hoechst für die Düngemittelerzeugung fiel damals einem solchen Verbot zum Opfer."
>
> Vom Augenblick der Besetzung im März 1945 an stand die BASF unter der Kontrolle zunächst der amerikanischen Militärregierung, ab Juli 1945 der französischen Militärregierung. Durch Erlaß vom 24. Juli 1945 wurde die BASF als Teil der I. G. Farbenindustrie Aktiengesellschaft unter Sequesterverwaltung gestellt; die Werksleitung wurde beauftragt, „unter der Autorität und Kontrolle des französischen Sequesterverwalters" die Geschäfte der BASF weiterzuführen. [...] Durch die alliierte Ausnahmegesetzgebung für die I. G.-Farbenindustrie Aktiengesellschaft wurde die I. G. de facto ab 1945 aufgelöst; jedes Werk – so auch die BASF – wurde zu einem selbständigen, von den übrigen Unternehmensteilen losgelösten Wirtschaftskörper.*

Trotz der schlechten wirtschaftlichen Rahmenbedingungen in der französischen Zone war die Situation gerade der chemischen Industrie dennoch nicht ungünstig.[131] Denn im Gegensatz zu den anderen Besatzungsmächten, die rigide die Produktion niederhielten, operierten die Franzosen bald nach dem Grundsatz ›Schlachte nicht das Huhn, das goldene Eier legt‹ und stellten die Kapazitäten ihrer Zone in den Dienst ihres eigenen Wiederaufbaus. Dies kam Ludwigshafen besonders zugute, repräsentierte doch die BASF allein mehr als 50% der chemischen Industrie in der französischen Zone. Die mehr als hundert französischen Kontrolloffiziere, die, oft von französischen Chemiebetrieben abgestellt, auf dem Werksgelände der BASF operierten, und ihre Kollegen in anderen Fabriken begannen die Wiederherstellungs- und Verbesserungsprojekte ihrer deutschen ›Schutzbefohlenen‹ zu fördern. So erreichte Mitte 1948 die Produktion der chemischen Industrie in der französischen Zone 91% des Vorkriegsstandes, während sie in den übrigen Zonen nur bei knapp über 50% lag. Auch konnten die Betriebe im Gegensatz zu denen anderer Zonen recht umfangreich ›exportieren‹ –

Anmerkungen
Seite 472 und 473

131 *f.d.F. Stokes, S. 346ff*

132 *Ludwigshafen. Dorado der Trümmer, in: ›Rheinisch-pfälzische Rundschau‹, Bad Kreuznach, 17.6.1948; StALu, ZSL 27, Bl. 16*

133 *vgl. z.B. Giulini-Chronik, Bd. 4, S. 775ff; StALu, Ws 3b, 271*

134 *Minor, S. 40ff*

135 *Ohne Arbeitskarte keine Lebensmittelkarte, in: Rhpf, 1.5.1946; Der Mangel an Fach- und Hilfsarbeitern, in: Rhpf, 9.8.1947*

136 *Alltagssorgen im Arbeitsamt Ludwigshafen, in: Rhpf, 26.4.1947*

137 *Kleßmann, S. 45; Thies/v. Daak, S. 91f*

* *Quelle: Bericht zur wirtschaftlichen Lage in der BASF nach dem Zweiten Weltkrieg, in Schwarzmaier, S. 146f*

allerdings vor allem nach Frankreich. Die Ausweitung der Produktion brachte neue Arbeitsplätze. So arbeiteten im Sommer 1948 wieder 20 000 Beschäftigte in der BASF, bei Giulini 1 500, bei Knoll und Raschig je 800 Mitarbeiter.[132] Der Mangel an neuem Material bedeutete allerdings, daß die Kapazitätssteigerungen sehr oft mit provisorisch zusammengeflickten Anlagen auf recht improvisierte Weise zustandekamen – mit entsprechenden Risiken, wie die gewaltige Explosion in der BASF im Juli 1948 zeigen sollte.

Herstellungsverbote der Besatzung führten in vielen Betrieben zur Umstellung der Produktpalette.[133] So ging Giulini – neben der schon im Krieg begonnenen Reparatur von Eisenbahnwaggons – unter Nutzung vorhandener und nicht beschlagnahmter Materialvorräte zur Herstellung von Scheuermittel, Backpulver und eines ›Magensalzes‹ über. Der Wechsel von großchemischer Produktion zum Kleinbetrieb mit Fertigerzeugnissen fiel den Beteiligten freilich nicht leicht. Auch die BASF kreierte ein neues, flüssiges Waschmittel namens ›Luwa‹ – Ludwigshafener Waschmittel – und das Handwaschmittel ›Manuline‹. Daneben gehörten Backpulver, Kerzen, Schuhwichse, Bohnerwachs, Hautcreme und Erzeugnisse für den Klinikbedarf wie Kochsalzlösung, medizinische Kohle, Diätsalze und Krätzesalbe zur weitgefächerten Produktpalette des Werks. Ebenso wie die Raschig GmbH stellte die BASF Kitt her, damit die Glaser die zahlreichen zu Bruch gegangenen Fenster reparieren konnten.[134] Der vergleichweise schnelle Wiederaufstieg der chemischen Industrie war freilich auch dem durch die Besatzungsmacht schon früh geförderten Wiederanfahren der traditionellen Produktionen geschuldet. So wurde Giulini geradezu zur Herstellung von Kunstdünger gedrängt und produzierte 1948 eine größere Menge als je zuvor.

Arbeitskräfte wurden zunehmend knapp. Im Mai 1946 verkündete ›Die Rheinpfalz‹, daß Ludwigshafener ohne Arbeitskarte keine Lebensmittelkarte mehr erhielten.[135] Um den Wiederaufbau zu forcieren, schränkten die Behörden während der Nachkriegszeit die Berufswahl und die freie Wahl des Arbeitsplatzes ein. Das Arbeitsamt lenkte die Einsätze von Arbeitnehmern nach Plan und Notwendigkeit. 1947 spitzte sich die Lage zu. „Der Kräftemangel ist immer noch um ein Vielfaches größer als die Arbeitslosenzahl", berichtete der Arbeitsamtsdirektor. „4 000 Arbeitskräfte werden im Amtsbezirk Ludwigshafen sofort gebraucht, in erster Linie Männer vom Baufach. [Im] April 1946 [waren es] 44 000 Beschäftigte, heute [sind es] bereits 54 000. Weibliche Arbeitskräfte gab es im vergangenen Jahr 21 000, heute sind es schon 26 000. Die 450 bis 500 Arbeitslosen setzen sich im wesentlichen aus Kranken und Kriegsbeschädigten zusammen, die zu körperlichen Arbeiten nicht oder nicht mehr eingesetzt werden können. Handwerker aller Art fehlen am meisten."[136]

Dieser erste bescheidene Aufschwung war jedoch nicht ohne Stockungen und Rückschläge. Rohstoff- und Kohlenmangel bedrohten ständig die Produktion, fehlende Transportmöglichkeiten auch den Absatz. Giulini zum Beispiel verkaufte sein Backpulver nur gegen die Rücksendung von Altpapier, das zu dessen Verpackung benötigt wurde. Der kalte Winter 1946/47 machten der Wirtschaft besonders zu schaffen. In der französischen Zone verschärfte sich die Lage, weil die einerseits so ›chemiefreundliche‹ Besatzungsmacht keine Investitionen tätigte und stattdessen Gelder und Sachwerte aus der Zone nach Frankreich abflossen; zudem fielen hohe Besatzungskosten an.[137]

Wiedereröffnung des ›Rheingold‹-Kinos mit einem deutschen „Kulturfilm in Farben", 2. Juli 1946 [90]

Der Hollywood-Regisseur Anatol Litvak bei den Dreharbeiten für den Film ›Legion der Verdammten‹ vor der Kulisse einer ›Scheinbrücke‹; im Hintergrund das zerstörte Ludwigshafen [91]

Auch in Ludwigshafen stagnierte die Wirtschaft. Ende 1947 hatten sich die Beschäftigtenzahlen gegenüber 1946 nicht nennenswert verändert. Die Industrie- und Handelskammer beklagte, daß das schwere finanzielle Handicap der Ludwigshafener Industrie noch dadurch verschärft werde, „ daß der Wiederaufbau und die Aufräumung beschädigter Betriebe und deren Finanzierung bislang ausschließlich der eigenen Initiative der betroffenen Unternehmungen überlassen war. Hierdurch wurde nicht nur ein erheblicher Teil der Belegschaften der unmittelbaren Produktion entzogen, sondern es wurden auch die geldlichen Reserven der betreffenden Firmen außerordentlich beansprucht." Die Wirtschaftsvertreter stellten aber auch konkrete Forderungen: „Die Bereitstellung langfristiger Sonderkredite wird damit zur dringlichen Notwendigkeit [...]."[138]

Die Forderungen waren durch die Diskussion über den bereits im Juni angekündigten ›Marshallplan‹ hervorgerufen worden. Der amerikanische Außenminister George F. Marshall bot den Europäern die Hilfe der Vereinigten Staaten beim Wiederaufbau an. Im Rahmen des Programmes flossen seit 1948 Rohstoffe, Waren und Kapital über den Atlantik. Erst jetzt begann der zweite, dauerhafte Aufschwung.

Unterdessen wurde von Seiten der Alliierten weiter über einen Aspekt der Nachkriegspolitik gegenüber Deutschland diskutiert, der solchen Wiederaufbauaktionen gänzlich zuwiderlief: die Demontagen. Bis Ende 1946 hatten die Franzosen bei 22 Firmen Maschinen im Wert von 1 320 855 Reichsmark entnommen. Bei der Knoll AG und in der Saarpfälzischen Druckerei waren die Demontagen am größten, die BASF war damals nicht betroffen.[139] Für die Wirtschaft stelle die Entnahme „nur eine unwesentliche Belastung" dar, da sie aus der Überkapazität der Kriegswirtschaft entnommen würde, führte die Militärregierung aus.[140] Im September 1948, als bereits erste Mittel aus dem Marshallplan flossen, begann die zweite Phase der Demontage. Wiederum war auch Knoll betroffen, wobei die Tatsache, daß ausgerechnet eine Arzneimittelfabrik abgebaut wurde, die „nicht eine Stunde für Rüstungszwecke produziert

Anmerkungen
Seite 474 und 475

138 Wolfgang Semler: Die pfälzische Großstadt Ludwigshafen vor dem Winter, in: Rhpf, 11.10.1947

139 Seidl, S.364

140 Erklärung der Militärregierung zur Demontage, in: Rhpf, 18.11.1947

141 Beginn der Demontage bei der Knoll AG, in: Rhpf, 18.9.1948; Abbau einer Arzneimittelfabrik, in: ›Freiheit‹, 25.8.1948

142 Stokes, S.349f

143 Ludwigshafen. Dorado der Trümmer, in: ›Rheinisch-pfälzische Rundschau‹, Bad Kreuznach, 17.6.1948; StALu, ZSL 27, Bl.16

144 Gesetz Nr. 191 vom 24. November 1944, in: Hemken

145 Nachrichtenkontrollvorschrift Nr. 1 vom 12. Mai 1945, in: Hemken

Der Pfalzbau um 1948, Aufnahme aus einer Fotoserie der Quäker mit Kommentar: „Hier werden die Filme der französischen Besatzungsmacht oft boykottiert, während US-Filme jeden ins Kino locken, der sich eine Karte kaufen kann." [92]

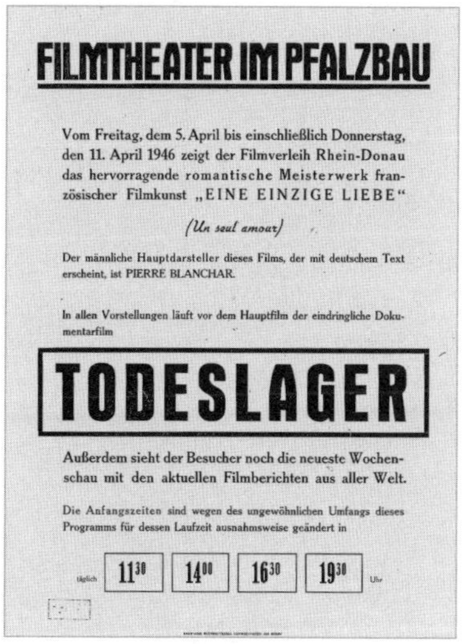

Aufklärung durch die französischen Besatzungsbehörden
Vor dem französischen Hauptfilm ›Eine einzige Liebe‹ (Un seul amour) läuft der „eindringliche Dokumentarfilm ›Todeslager‹" [über die KZ]
Pfalzbau-Kino, April 1946 [93]

habe", in Ludwigshafen auf erhebliche Verbitterung stieß.[141] Nun wurden auch von Teams der übrigen Allierten zu vollziehende Demontagen bei der BASF in Angriff genommen,[142] wobei vor allem die ehemals kriegswichtigen Buna- und Treibstoffanlagen betroffen waren. Wegen der Explosionskatastrophe in der BASF wurde der Beginn der Abbauten verschoben, begann dann aber im Mai 1949. Erst nach dem Petersberger Abkommen zwischen den Westdeutschen und den Alliierten vom November 1949 wurden die Aktionen gestoppt.

Désarmement moral – Kultur als Umerziehungsinstrument

„In Ludwigshafen", so blickte ein Journalist 1948 zurück, „fühlte man sich kulturell schon immer als ›Kolonie‹ von Mannheim."[143] Die ehemalige rechtsrheinische Residenzstadt war großzügig mit Museen, Theatern und Bildungsstätten versehen. Trotz der Kriegszerstörungen galt das auch noch 1948, doch die Grenze zur amerikanischen Zone verhinderte, daß die Bürger Ludwigshafens ihren Hunger nach Kultur in Mannheim stillten. Dieser Hunger nach Ablenkung, Unterhaltung und Wissen war gerade in der Trümmerzeit schier übermächtig. Kultur war eine Notwendigkeit zum Überleben und war deshalb fast genauso wichtig wie Nahrung, Kleidung und Wohnung.

Mit dem Einmarsch der Alliierten galt jedoch auch im kulturellen Bereich das Kriegsrecht. Denn bereits 1944 hatten die Alliierten mit dem Gesetz Nr. 191 den Deutschen unter Androhung der Todesstrafe das Herstellen, den Verleih und die Verbreitung von Zeitungen, Druckschriften, Büchern, Filmen, Theater und Musik verboten.[144] Damit sollte eine kriegsverlängernde feindliche Agitation verhindert werden.

Vier Tage nach der deutschen Kapitulation lockerten die Alliierten Siegermächte ihre Medienpolitik durch die Nachrichtenkontroll-Vorschrift Nr. 1.[145] Danach wurde u. a. das „Veröffentlichen von Zeitungen, Magazinen, Zeitschriften, Büchern, Plakaten, Broschüren, Musikalien oder sonstigen Veröffentlichungen" unter Vorbehalt erlaubt. Die

„Zurverfügungstellung von Theatern, Konzerträumen, Opernhäusern, Freilichtbühnen und anderen Stätten öffentlicher Unterhaltung an zugelassene Veranstalter" galt fortan nicht mehr als verboten. Auch die „Vorführung gebilligter Filme konnte wieder aufgenommen werden, vorausgesetzt, daß ein Filmvorführungsschein jeder ausgegebenen und vorgeführten Filmkopie beigefügt ist, und daß die Filmvertriebsstelle von dem zuständigen Nachrichtendienstkontrollamt gebilligt ist."

Die Nachrichtenkontrollvorschrift bildete die Basis für eine Reihe von Ausführungsvorschriften, Maßnahmen und Auflagen der örtlichen Militärbürokratie und der Provinzialregierung in Neustadt, von denen zwei Beispiele herausgegriffen werden.

Im August 1945 erließ die französische Besatzungsregierung in Baden-Baden Richtlinien für die Säuberung der Buchbestände. Alle Bücher und anderen Medien, die den Nationalsozialismus und den preußischen Militarismus verherrlichten oder eine negative Einstellung gegenüber den Alliierten Siegermächten enthielten, mußten aus den öffentlichen, kirchlichen und privaten Leihbüchereien und aus den Buchhandlungen entfernt werden. Hans Georg Geißler, Leiter der städtischen Volks- und Musikbücherei, mußte die Bücher seiner Einrichtung nach den vorgegebenen Kriterien sortieren und in vierfacher Ausführung in Listen erfassen. Im September 1947 richtete die französische Militärregierung in Neustadt an der Haardt eine ›Zentrale Säuberungskommission für die Büchereien der Pfalz‹ ein. Geißler war Mitglied der Kommission, die bis zum Abschluß der Säuberungsaktion im April 1950 tagte. Aus den zeitgenössischen Arbeitsberichten geht hervor, daß die Maßnahmen der Besatzungsregierung das Personal der Ludwigshafener städtischen Bücherei erheblich belasteten. Die von den Franzosen häufig kurzfristig angeforderten Aufstellungen, Berichte und Statistiken konnten nur fristgerecht abgeliefert werden, weil die Bibliotheksmitarbeiter auch außerhalb der regulären Arbeitszeit mit anpackten.[146]

Auch die Kinowirtschaft unterlag nach 1945 der Kontrolle der französischen Militärbürokratie. Für die Franzosen war das Medium Film ein dem Theater gleichgestelltes Kulturgut, während es die anderen westlichen Alliierten als Wirtschaftsgut betrachteten. Sie gründeten dafür in den Besatzungsverwaltungen in Baden-Baden und Neustadt die ›Section Cinéma‹ als eigenständige Abteilung. Vor Ort unzerstörte Kinos konnten zum Teil kontinuierlich weiterbetrieben werden, sofern ihre Inhaber nicht durch Aktivitäten im Dienste des nationalsozialistischen Unrechtssystems belastet waren. Deshalb sparten sich beispielsweise Speyrer Kinobesitzer ein zeitraubendes und umfangreiches Neugenehmigungsverfahren.[147] In Ludwigshafen, wo fast alle Lichtspieltheater zerstört waren,[148] mußten die privaten Kinogründer ihre Anträge bei der Stadtverwaltung oder bei den Polizeidirektionen einreichen.[149] Neben den technischen und finanziellen Voraussetzungen mußten sie auch ihre Entnazifizierung dokumentieren. Wichtig war auch ein bestehender Pachtvertrag für den Kinosaal, Veranstaltungsräume waren in der Nachkriegszeit rar. Die ordnungsgemäße Herkunft der Vorführmaschinen mußten nachgewiesen werden, weil die Franzosen zunächst alle Geräte konfisziert hatten. Wer die Maschinen vor den Besatzungsbehörden verborgen hatte, mußte mit Strafe rechnen.[150]

Das Angebot, das in den Lichtspieltheatern gezeigt wurde, war begrenzt. Im Verleih waren in der Regel nur französische Filme und

Anmerkungen
Seite 476 und 477

146 Ertel, S.42ff
147 Hoffmann / Schäfer / Schwinke, S.8
148 Betrieb von Lichtspieltheatern; StALu, ZR I, 2462
149 Rundschreiben der Provinzialregierung Pfalz vom 10. Januar 1949; LASp H 13 / 138
150 Gleber, Kino, S.409f
151 Die Liste ist abgedruckt bei Pleyer, S.427ff
152 Gleber, Film, S.494ff
153 Möhler, Entnazifizierung, S.29
154 vgl. Gleber, Film, S.451—520
155 vgl. Gleber, Civilisation Française, S.66ff
156 vgl. dazu Internationale Filmwoche, 21.11.1953, S.1024

deutsche Vorkriegs- und Kriegsproduktionen, die nicht auf der Verbotsliste der Section Cinéma standen.[151] 1946 mußten alle Kinos in der französischen Zone, die einen deutschen Film zeigen wollten auch einen französischen Streifen anbieten.[152]

Diese beiden Beispiele zeigen die bürokratischen Einschränkungen und Hürden, die die Nachrichtenkontrollvorschrift mit sich brachte. Zugleich muß auch betont werden, daß die Kultur- und Medienarbeit seit Juli 1945 durch die Kontrollvorschrift wieder möglich wurde. Sie war nicht nur die rechtliche Grundlage für das Wiedererstehen von Bibliotheken und Kinos, sondern auch von Theatern, Chören, Orchestern, Museen, Kunstvereinen und Zeitungsverlagen. Auch bisher verbotene Zirkus- und Varietéveranstaltungen konnten wieder stattfinden. Mit der Aufhebung des grundsätzlichen Verbotes deutscher Medien- und Kulturtätigkeit wollten die Alliierten die Deutschen zur Demokratie erziehen (›reeducation‹) und sie gezielt über die Verbrechen des Nationalsozialismus aufklären. In weit größerem Maße als den Briten oder den Amerikanern war den französischen Militärbehörden der Aufbau des Kultursektors als Umerziehungsmaßnahme für die Deutschen ein Anliegen. Sie war als ›Désarmement moral‹[153] eine wichtige Ergänzung zur ›èpuration‹, der politischen Säuberung. Mit der ›Civilisation Française‹ sollten die Deutschen aus der militaristischen Barbarei in eine demokratische Zivilgesellschaft zurückgeführt werden. Zugleich stand die ›Kultur‹, einst das bedeutende Propagandainstrument von Josef Goebbels, unter der strengen Überwachung durch die Besatzungsbehörden.

Film und Kino als Überlebensmittel

Als Beispiel für die Förderung von Kultur kann wieder das Kino herangezogen werden. Obwohl die wirtschaftlichen Verhältnisse in der französischen Zone schlecht waren, entwickelte sich hier schnell die höchste Kinodichte in Deutschland. Die Eingriffe der französischen Besatzungsmacht lassen sich sowohl beim Wiederaufbau der Kinos als auch im Angebot der Spielfilme in den Lichtspielhäusern nachweisen.[154]

Ludwigshafen profitierte in erheblichem Maße von der französischen Kinopolitik. Anders als in Speyer, Kaiserslautern, Neustadt, Pirmasens und Germersheim waren in Ludwigshafen nahezu alle Kinos zerstört.[155]

Das ehemalige UFA-Theater ›Rheingold‹ hatte als einziger Veranstaltungsraum die völlige Zerstörung der Kernstadt überlebt. Es war in den zwanziger Jahren errichtet worden und seit 1945 der größte Kinosaal in der französischen Zone. Gerade weil der Raum so gut erhalten war, diente er als ›gute Stube‹ der Stadt. Der 1928 erbaute Pfalzbau, das Tagungs- und Kulturzentrum der Stadt am Brückenkopf nach Mannheim mit seinem großen Filmtheater, war bis auf das Foyer stark zerstört und konnte erst 1952 wiederaufgebaut werden. Neben politischen Veranstaltungen fanden deshalb im Rheingold erste Kulturveranstaltungen statt. 1945 konnten so nur wenige unregelmäßige Filmvorstellungen stattfinden. Das traditionsreiche älteste Kino der Stadt, das bis 1943 in der Ludwigstraße bestehende ›Union-Filmtheater‹, wurde aufgrund dieser schwierigen Verhältnisse erst zehn Jahre später an gleicher Stelle wiederaufgebaut.[156] Anders als in anderen Städten der Pfalz, wo Privatinitiative gefragt war, engagierte sich in Ludwigshafen die Militärregierung beim Aufbau der ersten ortsfesten Kinos. Ambulante Kinovorführungen

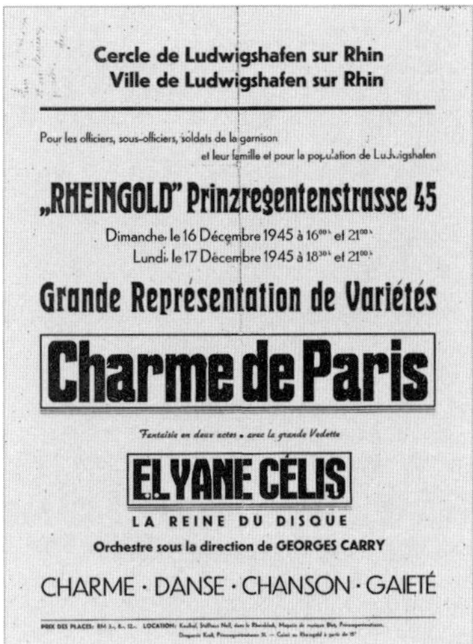

„Für Offiziere, Unteroffiziere, Mannschaften und ihre Familien und die Bevölkerung Ludwigshafens": Variétés ›Charme de Paris‹ Dezember 1945 [94]

Die Oggersheimer ›Lichtspiele‹ um 1950 [95]

in Hinterzimmern von Gaststätten, Kantinen, kirchlichen Räumen und Festhallen gab es bereits vorher. Die erste Dauereinrichtung war dann doch das ehemalige UFA-Kino im Pfalzbau. Zwar war der große Saal mit seinen 1 374 Sitzen schwer beschädigt, aber die bei der Besatzungsbehörde angesiedelte UFA-Treuhandverwaltung stellte ein Kino mittlerer Größe in einem ehemaligen Garderobenraum her, so daß der ›Pfalzbau‹ bereits am 29. September 1945 wiedereröffnet werden konnte.[157] Dies zeigt eine besondere Unterstützung durch die Militärregierung. Bis private Unternehmer die bereits mehrfach geschilderten bei der Einrichtung eines Lichtspieltheaters typischen Nachkriegshürden überwinden konnten, dauerte es weitere neun Monate.

Erst am 14. Juni 1946 eröffnete Hedwig Doll mit dem ›Lichtspielhaus am Schillerplatz‹ das zweite Ludwigshafener Kino – in Oggersheim. Der Kinosaal mit etwa 250 Plätzen bot auch Raum für Liederabende, klassische Konzerte, Kleinkunst und andere kulturelle Veranstaltungen. Bereits seit den dreißiger Jahren hatte sich im Elternhaus von Hedwig Doll das ›Tonbild-Theater‹ eingemietet, bis das Gebäude im Krieg schwer beschädigt worden war.[158] Im Juli 1946 fand das ›Tonbild‹ eine notdürftige Bleibe im Saal der Gaststätte ›Wittelsbacher Hof‹, der regelmäßige Spielbetrieb lief sofort an.

Als viertes Ludwigshafener Kino nahm dann endlich das ›Rheingold-Theater‹ am 2. Juli 1946 einen regulären Spielbetrieb auf. Mit dem ›Pfalzbau‹ und dem ›Rheingold‹ hatte die UFA-Treuhand-Gesellschaft nun in der Ludwigshafener Innenstadt eine Monopolstellung. Angeboten wurden drei Vorstellungen am Tag und eine Nachtvorstellung mit eigenem Programm.

Die Situation des Ludwigshafener Lichtspielwesens änderte sich 1948, als die Zahl der Theater auf sechs zunahm: ›Scala‹ nannte sich die ambulante Spielstätte, die am 8. Januar 1948 in der Goetheschule in Oppau eröffnet wurde. Im Unterschied zu den anderen Kinos gab es hier im Eröffnungsjahr noch kein Vollprogramm, erst 1949 begann ein regelmäßiger Spielbetrieb. In Friesenheim eröffnete Ida Mücklich am

Anmerkungen Seite 478 und 479

157 *Rhpf, 3.10.1945; ›Ludwigshafener Wochenblatt‹, 28. 8. 1996*

158 *Gleber, Hedwig Doll, S. 104*

159 *Kulturentwicklungsplan Ludwigshafen, 1989, S. 35f; StALu, DS*

160 *StALu, Plakate und Flugblätter (PF), 1945—1947*

Das ›Rheingold‹ als Theater: „Auf vielseitigen Wunsch die prunkvolle Operette ›Schwarzwaldmädel‹", ein Gastspiel der Städt. Bühnen Heidelberg, 1946 [96]

Plakat der im Kaufhof gezeigten Ausstellung ›Ludwigshafen – Werden, Zerstörung, Wiederaufbau‹ 1947/48 [97]

17. April 1948 die ›Metropol-Lichtspiele‹. Sie war die Witwe eines bekannten Hemshöfer Kinobesitzers der Vorkriegszeit. Ihr kam die katholische Kirchengemeinde Sankt Gallus zu Hilfe und stellte den Gemeindesaal zur Verfügung. 1949 öffneten dann weitere fünf Kinos.

Die erste Ludwigshafener Kinobesitzerin, Hedwig Doll, bekam die Ambivalenz französischer Besatzungs- und Kulturpolitik hautnah zu spüren. Beim Beschaffen von Baumaterial und der Saalbestuhlung mußte sie bei den Besatzungsbehörden die gleichen Hürden nehmen, wie viele andere Bürger. Eine zweite Filmvorführmaschine konnte sie jedoch sehr rasch beschaffen, da sie von der Besatzungsregierung in Baden-Baden unterstützt wurde. Sie hatte damit noch vor den beiden UFA-Kinos das Privileg, Filme ohne die beim Filmwechseln entstehenden Unterbrechungen zeigen zu können.

Ablenkung für das Bürgertum – Theater, bildende Kunst und Musik

Am 1. November 1945 wurde das Kulturamt der Stadt wiedergegründet, das bis 1950 auch für die Pressearbeit der Stadt zuständig war. Karl Nord, der erste Leiter der Behörde, war auch für die städtischen Kunstsammlungen, für die allgemeine Kulturförderung und für die Herausgabe der amtlichen Mitteilungen zuständig, die bereits im Mai 1945 in einem ›Stadt-Anzeiger‹ erschienen.[159]

Am 2. Dezember 1945 fand im ›Rheingold‹ die erste Theaterveranstaltung statt. Das Heidelberger Kammerorchester spielte ›Der Geizige‹ von Molière. Es folgten weitere Veranstaltungen des Bachlenztheaters und des Stadttheaters in Heidelberg, des Rheinhessischen Künstlertheaters und des Pfälzischen Landestheaters.[160] In der Folge fanden vorwiegend im Rheingold-Saal Konzerte, zahlreiche Gesangsabende und Variétés statt. Doch auch in den Stadtteilen erstand das Kulturleben wieder, getragen oft von Mitgliedern der – noch illegalen – Vereine. Einen Tag vor Heilig Abend 1945 veranstaltete der Gesangverein der BASF ein Kirchenkonzert in der Friesenheimer St. Galluskirche. Unter

An die Kunst-Schaffenden der Stadt Ludwigshafen!

Wenngleich unsere Stadt stärkste Spuren von Zerstörung, Not und Elend trägt, ist dennoch **die Stunde der Befreiung** auch für die Kunstschaffenden gekommen. Es ist wohl ein tragisches Verhängnis, daß ihre Schaffensfreiheit in einem Augenblick wieder hergestellt worden ist, da äußerlich für das Wirken von Künstlern alles andere als Konjunktur besteht. Inmitten der hinterlassenen Ruinen schweigen zunächst die Musen. Aber bei allen Kunstfreunden meldet sich heute schon wieder der aufgestaute Hunger nach freigewählter Geistesnahrung und beim Künstler das unbändige Bedürfnis, im Bilde sagen zu können, was er empfindet.

Die Freunde der Kunst in unserer Stadt haben deshalb den Wunsch, trotz größter Schwierigkeiten, die Kunst zu fördern als einen guten Geist, einen Helfer und Tröster unserer verarmten Heimat.

Es ist beabsichtigt, in Verbindung mit einer

Kunst-Ausstellung

den Kunstverein wieder neu zu gründen. Die freischaffenden Künstler (keine Dilettanten) der näheren und weiteren Umgebung werden deshalb aufgefordert, sich beim Kulturamt, Richard-Wagner-Straße 22, baldmöglichst zu melden. Es ist erwünscht, daß auch die noch in Gefangenschaft befindlichen Künstler durch ihre Angehörigen gemeldet werden.

Von der Militär-Regierung mit der vorläufigen Führung beauftragt:
PHILIPP BLAUMER • ARCHITEKT

Aufruf des Ludwigshafener Architekten Philipp Blaumer an die „Kunst-Schaffenden der Stadt Ludwigshafen" Oktober 1945 [98]

Reparaturarbeiten am Don-Bosco-Haus, dem Ausstellungsort des Kunstvereins Februar 1948 [99]

Anmerkungen Seite 480 und 481

161 StALu, PF, 1945/29

162 Gleber, Film, S.491; Gleber, Hedwig Doll, S.102f

163 vgl. Baur, S.292; Rhpf, 2.3.1946; StALu, PF, 1946/40 und 1946/125; Fauck, S.109f

164 vgl. Nord sowie MM, 15. und 30.4.2003

165 StALu, PF, 1945/137

166 zum Kunstverein vgl. allg. Scheeder; zur Sezession: Weber, Wilhelm, S.343

der Leitung von Hans Wolfgarten präsentierte er für einen Eintrittspreis von einer Reichsmark Werke von Schubert, Beethoven und anderen Komponisten.[161] Am 3. Juli 1946 gestaltete Arthur Bard, Bariton am Opernhaus in Nürnberg, einen Gesangsabend im Lichtspielhaus am Schillerplatz in Oggersheim mit Eintrittspreisen zwischen zwei und sechs Reichsmark. Normalerweise wurden solche Gastspiele mit Künstlern aus der Region veranstaltet. Hier war es anders: die Inhaberin des Lichtspielhauses war die Nichte des Nürnberger Opernsängers.[162]

Im Januar 1946 nahm das 1919 in Ludwigshafen gegründete Pfalzorchester wieder seine Tätigkeit auf. Die Initiative zur Wiedergründung ergriff Konzertmeister Alfred Krall, der bis September 1945 so viele ehemalige Kollegen in Ludwigshafen versammelte, daß ein Ensemble gegründet werden konnte. Die von einem Zweckverband der acht größten pfälzischen Städte getragene Kultureinrichtung war 1933 von den Nationalsozialisten in ›Saarpfalzorchester‹ umbenannt worden und erhielt nach dem Krieg ihren traditionellen Namen zurück. Chefdirigent wurde der 1900 in Ludwigshafen geborene Carl-Maria Zwissler, der zugleich auch Generalintendant für den Musik- und Theaterbereich in Hessen-Pfalz war. Gegen seine Berufung hatte die Militärregierung nichts einzuwenden, obwohl er bereits während der NS-Zeit Generalmusikdirektor in Mainz war. Im folgenden Jahr beschloß Zwissler sich auf seine Mainzer Aufgaben zu beschränken. Nachfolger in Ludwigshafen wurde Bernhard Conz, der das Orchester bis 31. Juli 1951 leitete. Kammerkonzerte fanden im kleinen Saal des Gesellschaftshauses statt. Bereits am 21. Februar 1946 veranstaltete das Orchester im Rheingold-Saal sein erstes Symphoniekonzert. Drei Monate erfreute das Orchester an gleicher Stelle das Publikum mit einem Johann-Strauß-Abend.[163]

Nicht nur die Musiker, auch die bildenden Künstler organisierten sich wieder. Am 6. Oktober 1945 wandte sich der Ludwigshafener Architekt Philipp Blaumer mit einem in der Stadt plakatierten Aufruf an

Kultur im Wiederaufbau: ***Karl Nord***[164]

Karl Nord wurde am 10. Januar 1912 in Ludwigshafen geboren. Laborant. 1926 wurde er Mitglied der Jugendorganisation der SPD, der Sozialistischen Arbeiterjugend – SAJ. 1932 trat er zu einer Linksabspaltung der SPD, der Sozialistischen Arbeiterpartei Deutschlands – SAP über. Nach dem 30. Januar 1933 betätigte er sich als Mitglied der Widerstandsorganisation der SAP in Südwestdeutschland; am 8. September 1938 wurde er hierfür inhaftiert; am 21. April 1939 folgte die Anklage wegen Hochverrat und Nord wurde im Juni 1939 vom im Mannheimer Schloß tagenden ›Volksgerichtshof‹ zu drei Jahren und sechs Monaten Zuchthaus verurteilt.

Am 7. Oktober 1941 wurde er aus der Haft entlassen, aber am 4. Januar 1943 zum Wehrdienst in das Strafbataillon 999 einberufen. April 1945 britische Kriegsgefangenschaft. 21. August 1945 Heimkehr nach Ludwigshafen; Mitglied der SPD.

Ab 1. November 1945 leistete er als Leiter des Kultur- und Presseamtes der Stadt Ludwigshafen Pionierarbeit für die Kulturstadt Ludwigshafen. Als Begründer und bis 1978 Vorsitzender der Theatergemeinde verschaffte er dem Theater im Pfalzbau Ansehen und ein hohes Niveau. Die Veranstaltungen im Ebertpark entstanden ebenfalls durch seine Initiative. Auch rief er eine Sammlung expressionistischer Malereien ins Leben und organisierte zahlreiche Kunstausstellungen. Zudem legte er den Grundstein für die Städtische Musikschule. Nach seiner Pensionierung 1977 wurde er mit dem Bundesverdienstkreuz ausgezeichnet, 1982 wurde er Ehrenmitglied des Pfalzbaus. Für sein jahrzehntelanges Engagement für die Stadt Ludwigshafen wurde ihm 1998 der Maximilianstaler verliehen.

Karl Nord starb am 11. April 2003 in Ludwigshafen. [K. B.]

Karl Nord [100]

die freischaffenden Künstler, sich beim Kulturamt zu melden. Er sprach vom „aufgestauten Hunger nach freigewählter Geistesnahrung", vom Wunsch vieler Menschen „trotz größter Schwierigkeiten, die Kunst zu fördern als einen guten Geist, einen Helfer und Tröster unserer verarmten Heimat."[165]

Erst im Mai 1946 konstituierte sich unter dem Vorsitz von Bürgermeister Reichert ein ›Vorläufiger Ausschuß des Vereins für Kunst und Kunsthandwerk‹.[166] Dem Arbeitsausschuß gehörte auch der Chemiker Dr. Walter Crannich an, der Leiter des städtischen Wirtschaftsamtes war. Crannich war einer der Initiatoren der ›Pfälzischen Sezession‹, der Künstlergemeinschaft des Gebietes Hessen-Pfalz, die in Neustadt an der Haardt ihren Sitz hatte. Gegründet wurde die Organisation, zu deren Mitgliedern auch der bekannte Pfälzer Künstler Otto Dill gehörte, am 22. Juni 1946 in Ludwigshafen. Crannich war von der Besatzungsregierung bestimmter Lizenzträger und wurde von der Künstlergemeinschaft zum Geschäftsführer ernannt.

Ob diese Entscheidung die formelle Gründung des Ludwigshafener Kunstvereins beflügelte, ist nicht bekannt. Am 16. November 1946 fand eine von der Besatzungsregierung genehmigte Gründungsversammlung im Turmrestaurant des Ebertparks statt. Von den 82 Gründungsmitgliedern hatten 27 künstlerische Berufe. Zum ersten Vorsitzenden wählten die Mitglieder Bürgermeister Reichert, der den Verein bis 1957 leitete. Im Arbeitsausschuß saßen mit dem Kunstmaler Christoph Kröwerath und dem Fotografen Werner Kortokraks nur zwei Künstler. Am 11. Mai 1947 gab die Militärregierung dem mittlerweile 110 Mitglieder zählenden Verein seine endgültige Genehmigung, mit der Auflage, die vorläufige Bezeichnung ›Verein für Kunst und Kunsthandwerk‹ in ›Kunstverein‹ zu ändern. Im Don-Bosco-Haus in der Hemshofstraße 69 hatte der Verein seine Ausstellungsräume. Zusammen mit der Stadtverwaltung Ludwigshafen veranstaltete er im September 1946 unter dem

Lehrerin und Schülerinnen Ludwigshafener Mädchengymnasium 1948 [101]

Werbung für die Volkshochschule in den Ruinen Sommer 1950 [102]

Anmerkungen Seite 482 und 483

167 Rhpf, 12.9.1946; Scheeder, S.44f
168 Rhpf, 2.12.1948
169 Scheeder, S.40f
170 Ertel, S.41ff; Fauck, S.109

Titel ›Gemälde, Graphiken und Plastiken Pfälzer Künstler‹ die erste Kunstausstellung. Sie war in vier Abteilungen gegliedert. Eine war Robert Sessig, einem im Kriege gefallenen jungen Ludwigshafener Maler gewidmet, die zweite zeigte Zeichnungen und Gemälde von Otto Dill. In der dritten und der vierten Abteilung wurden einzelne Arbeiten von Künstlern aus Ludwigshafen und der Pfalz präsentiert, die in der Presse bestenfalls als „gediegene Volkskunst" bezeichnet wurden.[167] Wegen des großen Zuspruchs mußte die Ausstellung um eine Woche verlängert werden.

Bereits bei seiner zweiten Ausstellung machte sich der Kunstverein die räumliche Nähe zu Walter Crannich zunutze und zeigte eine überregional beachtete Ausstellung süddeutscher Künstler, welche von der Pfälzischen Sezession, den Kulturämtern Darmstadt und Konstanz und der Freien Gruppe Heidelberg zusammengestellt worden war.

Im Sommer 1947 präsentierte der Verein über tausend Besuchern die von der Redaktion der Pariser Kunstzeitschrift ›Les Arts‹ zusammengestellte Ausstellung ›Junge französische Maler unter 30 Jahren‹. Die erste Einzelausstellung wurde 1947 dem zuvor verstorbenen Münchner Landschaftsmaler Otto Geigenberger gewidmet. Sie wurde wie die 1948 eröffneten Präsentationen ›Kulturkreis Chiemgau‹ und ›Henri Matisse‹ zusammen mit Walter Crannich und der Pfälzischen Sezession organisiert.

Zwischen 1946 und 1956 veranstaltete der Kunstverein jeweils zu Weihnachten Verkaufsausstellungen, die sehr großen Zuspruch fanden. Von der Presse wurden sie jedoch spöttisch „Christkindlsmarkt" genannt,[168] weil neben regionaler Kunst auch Kunsthandwerk angeboten wurde.[169]

Chemieunterricht an einer Ludwigshafener höheren Schule in der Nachkriegszeit [103]

Auf dem Weg zur Schillerschule (?) um 1946 [104]

Erziehung zur Demokratie
Schule und Erwachsenenbildung

Als erste städtische Kultureinrichtung nahm die Städtische Volks- und Musikbücherei am 1. Juli 1945 ihre Arbeit auf. Die Gräfenauschule im Hemshof, in der die Hauptbibliothek seit 1924 untergebracht war, war im Krieg heil geblieben. Zunächst sichteten dort sechs der einst 16 Mitarbeiter unter der Leitung von Hans Georg Geißler die noch vorhandenen Bestände, prüften sie auf ihren Zustand und stellten Inventare, Karteien und Bücherverzeichnisse wieder her. Vorläufig war allerdings an Publikumsverkehr nicht zu denken, weil die Räume bis November 1945 militärisches Sperrgebiet der Besatzungstruppen waren, zu dem nur die Mitarbeiter Zutritt hatten. So wurde das gegenüberliegende Tabakgeschäft Orth zur vorläufigen Buchannahmestelle. Die Buchbestände waren ausgelagert nach Oggersheim, in die Keller der Wittelsbachschule, nach Germersheim und in Salzstöcke bei Heilbronn. Das Inventarverzeichnis vom März 1945 enthielt noch 44 673 Bücher. Durch Diebstahl in den Kriegsdepots und durch die Säuberungsaktion auf Anordnung der französischen Besatzungsmacht wurden die Bestände jedoch bis Mitte 1947 auf die Hälfte reduziert. Für den Publikumsverkehr eröffnete die von den Franzosen in ›Stadtbücherei‹ umbenannte Bildungseinrichtung am 23. April 1946.[170]

Am 10. Juli 1946 wurde im kleinen Saal des Gesellschaftshauses die Volkshochschule mit einem Vortrag von Prälat Martin Walzer über ›Die erste deutsche Demokratie, ihr Entstehen und Untergang‹ wiedereröffnet. Ein erklärtes Ziel der städtischen Dienststelle war die „sittliche Erneuerung" der Deutschen, was dem kulturellen Erziehungsanspruch der französischen Militärregierung entgegenkam. Bereits Ende Juni 1946

hatte Bürgermeister Reichert Vertreter der Kirchen, der Schulen, der Gewerkschaften und der Parteien zu einer Gründungssitzung für die nunmehr unter städtischer Regie betriebene Volkshochschule eingeladen, auf der er einstimmig zu ihrem Leiter gewählt wurde.

Um das Interesse der Bevölkerung zu wecken, hielten zunächst Referenten der BASF fünf Einzelvorträge aus verschiedenen Wissensgebieten, die von etwa 150 Hörern besucht wurden. Die Wiederholung der ersten Vortragsveranstaltungen in Oggersheim und Oppau war jedoch wenig erfolgreich und wurde deshalb eingestellt. Von Dezember 1946 bis April 1947 fand das erste reguläre Halbjahresprogramm statt. Der erste Vortragszyklus hatte das Oberthema ›Zweitausend Jahre europäische Kunst‹. Namhafte Wissenschaftler, die unter anderem an den Universitäten Mainz und Heidelberg lehrten, begeisterten die insgesamt 2 000 Besucher mit Themen zur Architektur, zur Malerei und zur bildenden Kunst. Die ersten regelmäßig stattfindenden Kurse und Arbeitsgemeinschaften befaßten sich dagegen mit profaneren Themen, wie Elektrotechnik, Radiotechnik, Buchführung, Stenographie und Volkswirtschaft, die von sieben Lehrern der Berufsschule geleitet wurden. Die beiden französischen Lektoren der Besatzungsregierung boten Veranstaltungen zur französischen und spanischen Sprache an. Französischkurse wurden bereits vor Gründung der Volkshochschule, seit Oktober 1945, von der Ludwigshafener Militärregierung angeboten.[171]

Die hohe Teilnehmerresonanz bei den Vorträgen ermutigte die Veranstalter zu einer zweiten Veranstaltungsreihe, die am 9. April 1947, etwa eine Woche nach Ende des ersten Vortragshalbjahres begann. Unter dem Leitgedanken von ›Kultur und Geist‹ fanden insgesamt 30 Vorträge statt, die allerdings nur von 1 600 Hörern besucht wurden. Neben der Fortführung der Kurse und Arbeitsgemeinschaften standen im zweiten Halbjahr auch zwei Kammerkonzerte in der Mädchenoberrealschule, sowie fünf Busfahrten zu Konzerten und Theaterveranstaltungen in Neustadt an der Weinstraße auf dem Programm, an der je 30 Ludwigshafener Bürger teilnahmen.[172]

Zunächst hatte die Volkshochschule noch keine eigenen Räume, doch bereits 1947 wurde eine Etage im ehemaligen Kaufhof-Gebäude bezogen. Während sich insgesamt viele junge Menschen für die Veranstaltungen der Bildungseinrichtung interessierten, hatte die Arbeiterschaft, für die die Bildungseinrichtung eigentlich geschaffen wurde, keinen Zugang zur Volkshochschule gefunden.

Nirgends versprach die Umerziehungsstrategie der Alliierten mehr Erfolg als bei der Schule. Sie solle, so die Auffassung der französischen Besatzungsbehörden, die deutsche Jugend von den Ketten der Disziplin, die ihr Urteil zerstören, und von den „vergiftenden wagnerianischen Alpträumen"[173] befreien. Der nationalsozialistische Unrechtsstaat hatte Kinder und Jugendliche mit zum Teil erschreckendem Erfolg in seinen Dienst gestellt. Deshalb ist es nicht verwunderlich, daß die Amerikaner bei der Eroberung Ludwigshafens zunächst die Schließung der „Unterrichts- und Erziehungsanstalten [...] bis auf Weiteres"[174] anordneten. Freilich war der Unterricht oft bereits in den späten Kriegsjahren zum Erliegen gekommen.

Der Lehrplan wurde unter Führung des französischen Besatzungsoffiziers Raymond Schmittlein auf nationalsozialistisches Gedankengut hin überprüft. Insbesondere das Fach Deutsch war betroffen. Während

Anmerkungen Seite 484 und 485

171 StALu, PF, 1945/72

172 Kulturentwicklungsplan Ludwigshafen, 1989, S. 86; StALu, DS

173 Kleßmann, S. 95

174 Proklamation Nr. 1 des Obersten Befehlshabers der Alliierten Streitkräfte, Dwight D. Eisenhower, in: Hemken

175 Ruge-Schatz, S. 73

176 Ludwigshafen wie es war und ist, in: Rhpf, 31. 12. 1947

die nationalsozialistischen Unterrichtsrichtlinien von 1938 das literarische ›Erbgut der germanischen Rasse‹ herausstellten, sollte fortan das europäische Fundament der deutschen Literatur betont werden. Das Oberregierungspräsidium Hessen-Pfalz in Neustadt wies alle Deutschlehrer an, den deutsch-französischen Geistesaustausch anhand der ehemals von den Nationalsozialisten verbotenen Autoren wie beispielsweise Heinrich Heine oder Thomas Mann herauszuarbeiten. Die Geschichtslehrer sollten sich auf die Vermittlung des Altertums beschränken. Im Musikunterricht sollten die Schüler anstelle der Kriegs- und Parteilieder wieder Volkslieder singen. Im Sportunterricht und in den Naturwissenschaften durften die Pädagogen nicht mehr mit Aufgaben, Übungen und Spielen mit militärischem Charakter arbeiten.

Obgleich sich die Besatzungsregierung überlegte, das gegliederte Schulsystem abzuschaffen, nahm man aufgrund des Zeitdrucks nur Korrekturen vor. So wurde die von Gauleiter Bürckel im Jahre 1937 abgeschaffte Konfessionsschule wieder eingeführt. Während in den inneren Stadtteilen die dort schon 1869 eingeführten Simultanschulen bestehen blieben, wurden in allen Vororten katholische Bekenntnisschulen eingerichtet. Die katholische Kirche gewann insbesondere dadurch bis in die sechziger Jahre hinein großen Einfluß auf das Bildungssystem.

Am 19. September ordnete das Oberregierungspräsidium Hessen-Pfalz an, daß am 1. Oktober Unterrichtsbeginn sein solle. Mittlerweile waren in der französischen Besatzungszone 65% der Volksschullehrer entlassen worden. Die übrigen Pädagogen wurden mit Auflagen wieder in den Schuldienst übernommen.[175]

In den Ludwigshafener Volksschulen standen für 9 145 Schüler nur 57 Lehrer zur Verfügung. Um die Räume auszunutzen, wurde der Unterricht in drei Schichten gehalten. Jeder Lehrer hatte also drei Klassen und etwa 200 Schüler zu betreuen. Jede Klasse hatte nur zweieinhalb Stunden Unterricht.

In den Höheren Schulen sah es nicht besser aus. Standen im Gymnasium in der Jaegerstraße im Jahr 1938 40 Lehrkräfte für 629 Schüler zur Verfügung, so wurden 1945 626 Schüler von 19 Lehrern betreut.

Die Berufsschulen nahmen den Unterrichtsbetrieb erst im Mai 1946 auf. Die vor dem Krieg bestehenden Schulen gewerblicher, kaufmännischer, chemischer und hauswirtschaftlicher Richtung wurden unter der Bezeichnung ›Städtische Berufs- und Fachschulen‹ wieder unter einheitlicher Leitung zusammengefaßt.

Vielerorts griffen Lehrpersonal und Schüler zur Selbsthilfe, um die Klassenzimmer für den Schulanfang von Trümmerteilen zu säubern und notdürftig zu möblieren. In den Trümmern der Ludwigshafener Volksschulen waren noch 128 von ehemals 324 Klassenräumen intakt.[176] Bei den Berufsfachschulen waren nur noch vier Schulsäle unzerstört.

Die in der Nähe zur Kernstadt liegenden Gymnasien waren mindestens zur Hälfte zerstört, nur noch ein Drittel der Räume war benutzbar. Ganze Gebäudeteile waren eingestürzt und ausgebrannt, in den Trakten mit noch funktionsfähigen Schulsälen fehlten oft Dächer, Fenster und Türen. Die Einrichtungen und Lehrmittel waren mit Schutt bedeckt. Im Naturwissenschaftlichen Gymnasium an der Jaegerstraße waren die Lehrer- und die Schülerbibliothek fast vollständig vernichtet, ebenso die physikalische Sammlung und das Anschauungsmaterial für Erdkunde, Geschichte und Biologie. Noch brauchbare Zimmer nutzte

Amtl. Bekanntmachungen

des Oberbürgermeisters der Stadt Ludwigshafen am Rhein

Dienstag, den 4. Juni 1946

Rückführung Deutscher Flüchtlinge in die englische, amerikanische und russische Zone

Es besteht Veranlassung, nochmals darauf hinzuweisen, daß sich alle reichsdeutschen Flüchtlinge, das sind alle Personen, die nach dem 1. September 1939 aus einem Ort der nunmehrigen amerikanischen, englischen oder russischen Besatzungszone in Ludwigshafen am Rhein zugezogen sind, zwecks Erfassung ihrer Rückführung beim Städt. Wohlfahrtsamt, Hemshofstr. 69, III. Stock, Zimmer 310, **sofort zu melden haben.** Letzter Meldetermin 8. Juni 1946, bis 12 Uhr.

Personen, die nachweisen können, daß sie eine für die Wirtschaft des Gebietes Hessen-Pfalz wichtige Tätigkeit ausüben, können von der Rückführung befreit werden.

Wer dieser Aufforderung zur Rückführung keine Folge leistet, setzt sich der Gefahr aus, daß ihm ab 1. Juli 1946 die Lebensmittelkarten entzogen werden und er auf seine Kosten zwangsweise ausgewiesen wird.

Gesangs- und Sportvereine des Stadtkreises Ludwigshafen am Rhein

Auf Anordnung der Militär-Regierung haben sich die Vorstands-Mitglieder aller ehemaligen Gesangs- und Sportvereine des Stadtkreises Ludwigshafen am Rhein, die bis zur Zeit der Besatzung bestanden haben, bis spätestens **Samstag, den 15. Juni 1946** auf dem Kultur- und Presseamt Ludwigshafen, Richard Wagner-Straße 22 zu melden, mit einer Aufstellung über: Vermögen, Sportplatz, Sportgerät, Bankkonten und dergl.

BBLu

Das Oberbürgermeisteramt fordert die ehemaligen Vereine zu einer Inventur auf Juni 1946 [105]

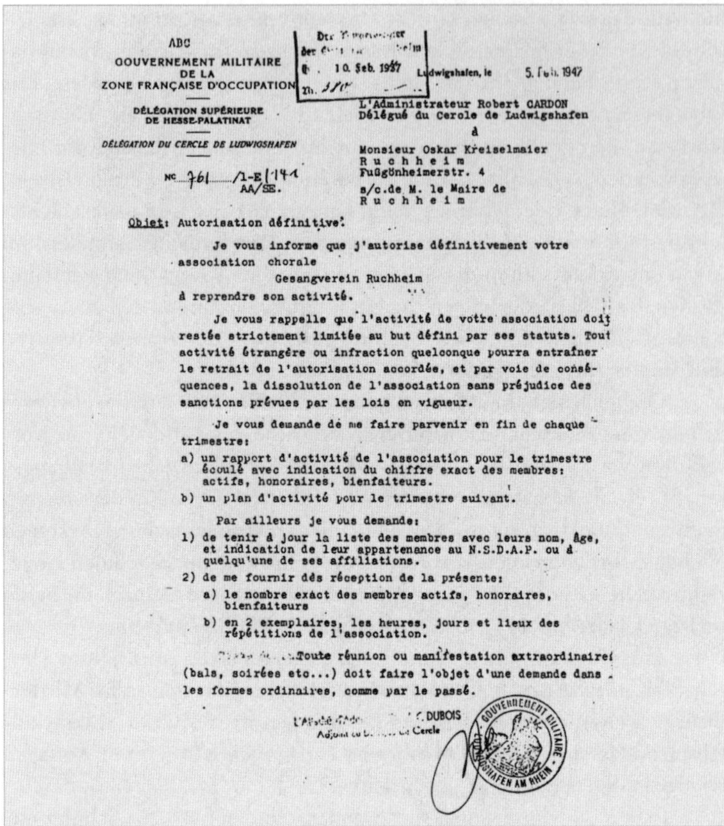

ABC
GOUVERNEMENT MILITAIRE
DE LA
ZONE FRANÇAISE D'OCCUPATION

DÉLÉGATION SUPÉRIEURE
DE HESSE-PALATINAT

DÉLÉGATION DU CERCLE DE LUDWIGSHAFEN

N° 761 /1-E/141
AA/SE.

10. Feb. 1947

Ludwigshafen, le 5. Feb. 1947

L'Administrateur Robert CARDON
Délégué du Cercle de Ludwigshafen

à

Monsieur Oskar Kreiselmaier
R u c h h e i m
Fußgönheimerstr. 4

s/c.de M. le Maire de
R u c h h e i m

Objet: Autorisation définitive.

Je vous informe que j'autorise définitivement votre association chorale

Gesangverein Ruchheim

à reprendre son activité.

Je vous rappelle que l'activité de votre association doit restée strictement limitée au but défini par ses statuts. Tout activité étrangère ou infraction quelconque pourra entraîner le retrait de l'autorisation accordée, et par voie de conséquences, la dissolution de l'association sans préjudice des sanctions prévues par les lois en vigueur.

Je vous demande de me faire parvenir en fin de chaque trimestre:

a) un rapport d'activité de l'association pour le trimestre écoulé avec indication du chiffre exact des membres: actifs, honoraires, bienfaiteurs.
b) un plan d'activité pour le trimestre suivant.

Par ailleurs je vous demande:

1) de tenir à jour la liste des membres avec leurs nom, âge, et indication de leur appartenance au N.S.D.A.P. ou à quelqu'une de ses affiliations.
2) de me fournir dès réception de la présente:
   a) le nombre exact des membres actifs, honoraires, bienfaiteurs
   b) en 2 exemplaires, les heures, jours et lieux des répétitions de l'association.

Toute réunion ou manifestation extraordinaire (bals, soirées etc...) doit faire l'objet d'une demande dans les formes ordinaires, comme par le passé.

C. DUBOIS
Adjoint au Délégué du Cercle

Definitive Zulassung des Gesangvereins Ruchheim durch die Militärbehörde Februar 1947 [106]

vorübergehend das Städtische Ernährungsamt. Die wenig beschädigte Gräfenauschule diente bis November 1945 als Stützpunkt der Besatzungsmacht, und der gut erhaltene Bau der Pestalozzischule hatte bereits während des Krieges Teile des schwer beschädigten Krankenhauses aufgenommen.[177]

Von seinem Schüleralltag am Gymnasium berichtet Theo Steißlinger aus Oggersheim: „Wir nahmen oft einen beschwerlichen Anmarschweg in Kauf. Nur langsam wurde der Straßenbahnbetrieb und der Eisenbahnverkehr wieder aufgenommen. Wir Oggersheimer fuhren in Güterwaggons nach Ludwigshafen. Der Hauptbahnhof lag damals gegenüber der Jaegerstraße. [...] Zum Eingang können wir nur über den rückwärtigen Hof über gefährlich angehäufte Schuttberge gelangen. Die Schulsäle erreichten wir über abgesicherte Bohlen. [...]

Jeder Schüler mußte etwas Brennbares mitbringen, um den großen Raum zu wärmen. Die Sitzplätze um den Ofen wurden in kurzen Zeitabständen gewechselt. Im strengen Winter 1945/46 fiel der Unterricht teilweise aus. Mit warmer Kleidung, über den Krieg gerettet und unserem Wachstum stets angepaßt, saßen wir in Vierer- oder Sechserklappbänken. Bücher hatten wir keine, Papier und Bleistifte waren rar. Auf winzigen Zetteln bestätigten uns die Lehrer die Notwendigkeit von Heften, Papier und Bleistiften, und wir versuchten diese Bezugsscheine in Ludwigshafen oder, ohne Paß über die Notbrücke, in Mannheim einzulösen. Es gelang nicht oft. Als Ersatz für die fehlenden Bücher diktierten uns die Lehrer in den wenigen Stunden den Unterrichtsstoff."*

Anmerkungen
Seite 486 und 487

177 *vgl. Bauer, S. 52ff; Hoop, S. 95ff; Ludwigshafen wie es war und ist, in: Rhpf, 31.12.1947; Bürgerratsprotokoll vom 29.3.1946, S. 16f; StALu, Pa II, 1/2; Stadt Ludwigshafen (Hg.), Hundert Jahre, 1953, S. 123ff*

178 *Die Informationen zu den Vereinen stammen aus der Festschriftensammlung im StaLu, DS*

179 *zit.n. Belitz, S. 18*

180 *ebd.*

* *Quelle: Erinnerungsskizze von Theo Steißlinger, in: Bauer, S. 65ff*

AUFRUF An die Sängerschaft

Der nunmehr beendigte Krieg hat unserem Volk auf allen Gebieten seines materiellen und geistigen Lebens schwere Schäden verursacht * Bei aller vordringlichen Behandlung der lebensnotwendigen Probleme müssen, das wird jedem denkenden Menschen einleuchten, auch die verschütteten Quellen des kulturellen Lebens wieder freigelegt werden.

Die Militärregierung wünscht und unterstützt

deshalb die baldige Wiederaufnahme jeder Art musikalischer Betätigung, vor allem auch des Chorgesanges * Es ergeht deshalb an alle singfähigen Männer unserer Stadt die dringende und herzliche Aufforderung, sich umgehend zu den Gesangsstunden des die gesamte Sängerschaft umfassenden

SÄNGERBUND

LUDWIGSHAFEN AM RHEIN

melden zu wollen * Die Pflege des Männer-Chorliedes ist der alleinige Zweck bei der Aufrichtung dieses Chores; jegliche Nebenbestrebung politischer oder sonstiger Art ist vollkommen ausgeschaltet und darf nicht die Triebfeder zum Eintritt in diesen Chor werden * Wir richten diese Aufforderung an alle Sänger, die bisher in einem der Männerchöre Ludwigshafens als wirklich stimmbegabte Mitglieder der Pflege des deutschen Liedgutes gedient haben.

Das erste Zusammentreffen
findet am Sonntag, den 21. Oktober 1945, vormittags 10 Uhr, im großen Saale des Don-Bosco-Hauses, Hemshofstraße, statt. Hier werden auch die Anmeldungen entgegengenommen.

LUDWIGSHAFEN AM RHEIN
1. Oktober 1945

DIE VORLÄUFIGE LEITUNG:

Grauer Hch. Hoffmann Frdr. Schatt Leo

Baur'sche Buchdruckerei Ludwigshafen a. Rh.

Aufruf an die Sängerschaft
Oktober 1945 [107]

Gesangverein „Liederkranz" Oppau · Gegr. 1843

Am Sonntag, den 8. Juni 1947, um 20.00 Uhr, in der Turnhalle der Goethe-Schule in Oppau

KONZERT

ZU GUNSTEN DES SOZIALEN HILFSWERKES

Mitwirkende: ELSBETH BÖHN, Oppau . . . Sopran
ADALBERT BARANSKI, Mitgl. d. Pfalzorch. Violine
VALENTIN FICK, Ludwigshafen a. Rh. Pianist
DER VEREINS-CHOR
Musikalische Leitung: . . PETER BRAUN

VORTRAGSFOLGE:

Von der Allmacht und Güte Gottes
1. Männerchor:
a) Sanctus . . . Friedrich Silcher (1789-1860)
b) Motette . . Hans Georg Nägeli (1773-1836)
2. Lieder für Sopran:
a) Verborgenheit . . Hugo Wolf (1860-1903)
b) Du bist die Ruh' . . Franz Schubert (1797-1828)

Von der Pracht und Schönheit der Natur
3. Violin-Solo:
a) Romanze in G-Dur . . Max Reger (1873-1916)
b) Hummelflug . . Rimsky-Korsakoff
4. Männerchor:
a) Sonnenaufgang . . Peter Cornelius (1824-1874)
b) Frühlingslied . . C. M. v. Weber (1786-1826)
c) Im Mai . . . A. Jürgens
5. Lieder für Sopran:
a) Im Lenz . . . Peter Cornelius (1824-1874)
b) Waldeinsamkeit . . Max Reger (1873-1916)
c) Morgenwind . . . Peter Cornelius (1824-1874)

Von Deutschem Sang und Klang
6. Violin-Solo: Menuett . . Wolfgang Amad. Mozart (1756-1791)
7. Männerchor:
a) Frisch gesungen . . Friedrich Silcher (1789-1860)
b) Wandern im Mai . . Friedrich Gellert
(Das Nahen und Weiterziehen einer Sängerschar wiedergebend)
c) Hymnus an den Gesang . Ruland Ayßlinger (*1850)

Während des Vortrages bleiben die Saaltüren geschlossen
Eintrittspreis RM. 1.50
Jugendliche unter 14 Jahren haben keinen Zutritt!

Konzert des Gesangvereins ›Liederkranz‹ Oppau zugunsten des Sozialen Hilfswerks Ludwigshafen am 8. Juni 1947 [108]

Rollende Bälle – Sport und andere Vereinsaktivitäten[178]

„Wer dachte in jenen fürchterlichen Nachkriegsjahren an Turnen? Der Hunger verbot jede körperliche Ertüchtigung und mancher hatte für immer genug: mit zerschossenen Gliedern heimgekehrt, waren viele froh, bei den Überlebenden zu sein."[179] Diese Worte des Chronisten der ›Turn- und Sportgemeinde Friesenheim‹ umreißen die Situation vieler Sport- und auch anderer Vereine in der Stadt nach Kriegsende. Sie geben allerdings nicht die ganze Wirklichkeit wieder: Schon im Sommer 1945 regte sich da und dort der Wunsch nach der Fortführung der Vereinsarbeit. Die Besatzungsbehörden hatten jedoch jede derartige Aktivität mit Verbot belegt. Dazu traten weitere Schwierigkeiten, wie zum Beispiel der TV Mundenheim berichtet: „Die Halle des TV wird von den französischen Soldaten als Garage und Unterstellraum benutzt. Nach Freigabe sieht es trostlos aus. Was nicht zerstört war, wurde geplündert. Kein Glas, kein Tisch, kein Stuhl mehr vorhanden und sämtliches Mobiliar einschließlich der beiden Vereinsfahnen und der schriftlichen Unterlagen geraubt."[180] Viele andere Vereine hatten alles Inventar und ihre Behausungen durch Luftangriffe oder, im Fall der der Arbeiterbewegung nahestehenden Organisationen, nach dem Verbot 1933 verloren. Einige symbolträchtige Zeugnisse hatten in Verstecken überlebt, so eine Fahne des ›Reichsbanners‹ Ludwigshafen in einer ›Bettwurst‹ eingenäht, und die Fahne des Kolpingvereins im Turm der Ludwigskirche.

Wiedergründungsversammlung der ›Naturfreunde‹, 30. Juni 1946 [109]

Der Ball rollt wieder offiziell in Ludwigshafen 7. April 1946 [110]

Anfang 1946 wurde das Vereinsverbot gelockert. Doch vergaben die Besatzungsbehörden nur nach einem langwierigen Genehmigungsverfahren eine Lizenz. Die Vereine „unterlagen der kompromißlosen Beaufsichtigung einer mißtrauischen Militärregierung, die jedem Aufnahmeschein einen der berüchtigten Fragebogen beiheftete, die auf Einreichung neuer Statuten bestand, in der Vereinsleitung nicht mehr als fünf Personen dulden wollte und jedes Spiel genehmigungspflichtig machte,"[181] so die Geschichte des Fußball-Sportvereins ›Phönix‹. Zudem bestanden die französischen Behörden darauf, daß die vor 1933 bestehende Aufsplitterung des Vereinswesens in bürgerlich-liberale, sozialistische und kirchliche Organisationen nicht mehr auflebte. Die – erst 1949 wieder zugelassenen – katholischen DJK-Sportverbände mußten in Statut und Namen jede Anspielung auf eine kirchliche Bindung meiden, und mancher seit 1933 verfolgte Arbeitergesang- oder -sportverein durfte nur unter neuem Namen wieder entstehen. Dem Sängerbund Oggersheim wurde sogar eine ›Zwangsehe‹ mit dem bürgerlichen ›Singverein 1842‹ auferlegt, die erst 1950 wieder beendet werden konnte. Freilich war auch die SPD-Spitze selbst gegen den Neuaufbau eines separaten Vereinslebens. Im Gegensatz zu gerade in Ludwigshafen starken Tendenzen an der Basis zur Wiederherstellung der alten Vereine bedauerte der Gewerkschaftsvorsitzende Adolf Ludwig in einem Schreiben an den Ortsausschuß des AGB, daß „die sofort 1945 herausgegebene Parole ›keine Isolierung im Arbeitersport und bei den Samaritern‹ nicht überall auf fruchtbaren Boden gefallen sei."[182] Man solle lieber versuchen Schlüsselpositionen in allgemeinen Vereinigungen und damit einen Platz in der Mitte des gesellschaftlichen Lebens zu gewinnen. In der Tat kam es denn auch auf Dauer zu keiner Neubelebung der alten ›klassenspezifischen‹ Vereinsstrukturen – hier entstand eine neue Welt, wenn sie auch gelegentlich mit Stolz auf ihre Wurzeln zurückblickte.

Unter diesen – gegenüber der Zeit vor 1933 doch deutlich veränderten – Voraussetzungen erfolgte 1946/47 die Neu- bzw. Wiedergründung von – bis Mitte 1947 – 74 Vereinen. Bis 1949 war ihre Zahl auf 160 angewachsen.[183] Die erste Nachkriegs-Vereinsgründung in der

Anmerkungen
Seite 488

181 *50 Jahre Sportverein Phönix, S. 66; StALu, DS 76/13*

182 *Kusch, S. 83*

183 *Zahlen aus den Adreßbüchern der Stadt 1947/48 und 1949/50*

Der ›ASV Oppau‹ steigt nach einem Sieg über den SC Siegelbach in die ›Zonenliga Nord‹ auf, 1948 [111]

Stadt war angeblich die des ›Allgemeinen Sportvereins Ludwigshafen‹, der, zuvor als ›Freie Turner‹ bekannt, bezeichnenderweise einen ›umfassenden‹ Namen annehmen mußte. Doch durfte er zuerst nur Handball spielen – Turnen, Boxen und Fechten waren und blieben als ›militaristische‹ Betätigungen verfemt und konnten erst nach 1948/49 wieder offiziell betrieben werden. Auch die Neugründung eines Polizeisportvereins traf auf den Widerstand der Besatzungsmacht.

So waren es zuerst nur ›harmlose‹ Sportarten, die wiederbetrieben werden konnten – Rudern, sofern es Boote gab, Hockey, Schwimmen und, allen voran und mit der größten Ausstrahlungskraft auf das Publikum, Fußball. Der ›SV Phönix‹ wurde, kaum wiedererstanden, sogleich in die neugegründete ›Oberliga Südwest‹ aufgenommen, wo er sich bis 1962 überwiegend auf den vorderen Plätzen hielt – um dann abrupt abzustürzen.

Am 6. Januar 1946 wurde in einem der beiden ersten Spiele der Oberliga Phönix durch Worms vor 2 000 Zuschauern in der Domstadt geschlagen. Circa vierzehn Tage später, am 19. Januar, rollte der Ball in Ludwigshafen auf dem Sportgelände am Mundenheimer Bahnhof. Eine Auswahl von Spielern des Vorortes trug mit dem ›1. FC Idar‹ ein „Meisterschaftsspiel um die Ehrenliga" aus. Am 2. Februar 1946 spielte der SV Friesenheim mit einer Auswahlmannschaft unter der Bezeichnung ›Mittelrhein-Pfalz‹ auf dem Sportplatz in der Friesenheimer Fichtestraße das erste Hockeyspiel.

Auch das Leben der Gesang- und Musikvereine erwachte 1946/47 wieder. Öffentliche Konzerte und die Gemeinschaft, die die Vereine boten, dienten wie die Sportereignisse und -Aktivitäten der Zerstreuung in trüber Zeit. Erst 1948 begannen sich die Karnevals-Traditionsvereine des Stadtkreises – die ›Rheinschanze‹ in Ludwigshafen, die ›Klotzgrumbeer‹ in Rheingönheim, ›Hans Warsch‹ in Oggersheim und die Friesenheimer ›Eulen‹ – wieder zu regen. Im Jahr darauf erfolgte die Gründung der Oppauer ›Dampnudle‹. Fasching und Volksfeste – dieser Aspekt populärer Kultur mußte bis zur Zeit nach der Währungsreform auf seine Wiederauferstehung warten.

Anmerkungen
Seite 490 und 491

184 Mörz, S. 131f
185 Thies/v. Daak, S. 63
186 Mörz, S. 132f, 154ff
187 Rhpf, 3.10.1945
188 Rhpf, 29.9.1945

Die neue Pressevielfalt: Kiosk an der Ecke Oggersheimer- und Bismarckstraße 1946 [112]

Information – von Gerüchten und Anschlagbrettern zur Lizenzpresse

Wie bekamen die Bürger der Zusammenbruchgesellschaft mit, daß es wieder Theaterstücke, Fußballspiele, Filme und Zirkusveranstaltungen zu sehen gab? Wie verbreiteten die Stadtverwaltung und die Militärregierung ihre Bekanntmachungen? Unmittelbar nach dem Einmarsch der Alliierten gab es nur die Mund-zu-Mund-Propaganda und die Plakatanschläge an den Trümmerwänden. Doch bereits drei Tage nach der bedingungslosen Kapitulation des Deutschen Reiches erschien in Ludwigshafen wieder eine Zeitung. Das städtische Presseamt brachte den ›Stadt-Anzeiger‹ heraus, das „Organ für amtliche Mitteilungen der Militärregierung sowie des Stadt- und Landkreises."[184] Neben offiziellen Verlautbarungen enthielt die in Rheingönheim gedruckte Zeitung nützliche Informationen für die Notzeit. Sie veröffentlichte Meldungen über Geschäftseröffnungen im Stadtbereich, informierte über Lebensmittel- und Warenzuteilungen und gab Tips zum sparsamen Umgang mit Vorräten. Im Sommer 1945 kursierten oft groteske Gerüchte über die neuen Besatzer aus Frankreich: „Alle Kinder zwischen acht und vierzehn Jahren werden nach Sibirien verschleppt. Dafür kommen französische Kinder nach Deutschland." „Alle deutschen Kriegsgefangenen in Frankreich

haben lebenslang Zwangsarbeit zu verrichten." „Alle politisch Internierten werden in die französischen Kohlengruben geschickt."[185] Noch dreister waren Behauptungen, die deutsche Kultur solle generell vernichtet werden. Der Anzeiger appellierte deshalb an die Ludwigshafener: „Handelt nicht nach Gerüchten! Lest die Anschlagtafeln und den Stadtanzeiger." Im Sommer 1946 verschwand das Blatt wieder, wohl aus Papiermangel, und erschien erst wieder seit dem 11. September 1948. In der Zwischenzeit dienten Wandanschläge zur Information der Bevölkerung über amtliche Mitteilungen.

Bereits am 29. September 1945 erschien die erste lizensierte Zeitung, ›Die Rheinpfalz‹,[186] auf dem Markt. Sie „wurde den Verkäufern buchstäblich aus der Hand gerissen und bald war sie ausverkauft. Es stellte sich heraus, daß die Auflage bei weitem nicht ausreichte, um eine Arbeiterstadt, welche geistig ausgehungert ist, zu befriedigen. So gab es viele betrübte Gesichter, die keine Zeitung erhielten."[187] In ihrer ersten Ausgabe umriß das neue Presseorgan seine Ziele: „Die Stunde, in der die Zeitung ins junge Leben tritt, ist keine leichte. Ihr großer, gebieterischer, alles Trennende überwindender Imperativ lautet: Weg vom verderblichen Geist des Nationalsozialismus, weg von der nivellierenden Gefahr der Gleichschaltung. Männer der verschiedensten Richtungen und Weltanschauungsgruppen fanden sich ehrlich und aufgeschlossen auf dem gemeinsamen Ziel der zu bauenden deutschen Demokratie zusammen. Jeder in seiner Denkart und Sprechweise, jeder für die gewissermaßen von ihm vertretene Lebensgruppe und politische Richtung Zeugnis ablegend, will dazu beitragen, die ›Rheinpfalz‹ zu einem wirklichen Spiegel der Tendenzen werden zu lassen."[188]

Dieser Ton entsprach ganz dem Wunsch der französischen Besatzungsbehörden, die zunächst große sogenannte überparteiliche Regionalzeitungen bevorzugte. So fungierten Vertreter der künftigen CDU, der SPD und der KPD als Lizenzträger des Blattes. Eigentlicher Initiator und Hersteller allerdings war Josef Schaub, der ehemalige stellvertretende Geschäftsführer einer der größten Weimarer Zeitungen Ludwigshafens, der katholischen ›Neuen Pfälzischen Landeszeitung‹. Er hatte durch seine Kontakte zum Leiter der Pressestelle beim Oberregierungspräsidium Neustadt, Dr. Otto Eichenlaub, und durch ein im Auftrag des Präsidialdirektors des Präsidiums, Dolf Sternberger, verfaßtes Exposé zur Pressesituation in der Region, seinen Plan, eine Zeitung zu lancieren, dann auch verwirklichen können. Als Erscheinungsgebiet war dem Blatt die gesamte Vorderpfalz zugeteilt worden, gedruckt wurde es in Lambrecht auf den von der Besatzung beschlagnahmten Maschinen der alten ›NSZ‹. Sitz der ›Rheinpfalz‹ war nicht die Stadt der Chemie, sondern Neustadt an der Haardt. Die Ludwigshafener Redaktion arbeitete zunächst in der Privatwohnung des Lokalredakteurs Herbert Müller, der auch der kommunistische Lizenzträger der Zeitung war. Erst im Sommer 1946 wurde die Geschäftsstelle in die Amtsstraße verlegt.

Die Unabhängigkeit und Überparteilichkeit der Zeitung fand freilich an den Zensurvorschriften der Besatzungsmacht ihre Grenzen. So durfte etwa, um nur ein Beispiel zu nennen, über das wenig rühmliche Vorgehen Frankreichs in seinen Kolonien nicht berichtet werden. Und ein Straßenbahnerstreik in Ludwigshafen wurde zwar in der lokalen Ausgabe der Zeitung erwähnt, schon im Landkreis aber erschien an dieser Stelle ein ganz anderer Artikel.

Die erste ›Ludwigshafener‹ Zeitung nach dem Krieg: das kommunistische ›Neue Leben‹ in den Händen von (links) Willy Feller, KPD, Wiederaufbauminister von Rheinland-Pfalz, und (rechts) Herbert Müller, Parteivorsitzender der KPD Rheinland-Pfalz, August 1947 [113]

DIE RHEINPFALZ

Zeitung für die Landkreise Bergzabern, Frankenthal, Kirchheimbolanden, Landau, Ludwigshafen am Rhein, Neustadt an der Haardt und Speyer

Jahrgang 1, Nr 1 — Samstag den 29. September 1945 — Einzelpreis 20 Pfg

An unsere Leser

Ein erstes Wort

Wieder eine Zeitung!

Nach der Niederlage

48 Artikel des alliierten Kontrollrates

Entnazifizierung!

Karte der Besatzungs-Zonen

Wie es wirklich geschah

Ein Rückblick auf den schmachvollsten Abschnitt der deutschen Geschichte

Die erste Ausgabe der ›Rheinpfalz‹ vom 29. September 1945 [114]

Anmerkungen
Seite 492 und 493

189 zu Schaub vgl. Pieroth, S. 872; Rhpf, 8. 1. 1964, 9. 1. 1964, 7. 1. 1974

190 nahe dem Stadthaus Süd

***Josef Schaub** – der neue Ludwigshafener ›Pressezar‹*[189]

„Was in der Tiefe meines Herzens ist, das Gefühl für Demokratie, Menschenwürde und Toleranz, werde ich auch künftig bewahren, um es mit allen Konsequenzen den nachfolgenden Generationen in der Führung dieses Betriebs mit auf den Weg zu geben, zum Wohle des Unternehmens, aber auch zum Wohle unserer geliebten Pfalz." Mit diesen Worten dankte Josef Schaub 1964 anläßlich seines 65. Geburtstags „sichtlich gerührt" den zahlreichen Gratulanten, zu denen die bedeutendsten Persönlichkeiten der Republik und der Region zählten: Bundeskanzler Ehrhard, Altbundeskanzler Adenauer, Willy Brandt, damals Regierender Bürgermeister von Berlin, Friedrich Wilhelm Wagner als Vizepräsident des Bundesverfassungsgerichts, Rainer Barzel, Ministerpräsident Altmeier und zahlreiche Mitglieder seines Kabinetts, der pfälzische Regierungspräsident, Bischof und Kirchenpräsident aus Speyer, Helmut Kohl und Werner Ludwig,

Oberbürgermeister Klüber sowie zahlreiche andere Stadtoberhäupter, Industrie- und Berufsvertreter. Sie legten Zeugnis ab von der Bedeutung des Lebenswerks Schaubs, der mit der ›Rheinpfalz‹ eines der größten Medienunternehmen im Nachkriegsdeutschland geschaffen hatte.

Josef Schaub wurde 1899 in Deidesheim in eine dort seit langem ansässige katholische Winzerfamilie hineingeboren. Nach dem Besuch des Gymnasiums in St. Wendel und dem Kriegsdienst während des Ersten Weltkriegs erhielt er ab 1919 eine kaufmännische Ausbildung bei einem Neustadter Zeitungsverlag. Als Verlagskaufmann trat er 1921 bei der neugegründeten ›Neuen Pfälzischen Landeszeitung‹ (NPfL), dem Organ der pfälzischen Zentrumspartei, ein, wurde Werbeleiter und stellvertretender Geschäftsführer. Schaub wurde Mitglied des Zentrums, Parteiredner, Mitbegründer der politischen Kampforganisation der Partei, der ›Pfalzwacht‹, und Verbindungsmann zum sozialdemokratischen ›Reichsbanner‹. Nach der Machtergreifung unterlag er ständiger Aufsicht der Gestapo. Als die NPfL 1936 verboten wurde, war er zunächst arbeitslos und fand dann bis Kriegsende – 1939/40 diente er kurze Zeit in der Wehrmacht – im kaufmännischen Bereich bei Zeitungen in Wesel und danach in Neunkirchen Beschäftigung. Aus der Zeit des Nationalsozialismus behielt Schaub ein tiefes Gefühl für das Schicksal der Verfolgten – mit vielen Menschen aller Richtungen unterhielt er gute Beziehungen – und für den Wert der Demokratie. Radikalismus jeglicher Art durfte in seiner Zeitung keinerlei Ermutigung erfahren.

Josef Schaub [115]

Seine Beziehungen zu maßgeblichen Persönlichkeiten der neuetablierten pfälzischen Regierungsbehörden bahnte ihm den Weg zur Gründung der ›Rheinpfalz‹. Mit dem in Geestemünde an der Nordsee geborenen Druckereibesitzersohn Arthur Lenk gewann er einen wichtigen Mitstreiter und Miteigentümer, der ebenso wie er während des Nationalsozialismus mancherlei Unbill zu erleiden gehabt hatte. Nach einem Beginn unter unglaublich schwierigen materiellen, politischen und gesellschaftlichen Bedingungen entwickelten sich die Zeitung und der dazugehörige Verlag überaus erfreulich. Mit der allmählichen Veränderung der ursprünglich recht breit und ›demokratisch‹ angelegten Eigentumsstruktur der ›Rheinpfalz‹ wurde Schaub zum ganz überwiegenden Mehrheitseigner. Der Verleger verstand es, seine publizistische Macht klug zu nutzen, betonte die Unabhängigkeit der Redaktion, trat auch seinen politischen Freunden gelegentlich mäßigend entgegen und klärte manche Frage als ›echter Pfälzer‹ über gutem Wein und bei einer exzellenten Zigarre. Schaub, persönlich zurückhaltend, eher ein ›Familienmensch‹, zog den kleinen Kreis großen Auftritten vor und empfing seine oft einflußreichen Gäste lieber bei einem guten Essen im Hotel ›Hubertus‹.[190] Auch sein Unternehmen sah er als ›Familie‹, agierte als freundlich-bestimmter Patriarch, der nur sehr selten ›donnerte‹, aber auf loyale Mitarbeiter Wert legte und sie sorgfältig aussuchte. Technischen Neuerungen stand er aufgeschlossen gegenüber.

Auf Landes- und Bundesebene übernahm er zahlreiche Ämter in seinem Berufsfeld, war zum Beispiel Aufsichtsratsmitglied der Deutschen Presseagentur (DPA). Würdigungen hoben sein soziales Empfinden hervor, das ihn in „zahllosen Notständen persönlicher und gesellschaftlicher Art – auch solchen, die völlig außerhalb seines eigenen Betriebs lagen – immer wieder großzügig unterstützend eingreifen ließ." An seinem Wohnsitz in Neustadt gehörte er zu den Gründern des Lions-Clubs. Auf politischem Feld setzte er sich besonders für die Rückkehr des Saargebiets und die deutsch-französische Verständigung ein. Wegen seiner Verdienste um den Aufbau einer demokratischen Presse erhielt er 1959 das Bundesverdienstkreuz.

1964, nach seinem 65. Geburtstag, zog sich Josef Schaub aus dem aktiven Geschäft zurück und überließ die Leitung Arthur Lenk und seinem Sohn Dr. Dieter Schaub. Nach Lenks Ruhestand 1968 wurde der ›junge‹ Schaub Chef des ›Rheinpfalz-Imperiums‹, das er durch den Erwerb von Zeitungsbeteiligungen – Stuttgarter Zeitungen und nach der Wende einige Blätter in der DDR – und Verlagen – Westermann, Arena – entscheidend vergrößerte und so dessen Platz in der Spitzengruppe deutscher Medienunternehmen konsolidierte. Josef Schaub verstarb nach schwerem Leiden 1978 in Neustadt und wurde auf dem Haardter Friedhof beigesetzt. „Nun ruht er in der Erde seiner Heimat, die er sehr geliebt und der er durch sein Lebenswerk eine Möglichkeit der Selbstdarstellung und eine Stimme gegeben hat, die sich in Deutschland wohl hören lassen kann."

[S. M.]

Bereits im Juli 1946 charakterisierte ein Bericht der französischen Besatzungsbehörden die als überparteilich firmierende ›Rheinpfalz‹ als „feuille d'information tri-partite, tendence: CDU."[191] 1947, als die Franzosen neben ›überparteilichen‹ auch je eine Zeitung der Parteien für jedes neue Land ihrer Besatzungszone erlaubten, wurden der SPD- und KPD-Vertreter zum Ausscheiden aus der ›Rheinpfalz‹ gezwungen, die sich nunmehr auf Druck der Besatzungsbehörden im Dezember 1947 als ›Rheinpfalz-Druckerei- und Verlags-GmbH‹ mit einer zunächst sehr breiten Streuung der Anteile zwischen Verlagsspitze, Redaktion und technischen Mitarbeitern konstituierte. In den folgenden Jahren kam es zu dauernden Kontroversen mit Vertretern verschiedener Parteien und innerhalb des Kreises der Eigentümer, die sich bis Mitte der 1950er Jahre hinzogen. Dies konnte das Wachsen der Zeitung aber nicht hindern.

Neben der ›Rheinpfalz‹ gewannen in Ludwigshafen auch der seit Mitte 1946 erscheinende ›Mannheimer Morgen‹ und seit Mitte 1947 die neuen Parteizeitungen ihre Leser.[192] Das in Mainz erscheinende SPD-Blatt ›Die Freiheit‹ brachte vom September 1948 an eine eigene Ludwigshafener Ausgabe heraus und baute eine kleine Lokalredaktion auf. Gleiches vollzog einige Zeit später auch der ›Mannheimer Morgen‹. Die erste Zeitung, die nach 1945 wieder Ludwigshafen als Erscheinungsort in der Kopfzeile trug, war jedoch das kommunistische ›Neue Leben‹,[193] das am 8. August 1947 erstmals erschien. Seinen Titel verdankte es Dantes ›Vita Nuova‹ und einer gleichnamigen Schrift Lenins, und ganz dementsprechend wurde sein Inhalt auch von den zentralen Entscheidungsträgern der KPD gelenkt. Als einzige Zeitung in Rheinland-Pfalz nutzte das ›Neue Leben‹ die Nachrichten der Ost-Berliner Agentur ADN.

„Trotz seines ausweislichen Erscheinens in der Chemiestadt wurde das ›Neue Leben‹ allerdings in Lambrecht im Lohndruck bei der ›Rheinpfalz‹ gedruckt, und so hatte die einstige Pressemetropole der Pfalz auch zwei Jahre nach Kriegsende kein Blatt aufzuweisen, das auf ihrem Gebiet hergestellt wurde."[194] Dieser Zustand änderte sich erst mit dem Neuauftreten der ›Altverleger‹, denen nach 1945 zuerst ohne Rücksicht auf ihre politische Ausrichtung jede Betätigung verboten worden war. 1949/50 erschienen der ›General-Anzeiger‹ und die Vorortzeitungen wieder. Den Durchbruch zur Wiederherstellung der Position Ludwigshafens als Pressezentrum der Region brachte jedoch 1951 die Übersiedlung der Zentrale der ›Rheinpfalz‹ – Zeichen des Wiederaufstiegs der Stadt im Zeichen des ›Wirtschaftswunders‹.

Anmerkungen Seite 494

191 Schölzel, S. 106
192 Mörz, S. 133ff
193 ebd., S. 143ff
194 ebd., S. 135

Argelès, Jean-Marie: Le Parti communiste allemand (KPD) dans l'Allemagne de l'Ouest de 1945 à 1953. L'effondrement et les débats internes, phil. Diss, Paris 1995

Auer, Hildegard: Das Leben lieben, Speyer 1996

Bardens, Hans: Bericht. Collage aus privatem Aktenmaterial, Ludwigshafen/Rhein 1997

Bauer, Gerhard: Das Carl-Bosch-Gymnasium seit 1945, in: Carl-Bosch-Gymnasium Ludwigshafen (Hg.), 1886—1986. 100 Jahre Carl-Bosch-Gymnasium Ludwigshafen, Ludwigshafen/Rhein 1986, S. 52ff

Baur, Uwe: Alte und neue Töne. Musik im Diskurs, in: Heyen,Franz-Josef/ Keim, Anton Maria (Hg.): Auf der Suche nach neuer Identität, Kultur in Rheinland-Pfalz, Mainz 1996, S. 285

Becker, Klaus J.:

100 Jahre ÖTV-Kreisverwaltung Ludwigshafen-Speyer-Frankenthal, Band 2; Eine Dokumentation vom 24. März 1945 bis 7. November 1997. Herausgegeben von Lothar Plogsties, Ludwigshafen am Rhein 2000 [zit. Becker, ÖTV]

Die KPD in Rheinland-Pfalz 1946—1956, Mainz 2001 [zit. Becker, KPD]

Es ist gut, daß es in Deutschland Gewerkschaften gibt, Geschichte der ÖTV-Kreisverwaltung Ludwigshafen-Speyer-Frankenthal, Ludwigshafen am Rhein 2001 [zit. Becker, Verdi]

Stadt in Fahrt. 100 Jahre Straßenbahn in Ludwigshafen am Rhein, Ludwigshafen 2001 [zit. Becker, Stadt]

Belitz, Jürgen: Die Geschichte des Sportes in Ludwigshafen am Rhein. Eine nicht unkritische Analyse des Ludwigshafener Sportlebens von seinen Anfängen bis zur Gegenwart (1963), Hausarbeit, Universität Mainz 1963

Breunig, Willi:

Soziale Verhältnisse der Arbeiterschaft und sozialistische Arbeiterbewegung in Ludwigshafen am Rhein 1869—1919, 2. Auflage, Ludwigshafen am Rhein 1990 [zit. Breunig, Arbeiterschaft]

Ludwigshafen am Ende des Zweiten Weltkrieges, Das Leiden der Menschen in der Stadt der Chemie; in: Pfälzer Heimat, 1995, Heft 3, S. 73—75 [zit. Breunig, Ludwigshafen]

Drescher, Hartmut: Der politische Wiederaufbau in Ludwigshafen am Rhein in den Jahren 1945 und 1946, Max-Planck-Gymnasium Ludwigshafen 1987

Erbe, Michael: La fin de la guerre et le renouveau, Ludwigshafen à ›la première heure‹, in: Historiens et géographes, 1997, S. 349—360

Ertel, Marianne: Wiederaufbau und neue Wege. Die Stadtbibliothek Ludwigshafen am Rhein von 1945 bis 1962, in: Die Stadtbibliothek Ludwigshafen am Rhein 1875—2000, Ludwigshafen 2000, S. 41ff

Evangelisches Dekanat Ludwigshafen (Hg.): Evangelisches Gemeindebuch Ludwigshafen am Rhein, Ludwigshafen/Rhein 1954

Fauck, Siegfried: Geschichte der Stadt Ludwigshafen am Rhein in Daten; Veröffentlichungen des Stadtarchivs Ludwigshafen 2, 2. Auflage, Ludwigshafen 1989

Freundeskreis Pasadena e.V. (Hg.): 50 Jahre Städtepartnerschaft Ludwigshafen-Pasadena, Ludwigshafen 1998

Gleber, Peter:

Kino als Überlebensmittel. Anfänge und Bedeutung dieses Mediums in der französischen Zone unter besonderer Berücksichtigung der Großstadt Ludwigshafen am Rhein 1945—1949, in: ZGO, 1997, S.403—429 [http://www.uni-oldenburg.de/kunst/mediengeschichte/kino/gleber/pgind.htm] [zit. Gleber, Kino]

›Civilisation Française‹ und ›Überlebensmittel‹, Nachkriegskino in der Pfalz; in: Nestler, Gerhard/Ziegler, Hannes (Hg.): Zwischen Kriegsende und Wirtschaftswunder (erscheint Kaiserslautern 2003) [zit. Gleber, Civilisation Française]

Hedwig Doll (1913—1999), in: Hedwig Brüchert (Bearb.): Rheinland-Pfälzerinnen. Frauen in Politik, Gesellschaft, Wirtschaft und Kultur in den Anfangsjahren des Landes Rheinland-Pfalz, Mainz 2001, S. 102ff [zit. Gleber, Hedwig Doll]
Die Sozialdemokratie im Bezirk Pfalz in den sechziger Jahren, Inauguraldissertation zur Erlangung des akademischen Grades eines Doktors der Philosophie der Universität Mannheim, Mannheim 1999 (erscheint 2003) [zit. Gleber, SPD]
Zwischen gestern und morgen, Film und Kino im Nachkriegsjahrzehnt, in: Franz-Josef Heyen/Anton Maria Keim (Hg.): Auf der Suche nach neuer Identität, Kultur in Rheinland-Pfalz, Mainz 1996, S. 451 [http://www.uni-oldenburg.de/kunst/mediengeschichte/kino/gleber/rlpind.htm] [zit. Gleber, Film]
Zwischen Tradition und Moderne, Geschichte der pfälzischen Sozialdemokratie von der ›Stunde Null‹ bis in die sechziger Jahre, in: Jahrbuch für westdeutsche Landesgeschichte, 1997, 23. Jg., S. 595ff [zit. Gleber, Tradition]

Hemken, Ruth (Hg.): Sammlung der vom Alliierten Kontrollrat und der amerikanischen Militärregierung erlassenen Proklamationen, Gesetze, Verordnungen, Befehle, Direktiven, 3. Aufl., Stuttgart 1945ff

Herman, Stewart Winfield: Die 7000 Zeugen. Kirche im Umbruch, München 1952

Hippel, Wolfgang von: Zum Wohle der Kranken, Vom Hospital zum Klinikum der Stadt Ludwigshafen am Rhein, Ubstadt-Weiher 1992

Hoffmann, Birgit/Schäfer, Hartmut/Schwinke, Rüdiger: Kino in Speyer 1945—1950. Das Spielfilmangebot in der Nachkriegszeit, Projektbericht, Universität Mannheim 1989, S. 8

Hofmann, Klaus: 50 Jahre CDU Ludwigshafen. Mit einem Geleitwort von Bundeskanzler Dr. Helmut Kohl, Ludwigshafen 1996

Hoop, Werner: Geschichte der Luitpoldschule Friesenheim, Ludwigshafen 1992

Hübel, Christian: Wir sind wieder da! Die SPD und der Neuaufbau 1945—1949 in Mannheim und Ludwigshafen, Mannheim 1995

Hundinger, Ralf: Die Wiedergründung der pfälzischen SPD 1945—1947, in: Stürmer, Vera/Hundinger, Ralf: „Wir kommen wieder!", Ende und Wiederaufbau der pfälzischen SPD 1929—1933 und 1945—1947, Mannheim 1995

Janson, Günther: Das Wohnungselend nach dem Kriege, in: Sozialdemokratische Partei Deutschlands – Stadtratsfraktion (Hg.): 100 Jahre Sozialdemokratische Kommunalpolitik für Ludwigshafen, Historische und aktuelle Beiträge 1889—1989, Ludwigshafen 1989

Katholisches Pfarramt St. Ludwig (Hg.): Festschrift zum 100jährigen Jubiläum der St.Ludwigskirche Ludwigshafen am Rhein. 1862—1962, Ludwigshafen/Rhein o. J. [1962]

Katholisches Pfarramt St. Sebastian (Hg.): Festschrift zur Konsekration der neuen St. Sebastianskirche in Ludwigshafen-Mundenheim, Ludwigshafen/Rhein 1954

Kleßmann, Christoph: Die doppelte Staatsgründung. Deutsche Geschichte 1945—1955, 4. Aufl., Göttingen 1986

Kulturdezernat der Stadtverwaltung Ludwigshafen am Rhein (Hg.): Kulturentwicklungsplan der Stadt Ludwigshafen am Rhein, Ludwigshafen/Rhein 1989

Kusch, Kathrin: Die Wiedergründung der SPD in Rheinland-Pfalz nach dem Zweiten Weltkrieg (1945—1951), Mainz 1989

Laufer, Kurt/Ruf, Peter: Ludwigshafener SPD-Oberbürgermeister seit 1945, in: SPD-Stadtratsfraktion (Hg.): Hundert Jahre sozialdemokratische Kommunalpolitik für Ludwigshafen. Historische und aktuelle Beiträge, 1889—1989, Ludwigshafen 1989, S. 67

Laufer, Kurt: SPD-Mandatsträger in der Stadt Ludwigshafen am Rhein seit der Wiederzulassung der Partei 1946, in: Sozialdemokratische Partei Deutschlands – Stadtverband Ludwigshafen (Hg.), Der Freiheit und Demokratie verpflichtet, Beiträge zur Geschichte der Ludwigshafener Sozialdemokratie, Neustadt/Weinstraße 1986, S. 178f

Ludwig, Werner: Unterwegs. Lebenserinnerungen, Landau/Pfalz 1997

Luley, Andreas: Entnazifizierung und politische Säuberung in Hessen-Pfalz unter besonderer Berücksichtigung der Stadt Ludwigshafen am Rhein 1945 bis 1949, Magisterarbeit Universität Mannheim 1997, in Bibl. StALu

Martin, Anne: Die Entstehung der CDU in Rheinland-Pfalz, Mainz 1995

Meyer-Larsen, Werner: War alles hin? Die Wirtschaft in den Besatzungszonen, in: Spiegel special, 1995, Heft 4, S. 125ff

Minor, Ulrike: Ludwigshafen 1945. Kriegsende und demokratischer Neubeginn, Katalog zur Ausstellung im Stadtmusem Ludwigshafen, Ludwigshafen 1995

Möhler, Rainer:

Politische Säuberung im Südwesten unter französischer Besatzung, in: Kurt Düwell/Michael Matheus (Hg.): Kriegsende und Neubeginn. Westdeutschland und Luxemburg zwischen 1944 und 1947, Stuttgart 1997, S. 175 [zit. Möhler, Politische Säuberung]

Entnazifizierung in Rheinland-Pfalz und im Saarland unter französischer Besatzung von 1945 bis 1952, Mainz 1992 [zit. Möhler, Entnazifizierung]

Moll, Karl: ›Die Stunde Null‹ – Ein Situationsbericht aus dem Jahre 1947 eingeleitet von Ulrich Stumm, in: Sozialdemokratische Partei Deutschlands – Stadtratsfraktion Ludwigshafen am Rhein (Hg.): 100 Jahre Sozialdemokratische Kommunalpolitik für Ludwigshafen. Historische und aktuelle Beiträge 1889—1989, Ludwigshafen 1989, S. 49

Mörz, Stefan: Vom Westboten zur Rheinpfalz. Die Geschichte der Presse im Raum Ludwigshafen von den Anfängen bis zur Gegenwart; Veröffentlichungen des Stadtarchivs Ludwigshafen 19, Ludwigshafen 1994

Nord, Karl: Im Kampf gegen das Unrecht und für die Freiheit. Erlebnisse und Erfahrungen eines politischen Gefangenen unter der NS-Diktatur; Schriftenreihe des SPD-Stadtverbandes Ludwigshafen 2, Ludwigshafen 1986

Niethammer, Lutz: Schule der Anpassung. Die Entnazifizierung in den vier Besatzungszonen, in: Spiegel special, 1995, Heft 4, S. 90ff

Pessel, Gabriele: Die Entwicklung der KP-Ludwigshafen von 1945—1949, Universität Mannheim 1983

Pieroth, Stephan: Parteien und Presse in Rheinland-Pfalz 1945—1971. Ein Beitrag zur Mediengeschichte unter besonderer Berücksichtigung der Mainzer SPD-Zeitung ›Die Freiheit‹, Mainz 1994

Pleyer, Peter: Deutscher Nachkriegsfilm 1946—1948, Münster 1965

Reinfried, Marcus: Hundert Jahre Stadtsparkasse. Im Spiegel der Zeit 1888—1988, Ludwigshafen 1988

Rothenberger, Karl-Heinz: Nachkriegsjahre – Jahre des Hungerns, in: Hans-Jürgen Wünschel: Rheinland-Pfalz, Beiträge zur Geschichte eines neuen Landes, Landau 1997, S. 35ff

Ruge-Schatz, Angelika: Umerziehung und Schulpolitik in der französischen Besatzungszone 1945—1949, Frankfurt/Main 1977

Ruhl, Klaus-Jörg (Hg.): Neubeginn und Restauration, Dokumente zur Vorgeschichte der Bundesrepublik Deutschland 1945—1949, München 1989

Ruppert, Martina:
Hildegard Auer (1910—1997), in: Hedwig Brüchert (Bearb.): Rheinland-Pfälzerinnen, Frauen in Politik, Gesellschaft, Wirtschaft und Kultur in den Anfangsjahren des Landes Rheinland-Pfalz, Mainz 2001, S. 26ff [zit. Ruppert, Auer]

Anneliese Koenig (geb. 1930), in: Hedwig Brüchert (Bearb.): Rheinland-Pfälzerinnen, Frauen in Politik, Gesellschaft, Wirtschaft und Kultur in den Anfangsjahren des Landes Rheinland-Pfalz, Mainz 2001, S. 254ff [zit. Ruppert, Koenig]

Scheeder, Bettina: Geschichte des Kunstvereins Ludwigshafen. Von den Anfängen in den zwanziger Jahren bis heute, Magisterarbeit, Universität Heidelberg 1997

Schelsky, Helmut: Wandlungen der deutschen Familie in der Gegenwart. Darstellung und Deutung einer empirisch-soziologischen Tatbestandsaufnahme, Stuttgart 1954

Schwarzmaier, Hansmartin (Bearb.): Der Südwesten zur Stunde Null, Karlsruhe 1975

Schwarzmüller,Theo: Albert Fink und die Nationalhymne. Eine Lebensreise vom Kaiserreich zur Bundesrepublik, Annweiler 2002

Schölzel, Stephan: Die Pressepolitik in der französischen Besatzungszone 1945—1949, Mainz 1986

Seidl, Michael: Wiederentstehung und Entwicklung der Gewerkschaften in Mannheim und Ludwigshafen von 1945—1949; phil. Diss. Universität Mannheim 1990, Neustadt/Weinstraße 1990

Sekretariat der Deutschen Bischofskonferenz (Hg.): Kirchliches Handbuch, Amtliches statistisches Jahrbuch der katholischen Kirche Deutschlands; Bd. 23 (1944—1951), Köln 1951

Simon, Bernhard: Die Abgeordneten der ersten Wahlperiode des rheinland-pfälzischen Landtages, 18. Mai 1947—17. Mai 1951; in: Franz-Josef Heyen (Hg.): Rheinland-Pfalz entsteht. Beiträge zu den Anfängen des Landes Rheinland-Pfalz in Koblenz 1945—1951, Boppard 1984

Skrentny, Werner (Hg.): Teufelsangst vorm Erbsenberg, Die Geschichte der Oberliga Südwest 1946—1963, Essen 1996

Sozialdemokratische Partei Deutschlands – Stadtverband Ludwigshafen (Hg.): Der Freiheit und Demokratie verpflichtet, Beiträge zur Geschichte der Ludwigshafener Sozialdemokratie, Neustadt/Weinstraße 1986

Sozialdemokratische Partei Deutschlands – Stadtratsfraktion Ludwigshafen (Hg.): 100 Jahre sozialdemokratische Kommunalpolitik für Ludwigshafen, Historische und aktuelle Beiträge 1889—1989, Ludwigshafen am Rhein 1989 [zit. SPD-Fraktion]

Stadtverwaltung Ludwigshafen am Rhein (Hg.): Hundert Jahre Ludwigshafen am Rhein, Ludwigshafen/Rhein 1953

Stokes, Raymond G.: Von der I. G. Farbenindustrie AG bis zur Neugründung der BASF (1925—1952), in: Abelshauser, Werner (Hg.): Die BASF. Eine Unternehmensgeschichte, München 2002

Stürmer, Vera/Hundinger, Ralf: „Wir kommen wieder". Ende und Wiederaufbau der pfälzischen SPD 1929—1933 und 1945—1947, Mannheim 1995

Theodor-Heuss-Gymnasium (Hg.): Trends. Heute. Gestern, Festschrift zum 125jährigen Jubiläum des Theodor-Heuss-Gymnasiums Ludwigshafen 1873—1998; Ludwigshafen 1998

Thies, Jochen/von Daak, Kurt: Südwestdeutschland Stunde Null. Die Geschichte der französischen Besatzungszone 1945—1948, Ein Bild/Text-Band, Düsseldorf 1978

Tornow, Ingo: Die deutschen Unternehmerverbände 1945—1950. Kontinuität oder Diskontinuität?, in: Becker, Josef/Stammen, Theo/Waldmann, Peter (Hg.): Vorgeschichte der Bundesrepublik Deutschland. Zwischen Kapitulation und Grundgesetz, München 1979

Ulrich, Ingrid: Keine Zeiten, um wunschlos zu sein, Gelnhausen 1998

Walter, Edwin: Ein Amboß zeigt Gefühl, Aus dem Leben eines Arbeitnehmers, Heidelberg 1998

Weber, Hermann: Die Wandlung des deutschen Kommunismus, Die Stalinisierung der KPD in der Weimarer Republik, 2 Bände, Frankfurt am Main 1969 [zit. Weber, Hermann]

Weber, Wilhelm: Reduktion und Abstraktion. Neue Wege in der bildenden Kunst, in: Heyen, Franz-Josef/Keim, Anton Maria (Hg.): Auf der Suche nach neuer Identität, Kultur in Rheinland-Pfalz, Mainz 1996, S. 339 [zit. Weber, Wilhelm]

Weitzel, Kurt: Vom Chaos zur Demokratie. Die Entstehung der Parteien in Rheinland-Pfalz 1945—1947, Mainz 1989

Wode, Martina: Die Entwicklung der CDU-Ludwigshafen 1946—1949, Seminararbeit, Universität Mannheim 1983

Wolfrum, Edgar: Rezension: Dorothea Führe, Die französische Besatzungspolitik in Berlin von 1945—1949, in: Humanities – Sozial- und Kulturgeschichte 2002 [http://hsozkulz.geschichte.hu-berlin.de]

Zimmermann, Rüdiger: 100 Jahre ÖTV-Biographien. Die Geschichte einer Gewerkschaft und ihrer Vorläuferorganisationen, Frankfurt am Main 1996

Titelbild Kapitel 15: Heimkehr. Ein Soldat in der heutigen Bahnhofstraße mit Blick auf die Westend-Siedlung. Das Foto wird auf 1945 datiert, könnte aber auch ein bis zwei Jahre älter sein.

[7, 8, 11] StALu, Schriftbeispiele
[12] entnommen aus: StAnz., 21. Juli 1945; StALu, Z 101
[15] StALu, LUN 2764, Akte Spieß
[21, 24] Sammlung Löckel
[26] StALu, N 25, Friedrich Wilhelm Wagner, 46
[27] entnommen aus: StAnz., 7. Juli 1945; StALu, Z 101
[39] Anzeige in der ›Rheinpfalz‹, September 1946
[41] ›Rheinpfalz‹, 17. September 1946
[45] StALu, Z 101
[55] StALu, PGV 1/35/21
[62] StALu, Fotosammlung, Album 5
[63] StALu, M 554, Quäker-Dokumentation
[65] 20. Oktober 1945, StALu, Z 101
[67] StALu, Schriftbeispiele
[70] StALu, M 554, Quäker-Dokumentation
[72] StALu, Fotosammlung, Album 5
[82, 85, 92] StALu, M 55, Quäker-Dokumentation
[95] Bestand Gleber
[103] StALu, M 554, Quäker-Dokumentation
[106] entnommen aus: StALu, DS 68/2325
[108] entnommen aus: StALu, DS 68/4
[111] entnommen aus: Skrentny, S. 97
[114] StALu, Zeitungssammlung

[1—6, 9, 10, 13, 14, 16—21, 25, 28, 30—32, 43, 46—48, 50, 51, 54, 56—62, 64, 68, 69, 72—80, 83, 84, 86—89, 91, 93, 95, 99 bis 102, 104, 112, 113, 115] Fotosammlung StALu

[22, 23, 29, 33—38, 40, 42, 44, 49, 52, 53, 66, 71, 81, 90, 94, 96—98, 105, 107, 109, 110] Plakatsammlung StALu

Demokratische Konsolidierung und Wirtschaftswunder

Leben in Ludwigshafen 1948—1965

VERORDNUNG Nr. 158
des Commandant en Chef Français en Allemagne
über die Geldreform

Verordnung:

Die französische Militärregierung informiert am *18. Juni 1948* über die bevorstehende Währungsreform [2]

Die Stadtsparkasse protestiert vergeblich gegen den Verlust der Spareinlagen ihrer Kunden durch die Währungsreform [3]

Anmerkungen
Seite 504 und 505

1. *Die letzte Quittung, in: Rhpf, Jg. 4, Nr. 50 vom 23. Juni 1948*
2. *vgl. Rhpf, Jg. 4, Nr. 49ff sowie Bauverwaltung Ludwigshafen*

Die Währungsreform

„Die landläufigen Vorstellungen von einer Geldneuordnung gehen jedenfalls dahin, daß man sich nun bald wieder zum Brot ein Stück Wurst und ein Viertel Wein leisten und nach einem halben Jahr – wenn man gearbeitet hat und sparsam gewesen ist – an ein Kleid für die Frau oder an Wäsche und ein Paar Schuhe für den Mann denken kann."[1] Tatsächlich mußten die Ludwigshafener am 21. Juni 1948 – jeweils ausgestattet mit einem Kopfbetrag von 40 DM – ganz anderen Verlockungen widerstehen: Offiziell verkündet worden war die lang erwartete Währungsreform von der Reichsmark zur Deutschen Mark am 18. Juni 1948 um 18 Uhr durch den Rundfunk. Entsprechend bemühte sich auch die Ludwigshafener Bevölkerung am 19. Juni 1948 noch, einen Teil des alten Geldes loszuwerden. Salz und andere frei erhältliche Waren wurden in großen Mengen gekauft und auf den Banken die letzten Rechnungen mit der Reichsmark beglichen. Der Geldumtausch vollzog sich dann am Sonntag, dem 20. Juni 1948 reibungslos. Wie wenig 40 DM pro Kopf aber dann tatsächlich waren, mußte die Bevölkerung am Montag, dem 21. Juni 1948 schmerzlich wahrnehmen, als „vom Kaufhof bis zum kleinen Laden in Friesenheim" nun wieder Töpfe, Herde, Öfen, Küchengeräte, Rasierapparate nebst Klingen, Sandaletten, Gummisohlen sowie Kämme, sogar Sommerkleider und Strümpfe in allen möglichen und unmöglichen Preislagen zum freien Kauf feilgeboten wurden, so daß nicht wenige bereits nach vier Tagen wieder bargeldlos waren und sich Oberregierungspräsident Bögler mit der Empfehlung zur „allergrößten Sparsamkeit beim Geldausgeben" an die Bevölkerung wenden mußte. Zusätzliche Sorgen bereitete den Ludwigshafenern der Arbeitsmarkt: So hatten nur 40 der 900 vor der Schulentlassung stehenden Mädchen eine Lehrstelle gefunden; hinzu kamen weitere 600 junge Frauen, die bereits seit mehr als einem Jahr eine Lehrstelle suchten. Trost dagegen spendete, daß für den Juli 1948 die Zuteilung für Fett um 100 Gramm und für Mehl auf 50 Gramm pro Tag erhöht wurde. Auch konnte man für 70 Pfennig nun wieder ein freies Stammessen, aus Karotten, Erbsen

Die Rheinbrücke ist frei – Kennkarte genügt
Behelfsbrücke 1948 [4]

AGB Allgemeiner Deutscher Gewerkschaftsbund
Vorortskartell Oppau-Edigheim

Einladung

zu der am 29. Juli 1948, 20.00 Uhr, im Saale zum „Grünen Haus" von Josef Trauth, Mozartstraße, stattfindenden

öffentl. Versammlung

Es spricht: E. WILL, Landesvorsitzender im A. G. B. über

Währungsreform · Auswirkung auf Preise u. Löhne · Stellungnahme gegen Preisüberschreitungen!

Vertreter der Oberen Preisbehörde und Preisüberwachung werden anwesend sein.

Verbraucher, Hausfrauen unterstützt uns im Kampf gegen Preiswucher, erscheint daher in Massen!

Der Ortsausschuß.

Sorge um die Preisstabilität
nach der Währungsreform [5]

Aufruf

Unsere kulturellen Institutionen sind durch die Währungsreform gefährdet.

Zahlreiche Bühnen haben ihre Pforten schließen müssen. Eine ähnliche Gefahr droht auch dem uns so liebgewordenen Pfalzorchester. – Die Unterzeichneten sind der festen Ueberzeugung, daß sie gebannt werden kann, wenn alle, die es angeht, zusammenstehen in dem Bestreben, den bedeutendsten Kulturträger unserer Heimat zu erhalten. – Jedem sind die Konzerte der vergangenen Spielzeit Stunden schönster Erinnerung. – Die Werke unserer großen und unvergänglichen Meister wurden in vorbildlicher Weise dargeboten. – Keiner von uns möchte die Stunden solch innerer Erbauung missen.

In so schwerer Zeit hat unser Volk die Pflicht, sich für die Erhaltung seiner Kulturwerte einzusetzen, die Kulturschaffenden nicht im Stich zu lassen und dem Elend zu überantworten.

Wir rufen daher alle Bürger unserer Stadt auf, die Konzerte des Pfalzorchesters auch weiterhin in so vorbildlicher Weise zu besuchen wie in der Vergangenheit. Nur dann ist sein Bestand gesichert.

Helft alle
unser Pfalzorchester zu erhalten!

LUDWIGSHAFEN AM RHEIN, den 5. Juli 1948.

Dr. Ansberger	Dr. Fichter	Otterbach Hans
Bauer Valentin	Grauer Heinrich	Dr. Raschig
Blaumer Philipp	Hoffmann Otto	Dr. Reichert
Boehe Viktor	Dr. Hanusch	Reichling
Dr. Bensinger	Pfr. Hammer	Dr. Rüter
Demuth Ernst	Krug Jakob	Schwab
Dillinger Maria	Lorenz Ernst	Schramm
Dr. Feil	Lohmar Heinz	Scheuerlen
Fischer Karl	Dr. Lechner	Stark Elisabeth
Fromm	Dr. Lochner	Dr. Stabel
Funk Josef	Nord Karl	Schott Leo
Dr. Feiler	Oevferberg	Wolfgarten

Nach der Währungsreform dominiert zunächst die Befriedigung materieller Bedürfnisse, an Ausgaben für kulturelle Veranstaltungen wird gespart
Aufruf des Pfalzorchesters vom 5. Juli 1948 [6]

und Salzkartoffeln, erhalten. Eine symbolische Normalisierung des Lebens bedeutete die feierliche Anbringung von drei Gußstahlglocken im Turm der evangelischen Kirche im Stadtteil Rheingönheim – „als Ersatz für die im Jahre 1941 von den Nazis vom Turm der protestantischen Kirche geholten drei Bronzeglocken", wie ›Die Rheinpfalz‹ kommentierte. Eine weitere konkrete Erleichterung des Alltags war schließlich auch noch die Aufhebung des Passierscheinzwangs an der Rheinbrücke – der Grenze zwischen der Amerikanischen und der Französischen Besatzungszone – zum 20. August 1948. Da nun das Vorzeigen der Kennkarte genügte, stieg sowohl der Publikums- als auch der Fahrzeugverkehr auf der 1946 errichteten Behelfsbrücke sprunghaft an.[2]

Explosionsunglück in der BASF

Jäh unterbrochen wurde der Wiederaufbau in Ludwigshafen jedoch zuvor am 28. Juli 1948. Um 15[43] Uhr war in der BASF ein zur Entladung bereitstehender Kesselwagen mit 20 Tonnen – zur Erzeugung von Zwischenstoffen und Farbprodukten vorgesehenes – Aethylchlorid geplatzt, worauf das ausströmende Chlor anschließend über einer naheliegenden Schlosserei zur Explosion kam. Insgesamt fielen dem Explosionsunglück 207 Menschen zum Opfer – 176 Werksangehörige, 24 Mitarbeiter von Fremdfirmen, fünf Werksfremde und zwei Angehörige der französischen Administration. 3 818 Menschen wurden verletzt, darunter 500 schwer. Drei Jahre nach Kriegsende war die Stadt erneut von abgedeckten Häusern mit zerstörten Fensterscheiben gekennzeichnet; insgesamt waren 3 122 Wohngebäude mehr oder minder schwer beschädigt; Wiederaufbau und Schutträumung mußten den ganzen Sommer und Herbst über hinter der Winterfestmachung der neu beschädigten Gebäude zurückstehen. Glimpflicher war die BASF selbst davongekommen. Der Produktionsausfall wurde auf 20% geschätzt. „Damit wird die Zukunft des alten Werkes wohl kaum als gefährdet betrachtet werden können" mutmaßte zurecht der Betriebsratsvorsitzende Ernst Lorenz. Betraut mit der Zukunft des Werkes wurde wieder

Bergung eines Toten aus Bau 135 [7]

Letzter Gruß
am Massengrab der 207 Opfer [8]

Über die Ursache der Explosionskatastrophe wurde monatelang debattiert
Luftaufnahme des Explosionszentrums [9]

Dr. Carl Wurster. Der ehemalige Direktor der I. G.-Ludwigshafen war einen Tag nach der Explosionskatastrophe in Ludwigshafen im Nürnberger I. G. Farben-Prozeß freigesprochen worden, so daß gegen die Rückkehr von Wurster in seinen früheren Wirkungskreis bei der BASF „keinerlei Bedenken" mehr bestanden, wie die deutsche und die französische Werksleitung verlauten ließen.[3]

Die Kommunalwahl 1948

Während Oberbürgermeister Bauer auf der letzten Sitzung des ersten Nachkriegsstadtrates von Ludwigshafen am 18. Oktober 1948 resümierte: „Wir haben jetzt zwei Jahre kommunale Arbeit hinter uns, die wohl die dunkelsten in der Geschichte Ludwigshafens waren" und entsprechend appellierte: „Wir wollen auch jetzt trotz der trüben Aussichten den Mut nicht sinken lassen und allen Schwierigkeiten zum Trotz am Wiederaufbau unserer Stadt weiterarbeiten," war in den Redebeiträgen der Fraktionsvorsitzenden von SPD, CDU, KPD und DP die Eröffnung des Kommunalwahlkampfes nicht zu überhören. In der Berichterstattung der überparteilichen Presse fanden jedoch deren Wortspitzen – insbesondere zwischen Karl Fischer (SPD) und Herbert Müller (KPD) – keinen Widerhall, wie überhaupt sich die Berichterstattung der ›Rheinpfalz‹ zum Kommunalwahlkampf im wesentlichen auf allgemeine Hinweise wie „Was jeder Wähler von der Wahlhandlung wissen muß" beschränkte. So mußte der interessierte Bürger – wollte er mehr über die Ziele der vier kandidierenden Parteien und der Wählergruppe König erfahren – entweder auf die damals noch reichlich verbreitete Presse der Parteien zurückgreifen oder eine ihrer Wahlveranstaltungen besuchen, wobei 1948 noch alle Parteien einen regen Zuspruch zu verzeichnen hatten.[4]

Anmerkungen
Seite 506 und 507

3 *vgl. Rhpf, Jg. 4, Nr. 61ff sowie SRP, 1.8. u. 18.10.1948 und Landesregierung Rheinland-Pfalz*
4 *vgl. Rhpf, Jg. 4, Nr. 96ff sowie SRP 18.10.1948*
5 *vgl. Becker, KPD, S.468*
6 *vgl. ›LU‹, Februar 1975*
7 *vgl. StAnz., Jg. 1, Nr. 12 vom 27.11.1948*

Der Arbeitnehmervertreter in der Anilin: **Ernst Lorenz**

Ernst Lorenz[5] wurde am 13. März 1901 in Oggersheim geboren. 1919 Mitglied der Freien Sozialistischen Jugend und Mitbegründer der pfälzischen KPD. Seit 1920 Mitarbeiter der BASF, Vorsitzender der Gewerkschaft der Heizer und Maschinisten in Ludwigshafen. 1923 Parteiausschluß wegen seiner Weigerung dem kommunistischen Industrieverband beizutreten. Anschließend Mitglied der SPD. 1927 bis 1933 Mitglied des Stadtrates Oggersheim, nach dem 20. Juli 1944 inhaftiert. 1945 bis 1964 Mitglied des Stadtrates in Ludwigshafen, Mitglied des Bezirks- und Landesvorstandes der SPD, Betriebsratsvorsitzender in der BASF und Mitglied des Aufsichtsrates, Vorsitzender der Industriegewerkschaft Chemie-Papier-Keramik in Rheinland-Pfalz, 1946/47 MdBLV und 1947 bis 1967 MdL Rheinland-Pfalz. Ernst Lorenz wurde u. a. mit der Freiherr-vom-Stein-Plakette, dem Bundesverdienstkreuz I. Klasse, dem Wappenteller von Rheinland-Pfalz und 1971 mit dem Ehrenring der Stadt Ludwigshafen ausgezeichnet.

Er starb am 8. Mai 1980 in Ludwigshafen.

Ernst Lorenz [10]

Von der I. G. Farbenindustrie AG zur Wiedergründung der BASF: **Carl Wurster**

Carl Wurster[6] wurde am 2. Dezember 1900 in Stuttgart geboren. 1923 Promotion zum Dr.-Ing. 1924 Eintritt in die BASF. 1934 übernahm er als Prokurist die Leitung der Anorganischen Abteilung. 1936 wurde er zum Direktor ernannt. 1937 Mitglied der NSDAP. 1938 übernahm er als Vorstandsmitglied der I. G. Farbenindustrie AG die Leitung des Werkes Ludwigshafen. 1948 im Nürnberger I. G. Farben-Prozeß freigesprochen, wurde er anschließend wieder mit der Zukunft des Ludwigshafener Werkes betraut. Als im Januar 1952 die BASF aus der Vermögensmasse der I. G. Farbenindustrie AG ausgegliedert wurde und als eigenständige Rechtsperson neugegründet wurde, wurde Wurster zum Vorsitzenden des Vorstandes ernannt.

1962/63 war er Präsident des Verbandes der chemischen Industrie. Am 12. Mai 1965 wurde er zum Vorsitzenden des Aufsichtsrats der BASF gewählt; zuvor war er mit Ablauf der am gleichen Tag stattfindenden Aktionärs-Hauptversammlung wegen der bevorstehenden Erreichung der Altersgrenze von seiner bisherigen Position als Vorstandsvorsitzender der BASF zurückgetreten. Wurster wurde u. a. mit dem Großen Verdienstkreuz mit Stern und Schulterband und dem Bayerischen Verdienstorden ausgezeichnet. 1965 ernannte ihn die Stadt Ludwigshafen zum Ehrenbürger.

Er starb am 14. Dezember 1974 in Frankenthal.

Carl Wurster [11]

Trotzdem war das wesentliche Merkmal der Kommunalwahl 1948 in Ludwigshafen der Rückgang der Wahlbeteiligung gegenüber 1946 von 89,8% auf 67,1%, obwohl gleichzeitig die Zahl der Wahlberechtigten von 64 550 auf 75 640 gestiegen war. Die SPD baute ihre Position mit 47,2% (1946: 43,1%) weiter aus, während die CDU mit 26,9% (1946: 32,3%) deutlich verlor. Die KPD war mit 17,8% (1946: 16,9%) ein stabiler Faktor in der Ludwigshafener Kommunalpolitik geblieben, während die DP mit 7,2% gegenüber der WV (1946: 7,7%) leichte Einbußen zu verzeichnen hatte. Da sich die Gesamtzahl der Sitze im Ludwigshafener Stadtrat von 50 auf 45 verringert hatte, blieben die SPD mit 22 Mandaten und die KPD mit acht konstant, während die CDU nun nur noch mit zwölf statt wie bisher 16 und die DP mit drei gegenüber vier der WV vertreten war.[7]

Die große Koalition im Stadtrat

Daß die von der Gemeinsamkeit aller Parteien im Ludwigshafener Stadtrat gekennzeichnete Nachkriegszeit nun aber zu Ende war, verdeutlichte der Verlauf der konstituierenden Stadtratssitzung am 1. Dezember 1948, den ›Die Rheinpfalz‹ freundlich mit einer „familiären Aussprache" umschrieb. SPD und CDU hatten sich nämlich auf eine Wahl des Oberbürgermeisters auf zehn Jahre sowie auf die Wahl von drei

Noch unter dem Namen ›Demokratische Partei‹, die spätere FDP bei der Kommunalwahl 1948 [12]

Die SPD antwortet: Wahlversammlung der SPD mit ihrem Bezirksvorsitzenden Bögler und Oberbürgermeister Bauer [13]

Anmerkungen Seite 508 und 509

8 vgl. Rhpf, Jg. 4, Nr. 115 sowie SRP 1.12.1948

9 vgl. Rhpf, Jg. 4, Nr. 118ff

hauptamtlichen Beigeordneten und eines ehrenamtlichen Beigeordneten geeinigt. Während die Wahl der hauptamtlichen Beigeordneten ebenfalls auf zehn Jahre erfolgen sollte, sollte der ehrenamtliche Beigeordnete auf vier Jahre gewählt werden. Gegen diesen Vorschlag opponierten KPD und DP. Die KPD wohl wissend, daß ihr bisheriger Beigeordneter Frenzel im Zuge des Kalten Krieges ohne Chance auf eine Wiederwahl war und die DP in der Kenntnis, daß für sie erneut – wie bereits für die WV – kein Platz im Stadtvorstand vorgesehen war. Entsprechend wandte sich die KPD gegen jedes Berufsbeamtentum und die DP zumindest gegen dessen Ausbau, während SPD und CDU auf die Notwendigkeit hinwiesen, die besten Kräfte für die hauptamtliche Verwaltungstätigkeit zu gewinnen, um die vordringlichsten Aufgaben, nämlich die neue Stadtgestaltung und den Wohnungsbau, auch zu lösen.[8]

Während der Stadtrat also die Weichen für die Zukunft stellte, konnten am 18. Dezember 1948 mit der Übergabe der neuen Rheinbrücke auch die dazu notwendigen Straßenbahngleise nach Mannheim

Die KPD antwortet: Wahlversammlung der KPD mit Willy Feller, 14. Oktober 1948 [14]

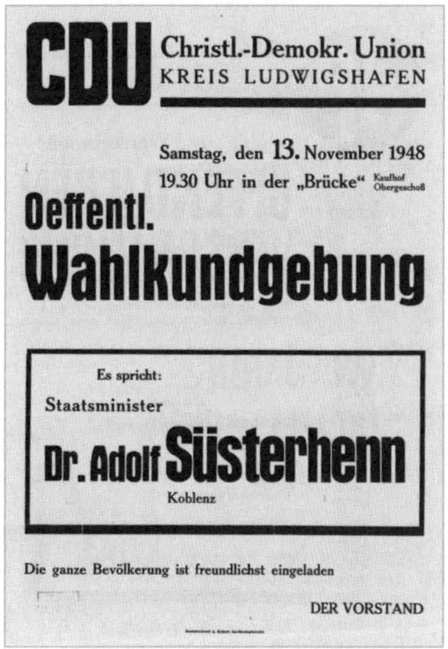

Werbung mit auswärtigen Referenten bei der Kommunalwahl: Staatsminister Süsterhenn, Hauptautor der Verfassung von Rheinland-Pfalz, für die CDU [15]

Flugblatt der KPD zur Abwahl von Bürgermeister Frenzel 10. Dezember 1948 [16]

Einweihung der neuen Rheinbrücke mit Oberbürgermeister Bauer, ›sekundiert‹ von einem französischen Offizier 18. Dezember 1948 [17]

freigegeben werden. Nicht nur für die über 10 000 Mannheimer und Ludwigshafener, die auf ihrem Arbeitsweg täglich an der hölzernen Notbrücke ihre Anreise zum Arbeitsplatz unterbrechen mußten, um den Strom per Fuß zu überqueren, bestand nun endlich wieder die Möglichkeit z. B. vom Waldhof aus direkt in die BASF zu gelangen. Auch für den Fuhrpark der Ludwigshafener Straßenbahn bot sich im Mannheimer Ausbesserungswerk endlich die Gelegenheit zur Renovierung.[9]

Auf der ersten ordentlichen Sitzung des neu gewählten Stadtrates stand am 10. Januar 1949 die Wiederwahl der Stadtführung an. Dabei ergaben sich erneut sowohl in der Höhe der Besoldung als auch in der Frage der Ausschreibung der Stellen die bereits bekannten Interessensunterschiede zwischen SPD und CDU auf der einen Seite und KPD und DP auf der anderen. Schließlich wurde nach einer heftigen Debatte – unter Verzicht auf eine Ausschreibung – Valentin Bauer (SPD) auf zehn Jahre als Oberbürgermeister der Stadt Ludwigshafen mit einem Jahresgehalt von 15 600 DM wiedergewählt. Ebenfalls wiedergewählt auf zehn

Der 1. Mai wird 1949 im Saal gefeiert [18]

Arbeiter in der Glasverarbeitung bei Giulini [19]

Anmerkungen
Seite 510 und 511

10 *vgl. Rhpf, Jg. 5, Nr. 5 sowie SRP 10. 1. 1949*

11 *vgl. Rhpf, Jg. 5, Nr. 6ff sowie SRP 11. 2. 1949*

12 *vgl. Rhpf, Jg. 5, Nr. 20ff*

Jahre als hauptamtlicher Beigeordneter wurde Ludwig Reichert (CDU) mit einem Jahresgehalt von 14 400 DM. Für vier Jahre wiedergewählt wurde Peter Trupp (SPD) als ehrenamtlicher Beigeordneter mit einer Aufwandsentschädigung von jährlich 5 000 DM. Die KPD war nicht mehr im Stadtvorstand vertreten. Ihre Kandidaten für Oberbürgermeister, hauptamtlichen und ehrenamtlichen Beigeordneten hatten jeweils auch nur die Stimmen der kommunistischen Fraktion erhalten, während sich die Vertreter der DP zwar bei Bauer und Trupp der Stimme enthalten, jedoch für Reichert gestimmt hatten.[10]

Die vollzogene Teilung Deutschlands und Europas hinterließ jedoch nicht nur im Stadtrat ihre Spuren. So konnte im Januar 1949 die Firma Giulini nun mit einer Glashütte aufwarten – ein selbst für die Pfalz und die weitere Umgebung völlig neuer Industriezweig, der den bisher von Ostdeutschland erzeugten Bedarf an Glaswaren befriedigen sollte. Trotz solcher Eigeninitiativen betonte Oberbürgermeister Bauer am 11. Februar 1949 bei der Vorstellung des durch die Währungsreform notwendig gewordenen neuen städtischen Haushaltes – vom 21. Juni 1948 bis 31. März 1949 – unter Verweis auf das Defizit von 2 814 300 DM, daß ein Wiederaufbau Ludwigshafens ohne Hilfe des Landes unmöglich sei.[11]

Arbeiter in der Glasverarbeitung bei Giulini [20]

Einrichtungshaus Demuth im Rheinblock 1949 [21]

Schaufenster und Eingang [22]

Betten-Burk, Notverkaufsraum in der Schlachthofstraße, 1949 [23]

Gebr. Pabst-›Bungalow‹ [24]

Zeichensetzung für eine „lichtere Zukunft"

Trotzdem war in der Folge die Aufwärtsentwicklung unübersehbar: Bereits im März 1949 war der höchste Güterumschlag im Ludwigshafener Hafengebiet seit Kriegsende zu verzeichnen; das Hilfswerk für die Opfer der Explosionskatastrophe in der BASF konnte seine Tätigkeit einstellen; das Stadtgartenamt begann mit der Wiederherstellung des Ebertparks als Volkspark; nach dem Faschingstreiben lief nun auch das Vereinsleben wieder auf vollen Touren. 25 Gesangvereine, je zwölf Sport-, Kleingärtner- und Siedlervereine, sechs Angel- und fünf Kaninchenzüchtervereine waren seit 1946 gegründet worden. Auch der amtlich ermittelte Rückgang der Nutztierhaltung in Ludwigshafen zwischen 1938 und 1949 um 20% wurde auf eine ausreichende Versorgung der Bevölkerung auf dem freien Markt zurückgeführt – lediglich der Bestand von Ziegen und Schafen – der ›Kuh des kleinen Mannes‹ – hatte sich um über 1 000 auf 1 797 erhöht.[12]

Auch der 1. Mai 1949 stand in Ludwigshafen nicht mehr im Zeichen großer Kundgebungen, sondern wurde von den Parteien und Gewerkschaften in Saalveranstaltungen gefeiert, die in der Regel den Auftakt zu Maitänzen bildeten. Diese spiegelten nach Ansicht der ›Rheinpfalz‹ die „lebensbejahende Freude wider, die unsere Jugend auch in der

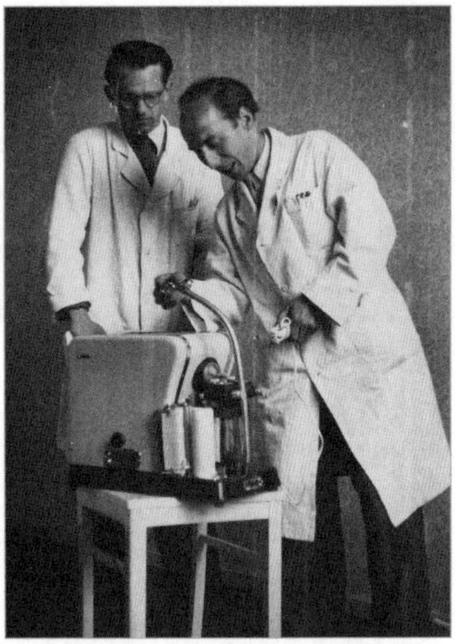

Neue Technik im Städtischen Krankenhaus: Spende aus Pasadena [25]

Notwohnung in Ludwigshafen, 1949 [26]

Anmerkungen Seite 512

13 vgl. Rhpf, Jg. 5, Nr. 52ff sowie SRP 6.5.1949

Zeit stärkster Depression erfüllt und die Richtung in eine lichtere Zukunft sein soll." Diese Richtung beabsichtigte auch der Ludwigshafener Stadtrat aufzuzeigen, als er am 6. Mai 1949 einstimmig den Generalbebauungsplan für Ludwigshafen verabschiedete. Als vordringlichste Aufgabe wurde die Schaffung von zwei Rheinbrücken nach Mannheim angesehen. Erstrebenswert erschien auch schon 1949 die Stadt tatsächlich an den Rhein heranzubringen. Weiter wurde bereits die ganze Innenstadt als großes Geschäftsviertel projektiert, während zum Bedauern von Oberbürgermeister Bauer die „Verlegung des Hauptbahnhofes und damit die organische Verbindung der Nord- und Südstadt wieder in die weite Ferne gerückt" war. Daß für eine gemeinsame „lichtere Zukunft" die Stadtverwaltung aber auch mit der Eigeninitiative der Bürgerschaft rechnen konnte, unterstrich der Ludwigshafener Verkehrsverein, der die Mittel zur Entschuttung des Ludwigsplatzes von 2400 Kubikmetern Schutt zur Verfügung stellte. Einen kulturellen Zukunftsbeitrag leistete auch die Oberrealschule an der Leuschnerstraße mit der Reaktivierung des Musikunterrichts als Bildungsmittel. Allerdings kam in Ludwigshafen im Mai 1949 auf 65 Schülerinnen und Schüler nur ein Lehrer, während vor 1939 die Schülerzahl 45 pro Lehrer betragen hatte. Immerhin konnten jedoch 15200 Schülerinnen und Schüler täglich dank der ›Hoover-Spende‹ an der Schulspeisung teilnehmen.[13]

Vom Grundgesetz zur Bundestagswahl 1949

Während der Parlamentarische Rat am 8. Mai 1949 in Bonn das Grundgesetz für die Bundesrepublik Deutschland beschloß, wurden auch in Ludwigshafen weiter Zeichen für die Zukunft gesetzt. So hatte z. B. zum gleichen Zeitpunkt das Städtische Krankenhaus mit 700 Betten „nahezu die friedensmäßige Aufnahmefähigkeit" erreicht. Auch daß sich offensichtlich wieder ganz Ludwigshafen am ›Vaddertag‹ und zu Pfingsten zu Ausflügen in die Pfalz aufmachte und damit – da in der Regel noch unmotorisiert – die Rhein-Haardt-Bahn jeweils an das Ende ihrer Transportkapazitäten brachte, zeugte ebenso wie der rege Besuch auf den traditionellen Volksfesten und die erstmals wieder durchgeführten

Schulspeisung dank Hoover-Spende [27]

Zurück vom Ferienlager am Tegernsee Ludwigshafener Jungen bringen Oberbürgermeister Bauer ein Ständchen [28]

Der erste direkt in den Bundestag gewählte Ludwigshafener Abgeordnete: Friedrich Wilhelm Wagner [29]

Wahlplakat der CDU 1949
Sie hatte keine Ludwigshafener Kandidaten nominiert [30]

Volkskonzerte im Ebertpark von einem in die Zukunft vertrauenden Verhalten der Stadtbevölkerung – gerade auch nach dem Ende der Berlinblockade. Ihr wesentliches Problem war inzwischen nur noch die katastrophale Wohnungslage: So waren Anfang Juni 1949 noch immer 6 044 Familien beim Wohnungsamt als suchend gemeldet. Hingegen konnten die Angehörigen der protestantischen Kirchengemeinde Süd am 19. Juni 1949 die Einweihung der Notkirche in der Maxstraße begehen – untermalt vom Geläut des stehengebliebenen Turmes der zerstörten Lutherkirche. An der Weihe nahmen auch zahlreiche Ehrengäste aus den Reihen der protestantischen Spendergemeinden aus den USA, der Schweiz und Schweden teil – angereist nach Ludwigshafen mit der Eisenbahn, die nach eigenen Worten inzwischen auch wieder ein „friedensmäßiges Reisen" anbot. Jedoch konnten nun auch Frankenthaler Geschäfte mit dem Verweis auf die wieder funktionierende Omnibuslinie Oppau—Edigheim—Frankenthal um Ludwigshafener Kundschaft für einen Einkauf in der Nachbarstadt werben. Sicher ein interessantes Klientel, denn die Einwohnerzahl der Chemiestadt wuchs dank eines Geburtenüberschusses stetig – so auf 115 034 im April 1949. Eine ernsthaftere Bedrohung für den Ludwigshafener Wiederaufbau stellten allerdings die Demontagepläne der Siegermächte dar. Betroffen waren neben der BASF u. a. auch die Mittelbetriebe Halberg, Raschig und Knoll, wo allein im Juni 1949 nach der Demontage betriebswichtiger Spezialmaschinen 100 Arbeitsplätze verlorengingen und für den Rest der Belegschaft nur Kurzarbeit zur Verfügung stand. Daß sich aber trotz solcher Rückschläge die Gesamtsituation der Ludwigshafener Bevölkerung verbessert hatte, veranschaulichte die Schließung des Ludwigshafener Kinderheims in Altrip zum 1. August 1949. Begründet wurde dieser Schritt u. a. damit, daß sich der Ernährungsstand der Kinder seit der Währungsreform wesentlich verbessert hatte. Als Alternative sollte die stadteigene Walderholungsstätte Ramsen wieder eröffnet werden, da inzwischen weder für den Transport der Kinder noch der Lebensmittel unüberwindliche Schwierigkeiten beständen. Zuvor unterhalten mit „circensischen Delikatessen in Vollendung" – das Gastspiel des Circus

Diesmal antwortet die KPD Schumacher (SPD) und Erhard (CDU) 12. August 1949 [31]

Bundestagswahlkampf in Ludwigshafen: Teilnehmer der SPD-Kundgebung mit dem Parteivorsitzenden Kurt Schumacher auf dem Goerdelerplatz, 1949 [32]

Belli war der erste Auftritt eines Großzirkus in Ludwigshafen in der Nachkriegszeit, waren anschließend 80 868 Ludwigshafenerinnen und Ludwigshafener am 14. August 1949 zur Wahl des ersten Bundestags aufgerufen. 79,5% folgten schließlich dem Aufruf: „Wer seine Heimat liebt, geht zur Wahl." Davon votierten 43,2% für die SPD, 30,7% für die CDU, 16,2% für die KPD und 9,9% für die FDP. Der bisherige MdL Friedrich Wilhelm Wagner wurde als Kandidat der SPD für den Wahlkreis Ludwigshafen-Frankenthal nun direkt in den Bundestag gewählt.[14]

Kontinuität und Brüche in der Kommunalpolitik

Nachdem sowohl bei der Wahl des Bundespräsidenten Professor Dr. Heuss am 12. September 1949 als auch von Bundeskanzler Dr. Adenauer am 15. September 1949 die Abgeordneten von SPD und KPD gemeinsam gegen die erfolgreichen Personalvorschläge von CDU und FDP gestimmt hatten, durfte man auf das Abstimmungsverhalten im Ludwigshafener Stadtrat gespannt sein, der nach knapp fünfmonatiger Sommerpause am 26. September 1949 wieder zusammentrat. Hier erwies sich jedoch die Große Koalition als stabiler Faktor: So wurde einleitend ein Antrag der KPD auf eine Debatte über die geplante Demontage in Ludwigshafen von SPD, CDU und FDP abgelehnt. Geschlossen wurde dagegen von allen Fraktionen die Weigerung der Landesregierung, der Stadt Bedarfszuweisungen zu gewähren, kritisiert und gemeinsam der Stadtkreis Ludwigshafen zum Brennpunkt des Wohnungsbedarfs erklärt.[15]

Ein Bruch vollzog sich jedoch innerhalb der größten Ludwigshafener Oppositionspartei: Bereits im Juli 1949 war vom Parteivorstand gegen den Fraktionsvorsitzenden der KPD, Herbert Müller, ein internes Parteiverfahren unter dem Vorwurf des Titoismus eingeleitet worden. Nach massivem innerparteilichem Druck kam Müller am 21. September 1949 der Forderung der KPD nach und erklärte gegenüber Oberbürgermeister Bauer seinen Rücktritt vom Fraktionsvorsitz der KPD. Für die KPD jedoch völlig überraschend – sie hatte auf Müllers Loyalität

Anmerkungen
Seite 514 und 515

14 *vgl. Rhpf, Jg. 5, Nr. 55ff sowie StAnz., Jg. 2, Nr. 34 vom 20.8.1949*

15 *vgl. Rhpf, Jg. 5, Nr. 116f sowie SRP 21.9.1949*

16 *vgl. StALu, N 1, Nachlaß Herbert Müller, Nr. 171 sowie Becker, KPD, S. 157ff*

17 *vgl. Rhpf, Jg. 5, Nr. 120ff*

Vorbei an den Ruinen der Lutherkirche begibt sich die protestantische Kirchengemeinde Süd zur Einweihung der Melanchthonkirche [33]

Wahlplakat der FDP 1949 [34]

nach 30 Jahren KPD-Mitgliedschaft gesetzt und beabsichtigt, Müller parteiintern für das schlechte Bundestagswahlergebnis verantwortlich zu machen und den vermeintlichen Titoisten dafür öffentlich an den Pranger zu stellen – erklärte Herbert Müller nachfolgend am 28. September 1949 unter Beibehaltung seines Landtags- und Stadtratsmandates seinen Übertritt zur SPD. Ludwigshafen hatte nicht nur eine kleine kommunalpolitische Sensation, sondern mit dem Austritt Müllers setzte nun auch der unaufhaltsame Niedergang der KPD in ihrer rheinland-pfälzischen Hochburg ein.[16]

Wieder Modenschau und Weihnachtsmarkt

Fernab von diesen politischen Auseinandersetzungen bewegten sich allerdings im Oktober 1949 die persönlichen Interessen – insbesondere der Ludwigshafenerinnen: So verzeichnete die Leistungsschau ›Die Frau und ihr Heim‹ im Pfalzbau innerhalb einer Woche 12 000 Besucher. Danach erfreute sich an gleicher Stelle die Herbst- und Wintermodellvorführung der Abteilung ›Modeschaffendes Handwerk‹ in der Ludwigshafener Schneiderinnung ebenfalls nicht nur eines ausgezeichneten Besuchs, sondern wurde auch von der Presse als „wirksame Demonstration des guten Geschmacks" gelobt.[17]

Zahlreiche Prominenz gab sich am 27. Oktober 1949 in Ludwigshafen ein Stelldichein, als in Anwesenheit von Bundespräsident Heuss, Wirtschaftsminister Erhard und Ministerpräsident Altmeier rund 450 Teilnehmer den Zusammenschluß der 66 Industrie- und Handelskammern der Bizone mit den 13 Industrie- und Handelskammern der Französischen Besatzungszone zum Deutschen Industrie- und Handelstag (DIHT) vollzogen. Einem weiteren Prominenten, nämlich dem Bürgermeister der Patenstadt Pasadena A. Ray Benedict, verlieh der Stadtrat am 7. November 1949 in dankbarer Würdigung seiner Tätigkeit als Präsident des Hilfskomitees für Ludwigshafen – bei Stimmenthaltung der KPD – die Ehrenbürgerrechte. Ebenfalls gegen die Stimmen der KPD verabschiedete der Stadtrat in der gleichen Sitzung den Haushalt 1949,

Der Weihnachtsmarkt lockt, 1949 [35]

A. Ray Benedict (9. Oktober 1885 bis 4. August 1974) [36]

Gründungsversammlung des DIHT in Ludwigshafen am 27. Oktober 1949
In der ersten Reihe: Wirtschaftsminister Ludwig Erhard, Ministerpräsident Peter Altmeier und Bundespräsident Theodor Heuss [37]

Warum hat Herbert Müller die KPD verlassen?

Warum kam er zur SPD?

Die Erklärung des Landtagsabg. Herbert Müller hat folgenden Wortlaut:

Nach 30jähriger Zugehörigkeit zur Kommunistischen Partei, reich an Entbehrungen und begleitet von unzähligen persönlichen Opfern, habe ich nach schwerem, innerem Kampf meinen Austritt aus der Kommunistischen Partei erklärt. Der Kommunistischen Partei gehörte mein ganzes Leben und meine ganze Liebe. Das furchtbare Erleben einer 23monatigen Internierung im Konzentrationslager Dachau konnte meinen Glauben an meine politischen Ideale nicht erschüttern. Ich nahm das schwere Los einer harten Emigration auf mich, um einer erneuten Verhaftung zu entgehen. Als Offizier der XI. Internationalen Brigade in der spanischen republikanischen Armee habe ich, wie viele andere meiner Freunde, mein Leben eingesetzt, um zu helfen, den Faschismus abzuwehren. Während der Zeit der deutschen Besatzung in Frankreich war ich Leiter der illegalen antifaschistischen Bewegung für zahlreiche Departements in Südfrankreich und Präsident der Bewegung „Freies Deutschland" für die Gebiete Toulouse, Tarbes u. a.

Nach Deutschland zurückgekehrt, nahm ich hier meinen Platz wieder ein, den ich 1933 verlassen mußte. Die neuentstandene KP im Lande Rheinland-Pfalz wurde von mir mit dem Ziel geleitet, die sozialistische, gewerkschaftliche und nationale Einheit zu verwirklichen und zu einer Zusammenfassung aller demokratischen Kräfte im Lande zu gelangen. Mein Grundsatz war, daß man sich im politischen Kampf anständig bleiben und die Meinung des im demokratischen Lager stehenden politischen Gegners achten muß. Von diesem Gesichtspunkt aus habe ich das Toleranzabkommen der demokratischen Parteien des Landes Rheinland-Pfalz unterschrieben. Der Versuch der Zusammenfassung aller demokratischen Kräfte für den Wiederaufbau Deutschlands kam sowohl in der politischen als auch in der organisatorischen Arbeit der Gesamtpartei zum Ausdruck. Die Sprache im Parteiorgan der KP „Neues Leben" unter der Federführung des Redakteurs Freiberg trug diesem Grundgedanken Rechnung. Es gelang mir, ein Vertrauensverhältnis zu den demokratischen Kräften, insbesondere zu den sozialdemokratischen Mitgliedern und Funktionären, herzustellen. In meiner Eigenschaft als

Vorsitzender der kommunistischen Landtagsfraktion

habe ich ebenfalls versucht, eine Vertrauensbasis für diese junge demokratische Institution des deutschen Volkes zu schaffen.

Meiner erfolgreichen parlamentarischen Arbeit wurde dadurch ein Ende gesetzt, daß, begründet durch den Landesvorsitzenden Niebergall, der Abgeordnete

Willi Feller eingesetzt

wurde. Niebergall erklärte, **daß man einen Mann brauche, der „mit dem Kopf durch die Wand gehe".** Diese Politik des „Mit-dem-Kopf-durch-die-Wand-Gehens" führte dann auch zu jenen unwürdigen Vorkommnissen im Landtag in einer Zeit, wo es notwendig gewesen wäre, eine gemeinsame Basis SPD—KP **gegen** die politische Reaktion zu schaffen.

Ein besonderer Vorwurf bestand darin, **daß ich die** Fraktion veranlaßt hätte, **dafür zu stimmen, daß der** sozialdemokratische Innenminister Jakob **Steffan** durch Landtagsbeschluß zum stellvertretenden Ministerpräsidenten ernannt wurde. Im weiteren Verlaufe der Entwicklung wurde mir **zum Vorwurf gemacht, daß ich**

„zu menschlich"

sei und überall als der „anständige Kommunist" bezeichnet würde. Zeigen diese Vorwürfe nicht klar auf, wie weit sich die Führung der Kommunistischen Partei verloren hat?

Auf Grund ihrer inneren Struktur und ihrer politischen Methoden ist die KP weit davon entfernt, die Möglichkeit zu haben, eine aufrichtige sozialistische Einheit herzustellen bzw. eine Politik, die den Interessen des ganzen Volkes dient, zu betreiben.

Ich will mir ersparen, all die Demütigungen aufzuzeigen, die mir von seiten der KP zuteil wurden, Demütigungen, unter denen ich mehr gelitten habe als unter all dem, was ich in der für mich schweren Zeit der Hitler-Diktatur erdulden mußte. Bereits vor Jahresfrist hat man sich nicht gescheut, die Entlassung eines meiner Söhne aus einem Parteibetrieb deshalb zu verlangen, „weil er der Sohn von Herbert Müller ist". (Wörtlich durch Willi Feller.)

Daß dazu der Vorwurf der Oppositionsbildung innerhalb der KP und der „Agententätigkeit für Tito" kommt, rundet das Bild nur ab.

Ich erkläre hiermit, daß ich seit Beginn des Konfliktes niemals eine politische Plattform mit Tito oder der Kommunistischen Partei Jugoslawiens hatte und haben werde.

Ich erkläre hiermit, daß ich eine Oppositionsbildung innerhalb der KP niemals angestrebt oder durchgeführt habe, obwohl zahlreiche Mitglieder der KP, bei denen in politischen und personellen Fragen Meinungsverschiedenheiten bestanden, mich dazu veranlassen wollten.

Ich kenne den Begriff einer politischen Treue zu einer Partei und eine Treue zu ihren Mitgliedern. Und meine Entscheidung fiel mir aus diesem Grunde so schwer. Habe ich doch in meiner 30jährigen politischen Tätigkeit viele Männer und Frauen in Rheinland-Pfalz veranlaßt und überzeugt, Mitglied der KP zu werden, **der Partei,**

Flugblatt der SPD zum Austritt von Herbert Müller aus der KPD
28. September 1949 [38]

dessen Posten im wesentlichen aber schon im Laufen und von einer sparsamen Wirtschaftsführung der Stadt gekennzeichnet waren. Trotzdem war eine Erhöhung der Winterhilfe für Fürsorgeempfänger möglich, die dann auch einstimmig beschlossen wurde. Ablehnung auf Seiten der CDU fand dagegen ein Antrag der SPD, die Landesregierung zu ersuchen, die weitere Errichtung von Konfessionsschulen in den Vororten auszusetzen.[18]

Im Dezember 1949 erfolgte eine weitere Gründungsversammlung: Die Ortsgruppe des Bundes der Heimatvertriebenen konstituierte sich, um sowohl die eigenen Belange besser zu vertreten, als auch das Brauchtum der alten Heimat zu pflegen. Zwar gab es entsprechende Bestrebungen bereits seit Dezember 1948, jedoch dauerte der Widerstand Frankreichs gegen einen verstärkten Zuzug von Flüchtlingen in seine Besatzungszone bis zum Jahresbeginn 1949, so daß erst ab April 1949 die

Anmerkungen
Seite 516 und 517

18 *vgl. Rhpf, Jg. 5, Nr. 141ff sowie SRP 7.11.1949*

19 *vgl. StALu, N 1 und Becker, KPD, S.474f*

20 *vgl. Rhpf, Jg. 5, Nr. 155ff sowie SRP 21.9.1949; weiterführend: Sommer*

Vom Kommunisten zum Ehrenbürger: ***Herbert Müller***

Herbert Müller[19] wurde am 13. September 1900 in Ludwigshafen geboren. 1915 Ausbildung zum Schriftsetzer in der Buchdruckerei Weiß & Hameier in Ludwigshafen. 1917 Vorsitzender der Sozialistischen Jugend in Ludwigshafen. 20. Juni 1918 bis 9. Dezember 1918 Militärdienst, anschließend Mitbegründer der Freien Sozialistischen Jugend in der Pfalz. 1919 Gehilfenprüfung, Beitritt zur KPD und zum Verband der Deutschen Buchdrucker, 1922 bis 1924 Fabrikarbeiter in der BASF, anschließend bis 1928 als Setzer bei der KPD-Druckerei PEUVAG in Mannheim. 1923 Mitglied der Bezirksleitung Pfalz der KPD und Vorsitzender in Ludwigshafen, bis 1928 ehrenamtlicher Gewerkschaftsleiter der Bezirksleitung. 1928 bis 1933 MdL Bayern, 1928 bis 1929 Redakteur der ›Erwerbslosenzeitung‹ Pfalz, auch danach ständiger Mitarbeiter der KPD-Presse – u. a. ›Arbeiter-Zeitung‹ Ludwigshafen. 1928 bis 1931 Organisationsleiter des Bezirkes Pfalz, 1932 des Bezirkes Baden-Pfalz, 1929 bis 1933 Stadtrat in Ludwigshafen. März bis Mai 1933 Mitglied der illegalen Bezirksleitung Baden-Pfalz und Leiter der illegalen Arbeit der KPD in der Pfalz, stellvertretender Bezirksvorsitzender. Am 2. Mai 1933 verhaftet, von 1. Juli 1933 bis 3. April 1935 im KZ Dachau, danach erneut Widerstandsarbeit mit Verbindung zur Grenzstelle Straßburg der KPD, Oktober 1936 Flucht vor erneuter Verhaftung nach Frankreich. Januar 1937 nach Spanien, Kaderoffizier der XI. Internationalen Brigade; abkommandiert zur politischen Leitung Valencia, dann zentrale Kaderleitung Barcelona; verantwortlich für Deutsche, Österreicher, Skandinavier und Briten in der republikanischen Armee, zuletzt im Range eines Kapitäns. Krankheitshalber Ende 1938 mit Genehmigung der französischen Regierung zurück nach Frankreich, Betreuung internierter Spanienkämpfer, bei Kriegsausbruch 1939 in Paris selbst interniert. 1940 für den Kriegsdienst in der französischen Armee mobilisiert, Flucht vor der Wehrmacht nach Limoges. Anschließend als Angehöriger der 313. Gruppe der Arbeitskompagnie ›Travailleur Etranger‹ als Drucker in Belac beschäftigt. Nach dem Einmarsch der Wehrmacht in Südfrankreich ab September 1943 erneute Illegalität. Führende Tätigkeit in der KPD und im ›Komitee Freies Deutschland für den Westen‹ in der Region Toulouse, 1944 Präsident des Komitees der Region Toulouse und Mitglied der Gewerkschaft CGT. August 1945 Rückkehr nach Deutschland, Vorsitzender des KPD-Bezirkes Pfalz bis zur Bezirksauflösung 1948, 1946 Landesvorsitzender der KP Hessen-Pfalz, 1947 Landesvorsitzender der KPD Rheinland-Pfalz, 1945 bis 1947 KPD-Vertreter in der Redaktion der ›Rheinpfalz‹ Neustadt, 1947 bis 1949 Lizenzträger der Zeitung ›Neues Leben‹ und Gesellschafter der Rheinverlag GmbH, Ludwigshafen, 1946 bis 1948 Mitglied des Kreistages und von 1946 bis 1969 Mitglied des Stadtrates Ludwigshafen, 1946 bis 1949 Vorsitzender der Stadtratsfraktion der KPD, 1946/47 Mitglied der Beratenden Landesversammlung Rheinland-Pfalz, 1947 bis 1971 MdL Rheinland-Pfalz, Vorsitzender der Landtagsfraktion der KPD, 1948 als Landesvorsitzender und Fraktionsvorsitzender abgelöst, Mitglied des engeren Sekretariats des Landesvorstandes bis Juli 1949, September 1949 KPD-Austritt und Übertritt zur SPD, 1950 bis 1966 Geschäftsführer des SPD-Unterbezirks Ludwigshafen, 1950 Mitglied des Bezirkstags der Pfalz, 1966 bis 1981 Gesellschafter der Neue Pfälzer Post GmbH Ludwigshafen, 1947 bis 1991 Aufsichtsratsmitglied der Konsum-Genossenschaft bzw. der co op Kurpfalz eG. 1965 ausgezeichnet mit dem Bundesverdienstkreuz, 1983 Ehrenbürger der Stadt Ludwigshafen.

Herbert Müller starb am 24. November 1994 in Ludwigshafen.

Herbert Müller [39]

Vereinsgründung festere Formen annehmen konnte. Dem verstärkten Zustrom – bis zum Jahre 1953 war jeder zehnte Einwohner ein Heimatvertriebener – hatte am 26. September 1949 auch der Stadtrat durch die Einberufung eines Flüchtlingsausschusses Rechnung getragen.[20]

Für die so stetig steigende Wohnbevölkerung galt es aber nicht nur ein adäquates Angebot an Wohnraum und Arbeitsplätzen zu schaffen, sondern durch einen attraktiven Wiederaufbau des Geschäfteviertels das Abströmen der heimischen Kaufkraft über den Rhein zu verhindern – ein Problem, das Ludwigshafen bis heute noch nicht verlassen hat. Daß es Mannheim immer wieder gelungen ist, sich einen Vorsprung zu verschaffen, wurde in Ludwigshafen bereits 1949 thematisiert – so

Ludwigshafener Innenstadt: Bismarckstraße 86
November 1949 [40]

Anmerkungen
Seite 518 und 519

21 *vgl. Rhpf, Jg. 5, Nr. 161ff*

22 *vgl. SRP 22.12.1949 sowie Mörz, S. 130ff; weiterführend: Schölzel und Pieroth*

23 *vgl. GA, Jg. 76, Nr. 1ff sowie SRP 23.2.1950*

24 *vgl. GA, Jg. 76, Nr. 63ff*

bei der Eröffnung des Ludwigshafener Weihnachtsmarktes im Pfalzbau – denn geradezu symbolisch öffneten sich seine Pforten eine Woche später als in der Schwesterstadt. So galt es bereits als großer Erfolg, daß Ludwigshafen noch vor Mannheim im November 1949 am Jubiläumsplatz nach amerikanischem Muster ein Warenhaus mit elf Einzelanbietern vorzuweisen hatte – „selbst ein Lautsprecher wird aufgeboten, um den Kunden mit Musik zu unterhalten und die Besucher auf besonders günstige Angebote hinzuweisen." Wiederum später als in Mannheim – aber immerhin als erster in der Pfalz – eröffnete am 31. Januar 1950 in Oggersheim auch der erste Selbstbedienungslagen für Lebensmittel.[21]

Weihnachtlich gestimmt zeigte sich der Stadtrat auf seiner Jahresabschlußsitzung am 22. Dezember 1949, als er – u. a. gegen die Stimme von Oberbürgermeister Bauer – die Gewährung einer Weihnachtsbeihilfe an städtische Beamte, Angestellte und Arbeiter sowie eine Erhöhung der Fürsorgerichtsätze beschloß. Bauer hatte die gleichzeitige Finanzierbarkeit beider Gaben bezweifelt. Die Stadtratssitzung vom 22. Dezember 1949 erfreute sich auch deshalb einer großen öffentlichen Wahrnehmung, weil die Pressevielfalt im Ludwigshafen der Nachkriegszeit im Dezember 1949 ihren Höhepunkt erreichte: Neben der seit 1945 erscheinenden Tageszeitung ›Die Rheinpfalz‹, hatte inzwischen auch der ›Mannheimer Morgen‹ eine Ludwigshafener Lokalseite. Zusätzlich erschien ab 1. Dezember 1949 wieder der ›General-Anzeiger‹ des Altverlegers Waldkirch, dem wiederum ›Die Rheinpfalz‹ den ›Ludwigshafener Neuen Lokal-Anzeiger‹ entgegenstellte. Auf der Parteiebene konkurrierten gleich zwei sozialdemokratische Zeitungen, nämlich ›Die Freiheit‹ aus Mainz und die ›Badisch-Pfälzische Abend-Zeitung‹ aus Mannheim mit je einer Ludwigshafener Lokalredaktion, während die KPD-Zeitung ›Neues Leben‹ ebenfalls mit einer Ludwigshafener Redaktion aufwarten konnte. Das CDU-Organ ›Rheinisch-Pfälzische Landeszeitung‹ und die Stimme der FDP ›Rheinisch-Pfälzische Rundschau‹ verzichteten hingegen auf Mitarbeiter in Ludwigshafen, während auf der Vorortebene noch der ›Lokalanzeiger Oppau-Edigheim‹ und der ›Oggersheimer Anzeiger‹ erschienen.[22]

Ludwigshafener Innenstadt: Bismarckstraße 79 November 1949 [41]

Gleich mit vier Tanzorchestern auf vier Tanzflächen wurde am 28. Januar 1950 im Ludwigshafener Pfalzbau Fastnacht gefeiert [42]

Der Pfalzbau 1950 mit Werbetafeln für die Geschäfte im Pfalzbaubunker [43]

Schwierigkeiten mit der Nachkriegsordnung

Nach zehn Jahren Pause vereinten sich die Ludwigshafener Karnevalsgesellschaften am 1. Januar 1950 wieder zu einer Gratulationscour, indem sie Oberbürgermeister Bauer, Bürgermeister Reichert und dem Beigeordneten Trupp die besten Wünsche zum neuen Jahr aussprachen. Daß aber neben den Karnevalsgesellschaften auch der Oberbürgermeister das Jahr 1939 als Zäsur begriff, machte er während der Nachtragshaushaltsdebatte des Stadtrates am 23. Februar 1950 deutlich, als er die Preise der Straßenbahn als unter der Friedenshöhe bewertete. Gleichzeitig schaute Bauer auch nach vorne, indem er auf die Gefahr abnehmender Fahrgastzahlen verwies, da „sehr viele Fahrgäste nun das Fahrrad wieder benützten, dessen Anschaffung durch einen günstigen Finanzierungsplan allenthalben gefördert werde." Der Stadtrat sah die Geschicke der Stadt bei Bauer offensichtlich in guten Händen, denn er billigte abschließend den Nachtragshaushalt für das Rechnungsjahr 1949 einstimmig „in seiner allgemeinen Form."[23]

Fast „friedensmäßige" Preise boten sich den Konsumenten auch wieder im Pfalzbau bei einer Ausstellung von Radio- und Elektrogeräten – Teilzahlungsmöglichkeiten inbegriffen. Im Angebot waren neben „Einkreisern auch Vollsuper-Apparate", eine elegante „Radio-Truhe" mit Plattenspieler und ein „handliches Koffergerät, nicht schwerer als drei Kilogramm." Beworben wurde der Besuch der Ausstellung auch mit der Aussicht auf Gewinne: „Der 5 000. soll sogar einen Radioapparat erhalten." Trotz solcher Zurschaustellungen der neuen Technik war man im Alltag aber noch auf Improvisation angewiesen. So wurden beim Schienenneubau der Straßenbahn nicht mehr verwendbare Schienen für die Umzäunung des Ebertparks vorgesehen und die Ludwigshafener Polizei griff zur Eigeninitiative, indem der notwendige Ausbau des Polizeipräsidiums durch die eigenen Mitarbeiter vorgenommen wurde.[24]

Rund zwanzigtausend Teilnehmer zählte der DGB am 1. Mai 1950 bei seiner Kundgebung in Ludwigshafen – unterhalten wurden sie u. a. von den Gesangsbeiträgen der gemeinsam auftretenden zwölfhundert Mitglieder der Ludwigshafener Chöre. Ist man aus heutiger Sicht von

Innenstadt Ludwigshafen
Betten-Burk in der Ludwigstraße
1950 [44]

Anmerkungen
Seite 520 und 521

25 *vgl. GA, Jg. 76, Nr. 101ff sowie SRP 8.5.1950*

26 *vgl. GA, Jg. 76, Nr. 109ff sowie SRP 22.5.1950 und Handrick, S. 59*

27 *vgl. Rhpf, Jg. 6, Nr. 135ff*

28 *vgl. Rhpf, Jg. 6, Nr. 170ff sowie SRP 24.7.1950*

29 *vgl. StALu, LUN, Nr. 2776 und 2777*

solchen Teilnehmerzahlen beeindruckt, so wurde von den damaligen Festrednern der Rückgang der Besucher bei den Maifeiern gegenüber dem ›Dritten Reich‹ zwar bedauert, gleichzeitig aber auch insbesondere der demokratische Charakter der Maifeiern im Westen gegenüber den Paraden im Ostblock betont. Grund zum Feiern hatte zum 1. Mai auch die Ludwigshafener Mennonitengemeinde, die den Wiederaufbau ihrer Kirche – dank der Unterstützung amerikanischer Mennoniten – begehen konnte. Ebenfalls mit dem Wiederaufbau beschäftigte sich der Ludwigshafener Stadtrat auf seiner Sitzung am 8. Mai 1950, wobei ein Antrag der Stadtführung auf Änderung des Generalbaulinienplans bei der Mehrheit des Parlaments nicht auf Gegenliebe stieß, sondern die Vorlage des Stadtvorstandes zur Neugestaltung des Jubiläumsplatzes mit einem zentralen Hochhaus als Blickfang für die Anreisenden aus Mannheim in den Bau- und Grundstücksausschuß verwiesen wurde. Stadtrat Willy Feller (KPD) hatte kritisiert, daß mit diesem Neuentwurf der Generalbaulinienplan in einen „Generalspielplan" verwandelt werde. Einstimmig beschloß der Stadtrat auch, die Bundesbahn aufzufordern, die veralteten Dampflokomotiven der Lokalbahn Mundenheim—Meckenheim durch Diesellokomotiven zu ersetzen.[25]

Widersprüchlich waren die Meldungen vom Arbeitsmarkt im Mai 1950. Während das Arbeitsamt positiv verkünden konnte, daß alle im Frühjahr 1950 zugezogenen und arbeitsfähigen männlichen Umsiedler in Lohn und Brot vermittelt werden konnten, mußte auf der Habenseite generell ein geringes Stellenangebot für Frauen eingestanden werden. Insgesamt waren 1950 in Ludwigshafen in 5 229 Arbeitsstätten wieder 67 681 Menschen beschäftigt, darunter aber nur noch 13 014 Frauen. Während die Verdrängung weiblicher Arbeitskräfte vom Arbeitsmarkt eine typische Nachkriegsentwicklung darstellte, bemängelte der Stadtrat am 22. Mai 1950 sowohl bei der Festsetzung der Benutzerpreise für die Straßenbahn als auch für den Ebertpark, daß beide städtischen Einrichtungen in ihren Angeboten noch nicht das Vorkriegsniveau erreicht hatten. Die Einführung einer Speiseeissteuer in Ludwigshafen wurde mehrheitlich abgelehnt.[26]

Gegen die Folgen der Nachkriegsordnung wandten sich am 13. Juni 1950 auch über 1 000 Angestellte und Beamte der Stadtverwaltung Ludwigshafen, als sie vor dem Ebertpark gegen die Wiederbeschäftigung des ehemaligen Leiters des städtischen Wohlfahrtsamtes und ›NSDAP-Blutordenträgers‹ Keßler als Kassierer am Eingang des städtischen Parks protestierten. Der Betriebsratsvorsitzende Keilbach forderte, daß Keßler entweder wieder entlassen oder aber mit „Picke und Schaufel" bei Wiederaufbauarbeiten eingesetzt werden sollte, „damit er die Gelegenheit erhalte, an einer Stelle zu arbeiten, wo wertvolles Volksvermögen durch den Größenwahn der nationalsozialistischen Machthaber zerstört wurde." Hingegen keine Folge der Nachkriegsordnung, sondern der Rheinbegradigung von 1827 war, daß im Juli 1950 noch immer Friesenheimer Bauern zur Heuernte auf die Friesenheimer Insel auszogen und auf dem Rückweg mit ihren Pferdefuhrwerken auf der Rheinbrücke zu erheblichen Verkehrsstauungen beitrugen.[27]

Kalter Krieg in Ludwigshafen

Mit dem Haushalt 1950 befaßte sich der Stadtrat auf seiner Sitzung am 24. Juli. In seiner Haushaltsrede bedauerte Oberbürgermeister

Bauer, daß trotz Wohnungsmangel in Ludwigshafen noch immer viele Wohnungen von der Besatzungsmacht in Beschlag genommen seien, und den Rückstand, der die Ludwigshafener Geschäftswelt gegenüber Mannheim auszeichne und zu einer stetigen Käuferabwanderung nach Mannheim führe. Während SPD, CDU und FDP den Haushaltsvorschlägen der Stadtverwaltung folgten, votierte die KPD nicht nur gegen den Haushaltsvorschlag sondern auch nahezu gegen alle weiteren Beschlußvorlagen auf der Tagesordnung. Entsprechend befragte Oberbürgermeister Bauer den KPD-Fraktionsvorsitzenden Feller, „um welchen Preis die KPD an der Verwaltung mitarbeiten werde; denn ihm sei es lieber, den Haushalt einstimmig, als mit Gegenstimmen angenommen zu sehen." Hingegen beglückwünschte der SPD-Bundestagsabgeordnete Friedrich Wilhelm Wagner den Oberbürgermeister zu dem Umstand, daß die KPD dem Plan nicht zugestimmt habe und betonte unter Verweis auf die Zwangsvereinigung von KPD und SPD in der SBZ/DDR, daß es keine Zusammenarbeit zwischen SPD und KPD in Ludwigshafen gebe, „denn es gibt keine Zusammenarbeit zwischen Gefängniswärtern und Gefangenen. SPD und KPD haben nichts gemein! Die SPD ist ein entschlossener Gegner der KPD und SED!"[28]

Oberbürgermeister Bauer spricht vor den Teilnehmern der 1. Mai-Kundgebung im Ebertpark, 1950 [45]

Mitglieder der Ludwigshafener FDJ 1950 [46]

Das in der Nachkriegszeit bisher einende Band des Wiederaufbaus zwischen demokratischer Mehrheit und kommunistischer Opposition war aber nicht nur im Ludwigshafener Stadtrat endgültig zerrissen. So erhielten am 3. August 1950 die Regierungspräsidenten ein Rundschreiben des rheinland-pfälzischen Innenministeriums, in dem sie aufgefordert wurden, „der Bekämpfung verfassungsfeindlicher Bestrebungen erhöhte Aufmerksamkeit zuzuwenden und durch geeignete Maßnahmen die Wühlarbeit sowohl links- als auch rechtsradikaler Gruppen zu unterbinden." Besonders verwiesen wurde auf Organisationen, die „von der SED und damit von der Sowjetunion beauftragt sind, die Bevölkerung der Bundesrepublik für ihre Zwecke zu gewinnen." Das Schreiben wurde zweimal ergänzt: Am 16. August 1950 mit einer Information über die einschlägigen Bestimmungen „gegen die Unterwühlung der durch Grundgesetz und Landesverfassung gegebenen demokratischen Staatsordnung" und am 18. August 1950 durch eine Liste der Organisationen, die „für die Ziele der SED/KPD tätig sind." Die Landesregierung stellte fest, daß eine Betätigung für diese Organisationen „mit einem öffentlichen Amt unvereinbar sei" und ordnete an, entsprechend aktive Beamte, Angestellte und Arbeiter zu entlassen.[29]

Diese erste vor dem Hintergrund des Koreakrieges vollzogene antikommunistische Maßnahme fand in der Ludwigshafener Öffentlichkeit keine Beachtung. Augenscheinlich – aber nicht berichtet – war die mit der Koreakrise verbundene verzögerte Fertigstellung des zweiten Bauabschnitts für die Verlagsleitung und Verwaltung beim Neubau des Pressehauses des ›Rheinpfalz‹-Verlages in der Amtsstraße. Notiert wurde dagegen, daß z. B. ab dem 5. August 1950 von Ludwigshafen aus wieder eine Direkteinwahl in die Ortsnetze von Landau und Neustadt möglich war. Damit konnte sich das Ludwigshafener Fernmeldeamt auf seine eigentliche Arbeit konzentrieren, „auf die Herstellung von Telefonverbindungen über große Entfernungen, die ja unmöglich automatisch erzielt werden können." Hingegen war die Verhaftung von 17 Ludwigshafener FDJ-Mitgliedern, die am 13. August 1950 Unterschriften zur Ächtung der Atombombe gesammelt hatten, durch ein 30 Mann

Am 11. November 1950 wurde gleichzeitig mit der Einweihung der neuen Tribüne auch das ›Rheinstadion‹ in ›Südwest-Stadion‹ umgetauft; Oberbürgermeister Bauer hielt die Eröffnungsrede. Links von ihm ist Karl Fahrbach, der Vorsitzende des Südwestdeutschen Fußballverbandes zu erkennen [47]

Erste Sitzung des Stadtrates im wiederaufgebauten Sitzungssaal im Stadthaus Ludwigstraße [48]

starkes Polizeikommando, der ›Rheinpfalz‹ durchaus die Schlagzeile: „FDJ-Blauhemden verhaftet" und den Hinweis wert, daß die Ludwigshafener Jugendlichen bei ihrem Abtransport die Hymne der DDR „Auferstanden aus Ruinen" absangen. Einen weiteren Ausbau ihrer bereits seit 1949 durch den Übertritt von Herbert Müller im Stadtrat bestehenden absoluten Mehrheit konnte die SPD-Stadtratsfraktion am 22. August 1950 vermelden. Nun hatte auch die Gewerkschafterin Heny Roos – zuvor immerhin CDU-Landesvorstandsmitglied – aus „politischen Überlegungen" die Fraktion gewechselt. Die 45 Stadtratsmitglieder repräsentierten inzwischen – laut der Volkszählung vom 13. September 1950 – 123 869 Einwohner (53,5% Protestanten/42% Katholiken).[30]

Am 19. September 1950 faßte die Bundesregierung einen Beschluß betreffend die ›Politische Betätigung von Angehörigen des öffentlichen Dienstes gegen die demokratische Grundordnung‹. Daraufhin verfügte am 27. September 1950 das Innenministerium Rheinland-Pfalz die Entlassung der KPD-Mitglieder aus dem öffentlichen Dienst. Allerdings hatten die mit der Umsetzung beauftragten nachgeordneten Behörden zunächst einmal Klärungsbedarf: So befragte der Städteverbund Rheinland-Pfalz das Innenministerium u. a., wie mit den kommunistischen Bürgermeistern zu verfahren sei und ob Beamte, die gleichzeitig Stadtratsmitglieder wären sowie Opfer des Faschismus, und kommunistische Betriebsratsmitglieder ebenfalls zu entlassen seien. Als wichtig erachtet wurde das Problem, was mit Kommunisten geschehen sollte, die sich „aus Tarnungsgründen von der KP gelöst haben." Diese Probleme besprach das Innenministerium am 10. Oktober 1950 mit den Regierungspräsidenten und den Vertretern des rheinland-pfälzischen Gemeindetages und Städtebundes. Dabei betonte Staatssekretär Schmidt, daß der Erlaß der Bundesregierung vom 19. September 1950 nur als „Warnung" gedacht gewesen sei, die Landesregierung jedoch die Auffassung vertrete, daß die „Maßnahmen" auch durchgeführt werden müßten. Erst danach veranlaßte am 11. Oktober 1950 Oberbürgermeister Bauer die Überprüfung aller städtischen Mitarbeiter.[31]

Allerdings hatten sich zuvor die Betroffenen beider politischen Lager auch noch einmal gezeigt: Bei der Gründungsversammlung der

Anmerkungen
Seite 522 und 523

30 *vgl. Rhpf, Jg. 6, Nr. 178ff und Menges, S. 37ff*

31 *vgl. StALu, LUN, Nr. 2776 und 2777*

32 *vgl. StALu, PGV 1, Archiv der ÖTV-Kreisverwaltung Ludwigshafen-Speyer-Frankenthal und Becker, ÖTV, S. 190*

33 *vgl. Rhpf, Jg. 6, Nr. 217ff*

34 *vgl. StALu, PGV 1, Nr. 2 und Becker, verdi, S. 38ff*

Die Ludwigshafener Gewerkschafterin: ***Heny Roos***

Heny Roos[32] *wurde am 10. November 1905 geboren.*

Gewerkschaftssekretärin.

1927 Mitglied der Gewerkschaft Handel, Banken und Versicherungen, ab 1933 Teilnahme am Widerstand gegen den Nationalsozialismus. Von 1946 bis 1979 Mitglied des Stadtrates Ludwigshafen, zunächst für die CDU, ab 23. August 1950 dann für die SPD. 1948 Sekretärin der Gewerkschaft Handel, Banken und Versicherungen in Ludwigshafen, ab 1950 hauptamtlich. 1956 Wechsel zur Gewerkschaft ÖTV als hauptamtliche Bezirkssekretärin in Rheinland-Pfalz bis 1966. 1968 bis 1975 Vorsitzende der ÖTV-Kreisverwaltung Ludwigshafen-Speyer-Frankenthal, anschließend Ehrenvorsitzende. 1968 Auszeichnung mit der Freiherr-vom-Stein-Plakette, 1976 mit dem Bundesverdienstkreuz, 1979 mit dem Ehrenring der Stadt Ludwigshafen.

Heny Roos starb am 5. Januar 1986.

Ihr gesamtes Vermögen vermachte sie der Stadt Ludwigshafen mit der Auflage, es für in Not geratene Menschen zu verwenden.

Heny Roos [49]

rechtsradikalen ›Deutschen Reichspartei‹ in Ludwigshafen kam es am 7. September 1950 zu tumultartigen Auseinandersetzungen zwischen Rechts und Links, obwohl der breiten Bevölkerung – im Gegensatz zur unmittelbaren Nachkriegszeit – solche politischen Treffen inzwischen keinen Besuch mehr wert waren. Auf der Gewerkschaftsebene hatten sich die Kommunisten inzwischen selbst isoliert. So sprachen sich bei der Delegiertenversammlung der IG Chemie in Ludwigshafen nur noch 18 Delegierte gegen die Entlassung von Kommunisten aus dem öffentlichen Dienst aus; 51 Gewerkschaftler hingegen lehnten einen kommunistischen Resolutionsantrag, gegen die Entlassungen vorzugehen, ab. Mobilisierend wirkten auf die Ludwigshafener Bevölkerung inzwischen andere Ereignisse: Zum letzten Fest des Jahres im Ebertpark am 8. Oktober 1950 erschienen über 20000 Besucher – vorangegangen war ein vom Ludwigshafener Einzelhandel gesponserter Lampionfestzug, der eine Gesamtlänge von drei Kilometer erreichte.[33]

Noch weiter als die IG Chemie ging allerdings die Gewerkschaft ÖTV in Ludwigshafen. Sie lehnte auf ihrer Delegiertenversammlung am 19. Oktober 1950 eine Entschließung gegen die Entlassung von Kommunisten aus öffentlichen Betrieben als „politische Angelegenheit" ab.[34] Den gleichen Weg ging der Ludwigshafener Stadtrat auf seiner Sitzung am 30. Oktober 1950, als er einen Antrag der KPD-Fraktion auf Protest gegen die Entlassung von kommunistischen Arbeitern, Angestellten und Beamten auf den ordentlichen Geschäftsgang verwies. Oberbürgermeister Bauer betonte, daß die Stadtverwaltung noch gar keine Maßnahmen ergriffen habe. Zuvor hatte der Oberbürgermeister anläßlich der Einweihung des wiederaufgebauten Stadtratssaales im Stadthaus Ludwigstraße die Geschichte des Ludwigshafener Stadtrates gewürdigt und dabei auf die Kooperation von KPD und NSDAP im Kampf gegen die Stadtverwaltung in der Endphase der Weimarer Republik verwiesen sowie die schlechte Betreuung der Stadt durch das Land Rheinland-Pfalz kritisiert. Im Mittelpunkt der Stadtratssitzung standen jedoch Krediterhöhungen und Kreditbereitstellungen für die Haushaltsjahre 1949 und 1950, die Einführung einer Vergnügungssteuer bei sportlichen Veranstaltungen, wobei die KPD sich für die Ersetzung des Berufssports durch den allgemeinen Volkssport aussprach, und schließlich auch noch

Oberbürgermeister Bauer beim Empfang der Faschingsvereine auf dem Balkon des Stadthauses in der Jubiläumsstraße 1. Januar 1951 [50]

Trümmergrundstücke in der Innenstadt als Kulisse für Märchengruppen Weihnachten 1950 [51]

Anmerkungen
Seite 524 und 525

35 *vgl. Rhpf, Jg. 6, Nr. 254ff sowie SRP 30.10.1950 und Stadtverwaltung Lhfn, Südwest-Stadion*

36 *vgl. StALu, LUN, Nr. 2776 und 2777*

37 *vgl. Rhpf, Jg. 6, Nr. 265ff sowie SRP 21.12.1950*

die Umbenennung des Ludwigshafener Stadions von ›Rhein-Stadion‹ in ›Südwest-Stadion‹.[35] Am 10. November 1950 lag dem Oberbürgermeister das Namen, Partei- und Berufsfunktionen umfassende Überprüfungsergebnis für die Mitarbeiter der Stadtverwaltung Ludwigshafen vor. Es wurde festgestellt, daß eine Reihe Verwaltungsbediensteter die KPD bereits im Laufe des Jahres 1950 verlassen hatte. Da die Verbliebenen innerbetrieblich auch keine politischen Aktivitäten mehr zeigten, wurde letztlich auf ihre Entlassung verzichtet.[36]

Die Einführung einer Kontingentierung auf der Basis des letzten Zwangswirtschaftsjahres bei der Zuteilung des Hausbrandes für den Winter 1950 verdeutlichte im November 1950 noch einmal mehr allen Bewohnern von Ludwigshafen, daß auch fünf Jahre nach Kriegsende noch keineswegs in allen Lebensbereichen Normalität eingekehrt war. Gleichfalls klagte das Metallhandwerk über Materialverknappung, was die Preise für Buntmetalle wie Blei und Kupfer bei den Altmaterialhändlern steigen ließ und zu verstärkten Kabeldiebstählen und illegalen Ausräumungen von Ruinengrundstücken führte. Das legale Aufräumen von Trümmergrundstücken in der Innenstadt wurde wiederum durch die Weihnachtsvorbereitungen unterbrochen, in dem die Ruinengrundstücke als Kulisse für das Aufstellen von Märchengruppen benutzt wurden, die gemeinsam mit 25 „Riesentannenbäumen" die Innenstadt für einen Einkaufsbummel gegenüber der Mannheimer Konkurrenz attraktiv machen sollten. 37 Gewerbetreibende für „Trümmerbeseitigung und den Verkauf von gebrauchten Backsteinen" mußten daraufhin ihre Tätigkeit einstellen. Insgesamt verloren zwischen November und Dezember 1950 – durch den saisonbedingten Rückgang der Bautätigkeit, nicht zuletzt aber auch aufgrund der angestiegenen Rohstoffpreise – 429 Personen im Arbeitsamtsbezirk Ludwigshafen ihren Arbeitsplatz. In der Gartenstadt standen die Einwohner sechs Stunden – verbunden sogar mit einer kleinen Keilerei – an, um an der Weihnachtsanlieferung für den hiesigen Kohlenhändler partizipieren zu können. Vor diesem Hintergrund kam es auch im Stadtrat von Ludwigshafen bei seiner Sitzung am 21. Dezember 1950 zu einer heftigen Debatte über die von der

Blick auf die Rheinbrücken von der wiederaufgebauten Walzmühle 1951 [52]

Veranstaltung der Ludwigshafener CDU mit Innenminister Zimmer zum Thema ›Ordnung‹
Die Landesregierung propagierte 1950 Rheinland-Pfalz als Land der Ordnung; tatsächlich hatte Rheinland-Pfalz auf der Ebene der Bundesländer eine Führungsrolle bei der Bekämpfung des politischen Extremismus in der Nachkriegszeit übernommen [53]

KPD-Fraktion sowie vom Betriebsrat und der Gewerkschaft ÖTV geforderte Weihnachtszuwendung für die städtischen Mitarbeiter. Oberbürgermeister Bauer lehnte für die Verwaltung dieses Ansinnen aufgrund der defizitären Haushaltslage ab. Der SPD-Bundestagsabgeordnete Wagner kommentierte die Ablehnung des KPD-Antrages durch die Stadtratsmehrheit, trotz der gleichlautend formulierten Wünsche des sozialdemokratisch geführten Betriebsrates und der ebenfalls sozialdemokratisch geführten ÖTV, mit den Worten: „Der kommunistische Antrag ist ein demagogischer Propagandaantrag, der gleichlautende Gemeinschaftsantrag ist im freien gewerkschaftlichen Sinne eine gerechte Handlung!" Gleichfalls umstritten war die Erhöhung der Mitgliederzahl der Ausschüsse zugunsten der SPD, da ja die SPD-Fraktion durch zwei Fraktionsübertritte inzwischen die absolute Mehrheit hatte und diese nun auch in den Ausschüssen beanspruchte. Letztlich stimmten dem Beschlußvorschlag der SPD-Fraktion auch nur die eigenen Mitglieder zu, während CDU und FDP dagegen votierten und die KPD-Fraktion sich der Stimme enthielt. Zum Abschluß der Sitzung betonte Oberbürgermeister Bauer auf Rückfrage der KPD-Fraktion noch einmal, daß die Entlassung städtischer Bediensteter aufgrund ihrer politischen Haltung nach seiner Auffassung mit dem Grundgesetz nicht vereinbar wäre und er deshalb in diesem Punkte der Landesregierung den Vortritt lasse. Auch bei seiner in der ›Rheinpfalz‹ veröffentlichten Jahresbilanz sparte Oberbürgermeister Bauer nicht mit Kritik an der Landesregierung. Entsprechend sprach er sich als Stadtoberhaupt des „Aschenbrödels des Landes" für eine Länderneubildung aus, prognostizierte aber auch für 1951 „einen kleinen Schritt vorwärts, wenn uns der Frieden erhalten bleibt" – angesichts der täglichen Schlagzeilen über den Korea- und Indochina-Krieg ein berechtigter Wunsch.[37]

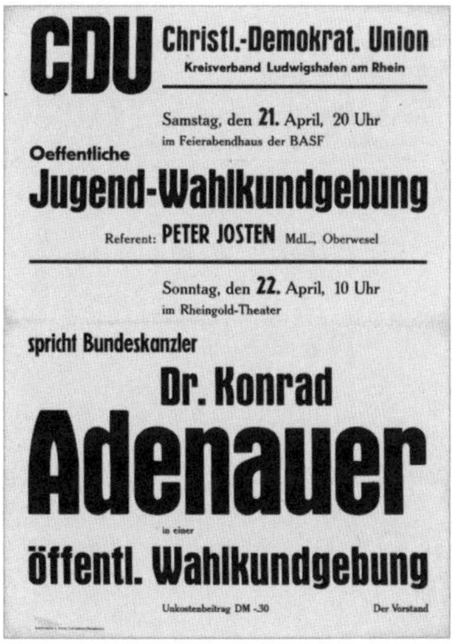

Während des Landtagswahlkampfes 1951 sprach Bundeskanzler Adenauer erstmals in Ludwigshafen [54]

Dissonanzen zwischen Stadt und Land und die Landtagswahl 1951

Die Einbringung des Nachtragshaushaltsplans 1950 durch Oberbürgermeister Bauer am 25. Januar 1951 war ebenfalls mit deutlichen

Die Pauluskirche in Friesenheim nach dem Brand vom 12. März 1951 [55]

... eine wenig rühmliche Visitenkarte – Ludwigstraße 10 15. März 1951 [56]

Anmerkungen Seite 526 und 527

38 vgl. Rhpf, Jg. 7, Nr. 22ff sowie SRP 25.1.1951

39 vgl. Rhpf, Jg. 7, Nr. 60ff sowie SRP 3.4.1951

Dissonanzen zwischen Stadt und Land verbunden. So beantwortete der Oberbürgermeister die vom Finanzminister von Rheinland-Pfalz angekündigte Kürzung der für die Gemeinden vorgesehenen Beiträge aus dem Finanzausgleich mit der Feststellung, „daß es schön wäre, wenn auch die Stadt einmal erklären könnte, daß sie ihre Verpflichtungen in jeder Hinsicht nur zu zwei Dritteln erfüllen könne." Daher sei mit der Beratung des Haushaltsplans 1951 endgültig der Zeitpunkt gekommen, an dem sich die Gemeinden zur Frage der Neuregelung der Ländergrenzen energisch zu Wort melden müßten. „Tätige Reue" kündigte daraufhin am 3. Februar 1951 Finanzminister Hoffmann – in Anwesenheit von Oberbürgermeister Bauer – anläßlich der Feier zum Wiederaufbau der Ludwigshafener Walzmühle an. Trotzdem hagelte es aus Ludwigshafen weiter Kritik wegen mangelnder Unterstützung durch den Staat. So wurde auf einer Sitzung der Einzelhändler am 13. Februar 1951 die geplante Erhöhung der Umsatzsteuer von drei auf vier Prozent zwar als „Belebungsspritze für den Staatssäckel" eingeschätzt, die aber den Einzelhandel in den Ruin treibe. Auch wurde Ludwigshafens „Pseudobahnhof" und die „wenig rühmliche Visitenkarte Ludwigsplatz" kritisiert. Die Schuld daran wurde aber „zum Gutteil der stiefmütterlichen Behandlung Ludwigshafens durch das Land Rheinland-Pfalz" zuerkannt. Selbst der Kreisverband der Obst- und Gartenbauvereine bemängelte auf seiner Jahreshauptversammlung am 20. Februar 1951 nicht eingehaltene Versprechen der Landesregierung bei der Schildlausbekämpfung, kritisierte aber gleichzeitig die Stadt, die „nachlässigen Gartenbesitzern Strafen androhe, während die städtischen Anlagen nach wie vor vernachlässigt blieben."[38]

Einen schweren Verlust erlitt die evangelische Kirchengemeinde in Ludwigshafen in der Nacht zum 12. März 1951, als in Friesenheim die Pauluskirche niederbrannte. Der Verlust war umso größer, da sie zuvor eine der wenigen Ludwigshafener Kirchen gewesen war, die fast unbeschadet den Zweiten Weltkrieg überstanden hatte. Einen Verlust auf der politischen Ebene hatte zuvor die kommunistische Stadtratsfraktion am 19. Februar 1951 mit dem Austritt ihres Stadtratsmitglieds Fritz

Die Ludwigstraße im Frühjahr 1951 [57]

Die aus der KPD ausgeschlossenen Stadträte Max Frenzel (rechts) und Fritz Baumgärtner [58]

Baumgärtner – Landesvorsitzender der IG Metall – aus der KPD erlitten. Die KPD-Fraktion im Ludwigshafener Stadtrat diffamierte Baumgärtner nicht nur auf der nachfolgenden Stadtratssitzung am 3. April, sondern verkündete auch noch den Ausschluß von Max Frenzel – kommunistisches Stadtratsmitglied seit 1924 und Beigeordneter der Stadt Ludwigshafen zwischen 1945 und 1948 – aus der Partei und der KPD-Fraktion, weil „er sich nicht von Baumgärtner distanzierte." Im Mittelpunkt der Stadtratssitzung stand jedoch nicht der fortlaufende Selbstauflösungsprozeß der kommunistischen Stadtratsfraktion – bereits drei Tage später erklärte auch der Gewerkschaftssekretär Paul Liebel seinen Austritt aus der KPD und der Fraktion – sondern der Beitritt der Stadt zur kommunalen Arbeitsgemeinschaft Rhein-Neckar-GmbH. Während Stadtrat Bertram (FDP) forderte, daß die „Ländergrenzen endlich der Vergangenheit angehören müßten", warnte der SPD-Bundestagsabgeordnete Wagner „vor der falschen Vorstellung, daß die schlechte Behandlung durch Rheinland-Pfalz durch den Beitritt zu einer Arbeitsgemeinschaft eine Änderung erfahren würde." Auch der KPD-Fraktionsvorsitzende Feller betonte, daß die Arbeitsgemeinschaft von der „Idee Kurpfalz und Südweststaat getragen werde", lehnte sie jedoch ab, „da nach dem Zusammenschluß Deutschlands sowieso neue kommunalpolitische Formen geschaffen werden müßten." Kritisch zum Land Rheinland-Pfalz äußerte sich die Mehrheit des Stadtrates auch in der Frage der in der Landesverfassung vorgesehenen Wiedereinführung der Bekenntnisschule in den Ludwigshafener Vororten, die nach einer Umfrage aber im Stadtteil Maudach der Mehrheit des Elternwillens entsprach. Unzufrieden war man jedoch auch mit dem Bund, da die Bundesbahn den Wiederaufbau des Hauptbahnhofes von einem städtischen Zuschuß abhängig machte. Gerne bereitgestellt hatte man dagegen städtische Mittel für die Renovierung des Turmrestaurants im Ebertpark. Stolz präsentierte Bürgermeister Reichert das Ergebnis beim offiziellen Auftakt zur Sommersaison im Ebertpark am 15. April 1951.[39]

Nach soviel Kritik am Land Rheinland-Pfalz durfte man also mit einigem Interesse dem Ludwigshafener Ergebnis bei der Landtagswahl

FDP-Wahlplakat 1951 [59]

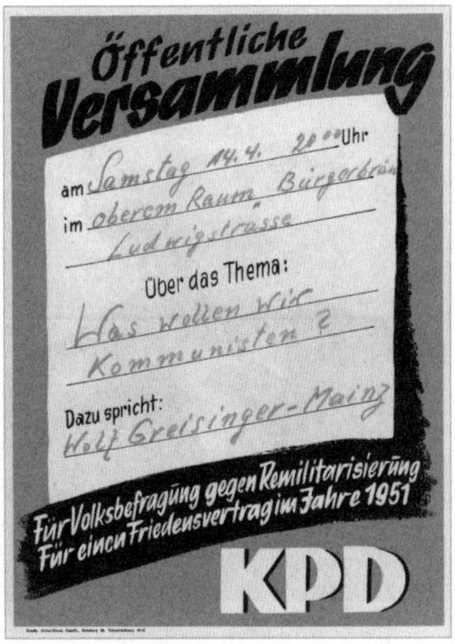

Hauptwahlkampfthema der KPD 1951 war die Remilitarisierung [60]

Bundeskanzler Adenauer auf dem Weg ins Rheingold-Theater 22. April 1951 [61]

Anmerkungen
Seite 528 und 529

40 *vgl. Rhpf, Jg. 7, Nr. 100ff sowie StAnz., Jg. 4, Nr. 18ff*

41 *vgl. StALu, PGV 2, Archiv CDU Kreisverband Ludwigshafen sowie N 43, Nachlaß Franz Heller*

42 *vgl. Rhpf, Jg. 7, Nr. 101ff*

am 29. April 1951 entgegenschauen: Dabei fiel zunächst der Rückgang der Wahlbeteiligung gegenüber 1947 von 77,4% auf 74,7% auf. Deutlicher Sieger war in Ludwigshafen wieder die SPD, die ihren Stimmenanteil gegenüber 1947 (46,7%) auf 48,9% der Wählerstimmen steigern konnte. Verluste hingegen mußte – trotz eines Wahlkampfauftrittes von Bundeskanzler Adenauer am 22. April 1951 im Rheingold-Theater – die zweitplazierte CDU von 27,3% im Jahr 1947 auf nun 25,1% hinnehmen. Drittstärkste Partei war nun in Ludwigshafen erstmals die FDP, die gegenüber ihrem protestantischen Vorgänger ›Sozialer Volksbund‹ im Jahr 1947 (5,2%) nun 12,3% der Stimmen erhalten hatte. Erstmals in der Nachkriegszeit nur an vierter Stelle mit 10,1% (gegenüber 20,8% 1947) rangierte die KPD, während die Partei der Heimatvertriebenen mit 1,9%, die Deutsche Gemeinschaft mit 1,1% und das katholische Zentrum mit 0,6% nur unter ›ferner liefen‹ zu verzeichnen waren. Gewählt in den Landtag wurden aus Ludwigshafen für die CDU Franz Heller und Ludwig Reichling sowie für die SPD Ernst Lorenz, Herbert Müller und August Schäfer. Da in der Folge die SPD aber aus der Landesregierung ausschied, nützte ihr der Ludwigshafener Wahlerfolg nur wenig. Die KPD konnte ihre Fundamentalopposition nun nur noch im Stadtrat fortsetzen, da sie im Landtag nicht mehr vertreten war, während die neuen Regierungsparteien CDU und FDP in Ludwigshafen nur 37,4% der Wählerstimmen erhalten hatten. So überrascht auch nicht, daß das Wahlergebnis dem ›Stadt-Anzeiger‹ keine Zeile wert war, während ausführlich über die Geschichte des Parkfestes referiert wurde.[40]

Zwischen neuer Mobilität und freier Marktwirtschaft

Keinen Zweifel am „gemeinsamen demokratischen Willen" in Ludwigshafen ließ der DGB-Kreisvorsitzende Kaeseberg im Ebertpark

Malermeister und Landtagsabgeordneter: ***Franz Heller***

Franz Heller[41] *wurde am 10. Oktober 1900 in Ludwigshafen-Mundenheim als Sohn des Malermeisters August Heller geboren. Nach dem Besuch der Volksschule erlernte er ebenfalls das Malerhandwerk. 1918 noch Soldat wurde er 1919 Mitglied der katholischen Zentrumspartei. 1923 beteiligte er sich als Vorsitzender des kath. Jungmännervereins Mundenheim aktiv an der Abwehr des Separatismus und wurde hierfür von den Franzosen kurzzeitig inhaftiert. 1926 legte er die Meisterprüfung ab und übernahm ab November 1930 den elterlichen Betrieb. Heller war Vorsitzender der pfälzischen ›Windhorst-Bünde‹, bis die Nationalsozialisten die katholische Jugendbewegung drangsalierten sowie Heller und seine Familie politisch verfolgten. Heller selbst wurde 1933 erstmals drei Monate inhaftiert; sein Unternehmen bis 1936 von den Nationalsozialisten boykottiert. 1939 erneut zum Militärdienst eingezogen, war er 1940 Teilnehmer am ›Frankreichfeldzug‹. 1941/42 befand er sich erneut 17 Monate in Haft. 1945 trat er politisch wieder als Mitbegründer der pfälzischen CDU und beruflich als Innungsobermeister hervor. Heller war von 1946 bis 1956 Mitglied des Ludwigshafener Stadtrats sowie 1946/47 auch Mitglied der Beratenden Landesversammlung von Rheinland-Pfalz, die die Verfassung für das zukünftige Bundesland entwarf. Danach wirkte er bis 1967 als rheinland-pfälzischer Landtagsabgeordneter für die CDU; er war u. a. Vorsitzender des Untersuchungsausschusses der Explosionskatastrophe in der BASF und Mitglied des ›Ältesten Rates‹. Von 1946 bis 1963 war er Landesinnungsmeister; 1949 Mitgründer der Wiederaufbau-Gesellschaft Ludwigshafen. Als Kreishandwerksmeister wirkte er von 1951 bis 1955 und als Präsident der Handwerkskammer der Pfalz war er von 1955 bis 1970 tätig. Hoch ausgezeichnet für sein berufliches Engagement sowie mit dem Verdienstorden und dem Großen Verdienstkreuz starb Franz Heller am 27. November 1970. 2002 benannte die Stadt zu seinem Gedenken den neu angelegten Platz Ecke Rheingönheimer/Wegelnburgstraße in Mundenheim nach ihm.*

Franz Heller [62]

bei der Kundgebung zum 1. Mai aufkommen. Trotz des herrlichen Sonnenwetters waren „Tausende" gekommen, um aus „Erinnerung an das Vergangene" sich „jeder Diktatur entgegenzustellen und für die Verwirklichung der Menschenrechte einzutreten." Überhaupt war der Ebertpark wieder der Treffpunkt in Ludwigshafen geworden, so auch an Pfingsten 1951 als „Abertausende" den Ludwigshafener „National-Park" besuchten. Übertroffen wurde er nur noch vom Südwest-Stadion, wo der 1. FC Kaiserslautern seine Meisterschaftsspiele austrug und bis zu 70000 Zuschauer in seinen Bann zog, aber auch nach Spielschluß den innerstädtischen Verkehr zusammenbrechen ließ: „Pausenlos fuhren die Wagenkolonnen in Vierer- und Sechserreihen auf, stauten sich vor dem Verkehrspolizisten, der mit eiserner Ruhe auch dem anhaltenden Hupenkonzert begegnete."

Der neuen Mobilität stellten sich auch die Ludwigshafener Kinos: Sie kündigten nicht nur amerikanische Western mit „Romantik, Abenteuer, Liebe, Humor am laufenden Band" an, sondern boten auch gleichzeitig in ihrer Programmvorschau „Fahrrad- und Motorradeinstellung kostenlos" oder gar „Parkgelegenheit – Fahrradwache kostenlos" an. Ebenfalls gut besucht zeigte sich bei der Einweihung am 27. Mai 1951 das neue Gotteshaus der Neuapostolischen Gemeinde in Ludwigshafen. Weitere Aufbruchzeichen setzte der Deutsche Gewerkschaftsbund in Ludwigshafen, der an den Wiederaufbau seines kriegszerstörten Gebäudes in der Ludwigstraße ging sowie die evangelische Kirchengemeinde in Oppau, die sich ebenfalls an die Instandsetzung ihrer Kirchenruine machte, wobei offen blieb, wie oft dieses Gebäude im Laufe der Jahrhunderte bereits zerstört worden war. Und die Deutsche Bundesbahn ging nun endlich an die dringend notwendigen Renovierungsarbeiten im Hauptbahnhof.[42]

Schon 1951 ein Schlagerspiel: Schalke gegen Kaiserslautern – allerdings nicht auf dem Betzenberg sondern im Ludwigshafener Südwest-Stadion [63]

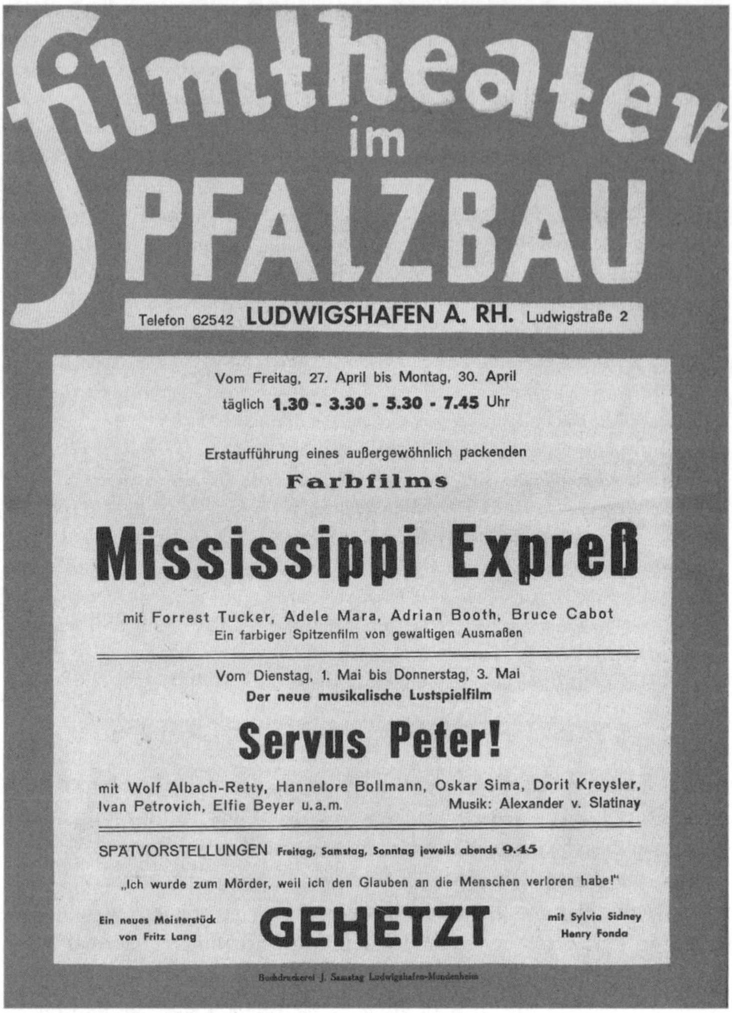

Kinowerbung in Ludwigshafen, 1951 [64]

Anmerkungen
Seite 531

43 *vgl. Rhpf. Jg. 7, Nr. 136ff sowie SRP 14.6.1951*

Die Ursachen für die Notwendigkeit der Erhöhung der Strom- und Gaspreise in Ludwigshafen rückwirkend zum 1. April 1951 wurde von der sozialdemokratischen Mehrheit im Stadtrat am 14. Juni 1951 zur Abwechslung einmal nicht in einer verfehlten Landespolitik, sondern in der „Wirtschafts- und Sozialpolitik der Bundesrepublik" gefunden. So erklärte das SPD-Fraktionsmitglied Hessler für seine Genossen: „Es sei ein Unding, in einem so armen Land wie der Bundesrepublik der Preisgestaltung freien Lauf zu lassen." Erhard habe von einem „Auspendeln der Preise gesprochen. Heute sehe man, wohin die Preise auspendelten." Oberbürgermeister Bauer hielt den mit ›Nein‹ votierenden Fraktionen von CDU und KPD in Blick auf die CDU vor: „Ihm scheine es fast, als ob die CDU den Versuch unternehmen wolle, eine Politik, die sie in Bonn widerspruchslos unterstütze, hier der SPD in die Schuhe zu schieben." Den energiepolitischen Griff in den Beutel des ›Kleinen Mannes‹ nahm die Ludwigshafener Bevölkerung 1951 jedoch noch klaglos hin. Neue Volksfeste – wie das ›Obbarer Dambnudlefest‹ – meldeten einen guten Besuch, traditionelle – wie das Gartenstädter Blumenfest oder der Friesenheimer ›Erntebroote‹ – neue Besucherrekorde. Gar rund 150 000 Besucher verzeichnete am letzten Juni- und ersten

Werbeplakat für das erste Nachkriegsparkfest, 1951 [65]

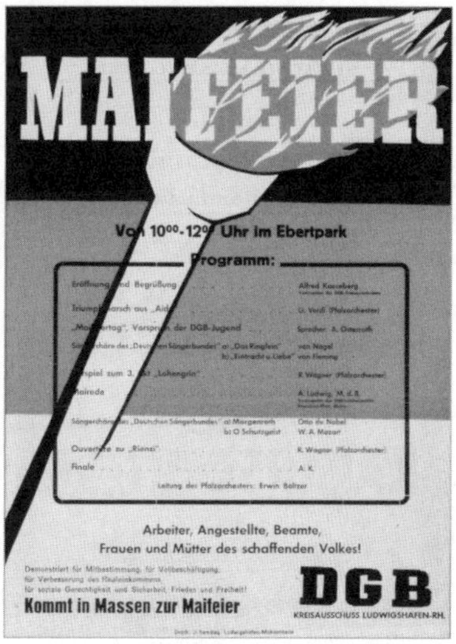

Plakat des DGB zum 1. Mai 1951 mit dem Programm für Ludwigshafen [66]

Juliwochenende das erstmals wieder seit der Weimarer Republik im Ebertpark begangene ›Ludwigshafener Parkfest‹. Angelockt von einem breiten Kultur- und Sportangebot und kombiniert mit einem Vergnügungsmarkt wurden im großen Festzelt rund 45 000 Liter Bier und in den zwölf Weinzelten rund 30 000 Liter Wein konsumiert. Festabschluß und Höhepunkt war die Verlosung eines kompletten Schlafzimmers sowie eines Vespa-Rollers. Groß gefeiert wurde in Ludwigshafen auch die erste Deutsche Meisterschaft des 1. FC Kaiserslautern. Schließlich war Ludwigshafen nicht nur Gastgeber des 1. FCK während der Endrunde gewesen, sondern auch die erste pfälzische Stadt, die der Deutsche Meister nach seiner Rückkehr aus Berlin in einem Autokorso durchfuhr.[43]

Hochbetrieb herrschte im August 1951 bei den Ludwigshafener Eisfabriken: „Die elektrischen Kühlanlagen und Eisschränke gewannen zwar in den letzten Jahren beträchtlichen Boden, dennoch bleibt die Kunsteisfabrikation auch auf lange Sicht ungefährdet." Ebenfalls eine gute Auftragslage konnte eine Ludwigshafener Reparaturwerkstatt für „Einspritzpumpen, Glüh- und Zündkerzen sowie Einspritzdüsen" verzeichnen – Materialknappheit in der Autoindustrie war die Ursache. Gleiches beklagte die Ludwigshafener Firma Zickgraf & Scheck, die für

Neuwagenpräsentation in Ludwigshafen bei Auto-Islinger in der Saarlandstraße 1951 [67]

Anmerkungen Seite 532 und 533

44 vgl. Rhpf, Jg. 7, Nr. 177ff

45 vgl. Rhpf, Jg. 7, Nr. 228ff sowie SRP 1.10.1951

46 vgl. Rhpf, Jg. 7, Nr. 285ff sowie SRP 18.12.1951

ganz Rheinland-Pfalz die Kfz-Kennzeichen erstellte – 200 000 seit 1947. Als sehr modern galten im August 1951 offensichtlich Dreiradlieferwagen der Firma Goliath – zumindest erfreute sich eine Ausstellung dieser „formschönen" Fahrzeuge in Ludwigshafen eines großen Andrangs. Unmodern hingegen erschien der aus dem Jahre 1610 stammende Turm der Pfarrkirche St. Sebastian in Mundenheim. Mittels einer Sprengung machte er Platz für den heute an gleicher Stelle befindlichen Neubau. Ebenfalls einen Neubau bezog zum 1. September 1951 die Städtische Frauenklinik. Der Auszug erfolgte sechs Jahre nach Kriegsende aus einem Luftschutzbunker des Zweiten Weltkriegs. Ein Bekenntnis zur Nachkriegsordnung leisteten mehrere Tausend Ludwigshafener, die am 12. September 1951 der Einladung der Stadtverwaltung zu einer Verfassungsfeier in den Ebertpark gefolgt waren. Allerdings betonte MdB Friedrich Wilhelm Wagner als Festredner, daß es „Aufgabe des ganzen Volkes" sei, „das Grundgesetz mit Leben zu erfüllen."[44]

Im gleichen Sinne argumentierte MdB Wagner auch als Mitglied des Stadtrates von Ludwigshafen, als er auf einen Dringlichkeitsantrag der KPD-Fraktion zu einer gesamtdeutschen Verständigung entgegnete: „Die Einzigen, die sie verhindern, sind die Russen und ihre Handlanger, die SED. Sie wollen die Einheit in Knechtschaft, wir wollen die Einheit in Freiheit." Im Mittelpunkt der Stadtratssitzung vom 1. Oktober 1951 stand allerdings nicht die große Politik, sondern die Erklärung von Oberbürgermeister Bauer zu einem fortdauernden Alltagsproblem, nämlich der schlechten Kohleversorgung von Ludwigshafen. Der Stadtrat billigte nach kontroverser Debatte die Erklärung des Oberbürgermeisters und beschloß einstimmig, „Verwahrung gegen die benachteiligende Behandlung der Stadt Ludwigshafen durch die Landesregierung bei der Zuteilung von Brennstoffen einzulegen." Ein anderes Zeichen hatte der Oberbürgermeister schon am Vormittag des gleichen Tages mit einer in der ›Rheinpfalz‹ veröffentlichten Erklärung gesetzt, als er anläßlich des jüdischen Neujahrsfestes ein Bekenntnis zur Wiedergutmachung gegenüber der jüdischen Gemeinde Ludwigshafens ablegte. Wiederum der freireligiösen Gemeinde Ludwigshafen dankte Valentin

Ludwigstraße in der Weihnachtszeit: Haus Klebs 1951 [68]

Bauer am 18. November 1951 – anläßlich einer Feier zum 60jährigen Bestehen der Gemeinde – da „sie aus ihren Reihen zahlreiche Persönlichkeiten in den Dienst der Öffentlichkeit stellte."[45]

Gut vorbereitet zeigte sich der Ludwigshafener Einzelhandel auf das Weihnachtsgeschäft 1951: von einer Anzeigenkampagne: ›Kauft in unserer Stadt – Damit sie eine Zukunft hat‹, über den ersten motorisierten Metzgerladen auf dem Wochenmarkt, bis zum obligatorischen weihnachtlichen Märchenschmuck in der Innenstadt. Den verkaufsoffenen ›Kupfernen Sonntag‹ besuchten jedoch mehrheitlich ›Sehleute‹ und der Ludwigshafener Süßwarengroßhandel z. B. erreichte nicht das Ergebnis von 1950. Dies obwohl die Stadt inzwischen 131 543 Einwohner zählte und Oberbürgermeister Bauer am 18. Dezember 1951 dem Stadtrat erstmals seit Kriegsende für das Jahr 1951 einen Haushalt ohne Defizit vorlegen konnte. Ursache hierfür waren umfangreiche Gewerbesteuernachforderungen. Während der Oberbürgermeister zumindest in fiskalischer Hinsicht optimistisch in die Zukunft blickte, wurde erneut nicht an Kritik gegenüber dem Land Rheinland-Pfalz gespart und auch die Schwesterstadt Mannheim nicht ausgenommen, der mit einer Kündigung des Straßenbahngemeinschaftsvertrages gedroht wurde. Unversöhnlich war auch das Verhältnis zwischen SPD, CDU, FDP und kommunistischer Opposition. Bei der Haushaltsrede des KPD-Sprechers Feller verließ die Mehrheit seiner Stadtratskollegen vorübergehend die Sitzung.[46]

Von der Gründung der BASF Aktiengesellschaft bis zur Kommunalwahl 1952

Neues Selbstbewußtsein demonstrierte die BASF am 2. Januar 1952, als die Werksleitung gemeinsam mit dem Betriebsrat elf pauschal für Werksangehörige vorgesehene Bundesverdienstkreuze zurückwies, da sowohl beim Wiederaufbau 1945, aber insbesondere bei der Explosionskatastrophe 1948, „Hunderte und aber Hunderte mehr als ihre Pflicht" getan hätten und es deshalb unmöglich sei, speziell Angehörige des Werkes zu benennen, ohne „Unruhe und Unzufriedenheit" in

Der erste Fasnachtszug in Ludwigshafen 1952 [69]

90 000 Zuschauer verfolgten im Südwest-Stadion das Endspiel um die deutsche Fußballmeisterschaft zwischen dem VfB Stuttgart und dem 1. FC Saarbrücken [70]

die gesamte Belegschaft hineinzutragen. Tatsächlich war die Unternehmensleitung gerade mit der Ausgliederung der BASF aus der Vermögensmasse der I.G. Farbenindustrie AG beschäftigt. Der erste formelle Schritt hierzu war die Gründung als eigenständige Rechtsperson mit einem Kapital von 100 000 DM, die zum 30. Januar 1952 erfolgte. Für die Bilanzen wurde als Entflechtungsstichtag der 1. Januar 1952 gewählt. Fünf Gründungsmitglieder bestellten einen aus zwölf Personen bestehenden Aufsichtsrat sowie einen achtköpfigen Vorstand unter der Leitung von Carl Wurster.[47]

Der erste Waschsalon in Ludwigshafen öffnete am 7. Januar 1952 in der Prinzregentenstraße, während zeitgleich im Rheingold-Kino das Jäger-Musikkorps musikalisch die Aufführungen des beständig verlängerten Erfolgsfilms ›Grün ist die Heide‹ untermalte – begleitet allerdings auch von der nachfolgenden Kritik, daß dafür in Ludwigshafen gute und anspruchsvolle Filme oft erst wochen- oder monatelang nach ihrer Erstaufführung in Mannheim oder Heidelberg gespielt würden. Ebenfalls zum ersten Mal marschierte am 24. Februar 1952 der Fastnachtsumzug durch Ludwigshafen. Alle Schätzungen über die Zuschauermenge bewegten sich weit über der Hunderttausender-Grenze. Hin und wieder gab es sogar „Ansätze von Schunkelei" – auch wurde generell die Stimmung in Ludwigshafen als besser eingeschätzt als beim Vorjahresauftakt in Mannheim. Glaubt man der täglichen Berichterstattung der Lokalredaktion der ›Rheinpfalz‹, so hatte sich Ludwigshafen mittlerweile zu einer Karnevalshochburg entwickelt. Die närrische Beschwingtheit in der Chemiestadt wurde offensichtlich nur durch einen starken Erdstoß am Abend des 24. Februar 1952 unterbrochen, der viele Menschen vor der BASF zusammenströmen ließ, da man zunächst ein neues Explosionsunglück befürchtet hatte. Jedenfalls findet sich eine Beschäftigung mit der Tagespolitik – insbesondere mit der Frage der Remilitarisierung – nur im Sitzungsprotokoll des Stadtrates vom 25. Februar 1952. Der Schwerpunkt der Debatte lag jedoch auf dem

Anmerkungen
Seite 534 und 535

47 *vgl. Rhpf, Jg. 8, Nr. 1ff sowie Reichelt, S. 116ff und Abelshauser, S. 359ff*

48 *vgl. Rhpf, Jg. 8, Nr. 3ff sowie SRP 25.2.1952*

Die Ludwigshafenerin Renate Hoy
Miss Germany 1952 [71]

Plakat des DGB zum 1. Mai 1952 mit dem Programm für Ludwigshafen [72]

Der DGB mobilisiert in Ludwigshafen gegen das Betriebsverfassungsgesetz [73]

Nachtragshaushaltsplan 1951, der von der Fraktion der SPD – diese erstmals um das ehemalige KPD-Mitglied Paul Liebel erweitert – sowie der Fraktionen von CDU und FDP gegen die Stimmen der KPD-Fraktion verabschiedet wurde. Tatsächlich konnte die Ludwigshafener Bevölkerung auch mit der Gesamtentwicklung zufrieden sein. So lag die Arbeitslosigkeit unter den 132 555 Einwohnern am 29. Februar 1952 bei 6,6% – bundesweit aber bei 11,5%.[48]

Der größte Arbeitgeber in der Stadt – die BASF – lud sieben Jahre nach der Kriegszerstörung am 6. März 1952 zur Wiedereröffnung des Großen Saales in seinem Feierabendhaus ein, um schon zwei Tage später an gleicher Stelle erstmals nach 1945 wieder eine Jubilarfeier für die Werksangehörigen zu veranstalten. Während diese Premiere erfolgreich verlief, war die Eröffnung des Ankerhofs am 1. April 1952 ein ziemlicher Reinfall. Schmucke Fensterfronten präsentierten sich neben noch in Rohbau befindlichen Geschäften. Die Straßenfront zum Jubiläumsplatz glich gar einem „Moraststreifen." Bedenklich mußte die Stadtführung auch die Entwicklung in Oppau stimmen – dort hatte am 11. April 1952 eine Bürgerversammlung mit rund 800 Teilnehmern sich trotz ablehnender Redebeiträge von Oberbürgermeister Bauer, Stadtkämmerer Stabel und Oberbaudirektor Lochner für eine Ausgliederung ausgesprochen und einen ›Ausschuß für die Wiederherstellung der kommunalen Selbständigkeit von Oppau‹ ins Leben gerufen. Zufrieden konnte dagegen die Führung des DGB in Ludwigshafen sein, nachdem sich erneut „ungezählte Tausende" an der Maifeier im Ebertpark beteiligten. Zentrale Forderungen der Gewerkschaften waren diesmal die 40-Stunden-Woche, Mitbestimmung sowie Frieden und Freiheit für Ost und West. Ausgesprochen schlecht besucht war eine ›Treuekundgebung des Heimkehrerverbandes‹ für die verbliebenen deutschen Kriegsgefangenen am 11. Mai 1952 – außer offiziellen Vertretern hatte sich niemand in der großen Aula der Mädchenoberschule eingefunden. Stürmisch empfangen wurde dagegen in ihrer Heimatstadt Renate Hoy –

Bürgermeister Trupp
trägt sich in die Liste des Verbandes
der Heimkehrer ein [74]

Schlußapplaus nach der Aufführung der Oper ›Don Carlos‹ anläßlich der Wiedereröffnung des Festsaals im Pfalzbau 1952 [75]

zuvor zur Miss Germany 1952 gekürt. Einstimmig schloß sich der Stadtrat am 15. Mai 1952 der Auffassung von Oberbürgermeister Bauer an, daß angesichts der städtefeindlichen Haltung des Landtages „eine Rettung nur dann möglich ist, wenn die Pfalz den Anschluß an ein anderes, lebensfähiges Land der Bundesrepublik gefunden hat."[49]

Zehntausende Arbeitnehmer legten am 21. Mai 1952 in Ludwigshafen die Arbeit nieder, um anschließend bei einer Kundgebung des DGB auf dem Goerdelerplatz gegen das geplante Betriebsverfassungsgesetz zu protestieren. Sogar fast 90 000 Zuschauer kamen genau einen Monat später ins Südwest-Stadion, um dem Endspiel um die deutsche Fußballmeisterschaft zwischen dem VfB Stuttgart und dem 1. FC Saarbrücken beizuwohnen. Eigens hierfür hatte sich Ludwigshafen ein Schmuckkleid angelegt: Fahnen, Girlanden und Lichterketten schmückten – entsprechend einem Aufruf von Oberbürgermeister Bauer – die Anfahrtswege zum Südwest-Stadion, überall hatten sich Obst- und Würstchenstände oder Glücksbuden aufgetan, in den Gaststätten spielten Musiker und Stimmungskanonen auf und für den Geldwechsel der rund 25 000 Zuschauer aus dem Saarland hatten Banken und Wechselstuben zusätzlich auch am Samstag geöffnet. So wie sich Ludwigshafen also diesen Großereignissen gewachsen zeigte, so zufrieden zeigte sich am 22. Juli 1952 auch Oberbürgermeister Bauer bei der Einbringung des Haushaltes für 1952: Da dies der letzte Haushalt war, den der 1948 gewählte Stadtrat zu verabschieden hatte, betonte er rückblickend, daß „viel mehr in dieser so verhältnismäßig kurzen Zeit geleistet werden konnte, als damals 1948 selbst der kühnste Optimist zu hoffen gewagt hätte." Dieser Auffassung schlossen sich auch die Fraktionen von SPD, CDU und FDP an, indem sie dem Haushalt 1952 zustimmten, während die KPD erneut gegen den Haushalt votierte. MdB Friedrich Wilhelm Wagner – für den verstorbenen SPD-Fraktionsvorsitzenden Wilhelm Heßler – sowie Georg Süß – als Nachfolger des von seiner Partei zum Mandatsverzicht aufgeforderten Willy Feller – begründeten dabei jeweils erstmals das Abstimmungsverhalten von SPD und KPD, während die CDU mit MdL Ludwig Reichling und die FDP mit Ludwig Bertram bei ihren Rednern weiter auf Kontinuität setzten. Auf Kontinuität hatte

Anmerkungen
Seite 536 und 537

49 *vgl. Rhpf, Jg. 8, Nr. 56ff sowie SRP 15.5.1952*

50 *vgl. SPD-Stadtratsfraktion, S. 69*

51 *vgl. StALu, N 32, Nachlaß Georg Süß sowie Becker, ÖTV, S. 190*

52 *vgl. Rhpf, Jg. 8, Nr. 115ff sowie SRP 22.7.1952*

53 *vgl. Rhpf, Jg. 8, Nr. 173ff sowie SRP 28.7.1952*

* *Oberbürgermeister Werner Ludwig (rechts) überreichte Georg Süß (links) 1975 die Verdienstmedaille der Bundesrepublik Deutschland*

SPD-Fraktionsvorsitzender: ***Wilhelm Heßler***

Wilhelm Heßler[50] wurde am 22. Februar 1888 in Ansbach geboren. Bäcker. 1912 im Betrieb der Ludwigshafener Konsumverwaltung eingestellt. Im gleichen Jahr schloß er sich der SPD und der Konsumgenossenschaft an. 1920 in die Gewerkschaftsleitung berufen.

1933 seiner Stellung enthoben, danach mühsames Leben als Versicherungsvertreter. 1941 zum Ludwigshafener Finanzamt dienstverpflichtet, wo er auch nach 1945 verblieb. Beteiligt am Wiederaufbau der Ludwigshafener SPD und der Gewerkschaften. 1946 bis 1952 für die SPD Mitglied des Ludwigshafener Stadtrates, von März 1950 bis zu seinem Tod 1952 Fraktionsvorsitzender. Seit 1951 Präsident der Freireligiösen Landesgemeinde Pfalz.

Wilhelm Heßler starb am 17. Juni 1952 in Ludwigshafen.

Wilhelm Heßler [76]

Zwischen Stadtrat und Heimatmuseum: ***Georg Süß***

Georg Süß[51] wurde am 8. Mai 1903 in Oppau geboren. Elektriker. 1919 Mitglied des Deutschen Metallarbeiterverbandes und der Freien Sozialistischen Jugend, 1920 Mitglied der KPD, 1923 Mitglied des kommunistischen Industrieverbandes, 1926 Vorsitzender des Staats- und Gemeindearbeiterverbandes in Oppau, 1928 Kandidat der Bezirksleitung Pfalz der KPD, 1933 fünf Wochen Gefängnis und Entlassung aus dem öffentlichen Dienst bei den Gaswerken der Stadt Oppau. Danach bis 1938 arbeitslos; anschließend bis zum Eintritt in den Ruhestand 1968 bei den Stadtwerken in Ludwigshafen beschäftigt. 1945 Mitbegründer der Ludwigshafener KPD und Ortsgruppenleiter in Ludwigshafen-Oppau, Mitarbeiter der pfälzischen Bezirksleitung der KPD, 1945 bis 1946 für die KPD Mitglied des Ludwigshafener Bürgerrates, 1946 bis 1952 für die KPD Mitglied des Ludwigshafener Stadtrates, 1952 Fraktionsvorsitzender. 1947 Mitglied der Landesleitung der KPD in Rheinland-Pfalz. Ab 1945 im Personalrat der Stadtverwaltung Ludwigshafen und 1946/47 sowie 1949 stellvertretender Vorsitzender der Ortsverwaltung Ludwigshafen des Verbandes Öffentliche Betriebe und Verwaltungen.

Seit 1924 engagierte sich Georg Süß als Betreuer des Heimatmuseums Oppau; am 12. Dezember 1975 wurde er für seine Verdienste als Museumsverwalter des K.-O.-Braun-Museums e. V. Ludwigshafen-Oppau mit der Verdienstmedaille des Verdienstordens der Bundesrepublik Deutschland ausgezeichnet. Von 1977 bis 1992 war Süß der Vorsitzende des ›Vereins zur Förderung des K.-O.-Braun-Museums‹, anschließend bis zu seinem Tod Ehrenvorsitzender. Zu seinem 95. Geburtstag wurde Süß in Würdigung seiner Verdienste die Bürgerschaftsmedaille der Stadt Ludwigshafen verliehen.

Georg Süß starb am 2. November 1999 in Ludwigshafen.

Georg Süß [77]*

zuvor allerdings schon der gesamte Stadtrat gesetzt, als er einstimmig den bisherigen ehrenamtlichen Beigeordneten Peter Trupp (SPD) nun für zehn Jahre zum hauptamtlichen Beigeordneten wählte – die Legalisierung eines schon jahrelang bestehenden Zustandes, wie der Oberbürgermeister zufrieden feststellte.[52]

Bereits am 28. Juli 1952 trat der Stadtrat erneut zusammen. Dabei konnte er den ersten Stellenplan der Stadtverwaltung seit 1941 verabschieden. Weiterhin wurden Mittel zur Fortsetzung des Wiederaufbaus mehrerer Ludwigshafener Schulen zur Verfügung gestellt. Ein weiteres vordringliches Projekt war die Beseitigung von Kriegsschäden im Straßennetz gewesen – nach Angaben des Straßenbauamtes waren im August 1952 75% der Ludwigshafener Straßen instandgesetzt. Mit der Wiedereröffnung des Festsaales im Pfalzbau am 20. September 1952 konnte die Stadtverwaltung dann erstmals in der Nachkriegszeit zur „Vollendung eines Werkes einladen, das nicht nur zur Befriedigung eines lebensnotwendigen Bedürfnisses dient."[53]

Einen tatsächlichen Neubau beschloß der Stadtrat einstimmig am 3. Oktober 1952 mit der Errichtung einer Festhalle im Ebertpark. Weiterhin wurden – gegen die Stimmen der KPD-Fraktion, die nach dem Parteiaustritt des Ratsmitglieds Dell nur noch drei Sitze innehatte – die Stromtarife erhöht. Während MdB Friedrich Wilhelm Wagner das

Bemerkenswerte Forderungen der Liberalen zur Kommunalwahl 1952 [78]

Abstimmungsergebnis mit der Bemerkung kommentierte, daß „es zwecklos wäre, mit den Kommunisten sachlich in dieser oder ähnlichen Fragen zu diskutieren, da sie es ja doch nicht wünschten", verwies Oberbürgermeister Bauer darauf, daß „man mit dieser unpopulären Preiserhöhung auch bis nach den Wahlen" hätte warten können, „aber sachliche Gründe sprachen für die Behandlung in der heutigen Sitzung." Auch der Kreistag Frankenthal ließ es sich nicht nehmen, sich noch vor der Kommunalwahl 1952 positiv mit einem Unterstützungsschreiben des Ausschusses für die Wiederherstellung der kommunalen Selbständigkeit von Oppau zu befassen. Die Landkreisverwaltung wurde beauftragt, unverzüglich die Vorarbeiten zu leisten, damit sich der kommende Kreistag „gleich zu Beginn seiner Sitzungsperiode mit dieser wichtigen Frage" befassen könne. Sicher auch auf die bevorstehenden Kommunalwahlen zurückzuführen war, daß – im Gegensatz zum 11. Mai 1952 – am 26. Oktober 1952 sich nun „eine große Anzahl Ludwigshafener Männer und Frauen" zur „Treue-Kundgebung" des Verbandes der Heimkehrer im neuen Pfalzbausaal einfanden. Dabei forderte als Festredner MdB Wagner die Freilassung aller verbliebenen deutschen Kriegsgefangenen bzw. deren Überstellung an die deutsche Justiz.[54]

Seine Legislaturperiode schloß der „Stadtrat des Wiederaufbaus" am 7. November 1952 ab: Alle Beschlüsse wurden noch einmal einstimmig gefaßt, was Oberbürgermeister Bauer in seiner Schlußansprache zu der Feststellung veranlaßte, daß „in unserem Gremium nur sachliche, dem Wohle unserer Bürger dienende Entscheidungen getroffen wurden" und „wir auf das in diesen vier Jahren Geschaffene mit Genugtuung, wenn nicht mit Stolz zurückblicken können." Ein versöhnlicher Ausklang, unmittelbar vor der Stadtratswahl am 9. November 1952. Zu ihr waren 91 421 Wahlberechtigte aufgerufen, also rund 15 000 mehr als 1948. Da 61 609 Wähler an den Urnen erschienen, lag die Wahlbeteiligung mit 67,39% sogar etwas über dem Ergebnis von 1948. Immerhin 2 651 (4,3%) Wähler gaben jedoch vorsätzlich oder versehentlich eine ungültige Stimme ab. Von den 58 958 gültigen Stimmen entfielen 28 856 (48,95%) auf die SPD, was gegenüber 1948 einen weiteren Zugewinn von 1,7% bedeutete, gleichzeitig aber auch den Verlust der seit dem Parteiübertritt von Herbert Müller im September 1949 bestehenden absoluten Mehrheit der SPD im Ludwigshafener Stadtrat, da sie nur 25 der nun 51 Sitze errungen hatte. Leichte Gewinne konnte auch die CDU mit 16 653 Stimmen (28,25%) verzeichnen und nun 14 Sitze beanspruchen, drei mehr als sie seit dem Parteiwechsel von Heny Roos 1950 innegehabt hatte. Eigentlicher Gewinner der Stadtratswahl war jedoch die FDP, die sich mit 7 919 Stimmen von 7,2% auf 13,44% steigern konnte und nun statt drei gleich sieben Mandate innehatte. Sicher hatte die FDP am meisten davon profitiert, daß in Ludwigshafen keine Freie Wählergruppe angetreten und ein Wahlvorschlag der Heimatvertriebenen aufgrund formaler Fehler zurückgewiesen worden war. Eigentlicher Verlierer der Kommunalwahl waren die Kommunisten, die mit ihren 5 625 Wählern (9,54%) erstmals in der Nachkriegszeit weniger als 10% der Stimmen in ihrer rheinland-pfälzischen Hochburg zu verzeichnen hatten. Allerdings hatte die KPD jetzt im Stadtrat wieder fünf Mandate inne, nachdem ihre Fraktion zuvor ja zwischen 1948 und 1952 von ursprünglich acht auf zuletzt drei Mandate zusammengeschmolzen war.[55]

Anmerkungen
Seite 538 und 539

54 *vgl. Rhpf. Jg. 8, Nr. 231ff sowie SRP 3.10.1952*

55 *vgl. Rhpf. Jg. 8, Nr. 260ff sowie SRP 7.11.1952*

56 *vgl. Rhpf. Jg. 8, Nr. 260ff sowie SRP 28.11.1952*

57 *vgl. Rhpf. Jg. 8, Nr. 277ff sowie Protokoll der öffentlichen und nicht öffentlichen Sitzung des Stadtrates Ludwigshafen vom 30.12.1952*

Mit der Neuwahl des Stadtrats sollte eigentlich die Phase des Wiederaufbaus in Ludwigshafen abgeschlossen sein. Noch zuvor hatte sich im November 1952 in Oppau sogar der erste Spielmannszug der Nachkriegszeit etabliert. Das Südwest-Stadion wurde im gleichen Monat von den Angehörigen des ›Pfalzausschusses‹ des bayerischen Landtages, die sich zur Unterstreichung der bayerischen Ansprüche auf einer Pfalzreise befanden, als ideale Sportstätte gelobt, wie sie selbst in der bayerischen Hauptstadt fehle – leicht erstaunt zeigte sich jedoch die Delegation darüber, daß in Ludwigshafen „noch so mancher Trümmerhaufen zu sehen ist." Obwohl noch einen Tag vor der Konstituierung des neuen Stadtrates am 27. November 1952 im Pfalzbau das Filmtheater und das Passage-Café eröffnet werden konnten, wartete also auf die neuen und alten Repräsentanten der Ludwigshafener Bürgerschaft eine Fülle von Arbeit. Dies betonte zumindest Oberbürgermeister Bauer bei der Einführung und Verpflichtung der 51 Stadtratsmitglieder der Wahlperiode 1952 bis 1956 am 28. November 1952. Aber er gab seiner Hoffnung Ausdruck, daß „die schwersten Jahre hinter uns liegen." Die Ausführungen des Oberbürgermeisters blieben ohne Widerspruch – hingegen gab es Kritik an der Stadtführung bei der Besetzung der Ausschüsse aus den Reihen der CDU, da die SPD bei der Kommunalwahl nur 48,95% der Stimmen erhalten, aber in den Ausschüssen genau jeweils die Hälfte der Sitze innehatte. Letztlich folgten die Mitglieder des neuen Stadtrates aber dem Vorschlag der Verwaltung.[56]

Einen Tag später eröffnete der Ludwigshafener Einzelhandel die Weihnachtssaison mit einer breiten Anzeigenkampagne in der ›Rheinpfalz‹ unter dem Motto ›Weihnachtseinkauf in Ludwigshafen‹. Rechtzeitig zum Christfest konnte die protestantische Kirchengemeinde Rheingönheim zum 31. November 1952 den Wiederaufbau ihres Gotteshauses begehen. Nicht zurückstehen wollte auch die Freireligiöse Gemeinde Ludwigshafen, die am 14. Dezember 1952 mit dem Johannes-Ronge-Haus eine neue Heimstätte bezog. Höhepunkt der Vorweihnachtszeit in Ludwigshafen war jedoch das Fußball-Länderspiel gegen Jugoslawien, das Deutschland am 21. Dezember 1952 vor 75 000 Zuschauern im Südwest-Stadion mit 3:2 gewann. Nicht ganz so erfolgreich war aber die abschließende Weihnachtsbilanz des Ludwigshafener Einzelhandels, wo insbesondere die Textilbranche hinter den Erwartungen zurückgeblieben war. Einen Tag vor Jahresende trat schließlich am 30. Dezember 1952 auch noch einmal der Ludwigshafener Stadtrat zusammen, da der Oberbürgermeister „noch einige alte Arbeiten geklärt und erledigt wissen" wollte. So wurde u. a. die Stelle des Stadtarchivars neu besetzt. Nachfolger für den am 10. Mai 1952 verstorbenen Emil Nesseler wurde der Sudetendeutsche Dr. Kurt Oberdorffer. Bürgermeister Reichert als Kulturdezernent der Stadt betonte bei dieser Personalentscheidung, daß „er größten Wert auf einen Mann mit akademischer Ausbildung legen müsse. Die Stadt Mannheim beschäftige in ihrem Kultursektor 7 oder 8 akademisch vorgebildete Kräfte. Entsprechend sei unvertretbar, das Ludwigshafener Kulturleben weiterhin ohne akademische Kräfte zu betreuen." Schließlich konnte auch Oberbürgermeister Bauer zum Jahresende 1952 in seinem Ausblick auf das Jubiläumsjahr 1953 feststellen: „Wir dürfen aber, wenn wir mit Zuversicht an die neuen Aufgaben herangehen, auch für das Jubiläumsjahr mit weiteren Verbesserungen auf den verschiedenen Gebieten rechnen."[57]

Auch 1952 war die Remilitarisierung das zentrale Thema der KPD [79]

Auf landespolitische Prominenz setzte die CDU mit Kultusminister Fink [80]

Im Hotel Viktoria, 1953 [81]

Unterricht in der wiederaufgebauten Oggersheimer Schloßschule, 1953 [82]

Das Jubiläumsjahr 1953

Eine erste Verbesserung präsentierte die Leitung des Eisenbahnausbesserungswerkes Ludwigshafen am 7. Januar 1953 mit der Einweihung einer neuen Wagenhalle. Gleichzeitig hatte das Werk mit 650 Mitarbeitern wieder den Vorkriegsstand erreicht. Dem wollte offensichtlich auch die Stadtverwaltung nicht nachstehen, denn in der ersten Januarwoche 1953 war in Mundenheim mit der Wiederinstandsetzung des seit 1944 unbenutzbaren Baues VII der Schillerschule mit seinen 18 Schulräumen begonnen worden. Zusätzlich kamen alle Ludwigshafener Schülerinnen und Schüler ab 1953 in den Genuß einer Schulzahnpflege – für ihre Durchführung durch einen Schulzahnarzt bewilligte der Stadtrat auf seiner Sitzung am 30. Januar 1953 10 700 DM für das Rechungsjahr 1953. Ebenso bewilligte der Stadtrat ein Darlehen für die Inneneinrichtung des bereits bestehenden Hotels ›Viktoria‹ in der Zollhofstraße. Zuvor hatte die Stadtverwaltung – wegen des Fremdenzimmermangels in Ludwigshafen – bereits dessen Erweiterungsbau finanziert, weshalb nun am 2. Februar 1953 Bürgermeister Ludwig Reichert den neuen Gebäudeteil auch unter dem Namen ›Stadthotel‹ eröffnen konnte. Eine weitere Verbesserung für Gäste der Stadt bedeutete die Eröffnung der neuen Gasträume im Ludwigshafener Hauptbahnhof am 10. Februar 1953. Neben einer ›Stehbierhalle‹ wurden nun auch getrennte Gasträume für Reisende der zweiten und dritten Klasse angeboten – letztere auch mit Tischen ohne Verzehrzwang.[58]

Am 27. Februar 1953 griff Oberbürgermeister Bauer seine Fehde mit dem Ausschuß für die Wiederherstellung der kommunalen Selbständigkeit von Oppau wieder auf, während er auf einer Pressekonferenz die an die Landesregierung gerichtete Stellungnahme der Stadtverwaltung zu den Oppauer Ausgemeindungswünschen vorstellte. Bauer sprach dem Ausschuß jede Legitimation ab, verwies auf das gute Ergebnis der SPD im Stadtteil Oppau bei der letzten Kommunalwahl und gab eine entsprechend ungünstige Prognose für den Wunsch auf Ausgemeindung ab. Der ›Ausschuß für die Wiederherstellung der kommunalen Selbständigkeit von Oppau‹ konterte am 2. März 1953: Mehr als 70% der Wahlberechtigten in Oppau hätten inzwischen ihre Unterschrift für die Ausgemeindung Oppaus geleistet, darunter ein Großteil Sozialdemokraten. Die Replik von Valentin Bauer war am 5. März in der ›Rheinpfalz‹ zu lesen: Die Behauptung des Ausschusses, daß die Direktion der BASF keinen Nachteil für ihr Unternehmen in einer Trennung von Ludwigshafen und Oppau sehe, sei frei erfunden. Auch ließ er es sich nicht nehmen, am 8. März 1953 auf der Gedenkveranstaltung der Oppauer SPD zur Erinnerung an den am 10. März 1933 von einem Nationalsozialisten erschossenen Oppauer Sozialdemokraten Georg Hüter zu sprechen. Dabei kündigte Bauer die Umbenennung des Rathausplatzes in Georg-Hüter-Platz an.[59]

Einen Tag später – am 9. März 1953 – hätte Ludwigshafen eigentlich sein 100jähriges Gemeindejubiläum mit der Wahl des ersten Gemeinderates 100 Jahre zuvor begehen können. Allerdings hatte die Stadtverwaltung beschlossen, erst die 100jährige Wiederkehr der Aufnahme der Tätigkeit der Gemeindeverwaltung am 15. April 1853 zu feiern. Schließlich galt es bis zum Auftakt der Feierlichkeiten noch einige Probleme zu lösen. So mußte Oberbürgermeister Bauer erst einmal am 13. März 1953 den geplanten Bau einer Festhalle im Ebertpark

Anmerkungen
Seite 540 und 541

58 *vgl. Rhpf, Jg. 9, Nr. 5ff sowie SRP 30. 1. 1953*
59 *vgl. Rhpf, Jg. 9, Nr. 50ff*
60 *vgl. Rhpf, Jg. 9, Nr. 57ff sowie Protokoll der öffentlichen und nicht öffentlichen Sitzung des Stadtrates Ludwigshafen vom 17. 3. 1953*
61 *vgl. Rhpf, Jg. 9, Nr. 75ff sowie Reichelt, S. 116ff*
62 *Stadtverwaltung Lhfn, 100 Jahre*
63 *Marx*
64 *Industrie- und Handelskammer sowie StAnz., Jg. 6, Nr. 15*
65 *Bürgermeisteramt 1903. Allerdings war der 1928 anläßlich des 75jährigen Stadtjubiläums von Springer verfaßte Fortsetzungsband erst gar nicht veröffentlicht worden, so daß die wenigen Publikationen zum 100jährigen Gemeindejubiläum durchaus einen Fortschritt in der Stadtgeschichtsschreibung darstellten.*

stoppen, da sich die projektierten Kosten inzwischen verdoppelt hatten. Ursprünglich hätte die Festhalle bereits zum 1. August 1953 Veranstaltungen anläßlich des Gemeindejubiläums aufnehmen sollen. Ebenfalls etwas verzögert hatte sich die Aufnahme der Automobilproduktion in der ›Rheinischen Automobilfabrik‹ in der Industriestraße. Rechtzeitig zur Frankfurter Auto-Messe lief dann aber am 16. März 1953 das erste Automobil – ein Zweisitzer mit dem Namen ›Champion‹ – vom Band. Daß dieses Modell allerdings der Auftakt für eine große Zukunft der Ludwigshafener Autoindustrie darstellte, wurde selbst vom Stadtrat in seiner Sitzung am 17. März 1953 bezweifelt – entsprechend kritisch stand man auch einem Kreditwunsch des Firmeninhabers gegenüber. Erfreulicher stellte sich dagegen die Finanzlage der Stadt dar – der Nachtragshaushalt 1952 wurde ohne Fehlbetrag verabschiedet.[60]

Noch rechtzeitig vor der Jubiläumsfeier der Stadt konnte die Neugründung der BASF durch die Hauptversammlung am 28. März 1953 abgeschlossen werden. Gleichzeitig erfolgte die Entlassung aus allen alliierten Kontrollen der Nachkriegszeit. Der Aufsichtsrat wurde nach dem Betriebsverfassungsgesetz durch sechs von der Belegschaft benannte Vertreter ergänzt. Das Unternehmen selbst wurde gegen die Ausgabe neuer BASF-Aktien im Wert von 340 000 000 DM in die formal seit 30. Januar 1952 bestehende Badische Anilin- und Soda-Fabrik AG eingebracht. Die Aktien wanderten zunächst in den Liquidationstopf der I. G. Farbenindustrie AG, um später im Zuge des vorgesehenen Aktienumtausches im Verhältnis 100 : 25 an die alten I. G.-Farben-Aktionäre ausgehändigt zu werden. Ebenfalls noch rechtzeitig vor den eigentlichen Feierlichkeiten konnte die Stadtverwaltung am 14. April 1953 gleich an drei Vororte wiederaufgebaute bzw. neue Schulhäuser als „Jubiläumsgabe" übergeben: die Schloßschule in Oggersheim, die Mozartschule in Oppau und als Neubau die Niederfeldschule in der Gartenstadt.[61]

Am 15. April 1953 war es dann endlich soweit. Ludwigshafen beging sein hundertjähriges Gemeindejubiläum. Die zu diesem Anlaß erschienen Festschriften,[62] Publikationen[63] und Sonderausgaben[64] hatten jedoch im Vergleich zur 1903 zum fünfzigjährigen Gemeindejubiläum erschienenen Stadtgeschichte[65] einen eher bescheidenen Umfang. Zusätzlich warteten am 15. April 1953 mit Beilagen zum Thema ›100 Jahre Ludwigshafen‹ auch die Ludwigshafener Tageszeitungen ›Die Rheinpfalz‹ und ›General-Anzeiger‹ auf. Um Anzeigen anläßlich des Jubiläums hatten sich verschiedene Zeitungsverlage schon am 4. März 1953 bei der Stadtverwaltung bemüht. Daraufhin gestattete Oberbürgermeister Bauer am 9. März 1953 eine Anzeigenvergabe an den ›Mannheimer Morgen‹, ›Die Rheinpfalz‹, ›General-Anzeiger‹ und an das SPD-Organ ›Die Freiheit‹. Nach dem Erscheinen der Anzeigen bemühte sich am 17. April 1953 auch der ehemalige kommunistische Stadtrat Feller um eine Anzeige für das KPD-Organ ›Unser Tag‹: „Herr Oberbürgermeister wäre unterrichtet und es gehe in Ordnung." Tatsächlich erschien dann auch in ›Unser Tag‹ am 18. April 1953 eine Anzeige der Stadtverwaltung, worauf am 30. Juni 1953 die Bezirksregierung der Pfalz dem von diesem Sachverhalt überraschten Oberbürgermeister mitteilte, „daß die Unterstützung von KPD-Zeitungen durch Inseratauftrage aus kommunalen Mitteln bedenklich erscheint und in Zukunft vermieden werden sollte." Eine interne Überprüfung ergab sehr schnell, daß Willy Feller geschickt mit dem Verweis auf die angebliche Zusage

Emil Nesseler: Stadtarchivar (18. Oktober 1892—10. Mai 1952) [83]

Dr. Kurt Oberdorffer: Stadtarchivar (28. April 1900—16. November 1980) [84]

Die Premiere des ersten ›Champion‹ am 16. März 1953; Oberbürgermeister Bauer zeigt sich angetan [85]

Schiffsparade zum Jubiläum
Blick rheinabwärts [86]

Anmerkungen
Seite 542 und 543

66 *vgl. StALu, LUN, Nr. 2776*
67 *vgl. SRP 15.4.1953*
68 *vgl. Rhpf, Jg. 9, Nr. 87ff*

Schiffsparade zum Jubiläum, Blick rheinaufwärts [87]

von Oberbürgermeister Bauer die Zustimmung zur Anzeige erschlichen hatte, womit das 100jährige Gemeindejubiläum auch eine Posse aus dem ›Kalten Krieg‹ verzeichnen konnte.[66]

Der Auftakt der Feierlichkeiten war die festliche Stadtratssitzung am Nachmittag des 15. April 1953. Die Festrede hielt Oberbürgermeister Bauer selbst, in der er eine umfassende Darstellung der Geschichte der Industriestadt in den vorangegangenen hundert Jahren gab. Anschließend schlossen sich die vier Fraktionsvorsitzenden in ihren Ansprachen diesem Rückblick an. Im Fortgang der ganz auf das Gemeindejubiläum zugeschnittenen Tagesordnung gab der Oberbürgermeister zunächst bekannt, daß die BASF der Stadt als Jubiläumsgabe eine Million DM übergeben werde, die als Grundstock zur Schaffung eines Hallenbades im Stadtteil Nord gedacht sei. Trotz weiterer Jubiläumsspenden aus der Wirtschaft müsse die Restfinanzierung der Gesamtbaukosten von rund 3,5 Millionen DM jedoch von der Stadt getragen werden. Entsprechend bat der Oberbürgermeister den Stadtrat die Überreichung der beabsichtigten städtischen Jubiläumsgabe von 25 DM pro Person auf den Personenkreis der über 80 Jahre alten Einwohner der Stadt zu beschränken. Zum Abschluß der Sitzung wurde beschlossen,

Feuerwerk auf dem Rhein [88]

Zuschauer beim Festumzug [89]

Der Danziger Platz im Blütenschmuck anläßlich des 100jährigen Stadtjubiläums [90]

zur Erinnerung an den ersten Bürgermeister der Stadt die Straße ›Oberes Rheinufer‹ nach ihrer Wiederherstellung in ›Lichtenbergerallee‹ umzubenennen. Die ›Hoffmannstraße‹ erhielt den verdeutlichenden Zusatz ›Bürgermeister-Hoffmann-Straße‹, womit mit Josef und Wendel Hoffmann gleich zwei frühere Bürgermeister der Stadt geehrt wurden.[67]

Den eigentlichen Festakt hatte die Stadt auf den 18. April 1953, einen Samstag, verschoben, um allen Einwohnern eine Teilnahme zu ermöglichen. Auftakt war hier um 10 Uhr im Pfalzbau der Festvortrag von Dr. Ludwig Böhm: ›Von der Rheinschanze zur Großstadt‹. Anschließend gratulierten der Stadt u. a. der rheinland-pfälzische Ministerpräsident Altmeier, welcher als Morgengabe des Landes einen Scheck über 200 000 DM für das geplante Kulturhaus überreichte sowie der bayerische Ministerpräsident Dr. Ehard. Er versprach der Stadt als Gabe einige tausend Jungbäume zur Verschönerung ihrer Anlagen. Als Repräsentant der Pfalz überreichte der Bezirkstagsvorsitzende Bögler ebenfalls einen Scheck über 100 000 DM für das geplante Hallenbad. Um 15^{30} Uhr traf sich die Prominenz dann wieder zu einem Schiffskorso auf dem Rhein. Es folgten noch mehreren Orts musikalische Darbietungen und zum Abschluß des Tages ein großes Feuerwerk auf dem Strom.[68]

Plakat des DGB mit dem Programm der Maifeier, 1953 [91]

1. Mai 1953: Einmarsch der Demonstranten in den Ebertpark [92]

Weitaus billiger gestaltete sich das Jubiläumsgeschenk der Stadtsparkasse. Zwar hatte sie allen werdenden Ludwigshafener Eltern ein Sparbuch mit einer Einlage von 25 DM versprochen, falls das Kind am 15. April 1953 geboren werden sollte – letztlich erblickten am Jubiläumstag jedoch nur zwei Neugeborene in Ludwigshafen das Licht der Welt. Etwas teurer war dann schon die ›Jubiläumsgabe der Arbeiterschaft‹ an die Arbeiterstadt Ludwigshafen – obwohl der Ludwigshafener DGB-Kreisvorsitzende Kaeseberg die Grundsteinlegung zum Wiederaufbau des kriegszerstörten Gewerkschaftshauses in der Chemiestadt selbst als nur „bescheidene Gabe der Arbeiterschaft zum Stadtjubiläum" bezeichnete. Jedoch fehlte selbst im anschließend veröffentlichten Aufruf des DGB-Kreisausschusses zur DGB-Kundgebung am 1. Mai 1953 in Ludwigshafen nicht der Hinweis auf das Gemeindejubiläum. Tatsächlich beteiligten sich dann auch wieder „viele Tausende Ludwigshafener Arbeitnehmer" an der traditionellen Veranstaltung im Ebertpark – bereits morgens um 6 Uhr waren Lautsprecherwagen durch die Stadt gefahren, um noch einmal für sie zu werben. Betonte man hier noch einmal Einigkeit, zeigte sich die Arbeiterschaft bei den vom 3. bis 5. Mai 1953 durchgeführten Betriebsratswahlen in der BASF jedoch gespalten: Während bei den Arbeitern 17 Mandate an die IG Chemie fielen, konnte die kommunistische Einheitsliste acht Mandate erringen; ein weiteres Mandat ging an eine antigewerkschaftliche Gruppe. Bei den Angestellten setzte sich die IG Chemie nur knapp mit vier Mandaten durch, drei fielen an die DAG und zwei an die Christliche Werksgemeinschaft.[69]

Einig war man sich dagegen in der Arbeiterstadt in der Treue zum 1. FC Kaiserslautern – 60 000 Zuschauer verfolgten am 3. Mai 1953 im Ludwigshafener Südwest-Stadion das Auftaktspiel der Pfälzer gegen Holstein Kiel um die deutsche Fußballmeisterschaft. Sogar vor ausverkauftem Haus – allerdings im großen Saal des Feierabendhauses der BASF – spielten dann erstmals nach Kriegsende am 11. Mai 1953 die Berliner Philharmoniker unter Wilhelm Furtwängler – das Ludwigshafener Publikum zeigte sich „begeistert, erschüttert, verwandelt". Dazu passend konnte auch das Städtische Kulturamt am 15. Mai 1953 auf eine

Anmerkungen
Seite 544 und 545

69 vgl. Rhpf, Jg. 9, Nr. 96ff
70 vgl. Rhpf, Jg. 9, Nr. 102ff

Der Pfälzer Katholikentag, im Südwest-Stadion, 14. Juni 1953 [93]

Plakat zum Pfälzer Katholikentag [94]

außerordentlich erfolgreiche Theatersaison verweisen: 7500 Mitglieder umfaßte die erst 1949 gegründete Ludwigshafener Theatergemeinde; während der vorangegangen acht Monate waren 59981 Theaterbesucher gezählt worden. „Immer mehr wird das Bestreben deutlich, auch durch die Kleidung zum Ausdruck zu bringen, daß der Theaterabend als Festabend betrachtet wird." Das solche Besucherzahlen dank eines neuen Mediums, des Fernsehens, bald der Vergangenheit angehören würden, konnte freilich im Mai 1953 noch niemand ahnen. Allerdings konnte man bereits im Schaufenster eines Rundfunkgeschäftes im Ankerhof „das neue Wunder" mittels eines Empfängers für das Hamburger Programm bestaunen und vier Ludwigshafener hatten „in letzter Zeit" auch schon ein Gerät erworben. War das Fernsehen also mit einem Jahr Verzögerung in Ludwigshafen angekommen, so konnte der Oppauer Gesangverein ›Liederkranz‹ am 30. Mai 1953 bereits sein 110jähriges Bestehen feiern: „Tausende von Gästen" gratulierten dem „vom Idealismus getragenen aktiven Sängerchor." Auch beim am 7. Juni 1953 gefeierten 70jährigen Vereinsjubiläum der ›Vereinigten Turnervereine 1883 Mundenheim‹ übertraf die Schar der Gratulanten für die „große Turnerfamilie" alle Erwartungen. Eine noch größere Familie waren dann allerdings die Pfälzer Katholiken, die sich am 14. Juni 1953 im Südwest-Stadion trafen. Vor rund 40000 Hörern sprachen dort Kardinal Erzbischof Dr. Wendel und MdB Franz Josef Strauß. Nicht ganz so viele Zuhörer, aber immerhin einen vollständig besetzten Saalbau als Auditorium hatte zuvor am 5. Juni 1953 MdB Herbert Wehner bei einer Mitgliederversammlung der SPD in Ludwigshafen vorgefunden.[70]

Am 16. Juni 1953 trat der Stadtrat wieder zusammen. Eingangs beschwerte sich die FDP-Fraktion über die kurzfristige Einladung zur Sitzung. Dabei mußte sich der Oberbürgermeister gegen den Vorwurf wehren, daß „die Einladungen nur deshalb so spät herausgingen, damit die Stadtverwaltung machen könne, was sie wolle." Ebenso trat er dem Vorwurf entgegen, einige Fraktionen – gemeint war allerdings nur die SPD – erhielten Sonderinformationen. Trotz dieses Auftakts verlief die Sitzung aber relativ harmonisch. Zu einer Kontroverse kam es nur beim

Plakat für den Auftritt der Berliner Philharmoniker am 9. Mai 1953 [95]

Wilhelm Furtwängler und die Berliner Philharmoniker bei ihrem Auftritt im BASF-Feierabendhaus 9. Mai 1953 [96]

Triumphfahrt des 1. FC Kaiserslautern durch Ludwigshafen nach der zweiten deutschen Fußballmeisterschaft; mit Mannschaftskapitän Fritz Walter 23. Juni 1953 [97]

Tagesordnungspunkt ›Neubau der Friedhofshalle‹, die auf Antrag des SPD-Fraktionsvorsitzenden Wagner um ein Krematorium ergänzt werden sollte. Dies wurde gegen die Stimmen von CDU und FDP mit der Mehrheit von SPD und KPD beschlossen – eine äußerst seltene Zäsur zwischen den beiden bürgerlichen und den Arbeiterparteien im Ludwigshafener Stadtrat. Sie war aber nur von höchst kurzer Dauer, da die unterschiedliche Interpretation der sich am nächsten Tag in Ostberlin und der DDR vollziehenden Geschehnisse (SPD, CDU, FDP: Arbeiteraufstand–KPD: Provokationen von Westberliner Faschisten) unvereinbar war. Aber auch andere Ereignisse beschäftigten zur gleichen Zeit die Ludwigshafener: So wurde es durchaus als Skandal empfunden, daß aufgrund von Mannheimer Erstaufführungsrechten die filmische Dokumentation der Krönung von Elisabeth II. in Ludwigshafen noch immer nicht zu sehen war. Die Stadtverwaltung wurde mit Verweis auf den damit verbundenen Vergnügungssteuerverlust zum Eingreifen aufgefordert. Begrüßt wurde dagegen in der Öffentlichkeit, daß die Stadtverwaltung nun dem Beispiel anderer Großstädte folgte und zur Sicherheit der Fußgänger an neuralgischen Punkten Zebrastreifen anbringen ließ. Rund 10 000 Menschen folgten am 22. Juni 1953 einem Aufruf von Stadtverwaltung, SPD, CDU, FDP und DGB zur Teilnahme an einer gemeinsamen Solidaritätskundgebung mit der Bevölkerung Ostberlins und der DDR. MdB Wagner betonte, daß sich am 17. Juni 1953 in Ostberlin ein politischer Aufstand gegen Terror und Unterdrückung vollzogen habe. Für die CDU forderte Dr. Mischon, daß sich die „roten Machthaber" in Ostberlin und ihre „Handlanger hier im Westen" schleunigst „nach dem Osten" absetzen sollten. Auch FDP-Stadtrat Bertram betonte, daß sich „aus der ursprünglichen Partei der Arbeiter gegen Unterdrückung eine Partei zur Unterdrückung derselben Arbeiter" entwickelt habe. Abschließend forderte für den DGB der Kreisausschußvorsitzende Kaeseberg, den Gefahrenherd der deutschen Spaltung zu beseitigen. Die emotionale Zerrissenheit der Ludwigshafener Nachkriegsgeneration wurde auch am nächsten Tag noch einmal deutlich: Während Tausende morgens dem 1. FC Kaiserslautern, der am 21. Juni 1953 in Berlin erneut Deutscher Fußballmeister geworden war, einen triumphalen Einzug in Ludwigshafen bereiteten, gedachten dieselben Menschen am Nachmittag mit fünf Minuten Arbeitsruhe der Opfer des Aufstandes in Ostberlin und der DDR – darunter allein 20 000 Mitarbeiter der BASF.[71]

Trotz dieser eindeutigen Ablehnung des Staatssozialismus blieb aber auch die soziale Marktwirtschaft nicht verschont von Kritik durch die Ludwigshafener Zeitgenossen. So waren die hohen Kartoffelpreise im Juni 1953 ein Ärgernis erster Güte. Auch der Schwarzmarkt für amerikanische Zigaretten florierte weiter – seit 1945 hatten sich die deutschen Raucher an deren Geschmacksrichtung gewöhnt, so daß die auf dem freien Markt erhältlichen deutschen Marken beim Verbraucher nur wenig Interesse fanden. Nicht alle Werte hatte sich jedoch gewandelt: So begingen am 28. Juni 1953 in Oppau Tausende von Gläubigen das Gustav-Adolf-Fest des Dekanats Ludwigshafen – dies nach 21jähriger Wartezeit! Und auch die Stadtverwaltung befaßte sich wieder intensiver mit der Bewahrung der eigenen Geschichte. 100 000 DM waren für die Forstsetzung des Wiederaufbaus der Räume des Heimatmuseums im ehemaligen Kloster in der Rottstraße zur Verfügung gestellt.

Anmerkungen Seite 546 und 547

71 *vgl. Rhpf, Jg. 9, Nr. 137ff sowie SRP 16.6.1953*

72 *vgl. Rhpf, Jg. 9, Nr. 144ff*

73 *vgl. Rhpf, Jg. 9, Nr. 151ff*

74 *vgl. Rhpf, Jg. 9, Nr. 158ff sowie StALu, LUN, Nr. 2776*

Auch die Bestände des Stadtarchivs, die zum Teil noch in 350 Kisten verpackt ruhten, sollten dort Platz finden. Das Auspacken ging auch deshalb nur langsam voran, weil die Archivbestände der Stadt während des Krieges in einem Kochendorfer Salzbergwerk ausgelagert gewesen waren und erhebliche Schäden durch das Salzwasser erlitten hatten. Blatt für Blatt mußten sie nun entsalzt werden.[72]

Abschluß der Feierlichkeiten anläßlich des 100jährigen Gemeindejubiläums war dann das Parkfest 1953, das zu einer Festwoche ausgestaltet wurde, „um keine Möglichkeit der Feierfreude auszulassen." Schließlich hatte sich die Volksstimmung bei dem offiziellen Festakt am 18. April 1953 nicht voll entfalten können. Dies wurde nun zwischen dem 4. und 12. Juli 1953 nachgeholt. Auftakt war ein großes Sportfest; anschließend veranstaltete der ADAC motorsportliche Vorführungen; auch das traditionelle Treffen der pfälzischen Trachtengruppen fehlte nicht; es folgten ein viertägiges Handballturnier sowie ein ›Tag der Jugend‹ mit weit über zehntausend Kindern als Teilnehmer; auch Box- und Ringkämpfe fanden großen Zuspruch, so daß die Veranstalter am Sonntagabend mit insgesamt 180 000 Besuchern beim Ludwigshafener Jubiläums-Parkfest eine stolze Bilanz ziehen konnten. Konsumiert hatten sie 45 000 Liter Bier und 30 000 Liter Wein – und entsprechend dem Pfälzer Motto ›Weck, Worscht und Woi‹ auch 56 000 Bratwürste und Cervelat – eine ›Wurststrecke‹ von immerhin 8,4 Kilometern. Damit hatte sich das Ludwigshafener Parkfest erneut als zweitgrößtes Volksfest der Pfalz ausgewiesen.[73]

Ebertpark 1953 [98]

Das ›Volksheim Eugen Herbst‹ der KPD, Ecke Kanal- und Seilerstraße [99]

Die Bundestagswahl 1953

Am 10. Juli 1953 legte Bundespräsident Professor Dr. Heuss den 6. September 1953 als Termin für die Neuwahl des Bundestags fest. Den Wahlkampf in Ludwigshafen eröffnete daraufhin Oberbürgermeister Bauer mit einem Schlag gegen die hiesige KPD. Ab sofort wurden der Partei keine städtischen Versammlungsräume mehr zur Verfügung gestellt sowie mit der Kündigung des Parteibüros und der Räumung ihrer auf städtischem Gelände befindlichen Versammlungsbaracke (›Volksheim Eugen Herbst‹) gedroht; bis auf weiteres durfte die Partei auf stadteigenen Plätzen keine Kundgebungen abhalten und das städtische Plakatinstitut brachte keine Plakate der Kommunisten mehr an. Begründet wurden diese Maßnahmen mit der Haltung der KPD zum Volksaufstand in der DDR am 17. Juni 1953.[74] Wie nicht anders zu erwarten, setzte sich diese Kontroverse dann bei der nachfolgenden Stadtratssitzung am 22. Juli 1953 fort. Einleitend gedachte Oberbürgermeister Bauer der Opfer des 17. Juni 1953, wobei die kommunistische Stadtratsfraktion demonstrativ sitzen blieb. Als der KPD-Fraktionsvorsitzende Harth dann in seiner Replik die Aufstandsteilnehmer als Brandstifter bezeichnete, ging seine Erklärung im Lärm unaufhörlicher Zwischenrufe und Klopfens auf den Tischen durch die Fraktionen von SPD, CDU und FDP unter. Entsprechend lehnte die demokratische Mehrheit im Stadtrat auch einen Dringlichkeitsantrag der KPD zur Revidierung der gegen sie gerichteten Maßnahmen des Oberbürgersmeisters ab und ging zur Tagesordnung über. Bei dieser herrschte dann nur ein Konsens zwischen allen Parteien zur Frage der Notwendigkeit der Instandsetzung der Ludwigshafener Schulen und bei der Durchführung des Generalbebauungsplans. In der Frage der Erhöhung der Straßenbahntarife und des

Auch 1953 hatte die CDU mit Landrat Dr. Graß keinen Ludwigshafener als Direktkandidaten nominiert [100]

Ludwigshafener Luftverhältnisse 1953 [101]

Schulgeldes für die Handelsschule ergab sich wieder der Grundkonflikt zwischen demokratischer Mehrheit und kommunistischer Opposition. Allerdings wurde das Thema der Überbelegung der stadteigenen Wohnungen in der Brucknerstraße in Oggersheim diesmal von der CDU aufgegriffen. Beigeordneter Trupp (SPD) verwies in seiner Stellungnahme darauf, daß die Stadtverwaltung mit der Erstellung von „Schlichtwohnungen" in der Bayreuther Straße den gelungenen Versuch unternommen habe, dieses Problem zu steuern – sicher nicht ahnend, daß 50 Jahre später auch diese ›Schlichtwohnungen‹ häufiger den Stadtrat beschäftigen würden.[75]

Aber auch bei der Lösung anderer Ludwigshafener Probleme – so bei der Frage möglicher Gesundheitsschäden als Folge der ungünstigen Luftverhältnisse – zeigten sich die Stadträte gesprächsbereit. So kam eine Expertenanhörung zu dem Ergebnis, daß zwar die Ludwigshafener Luft nicht gesundheitsschädlich sei, aber die Schaffung neuer und ausgedehnter Grünflächen wesentlich zu ihrer Verbesserung beitragen würde.

Anmerkungen
Seite 548 und 549

75 *vgl. Rhpf, Jg. 9, Nr. 168ff sowie SRP 22.7.1953*

76 *vgl. Rhpf, Jg. 9, Nr. 173ff*

Wahlplakat der Gesamtdeutschen Volkspartei 1953 [102]

Auch bei den Bundestagswahlen jetzt die dritte Kraft in Ludwigshafen [103]

Erstmals im Bundestag Die Vertriebenenpartei BHE; in Ludwigshafen blieb sie aber ohne Bedeutung [104]

Als vorbildlich wurde z. B. die zeitgleiche Wiederherstellung des Oppauer Stadtparks bewertet, was den Oppauer Loslösungswünschen entgegenwirkte, womit das Stadtgartenbauamt gleich zur Lösung zweier Ludwigshafener Probleme beigetragen hatte. Ebenfalls einen eigenen Beitrag zur Lösung der Ludwigshafener Wohnungsnot kündigte der DGB beim Richtfest für das neue Gewerkschaftshaus am 30. Juli 1953 an – nicht ahnend, daß auf dieses damals zukunftsweisende Projekt ›Neue Heimat‹ einmal ein dunkler Schatten fallen würde. Auch die Ludwigshafener Arbeiterwohlfahrt ging mit gutem Beispiel voran, als sie vor Ort am 24. August 1953 zum Richtfest für das erste Frauenwohnheim in Rheinland-Pfalz einlud.[76]

Bei der Stadtratssitzung am 26. August 1953 war der soziale Wohnungsbau ebenfalls einer der zentralen Entscheidungspunkte im Rahmen der Haushaltsberatungen für 1953. In seiner Haushaltsrede äußerte sich Oberbürgermeister Bauer zufrieden über den Verlauf des Stadtjubiläums und betonte entsprechend zuversichtlich, daß die Oppauer

Hauptredner der SPD bei der Bundestagswahl 1953 war der Berliner Bürgermeister Reuter [105]

Ausgemeindungsbestrebungen ohne Rückhalt bei der dortigen Bevölkerung bleiben würden. Zeitübergreifend erschienen die Bilanzen der Stadtwerke und der Straßenbahn: Der Gewinn der Ersteren in Höhe von 560 000 DM wurde genau durch den Fehlbetrag der letzteren wieder aufgehoben. Während in der anschließenden Debatte MdB Wagner für die SPD-Fraktion und MdL Reichling für die CDU-Fraktion ihre Zustimmung zum Haushalt betonten, kritisierte Stadtratsmitglied Bertram für die FDP-Fraktion, daß am „vorliegenden Haushaltsplan nach der Drucklegung am laufenden Band Korrekturen vorgenommen worden seien." Für die KPD-Fraktion lehnte Stadtratsmitglied Harth den Haushaltsentwurf rundweg ab, da „überhaupt der gesamte Haushaltsplan darauf abgestellt sei, die Politik der Adenauer-Regierung zu konsolidieren." Entsprechend fand anschließend die Haushaltssatzung der Stadt Ludwigshafen für das Rechnungsjahr 1953 nur Zustimmung bei SPD und CDU, während sich die FDP-Fraktion der Stimme enthielt und die KPD-Fraktion gegen sie votierte.[77]

Auch wenn damit nur die KPD einen bundespolitischen Akzent in die Haushaltsberatungen eingebracht hatte, war generell das politische Leben mit der bevorstehenden Bundestagswahl beschäftigt. So referierte am 28. August 1953 im vollbesetzten Saalbau der spätere Bundespräsident Gustav Heinemann zum politischen Programm der von ihm initiierten Gesamtdeutschen Volkspartei (GVP), die sich für eine Deutschlandpolitik der Verständigung zwischen Ost und West einsetzte. Bereits einen Tag später präsentierte die Ludwigshafener CDU an der gleichen Stelle den rheinland-pfälzischen Ministerpräsidenten Altmeier, der vor einem gut besuchten Hause vor allem die wirtschaftlichen Erfolge der Bundesregierung hervorhob. Mit einem vollbesetzten Saalbau konnte auch die Ludwigshafener SPD aufwarten, die für ihre Abschlußkundgebung am 3. September 1953 den Berliner Oberbürgermeister Ernst Reuter gewonnen hatte. Die bestbesuchte Wahlkampfveranstaltung in Ludwigshafen hatte allerdings bereits am 20. August 1953 stattgefunden – vor über 20 000 Zuhörern hatte der KPD-Vorsitzende Max Reimann auf dem doch noch von der Stadtverwaltung zur Verfügung gestellten Goerdelerplatz gesprochen. Zu entnehmen war dies freilich lediglich dem KPD-Organ ›Unser Tag‹ – denn die überparteilichen Tageszeitungen ›Die Rheinpfalz‹ und der ›General-Anzeiger‹ hatten in ihrer Berichterstattung den Bundestagswahlkampf der KPD vollständig ausgeblendet.[78]

Eindeutiger Sieger der Bundestagswahl am 6. September 1953 war die CDU, die bundesweit auf 45,2% der Zweitstimmen kam – in Ludwigshafen jedoch nur auf 34,5%. Sie war die einzige Partei, die in Ludwigshafen von mehr Frauen als Männern gewählt worden war. Zwar waren weibliche Wahlberechtigte mit 51 098 gegenüber 43 117 Männern deutlich in der Überzahl gewesen; ihre Wahlbeteiligung lag jedoch nur bei 81,7% gegenüber 86,5% bei den Männern. Diese präferierten mehrheitlich die SPD, die diesmal 42,2% aller Zweitstimmen – bundesweit waren es nur 28,8% gewesen – errang. Friedrich Wilhelm Wagner wurde sogar mit 43,28% der Erststimmen als Ludwigshafener MdB bestätigt. Wie auch bundesweit lag die FDP an dritter Stelle. In Ludwigshafen mit 10,8% der Zweitstimmen – im Bund mit 9,5%. In Ludwigshafen folgte noch immer an vierter Stelle die KPD – jetzt mit 7,3%. Im Bundestag war sie nicht mehr vertreten, da sie bundesweit nur 2,2% der

Anmerkungen
Seite 550 und 551

77 *vgl. Rhpf, Jg. 9, Nr. 198 sowie SRP 26.8.1953*

78 *vgl. Rhpf, Jg. 9, Nr. 198ff und GA, Jg. 79, Nr. 159ff sowie ›Unser Tag‹, Jg. 8, Nr. 181ff*

79 *vgl. Rhpf, Jg. 9, Nr. 207ff sowie StAnz., Jg. 6, Nr. 37 vom 12.9.1953*

80 *vgl. Rhpf, Jg. 9, Nr. 225ff*

Zweitstimmen erhalten hatte und an der 5%-Hürde gescheitert war. Neu im Bundestag war dafür die Vertriebenenpartei BHE mit 5,9% – in Ludwigshafen hatte sie jedoch nur 1% der Zweitstimmen erhalten. Damit lag sie hier noch hinter der Partei Heinemanns. Die GVP hatte in Ludwigshafen 1,5% der Zweitstimmen erhalten – im Bund jedoch nur 1,2%. Auf die rechtsradikale Deutsche Reichspartei (DRP) entfielen in Ludwigshafen 2,1% der Zweitstimmen – im Bund nur 1,1%. Neben CDU/CSU, SPD, FDP und BHE war im neuen Bundestag auch die konservative Deutsche Partei (DP) wieder vertreten – sie hatte ihre Mandate dank einer Direktkandidatenabsprache mit der CDU gewonnen, obwohl sie bundesweit nur 3,3% der Zweitstimmen und in Ludwigshafen sogar nur 0,7% erreicht hatte.[79]

Am 20. August 1953 spricht Max Reimann in Ludwigshafen vor 20000 Zuhörern ... und die Presse schweigt [106]

Spätheimkehrer, Flüchtlingselend und die Folgen eines unbekannten Giftes

Grund zur Freude hatten am 27. September 1953 die Katholiken in Ludwigshafen, nicht nur angesichts des vorangegangenen bundesweiten Wahlerfolges der CDU, sondern sie konnten auch die Wiederherstellung der Dreifaltigkeitskirche begehen. Dem wollte allerdings auch die protestantische Gemeinde in Edigheim nicht nachstehen; sie beschloß zeitgleich die Renovierung ihres nur kriegsbeschädigten Gotteshauses. Hochstimmung – jedoch in materieller Hinsicht – herrschte am gleichen Tag bei einem in Mundenheim angesiedelten Heimatvertriebenen, der einen Toto-Haupttreffer erzielt hatte – schließlich genügten 1953 durchaus noch 28000 DM für den Aufbau einer neuen Existenz. Hingegen mußten Anfang Oktober 1953 sich die ersten beiden Ludwigshafener Rußlandheimkehrer zunächst noch mit einem Blumengebinde, einer guten Flasche Wein und einigen Schriften zum Wiederaufbau der Stadt als offizielle Willkommensgabe der Stadt bescheiden. Allerdings zeigte im Gegensatz zu den Medien die Ludwigshafener Bevölkerung wenig Interesse an der Kriegsgefangenenfrage – zumindest zeugten davon „viele leere Plätze" im Pfalzbau anläßlich einer Feierstunde des Heimkehrerverbandes am 22. Oktober 1953. Durchaus gut besucht dagegen war zuvor an gleicher Stelle eine Dienstversammlung der Zeugen Jehovas mit 1200 Teilnehmern, aber auch eine ›Perlon-Schau‹ der Bekleidungsindustrie, während sich gleichzeitig sowohl der Woolworth-Konzern als auch die gerade ihr 80jähriges Gründungsjubiläum begehende Konsumgenossenschaft Ludwigshafen mit der Wieder- bzw. Neueröffnung von Verkaufsflächen in der Innenstadt um die Rückgewinnung ihrer Stammkundschaft aus der Vorkriegszeit bemühten.[80]

Die DP war wieder im Bundestag vertreten – aber ohne jeglichen Anhang in Ludwigshafen [107]

In diesem Spannungsfeld zwischen der Notwendigkeit der zusätzlichen Bereitstellung von finanziellen Mitteln für Spätheimkehrer und Flüchtlinge sowie der Absicherung des kommunalen Wiederaufbaus und des lokalen Wirtschaftswunders fand sich am 28. Oktober 1953 auch der Stadtrat von Ludwigshafen wieder. So begrüßte Oberbürgermeister Bauer zu Beginn der Sitzung die Ludwigshafener Rußlandheimkehrer, während anschließend Beigeordneter Trupp ausführlich zu den Kosten für die Unterbringung von Flüchtlingen Stellung nahm. Zusätzlich mußte die Stadt noch 175000 DM als Winterbeihilfe für mehrere Tausend Fürsorgeempfänger aus der originären Ludwigshafener Bevölkerung aufbringen. Trotzdem konnte der Stadtrat auch weitere Zeichen für den Wiederaufbau setzen, so durch die Wiedereinrichtung der

Der Ludwigshafener ›Champion‹ – allerdings in der ›Rheinischen Automobilfabrik‹ nur montiert [108]

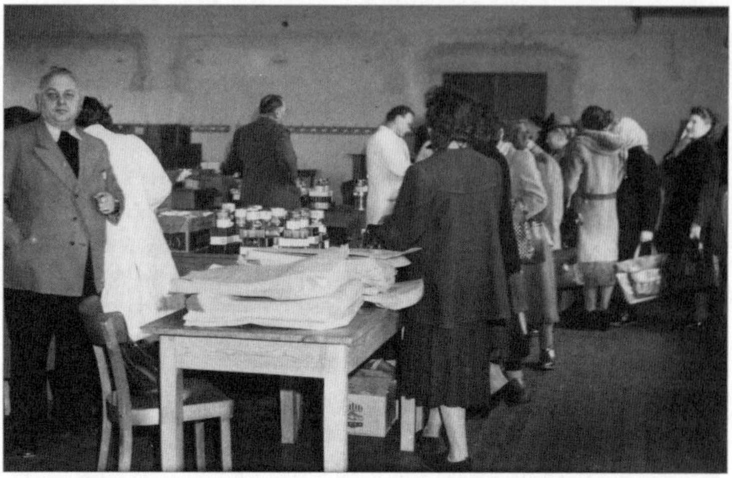

Elf Tonnen Lebensmittel aus amerikanischen Spenden wurden zu Jahresbeginn 1954 an 6 750 Notleidende innerhalb der Stadt verteilt [109]

Elektrotechnischen Fachschule und der Haushaltungsschule. Umstritten war dagegen die Gewährung eines weiteren Darlehens an die ›Rheinische Automobilfabrik‹, da sich deren Aktivität nach wie vor rein auf die wenig Zukunft verheißende Montage von Fahrzeugen in Ludwigshafen beschränkte.[81]

Die bescheidene erste Gabe der Stadtverwaltung an die Rußlandheimkehrer hatte der Stadtrat um eine Geldspende von 200 DM erhöht, die am 29. Oktober 1953 bei einem Empfang der Stadtverwaltung im Hotel ›Viktoria‹ für die Spätheimkehrer überreicht wurden. Gleichzeitig konnte ›Die Rheinpfalz‹ die Wiedereinstellung eines der Betroffenen in den Polizeidienst vermelden. Auch bei der aus Anlaß ihres 25jährigen Bestehens „besonders interessant" gestalteten Hubertusjagd des Reit- und Fahrvereins Ludwigshafen durfte ein Spätheimkehrer als Ehrengast nicht fehlen. Fast gänzlich fehlte die Ludwigshafener Bevölkerung bei der Gedenkfeier für die Gefallenen beider Weltkriege am 15. November 1953 – zumindest vermeldete ›Die Rheinpfalz‹ eine „beschämend geringe Beteiligung" – offensichtlich plagten die Ludwigshafener andere Sorgen: Inzwischen war die Zahl der Wohnungssuchenden auf 9 996 angestiegen und die ›Rheinische Automobilfabrik‹ hatte zum 15. November 1953 62 ihrer Arbeitskräfte freigestellt und zum 3. Dezember ihre Zahlungen eingestellt.[82]

Zum gleichen Zeitpunkt traten bei 43 Mitarbeitern der BASF mit Chlorakne die ersten Folgen einer Vergiftung auf, die dramatische über Jahrzehnte verlaufende individuelle Leidenswege auf dem Weg zu Entschädigungsansprüchen begründete: Am 17. November 1953 entwich aus einem großen Druckbehälter, einem sogenannten Autoklaven, bei der Produktion von Trichlorphenol ein hochgiftiger Chlorkohlenwasserstoff. Erst vier Jahre später konnte der bis dahin unbekannte Stoff als 2,3,7,8-Tetrachlordibenzo-p-dioxin (TCDD) isoliert und eingehend untersucht werden. 1976 erlangte er als das sogenannte Seveso-Gift traurige Berühmtheit. Zwar stellte die BASF die Produktion von Trichlorphenol sofort ein, aber die Reinigungsarbeiten gestalteten sich als sehr schwierig, angesichts der Tatsache, daß über das neue giftige Nebenprodukt keinerlei Wissen vorhanden war. Insgesamt 254 Personen –

Anmerkungen
Seite 552 und 553

81 *vgl. Rhpf, Jg. 9, Nr. 252 sowie Protokoll der öffentlichen und nichtöffentlichen Sitzung des Stadtrates Ludwigshafen vom 28.10.1953*

82 *vgl. Rhpf, Jg. 9, Nr. 252ff*

83 *vgl. MM, Jg. 46, Nr. 224 vom 26.9.1991 sowie MM, Jg. 49, Nr. 172 vom 28.7.1994*

84 *vgl. Rhpf, Jg. 9, Nr. 265ff sowie SRP 11.12.1953*

Blick in die Ludwigstraße 1954 [110]

Die 1953 auf alten Barackenfundamenten in ›Schlichtbauweise‹ errichtete Wohnsiedlung in der Bayreuther Straße [111]

freiwillige Helfer aus der BASF und Mitarbeiter von Fremdfirmen – wurden bei den Reinigungsarbeiten zwischen dem 17. November 1953 und dem 16. November 1954 hohen Konzentrationen von TCDD ausgesetzt. Apparate und Gebäudeteile wurden gesperrt, Reinigungslösungen zusammen mit Isoliermaterial und Schutzkleidung im Werk verbrannt. Trotzdem ereignete sich 1957 ein weiterer Dioxin-Unfall. Inzwischen war das Gebäudeteil wieder für die Produktion eines anderen Produktes freigegeben worden: ein Schlosser erkrankte nach Reparaturarbeiten an dem Unfall-Autoklaven. Er verstarb zehn Monate später. Daraufhin wurde der Gebäudeteil endgültig stillgelegt und zehn Jahre später abgerissen. Die Überreste wurden auf die BASF-Deponie Flotzgrün verbracht.[83]

Auch der Stadtrat mußte sich auf seiner Sitzung am 11. Dezember 1953 auf Antrag der KPD mit sozialpolitischen Fragen befassen, so mit Weihnachtszuwendungen an alle Arbeitslosen bzw. an die Beamten der Stadt, die im Gegensatz zu den Arbeitern und Angestellten leer ausgegangen waren. Fehlten hierzu jedoch die finanziellen Mittel, so konnten wenigstens weitere für die zusätzliche Errichtung von Schlichtwohnungen in der Bayreuther Straße zur Behebung des akuten Wohnungsmangels zur Verfügung gestellt werden. Entsprechend friedlich klang dann auch das Jahr 1953 aus: Der Einzelhandel mußte zumindest keinen Käuferrückgang gegenüber 1952 vermelden; das Arbeitsamt gab bekannt, das 1953 70% der Arbeitsuchenden – darunter auch die Spätheimkehrer und DDR-Flüchtlinge – hatten vermittelt werden können und Oberbürgermeister Bauer konnte in seinem Jahresrückblick darauf verweisen, daß 1953 in Ludwigshafen 1 600 neue Wohnungen errichtet worden waren und auch 1954 der Wohnungsbau im Mittelpunkt der Aufgaben der Stadtverwaltung stehen werde.[84]

Licht und Schatten der neuen Warenwelt

Das Jahr 1954 begrüßten die Ludwigshafener mit dem bis dahin lautesten Feuerwerk der Nachkriegszeit; in der Silvesternacht waren die Gaststätten überfüllt; die Wirte mit den Umsätzen sehr zufrieden. Als seine erste Amtshandlung im neuen Jahr übergab Oberbürgermeister

Am 27. März 1954 besuchte Bundespräsident Heuss die Chemiestadt [112]

Bauer bereits am Neujahrstag – im Austausch gegen eine Kiste Brasil und eine Flasche Likör – den Schlüssel der Stadt an die hiesigen Karnevalsvereine. Übergeben wurden auch zu Jahresbeginn elf Tonnen Lebensmittel aus amerikanischen Spenden an 6 570 Notleidende innerhalb der Stadt – ergänzt um 5 000 kostenlose Broschüren mit zeitgeschichtlichen Themenstellungen, womit dem betroffenen Personenkreis auch ein geistiges Nahrungsangebot gemacht wurde. Aber auch der Stadtrat befaßte sich auf seiner ersten Sitzung im neuen Jahr am 8. Januar 1954 mit einer Verbesserung des kulturellen Angebots der Stadt – so wurden u. a. weitere 50 000 DM für den Wiederaufbau des Stadtmuseums und -archivs in der Rottstraße bewilligt und der Bau einer Volksschule im Stadtteil Mitte beschlossen. Andernorts war der Wiederaufbau bereits abgeschlossen: So konnte wenige Tage später der Ludwigshafener Einzelhandel als ersten Erfolg nach dem Umzug vieler Unternehmen aus Notunterkünften in neu- und wiedererrichte Geschäftsräume vermelden, daß beim Winterschlußverkauf die Umsätze erheblich höher gewesen waren als in den vergangenen Jahren – denn nach ihrem Wiederaufbau erwies sich die Ludwigstraße nun als Kundenmagnet für einen Käuferstrom aus der ganzen Vorderpfalz.[85]

Die optimistischen Zahlen des Einzelhandels wurden am Ende des Monats durch eine Meldung des Arbeitsamtes getrübt: Die Zahl der Arbeitslosen war im Januar 1954 um 40% gestiegen – bedingt vor allem durch die langanhaltende Frostperiode. Dies veranlaßte wiederum die Stadtverwaltung, einen Teil der Betroffenen mit Notstandsarbeiten – Trümmerräumung in der Innenstadt und im Stadtteil Nord – zu beschäftigen. Gedeckt werden konnten solche Maßnahmen durch Gewerbesteuernachzahlungen der BASF, die dem Stadtrat in seiner Sitzung am 22. Februar 1954 im Nachtragshaushalt 1953 vorgelegt wurden.

Diese positive Bilanz fand entsprechend auch eine breite Zustimmung im Stadtparlament – nur die KPD-Fraktion votierte gegen den Nachtragshaushalt.[86]

Am 26. und 27. März 1954 konnte Ludwigshafen prominenten Besuch verzeichnen: Zunächst einmal weihte am 26. März 1954 der DGB Ludwigshafen in Anwesenheit zahlreicher bundes- und landespolitischer Repräsentanten das neue Gewerkschafts-Haus in der Ludwigstraße ein, das nun neben dem DGB-Kreisausschuß, zehn DGB-Einzelgewerkschaften, der Bezirksleitung der IG Chemie-Papier-Keramik und vier weiteren gewerkschaftlichen Einrichtungen Platz bot.[87] Nicht den Arbeitnehmervertretern, sondern dem größten Arbeitgeber der Stadt, der BASF, galt dann am nächsten Tag der Besuch von Bundespräsident Heuss in der Chemiestadt. Nach Gesprächen mit der Werksdirektion blieb dem Bundespräsidenten nur noch die Zeit für eine von Oberbürgermeister Bauer geleitete Autorundfahrt zur Besichtigung des neuen Ludwigshafen. Damit benutzte der Bundespräsident ein Verkehrsmittel, dessen Siegeszug auch in der Chemiestadt – trotz der Krise der ›Rheinischen Automobilfabrik‹ und der hier seit 1950 um 80% gestiegenen Zahl von Verkehrsverletzten – nicht mehr aufzuhalten war; so machten 11 172 motorisierte Verkehrsteilnehmer – 5 584 Krafträder, 3 862 PKW und 1 726 LKW – zum 1. April 1954 die Einführung des noch heute gültigen Autokennzeichens ›LU‹ für den Stadt- und Landkreis Ludwigshafen unumgänglich.

Anmerkungen
Seite 554 und 555

85 vgl. Rhpf, Jg. 10, Nr. 1ff sowie SRP 8.1.1954 Niemand konnte damals ahnen, daß das 1954 modern wirkende Erscheinungsbild der Ludwigstraße später zum Niedergang dieser Einkaufsmeile beitragen würde; 2001 konstatierte die noch 1954 zufriedene Berufsgruppe der Einzelhändler: „Die Gebäude brauchen Verschönerung. Der Mief der 50er Jahre muß raus." vgl. hierzu ›Bild Rhein-Neckar‹ vom 7.3.2001

86 vgl. Rhpf, Jg. 10, Nr. 33ff sowie SRP 22.2.1954

87 vgl. Rhpf, Jg. 10, Nr. 54ff Das DGB-Haus in der Ludwigstraße verblieb nur bis 1993 in Gewerkschaftsbesitz; der Auszug der Einzelgewerkschaften machte eine Veräußerung unumgänglich; vgl. hierzu Becker, verdi, S. 67ff, auch f.d.F.

88 vgl. Rhpf, Jg. 10, Nr. 104ff

89 vgl. Rhpf, Jg. 10, Nr. 138ff

Einen Monat später konnte der DGB Ludwigshafen – trotz der weiter gestiegenen Mobilität der Bevölkerung – mehr Teilnehmer bei seiner Kundgebung als im Vorjahr verzeichnen. Zentrale Mai-Forderung der Gewerkschafter war erneut die Einführung der 40-Stunden-Woche. Konkretisiert wurde dieser Appell nachfolgend von der Gewerkschaft HBV um die Forderung nach einem Geschäftschluß am Samstagnachmittag – statt an einem Montag- oder Mittwochnachmittag. Diesem Vorschlag schloß sich mehrheitlich auch der Ludwigshafener Einzelhandel an. Offensichtlich sah er eine Reduzierung der Arbeitszeit nicht als umsatzgefährdend an. Allerdings hatte das häufig auf Kreditkauf beruhende gesteigerte Konsumverhalten der Ludwigshafener Bevölkerung auch für den Einzelhandel seine Schattenseiten, denn immer häufiger mußte nun Ausstände durch beim Amtsgericht registrierte Lohnpfändungen beglichen werden. Auch war längst nicht mehr jede Geschäftsneueröffnung von Gewinn gekrönt: Zwar standen im Mai 1954 noch immer 62 Neuanmeldungen nur 47 Abmeldungen gegenüber – aber davon mußten z. B. die inzwischen 50 Ludwigshafener Waschsalons bereits mit den ersten Waschmaschinen für den häuslichen Haushalt konkurrieren. Wer letztlich als ehemaliger Unternehmer den Gang zum Arbeitsamt antreten mußte, fand dieses dann ab 14. Juni 1954 „in einem zweckmäßigen und repräsentativen" Neubau an der Ecke von Schiller- und Kaiser-Wilhelm-Straße vor, womit im Gegensatz zu den überfüllten Arbeitsräumen im Stadthaus Nord nun eine individuelle Betreuung der Betroffenen gewährleistet sein sollte.[88]

Das DGB-Haus, 1954 [113]

Plakat des DGB mit dem Programm der Maifeier, 1954 [114]

Fußballweltmeister 1954 oder auch in Ludwigshafen sind wir wieder wer

Am 17. Juni 1954 wurde erstmals der ›Tag der deutschen Einheit‹ als arbeitsfreier Feiertag begangen. Neben einer gutbesuchten politischen Gedenkveranstaltung der Ludwigshafener SPD verzeichneten auch die 14 katholischen Pfarrgemeinden Ludwigshafens eine starke Beteiligung an den gleichzeitig begangenen Fronleichnamsprozessionen. Das größte öffentliche Interesse auch in der Chemiestadt galt jedoch dem Auftaktspiel der Deutschen Fußballnationalmannschaft bei der Weltmeisterschaft in der Schweiz, die ebenfalls am 17. Juni 1954 die Türkei mit 4:1 besiegte. Auch zwei Werksversammlungen in der BASF zur Vorbereitung der Wahl der Arbeitnehmervertreter in den Aufsichtsrat wurden mit dem Gedenken an die Opfer des 17. Juni 1953 eingeleitet – und entsprechend die Diskussionsbeiträge der kommunistischen Betriebsratsmitglieder mit Pfiffen und Pfuirufen bedacht. Danach wandte sich aber auch die Ludwigshafener Öffentlichkeit wieder der Fußballweltmeisterschaft zu, denn am 23. Juni 1954 wurde erstmals wenigstens die zweite Halbzeit eines Spiels der Deutschen Fußballnationalmannschaft im Rundfunk übertragen.[89]

Einen spielfreien Tag nutzte der Ludwigshafener Stadtrat am 28. Juni 1954 für seine Sitzung, in der u. a. seine Zustimmung zur Aufnahme je eines Darlehens für Zwecke des sozialen Wohnungsbaus sowie zur Fortführung der Abbruch- und Enttrümmerungsarbeiten im Stadtgebiet als Notstandsarbeiten gab. Mußte er sich also noch immer mit den Problemen der jüngsten Vergangenheit befassen, so ergab sich für die Ludwigshafener Fußballfans am 30. Juni 1954 ein Ausblick auf die

Plakat zum traditionellen Ludwigshafener Parkfest, 1954 [115]

Amerikanische Soldaten biwakieren an der Rheinuferstraße August 1954 [116]

Medienzukunft. Erstmals wurde ein Spiel der Deutschen Fußballnationalmannschaft im Fernsehen übertragen – allerdings waren zu diesem Zeitpunkt beim Postamt Ludwigshafen nur ganze 139 Apparate angemeldet. Wer also wie die große Mehrheit der Stadtbevölkerung zu diesem Medium noch keinen Zugang hatte, konnte wenigstens auf die traditionelle Rundfunkübertragung zurückgreifen oder gar von Mannheim aus mit einem Sonderzug zum Spielort nach Basel in die wieder ohne Visum zugängliche Schweiz reisen.[90]

12 000 Deutsche waren dann tatsächlich am 30. Juni 1954 beim Halbfinalsieg der Deutschen Fußballnationalmannschaft gegen Österreich in Bern zugegen. Wenn hier auch offen bleiben muß, wie viele darunter aus Ludwigshafen kamen, so läßt sich mit Sicherheit sagen, daß sich hierunter nicht die 26 Spätheimkehrer befanden, die am gleichen Tag in ihrer Heimatstadt von der Stadtverwaltung empfangen wurden. Anlaß war die Auszahlung von fast 97 000 DM im Rahmen des Kriegsgefangenenentschädigungsgesetzes an die Betroffenen. Während die Stadt in diesen Fällen ihren gesetzlichen Pflichten gerne nachkam, hatte sie sich zuvor vor dem Oberwaltungsgericht erst ihr Recht erstreiten müssen, dem ehemaligen Ludwigshafener Oberbürgermeister Stolleis (1937—1941) bzw. dem Beigeordneten Suttor (1937—1941) die Zahlung von Versorgungsbezügen zu verweigern, da beide nach Auffassung der Stadt nur durch enge Verbindung zum Nationalsozialismus in ihre Ämter gelangt waren. Das eigentliche Stadtgespräch war aber in Ludwigshafen das bevorstehende Endspiel um die Fußballweltmeisterschaft, das terminlich mit dem vierten Parkfest zusammenfiel und nach dem deutschen Sieg am 4. Juli 1954 auch reichlich Gelegenheit zum Feiern bot. Insgesamt wurden an beiden Parkfestwochenenden – trotz ungünstiger Witterung – wieder 140 000 Besucher gezählt.[91]

›Wir sind wieder wer‹ demonstrierte auch die BASF, die am 15. Juli 1954 im Feierabendhaus ihre zweite ordentliche Hauptversammlung abwickelte – eigentlich war es die erste, denn erstmals nach dem Umtausch der I. G.-Farben-Aktien konnten die Aktionäre selbst

Anmerkungen Seite 556 und 557

90 *vgl. Rhpf, Jg. 10, Nr. 147ff sowie SRP 28.6.1954*

91 *vgl. Rhpf, Jg. 10, Nr. 149ff*

92 *vgl. Rhpf, Jg. 10, Nr. 162ff sowie SRP 19.7.1954*

Hochwasser in der Wredestraße/Ecke Ludwigstraße
17. Januar 1955 [117]

Die im zeitgenössischen Baustil neuerrichtete Sebastianskirche in Mundenheim
September 1954 [118]

Plakat zur ersten Ludwigshafener Sportlerehrung, 1954 [119]

ihre Rechte auf einer Hauptversammlung wahrnehmen. Allerdings hinterfragte nur eine kleine Oppositionsgruppe die Tätigkeit der Geschäftsführung, während die große Mehrheit der Versammelten die Vorschläge des Vorstandes und des Aufsichtsrates billigte. Die solide Entwicklung der BASF hatte natürlich auch positive Auswirkungen auf den Haushalt 1954 der Chemiestadt, der am 19. Juli 1954 mit der Rekordsumme von 44 349 670 DM vom Stadtrat mit den Stimmen von SPD, CDU und FDP gegen die KPD verabschiedet wurde. Die eingesetzten Haushaltsmittel sollten vor allem für die Verbesserung der Infrastruktur der Stadt und zur Fortsetzung des Städtischen Wohnungsbauprogramms verwendet werden. Eine für Ludwigshafener Verhältnisse ungewöhnliche Mehrheit ergab sich, als der Stadtrat mit den Stimmen von CDU, FDP und KPD sich dem Ansinnen von Oberbürgermeister und SPD-Fraktion verweigerte, die Frauenfachschule auslaufen zu lassen. Der unübersehbare wirtschaftliche Aufschwung drückte sich im gleichen Monat auch in den Arbeitslosenzahlen aus: 3 264 war der tiefste Stand seit Oktober 1951. Die Metallindustrie klagte bereits über Facharbeitermangel. Insbesondere das Baugewerbe und die chemische Industrie hatten zu dieser Mehrbeschäftigung beigetragen.[92]

Daß die wieder heile Welt in Ludwigshafen durchaus aber eine äußere Verteidigung benötigte, demonstrierten die amerikanischen Streitkräfte am 25. August 1954, als sie die Innenstadt und die Parkinsel in ein groß angelegtes Manöver einbezogen. Fliegerabwehrkanonen und Selbstfahrlafetten am Hauptbahnhof und an der Rheinbrücke waren neun Jahre nach Kriegsende kein vertrauter Anblick mehr. Ebenfalls einen modernen Anblick bot am 29. August 1954 das neu geweihte Gotteshaus St. Sebastian in Mundenheim – ein bemerkenswertes Ereignis, da die katholische Gemeinde hier bereits 775 Jahre im Besitz einer eigenen Pfarrkirche war. Vor dem Hintergrund noch solch intakter Stadtteilgemeinschaften, sowie bei schon mehr als 10 000 Wohnungssuchenden innerhalb des Stadtgebietes, wurde natürlich der weitere Zuzug von Flüchtlingen aus der DDR in der Chemiestadt diskutiert – kritisiert

wurde u. a., daß nur 40% der Betroffenen sich als politische Flüchtlinge ausweisen konnten, 60% dagegen aus wirtschaftlichen Gründen die DDR verlassen hatten. Übersehen wurde dabei jedoch, daß im September 1954 gerade 35 ehemalige Bürger der DDR in Ludwigshafen von Sozialhilfe lebten und sehr viele als Flüchtlinge ohne behördliche Meldung bei Familienangehörigen untergekommen waren. Auch den Ludwigshafener Arbeitsmarkt belasteten sie nicht; bei einer anhaltend günstigen Beschäftigungslage galten nurmehr arbeitsuchende Frauen und Kriegsversehrte als schwer vermittelbar.[93]

Das Ende der Ära Bauer

Gerüchte hatte es schon länger gegeben. Am 20. September 1954 war es soweit. Auf der Sitzung des Personalausschusses des Stadtrates erklärte Oberbürgermeister Bauer nach neunjähriger Amtszeit aus gesundheitlichen Gründen seinen Rücktritt. Er betonte jedoch gleichzeitig seine Bereitschaft, bis zum Amtsantritt seines Nachfolgers seinen Dienstgeschäften weiter nachzugehen. Der Personalausschuß stimmte dem zu, und befürwortete eine baldige Ausschreibung der Oberbürgermeisterstelle. Entsprechend wurde auf der nachfolgenden Stadtratssitzung der Rücktritt des Oberbürgermeisters bereits als gegeben angesehen und nicht mehr thematisiert. Hingegen wurde der Eintritt des Ruhestandes des Beigeordneten Trupp nach Vollendung des 65. Lebensjahres bis zum vorgesehenen Ablauf seiner Amtsdauer im Jahr 1962 hinausgeschoben. Auch wurde nun in der Hauptsatzung verankert, daß die seit der Eingemeindung am 1. April 1938 bestehenden städtischen Geschäftsstellen in den Ortsteilen Maudach, Oggersheim, Oppau und Rheingönheim jeweils von einem dem Stadtrat angehörenden Ortsbeauftragten beaufsichtigt werden – eine bereits seit 1945 bestehende Praxis. Daß die Ära Bauer mit dieser Stadtratssitzung wirklich dem Ende entgegenging, mußte auch der scheidende Oberbürgermeister verspüren, als zu Ende der Tagung seine persönliche Erklärung gegen den Anschluß der Pfalz an Baden-Württemberg und seine damit verbundene Befürchtung einer Degradierung von Ludwigshafen zu einem Vorort von Mannheim sowohl auf den Widerspruch von MdB Wagner als auch auf den von Bürgermeister Reichert stieß, die ihm beide „weiß-blau-königlich-bayerische" Tendenzen unterstellten. Ein bemerkenswerter Vorgang, wie auch, daß als letzter Tagesordnungspunkt erstmals ein antimilitaristischer Antrag der KPD-Fraktion, nämlich gegen den Einbau von Sprengkammern in die Rheinbrücke, die Zustimmung des ganzen Hauses fand.[94]

Zweifelsohne waren Ende 1954 nicht nur die Ludwigshafener Stadtväter und Stadtmütter am Erhalt sowohl der politischen Selbständigkeit als auch an der Sicherung des wirtschaftlichen Wiederaufbaus interessiert. Und nach wie vor zeigten einzelne Mitbürger dabei ganz besondere Kreativität; so wurde nun in der Chemiestadt – trotz der gerade in Konkurs gegangenen Rheinischen Automobilfabrik – erneut die Produktion eines Verkehrsmittels aufgenommen: Dem ›Champion‹ folgte nun das ›Raumo‹ – ein steuer- und führerscheinfreies Moped, von dem täglich 20 Exemplare die Werkstätte verließen. Eine Tankfüllung sollte eine Reichweite von 320 km ermöglichen und den Besitzer damit bis zum „nächsten Zahltag" mobil machen. Auch die Leistungen der Ludwigshafener Spitzensportler „gereichten der Heimatstadt zu Ehren" –

Anmerkungen
Seite 558 und 559

93 *vgl. Rhpf, Jg. 10, Nr. 197ff*

94 *vgl. Rhpf, Jg. 10, Nr. 220ff sowie SRP 18.10.1954*

95 *vgl. StAnz., Jg. 8, Nr. 7 sowie SPD-Stadtratsfraktion, S. 68*

96 *vgl. Rhpf, Jg. 10, Nr. 247ff*

97 *vgl. Rhpf, Jg. 10, Nr. 296ff sowie Protokoll der öffentlichen und nicht öffentlichen Sitzung des Stadtrates Ludwigshafen vom 21.12.1954*

Der Oberbürgermeister des Übergangs: ***Werner Bockelmann***

Werner Bockelmann[95] wurde am 27. September 1907 in Moskau als Sohn eines Bankiersehepaars geboren. 1915 wurde die Familie Bockelmann als Deutsche aus Rußland nach Schweden ausgewiesen. 1920 erfolgte die Ansiedlung in Lüneburg; dort bestand Bockelmann 1926 das Abitur. Nach einem Praktikum im Sachsenwerk erfolgte im Wintersemester 1926/27 die Aufnahme eines Maschinenbaustudiums an der TH in Dresden; nach zwei Semestern Wechsel des Studiengangs hin zu Staats- und Rechtswissenschaften an den Universitäten Hamburg, Graz und Göttingen. 1931 Referendarexamen in Hamburg; 1935 Assessorexamen vor dem Hanseatischen Oberlandesgericht; anschließend Niederlassung als Rechtsanwalt in Hamburg. Er erhielt die Anerkennung als Devisenberater und als Fachanwalt für Steuerrecht. Anschließend betätigte sich Bockelmann besonders auf dem Gebiet der Wirtschaftsberatung sowie des Devisen- und Steuerrechts. Als Berater zahlreicher ausländischer Firmen bereiste er viele Länder Europas. 1941 bis 1945 Militärdienst bei der Marine. Ab Mai 1945 wieder als Rechtsanwalt in Hamburg tätig, September 1945 eingesetzter Oberbürgermeister von Lüneburg. 1946 dann zum Oberbürgermeister und 1947 schließlich zum Oberstadtdirektor von Lüneburg gewählt. 1947 wurde er Mitglied der SPD und in den Vorstand des Niedersächsischen Städtetages gewählt. Gleichzeitig war er Ausschußmitglied des Deutschen Städtetages. Am 15. Februar 1955 bestimmte ihn der Ludwigshafener Stadtrat zum Oberbürgermeister der Chemiestadt; Dienstantritt war am 1. Juni 1955. Am 11. November 1956 wurde Bockelmann in den pfälzischen Bezirkstag gewählt. Zum 31. März 1957 schied er als Oberbürgermeister von Ludwigshafen wieder aus und wechselte als Oberbürgermeister nach Frankfurt am Main. Als seit 1961 amtierendes geschäftsführendes Präsidialmitglied des Deutschen Städtetages verunglückte Werner Bockelmann am 7. April 1968 auf der Autobahn bei Stuttgart tödlich.

Werner Bockelmann [120]

deshalb wurde für sie zum ersten Mal am 20. November 1954 die große Siegerehrung durch die Stadt im Pfalzbau durchgeführt. Anderenorts wurden von der Stadt ebenfalls ›Weihnachtsgeschenke‹ verteilt: So wurden am 11. Dezember 1954 700 000 DM für die Schaffung von Wohnraum für DDR-Flüchtlinge – eine dringend notwendige Maßnahme, da angesichts der Zustände im Notquartier Wilhelmschule bereits erste freiwillige Rücksiedlungen in die DDR erfolgt waren. Offen blieb dagegen, auf welchem Tisch letztlich die von allen Ludwigshafenern großgefütterten Weihnachtskarpfen und Festtagshechte landen würden, die bei der offiziellen Leerfischung des Ebertpark-Weihers ins Netz gegangen waren. Eindeutig geklärt war dagegen jedoch schon vor der Leerfischung, daß die Beschaffung des Neubesatzes des Ebertpark-Weihers dem Kulturamtsleiter Karl Nord „auf den Buckel geladen" werden würde.[96]

Offiziell befaßte sich der Stadtrat erstmals am 21. Dezember 1954 mit dem Rücktritt des Oberbürgermeisters, als er in seiner nichtöffentlichen Sitzung dessen Gesamtdienstzeit seit dem 5. September 1945 als ruhegehaltsfähige Dienstzeit anerkannte. Zuvor hatte Bauer in der öffentlichen Sitzung das Jahr 1954 als „im Ganzen gesehen immerhin doch recht erfolgreich" gewürdigt. Diese Auffassung vertrat er dann auch bei seiner traditionellen Jahresrückschau, indem er 1954 als ein Jahr des ununterbrochenen Fortschritts, besonders im Wiederaufbau der zerstörten Innenstadt und auf dem Gebiet des Wohnungsbauwesens beschrieb.[97]

Ein neuer Oberbürgermeister wird gewählt

Unmittelbar nach der Rücktrittserklärung von Oberbürgermeister Bauer hatten die Spekulationen über dessen Nachfolger begonnen. Frühzeitig war dabei auch der Oberstadtdirektor von Lüneburg ins Spiel

Die KPD: landesweit bedeutungslos – in Ludwigshafen immer noch die vierte Kraft [121]

FWG: erste Kandidatur bei einer Landtagswahl [122]

Die Vertriebenenpartei BHE in Ludwigshafen auch 1955 ohne Anhang [123]

gebracht worden; namentlich erwähnt wurde Werner Bockelmann aber erstmals am 13. Januar 1955, als ›Die Rheinpfalz‹ unter den eingegangenen 21 Bewerbungen die drei aussichtsreichsten Kandidaten vorstellte. Allerdings hatten die Ludwigshafener erst einmal andere Probleme, denn am 17. Januar 1955 erreichte der Rhein den höchsten Wasserstand seit der Überschwemmungskatastrophe von 1882 und drang bis in die Innenstadt vor, ohne jedoch vergleichbare Schäden wie 1882 zu hinterlassen. Seinen ersten offiziellen Auftritt in Ludwigshafen hatte Werner Bockelmann am 31. Januar 1955, als er vor dem Personalausschuß über aktuelle kommunalpolitische Fragen referierte – für ihn fast schon ein Heimspiel, da seine beiden Mitbewerber zurückgetreten waren. Entsprechend beschloß der Personalausschuß dann am 9. Februar 1955, nur Werner Bockelmann dem Stadtrat zur Wahl als Oberbürgermeister vorzuschlagen. Der Stadtrat schloß sich dieser Entscheidung an und wählte am 15. Februar 1955 mit den Stimmen von SPD, CDU und FDP bei Stimmenthaltung der KPD den Vorgeschlagenen für zehn Jahre zum Oberbürgermeister der Stadt Ludwigshafen. Oberbürgermeister Bauer verblieb bis zum Dienstantritt Bockelmanns in seinem Amt.[98]

Anmerkungen Seite 560 und 561

98 vgl. Rhpf, Jg. 10, Nr. 220ff sowie SRP 15.2.1955

99 vgl. Rhpf, Jg. 11, Nr. 40ff sowie SRP 24.3.1955

Die Landtagswahl 1955

Nach dieser zentralen kommunalpolitischen Wahlentscheidung ihrer Stadträte konnte die Ludwigshafener Bevölkerung nun ihre ganze Aufmerksamkeit wieder auf die nächste anstehende eigene Wahlentscheidung konzentrieren, denn auch die Landtagswahl 1955 hatte bereits ihre Schatten vorausgeworfen. Den Wahlkampf eröffnete die Ludwigshafener SPD am 16. Februar 1955 mit einer Kundgebung gegen die Wiederbewaffnung und die Pariser Verträge. Danach überließen die Parteien jedoch erst einmal den Ludwigshafener Narren die Bühne, um sich erst nach Aschermittwoch wieder zu melden. Dabei griff am 26. Februar 1955 im Rahmen einer Kundgebung im Pfalzbau auch die FDP die Frage der Wiederbewaffnung auf – mit einem eindeutig positiven Bekenntnis zu ihr, während der KPD nacheinander gleich zwei

Erich Ollenhauer spricht für die SPD in Ludwigshafen
14. Mai 1955 [124]

Hauptredner der CDU bei der Landtagswahl 1955 war Bundeskanzler Adenauer, 3. Mai 1955 [125]

Demonstrationszüge gegen die Remilitarisierung durch die Ludwigshafener Innenstadt von der Polizei untersagt wurden. Auch bei der Stadtratssitzung am 24. März 1955 brachte die KPD das aufgrund der zukünftigen Stimmenverhältnisse im Bundesrat vorherrschende Landtagswahlkampfthema ›Pariser Verträge‹ zur Vorlage. Nach dem allerdings MdB Wagner „als berufener Vertreter Ludwigshafens im Bundestag" zum Ausdruck gebracht hatte, daß er dort die Stellungnahme seines Wahlbezirkes deutlich vertreten habe, ging der Stadtrat zur Tagesordnung über.[99]

Aus Rücksicht auf die sonntäglichen Kirchgänger hatte der DGB in Ludwigshafen seine traditionelle Mai-Demonstration diesmal bereits am Abend des 30. April als Fackelzug unter dem gewerkschaftlichen Motto ›40 Stunden sind genug‹ durchgeführt. Trotzdem fanden sich am 1. Mai doch wieder 10 000 Ludwigshafener Arbeitnehmer zur Feierstunde des DGB im Ebertpark ein. Nicht ganz so viele Teilnehmer, aber trotzdem einen überfüllten Saalbau und viele Hundert Zuhörer vor dem Gebäude konnte die Ludwigshafener CDU am 3. Mai 1955 beim Wahlkampfauftritt von Bundeskanzler Adenauer in der Chemiestadt verzeichnen. Der Kanzler sprach anerkennend über die Wiederaufbauleistungen in Ludwigshafen, betonte aber auch die umfangreiche Förderung der Stadt aus Bundes- und Landesmitteln. FDP und SPD wollten natürlich der CDU nicht nachstehen und präsentierten am 12. bzw. 14. Mai 1955 mit Thomas Dehler und Erich Ollenhauer im Pfalzbau ebenfalls ihre Bundesvorsitzenden der Ludwigshafener Wählerschaft. Trotz dieses Großaufgebots an politischer Prominenz verließen aber die Ludwigshafener Wähler auch am 15. Mai 1955 nicht ihre traditionellen Pfade. Erneut wurde die SPD mit 32 458 Stimmen (45,8%) die stärkste Partei; gegenüber 1951 war dies jedoch ein Verlust von 3,1%. Die CDU belegte wieder nur Platz 2 mit 22 084 Stimmen und 31,1% – ein bemerkenswerter Zugewinn von 6% gegenüber 1951. Die FDP war mit 6 747 Stimmen (9,5%) als drittstärkste Partei etabliert, wenngleich sie auch 2,8% verloren hatte. Der KPD verblieb entsprechend wieder nur

Die FDP konterte am 12. Mai 1955 mit ihrem Bundesvorsitzenden Thomas Dehler [126]

Nur eine Splitterpartei in Ludwigshafen: der neutralistische Bund der Deutschen [127]

Plakat zum traditionellen Ludwigshafener Parkfest, 1955 [128]

Amtseinführung von Oberbürgermeister Bockelmann am 27. Mai 1955 [129]

Platz vier mit 6 105 Stimmen (8,6%) – ein erneuter Verlust von 1,5% gegenüber 1951, im Vergleich zu ihren landesweit erreichten 3,2% der Stimmen aber noch immer ein bemerkenswertes Ergebnis. Die FWG erhielt in Ludwigshafen 2 334 Stimmen (3,4%), die Vertriebenenpartei BHE 802 Stimmen (1,1%) und der neutralistische Bund der Deutschen 384 Stimmen (0,5%). Ludwigshafen hatte künftig fünf Landtagsabgeordnete, nämlich Ernst Lorenz und Herbert Müller von der SPD sowie Franz Heller, Ludwig Reichling und Ludwig Schuster von der CDU.[100]

Der Wechsel von Bauer zu Bockelmann

Den offiziellen Verabschiedungsreigen für Oberbürgermeister Bauer leitete am 18. Mai 1955 der rheinland-pfälzische Ministerpräsident Altmeier ein, der am rheinland-pfälzischen Verfassungstag Bauer mit dem Großen Verdienstkreuz des Verdienstordens der Bundesrepublik Deutschland auszeichnete und den scheidenden Oberbürgermeister mit den Worten würdigte: „Der Wiederaufbau Ludwigshafens ist Ihr Werk."[101] Seinen letzten großen Auftritt als Leiter der Stadtverwaltung hatte Oberbürgermeister Bauer bei der Doppelsitzung des Stadtrates am 23. und 24. Mai 1955. Dabei brachte Bauer letztmals am 23. Mai 1955 einen Haushaltsplan – hier für das Jahr 1955 – ein, der auch mit den Stimmen von SPD, CDU und FDP gegen die Stimmen der KPD verabschiedet wurde. Die anschließende Abwesenheit des Oberbürgermeisters bei seiner einstimmigen Entlastung für die Rechnungsjahre 1952 und 1953 nutzte Bürgermeister Reichert zu einer nichtöffentlichen Fortführung der Sitzung, die als einzigen Tagesordnungspunkt die Verleihung des Ehrenbürgerrechtes an Valentin Bauer vorsah. Diese erfolgte ebenso einstimmig, wie der Beschluß, diese Angelegenheit bis zur offiziellen Verabschiedung des Oberbürgermeisters noch geheimzuhalten.[102]

Zeitgleich mit den letzten Amtshandlungen von Valentin Bauer traf auch sein Nachfolger Bockelmann aus Lüneburg in Ludwigshafen ein. In einem ersten Pressegespräch mit der ›Rheinpfalz‹ stellte er fest: „Ludwigshafens große Aufgabe ist die Aufgabe jeder zerstörten Stadt: der Wiederaufbau. Dabei kann ich nicht meine Bewunderung für die Leistungen verhehlen, die auf diesem Gebiet schon vollbracht wurden." Am 27. Mai 1955 wurde Werner Bockelmann dann offiziell in sein neues Amt eingeführt. Nach einem musikalischen Vortrag des Pfalzorchester-Quartetts hielt Regierungspräsident Pfeiffer die Festrede, der

Anmerkungen
Seite 562 und 563

100 vgl. Rhpf, Jg. 11, Nr. 101ff sowie StAnz., Jg. 8, Nr. 17ff

101 vgl. Rhpf, Jg. 11, Nr. 116 sowie StAnz., Jg. 8, Nr. 20 vom 21.5.1955

102 vgl. Rhpf, Jg. 11, Nr. 119ff sowie Protokoll der öffentlichen und nicht öffentlichen Sitzungen des Stadtrates Ludwigshafen vom 23. und 24.5.1955

103 vgl. StALu, PGV 2 sowie N 31, Archiv Jungbluth

104 vgl. Rhpf, Jg. 11, Nr. 120ff sowie SRP 27.5.1955

105 vgl. Rhpf, Jg. 11, Nr. 124 sowie SRP 28.5.1955

Sommertagszug in der Gartenstadt, 1955 [130]

Ludwig Schuster[103] [131]
(1907—1976) Gründungsmitglied der Ludwigshafener CDU; von 1948 bis 1968 Mitglied des Ludwigshafener Stadtrats, 1955 bis 1967 rheinland-pfälzischer Landtagsabgeordneter für die CDU

Abfahrt vom Bahnhof Mutterstadt in Richtung Maudach
Am 3. Oktober 1955 stellte die Lokalbahn Mundenheim—Meckenheim den Personenverkehr ein [132]

zunächst ebenfalls noch einmal die Verdienste von Valentin Bauer beim Wiederaufbau Ludwigshafens würdigte, bevor er dem neuen Oberbürgermeister die vertrauensvolle Zusammenarbeit der Bezirksregierung anbot. Anschließend führte er Bockelmann in sein neues Amt ein, worauf Valentin Bauer seinem Nachfolger die Ernennungsurkunde und die Amtskette überreichte, der wiederum versprach, „seine ganze Kraft in den Dienst dieser lebendigen Stadt" zu stellen. Das anschließende gesellige Zusammensein fand dann im Ebertpark statt; genau rechtzeitig zur neuen Saisoneröffnung.[104]

Oberbürgermeister Bauer wurde einen Tag später offiziell verabschiedet. Nach einer Eröffnung durch das Pfalzorchester ergriff zunächst Bürgermeister Reichert das Wort und gab Valentin Bauer seine Ernennung zum Ehrenbürger bekannt. Die Festrede hielt dann der Landesinnenminister Zimmer, der noch einmal die Verdienste Bauers für den Wiederaufbau von Ludwigshafen herausstellte und ihn mit der Freiherr-vom-Stein-Plakette des Landes Rheinland-Pfalz auszeichnete. Es folgten noch Redebeiträge der vier Stadtratsfraktionen, der IHK, des DGB und des Städteverbandes Rheinland-Pfalz. Abschließend zeigte sich Bauer überrascht und erfreut, daß es ihm nicht gelungen war, vorab von seiner Ernennung zum Ehrenbürger zu erfahren. Ein „nicht endenwollender Beifall" verabschiedete dann den scheidenden Oberbürgermeister endgültig.[105]

Ruhige erste 100 Tage unter einem neuen Oberbürgermeister

Nach soviel städtischer Feierlichkeit kehrte mit der Amtsübernahme von Werner Bockelmann zum 1. Juni 1955 in der ›Stadt der Arbeit‹ wieder der Alltag ein. Hierzu gehörte die erfreuliche Mitteilung, daß auf dem Gelände der Pleite gegangenen Rheinischen Automobilwerke nun eine Champion-Ersatzteilhandel- und Instandsetzungsfirma ihre Tätigkeit aufgenommen hatte, was den vielen Ludwigshafenern Champion-Besitzern einen gewissen Alpdruck bezüglich der Fahrdauer ihres Neuerwerbs nahm. Den Alpdruck der Wohnungsnot beabsichtigte die Stadt wiederum 1955 durch einen „Generalangriff" zu lösen. Zumindest kündigte Bürgermeister Reichert diese „Offensive" bei der Erläuterung der anstehenden Bauprojekte auf der Hauptversammlung der GAG am 14. Juni 1955 an. Hingegen konnte Carl Wurster auf der

Auf Antrag der SPD:

200 DM für jeden Heimkehrer!

Empörendes Verhalten eines kommunistischen Stadtrates

Ludwigshafen (hu). Gegen die Stimme des kommunistischen Stadtrats Karl Harth hat der städtische Haupt- und Finanzausschuß in seiner letzten Sitzung unter Vorsitz von Oberbürgermeister Werner Bockelmann einem Antrag der SPD-Stadtratsfraktion entsprochen und den Beschluß gefaßt, jedem der jetzt kommenden 17 Rußlandheimkehrer als ersten Willkommensgruß der Stadt eine Zuwendung in Höhe von 200 DM zu machen. Dieser Beschluß muß noch vom Stadtrat bestätigt werden, der am Donnerstag zu einer Sitzung zusammentritt. Der kommunistische Sprecher „begründete“ seinen ablehnenden Standpunkt damit, daß es sich bei den Heimkehrern um Kriegsverbrecher handele, die besser nicht wiederkommen würden. Es bleibt abzuwarten, ob die Kommunisten es auch wagen werden, diese Auffassung in der öffentlichen Stadtratssitzung zu vertreten.

Aus der ›Freiheit‹; Indiskretionen aus einer nichtöffentlichen Ausschußsitzung 10. Oktober 1955 [133]

SONDERDRUCK DER ZEITUNG *Die Freiheit*

Auszug aus der Ausgabe vom 14. Oktober 1955

Gestern im Ludwigshafener Stadtrat:

Tumulte bei Heimkehrerdebatte

Stadtrat nahm kommunistische Erklärung nicht ab – 200-DM-Geschenk für Rußland-Heimkehrer gegen KP-Stimmen beschlossen – Soll Gruß der Stadt sein und zeigen, daß sie Heimkehrer nicht vergessen hat

Ludwigshafen (hu). Im Zusammenhang mit dem von der SPD-Stadtratsfraktion gestellten Antrag auf Gewährung von 200 DM für jeden Rußlandheimkehrer und einer Meldung der „Freiheit“ über Äußerungen des KP-Stadtrates Karl Harth in einer Haupt- und Finanzausschußsitzung (siehe „KP-Stadtrat Harth berichtigt“) kam es gestern nachmittag im Ludwigshafener Stadtrat zu tumultartigen Auseinandersetzungen. Gegen die Stimmen der KP-Stadträte, die sich vergeblich gegen den Vorwurf zu verteidigen suchten, daß in ihren Augen die Heimkehrer Kriegsverbrecher sind, wurde dem SPD-Antrag schließlich stattgegeben.

Aus der ›Freiheit‹ 14. Oktober 1955 [134]

Hauptversammlung der BASF am 1. Juli 1955 verkünden, daß der Wiederaufbau des Werkes „in großen Zügen” bereits abgeschlossen war. Schließlich leitete am 8. Juli 1955 auch Oberbürgermeister Bockelmann seine erste Stadtratssitzung. Zuvor, am 2. Juli 1955, von den Ludwigshafenern bei der Eröffnung des mit insgesamt 160 000 Besuchern wieder sehr erfolgreichen Parkfestes noch mit Ovationen begrüßt, stand nun im Mittelpunkt der Stadtratssitzung die Abhilfe für einige von der Öffentlichkeit thematisierte Mißstände beim städtischen Friedhofsamt. Sicher nicht gerade die größten Herausforderungen zum Amtsbeginn eines so jungen und ehrgeizigen Oberbürgermeisters. Mit sehr viel mehr Begeisterung dürfte der sportinteressierte Bockelmann dann schon am 13. Juli 1955 die Ehrung eines frischgebackenen Handball-Weltmeisters – Hans Ruff von der Tura Ludwigshafen – vorgenommen haben.[106]

Noch wenig Sensibilität für Denkmalschutz und Stadtgeschichte zeigten die Stadtvorderen im August 1955. Damals wurde ohne Bedenken zur Verkehrsentlastung der Hemshofstraße eines der ältesten Häuser Ludwigshafens – errichtet 1805 – abgerissen. Ein Gebäude, in dem immerhin 1814 der preußische König Friedrich Wilhelm III. mit zweien seiner Söhne übernachtet hatte. Tatsächlich interessierten im Sommer 1955 aber auch in Ludwigshafen statt der Heimatpflege mehr die neuen Möglichkeiten eines Urlaubs fernab der Chemiestadt: Eine Ferienreise zweier einheimischer Ehepaare auf die Kanaren – damals noch die Insel der Millionäre – war der ›Rheinpfalz‹ die Hauptschlagzeile auf der Lokalseite wert. Denn Urlaubsreisen boten damals schon die Möglichkeit der Flucht vor heimischen Problemen: Schließlich hatte im Sommer 1955 die Verschmutzung des Rheins – auch mangels einer modernen Kläranlage in Ludwigshafen – auf der Höhe der Friesenheimer Insel einen Grad erreicht, der infolge Sauerstoffmangels jedes Fischleben unmöglich machte und auch die Menschen nicht mehr zum Baden im heimischen Strom einlud.[107]

Anmerkungen
Seite 564 und 565

106 vgl. Rhpf, Jg. 11, Nr. 126ff sowie SRP 8.7.1955
107 vgl. Rhpf, Jg. 11, Nr. 175ff
108 vgl. Becker, KPD, S.447
109 vgl. Rhpf, Jg. 11, Nr. 209ff

Ein Opfer des Kalten Krieges: ***Karl Harth***

Karl Harth[108] *wurde am 22. Dezember 1894 in Münchweiler an der Alsenz geboren. Schlosser.*

1920 Mitglied der KPD, 1929 Mitglied der erweiterten Bezirksleitung Pfalz und Delegierter zum XII. Parteitag der KPD. 1929 bis 1933 Stadtratsmitglied in Ludwigshafen, 1930 und 1933 Kandidat der KPD zum Reichstag. 1933/34 illegale Betätigung für die KPD.

Am 20. Dezember 1934 vom Oberlandesgericht Karlsruhe zu zehn Monaten Gefängnis verurteilt, danach bis 1937 arbeitslos. 1945 erneut Mitglied der KPD und der pfälzischen Bezirksleitung bis 1948, Kreisvorsitzender in Ludwigshafen, 1947 Betriebsratsvorsitzender bei der Firma Giulini und Schriftführer des Ortskartells Ludwigshafen, 1949 Mitglied des Landesvorstandes der KPD in Rheinland-Pfalz. 1952 bis 1956 wieder Stadtrat in Ludwigshafen, Fraktionsvorsitzender der KPD. 1955 wegen seiner Äußerungen über die Spätheimkehrer im Haupt- und Finanzausschuß des Stadtrates Ludwigshafen bei der Firma Giulini als stellvertretender Betriebsratsvorsitzender abgesetzt und anschließend entlassen.

Nach dem KPD-Verbot Vorsitzender der Wählergruppe Harth, deren Kandidatur zum Stadtrat Ludwigshafen 1956 nicht zugelassen wurde. Das Bezirksverwaltungsgericht bestätigte 1958 diese Entscheidung. Karl Harth trat erst 1968 als Mitglied der DKP wieder in Erscheinung. Er verstarb Mitte der achtziger Jahre in Ludwigshafen.

Karl Harth [135]

Weltweite Entspannung und lokale Konflikte in Ludwigshafen

Als Bundeskanzler Adenauer am 8. September 1955 von Köln zu seiner weltweit beachteten Reise nach Moskau abflog, fand dieses Ereignis und die nachfolgenden Verhandlungen natürlich auch stromabwärts in Ludwigshafen – besonders bei den Angehörigen der letzten Kriegsgefangenen – großes Interesse. Zudem unternahm die Bundesregierung selbst die Aufklärung der Ludwigshafener Bevölkerung über die außenpolitischen Ziele des Kanzlers. So referierte nach dessen Rückkehr Dr. Herbert Mittermann vom Bundesministerium für gesamtdeutsche Fragen gleich an drei Abenden in Ludwigshafen über den Begriff der ›friedlichen Koexistenz‹ aus westlicher und östlicher Sicht. Während mit der Aufnahme diplomatischer Beziehungen zwischen der UdSSR und der Bundesrepublik Deutschland sowie der damit verbundenen Entlassung der letzten Kriegsgefangenen ein Stück Nachkriegsgeschichte abgeschlossen wurde, ging in Ludwigshafen zeitgleich ein Stück Verkehrsgeschichte zu Ende. Stürmisch begrüßt von Ludwigshafens Autofahrern, die sie nur als Verkehrshindernis wahrgenommen hatten, stellte am 3. Oktober 1955 die Lokalbahn Mundenheim—Meckenheim den Personenverkehr ein. Während die Pendler nun mit Bahnbussen – zu erhöhten Preisen gegenüber dem ›feurigen Elias‹ – zu ihren Arbeitsplätzen in die Chemiestadt gefahren wurden, wurde der Gütertransport insbesondere wegen der Rübenbauern bis Weihnachten 1955 noch auf der Lokalbahnstrecke aufrechterhalten, dann aber ebenfalls an eine Bahnspedition übertragen; dies war wiederum verbunden mit Verspätungen und Frachtverteuerung für die Mutterstadter Geschäftswelt, wie anschließend auf der Hauptversammlung des Mutterstadter Gewerbevereins kritisch angemerkt wurde.[109]

In der Heimat stürmisch begrüßt werden sollte nach Ansicht von SPD, CDU und FDP aber auch die Rückkehr der letzten 9 626 Kriegsgefangenen aus der UdSSR. Ludwigshafen selbst erwartete bis zu 17 Spätheimkehrer, darunter eine Frau. Diese sollten, so die SPD-Stadtratsfraktion, wie ihre Vorgänger mit einem Empfang durch die Stadtverwaltung

Antikommunistischer
VOLKSBUND FÜR FRIEDEN UND FREIHEIT e.V.
Landesleitung Rheinland - Pfalz

X/55

An die
ARBEITER und ANGESTELLTEN
der Firma Gebr. GIULINI, Ludwigshafen (Rhein)

Der kommunistische Stadtrat Karl H a r t h , der zugleich der 2. Betriebsratsvorsitzende Ihrer Firma ist, hat sich eine ungeheuerliche Frechheit erlaubt, die für jeden anständigen Deutschen einen Schlag ins Gesicht bedeutet.

Wie das Organ der SPD, "DIE FREIHEIT" am 10.10.55 mitteilt, hat der Bolschewik Harth nicht nur die jetzt endlich heimkehrenden Kriegsgefangenen als Verbrecher bezeichnet, sondern er hat darüber hinaus noch die brutale Bemerkung gemacht, es sei besser, sie würden nicht wiederkommen.

Diese nicht zu überbietende Gemeinheit hat ein Mann von sich gegeben, der während des 2. Weltkrieges Angehöriger einer Propaganda-Kompanie (PK) war und heute Tag und Nacht wühlt, um der Diktatur des Kreml bei uns zum Sieg zu verhelfen.

Genosse Harth hat die Maske fallengelassen!

Jetzt weiß jeder, was man davon zu halten hat, wenn dieser KP-Agent sich als Freund und Interessenvertreter der Arbeiter aufspielt!

Heute verrät er unsere Kameraden –
Morgen seine Kollegen im Betrieb u. die Bürger seiner Stadt.

Schluß damit!

KAMERADEN- UND VATERLANDSVERRÄTER vom Schlage des Genossen H a r t h haben bei uns nichts mehr verloren, – weder im Betrieb noch im Stadtrat, wo er heute am 13.10.55 versuchen wird, seine provokatorischen Äußerungen wegzustammeln und umzulügen!
Deshalb:
LASST EUCH NICHT VON HARTH UND GENOSSEN AN MOSKAU VERSCHACHERN!

Herausg. u. verantw.: Volksbund für Frieden und Freiheit e.V., Rheinland-Pfalz. Eigendruck

Flugblatt des ›Antikommunistischen Volksbundes für Frieden und Freiheit‹ 13. Oktober 1955 [136]

SONDERDRUCK DER ZEITUNG Die Freiheit

Auszug aus der Ausgabe vom 17. Oktober 1955

Vor der Entscheidung:

Arbeitsgericht soll Harth ausschließen

Betriebsratsvorsitzender Oskar Beisswenger nimmt Stellung zum „Fall Harth" – Belegschaft verwahrt sich gegen Beleidigung der Rußlandheimkehrer – Harth hat sich alle Sympathien verscherzt

Ludwigshafen (hu). Der Betriebsratsvorsitzende der Fa. Gebr. Giulini, Oskar Beisswenger, hat am Samstag die Presse davon unterrichtet, daß der Betriebsrat mit Mehrheit den Beschluß gefaßt habe, gemäß den Bestimmungen des Betriebsverfassungsgesetzes beim Arbeitsgericht Ludwigshafen zu beantragen, dem kommunistischen Stadtrat und 2. Betriebsratsvorsitzenden Karl Harth die Betriebsratseigenschaften abzusprechen. In der Begründung zu diesem Antrag heißt es, daß Harth durch seine Äußerungen zum Heimkehrerproblem den Betriebsfrieden auf das schwerste gestört habe. Bei den Unterlagen, die dem Arbeitsgericht zugeleitet wurden, befinden sich auch Protestresolutionen verschiedener Gruppen des Betriebes, die den Ausschluß Harths aus der Werksgemeinschaft fordern.

Aus der ›Freiheit‹ 17. Oktober 1955 [137]

sowie einem Geldgeschenk willkommen geheißen werden. Während sich Oberbürgermeister Bockelmann in der Haupt- und Finanzausschußsitzung am 6. Oktober 1955 im Zuge der Gleichbehandlung für eine Beibehaltung der Höhe des Geldgeschenkes von 200 DM aussprach, plädierten die Vertreter von CDU und FDP für eine Erhöhung des Betrages. Hingegen machte sich der KPD-Fraktionsvorsitzende Harth die Auffassung der UdSSR zu eigen, daß es sich bei den 9 626 Betroffenen nicht um Kriegsgefangene, sondern um Kriegsverurteilte handele, die man als Kriegsverbrecher nicht hart genug behandeln könne. Er sprach sich deshalb gegen einen Empfang und das Geldgeschenk aus. Oberbürgermeister Bockelmann entgegnete, daß die Betroffenen lange genug gebüßt hätten und die russische Militärjustiz nicht mit rechtsstaatlichen Grundsätzen vereinbar sei. MdB Wagner betonte dies ebenfalls und forderte Harth auf, seine Ausführungen in öffentlicher Stadtratssitzung zu wiederholen.[110] Entgegen allen parlamentarischen und journalistischen Gepflogenheiten der Nachkriegszeit in Ludwigshafen und nur vor dem trotz beginnender friedlicher Koexistenz noch immer latenten Kalten Krieg nachvollziehbar, übernahm dies dann aber das SPD-Organ ›Die Freiheit‹, indem es am 10. Oktober 1955 nicht nur über den Verlauf der nichtöffentlichen Sitzung des Haupt- und Finanzausschusses berichtete, sondern unter der Überschrift „Empörendes Verhalten eines kommunistischen Stadtrats" Karl Harth mit der Bemerkung auch falsch zitierte, „daß es sich bei den Heimkehrern um Kriegsverbrecher handele, die besser nicht wiederkommen würden."[111]

Bereits am 11. Oktober 1955 protestierte Karl Harth in der Bau- und Grundstücksausschußsitzung gegen die Veröffentlichung in der ›Freiheit‹. Oberbürgermeister Bockelmann verurteilte die Mitteilung aus einer nichtöffentlichen Sitzung an die Presse und bestätigte auch, daß Harth die so zitierte Äußerung nicht vorgenommen hatte.[112] Vor dem Hintergrund täglich in Friedland eintreffender Heimkehrertransporte – am Morgen des 13. Oktober 1955 traf auch die erste 1952 aus der DDR in die UdSSR deportierte und für eine Unterbringung in

Anmerkungen
Seite 566 und 567

110 vgl. Rhpf, Jg. 11, Nr. 230ff sowie Protokoll der nichtöffentlichen Sitzung des Haupt- und Finanzausschusses der Stadt Ludwigshafen vom 6.10.1955

111 vgl. ›Die Freiheit‹, Jg. 9, Nr. 121 sowie Protokoll der nichtöffentlichen Sitzung des Haupt- und Finanzausschusses der Stadt Ludwigshafen vom 6.10.1955

112 vgl. Protokoll der nichtöffentlichen Sitzung des Bau- und Grundstücksausschusses der Stadt Ludwigshafen vom 11.10.1955

113 vgl. Rhpf, Jg. 11, Nr. 238f sowie StALu, Ws 3b, G 252/5

Wir entlarven die Hintergründe

der Pogromhetze gegen den Arbeiterfunktionär Karl Harth

Karl Harth wurde verleumdet, verfolgt, brotlos gemacht

WARUM?

Nach der Entlassung von Karl Harth durch die Firma Giulini ruft die KPD zu einer Protestversammlung auf [138]

UNSER TAG

Extra-blatt

VOLKSZEITUNG FÜR POLITIK WIRTSCHAFT KULTUR UND SPORT

SPD-OB gegen Falschmeldung der SPD-Presse

Erklärung der KPD-Fraktion im Ludwigshafener Stadtrat

Unerhörter Rechtsbruch bei Giulini in Ludwigshafen

Ein Urteil gegen die demokratischen Grundrechte

Extrablatt der KPD-Zeitung ›Unser Tag‹ 14. Oktober 1955 [139]

Ludwigshafen vorgesehene Heimkehrerin in der Chemiestadt ein – vollzog sich allerdings nun trotzdem ein regelrechtes Kesseltreiben gegen den kommunistischen Fraktionsvorsitzenden Karl Harth. Am 12. Oktober 1952 fand sich der Presseartikel der ›Freiheit‹ im Aushängekasten der Direktion der Firma Giulini wieder. Obwohl Harth daraufhin gleich in einem eigenen Flugblatt auf seine Entlastung durch den Oberbürgermeister in der Bau- und Grundstücksausschußsitzung verwies, veranstaltete noch am gleichen Abend die Christliche Werksgemeinschaft des Unternehmens ebenfalls unter Bezugnahme auf die falsch in der ›Freiheit‹ wiedergegebenen Äußerungen von Harth eine Protestveranstaltung gegen das Stadtratsmitglied und verlangte dessen Ausschluß aus „Betriebsrat und Belegschaft.“ Am nächsten Morgen wurde bereits ein weiteres Flugblatt, nun des ›Antikommunistischen Volksbundes für Frieden und Freiheit‹ vor dem Giulini-Werk verteilt, in dem Harth, der im ›Dritten Reich‹ als kommunistischer Widerstandskämpfer 1934/35 zehn Monate inhaftiert gewesen war, als ehemaliger Handlanger der Diktatur des Hakenkreuzes sowie der jetzigen von Hammer und Sichel dargestellt wurde. Gleichzeitig wurde Karl Harth – stellvertretender Betriebsratsvorsitzender – von der Direktion bis auf weiteres der Zugang zum Werksgelände unter Verweis auf den Artikel der ›Freiheit‹ und des Beschlusses der Christlichen Werksgemeinschaft verweigert.[113]

Entsprechend kam es bei der Stadtratssitzung am 13. Oktober 1955 zu tumultartigen Szenen, die an die Wiederaufführung eines Theaterstückes erinnerten. Erneut stellte die SPD-Fraktion den Antrag auf eine Zuwendung von 200 DM an die Rußland-Heimkehrer; während die CDU den Antrag unterstützte, beantragte die FDP erneut eine Erhöhung der Gabe auf 300 DM. Auch Oberbürgermeister Bockelmann wiederholte seinen Hinweis, daß dies der gleichmäßigen Behandlung aller Spätheimkehrer widersprechen würde. Nun verwies Stadtrat Harth auf die entlastenden Worte des Oberbürgermeisters in der Bau- und Grundstücksausschußsitzung. Daraufhin mußte der Oberbürgermeister feststellen, daß Harth zwar in der Presse falsch zitiert worden sei, seine

Gleisbauarbeiten im Hauptbahnhof
Dezember 1955 [140]

Anmerkungen
Seite 568 und 569

114 vgl. Rhpf, Jg. 11, Nr. 239; ›Freiheit‹, Jg. 9, Nr. 123 und ›Unser Tag‹, Jg. 7, Nr. 240 sowie SRP, 13.10.1955 und StALu, Ws 3b, G 252/5

115 vgl. Rhpf, Jg. 11, Nr. 240ff und StALu, Ws 3b, G 252/5 sowie den Nachlaß von Karl Harth und Karl Samstag, in: Antifa-Archiv Ludwigshafen/Privatarchiv Hermann W. Morweiser – im weiteren: AFA-Lu – und Becker, KPD, S. 263f

Erklärung aber auch nicht seinen wesentlich schärferen Formulierungen in der Haupt- und Finanzausschußsitzung entspräche. Entsprechend ging der Versuch der KPD-Fraktion, ihre Position zu den Heimkehrertransporten durch das Verlesen einer Erklärung zu verdeutlichen, nach den Worten „heimkehrenden begnadigten Kriegsverurteilten" im allgemeinen Tumult unter. ›Die Rheinpfalz‹ sprach am nächsten Tag von einem „beschämenden Zwischenspiel der Kommunisten", ›Die Freiheit‹ vermeldete „Tumulte bei Heimkehrerdebatte" und ›Unser Tag‹, das Organ der KPD, verkündete: „SPD-OB gegen Falschmeldung der SPD-Presse." Die sozialdemokratischen und kommunistischen Kontrahenten – beide Parteien hatten kurz zuvor auf der anderen Rheinseite in Mannheim bei der Oberbürgermeisterwahl noch kooperiert – ließen es sich auch nicht nehmen, ihre unterschiedlichen Presse-Interpretationen der Stadtratssitzung am 14. Oktober 1955 als Flugblatt vor dem Giulini-Werk zu verteilen. Schließlich tagte dort am gleichen Tag der Betriebsrat, dessen sozialdemokratische Mehrheit nun beschloß, beim Arbeitsgericht Ludwigshafen die Entfernung von Karl Harth aus diesem Gremium zu erwirken.[114]

Richtfest in der Valentin-Bauer-Siedlung
21. November 1955 [141]

Tatsächlich interessierte sich im Oktober 1955 die Ludwigshafener Öffentlichkeit sehr viel mehr für das zum Teil abenteuerliche Schicksal der Spätheimkehrer als für das eines hiesigen kommunistischen Stadtrates – zumal am 15. Oktober 1955 auch die ersten beiden gebürtigen Ludwigshafener nach elf und 13 Jahren aus der UdSSR in die Stadt der Chemie zurückgekehrt waren. Auch die städtischen Dienststellen kündigten an, daß den Spätheimkehrern kein bürokratischer Hürdenlauf bevorstehen würde, sondern durch großzügige Behördenzusammenarbeit eine möglichst schnelle Integration der Betroffenen – einschließlich eines kostenlosen vierwöchigen Erholungsaufenthaltes im Kurhaus Trifels – erreicht werden sollte. Am 29. Oktober 1955 folgte das Amtsgericht Ludwigshafen dem Ansinnen des Giulini-Betriebsrates und schloß Karl Harth aus dem Gremium aus. Damit hatte nun auch die Giulini-Direktion den Rücken frei für die fristlose Entlassung von Karl Harth, die sie dann am 4. November 1955 vornahm. Harth teilte damit das Schicksal seines Fraktionskollegen Karl Samstag, der bereits im März 1955 trotz seiner Funktion als Betriebsratsvorsitzender von der Firma Raschig wegen ›Werksspionage‹ entlassen worden war.[115]

Vorweihnachtlicher ›Einkaufsrummel‹ in der Ludwigstraße 1955 [142]

Ortsbeiräte statt Ausgemeindung

Bereits am 18. Oktober 1954 hatte der Stadtrat in der Hauptsatzung verankert, daß die seit der Eingemeindung am 1. April 1938 bestehenden städtischen Geschäftsstellen in den Ortsteilen Maudach, Oggersheim, Oppau und Rheingönheim jeweils von einem dem Stadtrat angehörenden Ortsbeauftragten beaufsichtigt werden sollten. Allerdings gab die neue Gemeindeordnung von Rheinland-Pfalz größeren kreisfreien Städten die Möglichkeit für Vororte, die eine engere Ortsgemeinschaft bilden, zusätzlich auch einen Ortsbeirat zu errichten. Eine entsprechende Satzung billigte am 6. Oktober 1955 auch der Haupt- und Finanzausschuß der Stadt Ludwigshafen. Wenige Tage später wies das Bezirksverwaltungsgericht Neustadt endgültig die Klage eines Mitglieds des Oppauer Aktionsausschusses für die Ausgemeindung Oppaus zurück, indem es feststellte, daß die Eingemeindung von 1938 ordnungsgemäß erfolgt sei und nur vom Gesetzgeber wieder aufgehoben werden könnte. Damit konnte der Stadtrat von Ludwigshafen den Kompromißweg zwischen der Stadt und dem Vorort Oppau durch die Wahl eines Ortsbeirates einschlagen.[116] Trotz dieser geplanten Dezentralisierung sahen die Stadtväter und -mütter aber auch den Bau eines der Größe und der Bedeutung der Stadt Ludwigshafen entsprechenden zentralen Rathauses „als unausweichliche Aufgabe in den kommenden Jahrzehnten" an. Vorläufig begnügte sich der Bau- und Grundstücksausschuß des Stadtrates aber noch mit einem viergeschossigen Erweiterungsbau für das Stadthaus Jubiläumsstraße.[117] Zunächst einmal folgte jedoch am 19. Dezember 1955 der Stadtrat einstimmig dem Beschlußvorschlag des Haupt- und Finanzausschusses und wählte gemäß dem Kommunalwahlergebnis von 1952 einen 13köpfigen Ortsbeirat für Oppau (8 SPD, 3 CDU, 1 FDP, 1 KPD), einen 11köpfigen für Oggersheim (6 SPD, 3 CDU, 1 FDP, 1 KPD) und je zwei 7köpfige für Rheingönheim (4 SPD, 1 CDU, 1 FDP, 1 KPD) sowie Maudach (3 SPD, 4 CDU). Zu Beginn der Sitzung hatte die KPD noch einmal zu einer Stellungnahme zur Entlassung ihres Fraktionsvorsitzenden Harth durch die Firma Giulini aufgefordert. Dies wurde jedoch von der Stadtverwaltung abgelehnt, mit

Anmerkungen
Seite 570 und 571

116 *vgl. Rhpf, Jg. 11, Nr. 256ff sowie SRP 18.10.1955 und Protokoll der nichtöffentlichen Sitzung des Haupt- und Finanzausschusses der Stadt Ludwigshafen vom 6.10.1955*

117 *vgl. Rhpf, Jg. 11, Nr. 288 sowie Protokoll der nichtöffentlichen Sitzung des Bau- und Grundstücksausschusses der Stadt Ludwigshafen vom 12.12.1955*

118 *vgl. Schneider und Becker, ÖTV, S. 179*

119 *vgl. StALu, N 8, Nachlaß Heinrich Ries und SPD-Stadtverband*

120 *vgl. Rhpf, Jg. 11, Nr. 294 sowie SRP 19.12.1955*

Betriebsratsvorsitzender bei der Straßenbahn: ***August Fend***

August Fend[118] wurde am 3. November 1905 in Mannheim geboren. Modellschreiner. Ab 1919 in der Kommunistischen Jugend, seit 1923 Mitglied der KPD. 1930 bis 1933 Stadtrat in Mannheim. Von Februar bis April 1933 in Schutzhaft. Anschließend aktiv im kommunistischen Widerstand als Instrukteur der Bezirksleitung Baden-Pfalz. Am 3. November 1933 verhaftet, am 13. Dezember 1934 wegen Vorbereitung zum Hochverrat verurteilt und bis Juni 1936 inhaftiert. Nach der Entlassung Ansiedlung in Altrip. Juni 1943 Einsatz im Strafbataillon 999 in Griechenland; Oktober 1944 aktiv im Befreiungskampf der kommunistischen ELAS auf Korfu. Anschließend englische Kriegsgefangenschaft. Januar 1947 Rückkehr nach Altrip. Mitarbeiter der Straßenbahn Ludwigshafen, Betriebsratsvorsitzender und Politischer Leiter der Betriebsgruppe der KPD, Mitglied der pfälzischen Bezirksleitung. März 1948 in das Sekretariat des Landesvorstandes kooptiert. November 1948 Kandidat zum Gemeinderat Altrip und zum Kreistag Ludwigshafen-Land. 1949 Übersiedlung nach Ludwigshafen. April 1951 Kandidat der KPD zum Landtag Rheinland-Pfalz. Im Oktober 1951 Ausschluß aus der Gewerkschaft ÖTV. 1952 bis 1956 Stadtrat der KPD in Ludwigshafen. Im April 1956 die Freistellung als Betriebsratsvorsitzender bei der Straßenbahn Ludwigshafen wegen politischer Betätigung für die KPD entzogen. November 1956 Kandidat der Wählergruppe Harth. 1960 Übersiedlung nach Mannheim. 1968 Mitglied der DKP.

August Fend starb am 13. Februar 1996 in Mannheim.

August Fend [143]

Der Ortsvorsteher mit dem Fahrrad: ***Heinrich Ries***

Heinrich Ries,[119] geboren am 13. Januar 1912 in Oppau. Maschinenschlosser. Ab 1926 in der Sozialistischen Jugend, seit 1927 Mitglied der SPD. 1929 Mitglied des Reichsbanners Schwarz-Rot-Gold, 1930 Bezirksvorsitzender des Arbeiterturn- und Sportbundes Vorderpfalz-Rheinhessen. 1944 Soldat. 1945 wieder in Ludwigshafen als Maschinenschlosser in der BASF. 1946 Mitbegründer der SPD Ludwigshafen. 1947 Vorsitzender des Jugendausschusses der IG Chemie und des AGB Ludwigshafen. 1947 bis 1977 freigestelltes Betriebsratsmitglied in der BASF. 1948 Mitglied im Vorstand der Verwaltungsstelle der IG Chemie in Ludwigshafen. 1951 Mitbegründer des Wassersportvereins ›Vorwärts‹, Zweiter Vorsitzender. 1952 Zweiter Vorsitzender des SPD-Ortsvereins Nord-Hemshof. 1952 bis 1989 Stadtrat in Ludwigshafen. 1952 bis 1977 stellvertretender Betriebsratsvorsitzender der BASF – u. a. Mitglied des Wirtschaftsausschusses, Beirat der BKK, der BASF-Altershilfe, des Erholungswerks, der Jubilarstiftung, der Heinrich-von-Brunck-Gedächtnisstiftung. 1957 stellvertretender DGB-Vorsitzender in Ludwigshafen. 1961 bis 1983 Vorsitzender des SPD-Ortsvereins Nord-Hemshof. 1962 bis 1970 Mitglied des Aufsichtsrats der BASF als Arbeitnehmervertreter. 1962 bis 1974 Mitglied der Vertreterversammlung der LVA Rheinland-Pfalz. 1966 bis 1976 Vorsitzender der Verwaltungsstelle der IG Chemie in Ludwigshafen. 1966—1989 Ortsvorsteher nördliche Innenstadt. 1972 Auszeichnung mit dem Bundesverdienstkreuz. 1972—1975 Mitglied des Gesamtbetriebsrats und des Konzernbetriebsrats der BASF. 1974 Verleihung der Freiherr-vom-Stein-Plakette. 1977 Pensionierung. 1978 Verleihung der Hans-Böckler-Medaille des DGB. 1983 Ehrenvorsitzender des SPD-Ortsvereins Nord-Hemshof. 1986 Verleihung des Ehrenrings der Stadt Ludwigshafen.

Seine Leidenschaft galt dem Radfahren, weshalb er in der BASF, im Hemshof, aber auch in der Stadt scherzhaft und liebevoll der ›Rote Radler‹ genannt wurde. Heinrich Ries starb am 5. April 1989 in Ludwigshafen an den Folgen eines Verkehrsunfalls.

Heinrich Ries [144]

der Begründung, es gehöre nicht zu ihren Aufgaben, die Rechtmäßigkeit betrieblicher Maßnahmen zu überprüfen. Die Stadtverwaltung sei jedoch in Zukunft bemüht, die Vertraulichkeit einer nicht öffentlichen Sitzung zu wahren. Allerdings müßten Personen, die im öffentlichen Leben stehen, die Folgen ihrer politischen Äußerungen selber tragen. Damit wieder in der alten Konfrontationslinie, stimmte anschließend - allein die KPD-Fraktion gegen den Nachtragshaushalt 1955, der die Bereitstellung der Finanzmittel zum weiteren Aufbau von Ludwigshafen, unter anderem für die Erweiterung des Stadthauses Jubiläumsstraße, ermöglichte.[120]

Trotz Kältewelle rollt der Fasnachtszug durch Ludwigshafen, 12. Februar 1956 [145]

Alte und neue Ehren für den neuen und alten Oberbürgermeister

Zur Jahreswende 1955/56 konnte sich erstmals Oberbürgermeister Bockelmann mit einem Rück- und Ausblick an die Ludwigshafener Bevölkerung wenden, wobei er insbesondere die Kontinuität zwischen seiner eigenen Tätigkeit und der seines Amtsvorgängers betonte und ankündigte, daß der noch immer als Alleinvorstand der GAG aktive Valentin Bauer bereits zu Lebzeiten mit der Umbenennung der Schlachthof-Siedlung in Valentin-Bauer-Siedlung geehrt werden sollte. Aber auch Bockelmann erfreute sich nun mancher Ehrung: So überreichten bereits am Neujahrstag die Karnevalsvereine dem im Ludwigshafener Karneval noch nicht völlig „eingearbeiteten" neuen Oberbürgermeister als Ehrengeschenk eine prachtvolle Narrenkappe, der ihnen dafür als Gegengabe gerne den Stadtschlüssel überließ. Als glückliches Omen für seine weitere Arbeit deutete Bockelmann seine erste ernsthafte Amtshandlung im neuen Jahr, als er am 2. Januar 1956 in Mundenheim mit einem symbolischen Banddurchschnitt den ersten Teilabschnitt der für Oggersheim, Maudach, Rheingönheim und Mundenheim vorgesehenen Umgehungsstraßen freigeben konnte. Tatsächlich hatte bereits im Jahr 1956

Anmerkungen Seite 573

121 *vgl. Rhpf, Jg. 11, Nr. 303ff*

122 *vgl. Rhpf, Jg. 12, Nr. 12ff sowie ›Freiheit‹, Jg. 10, Nr. 7; weiterhin die Nachlässe von August Fend und Otto Zimpelmann, in: AFA-Lu und LUN, 4008*

123 *vgl. Rhpf, Jg. 12, Nr. 13ff sowie SRP 16.2.1956*

der Autoverkehr ein Ausmaß angenommen, das nicht nur Umgehungsstraßen erforderlich machte, sondern das auch neben der Industrie als zweite Ursache für Luftverschmutzung in Ludwigshafen angesehen wurde. Zwar nahmen nun auch Beauftragte des Bundesgesundheitsministeriums Luftmessungen in Ludwigshafen vor – eine Patentlösung für die Reinigung der Großstadtluft hatten sie allerdings nicht.[121]

Neue Unbill kam über die Ludwigshafener Stadtratsfraktion der KPD am 13. Januar 1956. Auf einer Betriebsversammlung der Ludwigshafener Straßenbahner wurde dem kommunistischen Stadtratsmitglied und im Mai 1955 mit 82% der Wählerstimmen als Betriebsratsvorsitzender der Ludwigshafener Straßenbahner bestätigten August Fend vorgeworfen, sechs Wochen unbezahlten Urlaub u. a. für einen Schulungsaufenthalt in der UdSSR genutzt zu haben. Nach einer heftigen innerbetrieblichen Auseinandersetzung zwischen KPD-Betriebsgruppe auf der einen und ÖTV-Vertrauensleuten auf der anderen Seite wurde am 8. Februar 1956 Fend die Freistellung als Betriebsrat wegen innerbetrieblicher politischer Betätigung durch die Direktion entzogen. Damit hatte der dritte Ludwigshafener KPD-Stadtrat sein 1952 bei der Stadtratswahl noch besessenes Betriebsratsmandat durch eine Ordnungsmaßnahme eingebüßt; Samstag und Harth sogar zusätzlich ihren Arbeitsplatz verloren. Lediglich der kommunistische Stadtrat Otto Zimpelmann konnte sein erst 1953 errungenes Betriebsratsmandat bei der BASF bis zu seiner Pensionierung 1984 durchgängig verteidigen.[122]

Daß durch die Entwicklung in der DDR die westdeutschen Kommunisten auch in ihrer Hochburg Ludwigshafen in eine Selbstisolierung geraten waren, verdeutlichte der stellvertretende Landesvorsitzende der Jungen Union in Rheinland-Pfalz, Helmut Kohl, der sich am 14. Januar 1956 im dicht besetzten großen Saal des damaligen Hauses der Jugend mit „den sogenannten Errungenschaften der Sowjetzone" auseinandersetzte. Während Kohl in seinem Vortrag die demokratischen Defizite im anderen Teil Deutschlands aufzeigte, fiel Oberbürgermeister Bockelmann die Ehre zu, am 26. Januar 1956 in Oggersheim die Mitglieder des ersten Ludwigshafener Ortsbeirats zu verpflichten und dabei dessen kommunalpolitische Rolle in der innerstädtischen Demokratie aufzuzeigen. Daß die westdeutsche Demokratie nicht nur durch eine solche Einbeziehung ihrer Bürger, sondern inzwischen auch durch ein funktionierendes Sozialsystem gesichert war, wurde im Februar 1956 in Ludwigshafen deutlich, als das Arbeitsamt für Hunderte – infolge der langanhaltenden Kältewelle arbeitslos gewordene – Bauarbeiter materielle Hilfe leistete. Am 16. Februar 1956 folgte der Stadtrat dann einstimmig dem Vorschlag von Oberbürgermeister Bockelmann und benannte die Siedlung im Schlachthofviertel ›Valentin-Bauer-Siedlung‹. Ebenso einstimmig wurden die von den Ortsbeiräten vorgeschlagenen Ortsvorsteher bestätigt und die Gebührenfreiheit für die Benutzung der Stadtbücherei eingeführt – auch der Ebertpark war ab März 1956 ohne Eintritt zugänglich. Kontrovers diskutiert wurde einzig wieder nur ein Antrag der KPD, der ein stärkeres städtisches Wohnungsprogramm zugunsten der einheimischen Bevölkerung forderte, da die neuen Wohnungen fast gänzlich von Zugewanderten belegt worden seien. Allerdings handelte es sich dabei größtenteils um Flüchtlinge aus dem kommunistisch regierten Osteuropa, wie Stadtrat Ries in seiner Replik treffend feststellte.[123]

Der ›Bund Bayern und Pfalz‹ warb für die Rückkehr der Pfalz zu Bayern [146]

Der ›Verein Kurpfalz‹ agierte für den Anschluß der Pfalz an Baden-Württemberg [147]

Südweststaat oder zurück zu Bayern?

Für das von der französischen Militärregierung geschaffene Land Rheinland-Pfalz hatten sich in Ludwigshafen seit 1946 immer nur wenige Fürsprecher gefunden. Mit der Beendigung des Besatzungsstatus am 5. Mai 1955 stand die Frage der Fortexistenz dieses Bundeslandes zur Debatte. Nachdem anschließend ein Sachverständigen-Ausschuß der Bundesregierung zu dem Ergebnis kam, daß Rheinland-Pfalz zu den leistungsschwachen Ländern gehöre und seine Abgrenzung einer Revision bedürfe, traten auch in der Chemiestadt zwei sehr rührige Vereinigungen in Erscheinung, die sich für ein Volksbegehren zur Herauslösung der Pfalz aus Rheinland-Pfalz aussprachen. Zum einen war dies der ›Bund Bayern und Pfalz‹, der sich für einen Wiederanschluß der Pfalz an Bayern einsetzte und u. a. von Valentin Bauer unterstützt wurde; zum andern der ›Verein Kurpfalz‹ der den Zusammenschluß der Pfalz mit Baden-Württemberg zu einem Südweststaat präferierte. Prominentester Vertreter dieses Vereins waren in Ludwigshafen Bürgermeister Reichert und MdB Friedrich Wilhelm Wagner. Die SPD zeigte sich also in der Frage Pfalz oder Bayern besonders gespalten und war sich nur einig über die Ausgliederung der Pfalz aus Rheinland-Pfalz. Gleiches galt auch für die KPD, die als alleiniges Ziel die Auflösung von Rheinland-Pfalz als „Basis der Reaktion" propagierte. Hingegen folgten trotz des Engagements von Reichert für den ›Verein Kurpfalz‹ die Mitglieder von CDU und FDP in Ludwigshafen mehrheitlich der von ihnen mitgetragenen Landesregierung und sprachen sich gemeinsam mit dem ›Bund Rheinland-Pfalz‹ für den Fortbestand des Bundeslandes aus. Entsprechend begleitet durch eine heftige Presseschlacht aller Interessenten am Für und Wider von Rheinland-Pfalz konnten sich dann vom 9. bis 22. April 1956 die Ludwigshafener in die Listen für eine Volksabstimmung über einen Anschluß der Pfalz an Bayern oder Baden-Württemberg eintragen. Überraschend wenig Wahlberechtigte nahmen jedoch diese Möglichkeit wahr: Gerade einmal 8,63% votierten für ein Volksbegehren zugunsten des Anschlusses an Bayern; 10,79% zugunsten eines Südweststaates. In

Anmerkungen Seite 575

124 vgl. Rhpf, Jg. 12, Nr. 12ff sowie Mathy, S. 141ff

Aufruf zur Teilnahme am Volksbegehren für den Anschluß der Pfalz an Baden-Württemberg [148]

Plakat zu einer Kundgebung des ›Bundes Bayern und Pfalz‹ in Ludwigshafen 14. April 1956 [149]

der gesamten Pfalz votierten sogar nur 7,6% der Wahlberechtigten für eine Volksabstimmung zugunsten Bayerns und 9,3% zugunsten des Südweststaates. Da jeweils aber eine Eintragung von mindestens 10% der Wahlberechtigten notwendig gewesen wäre, kam deshalb in der Pfalz überhaupt keine Volksabstimmung zustande. Hingegen waren in den Regierungsbezirken Koblenz, Trier, Montabaur und Rheinhessen die Volksbegehren für einen Anschluß an Nordrhein-Westfalen bzw. Hessen erfolgreich – die damals vorgesehenen Volksabstimmungen fanden freilich erst im Jahre 1975 statt und bestätigten dann doch den Fortbestand von Rheinland-Pfalz.[124]

Sommer 1956 oder ›Die Sehnsucht nach dem Süden‹

War also der 22. April 1956 für die Ludwigshafener Gegner von Rheinland-Pfalz kein Freudentag, so hatte aber die protestantische Kirchengemeinde an diesem Tag allen Grund zur Freude, denn nach 13 Jahren Kriegszerstörung konnte man die zweite Einweihung der Friedenskirche begehen. Das bei der Ersteinweihung 1931 wegen der eigenartigen Rundform mit zentral gelegenem Rundturm noch umstrittene Bauwerk galt nun als glückliche Vereinigung von Kirchenbau und Baukunst. Zur Beglückung der ganzen Ludwigshafener Bevölkerung hingegen war die Aufforstung des Maudacher Bruchs auf neun Kilometer Länge und 700 Meter Breite gedacht, die ebenfalls noch im April 1956 aufgenommen wurde. Geehrt fühlen konnten sich die Ludwigshafener Gewerkschafter, denn am 30. April 1956 führte der Deutsche Gewerkschaftsbund seine Bundesfeier zum 1. Mai im Ludwigshafener Pfalzbau durch. In der über alle Sender der Bundesrepublik Deutschland verbreiteten Ansprache forderte der stellvertretende DGB-Vorsitzende Reuter erneut die Einführung der 40-Stundenwoche. Reuter war am nächsten Tag dann auch der Hauptredner auf der Mai-Feier des DGB in Ludwigshafen. Erneut waren „Tausende Ludwigshafener Werktätiger" erschienen, denen ein umfangreiches Kulturangebot vom Fanfarenbläser Musikchor Kurpfalz e.V. bis zum Pfalzorchester geboten wurde. Mitte Mai

Auch 1956 trug der 1. FC Kaiserslautern seine Meisterschaftsspiele im Südwest-Stadion aus [150]

Der stellvertretende DGB-Vorsitzende Reuter spricht am 1. Mai im Ebertpark; vorne rechts ist Oberbürgermeister Bockelmann zu erkennen [151]

wurde in Ludwigshafen dann auch die Badesaison 1956 eröffnet – u. a. hatte die Stadtverwaltung das Angebot des Strandbades am Rhein um eine große Liegewiese und acht Brausen erweitert – offen blieb allerdings, ob diese nur zum Aufwärmen nach einem Bad in dem noch sehr kühlen Rhein gedacht waren oder gar zum anschließenden Wegspülen der auf der Haut haftenden chemischen Beigaben des Flusses dienen sollten.[125]

Die Stadtratssitzung am 17. Mai 1956 mußte Oberbürgermeister Bockelmann mit der Mitteilung eröffnen, daß am Morgen des gleichen Tages der FDP-Fraktionsvorsitzende Bertram verstorben war. Bertram hatte dem Ludwigshafener Stadtrat von 1920—1933 und wieder ab 1946 angehört. Oberbürgermeister Bockelmann betonte, daß man Bertram nicht besser ehren könne, als daß man mit allem Ernst an die Arbeit gehe. Anschließend stellte Bockelmann den Haushaltsplan 1956/57 vor, wobei er wie sein Vorgänger nicht mit Kritik am Landesfinanzausgleich sparte. Während die Fraktionsvorsitzenden von SPD, CDU und FDP in der anschließenden Debatte sich insbesondere positiv über die bisherige Amtsführung von Bockelmann äußerten und dem Haushaltsplan zustimmten, versagte sich die KPD erneut, da fünf ihrer Veränderungsvorschläge mangels Deckung nicht berücksichtigt worden waren.[126]

Daß der Tod von Ludwig Bertram nicht nur einen persönlichen Verlust für die Ludwigshafener Liberalen bedeutete, sondern auch noch eine Mandatseinbuße mit sich brachte, mußte die FDP-Fraktion bei der nächsten Stadtratssitzung am 30. Mai 1956 zur Kenntnis nehmen, als Theo d'Hone als Nachfolger von Bertram mit seiner Mandatsannahme gleichzeitig auch seinen Übertritt zur SPD-Fraktion erklärte. Damit kam die SPD-Fraktion – wie bereits zwischen 1949 und 1952 – durch einen Fraktionswechsel erneut zur einer absoluten Mehrheit im Stadtrat. Ein Vorgang, der bei den anderen drei Fraktionen auf wenig Begeisterung stieß und den neuen FDP-Fraktionsvorsitzenden Eberle zu der Bemerkung veranlaßte, „Herr d'Hone sei wie die Überläufer im Krieg zu bewerten."[127]

Anmerkungen Seite 576 und 577

125 *vgl. Rhpf, Jg. 12, Nr. 95ff*
126 *vgl. Rhpf, Jg. 12, Nr. 115ff sowie SRP 17.5.1956*
127 *vgl. Rhpf, Jg. 12, Nr. 124 sowie SRP 30.5.1956*
128 *vgl. StAnz., Jg. 9, Nr. 20 vom 19.5.1956*
129 *vgl. Rhpf, Jg. 12, Nr. 125ff*

Liberales Urgestein: ***Ludwig Bertram***

Ludwig Bertram[128] *wurde am 14. August 1880 in Wolfstein (Kreis Kusel) geboren. Nach der Ausbildung in der Lehrerbildungsanstalt Kaiserslautern war er als Pädagoge in Oberweiler, Otterberg und Landau tätig. 1905 wurde er nach Ludwigshafen berufen, wo er bis 1928 an der Volksschule unterrichtete und sich gleichzeitig an der Handelsschule in Mannheim fortbildete. Von 1928 bis zu seiner Pensionierung im Jahr 1949 war er als Studienrat am Lyzeum tätig. Im Jahr 1920 wurde Ludwig Bertram erstmals für die DDP in den Stadtrat gewählt, nachdem er schon seit 1915 Mitglied des Haupt- und Finanzausschusses sowie des Schulausschusses gewesen war. Ebenfalls seit 1915 war er Mitglied des Ludwigshafener Bezirkstags gewesen.*

1933 mußte er aus dem Stadtrat ausscheiden.

1946 wurde er wieder in den Kreistag gewählt, ab 1948 führte er die neue FDP-Fraktion im Ludwigshafener Stadtrat. Ferner war Ludwig Bertram Mitglied der protestantischen Gesamtkirchengemeinde, der Dekanatssynode und des Presbyteriums Ludwigshafen-Nord. 1955 wurde er mit dem Verdienstkreuz der Bundesrepublik Deutschland sowie mit der Freiherr-vom-Stein-Plakette des Landes Rheinland-Pfalz ausgezeichnet.

Ludwig Bertram starb am 17. Mai 1956 in Ludwigshafen.

Ludwig Bertram [152]

Zwar nicht kriegerisch, aber zumindest kämpferisch ging es am nächsten Tag im Ludwigshafener Südwest-Stadion zu, als der 1. FC Kaiserslautern in einem Spiel um die Deutsche Meisterschaft auf den Karlsruher SC traf. Weit mehr als die offiziell zugelassenen 82 000 Zuschauer waren ins Stadion gelangt und lieferten sich im Kampf um die Plätze bei drückender Schwüle untereinander und mit der Polizei beträchtliche Handgemenge. Selbst Flaschen und andere harte Gegenstände kamen zum Einsatz und zu guter Letzt wurde auch noch der Rasen demoliert, als die Anhänger des siegreichen KSC nach Spielschluß den Innenraum stürmten. Danach kehrten aber in Ludwigshafen wieder friedlichere Zeiten ein – auch beim wieder sehr gut besuchten Parkfest blieben die Reibereien im ›üblichen‹ Rahmen. Überrascht wurde dagegen von den Chronisten festgestellt, daß „das Geld nicht mehr so locker in der Tasche zu sitzen scheint" – zumindest verzeichneten sowohl die Fahrgeschäfte als auch der Getränkeumsatz trotz Besucherzunahme gegenüber dem Vorjahr einen Rückgang. Ebenfalls noch einmal eine große Besucherzahl im Ebertpark konnten im Sommer 1956 sowohl das Pfälzische Landesturnfest als auch Vico Torriani verzeichnen, der sein Programm ›Musik im Blut‹ vorstellte. Er wollte „die Sehnsucht nach dem Süden stillen, die das deutsche Herz notwendig hat" und lag damit ganz im Zeitgeist. Ihm folgte auch die lokale Presse, der die sommerliche Studienreise von 95 Ludwigshafener Berufsschülern nach Rom im Juli 1956 gleich mehrere Schlagzeilen wert war.[129]

Sommerlich ging es auch bei der Stadtratssitzung am 27. Juli 1956 zu. Zumindest sprachen dafür die gelichteten Reihen bei den einzelnen Fraktionen und die in rascher Folge abgewickelte Tagesordnung; einzig die kleinen Fraktionen brachten wieder etwas Sand ins Getriebe, indem sich die FDP über die Verzögerung bei der Bearbeitung von Anträgen in Fachausschüssen beschwerte und die KPD eine Beratung von Interessenten durch die Bundeswehr in städtischen Räumen monierte. Einen ersten militärischen Auftritt hatte die Bundeswehr in Ludwigshafen am 30. Juli 1956, als im Rheinhafen Panzerketten für das Ersatzteillager in Germersheim umgeschlagen wurden; geleitet wurde das Unternehmen

Plakat für das Pfälzische Landesturnfest, das 1956 im Südwest-Stadion stattfand [153]

Siegerehrung beim Pfälzischen Landesturnfest im Südwest-Stadion [154]

kurioserweise von einem Offizier, der bereits 1936 einer der ersten Reichswehrangehörigen in Ludwigshafen gewesen war. Größeres Aufsehen als die neue deutsche Armee erregte in Ludwigshafen allerdings der Sommerschlußverkauf mit Umsatzsteigerungen bis zu 30% – häufig finanziert durch Kredite, deren Volumen jeweils zwischen 100 DM und 500 DM von der Pfälzischen Kunden-Kredit-Bank als „doch bedeutend" eingeschätzt wurde. Begeisterungsstürme ernteten am 2. August 1956 Bruce Low mit seinen Cowboy-Liedern sowie Heinz Ehrhardt und Lale Andersen bei ihrem Auftritt vor 3 600 Zuhörern auf dem Gartenstädter Blumenfest.[130]

KPD-Verbot und die Kommunalwahl 1956

Fernab von diesen sommerlichen Aufregungen herrschte beim Bundesverfassungsgericht in Karlsruhe hektisches Treiben, denn fast fünf Jahre nach dem Antrag der Bundesregierung stand dort die Entscheidung über ein Verbot der KPD an. Die in den Medien vorausgegangenen heftigen Spekulationen über das Wahlverhalten der Kommunisten nach einem Parteiverbot waren natürlich in der Chemiestadt am Rhein von besonderer Bedeutung, da in Ludwigshafen die KPD mit 6 105 Wählern (8,6%) bei der Landtagswahl 1955 und fünf Stadtratsmitgliedern noch immer einen relevanten Faktor darstellte. Da gleichzeitig die bevorstehende rheinland-pfälzische Kommunalwahl 1956 zu einer Vorentscheidung für die Bundestagswahl 1957 hochstilisiert wurde, erhielt gerade hier diese Frage noch einmal zusätzliche Brisanz. Für die KPD war die Situation natürlich besonders schwierig, denn auf der einen Seite hatte auch sie aufgrund der unklaren letztrichterlichen Entscheidung mit der Vorbereitung auf die Kommunalwahl 1956 begonnen, auf der anderen Seite waren die Vorbereitungen auf eine erneute Illegalität der Partei auch in Ludwigshafen längst abgeschlossen. So befanden sich am Tage der Urteilsverkündung in Karlsruhe bekannte Ludwigshafener Kommunisten – darunter der Stadtrat Zimpelmann – aus Angst vor einer Verhaftung in der DDR, während am Morgen des 17. August 1956

Anmerkungen Seite 578 und 579

130 *vgl. Rhpf, Jg. 12, Nr. 174ff sowie SRP 27. 7. 1956*

131 *vgl. Rhpf, Jg. 12, Nr. 182ff sowie die Beschlagnahmeliste, in: AFA-Lu, SLu 192*

132 *vgl. Rhpf, Jg. 12, Nr. 192f sowie die in der Ludwigshafener KPD-Geschäftsstelle beschlagnahmten Dokumente, in: Stiftung ›Archiv der Parteien und Massenorganisationen der DDR‹ im Bundesarchiv, Zentrales Parteiarchiv der SED, BY 1 2163*

133 *vgl. Rhpf, Jg. 12, Nr. 192f sowie StALu, LUN, Nr. 211 und 212*

Das nach dem Parteiverbot geschlossene KPD-Büro in der Kurzen Straße [155]

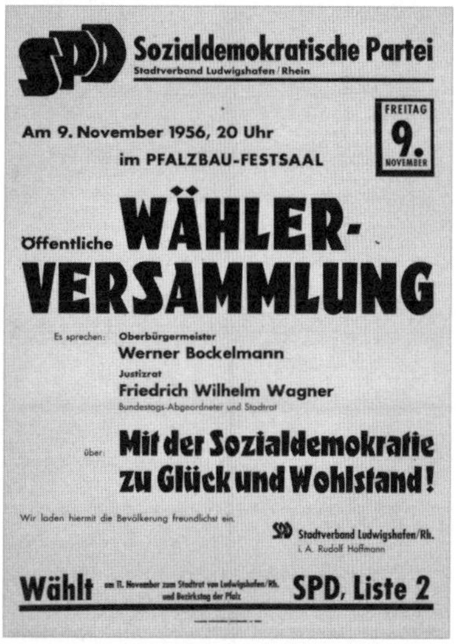

Mit führenden SPD-Kommunalpolitikern zu Glück und Wohlstand [156]

der kommunistische Fraktionsvorsitzende Harth sich in das Ludwigshafener Kreisbüro in die Kurze Straße begab, um dort das mögliche Eintreffen der Polizei abzuwarten. Diese erschien dann tatsächlich kurz vor 12 Uhr, um Harth und dem ebenfalls anwesenden Kreissekretär der KPD, Karl Bauer, das vorher in Karlsruhe durch das Bundesverfassungsgericht verkündete Parteiverbot mitzuteilen und das vorhandene Inventar sowie Bücher, Zeitschriften und Plakate zu beschlagnahmen.[131] Weiterhin wurden die Büros von zwei Ludwigshafener Ortsgruppen der KPD in Privatwohnungen, die Parteidruckerei in der Pfalzgrafenstraße sowie das Parteilokal in der Hartmannstraße durchsucht. Geschlossen wurde von der Polizei jedoch nur die Geschäftsstelle in der Kurzen Straße sowie die Parteidruckerei, ohne daß es irgendwo zu Zwischenfällen kam. Dafür fiel der Polizei aber am 17. August 1956 auch kein relevantes Aktenmaterial der Ludwigshafener KPD mehr in die Hände, da dieses längst nach Ostberlin verlagert worden war.[132] Die öffentliche Debatte konzentrierte sich daraufhin auf die verbliebenen kommunistischen Mandate in drei westdeutschen Landtagen sowie in zahlreichen Kommunalparlamenten. Hier gab der Gesetzgeber die Linie vor, daß die Mandatsinhaber ihre Mandate als Unabhängige bis zur anstehenden Neuwahl des jeweiligen Gremiums wahrnehmen konnten; anschließend sollte eine Neukandidatur der Mandatsinhaber über eine kommunistische Tarnliste möglichst unterbunden werden. Entsprechend waren mit dem Ende der Sommerpause auch in Ludwigshafen alle fünf kommunistischen Stadtratsmitglieder nun als unabhängige Kommunalpolitiker wieder öffentlich präsent.[133]

Am 28. August 1956 gab der Landeswahlleiter die zeitlichen Regularien für die am 11. November 1956 stattfindende nächste rheinland-pfälzische Kommunalwahl bekannt und eröffnete damit auch in Ludwigshafen offiziell den Wahlkampf. Drei Tage später trat ein junger Justitiar namens Dr. Werner Ludwig als Leiter des Ausgleichsamtes in städtische Dienste – bereits neun Jahre später wurde er zum Oberbürgermeister der Chemiestadt gewählt. Zunächst einmal eröffnete jedoch

Auf bundespolitische Prominenz setzte dagegen die CDU [157]

Mit Wilhelm Nowack konnte die FDP dagegen nur auf einen Landesminister zurückgreifen [158]

sein Vorvorgänger am 16. September 1956 offiziell das wiederaufgebaute Stadtmuseum in der Rottstraße mit der Ausstellung: ›Kulturdokumente der Oberrhein- und Neckargebiete‹ – Gast war dabei der rheinland-pfälzische Kultusminister Orth. Geschlossen blieben dagegen ab dem 17. September 1956 nach 18 Uhr die Ludwigshafener Lebensmittelgeschäfte und Drogerien – begründet wurde dies vom Einzelhandel mit Unterstützung der Gewerkschaften durch einen spürbaren Mangel an Personal infolge der langen Arbeitszeit in dieser Branche. Gewählt wurde am 24. September 1956 Oberbürgermeister Bockelmann auf Platz zwei der SPD-Liste zum Bezirkstag der Pfalz – noch ahnte niemand, daß das Ludwigshafener Stadtoberhaupt bereits im Gespräch für die Nachfolge des am 20. September 1956 im Alter von 55 Jahren verstorbenen Frankfurter Oberbürgermeisters Dr. Walter Kolb war. Prominenten Besuch hatte Ludwigshafen am 26. September 1956, als Ministerpräsident Altmeier auf Einladung der Bundesbahn in der Chemiestadt weilte und an der symbolischen ersten Mastsetzung für die Elektrifizierung der Rheinstrecke Remagen—Ludwigshafen teilnahm. Am 4. Oktober 1956 trat erstmals nach der Sommerpause auch der Stadtrat wieder zusammen. Oberbürgermeister Bockelmann gab keine Erklärung zur zukünftigen Rolle der „vorherigen" kommunistischen Fraktion ab. Auch die ›ehemaligen‹ Kommunisten enthielten sich hierzu jeder Stellungnahme; sie waren alle erschienen und „machten mit".[134]

Allerdings beabsichtigten die ›ehemaligen‹ Kommunisten auch im nächsten Stadtrat ›mitzumachen‹. Am 19. Oktober 1956 reichte die Wählergruppe Harth – darunter alle fünf ehemaligen KPD-Stadträte – beim Oberbürgermeister einen 14 Personen umfassenden Wahlvorschlag ein. 460 Ludwigshafener unterstützten diesen Wahlvorschlag – 300 Unterstützungsunterschriften wären nur notwendig gewesen. SPD, CDU und FDP folgten mit ihren Wahlvorschlägen bis zum 22. Oktober 1956 – als Ratsfraktionen hatten sie nur jeweils fünf Unterstützungsunterschriften für ihre Kandidatenliste vorlegen müssen. Daraufhin wandte sich Oberbürgermeister Bockelmann noch am selben Tag mit einem Schreiben an das Staatsministerium des Innern in Mainz mit der Bitte, „das Erforderliche zu veranlassen", um den Wahlvorschlag der Wählergruppe Harth als Ersatzorganisation der KPD ablehnen zu können. Da die Antwort aus Mainz noch ausstand, zog sich der Ludwigshafener Gemeindewahlausschuß bei seiner ersten Sitzung am 23. Oktober 1956 zunächst einmal damit aus der Affäre, daß die 460 Unterschriften für die Wählergruppe Harth noch nicht auf ihre Gültigkeit überprüft seien und vertagte sich daher auf den 29. Oktober 1956. Die Wahlvorschläge von SPD, CDU und FDP wurden hingegen anstandslos genehmigt. Das Innenministerium gab jedoch noch am 23. Oktober 1956 den ›Schwarzen Peter‹ an den Ludwigshafener Gemeindewahlausschuß zurück, da er festzustellen habe, ob der Wahlvorschlag der Wählergruppe Harth als Ersatzorganisation der KPD anzusehen sei. Am 29. Oktober 1956 folgte schließlich der Gemeindewahlausschuß diesem Ansinnen und wies in einer nur sieben Minuten dauernden Sitzung den Wahlvorschlag Harth als Ersatzorganisation der KPD zurück.[135]

Hatten somit die Ludwigshafener Kommunisten am 29. Oktober 1956 wenig Grund zur Freude, gab zuvor es anderenorts aber viel zu feiern, denn am 27. Oktober 1956 war das Kulturhaus – das heutige Bürgermeister-Ludwig-Reichert-Haus – am Standort des ehemaligen

Anmerkungen
Seite 580 und 581

134 vgl. Rhpf. Jg. 12, Nr. 201ff sowie SRP 4.10.1956 und zur Person von Werner Ludwig die Autobiografie ›Unterwegs‹

135 vgl. Rhpf. Jg. 12, Nr. 245ff sowie StALu, LUN, Nr. 81, 211 und 212

136 vgl. Rhpf. Jg. 12, Nr. 253ff sowie Protokoll der öffentlichen und nichtöffentlichen Sitzung des Stadtrates Ludwigshafen vom 7.11.1956

Gesellschaftshauses eröffnet worden. Am 28. Oktober 1956 folgte die Eröffnung des ersten Ludwigshafener Hallenbades – als Hallenbad Nord war es bis Ende 2001 in Betrieb. Wenig beachtet wurde dagegen, daß im Oktober 1956 auch mit der Errichtung neuer Wohngebäude im Hemshof begonnen wurde, was die Sanierung des Ludwigshafener Problemviertels einleitete. Grund zum Feiern hatte schließlich am 4. November 1956 auch die katholische Gemeinde in der Niederfeldsiedlung, welche die Pfarrkirche St. Hildegard einweihen konnte. Am 7. November 1956 trat der Stadtrat zu seiner letzten Sitzung in der Wahlperiode 1952 bis 1956 zusammen. Herrschte bei den eigentlichen Tagesordnungspunkten – so auch bei der Festsetzung der Ziegenzuchtumlage für das Jahr 1956 – immerhin 287 Tiere waren davon noch in der Großstadt betroffen – weitgehende Einigkeit, waren die Schlußworte der Fraktionssprecher doch vom Kommunalwahlkampf geprägt: So kritisierte Friedrich Wilhelm Wagner ein Flugblatt der CDU, das sich gegen die Errichtung des städtischen Krematoriums wandte und Otto Zimpelmann wandte sich noch einmal gegen die Nichtzulassung der Wählergruppe Harth als „undemokratische Maßnahme."[136]

Damit hatte der Kommunalwahlkampf 1956 in Ludwigshafen allerdings auch schon seinen Höhepunkt erreicht. Vor dem Hintergrund der gleichzeitigen Suez-Kanal-Krise und des Ungarn-Aufstandes konnten sich kommunalpolitische Themen kaum in der Öffentlichkeit durchsetzen. Selbst die Ludwigshafener Narren verzichteten angesichts der Ereignisse in Ungarn auf die traditionelle Karnevalseröffnung zum 11. November. Die Ludwigshafener CDU unterließ sogar die Ausgabe einer Wahlkampfzeitung zugunsten einer Spende für die Ungarnhilfe. Hingegen betonte Oberbürgermeister Bockelmann bei der Abschlußkundgebung der SPD, daß „es angesichts der Ereignisse sowohl in Ungarn als auch in Ägypten mehr denn je notwendig sei, jene Kräfte zu stärken, die unter allen Umständen den Frieden gewahrt wissen wollen." Unter allen Umständen den Frieden gewahrt wissen wollte jedoch unter den 345 im Jahr 1956 erfaßten Wehrpflichtigen in Ludwigshafen offensichtlich nur ein einziger – zumindest hatte er als einziger von allen Erfaßten den Kriegsdienst verweigert. Die Erklärung von Oberbürgermeister Bockelmann war trotzdem unbeabsichtigt auch im Sinne der verbotenen KPD, die bereits im September 1956 in einer Erklärung zu den Kommunalwahlen ihre verbliebenen Anhänger dazu aufgerufen hatte, nur Kandidaten zu wählen, die gegen die Aufrüstung und die Allgemeine Wehrpflicht auftreten würden. Tatsächlich dürfte die Ludwigshafener SPD am 11. November 1956 ihren Zugewinn von immerhin 8,9% im wesentlichen nur in dem Personenkreis erzielt haben, der im November 1952 mit 9,5% noch für die KPD votiert hatte. Wie viele dieser Wähler im November 1956 – vor dem Hintergrund der Niederschlagung des Ungarn-Aufstandes durch die UdSSR – aber tatsächlich noch für die KPD votiert hätten, muß hier offen bleiben. Trotz Ungarn-Aufstand und KPD-Verbot bestand aber in Ludwigshafen ein kommunistisches Milieu weiter. Dies wurde am 11. November 1956 allein schon an der geringeren Wahlbeteiligung in den ehemaligen kommunistischen Hochburgen als auch an der Kennzeichnung von ungültigen Stimmzetteln mit ›KPD‹ und dergleichen deutlich. Neben den nun stolzen 57,8% der SPD und 30 Stadtratsmandaten hatte aber auch die CDU mit 31,4% einen Zugewinn von 3,2%, entsprechend zwei Stadtratssitzen, auf nun

Sommer 1956 in Ludwigshafen: Blick in die Ludwigstraße; links der Ankerhof, rechts das Garten-Café Pfalzbau [159]

16 zu verzeichnen. Dieser Zuwachs ging eindeutig zu Lasten der FDP, die nur noch auf 10,8% der Wählerstimmen kam und damit 2,6% sowie zwei ihrer bisherigen sieben, bzw. einen ihrer sechs – nach dem Parteiwechsel des nun über die SPD-Liste wiedergewählten Theo d'Hone – Ende 1956 noch vorhandenen Sitze verloren hatte. Mit Oberbürgermeister Bockelmann sowie Max Keding für die SPD und Leopold Arnsperger für die FDP wurden gleich drei Ludwigshafener in den Bezirkstag der Pfalz gewählt.[137]

Anmerkungen
Seite 582 und 583

137 *vgl. Rhpf, Jg. 12, Nr. 256ff sowie StAnz., Jg. 9, Nr. 46 vom 17. 11. 1956*

138 *vgl. Rhpf, Jg. 12, Nr. 269ff sowie SRP 11. 12. 1956 und StALu, LUN, Nr. 81, 211 sowie 212*

Der Wechsel von Bockelmann zu Klüber

Die Wahl von Oberbürgermeister Bockelmann am 11. November 1956 in den Bezirkstag der Pfalz war eigentlich als Zeichen der politischen Integration in seine neue pfälzische Heimat gedacht gewesen. Noch vor der Konstituierung des Bezirkstages meldete ›Die Rheinpfalz‹ jedoch bereits am 17. November 1956, daß einen Tag zuvor der Unterbezirksvorstand der Frankfurter SPD an den Ludwigshafener Oberbürgermeister mit der Bitte herangetreten war, sich um die Nachfolge des am 20. September 1956 verstorbenen Frankfurter Oberbürgermeisters Kolb zu bewerben. Am 27. November 1956 ließ Werner Bockelmann verlauten, daß er dem Ansinnen der ebenfalls mit absoluter Mehrheit im Stadtrat ausgestatteten Frankfurter SPD nachkommen werde. Während es also den höchsten Mann der Stadt wegzog, vermeldete diese gleichzeitig den Zuzug der ersten 22 Flüchtlinge aus Ungarn, die alle sofort vom Arbeitsamt Arbeitsplätze vermittelt bekamen. Entsprechend war auch Arbeitslosigkeit kein Thema mehr bei der Eröffnungsrede von Oberbürgermeister Bockelmann anläßlich der konstituierenden Sitzung des neuen Stadtrats am 11. Dezember 1956 – aber auch zu seinem Weggang verlor er kein Wort. Vielmehr machte Bockelmann deutlich, daß das Hauptproblem der Stadt nun in der Beschaffung der Finanzmittel für die anstehenden Projekte wie die Fortführung des städtischen Wohnungsbaus sowie die Errichtung einer Kläranlage lagen. Die drei nach der Kommunalwahl verbliebenen demokratischen Fraktionen – der Stadtrechtsausschuß wies am 19. Dezember 1956 den Einspruch der

Ausbau der städtischen Infrastruktur: Kanalbau zwischen dem Kanalpumpwerk Friesenheimer Straße und der Kalksteinfabrik Gebr. Willersinn [160]

Wählergruppe Harth wegen Nichtzulassung zur Stadtratswahl zurück – betonten hierbei den Willen zur Zusammenarbeit.[138]

Auch in seiner Neujahrsbotschaft an die Ludwigshafener Bevölkerung verzichtete der Oberbürgermeister auf einen Hinweis auf seine ihn selbst betreffenden Zukunftspläne. So war es an den Ludwigshafener Narren, Bockelmann anläßlich ihrer traditionellen Neujahrsparade mit einer „Sonderration Frankfurter Würstchen" – nämlich „für jeden Kilometer, der Frankfurt von Ludwigshafen trennt, ein Würstchen" – auszustatten. Am 10. Januar 1957 war es dann amtlich: Werner Bockelmann wurde von der Frankfurter Stadtverordnetenversammlung einstimmig zum Oberbürgermeister gewählt. Nun galt es für Ludwigshafen einen Nachfolger zu finden. Während in der Öffentlichkeit und in der Tagespresse hierzu bereits heftig spekuliert wurde, blieb die erste Stadtratssitzung im neuen Jahr am 21. Januar 1957 frei von solchen Erwägungen. Vielmehr wurde die nach der Kommunalwahl 1956 erforderliche Neuwahl der Ortsbeiräte durch den Stadtrat vollzogen – die SPD hatte in allen vier Gremien nun die absolute Mehrheit – sowie erstmals Beisitzer für den Musterungsausschuß benannt. Am 31. Januar 1957 wurde es dann ernst für den neugebildeten Ausschuß sowie für die 345 männlichen Ludwigshafener des Jahrgangs 1937, die mit „Ausweis und Badehose" zur Musterung in den Umkleideräumen des Südwest-Stadions antreten mußten. Erziehungsberechtigte durften die Wehrpflichtigen – aber mit 19 oder 20 Jahren noch nicht Volljährigen – begleiten. Der einzige Kriegsdienstverweigerer konnte zwar bei der Musterung seinen Verweigerungsantrag abgeben; über seine Anerkennung entschied jedoch bereits zu einem späteren Zeitpunkt eine besondere Kammer und ein 21monatiger ›Hilfsdienst‹ anstatt der Wehrpflicht war ebenfalls schon vorgesehen. Noch vor der ersten Musterung war aber am 30. Januar 1957 wieder der Stadtrat zusammengetreten, denn nun galt es nach der Konstituierung der Ortsbeiräte, die vorgeschlagenen Ortsvorsteher sowie deren Nachrücker zu bestätigen. Im Mittelpunkt der Sitzung stand diesmal eine Resolution der SPD-Fraktion, in der eine Verlegung des Oberlandesgerichtes von Neustadt nach Ludwigshafen anstatt

Fasnachtskampagne 1957 [161]

Musterung des Jahrgangs 1937 im Südwest-Stadion Februar 1957 [162]

dessen Rückverlegung nach Zweibrücken gefordert wurde. Dieser Forderung schlossen sich jedoch nur die SPD- und FDP-Fraktion geschlossen an – die CDU-Fraktion – im Zwiespalt zwischen den Interessen der Stadt und der Unterstützung der konservativen Landesregierung – stellte ihren Mitgliedern die Entscheidung frei, worauf sich u. a. MdL Reichling der Stimme enthielt.[139]

Während am 10. Februar 1957 ein ›närrisches Vorkommando‹ des Noch-Ludwigshafener-Oberbürgermeisters Bockelmann die Stadt Frankfurt besuchte, war am 18. Februar 1957 der Tagespresse zu entnehmen, daß umgekehrt aus Hessen der nächste Oberbürgermeister seinen Weg in die Pfalz finden würde. Die Wahl der Ludwigshafener SPD-Fraktion war nämlich auf den Offenbacher Oberbürgermeister Dr. Hans Klüber gefallen. CDU und FDP zeigten sich mit diesem Vorschlag einverstanden. Dies war auch eine Voraussetzung für den Amtsantritt von Klüber, der vorab erklärte: „Ich werde die Wahl nur annehmen, wenn sie einstimmig oder wenigstens nahezu einstimmig erfolgt. Nur so halte ich eine ersprießliche Arbeit für gewährleistet." Tatsächlich wurde dann Klüber auf der dringlichen Sitzung des Stadtrates Ludwigshafen am 22. Februar 1957 von 48 der 49 anwesenden Stadtratsmitglieder für zehn Jahre zum Oberbürgermeister der Chemiestadt gewählt. An die Spitze seiner programmatischen Vorstellungsrede hatte auch Klüber den Wohnungsbau gestellt. Sein Amtsantritt sollte am 1. Mai 1957 erfolgen, so daß Ludwigshafen nach dem Weggang von Werner Bockelmann zum 31. März 1957 – offiziell wurde er im Anschluß an die letzte von ihm geleitete Stadtratssitzung am 29. März 1957 verabschiedet – nun insgesamt einen Monat unter der Leitung des christdemokratischen Bürgermeisters Reichert stehen sollte. Die oberbürgermeisterlose Zeit war in Ludwigshafen jedoch keineswegs eine unpolitische Zeit. So war bereits seit Frühjahr 1957 der Bundestagswahlkampf im Gange, obwohl die Wahl erst für den 15. September 1957 festgelegt worden war. Den Wahlkampfauftakt bildeten im April 1957 die Betriebsratswahlen in Rheinland-Pfalz: In Ludwigshafen wurde bei der Stadtverwaltung und der BASF die sozialdemokratische Gewerkschaftsführung bestätigt; aber

Anmerkungen Seite 584 und 585

139 *vgl. Rhpf, Jg. 13, Nr. 1ff sowie SRP 21.1.1957 und 30.1.1957*

140 *vgl. Rhpf, Jg. 13, Nr. 36ff sowie SRP 22.2.1957 und 29.3.1957*

Eröffnungsfeier im Schullandheim Ramsen
Mai 1957 [163]

Erich Ollenhauer auf dem Goerdelerplatz im Rahmen des 50. Bezirksparteitages der pfälzischen SPD
11. Mai 1957 [164]

auch die komplette kommunistische Fraktion im BASF-Betriebsrat – trotz KPD-Verbot. Im Mittelpunkt, der wieder von einer „nach Tausenden zählenden Menschenmenge" besuchten, 1. Mai-Kundgebung des DGB im Ebertpark stand diesmal die Forderung nach der deutschen Wiedervereinigung. Immerhin 77 Ludwigshafener Schüler nahm das Landschulheim Ramsen bei seiner Wiedereröffnung am 6. Mai 1957 auf.[140]

Zwischen Geplänkel und Ringkampf – die Bundestagswahl 1957

Offiziell in der Chemiestadt begrüßt – im Rahmen einer würdigen Feierstunde im Sitzungssaal des Stadtrates – wurde schließlich am 6. Mai 1957 auch der neue Oberbürgermeister Klüber. In seiner Dankesansprache versprach Klüber, „nicht hinter seinen Vorgängern zurückzubleiben." Die ersten offiziellen Amtshandlungen von Klüber als Ludwigshafener Oberbürgermeister waren am 11. Mai 1957 die Eröffnung der Ausstellung ›Kunst am Rhein‹ im Kulturhaus sowie die Begrüßungsansprache auf dem 50. Bezirksparteitag der pfälzischen SPD, der im Pfalzbau tagte und dessen prominentester Gast der Bonner Oppositionsführer Erich Ollenhauer war. Daß der neue Oberbürgermeister eine aufwärtsstrebende Stadt übernommen hatte, veranschaulicht eine zum gleichen Zeitpunkt veröffentlichte Mitteilung der Ludwigshafener Kfz-Zulassungsstelle. Danach war zwischen 1956 und 1957 die Zahl der in der Chemiestadt zugelassenen Motorräder von 4 000 auf 3 500 gesunken; gleichzeitig aber die Anzahl der PKW von 6 475 auf 8 100 gestiegen – auch in Ludwigshafen vollzog sich also das Wirtschaftswunder. Ausdruck fand dies aber nicht nur in der gestiegenen Mobilität sondern auch in der Veränderung der Ernährung: Der Ludwigshafener Schlachthof präsentierte sich im Mai 1957 nach dem Abschluß der Modernisierungsmaßnahmen mit einer Verdoppelung seiner Kapazität gegenüber 1953 – rund 1 000 Schweine konnten dort nun täglich geschlachtet werden – genug, um auch eine Stadt mit 200 000 Einwohnern zu versorgen. Auf der Hauptversammlung der BASF am 21. Mai 1957 war gar von

Parkfestillumination 1957 [165]

Anmerkungen
Seite 586 und 587

141 vgl. Rhpf, Jg. 13, Nr. 110ff und ›Die BASF‹, Jg. 7, Heft 4 vom Oktober 1957

142 vgl. SPD-Stadtratsfraktion, S. 68 Eine weitere Würdigung Klübers findet sich am Ende dieses Kapitels.

143 vgl. DBE, S. 247

144 vgl. Rhpf, Jg. 13, Nr. 136ff sowie SRP 13.6.1957 und 27.6.1957

Das Bruttoinlandsprodukt 1957—1967 im Städtevergleich*
in DM je Einwohner

	1957	1961	1967
Ludwigshafen	5800	6790	8610
Frankenthal	4970	7240	7790
Kaiserslautern	4200	5120	6700
Landau	3780	4550	5980
Neustadt	3900	5360	6960
Speyer	3420	4900	7120

* Handrick, S. 154

einer „stürmischen Entwicklung" auf dem Gebiet der Chemie und der Kunststoffe die Rede – 10% Dividende für die Aktionäre erschienen der Hauptversammlung daher angemessen. Zur Bewältigung der Nachfrage, die zum Teil noch immer stärker war als die Produktion, wurde der Ausbau der entsprechenden Produktionsanlagen angestrebt und gleichzeitig werksintern der Generationswechsel eingeleitet: So schied zum 30. Juni 1957 Professor Reppe wegen Erreichung der Altersgrenze aus dem Vorstand aus – immerhin war er schon seit 1949 Leiter der Forschung sowie Abteilungsvorstand des Hauptlaboratoriums in der BASF gewesen.[141]

Die wirtschaftliche Bedeutung Ludwigshafens wird auch ersichtlich aus der Wirtschaftsleistung, in der Tabelle oben umgerechnet je Kopf der Bevölkerung.

Anläßlich der Haushaltsberatung für 1957 leitete der neue Oberbürgermeister am 13. Juni 1957 erstmals eine Stadtratssitzung. Aufgrund seiner kurzen Anwesenheit in Ludwigshafen beschränkte sich Klüber im wesentlichen auf eine Analyse der kommunalpolitischen Situation und überließ den Bericht über den Ablauf des vergangenen Jahres sowie die Erläuterung des vorgelegten Haushaltsentwurfes dem Stadtkämmerer Stabel. Nachdem die Fraktionsvorsitzenden jeweils ihre Zustimmung zum Haushalt für 1957 signalisiert hatten, verzichtete der Stadtrat auf eine Debatte und genehmigte die Vorlage einstimmig. Vorbei mit dem Konsens der Demokraten war es aber bei der nächsten Stadtratssitzung am 27. Juni 1957. Die SPD-Fraktion hatte als ersten Tagesordnungspunkt einen Aufruf zur Einstellung der Atomversuche eingebracht, worauf die CDU-Fraktion wiederum dessen Absetzung beantragte, da der Stadtrat in der vergangenen Periode entsprechende Anträge der KPD immer abgelehnt hatte, da sie nicht unter seine Zuständigkeit fielen. Die SPD-Fraktion hielt jedoch ihren Antrag aufrecht, da der Stadtrat eine Fürsorgepflicht gegenüber seinen Bürgern habe. Die CDU-Fraktion kommentierte dies als Wahlpropaganda und verließ anschließend den Saal, so daß der Aufruf schließlich nur mit den Stimmen der SPD-Fraktion gegen das Votum der FDP-Fraktion verabschiedet wurde. Das gleiche Bild ergab sich bei der Benennung des am Platze der früheren Ludwig-Schule errichteten Schulneubaus an der Heinigstraße. Während die SPD-Fraktion eine erneute „Verbeugung" vor dem Hause Wittelsbach ablehnte und für den Schulneubau den Namen ›Westendschule‹ vorschlug, plädierten CDU und FDP dafür, auch den Neubau wieder mit ›Ludwig-Schule‹ zu bezeichnen. Nach allgemeinem Tumult

Oberbürgermeister und Kulturdezernent: ***Hans Klüber***

Hans Klüber[142] wurde am 25. November 1902 in Köln geboren. Nach einem juristischen und volkswirtschaftlichen Studium trat er in den Verwaltungsdienst des Landes Preußen ein und war als Regierungs-Assessor bei verschiedenen Verwaltungsbehörden beschäftigt. 1932 wurde er mit der Verwaltung des Landratsamtes Einbeck (Hannover) betraut. Nach dem Papenschen Staatsstreich in Preußen wurde er abberufen. Im September 1933 entließen ihn die Nationalsozialisten aus dem preußischen Verwaltungsdienst, wo er zuletzt als stellvertretender Polizeipräsident von Gladbach-Rheydt gewirkt hatte.

In den Jahren 1933 bis 1945 war Klüber freiberuflich als Verwaltungs-Rechtsrat sowie als Syndikus in der oberschlesischen Industrie tätig.

1945 wurde er Bürgermeister von Solingen, dann 1946 Stadtdirektor und Stadtkämmerer, anschließend 1947 Oberstadtdirektor von Oldenburg. Von März 1950 bis April 1957 wirkte er als Oberbürgermeister von Offenbach am Main. Ab 1. Mai 1957 bis 30. Juni 1965 war er Oberbürgermeister von Ludwigshafen und von 1960 bis 1964 Mitglied des pfälzischen Bezirkstages. Seine Amtszeit war geprägt von einer nachhaltigen Förderung des sozialen Wohnungsbaus und der Daseinsfürsorge für jung und alt. Das Stadtbild wurde durch den Bau der Hochstraße wesentlich neu gestaltet. Er war zugleich Kulturdezernent. Der passionierte Kunstsammler verfügte in seinem Testament aus seinem Nachlaß die Schaffung der Dr.-Hans-Klüber-Gedächtnis-Stiftung. Ausgestattet mit einem Stiftungsvermögen von 800000 DM, wurde sie nach dem Willen des Stifters zur Förderung des Wilhelm-Hack-Museums verwendet.

Hans Klüber starb wenige Tage nach dem Tod seiner Frau am 1. November 1981 in Mannheim. Seine letzte Ruhestätte fand er auf dem Ludwigshafener Hauptfriedhof.

Hans Klüber [166]

Forschungsleiter der BASF: ***Walter Julius Reppe***

Walter Julius Reppe[143] wurde am 29. Juli 1892 in Göringen bei Eisenach geboren. Reppe studierte von 1911 bis 1914 und von 1918 bis 1920 Chemie, Mathematik und Physik in Jena und München. Nach der Promotion 1920 – über die Reduktionsstufen von Arlyderivaten der Salpetersäure – wurde er Assistent an der Universität München und trat 1921 als Chemiker in die Badische Anilin- und Sodafabrik (BASF) in Ludwigshafen ein. 1934 wurde er Leiter des Zwischenprodukte-Kunststoff-Lagers, 1938 Leiter des Hauptlabors der BASF, 1937 Prokurist und 1939 Direktor der I.G. Farbenindustrie AG. 1942 wurde Reppe in die Deutsche Akademie der Naturforscher Leopoldina gewählt. 1949 bis 1957 unterstand ihm die ganze Forschung der BASF in Ludwigshafen. Reppe lehrte seit 1951 als Professor an der Universität Mainz und an der TH Darmstadt. Er arbeitete über Synthesen mit Äthylen, Acetylen und Kohlenoxid, vor allem über Druckreaktionen des Acetylens, fand Wege zur gefahrlosen Verarbeitung des explosionsgefährlichen Acetylens und ermöglichte durch den Ausbau der Acetylen-Hochdruckchemie (Reppe-Chemie) die Herstellung einer Vielzahl neuer synthetischer Stoffe für industrielle und medizinische Zwecke. Reppe veröffentlichte u. a. ›Neue Entwicklungen auf dem Gebiet der Chemie des Acetylens und Kohlenoxyds‹ (1949) und ›Chemie und Technik der Acetylen-Druck-Reaktionen‹ (1951).

Er starb am 26. Juli 1969 in Heidelberg. [S. M.]

Walter Julius Reppe [167]

votierte der Stadtrat schließlich mit der sozialdemokratischen Mehrheit für Westendschule.[144]

Zur Abkühlung der erregten Gemüter hätte sich eigentlich das am 29. Juni 1957 eröffnete 7. Parkfest der Nachkriegszeit angeboten – wäre nicht Ludwigshafen zum gleichen Zeitpunkt von der größten Hitzewelle seit 1947 betroffen gewesen, wobei die Tagestemperaturen mit 36 Grad im Schatten in der Stadt am Rhein selbst deutlich über den zum gleichen Zeitpunkt gemessenen Werten von Algier und Kairo lagen. Eröffnet wurde am 6. Juli 1957 auch der Neubau des kriegszerstörten städtischen Tierheims, das nun seinen festen Standort an der Kleinen Blies hatte. Eine einmalige Episode war dagegen der Halt eines TEE-Zuges im Ludwigshafener Hauptbahnhof am 8. Juli 1957, der bei einer Probefahrt zwischen Frankfurt und Basel kurz in der Chemiestadt pausierte.

Keine Experimente!
Bereits beim Wahlkampfauftakt am 31. Mai 1957 im Pfalzbau das zentrale Motto der CDU [168]

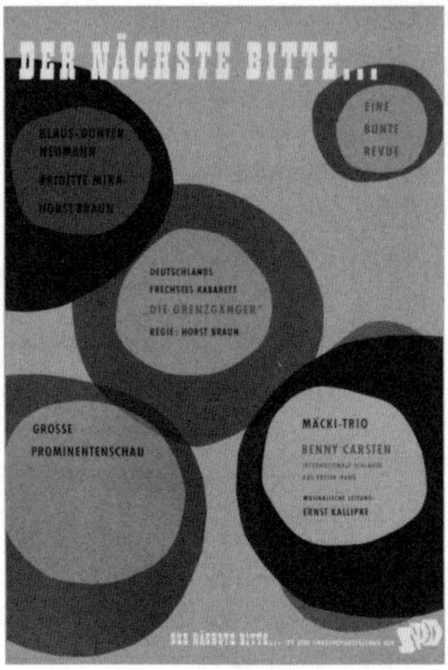

Die SPD setzte dagegen auf eine Kulturveranstaltung als Wahlkampfhöhepunkt [169]

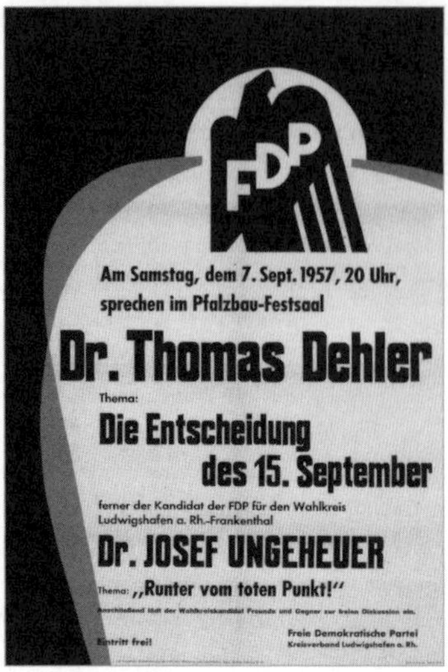

Die FDP konterte erneut mit ihrem Bundesvorsitzenden Dehler am 7. September 1957 [170]

Endgültig nach Ludwigshafen zog jedoch am 15. Juli 1957 Oberbürgermeister Klüber – er hatte noch auf den Umzug von Oberbürgermeister Bockelmann nach Frankfurt warten müssen, um seine Ludwigshafener Dienstwohnung beziehen zu können. Drei Tage später mußte er bereits eine Stadtratssitzung leiten, deren wahlkampfgemäßer Höhepunkt diesmal die Debatte des Stellenplans war, wobei die CDU-Fraktion bei der Stadtverwaltung eine Stellenbesetzung „nach Parteibuch" monierte, was natürlich von sozialdemokratischer Seite nicht ohne Widerspruch blieb und zu einem lebhaften Geplänkel zwischen beiden Fraktionen führte. Der Stellenplan selbst wurde letztlich aber einstimmig verabschiedet.[145]

Nach diesem Vorkampf war dann aber endgültig der Ring frei für den eigentlichen Bundestagswahlkampf 1957. Wahlkampfleiter der Ludwigshafener CDU war der stellvertretende Landesvorsitzende der Jungen Union in Rheinland-Pfalz, Helmut Kohl, der sich zugunsten seiner landespolitischen Karriere bisher in Ludwigshafen bemerkenswert zurückgehalten hatte. Daß Kohl aber bereit war, seine Funktion als Wahlkampfleiter in Ludwigshafen durchaus auch wörtlich zu nehmen, demonstrierte er am 22. August 1957, als auf dem Ruthenplatz in Friesenheim eine von ihm geleitete Plakatierungskolonne der CDU auf eine mit schwarzer Farbe ausgerüstete der SPD traf. Die Sozialdemokraten unter der Führung des Stadtratsmitglieds Heinrich Ries hatten zuvor wild geklebte Plakate der CDU geschwärzt, was zu einem verbalen Schlagabtausch zwischen den Kontrahenten und schließlich zu einem Ringkampf zwischen Kohl und Ries selbst führte. Erst nach dem Eintreffen eines zwölfköpfigen Polizeikommandos einigten sich schließlich der körperlich überlegene Kohl und der aktive Arbeitersportler Ries – beide inzwischen durch Farbspritzer eingeschwärzt – auf ein sportliches Unentschieden, um anschließend den Schlagabtausch verbal in der Tagespresse fortzusetzen.[146]

Auch wenn diese direkte körperliche Auseinandersetzung mit einem Unentschieden endete, war der heimliche Sieger der Bundestagswahl 1957 doch der CDU-Wahlkampfleiter Helmut Kohl. Seine Partei

Anmerkungen
Seite 588 und 589

145 *vgl. Rhpf, Jg. 13, Nr. 148f sowie SRP 18.7.1957*

146 *vgl. Rhpf, Jg. 13, Nr. 195ff sowie StALu, N 8, Nr. 55; LUN, Nr. 394 und Filmer / Schwan, S. 84ff*

147 *vgl. Rhpf, Jg. 13, Nr. 214ff sowie StAnz., Jg. 10, Nr. 38 vom 21.9.1957*

Ein frischverheiratetes Ludwigshafener Ehepaar in seiner neuen Wohnung [171]

Wahlwerbung der Deutschen Partei in Ludwigshafen ohne Erfolg [172]

erreichte mit 41,7% ihr bisher bestes Ergebnis in der Arbeiterstadt. Erstmals zog mit Dr. Gerhard Fritz ein Ludwigshafener CDU-Mitglied über die Landesliste in den Bundestag ein. Das Direktmandat fiel am 15. September 1957 freilich wieder an Friedrich Wilhelm Wagner von der SPD. Auch seine Partei hatte mit 44,8% gegenüber der Bundestagswahl 1953 3,4% Wählerstimmen hinzugewonnen, gegenüber der Kommunalwahl 1956 jedoch 12,8% eingebüßt. Unklar blieb, ob die SPD ihren Wahlsieg also nur dem 7,3% Wähleranteil der KPD von 1953 zu verdanken hatte – wie die CDU mutmaßte – oder ob die 44,8% nicht vielmehr den eigentlichen Wählerstamm der SPD in Ludwigshafen darstellten, da sich hier die ehemaligen kommunistischen Hochburgen erneut durch eine geringere Wahlbeteiligung ausgezeichnet hatten. Konstant auf Platz drei zeigte sich die FDP mit 9,4% – eine Einbuße von 0,8% gegenüber 1953. Die rechtsradikale DRP hatte diesmal nur 1,5% der Stimmen erhalten (minus 0,6% gegenüber 1953); die Vertriebenenpartei BHE 1,1% – ebensoviel wie die konservative Deutsche Partei (plus 0,4% gegenüber 1953). Unter ›ferner liefen‹ fielen in Ludwigshafen der neutralistische BdD mit 0,3% und die Deutsche Gemeinschaft mit 0,1% der Wählerstimmen. Im Vergleich zum Bundestrend blieb Ludwigshafen mit 44,8% jedoch gegenüber den 31,8% der Gesamtpartei eine sozialdemokratische Hochburg, während hier die CDU die magischen 50,2% der Bundespartei von 1957 erst bei der Oberbürgermeisterwahl 2001 übertreffen sollte. Die FDP lag deutlich über dem Bundestrend von 7,7%. Dank einer erneuten Direktkandidatenabsprache mit ihrem Koalitionspartner CDU war auch die DP mit ihren 3,4% wieder im Bundesparlament vertreten – in der Chemiestadt blieb sie jedoch weiterhin ohne jede Bedeutung. Gleiches gilt für die Vertriebenenpartei BHE, die mit ihren 4,6% nun wieder aus dem Bundesparlament ausscheiden mußte, während keine neue Partei mehr hinzukam. Wurde nun also nach Bonn ein Vier-Parteien-Parlament einberufen, so hatten in Ludwigshafen bereits SPD und CDU gemeinsam mit der deutlich kleineren FDP alle anderen Parteien aus dem Feld geschlagen.[147]

Beisetzung von Bürgermeister Ludwig Reichert am 10. Dezember 1957 [173]

Anmerkungen
Seite 590 und 591

148 *vgl. Rhpf, Jg. 13, Nr. 227ff sowie SRP 17.10.1957*

149 *vgl. Rhpf, Jg. 13, Nr. 254ff sowie SRP 5.12.1957*

150 *vgl. Schumacher, S. 1484*

151 *vgl. SPD-Stadtratsfraktion, S. 114*

152 *vgl. SPD-Stadtratsfraktion, S. 70*

153 *vgl. Rhpf, Jg. 13, Nr. 282ff sowie SRP 30.1.1958*

Politischer Generationswechsel

Die Bundestagswahl 1957 war in Ludwigshafen zwischen SPD und CDU in einer Schärfe ausgefochten worden, die einige Spannungen in der zukünftigen kommunalpolitischen Zusammenarbeit erwarten ließ. Zunächst einmal stand die Stadtverwaltung jedoch vor ganz praktischen Problemen, so der Umsetzung der ab 1. Oktober 1957 gültigen 45-Stunden-Woche im öffentlichen Dienst durch einen 14tägigen freien Samstagvormittag. Gebilligt wurde diese Maßnahme vom Stadtrat am 17. Oktober 1957, der den öffentlichen Teil in der Rekordzeit von 30 Minuten abgewickelt hatte.[148]

Am 31. Oktober 1957 wurde das letzte Flüchtlingslager der Stadt, die Wilhelmschule, geräumt und die letzten 126 Bewohner auf GAG-Neubauten in der Weinbietstraße verteilt. Die Wilhelmschule wurde anschließend abgerissen; die noch ausstehenden Miet- und Gebührenrückstände der bisherigen Bewohner abgeschrieben. Damit waren jedoch die Wohnungsprobleme in der Chemiestadt keineswegs gelöst, denn anderen sozialen Randgruppen verblieb auch im Winter 1957 nur der Gang zu einer der sieben Wärmestuben der Stadt. Gleichfalls war für ein Paar noch immer der Trauschein die Voraussetzung für die Zuteilung einer gemeinsamen Wohnung durch das Wohnungsamt. Sehr viel ernster wurde nun in Ludwigshafen auch wieder der Jugendschutz genommen – so wurden noch im Oktober 1957 nach der Einführung des ›Abänderungsgesetzes zum Schutze der Jugend in der Öffentlichkeit‹ drei ›Spielhallen‹ geschlossen. Dafür mußte die Stadt bereits am 26. November 1957 gleich wieder ein neues Flüchtlingslager eröffnen – diesmal fanden hierfür vier vor dem Stadtkern zwischen Mundenheim und Rheingönheim neugebaute Schlichthäuser Verwendung, wobei eine Wohnung auch sofort von einer Familie aus Sachsen bezogen wurde. Weichen für die Zukunft stellte der Stadtrat am 5. Dezember 1957, als er die Hauptsatzung dahingehend änderte, daß zur Entlastung des Geschäftsbetriebes der Stadtvorstand zukünftig neben dem Oberbürgermeister aus vier hauptamtlichen Beigeordneten bestehen sollte. Eine makabere Aktualität erhielt dieser Beschluß bereits einen Tag später durch den Tod von Bürgermeister Reichert, der zuvor seit längerer Zeit erkrankt gewesen war.[149]

Während am 11. Dezember 1957 die Bundespost die ersten Fernwähl-Telefonzellen in Ludwigshafen in Betrieb nahm – damals noch eine Schlagzeile erster Güte – wurde hinter den städtischen Kulissen heftig über die Besetzung der vier Beigeordnetenposten – schließlich war auch Beigeordneter Trupp bereits im Pensionsalter – spekuliert. Klar war dabei nur, daß die CDU wieder das Vorschlagsrecht für den Bürgermeister haben sollte; das mögliche Parteibuch der drei anderen Beigeordneten war dagegen noch offen. Die Stadtbevölkerung selbst dagegen spekulierte mehr über das passende Weihnachtsgeschenk zum Heiligabend, wobei sich als Weihnachtsschlager 1957 letztlich der erste eigene private Fernseher durchsetzte. Die erste zentrale öffentliche Neuerung im Jahr 1958 in Ludwigshafen war dann die Durchführung des allgemeinen samstäglichen 14-Uhr-Ladenschlusses ab dem 11. Januar 1958 – die reibungslose Akzeptanz war nach den vorrangegangen, monatelangen Debatten allerdings eine Überraschung. Weniger überraschend war hingegen die Auswahl des Personalausschusses unter den 50 Bewerbern für eine Beigeordnetenstelle am 24. Januar 1958: Vorgeschlagen wurden

Der CDU-Bundestagsabgeordnete: ***Gerhard Fritz***

Gerhard Fritz[150] *wurde am 7. Juli 1921 in Welmlingen (Kreis Lörrach Baden) geboren. Nach Wehrdienst und Kriegsgefangenschaft 1949 Diplomkaufmann; wissenschaftlicher Assistent an der Wirtschaftshochschule Mannheim; 1952 Mitarbeiter, 1955 stellvertretender Geschäftsführer, 1957 bis 1964 Geschäftsführer der IHK Pfalz. 1957 bis 1965 MdB. Nach der Mandatsniederlegung bis 1981 Kurator der Deutschen Stiftung für Entwicklungsländer.*

Fritz starb am 19. September 1984 in Sankt Augustin.

Stadtdirektor und Bürgermeister: ***Erich Reimann***

Erich Reimann[151] *wurde am 15. September 1912 in Berlin geboren. Reimann trat nach Studium, Kriegs- und Nachkriegswirren am 1. November 1949 als Leiter der Hauptverwaltung in städtische Dienste. Am 30. Januar 1958 wurde der Stadtdirektor zum Bürgermeister gewählt. Die positive Entwicklung Ludwigshafens auf dem Sportsektor und dem Gesundheitswesen wurden durch sein Wirken entscheidend geprägt. Ausgezeichnet mit dem Bundesverdienstkreuz Erster Klasse und dem Ehrenring der Stadt Ludwigshafen trat Reimann zum 1. Februar 1978 in den Ruhestand.*

Erich Reimann starb am 6. Oktober 1978 in Kiel, wo er an einer Sitzung des Sportausschusses des Deutschen Städtetages teilnahm.

Präsident der Freireligiösen: ***Wilhelm Schäfer***

Wilhelm Schäfer[152] *wurde am 26. Mai 1882 in Neustadt an der Haardt geboren. Kaufmännischer Angestellter. Schäfer trat 1918 der SPD bei und war danach bis 1933 Vorsitzender des Angestelltenrates der BASF. 1933 wurde er inhaftiert und war auch danach noch weiteren Verfolgungen ausgesetzt. 1945 wurde er Mitglied des Beirats und des Bürgerratskomitees, 1946 wurde er in den Stadtrat gewählt. Seit 1952 Fraktionsvorsitzender der SPD, ab 1958 bis zu seinem Ausscheiden aus dem Stadtrat 1960 Ehrenvorsitzender. 1932 zum Präsident der Freireligiösen Landesgemeinde der Pfalz gewählt, seit 1949 Präsident des Bundes Freireligiöser Gemeinden Deutschlands.*

Wilhelm Schäfer starb am 19. Mai 1961 in Ludwigshafen.

Gerhard Fritz [174]

Erich Reimann [175]

Wilhelm Schäfer [176]

der bisherige Stadtdirektor Erich Reimann (SPD) für das Dezernat Städtische Betriebe, Stadtkämmerer Otto Stabel (parteilos) für das Finanzdezernat und Ausgleichsamtsleiter Werner Ludwig (SPD) als Nachfolger für den Beigeordneten Trupp als Leiter des Sozialdezernates. Die CDU hatte allerdings unter den 50 Bewerbern keine geeigneten Bewerber für den Bürgermeisterposten gefunden und deshalb eine Neuausschreibung dieser Stelle beantragt. Vor der Neuwahl der Beigeordneten mußte aber der Stadtrat am 30. Januar 1958 erst einmal Peter Trupp auf dessen eigenen Antrag vom 21. Januar 1958 hin wegen Dienstunfähigkeit mit dem Ablauf des 28. Februar 1958 als hauptamtlichen Beigeordneten in den Ruheverstand versetzen, was auch einstimmig genehmigt wurde. Genauso einstimmig wurde dann Stadtdirektor Erich Reimann zum 2. Beigeordneten gewählt. Stadtkämmerer Otto Stabel erhielt bei seiner Wahl zum 3. Beigeordneten zwei Gegenstimmen, Werner Ludwig wurde bei einer Gegenstimme und einer Enthaltung zum 4. Beigeordneten gewählt. Erich Reimann und Otto Stabel wurden sofort in ihr Amt eingeführt, Werner Ludwig als Nachfolger von Peter Trupp dann zum 1. März 1958.[153]

Allerdings vollzog sich im Februar 1958 nicht nur ein Generationenwechsel bei der Stadtverwaltung, denn Anfang Februar 1958 trat auch MdL Reichling als Vorsitzender des CDU-Kreisverbandes zurück. Nachfolger wurde auf Vorschlag von Helmut Kohl der pfälzische Bezirksvorsitzende der Jungen Union, Dr. Egon Augustin. Ende des

Oberbürgermeister Klüber bei seiner Haushaltsrede am 17. April 1958 [177]

Monats folgte die SPD dem Beispiel der CDU: Der 75jährige Wilhelm Schäfer wurde allerdings nur von dem 64jährigen MdB Friedrich Wilhelm Wagner als Fraktionsvorsitzendem abgelöst. Am 6. März 1958 tagte erstmals der Stadtrat unter der neuen Stadtführung. Die Sitzung verlief jedoch nicht so glatt, wie von der neuen Stadtspitze erwartet. Schon gleich zu Beginn gab es eine Geschäftsordnungsdebatte zwischen der SPD-Fraktion einerseits und der CDU- und FDP-Fraktion andererseits, und bei der Beratung des Nachtragshaushaltes stand die Kostenüberschreitung beim Umbau des Pfalzbaus als hemmender Klotz auf dem Wege zu einer schnellen Einigung zwischen sozialdemokratischer Mehrheit und bürgerlicher Minderheit im Stadtrat. Abgelehnt wurde schließlich auch von CDU und FDP in der nichtöffentlichen Sitzung die probeweise Neubesetzung des Leiters des Hauptamtes auf der Stelle des Stadtdirektors durch den Sozialdemokraten Hanns Astheimer, die deshalb alleine mit den Stimmen der SPD-Mehrheit im Stadtrat erfolgte. Das „Pfalzbau-Gewitter" im Stadtrat war aber nicht nur eine Spätfolge des Bundestagswahlkampfes 1957, sondern vielmehr auch der sich anbahnende Strategiewechsel der CDU-Fraktion, denn innerhalb der Ludwigshafener CDU drängten nun namentlich die Vertreter der Jungen Union um Helmut Kohl immer stärker auf eine Übernahme der politischen Verantwortung. Perspektivisch erhoffte man sich über eine Konfrontationsstrategie im Stadtrat und bei einem gleichzeitigen Ausbau der eigenen sozialpolitischen Arbeit in Ludwigshafen schließlich innerhalb des Stadtrates die Mehrheit für die CDU erringen zu können.[154]

Daß auch die Gewerkschaften noch zu einer Konfrontationsstrategie fähig waren, demonstrierten am 19. März 1958 die 1 200 städtischen Arbeiter in Ludwigshafen, die geschlossen einem bundesweiten Aufruf der Gewerkschaft ÖTV zu einen 24stündigen Warnstreik folgten, um eine Lohnerhöhung von 23 Pfennig pro Stunde durchzusetzen. Immerhin war dies der erste Streik im öffentlichen Dienst seit 1933 und der größte seit der Abwehr des Kapp-Putsches 1920. Auf eine weitaus länger zurückliegende Tradition, nämlich auf ihr Gründungsjahr 1843 und damit noch zehn Jahre vor der Gemeindewerdung Ludwigshafens,

Anmerkungen Seite 592 und 593

154 vgl. Rhpf, Jg. 14, Nr. 56ff sowie Protokoll der öffentlichen und nichtöffentlichen Sitzung des Stadtrates Ludwigshafen vom 6.3.1958 und Dreher, S.47

155 vgl. Rhpf, Jg. 14, Nr. 66ff sowie Protokoll der öffentlichen und nichtöffentlichen Sitzung des Stadtrates Ludwigshafen vom 28.3.1958

Maifeier des DGB im Ebertpark
1. Mai 1958 [178]

konnte die Baufirma Joseph Hoffmann & Söhne AG verweisen – dies war allerdings kein Schutz für die letzten 60 Mitarbeiter, die mit dem Konkurs des Unternehmens zum 31. März 1958 ihre Arbeitsplätze verloren – vor Kriegsbeginn hatte die Firma noch über 1 000 Mitarbeiter beschäftigt. Trotz des Konkurses der ältesten Ludwigshafener Baufirma verzeichnete der Arbeitsamtbericht zum gleichen Zeitpunkt für Ludwigshafen eine Zunahme offener Stellen bei einem gleichzeitigen Rückgang der Arbeitslosenzahlen. Eine weiterhin günstige Arbeitsmarktentwicklung wurde prognostiziert. Auch kündigte die GAG auf ihrer Hauptversammlung am 9. April 1958 für 1958/59 ein großes Wiederaufbauprogramm an. Gleichzeitig legte Valentin Bauer aus gesundheitlichen Gründen offiziell sein Amt als Alleinvorstand nieder, verblieb aber bis zum Amtsantritt von Edwin Grimm als kaufmännischem Vorstand und Wilhelm Schmidt als technischem Vorstand an seinem Schreibtisch. Dagegen übernahm der 2. Beigeordnete Reimann sofort den vakanten Platz von Bürgermeister Reichert im GAG-Aufsichtsrat und der SPD-Stadtrat Willi Heidelberg folgte dort dem ehemaligen Beigeordneten Trupp. Der Einfluß der CDU innerhalb der Stadt war also ersichtlich rückläufig. Dem versuchten die Christdemokraten entgegenzuwirken, in dem sie am 11. April 1958 der Öffentlichkeit endlich mit dem Leiter des städtischen Grundstücksamtes Alfred Herbel einen Kandidaten für das Bürgermeisteramt präsentierten. Nach einer vorangegangenen Rücksprache beim Oberbürgermeister glaubte die CDU auch annehmen zu können, daß die SPD-Fraktion den vorgeschlagenen Kandidaten akzeptieren würde. Jedoch brachte der Vorstand der SPD-Fraktion in einer Sitzung am 14. April 1958 sein großes Befremden darüber zum Ausdruck, daß die CDU-Fraktion ohne vorherige Fühlungsnahme mit der SPD ihren Kandidaten bereits öffentlich präsentiert hatte. Trotzdem wurde der Konflikt zwischen beiden Fraktionen bei der Stadtratssitzung am 17. April 1958 noch einmal ausgespart – der ausgeglichene Haushalt 1958 passierte einstimmig das Gremium.[155]

Der 1. Mai 1958 brachte dann ein erstes Schaulaufen der beiden politischen Hauptkontrahenten in den nächsten sieben Jahren: Während

Verkehrsgarten an der Blies, 1958
Die zunehmende Motorisierung erforderte auch eine Ausbildung der jungen Verkehrsteilnehmer [179]

Eröffnung der Tschibo-Kaffee-Bar, 1958 [180]

Oberbürgermeister Klüber auf der DGB-Kundgebung im Ebertpark vor 10 000 Zuhören „angesichts der Atomwaffen" vor einer „Verbürgerlichung" des 1. Mai warnte, wurde Helmut Kohl von Delegierten der CDU aus dem Stadt- und Landkreis Ludwigshafen sowie der Stadt Frankenthal zum Vorsitzenden des Bundestagswahlkreises Ludwigshafen gewählt. MdL Reichling hatte mit Verweis auf die „Verjüngung" der Partei auch hier nicht mehr kandidiert. Helmut Kohl kündigte entsprechend seiner offensiven Auseinandersetzung mit der SPD neuartige Werbemethoden sowie eine Tagung des Sozialpolitischen Ausschusses der CDU Rheinland-Pfalz in Ludwigshafen an. Am 27. Mai 1958 diskutierte der CDU-Kreisvorstand das weitere Vorgehen im Falle einer Ablehnung der Bürgermeisterkandidatur von Alfred Herbel durch die SPD, wobei Helmut Kohl für ein konsequentes Festhalten an dessen Kandidatur plädierte. Jedoch um genau diese Konfrontation zwischen beiden Parteien wegen seiner Person zu vermeiden, zog Alfred Herbel am 7. Juni 1958 seine Kandidatur zurück, so daß am 13. Juni 1958 bei der Stadtratssitzung die Bürgermeisterwahl erneut von der Tagesordnung abgesetzt werden mußte.[156] Weniger überraschend dagegen – nach der Ablehnung von Alfred Herbel durch die SPD-Fraktion – war die Weigerung der CDU-Fraktion bei der Stadtratssitzung am 17. Juli 1958 der nach dem Ablauf der Probezeit nun vorgesehenen Festeinstellung von Hanns Astheimer als Oberrechtsrat und dessen automatische Beförderung zum Stadtdirektor nach einem Jahr zuzustimmen, was allerdings am Mehrheitsentscheid von SPD und FDP nichts änderte.[157]

Beendet wurde die anschließende kommunalpolitische ›Saure-Gurken-Zeit‹ am 16. September als die Ludwigshafener CDU mit dem Freiburger Oberrechtsrat Albert Wild erneut einen Personalvorschlag für den Bürgermeisterposten einbrachte. Am 26. September 1958 lag die Zustimmung der SPD-Fraktion vor, so daß die Zustimmung des Personalausschusses und des Stadtrates eigentlich nur noch eine Formsache waren. Tatsächlich wurde Albert Wild am 16. Oktober 1958 auch fast einstimmig als Bürgermeister der Stadt Ludwigshafen gewählt. Allerdings war auch dieser Wahlvorgang mit einem unerfreulichen Vor- und Nachspiel verbunden, denn bei der Bekanntmachung der Kandidatur von Albert Wild war auch durchgesickert, daß die SPD-Fraktion nicht nur den CDU-Wahlvorschlag Alfred Herbel, sondern zuvor auch schon Dr. Gruber abgelehnt hatte. Für die CDU-Fraktion erklärte deshalb Stadtrat Fischer vor der Wahl Wilds, daß sich die SPD dabei nicht von

Anmerkungen
Seite 594 und 595

156 *vgl. Rhpf, Jg. 14, Nr. 102ff sowie Protokoll der öffentlichen und nichtöffentlichen Sitzung des Stadtrates Ludwigshafen vom 13. 6. 1958 und Dreher, S. 47*

157 *vgl. Rhpf, Jg. 14, Nr. 140ff sowie Protokoll der öffentlichen und nichtöffentlichen Sitzung des Stadtrates Ludwigshafen vom 17. 7. 1958*

158 *vgl. StALu, PGV 2 sowie N 31, Archiv Jungbluth*

159 *vgl. Rhpf, Jg. 14, Nr. 172ff sowie Protokoll der öffentlichen und nichtöffentlichen Sitzung des Stadtrates Ludwigshafen vom 16. 10. 1958*

160 *vgl. Rhpf, Jg. 14, Nr. 33ff*

Der CDU-Bürgermeister: ***Albert Wild***

Albert Wild[158] *am 18. Dezember 1912 in Freiburg im Breisgau geboren. Dort Studium der Rechts- und Staatswissenschaften. Vor die Wahl gestellt zwischen der Geschäftsführung des Städteverbands Baden-Württemberg und der Bürgermeisterstelle in Ludwigshafen, entschied er sich 1958 für die Chemiestadt und trat damit in die Fußstapfen seines Vaters, der bereits im Schwarzwald als Bürgermeister tätig gewesen war.*

In den 17 Jahren seiner Amtszeit – zunächst als Sozial-, ab 1965 auch als Kulturdezernent – prägte Wild bis zu seinem Ausscheiden 1975 entscheidend die schulische Gestaltung Ludwigshafens mit. Außerdem konnte die Stadtbibliothek erheblich erweitert werden und auch die Errichtung des Pfalzbaus fällt unter seine Ägide. Ehrenamtlich engagierte er sich für das Deutsche Rote Kreuz; dort trug er wesentlich zum Ausbau des Rettungswesens bei. Obgleich von den Oberbürgermeistern als „feinsinniger Mann" geschätzt, war Wilds Position als einziger CDU-Vertreter im Stadtvorstand nicht unproblematisch.

1977 wurde er mit dem Ehrenring der Stadt ausgezeichnet.

Albert Wild starb am 6. August 1992 in Ludwigshafen.

Albert Wild [181]

unsachlichen Gesichtspunkten habe leiten lassen. Unmittelbar nach der Stadtratssitzung ließ jedoch der CDU-Stadtrat Tilger verlauten, daß diese Erklärung der CDU von der SPD als Voraussetzung für die Wahl Wilds „abgepreßt" worden sei – was anschließend MdB Wagner wiederum für die SPD auf einer Pressekonferenz als „ehrabschneidend" kommentierte. Am 3. November 1958 traf Albert Wild aus Freiburg in Ludwigshafen ein und wurde bereits am folgenden Tag von Oberbürgermeister Klüber in sein Amt als Bürgermeister eingeführt.[159]

Konsumwandel und eine neue ›Visitenkarte‹ für Ludwigshafen

Aber nicht nur in der politischen Führung sondern auch beim eigenen Konsumverhalten zeigten die Ludwigshafener eine große Wechselbereitschaft: So hatte inzwischen z. B. das Flaschenbier das Faßbier abgelöst. Im Februar 1958 wurden bei der Ludwigshafener Bürgerbräu AG 70% des Gesamtausstoßes als Flaschenbier umgesetzt; vor der Währungsreform gab es dort überhaupt noch keinen Flaschenbierhandel. Auch hatte sich inzwischen die Bierproduktion in der Chemiestadt seit der Währungsreform verdreifacht und damit den Absatz der Vorkriegsjahre überschritten. Ab dem 1. März 1958 setzte dann auch die Bundespost auf Neuerung, indem sie durch die ›Deutsche Briefkasten-Gesellschaft‹ in allen Ludwigshafenern Mehrfamilienhäusern kostenfrei Hausbriefkästen anbringen ließ, um so ihren Zustellern das mühsame Treppauf-Treppab zu ersparen. Interessant waren die Einschätzungen der Ludwigshafener Autokaufleute vom Mai 1958: Danach überstieg auch in Ludwigshafen das Angebot von Gebrauchtwagen längst die Nachfrage. Während Mittelklassefahrzeuge noch leicht wiederverkäuflich waren, bestand hier sowohl nach den hoch versteuerten ›schweren Fahrzeugen‹ als auch nach dem leichten ›Motorroller‹ kaum Nachfrage – gebrauchte Motorräder waren gänzlich unverkäuflich.[160]

Der am 21. Juni 1958 in Ludwigshafen mit 3 000 Teilnehmern tagende Deutsche Fleischer-Verbandstag bot einen weiteren Einblick in das veränderte Konsumverhalten der Ludwigshafener Bevölkerung seit der Währungsreform: Inzwischen kauften 90% der Kunden nur noch Schnitzel oder Kotelett – Schweinefett war nicht mehr absetzbar und wurde deshalb staatlich aufgekauft. Sowohl beim Fleisch- als auch beim Wurstkauf lag die Präferenz inzwischen bei der Qualität und nicht mehr beim Preis und dies bei einem Höchststand im Prokopfverbrauch von

Am 10. November 1958 zogen die Bewohner der Elendsquartiere in der Oggersheimer Brucknerstraße in neue Wohnungen in der Mundenheimer Hoheneckenstraße [182]

Die geplante Ludwigshafener „Hochstroß" aus Sicht der Fasnachter 1958 [183]

Fleisch seit dem Ersten Weltkrieg. Am 28. Juli 1958 stürzten sich die Ludwigshafener in den Sommerschlußverkauf. Während die einheimische Geschäftswelt bei dieser Gelegenheit zufrieden feststellte, daß bei den Chemiestadtbewohnern inzwischen der Sog nach Mannheim nachgelassen hatte, pilgerten die ›Westpfälzer‹ noch immer über die Rheinbrücke in die badische Schwesterstadt. Nur noch eine sommerliche Randnotiz war, daß am 12. August 1958 die erste Kammer des Bezirksverwaltungsgerichts Neustadt die Klage der Wählergruppe Harth gegen die Gültigkeit der Ludwigshafener Stadtratswahl zurückgewiesen hatte. Schlagzeilen machte dann schon eher die erste Erhöhung der Bierpreise nach sechs Jahren bzw. die Erhöhung der Mitarbeiterzahl in der BASF auf 40 363. Das wirtschaftlich prosperierende Ludwigshafen hatte die höchste monatliche Zuzugsrate von allen pfälzischen Städten – 10 993 Menschen waren als wohnungssuchend gemeldet. Die Stadt leistete große Anstrengungen, um ihre Barackenbewohner in feste Unterkünfte umzusiedeln; trotzdem boten gleichzeitig die nun wieder eröffneten sieben städtischen Wärmstuben bei weitem nicht allen Senioren Platz, die in ihnen Schutz vor der Kälte suchten. Auf der anderen Seite führte die steigende Motorisierung zu immer mehr Verkehrsunfällen, während das zur Abhilfe des Straßenverkehrsbooms im Bau befindliche Hochstraßensystem das Stadtbild bereits völlig neu und modern prägte.[161]

In einen Guß gebracht werden sollte deshalb die begonnene Umgestaltung der Innenstadt durch das Projekt ›Visitenkarte‹, das dem Stadtrat durch Oberbaurat Ziegler am 12. Dezember 1958 vorgestellt wurde: Ausgangspunkt war dabei die Neugestaltung des Jubiläumsplatzes – heute: Berliner Platz. Durch den Abriß des dortigen Pfalzbaus und des alten Kaufhofes sollte Platz geschaffen werden für den neuen Kaufhaus-Rundbau – heute: ›Tortenschachtel‹ genannt – und ein Rathochhaus an der Hochstraße, an dessen vorgesehenem Platz sich heute tatsächlich das ebenfalls stadtbildprägende Mosch-Hochhaus erhebt. Während die Vorstellung des Projektes ›Visitenkarte‹ abschließend noch Beifall aus allen Fraktionen erhielt, wurden die Nachforderungen für den

Anmerkungen Seite 596 und 597

161 *vgl. Rhpf, Jg. 14, Nr. 140ff*

162 *vgl. Rhpf, Jg. 14, Nr. 250ff sowie Protokoll der öffentlichen und nichtöffentlichen Sitzung des Stadtrates Ludwigshafen vom 12.12.1958*

Ludwigshafener Geschäftswelt: Wredestraße mit Blick zum Mannheimer Schloß 1958 [184]

Teilnehmer am Deutschen Fleischer-Verbandstag im Ludwigshafener Pfalzbau 1958 [185]

Sozialdezernent Werner Ludwig beim Besuch eines städtischen Kindergartens [186]

Bau der Oberbürgermeisterwohnung in Höhe von 25 000 DM zwischen CDU und SPD bereits heftig diskutiert. Zu einem dreistündigen Schlagabtausch kam es dann nach der Vorstellung des städtischen Kindergarten-Programms durch Ludwig. CDU und FDP präferierten nämlich im Gegensatz zum Sozialdezernenten ein Verbleiben der Kindergartenträgerschaft bei den freien Wohlfahrtsverbänden. Die SPD-Fraktion machte der CDU-Fraktion den Vorwurf, daß sie durch Helmut Kohl als „politischem Kommissar" ferngelenkt sei. Die CDU vermißte bei der Sitzungsleitung durch Oberbürgermeister Klüber die „notwendige Unabhängigkeit." Entsprechend überrascht nicht, daß abschließend das städtische Kindergartenprogramm nur mit den Stimmen der SPD verabschiedet wurde.[162]

Die öffentliche Debatte des Projektes ›Visitenkarte‹ begleitete dann den Jahreswechsel 1958/59 und ergab eine mehrheitliche Zustimmung unter Experten und Laien. Am 12. Januar 1959 nahm der Bau- und Grundstücksausschuß offiziell Kenntnis von dem Projekt, wobei bereits Oberbürgermeister Klüber betonte, daß aufgrund der städtischen Finanzlage am Ort des geplanten Rathochhauses – wie dann geschehen – auch ein Wohnhochhaus errichtet werden könnte. Während die SPD in Bürgerversammlungen betonte, daß sie „trotz der Erscheinungen der jüngsten Zeit" eine gute Zusammenarbeit im Stadtrat wünsche, wurde am 19. Januar 1959 auf der Generalversammlung des CDU-Kreisverbandes Ludwigshafen Helmut Kohl zum neuen CDU-Kreisvorsitzenden gewählt. Er konnte sich mit 61 Stimmen gegen den gerade ein Jahr amtierenden Vorsitzenden Augustin, 44 Stimmen, durchsetzen. Auch bei der Wahl der Stellvertreter von Kohl unterlag Augustin gegen MdB Gerhard Fritz und MdL Ludwig Schuster und mußte sich mit einem der fünf Beisitzerposten begnügen. In einer Pressemitteilung kündigte der CDU-Kreisverband eine „stärkere politische Aktivität" an. Entsprechend führte nun auch die CDU eine öffentliche Versammlung zum Thema ›Visitenkarte‹ durch – immerhin hatte ja auch der ehemalige Bürgermeister Reichert den ersten Anstoß zu diesem Projekt gegeben. Am 2. Februar 1959 gab Oberbürgermeister

Wahlkampfauftakt der CDU in Ludwigshafen am 22. Februar 1959: Bundesaußenminister von Brentano und Helmut Kohl sammeln für die Berlin-Aktion ›Macht das Tor auf‹ [187]

Ein zentraler Bestandteil des Projektes ›Visitenkarte‹: die ›Tortenschachtel‹ im Bau [188]

Klüber bekannt, daß im Rahmen des Projektes ›Visitenkarte‹ als Ersatz für den Pfalzbau ein Kombinationsbau Theater und Festsaal auf dem ehemaligen Gelände der Aktienbrauerei vorgesehen sei. Vorläufiger Schlußpunkt der Debatte war dann die Stadtratssitzung am 13. Februar 1959, wobei die Fraktionen von SPD und FDP geschlossen und die Mehrheit der CDU-Fraktion um MdL Reichling für das Projekt ›Visitenkarte‹ votierten. Aber auch die ›Neinsager‹ in der CDU-Fraktion betonten anschließend anläßlich einer Vorstellungsreise von Bürgermeister Wild durch die Ludwigshafener CDU-Ortsverbände, daß sie nicht eine „Opposition aus Prinzip" betrieben, sondern Verantwortung gegenüber dem Wähler gezeigt hätten.[163]

Landtagswahl 1959 und die ›christlich-soziale Betriebsaktion‹

Bereits unmittelbar nach dem Jahreswechsel 1958/59 hatten sich die rheinland-pfälzischen Parteien zur Landtagswahl 1959 positioniert. Offiziell eröffnet wurde der Wahlkampf in Ludwigshafen durch die CDU mit einem Auftritt von Bundesaußenminister von Brentano im Pfalzbau. Dabei kündigte der CDU-Kreisvorsitzende Kohl an, daß seine Partei den Wahlkampf „mit aller Schärfe, aber auch mit aller Sachlichkeit" führen werde. Zunächst einmal betonten jedoch die drei führenden Parteien in Ludwigshafen das Einende: so bei einer anschließend auch eingehaltenen Wahlkampfabsprache zur Vermeidung des wilden Plakatierens oder bei der Berlin-Aktion ›Macht das Tor auf‹ des Kuratoriums Unteilbares Deutschland. Deutlich Mäßigung zeigten die Wahlkämpfer auch bei der Stadtratssitzung am 20. März 1959. Einzig in der Frage der Verstaatlichung des Mädchengymnasiums nutzte die SPD-Fraktion die Gelegenheit und lehnte das Übernahmeangebot durch das Land ab – trotz eines gegenteiligen Vorschlages der Stadtverwaltung, die dafür jedoch die Stimmen von CDU und FDP erhielt. Einstimmig verabschiedet wurde dagegen der Haushalt 1959.[164]

Anmerkungen Seite 598

163 *vgl. Rhpf, Jg. 14, Nr. 290ff sowie Protokoll der öffentlichen und nichtöffentlichen Sitzung des Stadtrates Ludwigshafen vom 13.2.1959 und Dreher, S. 50*

164 *vgl. Rhpf, Jg. 15, Nr. 4ff sowie Protokoll der öffentlichen und nichtöffentlichen Sitzung des Stadtrates Ludwigshafen vom 20.3.1959*

Abrißgelände für die Hochstraße 1958 [189]

Schulpolitik – das zentrale landespolitische Thema bei der Landtagswahl 1959 [190]

Erster Wahlkampfhöhepunkt in Ludwigshafen war der Auftritt von Bundeskanzler Adenauer, der am 3. April 1959 vor 8 000 Zuhörern sprach. Auch die FDP konnte am 9. April 1959 mit Dr. Reinhold Maier ihren Bundesvorsitzenden in Ludwigshafen präsentieren. Den nächsten Prominenten stellte dann am 12. April 1959 wieder die CDU mit Bundeswirtschaftsminister Erhard, der von MdB Fritz mit einer riesigen Sumatra-Zigarre begrüßt vor 1 000 Zuhörern im Pfalzbau sprach. Sichtlich stolz präsentierten schließlich die Ludwigshafener Sozialdemokraten ebenfalls im Pfalzbau am 15. April 1959 mit Willy Brandt den Regierenden Bürgermeister von Berlin als ihren Hauptredner, der über 4 000 Zuhörer in seinen Bann zog. Seine Partei konnte dann am 19. April 1959 auch wieder mit Abstand die meisten Wähler gewinnen: 37 247 (52%) votierten diesmal für die SPD – ein Zugewinn von 6,2% gegenüber 1955, aber auch erneut ein Beleg dafür, daß nicht alle ehemaligen KPD-Wähler – 1955 noch 6 105, entsprechend 8,6% – zur SPD gefunden hatten. An zweiter Stelle lag wieder die CDU mit 24 862 (35%) Stimmen – ein Plus von 3,9%. Immer weiter zurück fiel dagegen die FDP mit nun 5 435 (7,7%) Stimmen – ein Minus von 2,2%. Den vierten Platz hatte in Ludwigshafen nun die rechtsradikale DRP mit 2 106 (3,0%) inne. Unter ›ferner liefen‹ wieder die Vertriebenenpartei BHE mit 782 Stimmen (1,1%), der neutralistische Bund der Deutschen mit 420 (0,6%) und die Deutsche Gemeinschaft mit 446 (0,6%). Ludwigshafen hatte erneut fünf Landtagsabgeordnete, nämlich auf Seiten der SPD wieder Ernst Lorenz und Herbert Müller sowie für die CDU Franz Heller, Ludwig Schuster und Helmut Kohl, der den aus Altersgründen nicht mehr angetretenen Ludwig Reichling ersetzte und mit 29 Jahren nun der jüngste Landtagsabgeordnete war. Insgesamt stellte die CDU im neuen rheinland-pfälzischen Landtag 52 Abgeordnete und damit wieder die absolute Mehrheit – setzte aber unter Ministerpräsident Altmeier die Koalition mit der um drei Mandate geschwächten FDP fort. Im Parlament war auch die DRP mit einem Sitz vertreten,

4000 Zuhörer verfolgten die Ansprache von Willy Brandt (rechts) – begrüßt von MdB Wagner (links) – am 15. April 1959 [191]

1000 Zuhörer – darunter MdB Fritz und Stadträtin Impertro – begeisterte Bundeswirtschaftsminister Erhard am 12. April 1959 [192]

den sie im Wahlkreis 7 (Westpfalz) mit 8,4% gewonnen hatte – in Ludwigshafen konnte sie gegenüber der Bundestagswahl 1957 ihren Stimmenanteil verdoppeln, blieb aber in der Arbeiterstadt nur eine Randerscheinung.[165]

Entsprechend dem angekündigten stärkeren sozialpolitischen Engagement der CDU in der Chemiestadt und dem damit verbundenen Ziel der Erreichung von Wählern auch im traditionellen Arbeitermilieu wurde zwischen den Parteien die Betriebsratswahl 1959 in Ludwigshafen sehr viel kämpferischer als die Landtagswahl 1959 ausgetragen: Bereits am 25. März 1959 kündigte der Geschäftsführer der Sozialausschüsse der CDU, MdB Hans Katzer, im ›Großen Bürgerbräu‹ in einer Versammlung der Werksgemeinschaften christlicher Arbeitnehmer ›die christlich-soziale Betriebsaktion 1959‹ an, die u. a. ihren Ausdruck in der Eigenkandidatur der christlich-sozialen Verbände in Konkurrenz zu den DGB-Einheitslisten fand. Trotz einer nachfolgenden Presse- und Flugblattschlacht scheiterte jedoch das christdemokratische Unternehmen. Von den 35 am 16. April 1957 gewählten Betriebsräten in der BASF gehörten nur acht der Christlichen Werksgemeinschaft an – 1955 waren über die DGB-Liste zehn Christdemokraten in den Betriebsrat gewählt worden. Während die ›illegale KPD-Betriebsgruppe‹ in der BASF ihre vier Mandate über die gewerkschaftliche Einheitsliste gehalten hatte, konnte die SPD-Betriebsgruppe drei Mandate gewinnen – neben zwei christlichen war ihr auch das bisher einzige DAG-Mandat im Betriebsrat zugefallen. In den Ludwigshafener Metallbetrieben war kein einziges Mandat an die Christdemokraten gefallen – 93% aber an Mitglieder der IG Metall. Nur bei der Firma Giulini hatten die Christdemokraten einen begrenzten Erfolg – die Liste von Stadtrat Böckmann gewann fünf der 17 Mandate. Abschluß des Wahlmarathons in Ludwigshafen war die Personalratswahl bei der Stadtverwaltung am 29. April 1959: Hier gingen von 31 Mandaten 26 an Mitglieder des DGB und fünf an den konservativen Beamtenbund. So war es auch am DGB, die innerbetrieblichen Wogen wieder zu glätten,

Anmerkungen
Seite 600 und 601

165 *vgl. Rhpf, Jg. 15, Nr. 76ff sowie StAnz., Jg. 12, Nr. 17 vom 25.4.1959*

166 *vgl. Rhpf, Jg. 15, Nr. 71ff sowie ›Freiheit‹, Jg. 13, Nr. 45*

167 *vgl. Rhpf, Jg. 15, Nr. 105ff sowie Protokoll der öffentlichen und nichtöffentlichen Sitzung des Stadtrates Ludwigshafen vom 20.5.1959*

Vor 8 000 Zuhörern in Ludwigshafen: Bundeskanzler Adenauer; links von Adenauer freut sich Ministerpräsident Altmeier über die große Resonanz, 8. April 1958 [193]

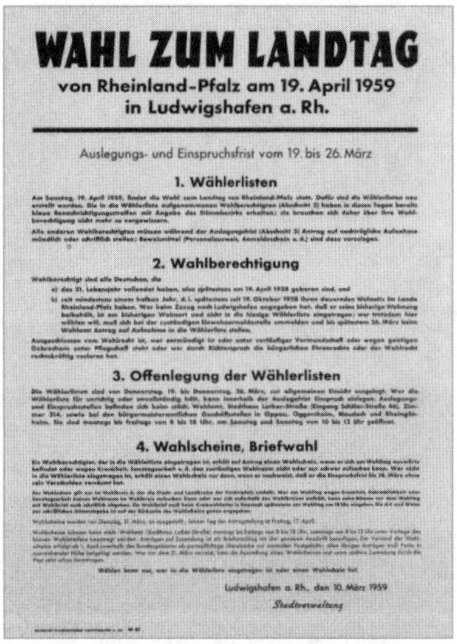

WAHL ZUM LANDTAG
von Rheinland-Pfalz am 19. April 1959
in Ludwigshafen a. Rh.

Auslegungs- und Einspruchsfrist vom 19. bis 26. März

1. Wählerlisten

2. Wahlberechtigung

3. Offenlegung der Wählerlisten

4. Wahlscheine, Briefwahl

Ludwigshafen a. Rh., den 10. März 1959

Stadtverwaltung

Ankündigung der Landtagswahl 1959 [194]

indem er die alle einende ›Berlin-Frage‹ erneut in den Mittelpunkt der traditionellen Maikundgebung im Ebertpark stellte. „Einige Tausend" Ludwigshafener beteiligten sich – trotz des schlechten Wetters – an der Manifestation.[166]

Das Stadtjubiläum 1959

Boten Wahlen also noch immer Überraschungen, so waren die geplanten Feierlichkeiten zum Stadtjubiläum 1959 seit Jahresbeginn bekannt. Auftakt bildete die Ausstellung ›Aus 100 Jahren Stadtgeschichte‹, die ab dem 8. Mai 1959 parallel zu der Ausstellung ›Aus dem Kunstbesitz der Stadt Ludwigshafen‹ im Stadtmuseum präsentiert wurde. Präsentieren konnte Oberbürgermeister Klüber bei der Stadtratssitzung am 20. Mai 1959 mit der französischen Hafenstadt Lorient auch einen möglichen Interessenten für eine Städtepartnerstadt mit der Chemiemetropole am Rhein. Einen ersten persönlichen Eindruck von Ludwigshafen verschaffte sich dann Bürgermeister Glotin aus Lorient zwischen dem 29. Mai und 1. Juni 1959. Als erstes greifbares Ergebnis wurde dabei ein Jugendaustausch zwischen beiden Städten vereinbart.[167]

Anschließend verabschiedete sich das politische Ludwigshafen vorzeitig in die Sommerpause, die anderenorts aber zu einer verstärkten Aktivität zwang. So eröffneten die Ludwigshafener Großbanken nun eigene Abteilungen, die Kleinkredite bis zu 2 000 DM für 4,5% Zinsen anboten. Der Andrang an den Schaltern überstieg die Erwartungen bei weitem: Von Hochzeiten über Hausreparaturen bis zu Zahnprothesen reichte der Finanzierungsbedarf. Besonders kurios war aber die stundenweise Abzahlung der Fernsehgeräte durch rund 500 Ludwigshafener Familien mittels eines am Apparat angebrachten Münz-Automaten, der gegen den Einwurf von einer DM eine Stunde Fernsehgenuß ermöglichte. Die Münze wurde anschließend wiederum vom Einzelhändler oder von der Finanzierungsbank nach dem Öffnen der Münzuhr als Abzahlungsrate kassiert. Aber auch das Ausländeramt der Polizeibehörde

Beginn der Städtepartnerschaft mit Lorient, Bürgermeister Glotin mit Oberbürgermeister Klüber im BASF-Hochhaus, Mai 1959 [195]

Einweihung der Konrad-Adenauer-Brücke, am Mikrofon der Mannheimer Stadtbaudirektor Borelly 24. Oktober 1959 [196]

Sommerfreuden auf der Parkinsel August 1959 [197]

stellte sich jetzt auf den Saisonbetrieb ein, denn während des Sommers war die chemische Industrie Ludwigshafens das Ziel von knapp 200 ausländischen Praktikanten, die dann die Stadt in der Regel aber nach einem halben Jahr wieder verließen. Festangesiedelt hatten sich in Ludwigshafen inzwischen 2000 ausländische Mitbürger, also 1,25% der knapp 160000 Einwohner. Sie stammten aus 49 Nationen, darunter je 265 Österreicher und Polen, 200 Italiener, 186 Franzosen, 116 Jugoslawen, 73 US-Amerikaner, 70 Ungarn und 54 Griechen. Die Feierstunde zum 17. Juni überließ die Stadtverwaltung den Kreisverbänden der CDU und der Jungen Union, die bei ihrer Veranstaltung einen überaus großen Zuspruch zu verzeichnen hatten. Weniger feierlich ging es dann am 27. Juni 1959 im Ebertpark zu, als anläßlich eines Auftritts von Ted Herold „Lederjacken, Rothemden und Pulli-Girls" den ersten zünftigen ›Rock'n'Roll-Krawall‹ in Ludwigshafen entfesselten und das Überfallkommando der Polizei auf den Plan riefen. Ab dem 4. Juli 1959 ging es im Ebertpark dann aber wieder friedlicher zu: Nach 1953 wurde zum zweiten Mal zu einem Jubiläums-Parkfest eingeladen, das an den folgenden zwei Wochenenden wieder insgesamt 140000 Besucher anlockte. Weiteren Anlaß zum Feiern bot dann am 9. Juli 1959 die

Feuerwerk über dem Rhein anläßlich der Einweihung der Konrad-Adenauer-Brücke 24. Oktober 1959 [198]

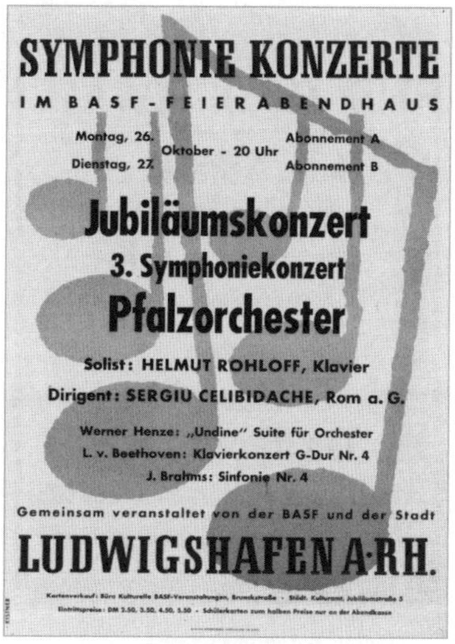

Auftakt zum Stadtjubiläum Sergiu Celibidache dirigiert im BASF-Feierabendhaus [199]

Blick auf die am 9. Juli 1959 freigegebene Rheinbrücken-Auffahrt: links der Kaufhof, in der Bildmitte der Pfalzbau und rechts vor dem Ankerhof die Baustelle der ›Tortenschachtel‹ [200]

Einweihung der neuen Rheinbrücken-Auffahrt durch Bundesverkehrsminister Dr. Seebohm, der sich dabei anerkennend über die größte innerstädtische Hochstraße der Bundesrepublik und Europas äußerte, aber auch die Notwendigkeit einer zweiten Brücke nach Mannheim betonte. Einen Tag später vermeldeten die Ludwigshafener Schwimmbäder bei Tagestemperaturen von 36 Grad im Schatten einen Rekordbesuch, aber die Stadtwerke auch einen Rekordverbrauch von 58 200 Kubikmeter Trinkwasser. Daß es aber auch bei der nächsten Stadtratssitzung am 17. Juli 1959 „heiß hergehen" würde, war bereits am 15. Juli 1959 ersichtlich, als ›Die Rheinpfalz‹ ein Protestschreiben der CDU-Stadtratsfraktion an Oberbürgermeister Klüber gegen ihre Nichteinladung anläßlich der Einweihung der Rheinbrückenauffahrt durch Seebohm veröffentlichte. So gab es bei der Beschlußvorlage zum Neubau eines Kindergartens und -hortes in Friesenheim schon eine Kontroverse zwischen SPD und FDP, ob mit dem Kinderhort alleinerziehende Mütter eine Erleichterung erfahren (SPD) oder zu einer Erwerbstätigkeit „verlockt" (FDP) werden würden. Die CDU lehnte den Standort als solches ab, was MdB Wagner für die SPD als vordergründig bezeichnete. Zum offenen Schlagabtausch kam es dann beim Tagesordnungspunkt ›Ehrung

Plakat zum ›Bunten Abend‹ während der Jubiläumsfeierlichkeiten 1959 [201]

Die Schiller-Gedenkstätte in Oggersheim 1959 [202]

des verstorbenen Bürgermeisters Reichert.‹ Dabei lehnte MdB Wagner für die SPD die von der CDU beantragte Umbenennung des Kulturhauses in ›Bürgermeister-Reichert-Haus‹ als „zu wenig" ab und schlug stattdessen vor, einen geplanten Schulneubau nach Reichert zu benennen. Hierzu fand sie jedoch weder bei der CDU noch FDP eine Zustimmung, so daß der Stadtrat schließlich nur die Umbenennung des Kulturhauses gegen die Stimmen von CDU und FDP ablehnte, worauf die CDU unter Protest die Sitzung verließ und auch nach einer halbstündigen Sitzungsunterbrechung nicht mehr erschien.[168]

Als einzige Partei Ludwigshafens präsent war dafür der CDU-Kreisverband am 20. Juli 1959, als man im Kulturhaus der 15. Wiederkehr des Aufstandes vom 20. Juli 1944 gedachte. Mit soldatischen Gewissensqualen befaßte sich auch eine Tagung des DGB-Kreisausschusses Ludwigshafen, auf der am 18. August 1959 die männlichen Angehörigen des Jahrganges 1939 über das Recht der Kriegsdienstverweigerung beraten wurden – „ungefähr 100 Männer" nahmen daran teil. Gleich 189 Strafanzeigen wegen Schwarzbauens und widerrechtlicher Bebauung bearbeitete zum gleichen Zeitpunkt das Bauaufsichtsamt – auch eine Folge der Kriegszerstörungen. Letztlich zur Behebung der Kriegsfolgen diente auch der Gegenbesuch von Klüber in Lorient, über dessen positiven Verlauf er der hiesigen Presse am 30. September 1959 berichtete. Dabei sprach sich der Oberbürgermeister für die Schaffung eines Partnerschaftsausschusses durch den Stadtrat aus. Im Stadtrat selbst entschieden sich die Fraktionen am 2. Oktober 1959 jedoch wieder für einen wenig partnerschaftlichen Umgang miteinander. Vielmehr nahm die Debatte zwischen SPD einerseits und CDU und FDP andererseits um einen von der Stadtverwaltung vorgeschlagenen Neubau eines städtischen Kindergartens in Edigheim einen „stürmischen Verlauf", in dem harte persönliche Worte nicht ausblieben und die Beschlußvorlage letztlich wieder nur mit den Stimmen der SPD verabschiedet wurde.[169]

Stürmisch gefeiert wurde am 17. Oktober 1959 dagegen Zarah Leander im ›Union-Filmtheater‹. Allerdings agierte die Schauspielerin nicht mehr auf der Leinwand, sondern gab davor ihre bekanntesten Titel

Anmerkungen
Seite 604 und 605

168 vgl. Rhpf, Jg. 15, Nr. 130ff sowie Protokoll der öffentlichen und nichtöffentlichen Sitzung des Stadtrates Ludwigshafen vom 17.7.1959

169 vgl. Rhpf, Jg. 15, Nr. 163ff sowie Protokoll der öffentlichen und nichtöffentlichen Sitzung des Stadtrates Ludwigshafen vom 2.10.1959

170 vgl. Rhpf, Jg. 15, Nr. 241ff

Die Errichtung eines neuen Gebäudes für die Stadtbibliothek wurde 1959 vom Rat beschlossen. Aufnahme des Neubaus 1963 [203]

Der offizielle Festakt zur 100-Jahr-Feier der Stadt Ludwigshafen im BASF-Feierabendhaus 8. November 1959 [204]

aus den dreißiger und vierziger Jahren zum Besten. Noch weit mehr zurück in die Vergangenheit gingen gleichzeitig die Erinnerungen des offiziellen Ludwigshafen, denn nun traten endlich die Vorbereitungen für das Stadtjubiläum in die heiße Phase. Das endgültige Programm wurde am 23. Oktober 1959 veröffentlicht: Auftakt sollte zwar erst am 26. Oktober 1959 ein Konzert des Pfalzorchesters im BASF-Feierabendhaus mit dem Dirigenten Sergiu Celibidache sein; gefeiert wurde allerdings in Ludwigshafen schon ab dem 24. Oktober 1959. Anlaß war die offizielle Freigabe der an alter Stelle neugebauten Rheinbrücke durch Bundesverkehrsminister Seebohm. Und selbst die rund 240 Teilnehmer am Ludwigshafener Jubiläums-Reitturnier ließen es sich am 25. Oktober 1959 nicht nehmen, mit ihren Pferden vor dem Schillerhaus nicht nur dem Dichter ihre Reverenz zu erweisen, sondern gleichzeitig auch dem Oberbürgermeister zum Stadtjubiläum zu gratulieren.[170]

Der offizielle Festakt erfolgte dann am 8. November 1959 – genau 100 Jahre nach der Unterzeichnung der Urkunde der Stadterhebung Ludwigshafens durch König Maximilian II. feierte Ludwigshafen die Verleihung der Stadtrechte im Feierabendhaus der BASF. Dabei konnte Klüber eine große Gästeschar aus nah und fern – darunter Bürgermeister Glotin aus der Partnerstadt Lorient – begrüßen. Staatsminister Stübinger überbrachte die Grüße des Landes und kündigte einen Zuschuß von 100 000 DM für den Theaterneubau an. Weitere Gratulanten waren u. a. Vizepräsident Bögler für den Landtag sowie Direktor Timm für die BASF, der die Gelegenheit nutzte und einen möglichst raschen Ausbau der Rheinuferstraße von der neuen Rheinbrücke zur BASF forderte. Mannheims Oberbürgermeister überbrachte neben Glückwünschen noch 750 Jugendbücher, die ihren Platz am nächsten Tag in der Oggersheimer Bücherei fanden. Diese hatte wiederum ihren Platz im Schillerhaus gefunden und wurde am 9. November 1959 gemeinsam mit der dort ebenfalls plazierten Schillergedenkstätte anläßlich einer Feierstunde zum 200. Geburtstag des Dichters eingeweiht. Es folgten noch Aufführungen von ›Kabale und Liebe‹ am 10. November 1959 sowie der ›Räuber‹ am 11. November 1959. Nach einem ›Bunten Abend‹ am

13. November wurde einen Tag später im Kulturhaus die Ausstellung ›Ludwigshafener Wiederaufbau – Rückblick und Zukunft‹ als Jubiläums-Rechenschaftsbericht des Bauamtes eröffnet. Mit einem Chorkonzert am 20. November 1959 gingen dann die gelungenen Jubiläumsfeierlichkeiten 1959 zu Ende – nur die zu diesem Anlaß erschienene offizielle Publikation[171] hatte erneut wie schon die Vorgängerausgaben von 1953 einen im Vergleich zu der zum fünfzigjährigen Gemeindejubiläum 1903 erschienen Stadtgeschichte eher bescheidenen Umfang.[172]

Zwei Volksparteien in Ludwigshafen

Die Feierlichkeiten zum Stadtjubiläum 1959 hätten eigentlich einen friedfertigen Umgang zwischen den politischen Repräsentanten in der Chemiestadt erwarten lassen. Statt dessen ging der Schlagabtausch munter weiter: Die neue Runde leitete am 4. November 1959 MdB Wagner ein, der vor der Stadtverbandskonferenz der SPD in Ludwigshafen unter dem Titel ›Ludwigshafener Kommunalpolitik‹ über die jüngsten Auseinandersetzungen im Stadtrat aus Sicht der SPD referierte. Dabei betonte Wagner, daß die Haltung der CDU seit der Wahl von Bürgermeister Wild unerfreulich geworden sei und führte dies darauf zurück, daß die Gegenseite bereits den Wahlkampf des Jahres 1960 vorbereiten würde. Dagegen habe die SPD der CDU in der Stadt den zweithöchsten Posten zugestanden, und dies obwohl die SPD nach der letzten Kommunalwahl die Verwaltungsspitze ausschließlich mit eigenen Leuten hätte besetzen können. Die Replik durch den CDU-Kreisvorsitzenden MdL Kohl folgte bereits am nächsten Tag bei einer CDU-Versammlung in Friesenheim: Durch die Wahl von Bürgermeister Wild habe die SPD keinesfalls einen Blankoscheck für alles weitere erhalten. Vielmehr habe die CDU vor, die strittigen Fragen – auch die städtische Personalpolitik – öffentlich zu behandeln und dadurch eigenes Profil zu gewinnen. Am 11. November 1959 verschärfte MdL Kohl den Ton noch einmal, indem er den SPD-Fraktionsvorsitzenden MdB Wagner als „Möchtegern-Oberbürgermeister" bezeichnete, der sich das Recht herausnehme, „politischer Präzeptor der Stadt" zu sein.[173]

Selbst als der ›Außerordentliche Parteitag der SPD vom 13. bis 15. November 1959 in Bad Godesberg‹ das gleichlautende Parteiprogramm verabschiedete und damit der SPD über ein vorbehaltloses Bekenntnis zum freiheitlichen demokratischen Staat, zur Landesverteidigung und zur sozialen Marktwirtschaft den Weg zur zweiten Volkspartei in der Bundesrepublik neben der CDU öffnete,[174] standen sich die Repräsentanten von Christ- und Sozialdemokratie in Ludwigshafen feindlich gegenüber: Ausdruck fand dies im Ausschluß aller IG-Chemie-Mitglieder aus der Gewerkschaft, die zuvor bei den Betriebsratswahlen in der BASF auf der konkurrierenden Liste der Christlichen Werksgemeinschaft kandidiert hatten. Dagegen beschloß zeitgleich der Kreisverband der FDP – außen vor bei diesen Konflikten – undogmatisch mit den Vorbereitungen der Kommunalwahl 1960 zu beginnen. Diesem Stil blieb die FDP-Fraktion auch bei der Stadtratssitzung am 11. Dezember 1959 treu; aber auch die SPD- und CDU-Fraktion ließen die meisten Beschlußvorlagen einstimmig passieren. Fünf Gegenstimmen aus der CDU-Fraktion gegen eine mit Gebührenerhöhungen verbundene Tarifänderung bei der Ludwigshafener Straßenbahn kommentierte MdB Wagner: Es störe ihn nicht, wenn Unbelehrbare aus nicht

Anmerkungen Seite 606 und 607

171 *vgl. Stadtverwaltung Lhfn, 1959*
172 *vgl. Rhpf, Jg. 15, Nr. 259ff*
173 *vgl. Rhpf, Jg. 15, Nr. 256ff*
174 *vgl. Protokoll der Verhandlungen des Außerordentlichen Parteitages*
175 *vgl. Rhpf, Jg. 15, Nr. 265ff sowie Protokoll der öffentlichen und nichtöffentlichen Sitzung des Stadtrates Ludwigshafen vom 11.12.1959*
176 *vgl. Rhpf, Jg. 16, Nr. 19 sowie Protokoll der öffentlichen und nichtöffentlichen Sitzung des Stadtrates Ludwigshafen vom 22.1.1960*
177 *vgl. Rhpf, Jg. 16, Nr. 20ff*

sachlichen Gründen zu einer anderen Auffassung gelangten.[175] In das gleiche Horn stieß Friedrich Wilhelm Wagner auch bei der ersten Stadtratssitzung des neuen Jahres am 22. Januar 1960, als er kritische Bemerkungen von Oberbürgermeister Klüber zu den Ausführungen von Stadtrat Dr. Keller als „Privatissimum" des Vorsitzers über Haushalts-Praxis und -Theorie begrüßte und dadurch die Ausführungen von Keller zum Nachtragshaushalt 1959 als „am Boden zerschmettert" bezeichnete. Trotz einer erregten Replik von Keller fand aber der Nachtragshaushalt genauso die einstimmige Zustimmung im Stadtparlament wie auch alle anderen Vorlagen, darunter der Beschluß zum Bau einer neuen Stadtbibliothek in der heutigen Form in der Bismarckstraße.[176]

Daß mit dem Godesberger Programm der SPD nun in Ludwigshafen wirklich zwei Volksparteien konkurrierten, war den Christdemokraten in der Stadt durchaus bewußt. Sie führten am 23. Januar 1960 sogar eigens eine Veranstaltung zum SPD-Programm durch. Dabei betonte Stadtrat Tilger, daß die SPD zwar ideologischen Ballast abgeworfen habe, aber noch immer für einen sozialistischen Staat stehe. In Bezug auf religiöse Fragen tauche zwar der Begriff Toleranz auf, die „aber auch in Ludwigshafen immer wieder mißachtet werde." Dennoch betonte MdL Kohl auf einer weiteren Versammlung in Rheingönheim, daß man den anderen Parteien keinesfalls Nichtchristlichsein vorwerfe und den Kommunalwahlkampf 1960 in aller Ruhe und Sachlichkeit führen werde. Für die SPD konterte Stadtrat Kußmaul auf der Jahreshauptversammlung ihrer Sektion Süd am 3. Februar 1960, daß sich ihr Ziel der sozialistischen Grundkonzeption nicht geändert habe, aber der Weg, denn unter Sozialisierung verstehe man nun nicht mehr Verstaatlichung sondern Vergesellschaftlichung. Auch sei die Behauptung oberflächlich, daß ein Christ kein Sozialist sein könne. Dem entgegnete wiederum der CDU-Stadtrat Erich Busch auf einer Versammlung seiner Partei in Mundenheim mit der Feststellung, daß zwar 96% der Bevölkerung in Ludwigshafen evangelisch oder katholisch seien – die überwiegende Mehrheit der SPD-Fraktion jedoch konfessionslos. Gleichzeitig kündigte Busch an, daß die Ludwigshafener CDU mit einem eigenen Wahlprogramm in den Kommunalwahlkampf 1960 ziehen werde. Das Wahlvolk selbst zeigte sich jedoch wenig beeindruckt von diesem Vorwahlkampfgeplänkel beider Volksparteien – vielmehr erschien es in hellen Scharen am 28. Februar 1960 zum Fasnachtsumzug, um allerlei Schabernack mit den Stadtvorderen zu treiben. Bei 18 Grad Wärme säumten 250 000 Zuschauer die Ludwigshafener Straßen. Zwar war dann am anschließenden Aschermittwoch schon wieder alles vorbei, aber selbst Oberbürgermeister Klüber bekundete den Narren bei der Rückgabe des Stadtschlüssels Respekt für die gelungene Kampagne 1959/60 – schließlich sei es auch zum ersten Mal gelungen, den Oberbürgermeister bei der Erstürmung des Stadthauses tatsächlich gefangenzunehmen.[177]

Die Kommunalwahl 1960

Kaum hatten jedoch die städtischen Narren ihr Pulver verschossen, rüsteten die Ludwigshafener Parteien zum Kommunalwahlkampf 1960. Dabei sorgte zunächst einmal für Verunsicherung, daß Angehörige des Mittelstandes die Bildung einer Freien Wählergemeinschaft analog zur erfolgreichen Mannheimer Liste in der rechtsrheinischen Schwesterstadt ankündigten. Weiterhin nutzte der SPD-Fraktionsvorsitzende

Plakat zur Kundgebung ›Unteilbares Deutschland‹ [205]

Motivwagen beim Fasnachtsumzug 1960 [206]

MdB Wagner die Haushaltsberatung vom 18. März 1960 zu einer Replik, indem er zum Abschluß seiner Haushaltsrede auch auf die vorangegangenen Äußerungen des CDU-Stadtrates Busch einging und dabei die durch Grundgesetz garantierte Bekenntnisfreiheit betonte. Die Äußerungen von Friedrich Wilhelm Wagner übertrafen die Haushaltsrede von Oberbürgermeister Klüber – er hatte das Jahr 1959 als das bisher beste Nachkriegsjahr Ludwigshafens herausgestrichen – sowohl zeitlich als auch vom Seitenumfang erheblich und verdeutlichte die eigentliche Machtverteilung in der Stadt. Dennoch votierten beide Volksparteien für den Haushalt 1960, während die FDP-Fraktion dagegen opponierte, da ihre Forderung nach sofortiger Abschaffung der Schankverzehrsteuer nicht berücksichtigt worden war.[178]

14 Tage später bot die Stadtratssitzung vom 1. April 1960 Gelegenheit sich weiter für die Kommunalwahl zu positionieren. Nach einer Reihe einstimmiger Beschlüsse nahm CDU-Stadtrat Busch zu den Ausführungen von MdB Wagner aus der vorherigen Sitzung Stellung. Dabei wiederholte er seine inhaltliche Kritik an der Tätigkeit von Angehörigen der Freireligiösen Gemeinde in Ludwigshafen – in diesem Fall am Leiter einer Berufsschule. Friedrich Wilhelm Wagner konterte für die SPD-Fraktion erneut mit dem Vorwurf, daß die Äußerungen von Busch gleich mehrere Verstöße gegen das Grundgesetz darstellten. Als CDU-Stadtrat Tilger anschließend die Weigerung der SPD-Fraktion auf Fortführung der Debatte mit „Feigheit" kommentierte, konnte sich Oberbürgermeister Klüber nur mit der Glocke Ruhe verschaffen. Beendet wurde die Debatte mit einem Ordnungsruf für den SPD-Fraktionsvorsitzenden Wagner, der Tilger mit „Sie sind ein lächerlicher Knabe" geantwortet hatte. Daß im April 1960 die Bürgerschaftsrepräsentanten die Zeit für solch grundsätzliche Debatten fanden, überrascht allerdings nicht, wenn man berücksichtigt, wie wenig Anlaß zur Sorge zum gleichen Zeitpunkt z. B. der Arbeitsmarkt in Ludwigshafen bot: 872 arbeitslosen Männern und Frauen standen 4 500 offene Stellen gegenüber! Und die neue soziale Sicherheit der Arbeitnehmer hatte auch Auswirkungen auf die traditionelle Maikundgebung des DGB – zwar trafen sich

Anmerkungen
Seite 608 und 609

178 *vgl. Rhpf, Jg. 16, Nr. 53ff sowie SRP 18.3.1960*

179 *vgl. Rhpf, Jg. 16, Nr. 79ff sowie SRP 1.4.1960 und StALu, N 25, Nachlaß Wagner, Nr. 141*

180 *vgl. Rhpf, Jg. 16, Nr. 103ff sowie SRP 16.5.1960*

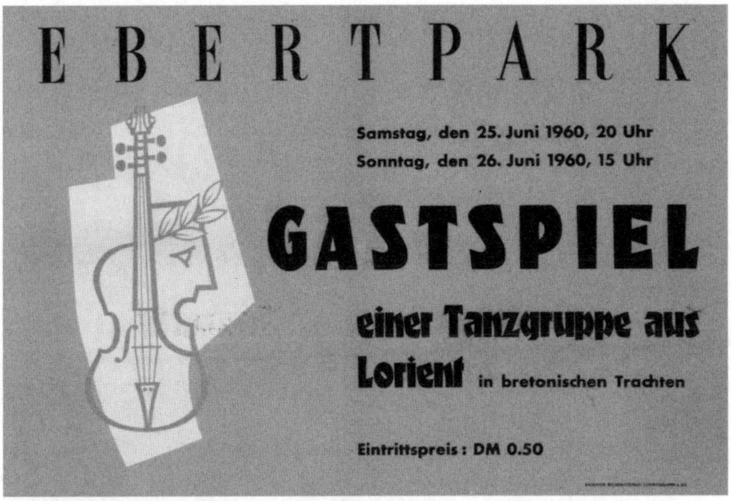

Erste kulturelle Kontakte mit Lorient
Juni 1960 [207]

›Laufende Reklame‹ für das Stadtfest
1960 [208]

trotz des schlechten Wetters am 1. Mai 1960 wieder mehrere Tausend Teilnehmer um die Konzertmuschel im Ebertpark, aber „längst nicht die Besucherscharen der vergangenen Jahre."[179]

Anschließend ging der Ludwigshafener Kommunalwahlkampf in die nächste Runde: Während die SPD in einer Veranstaltungsreihe die Erfolge der sozialdemokratischen Stadtverwaltung für die Stadt Ludwigshafen betonte, kritisierte die CDU bei ihren Veranstaltungen das Auftreten der sozialdemokratischen Beigeordneten auf Parteiveranstaltungen der SPD und führte den Aufstieg Ludwigshafens in erster Linie auf die wirtschaftspolitischen Erfolge der Bundesregierung zurück. Trotzdem demonstrierten beide Volksparteien bei der nachfolgenden Stadtratssitzung vom 16. Mai 1960 Einigkeit, denn am Tage des Beginns der – freilich einen Tag später schon gescheiterten – Viermächtekonferenz in Paris war das Gremium gewillt, durch die Umbenennung des Jubiläumsplatzes in Berliner Platz, der Schillerstraße in Berliner Straße sowie der Benennung der Großsiedlung am Marienkrankenhaus als Ernst-Reuter-Siedlung ein einmütiges Bekenntnis Ludwigshafens zur geteilten Hauptstadt zu leisten. Das gleiche Ansinnen hatten die Ludwigshafener Protestanten, die nach der Stadtratssitzung für 19 Uhr zu einem Bittgottesdienst in die Friedenskirche einluden und der Stadtjugendring, der ab 19^{15} Uhr mit rund 1 500 Teilnehmern in einem Schweigemarsch vom Ludwigsplatz zum Pfalzbau marschierte, um dort um 20 Uhr an einer gutbesuchten Veranstaltung des Kuratoriums Unteilbares Deutschland teilzunehmen, bei der u. a. Ministerpräsident Altmeier referierte.[180]

Am 2. Juni 1960 stellte Kulturamtsleiter Nord das Programm für die Ebertpark-Saison 1960 vor. Höhepunkt sollte wieder ein Auftritt von Vico Torriani sein, aber auch eine bretonische Tanzgruppe aus Lorient war vorgesehen. Gleichzeitig gab Nord einen Besucherschwund bei der Theatergemeinde bekannt, was er sowohl auf das veraltete Ambiente des Pfalzbaus als auch auf die Konkurrenz durch das Fernsehen zurückführte. Sehr gut besucht war dagegen die Gedenkveranstaltung der Vereinigung der Opfer des Stalinismus und des Gesamtverbandes

Der Edigheimer Jürgen Brecht, der 1960 bei den Olympischen Spielen in Rom eine Bronzemedaille im Fechten errang, beim Empfang durch Oberbürgermeister Klüber 22. September 1960 [209]

Kochschulunterricht in der Mozartschule 1960 [210]

Anmerkungen
Seite 610 und 611

181 *vgl. Rhpf. Jg. 16, Nr. 129ff sowie SRP 20.6.1960*

182 *vgl. Rhpf. Jg. 16, Nr. 143ff sowie SRP 22.7.1960*

183 *vgl. Rhpf. Jg. 16, Nr. 180ff*

der Sowjetzonenflüchtlinge zum 17. Juni. Im Gegensatz zu 1959 war die Gedenkveranstaltung parteiübergreifend besucht und auch von einem gemeinsamen Aufruf des Oberbürgermeisters und der drei Fraktionsvorsitzenden im Stadtrat begleitet worden. Geschlossenheit demonstrierte der Stadtrat dann auch am 20. Juni 1960 als er die Tagesordnung ohne große Debatte passieren ließ. Die Einstimmigkeit wurde nur einmal aufgehoben, als die CDU-Stadträte Tilger und Schuster gegen den erhöhten Kostenvoranschlag für den Kindergartenneubau in der Gartenstadt votierten. Daß man anderenorts aber durchaus bereit war, die politische Auseinandersetzung zu suchen, demonstrierten mehrere SPD-Stadträte noch am gleichen Abend durch den Besuch einer Bürgerversammlung der CDU in Mundenheim. MdL Kohl nahm die Herausforderung an, indem er ankündigte, angesichts seiner politischen Gegner einige Dinge in schärferer Form sagen zu müssen, als dies beabsichtigt war. Dabei wandte er sich u. a. gegen eine Benotung der CDU durch einen „Super-Oberbürgermeister" Friedrich Wilhelm Wagner. Ebenso kritisierte er das parteipolitische Engagement des ebenfalls anwesenden Beigeordneten Ludwig, der wiederum in der Diskussion zu Wort kam und betonte, sich für die Aufklärung der Bevölkerung mitverantwortlich zu fühlen.[181]

Nach einem anschließenden Pressegeplänkel über die Qualität der Stadtführung durch die SPD entließen jedoch beide Volksparteien ihre Wähler erst einmal in die Wahlkampfsommerpause. Dabei nahmen die Ludwigshafener wieder dankbar das Parkfest an, das zum Abschluß am 11. Juli 1960 118 000 Besucher zählte – kulinarischer Höhepunkt war inzwischen ›Ochs am Spieß‹ – fünf Exemplare waren während der sechs Festtage verzehrt worden. Die Hochkonjunktur des Jahres 1960 spiegelte sich aber nicht nur im geänderten Konsumverhalten der Ludwigshafener wider – auch ihre Spareinlagen bei der Stadtsparkasse waren innerhalb eines halben Jahres von 68,4 auf 80 Millionen DM gestiegen, denn schließlich war jeder zweite Ludwigshafener Kunde dieser Bank. Entsprechend stand auch im Mittelpunkt des am 14. Juli 1960 veröffentlichten FDP-Programms zur Kommunalwahl die von ihr angestrebte

Friedrich Wilhelm Wagner führte wieder die Liste der SPD an [211]

Auch die FDP setzte mit ihren Kandidaten auf Kontinuität [212]

MdL Helmut Kohl im Rednereinsatz als Kreisvorsitzender der Ludwigshafener CDU bei der Kommunalwahl 1960 [213]

Bürgerbeteiligung, während die SPD einen Tag später mit einem Programmentwurf konterte, der eine umfangreiche Liste von konkreten Zielen, wie die Verlegung des Hauptbahnhofes oder den Baues einer zweiten Rheinbrücke für die nächste Wahlperiode enthielt. Vorab den Startschuß zum Neubau der Hauptfeuerwache gab der Stadtrat schon einmal am 22. Juli 1960 – innerhalb von 20 Minuten hatte er diesmal die ganze Tagesordnung abgewickelt.[182]

Ihren Ausdruck fand die Konjunktursteigerung aber auch in der Ausländerstatistik des Arbeitsamtes Ludwigshafen: 3 364 Ausländer – darunter allein 2 000 Italiener – arbeiteten im August 1960 in seinem Amtsbereich. Waren es im Vorjahr nur rund 1 000 gewesen, so wurde jetzt mit einem Stand von 4 000 bis zum Jahresende gerechnet. Bei einer gleichzeitigen außerordentlichen Knappheit von deutschen Arbeitskräften – gemeldet waren nur noch 601 Arbeitslose, aber 5 474 offene Stellen – betrug die Anzahl der Ausländer an der Gesamtbeschäftigung damit vor Ort bereits 3% – bundesweit jedoch nur 0,8%. Beschäftigt waren fast nur ausländische Männer und zwar in der Industrie und auf dem Bau; allerdings beabsichtigte das Arbeitsamt nun auch gezielt ausländische Frauen für Mangelberufe, so z. B. für den Pflegebereich in den Ludwigshafener Krankenhäusern zu gewinnen. Ein Ausländer hatte allerdings bereits jetzt schon die Herzen der Ludwigshafener gewonnen, nämlich der aus Kuba stammende Schlagersänger Roberto Blanco, der am 7. August 1960 im Ebertpark aufgetreten war. Dabei waren unter den Zuhörern sicher auch viele jener jungen berufstätigen Frauen, die dank der Konjunkturlage nicht mehr jeden Pfennig umdrehen mußten. Diese wurde von der Vorsitzenden des Ludwigshafener Hausfrauenvereins heftigst kritisiert: So würden die jungen Hausfrauen heute keine Preisvergleiche mehr anstellen und anstatt ›Selbsteingemachtes‹ herzustellen, zu den bequemen Konserven greifen.[183]

Ende August 1960 kehrten dann auch in Ludwigshafen die Parteien auf die Wahlkampfbühne zurück und bemühten sich, ihre Kandidaten bekanntzumachen. Dies war nicht ganz einfach, denn noch galt das Augenmerk der Öffentlichkeit den Olympischen Spielen in Rom.

Herbert Müller – noch unter einem Portrait Lenins
Aufnahme von 1946 [214]

Anmerkungen
Seite 613

184 vgl. Rhpf, Jg. 16, Nr. 180ff sowie StALu, LUN, Nr. 83, 93, 94 und 217

185 vgl. Rhpf, Jg. 16, Nr. 237ff sowie SRP 10.10.1960

Auch drei Athleten aus Ludwigshafen waren dort vertreten, wobei Jürgen Brecht aus Edigheim sogar eine Bronzemedaille im Mannschaftsfechten errang. Entsprechend wurde Brecht nach seiner Rückkehr vom Tiber an den Rhein auch von Oberbürgermeister Klüber empfangen – schließlich befand sich auch der Oberbürgermeister mitten im Wahlkampf, denn die SPD hatte ihn für einen aussichtsreichen Platz auf ihrer Bezirkstagsliste nominiert. Für seinen Stellvertreter, Bürgermeister Wild, hingegen war nur der letzte Platz auf der CDU-Vorschlagsliste zum Bezirkstag vorgesehen. Für den Stadtrat nominierte die CDU ihren Kreisvorsitzenden MdL Kohl als Spitzenkandidaten, während die SPD wiederum auf ihren Fraktionsvorsitzenden MdB Friedrich Wilhelm Wagner setzte. Auch die FDP überließ den Spitzenplatz dem bisherigen Fraktionsvorsitzenden Keller. Zunächst nicht den Tageszeitungen – aber sehr wohl einem Flugblatt in ihren Briefkästen – konnten die Ludwigshafener entnehmen, daß auch die Ludwigshafener Kommunisten erneut zum Stadtrat zu kandidieren beabsichtigten – diesmal als Wählergruppe Vollmer. Allerdings scheiterten die Kommunisten am 5. Oktober 1960 erneut am Ludwigshafener Wahlausschuß, der den Wahlvorschlag der Wählergruppe Vollmer – trotz 238 gültiger Unterstützungsunterschriften, 200 Unterschriften wären zur Einreichung des Wahlvorschlages nur notwendig gewesen – als KP-Tarnorganisation ablehnte. In seiner Begründung führte Dr. Fischer vom Rechtsamt der Stadt aus, daß zwei der Kandidaten der Wählergruppe sowie ihr Vertrauensmann ehemalige

Einweihung des Kindergartens am Ebertpark am 20. Oktober 1960; Werner Ludwig (rechts), im Hintergrund links Oberbürgermeister Klüber, daneben MdB Wagner [215]

Mitglieder der KPD seien. Zwei weitere der insgesamt acht Kandidaten seien im kommunistischen Umfeld aktiv gewesen. Von den 238 Unterstützungsunterschriften seien circa die Hälfte von ehemaligen Mitgliedern der KPD und ihren Unterorganisationen oder deren Verwandten geleistet worden.[184]

Am 10. Oktober 1960 beendete der Stadtrat die Wahlperiode 1956/60. Dabei nutzten FDP und CDU bei der Vorlage des Nachtragshaushalts wegen der Höhe der Gemeindesteuer noch einmal die Gelegenheit, mit der regierenden SPD kritisch ins Gericht zu gehen. Trotz einiger verbaler Ausfälle zwischen den drei Fraktionsvorsitzenden passierte der Nachtragshaushalt einstimmig das Gremium, und auch der Rechenschaftsbericht des Oberbürgermeisters über die zurückliegende Wahlperiode fand den Beifall aller Fraktionen. Den eigentlichen Wahlkampf an diesem Tag überließen die beiden Volksparteien zwei Repräsentanten der Bundespolitik: Die CDU konnte in Oppau Bundesverteidigungsminister Strauß vorstellen – für die SPD referierte im Kulturhaus MdB Schellenberg über: ›Die Rentenempfänger – Stiefkinder des Wirtschaftswunders‹.[185]

Am 15. Oktober 1960 meldeten sich auch die Ludwigshafener Kommunisten noch einmal zu Wort, indem die Kandidaten der Wählergruppe Vollmer beim Oberbürgermeister Einspruch gegen ihre Nichtzulassung bei der Kommunalwahl einlegten. Zwar konnten sie in ihrer Argumentation zurecht darauf verweisen, daß sich auf der genehmigten

Zufrieden zeigt sich MdL Helmut Kohl bei der telefonischen Entgegennahme der Wahlergebnisse, 23. Oktober 1960 [216]

Oberbürgermeister Klüber begrüßt den Regierenden Bürgermeister von Berlin, Willy Brandt, bei der Namensgebung der Ernst-Reuter-Siedlung, 21. Oktober 1960 [217]

Bewerberliste der SPD zum Stadtrat mit Herbert Müller, Ernst Lorenz, Paul Liebel und Georg Germann gleich vier ehemalige Kommunisten befanden, so daß die SPD-Liste vom Wahlausschuß mit der gleichen Argumentation hätte zurückgewiesen werden müssen, wie ihr eigener Wahlvorschlag. Doch hierfür interessierte sich mitten im Kalten Krieg niemand.[186] So hatte ›Die Rheinpfalz‹ am 13. September 1960 anläßlich des 60. Geburtstags von Herbert Müller ausführlich dessen 43jährige politische Tätigkeit seit 1917 vorgestellt, aber mit keinem Wort erwähnt, daß dieser davon 30 Jahre in der KPD verbracht hatte.[187] Ein Fakt, der jedem interessierten Ludwigshafener bekannt war und den die Wählergruppe Vollmer am 18. Oktober 1960 auch in einem Flugblatt verbreitete. Trotzdem blieb auch der Stadtrechtsausschuß am 21. Oktober 1960 bei der Entscheidung des Wahlausschusses. Danach wurden die Kandidaten der Wählergruppe Vollmer als Tarnorganisation der illegalen KPD sogar wegen ›Staatsgefährdung‹ angeklagt, aber im November 1962 vom Landgericht Frankenthal freigesprochen.[188]

Unterdessen ging der bundespolitische Wahlkampfeinsatz in Ludwigshafen weiter: Am 15. Oktober 1960 referierte Bundesaußenminister Heinrich von Brentano über die außenpolitische Lage der Bundesrepublik bei der CDU in Mundenheim. Die SPD präsentierte am 17. Oktober 1960 ihren Wehrexperten, MdB Fritz Erler, in Oppau und der ehemalige Ludwigshafener Oberbürgermeister Bockelmann referierte am 19. Oktober 1960 gleich auf zwei sozialdemokratischen Wahlveranstaltungen. Die CDU ging auf ihrer abschließenden Pressekonferenz bereits vor dem eigentlichen Wahlgang davon aus, daß auch der nächste Stadtrat sozialdemokratisch geführt sein würde. Dies zumal die SPD kurz vor der Wahl noch zwei Erfolge verbuchen konnte: Zum einen konnte der Beigeordnete Ludwig am 20. Oktober 1960 den städtischen Kindergarten am Ebertpark eröffnen – ein bis zuletzt noch im Wahlkampf von FDP, CDU und katholischer Kirche abgelehntes städtisches Vorzeigeprojekt. Abschließender Höhepunkt des sozialdemokratischen Wahlkampfes war jedoch am 21. Oktober 1960 die Einweihung der Ernst-Reuter-Siedlung durch den Regierenden Bürgermeister von Berlin,

Anmerkungen
Seite 614 und 615

186 *vgl. StALu, LUN, Nr. 217*

187 *Diese Auslassung wurde konsequent bis zum Ende der politischen Laufbahn von Herbert Müller 1971 durchgehalten. Wissenschaftlich wurde seine dreißigjährige KPD-Mitgliedschaft erstmals wieder 1969 publiziert, von Seiten der Rhpf und der SPD erst anläßlich seines 85. Geburtstags im September 1985; Im ›who is who‹ wurde Herbert Müller durchgängig als SPD-Mitglied seit 1917 aufgeführt; vgl. StALu, N 1, Nr. 302*

188 *vgl. StALu, LUN, Nr. 94 und 217*

189 *vgl. Rhpf, Jg. 16, Nr. 242ff sowie StAnz., Jg. 13, Nr. 44f*

Eröffnung der ›Tortenschachtel‹ Geschenkabteilung, 26. Oktober 1960 [218]

Der neue CDU-Fraktionsvorsitzende im Stadtrat – MdL Helmut Kohl [219]

Willy Brandt. Und tatsächlich bestätigten 41 236 Wähler (54,9%) am 23. Oktober 1960 die absolute Mehrheit der SPD in Ludwigshafen mit 28 Sitzen. Das Minus von 2,9% bedeutete jedoch zwei Mandatsgewinne auf 18 für die CDU, die diesmal 26 089 Stimmen (34,7%) erhalten hatte – ein Plus von 3,3%. Die Mandatszahl der FDP war mit fünf Sitzen gleichgeblieben. 7 782 (10,4%) Wähler hatten diesmal für die Liberalen votiert, was ein leichtes Minus von 0,4% bedeutete. Entsprechend zeigten sich die Vertreter von CDU und FDP noch am Wahlabend mit ihrem Ergebnis zufrieden, während die SPD ihre Einbußen darauf zurückführte, daß ihr diesmal keine Leihstimmen aus dem KPD-Milieu zugefallen seien – tatsächlich hatte die Wahlbeteiligung z. B. in der ehemaligen KPD-Hochburg Bruchwiesenstraße nur 33% betragen – der Besitzstand der SPD an echten Wählerstimmen habe sich also konsolidiert, so Oberbürgermeister Klüber. Gemeinsam mit seinem Parteifreund Max Keding repräsentierte er Ludwigshafen nun auch im pfälzischen Bezirkstag.[189]

Der neue Oppositionsführer im Stadtrat

Kaum hatte sich der Pulverdampf der Wahlkampfschlacht in Ludwigshafen verzogen, knallte es am 26. Oktober 1960 schon wieder in der Innenstadt. Allerdings waren es diesmal Böller anläßlich der Eröffnung des neuen Kaufhofes, der dank seiner charakteristischen runden Form im Volksmund schnell nur noch als ›Tortenschachtel‹ bezeichnet wurde. Rund 100 000 Kunden drängten sich zur Eröffnung in das Gebäude, das gleichzeitig auch einen ersten wesentlichen Abschnitt des innerstädtischen Projektes ›Visitenkarte‹ darstellte. Stürmisch ging es auch bei der konstituierenden Sitzung des neuen Ludwigshafener Stadtrates am 25. November 1960 zu. Der neue CDU-Fraktionsvorsitzende, Helmut Kohl, bemängelte die bereits seit 1946 praktizierte Sitzordnung, welche die Opposition in die zweite Reihe verwies. Die FDP kritisierte ihre Nichtberücksichtigung in mehreren Ausschüssen – die SPD hatte im Gegensatz zu 1956 diesmal nicht freiwillig auf Sitze zugunsten der Liberalen verzichtet. Aber auch Oberbürgermeister Klüber setzte

Parkplatz vor der BASF
1961 [220]

kein entemotionalisierendes Zeichen, als er die Ratsmitglieder per Namensaufruf zur Vereidigung an seinen Tisch bestellte, statt wie noch Oberbürgermeister Bockelmann sie an ihren Plätzen zu verpflichten.[190]

Auch in der Stadtratssitzung am 16. Dezember 1960 konnten sich Stadtführung und Ratsmitglieder nicht über die Sitzordnung einigen. Entsprechend verlief die Sitzung „wenig weihnachtlich." Lebhaft wurde es, als der CDU-Fraktionsvorsitzende Kohl die vorgeschlagenen sozialdemokratischen Ortsvorsteher Bassemir und Schork mangels „hinreichender Eignung" ablehnte. Der anschließende verbale Schlagabtausch mit dem SPD-Fraktionsvorsitzenden Wagner war aber auch Ausdruck des Generationskonfliktes mit einem von der Weimarer Republik bzw. der Nachkriegszeit geprägten Führungspolitiker. Generationsübergreifend hingegen war am letzten Verkaufs-Samstag vor Weihnachten – erstmals in der Nachkriegszeit waren die Geschäfte zur Weihnachtszeit sonntags nicht geöffnet worden – der Andrang beim Ludwigshafener Einzelhandel mit Umsatzzuwächsen von bis zu 20% gegenüber dem Vorjahr. Und im Gegensatz zu den vorangegangenen Schaukämpfen im Stadtrat beschrieb die Ludwigshafener Polizei die anschließenden Feiertage als „so friedlich wie selten zuvor" – ohne den obligatorischen Christbaumbrand, aber vielfach mit überfüllten Gotteshäusern. So beließ es auch Oberbürgermeister Klüber beim traditionalen Neujahrsaufruf bei einem Appell: „Wie verschieden nach Weltanschauung und Temperament wir auch sein mögen, alle sind wir Bürger einer Stadt."[191]

Wie sehr diese Stadt im Wandel war, verdeutlichen die Schlagzeilen zu Beginn des Jahres 1961: So wurde angesichts von 26 000 zugelassenen Kraftfahrzeugen in der Chemiestadt – auf sechs Einwohner kam ein Fahrzeug – der autogerechte Ausbau der Saarlandstaße als Paradebeispiel für eine großzügig angelegte Großstadtstraße gefeiert. Dennoch mahnte die BASF bei ihrer Jubilarfeier eine weitere Verbesserung der Verkehrsverhältnisse in Ludwigshafen an – einschließlich der Verlagerung des Hauptbahnhofes. Und auch die erste Stadtratssitzung im neuen Jahr am 3. Februar 1961 befaßte sich ausschließlich mit Projekten

Anmerkungen
Seite 616 und 617

190 vgl. Rhpf, Jg. 16, Nr. 249ff sowie SRP 25.11.1960

191 vgl. Rhpf, Jg. 16, Nr. 293ff sowie SRP 16.12.1960

192 vgl. Rhpf, Jg. 17, Nr. 2ff sowie SRP 6.2.1961

193 vgl. Rhpf, Jg. 17, Nr. 66ff sowie SRP 17. und 21.3.1961

Prozession während des Diözesantags von Kolping, Werkvolk und CAJ in Ludwigshafen vom 29. April bis 1. Mai 1961 [221]

zur Verbesserung des Innenstadtverkehrs. Dabei war die Übereinstimmung so groß, daß ohne Diskussion die Tagesordnung innerhalb von zehn Minuten jeweils einstimmig abgearbeitet war.[192] Allerdings waren diese Projekte nur kleinteilig gegenüber den ›gigantischen‹ Plänen der Stadtverwaltung, die Oberbürgermeister Klüber bei seiner Etatrede zum Nachtragshaushalt 1961 am 17. März 1961 dem Stadtrat verkündete: Neben der Bahnhofsverlegung nannte der Oberbürgermeister u. a. den neuen Pfalzbau, Schulbauprogramme, die Erschließung neuen Baugeländes und die Finanzierung weiterer Wohnsiedlungen nach Art der Ernst-Reuter-Siedlung. Die Fraktionsvorsitzenden konnten am 21. März 1961 im Stadtrat zu den Ausführungen des Oberbürgermeisters Stellung nehmen und signalisierten die grundsätzliche Zustimmung ihrer Fraktionen zu den Plänen der Verwaltung – insbesondere zur Verlegung des Hauptbahnhofes.[193]

Nach dieser Stadtratssitzung war es mit der ›Gemeinsamkeit der Demokraten‹ aber erst einmal wieder vorbei, denn nun warf der Bundestagswahlkampf 1961 seine Schatten voraus und der junge Oppositionsführer, der gerade noch seine erste Haushaltsrede gehalten hatte, war wieder zum Wahlkreisvorsitzenden und damit zum Wahlkampfleiter seiner Partei bestimmt worden. Zunächst einmal konzentrierten sich aber alle Akteure im verbalen Schlagabtausch noch auf einen Nebenschauplatz: die Betriebswahl 1961. Dabei stellte die CDU – die bei der BASF und der Firma Giulini wieder eine eigene Liste der christlich-sozialen Arbeitnehmer aufgestellt hatte – heraus, daß sich bei der BASF auf der betrieblichen und gewerkschaftlichen Einheitsliste neben Sozialdemokraten erneut auch bekannte Kommunisten wiederfanden. Die Sozialdemokraten wiederum warfen den Christdemokraten vor, die Betriebsratswahlen zu politisieren. Allerdings hatten die Christdemokraten damit Erfolg, denn gegenüber 1959 konnten sie in der BASF ein Mandat hinzugewinnen und auch die DAG war nun wiederum im Betriebsrat vertreten, der allerdings durch ein Wahlergebnis von 63,3% für die betriebliche und gewerkschaftliche Einheitsliste nach wie vor fest

in sozialdemokratischer Hand blieb. Und auch der Festredner auf der 1. Mai-Kundgebung des DGB-Ludwigshafen, Hermann Bermann vom Bundesvorstand, betonte bei schlechter Witterung vor einigen tausend Zuhörern die Notwendigkeit starker Gewerkschaften.[194] Nicht viel weniger Zuhörer hatte die Hauptversammlung der BASF am 18. Mai 1961. Die mehr als 3 000 anwesenden Aktionäre konnten zum Teil nur einen Stehplatz vor einem Fernsehgerät ergattern – 35 TV-Geräte hatte das Unternehmen in den Foyers und Nebenräumen des Feierabendhauses aufgestellt. Als neuestes Produkt wurde den Aktionären Styropor vorgestellt – ein „Kunststoff mit Zukunft", wie er zu Recht etikettiert wurde. Während die Hauptversammlung wegen eines Ausfalls der Zählmaschine insgesamt sieben Stunden in Anspruch nahm, war die Stadtratssitzung am folgenden Tag in relativ kurzer Zeit erledigt, da man 15 Punkte en bloc einstimmig verabschiedete. Helmut Kohl kritisierte diese Verfahren allerdings als wenig attraktiv für die Öffentlichkeit und plädierte künftig für eine „interessantere" Tagesordnung.[195]

Styropor

Als die BASF ihren interessierten Aktionären vor Beginn der Hauptversammlung in einem Film die vielseitigen Anwendungsmöglichkeiten des Styropors präsentierte, lag die Entdeckung des Werkstoffs schon etwa ein Jahrzehnt zurück (siehe ›Mannheimer Morgen‹ vom 8. 8. 1996). Schon 1950 und 1951 hatte sich das Unternehmen mehrere Verfahren zur Herstellung von Leichtkunststoffen durch Aufschäumen patentieren lassen. Auch die Suche nach einem günstigen Isoliermaterial zur Abschirmung von Elektrodrähten hatte die Forschung angestoßen. An einem Märztag 1952 fielen dem BASF-Ingenieur Dr. Fritz Stastny dann die Polystyrolbröckchen auf, die an der Wasseroberfläche zurückblieben, wenn zersägte Kunststoffplatten zum Aufschwellen in ein heißes Wasserbad getaucht wurden. Diese Krümel schäumten ebenfalls auf und verklumpten sich am Rand der Wanne. Stastny vermutete nun, daß sich die Partikel in einem Hohlraum zu einem zusammenhängenden Körper formen lassen würden. Nach einem ersten erfolgreichen Versuch in einer Schuhcremedose nutzte man wegen des nahen Festes Osterhasenformen – und produzierte eine Serie leichter, weißer, feinporiger, aber leider nicht eßbarer – Leichtkunststoff-Osterhasen. Das Grundpatent wurde entsprechend erweitert, und seit seiner Vorstellung auf der Kunststoffmesse in Düsseldorf 1952 trat das Styropor seinen unaufhaltsamen Siegeszug an.
[S. M.]

Anmerkungen
Seite 618 und 619

194 vgl. Rhpf. Jg. 17, Nr. 66ff sowie ›Freiheit‹, Jg. 15, Nr. 49ff und StALu, N 8 sowie Nachlaß Otto Zimpelmann in: AfA-Lu

195 vgl. Rhpf. Jg. 17, Nr. 115ff sowie SRP 19.5.1961

196 vgl. Rhpf. Jg. 17, Nr. 126ff sowie SRP 21.7.1961

Spanienurlaub, Bahnhofsverlegung und der Mauerbau

Die Volks-, Berufs- und Arbeitsstättenzählung vom 6. Juni 1961 ermittelte in Ludwigshafen am Stichtag 165 761 Einwohner, davon 54,5% Protestanten, 40,7% Katholiken, andere 4,8%. Sie ergab eine für hochindustrielle Gesellschaften typische Sozialstruktur (siehe folgende Tabelle ›Beschäftigte‹).

Auf jeden arbeitslosen Stadtbewohner kamen inzwischen sechs offene Stellen. Ausländische Gastarbeiter waren deshalb für die heimische Wirtschaft eine große Hilfe, obwohl deren Unterbringung – trotz reger Bautätigkeit im Wohnungsbereich – manche Schwierigkeit bereitete. Umgekehrt zog es die deutschen Arbeitnehmer im Urlaub immer mehr ins Ausland: Spanien war 1961 das Hauptreiseziel, da ein Aufenthalt in Italien und Jugoslawien inzwischen als teuer galt. Bei den Städtereisen lag Paris an erster Stelle. Die Umstellung des ihr angeschlossenen

Beschäftigte in Ludwigshafen am Rhein 1961* in %

Primärer Bereich gesamt	3,8	Sekundärer Bereich gesamt	57,2	Tertiärer Bereich gesamt	27,7
Bergbau, Steine-Erden, Energie	3,3	Verarbeitendes Gewerbe	39,2	Handel	11,4
				Öff. Dienste	8,1
		Eisen, Metall	10,9	Verkehr	4,8
Landwirtschaft	0,5	Baugewerbe	7,1	Priv. Dienste	3,4

* Handrick, S. 159

Plakat zum Parkfest, 1961 [222]

65. Geschäfts als Selbstbedienungsladen durch die Rewe-Großhandels-Genossenschaft Ludwigshafen war eine Schlagzeile. Trotz dieser neuen Alltags- und Freizeitkultur war man noch keineswegs entpolitisiert; zumindest konnte das Ortskuratorium ›Unteilbares Deutschland‹ seine Gedenkveranstaltung zum 17. Juni im vollbesetzten Pfalzbaufestsaal durchführen. Und bereits am 1. Juli 1961 war der Saal wieder komplett gefüllt – diesmal von italienischen Gastarbeitern, die begeistert ein von der italienischen Regierung organisiertes Kulturprogramm der italienischen Rundfunk- und Fernsehgesellschaft ›RAI‹ verfolgten. Gar 10 000 Menschen konnte der Jesuitenpater Johannes Leppich zu seinen beiden Predigten unter dem Motto ›Was würde Christus sagen, wenn er durch Ludwigshafen ginge‹ am gleichen Wochenende auf dem Goerdelerplatz mobilisieren. Absoluter Publikumsmagnet war jedoch wieder das Parkfest, das trotz schlechter Witterung und Fußballübertragung im Fernsehen an den acht Festtagen bis zum 3. Juli insgesamt 123 000 Besucher zählte. 18 Tage später trat der Stadtrat zusammen. Er beschloß einstimmig die Verlegung des Hauptbahnhofes. Oberbürgermeister Klüber kündigte an, daß diese Entscheidung „auf einem Ehrenblatt in der Geschichte der Stadt stehen" werde. Anschließend verabschiedete sich das Gremium in die Sommerpause. Einen Aufenthalt im Rheinstrandbad hatten die Stadträte allerdings nicht im Sinn, denn unter Punkt 7 der Tagesordnung hatten sie zuvor dessen Schließung wegen zu starker Verschmutzung des Rheinwassers beschlossen.[196]

Am 3. August 1961 meldete der Ludwigshafener Einzelhandel eine Umsatzsteigerung von 20% gegenüber dem Sommerschlußverkauf von 1961. Die Fortsetzung des westdeutschen Wirtschaftswunders hatte über den ganzen Sommer 1961 allerdings auch wieder zu einem sprunghaften Anstieg des Flüchtlingsstroms aus der DDR geführt. Entsprechend bereitete sich zehn Tage vor dem Mauerbau die Stadtverwaltung Ludwigshafen auf eine Aufnahme von 146 weiteren Flüchtlingen vor – zuvor hatte die Stadt seit Jahresbeginn 1961 bereits 1 000 Übersiedler aus der DDR aufgenommen. Während bei der Arbeitsvermittlung keine Schwierigkeiten erwartet wurden, stellte die räumliche Unterbringung ein großes Problem dar. Schließlich war auch bereits ohne die neue Flüchtlingswelle die Zahl der Wohnungssuchenden in Ludwigshafen mit 12 011 auf eine neue Rekordmarke geklettert – Wartezeiten bis zu vier Jahren waren dabei nichts Ungewöhnliches. Entsprechend war die Stadt gezwungen, die Neuankömmlinge zunächst im städtischen Durchgangswohnheim unterzubringen. Damit war die Aufnahmekapazität erschöpft. Da der neue Flüchtlingsstrom aber nach dem Mauerbau

Spitzenkandidat der SPD bei der Bundestagswahl 1961, der Regierende Bürgermeister von Berlin Willy Brandt, sprach in Ludwigshafen am 23. August 1961 [223]

zunächst nicht abebbte, sondern bis zum 20. August 1961 schon 350 Personen betrug, waren die Nachzügler auf Unterkunft bei Verwandten und Bekannten angewiesen; für Jugendliche war die Heimunterbringung angesagt. Allerdings versuchten die Ludwigshafener, den Wohnraummangel durch eine wahre Spendenflut aus Kleidung und Hausratsgegenständen für die Flüchtlinge auszugleichen. Und auch ein großer Sohn der Chemiestadt gehörte zu den Menschen, die rund um den 13. August 1961 die DDR verließen: Der Philosoph Ernst Bloch siedelte mit seiner Familie nach Tübingen über.[197]

Die Bundestagswahl 1961

Den Bundestagswahlkampf 1961 eröffneten die Ludwigshafener Parteien offiziell am 7. August 1961 gemeinsam mit einem als Wahlaufruf veröffentlichten Fairnessabkommen. Unterzeichnet war es von den Parteivorsitzenden Rudolf Hoffmann für die SPD, Helmut Kohl für die CDU, Rudolf Walter für die FDP und Wilhelm Vollmer für die Deutsche Friedensunion – damit waren die Ludwigshafener Kommunisten über den Umweg der DFU wieder in das legale politische Leben der Chemiestadt zurückgekehrt. Allerdings war das Fairnessabkommen bereits beim ersten Wahlkampfhöhepunkt – einem Fernduell zwischen den Spitzenkandidaten Adenauer und Brandt am 23. August 1961 – wieder vergessen. Während der Bundeskanzler um 15^{45} Uhr auf dem Marktplatz in Mannheim vor 20 000 Zuhörern sprach, wurde der Regierende Bürgermeister von Berlin um 20^{10} Uhr im Ebertpark von Tausenden Ludwigshafenern mit ›Willy‹-Rufen begeistert empfangen. Jedoch waren auch CDU-Mitglieder mit Anti-Brandt-Flugblättern erschienen, was zu einem verbalen Schlagabtausch und schließlich zu einer Ohrfeige für den Vorsitzenden der Jungen Union durch den Ludwigshafener SPD-Vorsitzenden führte. Eine Reihe von gegenseitigen Strafanzeigen war die Folge. Kohl rechtfertigte das Auftreten der CDU-Wahlkämpfer bei der Brandt-Veranstaltung bei einer überfüllten CDU-Kundgebung mit Wirtschaftsminister Erhard am 27. August 1961 im Pfalzbau: „Wir wollten dokumentieren, daß Ludwigshafen keine sozialdemokratische Stadt ist." Zum Mittel der Strafanzeige griff schließlich auch noch die FDP, der Wahlplakatständer „mit vernünftigen, nicht ehrverletzenden Aufdrücken" entwendet worden waren. Darüber hinaus konnten die Liberalen allerdings auch mit einer gut besuchten Veranstaltung auf sich aufmerksam machen, bei der ihr Bundesvorsitzender Erich Mende am 1. September 1961 im Saalbau der Hauptredner war.[198]

Bis zum 17. September 1961 gaben sich bei allen drei Stadtratsparteien mehr oder weniger prominente Parteiredner die Klinke in die Hand. Und obwohl dabei die CDU mit den Ministerpräsidenten Altmeier und Kiesinger die bekanntesten Namen vorweisen konnte, war das abschließende Ludwigshafener Gesamtergebnis zwar keine Überraschung, aber nur 36,1% für die Christdemokraten und ihren Wahlkampfleiter Kohl doch ein deutlicher Dämpfer. Immerhin verzeichneten sie gegenüber der Bundestagswahl 1957 einen Stimmenrückgang von 5,6%. Der Abstand zur SPD (47,2%) betrug deutliche 11,1%. Die Sozialdemokraten hatten einen Gewinn von 2,4% und dies obwohl aus dem KPD-Milieu keine Leihstimmen mehr an die SPD gefallen waren. Da die FDP nur 2% Stimmenzuwachs auf 11,4% zu verzeichnen hatte, waren offensichtlich viele CDU-Wähler direkt zur SPD gewechselt. Die

Anmerkungen
Seite 620 und 621

197 *vgl. Rhpf, Jg. 17, Nr. 177ff*
198 *vgl. Rhpf, Jg. 17, Nr. 180ff*
199 *vgl. Rhpf, Jg. 17, Nr. 204ff sowie StAnz., Jg. 14, Nr. 38, 23.9.1961*
200 *vgl. Rhpf, Jg. 17, Nr. 233ff sowie SRP 6.10.1961*
** *AUD: Aktionsgemeinschaft Unabhängiger Deutscher*

Die Bundestagswahlen in Ludwigshafen 1949—1965*

	1949	1953	1957	1961	1965
SPD	43,3	42,2	44,8	47,2	50,4
CDU	30,5	34,5	41,7	36,1	37,1
KPD	16,3	7,3	—	—	—
FDP	9,9	10,8	9,4	11,4	8,2
DRP	—	2,1	1,5	1,7	—
GVP	—	1,5	—	—	—
BHE	—	1,0	1,1	0,4	—
DP	—	0,7	1,1	—	—
BdD	—	—	0,3	—	—
DG	—	—	0,1	0,1	—
DFU	—	—	—	3,2	2,2
NPD	—	—	—	—	2,0
AUD**	—	—	—	—	0,1

* Gültige Zweitstimmen in %

Wirtschaftsminister Ludwig Ehrhard bei seinem Wahlkampfauftritt in Ludwigshafen am 27. August 1961. Zufrieden zeigen sich MdB Anneliese Ackermann, Bürgermeister Albert Wild und MdL Franz Heller [224]

sozialdemokratische Dominanz in der Chemiestadt hatte sich also verfestigt, zumal Friedrich Wilhelm Wagner mit fast 15 000 Stimmen Vorsprung auch sehr deutlich das Direktmandat verteidigt hatte. Hingegen hatten Parteiverbot und Mauerbau die Ludwigshafener Kommunisten marginalisiert: Die 3,1% für den DFU-Kandidaten und ehemaligen KPD-Stadtrat Zimpelmann machten deutlich, daß die 1960 erneut errungene absolute Mehrheit der SPD im Stadtrat nicht mehr von kommunistischen Stimmen abhängig war, was die CDU noch im Vorwahlkampf 1961 in Abrede gestellt hatte. Stagnierend in Ludwigshafen waren die Wahlergebnisse der rechtsradikalen DRP; die Vertriebenen stellten parteipolitisch keinen Faktor mehr dar.[199]

Ermittlung der Bundestagswahlresultate 17. September 1961 [225]

Ein Ludwigshafener wird Bundesverfassungsgerichtsvizepräsident

Nachdem die Bundestagswahl 1961 also die Machtverhältnisse in der Chemiestadt geklärt hatte, ließ auch die Tagesordnung der Stadtratssitzung am 6. Oktober 1961 wieder auf ein konstruktives Miteinander hoffen. Unter anderem stand der schon lange vorgesehene Bau einer Mehrzweckhalle im Ebertpark zur Verabschiedung an, der auch einmütig beschlossen wurde; nicht aber ohne Debatte über die „eigentliche Vaterschaft" für dieses Projekt zwischen den drei Fraktionen. Zum Schlagabtausch zwischen den Fraktionsvorsitzenden MdB Wagner und MdL Kohl kam es diesmal bei der Beschlußvorlage der Stadtverwaltung über eine Verfassungsbeschwerde über das neue Bundessozialhilfe- und Jugendwohlfahrtsgesetz, die gegen die Stimmen der CDU-Fraktion verabschiedet wurde.[200]

Die protestantische Kirche rief ab dem 7. Oktober 1961 erstmals stadtweit zu einer ›Evangelischen Woche der Einkehr und Besinnung‹ auf. Mit zeitgemäßen Themen wie ›Ehewahl und Eheführung in christlicher Verantwortung‹ sprach aber auch sie das eigentliche zentrale Thema der Ludwigshafener 1961 nicht an, nämlich die große Wohnungsnot. Trotz lebhafter Bautätigkeit in der Stadt war die Zahl der Wohnungssuchenden auf nun 12 040 angestiegen. Zwar waren seit Sommer 311 Familien Wohnungen vermittelt worden, aber 340 waren neu

Mit großem Vorsprung gewann Friedrich Wilhelm Wagner erneut das Ludwigshafener Direktmandat bei der Bundestagswahl 1961 [226]

Friedrich Wilhelm Wagner bei seiner Verabschiedung als Ludwigshafener Stadtrat – hier durch den Oppositionsführer MdL Kohl [227]

Der 1960 von der Stadt Ludwigshafen erworbene Gutshof in Bockenheim an der Weinstraße [228]

Anmerkungen
Seite 622 und 623

201 *vgl. Rhpf, Jg. 17, Nr. 234ff*
202 *vgl. Rhpf, Jg. 17, Nr. 284ff sowie StALu, N 25*
203 *vgl. StALu, N 25*
204 *vgl. Rhpf, Jg. 17, Nr. 291ff*

als suchend hinzugekommen. Umso mehr überraschte allerdings, daß sich bisher noch kein Ludwigshafener Landwirt zur Aussiedlung in den zu diesem Zwecke schon im Januar 1960 von der Stadt erworbenen Gutshof in Bockenheim an der Weinstraße gefunden hatte – erst 1963 konnte sich der Oggersheimer Landwirt und CDU-Stadtrat Karl Schäfer hierzu entschließen. Hingegen scheiterte Ende November 1961 die Firma Halberg mit ihrem Ansinnen, im Mannheimer Lindenhof ein Wohnhaus zur Unterbringung von 134 italienischen Gastarbeitern anzumieten, denn sowohl von Gemeinde- und Bezirksbeirat als auch von kirchlicher Seite waren Bedenken gegen eine „Massierung" von Italienern in diesem Wohngebiet angemeldet worden.[201]

Am 8. Dezember 1961 war der Tagespresse zu entnehmen, daß von der zuständigen Bundesratskommission der SPD-Fraktionsvorsitzende im Ludwigshafener Stadtrat, MdB Wagner, als Nachfolger des verstorbenen sozialdemokratischen Bundesverfassungsgerichtsvizepräsidenten Dr. Katz in einer Doppeleigenschaft als Richter im Zweiten Senat und als Vizepräsident des höchsten deutschen Gerichts vorgeschlagen worden war. Gewürdigt werden sollte damit u. a. Justizrat Wagners Rolle im Parlamentarischen Rat, wo er wesentlichen Anteil an der Bestimmung des Grundgesetzes hatte, mit der die Todesstrafe abgeschafft wurde. Die Ernennung durch den Bundesrat erfolgte am 15. Dezember 1961. Für Friedrich Wilhelm Wagner war es die Krönung seines Lebenswerkes, für die Sozialdemokratie jedoch ein Verlust, da Wagner, der aufgrund seines neuen Amtes sein Bundestagsmandat zurückgeben mußte, gleichzeitig auch seinen Vorsitz im SPD-Bezirk Pfalz zur Verfügung stellte.[202]

Der anschließende Weihnachtstrubel bescherte dem Einzelhandel am 16. Dezember 1961 wieder den umsatzstärksten Tag des Jahres –

Vizepräsident des Bundesverfassungsgerichts: ***Friedrich Wilhelm Wagner***

Friedrich Wilhelm Wagner[203] *wurde am 28. Februar 1894 in Ludwigshafen am Rhein geboren. Studium der Rechts- und Staatswissenschaften sowie der Philosophie in Tübingen, München, Berlin und Heidelberg. 1917 Mitglied der MSPD, 1919 Vorsitzender des Ortsvereins Ludwigshafen, 1921 Mitglied der Bezirksleitung Pfalz. 1922 Eröffnung einer Rechtsanwaltspraxis in Ludwigshafen. 1927 stellvertretender pfälzischer Bezirksvorsitzender der SPD und Gauführer des Reichsbanners Schwarz-Rot-Gold in der Pfalz. 1930 MdR, 1931 Mitglied des Stadtrats in Ludwigshafen, 1933 verhaftet, anschließend Flucht über die Schweiz nach Frankreich. 1936 geschäftsführender Vorsitzender der Zentralvereinigung der deutschen Emigration mit Sitz in Paris, 1938 Präsident der Landesgruppe der deutschen Sozialdemokraten in Frankreich. 1940 Flucht vor der Wehrmacht nach Südfrankreich, anschließend über Spanien und Portugal 1941 Emigration in die USA. Dort im Vorstand der deutschen Gruppe der Social Democratic Federation, arbeitete Wagner bis zu seiner Ausreiseerlaubnis im November 1946 als Bibliothekar. Februar 1947 Ankunft in Ludwigshafen; März 1947 Wiedereröffnung der Anwaltspraxis sowie erneut Mitglied des Bezirksvorstandes der pfälzischen SPD und der Unterbezirksleitung Ludwigshafen. 1947 bis 1949 MdL Rheinland-Pfalz, 1947/48 Verteidigung von Carl Wurster im I. G. Farben-Prozeß, 1948/49 Mitglied im Parlamentarischen Rat, ab November 1948 wieder Stadtrat in Ludwigshafen, ab 1949 MdB, ab 1958 Vorsitzender der SPD-Stadtratsfraktion. 1959 Auszeichnung mit dem Bundesverdienstkreuz, 1961/62 amtierender Vorsitzender des SPD-Bezirkes Pfalz. Am 15. Dezember 1961 Wahl zum Vizepräsidenten des Bundesverfassungsgerichts. Nach seinem Amtsantritt legte er Anfang 1962 alle politischen Funktionen nieder und gab seine Mandate zurück. 1964 Ehrenbürger der Stadt Ludwigshafen. 1967 Ruhestand. 1970 wurde der profilierte Freireligiöse und Freimaurer Gründungsmitglied der Loge ›Pylon zur Leuchte am Rhein‹ in Ludwigshafen.*

Friedrich Wilhelm Wagner starb am 17. März 1971 in Ludwigshafen.

Friedrich Wilhelm Wagner bei seinem Amtsantritt als Bundesverfassungsgerichtsvizepräsident, 1963 [229]

zum Teil wurde ein Plus von 10% gegenüber dem Vorjahr verzeichnet. Hingegen zerhackten am 24. Dezember 1961 die Christbaumhändler ihr Überangebot, und die Kerze im Fenster als Symbol der Verbundenheit mit der Bevölkerung Ostdeutschlands war nur in den Flüchtlingsvierteln – z. B. in der Saarlandstraße – zu sehen. Entsprechend betonte Oberbürgermeister Klüber bei seinem Neujahrsaufruf, daß die weltpolitische Lage Anlaß gebe zur ernsten Besinnung und dazu, den gedankenlosen Silvestertrubel aus den Straßen zu verbannen. Jedoch würde die nachlassende Wirtschaftskonjunktur vielleicht das Tempo verlangsamen, keinesfalls aber das Ziel des Ausbaus der Stadt beeinflussen. Um diese Worte noch zu unterstreichen, schrieb die Kleiderordnung beim Empfang des Oberbürgermeisters am Neujahrstag 1962 den schlichten Zivilanzug vor, weshalb auch die Ludwigshafener Narrenzunft – entsprechend dem Wunsch der Stadtverwaltung das närrische Treiben wegen der weltpolitischen Lage diesmal auf Saalveranstaltungen zu beschränken – auf eine Teilnahme verzichtete. Trotzdem hatten die Ludwigshafener in der Silvesternacht ausgiebig gefeiert und zu Jahresbeginn wurde auch wie eh und je „geballert".[204]

Zum Jahreswechsel 1961/62 legten die Ludwigshafener Lichtspielhäuser ihre Bilanz vor: Vor allem in den Vororten klagte man über einen Besucherrückgang; gefragt waren nur noch die Erstaufführungen in der Innenstadt, durchschnittliche Kriminalfilme konnten nicht mehr gegen das TV-Programm bestehen. In der zweiten Januarwoche 1962 nahm Friedrich Wilhelm Wagner seine neue Tätigkeit auf: Nach einer Vorstellung beim Neujahrsempfang des Bundespräsidenten war tags darauf am 9. Januar sein offizieller Arbeitsbeginn in Karlsruhe. Wagner war dann zwar am 2. und 5. Februar bei der Etatberatung 1962 noch auf der Liste der Ludwigshafener Stadträte verzeichnet, fehlte aber bereits

Erklärung

Der Ausschluß des Abgeordneten **Walter Müller**, Ilbesheim, aus der Sozialdemokratischen Partei Deutschlands hat bei zahlreichen Personen zu Namensverwechslungen geführt.

Ich fühle mich verpflichtet, darauf aufmerksam zu machen, daß ich mit dem aus der SPD-Landtagsfraktion ausgeschiedenen Abgeordneten **Müller** nicht identisch bin.

HERBERT MÜLLER
Mitglied des Landtages Rheinland-Pfalz
Stadtrat von Ludwigshafen (Rhein)
Geschäftsführer der SPD,
Unterbezirk Ludwigshafen (Rhein)

Erklärung von MdL Herbert Müller [230]

Blick auf den Stadtteil Nord, links bis zu den Gleisen das Werk 1 von Grünzweig & Hartmann, um 1962 [231]

entschuldigt. In seiner Etatrede am 2. Februar 1962 bezeichnete Klüber als bedeutendste Zukunftsprojekte die Bahnhofsverlegung und den Bau des neuen Pfalzbaus. Während Willi Heidelberg für die SPD-Fraktion die Zuversicht zum Ausdruck brachte, daß sich die Stadt mit diesen Projekten finanziell nicht übernehmen würde, signalisierte Helmut Kohl für die CDU-Fraktion zwar Zustimmung zum Haushalt, kritisierte gleichzeitig aber den Beigeordneten Ludwig, indem er ihm die Verquickung von Amt und Parteipolitik vorwarf. Einzig die Liberalen sprachen sich gegen den Haushalt aus, da die Einnahmen zu niedrig, die Ausgaben aber zu hoch eingesetzt seien. Ludwig betonte in seiner Replik auf Kohl, daß er sich das Recht, sich politisch frei zu betätigen, nicht nehmen lasse. Die CDU wiederum ließ es sich nicht nehmen, den Stellenplan der Stadtverwaltung abzulehnen, da „die Stellenbesetzung bzw. Stellenanhebung zum Teil nach politischen Gesichtspunkten erfolgt sei."[205]

Am 18. Februar 1962 verstarb mit Adolf Ludwig der erste Landesvorsitzende des rheinland-pfälzischen DGB. Adolf Ludwig – der Vater von Werner Ludwig – war erst am 7. Januar 1962 für Friedrich Wilhelm Wagner wieder in den Bundestag nachgerückt und mitten in den Vorbereitungen für den Aufbau eines Abgeordnetenbüros in Ludwigshafen gewesen.[206] Sein letztes politisches Mandat – den Stadtratssitz in Ludwigshafen – gab Friedrich Wilhelm Wagner am 7. März 1962 auf. Zu ihrem neuen Fraktionsvorsitzenden wählten die Sozialdemokraten daraufhin Willi Heidelberg. Der Wechsel in der Ludwigshafener Kommunalpolitik war endgültig vollzogen.[207]

Um die dem ehemaligen politischen Emigranten Wagner zuteil gewordene öffentliche Anerkennung mußten andere ehemalige Emigranten aber noch immer kämpfen. So inserierte Wagners Parteifreund und bisheriger Stadtratskollege Herbert Müller am 16. März 1962 gleichzeitig in der ›Freiheit‹, der ›Rheinpfalz‹ und im ›Mannheimer Morgen‹ eine persönliche Erklärung, daß er nicht mit dem aus der SPD ausgeschlossenen Landtagsabgeordneten Walter Müller identisch sei. Selbst 13 Jahre nach seinem Parteiwechsel bestanden offensichtlich noch Zweifel an seinem Gesinnungswandel.[208]

Anmerkungen
Seite 624 und 625

205 vgl. Rhpf, Jg. 18, Nr. 2ff sowie SRP 2. und 5.2.1962

206 vgl. Rhpf, Jg. 18, Nr. 39ff sowie Teilnachlaß Adolf Ludwig, in: StALu, N 14, Archiv Oberbürgermeister Dr. Werner Ludwig, und Teilnachlaß Adolf Ludwig, in: DGB-Archiv im Archiv der sozialen Demokratie der Friedrich-Ebert-Stiftung in Bonn

207 vgl. Rhpf, Jg. 18, Nr. 59ff sowie StALu, N 25

208 vgl. StALu, N 1, Nr. 222 Den Weg einer inserierten Erklärung in der Rhpf ging Herbert Müller noch einmal am 27. Mai 1983, um der immer wieder erhobenen Behauptung zu widersprechen, daß er 1969 im Landtag bei der Wahl des rheinland-pfälzischen Ministerpräsidenten für Helmut Kohl gestimmt habe; vgl. ebd.

209 vgl. SPD-Stadtratsfraktion, S. 70

210 vgl. Rhpf, Jg. 18, Nr. 77ff sowie SRP 30.3.1962

Widerstandskämpfer und Naturfreund: ***Willi Heidelberg***

Willi Heidelberg[209] *wurde am 16. Januar 1901 in Ludwigshafen geboren. Von Beruf Chemotechniker.*

1920 wurde er Mitglied der SPD. Willi Heidelberg gehörte ab 1933 zur sozialdemokratischen Widerstandsorganisation in Ludwigshafen und war vom 25. September 1934 bis 7. März 1935 unter dem Vorwurf des Hochverrats inhaftiert. Anschließend hatte er bis zum 1. Juni 1935 Werksverbot bei der BASF.

Nach Kriegsende beteiligte er sich am Neuaufbau der SPD und wurde 1946 in den ersten Vorstand des wiedergegründeten Ortsvereins gewählt. Heidelberg war zeitgleich Vorsitzender der Ludwigshafener Ortsgruppe der Naturfreunde.

Seit 1952 Mitglied des Stadtrates, wurde er im März 1962 als Nachfolger von Friedrich Wilhelm Wagner zum SPD-Fraktionsvorsitzenden gewählt. Dieses Amt nahm er aber nur bis zum Ende der Wahlperiode im Oktober 1964 wahr. Da Heidelberg sich gegen die Kandidatur von Werner Ludwig zum Oberbürgermeister gewandt hatte, schied er anschließend aus dem Stadtrat und der aktiven Kommunalpolitik aus.

Er starb am 16. Januar 1980 in Ludwigshafen.

Willi Heidelberg [232]

Städtepartnerschaft Ludwigshafen – Lorient

Am 30. März 1962 beschloß der Stadtrat den vorliegenden Entwurf – inklusive Kostenrahmen – für den neuen Pfalzbau umzusetzen. Nur die Liberalen lehnten die vorgeschlagenen Dimensionen als „Palazzo protzi" ab, während sich Oberbürgermeister, SPD und CDU darin einig waren, daß Ludwigshafen einen solchen gesellschaftlichen Mittelpunkt benötige, um eine moderne Stadt zu werden. Erschien den Liberalen also der geplante neue Pfalzbau als zu groß, so war am 21. April 1962 das Ludwigshafener Südwest-Stadion wieder einmal zu klein, um die interessierten Zuschauermassen zu fassen, die Uwe Seeler beim Start der Fußball-Endrunde 1961/62 um die Deutsche Meisterschaft erleben wollten. Der Spieler des Hamburger SV dankte es den 70 000 – bei einer Stadionkapazität von nur noch 65 000 – Eingelassenen und ›Uwe, Uwe‹ Skandierenden gleich mit vier Toren beim Sieg seines Vereins gegen den FK Pirmasens. „Eine große Anzahl Ludwigshafener" konnte auch wieder der DGB am 1. Mai 1962 zum Besuch seiner Kundgebung in den Ebertpark motivieren, „wenngleich ihre Zahl, gemessen an der Mitgliederstärke des DGB und der Zahl der Arbeitnehmer überhaupt, als nicht überwältigend angesehen werden konnte." Die soziale Marktwirtschaft – verbunden mit Vollbeschäftigung – hatte die Arbeitnehmervertreter bei der Debatte der Wirtschafts- und Gesellschaftspolitik in eine Randlage geschoben – so der Festredner Karl Braukmann vom DGB-Bundesvorstand.[210]

Adolf Ludwig [233]
(27. Juni 1892—18. Februar 1962)
Erster Landesvorsitzender des DGB, MdB für Ludwigshafen, Nachfolger von Friedrich Wilhelm Wagner

118 Einwohner von Lorient trafen am 31. Mai 1962 zum dritten Freundschaftstreffen Ludwigshafen – Lorient in der Chemiestadt ein; also doppelt soviel Personen wie 1961, als die Ludwigshafener die Stadt am Atlantik besucht hatten. Sie setzten ein deutliches Zeichen für einen weiteren Ausbau der Beziehungen. Entsprechend betonte der Leiter der französischen Delegation zum Abschluß des dreitätigen Besuches, daß die Städtepartnerschaft zwar noch nicht offiziell vollzogen sei, aber „doch schon in unseren Herzen" bestehe. Besonders begehrt bei den französischen Gästen war aufgrund seiner fließenden Französischkenntnisse der Beigeordnete Ludwig gewesen. Die CDU sah Ludwig bereits auf dem Weg zur Nachfolge von Klüber – kritisierte dies jedoch, da sich

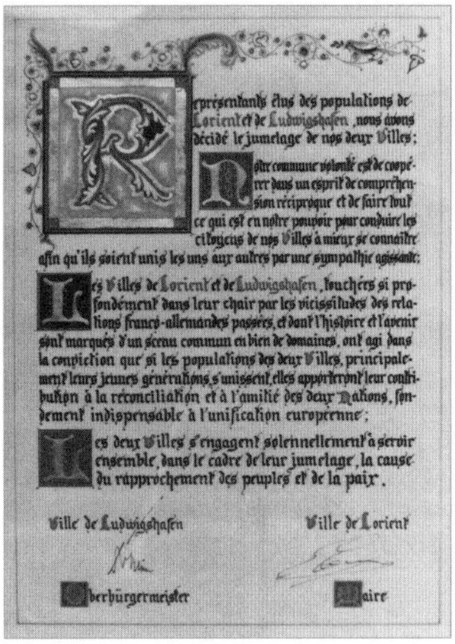
Représentants élus des populations de Lorient et de Ludwigshafen, nous avons décidé le jumelage de nos deux Villes;

Notre commune volonté est de coopérer dans un esprit de compréhension réciproque et de faire tout ce qui est en notre pouvoir pour conduire les citoyens de nos Villes à mieux se connaître afin qu'ils soient unis les uns aux autres par une sympathie agissante;

Les Villes de Lorient et de Ludwigshafen, touchées si profondément dans leur chair par les vicissitudes des relations franco-allemandes passées, et dont l'histoire et l'avenir sont marqués d'un sceau commun en bien de domaines, ont agi dans la conviction que si les populations des deux Villes, principalement leurs jeunes générations, s'unissent, elles apporteront leur contribution à la réconciliation et à l'amitié des deux Nations, fondement indispensable à l'unification européenne;

Les deux Villes s'engagent solennellement à servir ensemble, dans le cadre de leur jumelage, la cause du rapprochement des peuples et de la paix.

Ville de Ludwigshafen — Ville de Lorient

Oberbürgermeister — Maire

Die Partnerschaftsurkunde Städtepartnerschaft von Ludwigshafen und Lorient [234]

Kochkurs in der Hauswirtschaftlichen Berufsschule 1962 [235]

der Beigeordnete in Ludwigshafen seit Jahren für die SPD als „intellektueller Scharfmacher" betätige, so MdL Kohl auf einer Versammlung des Ortsverbandes Süd-Mitte seiner Partei. Der Landtagswahlkampf 1963 warf also schon seine Schatten voraus und versprach wenig Versöhnliches für die Ludwigshafener Kommunalpolitik. Dies war vielleicht auch mit ein Grund, warum die offizielle Gedenkfeier der Stadt zum 17. Juni nur wenig Resonanz unter der Bevölkerung fand – gerade einmal zehn Monate nach dem Mauerbau in Berlin. Mehr öffentliches Interesse fand dagegen der Freundschaftsflug des Badisch-Pfälzischen Luftfahrtvereins in die zukünftige französische Partnerstadt Lorient am 21. Juni 1962. Das Parkfest 1962 meldete jedoch mit insgesamt 115 000 Besuchern einen „absoluten Tiefstand."[211]

Wie nach dem Vorgeplänkel auch nicht anders zu erwarten, verlief die Stadtratssitzung am 20. Juli 1962 wieder sehr stürmisch. Überraschend war eigentlich nur der wechselnde ›Frontverlauf‹. So warf MdL Kohl dem FDP-Fraktionsvorsitzenden Keller eine „Bewußtseinsspaltung" in der Frage der Wasserpreiserhöhung vor, da die FDP diese gemeinsam mit der SPD gegen die Stimmen der CDU billigte. Hingegen votierten CDU und FDP geschlossen gegen den Mehrheitsbeschluß der SPD auf Beibehaltung der Berufsschule als städtische Einrichtung. Einstimmig erfolgte dagegen die Zustimmung zum Bau einer Müllverbrennungsanlage in Ludwigshafen – schließlich galt es inzwischen in Ludwigshafen wöchentlich 32 000 Tonnen Müll zu entsorgen. Der Stadtrat ließ sich bei der Entscheidung von den ökologischen Vorteilen der Müllverbrennung leiten; insbesondere im Vergleich gegenüber einer weiteren Müllverkippung im Maudacher Bruch und den Folgeschäden für das Grundwasser durch eine Phenolverseuchung. Dies waren berechtigte Überlegungen, denn zeitgleich waren in Ludwigshafen die ersten mißgebildeten ›Contergan-Kinder‹ geboren worden – die Mütter hatten das Beruhigungsmittel Contergan wegen der Streßfolgen von gleichzeitiger Schwangerschaft, Berufs- und Haushaltstätigkeit eingenommen.[212]

Anmerkungen
Seite 626 und 627

211 *vgl. Rhpf. Jg. 18, Nr. 126ff*

212 *vgl. Rhpf. Jg. 18, Nr. 167ff sowie SRP 20.6.1962*

213 *vgl. Rhpf. Jg. 18, Nr. 179ff sowie SRP 14.9.1962 in Fontainebleau*

Sozialdezernent Werner Ludwig bei der Eröffnung der Altentagesstätte Raiffeisenstraße [236]

Zentrales Thema des kommunalpolitischen Sommertheaters 1962 war jedoch ein wochenlanger heftiger öffentlicher Schlagabtausch über die Personalpolitik der Stadtverwaltung. Meldungen wie der Freundschaftsbesuch von Ludwigshafener Pfadfindern in der Partnerstadt Lorient rückten dadurch zwar in die Randlage, tatsächlich waren aber die Vorbereitungen zur Besiegelung der Städtepartnerschaft zwischen Ludwigshafen und Lorient voll im Gange. So kündigte der Beigeordnete Ludwig am 9. September 1962 auf dem ›Tag der Heimat‹ vor Flüchtlingen und Heimatvertriebenen den Abschluß des Partnerschaftsverhältnisses mit Lorient an, gab aber gleichzeitig seinem Bedauern Ausdruck, daß nach dem Mauerbau jede Verbindung mit den Städten in Mitteldeutschland fehle. Vollzogen wurde die Städtepartnerschaft zwischen Ludwigshafen und Lorient feierlich am 14. September 1962 im französischen Fontainebleau. Beide Stadträte hatten sich geographisch in der goldenen Mitte bei Paris getroffen, um dort einstimmig den Beschluß über die Partnerschaft zu vollziehen und ein Arbeitsprogramm für die weitere Gestaltung der Partnerschaft zu verabschieden.[213]

Weniger feierlich ging es dann wieder am 30. September 1962 in Ludwigshafen zu, da nach der ›Kurbel‹ im Jahr 1961 nun mit dem ›Odeon‹ bereits das zweite Lichtspielhaus der Nachkriegszeit seine Pforten wieder schließen mußte. Zeitgemäß wurde das Gebäude anschliessend in einen Supermarkt umgewandelt. „Anscheinend jetzt mit zur Tagesordnung" gehörte auch die gereizte Atmosphäre im Ludwigshafener Stadtrat. Bei der Sitzung am 5. Oktober 1962 stieß sich der FDP-Fraktionsvorsitzende Keller an den Ausgaben für das Partnerschaftstreffen in Fontainebleau – und erntete heftigen Widerspruch aus den anderen Fraktionen. Während MdL Kohl für die CDU betonte, daß er keinen anderen Stadtrat kenne, der hinsichtlich seiner eigenen Ausgaben so sparsam sei, rief MdL Herbert Müller – als ehemaliger Frankreich-Emigrant sehr erregt – in die Runde, daß sich die Schuld der Machthaber des Dritten Reiches nicht mit Geld aufwiegen lasse; Ausgaben wie die

Helmut Kohl während des Wahlkampfes 1963 [237]

Stadtratssitzung 1963 [238]

der Fontainebleau-Reise zahlten sich deshalb aus. Der zentrale Schlagabtausch erfolgte jedoch wieder bei der Auseinandersetzung um die Kriterien bei der Besetzung städtischer Stellen. Hier wurde dem CDU-Fraktionsvorsitzenden Kohl von der Verwaltung vorgeworfen, durch seine Presseerklärungen einen Bruch der Amtsverschwiegenheit begangen zu haben. Nach einer von tumultartigen Szenen geprägten Geschäftsordnungsdebatte – Höhepunkt war ein Vergleich des Politikstils der CDU mit den Anfängen der NSDAP durch Herbert Müller – verließ die CDU-Fraktion den Stadtratssaal, während abschließend Kohl mit den Stimmen der SPD gegen die der FDP mit einer Ordnungsstrafe von 50 DM belegt wurde.[214]

Allerdings erschien im Ludwigshafener Stadtrat am 5. Oktober 1962 nicht nur das Gespenst der NSDAP wieder auf der Bühne, auch die KPD stand wieder zur Debatte. Rund um den Jahrestag des Berliner Mauerbaus hatte es immer wieder Presseberichte über die Tätigkeit illegaler KPD-Gruppen in der Pfalz gegeben, darunter auch bei der Stadtverwaltung Ludwigshafen. Oberbürgermeister Klüber bestätigte in Beantwortung einer CDU-Anfrage die Existenz einer solchen Gruppe und deren Beobachtung durch die staatlichen Sicherheitsbehörden. Der SPD-Fraktionsvorsitzende Heidelberg betonte deshalb die Notwendigkeit von SPD-Betriebsgruppen – auch bei der Stadtverwaltung – als „natürlichen Gegenspieler der KP." So bestehe z. B. in der BASF eine rege KP-Betriebsgruppenarbeit. Und tatsächlich wurde anschließend am 6. November 1962 ein Mitglied der KPD-Betriebsgruppe in der BASF vom Landgericht Frankenthal wegen Verbreitung der kommunistischen Betriebszeitung ›Der Aniliner‹ zu sieben Monaten Gefängnis auf Bewährung verurteilt. Nach Angaben eines als Zeugen vorgeladenen Ludwigshafener Kriminalbeamten erschienen trotzdem laufend neue Nummern. Vom gleichen Gericht wurde am 8. November 1962 auch der ehemalige KPD-Fraktionsvorsitzende im Ludwigshafener Stadtrat, Willy Feller, wegen einer beabsichtigten Kandidatur zum Bundestag 1961 als „unabhängiger Kommunist" mit acht Monaten Gefängnis auf Bewährung bestraft.[215]

Anmerkungen
Seite 628 und 629

214 *vgl. Rhpf, Jg. 18, Nr. 225ff sowie Protokoll der öffentlichen und nichtöffentlichen Sitzung des Stadtrates Ludwigshafen vom 5.10.1962*

215 *vgl. Rhpf, Jg. 18, Nr. 179ff sowie MM, Jg. 17, Nr. 266, 16.11.1962 und SRP 5.10.1962*

216 *vgl. Rhpf, Jg. 18, Nr. 252ff sowie Protokoll der öffentlichen und nichtöffentlichen Sitzung des Stadtrates Ludwigshafen vom 16.11.1962*

Ernst Lorenz begrüßt den Regierenden Bürgermeister von Berlin, Willy Brandt, in Ludwigshafen, links Werner Ludwig, 2. März 1963 [239]

Helmut Kohl begrüßt den rheinland-pfälzischen Ministerpräsidenten Peter Altmeier im Pfalzbau 8. März 1963 [240]

Von der Kubakrise zur Landtagswahl 1963

Als im Oktober 1962 die Welt gespannt die Kubakrise und die damit verbundene Gefahr eines Atomkrieges verfolgte, zeigten sich die Ludwigshafener erstaunlich gelassen. Zwar wurde auch hier ein sprunghafter Anstieg der Goldkäufe vermerkt, aber die Spareinlagen blieben unangetastet. Vielmehr vermeldete die Stadtsparkasse eine Zunahme der Spareinlagen der Ludwigshafener in den letzten zehn Monaten um sieben Millionen auf 102 Millionen DM. Entsprechend konnte sich die Öffentlichkeit auch nach der Ankündigung des Abzugs der sowjetischen Atomraketen von der Zuckerinsel wieder heimischen Problemen zuwenden; für die Bevölkerung galt es das Weihnachtsfest 1962 vorzubereiten – für die Parteien die Landtagswahl 1963. Ein deutliches Zeichen setzte dabei die pfälzische SPD, die am 27. Oktober 1962 Werner Ludwig mit großer Mehrheit als Nachfolger des zurückgetretenen Friedrich Wilhelm Wagner zu ihrem neuen Vorsitzenden wählte. MdL Kohl wiederum nutzte die Stadtratssitzung am 16. November 1962 zu einer einleitenden Geschäftsordnungsdebatte mit dem Oberbürgermeister. Auch diese Stadtratssitzung verlief „über Strecken hinweg in der nun beinahe üblichen gereizten Stimmung." Anlaß zum Konflikt bot diesmal ein Zuschußantrag des Arbeitersamariterbundes, bei dem die bürgerlichen Oppositionsparteien die Gleichbehandlung mit dem Deutschen Roten Kreuz nicht gewahrt sahen. Nur mühsam konnte der Oberbürgermeister bei dem allgemeinen Stimmendurcheinander die Ruhe wiederherstellen, um sich anschließend den Vorwurf gefallen lassen zu müssen, die Situation nicht mehr zu beherrschen.[216]

Vielleicht war dies der Grund, warum der Oberbürgermeister bei seiner Geburtstagsfeier am 25. November 1962 erstmals seinen vorzeitigen Rückzug ankündigte und entsprechend am 11. Januar 1963 im Stadtrat bei der Vorstellung des Haushaltsplans 1963 etwas nervös wirkte. Vielleicht lag es aber auch am Umfang der Großprojekte, deren Finanzierung die Stadt zur Aufnahme von Darlehen zwang: Neben der Bahnhofsverlegung war u. a. der Bau der Friedrich-Ebert-Halle – der Stadtrat folgte einstimmig dem Benennungsvorschlag der SPD-Fraktion – der

neue Pfalzbau und das Haus der Jugend zu finanzieren. Neben diesen städtischen Investitionen kündigte auch das Unternehmen C&A die Errichtung eines Kaufhauses am Jubiläumsplatz an; der hierfür durch den Stadtrat genehmigte Bebauungsplan sah auch nach wie vor ein Verwaltungshochhaus der Stadt an der Stelle des heutigen Mosch-Hochhauses vor. Während der Sitzungsverlauf als ruhig geschildert wurde, bot die eigentliche Haushaltsdebatte am 14. Januar 1963 wieder reichlich Anlaß für tumultartige Szenen im Stadtrat, insbesondere bei dem Rededuell zwischen den Landtagskandidaten Ludwig und MdL Kohl, nur unterbrochen durch eine genauso heftige Geschäftsordnungsdebatte zwischen Klüber und MdL Kohl. Trotzdem wurde der Haushalt mit den Stimmen von SPD und CDU verabschiedet, während die FDP ein Maßhalten vermißte und deshalb die Zustimmung verweigerte.[217]

Trotz dieser Vorgeplänkel war von einem eigentlichen Landtagswahlkampf in Ludwigshafen noch keine Spur. Dies aufgrund anhaltend niedriger Temperaturen, die nicht nur das öffentliche Leben lähmten, sondern über die Heizkosten auch die privaten Haushalte sehr belasteten. Die Neujahrsnacht war extrem ruhig verlaufen; die Rheinschiffahrt verzeichnete die größte Behinderung seit dem Winter 1929; 158 Schiffe lagen zeitweise in den Ludwigshafener Häfen fest. Vorübergehend mussten sogar einige Schulen wegen Heizölmangel geschlossen werden. Die Jüngsten erhielten Kälteferien; ältere Jahrgänge wurden anderenorts unterrichtet. Der Winterschlußverkauf 1963 war davon gezeichnet, daß zum einen kaum noch Winterkleidung zum Kauf vorrätig war, aber auch die finanziellen Möglichkeiten der Kunden eingeschränkt waren. So konnten die ausgezeichneten Umsätze von 1962 natürlich nicht erreicht werden. Vielleicht waren zuvor aber auch zu viele den Verlockungen der Warenwelt erlegen; denn ein neuer Nachkriegsrekord mit über 1 000 Offenbarungseiden wurde ebenfalls im Jahr 1962 erreicht. Auch der Fasnachtszug 1963 durch Ludwigshafen verzeichnete aufgrund der empfindlich kalten Witterung einen deutlichen Besucherschwund gegenüber 1961. Angewachsen war dagegen die Zahl der Parteien, die am 27. Februar 1963 das Wahlkampfabkommen für Ludwigshafen billigten. Neben SPD, CDU, FDP und DFU unterzeichneten diesmal auch die Deutsche Gemeinschaft und die rechtsradikale DRP. Der darin vereinbarte ritterliche Wahlkampf bestand seine erste Probe bei der Stadtratssitzung am 1. März 1963, die sich durch eine bemerkenswerte Harmonie und Einigkeit auszeichnete.[218]

Eigentlicher Wahlkampfauftakt in Ludwigshafen – nach einer Reihe von Mitgliederversammlungen der Parteien – war daher der Besuch des Regierenden Bürgermeisters von Berlin, Willy Brandt, der am 2. März 1963 der Hauptredner auf dem Wahlkongreß der rheinland-pfälzischen SPD im Pfalzbau war. Die CDU konterte bereits am 8. März 1963 an gleicher Stelle mit Ministerpräsident Altmeier. In der Folge wechselten die Veranstaltungen von SPD und CDU Schlag auf Schlag, wobei die SPD mehr auf ihre Lokalpolitiker und die CDU mehr auf Bundesprominente zurückgriff. Wahlkampfhöhepunkt der FDP war am 23. März 1963 eine Kundgebung mit ihrem Bundesvorsitzenden Mende im Pfalzbau. Am 29. März 1963 wurde die Schlußrunde eingeläutet: Während die SPD ihren Parteivorsitzenden Erich Ollenhauer in Friesenheim präsentierte, sprach Bundestagspräsident Gerstenmaier für die CDU im Pfalzbau. Das Wahlergebnis am 31. März 1963 bestätigte in

Anmerkungen
Seite 630 und 631

217 vgl. Rhpf, Jg. 19, Nr. 10ff sowie SRP 11. und 14.1.1963

218 vgl. Rhpf, Jg. 19, Nr. 1ff sowie SRP 1.3.1963

219 vgl. Rhpf, Jg. 19, Nr. 52ff sowie StAnz., Jg. 16, Nr. 14, 6.4.1963

Die Landtagswahlen in Ludwigshafen 1947—1967*

	1947	1951	1955	1959	1963	1967
SPD	46,7	48,9	45,8	52,0	55,0	50,3
CDU	27,3	25,1	31,1	35,0	32,1	34,9
KPD	20,8	10,1	8,6	—	—	—
SV	5,2	—	—	—	—	—
FDP	—	12,3	9,5	7,7	7,4	6,6
BHE	—	1,9	1,1	1,1	—	—
DG	—	1,1	—	0,6	0,2	—
Zentrum	—	0,6	—	—	—	—
FWG	—	—	3,4	—	—	—
BdD	—	—	0,5	0,6	—	—
DFU	—	—	—	—	2,7	2,4
DRP	—	—	—	3,0	2,6	—
NPD	—	—	—	—	—	5,8

* Gültige Stimmen in %

eindrucksvoller Weise die sozialdemokratische Vorherrschaft in Ludwigshafen. Die absolute Mehrheit von 1959 konnte um 3% auf 55% ausgebaut werden. In gleicher Höhe beliefen sich die Verluste der CDU, die auf 32,1% zurückfiel. Die FDP hatte erneut leichte Einbußen mit 7,4%. Als viertstärkste Partei in Ludwigshafen löste die DFU knapp die DRP ab. Die 2,7% der Linksradikalen gegenüber den 2,6% der Rechtsradikalen entsprachen jedoch in keiner Weise dem ehemaligen Wählerpotential der verbotenen KPD. Marginal mit 0,2% war in Ludwigshafen noch die Deutsche Gemeinschaft vertreten. Da zusätzlich zu Herbert Müller und Ernst Lorenz nun auf Seiten der SPD auch der pfälzische Spitzenkandidat Werner Ludwig in den Landtag gewählt wurde, während die Ludwigshafener CDU erneut mit Helmut Kohl, Franz Heller und Ludwig Schuster vertreten war, stellte die Chemiestadt insgesamt nun sechs Abgeordnete im Landtag. Kohl führte das schlechte Abschneiden der CDU auf die ungünstige Witterung und die geringe Wahlbeteiligung zurück, während Ludwig als pfälzischer Bezirksvorsitzender der SPD das herausragende Ergebnis der SPD in seiner Heimatstadt im Vergleich zu den Christdemokraten betonte.[219]

So sichtlich gestärkt konnte die sozialdemokratische Stadtführung am 1. April 1963 mit einem schlichten Empfang, aber einem kräftigen Schluck edlen Pfälzer Weins ein Jubiläum begehen, das freilich ihr ehemaliger politischer Gegner, die Nationalsozialisten, zu verantworten hatten, nämlich den 25. Jahrestag der Eingemeindung Oppaus, Oggersheims, Rheingönheims und Maudachs nach Ludwigshafen. Allerdings wurde bei dieser Veranstaltung deutlich, daß sich inzwischen auch diese vier Stadtteile in das Faktische gefügt hatten und im Gegensatz zu den fünfziger Jahren selbst in Oppau keine Scheidungswünsche mehr bestanden. Anlaß zur Freude hatte am 2. April 1963 auch die Ludwigshafener Berufsfeuerwehr, die nun die neue Hauptwache in Mundenheim beziehen konnte; erstmals bestanden damit zwei Feuerwachen in Ludwigshafen. Bemerkenswerterweise war sie im Gegensatz zur Stadtbibliothek erst nach der Landtagswahl eingeweiht worden. Und auch die Betriebswahlen 1963 erfolgten erst nach den Landtagswahlen. Auffällig war hier nach dem schlechten Abschneiden der DFU bei der Landtagswahl das

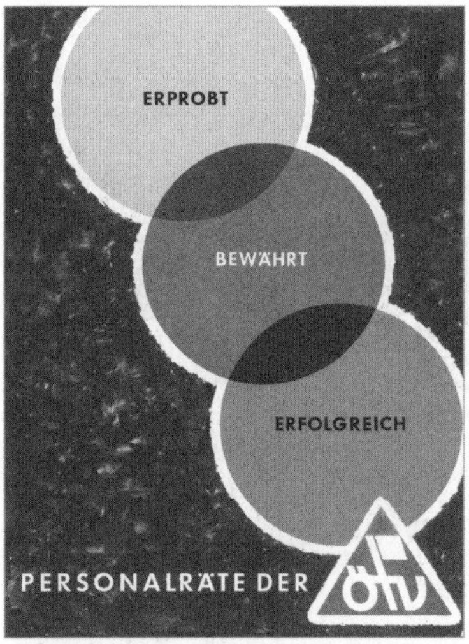

Titelseite eines Faltblatts der Gewerkschaft ÖTV zu den Betriebsratswahlen 1963 [241]

Schichtwechsel bei der BASF, 1960er Jahre [242]

Ergebnis der prokommunistischen Liste 3 ›Faß-Zimpelmann‹ bei der Betriebsratswahl in der BASF vom 22. bis 24. April 1963. Hier war es erstmals seit 1953 wieder zu einer Listenwahl gekommen, wobei die prokommunistische Liste 17% der Wahlberechtigten für sich gewinnen konnte und anschließend sechs von 35 Betriebsratsmitgliedern stellte. Eine wesentliche Voraussetzung für den kommunistischen Erfolg war das nach wie vor regelmäßige Erscheinen der kommunistischen Betriebszeitung ›Aniliner‹ gewesen. Sie wurde sogar in gedruckter Form verteilt, was bundesweit eine Ausnahme bei kommunistischen Betriebszeitungen war und die Bedeutung der illegalen Betriebsgruppe der KPD in der BASF noch unterstrich. Sehr viel bedeutender für Ludwigshafen war jedoch eine weitere Wahlentscheidung nach der Landtagswahl, nämlich das Votum der CDU-Fraktion im neuen rheinland-pfälzischen Landtag, die Helmut Kohl am 8. Mai 1963 zu ihrem neuen Fraktionsvorsitzenden wählte. Daraufhin orientierte sich der erst 33jährige Kohl endgültig weg von Ludwigshafen und hin zu seiner zukünftigen landes- und bundespolitischen Führungsrolle und gab entsprechend im Juni 1963 den CDU-Kreisvorsitz an Kurt Böckmann weiter. Stattdessen wurde er am 13. Oktober 1963 zum neuen Vorsitzenden des CDU-Bezirksverbandes Pfalz gewählt.[220]

Wohin führt der Weg des Wirtschaftswunders?

Dies fragte sich der Kommentator der ›Rheinpfalz‹ im Mai 1963 angesichts überquellender Parkplätze und mit Autos vollgestopfter Nebenstraßen rund um die BASF. Denn rund 12 000 Aniliner reisten nun täglich mit 6 000 PKW zu ihrem Arbeitsplatz an. Allerdings standen auf dem Gelände der BASF nur 4 510 Parkplätze zur Verfügung, so daß weitere 700 PKW öffentlichen Parkraum in Ludwigshafen nutzten und der Rest die Nebenstraßen rund um das Werk zuparkte. Noch 1955 hatten nur 1,3% der Belegschaft ein Auto für die Fahrt zum Arbeitsplatz benutzt – jetzt waren es 27%. Dafür war aber jeder Pendler im Durchschnitt auch nur noch 75 Minuten unterwegs – 1955 waren es noch

Anmerkungen Seite 632 und 633

220 *vgl. Rhpf, Jg. 19, Nr. 78ff sowie Nachlaß Otto Zimpelmann, in: AFA-Lu*

221 *vgl. Rhpf, Jg. 19, Nr. 101ff sowie SRP 19.7.1963 und Handrick, S. 99*

DER ANILINER

·BETRIEBSZEITUNG·DER·KPD·FÜR·DIE·ANILINER·

Lohnverhandlungen gut vorbereiten!

Am 30. Juni 1964 endet die Laufzeit der Lohn- und Gehaltstarife in unserem Tarifgebiet. Die Entwicklung der Preise während der Laufzeit des noch gültigen Tarifs könnnn keinen Zweifel darüber aufkommen lassen, daß die Tarife gekündigt werden müssen. Die Maßhalteappelle Erhards haben sich als das erwiesen, als was sie gedacht waren: billige Bauernfängertricks, welche die Werktätigen vernebeln, sie vom Kampf um ihre berechtigten Forderungen abhalten sollen.

Nicht nur unsere Gewerkschaftsführung, nicht nur unsere Betriebsräte, wir alle haben aus dieser Entwicklung Lehren zu ziehen. **Die erste Lehre** kann nur sein:

Den Maßhalteappellen der Regierung, den Beschwörungsformeln Erhards und den Versprechungen der Unternehmer dürfen die Lohn- und Gehaltsempfänger keinen Glauben schenken.

Trotz Stillhalten der Gewerkschaften - die Preise stiegen in einem nie gekannten Tempo, kaum, daß die Versprechungen Erhards und anderer „Biedermänner" verklungen waren. Wie die Preise stiegen, stiegen auch die Gewinne der Großindustrie. Der Überblick über das Geschäftsjahr 1963 der BASF läßt einiges vom Steigen der Riesenprofite erahnen.

Das KPD-Verbot muß fallen - der „ANILINER" muß wieder legal erscheinen!

Werkszeitung der illegalen KPD für die BASF, Ausgabe von Anfang 1964 [243]

Ebertpark, 1963 [244]

95 Minuten gewesen. Immerhin noch 31% benutzten das Fahrrad oder Moped, 15% die Eisenbahn, 9% die Straßenbahn, 7% Omnibusse und 3,5% Motorräder und Roller. 7,5% erschienen zu Fuß am Arbeitsplatz – gegenüber 11,5% im Jahr 1955. Und natürlich wurde das Auto auch in der Freizeit genutzt. Entsprechend war bei der Austragung der Qualifikationsspiele für die Deutsche Fußballmeisterschaft 1963 im Südwest-Stadion das Hauptproblem der Parkraum und die An- und Abreise der PKW, denn z. B. beim Spiel des 1. FC Nürnberg gegen Werder Bremen am 18. Mai 1963 erschienen statt der erwarteten 15 000 PKW 20 000 vor dem Südwest-Stadion. Dies bei 60 000 Zuschauern. Mit welchem Verkehrsmittel die 2 000 Teilnehmer der Kundgebung des ›Kuratoriums Unteilbares Deutschland‹ in den Ebertpark angereist waren, blieb allerdings offen. Eindeutig dagegen war am 10. Jahrestag des 17. Juni 1953 ihr Bekenntnis zur deutschen Wiedervereinigung. Ebenfalls die Treue hielten die Ludwigshafener auch 1963 ihrem Parkfest – mit 125 000 Besuchern war sogar wieder ein Anstieg zu verzeichnen – und dies trotz erstmals erhobener Eintrittspreise. Weniger vollzählig war dagegen der Ludwigshafener Stadtrat bei seiner letzten Sitzung vor der Sommerpause am 19. Juli 1963. Eine umfangreiche Debatte gab es lediglich um das Haus der Jugend, da die FDP-Fraktion sich mehrheitlich gegen die dort vorgesehene offene Jugendarbeit aussprach.[221]

Das Wirtschaftswunder hatte aber nicht nur Parkplatzprobleme mit sich gebracht, sondern auch einen gewünschten Zuzug von ausländischen Arbeitskräften: 5 300 waren im Sommer 1963 im Bereich des Arbeitsamtes Ludwigshafen beschäftigt. Waren bisher vor allem Südeuropäer für eine Tätigkeit in Deutschland angeworben worden, so richtete sich der Blick der deutschen Arbeitgeber nun auf die Türkei. Vermittelt wurden die türkischen Arbeitnehmer von der deutschen Verbindungsstelle in Istanbul, die von dem Ludwigshafener Heinrich Müller im Auftrag der Bundesanstalt für Arbeit geleitet wurde. Müller war zuvor Oberinspektor beim Ludwigshafener Arbeitsamt gewesen, das im September 1963 bereits 150 türkische Gastarbeiter in Ludwigshafen

Die neue Feuerwehrhauptwache in Mundenheim [245]

Größe der Betriebe in Ludwigshafen nach Industriezweigen und der Zahl der Beschäftigten im September 1963*

Industriezweig	Beschäftigte	Prozent
Chemie	50 793	80,6
Eisen-, Stahl- und Tempergießereien	2 874	4,6
Steine und Erden	2 645	4,2
Maschinenbau	1 531	2,4
Bekleidung	1 099	1,8
Stahlbau	970	1,5
Nahrungs- und Genußmittel	964	1,5
Druck und Papierverarbeitung	569	0,9
Elektrotechnik	303	0,5
Eisen-, Blech- und Metallwaren	184	0,3
Kunststoffverarbeitung	134	0,2
Sonstige Industriezweige	926	1,5
Beschäftigte insgesamt	62 992	100,0

verzeichnete, darunter zehn Türkinnen, die als Pflegerinnen im Städtischen Krankenhaus beschäftigt waren. 150 Mark Vermittlungsgebühr mußten die deutschen Arbeitgeber pro türkischen Arbeitnehmer an das Arbeitsamt abführen – wegen der niedrigeren Anreisekosten betrug diese Summe bei griechischen Staatsbürgern 120 DM und bei den rund 2 000 Italienern in Ludwigshafen waren jeweils 60 DM fällig gewesen. Die Gastarbeiter wohnten in der Regel noch in Firmen- oder Privatheimen, meist umgebaute Gastwirtschaften, in denen sie morgens und abends auf eigene Kosten – möglichst nach Landessitte und deshalb zu einem höheren Tagessatz als für deutsche Arbeitnehmer – auch verpflegt wurden. Für einen Schlafplatz in einem Sechsbettzimmer waren zwischen 25 und 35 DM Monatsmiete fällig. Der Zutritt zu den Heimen war für Frauen grundsätzlich verboten. Allerdings gingen die Italiener inzwischen dazu über, ihre Familien nach Ludwigshafen nachzuholen. Deshalb wurde ihnen am 19. September 1963 im Hemshof das mit einem Kostenaufwand von 300 000 DM umgebaute Elisabethenheim als ›Centro italiano‹ und damit als geselliger Mittelpunkt zur Verfügung gestellt. Die Kosten teilten sich die katholische Kirche, das Arbeitsamt und die Ludwigshafener Arbeitgeber. Bischof Dr. Isidor Markus Emanuel betonte bei der Einweihung, daß das ›Centro italiano‹ auch einen Beitrag zum Frieden leiste – vielleicht war dies auch eine Anspielung auf die immer häufigeren Gastwirtschaftsschlägereien zwischen Deutschen und italienischen Gastarbeitern. Nicht bekannt war dagegen die Nationalität der 13 bei der städtischen Müllabfuhr beschäftigten Gastarbeiter – von insgesamt 56 Mitarbeitern. Diese führten pro Woche rund 35 000 Mülltonnen-Entleerungen durch. Und natürlich zeigte auch hier das Wirtschaftswunder seine Spuren: Die Ludwigshafener Müllmenge war zwar deutlich angestiegen, aber vom Gewicht her erheblich reduziert. Inzwischen wog ein Kubikmeter Stadtmüll nur noch 250 Kilogramm gegenüber früher 500, da die modernen Verpackungsmaterialien von den Ludwigshafener Haushaltungen nicht mehr verheizt wurden. Gleichzeitig füllten die Müllmänner wöchentlich acht bis zehn Zentnersäcke mit weggeworfenem Brot, die anschließend dem Wildgehege zur Verfügung gestellt wurden: So profitierten auch die Tiere noch von der neuen Überflußgesellschaft. Optischer Ausdruck zumindest

Anmerkungen Seite 634 und 635

222 *vgl. SPD-Stadtratsfraktion, S. 114*

223 *vgl. Rhpf, Jg. 19, Nr. 205ff sowie SRP 20.9.1963*

224 *vgl. Rhpf, Jg. 19, Nr. 224ff sowie SRP 4.11.1963*

* *Handrick, S. 77*

Der Stadtkämmerer: ***Dietrich Oedekoven***

Dietrich Oedekoven[222] *wurde am 27. März 1928 in Euskirchen geboren.*

Jurist. Mitglied der SPD.

Nach Kriegsdienst als Fronthelfer Studium in Köln und Tübingen. 1956 große juristische Staatsprüfung, anschließend Referendarzeit in Köln und Stuttgart. Ab November 1956 beim Deutschen Städtetag in verschiedenen Ressorts beschäftigt.

Am 20. September 1963 vom Ludwigshafener Stadtrat einstimmig zum Stadtkämmerer gewählt. Dienstantritt als 4. Beigeordneter zum 1. Dezember 1963. 1968 wählte ihn die Stadtverordnetenversammlung von Wiesbaden zum Stadtkämmerer, worauf Dietrich Oedekoven am 1. Mai 1968 seine Amtszeit in Ludwigshafen beendete.

Dietrich Oedekoven [246]

einer Wohlstandsgesellschaft war auch das vom Stadtrat am 20. September 1963 mit den Stimmen von SPD und CDU zum Bau verabschiedete Modell des neuen Pfalzbaus. In der gleichen Sitzung wurde Dietrich Oedekoven zum neuen Kämmerer gewählt – die Wahl erfolgte einstimmig – wenn auch mit der kritischen Feststellung der Opposition, daß für den am 31. Oktober 1963 ausscheidenden parteilosen Stabel mit Oedekoven nun ein weiterer Sozialdemokrat zum 1. Dezember 1963 als 4. Beigeordneter – Werner Ludwig übernahm die Funktion von Stabel als 3. Beigeordneter – in den Stadtvorstand einziehen werde.[223]

Am 26. September 1963 stand vor dem Schöffengericht Ludwigshafen erstmals ein Zeuge Jehovas wegen Verweigerung des Zivildienstes. Von den bundesweit 7 500 seit der Einführung der Wehrpflicht registrierten Kriegsdienstverweigerern gehörten 1 500 den Zeugen Jehovas an – davon wurden 450 zum Zivildienst einberufen – aber nur 70 traten ihn an. Der Rest wanderte aus oder ließ sich wie der 24jährige Ludwigshafener als Totalverweigerer mit drei Monaten Gefängnis bestrafen. Zwei Jahre Gefängnis erhielt ein 30jähriger Ludwigshafener, der als ehemaliger Leiter des ›Jugendclubs 280‹, sich der fortgesetzten Kuppelei, Unzucht mit Kindern und versuchter Notzucht schuldig gemacht hatte. Die fortlaufende Berichterstattung über diesen ›Sittenprozeß‹ ist ein von Voyeurismus geprägtes Zeitdokument des Moralkodexes der sechziger Jahre – polizeiliche Alterskontrollen an den Ludwigshafener Kinoeingängen gehörten genauso zum Zeitgeist wie ein weiterer ›Kuppelei-Prozeß‹ vor dem Schöffengericht gegen Eltern, die eine Beziehung zwischen einem Erwachsenen und ihrer 16jährigen Tochter geduldet hatten. Ein Zeitdokument ganz anderer Art ist dagegen der selbst von Karikaturisten kommentierte „erbitterte Papierkrieg" zwischen MdL Ludwig und MdL Kohl, die sich im Oktober 1963 eine wochenlange Leserbriefschlacht in der ›Rheinpfalz‹ zur Verkehrspolitik in Ludwigshafen lieferten. Der Weg des Wirtschaftswunders führte aber auch zu Preissteigerungen: So rief am 21. Oktober 1963 der DGB Ludwigshafen gar zu einem ›Milchboykott‹ auf, um gegen eine Erhöhung des Milchpreises aufgrund einer Verordnung des Bundesministers für Ernährung zu protestieren. Das geeigneteste Forum, um die unterschiedlichen bundes-, landes- und kommunalpolitischen Positionen aufzuzeigen, war letztlich aber wieder am 4. November 1963 die Stadtratssitzung. Unter anderem erhielt MdL Kohl vom Oberbürgermeister einen Ordnungsruf, als er die Rede seines sozialdemokratischen Kollegen Sonntag mit „Unverschämtheit" kommentierte. Wesentlicher für die zukünftige Stadtentwicklung war jedoch die einstimmige Verabschiedung des Nachtragshaushalts 1963, insbesondere da Mehreinnahmen die geplanten Großbaumaßnahmen der Stadt finanziell abzusichern schienen.[224]

Die Abbildungen [247], [250], [251] und [256] zeigen vier Beispiele für die ›Anzeigenschlacht‹ in der Ludwigshafener Presse rund um die Oberbürgermeisterwahl. Hier eine SPD-Annonce [247]

Karikatur in der ›Rheinpfalz‹ 19. Oktober 1963 [248]

Anmerkungen Seite 637

225 vgl. Rhpf, Jg. 19, Nr. 258ff
226 vgl. Rhpf, Jg. 20, Nr. 5ff sowie SRP 21., 24. und 25.2.1964

Abgesichert war damit auch die städtische Weihnachtsbeihilfe 1963: 180 000 DM waren trotz Wirtschaftswunder für „Minderbemittelte und Hilfsbedürftige sowie Sozialhilfeempfänger und verschämte Arme" notwendig, aber auch für 333 Ludwigshafener Kinder, die der Obhut des Stadtjugendamtes unterstanden und auf verschiedene Heimplätze verteilt waren. Auf der anderen Seite waren im Jahr 1963 die Spareinlagen der Ludwigshafener bei der Stadtsparkasse um rund 22% auf nunmehr 129 000 000 DM gestiegen. Ein Wohlstand, der auch bei der Neueröffnung des Fleischgroßmarktes im Schlachthof Ludwigshafen am 3. Dezember 1963 zum Ausdruck kam: Händler und Metzger erklärten übereinstimmend, daß in Ludwigshafen Fleisch nur in bester Qualität gekauft wurde, so daß Ludwigshafen preislich als einer der teuersten Märkte galt. „Die Leute sind hier sehr anspruchsvoll", betonte ein Großhändler. „Hier wird gut verdient und auch gut gegessen." Und der Appetit war entsprechend: Wöchentlich wanderten rund 1 400 Schweine und 175 Stück Rindvieh durch die Mägen der Großstadt. Der jährliche Verbrauch an Fleisch hatte sich von 4 300 000 kg im Jahr 1950 auf nun 8 050 000 kg gesteigert. Nur noch 25% der im Schlachthof verarbeiteten Schweine und Großvieh wurden aus der Pfalz oder Nachbargebieten angeliefert. War also im Fleischkonsum die Nachkriegszeit endgültig überwunden, so wurde die Ludwigshafener Bevölkerung am 4. Dezember 1963 wieder mit dem düstersten Kapitel deutscher Geschichte konfrontiert, als ausgerechnet der Leiter der hiesigen Kriminalpolizei wegen des Verdachts von Kriegsverbrechen verhaftet wurde. Danach war aber am 8. Dezember 1963 kein Halten mehr für das Weihnachtsgeschäft 1963; wahre Käuferscharen ließen am verkaufsoffenen Sonntag die Kassen klingeln – darunter viele Gastarbeiter, die Präsente für die Familienangehörigen in der Heimat besorgten. Dazu passend wuchs am darauffolgenden Montag die Flut der Pakete über die Köpfe der Mitarbeiter im Ludwigshafener Postamt – gleich 10 000 waren in der Chemiestadt eingetroffen und sollten nun an die Adressaten verteilt werden. Gegenüber den 3 000 Paketen an normalen Werktagen war dies ein neuer Rekord. Auch anschließend war das Leben in Ludwigshafen von einer lebhaften Geschäftstätigkeit gekennzeichnet, so daß

Warenangebot 1963: Verkaufsräume von Willersinn und Walter in der Bismarckstraße [249]

CDU-Anzeige [250]

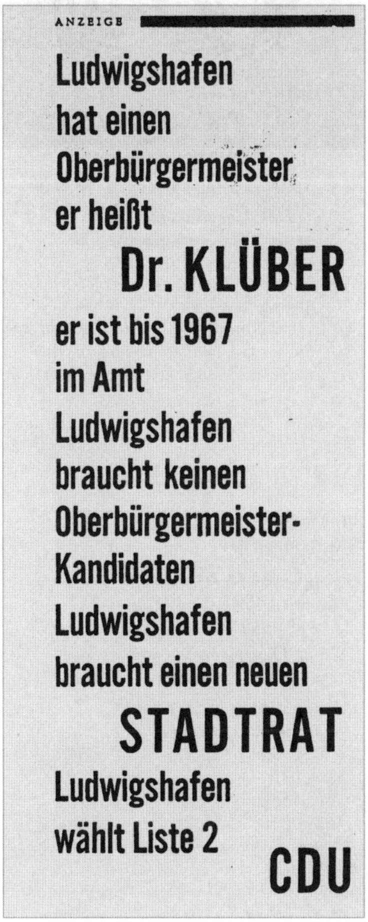

CDU-Anzeige [251]

wirkliche Ruhe erst wieder am Abend des 24. Dezember 1963 einkehrte – erzwungen auch durch einen überraschenden Wettersturz mit Temperaturen von Minus zehn Grad.[225]

Eine Kommunalwahl wird zur Oberbürgermeisterwahl

Das Jahr 1964 begrüßte die Stadtverwaltung am 6. Januar mit einem Neujahrsempfang – eine Premiere die allgemein als „gelungen" bezeichnet wurde. Demonstrierte hier die kommunalpolitische Führungsriege fraktionsübergreifend Eintracht, so ließ man es sich anschließend nicht nehmen, mit der vorbereitenden Haushaltsdebatte 1964 gleich öffentlich den Kommunalwahlkampf 1964 einzuleiten. Eingebracht wurde der Haushalt – der Schwerpunkt lag auf der Realisierung der begonnenen Bauprojekte wie des neuen Pfalzbaus – am 21. Februar 1964 durch Oberbürgermeister Klüber und erstmals durch den neuen Kämmerer Oedekoven. Anschließend beschloß der Stadtrat, das Gymnasium an der Bismarckstraße nach dem verstorbenen Bundespräsidenten Heuss zu benennen. Am 24. Februar 1964 schlug dann die Stunde der Fraktionsvorsitzenden im Stadtrat: Während Willi Heidelberg für die SPD – „ein Haushalt der fast völlig erfüllten Wünsche" und Helmut Kohl für die CDU eine Zustimmung signalisierten, lehnte Stadtrat Keller für die FDP den Haushalt als „unrealistisch und unwahr" ab und forderte u. a. eine Lohnsummensteuersenkung. Stürmisch ging es im Stadtrat einen Tag später zu, als die SPD bei der Generaldebatte des Haushaltes sowohl die Steuersenkungspläne der Opposition als auch Zuschüsse zu konfessionellen Einrichtungen ablehnte, was von Seiten der CDU als Beleg so kommentiert wurde, daß der „alte marxistische Adam" noch lebe.[226]

Am 28. Februar 1964 feierte Bundesverfassungsgerichtsvizepräsident Friedrich Wilhelm Wagner seinen 70. Geburtstag. Grund genug für den Stadtrat an diesem Tag erneut zusammenzutreten und ihm einstimmig die Ehrenbürgerrechte zu verleihen. Die Bundesrepublik Deutschland ehrte gleichzeitig sein Lebenswerk mit der Verleihung des Großen Verdienstordens der Bundesrepublik Deutschland mit Stern und Schulterband. Zu den Gerüchten, daß Oberbürgermeister Klüber

Oberbürgermeister Klüber überreicht Friedrich Wilhelm Wagner die Ehrenbürgerurkunde der Stadt Ludwigshafen 2. April 1964 [252]

Jahresausstellung 1964 des Künstlerbundes Rhein-Neckar: Das Kulturhaus wurde am 11. Mai 1964 in ›Bürgermeister-Ludwig-Reichert-Haus‹ umbenannt [253]

bereits vor der Kommunalwahl 1964 demissionieren werde, äußerte sich 14 Tage später erstmals MdL Kohl und forderte die SPD zu einem „erbitterten Dementi" auf. Für die SPD bestand jedoch kein „konkreter Anlaß" zu diesen Gerüchten Stellung zu nehmen, wie der Fraktionsvorsitzende Heidelberg und MdL Müller am 19. März 1964 der Presse erklärten. Einig war man sich dann aber wieder über die Feierlichkeiten für Friedrich Wilhelm Wagner, dem am 2. April 1964 die Ehrenbürgerurkunde übergeben wurde; nach Ansprachen des Oberbürgermeisters sowie von MdL Herbert Müller für die SPD, MdL Kohl für die CDU und Stadrat Keller für die FDP, hielt Wagner selbst den Festvortrag über das Thema ›Der Bürger und seine Stadt‹.[227]

Ende April 1964 richteten Deutschlands Fußballfans wieder ihren Blick auf Ludwigshafen: Zunächst unterlag am 22. April 1964 der Regionalligist Phönix Ludwigshafen dem Bundesligisten Schalke 04 in der Zweiten Runde des DFB-Pokals vor 7000 Zuschauern im Südwest-Stadion mit 1 : 2. Ein Ergebnis, das die Fußballanhänger in der Chemiestadt darin bestärkte, daß nur durch die geplante Fusion der drei – jeweils mittelmäßig spielenden – Ludwigshafener Südwest-Regionalligisten: Tura, Phönix und SC eine für die gerade in der ersten Saison befindliche Bundesliga taugliche Mannschaft entstehen könnte. Die Spitzenspieler dieser Bundesliga weilten dann ab dem 26. April 1964 im Ludwigshafener Europa-Hotel, denn am 29. April 1964 stand der Länderkampf gegen die CSSR im Südwest-Stadion an, den Deutschland mit 3 : 4 vor 60000 Zuschauern verlor.

Immerhin noch 5000 Teilnehmer konnte der Ludwigshafener DGB bei seiner traditionellen Maikundgebung im Ebertpark verzeichnen. Neu war die erstmalige Teilnahme türkischer Kollegen, die mit einem Transparent unter der Losung ›Türkische Bauarbeiter in Solidarität mit den deutschen Arbeitern‹ in den Ebertpark einmarschiert waren. Aber auch der DGB-Kreisvorsitzende, Fritz Schalk, betonte den Wandel: Der 1. Mai sei nicht mehr der Kampftag harter Auseinandersetzungen, sondern ein Fest- und Feiertag der Arbeitnehmer. Entsprechend verlegten die Ludwigshafener Kommunalpolitiker die kämpferische Auseinandersetzung in die Stadtratssitzung vom 11. Mai 1964.

Anmerkungen
Seite 638 und 639

227 vgl. Rhpf, Jg. 20, Nr. 48ff sowie SRP 28.2.1964 und StALu, N 25

228 vgl. Rhpf, Jg. 20, Nr. 80ff sowie SRP 11.5.1964

229 vgl. Rhpf, Jg. 20, Nr. 110ff sowie SRP 10.7.1964

Reges Treiben an der ›Blauen Adria‹ 1964 [254]

Plakat zum Parkfest 1964 [255]

Eine weitere Anzeige im Kampf rund um die Oberbürgermeister- und Stadtratswahl 1964, hier von Seiten der CDU [256]

Streitpunkt war diesmal die geplante Herausgabe einer Zeitschrift für ältere Bürger durch das Sozialamt. CDU und FDP vermuteten darin eine Verquickung von Verwaltungs- und Parteipolitik durch den Sozialdezernenten MdL Ludwig. Unumstritten war dagegen nun die Ehrung des verstorbenen CDU-Bürgermeisters Reichert durch die Umbenennung des Kulturhauses in ›Bürgermeister-Ludwig-Reichert-Haus‹.[228]

Auch danach drehte sich die Ludwigshafener Kommunalpolitik zunächst nur noch um den „systematischen Feldzug mit dem Ziel, nach der Kommunalwahl im Herbst den Beigeordneten und Sozialdezernenten Ludwig als Oberbürgermeister zu nominieren", wie es MdL Kohl bei einer Pressekonferenz am 15. Mai 1964 formulierte. Während die SPD für diesen Feldzug die Weichen stellte, indem sie am 29. Mai 1964 in einem Generationswechsel Rudolf Hoffmann durch Günther Janson und damit durch einen Vertrauten von MdL Ludwig als Stadtverbandsvorsitzenden ersetzte, war die gleichzeitige Weichenstellung im Ludwigshafener Fußball nicht völlig gelungen, da an diesem Tag nur Phönix und Tura zum SV Südwest Ludwigshafen fusionierten.

Anfang Juni 1964 stöhnten die Ludwigshafener über bereits bis zu 33 Grad im Schatten – 20 000 Badegäste mit 6 000 PKW unterwegs zur ›Blauen Adria‹ ließen am 7. Juni 1964 den Verkehr in Rheingönheim zusammenbrechen. Nicht auf das schöne Wetter zurückzuführen war allerdings der mäßige Besuch der städtischen Kundgebung zum 17. Juni – Referent war der Berliner Abgeordnete Peter Lorenz, dessen Entführung 1976 weltweit Schlagzeilen machen sollte. Gut besucht war dagegen das erste ›Jungbürgertreffen‹ der Stadt für alle 21jährigen, die damit ihre Volljährigkeit erreicht hatten. Und allen Unkenrufen zum Trotz verzeichnete auch das Parkfest 1964 wieder 130 000 Besucher. Abschiednehmen mußte dagegen ›Lis‹ – am 7. Juli 1964 wurde das letzte städtische Pferd, beschäftigt im Bauhof Oggersheim, durch einen PKW ersetzt. Nicht „dummes Gebabbel", sondern u. a. Hilfestellung für kinderreiche Familien stand auf der Tagesordnung der Stadtratssitzung am 10. Juli 1964 – allerdings hatte dieser Zwischenruf anläßlich eines Redebeitrages der Opposition für die Stadträtin Heny Roos einen Ordnungsruf zur Folge.[229]

Plakat der SPD für ihren Oberbürgermeisterkandidaten bei der Kommunalwahl 1964 [257]

Anschließend war der Ring frei für den Kommunalwahlkampf 1964: Nachdem bereits MdL Kohl gegen die ihm durch den Stadtrat 1962 verhängte Ordnungsstrafe von 50 DM klagte, beantragte nun auch GAG-Direktor Edwin Grimm beim Ludwigshafener Amtsgericht gegen den FDP-Fraktionsvorsitzenden Keller erfolgreich eine einstweilige Verfügung, um ihn zur Unterlassung GAG-kritischer Äußerungen zu zwingen. Die CDU schaltete am 1. September 1964 eine erste Anzeige in der ›Rheinpfalz‹ und dem ›General-Anzeiger‹. Sie war Auftakt zur bisher größten kommunalpolitischen Anzeigenschlacht in den Ludwigshafener Medien.[230] Daß intern die SPD sich längst für MdL Ludwig als Nachfolger von Klüber entschieden hatte, wurde spätestens bei der Delegiertenkonferenz des Unterbezirkes Ludwigshafen am 5. September 1964 deutlich, als Werner Ludwig und, als sein Ersatzkandidat, Dietrich Oedekoven für den Bezirkstag nominiert wurden. Aber auch Helmut Kohl wußte sein Amt als Vorsitzender der CDU-Landtagsfraktion weiter für die Ludwigshafener Kommunalpolitik einzusetzen: So schrieb er am 12. September 1964 medienwirksam auf seine Fahnen, daß der Hauptausschuß des Landtages auf Antrag der CDU beschlossen hatte, daß nach der Kommunalwahl 1964 in den Gemeinden über 50 000 Einwohner ein Ortsbeirat in allen Stadtteilen und nicht wie bisher in Ludwigshafen nur in den Vororten zu wählen sei. Die letzte Stadtratssitzung vor der Kommunalwahl am 21. September 1964 brachte dann nicht nur den Rechenschaftsbericht des Oberbürgermeisters über die Wahlperiode 1960/64, sondern auch die erste offizielle Rückzugsankündigung vor diesem Gremium durch Klüber mit der Formulierung „zu gegebener Zeit." Die Erklärung der Fraktionen zum Rechenschaftsbericht des Oberbürgermeisters nutzte Helmut Kohl zu der Feststellung, daß „der Abgang des Oberbürgermeisters durch eine radikale Gruppe innerhalb der SPD, welche die Machtergreifung anstrebe, erzwungen werde, um so Ludwig den Weg zu bereiten, der diese Position anstrebe." Im Anschluß daran übergab Stadtrat Paul Fischer von der CDU der Presse eine Verlautbarung, nach der der SPD-Fraktionsvorsitzende Heidelberg ihm gegenüber erklärte habe, daß er nicht mehr für den Stadtrat kandidieren könne, da Ludwig nicht sicher sei, daß Heidelberg bei der Oberbürgermeisterwahl für ihn stimmen werde. Heidelberg habe zudem zum Ausdruck gebracht, daß er Werner Ludwig die Qualifikation zum Oberbürgermeister abspreche.[231]

Anschließend hagelte es natürlich Erklärungen: So bestritt Willi Heidelberg u. a. daß er Paul Fischer zur Wiedergabe eines persönlichen Gesprächs autorisiert habe und Oberbürgermeister Klüber betonte, daß er bereits 1963 erklärt habe, daß er kurze Zeit nach seinem 62. Geburtstag in den Ruhestand treten werde. Sein Entschluß sei ohne jede Einwirkung von dritter Seite zustande gekommen. Unbestritten war auf jeden Fall, daß die Delegiertenversammlung der SPD am 24. September 1964 Werner Ludwig zum Nachfolger von Oberbürgermeister Klüber vorschlug. Der ehemalige Stadtverbandsvorsitzende Hoffmann und der Fraktionsvorsitzende Heidelberg waren nicht zur Versammlung erschienen und fanden sich auch nicht mehr auf der Kandidatenliste der SPD zum Stadtrat wieder. Sie wurde nun von Horst Schork angeführt; die Weichen für die nachfolgende ›Ära Ludwig‹ in der Stadtgeschichte Ludwigshafens waren gestellt. Die CDU konzentrierte sich nun in ihrem Wahlkampf ganz auf den OB-Kandidaten der SPD, dem Helmut Kohl am 28. September 1964 „jede Qualifikation für das Amt" absprach.

Anmerkungen
Seite 640 und 641

230 vgl. Rhpf, Jg. 20, Nr. 159ff sowie GA, Jg. 90, Nr. 202ff Die ›Anzeigenschlacht‹ ist umfassend dokumentiert, in: StALu, N 14.

231 vgl. Rhpf, Jg. 20, Nr. 207ff sowie SRP 21.9.1964

232 vgl. Rhpf, Jg. 20, Nr. 223ff sowie GA, Jg. 90, Nr. 202ff und Ludwig 1997, S.95ff

233 vgl. Rhpf, Jg. 20, Nr. 249 sowie StAnz., Jg. 17, Nr. 44, 31.10.1964

Die Stadtratswahlen in Ludwigshafen 1946—1964*

	1946	1948	1952	1956	1960	1964
SPD	43,1	47,2	48,9	57,8	54,9	58,4
	(22)	(22)	(25)	(30)	(28)	(30)
CDU	32,3	26,9	28,2	31,4	34,7	34,6
	(16)	(12)	(14)	(16)	(18)	(18)
KPD	16,9	17,8	9,5	—	—	—
	(8)	(8)	(5)			
WV	7,7	—	—	—	—	—
	(4)					
DP	—	7,2	—	—	—	—
		(3)				
WG	—	0,9	—	—	—	—
FDP	—	—	13,4	10,8	10,4	7
			(7)	(5)	(5)	(3)

* Gültige Stimmen in % (Sitze)

Die SPD bemerkte daraufhin, daß sich die Bevölkerung mit „Abscheu von diesen Verunglimpfungen" abwende. Die Auseinandersetzung hatte ein Niveau erreicht, das weit weg war von einem ritterlichen Wahlkampf, den die Ludwigshafener Parteivorsitzenden schriftlich am 22. September 1964 mit dem Oberbürgermeister vereinbart hatten. Unterzeichnet war die Erklärung auch von dem ehemaligen kommunistischen Stadtratsmitglied Zimpelmann für die DFU. Allerdings verzichtete die DFU dann aufgrund eigener organisatorischer Schwäche auf eine Wahlbeteiligung und erließ einen Aufruf zugunsten von Werner Ludwig und der SPD. Eine Wahlabsprache mit der DFU lehnten die Sozialdemokraten jedoch ab. Nicht zuletzt aufgrund der eigenen politischen Verfolgung durch die Nationalsozialisten jeden politischen Extremismus ablehnend, empfand es Werner Ludwig als besonders ehrverletzend, in der letzten Ausgabe der ›Rheinpfalz‹ und des ›General-Anzeigers‹ vor der Kommunalwahl durch eine Anzeige der CDU in Bezug auf den Wahlaufruf der DFU als „letzte Hoffnung ehemaliger KPD-Funktionäre" bezeichnet zu werden.[232]

Das Ende der Ära Klüber

Der gerade in den letzten Tagen sich nur noch um die Frage des zukünftigen Oberbürgermeisters drehende Kommunalwahlkampf endete am 25. Oktober 1964 bei einer Wahlbeteiligung von 73,8% mit einem deutlichen Willensbild der Bevölkerung: Die SPD kam auf 58,4% und gewann damit gegenüber der Kommunalwahl 1960 nicht nur 3,5% hinzu, sondern netto auch 8 394 Wähler und zwei zusätzliche Sitze im Stadtrat. Verlierer war eindeutig die FDP, die sich sowohl inhaltlich durch die Ablehnung eines Oberbürgermeisters Ludwig als auch mit einer Listenverbindung der CDU angeschlossen hatte. Die Liberalen erreichten 7% (minus 3,4%) und büßten neben 1 846 Wählern auch zwei ihrer bisherigen fünf Stadtratssitze ein. Leichte Verluste hatte die CDU mit 34,6% gegenüber 34,7% im Jahre 1960. Ihr blieben ihre 18 Stadtratssitze erhalten – netto hatte sie sogar 3 306 Stimmen hinzugewonnen. Da gleichzeitig die SPD im pfälzischen Bezirkstag mit dem Spitzenkandidaten Ludwig die absolute Mehrheit errang, war der Triumph des zukünftigen Ludwigshafener Oberbürgermeisters vollständig.[233]

Die Bronzemedaille des Oppauer Turners Philipp Fürst, Abb. der sonst selten gezeigten Rückseite mit dem ›griechischen‹ Motiv der Athleten [258]

In Ludwigshafen wohnhafte Ausländer und Staatenlose 1960 und 1964*

Staatsangehörigkeit	1960	in %	1964	in %
Italien	1 759	43,0	3 341	35,3
Österreich	309	7,6	425	4,5
Polen	271	6,6	259	2,7
Frankreich	222	5,4	268	2,8
Jugoslawien	211	5,2	395	4,2
Spanien	191	4,7	606	6,4
Griechenland	169	4,1	1 994	21,1
Schweiz	135	3,3	136	1,4
Niederlande	115	2,8	162	1,7
USA	98	2,4	181	1,9
Ungarn	94	2,3	108	1,2
Türkei	17	0,4	808	8,6
Staatenlose	174	4,2	172	1,8
Alle übrigen Staaten	329	8,0	609	6,4
gesamt	4 094	100	9 464	100

Zu einem Triumphzug durch den Stadtteil Oggersheim gestaltete sich am 28. Oktober 1964 der Empfang des Bronzemedaillengewinners im Ringen bei der Olympiade in Tokio, Heinz Kiehl, in seiner Heimat. Ebenfalls eine Bronzemedaille hatte der Oppauer Turner Philipp Fürst gewonnen – er wurde am 5. November 1964 von einer jubelnden Menge vor dem Oppauer Rathaus wieder zuhause willkommen geheißen. Für erhebliche Unruhe ganz anderer Art sorgte dagegen Ende Oktober 1964 der von einem Deutschen nach einer Gastwirtschaftsschlägerei erfolgte Totschlag an einem italienischen Gastarbeiter unter seinen hiesigen Landsleuten; ihr Ludwigshafener Seelsorger konstatierte, daß es unter Umständen kaum zu verhindern sei, daß sich die „Gastarbeiter zum Selbstschutz mit Messern bewaffnen würden.” Sehr zufrieden über Deutschland äußerten sich dagegen die 45 Türken, die seit Oktober 1964 beim städtischen Gartenamt beschäftigt waren: „Die Türken sind kräftig, gesund und arbeitsam” vermeldete die Tagespresse und lobte ihre Unterbringung in Vierbettzimmern und die Ausstattung des Aufenthaltsraumes mit Kühlschrank und Radiogerät. 44 der 45 Türken waren verheiratet; dennoch verzeichnete inzwischen das Ludwigshafener Standesamt bei 15% aller Eheschließungen eine Heirat zwischen einer Deutschen und einem Gastarbeiter – vorwiegend Italiener, Spanier und Griechen. Der Anreiz für eine Deutsche, einen ausländischen Lebenspartner zu wählen, war auch schon deshalb weitaus größer als umgekehrt für einen Deutschen, da rund 10 000 männlichen Gastarbeitern nur 820 Gastarbeiterinnen gegenüberstanden. Handel und Industrie hätten in Ludwigshafen gerne noch mehr deutsche oder ausländische Frauen beschäftigt, aber das Interesse von Frauen an einer Beschäftigung in der Chemiestadt war weitaus geringer als das Arbeitsplatzangebot. Ludwigshafen verzeichnete eine Quote von weiblichen Beschäftigten von 30,5% – bundesweit waren es 34%. Wer aber unter den rund 11 000 Ludwigshafener Gastarbeitern sein privates Glück nicht in Deutschland gefunden hatte, für den war ein Platz in einem der 99 Sonderzüge vorgesehen, die ab dem 13. November 1964 gen Süden rollten,

Anmerkungen Seite 642 und 643

234 vgl. Rhpf, Jg. 20, Nr. 252ff

235 vgl. Rhpf, Jg. 20, Nr. 272ff sowie SRP 20.11.1964

** Handrick, S. 159*

Zwei Straßenbahngenerationen auf dem Viadukt [259]

Blütenzauber im Ebertpark anläßlich der Eröffnung der Friedrich-Ebert-Halle [260]

um den hiesigen Gastarbeitern ein Weihnachtsfest in der alten Heimat bei der Familie zu ermöglichen. Nicht nur für die hier verbliebenen leuchtete ab dem 23. November 1964 ein Lichtdom in der Bismarckstraße aus 18 000 Glühbirnen das Weihnachtsfest ein.[234]

Noch wenig weihnachtlich ging es dagegen bei der konstituierenden Sitzung des neuen Ludwigshafener Stadtrates am 20. November 1964 zu: Die FDP konnte mit ihren drei Stadträten keine Fraktion mehr bilden, während die SPD-Fraktion mit ihrer eigenen absoluten Mehrheit einen neuen Verteilerschlüssel für die Ausschüsse durchsetzte, worauf die FDP auch in diesen nicht mehr vertreten war. Nach der Wahl der Ausschußmitglieder begaben sich die Stadträte nach Oggersheim, wo in der Festhalle offiziell die 1 200-Jahr-Feier dieses Stadtteils begangen werden sollte. Der einzige Schönheitsfehler war, daß neben den rund 100 Ehrengästen gerade einmal 100 Oggersheimer erschienen waren, um die Festrede von Friedrich Wilhelm Wagner zu hören. Gut besucht war dagegen am 29. November 1964 die Melanchthonkirche, als die evangelische Gemeinde des 100jährigen Jubiläums der kriegszerstörten Lutherkirche gedachte. Nur unweit der Ruine setzte die Bundespost in der Amtsstraße auf modernste Technik: Dort wurde im Dezember 1964 eine Versuchsanlage für die elektronische Datenverarbeitung aufgebaut, um das Buchungswesen des Scheckamtes zu automatisieren. Gleich zwei Ludwigshafener Kaufhäuser präsentierten im gleichen Monat ebenfalls eine neue technische Errungenschaft: Ihre Verkaufsräume waren nun mit Sprinkler-Anlagen zum Schutz der Kunden und Waren im Falle eines Brandes ausgestattet. Im Gegensatz zum Ludwigshafener Stadtrat ging es am 10. Dezember 1964 bei der Konstituierung des pfälzischen Bezirkstages konziliant zu: Werner Ludwig wurde einstimmig zum Vorsitzenden des Bezirkstags gewählt. Trotz absoluter SPD-Mehrheit votierten alle drei Fraktionen genauso geschlossen für einen Christdemokraten und einen Liberalen als seine Stellvertreter.[235]

Diese Einstimmigkeit herrschte inhaltlich – beispielsweise in der Frage des Nahverkehrsvertrages mit Mannheim – auch bei der ersten

Oberbürgermeister Klüber bittet bei der Sitzung des Ludwigshafener Stadtrates am 19. Februar 1965 um Versetzung in den Ruhestand [261]

Arbeitssitzung des neuen Stadtrats am 21. Dezember 1964. Die alten Gegensätzlichkeiten machten sich an formalen Dingen fest: Die drei FDP-Stadträte – bekanntlich ohne Ausschußsitze – bestanden auf Einzelberatung der Tagesordnung und stellten gleich 24 Auskunftsersuchen an die Verwaltung. Die SPD lehnte einen Antrag der CDU auf eine Sitzungspause ab, worauf die CDU unter Hinterlassung des Stadtrates Dr. Klingholz als Beobachter die Sitzung für eine „Eßpause" verließ. Nach Mitternacht und einem neuneinhalbstündigen Sitzungsmarathon „streikte" die CDU-Fraktion endgültig, da die Einladung zur Stadtratssitzung nur für den 21. Dezember 1964 gelautet hatte.[236]

Die aus steuerlichen Gründen zum 31. Dezember 1964 vollzogene Auflösung der Straßenbahngemeinschaft mit Mannheim stellte Ludwigshafen auf die eigenen Räder, denn der nachfolgende Nahverkehrsvertrag vom 12. April 1965 führte zu einer Aufteilung des Wagenparks sowie zu einer anteiligen Personalübernahme durch die Stadt. Ludwigshafen übernahm 46 sechsachsige Triebwagen, 39 zweiachsige Triebwagen und 40 zweiachsige Beiwagen. Jedoch wurde die Einheit des Nahverkehrsgebietes gewahrt und für die rheinüberschreitenden Linien festgelegt, daß in einer Tarifgemeinschaft jede Stadt auf dem Gebiet der anderen im Namen und für die Rechnung dieser anderen Stadt handelt. Für die Ludwigshafener Bevölkerung hatte die Aufteilung des Gemeinschaftsbetriebes also kaum Auswirkungen und wurde entsprechend vom Stadtrat am 11. Januar 1965 einstimmig gebilligt. Ebenfalls keine Auswirkungen auf die Gesamtbevölkerung hatte die zum Jahreswechsel erfolgte Einrichtung einer zweisprachigen Unterrichtsklasse für 20 griechische Schüler in der Gräfenauschule – für die Schüler und ihre Eltern war dies jedoch ein deutliches Zeichen der Integration und folgte dem Modell der Westendschule, wo bereits seit Ostern 1964 zwei Klassen in der italienischen Muttersprache unterrichtet wurden. Für ihre Eltern konnten die Kinder nun wertvolle Dolmetscherdienste in akzentfreiem Pfälzisch leisten, während sie zuvor im rein deutschsprachigen Unterricht oft benachteiligt gewesen waren. Den beiden italienischen Lehrern oblag aber auch die Elternarbeit – wozu auch die Durchsetzung der deutschen Schulpflicht gehörte.[237]

Seinen letzten großen Auftritt vor der Ludwigshafener Presse hatte Oberbürgermeister Klüber am 15. Januar 1965, als er überschwenglich über seinen in Begleitung seiner Frau per Schiff und Eisenbahn unternommenen Danksagungsbesuch in Pasadena berichtete. Klüber war die ehrenvolle Aufgabe zugefallen, als erstes Ludwigshafener Stadtoberhaupt in Pasadena persönlich den Bürgern für die in der Nachkriegszeit geleistete Hilfe zu danken, die Partnerschaftsurkunde zu überbringen und gleichzeitig die Besuche der amerikanischen Bürgermeister in Ludwigshafen zu erwidern. Bereits zwei Tage später holte er den Neujahrsempfang für die Vertreter der Stadtverwaltung und der Karnevalsvereine nach, um dann am 18. Januar 1965 die Honoratioren der Stadt beim offiziellen Neujahrsempfang Ludwigshafens zu begrüßen. Am 21. Januar 1965 legte er den Grundstein zur städtischen Müllverbrennungsanlage. Und dennoch lag am 15. Februar 1965 dem Personalausschuß des Stadtrates der Antrag des Oberbürgermeisters vom 8. Februar 1965 vor, ihn zum 30. Juni 1965 von seinen Amtsobliegenheiten zu entbinden. Die letztliche Entscheidung lag aber beim Stadtrat, der am 19. Februar 1965 einstimmig dem Ansinnen des Oberbürgermeisters

Anmerkungen
Seite 644 und 645

236 vgl. SRP 21.12.1964

237 vgl. Rhpf, Jg. 21, Nr. 9 sowie SRP 11.1.1965 und Becker, Stadt, S. 9f

238 vgl. SPD-Stadtratsfraktion, S. 95ff

239 vgl. Rhpf, Jg. 21, Nr. 10ff sowie SRP 19.2.1965

240 vgl. Rhpf, Jg. 21, Nr. 44ff sowie SRP 19. und 22.3.1965 und Handrick, S. 16

Gleichklang von Fraktion, Partei und Verwaltung: ***Horst Schork***

Horst Schork[238] wurde am 10. Februar 1928 in Frankenthal geboren.

Nach Besuch der Oberrealschule in Mannheim und Militärdienst als Flakhelfer folgte die Ausbildung zum Kaufmann. Nach kurzer selbständiger Tätigkeit im Lebensmittelgeschäft der Familie entschied er sich für den Eintritt in die BASF als Schichtarbeiter, wo er bis zum Leiter des Zentralen Büros des Ammoniak-Labors aufstieg.

Schork war seit 1949 Mitglied der SPD, 1954 wurde er Vorsitzender des SPD-Ortsvereins Oppau, 1956 Mitglied des Stadtrates und Ortsvorsteher in Oppau-Edigheim. 1964 war er erstmals Spitzenkandidat der Ludwigshafener SPD und anschließend bis zu seinem frühen Tod Vorsitzender der SPD-Stadtratsfraktion.

Horst Schork starb am 8. Februar 1974 in Ludwigshafen.

Horst Schork [262]

folgte und eine offizielle Ausschreibung seiner Nachfolge veranlaßte – freilich nicht ohne eine unterschiedliche Interpretation der Hintergründe für das Ausscheiden des Stadtoberhauptes durch die drei Parteisprecher. Unstrittig war dagegen die Verleihung der Ehrenbürgerrechte an den Vorstandsvorsitzenden der BASF, Carl Wurster.[239]

Mit der Friedrich-Ebert-Halle konnte der scheidende Oberbürgermeister am 12. März 1965 geradezu das Denkmal seiner Amtszeit der Öffentlichkeit übergeben – und die Resonanz der Bevölkerung war zunächst mehr als positiv: Gleich zehntausende von Besuchern kamen am Eröffnungswochenende, um das neue Bauwerk zu besichtigen und der darin arrangierten Blumenschau einen Besuch abzustatten. Am 19. März 1965 hielt Klüber dann seine letzte Etatrede im Stadtrat; deutlich wurde in seinen Ausführungen, daß die Gefahr bestand, daß sich Ludwigshafen angesichts der zahlreichen öffentlichen Investitionen der Verschuldungsgrenze nähere. Der entsprechend moderat ausfallende Haushaltsplan 1965 fand dann am 22. März eine einstimmige Zustimmung im Stadtrat. Der SPD-Fraktionsvorsitzende Schork betonte, daß die Kommunalwahl deutlich gemacht habe, daß die Mehrheit der Bürger sozialdemokratische Vorstellungen in der Stadt verwirklicht sehen wolle und kündigte für die nächste Sitzung entsprechend der Wahlaussage der SPD an, Werner Ludwig zum Oberbürgermeister der inzwischen 179 155 Einwohner – 90 825 Frauen (50,7%) und 88 330 Männer (49,3%) – zählenden Chemiestadt vorzuschlagen.[240]

War damit der Ausgang der Oberbürgermeisterwahl bereits klar, so hatten die Betriebsratswahlen 1965 noch eine Unbekannte, denn erstmals waren auch Gastarbeiter wahlberechtigt – stammten sie aus einem EWG-Land und waren sie mehr als drei Jahre beim gleichen Unternehmen beschäftigt, konnten sie auch gewählt werden. Allerdings hatte sich nach Ansicht führender Ludwigshafener Gewerkschafter, für die dazu notwendige Nominierung kein ausländischer Kollege mit „ausreichendem Format" gefunden. Generell waren die ausländischen Kollegen aber inzwischen ein Teil des Alltagslebens – noch nicht bei der Suche nach einem Arbeitsplatz, aber durchaus schon auf dem Wohnungsmarkt wurden sie auch bereits als Konkurrenz empfunden, da sie bereit waren, zur Unterbringung der nachziehenden Familie für eine schlichte Altbauwohnung deutlich mehr zu zahlen als bisher die Deutschen, was sie wiederum bei den Vermietern beliebt machte. Die weitaus meisten Gastarbeiter waren natürlich im größten Ludwigshafener Unternehmen beschäftigt: der BASF. Sie konnte am 6. April 1965 auf ein hundertjähriges Betriebsjubiläum zurückblicken. Während im Werk das Arbeitsleben

Plakat der IG Chemie zur Betriebsratswahl 1965 [263]

seinen gewohnten Gang nahm, kamen im Feierabendhaus 1 350 Ehrengäste zu einem Festakt zusammen – einzig Oberbürgermeister Klüber hatte einen Urlaub vorgezogen. Vielleicht war aber der Verzicht auf die Arbeitsruhe an diesem Festtag das falsche Signal der Werksleitung an die Belegschaft gewesen – zumindest verweist das Ergebnis der illegalen KPD bei den nachfolgenden Betriebsratswahlen in der BASF auch auf Defizite, bei dem von Carl Wurster und dem sozialdemokratischen Betriebsratsvorsitzenden Jakob Müller skizzierten Bild einer geschlossenen Werksgemeinschaft: Vier bekannte Kommunisten waren über die Liste der IG Chemie in den Betriebsrat gewählt worden; mit Ernst Faß und Otto Zimpelmann wurden zwei davon sogar anschließend für die Betriebsarbeit freigestellt, während das bisher einzige CDU-Mitglied im Betriebsausschuß abgewählt wurde.[241]

Obwohl die DGB-Gewerkschaften in allen Ludwigshafener Betrieben ihre führende Position bei den Betriebsräten behaupteten, versuchte der DGB Ludwigshafen am 1. Mai 1965 einen neuen Weg zu gehen, indem er erstmals die traditionelle Maikundgebung in der Friedrich-Ebert-Halle durchführte. Benannt nach dem sozialdemokratischen Reichspräsidenten, bot sie sich als gewerkschaftlicher Kundgebungsort auch an – kaschierte jedoch nur mit Mühe den Rückgang des Interesses der Mitgliederbasis an dieser Veranstaltung. Entsprechend freundlich umschrieb Bürgermeister Reimann die 3 500 Kundgebungsteilnehmer als die „Kerntruppe der Arbeitnehmer." In die ›Kerntruppe der Arbeitgeber‹ stieß dagegen Carl Wurster vor, als ihn der Aufsichtsrat der BASF am 12. Mai 1965 zu seinem Vorsitzenden wählte. Zuvor war Wurster mit Ablauf der am gleichen Tag stattfindenden Aktionärs-Hauptversammlung wegen der bevorstehenden Erreichung der Altersgrenze von seiner bisherigen Position als Vorstandsvorsitzender der BASF zurückgetreten. Als sein Nachfolger wurde Dr. Bernhard Timm bestimmt. Sein zukünftiger zentraler städtischer Gesprächspartner wurde wiederum am 14. Mai 1965 durch den Ludwigshafener Stadtrat mit den Stimmen der SPD-Fraktion zum Oberbürgermeister gewählt: Werner Ludwig. Vorangegangen war der Wahl eine heftige Kontroverse zwischen den Fraktionsvorsitzenden Schork und Kohl, während deren Verlauf Schork von Oberbürgermeister Klüber, der die Sitzung wider alle Erwartung leitete, einen offiziellen Verweis erhielt. Hauptgegenstand der Kontroverse war, daß von Seiten der CDU während der Sitzung – nachdem der Personalausschuß dem Stadtrat mit MdL Ludwig den einzigen Bewerber mehrheitlich zur Wahl empfohlen hatte – der sozialdemokratische Hauptgeschäftsführer der Kommunalen Arbeitsgemeinschaft Rhein-Neckar, Dr. Becker-Marx, als Gegenkandidat vorgeschlagen wurde, um so zu demonstrieren, daß man zwar bereit war, einen Sozialdemokraten, aber nicht Ludwig zum Oberbürgermeister zu wählen. Allerdings hatte Becker-Marx sowohl gegenüber Oberbürgermeister Klüber als auch Horst Schork schriftlich erklärt, daß er nicht für eine Kandidatur zur Verfügung stehen würde. Daß die CDU aber trotzdem an ihrem Wahlvorschlag festhielt, kommentierte Horst Schork als Versuch „mit Menschen zu spielen." Werner Ludwig selbst nahm es bei seiner Antrittsrede gelassen, daß er als erster Nachkriegsoberbürgermeister nur mit den Stimmen der eigenen Partei gewählt worden war und forderte zur Zusammenarbeit auf. Von Erfolg gekrönt war diese Aufforderung bei der anschließenden einstimmigen Wahl des ehemaligen Beigeordneten Peter Trupp zum Ehrenbürger.[242]

Anmerkungen Seite 646 und 647

241 vgl. Rhpf, Jg. 21, Nr. 70ff sowie Nachlaß Otto Zimpelmann, in: AFA-Lu

242 vgl. Rhpf, Jg. 21, Nr. 101ff sowie SRP 14.5.1965

243 vgl. ›Neue LU‹, Februar 1992

244 vgl. SPD-Stadtratsfraktion, S. 71ff

245 vgl. Tigges, S. 249f

Vorsitzender des Aufsichtsrats der BASF: ***Bernhard Timm***

Bernhard Timm[243] wurde am 29. September 1909 in Pinneberg geboren.

Studium der Physik, Astronomie und Mathematik in Heidelberg, 1934 Promotion zum Dr. phil. nat. 1936 Mitarbeiter der BASF in der Ammoniakforschung. 1952 stellvertretender Vorstandsvorsitzender, 1965 bis 1974 Vorstandsvorsitzender und anschließend bis 1983 Vorsitzender des Aufsichtsrats der BASF AG. 1966 Honorarprofessor an der Universität Heidelberg. 1974 Auszeichnung mit dem Großen Bundesverdienstkreuz mit Stern und Schulterband durch Ministerpräsident Kohl.

1983 Ehrenbürger der Stadt Ludwigshafen. Damit würdigte die Stadt nicht nur seine Lebensleistung, sondern auch seinen persönlichen Einsatz dafür, daß der Sitz der Konzernspitze der BASF im Rahmen einer Verbundstandortlösung in Ludwigshafen verblieben war.

Professor Dr. Timm starb am 9. Januar 1992 in Heidelberg.

Bernhard Timm [264]

Ehrenamtlicher Bürgermeister und Ehrenbürger: ***Peter Trupp***

Peter Trupp[244] geboren am 4. Dezember 1889 in Niederflorstadt (Kreis Friedberg).

Zimmermann.

1912 Zuzug nach Oppau. Während des Ersten Weltkriegs Sanitätsoffizier an verschiedenen Fronten, ab 1919 Mitarbeiter der BASF. Als Mitglied der SPD 1924 in den Oppauer Gemeinderat gewählt. Nach dem Zusammenschluß von Oppau und Edigheim fungierte er dort ab dem 8. Dezember 1929 als Zweiter Bürgermeister.

Vom 12. März 1933 bis zum 11. April 1933 von den Nationalsozialisten in Frankenthal inhaftiert und anschließend als Bürgermeister entlassen. 1945 in den Beirat der Stadt Ludwigshafen berufen und 1946 in den Stadtrat gewählt. 1946 bis 1952 ehrenamtlicher, ab 1952 bis 1958 hauptamtlicher Beigeordneter (Sozialdezernent).

1965 Ehrenbürger der Stadt Ludwigshafen.

Peter Trupp starb am 1. Februar 1973 in Ludwigshafen.

Peter Trupp [265]

Klüber hatte sein Amt am 1. Mai 1957 angetreten – seine Amtszeit war geprägt gewesen vom Ende des Wiederaufbaus und damit der Nachkriegszeit in Ludwigshafen. Er war ein typischer Vertreter der Nachkriegsbürgermeister, die nach 1945 wieder den traditionellen Typ des berufserfahrenen Juristen verkörperten. Seine Souveränität in der Beherrschung der Gemeindeverfassung und seine Korrektheit war ebenso sprichwörtlich, wie seine Unbeirrbarkeit, den einmal für richtig erkannten Weg zu Ende zu gehen ohne Rücksicht darauf, ob er sich Freunde machte. Dies galt sowohl gegenüber der kritischen Opposition im Stadtrat als auch gegenüber der eigenen Partei, deren Dominanzanspruch in Form eines imperativen Mandats er dezidiert ablehnte.[245] Daß aber auch in Ludwigshafen inzwischen eine neue Zeit angebrochen war, veranschaulichten noch einmal die wenigen Tage von der Wahl bis zur Amtseinführung von Werner Ludwig am 1. Juli 1965: Am 15. Mai 1965 war erstmals Ludwig Erhard als Bundeskanzler in Ludwigshafen – allerdings besuchte er nicht offiziell die Stadt, sondern er referierte auf der Bundeskonferenz der CDU für Betriebs- und Personalräte. Am gleichen Tag eröffnete die Bundeswehr einen gutbesuchten ›Tag der Bundeswehr‹, wobei deutsche Soldaten erstmals seit 1940 in Ludwigshafen wieder eine Truppenparade abhielten. Auch die weiteren Programmpunkte wie die Verköstigung aus der Gulaschkanone, ein Serenaden-Konzert mit Fackelbeleuchtung oder die Einladung zum Großen Manöverball in der Eberthalle klangen wenig zeitgemäß, angesichts einer Kinowerbung, die zur selben Zeit den neuesten schwedischen Film ›Lieber John‹ trotz der „mit schwedischer Freimütigkeit gedrehten Bettszenen" oder noch deutlicher „Nur für reife Menschen" den Film ›Der nackte Mensch in der Bewegung‹ anpries. Zeitgemäß war die Klage des

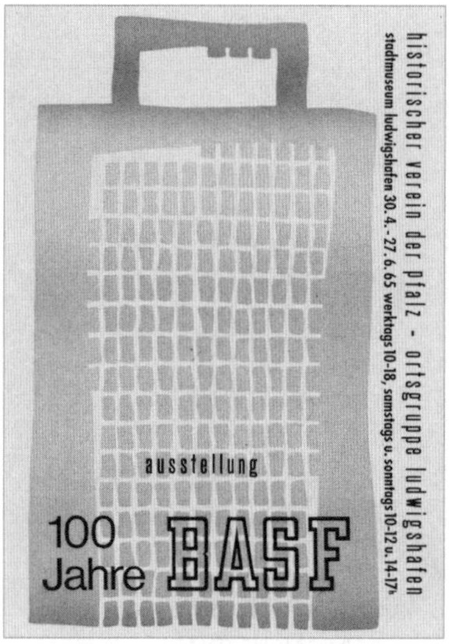

Plakat zur Ausstellung ›100 Jahre BASF‹ im Stadtmuseum, 1965 [266]

Eine der letzten Amtshandlungen des scheidenden Oberbürgermeisters Teilnahme am Eintopfessen beim ›Tag der Bundeswehr‹ am 15. Mai 1965; links im Bild MdL Müller, in der Bildmitte Generalmajor Schaeder [267]

städtischen Fuhrparks, der für 30 Plätze in der Straßenreinigung keine deutschen Arbeitskräfte mehr fand und deshalb ankündigte, diese Stellen nun mit Türken zu besetzen, für die wiederum die Stadt vorab eine Sammelunterkunft für 188 000 DM errichten ließ. Nicht mehr zeitgemäß war dagegen offensichtlich das Parkfest, das man zum ersten Mal in die Eberthalle verbannt hatte. Gerade einmal 1 000 Besucher erschienen zur Eröffnung am 26. Juni 1965. Einen gelungeneren Rahmen hatte dagegen die Verabschiedung des scheidenden Oberbürgermeisters Klüber am 28. Juni 1965 im Großen Saal des Bürgermeister-Ludwig-Reichert-Hauses: Die Laudatio auf ihn hielt der Erste Bürgermeister Wild; Ministerpräsident Altmeier überreichte das Große Bundesverdienstkreuz. Für die SPD-Fraktion betonte Stadtrat Grimm, daß sich Ludwigshafen in der Ära Klüber von einer Stadt zu einer Großstadt gewandelt habe, während MdL Kohl darauf verwies, daß mit dem Abgang von Klüber die Phase des Aufbaus zu Ende gehe. Klüber führte in seinen Dankesworten aus, daß nun die Weichen für eine Neugestaltung gestellt seien und sprach die Hoffnung aus, daß der Weg in eine glückliche Zukunft führe.[246]

Anmerkungen Seite 648

246 vgl. Rhpf, Jg. 21, Nr. 112ff

Abelshauser, Werner: Die BASF seit der Neugründung von 1952, in: Die BASF. Eine Unternehmensgeschichte. Herausgegeben von Werner Abelshauser, München 2002

Bauverwaltung Ludwigshafen am Rhein/Tiefbaudezernat Mannheim (Hg.): Kurt-Schumacher-Brücke. Zweite Brücke zwischen Mannheim und Ludwigshafen am Rhein. Sonderdruck zur Verkehrsübergabe der Kurt-Schumacher-Brücke am 28. Juni 1972, Mannheim 1972

Becker, Klaus J.

100 Jahre ÖTV-Kreisverwaltung Ludwigshafen-Speyer-Frankenthal. Band 2. Eine Dokumentation vom 24. März 1945 bis 7. November 1997. Herausgegeben von Lothar Plogsties, Ludwigshafen am Rhein 2000 [zit. Becker, ÖTV]

Die KPD in Rheinland-Pfalz 1946—1956, Mainz 2001 [zit. Becker, KPD]

Es ist gut, daß es in Deutschland Gewerkschaften gibt. Geschichte der ÖTV-Kreisverwaltung Ludwigshafen-Speyer-Frankenthal, Ludwigshafen am Rhein 2001 [zit. Becker, verdi]

Stadt in Fahrt. 100 Jahre Straßenbahn in Ludwigshafen am Rhein, Ludwigshafen am Rhein 2001 [zit. Becker, Stadt]

Bürgermeisteramt der Stadt Ludwigshafen am Rhein (Hg.): Geschichte der Stadt Ludwigshafen am Rhein. Entstehung und Entwicklung einer Industrie- und Handelsstadt in fünfzig Jahren 1853—1903. Herausgegeben aus Anlaß des 50jährigen Bestehens der Stadt Ludwigshafen am Rhein, Ludwigshafen am Rhein 1903 [zit. Bürgermeisteramt 1903]

DBE: siehe Killy

Dreher, Klaus: Helmut Kohl, Stuttgart 1998

Filmer, Werner/Schwan, Helmut: Helmut Kohl. 2. Auflage, Düsseldorf/Wien 1985

Handrick, Georg: Kirche in der Industrieregion. 1. Morphologie der Stadt Ludwigshafen. Strukturen – Fragen – Modelle, Band V, Augsburg/Steppach 1971

Industrie- und Handelskammer für die Pfalz in Ludwigshafen am Rhein (Hg.): 100 Jahre Ludwigshafen am Rhein, in: Pfälzisches Industrie- und Handelsblatt, 28. Jahrgang, Nr. 8 vom 15. April 1953

Killy, Walther/Vierhaus, Rudolf (Hg.): Deutsche Biographische Enzyklopädie (DBE), Bd. 8, München 2001 [zit. DBE]

Landesregierung Rheinland-Pfalz, ›Hilfswerk Ludwigshafen am Rhein‹ in Verbindung mit der Stadtverwaltung Ludwigshafen/Rh. und der Badischen Anilin- und Soda-Fabrik (Hg.): Explosions-Katastrophe in der Badischen Anilin- und Soda-Fabrik, Ludwigshafen am Rhein am 28. Juli 1948, Ludwigshafen am Rhein/Kaiserslautern 1949

Ludwig, Werner: Unterwegs. Lebenserinnerungen, Landau/Pfalz 1997

Mathy, Helmut: Bundesland Rheinland-Pfalz, in: Territorien-Ploetz, Freiburg im Breisgau/Würzburg 1981

Marx, Werner: Die Entstehungsgeschichte der Stadt Ludwigshafen am Rhein. Der Großstadt am Rhein zu ihrem Festjubiläum. Herausgegeben vom Bund Bayern und Pfalz, Ludwigshafen am Rhein 1953

Menges, Walter: Katholische Bevölkerung und kirchliches Leben im Raum Mannheim-Ludwigshafen. Abschlußbericht zu einer pfarrsoziographischen Untersuchung im Bereich der Gebietsmission Mannheim-Ludwigshafen, Königstein im Taunus 1963

Mörz, Stefan: Vom Westboten zur Rheinpfalz. Die Geschichte der Presse im Raum Ludwigshafen von den Anfängen bis zur Gegenwart; Veröffentlichungen des Stadtarchivs Ludwigshafen 19, Ludwigshafen 1994

Pieroth, Stephan: Parteien und Presse in Rheinland-Pfalz 1945—1971. Ein Beitrag zur Mediengeschichte unter besonderer Berücksichtigung der Mainzer SPD-Zeitung ›Die Freiheit‹, Mainz 1994

Reichelt, W.-O.: Das Erbe der IG-Farben, Düsseldorf 1956

Schneider, Wolfgang: ›Ich wechsele meine politische Auffassung nicht wie mein Hemd‹. Das besondere Schicksal des Kommunisten August Fend, Altrip 1996

Schölzel, Stephan: Die Pressepolitik in der französischen Besatzungszone 1945—1949, Mainz 1986

Schumacher, Martin: MdB. Volksvertretung im Wiederaufbau 1946—1961. Bundestagskandidaten und Mitglieder der westzonalen Vorparlamente. Eine biographische Dokumentation, Düsseldorf 2000

Sommer, Michael: Flüchtlinge und Vertriebene in Rheinland-Pfalz. Aufnahme, Unterbringung und Eingliederung, Mainz 1990

Springer, Max: Die Entwicklung der Stadt Ludwigshafen am Rhein in den Jahren 1903 bis 1928. Unveröffentlichtes Manuskript, Ludwigshafen am Rhein 1928

SPD-Stadtratsfraktion Ludwigshafen am Rhein (Hg.): 100 Jahre Sozialdemokratische Kommunalpolitik für Ludwigshafen. Historische und aktuelle Beiträge 1889—1989, Ludwigshafen am Rhein 1989

SPD-Stadtverband, SPD-Stadtratsfraktion, SPD-Ortsverein Nord-Hemshof (Hg.): Zur Erinnerung an Heinrich Ries. Leben und Wirken eines Sozialdemokraten in unserer Stadt, Ludwigshafen 1989

Stadtverwaltung Ludwigshafen am Rhein (Hg.):

100 Jahre Ludwigshafen am Rhein, Ludwigshafen am Rhein 1953 [zit. Stadtverwaltung Lhfn, 100 Jahre]

in Zusammenarbeit mit Wolfgang Armin Nagel (Hg.): Ludwigshafen am Rhein. Stadt der Chemie, Hanau 1959 [zit. Stadtverwaltung Lhfn, 1959]

50 Jahre Südwest-Stadion, Ludwigshafen am Rhein 2000 [zit. Stadtverwaltung Lhfn, Südwest-Stadion]

Tigges, Hans: Das Stadtoberhaupt. Portraits im Wandel der Zeit, Baden-Baden 1988

Vorstand der Sozialdemokratischen Partei Deutschlands (Hg.): Protokoll der Verhandlungen des Außerordentlichen Parteitages der Sozialdemokratischen Partei Deutschlands vom 13.—15. November 1959 in Bad Godesberg, Bonn 1959

Titelbild Kapitel 16: Wiederaufbau: Die einfache neue Rheinbrücke im Bau. Im Hintergrund die Kulisse der zerstörten Stadt, 1947/48

[11, 264] BASF-Unternehmensarchiv

[16, 38, 214, 230]
StALu, N 1

[46, 99, 135, 143, 155]
Antifa-Archiv/Privat-Archiv Hermann W. Morweiser

[61, 130, 174, 192, 193, 213, 216]
StALu, PGV 2

[85] StALu, N 2

[134, 136, 137, 139]
StALu, Ws 3

[180] Sammlung Löckel
[229] StALu, N 25
[233] StALu, N 14
[243] StALu, N 2, Nachlaß Hans Lutz, Nr. 154

[1, 3, 4, 7—10, 17, 19, 20—28, 32, 33, 36, 37, 39—41, 43—45, 47—52, 55—58, 62, 67, 68, 70, 71, 74—77, 81—84, 86—90, 92, 93, 96—98, 101, 108—113, 116—118, 120, 129, 131, 132, 140—142, 144, 151, 152, 154, 159, 160, 162—167, 171, 173, 175—189, 191, 195—198, 200, 202—204, 206, 208—210, 215, 217—219, 220, 221, 224, 225, 227, 228, 231, 232, 234—240, 244—246, 249, 252—254, 258, 259, 261, 262, 265, 267]
Fotosammlung StALu

[2, 5, 6, 12—15, 18, 29, 30, 31, 34, 35, 42, 53, 54, 59, 60, 63—66, 69, 72, 73, 78—80, 91, 94, 95, 100, 102—107, 114, 115, 119, 121—128, 138, 145—150, 153, 156—158, 161, 168—170, 172, 190, 194, 199, 200, 205, 207, 211, 212, 222, 223, 226, 241, 255, 257, 260, 263, 266]
Plakatsammlung StALu

[133, 247, 248, 250, 251, 256]
Zeitungssammlung StALu

›Das neue Gesicht der Stadt‹[1]

Ludwigshafen im Wiederaufbau 1948—1965

Blick in die untere Ludwigstraße 1951 [2]

Geräumte Ruinenfelder: die rheinnahe Innenstadt, November 1951 [3]

Anmerkungen
Seite 655, 656 und 657

1 *Oft wiederholtes Schlagwort in städtischen Publikationen bei der Vorstellung neuer Bauten*
2 *zum Kaiserreich v. a. v. Hippel*
3 *Heinz, S. 51*
4 *zur Stadtentwicklung insgesamt vgl. Böhn, Großstadt; Handrick; Fischer; Stadtentwicklungsplan Ludwigshafen am Rhein 1973, Bd. 2, S. 4*
5 *Nellner, S. 160*
6 *vgl. Niethammer*

Die Voraussetzungen des Wiederaufbaus

Die ›häßliche Stadt ohne Vergangenheit‹ – Ludwigshafener Befindlichkeiten als Grundlage der Nachkriegsentwicklung

Die Stadtentwicklung Ludwigshafens nach 1945 kann man nur verstehen, wenn man sich einige Aspekte der Vorgeschichte vergegenwärtigt. Zunächst einmal den Ausgangspunkt: Einerseits gab es den Handelsplatz am Rhein, in scharfer Konkurrenz zu Mannheim, auf schwierigem Terrain, der sich infolge von Gewerbe- und Industrieansiedlung auf billigem Grund zu einer Siedlung mit hochkonzentrierter Wohnbevölkerung entwickelte, konzentrierter als etwa in Mannheim. Andererseits waren da dörfliche Siedlungen, die, historisch älter, dann von diesem Handelsplatz eingeholt und eingemeindet wurden, obwohl es lange bei der räumlichen Trennung blieb und deutliche soziale Unterschiede bestanden. Mit der überaus raschen Industrialisierung in ›amerikanischem‹ Tempo entwickelte sich eine ausgeprägte industrielle Monostruktur unter dem eindeutigen Primat der ›Anilin‹, ein Primat, das für die gesamte Stadtentwicklung Ludwigshafens vom Beginn bis heute kaum überschätzt werden kann.[2] Der Werkswohnungsbau der BASF blieb eine stadtgeschichtliche Konstante, der vor allem die werksnahen Bezirke prägte. Die industrielle Expansion sorgte für einen starken Zustrom und die hohe Mobilität der Einwohner der sich rasch ausdehnenden Stadt. „Ihre Topographie ist ein Schlüssel, der offenbart, wer der Schrittmacher zur Großstadt gewesen ist. Nicht die Einwohner beherrschten den Raum und schufen sich Arbeitsstätten, sondern die Unternehmer schufen Werke und machten die Menschen seßhaft."[3] Zwar ignoriert diese Aussage, welchen schöpferischen Anteil die werktätige Bevölkerung selbst an der Stadtgeschichte hatte, dennoch bemerkt sie etwas Richtiges. Langsamer als in den industriell geprägten Stadtvierteln veränderten sich die sozialen und baulichen Strukturen der halbgewerblichen Randgemeinden. Auf das heutige Stadtgebiet bezogen ergab sich, der räumlichen Verteilung und sozialen Signatur nach, also ein äusserst heterogener Zustand in baulichen und sozialen Strukturen sowie

Kaiser-Wilhelm-Straße mit Blick zur Ludwigskirche, um 1950 [4]

Die Kreuzung Schlachthof- [heute Valentin-Bauer-] und Frankenthaler Straße September 1954 [5]

kulturelle Differenzen zwischen ›innen‹ und ›außen‹, die nach 1945 durchaus gesehen und akzeptiert wurden. Ein weiteres Erbe aus der Stadtgeschichte des 19. Jahrhunderts war das weitgehende Fehlen eines ortsansässigen gehobenen Bürgertums. Leitende Angestellte, höhere Beamte, mittlere und größere Selbständige, Angehörige freier Berufe sowie Inhaber und Geschäftsführer größerer Unternehmen hatten 1973 einen Anteil von 3,5% an der Bevölkerung.[4]

Uneinheitlichkeit und Überladenheit von Fassaden, krudes Bauen, Gemenge von gesundheitsschädlichen Gewerben und Wohnplätzen, unzureichende Infrastruktur sowohl in der Stadtmitte wie im Norden waren sicherlich Charakteristika dieser kapitalistischen Stadt, kapitalistisch aufgrund der Prägung durch die Industrie wie durch ein weitgehend ungehemmtes Immobilienkapital. „Typisch für die Physiognomie der Ludwigshafener Stadtmitte war [...] das Fehlen fast jedes städtebaulichen Akzentes. Die St. Ludwigskirche [...] konnte kaum gestaltend wirksam werden [...] Auch die Rheinfront zeigte sich wenig ansprechend [...] Die meist recht schmalen Straßenzüge mit ihren vorwiegend im Klinkerbau errichteten Etagenhäusern boten gleichfalls ein wenig ansprechendes Bild. Baumpflanzungen fehlten fast ganz. [...] In dem Bestreben, den Baugrund soweit als möglich auszunutzen, griff auch in Ludwigshafen die Hofbebauung mehr und mehr um sich."[5] Allerdings – auch in anderen jungen Industrieagglomerationen wie etwa Oberhausen stellten sich vergleichbare Aufgaben im 19. Jahrhundert, die vielfach nicht bewältigt wurden. Als „Unfähigkeit zur Stadtentwicklung"[6] wurden sie später pointiert kritisiert. Oft und deutlich genug werden solche Defizite in der Ludwigshafener stadtgeschichtlichen Literatur und auch in öffentlichen Selbstdarstellungen nicht ganz ohne Selbstqual erwähnt, verschärft noch durch die kommerzielle und ästhetische Konkurrenz zu Mannheim, das gleich und sichtbar in seiner Silhouette auf der anderen Rheinseite liegt. Dennoch gab es auch immer wieder Versuche, nicht nur reale Verhältnisse zu reformieren, sondern auch, etwa mit der Bezeichnung ›junge Industriestadt‹ oder durch Betonung des dynamischen Moments der Stadtentwicklung, zu einem positiven Selbst- und Fremdbild zu gelangen.

Die Bayerische Staatsbank [heute Hypo-Bank] im Wiederaufbau November 1948 [6]

Der ungeheure Modernisierungsimpuls, den wir bei den ›Machern‹ der Stadtentwicklung nach 1948 feststellen, steht nicht nur in Zusammenhang mit dem ganz rasanten Anstieg bundesdeutscher Selbstgeltung und dem Gestaltungsoptimismus der Adenauerrepublik, sondern hängt auch mit dem skizzierten lokalen und zwiespältigen, wenn nicht negativen Selbstbild zusammen. Daß man den Bombenkrieg auf Seiten der Stadtplaner als eine Neugestaltungschance begriff, war freilich notorisch auch in anderen Städten eine verbreitete Einstellung. In Ludwigshafen war sie besonders heftig und dort wurde sie von weiten Kreisen einer Stadtbevölkerung geteilt – die historisch aber dennoch eine gewisse Seßhaftigkeit entwickelt hatte und von der man sicher annehmen muß, daß sie eine Identifikation mit bestimmten Plätzen und Orten der Stadt hervorgebracht hatte, Orte, die als Orientierungszeichen bei den täglichen Wegen fungierten, Orte, die in den Lebensgeschichten präsent waren und in der menschlichen Erinnerung ihren Platz hatten.

Bei der Gründung der Stadt hatte man lediglich die Bebauungslinien in einem umfassenden Gebiet festgelegt, darüber hinaus aber keine Richtlinien erlassen. Öffentliche Grünflächen und Plätze waren zunächst nicht vorgesehen.[7] Dieser Mangel sollte noch auf die Ziele und Möglichkeiten der Stadtentwicklung nach 1945 durchschlagen, mit ihm hängt auch die übermäßige Verdichtung einzelner Stadtteile zusammen. Fatale Folgen von Grundsatzentscheidungen des 19. Jahrhunderts zeigen sich auch bei der Linienführung der Eisenbahn. Stichwort ist hier die Zerschneidung der Stadt zwischen Nord und Süd. Generell kann man sagen, daß die räumliche Stadtentwicklung in Ludwigshafen bis ins 20. Jahrhundert hinein unter einem einseitigen Impetus der Anforderungen von Handel, Hafenbau und Raumansprüchen der Industrie einerseits und der Schwierigkeiten des Terrains (Überschwemmungen) andererseits stand, die in einem Abgeschnittensein vom Strom, der Entstehung des kompakten Gebietes der BASF und in einer charakteristischen Verquickung von Gewerben und Wohnbebauungen resultierten.[8] Dies alles war zwar auch in anderen rasch wachsenden und „verspäteten" Städten wie Oberhausen im Ruhrgebiet[9] ganz ähnlich der Fall, tritt aber im Falle Ludwigshafens durchaus drastisch in Erscheinung und fällt wegen der Lage der Stadt in einer traditionsreichen Städtelandschaft – Speyer, Worms, Heidelberg – besonders auf.

Nun muß man aber sowohl auf sozialgeschichtlicher wie auf ästhetischer Ebene differenzieren: Die Stadtentwicklung Ludwigshafens im 19. Jahrhundert stellt sich doch nicht bloß als Expansion, industrielle Ballung und mangelnde Anmutungsqualität dar. Denn im südlichen, von den Städteplanern Reinhart Baumeister und Friedrich Pützer 1891 und 1909 entworfenen Erweiterungsgebiet entstand in der Folge ein Wohnbezirk, dem man eine städtebauliche Akzentuierung und Wohnqualität keineswegs absprechen konnte und kann.[10] Der prinzipiell rechtwinkelige Grundriß zeigte hier diagonal eingefügte Straßen, z. B. die Wittelsbachstraße, offene Bebauung mit Vorgärten und Grünanlagen. Das Straßenbild war durch aufwendigere Fassaden als in der Innenstadt geprägt, durch reiche Stuckornamentik, Einflüsse von Jugend- und Heimatstil, durch moderne Doppelhäuser und Villen beim Stadtpark, die nach 1945 einen aufgelockerten, unbeachteten Baubestand darstellten.[11] Hier hinterließ das örtliche gehobene Bürgertum trotz seiner

Anmerkungen
Seite 658 und 659

7 *Breier, S. 11*

8 *ebd., S. 15, 23; v. Hippel, S. 362*

9 *Reif*

10 *zur räumlichen Differenzierung von ›Norden‹ und ›Süden‹, d.h. südlich der Rheinbrücke, von der Stadtgründung bis zum Ersten Weltkrieg hinsichtlich der Bausubstanz und -struktur vgl. v. Hippel, bes. S. 361—365*

11 *Nellner, S. 179—182; Oexner, S. 21f*

12 *Stadtentwicklungsplan Ludwigshafen 1973, Bd. 2, S. 4*

13 *Ludwigshafens älteste Mietshäuser. Nüchterne Bauten einer nüchternen Zeit, Rhpf, 16. 10. 1948, unterzeichnet ›bn‹*

14 *vgl. Oexner, S. 92, 120*

zahlenmäßigen Schwäche deutliche Spuren.[12] Man muß ferner feststellen, daß auch die Arbeiterquartiere, die nach 1945 noch bestanden, nicht einfach und alle ›schlecht‹ waren. Sehr selten wurde aber in der Nachkriegszeit auf relative Qualitäten aufmerksam gemacht und etwa unter dem Stichwort: ›Nüchterne Bauten einer nüchternen Zeit‹ differenzierend argumentiert:

Hafenszene am Rhein 1955, im Hintergrund links Teile des Werksgeländes der BASF [7]

> „Es sind keine liebenswürdigen Prädikate, die man zuweilen über das bauliche Antlitz unserer pfälzischen Industriemetropole hört und liest. Ludwigshafen kann nicht wie andere Städte eine verträumte Altstadt mit Fachwerkbauten, eng aneinander geschmiegte Giebelhäuser um den trauten Marktplatz und dergleichen bieten. Nein, hier gibt es nichts für träumerische und romantische Herzen [...] Als Ludwigshafen mit Beginn der zweiten Hälfte des vorigen Jahrhunderts sich so überaus schnell zu einem Riesenbaby entwickelte, immer mehr arbeitsuchende Menschen hierher strömten und Wohnhäuser gebaut werden mußten, da war gerade ein Mietshaustyp in Mode, der so nüchtern, sachlich und zweckbestimmt wie die damalige Zeitepoche der Industrialisierung selbst war. Die Stadtgeographen haben ihm den Namen Firsthaus gegeben. Versuchen wir eine steckbriefliche Charakteristik dieses Hauses zu geben: Es liebt die Straße und steht deshalb mit der Längsseite zu ihr, ist mindestens zwei Geschosse hoch und trägt als Kopfbedeckung ein flaches Satteldach mit meist zwei bis drei etwas zurückstehenden Giebelfenstern. Das Kleidchen, die Außenseite des Hauses, ist einfach. Die Wände sind immer verputzt und haben eine monotone, vorwiegend graue Farbe. [...] Sie sind nicht schön, diese Firsthäuser, aber auch nicht häßlich. Sie wollen nicht mehr scheinen als sie sind: schlicht, einfach und doch etwas traulich."[13]

Seit Ende des 19. Jahrhunderts hatten auch in Ludwigshafen Ideen des ›Municipalsocialismus‹ Wurzeln geschlagen, die auf eine Verbesserung der technischen und sozialen Infrastruktur setzten. Die Stadt wurde durch Kanalisation und Wasserleitung unterirdisch vernetzt, dies schloß die eingemeindeten ›Vororte‹ bald ein. Wie in anderen großen Städten wuchsen explosionsartig die kommunalen Dienste, die gerade den Arbeitern zugute kamen (Gas- und Wasserversorgung, Entsorgung, die aus topographischen Gründen schwer war, Bauten der öffentlichen Schul- und Krankenversorgung). Dieser Ansatz der Schaffung annähernd gleicher sozialer Grundbedingungen wurde später in der Weimarer Republik und verstärkt in der hier zu betrachtenden Periode, der Zeit von 1948—1965, fortgeführt, nun unter absoluter Dominanz der Sozialdemokratie. Erstmals für die zwanziger Jahre konnte man von einer stärker nach sozialen Bedürfnissen und auch ästhetischen Kriterien strukturierten Stadtplanung sprechen.

Die Ursachen für den baulichen und städtebaulichen Aufschwung waren sowohl die allerdings vorsichtige Rezeption neuer Leitbilder der gebauten ›Moderne‹ mit der Vorstellung, man müsse lockerer bauen, Volksparks schaffen, als auch veränderte politische Konstellationen und Kräfteverhältnisse in Deutschland wie in Ludwigshafen. Beispiele für das Bauen und Planen jener Zeit sind neben dem Ebertpark (1925) als zweiter grüner Lunge der Stadt die teils qualitätvollen städtischen und genossenschaftlichen Siedlungsanlagen wie die Ebertsiedlung und Westend-Siedlung der GAG. Erstere ist „von hoher städtebaulicher Qualität", letztere in relativ spartanischen Formen gehalten, intakt geblieben und durch Blöcke der NS-Zeit und fünfziger Jahre verunstaltet.[14]

Im Inneren der Ruine der Ludwigskirche; gut zu erkennen sind die Gleise der Trümmerbahn, um 1950 [8]

Anmerkungen
Seite 660 und 661

15 *zur langfristigen Entwicklung in Ludwigshafen vgl. Breier, S. 43—66*

16 *vgl. v. Beyme, S. 84—91, 251—254; Harlander, Wohnen, S. 277—279*

17 *vgl. Harlander, Heimstätte, bes. S. 100—105; Haerendel, S. 197—227*

18 *vgl. Zimmermann*

19 *Breier, S. 78*

20 *dazu Beyer, S. 176f*

21 *Breier, S. 84*

22 *das folgende stützt sich auf Albers*

23 *vgl. v. Beyme, S. 71—78*

Andererseits wuchs in den 1920er Jahren auch die Zahl der – privaten – Reihen- und Einfamilienhäuser, einhergehend mit sich verstärkenden Wünschen, in offeneren Bauformen zu leben, d. h. in Formen zweckmäßiger Gartenstadtgestalt. Dies alles trug dort schon zu einer Individualisierung und Differenzierung des Wohnens bei und schuf Ansatzpunkte, an die man in den Fünfzigern hätte anknüpfen können. Doch die Anknüpfung beschränkte man darauf, innerhalb oder als Anlagerung zum Stadtgebiet zu bauen, nicht aber wie später Trabantenstädte.[15]

Von der halbagrarischen, vorstädtischen Kleinsiedlung, wie sie in der Weltwirtschaftskrise aufgekommen und unter dem Nationalsozialismus noch einige Jahre unter ideologisiertem Vorzeichen fortgeführt worden war, blieb hingegen wenig übrig. Es war in Ludwigshafen nach dem Zweiten Weltkrieg klar, daß man den Flächenverbrauch solcher Kleinsiedlungen nicht fortsetzen konnte, abgesehen von den Problemen, die sich aus solchen Quartieren für eine rentable öffentliche Versorgung ergeben. Man wollte vorrangig mehrstöckig bauen, und tat dies schematisch in Form von vierstöckigen Zeilenbauten oder kleinen Reihenhäusern, mit gewisser Mischung zwischen diesen Bauformen. Selten aber kam man auf die Dauer ohne ein Wohnhochhaus in der Nähe aus, wie es schon damals in der Bevölkerung und in der Fachdiskussion nur eine sehr geteilte Wertschätzung erhielt.[16] Vor allem war absoluter Konsens, die öffentliche Wohnbauförderung solle auf bezahlbaren Mietwohnungsbau hinauslaufen, wobei dieser nicht so primitiv wie die Stadtrandsiedlungen um und nach 1930 ausfallen dürfe.[17] Stattdessen wollte man akzeptable Mieten teils durch öffentliche Subvention, teils durch Rationalisierung des Bauens und gerade nicht durch Standardsenkung und ständiges Werkeln von Heimstättensiedlern erreichen. Das Ziel war ein „moderner" zeitgemäßer Wohnstandard, der einer positiv gesehenen ›Industriegesellschaft‹ entsprach, in der vier- bis fünfköpfige Arbeitnehmerfamilien als Norm galten, die nach der Arbeit in Werken und Büros verbesserte Freizeitmöglichkeiten wahrnehmen konnten und nicht mehr als halbautarke Siedler rastlos tätig sein sollten. Allerdings übersah man bei dieser Orientierung, daß latent der Wunsch nach einem Eigenheim mit Garten als modernisierte Synthese von Kleinvilla und Heimsiedlung durchaus vorhanden war.[18] Daß das, was in den zwanziger und dreißiger Jahren, gerade auch von Privatleuten und Genossenschaften, gebaut wurde, städtebauliche Qualitäten aufwies,[19] das Maler- und Musikerviertel im Süden mit seinen Gärten und hohen Bäumen, die Gartenstadt, die Siedlung an der Nietzschestraße, muß betont werden, denn gerade diese Qualität, die den Krieg, wenn auch mit großen Blessuren, überstanden hatte, wurde von der Stadtplanung nach 1945 ebenfalls zugunsten einer bloßen Reihung oder schematischen Anhäufung von Gebäuden selbst im engen Kontext zu bestehenden Siedlungen wie der Gartenstadt weitgehend ignoriert. Städtebauliche und ästhetische Argumente für die Priorität der Grünflächenplanung fehlten dagegen. Daß die gelebte Stadt der Vergangenheit eben auch Freude an Vielgestaltigkeit innerhalb eines erkennbaren Ganzen, die Durchgrünung im Steinernen, Lebendigkeit, nicht nur die böse Welt repräsentierte, war in den fünfziger Jahren immer weniger gegenwärtig.[20]

Betrachtet man also die bürgerlichen Reformansätze des Kaiserreichs und die Errungenschaften der Weimarer Jahre, so läßt sich das besonders nach 1945 gerne gefällte pauschale Urteil, daß das ›alte‹

Ludwigshafen in seiner Bausubstanz und städtebaulichen Struktur grundlegend schlecht sei, nicht halten; aber dieses Urteil legitimierte die radikale Abrißpolitik nach 1948, wie wir noch sehen werden.

Die in baugestalterischer Hinsicht kaum maßstabsetzenden dreißiger Jahre sind allerdings in anderer Hinsicht für die Stadtentwicklung nach 1948 relevant. 1938 wurden Oppau, das eine gute Bausubstanz aufwies, Maudach, Oggersheim und Rheingönheim unter den autoritären Bedingungen des NS-Regimes eingemeindet; dies brachte nach dem Krieg weitere Freiflächen nicht nur für die industrielle Expansion und für Verkehrsbauten, sondern auch für die Grünflächen und für die sich stark ausweitende Wohnbebauung. Damit sind einige der zentralen Themen der Stadtentwicklung zwischen 1948 und 1965 schon genannt. Ein 1937 von Ernst Schuster angefertigtes Gutachten hatte zur Begründung der Eingemeindungen die überragende wirtschaftliche Funktion Ludwigshafens für eine große Region und die innerstädtisch nicht mehr zu lösenden Struktur- und Verkehrsprobleme angeführt.[21] Tatsächlich ging die Stadt mit diesen ungelösten Strukturdefiziten und mit zunächst schockierenden Zerstörungen in die zweite Jahrhunderthälfte hinein. Es gab aber inzwischen in Deutschland eine städtebauliche Tradition, ein öffentliches Planungsrecht und vor Ort die Flächen der eingemeindeten Orte, mit denen man diesen Problemen zu Leibe rücken konnte. Wohl das größte war 1945 nicht allein die massive Zerstörung einzelner Stadtgebiete, besonders der Innen- und Kernstadt, sondern weiterhin die zweifache Bipolarität des gesamten Stadtraums: Einerseits das Nebeneinander von Stadt als öffentlichem Raum, wie er doch prinzipiell der Gestaltung öffentlich zugänglich war, und dem privatindustriellen Raum, dem riesigen Werksgelände der BASF, das sich stets nach völlig eigenen betriebswirtschaftlichen Logiken entwickelt hatte und in eben dieser Weise weiter entwickeln sollte. Andererseits das immense Hindernis der in die Stadtmitte geführten Eisenbahn mit ihrem für den Bahnbetrieb wenig nützlichen Sackbahnhof sowie die Bahngleise, die ein Zusammenwachsen des Stadtraums ebenso verhinderten wie heute die Stadtautobahnen.

Ruine an der Mundenheimer Straße Januar 1952, heute wieder aufgebaut [9]

Die ausgeprägte Heterogenität der baulichen Strukturen im insgesamt stark angewachsenen Stadtgebiet, die gestalterische Brutalität und Überverdichtung vieler Quartiere wurde in der Stadt immer wieder wahrgenommen und führte 1945 zu einem weitgehenden, wenn auch eher stillschweigenden Konsens, radikal neu zu beginnen. Die Zerstörungen waren das beste Argument für völligen Neubau.

Anstöße von außen: die städtebaulichen Ansätze in der frühen Bundesrepublik

Für die Zeit nach dem Krieg kann man die Grundauffassungen in der deutschen Planungsdiskussion, was die Großstädte betrifft, folgendermaßen zusammenfassen:[22]

1. Der Wiederaufbau der Gesamtstadt sollte als gegliedertes Gefüge überschaubarer Ortsteile geschehen, d. h. die kritisch betrachtete Großstadt sollte als Idylle von ›Nachbarschaften‹, als ›gegliederte und gelockerte Stadt‹ ein Stück weit symbolisch, aber nicht real und sozial verländlicht, insbesondere begrünt werden. Dies entsprach, ungeachtet der Unterschiede, die hinter dem Begriff der Nachbarschaft stehen, dem Minimalkonsens von Politik und Planern in der Nachkriegszeit.[23]

Der Bahnhofsvorplatz mit den Ruinen von Bahndirektion und Post, 10. Juni 1948 [10]

2. Hinsichtlich der Art der Bebauung bzw. des Wiederaufbaus gab es heftige Auseinandersetzungen zwischen Modernisten und Traditionalisten. Letztere setzten sich etwa in München durch, nicht aber in Darmstadt, wo eine Rekonstruktionslösung gleich 1945 vorgeschlagen worden war.[24] Ganz überwiegend entschied man sich dafür, einer etwas gemäßigten, internationalen Moderne zu folgen, sich bewußt vom Alten abzusetzen, auch von der klassischen Altstadt. Neubeginn und neue Stadt waren eindeutige Ziele und damit verband man auch einen politischen Neuanfang in Anbetracht der gerade vergangenen NS-Herrschaft, bei dem die kritische Auseinandersetzung allerdings oberflächlich blieb.[25]

3. In den unmittelbaren Nachkriegsjahren geschah der Wiederaufbau von Wohnhäusern zunächst in ›einfacher‹ Weise. Das ›Einfache‹, ›Schlichte‹ galt als Tugend. Auch in Ludwigshafen wurden Kirchen bis zur Mitte der fünfziger Jahre teils in vereinfachten Formen wiederhergestellt, teils in klaren modernen, aber noch nicht wie später brutalistischen oder Rasterformen neu erstellt.[26]

4. Die Vergrößerung von Straßen, die ›autogerechte Stadt‹, stand als Planungsziel kaum in Frage und war als solche schon während der nationalsozialistischen Wiederaufbauplanungen absolutes Leitbild. Überhaupt ergab sich ein neuer stärkerer Stellenwert des Verkehrs als Kriterium der Planung – auf Kosten anderer Kriterien,[27] man wollte alte Raumstrukturen durch Hierarchisierung von Verkehrsführungen aufbrechen, ein Paradies der Mobilität schaffen: „Mit dem Einzug des motorisierten Verkehrs in den Alltag entstand der Traum vom Verkehrsfluß. Dieser basierte auf der Vorstellung, daß Verkehr eigentlich fließen können müsste. Da dieser Fluß aber nie auf ›natürliche‹ Weise entstanden ist, sollte zur Verwirklichung des Traumes der Verkehr geregelt, ja kanalisiert werden, damit die ›Adern der Städte‹ nicht verstopften."[28]

Anmerkungen
Seite 662 und 663

24 *vgl. Durth / Gutschow, S. 383—404*
25 *vgl. Wolgast*
26 *Oexner, S. 23*
27 *zur allgemeinen Entwicklung des Verkehrs „als Angelpunkt der Wiederaufbauanstrengungen" vgl. Harlander, Wohnen, S. 253—261; Schmucki, S. 90—152*
28 *Schmucki, S. 9*
29 *zu Frankfurt vgl. Durth / Gutschow, S. 465—519*
30 *vgl. Siedler / Niggemeyer / Angreß*

Die zerstörte Innenstadt 1947
Gemälde von Willi Weber; StALu [f24]

Quäkerlaster mit Hilfsgütern vor der Trümmerkulisse der Stadt
1947; StALu, M 554 [f 25]

Notbehausungen in Ludwigshafen
1947; StALu, M 554 [f 26]

Aus den Fotoalben der Quäker:
Schlangestehen vor einer Verteilerstelle in der Gräfenauschule, 1947; StALu, M 554 [f27]

Menschen in Ludwigshafen
1947; StALu, M 554 [f28]

Die bescheidenen Vergnügungen der Wirtschaftswunderjahre:
Frühjahrsmess auf dem Marktplatz, 1958
Farbige Zeichnung von Windisch
StALu, Nachlaß Windisch [f 29]

Der Wiederaufbautraum:
in der Ernst-Reuter-Siedlung in der Gartenstadt, um 1960; StALu [f 30]

Die Ludwigstraße
frühe 1960er (?) Jahre; StALu [f 31]

Die wiedererstandene Innenstadt:
der Hauptbahnhof, Ende der 1950er Jahre; StALu [f 32]

Ein Musterbau der Sakralarchitektur der fünfziger Jahre:
die 1954 eingeweihte neue St. Sebastianskirche in Mundenheim, Foto von 1998; StALu [f 33]

Der neugestaltete Berliner Platz mit den beiden Häusern des Kaufhofs
um 1965; StALu [f 34]

Das Wahrzeichen der 1950er Jahre in Ludwigshafen: das Friedrich-Engelhorn-Haus der BASF, das erste Hochhaus der Stadt, 1957, hier die Eingangshalle vor der aufstrebenden Fassade [f 35]

Inneres der Eingangshalle des Friedrich-Engelhorn-Hauses
[f 36]

Direktionsraum im Friedrich-Engelhorn-Haus
Alle Bilder dieser Doppelseite aus: BASF (Hg.): Das Hochhaus der BASF, Stuttgart 1958 [f 37]

„Ein Meisterwerk moderner Technik":
die erste längere Hochstraße Europas schlägt eine breite Schneise durch Ludwigshafen, um 1960; StALu [f 38]

Die Gewoge-Siedlung Edigheim
frühe 1960er Jahre; StALu [f39]

Rathaus und Einkaufszentrum unter einem Dach: das Rathaus-Center
Postkarte aus der Gründungszeit, um 1980; StALu [f40]

Ludwigshafens einzige ›Trabantenstadt‹:
die Pfingstweide, um 1970; StALu [f41]

Das neue Wahrzeichen der Stadt:
die Miró-Wand am Wilhelm-Hack-Museum, um 1985; StALu [f42]

Beliebter Wohnort am Stadtrand: Maudach vom Michaelsberg aus gesehen
um 1998; StALu, Foto Herb [f43]

›Industriestadt im Grünen‹: Blick ins Maudacher Bruch
um 1998; StALu, Foto Herb [f44]

Blick über Stadt und BASF
1990er Jahre; StALu [f45]

Das Rheinufer Süd als Chance: Walzmühle I
Gemälde von Ulrich Bähr [f46]

Die neue Rheinbrücke mit Blick über die Innenstadt
August 2000; StALu, Foto Herb [f47]

›Pylon zur Leuchte am Rhein‹: Der Name der 1970 neugegründeten Ludwigshafener Freimaurerloge zeigt die Bedeutung der Pylonbrücke als Identifikationsobjekt; Foto von Jutta Frese, um 1980 [f48]

Leben in den Ruinen: Bismarckstraße 3, 16. Juli 1956 [11]

5. Zu diesem Leitbild der Stadtentwicklung gehörte integral die Fortführung des alten, d. h. aus dem 19. Jahrhundert herrührenden stadthygienischen Reformprojekts. Wo immer möglich, wollte man neugebaute oder sanierte Einzelhäuser aus engen Kontexten herauslösen, also auch im Mikroraum Platz für Licht und Luft als entscheidende gesundheitsförderliche Faktoren schaffen. In dieser räumlichen und hygienischen Vorstellung von Städtebau verwischte sich die systematische Differenz von Stadtbau und Siedlungsbau. Nur ein Beispiel für dieses Konzept sind die Wohnblöcke des frühen sozialen Wohnungsbaus in den Innenstädten von Frankfurt am Main[29] oder auch von Ludwigshafen, die so gebaut und räumlich gestellt sind, daß sie überall, d. h. auch in der Vorstadt oder in irgendeiner Siedlung stehen könnten.

6. Eine generelle ›Veränderungseuphorie‹, der Glaube an die Gestaltbarkeit des Stadtraums korrespondierte mit einem Optimismus der Planer und, nach Einsetzen des ›Wirtschaftswunders‹ auch der wirtschaftlichen und politischen Eliten sowie breiter Kreise in der westdeutschen Bevölkerung, daß es nun aufwärts gehe, daß man gesellschaftliche Entwicklungen steuern könne. Steuerung auf „wissenschaftlicher" Grundlage – dieses Ziel verstärkte sich in den sechziger Jahren. Man meinte nicht nur in der Kommunalpolitik, daß man das Soziale planen, das ›Urbane‹ bewußt produzieren könne. Künstlerisch-ästhetische und historische Maßstäbe, die Notwendigkeiten und der Sinn, auf Zufälliges und Gewordenes einzugehen, standen nicht sehr hoch im Kurs. Dies war auch in anderen Ländern so. Die städtebauliche Moderne, orientiert an der ›Charta von Athen‹, galt im Zusammenhang allseitiger Produktivkraftentwicklung als maßgeblich. Erst mit Schriften wie Wolf Jobst Siedlers ›Gemordete Stadt‹[30] zeigten sich die ersten Vorboten einer fundamentalen Rückbesinnung auf die komplexe Eigenart des Urbanen und die baulichen Leistungen der Vergangenheit, in Deutschland

Blick aus dem zerstörten Pfalzbau auf den Jubiläumsplatz [12]

selbst der viel geschmähten ›Ornamente‹ der Gründerzeit: „Alle charakteristischen Städte wirken viel anheimelnder, als die architektonisch-korrekten; ja die malerische Schönheit ist so entschieden siegreich über die bauliche, daß wir zuletzt jede Stadt schön nennen, die uns wie ein reizendes Bild berührt" (Theodor Fontane, 1870).[31]

›Ludwigshafen in Trümmern‹[32]

Im Luftkrieg hatten die Industrie- und Großstädte am meisten gelitten. Ludwigshafen gehörte mit 124 Luftangriffen gleich hinter Berlin und Braunschweig zu den am meisten bombardierten Städten Deutschlands. Im Herbst 1945 hatte der Regierungspräsident von Rheinhessen vorerst die Rückkehr in die zerstörten Städte Frankenthal, Ludwigshafen, Mainz und Worms verboten. Nach Köln, Dortmund, Duisburg, Kassel und Kiel zählte Ludwigshafen zu den stark betroffenen Städten.[33] Not und Elend, Wohn-, Ausstattungs-, Nahrungs- und Energiemangel waren zunächst extrem, von 144 000 Einwohnern waren bei Kriegsende nur etwa 50 000 in der Stadt verblieben.[34] Nach einer offiziellen Statistik zählte man 1945 nur noch 61 372 Einwohner, das entsprach 42,6% der Bevölkerung von 1939 (143 500 Personen). Von 41 923 Wohnungen blieben nur 3 354 unbeschädigt; als „leicht beschädigt" wurden 4 552 Wohnungen eingestuft, als „mittel beschädigt" – und dadurch rekonstruierbar – galten 13 520 Wohnungen, weitere 9 122 Wohnungen waren „schwer beschädigt" und „total zerstört" 11 375, also mehr als ein Viertel des Bestandes.[35] Nach einer späteren Erhebung waren 1945 von 43 200 Wohnungen (Stand 1942) noch rund 27 500 benutzbar, 36,4% der Wohnungen wurden als zerstört bezeichnet. Das Schadensbild wies in den einzelnen Stadtteilen sehr starke Unterschiede auf. In der Stadtmitte betrug der Wohnungsverlust 71%, in Oggersheim nur 4,3%. In der Stadtmitte wohnten nur noch 18,1%, im Süden 26,9% und in Friesenheim 37,2% der Bevölkerung von 1939, in Rheingönheim jedoch 63,2%, in Maudach 64,1% und in Oggersheim 71,8%; kurzum, die Vororte waren vom Bombenhagel weitaus weniger betroffen als die zentralen Teile der Stadt.[36]

Kriegsverluste an Wohnungen nach Stadtteilen[37]
Wohnungsverlust 1945 gegenüber 1942

Stadtteil	Anzahl	%
Oggersheim	151	4,3
Rheingönheim	181	11,5
Edigheim	134	13,2
Niederfeld	89	15,6
Maudach	124	17,3
Hochfeld	336	17,4
West	222	21,5
Hemshof	984	24,1
Nord	1 766	33,7
Mundenheim	1 317	34,7
Oppau	1 050	35,6
Friesenheim	2 680	38,9
Süd	3 017	62,8
Mitte	3 680	71,0

Anmerkungen
Seite 664 und 665

31 *zit.n. Siedler / Niggemeyer / Angreß, S. 17*
32 *Titel einer gleichnamigen Publikation des Leiters des Statistischen Amtes, Dr. Moll, aus dem Jahr 1949*
33 *Schulz, S. 32, 111, 350*
34 *vgl. Moll / Stumm; Janson, Wohnungselend*
35 *StALu, LUN 2921—2923, Stand 31.12.1948*
36 *Tabelle in Moll, Bevölkerungsgeschichte, S. 31*
37 *Der Wohnungsbau in Ludwigshafen 1950 bis 1966; Statistische Informationen hg. vom Amt für Stadtforschung Ludwigshafen, 1967/1; künftig zitiert als: StALu, DS 243, 1967/1, hier S. 2*
38 *Personalakte Lochner im StALu, noch unverz.; Oexner, S. 126*
39 *zur Schadensbilanz 1945 vgl. Kap. 12, ›Groß-Ludwigshafen im Großdeutschen Reich‹*
40 *Hölzner, S. 65—74*
41 *StALu, LUN 2921—2923, 31.12.1948*
42 *Janson, Wohnungselend, S. 63*
43 *vgl. den Überblick bei Bovermann, S. 10—20*
44 *Wahlergebnisse siehe Kap. 16 ›Demokratische Konsolidierung und Wirtschaftswunder‹*

Der Leiter des Wiederaufbaus: ***Karl Lochner***

Karl Lochner, 1895 in Klingenmünster als Sohn eines Bahnbediensteten geboren, wuchs in Ludwigshafen auf. Von 1914 bis 1922 studierte er, unterbrochen vom Heeresdienst während des Ersten Weltkriegs, an der Technischen Hochschule Darmstadt, wo er 1942 mit einer Arbeit zur Baugeschichte des Oggersheimer Schlosses zum Dr.-Ing. promovierte. Nach kurzen Anstellungen beim Architektenbüro Latteyer und beim Hilfswerk Oppau ließ er sich 1924/25 als freier Architekt in Ludwigshafen nieder. Vor allem durch seine Zusammenarbeit mit Albert Boßlet bei verschiedenen Kirchenbauten – so z. B. die Ludwigshafener Kirchen Herz-Jesu (Süd), St. Maria (Nord) und St. Bonifatius (Gartenstadt) erlangte er überregionales Ansehen. Als Mitte 1945 die Bauverwaltung der Stadt nicht mehr durch eine von der BASF ›geliehene‹ Fachkraft betreut werden konnte, überzeugte die Verwaltung Lochner, das Amt als Oberbaudirektor zu übernehmen. Bis zu seinem Ruhestand 1960 übte er diese Funktion aus und war auch weiter als architektonischer Berater bei Kirchenbauten tätig. Auch bei städtischen Gebäuden, z. B. der Stadtbibliothek noch nach seinem Ruhestand, wirkte er als Architekt. 1972 starb er im Alter von 77 Jahren.[38]

[S. M.]

Karl Lochner [13]

Bei der BASF, wo der Wiederaufbau schon bald nach 1945 in Gang gekommen war,[39] brachte eine Explosion am 28. Juli 1948 mit über 200 Toten und großen Schäden einen unerwarteten Rückschlag, der auch die angrenzenden Wohngebiete stark in Mitleidenschaft zog. Das Werk dehnte sich in den Folgejahren, auch auf zugekauftem Grund, deutlich im Ludwigshafener Siedlungsraum und angrenzenden Gemeinden aus.[40]

Einen überraschend hohen Teil der teilzerstörten Wohnungen in der Stadt – ca. 5000 von ca. 27000[41] – konnte man jedoch recht bald provisorisch durch Selbsthilfe und organisierte Zuteilungen von rarem Baumaterial wiederherstellen.[42] Auch durch Aufteilungen größerer Wohnungen ließ sich in den Folgejahren notdürftiger Wohnraum gewinnen, durch Zwangseinquartierungen die Wohndichte erhöhen. Dies verweist im Rückblick nicht nur auf die Anpassungsfähigkeit der enger zusammenrückenden Bevölkerung, sondern auch auf eine gewisse Solidität der reparaturfähigen Bausubstanz.

›Gemäßigte Moderne‹: Wiederaufbau im Zeichen des ›Generalbebauungsplans‹ 1948—1954

Ludwigshafener Stadtplanung 1948—1954/55: Konzepte und Praxis

1946 war die SPD mit 43,1% der Stimmen aus der Stadtratswahl als stärkste politische Kraft hervorgegangen, 1948 erreichte sie 48,9%. Vom Anfang der fünfziger bis zu den achtziger Jahren war sie eindeutig die hegemoniale Kraft mit einer typisch hohen Gewichtung des kommunalpolitischen Engagements[43] und Wähleranteilen von weit über 50%, während die CDU als zweitstärkste Partei um die 35% lag und 1948 nur 26,9% erreichen konnte. Diese wenigen Angaben sollen genügen, um die politischen Machtverhältnisse in der Arbeiterstadt Ludwigshafen zu kennzeichnen; angesichts dieser Verhältnisse und vor dem Hintergrund der sozialen Bedürfnisse ist es auch plausibel, daß die SPD über diese lange Periode hinweg eine prononcierte Sozialpolitik mit den beiden Hauptkomponenten ›sozialer Wohnungsbau‹ und ›soziale Infrastruktur‹ betreiben konnte.[44]

Das Äußere des wiederaufgebauten Hauptbahnhofs, 11. November 1954 [14]

Städtebauliches Problem Nummer 1: die große Halle des am alten Ort wiederaufgebauten Hauptbahnhofs, 11. November 1954 [15]

Im Unterschied zu anderen Städten, wo dies bereits 1945 der Fall war, begann in Ludwigshafen die planmäßige Rekonstruktion der Stadt erst 1948 mit der Lancierung eines ›Generalbebauungsplans‹. Leiter des Stadtbauamtes war seit September 1945 der Ludwigshafener Architekt Dr. Karl Lochner.[45] Er war die zentrale Figur, die diesen Plan verfaßte – sicher in Kenntnis der einschlägigen Debatte in der Bundesrepublik, doch ohne erkennbare Beteiligung von auswärtigen Fachleuten oder der einheimischen Architekten.[46]

Allgemeines Ziel der Stadtentwicklungsplanung war, so Lochner, die künftige ›Auflockerung‹ der bebauten Stadtgebiete insgesamt. Man war sich einig darüber, daß die Kriegszerstörungen eine einmalige Chance bedeuteten. In verräterischer Sprache hieß es, „die Ausmerzung der schon früher stets beanstandeten Bausünden" sei nun endlich möglich. Es ging um „klare Linien", um eine stärker strukturierte Stadt, um die Öffnung der Stadt für den Verkehr, aber auch um dessen Regulierung.[47] Allerdings betonte Lochner im Herbst 1948 in der ›Rheinpfalz‹ die pragmatischen Gründe für die Vorlage der Planung zum damaligen Zeitpunkt. Dies sei deswegen unerläßlich, weil sich der „unternehmensfreudige Einzelhändler" auf sie einstellen müsse. Zahlreiche Geschäftsleute hatten in der Stadtmitte nämlich notdürftige einstöckige Gebäude errichtet, für einen endgültigen Wiederaufbau mußte der Einzelhandel wissen, woran er war.[48]

Bezeichnenderweise definierte Lochner die Hauptaufgaben aus verkehrsplanerischer Sicht:[49] Erstens: „Ein Kernproblem ist die Lage des Hauptbahnhofes, der sich wie ein Keil mitten in die Stadt hineinschiebt." Zweitens: „Unsere Stadt liegt im Schnittpunkt zweier Gegenströme des Verkehrs, die von Nord nach Süd und von West nach Ost gehen." In der ›Mittelstadt‹ prallten „die verschiedenen Ströme des Durchgangs- und Innenverkehrs unmittelbar aufeinander und drohen in nicht ferner Zukunft zu einer Verkehrskatastrophe zu führen." Die Verkehrsströme „völlig aus der Stadt herauszunehmen und tangential an ihr vorbeizuführen, ist geplant. Aber die Verwirklichung dieser Planung wird noch viel Zeit und Geld erfordern." Unmittelbar sei „es notwendig, jetzt eine Zwischenlösung durchzuführen, die fürs erste den Durchgangsverkehr

Anmerkungen
Seite 666 und 667

45 *StAnz., 28.5.1960, S.5*
46 *Dies fällt auch im Kontrast zu Köln auf: Speidel*
47 *Rhpf, 12.5.1949*
48 *Rhpf, 16.10.1948*
49 *Lochner in Rhpf, 9.10.1948*
49 *Rhpf, 16.10.1948*
50 *StAnz., 14.5.1949*
51 *Löber, S.23*
52 *MM, 27.9.1956; StAnz., 29.9.1956*
53 *zur Verabschiedung und die Ratsdebatte um den Generalbebauungsplan vgl. StAnz., 14.5.1949*

aus den einzelnen Stadtteilen herausnimmt," vor allem aus der Innenstadt. Deswegen sei eine Ausweisung von Straßen als Hauptverkehrsadern nötig. Die Stadtverwaltung wollte also auf eine Hierarchisierung des Straßennetzes hinaus. Die Rheinbrücke sollte künftig nur dem internen Verkehr zwischen Mannheim und Ludwigshafen dienen, denn südlich, beim Mannheimer Lindenhof, plante man den Bau einer Ersatzbrücke. Innerstädtisch sollten einzelne Straßen verstärkt den Durchgangsverkehr aufnehmen, andere aber entlastet werden. Dafür sei es nötig, in der Kernstadt die Bismarckstraße zu verbreitern. Die ebenfalls verbreiterte Ludwigstraße sei als repräsentative Hauptgeschäftsstraße der ›Großstadt‹ Ludwigshafen zu behandeln. Drittens: Zentrumsbildung: „Die Stadt soll einen Mittelpunkt erhalten." „Wir wissen alle, daß Ludwigshafen eine unorganisch gewachsene Stadt gewesen ist und daß sie, die Stadt der Arbeit, kein ›Gesicht‹ hatte. Nirgends war ein Zentrum, in dem das städtische Leben in seiner Mannigfaltigkeit sichtbare Gestalt annehmen konnte." Jetzt sei die „Gelegenheit gegeben, der Stadt den Mittelpunkt zu geben, den sie als eine der bedeutendsten Industriestädte am Rhein fordern kann und verdient". Attraktive Geschäfte und ein repräsentativer Platz sollten entstehen. Damit behandelte Lochner die Stadtmitte als eine Tabula rasa. Die Existenz traditionsreicher Geschäfte und auch ›gewachsener‹ Plätze wurde schlicht negiert. Der Neuansatz wurde durch die Absicht verstärkt, über Grünanlagen den Stadtkern mit Rathaus und Kulturbauten – von Kaufhäusern war noch nicht die Rede – zum Rhein hin zu öffnen.[50]

Lochner berücksichtigte auch die Entwicklung der Stadtteile als „in sich geschlossene Bezirke", die mit eigener Geschäfts- und sozialer Infrastruktur ausgestattet werden sollten, „auch Industrien sollen angesiedelt werden, damit die Arbeiter und Angestellten nicht so weite Wege zu ihren Arbeitsstellen haben." Ersteres Ziel lief auf die sogenannte gegliederte Stadt hinaus und eben auf eine Grundausstattung der Stadtteile mit Einkaufsmöglichkeiten – Einkaufszentren auf der grünen Wiese und alltägliche Pkw-Benutzung in fast jedem Haushalt waren zu dieser Zeit völlig unvorstellbar. Im übrigen wurde, wie sich an zahlreichen Bebauungsplänen in den Folgejahren zeigt, in den Außenbezirken eine gewisse Rücksicht auf die bestehende Bebauungsweise genommen. So sah man vor, in Oggersheim die offene Bauweise zu bevorzugen und im Gebiet zwischen Stern- und Industriestraße, wo dem Wunsch der BASF Rechnung getragen wurde, einige größer bemessene Bauplätze für Werksangehörige zu schaffen. Aber auch hier schien man ohne vereinzelte ›Blockbauten‹ nicht auszukommen. Denn in beiden Gebieten wollte man trotz offener Bauweise und ungeachtet der dort noch sichtbaren regional geprägten Haus-Hof-Gebäude[51] eben städtisch bauen, deswegen waren wohl Garagen, aber keine Kleintierställe zugelassen.[52]

Lochners Grundkonzept mit seiner Kernidee einer völligen Neugestaltung zumindest der Stadtmitte und einer Integration des Stadtgebiets – und dadurch der Stadtgesellschaft – durch ihre Betonung als kommerzieller und kultureller Mitte berührte sich mit den Vorstellungen anderer. Jedenfalls erreichte der Oberbaudirektor ohne weiteres binnen etwa eines halben Jahres den vollständigen Konsens des Stadtrates, der am 6. Mai 1949 den Generalbebauungsplan verabschiedete.[53]

Die Öffentlichkeit hatte Gelegenheit, den Plan zur Kenntnis zu nehmen und in einer Ausstellung die angefertigten Modelle zu besichtigen. Nur ein kleiner Teil der Bevölkerung nahm diese wahr, während die

Der in der Aula der Mädchenschule tagende Stadtrat beschließt den Generalbebauungsplan, 6. Mai 1949 [16]

Verkehrsbauten für die Zukunft: Autobahnzubringer Edigheim Januar 1958 [17]

›Rheinpfalz‹ berichtete, der Plan stehe im ›Kreuzfeuer‹ der Diskussion. Letztlich und eigentlich wurde eine ›Öffentlichkeit‹ der Planung erst im Rahmen der die Details beratenden, sich durchaus über Einzelheiten auseinandersetzenden kommunalen Gremien hergestellt. ›Der‹ Ludwigshafener stand nun vor dem neuen Stadtgesicht, das die Verwaltung für ihn skizziert hatte. Es ging lediglich darum, der Bevölkerung die Intentionen von ›oben‹ zu vermitteln, nicht um deren politische Partizipation. Es ging darum, die drängende Wohnraumversorgung, die fortbestehende Evakuierung tausender Ludwigshafener, die katastrophale Schulversorgung und vieles mehr rasch zu lösen, und zwar zukunftsoffen, „großzügig", wie es immer wieder hieß und heißen sollte.

Der Ludwigshafener 1949 vor dem neuen ›Stadtgesicht‹

„In seltener Einmütigkeit haben unsere Stadtväter den neuen Bebauungsplan aufgenommen. Nicht ganz so einig dürften die Ludwigshafener in ihren Meinungen sein, die in diesen Tagen vor dem in schneeiger Weiße in der ›Brücke‹ aufgebauten Modell Ludwigshafens verweilen. Dazu sind die Charaktere zu verschieden, liegen tiefe Skepsis und überschwenglicher Optimismus zu nahe beieinander. Wie dem nun auch sei, fast allen Besuchern gleich ist das Ahnen: Es wäre zu schön, um wahr zu sein [...] Dem ernsthaften Betrachter wird es klar, daß hier in großzügiger Weise das Bestreben kund wird, aus dem hinterlassenen Trümmerfeld nicht wieder das alte Ludwigshafen (es war beileibe nicht schön und hat auch niemals Anspruch darauf erhoben!) entstehen zu lassen, sondern unter Berücksichtigung aller geeigneten Momente etwas Neues zu schaffen und der Stadt endlich ein Gesicht zu geben."[54]

Bei der Vorlage des Plans im Stadtrat betonte Lochner als oberster Planer der Stadt die Gestaltungsfähigkeit gebauter Realität, den herstellbaren Bruch mit der Vergangenheit durch Um- und Neubau, durch zielstrebiges Tun einer politischen Zentrale, in der er ja freizügig schaltete und waltete. Demgegenüber schlug Oberbürgermeister Bauer (SPD, im Amt 1945 bis 1955; 1920 bis 1933 Aufsichtsrat der städtischen Baugesellschaft GAG, 1945 bis 1958 deren Vorsitzender) weitaus pragmatischere Töne an. 80 Kilometer Straßenfront seien entweder unbebaut oder von zerstörten Häusern gesäumt, die Kanalisation und die Versorgungsanschlüsse jedoch großenteils noch intakt. Das verpflichte dazu, die Neubauten am bestehenden hergebrachten Straßennetz auszurichten – keine völlig zukunftsoffene Situation also. Und die oftbeschworene Kernfrage der Stadtentwicklung, die Bahnhofsverlegung, ließ sich, so der Oberbürgermeister, wegen unlösbarer Finanzierungsschwierigkeiten bis auf weiteres nicht zu einem befriedigenden Ende führen. Damit verschob sich dieses Projekt auf längere Dauer – umso mehr, als ein um 1953 geplanter – und nun im Jahr 2003 realisierter – Durchgangsbahnhof an der Rheinbrückenauffahrt im Süden der Innenstadt an den Vorstellungen der BASF scheiterte, die ihren Schienenanschluß weiterhin direkt über das Gelände des alten Kopfbahnhofs führen wollte.[55]

Im übrigen zeigte der Generalbebauungsplan, daß auch Lochner 1949 seine Planungsutopie nicht ins Uferlose trieb. So wurde ›nur‹ ein Wachstum von einigen zehntausend Einwohnern über die Friedensbevölkerung hinaus vorgesehen – 200 000 Einwohner – und die Bebauung sollte im Anschluß an bestehende Stadtteile erfolgen. Man wollte die Anlage von neuen Vororten vermeiden, wohl, um die Gesamtstruktur nicht noch unübersichtlicher werden zu lassen, ein Vorsatz, der später aufgegeben wurde.

Anmerkungen
Seite 668 und 669

54 *Rhpf, 12.5.1949*
55 *Schweinitz, S. 39ff*
56 *StALu, DS 390/1956. Im Jahr darauf wurde er durch einen ›Gesamtverkehrsplan‹ ergänzt.*
57 *1899—1984*
58 *Rhpf, 5.7.1952, 2.9.1952*
59 *Körber, S. 56*
60 *Rhpf, 5.7.1952*

Die 1949 beschlossenen Planungsgrundsätze wurden im 1956 entwickelten ›Wirtschaftsplan‹[56] der Stadt, einer Art Flächennutzungsplan, bestätigt. Er sah jedoch zur Lösung der Verkehrsprobleme nicht mehr nur den Neubau bzw. die Verbreiterung der Stadtstraßen vor, sondern setzte bereits auf ein durch Gutachten seit 1953 favorisiertes Hochstraßensystem – davon wird noch zu reden sein. Bemerkenswert ist im übrigen, daß die Planungen, abgesehen von der großen Nord-Süd-Straße direkt östlich der Innenstadt und einer Bebauung in der Roßlache südlich von Oppau sowohl im Verkehrs- wie im Stadterweiterungsbereich in den folgenden Jahrzehnten weitgehend umgesetzt wurden.

Gegenpositionen zur ›modernen‹ Stadtgestaltung waren rar und aufs Feuilleton der ›Rheinpfalz‹ beschränkt. Mit Bedauern konnte man gelegentlich auf die frühere Qualität eines Stadtbildes hinweisen, in dem sich die Bewohner zurechtgefunden und wohl gefühlt hatten. Der langjährige Redakteur der nostalgischen Heimatberichterstattung in der ›Rheinpfalz‹, die einen beträchtlichen Stellenwert sozusagen als Korrektiv des realen Modernismus hatte, der Bauhistoriker Hans Reetz,[57] plädierte für das historisch zufällig Gewordene, für die „Macht der alten Gesetze" und gegen die überhand nehmende Planungseuphorie, d. h. gegen den Trend: In der „Winkeligkeit, diesem Vor und Zurück der Fassaden [...] [ruht gerade] unser Heimatgefühl. Hier hat der heutige Strassenplaner und Verkehrsfachmann seine Not. [...] Selbst der gewiegteste Verkehrsplaner wird niemals vom dörflichen oder städtischen Urplan loskommen können. [...] Die Macht der alten Gesetze ist groß. Wo sie verletzt werden, üben sie Rache und quittieren die Zerstörung mit städtebaulichen Disharmonien."[58] Dieses Plädoyer für historische Reflexion und Einhaltung des historischen Maßstabes blieb aber allgemein, vage und hilflos, und kam auch zu spät, um sich noch auswirken zu können.

Auch der Appell von Reetz 1952, sich bei der Architektur der Neubauten an früheren Lösungen zu orientieren, kam zu spät. Reetz argumentierte, der Klassizismus sei als Tradition im Ludwigshafener Stadtbild durchaus wirksam und attraktiv gewesen, zwar nicht in seiner ursprünglichen Form, da sich ja die Stadt erst in der zweiten Jahrhunderthälfte wirklich entwickelt hatte, aber doch in Adaptionen. Eine Verbindung der Bauten der Ludwigshafener Gründungszeit mit denen der Gegenwart böte eine besondere bauliche Chance. Reetz bezog sich hier auf erhaltene spätklassizistische Gründerzeitbauten in der Bismarckstraße wie das dortige Gymnasium und die Bayerische Vereinsbank, die er bewahren und als Maßstab nehmen wollte. Selbst bei einem Teil der soeben realisierten Bebauung meinte er, klassizistische Grundzüge erkennen zu können: „Auch der moderne Ankerhof[59] weist die einheitliche Gliederung auf und zeugt von klarer Sachlichkeit [...] Das Stadthaus am Jubiläumsplatz ist zweifellos vom Klassizismus erfüllt [...] Das vorige Jahrhundert hat uns nicht nur die abzulehnenden Protzbauten der Gründerjahre in Neurenaissance und Neubarock [...] beschert, sondern [...] auch die annehmbaren Fassaden der antikischen Ära. Dies sei die entscheidende Chance, ein Gesicht auf Grund einer Tradition zu bekommen."[60] Zu einem solchen, an lokaler Bautradition orientierten Gesicht kam es dann nicht, wohl auch deswegen, weil die Tradition für eine Mehrheit der Bevölkerung und der Verantwortlichen nicht mehr zu erkennen war. Dennoch waren diese Gedanken alles andere als abstrus.

Es war in der maßgeblichen Stadtgesellschaft aber offensichtlich unumstritten, daß nicht nur die generelle Gestalt der Stadt, sondern

Fassade des alten Bürgerbräu vor der Umgestaltung, 1959 [18]

Die Abwendung von der Vergangenheit Fassade des alten Bürgerbräu in der Bismarckstraße nach der Umgestaltung 1961 [19]

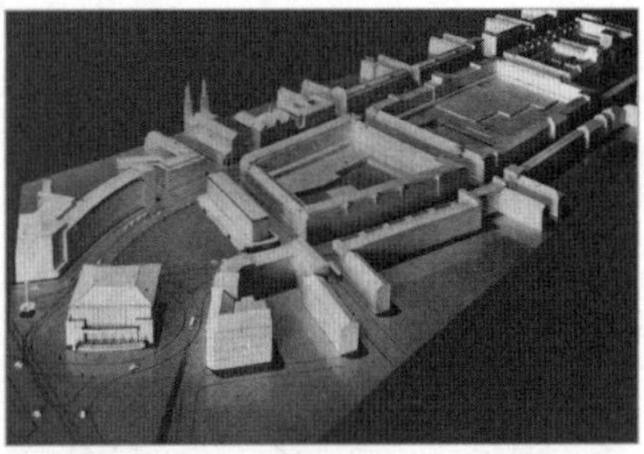

Modell des geplanten Wiederaufbaus der Innenstadt, 1952 [20]

Der Verlust der Tradition: aus dem ›Feuilleton‹ der ›Rheinpfalz‹ 1948 und 1952

„Die Ludwigstraße war schon in dieser frühen Zeit Hauptgeschäftsstraße. In den Erdgeschossen der meisten Häuser, die in der Regel dreistöckig gebaut waren, und die vornehme Ruhe des neuklassischen Münchener Baustils in ihren Fassaden zur Schau trugen, befanden sich Ladengeschäfte. Auf der rechten Seite, gleich am Eingang der Ludwigstraße, Ecke Oggersheimer Straße, stand die Adlerapotheke. Dann folgte das Goldgeschäft Augustin. Daneben bot die Firma Rudius ihre Glas- und Porzellanwaren an. Wenn man soweit war, konnte man schon in der ersten Wirtschaft einkehren. [...] Es roch damals noch nicht nach Benzin in dieser City. Alles ging hübsch langsam und gemessen und nach Eintritt der Dunkelheit war nicht mehr viel los. Dann ging es in der Wirtschaft ›Zum letzten Heller‹, Ecke Ludwig-/Dammstraße, um so höher her. An dieser Ecke konzentrierte sich das Nachtleben. Wenn man von Großvater näheres darüber wissen wollte, zwinkerte er nur mit den Augen."[61]

„Auch Ludwigshafen (hat) Teil an einer stilgeschichtlich noch eben gültigen Entwicklung. Es ist die Entwicklung des [...] Klassizismus [...] Wer vor der Zerstörung durch den letzten Krieg vor allem die Ludwigstraße und die Bismarckstraße durchwanderte, fand noch recht ansprechende Bauten dieses Stils [...] Der etwas nüchterne Ernst dieser Bauten, verbunden mit einer klaren und ansprechenden Fassadengliederung, entsprach dem Wesen der Frühzeit und der Mitte des vorigen Jahrhunderts, als Technik und Industrie die Gesellschaft formten. [...] Das Stadthaus Jubiläumsplatz ist zweifellos vom Klassizismus erfüllt [...] Das vorige Jahrhundert hat uns nicht nur die abzulehnenden Protzbauten der Gründerjahre in Neurenaissance und Neubarock und schließlich in den Gebilden des Jugendstils beschert, sondern in seiner Frühzeit und der Mitte auch die annehmbaren Fassaden der antikischen Ära. Diesen Glücksfall bei sonst fehlenden städtebaulichen Chancen wahrzunehmen, betrachten wir als eine wichtige Aufgabe der Stadtgestaltung. Unsere Stadt hat heute diese Chance in der Hand: Die Chance, ein Gesicht auf Grund einer Tradition zu bekommen [...] Unsere Dörfer und alten Städte entstanden vor vielen Jahrhunderten eigentlich ›planlos‹. Ihr Kern bietet sich noch heute dar, wie aus baulichen Zufällen entstanden. [...] Hier hat der heutige Straßenplaner und Verkehrsfachmann seine Not. Uns aber schlägt das Herz um so höher, je mehr vom Alten erhalten blieb."[62]

Anmerkungen
Seite 670 und 671

61 *Rhpf, 9.10.1948, unterzeichnet mit ›th‹*
62 *Rhpf, 2.9.1952*
63 *VB 1950—1954; Stadtplanungsamt*
64 *Nesseler, in: StAnz., 18.12.1948; f.d.F. VB 1950—1957*
65 *StAnz., 11.11.1950*
66 *StAnz., 11.12., 18.12.1948*

auch der Wieder- und Neubau der öffentlichen Gebäude ›modern‹ sein sollte. Eine Architekturdebatte ist in Ludwigshafen nicht geführt worden. Funktionalismus, Sachlichkeit sollten die Gestalt der Gebäude prägen, ›Klarheit‹, eine praktische, keineswegs extreme Gebäudearchitektur, westlich, international – auf jeden Fall nicht wie in den Vorschlägen von Reetz an historischen Vorbildern orientiert – teils weil man die in Ludwigshafen nicht besaß, zumindest aber nicht akzentuiert hervorgebracht hatte, teils weil man sich in den meisten Städten der Bundesrepublik für diese Version einer – im Vergleich zu später durchaus noch gemäßigten und bei den öffentlichen Bauten relativ differenzierten, dann aber seriellen – Baumoderne entschied.

In der Praxis konnten sich Wiederaufbau, Rekonstruktion und Neugestaltung nicht allein nach dem Generalbebauungsplan richten, es mußten schrittweise Teilbebauungspläne entwickelt werden. Doch vermitteln die Berichte der Bauverwaltung den Eindruck, daß es gerade für die Planung der Innenstadt mehr zu einer Reihung von Ad-Hoc-Entscheidungen, Improvisationen, ständigen Nachbesserungen und teils tiefgreifenden Veränderungen von erst kurz zuvor gebilligten Planungen

kam.[63] Und obgleich das zuständige Stadtplanungsamt mit sechs (1953) bzw. neun Kräften (1959) personell recht bescheiden ausgestattet war, dachte man offenbar nicht daran, private Stadtplanungsbüros mit Teilaufgaben zu betrauen. Lediglich im Verkehrsbereich wurden Gutachter von außen herangezogen.

Für die Jahre 1950—1952 gewinnt man den Eindruck, daß gegenüber der Wohnraumbeschaffung, die nach ebenfalls erheblichen Verzögerungen nun gerade in Angriff genommen wurde, die Ausgestaltung der großen Planungen stagnierte. Erst im März 1952 konnten sich die Ludwigshafener über den Bebauungsplan der City orientieren. Hier zeichnete sich in erster Linie ab, daß, wie von Lochner anvisiert, die wichtigsten Straßen verbreitert werden sollten. Das führte teils zu Beunruhigung in Kreisen der Besitzer von ›Trümmer‹-Grundstücken, denn es war gesetzlich vorgesehen, daß bei der Wiederbebauung 10% der Flächen an die Stadt, d. h. für den öffentlichen Straßenraum, abgetreten werden mußten, eine Regelung, die für die Realisierbarkeit der Straßenverbreiterung finanziell und planerisch essentiell war. Die ›Rheinpfalz‹ beschwichtigte: Die Verbreiterung einer Straße bedeute Wertsteigerung der Grundstücke: „Das Modell der neuen City läßt der Phantasie weiten Spielraum. Manche Varianten weisen sehr weit in die Zukunft. Aber es ist entschieden besser, alles genau vorbedacht zu haben, als sich künftige Möglichkeiten vorzeitig zu verbauen. So zeigt das Bild – des Bebauungsplans der City – das neue Empfangstor Ludwigshafens. Der Fremde, der den Rhein überquert, wird nicht mehr von der Mauerfläche des Pfalzbaus angeödet, sondern gewinnt schon hier einen freundlichen Eindruck" – dem Pfalzbau wollte man eine gefällige Fassade in Richtung Rheinbrücke geben. Der Bahnhofsplatz sollte stark vergrößert werden, teils, um dem innerstädtischen Durchgangsverkehr mehr Raum zu geben, teils, um ihn repräsentativer zu gestalten. Dazu sollte auch das Postgebäude abgerissen werden. Hier zeichnete sich also ab, daß, über die Bombenschäden hinaus, eine Orientierung an den generellen Zielen der Stadtentwicklung weitere Abrisse ohne viel Federlesens bedeutete.

Trotz aller Verzögerungen galten die intensivsten, wenn auch zum Teil recht ›sprunghaften‹ Planungsbemühungen in den Jahren nach 1949 der City. Sie trug die wichtigsten Funktionen für die Gesamtstadt wie für das pfälzische Umland und war auch symbolisch am stärksten besetzt. Auch der Wiederaufbau hatte dort, im zerstörten Herz Ludwigshafens, seinen ersten klaren Schwerpunkt. Der Wiederaufbau – er war seit 1945 in aller Munde, hatte in Ludwigshafen aber in größerem Stil überhaupt erst wenige Monate vor der Verabschiedung des Generalbebauungsplans begonnen. Die festlich begangene Wiederherstellung der festen Rheinbrücke am 18. Dezember 1948 war als Zeichen „für den ungebrochenen Lebenswillen"[64] und die Bereitschaft der Einwohner zum Wiederaufbau gesehen worden. Erst jetzt, Ende 1948, begann man mit der großflächigeren Wiederherstellung der Straßenbeleuchtung. Die Instandsetzung des Straßen- und Kanalnetzes kostete größte Anstrengungen und zog sich bis in die Mitte der 1950er Jahre hin. Als „Wunder nach dem Kriege" pries der ›Stadt-Anzeiger‹ die seit Sommer 1948 verfolgte Wiederherstellung und Erweiterung des kriegszerstörten ›Rhein- [bald Südwest-] Stadions‹, die Ende 1950 abgeschlossen wurde.[65] Es sprach Bände, daß dem Richtfest für den Neubau der kriegszerstörten Stadtsparkasse am 4. Dezember 1948 eine extrem lange Bauzeit vorangegangen war.[66]

Bei der Einweihung der Rheinbrücke 18. Dezember 1948 [21]

Das ›Wunder nach dem Krieg‹ Südweststadion, 1953 [22]

Wiederaufbau der Ludwigstraße
Plakat, fotografiert beim Jubiläumsumzug 1953 [23]

Anmerkungen
Seite 672 und 673

67 *Lochner, Schutt, S. 39*
68 *Ludwig, Innenstadt, S. 133*
69 *vgl. allerdings Gutheil, S. 11*
70 *StAnz., 22.7.1950, 7.2.1953*
Das erweiterte Hotel wurde 1953 eröffnet
71 *Rhpf, 8.5.1954*
72 *Rhpf, 7.10.1955*

Die Gründe für diese fatale Verzögerung lagen im Baustoffmangel und in den restriktiven Praktiken der Besatzungsmacht, nach zeitgenössischer Wahrnehmung der Ludwigshafener selbst auch in der Benachteiligung der Chemiestadt gegenüber anderen Städten in Rheinland-Pfalz, die weniger getroffen waren. Das Land wies 1950 die schlechtesten Wiederaufbauergebnisse im Bundesgebiet auf. Die französische Besatzungsmacht hatte den Ländern in seiner Zone bis 1948 keine eigene Wirtschaftskompetenz gegeben; ein Aufbaugesetz kam erst 1949 zustande.

Angesichts des zeitlichen Vorsprungs, den das in der US-Zone gelegene Mannheim bereits gewonnen hatte, sollte der Schwerpunkt des Bauens in den Hauptgeschäftszonen der Innenstadt über ein Sonderprogramm abgewickelt werden.[67] Zudem wollte die Stadt Vorbilder auch für die Bautätigkeit privater Bauherren schaffen. Der Schwerpunkt der Bautätigkeit fiel in die Jahre 1951—1953; durch diese relativ späte Periode war die Finanzierung einer nicht unbeträchtlichen Wohnbebauung – 3 600 Wohnungen 1989[68] – möglich, die bis heute eine völlige Entleerung der City nach Geschäftsschluß und die Entstehung eines Angsttraumes verhindert.[69]

Weihnachtsbeleuchtung auf dem Jubiläumsplatz; rechts der Ankerhof, frontal der Kaufhof, 1955 [24]

Wie stark es an gesellschaftlichen und privatwirtschaftlichen Impulsen für die Bebauung noch fehlte, zeigte sich beim Projekt des repräsentativen Ausbaus des 1949 eröffneten Hotels ›Viktoria‹, das als Leitgebäude für die Innenstadt gedacht war und von der Stadtverwaltung selbst in Angriff genommen wurde, weil man bereits befürchtete, den Hauptteil der Geschäftsreisenden an das fortgeschrittenere Mannheim zu verlieren.[70] Auch die Geschäftswelt der Stadt sollte aus ganz ähnlichen Gründen schnell wieder aufblühen. Für den ›Wieder‹-Aufbau von 55 Geschäften im Stadtkern gewährte das Land eine Soforthilfe von 516 500 DM; 1953 wurden in Ludwigshafen beachtliche 1 100 Einzelhandelsgeschäfte betrieben, was die realen Prioritäten der ersten Wiederaufbauphase verdeutlicht. Während so der kapitalkräftigere Teil der Einwohnerschaft zur ›Auferstehung‹ der City beitrug, zeigte es sich, daß viele Grundstücksbesitzer dazu gar nicht in der Lage waren.[71] „Nur nicht resignieren. Heute immer noch 1 800 Trümmergrundstücke. Wann können sie aufgebaut werden?", fragte man sich noch 1955.[72]

Der Wiederaufbau der Innenstadt konzentrierte sich neben der Ludwigstraße vor allem auf den öden, 1940/41 entstandenen Jubiläumsplatz. Sein einziger Zweck war bisher der eines Standorts für einen

Die Zuschüttung des Winterhafens Aufnahme vom 25. September 1954 [25]

Der Jubiläumsplatz mit dem Ankerhof 1957 [26]

Konsequente Modernität und Traditionsbewußtsein:
***Heinrich Schmitt** und **Gerd Heene**[73]*

Heinrich Schmitt wurde 1899 als Sohn eines Monteurs in der Ludwigshafener Innenstadt geboren. Nach dem Studium an der TU München war er zuerst ›Regierungsbaumeister‹, bevor er sich – am Beginn der großen Wirtschaftskrise – mit einem Büro in Ludwigshafen selbständig machte. Sein erster Erfolg war ein Preis für ein ›Denkmal der Republik‹ im Ebertpark.

In den 1950er Jahren setzte Schmitt mit dem Hallenbad, dem Demuth-Haus und der Rheinpfalz-Zentrale besondere städtebauliche Akzente in Ludwigshafen. Auch das Gebäude der Stadtwerke und die Froschlache-Hochhäuser entwarf er. Letztere lobte die Presse anläßlich von Schmitts 85. Geburtstag 1984 als „Lehrbeispiel, wie gewaltige Baumasse und ästhestische Gliederung unter einen Hut gehen." Schmitts Architektur lege Zeugnis dafür ab, „wie modern diese fünfziger Jahre doch waren, wieviel kühner und konsequenter viele Bauten hochgezogen wurden als manch Hochgepriesenes in unseren Tagen." Vor allem war es das Hallenbad, das in den Fachzeitschriften große Anerkennung fand – womit es neben der Eberthalle ziemlich einzig in der Ludwigshafener Nachkriegsarchitektur stand.

Schmitts konsequente Modernität, die die späteren ›gemütlichen‹ „Türmchen- und Törchenbauten" pseudohistorisierender Art verabscheute, ging allerdings einher mit großem Respekt vor dem architektonischen Erbe, auch dem in der jungen Chemiestadt. Lebhaft bedauerte er die

Anmerkungen
Seite 674 und 675

73 *Rhpf, 14.7.1984; MM, 14.7.1984, 25.5.1996*

74 *StAnz., 22.4.1950, 13.5.1950, 10.6.1950*

der größten Tiefbunker der Stadt gewesen, in dem nun unter anderem Geschäfte untergebracht waren. Im Frühjahr 1950 lancierte die Bauverwaltung die bereits im Generalbebauungsplan vorgesehene teilweise Überbauung dieses Platzes durch ein repräsentatives Geschäftshaus, den sogenannten ›Ankerhof‹, der seinen Namen der Anknüpfung an das einst in der Nähe angesiedelte bäuerliche Anwesen aus der Zeit der Stadtgründung verdankte. Über seine Gestaltung kam es zu heftigen Debatten in Bauausschuß und Stadtrat. Redner aller Fraktionen rügten das Projekt, die SPD sprach vom „Hineingestopftsein" des geplanten Gebäudes, die CDU vermißte bei einem so wichtigen Projekt eine rechtzeitige Unterrichtung vom Rat und die Einbeziehung der Architektenschaft der Stadt durch einen Wettbewerb. Alternativen wurden erwogen, diese „städtebaulich reizvollen Lösungen" aber mußten wegen finanzieller Bedenken unterbleiben. Letztlich fügte man sich dem nur

Städtebaulicher Akzent nach dem Entwurf von Heinrich Schmitt: Haus Demuth in der Ludwigstraße, 1. Juli 1955 [27]

Das ›Viktoria‹-Hotel 5. Februar 1953 [28]

Die neue Schloßschule in Oggersheim 1953 [29]

Zerstörung wertvoller Bausubstanz in Ludwigshafen nach dem Krieg. Oft genug habe das falsche Wort von der „geschichts- und gesichtslosen Stadt" als Vorwand gedient, um das Gewissen einzuschläfern und den Weg zum Abbruch freizumachen. Besonders die Zerstörung großer Teile der alten Arbeiterkolonie der BASF auf dem Hemshof schmerzte Schmitt. Von 1943 ab lehrte der Architekt ›Hochbaukonstruktion‹ an der TU Karlsruhe. Zwölf Jahre später veröffentlichte er zu diesem Thema ein Standardwerk, das, in zahlreiche Fremdsprachen übersetzt, bis heute aktuell ist. Honorarprofessor in Karlsruhe wurde Schmitt 1971, die Universität Kaiserslautern verlieh ihm 1977 den Ehrendoktor. 1985 ist er in seiner Heimatstadt Ludwigshafen gestorben.

Von 1957 bis 1971 führte Schmitt ein gemeinsames Architektenbüro mit seinem Schwiegersohn Prof. Gerd Heene. Der 1926 im Saarland Geborene hatte ebenfalls in Karlsruhe studiert, bevor er in den 1950ern nach Ludwigshafen kam. Hier leitete er „eines der wenigen international bekannten Architektenteams, das ganzheitliche Projekte für deutsche und ausländische Unternehmen geplant hat." Auf ihn gehen eine große Anzahl von Produktions- und Forschungsbauten u. a. der BASF, von Böhringer, Rhône-Poulenc und der japanischen Eisai-Gruppe zurück. Er lehrte an der Universität Kaiserslautern und wurde vielfach geehrt. Der international tätige Industriearchitekt wurde in Ludwigshafen auch beim Entwurf für das Forschungszentrum von Knoll, dem Gebäude der IHK Pfalz und der Kindertagesstätte Mitte tätig. [S. M.]

geringfügig modifizierten Vorschlag der Verwaltung aus „wirtschaftlichen Gründen:" Förderung der Geschäftswelt.[74] Zunächst wurde der Platz gesäubert und aufgeräumt, im Jahr darauf erhielt er das „langersehnte neue Gewand," nachdem die hier errichteten Baracken verschwunden waren. Im April 1952 eröffnete dann der von der ›Wiederaufbaugesellschaft‹ errichtete und an zahlreiche Einzelhandelsgeschäfte vergebene ›Ankerhof‹ seine Pforten.

1952/53 wurde auch die zweite, traditionsreiche große Freifläche der Innenstadt, der Ludwigsplatz, wiederhergestellt. Die um 1938 angelegten Grünanlagen mit den attraktiven Platanenreihen wurden rekonstruiert und ergänzt, am Ende des Platzes entstand mit dem ovalgeformten Flachbau des Cafés Laul ein typischer ›leichter‹ Fünfziger-Jahre-Bau. Am Platz nahmen 1951 der DGB, 1952 die Industrie- und Handelskammer der Pfalz und 1961 die Handwerkskammer ihren Sitz,

Das ›Rheinpfalz‹-Gebäude in der Amtsstraße, 1954 [30]

Eingangshalle der ›Rheinpfalz‹ 1951 [31]

Halb innerstädtisches Grün, halb Nachkriegswüste: Ludwigsplatz 1952 [32]

„Leicht, freundlich, ausgewogen" – zur Architektur des ›Rheinpfalz‹-Gebäudes[75]

Die ›Rheinpfalz‹ hatte das Gelände der ehemaligen ›NSZ‹ in der Amtsstraße erworben und errichtete dort ihr neues Pressehaus, das nun auch der Hauptsitz der Zeitung wurde, die vorher ihre Zentrale in Neustadt gehabt hatte. Unterbrochen durch eine Angstphase während des Koreakrieges, wurde das Gebäude 1951 fertiggestellt.

Eine Sonderbeilage vom 4. August 1951 feierte das Ereignis und läßt etwas von der Aufbruchstimmung jener Jahre ahnen [...] Den „Schmuckbau" des neuen Pressehauses pries man ganz im Geist der Zeit als „leicht, freundlich" und „ausgewogen." Nach den Dunkelheiten des Krieges und dem bedrückenden, schweren NS-Stil wurde die „von Tageslicht durchflutete Schalterhalle" mit ihren Muschelkalkböden, dem hellen Naturholz der Theke und dem fröhlichen Rot der „mit Stuccolustro überkleideten Stützen" – in der öffentlichen Wahrnehmung als befreiend empfunden. Eigens wurde die „Schlankheit" der Säulen vermerkt ebenso wie die Tatsache, das die „emporführende Treppe durch eine Flechtwand aus bunten Kunststoffbändern [...] diskret verdeckt" wurde. „Der Kunststoff des Geflechts ist ein Produkt der BASF" – Reverenz an den größten Betrieb der Stadt. Die Front des Gebäudes sei „ruhig und repräsentativ," der Baukörper angenehm aufgelockert.

Anmerkungen
Seite 676 und 677

75 *zit.n. Mörz, Westbote, S. 164f*

76 *Rhpf, 19.7.1951*

77 *Rhpf, 26.1.1952*

78 *In seiner Rede zur Eröffnung des BASF-Hochhauses suchte BASF-Direktor Overhoff ganz im strengen Geist der Wiederaufbauzeit triumphalistischen Gefühlen aus dem Weg zu gehen: zit.n. Beilage zu BASF (Hg.): Das Hochhaus der BASF, 1958*

79 *Schäfer, S. 125*

mit dem ›Europa-Hotel‹ entstand hier 1963 Ludwigshafens erstes repräsentatives Hotel. Ein weiterer Teilschritt der Neugestaltung der Innenstadt war der geplante bauliche Abschluß der Rheinpromenade. Zwischen Rheinufer-, Kaiser-Wilhelm- und Zollhofstraße sollte ein kleines Amtsviertel entstehen. Für die Bürger selbst versprach man: „Bekanntlich soll ja das Obere Rheinufer als schmucke Rheinpromenade ausgebildet werden."[76] Das Ergebnis der Bemühungen war dann allerdings nur die kleine, durch Straßen vom Rhein getrennte und eingezwängte Anlage am Lichtenbergerufer. Die weiteren vorgesehenen Grünflächen in der Innenstadt, so zeichnete sich ab, waren erst langfristig realisierbar.[77] Da der Umbau des das Rheinufer beherrschenden Hafengebiets in eine Grünanlage nicht ernsthaft zur Debatte stand, fehlte weiterhin der Zugang von der Innenstadt zum Fluß. Bezeichnenderweise wurde das Gelände des 1954/55 zugeschütteten Winterhafens – einst ›Keimzelle‹ Ludwigshafens – zum Standort einer Stückgutumschlaghalle (1961).

Der wiederhergestellte Ludwigsplatz, September 1954 [33]

Das BASF-Hochhaus [34]

Ein Bau im strengen Geist der Wiederaufbauzeit – das Hochhaus der BASF[78]

„Welches ist das Maß dieses Baues? Er ist groß, doch nur so groß, daß er [die Verkaufsabteilung] aufnimmt. Er ist hoch, aber nicht um der Höhe, um des Rekordes willen, sondern deshalb, weil sich das Hochhaus [...] eindeutig als wirtschaftlicher erwiesen hat. Es verfügt über technische Einrichtungen nach dem neuesten Stand, Klimaanlage, Schallschutz, Speisenraum für Selbstbedienung [...] nicht um zu experimentieren, sich mit Modernität zu brüsten, sondern um dauernd mit dem geringsten Aufwand die besten Arbeitsbedingungen zu schaffen [...] Eines aber wird man in dem Bau vergeblich suchen: Überflüssiges, Luxus [...] Das Hochhaus ist ein Bau strengen Stils, das Wort im Sinne des Architekten gebraucht. Ein strenger Bau duldet keine saloppen Bewohner. Er erleichtert die Arbeit [...] aber er macht die Arbeit nicht zum Spiel. Er regelt das zu Regelnde, aber er uniformiert nicht, weil sich das Entscheidende der Regel entzieht [...] [Das Hochhaus] steht auf dem Werksgelände, aber an seiner Grenze, als ein Tor einer Firma von Weltruf zur Welt. Durch dieses Tor soll es ein- und ausströmen in reicher Fülle, den Namen der BASF in der Welt bekanntzumachen, aber auch die Errungenschaften und Bedürfnisse der Welt dem Werk nahezubringen und so jeder Enge, doch auch jeder Überheblichkeit entgegen zu sein."

Neben dem Wiederaufbau der Innenstadt und dem Wohnungsbau hatte in den Augen der Bevölkerung und der Verwaltung vor allem die Wiederherstellung von Schulgebäuden Bedeutung, 1953 waren sieben Volksschulen wiederaufgebaut und sahen „schöner aus als je zuvor."[79]

Was die architektonische Gestalt vor allem der ›öffentlichen‹ Neubauten anging, so präsentierten sie sich alle ›modern‹, ob es sich dabei um die Stadtsparkasse, das Pressehaus der Rheinpfalz, verschiedene Bankgebäude oder auch den Ankerhof handelte.

1954 sollte sich die funktionalistische Moderne endgültig durchsetzen, und zwar schon grundsätzlich in der Form, wie vor allem der Siedlungsbau bis in die achtziger Jahre hinein betrieben wurde, in hohen Großwohnungsbauten in Serie: „Ludwigshafen schießt in die Höhe" hieß es jetzt. Erste „Wohnhochhäuser" mit 14 Stockwerken und ebenso moderner Infrastruktur (Müllschlucker als zivilisatorisches Statussymbol) wurden unbekümmert an „Ausfallstraßen," zugleich „aber inmitten von

Der Rosenliebhaber Viktor von Medem [35]

Grün für die Industriestadt: ***Viktor von Medem***[80]

Die Herkunft des 1911 in Michailow in Rußland geborenen Viktor von Medem und seiner Frau Ina, geb. von Hase, spiegelt die Geschichte des 20. Jahrhunderts. Während von Medems Vater, ein Güterdirektor, 1918 von den Bolschewisten ermordet wurde, wurde Frau von Medems Vater, der Wehrmachtskommandant von Berlin, Paul von Hase, wegen seiner Beteiligung am Widerstand des 20. Juli 1944 von den Nationalsozialisten hingerichtet. Nach einer praktischen Ausbildung als Gärtner in Braunschweig und anderen Orten (1929—1933) und einer Tätigkeit in Oslo (1933—1935) studierte von Medem 1935—1937 an der Versuchs- und Forschungsanstalt Berlin-Dahlem. 1937—1939 war er als Gartengestalter bei der Luftwaffe in Ostpreußen tätig. Nach dem Kriegsdienst wurde er 1950 Gartenarchitekt in Bielefeld. 1952 trat er als Grünplaner in den Dienst der Stadtverwaltung Ludwigshafen und wurde 1956 Leiter des Garten- und Friedhofsamtes; seit 1966 als Gartenbaudirektor. Neben seiner Tätigkeit war er noch in zahlreichen nationalen und internationalen Gartenbau- und anderen Vereinigungen tätig. 1976 trat er in den Ruhestand.

[S. M.]

Gärten und Sportanlagen" geplant, ein Konzept, das Fortschritt und Anknüpfung an die Gartenstadtidee zugleich versprach. Der ›Mannheimer Morgen‹ ironisierte die letzten Reste von ›Hinterhofromantik‹ in der Kernstadt: „Alt und Neu begegnen sich [...] in groteskem Gegensatz. Zwischen moderne Hochbauten ist das mehr als Hütte denn als Haus anmutende Überbleibsel Alt-Ludwigshafens eingezwängt."[81]

Die BASF plante nun bereits ihr Bürohochhaus, das dann 1955 bis 1957 errichtet wurde und damals noch weitgehend allein stand. Die Architekten Helmut Hentrich und Hubert Petschnigg aus Düsseldorf setzten dadurch einen in der Stadtlandschaft bis heute bedeutenden Akzent und optischen Anhaltspunkt. „Im Rahmen des vorgegebenen Fensterachsenrasters können die Büroräume in beliebiger Größe eingerichtet werden. Der streng symmetrische Baukörper hat noch richtige Sockel- und Dachgeschosse zu bieten. Schwere, nach dem Vorbild Le Corbusiers angewinkelte Pfeiler tragen den Bürotrakt [...] Die schwungvolle Eingangshalle bildet einen eigenständigen Annexbau, der sich der sonst herrschenden Symmetrie entzieht." Mit seinen Ausmassen, seiner Gestalt und der geschwungenen Eingangshalle, seinem dreizonigen Grundriß erschien das ›Friedrich-Engelhorn-Haus‹ noch in den achtziger Jahren als „Grundtypus [...] von Gültigkeit."[82] „Hochbau als neues Ludwigshafener Wahrzeichen" nannte dies die ›Rheinpfalz‹.[83]

Die ›moderne‹ Gestaltung Ludwigshafens in Bezug auf Verkehrsführung und Siedlungsplanung mit ihrem 1949 vorgestellten gültigen Leitkonzept der ›gegliederten und gelockerten‹ Stadt wurde bald durch ein weiteres Element ergänzt: die Grünflächenplanung. Hier war der Gartenarchitekt Viktor von Medem federführend, der, seit 1952 als Grünplaner für die Stadtverwaltung tätig, 1956 Leiter des Grünflächenamts wurde. Medem vertrat ganz die Linie der klassischen Moderne mit ihren sachlichen, sozialpolitischen und hygienischen Anliegen, wie sie bereits im Kaiserreich hoch wirksam und in den zwanziger Jahren teils dominant geworden war.[84]

Gegenüber dem Generalbebauungsplan brachte er neue Gesichtspunkte in das Stadtentwicklungskonzept ein. Die hygienische und sozialpsychologische Begründung des kommenden Stadtgrüns lag im Zeittrend, nämlich daß Grünflächen Erholungsstätten für gesundheitlich

Anmerkungen
Seite 678 und 679

80 *vgl. Personalakte v. Medem im Personalamt der Stadt Ludwigshafen; StALu, Zeitungsverkartung, Stichwort ›Grünflächenamt‹*

81 *MM, 24.8.1955*

82 *Zitate nach: Jaeger, S. 225; vgl. auch Denkmalpflege in Rheinland-Pfalz, S. 80f*

83 *Rhpf, 15.3.1954, 29.4.1955*

84 *vgl. Kuhn; zu v. Medems Vorstellungen vgl. v. Medem*

85 *StAnz., 14.3.1953*

Neue gestaltete Grünflächen: Maudacher Bruch, vermutlich 1960er Jahre [36]

Im Wildgehege Rheingönheim Februar 1967 [37]

bedrohte Städter sein sollten, was in der teils massiv überbesiedelten und unter den Abgasen der Industrie leidenden Stadt besonders nahe lag. Medem argumentierte, sachlich zutreffend, eine Verbesserung des Stadtklimas sei in Ludwigshafen dringend angebracht, insbesondere in der nördlichen Innenstadt mit ihren schlechten Wohngebieten, der unerhörten Staubentwicklung in der Industriestadt, wegen der dadurch verminderten Sonneneinstrahlung, wegen des hohen Anteils an Kohlenmonoxid, Ruß, Gerüchen in der Atemluft, wegen der übermäßigen Wärmeeinwirkung auf die Bewohner und aufgrund der ständigen Dunsthaube über der Stadt. Diese war, was er auszusprechen vermied, entscheidend die Folge nicht nur der Emissionen aus dem Werkskoloß der BASF, sondern auch der anderen großen Firmen. Ferner müsse man – und hier bewegte sich Medem auf einem schon im 19. Jahrhundert beginnenden Argumentationsstrang – an die „seelische Einflußnahme einer freudlosen Umgebung auf den Stadtmenschen" denken. Demnach bringt erst eine freundliche Umgebung aktive und harmonische Stadtmenschen hervor – was durchaus einen politischen Bedeutungsgehalt aufweist. Die Grünflächen sollten teils in Außenbezirken, teils auf Trümmergrundstücken verwirklicht werden. Insofern ging es um ›Durchgrünung‹ der Stadt – auch in ihrem Inneren, auch im Hemshof. Dies war funktionell und menschenfreundlich als Stadtreform gedacht und keineswegs ein großstadtfeindliches Projekt agrarischer Ideologie.[85] Seine Grundideen konnte Medem 1956 in einem ›Grünflächenplan‹ institutionalisieren. Eine ›Grüne Acht‹ aus dem Maudacher Bruch, dem Altrheingebiet beim Willersinnweiher und dem Gebiet um Oppau-Edigheim sollte entstehen, ergänzt um ein Erholungsgebiet im Süden der Stadt. Grünzüge unter Einbeziehung von Stadt- und Ebertpark sollten die inneren Stadtteile mit den Erholungszonen verbinden, Spielplätze, Sportstätten und Kleingärten das Grünangebot ergänzen. Bis 1965 wurden große Teile des Plans umgesetzt: bei der Aufforstung des Maudacher Bruchs, an der Großen Blies, der Anlage des Wildgeheges bei Rheingönheim, dem Beginn des ›Sportparks‹ am Südweststadion. In den inneren Stadtteilen blieb das Grün damals jedoch abgesehen vom Ludwigsplatz, den Parks und der kleinen Lichtenbergeranlage Mangelware.

Trümmerräumung in der Amtsstraße mit Blick auf die Ruine der Lutherkirche 1949 [38]

Wohnungsbau bis 1954/55

In den Jahren bis zur Währungsreform, ja noch bis 1950 war zwar Wohnraum repariert, provisorisch wiederhergestellt worden, Neubau aber nur in bescheidenem Umfang möglich gewesen. Allerdings hatte es die Tatsache, daß Rheinland-Pfalz insgesamt einen recht geringen Zerstörungsgrad an Wohnraum aufzuweisen hatte, möglich gemacht, einen Teil der evakuierten Ludwigshafener Familien vorläufig an ihren neuen Wohnorten zu belassen. Auch hatte die französische Besatzungszone weitgehend die Aufnahme von Heimatflüchtlingen blockiert.

Der Drang vieler Evakuierter zur Rückkehr und der Wunsch von Beschäftigten der Ludwigshafener Industrie, in der Stadt ihren Wohnsitz zu nehmen, verschärfte aber schon bald die Lage. Im Februar 1949 schätzte das städtische Bauverwaltungsamt den Gesamtwohnungsbedarf auf minimal 17 000 Wohnungen; hierbei rechnete man mit sehr bescheidenen 44 Quadratmetern durchschnittlicher Wohnfläche. 8 375 Wohnungen seien erforderlich, um die derzeitige Wohndichte von 4,72 Personen pro Wohnung auf die gewünschte von 3,5 Personen pro Wohnung zu reduzieren. Um den Zuwachs von derzeit 113 000 Einwohnern auf die Vorkriegszahl von 143 000 zu bringen, müßten weitere 8 625 Wohnungen veranschlagt werden. 7 000 Wohnungen könnten instandgesetzt und umgebaut werden, mithin seien 10 000 Neubauwohnungen nötig. Dies war eine aus zeitgenössischer Perspektive sehr beträchtliche Zahl, unterschätzte aber noch den künftigen Bedarf.[86]

Am 17. September 1949 erklärte der Stadtrat Ludwigshafen zum „Brennpunkt des Wohnungsbedarfs", der Zuzug wurde erschwert.[87] Dennoch konnte man Anfang 1950 die Wohnungsmarktlage nicht anders als „katastrophal" bezeichnen. Nur 7,6 Quadratmeter Wohnfläche standen je Einwohner durchschnittlich zur Verfügung, die Notunterkünfte eingerechnet. 2 896 Ludwigshafener Familien waren noch evakuiert und drängten zum großen Teil auf Rückkehr. Auch wurde durch die Herstellung der Freizügigkeit innerhalb der Bundesrepublik die Erklärung der Stadt zum „Brennpunkt des Wohnungsbedarfs" unwirksam. Nunmehr konnten auch Heimatvertriebene und Ostzonenflüchtlinge ohne Beschränkung in die Stadt kommen. Bitter beklagten sich manche der Evakuierten, daß andere Gruppen – wie ein Teil der Heimatvertriebenen und Post- und Bahnbeamte (1952) – durch spezielle Förderprogramme bereits besser versorgt worden seien.[88]

Eine rasche Herstellung neuer Wohnungen war also unbedingt erforderlich. Doch erst seit dem Juli 1949 verbesserten sich die Finanzierungsbedingungen für den Wohnungsneubau durch eine im rheinland-pfälzischen Landtag beschlossene Wohnungsbauabgabe für Alt- und Neuhausbesitz, die unter der CDU/ SPD-Koalition eingeführt wurde. Wirkliche Abhilfe brachten jedoch erst die Mittel des Bundes.[89]

1949 war überall klar, daß die künftige Wohnungswirtschaft im Zuge eines staatlich subventionierten ›Sozialen Wohnungsbaus‹ gemeinnütziger Träger und unter starker Beteiligung der Stadtverwaltungen aufgebaut werden mußte. In der Tat führte dieses Konzept zu einer historisch beeindruckenden Bauleistung, es verhalf Millionen von Familien relativ rasch zu einer eigenen Wohnung, trug entscheidend zur Integration der Flüchtlinge bei, sicherte die Arbeitsfähigkeit der Industrie – und führte zum Aufbau eines gemeinnützigen Sektors, der sich in den Städten nicht zuletzt als kommunalpolitischer Faktor bemerkbar

Anmerkungen
Seite 680 und 681

86 StALu, LUN 2921—2923, 10.2.1949
87 Fauck, S.113
88 StAnz., 21.1.1950; Rhpf, 2.9.1952
89 Schulz, S.37, 52, 132, 147, 165, 249, 351; Janson, Wohnungselend, S.63
90 Rhpf, 25.8.1953; MM, 12.6.1954; Körber, S.58
91 Schulz, S.269f
92 Körber, S.57

Die Ludwigshafener Innenstadt am Ende der ersten Wiederaufbauphase, die vor allem die Wiederherstellung der Plätze sowie der Ludwig- und Bismarckstraße brachte Aufnahme vom 7. September 1957 [39]

Ein elegentes 50er-Jahre-Gebäude im Zentrum der Stadt: Café Laul, Inneres, Dezember 1952 [40]

machen sollte. Zumal in einer Stadt wie Ludwigshafen, wo schon länger eine Tradition des sozialen Wohnungsbaus bestand und wo andere kollektive Bauträger ebenfalls schon lange erfolgreich einen subventionierten Wohnsektor aufgebaut hatten.

Auch in Ludwigshafen setzte der Wohnungsbau verstärkt erst nach 1950 neu ein, dann aber bald in einer ständigen Aufholjagd mit der steigenden Nachfrage nach Wohnraum. Fünf Einzelspekte zeichnen sich in diesem Feld ab: die Enttrümmerung, der Neubau von Häusern im Stadtkern, wie er schon angesprochen wurde, die Behelfsbauten und Notquartiere, die ganz entschiedene Akzentsetzung auf Mietwohnungsbau, sowie der sich seit 1953 vollziehende Übergang vom Einzelhaus- zum Siedlungsbau.

Die Enttrümmerung und Bauschuttabtragung, dadurch auch die Gewinnung von Ziegeln als Baumaterial verspätete sich, sie war im Frühjahr 1951 erst angelaufen und sollte sich nach Planungsstand vom August 1953 bis zum März 1954 hinziehen, dauerte jedoch – in der Bismarckstraße etwa – mindestens bis zum Juni 1954. Erst 620 000 qm von 1 500 000 qm Trümmermasse waren 1953 geräumt.[90]

Durch die Stagnation des privaten Wohnungsbaus in der Innenstadt wegen der Kapitalschwäche eines Großteils der Grundstücksbesitzer und aufgrund der in den Jahren bis 1954 eher bescheidenen Mittelzuweisungen im öffentlich geförderten Wohnungsbau bestanden in Ludwigshafen offensichtlich länger als anderswo Baracken- und Behelfsbauten der unmittelbaren Nachkriegszeit fort. Zudem führten der Koreakrieg, Kohlenmangel und Lohnerhöhungen 1950/51 zu einer erheblichen Baukostensteigerung, und das „in einer Phase, in der weder die soeben erst gesetzlich fixierten Mieten im Sozialen Wohnungsbau angehoben noch höhere öffentliche und private Mittel mobilisiert werden konnten."[91] So sank 1952 die Bauleistung im sozialen Wohnungsbau wieder auf 798 Wohnungen nach 807 (1949), 1 269 (1950) und 1 443 (1951).[92] Ein Ausweg war – in Ludwigshafen wie bundesweit – die Erstellung von ›Einfach‹- oder ›Einfachst‹-Wohnungen auf städtische

Entwicklung der in Ludwigshafen von Bund, Land und Stadt für alle öffentlichen Baumaßnahmen bereitgestellten Mittel einschließlich des gemeinnützigen Wohnungsbaus (in Mio DM)

1949	*1,9*	*1956*	*9,5*
1950	*2,5*	*1957*	*12,8*
1951	*8,1*	*1958*	*14,9*
1952	*6,7*	*1959*	*11,3*
1953	*8,2*	*1960*	*8,6*
1954	*11,5*	*1961*	*9,3*
1955	*8,8*	*1962*	*17,0*

Trümmerräumung: Ludwigstraße 24
15. März 1951 [41]

Beseitigung eines Blindgängers Ecke Ludwig- und Wredestraße
14. Oktober 1953 [42]

Kosten, was aber ebenfalls nur äußerst begrenzt möglich war. 43 Einfachwohnungen mit je 50 bis 55 Quadratmetern Wohnfläche, die jeweils 10 000 Mark kosteten, wurden an der Bayreuther Straße 1954 bezugsfertig. Flüchtlinge, Obdachlose, Menschen, die noch in Bunkern lebten, wurden hier aufgenommen,[93] nicht zur dauernden Zufriedenheit der Bewohner, von denen sich einer bereits 1956 zu Wort meldete, sich über den schlechten Ausstattungsstandard beklagte und bekannte, „es tut einem weh, wenn man immer wieder mit einem Barackenbewohner verglichen wird."[94] Auch Politiker und Vertreter der Baupraxis hatten solche Behausungen abgelehnt.[95]

Äußerst unerfreuliche Zustände fanden sich etwa 1953 in einer völlig überfüllten Obdachlosensiedlung in der Brucknerstraße. Die CDU hatte darin einen Gefahrenherd für die Nachbarschaft gesehen, doch lebten neben sozial Auffälligen hier auch kleine Angestellte mit ihren Familien, die es aus der Anlage herauszuholen gelte.[96] Die Betroffenen wehrten sich durch einen Sprecherrat und über einen Leserbrief gegen die nach ihrer Auffassung sogar durch den Sozialdezernenten Trupp, verschärfte Stigmatisierung: „Die Baracken sind keine Wohnungen mehr [...] Für solche Elendshütten kann man wirklich keine Miete bezahlen." Die Stadtverwaltung selbst trage durch ständige Überbelegung zu den schlechten Verhältnissen bei.[97]

Von 1952 an kam es zur von der Industrie unter arbeitsmarktpolitischen Gesichtspunkten begrüßten behördlichen Zuweisung von Flüchtlingen in die Stadt. In der heruntergekommenen Wilhelmschule in Mundenheim wurde ein Lager eingerichtet, in welchem bald unerträgliche Zustände herrschten – erst 1957 wurde es geräumt. Einfache Ersatzwohnungen in Mundenheim waren erstellt worden.[98] Durch diese ›Förderung‹ fühlten sich eingesessene Bürger benachteiligt. Denn es war klar, daß auch der ›einheimische Normalbürger‹ „keinen eigenen Neubau finanzieren könne", er also auf öffentlich organisierten und geförderten Wohnungsbau angewiesen war.[99] Freilich konnte der Mietwohnungsneubau über Jahre hinweg das Defizit nicht decken, weil die Zahl der Wohnungssuchenden mindestens ebenso schnell wuchs wie die Zahl

Anmerkungen
Seite 682 und 683

93 *Rhpf, 18.7.1953*
94 *Rhpf, 29.2.1956*
95 *Schulz, S.271*
96 *Rhpf, 21.7.1953, 25.7.1953*
97 *Rhpf, 1.8.1953*
98 *Rhpf, 23.1.1954; VB 1950, S.94ff; 1952, S.91ff; 1957, S.74*
99 *Rhpf, 20.11.1953*
100 *Rhpf, 10.9.1953*
101 *Rhpf, 19.1.1955*
102 *vgl. zum Beispiel einen Leserbrief von S. S. in: Rhpf, 4.12.1958*
103 *zu Eigenheim, Eigentum und Wohnungskomfort in der Geschichte der Bundesrepublik vgl. Schulz, bes. S.95—109, 255—265, 296—308; Andersen, S.126—151; Zimmermann; zur Entwicklung des Eigenheimbestandes vgl. Weber*

Elendsquartiere in der Spielhagen-[heute Kurt-Dehmel-]Straße; ehemalige Zwangsarbeiterbaracken, Oktober 1958 [43]

Schließung des Flüchtlingslagers Wilhelmschule, November 1957 [44]

Aus einem Bericht der ›Rheinpfalz‹ über die Barackensiedlung Brucknerstraße vom 21. Juli 1953

Was sich dem Besucher [...] anbot, spottet jeder Beschreibung. Barakken auf alle Arten geflickt und beschädigt, verwahrloste Gestalten ohne Schuhe, dazwischen sauber gekleidete Männer und Frauen. Unsaubere Räume, mit Pappe geflickte Decken, der Schwamm in den Türen, durchgefaulte Fußböden, kein Wasser, kein Gas; von sanitären Anlagen kann ebenso kaum gesprochen werden. Dazwischen aber auch Unterkünfte, die Pflege und Sorgfalt erkennen lassen, Räume, in denen ein Radio erklingt. Ein Arbeiter der städtischen Straßenbahn berichtete, daß unter den gemeinhin als asozial bezeichneten Bewohnern der zwölf Baracken mit rund 150 Familien sieben Eisenbahner, drei Postler und zwei städtische Arbeiter wohnen: „Hier wird man zum Lump", sagte er. Er haust mit sieben Personen in zwei Räumen. Unverkennbar bei dieser Familie, daß sie in Not geraten ist. Wand an Wand damit lebt eine Rentnerin. Sie erhält nach ihren Angaben 49 Mark, abzüglich der Miete für zwei Zimmer und Küche in Höhe von 18,95 Mark, mit drei Kindern. Eine Frau macht gleich gar nicht auf. „Weil es so dreckig bei ihr ist", ergänzt ihr Nachbar. In einer ›Wohnung‹ leben 15 Personen in zwei Räumen. Das vielschichtige Bild der Baracken und der rund 700 Bewohner bietet mannigfaltige Perspektiven; ein zusammenfassendes Urteil scheint unmöglich.

derjenigen, die etwa nach vier Jahren Wartezeit eine Wohnung erhielten. Im Herbst 1953 sprach die Stadtverwaltung von fast zehntausend Wohnungssuchenden.[100] Zwar begann ihre Zahl um die Mitte der 1950er Jahre langsam zu sinken.[101] Dennoch hielten die Spannungen zwischen Kreisen der Einheimischen und vermeintlich bei der Wohnungsvergabe begünstigten Flüchtlingen offensichtlich noch bis 1958 an.[102]

Während der Mietwohnungsbau hohe Priorität genoß und sich seit 1952 deutlich beschleunigte, war von einer Förderung des Wohneigentums kaum die Rede.[103] Dabei lebte ein Großteil der Wohnbevölkerung der äußeren Stadtteile in eigenen Häusern oder von privaten Wohnungseigentümern gemieteten Wohnungen. Doch waren diese Ortsteile im Krieg überwiegend relativ gut davongekommen und tauchten deshalb in der Wohnungsbaudebatte selten auf, auch nicht in der

Oggersheim, Schillerplatz, 1958 [45]

Haus in der Oggersheimer Hintergasse November 1955 [46]

Der Maudacher Ortskern, 1958 [47]

Stadtplanung. Zwar war klar, daß einzelne, wiederherstellbare und nicht preisgegebene Altbauten mittels Privatkapital und öffentlicher Zuschüsse, zumindest aber durch die Befreiung von der Grundsteuer zur Vermehrung des Wohnraumangebots beitragen sollten. Dennoch richtete sich Oberbürgermeister Bauer gegen eine einseitige Bevorzugung des Eigenheimbaus, durch den in den kriegszerstörten Großstädten die Wohnungsnot nicht beseitigt werden könne.[104] Mit solchen Äußerungen bewegte sich Bauer im Jahre 1954 noch ganz auf der Linie vieler westdeutscher Kommunalverwaltungen, stellte sich aber gegen den bundespolitischen Trend, bei dem sich sowohl die Deregulierung der Wohnungszwangswirtschaft als auch eine Präferierung des Wohneigentums bereits abzeichneten.[105]

Aufgrund der politischen Kultur Ludwigshafens mit ihrem Zurücktreten bürgerlicher Kräfte, bzw. deren Einbindung in die vorgegebenen Prioritätensetzungen, kann man bis zu den sechziger Jahren keine in Richtung Eigentumsförderung führenden Forderungen erkennen. Als einzige Maßnahme stellte die Verwaltung gelegentlich Baugebiete zur Verfügung, solange dies noch einigermaßen finanzierbar war. Zu bedenken ist allerdings, daß die Masse der Bevölkerung die wohl durchaus vorhandenen Sehnsüchte nach dem ›eigenen Häuschen‹ noch kaum umsetzen konnte und sich so die negativen Folgen der Suburbanisierung für Sozialstrukturentwicklung und Steuerkraft der Kommunen sowie hinsichtlich der Zersiedelung der Landschaft erst wesentlich später zeigten. Auch dann dauerte es noch, bis man von Seiten der – überwiegend sozialdemokratischen – (kommunal-)politisch Handelnden die Lage erkennen konnte bzw. wollte.[106] Die entscheidenden generellen Faktoren der Suburbanisierung, die städtische Baubodenverteuerung und die Motorisierung, hätte man allerdings auf kommunaler Ebene nur durch zum Teil dem Zeitgeist ganz widersprechende Maßnahmen beeinflussen können, wie die eindeutige Förderung des öffentlichen Nahverkehrs, Bodenbevorratung nach dem Vorbild der Kommunen im Kaiserreich, eine besondere Förderung des Grunderwerbs junger Familien oder vernünftig verdichtete städtebauliche Lösungen eines sparsamen Umgangs mit dem Bauboden.

Anmerkungen
Seite 684 und 685

104 Rhpf, 18.1.1954
105 vgl. Schulz, S. 288—314
106 dazu Jessen
107 Rhpf, 2.3.1953
108 Rhpf, 16.12.1948
109 Rhpf, 28.4.1951
110 Rhpf, 23.11.1953
111 Rhpf, 19.4.1952
112 Rhpf, 14.3.1953

Ruchheim, Cyriakuskirche, 1958; damals noch nicht Stadtteil [48]

Rheingönheim, 1960 [49]

Blick über Oppau und Edigheim 1962 [50]

Allenfalls peripher konnte und wollte man noch bis Mitte der fünfziger Jahre den Bau von Kleinsiedlungshäusern mit Gartenanteil unterstützen, die durch starke Eigenhilfe billiger kamen.[107] Projekte für den Kleinsiedlungshausbau kamen erstmals 1948 zur Sprache.[108] 1951 protestierte die Siedlervereinigung ›Junges Volk‹ gegen die Verteilung der Landesmittel für Wohnungsbau, wie sie von der Stadtverwaltung vorgenommen wurde. 1950 habe man aus eigener Kraft 75 Häuser erstellen können. Trotzdem werde der hinter den Siedlern stehende katholische Bauträger gegenüber anderen Bauträgern ganz ungerechtfertigter Weise benachteiligt. Gemeint waren die der Sozialdemokratie nahestehenden Träger, aber auch die Gewoge.

Dies laufe auf die „Bevorzugung kollektiv-kapitalistischer Baugesellschaften" in Ludwigshafen hinaus, ein Vorwurf, der prinzipiell zutraf,[109] der aber übersah, daß ja auch die Gewoge als verlängerter Arm der BASF wenigstens nebenbei den halbländlichen Siedlungsbau – für Bedienstete in der Rheinsiedlung Oppau – förderte.[110]

Als im April 1952 die auf der Grundlage eines über Jahrzehnte erworbenen städtischen Grundbesitzes mögliche Siedlung an der Saarlandstraße öffentlich diskutiert wurde, waren dort zwar Ein- und Zweifamilienhäuser neben größeren Bauten, also eine ›gemischte‹ Bebauung, vorgesehen, aber es handelte sich bezeichnenderweise um Mietwohnungsbau durch Genossenschaften – Baugemeinschaften von Heimatvertriebenen – und die großen Baugesellschaften.[111] Gegenüber solchen Dimensionen hatten ›Siedler‹, jedenfalls die außerhalb der katholischen Kirche, kein Potential aufzuweisen. 1954 bat die vom Hilfswerk der evangelischen Kirchen unterstützte Siedlergruppe Rheingönheim um bescheidene 156 000 Mark – vergebens. Mit diesem Geld könne eine Selbsthilfegruppe viel höhere Bauleistungen erbringen als die mit Lohnarbeit wirtschaftenden Bauträger: „Schließen Sie die stiefmütterlich Behandelten nicht weiter aus [...] Warum [fanden] gewisse Baugenossenschaften und konfessionelle – gemeint sind: katholische – Siedlergemeinschaften wiederum großzügige Berücksichtigung, [wurde] dagegen unser bescheidener Antrag erneut abgelehnt [...] Warum verhält sich die Stadt Ludwigshafen so ablehnend [...]?"[112]

Vorortverkehr: Mannheimer Straße, Oggersheim, Februar 1954 [51]

Gebäude- und Wohnungsbestand 1949—1954[113]
(zum Jahresende)

	Wohnungen	Wohnräume	Personen je Wohnung	Personen je Wohnraum
1949	31 099	107 271	3,87	1,12
1950	31 819	109 879	3,97	1,15
1951	33 579	115 875	3,91	1,13
1952	35 110	120 937	3,82	1,11
1953	36 756	126 323	3,74	1,09
1954	38 701	132 921	3,65	1,06

Unter diesen Bedingungen blieb es über zwanzig Jahre lang bei der vorrangigen Förderung von Mietwohnungen. Die Geschoßwohnungsbauten wurden vornehmlich von den Gemeinnützigen Wohnungsunternehmen der Stadt und der BASF, der GAG – Gemeinnützige Aktiengesellschaft für Wohnungsbau – und der Gewoge – Gemeinnützige Wohnungsbaugesellschaft – erstellt.[114] Natürlich war trotz grundsätzlich anderer Prioritäten in Ludwigshafen der private Sektor eine nicht zu vernachlässigende Größe: er trug 1953—1961 immerhin 42% zu den gesamten Neubauleistungen bei, und fast ein Drittel aller Mietwohnungen wurden von Privaten erstellt,[115] die dafür Subventionen und Kredite erhielten. Die Dominanz von GAG und Gewoge blieb dennoch ungebrochen. In den Jahren zwischen 1950 und 1966 errichteten sie 13 625 Wohnungen, was einem Anteil von 43,7% aller in der Stadt gebauten Wohnungen entsprach.[116] Entsprechend beeindruckend war auch der von den Gesellschaften verwaltete Baubestand: die Gewoge verfügte 1963 über 5 227 Mietwohnungen und 2 500 ›Siedlungs- und Eigenheime‹,[117] die GAG 1965 über 8 500 Mietwohnungen.[118]

1945 waren 47,1% des Bestandes der GAG zerstört oder unbewohnbar, etwa so viel wie im gesamten Wohnungsbestand der Stadt. Der Neuaufbau des Wohnungsbestandes wurde durch die Übernahme städtischen Grundbesitzes zu günstigen Preisen möglich, hier nutzte man sowohl verstreute ›Einzelbebauungen‹ wie große Flächen, vor allem das ›Saarlandviertel‹ im Süden.[119]

Anmerkungen Seite 686 und 687

113 StALu, DS 243, 1967/1, S.4

114 7 550 Wohnungen von 17 825 entfielen 1953—1961 auf den privatwirtschaftlichen Sektor; Ludwig, Wohnungsbau, S.119

115 zur öffentlichen Wohnbauförderung des privaten Sektors 1958 bis 1965 vgl. StALu, DS 243, 1967/1, S.22

116 StALu, DS 243, 1967/1, S.8

117 Ludwig, Wohnungsbau, S.121; vgl. die Zahlenangaben in: Ludwigshafen 1959, S.101

118 zusammenfassend zur Geschichte der GAG: Janson, GAG

119 vgl. Doser, S.42—45; Gewoge, 110 Jahre

120 Rhpf, 19.4.1952

Tankstelle, Humboldtstraße, 1950 [52]

Wohnblocks in der Saarlandstraße im Bau, 1956 [53]

Dieses Wohnungsbauprojekt stellte eine erste Abweichung von der Linie des Generalbebauungsplans dar, denn hier wurde nun, aus Gründen der rascheren Wohnungsproduktion, doch ein ganzer neuer Stadtteil mit einer Zielgröße von 10 000 Einwohnern projektiert. Die wohnungswirtschaftliche Dynamik hatte damit die städtebauliche endgültig überholt. So kam erstmals der in den sechziger Jahren sich dann letztlich durchsetzende Großsiedlungsbau zum Tragen, der allein wegen seiner zumindest kurzfristigen ökonomischen Effizienz gegenüber kleinräumigeren und mehr eingepaßten Konzepten wachsend an Volumen gewann; nicht zuletzt deswegen, weil die entscheidenden Akteure, die großen Baugesellschaften, hinter einer solchen Baukonzeption standen.[120] Positiv daran war die Tatsache, daß dadurch tatsächlich rasch Wohnungen gebaut werden konnten, was kleinen Gesellschaften oder privaten Einzelbauherren schwerlich gelungen wäre.

Die Verkehrsfrage bis 1954

Den Verkehr hatte man 1949 an die erste Stelle der Aufgaben gesetzt, in der Praxis jedoch tat sich außer den Straßenverbreiterungen in der Innenstadt erst einmal weniger als anvisiert. Dies lag daran, daß man in Ludwigshafen bei der Realisierung großer Verkehrsbauten in besonderer Weise darauf angewiesen war, daß die badische Nachbarstadt und die Länder Rheinland-Pfalz und Baden-Württemberg bereit waren, planerisch und finanziell einzuspringen. Denn die angestrebte Herausnahme des Fernverkehrs aus dem engeren Stadtkern – freilich nicht aus der Innenstadt – ließ sich vor allem nicht ohne entlastende Brückenbauten verwirklichen. Hier gab es drei Ansätze: Einen Ausbau der bestehenden Rheinbrücke – mit Konsequenzen für die Wohnbausubstanz in der Nähe, ein Ansatz, der relativ bald verwirklicht wurde. Eine neue Rheinbrücke bei Altrip, viel diskutiert, doch nie finanziert. Eine solche Brücke hätte tatsächlich einen Teil des Verkehrs aus der Innenstadt, hart am Kern vorbei, abgezogen. Dann der Neubau der nördlichen Brücke, der gegenüber den Erwartungen zu Anfang der fünfziger Jahre erst spät verwirklicht wurde, zu einem Zeitpunkt nämlich, als der Stadt- und Durchgangsverkehr unerhört angestiegen war.

Heuer-Ampel [54]

Die Heuer-Ampel auf dem Jubiläumsplatz, 1950er Jahre [55]

Moderne Zeiten im Verkehr

Bereits im Januar 1952 war eine erste Verkehrsampel des Systems ›Heuer‹ – mit Signalen, nicht Lichtzeichen – auf dem Jubiläumsplatz installiert worden, zwei Jahre später folgte die erste moderne Ampel an der Kreuzung Schlachthof- (Valentin-Bauer-) und Rohrlachstraße. Von 1960 ab wurde eine zentrale Ampelsteuerung für die Stadt im Stadthaus Jubiläumsstraße aufgebaut.

Dies war nicht verwunderlich, hatte die Zahl der Kfz in Ludwigshafen sich zwischen 1950 und 1955 doch fast verdreifacht (von 5 045 auf 14 340), die der Pkw gar verdreieinhalbfacht (von 1 527 auf 5 437). Bis 1965 wuchs die Zahl auf 35 233 Kfz, davon 29 343 Pkw.

Man muß also bei den innerstädtischen Verkehrsproblemen die Lage der Stadt in der Verdichtungsregion Rhein-Neckar bzw. den engen Konnex zu Mannheim beachten, denn von Mannheim her wälzten sich immer stärker anschwellende Verkehrsströme an die Ludwigshafener Arbeitsstätten und die Ludwigshafener gingen oder fuhren mit Vorliebe hinüber zum Einkaufen, einmal abgesehen vom überörtlichen Verkehr, der sich bis ins nächste Jahrtausend hinein durch die Innenstadt zwängen sollte. 1951 wollten die Stadtplaner erneut den Fernverkehr angehen, man sah bestürzt, daß das große und extrem teure Projekt der Bahnhofsverlegung am Horizont verschwand.[121]

Da bei den Grundfragen zunächst wenig auszurichten war, – auch Mannheim setzte andere Prioritäten – ging es 1953 zunächst angesichts bereits fortschreitender und unaufhaltsamer Individualmotorisierung und im Zuge der Akzentsetzung auf die Innenstadt um einen vier Jahre zuvor offensichtlich nicht vorhergesehenen Mangel an Parkplätzen. Jetzt wollte man dem bereits eingetretenen Parkplatzmangel energisch zu Leibe rücken, Neuanlagen im Zuge des Wiederaufbaus schaffen. Da der Bestand an Fahrzeugen, wie jetzt zu erkennen war, jährlich um 2 000 wuchs – man konnte sich nicht vorstellen, daß die Entwicklung des Fahrzeugbestandes sich bald noch weiter beschleunigen würde – hieß es, es werde „fraglich bleiben, ob die neuen Parkflächen für Ludwigshafener Verhältnisse ausreichend sind,"[122] während die Bundesbahn am Bahnhofsplatz erst einmal Flächen für die Omnibusse ins Umland sowie einen Parkplatz vor dem Fahrkartenschalter in Anspruch nahm – alles

Anmerkungen
Seite 688 und 689

121 Rhpf, 29.8.1951
122 Rhpf, 5.12.1953
123 Rhpf, 19.1.1954
124 Rhpf, 4.3.1955
125 zur Entwicklung der Straßenbahn vgl. Becker
126 Stadtverwaltung, Metropole, S. 73
127 StAnz., 8.5.1954
128 Lochner, Auswirkungen, S. 18

Kreuzung Rohrlach-/Schlachthof- und Frankenthaler Straße, September 1958 [56]

Moderne Ampeln [57]

Zeichen der rasch fortschreitenden Individualmotorisierung.[123] Die Bauverwaltung plante 1955, das Gelände der Aktienbrauerei für 500 Parkplätze zu nutzen, der Bauausschuß mochte sich dem nun doch nicht anschließen, da das innerstädtische Gelände zu wertvoll für diesen Zweck sei. Von Parkhäusern war noch nicht die Rede.[124]

Seit dem Jahre 1954 beschäftigte sich die Verwaltung stark mit den Konsequenzen des von der BASF angekündigten Verwaltungshochhauses. Hier sollte mit Straßenausbau zwischen Innenstadt und dem Norden reagiert werden, und diese Entscheidung bestimmte tatsächlich die Baupolitik vor allem im Hemshof. Man sprach von einer „guten Zusammenarbeit zwischen BASF und Stadtverwaltung," wobei auf die Stadt beträchtliche Kosten für den Ausbau der Friesenheimer Straße und Änderungen in der Linienführung der Straßenbahn zukamen.[125] Die Firma, die zwischen 1952 und 1965 in ihre Werksanlage 4,4 Milliarden Mark investierte,[126] übernahm von diesen Kosten 0,4 Millionen Mark für den ersten Bauabschnitt. Später wurden noch größere Maßnahmen nötig, denn, so Oberbürgermeister Bauer, angesichts des „von Jahr zu Jahr steigenden Verkehrs" könne man gar nicht anders. Alle Fraktionen waren sich über den Ausbau einig, nur die – noch nicht verbotene – KPD forderte eine größere Hinzuziehung der BASF zu den Kosten. Bauer dazu: „Es müsse aber auch berücksichtigt werden, daß die BASF der weitaus größte Steuerzahler für die Stadt sei."[127]

Karl Lochner beschrieb das Verkehrsdilemma vier Jahre später, im Jahre 1958, so: Ursprünglich habe die Verwaltung über die Neudefinition des Verkehrs die „Neuordnung" der Stadt selbst durchführen wollen – Straßenführung also als Matrix einer, wie das Schlagwort hieß, ›autogerechten‹ Stadtentwicklung. „Aber durch die ausgedehnte, bandartige Lage der Stadt längs des Rheins und durch ihre Struktur entsteht innerhalb der Stadt ein parallel zum Strom flutender, außerordentlich starker Innenverkehr. [...] Dieser Innenverkehr [wird] geschnitten von einem mächtigen überstädtischen Durchgangsverkehr und von einem noch stärkeren Ziel- und Quellverkehr, dessen Brennpunkte die Mittelstadt und die Nordstadt sind."[128] Lochner sah hier nur die Möglichkeit, diese Ströme „mittels eines Systems von inneren und äußeren Tangentialen" umzuleiten, d. h. das eigentliche Zentrum davon zu entlasten.

Grundsteinlegung für den neuen Pfalzbau, 5. Juni 1964 [58]

Friedrich-Ebert-Halle, 1965 [59]

Das BASF-Hochhaus als neuer optischer Mittelpunkt: ›Das Jahr im Bild‹, 1956 [60]

Mit einzelnen Abrissen, Begradigungen, Verbreiterungen wie im Norden oder in der Kernstadt schien es wirklich nicht mehr getan zu sein. Lochner hoffte, daß mit dem nun fertiggestellten BASF-Hochhaus mit seinen 2 000 Beschäftigten, ein neuer „optischer" Mittelpunkt entstehe, der, sozusagen virtuell, zur Integration des Nordens und der Mitte würde beitragen können. Man befand sich in Lochners Sichtweise – und die war weiterhin die relevanteste – bei der Verkehrsplanung 1958 noch immer auf der Suche nach der „städtebaulichen Einheit", der „Ausbau" der Straßen habe indes „gerade eben begonnen."[129]

Auf dem Weg zum ›Vierten Ludwigshafen‹[130] 1954/55—1965

›Entfaltungsräume für die Bürger‹ und beschleunigte Stadtentwicklung

1954 hatten sich die baulichen Aktivitäten in der Stadt außerordentlich belebt, die Stadtverwaltung sah sie nun geradezu als „Spiegelbild rastlosen Wiederaufbaues und Aufstiegs." Größere Gemeinschaftsbauten über den traditionellen Schulhausbau hinaus rückten in den Bereich des Realisierbaren. Das Stadtmuseum und Stadtarchiv mit seinen reichhaltigen Sammlungen[131] war 1955 wiederaufgebaut, und am 28. Oktober 1956 wurde das – einst kurz vor Kriegsbeginn erstmals geplante und durch eine große Spende der BASF zum Stadtjubiläum mitfinanzierte – Hallenbad eröffnet, das als das „in seiner Art [...] modernste Gebäude in der Bundesrepublik" galt.[132] Am Tag zuvor schon war das später nach Bürgermeister Reichert benannte Kulturhaus eingeweiht worden. Die Stadt, die bisher nur den wenig überzeugenden alten Pfalzbau oder das im Besitz der BASF befindliche Feierabendhaus als gesellschaftlichen Mittelpunkt hatte, besaß nun endlich ein architektonisch reizvolles kommunales Kulturzentrum.

Anmerkungen
Seite 690 und 691

129 *Lochner, Auswirkungen, S. 20*
130 *Ziegler, Stadt, S. 57ff*
131 *Mörz, Gedächtnis, S. 12*
132 *Der Architekt war Heinrich Schmitt s.o. S. 674f; StAnz., 8.5.1954*
133 *Bericht über die Eröffnung des Kulturhauses; StAnz., 27.10.1956, S. 1—9; s.a. StAnz., 18.8.1956, S. 1*

Die Eröffnung des neuen Hallenbads, Oktober 1956 [61]

Blick in den Schmuckhof des Hallenbads [62]

Es zeigt sich hier der sozial- und stadtpolitische Ansatz, allen Bürgerinnen und Bürgern über die Entwicklung sozialer Infrastruktur buchstäblich Entfaltungsräume zur Verfügung zu stellen. Diese Politik der prinzipiellen Inklusion und sozialen Integration, die freilich auf einer positiven Gesamtentwicklung der kommunalen Finanzen beruhte, erscheint bemerkenswert angesichts heutiger Leitbilder einer faktisch sozial segregierten Stadt, bei der bestimmte Bereiche nur noch für Konsumenten zugänglich sind bzw. nur von diesen genutzt werden können. Speziell das Kulturhaus war als ›freie Bildungsstätte‹, als Standort der Volkshochschule und als Ausstellungsraum gedacht. Es sollte hier ein Raum zur kompensatorischen Erwachsenenbildung und zur Heranführung der Stadtbevölkerung an bislang vorenthaltene Bildungsgüter, insbesondere an Dokumentarfilm und moderne Kunst, auf der Grundlage eines funktionellen, differenzierten Nutzungskonzepts geschaffen werden. Bei seiner Eröffnung am 27. Oktober 1956 hoffte der Festredner, Bürgermeister Ludwig Reichert, daß dies ein Beitrag zur Stabilisierung der demokratischen Grundordnung sein könne. Elf Jahre nach dem Ende der Diktatur verkörperte das Kulturhaus auf ästhetischer und baupolitischer Ebene die Wende zur westlichen Moderne und das Bekenntnis zu einer kommunal fundierten parlamentarischen Demokratie. Freilich nur allgemein war bei Reichert von den geistigen Ursachen des Nationalsozialismus, der letztendlich als Hybris auf ahistorischem Grund zu stehen schien, und von der Notwendigkeit reflexiver Urteilskriterien des modernen Menschen die Rede. Es schien für Reichert ganz selbstverständlich, daß es die Aufgabe einer Stadtverwaltung sei, „den Menschen [...] soviel Beglückung und Freude zu schenken, wie sie als unvollkommene Menschen in dieser Welt zu erreichen vermögen." Daß das Bauwerk, wenn nicht vollkommen, so doch die ihm zugrundeliegenden Intentionen absolut richtig und vollkommen waren, war nicht nur möglich zu denken, sondern konnte auch in öffentlicher Rede einer Kommune dargelegt werden.[133]

Modern, hell, licht ... und mit Gummibäumen: Foyer des Kultur-[heute Bürgermeister-Reichert-]hauses, 1956 [63]

Bildungsstätte: Glasfenster im Treppenhaus des Kulturhauses Oktober 1956 [64]

In den frühen sechziger Jahren wurde der innerstädtische Kulturschwerpunkt weiter ausgebaut. 1963 wurde das unmittelbar an das Reichert-Haus anschließende Gebäude der Stadtbibliothek eingeweiht, das auf dem Gelände des alten Gesellschaftshauses an der Bismarckstraße entstanden war. Die Eröffnungsrede hielt diesmal Ernst Bloch. Im Jahr darauf folgte die Grundsteinlegung für den neuen Pfalzbau, der seit dem Ende der 1950er Jahre heiß diskutiert worden war. Während die Spitzen der städtischen Gesellschaft eine Theater- und Veranstaltungsstätte als Teil des urbanen Lebens für unverzichtbar hielten, bezeichnete der rheinland-pfälzische Finanzminister Eicher das Gebäude 1966 als „so unnötig wie eine Wandlaus" – ein Urteil, das die Zeit Lügen gestraft hat.[134]

Als architektonisches Vermächtnis und letztes großes öffentliches Gebäude der Ära Oberbürgermeister Klübers wurde am 12. März 1965 die Friedrich-Ebert-Halle im Ebertpark mit einer Frühjahrsblumenschau eröffnet. Der Wiener Architekt Roland Rainer hatte das allgemein als elegant gelobte Gebäude, eine kühne Konstruktion aus Stahl und Beton, das die kriegszerstörte Ausstellungshalle an gleicher Stelle ersetzte, von 1960—1962 entworfen. In den folgenden Jahrzehnten wurde die Eberthalle, die je nach Aktionsfläche 2 500 bis 4 300 Menschen Platz bietet, zum Schauplatz zahlloser Sportereignisse, Musik- und Showveranstaltungen, Ausstellungen, Kongresse und politischer bzw. gewerkschaftlicher Kundgebungen. Höhepunkte der Wahlkämpfe in Ludwigshafen waren und sind Auftritte der jeweiligen Kanzler in der Eberthalle.

In der Innenstadt bei der Rekonstruktion der Bismarckstraße und im Hemshof bei der seit 1954 eingeleiteten ersten Phase der Straßen- und Flächensanierung baute man neue Häuser in die zweite Reihe und riß dann die alte Bauflucht ab, d. h. auch die erhaltenswerten Gebäude. So gingen im Hemshof von 1950 bis 1966 422 Wohnungen verloren, 548 kamen hinzu.[135] 42 Grundstücke wurden in der Bismarckstraße „als

Anmerkungen
Seite 692 und 693

134 *GA, 3.12.1966, sowie generell die Zeitungsverkartung ›Pfalzbau‹ im StALu*

135 *StALu, DS 243, 1967/1, S.6*

136 *MM, 12.6.1954*

137 *StALu, DS 243, 1967/1, S.7*

138 *zur Pendelwanderung unmittelbar nach dem Krieg vgl. Moll, Berufspendler*

139 *Knoll*

140 *Bauleistung bei Einfamilienhäusern nach: StALu, DS 243, 1967/1, S.12*

Innenhof der Stadtbibliothek 1960er Jahre [65]

Ernst Bloch bei der Eröffnung der Stadtbibliothek, 1963 [66]

vorbereitende Maßnahme für spätere Straßenverbreiterungen" geräumt, geräumt wurden auch „die Reste" des großen Jahn-Turnsaals in Friesenheim. Von Wiederherstellung eines solchen für die städtische Sozialgeschichte und als räumlicher Orientierungspunkt durchaus bedeutsamen Gebäudes war nicht die Rede.[136] Dieser Sprung zum Abriß der noch bestehenden Altbauten ist ausdrücklich festzuhalten.

Der Blick richtete sich nun stärker auf den Siedlungsbau an der Peripherie, besonders im Stadtteil Süd – 263,3% Zunahme an Wohnungen 1966/1950; vergleichsweise in der Mitte 211,6%, im Hochfeld 194,8%, in Edigheim 165,4%, im Hemshof hingegen nur 3,9%.[137] Die beschleunigte Bauleistung führte zum Abschluß der ersten Wiederaufbauphase, als man 1956 durch Wiederherstellung und Neubau wieder den Vorkriegsstand an Wohnungen erreicht hatte. Allerdings hatte die industrielle Expansion gleichzeitig dazu geführt, daß bereits 33 000 Arbeitspendler täglich in die Stadt strömten – ›Kandidaten‹ für den Wohnungsmarkt, da vielfach motiviert, die heimatlichen Dörfer zu verlassen.[138] Für einen Gegentrend, das Ausweichen von Städtern ins suburbane Umland zum Zweck des Eigenheimbaus, wie es heute die Substanz der Städte gefährdet, gab es bis 1961 keine größeren Anzeichen.[139] Vielleicht entsprach der Zugang von 2 001 Einfamilienhäusern – und das dürften fast ausschließlich Eigenheime gewesen sein – 1950 bis 1962 noch einigermaßen dem aktuellen Bedarf und der Kapitalkraft der Haushalte, von denen sich nur wirklich Privilegierte ein Eigenheim leisten konnten; danach änderten sich aber einerseits die Ansprüche ans Wohnen allgemein und rückte die Realisierbarkeit des Eigenheimwunsches auch für breitere Mittelschichten nahe, genau zu einem Zeitpunkt, als in Ludwigshafen die Neubauleistungen und speziell der Eigenheimbau drastisch sanken, nämlich 1963. Demgegenüber zog im städtischen Umland der Wohnungsbau an.[140]

Aufbau mit veränderter Bauflucht: Bismarckstraße 1956 [67]

Die Realität vieler Ludwigshafener: Küche in der Innenstadt, 1958 [68]

Gebäude- und Wohnungsbestand 1955—1965[141]
(zum Jahresende)

	Wohnungen	Wohnräume	Personen je Wohnung	Personen je Wohnraum
1955	40 904	140 610	3,57	1,04
1956	43 688	150 759	3,44	1,00
1957	46 232	159 837	3,34	0,97
1958	47 722	164 926	3,32	0,96
1959	49 708	172 056	3,25	0,94
1960	51 652	180 254	3,23	0,92
1961	54 048	189 416	3,14	0,90
1962	55 944	196 608	3,08	0,88
1963	57 225	201 675	3,05	0,87
1964	58 405	206 282	3,04	0,86
1965	59 629	211 130	3,00	0,85

Insgesamt kann man bei der Wohnungsbauleistung 1955 bis 1965 von einer langsamen, aber deutlichen Verbesserung der Wohnraumversorgung sprechen, aber auch von einem ständigen Hase-Igel-Wettlauf zwischen Angebot und Nachfrage in der ›Stadt der Chemie‹ (Umsatz 1961: 2,6 Milliarden DM)[142] mit ihrer sich ständig ausweitenden Nachfrage nach Arbeitskräften: Einerseits gab es Erfolgsmeldungen über „Mehr neue Wohnungen als neue Bürger" – andererseits war die „Wohnraumnot unverändert hoch: Junge Ehepaare und Pendler sind ungeduldig." 1958 wollten noch angeblich 1 275 Familien von Evakuierten in die Stadt zurück, es wurden ständig Gesuche aus dieser Gruppe berücksichtigt. Für die sozialdemokratisch regierte Arbeiterstadt kam die Liberalisierung des Wohnungsmarktes 1964, als die CDU die Aufhebung von Wohnraumbewirtschaftung und Mietkontrollen durchgesetzt hatte,

Anmerkungen
Seite 694 und 695

141 StALu, DS 243, 1967/1, S. 4

142 Horak, S. 65

143 Rhpf, 8.6.1964. Zum Abbau der Wohnraumbewirtschaftung und der Auflösung von Wohnungsämtern nach dem ›Lücke-Plan‹ seit 1960/63 und der Kritik an den dazu eingeführten statistischen Indikatoren, wie sie in scharfer Weise auch in Ludwigshafen geäußert wurde; vgl. Führer, S. 384—388.

144 MM, 7.2.1958, 15.4.1958; StAnz., 17.5.1958

145 StALu, DS 243, 1967/1, S. 13—15

Neue Wohnwelten: Musterwohnung im Demuth-Haus, um 1955 [69]

Küche in der Valentin-Bauer-Siedlung um 1955 [70]

noch zu früh.[143] An eine privatwirtschaftliche Lösung der Wohnungsproduktion im Mietsektor dachte man in der Stadtpolitik nicht, man hatte auch noch mit Obdachlosigkeit zu tun.[144] Sehr deutlich zeigt sich, daß ab 1960 veränderten Größenansprüchen an die Wohnungen und damit steigenden Qualitätsansprüchen Rechnung getragen wurde: Die Anzahl der fertiggestellten Wohnungen mit fünf und mehr Zimmern stieg in diesem Jahr auf 26,2% gegenüber 11,4% im Vorjahr; ebenso ging die Entwicklung von der 3-Zimmer-Wohnung in Richtung 4-Zimmer-Wohnung. Es gab nun in Neubauwohnungen mehr Platz. Hatte eine typische Neubauwohnung in den fünfziger Jahren noch kaum mehr als 50 Quadratmeter aufgewiesen, so konnte man Anfang der sechziger Jahre schon mit 70 Quadratmetern rechnen. Hatte man sich bislang mit Ofenheizung begnügt, erhöhte sich schlagartig ab 1961 der Anteil der Wohnungen mit Zentralheizung bis auf 69,8% im Jahre 1965. Hinter all dem standen die steigende Kauf- und Konsumkraft und die Individualisierungstendenzen des nun erst wirklich durchbrechenden Zeitalters des ›Wirtschaftswunders‹ und speziell ein auch in Ludwigshafen bemerkbarer Trend in Richtung anspruchsvollerer ›Appartmenthäuser‹ im privaten Sektor und wohl auch eine veränderte öffentliche Baupolitik.[145]

Im Zeichen eben des Wirtschaftswunders und im Bewußtsein, bereits erfolgreich agiert zu haben, im Zeichen auch und gerade der wirtschaftlichen Prosperität der eigenen Stadt, nahm die Zukunftsgewißheit der Verwaltung und wohl auch der Bürger selbst ebenso zu, wie die anvisierten Projekte größer und die Planungshorizonte weiter wurden. Was sich bisher noch auf der Linie des Generalbebauungsplans bewegt hatte, überstieg diese Linie nicht nur, es schoß nun auch praktisch geradezu über sie hinaus. Der Bruch mit der Tradition, wie er 1948/49 begründet worden war, wurde erneut gerechtfertigt, pauschal im Hinblick auf die Bewertung historischer Bausubstanz und vereinfachend angesichts

Das Alte wird verbannt: Sprengung des zum Teil mittelalterlichen Turms der Sebastianskirche Mundenheim August 1951 [71]

der falschen Alternative zwischen Eins-zu-Eins-Rekonstruktion und radikalem Schnitt: Der Generalbebauungsplan habe die einmalige Chance der Modernisierung gegeben. Großzügige Planung sei mit ihm ohne Störendes umzusetzen gewesen, schrieb der Redakteur Hermann Knoll 1955: „Zu keiner Zeit trug die Stadt das Gesicht eines Gemeinschaftswerks, sie war ganz zufällig so und nicht anders geraten und besaß keinen besonderen Ausdruckswert. Nur schwer kann sich nachträglich der Ludwigshafener an Gewesenes erinnern."[146] Warum nicht eine kritische Rekonstruktion, die sowohl Gewesenes, als Zukünftiges berücksichtigte?

Ein neues Ziel zeichnete sich ab. Man wollte zu einer kommerziellen Hauptstadt des Bundeslandes oder wenigstens der Region werden, in Abwehr des außerordentlich erfolgreichen Mannheim. Ludwigshafen sei „die größte Stadt des Landes, die danach strebt, zugleich das Schaufenster der Pfalz zu sein." Zukunftsaufgaben seien: 1. die Lösung der Verkehrsfrage, besonders die Rheinbrücke, 2. die Ersetzung des Hochviadukts über dem Bahnhofsgelände, also eine Brückenführung über die gewaltigen Gleisanlagen, die, so zeichnete sich ebenfalls ab, wegen der Anbindung des ja zentral gelegenen Hafens, auf jeden Fall partiell würden beibehalten werden müssen, 3. die Lösung des ›Parkhungers‹ – gemeint waren nicht Parkanlagen, sondern Parkplätze, 4. die endgültige „Rückführung der Evakuierten" und überhaupt die Versorgung der immer noch 10 000 Wohnungssuchenden, die Lösung der „Schulraumnot" und die Überbauung der „Trümmergrundstücke, für die keine Aufbaumittel vorhanden sind", weswegen man ja auch bereits auf den viel einfacher finanzierbaren Siedlungsbau ausgewichen war.[147]

Drei Jahre später ging Oberbaurat Georg Ziegler – 1949 bis 1960 „treuer Wegbegleiter" und dann Nachfolger Lochners in der Bauverwaltung – vor dem ›Ring Politischer Jugend‹ noch weiter. Man wolle die schöne Stadt anstelle der bisherigen häßlichen schaffen. Man wolle „eine Idealstadt entstehen [lassen], die den Bewohnern die Beschwernisse des Verkehrs weitgehend erspart und den einzelnen Ortsteilen [...] ein Eigenleben gestattet." Diese Ortsteile dürften in sich durchaus Erweiterungen erfahren und eigene Geschäftszentren entwickeln, sollten aber nicht mit innerstädtischen Bereichen verwachsen. Beim Wiederaufbau habe sich das „Gewicht des Erhaltenen", vor allem der Stadtgrundriß ungünstig bemerkbar gemacht. Erst 1952/53 sei dann besser zu erkennen gewesen, welche Rolle der Verkehr spielen würde. „Allmählich [wuchs] der Mut zu kühnen Projekten."[148] Ziegler stellte sich eine weitere Expansion des Wohnungsbaus in den Stadtteilen, Sanierungen, Ausbau des Stadtverkehrs und die Gestaltung der Innenstadt als Einkaufszentren vor.[149] In Wahrheit unterschätzte man die Autolawine noch, die aus der Vernachlässigung des öffentlichen Nahverkehrs, aus der Motorisierung der deutschen Haushalte, wie aus dem unaufhaltsamen Drang der Pendler resultierte, zur Arbeit nicht mehr mit Bahn, Straßenbahn und Fahrrad zu gelangen, sondern den eigenen Pkw zu benutzen, so daß man in ein fundamentales Dilemma geriet: Verkehrstechnische und immer größer gestaltete Lösungen, die man an einer Stelle gefunden hatte, wurden gleich wieder durch die Probleme an einer anderen zunichte gemacht. Tatsächlich erkannten die Stadtplaner trotz einer eindeutigen Priorität auf die Lösung des massenhaften ›Individualverkehrs‹ das Ausmaß seiner Folgen nicht. Sie wollten ihm mit immer mehr Straßenbau beikommen, obwohl sie „den Anspruch

Anmerkungen
Seite 696 und 697

146 *Knoll*
147 *ebd.*
148 *GA, 21.5.1958*
149 *StAnz., 21.5.1960*
150 *StAnz., 21.5.1960, S.3, 5; vgl. auch Personalakte Ziegler beim Personalamt der Stadt Ludwigshafen*
151 *Faber, S.2*
152 *vgl. Knoflacher*
153 *Faber, S.31f; vgl. auch die Vorschläge dazu in Keppel, S.83—89 mit einer Positivbewertung des neu gebauten Stadtteils Pfingstweide*
154 *Rhpf, 13.12.1958*

Der Planer des ›vierten Ludwigshafen‹: **Georg Ziegler**

Georg Norman Ziegler wurde 1907 als Sohn eines deutschen Architekten und Farmers in Waterfall in Südafrika geboren. 1913 kam die Familie nach Deutschland, der Vater fiel 1914 als Kriegsfreiwilliger. Nach einem Architekturstudium in München und Stuttgart (1926—31) arbeitete Ziegler vor allem in der Bauverwaltung seiner Heimatstadt Kaiserslautern, bevor er 1938 die Leitung des Ludwigshafener Stadtplanungsamts übernahm. Seit 1940 wurde er mit der Umsetzung des Bunkerbauprogramms in der Stadt betraut. 1942 wurde Ziegler, der kein NSDAP-Mitglied war, endgültig eingezogen und geriet 1944 in russische Gefangenschaft, aus der er erst 1949 wieder heimkehrte. Erneut in der Ludwigshafener Stadtplanung tätig, arbeitete er in engster Kooperation mit Karl Lochner, als dessen „gleichgesinnter [...] erster Offizier und treuer Wegbegleiter" er charakterisiert wurde.[150] 1960 wurde er Lochners Nachfolger und blieb es bis zu seinem Ruhestand 1972. [S. M.]

[erhoben], bereits frühzeitig das Verkehrsproblem erkannt und durch wissenschaftlich abgesicherte Maßnahmen weitgehend in den Griff bekommen zu haben."[151] Tatsächlich trug die später gebaute Stadtautobahn dazu bei, die Innenstadt und insbesondere die Bismarckstraße vom Durchgangsverkehr zu befreien. Auch die Umgehungsstraße um Mundenheim brachte für diesen Stadtteil eine beträchtliche Entlastung. Doch wurden weder die Staus und der kriechende Berufsverkehr der Zukunft, also die abnehmende Mobilität durch ein Maximum an Autos vorhergesehen, noch die Folgen des Individualverkehrs für die Begehbarkeit der Straßen – z. B. für spielende Kinder, hinsichtlich Lärm und Abgasen, für das Wohlbefinden der Einwohner – dazu: Verbrauch von Stadtfläche, Verarmung der Umgebung, Unfälle – auch nur annähernd richtig eingeschätzt oder die erkennbaren Probleme angemessen gewichtet.[152] Erst unter Oberbürgermeister Werner Ludwig erfolgte insofern ein erstes partielles Umdenken, als dieser in seinem ›Vorschlag eines Verkehrskonzeptes für Ludwigshafen am Rhein‹ von 1972 dem öffentlichen Schienenverkehr und der Verkehrsberuhigung einen erhöhten Stellenwert einräumte.[153]

Oberbaudirektor Ziegler (links) [72]

Wie stark man sich zunehmend vom Wiederaufbau im Sinne von Rekonstruktion oder Fortbau grundlegender Strukturen entfernt hatte, wie stark nunmehr der Wille zu strikter Modernität gewachsen war und wie städtischer Raum seit Mitte der fünfziger Jahre als etwas völlig Disponibles galt, geht auch aus den Thesen des seit 1945 bei der ›Rheinpfalz‹ als ›Heimat‹-Redakteur tätigen Karl Heinz hervor: Ludwigshafen gleiche dem Phönix, nur daß es jetzt schöner wiedergeboren werde, als es je war. In Ludwigshafen habe der Bombenhagel nur wenig weggenommen, was erhaltenswert gewesen wäre. Der alte Stadtkern sei ja „nur ein Anhängsel der Industrieansiedlung" gewesen. „Die Konturen dieser Großstadt setzt eigentlich erst die Gegenwart." Man habe höchstens die alten Verläufe der Straßen und der Kanalisation zu respektieren gehabt. Der Autoverkehr schaffe nun alte Strukturen beiseite. „Der Bauplan folgt einer [...] Konzeption, die verbindende Linien zu den großen Werken weltweiter Industrie sucht. Wie einsam wäre das Hochhaus, wären die neuen großzügigen Straßenführungen nicht [...] Spitzhacke und Preßluftbohrer haben, um Raum für die neue Brückenauffahrt zu schaffen, in intimste menschliche Verhältnisse eingegriffen [...] Diese neue Ordnung schafft eine Stadt für den ›technischen Menschen‹ unseres Jahrhunderts."[154] Dies also war eine Umbauutopie in Reinkultur und in Anlehnung an die Tradition der Idealstadt. Technik und Wissenschaft als bestimmende Faktoren der Gesellschaft standen in der Bundesrepublik

Die Glorifizierung der Moderne: das neue Gewoge-Hochhaus und die Mundenheimer Erbgasse, um 1963 [73]

Moderne auch im Kirchenbau: Kirchenneu- und Wiederaufbauten haben zum Teil radikal mit der Vergangenheit gebrochen; kath. Pfarrkirche Heilig Geist, Süd [74]

in hohem Ansehen. Planer und häufig Kommunalpolitiker waren zutiefst davon überzeugt, es besser als die vorherigen Generationen zu können. Dazu bedurfte es des abstrakten, vereinheitlichten technischen und mobilen, d. h. neuen Menschen. Schien nicht die Logik der expandierenden Industriegesellschaft auf ihn zuzusteuern?

Wohnungsbau und Siedlungen 1955 bis 1965

Die Schwerpunkte der (sozialen) Wohnungsbau-Aktivitäten hatten sich bis zur Mitte des Jahrzehnts in den Süden der Stadt unter Einbeziehung der südlichen Gartenstadt verlagert,[155] auch wenn die Bauverwaltung danach trachtete, in der Innenstadt ebenfalls genügend Wohnungsangebote zur Verfügung zu stellen. Bedeutendste Ausnahmen von dieser Schwerpunktsetzung waren im westlichen Innenstadtbereich das ab Juni 1956 bezogene, ›Valentin-Bauer-Siedlung‹ getaufte ›Schlachthofviertel‹, damals die „größte, geschlossene Baumaßnahme unserer Gesellschaft", wie der Geschäftsbericht der GAG von 1956 betonte,[156] einige Gewoge-Siedlungen nahe der BASF in Friesenheim und die 1960/62 entstandene Gewoge-Siedlung am Nordrand von Edigheim.

Ein wichtiges Stadtquartier entstand 1954 im Stadtteil Süd bei der Pfalzgrafenstraße, beginnend mit 161 Wohnungen der Gewoge. Unter seiner „ansprechenden Gestaltung" wurde der Bau von vier Wohnblökken verstanden, bei denen „auch die hinteren Fronten sorgfältig gestaltet werden, um einen angenehmen Blick in die aufgelockerte Bebauung" –

Anmerkungen Seite 698 und 699

155 *Rhpf, 29.2.1956, 19.3.1957*
156 *Rhpf, 9.8.1955*
157 *GA, 15.6.1955*
158 *StAnz., 8.1.1955*
159 *Rhpf, 19.1.1955*
160 *Rhpf, 9.7.1955*

* *Im Vordergrund die Skulptur ›Der große Tiger‹ von der Bremer Künstlerin Maria Ewel im Auftrag der BASF geschaffen und 1957 auf dem damals benannten Alwin-Mittasch-Platz aufgestellt.*

Zur Dauerlösung gewordene Notkirche: Melanchthonkirche, der erste Kirchenneubau nach dem Krieg, 1949 [75]

Die neue Friedenskirche, 1957 [76]*

wohl in Richtung Musikerviertel – „zu bieten." Zivilisatorische Errungenschaften waren wieder der Müllschlucker, Zentralheizung und nun auch Garagen. 1955, als die Wohnungslage gerade entspannter war und die Neubauprogramme zu greifen schienen, plante die GAG einen „Generalangriff auf die Wohnungsnot" – 600 Wohnungen Neubauleistung und 340 Wohnungssanierungen waren für das laufende Jahr vorgesehen.[157] Die Bauverwaltung erschloß ein Neubaugebiet südwestlich Mundenheims, das an die Bebauungsweise dieses Stadtteils anknüpfte, d. h. neben Reihenhäusern – zur Herstellung einer gewissen urbanen Dichte als unerläßlich betrachtet – waren private Einfamilienhäuser an verschmälerten Straßen vorgesehen.[158] Hier gab es offensichtlich auch die Kleingärten, die Besucher aus ländlichen Gegenden der Pfalz mit der Stadt versöhnten.[159] Zwischen Gartenstadt und Maudacher Bruch entstand zeitgleich eine weitere Siedlung der Gewoge mit 480 Wohneinheiten – für die das Kontingent der Stadt an Landesbaumitteln nicht in Anspruch genommen werden mußte, da es sich ja praktisch um Werkswohnungsbau handelte, für die aber seitens der Stadt das Gelände zur Verfügung gestellt wurde. Das Gebiet zwischen Dürkheimer Straße und Rheinstraße enthielt vor allem Reihenhäuser in Zeilenbauweise. Gute Besonnung sollte leitendes Kriterium sein, die Errichtung einer Volksschule und eines Kindergartens waren vorgesehen. Durch einen kleinen Grünstreifen suchte man die Häuser vergebens vom Straßenverkehr abzuschirmen.[160]

Die neue St. Sebastianskirche in Mundenheim, 1954 [77]

›Frohe Fahrt‹: GAG-Siedlung Trifelsstraße Mundenheim, September 1965 [78]

Ästhetik der Balkone: GAG-Bauten an der Saarlandstraße, 1954/55 [79]

Zentralwaschanlage in der Siedlung Georg-Herwegh-Straße [80]

Bedeutende Wohnungsbau- und Siedlungskomplexe vor allem von GAG und Gewoge in Ludwigshafen 1952—1966

1952ff	Wiederaufbau und Erweiterung der Ebertsiedlung (GAG)
1955—59	Siedlung an der Saarlandstraße (GAG/Gewoge und andere)
1955ff	Wohnbauten der Gewoge rund um die Pfalzgrafen-, Pranckh-, Wittelsbachstraße in Ludwigshafen-Süd
1955/56	Valentin-Bauer-Siedlung – Hochhaus Bruno-Körner-Straße; 1958 bezogen (GAG)
1957	›Schlichtvillen‹ Friesenheim, Sternstraße (privat)
1957—61	Gartenstadt-West (Gewoge)
1957ff	Mundenheim-Süd – Wegelnburgstraße u. a. (GAG)
1957/58	Siedlung am Alwin-Mittasch-Platz – Friesenheim (Gewoge)
1959	Übergangshäuser Bayreuther Straße (GAG)
1959/60	Hochhäuser ›Hannes‹ und ›Peter‹, Saarlandstraße (Gewoge)
1959—61	Ernst-Reuter-Siedlung Gartenstadt (GAG)
1960/62	Edigheim Gewoge-Siedlung
1960ff	Wohnsiedlungen Oggersheim – Schillerschule u. a. (GAG)
1962ff	Gartenstadt Hochfeldstraße (GAG)
1962ff	Rheingönheim-Ost (GAG)
1964	Beginn der Bebauung Oggersheim-West und Melm (GAG)
1965/66	Froschlache-Hochhäuser (Gewoge)

Als Schwerpunkt im Süden zeichnete sich die erwähnte Bebauung an der Saarlandstraße ab, die in mehreren Bauabschnitten und von mehreren Bauträgern realisiert wurde. Dort sollten nach den Vorstellungen von 1955 sowohl große öffentliche Bauten entstehen als auch ein durchaus gehobenes Wohnambiente mit 1 200 Wohnungen; die Saarlandstraße wurde zur ›Avenue‹ Ludwigshafens überhöht. Hier bauten die GAG – 577 Wohnungen –, die Gewoge, das evangelische Siedlungswerk und die Bundesbahn überwiegend viergeschoßige Zeilenbauten und teils auch Reihenhäuser.[161]

In zeitgenössischer Wahrnehmung wurden modernes Wohnen und Ökonomie im Saarlandviertel geradezu euphorisch begrüßt. Kontext, Gestaltungsfragen und sozialer Zusammenhang gehörten nicht zu den Kriterien. Zum Quartier der GAG hieß es: „Aufgelockert stehen die Blocks inmitten von Grünanlagen, in die Kinderspielplätze eingebettet sind. Ein modernes Wohnviertel ist entstanden, das [...] Wohnungen bietet, die trotz ihrer preiswerten Mieten ein Höchstmaß an Komfort aufweisen. [...] Die Ausstattung besteht aus mehrfarbigen Einbaumöbeln in der voll eingerichteten Küche, so daß der Mieter lediglich für die Kochgelegenheit zu sorgen hat." Hervorgehoben wurde auch eine zentrale Waschanlage – in den besten Traditionen des Siedlungsbaus der Zwanziger; man dachte also noch nicht, daß sich jeder Haushalt eine Waschmaschine anschaffen würde, ein „Selbstbedienungsladen" – zu diesem Zeitpunkt etwas ganz Neues, und sogar Garagen, die aber nicht ausreichten. „Leider" kämen die Wohnungen „Zuwanderern aus der Sowjetzone, Abrißbedrohten und Umsetzern aus den Elendsquartieren" zugute, so entlaste dieses Gebiet den allgemeinen Wohnungsmarkt nur wenig.[162]

Heute läßt sich bezweifeln, ob im Saarlandviertel der Durchgangsverkehr erfolgreich herausgehalten werden konnte. Die gebaute

Anmerkungen
Seite 700 und 701

161 *Rhpf, 20.2.1957; MM, 28.9.1957*
162 *Rhpf, 21.8.1959*
163 *Doser, S.46f*
164 *ebd., S.48*
165 *ebd., S.49f*
166 *40 Jahre GAG, S.7; Stadtverwaltung, Pulsschlag, 1960; Gewoge, Wohnhochhäuser*

Wirklichkeit sah nüchtern aus: „Die Wohnblocks beherbergen jeweils Zwei- und Dreizimmerwohnungen mit Küche und Bad. Die schmucklosen, tristen Fassaden erfahren nur durch eine Reihe übereinander angeordneter Balkone eine Unterbrechung. Hohe Geschoßzahlen und monotone Außenfassaden, die ausschließlich dem Gesetz der Zweckmäßigkeit unterstellt wurden, bringen den Massenversorgungscharakter der Zeit um 1960 zum Ausdruck. Hecken, Sträucher und Baumbestand verdecken heute (1989) den Blick auf diese trostlosen Fassaden der Flächenbauten und tragen somit etwas zur Auflockerung des Gesamtbildes des Saarlandviertels [...] bei."[163] Die Gewoge errichtete in der südlichen Saarlandstraße 1958—1961 zwei, von den Architekten nach Mannheimer Originalen ›Hannes‹ und ›Peter‹ genannte, sechzehnstöckige Punkthochhäuser, die so zurückversetzt wurden, daß um die Gebäude Grünflächen mit Sträuchern angelegt werden konnten. Durch die Hecken und durch die Anordnung der Häuser wollte man den Verkehrslärm brechen. Durch ihren großen Abstand sollte Besonnung aller Wohnungen erreicht werden. „Dank der Verringerung der Zimmeranzahl schaffte man kleine Wohneinheiten, womit die Anzahl der Wohnungen pro Stockwerk gesteigert werden konnte. Die Gewoge paßte sich so dem gesellschaftlichen Wandel der Zeit an. Im Gegensatz zu den kinderreichen Mietern der Vorkriegszeit setzte sich die jetzige Zielgruppe vor allem aus Alleinstehenden bzw. berufstätigen, kinderlosen Ehepaaren zusammen."[164]

In der Gartenstadt-West entstand 1957—1961 ein Siedlungsgebiet der Gewoge mit 309 Mietwohnungen – niedrige Gebäude und ein Punkthochhaus, das wegen der damals entlegenen Lage mit einem Supermarkt ausgestattet wurde und bei dem sich zeigt, wie unterschiedlich qualitätvoll von derselben Gesellschaft und praktisch zur selben Zeit gebaut wurde: „Durch die Satteldächer, die bepflanzten Balkone und die starke Durchgrünung des Viertels entwickelte sich ein aufgelockertes, lebendiges und einladendes Erscheinungsbild der Siedlung. Auch die zwischen den Zeilenbauten angelegten Gärten der einzelnen Mietparteien vermitteln dem Besucher ein angenehmeres Wohnklima als die Wohnkomplexe des zur gleichen Zeit entstandenen Saarlandviertels."[165] Wenig differenziert fiel dann 1959—1961 die Ernst-Reuter-Siedlung in der Gartenstadt aus, die nach Angaben der GAG – mit geplanten 5 000 Einwohnern – eine der größten Wohnungsbaumaßnahmen in der Bundesrepublik vor allem für DDR-Flüchtlinge darstellte. Bezeichnend für die Bedeutung, die zeitgenössisch dem Großsiedlungsbau eingeräumt wurde, ist nicht nur die Benennung nach dem Berliner Bürgermeister Reuter, der ja seinerseits ein Symbol des Westberliner Selbstbehauptungswillens darstellte, sondern auch die Tatsache, daß dessen Nachfolger Willy Brandt die Siedlung am 21. Oktober 1960 offiziell eröffnete. Handelte es sich hier noch um überschaubare Baukörper, setzte sich der Trend in Richtung fast schon monumentaler Hochhäuser an der Froschlache 1965/66 fort.[166]

Einmalig im Stadtgebiet von 1957 hob sich ein neues gehobenes Eigenheimgebiet im Nordwesten hervor. ›Schlichtvillen‹ wurde der hier vorgesehene Haustyp genannt: ein Villenort ohne aufdringliche, wenn auch nicht wirklich Privatheit garantierende Sichtbeziehungen – obwohl mit im Vergleich zu klassischen Villengebieten eng bemessenen Baugrundstücken, ein Projekt mit 70 Einfamilienhäusern südlich der

In der Valentin-Bauer-Siedlung [81]

Kernbereich der neuen Wohnsiedlungen: die Saarlandstraße, 1961. Im Vordergrund rechts der Straße die Gewoge-Hochhäuser ›Hannes‹ und ›Peter‹, links, in der Mitte, das Saarlandviertel, im Hintergrund der Stadtteil Süd mit zahlreichen neuen Wohnblöcken [82]

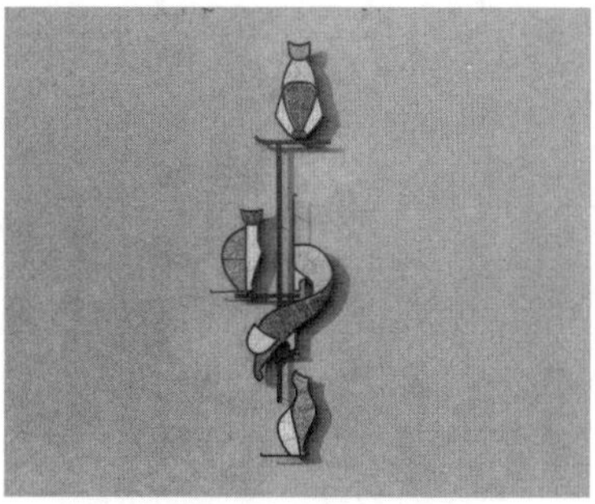

Wandschmuck an einem der Häuser in der Georg-Herwegh-Straße um 1958 [83]

Der Berliner Regierende Bürgermeister Willy Brandt und Oberbürgermeister Klüber bei der Einweihung der Ernst-Reuter-Siedlung, Oktober 1960 [84]

Die Ernst-Reuter-Siedlung, im Hintergrund die Gewoge-Siedlung Gartenstadt-West, 1968 [86]

Im ›Sanella-Viertel‹ der ›Schlicht-Villen‹, hier die Ottweiler Straße: nur der Verzicht auf ›Luxusgüter‹ wie Butter konnte angeblich die Häuser finanzieren [85]

Sternstraße, zwischen dem Friesenheimer Friedhof und der Industriestraße, das an Wochenenden zahlreiche Besucher anlockte. Also war das Interesse am Eigenheim, vielleicht im Sinne eines geheimen Zukunftsplans, doch größer als in der städtischen Baupolitik angedacht oder gar realisiert. Abgesehen von öffentlichen Erschließungsleistungen handelte es sich um private „Bauwillige mit gehobenem Lebensstandard." Ludwigshafener Architekten siedelten sich dort selbst gehäuft an: Gisbert Häuselmann, Alois Krusbasik, Erwin Morlock, Konrad Sandreuther, Fritz Scherges, Kurt Schwan, H. Schwarztrauber, Wilhelm Vosskuhl, Robert Winstel. „Alle modernen Gesichtspunkte" hatte man umgesetzt, allerdings war es kaum möglich, so großzügig wie in traditionellen Villengebieten zu bauen, so konnte „jeder [...] jedem in den Garten sehen; Kein Haus gleicht dem anderen," meinte man, und hob hervor, daß die Häuser Ölheizung und Besonnung hatten. Man war angesichts der gehobenen Klientel und da es sich ja um die Architekten selbst handelte zur malerischen Bauweise der Städtebaureform um 1900, zur geschwungenen Straßenführung zurückgekehrt. Eine solche Individualisierung von Einzelbauten und Straßenführung war freilich dem „sachlich-nüchternen, stets uniformiert und primitiv wirkende[n] Siedlungs-Charakter, den viele neuzeitliche Wohngebiete aufweisen" überlegen.[167] Uniformierte Wohngebiete gab es ja in Ludwigshafen mittlerweile zahlreich. Eine Reihenhaussiedlung entstand, aber nicht durch individuelle Bauherren, sondern durch den ›Westbauträger‹ in der Gartenstadt in der Nähe des Marienkrankenhauses zwei Jahre später. 130 Wohnungseinheiten mit Garten waren hier für erstaunliche 36 000 Mark zu haben. Die monatliche Belastung hierfür sollte sich auf 165 Mark stellen, hinzu kamen allerdings Gebühren, Heizung, Ausstattungen. Das nötige Eigenkapital belief sich auf 12 000 DM – angesichts solcher Preise rückte der Erwerb eines Reihenhauses mit seinen 85 qm plötzlich in den Horizont auch der mittleren Angestelltenschicht.[168]

Anmerkungen Seite 702 und 703

167 MM, 24.8.1957
168 GA, 20.5.1959
169 Lehmbrock
170 Rhpf, 6.4.1955
171 Rhpf, 14.11.1957

In der Ernst-Reuter-Siedlung um 1961 [87]

Das Haus von Oberbürgermeister Klüber in der Von-Weber-Straße, Süd [88]

Gewoge-Siedlung Edigheim 1962 [89]

In der Gewoge-Siedlung Edigheim [90]

Eine ähnliche Zielgruppe visierte man mit der Gewoge-Siedlung Edigheim-Nord 1962 an, fast ein eigener Stadtteil, nach dem Konzept ›sozialer Mischung‹ mit Mietwohnungen in zwei Hochhäusern und drei achtgeschossigen Häusern am Rand sowie 200 Eigenheimen in der Mitte an einem künstlichen See, ausgestattet mit Geschäften und Kindergarten, jedoch mit einer Buslinie nur notdürftig an die Stadtmitte angebunden. Man wollte hier bereits vage erkennbaren, drohenden Fehlentwicklungen im sozialen Wohnungsbau vorbeugen, eben durch das Prinzip sozialer Mischung, dadurch, daß man Familien mit Kindern und Jugendlichen ebenerdige Eigenheime mit geschützter Privatsphäre und Spielflächen anbot, überhaupt dadurch, daß man soziale und bauliche Monokultur vermeiden wollte durch „Vielfalt unterschiedlicher Wohnformen," darunter auch die Kombination von Familienwohnungen mit Wohnungen für die ältere Generation. Auch auf die Mobilisierung von Selbsthilfe und die Identifizierung der Bewohner mit ihrer Siedlung setzte der Architekt Josef Lehmbrock, der später nur bedauerte, daß die BASF doch nicht ganz konsequent zu viele anonyme Kleinwohnungen in die Hochhäuser hatte einbauen lassen.[169]

Seit 1955 kündigten sich im Hemshof umfangreiche Flächensanierungen an, zunächst wegen der Erweiterung der Durchgangsstraßen, dann wegen der Beseitigung kriegsbeschädigter Gebäude.[170] „Die Sanierung wird das Gesicht dieses Stücks Alt-Ludwigshafens ganz gewaltig verändern,"[171] hieß es dazu aus dem Stadtrat, und tatsächlich, 450 Wohnungen standen zum Abbruch, 400 davon in der Kurzen Straße. Diese massive Flächensanierung griff nun erstmals nicht nur in verschachtelte Hinterhöfe, sondern auch in bestehende Wohn- und Lebensweisen ein.

Andererseits hingen viele der von der Sanierung Betroffenen am Hemshof, schätzten die sehr niedrigen Mieten, niedrig sogar gegenüber dem hoch subventionierten sozialen Wohnungsbausektor. Die GAG versprach, Ersatzwohnraum zu schaffen – allerdings in anderen Stadtteilen.

Der vernachlässigte Stadtteil: Blick über den Hemshof, 1955 [91]

Hemshof-Hinterhof: Friesenheimer Straße 3, April 1953 [92]

Denn offenkundig wollte man bei dieser Gelegenheit einen Teil der Wohnbevölkerung an andere Orte schaffen. „Schwere Sorgen bei vielen Mietern"[172] also – nicht allein „triste, graue Häuserzeilen" verschwanden, sondern auch die im Arbeiterquartier beliebte Kneipe ›Bratwurstglöcklein‹. Eine im Stil der Zeit ›verführerische‹ Vision des zukünftigen Hemshofs wurde beschworen: Anstelle von Kiez und Kneipe sollten einige Meter Grünflächen um die Häuser herum entstehen, diese verstanden sich ja „bei der modernen Bauauffassung von selbst."[173] Jeder werde doch dem Sanierungskonzept zustimmen, bis auf vielleicht betroffene Mieter selbst.[174] Schmale und Tiefe Gasse sollten, zu einer einzigen Straße vereinigt, einen freien Blick zum neuen BASF-Hochhaus ermöglichen als Wahrzeichen derer, denen man Arbeit und Brot zu verdanken hatte, neue Wohnblöcke mit Licht und Luft, mit Hygiene und Spielplätzen den ›Hemshöfer‹ gewinnen. Positiv erschien den Planern nur die alte Werkskolonie der BASF; tatsächlich handelte es sich um ein aus Sicht des Denkmalschutzes sehr bemerkenswertes, gleichwohl überwiegend schmuckloses Ensemble.[175] Der ganze Hemshof erschien ihnen nicht nur als verbaut und extrem verwahrlost, sondern auch als ›dunkles‹ Quartier im übertragenen Sinn: Mit seinem Übermaß an Gastwirtschaften, mit seinen kriminellen Existenzen, die den Stadtteil schon lange in Verruf gebracht hatten.[176] Wo Bombenlücken geschlossen wurden, geschah der Wiederaufbau vielfach ebenso monoton wie zuvor; hieran zeigt sich noch einmal die Vernachlässigung der Altbaubestände, die vom Krieg weniger betroffen waren als in der Mitte und im Süden.[177] In den Folgejahren machte die Beseitigung der als solche wahrgenommenen Elendsquartiere im Norden weitere Fortschritte – die Stadt kaufte hier ein Haus nach dem anderen auf, um es dann abzubrechen.[178]

1971/72 sollte dann auf der Grundlage eines Bebauungsplans von 1967 und politisch und wirtschaftlich auf der Basis des Städtebauförderungsgesetzes eine neue Phase der Sanierung beginnen. Es handelte sich um einen gewaltigen Bestand von 5 000 Wohnungen. Bei dieser ersten großen Maßnahme der ›Stadterneuerung‹ wurden zwar weitere Häuser abgerissen, im Hemshof allein 113 Häuser von 1972—1977,[179]

Anmerkungen
Seite 704 und 705

172 Rhpf, 12.2.1957
173 Rhpf, 13.11.1957
174 Rhpf, 27.5.1959
175 Oexner, S.90f
176 Rhpf, 29.1.1960
177 vgl. Nellner, S.186
178 Rhpf, 23.7.1963
179 Oexner, S.24
180 Janson, Hemshof-Sanierung; Schulte
181 vgl. Harlander, Wohnen, S.306—310
182 Rhpf, Beiblatt, 28.10.1955
183 GA, 8.7.1957
184 MM, 5.10.1957
185 Faber, S.54ff
186 StAnz., 8.2.1958

Verkehr auf dem Viadukt, Mai 1957 [93]

jedoch ging man jetzt zu einer primär erhaltenden Sanierung über durch Entfernung von Einbauten in den Blöcken, Modernisierung von Wohnungen durch Einbau von Bädern, Lärmschutz und Begrünung, die auf der Grundlage von Bürgerbeteiligung weitere Priorität gewannen.[180] Diese Neuorientierung vollzog Ludwigshafen im Vergleich zu anderen Städten ziemlich früh.[181]

›Visitenkarte‹ und Hochstraßen: die ›Neuordnung‹ des Zentrums

Ziel der Stadtentwicklung war laut Karl Lochner die Stadtlandschaft mit „in sich ruhenden Stadtteilen" gewesen, das Stadtzentrum sollte als ›Krone‹ die ansonsten im Bewußtsein kaum existierende Gesamtstadt repräsentieren.[182] Repräsentativität durch Freiflächen, Schaffung von Durchblicken, Übergang zur Umgebung, Einrichtung rückwärtiger Bedienungsflächen – dies waren die Kriterien bei der Überbauung von einzelnen Kernstadtquartieren. „Elegant und leicht" sollten die künftigen, freilich nur erträumten, Gebäude an der Rheinuferstraße gestaltet sein, „da sie den städtebaulichen Eindruck von Ludwigshafen hinter der Rhein-Grünanlage vermitteln."[183] Erst einmal mußten weitere „alte Zeugen" der Stadtgeschichte beseitigt werden, wie man mit leichtem Bedauern schrieb, so in der Bismarckstraße die in der vorderen Baulinie stehenden Häuser Nr. 59, 71 und 77. „Aber hinter ihnen ist eine neue Zeit entstanden. Die alte Welt ist ausgelöscht." Freilich stimmte das nicht ganz und gar, denn das traditionelle Optikerfachgeschäft Mayschneider hatte sich am alten Standort wieder niedergelassen.[184]

Generell sollte jetzt dem Durchgangsverkehr zu Leibe gerückt werden und wollte man die Funktionen der Kernstadt weitaus stärker betonen als bislang vorgesehen. Das Vorhaben, den Durchgangsverkehr über Hochstraßen abgekoppelt vom normalen Straßennetz und über den Dächern zu führen, war nach Untersuchungen durch den Verkehrswissenschaftler Prof. Feuchtinger bereits Mitte der 1950er Jahre ausgearbeitet worden.[185] Den Anfang machte der Abschnitt von der neu und breiter auszubauenden Rheinbrücke aus, der 1957 begonnen wurde.[186]

Das Projekt ›Visitenkarte‹ im Fasnachtsumzug, Februar 1959 [94]

Hochstraßen, Ringe, Tangenten oder Stadtautobahnen, wie es sie seit dem Ende der fünfziger Jahre gab, erschienen unter Eindruck des amerikanischen Vorbilds als ultimative Lösung der Verkehrsplanung. Damit ging es um einen mehrgeschoßigen Ausbau von Straßen des ›Schnellverkehrs‹ ins Raumgefüge der Städte, mit der Folge wachsenden Raumbedarfs für Verkehrsbauten und der Abdrängung der Fußgänger auf eine andere Ebene. Die Verkehrsplaner glaubten mit solchen Bauwerken durchaus eine Aufwertung der Stadt zu erreichen mit einer spezifischen Ästhetik, in der aufgeständerte Autobahnen als ›modern‹ galten.[187]

1958 lancierte die Bauverwaltung das Projekt ›Visitenkarte‹, das ab 1961 umgesetzt werden sollte und in der allgemeinen Öffentlichkeit äußerst geteilte Aufnahme fand, nicht nur, weil es bedeutende Substanzveränderungen in der Kernstadt bedeutete, sondern weil sich die Bevölkerung eben doch mit der bestehenden Bebauung identifizierte, die vorhandenen Plätze nicht einfach opfern wollte. „Kaum jemals zuvor in der Geschichte der Stadt hat die Bevölkerung an einem Bauvorhaben so regen Anteil genommen." Diese Diskussion sei für die Stadtverwaltung und den Stadtrat außerordentlich erfreulich gewesen, habe sie doch gezeigt, „daß aus dem gleichgültigen Gegenüberstehen ein brennendes Interesse an den städtebaulichen Zielen der zukünftigen Stadt sich ergeben hatte."[188]

Erich E. Heilmann, Kunstmaler, Ende 1958 zum Projekt ›Visitenkarte‹

„In seiner Rede zeigte er [Oberbaurat Ziegler] nochmals die traurige Misere unseres verschachtelten und von hinterhofbaulichen Wunderlichkeiten strotzenden Ludwigshafen auf. [...] Die Initiative, welche die BASF im Stadtteil Nord zuerst ergriffen hat und im kommenden Jahr durch die Begradigung der Friesenheimer Straße in die Prinzregentenstraße weiter fortsetzt, will Oberbaurat Ziegler von städtischer Seite aus weiter forcieren. Sein aufsehenerregendes Referat, unterstrichen durch Lichtbilder und Modellbauten, war die Idee eines modern aufgeschlossenen Menschen, der weiß, was er will, und die schon immer so lang vermißte ›Linie‹."[189]

Das Projekt sah vor, erstens die Kernstadt wesentlich repräsentativer zu gestalten, eine ihrer ökonomischen Bedeutung entsprechende Großstadt zu formen, d. h. verschiedene große Gebäude zu ersetzen, sie durch Hochbauten weithin sichtbar zu machen – überhaupt den Sprung in eine höhere Dimension zu wagen, was auch angebracht war, weil ja durch die künftige, tatsächlich sensationelle Hochstraße sowieso ein eklatanter Maßstabsbruch zu gewärtigen war. Zweitens sollte ein Rathochhaus in der Stadtlandschaft aufragen und so vielleicht auch der BASF, die ja schon ein Hochhaus hatte, verdeutlichen, wo das administrative Zentrum zu finden war; ein Rathochhaus, das die Einheit der Stadt und den Gestaltungsanspruch der Stadtverwaltung symbolisierte. Drittens ging es darum, die Kaufkraft in der Stadt selbst zu halten, d. h. künftig die Pfälzer anzuregen, in Ludwigshafen und nicht in Mannheim einzukaufen und wohl auch die eigenen Bürgerinnen und Bürger dazu zu bringen, verstärkt ins Zentrum zu kommen. Eine Aufwertung der Repräsentativität der Gebäude im Zentrum erschien außerdem notwendig, weil auch andere Städte diesen Aspekt betonten, und wegen der zehntausenden Autofahrer, die täglich über die Rheinbrücke kamen und

Anmerkungen
Seite 706 und 707

187 vgl. Schmucki, S. 126—133
188 Ziegler, Schutt, S. 44
189 Rhpf, 28.12.1958
190 Rhpf, 30.12.1958
191 vgl. z. B. Rhpf, 6.1.1959, 21.1.1959, 22.1.1959, 31.1.1959
192 Oexner, S. 24
193 Rhpf, 17.12.1958

immer noch die massive Rückwand des Pfalzbaus erblickten, d. h. schon beim Passieren des Zentrums dieses als häßlich einschätzen mußten. „Ein schöneres Eingangstor” sollte die Stadt nach innen und außen aufwerten. Das lief zunächst auf die Neugestaltung des Jubiläumsplatzes hinaus, wo das Rathochhaus, wenn auch noch nicht sofort, entstehen sollte, wo sich der Kaufhof, der Investitionsbereitschaft signalisiert hatte, mit seinem Rundbau, der ›Tortenschachtel‹, (1959/60) ansiedeln wollte, und wo bis auf den Ankerhof praktisch alle bisherigen Gebäude verschwinden sollten.

Das Kaufhaus ›Merkur‹, heute (2003) Horten, in der Bismarckstraße, 1962 [95]

Leserbrief des Hochbauingenieurs Joachim Langner 1958 zum hinter dem Projekt ›Visitenkarte‹ stehenden Grundansatz

„Ist es der Weisheit letzter Schluß, an jede mögliche und unmögliche Straßenecke ›Brückenpfeilern gleich‹ ein Wohnhaus zu setzen, das die anderen um zwei oder mehr Geschosse überragt, und dies in unmittelbarer Nähe der Hochstraße, auf der bald Lastzüge hindonnern werden? Werden die Mieter jemals an einem heißen Sommertag die Fenster öffnen können? Jemand schreibt, ‚Ludwigshafen ist die Stadt der Brücken und der Hochstraßen geworden'. Er hat leider recht. Aber ist das für die Bewohner nicht traurig?” [190]

Gegen eine schlagartig einsetzende Flut kritischer Leserbriefe und Äußerungen von Architekten und Bürgern, die befürchteten, der Jubiläumsplatz werde vollkommen zugebaut, überhaupt werde öffentlicher Raum vernichtet, es werde mit viel zu hohen Kosten eine prinzipiell nicht vollständig ermeßbare Zukunft verbaut, es werde ein kommerzielles Zentrum anstelle menschlicher Grünflächen realisiert,[191] beschwichtigte die Stadtplanung, der Kern der Innenstadt werde weiterhin durch kleine Plätze und Grünflächen aufgelockert sein. Tatsächlich aber „ergab sich durch die großflächige Überbauung des Stadtgebiets eine erhebliche Beeinträchtigung seines” – gerade erst in Anlehnung an einen vorherigen Zustand hergestellten – „Erscheinungsbildes.”[192] Für die Stadtplaner kam nun erstmals der ›Fußgänger‹ ins Spiel, den man vom Autoverkehr abschirmen, ihm eigene Bereiche zuweisen wollte, und sei es auf einer durch Treppen erreichbaren, höhergelegenen Ebene als dem Grund. Der jetzige Marktplatz werde zu einer repräsentativen Grünanlage umgestaltet. Nach den Vorstellungen des Planers Ziegler sollte diese etwa so ausfallen wie beim Mannheimer Wasserturm. Das überrascht etwas, wenn man daran denkt, daß diese Anlage zu den größten Jugendstilanlagen Deutschlands gehört, d. h. vor dem Ersten Weltkrieg als harmonisches Ensemble von Stein und Grün gebaut wurde. Ludwigshafen wolle mehr denn je kein Vorort sein, sondern sein eigenes Gesicht haben, für das man gleichwohl ein Vorbild brauchte. Deswegen benötige Ludwigshafen gar „eine gleichwertige Baugruppe zum Mannheimer Schloß,”[193] freilich kein Schloß, sondern auf dem Festhallenplatz ein eigenes Gastspieltheater, einen Konzertsaal und vor allem Kaufhäuser. Der Einzelhandel sei inzwischen, wie Ziegler mit Blick erneut auf Mannheim die Situation allzu sehr glättete, kein Gegner der Kaufhäuser mehr und das badische Beispiel habe gezeigt, daß Warenhäuser eine magnetische Kraft entwickeln, die auch dem Einzelhandel in weitem Ausmaß zugute komme.

Die 1959 eröffnete neue Rheinbrücke im Bau, um 1958 [96]

Der ›General-Anzeiger‹ referiert 1958 Georg Zieglers „Grundideen Ludwigshafener Stadtplanung"

„Wir wollen eine schöne Stadt bauen für etwa 150000 bis 220000 Menschen. Es liegt nicht in unserem Interesse, eine Ballung von 300000 oder 400000 Menschen zu schaffen. [...] Es soll in Zusammenarbeit mit Staat und Industrie eine Idealstadt entstehen, die den Bewohnern die Beschwernisse des Verkehrs weitgehend erspart und den einzelnen Ortsteilen ihr Eigenleben nach Möglichkeit gestattet. Diese Ortsteile dürfen allerdings in sich durchaus Erweiterungen erfahren und eigene Geschäftszentren entwickeln. Aber sie sollen nicht mit innerstädtischen Bereichen verwachsen. Ludwigshafen war zumindest in der Innenstadt eine außerordentlich häßliche Stadt. Lediglich im Norden und in den Außenvierteln gab es bessere Viertel. Das Gewicht des Erhaltenen habe sich naturgemäß sehr bemerkbar gemacht, zumal auch der Grundriß der Stadt weiterhin gegeben war. Schwierig für die Stadtplaner wurde zudem die Situation dadurch, daß bis zur endgültigen Fertigstellung des Generalbebauungsplans die Motorisierung noch nicht soweit angestiegen war, daß ihre jüngste Entwicklung vorausgeahnt werden konnte. Immerhin spielte in der zweiten Periode des Wiederaufbaues – die etwa 1952/53 zu Ende ging – die auf den Verkehr abgestimmte Planung eine zunehmende Rolle. Es war äußerst interessant zu erfahren, wie allmählich der Mut zu kühnen Projekten wuchs, die auch nicht mehr vor dem ›Heiligtum‹ Pfalzbau halt machten. Vielleicht bauen wir falsch," schloß Oberbaurat Ziegler. „Aber niemand kann heute bereits ahnen, ob etwa die Entwicklung des Luftverkehrs künftig den Straßenverkehr wesentlich beeinflußt." [194]

Eine weitere sehr gewichtige Stellungnahme kam vom SPD-Fraktionsvorsitzenden, Justizrat Friedrich Wilhelm Wagner.[195] Er sekundierte, die Bevölkerung werde erkennen, daß es falsch sei, über einen ›verlorenen Platz‹ zu trauern. Gab es also doch eine Identifikation mit Vertrautem? Im Prinzip war jedenfalls die Partei für das Überbauungsprojekt und Oberbaurat Ziegler heimste auch den Dank von FDP und

Anmerkungen Seite 708 und 709

194 *GA, 21.5.1958*
195 *vgl. 100 Jahre Sozialdemokratische Kommunalpolitik, S. 70; Fauck, S. 112—132*
196 *Rhpf, 13.12.1958; MM, 23.12.1958*
197 *Rhpf, 23.12.1958, 27.12.1958*
198 *Rhpf, 14.2.1959*

Der neue Kaufhof, 1964 [97]

CDU ein für seine Leitlinien, wenn auch nicht für jedes einzelne Element.[196] Auch die Bürgerinnen und Bürger, soweit sie sich artikulierten, stellten sich nicht gegen den Stadtumbau, wollten allerdings nicht ein Kaufhaus als Mittelpunkt, sondern eine erhabene, ruhige Anlage eben wie beim Mannheimer Wassertum.[197] Auf eine kommerzialisierte ›City‹ im Zuge interregionaler Konkurrenz um Kaufkraftströme hatte man sich also noch nicht vollständig eingestellt.

Bereits im Februar 1959 wurde das Projekt ›Visitenkarte‹ im Stadtrat gegen fünf CDU-Stimmen – ein Teil der CDU-Stadträte war zuhause geblieben – vor einer überfüllten und überaus lebhaften Zuschauertribüne genehmigt. Das atemberaubende Tempo, das hier trotz einer für die künftige Stadtentwicklung fundamentalen Entscheidung eingeschlagen worden war, hatte man nur durchhalten können, weil erneut alle Grundsatzplanungen ohne Konkurrenz im eigenen Hause entstanden waren. Dem Einwand, daß die neue Hochstraße die Pfälzer Autofahrer dazu veranlassen könne, gleich nach Mannheim zu fahren, versuchte Wagner zu begegnen – überzeugte damit aber nicht alle. „Wagner ließ keine Unklarheit darüber, daß der kommerzielle Gesichtspunkt [bei der Gesamtplanung] von starkem Ausschlag sei." Die CDU hatte erneut keine städtebauliche Alternative, war gespalten, versuchte aber erstmals über die Verfahren der Stadtplanung, einen Fuß in die Tür zu bekommen. Sie kritisierte die mangelnde Transparenz und die durch die verweigerte Ausschreibung fehlenden Alternativen. CDU-Stadtrat Paul Fischer: „In aller Hochachtung vor dem Stadtbauamt kann ich nicht zustimmen, weil ich nicht weiß, ob es nicht doch einen besseren Vorschlag gibt", die Eile bei dem ganzen Projekt sei doch verdächtig. Aber was wollte man gegen eine SPD ausrichten, deren Vertreter, Herbert Müller, selbst sagte, daß die „Wünsche der Wirtschaft" maßgeblich sein sollten. Nur der Stadtrat Heinrich Ries meldete innerhalb der SPD mancherlei Bedenken an, wußte aber der ›Planungsphalanx‹ nichts entgegenzustellen.[198]

Die wiederaufgebaute Innenstadt: Ludwig- und Bismarckstraße, 1962 [98]

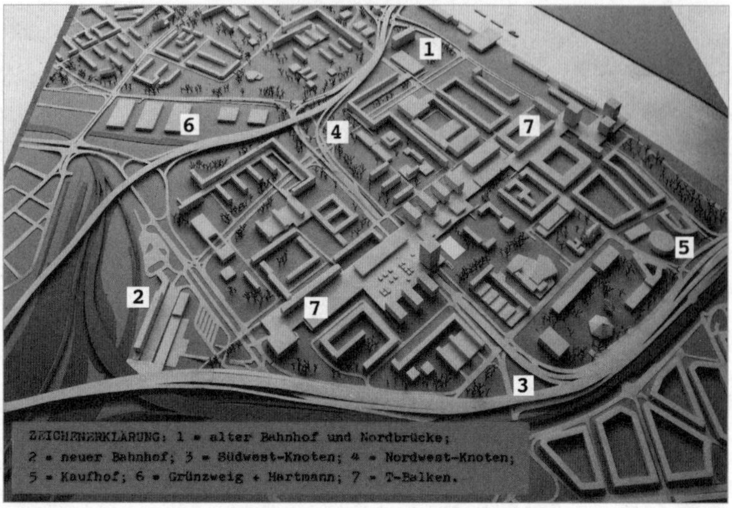

Zum ›Vierten Ludwigshafen‹: Modell zur Umgestaltung der Innenstadt, 1964 [99]

Unmittelbar darauf begann die Umgestaltung, d. h. eigentlich Überbauung, des Jubiläumsplatzes, und schon im Oktober 1960 eröffnete der Kaufhof in der ›Tortenschachtel‹ seine Pforten. Im Sinne der neuen, warenhausfreundlichen Politik entstand überdies kaum zwei Jahre später das Kaufhaus Merkur in der Bismarckstraße, womit der nördliche Teil der Innenstadt einen kommerziellen Anziehungspunkt erhielt. Darüber hinaus wurde die Bismarckstraße gegenüber der Ludwigstraße, der traditionellen Hauptgeschäftsstraße, aufgewertet. Im Gegenzug war allerdings schon seit Ende 1960 das dem Bauhausstil verpflichtete alte Gebäude des Kaufhofs vom Rand des 1960 in Berliner Platz umgetauften Jubiläumsplatzes verschwunden. Es stand zu nah an der neuen Hochstraße, für die ein breites Band von Wohn- und Geschäftsgebäuden am Südrand der Innenstadt dem Erdboden gleichgemacht wurde.

Dieses erste große Stück Hochstraße – zwischen der neuausgebauten Rheinbrücke und der Heinigstraße – war am 9. Juli 1959 eröffnet worden – eine erste ›Frucht‹ der tief ins Stadtbild eingreifenden verkehrspolitischen Grundsatzentscheidungen der letzten Jahre und Beginn der oben skizzierten Entwicklung zur Umgürtelung der Innenstadt durch Schnelltrassen. Bundesverkehrsminister Seebohm, der die 900 Meter lange und 24 Millionen Mark teure Anlage nach einer Bauzeit von nur 22 Monaten übergab, betonte ihre Einmaligkeit im damaligen Europa. Vergleichbares finde sich nur in den USA und Australien. „Das Beispiel Ludwigshafen weist in die Zukunft" – ein Wort, das sich als nur zu wahr herausgestellt hat.[199] Drei Jahre später, 1962, begann mit der Unterzeichnung einer entsprechenden Übereinkunft zwischen Stadt und Bundesbahn die Umsetzung eines weiteren schon so lange erwogenen und ersehnten Verkehrsprojektes – der Bau eines Durchgangsbahnhofs und die Aufgabe des seit 1847 bestehenden Kopfbahnhofs. Die Pläne der Stadt für die Anlage einer Nordbrücke, die die alten Bahnanlagen bedrängt hätte, und der Wunsch der Bahn nach einer Beschleunigung des Schienenverkehrs machten die Einigung möglich. Allerdings mußte der neue Bahnhof im Schienenkreuz an der westlichen Peripherie der Innenstadt zu liegen kommen – deutlich dem Geschäftszentrum entrückt.[200]

Anmerkungen
Seite 710 und 711

199 Rhpf, 10.7.1959
200 Schweinitz, S. 39ff
201 Rhpf, 18.7.1964
202 Rhpf, 24.7.1964
203 Rhpf, 7.8.1964

Hochstraßenästhetik, 1967 [100]

Die Hochstraße
12. Oktober 1960 [101]

Die weitere Gestaltung des Stadtzentrums ließ sich nicht so rasch realisieren wie vom Stadtbauamt geplant. Im Zeichen wachsender Widerstände aus Bevölkerung und Kommunalpolitik gegen eine unkritische Umsetzung der Planungen der Verwaltung mußten erstmals für die Teilaufgaben Wettbewerbe ausgeschrieben werden. Als erstes war zu überlegen, wie das freiwerdende Gelände beim alten Hauptbahnhof genutzt und der neue Bahnhof an das Stadtzentrum angeschlossen werden konnte. Das im Juli 1964 öffentlich vorgestellte Projekt der Preisträger zur städtebaulichen Einbindung des Bahnhofes, Gerd Albers und Elmar Dittmann von der TU München, sah wie das der zweiten Preisträger, Albert Speer aus Heidelberg – der dann 1966 im Auftrag von BASF und Stadtverwaltung mit der Planung der Pfingstweide beauftragt werden sollte –, eine Verbindung von der Kernstadt zu den Bahnanlagen durch ein neues Geschäftszentrum vor. Diese beiden Entwürfe hatten auch die Fortführung des Hochstraßenprojekts – man sollte eher von einer Stadtautobahn sprechen – aufgenommen. „Die Architekten haben sich für eine Erneuerung des gesamten Stadtkerns entschieden und auch für den Hemshof eine radikale Sanierung mit großzügiger Auflockerung vorgeschlagen." Das neue Einkaufszentrum sollte mit 5 000 Stellplätzen ausgestattet sein. Ein Rathaus direkt am Rhein bzw. auf dem Marktplatz wurde vorgeschlagen. Die Straßenbahn sollte eine eigene Trasse erhalten – bald erfolgreich realisiert –, die Absenkung der Heinigstraße [gewählt wurde dann die Lösung einer nördlichen Hochstraße] Fußgängern den ebenerdigen Zugang vom Bahnhof zum Geschäfts- und Kulturzentrum erlauben. Die Jury wies darauf hin, daß der Vorschlag erhebliche Eingriffe in bestehende Wohnbebauung impliziere, „was jeder Bürger mit Bedauern feststellen wird."[201] Tatsächlich hätte die Umsetzung eines Rathauses am Marktplatz – Vorschlag Speer – bedeutet, daß erst wenige Jahre zuvor fertiggestellte Wohnbauten der GAG hätten aufgegeben werden müssen.[202] Auch die Weiterführung der Hochstraßen – als Fortführung der Bundesstraßen B 44/38 und B 37 im Stadtgebiet – wurde in den städtebaulichen Ideenwettbewerb auf der Grundlage der Vorgabe der Bauverwaltung einbezogen. Ziel war, und deswegen kann man von einer Stadtautobahn sprechen, kreuzungsfrei in die Stadt bzw. an ihr vorbei zu gelangen.[203]

Unterzeichnung des Vertrags zur Bahnhofsverlegung, Februar 1962 [102]

Noch erschienen manchem die Entwürfe als Utopie. Sie wurden aber von der Stadtregierung vor allem in ihren verkehrstechnischen Grundzügen rasch umgesetzt. Die SPD-Fraktion im Stadtrat wollte einerseits die Planung schnell verwirklichen, damit der neue Bahnhof nicht ein isoliertes Bauwerk bleibe – wozu es ja faktisch gekommen ist –, andererseits wollte sie nun doch die Kosten drücken, um nicht den weiteren Ausbau der sozialen Infrastruktur, auf die man größten Wert gelegt hatte, zu gefährden.

Daß die CDU genauso wie ihre einzige Konkurrenz eine Modernisierungspartei war, sollte sich ein Jahr später zeigen, als der CDU-Stadtrat Adelbert Starck einen auf 25 Jahre berechneten Neugestaltungsplan vorlegte. Um der Stadt ein „grünes Herz" zu verschaffen, war er zu weiteren Abrissen und Umsetzungen der Bevölkerung bereit.[204] 1964 war für den Vorsitzenden der CDU-Stadtratsfraktion, Helmut Kohl, klar, daß eine wirklich „großzügige Lösung", eine „zukunftsweisende Planung" gefunden werden müsse. Kohl, seit 1959 Vorsitzender des Kreisverbandes und 1960 in den Stadtrat gewählt, brach mit dem Anpassungskurs seines Vorgängers Ludwig Reichling. Er wollte das Bisherige überbieten: Ein „entscheidendes Stadium der Stadtgeschichte" sei erreicht, auch wenn im Zuge einer Neugestaltung bei der Oggersheimer Straße als Geschäftszentrum etwa eintausend Wohnungen – vorwiegend im Dörrhorst – geopfert werden mußten. Dazu war Kohl, der sich die Einbeziehung professioneller Kräfte von außen als Erfolg gutschrieb, und so das Planungsmonopol der Stadtverwaltung in der Tat gebrochen hatte, prinzipiell bereit. Es ging ihm um Planungssicherheit, gerade für den Einzelhandel, um Parkplätze für die Geschäftsstadt, worauf der Einzelhandel gedrängt hatte, letztlich um die längst vehement entbrannte Frage, wer die Macht in der Stadt hatte, aber auch um eine verbesserte politische Kultur – um verstärkte Partizipation der Bürger selbst.[205]

Vor allem die Rücksichten auf den städtischen Haushalt verboten (1966), die „Ausweitung der Innenstadt" in Form ihrer zweiten Zerstörung zu betreiben. Man befürchtete auch, daß die vorgeschlagenen Fußgängerdecks über der Grundebene sich als Gebilde erweisen könnten, die wie der alte Kopfbahnhof die Stadt zerteilten; diese Äußerung Zieglers nahm hier ein Stichwort aus der allgemeinen städtebaulichen Debatte auf.[206] Der neue Bahnhof wurde dann 1969 eingeweiht, sein ungünstiger Standort einen Kilometer weiter weg von der – nicht verlegten – Innenstadt führte allerdings dazu, daß er sich nicht, wie erhofft, zum Mittelpunkt eines weiter wachsenden neuen Stadtzentrums entwickelte.[207] Auch wurde er entgegen den gehegten Hoffnungen[208] von der Bahn nicht an das überregionale Netz angeschlossen. Auf dem Gelände des alten Bahnhofs entstand seit 1974 das Rathaus-Center.

Insgesamt läßt sich zum Ergebnis des wirtschaftlichen Aufbaus in der Kernstadt bis 1965 festhalten, daß dort, teils infolge von auch in anderen Städten zu beobachtenden wirtschaftlichen Imperativen, teils als Folge der bewußten planerischen Vorgaben und Eingriffe, in einem größeren Teilgebiet zum Rhein eine moderne ›City‹ entstand: mit zugkräftigen Kaufhäusern, Bekleidungsgeschäften, Kinos, Banken, Speditionen, Facharztpraxen. Hingegen war es nicht gelungen, für das Publikum attraktive Platzanlagen zu schaffen, um so etwas wie ein Flanieren der Fußgänger zu erreichen. Immer noch machte diese City den Eindruck des Unfertigen, es fehlte an luxuriösen Geschäften und einer weitergehenden Angebotsspezialisierung.[209]

Anmerkungen
Seite 712 und 713

204 *Rhpf, 8.11.1965*
205 *Rhpf, 27.7.1964, 19.8.1964*
206 *Ziegler, Stadt*
207 *Neuer Hauptbahnhof; vgl. auch das Interview mit Werner Ludwig in: Grieshaber, S. 8—11*
208 *Ludwig, Innenstadt, S. 138*
209 *Nellner, S. 170—176*
210 *Rhpf, 16.10.1948, signiert ›k‹*

Wahrnehmung und Öffentlichkeit der Stadt

Der auf strikte Modernität setzende Wiederaufbau der Stadt beruhte auf der Wahrnehmung, daß es sich bei der bestehenden Stadt um ein äußerst fehlerhaftes Projekt gehandelt habe. Wo sich Stimmen in Richtung von mehr Kontinuität äußerten, hatten sie keine Zukunftsperspektive zu bieten; wie man an das Bestehende sinnvoll anknüpfen, wie man hätte konkret weiterbauen, nicht einfach neu bauen können, konnte kaum artikuliert, die bisweilen gewünschte Wiedererkennbarkeit kaum als Gestaltungsvorschlag formuliert und der Bauverwaltung entgegengestellt werden, auch weil sich der Blick vorrangig auf die in der Tat stark zerstörte Innenstadt fixierte.

Die Bliesschule mit einer Metall-Plastik von Eugen Roth, 1965 [103]

„Vor fünf Jahren sank der Stadtkern Ludwigshafens mit seinen Geschäftsstraßen, die das Gesicht der City mitbestimmen halfen, in Trümmer. Heimkehrer, die erstmals wieder ihre Ludwigstraße sehen, kennen sich nicht mehr aus. Das alte Bild, das sie noch von dieser Hauptgeschäftsstraße in sich trugen, ist fast restlos ausgelöscht. Schwer nur läßt sich anhand der ragenden Mauerstümpfe die Erinnerung an Vergangenes beleben [...] Enthält der Stadtkern ein neues Gesicht? Nachdem nun gerade das Herzstück am meisten zerschlagen liegt, neigen viele mit Recht zu der Hoffnung, der Neuaufbau werde das einst Versäumte nachholen und der Stadt der Arbeit ein modernes Gesicht geben. Es leuchtet jedem wirtschaftlich Denkenden ein, daß dies nur im Rahmen des Bestehenden geschehen kann. So werden die für den neuzeitlichen Verkehr notwendigen Straßenkorrekturen so wenig fehlen dürfen wie die gesunde Aufgliederung und mögliche Auflockerung der Wohngebiete. Aber die Veränderungen werden sich doch immer wieder stark an Vorhandenes anlehnen müssen. Die Gegenwartsnöte rufen zu dringend nach einer möglichst raschen Lösung und lassen schon aus wirtschaftlichen Gründen keine kostspieligen Abweichungen zu. Solche mögen sich auf den Zeichentischen unter Umständen in ihrer Großzügigkeit recht zweckdienlich und dem Auge gefällig ausnehmen. Was nützen aber im Augenblick effektvolle Zukunftsbilder, die bei nüchterner Berechnung in kommenden Jahrzehnten nicht zu verwirklichen sind? So betrachtet, bleibt nur eine Planung übrig, die sich die Ausmerzung der schon früher stets beanstandeten Bausünden und Verkehrshindernisse angelegen sein läßt. So wird die City ihr gewohntes Gesicht in großen Zügen behalten. Die Ludwigstraße wird wieder als die dominierende Geschäftsstraße neben der Bismarckstraße erstehen."[210]

Faßt man das Bisherige zusammen, ist festzustellen, daß bei der Stadtplanung in Ludwigshafen wie praktisch überall in der Bundesrepublik die Wiederaufbaupläne, wenn sie sich hier auch auffallend verspäteten, von einer Verkehrsmatrix ausgingen. Die Rolle eines künftigen Verwaltungs- und Geschäftsviertels wurde ähnlich definiert wie anderswo, und die Vorstellungen über die Integration zu einer wachsenden Gesamtstadt fielen kaum aus dem Rahmen. Auffälliger war, wie eindeutig der Akzent auf ›Neuaufbau‹ anstelle auf ›Wiederaufbau‹ lag. Da man die örtliche bauliche Tradition „mit Gleichgültigkeit und Lieblosigkeit" identifizierte, schien die Orientierung an einer offenen Zukunft der entscheidende Wert zu sein. Eine solche Zukunft konnte freilich überall stattfinden, entbehrte des genius loci, und war völlig beliebig. Presseamtsleiter Lothar K. Schneider sah sie bereits in den sechziger Jahren durch die „großzügigen Schaufensterfronten, weltoffene[n] Straßen, [... und in den] kühnen Gebäude[n] des [soeben fertiggestellten] neuen

Das neue Ortszentrum von Mundenheim 1960 [104]

Pfalzbaus und der Eberthalle verwirklicht."[211] Einzigartig war zunächst eine topographische Situation durch die dreifache Bipolarität: Stadt – Werksgelände, Süd- und Nordteil, Opposition zur Nachbarstadt jenseits des Rheins. An attraktiver historischer Substanz mangelte es zweifellos, aber die vorhandene marginalisierte man rigoros. Die unbefriedigende Gestaltungsqualität des Wohnungsneubaus in der unmittelbaren Nachkriegszeit allerdings war keineswegs auf Ludwigshafen beschränkt, sondern gilt heute als Kennzeichen der Frühjahre des Wiederaufbaus in der Pfalz: „Leider hat damals der überwiegend an den Peripherien sich vollziehende, im Erscheinungsbild eher Kasernen ähnliche Wohnungsbau, meist ohne Zentralheizung und Bad, den pfälzischen Städten einen im ganzen häßlichen Akzent verliehen. Auch sind viele noch gut erhaltene Wohnhäuser, oft ganze Stadtteile, die heute sicher unter Denkmalschutz stehen würden, niedergerissen worden."[212] Auf verschiedenen Ebenen, dies eine Ludwigshafener Besonderheit, mußten sich hier die Stadtplaner auf die Anforderungen des weitaus größten Arbeitgebers und Steuerzahlers einstellen, mehr, als über einzelne Bauprojekte deutlich werden kann. Eine Debatte über die Beziehung von Stadt und BASF und das Machtgefälle zwischen ihnen existierte nicht, jedenfalls nicht so offen. Das Leitbild der ›gegliederten Stadt‹, Träume vom Grün in der Stadt tauchte hier genauso auf wie anderswo, nachvollziehbar vor allem von der bedrängten Wohnsituation in der Innenstadt her. Aber das von Antiurbanismus nicht freie Konzept einer Auflockerung, quasi kleinstädtischen Gliederung und ›organischen‹ Gestaltung mit vielen Einfamilienhäusern[213] wurde in Ludwigshafen nur selektiv rezipiert. Die Realisierung von Eigenheimsiedlungen spielte außerhalb des BASF-Wohnungsbaus keine Rolle, was mit der sozialen Zusammensetzung der Stadt, ihrem eben gerade nicht bürgerlichen Charakter zu tun hatte, mit der topographischen Lage inmitten einer Verdichtungsregion, mit der Macht der öffentlichen Wohnungsbaugesellschaften. Allerdings hätten über Park- und Freizeitanlagen an der Peripherie hinaus Eigenheimgebiete im Westen und Süden durchaus in größerem Umfang erschlossen werden können. Das Potential der 1938 eingemeindeten Vororte, wo die einheimische Bevölkerung noch einen Vorrat an Baugrundstücken besaß, schien für diesen Sektor prinzipiell zu genügen. Die eigentliche Vision der fünfziger und sechziger Jahre war ganz anders: Sie bestand in der sozialen Stadt, die ihren Bürgern leichte Mobilität, umfassende soziale Grunddienste, Licht und Luft gab – Stadt als Daseinsfürsorge und durch Siedlungsbau. Ziviles Selbstbewußtsein sollte den Bürgern erst einmal vermittelt werden – über einen markigen Ausbau des Zentrums, in einer Stadtgesellschaft, in der sich die Eingesessenen weniger mit der Gesamtstadt als mit ihren einzelnen Ortsteilen identifizierten, was aber auch dort keineswegs auf ein bewußtes Bewahren der Bausubstanz und der agrarischen Tradition hinauslief – nostalgische Aktivitäten wie die Beschwörung eines Alten, das eben leider weichen müsse, schienen auszureichen.

Die Nationalsozialisten hatten in Ludwigshafen städtebaulich und an Einzelbauten weder Bemerkenswertes realisiert noch überzeugende Gesamtneugestaltungsideen hervorgebracht. Allerdings waren weitreichende Verkehrskonzepte und Eingemeindungsaktivitäten vorangetrieben worden, an die man bruchlos anknüpfte. Die Verbindungslinien zur Baumoderne der Weimarer Republik waren ausgeprägt, allerdings ohne

Anmerkungen
Seite 714 und 715

211 *Schneider, S. 11f*
212 *Weidmann, S. 177*
213 *vgl. zusammenfassend Simon, S. 129*
214 *Tabelle in Moll, Bevölkerungsgeschichte, S. 30*

deren Originalität auch nur entfernt zu erreichen. Die Stadtplanung machte nach 1945 einen pragmatischen Neuanfang, nicht nur, weil ja tatsächlich ein Teil des Stadtgebiets zerstört war. Sowohl der Wiederaufbau, der auf eine Neuerstellung auf allerdings nicht hintergehbarem Grundriß hinauslief und sich bis 1954/55 hinzog, wie der Neuansatz einer nach den Maximen von Verkehr, Funktion und Kaufkraft umgebauten Stadtmitte, wurden lange von der starken Bauverwaltung durchgezogen. Der Stadtrat bemühte sich allenfalls ums Mithalten, aber erst um 1960 herum nahm die Öffentlichkeit wirklich größeren Anteil an den ständigen Neuplanungen, und erst in der Mitte der sechziger Jahre stellte sich mit der CDU eine erstarkte politische Kraft vor, die aber inhaltlich keine Alternative zum Leitbild ständiger Mobilität, Modernität und Expansion entwickelte.

Das Aweta-Gebäude der BASF 1963 [105]

Die Instandsetzung der beschädigten Häuser nach 1945, die schon vor dem Einsetzen der Neubaupolitik zu einem Wiederanwachsen der Wohnbevölkerung auf 123 869 Einwohner[214] führte, geschah auf der Grundlage der Parzellenstruktur. Der nun einsetzende Neubau nahm darauf kaum Rücksicht. Die privaten Hausbesitzer spielten in diesem Prozeß eine auffallend schwache Rolle, jedenfalls was die zu kleinen Teilen rekonstruierte, überwiegend aber neuerbaute Innenstadt betraf. Die Regeneration und der Ausbau verschiedener Stadtteile war hingegen stärker von einzelnen privaten Initiativen geprägt: Dieser Faktor läßt sich wegen der Kleinteiligkeit der Prozesse schlechter würdigen als die zentralen Planungen. Die tatsächliche Stadtgestalt außerhalb des Zentrums wurde durch die Maßnahmen des gemeinnützigen Wohnungsbaus bestimmt sowie durch die über das gesamte Gebiet verstreuten Siedlungen der GAG und Gewoge. Der Städtebau war letztlich der Wohnungsbaupolitik untergeordnet, und bei dieser war trotz starker Vorbehalte doch weniger der Zuzug von Flüchtlingen aus den Ostgebieten und der DDR im Zusammenhang des sozialen Wohnungsbaus das Thema als die Versorgung der Normalarbeitnehmer und der rückkehrenden, im Bombenkrieg Evakuierten. Nach anfänglicher Skepsis gegenüber neuen Stadtteilen kam man nicht mehr ohne diese aus. Diese neuen Stadtgebiete auf den zwischen den alten Ortskernen liegenden Brachen waren allerdings in den fünfziger und frühen sechziger Jahren nicht so weit wie spätere vom Zentrum entfernt und schlossen sich an bestehende Stadtteile an. Baulich war dies alles ein Mix aus Verschiedenem, relativ einheitlich war hingegen die soziale Struktur der Bewohnerschaft.

Unter Urbanität verstand man bauliche oder gebaute Dichte und ausreichende Infrastruktur. Die Stadtteile behielten ihr Eigenleben, wenn sie auch mit moderner Bebauung aufgefüllt wurden. Der Versuch, eine ›Gesamtstadt‹ zu realisieren, geschah in der Praxis vom Zentrum her und mehr durch einzelne architektonische Zeichensetzungen als etwa durch Grünzüge. BASF-Gelände und Hafenanlagen, die dortigen Lagerhäuser und zugehörigen Bahngeleise und, kaum zu unterschätzen, überörtlicher Verkehrsdruck waren Determinanten der Stadtentwicklung, auf die man sich eben einzustellen hatte. Das verinnerlichte Negativimage der Stadt und die Konkurrenz zu Mannheim, das alles andere überragende Interesse an der schnellen Produktion von Wohnraum schlugen laufend auf die Planungen durch, doch wichtiger erschien es schließlich, die Chancen als Industriestandort zu wahren. Durch die große Bauleistung im sozialen Wohnungsbau ab etwa 1953

verbesserte sich der Wohnstandard rasch. Das war eine der überzeugendsten Leistungen der von der Sozialdemokratie forcierten, aber auch von der CDU mitgetragenen Wohnungspolitik.

Den Umbau von erhaltenswerten, aber stark modernisierungsbedürftigen Wohnungen – und dadurch die Vermeidung von Abrissen – sah man hingegen nicht als Alternative. Deswegen hatten fast ein Viertel der Wohnungen noch in den siebziger Jahren kein Badezimmer.[215] Ausserdem standen in den fünfziger und sechziger Jahren für Komfortverbesserungen keine geeigneten öffentlichen Finanzierungsinstrumente zur Verfügung. Man übersah, daß sich verschiedene Stadtteile durch den raschen Zuzug von ausländischer Arbeiterbevölkerung gerade in die Sanierungsgebiete hinein[216] seit etwa 1959 problematisch gerade dort veränderten, wo bereits hohe Anteile an alter und sozial schwacher Bevölkerung bestanden.[217] Insofern und aus anderen Strukturdaten läßt sich der Schluß ziehen, daß die städtische Wohnungspolitik vorrangig jüngeren, gelernten Arbeitern und Angestellten zugute kam, eben den mittleren Arbeitnehmerschichten mit ihren ja sich langsam, aber ständig erweiternden wirtschaftlichen Spielräumen.

Die einsetzende Abwanderung von Mittelschichtfamilien in die Peripherie wurde wie in anderen Städten übersehen, die Motive dafür nicht geklärt. 1967 stellte dann das städtische Amt für Stadtforschung und Statistik fest: Die „Baulandverknappung hat in fast allen deutschen Großstädten zu einer immer stärkeren Verlagerung des Wohnungsbaus in die Randgebiete geführt. So sind vor allem bauwillige Privatpersonen, noch dazu, wenn sie ein Einfamilienhaus anstreben, weitgehend auf den Erwerb von Bauland in den näher und ferner gelegenen Umlandgemeinden angewiesen. Daneben sind andere Faktoren wirksam, wie etwa die Anziehungskraft der landschaftlich attraktiven Gebiete der Haardt und des Odenwaldes, die größere Unabhängigkeit von öffentlichen Verkehrsmitteln durch die zunehmende private Motorisierung, das Streben nach dem eigenen Haus und dem Wohnen im Grünen." Nun stellten sich die Folgen der bisherigen Verkehrspolitik heraus: „Auch die Verschlechterung der Lebensbedingungen im Stadtzentrum durch den wachsenden Verkehr sowie die Luftverschmutzung hat sich in gleicher Richtung ausgewirkt."[218]

Während der Wiederaufbauphase gab es allerdings in der Öffentlichkeit der Printmedien – und die waren für die Meinungsbildung der Bürgerinnen und Bürger in kommunalen Fragen maßgeblich – kaum grundsätzliche und alternative Informationen, für die sich doch mancher interessiert hätte. Die städtebaulichen Debatten der Bundesrepublik wurden, etwa über die verschiedenen örtlichen Zeitungen – vor allem ›Die Rheinpfalz‹ und den ›Mannheimer Morgen‹, in geringerem Umfang den ›Stadtanzeiger‹, den ›Generalanzeiger‹, Partei- und Vorortzeitungen – so gut wie nicht zur Kenntnis gebracht. Die Presse berichtete, wenn es um konkrete Projekte ging, insbesondere um die Neugestaltung des Zentrums. Allerdings finden sich die Leitlinien der allgemeinen Stadtplanungsdebatte in den Plänen der Stadtverwaltung wieder, besonders die zunehmende Betonung einer Trennung von Fußgänger- und Autoverkehr. Die deutschen Verkehrsplaner hatten schon seit dem Ende der vierziger Jahre sich für eine funktionale Trennung der – formal gleichbehandelten – Verkehrsarten ausgesprochen, in Wirklichkeit jedoch eine „Vormachtstellung des Automobils" impliziert, das „mit

Anmerkungen
Seite 716 und 717

215 *Keppel, S.40*
216 *1975 im Stadtteil Nord 37,3% Ausländeranteil*
217 *Keppel, S.35*
218 *StALu, DS 243, 1967/1, S.16f*
219 *Der Motorisierungsgrad in der Bundesrepublik verdreifachte sich zwischen 1950 und 1955; Schmucki, S.121*
220 *vgl.ebd., S.97—102*
221 *vgl.ebd., S.118—138*
222 *zu deren Entwicklung vgl. Mörz, Westbote, S.131—153, zur Rhpf als wachsend beherrschendes Regionalblatt ebd., S.154—183*
223 *MM, 28.9.1957*
224 *Rhpf, 1.12.1958*
225 *Rhpf, 19.1.1959*
226 *Rhpf, 22.1.1959*

technischem Fortschritt gleichgesetzt" worden war. In ›Zwanzig Leitsätzen‹ hatte der Deutsche Städtetag 1954 diese Trennung der Verkehrsarten, Umgehungsstraßen, Signalisierungen, Fußgängerüber- und -unterführungen explizit gefordert. Zu dieser Zeit hatten die deutschen Verkehrsplaner noch an der Straßenbahn als leistungsfähigem Hauptverkehrsmittel festgehalten, während aber Journalisten und Politiker unter dem Eindruck der fortschreitenden Massenmotorisierung[219] sie nun als altmodisch und unzeitgemäß bezeichneten.[220]

Man muß davon ausgehen, daß diese Verschiebung der Gesichtspunkte – von 1955 bis Anfang der siebziger Jahre dauerte in der Bundesrepublik generell die Periode, das Leitbild der ›autogerechten‹ Stadt vollständig durchzusetzen[221] – auch in den städtischen Fachkreisen Ludwigshafens zur Kenntnis genommen wurde. Hingegen ist eine Rezeption des baupolitischen Diskurses, etwa festzumachen an der Interbau Berlin 1957 oder an der Debatte um die ›Neue Urbanität‹ 1960, nicht festzustellen. Die örtlichen Zeitungen enthielten überhaupt erst seit 1957 sehr gelegentlich kritische Artikel über die Stadtentwicklung – nicht über die Ludwigshafener, versteht sich, sondern allgemein über die der Bundesrepublik. So wurde die Presse[222] genauso zum Modernisierungsakteur wie die Bauverwaltung oder die SPD. 1957 berichtete der ›Mannheimer Morgen‹ erstmals, aber nur punktuell über die starken gesundheitlichen Gefährdungen der Großstädter durch wachsenden Verkehrslärm. Es handelte sich um eine Mannheimer Debatte, die im übrigen dort durch Vertreter der Wirtschaft geschickt institutionell eingebunden und dadurch politisch neutralisiert wurde.[223] Seit 1958 läßt sich erstmals eine stärkere Artikulation von Stadtteilinteressen feststellen, so in Mundenheim der heftige Wunsch an einer baldigen Fertigstellung der geplanten Umgehungsstraße.[224] In Oggersheim, wo man sich in den Schatten gestellt sah, regte sich der Wunsch, auch an städtebaulichen Errungenschaften wie in der Innenstadt zu partizipieren. Ebenso bezeichnenderweise wurde hier der dringende Wunsch formuliert, die alte Stadtmauer, Symbol des früheren städtischen Status des Ortsteiles, erhalten zu wissen. Nicht zufällig verband sich die Artikulation solcher Stadtteilinteressen mit wachsender Kritik an der nun hegemonial auftretenden SPD durch die örtliche CDU, die die Grundlagen für den bisherigen stadtpolitischen Grundkonsens aus der Zeit von Not und erstem Wiederaufbau nicht mehr gegeben sah.[225] In Rheingönheim herrschte, als im Park für einen Schulbau alte Bäume gefällt wurden, „Bestürzung" und „große Erregung", eine „Hausfrau" meinte, es handele sich doch um den einzigen Park des Stadtteils, der nun beeinträchtigt sei.[226]

Zur gleichen Zeit zeigte sich an der heftigen Debatte über das Projekt ›Visitenkarte‹, wie durch verschiedene Bevölkerungskreise hindurch die Frage der Überbauung eines der wenigen größeren Plätze, des Jubiläumsplatzes, heftige, aber durchaus auch sachkundige und mit der Örtlichkeit sich vertraut zeigende Bürgerkritik hervorrief. Bemerkenswert bei der Debatte war nicht nur die Polarisierung einer Minderheit von Modernisten gegenüber einer Mehrheit von Traditionalisten bzw. Kritikern von Einzelaspekten, sondern auch die sich mehrfach artikulierende Kritik am ganzen obrigkeitlichen Modus der Ludwigshafener Stadtplanung überhaupt, am Fehlen einer wirklichen Partizipation von Öffentlichkeit und Architektenschaft in einer weitgehend interessenbestimmten Gremienpolitik.

In der Leuschnerstraße, 1965 [106]

Die Bismarckstraße
Juni 1963 [107]

Sicherlich, solche Partizipationsforderungen verstetigten sich nicht, traten in der Folge eher in den Hintergrund. Erst seit den siebziger Jahren wurden der verkehrsbedingte Flächenverbrauch, Lärm, Schadstoffe und der Verbrauch von öffentlichem Raum zu einem Hauptthema, nicht nur, wie erwähnt, in Stellungnahmen der Ludwigshafener Verwaltung, sondern generell in der Bundesrepublik. 1973 zeigten Untersuchungen, daß sich 31% der in Ludwigshafen dazu Befragten über Verkehrslärm beschwerten.[227] Ein beträchtlicher Teil der Ludwigshafener vermißte in der Stadt Grünanlagen, Spazierwege und Spielflächen. ›Saubere Luft‹ stellte nach Meinung der Bürgerinnen und Bürger die dringendste Aufgabe künftiger Stadtpolitik dar;[228] Ende der siebziger Jahre zeigten sich weiterhin starke Defizite an stadtteilnahen Grünflächen, ein Mangel an Frei- und Hallenbädern, sowie Sportplätzen.[229] Rückblickend nannte der seit 1965 amtierende Oberbürgermeister Werner Ludwig 1989 typische Negativpunkte der – eben nicht nur seiner Meinung nach unaufhaltsamen – ›Autolawine‹, und interpretierte den Bau der ersten Hochstraße als historisch völlig richtigen Weg zu einer Beruhigung von Stadtteilen und als einziges Mittel zur geringeren Belastung der Fußgänger.[230]

1958 berichtete der ›Mannheimer Morgen‹ über Kritik von Soziologen über die Vernachlässigung sozialer Kontakte und Beziehungen im sozialen Wohnungsbau, der sich ja bald dem Großsiedlungsbau zuwenden sollte und der nach wirtschaftlichen Gesichtspunkten verfahre. „Architekten verteidigen sich mit dem Argument, daß der Großstädter solche Bindungen und Kontakte gar nicht wünscht, daß er eine Wohnung vorzieht, in der er mit sich allein gelassen wird." Da war er wieder, der

Anmerkungen
Seite 718 und 719

227 *Faber, S. 38*
228 *Stadtentwicklungsplan Ludwigshafen 1973, Bd. 2, S. 58, 129*
229 *Keppel, S. 61*
230 *Ludwig, Stadtentwicklungspolitik, S. 84f*
231 *Roehoff*
232 *ebd.*
233 *Neben dem BASF-Hochhaus ist die Friedrich-Ebert-Halle von Roland Rainer, die 1960—1965 entstand, ein bemerkenswertes Baudenkmal der Moderne; vgl. Jaeger, S. 225*
234 *GA, 20. 1. 1960*
235 *Rhpf, 10. 12. 1958*
236 *Bahrdt, S. 85—94, Zitat S. 93*

Moderne Straßen, himmelstrebende Häuser: Froschlache, Oggersheim ca. 1966/67 [108]

Mensch des ›technischen Zeitalters‹.[231] War der ›Schutz des Privaten‹, Sicherheit vor Verkehrsunfällen und Lärm noch gewährleistet? Wie konnte man die Stadt weiter verdichten, „ohne diese in weitläufige ländliche Siedlungen aufzulösen"?[232] War angesichts des Primats von einigen wenigen herausragenden[233] und vielen bedeutungslosen Einzelbauten und öffentlichem Wohnungsbau der Sinn für Raumgefüge und harmonische „Verbindungen von Alt und Neu" verlorengegangen?[234] Solche nachdenklichen Fragen blieben angesichts von so viel Gestaltungszuversicht ein Feuilletonthema. Öffentliches Interesse für Stadtentwicklung fehle, so der 1955—1958 bei der BASF als sozialwissenschaftlicher Mitarbeiter tätige Hans Paul Bahrdt 1958 als bekannter Stadtsoziologe.[235] In seiner späteren, pointierten Studie über ›Die moderne Großstadt‹ unterstrich Bahrdt 1961 die sozialhistorische Fundierung des Desinteresses verschiedener Gesellschaftsschichten für das Städtische und kritisierte scharf den „Verfall der kommunalen Öffentlichkeit." Zugleich sah Bahrdt, ohne Nennung seines früheren Arbeitgebers, im modernen Großbetrieb, der Flächen von Quadratkilometern aus dem Stadtgebiet schneide, eine Art Refeudalisierung: „Eine eigene Polizei verwehrt jedem Unbefugten den Zutritt. Das Leben spielt sich in einem solchen Areal nach ganz anderen Gesetzen ab als in der übrigen Stadt. Daneben gibt es große Quartiere, die aus Werkswohnungen oder ›werksgeförderten‹ Wohneinheiten bestehen. Sie sind zwar öffentlich zugänglich. Dennoch erinnern sie den Beobachter eher an Burgsiedlungen oder ›Bischofsstädte‹ als an eine Stadt mit öffentlichem Leben."[236] Tatsächlich begann das öffentliche Interesse am Städtebau erst allmählich und eher unerwartet zu wachsen.

Das Europa-Hotel am Ludwigsplatz 1963 [109]

Wie nahmen die Zeitgenossen die Wiederaufbauleistung wahr? Es kann, nach allem, was man weiß, keinen Zweifel geben, daß allein das Interesse der Menschen daran, ein Dach über dem Kopf zu haben, zu einer insgesamt positiven Bewertung des eingeschlagenen Kurses bei der Mehrheit geführt hatte. Zu den Konsensbereichen gehörten sozialer Wohnungsbau, der Neubau schöner Gebäude, die Verbesserung der Infrastruktur. Eine fundamentale öffentliche Kritik an der Stadtentwicklung gab es nicht. Allerdings, nach Meinung eines ehemaligen Ludwigshafeners, einem ins Badische verzogenen Zahnarztes, der 1959 die neugestaltete Stadt besuchte, war diese „ohne Seele", sie böte durch die vielen Abrisse markanter Gebäude keine Stätten mehr, an denen persönliche Erinnerung verweilen könne, sie stelle „sich fremd, kahl, kalt, abstoßend" in der verbreiterten Bismarckstraße dar, „leer" in der wiederaufgebauten Ludwigskirche, „verdreckt und vernachlässigt" im Norden – die Einzelstimme eines nostalgisch gestimmten Begriffsstutzigen?[237] In Anlehnung an den historischen Bestand wieder aufgebaut waren in der Kernstadt jedenfalls nur vereinzelte Wohn- und Geschäftshäuser, der Turm der Lutherkirche und das ehemalige Gymnasium in der Bismarckstraße.

1963 meinte Georg Böhn, die Ludwigshafener ärgerten sich doch sehr darüber, daß ihnen durch den Ausbau der BASF das Spazierengehen am Rhein verwehrt sei.[238] Ganz positiv sah im selben Jahr der Kulturredakteur Karl Heinz, den wir schon als notorischen Modernisierer kennengelernt haben, das stark von Hochhäusern und Verkehrsbauten gekennzeichnete Stadtbild und die Einstellungen ihrer Bewohner: „Im Vordergrund, ganz nahe das silbergraue Fließband der großen Straße zur Brücke. Darauf die gehemmte Eile eines endlosen Kraftwagenstroms. Unmittelbar dahinter [im Norden] jenes Stück Ludwigshafen, das dem Abriß verfallen ist: Backsteinfronten, Abrißquartiere. Über dem ganzen, über Türmen und Bauten, über Altem und Neuem, das ständige Hin und Her von Baukränen." Ein solcher Anblick sei für die Ludwigshafener ganz normal, so Heinz, „man muß allerdings das Vorkriegs-Ludwigshafen gekannt haben, um ermessen zu können, welch ein Wandel eingetreten ist, wie das Diabolische der Zerstörung sich ins Positive gekehrt hat, wie ein siegreicher Gürtel von Grün um die Behausungen wächst, um das Gefühl zu verstehen, das die Ludwigshafener heute für ihre Stadt empfinden."[239]

Sicherlich, wenn es um eine Einsichtnahme in Bebauungspläne ging, um die Besichtigung von Modellausstellungen der Planung oder um die Frage, ob eine neugestaltete Tankstelle „passend" sei,[240] bildeten sich die Bürger ihr privates Urteil, mehr aber nicht. Wie schon ausgeführt, erst mit der neuen Modernisierungsphase im Stadtzentrum kann man ansatzweise von einer Politisierung der Bauplanung sprechen. Erstmals 1958 fühlte sich die Bauverwaltung veranlaßt, auf einer Versammlung die Meinungen der örtlichen Architekten anzuhören, dafür bedankten sich diese artig.[241]

Erst mit dem Beginn der sechziger Jahre hat man den Eindruck, daß die Parteien und eine allgemeine Öffentlichkeit nicht mehr dem Bauamt allein Planung und Entwicklung überließen: jetzt standen ja wenigstens ›von außen‹ erstellte Planungsvarianten zur Verfügung, die sich allerdings in den grundlegenden Wertvorstellungen nicht von denen der Stadt selbst entfernten, nicht entfernen konnten. Die Projektausstellung

Anmerkungen
Seite 720 und 721

237 GA, 28.4.1959
238 Böhn, Zeitungen, S.97
239 Heinz, S.49, 51
240 Rhpf, 20.10.1954
241 MM, 23.12.1958
242 Rhpf, 24.7.1964

zur Neugestaltung der Innenstadt nach der Bahnhofsverlegung 1964 mußte wegen regen Publikumszuspruchs verlängert werden; schon in den ersten Tagen wurde sie von 250 Bürgern besucht, und diese brachten auch in Versammlungen wohlbegründete Ansichten vor – ein Stück Polis also.[242]

Albers, Gerd: Die Alte Stadt im Wandel der Perspektiven, in: Die Alte Stadt 27, 2000, S. 179—199

Andersen, Arne: Der Traum vom guten Leben. Alltags- und Konsumgeschichte vom Wirtschaftswunder bis heute, Frankfurt am Main/New York 1997

Bahrdt, Hans Paul: Die moderne Großstadt. Soziologische Überlegungen zum Städtebau, Reinbek 1961

Bauverwaltung Ludwigshafen (Hg.): 100 Jahre Bauverwaltung Ludwigshafen 1882—1982

Becker, Klaus, J.: Stadt in Fahrt. 100 Jahre Straßenbahn in Ludwigshafen am Rhein, Ludwigshafen 2001

Bellaire, Wilhelm u. a.: Unsere Gartenstadt. Bausteine zur Geschichte des jüngsten Ludwigshafener Stadtteils, Otterbach-Kaiserslautern 1968

Beyer, Susanne: Lust auf lauschige Plätze, in: ›Der Spiegel‹ 34/2001, S. 176f

Beyme, Klaus von: Der Wiederaufbau. Architektur und Städtebaupolitik in beiden deutschen Staaten, München/Zürich 1987

Böhn, Friedrich: Ludwigshafen, eine junge Großstadt am Oberrhein, ihr Lebensraum und ihr Erscheinungsbild, geogr. Diss. 1949, in Bibl. StALu [zit. Böhn, Großstadt]

Böhn, Georg: Aus vergilbten Zeitungen – und in Erinnerungen gekramt, in: Ludwigshafen am Rhein. Stadt der Chemie, hg. v. d. Stadtverwaltung Ludwigshafen, 2. Aufl. Hanau 1963, S. 96—100 [zit. Böhn, Zeitungen]

Bovermann, Rainer: Das ›rote‹ Rathaus. Die Sozialdemokratisierung des Ruhrgebiets am Beispiel Dortmund 1945—1964, Essen 1995

Breier, Thomas: Eine Stadt wird gebaut. Von der Gründung bis zum 2. Weltkrieg, Ludwigshafen 1994

Denkmalpflege in Rheinland-Pfalz (Hg.): Architektur und Städtebau der 50er Jahre, Mainz 1992

Doser, Stefanie: Die siedlungsstrukturellen Auswirkungen des Werkswohnungsbaus der BASF auf die Stadt Ludwigshafen am Rhein und deren Landkreis, Wissenschaftliche Prüfungsarbeit, Universität Mannheim, 1989

Durth, Werner/Gutschow, Niels: Träume in Trümmern. Planungen zum Wiederaufbau zerstörter Städte im Westen Deutschlands 1940—1950, Bd. 2, Braunschweig/Wiesbaden 1988

Faber, Bertram: Die Entwicklung des Individualverkehrs nach dem Zweiten Weltkrieg und deren Auswirkungen auf die Stadt Ludwigshafen am Rhein, Diplomarbeit, Mannheim 2000

Fauck, Siegfried: Geschichte der Stadt Ludwigshafen am Rhein in Daten; Veröffentlichungen des Stadtarchivs Ludwigshafen 2, 2. Aufl., Ludwigshafen 1989

Fischer, Hans: Ludwigshafen am Rhein. Von der Gewerbe- und Industrieansiedlung des 19. Jahrhunderts zur gegliederten Großstadt, in: Mannheimer Geographische Arbeiten 10, 1981, S. 93—103

Führer, Karl Christian: Mieter, Hausbesitzer, Staat und Wohnungsmarkt, Stuttgart 1995

GAG: 40 Jahre GAG, in: GAG-Geschäftsbericht, Ludwigshafen 1959

Gewoge:

110 Jahre BASF-Werkswohnungsbau. 50 Jahre Gewoge, Ludwigshafen 1976 [zit. Gewoge, 110 Jahre]

Wohnhochhäuser an der Froschlache in Ludwigshafen-Oggersheim, in: 110 Jahre BASF-Werkswohnungsbau. 50 Jahre Gewoge, Ludwigshafen 1976, S. 26—29 [zit. Gewoge, Wohnhochhäuser]

Grieshaber, Daniel: Endstation Sehnsucht. Der Ludwigshafener Hauptbahnhof, ein Objekt der Stadtarchäologie, in: Stadtmagazin ›meier‹, Juni 2001, S. 8—11

Gutheil, Martin: Dem Gefühl der Angst auf der Spur, in: ›Rhein-Neckar-Zeitung‹, 12.9.2001, S. 11

Haerendel, Ulrike: Kommunale Wohnungspolitik im Dritten Reich. Siedlungsideologie, Kleinhausbau und ›Wohnraumarisierung‹ am Beispiel Münchens, München 1999

Handrick, Georg: Ludwigshafen am Rhein: Zur Sozialgeschichte und Soziographie einer modernen Großstadt, phil. Diss. Mainz 1965

Harlander, Tilman:

Wohnen und Stadtentwicklung in der Bundesrepublik, in: Ingeborg Flagge (Hg.): Geschichte des Wohnens, Bd. 5, 1945 bis heute, Stuttgart 1999, S. 233—418 [zit. Harlander, Wohnen]

Zwischen Heimstätte und Wohnmaschine. Wohnungsbau und Wohnungspolitik in der Zeit des Nationalsozialismus, Basel 1995 [zit. Harlander, Heimstätte]

Heinz, Karl: Ludwigshafener Marginalien, in: Ludwigshafen am Rhein. Stadt der Chemie, hg. v. d. Stadtverwaltung Ludwigshafen, 2. Aufl., Hanau 1963, S. 48—51

Herden, Wolfgang: Quantitative und qualitative Analyse des Stadt-Umland-Feldes von Ludwigshafen im Spiegel der Bevölkerungs- und Wohngebäudeentwicklung seit 1950, naturwiss. Diss. Heidelberg 1976

Hippel, Wolfgang von: Stadtentwicklung und Stadtteilbildung in einer Industrieansiedlung des 19. Jahrhunderts: Ludwigshafen am Rhein, in: Hans-Jürgen Teuteberg (Hg.): Urbanisierung im 19. und 20. Jahrhundert, Köln/Wien 1983, S. 339—371

Hölzner, Sigrun: Ansprüche der badischen Anilin- und Soda-Fabrik AG Ludwigshafen am Rhein an den Raum, Diss. geow. Fak., Berlin 1971

Horak, Hans: Ludwigshafener Wirtschaft, in: Ludwigshafen am Rhein. Stadt der Chemie, hg. v. d. Stadtverwaltung Ludwigshafen, 2. Aufl., Hanau 1963, S. 52—70

Jaeger, Falk: Bauen in Deutschland. Ein Führer durch die Architektur des 20. Jahrhunderts in der Bundesrepublik und in West-Berlin, Stuttgart 1985

100 Jahre sozialdemokratische Kommunalpolitik siehe SPD-Stadtratsfraktion

Janson, Günther:

Die GAG – ein wirksames Instrument im Kampf gegen die Wohnungsnot, in: SPD-Stadtratsfraktion Ludwigshafen (Hg.): 100 Jahre Sozialdemokratische Kommunalpolitik für Ludwigshafen 1888—1989, Ludwigshafen 1989, S. 123—126 [zit. Janson, GAG]

Das Wohnungselend nach dem Kriege, in: SPD-Stadtratsfraktion Ludwigshafen (Hg.): 100 Jahre Sozialdemokratische Kommunalpolitik für Ludwigshafen 1888—1989, Ludwigshafen 1989, S. 59—63 [zit. Janson, Wohnungselend]

Die Hemshof-Sanierung. Kleiner geschichtlicher Rückblick, in: SPD-Stadtratsfraktion Ludwigshafen (Hg.): 100 Jahre Sozialdemokratische Kommunalpolitik für Ludwigshafen 1888—1989, Ludwigshafen 1989, S. 143—152 [zit. Janson, Hemshof-Sanierung]

Jessen, Johann/Simon, Christina: Städtebau – Vom eigenen Haus mit Garten zum suburbanen Wohnquartier, in: Tilman Harlander u. a. (Hg.): Villa und Eigenheim. Suburbaner Städtebau in Deutschland, Stuttgart/München 2001, S. 350—381

Jessen, Johann: Suburbanisierung – Wohnen in verstädteter Landschaft, in: Tilman Harlander u. a. (Hg.): Villa und Eigenheim. Suburbaner Städtebau in Deutschland, Stuttgart/München 2001, S. 316—329

Keppel, Holger: Stadtentwicklungsplan Mannheim-Ludwigshafen, Stuttgart 1979

Knoflacher, Hermann: Die Bedeutung der Verkehrsplanung für die Stadtentwicklung im 19. und 20. Jahrhundert, in: Niederstätter, Alois (Hg.): Stadt. Strom – Straße – Schiene, Linz 2001, S. 307—323

Knoll, Hermann: Ludwigshafen in neuer Sicht, in: ›Rheinpfalz‹, Beiblatt, 28.10.1955

Körber, Werner: Zerstörung und Wiederaufbau der Stadt, in: 100 Jahre Ludwigshafen am Rhein, hg. v. d. Stadtverwaltung Ludwigshafen, Ludwigshafen 1953, S. 53—58

Kuhn, Gerd: Wohnkultur und kommunale Wohnungspolitik in Frankfurt am Main 1880 bis 1930. Auf dem Wege zu einer pluralen Gesellschaft der Individuen, Bonn 1998

Lehmbrock, Josef: Siedlung Ludwigshafen-Edigheim, in: 110 Jahre BASF-Werkswohnungsbau. 50 Jahre Gewoge, Ludwigshafen 1976, S. 18—20

Löber, Hans: Wandlungen der Ludwigshafener Landschaft, in: 100 Jahre Ludwigshafen am Rhein, hg. v. d. Stadtverwaltung Ludwigshafen, Ludwigshafen 1953, S. 17—23

Lochner, Karl:

Aus Schutt und Asche ein neues Stadtgesicht geformt, in: Ludwigshafen am Rhein. Stadt der Chemie, hg. v. d. Stadtverwaltung Ludwigshafen, Hanau 1959, S. 34—40 [zit. Lochner, Schutt]

Städtebauliche Auswirkungen des Hochhauses, in: BASF (Hg.): Das Hochhaus der BASF, Stuttgart 1958, S. 17—20 [zit. Lochner, Auswirkungen]

Ludwig, Werner:

Der soziale Wohnungsbau und die gemeinnützigen Bauunternehmen, in: Ludwigshafen am Rhein. Stadt der Chemie, hg. v. d. Stadtverwaltung Ludwigshafen, 2. Aufl., Hanau 1963, S. 118—122 [zit. Ludwig, Wohnungsbau]

Die neue Innenstadt, in: SPD-Stadtratsfraktion Ludwigshafen (Hg.): 100 Jahre Sozialdemokratische Kommunalpolitik für Ludwigshafen 1888 bis 1989, Ludwigshafen 1989, S. 133—138 [zit. Ludwig, Innenstadt]

Stadtentwicklungspolitik für die Bürgerschaft, in: 100 Jahre Sozialdemokratische Kommunalpolitik für Ludwigshafen 1888 bis 1989, Ludwigshafen 1989, S. 75—92 [zit. Ludwig, Stadtentwicklungspolitik]

Ludwigshafen als Handels- und Hafenstadt siehe Stadtverwaltung

Medem, Viktor von: Die grüne Umwelt unserer Stadt, in: Ludwigshafen von der Industriestadt zur Metropole, Ludwigshafen 1966, S. 59—65

Moll, Karl:

Aus der Bevölkerungsgeschichte der Stadt, in: 100 Jahre Ludwigshafen am Rhein, hg. v. d. Stadtverwaltung Ludwigshafen, Ludwigshafen 1953, S. 24—32 [zit. Moll, Bevölkerungsgeschichte]

Ludwigshafen und seine Berufspendler nach den Ergebnissen der Volkszählungen 1939 und 1950, Ludwigshafen 1954 [zit. Moll, Berufspendler]

Moll, Karl/Stumm, Ulrich: ›Die Stunde Null‹. Ein Situationsbericht aus dem Jahre 1947, in: SPD-Stadtratsfraktion Ludwigshafen (Hg.): 100 Jahre Sozialdemokratische Kommunalpolitik für Ludwigshafen 1888—1989, Ludwigshafen 1989, S. 49—57

Mörz, Stefan:

Zur kommunalen Verwaltungsgeschichte des Ludwigshafener Raums seit dem 18. Jahrhundert, in: ders., Das Gedächtnis der Stadt: das Stadtarchiv Ludwigshafen a. Rh. und seine Bestände; Veröffentlichungen des Stadtarchivs Ludwigshafen 22, S. 23—50, Ludwigshafen 1996 [zit. Mörz, Gedächtnis]

Vom Westboten zur Rheinpfalz. Die Geschichte der Presse im Raum Ludwigshafen von den Anfängen bis zur Gegenwart; Veröffentlichungen des Stadtarchivs Ludwigshafen 19, Ludwigshafen 1994 [zit. Mörz, Westbote]

Nellner, Werner: Die Entwicklung der inneren Struktur und Verflechtung in Ballungsgebieten. Dargestellt am Beispiel der Rhein-Neckar-Agglomeration, Hannover 1969

Neuer Hauptbahnhof: siehe Stadtverwaltung

Niethammer, Lutz: Die Unfähigkeit zur Stadtentwicklung. Erklärung der seelischen Störung eines Communalbaumeisters in Preußens größtem Industriedorf, in: Engelhart, Ulrich/Sellin, V./Stuke, H. (Hg.): Soziale Bewegung und politische Verfassung, Stuttgart 1976, S. 432—471

Oexner, Mara: Stadt Ludwigshafen am Rhein. Kulturdenkmäler in Rheinland-Pfalz, Düsseldorf 1989

Pulsschlag: siehe Stadtverwaltung

Reif, Heinz: Die verspätete Stadt. Industrialisierung, städtischer Raum und Politik in Oberhausen 1846—1929, 2 Bde., Köln 1993

Roehoff, Hans: Moderner Wohnungsbau vernachlässigt soziale Bedürfnisse, in: MM, 4.1.1958

Schäfer, August: Die Volksschulen, in: 100 Jahre Ludwigshafen am Rhein, hg. v. d. Stadtverwaltung Ludwigshafen, Ludwigshafen 1953, S. 123—125

Schmucki, Barbara: Der Traum vom Verkehrsfluß. Städtische Verkehrsplanung seit 1945 im deutsch-deutschen Vergleich, Frankfurt am Main/New York 2001

Schneider, Lothar K.: Ludwigshafen – Eine Chance für die Zukunft, in: Ludwigshafen – Von der Industriestadt zur Metropole, Ludwigshafen 1966, S. 6—12

Schulte, Wolfgang: Die Hemshofsanierung und die Stadterneuerung aus heutiger Sicht, in: SPD-Stadtratsfraktion Ludwigshafen (Hg.): 100 Jahre Sozialdemokratische Kommunalpolitik für Ludwigshafen 1888—1989, Ludwigshafen 1989, S. 153—158

Schulz, Günther: Wiederaufbau in Deutschland. Die Wohnungsbaupolitik in den Westzonen und der Bundesrepublik von 1945 bis 1957, Düsseldorf 1994

Schweinitz, Max: Geschichtliche Entwicklung der Eisenbahnen in Ludwigshafen, in: Neuer Hauptbahnhof 1969, S. 39—46

Siedler, Heinz/Niggemeyer, Elisabeth/Angreß, Gina: Die gemordete Stadt. Abgesang auf Putte und Straße, Platz und Baum, Berlin 1964

Simon, Christina: Suburbane Wohngebiete. Konzepte zur städtebaulichen Qualifizierung des Ein- und Zweifamilienhauses in der Bundesrepublik Deutschland 1949 bis 1999, Stuttgart 2001

SPD-Stadtratsfraktion Ludwigshafen am Rhein (Hg.): 100 Jahre Sozialdemokratische Kommunalpolitik für Ludwigshafen 1888—1989, Ludwigshafen 1989

Speidel, Manfred: Diskussionen um Köln und seine Architekten im Wiederaufbau, in: Breuer, Dieter/Cepl-Kaufmann, Getrude (Hg.): Öffentlichkeit in der Moderne. Die Moderne in der Öffentlichkeit. Das Rheinland 1945—1955, Essen 2000, S. 377—397

Stadtverwaltung Ludwigshafen am Rhein (Hg.):
Ludwigshafen als Handels- und Hafenstadt, in: 100 Jahre Ludwigshafen am Rhein, Ludwigshafen 1953, S. 63—72
[zit. Ludwigshafen als Handels- und Hafenstadt]
Ludwigshafen am Rhein. Stadt der Chemie, 1. Aufl., Hanau 1959
[zit. Ludwigshafen 1959]
Neuer Hauptbahnhof Ludwigshafen am Rhein, hg. vom Presseamt der Stadt Ludwigshafen am Rhein, Ludwigshafen 1969
[zit. Neuer Hauptbahnhof]
Pulsschlag einer Stadt. Das Jahr 1959 im Bild, Ludwigshafen 1959
[zit. Stadtverwaltung, Pulsschlag]
Von der Industriestadt zur Metropole, Ludwigshafen 1967
[zit. Stadtverwaltung, Metropole]

Stein, Friedrich: Der Verkehrsraum Mannheim-Ludwigshafen, wirtschaftswiss. Diss., Mannheim 1951

Südbeck, Thomas: Motorisierung, Verkehrsentwicklung und Verkehrspolitik in den 50er Jahren, in: Schildt, Axel/Sywottek, Arnold: Modernisierung im Wiederaufbau. Die westdeutsche Gesellschaft der 50er Jahre, Bonn 1993, S. 170—187

Weber, Knut: Eigenheimbau in Ludwigshafen, in: SPD-Stadtratsfraktion Ludwigshafen (Hg.): 100 Jahre Sozialdemokratische Kommunalpolitik für Ludwigshafen 1888—1989, Ludwigshafen 1989, S. 127—128

Weidmann, Werner: Der Wiederaufbau der pfälzischen Industrie nach 1945, in: Rothenberger, Karl-Heinz u. a. (Hg.): Pfälzische Geschichte, Bd. 2, Kaiserslautern 2001, S. 174—187

Wolgast, Eike: Die Wahrnehmung des Dritten Reiches in der unmittelbaren Nachkriegszeit (1945/46), Heidelberg 2001

Ziegler, Georg:

Aus Schutt und Asche ein neues Stadtgesicht geformt, in: Ludwigshafen am Rhein. Stadt der Chemie, hg. v. d. Stadtverwaltung Ludwigshafen, 2. Aufl., Hanau 1963, S. 34—47 [zit. Ziegler, Schutt]

Eine Stadt auf dem Sprung, in: Ludwigshafen – Von der Industriestadt zur Metropole, Ludwigshafen 1966, S. 34—38 [Ziegler, Stadt]

Das vierte Ludwigshafen, in: Neuer Hauptbahnhof 1969, S. 57—62 [Ziegler, Viertes Ludwigshafen]

Zimmermann, Clemens: Wohnungspolitik – Eigenheime für alle?, in: Tilman Harlander u. a. (Hg.): Villa und Eigenheim. Geschichte des suburbanen Wohneigentums, Stuttgart/München 2001, S. 330—349

Titelbild Kapitel 17: Das BASF-[Friedrich-Engelhorn]-Haus, ca. 1958

[53] entnommen aus: Ludwigshafen. Pulsschlag einer Stadt, Ausgabe 1956; in Bibl. StALu

[58] entnommen aus: ebd., Ausgabe 1964; in Bibl. StALu

[60] Titelbild Ludwigshafen, Pulsschlag einer Stadt, Ausgabe 1956; in Bibl. StALu

[79, 80] entnommen aus: GAG (Hg.): 40 Jahre GAG; in Bibl. StALu

[81] entnommen aus: GAG (Hg.): 50 Jahre GAG, S. 48; in Bibl. StALu

[87] entnommen aus: ebd., S. 65

[90] entnommen aus: Gewoge, 110 Jahre, S. 21

[1—52, 54—57, 59, 61—78, 82—86, 88, 89, 91—109]
Fotosammlung StALu

wohlstand und Krise

Ludwigshafen 1965—2003

Blick über die Innenstadt, Ludwigshafen 1966 [2]

„Durch die Steigerung des Lebensstandards entstehen neue Ansprüche, die nur durch die Gemeinschaft befriedigt werden können"[1]

Ludwigshafen am Ende der Wirtschaftswunderjahre

Um 1960 waren die meisten Wunden, die der Krieg Ludwigshafen beigebracht hatte, verheilt. Das ›Wirtschaftswunder‹ der fünfziger Jahre war in ein stetiges Wachstum übergegangen, dem der steigende Lebensstandard weiter Bevölkerungskreise entsprach. Immer mehr Haushalte konnten sich den Wunsch nach dem ersehnten Kühlschrank, einem Fernseher, einem Telefon oder einem Auto erfüllen. Das Durchschnittseinkommen der Ludwigshafener stieg wie die Wirtschaftsleistung pro Kopf, die sich von 10 353 Mark 1960 auf 21 228 Mark zehn Jahre später[2] mehr als verdoppelte. Diese Entwicklung sollte – trotz der durch die Ölkrise und den ›Abschwung‹ zwischen der Mitte der siebziger und dem Beginn der achtziger Jahre bedingten Phase der ökonomischen Stagnation – bis zum kurzen, durch die Vereinigung der beiden deutschen Staaten bedingten Boom anhalten.

Konsumwünsche werden wahr – Kühlschrank und Telefon als Beispiel

Der Einzug moderner Konsumgüter in die Ludwigshafener Haushalte war unaufhaltsam – und forderte auch seine Opfer. So war schon 1970 der Betrieb der ›Eisfabrik‹ Kleinböhl, die einst die Menschen der Stadt mit Kühleis beliefert hatte, aufgrund der fast allgemeinen Verbreitung von Kühlschränken nur noch zum ›Hobby‹ der betagten Eigner geworden.[3] Die Zahl der Telefone[4] wuchs von 6 116 im Jahr 1958 auf 15 569 zehn Jahre später. Damals gingen pro Monat 150 Anträge bei der Post ein, Wartezeiten waren keine Seltenheit. Im Jahr 1988 war dann mit 75 000 Anschlüssen in Ludwigshafen eine gewisse Sättigung erreicht.

Die insgesamt günstige Wirtschaftsentwicklung führte gerade am Anfang der hier behandelten Epoche zu einem fast grenzenlosen Optimismus. In die Zeit um 1960 fällt der Beginn der Planung äußerst großzügiger Vorhaben, die einen regelrechten Stadtumbau einleiten sollten.

Anmerkungen
Seite 730

1 *Werner Ludwig in seiner Etatrede für den Haushalt 1971/72; StALu, SRP 1970, S. 749*
2 *errechnet nach den Angaben im Statist. Jahrbuch Ludwigshafen 1992; StALu, DS 243/1992*
3 *Rhpf, 24.6.1970*
4 *Rhpf, 14.3.1968; MM, 9.8.1988*

Die moderne Stadt: Ludwigshafen bei Nacht, vom Rhein aus, 1967 [3]

Die Bahnhofsverlegung und die Neugestaltung des alten Bahnhofsgeländes, die umfassende Sanierung des Stadtteils Hemshof, eine der größten Maßnahmen ihrer Art in der Bundesrepublik, der Ausbau der Verkehrsinfrastruktur, um der Massenmotorisierung Herr zu werden, die endgültige Beseitigung der Wohnungsnot, das Aufblühen der städtischen ›Kulturlandschaft‹, der Ausbau der medizinischen und Bildungseinrichtungen sowie die bundesweit gelobte Ausgestaltung der Sozialeinrichtungen vor allem für Jugendliche und alte Menschen wurden alle zwischen 1960 und 1980 begonnen. Die Pylonbrücke, die sich in elegantem Schwung über den neuen Hauptbahnhof wölbte, der hohe Turm des neuen Rathauses und die farbenfrohe Miró-Wand des Wilhelm-Hack-Museums wurden zu Wahrzeichen einer modernen Industriestadt, die, stolz auf ihre großen Betriebe, besonders die ›Anilin‹, um ihren ›Reichtum‹ von vielen beneidet wurde. Am Rand der ›Chemiemetropole‹ wuchsen große neue Wohngebiete heran, 1970 erreichte die Bevölkerungszahl fast 180 000 Menschen. Die fortdauernde Expansion der Industrie erforderte die gezielte Heranholung zahlreicher ausländischer Arbeitskräfte. Beeindruckend war der Wandel im Bereich des Umweltschutzes: Aus der schmutzigen Stadt der 1960er Jahre wurde die ›Industriestadt im Grünen‹.

Allerdings gab es auch Entwicklungen, die dem positiven Bild beständigen Aufstiegs widersprachen: die Bevölkerungs- und Sozialstruktur der Stadt erfuhr mit der Veränderung der Familienstrukturen und der sogenannten ›Alterspyramide‹ sowie den Auswirkungen der in der ganzen industrialisierten Welt zu beobachtenden ›Stadtflucht‹ je länger je mehr eine tiefgreifende Veränderung, die ihre Steuerkraft ebenso bedrohte wie ihre Position als Einkaufsstadt. Die Konjunkturkrisen 1965/67, im Gefolge der Ölkrise und zu Beginn der 1980er Jahre zeigten deutlich die negativen Folgen der einseitigen Abhängigkeit der Stadt von fast nur der Gewerbesteuer eines einzigen Weltunternehmens. Im Zeichen der Rationalisierung der Arbeitsprozesse sank die Zahl der industriellen Arbeitsplätze. Versuche, neben dem produzierenden Gewerbe alternative Beschäftigungsstrukturen im Bereich vor allem von

Anmerkungen
Seite 733

5 zu Ludwig vgl. seine Memoiren sowie mündliche Auskünfte

Die ›Ära Ludwig‹: Oberbürgermeister Werner Ludwig und seine Frau bei der Eröffnung des neuen Pfalzbaus am 21. September 1968 [4]

Dienstleistungen sowie ›moderner‹ Technologien aufzubauen, waren nur zum Teil erfolgreich. Seit den 1980ern blieb die im Ludwigshafen der ›Wirtschaftswunderjahre‹ fast unbekannte Arbeitslosigkeit ein dauernder Begleiter der Stadtgeschichte.

Diese dunklen Seiten der städtischen Entwicklung wurden zwar durchaus registriert und als Herausforderung angenommen. Sie vermochten jedoch nicht das im ganzen sehr positive Bild der ›Ära‹ des 1965 bis 1993 amtierenden Oberbürgermeisters Werner Ludwig zu trüben, deren Glanz in der Rückschau umso heller erschien, als sich mit den wirtschaftlichen und sozialen Veränderungen des letzten Jahrzehnts des 20. Jahrhunderts und dem die deutschen Städte heimsuchenden Ausbruch einer existentiellen Finanzkrise die Rahmenbedingungen drastisch verschlechterten. Nach dem Ruhestand des populären Stadtoberhaupts, dessen Name wie ein Zitat des Namens der Stadt wahrgenommen wurde, führten die wachsenden Probleme und ein von äußeren wie inneren Faktoren ausgelöster Stimmungswechsel in der Bevölkerung zur Erosion der bisher unanfechtbaren Position der SPD im ›roten‹ Ludwigshafen und schließlich 1999/2001 zum ersten Machtwechsel seit dem Ende des Zweiten Weltkriegs in der Stadt der Chemie.

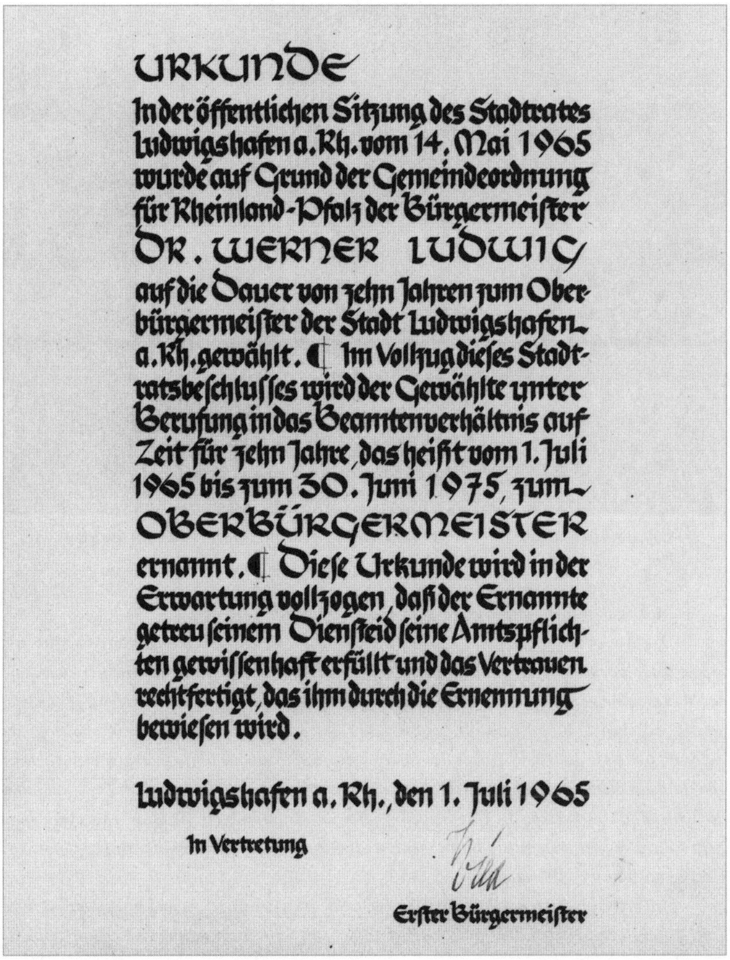
URKUNDE

In der öffentlichen Sitzung des Stadtrates Ludwigshafen a. Rh. vom 14. Mai 1965 wurde auf Grund der Gemeindeordnung für Rheinland-Pfalz der Bürgermeister

DR. WERNER LUDWIG

auf die Dauer von zehn Jahren zum Oberbürgermeister der Stadt Ludwigshafen a. Rh. gewählt. ¶ Im Vollzug dieses Stadtratsbeschlusses wird der Gewählte unter Berufung in das Beamtenverhältnis auf Zeit für zehn Jahre, das heißt vom 1. Juli 1965 bis zum 30. Juni 1975, zum

OBERBÜRGERMEISTER

ernannt. ¶ Diese Urkunde wird in der Erwartung vollzogen, daß der Ernannte getreu seinem Diensteid seine Amtspflichten gewissenhaft erfüllt und das Vertrauen rechtfertigt, das ihm durch die Ernennung bewiesen wird.

Ludwigshafen a. Rh., den 1. Juli 1965

In Vertretung

Erster Bürgermeister

Die Ernennungsurkunde Werner Ludwigs zum Oberbürgermeister 1965 [5]

Teil 1
Politische Entwicklung

Die Amtsträger

Die Jahre zwischen 1965 und 1993 gelten in Ludwigshafen als die ›Ära Ludwig‹. Der bei seinem Amtsantritt am 1. Juli 1965 erst neununddreißigjährige promovierte Jurist, der zuvor als Beigeordneter seit 1958 kommunalpolitische sowie seit 1963 als Landtagsabgeordneter in Mainz auch landespolitische Erfahrungen gesammelt hatte,[5] sollte in der Tat für fast drei Jahrzehnte zur bestimmenden politischen Figur der Chemiestadt werden. Seine zweimalige Wiederwahl – am 21. Oktober 1974 und am 15. Oktober 1984 – war angesichts der absoluten Stimmenmehrheit, über die seine Partei im Stadtrat verfügte, nur eine Formsache. Aber auch eine direkte Wahl, wie sie in den neunziger Jahren eingeführt wurde und zum ersten Mal im Mai 2001 stattfand, hätte er sicherlich mit Leichtigkeit gewonnen. Denn obwohl anfänglich nicht bei allen unumstritten, gewann er bald durch seine wachsende kommunalpolitische Kompetenz wie durch seine ungestellte Volksnähe und seine stetige Präsenz in der Öffentlichkeit – etwa bei den regelmäßig in

Der junge Oberbürgermeister: Werner Ludwig am Schreibtisch seines Dienstzimmers, damals noch im Stadthaus Süd in der Bismarckstraße, 1965 [6]

Das volksverbundene Stadtoberhaupt: Werner Ludwig beim ersten Spatenstich für das Rathaus-Center, 30. September 1976 [7]

Achtundzwanzig Jahre Oberbürgermeister: **Werner Ludwig**

Werner Ludwig, geb. am 27. August 1926 in Pirmasens, entstammt einer Familie mit langer sozialdemokratischer Tradition. Sein Vater war 1918 Vorsitzender des Arbeiter- und Soldatenrates sowie von 1920 bis 1930 ehrenamtlicher Bürgermeister in Pirmasens. 1932 noch in den bayerischen Landtag gewählt, mußte Ludwig senior nach mehrmaliger Verhaftung im August 1933 mit der Familie über das Saargebiet nach Sarreguemines in Frankreich fliehen. Von dort aus blieb der Vater politisch aktiv in der internationalen Gewerkschaftsbewegung und der Exil-SPD. 1939 verzog die Familie Ludwig nach Metz, von wo aus sie 1940 eine abenteuerliche Flucht vor der Wehrmacht nach Nieuil in der Charente antreten mußte. 1941 erfolgte ein Umzug nach Termes d'Armagnac.

Im besetzten Frankreich konnte Werner Ludwig zwischen 1942 und 1944 das Lycée in Tarbes und Agen besuchen und nach der Befreiung 1944 ein Jurastudium in Toulouse aufnehmen. Während sein Vater zunächst noch als 2. Vorsitzender des ›Nationalkomitees Freies Deutschland‹ für den Westen in Toulouse wirkte und 1945 nach Deutschland zurückkehrte, um sich führend am Wiederaufbau der pfälzischen SPD und der Gewerkschaften zu beteiligen, setzte Werner Ludwig von 1945 bis 1947 sein Jurastudium in Paris mit Abschluß ›Licence en Droit‹ fort. Noch 1946 wurde er Mitglied der SPD und nach seiner Rückkehr nach Deutschland 1947 trat er der Gewerkschaft ›Öffentliche Betriebe und Verwaltungen‹ bei, die 1949 in der Gewerkschaft ÖTV aufging. Mit der Rückkehr nach Deutschland verbunden war eine Wiederaufnahme des Studiums der Rechtswissenschaft in Mainz an der Johannes-Gutenberg-Universität, wo er Gründungsmitglied des SDS wurde und 1950 das Studium mit der 1. Juristischen Staatsprüfung abschloß. Es folgte bis 1954 die Referendarzeit, in deren Verlauf er 1952 die Ehe mit Lucia Denig schloß, aus der zwei Kinder hervorgingen. Nach dem Abschluß der 2. Juristischen Staatsprüfung war er zunächst beim DGB in Düsseldorf beschäftigt, um anschließend zur LVA Rheinland-Pfalz in Speyer zu wechseln. 1955 promovierte er zum Dr. jur. über ›Regierung und Parlament im Frankreich der vierten Republik‹. Ein Jahr später trat er als Leiter des Ausgleichsamtes und Justitiar des Sozialdezernats in die Dienste der Stadt Ludwigshafen. 1958 wurde er Beigeordneter (Bürgermeister) der Stadt Ludwigshafen als Sozial- und Wohnungsdezernent. Vom Jahr 1962 an war Ludwig Vorsitzender des Bezirkes Pfalz der SPD sowie ein Jahr später auch MdL in Rheinland-Pfalz und dort Vorsitzender des Sozialpolitischen Ausschusses. 1964 wurde er Mitglied des Bezirkstages Pfalz und war zunächst bis 1974 auch Bezirkstagsvorsitzender. Im Juli 1965 legte er sein Landtagsmandat nieder, da er zuvor im Mai 1965 zum Oberbürgermeister der Stadt Ludwigshafen und damit fast automatisch zum Vorsitzenden des Verwaltungsrates der Stadtsparkasse Ludwigshafen, des GAG-Aufsichtsrates und des Aufsichtsrates der Pfalzwerke AG gewählt worden war. Von 1965 bis 1989 war er Mitglied des Vorstandes des Städtetages Rheinland-Pfalz sowie von 1968 bis 1991 Mitglied des Hauptausschusses des Deutschen Städtetages und von 1969 bis 1971 Vorsitzender des Städtetages Rheinland-Pfalz.

Der populäre Oberbürgermeister bei der letzten Fahrt einer Straßenbahn über das Viadukt vor dessen Abriß, 18. Januar 1974 [8]

Werner Ludwig mit Willy Brandt bei einer Präsidiumssitzung der SPD in Ludwigshafen am 7. Februar 1983 [9]

Im Oktober 1974 wurde er als Oberbürgermeister wiedergewählt; gleichzeitig übernahm er noch den Vorsitz des Aufsichtsrates der neugegründeten TWL. Von 1979 bis 1996 war er auch wieder pfälzischer Bezirkstagsvorsitzender, zusätzlich übernahm er 1979 bis 1989 auch den Vorsitz der Verkehrsgemeinschaft Rhein-Neckar. Im Oktober 1984 wurde er als Oberbürgermeister von Ludwigshafen bestätigt; er übernahm nun zusätzlich noch den Vorsitz des Vereins Naturpark Pfälzer Wald und des Stiftungsrates Historisches Museum der Pfalz. Zwei Jahre später verlieh ihm die Ludwigshafener Partnerstadt Havering die Ehrenbürgerwürde. 1990 erfolgte die Auszeichnung mit dem großen Bundesverdienstkreuz und 1992 mit der Europa-Union-Nadel in Gold. Obwohl ihm der Stadtrat 1990 eine Verlängerung der Amtszeit über die Pensionsgrenze hinaus bis 1994 zugestanden hatte, trat er Ende Juni 1993 – damals als dienstältestes deutsches Stadtoberhaupt – in den Ruhestand. Einige Monate zuvor – im April 1993 – hatte ihn der Stadtrat mit der Ludwigshafener Ehrenbürgerschaft ausgezeichnet. Bundeskanzler Kohl, mit dem Ludwig eine spannungsreiche Beziehung verband, würdigte den Alt-Oberbürgermeister als einen Menschen, der „sich stets mit großer Tatkraft und persönlichem Einsatz für die Zukunft unserer Heimatstadt eingesetzt" habe. „Die Pfalz hat ihm viel zu verdanken." Über seinen Lebensweg informieren seine Memoiren ›Unterwegs, Lebenserinnerungen‹, die 1997 erschienen sind. Über sein politisches Wirken in Ludwigshafen gibt das umfangreiche ›Archiv Oberbürgermeister Dr. Werner Ludwig‹ Auskunft, das 1999 als Schenkung von Werner Ludwig an die Stadt Ludwigshafen dem Stadtarchiv übergeben wurde und seit 2000 zur wissenschaftlichen Nutzung frei ist.

[M. E. / K. B.]

den verschiedenen Stadtteilen abgehaltenen ›OB-Stammtischen‹, auf denen Anliegen und Beschwerden der Bürger in relativ lockerer Atmosphäre vorgebracht werden konnten und Gehör fanden – rasch an Popularität. Sie blieb auch über das Ende seiner Amtszeit hinaus ungebrochen. Gerade für einfache Menschen hatte Ludwig stets ein offenes Ohr. Dies galt auch für die Stadtverwaltung, die der Oberbürgermeister im übrigen fest im Griff hatte. Ludwig kam die insgesamt sehr günstige Wirtschaftsentwicklung zugute, die bei vollen Kassen großzügige Maßnahmen erlaubte. Dies war der Hauptgrund dafür, daß man hier wie anderswo nur punktuell in Zeiten finanzieller Engpässe Anlaß dazu sah, kommunale Wirtschaftspolitik grundlegend zu überdenken, zudem die umfassende Tätigkeit der Kommunalverwaltung auch den damaligen sozialdemokratischen Grundüberzeugungen entsprach.

Wolfgang Schulte, 1987 [10]

Der letzte vom Stadtrat gewählte Oberbürgermeister: ***Wolfgang Schulte***

Wolfgang Schulte[6] wurde am 30. September 1947 in Paderborn geboren. 1967 Abitur, anschließend Jura- und Volkswirtschaftsstudium in Münster und Kiel. 1973 Mitglied der SPD. Große juristische Staatsprüfung 1976, danach wissenschaftlicher Mitarbeiter an der Universität Kiel. Ab 1977 Tätigkeit im schleswig-holsteinischen Innenministerium. 1978 Promotion. 1979 Wechsel nach Bonn als Referent der SPD-Bundestagsfraktion, ab 1981 Mitarbeiter im Bundesministerium der Finanzen (Referat für die Finanzbeziehungen zwischen Bund, Ländern und Gemeinden, zuletzt als Oberregierungsrat). 1985 bestimmte ihn die Ludwigshafener SPD für Außenstehende völlig überraschend zum Nachfolger Günther Jansons als Beigeordneter für Soziales und Jugend. In seinen Zuständigkeitsbereich fielen auch das Wohnungswesen und die Stadtsanierung. 1991 wurde Schulte Bürgermeister. Im November 1992 schlug ihn die SPD-Stadtverbandskonferenz zum Nachfolger von Werner Ludwig als Oberbürgermeister vor. Seine Wahl erfolgte am 14. Dezember 1992; der Amtsantritt am 1. Juli 1993. Schultes Jahre an der Spitze der Stadt standen im Zeichen der schweren Finanzkrise, was die Gestaltungsmöglichkeiten des Oberbürgermeisters stark beschränkte. Dennoch trieb er das ›Rheinufer-Süd‹-Projekt voran und war ein Förderer des Ernst-Bloch-Zentrums. Nach einer Reihe von Turbulenzen verzichtete Schulte am 7. August 2000 auf eine Kandidatur für die Direktwahl des Stadtoberhaupts. Seine Amtszeit endete am 31. Dezember 2001; seither fungiert er als Geschäftsführer der Neue Pergamon GmbH. [K. B.]

Eigentlich hätte die ›Ära Ludwig‹ mit dem 65. Geburtstag des Oberbürgermeisters 1991 enden müssen. 1990 nutzte jedoch der Stadtrat die Möglichkeiten der rheinland-pfälzischen Gemeindeverfassung, die Amtszeit des populären Stadtoberhaupts und inzwischen dienstältesten Oberbürgermeisters Deutschlands bis zur Vollendung des achtundsechzigsten Lebensjahrs zu verlängern, d. h. bis zum 30. Juni 1994.[7] Allerdings trat Ludwig gemäß einer Vereinbarung mit seiner Partei zum 30. Juni 1993 zurück, um rechtzeitig vor den Kommunalwahlen 1994 Platz für einen Nachfolger zu machen.

Neuer Oberbürgermeister wurde der aus dem westfälischen Paderborn gebürtige Verwaltungsjurist Dr. Wolfgang Schulte. Er war seit 1985 Sozialdezernent der Stadt Ludwigshafen gewesen. Bereits vor seinem Amtsantritt war die rheinland-pfälzische Gemeindeordnung dahingehend geändert worden, daß die Gemeindevorsteher künftig nicht mehr von den Gemeinde- bzw. Stadträten gewählt werden sollten. Stattdessen sollten für die ehrenamtlichen Gemeindevorsteher ab 1994 und für die hauptamtlichen, also vor allem für die Oberbürgermeister, nach Auslaufen ihrer Amtszeit Urwahlen stattfinden. Die Amtszeit des neuen Ludwigshafener Oberbürgermeisters wurde daher auf acht Jahre verkürzt. Wolfgang Schulte fiel es aus verschiedenen Gründen schwer, an die Popularität seines Vorgängers anzuknüpfen. Zudem war die allgemeine Entwicklung ungünstig, die kommunale Finanzkrise stürzte die Stadt in Unruhe. Der Oberbürgermeister verzichtete schließlich auf eine Kandidatur für die Direktwahl. Die entschied im Mai 2001 die Christdemokratin Dr. Eva Lohse für sich (s. S. 766), die damit zum ersten nicht-sozialdemokratischen Stadtoberhaupt Ludwigshafens seit 1945 wurde. Zum Jahreswechsel 2001 / 2002 trat sie ihr Amt an.

Wenn auch die Oberbürgermeister als Chefs der Stadtverwaltung und Vorsitzende des Stadtrats die politische Szene beherrschten, so müssen auch diejenigen Beachtung finden, die als Beigeordnete oder Dezernenten – wie das Stadtoberhaupt für zehn Jahre gewählt und bis zur Pensionierung unbeschränkt wiederwählbar – in bestimmten Verwaltungsressorts ebenfalls wichtige Entscheidungen zu verantworten

Anmerkungen Seite 736 und 737

6 *vgl. SPD-Stadtratsfraktion, S. 115 und StALu, Zeitungsverkartung, Stichwort ›Oberbürgermeister‹*

7 *vgl. den Unterabschnitt ›Der politische Wandel seit 1993‹*

8 *vgl. PGV 2 sowie N 31 und Stadt Ludwigshafen am Rhein – Rathaus – Oberbürgermeisterin – Dr. Eva Lohse, in: www.ludwigshafen.de/content/rathaus/oberbuergermeisterin*

Die erste CDU-Oberbürgermeisterin: ***Eva Lohse***

Eva Lohse[8] wurde am 23. Januar 1956 in Ludwigshafen geboren, nach dem 1891 verstorbenen Wendel Hoffmann das erste in der Stadt gebürtige künftige Stadtoberhaupt. Aufgewachsen in Oppau und Friesenheim. 1975 Abitur. 1976 bis 1982 Studium der Rechtswissenschaften in Heidelberg, Genf und Freiburg, Abschluß: 1. Staatsexamen. 1983 bis 1985 Referendariat im OLG Bezirk Zweibrücken und Studium an der Verwaltungshochschule Speyer. 1985 Zweites juristisches Staatsexamen. 1987 Eintritt in den Landesdienst Rheinland-Pfalz und Tätigkeit als Verwaltungsjuristin bei der Kreisverwaltung Bad Dürkheim, im Innenministerium des Landes Rheinland-Pfalz und beim Polizeipräsidium Rheinpfalz in Ludwigshafen. 1994 Mitglied des Ludwigshafener Stadtrats. 1995 Promotion und Direktkandidatin der CDU Ludwigshafen zum Landtag Rheinland-Pfalz. 1996 Dozentin an der Fachhochschule des Bundes für öffentliche Verwaltung in Mannheim mit den Fächern Verwaltungs- Arbeits- und Sozialrecht.

Bei den Kommunalwahlen vom Juni 1999 war Eva Lohse als Spitzenkandidatin der Ludwigshafener CDU, die erstmals stärkste Fraktion im Stadtrat wurde. Sie wurde stellvertretende Fraktionsvorsitzende und im November 1999 als Kandidatin der CDU für das Amt des Oberbürgermeisters nominiert. Im Mai 2001 wurde sie im ersten Wahlgang mit 55,51% direkt zur Oberbürgermeisterin der Stadt Ludwigshafen gewählt. Im August 2001 gab sie ihr Stadtratsmandat auf; der Amtsantritt als Oberbürgermeisterin erfolgte am 1. Januar 2002. [K. B.]

Eva Lohse angesichts ihres Wahlsiegs bei der Oberbürgermeisterwahl am 6. Mai 2001 [11]

hatten (s. S. 782, dort auch eine Liste der Beigeordneten und ihrer Ressorts). Die wichtigsten Funktionen übten die Inhaber des Stadtkämmereramtes, die für die Aufstellung des Kommunalhaushalts und damit für das gesamte Finanzwesen verantwortlich zeichneten, und die Dezernenten für das Sozialwesen aus, deren Tätigkeit den Kernbestand sozialdemokratischer Überzeugungen berührte und gut geeignet war, sich in der Öffentlichkeit zu profilieren – sowohl Ludwig als auch Schulte standen diesem Bereich vor, ehe sie Oberbürgermeister wurden. Den Mehrheitsverhältnissen im Stadtrat entsprechend wurden die Inhaber dieser beiden Ämter stets von den Sozialdemokraten gestellt. Der im Oktober 1963 zum Stadtkämmerer gewählte Dietrich Oedekoven (*1928) aus dem nordrhein-westfälischen Euskirchen, der zuvor beim Deutschen Städtetag gearbeitet hatte, nahm sein Amt nur bis April 1968 wahr und ging dann als Stadtkämmerer nach Wiesbaden. Sein Nachfolger wurde Wilhelm Varnholt (1925 bis 1983) aus Gütersloh, der vorher kommunalpolitische Erfahrungen in seiner Geburtsstadt und in Gladbeck gesammelt hatte; er schied im Februar 1973 aus dem Amt und übernahm das des Bürgermeisters der Stadt Mannheim. Einige Jahre darauf wurde er in direkter Wahl zum Oberbürgermeister der Nachbarstadt Ludwigshafens bestimmt. Danach koordinierte der Verwaltungsjurist Dr. Knut Weber (*1937 in Borkum/Ostfriesland) 17 Jahre lang das Ludwigshafener Finanzwesen. Er hatte zuvor administrative Erfahrungen in Nordrhein-Westfalen und beim Deutschen Städtetag gesammelt. 1990 übernahm er die Stelle des kaufmännischen Direktors der städtischen Wohnungsbaugesellschaft GAG, die er bis zu seinem Ruhestand 2003 ausfüllte. Zu seinem Nachfolger wählte der Stadtrat Wilhelm Zeiser (*1950), der – gleichfalls Jurist – seit 1982 im Landkreis Kusel, zuletzt als Kreisverwaltungsdirektor, gearbeitet hatte. Wilhelm Zeiser wurde 1993 auch Bürgermeister, d. h. Stellvertreter des Oberbürgermeisters.

Das Amt des Dezernenten für sozialen Belange fiel nach Ludwigs Wahl zum Oberbürgermeister an den gelernten Schriftsetzer Günther Janson, der bisher das städtische Wohnungsamt geleitet und als Vorsitzender des SPD-Stadtverbandes eine wichtige Parteifunktion innehatte.

Entspannung jenseits des Rathauses: Wolfgang Schulte in froher Runde [12]

Anmerkungen Seite 739

9 vgl. Janson

Seine Wahl stieß auf heftigen Widerstand der CDU, die seine Qualifikation anzweifelte und monierte, daß sie in der städtischen Führungsmannschaft mit dem 1958 gewählten Beigeordneten Albert Wild unzureichend vertreten sei. Indes bewährte sich Janson so, daß er 1975 wiedergewählt wurde und der Stadtrat ihn zugleich in das – infolge des Ausscheidens von Albert Wild aus der Führungsmannschaft vakante – Amt des Bürgermeisters erhob. Er blieb in beiden Positionen bis 1985, ein Jahr über seine Pensionierungsgrenze hinaus, tätig. Einstimmig verlieh ihm der Stadtrat in Anerkennung seiner Verdienste die Ehrenbürgerwürde. Nach Janson wurde Wolfgang Schulte Sozialdezernent. Nachdem dieser 1993 die Position des Oberbürgermeisters übernommen hatte, fiel das Amt des Sozialdezernenten an den Diplom-Verwaltungswirt Fritz Heiser (*1945), der im Jahr 2003 in den Ruhestand trat.

Auch in den anderen Dezernaten amtierten überwiegend, aber nicht ausschließlich Sozialdemokraten. Das 1973 nach dem Ruhestand des Oberbaudirektors Ziegler eingerichtete eigenständige Baudezernat wurde zuerst mit dem parteilosen Fachmann Gerhard Schoenmakers (*1919 in Oppau, Amtszeit 1973—1981) besetzt. 1981 folgte ihm das SPD-Mitglied Joachim Kuke (*1930, Amtszeit 1981—1995). Der Sozialdemokrat Hanns Astheimer (1918—1995) war von 1965 bis 1975 Rechtsdezernent und wechselte dann ins Kultur- und Schuldezernat, das er bis 1981 verwaltete. Erich Reimann stand von 1958 bis 1978 den städtischen Betrieben und dem Krankenhaus vor.

Astheimers Nachfolger als Kultur- und Schuldezernent wurde der auch mit den Stimmen der CDU gewählte Rainer Rund, der 1985 in einer Kampfkandidatur auch das Amt des Bürgermeisters übernahm. Er war zuvor SPD-Abgeordneter im Mainzer Landtag gewesen und war seit 1979 als Nachfolger Günther Jansons Chef des SPD-Stadtverbands. Im August 1991 wurde er Regierungspräsident des Regierungsbezirks Rheinhessen-Pfalz. Seine Nachfolge als Beigeordneter und seit 1996 auch als Chef der Stadt-SPD trat Günther Ramsauer (*1949) an, zuvor Leiter einer Hauptschule in Frankenthal. Im März 2001 wurde er in den rheinland-pfälzischen Landtag gewählt und gab sein Amt in Ludwigshafen auf, das bis 2003 vom Kämmerer kommissarisch mitverwaltet wurde.

Trotz ihrer absoluten Mehrheit zog es die Sozialdemokratie fast immer vor, auch einen Beigeordneten einer anderen Partei in den Stadtvorstand zu ziehen. Bis zu Beginn seines Ruhestands im Jahr 1975 war der CDU-Politiker Albert Wild Kulturdezernent und Bürgermeister. 1978 wurde mit Karl-Horst Tischbein (*1930) erstmals ein FDP-Politiker Mitglied des Stadtvorstands. Er leitete bis 1995 das Rechtsdezernat, dem auch das schwierige Krankenhauswesen zugeschlagen wurde.

1995 trat im Rahmen der Koalitionsvereinbarung zwischen Grünen und SPD der Grünenpolitiker Willi Tatge (*1959) – als Nachfolger des Baudezernenten Kuke – das Amt an. Auch das Umweltamt wurde seinem Geschäftsbereich zugeordnet. Die Amtszeit Tatges endete recht spektakulär 1998 mit seiner politisch motivierten Abwahl (s. S. 763).

Die Wahl des neuen Umwelt- und Baudezernenten Ernst Merkel im Jahr 1999 sowie der Beigeordneten Cornelia Reifenberg (beide CDU) und Wolfgang van Vliet (SPD) 2003 war Ausfluß des Machtwechsels und der wechselnden Koalitionskonstellationen in Ludwigshafen.

Der Bürgermeister, mit dem man „redde"kann: ***Günther Janson***

Günther Janson[9] wurde am 14. Dezember 1919 als Sohn eines Kesselschmied-Verzeichners in Oppau geboren und besuchte dort von 1926 bis 1934 die Volksschule. Aus einem sozialdemokratischen Elternhaus stammend, wurde er am 10. März 1933 Zeuge der Ermordung des Reichsbannermannes Georg Hüter vor dem Oppauer Rathaus durch einen Nationalsozialisten. Sein Vater, Peter Janson, wurde anschließend sechs Wochen in ›Schutzhaft‹ genommen und blieb bis 1937 ohne Beschäftigung. Günther Janson selbst wurde ab 1934 bei der Druckerei Eitz, dem Herausgeber des ›Oppau-Edigheimer-Anzeigers‹, zum Schriftsetzer ausgebildet und dort bis 1940 beschäftigt. Danach Kriegsdienst bei der Wehrmacht; April 1945 sowjetische Kriegsgefangenschaft. Schwer erkrankt konnte er im August 1945 nach Oppau zurückkehren und wurde zunächst wieder bei der Druckerei Eitz mit Aufräumungsarbeiten beschäftigt. Im März 1946 gehörte Günther Janson zu den Wiedergründern des SPD-Ortsvereins Oppau – er übernahm anschließend mit den ›Falken‹ die Organisation der örtlichen jungen Sozialdemokraten. Im Dezember 1946 trat Janson als Abteilungsleiter für die Unterbringung der Heimatvertriebenen, Flüchtlinge und für die Rückführung der Evakuierten in städtische Dienste ein. 1959 übernahm er die Leitung des Wohnungsamtes. 1962 wurde Günther Janson Vorsitzender des Unterbezirkes Ludwigshafen der SPD – bis 1972 – und am 29. Mai 1964 im Rahmen eines umfassenden Generationswechsels auch SPD-Stadtverbandsvorsitzender. In dieser Funktion setzte sich Janson für Wahl von Werner Ludwig zum Oberbürgermeister der Stadt Ludwigshafen ein. Janson selbst wurde am 19. November 1965 vom Stadtrat zum Sozialdezernenten der Stadt gewählt und erwarb sich schnell den Ruf eines Bürgermeisters, mit dem man „redde"kann. In seine erste Amtszeit fielen so zentrale Entscheidungen wie die Errichtung der Pfingstweide oder der Beginn der Hemshof-Sanierung. Im April 1975 wurde Janson für weitere zehn Jahre vom Stadtrat in seinem Amt bestätigt; zusätzlich übernahm er nun die Stellvertretung des Oberbürgermeisters. 1979 trat er vom Vorsitz des SPD-Stadtverbandes zurück und wurde gleichzeitig zum Ehrenvorsitzenden gewählt. Sein letzte Amtshandlung als Bürgermeister erfolgte symbolisch am 12. April 1985 mit der Einweihung einer Kindertagesstätte im Hemshof. Sein Lebenswerk würdigte die Stadt im Mai 1985 mit der Verleihung der Ehrenbürgerschaft. Nach langer und schwerer Krankheit verstarb die ›graue Eminenz‹ der Ludwigshafener SPD am 3. September 1999 in ihrer Heimatstadt. 2001 gab die Stadt seine Erinnerungen heraus, und seit 2002 trägt auch ein Platz im Stadtteil Oppau seinen Namen. [K. B.]

Günther Janson [13]

Beigeordneter in Ludwigshafen und letzter Regierungspräsident der Pfalz:
Rainer Rund

Rainer Rund wurde 1941 in Ludwigshafen geboren. Er studierte Geschichte und Politikwissenschaft in Heidelberg und Lausanne und arbeitete nach seinem 1971 abgelegten Staatsexamen zehn Jahre lang als Studienrat am Geschwister-Scholl-Gymnasium. Für die Sozialdemokraten wurde er 1971, 1975 und 1979 in den Mainzer Landtag entsandt und war dort zwischen 1975 und 1981 stellvertretender Vorsitzender der SPD-Fraktion. 1979 wurde er als Nachfolger Günther Jansons Chef des SPD-Stadtverbands Ludwigshafen, 20 Jahre – bis 1991 – war er Chef des SPD-Unterbezirks Ludwigshafen-Frankenthal. Nachdem er im Oktober 1981 zum Beigeordneten für das Bildungswesen und Kulturelle Angelegenheiten der Stadt Ludwigshafen gewählt worden war, legte er sein Landtagsmandat nieder. Das Amt des Kulturdezernenten nahm er bis 1991 wahr. Unter seiner Ägide wurde 1989 der ›Kulturentwicklungsplan‹ verabschiedet, der ein ehrgeiziges Programm zum Ausbau des kulturellen Lebens in Ludwigshafen skizzierte. 1985 wurde er – erneut in der Nachfolge Jansons – zum Bürgermeister und damit zum Stellvertreter des Oberbürgermeisters gewählt. Obgleich er in der Öffentlichkeit schon vor 1985 als Wunschkandidat der SPD für die Nachfolge Werner Ludwigs angesehen wurde, meldete er offiziell keinen diesbezüglichen Anspruch an. Im August 1991 wurde ihm das Amt des Präsidenten des Regierungsbezirks Rheinhessen-Pfalz übertragen, worauf er auch alle Parteiämter in Ludwigshafen aufgab. Von seinem neuen Amtssitz in Neustadt aus wirkte er im Sinne einer bürgernahen Verwaltung bis zur Auflösung des Regierungsbezirks im Dezember 1999, die im Zuge der Gebietsreform innerhalb von Rheinland-Pfalz erfolgte, welche die Abschaffung der Regierungsbezirke vorsah. Neben diesem Amt nahm er zahlreiche ehrenamtliche Funktionen wahr, in denen er sich u. a. nachhaltig für die Erforschung der pfälzischen Geschichte einsetzte. Sein besonderes Augenmerk widmete Rund dem Pfälzerwaldverein, dem er auch weiterhin verbunden ist. [M. E./K. B.]

Rainer Rund [14]

Die sozialdemokratische Stadt: Enthüllung des Gustav-Heinemann-Gedenksteins im Friedenspark, in Gegenwart von Johannes Rau (Mitte), Oktober 1987 [15]

Die Ludwigshafener Parteienlandschaft [10]

Wenn man – nicht nur in der Nachkriegszeit – eine Partei mit Ludwigshafen geradezu identifizieren konnte, dann war es sicherlich die Sozialdemokratie, die von den fünfziger bis zu den frühen neunziger Jahren die Stadt weitgehend unangefochten regierte. Als pragmatische, für den Konsens mit der örtlichen Industrie offene Partei, die weniger an zeitgeistig-utopischen Diskussionen und Gesellschaftsveränderung interessiert war und stattdessen sozialreformerisch für ›mehr Gerechtigkeit‹ wirken wollte, prägte sie Ludwigshafen ihren Stempel auf. In ihrer kommunalen ›Regierungspraxis‹ beschwor und praktizierte die SPD immer wieder den „Dreiklang von Partei, Fraktion und Verwaltung", der sich auch in der Verflechtung wichtiger Partei- und städtischer Führungsämter widerspiegelte. Die recht stringente Entscheidungsfindung innerhalb der regierenden Partei beschleunigte sicherlich manche Entwicklung und steigerte so die Effizienz des Verwaltungshandelns. Andererseits blieb die Herrschaft der SPD nicht von Erscheinungen verschont, die sich in jeder Parteiendemokratie bei langjähriger Machtausübung einer politischen Gruppierung einschleichen: eine gewisse Patronage bei der Vergabe von – auch und gerade kleineren – Ämtern oder auch – in Kommunen immer wieder zu finden – von Wohnungen, eine besondere Sorge für die ›eigene Klientel‹ und dergleichen mehr. Es gab keine wichtige personalpolitische Entscheidung, die nicht zuvor in den Parteigremien abgesegnet worden wäre. Hierüber geben die Parteiakten mit den Protokollen der Stadtverbandsvorstands-, der Stadtverbandsausschuß- und der Stadtverbandskonferenzsitzungen eindeutig Auskunft. [11]

Die SPD erfreute sich in einer Stadt mit einem sehr hohen Anteil von Arbeitnehmern nicht nur der Wählergunst, sondern sie hatte auch im Vergleich zu den übrigen Parteien einen sehr hohen Mitgliederstand, dessen Beiträge eine solide Finanzierung der Parteiarbeit erlaubten. Die Mitglieder rekrutierten sich dabei nicht nur aus der Arbeitnehmerschaft in den Ludwigshafener Betrieben, sondern zu einem nicht geringen Teil auch aus dem öffentlichen Dienst und den Eigenbetrieben der Stadt. Allerdings war die Mitgliederzahl in fast sämtlichen Stadtteilen seit Mitte

Anmerkungen Seite 740 und 741

10 *Die folgenden drei Abschnitte – Parteienlandschaft, Wahlen in der Ära Ludwig, Politischer Wandel – wurden im wesentlichen von Klaus J. Becker verfaßt.*

11 *für die Zeit zwischen Mai 1971 und März 1995 vorhanden im StALu, Bestandsgruppe Parteien, PGV 3*

12 *Handbuch der SPD 1968/69, S. 258; StALu, DS unverz.*

der siebziger Jahre einem stetigen Schwund unterworfen, der sich nach dem Verlust der politisch entscheidenden Mehrheit verstärkt fortsetzte.

1969 zählte der SPD-Stadtverband Ludwigshafen, der zusammen mit dem Kreisverband Ludwigshafen und dem Stadtverband Frankenthal den Unterbezirk Ludwigshafen als Teil des SPD-Bezirks Pfalz bildete, 5 154 Mitglieder. Das entsprach einem Anteil von 2,8% an der damaligen Bevölkerung, ein Prozentsatz, der entsprechende Werte der SPD in der gesamten Bundesrepublik (1,2%), in Rheinland-Pfalz (1,4%), aber auch in sozialdemokratisch geprägten Städten wie Berlin (1,6%) oder Hamburg (1,8%) weit übertraf und wohl nur mit gewissen Städten im Ruhrgebiet zu vergleichen war.[12] Die Zahl der Ludwigshafener SPD-Mitglieder wuchs bis Anfang 1972 auf 5 564 – über 3% der Bevölkerung –, wobei die Stadtteile Gartenstadt (911) und Nord (654), gefolgt von Oppau (582), Oggersheim (544), Mundenheim (532) und Süd (502) die meisten Mitglieder hatten; die Ortsvereine Rheingönheim (231) und Maudach (161) waren vergleichsweise mitgliederschwach. Seitdem sank die Mitgliederzahl stetig ab: 1981 waren es nur noch 5 204, 1992: 4 526, 1996: 3 883 und im Mai 2003: 2 570. Der Schwund betraf sämtliche Ortsvereine, lange Zeit ausgenommen den des 1974 eingemeindeten Stadtteils Ruchheim, der noch bis 1995 einen Mitgliederanstieg zu verzeichnen hatte. Spiegelte sich darin einmal die zunehmende ›Parteienverdrossenheit‹ in der Bevölkerung, mit der auch die anderen Parteien zu kämpfen hatten, so folgte der Stadtverband Ludwigshafen hier auch dem Trend in den benachbarten Bezirken der SPD. Er war allerdings stärker als diese davon betroffen, worin sich möglicherweise die Erosion des in der Arbeiterstadt noch länger vorhandenen sozialdemokratischen Milieus zeigte, eine Entwicklung, die lange von der Popularität Werner Ludwigs überdeckt wurde.

Gleichsam der fleischgewordene ›Dreiklang von Partei, Fraktion und Verwaltung‹: der SPD-Fraktionsvorsitzende im Rat, Horst Schork (links), der Stadtparteivorsitzende und Sozialdezernent Günther Janson und Oberbürgermeister Ludwig (rechts) als Chef der Verwaltung vor dem Pfalzbau um 1970 [16]

Die CDU spielte lange entweder die Rolle eines von den Sozialdemokraten mit ins Boot genommenen Juniorpartners oder die der eigentlichen Oppositionspartei, die allerdings angesichts ihrer mageren Wahlerfolge keine nennenswerte Rolle spielte. In den sechziger Jahren waren die Christdemokraten im Stadtrat noch stark von dem jungen und äußerst streitbaren Helmut Kohl beeinflußt. Dieser gehörte zwar bereits seit 1959 dem Mainzer Landtag an und fungierte hier seit 1963 als Chef der CDU-Fraktion, er gab aber erst 1970, nachdem er rheinland-pfälzischer Ministerpräsident geworden war, sein Stadtratsmandat auf. Selbst noch als Bonner Oppositionsführer und Kanzler zeigte Kohl intensives Interesse an der Politik seiner Parteifreunde in seiner Heimatstadt. Der Aufstieg Kohls zum Regierungschef der Bundesrepublik, später zum ›Kanzler der Einheit‹, bescherte der Ludwigshafener CDU große Aufmerksamkeit in der Stadt und weit über sie hinaus. Und auch Ludwigshafen selbst konnte sich 16 Jahre mit dem Titel ›Stadt des Kanzlers‹ schmücken, dies umsomehr, als Kohl stets seine Heimatverbundenheit betonte und viele internationale Gäste in sein Haus in Oggersheim einlud. Dessen ungeachtet blieben die Spannungen zwischen der ›roten‹ Stadtregierung und dem Kanzler, besonders aber zwischen Kohl und Oberbürgermeister Ludwig, bestehen. So war es für Kohl zweifellos ein großer Triumph, daß er 1990 bei den Bundestagswahlen zum ersten Mal das Direktmandat im Wahlkreis Ludwigshafen, bestehend aus der Stadt selbst und einem großen Teil des umliegenden Landkreises, erobern konnte.

Der frischgewählte Bundeskanzler Kohl spricht bei einer Wahlkundgebung in der Eberthalle, 4. März 1983 [17]

Der israelische Außenminister Shimon Peres in Oggersheim, 28. Juni 1987 [18]

Kanzler aus Ludwigshafen: **Helmut Kohl**

Er ist der bekannteste Ludwigshafener, und er hat seine Heimat in aller Welt bekannt gemacht: Helmut Kohl, der gebürtige Friesenheimer, der ein Vierteljahrhundert lang Vorsitzender der Bundes-CDU war und sechzehn Jahre als Kanzler die Geschicke der Bundesrepublik Deutschland lenkte. Sein großes Engagement für die Einigung Europas, die kluge Nutzung der kaum je für möglich gehaltenen Chance zur friedlichen Wiedervereinigung Deutschlands, die beeindruckenden, vom Sinn für die historischen Tiefendimensionen geprägten Friedens- und Versöhnungsgesten etwa mit François Mitterand auf dem Schlachtfeld von Verdun 1984 oder gegenüber Polen in der endgültigen Anerkennung der Oder-Neiße-Grenze sind Meilensteine der Geschichte des Kontinents. So wurde er nicht zu Unrecht nach dem Ende seiner Kanzlerschaft zum ›Ehrenbürger Europas‹ ernannt.

„Katholisch, liberal, patriotisch" nannte Helmut Kohl einmal selbst das Elternhaus, in das er hineingeboren wurde.[13] Sein Vater, bayerischer Finanzbeamter, war aus dem Fränkischen in die Pfalz gekommen, seine Mutter stammte aus einem Lehrerhaushalt in Friesenheim. Dort, im Haus des schon verstorbenen Großvaters mit seinem großen Garten, der einen guten Teil der Nahrungsmittelversorgung garantierte, wuchs Helmut Kohl auf. „Ein typischer kleiner Beamtenhaushalt [...] wie Millionen andere", in dem es bescheiden zuging, auch – was den Vater betraf – durchaus nicht ohne Strenge. Dennoch war es eine glückliche Kindheit: Der kleine Helmut Kohl wurde leidenschaftlicher Kaninchenzüchter, und schon während seiner Volksschulzeit an der Rupprechtschule in Friesenheim scharte er viele Spielkameraden um sich. Schabernack wurde getrieben, das gute Essen, das die Mutter kochte, genossen – und die Vorliebe für beides begleiteten auch noch den Erwachsenen. Auch wurde Helmut Kohl Meßdiener – eine selbstverständliche, unaufgeregte Religiosität durchdrang den Alltag der Familie Kohl. Sie bildete auch – trotz des immer wieder gerühmten ›Pragmatismus‹ des Politikers Kohl – die unverzichtbare Grundlage seines späteren Regierungshandelns.

Die katholisch-christliche Grundhaltung stand im deutlichen Gegensatz zum Geist des NS-Staates, der die Kindheit des künftigen Kanzlers immer mehr zu überschatten begann. „Der Krieg beendete meine bis dahin kaum getrübte Kindheit abrupt und gnadenlos."[14] Sein Vater und sein älterer Bruder wurden eingezogen, der Bruder fiel 1944. Der zwölfjährige Kohl gehörte zu einem Schülerlöschtrupp, der nach Luftangriffen auch bei der Bergung der Leichen

Anmerkungen
Seite 742 und 743

13 zur Jugend Helmut Kohls vgl. Kohl
14 zit.n. Kohl; zum Kriegsende vgl. auch: Kohl, in: FAZ, 17.3.1995
15 zur Schulzeit vgl. Pruys, S. 39ff
16 ebd., S. 44ff
17 nach Hildegard Getrey, der Schwester Helmut Kohls, im ›Stern‹, 12.9.1996
18 Hier konnte er schon aus dem reichen Fundus seiner Kontakte zu Politikern aller Richtungen schöpfen, die er in den Jahren zuvor geknüpft hatte.
19 nach einer kurzen Zeit als Direktionsassistent bei der Ludwigshafener Eisengießerei Willi Mock
20 nach Hildegard Getrey, der Schwester Helmut Kohls, im ›Stern‹, 12.9.1996
21 Erinnerungen des ehemaligen CDU-Geschäftsführers Fritz Keller; StALu, PGV 2, Nr. 10

Helmut Kohl im Stadtrat, 1963 [19]

Die CDU zeigt Flagge in der Stadt: Bundesparteitag der CDU in der Eberthalle, 23.—25. Oktober 1978 [20]

helfen mußte. Vor Kriegsende wurde er mit vielen Klassenkameraden in ein Lager für vormilitärische Ausbildung nach Berchtesgaden verbracht. Von dort schlug er sich im Chaos des Frühjahrs 1945 nach Ludwigshafen durch, wurde von polnischen Arbeitern verprügelt, von der US-Militärpolizei festgehalten, zum Landeinsatz herangezogen. Erst nach vielen Schwierigkeiten gelang es ihm, einen Passierschein zu erhalten, um den Rhein in Richtung Heimat zu überqueren. Diese Erlebnisse begründeten wohl ebenso die unbedingte Friedensliebe des künftigen Kanzlers wie sein leidenschaftliches Interesse an Politik und Geschichte.

In der Oberschule[15] – dem heutigen Max-Planck-Gymnasium – galt Kohl schon als „großer Organisator", als, wie sein Religionslehrer sagte, „streitbarer, furchtloser Debattenredner", der sich mit einem kommunistischen Mathematiklehrer wie mit einem Pädagogen, dessen Kasernenhof-Ton ihm mißfiel, Rededuelle lieferte. Er wurde Klassensprecher. Im Kreis um den katholischen Dekan Johannes Finck begann Kohl sich für die Idee einer christlichen überkonfessionellen demokratischen Partei zu begeistern.[16] Durchaus gegen den Willen seiner Eltern wurde er Mitglied der CDU[17] und gehörte 1947 zu den Gründern der Jungen Union in Rheinland-Pfalz. Eine Europa-Initiative, der er sich anschloß, wurde damals noch von der französischen Besatzungsmacht verboten.

Nach dem Abitur 1950 studierte Kohl in Frankfurt, später in Heidelberg Rechtswissenschaft, Geschichte und Staatswissenschaften, war ab 1956 wissenschaftlicher Mitarbeiter am Alfred-Weber-Institut der Universität Heidelberg und promovierte 1958 mit einer Arbeit über ›Die politische Entwicklung in der Pfalz und das Wiedererstehen der Parteien nach 1945‹.[18] Nach Abschluß des Studiums arbeitete er bis 1969 als Wirtschafts- und Steuerreferent beim ›Verband der chemischen Industrie‹ Rheinland-Pfalz,[19] eine Position, die es ihm erlaubte, seine politischen Ambitionen weiter zu verfolgen.

„Mein Bruder hat seine persönliche Leidenschaft, die Politik, zum Beruf gemacht", stellte Kohls Schwester einmal in einem Interview fest.[20] Helmut Kohl wollte ein Leben in der Politik, er wollte politisch gestalten können, Macht erschien ihm nicht als Problem. Die Führung der Ludwigshafener CDU sah in ihm und seinen Freunden ›junge Wilde‹, ›Revoluzzer‹, die die ältere Generation ersetzen und eine offenere, aber auch mehr auf Konfrontation zielende Politik durchsetzen wollten.[21] Dessen ungeachtet war Kohl ein großer Verehrer des Nachkriegskanzlers Konrad Adenauer. Im Oktober 1953 gelang es Kohl beim Bezirksparteitag der pfälzischen

Der ehemalige Volksschüler Helmut Kohl als Ehrengast beim 75jährigen Jubiläum der Rupprechtschule, 26. Mai 1984 [21]

Kanzlerkandidat Helmut Kohl im Bundestags-Wahlkampf, neben ihm Innenminister Böckmann und Ministerpräsident Vogel (beide Rheinland-Pfalz), 7. Juli 1976 [22]

CDU, in den geschäftsführenden Vorstand des Bezirks gewählt zu werden. „Diese Wahl erregte damals in politischen Kreisen Aufsehen über Rheinland-Pfalz hinaus." [22] Ein erster wesentlicher Schritt war gelungen, dem weitere folgten. Immer wieder fiel er als „der jüngste" bzw. einer der jüngsten auf – als Landtagsabgeordneter mit 29 Jahren, als Ministerpräsident mit 39 Jahren, als Kanzler mit 52.

In Ludwigshafen selbst wirkte Kohl als engagierter Wahlkämpfer, [23] der – etwa 1957 – auch eine handgreifliche Auseinandersetzung mit einem Plakatierungstrupp der SPD nicht scheute. [24] Von 1960 bis 1967 war er Fraktionsvorsitzender im Stadtrat. Zwischen der nunmehr mit absoluter Mehrheit regierenden SPD und der CDU unter seiner Führung wurde der Ton rauher, die Gegensätze wurden schärfer betont. Zeigten sich bei der Frage der konfessionellen Kindergärten weltanschauliche Bruchlinien zwischen den beiden großen Parteien im Stadtrat, so mahnte die CDU unter Kohls Führung in Fragen moderner Stadtplanung – etwa bei der Umgestaltung der Innenstadt – die Einbeziehung kompetenter Bürger an und ließ sich in der Radikalität ihrer Vorschläge von keiner anderen Fraktion übertreffen. [25] Vor allem mit Oberbürgermeister Ludwig verband Kohl eine äußerst spannungsreiche Beziehung, die auf beiden Seiten von Bitterkeiten nicht frei war.

Politisches Handeln führte natürlich allgemein zu ›menschlichen Verlusten‹: „Vergeben ist nicht meine Begabung", hat der Kanzler einmal in einer Talkshow bekannt. [26] Andererseits blieb ihm auch als Kanzler ein Kreis treuer Gefährten in Ludwigshafen, Menschen aus allen Schichten, auch über die Partei hinaus, von denen Helmut Kohl sich Anregungen und Informationen holte und über deren Einfluß in den Medien heftig spekuliert wurde. [27]

„Noch kaum einem Politiker ist es gelungen, seine Heimat, deren Kultur und Gastronomie international derart beharrlich in Szene zu setzen", urteilte 1998 der ›Mannheimer Morgen‹ [28] und hob damit einmal mehr die oft betonte „Heimatliebe", „Heimatverbundenheit" oder „Verwurzelung" Helmut Kohls in ›seiner‹ Pfalz hervor. Das „ungebärdige Pfälzer Temperament" [29] seiner Jugend, sein eher informeller Umgangs- und Regierungsstil wurden anfangs mit oft hämischen Kommentaren wie „Provinz" oder seiner Charakterisierung als „Mr. Anybody" durch die ›Times‹ bedacht. [30] Solche Wertungen verstummten mit der zunehmenden Dauer der Amtszeit. Wahr ist, daß Helmut Kohl seinen Partnern in der Weltpolitik mit Stolz seine Heimat – die Weinstraße, den Speyerer Dom – präsentierte und viele in sein Oggersheimer Wohnhaus einlud. So erlebte der Ludwigshafener Stadtteil die Besuche von Bush, Gorbatschow, Jelzin, Havel, Peres, Chirac, dem britischen Premier Major oder auch Mutter Teresa. Oggersheim wurde zur Bühne der Weltpolitik, erschien aber oft zum Ärger der Ludwigshafener Stadtführung in der öffentlichen Wahrnehmung als eigene Gemeinde und ›Heimat Kohls‹, der doch erst seit 1971 in diesem Stadtteil wohnte. „Ich habe immer und überall gesagt, daß ich aus Ludwigshafen komme",

Anmerkungen
Seite 744

22 Erinnerungen des ehemaligen CDU-Geschäftsführers Fritz Keller; StALu, PGV 2, Nr. 10

23 Kurios ist die Geschichte von Kohls Schäferhund Igo, der angeblich beim Wort „Sozialdemokrat" knurrte und auf die Frage „Bist Du CDU?" Pfötchen gab; nach Keller; StALu, PGV 2, Nr. 10

24 vgl. Kap. 16 ›Demokratische Konsolidierung und Wirtschaftswunder‹

25 vgl. Kap. 17 ›Das neue Gesicht der Stadt‹

26 Besprechung des Interviews Helmut Kohls bei Alfred Biolek, in: Rhpf, 13.9.1996

27 so beispielweise im ›Stern‹ vom 20.2.1997, in dem der spätere Ludwigshafener Ehrenbürger Monsignore Ramstetter, dessen Bruder, der Hausarzt, der spätere Oggersheimer Ortsvorsteher, der CDU-Politiker Albin Fleck und die sogenannte ›Sauna-Runde‹ zum innersten Kern des Ludwigshafener Kreises gezählt wurden

28 f.d.F. vgl. StALu, Zeitungsverkartung, Stichwort: ›Kohl‹

29 Pruys, S.46

30 ebd., S.263

Gäste aus aller Welt in Ludwigshafen: US-Präsident Bill Clinton und Frau Hillary vor dem Haus des Bundeskanzlers in Oggersheim, 11. Juli 1994 [23]*

Der Kanzler in seiner Heimat: Helmut Kohl mit Teilnehmern der Deutschen Tennis-Jugendmeisterschaften auf dem Gelände des BASF-Tennisclubs, Juni 1996 [24]

betonte Kohl einmal in einem Gespräch. Journalisten hingegen begannen in Oggersheim ihre Spurensuche nach dem pfälzischen Wesen des Kanzlers und gaben mal freundliche, mal herablassende Kommentare über die ›Einheimischen‹ ab.

Auch als Kanzlerpaar verbrachten Helmut Kohl und seine Frau Hannelore weiterhin viel Zeit in Ludwigshafen und waren öffentlich auf viele Weise präsent: als sonntägliche Kirchgänger in Oggersheim oder Friesenheim, als Spender für allerhand wohltätige und andere gute Zwecke,[31] als Ausstellungs- und Festbesucher. Helmut Kohl hielt Festreden bei den Jubiläen ›seiner‹ Volks- und höheren Schule und bei verschiedenen Friesenheimer Vereinen, und auch seine Vertrauten wie etwa Kanzleramtsminister Schmidbauer kamen zu Vorträgen nach Ludwigshafen. 1996 lud der weiterhin geschichtsbegeisterte Kanzler junge pfälzische Historiker aus Stadt und Region nach Bonn und empfing dort auch den Besuch zum Beispiel von Ludwigshafener Sternsingern. Verschiedene seiner profilierten persönlichen Freunde in der Stadt ehrte er persönlich mit dem Bundesverdienstkreuz. Bei der örtlichen Industrie- und Handelskammer wie bei der BASF, wo er einst als Student ›gejobt‹ hatte, war er immer wieder als Besucher und Redner zu Gast. Der BASF-Vorstand fand angeblich immer bei ihm ein offenes Ohr. Umgekehrt suchte der Kanzler auch in Krisen örtlicher Unternehmen helfend einzugreifen.[32] Hier zeigten sich jedoch deutlich die Grenzen wohlmeinender Politik gegenüber den Mechanismen und Gesetzen der Wirtschaft.

Die Rolle Oggersheims bzw. Ludwigshafens als Kanzlerwohnsitz hatte natürlich auch ihre Schattenseiten: die massive Polizeipräsenz um das Wohnhaus der Kohls, die hohe Mauer, die aus Furcht vor Anschlägen darum gebaut wurde, der nötige Ausbau des Hubschrauberlandeplatzes bei Ruchheim. Von den 1990ern ab wurde Oggersheim zudem wiederholt das Ziel von Demonstranten, die gegen die Politik des Kanzlers auftraten. Nur deshalb wurde auch der Wahlkreis Ludwigshafen, in dem Helmut Kohl seit 1976 als Direktkandidat auftrat, mit besonderem Interesse bedacht. Zweimal – 1990 und 1994 – gelang es dem ›Kanzler der Einheit‹, den traditionell sozialdemokratisch geprägten Wahlkreis zu erobern.

Bei den Bundestagswahlen 1998, die das Ende der Kanzlerschaft Helmut Kohls einläuteten, verlor er den Wahlkreis wieder an die SPD-Kandidatin. Diese politische Abstimmung bedeutete jedoch keine Ablehnung der Person des – nunmehr – Altkanzlers, der trotzdem in der Stadt und der Region populär und präsent blieb, obgleich die ›Spendenaffäre‹ größere Feierlichkeiten zu seinem 70. Geburtstag verhinderte. Der Freitod Hannelore Kohls im Sommer 2001 brachte gerade in Ludwigshafen und seinem Umland eine Woge des Mitgefühls, die auch zeigt, welche Achtung und große Sympathie der ›Pfälzer und Staatsmann‹ in seiner Heimat weiterhin genießt.

[S. M.]

Anmerkungen
Seite 745

31 *Um einige Beispiele zu nennen: Helmut Kohl war Spender für die neuen Kastanien vor der Oggersheimer Wallfahrtskirche, für das evangelische Projekt ›Cafedrale‹ in der Innenstadt, für die Wiederherstellung der Mannheimer Jesuitenkirche, pflanzte 1993 eine Eiche vor der Rupprechtschule. Hannelore Kohl gab z. B. Hilfen für das St. Annastift und die örtliche Kinderhilfe*

32 *so schon in den 1970er Jahren bei der Firma Giulini, später bei Halberg, oder betreffend die Probleme der Schichtarbeiter bei der BASF; vgl. StALu, Zeitungsverkartung, Stichwort ›Kohl‹*

* *Bill und Hillary Clinton beim Eintrag ins Goldene Buch der Stadt, das ihnen vor dem Haus Bundeskanzler Kohls von Oberbürgermeister Schulte präsentiert wird. Hinter dem US-Präsidentenpaar Helmut Kohl und seine Frau Hannelore.*

Helmut Kohl mit dem Speyerer Bischof Anton Schlembach beim 25jährigen Jubiläum des Heinrich-Pesch-Hauses 1999 [25]

Die politischen Ämter von Helmut Kohl

1947	Mitbegründer der Jungen Union Rheinland-Pfalz
1953	Mitglied des geschäftsführenden Vorstands der pfälzischen CDU
1955	Mitglied des Landesvorstandes der CDU Rheinland-Pfalz
1954—1961	Landesvorsitzender der Jungen Union Rheinland-Pfalz
1959—1963	Vorsitzender des Kreisverbandes Ludwigshafen der CDU
1959—1976	Mitglied des Landtags von Rheinland-Pfalz
1960—1970	Stadtrat in Ludwigshafen
1960—1967	Fraktionsvorsitzender der CDU im Stadtrat
1961	Stellv. Fraktionsvorsitzender der CDU im Landtag
1963	Fraktionsvorsitzender der CDU im Landtag
1964—1967	Vorsitzender des CDU-Bezirksverbands Pfalz
1966—1974	Vorsitzender des CDU-Landesverbands Rheinland-Pfalz
1969—1973	Stellvertretender Bundesvorsitzender der CDU
1969—1976	Ministerpräsident von Rheinland-Pfalz
1973—1998	Bundesvorsitzender der CDU
1976—2002	Mitglied des Deutschen Bundestags
1982—1998	Bundeskanzler der Bundesrepublik Deutschland

Die CDU war in Ludwigshafen nie besonders mitgliederstark: 1964 zählte sie lediglich 1 219 Mitglieder, 1971 waren es 1 264. Damit lag ihr Mitgliederbestand, verglichen mit dem der Sozialdemokraten, nur bei etwas mehr als einem Viertel. Im Gegensatz zur SPD verzeichnete sie aber in den nächsten anderthalb Jahrzehnten keinen Schwund, sondern ein deutliches Wachstum ihrer Mitgliederzahl, die bis 1985 auf 1 602 anstieg. Danach machte sich aber auch bei den Christdemokraten die allgemeine Parteiverdrossenheit bemerkbar. Die Zahl ihrer Mitglieder sank jetzt ebenfalls; sie betrug 1996: 1 127 und 1998: 1 062.[33] Da die Partei keinerlei Ämter zu vergeben hatte, war allerdings die Zahl derjenigen, die ihr aus Opportunitätsgründen beitraten, ungleich geringer als bei den Sozialdemokraten und das Engagement in der Parteiarbeit entsprechend größer.

Neben den beiden großen Parteien spielten zunächst noch die Freien Demokraten[34] eine marginale Rolle im Stadtrat. 1969 war die FDP der 5%-Hürde schon bedenklich nahe gekommen; auch 1974 war sie mit 5,3% nicht weit davon entfernt. Trotzdem waren die Liberalen von 1978 bis 1995 mit dem Juristen Karl-Horst Tischbein, als Beigeordneter verantwortlich für die Bereiche Umwelt, Recht, Ordnung und Gesundheit, erstmals in der Nachkriegszeit im Stadtvorstand vertreten. Die FDP schied jedoch 1979 mit nur noch 4,5% der Wählerstimmen aus dem Stadtrat aus. 1984 erreichte sie gerade noch 2,4% der Stimmen. Zugleich war das Verhältnis zwischen Tischbein und der FDP nicht mehr frei von Konflikten. Dank der Aufhebung der 5%-Hürde für die Kommunalwahlen gelang den Liberalen 1989 mit 3,7% wieder der Einzug in den Stadtrat, bei den Wahlen 1994 und 1999 scheiterten sie dann aber sogar an der 3%-Hürde. Auf dem Umweg über die Presse versucht der liberale Kreisverband jedoch nach wie vor am politischen Geschehen teilzunehmen.

Anmerkungen
Seite 746 und 747

33 *vgl. Stanko, S. 12—16; dazu für 1996 und 1998 die Angaben des Ludwigshafener CDU-Vorsitzenden Josef Keller im MM vom 24.12.1998*

34 *vgl. StALu, N 35*

35 *vgl. StALu, PGV 2 sowie N 31*

36 *vgl. Becker, KPD, S. 318ff und Bestand DKP-Kreisvorstand, in: Antifa-Archiv Ludwigshafen / Privatarchiv Hermann Morweiser*

37 *vgl. StALu, PGV 4*

Christdemokraten aus Ludwigshafen

Gewerkschafter, Christdemokrat, Innenminister: ***Kurt Böckmann***

Kurt Böckmann[35] wurde am 16. Dezember 1929 in Ludwigshafen geboren. Nach dem Abitur absolvierte er bei der Firma Giulini eine Lehre als Maschinenschlosser und besuchte anschließend die Fachschule für Maschinenbau in Mannheim. 1958 wurde der Ingenieur Leiter der Lehrbetriebe der Firma Giulini; gleichzeitig war er aktiv im Betriebsrat und der Gewerkschaft. Ab 1949 Mitglied der CDU, wurde er zu einem der engsten Gefolgsleute von Helmut Kohl. Seit 1956 Mitglied des Ludwigshafener Stadtrats, leitete er von 1968 bis zu seinem Ausscheiden aus dem Stadtrat 1976 die CDU-Fraktion.

Ab 1967 Mitglied des Landtages, stand er zwischen 1972 und 1976 auch dort der CDU-Fraktion vor. 1976 bis 1987 war er Innenminister von Rheinland-Pfalz. Er unterzog den Rettungsdienst, Brand- und Katastrophenschutz einer umfassenden Neuorganisation und schuf Voraussetzungen für einen hohen Leistungsstand bei der Polizei. Ab 1979 auch zuständig für den Sport, holte er mehrere Olympiastützpunkte ins Land. Vier Jahre lang war er Vorsitzender der Sportministerkonferenz der Länder und der Deutschen Sportkonferenz. Er war Mitbegründer und Vorstandsmitglied des Partnerschaftsvereins Ruanda – Rheinland-Pfalz. 1985 wurde er Vorsitzender des Bundesausschusses Innenpolitik. 1979 Auszeichnung mit dem Ehrenring der Stadt Ludwigshafen, 1986 mit dem Großen Bundesverdienstkreuz. Nach seinem Ausscheiden aus der Landesregierung führte er zwischen 1987 und 1992 den Ludwigshafener Kreisverband der CDU. Im Dezember 1994 gab Kurt Böckmann als dienstältester Landtagsabgeordneter sein letztes politisches Mandat zurück. Die Ludwigshafener CDU würdigte sein Lebenswerk im Januar 1995 mit dem Ehrenvorsitz.

[K. B.]

Kurt Böckmann [26]

Als vierte Partei kandidierte zwischen 1969 und 1984 die DKP[36] für den Stadtrat. Die Partei hatte sich erst am 26. September 1968 als Nachfolgerin der verbotenen KPD konstituiert. Bei der Kommunalwahl 1969 erhielt sie jedoch gerade 3,4% der Wählerstimmen. Nur im Stadtteil Nord – der traditionellen KPD-Domäne – kam sie über die 5%-Hürde. Darüber hinaus hatten Männer ab 60 und älter mit 7,1% die DKP gewählt. Die Partei stützte sich also wesentlich auf das milieugebundene Wählerpotential der KPD, das zwar die Illegalität überdauert hatte, aber jetzt selbst in der ehemaligen kommunistischen Hochburg Ludwigshafen nicht mehr für eine parlamentarische Repräsentanz genügte. Daß die DKP trotzdem bis 1989 im Stadtbild durch Veranstaltungen wie dem ›Maizelt‹ oder mit dem monatlichen Verteilen ihrer Zeitung ›Linksrheinische‹ präsent blieb, ist im wesentlichen auf ihre Fremdfinanzierung durch die DDR zurückzuführen. Sofort nach deren Zusammenbruch verschwand sie deshalb wieder nahezu vollständig von der politischen Bühne Ludwigshafens.

Die ›Grünen‹ konstituierten sich im Dezember 1979 in Ludwigshafen.[37] Bei der Kommunalwahl 1984 überwanden sie mit 5,7% zum ersten Mal die Fünfprozenthürde; mit einem bewußt provokatorischen Auftreten während der Stadtratsperiode – bei der konstituierenden Sitzung wurde dem SPD-Fraktionsvorsitzenden ein „Roter Filz", der CDU-Fraktion der Text der Bergpredigt überreicht –, aber auch mit Themen wie ›Rettet die Roßlache‹ oder ›Ludwigshafen – Atomwaffenfreie Zone‹ profilierte sich die Partei schnell. Entsprechend stiegen die Grünen bei der Kommunalwahl 1989 auf 7,5%. Bereits ein Jahr später spaltete sich jedoch die grüne Fraktion im Stadtrat. Dies führte 1994 gleich zu drei ›alternativen‹ Kandidaturen bei den Kommunalwahlen, wobei die Grünen sich deutlich mit 7% gegen ihre unmittelbaren Konkurrenten, unter anderem die Frauenliste (s. u.), durchsetzten. Danach

Christdemokraten aus Ludwigshafen Horst Osterheld (1919—1998) [27]*

Die CDU warb, wie auch die SPD, 1969 mit dem neuen Wahrzeichen der Stadt, der Pylonbrücke über dem Hauptbahnhof [28]

gingen sie mit der SPD ein Bündnis ein. 1995 wurde der ehemalige grüne Bundestagsabgeordnete Willi Tatge zum Bau- und Umweltdezernenten gewählt. Im Herbst 1998 zerbrach die Koalition zwischen SPD und Grünen wieder und Tatge wurde abgewählt. Bei der Kommunalwahl 1999 sanken die Grünen auf 4,3% ab. Im Sommer 1999 fand sich die Partei zu einer Koalition mit CDU und FWG zusammen, die aber u. a. an der Frage der Wiederwahl des früheren Baudezernenten Tatge im Laufe des Jahres 2001 wieder zerfiel.

Waren die Grünen gerade auch mit ihrer Antiatomkraftpolitik bei der Stadtratswahl 1984 erfolgreich, so scheiterte die gleichzeitige rechte Gegenkandidatur der Pro-Atomkraftpartei ›EAP‹ (Europäische Arbeiterpartei) mit 0,2% völlig. Auch anschließend blieb die Partei unter wechselnden Namen wie ›Die Patrioten‹ oder ›Bürgerbewegung Solidarität‹ ohne jede Bedeutung in Ludwigshafen.

Die 1983 in Bayern entstandenen rechtsgerichteten ›Republikaner‹[38] nahmen erstmals 1989 an den Kommunalwahlen teil. Mit fast 8% der Stimmen (s. S. 759f) schnitten sie überraschend gut ab, obwohl der Ortsverband der Partei damals nach eigenen Angaben kaum 50 Mitglieder hatte und die für den Stadtrat aufgestellten Kandidaten völlig unbekannt waren. „Wir kommen aus dem politischen Nichts und lehnen nationalsozialistisches Gedankengut ab", stellte ihr Sprecher fest. Das „politische Nichts", die Ablehnung der „Altparteien" und des „Filzes" war freilich Teil ihrer Anziehungskraft. Dazu kamen einfache, zum Teil aggressive Parolen vor allem zum Ausländerproblem, die allerdings die Sorgen und Ängste vieler von sozialem Abstieg und Arbeitslosigkeit bedrohter Menschen aufgriffen, die oft in Stadtvierteln zusammen mit einem hohen Prozentsatz ebenfalls sozial schwacher Ausländer lebten. Hier, in einer bisher sozialdemokratisch orientierten Wählerklientel und besonders unter jüngeren Männern, erreichten die Republikaner

Anmerkungen Seite 748 und 749

38 *vgl. StALu, Zeitungsverkartung, Stichwort ›Parteien‹; bes. Rhpf, 21.6.1989, 20.7.1989; MM 23.12.1992*

39 *vgl. CDU Deutschlands / Über uns / Prof. Dr. Kurt Biedenkopf, in: www.cdu.de / ueber-uns / buvo / buvo / leben_kb.htm*

40 *vgl. StALu, Zeitungsverkartung, Stichwort ›Parteien‹*

41 *vgl. ebd.*

* *Horst Osterheld: in Ludwigshafen geboren, Sohn des Stadtschulrats Wilhelm Osterheld, wurde Diplomat, außenpolitischer Berater der Kanzler Adenauer, Erhard und Kiesinger, danach Botschafter in Chile – Aufgabe des Amtes wegen der Politik der sozialliberalen Koalition – und Abteilungsleiter im Auswärtigen Amt*

Christdemokraten aus Ludwigshafen

Ein gebürtiger Ludwigshafener wird Ministerpräsident in Sachsen

Kurt Biedenkopf

Kurt Biedenkopf[39] wurde am 28. Januar 1930 als Sohn eines höheren Angestellten der I.G. Farben in Ludwigshafen geboren. 1938 zog die Familie nach Schkopau bei Merseburg, wo sein Vater im dortigen I.G. Farben-Werk eine führende Stellung übernahm. 1945 wurde die Familie von den zurückziehenden US-Truppen nach Hessen deportiert.

1949 Abitur; anschließend Austauschstudent in den USA. 1951 Studium der Rechtswissenschaften in München und Frankfurt. 1958 Promotion; 1963 Habilitation. 1964 bis 1971 Professor für Wirtschafts- und Arbeitsrecht an der Ruhr-Universität in Bochum. 1966 Mitglied der CDU. 1968 bis 1970 Vorsitzender der Mitbestimmungskommission der Bundesregierung. 1971 bis 1973 ordentlicher Geschäftsführer der Henkel GmbH.

1973 bis 1977 General-Sekretär der CDU Deutschlands. 1976 bis 1980 MdB. 1977 bis 1983 stellvertretender Vorsitzender der CDU Deutschlands. 1977 bis 1986 Vorsitzender des CDU-Landesverbandes Westfalen-Lippe. 1980 bis 1984 Vorsitzender des Präsidiums der CDU Nordrhein-Westfalen. 1980 bis 1988 MdL Nordrhein-Westfalen; von 1980 bis 1983 CDU-Fraktionsvorsitzender. 1986/87 Vorsitzender des Landesverbandes Nordhein-Westfalen. 1987 bis 1990 erneut MdB.

Anfang 1990 Gastprofessur an der Universität Leipzig.

Oktober 1990 bis April 2002 MdL und Ministerpräsident des Freistaates Sachsen; 1991 bis 1995 Vorsitzender des CDU-Landesverbandes Sachsen.

[K. B.]

Kurt Biedenkopf [29]

ihre größten Erfolge. Im Stadtrat machten ihre beiden Abgeordneten dann aber nur durch parteiinterne Querelen von sich reden, einer ihrer Mandatsträger wurde wegen einer schweren Schlägerei aus dem Rat ausgeschlossen, und bis zum Ende der Wahlperiode gingen beide Sitze durch Parteiaustritte wieder verloren. Trotzdem erhielten die Republikaner 1994 – dank 5,6% Wählerstimmen – vier Stadtratssitze. Auch diese Fraktion spielte im Ludwigshafener Kommunalparlament keine Rolle, da sie außer durch provozierende Anfragen kaum in Erscheinung trat. Dennoch konnten die Republikaner 1999 mit 5,3% ihren Stimmenanteil in etwa halten und drei Stadtratsmandate gewinnen. Bei den Landtagswahlen schnitten sie zum Teil sogar noch erheblich besser ab.

Die in Rheinland-Pfalz bei Kommunalwahlen überaus erfolgreichen Freien Wähler[40] stellten sich in Ludwigshafen erstmals 1994 zur Wahl, blieben hier aber mit 2,9% knapp unter der Mindesthürde. Ihre kontinuierliche Weiterarbeit zeigte jedoch bereits fünf Jahre später Resultate, als sich das Ergebnis auf 4% steigern ließ. Die drei Personen umfassende Fraktion zerfiel jedoch im Laufe des Jahres 2001; während zwei Mitglieder sich als ›Bürgerforum‹ wieder zusammenschlossen, bildete der ehemalige Fraktionsvorsitzende Metz – nun als alleiniger FWG-Vertreter – ab April 2002 mit dem aus der SPD-Fraktion ausgetretenen Manfred Reimann die ›Fraktionsgemeinschaft Metz-Reimann‹.

Ebenfalls 1994 kandidierte die ›Frauenliste‹ zum Stadtrat. Seit 1990 als ›Autonome Frauen‹ nach dem Austritt aus der grünen Fraktion mit zwei Mandaten im Stadtrat vertreten,[41] verfehlte sie den Wiedereinzug mit 2% aber deutlich. Bis 1998 versuchte die Frauenliste weiter mit frauenpolitischen Themen in die Ludwigshafener Kommunalpolitik einzugreifen. Eine eigenständige Teilnahme an der Kommunalwahl 1999 scheiterte jedoch genauso wie Wahlabsprachen mit der SPD und den Grünen. Anschließend löste sich die Frauenliste auf.

PLUS

SONDERAUSGABE

Informationen für den liberalen Bürger

Impressum

plus
Information für den liberalen Bürger
6700 Ludwigshafen
Am Ludwigsplatz

Herausgeber
F.D.P.-Kreisvorstand

Geschäftszeiten:
Mo, Di 9 - 11 Uhr
Do, Fr 16 - 18 Uhr
Telefon 514898

F.D.P. KANDIDATEN FÜR DEN STADTRAT LUDWIGSHAFEN

Mit kräftigem Klang kündigen sie ihre Mitarbeit im Stadtrat an:

Harald Glahn
Lukas Werner
Dr. Adolf Jung
Magdalene Laun
Dieter Schneider
Bärbel Eberhardt
Ingrid Becker
Rainer Brecht
Bernd Grüber
Reinhard Walter
(v. links).

Der Verwaltung den Marsch blasen!

H. Glahn: Das wollen wir

- Einen Jugend- und Kinderbeauftragten
- Rücksicht auf berufstätige Eltern durch erweiterte Öffnungszeiten für Kindergärten und eine betreute Grundschule, das heißt Aufenthalts- und Beschäftigungsmöglichkeiten für Kinder außerhalb der Unterrichtszeit an ihren Schulen, täglich von 7.30 – 13.00 Uhr.
- Sichere Frauenparkplätze in Parkhäusern
- Einsetzung eines Privatisierungsbeirates, der regelmäßig prüft, welche städtischen Dienstleistungen kostengünstiger von privaten Unternehmen durchgeführt werden können.
- Einführung des Dienstleistungsabends
- Förderung des Wohneigentums
- Zukunftsweisende Gesamtkonzeption für das Walzmühlengelände und südliche Innenstadt
- Einrichtung einer Geriatrie im Klinikum zur Behandlung altersbedingter Krankheiten
- Endlich dreispuriger Ausbau der A 650
- Tempo 30 in Wohngebieten bzw. Wohnstraßen
- Bessere Anbindung des Fernverkehrs an den Bahnhof Ludwigshafen
- „Politesse" zum Schutz der Frei- und Grünflächen vor mutwilliger Zerstörung
- Dezentrale Müllsammelstellen für die Eigenanlieferung von Hausmüll in einzelnen Stadtteilen
- Stärkere finanzielle Förderung kulturtragender Vereine. In Ludwigshafen sind etwa 150 Vereine und Initiativen tätig, sie erhalten von der Stadtverwaltung nur ein Trinkgeld. Also Kulturförderung, nicht Kulturverwaltung!
- Pflegeplätze für ältere Bürger; für einen Pflegeheimplatz muß man sich mit 50 anmelden!

Zum Ausländerwahlrecht:

Wahlrecht nur auf Gegenseitigkeit und nur für EG-Bürger. Wer Rechte haben will, muß auch Pflichten übernehmen!

Die dritte ›alte‹ Partei:
Wahlzeitung der FDP
zur Kommunalwahl 1989 [30]

›Sichere Zukunft Ludwigshafen‹: zeittypische Wahlwerbung der SPD
zur Kommunalwahl 1969 [31]

Anmerkungen
Seite 751

42 *›Informationen für die Bevölkerung von Oberbürgermeister Dr. Werner Ludwig‹; StALu, DS 633/1969/2*

43 *›Sichere Zukunft Ludwigshafen‹; hg. v. SPD-Stadtverband und Stadtratsfraktion; StALu, DS 633/1969/2*

44 *›Neue Wege in Ludwigshafen‹; StALu, DS 633/1969/2*

Gleichfalls nur ein kurzes Gastspiel gab die ›Pfälzer Liste/Liste Pfalz‹ bei der Kommunalwahl 1994: Mit kabarettistischen Forderungen, wie „Weck, Worscht und Woi", „Werner Ludwig muß wieder Oberbürgermeister werden" oder „Wiederaufbau des Oggersheimer Schlosses", konnte man zwar nur 0,7% der Wählerstimmen gewinnen, erregte mit dieser ›dadaistischen Taktik‹, die dem ›Unsinn‹ etablierter Politik mit grotesken Wünschen Paroli bot, jedoch einiges Aufsehen. Hinter der Aktion stand die Kunst- und Aktionsgruppe des ›Bueros für angewandten Realismus‹, die 1984 aus der linken, maoistischen Szene hervorgegangen war.

Wahlen und Stadtpolitik in der Ära Ludwig

Werner Ludwig hatte sein Amt am 1. Juli 1965 angetreten. Bei den Bundestagswahlen jenes Jahres erreichte die SPD erstmals in der Stadt bei einem Urnengang für das Bundesparlament mehr als 50% der Stimmen. Für die nächsten 18 Jahre erzielten die Sozialdemokraten im ›roten Ludwigshafen‹ bei allen Abstimmungen, ob für Bundestag, Landtag oder Stadtrat, die absolute Mehrheit. Auf kommunaler Ebene erreichten sie jedoch ihre besten Resultate, wobei die populäre Persönlichkeit des Oberbürgermeisters ein nicht zu unterschätzender Pluspunkt für die SPD war.

Neue Parteien: die Grünen im Landtagswahlkampf 1987 [32]

Neue Parteien: Werbung der Republikaner zur Kommunalwahl 1994 [33]

Die Kommunalwahl 1969 bot Werner Ludwig Anlaß für eine erste und an alle Haushalte verteilte Bilanz:[42] Darin betonte er die gute Zusammenarbeit mit der BASF-Führung und verwies auf ein städtisches Investitionsvolumen von 35 804 672 DM für Neu- und Umbauten seit 1964 allein für die Ludwigshafener Schulen. Die endgültige Sanierung des Krankenhauses wurde zwar für die nächste Wahlperiode in Aussicht gestellt, aber entscheidende Fortschritte waren durch die Fertigstellung der Inneren- und Frauenklinik bereits erzielt. Beim Wohnungsbau verwies er auf neue Akzente; weiterhin auf Fortschritte beim Ausbauplan für Kindergärten und beim Ausbau der Altenbetreuung. Mit der Inbetriebnahme des neuen Hauptbahnhofs verbunden war auch der Ausbau der Straßenbahn und die Fertigstellung der Hochstraße. Nicht verschwiegen wurde auch die Eröffnung des Pfalzbaus und der Ausbau der Grünanlagen. Während sich die SPD[43] unter dem Motto ›Ideen, Tatkraft, Gemeinschaft, SPD, Dr. Werner Ludwig‹ dieser Leistungsbilanz anschloß, forderte die CDU[44] in ihrem Wahlprogramm ›Neue Wege in Ludwigshafen‹ und betonte die Notwendigkeit einer Wende in der Kulturpolitik, im sozialen Bereich, bei der Verwaltung und Strukturpolitik, bei der Wirtschaftsförderung sowie bei Planung und Finanzierung. Spitzenkandidat der Union war erneut Helmut Kohl – allerdings war durch seine Wahl zum rheinland-pfälzischen Ministerpräsidenten

Empfang von Bundeskanzler Brandt während des Landtagswahlkampfs 1971; rechts neben Brandt die spätere Bundestagsabgeordnete Doris Barnett [34]

Ergebnisse der Stadtratswahlen in Ludwigshafen 1969 bis 1999
in % der abgegebenen gültigen Stimmen

	1969	1974	1979	1984	1989[1]	1989[2]	1994	1999
WB[3]	68,4	76,9	69,8	68,9	67,2		65,2	51,0
Rechte[4]	–	–	–	0,2	3,1	7,8	5,6	5,3
CDU	33,2	39,0	38,2	34,1	29,8	28,3	33,9	42,9
FWG[5]	–	–	–	–	–	–	2,9	4,0
FDP	5,0	5,3	4,6	2,4	3,7	3,5	2,5	2,4
SPD	58,4	53,2	56,0	57,2	56,0	53,3	45,0	41,2
Grüne[6]	–	–	–	5,7	7,5	7,1	10,1	4,3
DKP	3,4	1,9	1,2	0,4	–	–	–	–

1 amtliches Endergebnis
2 Ergebnis unter Einbeziehung der hochgerechneten Stimmen für die ›Republikaner‹
3 Wahlbeteiligung in %
4 1984: Europäische Arbeiterpartei (EAP) ab 1989 Republikaner
5 Freie Wählergemeinschaft
6 1994: Bündnis 90/Die Grünen 7,0%, daneben ›Frauenliste‹ und ›Pfälzer Liste/Liste Pfalz‹

am 19. Mai 1969 bereits erkennbar, daß der bisherige Oppositionsführer nur noch für einen begrenzten Zeitraum dem nächsten Stadtrat angehören würde. Die FDP[45] verzichtete gänzlich auf ein Ludwigshafener Wahlprogramm und präsentierte lediglich ihre Kandidaten, während die neukonstituierte DKP[46] insbesondere die Luftverschmutzung und die Vergabe von Wohnungen nach Parteibuch kritisierte. Der Wahlausgang am 8. Juni 1969 ergab eine eindeutige Bestätigung der Politik Ludwigs. Die SPD hatte – entgegen einem leicht negativen Landestrend – ihr herausragendes Ergebnis von 1964 genau gehalten und durch die Vergrößerung des Stadtrates fünf Mandate hinzugewonnen; hingegen hatte die Union leichte Stimmenverluste und nur einen Mandatsgewinn zu verzeichnen. Während die FDP sich gerade noch über die 5%-Hürde rettete, blieben die Kommunisten außen vor.[47]

Der Ludwigshafener Helmut Kohl als junger und reformfreudiger Ministerpräsident bescherte ›seiner‹ Heimatpartei 1971 mit fast 39% ihr bisher bestes Ergebnis bei Landtagswahlen – ohne daß die dominierende Position der Sozialdemokraten dadurch gefährdet worden wäre. Denn mit dem Regierungswechsel zur sozialliberalen Koalition 1969 auf Bundesebene hatte die Euphorie der bundesrepublikanischen ›Wende‹ auch Ludwigshafen erreicht. Hier, in der ›Arbeiterstadt‹, wurde Bundeskanzler Brandt wiederholt enthusiastisch gefeiert. Bei den Bundestagswahlen von 1972 erreichte die SPD 56% der Zweitstimmen. Der populäre Direktkandidat der Partei, Dr. Hans Bardens, konnte gar 60% der Erststimmen auf sich vereinen, obgleich die CDU mit dem späteren Sozialminister Norbert Blüm einen der Gewerkschaftsbewegung und der Arbeitnehmerschaft eng verbundenen Gegenkandidaten aufgestellt hatte.

Als die Kommunalwahlen von 1974 herannahten, hatte sich das Bild freilich drastisch gewandelt. Die Regierung Brandt stand kurz vor ihrem Ende und befand sich in einem absoluten Stimmungstief, das auch der Ludwigshafener SPD zu schaffen machte.

Anmerkungen
Seite 752 und 753

45 *›F.D.P. für Sie‹; StALu, DS 633/1969/2*
46 *DKP Kommunalwahlprogramm; StALu, DS 633/1969/2*
47 *vgl. Rhpf, Jg. 25, Nr. 130 vom 9.6.1969*
48 *›Rechenschaftsbericht von Oberbürgermeister Dr. Werner Ludwig‹; StALu, DS 657/1974/2/SPD*
49 *vgl. StALu, DS 657/1974/2, N 14, Nr. 76 sowie Rhpf, Jg. 30, Nr. 51ff*
* *am Ludwigsplatz während des Bundestagswahlkampfes, neben ihm im Wagen der 1965 erstmals gewählte langjährige SPD-Bundestagsabgeordnete Ludwigshafens, Dr. Hans Bardens*

Die sozialdemokratische Stadt: Empfang des SPD-Kanzlerkandidaten, Willy Brandt 1965 [35]*

Wie 1969 legte der Oberbürgermeister einen an alle Haushalte verteilten Rechenschaftsbericht[48] vor: Darin wurde die Tieflegung der Straßenbahnlinien als Schwerpunkt der städtischen Investitionen vorgestellt, aber auch auf neue ›Erfolgs‹-Projekte wie die Einweihung der Kurt-Schumacher-Brücke verwiesen. Entscheidende Akzente waren im Schulbau gesetzt worden, aber auch für den Wohnungsbau hatte man in den letzten fünf Jahren 80 000 000 DM bewilligt. Angekündigt wurde der weitere Ausbau der städtischen Krankenanstalten, aber auch die zunehmende Bedeutung des Umweltschutzes gewürdigt. Überlagert war die Kommunalwahl jedoch von bundespolitischen Themen – so daß auch die Ludwigshafener SPD in ihren Publikationen vor allem auf bundespolitische Angriffe der christdemokratischen Opposition im Stadtrat reagieren mußte. Wesentliche Unterstützung erhielt die CDU dabei durch ihren neuen Bundesvorsitzenden Helmut Kohl. Von Vorteil für die SPD war, daß sie verdeutlichen konnte, von der Zusammensetzung des neuen Stadtrates würde auch die Wiederwahl von Oberbürgermeister Ludwig 1975 abhängen. Eine Bürgerinitiative ›Dr. Werner Ludwig muß Oberbürgermeister bleiben‹ rief zur Wahl der SPD auf und selbst die FDP machte in ihrem Wahlkampf klar, daß sie für die Wiederwahl von Ludwig stimmen würde. Entsprechend konnten die Sozialdemokraten am 17. März 1974 ihre absolute Mehrheit klar behaupten, mußten aber gegen 1969 deutliche Verluste hinnehmen. Zudem mußte Werner Ludwig den Vorsitz im Bezirkstag räumen, nachdem hier die CDU die absolute Mehrheit gewonnen hatte.[49]

Schon seit den frühen 1970er Jahren hatten die Politiker der Stadt über die Nachfolge von Bürgermeister Wild, des einzigen Vertreters der CDU im Ludwigshafener Stadtvorstand, verhandelt. Ministerpräsident Kohl hatte in Gesprächen mit Oberbürgermeister Ludwig darauf gedrungen, daß sowohl der Nachfolger von Wild als auch der 1973 zu wählende sechste Beigeordnete – der Baudezernent – von der CDU gestellt werden sollten und dafür größere Geneigtheit bei Fragen der

Begeisterung für Bundeskanzler Willy Brandt bei seinem Besuch der BASF 3. Dezember 1973 [36]

Eingemeindungen für Ludwigshafen (s. S. 767ff) angedeutet. Baudezernent wurde jedoch – auch mit den Stimmen der CDU – der parteilose bisherige Chef des städtischen Tiefbauamts, Schoenmakers, und eine Veränderung der rheinland-pfälzischen Gemeindeordnung, die die Zahl der Beigeordneten auf maximal fünf begrenzte, bewirkte, daß beim Ruhestand Wilds 1975 wegen des Vorhandenseins fünf weiterer Dezernenten kein neuer Beigeordneter gewählt werden konnte. Wild, obgleich erst 63, hatte auf eine Verlängerung seiner Amtszeit verzichtet, da sein Stand als Christdemokrat in der ›roten‹ Stadtregierung angesichts der Konflikte zwischen den Parteien sowohl dort wie in der eigenen Fraktion immer schwieriger geworden war.

Anmerkungen Seite 755

50 vgl. StALu, DS 660/1979/1—3, N 14, Nr. 78 sowie Rhpf, Jg. 35, Nr. 126ff

Das bevorstehende Ende der Amtszeit des Beigeordneten Reimann eröffnete das Personalkarussell von neuem, wobei das für die erfolgsverwöhnten Sozialdemokraten zwar gute, aber gegenüber 1969 doch erkennbar schlechtere Kommunalwahlergebnis von 1974 koalitionspolitische Überlegungen auslöste. Dabei dachte man durchaus auch an eine Wiedereinbeziehung der Christdemokraten in den Stadtvorstand. In die entsprechenden Verhandlungen war auch der neue Ministerpräsident in Mainz, Bernhard Vogel, einbezogen; die Ludwigshafener SPD-Spitze entschied sich dann aber für ein Zusammengehen mit der FDP – in Bonn regierte noch die sozial-liberale Koalition – und nominierte den Juristen Horst Tischbein, der zuvor als Jugendrichter in Ludwigshafen und als Staatsanwalt in Frankenthal tätig gewesen war. Gegen einen von der CDU aufgestellten Kandidaten setzte er sich mit Hilfe der SPD- und FDP-Stimmen im Stadtrat durch.

Die Kommunalwahlen des Jahres 1979 machten jedoch Überlegungen um einen ›Koalitionspartner‹ FDP für eine eventuell ihrer Mehrheit beraubte SPD überflüssig: Die Sozialdemokraten erreichten wieder 56%, während die Union leichte Verluste zu verzeichnen hatte und die FDP ganz aus dem Parlament ausscheiden mußte.

Auch eroberte die SPD die Mehrheit im Bezirkstag zurück und Werner Ludwig wurde wieder Bezirkstagsvorsitzender. Die sozialdemokratischen Wahlerfolge in der Stadt waren umso bemerkenswerter,

Der junge Ministerpräsident Helmut Kohl im Landtagswahlkampf 1971 auf dem Berliner Platz [37]

als die Kommunalwahl von der gleichzeitig stattfindenden Europawahl überlagert worden war, bei der die Union bundesweit erstmals seit 1957 wieder stärker abschnitt als SPD und FDP zusammen. Der Wahlkampf war mit harten Bandagen – inklusive gegenseitiger Strafanzeigen – ausgefochten worden.

Werner Ludwig hatte sich in einem persönlichen Schreiben an alle Wähler gewandt und insbesondere die positive Veränderung des Stadtbildes: Fußgängerzonen, Hackmuseum, Rathausturm hervorgehoben. SPD (›Für eine menschliche Stadt – Bilanz und Auftrag sozialdemokratischer Kommunalpolitik in Ludwigshafen‹) sowie CDU (›Ja zu Ludwigshafen – Bürger gestalten ihre Zukunft‹) hatten wieder umfangreiche Wahlprogramme vorgelegt, während die FDP vergeblich auf die Popularität ihres neuen Beigeordneten gesetzt hatte und der Wahlkampf der DKP völlig blaß geblieben war. Daß in Zukunft eine andere linke Partei insbesondere die Jungwähler ansprechen würde, machte das Ergebnis der Europawahlen deutlich, wo die Grünen erstmals auf 2,2% in Ludwigshafen gekommen waren.[50]

Ihre unangefochtene Position ermöglichte es der SPD, 1981 mit Rainer Rund und Klaus Kuke zwei Sozialdemokraten ins Kultur- und Baudezernat zu wählen. Wünsche der CDU nach einer Vertretung im Stadtvorstand wurden damit nicht erfüllt, und das kühle Verhältnis, das sich nach Aussagen der Presse zwischen der SPD und dem parteilosen Baudezernenten Schoenmakers entwickelt hatte, förderte wohl auch die Besetzung dieses Postens mit einem Fachmann, der zugleich SPD-Mitglied war.

Der Aufstieg Helmut Kohls zum Bundeskanzler und die daraufhin im März 1983 abgehaltenen Bundestagswahlen – am gleichen Tag fanden auch die Landtagswahlen statt – brachten deutliche Verschiebungen. Während die CDU beim Urnengang für den Bundestag erstmals seit 1957 wieder die 40%-Hürde in der Stadt übersprang, verloren die Sozialdemokraten nach fast zwei Jahrzehnten bei beiden Wahlen des Tages ihre absolute Mehrheit in Ludwigshafen, um sie bei Bundestagswahlen niemals und im Land nur noch gelegentlich wieder zu erringen.

Bundestagswahlen in Ludwigshafen 1965—2002
in % der abgegebenen Zweitstimmen

Jahr (WB[1])	Rechte[2]	CDU	FDP	SPD	Grüne	And.[3]	Linke[4]
1965 (85,3)	2,0	37,1	8,2	50,4	–	–	2,2
1969 (86,0)	3,6	35,6	4,9	54,9	–	–	1,0
1972 (91,0)	0,6	34,9	7,8	56,1	–	–	0,6
1976 (90,4)	0,3	39,7	6,5	52,8	–	–	0,5
1980 (87,8)	0,2	35,7	9,2	53,1	1,4	–	0,3
1983 (88,6)	0,4	41,4	5,7	47,4	4,8	–	0,3
1987 (83,9)	1,0	39,5	7,1	44,5	7,6	0,4	0,4
1990 (78,1)	2,8	41,0	8,5	41,7	4,1	1,5	0,3
1994 (80,3)	3,8	39,9	5,8	42,2	6,3	0,8	0,9
1998 (81,6)	7,1	34,2	5,4	45,4	5,0	1,2	1,2
2002 (76,5)	3,8	35,5	7,2	43,3	7,7	1,0	1,4

1 Wahlbeteiligung in %
2 Rechte:
1965—1980: NPD; 1983: 0,3% NPD, 0,1% EAP;
1987: 0,8% NPD, 0,2% Patrioten/EAP;
1990: 2,4% Republikaner, 0,4% NPD; 1994: Rep.;
1998: 4,2% Rep., 1,1% DVU, 0,2% NPD, 1,6% andere;
2002: 2,0% Rep., 0,9% Schill, 0,7% NPD, 0,2% andere
3 Andere ›Alternative‹:
1987: ÖDP; 1990, 1994: Graue und ÖDP;
1998: Graue, ÖDP, Tierschutz u.a.;
2002: 0,9% Tierschutz, 0,1% ÖDP
4 Linke: 1965, 1969: DFU;
1972—1983: DKP; 1987: 0,3% DKP, 0,1% MLDP;
1990—2002: PDS

Ergebnisse der Landtagswahlen in der Stadt Ludwigshafen 1967—2001
in % der abgebenen Stimmen bzw. Zweitstimmen

Jahr (WB[1])	Rechte[2]	CDU	FDP	SPD	Grüne	Alt.[3]	Linke[4]
1967 (68,8)	5,8	34,9	6,6	50,3	–	–	2,4
1971 (78,4)	1,9	38,8	4,3	53,3	–	–	1,7
1975 (80,0)	0,9	43,2	4,3	50,6	–	–	1,0
1979 (77,3)	0,6	40,3	5,2	52,8	–	–	0,8
1983 (88,7)	–	43,8	2,1	49,0	4,6	–	0,3
1987 (71,2)	1,0	40,1	5,1	46,9	6,2	0,2	0,2
1991 (68,2)	3,3	33,7	4,7	51,7	5,9	0,7	–
1996 (67,0)	9,2	34,2	6,5	42,2	6,4	1,3	–
2001 (57,3)	6,1	32,3	5,5	48,5	5,0	1,2	–

1 Wahlbeteiligung in %
2 Rechte:
1967—1979: NPD; 1987: NPD 0,8%, sonst. 0,2%;
1991: Republikaner; 1996: 8,2% Rep., 1,0% sonst.;
2001: 5,2% Rep., 0,7% NPD, 0,2% sonst.
3 Grün-Alternative:
1987: ÖDP; 1991, 1996: Graue und ÖDP;
2001: Tierschutz, ÖDP
4 Linke:
1967: DFU; 1971, 1975: DKP; 1979: DKP; KBW;
1983, 1987: DKP

Erststimmenergebnisse der SPD- und CDU-Direktkandidaten
im Wahlkreis Ludwigshafen in % der abgegebenen Stimmen

1965:	Dr. Hans Bardens (SPD)	51,8 (51,1)
	Dr. Udo Giulini (CDU)	37,5 (37,8)
1969:	Dr. Hans Bardens (SPD)	56,1 (54,9)
	Dr. Udo Giulini (CDU)	35,9 (36,6)
1972:	Dr. Hans Bardens (SPD)	60,0 (58,9)
	Dr. Norbert Blüm (CDU)	35,1 (36,1)
1976:	Dr. Hans Bardens (SPD)	54,6 (53,1)
	Dr. Helmut Kohl (CDU)	40,1 (41,4)
1980:	Dr. Hans Bardens (SPD)	55,5 (54,1)
	Dr. Helmut Kohl (CDU)	37,1 (38,5)
1983:	Manfred Reimann (SPD)	49,1 (47,7)
	Dr. Helmut Kohl (CDU)	45,1 (46,4)
1987:	Manfred Reimann (SPD)	47,9 (46,0)
	Dr. Helmut Kohl (CDU)	42,4 (43,9)
1990:	Dr. Helmut Kohl (CDU)	43,4 (44,7)
	Manfred Reimann (SPD)	45,0 (43,3)
1994:	Dr. Helmut Kohl (CDU)	44,4 (46,0)
	Doris Barnett (SPD)	44,9 (43,2)
1998:	Doris Barnett (SPD)	49,4 (47,9)
	Dr. Helmut Kohl (CDU)	39,0 (40,8)
2002:	Doris Barnett (SPD)	50,3 (47,3)
	Prof. Dr. Maria Böhmer (CDU)	38,4 (40,9)

Der Wahlkreis Ludwigshafen umfaßte auch Teile des Landkreises.
Für die Bundestagswahlen 2002 wurde er im Rahmen eines Neuzuschnitts der Wahlkreise zum Wahlkreis Ludwigshafen-Frankenthal erweitert.
Deshalb ist das Wahlergebnis im gesamten Wahlkreis nicht identisch mit dem der Stadt. In der Tabelle wird zuerst das Stadt-, danach, in Klammern, das Wahlkreisergebnis genannt.

Sitzverteilung im Stadtrat 1969 bis 1999

	1969	1974	1979	1984	1989	1994	1999
Sitze insgesamt	57	59	59	59	59	60	60
Republikaner	–	–	–	–	2	4	3
CDU	19	24	24	21	18	22	26
FWG	–	–	–	–	–	–	3
FDP	3	3	–	–	2	–	–
SPD	35	32	35	35	33	29	25
Grüne	–	–	–	3	4	5	3

Bürgerinitiative
Rettet die Roßlache

Am 18. Juni:

Keine Stimme für die Befürworter einer Roßlache-Bebauung!

Wenn es nach den Vorstellungen von Oberbürgermeister Dr. Ludwig ginge, so würde im Spätsommer oder im Herbst dieses Jahres das Bebauungsplanverfahren für das BASF-Sportzentrum im Südwesten von Oppau eingeleitet. Und der BASF-Vorstand hofft, im nächsten Frühjahr – zum 125jährigen Firmenjubiläum – mit dem Bau einer riesigen Werkssportanlage beginnen zu können. Der Spatenstich für das Sportzentrum wäre zugleich der Baubeginn in der Roßlache.

> Vor der Einleitung des Bebauungsplanverfahrens für den nördlichen Teil der Roßlache steht allerdings noch das Votum der Wählerinnen und Wähler bei der Stadtratswahl am 18. Juni.

Pläne werden der Oppauer Bevölkerung verheimlicht

Die ganze Zeit wurde uns erklärt, so schnell werde das BASF-Sportzentrum nicht kommen. Nun meinte der Oberbürgermeister, der Wunsch der BASF sei es, zum 125jährigen Bestehen im Frühjahr 1990 mit dem Bau des Sportareals beginnen zu können (RHEINPFALZ, 10.5.89).
Jetzt wird auch deutlich, daß die Planungen im nördlichen Bereich der Roßlache weit vorangeschritten sind. Anfang Mai nämlich hat der Oberbürgermeister den Vorstand der Verwaltungsstelle Ludwigshafen der IG-Chemie über die Baupläne in der Roßlache informiert (RHEINPFALZ, 10.5.89).
Nur den Oppauerinnen und Oppauern werden diese Pläne vor ihrer Haustüre vorenthalten. Die verantwortlichen Kommunalpolitiker haben es bisher – trotz des Wahlkampfs – abgelehnt, vor der Bevölkerung Rede und Antwort zu stehen. Anfragen bei Oberbürgermeister Dr. Ludwig, dem umweltpolitischen Sprecher der SPD-Stadtratsfraktion, Günter Simon, und dem Oppauer Ortsvorsteher, Heinz Mohr, ob sie an einer öffentlichen Diskussion über das Bauvorhaben in der Roßlache teilnehmen würden, blieben ohne Antwort.

Roßlache-Pläne werden trotz ausstehender Gutachten vorangetrieben

Obwohl die Ergebnisse der Klima- und Lärmgutachten im Südwesten von Oppau erst im Spätsommer vorliegen sollen, wird schon jetzt das Bebauungsplanverfahren für den nördlichen Teil der Roßlache vorbereitet. Wenig glaubwürdig ist daher die Aussage des Oberbürgermeisters bei seinem letzten Bürgerstammtisch in Oppau, er ließe sich darauf "festnageln", daß er einer Roßlache-Bebauung nie seine Zustimmung erteilen werde, wenn die beiden in Auftrag gegebenen Gutachten eine Bebauung nicht befürworten würden.

Hohe Lärmbelästigungen im Süden Oppaus

Schon jetzt ist im südlichen Teil Oppaus eine hohe Lärmbelastung durch die nahen Werksanlagen der BASF festzustellen. Bei Lärmmessungen an einem verkehrsfreien Sonntag, am 9. Dezember 1973, wurde in der Bad-Aussee-Straße (früherer Ostring) mit 57 Dezibel der höchste Wert an Industrielärm im gesamten Ludwigshafener Stadtgebiet gemessen. Würde nun noch das Sportzentrum errichtet, so kämen Lärmbelästigungen durch den Sportbetrieb in den Abendstunden, an den Wochenenden und an Feiertagen hinzu.

Großes Wahlkampfthema der Grünen: ›Rettet die Roßlache‹, Flugblatt zur Kommunalwahl 1989 [38]

Der populäre Oberbürgermeister ist Programm: Wahlzeitung der SPD zur Kommunalwahl 1984 [39]

Die im Jahr darauf stattfindenden Stadtratswahlen zeigten dann freilich den immer noch tragenden großen ›Kommunal-(und Werner-Ludwig-)bonus‹ der SPD. Die Sozialdemokraten konnten ihre absolute Mehrheit sogar noch ausbauen, und dies, obgleich die Grünen 5,7% der Stimmen erhielten und drei auch optisch erkennbare alternative Stadträte frischen Wind ins Parlament brachten. Überraschend war jedoch, daß mit dem Einzug der Grünen in den Stadtrat keine Verluste der SPD verbunden waren. Ein weiterer Erfolg für den amtierenden Oberbürgermeister, der erstmals die SPD-Liste angeführt und durch das nach dem neuen Kommunalwahlrecht mögliche ›Kumulieren‹ von Stimmen für einzelne Kandidaten innerhalb der gewählten Liste allein 51 631 Personenstimmen gewonnen hatte – mit weitem Abstand folgte an zweiter Stelle Hans Bardens mit 14 061 Personenstimmen. Deutliche Verlierer waren die Christdemokraten, die drei Mandate an die Grünen abgeben mußten. Auch die FDP hatte weitere Einbußen zu verzeichnen; DKP und EAP spielten keine Rolle.[51]

Bei den nächsten Kommunalwahlen fünf Jahre später, 1989, war das Wahlrecht weiter verändert worden. Für die Vertretung im Rat genügten nunmehr schon 3% der Stimmen, und zudem konnten die Wähler zusätzlich zum Kumulieren auch ›Panaschieren‹ d. h., sie konnten

Anmerkungen
Seite 758 und 759

51 *vgl. StALu, DS 663/1984/1—4, N 14, Nr. 79 sowie Rhpf. Jg. 40, Nr. 127ff*

52 *vgl. Kommunalwahl 1994; Inf. z. Stadtentwicklung 6/1994; StALu, DS 243/1994*

* *links neben Manfred Reimann, dem Nachfolger von Hans Bardens, Bürgermeister Janson, rechts der Beigeordnete und Stadtparteichef Rund*

Bundestagswahl 1983: Manfred Reimann, direkt für die SPD in den Bundestag gewählt, bei der Stimmabgabe* [40]

Faltblatt mit Informationen zum neuen Kommunalwahlrecht mit der Möglichkeit des ›Kumulierens‹, 1984 [41]

ihre der Sitzezahl im Stadtrat entsprechenden 59 Stimmen frei auf Kandidaten aller Parteien verteilen. Die Untersuchung der seitherigen Wahlpraxis hat ergeben, daß vor allem Wähler der beiden großen Parteien von diesen Möglichkeiten Gebrauch machten.[52] Eindeutiger Sieger dieses Verfahrens war erneut der Oberbürgermeister, der als Spitzenkandidat der SPD 73 311 Personenstimmen erhalten hatte – Hans Bardens mit 48 590 Personenstimmen folgte erneut auf Platz 2. Eindeutige Gewinner der Wahlrechtsänderungen waren überdies die FDP, die nach internen Querelen mit 3,7% wieder in den Rat zurückkehrte, und die Grünen, die ein weiteres Mandat hinzugewannen – sie hatten sich insbesondere in der Auseinandersetzung um die Bebauung der Roßlache kommunalpolitisch profiliert.

Die Union hatte mit über vier Prozentpunkten weniger und einem Ergebnis unter 30% ihr schlechtestes Ergebnis seit 1952 zu verzeichnen. Im Vorfeld der Wahl war sie in heftige Konflikte mit ihrer eigenen Jugendorganisation, der Jungen Union, geraten, und zudem hatte die schlechte bundespolitische Stimmung für die CDU voll auf das Ludwigshafener Ergebnis durchgeschlagen. Demgegenüber schien die Position der SPD weitgehend unangefochten. Mit deutlich über 50% hatte sie erneut die Mehrheit im Rat errungen. Ihr mußte jedoch das Abschneiden

Vor der Bundestagswahl 1998: Auftritt der SPD-Spitze in Ludwigshafen [42]*

der rechtsgerichteten ›Republikaner‹ zu denken geben. Diese errangen nach dem offiziellen Endergebnis zwar nur 3,1% der Stimmen; dieses Resultat entsprach jedoch nicht ihrem wirklichen Wahlerfolg, da sie – die offenbar selbst nicht mit großen Stimmengewinnen gerechnet hatten – nur sieben Kandidaten für die 59 Sitze im Stadtrat aufgestellt hatten. Eine Stimme für ihre Liste hatte in dem auf Personen zentrierten neuen Kommunalwahlrecht dementsprechend viel weniger Gewicht als eine solche für diejenigen Parteien, die eine volle Liste vorgelegt hatten. Hier wurde jede Listenstimme automatisch als 59 Stimmen für die Partei gewertet. Eine Umrechnung auf eine volle, 59 Kandidaten umfassende Liste, hätte der Rechtspartei 7,8% der Stimmen eingebracht! Der Erfolg der Republikaner war nicht zuletzt darauf zurückzuführen, daß sich ihnen nicht wenige Stammwähler der SPD zuwandten, die sich infolge der wachsenden Arbeitslosigkeit existentiell bedroht sahen und wegen der wachsenden Zahl von Ausländern, welche sich gerade in den Wohngegenden mit preiswerten Mieten niederließen, von Unbehagen erfüllt waren. Daher fielen ihre Gewinne vor allem in den Stadtteilen ziemlich hoch aus, in denen auch die Sozialdemokraten dominierten: Im Stadtteil ›Mitte‹ erreichten sie 11,1%, während die SPD hier um 7,5% schrumpfte, und in ›Nord/Hemshof‹ 10,3%, wohingegen die SPD hier um 8,3% abnahm.[53]

Bei den ersten Bundestagswahlen im wiedervereinigten Deutschland gelang es Helmut Kohl nach vielen Jahren als erfolgloser Direktkandidat, den Wahlkreis Ludwigshafen zu gewinnen. In der Stadt selbst kam er einem solchen Ergebnis allerdings nur nahe, die Entscheidung zu seinen Gunsten fiel in den zum Wahlkreis gehörenden Gemeinden des Landkreises. Auch 1994 konnte der ›Kanzler der Einheit‹ diesen Erfolg wiederholen, während die CDU bei den Landtagswahlen von 1991 ganz in den Abwärtssog des krisenhaften Endes der langen christdemokratischen Regierung von Rheinland-Pfalz geriet. Die SPD errang erstmals seit 1979 wieder die absolute Mehrheit in Ludwigshafen bei einer Landtagswahl.

Anmerkungen
Seite 760

53 *vgl. StALu, DS 665/1989/1—5, N 14, Nr. 80 sowie Rhpf, Jg. 45, Nr. 124ff*

* *von rechts: Gerhard Schröder, der rheinland-pfälzische Ministerpräsident Kurt Beck, Rudolf Scharping, Oberbürgermeister Wolfgang Schulte, Günter Ramsauer, Gustav Herzog und Birgit Roth*

*Ein erster Machtwechsel: Oberbürgermeister Ludwig wird Ehrenbürger der Stadt*** *[43]*

Der politische Wandel seit 1993

Wie vielen langgedienten und von den Wählern so eindrucksvoll immer wieder im Amt bestätigten Politikern war Oberbürgermeister Ludwig wenig an einer Diskussion um ein Ende seiner Amtszeit gelegen. Allerdings wurde immer wieder seit der Mitte der 1980er Jahre in Presse und Öffentlichkeit nicht ganz zu Unrecht über vermeintliche ›Kronprinzen‹ spekuliert. So galt der Kämmerer Knut Weber lange als der ›Wunsch-Kronprinz‹ Werner Ludwigs.[54] Zudem war klar, daß die 1985 begonnene dritte Amtsperiode des Oberbürgermeisters eigentlich mit der Vollendung seines fünfundsechzigsten Lebensjahrs, d. h. mit Ablauf des Jahres 1991, vorzeitig enden mußte. Anfang der 1990er Jahre wurden Stimmen in der Partei laut, die auf eine Regelung der Nachfolge drängten und eine Stabübergabe lange vor den 1994 anstehenden Kommunalwahlen wünschten,[55] obwohl der Stadtrat am 17. Dezember 1990 beschlossen hatte, die Amtszeit des Oberbürgermeisters über dessen fünfundsechzigsten Geburtstag hinaus bis ins Jahr der Vollendung seines achtundsechzigsten Lebensjahrs – d. h. bis zum 30. Juni 1994 – zu verlängern.[56] Schließlich wurde SPD-intern eine Vereinbarung getroffen, in der sich Ludwig bereiterklärte, zum 30. Juni 1993 zurückzutreten.

Über einen möglichen Nachfolger hatte sich Ludwig – jedenfalls in der Öffentlichkeit – nur sehr zurückhaltend geäußert. In einem Interview, das er der ›Neuen LU‹ im Juli 1990 zu diesem Thema anläßlich seines fünfundzwanzigjährigen Amtsjubiläums gab, war er nur so weit gegangen zu sagen: „Soweit mein Rat dabei [d. h. bei der Auswahl eines Bewerbers um die Nachfolge durch die örtlichen SPD-Gremien] gefragt ist, werde ich dem Kandidaten den Vorzug geben, der nicht nur über entsprechende Fachkenntnisse und Erfahrung verfügt, sondern am ehesten in der Lage ist, einen engen Kontakt mit allen Schichten der Bevölkerung herzustellen."[57] Für jeden Kundigen war aus diesen Äußerungen ersichtlich, daß er gerade dies demjenigen weniger zutraute, der sich seit den späten achtziger Jahren am intensivsten darum bemüht hatte, sowohl innerhalb der SPD wie in der Ludwigshafener Öffentlichkeit als

Anmerkungen
Seite 761

54 *Rhpf, 6.10.1989; 1985 hatte der Oberbürgermeister versucht, Weber als Nachfolger Günther Jansons das Amt des Bürgermeisters zu verschaffen. Die SPD bevorzugte jedoch ihren Vorsitzenden, den Kulturdezernenten Rainer Rund.*

55 *Sie lassen sich u. a. ablesen aus einem Brief im Nachlaß Hans Lutz; StALu, N 2, Nr. 120, Bl. 261ff*

56 *Das war laut Landesbeamtengesetz möglich. Weil man über die Spannungen innerhalb der SPD um die Nachfolgefrage informiert war, wurde in der betreffenden Stadtratssitzung von der CDU-Fraktion beantragt, darüber geheim abzustimmen. Die hierfür notwendige Zweidrittelmehrheit kam indessen nicht zustande. Die Amtszeit wurde mit den Stimmen der Fraktionen von SPD, FDP, Grünen und sogar der Republikaner verlängert.*

57 *›Neue LU‹ 7/1990, S. 13, Sp. 4*

** *Oberbürgermeister Ludwig erhält bei einem Empfang zu seiner Verabschiedung am 28. Juni 1993 aus den Händen seines designierten Nachfolgers Wolfgang Schulte die Ehrenbürgerurkunde.*

Die Koalition aus CDU, Freien Wählern und Grünen wird geschlossen September 1999 [44]

der am besten für die Nachfolge geeignete Politiker angesehen zu werden, nämlich dem seit 1985 als Beigeordneten für das Sozialwesen fungierenden Wolfgang Schulte.

Schulte war für Außenstehende „völlig überraschend“[58] im Januar 1985 von der Ludwigshafener SPD dem örtlichen Kandidaten vorgezogen worden. Im Oktober 1991 errang er in einer Kampfkandidatur die Unterstützung der Partei als Bürgermeisterkandidat und rückte damit nach der Wahl im Rat zum unmittelbaren Stellvertreter des Stadtoberhaupts auf. Damals wurde er allgemein als potentieller Nachfolger Ludwigs angesehen, der ihn wohl auch dem einst von der Presse als Wunschkandidaten der Parteibasis[59] betrachteten Kulturdezernenten und Vorsitzenden des SPD-Stadtverbands, Rainer Rund, vorzog. Seit seinem Amtsantritt am 1. Juli 1985 hatte Schulte eine brillante Selbstdarstellungspolitik betrieben. So war er neben dem Oberbürgermeister von sämtlichen leitenden Politikern der Stadt in der offiziösen Zeitschrift der Verwaltung, der ›Neuen LU‹, am meisten präsent. Er verkörperte den Typus des modernen, an Effizienz orientierten Sozialdemokraten, dem man zutraute, daß er die Stadt in eine neue Zeit führen würde. Nachdem der amtierende Oberbürgermeister absprachegemäß sein Amt rechtzeitig vor den für 1994 anstehenden Kommunalwahlen aufgegeben hatte, lief auch in der SPD, vor deren Gremien sich die einzelnen Kandidaten präsentieren mußten, alles auf Schulte zu. Er wurde denn auch auf Vorschlag des Stadtverbandsvorstands von der Stadtverbandskonferenz der Ludwigshafener SPD im September 1992 für das Amt des Oberbürgermeisters nominiert und am 14. Dezember vom Stadtrat mit 34 gegen 23 Stimmen gewählt.[60]

Die Hoffnung der SPD, auch mit einem neuen Mann an der Spitze der Stadtverwaltung bei den kommenden Kommunalwahlen erneut die absolute Mehrheit im Stadtrat behaupten zu können, erfüllte sich freilich nicht. Obwohl Schulte in den volkstümlichen Bahnen seines Vorgängers zu wandeln versuchte und z. B. die Tradition der Stadtteilstammtische fortsetzte, fiel es ihm als Nichtpfälzer und als jemandem, der eher den Typus eines Managers als den des volksnahen Politikers verkörperte, sichtlich schwer, die Popularität seines Vorgängers zu erreichen. War dies schon nicht die beste Voraussetzung für einen Erfolg der Sozialdemokraten bei den Stadtratswahlen vom Juni 1994, so kamen noch weitere negative Faktoren hinzu: Der Trend der Wählergunst in der Bundesrepublik allgemein war der SPD abträglich, und in Ludwigshafen brach sich nun, nach dem Abgang des populären Werner Ludwig, ein gewisser Überdruß an der langen Vorherrschaft der Sozialdemokraten Bahn, zu der eine tiefe Verunsicherung gerade treuer sozialdemokratischer Wählerschichten im Umkreis der Kommunalverwaltung durch die angekündigte große Verwaltungsreform hinzutrat. Mit einem Minus von elf Prozentpunkten – sieben Prozentpunkte mehr als die Verluste der Sozialdemokraten im Landesdurchschnitt – brachten die Stadtratswahlen die schwerste Niederlage der Ludwigshafener SPD seit dem Zweiten Weltkrieg, obgleich sie mit 45% der Wählerstimmen weiterhin mit großem Abstand die stärkste Partei blieb.[61] Verflogen war nun der kommunale Bonus der Sozialdemokraten, die über viele Jahre stets mehr Stimmen bei den Stadtrats- als bei Landtags- und Bundestagswahlen mobilisiert hatten. Der Preis für den Machterhalt war ein Zweckbündnis mit den erstarkten Grünen, das Ende September besiegelt

Anmerkungen
Seite 762 und 763

58 *MM, 25.1.1985*

59 *Rhpf, 9.1.1985*

60 *vgl. StALu, Zeitungsverkartung, Stichwort ›Oberbürgermeister‹*

61 *vgl. StALu, Zeitungsverkartung, Stichwort ›Wahlen‹*

62 *vgl. StALu, Zeitungsverkartung, Stichworte ›Oberbürgermeister‹, ›Bürgermeister‹*

63 *Hierzu war die Nominierung durch den rheinland-pfälzischen Städtetag erforderlich, die am 18. November 1998 mit Hilfe der zur SPD gehörenden Oberbürgermeister erfolgte, außerdem aber die durch den Vorstand des Sparkassenverbands, die Schulte Ende November mit knapper Mehrheit verfehlte. Diese Panne war u. a. darauf zurückzuführen, daß das Gremium, dessen Zustimmung als sicher gegolten hatte, nicht voll besetzt war. Eindeutig war jedenfalls, daß sie nicht aus Zweifel an der fachlichen Eignung des Kandidaten, sondern eher aus parteipolitischen Gründen versagt wurde. Aus Furcht vor einem erneuten Scheitern verzichtete Schulte indes auf eine weitere Abstimmung im Sparkassenvorstand.*

wurde. Es sah u. a. gemeinsame Anstrengungen auf dem Gebiet der Finanz- und Wirtschaftspolitik, im Umwelt- und Verkehrsbereich sowie bei der Sozialpolitik vor, außerdem sollte ein neues Dezernat für Stadtplanung, Bauwesen, Umweltfragen sowie für den Entsorgungsbereich (Abwasser- und Müllbeseitigung) geschaffen werden, wofür die Grünen das Vorschlagsrecht erhalten sollten. Es handelte sich dabei allerdings für große Teile der Ludwigshafener SPD, die sich eher zum konservativen Flügel der Partei zählten, um eine wenig geliebte Allianz. Zum Baudezernenten wurde im Juni 1995, nachdem der zur SPD gehörige Inhaber dieses Amtes in Ruhestand getreten war, Willi Tatge gewählt. Von Beruf Betriebswirt und Diplom-Handelslehrer, hatte er nach seiner zweijährigen Tätigkeit im Bonner Parlament (1985—1987) im Landkreis Ludwigshafen das Amt des stellvertretenden Landrats bekleidet und war hier außerdem für die Bereiche Umwelt, Naherholung und Fremdenverkehr verantwortlich gewesen. Innerhalb der Koalition kam es seinetwegen allerdings bald zu unüberbrückbaren Differenzen: Tatge nahm – im Vertrauen darauf, daß die Sozialdemokraten im Stadtrat einen Bruch der Koalition nicht riskieren würden – auf deren Empfindlichkeiten wenig Rücksicht und betrieb eine ebenso forsche wie engagierte Umweltpolitik mit Maßnahmen zum Baumschutz, Straßenrückbau und Parkerschwernissen, die zunehmend einen großen Teil der Bevölkerung verärgerten. Schließlich erklärte sich im Herbst 1998 die Stadtratsfraktion der CDU dazu bereit, die Abwahl Tatges zu unterstützen, die von mindestens der Hälfte des Stadtrats beantragt werden mußte und zu der eine Zweidrittelmehrheit erforderlich war. In der SPD glaubte man einen Koalitionsbruch wagen zu können, da der Sieg der Partei bei den gerade erfolgten Bundestagswahlen für die im kommenden Jahr anstehenden Kommunalwahlen die Aussicht eröffnete, wieder die absolute Mehrheit im Stadtrat zurückzugewinnen und dann nicht mehr auf Bündnispartner angewiesen zu sein. So kam es Ende Oktober 1998 mit erdrückender Mehrheit zur Abwahl des grünen Baudezernenten, für die neben SPD und CDU auch die Republikaner stimmten – ein einmaliger Vorgang in der bisherigen Geschichte Ludwigshafens. Die Bereiche, für die er zuständig gewesen war, wurden aufgeteilt und vorläufig von anderen Dezernenten mitverwaltet; im Stadtrat wurde bis zur Kommunalwahl 1999 mit wechselnden Mehrheiten weitergearbeitet.[62]

Der erste CDU-Beigeordnete seit 1975 Oberbürgermeister Schulte gratuliert dem neugewählten Baudezernenten Ernst Merkel, Dezember 1999 [45]

Gleichzeitig verdichteten sich Gerüchte, daß der Oberbürgermeister aus den Niederungen der Ludwigshafener Lokalpolitik heraus in lukrativere Positionen strebe. Zunächst hieß es, er habe Chancen, in der neuen Bundesregierung Schröder Staatssekretär zu werden. Dann kam die Nachricht, er solle die Nachfolge des zurückgetretenen Chefs der Landesparkasse in Mainz antreten.[63] Das völlig überraschende Scheitern dieses Projekts führte zuerst zu einer gewissen Ratlosigkeit bei den Sozialdemokraten. Schließlich bekundete Wolfgang Schulte aber seine Absicht, wiederum für das Oberbürgermeisteramt zu kandidieren.

Die im Jahr 1999 folgenden Kommunalwahlen standen für die SPD zusätzlich unter dem Unstern der nach dem Wahlsieg bei den Bundestagswahlen im Herbst 1998 rapide geschrumpften Beliebtheit der von den Sozialdemokraten und den Grünen getragenen neuen Bundesregierung, die allgemein damals bei Landtags- wie bei Kommunalwahlen empfindliche Verluste hinnehmen mußten. ›Hausgemachte‹ Ursachen

*Erstmals ein Neujahrsempfang der Landesregierung außerhalb von Mainz:**
im Ludwigshafener Pfalzbau, 1993 [46]

Anmerkungen
Seite 764 und 765

64 *vgl. StALu, Zeitungsverkartung, Stichwort ›Wahlen‹*

65 *vgl. StALu, Zeitungsverkartung, Stichworte ›Parteien‹, ›Bürgermeister‹*

* *Nur wenige Jahre hatten Stadt und Land parteipolitisch die gleiche Ausrichtung. Der erste sozialdemokratische Ministerpräsident von Rheinland-Pfalz, Rudolf Scharping, gab – erstmals in der Geschichte des Bundeslandes – einen Neujahrsempfang der Landesregierung außerhalb von Mainz.*

trafen also mit einer bundespolitisch für die SPD ungünstigen Situation zusammen: Von 1994: 45% fiel sie auf 41,1% zurück, erneut wie 1994 ein deutlich höherer Verlust als der der Sozialdemokraten im Landesdurchschnitt. Der Einbruch war nicht zuletzt auf eine geringe Wahlbeteiligung von nur 51% (1994 noch 65,2%) zurückzuführen. In den sozialdemokratischen Hochburgen Mitte, Nord-Hemshof und West lag sie sogar unter 40%. Dies hing offenbar damit zusammen, daß viele Stammwähler der SPD nicht am Urnengang teilnahmen, was die besonders hohen Verluste gerade in diesen Stadtteilen erklärt. Sie betrugen zwischen 1979 und 1999 im Stadtteil West z. B. 22,3%, in Oppau 17,6%, in Nord-Hemshof 14,6% und waren auch sonst durchweg im zweistelligen Bereich zu finden.[64]

Während die SPD-Wählerschaft „zu Hause geblieben war", hatten umgekehrt die Christdemokraten ihre Anhängerschaft in hohem Maße bewegen können, zu den Urnen zu gehen. Damit war ihnen erstmals gelungen, ihr Potential, das sie bei Bundes- und Landtagswahlen in Ludwigshafen zu mobilisieren vermochten, auch bei den Kommunalwahlen auszuschöpfen. In der Tat zeigt eine nähere Analyse, daß der Sieg der

Plakat der siegreichen CDU-Kandidatin Eva Lohse zur Oberbürgermeister-Direktwahl 2001 [47]

CDU vor allem auf die Mobilisierung ihrer Anhängerschaft zurückging. In absoluten Zahlen wuchs ihre Wählerschaft nur geringfügig an, sie konnte kaum in die traditionelle ›Klientel‹ der SPD eindringen. Angesichts der Wahlenthaltung sozialdemokratischer Stammwähler genügte dies allerdings, um erstmals vor der SPD stärkste Fraktion im Stadtrat zu werden.

Im Sommer 1999 fanden sich die Grünen zu einer Koalition mit der CDU zusammen, der sich auch die Freie Wählergemeinschaft anschloß. Zusammen verfügten die drei Fraktionen über 32 von 60 Sitzen im Stadtrat. Im Dezember 1999 bestimmte die neue Koalition den Bauingenieur Ernst Merkel (CDU) zum Beigeordneten für das Bauwesen – der erste Christdemokrat seit 24 Jahren im Stadtvorstand.[65]

Umso wichtiger für die SPD wurde deshalb die Verteidigung des Amtes des Oberbürgermeisters. Die Nominierung Wolfgang Schultes durch die Stadtverbandskonferenz seiner Partei erfolgte dann auch im August 1999. Schulte, der durchaus Verdienste vorweisen konnte – etwa beim Versuch der Haushaltskonsolidierung, durch stadtplanerische und kulturpolitische Akzente (der ›OB‹ war ein eifriger Förderer des

›Gebietstreform‹: einzige gelungene Eingemeindung nach Ludwigshafen: Unterzeichnung des Eingliederungsvertrags mit Ruchheim, 15. Mai 1970 [48a]

Ernst-Bloch-Zentrums) sowie schließlich durch die Ansiedlung mittelständischer Unternehmen und von Betrieben mit neuer Technologie,[66] hatte jetzt allerdings mit dem Dilemma zu ringen, daß er durch den Mißerfolg in Mainz beschädigt war. Diese Tatsache verstärkte wohl noch die immer fühlbarere Distanz zwischen dem Oberbürgermeister und seiner Partei. Persönliche Anfeindungen, Verdächtigungen gegen die Familie des Politikers[67] sowie die für Schulte nicht übermäßig günstigen Umfrageergebnisse führten schließlich dazu, daß der Oberbürgermeister Anfang August 2000 auf seine Kandidatur verzichtete. Die profilierteren SPD-Politiker sahen nunmehr wohl kaum noch Chancen auf einen Wahlsieg und überließen die Kandidatur dem honorigen, aber relativ unbekannten Geschäftsführer der ›Ludwigshafener Betriebsgesellschaft‹, Ulrich Gaißmaier. Dies erleichterte es der CDU-Kandidatin Eva Lohse, im Mai 2001 gleich im ersten Wahlgang mit deutlichem Vorsprung (55,5% gegenüber lediglich 40,7% für den SPD-Bewerber) das Oberbürgermeisteramt zu erobern. Vier weitere Kandidaten, darunter für die Grünen der ehemalige Beigeordnete Tatge, erzielten zusammen lediglich 3,7%. Wie bei der Direktwahl des Oberbürgermeisters im Jahr 1920 war damit das Amt in der bislang sozialdemokratisch geprägten Stadt an einen Kandidaten bzw. eine Kandidatin der bürgerlichen Parteien gefallen, was überregional für Aufsehen sorgte.[68] Die Wahlbeteiligung lag nur bei 43,7%, ein Wert, der sich im Rahmen des bei vielen Bürgermeister-Direktwahlen Üblichen bewegte, in Ludwigshafen aber vor allem in der Zurückhaltung der SPD-Stammwählerschaft begründet war.

Noch im selben Jahr zerfiel die 1999 geformte Koalition gegen die SPD. Während die Christdemokraten sich eine Option zur Zusammenarbeit mit der SPD offenhalten wollten und deshalb bei der Wiederbesetzung der freien Dezernate zögerten, drängten die Grünen auf eine Wiederwahl des ehemaligen Beigeordneten Tatge. Zudem löste sich die kleine Fraktion der Freien Wählergemeinschaft im Laufe des Jahres 2001 auf. Zwei Mitglieder hielten zwar als ›Bürgerforum‹ am Bündnis

Anmerkungen Seite 766 und 767

66 *vgl. dazu auch die von der Stadt Ludwigshafen herausgegebene Broschüre ›Zum Abschied von Oberbürgermeister Dr. Wolfgang Schulte im Dezember 2001. Oberbürgermeister einer Großstadt in Zeiten der Globalisierung – Versuch einer Bilanz‹, 2001, 22 S., mit einer Chronik der wichtigsten Ereignisse der Amtszeit ab S. 14*

67 *Unter dem Stichwort ›Radaraffäre‹, vgl. StALu, Zeitungsverkartung, Stichwort ›Oberbürgermeister‹*

68 *vgl. StALu, Zeitungsverkartung, Stichwort ›Oberbürgermeister‹*

69 *vgl. StALu, Zeitungsverkartung, Stichworte ›Bürgermeister‹, ›Wahlen‹*

Erwünschte ›Frucht‹ der Eingemeindung: das neu im Stil der Zeit gestaltete Gelände des alten Hofguts um das Schloß mit dem Gemeinschaftshaus, Ruchheim, 1985 [48b]

Oberbürgermeister Ludwig bei der Feier des zehnten Jahrestages der Eingemeindung Ruchheims im dortigen Gemeinschaftshaus, 1984 [49]

mit der CDU fest, wurden jedoch von den Grünen, die im August 2001 ihre Koalition mit der CDU für beendet erklärten, nicht mehr als Partner akzeptiert. Nach der Amtsübernahme durch Eva Lohse Anfang des Jahres 2002 entstand dann eine informelle, aber im Zeichen der schweren Finanzkrise immer engere Zusammenarbeit von CDU und SPD, die allerdings bei den Sozialdemokraten nicht ganz unumstritten war. So verließ der frühere Bundestagsabgeordnete Manfred Reimann die Stadtratsfraktion. Die ›Kooperationspartner‹ einigten sich auch bei der 2003 anstehenden Neubesetzung und dem Zuschnitt von Finanz-, Kultur- und Sozialdezernat. Anschließend wurden mit der aus Mainz kommenden Cornelia Reifenberg und Wolfgang van Vliet aus Ludwigshafen je ein Vertreter von CDU und SPD gemeinsam von den beiden großen Parteien in den Stadtvorstand gewählt.[69] Zur Jahresmitte 2003 amtierten damit neben einer der CDU angehörenden Oberbürgermeisterin je zwei Beigeordnete von CDU und SPD.

Politische Divergenzen: Ludwigshafen und die ›Gebietsreform‹

Die Tatsache, daß die SPD in Ludwigshafen lange die dominierende politische Rolle spielte, wirkte sich auch auf die politische Landschaft in der Pfalz aus. Diese bildete traditionell, aufgrund ihres Industrialisierungsgrades wie auch aufgrund ihres hohen Anteils an Protestanten, eher ein sozialdemokratisches Wählerreservoir. Die Ergebnisse bei den – stets parallel zu den Kommunalwahlen durchgeführten – Bezirkstagswahlen wurden über Jahrzehnte entscheidend auch vom guten Abschneiden der SPD in Ludwigshafen bestimmt. Im Dezember 1964 wurde Werner Ludwig, damals bereits designierter Oberbürgermeister, zum Vorsitzenden des Bezirkstags gewählt (ein Amt, das er bis 1974 und dann wieder von 1979 bis 1996 innehatte). Die Ergebnisse von Stadt- und Bezirkstagswahlen in Ludwigshafen glichen sich mit kleineren Abweichungen, d. h., die seit 1994 zu verzeichnenden Verluste der Sozialdemokratie wurden ebenfalls nachvollzogen. Allerdings blieb die SPD in

Ludwigshafen 1999 bei den Bezirkstagswahlen im Gegensatz zu ihrem Stadtratsergebnis vor der CDU stärkste Partei – möglicherweise ein Ausdruck der Sympathie für den Spitzenkandidaten Günter Ramsauer.[70]

Daß Ludwigshafen in Rheinland-Pfalz die Hochburg der Opposition bildete, hat ihr in der Hauptstadt Mainz, wo bis 1991 entweder allein von der CDU getragene bzw. von ihr geführte Landesregierungen die Geschäfte führten, der zweitgrößten Stadt und dem wichtigsten Industriestandort in diesem Bundesland nicht unbedingt Sympathien eingetragen. Allerdings unterhielt Oberbürgermeister Ludwig mit zahlreichen Kabinettsmitgliedern ungeachtet ihrer Parteizugehörigkeit gute persönliche Kontakte. Das war jedoch bei Helmut Kohl, der zwischen 1969 und 1976 als Ministerpräsident in Mainz amtierte, nicht der Fall. Zwischen Ludwig und Kohl bestand aus der Zeit ihrer gemeinsamen kommunalpolitischen Tätigkeit nicht gerade ein Sympathieverhältnis (in seinen Memoiren betonte der Oberbürgermeister später, erst mit zunehmender Entfernung sei ihr Verhältnis „immer besser geworden"[71]). Das war manchem Vorhaben der Ludwigshafener Stadtführung eher abträglich. Mit der Regierungsübernahme durch eine SPD/FDP-Koalition unter Rudolf Scharping (1991 bis 1994), die ab Oktober 1994 von dem aus der Pfalz stammenden Kurt Beck (*1949) fortgesetzt wurde, entstand prinzipiell eine neue Lage, aus der die SPD in Ludwigshafen jetzt aber kein Kapital schlagen konnte, da sie hier zunehmend auf schwierigerem Posten stand.

Die parteipolitischen Differenzen zwischen Land und Stadt sowie auch die persönlichen Spannungen zwischen Werner Ludwig und Helmut Kohl standen insbesondere während der Durchführung der ›Gebietsreform‹ im Raum Ludwigshafen-Frankenthal einer befriedigenden Lösung im Wege.[72]

Die bundesweit in den 1960er Jahren ins Rollen gekommene Diskussion um eine Neugliederung von Ländern, Regierungsbezirken, Kreisen und Kommunen zielte auf die Schaffung von größeren und leistungsfähigeren Einheiten und eine stärkere Koordinierung übergreifender Planungsaufgaben ab. Insofern wurde eine Korrektur der aus dem 19. Jahrhundert stammenden Verwaltungsstrukturen ins Auge gefaßt. Besonders die kleinen und Kleinstgemeinden waren den Reformern ein Dorn im Auge. In der Nachbarschaft größerer Städte schien ihre Eingemeindung das probate Mittel zur Lösung des ›Problems‹. Bereits um 1965 hatte Rheinland-Pfalz die ersten gesetzlichen Maßnahmen zur Verwaltungsreform ergriffen.

Der Raum um Ludwigshafen war allerdings problematischer als viele andere Teile des Landes. Denn hier lagen nicht nur mit Ludwigshafen und Frankenthal eine Groß- und eine Mittelstadt in unmittelbarer Nachbarschaft. Frankenthals ausgeprägtes Eigenleben machte es wenig wahrscheinlich, daß die notwendige Kooperation ohne weiteres über eine Eingemeindung nach Ludwigshafen erreicht werden konnte. Zusätzlich stand auch noch die Frage einer Länderneugliederung mit Aufhebung der Rheingrenze und der Schaffung einer neuen Großstadt Mannheim-Ludwigshafen als Zukunftsaufgabe und Vision im Raum.

Vor diesem Hintergrund entwickelte Werner Ludwig unter Berufung auf ähnliche Projekte in anderen Teilen des Bundesgebiets und im angrenzenden Ausland das Modell eines Regionalverbandes, dessen erste Stufe ein Ludwigshafen, Frankenthal und 16 weitere Gemeinden

Anmerkungen
Seite 768

70 *In der gesamten Pfalz jedoch büßte die SPD mit einem Ergebnis von nur noch 38,3% ihre Rolle als stärkste Fraktion im Bezirkstag ein, während die CDU mit nunmehr 44,4% die Sozialdemokraten überflügelte. Da die kleineren Parteien diesmal sämtlich an der Fünfprozenthürde scheiterten, übernahmen die Christdemokraten mit 16 Sitzen gegenüber der SPD mit nur 13 die Führung und damit auch den Vorsitz im Bezirkstag.*

71 *Symptomatisch für das gespannte Verhältnis zwischen beiden ist das Gedächtnisprotokoll, das der frisch ins Oberbürgermeisteramt gelangte Werner Ludwig über eine Unterredung zwischen ihm und Kohl über ihre bisherigen Kontroversen und eine mögliche Zusammenarbeit zwischen SPD und CDU im Stadtrat am 17.8.1965 anfertigte; StALu, N 14, Nr. 17. Über das später etwas entspanntere Verhältnis zwischen beiden vgl. Ludwig, S. 154*

72 *zu Gebietsreform und Eingemeindungen vgl. allg. StALu, LUN 3360—3364; StALu, Zeitungsverkartung, Stichwort ›Eingemeindungen‹, ›Ruchheim‹, ›Landkreis‹*

umfassender ›Nachbarschaftsverband‹ sein sollte. Eingemeindungen lehnte der Oberbürgermeister ausdrücklich ab.[73] Dieser ›Mehrzweck-Zweckverband‹ sollte wesentliche gemeinsame Aufgaben der bisherigen Gemeinden übernehmen. Ludwigshafen wäre im Verband eine zentrale Rolle zugefallen, es hätte aufgrund seiner Größe etwa 50% der Stimmrechte ausgeübt. Mit einer großen Denkschrift vom Januar 1969 stellte Ludwig das Modell vor.

Während es dem Oberbürgermeister gelang, die pfälzische SPD für seinen Vorschlag zu gewinnen, war die Reaktion der Landesregierung ablehnend. Sie hatte sich schon ganz auf Eingemeindungen als einzig zufriedenstellender Lösung der Stadt-Umland-Probleme festgelegt und machte zudem rechtliche Bedenken geltend. Dieser Haltung schloß sich auch die Ludwigshafener CDU an, die unter Führung Helmut Kohls Eingemeindungen favorisierte. Schließlich verwarf im März 1969 nach Regierung und Landtag auch der rheinland-pfälzische Verfassungsgerichtshof das Konzept, da er in der Schaffung einer Verwaltungsebene über der der Kommunen eine Verunklarung der kommunalen Selbstverwaltung sah.

Damit waren die Bemühungen des Oberbürgermeisters, dem es gelungen war, außer Ruchheim und Frankenthal alle für den Verband vorgesehenen Gemeinden zu gewinnen, gescheitert. Freilich hatte schon das Nein der Nachbarstadt, die angesichts des Gewichts Ludwigshafens im Verband eine „kalte Eingemeindung" fürchtete, das Projekt bedroht, zudem die Landesregierung ein Gesetz zur Schaffung eines Pflichtverbands, dem sich Frankenthal nicht hätte entziehen können, aufgrund ihrer Haltung abgelehnt hatte. Um die Chancen der Frankenthaler SPD bei den anstehenden Kommunalwahlen nicht zu gefährden, ließ Ludwig alle alternativen Überlegungen, vor allem in Richtung auf nun doch wünschenswerte Eingemeindungen, für einige Monate ruhen.[74]

Die Kommunalwahlen schufen insofern eine neue Situation, als der Ende 1968 per Gesetz neugeschaffene Kreis Ludwigshafen, zu dem außer Frankenthal alle ›Eingemeindungskandidaten‹ gehörten, im Gegensatz zu seinem Vorgänger eine hauchdünne bürgerliche Mehrheit aufwies. Diese neue parteipolitische Konstellation und das Scheitern des Nachbarschaftsverbands vor dem Verfassungsgericht führten dazu, daß CDU und SPD, Landesregierung und Oberbürgermeister ihre Positionen weitgehend austauschten.

Nunmehr plädierte Ludwigshafens Stadtoberhaupt für weitgehende Eingemeindungen.[75] In einer neuen Denkschrift von Anfang 1970 skizzierte er einen Plan, nach dem Ludwigshafen alle südlich und westlich angrenzenden Gemeinden in das Stadtgebiet aufnehmen sollte, während Frankenthal die im Norden an sein Gebiet angrenzenden Kommunen eingemeinden würde. Endziel war eine engverflochtene Großstadt Ludwigshafen-Frankenthal, die mit 280 000 Einwohnern und 268 qkm Fläche Mannheim durchaus Paroli bieten konnte und insofern für die angedachte Verschmelzung mit der rechtsrheinischen Nachbarstadt gut gerüstet gewesen wäre.

Diese Option schien damals durchaus nicht unrealistisch, denn im Juni 1970 wurde von der damaligen Bundesregierung eine Expertenkommission – benannt nach ihrem Vorsitzenden, dem früheren Staatssekretär Professor Werner Ernst – eingesetzt, der u. a. der Mannheimer

Anmerkungen Seite 769

73 Der Neuhofener Bürgermeister Sturm (SPD) lobte Ludwig ausdrücklich für seine Zurückhaltung in dieser Frage. Während alle anderen Oberbürgermeister des Landes sich in gierigster Weise am Eingemeindungsschacher beteiligt hätten, wolle Ludwigshafen mit dem sinnvollen Nachbarschaftsmodell neue Wege gehen; Rhpf, 24.12.1968

74 Ludwig an SPD-Fraktionsvors. im Stadtrat Frankenthal, 24.2.1969; StALu, LUN 3363

75 MM, 31.1., 2.2.1970

Oberbürgermeister Hans Reschke angehörte. Sie sollte Vorschläge für die Neugliederung des Bundesgebiets durch eine Verminderung der Bundesländer unterbreiten. Ihr im Februar 1973 dem Bundesinnenminister vorgelegter Abschlußbericht sah für den deutschen Südwesten mehrere Varianten vor. Sie gingen sämtlich von der Aufhebung der Rheingrenze zwischen der Pfalz und Nordbaden aus, indem entweder die Pfalz und das Saarland sowie ein Teil Südhessens zu Baden-Württemberg geschlagen oder die Region um Mannheim und Heidelberg gemeinsam mit der Pfalz und dem Saarland sowie mit dem größten Teil von Rheinland-Pfalz gemeinsam mit Hessen ein neues Bundesland bilden sollten.[76] Beide Alternativen hätten die Möglichkeit eröffnet, Ludwigshafen und Mannheim zu einer neuen Großgemeinde zu vereinigen, die mit den Ludwigshafen angegliederten Orten etwa die Größenordnung Frankfurts erreicht hätte. Daß es dazu nicht kam, lag daran, daß schließlich niemand darangehen wollte, die Planungen der ›Ernst-Kommission‹, die auch in anderen Teilen der Bundesrepublik kaum durchsetzbare Veränderungen vorsahen, in die Tat umzusetzen.

War die Länderneugliederung auch problematisch, so schien doch nichts Substantielles gegen die von Ludwigshafen geplante Vergrößerung des Stadtgebiets zu sprechen. Wie schon im Vorfeld der Eingemeindungen von 1938 verfehlte die Stadt nicht, darauf hinzuweisen, daß die anvisierten Gemeinden in vielen Bereichen schon mit Ludwigshafen auf das engste verflochten waren. Fast überall arbeiteten mehr als 50% der Beschäftigten in der Stadt der Chemie. Auch wurde auf die Notwendigkeit der Erschließung neuer Wohn- und Industriegebiete und des Ausbaus der Verkehrsinfrastruktur verwiesen.

Mit allen Gemeinden nahm Ludwigshafen Kontakt auf. Freilich hatte das Werben nur in vergleichsweise wenigen Fällen Erfolg. Lediglich Ruchheim, Birkenheide und mit Einschränkungen Fußgönheim befürworteten einen Anschluß. Mit Ruchheim und Birkenheide kam es 1970 zum Abschluß von Eingemeindungsverträgen. In anderen Gemeinden, wie etwa Altrip und Neuhofen, wurden sogar Bürgerbefragungen veranstaltet, die die ablehnende Haltung der Gemeindevertretungen eindrucksvoll bestätigten. Sowohl in den Gemeinden wie in der Stadt selbst sprach sich die CDU nunmehr durchgängig gegen die Eingemeindungen aus.

Der Widerstand fand seine Stütze einerseits beim Landrat des Kreises Ludwigshafen, der, im Gegensatz zu seinen CDU-Parteifreunden, den Nachbarschaftsverband befürwortet hatte. Weitreichende Eingemeindungen, die die Liquidierung seines Kreises bedeutet hätten, lehnte er jedoch kategorisch ab. Auch die Landesregierung unter dem neuen Ministerpräsidenten Kohl billigte Ludwigshafen, obgleich sie sich wiederholt zu großzügigen Eingemeindungen für die Stadt der Chemie bekannte, in ihrer ›Zielplanung‹ lediglich den Anschluß von Altrip, Neuhofen und Ruchheim zu – drei Landkreisgemeinden mit SPD-Mehrheiten, deren Ausgliederung die neue bürgerliche Mehrheit im Kreis konsolidieren konnte. Da Altrip und Neuhofen sich allerdings vehement sträubten, blieb letztendlich nur Ruchheim als Kandidat.

Zwischen dem Oberbürgermeister und dem Ministerpräsidenten kam es zu einem heftigem Schlagabtausch,[77] bei dem sie sich gegenseitig beschuldigten, die Zukunft Ludwigshafens zu bedrohen und die Eingemeindungen behindert zu haben bzw. zu behindern. Zu lange habe

Anmerkungen
Seite 770 und 771

76 *vgl. Matz, S. 99—102 sowie die Kartenskizzen, S. 207f*

77 *Rhpf, 25.9.1970. Schon ein Jahr zuvor hatten sich Kohl und Ludwig attackiert. Der GA titelte am 8.2.1969: „Kohl schießt gegen OB", und brachte Ludwigs Replik wenig später mit der Schlagzeile: „... und nun schießt Ludwig gegen Kohl"*

78 *StALu, LUN 3361*

79 *Rhpf, 22.6.1976*

80 *Rhpf, 23.7.1977, 30.9.1977*

Ludwig, so Kohl, zur rechten Zeit Eingemeindungen abgelehnt. „Das habe natürlich heute Auswirkungen", wurde der Ministerpräsident zitiert. Nun wolle die Regierung keine Einzellösungen mehr, nur eine große, auch das Rechtsrheinische einbeziehende Regionalplanung könne der Probleme Herr werden – ungefähr so hatte zwei Jahre zuvor Ludwig argumentiert.

Anfang 1971 lehnte die Landesregierung den Vollzug der Eingemeindung von Birkenheide ab, da die Gemeinde Maxdorf, mit der der Ort eine Verbandsgemeinde bildete, den Anschluß ablehnte. Eine Klage der Stadt gegen den Entscheid vor Gericht blieb erfolglos. Ruchheim wurde mit dem 14. Gesetz zur Verwaltungsvereinfachung Anfang 1972 Ludwigshafen zugeschlagen. Die Eingemeindung wurde am Tag vor den Kommunalwahlen 1974 rechtskräftig. Die Einwohnerzahl Ludwigshafens stieg damit auf rund 180 100, die Gemarkungsfläche auf 77,34 qkm. Ruchheim hatte sich vertraglich umfangreiche Zugeständnisse der Stadt gesichert, die sich verpflichtete, große Summen in die Infrastruktur des Ortes zu investieren. In den folgenden Jahren wurde das Dorf an die Wasser- und Stromversorgung angeschlossen, Sanierungsmaßnahmen wurden eingeleitet und Anfang der 1980er Jahre das alte Hofgut durch ein um das Schloß angelegtes modernes Ortszentrum mit Gemeinschaftshaus ersetzt. Im Ort entstanden neue Gewerbe- und vor allem Wohngebiete, seine Einwohnerzahl wuchs deutlich an. In den 1990er Jahren wurde der Stadtteil neben Maudach zu einem der bevorzugten Wohngebiete Ludwigshafens, das damit auch innerhalb seiner Stadtgrenzen vom ›Zug aufs Land‹ profitieren konnte (s. S. 906).

Obwohl noch verschiedentlich in den folgenden Jahren die „unbefriedigende" Lage im Raum Ludwigshafen und die grundlegende Offenheit der Situation betont wurden, auch noch verschiedene Initiativen erfolgten, um weitere Eingemeindungen zu erreichen, ließ der Elan Mitte der 1970er Jahre nach.[78] 1976 erklärte der Oberbürgermeister, die Zeit der Eingemeindungen sei vorbei, gemeinsame Probleme seien vor allem durch Zweckverbände und Übereinkünfte zu regeln – womit er wieder an seine ursprüngliche Haltung anknüpfte.[79] Der Bevölkerungsrückgang in der Stadt, die schlechte konjunkturelle Lage, die es nicht ratsam erscheinen ließ, Randgemeinden mit kostspieligen großen Infrastrukturwünschen einzugemeinden, machten diesen Gesinnungswandel leichter. Im Jahr darauf[80] erklärte der rheinland-pfälzische Innenminister Böckmann, selbst Ludwigshafener, alle Planungen für eine Neugliederung der Vorderpfalz für beendet, und Ludwigshafens Stadtoberhaupt stellte fest, eine „Beruhigung" der Situation sei dem weiteren Insistieren auf Eingemeindungen vorzuziehen.

Die politischen Beziehungen im Rhein-Neckar-Raum

Auch wenn die Pläne zur Schaffung eines Groß-Ludwigshafen oder gar die Träume von einer Fusion mit Mannheim zu einer der grössten Städte der Bundesrepublik damit gescheitert waren, so konnte sich doch kein Kommunalpolitiker der Rhein-Neckar-Region darüber im Unklaren sein, daß eine möglichst enge Kooperation nicht nur zwischen den beiden größten Kommunen erfolgen, sondern daß eine solche auch auf die Nachbargemeinden, d. h. auf das Einzugsgebiet Ludwigshafens wie Mannheims, ausgedehnt werden mußte. Ansätze zu einer regionalen Zusammenarbeit im Bereich Verkehrsplanung, Hafenbetrieb,

*Unterzeichnung des Staatsvertrags im Ludwigshafener Pfalzbau**
3. März 1969 [50]

Wasser-, Gas- und Elektroversorgung sowie Raumplanung im Hinblick auf Industrieanlagen und Wohnbebauung hatte es schon früher gegeben, nämlich in der im April 1951 ins Leben gerufenen ›Kommunalen Arbeitsgemeinschaft Rhein-Neckar‹.[81] Allerdings hatte das Zusammenspiel zwischen den Vertretern der Stadt- und Landkreise Ludwigshafen, Frankenthal, Mannheim, Heidelberg und der hessischen Stadt Viernheim, die der Arbeitsgemeinschaft von Anfang an angehörten, sowie der Stadt- und Landkreise Worms, Neustadt und Speyer, die ihr 1961 beitraten, mehr schlecht als recht funktioniert. Trotzdem faßte man nun auch den zum nördlichen Einzugsbereich von Mannheim gehörenden hessischen Landkreis Bergstraße für eine mögliche Erweiterung der Arbeitsgemeinschaft ins Auge. Um die Schwierigkeiten einer über die Grenzen von drei Bundesländern hinweggreifenden Raumplanung zu überwinden, war es vor allem wichtig, die Landesregierungen der beteiligten Bundesländer Rheinland-Pfalz, Baden-Württemberg und Hessen zu einer weitestgehenden Übereinstimmung ihrer Landesplanungsgesetze zu bewegen. Dies gelang schließlich nach jahrelangen Verhandlungen, die sich nicht nur unter den Vertretern der drei Landesregierungen, sondern auch unter denen der beteiligten Gebietskörperschaften recht schwierig gestalteten, da gerade sie möglichst viel von ihrer Eigenständigkeit bewahren wollten.

Am 3. März 1969 wurde im Ludwigshafener Pfalzbau ein Staatsvertrag zwischen den Innenministern der drei Bundesländer unterzeichnet, der die Kooperation bei der Raumordnung im Rhein-Neckar-Gebiet durch den neuen ›Raumordnungsverband Rhein-Neckar‹ regelte. Seinem Gebiet wurden von Rheinland-Pfalz die gesamte Region der nördlichen Vorderpfalz (d. h. die heutigen Landkreise Ludwigshafen und Bad Dürkheim) mitsamt den kreisfreien Städten Speyer, Ludwigshafen, Frankenthal und Neustadt/Weinstraße sowie der Stadtkreis Worms zugeschlagen; hinzu kamen von Baden-Württemberg die kreisfreien Städte Mannheim und Heidelberg mitsamt dem heutigen Landkreis Rhein-Neckar sowie der hessische Landkreis Bergstraße.[82] Die

Anmerkungen
Seite 772 und 773

81 *dazu und f. d. F. Becker-Marx / Schmitz / Fischer. Text der ›Satzung der Kommunalen Arbeitsgemeinschaft Rhein-Neckar, Gemeinnützige GmbH‹ in StALu, DS RN 310*

82 *vgl. den ›Vertrag über die Zusammenarbeit bei der Raumordnung im Rhein-Neckar-Gebiet‹ im StAnz., Jg. 22, 1969, Nr. 10, S. 8. Originalausfertigung im StALu, DS RN 309*

83 *vgl. bei Becker-Marx / Schmitz / Fischer, S. 74*

* *von links: Oberbürgermeister Ludwig, Hessens Innenminister Schneider, der rheinland-pfälzische Ministerpräsident Altmeier, Baden-Württembergs Innenminister Krause, Mannheims Oberbürgermeister Reschke bei der Unterzeichnung des Staatsvertrags zwischen Rheinland-Pfalz, Baden-Württemberg und Hessen zur Gründung des Raumordnungsverbands Rhein-Neckar*

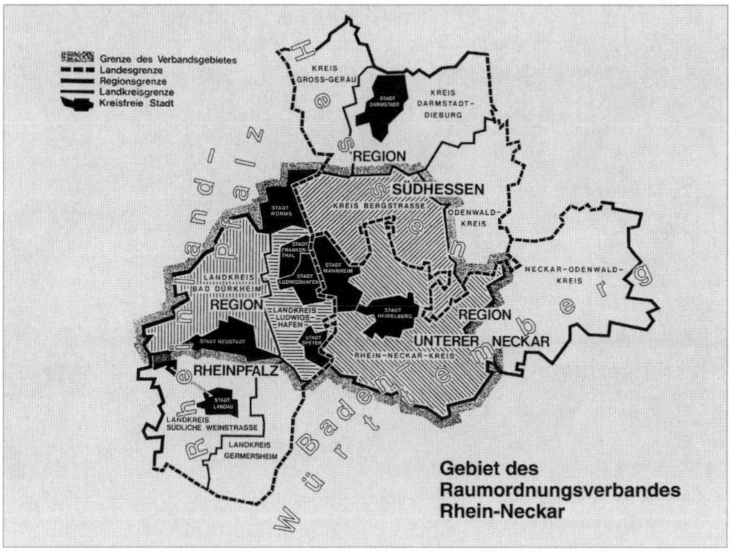

Gebiet des Raumordnungsverbands Rhein-Neckar
[51] .

Konstituierung der ›Raumordnungskommission‹, der die Leiter der obersten Planungsbehörden der drei beteiligten Bundesländer angehörten, als oberster Behörde erfolgte am 22. Mai 1970 im Mannheimer Schloß.

Der Verband sollte die Interessen von rund 150 kleineren Gemeinden sowie von insgesamt fünfzehn Stadt- und Landkreisen koordinieren. Hauptziele waren Vereinbarungen über eine gemeinsame Raumordnung sowie über die Neuorganisation des öffentlichen Personennahverkehrs, der regionalen Abfallwirtschaft und der regionalen Standortwerbung. 1995 wurde die Satzung des Raumordnungsverbandes dahingehend ergänzt, daß nun auch die Realisierung von Wohnungsbau- und Gewerbeschwerpunkten, die Entwicklung von Naherholungs- und Freizeitzentren sowie die gemeinsame Regelung des Sozial- und Gesundheitswesens, die von Ausbildung, Wissenschaft und Forschung und die von Kultur, Sport und Tourismus in den Aufgabenkatalog aufgenommen wurden.[83] Einen gemeinsamen Raumordnungsplan verabschiedete die Verbandsversammlung – bestehend aus den Mitgliedskörperschaften des Verbandes – erst im Dezember 1978; er trat nach Genehmigung durch die Raumordnungskommission im Juli 1979 in Kraft. Im gleichen Jahr wurde die ›Nahverkehrsgemeinschaft Rhein-Neckar‹ geschaffen, aus der fünf Jahre später der ›Zweckverband Verkehrsverbund Rhein-Neckar‹ erwuchs. Zur Nahverkehrsgemeinschaft gehörten elf Stadt- und Landkreise (neben den Mitgliedern des Raumordnungsverbandes auch der südliche Teil des rheinland-pfälzischen Landkreises Alzey-Worms sowie der gesamte baden-württembergische Rhein-Neckar-Kreis und die angrenzende Stadt Waghäusel) mit acht Nahverkehrsunternehmen. Den Vorsitz übernahm zunächst bis 1989 der Ludwigshafener Oberbürgermeister, dann fiel er an den Mannheimer Bürgermeister Dr. Norbert Egger. In den folgenden Jahrzehnten wurde der Verkehrsverbund weiter aus- und umgestaltet, sein Raum beständig erweitert. Moderne Fahrzeuge, günstige Taktzeiten und Zeitkarten ließen die Fahrgastzahlen deutlich steigen. Schließlich schritt man – als eines der

Austausch der Partnerschaftsurkunden zwischen Vertretern der Städte Ludwigshafen und Dessau am 12. Februar 1988 im Waldbad ›Freundschaft‹ in Dessau [52]

Ein französischer Polizist regelt bei der Parade anläßlich des 125. Gemeindejubiläums 1978 den Verkehr [53]

letzten Ballungszentren der Bundesrepublik – zur Planung eines S-Bahn-Systems, das zum Jahresende 2003 seinen Betrieb aufnahm. Gerade in Ludwigshafen waren dafür mit der Vermehrung der Gleise im Vorfeld der Rheinbrücke, die um eine weitere zweigleisige Eisenbahnbrücke erweitert wurde, und der Anlage des Regionalbahnhofs am Berliner Platz umfangreiche Investitionen nötig (s. S. 877).

Der Raumordnungsverband verzahnt inzwischen die Tätigkeit der den drei Ländern zugehörenden ›Regionalverbände‹, die jeweils für die von ihren Landesregierungen ausgehende Regionalplanung verantwortlich sind, nämlich die ›Region Rheinpfalz‹ (zu der auch die kreisfreie Stadt Landau sowie die Landkreise Südliche Weinstraße und Germersheim gehören), die ›Region Unterer Neckar‹ (Mannheim, Heidelberg, Rhein-Neckar-Kreis und Neckar-Odenwald-Kreis) und die ›Region Südhessen‹ (außer dem Kreis Bergstraße bestehend aus dem Odenwald-Kreis, dem Kreis Darmstadt-Dieburg, dem Kreis Groß-Gerau und der kreisfreien Stadt Darmstadt). Er ist bevölkerungsmäßig mit rund zwei Millionen Einwohnern die siebtgrößte Agglomeration in Deutschland (nach dem Rhein-Ruhr-Gebiet, Berlin, Hamburg, München, der Rhein-Main-Region und Stuttgart). Innerhalb dieses Verbandes bildet Ludwigshafen die nach Mannheim zweitgrößte Gemeinde.

Ludwigshafen und die Welt: die Städtepartnerschaften

Städtepartnerschaften, die der internationalen Verständigung bzw. der Aussöhnung Deutschlands mit den ehemaligen Kriegsgegnern dienen sollten, kamen vor allem seit den fünfziger Jahren immer mehr in Mode, zunächst – im Rahmen der deutsch-französischen Verständigung – vor allem mit französischen Städten. Ludwigshafen machte da keine Ausnahme. Für die Aufnahme engerer Beziehungen zu einer französischen Partnerstadt machte sich neben Oberbürgermeister Klüber vor allem der Sozialdezernent Werner Ludwig stark, der einen großen Teil seiner Jugendjahre in Frankreich verbracht hatte und das Französische wie seine Muttersprache beherrschte. 1963 kam eine Partnerschaft (›jumelage‹) mit der bretonischen Hafenstadt Lorient zustande, deren

Anmerkungen
Seite 775

84 Bisher als einzige näher untersucht von Tumat. Diese Arbeit geht auf S. 16ff auch kurz auf die übrigen Städtepartnerschaften von Ludwigshafen ein.

Die ›Haverettes‹ aus Ludwigshafens Partnerstadt Havering vor dem Hochhaus in der Oggersheimer Mörikestraße [54]

Partnerschaft mit Sumgait
Sanan Sultanov, der stellvertretende Vorsitzende des Exekutivkomitees der aserbaidschanischen Stadt, trägt sich ins Goldene Buch der Stadt Ludwigshafen ein [55]

Hafen als deutscher U-Boot-Stützpunkt während des Zweiten Weltkrieges ähnlich schlimme Bombardierungen erlebt hatte wie die Chemiestadt am Rhein. Diese Städtepartnerschaft,[84] im Mai 1963 besiegelt, erreichte während Ludwigs langer Amtszeit eine besondere Intensität.

Sie war allerdings nicht die erste engere Beziehung dieser Art, die von Ludwigshafen aus mit ausländischen Städten angebahnt und gepflegt wurde. Bereits seit 1948 bestand eine Verbindung zum kalifornischen Pasadena, einer Vorstadt von Los Angeles, von wo aus in der Nachkriegszeit umfangreiche Hilfesendungen nach Ludwigshafen gelangt waren und man auch Hilfe für die Opfer der Explosionskatastrophe auf dem Gelände der BASF im Juli 1948 geleistet hatte. Diese Anfang der 1960er Jahre formalisierte Partnerschaft stieß in Ludwigshafen angesichts der allgemeinen Amerika-Bewunderung in der Nachkriegszeit auf große Sympathie. Das galt in gewisser Weise auch für die mit dem ›London Borough of Havering‹, die nach dem Beitritt Großbritanniens zur Europäischen Gemeinschaft 1971 vollzogen wurde. Die Beziehungen zu dieser Stadt gestalteten sich allerdings weniger intensiv. Es folgte 1987 – nach zehnjähriger Vorbereitung – die Unterzeichnung eines Partnerschaftsabkommens mit der zur aserbaidschanischen Sowjetrepublik gehörenden, am Kaspischen Meer gelegenen Hafenstadt Sumgait. Hieran war vor allem die BASF interessiert, die sich durch solche Kontakte bessere Beziehungen zur kaspischen Erdölregion erhoffte. Im Stadtrat machte die CDU ihre Zustimmung dazu von der Zusage abhängig, sich auch um eine Partnerschaft mit einer Stadt in der DDR zu bemühen. Sie wurde schließlich durch ein Gespräch zwischen Bundeskanzler Helmut Kohl mit dem damaligen DDR-Staatsratsvorsitzenden Honecker mit der anhaltinischen Chemiestadt Dessau vermittelt. Ein entsprechendes Abkommen wurde im März 1988 besiegelt. Nach der Wiedervereinigung konnte Dessau aufgrund dieser Partnerschaft auf besondere Hilfe durch Ludwigshafen rechnen, vor allem beim Neuaufbau seiner Verwaltung. Schließlich gab es auch Kontakte mit Antwerpen, in dessen Hafengebiet sich der nach Ludwigshafen wichtigste europäische Standort der BASF befindet. Sie führten allerdings erst 1998 zu einem entsprechenden Abkommen, das noch der Ausgestaltung harrt.

TOWN·AFFILIATION·CHARTER

AWARDED·TO·THE·CITIZENS·OF

Ludwigshafen, Germany

In recognition of the contribution to International friendship evidenced by their community affiliation with

Pasadena, California

THE CIVIC COMMITTEE OF THE PEOPLE-TO-PEOPLE PROGRAM AND THE AMERICAN MUNICIPAL ASSOCIATION

CHAIRMAN
CIVIC COMMITTEE

EXECUTIVE DIRECTOR
THE AMERICAN MUNICIPAL ASSOCIATION

Formalisierung der Partnerschaft
›Town-Affiliation Charter‹ aus Pasadena
1963 [56]

Insgesamt ist die Euphorie, die anfänglich diese Verbindungen begleitete, einer gewissen Nüchternheit gewichen, und die Begegnungen zwischen den Partnerstädten sind – hier wie anderswo – inzwischen eher sachlich geworden. Immerhin haben sie im Rahmen des Austauschs von Schülern und eines vielfältigen Reigens von Veranstaltungen ihre Bedeutung wahren können.

Teil 2
Kommunalverwaltung und Daseinsfürsorge

Rat und Behörden

In der Stadt wird Politik konkret. Hier, auf der unteren Ebene der öffentlichen Verwaltung, sind die Alltagsprobleme der Menschen zu bewältigen. Schon seit ihrer Entstehung mußten Kommunen grundlegende Probleme des Zusammenlebens regeln. Die komplexen Strukturen der modernen Gesellschaft des Industriezeitalters ließen die Anforderungen stetig wachsen. Die städtische Verwaltung begann in fast allen Bereichen tätig zu werden: Fast überall trat und tritt sie dem Bürger gegenüber: ob bei Ordnungsfunktionen – Gewerbepolizei, Gaststätten- und Verkehrskontrollen –, in der Baugestaltung bzw. dem Unterhalt von öffentlichen Gebäuden und des Straßensystems, bei Versorgung – Gas, Wasser, Elektrizität – und Entsorgung – Abwasser, Straßenreinigung – oder im Nahverkehr, bei der sozialen Sicherung, der Jugendfürsorge, im Gesundheitswesen – Bäder, Krankenhäuser – und im weiten Feld von Bildung und Kultur.

Auch in Ludwigshafen ließ und läßt sich die Fülle der städtischen Aufgaben beobachten. Sie spiegelt sich in der Vielzahl von Themen, die der Stadtrat als zentrales demokratisches Entscheidungsorgan behandelt. Der Rat mit seinen zuerst 57, dann (1974) 59 und seit 1994: 60 ehrenamtlichen Abgeordneten, die lediglich eine Aufwandsentschädigung erhalten, tritt etwa fünf- bis achtmal im Jahr zu oft vielstündigen Sitzungen unter dem Vorsitz des Oberbürgermeisters zusammen. Nach der rheinland-pfälzischen Gemeindeverfassung besitzt das Stadtoberhaupt ebenfalls Stimmrecht und kann im Fall eines Patts eine Entscheidung herbeiführen. Zur seiner Unterstützung bildete der Rat am Anfang jeder Legislaturperiode in der zweiten Hälfte des 20. Jahrhunderts jeweils etwa 30 Ausschüsse, die teils vorbereitend, teils beschließend tätig wurden. Die in ihnen tätigen Ratsmitglieder wurden entsprechend dem Wahlresultat aus den Fraktionen bestimmt, dazu wurden oft noch – von den Parteien vorgeschlagene – bürgerschaftliche Vertreter hinzugezogen. Die Zusammensetzung einiger Gremien wie etwa des Jugendhilfeausschusses waren durch Gesetz geregelt. Hier wurden auch etwa durch Wohlfahrtsverbände und andere Institutionen Vertreter entsandt.

Entsprechend dem sich wandelnden Aufgabenprofil der Stadt blieben Zahl und Zusammensetzung der Ausschüsse nicht unverändert. Seit den 1970er Jahren wurden Ratsmitglieder vermehrt in den Aufsichtsräten der städtischen Gesellschaften tätig, die in vielen Fällen die ehemaligen Ausschüsse als Entscheidungsträger bei den in private Rechtsform überführten städtischen Betrieben ersetzten. So bestanden nach der Jahrtausendwende nur noch 17 Ausschüsse, aber elf Aufsichtsräte. Die wichtigsten Gremien, der für die Finanzen zuständige Haupt- und Finanzausschuß, der Personalausschuß und der Bau- und Grundstücksausschuß, deren Tradition bis ins 19. Jahrhundert zurückreichte, gehörten zum dauernden Kernbestand des Ratsgeschehens. Die Ausschüsse hielten etwa 150 Sitzungen jährlich ab, wobei die wichtigsten, zum Teil mit Entscheidungsbefugnis versehenen oft mehr als einmal im Monat tagten, andere dagegen weniger häufig, wie beispielsweise der vornehmlich empfehlende Kulturausschuß, welcher oft nur dreimal im Jahr zusammenkam.

Beim Neujahrsempfang der Stadt Ludwigshafen 1967, damals noch im Bürgermeister-Reichert-Haus: Überreichung der traditionellen Brezel an den Oberbürgermeister [57]

Das Herz der Verwaltung: im Büro von Oberbürgermeister Ludwig beim ›Tag der offenen Tür‹ im September 1965 [58]

Auf der Ebene der Stadtteile von besonderer Bedeutung waren die ›Ortsbeiräte‹ mit den Ortsvorstehern. Sie waren zuerst nur für die 1938 eingemeindeten Stadtteile gebildet worden. 1966 erhielten aber auch Mundenheim, Friesenheim, die Gartenstadt sowie die nördliche und südliche Innenstadt ein solches Gremium. Ihre Bestimmung erfolgte bis 1994 durch den Rat entsprechend den örtlichen Wahlergebnissen, was dazu führte, daß die Sozialdemokratie – außer für eine gewisse Zeit Maudach – alle Ortsbeiräte dominierte und die Ortsvorsteher stellte. 1999 wurden erstmals Ortsbeiräte und Ortsvorsteher direkt gewählt, und entsprechend dem damaligen Wählertrend verlor die SPD alle Stadtteile außer ihren Hochburgen nördliche Innenstadt und Oppau sowie – bedingt durch die große Popularität der sozialdemokratischen Ortsvorsteherin – Maudach. Gerade in Ludwigshafen mit seinen sehr eigenbewußten Stadtteilen, die fast durchweg tausend Jahre älter als die Stadt sind, wurden die Ortsvorsteher und die Räte, die „das Ohr direkt am Bürger" hatten, zu wichtigen Vermittlern der Wünsche und Nöte ihrer Stadtquartiere gegenüber Stadtrat und Verwaltung. Dementsprechend waren die Ortsvorsteher oft recht bekannt und suchten bei Veranstaltungen, durch Sprechstunden und Besuche bei den Bürgern – etwa aus Anlaß ›runder‹ Geburtstage – den Kontakt zu den Menschen zu pflegen.[85]

Dem Stadtrat gegenüber stand ›die Verwaltung‹. Sie hatte sich bis zum Abschluß der Wiederaufbauphase um 1965 innerhalb von über 110 Jahren Stadtgeschichte zu einem komplexen System von nicht weniger als 46 städtischen Ämtern und Einrichtungen entwickelt. Ihre Gliederung in acht Aufgabengruppen war 1957 noch einmal nach den Vorgaben der angesehenen ›Kommunalen Geschäftsstelle für Verwaltungsvereinfachung‹ überarbeitet worden, ohne daß sich dabei an dem seit den Reformen der 1930er Jahre bestehenden Zustand Grundlegendes geändert hätte.

Anmerkungen
Seite 778 und 779

85 Die für die 1938 eingemeindeten Stadtteile und 1974 für Ruchheim gebildeten ›Ortsverwaltungen‹, kleine ›Dependancen‹ der Stadtverwaltung, wurden 1979 außer in Oppau und Oggersheim geschlossen. Es blieben die ›Büros der Ortsvorsteher‹. 1995 wurden die verbliebenen Ortsverwaltungen durch ›Bürgerbüros‹ ersetzt, bei denen kleinere Angelegenheiten ohne den Gang zu den Zentralbehörden erledigt werden konnten.

86 VBe bis 1974; StALu, Zeitungsverkartung, Stichworte ›Stadtverwaltung‹, ›Bürgermeister‹; Mörz, Typoskript Verwaltungsgeschichte, in Bibl. StALu

87 Durch eine Änderung der Gemeindeverfassung sind jetzt allerdings bei einigen Fragen Abstimmungen vorgeschrieben.

88 1945 hatte es zuerst nur einen hauptamtlichen Beigeordneten gegeben (Bürgermeister Reichert), zu dem ein weiterer ehrenamtlicher trat. 1952 wurde dieser zum hauptamtlichen Beigeordneten. Neben ihnen amtierten der Kämmerer und der Leiter der Bauverwaltung ohne den Status eines Beigeordneten. Seit 1958 gab es dann vier Beigeordnete, von denen einer als Stellvertreter des Oberbürgermeisters den Titel ›Bürgermeister‹ erhielt. Der Kämmerer hatte den Status eines Beigeordneten erhalten.

Der Stadtrat bei seiner ersten Sitzung im neuen Ratssaal 7. Mai 1979 [59]

Der Stadtrat im alten Saal im Hinterhaus des alten Stadthauses in der Ludwigstraße, 1966 [60]

Die Leitung der Verwaltung oblag dem Oberbürgermeister, der die Stadt auch nach außen vertrat, in der Regel der Aufsichtsratsvorsitzende bei den städtischen Gesellschaften war und wie erwähnt auch den Vorsitz und die entscheidende Stimme im Rat hatte. Neben ihm amtierte eine Riege – hauptamtlicher – Beigeordneter[86] (auch ›Dezernenten‹ oder ›Bürgermeister‹ genannt), mit denen zusammen der Oberbürgermeister den ›Stadtvorstand‹ bildete. Er versammelte sich in der Regel wöchentlich zu einer ›Verwaltungskonferenz‹, einer Art Kabinettssitzung, bei der wichtige Fragen besprochen und entschieden wurden. Seit der Amtszeit Werner Ludwigs wurde die Arbeitsweise der Verwaltungskonferenz gestrafft, die letzte Entscheidung lag beim ›OB‹.[87]

Die Einrichtung der Beigeordnetenämter war ebenso wie die grundsätzliche Verwaltungsstruktur eine Entwicklung der 1930er Jahre. Konsequent durchgeführt wurde sie allerdings erst 1973,[88] als der Leiter der Bauverwaltung den Status eines Beigeordneten erhielt. Er hatte zuvor lediglich als ›Hilfsdezernent‹ gewirkt, der formell dem Oberbürgermeister untergeordnet war. Insgesamt amtierten bis 1975 neben dem Oberbürgermeister sechs Dezernenten bzw. Hilfsdezernenten. Eine Änderung der rheinland-pfälzischen Gemeindeordnung, die die Gesamtzahl der Beigeordneten auf fünf festsetzte, bedingte eine Verkleinerung des Stadtvorstandes im Jahr 1975. Seit 1995 amtierten nur noch vier Beigeordnete, 2001 bis 2003 vorübergehend nur drei.

Sowohl bei der Zahl wie bei der Rangordnung der Beigeordneten – wer unter ihnen wurde ›(Erster) Bürgermeister‹ und damit Stellvertreter des Oberbürgermeisters? – spielten neben der Entwicklung der Verwaltungsstrukturen immer auch politische und persönliche Erwägungen eine Rolle. So war der einzige CDU-Vertreter im Stadtvorstand bis zum Ende dieser Konstellation stets Erster Bürgermeister.

Politische, sachliche und persönliche Motive mischten sich auch in die Festsetzung des Amtsbereichs der einzelnen Dezernenten. Zwar

Beigeordnete und ihre Ressorts 1945—2003*

Allgemeine Verwaltung

Die jeweiligen Oberbürgermeister

Finanzverwaltung

Otto Stabel 1934/40—1963
Dietrich Oedekoven 1963—1968
Wilhelm Varnholt 1968—1973
Knut Weber 1973—1990
Wilhelm Zeiser seit 1990

Rechtsverwaltung

Ludwig Reichert 1945—1957
Albert Wild 1958—1965
Hanns Astheimer 1965—1975/78
Erich Reimann (Ordnungsamt, Straßenverkehr, Feuerwehr) 1975—1978
Karl-Horst Tischbein 1978—1995
Wilhelm Zeiser seit 1995 (ohne Umwelt)

Schul- und Kulturverwaltung

Ludwig Reichert 1945—1957
OB Hans Klüber (Kultur) 1958—1965
Albert Wild 1958 (Schule), 1965 (Kultur): bis 1975
Hanns Astheimer 1975—1981
Rainer Rund 1981—1991
Günther Ramsauer 1991—2001
Wilhelm Zeiser 2001—2003

folgten diese im wesentlichen den oben angesprochenen acht Verwaltungsgruppen – jeder leitete eine oder zwei –, doch gab es immer bezeichnende Abweichungen. So übernahm zum Beispiel der kunstinteressierte Oberbürgermeister Klüber in seiner Amtszeit den Kulturbereich, der in den Jahren 1958—1965 durch neue Entwicklung fast ebenso publikumswirksam war wie das Sport- und Bäderamt, das 1978 aus dem ehemaligen Dezernat des Beigeordneten Reimann in das Dezernat des ›OB‹ wechselte. Wegen der sozialen Dimension ihrer Aufgaben wurden das Wohnungsamt und später die Federführung der Hemshof-Sanierung auf Dauer nicht dem Bau-, sondern dem Sozialdezernat zugeordnet. Und der Grünen-Politiker Tatge erhielt als Baudezernent 1995 auch die Zuständigkeit für das Umweltamt.

Beim Blick auf die städtischen Verwaltungseinheiten scheint das Aufgabenspektrum der Stadt in dem hier zu betrachtenden Zeitraum auf den ersten Blick nur wenige Veränderungen zu zeigen. Und in der Tat blieb ein recht breiter Kernbereich städtischen Handelns auch weitgehend unverändert. Doch dies ist nur ein Teil der Wahrheit. Aus verschiedensten Gründen unterlagen Strukturen, Zuschnitte und Aufgabenprofile der Kommunalverwaltung zum Teil drastischem Wandel.[89]

Manche früher notwendigen Aufgaben wurden im Laufe der Jahrzehnte überflüssig. So schloß 1973 der städtische Schlachthof, weil nur noch ein Bruchteil des städtischen Fleischbedarfs durch örtliche Schlachtungen gedeckt wurde. Und nach der Jahrtausendwende stellte das Ausgleichsamt seine Tätigkeit ein, dessen Aufgaben – Kriegsschäden- und

Anmerkungen Seite 780

89 zum Verwaltungswandel vgl. grundsätzlich: VBe bis 1974; StALu, Zeitungsverkartung, Stichworte ›Stadtverwaltung‹ und der jeweiligen Ämter und Einheiten; Mörz, Typoskript Verwaltungsgeschichte, in Bibl. StALu

** Einzelne Ämter wurden oft anderen Dezernaten zugeordnet, am dauerhaftesten im Sozialbereich, das Krankenhaus den Dezernenten Reimann (1958 bis 1978) und Tischbein (1978—1994), der Sport nach Reimann den Oberbürgermeistern (bis 2003). Im Rechtsdezernat war die Feuerwehr wiederholt ›abgespalten‹ – 1945—1957 bei den Oberbürgermeistern, 1958—1965 beim Dezernenten Reimann.*

Beigeordnete und ihre Ressorts 1945—2003

Schule, Kultur, Jugend
Cornelia Reifenberg seit 2003
Sozialverwaltung
Max Frenzel 1945—1949
Peter Trupp 1949—1958
Werner Ludwig 1958—1965
Günter Janson 1965—1985
Wolfgang Schulte 1985—1993
Fritz Heiser 1993—2003
Wolfgang van Vliet seit 2003 (ohne Jugend, mit Sport)
Bauverwaltung
Bis 1973 offiziell der Oberbürgermeister, tatsächlich
Karl Lochner 1945—1960
Georg Ziegler 1960—1972
Gerd Schoenmakers 1973—1981
Joachim Kuke 1981—1995
Bauverwaltung und Umwelt
Willi Tatge 1995—1998
Ernst Merkel seit 2000
Städtische Betriebe (Verwaltungsgruppen 7 und 8)
Die jeweiligen Oberbürgermeister 1945—1957
Erich Reimann 1958—1978
(Privatisierung der Stadtwerke 1973)
Karl-Horst Tischbein
1978—1995 (nur noch Fuhrpark)

Das Ehrensystem der Stadt: Der Ehrenring der Stadt Ludwigshafen. Er zeigt den Ludwigshafener Anker mit der Inschrift „Besondere Verdienste". Die 1968 neben der Ehrenbürgerschaft gestiftete Ehrung verdienter Bürger wurde zuerst Rektor Hans Loschky verliehen. In den folgenden Jahren wurden mit der ›Pfalzsäule in Silber‹ und dem ›Wappenteller‹ weitere Ehrungen geschaffen, die der Oberbürgermeister ohne Beschluß des Rates verleihen konnte. Die Zuerkennung der Ehrenbürgerschaft, des Ehrenrings, der 1991 gestifteten Bürgerschaftsmedaille und des 1994 geschaffenen Maximilianstalers bedürfen hingegen der Zustimmung des Stadtparlaments. [61a]

Vertreibungsfolgen – nach einem durch den Fall des ›Eisernen Vorhangs‹ ausgelösten letzten Antragsschub endgültig abgewickelt waren.

Andererseits reagierte die Verwaltung immer wieder mit neuen Angeboten und Einrichtungen auf gesellschaftliche und politische Herausforderungen und Trends. So entstand, um ein frühes Beispiel zu nehmen, im Zeichen der Diskussion um die Möglichkeit und Gefahren eines (Atom-)Kriegs zwischen West und Ost sowie der Berlin- und Kubakrise 1962 im Großchemiestandort Ludwigshafen ein eigenes ›Amt für Bevölkerungsschutz‹, dem Luft- und Katastrophenschutz als Aufgabe übertragen wurden. 1969 – die Zeiten und das öffentliche Bewußtsein hatten sich gewandelt – wurde es der Feuerwehr zugeschlagen.

Die gesellschaftlichen Bewegungen der 1980er Jahre spiegelten sich in der Einrichtung der Stelle einer Frauen-(Gleichstellungs-)Beauftragten in der Stadtverwaltung 1987 und in der Schaffung eines Umweltamts 1994. Schon drei Jahre zuvor war eine neue Aufgabe des Ordnungsamts im Namen ›Amt für Umweltschutz und öffentliche Ordnung‹ dokumentiert worden.

Die Namen städtischer Einrichtungen zeigten immer wieder öffentlichkeitswirksame Schwerpunktsetzungen. So wurde das Statistische Amt am Beginn der bundesrepublikanischen Reformära, 1965, nach Münchner Vorbild in ›Amt für Stadtforschung‹ umbenannt und erhielt 1969, im Jahr des Amtsantritts der sozialliberalen Koalition, den Titel ›Amt für Grundlagenforschung, Stadtentwicklung und Wirtschaftsförderung‹. Der Wille zum Wandel, der Glaube an die Möglichkeiten von

Gliederung der Verwaltung 1965[90]
Die Jahreszahlen bezeichnen das Jahr der ersten Entstehung (Anstellung einer eigenen Fachkraft/Bildung einer eigenen Einheit) bzw. – mit Stern gekennzeichnet – der Übernahme der Einrichtung durch die Kommunalverwaltung.*

Allgemeine Verwaltung

Hauptamt (1853/1933)
Personalamt (1919)
Statistisches Amt (1914)
Presseamt (1933/1934)
Rechnungsprüfungsamt (1905/1922)

Finanzverwaltung

Kämmerei (1853/1906)
Stadtkasse (1877)
Stadtsteueramt (siehe Kämmerei)

Rechts- und Ordnungsverwaltung

Rechtsamt (Entwicklung 1906/1919/1937)
Amt für öffentliche Ordnung
(Entwicklung innerhalb der städt. Polizei/1930)
Straßenverkehrsamt
(Entwicklung innerhalb der städt. Polizei/1946)
Standesamt (1853)
Versicherungsamt
(Entwicklung innerhalb der städt. Kanzleien 1869/1923)
Feuerwehr (1850/1851/1918)
Amt für Bevölkerungsschutz
(nur 1962—1969 eigenes Amt)

Schul- und Kulturverwaltung

Schulverwaltungsamt (1886/1920/1956)
Berufsschule (1871/1886/1919; 1967 verstaatlicht)
Geschwister-Scholl-Gymnasium
(1875/*1877; 1968 verstaatlicht)
Schulzahnpflege (1953—1976 eigene Dienststelle; verstaatlicht)
Kulturamt (1934/1937)
Stadtarchiv und Museum (1904/1907/1942)
Stadtbücherei (1875)
Volkshochschule (1901/*1946)

auf der Grundlage wissenschaftlicher Daten konzipierten umfassenden Planungen wurde hier deutlich – und schlug sich in der Folge in einer Vielzahl von ›Plänen‹ für nahezu alle Bereiche des städtischen Lebens nieder.

Neue Aufgaben übernahm die Stadt vor allem im sozialen Bereich.[91] Die Umbenennung des ›Wohlfahrts-‹ in ›Fürsorge-‹ (1957) und schließlich in ›Sozialamt‹ (1962) signalisierte ein neues Bewußtsein für die Qualität sozialer Leistungen.

Als Reaktion auch auf gewandelte Familien- und Beschäftigungsstrukturen wurden die Angebote für Kinder, Jugendliche und Senioren in großzügiger Weise ausgebaut. Krisenphänomene wie verstärkter

Anmerkungen
Seite 782 und 783

90 *VB 1965; Mörz, Typoskpript Verwaltungsgeschichte, in Bibl. StALu*
91 *vgl. auch Janson, S. 132ff*
* *Die Ermittlungen waren oft komplex, weshalb auch die Angaben nicht in jedem einzelnen Fall eindeutig sind.*

Gliederung der Verwaltung 1965

Sozial- und Gesundheitsverwaltung

Sozialverwaltung (1853/1869/1921)
Säuglings- und Kleinkinderfürsorge
(1921—1978 städtische Dienststelle, dann verstaatlicht)
Stadtjugendamt (1900/1926)
Erziehungsberatungsstelle (1956)
Krankenanstalten
(1846/*1859/60, seit 1994 in privatrechtlicher Form)
Ausgleichsamt
(1949—ca. 2000 städtische Dienststelle; aufgelöst)
Bäder und Sport (1925)

Bauverwaltung (1878)

Bauverwaltungsamt (1933)
Stadtplanungsamt (1918/1933)
Stadtvermessungsamt (1898/1911)
Bauordnungsamt (1901)
Bauförderungsamt/Wohnungsamt (1913)
Hochbauamt (1890/1891)
Tiefbauamt (1890/1891)
Garten- und Friedhofsamt (1898)
Grundstücksamt (Entwicklung 1906—1919/1937)
Gutachterausschuß (1961)

Öffentliche Einrichtungen

Fuhrpark/Straßenreinigung (1879/1920)
Schlacht- und Viehhof
(1880—1973 städtische Dienststelle, dann geschlossen)

Wirtschafts- und Verkehrsförderung, Stadtwerke

Amt für Wirtschafts- und Verkehrsförderung
(1937, seitdem mehrfach verändert,
z.T. auch ›privatisiert‹)
Stadtwerke (1920/1933, seit 1973 in privatrechtlicher Form),
dazu gehörten:
Gaswerk (1856/*1871)
Wasserwerk (1895)
Elektrizitätswerk (1901/*1908)
Straßenbahn/Nahverkehr (1878/*1902)

Das Ehrensystem der Stadt: von der Stadt gepflegtes Grab des Oberbürgermeisters und Ehrenbürgers Valentin Bauer auf dem Hauptfriedhof [61b]

Drogenkonsum erforderten ebenso wie die wachsende Zahl von Ausländern eine Vielzahl von neuen Betreuungsangeboten. Im Sozialbereich entstanden nicht nur eine große Zahl neuer Einrichtungen, die Zahl der dort Beschäftigten wuchs gewaltig – wovon noch zu reden sein wird. Auch im Bereich der Kultur entstanden neue, von der Stadt getragene Einrichtungen – allerdings mit einem bei weitem kleineren Einsatz an Finanz- und Personalressourcen.

Doch nicht allein gesellschaftliche Trends und Notwendigkeiten veränderten das städtische Aufgabenspektrum. Immer wieder wechselten an der Nahtstelle zwischen staatlicher und kommunaler Verwaltung Einrichtungen und Handlungsfelder von der einen auf die andere Seite.

Veränderte gesellschaftliche Wahrnehmung: die Broschüre ›Gleichberechtigung in der Sprache‹ der Gleichstellungsbeauftragten der Stadt 1990 [62]

Die elektronische Datenverarbeitung schreitet voran: Besichtigung des Rechenzentrums 1966 [63]

Die wohl auffälligste Veränderung war in dieser Beziehung die Verstaatlichung der bisher ganz von der Stadt getragenen Berufsschulen und des Geschwister-Scholl-Gymnasiums 1967 bzw. 1968.[92] Der Ablauf dieses Prozesses bietet einmal mehr Einblicke in die Spannungen zwischen dem – christdemokratisch regierten – Land und der ›roten‹ Stadt. Befürchtungen, die Einnahmen Ludwigshafens könnten für die anstehenden Infrastrukturmaßnahmen, insbesondere den von der BASF gewünschten Ausbau des Straßennetzes, nicht hinreichend sein, bewegten Ende 1965 den Stadtrat und die Verwaltung, die Verstaatlichung der städtischen Schulen beim Land zu beantragen. Dabei ließen die Vertreter der SPD erkennen, daß sie die Gestaltungskompetenz für das Bildungswesen nur ungern aus der Hand gaben, aber sich den finanziellen Notwendigkeiten beugten.[93] Die CDU im Rat unter Führung Helmut Kohls befürwortete die Verstaatlichung ohnehin und kritisierte den ›salto mortale‹ der Sozialdemokraten. Während die Verstaatlichung der Berufsschulen zum 1. Januar 1967 vonstatten ging, zeigte sich die Landesregierung, vielleicht verärgert über das „unwillige" Angebot der Stadt, wenig gewillt, das Geschwister-Scholl-Gymnasium zu übernehmen.[94] Zusätzliche Garantien für die Erstellung eines neuen Gebäudes – das die Stadt als Baulastträger der Schulen hätte errichten müssen – wurden verlangt. Kultusminister Orth wies erneute Vorstöße in einem brüsken Zwei-Zeilen-Schreiben an Oberbürgermeister Ludwig zurück. Schließlich wurden durch die Vermittlung Helmut Kohls die Wogen geglättet, und das Land übernahm zum 1. April 1968 das Geschwister-Scholl-Gymnasium.

Andere Verstaatlichungen kommunaler Aufgaben, wie die des chemischen Untersuchungsamts (1956) oder der Schulzahnpflege und der Säuglingsfürsorge in der 1970er Jahren waren demgegenüber wenig aufsehenerregend. Für das Publikum sichtbar waren hingegen die im Bereich der polizeilichen Tätigkeiten angesiedelten ›Rekommunalisierungen‹ des Einwohnermeldewesens (1987), der Kontrolle sowohl des ruhenden wie des fließenden Verkehrs und der Einbürgerungen von Ausländern. Die Tätigkeit der städtischen ›Politessen‹ wie die Geschwindigkeitskontrollen wurden zu häufigen Kritikpunkten bei Diskussionen über „die Stadt(-verwaltung)", die darüber hinaus auch noch zahlreiche neue Stellen für diese Aufgaben einrichten mußte.

Anmerkungen
Seite 784 und 785

92 *f.d.F. StALu, ZR II 5240; Rhpf, 20.12.1965; SAZ, 26.10.1966*

93 *Immerhin bestand Aussicht auf mögliche jährliche Einsparungen im städtischen Haushalt von bis zu 2,5 Millionen Mark durch die Übernahme des Personals und Zuschüsse für den Betrieb der Schulen; Rhpf, 20.12.1965*

94 *Der Oberbürgermeister war der Abstimmung über die Verstaatlichung im Rat ferngeblieben und ließ den Antrag durch den – christdemokratischen – Kultur- und Bildungsdezernenten nach Mainz übermitteln.*

95 *Sie waren zuvor meist in der Form eines ›Eigenbetriebs‹, d.h. mit von der städtischen Haushaltsführung unabhängiger Rechnungslegung und Personalverwaltung, aber ohne eigene Rechtspersönlichkeit geführt worden.*

96 *SRP 16.2.1973; StALu, PR II 1/50*

97 *Rhpf, 9.11.1971*

98 *ebd.*

99 *zur Entstehung der TWL vgl. zur wirtschaftl. Situation der Stadtwerke, 1972; StALu, DS 597/7; Gesch.-B. TWL/VBL 1973/76; StALu, DS 600; Rhpf 29.11.1971, 17.2.1973, 29.5.1973, 5.6.1973, 24.6.1972; MM 29.2.1972; SRP 16.2.1973; StALu, PR II 1/50*

Übergabe des mit Arbeitsplatz-Rechnern (›Terminals‹) ausgestatteten neuen Straßenverkehrsamts in der Achtmorgenstraße, 19. Oktober 1983 [64]

Das 1969 eingeweihte technische Betriebsgebäude der Stadtwerke in der Bürgermeister-Grünzweig-Straße [65]

Drastisch verändert wurde das Bild der Verwaltung seit den 1970er Jahren auch durch den überall fühlbaren Trend zu privaten Rechtsformen bei den ›unternehmerischen‹ Tätigkeiten der Stadt. Dabei waren es einmal mehr finanzielle Engpässe, die den Weg ebneten zu einer Verwandlung vor allem städtischer Versorgungs- und Verkehrsunternehmen[95] in ›Eigengesellschaften‹ – Rechtsformen: Aktiengesellschaft und GmbH. Die ›Umgründungsrate‹ stieg von Jahr zu Jahr, und schon 1972 wurden 50% der größeren kommunalen Betriebe in Form einer Eigengesellschaft geführt.[96] Dabei blieben die Unternehmen in der Regel zu 100% in städtischem Besitz, d. h., nicht die Eigentümerschaft änderte sich, sondern die Betriebsform wurde privatrechtlich organisiert. Die Argumente, wie sie Ende 1971 der SPD-Fraktionsvorsitzende Schork in die Öffentlichkeit trug, waren dabei durchaus typisch:[97] Die Stadtwerke waren schwer defizitär, Modernisierungen erforderten mehr und mehr städtische Zuschüsse. Durch Interventionen von Rat und Verwaltung in die Betriebsführung seien die Entscheidungswege unklar, wirtschaftlichen Gesichtspunkten werde nicht genügend Aufmerksamkeit geschenkt. Als privatrechtlich geführtes Unternehmen würden bei den Stadtwerken klare Verantwortlichkeiten etabliert, eine transparente Rechnungslegung eingeführt, wirtschaftliche Gesichtspunkte müssten schon aus rechtlichen Gründen dauernd berücksichtigt werden, die Mitarbeiter könnten im Rahmen der Mitbestimmung in die Betriebsführung einbezogen werden. So könne endlich der Erkenntnis Bahn gebrochen werden, daß „Ver- und Entsorgung einer Stadt keine soziale Maßnahme" seien, „sondern eine wirtschaftliche Leistung, die bezahlt werden müsse."[98] Schon im Juni 1973 wurden die Stadtwerke in die ›Technischen Werke Ludwigshafen AG‹ (TWL) umgewandelt. 1975 spaltete man die Verkehrsbetriebe als eigene GmbH (VBL) ab, denen damit einerseits die Möglichkeit zu einer Verkehrskooperation im Rhein-Neckar-Gebiet eröffnet wurde, die aber andererseits 100%ige Tochter der TWL blieben.[99]

Auf Dauer nützlich erwiesen sich neben den 1971 angeführten Argumenten auch die größere Flexibilität in der Personalpolitik einer Eigengesellschaft und die Möglichkeit, durch eine entsprechende rechtliche Konstruktion die Gewinne der Versorgungsunternehmen (Gas, Elektrizität, Wasser) mit den Verlusten des Verkehrsunternehmens zu

Das Gelände der Stadtwerke (TWL) mit Betriebsgebäude und Müllverbrennungsanlage entlang der Frankenthaler links und der Industriestraße rechts der Bahnlinie; im Hintergrund Oggersheim und die Wohnhochhäuser der Froschlache um 1970 [66]

verrechnen und steuerlich geltend zu machen.[100] Zudem blieben der Stadt als 100%-Eigentümerin und dem Rat durch seine Vertreter im Aufsichtsrat – um die parteipolitische Schlüsselung der Mandate wurde heftig gefochten – weiterhin große Einflußmöglichkeiten. Bis zum Beginn der 1990er Jahre kam es dann allerdings nur zu einer weiteren Überführung eines städtischen Unternehmens in eine privatrechtliche Form, wobei hier die Möglichkeit des ›Einstiegs‹ verschiedener kommunaler Träger wohl die entscheidende Rolle spielte: 1985 wurde das Ludwigshafener Müllheizkraftwerk zur ›GML-Abfallwirtschaftsgesellschaft mbH‹ umgegründet, an der sich neben der Stadt auch die benachbarten Städte und Landkreise beteiligten.

Dem Wandel der städtischen Aufgaben gemäß, und das hieß in den Jahrzehnten des Wirtschaftswunders und des westdeutschen Wohlstandes im wesentlichen dem Zuwachs an notwendigen und wünschbaren Aufgaben entsprach auch der Zuwachs an Personal. Arbeiteten 1954 in der Verwaltung und den städtischen Betrieben und Gesellschaften erst 2 602 Menschen, so waren es 1965 schon 5 145 und 1993 fast 7 900.[101] Allerdings verlief diese Entwicklung keineswegs kontinuierlich. In Zeiten wirtschaftlicher Krisen stagnierte die Beschäftigtenzahl. Zudem waren die Zuwächse höchst ungleich verteilt. Der großen Bedeutung der sozialen Infrastruktur entsprach die Zunahme der entsprechenden Mitarbeiterzahl von 85 (1954) über 569 (1973) auf 1 057 (1993). Ähnlich steil entwickelte sich die Zahl der Beschäftigten des städtischen Krankenhauses von 344 (1954) auf ca. 2 200 (1993). Auf einer Pressekonferenz im Jahr 1973 hob die Stadtspitze den zwischen 1954 und 1973 erfolgten Ausbau der ›bürgerorientierten‹ sozialen und Leistungsverwaltung ausdrücklich hervor; in diesem Bereich sei die Beschäftigtenzahl um 274% gewachsen, in der traditionellen, ›hoheitlichen‹ Verwaltung nur um 45%.[102]

Allerdings entsprach die Zunahme der Zahl der Beschäftigten nicht demjenigen an ›Personaleinheiten‹.[103] Die Reduktion der Arbeitszeit von deutlich über 40 auf 38,5 Wochenstunden für den Löwenanteil der Beschäftigten muß hier berücksichtigt werden.[104] Auch der Wandel der Arbeitswelt hinterließ deutliche Spuren. Waren in den 1950er Jahren praktisch alle Beschäftigten festangestellte Vollzeitkräfte, so wurde die Teilzeit in den 1960er Jahren – parallel zur starken Zunahme der Zahl weiblicher Kräfte in der Verwaltung – zum beliebten Modell. Gab es 1955 erst 60 Teilzeitbeschäftigte, so waren es 1965 bereits 573 und 1993 in der Kernverwaltung 1 166 (ohne Klinikum und Stadtwerke), was einem Anteil von 26,7% entsprach. Mit dem Fortschreiten der Zeit nahm darüber hinaus auch die Zahl von Zeitverträgen, Honorarkräften und über Beschäftigungsmaßnahmen angestellter Menschen stark zu.

Die im Geist der Zeit liegende, nach dem Fall des Ostblocks noch verstärkte Grundsatzkritik an der Rolle der öffentlichen Hand in der Gesellschaft, verbunden mit der Infragestellung der Effizienz der Leistungserbringung im Rahmen traditioneller Verwaltungseinheiten sowie der dramatisch wachsende Druck durch die Krise der kommunalen Finanzen lösten in den 1990er Jahren einen Schub von Veränderungen in der Stadtverwaltung aus.

Mit dem Klinikum und der ›Alten- und Pflegeheime der Stadt Ludwigshafen gGmbH‹ wurden 1994 wesentliche Teile der sozialen Infrastruktur der Stadt in private Rechtsformen[105] überführt – wobei die

Anmerkungen
Seite 786

100 Durch die dauernden Verluste der VBL erwirtschaftete der Gesamtkonzern TWL / VBL bis 1995 nur in einem Jahr – 1995 – einen Gewinn. Die Verluste mußten in den übrigen Jahren durch den Eigentümer d.h., die Stadt ausgeglichen werden. Dennoch – ohne die Umgründung hätte die Stadt Verluste und Steuern tragen müssen, mit ihr minderten die Verluste der VBL die Steuern des Konzerns; Rhpf 3.9.1996; Auskunft Oberbürgermeister i. R. Werner Ludwig

101 Dieser Trend wurde durch die Ausgliederung von Teilen der Belegschaft in die TWL / VBL teilweise verdeckt.

102 StALu, LUN 2729 / 2 (bei 11)

103 d.h. der tatsächlich verfügbaren Arbeitskraft, unter Umrechnung der Teilzeitstellen in ›Vollzeitäquivalente‹

104 Gegenwärtig (2003) beträgt die Wochenarbeitszeit 38,5 Stunden für Arbeiter und Angestellte, 40 Stunden für Beamte.

105 gGmbH: gemeinnützige GmbH; zum Ausbau der Einrichtungen in privater Rechtsform vgl. 2. Beteiligungsbericht der Stadt Ludwigshafen, 1999; zum Klinikum: Rhpf 25.8.1992; MM 19.11.1993, 19.7.1995, 29.12.1995

Beschäftigte der Stadtverwaltung Ludwigshafen
1954 bis 2003[106]

	A	B	C	D	E	F (%)	G	H
1954	2 602	530	344	1 728	85	4,9	k.A.	–
1965	5 145	1 290	931	2 924	k.A.	–	k.A.	–
1973	5 924	1 151	1 271	3 502	569	16,2	k.A.	–
1986	7 091	1 371	1 854	3 866	k.A.	–	2 939	76,0
1990	7 775	1 391	1 897	4 467	858	19,2	k.A.	–
1993	7 853	1 289	2 190	4 490	1 057	23,5	3 473	77,3
2003	7 523	1 058	2 596	3 700	1 002	27,0	3 013	81,4

A Gesamtzahl der Beschäftigten einschließlich Stadtwerken (TWL/VBL) und Krankenhaus/Klinikum sowie Pflegeheim GmbH (eingeschlossen Mitarbeiter in Teilzeit sowie Sonderarbeitsverhältnissen und Auszubildende)
B Mitarbeiterzahl der Stadtwerke/TWL/VBL
C Mitarbeiterzahl des Krankenhauses/Klinikum; 2003 ergänzt um die Mitarbeiterzahl der Pflegeheim GmbH (+169) ergibt eine Gesamtzahl von 2 596 + 169 = 2 765 (als Vergleichszahl zu 1993)
D Mitarbeiterzahl der übrigen Stadtverwaltung (einschließlich der neben den unter B und C genannten zum jeweiligen Zeitpunkt existierenden Eigenbetriebe)
E Mitarbeiterzahl Sozial- und Jugendamt; 2003 ergänzt um die Mitarbeiterzahl der Pflegeheim GmbH (+169) ergibt eine Gesamtzahl von 1 002 + 169 = 1 171 (als Vergleichszahl zu 1993)
F Prozentualer Anteil der Mitarbeiter des Sozial- und Jugendamts an der jeweiligen Zahl (gleiche Zeile) unter D
G Zahl der ›Personaleinheiten‹ in der engeren Stadtverwaltung (ohne Stadtwerke/Klinikum, mit sonstigen Eigenbetrieben), d. h., Teilarbeitsverhältnisse auf Vollzeit umgerechnet; nur Arbeitnehmer ›in normalem Arbeitsverhältnis‹ berücksichtigt
H Verhältnisziffer der Personaleinheiten ›in normalem Arbeitsverhältnis‹ zur Gesamtmitarbeiterzahl, d. h. einschließlich Auszubildender und besonderer Arbeitsverhältnisse (HZA, ABM, Honorarkräfte etc.) in der engeren Verwaltung (Spalten D und F)

Beschäftigte der Stadtverwaltung Ludwigshafen
nach Einsatzgebieten 1993 (ohne TWL/VBL und Klinikum)
Rechnung in Personaleinheiten
Angaben in %[107]

Soziale Sicherung	29,9
Abwasser- und Abfallbeseitigung, Straßenreinigung, Fuhrpark	11,7
Bauverwaltung und Werkstätten	11,2
Öffentliche Sicherheit und Ordnung	10,9
Allgemeine Verwaltung	10,7
Park- und Gartenanlagen, Friedhöfe	8,7
Kultur	5,6
Schule	5,5
Kommunales Gebietsrechenzentrum	2,6
Gesundheit, Sport	2,1
Sonstige	1,1

Anmerkungen
Seite 787

106 Quellen: 1954 und 1965: VB dieser Jahre; 1954 Sp. B/C: Stellenplan 1954, StALu, DS 336/1954; 1973: Personalbericht 1973 und Presseunterlagen, StALu, LUN 2729/2 (unter 11); 1973 Sp. 2: Gesch.-ber. TWL, StALu, DS 600/1973; 1986, 1990, 1993: Personalbericht 1990, StALu, DS 348/1990, Inform. z. Stadtentwicklung 5/94, in Bibl. StALu; 1986, 1990, 1993 Sp. B: Gesch.-ber. TWL/VBL, StALu, DS 600; 1990 Sp. C: Bilanz des Klinikums 1991, StALu, DS; 1993 Sp. C: Zahl erschlossen aus der Stellenzahl, in Mörz, Gedächtnis, S. 47; 2003: Auskünfte von Peter Buck und Manfred Schmitt – Organisations-, Personalbereich; Auskünfte TWL/VBL, Klinikum, Pflegeheim GmbH, Stichtage Jahresende 2002 bzw. erstes Quartal 2003, Spalte D geschätzt

107 Entwicklung … des Personalstandes der Stadtverwaltung 1986—1993; Inf. z. Stadtentw. 5/94, in Bibl. StALu

Kommune 100%-Eigentümer blieb, was auch von der Übernahme der Betriebsführung des Klinikums durch die ›Neue Pergamon Krankenhausmanagement GmbH‹[108] 1996 nicht berührt wurde. Schon 1991 war die Behinderten-Wohnanlage Maudach nicht mehr als städtische Einrichtung, sondern als GmbH mit 80%iger Beteiligung der Stadt gegründet worden, und im Bereich der Wirtschafts- und Beschäftigungsförderung ging man ähnliche Wege. 1996 schließlich wurde mit der Überführung des aus der 1966 eingerichteten EDV-Stelle hervorgegangenen Kommunalen Gebietsrechenzentrums in die ›Gesellschaft für kommunale Informationsverarbeitung GKI mbH‹, einem Joint Venture von Stadt und IBM, die erste wirkliche Teilprivatisierung einer städtischen Einrichtung gewagt. Aufgrund veränderter Marktbedingungen und Technologien wurde dieses Unternehmen 2001 wieder städtische Dienststelle.[109]

Die Verwaltung selbst wurde 1994 einer heiß umstrittenen, allerdings den zeitgenössischen Fachdiskussionen entsprechenden Neuordnung unterworfen.[110] Unter der Leitung eines neugeschaffenen ›Controlings‹ und mit Heranziehung der Beraterfirma McKinsey wurden die Ämter zu jeweils zwei ›Fachbereichen‹ pro Dezernat zusammengefaßt. So sollten ›Synergien‹ erzielt und Führungspositionen eingespart werden. Die teilweise schon seit den später 1980er Jahren als ›Eigenbetriebe‹[111] geführten Bereiche wie etwa die Kanalbauabteilung des Tiefbauamts wurden mit der Grünpflege, der Straßenreinigung und den Werkstätten zu dem Eigenbetrieb ›Wirtschaftsbetrieb Ludwigshafen‹ vereinigt. Die Einführung von ›Budgets‹ für Fachbereiche und Ämter (s. S. 795) – jetzt ›Sparten‹ genannt – sollte eine effektivere Nutzung der knappen Finanzmittel ermöglichen – eine Maßnahme, die allgemein auf Zustimmung stieß, während die Fachbereiche als neue Hierarchieebene heftig kritisiert wurden. Eine erneute Umstrukturierung der Verwaltung, die auch die Dezernatszuschnitte teilweise drastisch veränderte – so wurde das Sozialdezernat in Jugend- und Sozialbereich geteilt, hat die Fachbereiche Mitte 2003 wieder abgeschafft.

Im Zeichen der Finanzkrise ist die Zahl der Beschäftigten bei der Verwaltung erstmals seit dem Zweiten Weltkrieg über Jahre dauerhaft gesunken. Im Jahr 2003 betrug die Zahl der Personaleinheiten nur mehr 86,7% der Größe von 1993, die Zahl der Beschäftigten hatte sich sogar um fast 18%, d. h. um 790, verringert.[112] Allerdings verlief der Stellenabbau sehr ungleich: Im Sozialbereich arbeiteten 2003 mehr Menschen als zehn Jahre zuvor, im Kulturbereich dagegen ist die Zahl um 27,5% gesunken. Sowohl die ›normalen‹ wie die ›besonderen‹ Arbeitsverhältnisse wurden eingeschränkt, und zum ersten Mal wurden nach 2001 mit dem Bücherbus, dem Hallenbad Nord und dem Kulturdepot[113] städtische Einrichtungen allein aus finanziellen Gründen und nicht etwa aus Mangel an Publikumsinteresse aufgegeben. Ob dieser Trend sich fortsetzt, muß die Zukunft zeigen.

Vom Glanz zur Misere: die städtischen Finanzen[114]

Die Lage der deutschen Gemeindekassen wird mittlerweile allgemein als beklagenswert, ja z. T. als hoffnungslos angesehen. Hierbei verquicken sich hausgemachte Probleme – d. h. die Tatsache, daß viele Kommunen, insbesondere im Personalwesen und in der Baupolitik, lange aus dem vollen schöpften und alle Wünsche aus der Bürgerschaft

Anmerkungen Seite 788

108 Geschäftsführer der Neuen Pergamon ist der Geschäftsführer des Klinikums Ludwigshafen; MM 11.6.1996, 29.11.1996

109 Rhpf 4.10.2001

110 vgl. StALu, Zeitungsverkartung, Stichwort ›Stadtverwaltung‹, die städt. Mitarbeiterzeitschrift ›Lupe‹ und das noch unverz. Material im StALu

111 siehe oben bei Entstehung TWL: eigene Einheit mit separater Rechnungslegung und Personalverwaltung, aber ohne eigene Rechtspersönlichkeit

112 Der Rückgang bleibt auch bemerkenswert, wenn man die 169 Köpfe der Pflegeheim GmbH, die nicht ›verschwunden‹ sind, sondern nur ausgegliedert wurden, mit in die Rechnung einbezieht. Er beträgt dann noch immerhin ca. 620 Personen. Die Personalkosten, die ohne Abbau 2002 bei ca. 150 Mio. Euro gelegen hätten, erreichten tatsächlich nur 110,4 Mio. Euro, trotz Lohnerhöhungen und Steigerung der Beiträge zur Sozialversicherung 0,3 Mio. Euro weniger als 2001.

113 Beide Einrichtungen hätten exorbitant große Summen für ihre Sanierung beansprucht.

Im Wandel: ›Zweiter Beteiligungsbericht‹ der Stadt Ludwigshafen, 1999 [67]

Einnahmequellen der Stadt Ludwigshafen 1991 und 2002*

	1991	2002
Gesamteinnahmen Verwaltungs- und Vermögenshaushalt (in Mio. Euro)	384,5	375,7
davon in %		
Steuern	68,7	53,8
davon Gewerbesteuer	(48,5)	(27,2)
Gebühren und Entgelte, Beiträge	5,9	6,4
Einnahmen aus Mieten, Pachten etc.	3,6	4,0
Zuweisungen und Zuschüsse von Land, Bund u. a., Erstattungen für Sozialhilfe etc.	8,9	19,6
Veräußerungserlöse	2,5	7,0
Sonstige Einnahmen	10,4	9,2

zu erfüllen trachteten – mit strukturellen Fragen der öffentlichen Finanzen allgemein, nämlich der zunehmenden Belastung gerade der Großstädte durch Sozialleistungen und dem Wegbrechen früher selbstverständlicher Einnahmequellen durch verschiedene Steuerreformen. Die Einnahmen der Gemeinden in den alten Bundesländern gliederten sich in den späten neunziger Jahren in einen Anteil von rund 36% aus Steuern, ca. 28% aus Zuwendungen des Bundes und der Länder, etwa 14%

Anmerkungen
Seite 788 und 789

114 die folgenden Angaben nach den im StALu vorhandenen Stadtratsprotokollen (Etatreden des OB [die sich zum großen Teil auch im Archiv Ludwig, das ist in StALu, N 14 finden] und des Stadtkämmerers sowie die Stellungnahmen der Redner der verschiedenen Stadtratsfraktionen) bzw. nach den im StAnz. und in der ›LU‹ / ›Neuen LU‹ veröffentlichten Auszügen der Etatdebatten sowie allgemein StALu, Zeitungsverkartung, Stichworte ›Haushalt‹, ›Steuern‹

** Zahlen 1991 aus Haushalt 1993/94, Rechnungsergebnis 1991; 2002: Auskunft der Kämmerei. In beiden Zahlenreihen wurden die inneren Verrechnungen und gegenseitigen Überweisungen zwischen Vermögens- und Verwaltungshaushalt herausgerechnet, 2002 auch die für den Vermögenshaushalt aufgenommenen Kredite, die ja keine wirkliche ›Einnahme‹ darstellen, vielmehr eine ›Einnahmelücke‹. 1991 konnte der Haushalt praktisch noch ohne Kreditaufnahme bestritten werden.*

Wilhelm Varnholt [68a]

Vom Kämmerer Ludwigshafens zum Oberbürgermeister Mannheims:
***Wilhelm Varnholt**[*]*

Ein verbindlicher, freundlicher Westfale, der lieber zu überzeugen versuche als seine Ansichten mit Gewalt durchzusetzen. So wurde der 1925 in Gütersloh geborene Wilhelm Varnholt in einem Nachruf beschrieben. Nach dem Kriegsdienst, einer Verwaltungslehre in seiner Heimatstadt und einem nebenberuflichen Studium an der Verwaltungsakademie für Westfalen in Hagen wurde Varnholt 1953 Leiter des Kämmereiamtes in Gütersloh, wechselte in gleicher Funktion nach Gladbeck und schließlich 1964 als Kämmerei-Direktor nach Mannheim. 1968 trat er sein Amt als Kämmerer und Beigeordneter der Stadt Ludwigshafen an, wo er nach Überwindung der ersten Konjunkturkrise in der Bundesrepublik ausgeglichene Haushalte verwalten konnte. Fünf Jahre später wurde er Kämmerer und Erster Bürgermeister in Mannheim. 1980 stellte ihn die SPD als Kandidaten für die Direktwahl des Mannheimer Oberbürgermeisters auf. Varnholt gewann im zweiten Wahlgang und konnte nach der Abweisung von Wahlanfechtungsklagen seines Gegners im September 1980 sein Amt antreten. Trotz einer schwierigen konjunkturellen und finanziellen Lage entwickelte der neue Oberbürgermeister eine Vision von der Erweiterung Mannheims nach Osten rund um das anvisierte Landesmuseum für Technik und Arbeit. Die Verwirklichung seiner Pläne konnte er nicht mehr erleben. Im April 1983 erlag er während einer Urlaubsreise in Kenia überraschend einem Herzschlag. [S. M.]

aus Gebühren, 5% aus Vermögensveräußerungen und zu 15% aus sonstigen Einnahmen. Bei den Steuern schlugen neben der nicht sonderlich ertragreichen Grundsteuer (im Durchschnitt zwischen 10% und 15% der gesamten steuerlichen Einnahmen) und den ebenfalls wenig ergiebigen Vergnügungs-, Getränke- und Hundesteuern vor allem die Gewerbesteuer und der Anteil an der allgemeinen Einkommensteuer zu Buch.

Ludwigshafen, einer der großen Chemiestandorte Deutschlands und der Welt und Hauptsitz der Industrie in Rheinland-Pfalz, galt nicht ganz zu Unrecht als reiche Stadt. In der Tat schloß zwischen der Währungsreform und dem Jahr 1992 kein Haushalt der Stadt mit einem offenen Defizit ab. Die Abhängigkeit Ludwigshafens von der Gewerbesteuer einiger weniger Großunternehmen, allen voran der BASF, hatte Vor- wie Nachteile.[115] Die hohen Gewerbesteuereinnahmen aus der Chemieindustrie führten einerseits dazu, daß Ludwigshafen zu den steuerstärksten deutschen Städten gehörte. Mit einer Pro-Kopf-Gewerbesteuer von 2 200 DM pro Einwohner wurde Ludwigshafen um 1987 nur von Frankfurt übertroffen und lag deutlich über dem Bundesdurchschnitt von 1 500 Mark.[116] Auch besaß die Stadt zum Beispiel 1989 die höchste Rücklage je Einwohner. Andererseits wirkten sich Konjunkturschwankungen sofort in tiefen Einbrüchen bei der Gewerbesteuer aus, was eine zuverlässige Planung äußerst schwierig machte. Das verursachte aber vor Beginn der 1990er Jahre keine dramatischen, nicht mehr zu schliessenden Haushaltsdefizite. Auch die Summe der Kredite, die die Stadt zur Finanzierung ihrer großen Investitionen aufnahm und die sie schon 1972 zu einer der am stärksten verschuldeten Gemeinden der Bundesrepublik machten, war nicht zu bedenklich angesichts der durch das Geld geschaffenen Vermögenswerte und der Tatsache, daß die Kommune regelmäßig die in ihrem ›Vermögens-‹ d. h., ihrem Investitionshaushalt anfallenden Zinszahlungen für die Bedienung der Schulden aus den Überschüssen ihres ›Verwaltungs-‹, d. h., des Haushalts für die laufenden Verwaltungsausgaben decken konnte.[117]

Allerdings bedeutete dies nicht, daß die ›Kassenlage‹ immer zufriedenstellend gewesen wäre. Bereits am Beginn der ›Ära Ludwig‹ hatte die Stadt mit einer Finanzkrise zu kämpfen, die sich aus dem Ende des

Anmerkungen
Seite 790

115 *1994 bezahlten 1,3% aller steuerpflichtigen Betriebe 88% der Gewerbesteuer und 91% der Betriebe gerade einmal 5%; Rhpf, 12.8.1994. Sieben Jahre zuvor hatte die Kämmerei betont, daß 60—70% der Gewerbebetriebe ohnehin von der Steuer befreit waren; Rhpf, 22.7.1987*

116 *Rhpf, 22.7.1987*

117 *Rhpf, 21.1.1972*

* *zu den Kämmerern Varnholt und Zeiser vgl. StALu, Zeitungsverkartung, Stichwort ›Bürgermeister, Beigeordnete‹*

Kämmerer in schwerer Zeit:

Wilhelm Zeiser*

„Bürgermeister Wilhelm Zeiser ist jetzt geizig wie ein Schotte", titelte die ›Bildzeitung‹ Rhein-Neckar im Oktober 2002. Zu diesem Zeitpunkt hatte Ludwigshafens seit 1990 amtierender Kämmerer damit zu kämpfen, daß die schwerste Krise der deutschen Gemeindefinanzen seit dem Zweiten Weltkrieg auch die Stadt der Chemie besonders hart traf.

Der 1950 in Gimbsheim, Kreis Alzey, Geborene hatte nach dem Abitur am Aufbaugymnasium Alzey Jura und Volkswirtschaft in Mainz studiert. Schon seit 1972 für die SPD auf kommunaler Ebene tätig, war er 1984 bis 1989 Mitglied des Bezirkstags der Pfalz. Von 1978 bis 1981 arbeitete Zeiser als persönlicher Referent des damaligen Staatsministers Klaus von Dohnanyi und danach als wissenschaftlicher Mitarbeiter der SPD-Bundestagsfraktion. Seit 1982 war Zeiser Finanz- und Baudezernent bei der Kreisverwaltung Kusel. Seine Bewerbung in Ludwigshafen wurde von der örtlichen Stadtspitze und SPD stark unterstützt, die CDU hingegen versagte ihm bei der Wahl im Rat ihre Stimme. Seine Wiederwahl 2002 erfolgte unter geänderten politischen Vorzeichen durch SPD und CDU gemeinsam. Als Nachfolger Wolfgang Schultes wurde er 1993 Bürgermeister, 1995 erhielt er neben dem Finanz- auch das Rechtsdezernat. 2001 bis 2003 verwaltete er zusätzlich den Kulturbereich. An den Diskussionen um die Reform der Gemeindefinanzen nahm er auf höchster Ebene in Berlin mit teil. [S. M.]

Wilhelm Zeiser [68b]

Wiederaufbaubooms der Industrie, dem konjunkturellen Einbruch der Jahre 1965 bis 1967 und den Lasten aus den gewaltigen, auch von der Industrie gewünschten Infrastrukturprojekten beim Straßen- und Bahnbau ergaben.

Bereits im März 1965 beklagte Stadtkämmerer Oedekoven bei den Etatberatungen für das kommende Jahr, daß sich das Wachstum der Ludwigshafener Steuerkraft gegenüber den anderen Großstädten in Rheinland-Pfalz in den letzten Jahren deutlich verlangsamt habe. Hatte es zwischen 1958 und 1961 noch 63,8% betragen, so war es zwischen 1961 und 1964 nur um 44,7% angestiegen (in den übrigen Großstädten des Landes lagen die Zahlen bei 40,5 bzw. 54,4%).[118] Er prognostizierte daher für die kommenden Jahre einen empfindlichen Anstieg der Schuldenlast, die ohnehin von 45,96 Mio. DM im Jahr 1963 auf 145,39 Mio. DM im Jahr 1965 gestiegen war.[119] Hatte man für Zinsen und Tilgung 1962 noch 2,4 Mio. DM veranschlagt, so waren es 1966 bereits 13,6 Mio.[120] Wie der Verwaltungsbericht der Stadt ausführte, mußten im Lauf des Jahres – erstmals seit fast zwanzig Jahren – „außergewöhnliche finanztechnische Maßnahmen" ergriffen werden. Darunter war zum Beispiel ein genereller Auftragsstop für städtische Investitionen zu verstehen, der im August 1966 verhängt wurde. Der Anfang Dezember 1966 für das kommende Jahr vorgestellte Haushalt wies schließlich gegenüber 1963 eine Steigerung des Schuldendienstes in Höhe von 745% aus. Der Hauptgrund dafür waren die Kosten für die Verlegung des Hauptbahnhofs in Höhe von allein rund 225 Mio. DM. Außerdem waren im Zuge der Wirtschaftsflaute die Einnahmen weit über Erwarten zurückgegangen, und bei den laufenden Ausgaben für Personal und Verwaltung hatte es starke Steigerungen gegeben.[121] Letztendlich konnte der Haushalt des Jahres 1967 aufgrund großer Einnahmeeinbrüche nur durch drastische Einsparungen ohne Fehlbetrag schließen. Im Zeichen der wieder ›anspringenden‹ Konjunktur setzte sich diese negative Entwicklung allerdings nicht weiter fort.

Trotz der im ganzen positiven Situation deuteten sich allerdings Verschiebungen zum Negativen hin an. Mit Beginn des Jahres 1970 trat in der Bundesrepublik eine Gemeindefinanzreform in Kraft, die eine an

Anmerkungen
Seite 791

118 *vgl. zur Entwicklung der städtischen Finanzen zwischen 1955 und 1965 die graphische Darstellung im StAnz., Jg. 18, zwischen Nr. 26 und 27; zur Debatte vom März 1965 ebd., Nr. 13, 26.3.1965, S.4—7*

119 *vgl. zu diesem und dem folgenden StALu N 14, Nr. 48*

120 *Etatrede Oedekoven in: StAnz., Jg. 18, Nr. 43, 23.10.1965, S.7—11*

121 *Oberbürgermeister Ludwig legte auf einer Pressekonferenz im April 1966 dar, daß nicht zuletzt die steigenden Personalkosten die Kassen stark in Anspruch nähmen; die Zahl der städtischen Beamten, Angestellten und Arbeiter habe sich allein zwischen 1961 und 1966 um 42,6% auf rund 5 200 erhöht; in dieser Zeit seien die Kosten von 35,5 Mio. DM auf ca. 50 Mio. DM gestiegen, und für 1966 erwarte man Ausgaben in Höhe von 60 Mio. Ein erheblicher Teil dieser Kostensteigerung war auf die nach dem Ende der Verkehrsgemeinschaft mit Mannheim erfolgte Übernahme der Beschäftigten der Verkehrsbetriebe im Jahr zuvor zurückzuführen, vor allem der Anstieg von 1 631 auf 2 275 Stellen für Arbeiter.*

Bund bzw. Land abzuführende ›Gewerbesteuerumlage‹ vorsah. Für diese Abgabe wurden die Kommunen mit einem Anteil an der Lohn- und Einkommensteuer entschädigt. Dies sollte eine allgemeine Stärkung der kommunalen Finanzkraft bringen, allein in Ludwigshafen kam es dazu nicht, weil angesichts der Folgen der ›Stadtflucht‹, einem hohen Anteil an sozial Schwachen und einer vergleichsweise geringen Zahl von Selbständigen der positive Effekt der Reform ausblieb, ja die Minderung der Gewerbesteuereinnahmen zu einem Negativsaldo in Höhe von 43,4 Mio. DM führte.[122] In den folgenden Jahren sank der Anteil Ludwigshafens an der den Gemeinden des Landes Rheinland-Pfalz zustehenden Einkommensteuer von noch 8,3% im Jahre 1971 auf 5,1% 1996. Dies bedeutete in den ersten Jahren jedoch keine weiteren realen Einbußen, da aufgrund der steigenden Einkommen die aus dieser Steuer resultierenden Einnahmen zunahmen. Um die gewaltigen Investitionen der Jahre nach 1970 – besonders im Verkehrsbereich – finanzieren zu können, erhöhte die Stadt allerdings den Gewerbesteuerhebesatz von 260 auf 300 Punkte.[123]

Ein neuer Schlag für die kommunalen Finanzen war 1980 der Wegfall der Lohnsummensteuer.[124] Zwar wurde die Summe von circa 35 Millionen DM, welche diese Steuer zuvor erbracht hatte, durch einen erhöhten Anteil an der Einkommensteuer, die Senkung der Gewerbesteuerumlage und die vom Rat beschlossene Erhöhung des Gewerbesteuerhebesatzes von 345 auf 365 Punkte ausgeglichen. Die Wirtschaft behauptete sogar, übervorteilt worden zu sein. Der negative Effekt der veränderten Einnahmestruktur war allerdings, wie Oberbürgermeister Ludwig betonte, eine noch stärkere Abhängigkeit von konjunkturellen Schwankungen.[125]

Diese Abhängigkeit hatte schon im Gefolge der Ölkrise zu drastischen Einnahmerückgängen geführt,[126] und auch während der Wirtschaftsflaute Anfang der 1980er Jahre blieb die Einnahmelage unbefriedigend, ja manchmal sogar prekär.[127] Dabei zeigte der Vergleich der Ludwigshafener Situation mit den Einnahmen von Bund, Ländern und größeren deutschen Gemeinden, daß die oberrheinische Chemiemetropole viel länger auf der Talsohle verharrte. Eine große Rolle spielte dabei einmal mehr die besondere Angewiesenheit auf die ›anilinlastige‹ Gewerbesteuer, die sich zwischen 1977 und 1983 um fast 52% vermindert hatte. Aber auch die Einkommensteuererträge sanken wegen Kurzarbeit und Entlassungen in der dominanten Großindustrie. Beliefen sie sich 1980 noch auf 84,5 Mio. DM, so sanken sie bis 1983 auf 72,4 Mio. und übertrafen erst wieder 1989 mit 86,4 Mio. DM die Höhe zu Beginn des Jahrzehnts. Zum Haushaltsausgleich mußten die Rücklagen angegriffen werden, die Aufsichtsbehörde machte Auflagen, die Gebühren wurden kräftig erhöht. In dieser Lage beschloß der Rat 1982, den Hebesatz der Gewerbesteuer – zum vierten Mal innerhalb von sechs Jahren – auf jetzt 390 Punkte anzuheben, was zu einem heftigen Schlagabtausch mit dem BASF-Vorstandsvorsitzenden Seefelder führte.[128] Seefelder wies darauf hin, daß die erwarteten 10 Millionen DM Mehreinnahmen zu 80% von der ›Anilin‹ zu erbringen und ein wahres Programm zur „Arbeitsplatzvernichtung” wären. Die wiederholte Anhebung der Gewerbesteuer sei schon seit 1976 Anlaß zu dauernden Auseinandersetzungen mit der Stadt. Heftig kritisierte er deren Haushaltsführung: Sie habe im Durchschnitt der Jahre 1977 bis 1982 die Personalkosten jährlich um

Anmerkungen
Seite 792

122 vgl. StALu, SRP 4.6.1971, S.216—221 sowie den Rechenschaftsbericht Ludwigs 1969—1974, in: StALu, SRP 10.12.1973, S.799f

123 StALu, SRP 1970, S.767ff; Vorbericht zum Haushaltsplan 1998/99, S.14

124 Rhpf, 31.5.1980

125 Die Lohnsummensteuer war, im Gegensatz zur Gewerbesteuer, eine verhältnismäßig stetige Einnahme gewesen.

126 Deshalb hatte man 1977 den Gewerbesteuerhebesatz auf 325 Punkte und im Jahr darauf auf 345 Punkte erhöht.

127 f.d.F. vgl. allg. StALu, Zeitungsverkartung, Stichworte ›Finanzverwaltung‹, ›Steuern‹

128 Rhpf, 27.10.1982

Investitionen der Stadt Ludwigshafen 1961—1990*

	A	B	C	D	E	F	G
1961—1965	425,8	45,5	101,1	216,3	21,1	3,4	38,4
1966—1970	522,7	26,6	94,1	346,1	20,2	1,8	33,9
1971—1975	752,3	29,8	147,7	518,3	37,3	5,4	13,8
1976—1980	537,7	32,6	83,5	360,8	38,2	–	22,6
1980—1985	410,6	29,3	49,9	280,9	30,2	0,1	20,2
1986—1990	585,0	54,8	91,1	311,4	37,3	65,7	24,7

A Investitionen insgesamt
B Gewährung von Darlehen
C Erwerb von Grundvermögen
D Baumaßnahmen
E Erwerb von beweglichem Vermögen
F Erwerb von Beteiligungen
G Zuschüsse zu Investitionen Dritter

Deutlich zeigt die Tabelle die gewaltigen Anstrengungen für den Stadtumbau vor allem in den Jahren 1966 bis 1980 – dem Jahr nach der Eröffnung von Rathaus-Center und Hackmuseum –, die ein vorläufiges Ende der Umgestaltung der City markierten. Im folgenden, finanziell schwierigen Jahrfünft gingen die Investitionen deutlich zurück, danach stiegen sie wieder an.

7,2%,[129] die Sachkosten gar um 11,3% erhöht. Die Schulden seien viel zu hoch.[130] Auf ähnliche Vorwürfe hatte Oberbürgermeister Ludwig schon 1980 gekontert, daß zwar viele Sparbemühungen forderten, aber keiner auf städtische Leistungen verzichten wolle. Gerade die Belastungen durch die von der Industrie favorisierten Bauinvestitionen, vor allem im Verkehrsbereich, und durch die Ablösung der hierfür aufgenommenen Kredite waren gewaltig.

Der Doppelhaushalt 1981/82 wies im Verwaltungshaushalt für Personalausgaben einen Aufwand in Höhe von 29% aus, der Anteil der Kosten für Baumaßnahmen im Vermögenshaushalt belief sich auf 46,8%, der für Zinsen und Tilgung der städtischen Kredite im gleichen Budgetbereich auf 31,5%. Zeitweise fraßen die Zinsen mehr als die Hälfte des Vermögenshaushalts.[131] Von 64,5 Mio. DM 1964 war der Schuldenstand über 270,8 Mio. DM 1970 auf 464 Mio. DM im Jahr 1980[132] gestiegen und kletterte bis zum Jahr 1983 auf einen Rekord von 567 Mio. DM. Allerdings war er vor allem ein Ausdruck des gewaltigen Investitionsvolumens im Zeichen des ›Stadtumbaus‹ der 1960er und 1970er Jahre. In diesen beiden Jahrzehnten waren, wie Oberbürgermeister Ludwig in seiner Etatrede im Oktober 1980 vorrechnete, auf dem Verkehrssektor – die Zuschüsse von Bund und Land eingeschlossen – 831 Mio. DM investiert worden, im Schulbereich vor allem durch Neubauten 226 Mio. DM, im Wohnungsbau 198 Mio. DM, im Sozial- und Gesundheitswesen – 159 Mio. DM, sowie auf den Gebieten Kultur, Sport und Grünanlagen – 182 Mio. DM; zusammen mit den übrigen Investitionen ergab das eine Summe von nahezu 2,2 Mrd. DM, wovon die Stadt rund 845 Mio. DM an Eigenmitteln aufgebracht und ›ergänzend‹ Kredite in Höhe von 748 Mio. DM aufgenommen hatte.

Mitte der 1980er hellte sich die Situation entschieden auf. 1985 wurde eine Rekordsumme an Gewerbesteuer eingenommen, die zur Schuldentilgung und der Aufstockung der Rücklagen, aber auch für Neuinvestitionen genutzt wurde. Im Jahrfünft zwischen 1986 und 1990

Anmerkungen
Seite 793

129 *Zwischen 1969 und 1973 hatten sich die Kosten im Personalbereich durch vermehrte kommunale Leistungen und die damals recht üppigen Lohn- und Gehaltssteigerungen um nahezu 48 Mio. DM oder fast 70% erhöht.*

130 *In der Tat hatten sich die Personalkosten nach Angaben der Verwaltung in den Jahren 1977 bis 1983 um 34,9% und der Sachaufwand der städtischen Einrichtungen sogar um fast 52% erhöht. Der Haushalt 1983/84 wies einen Schuldenstand von 567 Mio. DM aus, wofür 55,3% der Ausgaben des Vermögenshaushalts aufgewandt werden mußten.*

131 *Doppelhaushalte waren seit 1975/76 üblich. Der Verwaltungshaushalt enthält sämtliche laufenden Einnahmen und Ausgaben, der Vermögenshaushalt vor allem die kommunalen Investitionen und die dafür veranschlagten Finanzquellen.*

132 *Hier ist allerdings die starke Inflation der 1970er Jahre zu berücksichtigen.*

* *Quelle: Statist. Jahrbuch Ludwigshafen, 1992; in Bibl. StALu*

konnte die Stadt ihr Investitionsprogramm praktisch ohne Kreditaufnahme durchführen. Die Rücklagen erreichten 1987 über 80 Mio. DM und damit eine „wünschenswerte" Höhe,[133] und im selben Jahr wurde Ludwigshafen als „des Landes finanzieller Musterknabe" bezeichnet.[134] Trotz der erfreulichen Finanzlage blieb entgegen den Wünschen der Industrie der Gewerbesteuerhebesatz unverändert, wobei die Verantwortlichen in der Stadtverwaltung nicht versäumten, wiederholt darauf hinzuweisen, daß der Satz weitaus geringer als in anderen vergleichbaren Städten oder im benachbarten Mannheim und insofern ein ›Standortvorteil‹ sei.[135] Die extrem gute Situation führte allerdings dazu, daß das Land Rheinland-Pfalz seine Zuschüsse für den „Musterknaben" drastisch kürzte und Ludwigshafen stärker zu dem kommunalen Finanzausgleich heranzog.

Das Ende der 1980er Jahre und die Wiedervereinigung brachten dann einen ökonomischen Boom und damit einhergehend gewaltige Einnahmen für die Stadt. 1989 erreichten die Gewerbesteuerzahlungen mit 530,8 Millionen Mark einen exzeptionellen Höchststand, gefolgt vom zweithöchsten je erreichten Wert von 364 Millionen Mark im Jahr 1991. Der Geldsegen erlaubte nicht nur eine Ausweitung des Personalbestandes der Stadt und umfangreiche Investitionen, sondern wurde auch zur Schuldentilgung benutzt. Der Schuldenstand war schon zwischen 1985 und 1990 beständig gesunken und erreichte Ende 1991 mit 326 Mio. DM circa 2 000 Mark je Einwohner. 1983 hatte die Pro-Kopf-Verschuldung bei über 3 600 Mark gelegen. Die Rücklagen bezifferten sich 1990 auf rekordverdächtige 189 Millionen Mark.[136]

Auf diesen Höhepunkt städtischer Finanzkraft folgte jedoch der tiefe Fall. Schon die Wiedervereinigung hatte nicht nur Einnahmen gebracht, sondern für die westdeutschen Kommunen ergaben sich neue Belastungen durch den ›Fonds Deutsche Einheit‹, für den Beiträge aus der Gewerbesteuer zu entrichten waren. Betrug die Nettoneuverschuldung Ludwigshafens 1991 noch 23,4 Mio. DM, so stieg sie bereits 1992 wieder auf 30,5 Mio. an. Im gleichen Jahr geriet die BASF in eine Absatzflaute, die etwa 1 500 zusätzliche Arbeitslose brachte und zu einem Minus bei der Gewerbesteuer von über 48% (von 313,5 Mio. 1991[137] auf 160,5 Mio. DM 1992) führte. Zugleich stieg der Aufwand für die von der Stadt zu tragenden Sozialhilfeleistungen deutlich an. So wurden die Rücklagen der Stadt weitgehend aufgezehrt, und 1993 wies die Jahresrechnung der Stadt im Verwaltungshaushalt erstmals seit dem Zweiten Weltkrieg einen nicht auszugleichenden Fehlbetrag von 60 Mio. DM aus; für 1994 erwartete man ein Minus von 71,5 Mio. und für 1995 sogar ein Defizit in Höhe von 78,5 Mio. DM – innerhalb kurzer Zeit also zusätzliche Schulden von rund 210 Mio. DM. Die gesetzlich vorgeschriebene Verzinsung der Schulden des Vermögens- aus dem Verwaltungshaushalt erhöhte nunmehr nur noch das Defizit des letzteren.

Die überaus schwierige Finanzlage, in die Ludwigshafen im letzten Jahrzehnt des 20. Jahrhunderts geriet, war verglichen mit Städten ähnlicher Größe nicht unbedingt etwas Besonderes, und zeitweise schnitt die Stadt der Chemie sogar besser als andere Kommunen ab. Die Ursachen lagen in den Folgen der Konjunkturflaute, der Überbürdung der Gemeinden durch von Bund und Ländern vorgeschriebene, aber nicht finanzierte Pflichtleistungen vor allem im sozialen Bereich und den Folgen verschiedener steuerlicher Änderungen, unter anderem dem 1997

Anmerkungen
Seite 794 und 795

133 *MM, 22.4.1987*

134 *Rhpf, 12.12.1987*

135 *z.B. Rhpf, 12.8.1994*

136 *Statist. Jahrbuch Lu 1992, S.333*

137 *Gewerbesteuer abzgl. der Gewerbesteuerumlage*

138 *Realitäten. Eine Zusammenstellung des Kämmerers 2003 (StALu, künftig Manuskriptsammlung)*

139 *Vorbericht zum 1. Nachtragshaushaltsplan 1994. Endgültige Fassung, Stand 25.2.1994, in: StALu, SRP 1994, 21 (römisch numerierte) Seiten*

140 *d.h. klare Zielvorgaben für sächliche Ausgaben mit der Möglichkeit, Erspartes in das folgende Haushaltsjahr zu transferieren oder aber durch etwaige Defizite weiterhin belastet zu werden*

erfolgten Wegfall der Gewerbekapitalsteuer, der wiederum ein eher konjunkturunabhängiges Element der städtischen Einnahmen beseitigte. Als Ersatz wurde den Gemeinden ein kleiner Anteil an der Umsatzsteuer zuteil. Besonders negativ wirkten sich die Folgen der Steuerreform des Jahres 2000 aus und die drastische Erhöhung der Gewerbesteuerumlage, die vom Bund mit den Möglichkeiten gesteigerter Einnahmen gerechtfertigt wurde, die das durch die Steuerentlastungen für die Unternehmen hervorgerufene Wirtschaftswachstum bringen werde. Diese Hoffnung trog allerdings. In Ludwigshafen wurde die Lage durch eine Reihe besonderer Faktoren verschärft:[138] auf der Einnahmenseite wirkte sich die erwähnte Abhängigkeit von einem ›kopflastigen‹ Gewerbesteueraufkommen aus, die durch den Niedergang einer Reihe früher bedeutender Ludwigshafener Mittelunternehmen noch größer wurde. Auch der durch die sich verschlechternde Sozialstruktur und die Arbeitslosigkeit bedingte ständig sinkende Anteil der Stadt am gemeindlichen Einkommensteueranteil – zwischen 1991 und 2003 ging er noch einmal von 5,2% auf 4,1% zurück – begann nun Wirkung zu zeigen. Die Einnahmen waren stagnierend bzw. rückläufig. Die früher aufgehäuften Verbindlichkeiten wurden zur fast untragbaren Last. Auf der Ausgabenseite erwies sich nun die im Zeichen der Höchsteinnahmen gewagte Vermehrung der Personalkosten um fast 32% zwischen 1989 und 1992 als wenig hilfreich, und die Sozialausgaben hatten sich zwischen 1983 und 1994 fast verdreifacht.

In seinem Bericht über die Finanzsituation zu den Beratungen des Nachtragshaushalts für 1994 stellte der Stadtkämmerer lakonisch fest: „Die Höhe des aufsummierten Fehlbedarfes läßt kurzfristig eine Haushaltskonsolidierung durch reine Sparmaßnahmen nicht erwarten. Es bleibt lediglich die Hoffnung auf eine Verbesserung der Einnahmesituation. Aber selbst wenn die Gewerbesteuereinnahmen künftig wieder (kräftig) ansteigen sollten, wird sich die Haushaltswirtschaft der Stadt [...] in absehbarer Zeit, d. h. über die Jahrtausendwende hinaus, an enge Grenzen gewöhnen müssen."[139] Nie zuvor seit dem Zweiten Weltkrieg war die finanzielle Lage der Stadt so schlecht gewesen. 1994 belief sich das Defizit im Verwaltungshaushalt auf 99,3 Mio. DM (ohne die Entnahmen aus der Rücklage sogar auf 131,6 Mio. DM), und um den Vermögenshaushalt ausgleichen zu können war eine Kreditaufnahme in Höhe von 71,5 Mio. DM erforderlich. Der Gesamtschuldenstand lag bei 548,6 Mio. DM und hatte damit fast wieder den Wert zum Beginn der 1980er Jahre erreicht.

Diese Lage bildete den Hintergrund zu den beschriebenen Verwaltungsreformmaßnahmen von 1995, die mehr Kontrolle, Personaleinsparungen und die ›Budgetierung‹ der Ausgaben der städtischen Dienststellen vorsahen.[140] Erstmals seit der Nachkriegszeit begann die Zahl der bei der Stadt Ludwigshafen Beschäftigten dauerhaft über Jahre zu sinken. In den folgenden Jahren trugen die Sparbemühungen und wieder steigende Gewerbesteuereinnahmen dazu bei, die Defizite in engeren Grenzen zu halten: 1997 betrug das Minus statt der erwarteten 89,3 Mio. DM nur 11,9 Mio. DM, und der Verwaltungshaushalt 2000 schloß – im Gegensatz zu dem vieler anderer deutscher Städte – mit einem Überschuß von 12,6 Mio. DM ab. In diesem Jahr gab es indes wiederum einen empfindlichen Einbruch in Höhe von 60 Mio. DM bei den Gewerbesteuereinnahmen, und mit einem weiteren Rückgang der

Entwicklung des Verwaltungshaushalts der Stadt 1955 bis 2002

Jahr	*Haushalt in Mio. DM*	*Index Haushalt*	*Index Lebenshaltung*
1955	41,25	7,4	32,7
1965	107,3	19,2	41,2
1975	289,5	51,9	61,8
1985	408,7	73,2	90,3
1991	558,2	100	100
1996	779,2	139,6	114,4
2002	752,9	134,8	124,8

Die Entwicklung des Verwaltungshaushalts und ein Vergleich des Index der Haushaltsentwicklung mit dem der Lebenshaltung (beide: 1991 entspricht 100).
Die Rechnungsergebnisse der Jahre jeweils ohne die Eigenbetriebe, die Überweisungen an den Vermögenshaushalt und ohne die 1970 eingeführte Gerwerbesteuerumlage. Zur Vergleichbarkeit wurden auch 1955, 1965 und 1975 die Kosten des Krankenhauses, das erst später Eigenbetrieb wurde, herausgerechnet. Sie betrugen 1955 ca. 5,6 Mio., 1965 19,2 Mio. und 1975 61,5 Mio. DM; die Zahlen 1996 und 2002 auch ohne Altfehlbeträge der Vorjahre sowie ohne innere Verrechnungen und kalkulatorische Kosten.

Fürsorge für alte Menschen: das 1966 eröffnete Städt. Alten- und Pflegeheim, Kallstadter Straße [69]

1973 eröffnet: im städtischen Altenwohnheim in der Luitpoldstraße Friesenheim [70]

Anmerkungen Seite 796

141 Realitäten; vgl. dazu auch Anm. 138

* Umrechung DM/Euro: 1 Euro entspricht 1,95583 DM

Gewerbesteuer um 68% von 2000 auf 2001 wies Ludwigshafen von sämtlichen deutschen Großstädten die schlechteste Bilanz auf. Erneut entstanden enorme Defizite im Verwaltungshaushalt der Stadt in einer Größenordnung von über 70 Millionen Euro* pro Jahr. Der Schuldenstand stieg wieder stark an: Vom Jahr 2000 bis zum Jahr 2002 wuchs er von 395 Mio. auf über 554 Mio. Euro; 75 000 Euro täglich mußten als Zinszahlung dafür aufgebracht werden.[141] Noch 1999 war die Pro-Kopf-Verschuldung in Ludwigshafen mit 3 775 DM (1 936 Euro) verglichen mit anderen deutschen Großstädten (z. B. Frankfurt 6 667 DM, Köln 5 006 DM) nicht einmal übermäßig gewesen, und sie fiel auch unter den Städten mit einer Einwohnerzahl zwischen 100 000 und 200 000 nicht unbedingt aus dem Rahmen (zum Vergleich: Darmstadt 3 919 DM, Koblenz 3 711 DM). Im Jahr 2002 lag sie bei 3 357 Euro, doch waren inzwischen auch eben noch so wohlhabende Kommunen wie die bayerische Landeshauptstadt München tief ins Minus abgerutscht.

Angesichts der krassen Notlage wurden nach der im Mai 2001 von der SPD verlorenen Oberbürgermeisterwahl weitergehende Überlegungen zu Einsparungen in allen Bereichen angestellt. Deshalb war eine drastische Reduzierung des Personalbestands mit dem Ziel einer Verringerung der Aufwendungen im Verwaltungshaushalt in einer Größenordnung von rund 30 Mio. DM kein Tabuthema mehr, und auch im ohnehin

Das Altenwohnheim in der Bexbacher Straße, Friesenheim, eröffnet im März 1975 [71]

Die neue, Anfang 2000 eingeweihte St. Josefspflege in Mundenheim [72]

bereits stark ausgedünnten Kultur- sowie im Sozialbereich wurden tiefe Einschnitte erwogen. Das traditionell bei schlechter Kassenlage beliebte Mittel der Erhöhung von Gebühren und Entgelten für städtische Leistungen wurde zwar ebenfalls eingesetzt, war jedoch kaum mehr als ein Tropfen auf den heißen Stein. Die neue Oberbürgermeisterin Eva Lohse übernahm mit ihrem Amtsantritt am 1. Januar 2002 eine faktisch bankrotte Stadt. In ihren ersten Äußerungen betonte das neue Stadtoberhaupt die Absicht, in Zusammenarbeit mit anderen Kommunen der Region und des Landes, mit Kirchen, Verbänden und Privaten das Niveau des städtischen Angebots halten zu wollen. Einen Kahlschlag solle es nicht geben. Um eine Finanzkatastrophe zu verhindern, wurde 2002 mit der BASF eine Reduzierung des Gewerbesteuerhebesatzes vereinbart, wofür das Unternehmen mit seinen Tochterfirmen Gewinnabführungsverträge abschloß, die dann der Ludwigshafener Steuerschuld der BASF zugutekamen. Der reduzierte Steuersatz wurde auch als werbendes Element für die Ansiedlung neuer bzw. für das Verbleiben der Traditionsunternehmen in der Stadt eingesetzt. Dennoch blieben die Defizite gewaltig, und schließlich fehlte Ludwigshafen zum Haushaltsausgleich 2003 die Rekordsumme von 106 Millionen Euro! Zur Sparpolitik gab es keine Alternative, obwohl nur eine grundlegende Reform der Gemeindefinanzen wirkliche Besserung erhoffen ließ.

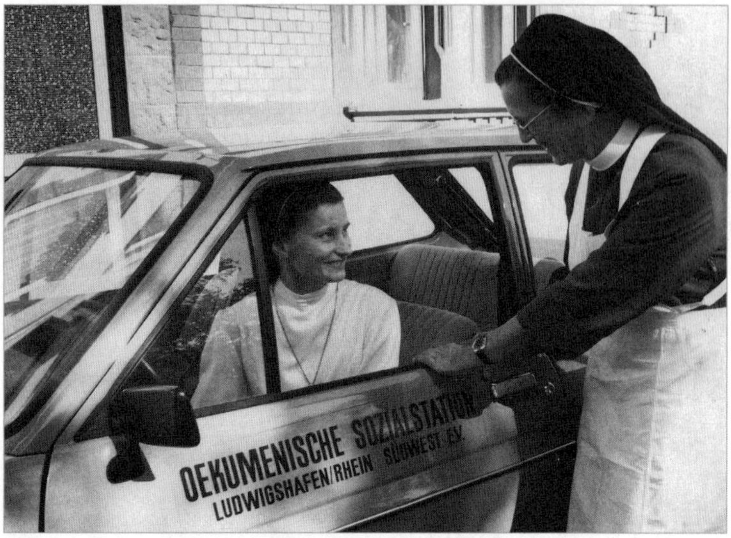

Die Kirchen bündeln ihre Bemühungen in der ambulanten Pflege: Wagen der ›Ökumenischen Sozialstation Südwest‹, vermutlich 1977 [73]

Zusammenspiel von Stadt und freien Trägern: Daseinsfürsorge und Sozialpolitik[142]

Ludwigshafen rangiere bei der Ausstattung mit Kindergärten „weit über dem Durchschnitt", seine Altenhilfe gelte „in der Bundesrepublik als Modell". Solches Lob, Anfang der 1970er Jahre ausgesprochen,[143] wurde noch im Jahr 2000 von einer überregionalen Studie bestätigt, die der Stadt der Chemie eine „hervorragende soziale Infrastruktur" zusprach.[144] Sozialpolitik genoß gerade in der sozialdemokratisch regierten Stadt Ludwigshafen einen besonderen Stellenwert. Die gute städtische Finanzlage erlaubte es, seit den Jahren um 1960 den – auch in der zeitgenössischen öffentlichen Diskussion sehr prominenten – Postulaten von ›Gerechtigkeit‹ und ›Chancengleichheit‹ durch Angebote für die ›Schwachen‹ Nachdruck zu verleihen, die weit über das absolut Nötige hinausgingen. Dabei wurden nicht nur die freien Träger in ihrer Arbeit mit großzügigen Zuschüssen unterstützt, sondern die Kommunalverwaltung wollte selbst das Bestmögliche umfassend bieten. Eine Entwicklung, die bereits im Kaiserreich begonnen und zum Ausbau präventiver oder pädagogischer Hilfen jenseits der Armenunterstützung geführt hatte, wuchs in eine neue Dimension. Dabei versuchte man, weder alte noch junge Menschen, weder Behinderte noch sozial Schwache an den Rand der Gesellschaft gleiten zu lassen, sondern mit vielen Angeboten zu einem erfüllten Leben zu verhelfen. „Ziel der Jugendhilfe ist es, den jüngeren Menschen bei ihrer Persönlichkeitsentwicklung, ihrer Sozialisation und ihrer Integrierung in unsere demokratische Gesellschaft zu helfen, sowie ihre berechtigten Bedürfnisse zu befriedigen", formulierte es – im Jargon der Zeit – beispielhaft der ›Stadtjugendplan‹ von 1973. Insgesamt gelang in Ludwigshafen wie in den deutschen Kommunen allgemein – und vielleicht noch etwas besser – das soziale Gefüge im großen und ganzen intakt zu halten und die in anderen europäischen Ländern seit den 1970ern zu beobachtende großflächige ›Verslumung‹ von Stadtquartieren und das Abdriften ganzer Jugendgenerationen in Randale und Kriminalität zu verhindern.

Anmerkungen Seite 798 und 799

142 *zu diesem Thema vgl. StALu, Zeitungsverkartung, Stichworte ›Jugendarbeit‹, ›Altenarbeit‹, ›Beratungsstelle‹, ›Altersheime‹, ›Jugendamt‹, ›Jugendarbeit‹, ›Kindergärten‹, ›Sozialarbeit‹, ›Sozialverwaltung‹; Janson allg.; verschiedenste Veröffentlichungen des Statist. Amtes Ludwigshafen*

143 *vgl. Liste in Janson, S. 135f*

144 *Berichte zur Stadtentwicklung 9/2002; StALu, DS 243/2002*

145 *Janson, S. 78ff*

Neue Angebote: ›Essen auf Rädern‹ vom ›Deutschen paritätischen Wohlfahrtsverband‹ frühe 1970er Jahre [74]

Bezeichnenderweise wirkten, wie oben erwähnt, die beiden späteren Oberbürgermeister Ludwig und Schulte vor ihrer Amtsübernahme als Sozialdezernenten, und der Sozialdezernent Bürgermeister Janson war in den zwanzig Jahren seiner Amtszeit der wohl exponierteste Vertreter der Stadt nach dem Oberbürgermeister. In seine ›Ära‹ fiel auch der größte Ausbau der sozialen Infrastruktur. Der Anteil der in Sozial- und Jugendamt Tätigen an der Gesamtzahl der in der engeren Verwaltung Beschäftigten stieg von 12% im Jahr 1965 auf 24% zwanzig Jahre später, und dementsprechend wuchsen die Ausgaben von 20% auf 25% des städtischen Verwaltungshaushalts oder von 32,5 Mio. DM auf 130 Mio DM. In seiner Laudatio anläßlich der Verleihung der Ehrenbürgerwürde an Janson hob Werner Ludwig 1985 hervor, daß in den vorausgegangenen zwanzig Jahren d. h. im wesentlichen während der Amtszeit Jansons, acht Altenwohnheime und 17 Altentagesstätten errichtet worden waren, der Ausbau der mobilen Dienste wie ›Essen auf Rädern‹ und Putzdienst erfolgte, die Zahl der städtischen Kindergärten sich von neun auf 18 verdoppelte, und statt zwei nun 22 Einrichtungen der Jugendförderung (Freizeitstätten etc.) existierten. Auch für Blinde, Behinderte, psychisch Kranke und – eine neue Herausforderung – Drogenabhängige waren Hilfen entwickelt worden.[145]

Allerdings stand die Stadtverwaltung bei der Bereitstellung sozialer Angebote keineswegs allein. Die Kirchen waren schon seit der Gründung der Gemeinde Ludwigshafen auf vielen Feldern aktiv geworden und verstärkten ihr Engagement seit den 1960er Jahren noch: Vor allem im Gesundheitswesen und Pflegedienst, bei der Sorge für Behinderte und psychisch Kranke oder im Kindergartenbereich wurden sie aktiv. Eine wichtige Rolle spielten auch die Wohlfahrtsverbände und Hilfsorganisationen mit kirchlicher Rückbindung – Caritas, Diakonie, Johanniter, Malteser –, die aus der Arbeiterbewegung hervorgegangene ›Arbeiterwohlfahrt‹ und der ›Arbeitersamariterbund‹ sowie das ›Rote Kreuz‹. Seit den 1970er Jahren traten auch in Ludwigshafen verstärkt private Initiativen, Vereine und Selbsthilfegruppen auf, die sich allgemein oder

Betreutes Wohnen in der Seniorenresidenz Saarlandstraße 2000 [75]

für bestimmte Zielgruppen sozialen Aufgaben widmeten. In sehr vielen Fällen unterstützte die Stadtverwaltung diese Aktivitäten durch zum Teil beachtliche Zuschüsse. Auch private, kommerzielle Anbieter traten vermehrt auf den Plan. Nach der Jahrtausendwende, im Jahr 2001, wurde die ›Ehrenamtsbörse‹ ›Vehra‹ gegründet, die, von einer durch Kirchen und Parteien gestützten Bürgerinitiative getragen, hilfsbereite Bürger in eine ehrenamtliche Tätigkeit vermittelt und durch Veranstaltungen die Vielzahl von Gruppen und Initiativen im Sozial-, Gesundheits-, politischen, Justiz-, Bildungs- und Kulturbereich sowie beim Unfall- und Katastrophenschutz in der Öffentlichkeit bekanntmachen und so deren Tätigkeit fördern will. Besonders die neue Oberbürgermeisterin unterstützte ganz im Sinn ihrer Betonung des ›Subsidiaritätsprinzips‹ – bürgerschaftliches Engagement vor staatlicher bzw. kommunaler Reglementierung – die Propagierung des Ehrenamts.[146] Insgesamt konnte die mustergültige soziale Infrastruktur nur durch ein Zusammenspiel zwischen der Stadt und freien Trägern geschaffen werden. Die ideologischen Auseinandersetzungen der 1950er Jahre, als die Anlage städtischer Kindergärten noch als deutliches Signal zur Begrenzung kirchlichen Einflusses gedient hatte, verblaßten mehr und mehr.

Kern der genuin städtischen Hilfen blieb die aus der ›Armenunterstützung‹ hervorgegangene *Sozialhilfe*,[147] die dem ›Wohlfahrtsamt‹ übertragen war, dessen Umbenennung in ›Sozialamt‹ 1962 eine weniger herablassend-obrigkeitliche Haltung dokumentierte. Sie bot denjenigen Unterstützung, deren Versorgung durch die bundesweiten Sozialsysteme nicht gewährleistet war. Die Kosten für die ›Hilfen zum Lebensunterhalt‹ (HLU), die ›Hilfen in besonderen Lebenslagen‹ (HBL) – die Kriegsopfer- und seit den späten 1980er Jahren auch die Versorgung der Asylbewerber und Flüchtlinge – stiegen von 6,5 Mio. DM 1965 auf 92,5 Mio. DM 1991. Dabei verteuerte sich vor allem die stationäre Betreuung Hilfsbedürftiger (1,9 Mio. (1965); rund 40 Mio. (1991)). Nach 1991 explodierten die Kosten und erreichten 1996 – unter Einschluß der Jugendhilfe – 204,8 Mio. DM. Allein die HLU-Kosten stiegen von

Anmerkungen
Seite 800 und 801

146 Rhpf, 4.9.2003

147 Quellen zu den Kosten und der Struktur der Sozialhilfe: DS 7 / 1998 / 9 1a, S.24; Statist. Jb. Lu 1992, S.227f; StALu, DS 243 / 1992; Stat. Jb. deutscher Gemeinden 1967, 1980; Stat. Jb. der Bundesrep. Dtschl. 1998. Bei den Daten ist zu bedenken, daß zum einen einzelne Sozialleistungen, die schon länger existierten, erst später zu den ›Sozialhilfekosten‹ gerechnet wurden – so z. B. die Leistungen für Kriegsopfer oder die Asylbewerber. Die Steigerungen sind also nicht immer so steil, wie die oberflächliche Betrachtung suggeriert. Vor allem die Zuordnung der Jugendhilfe verunklart das Bild. So betrugen die Sozialhilfekosten 1991 mit Jugendhilfe 109 Mio. DM, ohne diese nur 92,5 Mio. Zum anderen handelt es sich um Bruttowerte. Ein gewisser Teil der Aufwendungen wurde und wird jedoch den Gemeinden erstattet. So betrugen die Nettoaufwendungen der Sozialhilfe 4,19 Mio. DM im Jahr 1965, im Jahr 1991 57,939 Mio., und stiegen bis 1996 – einschließlich der Jugendhilfe – auf 113,1 Mio. DM.

148 Rhpf, 9.11.2002

149 1992 gab es 17 Einrichtungen dieser Art.

Neubau des Alten- und Pflegeheims an der Kallstadter Straße um 1999 [76]

27,5 Mio. 1992 auf 54,8 Mio. DM 1998. Die faktische ›Kommunalisierung der Arbeitslosigkeit‹ und zunehmende Kosten von ergänzender Sozialhilfe für Jugendliche, Langzeitarbeitslose, Alleinerziehende und Alte schlugen hier zu Buche. Die Zahl der Sozialhilfeempfänger wuchs von 4 750 (1965) über 5 068 (1979) auf fast 12 000 (1991). Im Jahr 2000 lag sie (ohne Asylbewerber) bei etwa 8 500, das waren ca. 60 pro Tsd. Einwohner. Trotz solch erschreckender Zahlen stand Ludwigshafen damit in der gesamten Zeit sowohl beim Sozialhilfeaufwand pro Einwohner als auch bei der Zahl der Empfänger pro Tsd. Einwohner deutlich besser da als vergleichbare Städte oder der deutsche Durchschnitt.

Einen im Vergleich dazu kleinen, aber pfiffig und unbürokratisch organisierten Beitrag zur Unterstützung „Behinderter und unverschuldet in Not geratener Bürger" in Ludwigshafen und seinem Umland leistete die 1972 von Vertretern der Kirchen, der Industrie und der Politik ins Leben gerufene ›Aktion 72‹. Mit lustigen und spektakulären Aktionen zur Vorweihnachtszeit sammelten sie in 30 Jahren 1,6 Millionen Euro. Eine der erfolgreichsten Ideen war der Verkauf von Einzelteilen des Geländers des abgerissenen Viadukts. Seit 1995 kooperierte die ›Aktion 72‹ mit der Tageszeitung ›Die Rheinpfalz‹.[148]

Neben den allgemeinen Hilfen für sozial Schwache spielte im Zeichen einer sich wandelnden demographischen und Familienstruktur – mehr alleinstehende und ältere Menschen – die *Altenfürsorge* eine wachsende Rolle. Hier ging es einmal um die Bereitstellung von Wohn-, Pflege- und Betreuungsplätzen in Altentagesstätten, Altenwohnanlagen, Altenwohnheimen und Altenpflegeeinrichtungen. Schon seit den zwanziger Jahren waren hier die Wohlfahrtsverbände und die Kirchen tätig gewesen. Mit direkten Angeboten hatte sich die Stadt erstmals 1960 engagiert, als sie ihr erstes Alters- und Pflegeheim eröffnete. 1964 folgte die erste Altentagesstätte.[149] In der Folge wurde ein dichtes Netz von Einrichtungen geknüpft, verbunden mit ambulanten Angeboten. Neben die Altersheime traten zunehmend städtische wie private Wohnanlagen für die jetzt ›Senioren‹ genannten Alten, die ein unabhängiges,

In der Kinderkrippe Mitte frühe 1970er Jahre [77]

Architektonisch ansprechend: Kindertagesstätte Heinigstraße 1995 [78]

aber betreutes und behütetes Leben erlaubten. Mit der Einrichtung der Senioren-Wohnanlage Maudach 1991, und der Überführung der beiden städtischen Alten- und Pflegeheime in Friesenheim und der Gartenstadt in eine GmbH suchte die Kommune neue Modelle der Trägerschaft und Finanzierung (s. o. S. 788). 1992[150] gab es in den Alten- und Pflegeeinrichtungen Ludwigshafens insgesamt 2 078 Plätze, davon 225 Wohnungen in Altenwohnanlagen, 590 Plätze in Altenwohnheimen und 1 263 in kombinierten Alten-, Altenwohn- und Pflegeheimen (davon 865 Pflegeplätze für besonders Hilfsbedürftige). Die Stadt unterhielt 14 Einrichtungen – drei Altenwohnanlagen, neun Altenwohnheime und zwei kombinierte Einrichtungen – mit insgesamt 976 Plätzen bzw. Wohnungen, die freien Träger neun Einrichtungen, davon die katholische Kirche drei, die evangelische Kirche und das Deutsche Rote Kreuz je eine; die übrigen wurden von Privaten angeboten: auf tausend Personen über fünfundsechzig Jahre kamen zwar nur 8,8 Plätze in Wohnanlagen – die sich nur finanziell gut gestellte Senioren leisten konnten –, aber immerhin (bei steigendem Bedarf) vierunddreißig Pflegeplätze, die zu 92% belegt waren.

Von zentraler Bedeutung waren die Angebote der Stadt und verschiedener Pflegedienste für die *ambulante Betreuung* kranker und zunehmend vor allem alter hilfsbedürftiger Menschen. Hier hatten sich schon seit dem Ende des 19. Jahrhunderts die Kirchen in Krankenpflegevereinen engagiert, zu denen die städtischen Armen- oder auch Waisenpfleger traten, die in den Haushalten selbst helfend und beratend eingriffen. 1964 war dann auf eine durch Werner Ludwig als Sozialdezernent aufgegriffene Anregung des damaligen freireligiösen Landespredigers hin der Dienst ›Essen auf Rädern‹ ins Leben gerufen worden, der durch den Paritätischen Wohlfahrtsverband mit ehrenamtlichen Helfern betrieben wurde.[151] Spenden der Stadt, der Stadtsparkasse oder etwa auch der Rotarier unterstützten den Dienst, der in den 1980ern von ca. 450 Menschen genutzt wurde. Zu diesem Zeitpunkt hatten freilich zahlreiche weitere Wohlfahrtsverbände und Private ebenfalls ein solches Angebot aufgebaut.

Anmerkungen
Seite 802 und 803

150 *Statist. Jahrbuch Lu 1992, S. 237*

151 *Auskunft von Verena Hofmann, der ehemaligen Leiterin des Programms ›Essen auf Rädern‹. Sie beschrieb auch, daß die Austräger oft auch private Einkäufe und andere kleinere Dienstleistungen für die Empfänger der Mahlzeiten erledigten. Das System sollte möglichst „menschlich" arbeiten.*

152 *Auskunft Stadtverwaltung; StALu, Zeitungsverkartung, Stichworte ›Gemeindearbeit‹, ›Sozialarbeit‹*

153 *vgl. zum Folgenden den Kindertagesstättenbericht 1996/97; Berichte zur Stadtentwicklung B2/97, S. 49*

154 *Zahlen nach Berichte zur Stadtentwicklung 7/01, S. 5; StALu, DS 243/2001. 1981 waren 11,8% der Haushalte mit Kinder alleinerziehend, 2000: 23,2%.*

Kindergarten in der Ernst-Reuter-Siedlung
1967 [79]

Kindertagesstätte Oggersheim
1994 [80]

Im Bereich der ambulanten Pflege bündelten die Kirchen seit 1975 ihre Kräfte.[152] Damals wurde die erste ›Ökumenische Sozialstation‹ in Ludwigshafen eingerichtet, in die sich die meisten traditionellen Krankenpflegevereine des von ihr abgedeckten Versorgungsbereichs einbrachten. Zwei weitere Stationen folgten in den Jahren danach. Neben den Sozialstationen boten freilich stadtweit das Rote Kreuz und andere Wohlfahrtsverbände sowie private Pflegedienste ambulante Versorgung an. Die Einführung der Pflegeversicherung und weitere einschlägige landesgesetzliche Regelungen führten zu einer Neuordnung und Bündelung des Angebots. Künftig fungierten vier Zentren mit regionaler Zuständigkeit als zentrale Beratungs- und Koordinierungsstellen für die ambulante Pflege. In drei Fällen rückten die Sozialstationen in die neue Funktion, in der vierten Region – Mitte und Süd – übernahm das Rote Kreuz das Zentrum. In Oppau/Edigheim/Pfingstweide wurde im Jahr 2000 ein fünftes Zentrum errichtet und einem privaten Anbieter übertragen, der zuvor wegen der Benachteiligung der Privaten bei der Vergabe der Zentren geklagt und Recht erhalten hatte. Insgesamt wurden nach der Jahrtausendwende circa 4 000 Menschen von diesen Zentren betreut. Neben ihnen operierten in geringem Umfang auch noch wie zuvor private u. a. Pflegedienste.

Auch im Bereich der *Kinder- und Jugendfürsorge* und *-betreuung*[153] wurden Stadt und freie Träger durch den gesellschaftlichen Wandel vor neue Herausforderungen gestellt. In immer mehr Familien waren beide Elternteile berufstätig, immer mehr Mütter und Väter waren vor allem durch die steigenden Scheidungsraten ›alleinerziehend‹,[154] und die steigende Arbeitslosigkeit seit den 1970er Jahren, die circa 10% der Ludwigshafener Erwerbstätigen traf, führte zu neuen Risiken bei der sozialen Situation der Kinder.

Dabei ist vor allem an die Kindergärten zu denken, deren Stellenwert bei Pädagogen und – voll berufstätigen – Eltern beständig zunahm: Besuchten 1970 erst knapp über 50% der Kinder eines Jahrgangs einen Kindergarten, waren es schon 1985 ca. 90%; um die Jahrtausendwende erreichte die Belegung fast 100%. Nach den Vorgaben des Gesetzgebers

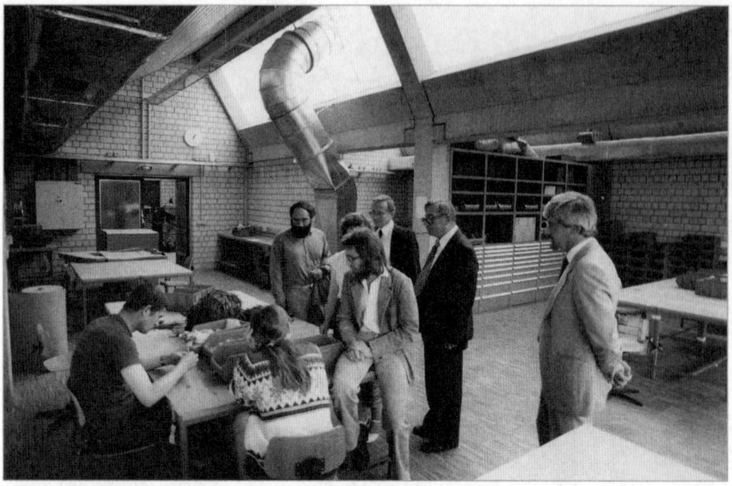

*Übergabe des Rehabilitationszentrums für psychisch Kranke**
im ehemaligen Oggersheimer Wichern-Krankenhaus, 1982 [81]

(so durch das rheinland-pfälzische Kindertagesstättengesetz vom März 1991) mußten die Kommunen seit den frühen neunziger Jahren Kindergartenplätze für alle Kinder zwischen drei und sechs Jahren bereithalten. In der Tat wurde gerade die Zahl der Kindergärten und Kindergartenplätze enorm vermehrt: Gab es 1957 erst 30 Kindergärten, davon vier städtische, war ihre Zahl 1977 schon auf 63 – davon 18 städtische – mit 3 987 Plätzen gewachsen, die indes nur zu 79% belegt waren. Danach blieben diese Zahlen weitgehend konstant, bevor sie Ende der 1980er Jahre wieder zulegten. Ende 2000 [155] gab es ein flächendeckendes Netz von 80 Kindergärten. Davon waren 75 ›wohnquartierorientiert‹, von denen 31 die Stadt, 20 die evangelische, 22 die katholische Kirche und zwei sonstige Träger betrieben. Fünf Kindergärten, darunter eine Waldorfeinrichtung, zwei Behindertenkindergärten und der Betriebskindergarten des Klinikums, waren ›zielgruppenorientiert‹. Zusammen boten sie 5 786 Plätze, die zu 95% genutzt wurden. Die (darin enthaltene) Zahl der Ganztagsplätze betrug 1 213 und hatte sich damit seit 1977 fast verdreifacht. Neben den Kindergärten waren hauptsächlich durch die Stadt noch weitere Betreuungsangebote für Kinder entwickelt worden, die familiäre Defizite ausgleichen sollten. Seit 1958 bestanden ›Horte‹, die Schulkindern jenseits der Schule eine umfangreiche pädagogische Betreuung angedeihen ließen. Ihre Zahl stieg bis zur Jahrtausendwende auf 17 an, die bis auf zwei sämtlich von der Stadt betrieben und von fast 800 Kindern besucht wurden. 1963 entstand der erste ›Schulkindergarten‹, der Schulkinder aufnahm, die zwar schulpflichtig, aber noch nicht schulreif waren. Seit Mitte der 1990er Jahre schließlich wurde die ›Betreuende Grundschule‹ angeboten, die ohne großes pädagogisches Konzept Kinder vor und nach der Schule beaufsichtigte, bis sie nach Hause gehen konnten – ein Angebot also vor allem für berufstätige Eltern. Für Kleinkinder bis zu drei Jahren wurde 1966 eine erste Kinderkrippe eingerichtet, der 1982 eine zweite folgte. Insgesamt boten sie im Jahr 2000 ganze 62 Plätze. Sowohl eine Reihe von Klein- wie von Hortkindern wurde darüber hinaus in ›altersgemischten Gruppen‹ untergebracht. Dennoch gab es Vollversorgung nur für die Kindergartenkinder.

Anmerkungen
Seite 804 und 805

155 Zahlen nach Berichte zur Stadtentwicklung 7/01; StALu, DS 243/2001

156 Eine Übersicht des Fachbereichs Jugend vom Anfang des Jahres 1996 nennt folgende Aufgaben; StALu, DS 207/3a: Kinder- und Jugendwohnheim mit zugeordneter ambulanter Betreuung; Heimerziehung; soziale Dienste u.a. mit der Betreuung von Pflegekindern und der Mitwirkung bei Verfahren der Vormundschafts- und Familiengerichte, Jugendgerichtshilfe, finanzielle Hilfen für Kinder/Jugendliche, Adoptionshilfe, Schulsozialarbeit, Kinderschutzdienst; Kindertagesstätten; Vormundschaften und Unterhalt; Jugendförderung mit der Zusammenarbeit mit freien Trägern, Jugendberufshilfe und Kriminalitätsverhütung sowie Drogenberatung, Jugendschutz; Beratungsstelle für Kinder, Jugendliche und Eltern

** Das frühere NS-Volkswohlfahrtsheim war von 1947 bis 1977 ein vom Evangelischen Hilfswerk betriebenes TBC-Krankenhaus. Wegen der stark rückläufigen Zahl der Kranken wurde es 1977 geschlossen und 1982 mit neuem Zweck wiedereröffnet.*

Kindertheater im städt. Kinder- und Jugendwohnheim ›Bale, Malle, Hupe und Arthur‹, Frühjahr 1974 [82]

Die Kindergärten stellten die Stadt vor stets wachsende Finanzierungsprobleme, denn auch die Einrichtungen der freien Träger waren von ihr mit großen Summen zu unterstützen. Allein zwischen 1989 und 1992 stieg der Zuschußbedarf für die Kindertagesstätten Ludwigshafens von 17,5 auf 23,9 Mio. an. Der Höhepunkt des Platzangebots wurde bereits 1996/97 erreicht, als insgesamt 5 886 Plätze zur Verfügung standen. Mit dem Absinken der Geburtenzahlen (1990: 1 829, 2000 nur noch 1 497) konnte das Angebot allerdings reduziert werden. Eine Steigerung gab es dafür bei der betreuenden Grundschule für Kinder vom sechsten bis zum zwölften Lebensjahr, die von rund 10 300 Mitgliedern dieser Altersgruppe genutzt wurde. Da die Zahl der kleinen Kinder zurückging, wurde die Bedarfsplanung in den späten neunziger Jahren korrigiert. Dabei wurde die unterschiedliche Bevölkerungsentwicklung in den verschiedenen Stadtteilen berücksichtigt: während man in Edigheim, Pfingstweide, Nord-Hemshof, Gartenstadt und Maudach das Angebot von Kindergartenplätzen reduzierte, wurde es in Mitte, West, Friesenheim, Süd, Oppau, Oggersheim und Mundenheim aufrechterhalten und in Ruchheim wie in Rheingönheim ausgeweitet.

Neben ihrer zentralen Rolle bei der Kindergartenversorgung oblag der Stadt im Jugendbereich noch eine breite Palette von teils traditionellen, teils durch Gesetze der 1960er und 1970er ihr zugewachsenen Aufgaben,[156] die sie allerdings nicht allein bewältigen konnte. Hier wurde sie ein weiteres Mal durch Kirchen, andere freie Träger sowie zunehmend auch durch Bürgerinitiativen, die als Träger der Einrichtungen firmierten, unterstützt.

So errichteten auch die Kirchen Erziehungsberatungsstellen, die neben die 1956 gegründete Beratungsstelle für Eltern und Jugendliche traten. Die ›Beratungsstelle‹ war neben der Erholungsfürsorge für benachteiligte Kinder an der Blies und Freizeitangeboten bis 1966 die einzige ›besondere‹ Jugendeinrichtung der Kommune jenseits der Kindergärten. In diesem Jahr wurde dann das Kinder- und Jugendwohnheim in der Gartenstadt eröffnet, dem auch eine umfangreiche ›ambulante‹ Beratungs- und Betreuungstätigkeit zugeordnet wurde. Mit der Einweihung des Hauses der Jugend 1967 (s. u. S. 936) begann der in den

Zuflucht für Drogenabhängige: das ›Nowhere-Haus‹ in der Wredestraße 1983 [83]

Anmerkungen
Seite 806 und 807

157 *Janson, S. 139*

158 *Rhpf, 23.11.1994: 30 Jahre Suchtberatung Caritas, 5.12.1994: 10 Jahre Albert-Schweitzer-Haus*

159 *MM, 5.6.2001*

1970er Jahren forcierte Aufbau eines dichten Netzes von Jugendfreizeitstätten von Stadt und freien Trägern, darunter die 1976 eingeweihte Jugendfarm Pfingstweide, „eine einmalige Einrichtung im Bundesgebiet mit Modellcharakter"[157] oder um die Jahrtausendwende das Mädchenspielareal ›Girlassic Park‹. Speziell für Kinder wurden viele neue Spielplätze angelegt, u. a. zusammen mit einem Trägerverein der ›Abenteuerspielplatz‹ Oggersheim, das ›Spielmobil Rolli‹ als mobiler Spielplatz 1975 in Dienst gestellt und ›Spielwohnungen‹ in sozial schwierigen Gegenden eingerichtet. Besondere Herausforderungen waren einerseits die Drogenproblematik, die seit Beginn der 1970er Jahre virulent wurde und zur Ausweitung der Aufgaben der ursprünglich vor allem auf Alkoholmißbrauch (nicht nur von Jugendlichen) konzentrierten Suchtberatungsstellen der kirchlichen Wohlfahrtsorganisationen führte.[158] 1972 entstand eine städtische Drogenberatungsstelle, die mit freien Initiativen wie dem Verein ›Nowhere-House‹ zusammenarbeitete. Andererseits die wachsende Jugendkriminalität und die Sorge um ausländische Jugendliche bzw. Spätaussiedlerkinder, die eine Fülle neuer Angebote verlangten (s. bes. S. 829).

Neben den Alten und den Jungen wurden *Behinderte und Blinde* seit den 1960ern wie nie zuvor zum Gegenstand intensiver Förderung und Fürsorge, die weit über das traditionelle ›Besenbinden‹ hinausging. In

Der Neubau des Klinikums an der Bremserstraße mit dem Kunstwerk ›Ring des Seyns‹ von Kazuo Katase [84]

Ludwigshafen entstanden eine Reihe neuer, vor allem von den Kirchen bzw. ihren Wohlfahrtsorganisationen ins Leben gerufener einschlägiger Einrichtungen, allen voran die von Caritas und Evangelischer Heimstiftung getragenen ›Ludwigshafener Werkstätten‹, die 1965 in Mundenheim gegründet wurden und seit 1974 in Oggersheim – seit 1989 auch in Schifferstadt – ansässig sind. Sie beschäftigten nach der Jahrtausendwende 110 feste Angestellte und 550 Behinderte, für die sowohl Ausbildungs- wie Arbeitsplätze bereitstanden. Angrenzend an die Werkstätten entstand eine Art von ›Behinderten-Carrée‹ mit der 1972 eingeweihten Georgens-Schule, einer Tagesförderstätte der ›Lebenshilfe‹ und einem Kindergarten. Neben der Kirche wurden vor allem von der eben erwähnten Ludwigshafener Ortsgruppe der ›Lebenshilfe für Menschen mit geistiger Behinderung‹ erstaunliche Leistungen erbracht. Sie war 1961 aus einem ursprünglich kleinen Kreis engagierter Eltern entstanden. Um das Jahr 2000 hatte der Verein 670 Mitglieder, unterhielt drei Tagesförderstätten sowie fünf Wohnhäuser und betreute 300 Menschen.[159] 1976 gab die Stadtverwaltung erstmals einen ›Führer für Behinderte‹ heraus.

Auch die *Betreuung psychisch Kranker* in Ludwigshafen wurde jenseits der traditionellen Unterbringung in Heilanstalten auf eine völlig neue Basis gestellt. Einmal mehr engagierten sich besonders die Kirchen

Neue Helferinnen: Bürgermeister Reimann begrüßt koreanische Krankenschwestern 1967 [85]

in diesem Bereich.[160] Schon 1972 gründete der Chefarzt der Medizinischen Klinik des Städtischen Krankenhauses, Max Hochrein, eine Stiftung zur Betreuung psychisch Kranker, die er der Caritas übergab. Sie hat ihren Sitz im ›Max-Hochrein-Haus‹ in Friesenheim. Das ehemalige Wichernkrankenhaus wurde 1982 als ›Rehabilitationszentrum für psychisch Kranke‹ durch die Evangelische Heimstiftung neu eröffnet, und 1984 wandelte die Caritas ihr einstmals als Lehrlingsheim erbautes St. Johannes-Heim in eine Wohnstätte für chronisch psychisch Kranke um. Ihr wurden im Laufe der Jahre eine Tagesbetreuungsstätte und therapeutische Angebote zugeordnet. Im selben Jahr entstand als Modellversuch der erste psycho-soziale Dienst der Diakonie in der Pfalz in Ludwigshafen. Einen ähnlichen Dienst unterhielt auch die Caritas. 1996 wurde die psychiatrische Versorgung zu einer Pflichtaufgabe der Kommunen. Ludwigshafen errichtete für die Koordination der Maßnahmen einen ›Psychiatriebeirat‹.[161] Schon zuvor hatte die Stadt einige Wohnungen für psychisch Kranke bereitgestellt. Kurz vor der Jahrtausendwende eröffnete das katholische ›Krankenhaus zum Guten Hirten‹ eine Abteilung für Psychiatrie und Psychotherapie (s. u.). Auch private Initiativen und Vereine trugen zur Betreuung psychisch kranker Menschen bei.

Ein neues Feld wurde durch den zunehmend offenen Umgang mit *Fragen sexueller Übergriffe bzw. der Gewalt in Beziehungen und Ehen* eröffnet. Neben einigen Vereinen und Initiativen sowie Angeboten der Polizei entstand 1982 auch in Ludwigshafen ein ›Frauenhaus‹, in dessen Trägerverein 15 Frauenvereine aus Parteien, Kirchen und anderen Bereichen eintraten. Vorsitzende war seit 1992 die CDU-Politikerin Ursula Jung. Bis zum Jahr 2002 hatte das Haus insgesamt 1 958 Frauen und 2 226 Kinder betreut und einen sicheren Hafen vor Gewalt geboten.[162] Die Liberalisierung des § 218 in den frühen 1970er Jahren führte zu neuen Beratungsangeboten der Kirchen wie auch seit 1974 des Vereins ›Pro Familia‹, der darüber hinaus Eheberatung anbot.

Schon seit den frühen 1960er Jahren engagierten sich vor allem die kirchlichen Wohlfahrtsverbände in der Betreuung der *Ausländer* bzw.

Anmerkungen
Seite 808 und 809

160 *MM, 23.4.1994; Rhpf, 14.3.1998; Kreuter, Chronik, S. 166; Hochrein*

161 *Rhpf, 8.5.1998*

162 *Rhpf, 14.6.2002*

163 *2. Beteiligungsbericht der Stadt Ludwigshafen, S. 38f; StALu, unverz., künftig DS*

Der 1968 übergebene Neubau der Medizinischen Klinik des Städtischen Krankenhauses [86]

der ›Gastarbeiter‹, wie man damals sagte. Zu ihnen traten bald die Stadt und andere Wohlfahrtsverbände (s. S. 825ff). Im Gegensatz zur breiten Streuung dieser Angebote mußten die zeitweise über 3 000 Asylbewerber allein durch die Kommune untergebracht und versorgt werden.

Letztlich wurde auch die wachsende Zahl der *Arbeitslosen* nicht nur zum Empfänger von materiellen Hilfen. Stadt und freie Träger bauten auch neben der Arbeitsverwaltung Beratungsdienste auf, und die Stadt versuchte mit der Gründung der ›Gemeinnützigen Beschäftigungsgesellschaft‹ 1991 weitergehende Wiedereingliederungshilfen für schwer zu Vermittelnde und Langzeitarbeitslose zu schaffen. Freilich kamen Jahr um Jahr nur etwa 150 Menschen in den Genuß dieses Angebots.[163] Darüber hinaus beschäftigte die Kommune auf dem Weg von Arbeitsbeschaffungs- und anderen Programmen zahlreiche Arbeitslose, die sich in vielen Bereichen als wertvolle Stütze des schwindenden ständigen Personalstandes erwiesen.

Zur kommunalen Daseinsfürsorge zählte nicht zuletzt die *Bereitstellung von preiswertem Wohnraum* für diejenigen Schichten, die sich hohe Wohnungsmieten nicht leisten konnten bzw. für die Wohnungseigentum unerschwinglich war. Hier hatte der ›soziale Wohnungsbau‹ einzuspringen, der von der öffentlichen Hand Zuschüsse erhielt und daher niedrigere Mieten verlangen konnte. Der Anteil des sozialen Wohnungsbaus am gesamten Bauvolumen schwankte mit den Jahren zwischen 46,4% (1975) und 18,7% (1985) und lag zwischen den siebziger und den neunziger Jahren durchschnittlich bei 33%. Hier waren besonders die grossen Wohnungsbaugesellschaften gefragt, die in den sechziger und siebziger Jahren die weiter unten näher zu behandelnden Trabanten-Siedlungen errichteten (s. S. 895). Damit wurde zunächst einmal der Bedarf für diejenigen abgedeckt, die – bedingt durch die Kriegszerstörungen und die starke Zuwanderung in den ersten beiden Jahrzehnten nach 1945 – überhaupt nicht über eigene Wohnungen verfügten. Später musste für Ersatzwohnungen bei Sanierungsmaßnahmen gesorgt werden. Seit den siebziger Jahren gab es dann zunehmend Wohnungssuchende,

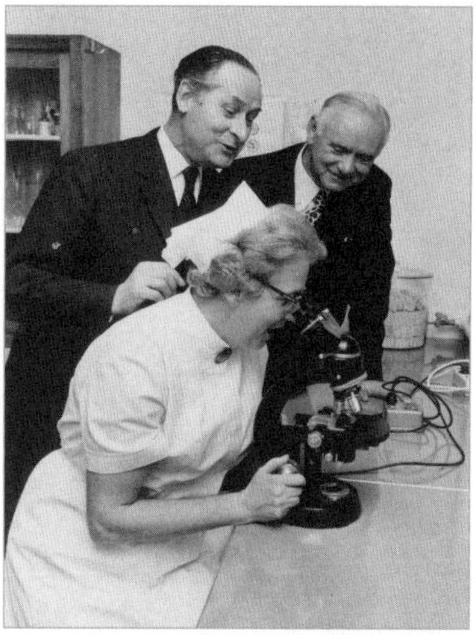

Die neue Hautklinik der Städt. Krankenanstalten wird ihrer Bestimmung übergeben; rechts der Beigeordnete Reimann Dezember 1970 [87]

denen es aus finanziellen Gründen schwer fiel, geeignete Unterkünfte zu finden. Gab es 1968 in Ludwigshafen etwa 5 000 Wohnungssuchende ohne eigene Wohnung, so entwickelten sich deren Zahl und die Menge der angebotenen Wohnungen immer weiter auseinander. Wohnraum blieb aber begehrt für Kinderreiche und Ärmere. Seit 1978 gab die Stadt in regelmäßigen Abständen einen ›Mietspiegel‹ heraus, der als Orientierungsmaßstab für Mieter und Vermieter viele Streitigkeiten schlichten half und einen guten Überblick über die Entwicklung der Preise auf dem freien Wohnungsmarkt gab. Ein Teil des öffentlichen Wohnungsbaus konzentrierte sich zudem auf die Versorgung von – körperlich und/oder geistig – Behinderten, für die jeweils eine spezielle Ausstattung der Wohnungen selbst wie auch der Wohnanlagen benötigt wurde.

Daneben stellte die Stadt auch Wohnungen für Menschen zur Verfügung, deren Integration in normale Wohngebiete schwierig war, und sorgte zusammen mit den Kirchen für Obdachlose. Die ›speziellen‹ Wohnungen, für die oft keine Mietverträge abgeschlossen wurden, um den Behörden freie Hand gegen auffällige Bewohner zu lassen, bildeten ›soziale Brennpunkte‹, verlangten besondere Betreuung und Hilfen und sorgten immer wieder für Proteste bei Umwohnern wie der Bewohner selbst, die sich über ihre bescheidenen Wohnverhältnisse beklagten. Seit 1970 operierte die ökumenische ›Fördergemeinschaft für soziale Brennpunkte‹ [164] in den beiden Siedlungen an der Bayreuther Straße und Mundenheim-West. Sie widmete sich besonders den Kindern und Jugendlichen. Um 1995 beschäftigte sie 37 haupt- und nebenamtliche Kräfte und unterhielt Jugendräume und eine Lernstube. Damals hatte sich die Schulsituation der Kinder in den Brennpunkten gegenüber den 1970ern deutlich verbessert, etwa 10% besuchten sogar eine weiterführende Schule.

Ein wichtiger Komplex der Daseinsfürsorge blieb das *Krankenhauswesen*. [165] Die größte und wichtigste Heilstätte Ludwigshafens mit zu Beginn der neunziger Jahre über tausend Betten [166] und jährlich 30 000 Patienten war das in seinen Wurzeln bereits in die Zeit vor der Gemeindegründung zurückreichende städtische Krankenhaus im Stadtteil Nord-Hemshof, das seit den fünfziger Jahren gründlich umstrukturiert und im Einklang mit den gesetzlichen Regelungen von Bund und Land neu organisiert worden war. [167] Als Einrichtung, die nicht nur Zentrale für die stationäre Krankenversorgung in Ludwigshafen selbst, sondern auch für die Region Vorderpfalz bildete, wurde sie ständig modernisiert bzw. mit weiteren Abteilungen ausgestattet. Dabei wurde der Plan, am Ostrand von Oggersheim auf dem dort verfügbaren großflächigen Gelände, das zügiges Bauen und gegebenenfalls eine weitere Ausdehnung erlaubte, ein neues Städtisches Krankenhaus zu errichten, schließlich aufgegeben und stattdessen das Stammgelände weitergenutzt: 1958 wurde der Neubau einer – 1990 sanierten – Augenklinik eingeweiht, 1960 folgte ein neuer Bettenbau für die Chirurgie, 1964 die Klinik für Röntgen- und Nuklearmedizin, 1968 bzw. 1970 wurden die Neubauten der Medizinischen Klinik, der Frauenklinik und der Hautklinik in Betrieb genommen, 1970 wurde eine Spezialabteilung für spastisch gelähmte Kinder, 1973 das Mikrobiologische Institut, 1976 die Nephrologische Klinik mit einem – 1982 erweiterten – Dialyse-Zentrum eröffnet, 1988 wurde ein Lithotrypter (eine Anlage zur Zertrümmerung von Nierensteinen), 1985 die

Anmerkungen
Seite 810 und 811

164 *Rhpf, 26.9.1995*

165 *vgl. f.d.F. allgemein StALu, Zeitungsverkartung, Stichwort ›Krankenhäuser‹ (1887—2002). Eine Gesamtgeschichte über das Krankenhauswesen in Ludwigshafen fehlt leider. Einen gewissen Ersatz bietet lediglich die in den folgenden Anm. zitierte Darstellung von v. Hippel.*

166 *zur Entwicklung der Bettenzahl vgl. ebd., S. 534. Für 1995 schätzte man damals den Bettenbedarf nur noch auf 925, langfristig sogar auf rund 900; ebd., S. 534f*

167 *Grundlegend für die Entwicklung dieser Einrichtung ist die Darstellung bei v. Hippel, für unsere Zeit auf S. 475 bis 591*

168 *zur Baugeschichte zwischen 1950 und 1990 vgl. auch die Aufstellung bei v. Hippel, S. 429f*

169 *vgl. Debus, Wirken, S. 166f*

Klinik für Mund-, Kiefern- und Gesichtschirurgie sowie 1993 die Herzklinik in Betrieb genommen.[168] Die ständige Expansion und der Zwang zur Modernisierung führten schließlich zum Entschluß einer Generalsanierung. Hierfür wurde zunächst zwischen 1992 und 1997 mit einem Aufwand von 230 Mio. DM ein Neubau für die größten Kliniken des Hauses mit insgesamt 270 Betten errichtet, nämlich für die Chirurgie, die Urologie, einen Teil der Frauenklinik und die Anaesthesiologische Intensivstation. Die Arbeiten am zweiten Bauabschnitt, die 2004 abgeschlossen sein sollen, sind im Gange. Bis zum Jahr des Stadtjubiläums entstanden daneben ein Diabetes-, ein Gefäß-, ein Brust- und ein onkologisches Zentrum. Eine ›Stroke-Unit‹ bot Hilfe bei akuten Schlaganfällen. Im Jahr 2002 öffnete die Kopfklinik ihre Pforten. Die Bedeutung und der medizinische Ruf des Städtischen Krankenhauses wurden dadurch unterstrichen, daß es 1984 (allerdings erst nach langem, seit 1970 dauerndem Gezerre um diesen Status und nachdem der Plan einer gemeinsam in Mannheim und Ludwigshafen betriebenen Universität (s. S. 921) hatte aufgegeben werden müssen) vom Land zum Lehrkrankenhaus der Medizinischen Fakultät der Mainzer Universität erhoben wurde (seitdem führt es die Bezeichnung ›Klinikum‹). Im Jahr 1994 wurde das Klinikum bei fortdauernder Trägerschaft der Stadt in eine ›gemeinnützige GmbH‹ umgewandelt (s. o. S. 786ff).

Als regionales Zentrum der Krankenversorgung verfügt Ludwigshafen aber noch über eine Reihe kleinerer Krankenhäuser, die z. T. auf eine längere Geschichte zurückblicken können. Das jüngste von ihnen entstand zu Beginn der sechziger Jahre, als sich die Berufsgenossenschaften (das ist der Unfallversicherungsverbund der Arbeitgeber) im Rhein-Neckar-Raum dazu entschlossen, im Einzugsbereich des größten Unternehmens der Region, der BASF, eine Unfallklinik zu errichten, die u. a. eine Sonderabteilung zur Behandlung von schweren Verbrennungen, Verätzungen und Strahlenschäden erhalten sollte. Sie wurde in vierjähriger Bauzeit am Ostrand von Oggersheim errichtet und im Herbst 1968 eingeweiht.

1973 erhielt sie einen Landeplatz für einen Rettungshubschrauber, der Teil des bundesweiten Rettungsnetzes für schwere Unfälle auf den Fernstraßen wurde. Mit ihren 264 Betten galt sie bereits bei der Einweihung als eine der modernsten deutschen Unfallkliniken. Es folgten bis in die späten neunziger Jahre fortlaufend Erweiterungen, so 1987 die Eröffnung einer Station für Nachbehandlungen und 1988 ein Erweiterungsneubau für die Behandlung und Pflege von Strahlenverletzten und Querschnittsgelähmten. 1998 wurde der Neubau eines Operationstraktes sowie eines Bettenhauses mit Intensivstation, Physiotherapie, Radiologie und Schwimmbad eingeweiht. Von den inzwischen vorhandenen 355 Betten entfallen 202 auf die Unfallchirurgie, 25 auf die Behandlung von Querschnittsgelähmten, 46 auf die von schweren Verbrennungen, 34 auf die plastische und Handchirurgie, 42 auf die stationäre Weiterbehandlung und sechs auf die Intensivstation.

In unmittelbarer Nähe der Unfallklinik war bereits 1963 das Krankenhaus ›Zum Guten Hirten‹ eröffnet worden. Getragen von den Niederbronner Schwestern, einem katholischen Krankenpflegeorden,[169] folgte es einer Vorgängereinrichtung, die bereits seit 1932 eine Heilstätte in unmittelbarer Nähe des Stadtparks betrieben hatte. Nach ihrer Zerstörung im Krieg war diese 1946 zunächst in einen Ersatzbau verlegt

Das ›Krankenhaus zum Guten Hirten‹ in Oggersheim [88]

St. Annastift in Mundenheim, 1979 [89]

Hier wurde auch Niki Lauda behandelt: die Berufsgenossenschaftliche Unfallklinik in Oggersheim mit dem Rettungshubschrauber um 1992 [90]

Die Schwesternkapelle des Marienkrankenhauses 1984 [91]

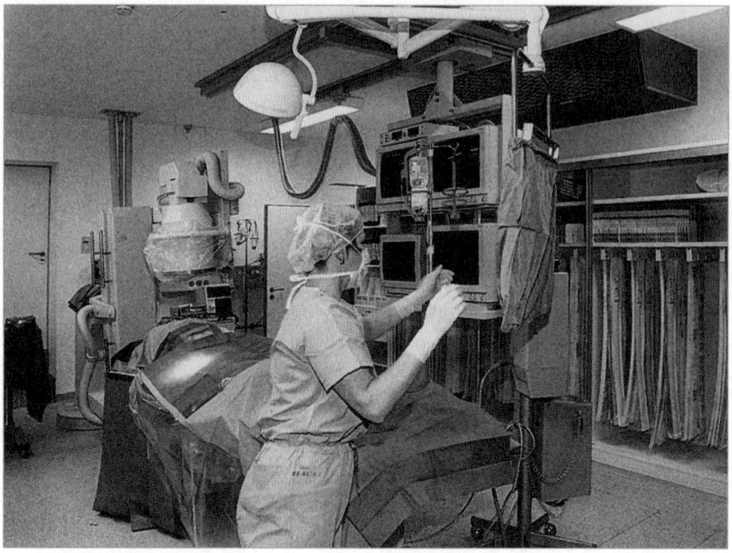

Inbetriebnahme des zweiten Herzkatheter-Labors im Klinikum März 2000 [92]

worden, dessen Belegung bis in die fünfziger Jahre auf 150 Betten anwuchs, wofür der Bau jedoch zu klein war. Der Neubau am Ostrand von Oggersheim enthielt 170 Betten und Fachabteilungen für Innere Medizin und Chirurgie sowie später auch für Intensivmedizin, Gynäkologie und Geburtshilfe sowie für Hals-, Nasen- und Ohrenerkrankungen. 1999 kam als vorläufig letzte Abteilung die für Psychiatrie und Psychotherapie hinzu, allerdings mußte dafür die chirurgische Abteilung geschlossen werden.

Eine weitere von der katholischen Kirche getragene Heilstätte ist das Krankenhaus St. Marien in der Gartenstadt, das bereits seit 1930 besteht. 1968 erfuhr es eine großzügige Erweiterung und betreute im Jahr 1999 rund 17000 Patienten. Es verfügt als zweitgrößtes Ludwigshafener Krankenhaus mit rund 500 Betten über Abteilungen für Chirurgie, Innere Medizin und vor allem für die Gynäkologie. Im Sommer 2002 wurde hier die erste schmerztherapeutische Tagesklinik in der Pfalz (vorwiegend für Krebspatienten) eröffnet. Träger ist ein weiterer Pflegeorden, nämlich die zu den Dominikanerinnen zählende, in Speyer ansässige Kongregation der ›Armen Schulschwestern‹.[170]

Auf eine private Stiftung der Lehrerin Karolina Burger aus dem Jahr 1912 geht das St. Annastift in Mundenheim zurück, das sich ursprünglich vor allem der Kinderfürsorge widmete und 1953 ein eigenes Kinderkrankenhaus in der nach der Stifterin benannten Straße erhielt. 1963 und 1967 wurden Erweiterungsbauten in Betrieb gestellt. Das Haus wuchs schließlich auf 350 Betten für das Mädchenfürsorgeheim (80), das Kinderheim (120) und die Station für kranke Kinder (150), denen noch eine Entbindungsstation zugeordnet wurde. 1976 kam ein eigenes Schwestern- und Schwesternschülerinnenheim zur Ausbildung von Kleinkinder- und Krankenpflegerinnen hinzu, die sämtlich von den Speyerer Dominikanerinnen geleitet werden. 1985 wurden das St. Annastift und das St. Marienkrankenhaus organisatorisch zusammengelegt. Im Jahr 2002 eröffnete das St. Annastift die zweite Krebskinderklinik in Rheinland-Pfalz.

Anmerkungen Seite 812 und 813

170 dazu Debus, Kirchen, S.465—527, auf S.494

171 vgl. dazu bei v. Hippel, S.499f sowie in Kapitel 16 ›Demokratische Konsolidierung und Wirtschaftswunder‹

Zeichen der Zeit:
Eröffnung einer ›Babyklappe‹
zur anonymen Abgabe ungewollter Kinder
im Marienkrankenhaus
2001 [94]

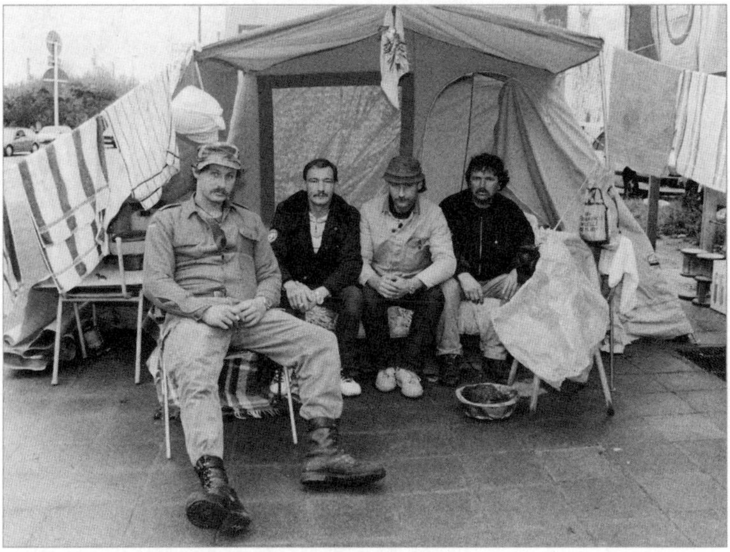

Soziale Herausforderung: Obdachlose im Hemshofgebiet
November 1993 [93]

Eine der größten Herausforderungen des Krankenhauswesens bestand – hier wie anderswo – im Mangel an geeigneten Pflegekräften. Lange Lehrzeiten, entsagungsvolle, körperlich meist sehr anstrengende Arbeit, unregelmäßige Dienstzeiten und vergleichsweise schlechte Bezahlung machten den Beruf der Krankenschwester oder des Krankenpflegers zunehmend unattraktiv. Seit den sechziger Jahren behalf man sich mit der Anwerbung fast durchweg weiblicher ausländischer Pflegekräfte, vielfach aus der Türkei und aus Südkorea, später auch aus Jugoslawien.[171] Zur Rekrutierung von Pflegekräften auch aus dem eigenen Land war es erforderlich, entsprechende schulische Einrichtungen bereitzuhalten. Schwesternschulen, später Krankenpflegeschulen genannt, gab es beim Städtischen Krankenhaus 1963 mit 46 und seit 1980 mit 180 Plätzen, ferner am Marienkrankenhaus und am Annastift, wobei man jeweils auch für Internatsplätze sorgte. Eine Schwesternvorschule der Stadt wurde 1971 geschlossen, nachdem das Land Rheinland-Pfalz als neue Fachrichtung an den Berufsschulen die sogenannte zweijährige Berufsfachschule für Hauswirtschaft und Sozialpflege eingeführt hatte (vgl. auch unten, S. 919).

Größerer Investitionen bedurfte es für die Behebung der Wohnungsnot bei den Pflegekräften, vor allem, wenn sie möglichst krankenhausnah wohnen und so in Notfällen leichter verfügbar sein sollten. Gerade in den fünfziger und sechziger Jahren war die angemessene Unterbringung ein gravierendes Problem. Daher wurde in allen Krankenhäusern intensiv an der Verbesserung der Wohnungssituation gearbeitet. Das Städtische Krankenhaus eröffnete 1958 ein neues Schwesternwohnheim, das 1970 eine erhebliche Erweiterung erfuhr. Das Krankenhaus St. Marien erhielt 1971, das Krankenhaus St. Annastift 1976 ein eigenes Schwesternhaus. Zugleich bemühte man sich um die Bereitstellung von Wohnraum für Assistenzärzte, an dem es ebenfalls mangelte. Seit den siebziger Jahren entspannte sich die Lage für Krankenhausbedienstete dann dadurch, daß es in Ludwigshafen faktisch – außer für soziale Härtefälle – keine Wohnungsnot mehr gab.

Neue Armut: die in den frühen 1990er Jahren eröffnete kirchliche Suppenküche der Apostelkirchengemeinde im Hemshof [95]

Insgesamt gesehen verfügt Ludwigshafen gegenwärtig über ein den Besonderheiten der Stadt angemessenes Krankenhauswesen, das innerhalb des Rhein-Neckar-Dreiecks neben Mannheim und Heidelberg eine zentrale Funktion vor allem für den linksrheinischen Teil der Region ausübt; um die Jahrtausendwende arbeiteten etwa 5 000 Beschäftigte in den Ludwigshafener Kliniken. Nur 50—60% der in der Chemiestadt behandelten Patienten kommen aus Ludwigshafen selbst, dafür mehr als ein Drittel aus der Vorderpfalz, vor allem aus den Landkreisen Ludwigshafen und Bad Dürkheim. Dagegen hat die berufsgenossenschaftliche Unfallklinik eine wichtige Funktion für die gesamte Rhein-Neckar-Region und zum Teil über ihre Grenzen hinaus. Die Stärke des ›Medizinstandorts‹ Ludwigshafen hat in jüngster Zeit zur Ansiedlung von privaten medizinischen Dienstleistern geführt, die sich bisher erfolgreich entwickelten (vgl. auch S. 859).

Zur medizinischen Versorgung gehörten natürlich auch die oben erwähnten Pflegedienste, die Sorge um psychisch Kranke und die allgemeine Ausstattung der Stadt mit niedergelassenen Ärzten. Entsprechend der allgemeinen Steigerung des Lebensstandards nahm die Dichte der ärztlichen Versorgung in Ludwigshafen zwischen den sechziger und den neunziger Jahren – im übrigen konform mit den Verhältnissen in Deutschland allgemein – erheblich zu: Kam 1970 noch ein Arzt auf etwa 1 100 Einwohner, so waren es 1980: 855 und um 1990 etwas weniger als 700; diese Quote veränderte sich seitdem nur unwesentlich. Auch beim Krankenhauspersonal verbesserte sich die Relation zwischen der Anzahl der betreuenden Ärzte und der Pflegekräfte erheblich.

In den 1990er Jahren machte sich allerdings eine zunehmende Knappheit sowohl bei den Pflegekräften im ambulanten wie stationären Bereich als auch bei der Ärzteschaft der Krankenhäuser bemerkbar. Die Belastung mit Überstunden wuchs oft ins Unermeßliche,[172] und die Pflegerinnen der Sozialstationen klagten über „die alltägliche Pflegerallye von Patient zu Patient."[173] Neue Behandlungsmethoden erhöhten die Krankenhauskosten, die immer kürzere Verweildauer der Patienten – sie verringerte sich z. B. im Städtischen Krankenhaus zwischen 1970 und 1990 im Durchschnitt von zweiundzwanzig auf elf Tage[174] – ›verdichtete‹ die Arbeitsabläufe. Zudem waren auch die Ludwigshafener Kliniken an dem heftigen Verteilungskampf um finanzielle Mittel

Anmerkungen
Seite 814 und 815

172 Rhpf, 8.8.2003

173 Rhpf, 5.10.2002

174 Angaben für das Städtische Krankenhaus bei v. Hippel, S. 510 und 517

175 Rhpf, 24.5.1989: Neue Familienhelferin …

176 Beispielhaft seien hier die Finanzierung des Frauenhauses und der ökumenischen Fördergemeinschaft für soziale Brennpunkte genannt. Ersteres hatte 2002 einen Etat von ca. 300 000 Euro, zu dem die Stadt 110 000 Euro hinzugab, das Land 70 000 Euro. Eventuelle Defizite hatte die Stadt zu decken; Rhpf, 14.6.2002. Die Fördergemeinschaft verfügte 1995 über 1,8 Mio. Mark, wovon die kirchlichen Träger 360 000 DM beitrugen, der Rest wurde hälftig von Stadt und Land getragen; Rhpf, 26.9.1995.

** Durch Maßnahmen wie eine intensivere Beratung und Betreuung der Empfänger sanken die Kosten für HLU zwischen 1998 und 2002 von 28,1 Mio. Euro auf 25,9 Mio. Euro.*

Treffpunkt Schachspiel: Fußgängerzone Ludwigstraße um 1983 [96]

beteiligt. Seit den späten achtziger Jahren wurde intensiv über den Abbau von Krankenhausbetten diskutiert, denn viele davon schienen infolge des Bevölkerungsrückgangs, verbesserter Behandlungsmethoden und kürzerer Verweildauer der Patienten inzwischen nicht mehr erforderlich. Dennoch setzten sich die einzelnen Krankenhäuser mit großer Erbitterung dagegen zur Wehr, da eine Verringerung der Bettenzahl das Krankenhausbudget tangierte und weitreichende Umstrukturierungen ›im Inneren‹ nach sich ziehen mußte.

„Die soziale Entwicklung unserer Stadt ist besorgniserregend. Die wirtschaftliche Blüte führt nicht zur Lösung der Probleme", stellte Sozialdezernent Wolfgang Schulte 1989 fest[175] und lenkte damit die Aufmerksamkeit auf die niederschmetternde Tatsache, daß den gewaltigen Anstrengungen von Stadt und freien Trägern für Daseinsfürsorge und soziale Leistungen stets größere Herausforderungen gegenüberstanden. „Es besteht ein wachsender Versorgungsbedarf [...] eine zunehmende Verflechtung von Arbeitsplatzverlust und Wohnungsnot sei feststellbar. Oft folgten Erziehungsprobleme, die Trennungsproblematik werde verschärft (Scheidungen). Der Einstieg in den Teufelskreis von Alkohol und Drogen liege bedrohlich nahe." Gesamtgesellschaftliche Verfallsprozesse verlangten immer größere Anstrengungen von den Trägern der Sozialfürsorge, und der Optimismus, wirklich auf Dauer eine bessere Gesellschaft schaffen zu können, begann zu welken. Dazu gesellte sich die verheerende Finanzkrise der Jahre nach 1992. Ludwigshafen bekam wie fast alle Gemeinden in Deutschland große Probleme, den – im Laufe der Jahre auch durch gesetzliche Vorgaben vom Bund wie vom Land immer mehr ausgeweiteten – Sozialbereich zu finanzieren, zumal die Kommune nicht nur für den Unterhalt der von ihr selbst gegründeten und unterhaltenen Einrichtungen aufkommen, sondern hohe Zuschüsse für die Einrichtungen der freien Träger leisten mußte.[176] In dieser Notsituation, die auch die freien Träger traf, wurden nach 2000 Pläne entwickelt, das soziale Netz der Stadt auf seine Bedarfsgerechtigkeit hin zu überprüfen und etwaige Doppelungen von Angeboten freier Träger und der Kommune zu bündeln. Auch im Bereich der ›traditionellen‹ Sozialhilfe, deren Kosten durch die wachsende Arbeitslosigkeit stark stiegen, wurden ›Dämpfungsmaßnahmen‹ ergriffen. Das mustergültige soziale Netz Ludwigshafen sollte erhalten, aber gestrafft werden.*

Menschen in Ludwigshafen beim Bürgerhoffest 1981 [97]

Teil 3
Bevölkerung, Gesellschaft und Wirtschaft

›Stadtflucht‹ und ›demographische Wende‹: Entwicklung und Zusammensetzung der Bevölkerung[177]

1965 zählte Ludwigshafen rund 179 000 Einwohner. Damals war es noch die bevölkerungsreichste Stadt in Rheinland-Pfalz, die Hauptstadt Mainz hatte nur 146 000 Einwohner aufzuweisen. Im ersten Jahrfünft der 1960er Jahre war die Bevölkerung um nahezu 10 000 Menschen gewachsen. Man rechnete damals in der Chemiestadt aufgrund des anhaltenden Geburtenüberschusses und des zu erwartenden Zuzugs für die Mitte des kommenden Jahrzehnts mit einem weiteren kräftigen Bevölkerungszuwachs und mit einer Einwohnerzahl von 200 000, ja längerfristig sogar von bis zu 240 000. 1970 lebten in Ludwigshafen indes erst 179 286 Menschen. Die dann allgemein in Deutschland einsetzende ›Stadtflucht‹ und der Rückgang der Geburtenzahlen führten in den nächsten Jahrzehnten in den deutschen Großstädten zu empfindlichen Bevölkerungseinbußen. 1975 wurden in Ludwigshafen nur noch rund 175 000 Einwohner gezählt, 1980 waren es 166 700 (Mainz zählte nach umfangreichen Eingemeindungen mittlerweile 185 000 Einwohner).

Anmerkungen Seite 816 und 817

177 *Zahlen nach den statistischen Jahresberichten in der Reihe ›Konzepte und Berichte zur Stadtentwicklung in Ludwigshafen am Rhein‹, zuletzt für 1999 in zwei Teilen, (2 / bzw. 3 / 2000) erschienen; vgl. dort vor allem Teil I; für 2000 entsprechend den offiziösen Angaben auf der Homepage von Ludwigshafen; vgl. http: / / www.ludwigshafen.de / content / standort / stadtportrait / einwohner / index.php*

178 *Berichte zur Stadtentwicklung 7 / 2002, S. 28; StALu, DS 243 / 2002*

Beim Einkaufen am verkaufsoffenen Sonntag in der Bismarckstraße November 2000 [98]

1987 war die Zahl auf etwa 161 000 gesunken, danach stieg sie wieder leicht an und überschritt 1992 bis 1995 die Marke von 171 000. Ende 2000 belief sich die Bevölkerung auf 165 636 Seelen; damit war Ludwigshafen nach Mainz (2000: 183 000 Einwohner) nach wie vor die zweitgrößte rheinland-pfälzische Stadt. Schätzungen gingen allerdings von einem Rückgang der Bevölkerung auf etwa 156 000 Einwohner bis zum Jahr 2015 aus.[178]

Hinter diesen Zahlen verbergen sich entscheidende Veränderungen der Bevölkerungsstruktur. Wie überall in Deutschland ging der Bevölkerungsschwund zum einen auf die spätestens seit 1970 dramatisch sinkenden Geburtenraten zurück. Kamen 1965 in Ludwigshafen auf tausend Einwohner noch 16 Neugeborene, so sank diese Quote 1970 auf 11,6‰ und 1975 auf 8,5‰. Sie stieg zwar bis 1990 auf 11,1‰ sank dann aber bis 1995 wieder auf 9,2‰, blieb bis 2000 auf dieser Höhe. Daß die Geburtenziffer nicht völlig einbrach, lag vor allem am steigenden Anteil der Neugeborenen aus ausländischen Familien: er betrug 1965 noch 7%, stieg bis 1970 auf 14,9% und lag 1980 bei 21,9%, 1985 bei 24%, 1995 bei 33% und 1998 bei 34,2%. Der sinkenden Geburtenrate stand eine steigende Sterbeziffer gegenüber: sie betrug 1965 10,5‰ und 1970 11,1‰, wuchs dann aber bis 1980 auf 11,6‰ und

Menschen in Ludwigshafen, vor dem Ankerhof Wredestraße 1969 [99]

verharrte bis zum Ende unserer Periode bei etwa 11‰. Der Ausländeranteil bei den Gestorbenen war dabei verschwindend gering: er lag 1965 bei 1,6% und stieg bis 2000 auf rund 4% an. Der Sterbeüberschuß ging also auf das Konto der deutschen Bevölkerung. Bei dieser waren denn auch die drastischen Verschiebungen des Altersaufbaus zu verzeichnen, die Ludwigshafen ebenso wie andere Großstädte inzwischen aufzuweisen hat: Die Zahl der Kinder wie der jüngeren Menschen unter fünfundzwanzig Jahren sank kontinuierlich, während die Quote derjenigen, die das Rentenalter erreicht hatten, anstieg. Die Zahl der älteren Einwohner wuchs zwischen 1970 und 1995 um das Doppelte: waren 1970 noch 23,5% der Bevölkerung jünger als 21 Jahre und 18,3% älter als 60 Jahre, so betrug der Anteil der Jüngeren fünfundzwanzig Jahre später 20,7%, wobei der relativ geringe Rückgang auf den Zustrom vorwiegend junger Ausländer mit relativ kinderreichen Familien zurückzuführen war. Die Gruppe der über Sechzigjährigen, deren Anteil 1970 noch bei 18,3% lag, war 1995 aber bereits auf 21,5% und 2000 auf rund 22% angewachsen. Ihre absolute Zahl betrug schon 1995 rund 37 000, davon allein 11 000 (6,4% der Bevölkerung) über Fünfundsiebzigjährige; bis 2015 rechnete man mit einem Anstieg des Anteils der Senioren auf 28%, darunter der über Fünfundsiebzigjährigen auf 11%, d. h. rund 17 000 Personen.[179] Dies erfordert eine weitere Intensivierung der Seniorenbetreuung durch Errichtung von Seniorenheimen bzw. -wohnstätten und durch mobile Dienste.

Anmerkungen Seite 818

179 *Berichte zur Stadtentwicklung 7/2002, S. 28; StALu, DS 243/2002*

Der Rückgang des Anteils der Jüngeren hing aber nicht nur mit dem allgemeinen Geburtenrückgang zusammen. Hier kommt vielmehr das zweite Element der Veränderung der Ludwigshafener Bevölkerungsstruktur ins Spiel: die ›Stadtflucht‹. Viele Familien mit Kindern, die sich das ersehnte ›Haus im Grünen‹ leisten konnten, zogen in die dörflichen Orte rund um die Stadt. Die Wanderungsbilanz, d. h. die Differenz zwischen Zu- und Fortzügen, war erstmals seit dem Krieg im Jahr 1966 negativ geworden – es zogen 1 061 Menschen mehr fort aus der Stadt als neu zuzogen. Dies wurde damals von der Geburtenrate ausgeglichen, so daß die Bevölkerung weiterhin leicht wuchs. Der Wanderungsverlust

Auf dem Marktplatz, dem späteren Klüberplatz
30. Juni 1978 [100]

setzte sich jedoch deutlich bis weit in die achtziger Jahre fort und begann im Zeichen sinkender Geburtenraten Wirkung auf die Einwohnerzahl Ludwigshafens zu entfalten. Das lag vor allem an der starken Abwanderung der deutschen Bevölkerungsteile. Nur allmählich kehrte sich das Verhältnis zwischen der Zu- und der Abwanderung um, wofür in erster Linie der zunehmend stärkere Zuzug von Ausländern verantwortlich war. Verlor Ludwigshafen durch Abwanderung 1975 nahezu 2 900 Einwohner, so war seit 1980 die Wanderungsbilanz nahezu ausgeglichen. 1990 aber war ein Wanderungsplus von rund 2 600 und 1991 von 3 340 Einwohnern zu verzeichnen. Hieran hatten ausländische Arbeitskräfte einen starken Anteil, welche infolge des kurzzeitigen Konjunkturhochs nach der deutschen Wiedervereinigung benötigt wurden. Aber auch Deutsche zogen wieder verstärkt in die Stadt. Ab der Mitte der neunziger Jahre war die Zahl deutscher Zuwanderer allerdings rückläufig. Der Wanderungsverlust des deutschen Bevölkerungsanteils betrug 1995 rund 800 Einwohner. Dem stand aber ein deutlicher Wanderungsgewinn bei den Ausländern (1995: 1 209 Personen) gegenüber, so daß jetzt die Wanderungsbilanz wieder leicht positiv war.

Hauptgrund für die Wanderungsverluste bei den Deutschen war die ›Nahwanderung‹ in die kleineren Ludwigshafener Nachbarorte. Die ›Stadtflucht‹ junger mittelständischer Familien sowie ›besser verdienender Kreise‹ und ihre Ansiedlung vor allem im Umland bzw. in den landschaftlich reizvollen Gegenden der Wein- und Bergstraße sowie umgekehrt die Ansiedlung meist nicht sehr kaufkräftiger Ausländer schuf für Ludwigshafen je länger je mehr vielerlei schwerwiegende Probleme: weder der Durchschnitt der zurückbleibenden deutschen Bevölkerung noch die Neuzuwanderer trugen dazu bei, die Steuer- und Kaufkraft der Stadtbevölkerung zu erhalten geschweige denn zu steigern. So sank, wie erwähnt, der Anteil, der Ludwigshafen aus der Einkommensteuer von Rheinland-Pfalz zustand, von 8,3% im Jahr 1971 auf nur noch 4,2% nach der Jahrtausendwende, ein ebenso deutliches Zeichen für den Schwund steuerkräftiger Einwohner wie die Tatsache, daß die Kaufkraft der Ludwigshafener Einwohner im Jahr 2001 nur um 3,7% – 2002 sank

Zuschauer bei einer Aufführung tanzender Derwische, Tag der offenen Moschee nach der Jahrtausendwende [101]

der Wert auf 3,1% – über dem Bundesdurchschnitt lag, der ja auch ländliche und strukturschwache Regionen mit einbezieht. Im Landkreis Ludwigshafen erreichte der Wert hingegen 15,2%, in Limburgerhof über 30%.[180] Dies wiederum beeinflußte die Lage des Einzelhandels negativ. In manchen, für die bessergestellte deutsche Bevölkerung wegen der Verkehrs- oder Umweltsituation oder wegen des veralteten Wohnungsbestandes besonders unattraktiven Stadtteilen entwickelte sich eine soziale Schieflage: immer mehr sozial Schwache, Arbeitslose, alleinerziehende Eltern, Sozialhilfeempfänger und geringverdienende Ausländer lebten in den Quartieren zusammen. Vor allem Teile der Innenstadt, aber auch Gebiete in Mundenheim und der Stadtteil West waren davon betroffen. Umgekehrt hoben sich die äußeren Stadtteile deutlich davon ab. Letztlich schuf die immer wachsende Pendlerwelle auch neue Anforderungen an die Gestaltung der Verkehrswege, d. h. konkret an den städtischen Haushalt. Zudem nutzten die ›Nahwanderer‹ weiterhin die schulischen, kulturellen und medizinischen Angebote der Stadt, ohne aber noch zu ihrem Unterhalt beizutragen. Die Möglichkeit, durch Eingemeindung der umliegenden Orte das Stadtgebiet zu erweitern und damit wieder Zugriff auf die steuerkräftigeren Kreise zu erhalten, wie es sonst vielfach durch Gebietsreformen in der Bundesrepublik Deutschland seit den siebziger Jahren geschah, blieb Ludwigshafen aber wegen der politischen Lage im Land Rheinland-Pfalz versagt (s. o. S. 767ff).

Anmerkungen
Seite 820

180 Rhpf, 30.7.2003: Ludwigshafen 103,1%, Rheinland-Pfalz nur 101,3%

Innerhalb des Stadtgebiets kam es zu einer nachhaltigen Bevölkerungsverschiebung, wie sie in ähnlicher Form auch in den übrigen deutschen Großstädten und Agglomerationen zu beobachten war: Der Kernbereich der Innenstadt – d. h. die Stadtteile Mitte, Nord-Hemshof, West und Süd – und die sog. erweiterte Innenstadt (neben den genannten Stadtteilen noch Friesenheim und Mundenheim) verloren Einwohneranteile, während die Bevölkerung vor allem in Maudach, Oggersheim und Edigheim sowie im Neubaugebiet auf der Pfingstweide seit 1969 spürbar anstieg. Betrug die Einwohnerzahl im Stadtteil Mitte 1965 noch 13300, so waren es 1985 nur noch 9700, Ende 2000 allerdings

Der Bürgermeister von Carrara übergibt der BASF eine Marmor-Skulptur zum 40. Jahrestag der ersten Ankunft italienischer Gastarbeiter im Werk, Juni 2000 [102]

wieder ca. 10 500. Im Stadtteil Süd sank die Zahl von 1965 bis 1985 von 25 100 auf 19 100 und betrug 2000 nur noch 17 900; in Nord-Hemshof lebten Mitte der sechziger Jahre 24 200, zwanzig Jahre später 15 570 und 2000: 16 700 Personen, im Stadtteil West 1965: 6 500, 1985: 4 600 und 2000: 4 400. Für die eigentliche Innenstadt (1965: 69 000, 1985: 48 980, 2000 wieder 49 500) bedeutete dies in unserer Periode eine Minderung um 28,3%. In Friesenheim ging die Bevölkerungszahl im gleichen Zeitraum von 25 500 auf 16 600 und in Mundenheim von 17 970 auf 12 760 zurück, in beiden Stadtteilen zusammen also um 32,5%. Die erweiterte Innenstadt verlor also in diesen fünfunddreißig Jahren nahezu 30% ihrer Einwohner, wobei die Einbußen noch stärker ausgefallen wären, wenn sich die Zahl der in den Stadtteilen Mitte und Nord-Hemshof Lebenden durch den starken Zuzug von Ausländern zwischen 1985 und 2000 nicht leicht erholt hätte. In Maudach hingegen war zwischen 1965 und 2000 ein Wachstum von 3 000 auf 7 200, in Oggersheim von 15 600 auf 24 000 und in Edigheim von 7 800 Einwohnern auf 8 600, insgesamt also ein Zuwachs um rund die Hälfte zu verzeichnen. Dieser Trend zur Entvölkerung der Kernbereiche zugunsten der Randbezirke war für deutsche Großstädte nicht untypisch. Aber auch manche der äußeren Stadtteile Ludwigshafens wie das BASF-nahe Oppau (1965: 12 100, 1985: 9 650, 2000: 9 800), Rheingönheim (1965: 6 400, 1985: 6 350, 2000: 6 300) oder die Gartenstadt mit ihrer zum Teil modernen Maßstäben nicht mehr entsprechenden Baustruktur (1965: 19 800, 1985: 19 250, 2000: 17 800) erlebten ein Absinken oder ein Stagnieren ihrer Einwohnerzahlen bzw. verzeichneten nur kurzfristig einen Bevölkerungsanstieg, um dann wieder Einwohner einzubüssen. In der ganz im Norden gelegenen Trabantenstadt Pfingstweide ging die Einwohnerzahl seit Mitte der achtziger Jahre sogar deutlich zurück (1985: 8 300, 2000: 6 900).

Legt man allein die Zahl der deutschen Einwohner zugrunde, so hätte Ludwigshafens Bevölkerung wesentlich stärker sinken müssen als es tatsächlich geschah. Denn diese Gruppe verringerte sich zwischen

›Gastarbeiter‹ in ihrer Baracke in der Ludwigshafener Industriestraße nach Feierabend, um 1961 [103]

Der italienische Konsul auf Besuch im Hemshöfer ›Centro Italiano‹ 1967 [104]

1969 und 1994 um rund 27000. Wie schon mehrfach angedeutet, bewirkte der Zuzug wie das Reproduktionsverhalten der Ausländer jedoch eine starke Gegenbewegung. Betrug der Anteil der Ausländer 1960 mit 2200 Personen noch 1,4% der Einwohnerschaft, so waren es sieben Jahre später mit 12700 schon 7%. Nach einem Rückgang während der Wirtschaftsflaute 1965 bis 1967 erreichte die Zahl 1974 mit 19000 10,6%. Der Anwerbestop für ausländische Arbeitskräfte nach der ›Ölkrise‹ und die unsichere wirtschaftliche Situation ließen die Zahl trotz Familiennachzugs bis weit in die 1980er Jahre zuerst fallen und dann nur wenig steigen – 1980 waren es mit 19700 Menschen 11,8% der Stadtbevölkerung, 1985 mit 20280 12,4%. Seit dem Ende der 1980er Jahre folgte ein deutlicher Anstieg – 1990 25000 (15% der Einwohnerschaft Ludwigshafens), 1994 30300 (17,7%) und Ende 2001 33269 (20%). Bis Ende der siebziger Jahre bildeten die Italiener die stärkste Gruppe, sie wurden aber seit den frühen achtziger Jahren von den Türken überflügelt (1980: 5500 zu 5400, 1990: 7900 zu 5600, 1994: 9700 zu 5800); letztere entsprachen Mitte 2000 mit 11196 Personen 6,7% der Gesamtbevölkerung, ein Anteil, der sich auch auf das zahlenmäßige Verhältnis unter den Religionsgemeinschaften auswirkte (vgl. S. 953). Die drittgrößte Gruppe bildeten bis 1980 Zuwanderer aus Griechenland (1980 fast 3000); sie wurden seitdem von denen aus dem ehemaligen Jugoslawien überflügelt (1990: 3100, 1994: 5800). Weniger zu Buch schlugen Zuwanderer aus Asien, vor allem Vietnamesen, deren Zahl 1994 rund 1400 betrug, und kaum in Betracht kamen Afrikaner, von denen man 1990 knapp über 500 und 1994 630 Personen zählte.[181]

Anmerkungen
Seite 822 und 823

181 *vgl. die Antwort der Stadtverwaltung auf eine Anfrage der Grünen im Stadtrat im März 1998: StALu, SRP 23.3.1998, S.41b—42b*

182 *Berichte zur Stadtentwicklung 7/2002, S. 10; StALu, DS 243/2002*

183 *Bezieht man diejenigen Ausländer ein, die inzwischen die deutsche Staatsbürgerschaft erworben haben, dürfte der Anteil noch bedeutend höher liegen; siehe auch nächster Abschnitt ›Neue Heimat für viele Fremde: Ausländer in Ludwigshafen‹*

184 *zu den Ausländern vgl. allg. StALu, Zeitungsverkartung, Stichworte ›Ausländer‹, ›Flüchtlinge‹*

185 *Rhpf, MM, 3.4.1973*

Ausländer in Ludwigshafen 2001 [182]
absolute Zahlen und
Veränderung der Zahlen von 1967 bis 2001 in Prozent

Gesamtzahl	33 269	162,3
davon aus		
Europa	29 113	144,8
u. a. aus		
der Türkei	10 933	670,4
Italien	6 469	36,3
Jugoslawien bzw.	4 659	600,6
Ex-Jugoslawien (ohne Slowenien)		
darunter		
Jugoslawien	2 935	k.A.
Kroatien	1 372	k.A.
Griechenland	2 488	10,8
Polen	855	180,3
Ungarn	757	415,0
Spanien, Portugal	495	-41,8
Frankreich	322	-14,4
Österreich, Schweiz	318	-49,0
übriges Europa	1 817	151,4
Asien	2 577	1 443,1
Afrika	964	1 047,6
Amerika, Australien, Ozeanien	521	49,7

Guiseppe und Vittoria
Junge Italiener im ›Sonntagsstaat‹
Ludwigshafen um 1961 [105]

Folklore-Nachmittag
der Arbeiterwohlfahrt für türkische
Gastarbeiter, 1966 [106]

Der Bundespräsident mit einem Herz
für Gastarbeiter: Schaulustige beim
Besuch Gustav Heinemanns in
Ludwigshafen, 2. April 1973 [107]

Der größte Teil der Ausländer siedelte sich in den Stadtteilen an, aus denen die deutsche Bevölkerung abwanderte und die kostengünstigen Mietraum boten, d. h. im Innenstadtbereich. Betrug der Ausländeranteil an der Einwohnerschaft der Innenstadt – die Stadtteile Nord, Mitte, Süd, West – 1970 noch 7,6%, so waren es 1990: 24,7% und Ende 2001: 34,3%. Hemshof/Nord hatte zu diesem Zeitpunkt eine Quote von 46,8%, der Bezirk Mitte von 36,6%; eine niedrigere Rate besaßen Mundenheim mit 18,4% und Friesenheim mit 21,4%.[183] In der erweiterten Innenstadt stieg der Ausländeranteil im gleichen Zeitraum von etwa einem Zehntel auf 29,0%.

Den geringsten Anteil wiesen Ende 2001 Edigheim mit 7,6%, Ruchheim mit 8,4%, Maudach mit 9,5% und mit 9,6% die Gartenstadt auf.

Neue Heimat für viele Fremde: Ausländer in Ludwigshafen[184]

Der Bundespräsident habe „ein Herz für die Gastarbeiter."[185] Mit diesen leise mißbilligenden Worten kommentierte die örtliche Presse die Tatsache, daß Bundespräsident Gustav Heinemann fast die Hälfte seines offiziellen Besuchs in Ludwigshafen im April 1973 mit Vertrauensleuten und Sozialarbeitern der ›Gastarbeiter‹ verbrachte – „um vor Ort zu hören, was Sie bedrängt", wie er ausführte. Die Angesprochenen nannten den Kontakt mit den Behörden, die Fragen der Aufenthaltsgenehmigung, Probleme mit der Versorgung und Schulbildung ihrer Kinder und ihre Wohnsituation als häufigste Sorgen.

Brandanschlag auf ein türkisches Lebensmittelgeschäft in der Schulstraße 14. Februar 1993 [108]

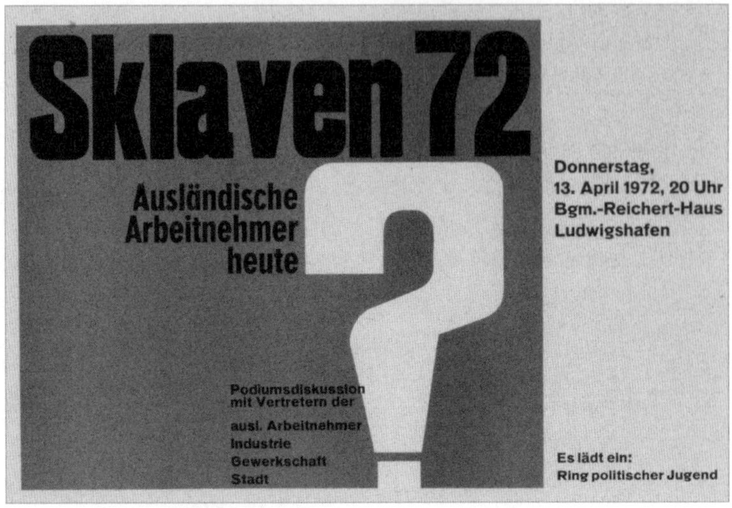

›Sklaven 72‹: die Lage der ›Gastarbeiter‹ als Problem Podiumsdiskussion des Rings politischer Jugend im Reichert-Haus, 1972 [109]

Dies umriß in etwa die Schwierigkeiten, denen sich die ausländischen Arbeitskräfte in Ludwigshafen im zwölften Jahr nach dem Beginn der massenhaften Beschäftigung durch die örtliche Industrie gegenübersahen. Der Besuch des Bundespräsidenten stellte einen ersten Höhepunkt der öffentlichen Aufmerksamkeit für das noch recht neue Phänomen ›Gastarbeiter‹ dar. Das soll allerdings nicht heißen, daß seit der Anwerbung und Ankunft der ersten größeren Gruppen von Italienern – 1959/60 –, Griechen – 1961 – und Türken – 1963 – nichts für sie geschehen war. Schon seit den frühen 1960er Jahren nahmen sich die Kirchen und die Wohlfahrtsverbände ihrer an. Das katholische ›Centro Italiano‹ und das von der evangelischen Kirche gegründete griechische Zentrum in Friesenheim legten davon Zeugnis ab. Dennoch schien die Anwesenheit von Ausländern keine Dauererscheinung zu werden: Während der Konjunkturkrise der Jahre 1965 bis 1967 sank die Zahl der Gastarbeiter in Ludwigshafen von 9 200 auf 6 650; vor allem mehr als die Hälfte der Türken verließ die Stadt wieder. Doch im Zeichen der wirtschaftlichen Erholung und Vollbeschäftigung lebten schon 1970 wieder mehr als 12 500 Ausländer in Ludwigshafen, was 6,9% der Bevölkerung entsprach.[186] Nunmehr lag es nahe, sich mit den Nöten und Wünschen dieser gar nicht mehr so kleinen Bevölkerungsgruppe zu befassen. In Zusammenarbeit mit den betreuenden Organisationen versandte die Stadtverwaltung damals einen Fragebogen an alle Ausländer, der erstaunlich hohe Rücklaufquoten erzielte und ein gutes Gesamtbild über die Situation gab.

Nahezu alle ›Gastarbeiter‹ in Ludwigshafen arbeiteten damals in niedrigbezahlten Beschäftigungen, oft, besonders die Türken, nur als Handlanger. Während die damals stärksten Ausländergruppen, Griechen und Italiener, vielfach schon als Familien in der Stadt lebten, war die große Mehrheit der Türken noch ohne ›Anhang‹ ansässig. Dementsprechend ›hauste‹ ein besonders großer Prozentsatz von ihnen in oft von den Betrieben, wo sie beschäftigt waren, bereitgestellten Wohnheimen. Mangelnde sanitäre Einrichtungen und überfüllte Schlafquartiere für mehr als sieben ›Bewohner‹ waren dort keine Seltenheit. Doch auch

Anmerkungen
Seite 824 und 825

186 Informationen zur Stadtentwicklung, 2/1971; StALu, DS 243/1971, auch f.d.F., dort auch Informationen zur Stadtentwicklung 1/1981; DS 243/1981

187 Informationen zur Stadtentwicklung 1/1981, S. 8; StALu, DS 243/1981

188 ebd., S. 8

189 MM, 3.4.1973

Containerschiffe für Asylbewerber im Kaiserwörthhafen
Juli 1994 [110]

Informationsfaltblatt zur Wahl des Ausländerbeirats, italienische Fassung
1999 [111]

die Wohnsituation der ausländischen Familien war fast durchweg unerfreulich: Die Ausländer erhielten diejenigen Wohnungen, „die von deutschen Mietern kaum noch akzeptiert werden",[187] Altbauten, in denen weder Bad noch ein in der Wohnung liegendes WC zum Standard gehörten. Sie fanden sich besonders im Stadtteil Nord, wo die stockende Sanierung eine durchgreifende Modernisierung des Baubestandes verzögerte. Dementsprechend lag die Zahl der Ausländer dort schon recht hoch. Die Mieten, obwohl vergleichsweise niedrig, waren am Standard der Wohnung gemessen vielfach geradezu wucherisch zu nennen; eine Untersuchung der Stadt vom Jahr 1981 sprach ironisch vom ›Ausländerzuschlag‹.[188] Es kam vor, daß die Vermieter keine Verträge schlossen und den Mietern nicht einmal ihren Namen nannten, so daß sie ohne die entsprechenden Informationen und Papiere auch keinen Anspruch auf Wohngeld geltend machen konnten.[189]

Die Schulbildung der ausländischen Kinder ließ stark zu wünschen übrig: Kaum eines ging in einen Kindergarten. 19% der türkischen und sogar 42% der italienischen schulpflichtigen Kinder besuchten keine Schule! Allerdings verfügte unter den Kindern ein erheblich größerer Prozentsatz – 32% – über gute deutsche Sprachkenntnisse, während das unter den Gastarbeitern und ihren Ehefrauen nur bei 16% bzw. 13,6% der Fall war. Zwischen den Italienern, bei denen 20% gut Deutsch sprachen, und den Türken mit nur 9% bestanden drastische Unterschiede. Ganz allgemein klagten die Ausländer über einen Mangel an vernünftigen Freizeiteinrichtungen in ihrer Sprache, und 60% von ihnen hatten auch noch nach Jahren wenig oder gar keinen Kontakt zu ihren deutschen Arbeitskollegen außerhalb des Betriebs.

Das größte Problemfeld zeigte sich bei der Frage nach der gewünschten ›Verweildauer‹: Während nur 16% für immer bleiben wollten – bei den überwiegend ohne Familie anwesenden Türken waren es nur 6% –, bezogen nicht weniger als 46% zu dieser Frage keine Stellung, waren sich also selbst über ihre Zukunft unsicher. Diese Unsicherheit teilten auch die deutsche Öffentlichkeit und die Politik. Selbst Gustav Heinemann äußerte bei seinem Besuch in Ludwigshafen, daß es

Lyriker ›deutscher Zunge‹, ein „anatolischer Pfälzer" Hasan Özdemir [112]

Familienleben, Sommernachmittage wie in der alten Heimat um 1983 [113]

kein Entweder-Oder in Bezug auf ›Integration‹, d. h. Bleiben, oder ›Rotation‹, d. h. die nur zeitweilige Beschäftigung im Land mit regelmäßigem Austausch der ausländischen Arbeiter, geben könne. Die rheinland-pfälzische Staatssekretärin Laurien, die die Gattin des Bundespräsidenten[190] mit ausländischen Schülern ins Gespräch brachte, beleuchtete die Folgen der Unsicherheit der ›Gastarbeiter‹-Eltern für ihren Nachwuchs, als sie fragte: „Träumen sie von der Rückkehr und versäumen dabei, die Kinder zu integrieren?" Helmut Kohl, damals rheinland-pfälzischer Ministerpräsident, äußerte hingegen gegenüber Heinemann, es sei ein Verbrechen, italienische Kinder wie Deutsche zu erziehen und ihnen damit den Anschluß im eigenen Land zu verbauen.

Während so die Grundsatzfragen bei allen Beteiligten ungelöst blieben, ergriff die Stadtverwaltung im Verein mit Land, Kirchen und Wohlfahrtsorganisationen zahlreiche praktische Hilfsmaßnahmen, die sich aus den Resultaten der Befragung ergaben. In den 1970er und 1980er Jahren entstanden zahlreiche Freizeitstätten für Erwachsene und Jugendliche, teilweise für alle Nationalitäten gemeinsam, teilweise für einzelne Gruppen. Feste und Veranstaltungen warben für das Zusammenleben in gegenseitigem Verständnis zwischen Ausländern und Deutschen und unter den Ausländern. Das 1979 von Stadt, protestantischer Kirche und Arbeiterwohlfahrt ins Leben gerufene Projekt ›Kinder ausländischer Arbeitnehmer in Ludwigshafen‹ (KAAL) wurde 1983 umgewandelt in die ›Koordinationsstelle für Ausländerarbeit‹ mit einem breiten Angebot.[191] Für die Kinder wurden ›Nationalitätenklassen‹ in den Schulen eingerichtet, die sich allerdings auf Dauer nicht zum Instrument der Eingliederung, sondern zu einem parallelen Schulsystem entwickelten und deshalb Stück um Stück wieder abgeschafft wurden. 1990 wurde ein von den ausländischen Mitbürgern gewählter Ausländerbeirat ins Leben gerufen, der als ein Beratungsgremium für Stadtverwaltung und Stadtrat fungierte und die Anliegen der Ausländer an sie herantrug.[192]

Anmerkungen
Seite 826 und 827

190 f.d.F. Rhpf, MM, 3.4.1973

191 Die KAAL wurde 1993 aufgelöst

192 Nach der Jahrtausendwende scheiterte eine Neuwahl des Ausländerbeirats an der geringen Wahlbeteiligung. Stattdessen wurde als Ersatz ein städtischer ›Migrationsausschuß‹ gebildet.

193 Rhpf, 3.7.2000

194 Rhpf, 11.11.1998

›Türkischer‹ Stadtteil? Türkisches Lebensmittelgeschäft im Hemshof
1999 [114]

Reisebüro Orient im Hemshof
1999 [115]

Um die Jahrtausendwende hatte sich das Bild in vielerlei Hinsicht gewandelt. Unabhängig von Diskussionen in der deutschen Öffentlichkeit und unter den nun so genannten ›ausländischen Mitbürgern‹ war deren dauernde Anwesenheit zur Tatsache geworden. Es gab inzwischen Rentner unter ihnen – 1996 eröffnete die Arbeiterwohlfahrt eine Begegnungsstätte für ausländische Rentner – und sehr viele junge Menschen der ›zweiten und dritten Generation‹, die nie im Heimatland ihrer Eltern bzw. Großeltern gelebt hatten bzw. es nur als Besucher kannten. Insgesamt war die Zahl der Ausländer, wie oben dargestellt, auf 20% der Stadtbevölkerung angewachsen.

Viele Probleme der 1970er hatten sich erledigt: dem Mangel an Freizeiteinrichtungen hatte neben den Angeboten von Stadt, Kirchen etc. auch die Gründung zahlreicher ausländischer Vereine abgeholfen, die Teil des Vereinslebens der Stadt geworden waren. So gewann zum Beispiel der FC Croatia im Jahr 2000 den Titel in der Fußball-Kreisliga Ludwigshafen.[193] Auch zu deutschen Traditions-Vereinen der Stadt fanden Ausländer überwiegend problemlos Zugang, und am Arbeitsplatz gab es, wie schon in den Jahrzehnten zuvor, ein oft ganz selbstverständliches Zusammenarbeiten. Weder beim Besuch von Kindergärten, noch bei der Erfüllung der Schulpflicht gab es noch nennenswerte Unterschiede zwischen Deutschen und Ausländern. Ausländische Mitbürger waren nicht mehr nur Handlanger und Hilfsarbeiter, sondern auch Selbständige und Unternehmer. Um 1998 trugen ausländische Beschäftigte über neun Milliarden Mark zum Bruttoinlandsprodukt von Rheinland-Pfalz bei.[194] Ebenso waren die Ausländer nicht mehr nur Mieter schäbiger Wohnungen, sondern Hausbesitzer und selbst schon Vermieter. ›Soziale Aufsteiger‹ ließen sich in den von Eigenheimen geprägten Randbereichen, in Stadtteilen wie beispielsweise Maudach oder Ruchheim nieder. Die zwischen 1990 und 2000 von 4,5% auf 8,9% der ausländischen Schulabgänger gewachsene Zahl der Abiturienten zeigte an, daß ein gewisses Maß an Integration im Gang war. Mit dem im türkischen Sorgun

geborenen Hasan Özdemir war in Ludwigshafen auch ein überregional bekannter Lyriker deutscher Zunge, aber türkischer Herkunft ansässig, der sich selbst als „anatolischen Pfälzer" bezeichnet.[195]

Dennoch blieben weite Problemfelder. So wurde die ›Ausländerfrage‹ häufig ganz unkritisch mit den Aktivitäten oft illegal im Lande lebender kleinerer Gruppen von Kriminellen und der Kriminalität mafiöser Organisationen verschiedener Nationalität vermengt. Berichte über „Schießereien im Hemshof", ausländische Drogenkartelle und dergleichen schreckten die Öffentlichkeit auf, die zugleich in den 1990er Jahren mit Sorge die Serie von Brandanschlägen auf türkische Geschäfte und Einrichtungen in Ludwigshafen verfolgte, in denen der kurdisch-türkische Konflikt auch am Rhein seinen Niederschlag fand.

In den 1980er und 1990er Jahren wuchs neben der Zahl der ›altetablierten‹ Ausländerfamilien auch die der Neuankömmlinge: Zwischen 1983 und 1988 kamen 1 200 ›Spätaussiedler‹ aus Osteuropa nach Ludwigshafen,[196] Menschen, deren Mentalität und Kultur oft sehr konträr zur bundesrepublikanischen Wirklichkeit standen. Ihnen folgten nach dem Fall des Eisernen Vorhangs weitere Osteuropäer, unter ihnen ›billige‹ polnische Saisonarbeiter bei den Landwirten in den Randbereichen Ludwigshafens, deren – von den Arbeitgebern bewußt hingenommenes – ›Hausen‹ in Autos und Kleinbussen oft den Ärger der Anwohner erregte. Die starke Zunahme der Zahl von Asylbewerbern aus dem ehemaligen Jugoslawien sowie aus ›exotischen‹ Ländern löste Anfang der 1990er Jahre auch in Ludwigshafen Ängste und Ressentiments aus.[197] Für die Stadtverwaltung wurde es zunehmend schwieriger, diese Menschen unterzubringen, da Anwohner geplanter Asylantenunterkünfte heftigen Protest äußerten. Schließlich wurden Containerlager errichtet und Wohnschiffe im Hafen angemietet. Die Tatsache, daß der Umgang mit manchen Asylbewerbern keineswegs einfach war und nicht wenige in die Illegalität abtauchten, verschlimmerte die Situation, die sich erst mit dem nach der Änderung des einschlägigen Grundgesetzartikels einsetzenden Rückgang der Asylbewerberzahlen entspannte. Allerdings blieb ein ausländerfeindliches Gefahrenpotential: Ein Anschlag auf ein Asylbewerberheim in Oppau – nicht der erste auf eine solche Institution in Ludwigshafen – löste im Jahr 2000 bundesweite Betroffenheit aus. Einzelne Abschiebungen von Ausländern ohne Daueraufenthalt riefen immer wieder die Proteste kleiner engagierter Gruppen hervor. Als wohl beeindruckendste Aktion gegen Ausländerfeindlichkeit jener Zeit kann die Lichterkette gelten, die im Januar 1993 15 000 Menschen in Ludwigshafen und 30 000 in Mannheim durch die jeweiligen Fußgängerzonen und über die Rheinbrücke hinweg bildeten.

Solche Gesten der Solidarität waren jedoch keineswegs mit einem Verschwinden aller Benachteiligungen für Ausländer im Alltag gleichzusetzen. Die in den späteren 1990er Jahren einsetzende, immer breitere Berichterstattung der örtlichen Presse über Fragen der Integration und die ausländischen Mitbürger ließ im Gegensatz zu früheren Jahrzehnten auch die Ausländer selbst zu Wort kommen, machte aber so auch die deutsche Öffentlichkeit mit deren bitteren Erfahrungen bekannt: „Was da aber von Gegenspielern oder Zuschauern an Ausländerhaß produziert wird, ist schon schlimm" – so erlebten es türkisch-stämmige Ludwigshafener auf dem Fußballfeld. Auch von den Behörden werde man „oft nicht ernst genommen".[198] Wenn man bei der Bewerbung auf ein

Anmerkungen
Seite 828 und 829

195 Özdemir wurde 1963 geboren. 1979 emigrierte er nach Deutschland und studierte Philosophie und Germanistik. Seit den 1980er Jahren veröffentlicht er Gedichte und erhielt 2002 der Förderpreis des Bezirksverbands Pfalz für Literatur.

196 Rhpf, 4.1.1988; vgl. allg. StALu, Zeitungsverkartung, Stichwort ›Flüchtlinge‹

197 vgl. StALu, Zeitungsverkartung, Stichwort ›Flüchtlinge‹

198 Rhpf, 2.2.2001

199 Rhpf, 12.5.1990

200 Rhpf, 31.12.1999

201 Diese Struktur erwies sich auch als sehr stabil, als der ehemalige Kaufhof im Rathauscenter im Jahr 2000 vom türkischen Yimpas-Konzern übernommen und das Angebot speziell auf den türkischen Geschmack ausgerichtet wurde. Das neue Sortiment wurde weder von den deutschen noch den türkischen Konsumenten angenommen. Im Jahr 2002 schloß das Kaufhaus wieder.

202 Rhpf, 22.4.1986: Ausländische Familien …

203 Rhpf, 12.5.1990

204 Rhpf, 20.5.1999

Wohnungsinserat sage, daß man Türke sei, „legen manche Leute sofort den Hörer auf",[199] berichtete eine türkischstämmige Schülerin in einer preisgekrönten Arbeit zum Leben der Ausländer in Ludwigshafen im Jahr 1990. Und ein italienischstämmiger Betriebsrat der BASF stellte fest, daß man es schon lange aufgegeben habe, ausländische Mieter in eine ›rein deutsche‹ Angestelltensiedlung zu verpflanzen. Die Deutschen nähmen Anstoß, zögen weg, ein Ausländerghetto entstehe.[200] Auch sei die Gleichberechtigung am Arbeitsplatz keineswegs vollständig verwirklicht: Nur 15 der 4000 Meister bei der BASF seien Ausländer. Welche Abneigung und Ängste ausländische Mitbürger gerade bei sozial schwachen Menschen auslösten, die sich von ihnen im Wettbewerb um einfache Beschäftigungen und billigen Wohnraum in ihrer Existenz und ihrem Lebensstil gefährdet fühlten, zeigten die Erfolge der ›Republikaner‹ in den 1980er und 1990er Jahren gerade in Gebieten der Stadt, in denen eine große Zahl von Ausländern in Problemgebieten auch der deutschen Bevölkerung lebte.

Letztendlich machten viele der Interviews mit ausländischen Mitbürgern deutlich, daß selbst im Gefühlsleben vieler Menschen, die fast ihr ganzes Leben in Deutschland verbracht hatten, ja sogar bei den ›Ausländern‹ der zweiten und dritten Generation ein Zwiespalt blieb: Heimat oder nicht? Bin ich Deutscher, bin ich Ausländer? Kann ich beides sein?

Wenig hilfreich für das Ziel der Integration erwies sich die schon um 1970 fortgeschrittene Konzentration ausländischer Bewohner in einzelnen Stadtteilen, zuerst in Nord/Hemshof, und seit 1990 in der City. Im Hemshof, in den nach Italienern und Griechen vor allem Türken zuzogen, entstand eine dichte türkische Infrastruktur mit Gaststätten, Einzelhandels- und Dienstleistungsbetrieben, die es den Anwohnern ohne weiteres möglich machten, ihr Leben in einer weitgehend abgeschlossenen Welt zu führen.[201] Versuche der Stadtverwaltung, ausländische Familien bewußt in anderen Teilen der Stadt anzusiedeln, trafen sowohl auf den Widerstand der dortigen deutschen Einwohnerschaft wie auf den der Ausländer selbst, die lieber in einem Stadtquartier mit einer starken, ihnen vertrauten kulturellen Färbung leben wollten.[202]

Unerachtet der vielen fröhlichen multikulturellen Veranstaltungen und Feste für alle Bürger blieben im Hemshof – aber nicht nur dort – die Kontakte zwischen Ausländern und Deutschen recht gering.[203] Noch nach Jahrzehnten in Deutschland konnten viele der Ausländer der ersten Generation wenig oder kein Deutsch. Der Ludwigshafener türkische Gewerkschaftler Mehmet Ünal wies darauf hin, daß viele der Zuwanderer aus einfachsten ländlichen Verhältnissen kamen und bei ihrer Ankunft lediglich ein Kurzwörterbuch mit einem extrem reduzierten Wortschatz für die Arbeit im Betrieb erhielten. Damit hatten sich viele zufrieden gegeben.[204] Aufgrund des extrem hohen Anteils der Ausländer unter den Kindern und Jugendlichen besonders im Hemshof-Gebiet blieben diese in Kindergarten und Grundschule weitgehend ›unter sich‹, und schon 1990 stellte eine türkische Schülerin fest, daß unter diesen Bedingungen weder Anreiz noch Möglichkeit zum Erlernen der deutschen Sprache bestand. Oft genug war selbst die Beherrschung der Muttersprache mangelhaft. Entsprechend groß wurden die schulischen Probleme (s. S. 917). Auch um die Jahrtausendwende konnte noch fast jeder vierte ausländische Schüler in Ludwigshafen kein

›Türkischer‹ Stadtteil?
Türkisches Café im Hemshof, 1999 [116]

oder kaum Deutsch, über 20% verließen die Schule ohne Hauptschulabschluß bzw. besuchten eine Sonderschule – von den Deutschen waren es nur 11%. Und während 60% der deutschen Schüler die mittlere Reife oder das Abitur erreichten, waren es nur 29% der ausländischen Schüler. Entsprechend schlecht blieben trotz mancherlei Förderprogrammen die Chancen auf eine gehobene Berufsausbildung und damit auf einen dauerhaften befriedigenden Lebensstandard.[205] Zu diesen Problemen trat oft noch die wachsende Spannung zwischen einem traditionellen familiären Umfeld und den ›Anfechtungen‹ westlich-›deutschen‹ Lebensstils und eine entsprechende Orientierungslosigkeit. „Sozialer Sprengstoff"[206] im allgemeinen und eine deutlich höhere Straffälligkeit ausländischer Jugendlicher als die ihrer deutschen Altersgenossen waren die Folgen.[207]

Selbst unter italienischstämmigen Kindern besuchten doppelt so viele eine Sonderschule wie bei den Deutschen, obwohl die Italiener insgesamt nach oft über 40 Jahren Ansässigkeit in Deutschland bzw. Ludwigshafen „auf den ersten Anblick, im Sonntagskleid, gut gelaunt und ein Gläschen Wein trinkend," gar nicht mehr weiter auffielen, wie eine italienische Sozialarbeiterin im Jahr 2001 feststellte.[208] Weitaus weniger als in den 1960er Jahren waren Italiener Gegenstand gängiger Fremdenvorurteile und abschätziger Bemerkungen, deren Ziel sich nun auf andere Ausländergruppen verschoben hatte. Bestand hier also, auch über die Brücke des Katholizismus und häufigerer Eheschließungen zwischen Italienern und Deutschen, trotz aller Schwierigkeiten ein deutlicher Trend zum ›Hineinwachsen‹, so trugen fundamentalistische Strömungen im Islam und die Möglichkeit, mittels Satellit alle nationalen Fernsehprogramme im Ludwigshafener Wohnzimmer zu empfangen, zum Ende des 20. Jahrhunderts sogar zu einer wieder wachsenden Distanz gerade von Teilen der türkischen Einwohnerschaft zu ihrer neuen

Anmerkungen
Seite 830 und 831

205 *Berichte zur Stadtentwicklung 2001; StALu, DS 243/2001; Rhpf, 25.1.2003*

206 *Rhpf, 25.1.2003*

207 *Berichte zur Stadtentwicklung 3/1997, S.21f; StALu, DS 243/1997. Der Bericht betont, daß diese Aussage auch dann gelte, „wenn man typisch ausländische Vergehen, die z. B. mit dem Meldestatus von Ausländern in Deutschland verbunden sind, herausrechnet."*

208 *Rhpf, 16.6.2001*

209 *Borggrefe, Gerechte Stadt, S.41*

Eröffnung des türkischen Kaufhauses Yimpas im Gebäude des ehemaligen Kaufhofs im Rathaus-Center, Oktober 2000 [117]

Neue Ghettos 1988: Hemshof[209]

Wird der Hemshof nach seiner Sanierung wieder seine alte Dichte und die ›richtige‹ soziale Mischung haben? Das war eine der Fragen, die man sich stellen mußte am Anfang des Sanierungsprogramms dieses ältesten Arbeiterwohngebiets, das auf wundersame Weise den Bombenkrieg einigermaßen überstanden hatte, jedenfalls so, daß die Grundsubstanz noch erhalten war.

Inzwischen ist eines der größten Sanierungsgebiete der Bundesrepublik fast wiederhergestellt. Die alte Wohnbevölkerung hat auf der Pfingstweide und zum Teil in Oggersheim-West eine neue Heimat gefunden. Der Hemshof hat inzwischen mehrfach Bevölkerungswechsel erlebt: Aus dem Italienerviertel wurde ein Griechenviertel, aus dem Griechenviertel ein Türkenviertel und immer blieb ein Teil zurück. Spuren kirchlichen Engagements sind das Centro Italiano, das die katholische Kirche mit dem Caritasverband betreibt, der 1971 gegründete ökumenische Kindergarten, den das Diakonische Werk hauptsächlich für Griechen und der Treff International, den seit 10 Jahren die Protestantische Gesamtkirchengemeinde in der Hauptsache für Türken unterhalten. – Im übrigen zeigen Kneipen und Läden in diesem Stadtteil an, daß Kleineuropa auf dem Wege ist und in unseren Städten ein Ausländeranteil von 30% bis 40% die Normalität sein könnte. Die katholische Kirche zeigt sich als Weltkirche, offen für alle Südeuropäer, ist neben der traditionellen Arbeit auch mit einer Italiener- und einer Kroatenseelsorge vertreten. Die Türken betreiben einige Moscheen. Asylanten und Aussiedler aus Polen, der Sowjetunion und Rumänien versuchen einen neuen Anfang. Viele soziale Probleme werden hier angeschwemmt.

Neuerdings ist es für junge Leute, Studenten, Singles, Menschen, die gemeinsames Leben ausprobieren wollen, interessant, im Hemshof zu wohnen. Die alte Mischung aus den Gründerzeiten der Stadt, wo das Handwerk, viele Geschäftsleute, die Arbeiterschaft der Anilin, Lehrer und Ärzte auf dem Hemshof zuhause waren, das ist alles vergangen.

[...]

Heimat bei.[210] Viele Türken suchten sich weiterhin ihre Frauen in der Türkei, grundsätzlich wurde bei Heirat kaum je der Kreis der türkischen Gemeinschaft verlassen. Zudem blieben selbstverständlich kulturelle Unterschiede zwischen ›den Deutschen‹ und ›den Ausländern‹ bestehen. So beschwerte man sich schon 1983 im Ortsbeirat des Hemshofs über den „orientalischen Basar" auf den Straßen des Stadtteils; die Art, auf offener Straße Waren feilzubieten und Handel abzuwickeln, entsprach nicht den Wunschvorstellungen der Deutschen jener Zeit.[211] Auch die ›lauten‹ ›Großfamilien‹ der Ausländer mit ihren oft patriarchalischen Strukturen und der dem modernen europäischen Denken keineswegs entsprechenden Stellung der Frau erregten bei den inzwischen ganz im Zeitalter der Kleinfamilie lebenden ›alten‹ Einwohnern Besorgnisse und Ärger. Andererseits betonten auch Vertreter der Ausländer, daß beide Seiten – Ausländer wie Deutsche – aufeinander zugehen müssten.[212] In der Türkei gehe es oft fortschrittlicher zu als bei den älteren traditionsverhafteten Türken Ludwigshafens, stellte ein türkischstämmiger Beobachter 2001 fest. „Wie kann ich über mangelnde Integration klagen, wenn ich nicht selbst auf meine deutschen Mitbürger zugehe?"[213]

Zum Ende des Jahrhunderts versuchte man in Ludwigshafen, dem allgemeinen Trend der Diskussion folgend, die Integration gezielter voranzutreiben.[214] Dies zeigte sich auch an sprachlichen Wandlungen: Immer häufiger wurde der Ausdruck ›Migranten‹ in die Diskussion eingeführt, womit der Einwanderungsaspekt des Geschehens ins Blickfeld rückte. Bezeichnend war die Namensgebung des im Jahr 2002 vom Stadtrat gebildeten ›Integrations- und Migrationsausschusses‹.[215] Schon zuvor, 1998, hatte die städtische Wohnungsbaugesellschaft GAG in Zusammenarbeit mit dem Ausländerbeirat eine Ausländerquote von 15% in ihren Wohnanlagen eingeführt, um damit die Ghettobildung zu vermeiden. Freilich ließ sich damit der freie Wohnungsmarkt nicht beeinflussen. Die Volkshochschule, die bereits in den Jahrzehnten zuvor sprachliche Hilfen für Ausländer angeboten hatte, organisierte seit 1999 das mit Landes- und EU-Mitteln finanzierte ›Mama-Projekt‹, das ausländischen Müttern von Kindergarten- und Grundschulkindern Deutsch-Unterricht ermöglichte. Allerdings erreichte dieses Angebot – es war selbstverständlich freiwillig – in den Jahren 1999 bis 2002 nur etwa 120 Frauen.

Trotz aller Probleme war Ludwigshafen zur Jahrtausendwende bunter geworden, das Nebeneinander von deutschen und ausländischen Mitbürgern als Selbstverständlichkeit akzeptiert und im ganzen friedlich; es gab keinerlei große gewalttätige Zusammenstöße. Im Rahmen der europäischen Integration genossen Ausländer aus EU-Staaten zunehmend politische Rechte auch in Deutschland und damit auch Ludwigshafen – eine Chance, die für die Angehörigen der größten Ausländergruppe, die Türken, nicht bestand. Das im Jahr 2000 beschlossene neue Staatsbürgerschaftsrecht eröffnete jedoch auch ihnen neue Möglichkeiten: Entgegen manchen Befürchtungen führte es nicht zu einer Lawine, aber doch zu einer spürbaren Erhöhung der Zahl der Einbürgerungen in Ludwigshafen – nach zwischen 189 und 434 in den Jahren 1994 bis 1999 nun 771, 696 und 778 in den Jahren 2000 bis 2002, in der Regel mehr als die Hälfte davon Türken.[216] Aufgrund der vorgegebenen Voraussetzungen für eine Einbürgerung kann diese Zahl als ein Indikator für die Integrationswilligkeit der ›neuen Deutschen‹ genommen werden. Diese

Anmerkungen Seite 832

210 Rhpf, 25.1.2003

211 Rhpf, 13.9.1983

212 Rhpf, 12.5.1990, 2.2.2001

213 Rhpf, 2.2.2001

214 Rhpf, 11.4.2002, 7.6.2002

215 Er wurde berufen, nachdem die Neuwahl des Ausländerausschusses wegen zu geringer Wahlbeteiligung zweimal gescheitert war. Der zuvor gewählte Ausländerbeirat bestand aber neben dem neuen Ausschuß als ›Beirat‹ fort, da die Berufung von Nicht-EU-Ausländern in einen städtischen Ausschuß rechtlich nicht möglich war.

216 Rhpf, 23.7.2002

Entwicklungen werden ebenso wie die Verleihung der deutschen Staatsbürgerschaft an die Kinder der in Deutschland dauerhaft lebenden Ausländer die Zusammensetzung des ›Staatsvolks‹ und damit auch der vollberechtigten Einwohnerschaft Ludwigshafens verändern. Die Ausländerstatistik wird in Zukunft kaum mehr exakte Auskunft über den ›Mix‹ an Kulturen geben, der sich in der Bevölkerung findet. Angesichts der deutlich höheren Kinderzahl ›ausländischer‹ Frauen[217] und einer fortdauernden Zuwanderung ist mit einem wachsenden Anteil von Bewohnern mit nicht-zentraleuropäischer Kultur und Mentalität zu rechnen. Schätzungen für Stuttgart, das gegenwärtig einen ähnlich hohen Ausländeranteil wie Ludwigshafen hat, gehen für 2030 von bis zu 40% aus.[218] Das könnte auch für die Stadt der Chemie zutreffen, wobei die inneren Stadtteile, in denen jetzt schon ein großer Teil der Ausländer lebt, vermutlich eine ›ausländische‹ Mehrheit aufweisen werden. Die Aufgabe, aus solcher Vielfalt eine integrierte Stadtbevölkerung zu schmieden, wird eine der großen Herausforderungen der Zukunft Ludwigshafens sein. Ob aus dem friedlichen Nebeneinander ein Miteinander wird, bleibt abzuwarten.

Erwerbstätigkeit und Beschäftigungsstruktur[219]

Die finanziellen Probleme, denen sich die Stadt in der jüngsten Zeit gegenüber sah, rührten nicht nur daher, daß Ludwigshafen mit einer relativ hohen Arbeitslosigkeit zu kämpfen hatte, sondern auch von der im Zeichen der ›Stadtflucht‹ wachsenden Kluft zwischen den Verdiensten der in der Stadt der Chemie Beschäftigten und den Einkommensverhältnissen der ortsansässigen Bevölkerung: Um die Jahrtausendwende verdienten zwar die in Ludwigshafen Beschäftigten mit durchschnittlich brutto 35 000 Euro rund 10 000 Euro mehr als die Beschäftigten im Durchschnitt des Landes Rheinland-Pfalz, die Kaufkraft der örtlichen Bevölkerung lag aber zum selben Zeitpunkt nur unwesentlich über dem Bundesdurchschnitt bei etwa 17 000 Euro.[220]

Der Strukturwandel in der Industrie sorgte dafür, daß unter den Beschäftigten in der ›Arbeiterstadt‹ Ludwigshafen seit 1989 die Arbeiter in die Minderheit gerieten. Hatte ihr Anteil an den sozialversicherungspflichtig Beschäftigten 1974 noch 56,1% betragen, so lag er 1987 nur noch bei 50,5% und 2000 bei 41,1%. Dem standen zu Beginn der siebziger Jahre 43,9%, 1987 49,5% und 2000 58,9% Angestellte gegenüber. Der Arbeiteranteil lag noch Ende der neunziger Jahre besonders hoch im Bauwesen und im verarbeitenden Gewerbe, insbesondere in der Chemieindustrie, in der 1961 80,3%, in den achtziger und neunziger Jahren aber rund 90%[221] der Ludwigshafener Arbeitnehmer des verarbeitenden Gewerbes der Stadt beschäftigt waren.

Im Jahr 2000 arbeiteten in den Dienstleistungsberufen (Handel, Banken, Versicherungen usw.) 35,6% der sozialversicherungspflichtig Beschäftigten. Ihre Zahl und ihr relatives Gewicht hatte seit 1961, als weniger als ein Viertel der Beschäftigten in diesem Sektor gearbeitet hatte, eine stetige Steigerung erfahren. Dennoch zeigt der Vergleich mit dem umgebenden Rhein-Neckar-Raum deutliche Unterschiede zur Entwicklung der Dienstleistungsbranche in Ludwigshafen. Zählte das verarbeitende Gewerbe im Rhein-Neckar-Gebiet 1974 noch rund 375 000 Beschäftigte gegenüber etwa 240 000 im Dienstleistungsbereich, so hatte die Zahl der Beschäftigten im Dienstleistungsbereich

Anmerkungen
Seite 833

217 Im Jahr 2000 lag die durchschnittliche Kinderzahl bei deutschen Haushalten mit Kindern in Ludwigshafen bei 1,58, bei ausländischen bei 1,90. Dazu waren von den deutschen weiblichen Einwohnern der Stadt 26% Mütter, von den ausländischen 48%; vgl. Berichte zur Stadtentwicklung 7/2002, S. 14ff

218 Mama lernt Deutsch, ›Süddeutsche Zeitung‹, 15.7.2003

219 Zahlenangaben nach den ›Berichten…‹, der letzte: ›Beschäftigung, Wirtschaftsentwicklung und Arbeitslosigkeit in Ludwigshafen‹; Berichte zur Stadtentwicklung 5/2002; StALu, DS 243/2002

220 Rhpf, 30.7.2003

221 in Betrieben über 20 Mitarbeiter

Beschäftigte nach Wirtschaftsabteilungen in Ludwigshafen
1961 bis 2000

	1961[1]	in %	1984[1]	in %	1984[2]	in %	2000[2]	in %
Verarbeitendes Gewerbe	72 114	64,8	64 100	61,0	61 776	64,3	53 464	56,2
Baugewerbe	8 601	7,7	5 400	4,9	4 996	5,2	4 128	4,3
zusammen		(72,5)		(65,9)		(69,5)		(60,5)
Handel	10 226	9,2	9 100	8,3	6 846	7,1	7 202	7,6
Verkehr/Nachrichtenübermittlung	6 005	5,4	5 300	4,8	3 450	3,6	3 546	3,7
Kreditinstitute/Versicherungen	1 643	1,5	2 500	2,3	2 396	2,5	2 181	2,3
Dienstleistungen	7 303	6,5	14 100	12,8	13 080	13,6	20 855	22,0
zusammen		(22,6)		(28,2)		(26,8)		(35,6)
Öffentliche Verwaltung	5 290	4,8	8 500	7,7	2 884	3,0	3 175	3,3
Landwirtschaft	131	0,1	1 000	0,9	544	0,6	410	0,4

1 Ergebnisse der Arbeitsstättenzählungen mit Einbeziehung auch der nicht-sozialversicherungspflichtigen Beschäftigten (vor allem Beamte, geringfügig Beschäftigte, mithelfende Familienangehörige)
2 nur sozialversicherungspflichtig Beschäftigte

Anmerkungen
Seite 834 und 835

222 Zahlen nach Fischer Weltalmanach 2002, Frankfurt/M. 2001, Sp. 182

223 Berichte zur Stadtentwicklung 3/2001, 5/2002; StALu, DS 243/2001 bzw. 2002; Umsatz in Unternehmen mit über 20 Beschäftigten

1991 mit rund 330 000 mit der bis 1985 im Sinken begriffenen und dann weitgehend stagnierenden Beschäftigtenzahl im verarbeitenden Gewerbe gleichgezogen und übertraf diese danach immer deutlicher. Zu verdanken war dies einer völlig anderen Entwicklung der Beschäftigungsverhältnisse vor allem in Mannheim und Heidelberg, wo der Anteil der Dienstleistungen an der sogenannten Bruttowertschöpfung 1970 noch 40,2% bzw. 58,6% (gegenüber nur 20,1% in Ludwigshafen) betragen hatte, zwanzig Jahre später aber auf 53,8% bzw. 67,9% (Ludwigshafen 27%, Region Vorderpfalz jedoch bereits 41,1%) angestiegen war. Mitte 2000 arbeiteten in Ludwigshafen im Sekundärsektor (verarbeitendes und Baugewerbe zusammengenommen) immer noch 60,5% der sozialversicherungspflichtigen Arbeitnehmer, während im Dienstleistungssektor (einschließlich der öffentlichen Verwaltung) 38,9% tätig waren. Diese Zahlen sind zwar durch das Fehlen der Beamten und der gerade im Dienstleistungsbereich recht zahlreichen geringfügig Beschäftigten nicht ganz korrekt. Der Anteil der im öffentlichen Dienst Beschäftigten lag tatsächlich bei mindestens 6%. Dennoch unübersehbar bleibt die starke Abweichung der Ludwigshafener Verhältnisse von der inzwischen im gesamten Bundesgebiet vorherrschenden Beschäftigungsstruktur, die für den sogenannten sekundären Bereich in den neunziger Jahren einen Anteil von rund einem Drittel (2000: 30,1%) und für den tertiären Sektor (Dienstleistungen) einen von deutlich über 60% (2000: 68,7%) auswies.[222]

Diese Zahlen scheinen insgesamt zu belegen, daß in Ludwigshafen in den letzten Jahrzehnten des 20. Jahrhunderts der ökonomische Umbruch des sogenannten postindustriellen Zeitalters nicht in gleichem

Am Tor 2 des bei weitem größten Arbeitgebers, der BASF 1967 [118]

Maß vollzogen wurde. Sie verdienen jedoch insofern eine kritische Betrachtung, als sich innerhalb der industriellen Betriebe der Stadt, besonders bei dem größten Arbeitgeber, der BASF, ein starker Wandel von der Beschäftigung in den Produktionsbetrieben hin zu qualifizierten, oft eigentlich dem Dienstleistungssektor zugehörigen Berufen vollzogen hat. Unter dem Dach des ›verarbeitenden Gewerbes‹ ist so eine moderne Beschäftigungsstruktur entstanden.

Ein nicht nur auf Ludwigshafen beschränktes Problem bestand für die im Erwerbsleben abhängig Beschäftigten darin, daß in den „klassischen" – also industriellen – Bereichen des Wirtschaftslebens im Laufe des späten 20. Jahrhunderts ständig mehr Arbeitsplätze wegfielen. Der Bedeutungsverlust mancher alter Industrien und Produkte, der Einzug moderner, oft elektronisch gesteuerter Fertigungsmethoden, die Auslagerung von Produktionen in Zweigwerke im In- und dem – oft billigeren – Ausland trugen zu dieser Entwicklung bei. Letztendlich führte auch der globale ›Gewinnwettbewerb‹, ein Wandel der Unternehmenskultur mit der in den 1990er Jahren besonderen Betonung von ›shareholder value‹ und Rentabilität zu einem beschleunigten Abbau von Arbeitsplätzen. Dem entgegen wuchs der Umsatz pro Beschäftigten im Ludwigshafener verarbeitenden Gewerbe von 220 300 DM 1980 über 349 200 DM 1990 auf 625 092 DM im Jahr 2001.[223]

In Ludwigshafen setzte diese Entwicklung in den siebziger Jahren ein, verstärkte sich aber in den achtziger und neunziger Jahren (siehe auch unten, S. 854f). Der massive Verlust von Arbeitsplätzen ließ die Arbeitslosigkeit, die in den 1960ern und frühen 1970ern praktisch verschwunden war und einem händeringenden Suchen nach Arbeitskräften

Traditionelle industrielle Arbeitsplätze: Abgießen von Formmasken für Rippenzylinder bei Halberg, um 1969 [119]

Platz gemacht hatte, wieder zum Thema werden. Die Arbeitslosenrate[224] stieg kontinuierlich an. Hatte es in den späten sechziger Jahren fast stets mehr offene Stellen als Arbeitslose gegeben, so näherten sich die Quoten beider bis 1974 einander an, überschnitten sich dann und klafften seitdem immer mehr in entgegengesetzter Richtung auseinander. Besonders hoch war die Diskrepanz in der zweiten Hälfte der achtziger Jahre, als die Arbeitslosenquote in der Stadt meist über 10% lag.[225] Eine Annäherung beider Kurven durch den ›Wiedervereinigungsboom‹ zu Beginn der neunziger Jahre brachte auf dem Arbeitsmarkt durchaus eine Verbesserung. Die Arbeitslosenquote sank 1992 auf 6,2%. Doch war das Phänomen nicht von Dauer: Schon ab 1995 lag die Quote wieder bei 10% und darüber.[226] Das Gleiche gilt für das kurze Konjunkturhoch zwischen 1998 und 2001: sogar in diesem Zeitraum gab es im verarbeitenden Gewerbe einen Abbau von über achthundert und im Baubereich von rund vierhundert Stellen, während im Dienstleistungssektor rund 1 800 Arbeitsplätze neu entstanden. Der Hauptarbeitgeber der Stadt, die BASF, beschäftigte im Jahr 2000 nur noch 39 500 Menschen, gegenüber 55 000 am Beginn unserer Periode. Allein zwischen 1991 und 2000 sank die Zahl der in Ludwigshafen sozialversicherungspflichtig Beschäftigten von rund 109 000 auf 95 000.

Die Arbeitslosigkeit verteilte sich indes recht ungleichmäßig. Zum Teil ging sie auf Kosten der älteren Arbeitnehmer von über 55 Jahre, die zumeist im ›Vorruhestand‹ auf ihre ›Verrentung‹ warteten, trotzdem aber in der Erwerbslosenstatistik geführt wurden. Ihr Anteil an der Gesamtzahl aller Arbeitslosen stieg von 9,2% im Jahre 1986 auf 26,7% 1997 und verringerte sich anschließend bis 2001 auf 17,4%. Dagegen sank der Anteil der jungen Arbeitslosen unter 25 Jahren, unter denen sich viele Ausländer ohne Schulabschluß bzw. ohne abgeschlossene Berufsausbildung befanden, von 29,9% 1985 auf 11,8% im Jahr 2000, um 2001 wieder leicht auf 13,4% anzusteigen. Zeitweilig machten diese beiden ›Problemgruppen‹ rund 45% der Arbeitslosen insgesamt aus. Auch von Stadtteil zu Stadtteil gab es große Unterschiede. Während die

Anmerkungen
Seite 836 und 837

224 vgl. hierzu vor allem Berichte zur Stadtentwicklung 5 / 2002, StALu, DS 243 / 2002

225 Statist. Jahrbuch Lu 1992, S. 94; Quote jeweils am 31.3. eines Jahres

226 Berichte zur Stadtentwicklung 3 / 1997; StALu, DS 243 / 1997; Quote jeweils am 31.3. eines Jahres

227 Eine genaue Analyse der verschiedenen Stadtteile findet sich in Berichte zur Stadtentwicklung 5 / 2002, S. 20—32; StALu, DS 243 / 2002

228 StALu 243 / 2002; B 9 / 2002, S. 8

229 Fliege, S. 128

230 Berichte zur Stadtentwicklung 3 / 2001; StALu, DS 243 / 2001

231 Betriebe mit über 20 Beschäftigten

232 Berichte zur Stadtentwicklung 5 / 2002; StALu, DS 243 / 2002

233 ebd.

›Neuer‹ Arbeitsplatz: bei der Betriebskrankenkasse der BASF frühe 1980er Jahre [120]

Rate in Ludwigshafen insgesamt Ende 2001 11,1% betrug, lag sie im Stadtteil West bei 21,4, in Nord-Hemshof bei 18,0 und in Mitte bei 17,2%, war also in den Gebieten mit großen sozialen Problemen bzw. einem hohen Ausländeranteil besonders hoch. Auf weniger als 10% belief sie sich dagegen in Friesenheim, Oggersheim, Pfingstweide, Rheingönheim, Maudach, Oppau und Edigheim. Am niedrigsten lag sie mit 5,3% in Ruchheim.[227]

Wirtschaft und Unternehmen

Auch um die Wende zum dritten Jahrtausend und kurz vor dem 150jährigen Stadtjubiläum zeigte sich Ludwigshafen als eine der Städte Deutschlands mit dem höchsten Bruttoinlandsprodukt pro Kopf. Bei einer vergleichenden Studie rangierte es auf Platz fünf und konnte damit in einem Atemzug mit Städten wie München und Frankfurt am Main genannt werden.[228] 1992 lag die Pro-Kopf-Bruttowertschöpfung in Ludwigshafen mit 83 000 DM weit vor derjenigen Mannheims und Heidelbergs mit jeweils etwa 60 000 DM.[229] Ebenso übertrafen die 1999 in der Stadt der Chemie im verarbeitenden Gewerbe getätigten Anlageninvestitionen im Wert von 1,11 Milliarden DM deutlich die Summen von Mannheim und Heidelberg, die zusammengenommen nur auf 0,9 Milliarden DM kamen.[230] Der Gesamtumsatz der verarbeitenden Industrie[231] lag im Jahr 2001 bei 29,8 Milliarden Mark bei einem Auslandsanteil von über 64%; pro Kopf der Beschäftigten waren das, wie erwähnt, 625 092 DM.[232]

Dieses günstige Bild gründete im wesentlichen in der fortdauernden Dominanz der Chemieindustrie, die sich trotz einiger konjunktureller Schwächen in der zweiten Hälfte des 20. Jahrhunderts weitaus besser behauptete als einige andere Industriebranchen. Im Jahr 2000 trug sie 96% zum Gesamtumsatz des Ludwigshafener verarbeitenden Gewerbes bei, 99% zum Auslandsumsatz.[233]

Der zentrale ›Wertschöpfer‹ wie Arbeitgeber blieb dabei nach wie vor die BASF. Um das Jahr 2000 umfaßte ihr Werksareal in Ludwigshafen

Hauptversammlung der BASF im Feierabendhaus, 1968 [121]

7,1 qkm mit etwa 2 000 Gebäuden, 115 km Straßen und 211 km Schienenwegen. 2 000 km oberirdischer Röhren verbanden die 250 Produktionseinheiten, in denen um die 8 000 Produkte hergestellt wurden.[234] In Betrieben und Forschungseinrichtungen arbeiteten rd. 40 000 Mitarbeiter der BASF sowie weitere 5 000 Beschäftigte von ›Fremdfirmen‹. Zum Betriebsgelände gehörten auch eine Ölraffinerie auf der rechtsrheinischen Friesenheimer Insel und die große Kläranlage nördlich des Stadtgebiets. Dieses größte zusammenhängende Werksgelände Europas war allerdings nur der Kern eines weltweiten Unternehmens mit 142 Zweigwerken und Produktionsstätten auf allen Kontinenten, wozu noch elf Joint Ventures und 28 assoziierte Unternehmen kamen. Im Jahr 2000 betrug der Umsatz der Ludwigshafener BASF AG 25,5 Mrd. DM, der der gesamten BASF Gruppe 70,3 Milliarden.[235] Weit über die Region hinaus besaß die BASF großen Einfluß und brachte ihn auch auf den politischen Ebenen in Land, Bund und EU zugunsten ihrer und der Interessen der chemischen Industrie zum Tragen.

Die Entwicklung zu einem global operierenden Konzern mit Produktionsstätten in Europa, Amerika und Asien hatte sich in den Jahren vor und nach dem 100jährigen Jubiläum 1965 abgezeichnet.[236] Trotz des in den Wirtschaftswunderjahren erreichten Aufstiegs zu einem der erfolgreichsten deutschen Unternehmen war die Firma immer wieder als „müder Rohstoffladen" gekennzeichnet worden, dem der wirkliche Zug ins Große fehle. Diese Orientierungskrise führte die BASF zu mehreren Neuansätzen: einer verstärkten Berücksichtigung betriebswirtschaftlicher Kriterien bei ihrer Unternehmenspolitik, einer sowohl geographischen Expansion wie einer Ausweitung der Produktpalette hin zu ›konsumentennäheren‹ Erzeugnissen und der vom Vorstandsvorsitzenden Bernhard Timm besonders forcierten Nutzung der Vorzüge des ›Verbundstandortes‹ Ludwigshafen.

Die BASF, die es stets vorgezogen hatte, von Deutschland aus über ein großes Netz von weltweiten Vertriebsstellen zu operieren, begann in der Nachkriegszeit erstmals 1958 mit der Anlage von Produktionsstätten außerhalb ihres Heimatlandes:[237] Damals entstanden in Zusammenarbeit mit örtlichen Firmen Zweigwerke in den USA, Frankreich

Anmerkungen
Seite 838 und 839

234 Facts and Figures BASF Group 2002

235 Abelshauser, Werner (Hg.): Die BASF. Eine Unternehmensgeschichte, München 2002, dort in unserem Zusammenhang wichtig der vom Herausgeber verfaßte Teil IV: Die BASF seit der Neugründung von 1952, S. 359—644, hier S. 643

236 vgl. Abelshauser, S. 478ff, 584ff

237 Abelshauser, S. 584ff; BASF Stationen ihrer Geschichte, Ausgabe 2002

238 BASF Stationen ihrer Geschichte, Ausgabe 2002

239 Abelshauser, S. 596f

Das neue Arbeitsamt in der Berliner Straße, eingeweiht im Oktober 1986 [122]

und Argentinien, denen bald solche in Brasilien (1959), Japan (1963) und 1964 der wichtige Standort an der Nordsee in Antwerpen folgten. Nach 1965 entstanden Werke in Spanien (1966), Australien (1967), Indonesien (1977), Süd-Korea (1980) sowie in Ungarn (1984) und Großbritannien (1985). Besonders die Aktivitäten in den USA wurden in großem Stil ausgebaut. Neue Standorte in Mexiko und China folgten. Damit konnte die BASF auf den Wachstumsmärkten der Welt direkt präsent sein, die dortigen Ressourcen nutzen und ihren Umsatz zum größten Teil durch im Land selbst gefertigte Produkte erzielen.

Die Ausweitung der Produktpalette in ›konsumentennähere‹ Bereiche[238] erfolgte seit den 1960er Jahren durch den Einstieg in die Herstellung und Entwicklung von Farben und Lacken, in das Fasergeschäft und in die pharmazeutische Industrie. Der Erwerb der Firma Knoll in den Jahren 1975/82 machte diese zum Kern der Pharma-Sparte der BASF. Schon zuvor war das Unternehmen mit seinen Tonbändern und Kassetten den Privatkunden nähergekommen, und zeitweise stellte die BASF sogar eigene Musikcassetten mit zeitgenössischen Stars wie Cindy & Bert her.[239] Mit der Wintershall AG stieg die BASF 1969 umgekehrt in den Markt der Vor- und Rohprodukte ein, und seit 1990 kooperiert sie mit dem russischen Gaskonzern Gazprom beim Transport und Vertrieb des russischen Erdgases in Westeuropa. Doch auch in ihrem ureigensten Feld konnte ›die Anilin‹ durch Forschungs- und technologische Erfolge punkten: mit neuen Herstellungsverfahren wurde die BASF zum Beispiel zum weltweit größten Hersteller von Acrylsäure und zu einem der größten Hersteller von synthetischen Vitaminen. Der 1980 mit einem Investititionsaufwand von 400 Millionen Mark errichtete Steamcracker, dessen Feuersäule und Geräusche immer wieder Gesprächsstoff in der Stadt der Chemie waren, diente der Herstellung der Schlüsselprodukte Ethylen und Propylen aus dem Rohbenzin Naphtha.

Die Aufstellung des Steamcrackers in Ludwigshafen war unter anderem Zeichen der ›Verbundstandortstategie‹. Die Verflechtung von Forschung und verschiedensten Produktionsstätten erwies sich nämlich als entscheidender Wettbewerbsvorteil, da zum Beispiel Neben- und Abfallprodukte der einen Produktionslinie als Ausgangsstoffe für andere

Entwicklung Umsatz und Gewinn der BASF AG bzw. der BASF Gruppe 1952/65—2000 (in Mrd. DM)

	Umsatz AG	Umsatz Gruppe	Gewinn AG	Gewinn Gruppe
1952	0,66	–	0,08	–
1960	2,59	–	0,16	–
1965	3,26	4,05	0,28	?
1970	4,86	9,58	0,31	0,27
1974	10,16	19,74	0,36	0,52
1975	8,39	18,08	0,27	0,37
1980	12,49	27,73	0,33	0,35
1985	20,46	44,38	0,65	1,00
1989	22,28	47,62	1,40	2,01
1990	21,61	46,62	1,04	1,11
1993	17,42	40,57	0,67	0,86
1995	21,06	46,23	1,35	2,47
1998	21,04	54,06	2,10	3,32
2000	25,53	70,30	2,47	2,42

Umsatzentwicklung: kontinuierliche Zunahme bis 1974 (abgesehen von kurzer Phase 1966 bis 1968), Stagnation bis 1979, starkes Wachstum bis 1989, Rückgang bis 1993, Wachstum bis 2000.

Gewinnentwicklung: Wachstum bis 1969, Rückgang/Stagnation in AG bis 1974, Auf und Ab bis 1982, starkes Wachstum bis 1989, Rückgang bis 1993, bis 1998 Wachstum.

genutzt werden konnten; große Investitionen für den Umweltschutz rationeller zu tätigen waren und Transport- und Energiekosten vermieden werden konnten. Im Jahr 2001 bezifferte das Werk die so erreichten Ersparnisse auf circa 500 Millionen Euro.

Sinkende Gewinne der BASF-Gruppe in den Jahren nach 1990 führten unter der Regie des neuen Vorstandsvorsitzenden Jürgen Strube zu einer deutlichen Kurskorrektur des Unternehmens.[240] Erstmals seit der Neugründung der BASF 1952 wurde die Zahl der Beschäftigten in Ludwigshafen und der Welt insgesamt über Jahre deutlich reduziert. Waren 1990 noch 57 000 Menschen bei der BASF in Ludwigshafen beschäftigt gewesen, so waren es 2003, als Strubes Amtszeit endete, nur noch etwas über 38 000 – fast ein Drittel weniger. Der Abbau erfolgte im Rahmen mehrerer Vereinbarungen mit dem Betriebsrat ohne betriebsbedingte Kündigungen. In der gesamten BASF-Gruppe reduzierte sich die Zahl der Beschäftigten noch stärker, von 134 000 auf 89 400. Sämtliche Produktionsbereiche der BASF wurden auf ihre Rentabilität hin überprüft: Weder die durch die Konkurrenz asiatischer Anbieter defizitäre Magnetbandherstellung noch die Pharmasparte, die zwar erfolgreich arbeitete, aber der BASF kaum ermöglichen konnte, zur Weltspitze einschlägiger Hersteller aufzusteigen, wurden im Firmenimperium gehalten. BASF-Magnetics wurde trotz großer Rationalisierungsanstrengungen 1997 an die koreanische Unternehmensgruppe Kohap verkauft, gelangte ein Jahr später an ein englisches Konsortium und erhielt den Namen Emtec. Nach einigen hoffnungsvollen Jahren geriet das Unternehmen mit Firmensitz in Ludwigshafen 2003 in schwere Turbulenzen und meldete Insolvenz an. Die um die Knoll AG konzentrierte Pharmasparte der BASF ging im Jahr 2000 an den US-Konzern Abbott (siehe die Ausführungen zu Knoll weiter unten). Andere Unternehmensbereiche wurden in Joint-Ventures etwa mit Hoechst oder Shell ausgegliedert. Insgesamt führte diese Strategie zu einer deutlichen Steigerung des Gewinns und der internationalen Konkurrenzfähigkeit des Unternehmens, das sich um die Jahrtausendwende wesentlich positiver präsentierte als die beiden anderen deutschen Haupt-Teilfirmen der früheren I.G. Farben, – Hoechst, das unter diesem Namen bereits nicht mehr existierte, und Bayer.

Die Stadt und ›ihr‹ Werk waren auch in der zweiten Hälfte des 20. Jahrhunderts durch ein vielfältiges Beziehungsgeflecht verbunden, das gelegentlich von beiden Seiten als „Schicksalsgemeinschaft" bezeichnet wurde. Die ›Verbundstrategie‹ kam naturgemäß zuerst dem Standort Ludwigshafen zugute, der angesichts fehlender deutscher Arbeitskräfte in den 1960er Jahren mit verstärktem Einsatz von ›Gastarbeitern‹, zuerst von Italienern, ausgebaut wurde. 1972 bereits wurde ein Ausschuß für Ausländer im Werk eingerichtet. Der Expansion des Werkes waren allerdings auch vom Flächenverbrauch her Grenzen gesetzt. Die Werkserweiterungen der 1970er Jahre mußten bereits auf den nördlichen und östlichen Nachbargemarkungen erfolgen, da große Geländestücke in Ludwigshafen nicht mehr zur Verfügung standen. So suchte man, auch im Rahmen der Internationalisierungsstrategie, nach einem ›zweiten Ludwigshafen‹, das dann schließlich – mit weit weniger Beschäftigten – in Antwerpen entstand. Weitere ›Verbundstandorte‹ wurden in Freeport und Geismar in den USA sowie Kuantan in Malaysia angelegt. Nanking in China soll dazu ausgebaut werden.

Anmerkungen
Seite 840 und 841

240 *Rhpf, 6.5.2003; BASF Stationen ihrer Geschichte, Ausgabe 2002; Abelshauser, S.594ff*

241 *vgl. Abelshauser sowie Rhpf und MM, 2.11.2001*

242 *vgl. Abelshauser sowie Rhpf und MM, 15.10.1999*

Die ›Chefs‹ der BASF

Erwerber der Knoll AG

Matthias Seefelder[241] *wurde am 28. Februar 1920 als Förstersohn in Boos im Kreis Memmingen (Allgäu) geboren. Nach Abitur, Kriegsdienst und Kriegsgefangenschaft absolvierte er zunächst eine Tischlerlehre und nahm 1947 ein Chemiestudium auf, das er 1951 mit der Promotion abschloß. Danach begann seine Tätigkeit im Hauptlaboratorium der BASF. Er übernahm 1961 die Leitung des Farbenlaboratoriums und wurde schließlich zum Direktor der Sparte Farbstoffe und Hilfsmittel ernannt. 1971 wurde er in den Vorstand des Unternehmens berufen. 1974 bis 1983 war er Vorstandsvorsitzender und anschließend bis 1990 Vorsitzender des Aufsichtsrats der BASF Aktiengesellschaft, danach Ehrenvorsitzender. Von 1974 bis 1983 gehörte er dem Präsidium des VCI an, davon 1978/79 als Präsident, danach Mitglied des Ältestenrates. 1980 Auszeichnung mit dem Großen Verdienstkreuz mit Stern des Verdienstordens der Bundesrepublik Deutschland. Mathias Seefelders Name steht für die Entwicklung der BASF in Richtung hochveredelter Produkte. In seine Ära fiel auch der Erwerb der Mehrheit an dem Pharma-Unternehmen Knoll sowie der gezielte Ausbau bei Vitaminen und Pflanzenschutzmitteln. Bekannt war er aber auch durch seinen Hang zu Kunst, Grafik und Theater. Besonders förderte er das Wilhelm-Hack-Museum. Er schrieb eine Kulturgeschichte des Opiums und veröffentlichte das Buch ›Indigo-Kultur, Wissenschaft und Technik‹. Dem Ludwigshafener Kunstverein vermachte er eine Sammlung wertvoller Plakate, ein Zeichen der Verbundenheit mit der Stadt des Unternehmenssitzes, in der er viele Jahre auch wohnte. Dr. Matthias Seefelder starb am 30. Oktober 2001 in Heidelberg.*

[K. B.]

Matthias Seefelder [123]

Die sieben fetten Jahre der Chemie

Hans Albers[242] *wurde am 4. März 1925 in Lingen geboren. Chemiker. Seit 1953 Mitarbeiter der BASF, zunächst in der Forschung, wechselte er schon bald in die Produktion, wo er anschließend verschiedene leitende Funktionen übernahm. Albers' werksinterne Informationstouren mit einem mausgrauen VW-Käfer waren legendär. 1972 wurde er als Direktor mit der Leitung der Sparte Farben und Hilfsmittel betraut. Ab 1974 Mitglied des Vorstandes der BASF übte er als erstes Vorstandsmitglied der BASF für einige Jahre sein Mandat mit Sitz in den USA aus. 1983 bis 1990 war er Vorstandsvorsitzender der BASF Aktiengesellschaft. Seine Amtszeit war deckungsgleich mit einem wirtschaftlichen Aufschwung – den sieben fetten Jahren der Chemie – der zunehmend von Umweltschützern kritisch begleitet wurde. In seiner Zeit als Vorstandsvorsitzender fiel auch seine VCI-Präsidentschaft. Von 1990 bis 1999 war er Vorsitzender des Aufsichtsrats der BASF Aktiengesellschaft. Ab 1995 gehörte er außerdem dem Aufsichtsrat der FRITAC AG Mannheim an, dessen Vorsitz er im Januar 1997 ebenfalls übernahm. Dr. Hans Albers starb am 14. Oktober 1999 in Ludwigshafen.*

[K. B.]

Hans Albers [124]

Zudem stießen die Wünsche nach einer industriellen oder gemischten Nutzung weiterer Teile des Ludwigshafener Stadtgebiets je länger je mehr mit den Erfordernissen des Umweltschutzes und der Stadtplanung zusammen. Bitter waren Anfang der 1990er Jahre die Kontroversen um die Bebauung der ›Roßlache‹ westlich des Werksgeländes, da eine Unterbrechung der Luftzirkulation in Richtung Innenstadt und ein Verlust des Freizeitwertes in Oppau und Friesenheim zu befürchten stand. Das nachlassende Interesse des Werks an dem Gelände erledigte schließlich den Streit.

Ein ähnliches Ende fand die Auseinandersetzung um die Errichtung eines Kernkraftwerks auf dem der Innenstadt benachbarten Gelände der BASF in den 1970er Jahren. Es sollte an der Stelle des 1965 geschlossenen und dann abgerissenen Karbidwerkes entstehen. Hauptgrund dafür war der steigende und unstillbar erscheinende Bedarf an

elektrischer Energie. Hierbei spielte auch die langfristige Bindung an die ›Rheinisch-Westfälische Elektrizitätswerk AG (RWE)‹ mit, der man ebenso entgehen wollte wie einer zu starken Abhängigkeit von der sich seit den späten sechziger Jahren abzeichnenden Preispolitik der ›Organisation Erdöl produzierender Länder (OPEC)‹, die nach 1974 zu der jahrelang anhaltenden sogenannten Ölkrise führte. Das Vorhaben wurde vom Ludwigshafener Stadtrat Anfang 1970 einhellig gebilligt und erhielt auch von der Landesregierung in Mainz Rückendeckung. Gleichwohl scheiterte es am sich wandelnden Zeitgeist, der sich in zahlreichen Protesten äußerte, sowie einerseits an den in den siebziger Jahren verschärften Auflagen der Bundesregierung (die eine Entfernung von rund einem halben Kilometer vom Rhein verlangten, wodurch die Errichtung an der Stelle des früheren Karbidwerks nicht mehr in Frage kam), zum anderen aber daran, daß die RWE im hessischen Biblis ein eigenes Kernkraftwerk mit hoher Kapazität errichtete. Denn nunmehr schien es wenig sinnvoll, zwischen dem baden-württembergischen Werk bei Philippsburg und diesem ein weiteres zu bauen. Der Plan wurde daher ad acta gelegt.

Gelegentlich scheute sich die BASF nicht, als bei weitem größter Steuerzahler und Arbeitgeber der Region ihre Macht und ihren Einfluß zur Geltung zu bringen. Hingen doch von ihr – nach eigenen Schätzungen – im Jahr 2001 etwa 10 000 weitere Arbeitsplätze von Zulieferern und Dienstleistern in der Umgebung und fast 71 000 Arbeitsplätze in Deutschland insgesamt ab.[243] Der weiterreichende ökonomische Effekt der Einkommen der BASF-Mitarbeiter auf das Umfeld des Werks war von noch viel gewaltigerer Dimension. Angesichts solcher wirtschaftlicher Potenz und Bedeutung galt es lange Zeit als normal, den Wünschen der um die Sicherheit des Werks und seiner Produktionen besorgten Firmenleitung weitestgehend entgegenzukommen. So war es bis in die 1970er Jahre üblich, von Seiten der Polizei Daten über Stellenbewerber der ›Anilin‹ zur Verfügung zu stellen – wofür das Unternehmen die Kosten der Polizeistation beim Werk übernahm. Noch lange danach wurden regelmäßig die Daten von Fremdfirmenmitarbeitern auf Kriminalität überprüft – eine Praxis, die Anfang der 1990er Jahre zu einem ›Datenskandal‹ führte.[244] Solche Ereignisse nährten das Bild des ›unheimlichen Riesen‹ in seinem vom Werksschutz gesicherten Gelände, einer ›Stadt in der Stadt‹, wie es etwa auch in dem Roman ›Selbs Justiz‹ des Schriftstellers Bernhard Schlink gepflegt wird. Die kaum zu vermeidenden, manchmal auch größeren Betriebsunfälle im Werk, bei denen gelegentlich Todesopfer zu beklagen waren oder eigenartige Niederschläge und Gase in der Stadt und ihrer Umgegend niedergingen – man sprach zum Beispiel vom ›Friesenheimer Schnee‹ – sowie die seltenen Fälle offensichtlicher gesundheitlicher Beeinträchtigungen von Umwohnern trugen zusammen mit einem nicht immer glücklichen Umgang mit solchen Ereignissen von Seiten des Werks zu einer negativen öffentlichen Wahrnehmung bei. Gerade in der gesellschaftspolitischen Diskussion der späten 1960er Jahre und der beiden folgenden Jahrzehnte wurden die Gefahren der chemischen Industrie immer wieder am Beispiel der BASF thematisiert, die zudem wegen ihrer Rolle als Teil der I. G. Farben während des Dritten Reiches und ihrer mangelnden Bereitschaft, sich dieser Verantwortung zu stellen, wiederholt in die Kritik geriet.

Anmerkungen
Seite 842 und 843

243 *Facts and Figures, BASF Group 2002*
244 *MM, 25.3.1992, 1.4.1992*
245 *vgl. Abelshauser sowie Rhpf und MM, 10.3.2000; Rhpf, 6.5.2003*
246 *vgl. http://www.basf.de/de/corporate/overview/vorstand/hambrecht.htm sowie Rhpf und MM, 6.5.2003*
247 *Rhpf, 6.5.2003 sowie allg. StALu, Zeitungsverkartung, Stichwort ›BASF-allg.‹*
248 *Abelshauser, S.496f*

Die ›Chefs‹ der BASF

Der erste Nicht-Naturwissenschaftler als Vorstandsvorsitzender der BASF

Jürgen Strube[245] *wurde am 19. August 1939 in Bochum geboren. Jurist. Studium in Freiburg, Genf und München. 1969 Mitarbeiter der BASF im Finanzressort. Langjährige Auslandsaufenthalte für das Unternehmen, darunter allein elf Jahre in Brasilien. 1985 wurde Dr. Strube in den BASF-Vorstand berufen und zwar mit Dienstsitz in den USA. 1990 wurde er als erster Nicht-Naturwissenschaftler zum Vorstandsvorsitzenden der BASF AG ernannt. Seine Ära war gekennzeichnet von einer Konzentration auf die wesentlichen Stärken der BASF und einem starken Beschäftigungsabbau. Beides nutzte dem Betriebsergebnis des weltgrößten Chemiekonzerns. 1999 wurde er Honorarprofessor an der Verwaltungshochschule Speyer. Im März 2000 zeichnete Ministerpräsident Kurt Beck ihn mit dem Verdienstkreuz erster Klasse des Verdienstordens der Bundesrepublik Deutschland aus. In seiner Laudatio betonte Beck neben seiner erfolgreichen beruflichen Tätigkeit Strubes Verdienste als Vorsitzender des Vorstandes der Zukunftsinitiative Rheinland-Pfalz, des Kuratoriums Rhein-Neckar-Dreieck und des Initiativkreises der Wirtschaft. Darüber hinaus habe er als stellvertretender Vorsitzender des Stifterverbandes der Deutschen Wissenschaft, als stellvertretender Vorsitzender des Aufsichtsrates und Mitglied des wissenschaftlichen Beirates des Zentrums für Europäische Wirtschaftsförderung, als Vizepräsident des Bundesverbandes der Deutschen Industrie, als Präsident und Vizepräsident des VCI und als Mitglied zahlreicher Stiftungen, Gremien und Kuratorien wichtige Aufgaben übernommen und erfolgreich bewältigt. Im Mai 2003 trat Strube als Vorstandsvorsitzender zurück und wurde Vorsitzender des BASF-Aufsichtsrates. Er ist weiterhin auf vielen Feldern aktiv.*

[K. B.]

Jürgen Strube [125]

Wieder ein Chemiker

Jürgen Hambrecht[246] *wurde 1946 als Sohn eines Handwerksmeisters in Reutlingen geboren. Das Studium der Chemie in Tübingen schloß er mit der Promotion in Organischer Chemie ab. 1976 Eintritt in das Kunststofflaboratorium der BASF AG, verantwortlich für die Arbeitsgebiete Polystyrol, Styrolcopolymere und Polyphenylenether. 1985 Leiter Forschung und Einkauf der BASF Lacke und Farben AG, Münster. 1990 Leiter Unternehmensbereich Technische Kunststoffe. 1995 Leiter Länderbereich Ostasien mit Sitz in Hongkong. 1997 wurde Hambrecht in den BASF-Vorstand berufen; 2000 auch bei der Bilfinger + Berger AG in Mannheim. Seit dem 6. Mai 2003 Vorstandsvorsitzender der BASF AG. Hambrecht koordiniert als Vorsitzender die Aktivitäten des Vorstands und ist verantwortlich für Recht, Steuern und Versicherung; Planung und Controlling; Obere Führungskräfte und Führungskräfteentwicklung; Unternehmenskommunikation und Investor Relations.*

[K. B.]

Jürgen Hambrecht [126]

Der starke Arbeitsplatzabbau in den 1990er Jahren führte zu einer Erschütterung alter Sicherheiten in der Bevölkerung über die gegenseitige Loyalität zwischen Beschäftigten und ›Anilin‹.[247] 1994 und 2001 demonstrierten jeweils mehr als 10 000 ›Aniliner‹ gegen geplante Kürzungen von Sozialleistungen bzw. die Senkung der Jahresprämie der Beschäftigten bei gleichzeitiger Erhöhung der Ausschüttung an die Aktionäre. Und auch die Ausgliederung von Mitarbeitern in die neuen Joint-Ventures, die zuerst noch auf dem Werksgelände arbeiteten, dann aber ihre Produktion in oft recht weit abgelegene Orte verlegten, führte zu deutlich spürbaren Härten.

Mehrmals ließ die Führungsspitze der BASF Überlegungen zur Verlegung des Konzernsitzes oder größerer Teile der Produktion von Ludwigshafen weg verlauten, eine Drohung, die durchaus wirkungsvoll war. Dies zeigte sich Anfang der sechziger Jahre,[248] als die BASF-Leitung auf eine Verbesserung der Verkehrsverhältnisse rund um das Werksgelände – einschließlich des Baus der Nord-(Kurt-Schumacher-)Brücke

Demonstration von BASF-Mitarbeitern gegen die geplante Kürzung betrieblicher Sozialleistungen, 1993 [127]

Der leuchtende ›Verbundstandort‹ Steamcracker der BASF bei Nacht, 1997 [128]

Anmerkungen Seite 845

249 Informationen des BASF-Unternehmensarchivs, 2003, künftig in StALu, Manuskriptsammlung

über den Rhein – drang, und dafür einen vorläufigen Verzicht auf die Verwirklichung des neuen Pfalzbaus verlangte. Auch nach dem Amtsantritt von Oberbürgermeister Ludwig drängte das Unternehmen weiter, besonders auf den Ausbau einer kreuzungsfreien Auffahrt zur geplanten neuen Rheinbrücke. Die von Finanznöten geplagte Stadt machte für die Erfüllung des Ansinnens jedoch eine Anhebung der Gewerbesteuer zur Voraussetzung. Die Steuererhöhung unterblieb schließlich, als die Unternehmensführung sich dazu bereiterklärte, eine einmalige Zahlung von 3 Mio. DM zu leisten. Zu den Interessen der BASF gehörte auch die Sanierung des Stadtteils Hemshof, wo zahlreiche Beschäftigte lebten, sowie die Anlage der Neubausiedlung auf der Pfingstweide, die 1967 beschlossen wurde. Außerdem drängte man bei der Verlegung des Hauptbahnhofs auf die Anlage einer direkten unterirdischen Verbindung ins Werk, des sogenannten ›BASF-Tunnels‹, durch den Züge unter dem Rathaus-Center auf das Werksgelände fahren konnten. Auch der neue ›Landeshafen‹ im Norden der BASF entsprach den Wünschen des Konzerns. Eine Reihe von äußerst kostenintensiven Verkehrsmaßnahmen war also nicht zuletzt auf Forderungen der BASF zurückzuführen. Mit dem durch Investitionen untermauerten Bekenntnis zum Verbundstandort Ludwigshafen wirkte das Verlegungsszenario allerdings in späteren Jahren nicht mehr so überzeugend wie zuvor.

Die Gewerbesteuer und ihr Hebesatz waren immer wieder Gegenstand von Konflikten zwischen Stadt und Werk (s. a. S. 792). Ganz selbstverständlich nutzte der Konzern die ihm zustehenden gesetzlichen Möglichkeiten einer Reduzierung seiner Steuerschuld, und so wirkten sich etwa die Strafen in Höhe von über einer Milliarde Euro, die die BASF wegen eines illegalen Vitaminkartells in den USA und durch die Europäische Union trafen, auf die Steuerzahlung in Ludwigshafen aus. Doch trug der Konzern weiterhin – im Gegensatz zu manchen anderen deutschen ›Global Players‹ – entscheidend zu den Einnahmen der Stadt bei, und zeigte sich – selbstverständlich nicht ohne Berücksichtigung

Die BASF errichtet die erste begehbare Rheinuntertunnelung, die das Werk Ludwigshafen mit der Raffinerie auf der Friesenheimer Insel verbindet, 1982 [129]

Das Feierabendhaus Hauptveranstaltungsort der Kulturaktivitäten der BASF [130]

der eigenen Interessen – immer wieder zu einem vernünftigen Kompromiß bereit, wie er etwa 2002 zur Stabilisierung der Ludwigshafener Steuereinnahmen eingegangen wurde.

Auf vielfältige Weise wirkte die BASF in die Stadt hinein: Als Eigentümer von Wohnanlagen vor allem im werksnahen Bereich in Friesenheim, aber auch in Edigheim und der Pfingstweide trugen die Wohnungsbau- und -verwaltungsgesellschaften der BASF für das Erscheinungsbild großer Teile der Stadt Mitverantwortung. Gemeinsam mit der städtischen GAG, an der die BASF im übrigen ebenfalls Anteile hält, erbaute sie den Stadtteil Pfingstweide. Umfangreiche Sanierungsmaßnahmen, zu denen auch die Erstellung eines umweltfreundlichen sogenannten ›Drei-Liter-Hauses‹ gehörte, werteten zum Ende des Jahrhunderts das Wohnumfeld des Werks auf. Das umfangreiche, für die allgemeine Öffentlichkeit zugängliche Kultur- und Bildungsprogramm der BASF, in dessen Rahmen weltbekannte Orchester und Solisten ebenso wie bekannte Gelehrte und Wissenschaftler in Ludwigshafen Station machten, bereicherte entscheidend das städtische Leben; die kulinarischen Angebote des Feierabendhauses und der Kellerei wurden von vielen genutzt. Jahr um Jahr unterstützte die BASF mit vielen Spenden [249] die Arbeit von Vereinen oder auch der Stadt selbst, bzw. sie beteiligte sich direkt an der Finanzierung in den Bereichen Soziales, Sport und Kultur. So übernahm sie 1990 aus Anlaß ihres 125jährigen Bestehens die Kosten von etwa drei Millionen Mark für eine vor allem für Berufstätige gedachte Kindertagesstätte im Stadtteil Nord. 100 000 Mark gab das Unternehmen für die Fertigstellung des Pfalzbaus, für den Bau des Wilhelm-Hack-Museums spendete die BASF 1975 eine Million Mark. Die Einrichtung eines Hospizes förderte die BASF im Jahre 2003 mit einer Spende von 100 000 Euro. Zur Jahrtausendwende stiftete das Werk als Zeichen der Verbundenheit mit der Stadt eine kinetische Skulptur des US-Künstlers Rickey für einen Brunnen auf dem Berliner Platz. Namhafte Ausstellungen des Wilhelm-Hack-Museums und Kultur-Events wurden mit

Der Korkturm auf dem Gelände von Grünzweig & Hartmann, heute Friedenspark, wird gesprengt 23. Juni 1981 [131]

Das Gelände von Grünzweig & Hartmann nach der Räumung im Hintergrund der Hemshof mit der Hartmannstraße, um 1982 [132]

großen Summen gesponsert. Besonders umfangreich waren die Hilfen zur Gestaltung der Feierlichkeiten zum 150jährigen Stadtjubiläum 2003. Ende der 1990er Jahre beteiligte sich die BASF auch an Fördermaßnahmen für Arbeitslose und gründete zwei Fonds zur Förderung junger Unternehmen, ein Projekt, das allerdings weit über die Region hinausreichte.[250] Regelmäßige Werksrundfahrten für jedermann und auch eine Kooperation bei der historischen Aufarbeitung der Zwangsarbeit während des Zweiten Weltkriegs – gepaart mit einer substantiellen Beteiligung am Entschädigungsfonds für Zwangsarbeiter – signalisierten seit den 1990er Jahren ein Bemühen um Offenheit. Im Jahr 2001 veröffentlichte die BASF eine umfangreiche Unternehmensgeschichte.[251]

Neue Standards setzte die BASF beim Umweltschutz (vgl. dazu auch S. 863ff), in den sie in ihrem dazu ideal geeigneten Verbundstandort gewaltige Summen investierte. Laut Werksangaben wurde bis 1986 erreicht, daß knapp die Hälfte der Produktionsrückstände stofflich wiederverwertet werden konnte; etwas mehr als ein Drittel der Schadstoffe konnte vermieden oder wenigstens erheblich vermindert werden, rund 13% dienten der Energiegewinnung und nur 4% mußten weiterhin „unproduktiv beseitigt" werden. Zwischen 1991 und dem Jahr 2001 konnten die nicht-nutzbaren bzw. Luft, Wasser und Erdreich verunreinigenden Rückstände pro Tonne Produktion von 28,2 kg auf nurmehr 6,7 kg reduziert werden.[252]

Neben der BASF hatten auch die anderen großen Chemiebetriebe Ludwigshafens – Knoll, Grünzweig & Hartmann, Giulini, Benckiser und Raschig – von den Wirtschaftswunderjahren profitiert. Die alten Familienunternehmen waren gewachsen und hatten seit Ende der 1950er Jahre Zweigwerke und Niederlassungen in Deutschland und dem Ausland gegründet. Bis zur Jahrtausendwende erlebten sie jedoch alle einen zuvor nie gekannten drastischen Wandel ihrer Besitzverhältnisse bzw. Strukturen. Abgesehen von Benckiser, das unabhängig blieb und mächtig expandierte, wurden alle Unternehmen Teil großer internationaler Firmenimperien; die Beziehungen zu den Gründerfamilien, die die Unternehmen teilweise über viele Jahrzehnte erfolgreich geführt hatten, rissen in den meisten Fällen ab. Zwei der Firmen, Benckiser und

Anmerkungen
Seite 846 und 847

250 *Rhpf, 29.7.2003*

251 *Abelshauser, S.494ff*

252 *vgl. Abelshauser, S.520; Facts and Figures BASF Group 2002*

253 *Bemerkungen zum Geschäftsbericht 1953; StALu, DS 449/11*

254 *StALu, Zeitungsverkartung, Stichwort ›Grünzweig und Hartmann‹, bes. MM, 22.8.1958, MM, 28.11.1961; GA, 17.11.1959, GA, 9.1.1965; Rhpf, 12.1.1972, Rhpf, 22.2.1988, Rhpf, 26.2.1988; StALu, DS 449/16*

255 *einer Tochter von Saint Gobain und der Société Générale des Eaux*

256 *Wirtschaftsstandort 2001, S.29*

257 *MM, 29.12.1992; Rhpf, 21.8.2003*

Giulini von der Rheinseite aus um 1982 [133]

Die alten Eigentümerfamilien und ihr Einfluß: Udo Giulini (1918—1995), Chemiker und Jurist, war auf vielen Feldern in der Rhein-Neckar-Region tätig und vertrat Ludwigshafen in den Jahren 1965 bis 1972 als CDU-Abgeordneter im Bundestag [134]

Grünzweig & Hartmann, verlagerten alle Produktionsstätten und behielten lediglich ihren Firmensitz in Ludwigshafen.

Der Dämmstoffhersteller Grünzweig & Hartmann, seit 1900 eine ›Familien-GmbH‹,[253] war 1952 in eine Aktiengesellschaft umgewandelt worden, die sich Ende der 1950er Jahre zu mehr als 50% im Besitz der Bayerischen Staatsbank befand; 25% hielt die Berliner Handelsgesellschaft.[254] Ende 1961 erwarb die ›Compagnie de Saint Gobain‹ in Neuilly rd. 25% der Anteile des Unternehmens von der Bayerischen Staatsbank. In der Folge baute Saint Gobain seinen Anteil auf 85% (1972) aus. Seit den 1950er Jahren hatte Grünzweig, dessen Standort mitten in Ludwigshafen kaum Chancen auf Erweiterung bot, in Deutschland, Frankreich und den Niederlanden expandiert, und beschäftigte 1965 in zwei Werken in Ludwigshafen und weiteren Standorten fast 9 000 Menschen. 1972 vereinigte St. Gobain G & H mit der Aachener Glasfaser GmbH zur G + H Glasfaser AG; die Produkte wurden unter den Markennamen ISOVER zusammengefaßt. Nach der 1977 abgeschlossenen Verlagerung der Produktionsstätten von Grünzweig – dies geschah im Zusammenhang mit der Anlage des neuen Bahnhofs – erfolgte 1981 trotz mancher Proteste die Sprengung des Korkturms, eines Wahrzeichens des Unternehmens und der Stadt. Auf dem ehemaligen Werksgelände entstand der Friedenspark. Der Sitz der Gesellschaft blieb allerdings in Ludwigshafen. Die ebenfalls in Ludwigshafen ansässige, vom Stammhaus 1976 abgespaltene Grünzweig & Hartmann Montage GmbH, zuerst eine 100%ige Tochter des Mutterunternehmens, wurde auf Beschluß der Pariser Saint-Gobain-Zentrale 1988 der mit Saint Gobain verbundenen SGE (Société Générale des Entreprises)[255] zugeordnet. Auf diese Weise kam die Zentrale des ›Bauriesen‹ Vinci Deutschland, der zur SGE gehörenden Muttergesellschaft von G + H Montage mit 11 500 Beschäftigten in der Bundesrepublik, ebenfalls nach Ludwigshafen.[256] 1992 arbeiteten in Ludwigshafen 255 Menschen in der Grünzweig und Hartmann-Zentrale, 840 bei G + H-Montage – 280 in der Hauptverwaltung, 560 in der örtlichen Niederlassung. 2002 erlosch G + H-Montage als Einheit. Seine beiden Abteilungen wurden zwei mit ihrem Hauptsitz in Ludwigshafen angesiedelten Gesellschaften von Vinci zugeordnet.[257]

Proteste gegen die Schließung der Aluhütte von Alcan, 1982 [135]

Blick über Giulini mit der Aluminiumhütte im Vordergrund, um 1973 [136]

Giulini,[258] die 1851 gegründete älteste Chemiefirma der Stadt, die nach dem Krieg zeitweise Backpulver (›Turris-Märchenpudding‹) hergestellt und eine Glashütte betrieben hatte, konnte im folgenden in ihren traditionellen Produktionsgebieten Erfolge verbuchen. „Aus Ammoniak-Alaun von Giulini gelang die Herstellung von synthetischen Edelsteinen. Im Düngemittelbetrieb brachte die Herstellung von granuliertem Mischdünger eine beachtliche Mengenausweitung. Der Phosphatbetrieb baute das Spezialitätengeschäft auf. Waschmittelrohstoffe, Lebensmittelzusätze, Textilhilfsmittel, Wasserbehandlungs- und Industriereinigungsmittel wurden stark ausgebaut."[259] Eine neugegründete pharmazeutische Abteilung entwickelte u. a. Medikamente gegen Herz-Rhythmus-Störungen. Mit der Eröffnung einer eigenen Aluminiumhütte 1969 verwirklichte sich das Familienunternehmen einen alten Traum – der sich jedoch zum Alptraum entwickelte. Die weltweiten Überkapazitäten in der Aluminiumproduktion, die viel zu hohen Stromkosten bei der Herstellung und Wechselkursprobleme mit dem Dollar ließen die Alu-Hütte unrentabel werden. Trotz insgesamt über 56 Millionen Mark Kreditbürgschaften, mit denen das Land und der Bund das Unternehmen stützten, geriet die gesamte Firma in die Krise, die letztlich zur Zerschlagung des Unternehmens und dem völligen Rückzug der Familie Giulini führten. 1977 mußte die Firma Konkurs anmelden, das Verfahren zog sich bis 1984 hin, Millionen der staatlichen Hilfen gingen verloren.[260] In den Jahren 1976 bis 1980 wurde der Chemiebereich, das Kernstück des alten Werks, an eine deutsche Tochter von Israel Chemicals (ICL) verkauft, die Pharmasparte an die Kali-Chemie AG, die Bayerfabrik an den US-Aluminium-Großkonzern Alcoa. Die Alu-Hütte übernahm der kanadische Aluminiumhersteller Alcan. Trotz intensiver Stützungsbemühungen der Landes- und der Bundesregierung unter dem ›Ludwigshafener Kanzler‹ Helmut Kohl um 1983 besserte sich deren Ertragslage nur vorübergehend Mitte der 1980er Jahre.[261] 1987 wurde sie geschlossen. Auf dem Gelände steht heute das neuerrichtete Ludwigshafener Straßenbahndepot. Der im ICL-Besitz befindliche Giulini-Betrieb wurde 1996 mit dem ehemals von Benckiser betriebenen BK Ladenburg zur BK Giulini Chemie GmbH & Co. OHG fusioniert. Mitte 2002 beschäftigte das Unternehmen in Ludwigshafen selbst nur noch 560 Mitarbeiter, BK Giulini insgesamt 890.

Anmerkungen Seite 848 und 849

258 *zu Giulini vgl. Feßnmayr / Uhlenbrock; StALu, Zeitungsverkartung, Stichwort ›Giulini‹*

259 *Feßnmayr / Uhlenbrock*

260 *Rhpf, 15.11.1984*

261 *ebd., 24.9.1983*

262 *zu Benckiser vgl. StALu, Zeitungsverkartung, Stichwort ›Benckiser‹; Wirtschaftsstandort 1998, S. 40; ders. 2001, S. 120f; Feßnmayr, Uhlenbrock*

263 *Rhpf, 23.12.1987*

264 *Rhpf, 1.6.1984, 8.7.1997. Erich Reimann starb 1984. Als 1996 das Unternehmen in zwei Aktiengesellschaften getrennt wurde, galten als Gründe sowohl die Möglichkeit, bei Veränderungen im Kreis der damals elf Familiengesellschafter die Erbschaftssteuer durch Aktienverkäufe besser bewältigen zu können, als auch ganz klassisch die Möglichkeit, mittels Aktienemissionen zusätzliches Kapital einzuwerben.*

265 *zu Knoll vgl. 100 Jahre Knoll; StALu, Zeitungsverkartung, Stichwort ›Knoll‹; Wirtschaftsstandort 1998, S. 82*

Benckiser-Gästehaus nahe der Benckiserstraße, 1994 [137]

Die alten Eigentümer-Familien: Dr. Erich Reimann (1898—1984), bis 1978 Chef von Benckiser [138]

Benckiser,[262] seit 1950 in Joh. A. Benckiser GmbH umbenannt, verschwand wie Grünzweig anläßlich der Bahnhofsverlagerung als Fabrik aus Ludwigshafen. Die Produktionsstätten wanderten in den schon seit 1940 ausgebauten Standort Ladenburg. Am 22. Juli 1973 wurde der letzte Kessel in Ludwigshafen abgeschaltet; die Stadt blieb allerdings weiterhin der Sitz von Teilen der Forschung sowie der seit 1990 in der prächtigen Benckiser-Villa untergebrachten Konzernzentrale. Als 1978 der 80jährige Erich Reimann die Geschäftsführung des Unternehmens niederlegte, endeten über 150 Jahre direkter Lenkung der Firma durch die Eigentümerfamilie. Neuer Hauptgeschäftsführer wurde Martin Gruber, der 1988 von Dr. Peter Harf abgelöst wurde.[263] Gleichwohl blieb Benckiser im Familienbesitz, wenn auch 1983 die Verwaltung des Eigentümervermögens klar vom Unternehmen getrennt wurde.[264] Schon zuvor hatte Benckiser, das seit 1954 mit Calgon ein überaus populäres Waschmittel vertrieb, eine Diversifizierungsstrategie mit der Gründung von Tochtergesellschaften an verschiedenen Standorten betrieben. Seit 1990 konzentrierte sich Benckiser auf die Bereiche Haushaltsmittel und Kosmetika; traditionelle Produktionen wurden abgestoßen. Umfangreiche Zukäufe in den USA und Europa verwandelten ›JAB‹ in ein weltweit operierendes Unternehmen für Konsumgüter. 1996 wurden die Aktivitäten in zwei großen, bald darauf börsennotierten, Gesellschaften neugegliedert, der Coty Inc. New York, einer 98%igen Tochter der GmbH, und die Benckiser N.V., seit 1999 Reckitt Benckiser, in Slough, Berkshire, GB. Die US-Gesellschaft bündelte die Kosmetikaktivitäten, zu denen Namen wie Davidoff, Joop, Jil Sander u. v. a. gehören. Reckitt Benckiser, zu 24,5% in Besitz der GmbH, wurde zum größten Hersteller von Putz-, Reinigungs- und Waschhilfsmitteln, u. a. mit Marken wie Calgon – das alte Benckiser-Produkt –, Sagrotan und Kukident. Insgesamt arbeiteten im Jahr 2000 etwa 18 900 Mitarbeiter in 60 Ländern für den Konzern; in Ludwigshafen waren es allerdings (1998) nur noch 25.

Der Knoll AG,[265] dem einzigen pharmazeutischen Großunternehmen der Ludwigshafener Chemie, gelang in den 1960er Jahren mit Isoptin – einer „Spitzenleistung deutscher Forschung" – die Herstellung eines bahnbrechenden Medikaments für die Behandlung von Herz-Kreislauf-Krankheiten. Zweigwerke und Beteiligungen in Nord- und Südamerika und im näheren Ausland erweiterten den Handlungsrahmen des

Einweihung neuer Produktionshallen bei Halberg, 1997 [139]

Das Halberg-Gelände, Luftbild um 1969, im Vordergrund die Walzmühle, Zugang Roonstraße mit Werkstatt-Gebäude [140]*

Unternehmens. Familieninterne Interessengegensätze führten 1959 erstmals zum Übergang von Aktien der Firma in nichtfamiliären Besitz. Ein Jahr später wurde erstmals ein Nichtfamilienmitglied Vorsitzender des Aufsichtsrats. 1975 erwarb die BASF fast alle Anteile der Familie, seit 1982 hielt der Chemieriese alle Anteile der Firma, die zum Kern der Pharmasparte der ›Anilin‹ wurde. Eine Neuorientierung der Konzernpolitik führte im Jahr 2000 zum Verkauf von Knoll an den US-Konzern Abbott, der 15 Milliarden DM zahlte. Knoll wurde zu Abbott und erweiterte seine Beschäftigtenzahl seitdem auf über 2 000 Mitarbeiter.

Auch Raschig,[266] eine weitere ›große Familienfirma‹ der Chemie in Ludwigshafen, expandierte seit den späten 1950er Jahren in Deutschland, seit den 1970er Jahren im Ausland (Schweiz, USA). 1995 geriet das Unternehmen durch Mißmanagement und Familienstreitigkeiten in Schwierigkeiten. Im Jahr darauf erwarb der US-Unternehmer Philip E. Kamins, einer der reichsten Männer der USA, sämtliche Anteile der Familie Raschig, die damit aus der von ihr gegründeten und geleiteten Firma ausschied. Die Raschig AG mit ihren (2002) nurmehr 450 Beschäftigten in Ludwigshafen wurde damit Teil eines umfassenden Imperiums von etwa 60 amerikanischen und europäischen Unternehmen für Chemieprodukte und Kunststoffe.

Neben den ›Großen‹ behaupteten sich in der Ludwigshafener Chemiebranche auch und gerade eine Riege mittelständischer Unternehmen, die zum Teil auf eine lange Tradition zurückblicken konnten. Viele entwickelten ›Spezialitäten‹ und konnten so im Wettbewerb bestehen. So boten zum Beispiel die Rheingönheimer Woellnerwerke[267] mit (1999) 700 Beschäftigten, davon etwa die Hälfte in Ludwigshafen, Wasserglas- und Wasserglasspezialitäten, Wasch- und Reinigungsmittel, Mehrweg-Maschinen- und Druckereiputztücher, Bautenschutzprodukte und Hautschutzprodukte. Die Heinz Berkel KG, die ehemalige ›Pfälzische Spritfabrik‹, war einer der europaweit größten Hersteller von Neutralalkohol, die Türmerleim-GmbH[268] mit 130 Beschäftigten (2003) stellte Spezialleime für Zigaretten, Holz und Etiketten her, auf letzterem Gebiet einer der größten Anbieter in Deutschland.

Anmerkungen
Seite 850 und 851

266 MM, 23.7.1996

267 Informationen von Woellner 1995; StALu, DS 495/13; Rhpf, 14.3.2003

268 Auskünfte der Firma

269 bis 1940 Sulzer; zu Halberg vgl. Mörz, Wühlmaus 2000; StALu, Zeitungsverkartung, Stichwort ›Halberg‹

270 zu Pollux vgl. Von Lux zu Pollux; StALu, Zeitungsverkartung, Stichwort ›Pollux‹

** vgl. zu diesem Luftbild das ›Bodenbild‹ Abb. 147 mit etwa gleicher Blickrichtung*

Die Knoll AG, Luftbild um 1986; im Hintergrund der neue Hauptbahnhof, links, und die vom Rhein herführenden Hochstraßen Richtung Bad Dürkheim [141]

Aus Knoll wird Abbott, 2000 [142]

Im neuen Pharma-Produktionsgebäude der Knoll AG, 1970 [143]

Stechuhr und Gleitzeit, Benckiser [144]

Proteste gegen den Stellenabbau bei Spanner-Pollux, 1999 [145]

Jenseits der Chemie-Traditionsfirmen präsentierte der umfangreiche Firmenanhang des 1959 erschienenen Stadtbuchs über Ludwigshafen in der Reihe ›Deutschland baut auf‹ eine stattliche Reihe ›namhafter‹ Unternehmen der Metall- und Baubranche sowie der Nahrungsmittel- und Textilindustrie. Nur eines davon gehörte allerdings in die Riege der alten Großunternehmen, die Maschinenfabrik und Gießerei Halberg,[269] die zu Beginn der 1960er Jahre fast 3 500 Mitarbeiter in Ludwigshafen, Mannheim und Neustadt beschäftigte. Der Zweigbetrieb des saarländischen Halberg-Konzerns hatte seine Anlagen nach den Kriegszerstörungen durchgreifend modernisiert, und 1961 übernahm das Werk von der Apparatefabrik Zimmermann die lukrative Herstellung von Wärmeaustauschern. 1967 trennte die Betriebsleitung die Gießerei, die Halbergerhütte, von der Maschinenfabrik. Letztere ging 1971 in den Besitz der Siemen & Hinsch GmbH Itzehoe (SIHI) über, mit der das Werk schon zuvor durch gemeinsame geschäftliche Aktivitäten im Ausland verbunden war. 1996 wurde das Werk mit SIHI zusammen Teil des Thyssen-Konzerns. Während eine schwere Krise des Maschinenbaubetriebs um 1979 überwunden wurde, begann um 1984 der lange Todeskampf der Hütte, die mit Halberg Teil des Saint-Gobain-Imperiums war. Proteste der Beschäftigten und Interventionen von Stadt und Landesregierung blieben ohne Erfolg, am 16. Dezember 1988 ging der letzte Schmelzofen in der Hütte aus. Halberg Maschinenbau expandierte in den 1980er Jahren noch, zwischen 1992 und der Jahrtausendwende sank allerdings die Beschäftigtenzahl von 720 auf ca. 300. Das Areal des Betriebs wurde drastisch verkleinert, und ebenso wie das Gießerei-Gelände von der Stadt im Rahmen des Rheinufer-Süd-Projekts erworben. Durch eine umfangreiche und teure Altlastenentsorgung seitens der Stadt wurde das Gießerei-Gebiet ›reif‹ für eine neue Bebauung.

Neben Halberg erreichte der Meßgerätehersteller Pollux[270] zeitweise eine beachtliche Betriebsgröße mit deutlich über 1 000 Beschäftigten. 1966 erwarb die Compagnie de Pont à Mousson in Nancy – Teil des Saint-Gobain Imperiums – das Werk. Durch Umschichtungen innerhalb des Firmenimperiums wurde Pollux mehrmals mit verschiedenen

Abriß der Walzmühle Januar 1995 [146]

Blick auf Teile des als Parkplatz benutzten Walzmühlgeländes aus einem Fenster des letzten gewerblichen Nutzers der Gebäude, der Druckerei Klamm GmbH [147]

Anmerkungen Seite 852 und 853

271 *MM, 29.12.1992; StALu, DS 487/18*

272 *zur Walzmühle vgl. Mörz, Wühlmaus 1999; StALu, Zeitungsverkartung, Stichwort ›Mühlen‹*

273 *seit 1902 von der Mechanischen Weberei zu Linden/Hannover übernommen*

anderen Firmen verschmolzen und dem saarländischen Halberg-Konzern zugeordnet, der Namen in ›Spanner-Pollux‹ umgewandelt. Die deutsche Wiedervereinigung bescherte der Firma einen Verkaufsboom. Danach begann eine lange dauernde Krise, die zur deutlichen Personalreduktion, heftigen Auseinandersetzungen zwischen Betriebsführung und Belegschaft und zweimaligem Besitzerwechsel führte. 1997 wurde Pollux vom britischen BTR-Konzern erworben und trug seit 2002 den Namen ›Invensys Meter Systems‹. Ende 2003 wurde das Unternehmen mit seinen ca. 700 Mitarbeitern an die US-Firma Jordan verkauft.

Gerade in der Metall- und Apparatebaubranche verschwanden im Zeichen des Strukturwandels seit den 1960er Jahren eine Reihe von mittelständischen Traditionsfirmen, die der wachsenden Konkurrenz nicht gewachsen waren bzw. durch Abhängigkeiten von Großabnehmern in Schwierigkeiten gerieten. Um nur einige zu nennen: die Maschinenfabrik Platz ging 1960 nach Frankenthal, Butz & Leitz stellte 1967 seine Produktion ein, die Maschinenfabrik Schütze 1974, die Giesserei Mock 1977, die Waagenfabrik Wahgu 1981, die Maschinenfabrik Geiger 1985. 1998 wurde der Werkstoffprüfmaschinenhersteller Wolpert nach Darmstadt verlegt. In der Baubranche endete in den 1960er Jahren die Geschichte der Ludwigshafener Ziegeleien. 1958 meldete die Traditionsfirma Josef Hoffmann und Söhne AG, die das erste Ludwigshafen erbaut hatte, Konkurs an. Nach der Jahrtausendwende geriet das angesehene Unternehmen Stahlbau-Schäfer in Schwierigkeiten.

Andererseits bot gerade die in Ludwigshafen ganz überwiegend mittelständisch organisierte Bau- und Metallbranche in Industrie und Handwerk auch zur Jahrtausendwende ein breitgefächerte Palette älterer und jüngerer Betriebe mit zum Teil beachtlichen Beschäftigtenzahlen, die sich offenbar gut am Markt behaupteten. Die erst 1946 als Zweigwerk eines saarländischen Unternehmens gegründete ›Alois Lauer Stahl- und Rohrleitungsbau GmbH‹ erreichte dabei in Zeiten guter Konjunktur den Status eines größeren Unternehmens und wurde z. B. 1992 mit 1 000 Beschäftigten als eine der zehn größten Firmen Ludwigshafens registriert.[271]

Container am Stromhafen, im Hintergrund die Kurt-Schumacher-Brücke und Teile des BASF-Werksgeländes, um 1997 [148]

Der Landeshafen (Ölhafen) am nördlichen Stadtrand [149]

Den größten Bruch erlebten die Textil- und die Nahrungsmittelindustrie. In diesem Bereich überlebte kein größerer Betrieb bis zur Jahrtausendwende. Die einstmals so bedeutende Walzmühle[272] kämpfte schon seit den 1950er Jahren mit durch die im Mühlenbereich bestehenden Überkapazitäten verursachten wirtschaftlichen Problemen. Die Anmietung von zwei Dritteln der Geländes durch die Plange-Futtermittel-Gesellschaft, die dort Futter für Hühner, Kühe und anderes Vieh produzierte und die Anlagen zusammen mit der verbliebenen Walzmühlproduktion nutzte, sicherte für einige Zeit das Überleben. Als die Plange-Gruppe 1985 in Konkurs ging, war auch das Schicksal der Walzmühle besiegelt. Noch im selben Jahr schloß sie ihre Pforten. Eine Diskussion um die städtebauliche Zukunft des Geländes begann, die Eigentümerschaft wechselte zwischen Unternehmern, die eine Umnutzung des Areals versprachen, und der Stadt ab. Das Werkstatthaus wurde bis 1992 von der Druckerei Klamm GmbH genutzt, die alte Ladehalle am Rheinufer zu einem beliebten Veranstaltungsort für Techno-Parties. 1995 begann der Abriß der Gebäude unter Wahrung der großen Jugendstilfassade zum Rhein hin. Nach heftigen Auseinandersetzungen erwarb die Stadt die – schon zum Abriß bestimmte – alte Walzmühldirektorenvilla zurück, um dort das Ernst-Bloch-Zentrum einzurichten.

Die 1959 noch in vollem Flor präsentierte, seit 1951 vereinigte Aktienbrauerei Bürgerbräu schloß 1971 ihre Pforten; auf ihrem Gelände wurde der ›Bürgerhof‹ angelegt. Auch die Produktion der Oggersheimer Brauerei Treiber wanderte 1982 nach Pfungstadt. Zur Jahrtausendwende lebte die Brautradition Ludwigshafen allein noch in der Oggersheimer Privatbrauerei Mayer weiter, deren vielseitige Produkte gerade in der Region hohes Ansehen genossen.

Schon vor der Mitte des 20. Jahrhunderts war der Großteil der traditionsreichen Unternehmen der Textilbranche untergegangen. Die ›Kunstwollfabrik‹ Kuhn und Adler und die Tricotweberei Gebr. Mann hatten schon lange vor dem Zweiten Weltkrieg ihre Produktion eingestellt, die ›Samtfabrik‹ in Oggersheim,[273] einer der ältesten Industriebetriebe im Raum Ludwigshafen, war 1942 als nicht kriegswichtig

geschlossen, die Anlagen im Krieg zerstört worden. Die in den fünfziger Jahren als Zweigwerk eines saarländischen Unternehmens errichtete Hemdenfabrik Hoffmann in der Gartenstadt schloß 1991.

Eng verknüpft mit der Industrie blieben die Verkehrs- und Versorgungseinrichtungen der Stadt, die – seit 1973 in privatrechtlicher Form geführten – Technischen Werke Ludwigshafen (TWL), denen die Verkehrsbetriebe Ludwigshafen (VBL) und die Rhein-Haardt-Bahn (RHB) zugeordnet waren, außerdem die Hafenbetriebe und die für die Elektro-, Gas- und Wasserversorgung der Region Vorderpfalz wichtigen Pfalzwerke, die allerdings Ende der 1990er Jahre durch die ›Deregulierung‹ der Strommärkte in große Schwierigkeiten gerieten und nur durch drastische Service- und Stellenkürzungen sowie eine Verdichtung ihrer Beziehungen zum RWE-Konzern ihre Existenz sichern konnten.[274] Die Hafenbetriebe waren nach der Inbetriebnahme des Ölhafens im Norden des BASF-Geländes an der Mündung des ehemaligen Frankenthaler Kanals in den Rhein im Dezember 1976 auf vier Standorte verteilt: zum Öl- oder Nordhafen, der auch Spezialeinrichtungen zum Löschen von gefährlichen Gütern besaß, kamen die älteren Anlagen des Zollhafens zwischen Schumacher- und Adenauerbrücke, der Luitpoldhafen sowie schließlich die gleichfalls schon vor dem Ersten Weltkrieg weiter südlich errichteten Anlagen des Mundenheimer und Kaiserwörthhafens. 1969 betrug die Umschlagsmenge der Hafenanlagen (ohne den damals noch nicht vorhandenen Nordhafen) 9,4 Mio. t, seit den siebziger Jahren waren es nur noch rund 8,5 Mio t. Daß Ludwigshafen dennoch weiterhin einen der größten deutschen Binnenhäfen beherbergte, war vor allem der Umstellung des Zoll- und des Luitpoldhafens auf Stückgutverkehr mit Containern zu verdanken. Dieser verzeichnete in den achtziger Jahren zweistellige Zuwachsraten. Infolge der mit dem Containerverkehr einhergehenden Automatisierung des Warenumschlags sank allerdings die Zahl der Beschäftigten auf rund fünfzig Mitarbeiter. Zudem galt der Luitpoldhafen, der vor allem zur Lagerung von – inzwischen haushoch gestapelten – Containern dient und dessen Anlagen die Parkinsel von der übrigen Stadt trennen, seit den achtziger Jahren zunehmend als Störfaktor für die Neugestaltung des südlichen Rheinufers zu einem gehobenen Viertel in direkter Verbindung zum Fluß. Die Errichtung eines neuen Containerterminals am Kaiserwörthhafen läßt auf eine Lösung des Problems hoffen. Im April 2003 begannen die Bauarbeiten für den nach dem Duisburger Hafen größten Knotenpunkt für den Containerverkehr; das Gelände am Luitpoldhafen wurde von der GAG-Tochter WGS zur Errichtung hochwertiger Wohnungen erworben. Im Zusammenhang mit der neuen Anlage wurden auch Pläne für ein ›Güterverkehrszentrum Ludwigshafen Süd‹ mit Industriepark auf altem Giulini-Gelände entwickelt, die aber nicht mehr in ihrer ursprünglichen Form realisiert werden sollen.

Wie oben gezeigt wurde, arbeiteten bis nach der Jahrtausendwende mehr als 60% der Ludwigshafener Beschäftigten im produzierenden Gewerbe bzw. der Bauwirtschaft. Der bei weitem größte Arbeitgeber blieb trotz des gewaltigen Abbaus von Stellen die BASF, und ihre Bedeutung innerhalb des gesamten verarbeitenden Gewerbes der Stadt nahm sogar zu. Hatte 1912 der Anteil der Arbeiter der BASF an denen aller Industriebetriebe über 50 Beschäftigte nur 50,8% betragen, so war dieser Wert 1961 – bezogen auf alle gewerblichen Betriebsstätten und

Anmerkungen
Seite 854 und 855

274 *vgl. StALu, Zeitungsverkartung, Stichwort ›Pfalzwerke‹. Die Beschäftigtenzahl sank von fast 1 300 im Jahr 1998 auf ca. 700 vier Jahre später. 2002 arbeiteten in Ludwigshafen 300 Mitarbeiter bei den Pfalzwerken*

275 *1992: MM, 29.12.1992; 2002: Anfragen bei den Unternehmen, StALu, Zeitungsverkartung*

276 *Errechnet aus: Berichte zur Stadtentwicklung 3/2001; StALu, DS 243/2001*

277 *MM, 14.2.1984, 18.12.1992; Rhpf, 14.3.2003*

* *Die Beschäftigtenzahl bei Knoll war vor dem Verkauf der Firma an Abbott deutlich unter 2 000 gesunken und danach wieder angestiegen.*

Abbau von Beschäftigten
in großen industriellen Betrieben
in Ludwigshafen 1992 bis 2002[275]

	1992	2002
BASF	47 000	38 800
Knoll/Abbott*	2 270	2 000
Pollux	1 000	800
Raschig	900	450
Halberg	800	300
Giulini	790	560

alle Beschäftigten – bereits auf 66,2% gewachsen. Im Jahr 1999 betrug der Wert dann – bezogen auf gewerbliche Betriebe mit über 20 Mitarbeitern – 71%.

Zu den Ursachen dieser Entwicklung gehörten, wie eben gezeigt, die Schrumpfung bzw. sogar das Verschwinden der nicht-chemischen Branchen im verarbeitenden Gewerbe Ludwigshafens und die Betriebsverlagerungen auch chemischer Produktionen. Abgesehen von Knoll/Abbott sanken zudem alle großen Fabriken mit über 1 000 Beschäftigten (um 1960) bis nach der Jahrtausendwende nach ihrer Beschäftigtenzahl in Ludwigshafen auf den Status von Mittelbetrieben mit nur einigen hundert Mitarbeitern. Nach der Statistik des Jahres 2000 betrug die durchschnittliche Beschäftigtenzahl in den zwölf chemischen Betrieben der Stadt, ausgenommen BASF und Knoll, nur 273, die der 49 anderen Unternehmen des produzierenden Gewerbes (ohne die Bauindustrie) allerdings nur noch 103.[276] Der Abbau, den – in gänzlich anderen Größenordnungen – ja auch die BASF vollzog, folgte dem oben näher beleuchteten allgemeinen Trend im verarbeitenden Gewerbe Deutschlands, bedeutete aber keineswegs in jedem Fall einen Verlust an wirtschaftlicher Potenz, wie der dramatisch gestiegene Umsatz pro Beschäftigten zeigte.

Der Abbau von Betriebskapazitäten bei den ›alten‹ Betrieben der Stadt konnte insgesamt nur in sehr bescheidenem Umfang durch neugegründete gewerbliche Betriebe aufgefangen werden. Schon seit dem Ende des 19. Jahrhunderts hatte sich kein weiterer wirklicher Großbetrieb mehr in Ludwigshafen angesiedelt. Der Stadt fehlte es schlicht an ausgedehnten Flächen für eine solche Entwicklung, und das wachsende Umweltbewußtsein sowie die Notwendigkeit, Freiflächen für die Erholung der Einwohner und die Durchlüftung des bebauten Gebiets zu bewahren, traten in zunehmend deutlichere Konkurrenz zu einer rein ökonomischen Betrachtung des Problems.[277] Dennoch wurden im Rahmen der städtischen Entwicklungspolitik eine Reihe neuer Gewerbegebiete ausgewiesen – z. B. bei Ruchheim, in der ›Nachtweide‹ und seit der Jahrtausendwende an der sogenannten ›Entwicklungsachse West‹ –, doch boten bzw. bieten sie nur Raum für die Ansiedlung kleiner und mittlerer Unternehmen, die auch immer wieder Interesse an Ludwigshafen zeigten.

So setzte die Stadtverwaltung schon seit den 1980er Jahren immer mehr auf die Ansiedlung von Einrichtungen und Betrieben jenseits der traditionellen Industrien, etwa auf einen Ausbau der vorhandenen medizinischen und der Bildungseinrichtungen, oder auf die Heranziehung

Startschuß zur ersten Satellitenübertragung von Programmen in Deutschland in der Ludwigshafener AKK am 1. April 1984. Der rheinland-pfälzische Ministerpräsident Vogel, beobachtet von Bundespostminister Schwarz-Schilling, drückt den Knopf [150]

›Medienpolitischer Urknall‹: private Rundfunk- und Fernsehprogramme in der Bundesrepublik – aus Ludwigshafen; die erste TV-Sendung vom 1. Januar 1984 [151]

von innovativen, dabei eher kleinen Gewerbe- und Dienstleistungsbetrieben. In der Tat wurde Ludwigshafen zu einem bedeutenden Standort medizinischer Einrichtungen, und auch die allgemeinbildenden, Berufs- und Fachhochschulen zogen zahlreiche Menschen in die Stadt, auch wenn, wie noch zu zeigen sein wird, nicht alle Blütenträume reiften.

Ein Paradebeispiel für die Chancen und Begrenzungen bei der Suche nach neuen Dimensionen für die Stadt war in den frühen achtziger Jahren der Versuch, die „Fernsehstadt Ludwigshafen am Rhein"[278] zu schaffen. 1978 hatten die Ministerpräsidenten der Länder mehrere Kabelpilotprojekte beschlossen, darunter eines im Raum Mannheim-Ludwigshafen. Während die rheinland-pfälzische Regierung das Projekt eifrig betrieb, scherte Baden-Württemberg aus, so daß Ludwigshafen alleiniger Standort wurde. Nach einem entsprechenden Vertrag zwischen der Stadt und Rheinland-Pfalz im November 1981 wurde hier im Jahr darauf eine ›Anstalt für Kabelkommunikation (AKK)‹ errichtet. Damit wurde die Stadt zum Zentrum eines Pilotprojekts für ein künftiges Satelliten- und Kabelfernsehnetz.[279] Es zählte schließlich rd. 15 000 Anschlüsse, die – der bundesweit erste, als „medienpolitischer Urknall" gefeierte Versuch – seit Januar 1984 von einer auf dem Gelände des ehemaligen Schlachthofs etablierten Sendezentrale mit privaten Rundfunk- und Fernsehsendungen gespeist wurden. Ludwigshafen war also der Geburtsort des Privatfernsehens in Deutschland. Seit dem 1. April 1984 gab es Satellitenübertragungen, Anfang 1985 begann SAT 1 über Satellit zu senden. Im April 1986 starteten UKW-Hörfunkprogramme aus Ludwigshafen, darunter auch die ›Rheinland-Pfälzische Rundfunk GmbH (RPR)‹. Nach Ablauf des Pilotprojekts wurde die AKK zu einer reinen Betriebs-GmbH im Landesbesitz, während die hoheitlichen Aufgaben 1987 auf die ebenfalls in Ludwigshafen angesiedelte ›Landeszentrale für private Rundfunksender (LPR)‹, das Aufsichtsorgan für die Ausstrahlung privater Radio- und Fernsehprogramme in Rheinland-Pfalz, übergingen. 1991 wurde die Sendezentrale zwar zum ›Media-Carré‹ erweitert, in dem LPR, AKK, RPR, das sich zu „einem der größten und am meisten etablierten landesweiten Rundfunkanbieter in Deutschland

Anmerkungen Seite 856 und 857

278 *vgl. allg. StALu, Zeitungsverkartung, Stichwort ›Fernsehen‹*

279 *vgl. dazu Ory u. Sura*

280 *Wirtschaftsstandort 1998, S. 103*

281 *So die Formulierung in ›Neue LU‹ 82/2, S. 20.*

282 *vgl. Mörz, Westbote, S. 172ff*

Der Privatsender SAT 1 auf Sendung von Ludwigshafen aus um 1985 [152]

Nachrichtenstudio des Ludwigshafener Senders RPR, 1999 [153]

entwickelte",[280] und seit 1992 das ›Medien-Institut‹ Ludwigshafen ihren Sitz hatten. Direkt daneben befand sich auch der Standort des seit 1968 bestehenden Südwestfunk-Regionalstudios. Alles in allem war dies ein respektables Ergebnis des ›Urknalls‹ – mehr jedoch nicht. Ludwigshafen wurde nicht, wie von manchen erhofft, zur „Spinne im Mediennetz" der privaten Anbieter.[281] SAT 1, der Sender, der besondere Aufmerksamkeit erregt hatte, verließ 1989 die Stadt. Die AKK, die nach dem Absprung verschiedener Privatsender, die eigene technische Anlagen aufbauten, zu einem Unternehmen für Werbemusiksendungen in Supermärkten geworden und hochverschuldet war, wurde 1992 teilprivatisiert. 1995 fiel sie nach einem häßlichen Streit ganz an das Kieler Medienunternehmen POS, das den Betrieb trotz großer Landeszuschüsse und einer Arbeitsplatzzusage 1998 beendete. Eine Klage des Landes brachte kein Ergebnis.

Weitaus erfolgreicher entwickelte sich ein ›altes‹ Unternehmen der Medienbranche, die ›Rheinpfalz‹,[282] die im Besitz und unter der Leitung der Gründerfamilie Schaub blieb. Ausgehend von ihrer starken und weiter ausgebauten Position als einzige Tageszeitung in den meisten Teilen der Pfalz, begann die Rheinpfalz seit den 1970er Jahren zu expandieren: Aus dem Ludwigshafener Zeitungsunternehmen wurde einer der größten Medienkonzerne der Bundesrepublik, zu dem Beteiligungen an den Stuttgarter Zeitungen, zahlreiche Zeitschriften, die Verlage Westermann und Arena und eine Reihe von Druckereien gehörten. Seit 1987 war die Rheinpfalz nur noch ein Zweig der in diesem Jahr konstituierten ›Medien-Union‹, die als Holding über den verschiedenen Aktivitäten fungierte. Ihren Umsatz schätzte man damals auf mindestens 850 Millionen DM. Die deutsche Wiedervereinigung bot der Rheinpfalz die Chance unter anderem zum Erwerb zweier großer ostdeutscher Regionalzeitungen in Chemnitz und Frankfurt/Oder; 1992 wurde der Umsatz des Konzerns auf 1,5 Milliarden DM geschätzt. Im neuen Jahrtausend erwarb der Medienkonzern entscheidende Anteile an der ›Süddeutschen Zeitung‹ und vergrößerte damit weiter seinen Einfluß in der deutschen Presselandschaft, obgleich auch er die Folgen der

Das Technologiezentrum an der Bruchwiesenstraße, 1994 [154]

›Zeitungskrise‹ – teilweises Abwandern des Anzeigengeschäfts ins Internet, geänderte Lesegewohnheiten – zu spüren bekam.*

Neben der Rheinpfalz behaupteten sich in Ludwigshafen bis zur Jahrtausendwende lediglich der ›Mannheimer Morgen‹ mit seinem Ludwigshafener Lokalteil und die alternative Friesenheimer Stadtteilzeitung ›Die Nase‹. Die Geschichte der traditionsreichen Parteizeitungen war 1971 mit der Einstellung der sozialdemokratischen ›SAZ‹ zu Ende gegangen, mit der Schließung der ›Oggersheimer Zeitung‹ die der Vorortzeitungen alten Zuschnitts 1975. Der im Besitz der Rheinfalz befindliche ›General-Anzeiger‹ war 1969 eingestellt worden, das von ihr betriebene ›Fünf-Uhr-Blatt‹ gab 1970 den Kampf gegen die Konkurrenz der ›Bild-Zeitung‹ auf, die – in den 1990er Jahren in regionale Ausgaben aufgefächert – die weitaus meisten Leser in der Stadt anzog. Daneben entstand seit den 1970er Jahren eine breite Palette meist von Mannheim aus für den gesamten Rhein-Neckar-Raum publizierter alternativer, Szene- oder Jugendzeitschriften, aber auch von der Rheinpfalz selbst herausgegebener Lokal- bzw. Stadtteil-Geschäfts-Anzeiger, die das Interesse am Lokalen mit der Möglichkeit breiter Anzeigenwerbung kombinierten.

Verstärkte Bemühungen zur Ansiedlung von Firmen, die auf den ›neuen Technologien‹ beruhten, sowie von Dienstleistungsunternehmen gab es vor allem in den neunziger Jahren, auch wenn sich die Verantwortlichen der Verwaltung durchaus bewußt waren, wie gering im Zweifelsfall die Wirkung von ›Standortpolitik‹ war, wie vieles direkt zwischen privaten Verhandlungspartnern ausgemacht wurde. Dennoch bemühte man sich, durch eine Vernetzung von Infrastrukturverbesserung mit finanziellen Anreizen sowie mit dem werbenden Hinweis auf wichtige Firmen der Großindustrie und die dadurch bestehenden Möglichkeiten zur Zusammenarbeit auf dem unternehmerischen wie auf dem forschungstechnischen Sektor weitere Unternehmen modernen Zuschnitts nach Ludwigshafen zu holen. Als Koordinationsstelle wurde hierfür von der Stadt die ›Wirtschaftsentwicklungs-Gesellschaft mbH‹ (W.E.G.) eingerichtet. Die Idee, sogenannte Technologieparks einzurichten, d.h., infrastrukturell bereits gut erschlossenes Gelände zur Verfügung zu stellen und hier kleinere Firmen mit High Tech-Produkten

Anmerkungen
Seite 858 und 859

283 *Rhpf, 1.12.2003*
284 *Wirtschaftsstandort 2001, S. 106f*
285 *Rhpf, 1.6.2002*
* *Im Jahr 2002 beschäftigte die Rheinpfalz in Ludwigshafen nach Auskunft des Verlags ca. 350 Menschen*

Das Media-Carrée auf dem alten Schlachthof-Gelände, Foto um 1999 [155]

anzusiedeln, wurde ab 1990 im Bereich des Media Carrés und der – im Zusammenhang damit weiter ausgebauten – Fachhochschule für Wirtschaft entlang der Franz-Zang-Straße in die Tat umgesetzt, wo man sechs Hektar Baufläche (bei einem Gesamtareal von 16 ha) für mittelständische Betriebe zur Verfügung stellte. Erster Höhepunkt beim Ausbau dieser sog. Technologiemeile war im Oktober 1994 die Eröffnung des vom Beigeordneten Zeiser sehr gewünschten fünften ›Technologie-Zentrums‹[283] in Rheinland-Pfalz durch den Wirtschaftsminister des Landes, der hierfür 11,5 Mio. DM aus dem Fonds für regionale Strukturförderung zur Verfügung gestellt hatte. Die im Verhältnis 70 zu 30 im Besitz von Land und Kommune befindliche Einrichtung, anfangs Sitz von drei ›Gründer‹-Firmen, wird inzwischen von 15 Unternehmen genutzt und ist zu 100% belegt. Eine Reihe moderner Dienstleistungsunternehmen nahm die in Ludwigshafen gebotenen Ansiedlungschancen wahr. Beispiele sind das ›Gesundheitsnetz Rhein-Neckar-Dreieck‹ als regionales Netzwerk für medizinische Beratungs- wie Betreuungsleistungen sowie die Firma ›MD Medicus. Gesellschaft für medizinische Dienstleistungen mbH‹, die medizinische Beratung für Krankenkassenmitglieder und weitere begleitende Serviceleistungen bietet.[284] Auch die im Technologiepark angelegte Firma ›SHE Informationstechnologie‹ erregte 2002 mit einem von der Europäischen Union prämierten und bezuschußten Projekt zur Eliminierung von Störgeräuschen in Datenströmen Aufsehen.[285] Insgesamt konnten die Bemühungen um ›neue Dienstleister‹ aber noch keinen durchgreifenden Wandel bewirken, da auch andere Städte der Region z. T. längst in ähnlicher Form tätig waren. Eine vergleichende Städtestudie des Jahres 2002 wies Ludwigshafen mit Platz 58 eine – gerade im Vergleich zu Mannheim mit Platz 15 – schlechte Position bei der Zahl der Neugründungen technologieorientierter Unternehmen am Ort zu. Letztlich vermochten die Neuansätze auch das Arbeitsplatzproblem der Stadt kaum zu lösen, da auf diese Weise vorläufig nur wenige Menschen eine Beschäftigung finden konnten. Ob dies auf mittlere Sicht überhaupt der Fall sein wird, bleibt abzuwarten, denn die wirtschaftlichen Rahmenbedingungen haben sich nach dem Ende der Technologie-›Boomjahre‹ in den 1990ern geändert und ›alte‹ Industrien wieder an Ansehen gewonnen.

Einkaufszentrum auf der grünen Wiese im Gewerbegebiet westlich der B 9 2000 [156]

Das neue Gebäude der Hypo-Bank am Ludwigsplatz April 1997 [157]

Die Entwicklung der ›Einkaufsstadt Ludwigshafen‹[286] war und blieb überschattet von der Nachbarschaft der traditionellen und in der ganzen Region bekannten Einkaufsstädte Mannheim und Heidelberg. Der gesellschaftliche Wandel seit den 1960er Jahren verstärkte die Probleme: die oben erwähnte Motorisierung und ›Stadtflucht‹ führte dazu, daß, wie der Hemshöfer Einzelhandel schon 1969 klagte, die ›Aniliner‹ nicht mehr abends auf dem Nachhauseweg in der Nähe des Werks einkauften, sondern mit dem Auto in Großmärkte nahe ihrer neuen Wohnorte auf dem Land fuhren.[287] Der wachsende Wohlstand der folgenden Jahrzehnte ließ dann gerade unter besserverdienenden Menschen die Ansprüche an ›Flair‹ und ›Ambiente‹ beim Einkauf steigen. Hier konnte Ludwigshafen mit seinen Stadtplanungs-, Verkehrs- und Aufbauproblemen in den 1970er und 1980er Jahren kaum mit Mannheim, noch viel weniger mit Heidelberg konkurrieren. Während 1967 der Umsatz des Ludwigshafener Einzelhandels die Kaufkraft seiner Bewohner noch um 14,7% überstiegen hatte, gelang es der Stadt der Chemie seit den 1970er Jahren kaum mehr, wenigstens die Kaufkraft der eigenen Bevölkerung zu binden, der Umsatz des Einzelhandels war 1978 um über 10% geringer aus als die Kaufkraft der Einwohner. Die Eröffnung des Rathaus-Centers 1979 vermochte den Trend für einige Jahre umzukehren, und in den folgenden Jahrzehnten wichen Kaufkraft und Umsatz nicht mehr dramatisch voneinander ab. Im Jahr 2001 war der Wert mit 0,9% wieder leicht positiv.[288] Mit dieser ›ausgeglichenen Bilanz‹ war Ludwigshafen das Schlußlicht der pfälzischen kreisfreien Städte, die alle ein mehr oder weniger großes Umsatzplus aufwiesen. Dem entsprach, daß auch der Einzelhandelsumsatz pro Kopf der Bevölkerung mit 5 020 Euro der niedrigste der pfälzischen Städte war. Landaus Ziffer lag zur selben Zeit bei 8 809 Euro.[289]

Die seit Mitte der 1990er Jahre erfolgte Anlage von Einkaufszentren am Stadtrand ›auf der grünen Wiese‹ hat offenbar mitgeholfen, den

Anmerkungen
Seite 860 und 861

286 *Berichte zur Stadtentwicklung 4/2001, 9/2001; Infos zur Stadtentwicklung 3/2001; StALu, DS 243/2001*

287 *Rhpf, 10.9.1969*

288 *Mannheims Umsatzkennziffer lag im Jahr 2001 bei 135,5, Heidelbergs bei 146,3*

289 *Rhpf, 10.9.2003*

290 *ebd.*

291 *Infos zur Stadtentwicklung 3/2001; StALu, DS 243/2001*

292 *vgl. StALu, Zeitungsverkartung, Stichwort ›Banken‹*

Das neue Gebäude der Landeszentralbank am Rheinufer
Im Vordergrund die Plastik ›Die Zwei‹ von Fritz König, 1979 [158]

Großkaufhäuser am Rande der Stadt Plaza SB Warenhaus in der Prälat-Caire-Straße, 1984 [159]

Absturz der Kaufkraftbilanz der Stadt zu bremsen. Der Einzelhandelsumsatz ging in den ersten Jahren des neuen Jahrtausends nur um 4,3% zurück, was dem pfälzischen Durchschnitt entsprach. Anderenorts kam es zu weitaus tieferen Einbrüchen.[290] Erfolgreich war die Ansiedlungspolitik vor allem auf dem ca. 30 ha großen Erschließungsareal westlich der das Stadtgebiet umgebenden Bundesstraße 9, wo sich in den neunziger Jahren vor allem Großbetriebe des Einzelhandels, u. a. Elektro- und Baumärkte niederließen. Die Anlage solcher Einkaufsmärkte blieb freilich im Hinblick auf ihren Einfluß auf den Einzelhandel in der Innenstadt und den Stadtteilzentren recht problematisch, weshalb die Stadtverwaltung über Jahrzehnte auch ihre Anlage abgelehnt hatte – nur um mit der Errichtung von Einkaufszentren in der Nachbarschaft der Stadt in den Gemarkungen der benachbarten Ortschaften konfrontiert zu sein. Im letzten Viertel des 20. Jahrhunderts, beschleunigt nach 1990, verschwand eine immer größere Zahl der oft traditionsreichen Einzelhandelsgeschäfte in der City wie in den Stadtteilzentren, und im Jahr 2001 wiesen die besten Geschäftslagen der Innenstadt ein – im Vergleich zu Mannheim und anderen Einkaufsstädten – drastisches Defizit vor allem an Textilgeschäften auf, während andererseits ›sonstige‹ Läden einen einmalig hohen Anteil von 62,5% – Mannheim 40% – hatten. Wie in vielen deutschen Innenstädten wuchsen die Leerstände, Passantenzählungen deuteten auf einen Rückgang der Zahl der Besucher und damit potentiellen Käufer in der Innenstadt hin. Dementsprechend entwickelten sich auch die Mietwerte für Geschäftsräume negativ.[291]

Im Gegensatz zu der eher gemischten Bilanz der Einzelhandelsentwicklung blieb die verkehrsgünstig gelegene Industriestadt ein guter Standort für das Kreditgewerbe.[292] Um das Jahr 2000 gab es in Ludwigshafen 24 Bankinstitute, von denen allerdings nur noch die Stadt- und die Kreissparkasse sowie die 1994 zur VR-Bank fusionierte Raiffeisen- und Volksbank ihren Sitz in der Stadt hatten. Alle anderen Institute waren

Umweltschutzwoche in Ludwigshafen, links die Oberbürgermeister von Ludwigshafen und Mannheim, Ludwig und Ratzel, 1973 [160]

Smog in Ludwigshafen, Ludwigstraße, Januar 1964 [161]

Filialen bundesweit bzw. überregional operierender Unternehmen. Das große Traditionshaus der ›heimischen‹ Ludwigshafener Banken, die Pfälzische Hypothekenbank, geriet kurz nach ihrem 100jährigen Jubiläum in Schwierigkeiten und fusionierte 1989 mit einer Tochter der Dresdner Bank zur Deutsche Hypo. Nach der Jahrtausendwende erfolgten weitere Fusionen, die zu einer Schließung des Ludwigshafener Hauses führten. Viele der Institute ließen in den 1970er und 1980er Jahren große neue Gebäude im Stil der jeweiligen Zeit errichten und prägten so das Bild der Innenstadt mit.[293]

Zieht man eine Summe der wirtschaftlichen Entwicklung der Stadt während der Endphase des 20. Jahrhunderts, so blieb die Vorherrschaft der chemischen Industrie mit ihrem enormen Nutzen wie ihren Risiken für die Stadt zwar unangetastet. Dennoch zeigt sich eine drastische Verschiebung des Beschäftigungsbildes, obwohl Ludwigshafen weitaus weniger den offenen Wandel zur Dienstleistungsgesellschaft vollzog als dies in Deutschland insgesamt oder in der Rhein-Neckar-Region der Fall war. 1961 hatte es sechs ›Arbeitsstätten‹ mit mehr als 1 000 Beschäftigten gegeben, neben der Stadtverwaltung damals vor allem gewerbliche Betriebe. 41 Jahre später, am Ende des Jahres 2002, waren es ausschließlich öffentliche Verwaltungen und Dienstleistungsunternehmen, die nach der Jahrtausendwende neben der BASF und Abbott mehr als tausend Beschäftigte in Ludwigshafen aufzuweisen hatten. Selbst der Anteil der BASF an der Gesamtzahl der Beschäftigten, 46 200 Personen 1961, entsprechend 41,5%, ist vermutlich auf unter 40% gefallen. Fast 5 000 Menschen arbeiteten in medizinischen Einrichtungen,[294] und je 3 700 für die Stadtverwaltung und das Land Rheinland-Pfalz, das – in Justiz, Polizei, Schulen und anderen Verwaltungen – der drittgrößte Einzelarbeitgeber der Stadt war.

Letztendlich war allen Verantwortlichen klar, daß für einen Erfolg Ludwigshafens als attraktiver Wohnort auch für anspruchsvollere und einkommensstärkere Kreise, als Oberzentrum und Einkaufsstadt, aber auch beim Kampf um den Erhalt alter bzw. die Ansiedlung neuer Industrien neben Faktoren wie Verkehrsanbindung, allgemeiner Infrastruktur, Steuerbelastung und Entgegenkommen der Verwaltung – hier erhielt Ludwigshafen bei vergleichenden Studien durchweg gute Noten[295] – auch daran gearbeitet werden mußte, dem schlechten Image als öde und langweilige Stadt entgegenzuwirken, in die selbst die Bewohner

Anmerkungen
Seite 862 und 863

293 Deutsche Bank 1970, BfG 1976, Landeszentralbank 1979, Dresdner Bank 1984, Hypobank 1997

294 2 500 Klinikum, 1 100 St. Marien- und St. Annastiftskrankenhaus, BG Unfallklinik 760, Krankenhaus zum Guten Hirten 250; Ludwigshafener Behindertenwerkstätten 70 Angestellte und 270 Behinderte

295 Berichte zur Stadtentwicklung 9/2002; StALu, DS 243/2002

296 Quellen: IHK Pfalz sowie Angaben der einzelnen Unternehmen auf Anfrage bzw. betr. Landesbedienstete Angaben des Stat. Landesamtes Bad Ems. Das Bild ist evtl. unvollständig, da weder die IHK, noch das städtische oder das statistische Amt des Landes über eine neuere bzw. umfassende Liste der Unternehmen und ihrer Beschäftigtenzahlen verfügen.

297 Ein solches Bild entwirft etwa Katja Lange-Müller 2002.

298 MM, 14.12.1993

299 Abelshauser, S. 515

300 Maßnahmen zur Reinhaltung der Luft im Raum Mannheim-Ludwigshafen bis 1968; StALu, DS 183/7

301 Informationen zur Stadtentwicklung 8/1986; StALu, DS 243/1986

Arbeitgeber in Ludwigshafen mit über 1 000 Beschäftigten in der Stadt selbst; ungefähre Zahlen um Mitte/Ende 2002 [296]

BASF	38 800
Stadtverwaltung	3 700
Land Rheinland-Pfalz	3 650
Klinikum Ludwigshafen	2 500
Abbott	2 000
BASF IT-Services	1 700
Deutsche Bahn (in verschiedenen Gesellschaften)	ca. 1 250
Kehl Gebäudereinigung	1 200
St. Marien- und St. Annastiftskrankenhaus	1 100
TWL/VBL	1 050

Luftreinhaltung: Schornstein der Schwefelsäurekontaktanlage bei Giulini mit Betonplatte zum Auffangen des feuchten Niederschlags [162]

der linksrheinischen Nachbarorte nicht gerne zum Einkaufen, zum Essen oder zum Abendvergnügen fahren wollten.[297] Zur Ansiedlung neuer Unternehmen und der von ihnen benötigten Arbeitskräfte war es nicht zuletzt auch erforderlich, die Stadt selbst attraktiver zu machen, einmal durch stadtplanerische und bauliche Gestaltung mit genügend Wohnraum auch für anspruchsvollere Kreise und zum anderen durch ein attraktives Freizeit- und Kulturangebot. Wirtschafts-, Stadtplanungs- und Kulturpolitik in einem wurde denn auch gerne mit dem Modewort eines klugen ›Stadt-Marketings‹ belegt, dessen Erfolg sich in ökonomischer Hinsicht allerdings noch nicht recht hat einstellen wollen.

Eine besondere Herausforderung: die städtische Umweltpolitik

Wie bereits erwähnt, erhielt Ludwigshafen erst verhältnismäßig spät ein eigenständiges ›Umweltamt‹. Es wurde hier, zwanzig Jahre nach der Entstehung des Umweltbundesamtes, Anfang 1994 eingerichtet.[298] Damit trug die Verwaltung dem umfassenden Charakter eines Aufgabenfeldes Rechnung, dessen gesellschaftliche und politische Bedeutung seit den siebziger Jahren stetig gewachsen war. Das 1960 erlassene Bundesgesetz zur Reinhaltung der Wasserstraßen[299] und vier Jahre später die ›Technische Anleitung zur Reinhaltung der Luft‹[300] bildeten erste Meilensteine, die seit 1969/70 durch eine große Zahl weiterer Gesetze ergänzt wurden und – den technischen Möglichkeiten des Umweltschutzes folgend – immer niedrigere Grenzwerte für Industrie und Bevölkerung verbindlich machten bzw. deren Überschreitung mit empfindlichen Bußen belegten. Die neuen Regelungen eröffneten auch den Kommunen Handhaben für den Kampf gegen lebensfeindliche Umweltbelastungen. Schon 1986 hatte die Stadt einen ersten ›Umweltbericht‹ vorgelegt,[301] der die verschiedenen Bereiche der Umweltpolitik in einer Darstellung zusammenfaßte: Lärmbekämpfung, Abfall- und Altlastenproblematik, Luft- und Wasserreinhaltung, Städtebau und Verkehrsplanung, Landschaftspflege und Grünflächenausbau wurden erstmals als Teil eines Gesamtsystems vorgestellt, womit auch die Verantwortlichen der Stadt dem Stand der Diskussionen in Deutschland und der westlichen Welt Rechnung trugen.

Freilich waren Mitte der achtziger Jahre schon viele grundsätzliche Entscheidungen gefallen und Verbesserungen eingeleitet worden.

Die 1974 eröffnete Kläranlage von Ludwigshafen, Frankenthal und der BASF; dahinter, südlich der Autobahn Mannheim-Saarbrücken, der Ölhafen [163]

Rückstandsverbrennung bei der BASF, 1993 [164]

Der von der Bevölkerung heftig kritisierte ›Luftsumpf‹ über Mannheim und Ludwigshafen wurde in einer von den Städten und der kommunalen Arbeitsgemeinschaft Rhein-Neckar 1954 initiierten Studie untersucht, die im wesentlichen die Wahrnehmungen der Einwohner über den belastenden Charakter der Luftverschmutzung bestätigte.[302] In den folgenden Jahren investierte die Industrie – allen voran die BASF – Millionen in Luftreinhaltungsmaßnahmen traditioneller Art: höhere Schornsteine, Verbesserung der Verbrennung, bessere Brennstoffe, Entstaubungsanlagen etc. Die Schließung der auf dem Werksgelände der BASF befindlichen Karbidfabrik 1965 entlastete die Luft um mehr als 600 kg Staub pro Stunde (!).[303] Im selben Jahr wurde die letzte Kolbendampfmaschine des Werks stillgelegt. Auch wurde die Luft nunmehr regelmäßig beobachtet und überwacht. Der endgültige Durchbruch beim Kampf gegen Rauch und Ruß wurde jedoch erst in den siebziger Jahren erreicht durch den Übergang zu modernen Energiequellen, hocheffizienten Verbrennungs- und Filtertechniken in der Industrie, die Elektrifizierung der Bahn sowie den Übergang zu Gas- und Fernheizungssystemen in den Wohngebieten.[304] Die winterliche ›dicke Suppe‹ aus dem Rauch Tausender Schornsteine gehörte damit ebenso der Vergangenheit an wie die typische Kulisse der Fabriken mit den hohen Kaminen. Auch die gasförmigen Abfälle in der Luft wurden drastisch reduziert. Besonders die BASF konnte auf ihrem gewaltigen Gelände im ›Verbundnetz‹ viele Abgase wieder zur Rohstoffen für weitere Produkte machen. Zudem ließen sich teure Luftreinigungsanlagen beim Anfall großer Mengen aus verschiedenen Produktionen rentabler betreiben. Die gesamten Emissionen in der Luft sanken im Raum Ludwigshafen/Frankenthal von 159 000 Tonnen jährlich (1975) auf 49 000 Tonnen (1996) – und dies trotz gestiegener Produktion.[305]

Weniger erfolgreich war hingegen der Kampf gegen die Emissionen des Verkehrs. Nicht nur der Schwerlastverkehr ›explodierte‹. Auch kollidierten die Bemühungen mit dem Wunsch und der Möglichkeit einer wachsenden Zahl von Menschen, in den Genuß der Bequemlichkeiten des Kraftfahrzeugs zu kommen. So nahm der Anteil des Verkehrs an den Gesamtemissionen in Ludwigshafen zwischen 1972 und 1979 von

Anmerkungen
Seite 864 und 865

302 *Die Studie wurde 1957 vorgestellt; StALu, ZR II, 2480*

303 *vgl. bei Abelshauser, S. 517ff, auch f. d. F.*

304 *Die Zahl der Haushalte in Ludwigshafen mit Gasheizung stieg zwischen 1970 und 1985 von 9 123 auf 28 802. Der Stadtteil Pfingstweide wurde mit einer Fernheizanlage ausgestattet, in den siebziger Jahren folgte eine Anlage für den Stadtteil Mitte.*

305 *Umweltberichte 1986 und 1990; Informationen zur Stadtentwicklung 4/1986 und 4/1990; StALu, DS 243/1986 u. 1990; Luftreinhaltebericht Ludwigshafen-Frankenthal, hg. v. Umweltministerium Rheinland-Pfalz, 2000*

306 *Luftreinhaltebericht Ludwigshafen-Frankenthal 2000*

307 *Informationen zur Stadtentwicklung 6/1990; StALu, DS 243/1990*

308 *Umweltbericht 1990, S. 18ff; Informationen zur Stadtentwicklung 4/1990; StALu, DS 243/1990*

309 *Umweltbericht 1986, S. 84; Informationen zur Stadtentwicklung 8/1986; StALu, DS 243/1986*

310 *MM, 4.8.1995*

Mülldeponie der Stadt Ludwigshafen bei Rheingönheim, 1983 [165]

Das ökologische ›Sonnenhaus‹ der GAG am Mundenheimer Adlerdamm, 1998 [166]

7,4% auf 17,5% zu. 1996 lag sein Anteil bei 45% der Gesamtemission gegenüber 47% Industrie, 3% Kleingewerbe und 5% Hausbrand.[306] Hatten 1970 nur 40% der Beschäftigten mit dem Auto ihre Arbeitsstätte erreicht, während 32% mit öffentlichen Verkehrsmitteln und 28% zu Fuß oder mit dem Fahrrad kamen, waren es 1987: 66% mit PKW und nur noch 18% benutzten den Nahverkehr.[307] Der von den Einwohnern immer wieder beklagten Lärmbelästigung vor allem durch den Verkehr versuchte die Stadt durch den Bau von Umgehungsstraßen sowie durch Lärmschutzwände, die Förderung des Einbaus von Lärmschutzfenstern entlang besonders betroffener Straßen – seit 1978 – und die Einrichtung von 30-km-Zonen zu begegnen.[308]

Als zu Beginn der sechziger Jahre von BASF-Farbstoffen verseuchte Fische Schlagzeilen machten, wurde auch die Wasserqualität des Rheins zum Thema. Dessen Zustand bedrohte die Wasserversorgung flußabwärts. Ein von der BASF 1959 in Auftrag gegebenes Gutachten zeigte das Ausmaß der Schäden im Flußabschnitt nördlich der Rhein-Neckar-Region, die zu etwa gleichen Teilen auf die Abwässer der Städte und der Industrie zurückgingen. Das verseuchte Wasser ließ sich auch kaum mehr als Brauchwasser für die Fabriken verwenden, da bei Aufheizung im Produktionsprozeß ein üppiges Bakterienwachstum einsetzte. So entschloß sich die BASF zum Bau einer doppelten Kanalisation, die Ab- und Brauchwasser trennte, um erstere dann in einer Kläranlage reinigen zu können. Auch die Städte Frankenthal und Ludwigshafen beteiligten sich am Klärwerk, für das 1972 der erste Spatenstich erfolgte. Ende 1974 ging es in Betrieb und wurde weiter ausgebaut. Die Wasserqualität des Rheins hat sich im Abschnitt unterhalb Mannheim-Ludwigshafens seitdem deutlich verbessert. Zählte man ihn 1972 zu den sehr stark bzw. übermäßig verschmutzten Strecken, so war er 1985 nurmehr „mäßig" belastet.[309] Entsprechend begann sich auch die Fauna des Flusses zu regenerieren. 1995 wurde festgestellt, daß man im Rhein wieder baden könne, womit das 1961 wegen Verschmutzung verhängte Badeverbot der Vergangenheit angehörte, und im Jahr 2002 wurde erstmals seit fast 50 Jahren wieder ein atlantischer Stör im Strom vor der BASF gefangen.[310]

Die Umweltzentrale der BASF 2000 [167]

Im Gegensatz zum Schutz von Luft und Wasser bestand bei der Frage der Ablagerung von Abfällen im Boden lange Zeit kein ausgeprägtes Problembewußtsein. Anfang der fünfziger Jahre wies der Verwaltungsbericht der Stadt erstmals darauf hin, daß man aus Gründen des Schutzes des Grundwassers den Müll der Stadt weit außerhalb im Maudacher Bruch lagern müsse. Die absehbare Erschöpfung der Lagerflächen führte 1967 zur Eröffnung einer städtischen Müllverbrennungsanlage, die 1985 großzügig erweitert und zur ›Gemeinnützigen Müllheizkraftwerk GmbH Ludwigshafen‹ (GML) ausgebaut wurde.[311] Dort werden die Abfälle auch der angrenzenden Städte und Landkreise – die Teilhaber des Unternehmens sind – verbrannt. Die seit Mitte der siebziger Jahre Zug um Zug eingeführte Mülltrennung, die Sorge für Problemabfälle sowie Müllvermeidung und die separaten Müllsammlungen des ›Dualen Systems‹ führten Ende der neunziger Jahre dazu, daß die GML Überkapazitäten hatte – das Umweltbewußtsein hatte in diesem Sinn einen zu großen Erfolg im Kampf gegen die Müll-Lawinen der ›Wegwerfgesellschaft‹.[312] Völlig getrennt vom System der Stadt ist die Müllentsorgung der Industrie. 1980 standen den 79 000 Tonnen städtischem Müll 1,3 Millionen Tonnen Industriemüll gegenüber, die zum Teil zur Energiegewinnung verbrannt, zum Teil auf eigenen Deponien – so der Insel Flotzgrün der BASF – gelagert wurden.[313]

Einen anderen Aspekt des Bodenschutzes stellen die sogenannten ›Altlasten‹, d. h. Ablagerungen meist von Industrieabfällen aus den vergangenen 150 Jahren, dar. Sie sind in einer Stadt wie Ludwigshafen naturgemäß besonders umfangreich. Schon 1986 wurde im Auftrag des Landes ein erster Altlastenkataster des Stadtgebiets erarbeitet, der ab 1993 mit weitaus verbesserten Methoden als vom Land gefördertes Pilotprojekt neu erstellt wurde. Das geschärfte Bewußtsein der potentiellen Gefährlichkeit von Altlasten und neue gesetzliche Bestimmungen erforderten in den letzten Jahren umfangreiche Flächensanierungen,[314] so in den Jahren 1999 und 2000 auf dem für das Entwicklungsprojekt Rheinufer Süd bestimmten Gelände der Halberger Hütte, dem bisher größten und umfangreichsten Projekt dieser Art in der Stadt (s. S. 907). Ähnlich umfangreich waren Projekte zur Sanierung von verseuchtem

Anmerkungen Seite 866 und 867

311 *vgl. Zeitungsverkartung StALu, Stichwort ›TWL‹*

312 *Rhpf, 9.3.2000*

313 *Umweltbericht 1986, S. 110; Informationen zur Stadtentwicklung 8/1986; StALu, DS 243/1986*

314 *zu Flächen- und Grundwassersanierungen vgl. Zeitungsverkartung StALu, Stichwort ›Umwelt‹*

315 *daneben: Parkanlagen von 68,1 Hektar auf 208 Hektar, Naherholungsflächen von 24,4 Hektar auf 311 Hektar, Kleingärten von 33,4 Hektar auf 94,8 Hektar; Umweltbericht 1986, S. 159; Informationen zur Stadtentwicklung 8/1986; StALu, DS 243/1986*

316 *Rhpf, 11.7.1997, 26.6.2001*

317 *Informationen zur Stadtentwicklung 1/1994; StALu, DS 243/1994*

Ruß und Rauch in der Stadt: Blick über die Bahngleise vor dem alten Hauptbahnhof vermutlich 1930er Jahre [168]

Grundwasser etwa unter dem Gelände der BASF oder nahe der Firma Raschig.

Zu den schon im frühen 20. Jahrhundert empfohlenen Methoden der Umweltverbesserung zählten die Trennung von Arbeits- und Wohnstätten und die Durchgrünung des städtischen Umfeldes (siehe auch S. 907ff). Ganz in diesem Sinn wurde beispielsweise das Werksgelände der BASF begrünt, und in der Stadt wuchs der Umfang öffentlicher Grünflächen zwischen den Jahren 1956 und 1986 von 168 auf 927 Hektar an.[315] Der ›Monte Scherbelino‹ Ludwigshafens, die ehemalige Mülldeponie im Maudacher Bruch, wurde rekultiviert und erhielt 1980 den Namen ›Michaelsberg‹. Durch die Verlegung der Firmen Benckiser und Grünzweig & Hartmann aus der inneren Stadt wurde Platz geschaffen für den ›Friedenspark‹, der 1985 eröffnet wurde. Die ›Industriestadt im Grünen‹, die einst der Gartenbaudirektor von Medem als Ziel seiner Bemühungen bezeichnete, ist Wirklichkeit geworden.

Um die Gedanken an eigenes umweltverträgliches Handeln in die Bevölkerung zu tragen, vergab die Stadt in den 1990er Jahren diverse Umweltpreise, Umwelttage wurden veranstaltet und ein lokales Büro der ›Agenda‹-Bewegung zur nachhaltigen Entwicklung unterstützt. Die großen Wohnungsbaugesellschaften stellten mit dem ›Sonnenhaus‹ der GAG am Mundenheimer Adlerdamm (1997) sowie dem ›Drei-Liter-Haus‹ der Luwoge in der Knietschstraße (2001) Musterprojekte für den ökologischen Wohnungsbau vor, die auch über die Stadtgrenzen hinaus Beachtung fanden. Im Drei-Liter-Haus konnte durch den Einsatz modernster Dämmstoffe der Energieverbrauch um 85% gegenüber dem einer herkömmlichen Altbauwohnung gesenkt werden.[316]

Insgesamt kann man die Umweltpolitik der Stadt der letzten Jahrzehnte als Erfolgsgeschichte werten. Nicht nur die Stadtverwaltung beschäftigt Fachleute für Umweltfragen, auch das größte Unternehmen am Ort, die BASF, besitzt eine große ›Umweltzentrale‹ mit hochqualifizierten Mitarbeitern. Die Vorteile des ›Verbundstandorts‹ werden im größten zusammenhängenden Industriekomplex Europas in allen Bereichen genutzt. Bezeichnenderweise zeigten sich bei einer Bürgerumfrage des Jahres 1994[317] vor allem die älteren Einwohner mit der Situation

sehr zufrieden. Sie können am besten den ungeheuren Unterschied ermessen zwischen dem Ludwigshafen des Jahres 1950 und dem des Jahres 2000. Ein Umwelt-›Test‹ des Magazins ›Focus‹,[318] in dem 105 deutsche Städte miteinander verglichen wurden, plazierte die ›Stadt der Chemie‹ 1994 im oberen Drittel auf Position 34, was vor allem der ausgezeichneten Qualität des Trinkwassers zu verdanken war. Nur das Wasser in fünf anderen Städten wurde als besser bewertet. Bei der Luft- und Lärmbelastung erreichte Ludwigshafen den 44. Platz, beim Zustand der Natur Platz 55.

Bei solchen insgesamt positiven Wertungen darf natürlich nicht ausgeblendet werden, daß ein Chemiestandort nie ganz ohne Geruchsbelästigung sein wird, und nie werden jene kleineren und größeren Störfälle gänzlich zu vermeiden sein, die immer wieder Luft und Rhein belasten bzw. für Furcht und Verärgerung in der Bevölkerung sorgen. Eine Massierung von Ereignissen, die Größe des Störfalls bzw. auch eine ungeschickte Informationspolitik haben dabei immer wieder zu unnötigen Friktionen geführt. Zu bitter und heftig ausgetragenen Konflikten führte das in den späten sechziger und frühen siebziger Jahren von der BASF verfolgte Projekt eines Atomkraftwerks auf dem Werksgelände nahe der Stadt. Nur das Zögern der Politik, eine solche Anlage mitten in einem Ballungsraum zu gestatten, und veränderte wirtschaftliche Rahmenbedingungen, die das AKW nicht mehr rentabel erscheinen ließen, führten 1976 zur Aufgabe des Projekts[319] (vgl. auch S. 841f). Ende der 1980er Jahre war das Projekt der Stadt, die ›Roßlache‹, eine für die Luftzirkulation in der Innenstadt besonders wichtige Freifläche, für die Bebauung – auch durch die BASF – freizugeben, heiß umstritten. In umfangreichen und langjährigen klimatologischen Untersuchungen wurden die Nutzungsmöglichkeiten erforscht und nach langen Diskussionen im Flächennutzungsplan festgelegt. Das nachlassende Interesse an einer Umsetzung des Flächennutzungsplans hat bislang diesen Freiraum erhalten. Insgesamt zeigt die Geschichte der Verbesserungen, daß sie sich immer dann am besten verwirklichen ließen, wenn ökologische Forderung und ökonomische Rentabilität in Harmonie waren bzw. nicht zu stark divergierten. Nur so führte zum Beispiel die Ölkrise zur Nutzung anderer Energiequellen, entstand die mehrere hundert Millionen Mark teure Kläranlage, nur so wurden Unsummen in die Umgehungsstraßen investiert, die eben auch der Beschleunigung des (Werks-) Verkehrs dienen.

„Halt die Luft an, Bruder!"
Ludwigshafen und seine Umwelt[320] – eine historische Skizze

Ludwigshafen – „der Fabrikschmutz, den man gezwungen hat, Stadt zu werden".[321] Dieses harte und einseitige Wort von Ernst Bloch hat insofern einiges an Wahrheit für sich, als der Schmutz von Anfang an eine große Rolle in der Geschichte der jungen Industriestadt spielte. Rauchende Schlote – die deshalb so hoch waren, weil der Wind Rauch, Ruß und Gase weit weg in die Landschaft tragen sollte – waren Zeichen von Reichtum und Fortschritt, ebenso wie von Schmutz und Armut der Bevölkerung, die zu Füßen der Kamine arbeitete. Friedrich Burschell spricht vom „bitteren Geruch" der Chemiefabriken, der vom Hemshof in die Innenstadt herüberwehte.[322]

Zwar sahen schon die Gesetze im 19. Jahrhundert die Möglichkeit vor, Betrieben, die gefährlich oder für die Nachbarschaft belastend waren, die

Anmerkungen
Seite 868 und 869

318 ›Focus‹, 10/1994, in StALu, M 438
319 Abelshauser, S. 509ff
320 Die folgende kurze Abhandlung faßt noch einmal die Umweltgeschichte der Stadt zusammen. Deshalb wurden einzelne Fakten aus vorhergegangenen Artikeln der Stadtgeschichte wiederholt.
321 Bloch, S. 209
322 Burschell, S. 42
323 Geibs Handbuch der Gemeindeverwaltung der Pfalz, hier Ausgabe 1901, Bd. 2, S. 717ff, in Bibl. StALu
324 siehe Kapitel 6 ›Vom Handelsplatz zum Industriestandort‹
325 zit. n. Breunig, S. 92
326 MM, 26.9.1991; 28.7.1994
327 StALu, ZR 2472/1
328 zit. n. Belitz, Anhang, S. 95
329 PfP, 25.11.1921
330 zit. n. StALu, Op. 1084
331 Seubert, S. 76

Konzession zu versagen[323] – doch wollte man die junge Gemeinde rasch zum Aufblühen bringen, durfte man nicht zu kritisch sein. Zudem gab es keinerlei Leitplanung, die Wohn- und Gewerbegebiete voneinander getrennt hätte – und oft, wie im Fall der Giulinischen Fabrik, die 1851 auf dem Gelände des heutigen Wilhelm-Hack-Museums entstand, rechnete offenbar niemand damit, daß die Stadt so schnell und gewaltig wachsen könnte, daß die Fabriken von den Wohnquartieren umschlossen würden. Schon 1859 waren die „unangenehmen und schädlichen Ausdünstungen"[324] Giulinis der Grund dafür, daß die vorgesetzte Behörde die Errichtung eines Krankenhauses im Zentrum von Ludwigshafen nicht genehmigte – ein Bewußtsein für die potentielle Gefährlichkeit der Luftverschmutzung war also durchaus vorhanden. Dies galt auch in Bezug auf die Arbeitsbedingungen der Chemie-Beschäftigten, die ätzenden Laugen und Giften oft direkt ausgesetzt waren. Zwar verneinten die Unternehmer nach außen die Gefährdung, interne Berichte der Betriebsärzte sprachen allerdings eine andere Sprache. Als die Bayerische Fabrikeninspektion Anfang der 1880er Jahre Informationen in ihren Berichten veröffentlichte, kritisierte die BASF dies hart: „Derartige amtliche Mitteilungen im Besitze eines socialistischen Agitators bilden unschätzbares Material zur Förderung des Klassenhasses."[325] Manchmal allerdings waren die Gefahren auch schlicht nicht bekannt: Als im November 1953 eine große Gruppe von BASF-Beschäftigten nach einem Störfall von diversen oft schweren und langen Leiden geplagt wurde, war den Verantwortlichen nicht klar, daß es sich um das – später berüchtigte – Seveso-Gift Dioxin handelte, das den Arbeitern zusetzte. Die betroffene Anlage wurde nach dem unerklärlichen Tod eines weiteren Arbeiters bei Reparaturarbeiten einige Zeit später geschlossen.[326]

Mit dem Wachsen der Stadt wurden Lärm und Gestank, Rauch und Ruß dann durchaus zum Gegenstand öffentlicher Erörterungen bzw. bitterer Klagen.[327] Das Klima Ludwigshafens – mild, heiß im Sommer, regen- und windarm, relativ häufig Inversionswetterlagen mit geringem Luftaustausch – verschärfte die Probleme noch. 1912 gab der protestantische Pfarrer Dr. Friedrich Gerber eine drastische Beschreibung der Stadt, „wo die Häuser abgewaschen werden, wenn auch nur alle zwei bis fünf Jahre einmal, und nur die weißen, weil man an ihnen allein das Schwarze sieht, wo der Salat in den Gärten von den Säuren der chemischen Fabriken gefressen anstatt von den Menschen vom Teller gegessen wird, wo die Bäume zweimal sich belauben, weil die Blätter bei einmaliger Belaubung nicht imstande sind, bis zum Herbstwind auszuhalten."[328] 1921 beschrieb eine Leserzuschrift die Zustände auf dem Viadukt zur Winterszeit, in dessen Nähe die Lokomotiven 30—60 Minuten vorgeheizt wurden: „Fast jeden Tag müssen sich die Fußgänger [...] durch Rauch- und Rußwolken atemanhaltend und unter Lebensgefahr durchkämpfen, um zuletzt mit ruß- oder ölbeschmutztem Gesicht, Wäsche und Kleidern [...] daraus hervorzugehen."[329] 1927 schließlich beschwerten sich die Oppauer Landwirte über den starken Ruß des I. G. Farbenwerkes, der die Feldfrüchte so verunreinige, daß man sie weder verkaufen noch ans Vieh verfüttern könne. Auch sei es in Oppau unmöglich, seine Wäsche im Freien aufzuhängen. „Die Menschen selbst werden nicht verschont. Der Schmutz setzt sich dicht auf die Kleidung und in die Kopfhaare."[330]

Die Ursache solcher Zustände lag in der Energiegewinnung in Industrie, Verkehr und Privathaushalten. Allein die BASF unterhielt 1921 425 Dampfmaschinen,[331] Tausende von Menschen heizten und kochten mit – oft minderwertiger – Kohle und Holz, die Bahn brauchte Unmengen an Dampfkraft für ihre Maschinen.

Aufgrund der primitiven Kanalisationen bzw. der – anfangs wohl nicht ganz unzutreffenden – Vorstellung, der gewaltige Rheinstrom könne die

Schmutzfracht schon verkraften, gelangten nahezu ungeklärte Abwässer in den Fluß. Hier formierte sich Ende des 19. Jahrhunderts einiger Widerstand,[332] als einige Großstädte entlang des Oberrheins ihre Abwässer ebenfalls zur Gänze in den Strom ableiten wollten. Die bayerische Regierung zeigte sich besorgt und ordnete eine Überwachung an, wie sich die ständige Nutzung des Flusses als Abwasserkanal und Industriebrauchwasserquelle auswirke.

Kaum ein Bewußtsein existierte anfangs für die Gefährlichkeit der Müll- und Industrieabfallablagerungen. Es war im Gegenteil völlig selbstverständlich, die zahlreichen Niederungen und Tümpel der Ludwigshafen umgebenden Rheinniederung mit ihnen zu füllen. Der städtische Verwaltungsbericht bezeichnet neben der Verbesserung der Hygiene in der Stadt die Auffüllung geradezu als Hauptzweck der Müllabfuhr. Der Konflikt Oppaus mit der BASF wegen der Verseuchung des Trinkwassers durch eine Industrieablagerung[333] sowie die Klage der Stadt Ludwigshafen, daß die Firma Raschig eine Straße mit Abfall gefüllt habe, der nie fest würde und deshalb zur Bebauung ungeeignet sei,[334] zeigt allerdings, daß das Bewußtsein um die Problematik der Ablagerungen in den 1920er und 1930er Jahren wuchs.

Zwar pries man Stadt- und Ebertpark auch als ›grüne Lungen‹, doch konnten sie das Stadtklima insgesamt kaum verbessern. Immerhin strebte die Stadtplanung schon seit ca. 1890 und verstärkt in der Weimarer Zeit die Trennung von Wohn- und Arbeitsstätten an: So förderte die Stadtverwaltung zum Beispiel die Gartenstadt; die BASF legte eine neue Siedlung im werksfernen Limburgerhof an.

Anfang der 1950er Jahre scheinen sich die Probleme noch verschärft zu haben.[335] Die Wirtschaft expandierte gewaltig, doch betrieb sie zum Teil aus Kostenersparnisgründen veraltete und oft kriegsbeschädigte Anlagen weiter. Auch der Verkehr wuchs. Der ›Mannheimer Morgen‹ berichtete im November 1951 unter dem Titel „Halt die Luft an, Bruder" von der Misere der Ludwigshafener, die nicht mehr nur Rauch und Ruß, sondern auch massiv gasförmigen Luftverunreinigungen ausgesetzt seien. In realistischer Einschätzung der Lage verzichteten sie in der Regel auf helle Kleidung. Der städtische Hauptausschuß stellte zur selben Zeit fest, „daß es oftmals unmöglich ist, noch zu atmen." Gespräche zwischen Stadt und Industrie führten 1952 und 1953 zu gegenseitigen Schuldzuweisungen im Sinne eines „Haushalte verschmutzen die Luft ebenso wie die Fabriken" sowie Beteuerungen von Seiten der Wirtschaft, daß man ohnehin genug tue, daß weitere Anstrengungen den Wiederaufstieg Deutschlands und seine Konkurrenzfähigkeit gefährdeten – und zu der kühnen Behauptung, daß mit den den eigenen Arbeitern gezahlten Lästigkeitszulagen „auch bis zu einem gewissen Grade die Ansprüche der Bevölkerung abgegolten seien". Auch Vertreter der Bezirksregierung wollten um jeden Preis eine „Beunruhigung der Bevölkerung" vermeiden. Die anwesenden Ärzte betonten, daß Ludwigshafen keine signifikanten Abweichungen bei Lungenerkrankungen aufwies. Allerdings war bekannt, daß der ›Luftsumpf‹ zu einer stark erhöhten Anfälligkeit für schwere Erkältungserkrankungen führte.[336]

Umweltpolitik war in jener Zeit noch die Nylonstrumpfumtauschstelle, die etwa die ›Anilin‹ oder Giulini für diejenigen Frauen einrichteten, denen die Abgase der Werke durch eine chemische Reaktion den teuren Beinschmuck zersetzt hatten. Dies geschah gar nicht so selten – „die Pfützen blubberten dann in Friesenheim" –, wie es ältere Bürger erzählen.

Etwa seit Mitte der 1950er Jahre setzte dann ein Umdenken ein, das unter dem Druck wirtschaftlicher wie ökologischer Realitäten sowie dem wachsenden öffentlichen Protest gegen die Zustände zu der oben beschriebenen Umweltpolitik der späteren Jahrzehnte führte.

Anmerkungen
Seite 870

332 so eine Bürgerversammlung in Worms 1898; zur Verunreinigung des Flusses generell StALu, ZR 2451/4

333 StALu, Op. 1234

334 StALu, ZR 2330, Raschig

335 StALu, ZR II, 2480 – Ruß und Rauch 1951—1956, auch f. d. F.

336 MM, 11.2.1954

Feierabend: Verkehrsstau stadtauswärts, Rheinuferstraße nahe der Schumacherbrücke 1970er Jahre [169]

Überbleibsel der ›alten Welt‹: Schwalbenweg, 9. Juli 1966 [170]

Teil 4
Stadtplanung, Verkehrs- und Baupolitik

Verkehrsprobleme einer modernen Industriestadt

Mitte der sechziger Jahre sah sich Ludwigshafen noch immer mit den Problemen konfrontiert, die sich aus seiner frühen Anlage und dem bereits vor dem Ersten Weltkrieg überaus raschen Wachstum des Ortes zur – nach Mannheim – zweitgrößten Stadt im Rhein-Neckar-Raum ergeben hatten. Die Chemie-Metropole bildete gemeinsam mit der benachbarten Quadrate-Stadt längst den Mittelpunkt einer der bedeutenden wirtschaftlichen Schwerpunktregionen Deutschlands. Sie befand sich somit an einem wichtigen Knotenpunkt des Eisenbahn- wie des Straßenverkehrs. Beide konnten zwischen den beiden Rheinufern allein über die bereits im 19. Jahrhundert angelegte und seither mehrmals erweiterte, für den Bahn- wie den Kraftverkehr vorgesehene Brücke zwischen dem Mannheimer Schloßpark und der Ludwigshafener Walzmühle abgewickelt werden. Um 1965 war das Bauwerk längst ein Nadelöhr, denn die Nachbarstädte zogen den regionalen wie auch den überregionalen Schienen- und Straßenverkehr auf sich. Ludwigshafen besaß aber im Gegensatz zu Mannheim zudem nur einen längst an die Grenzen seiner Belastbarkeit angelangten Hauptbahnhof, eine Kopfstation, die nördlich der mittleren Innenstadt bis fast an den Rhein reichte. Die Verlegung dieses Bahnhofs an eine günstigere Stelle weiter außerhalb mitsamt erweiterten Gleisanlagen, die dann einen reibungsloseren Durchgangsbetrieb ermöglichen sollten, war schon um 1900 vorgeschlagen worden, jedoch unterblieben.

Seit den fünfziger Jahren war ein stürmisches Wachstum des Kraftfahrzeugverkehrs hinzugekommen, das einen stetigen Ausbau des Fernstraßennetzes nach sich zog. Die Zahl der Kraftfahrzeuge [337] hatte 1970: 47 968 erreicht, d. h. ein Kraftfahrzeug auf 3,7 Einwohner; statistisch verfügten 70% aller Haushalte in Ludwigshafen über ein Kraftfahrzeug. Diese hohe Dichte wuchs bis zum Jahr 2002 noch bedeutend an, als 97 382 Kraftfahrzeuge [338] in Ludwigshafen registriert waren, d. h., eines auf 1,7 Einwohner. [339] Ein Ende des Verkehrs-Wachstums, das sowohl der Vollmotorisierung der Bevölkerung, dem industriellen Zubringerverkehr und dem durch die Stadtflucht stetig wachsenden Pendlerstrom entsprang, war vorläufig nicht abzusehen. Ständig stieg der Anteil der Pendler unter den Beschäftigten, und 1990 fuhren Tag für Tag etwa 60 000 Menschen in die Stadt zur Arbeit, die große Mehrzahl davon mit ihrem eigenen Pkw. [340]

Überlegungen, die auf einen neuen Verkehrsgesamtplan in Abstimmung mit Mannheim abzielten, waren seit Mitte der 1950er Jahre angestellt worden. Sie sahen neben der Verlegung des Ludwigshafener Hauptbahnhofs neue Straßenbrücken über den Rhein sowie ein System von Hochstraßen zur Abwicklung des Durchgangsverkehrs für Kraftfahrzeuge zwischen dem Raum Heidelberg-Mannheim und der linksrheinischen Pfalz vor, außerdem die Verbesserung des öffentlichen Personennahverkehrs zwischen beiden Städten und ihren Vororten durch den Ausbau des bereits vorhandenen Straßenbahnnetzes zu einer leistungsfähigeren Stadtbahn. Ein Grundsatzbeschluß des Stadtrats zur Gestaltung der Verkehrsinfrastruktur war bereits 1958 erfolgt. Alle drei Vorhaben – Bahnhofsverlegung, Anlage von Hochstraßen und Schaffung

Reste der ›neuen Welt‹: ›Autofriedhof‹, private Shredderanlage in Rheingönheim [171]

Anmerkungen
Seite 873

337 *Statist. Jahrbuch Lu 1992; StALu, DS 243 / 1992*

338 *Auskunft der städtischen Zulassungsstelle*

339 *Allerdings lag die Pkw-Dichte in Ludwigshafen immer unter dem Bundesdurchschnitt, was einerseits ein generell städtisches Phänomen war – hier gab es öffentlichen Nahverkehr –, andererseits war es Ausfluß des unterdurchschnittlichen Einkommensniveaus in der Stadt selbst.*

340 *Rhpf, 17.10.1990*

Der bei der Eröffnung des Bahnhofs anwesende Bundesverkehrsminister Leber wird interviewt, 1969 [172]

Die gewaltige Baustelle des neuen Hauptbahnhofs, September 1967 [173]

Anmerkungen Seite 875

341 vgl. die Angaben im StAnz., Jg. 20, Nr. 29, 22.7.1967, S. 8

eines Stadtbahnnetzes – wurden, da sie aufeinander abgestimmt waren, gemeinsam in Angriff genommen; sie führten allerdings nicht immer zu befriedigenden Lösungen oder blieben in ihren Anfängen stecken. Beides spielt für das Stadtbild Ludwigshafens bis heute eine Rolle.

Zugleich setzten mit den späten siebziger Jahren Überlegungen zur innerstädtischen Verkehrsberuhigung ein, die mit der Anlage großer Fußgängerzonen, sogenannter ›Spielstraßen‹ sowie einer umfassenden Parkraumbewirtschaftung einhergingen. Sie sollten – ebenso wie verschiedene Sanierungs- und Neubauvorhaben – das Wohnumfeld innerhalb Ludwigshafens verbessern. Darüber hinaus wollte man die Auflassung des Hauptbahnhofsgeländes dafür nutzen, die City mit dem Stadtteil Nord enger zu verbinden. Die letzte Großplanung, die in den späten achtziger Jahren in Angriff genommen wurde und deren endgültige Realisierung zum Ende des Jahres 2003 erfolgte, war die einer neuen Bahnhofsanlage für den Nahverkehr am Berliner Platz, verbunden mit dem viergleisigen Ausbau der Bahnstrecke zwischen dem Mannheimer und dem Ludwigshafener Hauptbahnhof (›Anschluß 2000‹) im Zusammenhang mit der sogenannten Rheinufer-Süd-Planung.

Die Verlegung des Hauptbahnhofs und die Anlage des Regionalbahnhofs am Berliner Platz

Als der neue Hauptbahnhof am 29. Mai 1969 durch den damaligen Bundesverkehrsminister Georg Leber feierlich eröffnet wurde, waren jahrelange Streitigkeiten beendet, die namentlich zwischen den beiden großen Parteien im Stadtrat heftige Wellen geschlagen hatten. Die Verlegung war dadurch möglich geworden, daß die Firma Benckiser, die mit einem Teil ihrer Anlagen nach Ladenburg gegangen war, der Stadt Ludwigshafen ein größeres Gelände am östlichen Innenstadtrand verkauft hatte (s. auch oben, S. 849). Hier verzweigten sich die Gleise vom alten Bahnhof sowie die von Mannheim her mit denen in Richtung Oggersheim/Frankenthal/Worms sowie in Richtung Schifferstadt (wo sich die Linien nach Neustadt und nach Speyer gabelten). Anders als bei den etwa gleichzeitig verwirklichten Bahnhofsneubauten in Heidelberg und

Der neue Hauptbahnhof, August 1970 [174]

Plakat anläßlich der Eröffnung des Ludwigshafener Hauptbahnhofs, 1969 [175]

in Braunschweig – wo man ebenfalls die Innenstadtbereiche von störenden Gleisanlagen hatte entlasten wollen – mußten diese Verzweigungen in den Bahnhofsbau selbst integriert werden. Zugleich wollte man den neuen Hauptbahnhof durch Straßen wie durch Stadtbahnverkehr anbinden. Im Mai 1966 beschloß man daher eine Anlage auf vier Ebenen. Die oberste sollte eine auf einer Pylonbrücke verlaufende vierspurige Hochstraße bilden. Die insgesamt sechs Bahnsteige des neuen Bahnhofs – zwei seitliche oben sowie vier mittlere unten – sollten auf zwei weiteren Niveaus errichtet werden, von denen das untere – zu ebener Erde liegend – als Zugangsbereich mit Vorplatz und Eingangshalle gedacht war. Auf der tiefstgelegenen Ebene waren ein unterirdischer Tunnelbahnhof für das künftige Stadtbahnsystem mit einem Mittel- und zwei Seitenbahnsteigen sowie östlich davon ein weiterer, im Einschnitt liegender Bahnhof mit lediglich zwei Seitenbahnsteigen vorgesehen. In dieser Form wurde die neue Anlage auch realisiert, allerdings verzögerte sich die Fertigstellung, die zunächst für das Frühjahr 1967 geplant war, vor allem aus finanziellen Gründen um zwei Jahre. Die Kosten waren anfangs mit 60 Mio. DM veranschlagt, von denen die Hälfte durch Bundes- und Landeszuschüsse finanziert werden sollten. Statt der zunächst erwarteten Folgekosten in Höhe von 45 Mio. für Straßen- und Tunnelbaumaßnahmen sowie für die Verlegung der Kanalisation hatte die Stadt allerdings schließlich 173 Mio. DM zu schultern.[341] Hierbei schlugen neben den Tunnelkosten vor allem die umfangreichen Straßenverlegungen zu Buch.

Eisenbahntechnisch war der neue Bahnhof zwar gelungen, da sich nunmehr der Bahnverkehr problemlos in drei Richtungen (nach Mannheim, nach Worms/Mainz sowie über Schifferstadt nach Speyer/Germersheim und nach Neustadt/Kaiserslautern/Saarbrücken) abwickeln ließ. Zudem standen jetzt umfangreiche Gleisanlagen für das Abstellen und Warten von Lokomotiven und Zügen zur Verfügung. Indes konnte sich der Ludwigshafener Hauptbahnhof nicht zu einem Knotenpunkt wie der in Mannheim entwickeln, ja die Deutsche Bundesbahn ließ bald fast alle bedeutenderen Fernzüge – vor allem die im Inter-City-Betrieb,

Anmerkungen
Seite 877

342 vgl. StALu, SRP 15.12.1978, S.794

Übergabe des Hotels ›Excelsior‹ an der Lorientallee nahe des Hauptbahnhofs
Mai 1973 [176]

ganz zu schweigen von den ICE-Zügen seit den neunziger Jahren – in Ludwigshafen durchfahren. Der für weitaus größere Verkehrsdimensionen angelegte Bahnhof diente schließlich nur noch als Halt für den aussterbenden Inter-Regio-, den Regional- und den Nahverkehr, so daß sich dort, ausgenommen die Berufsverkehrszeiten, eine fast geisterhafte Stille ausbreitete. Nachteilig war zudem, daß Reisende beim Umsteigen meistens lange Laufwege zurücklegen mußten; dies gilt bis heute nicht zuletzt für diejenigen, die zwischen Straßenbahn und Eisenbahn wechseln. Bald machte sich auch bemerkbar, daß der Bahnhof zu weit abseits der Innenstadt angelegt worden war und daß es auf Dauer nicht gelang, ihn an diese wirksam anzubinden. Dies hing u. a. damit zusammen, daß sich die konzipierte Umorientierung der Innenstadt auf den Bahnhof zu genauso wenig verwirklichen ließ wie Pläne, in Reichweite des Bahnhofs Hochschuleinrichtungen anzusiedeln (vgl. S. 921). Die beiden 1973 am Bahnhofsvorplatz eröffneten Hotelkomplexe, Ramada und Excelsior, konnten kaum zur Belebung dieses Areals beitragen. So gestaltete sich die Bilanz bereits rund ein Jahrzehnt nach der Eröffnung des neuen Hauptbahnhofs recht enttäuschend. Wie Oberbürgermeister Ludwig im Dezember 1978 in seiner Etatrede bei den Haushaltsberatungen für das

Eingangsbereich des Hauptbahnhofs mit der Pylonbrücke 1977 [177]

folgende Jahr betonte, waren etwa zwei Fünftel der kommunalen Schulden, die sich damals bereits auf rund 500 Mio. DM beliefen, auf die direkten wie indirekten Kosten zurückzuführen, die infolge der Bahnhofsverlegung auf die Stadt Ludwigshafen zugekommen waren.[342]

Über Jahrzehnte nachteilig wirkte die Tatsache, daß die Strecke zwischen Mannheim und Ludwigshafen bis etwa zur Höhe der Brücke über die Saarlandstraße zweigleisig blieb. Sie war ständig überlastet. Den viergleisigen Ausbau, für den eine weitere Rheinbrücke und eine Anschüttung des Bahndamms erforderlich waren, scheute man lange wegen der Lärmbelästigung für die Anwohner. Anfang der 1990er Jahre entschloß man sich schließlich zu der – wegen der Frequenz nicht nur des Personen-, sondern auch des Güterzugverkehrs überfälligen – Erweiterung (bei entsprechenden Lärmschutzmaßnahmen), die bis Mitte 2003 im wesentlichen abgeschlossen war. Damit verbunden wurde die Anlage eines neuen Regionalbahnhofs mit einem Seiten- und einem Mittelbahnsteig unweit des Berliner Platzes als dem wichtigsten Ludwigshafener Knotenpunkt für den Straßenbahn- und den Busverkehr. Der neue Bahnhof wurde – ein Höhepunkt des Jubiläumsjahres – Ende 2003 in Dienst genommen und dient vor allem dem zu gleicher Zeit eröffneten

Die Neugestaltung der City: Visionen für die Gestaltung des Rheinufers vor der Innenstadt; Projekt des Jahres 1973 [178]

Der ›Knödelbrunnen‹ in der Fußgängerzone Bismarckstraße, 1978 [179]

Ludwigstraße, 1970er Jahre [180]

S-Bahn-Verkehr im Rhein-Neckar-Raum. Voraussetzung für die S-Bahn war auch die Errichtung der bereits 1999 fertiggestellten zweiten Eisenbahnbrücke über den Rhein im Anschluß an den Bahnhof. Sie wurde im Spätsommer des Jahres 2003 in Betrieb genommen. Zudem wurden verbreiterte Brückenwerke über die Mundenheimer, die Berliner und die Saarlandstraße gebaut, die für eine bessere Anbindung des Stadtteils Süd an die City sorgen sollen. Eine Fußgängerunterführung am Berliner Platz stellt zudem eine Verbindung zum Geschäfts- und ›Erlebnis‹-Zentrum an der Walzmühle und dem zukünftigen Wohnareal ›Rheinufer Süd‹ her.

Die Umgestaltung der Innenstadt nach der Bahnhofsauflassung

Während die vor 1965 entwickelten gewaltigen Projekte einer völligen Umgestaltung der Innenstadt und ihre Ausrichtung auf den neuen Hauptbahnhof unterblieben, eröffnete die Auflassung des alten Kopfbahnhofs und seiner Gleisanlagen die realistische Chance, die bisher voneinander getrennten Stadtteile Mitte und Nord enger miteinander zu verbinden. Jedoch bildete die zugleich in Angriff genommene nördliche Hochstraße zwischen der später so benannten Kurt-Schumacher- und

Anmerkungen Seite 879

343 Damus, S. 258

„Das gewaltigste Rathaus-Center der Bundesrepublik", 1979 [181]

Der Eingang zum Rathaus-Center von der Hauptpost aus um 1980 [182]

der Pylon-Brücke über den neuen Hauptbahnhof bald wieder eine optische Barriere zwischen diesen Bezirken. Das Schicksal des Geländes des alten Hauptbahnhofs blieb zuerst noch ungewiß. Die Stadtverwaltung, die das Areal erworben hatte, suchte Investoren. Zuerst wurden drei große Wohntürme auf dem Gebiet geplant, dann, als dieses Projekt „mangels Nachfrage" gescheitert war, Bürokomplexe der Industrie. Erst nachdem auch diese Idee nicht reifte, „entschloß sich die Stadt, vom Primat des besten Platzes Gebrauch zu machen" und errichtete in Zusammenarbeit mit der Norddeutschen Landesbank nach Plänen der Architekten Dorp und Schmidt in den Jahren 1976 bis 1979 das ›Rathaus-Center‹. Die Holzmann AG übernahm als Generalunternehmer die gesamte schlüsselfertige Bauausführung. Die Kombination eines Systems von Shopping-malls mit dem Sitz der Stadtverwaltung war schon in anderen deutschen Städten, etwa Essen, praktiziert worden, Ludwigshafen wurde jedoch „das gewaltigste Rathaus-Center der Bundesrepublik".[343] Der 15-stöckige verglaste Büroturm nahm den größten Teil der bisher verstreut untergebrachten kommunalen Verwaltungseinrichtungen auf, dem auf der Ebene über den Einkaufspassagen ein großer repräsentativer Ratssaal, Sitzungsräume sowie das nunmehr in die Stadtmitte gerückte Stadtmuseum beigeordnet waren – es entwickelte sich im Lauf

Fußgängerzone Bismarckstraße 1978 [183]

Abrißhäuser am Berliner Platz ... 1968 [184]

Anmerkungen Seite 880

344 zit.n. Damus., S.259

der Jahre zur ›guten Stube‹ der Stadt und beliebtem Ort für Vorträge und kleinere Empfänge. Zu ebener Erde fanden sich die Shopping-malls, die sich sowohl zu der unterirdischen Turmbahnhofanlage der Straßenbahn wie zu den umfangreichen Parkmöglichkeiten an der Seite und hinter dem Center öffneten – auf eine optimale Verkehrsanbindung auch von den neuen Hochstraßen aus wurde geachtet – als auch die Innenstadt mit dem Hemshof verbanden.

Nach über 100 Jahren als selbständige Gemeinde besaß Ludwigshafen damit erstmals ein deutlich sichtbares Rathaus, das allerdings keinen vom Shopping-Center getrennten großen Eingang hat. Jeder Besucher wird „an den Angeboten und Sonderangeboten des Einzelhandels vorbei" zum Sitz der Verwaltung geleitet. „Rathaus und Handelshof liegen unter einem Dach, in gut mittelalterlichem Sinne." In ihm seien nun „Leben und Treiben, Handel und Wandel, Rat und Tat, Erwartung und Hoffnung, kurzum ein ungebrochener Glaube an die Zukunft" zu finden, lobte die städtische Broschüre zur Eröffnung des Rathauses.[344]

Während sich das Einkaufszentrum – von dem großen, an seine östliche Seite angebauten Kaufhaus einmal abgesehen – zu einem Publikumsmagneten entwickelte, wurde das Rathaus kein voller Erfolg. In

... und was an ihrer statt gebaut wurde: Mosch-Hochhaus 1983 [185]

Fußgängerzone Bismarckstraße 16 Jahre später, 1994 [186]

den 1990er Jahren erwarb die Verwaltung das Gebäude, das zuvor im Rahmen eines Leasing-Modells genutzt worden war. Damals zeichneten sich allerdings schon wachsende Sanierungsnotwendigkeiten ab. Die Großraumbüros oder auch das Dekor mancher Sitzungssäle wirkten nicht mehr zeitgemäß. Auch hatte nie eine völlige Zentralisierung der Kernverwaltung im Rathaus stattgefunden. Die Stadthäuser Nord und Süd blieben weiterhin in Benutzung. Das alte zentrale Stadthaus in der Ludwigstraße wurde als Gebäude der Volkshochschule einem anderen Zweck zugeführt.

Der ›Glaube an die Zukunft‹ zeigte sich Ende der 1970er Jahre in der gesamten Neugestaltung der City. Dabei ging man in den späten 1960er und 1970er Jahren oft noch ziemlich rücksichtslos vor: der flächenhafte Abriß von der Hochstraße benachbarten alten Gebäuden und die Errichtung des Mosch-Hochhauses 1973 (s. u. S. 897) sowie anderer Hochhäuser in der Innenstadt wurden nur sehr bedingt zum Erfolg. Den Zwängen oder – von den Zeitgenossen so wahrgenommenen – ›Notwendigkeiten‹ des Verkehrs fiel auch das als Kreissparkasse genutzte Lichtenbergerhaus zum Opfer, das der Verbreiterung der Rheinuferstraße weichen mußte (s. S. 902). Die geplante repräsentative Bebauung

Berliner Platz, Blick zur Mundenheimer Straße, um 1980 [187a]

Der neugestaltete Berliner Platz mit der Skulptur von Rickey, 1999 [187b]

entlang dieser Straße blieb angesichts von Lärm und Abgasen in den Anfängen stecken. Auch die ansprechende, Mitte der 1980er Jahre angelegte Rheinpromenade, die dem Stromufer vor der südlichen Innenstadt ein ganz neues, freundliches Gesicht gab, litt unter der ›Abschnürung‹ durch die Rheinuferstraße. Ebenso blieben an der zur vierspurigen Durchfahrtsstraße gewordenen Heinigstraße viele Fassaden unrenoviert und Grundstücke unbebaut. Dort machte sich eine gewisse Öde breit. Andererseits entstanden neben der Straße eine Reihe neuer, zum Teil mit ihren Wohnbereichen auf die Innenhöfe hin orientierte Wohnanlagen, die durchaus attraktiv zu nennen sind.

Von der Bevölkerung gerne angenommen wurde die Anlage von Fußgängerzonen, die mit Baumpflanzungen und allerhand zum Teil sehr zeittypischer ›Möblierung‹ versehen wurden. Entstand die erste, die Prinzregentenstraße im Hemshof, 1977 noch außerhalb der City, so wurden ab 1978 die beiden Haupteinkaufsstraßen, die Bismarck- und die Ludwigstraße, umgestaltet. Die Bismarckstraße zwischen dem Rathaus-Center und der Kaiser-Wilhelm-Straße mit ihren zahlreichen Geschäften und Gaststätten wurde bald zur beliebtesten Flaniermeile der Stadt. Dies gelang weniger gut mit dem parallel verlaufenden Abschnitt der Ludwigstraße bis zum Ludwigsplatz, auf dem auch – ähnlich wie auf den Planken in Mannheim – Straßenbahngleise verlegt wurden. Zu Beginn des neuen Jahrtausends wurde hier eine Belebung versucht, indem man für Autos die Einfahrt und kurzfristiges Parken erlaubte. Zwischen den beiden Fußgängerzonen, auf dem Gelände der früheren ›Bürgerbräu AG‹, entstand 1980 der ›Bürgerhof‹ mit einer kleineren Freifläche und Restaurationsbetrieben, der sich bald großer Beliebtheit erfreute und wie die übrigen Fußgängerzonen auch für Feste genutzt wurde.

Eine städtebaulich ansprechende Verbindung zum Norden des Innenstadtbereichs stellte der Platz vor dem Stadthaus Nord – einem restaurierten Gebäude aus der Zeit vor dem Ersten Weltkrieg – dar, der 1978 in optimistischer, weltoffener Begeisterung für die Einigung des Kontinents den Namen ›Europaplatz‹ erhielt. In Erweiterung des schon seit den 1950er Jahren angedachten Konzepts entstand die sog. ›Kulturmeile‹ zwischen dem, wie das Rathaus-Center im Jahr 1979 eröffneten, Wilhelm-Hack-Museum, der Staatsphilharmonie und dem Platz um den 1968 fertiggestellten Neuen Pfalzbau (s. u. S. 924ff). Fortan fanden sich

Der neugestaltete Ludwigsplatz, 1994 [188]

›Bratwurstbude‹ am Berliner Platz um 1980 [189]

in enger Nachbarschaft Theater, Museum, Bibliothek, Kunstverein, Volkshoch- und Musikschule. Der Mitte der 1980er Jahre angelegte, zwischen Wilhelm-Hack-Museum, Philharmonie und dem im schweren Stil der 1980er erbauten Arbeitsamt gelegene, eingetiefte und an seinem Rand mit Kunstwerken bestückte Klüberplatz, der an der Stelle des früheren Marktplatzes entstand, erfüllte allerdings nicht die in ihn gesetzten Erwartungen und wurde eher zu einem leeren ›Unort‹, den Obdachlose gerne zum Aufenthalt nutzten.

Weitaus erfolgreicher entwickelten sich die Neugestaltungen weiterer zentraler Innenstadtplätze in den 1990er Jahren. Die flächenhafte Begrünung des Ludwigsplatzes mit seinem alten Baumbestand sowie die Neuanlage des Lutherplatzes mit dem Lutherbrunnen und der den Grundriß der zerstörten Lutherkirche nachzeichnenden Rosenpergola wurden beide gerne angenommen. Gerade der Lutherplatz gewann auch durch den im Jahr 2000 begonnenen Neubau eines von der evangelischen Kirche mitgetragenen großen Wohnkomplexes, der der alten Vorkriegsbebauungslinie folgte und so dem Platz wieder seine Begrenzung gab. Neubauten, die unscheinbare Nachkriegsgebäude ersetzten bzw. Kriegslücken und die häßlichen Narben durch die Abrisse entlang der Hochstraße schlossen sowie umfangreiche Baumpflanzungen an Plätzen und Straßen verbesserten in den Jahren vor und nach der Jahrtausendwende deutlich das Gesicht der City.

Ein Problem blieb der ›Südpol‹ um den seit 1960 so benannten ›Berliner Platz‹. Seit dem Beginn der 1990er Jahre wurden mit der Anlage eines Platanenhains im französischen Stil und Baumpflanzungen, der Neupflasterung sowie der Aufstellung des kinetischen Kunstwerks von Rickey – ein Geschenk der BASF zur Jahrtausendwende an die Stadt als Zeichen der Verbundenheit – Teile für eine bessere Neugestaltung zusammengeführt. Die Vollendung fehlt noch, denn seit dem Abriß des alten Pfalzbaus um 1970 liegt der Blick auf die Hochstraße frei, dem stark belebten Verkehrszentrum und zentralen Umsteigeort für den öffentlichen Nahverkehr fehlte eine überzeugende Randbebauung. Die Eröffnung des Regionalbahnhofs und die Vollendung der Passage zum im Jahr 1999 eröffneten Walzmühl-Einkaufszentrum könnten die Attraktivität des Platzes noch deutlich erhöhen und vielleicht auch das Problem der Randbebauung einer Lösung zuführen.

Erläuterungen zur Karte:
dunkel getönte Flächen: Bebauung um 1954
hell getönte Flächen: Erweiterung der bebauten Fläche 1954—2003
Schraffur: Werksgelände der BASF

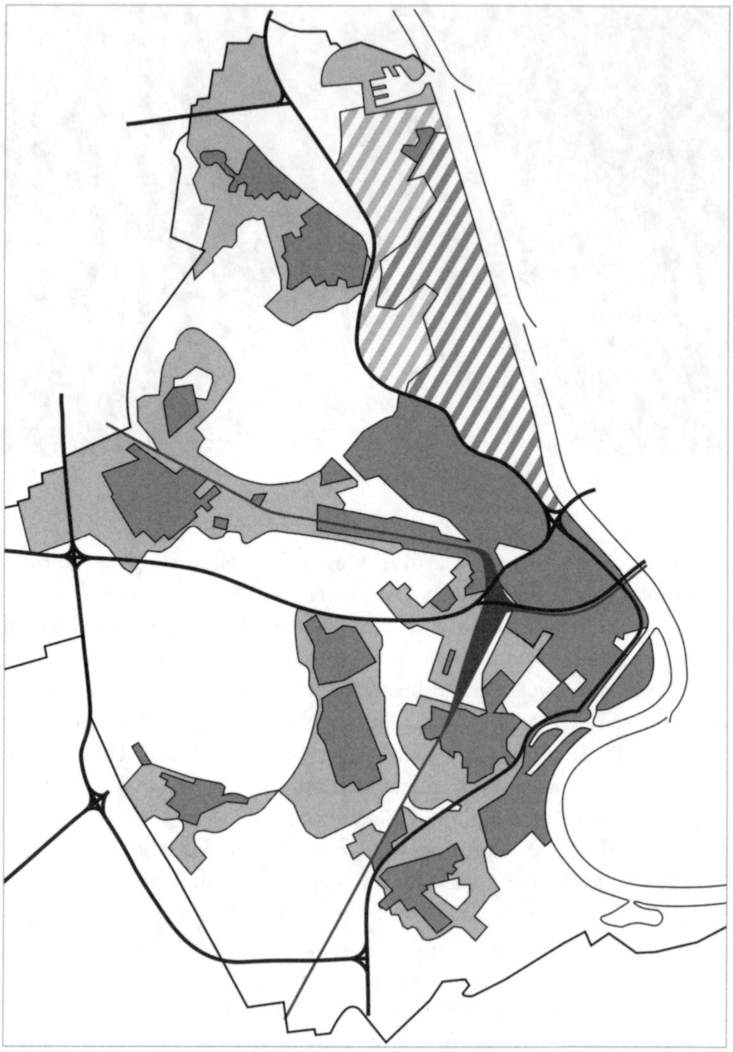

Die Entwicklung der bebauten Fläche in Ludwigshafen 1954—2003 [190a]

Wesentliche Erweiterungen der bebauten Flächen im Überblick

Edigheim: Erweiterung nach Norden Ende 1950er / Anfang 1960er (Gewoge); nach Süden (Wolfsgrube) Planung ab Mitte 1970er; Landeshafen / Nachtweide 1970er

Friesenheim: Erweiterungen nach Westen bei der Sternstraße 1950er

Gartenstadt: nach Westen (Gewoge etc.) und Süden (Ernst-Reuter-Siedlung) zweite Hälfte 1950er; nach Osten (Buchenstraße) 1960er; nach Norden (Karlsbader Straße) und Osten 1970er, nach Südwesten 1980er

Maudach: Erweiterung nach Westen seit den frühen 1960ern, Gewerbegebiet 1970er; nach Südosten 1990er

Mundenheim: Erweiterung nach Südosten (Trifelsstraße) 1960er, erweitert 1970er

Oggersheim: Erweiterung nach Westen (West, Langgewann) seit Mitte 1960er; nach Nordosten (Rheinecke, Froschlache) seit 2. Hälfte 1960er; Notwende-Erweiterung ab Ende 1960er; nach Südosten (Weimarer Straße etc.) 1970er, Fortsetzung nach Süden 1980er, Melm, Gewerbegebiet westl. B 9 und im Süden 1990er

Oppau: Erweiterung nach Süden und Westen hauptsächlich bis in die 1960er

Pfingstweide: Planung ab Mitte der 1960er, Umsetzung späte 1960er / 1970er

Rheingönheim: Erweiterung nach Osten frühe 1960er, nach Norden und Nordwesten (Gewerbegebiet) 1970er; Mörschgewanne 1980er; nach Süden (Neubruch) 1990er

Ruchheim: Erweiterungen seit den 1960ern, verstärkt ab 1980er; Gewerbegebiet 1980er

Süd: Saarlandviertel und weitere Erweiterungen nach Süden in den 1950ern

West: Valentin-Bauer-Siedlung 1950er; Turmstraße etc. 1980er

Wohngebiete, Industriegelände, Grünflächen in Ludwigshafen 2003 [190b]

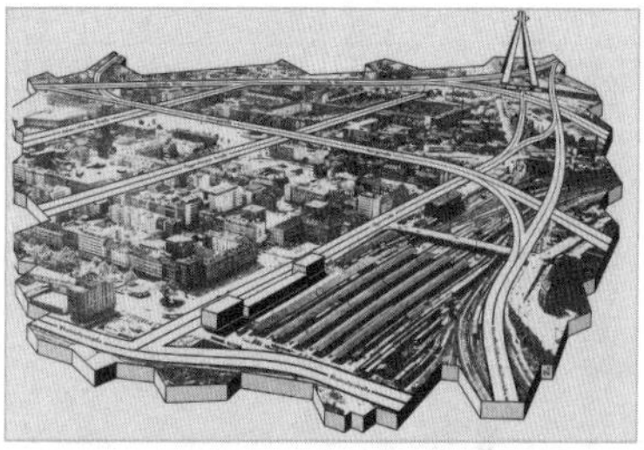

Modell für die Verkehrsführung in der Innenstadt, Dezember 1966 [191]

Brückenabfahrt Richtung BASF [192]

Das aufgelassene Bahnhofsgelände mit der im Bau befindlichen Auffahrt zur Schumacher-Brücke, frühe 1970er Jahre [193]

Eine Stadt wie Tokyo? Die neuen Hochstraßen[345]

Angesichts der stetigen Zunahme des privaten Automobilverkehrs stellte sich schon früh die Frage nach bisher ungewohnten städtebaulichen Lösungen. Hierbei schauten die deutschen Kommunen allgemein auf die Stadtautobahnnetze in den Agglomerationen der USA bzw. auf das im Rahmen der Ausrichtung der Olympischen Sommerspiele von 1964 in der japanischen Hauptstadt in Angriff genommene Hochstrassensystem. Tatsächlich lag in Ludwigshafen nahe, den Durchgangsverkehr von der Pfalz über den Rhein nach Mannheim möglichst kreuzungsfrei über das bebaute Stadtareal zu leiten. Dies sah bereits der im März 1957 vom Stadtrat beschlossene Generalverkehrsplan vor. Ihm folgend entstand zunächst die 1959 eröffnete ›Hochstraße Süd‹ zwischen der Adenauerbrücke und dem späteren Gelände des Hauptbahnhofs. Um der Überlastung dieses Straßenzugs vorzubeugen, wurde zugleich in Abstimmung mit der Stadt Mannheim (Verkehrsvertrag vom 12. 4. 1965) die Planung einer weiteren Rheinbrücke in Angriff genommen, die quer über den Mannheimer Handelshafen zum früheren Ludwigshafener Bahnhofsareal geführt werden sollte. Der entsprechende Stadtratsbeschluß erfolgte im November 1967, der erste Bauauftrag wurde bereits

Anmerkungen
Seite 886 und 887

345 *vgl. hierzu Faber*

346 *zur Planungs- und Baugeschichte vgl. StALu, N 14, Nr. 53; zur Finanzierung vgl. ›Neue LU‹ 1 / 1970, S. 14, sowie StALu, SRP 4. 6. 1971, S. 266—273*

347 *vgl. den Artikel in ›Neue LU‹, Jg. 6 / 1972, S. 7—17 mit Kartenskizze über das im Zusammenhang mit dieser Trasse geplante Stadtbahnnetz*

348 *vgl. StALu, SRP 26. 6. 1972, S. 207—209*

Faszination der großen Verkehrsbauten: Hochstraße Nord im Bau, Ölbild von Noldau Ludwigshafen, um 1973 [194]

Die Hochstraße Nord an ihrer Einmündung zur Schumacher-Brücke, im Hintergrund neben der Abfahrt zur BASF die ›Lärmschutzzeile‹ an der Dessauer Straße, 1991 [195]

Die Nordbrücke, die den Namen Kurt-Schumacher-Brücke erhielt vom Rhein aus gesehen, 1975 [196]

im Januar 1968 vergeben. Man ging dabei von Gesamtkosten für Ludwigshafen in Höhe von 50 Mio. DM aus (davon 43 Mio. für den erforderlichen Grunderwerb), von denen die Stadt aber nur 12,7 Mio. zu tragen hatte, während der Rest aus Zuschüssen des Landes wie des Bundes finanziert werden sollte.[346] Der Bau schritt zügig voran, die Brücke mit vier Fahrspuren und einer zweigleisigen Straßenbahntrasse konnte schon Ende Juni 1972 dem Verkehr übergeben werden.[347] Im Juni 1972 erhielt sie auf Beschluß des Stadtrats den Namen ›Kurt-Schumacher-Brücke‹[348] und ergänzte damit politisch ausgewogen die alte Rheinbrücke, die 1967 wenige Wochen nach dem Tod des Altkanzlers den Namen Konrad Adenauers erhalten hatte.

War schon der Anschluß der Mannheimer Zubringerstraßen an das Brückenbauwerk nicht unproblematisch, so stellte sich auch für Ludwigshafen die Frage, wohin der Verkehr gelenkt bzw. wie er zur neuen Brücke hingeführt werden sollte. Eine Studie von 1962 sah als Anschluß eine vierspurige Hochstraße in Richtung Danziger Platz vor. Hier sollte eine Gabelung des Verkehrs erfolgen: einmal nach Süden über eine weitere Hochtrasse im Verlauf der verbreiterten Heinigstraße in Richtung Saarlandstraße und mit Zufahrtsmöglichkeiten zur Hochstraße Süd sowie zum anderen über die Bürgermeister-Grünzweig-

Blick von der Schumacher-Brücke über den Mühlauhafen auf die BASF um 1980 [197]

Straße in Richtung Oggersheim. Hieran erinnern noch heute die ›Abbieger‹-Stümpfe der Hochstraße kurz vor der auf der Nordseite zunächst provisorisch gestalteten Abfahrt zur Heinigstraße. Später entschied man sich für eine direkte Einfädelung der nördlichen Hochstraße in die südliche westlich des neuen Hauptbahnhofs. Hier vereinigten sich beide ab Ende 1980 zur Ausfallstraße nach Bad Dürkheim, die dann – in Erfüllung eines Wahlversprechens des 1990 erstmals direkt in den Bundestag gewählten Bundeskanzlers Helmut Kohl – in den frühen neunziger Jahren zu der teilweise sechsspurig verlaufenden Autobahn A 650 ausgebaut wurde. Der Plan einer Hochtrasse durch die Heinigstraße wurde letztlich ebenso aufgegeben wie die nur kurzfristig erwogene Anlage ähnlicher Trassen im Zuge der Jaeger-, Bahnhof- und Kaiser-Wilhelm-Straße. Es blieb damit im Stadtteil Mitte bei einer ›einstöckigen‹ Führung des Automobilverkehrs.

Hatte man mit der Anlage der beiden Hochstraßen das Problem des West-Ost-Verkehrs technisch günstig – wenn auch städtebaulich nicht unbedingt ansprechend – gelöst, so ging man bei der Lenkung des für Ludwigshafen gleichfalls nicht unbedeutenden Nord-Süd-Verkehrs einen etwas anderen Weg. Da der vierspurige Ausbau der Straßenführung von der Bundesstraße 44 ab Mundenheim über die Lagerhaus- und die Rheinuferstraße aus städtebaulichen Gründen nicht möglich war und man von einer Nord-Süd-Strecke zwischen Rheingönheim und Friesenheim westlich an der Gartenstadt vorbei schließlich absah, wurde ab 1979 die Bundesstraße 9 am Rheingönheimer Kreuz nach Nordwesten hin ausgefädelt und um Maudach, Oggersheim, Oppau und Edigheim herumgeführt, um sich südlich der Pfingstweide mit der am BASF-Gelände vorbeilaufenden und überaus stark genutzten, von Mundenheim aus am Rheinufer entlang in die Brunckstraße übergehenden Verkehrsachse zu vereinigen. Die so verlegte B 9 sollte mit ihrem vierspurigen Ausbau und unter Einbeziehung der Autobahn 6 nach Saarbrücken Teil eines sowohl Ludwigshafen wie auch Mannheim umschließenden Schnellstraßenrings sein, für den bei Altrip eine weitere Rheinbrücke vorgesehen war. Zu deren Bau ist es allerdings aufgrund von Protesten

Anmerkungen Seite 889

349 *Rhpf, 23.7.2003*

350 *Informationen, vor allem Zahlen, aus den Jahresberichten der Stadtwerke bzw. der VBL; StALu, DS 600; vgl. auch Becker, Straßenbahn sowie Verkehrsbetriebe Ludwigshafen, 100 Jahre*

Auf der Schumacher-Brücke, Fahrtrichtung Mannheim um 1980 [198]

von Seiten der Umweltschützer nie gekommen, und seit der Wiedervereinigung rangiert das Projekt zudem weit hinten auf der Prioritätenliste des Bundes.[349] Auch die – allerdings recht teure – Alternative einer Untertunnelung des Rheins wurde verworfen, so daß diese einst geplante und sich mit den übrigen Umgehungsstraßen links wie rechts des Rheins zu einem Ring ergänzende Strecke zwischen dem Rheingönheimer Kreuz auf Ludwigshafener und dem Anschluß Casterfeld/Mallau auf Mannheimer Stadtgebiet nach wie vor unterbrochen ist.

Die neuen Hoch- und Durchgangsstraßen der Stadt zogen den stets wachsenden rheinüberschreitenden Verkehr an sich und halfen bisher den Verkehrskollaps in der Stadt mit ihrem umfangreichen Pendler- und Industrieverkehr zu vermeiden. So wurden die Innenstadt und die Wohnquartiere entlastet – allerdings nicht immer zur Freude des Handels, da die Verkehrs- und damit Kundenströme nicht mehr auf dem Weg von und zur Arbeit durch die Bismarck- und andere Geschäftsstraßen fluteten. Die Lebensqualität in der City und den ebenfalls verkehrsberuhigten Wohnquartieren wuchs allerdings deutlich, auch wenn manche der im Zeichen wachsenden Umweltbewußtseins ergriffene Maßnahmen zur Steuerung des PKW-Verkehrs (Rückbau von Straßen, 30 km-Zonen) bei den Autofahrern auf wenig Gegenliebe stießen. Um die Verkehrsflut in der Stadt zu regeln, wandte sich die Verwaltung auch verstärkt dem Öffentlichen Personennahverkehr (ÖPNV), d.h. vor allem der Eisen- und der Straßenbahn zu.

Die große Illusion: von der Straßenbahn zur ›Stadtbahn‹ und von der Stadtbahn zur Tram[350]

Bereits die frühen, von den Stadtverwaltungen Ludwigshafens wie Mannheims in Auftrag gegebenen Verkehrsgutachten hatten auf die Notwendigkeit hingewiesen, auf der Basis des vorhandenen Straßenbahnsystems sowie unter Einbeziehung der OEG und der Rhein-Haardt-Bahn (RHB) ein leistungsfähiges Schienenverkehrsnetz innerhalb des Rhein-Neckar-Raums zu schaffen. Die Vororte sollten nach dem Vorbild der

Neue Technik beim öffentlichen Nahverkehr: ›Eisener Schaffner‹ Fahrkartenautomat am Hauptbahnhof 1967 [199]

Das 1997 in Betrieb genommene neue Straßenbahndepot in Rheingönheim [200]

RHB durch rasche Verbindungen mit der Innenstadt verknüpft werden. Dabei blieb für Ludwigshafen die besonders enge Zusammenarbeit mit der Nachbarstadt Mannheim unabdingbar, auch wenn man aus steuerlichen Gründen die Straßenbahngemeinschaft aufgelöst hatte. Schon Anfang 1965 wurde ein neuer grundlegender Nahverkehrsvertrag zwischen den beiden Städten geschlossen.

In der Chemie-Metropole verfolgte man ehrgeizige Entwicklungsmodelle für den Ausbau der Straßenbahn zu einer im innerstädtischen Bereich weitgehend unterirdischen Stadtbahn – mit der Illusion, die hohen finanziellen Lasten für eine teilweise unterirdische Trassenführung mit größeren Bahnhofsanlagen auch bewältigen zu können. Begonnen wurde nach der Eröffnung der Kurt-Schumacher-Brücke mit der Einleitung der dortigen Straßenbahntrasse in eine Tunnelanlage entlang dem früheren Hauptbahnhofsgelände über die Station ›Hauptpost‹ (›Rathaus-Center‹) bis hin zum Danziger Platz und von dort aus zum neuen Hauptbahnhof. Hier sollten sich die Tunneltrassen in Richtung Rheingönheim und Kaiser-Wilhelm-Straße verzweigen. Für den letzteren Tunnel-Ast war unterhalb des Rheinbetts eine Verlängerung bis zum Mannheimer Parkring vorgesehen. Er sollte sich auf der Höhe der Bismarckstraße mit einem vom Rathaus-Center aus südwärts geplanten kreuzen. Eine Variante sah den Rheintunnel am Nordrand des Luitpoldhafens vor. Zuvor sollten sich in der Mundenheimer Straße dicht südlich der Eisenbahnbrücke zwei Linien gabeln, einmal in Richtung Rhein, zum anderen südwärts in einem bis zur Rottstraße ausschlagenden Bogen zur Eisenbahntrasse zurück und zum neuen Hauptbahnhof. Sämtliche Tunnelbauten hätten, entweder wegen der Flußunterquerung oder wegen der in verhältnismäßig tiefer Lage erforderlichen Unterfahrungen von Gebäudekomplexen, enorme Kosten verursacht. Es ist daher nicht verwunderlich, daß sie unterblieben und bis heute die Einführung der nach wie vor durch die Ludwigstraße verlaufenden Straßenbahn in die Rathaus-Center-Station einen reichlich provisorischen Eindruck hinterläßt.

Anmerkungen Seite 891

351 *Informationen zur Stadtentwicklung 4/1986; StALu, DS 243/1986*

Auf dem Weg zur Stadtbahn? Eröffnung der unterirdischen Straßenbahnhaltestelle ›Hauptpost‹, später Rathaus, im September 1976 [201]

Alte und neue Straßenbahnen in der Ludwigstraße, Januar 1995 [202]

Auch die im Zeichen der Stadtbahn angedachten Verlängerungen des Straßenbahnnetzes nach Norden in die Pfingstweide bzw. von dort nach Frankenthal und nach Süden Richtung Neuhofen konnten nicht realisiert werden, da sich, was die nördliche Strecke anging, die Nachbarstadt wenig an dem Projekt interessiert zeigte und die verbleibenden Strecken ein zu kleines Einzugsgebiet abdeckten. So kamen sie für einen Landeszuschuß nicht in Frage und waren somit nicht zu finanzieren. Ein recht dichter Bustaktverkehr für die nicht ans Straßenbahnnetz angeschlossenen Stadtteile sollte dann einen möglichst befriedigenden Ersatz bieten.

Trotz des Verzichts auf die ›großen‹ Umgestaltungen und Erweiterungen waren in den späten 1960er und frühen 1970er Jahren gewaltige Summen in den Ausbau der ›Stadtbahn‹ investiert worden. Dieses Bekenntnis zum öffentlichen Nahverkehr änderte allerdings nichts daran, daß die zunehmende Motorisierung seinen Stellenwert zu mindern drohte. Zwar stieg die Zahl der Nutzer von Bussen und Bahnen im innerstädtischen Berufsverkehr im Zeichen wachsenden Wohlstands zwischen 1961 und 1970 von 21,6% auf 27,4% der Erwerbstätigen, während immer weniger von ihnen den Weg zur Arbeit zu Fuß zurücklegten. Im Zeichen der Ölkrise wuchs die Zahl der ÖPNV-›Beförderungsfälle‹ in Ludwigshafen 1974 auf 41,7 Millionen an. Dann folgte jedoch ein tiefer Einbruch, und bis 1985 sank die Zahl der Beförderungsfälle auf unter 20 Millionen. Dies war nicht nur eine Folge fallender Einwohnerzahlen und steigender Arbeitslosigkeit. Auch das Automobil gewann mehr und mehr ›Liebhaber‹. Schon 1970 hatte die Zahl der PKW-Nutzer mit 29,5% der Berufstätigen auf dem innerstädtischen Weg zur Arbeit die der ÖPNV-Nutzer übertroffen, und bis 1987 wuchs die Zahl der ›Autofahrer‹ auf fast 50% an, während nur noch 15,9% in Busse und Straßenbahnen stiegen.[351] Dem folgend wurde dann auch das Angebot an Linien reduziert, der billigere Busverkehr nahm gegenüber dem Straßenbahnbetrieb zu.

Vor dem Einkaufszentrum Pfingstweide frühe 1970er Jahre [203]

Anmerkungen Seite 893

352 *Berichte zur Stadtentwicklung 7/2002, S. 7; StALu, DS 243/2002*

353 *diese Zahl noch ohne Ruchheim*

Straßenbahn und Busse in Ludwigshafen 1965—2000

	Fahrzeuge Stück	Wagen-kilometer in Mio.	Gleiskörper in km	Beförderte Personen in Mio.	Einwohner Zahl
1965	178	6,5	26 360	31,1	179 155
Triebwagen	85				
Beiwagen [1]	40				
Busse	53				
1974	124	5,7	27 300	41,4	180 000
Triebwagen	59				
Busse	65				
1985	133	5,2	29 500	19,9	163 000
Triebwagen	62				
Beiwagen	8				
Busse	63				
1990	106	5,1	30 500	20,8	167 275
Triebwagen	47				
Beiwagen	3				
Busse	56				
1995	98	5,3	30 200	22,6	171 057
Triebwagen	48				
Beiwagen	3				
Busse	47				
2000	89	5,6	30 200	28,6	165 636
Triebwagen	42				
Beiwagen	1				
Busse	46				

1 Die aus steuerlichen Gründen zum 31. Dezember 1964 vollzogene Auflösung der Straßenbahngemeinschaft mit Mannheim führte zu einer Aufteilung des Wagenparks sowie zu einer anteiligen Personalübernahme durch die Stadt. Ludwigshafen übernahm 46 sechsachsige Triebwagen, 39 zweiachsige Triebwagen und 40 zweiachsige Beiwagen. [K. B.]

Eine Wende begann sich Mitte der 1980er Jahre abzuzeichnen. Hatten in den 1960er Jahren wohl hauptsächlich zeitgemäße Ideen von ›Modernität‹ und ›Urbanität‹ das Bekenntnis zum öffentlichen Nahverkehr getragen, stand jetzt zunehmend auch das Element seiner Umweltverträglichkeit im Mittelpunkt der Diskussion. Die Investitionen in die Erneuerung des Streckennetzes wurden mit nun realistischeren Zielen fortgeführt, und nach einer Phase der Stagnation in den 1980er Jahren begann mit den Vorzügen des Verkehrsverbunds Rhein-Neckar – verbesserten Linien- und Taktplänen (1995 wurde der 10-Minutentakt im Werktagsverkehr zwischen Mannheim und Ludwigshafen eingeführt), günstigen Zeitkartenangeboten und der Beschaffung benutzerfreundlicher ›Niederflurwagen‹ – die Zahl der Beförderungsfälle wieder anzusteigen. 2001 erreichte sie mit fast 29 Millionen circa drei Viertel des Höchststandes von 1974 bei einer inzwischen deutlich geringeren Einwohnerzahl der Stadt. Allerdings stiegen durch die populären, aber ertragsschwachen Jahrestickets wie die Karte ab 60, MAXX oder das Jobticket die Einnahmen nicht im gleichen Maße wie die Fahrgastzahlen.

Bauen im Stil der Zeit: ›Genreszene‹ vor der Kulisse der Pfingstweide frühe 1970er Jahre [204]

Während ein gemeinsames Angebot der drei Verkehrsunternehmen der Städte Mannheim, Ludwigshafen und Heidelberg zum Mitbetrieb der S-Bahn Rhein-Neckar scheiterte, verstärkten die drei Unternehmen nach der Jahrtausendwende dennoch ihre Zusammenarbeit, um im zunehmend offenen europäischen Wettbewerb bestehen zu können. Im Jahr 2003 wurde ein Vertrag zur Schaffung einer gemeinsamen Dachgesellschaft geschlossen.

Wohnungsbau und Neubausiedlungen

Eine Bürgerbefragung des Jahres 1993 zeigte, daß die weitaus überwiegende Zahl der Ludwigshafener sowohl mit ihren Wohnungen wie mit ihrem Wohnumfeld zufrieden bis sehr zufrieden waren, wenn auch mit Abstrichen in den inneren Stadtteilen und dem Stadtteil West.[352] Dies war insgesamt durchaus ein Kompliment für die Leistungen der Stadt im Wohnungsbau. Zwischen 1950 und 2001 war die Zahl der Wohnungen von 32 533[353] auf 82 258 gewachsen, und die Wohnungsbaupolitik der Kommune hatte nicht ganz ohne Erfolg versucht,

Wohnungsbestand in Ludwigshafen 1970—2001 [354]

Stadtteil	1970	2001	1970—2001 ± in %	1990—2001 ± in %
Mitte	4763	6274	31,7	13,6
Süd	9112	10110	11,0	3,1
Nord-Hemshof	7761	7862	0,9	7,6
West	2098	2277	8,5	3,7
Innenstadt	23734	26493	11,6	6,8
Friesenheim	8398	8876	5,7	0,0
Mundenheim	6007	6740	12,2	3,5
Erweiterte Innenstadt	38139	42109	10,4	4,8
Oppau	4148	4774	15,1	9,2
Edigheim	2672	4154	55,5	11,7
Pfingstweide	1147	2823	146,1	0,1
Oggersheim	7357	11348	54,2	12,9
Ruchheim	724	2595	258,4	83,8
Gartenstadt	6711	8321	24,0	4,1
Maudach	1622	3134	93,2	61,5
Rheingönheim	2421	3000	23,9	9,5
Außenbereich	26802	40149	49,8	14,6
Stadt gesamt	64941	82258	26,7	9,3

auf die Wandlungen der Nöte und Wünsche, auf veränderte Familienstrukturen und Platzanforderungen zu reagieren. Andererseits hatte es Ludwigshafen ähnlich anderen Großstädten nicht vermocht, der ›Stadtflucht‹ seit den 1960er Jahren wirkungsvoll zu begegnen oder die sich entwickelnden sozialen Schieflagen in manchen Stadtteilen zu verhindern. Eine der größten Leistungen der Nachkriegszeit war in Ludwigshafen wie in den anderen stark zerstörten deutschen Städten der Wiederaufbau und die Schaffung von neuem Wohnraum. Hatte man in den frühen 1950er Jahren die Innenstadt nicht nur als Geschäftszentrum, sondern auch als belebtes Wohnquartier wiedererrichtet, verschob sich seit Mitte des Jahrzehnts der Schwerpunkt der Bemühungen in die Erstellung großer, vorwiegend von der städtischen GAG oder der BASF-Baugesellschaft Gewoge erbauter Siedlungskomplexe, die, wenn auch oft am Stadtrand oder in den nicht bebauten Gebieten zwischen den Stadtteilen, nie ohne direkten Bezug zur bestehenden Bebauung entstanden. Ihre Anlage folgte den in der Zwischenkriegszeit nicht nur in Deutschland entwickelten Konzeptionen einer notwendigen Trennung der Zonen für Arbeit, Wohnen und Freizeitgestaltung. Auch war man der Meinung, daß ein zeitgemäßer Wohnungsbau mit viel Sonneneinfall und Begrünung, zentraler Beheizung und adäquater sanitärer Ausstattung am preiswertesten auf größeren zusammenhängenden Flächen gewährleistet werden könne.

Bis in die späten sechziger Jahre konnte nicht nur der durch den Krieg verursachte Verlust an Wohnraum ausgeglichen werden, sondern es entstanden in großem Ausmaß auch zusätzlich Wohnungen, die infolge des Bevölkerungsanstiegs benötigt wurden. Zwischen 1965 und 1970 wurden – mit Ausnahme von 1969 – jährlich 1 200 bis über

Anmerkungen
Seite 894 und 895

354 Berichte zur Stadtentwicklung 7/2002; StALu, DS 243/2002

355 Hieb in 50 Jahre GAG, S. 14; StALu, DS 441 1920/70

356 Angaben nach dem Überblick im StAnz., Jg. 22, H. 37 v. 13.9.1969, S. 1—4

357 zur Pfingstweide vgl. Führer; Pfirrmann; StAnz., 10.7.1965, 12.3.1966, 15.7.1967

358 StAnz., 12.3.1966

359 zit.n. Führer, S. 15, dort auch f.d.F.

1 500 Wohnungen fertiggestellt, zwar deutlich weniger als zuvor, aber immer noch eine stattliche Zahl.[355] 1969 verfügte Ludwigshafen über rund 61 000 Wohnungen, von denen mehr als die Hälfte nach dem Zweiten Weltkrieg entstanden waren. Waren 1956 statistisch gesehen noch 3,44 Personen auf eine Wohneinheit gekommen, so waren es Ende der sechziger Jahre nur 2,8. Man veranschlagte damals allerdings für das kommende Jahrfünft noch einen Bedarf von rund 10 000 Wohnungen, der sich auch daraus ergab, daß Wohnraum ohne zeitgemäße moderne sanitäre Ausstattung möglichst bald beseitigt werden sollte.[356]

Die größte Wohnungsnot schien damit also der Vergangenheit anzugehören, womit die großen Siedlungsbauten mit ihren Wohnblöcken ihren eigentlichen Zweck erfüllt hatten. Ihre imposanteste Ausprägung erlebten sie in Ludwigshafen aber gerade erst gegen Ende der 1960er Jahre, als die einzige ›Trabantenstadt‹ der Chemiemetropole, ein völlig neuer Stadtteil für 8 000 Menschen ohne direkten Bezug zu einem bestehenden Stadtteil auf der Pfingstweide nördlich von Edigheim entstand.[357] Das verkehrsgünstig gelegene Gelände war schon 1963 erstmals als potentielles Bebauungsgebiet genannt worden. 1965 hatte die GAG im Auftrag der Stadt einen Bebauungsplan erarbeitet. Als Anfang 1966 die Entscheidung zur Entwicklung des Projekts anstand, war insofern eine neue Situation eingetreten, als die BASF ihre zuvor gehegten Pläne zur Errichtung einer Großsiedlung in Birkenheide aufgegeben hatte und nun ganz entschieden auf Nutzung der Pfingstweide drängte. Dort, nahe dem Nordende des Werks, sollte jetzt die neue Großsiedlung vor allem für Mitarbeiter der ›Anilin‹ entstehen. Die Kommunalverwaltung zeigte sich entgegenkommend, da „es dienlich sei, das Projekt ›Pfingstweide‹ der BASF bzw. deren Baugesellschaft als eine Art ›Good-Will-Aktion‹ der Stadt in der Frage der Ansiedlung der Konzernspitze zur Bebauung anzubieten" (s. auch S. 843).[358] Im März 1966 beschloß der Stadtrat, „im Hinblick auf die umfangreiche Expansion, welche die BASF im Jahre 1965 in ihrem Werk begonnen hat [...], die Wohnbebauung des Siedlungsgebiets Pfingstweide gemeinsam mit der BASF auszuführen. Die BASF übernimmt die Planausführung."[359] So entstand die Pfingstweide als Gemeinschaftsprojekt von GAG und Gewoge, wobei das Werk auf eine schnellstmögliche Verwirklichung unter möglichster Verdichtung der Bebauung und unter Verzicht auf eine Anerkennung als Demonstrativbauvorhaben drängte. Die Pläne der GAG wurden entsprechend des von der BASF mit einem Konzept beauftragten Frankfurter Architekten Albert Speer überarbeitet. Die Siedlung erhielt so ein einheitliches Gesicht, ein Unterschied zwischen den Bauten von GAG und Gewoge sollte nicht sichtbar werden.

Bis 1970 entstanden etwa 1 150 Wohnungen, die ersten Bewohner zogen bereits im November 1969 ein. Bis 1976 war der neue Stadtteil im wesentlichen fertiggestellt, 1980 gab es dort 2 760 Wohnungen. Am Rand des Wohngebiets entstanden ungefähr 300 Einfamilienhäuser, viele davon, mit günstigen Baudarlehen der BASF finanziert, für höhere Angestellte der ›Anilin‹. In der Mitte der Siedlung wurden große Wohnanlagen von GAG und Gewoge errichtet, Kettenhochhäuser, die sich bis zu 17 Stockwerke hoch erhoben, womit die Pfingstweide insgesamt den Eindruck eines pyramidenförmig von außen nach innen ansteigenden ›Wohngebirges‹ machte – ein durchaus gewünschter Effekt, sollte doch nach Speer „ein städtisch geprägter Wohnbereich [...]" entstehen, „der

Das Peter-Paul-Schreiner-Hochhaus, Yorckstraße, Mai 1983 [205]

Markante Hochhäuser in Ludwigshafen

1957	BASF-Hochhaus
1959	Hochhäuser ›Hannes‹ und ›Peter‹ an der Saarlandstraße
1962	Hochhäuser in Gewoge-Siedlung Edigheim
1967 ff	Langgewann-Siedlung Oggersheim mit Hochhäusern
1967	Hochhaus an der Zollhofstraße
1967	Bezug der Froschlache-Hochhäuser
1969	Pfingstweide mit Hochhäusern
1971/81	Peter-Paul-Schreiner Hochhaus Yorckstraße
1971/74	Hochhäuser an der Hochfeldstraße
1971	Mosch-Hochhaus an der Karlsbader Straße/Gartenstadt
1973	Mosch-Hochhaus am Berliner Platz
1973	Hochhaus der Stadtsparkasse am Ludwigsplatz
1973	Hotel Excelsior
1973	Papageienblöcke im Hemshof
1975	Hemshof-Center
1979	Ratshochhaus

sich zu einem gemeinsamen Mittelpunkt konzentriert und mit sämtlichen Infrastruktureinrichtungen ausgestattet ist."[360] Die Hochhäuser boten, wiederum mehrheitlich durch die Gewoge für Mitarbeiter der BASF, gut ausgestattete und zum Teil recht große Wohnungen mit bis zu fünf Zimmern. Gerade junge Familien nutzten in den ersten Jahren dieses Angebot, die Pfingstweide wurde ein beliebtes Wohngebiet. Es entstand eine dichte Infrastruktur von städtischen Einrichtungen und Einzelhandel; Vereine wurden gegründet. Allerdings unterblieb die angekündigte Anbindung an das Straßenbahnnetz, die Nahverkehrs-Verbindung nach Ludwigshafen und Frankenthal blieb unbefriedigend. In den Wohnanlagen machten sich in den 1980er Jahren die mit solchen ›Wohnmaschinen‹ oft verbundenen Mißstände breit: Vandalismus, Unsauberkeit, eine sich verschlechternde Sozialstruktur. Die einstmals ländliche Umgebung wurde durch die Ausdehnung der BASF, die Anlage des Landeshafens und das Gewerbegebiet Nachtweide stark in Mitleidenschaft gezogen. In den 1990ern bemühte sich die Verwaltung gezielt um eine Verbesserung des Wohnumfelds im Bereich der Hochhaus-Wohnanlagen, im Jahr 2000 wurde das neugestaltete Zentrum des Stadtteils eingeweiht. Die Bürgerumfrage im Jahr 1993[361] zeigte, daß die Bewohner der Pfingstweide im allgemeinen mit ihren Wohnungen sehr zufrieden waren, und auch ihren Stadtteil deutlich positiver beurteilten als etwa die Menschen in den Stadtteilen Hemshof oder West den ihren. Auch wies der Stadtteil 1990/91 mit 90 Wohnungsauszügen pro 1 000 Einwohner eine noch unter dem Durchschnitt der Stadt (108) liegende Quote auf. Dennoch schrumpfte die Bevölkerung von 8 457 Einwohnern 1980 auf 6 927 im Jahr 2001; und es entstanden kaum mehr neue Wohnungen dort.

Die Großwohnanlagen der Pfingstweide entsprachen nicht mehr dem Zeitgeschmack. Der freilich hatte seit den 1960er Jahren für eine Verbreitung vielgeschossiger Wohnanlagen in fast allen Stadtteilen gesorgt. Die Wohnblöcke der Baugesellschaften gewannen zunehmend an Höhe. Ein besonderes Zeichen setzten 1966 die Froschlache-Hochhäuser der Gewoge. Aber auch in der Gartenstadt,[362] der Melm und in

Anmerkungen
Seite 896 und 897

360 zit.n. Pfirrmann, S. 5

361 Informationen zur Stadtentwicklung 12/1993; StALu, DS 243/1993

362 Müller, S. 40,43

363 50 Jahre GAG; StALu, DS 441 1920/70 sowie GAG Ludwigshafen am Rhein. Geschäftsbericht 1995; StALu, DS 440/1995

364 Kreuter, Chronik, S. 163

365 Rhpf, 22.4.1981 und weitere Artikel unter StALu, Zeitungsverkartung, Stichwort ›Wohnungsbau‹

366 zur Hemshof-Sanierung vgl. Reinhard; Janson, S. 170ff; Laufer/Roth; Informationen zur Stadtentwicklung 6/1985; StALu, DS 243/1985; StALu, Zeitungsverkartung, Stichwort ›Hemshof‹

Hochhaus Zollhofstraße und ›Turm‹ der Stadtsparkasse am Ludwigsplatz 1978 [206]

Wohnhochhaus am Bürgermeister-Hoffmann-Platz [207]

Planung für die ›Totalsanierung‹ des Hemshofs [208]

Maudach[363] entstanden recht hohe Geschoßbauten. In Oggersheim wurden ab 1964 die großen Siedlungen Oggersheim-West und Langgewann mit einer Reihe von Hochhäusern errichtet.[364] Auch hier bildeten sich in der Folge ›soziale Brennpunkte‹. Gleiches galt für die beiden in der Innenstadt in den frühen 1970ern durch private Investoren gebauten vielgeschossigen und durchaus stadtbildprägenden Hochhäuser links und rechts der Hochstraße,[365] das Mosch-Hochhaus und das nach dem Verkäufer des Geländes Peter-Paul-Schreiner-Hochhaus genannte Gebäude an der Yorckstraße. Letzteres blieb über fast zehn Jahre eine Investitionsruine und wechselte mehrmals den Besitzer, bevor es fertiggestellt werden konnte. Trotz spektakulärer Blicke über Stadt und Region aus den Hochhaus-Wohnungen, die manchen auch bessersituierten Liebhaber fanden, blieb deren Vermarktung und die Sozialstruktur in den Gebäuden insgesamt problematisch.

In den 1980er Jahren kam der Bau von Hochhäusern in Ludwigshafen zu einem Ende, wenngleich man am Rheinufer Süd um 1990 noch zwei große Hochhäuser als ›Tor zur Pfalz‹ links und rechts der Hochstraße und Bahnlinie vorsah. Diese Planungen wurden jedoch wie manche der imgrunde zu groß dimensionierten Ideen in der Vergangenheit der Stadt nicht umgesetzt.

Noch in den 1970er Jahren begann sich neben dem Neubau von Wohnungen die Sanierung von Altbauten als neuer Schwerpunkt der Wohnungsbaupolitik herauszukristallisieren. Zentrum dieser Bemühungen wurde zuerst der Hemshof,[366] der, vom Krieg weitaus weniger mitgenommen als die benachbarten Stadtteile, einen besonders hohen Anteil an alten Gebäuden aufwies, die zudem, da oft vor dem Ersten Weltkrieg für die Arbeiterschaft erstellt, einen sehr niedrigen Ausstattungszustand aufwiesen. Seit den 1950er Jahren hatte man über die ›Sanierung‹ des Gebiets gesprochen und mehrmals seit 1953 eine Bauveränderungssperre verhängt. Als diese Maßnahme jedoch 1958 aus gesetzlichen Gründen nicht verlängert werden konnte, wurde keine Grundsatzentscheidung getroffen. Noch lag die Priorität der Verwaltung eindeutig bei den Neubausiedlungen. Das Schicksal des Hemshofs blieb in

Der alte Hemshof: am Goerdelerplatz, 1965 [209]

der Schwebe, die Hauseigentümer, die einen flächenhaften Abriß voraussahen, investierten nichts mehr in ihre Anwesen. Das Quartier verfiel: In abbruchreife Häuser wurden ab 1960 Obdachlose gelegt, und die unschönen Altbauwohnungen und Zimmer gewinnbringend an Ausländer vermietet. Bei Bürgerversammlungen Ende der 1960er Jahre kam es zu heftigen Auseinandersetzungen zwischen Vertretern von Stadt und alteingesessenen Hemshöfern, die den Wegzug vieler „in die Neubauviertel an der Peripherie" beklagten, die Behörden der völligen Tatenlosigkeit beschuldigten und betonten, „es gehe nicht an, daß die Stadtverwaltung die alten Hemshöfer abziehe und dafür asoziale Elemente in die freigewordenen Wohnungen setze."[367]

Die Stadtverwaltung war jedoch keineswegs völlig tatenlos geblieben, sondern hatte, um die Sanierung vorzubereiten, seit den 1960ern eine große Zahl von Anwesen aufgekauft und dafür bereits bis 1968 acht

Anmerkungen
Seite 898 und 899

367 zit.n. Rhpf, 6.9.1969
368 Janson, S.172

Der alte Hemshof [210]

Millionen Mark aufgewandt, zu denen bis 1976 noch weitere 15 Millionen für Häuser- und Grundstückskäufe traten. Bereits 1966 wurde ein Gutachten zur Sanierung bei der Hamburger ›Gesellschaft für Wohnungs- und Siedlungswesen‹ in Auftrag gegeben. Die Verabschiedung des Wohnungsbauförderungsgesetzes eröffnete die Chance, die Hemshof-Sanierung als Modell durch Bund und Land finanziell zu unterstützen. 1971 beschloß der Stadtrat die Erklärung des Hemshofs zum Sanierungsgebiet. Es wurde das größte in der damaligen Bundesrepublik. In Zusammenarbeit mit einer Reihe von Baugesellschaften, darunter die GAG, die als Treuhänder im Auftrag der Stadt die konkreten Maßnahmen durchführen sollten, wurde die Sanierung begonnen. Bürgerversammlungen der Teilsanierungsgebiete wählten sogenannte ›Betroffenenbeiräte‹, deren Mitarbeit anfangs rege, aber, wie der zuständige Bürgermeister Janson bemerkte, „sehr schwierig“[368] war. Immer wieder

Preisgekröntes Bauen: Einweihung des ›Integra-Projekts‹ im Hemshof durch Baundesbauminister Karl Ravens (3. v. r.) [211]

Durchgrünte Carrées im Hemshof, entlang der Prinzregentenstraße Oktober 1979 [212]

kam es zu heftigen Kontroversen zwischen Verwaltung, Ortsbeirat und den Betroffenenvertretern, deren Engagement auch stark variierte.

Hatten die ursprünglichen Planungen noch riesige Abrißflächen und eine ›Ideallandschaft‹ mit Hochhäusern und breiten Straßen vorgesehen, rückte man schon seit Beginn der Sanierung mehr und mehr von dieser Konzeption ab. Allerdings wurden 1972 bis 1977 113 Häuser abgerissen, und im Norden entstanden um die Mitte des Jahrzehnts die auch als Schutzschild gegen die BASF-Zufahrtsstraßen wirkenden, im Zeitgeschmack der Siebziger in Braun- und Orangetönen gefärbten ›Papageien‹-Hochhaus-Reihenblöcke. Wesentlich kleinteiliger war das 1977 von Bundesbauminister Karl Ravens eingeweihte ›Integra-Projekt‹, ein Komplex von 78 Wohnungen zwischen Hemshof und Rohrlachstraße mit Gaststätte, Läden und Gemeinschaftseinrichtungen, ein vielgelobtes Resultat eines Wettbewerbs des Bundesbauministeriums für kostengünstige und an das jeweilige Stadtquartier angepaßte Neubauten. Ludwigshafen verwirklichte bundesweit das erste derartige Projekt. Um den Stadtteil gegen die neuen, zum Teil als Hochstraßen geführten Zubringerstraßen von der Schumacher-Brücke zur BASF abzuschirmen, errichtete die GAG entlang der Dessauer Straße seit Ende der 1970er Jahre in mehreren Bauabschnitten eine ›Lärmschutzzeile‹, die 230 Wohnungen umfaßte. Sie war um mindestens ein Geschoß höher als die Hochstraße und mit einer Lärmschutzwand und Schallschutzfenstern ausgestattet. Wohn- und Schlafräume wurden auf der lärmabgewandten, begrünten Innenhofseite des Komplexes angelegt.

Im übrigen Hemshof-Gebiet entschloß man sich, recht früh im bundesdeutschen Vergleich, die großzügigen Abrißpläne fallenzulassen und die Altbauten zu sanieren. Derart sollte das Gesicht des Stadtteils gewahrt werden, allerdings mit einer Auflockerung der Bebauung – durch Entkernung und Begrünung der Innenhöfe und die Anlage eines

Anmerkungen
Seite 901

369 *MM, 10.8.1992*

370 *Reinhard, S. 127ff;*
Viele alte Hemshöfer bedauerten den Verlust ihres alten sozialen Umfelds, und sie litten unter den teureren Mieten für die neuen Wohnungen ebenso wie unter den in der Regel weitaus höheren Anforderungen in den Schulen jenseits des Hemshofs, wo aufgrund der Sozialstruktur das Anforderungsprofil oft recht niedrig gewesen war.

Blick auf den Hemshof-Park, im Hintergrund die Dreifaltigkeitskirche 1980 [213]

Das Haus Prinzregentenstraße 51, das erste im Rahmen der Hemshofsanierung restaurierte Gebäude, Januar 1975 [214]

zentralen Parks an der Gräfenaustraße, des sogenannten Hemshofparks, der zudem Spielmöglichkeiten für Kinder bot. 1975 wurde das erste sanierte Hemshof-Haus, ein großes Gebäude in der Prinzregentenstraße, mit großem publizistischem Aufwand vorgestellt.

Das Gesamt-Resultat der Sanierung konnte sich sehen lassen. Die Zahl der Wohnungen mit Zentralheizung und WC in Hemshof/Nord, 1968 nur 6,8% des Wohnungsbestandes, war bis 1996 auf über 66% gewachsen, die Wohnungen mit einem WC außerhalb der Wohnung von 35,2% auf 5,2% im gleichen Zeitraum zurückgegangen. Im Rahmen der Sanierung, die um 1995 im wesentlichen abgeschlossen war, wurden bis 1992 auf der insgesamt hundert Hektar umfassenden Fläche des Hemshofs etwa 225 Millionen Mark investiert und 2 500 Wohnungen renoviert. Weitere 100 Mio. Mark flossen in den Neubau von 1 000 Wohnungen.[369] Die Hemshof-Sanierung erhielt 1978 ein besonderes Lob der Europäischen Gemeinschaft, viele der Gebäude mit ihren phantasievollen Fassaden und grünen Innenhöfen zählen zum Interessantesten, was Ludwigshafen zu bieten hat. Privattheater und zahllose Kneipen haben sich angesiedelt. Der Trend hin zu einem vorzugsweise von Ausländern, besonders von Türken bewohnten Stadtteil konnte allerdings nicht aufgehalten werden (s. S. 831), umso weniger, als tausende der ›alten‹ Bewohner im Zuge der Sanierung ihre zu renovierenden oder dem Abriß verfallenden Häuser verlassen mußten. Die technisch ›Umsetzung‹ genannte Versorgung der Menschen mit neuen, meist weitaus besseren Wohnungen erfolgte in der Regel nicht im Hemshof selbst – er bot solche Möglichkeiten anfangs ja noch gar nicht –, sondern auf der Pfingstweide oder in Oggersheim.[370]

Die Wertschätzung, die der ›alte‹ Hemshof wenn schon nicht als Wohn-, so doch als Freizeit- und ›Szene‹-Treff erlangte, war Teil eines Bewußtseinswandels, der Ludwigshafen wie die Bundesrepublik in den

Pittoreske Ecken in Ludwigshafen Kreuzgasse Oggersheim, 1990 [215]

Das ›Leiner-Häusl‹ im Hemshof, nach lang umkämpfter Anerkennung als schutzwürdiges altes Baudenkmal im Stadtteil [216]

1970er Jahren erreichte. Waren in den Nachkriegsjahrzehnten viele historisch interessante und durchaus erhaltenswerte Gebäude im Namen einer hygienischeren, ordentlicheren Moderne schlicht abgerissen worden, so begannen sich nun Bürgerinitiativen für den Erhalt wichtiger Zeugnisse einzusetzen. Dabei war man nicht immer erfolgreich: Immer wieder hieß es bei Abrissen: „Der Verkehr erfordert es."[371] Das Lichtenbergerhaus (1971) und der Korkturm von Grünzweig & Hartmann (1981) wurden beseitigt. Der Turm der Lutherkirche wurde jedoch erhalten, und ebenso erbittert und mit Erfolg focht man Mitte der 1970er Jahre um das eigentlich ganz unspektakuläre ›Leiner-Häusl‹ im Hemshof. In den Stadtteilen mit ihren alten Ortskernen wurde oft noch in dieser Zeit ohne viel Federlesens historisch Wertvolles abgerissen, etwa in Oggersheim, das dem Verkehr ganze Teile seiner Altstadt opferte, und wo das vom Krieg weitgehend verschonte harmonische Ortsbild durch zahlreiche ›Neuschöpfungen‹ der 1970er und 1980er Jahre verändert wurde. In Mundenheim wurde das alte Hofgut bis auf den Hauptbau abgerissen, Gleiches geschah in Ruchheim. In Rheingönheim verschwanden viele der alten, oft aus dem 17. Jahrhundert stammenden Fachwerkhäuser. Immerhin begann man in den späten 1980er und frühen 1990er Jahren auch mit schonenden Sanierungsmaßnahmen, so z. B. beim Projekt der ›ökologischen‹ Erneuerung des Gebiets um die Mundenheimer Karolina-Burger-Straße, ebenso in Oggersheim und Ruchheim,[372] seit dem Ende des Jahrhunderts auch in Friesenheim. In Ruchheim wurde das alte Pfarrhaus, der Geburtsort des Heimatdichters Paul Münch, mustergültig restauriert und als kulturelles Zentrum mit Stadtteilbibliothek eingerichtet. Inzwischen beginnt man sogar, auch Bauten aus der ›Adenauer-Ära‹ als schutzwürdig zu erkennen, während noch die 1991 veröffentlichte Denkmaltopographie der Stadt, mit der erstmals ein vollständiges Inventar aller denkmalgeschützten Gebäude mit zahlreichen Informationen öffentlich vorlag, nur Bauten bis zum Zweiten Weltkrieg einbezogen hatte.

Je weniger noch akute Wohnungsnot zur Errichtung neuer Großanlagen drängte, umso mehr widmeten sich gerade die beiden großen

Anmerkungen
Seite 902 und 903

371 *MM, 8.10.1974: Ein Stück Alt-Lu wird bald der Vergangenheit angehören. Der Verkehr erfordert es.*

372 *MM, 10.8.1992*

373 *vgl. u.a. Wirtschaftsstandort 1998, S.26f, 32; Wirtschaftsstandort 2001, S.52 ff; GAG-Aktuell, September 2003, S.3*

374 *vgl. ›Wohnbaukonzeption 2010. Entwurf der Verwaltung‹, Konzepte zur Stadtentwicklung, K 96, 1996. 1996 schätzte man den Wohnungsbedarf bis zum Jahr 2010 auf sechshundert bis achthundert jährlich (eingerechnet den Ersatz für den voraussichtlichen Verlust von jährlich etwa zweihundert Wohneinheiten durch den Abriß älterer Häuser). Rund die Hälfte der neu zu bauenden Wohnungen sollte im innerstädtischen Bereich durch Füllen von Baulücken und „Nachverdichtung", etwa durch den Ausbau von Dachgeschossen, entstehen, der Rest auf Baulandreserveflächen in den äußeren Stadtteilen etwa am Westrand von Oppau, in Ruchheim, in der Gartenstadt, in Melm / Notwende und im Neubruch Rheingönheim.*

375 *Rhpf, 28.2.1976*

Bleibende Wohnungsmisere: Barackenhäuser an der Reichlingstraße 1986 [217]

Die ›Papageienblöcke‹ im Hemshof Juli 1975 [218]

Baugesellschaften der Stadt, GAG und Gewoge/Luwoge der Aufwertung ihres Baubestandes durch umfassende Erneuerungen und Verbesserungen des Wohnumfelds. Gerade in den 1990ern und zu Beginn des neuen Jahrtausends wurden mit dem Brunck- und dem Westendviertel sowie dem früheren Ostmarkviertel in der Gartenstadt Mustersanierungen durchgeführt, die auch die Errichtung ökologisch durchdachter Niedrigenergiehäuser mit einschlossen. Insgesamt wandte die GAG in den Jahren 1997 bis 2003 nicht weniger als 201 Millionen Euro für die Sanierung ihres Wohnungsbestandes auf.[373]

Opfer für den Verkehr: Haus abgerissen Heinigstraße 1, Aufnahme 1966 [219]

Die Bemühungen und Erfolge bei Sanierung, Denkmalschutz und Begrünung auch innerstädtischer Quartiere zeigten, daß die Vorstellungen und Wünsche der Menschen sich seit den 1950er Jahren drastisch gewandelt hatten. Es zählte nicht mehr nur eine ›schöne, moderne Wohnung‹: Da hatte Ludwigshafen in den vielen neuen Siedlungen und mit der Erneuerung der Altbauten viel getan: 1996 besaßen drei Viertel aller Wohnungen in der Stadt Bad und Zentralheizung, gegenüber 28,4% im Jahr 1968. Der Flächenanspruch pro Person wuchs mit wachsendem allgemeinem Wohlstand, wozu noch beitrug, daß die Zahl der Mehrpersonenhaushalte zugunsten der von einzeln Lebenden (›Singles‹) zurückging. Betrug die Zahl der Wohnräume pro hundert Einwohner, die 1942 – vor den großen Kriegszerstörungen – noch bei 79 gelegen hatte, im Jahre 1961: 83, so war sie zehn Jahre später ausgeglichen und 1980 auf 124 sowie 1990 auf 134 gewachsen. Dementsprechend stieg zwischen 1970 und dem Ende der neunziger Jahre die Wohnraumfläche pro Person von 23,3 m^2 auf rund 38 m^2.[374]

Jenseits der Sanierung: Kreuzstraße, Friesenheim, Frühjahr 1989 [220]

Doch stellten viele nun andere Ansprüche an das Umfeld: 1974 kritisierten Befragte in der Ludwigshafener Innenstadt den Straßenlärm, die Geruchsbelästigung, das Fehlen von Grünanlagen und Kinderspielplätzen.[375] Andernorts wurden Probleme wie die Nachbarschaft sozial Schwacher und Ausländer oder eben doch die inzwischen als zu klein und schlecht ausgestattet empfundenen Wohnungen der fünfziger Jahre angesprochen. Hier zeigte sich ein Konglomerat von Gründen, die seit den späten 1960er Jahren zu der oben angesprochenen ›Stadtflucht‹

Das neugestaltete Zentrum der Pfingstweide, um 2000 [221]

Das Haus der ›Stadtgründerfamilie‹ Lichtenberger am Rheinufer, dem Verkehr geopfert, Aufnahme 1964 [222]

gerade junger Familien und bessersituierter Kreise führten. Deren durchweg negative Folgen für die Stadt (s. o. S. 818, 833) führten zu verstärkten Bemühungen, diese Menschen wieder an die Stadt zu binden. Hier taten sich jenseits einer nüchternen Betrachtung der Fakten deutliche ideologische Differenzen zwischen den Parteien Ludwigshafens auf, die bei einem Hearing im Januar 1999 beispielhaft deutlich wurden. Vertreter der CDU plädierten damals für die Ausweisung von exklusiven Wohngebieten für Anspruchsvolle und Zahlungskräftige. Zu lange Zeit sei „die Arbeiterstadt proklamiert" worden, wodurch man viele abgeschreckt habe, die keine Arbeiter seien. Ein anderer Teilnehmer wies mit ähnlichem Tenor darauf hin, daß die immer wieder von Seiten der Verwaltung propagierte ›gesunde Mischung‹ in Wohngebieten problematisch sei, da manche lieber in reinen Individual- d. h., Eigenheimgebieten lebten, andere sich in Mehrfamilienhäusern wohler fühlten. Die SPD konterte mit der Feststellung, daß „Sozialwohnungen nicht automatisch eine schlechte Sozialstruktur" bedeuteten.[376]

Hinter dem Konflikt stand unausgesprochen die Frage, ob die – sozialdemokratische – Verwaltung in der Vergangenheit zu sehr auf die Erstellung von Wohnungen für Minderbemittelte und auf ›soziale Mischung‹ gesetzt habe und die Förderung des Eigenheimbaus sowie die Bereitstellung entsprechender Gebiete in der Stadt vernachlässigt worden sei. Nun ließ es sich nicht verneinen, daß, obgleich eine echte Wohnungsnot für breitere Schichten seit Anfang der siebziger Jahre in Ludwigshafen verschwunden war, ein Bedarf an Wohnraum mit preiswerten Mieten bestand, der durchaus besondere Anstrengungen zugunsten des sozialen Wohnungsbaus rechtfertigte (s. o. S. 809). Die Nachfrage verstärkte sich sogar wieder zu Beginn der neunziger Jahre, als die Bevölkerung nach einem länger anhaltenden Schwund wieder anzusteigen begann.[377] Allerdings betonte schon die Festschrift der GAG zu ihrem 50jährigen Bestehen 1970, die Tatsache, daß die Gesellschaft zwischen 1962 und 1970 rund 37% der in Ludwigshafen gebauten Wohnungen errichtet habe, berge auch „die Gefahr eines zu starken Übergewichtes für

Anmerkungen
Seite 904 und 905

376 *Rhpf, 12. 1. 1999*

377 *Zwar ergab eine Zählung von 1991, daß seit Kriegsende rund 21 000 Sozialbauwohnungen erstellt worden waren, inzwischen war jedoch fast die Hälfte ihrer Bewohner aus der sog. Zweckbindung, d. h. dem Zugeständnis einer subventionierten Miete bei entsprechend geringem Einkommen, herausgefallen (Fehlbelegungsquote 45%), während nur 12% der Mieter aufgrund ihrer schwachen finanziellen Lage wohngeldberechtigt waren. Von der Mitte des Jahrzehnts an entspannte sich die Lage auf dem Wohnungsmarkt allerdings.*

378 *Hieb in 50 Jahre GAG, S. 15; StALu, DS 441 1920/70; auch die BASF setzte zu jener Zeit z. B. auf der Pfingstweide ganz auf solche ›gemischten‹ Wohngebiete*

379 *vgl. Experimenteller Wohnungs- und Städtebau. Versuchs- und Vergleichvorhaben in Ludwigshafen, hg. v. d. GAG, ohne Erscheinungsjahr (1984) im StALu, DS 443/3*

Neue Wohngebiete: GAG-Wohnungen im Wohngebiet Wolfsgrube, Edigheim März 1989 [223]

Das ›Kleine Kreuz‹ in Mundenheim mit Neubauanlage dahinter, 1998 [224]

die Sozialstruktur großer Wohngebiete, die aus der weitgehenden Bindung der Bautätigkeit der Gesellschaft an den sozialen Wohnungsbau herrührt."[378] Man setze auf Durchmischung „zur Vermeidung einseitiger Sozialstrukturen."

In der Praxis der Ludwigshafener Wohnungsbaupolitik bedeutete dieser im übrigen auch von der BASF-Wohnungsbaugesellschaft verfolgte Kurs der ›Durchmischung‹ lange Zeit eine Vernachlässigung der Eigenheimbauförderung, da die städtischen Zuschüsse großenteils in den Mietwohnungsbau flossen. Die Eigenheimbezuschussung setzte erst relativ spät in angemessener Form ein, um vor allem junge mittelständische Familien wieder stärker an die Stadt zu binden. Eine Möglichkeit hierzu bot das sog. Mietkaufmodell, das 1987 eingeführt wurde und bei dem die Miete der ersten sechs Jahre nach Bezug eines Eigenheims mit dem Kaufpreis verrechnet wurde. Einen weiteren Anreiz zum Bauen von Einfamilienhäusern sollte das Programm des ›Experimentellen Wohnungs- und Städtebaus‹ bieten. Es ging hier um eine weitgehende Standardisierung des Hausbaus, dessen Kosten dementsprechend gesenkt werden konnten. Eine ›Versuchssiedlung‹ wurde 1983/84 von der GAG in der Gartenstadt auf einem Areal errichtet, wo die schlechte Bausubstanz von in den dreißiger Jahren erstellten Reihenhäusern eine Sanierung unrentabel erscheinen ließ.[379] Inzwischen hat der Bau von Ein- und Zweifamilienhäusern sowie der Erwerb von Eigentumswohnungen zwar zugenommen, doch hing Ludwigshafen gegenüber dem Umland hinsichtlich der Fertigstellung von Eigenheimen weit zurück.

Ob freilich eine dezidierte Förderung der Eigenheime, sei es finanziell, sei es durch die Ausweisung exklusiver Baugebiete, den in Deutschland und der gesamten westlichen Welt zu beobachtenden Prozeß der Stadtflucht entscheidend verändert hätte, muß offenbleiben. Gerade wirklich Bessergestellte hätten landschaftlich weitaus reizvollere Gegenden an Wein- und Bergstraße wohl dennoch vorgezogen, und die offene Landschaft der vorderpfälzischen Dörfer vermittelt doch ein anderes Flair als ein Baugebiet am Rande der Großstadt. Auch die Frage

Der Quellgarten im Ebertpark 1965 [225]

Oasen in der Stadt: die ›Große Blies‹ im Winter, 1998 [226]

der Baulandreserve, wie sehr die Bebauung innerhalb der städtischen Gemarkung in die Breite gehen konnte, spielte eine Rolle. Ein Teilnehmer des erwähnten Hearings stellte nüchtern fest, daß viele Menschen einfach nicht in einer Stadt zu leben wünschten. Immerhin ließ die Verlagerung des Baugeschehens in den 1990er Jahren in der Stadt selbst erkennen, daß für Ludwigshafen zumindest in den noch recht ländlichen Stadtteilen Ruchheim und Maudach die Chance bestand, am ›Drang aufs Land‹ teilzuhaben. Zwischen 1990 und 2001 wuchs die Zahl der Wohnungen in der Stadt insgesamt nur um 9,3%, in den beiden erwähnten Stadtteilen aber um 83,8% bzw. 61,5%. Das ab 1980 entstandene Wohngebiet ›Wolfsgrube‹ in Edigheim[380] und drei um 1990 neu ausgewiesene Bebauungsgebiete in Ruchheim, der Oggersheimer ›Melm‹ und dem Rheingönheimer ›Neubruch‹ wurden alle in gelockerter Bauweise mit viel Platz für Eigenheime konzipiert. Jedoch ist keines ausschließlich als Standort von Ein- bis Zweifamilienhäusern gedacht, und in der Melmgegend wurden bald Klagen laut über die Bebauungsdichte und „große Klötze", die kleineren Einfamilienhäusern das Licht nehmen würden.[381]

Neben Maudach und Ruchheim erreichte der Stadtteil Mitte mit 13,6% den dritthöchsten Wert bei der Vermehrung des Wohnungsbestandes in den 1990er Jahren. Hier wurde eine Reihe neuer Stadtwohnungen errichtet (s. o. S. 882f), die auf ein Publikum abzielten, das innerstädtische Verdichtung bevorzugt. Für ähnliche Zielgruppen entstanden auch im Hemshof luxuriös sanierte Wohnungen. Beide Ansätze könnten helfen, die unerwünschten Entwicklungen in den betreffenden Stadtteilen – soziale Schieflage bzw. Ghettostruktur – aufzubrechen. Gerade am Ende der 1990er Jahre entfaltete die Verwaltung verstärkte Bemühungen, mit Hilfe von Mitteln der EU und im Rahmen des Bund-Länder-Programms ›Soziale Stadt‹ Problemzonen vorzugsweise der inneren Stadtteile wieder attraktiver zu machen: Die Westendsiedlung im Stadtteil Mitte, die frühere ›Ostmark‹-Siedlung in der Gartenstadt, Mundenheim-Südwest, Oggersheim-West und der Stadtteil West wurden gezielt gefördert: Bürgerbeteiligung und Eigeninitiative bei der Verbesserung des Wohnumfelds und gezielte Sanierung des Wohnungsbestandes sind wesentliche Elemente der Maßnahmen.[382]

Anmerkungen
Seite 906

380 vgl. allg. Weber, Wolfsgrube
381 Rhpf, 15.5.1999
382 Rhpf, 15.5.1999, 23.11.1999

Freizeitareal am Stadtrand: Kiefweiher, 1975 [227]

Das Mitte der 1980er Jahre neugestaltete Rheinufer vor der Innenstadt [228]

Das Bemühen, mehr Einwohner mit höherem Einkommen und gehobenen Ansprüchen an Wohnqualität nach Ludwigshafen zu ziehen, war auch ein wesentliches Motiv bei der Planung des ›Rheinufers Süd‹, des großen Entwicklungsareals südlich der Innenstadt. Die Planung dieses Viertels zwischen dem Walzmühlzentrum und dem früheren Strassenbahndepot am Luitpoldhafen reifte seit dem Ende der 1980er Jahre heran. Ideen von einem Festspieltheater im Rhein und großen Hochhäusern als ›Tor zur Pfalz‹ blieben Utopie, doch soll auf dem von der Firma Halberg aufgelassenen Gelände und umliegenden Grundstücken ein von der Stadtanlage wie von der architektonischen Gestaltung der Häuser besonders ansprechendes Wohnviertel entstehen, das nach Verlagerung des Containerhafens eine direkte Verbindung zur Villensiedlung auf der Parkinsel erhalten wird. Allerdings kostete die Sanierung der Altlasten in den Böden des Industriegeländes viel Geld und war sehr zeitaufwendig. Zudem fehlte es Ende der 1990er schließlich an Investoren, die die Bebauung finanzieren konnten. Außerdem konnte man sich lange nicht darüber einig werden, ob die wichtige Nord-Süd-Verkehrsachse Rheinufer-/Lagerhausstraße ebenerdig oder im Tunnel quer durch das Viertel geführt werden sollte. Inzwischen ist die Frage, schon aus finanziellen Gründen, zugunsten einer vom Rhein entfernten oberirdischen breiten Allee entschieden. Am Fluß selbst ist damit Raum geschaffen für ruhiges Wohnen. So besteht am ›Rheinufer Süd‹ eine Chance, die Industriebrache sinnvoll zu nutzen und damit dem Stadtteil Süd mehr Wohnqualität zu verleihen.

Die durchgrünte Stadt

Eine der bedeutenden Leistungen der Stadtplanung, mit der man z. T. an die Vorkriegszeit anknüpfte, war die Schaffung von Grünzonen und Parkanlagen innerhalb sowie von Erholungsflächen außerhalb des Stadtgebiets. Parallel zu den Maßnahmen zur Reinhaltung von Luft und Wasser hat dies dazu beigetragen, daß Ludwigshafen den schlechten Ruf einer ungesunden, von den Ausdünstungen und Rückständen der Chemieindustrie kontaminierten Stadt allmählich abstreifen konnte. Dabei wurden im wesentlichen die Konzeptionen des bis 1976 amtierenden

Gartenbaudirektors Viktor von Medem fortgeführt (s. Kapitel 17).[383] Die Grünplanung blieb selbstverständlicher Teil der Stadtplanung und wurde auch in den Flächennutzungsplan von 1977 mit einbezogen. Ludwigshafen wurde tatsächlich zu einer ›Industriestadt im Grünen‹.

Insgesamt wuchs das städtische Grün zwischen 1956 und 1994 von 168 auf rund 1 000 Hektar an. Dazu zählte auf vielerlei Weise gärtnerisch gestaltetes Gelände, das neben der Auflockerung der Baumassen und der Freihaltung von Durchlüftungskorridoren für die Stadt vor allem auch der Freizeit diente: 16 Kleingartenanlagen und sieben Bezirkssportanlagen sowie zahllose Spielplätze, Badeanlagen etc. sind Teil der Grünanlagen Ludwigshafens. Am Rand der Stadt wurde der Ausbau der in den 1950er Jahren konzipierten ›grünen Acht‹ mit den Schwerpunkten Willersinnweiher, Maudacher Bruch sowie Rheingönheimer Wildgehege und Rehbachtal mit Anschluß an das Erholungsgebiet Kiefweiher und Rheinauen fortgesetzt. Der nicht mehr für die Müllablagerung genutzte ›Monte Scherbelino‹ nahe Maudach wurde rekultiviert und erhielt 1980 den Namen ›Michaelsberg‹ – nach dem Ortsheiligen Maudachs. Er wurde Teil des Erholungsgebiets Maudacher Bruch, das durch Aufforstung, Wander-, Radwege, Spielflächen und Kleingärten neu gestaltet wurde.

Während es am Stadtrand kaum an Grün fehlte, wurde sein Mangel in den inneren Stadtteilen noch 1973 lebhaft beklagt.[384] In den folgenden zweieinhalb Jahrzehnten änderte sich das Bild: die Hemshof-Sanierung führte zur Begrünung der Innenhöfe und der Anlage des Hemshof-Parks, und in die Innenstadt kam viel Grün durch die Neugestaltung der Plätze, die grünen Fußgängerzonen, die Rheinufer-Promenade und das Rathaus-Center, um das herum 520 Bäume gepflanzt wurden, wozu noch 120 auf den gärtnerisch gestalteten Terrassen kamen, die als fast vergessene ›hängende Gärten von Ludwigshafen‹ eher ein Schattendasein führten.[385] Viele Straßen wurden mit Bäumen eingefaßt, die so entstehenden Alleen sollten als ›grüne Finger‹ die dicht bebauten Gebiete mit den Erholungszonen am Rand der Stadt verbinden. Der Ebertpark wurde zwischen 1961 und der Mitte der 1970er Jahre unter anderem um die sehr gelungenen Quell- und Rosengartenanlagen sowie durch den Kinderzoo ergänzt und damit erheblich aufgewertet. Die bemerkenswerteste innerstädtische Neuanlage war der auf dem ehemaligen Grünzweig-Gelände entstandene ›Friedenspark‹. Die Tatsache, daß die zentrale, nach Gustav Heinemann benannte Kastanienallee direkt auf den Schornstein des Müllheizkraftwerks als Blickachse zulief, rief mehr als einmal ironische Kommentare hervor. Dennoch wurde der Park von der Bevölkerung gerne angenommen, und er schließt eine große Lücke im Grünzug, der sich zwischen dem Rhein und dem Stadtrand am Willersinn über das Rathaus-Center, den Friedenspark, den jetzt so genannten Marienpark, den Ebert- und Riedsaumpark erstreckt. In der eigentlichen Innenstadt ist naturgemäß auch heute noch – abgesehen vielleicht vom Ludwigsplatz – flächenhaftes Grün Mangelware.

Neben die Aktivitäten der Stadt traten die des 1968 gegründeten ›Grünen Kreises‹,[386] einer Bürgerinitiative unter Führung des Chefarztes des Marienkrankenhauses, Prof. Wolfgang Humke. Er engagierte sich mit Spenden und tätiger Mithilfe vor allem bei der Pflanzung von Bäumen, die manche Straße in eine Allee verwandelte, aber auch in der Beratung von Bürgern und Blumenschmuckwettbewerben.

Anmerkungen
Seite 908 und 909

383 *zu den Grünflächen allg. vgl. v. Medem, Industriestadt im Grünen, künftig StALu, DS; StALu, Zeitungsverkartung, Stichworte ›Grünflächenamt‹, ›Anlagen und Parks‹, ›Natur‹ u.a.*

384 *Rhpf, 19.10.1973*

385 *MM, 3.8.1979*

386 *Rhpf, 21.10.1978*

387 *der in Ludwigshafen gebürtige Geograph Johannes Matzomeit in: Rhpf, 4.1.1995, dem ersten Artikel einer langen und eher kritischen Serie zum Ludwigshafener Grün*

Kastanienallee im Friedenspark, frühe 1990er Jahre [229]

Diese positive Bilanz wurde von Umweltschützern durchaus auch kritisch beleuchtet. Sie hoben zum Beispiel hervor, daß die gestalteten Anlagen oft an der Stelle naturnaher Räume errichtet worden seien. Als besonders ironisches Beispiel wurde angeführt, daß das sogenannte „straßenbegleitende Grün", das zwischen 1956 und 1994 von 1,5 auf fast 100 Hektar angewachsen war, eben nicht nur in schönen Alleen an alten Straßen bestand, sondern auch in Bäumen oder Büschen auf Lärmschutzwänden am Rand neuangelegter Schnellstraßen und damit durchaus nicht immer ein Zeugnis für eine besonders ›grüne‹ Entwicklung sei.[387] Auch hinterließ die Finanzkrise ihre Spuren: viele der ungefähr 100 Grünanlagen der Stadt sind nicht sehr gepflegt, da ihr Unterhalt zu teuer ist, viele vom Verkehr umtost, manche werden als ›gefährlich‹ gemieden.

Pläne für die Abhaltung einer rheinland-pfälzischen Landesgartenschau, die um 2000 mit großem Nachdruck betrieben wurden, verwirklichten sich nicht – eine andere Stadt erhielt den Zuschlag. Doch beteiligte sich Ludwigshafen mit Erfolg an dem Wettbewerb ›Entente florale‹, und das Bemühen um die Aufwertung der Stadt durch Grün und Blumenschmuck wurde gerade von der neuen Oberbürgermeisterin besonders gefördert.

Schüler im Schulzentrum Mundenheim, 1970er Jahre [230]

Teil 5
Bildungswesen und kulturelles Leben

Schulen und Fachhochschulen

Als Georg Picht im Frühjahr 1964 in seiner berühmten Artikelserie in der ›Zeit‹ das Wort von der deutschen ›Bildungskatastrophe‹ prägte, lösten seine Befunde ein beispielloses Echo in Öffentlichkeit und Politik aus. Picht wies unter anderem auf die krassen Ungleichheiten bei den Bildungschancen junger Menschen und die gemessen am Bedarf qualifizierter Nachwuchskräfte viel zu kleine Zahl von Abiturienten und Realschulabsolventen hin.

Diese Phänomene fanden sich auch in der ›Arbeiterstadt‹ Ludwigshafen, wo die Bildungsdiskussion nicht ohne Resonanz blieb. Eine 1966 veröffentlichte Studie des Statistischen Amtes[388] ermittelte, daß im Jahr zuvor nur 33,8% der in Frage kommenden Schüler eines Jahrgangs in Realschule bzw. Gymnasium übergewechselt waren – am geringsten waren die Quoten im Arbeiterbezirk Nord und im katholischen Maudach. In Mannheim und Heidelberg hatte der entsprechende Prozentsatz 46,5% und 57,3% betragen. Über 34% der Ludwigshafener Gymnasiasten – vor allem aus bessergestellten Familien – besuchten zudem eine rechtsrheinische Schule – ein deutliches Zeichen für die Haltung der Ludwigshafener Oberschicht zu ›ihrer‹ Stadt und deren Schulen. Aus der Oberschicht kamen zudem etwa 60% der Abiturienten der Chemiestadt, während vor allem Gymnasiasten mit bescheidenem familiärem Hintergrund relativ häufig in den unteren und mittleren Klassen den Besuch der höheren Schule aufgaben. Nur 2,3% der Einwohner Ludwigshafens hatte um 1965 einen Hochschulabschluß, nur 4% einen Berufs- oder Fachschulabschluß.

Angesichts dieses dunklen Bildes, das aufgrund der örtlichen Sozialstruktur noch schlechter war als anderswo, war das Land als Gestalter des Schulwesens und Dienstherr der Lehrer ebenso gefordert wie insbesondere auch die Stadtverwaltung, die als ›Schulträger‹ für den Bau, den Unterhalt und die Ausstattung der Schulgebäude verantwortlich war.

Anmerkungen Seite 910

388 Informationen zur Stadtentwicklung 3/1966, auch ebd. 8/1965

Schülerinnen des Scholl-Gymnasiums beim Pausenspaziergang, 1966 [231]

Während man dem Bevölkerungszuwachs und der schulischen Grundversorgung zahlreicher Neubaugebiete durch die Errichtung einer ganzen Reihe neuer Volksschulen Rechnung getragen hatte, war auf dem Gebiet der höheren Schulen ›nur‹ der Wiederaufbau der vier alten Gymnasien betrieben worden. Seit einer großen Benennungsaktion des Jahres 1964 trugen sie die Namen der Geschwister Scholl (Mädchengymnasium) von Theodor Heuss (Altsprachliches Gymnasium), Carl Bosch (Naturwissenschaftliches Gymnasium, Jaegerstraße) und Max Planck (Naturwissenschaftliches Gymnasium, Leuschnerstraße). Eine Realschule existierte in Ludwigshafen seit dem Krieg überhaupt nicht mehr. Die Berufsschule mußte mit engen Räumlichkeiten in verschiedenen alten Gebäuden vorlieb nehmen. Erst 1962 war mit der Hauswirtschaftsschule in der Pfalzgrafenstraße ein Neubau eingeweiht worden.

Nunmehr wurden Pläne zu einem umfassenden Ausbau des höheren Schulwesens der Stadt entwickelt, die als Schulstandort ja auch große Teile des Umlandes mitversorgte: bis zu fünf Realschulen sollten errichtet werden, die Zahl der Gymnasien sich auf acht verdoppeln. Auch für die Berufsschule wurden große Neubauten vorgesehen. Die neue Ära der besonderen Sorge um die höhere Bildung begann dann freilich mit einem schmerzlichen Verzicht: Durch die finanziellen Engpässe der ersten Konjunkturkrise der Bundesrepublik gezwungen, bot die Stadt Ende des Jahres 1965 ihre beiden verbliebenen kommunalen Schulen, die Berufsschulen und das Geschwister-Scholl-Gymnasium, dem rheinland-pfälzischen Staat zur Übernahme an. Damit hoffte man auf eine bessere Betreuung (siehe S. 784). Die Verstaatlichungen wurden, nach einigen bitteren Kontroversen, 1967 bzw. 1968 vollzogen.

Immerhin erfolgte 1966 mit der Eröffnung der Ernst-Leuschner-Schule in Friesenheim als erster Realschule Ludwigshafens nach dem Zweiten Weltkrieg ein erster konkreter Schritt zu einer besseren Versorgung der Bevölkerung mit höherer Schulbildung. Die Leuschner-Schule wurde 1969 zur Grund- und Hauptschule, als mit der wiederhergerichteten Kopernikus-(ehemals Pestalozzi-)Realschule und der ganz neu auf dem Gelände der alten Holzschen Ziegelei westlich des

Alfred-Delp-Schule, Maudach 1966 [232]

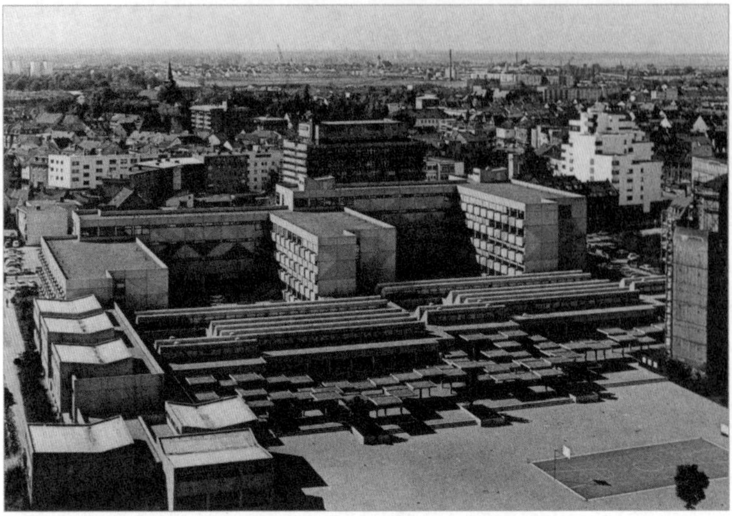

Das 1973 eingeweihte Schulzentrum Mundenheim [233]

Rangierbahnhofs errichteten Anne-Frank-Realschule zwei neue Einrichtungen dieses Typs entstanden. Ebenfalls auf dem Holzschen Gelände war auch ein Gymnasialbau geplant worden, der 1970 zum neuen grossen Heim des Theodor-Heuss-Gymnasiums wurde. Weitere zentrale Schulbauten wurden im Bereich der Frankenthaler Straße geplant, wo auch die katholische Kirche Gelände für eine – nie verwirklichte – katholische höhere Mädchenschule erworben hatte.

Der weitere Ausbau des höheren Schulwesens in Ludwigshafen sollte nach einem Grundsatzbeschluß des Bau- und Grundstücksausschusses vom Juni 1967[389] in der Form dreier ›Schulzentren‹ in Mundenheim, Edigheim und Oggersheim erfolgen. Sie sollten alle je eine Haupt-, eine Realschule und ein Gymnasium umfassen und damit gerade in den stark wachsenden Stadtteilen im Norden und Westen der Stadt ein gutes schulisches Angebot sichern. Die dezentrale Streuung der höheren Bildungseinrichtungen würde es, so hoffte man, auch bildungsferneren Schichten erleichtern, ihre Kinder dorthin zu senden und so zur Verbesserung der Chancen und zur Erhöhung des Anteils an Abiturienten und Realschulabsolventen in der Stadt beitragen. Vor allem die Ludwigshafener Sozialdemokratie erhoffte darüber hinaus, daß die Zentren Möglichkeiten der Kooperation zwischen den Schultypen erleichtern und Wege zu deren ganz im Trend der zeitgenössischen pädagogischen Diskussion liegenden letztendlicher Verschmelzung zu Gesamtschulen ebnen würden.

Die ›Kooperation‹ kam im zuerst errichteten Schulzentrum Mundenheim zum Zuge. Der 1972 eröffnete und Anfang 1973 feierlich eingeweihte große Gebäudekomplex bot Raum für ein Gymnasium – ab 1986 ›Heinrich-Böll-Gymnasium‹ –, eine Realschule – heute ›Karolina-Burger-Realschule‹ – und eine Hauptschule, die eine Reihe von Einrichtungen wie spezielle Fachsäle, die Turnhallen oder die Bibliothek gemeinsam nutzten. Damit gab es eine gewisse Kooperation, im übrigen wurden die Schultypen jedoch nur ›addiert‹.

In Oggersheim hingegen wurde der am weitesten dem Geist der frühen 1970er Jahre entsprechende Weg der ›Integration‹ beschritten.

Anmerkungen
Seite 912 und 913

389 *Protokoll Bau- und Grundstücksausschuß, 28.6.1967, Tagesordnungspunkt 3; StALu, PA II, 6, 34*

390 *10 Jahre Integrierte Gesamtschule Ernst Bloch; StALu, DS 38/12; MM 13.12.1977, 25.8.1978; Rhpf 19.8.1980 und 11.9.1980*

In der Integrierten Gesamtschule Ernst Bloch, Oggersheim, August 1980 [234]

Einweihung des Erweiterungsbaus der Bliesschule, Juni 2000 [235]

Schon 1969 forderte die Ludwigshafener SPD die Einrichtung einer ›Integrierten Gesamtschule‹[390] in dem schnell wachsenden Stadtteil. Darin sollten die traditionellen Schultypen aufgelöst sein und alle Schüler über Jahre hinweg in einer Ganztagsschule gemeinsam, aber in ihrem Leistungsniveau entsprechenden Fachgruppen unterrichtet werden. Diese eher dem ›linken‹ pädagogischen Spektrum entstammende Konzeption, deren Anhänger sie als Mittel zur Erziehung ›demokratischer Bürger‹ in ›angstfreier‹ Lernatmosphäre lobten, fand naturgemäß ein geteiltes Echo. Die Verwaltung griff den Vorschlag auf und betrieb ihn mit großer Energie. Das Kultusministerium stimmte einem Modellversuch zu – auch wenn spürbar war, daß die christdemokratische Regierung dem gegliederten Schulsystem klar den Vorzug gab und skeptisch blieb. Ein von Stadt und Kultusministerium berufener wissenschaftlicher ›Planungsbeirat‹ erarbeitete mit dem Stuttgarter Architektenbüro GUS einen baulichen und pädagogischen Umsetzungsplan, der den Bezug der Schule zur Gesellschaft betonte und vorsah, in ihren Gebäuden auch eine Jugendfreizeitstätte, die Stadtteilbibliothek und Räume für Vereinstätigkeiten unterzubringen. Der Unterrichtsbeginn war zuerst für 1974/75 geplant.

Der Ölschock, die daraus resultierende Finanzkrise, aber auch Konflikte zwischen Sozialdemokratie und Christdemokraten, die die jetzt gerne ›IGSLU‹ abgekürzte ›Integrierte Gesamtschule Ludwigshafen-Oggersheim‹ als ›rote Bekenntnisschule‹ bezeichneten, verzögerten das Projekt. Erst 1978 erfolgte die Grundsteinlegung durch die rheinland-pfälzische Kultusministerin Laurien. 1980 begann der Unterricht. Bei der feierlichen Eröffnung im September jenes Jahres gab es noch einige spitze Worte und ›Glossen‹ zur Vorgeschichte des Gebäudes. Auch der Schulchor äußerte einige vertonte Kritik. Denjenigen, denen die geschätzten Gesamtkosten von 60—70 Millionen Mark für den Endausbau der Schule zu hoch schienen, hielten die Sänger, so hob ein Reporter hervor, die beziehungsreiche Zeile aus einem Bob-Dylan-Song entgegen: „So große Berge von Geld gibt man aus für Bomben, Raketen und Tod …"

Weitaus lockerer als in Oggersheim und Mundenheim entwickelte sich die Struktur des ›Schulzentrums‹ in Edigheim,[391] das auf dem Gelände nahe der 1962 erbauten Humboldtschule entstand. Nach der Grundsteinlegung 1973 wurde zunächst nur eine Hauptschule errichtet, die weiteren geplanten Gebäude fielen vorerst wohl der Finanzkrise der Stadt im Gefolge des Ölpreisschocks zum Opfer. Seit 1975 war in den Räumen der Humboldtschule eine Dependance des Friesenheimer Max-Planck-Gymnasiums untergebracht, die 1980 zu einem eigenen Gymnasium ausgebaut wurde, das im Jahr darauf den Namen ›Wilhelm-von-Humboldt-Gymnasium‹ erhielt. Pläne der SPD, eine gemeinsame Orientierungsstufe für Hauptschule, Gymnasium und die ebenfalls etablierte Realschule einzurichten, wurden von den Elternbeiräten abgelehnt. Der sozialdemokratische Wunsch ›Förderung statt Selektion‹ fiel auf taube Ohren, der von der Presse so genannte ›Schulkampf‹ in Edigheim endete mit der klaren Durchsetzung des dreigliedrigen Systems. In der Folge entstanden eine Erweiterung des nur aus der Hauptschule bestehenden ›Zentrums‹ um einen Realschulbau und mehrere große Anbauten für das Humboldt-Gymnasium, die faktisch ein völlig neues Schulareal schufen.

Das Gesamtschulmodell blieb in Rheinland-Pfalz die Ausnahme – es gab um die Jahrtausendwende nur etwa ein Dutzend von ihnen – und das Schulgesetz von 1985 schrieb das gegliederte Schulsystem als Regelfall fest. In Ludwigshafen aber wurde die ›IGSLU‹, die 1982 den Namen Ernst Blochs erhielt, zu einem festen Bestandteil der Schullandschaft, auch wenn die schönen Ideen von ihrer Einbettung in das Leben des Stadtteils so nicht reiften. Im letzten Jahrzehnt des 20. Jahrhunderts zog sie einen wachsenden Anteil der ›Übergänge‹ nach der 4. Klasse an sich und beim 20jährigen Jubiläum der Schule im Jahr 2000 stellte man fest, daß sie sich vom Modell zur anerkannten Institution gemausert habe. Der rheinland-pfälzische Kultusminister bescheinigte ihr „hohe Akzeptanz". Wie groß und parteiübergreifend diese geworden war, hatte sich bereits 1999 gezeigt, als der Stadtrat einstimmig die Errichtung einer zweiten Gesamtschule in den renovierten Räumen der Hans-Loschky-Schule in der Gartenstadt befürwortete. Gerade die Christdemokraten drangen sogar auf eine besonders schnelle Umsetzung des Projekts. Die Einrichtung wurde im Jahr 2001 eröffnet.[392]

Die Oggersheimer Gesamtschule und die Bauten im Schulzentrum Edigheim waren die letzten Schulneubauten des 20. Jahrhunderts in Ludwigshafen. Nach dieser Zeit erfolgten Erweiterungen bzw. Veränderungen des Raumangebots durch Anbauten, Umbauten und, je mehr die Jahre fortschritten, durch Sanierungen der in die Jahre gekommenen Schulgebäude. Auch damit verblieben der Stadt, die nicht nur für den Bau, sondern auch den Unterhalt und die Ausstattung der Schulen als ›Schulträger‹ verantwortlich war und ist, große Lasten. Angesichts der Tatsache, daß etwa 30% der Gymnasiasten aus dem Umland kamen, die meisten aus dem Landkreis Ludwigshafen, flammte im Zeichen der Finanzkrise der 1990er einmal mehr die Diskussion auf, ob nicht der Landkreis einen angemessenen Beitrag zur Unterhaltung der Gymnasien leisten müsse – ein Vorschlag, der bisher wenig Chancen auf Realisierung hat.

Das Ende des Zeitalters der großen Schulneubauten war direkte Konsequenz der ›demographischen Wende‹, des starken Rückgangs der

Anmerkungen
Seite 914

391 *Wilhelm-von-Humboldt-Gymnasium, Festschrift 1998; StALu, DS 39/11; Rhpf 25.10.1973; MM 26.3.1984*

392 *Rhpf 14.9.1999; MM 16.11.1999, 11.9.2000*

Schulneubauten in Ludwigshafen ab 1965
(ohne An- und Umbauten)

1965	Alfred-Delp-Schule (Maudach)
1968	Karl-Kreuter-Schule (Melm)
1969	Brüder-Grimm-Schule (Süd)
	Langgewann-Schule (Oggersheim)
	Anne-Frank-Realschule
1970	Theodor-Heuss-Gymnasium
1971	Pfingstweide-Grundschule
1972	Wirtschaftsgymnasium Roonstraße
	Hauptschule Gartenstadt (Loschky-Schule)
	Schulzentrum Mundenheim
	Georgens-Schule für geistig Behinderte
1974	Hauptschule im Schulzentrum Edigheim
1975	Berufsschulzentrum Franz-Zang-Straße
1979	Sonderschule für Körperbehinderte
1980	Integrierte Gesamtschule Oggersheim
1984	Vollendung der großen Anbauten am Humboldt-Gymnasium

Allgemeinbildende Schulen in Ludwigshafen 2002

Grundschulen	23
Hauptschulen	8
Realschulen	4
Gymnasien	6
Integrierte Gesamtschulen	2
dazu:	
Sonderschulen	5

Geburtenzahlen. Die Gesamtzahl der Schüler an den allgemeinbildenden Schulen betrug 1965 22 800. Sie stieg im Zuge des Bevölkerungswachstums in den späten sechziger Jahren noch weiter an, ging dann aber zwischen 1970, dem Jahr, in dem der letzte geburtenstarke Jahrgang, nämlich der von 1964, eingeschult wurde, und 1980, als der sog. Pillenknick inzwischen voll auf die Anzahl der schulpflichtigen Kinder im Grundschulbereich durchgeschlagen war, von 23 100 auf 20 800 zurück. 1990 war mit 15 630 der Tiefststand erreicht, dann stieg die Zahl bis zum Schuljahr 2000/2001 wieder leicht – auf 17 700 – an. Besonders drastisch spiegelte sich diese Entwicklung im Bereich der Grundschulen: Wurden sie 1970 noch von rund 11 000 Schülern besucht, so war ihre Zahl 1984 auf etwa 5 300 gesunken, um bis 1995 auf 6 800 anzusteigen; im Schuljahr 2000/2001 besuchten rund 6 700 Kinder die Grundschule. Die Zahl der Realschüler stieg dagegen zunächst stark an, um dann wieder leicht abzusinken: Sie betrug 1970 etwa 1 700, 1978: 3 100, 1984: 2 200, 1990: 1 800 und lag im Schuljahr 2000/2001 bei 2 400. Die Zahl der Gymnasiasten stieg dagegen zwischen 1970 und 1980 von 4 400 auf rund 5 900; sie sank dann – auch dadurch bedingt, daß eine Reihe potentieller Gymnasialschüler nunmehr die 1980 eröffnete Integrierte Gesamtschule in Oggersheim besuchte – bis 1984 auf rund 4 000, um dann bis 1990 leicht und bis 2000/2001 etwas deutlicher auf rund 4 300 anzusteigen.

Und der Schulerfolg?[393] Hat sich die Tatsache ausgezahlt, daß die Stadt Ludwigshafen allein zwischen 1960 und 1980 circa 226 Mio. Mark in den Ausbau des Schulwesens investierte? Bezieht man die beiden Integrierten Gesamtschulen ein, so wurden die Ausbaupläne der sechziger Jahre trotz sinkender Bevölkerungszahlen voll umgesetzt. In der Tat ist die ›Übergangsquote‹, d. h. der Anteil der Schüler eines Jahrgangs, die in das Gymnasium, die Realschule bzw. auch die Gesamtschule wechseln, von 33,8% im Jahr 1965 über 53,8% sechzehn Jahre später auf 66,8% – davon 9% in die Gesamtschule – zur Jahrtausendwende gestiegen. Bezogen auf die Schüler an den die Grundschule weiterführenden Schulen entfielen 1970 auf die Hauptschulen 49,7%, während die Realschulen von 14,1% und die Gymnasien von 36,2% besucht wurden. 1980 war der Anteil der Hauptschüler auf 40,6% gesunken, die Realschüler und Gymnasiasten aber waren auf 20,8 bzw. 39,8% angestiegen. 1990 gab es an den weiterführenden Schulen nur noch 28,2% Haupt- sowie 18,7% Realschüler, während der Anteil der Gymnasiasten 41,4% und derjenigen, die die IGS besuchten, 11,7% betrug. Im Schuljahr 2000/2001 hatten die Hauptschüler einen Anteil von 28,8%; die Realschüler lagen bei 21,8% und die Gymnasiasten bei 39,1% (in die IGS gingen 10,3%). Diesen Verschiebungen zugunsten vor allem des Gymnasialbereichs entsprach allerdings bei den Schulabgängern die Quote der Abiturienten nicht im vollen Maße: ihr Anteil an den Oberschülern, die ihre Schule mit einem Abschluß verließen, betrug Mitte der achtziger Jahre lediglich 27,3% und zu Beginn der neunziger Jahre 36,8%. Die Mittlere Reife – auch nach vorzeitigem Schulabgang vom Gymnasium – bekamen dagegen 1984 31,3% und 1990 28,7% bescheinigt. Einen Hauptschulabschluß konnten 1984 44,2% und 1990 34,6% vorweisen. Beunruhigend war bei alledem allerdings, daß Mitte der achtziger Jahre 23,5% und Anfang der neunziger Jahre sogar 30,2% der Hauptschulabgänger keinen Abschluß vorweisen konnten.

Im Jahr 2000 hatten 23,8% aller Ludwigshafener Schulabgänger der allgemeinbildenden Schulen das Abitur, 29,5% die mittlere Reife, 33,4% einen Hauptschulabschluß, und 13,3% verließen die Schule ohne einen Hauptschulabschluß, davon 4,4% mit einem Sonderschulabschluß. Obgleich die ›Übergangsquote‹ weiterhin anstieg, unterschieden sich diese Schulabschlußwerte nicht wesentlich von denen des Jahres 1981, als 21,1% der Abgänger das Abitur, 26,0% die mittlere Reife, 37,1% den Hauptschulabschluß erreichten und 15,8% ohne bzw. 4,9% mit Sonderschulabschluß gewesen waren. Deutliche Differenzen zeigten sich hingegen zwischen den Ludwigshafener Werten der Jahrtausendwende und denen des Bundesdurchschnitts. Die Zahl der jungen Menschen ohne Abschluß und mit Hauptschulabschluß liegt in Ludwigshafen deutlich über, die der Realschulabsolventen deutlich unter dem Durchschnitt. Daß die Zahl der Abiturienten in etwa den Durchschnitt erreicht, kann in diesem Zusammenhang nicht beruhigen, da in deren Zahl ein besonders hoher Prozentsatz auswärtiger Schüler aus den ›besseren‹ Familien des Umlandes der Stadt enthalten ist. Der Schulerfolg der Ludwigshafener Schüler ist also in Wirklichkeit noch deutlich weiter unter dem Bundesdurchschnitt als die Zahlen auf den ersten Blick zeigen.

Zum einen bot der soziale Hintergrund vieler Ludwigshafener Schüler hinreichende Gründe für schulisches Versagen. Insbesondere

Anmerkungen Seite 916

393 f.d.F. vgl. die jährl. Schulentwicklungsberichte des Statistischen Amtes; StALu, DS 243 sowie Statistische Jahrbücher der Bundesrepublik Deutschland und Informationen zur Stadtentwicklung 4/1991

Abschlüsse der Schulabgänger der allgemeinbildenden Schulen in Ludwigshafen bzw. im Bundesdurchschnitt (in %)

	Ludwigshafen 2000	Bundesdurchschnitt 1998/99	Differenz (L-B)
Abitur	23,8	24,1	-0,3
Mittlere Reife	29,5	39,9	-10,4
Hauptschulabschluß	33,4	26,1	+7,3
Ohne Hauptschulabschluß	13,3	8,9	+4,4
andere Abschlüsse	–	1,0	–

die Grundschulen in Gebieten mit einem hohen Anteil an sozial Schwachen – West, Nord/Hemshof, Ernst-Reuter-Siedlung – wiesen nach der Jahrtausendwende eine sehr niedrige ›Übergangsquote‹ in Gymnasium und Realschule auf. Umgekehrt lagen die Grundschulen der ›gutbürgerlichen‹ Stadtteile – Edigheim, Süd, Ruchheim, Melm – in dieser Beziehung besonders günstig. Zum konstant hohen Anteil der Schulabgänger ohne Hauptschulabschluß trug aber auch der steigende Anteil ausländischer Schüler bei, den die Grund- und anschließend besonders die Hauptschulen zu verkraften hatten. In diesem Bereich stieg ihre Quote sogar noch stärker als die der Ausländer an der Bevölkerung insgesamt, da ausländische Familien in der Regel besonders kinderreich waren. Zu Beginn der achtziger Jahre betrug der Ausländeranteil in Ludwigshafen insgesamt 11%, der Anteil ausländischer Schüler an den Grundschulen lag aber bei 24,9% und an den Hauptschulen bei 23% (an den Realschulen waren es 4,1 und an den Gymnasien nur 1,5%). Dabei war die Quote der nichtdeutschen Schüler an den Grundschulen in Nord-Hemshof besonders hoch: Er betrug in der Gräfenau-Schule 73,8%, in der Goethe-Schule 63,3%; 1984/85 sank er hier allerdings auf 51% bzw. 42,2%, stieg indes im Schuljahr 1999/2000 in der Gräfenau-Schule wieder auf 71,3% an, dies alles bei einer Gesamtquote der Ausländer in diesem Stadtteil von ca. 47% Mitte der achtziger und von rund 61% Ende der neunziger Jahre. Mitte der achtziger Jahre betrug der Anteil der Ausländer in den Hauptschulen in ganz Ludwigshafen 23,4%; er schwankte je nach Stadtteil zwischen 14,4% (Ernst-Reuter-Schule in Gartenstadt) und 46,2% (Hauptschule Nord-Hemshof). Im Schuljahr 1990/91 lag er bei 42,5% und 2000/2001 bei 42,3%. Der Anteil der ausländischen Realschüler stieg bis zum Schuljahr 1986/87 auf 14% und bis Anfang der neunziger Jahre auf 18,5%, der der Gymnasiasten bis 1986/87 auf 4,2 und bis 1990/91 auf 9%. In der IGS lag er damals bei rund 12%. Diese Raten erhöhten sich anschließend kaum noch. Bemerkenswert war bei diesen Schultypen einerseits der relativ hohe Anteil an Kindern und Jugendlichen mit italienischen, jugoslawischen sowie – gemessen an ihrem Anteil an der ausländischen Bevölkerung – griechischen Eltern und andererseits ein ziemlich geringer von solchen mit türkischen Eltern.

Aufgrund dieser Probleme zählten eine Ludwigshafener Hauptschule sowie eine Grundschule mit Förderschwerpunkt für Kinder mit Lernschwierigkeiten im Jahr 2002 zu den ersten der neueingerichteten ›Ganztagsschulen‹ in Rheinland-Pfalz, die gerade sozial benachteiligten Schülern eine ganztägige Betreuung bieten sollten.

In der Berufsschule, 1970er Jahre [236]

Schon seit dem Ende des 19. Jahrhunderts hatte die Stadt durch die Einrichtung von ›Hilfsklassen‹ Lernbehinderten Hilfe geboten.[394] Seit den 1950ern waren die einzelnen Klassen in den Stadtteilen zu fünf eigenständigen ›Sonderschulen‹ ausgebaut worden. In den 1970er Jahren erhielt das Sonderschulwesen kräftige Unterstützung, bevor im folgenden Jahrzehnt die Vorstellung einer Integration lernbehinderter Schüler in die ›Normalklassen‹ an Boden gewann. Drei Schulen für Lernbehinderte blieben bestehen, die allerdings auch von vielen ausländischen Kindern besucht wurden, die wohl weniger Lern- als Sprachprobleme hatten.

Keinerlei Einrichtungen bestanden bis in die sechziger Jahre in Ludwigshafen für die Unterrichtung geistig und körperlich Behinderter. Hier mußte erst ein gesamtgesellschaftlicher Umdenkprozeß einsetzen. 1966 übernahm die Landesregierung die von der ›Lebenshilfe für geistig Behinderte‹ eingerichtete Sonderkindertagesstätte als Schule für geistig Behinderte. Sie zog 1972 in einen Neubau in Oggersheim, der im Jahr darauf den Namen Georgensschule erhielt, nach Jan Daniel Georgens, einem Pfälzer und ›Nestor der Heilpädagogik‹. Für körperlich Behinderte entstand 1979 ein Schulzentrum direkt neben der Oggersheimer Gesamtschule, mit der sich eine intensive Kooperation entwickelte, zu der gemeinsame Fahrten, gemeinsamer Unterricht und die Möglichkeit für Körperbehinderte, in die IGS zu wechseln, gehörten.

Neben dem allgemeinbildenden genoß in der Industriestadt Ludwigshafen vor allem das Berufsschulwesen einen hohen Stellenwert.[395] Obwohl 1967 zum größten Teil verstaatlicht – einige Teile blieben noch für einige Jahre ›kommunal‹ –, entzog sich die Stadt keineswegs ihren Verpflichtungen. Auch die Landesregierung mit und unter Helmut Kohl wollte es fördern, da man hier eine Möglichkeit sah, der chemischen Industrie, besonders der BASF, qualifizierte Mitarbeiter und damit ›Standortanreize‹ zu sichern. Bei den Diskussionen um die Verbesserung der Bildungslandschaft in der Stadt wurde das Berufsschulwesen wie selbstverständlich einbezogen, die Errichtung eines großen Berufsschulzentrums war Teil des Grundsatzbeschlusses zu den Schulzentren 1967. Es

Anmerkungen Seite 918

394 *100 Jahre Sonderschulen in Ludwigshafen, 1998; StALu, DS 37/15*

395 *zur Berufsschule vgl. Grosche/Molter*

Im Berufsschulzentrum an der Franz-Zang-Straße, 1975 [237]

wurde bis 1975 an der Franz-Zang-Straße erstellt. Freilich war dies nicht der einzige Standort. So wurde auch das alte Mädchenschulgebäude in der Bismarckstraße der Berufsschule übergeben. Und es wurde 1972 das Wirtschaftsgymnasium in der Roonstraße errichtet.

Mehrmals wurden die Berufsschulen der Stadt neu strukturiert und um viele Lehrangebote bereichert. Seit 1963 gab es zwei Berufsschulen (BS), von denen die eine (BS I) mit rund 5 100 Schülern, darunter etwa 400 Mädchen, Unterricht in den Fächern Maschinenbau, Elektrotechnik, Baugewerbe und Chemie anbot, während in der zweiten (BS II) mit 3 200 Schülerinnen und 1 400 Schülern eine gewerblich-kaufmännische und eine hauswirtschaftliche sowie zusätzlich, nur für Mädchen, eine landwirtschaftliche Ausbildung erfolgte. Die Zahl der Schüler an den Berufsbildenden Schulen stieg bis 1970 auf 11 300, und kletterte bis 1980 auf 14 700, um bis 1990 auf 12 700 und 1995 auf 10 500 wieder abzusinken; im Schuljahr 2000/2001 betrug die Zahl der Schüler 11 700.

Für den technischen Bereich gab es inzwischen zwei Berufsbildende Schulen (im neuen Georg-Kerschensteiner-Berufsbildungszentrum in der Franz-Zang-Straße Technik I mit der Ausrichtung auf Maschinenbau und Elektrotechnik sowie Technik II mit dem Schwerpunkt Gestaltung), dazu in der Pfalzgrafenstraße im Stadtteil Süd eine für Naturwissenschaften mit den Schwerpunkten Biologie, Chemie, Physik und Umweltschutztechnik. Daneben gab es zwei wirtschaftlich ausgerichtete Berufsbildende Schulen (Wirtschaft I in der Mundenheimer Straße mit dem Schwerpunkt Datenverarbeitung sowie Wirtschaft II im früheren Gebäude des altsprachlichen Gymnasiums in der Bismarckstraße, u. a. mit dem Schwerpunkt Wirtschaft und Verwaltung). Hinzu kam weiterhin die Berufsbildende Schule für Hauswirtschaft, inzwischen ausgeweitet auf Sozialpädagogik. Alle sechs Schulen boten die Möglichkeit, die Fachoberschulreife – etwa für die Meisterprüfung – zu erwerben. Den Schulen Technik I und Wirtschaft I war zudem eine Oberstufe in der Form eines Technischen bzw. Wirtschaftsgymnasiums angegliedert, mit deren Abschluß man die Hochschulreife erlangen

In der Berufsschule, 1970er Jahre [238]

konnte. Gerade diese beiden Bereiche konnten zwischen 1970 und 2000 ihre Schülerzahlen enorm steigern: allein an den beiden Gymnasien wuchsen sie in diesem Zeitraum von 31 auf 478. Neben den Berufsbildenden Schulen gab es noch einige mit privater Trägerschaft, so die ›Private Handelsschule Dr. Stracke‹ für Wirtschaft, das ›Pfalztechnikum‹ der Berufsbildungs GmbH, die chemisch-technische Assistenten ausbildete, die ›Private, staatlich anerkannte Fachschule für Altenpflege des Caritas-Verbandes für die Diözese Speyer e.V.‹ sowie acht Schulen des Gesundheitswesens, getragen vor allem von einzelnen kirchlichen Krankenhäusern, alle mit relativ wenigen Schülern.

Auf dem Hochschulsektor entwickelte sich Ludwigshafen immer mehr zu einem der – auf das Land Rheinland-Pfalz bezogen – wichtigen Zentren des Fachhochschulwesens. Hierbei spielten als ›Unterbau‹ die bereits bestehenden Fachschulen und Fachoberschulen eine wichtige Rolle. Seit 1971 gab es die ›Fachhochschule für Sozialarbeit und Sozialpädagogik‹, die von der Evangelischen Kirche getragen und 1983 in ›Evangelische Fachhochschule für Sozialwesen‹ umbenannt wurde. Schon vor dieser evangelischen Einrichtung war im Oktober 1965 die ›Höhere Wirtschaftsfachschule des Landes Rheinland-Pfalz‹ eröffnet worden, die sich in der Folge gut mit den entsprechenden Einrichtungen an der Universität Mannheim ergänzte.[396] In den Jahren 1968 und 1969 wurde das Institut Schauplatz von ›zeitgemäßen‹ Studentenunruhen, bei denen sich die Studierenden rühmten, statt „gesellschaftskonformem" Denken „ein ausgeprägt kritisches Bewußtsein und Engagement" entwickelt zu haben.[397] Die Schule wurde 1971 zur Abteilung der von Mainz aus zentral gelenkten ›Fachhochschule Rheinland Pfalz‹ und ständig ausgebaut. Im September 1996 wurden die Abteilungen der Fachhochschule verselbständigt. Damals zählte die Ludwigshafener Dependance etwa 2 500 Studierende und rund 50 Professoren. Mit der Verselbständigung erhielt sie zusätzlich zu den bestehenden Ausrichtungen (unter anderem European Management and Controlling, Marketing, Personal- und Ausbildungswesen, Organisation und Logistik, Wirtschaftsinformatik sowie Finanz-, Prüfungs- und Steuerwesen) drei

Anmerkungen Seite 920 und 921

396 zur Geschichte vgl. die Studienführer der Fachhochschule; StALu, DS 42

397 StALu, DS 43 / 1

398 StALu, SRP 9.7.1971, S.374—454

** am 1999 eingeweihten Erweiterungsbau der Fachhochschule*

Das Kunstwerk ›Colloquium Externo‹, Fachhochschule Ludwigshafen [239]*

neue Studiengänge, nämlich einen Aufbaustudiengang ›Internationale Unternehmensberatung‹, dazu – in Kooperation mit der BASF – ›Betriebswirtschaft im Praxisverbund‹ sowie ›Marketing Ostasien‹. Für den letzteren wurde im Juli 1997 ein Neubau im Bereich des Planungsgebiets ›Rheinufer Süd‹ eingeweiht, der – direkt am Fluß stehend – wegen der Hochwassergefahr auf Betonstelzen errichtet wurde.

Der Status einer echten Universitätsstadt blieb Ludwigshafen indes versagt. Zu Beginn der siebziger Jahre schien er allerdings für kurze Zeit in Reichweite zu sein. Vor dem Hintergrund einer möglichen Zusammenlegung der Pfalz mit dem Land Baden-Württemberg im Zuge der Überlegungen, die 1970—1973 von der sog. Ernst-Kommission angestellt wurden (vgl. oben, S. 769), erschien die Vereinigung von Ludwigshafen und Mannheim zu einer Halbmillionenstadt keineswegs als abwegig. Damit war aber auch der Ausbau der 1967 zur Universität erhobenen Mannheimer Wirtschaftshochschule zu einer Volluniversität auf beiden Rheinseiten durchaus sinnvoll, zumal die Studierenden in Mannheim ohnehin zu einem nicht geringen Teil aus der Pfalz kamen. Im Juli 1971 beschlossen sämtliche im Ludwigshafener Stadtrat vertretenen Parteien, auf eine solche Gesamtuniversität beider Städte hinzuarbeiten.[398] Als Areale für den Anteil Ludwigshafens an der künftigen Hochschule sollten Geländeteile einmal im Bereich des vor kurzem aufgelassenen alten Hauptbahnhofs sowie entlang der Pasadenaallee zur Verfügung gestellt werden. Außerdem war an Flächen im östlichen Teil von Oggersheim gedacht. In die neue Universität sollten die Ludwigshafener Kliniken als Teil einer künftigen Medizinischen Fakultät eingegliedert werden. Deren Standort sollte im wesentlichen linksrheinisch sein, unbeschadet der Tatsache, daß man in Mannheim damals ebenfalls den Aufbau einer medizinischen Fakultät in Erwägung zog (da dies mißlang, sollte das im dortigen städtischen Krankenhaus eingerichtete Universitätsklinikum schließlich der Universität Heidelberg zugeschlagen werden). Außerdem sollten die Naturwissenschaften in Ludwigshafen ihre Institute erhalten, was sich nicht zuletzt wegen der Nähe zu den Forschungsstätten in den verschiedenen Chemieunternehmen anbot.

Jazzkonzert mit Jasper van't Hof im Hack-Museum, März 1999 [240]

Populäre Kultur in der Eberthalle: ›Goldene Stimmgabel‹, September 2000 [241]

Auch an einen entsprechenden Ausbau der vorhandenen Fachhochschulen war gedacht. Bei allem verkannte man nicht, daß die Verwirklichung solcher hochfliegenden Pläne auch Schattenseiten haben konnte. So versuchte man der Befürchtung entgegenzuwirken, daß die Ludwigshafener Wirtschaftsfachhochschule gewissermaßen als Kompensation für die Ansiedlung der beiden neuen Fakultäten nach Mannheim verlegt würde. Gleichwohl sollte sie in die neue Großuniversität einbezogen werden. Dazu wollte man das Fachhochschulwesen auf die Ausbildung von Naturwissenschaftlern ausdehnen.

Der Beschluß des Stadtrats forderte die Landesregierungen in Mainz und Stuttgart auf, sich über diese Fragen zu verständigen und die jeweilige Landeshochschulplanung entsprechend zu ergänzen. Da bald klar wurde, daß eine Neugliederung der Bundesrepublik mit veränderten Ländergrenzen nicht durchsetzbar war und mithin Ludwigshafen wie Mannheim weiterhin zu verschiedenen Bundesländern gehören würden, ging es bei diesen Plänen nunmehr darum, ob eine länderübergreifende Hochschule für die jeweiligen Landesregierungen wünschenswert sein würde. Denn eine solche hätte in Deutschland ein Novum dargestellt, auch wenn eine gemeinsame Universität beider Nachbarstädte mit ihrem links wie rechts des Rheins relativ großen Einzugsgebiet eine durchaus sinnvolle Einrichtung gewesen wäre. Als im Stadtrat rund zwei Jahre nach dem Beschluß von 1971 über den Stand der Dinge berichtet wurde,[399] konnte man zwar auf eine positive Stellungnahme des Bundeswissenschaftsministeriums verweisen, die sich auf ein Gutachten der ›Arbeitsgruppe Standortforschung‹ an der Technischen Universität Hannover stützte. Man erwog daher, bei der Landesregierung die Anmeldung der neuen Hochschule für den kommenden ›Rahmenplan‹ des für den Ausbau des Universitätswesens zuständigen Wissenschaftsrats (d. h. des Bund-Länder-Gremiums für übergreifende Hochschulplanungen) zu beantragen, allein die Mainzer Landesregierung sah sich angesichts der Finanzlage von Rheinland-Pfalz nicht imstande, neben den 1970 eröffneten Universitäten in Trier und Kaiserslautern auch

Anmerkungen Seite 922 und 923

399 StALu, SRP 29.10.1973, S. 730—732

400 zu diesem Abschnitt sei generell auf die Angaben des ›Kulturentwicklungsplans der Stadt Ludwigshafen am Rhein‹, 1989, 2. unveränderte Aufl. 1991, verwiesen; StALu, DS 419, 1989

Bibliothek mit dem Wandrelief von Karl-Heinz Deutsch [242]

Eröffnung der Scharpf-Galerie im Hemshof mit einer Ausstellung von Werken des Künstlers
Von links: Oberbürgermeister Ludwig, Rudolf Scharpf, Ortsvorsteher Ries [243]

noch einen – noch dazu wegen der erforderlichen Zweckbauten und Apparaturen ziemlich kostspieligen – Teil einer neuen Hochschule im Zentrum des Rhein-Neckar-Raums zu finanzieren. Dafür wurde von Mainz der weitere Ausbau der Wirtschaftsfachhochschule sowie die Einbeziehung der Krankenhäuser in Ludwigshafen in die rheinland-pfälzische Medizinerausbildung zugesichert. Da die große Welle der bundesdeutschen Universitätsneugründungen ohnehin im Laufe der siebziger Jahre verebbte und die Kassen des Bundes wie der Länder immer höhere Belastungen jenseits des Bildungssektors zu tragen hatten, verlief das Projekt einer Universität Mannheim-Ludwigshafen schließlich im Sand. Neue Pläne aus der Zeit um die Jahrtausendwende, die Stellung Ludwigshafens als Standort bedeutender medizinischer Einrichtungen erneut zu nutzen und im Don-Bosco-Haus im Hemshof eine private medizinische Hochschule zu etablieren, sind noch nicht bis zur Vollendung gereift.

Das kulturelle Leben [400]

Ludwigshafen hatte stets mit dem einseitigen Bild zu kämpfen, nichts anderes als eine Industrie- und Arbeiterstadt zu sein. Dieser Eindruck trog längst, denn schon seit Jahrzehnten wurden teils sehr erfolgreiche Anstrengungen für das kulturelle Leben unternommen. Darunter verstand man nicht nur die Pflege einer sog. Kulturszene, in der die Kleinkunst etwa in der Form von Straßentheater, Kabarett und populärer Musik dominierte, das vielfältige Vereinsleben, die zahlreichen Feste oder etwa die Förderung des Sports. Vielmehr trat dazu die Hinwendung zur ›großen‹ Kunst des Musik- und Theaterlebens wie des Films, daneben das Bestreben, auch als Heimstatt der Bildenden Künste wie als Forum des geistigen Austauschs unter bedeutenden Intellektuellen zu gelten und so das Flair einer echten Kulturstadt zu erhalten. Dieser Anspruch war jedoch im Vergleich einmal mit dem benachbarten Mannheim mit seinem traditionell intensiven Kulturleben und zum anderen mit Heidelberg nur schwer zu verwirklichen. Auf der anderen Seite

bedeutete es einen Vorteil, daß der Chemie-Metropole als Standort bedeutender Wirtschaftsunternehmen durchaus wohlhabende Sponsoren bzw. Mäzene zur Verfügung standen. Mit dem Kulturprogramm der BASF gab es zudem gerade im Bereich von Musik oder Bildung ein außerordentlich breites gehobenes Angebot, das zum Teil in Zusammenarbeit mit der Stadt entwickelt wurde und für die Bevölkerung offen war. Andererseits bot die 1965 eröffnete Eberthalle Raum für populäre Ausstellungen, Musik-, Show- und Sportveranstaltungen, wurde für Fernsehübertragungen wie die ›Hitparade‹ genutzt und war immer wieder Schauplatz politischer Großkundgebungen.

Gut ausgebaut war die älteste Kulturinstitution der Stadt, die 1875 gegründete Stadtbücherei, die 1975 den Namen ›Stadtbibliothek‹ erhielt.[401] Sie besaß überwiegend in neuen Räumen untergebrachte Zweigstellen in allen Stadtteilen außer Maudach, dazu einen ›Bücherbus‹, der abgelegene Gebiete der Stadt versorgte. Seit 1963 war die große, etwa 27 000 Bände umfassende schulgeschichtliche und pädagogische Sammlung des Ehrenbürgers Hans Loschky Teil der Bücherei und wurde nach dem Willen des Stifters der Öffentlichkeit zugänglich gemacht und fortwährend ausgebaut.[402] Der 1963 neueröffnete Bau der Zentralbibliothek in der Bismarckstraße[403] war mit dem dahinter gelegenen Reichert-Haus Teil eines ›Kulturschwerpunkts‹, der Theater- und Kunstausstellungsräume sowie die Volkshochschule beherbergte. Letztere, eine Gründung Bürgermeister Reicherts, hatte seit 1958 einen eigenen Leiter und war als Bildungs- und Fortbildungsinstitution fest etabliert. Die 1964 aus der neun Jahre zuvor errichteten Singschule hervorgegangene städtische Musikschule fand regen Zuspruch und wurde bereits 1966 von fast 2 000 Schülern besucht.[404]

In anderen Bereichen war das Bild Mitte der 1960er Jahre jedoch noch eher bescheiden. Museen – das waren in Ludwigshafen damals das mit dem Stadtarchiv verbundene Stadtmuseum, das 1983 von diesem getrennt und mit seinen Beständen im Rathaus-Center untergebracht wurde (s. S. 879), das Oppauer Heimatmuseum, 1924 von Karl Otto Braun gegründet, und die 1959 im ehemaligen Gasthaus ›Zum Viehhof‹, in dem Schiller 1782 logierte, eröffnete ›Schillergedenkstätte‹ (auch ›Schillerhaus‹) in Oggersheim.

Die städtische Kunstsammlung[405] hingegen war noch ohne Heimstatt und fachkundige Betreuung, obwohl der große Erfolg einer Ausstellung in Wien 1964 ihren Wert dokumentiert und man ihr schon seit den 1950ern mit dem gezielten Ankauf von Kunst des 20. Jahrhunderts – neben dem regionalen und heimatlichen Kunstschaffen – einen weiteren Schwerpunkt verliehen hatte. 1966 wurde dann erstmals ein fachlich ausgebildeter Kunsthistoriker eingestellt und eine eigene Behörde ›Städtische Kunstsammlungen‹ geschaffen. Weiterhin verfügte Ludwigshafen aber nicht über ein eigenes Kunstmuseum. Die Ausstellungen fanden meist wie zuvor im Ausstellungssaal des Reichert-Hauses statt.

Die Chance zu einer entschiedenen Aufwertung der städtischen Sammlungen bot sich durch den Glücksfall einer bedeutenden privaten Schenkung, die der Kölner Kaufmann Wilhelm Hack der Stadt im Jahre 1973 machte. Die ›Sammlung Hack‹ umfaßte vor allem Gemälde des frühen 20. Jahrhunderts, dazu aber auch rheinische Funde aus der Spätantike und dem frühen Mittelalter sowie mittelalterliche Kunstwerke

Anmerkungen
Seite 924 und 925

401 *vgl. allg. Die Stadtbibliothek, bes. Böhmer, S. 63ff*

402 *Die im Zeichen der ersten großen Finanzkrise um 1992 geplante Abgabe der Sammlung an eine Institution jenseits der Stadt unterblieb nach heftigen Protesten aus der Öffentlichkeit. Doch wurden Ausbau und Betreuung der Sammlung stark reduziert.*

403 *Die beeindruckende Fassade, eine riesige Wandgestaltung des Ludwigshafener Künstlers Ernst W. Kunz geriet in den 1980er Jahren in Verfall und wurde 1990 durch ein Klinker-Relief des Jockgrimer Bildhauers Karl-Heinz Deutsch ersetzt; vgl. Böhmer, S. 69*

404 *1982 wurde die Volkshochschule im ehemaligen Stadthaus im Bürgerhof untergebracht.*
Zur Musikschule vgl. StALu, Zeitungsverkartung, Stichwort ›Jugendmusikschule‹. Schon 1918/19 bis 1933 hatte eine städtische Singschule existiert.

405 *zur Kunstsammlung und Wilhelm-Hack-Museum vgl. Kulturentwicklungsplan 1989, S. 126ff; StALu, Zeitungsverkartung, Stichwort ›Wilhelm-Hack-Museum / Kunstbesitz‹*

406 *vgl. StALu, N 5*

407 *vgl. Rhpf, 30.6.2001*

Begründer der Schulgeschichtlichen Sammlung und Ehrenbürger:

Johannes (Hans) Loschky[406] *wurde am 24. März 1888 als Sohn eines Lehrers in Neustadt an der Aich geboren. Von 1901 bis 1906 besuchte er die Lehrerbildungsanstalt in Kaiserslautern. Anschließend Übernahme in den pfälzischen Schuldienst. 1908 erstmals als Schulgehilfe, seit 1912 dann dauerhaft als Lehrer in Ludwigshafen tätig. Zuerst beschäftigt in der Schillerschule in Mundenheim, wechselte er 1926 an die neugegründete Hochfeldschule in der Gartenstadt. 1920 Mitglied der SPD, war er seit 1924 Mitarbeiter der sozialdemokratischen ›Pfälzischen Post‹, wo er die Kinderbeilage ›Die Welt der Kleinen‹ gestaltete; in der gleichen Zeitung wandte er sich auch an die Erwachsenen mit der Beilage ›Bei uns daheim‹. In den Jahren 1920 bis 1933 verfaßte er außerdem rund 40 Aufsätze in der nationalliberalen ›Pfälzischen Rundschau‹. Er war führender Mitarbeiter im Ludwigshafener Lehrerverein in den Jahren 1920 bis 1933. 1933 von den Nationalsozialisten aller Ehrenämter enthoben, war er nach dem Zweiten Weltkrieg Mitbegründer der Gewerkschaft Erziehung und Wissenschaft, deren Kreisvorsitzender er zwischen 1949 und 1959 war. 1949 wurde er Rektor der Hochfeldschule in der Gartenstadt. Zwischen 1950 und 1967 gab er die Jugendzeitschrift ›Jugend am Rhein‹ heraus; 1951 war er Mitbegründer und bis 1967 Leiter des Jugendschriftenausschusses der Gewerkschaft Erziehung und Wissenschaft sowie 1951 auch Mitbegründer der Schulbuchkommission und Verfasser von Lesebüchern für die 3. und 4. Schulklasse. 1953 zeichnete ihn die Pfälzische Gesellschaft zur Förderung der Wissenschaften mit der Bronzemedaille für seine besonderen Verdienste um seine pfälzische Heimat aus. Nach seiner Pensionierung im Jahr 1953 legte Loschky eine umfangreiche und überregional bedeutsame ›Schulgeschichtliche Sammlung‹ mit rund 30000 Bänden in der Stadtbibliothek an, der er als ehrenamtlicher Leiter bis kurz vor seinem Tod vorstand. 1958 erhielt er das Bundesverdienstkreuz am Bande. 1968 wurde er als erster Bürger mit dem Ehrenring der Stadt Ludwigshafen ausgezeichnet. 1978 wurde er Ehrenbürger der Stadt. Loschky starb am 7. Dezember 1979 in Ludwigshafen. 1980 wurde die Hauptschule Gartenstadt in Hans-Loschky-Schule umbenannt; 1983 erhielt die „Schulgeschichtliche Sammlung" in der Stadtbibliothek den Namen ›Hans-Loschky-Sammlung für Erziehungswissenschaft und Schulgeschichte‹.*

[K. B.]

Johannes Loschky [244]

Pfälzer Schriftsteller im ›Exil‹:

Arno Reinfrank[407] *wurde am 9. Juli 1934 in Mannheim geboren. Er wuchs in Ludwigshafen auf. Sein Vater war wegen Betätigung für die illegale KPD zeitweise im Konzentrationslager; die Mutter mußte mit dem Sohn untertauchen, weshalb Reinfrank seine schulische Fortbildung erst nach dem Krieg wieder aufnehmen konnte. Im Pressehaus in Ludwigshafen war er Redaktionsgehilfe, als Mitglied der FDJ 1950 Volontär der rheinland-pfälzischen KPD-Zeitung ›Neues Leben‹. Es schlossen sich zwei Semester an der deutschen Journalistenschule Aachen an, ein Semester als Gasthörer an der Universität Heidelberg und die Tätigkeit als Journalist in Paris. Im Zuge des Kalten Krieges war für Reinfrank in Deutschland eine journalistische Tätigkeit kaum noch möglich, weshalb er 1954 nach London übersiedelte. Dort besuchte er von 1956 bis 1958 das Polytechnikum, anschließend arbeitete er als freier Schriftsteller. Er schrieb Romane, Erzählungen, Gedichte, Hörspiele und Drehbücher. Seine Mundartliteratur, ein „eingehochdeutscheltes Pfälzisch", so Reinfrank, machte ihn in seiner kurpfälzischen Heimat populär. 1957 erhielt er den Kurt-Tucholsky-Preis; 1964 den Förderpreis der Stadt Ludwigshafen; 1968 den Pfalzpreis für Literatur; 1973 den Förderpreis des Landes Rheinland-Pfalz. Im Jahr 2000 würdigte der Ludwigshafener Kulturausschuß sein Lebenswerk. Reinfrank gehörte dem PEN-Zentrum deutschsprachiger Autoren im Ausland an; 1980 bis 1989 war er der dessen Generalsekretär, bis er aus Protest gegen den Verlauf der Deutschen Vereinigung 1990 zum Ost-PEN übertrat.*

Arno Reinfrank starb am 28. Juni 2001 in London. Der Robert-Blum-Preis des Bundes der Freireligiösen Gemeinden in Anerkennung seines Einsatzes für Religionsfreiheit, Toleranz und gegenseitige Achtung konnte ihm nur noch posthum verliehen werden. Kulturdezernent Ramsauer würdigte Reinfrank am 2. Juli 2001 mit den Worten: „Die Stadt hat mit Arno Reinfrank einen großen Schriftsteller verloren, der hier aufgewachsen ist und der seine Heimatstadt nie vergessen hat."

[K. B.]

Arno Reinfrank [245]

Besuch des Miró-Vertrauten und Keramikers Joan Gardy Artigas anläßlich der Miró-Ausstellung in Ludwigshafen. Fototermin vor ›der Wand‹, v. l. Museumsleiter Richard Gassen, Mirós Tochter Dolores, Artigas und der Miró-Enkel Jean Punyet, Oktober 2000 [246]

Die Wand[408]

Die Miró-Wand, das hervorragendste Kunstwerk des modernen Ludwigshafen, verdankt ihre Entstehung einem Konstruktionsfehler beim Bau des Wilhelm-Hack-Museums.

Die Südostwand des Bauwerks war ursprünglich viel kleiner geplant gewesen, mußte aber wegen der Unterbringung verschiedener Installationen um etwa vier Meter erhöht werden und maß nun etwa 10 Meter auf 55 Meter. Diese Riesenfläche schrie geradezu nach einer künstlerischen Gestaltung. Verschiedene Lösungen wurden erwogen. Schließlich trat die Stadtführung unter Vermittlung des Museumsstifters Wilhelm Hack an den katalanischen Künstler Joan Miró (1893—1985) heran und bat um einen Entwurf für die Wand.

Miró entschied sich für eine Keramikverkleidung. Ausgeführt wurden die 7 200 Fliesen von Joan Gardy Artigas, seinem langjährigen Partner, da Miró aus gesundheitlichen Gründen nicht selbst die Gesamtherstellung übernehmen konnte. 1977 einigte man sich auf einen Gesamtpreis von 500 000 Mark, zu dem das Land Rheinland-Pfalz 160 000 Mark und private Spender 140 000 Mark beitrugen.

Manche Ludwigshafener Zeitgenossen fürchteten zwar, daß das ›südländische‹ Kunstwerk nicht in die Stadt passen werde, und bei der Einfuhr der Fliesen nach Deutschland wollten die Zollbehörden sie als „Sanitärverkleidung" mit entsprechenden exorbitanten Abgaben belegen. Doch erkannte nicht nur die Oberfinanzdirektion Koblenz Mirós und Artigas' Arbeit als Kunstwerk an.

Als die Montagearbeiten am 20. Dezember 1979 abgeschlossen waren, konnte auch die Ludwigshafener Bevölkerung die farbensprühende Komposition eines Künstlers von Weltruf bewundern, die seitdem zu einem Wahrzeichen der Stadt geworden ist.

[S. M.]

(Malerei, Plastiken, kunstgewerbliche Objekte), die Ludwigshafen unter der Bedingung übereignet wurden, daß dafür ein Museum errichtet und entsprechendes Fachpersonal eingestellt würde. Die Annahme der Schenkung hatte den Neubau des nach Hack (der 1975 mit der Ehrenbürgerwürde ausgezeichnet wurde) benannten Museums an der Berliner/Ecke Kaiser-Wilhelm-Straße zur Folge, das mit dem weithin sichtbaren Mosaik des spanischen Künstlers Joan Miró zu einer Art städtischen Wahrzeichens wurde. Nach vierjähriger Bauzeit konnte es im April 1979 bezogen werden. Mit dem durch die Sammlung Hack noch einmal klar definierten Schwerpunkt auf der Malerei des 20. Jahrhunderts, besonders der klassischen Moderne, der frühen Abstraktion und des Konstruktivismus gelang es dem Museum, ein klares Profil und bald auch weit über die Region hinaus Aufmerksamkeit zu gewinnen. 1988 wurde der Bestand durch die Pop-Art-Sammlung des Düsseldorfer Rechtsanwalts Heinz Beck noch einmal entscheidend ergänzt. Als kleine Galerie wurde außerdem das 1977 von dem in Ludwigshafen geborenen Grafiker und Holzschneider Rudolf Scharpf (* 1919) der Stadt übereignete Hemshofer Anwesen seiner Familie Teil des Hack-Museums. 1982 als ›Rudolf-Scharpf-Galerie‹ der Öffentlichkeit zugänglich gemacht, diente es der Ausstellung von Scharpfs Werken, aber auch derjenigen junger Künstler.

Seit seiner Eröffnung wurde das Wilhelm-Hack-Museum neben der Mannheimer Kunsthalle zum attraktivsten Zentrum des regionalen Ausstellungswesens, mit beeindruckenden Besucherzahlen, wobei die

Anmerkungen Seite 926 und 927

408 vgl. Gassen

409 so Wilhelm Hack selbst zu seinem Leben und seiner Bedeutung für Ludwigshafen vgl. Rhpf, 29.6.1985

„Kultur ist ein Geschenk der Götter für uns alle"[409]

Der Kunstsammler ***Wilhelm Hack***

Wie ein unglaublicher Glücksfall muß es erscheinen, daß der Kölner Kunstsammler Wilhelm Hack seine Schätze im März 1973 der Stadt Ludwigshafen schenkte. Doch Hack sah in der Industriestadt am Rhein die Chance, hier eine kulturelle Initialzündung zu bewirken und seine Kunstsammlung einer weniger elitären Öffentlichkeit jenseits der großen Zentren zugänglich zu machen, an einem Ort, in dem kein reiches Erbe der Jahrhunderte die neuen Kunstwerke ihrer Wirkung und angemessenen Würdigung berauben würde. Seit dem Ende der 1960er Jahre war Hack entschlossen, seine Sammlung zu verschenken. Lange hatte er den ›richtigen‹ Empfänger gesucht, bevor es Oberbürgermeister Ludwig und dem Leiter der Ludwigshafener Kunstsammlung, Manfred Fath, gelang, ihn für Ludwigshafen zu gewinnen. Im Gegenzug für die großherzige Schenkung verpflichtete sich die Stadt, ein Museum für die Präsentation der Kunstwerke zu errichten.

Wilhelm Hack wurde im Jahr 1900 als Sohn eines Kaufmanns in Koblenz geboren. Nach dem Kriegsdienst im Ersten Weltkrieg betrieb er eine erfolgreiche Im- und Exportfirma in seiner Heimatstadt. 1936 übersiedelte er nach Köln, wo er nach erneutem Militärdienst im Zweiten Weltkrieg mit der Nylonverarbeitung ein überaus lukratives Geschäft verfolgte. Der immer schon an Kunst Interessierte begann schon früh mit „Sachverstand und Disziplin" eine Sammlung aufzubauen, die sich zuerst auf mittelalterliche Kunst konzentrierte – vor allem rheinische Tafelbilder. Auch erwarb er den berühmten Gondorfer Gräberfund. Nach dem Krieg, als er nach seinen eigenen Worten „das Mittelalter ziemlich über hatte", begann er sich den Modernen, vor allem den „Quellen der Abstraktion" zuzuwenden. Der Wert seiner in seinem Privathaus versammelten Kunstschätze wurde um 1970 auf etwa 20 bis 30 Mio. Mark geschätzt.

In Würdigung seiner Verdienste um die Stadt, der er „ein neues Gesicht verliehen" hatte, wurde er 1975 zum Ehrenbürger gewählt. Nach Fertigstellung des Museums, das seinen Namen trägt, vermittelte Hack auch den Kontakt zu dem ihm bekannten Joan Miró, der die Gestaltung der großen Seitenfront des Baus übernahm. 1985 ist Hack nach fünfjähriger schwerer Krankheit, die ihn an den Rollstuhl fesselte, gestorben.

[S. M.]

Unterzeichnung der Urkunde der ›Wilhelm-Hack-Stiftung‹ durch den Stifter am 19. März 1973
Rechts neben Hack Oberbürgermeister Ludwig [247]

finanzielle Förderung vor allem durch die BASF, welche bereits eine Million Mark für den Bau gespendet hatte, eine wesentliche Rolle spielte. So wurden im Wilhelm-Hack-Museum 1980 ›Meisterwerke des 20. Jahrhunderts‹ gezeigt, 1986 gab es eine Max-Ernst-, 1987 eine Picasso-, 1989 eine Chagall- und 1993 eine Schmidt-Rottluff-Ausstellung. Allein die Chagall-Ausstellung zog rund 100 000 Besucher an. Weithin Beachtung fand 1995 auch die Präsentation von ›Kunst im Verborgenen – Nonkonformisten, Rußland 1957—1995‹. In den späten neunziger Jahren wurden Werke der ›Op-Art‹-Künstler Victor de Vasarély und Richard Anuszkiewicz gezeigt. Gemeinsam mit der Kunsthalle in Mannheim präsentierte man 1998/99 Zeugnisse der ›Kunst und Kultur der 1920er Jahre – Die neue Wirklichkeit‹ sowie von ›Kunst im Aufbruch – Abstraktion zwischen 1945 und 1959‹. Bei alledem wurden aber auch frühere Kunstepochen nicht vernachlässigt: 1996 bzw. 1997 z. B. gab es Ausstellungen von Radierungen Rembrandts und Goyas.

Wichtige Träger des (Kunst-) Ausstellungswesens neben ›der Stadt‹ waren und blieben auch der Ludwigshafener Kunstverein, der die Ausstellungshalle im Reichert-Haus nutzte, sowie die Künstlervereinigungen Ludwigshafens, besonders der ›Anker‹. Kleineren Kunst- und historischen Ausstellungen bot das Stadtmuseum Raum. In den 1980er und 1990er Jahren zeigten auch die Banken der Stadt zum Teil bemerkenswerte Kunstausstellungen, während in den Stadtteilmuseen regionale und populärere Kleinausstellungen auch von Kunsthandwerk und ›kreativen Freizeit‹-Künstlern ihren Platz fanden.

Mozarts ›Zauberflöte‹
Eröffnungsvorstellung des Mannheimer Nationaltheaters im neuen Pfalzbau
21. September 1968 [248]

Die Staatsphilharmonie im Speyerer Dom, 2001 [249]

Anmerkungen
Seite 929

410 Blitt, S. 45

Wurde das Wilhelm-Hack-Museum, von dem aus die städtischen Kunstsammlungen insgesamt betreut wurden, bald zu einem wesentlichen Bestandteil des Kulturbetriebs im Rhein-Neckar-Raum und gewann auch weit darüber hinaus Ansehen, so schien es für Ludwigshafen gerade gegenüber Mannheim mit seinem renommierten Nationaltheater äußerst schwierig, sich auf dem Gebiet von Schauspiel und Oper in ähnlicher Form zu profilieren. Es war klar, daß die Unterhaltung eigener Ensembles für diese Bereiche die Stadtkassen überfordern würde. Theater-, Opern-, Musical- und Ballettvorführungen sollten grundsätzlich nur im Rahmen von Gastspielen stattfinden. Nach diesem Prinzip war man bereits in der Zwischenkriegszeit verfahren, nachdem man mit dem 1928 eröffneten Pfalzbau ein dafür geeignetes Gebäude errichtet hatte. Dieses war 1944 zerstört, jedoch seit 1952 nach und nach wieder instandgesetzt worden. Anfang der sechziger Jahre entschloß man sich jedoch, es durch einen Neubau zu ersetzen, der vier Jahre nach der Grundsteinlegung und dem zeitweiligen durch Finanzierungsprobleme bedingten Baustillstand im September 1968 eröffnet werden konnte – ein angesichts leerer Stadtkassen veröffentlichter Spendenaufruf zur

An alle Bürger von Ludwigshafen am Rhein

SPENDEN-AUFRUF

Aufbauhilfe Neuer Pfalzbau

Spenden-Konto Nr. 7708 Stadt-Sparkasse

Der NEUE PFALZBAU soll die gute Stube unserer Stadt werden, so wie es alle Bürger von einer Kultur- und Begegnungsstätte erwarten dürfen. — Unsere Stadt wurde nach dem Kriege wieder aufgebaut und hat sich zu einer Metropole pulsierenden Lebens entwickelt. — Der NEUE PFALZBAU kann zur Zeit noch nicht fertiggestellt werden, weil Mittel fehlen den Bau zu vollenden. — Wir Bürger helfen beim Aufbau unseres Pfalzbaues. — Jede Spende - ob groß oder klein - wird dankbar entgegengenommen.

Aufbauhilfe NEUER PFALZBAU

Spendenkonto Nr. 7708 (Sonderkonto) Stadtsparkasse Ludwigshafen am Rhein

Neben Direkt-Überweisungen auf das Konto Nr. 7708 können Sie auch Bausteine erwerben von
1,- DM, 2,- DM, 5,- DM, 10,- DM, 50,- DM und 100,- DM
Diese sind erhältlich beim Städtischen Kulturamt, Jubiläumstraße 5 - Geschäftsstelle der Theatergemeinde Ludwigshafen am Rhein e.V.

Die Theatergemeinde Ludwigshafen am Rhein e.V.
KARL NORD
Vorsitzender

Alle Spenden sind gemäß Paragraph 10 b EstG. bzw. Paragraph 11 KstG. steuerlich abzugsfähig. Spendenquittungen erhalten Sie beim Städtischen Kulturamt.

Spendenaufruf für die Fertigstellung des Pfalzbaus [250]

Der 1968 eröffnete neue Pfalzbau mit der ›Pfalzsäule‹ [251]

1985 bezogen: Gebäude der Staatsphilharmonie in der Heinigstraße [252]

Das Ernst-Bloch-Zentrum, die ehemalige Walzmühldirektorenvilla September 2000 [253]

Fertigstellung des ›Kulturtempels‹ hatte 155 000 Mark erbracht, davon 100 000 von der BASF. Der neue Pfalzbau – der alte wurde 1970 abgerissen – erhielt einen Zuschauerraum mit etwa 1 200 und einen Konzertsaal mit rund 1 100 Plätzen; hinzu traten ein Saal für kleinere Veranstaltungen mit 300 Plätzen und ein 800 qm großer Festsaal für offizielle Anlässe. Die Bühne war technisch auf dem neuesten Stand und konnte mit denjenigen der Nachbarstädte wohl konkurrieren. Karl Nord, der bis zu seinem Ruhestand 1975 auch den neuen Pfalzbau leitete, setzte auf die bewährte Kooperation mit den Bühnen der Region, die auch anspruchsvollere und modernere Stücke in die Stadt brachten, und auf Tourneetheater, die für ihre Programme oft mit bekannten Stars warben. Sein Nachfolger, der bisherige Leiter der Wiesbadener Maifestspiele, Dr. Rainer Antoine, nutzte seine zahlreichen Kontakte zu führenden Kompanien der Welt sowie seinen offenbar nicht geringen Charme, um „Ludwigshafen mit einem exquisiten Programm international als Kulturstadt ins Gespräch zu bringen.“[410] Bühnen und Ensembles von internationalem Rang gaben sich in Ludwigshafen ›die Klinke in die Hand‹, Oper und vor allem Ballett wurden neben dem Schauspiel ausgebaut. In der Chemiestadt gastierten

die Schauspielhäuser von Zürich, Hamburg und Düsseldorf, das Wiener Burgtheater, Peter Steins Berliner Schaubühne oder, mit großem Publikumserfolg, britische Bühnen und mehrfach die Comédie Française, im Opernbereich die Häuser von Wien, Stockholm, Zürich, und seit 1978 verstärkt die großen Bühnen Osteuropas, beim Ballett das Moskauer Bolschoi oder John Neumeiers Hamburger Ballett, das lange ›Stammgast‹ im Pfalzbau blieb.[411] Unter Antoines Nachfolgern Christian Sauser und Michael Haensel begann der Pfalzbau zuerst zeitweise mit Eigenproduktionen, unter anderem von seltenen Barockopern, die einen Kontrast zum Repertoire der festen Bühnen der Umgebung bildeten. Als sich dieses Konzept Anfang der 1990er Jahre als zu teuer erwies, wurden verstärkt Koproduktionen mit renommierten Bühnen der ganzen Welt angeboten, die Ludwigshafen weiterhin in die Theater-Feuilletons brachten. 1992 fand im Rathaus die erste europäische Kooperationskonferenz von Theaterleitern und -intendanten statt. Die Finanzkrise führte dann freilich dazu, daß der Etat des Pfalzbaus von neun Millionen Mark 1993 auf knapp über fünf Millionen vier Jahre später sank. Er war damit eine der am drastischsten von den Sparmaßnahmen betroffenen städtischen Einrichtungen: Koproduktionen mußten weniger kostspielig werden, das teure, aber auch beliebte Musiktheaterangebot wurde ausgedünnt, man setzte wieder mehr auf die Tourneebühnen, die all die Jahre zuvor einen deutlichen Anteil am Programm behauptet hatten. Die Zahl der Abonnenten, die von 7 500 um 1975 auf etwa 14 000 um 1990 gestiegen war, sank wieder auf circa 10 000. Im Zeichen des Sparens kooperierte die Bühne mit dem Kaiserslauterer Pfalztheater. Ende 2003 wurde der ehemalige Leiter der Ruhrfestspiele, Hansgünther Heyme, zum neuen Intendanten bestimmt.

Auch für Konzerte stand der Neue Pfalzbau zur Verfügung, doch blieb das ›Feierabendhaus‹ der BASF weiterhin ein bevorzugter Ort musikalischer Darbietungen. Das Konzertleben der Stadt hatte eine lange Tradition, schon in der Vergangenheit waren ausgezeichnete Orchester durch die Stadt und im Rahmen des Kulturprogramms der BASF an den Rhein geholt worden. Kern des Angebots war indessen das ortansässige ›Pfalzorchester‹, das auch weit über die Region hinaus einen guten Ruf genoß. Berühmte Solisten und Dirigenten, darunter über Jahre immer wieder, um nur ein Beispiel zu nennen, Sergiu Celibidache, arbeiteten mit ihm zusammen.[412] Das von einem Zweckverband pfälzischer Kommunen unter besonderer Beteiligung der Stadt Ludwigshafen getragene Orchester ging 1967 in die Trägerschaft des Bezirksverbands Pfalz über und wurde 1974 Staatsorchester. Seit 1979 trägt es den Titel ›Staatsphilharmonie Rheinland-Pfalz‹. Im September 1985 erhielt das Orchester in der Heinigstraße nahe dem Wilhelm-Hack-Museum ein eigenes Gebäude. Mit der Stadt blieb die Staatsphilharmonie auf vielerlei Weise verbunden, auch nachdem die einst so populären sommerlichen Nachmittagskonzerte im Ebertpark dem im Fernsehzeitalter gewandelten Freizeitverhalten zum Opfer gefallen waren. So bot sie nicht nur neben ihren Engagements im Land und weit darüber hinaus weiterhin zahlreiche Veranstaltungen in Ludwigshafen – etwa im Rahmen der BASF-Sinfoniekonzerte im Feierabendhaus. Sie arbeitete auch bei den Eigenproduktionen des Pfalzbaus mit und begleitete oft Opernaufführungen dort. Wiederholt wurde der Neujahrsempfang der Stadt von der Philharmonie umrahmt.

Anmerkungen
Seite 930 und 931

411 Zu den Stars, die während Antoines Ära im Pfalzbau gastierten, gehörten Jean Marais, Danielle Darieux, Carl Raddatz und Rudolf Nurejew.

412 zu seiner wechselvollen Geschichte vgl. den entsprechenden Abschnitt im ›Kulturentwicklungsplan‹, S. 642—646

413 Blitt, S. 33ff; Rhpf, 13. 8. 1985

414 Rhpf, 13. 8. 1985

415 vgl. zum Zentrum selbst den Band ›Ernst-Bloch-Zentrum. Zukunft als Programm‹

416 vgl. dazu die Debatte im Stadtrat am 8. Juni 1970; StALu, SRP. Es gibt von dieser Debatte ein eigens gebundenes Exemplar, in dem die Redebeiträge im Wortprotokoll festgehalten wurden.

*„Ein leidenschaftlicher Theatermann": **Rainer Antoine***[413]

Der spätere Pfalzbauintendant wurde 1937 als Sohn der Tänzerin und Mary-Wigman-Schülerin Lucy Antoine in Berlin geboren. In Berlin, Wien und Oxford studierte er Musik- und Theaterwissenschaft, Publizistik und Germanistik. Seminare in Salzburg und Princeton vervollständigten seine Ausbildung. 1962 promovierte er an der FU Berlin. Danach arbeitete er als Chefdramaturg an den Städtischen Bühnen in Münster und wechselte dann nach Wiesbaden, wo er auch Programmdirektor der dortigen Maifestspiele wurde. Daneben war er Mitarbeiter bei den Bad Hersfelder Festspielen. 1977 übernahm er die Leitung des Pfalzbaus und wurde dessen erster ›Intendant‹. Mit Antoine begann eine neue Theaterära in Ludwigshafen. Es gelang dem Intendanten, seine zahlreichen Kontakte aus seiner Wiesbadener Zeit zu nutzen, um internationale Stars und Ensembles aus allen Sparten des Theaters auf die Bühne der Stadt der Chemie zu bringen. Neben Schauspiel und Oper wurde auch das Ballett zu einem Schwerpunkt des Angebots. Daneben wollte Antoine besonders die Jugend an das Theater heranführen. Ludwigshafen zog Zuschauer aus weitem Umkreis an, die Abonnentenzahlen verdoppelten sich fast, die überregionale Presse berichtete häufig über das Theatergeschehen der Stadt. Bei seinen Erfolgen spielte ganz offenbar auch Antoines Persönlichkeit eine Rolle, mit der er Künstler wie Sponsoren gewinnen konnte. Auch verstand er es, manchen Kampf mit den städtischen Behörden um den Etat auszufechten. Dabei kam sein ›Berliner Hitzkopf‹ gelegentlich zum Durchbruch. Ziel des „leidenschaftlichen Theatermanns" war es, „seinen Theaterbesuchern das Beste aus aller Welt zu bieten".[414] Die Ehrenmitgliedschaft im Moskauer Bolschoi-Theater und der französische ›Ordre National du Mérite‹ ehrten die vielseitige Kontaktpflege Antoines. Mitten in den Vorbereitungen für den nächsten Spielplan erlag der Intendant im August 1985 einem Krebsleiden.

[S. M.]

Rainer Antoine [254]

Mit dem Pfalzbau, dem Wilhelm-Hack-Museum und der Staatsphilharmonie wurde die sogenannte Kulturmeile in der Innenstadt ausgebaut (s. S. 882). An ihrem Rand, im Bereich des zum Geschäfts- und Vergnügungszentrum ausgebauten Areals der ehemaligen Walzmühle, wurde im Jahr 2000 die entsprechend umgebaute frühere Direktorenvilla an der Rheinufer-/Ecke Walzmühl-/Yorckstraße als ›Ernst-Bloch-Zentrum‹ eröffnet.[415] Dem bedeutenden Philosophen Ernst Bloch (1885 bis 1977), einem gebürtigen Ludwigshafener und Absolventen des Altsprachlichen Gymnasiums, war 1970 die Ehrenbürgerwürde zugesprochen worden. Die Verleihung war wegen seiner ›linken‹ Vergangenheit im Stadtrat nicht unumstritten, erfolgte aber einstimmig, nachdem es dem damals noch als Ratsmitglied fungierenden Helmut Kohl gelungen war, seine widerstrebende Fraktion zur Zustimmung zu bewegen.[416] Bloch zu Ehren wurde 1985 eine – nicht gerade ansehnliche – Freifläche vor dem architektonisch wenig spektakulär geratenen Mietshochhaus südlich des Bahndamms an der Ecke Mundenheimer/Yorckstraße auf den Namen ›Ernst-Bloch-Platz‹ getauft, von dem inzwischen nach der Umgestaltung der Straßen nicht mehr viel übriggeblieben ist. Schon 1979 war ein ›Ernst-Bloch-Archiv‹ gegründet worden, das systematisch Quellen und Sekundärliteratur zu Leben und Werk Blochs sammelte. Seit 1981 wurde ein ›Bloch-Almanach‹ herausgegeben, 1987 die ›Ernst-Bloch-Gesellschaft‹ gegründet, die seitdem Fachtagungen zu Problemen abhielt, die mit dem Denken des Philosophen zusammenhingen. Man beschloß außerdem, alle drei Jahre renommierten Wissenschaftlern einen Preis zu verleihen, die man mit Blochs Philosophie in Verbindung bringen konnte bzw. deren Werk eine für die Gegenwart bedeutsame Grundeinstellung erkennen ließ. Die Preissumme wurde zunächst auf 10 000 DM festgesetzt, 1990 wurde sie verdoppelt. Der außerdem vergebene Förderpreis für junge Wissenschaftler wurde gleichzeitig von

Oberbürgermeister Schulte und die beiden Bloch-Kinder Miriam Josephson und Jan Robert Bloch im nachgebauten Studierzimmer des Philosophen im Ernst-Bloch-Zentrum, 2000 [255]

Erste Verleihung des Blochpreises im neuen Haus: die beiden Preisträger Eric Hobsbawm, rechts, und Navid Kermani, 2000 [256]

Anmerkungen Seite 932 und 933

417 Es ist im Untergeschoß des Zentrums plaziert und durch einen in Glas ausgeführten Teil des Fußbodens / der Decke von oben einzusehen.

** nach einem Entwurf des ›Buchgestalters‹ dieser Stadtgeschichte*

2 000 DM auf 5 000 DM erhöht. In der Tat hat die Preisjury – bestehend aus dem jeweiligen Oberbürgermeister und dem Kulturdezernenten, je einem Vertreter der Stadtratsfraktionen sowie einem Mitglied von Blochs Familie – seitdem international hoch renommierten Wissenschaftlern den Preis zukommen lassen, u. a. den Soziologen Dolf Sternberger und Pierre Bourdieu, dem Germanisten – und langjährigen Weggefährten Blochs – Ernst Mayer und dem Historiker Eric Hobsbawm. Die Veranstaltungen für die Preisverleihungen konnten durchaus als Glanzlichter im geistig-kulturellen Leben der Stadt gelten.

Ein entscheidender Impuls für den großzügigen Ausbau der Bloch-Forschung in Ludwigshafen war 1995 der mit Mitteln der Stadtsparkasse gelungene Erwerb des Tübinger Wohnungsnachlasses des Philosophen einschließlich des Mobiliars seines Arbeitszimmers[417] mitsamt der Bibliothek und den Handexemplaren seiner Werke – mit nachträglichen Korrekturen. Dazu kam 1998 auch noch der wissenschaftliche Nachlaß. Seit 1996 wurde an der Konzeption eines Blochzentrums gearbeitet, in das das Bloch-Archiv ebenso wie die Neuerwerbungen eingehen sollten. Eine 1997 ins Leben gerufene ›Stiftung Ernst-Bloch-Zentrum‹, deren

Plakat zur William-Dieterle-Filmpreis-Verleihung 1996 [257]*

Im Großkinokomplex der ›Village-Cinemas‹ im Walzmühlcenter, um 2000 [258]

Ausstattung neben der Stadt die Stadtsparkasse, die Kulturstiftung der Landesbank sowie die Kulturstiftung des Landes Rheinland-Pfalz übernahmen, sollte das Programm finanzieren, die Stadt für die Betriebskosten und das Personal, das aus der bisherigen Kulturverwaltung überwechselte, aufkommen. Auch die Bereitstellung der Walzmühlenvilla wurde im wesentlichen durch die Stadt finanziert, doch fanden sich auch zahlreiche Sponsoren. Hauptaufgabe des Zentrums sollte neben der Pflege des Bloch-Nachlasses und der Bloch-Forschung ein wissenschaftliches Zukunftsforum sein, das um die Themen Hoffnung, aufrechter Gang, Künste, Naturallianz, Heimat, Arbeitskultur und Religion aufgebaut ist. Die Initiierung des ›Bloch-Kults‹ war für das kulturelle Image der Stadt von nicht zu unterschätzender Bedeutung, hatte sich doch bislang dieses Mannes – den man zweifellos zu den originellsten Köpfen des deutschen Geisteslebens im vergangenen Jahrhundert zählen kann – keine seiner langjährigen Wirkungsstätten – also weder Leipzig noch Tübingen – in dieser Form angenommen.

Es war naheliegend, mit dem Andenken eines weiteren zu Weltruhm gelangten Sohns der Stadt ähnlich zu verfahren, nämlich mit dem

Privattheater im Hemshof: Blick ins ›Prinzregententheater‹, Juni 1991 [259]

Spektakuläres im Kultursommer: das spanische Straßentheater ›Sarruga‹ auf dem Europaplatz, Juni 2000 [260]

›Plutarch von Hollywood‹, dem Schauspieler und Filmregisseur Wilhelm Dieterle (1893—1972). Durch einen glücklichen Zufall gelang es 1996, einen großen Teil seines Nachlasses – die wichtigsten Stücke befinden sich in der Deutschen Kinemathek in Berlin – aus dem Besitz des Filmhistorikers Hervé Dumont in Lausanne zu erwerben. Er wurde Teil der Bestände des Stadtarchivs. Auch hierfür stellte die Stadtsparkasse Ludwigshafen die Mittel – insgesamt 22 000 DM – zur Verfügung. Dabei handelte es sich um Fotos, autobiographische Aufzeichnungen, Manuskripte, Filmentwürfe, Rollenverzeichnisse, Kritiken sowie Interviews und Reportagen.[418] Ebenso wie im Fall Ernst Bloch entschloß sich die Stadtverwaltung auch zum Gedenken an Dieterle einen Preis ins Leben zu rufen, der an bedeutende Künstler im Theater- wie im Filmbereich verliehen wird und erstmals 1992 vergeben wurde.

Die Verleihung des Dieterle-Filmpreises 2003 fand in den 1999 eröffneten Village Cinemas im Walzmühlcenter statt, einem Unternehmen des Warner Konzerns, dem einst auch der Hollywood-Regisseur gedient hatte. Das riesenhafte Multiplex-Kino mit seinen elf Vorführsälen entsprach dem Trend zu Großkinos in den 1990er Jahren und war 1994 erstmals in die öffentliche Diskussion um die Gestaltung des Walzmühlareals eingeführt worden.

Ludwigshafen hatte damit Anschluß an die Kino-Moderne gefunden. Dem Konkurrenzdruck war jedoch das einzige größere verbliebene alte Lichtspieltheater der Stadt, das ›Union‹, nicht gewachsen, es wurde im Jahr 2000 geschlossen. Lediglich das ›Corso‹ wurde als ›One-Dollar‹-Kino weiterbetrieben. 1960 hatte es noch 19 Kinos in der Stadt gegeben, die man wenige Jahre zuvor angesichts großen Zuspruchs als „bevorzugte Unterhaltungs- und Bildungsstätten für die Bevölkerung" der Chemiestadt bezeichnet hatte. „Ende der 1960er Jahre begann auch in Ludwigshafen das Kinosterben. Die noch verbleibenden Filmtheater reagierten mit kleineren Sälen oder mit einer Reduzierung der Sitzplätze auf diese wirtschaftliche Entwicklung sowie auf die neuen Ansprüche der Besucher" nach ›intimeren‹ Kinoerlebnissen. Anfang der achtziger Jahre wurde gar in Zusammenarbeit mit der Stadt ein kommunales Kino mit anspruchsvollem Programm ins Leben gerufen. Es wurde 1990/91 eingestellt. Letztlich blieben nur noch das ›Union‹ und das ›Corso‹, die sich gegen die Konkurrenz der Mannheimer Kinos behaupten mußten.

Neben der ›großen‹, von der Kommune und der BASF getragenen Kultur mit Theater und Konzerten boten selbstverständlich auch die Vereine weiter eine Fülle von kulturellen Angeboten. 1995 bestanden 32 Gesang-, 14 Musik- und 3 Musikfördervereine; 16 Karnevalsvereine und Musikzüge, 20 Theatervereine, 13 Künstlervereine, 14 Heimat- und Folklore-, neun geschichtlich orientierte 42 sonstige Kulturvereine sowie 12 Frauenvereine engagierten sich auf verschiedensten Gebieten. Zu ihnen kamen noch etwa 60 Kleingarten- und Tierzuchtvereinigungen, die in einem weiterem Sinn ebenfalls ›Kulturelles‹ boten.[419] Oft traditionsreich und in einem bestimmten Stadtteil verwurzelt, erlebten viele der Gruppierungen seit den 1970er Jahren einen drastischen Rückgang des Nachwuchses.[420] Im Zeichen einer individualisierten Gesellschaft, die vielerlei heimische Unterhaltungsangebote bereithielt, waren manche der Vereinsfeste und Gemeinschaftsveranstaltungen nicht mehr so beliebt wie einst. Selbst bei den Kleingärtnern verschob sich das

Anmerkungen
Seite 934 und 935

418 vgl. ›Nachlaß Dieterle‹ im StALu, N 3; zu Kinos vgl. Baum

419 vgl. Vereine in Ludwigshafen 1995, künftig StALu, DS

420 Einen guten Überblick zu Problemen und Wandlungen der Vereine gibt Ruf, Friesenheim, Band 3, S. 101ff

421 vgl. Huber

Ein Ludwigshafener Original: ***Elfriede Kafschinsky****, genannt die Hemshof-Friedel*

Ludwigshafen hat in seiner nun 150jährigen Geschichte eine Reihe von Originalen, wie den ›Dingese Walles‹, den ›Meesehannes‹, den ›Esterhazy‹ oder den ›Werschte Baschdl‹. Am bekanntesten war aber sicher Elfriede Kafschinsky, genannt ***die Hemshof-Friedel****.*[421] *Sie wurde vermutlich am 29. Dezember 1914 unehelich in Magdeburg geboren und dort wohl bereits nach zwei Tagen von der Mutter ausgesetzt. Das Findelkind wurde anschließend im örtlichen katholischen Waisenhaus erzogen, wo sie als zwölfjährige ihre erste Gitarre geschenkt bekam, die sie bald beherrschte. 1929 setzte sich die Heimunterbringung im Salzkortener Hauswidei nahe Paderborn fort. Mit 18 Jahren verließ Elfriede Kafschinsky das Heim und arbeitete ab 1932 als Schaffnerin bei der Reichsbahn. Unehelich schwanger fand sie 1937 Aufnahme im Heim für werdende Mütter im Mundenheimer St. Annastift, wo sie 1938 von einer Tochter entbunden wurde. Nach Kriegsende verließ sie 1945 Ludwigshafen wieder und übersiedelte nach Halle an der Saale, wo sie als Elektroschweißerin arbeitete, aber regelmäßig nach Ludwigshafen zur Abwicklung von Schwarzmarktgeschäften zurückkehrte. 1950 erfolgte die endgültige Übersiedlung in den Hemshof, wo sie als Straßenmusikantin mit ihrem 1953 komponierten ›Hemshof-Boogie‹ schnell zu einem ›Original‹ wurde. Sie musizierte vor den Toren der BASF, der Firma Grünzweig und Hartmann, auf dem Wurstmarkt in Bad Dürkheim, auf der Mundenheimer Kerwe, dem Schifferstadter Rettichfest und dem Speyerer Brezelfest. Ausgestattet mit einem finanzamtlichen Gewerbeschein folgten Auftrittsangebote für Wirtshaus-, Fasnachts-, Silvester- und Geburtstagsfeiern. Bei der Harlekinade 1973 ging sie kurz vor der Eröffnung uneingeladen auf die Bühne vor dem Haus der Jugend. 2 500 Zuschauer – eigentlich wegen der internationalen Folkstars angereist – feierten anschließend das Repertoire des Überraschungsgasts. Nun folgten kleine Schallplattenaufnahmen, im Regionalprogramm des Südwestfunks durfte sie ihre Lieblingslieder singen und selbst die ›Bild-Zeitung‹ wurde auf „Die verrückteste Sängerin, die es in Deutschland gibt" aufmerksam. Doch der Ruhm war nur von kurzer Dauer; dank ihrer legendären Schimpfwortkanonaden, ihrer nicht druckreifen Sprache und Liedtexte blieben die Kneipen im Hemshof ihre Bühne, wo sie für einen Schnaps oder ein paar Mark musizierte. Ihre letzten Auftritte hatte sie auf dem Wurstmarkt 1979; nach zwei Tagen Dauersingen und -trinken mußte sie, ausgeraubt, mit einer Alkoholvergiftung ins Krankenhaus gebracht werden. Die Hemshof-Friedel starb am 17. Oktober 1979 im Städtischen Krankenhaus an fortgeschrittener Leberzirrhose.*

[K. B.]

Das Ludwigshafener Original schlechthin: Elfriede Kafschinsky, genannt die ›Hemshof-Friedel‹ [261]

Schwergewicht vom Anbau und der Versorgung ganz eindeutig zur Freizeitgestaltung – mit entsprechender Ausstattung der Kleingartenanlagen mit Grill- und Sportplätzen. Vor allem Vereine, die jenseits des Sports dauernde Übung und Anwesenheit forderten, allen voran Chöre und Musikvereine, hatten verstärkt ›Rekrutierungsprobleme‹.

Kennzeichnend für die 1970er und 1980er Jahre wurde auch in Ludwigshafen das Aufkommen von oft auf bestimmte überschaubare Ziele hin konzipierten Bürgerinitiativen. Im wiederhergestellten Hemshof siedelten sich in den 1980er Jahren eine Reihe von alternativen Kultur- und Mundart-Theaterprojekten an, die große Resonanz erfuhren und bald selbstverständlicher Teil des Kulturangebots im Rhein-Neckar-Gebiet wurden. Das 1978 eröffnete ›Theater im Hemshof‹, wegen seiner Adresse heute ›Prinzregententheater‹ genannt und das 1987 gegründete Theater ›Hemshofschachtel‹, beides Mundartbühnen, sind besonders beliebt. Die Vielfalt solcher Initiativen wurde auch von der Stadt finanziell unterstützt. Darüber hinaus entwickelte die Verwaltung mit dem seit 1991 veranstalteten ›Kultursommer‹ ein attraktives Angebot, das in enger Zusammenarbeit mit zahlreichen freien Trägern Straßentheater, Kleinkunst und allerlei Events Jahr für Jahr in den heißen Monaten miteinander verbindet und ebenfalls in der Region Anerkennung gefunden hat.

Plakat für ein Konzert der ›Beach Boys‹ in der Eberthalle [262]

Zentrum der Jugend in Ludwigshafen: das 1967 eröffnete Haus der Jugend mit der Skulptur ›Harlekin‹ [263]

Der Hemshof zog mit seinem Flair und seinem Angebot auch verstärkt ein junges Publikum an. In den 1960er und 1970er Jahren war *die* Stätte der Jugendkultur jedoch das im September 1967 eröffnete ›Haus der Jugend‹ in der damals noch Oggersheimer Straße, heutige Bahnhofstraße. Mit einem kulturellen Angebot als Treffpunkt für Jugendliche gedacht, geriet es bald in die Turbulenzen der ›Achtundsechziger Bewegung‹ und wurde von den dort Verantwortlichen zeitweilig bewußt als ›linke‹ Alternative zu den politischen Kräften in der Stadt gesehen und dementsprechend mit dem Hang zur Provokation gegenüber den ›Etablierten‹ betrieben. Dies rief nicht nur heftigen Widerstand bei der Opposition im Stadtrat, sondern auch bei den zu großen Teilen eher konservativ denkenden Sozialdemokraten hervor. Es gab zeitweilig erregte Stadtratsdebatten über die „Linkslastigkeit" dieser Einrichtung, die nach CDU-Meinung Verfassungsfeinde unterstützte,[422] sowie auch nach Provokationen, die nach Ansicht vieler gegen die Sexualmoral und den guten Geschmack verstießen.[423] Im Laufe der Zeit beruhigten sich die Gemüter, das Haus der Jugend aber blieb Ort populärer Veranstaltungen wie etwa des Folkfestivals ›Harlekinade‹, des ›Klanghaus‹-Festivals, bei

Anmerkungen
Seite 936 und 937

422 vgl. dazu etwa die Auseinandersetzungen über die Konzeption des Hauses in der Stadtratsdebatte vom 2.10.1972; StALu, SRP 1972, S. 388—393

423 hierzu die Debatte über eine Aufführung mit dem Titel ›Die perversen Weihnachtsmänner‹ am 17.3.1986; StALu, SRP 1986, S. 42—44, bei der die Wellen recht hoch schlugen

424 Rhpf, 20.8.2003. In Ludwigshafen gastierten in den 1970er und 1980er Jahren u.a. Frank Zappa, Pink Floyd, The Who, Genesis, Uriah Heep, Emerson, Lake & Palmer u.v.a.

425 StALu, SRP 1997, S. 68

426 StALu, SRP 5.2.1996, S. 16a—b

Diskothek im Haus der Jugend 1975 [264]

Jugendkultur: eine Beatveranstaltung in der Eberthalle Anfang 1967, bei der es zu Ausschreitungen kam [265]

Jugendkonzert unter der Schumacher-Brücke im Rahmen des ›Kultursommers‹, Juli 2000 [266]

dem sich Jahr für Jahr regionale Rock- und Popbands präsentierten, oder der im Rahmen der Internationalen Filmtage Mannheim abgehaltenen Sondertagung ›Film und Jugend‹. Auch bekannte Stars der Pop-Musikwelt gastierten dort ebenso wie immer wieder in der Eberthalle.[424] Die Finanzkrise der Stadt führte schließlich 1997 zu einer Neukonzeption der nun nur noch schlicht ›Das Haus‹ genannten Jugendkulturstätte,[425] von der ein Teil als Jugendfreizeitstätte abgespalten wurde. Diese ist 2002 geschlossen worden, während das Haus nun mit einem nicht mehr nur jugendzentrierten Programm weiterarbeitete. Zu einem weiteren Zentrum für eine breite Palette von Jugend- und Szene-Veranstaltungen entwickelte sich das nach dem Bezug des neuen Straßenbahndepots in Rheingönheim aufgelassene alte Depot am Luitpoldhafen, das durch Beschluß des Stadtrats 1996 ›Kulturdepot‹ wurde.[426] Es war u. a. dafür bestimmt, zur Aufwertung des geplanten Neubauareals Rheinufer Süd beizutragen, wurde aber wegen fehlender Mittel zur Sanierung des Gebäudes im Jahr 2002 vorerst geschlossen. Die verbliebenen Aktivitäten wurden in das ›Haus‹ verlegt, an dessen Umwandlung in ein umfassendes Veranstaltungszentrum für die Jugend gedacht wird.

Stadtteilidentität festigen: Hemshoffest 1982 [267]*

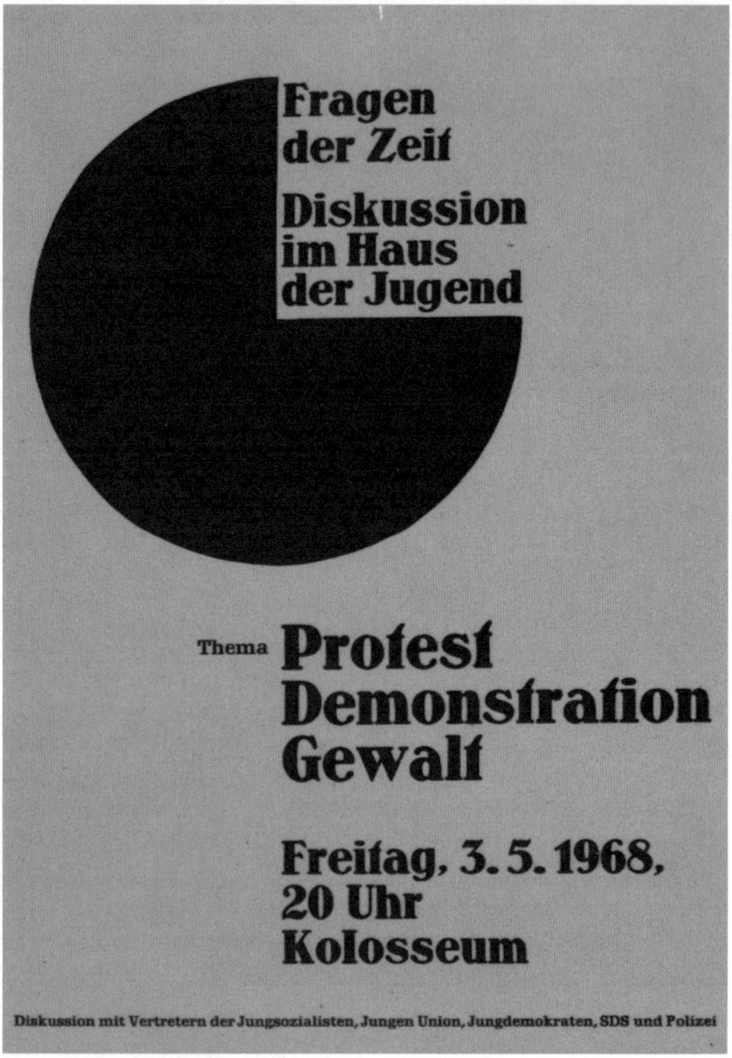

›68‹ in Ludwigshafen: Diskussion zum Thema ›Protest, Demonstration, Gewalt‹ im Haus der Jugend, 1968 [268]

Anmerkungen
Seite 938 und 939

427 *vgl. StALu, Zeitungsverkartung, Stichworte ›Jüdische Mitbürger‹, ›Denkmäler‹*

* *links der Hemshöfer Ortsvorsteher Heinrich Ries*

Für breitere Bevölkerungsschichten war seit den 1970er Jahren die Riege traditioneller Feste in der Stadt (Parkfest, Frühjahrs- und Herbstmesse) und den Stadtteilen (Kerwen, Gartenstädter Blumenfest und Sommertagszug) durch eine wachsende Zahl von Festen ergänzt worden, die – von der Verwaltung, Vereinen und deren um diese Zeit geformten stadtteilbezogenen ›Arbeitsgemeinschaften‹ oder Bürgerinitiativen getragen – auf ein größeres ›Miteinander‹ der Bürger bzw. eine verbesserte Identifikation mit dem Lebensraum zielten. Besonders der wiederhergestellte Hemshof, die durch Fußgängerzonen umgestaltete Innenstadt, aber auch die ›Problemzonen‹ der Stadt wurden auf diese Weise zum Schauplatz von Straßenfesten, Freßmeilen und populären Musikdarbietungen. Ebenso dienten die 1968 in Oppau, 1982 in Ruchheim und der Pfingstweide sowie in den 1990er Jahren in Maudach fertiggestellten Gemeinschaftshäuser bzw. Gemeinschaftshallen der Hebung des Stadtteilgefühls, boten Raum für Vereinsveranstaltungen und lokale Kulturdarbietungen. In manchen Stadtteilen entstanden zudem

Der Hemshof als beliebter Treffpunkt vor allem auch jüngerer Menschen: Blick in den Hof der Gaststätte ›Maffenbeier‹ 2001 [270]

Traditionelle Feste: Mundenheimer Gockelskerwe 1967 [269]

durch private Initiativen Heimatmuseen, so in Friesenheim und Rheingönheim, oder es wurden Kulturinitiativen ins Leben gerufen, wie etwa in Ruchheim oder in Maudach, wo dort wohnhafte Mitarbeiter der Staatsphilharmonie besonders aktiv wurden. Für die Gesamtstadt fand 1995 erstmals ein großes mehrtägiges Stadtfest mit dem Titel ›SpektakuLum‹ in der Innenstadt statt, das, eng verknüpft mit dem Kultursommer, ein breites Angebot von Pop bis Klassik, von Essen bis Sport – etwa Beachvolleyballturniere und Radrennen – bot.

Einen völlig anderen Aspekt städtischer Kultur zeigte die allgemeinen bundesdeutschen Trends folgende öffentliche Auseinandersetzung mit den dunklen Seiten der Stadtgeschichte vor allem während des Nationalsozialismus.[427] Mit der Einweihung einer Gedenkstätte für die Opfer von Krieg und Gewaltherrschaft im Lutherturm 1972 und der Anbringung einer Gedenkplatte am Standort der städtischen Synagoge im Jahr darauf begann eine ›Gedenkkultur‹, die zuerst besonders das Schicksal der jüdischen Bürger der Stadt, die allerdings schon in den

Mahnmal
US-Kriegsgefangenenlager bei Rheingönheim, 1991 [271]

Einweihung des Denkmals zum Gedenken an die Deportation zahlreicher Sinti und Roma vom ehemaligen Hauptbahnhof aus, Juli 1993 [272]

Anmerkungen Seite 941

428 vgl. allg. Plastiken und Brunnen in Ludwigshafen; StALu, Zeitungsverkartung, Stichwort ›Denkmäler‹ sowie Stichworte zu den Stadtteilen

429 Rhpf, 24.3.1984

Jahrzehnten zuvor Gegenstand von Forschungen und Berichten gewesen war, ins Licht hob: so entstanden weitere Gedenktafeln an den ehemaligen Bethäusern von Ruchheim und Rheingönheim, an der Maxschule, dem Sammelort der Deportation 1940, Gedenkveranstaltungen zu Jahrestagen beispielsweise der Pogromnacht sowie eine Darstellung zu den ›Juden in Ludwigshafen‹. 1993 folgte eine Gedenktafel für die verfolgten Sinti und Roma. Schon zuvor hatte man der Helfer aus Pasadena nach dem Zweiten Weltkrieg mit einem Gedenkstein gedacht, und auch die Leiden deutscher Soldaten im US-Kriegsgefangenencamp von Rheingönheim wurden 1991 mit einem Gedenkstein gewürdigt. Zum Ende des Jahrhunderts wurden dann auch erstmals Erinnerungszeichen gesetzt an die Luftangriffe des Zweiten Weltkriegs, so 1994 für einen besonders verlustreichen in der Gartenstadt. Sehr spektakulär war die 2001 durch Privatinitiative in einem alten Bunker veranstaltete Ausstellung ›Als Bomben vom Himmel fielen‹. Noch 1997 wurde auf Wunsch vieler Angehöriger und Ortsbewohner ein Denkmal für die Gefallenen des Kriegs in Ruchheim aufgestellt. Um die Jahrtausendwende begann man im Zeichen der Entschädigungsdebatte das Schicksal der Zwangsarbeiter des Zweiten Weltkriegs zu erforschen. Die BASF ließ den in den frühen 1950er Jahren errichteten Gedenkstein für sowjetische Zwangsarbeiter auf dem Hauptfriedhof durch eine Platte mit der Übersetzung der kyrillischen Inschrift ergänzen. Mit Gedenksteinen für Lazarus Morgenthau und Marcus Sternlieb wurde um das Jahr 2000 herum auch nicht mehr nur der Gräuel an den Juden, sondern auch des positiven Beitrags jüdischer Mitbürger für die Stadt gedacht.

Jenseits des Gedenkens an schreckliche Zeiten wurde die junge Stadt, die nie über sehr viele Denkmäler und Brunnen verfügt hatte, seit

Gedenktafel zur Deportation der Ludwigshafener und Vorderpfälzer Juden vom Hof der Maxschule aus, Aufnahme 1986 [273]

Die ›Endlose Treppe‹ von Max Bill am Wilhelm-Hack-Museum, eine Hommage an die Philosophie von Ernst Bloch [274]

den 1980er Jahren mit einer wachsenden Zahl von modernen Kunstwerken im öffentlichen Raum geschmückt.[428] Um das Wilhelm-Hack-Museum wurden Plastiken plaziert, die hervorragendste sicherlich Max Bills 1991 aufgestellte ›Endlose Treppe‹, eine Hommage an das Werk Blochs, Kleinplastiken belebten den Ludwigsplatz, und der Lutherbrunnen in der Innenstadt sowie der Franziskusbrunnen in Friesenheim – beide aus dem Jahr 1992 – sind Zeugnisse moderner religiöser Kunst. Im Friedenspark, dessen Name schon ein sozialdemokratisch gefärbtes Bekenntnis zur damaligen ›Entspannungspolitik‹ darstellte – die CDU hätte den Namen ›Grünzweigpark‹ bevorzugt[429] –, fand ein Gedenkstein für Gustav Heinemann Aufstellung, später auch ein Stück der Berliner Mauer. Am Rand des Parks entstand der heitere Stadtteilbrunnen. Am Rheinufer stiftete die SPD 1990 einen Gedenkstein für den ermordeten Premier Schwedens, Olof Palme. Der im selben Jahr errichtete Paul-Münch-Brunnen in Ruchheim zelebrierte das besondere Erbe des neuen Stadtteils. Ähnliche Brunnenprojekte entstanden zur Jahrtausendwende in anderen Stadtteilen. Die kinetische Plastik George Rickeys auf dem Berliner Platz aus dem Jahr 2000, der 1999 installierte riesenhafte ›Ring des Seyns‹ vom Kazuo Katase am Klinikum und die von der Stadtsparkasse im Jahr 2002 vor dem Neubau ihrer Zentrale plazierte 22 Meter hohe Leuchtstele des Künstlers Jan van Munster setzten kontrovers diskutierte spektakuläre Akzente.

Zu den Bemühungen um neue Gestaltungselemente trat seit den 1970er Jahren auch ein wachsendes Bewußtsein für die Bewahrung der baulichen Zeugnisse der Vergangenheit. Kein Kahlschlag mehr, sondern schonende, möglichst bewahrende Sanierung wurde das Leitbild, das Bürger wie Stadtverwaltung gleichermaßen propagierten. (s. S. 900f).

Spiel der deutschen Jugend-Fußball-Nationalmannschaft gegen Schottland im Südweststadion
12. März 1980 [275]

Beachvolleyballturnier auf dem Berliner Platz während des Stadtfestes
Juni 1999 [276]

Wie schon am Schicksal des oben erwähnten Hauses der Jugend deutlich wurde, hatte allerdings auch Ludwigshafen darunter zu leiden, daß zuerst an kulturellen Ausgaben gespart wird, wenn eine Ebbe in den Kassen droht. 1989 verabschiedete der Stadtrat einen umfassenden ›Kulturentwicklungsplan‹, der sich wie ein exemplarischer Leitfaden für eine effiziente kommunale Kulturarbeit liest und gleichermaßen die große Kultur im Konzert-, Schauspiel- und Museumsbereich wie die Förderung der Kleinkultur bis hin zu Stadtteilinitiativen beinhaltete.[430] Der 1991 neugewählte Kulturdezernent Günther Ramsauer erklärte in seiner Antrittsrede, daß Ludwigshafen auch eine kulturelle Identität brauche, nicht um in Konkurrenz zu Mannheim und Heidelberg zu treten, sondern um die kulturelle Vielfalt im Rhein-Neckar-Raum zu ergänzen. Zugleich verwies er auf die Bedeutung kultureller Betätigung bis hin zur Ebene der Stadtteile, um den Bewohnern das Bewußtsein einer besonderen Identität zu vermitteln.[431] Im Zeitgeistjargon der späten neunziger Jahre sprachen andere dann immer wieder unverbindlich von „Kulturarbeit als Stadt-Marketing".[432] Doch Ramsauer hatte bereits bei seinem Amtsantritt darauf hingewiesen, daß eine solche Arbeit, wenn sie denn gelingen soll, ohne die entsprechenden finanziellen Mittel kaum möglich ist. Der Kulturentwicklungsplan von 1989 sah daher vor, den Anteil der städtischen Kulturausgaben im Verwaltungshaushalt von 2,8% im Jahr 1985 auf 7% im Jahr 2000 zu steigern, was eine jährliche Steigerung von 0,25% bedeutet hätte. Doch selbst diese konnte nicht im entferntesten erreicht werden; angesichts der sich immer katastrophaler gestaltenden städtischen Finanzlage fiel man schließlich sogar unter den in den späten achtziger Jahren erreichten Stand zurück. Immerhin war es aber gelungen, Bausteine für ein ziemlich buntes und z. T. recht niveauvolles Kulturleben zu legen, auf denen bei einer besseren Haushaltslage weiter aufgebaut werden kann.

Zu den kulturellen Betätigungen im weiten Sinne des Wortes und gleichzeitig zu denen mit der größten Breitenwirkung zählen nicht zuletzt die Sportveranstaltungen. Auf diesem Gebiet sowie auf dem der

Anmerkungen
Seite 942 und 943

430 *er umfaßt 680 maschinenschriftliche Seiten, wurde dem Stadtrat am 8.5.1989 vorgelegt und nach längerer Debatte verabschiedet; StALu, SRP 1989, Bl. 155—166*

431 *StALu, SRP 16.12.1991, Bl. 300—302; zur Interpretation dieser Rede vgl. Erbe*

432 *vgl. den Artikel ›Stadtmarketing – das neue Zauberwort‹, in: ›Neue LU‹ 3/97, S. 15*

433 *vgl. hierzu StALu, Zeitungsverkartung, Stichwort ›Südweststadion‹. Einen kurzen Überblick bietet der Artikel ›Arena mit Tradition‹ in: ›Neue LU‹, Nov./Dez. 2000, S. 10f, eine ausführlichere Chronik die ›Festschrift 50 Jahre Südweststadion‹, Ludwigshafen 2000*

Deutsche Kunstturnmeisterschaften in der Eberthalle 1979 [277]

Landesleistungszentrum für Radsport in Friesenheim, Aufnahme von 1998 [278]

Sportförderung kann die oberrheinische Chemie-Metropole einiges vorweisen. Die Grundlage dafür bilden eine Reihe gut ausgebauter Sportanlagen: neben den vier ›Bezirkssportanlagen‹ in der Gartenstadt, in Oggersheim, im Stadtteil West und in Rheingönheim mit einer Gesamtnutzfläche von über 110 000 qm vor allem das – in seinen Ursprüngen noch auf die Vorkriegszeit zurückgehende – Südweststadion, das 1950 in seiner heutigen Form als Freiluftanlage mit überdachten Logenplätzen an der Nordgerade errichtet wurde. Seit den sechziger Jahren wurde es durch verschiedene Sportanlagen, so zu Beginn der siebziger Jahre durch eine Schwimmhalle und ein Eisstadion, zum ›Sportpark Südwest‹ mit einer Nutzfläche von rund 47 000 qm erweitert.[433] Da es mit rund 11 500 Sitz- und 30 000 Stehplätzen das größte Stadion im Rhein-Neckar-Raum war, fanden hier auch Fußball-Länderspiele statt (allerdings unterblieb der von vielen erhoffte Ausbau für die Austragung von Weltmeisterschaftsspielen im Jahre 1974, da sich der Stadtrat 1971 angesichts eines Kostenvolumens von 26 Mio. DM dagegen entschied). Hier spielte – sicherlich zur Genugtuung vieler Ludwigshafener, die der Nachbarstadt auf der anderen Rheinseite gegenüber eine Art Minderwertigkeitskomplex hegten – die Mannschaft von Waldhof Mannheim während der kurzen Zeit, als dieser Verein der ersten Bundesliga angehörte (1983—1990). Im August 1985 erhielt das Stadion eine Flutlichtanlage, was die Abhaltung von Sportveranstaltungen – vor allem von Spielen der Fußball-Bundesliga, die hohe Einnahmen brachten – auch nach Einbruch der Dunkelheit ermöglichte. Das Südweststadion war darüber hinaus mehrfach Austragungsort von Turnerfesten, Leichtathletik-Länderkämpfen sowie von deutschen Leichtathletik-Meisterschaften. Für die Lauf- und Sprungdisziplinen erhielt es in den späten siebziger Jahren zeitgemäße Kunststoffbahnen. Im Juni 1993 wurde zudem nahe dem Marathontor für leichtathletische Wettbewerbe eine Halle eröffnet (in der u. a. zwei Jahre später die internationalen Hochschulmeisterschaften stattfanden), die allerdings bereits 1995 bauliche Mängel aufwies. Zu dieser Zeit hatten sich auch beim Stadion selbst,

Michael Jackson im Südweststadion August 1992 [279]

Südweststadion, Luftbild vom 3. Juni 1968 [280]

dessen Dach im Januar 1987 bei einem durch Kurzschluß verursachten Brand stark in Mitleidenschaft gezogen worden war, schwere Schäden bemerkbar gemacht, so daß man wegen der Ebbe in der Stadtkasse zeitweilig sogar an eine Schließung dachte. Umso mehr war man jetzt darauf bedacht, die Plätze auch für andere Arten von Veranstaltungen zu füllen, da anders die bauliche Erhaltung nicht zu gewährleisten war.

Seit September 1983 gab es daher im Südweststadion auch vermehrt öffentliche Konzerte mit Rock- und Popmusik, die – weil sie sich bis in die frühen Morgenstunden hinzogen – bei den Bewohnern des benachbarten ›Musikerviertels‹ nicht gerade beliebt waren. Eine der grössten dieser Veranstaltungen war Ende August 1992 die Darbietung von Michael Jackson, der von 33 000 Fans enthusiastisch gefeiert wurde, aber auch das Konzert von Peter Maffay und Eros Ramazotti im Juni 1998 mit 36 000 und das von Bon Jovi im August 2000 mit 35 000 Zuhörern (um nur diese zu nennen) stießen auf großen Widerhall. Im Jahr 2003 kamen Bruce Springsteen und Herbert Grönemeyer ins Stadion.

Eine weitere wichtige Stätte für Sport- (dazu im übrigen – wie bereits erwähnt – für kulturelle) Veranstaltungen war die Eberthalle.[434] Sie wurde anfänglich öfter für Judo- und Ringerwettbewerbe, ebenso für Turnwettkämpfe, Hallenhand- wie Hallenfußballspiele, mit der Zeit jedoch mehr und mehr für Fachmessen und Ausstellungen, für Kongresse und musikalische Darbietungen genutzt (s. auch oben, S. 924). Sportliche Höhepunkte waren z. B. die Judo-Weltmeisterschaften von 1971, die Europameisterschaften im Ringkampf von 1975, die Hallenradsport-Weltmeisterschaften von 1988, der Dreiländerkampf im Kunstturnen zwischen Deutschland, Rumänien und der Schweiz im Juli 1992, die Kegel-Weltmeisterschaften im Mai 1994 sowie die deutschen Hallenhockey-Meisterschaften im Februar 2002.

Ludwigshafen entwickelte sich seit den sechziger Jahren stetig mehr zu einem durchaus bedeutenden landes- wie bundesweiten Zentrum des Spitzensports. Einen wichtigen Beitrag leisteten hierzu die verschiedenen ›Landesleistungszentren‹.[435] Im Juni 1974 ging das Zentrum für Kunstturnen und Wettkampfgymnastik in der Jahnstraße in

Anmerkungen Seite 944 und 945

434 vgl. hierzu StALu, Zeitungsverkartung, Stichwort ›Eberthalle‹

435 Einen Überblick über die Entwicklung und Bedeutung dieser Zentren findet sich in der ›Neuen LU‹, Jahrg. 1990, H. 3, S. 16f (Rudern), H. 4, S. 22f (Kegeln), H. 6, S. 28f (Turnen) und H. 9, S. 22f (Radsport)

** Ende 2003 war dieses Zentrum von der Schließung bedroht.*

Eröffnung des zweiten Hallenbads der Stadt beim Südweststadion, 1973 [281]

Training der Dressurequipe des Reit- und Fahrvereins Ludwigshafen September 2000 [282]

Oppau in Betrieb.* Im Dezember 1974 wurde das für den Radsport an der Friesenheimer Weiherstraße eröffnet, das u. a. die in direkter Nachbarschaft gelegene Radrennbahn des ›RC 1899 Friesenheim‹ nutzen konnte. Als jüngstes Leistungszentrum für olympische Disziplinen nahm im Herbst 1989 am Rhein zwischen der Adenauer-Brücke und der Einfahrt zum Luitpoldhafen das für den Rudersport seine Arbeit auf. Es nutzt seitdem sowohl die Baulichkeiten des ›Ludwigshafener Rudervereins von 1878‹ mitsamt seinen Dependancen am Altrhein auf der Mannheimer Seite wie am Kiefweiher. 1991 wurde dieses Leistungszentrum dem Olympiastützpunkt Mainz angegliedert. Daneben besteht noch das Landesleistungszentrum für Sportkegeln am Oggersheimer Altstadtplatz, in dem im Oktober 1990 die Kegelweltmeisterschaften zwischen den zwölf besten Nationalmannschaften ausgetragen wurden. Was den Radsport betrifft, so ist zudem auf die Anlage für Querfeldein-Radfahren am Michaelsberg hinzuweisen, die mehrfach Austragungsstätte von Meisterschaftswettbewerben war. Zur Weltelite des Radsports zählte u. a. die in Ludwigshafen trainierte Straßenrennfahrerin Ute Enzenauer, die 1981 und 1986 deutsche Meisterin, 1981 auch Weltmeisterin wurde und 1987 bei der ›Tour de France‹ für Frauen den dritten Platz belegte.

Bedeutende Einzelleistungen gab es auch in anderen Sportarten. Der Ludwigshafener Ruderer Alois Bierl war 1972 Mitglied der Mannschaft des Vierers mit Steuermann, die bei den Olympischen Spielen in München die Goldmedaille erkämpfte. Nicht zuletzt durch die Aktivitäten der ›Ringerhochburg‹ Schifferstadt, aus der seit den fünfziger Jahren mehrfach Gewinner von olympischen Medaillen kamen, hat sich auch Ludwigshafen zu einem der deutschen Zentren dieses Kraftsports entwickelt. In diesem Zusammenhang spielten die Familie Passarelli eine wichtige Rolle. Pasquale und Thomas Passarelli dominierten lange bei deutschen, Europa- und Weltmeisterschaften in den leichten Gewichtsklassen des ›griechisch-römischen Stils‹. 1984 errang Pasquale Passarelli eine olympische Goldmedaille im Bantamgewicht. Claudio Passarelli war 1984 Jugendweltmeister und 1989 Weltmeister im griechisch-römischen Stil. Eine herausragende Stellung nahm in ihrer Sportart auch

Pasquale Passarelli mit seiner Olympia-Medaille 1984 [283]

die Eiskunstläuferin Claudia Leistner ein, die bei den Weltmeisterschaften 1984 den vierten und bei denen von 1985 den zweiten Platz belegte; zudem war sie 1985—1989 deutsche und 1989 Europameisterin. Die erfolgreichste, für einen Ludwigshafener Verein startende Sportlerin war jedoch die aus der früheren DDR stammende und schon unter deren Fahnen zu olympischen Siegerehren gelangte Weitspringerin Heike Drechsler. Sie kam 1998 in die Chemiestadt und errang 2000 bei den Olympischen Spielen in Sydney wiederum die Goldmedaille. Bald darauf verließ Drechsler die Stadt wieder. Im Jubiläumsjahr 2003 stand jedoch wieder eine in der Stadt ansässige Sportlerin im Rampenlicht: Silke Rottenberg, die Torhüterin der deutschen Frauen-Fußball-Nationalmannschaft, die in den USA die Weltmeisterschaft errang, lebt in Oggersheim. Damit in Ludwigshafen ansässige Spitzensportler ihr Training neben dem Berufsleben finanzieren und dazu die Kosten für ihre Ernährung tragen konnten, wurde 1986 unter dem Vorsitz des Oberbürgermeisters und der Federführung des bereits seit 1954 bestehenden ›Ludwigshafener Stadtverbands für Leibesübungen‹ (LSL) ein ›Sportförderkreis‹ ins Leben gerufen, der sich vor allem um Spenden aus der Wirtschaft kümmerte.

Es wäre allerdings falsch, das Sportleben in Ludwigshafen nur aus der Perspektive des Spitzensports zu betrachten. Denn es gab und gibt in der Chemiestadt ein breit gefächertes Sportvereinsleben.[436] Anfang der neunziger Jahre bestanden hier 174 Vereine, die sich sportlich betätigten.[437] Unter anderem unterhielten sie neben dreißig allgemeinen Sportplätzen noch zehn Turnhallen, achtunddreißig Tennisplätze, sechs Schießplätze und acht Bootshäuser.[438] Hinzu kamen drei Tennishallen, drei Reithallen, drei Reitplätze sowie schließlich das bereits erwähnte Eisstadion auf dem Südweststadiongelände und die Radrennbahn in Friesenheim. Der Breitensport wurde auch auf den zahlreichen Vereins- und Schulsportplätzen wie Schulturnhallen gepflegt. Hierfür zahlte die Stadt beträchtliche Zuschüsse sowohl für die Miete, die Vereine für die Nutzung von Sportanlagen zu entrichten hatten, wie für Sportgeräte, Fahrtkosten bei auswärtigen Wettkämpfen, Ausrichtung von Wettbewerben innerhalb der Stadt u. ä. Ende der achtziger Jahre belief sich die Sportförderung auf rund 5 Mio. DM.[439] Allerdings blieb der Sportsektor auf zusätzliche Fördermittel angewiesen. Auch hier besaß und besitzt der LSL, dem die meisten der Ludwigshafener Sportvereine mit 1991 rund 43 000 Mitgliedern angehören, eine wichtige Koordinations-, aber auch durch seine Stimme im Sportausschuß des Stadtrats eine Hilfsfunktion bei der Verteilung der städtischen Fördermittel.[440]

Die Finanzkrise hinterließ auch im sportlichen Bereich ihre Spuren, besonders deutlich beim Bäderangebot. Das 1956 eröffnete Hallenbad Nord wurde, da sanierungsbedürftig, trotz der Kritik so namhafter Nutzer wie des Altbundeskanzlers Kohl nach 2001 geschlossen, womit Ludwigshafen neben dem 1983 fertiggestellten kleinen Hallenbad bei der Gesamtschule in Oggersheim nur noch über das 1973 eröffnete Hallenbad ›Süd‹ beim Südweststadion verfügt. Das große Freibad an der Blies wurde weitgehend der Pflege durch einen Förderverein übergeben. Auch über die städtischen Zuschüsse an die Sportvereine wird nachgedacht. Man erkennt jedoch deren wichtige Aufgabe gerade auch in der Jugendförderung an.

Anmerkungen
Seite 946

436 Ich beziehe mich im Folgenden auf das Verzeichnis ›Vereine in Ludwigshafen am Rhein‹ vom März 1995, Abschnitt 8.2; unverz., künftig DS StALu

437 65 ›allgemeine‹ Vereine (Turnen, Ballspiele, Leichtathletik, Radsport, Kegeln u.ä.), 14 Kraftsportvereine (Boxen, Ringen, Judo, Karate u.ä.), 13 Anglervereine, 21 Wassersportvereine, 7 Schützen- und Fechtvereine, 5 Reitvereine sowie 10 Tennis-, Ski- und Segelflugvereine

438 dies der Stand der siebziger Jahre; vgl. das Sportstättenverzeichnis in ›Sport, Spiel, Freizeit in Ludwigshafen‹, Ludwigshafen 1975, S. 39, in Bibl. StALu. Hinweise auch in ›Sport in Ludwigshafen‹, ebd. o. J. (1991), in Bibl. StALu

439 vgl. den Bericht ›Sport in Ludwigshafen‹, Ludwigshafen o. J. (1991), S. 26f, in Bibl. StALu

440 vgl. ebd., S. 30f

Ökumenisches Friedensgebet in der Ludwigskirche nach den Anschlägen vom 11. September 2001, 12. September 2001 [284]

Wallfahrtskirche Oggersheim 1987 [285]

Aufeinander Zugehen: Gesellschaft, Kultur und Religion in einer Industriestadt

In einer so stark von der traditionellen Arbeiterbewegung geprägten Stadt wie Ludwigshafen spielte naturgemäß der kirchlich-religiöse Bereich keine herausragende Rolle. Dennoch darf man die Bedeutung der verschiedenen Religionsgemeinschaften für das soziale, kulturelle und auch das politische Leben nicht unterbewerten. So läßt sich denn auch schon zu Beginn unserer Periode eine langsame Annäherung zwischen der sozialdemokratisch regierten Kommune und den beiden christlichen Kirchen feststellen, die im übrigen einem bundesweiten Trend entsprach.

Im Oktober 1965 verlieh der Stadtrat einstimmig dem langjährigen katholischen Dekan Prälat Ludwig Husse die Ehrenbürgerwürde. Zwar war die Initiative dazu von der CDU ausgegangen, doch sah offenbar auch die SPD unter Führung des neuen Oberbürgermeisters Ludwig in der Ehrung eine Chance, den Wandel von Konfrontation zur Kooperation zwischen Kirche und Sozialdemokratie in der ›Stadt der Chemie‹ zu dokumentieren. So hob denn Stadtrat Schalk bei der Verleihung der Urkunde hervor, daß „eine solche Ehrung" Jahrzehnte zuvor „schlechthin unmöglich" gewesen wäre: „Es hätte sich keine sozialdemokratische Mehrheit dazu bereit gefunden, einem Würdenträger der katholischen Kirche [...] das Ehrenbürgerrecht zu verleihen [...]. Andererseits hätte kein katholischer Priester diese Auszeichnung aus der Hand eines sozialdemokratischen Oberbürgermeisters" entgegengenommen.[441]

In der Tat hatte sich das Verhältnis von Kirche und Stadt auch gegenüber den fünfziger Jahren deutlich entspannt – die heftigen Kämpfe um die Errichtung städtischer bzw. konfessioneller Kindergärten hatten ein Ende gefunden.[442] Seit den sechziger Jahren zeigte sich gerade die

Anmerkungen Seite 947

441 *StAnz., 12.2.1966*

442 *Bei der Verleihung des Ehrenrings der Stadt an den scheidenden evangelischen Dekan Seifert 1978 betonte Oberbürgermeister Ludwig, daß „manche Mißverständnisse und Gegensätze überwunden" worden seien. Aus einem Nebeneinander sei ein herzliches Miteinander geworden; Rhpf, 1.6.1978*

Ludwig Husse [286]

59 Jahre Priester in Ludwigshafen – Prälat **Ludwig Husse**[443]

Ludwig Husse wurde 1890 als Sohn eines Kreisschulrates in Speyer geboren. Nach dem Besuch des Gymnasiums studierte er in Innsbruck und empfing dort 1914 die Priesterweihe. Der Ausbruch des Ersten Weltkriegs verhinderte die geplante universitäre Karriere. Husse wurde Kaplan zuerst in Deidesheim und 1917 in der Hemshof-Pfarrei St. Dreifaltigkeit. 1922 wurde ihm die neugegründete Pfarrei Herz-Jesu im südlichen Stadtteil übertragen, deren Geistlicher er bis 1970 blieb. Der junge Priester engagierte sich ab 1922 im Caritas-Verband, wurde Vorsteher des Trägervereins des St. Annastiftes, arbeitete in der katholischen Presse mit.

Im Dritten Reich von der Gestapo als „Staatsfeind"bezeichnet, wurde er Leiter des Ludwigshafener Katholischen Kirchenblatts – 1934—1939, Standortgeistlicher für die neue Ludwigshafener Garnison und 1942 Dekan. Während der Nachkriegszeit suchten viele Menschen seine Hilfe, er wurde zum Ansprechpartner der Besatzungsbehörden und ein Förderer der neugegründeten CDU. Papst Johannes XXIII. verlieh ihm 1961 den Titel eines ›Päpstlichen Hausprälaten‹, und als er 1965 vom Amt des Dekans zurücktrat, wurden ihm weitere Ehrungen einschließlich der Ehrenbürgerwürde zuteil. In seinen letzten Jahren lebte er zurückgezogen, las aber immer noch gelegentlich in der Herz-Jesu-Kirche die Messe. 1976 starb er 85jährig.

[S. M.]

evangelische Kirche, einst Hort autoritären und nationalliberalen Gedankenguts, zunehmend offener für die Sozialdemokratie. Dazu traten später deutliche Sympathien für die ökologische und die Friedensbewegung.[444] Sichtbares Zeichen war das Engagement verschiedener Pfarrer, so des Oggersheimer Pfarrers Frieder Theyson, in der SPD-Ratsfraktion und der Partei allgemein seit den 1970er Jahren. Er gründete auch das Nowhere-Haus für Drogenabhängige und trat 1985 als Kandidat für das Sozialdezernat an. 1994 wurde der Pfarrer der Apostelkirche, Richard Eberle, Mitglied in der Stadtratsfraktion der Grünen, und 1998 übernahm Pfarrer Dietrich Bardens, der Sohn des SPD-Bundestagsabgeordneten, die Leitung der Ludwigshafener Arbeiterwohlfahrt. Umgekehrt war und ist der SPD-Vorsitzende der Stadt seit den neunziger Jahren bekennender Protestant.

Demgegenüber blieb die Nähe des offiziellen Katholizismus der Stadt zur CDU – unter Vermeidung offener parteipolitischer Stellungnahme – erhalten. Noch 1992 waren die Christdemokraten in Ludwigshafen eine in Führung und Mitgliederschaft ganz überwiegend katholische Partei.[445] Weitaus ›publikumswirksamer‹ und bekannter war jedoch die langjährige Freundschaft Dekan Ramstetters mit Bundeskanzler Helmut Kohl, zu dessen engstem Vertrauten- und auch Ratgeberkreis er zählte.[446] Andererseits unterhielt auch Bürgermeister Janson freundschaftliche Beziehungen zu katholischen Geistlichen der Stadt.

Wie die Begründung der Ehrenbürgerwürde für Prälat Husse bereits zeigte, war es vor allem die ›tätige Nächstenliebe‹, die eine Brücke zwischen den Kirchen und der Stadtverwaltung schlug. Gerade in den Jahrzehnten des starken Ausbaus der sozialen Einrichtungen unter den Dezernenten Ludwig, Schulte und vor allem Janson – 1958 bis 1993 – wurden die Kirchen noch mehr als zuvor zum geschätzten Partner. Ende des 20. Jahrhunderts[447] unterhielten sie bzw. Caritas, Diakonisches Werk, Evangelischer Gemeindedienst und einige Ordensgemeinschaften zweiundzwanzig evangelische und vierundzwanzig katholische Kindergärten, Jugendfreizeitstätten, Beratungsstellen, Heime und Betreuungsstellen für Behinderte und psychisch Kranke, das (katholische) Obdachlosenasyl der Stadt und die Bahnhofsmission, mehrere Altersheime

Anmerkungen
Seite 948 und 949

443 Rhpf, 17.4.1976; MM, 20.10.1970; ›Katholisches Kirchenblatt‹ 45/1965 und 18/1976.

444 vgl. StALu, Zeitungsverkartung, Stichwort ›Kirche, evangelisch‹

445 Damals waren 72,6% der CDU-Mitglieder Ludwigshafens katholisch; vgl. Stanko, S. 13

446 vgl. u.a. Rhpf, 17.10.2001

447 Kalender ›Katholisch in Ludwigshafen‹ 2003; Hofäcker

448 Biundo; Weber, Pfarrerbuch; Rhpf, 19.8.1969

449 Rhpf, 19.8.1969

450 zu den Einrichtungen vgl. auch S. 798ff

451 Rhpf, 12.10.1971

452 ebd., 4.3.1973; MM, 23.10.1986, 24.4.1991; zur Vorgeschichte der Jesuitenniederlassung in Ludwigshafen zur Weimarer Zeit vgl. S. 90

453 Rhpf, 14.2.1978

454 Die italienische Pfarrei hat auch im Jahr 2002 noch 6 800 Mitglieder in Ludwigshafen selbst und weitere ca. 6 000 in der übrigen Pfalz; Rhpf, 29.9.2000

Ein Friesenheimer wird Kirchenpräsident: ***Walter Ebrecht***[448]

Walter Ebrecht wurde 1910 als Sohn eines Polizisten und späteren Fürsorgers in Friesenheim geboren und wuchs in der dortigen Taubenstraße auf. Sein Schulweg führte am späteren Ebertpark vorbei, der, wie er sich erinnerte „anfangs der zwanziger Jahre noch mit seinen Baggerlöchern ein Kinderparadies war."[449]

Nach dem Theologiestudium in Heidelberg wirkte Ebrecht 1935 bis 1937 als Vikar in Ludwigshafen. In der Zeit nach der ›Machtergreifung‹ geriet er sowohl als Landesvorsteher der Evangelischen Jugend der Pfalz wie als Geschäftsführer der kirchlichen Wohlfahrt in Ludwigshafen und Betreuer der mit Unterstützung der BASF errichteten kirchlichen Arbeitslosenwerkstätte in Konflikt mit den Nationalsozialisten. Nach der Tätigkeit in weiteren Pfarrstellen und dem Kriegsdienst wurde er 1948 Dekan in Germersheim und 1954 Oberkirchenrat.

1969 wählte ihn die Landessynode zum ›Kirchenpräsidenten‹, d. h. Oberhaupt der pfälzischen Landeskirche. In der ökumenischen Bewegung setzte sich Ebrecht vor allem für die Kontakte zur Vereinigten Reformierten Kirche von England und Wales ein.

1975 trat er in den Ruhestand und starb drei Jahre später auf einer Urlaubsreise.

[S. M.]

Walter Ebrecht [287]

sowie die katholischen Krankenhäuser St. Marien und St. Annastift und ›Zum Guten Hirten‹. Bei einer Reihe von Projekten gingen die Kirchen schon seit den sechziger Jahren neue ökumenische Wege, so bei den 1965 eingeweihten Behindertenwerkstätten und bei der Mitarbeit in der ›Arbeitsgemeinschaft Soziale Brennpunkte‹, die seit dem Beginn der siebziger Jahre unter anderem im Gebiet Bayreuther Straße tätig wurde. Seit 1975 bündelten die Kirchen ihre Kräfte in der ambulanten Pflege in den ›Ökumenischen Sozialstationen‹. Den neuen gesellschaftlichen Problemen wie Suchtgefährdung und AIDS traten sie in Abstimmung mit der Stadt mit Hilfs- und Beratungsangeboten entgegen. Stadt und Staat anerkannten die sozialen Leistungen der Kirchen durch die Gewährung sehr bedeutender Zuschüsse – was nichts daran ändert, daß die Einrichtungen ohne die Mittel aus den Kirchensteuern kaum so hätten ausgestattet und unterhalten werden können.[450]

Auch im Bildungs- und Ausbildungssektor wurden die Kirchen aktiv. 1971 eröffnete die Pfälzische Landeskirche ihre Fachhochschule für Sozialarbeit und Sozialpädagogik in Ludwigshafen.[451] Drei Jahre später entstand mit dem ›Heinrich-Pesch-Haus‹[452] ein anspruchsvolles und auch überregional anerkanntes katholisches Bildungs- und Tagungsinstitut, das sich auch der Förderung des katholischen Publizistenachwuchses widmet. Die von den Jesuiten getragene Einrichtung war 1959 in Mannheim von dem Studentenseelsorger Pater Felix Prinz zu Löwenstein gegründet worden. Ihre Ansiedlung in Ludwigshafen bedeutete eine willkommene Verknüpfung der beiden Rheinseiten, da die Jesuiten auch in Mannheim weiter tätig blieben. 1978 tagte die Frühjahrsvollversammlung der deutschen Bischöfe unter dem Vorsitz von Kardinal Höffner im Pesch-Haus.[453] Auch auf Gemeindeebene wurden zahlreiche Fortbildungsangebote gemacht, so zum Beispiel seit 1981 die ›Melanchthon-Akademie‹ der evangelischen Innenstadtpfarrei.

Sehr früh schon engagierten sich die Kirchen für die in die Stadt der Wirtschaftswunderjahre strömenden Ausländer. Dabei legte die katholische Kirche den Schwerpunkt auf Angebote für ihre Glaubensbrüder aus Südeuropa. So entstanden unter anderem Pfarreien für Italiener,[454] Spanier und Kroaten, 1963 das ›Centro Italiano‹ im Hemshof und

Glasfenster in der protestantischen Kirche Pfingstweide, nach einem Entwurf des Schweizer Künstlers Ge Geßler 1999—2000 von Mitgliedern der Kirchengemeinde gefertigt [288]

Konfessionen und Religionen in Ludwigshafen im Jahr 2000[455]
in % der Einwohnerschaft

Röm.-kath. Kirche	33,0
Evang. Landeskirche	32,9
ohne Religion/Konfession	ca. 17,0—19,0
Moslems	ca. 8,0—10,0
Orthodoxe Christen	ca. 3,5
Sonst. christl. Kirchen	ca. 1,0—2,0
Sonstige Glaubensgemeinschaften	ca. 1,0—2,0
Freireligiöse	0,2
Juden (offiziell gemeldet)	0,02

ein spanisches Zentrum in Friesenheim. Das Siedlungswerk die Diözese Speyer baute Wohnungen für Gastarbeiter in Ludwigshafen. Die Protestanten begannen ab 1962 die Griechisch-Orthodoxen zu unterstützen; 1965 nahm ein Griechenzentrum in Friesenheim seine Arbeit auf. Bedeutende Zuschüsse beider Kirchen ermöglichten es 1975 der griechisch-orthodoxen Gemeinde, die Unterkirche der Herz-Jesu-Kirche als eigenes Gotteshaus einzurichten.[456] 1980 eröffnete die Evangelische Kirche den ›Treff International‹ als Jugendfreizeit- und Jugendberatungsstelle im Hemshof.

Der Zustrom der Ausländer war freilich auch Teil jenes immensen demographischen Wandels, der das konfessionell-religiöse Bild der Ludwigshafener Bevölkerung seit 1970 grundlegend verändert hat. In jenem Jahr hatten 92 000 Protestanten und 71 000 Katholiken in Ludwigshafen gelebt. Ihre Zahl sank bis zur Mitte des Jahres 2002 auf 53 000 bzw. 54 000.[457] Entsprechend veränderten sich die Prozentsätze: 1970 waren 51,6% der Bevölkerung evangelisch, 40% katholisch. Zweiunddreißig Jahre später gehörten nicht einmal mehr zwei Drittel der Bevölkerung einer der beiden großen Kirchen an (31,9% evangelisch, 32% katholisch). Die Ursachen des Rückgangs lagen zum einen im oben geschilderten drastischen Geburtenrückgang der deutschen Bevölkerung, aber auch in der ›Stadtflucht‹ vieler ›alter‹ Ludwigshafener seit den siebziger Jahren. Die Ausländer in Ludwigshafen waren zwar anfangs vor allem Südeuropäer und ganz überwiegend katholisch. Doch um die Jahrtausendwende stellten sie nur noch etwa ein Viertel dieser Gruppe. Protestantische Ausländer gibt es kaum.

Da die Bevölkerung der Stadt seit den siebziger Jahren stagnierte bzw. rückläufig war, ging auch die Zeit neuer Kirchenbauten zu Ende. Zwischen 1965 und 1977 entstanden noch elf Gotteshäuser,[458] davon sechs evangelische und fünf katholische, die vor allem die neuen Wohngebiete Ernst-Reuter-Siedlung, Pfingstweide, Oggersheim-West und Melm bedienen sollten.[459] Manche präsentierten sich allerdings schon nicht mehr als traditionelle Kirche, sondern als ›Gemeindezentrum‹. Daneben entstanden vor allem in den siebziger Jahren noch weitere Gemeindehäuser, die neben dem Gottesdienst die Gemeinde bei zahlreichen weiteren sozialen Aktivitäten zusammenführen sollten. Ihr Bau ist ein Zeichen einer weiteren und tiefgreifenden Veränderung der großen Kirchen, die ebenfalls wesentlich zum Rückgang der Mitgliederzahlen

Anmerkungen
Seite 950 und 951

455 *Nach Daten des Statistischen Amtes bzw. Schätzungen*
456 *Rhpf, 23.7.1975, 28.6.1976*
457 *1970: Informationen zur Stadtentwicklung 4/1984; StALu, DS 243/1984; Borggrefe, Unterwegs*
458 *Schmitt, S.105*
459 *Die jüngste Kirche der Stadt ist die 1988 eingeweihte evangelische Jakobuskirche in der Melm*
460 *Rhpf, 20.9.1993*
461 *Borggrefe, Großstadt, S.91ff*
* *links der spätere Präfekt der röm. Glaubenskongregation, Josef Kardinal Ratzinger*

Vollversammlung der Deutschen Bischofskonferenz, Heinrich-Pesch-Haus, 1978 [289]*

Fronleichnamsgottesdienst auf dem Theaterplatz, 1987 [290]

Der Speyerer Bischof Friedrich Wetter weiht die katholische Kirche St. Albert auf der Pfingstweide, 1974 [291]

Weihnachtsgottesdienst in der Friesenheimer Pauluskirche, 1997 [292]

beigetragen hat. „Glaube geht über die Brücke sozialer Bindung", bemerkte der katholische Dekan Ramstetter angesichts steigender Kirchenaustrittszahlen 1993.[460] Solche Bindungen sollten nun bewußt mit zahlreichen außergottesdienstlichen Gemeindeaktivitäten geschaffen werden, da die ›natürliche‹, traditionelle Bindung immer mehr zurückging bzw. gar nicht vorhanden war.

Bei einer repräsentativen Befragung zur religiösen Praxis in der ›Stadt der Chemie‹ 1970[461] bezeichneten sich nur 5% der Protestanten und 40% der Katholiken als allsonntägliche Kirchgänger, während 40% der Protestanten und 20% der Katholiken nur einmal im Jahr und 25% bzw. 18% nie zur Kirche gingen. Dies bedeutete, daß der Kirchgang damals 20% unter dem Bundesdurchschnitt lag. Von den befragten Arbeitern gingen 30% nie und 35% nur einmal im Jahr zur Kirche; überdurchschnittlich war der Kirchenbesuch hingegen bei Hausfrauen und Beamten. Auch die jüngere Generation kam selten (31% nie, 40% einmal im Jahr). 67% der Protestanten, deren Kirche auf die Bibel besonderen Wert legt, lasen selten oder nie im ›Buch der Bücher‹. Dennoch hatten die Menschen insgesamt ein eher positives Bild der Kirche.

Allerdings zeigte sich eine Gruppe von ca. 15—25% der Antwortenden grundsätzlich kritisch und ablehnend. Sie zahlten zum Beispiel ihre Kirchensteuern ausgesprochen widerwillig, hielten den Religionsunterricht für überholt, lehnten selbst karitative Sammlungen der Kirche ab und hielten die Kirchenmitgliedschaft generell für überflüssig. Sie waren hauptsächlich das Reservoir für die erste große Kirchenaustrittswelle im Gefolge der gesellschaftlichen Veränderungen nach 1968. Die Kirchenmitgliedschaft hörte auf, etwas ›Erwünschtes‹ zu sein, brachte kein Sozialprestige mehr ein – in den frühen siebziger Jahren war eher das Gegenteil der Fall – und wurde nicht mehr ›erwartet‹. Gerade in einer Stadt wie Ludwigshafen mit der seit jeher eher schwachen Bindung eines großen Teils der Bevölkerung an die Kirchen konnte diese Grundstimmung auch jenseits der kirchenkritischen Menschen unter den ›nur‹ Gleichgültigen die Austrittstendenz verstärken, umso mehr, als damit die Kirchensteuer gespart werden konnte. So verließen in den achtziger Jahren jährlich im Schnitt etwa 500—600 Protestanten und 300—400 Katholiken der Stadt ihre Kirche – bei einer allerdings nicht zu vernachlässigenden Zahl von Wiedereintritten. Anfang der neunziger Jahre verdoppelten sich die Austrittszahlen im Zeichen der Belastung

Die 1965 eingeweihte protestantische Kirche in Maudach [293]

Osterfest der griechisch-orthodoxen Gemeinde in Ludwigshafen, April 1996 [294]

durch den zusätzlich zur Einkommensteuer erhobenen ›Solidaritätszuschlag‹, um gegen Ende des Jahrzehnts wieder stark zurückzugehen. Damit folgte man dem Bundestrend. Die relative Zahl lag dabei unter der vergleichbarer anderer Großstädte, wo ein höherer Anteil besser ausgebildeter, besser verdienender und vielleicht auch kritischerer Menschen für höhere Zahlen sorgte; er lag aber über dem der übrigen Pfalz.[462] Bis zur Jahrtausendwende stieg die Zahl der Konfessionslosen in Ludwigshafen auf etwas unter 20% der Bevölkerung an. Besonders betroffen davon waren die inneren Stadtteile mit ihrer starken Fluktuation bei der Wohnbevölkerung. Hier konnte oft keine Beziehung zur Kirche entstehen bzw. durch ein bestehendes Geflecht von Sozialbeziehungen stabilisiert werden. Anders stellte sich die Lage in den äußeren Stadtteilen dar. So machten z. B. in Rheingönheim 1996 fast 30% der Protestanten von ihrem Wahlrecht bei der Bestimmung der Presbyterien Gebrauch. Diese Zahl kann als Fingerzeig für den Umfang der kirchlich interessierteren Menschen genommen werden. Im Hemshof stimmten lediglich 9,7% ab,[463] während der Prozentsatz in der Gesamtstadt in den achtziger und neunziger Jahren relativ stabil bei 18—20% lag.[464] Demgegenüber besuchten nur etwa 1,5 bis 3% der Gemeindeglieder den normalen Sonntagsgottesdienst.[465]

Weit höher lag der Prozentsatz des sonntäglichen Messbesuchs bei den Katholiken – 12,4% im Jahr 2000.[466] Doch auch diese Ziffer ist gegenüber 1968, als je nach Gemeinde 24—30% gezählt wurden, stark rückläufig.[467] Allerdings erfolgte der tiefe Einbruch in der Zeit bis 1980. Um die Jahrtausendwende begann Ludwigshafen massiv unter dem verheerenden Priestermangel in der katholischen Kirche zu leiden. Amtierten 1980 noch 18 Pfarrer, so waren es 2002 nur noch elf. Gemeinden mußten zusammengelegt werden. Auch der Ordensnachwuchs blieb aus, und so wurden beispielsweise die deutschen Franziskaner an der Oggersheimer Wallfahrtskirche durch polnische Patres ersetzt (1993). Seit den siebziger Jahren mußten die Niederbronner Schwestern außer dem Krankenhaus ›Zum Guten Hirten‹ alle ihre Niederlassungen in der Stadt aufgeben.[468] Im Gegensatz dazu erlebten die Protestanten nach

Anmerkungen
Seite 952 und 953

462 *Rhpf, 17.2.1983, 6.4.1993, 20.9.1993, 28.2.1995; MM, 10.4.1999*
463 *Hier ist selbstverständlich immer von den Wahlberechtigten die Rede.*
464 *Rhpf, 6.12.1984; MM, 2.12.1996*
465 *Borggrefe, Unterwegs, S.27*
466 *Rhpf, 4.5.2002*
467 *Borggrefe, Großstadt, S.93ff*
468 *Debus, Wirken, S.80; Rhpf, 26.3.1993*
469 *Borggrefe, Unterwegs, S.27*
470 *Rhpf, 3.9.1990, 20.9.1993*
471 *im Jahr 2002 ca. 900 Gemeindeglieder (Auskunft der Neuapostolischen Kirche)*
472 *vgl. StALu, Zeitungsverkartung, Stichwort ›Kirche allgemein‹*
473 *MM, 28.1.1999*
474 *Rhpf, 24.4.1980*
475 *ebd., 26.9.1991; MM, 9.10.2000*

Blick in die Moschee in der Rohrlachstraße, 2001 [295]

Ramadan-Kalender der Alemi-Islam Moschee in der Rohrlachstraße 2002 [296]

Tanzende Derwische bei einem ›Tag der Offenen Moschee‹ um 2000 [297]

einem Mangel in den siebziger Jahren geradezu ein Überangebot an jungen Geistlichen. In Ludwigshafen amtierten im Jahr 2001 dreißig Pfarrer, die jeweils durchschnittlich 1 765 Gemeindeglieder betreuten. 1950 hatten vierzehn Gemeindepfarrer durchschnittlich fast 9 000 Protestanten zu versorgen.[469]

Im Gegensatz zum Kleinerwerden der Großkirchen erlebten die kleineren christlichen Religionsgemeinschaften einen Aufstieg,[470] allerdings in eher bescheidenem Maßstab. So gab es in den neunziger Jahren je zwischen hundert und einigen hundert Neuapostolische,[471] Zeugen Jehovas, Mennoniten, Baptisten – die Gemeinde wurde 1982 gegründet und hatte einen Geistlichen aus den USA –, Pfingstler und Adventisten. Sekten machten, abgesehen von der Aufregung um ein BASF-Betriebsratsmitglied, das der Scientology-›Kirche‹ angehörte, keine Schlagzeilen,[472] und esoterische Praktiken, die in anderen sozialen Klimaten in den achtziger und neunziger Jahren gediehen, fanden offenbar in Ludwigshafen kein kongeniales Umfeld. Während die Freireligiöse Gemeinde seit den fünfziger Jahren stark schrumpfte, wuchs nach dem Fall des Eisernen Vorhangs die Zahl der Juden in der Stadt wieder. Die vor allem aus Osteuropa neu Zugewanderten gründeten eine kleine eigene Gemeinde in Ludwigshafen, gerieten darüber allerdings in scharfe Konflikte mit der bestehenden Jüdischen Kultusgemeinde der Rheinpfalz.[473]

Als die am stärksten wachsende religiöse Gemeinschaft in Ludwigshafen erwiesen sich seit den siebziger Jahren die Muslime. Allerdings dauerte es mehr als ein Jahrzehnt nach dem Beginn der verstärkten Zuwanderung vor allem von Türken, bis sich im Oktober 1977 ein ›Islamisches Zentrum‹ in der Welserstraße konstituierte. Zwei Jahre später erhielt die Gemeinde aus der Türkei einen ersten Imam.[474] Bis 1990 wuchs die Zahl der Moscheevereine, die ihre Gebets-, Lehr- und Versammlungsräume meist in alten Fabrikhallen oder Hinterhofräumen einrichteten, auf sieben, bis zur Jahrtausendwende auf elf an.[475] Damals lebten ca. 13 500 Menschen aus muslimischen Ländern in Ludwigshafen, zu denen noch eine stattliche Zahl bereits zu deutschen Staatsbürgern gewordene Moslems kamen. Insgesamt schätzte man die Zahl

›Kirchenmaus‹. Verkaufsobjekt zugunsten des Lutherbrunnens [298]

Ein evangelisches Zentrum in Ludwigshafen: der aus dem Jahr 1992 stammende ›Lutherbrunnen‹ von Gernot Rumpf auf dem Lutherplatz [299]

der Muslime auf etwa 10% der Bevölkerung.[476] Sie nahmen allerdings keineswegs alle am religiösen Leben teil. Schätzungen auf Bundesebene gehen von etwa 30% aus.[477] An den täglich fünf Gebetszeiten beteiligte sich auch in Ludwigshafen nur ein kleiner Kern überwiegend älterer Menschen. Acht der Moscheen waren türkisch, eine albanisch, eine marokkanisch, eine kurdisch. Zur größten entwickelte sich die ursprünglich – ab 1986 – in der Amtsstraße angesiedelte türkische Mevlana-Moschee, die 1997 in das Gebäude einer ehemaligen Bäckerei in der Industriestraße umzog. Ihr gehören rund 1 200 Menschen an. An Festtagen kommen bis zu 2 000 Menschen zusammen.

Ein Grundproblem für die Existenz der Moslems in Ludwigshafen – und der Bundesrepublik – blieb die fundamentale ›Fremdheit‹ der Religion, der Sprache und des Kultus. So kollidiert zum Beispiel der Fastenmonat Ramadan mit den Anforderungen der deutschen Arbeitswelt, wird aber – so ein Bericht aus dem Jahr 1992 – von den meisten Moslems eingehalten.[478] Beim Freitagsgebet müssen viele Gläubige auf den Abendgottesdienst ausweichen, auch wenn inzwischen viele Arbeitgeber bereit sind, ihren muslimischen Beschäftigten den Besuch des mittäglichen Gebets zu ermöglichen.[479]

Kennzeichnend für die islamischen Gemeinden ist das Nichtvorhandensein einer zentralen Organisation. Ein ›deutscher Islam‹ hat sich bis zur Gegenwart allenfalls erst in Ansätzen entwickelt. Drei der Ludwigshafener Moscheen wurden zur Jahrtausendwende als ›staatstürkisch‹ bezeichnet und hingen von der Religionsbehörde in Ankara ab, welche auch die Geistlichen in die Auslandsgemeinden sandte. Zwei Moscheen unterstanden der überaus wohlhabenden Vereinigung ›Milli Görus‹, dem ›geistlichen Arm‹ der in der Türkei verbotenen islamischen Wohlfahrtspartei. Sie zogen immer mehr Gläubige an. Zwei weitere Moscheevereine waren Mitglied extrem orthodoxer bzw. fundamentalistischer Gruppierungen. Dementsprechend reichte ihre Ausrichtung von eher ›liberal‹ bis zu mystisch und fundamentalistisch, mit der Tendenz zur völligen Abschottung von ihrer Umwelt. Einige, wie die ›Mevlana‹-Moschee, nahmen seit den frühen neunziger Jahren an ›Tagen der offenen Tür‹ teil, die helfen sollen, bei der nicht-islamischen

Anmerkungen
Seite 954 und 955

476 *Auskunft Sozialverwaltung der Stadt Ludwigshafen, 5.9.2003*

477 *Auskunft des Islambeauftragten Stadtverwaltung Ludwigshafen*

478 *MM, 22.4.1992*

479 *Auskunft des Islambeauftragten Stadtverwaltung Ludwigshafen*

480 *Rhpf, 27.9.1990*

481 *Rhpf, 25.1.2003; noch eindeutiger lagen die Verhältnisse in einigen Innenstadtschulen: An der Gräfenauschule waren schon 1996 von 568 Grundschülern 220 islamischen Glaubens; Rhpf, 7.11.1996*

482 *ebd., 24.4.1980*

483 *Auskunft des Islambeauftragten Stadtverwaltung Ludwigshafen*

484 *MM, 6.4.1997, 9.10.2000, 27.2.1987, 16.4.1997*

485 *ebd., 9.5.1986*

486 *Rhpf, 24.10.2001*

* *Sowohl die erste studierte Theologin des Landes, die Ludwigshafenerin Johanna Holzäpfel, wie die erste Krankenhauspfarrerin der Pfalz, Ruth Führer (1946), und die erste Gemeindepfarrerin der Landeskirche, Irmgard Gauer (1959), waren in Ludwigshafen beschäftigt.*

Evangelische Pfarrerinnen in Ludwigshafen 2003. Der Stadt kam in der Pfalz eine Vorreiterrolle bei der Beschäftigung von Theologinnen in der Landeskirche zu [300]*

Bevölkerung um Verständnis zu werben.[480] Mangels eines zentralen Ansprechpartners war auch die Frage eines islamischen Religionsunterrichts an den Schulen weiterhin offen. Dies war in den Ludwigshafener Schulen durchaus ein Problem, da um 2002 etwa 31% der Hauptschüler Moslems waren.[481] Der nachmittägliche Koranunterricht in den Moscheeräumen entzog sich weitgehend jeglicher öffentlicher Kontrolle. 1980 meinte ein türkischer Sozialarbeiter, die jungen Moslems in Ludwigshafen seien durch die „ständige Konfrontation mit zwei Welten" schlicht überfordert.[482] Mitte 2002 hat sich erstmals ein ›Arbeitskreis Islamischer Vereine‹ in Ludwigshafen gegründet, dem die Mehrzahl der Moscheevereine angehört.[483]

Die deutsche Bevölkerung begegnete den islamischen Gemeinden zuerst mit einer Mischung aus Gleichgültigkeit und Mißtrauen. Als 1987 die Mevlana-Moschee in der Amtsstraße einzog, befürchteten die Einzelhändler der Umgebung negative Auswirkungen auf die deutschen Kunden. Zehn Jahre später, beim Umzug der Moschee in die Industriestraße, waren solche Bedenken der Anwohner allerdings geschwunden. Doch gab es im Jahr 2000 Proteste gegen die Errichtung eines zehnten Gebetsraums im Stadtteil Edigheim.[484] Von Anfang an wurde die teilweise politisch-fundamentalistische Ausrichtung mancher Gemeinden in der Öffentlichkeit genauer beobachtet. Schon 1980 betonte der erste Ludwigshafener Imam, daß die Moslems seiner Gemeinde vorwiegend Mitglieder „einer politischen Partei" seien, 1986 reagierte der Imam der Moschee im Hinterhof der Bismarckstraße „ungehalten" auf Fragen nach seinem Verhältnis zu radikal-islamischen Strömungen.[485] Im Dezember 2001 schließlich durchsuchte die Polizei im Rahmen der Ermittlungen gegen den sogenannten ›Kalifen von Köln‹ die Räume der ›Föderation der Islamischen Gemeinden‹ (ICCB) in der Bismarckstraße; die Vereinigung wurde im Jahr darauf verboten.

Trotz insgesamt wachsender Akzeptanz des Islams in Ludwigshafen[486] wurde der Bau einer wirklichen Moschee einschließlich eines hohen Minaretts bisher durchgängig von Bevölkerung und Verwaltung abgelehnt. Entsprechende Wünsche der stark angewachsenen muslimischen Gemeinden wurden jedoch immer drängender.

Dekan Friedhelm Borggrefe (links) empfängt die Glückwünsche Oberbürgermeister Schultes anläßlich seines 70. Geburtstags, 1999 [301]

Zwei Dekane als Ehrenbürger: ***Friedhelm Borggrefe***

Friedhelm Borggrefe[487] wurde 1929 in Düsseldorf als Sohn eines Diplomvolkswirts geboren. Er studierte in Wuppertal, Göttingen, Basel und Bonn und trat 1955 in den Dienst der Pfälzischen Landeskirche. Nachdem er zuerst als Vikar in Landstuhl und danach in Landau und Mörzheim gewirkt hatte, wurde er 1965 Pfarrer der Friesenheimer Friedenskirche vor den Toren der BASF. 1972 promovierte er an der Comenius-Fakultät Prag über das Thema ›Kirche für die Großstadt‹. Als Pfarrer arbeitete er stets für die Versöhnung mit den Nachbarstaaten im Osten. Die lutherische Universität verlieh ihm 1985 als Dank die Ehrendoktorwürde. Im Jahr 1978 wechselte er an die Melanchthonkirche in der Innenstadt und wurde Dekan, ein Amt, das er bis zu seinem Ruhestand 1994 bekleidete. 1996 wurde ihm in Wien als Vizepräsident des Gustav-Adolf-Werkes das Große Goldene Ehrenzeichen der Republik Österreich verliehen, eine für Ausländer seltene Auszeichnung. Als „streitbaren Mann", aber auch als Förderer des „Dialogs zwischen Kirche, Stadt und Industrie" würdigte ihn Oberbürgermeister Schulte bei der Verleihung der Ehrenbürgerwürde. Soziale Belange und die Ausländerintegration lagen ihm am Herzen, der Luther-Brunnen von Gernot Rumpf ist wesentlich auch sein Werk. Für seine Verdienste wurde ihm auch das Bundesverdienstkreuz verliehen. Im Ruhestand ist Borggrefe weiterhin – wie zuvor – publizistisch tätig und nimmt aktiv auch am politischen Geschehen der Stadt teil.
[S. M.]

Zur Jahrtausendwende hatte sich in Ludwigshafen religiös ein sehr buntes Bild entwickelt. Christliche Normen haben für viele keinerlei Verbindlichkeit mehr – das zeigt sich deutlich an der Scheidungsrate, die von 1965 20% über 40% 1984/88 auf 57% 1994/98 anwuchs.[488] Dennoch waren die beiden traditionellen Großkirchen weiterhin im öffentlichen Leben der Stadt sehr präsent, und sie waren es auch, die in der Öffentlichkeit vor allem ›Religion‹ repräsentierten. Ihr weitgespanntes soziales Netz, obwohl nun doch durch den drastischen Mitglieder- und damit Ressourcenschwund bedroht, blieb für viele unentbehrlich. Auch zogen die Kirchen bei den christlichen Hochfesten, vor allem Weihnachten und Ostern, bei den Wallfahrten nach Oggersheim, der Fronleichnamsprozession, bei festlichen Konzerten oder einem Großereignis wie dem ökumenischen Kirchentag im Ebertpark im Jahr 2000 Tausende von Menschen an. Der 1992 eingeweihte, vom Künstler Gernot Rumpf gestaltete Luther-Brunnen im zum Platz gestalteten Raum der ehemaligen Lutherkirche ist eines der gelungensten modernen Kunstwerke Ludwigshafens. Er steht in der Nachbarschaft des Lutherturms, der – in den siebziger Jahren vom Abriß bedroht – gerettet und zu einem der Wahrzeichen der Stadt wurde. Die seit 2000 im Turm angesiedelte ›Cafedrale‹, die Gastronomie und Veranstaltungen mit evangelischem Hintergrund bietet, hat das neue evangelische Zentrum in der Stadt zu einem Abschluß gebracht. Die fortdauernde Bedeutung der Kirchen wurde 1998 besonders hervorgehoben, als auf Vorschlag je von CDU bzw. SPD den beiden ehemaligen Dekanen, dem Katholiken Erich Ramstetter und dem Protestanten Dr. Friedhelm Borggrefe, die Ehrenbürgerwürde verliehen wurde.

Anmerkungen
Seite 956 und 957

487 *MM, 23.11.1998; Rhpf, 13.7.1998; Weber, Pfarrerbuch, S.24f; Biundo, S.46*

488 *Berichte zur Stadtentwicklung 6/1999, S.5; StALu, DS 243/1999; der prozentuale starke Anstieg ist allerdings zum großen Teil auf die sinkende Bezugsgröße, d.h. die Zahl der Eheschließungen, zurückzuführen. Die Zahl der Scheidungen selbst wuchs zwischen 1965 und den neunziger Jahren von 277 auf ca. 400—500.*

489 *MM, 30.6.1998, 23.11.1998*

490 *vgl. z.B. Stadt aus Glas und Scherben, ›Süddeutsche Zeitung‹, 5.8.2003*

* *einer, der übel dran ist*

Zwei Dekane als Ehrenbürger: ***Erich Ramstetter***

Erich Ramstetter ist ein Sohn der Stadt.[489] *1925 wurde er in der Kurfürstenstraße geboren. Sein Vater war Eisenbahner: „Eisenbahner – Übel Draner"* – dieses damals gängige Wort charakterisiert die materiellen Verhältnisse seiner Kindheit, die ihn mit vielen Ludwigshafenern seiner Generation verbindet. Ramstetter wollte zuerst Medizin studieren, entschied sich dann aber für ein Theologiestudium in Mainz. 1950 wurde er zum Priester geweiht. Nach der Kaplanszeit in Landstuhl wurde er 1960 vom Bischof in die Pfarrei St. Josef in Friesenheim geholt. „Der Dunst der BASF" um die Kirche habe ihm damals zu schaffen gemacht. Er träumte von einer Landpfarrei „im Wald." Doch er blieb für achtunddreißig Jahre und wurde 1971 auch Dekan der Stadt.*

Ramstetter hat sich um die Familienbildungsstätte und die Errichtung des Pesch-Hauses in Ludwigshafen verdient gemacht. Die städtebaulich und künstlerisch ansprechende Gestaltung der St. Josefskirche und ihres Vorplatzes mit dem Franziskus-Brunnen ist sein Werk. Mit dem Friesenheimer und regelmäßigen Kirchgänger Helmut Kohl verband ihn schon bald eine gute Freundschaft, und er galt auch als enger Berater des Kanzlers Kohl, der ihm persönlich das Bundesverdienstkreuz verlieh. Bundesweit bekannt wurde er als der Geistliche, der Kohls Sohn in Istanbul traute und das Requiem für Hannelore Kohl im Speyerer Dom leitete.

[S. M.]

Dekan Erich Ramstetter wird von Helmut Kohl mit dem Bundesverdienstkreuz geehrt 1985 [302]

Bilanz und Ausblick

Die Menschen seien schon vor Jahrzehnten aufs Land geflohen und hätten leere Innenstädte zurückgelassen, die finanzielle Aushöhlung der Städte vernichte ihre Handlungsfähigkeit, kurz, die Lebensform ›Stadt‹ sei bedroht und mit ihr die gesamte Kultur des Bürgersinns und des Austausches, für die sie stehe. Mit solchen Worten wird heute immer wieder die Situation der Städte beschrieben.[490]

Ludwigshafen ist vor solchen Bedrohungen nicht gefeit. Auch hier scheint eine Ära vorüber, die im wesentlichen von politischer Stabilität und ökonomischem Wohlstand geprägt war. Angesichts des allgemeinen Aufschwungs der fünfziger bis siebziger Jahre schienen sich ungeahnte Möglichkeiten im Hinblick auf die Schaffung einer modernen, den damaligen Ansprüchen im Hinblick auf Wohnraumversorgung, Daseinsfürsorge und Infrastruktur exemplarischen Großstadt zu ergeben. Steigender öffentlicher wie individueller Reichtum ließen es beispielsweise zu, daß die durch die zunehmende Dichte des privaten wie industriellen Kraftfahrzeugverkehrs bedingte gewaltige Expansion des Schnellstrassennetzes einherging mit einem geradezu luxuriösen Ausbau des öffentlichen Verkehrs. Die kommunalen Dienste wurden im Vertrauen auf die dauernde Leistungsfähigkeit der Stadt großzügig ausgeweitet. Im Überschwang einer finanziellen Lage, die immer wieder den Neid der Nachbarn erregte, und getragen von der Planungseuphorie der bundesdeutschen Reformära wurde auch manches viel zu groß bemessene Projekt entwickelt. Vieles blieb letztlich unausgeführt, vieles wurde, oft zum Segen für die Stadt, nur zum Teil verwirklicht.

In Ludwigshafen entstand ein kulturelles Angebot, das noch weit über die Ansätze der Weimarer Zeit hinausging und mit dem der in dieser Hinsicht bedeutenderen Nachbarstädte wetteifern konnte. In seiner Breite und Qualität wäre es in früheren Jahrzehnten ganz undenkbar gewesen. Diese Entwicklung war umso bemerkenswerter, als manche traditionellen Unterhaltungsangebote unter dem geänderten Freizeitverhalten der ›Mediengesellschaft‹ litten. Die in mancher Hinsicht ›graue‹ Stadt der fünfziger Jahre wurde sowohl in Umweltqualität wie im

Lebensgefühl bunter, die Gastarbeiter begannen das Aussehen ganzer Stadtviertel zu prägen. Im Schulwesen, in der Jugendkultur, im Aufkommen von Bürgerinitiativen sowie links-alternativer Gruppen, im Aufeinanderzugehen der Kirchen sowie von Kirchen und Sozialdemokratie fand der Wandel des Zeitgeistes seinen Niederschlag. Allerdings blieb das gesellschaftliche Klima, dem pragmatischen Geist der städtischen Führungskreise wie dem der Masse der Bevölkerung entsprechend, weitaus ruhiger als anderwärts. Dennoch kristallisierten sich an verschiedenen ›Zeitgeist‹-Projekten – wie etwa der Gesamtschule – immer wieder Konflikte zwischen der herrschenden Sozialdemokratie und den Christdemokraten heraus, Konflikte, die eben nicht nur um Fragen der Macht, sondern auch um weltanschauliche Grunddispositionen kreisten.

Das Ende des seit der Währungsreform nahezu ungebrochenen wirtschaftlichen Wachstums, die Zunahme der Arbeitslosigkeit und das parallele Ansteigen der Sozialkosten warfen seit dem Schock der Ölkrise 1973 Schatten über den heiteren Fortschrittsglauben der späten sechziger Jahre. In den neunziger Jahren führten der immer fühlbarere globale Wettbewerb bei der Erhaltung von Arbeitsplätzen und um die günstigsten Standortfaktoren, beispielsweise im Bereich des Steuerrechts, zu staatlichen Eingriffen ins Steuersystem, die die wichtigsten Einnahmen der Gemeinden bedrohten. Diese Entwicklungen und zusätzliche Aufgaben der Kommunen vor allem im sozialen Bereich schufen gegen Ende des 20. Jahrhunderts die Voraussetzungen für eine katastrophale Finanzlage, die auch Ludwigshafen traf. Sie wird aus eigener Kraft kaum zu überwinden sein.

Die finanzielle Austrocknung der Stadt, die sie mit fast allen deutschen Groß- und Mittelstädten teilt, ist freilich nur eine der Herausforderungen, denen sich Ludwigshafen und viele andere Kommunen gegenübersehen. Der Wegzug der jungen Familien und des Mittelstandes in den ›Speckgürtel‹ der Städte bei bleibenden oder in Bezug auf den Verkehr noch wachsenden Infrastrukturkosten ist ein dauerndes Problem. Damit zusammen hängt der Fortbestand des innerstädtischen Einzelhandels und Handwerks, die immer mehr von Entwicklungen auf der inzwischen schon lange nicht mehr ›grünen‹ Wiese bedroht werden. Auch in Ludwigshafen zeigen sowohl die Innenstadt wie die Stadtteilzentren wachsende Schwächen in ihrer Einzelhandelsausstattung.

Durch die Bevölkerungsentwicklung wie auch die vorhersehbare (Über-)Alterung der Gesellschaft erwachsen den Kommunen und anderen Trägern der Daseinsfürsorge im Bereich der Betreuung alter Menschen, in der Förderung von Familie und Kindern neue große Aufgaben – und das im Zeichen einer unsicheren finanziellen Zukunft.

Der Wandel der sozialen Wirklichkeit, wie er sich nicht nur in Ludwigshafen zeigt, verschlimmert die Konsequenzen solcher Entwicklungen. Zwar sind die Einwohner der Stadt der Chemie um die Wende zum dritten Jahrtausend weitaus besser gekleidet und ernährt als die Ludwigshafener vor etwa 100 Jahren. Die Standards der Wohnungsausstattung und medizinischen Versorgung sind unvorstellbar viel höher, die Menschen sind weitaus wirkungsvoller vor Lebensrisiken abgesichert, ihre Lebenserwartung ist um viele Jahre gestiegen. Ob sie in ihrer Masse jedoch trotz allen technisch-zivilisatorischen Fortschritts deutlich gebildeter oder politisch urteilsfähiger sind als ihre Vorfahren,

Anmerkungen
Seite 959

491 Der Sommer 2003 brachte mit 40 Grad Celsius am 8. August die höchste je in Ludwigshafen gemessene Temperatur; Rhpf, 10.9.2003

492 Informationen zur Stadtentwicklung 12/1993, 1/1994 (Bürgerumfrage 1993); StALu, DS 243/1993 und 1994; Rhpf, 5.8.2003 (Ergebnisse der Bürgerumfrage 2003)

493 2001: Ludwigshafen 8 953 Straftaten auf 100 000 Einwohner, Mannheim etwa 10 500, Trier 16 064

ist eine durchaus offene Frage. Immer mehr Menschen gerade in den niederen sozialen Schichten sind bedroht von zerbrechenden Beziehungsgeflechten, von Vereinzelung und der Zersetzung traditioneller Hilfs-Netzwerke. Auch solche ›Trends‹ tragen im Verein mit der ›Stadtflucht‹ von Besserverdienenden zur problematischen Sozialstruktur vieler Großstädte bei. Ob die Angebote von Kommunen und freien Trägern hier auf Dauer die ›social fabric‹ stabilisieren können, bleibt allerdings abzuwarten.

In Ludwigshafen wie in einer Reihe anderer westdeutscher Städte stellt auch die wachsende Vielfalt der Kulturen, vor allem das Gegenüber islamisch und im weitesten Sinne ›abendländisch‹ geprägter Bevölkerungsgruppen, neue Anforderungen. Mit einem der höchsten Prozentsätze an Ausländern in Westdeutschland überhaupt wird gerade die Stadt der Chemie mit dieser Frage umgehen lernen müssen. Dabei zeichnet sich schon heute eine Struktur ab, die ein mehrheitlich ›multikulturelles‹ Zentrum einer überwiegend ›altdeutschen‹ Peripherie der bevorzugten Wohnquartiere in den teilweise noch ländlich geprägten Stadtteilen gegenüberstellt.

Ebenfalls mit vielen Städten entlang des Rheins ist Ludwigshafen von einem Phänomen betroffen, das jenseits wirtschaftlicher und sozialer Veränderungen liegt: dem Klimawandel. Extreme Hitze[491] einerseits, wachsende Feuchtigkeit in anderen Jahreszeiten und steigende Hochwassergefahr werden wohl in Zukunft Begleiter der Stadtgeschichte sein und Anpassungen von Mensch und städtischer Lebenswelt verlangen.

Wie Umfragen zeigen, ist die weitaus überwiegende Mehrheit der Einwohner Ludwigshafens im großen und ganzen mit ihrer Stadt zufrieden. Defizite bestanden und bestehen vor allem im Bereich der Sauberkeit und der Sicherheit,[492] wobei verwahrloste Areale und Berichte über erschreckende Vorfälle eine Wahrnehmung produzieren, die nicht den Tatsachen entspricht. Denn Ludwigshafen hat eine deutlich geringere Kriminalitätsrate als die Nachbarstadt Mannheim und sämtliche größeren Städte in Rheinland-Pfalz.[493] Damit hebt sich die erst 150 Jahre alte Kommune positiv von vielen ihrer weitaus ›älteren Schwestern‹ ab. Zudem ist es in Ludwigshafen gelungen, die Innenstadt und die Stadtteilzentren – wenn auch mit Abstrichen gegenüber früheren Jahrzehnten – als bewohnte und auch abends belebte Stadtquartiere zu erhalten. Die City ist kein totes Geschäfts- und Bankenviertel und könnte wieder an Attraktivität als Wohn-, Lebens- und Einkaufsort gewinnen.

Auch trifft die vielfach gehörte Klage, in Deutschland werde nichts mehr produziert, auf die Stadt der Chemie nicht zu. Angesichts der Tatsache, daß eine Dienstleistungsgesellschaft ohne industrielle Basis nicht existieren kann, ist Ludwigshafen mit dem Potential des Stammwerks des Weltkonzerns BASF, einer Reihe anderer bedeutender Unternehmen und einer breiten Palette mittelständischer Betriebe für die Zukunft wohl nicht unbedingt ›schlecht aufgestellt‹. Die Qualität des Industrie-, Medizin- und Schulstandorts Ludwigshafen könnte auch einschlägige moderne Dienstleister anziehen, die die Palette und den Umfang der Beschäftigungsmöglichkeiten in der Stadt bereichern würden.

Durch die ›Wiedervereinigung‹ Europas nach dem Fall des Eisernen Vorhangs ist die Stadt nicht nur wie schon zuvor in der Nord-Süd-Achse, sondern auch im Blick von West nach Ost in die Mitte des Kontinents gerückt. Die Verkehrsgunst ihrer Lage, verbunden mit der

ausgezeichneten Infrastruktur, die einst die Gründung Ludwigshafens beflügelte, können auch die Zukunft der Stadt sichern.

Die schwere finanzielle Krise beschränkt zweifellos die Handlungsfähigkeit der Verwaltung und bedroht das Funktionieren des Gemeinwesens auch in Ludwigshafen. Doch ist gerade die junge Stadt im Gegensatz zu traditionsreichen römischen oder mittelalterlichen Gründungen noch nie in ihrer Geschichte auf Beharren und Bewahrung aufgebaut gewesen. Ihre Entstehung verdankt sie dem dynamischen Aufstieg der Industrie, ihre Entwicklung war von ständigem Wandel und Anpassung an neue Gegebenheiten gekennzeichnet. Mehrere scharfe Brüche – Besatzungen, Nationalsozialismus, Krieg – zerstörten zuvor Gewachsenes. Immer wieder aber fanden sich Menschen, die mithalfen aufzubauen. Fortschritt hatte hier Tradition, schwere Krisen wurden überwunden. So ist zu hoffen, daß, vereint mit dem Wachsen eines allgemeinen Bewußtseins für den zentralen Wert der kommunalen Leistungen und einer Wiederherstellung der finanziellen Leistungsfähigkeit der Stadt, das seit den 1980er Jahren auch in Ludwigshafen in vielen Bereichen gewachsene bürgerschaftliche Engagement positiv für die Entwicklung der Stadt wirken kann.

Blick vom Ebertpark zur Innenstadt, 1980 [303]

Die Innenstadt, Juli 1991 [304]

Die ›Stadt in der Stadt‹: das BASF-Gelände am Ende des 20. Jahrhunderts [305]

Stadtteil Edigheim, 1989 [306]

Blick von der Industriestraße über den Ebertpark nach Friesenheim, um 1970 [307]

Stadtteil Gartenstadt, 1989 [308]

Stadtteil Maudach, 1989 [309]

Blick übers Maudacher Bruch, 1969 [310]

Stadtteil Mundenheim, 1989 [311]

Die Niederfeld-Siedlung, 1989 [312]

Stadtteil Nord, 1989 [313]

Stadtteil Oggersheim, 1989 [314]

Stadtteil Oppau, 1989 [315]

Stadtteil Pfingstweide, 1989 [316]

Stadtteil Rheingönheim, 1989 [317]

Stadtteil Ruchheim, 1989 [318]

Stadtteil Süd, 1989 [319]

Abelshauser, Werner (Hg.): Die BASF. Eine Unternehmensgeschichte, München 2002

BASF. Stationen ihrer Geschichte, Ludwigshafen 2002

Baum, Herbert: Lebende Bilder in unserer Stadt. Ein Jahrhundert Ludwigshafener Kinogeschichten, Ludwigshafen 2003

Becker, Klaus Jürgen:

Die KPD in Rheinland-Pfalz, Mainz 2001 [zit. Becker, KPD]

Stadt in Fahrt. 100 Jahre Straßenbahn in Ludwigshafen am Rhein, Ludwigshafen 2001 [zit. Becker, Straßenbahn]

Becker-Marx, Kurt/Schmitz, Gottfried/Fischer, Klaus: Aufbau einer Region. Raumordnung an Rhein und Neckar, Schwetzingen 1999

Belitz, Hans-Joachim: Evangelische Kirche in Ludwigshafen 1918—1945, hg. v. Theodor Hofäcker; Veröffentlichungen des Stadtarchivs Ludwigshafen 13, Ludwigshafen 1989

Biundo, Georg: Die evangelischen Geistlichen der Pfalz seit der Reformation, Neustadt/Aisch 1968

Blitt, Christoph: Theater im Pfalzbau. Ludwigshafen – eine Stadt und ihre Bühne, Ludwigshafen 2003

Bloch, Ernst: Erbschaft dieser Zeit; Ausgabe Suhrkamp, Frankfurt 1985

Böhmer, Susanne: Als dieses schöne Ziel erreicht war ... Die Stadtbibliothek Ludwigshafen am Rhein von 1963 bis 2000, in: Die Stadtbibliothek Ludwigshafen 1875—2000, Ludwigshafen 2000, S. 63—90

Borggrefe, Friedhelm:

Kirche für die Großstadt. Sozialtheologische Materialien für eine urbane Theologie, Heidelberg 1973 [zit. Borggrefe, Großstadt]

Gerechte Stadt. Eine protestantische Studie für Ludwigshafen am Rhein, Ludwigshafen 1988 [zit. Borggrefe, Gerechte Stadt]

Unterwegs zum Hafen der Hoffnung. 150 Jahre Protestantische Kirche in Ludwigshafen am Rhein; Veröffentlichungen des Stadtarchivs Ludwigshafen 32, Ludwigshafen 2003 [zit. Borggrefe, Unterwegs]

Breunig, Willi: Soziale Verhältnisse der Arbeiterschaft und sozialistische Arbeiterbewegung in Ludwigshafen 1869—1919; Veröffentlichungen des Stadtarchivs Ludwigshafen 5, 2. Aufl., Ludwigshafen 1990

Burschell, Friedrich: Erinnerungen 1889—1919, hg. v. Roland Krischke; Veröffentlichungen des Stadtarchivs Ludwigshafen 23, Ludwigshafen 1997

Damus, Martin: Das Rathaus. Architektur und Sozialgeschichte von der Gründerzeit zur Postmoderne, Berlin 1988

Debus, Karl Heinz: Kirchen- und Religionsgemeinschaften in Speyer seit 1918, in: Eger, Wolfgang (Hg.): Geschichte der Stadt Speyer, Bd. 2, Stuttgart 1983 [zit. Debus, Kirchen]

Debus, Doris u. Karl Heinz: Das Wirken der Kongregation der Schwestern vom Göttlichen Erlöser (Niederbronner Schwestern) in der Provinz Pfalz, Speyer 2001 [zit. Debus, Wirken]

Erbe, Michael: Kultur als Stadtmarketing? Zur Selbstwahrnehmung Ludwigshafens am Rhein als Kulturstadt, in: Schraut, Sylvia/Stier, Bernhard (Hg.): Stadt und Land. Bilder, Inszenierungen und Visionen in Geschichte und Gegenwart. Wolfgang von Hippel zum 65. Geburtstag, Stuttgart 2001, S. 309—318

Ernst-Bloch-Zentrum. Zukunft als Programm, hg. v. Ernst-Bloch-Zentrum der Stadt Ludwigshafen am Rhein, Bönnigheim 2002

Faber, Bertram: Die Entwicklung des Individualverkehrs nach dem Zweiten Weltkrieg und deren Auswirkungen auf die Stadt Ludwigshafen am Rhein, Diplom-Arbeit Univ. Mannheim 2000, in Bibl. StALu

Feßnmayr, Rolf/Uhlenbrock, Hans-Peter: 175 Jahre Firmengeschichte (Giulini, Benckiser), Sonderdruck aus Firmenzeitschrift Giulini 1998, in Bibl. StALu

Führer, Ulrich: Ludwigshafen/Pfingstweide. Eine sozialgeographische Untersuchung über Zufriedenheitspotentiale in einer randstädtischen Großwohnanlage, Diplom-Arbeit Univ. Mannheim, 1987, in Bibl. StALu

Gassen, Richard W.: Die Wand. Joan Mirós Keramikfassade am Wilhelm-Hack-Museum, Ludwigshafen 1999

Grosche, Clemens/Molter Edwin: Geschichte der Berufsschule Ludwigshafen am Rhein. Vom ›kleinen Lokal‹ zum gewerblichen Berufsschulzentrum in der Franz-Zang-Straße, Ludwigshafen 1974

Handrick, Georg: Kirche in der Industrieregion. Morphologie der Stadt Ludwigshafen, Augsburg 1971

Hippel, Wolfgang von: Zum Wohle der Kranken. 100 Jahre Städtisches Krankenhaus 1892—1992, Ubstadt-Weiher 1992

In Memoriam Max Hochrein. Blätter und Marginalien von Irene Schleicher, Privatdruck 1973 [zit. Hochrein]

Hofäcker, Theodor: Lebendige Kirche in einer lebendigen Stadt. 75 Jahre Prot. Gesamtkirchengemeinde Ludwigshafen, Speyer 1990

Huber, Martin: Hemshof-Friedel, Ludwigshafen 1986

Janson, Günther: Erinnerungen; Veröffentlichungen des Stadtarchivs Ludwigshafen 30, Ludwigshafen 2001

Kath. Dekanat Ludwigshafen (Hg.): Katholisch in Ludwigshafen. Kalender zum Jubiläumsjahr 2003

100 Jahre Knoll, Ludwigshafen 1986

Kohl, Helmut: Katholisch, liberal, patriotisch, in: Pörtner, Rudolf (Hg.), Mein Elternhaus, Düsseldorf/Wien 1984

Kreuter, Karl:

Aus der Chronik von Oggersheim; Veröffentlichungen des Stadtarchivs Ludwigshafen 10, 4. erweiterte Auflage, Ludwigshafen 1983 [zit. Kreuter, Chronik]

Maudach im Wandel der Zeiten; Veröffentlichungen des Stadtarchivs Ludwigshafen 6, 3. erweiterte Auflage, Ludwigshafen 1986 [zit. Kreuter, Maudach]

Lange-Müller, Katja: Modeschöpfer, Arbeiter, Kübelpflanzen, Röhren, Vögel und ein Grab. Literarische Reportage, in: An die sieben Himmel. Sieben Lyriker und Erzähler besuchen sieben Landschaften, hg. v. Gregor Laschen, Heidelberg 2002, S. 69—77

Laufer, Nadine/Roth, Nadine: 30 Jahre Hemshof-Sanierung, 2003

Ludwig, Werner: Unterwegs. Lebenserinnerungen, Landau 1997 [zit. Ludwig, Memoiren]

Matz, Klaus-Jürgen: Länderneugliederung. Zur Genese einer deutschen Obsession seit dem Ausgang des Alten Reiches, Idstein 1997

Mörz, Stefan:

Zur kommunalen Verwaltungsgeschichte des Ludwigshafener Raums seit dem 18. Jahrhundert, in: ders., Das Gedächtnis der Stadt: das Stadtarchiv Ludwigshafen a. Rh. und seine Bestände; Veröffentlichungen des Stadtarchivs Ludwigshafen 22, S. 23—50, Ludwigshafen 1996 [zit. Mörz, Gedächtnis]

Vom Westboten zur Rheinpfalz. Die Geschichte der Presse im Raum Ludwigshafen von den Anfängen bis zur Gegenwart; Veröffentlichungen des Stadtarchivs Ludwigshafen 19, Ludwigshafen 1994 [zit. Mörz, Westbote]

Müller, Reinhold: Die Ludwigshafener Gartenstadt. Vom Werden und Wachsen eines Stadtteils, in: Die Gartenstadt, hg. v. d. Arbeitsgemeinschaft Gartenstädter Vereine, Ludwigshafen 1989, S. 9—72

Ory, Stephan/Sura, Rainer (Hg.): Der Urknall im Medienlabor. Das Kabelpilotprojekt Ludwigshafen, Berlin 1987

Pfirrmann, Eva: Die Gemeinde Pfingstweide in ihrer Entstehung und Problematik, Typoskript in Bibl. StALu, 1996

Plastiken und Brunnen in Ludwigshafen, hg. v. d. Stadtsparkasse Ludwigshafen/Rh., Ludwigshafen 1993

Pruys, Karl Hugo: Helmut Kohl. Die Biographie, Berlin 1995

Reinhard, Werner: Stadterneuerungsmaßnahmen im Ludwigshafener Stadtteil Nord/Hemshof, Frankfurt 1980

Röder, Miriam: Die rheinland-pfälzische Kommunalverfassung. Entwicklungen und Veränderungen bis zu den Koalitionsvereinbarungen 1996, Facharbeit Albert Einstein-Gymnasium Frankenthal, 1998, in Bibl. StALu

Ruf, Peter bzw. Förderkreis Museum Friesenheim (Hg.): Geschichte von Friesenheim, Bd. III, Ludwigshafen 2001

Schmitt, Friedrich: Ludwigshafener Kirchenbau, Ludwigshafen 1985

Seubert, Hermann: Geschichte der BASF-Energie-Abteilung bzw. BASF-Energieversorgung 1960—1998, o. O. 1999

Die Stadtbibliothek Ludwigshafen 1875—2000, Ludwigshafen 2000

Stanko, Wolfgang: Die Entwicklung der CDU in Ludwigshafen im Zeitraum 1945—1992, Facharbeit in Bibl. StALu

Tumat, Beate: Die Geschichte der Städtepartnerschaft zwischen Ludwigshafen und Lorient, Magisterarbeit Univ. Mannheim 1999

Verkehrsbetriebe Ludwigshafen (Hg.): 100 Jahre elektrische Straßenbahn in Ludwigshafen, Ludwigshafen 2002 [zit. Verkehrsbetriebe Ludwigshafen, 100 Jahre]

Weber, Christin: Die Wolfsgrube – eine Neubausiedlung am Rande des Stadtteils Ludwigshafen-Edigheim, Typoskript StALu, 1994 [zit. Weber, Wolfsgrube]

Weber, Paul: Neues Pfälzer Pfarrerbuch, Speyer 1989 [zit. Weber, Pfarrerbuch]

Wirtschaftsstandort Ludwigshafen, hg. v. Europ. Wirtschaftsverlag und Stadt Ludwigshafen, Darmstadt 1998

Wirtschaftsstandort Ludwigshafen, hg. v. Europ. Wirtschaftsverlag und Stadt Ludwigshafen, Darmstadt 2001/2002

Bei den neueren Abbildungen des Kapitels 18 sind besonders die Bildrechte der Fotoagenturen Kunz, Mutterstadt, und Meinberg, Ludwigshafen, zu achten, die dankenswerterweise seit vielen Jahren dem Stadtarchiv Fotos zur Vervollständigung seiner Sammlung zur Verfügung stellen.

Titelbild Kapitel 18: Blick auf den am 14. Dezember 2003 eingeweihten Regionalbahnhof ›Ludwigshafen-Mitte‹, das Walzmühl-Center und die neue Rheinbrücke
Foto von Marlis Jonas

[28, 31] Sammlung Wahlkampfmaterial, StALu, DS
[32] StALu, Plakatsammlung
[33, 38, 39] Sammlung Wahlkampfmaterial, StALu, DS
[41] ebd.
[47] StALu, Plakatsammlung
[50, 51] entnommen aus: Becker-Marx/Schmitz/Fischer
[62] StALu, DS 198/04
[67] StALu, Druckschriftensammlung, noch unverz.
[109] StALu, Plakatsammlung
[111] StALu, Druckschriftensammlung, noch unverz.
[123—126] BASF Unternehmensarchiv
[128—130] ebd.
[132, 133] Sammlung Schmidd-Klamm
[147] ebd.
[163] BASF Unternehmensarchiv
[165] Sammlung Schmidd-Klamm
[167] BASF Unternehmensarchiv
[175] StALu, Plakatsammlung
[182, 187a] Sammlung Schmidd-Klamm
[189] ebd.
[190a] Entwurf Stefan Mörz, Ausführung Harald Kasparek
[190b] Ausführung: Vermessungsamt der Stadt Ludwigshafen
[192, 198] Sammlung Schmidd-Klamm
[231] entnommen aus: Pulsschlag 1965, in Bibl. StALu
[250, 257] StALu, Plakatsammlung
[262, 268] ebd.
[296] StALu, Druckschriftensammlung, noch unverz.

[2—27, 29, 30, 34—37, 40, 42—46, 48, 49, 52—61, 63—66, 68—108, 110, 112—122, 127, 131, 134—146, 148—162, 164, 166, 168—174, 176—181, 183—186, 187b, 188, 191, 193—197, 199—230, 232—249, 251—256, 258—261, 263—267, 269—295, 297—319]
Fotosammlung StALu

Anhang

Gemarkungsfläche
Bevölkerungsentwicklung
Bürgermeister und Oberbürgermeister
Ehrenbürger
Gemeinde- und Stadtrat, Mandatsverteilung

Entwicklung der Gemarkungsfläche der Stadt Ludwigshafen[1]
(in ha)

1853		367
1891	nach der Eingemeindung von Friesenheim	1 139
1899	nach der Eingemeindung von Mundenheim	2 175
1938	nach der Eingemeindung von	
	Maudach	784
	Oggersheim	1 090
	Oppau-Edigheim	1 677
	Rheingönheim	1 172
(1938 gesamt)		(6 898)
1974	nach der Eingemeindung von Ruchheim	7 734

Bevölkerungsentwicklung der Rheinschanze bzw. von Ludwigshafen
(vor der Gemeindegründung 1853)

	A	B
1840	90	k.A.
1845, Dezember	372	535
1848, Januar	575	746
1849, Dezember	390	k.A.
1851	k.A.	900[3]
1852, Juni	1 348	1 520

Spalte A: Einwohner der Rheinschanze/Ludwigshafens
Spalte B: Einwohner der gesamten späteren ›Ur‹-Gemarkung d. h. einschließlich der Höfe (Rohrlacher Hof, Ganderhof, Hemshöfe etc.)[2]

Anmerkungen
Seite 976 und 977

1 *Auf ganze Hektar gerundete Werte. Zahlen nach den jeweiligen Eingemeindungen. Unberücksichtigt bleiben kleinere Arrondierungen der Gemarkung, z.B. die im Oktober 1937 erfolgte Übernahme von 21,7 ha von der Gemeinde Oggersheim wegen der Erweiterung der Niederfeldsiedlung (die Oggersheimer Gemarkung in der Tabelle schließt dieses abgetretene Gebiet noch ein).*
Die Grenzen zwischen den heutigen Stadtteilen entsprechen nur noch teilweise den alten Gemarkungsgrenzen.

2 *Zahlen nach Tabellen in StALu, LUA 32, 701; 1851 nach Ludwigshafen 1903, S. 208*

3 *Die Zahl bezieht sich vermutlich auf die Einwohnerzahl der gesamten späteren Ur-Gemarkung.*

4 *Zahlen nach Ludwigshafen 1903, S. 208 sowie Statist. Jahrbüchern der Stadt Ludwigshafen bzw. der bayerischen Statistik sowie (für Ruchheim) Barth, S. 185f*

5 *Kriegsvolkszählung 1917*

6 *Schätzung der Einwohnerschaft nach der Zahl der Lebensmittelmarkenempfänger; StALu, ZR 3010/6*

7 *Schätzung nach StALu, LUA 2063*

Einwohnerzahl der gesamten Gemarkung in den Jahren nach 1855[4]

	A	B*
1855, Dezember	2290	13864
1858, Dezember	2778	k.A.
1861, Dezember	3126	16045
1864, Dezember	3713	16860
1867, Dezember	4849	18249
1871, Dezember	7874	22147
1875, Dezember	12093	27922
1880, Dezember	15012	32710
1885, Dezember	21042	40623
1890, Dezember	28712	50445
1895, Dezember	39801	59184
1900, Dezember	61914	78919
1905, Dezember	72286	90950
1910, Dezember	83301	105032
1913, Dezember	93978	k.A.
1917, Dezember[5]	87125	?
1919, Dezember	90721	115541
1925, Juni	101869	129278
1933, Juni	107344	139858
1939, Mai	143934	145385
1941, Juni[6]	ca. 152000	k.A.
1944, Juli[7]	ca. 105000	k.A.
1945, 8. Mai	61372	?
1946, Januar	100609	102036
1950, September	123869	125706
1956, September	147557	150857
1961, Juni	165761	167576
1965, Dezember	179155	181163
1970, Mai	179268	181553
1975, Dezember*	175703	
1980, Dezember*	166736	
1985, Dezember*	161732	
1990, Dezember*	167275	
1995, Dezember*	171057	
2000, Dezember*	165636	
2003, Juni*	166140	

Spalte A: Einwohnerzahl nach jeweiligem Gebietsstand
Spalte B: Gemeinde/Stadt Ludwigshafen nach heutigem Gebietsstand
* ab 1974 identisch mit Spalte A

Bevölkerungsentwicklung in den Gemeinden des heutigen Stadtkreises bzw. Stadtteilen[8]

	A	B	C	D	E	F	G
1556/85	–	–	–	–	–	?	260
1655	–	–	–	–	–	?	260
1721	–	–	–	–	–	266	320
1791	–	–	–	[9] 174	–	477	539
1816	–	–	–	–	–	646	808
1834	–	–	–	–	–	862	1 165
1852	1 520	1 348	–	172	–	769	1 662
1861	3 126	k.A.	–	k.A.	–	859	1 791
1871	7 874	k.A.	–	k.A.	–	935	2 149
1880	15 012	9 186	–	5 826	–	1 162	3 180
1890	[10] 28 712	14 599	–	13 696	[11] k.A.	1 358	4 504
1900	[12] 46 295	20 690	[13] k.A.	25 594	k.A.	1 637	7 486
1910	58 464	27 483	k.A.	30 981	k.A.	1 861	12 265
[14] **1919**	62 216	29 050	k.A.	33 166	k.A.	2 15	13 921
1925	66 510	31 584	k.A.	34 926	k.A.	2 470	17 578
1933	70 407	?	k.A.	?	k.A.	[15] k.A.	18 204
1939	66 675	17 561	14 607	31 073	3 434	4 010	19 056
1945	22 407	3 172	3 934	14 401	[16] k.A.	[17] k.A.	7 097
1946	37 538	5 212	6 745	23 159	2 422	3 480	14 054
1950	44 700	6 012	9 293	25 898	3 497	4 187	19 624
1956	60 130	11 455	16 859	25 373	6 443	4 736	24 268
1961	69 741	13 432	24 602	24 748	6 959	5 307	25 190
1970	61 817	11 510	23 293	21 686	5 328	7 915	22 674
1980	51 127	9 725	19 752	16 646	5 004	6 960	18 609
1990	51 037	10 244	18 964	17 013	4 816	8 388	18 372
2000	49 205	10 356	17 934	16 501	4 414	8 537	16 626
2003	49 374	10 522	17 924	16 619	4 309	8 482	16 487

A Innenstadt (umfaßt Mitte, Süd, Nord/Hemshof, West)
B Mitte
C Süd
D Nord/Hemshof
E West
F Edigheim
G Friesenheim

Anmerkungen
Seite 978

8 *Quellen: wo nicht anders angegeben: 1556—1852: vgl. Tabellen in den jeweiligen Kapiteln dieser Stadtgeschichte; 1861—1933: Stadtgeschichte 1953, S. 30, für 1880 darüber hinaus Belitz Bd. 1, S. 164; 1939—1961: Statist. Informationen Ludwigshafen 1965/7; StALu, DS 243/1965; 1970—1990: Informationen zur Stadtentwicklung 7/91 entspr. Statist. Jahresber. 1990, S. 13; StALu, DS 243/1991; 2000: Infos zur Stadtentwicklung 1/2001; StALu, DS 243/2001*

9 *Einwohnerzahl der Hemshöfe sowie von Scharrau und Petersau*

10 *abweichend von der Summe B+D, da B und D aus Konfessionsstatistik bei Belitz, Bd. 1, Anhang S. 44, dort vermutlich die Zahl der Juden vergessen*

11 *Angaben bis 1933 bei Nord/Hemshof*

12 *abweichend von der Summe B+D, da diese aus Belitz, Bd. 1, Anhang S. 45*

13 *Angaben bis 1933 bei Innenstadt*

14 *Spalten A, B, D, G, J Zählung von Oktober 1919, sonst Zählung Dezember 1919*

15 *Zahl bei Oppau*

16 *Zahl bei D*

17 *Zahl bei Oppau*

Bevölkerungsentwicklung in den Gemeinden des heutigen Stadtkreises bzw. Stadtteilen

H	I	J	K	L	M	N	O
–	180	280	630	270	–	200	?
–	27	58	170	250	–	100	?
–	221	252	387	392	–	221	?
–	453	534	962	709	–	511	[18] 609
–	693	692	1 390	1 269	–	845	850
–	836	1 220	1 645	1 485	–	957	1 022
–	1 048	1 750	2 263	1 634	–	1 146	1 040
–	1 060	2 006	3 128	1 611	–	1 404	1 060
–	1 138	2 282	3 115	1 985	–	1 587	1 028
–	1 243	2 950	3 789	2 256	–	2 021	1 097
–	1 341	4 089	4 537	2 547	–	2 240	1 117
[19] k.A.	1 668	8 133	6 128	3 354	–	3 118	1 100
k.A.	1 973	12 578	7 748	4 470	–	4 233	1 146
k.A.	2 061	15 496	8 969	6 063	–	4 358	1 212
k.A.	2 176	17 851	9 780	6 901	–	4 765	1 314
6 025	2 464	12 900	11 164	12 252	–	5 279	1 355
9 506	2 718	13 636	12 217	10 58	–	5 531	1 451
5 744	1 741	5 914	8 768	6 207	–	3 494	1 189
9 818	2 283	9 664	11 639	7 335	–	4 798	1 427
11 666	2 692	12 246	13 375	9 535	–	5 844	1 570
11 683	3 340	14 028	13 796	11 145	–	5 952	1 735
17 498	2 849	15 169	14 207	12 124	–	5 793	1 815
21 197	5 264	17 913	21 423	11 951	2 243	6 889	2 267
19 799	5 095	13 987	23 164	10 117	8 457	6 354	3 067
19 039	4 982	13 647	23 768	9 740	8 219	6 241	3 842
17 860	7 259	12 817	24 004	9 831	6 962	6 384	6 151
17 841	7 266	12 882	24 544	9 635	6 774	6 693	6 162

H Gartenstadt
I Maudach
J Mundenheim
K Oggersheim
L Oppau
M Pfingstweide
N Rheingönheim
O Ruchheim

Anmerkungen Seite 979

18 Zahl 1789

19 Angaben bis 1933 bei Mundenheim

Bürgermeister und Oberbürgermeister der Stadt Ludwigshafen a.Rh.*

Name, Amtszeit	Lebensdaten
Heinrich Wilhelm Lichtenberger [1] April 1853—August 1862	* 31.5.1811, Speyer † 10.8.1872, Ludwigshafen
Carl Huß April 1863—April 1868	* 24.8.1800, Bayreuth † 16.4.1868, ebd.; auf einer Urlaubsreise
Josef Hoffmann April 1868—April 1872	* 17.10.1810, Mannheim † 15.5.1881, Ludwigshafen
Georg Kutterer Mai 1872—Oktober 1889	* 2.10.1828, Dürkheim † 19.3.1896, Ludwigshafen
Wendel Hoffmann [2] November 1889—September 1891	* 9.12.1845, Ludwigshafen † 23.9.1891, ebd.
Dr. Carl Grünzweig November 1891—Juli 1896	* 31.12.1845, Schorndorf † 9.7.1913, Ludwigshafen
Friedrich Krafft [3] September 1896—März 1920	* 13.10.1857, Dannstadt † 22.4.1936, Pasing
Dr. Dr. Christian Weiß [4] Juli 1920—September 1930	* 31.3.1882, Augsburg † 13.9.1930, St. Moritz; auf einer Urlaubsreise
Dr. Fritz Ecarius Januar 1931—März 1937 [5]	* 4.1.1886, Kaiserslautern † 17.6.1966, ebd.
Dr. Erich Stolleis Mai 1937—1941/1945 [6]	* 7.6.1906, Gimmeldingen † 24.7.1986, ebd.
Kommissarische Oberbürgermeister und NSDAP-Kreisleiter während der Kriegszeit	
Franz Schubert September 1941—September 1942	* 5.12.1905, Marolzweisach † 4.8.1992, Koblenz
Dr. Ludwig Holzer September 1942—Februar 1943	* 5.9.1900, Zweibrücken † 25.7.1953, Baiersdorf/Mfr.
Hans Horn März 1943—März 1945	* 26.5.1895, Merlach/Ofr. † 24.12.1969, Mannheim
Dr. Otto Stabel [7] März 1945—April 1945	* 21.12.1898, Ludwigshafen † 11.1.1970, Bad Bergzabern

Anmerkungen
Seite 980 und 981

1 *ehrenamtlicher Bürgermeister wie seine Nachfolger bis 1896*
2 *starb durch seine eigene Hand*
3 *erster Berufsbürgermeister, ab 1907 Ehrentitel ›Oberbürgermeister‹*
4 *direkt gewählt, ›Erster Bürgermeister‹, ab Oktober 1922 ›Oberbürgermeister‹ (wie alle seine Nachfolger)*
5 *außer Dienst gestellt, Amtszeit lief formal weiter*
6 *geriet 1941 in britische Kriegsgefangenschaft*
7 *letzter kommissarischer OB der NS-Zeit und erster der Nachkriegszeit*
8 *direkt gewählt*
* *alle Persönlichkeiten sind in der Stadtgeschichte durch eine Kurzbiographie gewürdigt*

Bürgermeister und Oberbürgermeister der Stadt Ludwigshafen a.Rh.*

Name, Amtszeit	Lebensdaten
Dr. Hans Hoffmann April 1945—September 1945)	* 25.7.1893, Bad Bergzabern † 24.4.1952, Wachenheim
Valentin Bauer September 1945—Mai 1955	* 22.6.1885, Nordheim/Mfr. † 27.10.1974, Bad Kreuznach
Werner Bockelmann Juni 1955—März 1957	* 23.9.1907 Moskau † 7.4.1968, Unfalltod auf der Autobahn bei Stuttgart
Dr. Hans Klüber Mai 1957—Juni 1965	* 25.11.1902, Köln † 1.11.1981, Mannheim
Dr. Werner Ludwig Juli 1965—Juni 1993	* 27.8.1926, Pirmasens
Dr. Wolfang Schulte Juli 1993—Dezember 2001	* 30.9.1947, Paderborn
Dr. Eva Lohse [8] Januar 2002—	* 23.1.1956, Ludwigshafen

Ehrenbürger der Stadt Ludwigshafen [1]

Dr. Carl Clemm (1836—1899)
Chemiker, Mitbegründer der BASF, Reichstagsabgeordneter
Eb. 29.5.1883; wegen seines großes Einsatzes nach der Flutkatastrophe 1882/83 zuerst Ehrenbürger von Friesenheim, dann – nach der Eingemeindung des Ortes nach Ludwigshafen – auch der Stadt

Dr. August Ritter von Clemm (1837—1910)
Chemiker, Mitbegründer der BASF, bayer. Landtagsabgeordneter
Eb. 28.6.1892

Reichskanzler Fürst **Otto von Bismarck**
Eb. 1.4.1895; 1945 aberkannt

Karl Stützel (1872—1944)
bayer. Innenminister (1924—33)
Eb. Oppau 20.8.1924; wegen seiner Verdienste um den Wiederaufbau Oppaus nach der Explosionskatastrophe von 1921 in der BASF; Stützel war bayer. Staatskommissar für das Hilfswerk Oppau

Geheimer Hofrat **Friedrich Krafft** (1857—1936)
(Ober-)Bürgermeister der Stadt Ludwigshafen (1896—1920)
Eb. 13.10.1927; teilw. als „Wiedergutmachung" für die Mißhandlungen während der revolutionären Ereignisse 1918/20

Verleihungen der Ehrenbürgerwürde während der NS-Zeit. Sie wurden 1945 für ungültig erklärt bzw. aberkannt.

Ludwig Siebert (1874—1942)
geboren in Ludwigshafen, bayerischer Ministerpräsident (1933—1942)
Eb. 27.4.1933

sowie

Reichspräsident **Paul von Hindenburg**
Eb. 27.4.1933

Reichskanzler **Adolf Hitler**
Eb. 27.4.1933

Franz Ritter von Epp
Reichsstatthalter von Bayern
Eb. 27.4.1933

Josef Bürckel
Gauleiter der Pfalz
Eb. 1.4.1938

Wilhelm Frick
Reichsinnenminister
Eb. 1.4.1938

Verleihungen der Ehrenbürgerwürde nach 1945

A. Ray Benedict (1885—1974)
Bürgermeister von Pasadena/Kalifornien/USA
Eb. 7.11.1949; als Dank für die großzügige Hilfe der Stadt Pasadena für Ludwigshafen nach 1945

Valentin Bauer (1885—1974)
Oberbürgermeister der Stadt Ludwigshafen (1945—1955)
Eb. 23.5.1955

Anmerkungen Seite 982 und 983

1 alle mit Lebensdaten aufgeführten Persönlichkeiten – ausgenommen A. Ray Benedict – sind in der Stadtgeschichte durch eine Kurzbiographie gewürdigt

Eb.: Ehrenbürger

Ehrenbürger der Stadt Ludwigshafen [1]

Friedrich Wilhelm Wagner (1894—1971)
Vizepräsident des Bundesverfassungsgerichtes
Eb. 28.2.1964

Dr. Carl Wurster (1900—1974)
Vorstandsvorsitzender der BASF
Eb. 19.2.1965

Peter Trupp (1889—1973)
Beigeordneter a. D.
Eb. 14.5.1965

Prälat **Ludwig Husse** (1890—1976)
kath. Dekan der Stadt Ludwigshafen
Eb. 15.10.1965

Prof. **Dr. Ernst Bloch** (1885—1977)
geboren in Ludwigshafen
Eb. 8.6.1970

Wilhelm Hack (1899—1985)
Kölner Kunstsammler
Eb. 9.6.1975; er vermachte seine Sammlung der Stadt Ludwigshafen, diese bildet den Grundstock des nach ihm benannten Wilhelm-Hack-Museums

Hans Loschky (1888—1979)
Pädagoge, Volksbildner, Heimatforscher
Eb. 12.12.1977; er vermachte seine umfangreiche Sammlung pädagogischen Schrifttums der Stadt

Herbert Müller (1900—1994)
Reichs- und Landtagsabgeordneter, Stadtrat
Eb. 9.5.1983

Dr. Bernhard Timm (1909—1992)
Vorstandsvorsitzender der BASF
Eb. 9.5.1983

Günther Janson (1919—1999)
Bürgermeister i. R.,
Sozialdezernent der Stadt Ludwigshafen (1965—1985)
Eb. 22.4.1985

Dr. Werner Ludwig (geb. 1926)
Oberbürgermeister der Stadt Ludwigshafen (1965—1993)
Eb. 28.6.1993

Dr. Friedhelm Borggrefe (geb. 1929)
prot. Dekan der Stadt Ludwigshafen
Eb. 13.7.1998

Monsignore **Erich Ramstetter** (geb. 1925)
kath. Dekan der Stadt Ludwigshafen
Eb. 13.7.1998

Die Sitzverteilung im Ludwigshafener Stadtrat nach den Ergebnissen der Stadtratswahlen zwischen den Jahren 1899 und 1999
(Zahlen in Klammern: Prozentsätze der gesamten gewählten[1] Sitze)

Zeitraum 1899—1914

	1899	1904	1909	1914[2]
Summe der Sitze	26	26	26	26
davon				
SPD	7	11	13	–
Linke	7 (26,9)	11 (42,3)	13 (50,0)	–
NLP	–	3	7	–
Liberale	16	8	2	–
Liberale	16 (61,5)	11 (42,3)	9 (34,6)	–
Zentrum	3	4	4	–
Polit. Katholizismus	3 (11,5)	4 (15,4)	4 (15,4)	–

Zeitraum 1920—1933

	1920	1924	1929	1933[3]
Summe der Sitze	40	40	40	36
davon				
LKPD	–	–	1	–
KPD	–	5	4	–
USPD	12	–	–	–
SPD	12	14	14	11
Linke	24 (60,0)	19 (47,5)	18 (45,0)	11 (30,6)
DVP	5	4	4	1
DDP	4	3	2	–
WiBv	–	6	–	–
WP	–	6	3	–
Liberale	9 (22,5)	13 (32,5)	9 (22,5)	1 (2,8)
Zentrum	–	7	8	7
BVP	7	1	–	–
KF	–	–	1	–
Polit. Katholizismus	7 (17,5)	8 (20,0)	9 (22,5)	7 (19,4)
CsVd	–	–	1	–
DNVP	–	–	–	1
NSDAP	–	–	3	16
Rechte	–	–	4 (10,0)	17 (47,2)

Anmerkungen
Seite 984

1 *In allen Stadtratskollegien hatten neben den direkt zu Ratsmitgliedern Gewählten weitere Personen Sitz und Stimme. Es waren dies: im Kaiserreich neben dem Bürgermeister der Rechtsrat; in der Weimarer Zeit der Oberbürgermeister und die Bürgermeister; seit 1946 der Oberbürgermeister*

2 *Die Wahlen Ende des Jahres 1914 fanden im Zeichen des ›Burgfriedens‹ zwischen den Parteien nach einer Einheitsliste statt, die die Sitzverteilung von 1909 fortschrieb.*

3 *Neubildung des Stadtrats nach den Ergebnissen der Reichstagswahl vom 5. März 1933 ohne Berücksichtigung der KPD-Stimmen*

Die Sitzverteilung im Ludwigshafener Stadtrat nach den Ergebnissen der Stadtratswahlen zwischen den Jahren 1899 und 1999
(Zahlen in Klammern: Prozentsätze der gesamten gewählten Sitze)

Zeitraum 1946—1952

	1946	1948	1952
Summe der Sitze	50	45	51
davon			
KPD	8 (16,0)	8 (17,8)	5 (9,8)
SPD	22 (44,0)	22 (48,9)	25 (49,0)
FDP	4 (8,0)	3 (6,7)	7 (13,7)
CDU	16 (32,0)	12 (26,7)	14 (27,5)

Zeitraum 1956—1969

	1956	1960	1964	1969
Summe der Sitze	51	51	51	57
davon				
SPD	30 (58,8)	28 (54,9)	30 (58,8)	35 (61,4)
FDP	5 (9,8)	5 (9,8)	3 (5,9)	3 (5,3)
CDU	16 (31,4)	18 (35,3)	18 (35,3)	19 (33,3)

Zeitraum 1974—1989

	1974	1979	1984	1989
Summe der Sitze	59	59	59	59
davon				
SPD	32 (54,2)	35 (59,3)	35 (59,3)	33 (55,9)
Grüne	–	–	3 (5,1)	4 (6,8)
FDP	3 (5,1)	–	–	2 (3,4)
CDU	24 (40,7)	24 (40,7)	21 (35,6)	18 (30,5)
Republikaner	–	–	–	2 (3,4)

Zeitraum 1994—1999

	1994	1999
Summe der Sitze	60	60
davon		
SPD	29 (48,3)	25 (41,7)
Grüne	5 (8,3)	3 (5,0)
FWG	–	3 (5,0)
CDU	22 (36,7)	26 (43,3)
Republikaner	4 (6,7)	3 (5,0)

Auflösung der Kürzel der Parteien

BVP	*Bayerische Volkspartei*
CDU	*Christlich-Demokratische Union*
CsVd	*Christlich-sozialer Volksdienst*
DDP	*Deutsche Demokratische Patei*
DNVP	*Deutschnationale Volkspartei*
DVP	*Deutsche Volkspartei*
FDP	*Freie Demokratische Partei*
FWG	*Freie Wählergemeinschaft*
KF	*Katholikenfrauenliste*
KPD	*Kommunistische Partei Deutschlands*
LKPD	*Linke Opposition der KPD*
NLP	*Nationalliberale Partei*
NSDAP	*Nationalsozialistische Deutsche Arbeiterpartei*
SPD	*Sozialdemokratische Partei Deutschlands*
USPD	*Unabhängige Sozialdemokratische Partei Deutschlands*
WiBv	*Wirtschaftliche Bürgervereinigung*
WP	*Wirtschaftspartei*
Z	*Zentrum*

veröffentlichungen
des stadtarchivs
Ludwigshafen am Rhein

Band 1 Wilhelm Jakob Jung
Musikgeschichte der Stadt Ludwigshafen am Rhein 1850—1918. 1968. 147 Seiten
4 Euro. ISBN 3-924667-00-4

Band 2 Siegfried Fauck
Geschichte der Stadt Ludwigshafen am Rhein in Daten. 1989. 251 Seiten
3 Euro. ISBN 3-924667-14-4

Band 3 Siegfried Fauck
Ludwigshafen in alten Ansichten. 1978. 128 Seiten
Vergriffen. ISBN 3-924667-02-0

Band 4 Friedrich Barth
Ruchheim gestern und heute. 1986. 254 Seiten
10 Euro. ISBN 3-924667-11-x

Band 5 Willi Breunig
Soziale Verhältnisse der Arbeiterschaft und sozialistische Arbeiterbewegung in Ludwigshafen am Rhein 1869—1919. 1990. 858 Seiten
10 Euro. ISBN 3-924667-16-0

Band 6 Karl Kreuter
Maudach im Wandel der Zeiten. 1986. 168 Seiten
Vergriffen. ISBN 3-924667-12-8

Band 7 Hans Loschky
Ein Leben im Dienst der Schule und der Heimat. 1979. 247 Seiten
Vergriffen. ISBN 3-924667-06-3

Band 8 Hans-Joachim Belitz
Evangelische Kirche in Ludwigshafen am Rhein 1853—1918
1981. 628 Seiten mit Anhang
8 Euro. ISBN 3-924667-07-1

Band 9 Lothar Meinzer
Ludwigshafen am Rhein und die Pfalz in den ersten Jahren des Dritten Reiches
1991. 300 Seiten
10 Euro. ISBN 3-924667-18-7

Band 10 Karl Kreuter
Aus der Chronik von Oggersheim 1983. 186 Seiten
6 Euro. ISBN 3-924667-09-8

Band 11 Rolf Weidner
Wahlen und soziale Strukturen in Ludwigshafen am Rhein 1871—1914. 1984
704 Seiten mit Anhang. 8 Euro. ISBN 3-924667-10-1

Band 12 Willi Breunig
Vom Handelsplatz zur Industriestadt
Wirtschaftsentwicklung in Ludwigshafen am Rhein 1820—1920. 1986. 151 Seiten
10 Euro. ISBN 3-924667-13-6

Band 13 Hans-Joachim Belitz, Michael Demessier
Evangelische Kirche in Ludwigshafen am Rhein 1919—1945. 1989. 674 Seiten
5 Euro. ISBN 3-924667-15-2

Band 14 Peter Ruf
Der Frankenthaler Kanal, 1991. 43 Seiten
5 Euro. ISBN 3-924667-17-9

Band 15 Ulrike Minor, Peter Ruf
Juden in Ludwigshafen. 1992. 189 Seiten
Vergriffen. ISBN 3-924667-19-5

Band 16 Peter Ruf
Ludwigshafener Abgeordnete im Landtag, Reichstag und Bundestag. 1993
58 Seiten. 3 Euro. ISBN 3-924667-20-9

Band 17 Matthias Rogg
„Wir schenken dem Heiligen Nazarius ..." Der Grundbesitz des Klosters Lorsch im Raum Ludwigshafen am Rhein. 1993. 73 Seiten
4 Euro. ISBN 3-924667-21-7

Band 18 Thomas Breier
Eine Stadt wird gebaut. Ludwigshafen am Rhein von der Gründung bis zum Zweiten Weltkrieg. 1994. 103 Seiten
8 Euro. ISBN 3-924667-22-5

Band 19 Stefan Mörz
Vom Westboten zur Rheinpfalz
Die Geschichte der Presse im Raum Ludwigshafen von den Anfängen bis zur Gegenwart. 1994. 222 Seiten
6 Euro. ISBN 3-924667-23-3

Band 20 Willi Breunig
Kommunalpolitik und Wirtschaftsentfaltung in Ludwigshafen am Rhein 1843—1871. 1995. 50 Seiten
6 Euro. ISBN 3-924667-24-1

Band 21 Rainer Koepke
Armut in Ludwigshafen. Die öffentliche Armenpflege in Ludwigshafen am Rhein von 1871 bis 1914. 1996. 179 Seiten
5 Euro. ISBN 3-924667-25-X

Band 22 Stefan Mörz
Das Gedächtnis der Stadt
Das Stadtarchiv Ludwigshafen am Rhein und seine Bestände. 1997. 177 Seiten
3 Euro. ISBN 3-924667-26-8

Band 23 Roland Krischke (Herausgeber)
Friedrich Burschell
Erinnerungen 1889—1919. 1997. 311 Seiten
15 Euro. ISBN 3-924667-27-6

Band 24 Willi Breunig (Herausgeber)
Der Sprung auf die Bühne. Die Jugend- und Theatererinnerungen des Schauspielers und Regisseurs William Dieterle. 1998. 153 Seiten
10 Euro. ISBN 3-924667-28-4

Band 25 Stefan Mörz
Ludwigshafen – ein Jahrhundert in Bildern. 1999. 230 Seiten
Vergriffen. ISBN 3-924667-29-2

Band 26 Friedrich Kirsch
Mundenheim. Bilder zu seiner Geschichte. 1999. 277 Seiten
Vergriffen. ISBN 3-924667-30-6

Band 27 Friedhelm Borggrefe
Juden in der BASF. 2000. 85 Seiten
10 Euro. ISBN 3-924667-31-4

Band 28 Claudia Friedrich
Emanzipation auf Widerruf. 2000. 158 Seiten
10 Euro. ISBN 3-924667-32-2

Band 29 Willi Breunig (Herausgeber)
Der Kampf um die Story. Die Hollywood- und Lebenserinnerungen des Schauspielers und Regisseurs William Dieterle. 2001.190 Seiten
12 Euro. ISBN 3-924667-33-0

Band 30 Inge Brodbeck, Erich Janson und Stadtarchiv Ludwigshafen (Herausgeber)
Günther Janson. Ein Sohn des Volkes. Erinnerungen. 2002. 215 Seiten
12,80 Euro. ISBN 3-924667-34-9

Band 31 Klaus J. Becker (Herausgeber)
Mundenheim ... wie es früher war. Historische Fotografien 1899—1949 2002. 112 Seiten
17,40 Euro. ISBN 3-934845-13-4

Band 32 Friedhelm Borggrefe
Unterwegs zum Hafen der Hoffnung. 150 Jahre Protestantische Kirche in Ludwigshafen am Rhein. 2003. 268 Seiten
14,90 Euro. ISBN 3-924667-31-4

Die Veröffentlichungen sind beim Stadtarchiv, Rottstraße 17, 67061 Ludwigshafen am Rhein erhältlich oder über den Buchhandel zu beziehen

Geschichte der Stadt Ludwigshafen am Rhein

Register

Geschichte der Stadt Ludwigshafen am Rhein

Register

Herausgegeben
von Klaus Jürgen Becker, Martin Furtwängler und Stefan Mörz
Stadtarchiv Ludwigshafen am Rhein

Gestaltung von
Überzug und Typolayout
Hans-Joachim Kotarski

Gedruckt auf geglättetem, säurefreiem, chlorfreiem und alterungsbeständigem Werkdruckpapier

Satz und Bildbearbeitung
Llux Datenverarbeitung GmbH, Ludwigshafen am Rhein

Druck und buchbinderische Verarbeitung
Westermann Druck Zwickau GmbH

ISBN: 3-924667-35-7

STADT
LUDWIGSHAFEN
AM RHEIN

gewidmet

Dr. Günter Braun

Mitautor dieser Stadtgeschichte,
der im März diesen Jahres
allzu früh verstorben ist

Vorwort

Mit der Vorlage dieses Registers ist die Stadtgeschichte endgültig abgeschlossen. Damit hat ein gewaltiges Projekt seinen Abschluß gefunden, das die Ressourcen des Stadtarchivs seit 1997 unter steter Spannung hielt.

Das Register wird den Lesern einen erheblich besseren und tieferen Zugang zu der Fülle an Informationen bieten, die in den beiden Bänden der Stadtgeschichte mit ihren fast 2 000 Seiten geboten werden. Darüber hinaus haben eine größere Zahl von Korrekturen und vor allem Ergänzungen zum Text im Registerband ihren Platz gefunden.

Unbeschwert von den Problemen der Verzahnung umfangreicher Texte mit der Bebilderung und der Frage des Gesamtumfangs konnte diesem Registerband auch eine ›Galerie Ludwigshafener Menschen‹ beigegeben werden. Die ganzseitigen Abbildungen nutzen die Fotoschätze des Stadtarchivs aus der Zeit vor 1914 und verdeutlichen – durch ihren Abbildungsmaßstab – Details in Kleidung und Gebaren der Menschen, welche die Straßen Ludwigshafens vor allem in den ersten Jahrzehnten seiner Entwicklung bevölkert haben.

Schon in den vorangegangenen Bänden sind die Autoren, Herausgeber, Gestalter und Produzenten der Stadtgeschichte gewürdigt worden. Entscheidend zur Dichte der Darstellung beigetragen haben natürlich auch die vielen Bürger Ludwigshafens, die in den Jahren der Entstehung der Stadtgeschichte Informationen lieferten bzw. zum Teil sehr wertvolle und umfangreiche Nachlässe dem Stadtarchiv überließen. Besonders hervorzuheben sind in diesem Zusammenhang Alt-Oberbürgermeister *Dr. Werner Ludwig*, *Hans* und *Käthe Lutz*, *Karl-Heinz Jungbluth*, *Hermann W. Morweiser*, *Erwin Folz*, *Richard Braun* und *Peter Menges*, das Ehepaar *Heinrich* und *Irmgard König*, *Gertrud Weber*, die Witwe des Malers Willy Weber, die früheren Beigeordneten *Karl-Horst Tischbein* und *Willi Tatge* sowie *Magdalena Wagner*, die Witwe des Ehrenbürgers Friedrich Wilhelm Wagner.

Ein wesentliches Element des Werks sind jedoch auch die über 2 000 Abbildungen, die die Geschichte Ludwigshafens den Lesern buchstäblich sichtbar machen. Gerade in diesem Bereich haben viele Bürger der Stadt dem Archiv in den letzten Jahren außerordentlich aussagekräftige Aufnahmen überlassen, die die Stadtgeschichte sehr bereichert haben. Besonders gedankt sei hier *Gerhard Singer*, *Günter Rothstein* und *Heino Bader* für Bildzeugnisse aus der Zeit des Dritten Reiches, die, zum Teil in Farbe, Machtergreifung, Machtausübung und Alltag jener Zeit in Ludwigshafen dokumentieren. Herr *Walter Schäfer* hat dem Archiv eine große Zahl von Bildzeugnissen aus der Geschichte Rheingönheims und der Stadt überlassen, die vom Beginn des 20. Jahrhunderts bis zu seinem Ende reichen. Für die Geschichte Mundenheims sind die Sammlungen von *Friedrich Kirsch* von großer Bedeutung, die er dem Archiv übergeben hat. Bilder des Alltagslebens aus den Jahren 1900 bis 1930 hat *Ria Hartkopf*, Bilder zur Geschichte der 1950er Jahre hat *Wolfgang Löckel* dem Archiv gestiftet. *Marlis Jonas*, *Heinz Werner Herb*, *Hans-Joachim Kotarski* und die Fotoagenturen *Kunz* und *Meinberg* haben dem Archiv Motive aus ihrer fotografischen Tätigkeit überlassen, die besonders für die Geschichte Ludwigshafens in den letzten Jahren wertvoll waren.

Ihnen allen sei hier an dieser Stelle noch einmal herzlich gedankt.

Dr. Stefan Mörz
Leiter des Stadtarchivs Ludwigshafen

inhaltsverzeichnis

Korrekturen und Ergänzungen

Bd. 1

Farbbild 14 Das 5. Ludwigshafener Parkfest fand 1908 statt, nicht 1909.

S. 3 Nach dem Skandal um den Frankfurter Professor Rainer Protsch, der offenbar Datierungen von Funden mehr oder minder frei erfand, ist nicht nur der Oppauer ›Neanderthaler‹ starken Zweifeln unterworfen. Auch der Binshof-Schädel ist nach neuen Untersuchungen nur etwa 3 000 und nicht 21 000 Jahre alt.

S. 30 Unter Erläuterung 27 muß es heißen Neubamberg (Raugrafen), nicht (Rheingrafen).

S. 146 Das hier gezeigte, überaus sorgfältig gearbeitete Modell wurde nach den Forschungen und Entwürfen des städt. Oberbaudirektors Karl Lochner 1958 vom langjährigen Modellbaumeister der Stadtverwaltung, Alois Weigel, erarbeitet.

S. 184 sechste Zeile von unten: Zu den zum Bau des Kanals Angeworbenen zählten auch Slowaken, Kroaten und Slowenen. Von ihrer Anwesenheit im ›Welschdorf‹, der Siedlung der ›Kanalarbeiter‹, leitet sich möglicherweise der Spottspruch auf die Edigheimer als ›Edigumer Schlowacke‹ ab. Der größte Teil der Arbeiter stammte allerdings aus dem oberpfälzisch-fränkischen Raum (Braun, Oppau, S. 850; Ruf, Frankenthaler Kanal, S. 7).

S. 230 Das Schulhaus in Oggersheim, die alte Schloßschule, wurde (nach Kreuter, Chronik, S. 65f) ebenso wie diejenigen in Rheingönheim, Edigheim und Oppau bereits 1821/22 erbaut.

S. 237 Abb. 38: Der Name der Apotheke ist Bohlig, nicht Wohlig.

S. 245 Aus Anlaß des Thronjubiläums wurde in Friesenheim und Mundenheim je eine erste moderne Straßenbenennung durchgeführt (siehe: Korrekturen und Ergänzungen zu Bd. 1, S. 825).

S. 316 Carl Clemm kandidierte 1893 letztmals für den Reichstag, war damit also bis 1898 Reichstagsabgeordneter. August Clemm wurde – wie die Bildunterschrift richtig betont – 1837 geboren, nicht 1839.

S. 411 Abb. 53: Die Abbildung stammt aus dem Jahr 1933, als sich im Hof der Mannheimer Benz-Werke Auto-Veteranen zu einer Parade anläßlich der Enthüllung eines Benz-Denkmals trafen.

S. 452 Der 1882 in Ludwigshafen als Sohn eines BASF-Schmieds geborene Adam Ritzhaupt wurde Pfarrer. Nach einigen Jahren in der Pfalz ging er 1916 nach Erfurt, wo er 46 Jahre an der Barfüßerkirche wirkte. Sein literarisches Schaffen kreiste allerdings hauptsächlich um seine pfälzische Heimat. Ritzhaupt starb 1976 in Erfurt.

S. 469 Abb. 125: Das Foto entstand vermutlich anläßlich des Besuchs des Prinzregenten im Juni 1894.

S. 479 Zur Entstehung der ›Parkinsel‹: Im Rahmen des Baumeisterschen Plans von 1891 wurden auf der künftigen Parkinsel die heute bestehenden Straßen im wesentlichen abgesteckt. Durch den Bau des Luitpoldhafens entstand dann die Insellage. 1896 wurden die Pläne des Mannheimer Konsuls Hartogensis – des Besitzers großer Terrainstücke auf der Insel – für eine ›Villencolonie‹ auf der Parkinsel gebilligt. Sie sahen schon die Anlage eines Parks entlang des Rheins vor, wie er dann mit dem Stadtpark entstand. Doch wurden bis zum Ersten Weltkrieg nur insgesamt 38 Häuser auf der Parkinsel gebaut. Erst in den Jahren der Weimarer Republik erfolgte die Entwicklung des Wohngebiets im großen Stil, das vor allem von Wohlhabenden, Akademikern, Freiberuflern und Kaufleuten bevorzugt wurde.

S. 490 Zeile 3: Die Angabe zur Größe der ›Urgemarkung‹ Ludwigshafens ist falsch. Die richtige Zahl lautet 3,7 qkm bzw. 367 ha.
Die falsche Angabe entstand wohl schon in Darstellungen der 1920er Jahre, als die nach der Eingemeindung Friesenheims neu festgelegten Grenzen der *Steuergemeinden* Ludwigshafen und Friesenheim als Umfangsangabe für dessen ursprüngliche Gemarkung mißverstanden wurden; dabei waren große Teile der bisherigen Gemarkung Friesenheim der Steuergemeinde Ludwigshafen zugeschlagen worden.

S. 492 zweiter Absatz, oben: Die Zuwächse der Gemarkungsfläche betrugen bei der Eingemeindung Friesenheims tatsächlich 772 ha und bei der Eingemeindung Mundenheims 1 036 ha.

S. 511 Abb. 174: Die Straße jenseits des Bahndamms ist die Bleichstraße, nicht die Yorckstraße.

Der Friesenpark war nicht Teil der ehemaligen Riedsaumwiesen, sondern entstand Anfang des 20. Jahrhunderts auf dem Gelände des alten Friedhofs des Ortes. Die Benennung erfolgte 1911.

S. 615 Liste der Schulen: Die Pestalozzischule war lediglich ab 1969 für etwa 20 Jahre Sitz der Kopernikus-Realschule. Heute trägt sie wieder ihren alten Namen und ist Hauptschule.

S. 633 Abschnitt ›sonstige Bildungsbemühungen‹, Zeile 4: Der Gründer der Stadtbücherei war Jakob Esselborn, nicht Karl Esselborn.

S. 680 Albert Haueisen (1872 Stuttgart—1954 Kandel) war der Sohn des BASF-Architekten Eugen Haueisen. Nach Studien in Karlsruhe und München arbeitete er als freier Maler in München, der Pfalz – auch Ludwigshafen – und Frankfurt, bevor er dann als Lehrer und zeitweiliger Direktor der Kunstakademie in Karlsruhe wirkte.
1933 zog er sich von seinen Ämtern zurück. Haueisen wurde vielfach geehrt.

Die 1884 in Ludwigshafen geborene Schriftstellerin Hedwig Laudien fand in der jungen Geschichte der Menschen ihrer Heimatstadt, im Rhein sowie in der Pfalz allgemein und ihren Sitten den Mittelpunkt ihres Schaffens. Laudien starb 1968 in Bad Dürkheim. Ihr Nachlaß befindet sich im Stadtarchiv Ludwigshafen.
Zu den Künstlern aus dem Ludwigshafen des Kaiserreichs und der frühen Weimarer Republik zählt auch der Filmpionier Hermann Basler, der unter der Ergänzung zur S. 933 im Band 2 gewürdigt wird.

S. 706 Die Lebensdaten von Theodor Körner lauten 1862—1927. Auch lebte Körner erst ab 1885 in Ludwigshafen. Dort arbeitete er zuerst in seinem erlernten Beruf als Schreiner, bevor er sich als Gastwirt selbständig machte. Körner war seit 1900 auch Mitglied des Stadtrats. Seine Mandate übte er bis zu seinem Tod aus.

S. 783 Zeile 5f: Der Bevölkerungsrückgang Friesenheims ist wohl teilweise dem Ausscheiden des Friesenheimer Teils von Ludwigshafen aus der Gemarkung zuzuschreiben. Die dem Autor zugänglichen statistischen Angaben sind in diesem Punkt allerdings nicht ganz schlüssig.

S. 787 Tabelle Bevölkerungsentwicklung: Die Bevölkerungsentwicklung in Friesenheim und Mundenheim ist wohl teilweise dem Ausscheiden Ludwigshafens aus den jeweiligen Gemarkungen zuzuschreiben. Die dem Autor zugänglichen statistischen Angaben sind in diesem Punkt allerdings nicht ganz schlüssig.

S. 819 Abb. 66: Hier handelt es sich um den jüdischen Friedhof in Fußgönheim.

S. 825 Die Benennung der Schillerstraße war nach neuestem Kenntnisstand nicht die erste moderne Straßenbenennung im Raum Ludwigshafen. Aus Anlaß des silbernen Thronjubiläums Max I. Josef von Bayern im Jahr 1824 haben offenbar sowohl Mundenheim wie Friesenheim die von den Dörfern zur Rheinschanze führende Straße ausbauen lassen und ›Maximilianstraße‹ benannt. Dabei handelt es sich freilich eher um die Benennung einer Landstraße, nicht einer Ortsstraße.

S. 830 15. Zeile von unten: Der Verlust Mundenheims an die neue Ludwigshafener Gemarkung betrug nicht 520 ha, sondern nur 137 ha. Zur Entstehung dieses Irrtums siehe: Korrektur zu S. 490.

S. 891 Beim Bildnachweis sind die Nachweise der Abbildungen 65 bis 68 verrutscht. Korrekt muß es lauten:
65 StALu, Fotosammlung
66 StALu, N 28, B 4
67 StALu, N 15, 10
68 StALu, Fotosammlung

S. 40 Als Übersicht sei hier eine Liste der Reichstagswahlergebnisse der Jahre 1919 bis 1924 beigefügt:

in %	1919	1920	1924, Mai	1924, Dezember
KPD	–	3,3	24,8	12,8
USPD	5,6	19,8	0,5	0,9
SPD	54,1	33,5	27,7	35,2
DDP	16,2	11,8	8,0	9,3
DVP	6,3	14,6	11,8	15,0
Zentrum	17,8	–	19,1	19,4
BVP	–	17,0	3,0	3,1
Völkische Rechte	–	–	4,3	–
Diverse Rechte	–	–	–	2,8

S. 45 Der am 4. Mai 1924 gewählte Reichstag war durch die Verluste der Mittelparteien und das Anwachsen der Gegner der Republik von links und rechts geprägt. Entsprechend wurde er bald beschlußunfähig und Ende des Jahres aufgelöst. Die Neuwahl am 7. Dezember 1924 erbrachte größere Verluste für die radikalen Parteien und Zugewinne für die SPD.
In Ludwigshafen manifestierte sich dies in der Wahlniederlage der KPD, die mehr als die Hälfte ihrer Wähler an die Sozialdemokraten verlor. Ursache hierfür war sowohl die Enttäuschung der Arbeiter über ihre Streikniederlage in der BASF, die sie auf die mangelnde materielle Unterstützung der Streikenden durch die kommunistische Gewerkschaft zurückführten, als auch die Ablehnung des mit Radauszenen verbundenen ›Revolutionären Parlamentarismus‹ der KPD-Reichstagsfraktion seit Mai 1924, der dem Wunsch des Ludwigshafener Arbeitermilieus nach einer Einheitsfront zwischen den Arbeiterparteien widersprach.

S. 143 Erich Schug (1906 Ludwigshafen—1982 Bad Dürkheim) studierte in München an der Akademie, der Universität und der TU. Ab 1937 bis zu seinem Ruhestand 1969 war er Kunsterzieher an der Ludwigshafener Mädchenschule. Er schuf ein umfangreiches Werk in Malerei, Grafik und Bildhauerei.

Christoph Kröwerath wurde 1876 in Rotterdam geboren, seit 1887 lebte seine Familie in Ludwigshafen. Beschäftigung fand der Ingenieur bei den Pfälzischen Bahnen und der BASF. Seine künstlerische Ausbildung suchte er auf privatem Weg, wurde Gründer des Ludwigshafener Kunstvereins und nach dem Zweiten Weltkrieg der Künstlervereinigung ›Der Anker‹. 1966 starb er in Ludwigshafen.

S. 155 Die Rathenaustraße ist heute die Benzstraße, nicht die Erzbergerstraße.

S. 318 Georg Hüter wurde in Bockenheim bei Frankfurt (heute Frankfurt-Bockenheim) geboren, nicht in Groß-Bockenheim – wie seine schon vor vielen Jahren veröffentlichte Biographie fälschlich vermerkt.

S. 391 Abb. 89: Korrektes Datum 8. September 1944

S. 398 Hugo Otto Kleine (1898 Bremen—1971 Carlsberg(?)) war 1937 bis 1963 Chefarzt der Frauenklinik Ludwigshafen. Er verfaßte eine Reihe literarisch-autobiographischer Werke.

S. 399 Die Zahlen der Toten bei den Luftangriffen auf Ludwigshafen differieren, je nachdem ob man die Angaben des Luftschutzbeauftragten (wie hier) oder der Standesämter (wie im Kap. 15, S. 419) heranzieht. Der Luftschutzbeauftragte bezog wohl auch diejenigen Toten mit ein, die niemals bei den Standesämtern der Stadt gemeldet wurden.

S. 410f zweite Zeile von unten: Die Einnahme der Gartenstadt erfolgte erst am Vormittag des 23. März 1945. Zur besseren Übersicht des Gangs der Ereignisse der sieben Tage im März 1945, an denen die Westfront über Ludwigshafen hinwegrollte, sei hier folgende Datenleiste gegeben (Informationen aus den zu S. 410 angegebenen Quellen):

18. März: Flucht der NS-Größen. Aufruf des US-Generals Eisenhower an die Bevölkerung zum Verlassen der Städte Mannheim-Ludwigshafen, die zur Kampfzone erklärt werden. Die geschlagenen deutschen Truppen fluten über die Rheinbrücke.

19. März: Auszahlung von Monatslöhnen durch die Betriebe. Aufstellung des Volkssturms am Ostmark-Platz (heute Goerdelerplatz). Aufbau weiterer Flakstellungen. Zahlreiche Jagdbomber über der Stadt.

20. März: 5^{00} Uhr Sprengung der Rheinbrücke in Worms. Ämter stellen ihre Arbeit ein. Es wird kein Fliegeralarm mehr gegeben. 18^{22} Uhr erste, 22^{14} Uhr zweite Sprengung der Ludwigshafener Rheinbrücke. Die Verteidigung der Stadt liegt in den Händen von Generalleutnant Schulz, der im Postbunker (hinter dem Hauptpostgebäude an der Bismarckstraße) Quartier bezieht. Schulz wird später von einem Oberstleutnant abgelöst.

21. März: Volkssturm in Rheingönheim und Friesenheim aufgelöst. Panzersperren in Oppau geräumt, in Ruchheim bleiben sie offen. An anderen Stellen wachen fanatische Soldaten. Maudach kampflos an US-Truppen übergeben, die auch Ruchheim besetzen. Von Edigheim kommend besetzen US-Truppen um 13^{15} Uhr Oppaus Ortskern. Kämpfe vor dem Oppauer Werk, am Langgartenweg und Willersinn. Jagdbomber über dem Stadtteil Nord.

22. März: 7^{00} Uhr Beginn des Angriffs auf Ludwigshafen von Oppau aus, Kämpfe in der Sternstraße. Angriff stockt, nur nördlicher Teil Friesenheims besetzt. Besetzung des Oppauer Werks. Ab 11^{00} Uhr Besetzung Rheingönheims, ab 12^{00} Uhr Besetzung Oggersheims. Kämpfe zwischen Ludwigshafen und Oggersheim und an der von-Kieffer-Straße.

23. März: vormittags Besetzung der Gartenstadt mit Kämpfen und Toten. Verhandlungen ehem. Stadträte (u. a. Valentin Bauer?) mit dem Kommandanten zur Beendigung des Widerstands. Deutscher Beschuß von Mannheim aus auf Oppau, Rheingönheim und Gartenstadt (Tote und Zerstörung des Rheingönheimer Kriegerdenkmals). Kämpfe rund um Giulini zwischen Rheingönheim und Mundenheim. Besetzung Mundenheims. Besetzung des südlichen Teils von Friesenheim. Besetzung Stadtteil Süd: 16^{00} Uhr US-Truppen treffen vor Polizeipräsidium ein, wo der kommissarische OB Otto Stabel formell die Stadt an die Besatzung übergibt.

Nacht vom 23. auf den 24. März: Besetzung des Werks Ludwigshafen der I. G. Farbenindustrie. Deutsche Verteidiger erhalten um 1^{00} Uhr Befehl zum Rückzug auf die andere Rheinseite, ziehen sich über einen ›Brückenkopf‹ auf der Parkinsel zurück.

24. März: 5^{00} Uhr US-Truppen erreichen den Ostmark-Platz. 9^{00} Uhr US-Truppen in der Innenstadt: Pfalzbau, Ludwigstraße etc. Deutscher Beschuß von Mannheim aus.

25. März: Deutscher Luftangriff auf Ruchheim. Innenstadt wieder mit Wasser und Elektrizität versorgt. Weiterer deutscher Beschuß von Mannheim her. Bevölkerung zum Teil aus den Wohnungen gewiesen.

28./29.März: Besetzung von Mannheim.

30. März (andere Darstellung: 28. März): Bau einer Pontonbrücke zwischen Ludwigshafen und Mannheim durch die US-Truppen.

Ab dem 30. März wird es ruhig, die nächtlichen Beschießungen bzw. Schußwechsel hören auf.

S. 419 Zahl der Luftkriegsopfer: siehe: Bemerkung zu S. 399.

S. 435 Zu den am 27. April 1945 verpflichteten Mitgliedern des ersten Nachkriegsbeirats gehörten über die hier im Text ausgewertete Liste der Mitglieder im ersten Protokoll des Beirats noch der Industrielle Ernst Hermann Fernholz (bei Halberg und später in der Führung von Grünzweig & Hartmann tätig) und Prälat Ludwig Walzer an, der sowohl die Kirche wie auch den politischen Katholizismus repräsentierte.

Walzer und der Sozialdemokrat Karl Fischer hatten sich nach dem Einmarsch der Amerikaner gemeinsam beim US-Kommandanten vorgestellt und bereit erklärt, als Unbelastete an der Nachkriegsordnung mitzuwirken (Erinnerung von Fischers Tochter Martha Fischer).

S. 437 letzter Abschnitt, dritte Zeile von oben: Gustav Wolff

S. 489 Am Beispiel der aus dem BASF-Gesangverein hervorgegangenen Karnevalsgesellschaft ›Farweschlucker‹ lassen sich die ersten Anfänge des Ludwigshafener Karnevals (Fasnacht) nach dem Krieg erkennen: Schon 1946 führte der Gesangverein einen Maskenball mit Büttenreden durch, im Jahr darauf eine erste Narrensitzung und 1948 dann einen großen Ball sowie eine ›närrische Singstunde‹. 1950 erfolgte dann die Gründung der ›Farweschlucker‹ als eigener Verein.

S. 515 Ergänzt sei hier eine Kurzbiographie Ray Benedicts:
A. Ray Benedict wurde 1885 in Pleasantville, Pennsylvania, geboren. 1893 siedelte seine Familie in die noch sehr junge Stadt Pasadena über. Er absolvierte eine Klempnerlehre in einer örtlichen Firma, die er 1914 übernahm. Das Geschäft entwickelte sich zu einem der größten Installationsunternehmen des südlichen Kalifornien. 1941 wurde er ins ›Board of City Directors‹ von Pasadena gewählt und blieb 20 Jahre dessen Mitglied, von 1948 bis 1951 amtierte er als ›Mayor‹ (Bürgermeister) der Stadt, ein Amt, das auch sein Sohn Walter in den Jahren 1970 bis 1972 bekleidete. Er wurde Vizepräsident der Handelskammer Pasadenas und in vielen Standes- und Berufsorganisationen aktiv. Benedict war Mitglied der ›Christian Science‹-Kirche und in zahlreichen gemeinnützigen und gesellschaftlichen Vereinigungen sowie verschiedenen Logen und freimaurerähnlichen Organisationen tätig (Pasadena Elks Lodge, Carmelita Lodge, Scottish Rite Consistory, Optimist Club, University Club etc.). 1974 starb A. Ray Benedict.

S. 530 sechste Zeile von oben: SPD-Fraktionsmitglied Heßler

S. 531 Nach dem Jahr 1913 hatten Parkfeste nur noch sporadisch stattgefunden. So machte 1921 der Reichsbund der Kriegsbeschädigten einen Versuch zur Wiederbelebung, der zwar erfolgreich war, aber keine Fortsetzung erfuhr. 1928 konstituierte sich ein neues Festkomitee, verlegte das Parkfest jedoch in den Neuhofener Waldpark.

S. 545 dritte Zeile von unten des ersten Abschnitts: Bei dem ›Saalbau‹ handelt es sich um den Saal des Pfalzbaus. Dieselbe mißverständliche Umschreibung des Pfalzbaus findet sich auch auf den Seiten 550, 561 und 620.

S. 565 Biographie Harth: Harth starb am 10. Mai 1982.

S. 569 siebte Zeile v. unten: Arbeitsgericht, nicht Amtsgericht

S. 605f Schon am 9. Mai 1955 war aus Anlaß des 150. Todestags Friedrich Schillers ein neues, vom Bildhauer Theo Siegle geschaffenes Denkmal vor dem Rathaus von Oggersheim enthüllt worden.

S. 609 Abb. 208: Reklame für das Parkfest, nicht das Stadtfest

S. 623 Abb. 229: Foto von 1962

S. 625 Biographie Willi Heidelberg: Heidelberg wurde 1905 geboren, nicht 1901.

S. 642 Der 1936 in Ludwigshafen geborene Philipp Fürst schrieb Turnergeschichte. Er nahm an den Olympiaden 1956 und 1964 teil, holte 1964 mit der deutschen Riege Bronze, war fünfmal deutscher Zwölfkampfmeister und gewann 13 weitere deutsche Meistertitel an den Geräten. Mit seinem Verein, dem TB Oppau, wurde er dreimal Mannschaftsmeister. Er trainierte die Turner des TB Oppau, die DTB-Jugend und war Bundestrainer für die Herren. In Ludwigshafen setzte er sich besonders für das Landesleistungszentrum für Turnen ein und unterstützte ganz allgemein das Jugendturnen.

S. 676 Der 1898 in Wien geborene Jurist Julius Overhoff arbeitete zuerst bei Bayer in Leverkusen, bevor er im Rahmen des I.G. Farben-Konzerns nach Frankfurt und nach dem Krieg nach Ludwigshafen kam. Dort wurde er Leiter der Verkaufsorganisation. Overhoff hinterließ ein umfangreiches literarisches Werk, das auch mit der Ehrengabe des Bezirksverbands der Pfalz gewürdigt wurde. Er starb 1977 in Neustadt.

S. 693 Abb. 43: Der moderne Name der Spielhagenstraße ist ›Richard-Dehmel‹-Straße, nicht ›Kurt-Dehmel‹-Straße.

S. 700 Liste der Siedlungen, 1955/56 Valentin-Bauer-Siedlung: Das letzte Datum (1958 bezogen) bezieht sich auf das Hochhaus in der Bruno-Körner-Straße.

S. 734 Aus der Ehe Oberbürgermeister Ludwigs gingen drei, nicht zwei Kinder hervor.

S. 735 Aus den anläßlich seiner Verabschiedung als Oberbürgermeister gesammelten Spenden gründete Werner Ludwig zusammen mit Geldern aus dem Nachlaß der Ehrenringträgerin Heny Roos den ›Heny-Roos/Werner-Ludwig-Fonds‹ als Stiftung zur Förderung junger Künstler.

S. 752 Bei der Kommunalwahl 1969 legte die FDP mit ihrem Spitzenkandidaten Karl-Horst Tischbein ein kommunalpolitisches Programm vor, das vor allem in Bezug auf den Bau neuer Gymnasien, die Förderung des Eigenheimbaus und die Ansiedlung zusätzlicher Gewerbebetriebe sowie die Werbung für die Stadt als Kultur- und Einkaufszentrum liberale Akzente setzte. Die FDP forderte zudem die Ausarbeitung eines umfassenden Stadtentwicklungsprogramms.
Erst in jüngster Zeit ist das FDP-Wahlprogramm in die Bestände des Stadtarchivs gelangt. Aufgrund der bisherigen Quellenlage konnte so der Eindruck entstehen, daß ein solches Programm nicht existiert habe. Diesem falschen Eindruck ist hiermit widersprochen.

Dr. Hans Bardens wurde 1927 in Ludwigshafen geboren. Nach einem Sonderlehrgang und Abitur für Kriegsteilnehmer arbeitete er ab 1946 an der Oberrealschule an der Jaegerstraße (heute Carl-Bosch-Gymnasium) als Aushilfslehrer. Von 1947 bis 1952 studierte er Medizin in Mainz und Heidelberg, und wurde Facharzt für Innere Medizin. Ab 1952 war der Vater zweier Kinder Assistenzarzt an mehreren Krankenhäusern, bevor er 1959 bis 1965 seinen Beruf mit eigener Praxis in der Gartenstadt ausübte. Bardens – seit 1947 Mitglied der SPD – wurde 1965 bis 1980 jeweils direkt für den Wahlkreis Ludwigshafen in den Bundestag gewählt. Dort war er Vorsitzender der Arbeitsgruppe ›Gesundheitspolitik‹. 1976—1983 war er Mitglied der parlamentarischen Versammlung des Europarats und von 1980 bis 1983 dessen Beobachter und Berichterstatter zur innenpolitischen Entwicklung der Türkei. Als Stadtrat in Ludwigshafen in den Jahren 1979 bis 1994 fungierte er als Sprecher der SPD im Krankenhausausschuß. Bardens war Bundesvorsitzender der ›Arbeitsgemeinschaft sozialdemokratischer Ärzte‹ und Vorsitzender der Arbeiterwohlfahrt Ludwigshafen; zeitweise gehörte er dem Vorstand der Naturfreunde an. Unter seinen zahlreichen Auszeichnungen sei hier nur das Bundesverdienstkreuz Erster Klasse von 1985 erwähnt. Hans Bardens starb 2003 in Ludwigshafen. Sein Nachlaß befindet sich im Stadtarchiv.

Ergänzung: Die Ergebnisse der Stadtratswahlen vom 13. Juni 2004:

Wahlbeteiligung: 49,1%	Stimmen in %	Sitze
CDU	42,9	26
SPD	32,6	20
Republikaner	8,8	5
Grüne	6,0	4
FWG	5,5	3
FDP und Bürgerforum	4,1	2

S. 754 Der Vorname des Beigeordneten Tischbein lautet Karl-Horst, nicht Horst. Tischbein war vor der Annahme seines Beigeordnetenpostens als Amtsgerichtsdirektor in Bad Dürkheim tätig.

S. 756 Tabelle 1, Fußnote 4: Linke: 1965: DFU, 1969: ADF

S. 764 Ergänzung: Die folgende Tabelle zeigt die Entwicklung der politischen ›Lager‹ bei den Stadtratswahlen seit 1989 einschließlich des ›Lagers‹ der Nichtwähler bzw. der Wähler, die viele ihrer Stimmen nicht vergaben, und zwar sowohl in der absoluten Zahl der (kumulierten und panaschierten) Stimmen als auch relativ in Prozenten. 1989 bestand der Stadtrat aus 59 Mitgliedern, ab 1994 aus 60; soviele Stimmen entfielen demnach auf jeden Wahlberechtigten.

Stadtratswahl	1989		1994		1999		2004	
	Stimmen	in %	Stimmen	in %	Stimmen	in %	Stimmen	in %
SPD	2 220 600	32,9	1 754 998	26,0	1 272 568	18,2	892 268	13,2
CDU	1 161 726	17,2	1 321 882	19,6	1 324 591	19,0	1 176 275	17,5
Grüne/Alternative	296 715	4,4	393 590	5,8	131 347	1,9	165 511	2,5
FDP/FWG	145 341	2,2	211 154	3,1	197 066	2,8	263 877	3,9
Republikaner	121 736	1,8	217 290	3,2	162 611	2,3	240 018	3,6
Nicht vergebene Stimmen	2 784 661	41,3	2 844 966	42,1	3 865 877	55,5	3 994 471	59,3

S. 768 dritte Zeile von oben: Günther Ramsauer, nicht Günter Ramsauer

S. 777 Weitere Informationen zum Stadtrat:

Weibliche Ratsmitglieder: Entscheidend veränderte sich über die Jahrzehnte der Anteil der weiblichen Stadtratsmitglieder in Ludwigshafen. Hier im folgenden eine Liste (in Klammern Zahl der Mandate):

1920: 7,5% (3), 1924: 12,5% (5), 1929: 10% (4), 1946: 8% (4), 1948: 11,1% (5), 1952: 11,8% (6), 1956: 13,8% (7), 1960: 13,8% (7), 1964: 5,9% (3), 1969: 3,5% (2), 1974: 11,9% (7), 1979: 15,2% (9), 1984: 15,2% (9), 1989: 30,5% (18), 1994: 36,7% (22), 1999: 38,3% (23), 2004: 40% (24)

Fraktionsvorsitzende von SPD und CDU ab 1946:

SPD: Karl Fischer, 1946—1950; Wilhelm Heßler, 1950—1952;
Wilhelm Schäfer, 1952—1958; Friedrich Wilhelm Wagner, 1958—1961;
Willi Heidelberg, 1961—1964; Horst Schork, 1964—1974;
Edwin Grimm, 1974—1990; Manfred Vogt, 1990—1997;
Hans-Joachim Weinmann, 1997—2001; Ulrich Küppers, ab 2001

CDU: Ludwig Reichling, 1946—1960; Helmut Kohl, 1961—1968;
Kurt Böckmann, 1968—1976; Lothar Wittmann, 1977—1978;
Julius Hetterich, 1979—1992; Berthold Messemer, 1992—1999;
Heinrich Jöckel, ab 1999

S. 779 erster Abschnitt: Nach der rheinland-pfälzischen Gemeindeordnung vom Jahr 1974 üben die Beigeordneten ihre Ämter ›im Rahmen der Beschlüsse des Gemeinderats und der allgemeinern Richtlinien des Bürgermeisters selbständig‹ aus. Einzelanweisungen des Bürgermeisters sollen nur in Ausnahmefällen möglich sein. Diese recht freie Gestaltung der Beigeordnetenposten war und ist selbstverständlich auch in Ludwigshafen von den Persönlichkeiten und politischen Konstellationen abhängig, die je nachdem dem Oberbürgermeister bzw. dem Beigeordneten formelle bzw. informelle Wege der Geltendmachung seiner Vorstellungen erlauben.

S. 787 Der Frauenanteil in den Leitungsebenen der Verwaltung im Jahr 2004: Oberbürgermeisterin, zwei der vier Beigeordneten, fünf der 34 Bereichsleiterposten.

Tabelle Beschäftigte der Stadtverwaltung:

In Spalte D zeigt die Zahl für 2003 (3 700 Beschäftigte) nur die Zahl der ›Beschäftigten in normalem Arbeitsverhältnis‹. Die Zahl der Beschäftigten der engeren Verwaltung einschließlich der besonderen Arbeitsverhältnisse und der Auszubildenden betrug Ende 2003/Anfang 2004 ca. 4 100. Dementsprechend betrug die Gesamtzahl in Spalte A 7 923, die Verhältniszahl in Spalte H: 73,5, nicht 81,4. Bei der Erläuterung zu Spalte H muß im übrigen die Bezugnahme auf Spalte F entfallen.

S. 788 zweiter Abschnitt, beginnend ›Im Zeichen der Finanzkrise…‹. Die Zahl der Beschäftigten in der engeren Verwaltung ist, wie sich aus den oben korrigierten Zahlen ergibt, zwischen 1993 und 2003 nur um 8,7% und nicht um 18% gesunken. Bezieht man die in die Pflegeheim-GmbH ausgegliederten 169 Kräfte mit ein, ist die Zahl der Beschäftigten um 4,9% gesunken. Insofern sind die in Anmerkung 112 genannten Zahlen unzutreffend.

S. 797 Abb. 71: Die Bexbacher Straße gehörte bis 2004 formell zu Oggersheim.

S. 798 Zur Entwicklung des direkten städtischen Engagements bei der Bereitstellung von Sozialeinrichtungen sei folgende Liste angefügt (ohne Anspruch auf Vollständigkeit; sie enthält weder städtische Zuschüsse an Dritte noch die städtischen Träger offener Armen- bzw. Jugendfürsorge – z.B. Armenpfleger, Waisenpfleger etc.):

ca. 1900 Armenhäuser als Wohngelegenheit für Arme
1902 städt. Suppenanstalt
1903 städt. Arbeitsnachweis/Arbeitsamt
1909 städt. Säuglingsheim
1916 städt. Kinderkrippe
1921 städt. Säuglingsfürsorge
1926 erste städt. Kindergärten; Tageserholungsheim im Ebertpark, dessen Tradition die Erholung an der Blies weiterführt
1956 Beratungsstelle für Eltern und Jugendliche
1960 erstes städt. Altenheim
1964 erste städt. Altentagesstätte
1966 Kinder- und Jugendwohnheim
1967 Haus der Jugend, in der Folge viele weitere Jugendfreizeitstätten

S. 805 Haus der Jugend/Jugendfreizeitstätten: Die erste allgemein zugängliche Jugendfreizeitstätte war die 1962 eröffnete ›Ludwig-Wolker-Freizeitstätte‹ der kath. Gemeinde Herz-Jesu im Stadtteil Süd. Sie stand Jugendlichen aller Konfessionen offen und bot verschiedenste Möglichkeiten der Freizeitgestaltung, auch Sport.
Schon in den 1950er Jahren war immer wieder vom ›Haus der Jugend‹ die Rede. Dabei handelte es sich jedoch um das 1952/53 errichtete Lehrlingsheim St. Johannes in der Kaiser-Wilhelm-Straße, das auch einen großen Theater- und Vortragssaal besaß.

S. 814 Ergänzung zur medizinischen Versorgung: 1972 wurde bundesweit erstmals in Zusammenarbeit zwischen dem Deutschen Roten Kreuz und dem städt. Krankenhaus ein Notarztwagen installiert, d.h. erstmals kam ein Arzt zusammen mit der für die Erstversorgung notwendigen medizinischen Ausrüstung zum Notfallpatienten.

S. 815 Die moderne Sozialstruktur der Stadt Ludwigshafen ist relativ schwer zu fassen, da seit 1987 keine Volkszählungen mehr vorgenommen wurden. So fehlen exakte Angaben. Dennoch gibt es eine Reihe von Indizien, um die soziale Entwicklung der Stadt zu beleuchten.
Schwierig ist die Frage der Übernahme alter Schichtenmodelle, wie sie etwa in Band 1 dieser Geschichte im Kapitel Kaiserreich zu finden sind. Unterschicht und ›Arbeiterschaft‹ sind kaum mehr identisch, ja ›Arbeiterschaft‹, ›Angestelltenschaft‹ etc. zeigen kaum noch zusammengehörige Gruppen, da sich die Gesellschaft stark individualisiert hat.
Dennoch gibt es natürlich weiter eine Unterschicht. Die aber kennzeichnet sich oft gerade durch Nicht-Arbeiten, durch mangelnde Bildung, durch zerbrochene Familienstrukturen, durch einen Migrationshintergrund mit entsprechenden sprachlich-kulturellen Problemen und nur unter anderem durch außerordentliche materielle Not aus. Ludwigshafens Sozialstruktur zeigt, darauf deutet manches hin, eine Reihe problematischer Entwicklungen.
An dieser Stelle seien zusammenfassend einige Informationen präsentiert, die teils an verschiedenen Stellen der Stadtgeschichte zu finden sind, teils neu zusammengetragen wurden:
Durchschnittliches jährliches Pro-Kopf-Einkommen der in Ludwigshafen Beschäftigten (um 2000): 35 000 Euro (10 000 Euro mehr als der Durchschnitt des Landes Rheinland-Pfalz).

Pro-Kopf-Brutto-Wertschöpfung (1992): 83 000 DM
(gegenüber ca. 60 000 DM in Mannheim und Heidelberg)
Umsatz pro Kopf der Beschäftigten (2001): 625 092 DM

Einkommensteueraufkommen Ludwigshafens (1998)
Lohn- und Einkommensteuerpflichtige nach Klassen der Größe der Gesamteinkünfte in Euro in Prozent der Gesamtzahl der Pflichtigen

Klasse (in Tsd Euro)	0—12,5	12,5—20,0	20,0—25,0	25,0—50,0	über 50,0
Ludwigshafen	31,3	11,7	8,7	33,6	14,7
Rhein-Pfalz-Kreis	25,5	9,4	8,0	34,9	22,0
Kreisfreie Städte Rhld.-Pf.	26,5	13,3	10,6	34,4	15,1
Land Rheinland-Pfalz	24,6	13,2	11,5	36,1	14,6

1998 stellte Ludwigshafen 4,1% der gesamten Lohn- und Einkommensteuerpflichtigen des Landes, aber 5,3% der Pflichtigen mit bis zu 12 500 Euro Einkünften und 4,2% der Pflichtigen mit Einkünften über 50 000 Euro. (Quelle: Statistisches Taschenbuch Rheinland-Pfalz 2004)
Kaufkraft pro Kopf (ca. 2000): 17 000 Euro (nur unwesentlich über dem Bundesdurchschnitt)
Einzelhandelsumsatz pro Kopf: 5 020 Euro (niedrigster Satz aller pfälzischen Städte, Landau z. B. 8 809 Euro).
Das Verhältnis von Kaufkraft zu Umsatz pendelt um 100%, ein für Großstädte untypisch niedriger Wert.

Zur sozialen Struktur der Stadtteile

	1	2	3	4	5	6	7	8	9
Edigheim	11,0	16,2	19,8	17,5	31,1	79,6	40,1	45,2	27,7
Friesenheim	25,2	15,8	23,4	29,2	41,2	73,9	39,5	24,7	26,5
Gartenstadt	15,2	18,1	27,7	41,2	45,7	63,6	36,8	30,2	18,9
Hemshof/Nord	53,9	21,5	20,1	84,9	78,5	41,8	31,2	9,7	36,5
Maudach	15,4	20,7	20,3	21,1	29,9	78,1	38,6	45,5	12,4
Mitte	45,1	15,8	26,7	85,4	76,0	56,6	35,6	7,6	80,4
Mundenheim	25,8	17,6	25,5	47,0	53,8	49,0	37,1	28,2	30,1
Oggersheim	23,0	18,0	24,0	38,2	42,6	66,7	38,8	32,3	24,8
Oppau	17,2	15,9	20,9	22,9	33,5	74,9	39,4	44,5	32,7
Pfingstweide	23,9	21,4	22,6	40,5	38,6	52,4	35,4	10,5	24,2
Rheingönheim	17,3	17,5	19,1	16,2	32,9	68,3	40,4	46,6	22,0
Ruchheim	13,1	20,7	16,4	13,2	31,0	79,0	40,0	55,6	21,6
Süd	30,3	14,7	27,5	55,5	57,7	61,4	38,7	13,7	29,4
West	35,5	21,7	36,9	111,5	96,3	49,4	32,8	12,5	59,3
Stadt insges.	26,5	17,8	23,7	45,5	49,7	63,3	37,5	26,3	30,6

1 Ausländeranteil (Ausländer und deutsche Staatsbürger mit doppelter Staatsbürgerschaft; in %, 2004)
2 Anteil der Bevölkerung unter 18 Jahre (in %, 2002)
3 Anteil der Alleinerziehenden bei den Haushalten mit Kindern (in %, 2002)
4 Anzahl der Sozialhilfeempfänger je 1 000 Einwohner (2002)
5 Anzahl der Arbeitslosen je 1 000 Einwohner (2002)
6 Anteil der Schüler an höheren Schulen (Gymnasium, Realschule, Gesamtschule) unter den Schülern an weiterführenden Schulen (in %, 2002/2003)
7 Wohnfläche je Einwohner (in qm, 2000)
8 Vom Eigentümer bewohnte Wohnungen (in %, 1998)
9 Straßenkriminalität je Tausend Einwohner (Anzahl der Fälle, 1998)

S. 819 Abb. 100: Der volle Name des Platzes lautet Hans-Klüber-Platz.

S. 823 Einer der schillerndsten ausländischen Bewohner Ludwigshafens ist zweifelsohne der 1948 in Ghana geborene Céphas Bansah. Der seit 1970 in Ludwigshafen als Kraftfahrzeugmeister Ansässige wurde 1995 in Notse (Togo) zum König der Ewe gekrönt. Bei vielen gesellschaftlichen Anlässen in der Stadt tritt er in seinen prächtigen Staatsgewändern auf und versteht sich als Botschafter seines Volkes und Schwarzafrikas in Ludwigshafen.

S. 834 Die Landwirtschaft ist im modernen Ludwigshafen kein bestimmender Wirtschaftszweig mehr. Allerdings waren im Januar 2003 immer noch 2 439 der 7 767 Hektar der Stadtgemarkung landwirtschaftlich genutzt (neben 2 743 Hektar für Gebäude und Freiflächen, 995 Hektar für Gewerbe und Industrie, 608 Hektar für Erholungsflächen, 53 Hektar für Friedhöfe; 418 Hektar waren Wasserflächen).

Schwerpunkte der Landwirtschaft sind die Stadtteile Maudach und Ruchheim. In letzterem überwiegen Gemüse- und Kartoffelanbau. Viehzucht ist selten. Die Zahl der landwirtschaftlichen Betriebe ging von 133 im Jahr 1989 auf knapp über 50 Anfang des Jahres 2003 zurück: Das städtisch-industrielle Umfeld, Geländeverluste für Verkehrsbauten und Neubaugebiete, deren Nachbarschaft die Landwirtschaft zur ›Belästigung‹ werden lassen, und die allgemeine Krise der Landwirtschaft sind die Ursachen dieser Entwicklung. (Quellen: Die Rheinpfalz, 15.2.1989, 17.2.2003)

S. 835 Entwicklung des Dienstleistungssektors innerhalb des produzierenden Gewerbes:

Laut Mitteilung der BASF (in: Die Rheinpfalz, 25.2.2005) waren im Jahr 2003 von den 37 050 Beschäftigten im Ludwigshafener Werk nur noch 8 737 (23,6 %) in der Produktion tätig.

S. 839 Schon 1989 beantragte die BASF als eines der ersten Unternehmen bundesweit die Genehmigung einer Gentechnik-Anlage, deren Zweck die Herstellung des Krebsmedikaments TNF war. Dem Antrag vom Oktober 1989 folgte im März 1990 eine große Anhörung der 634 Bürgereinsprüche im Pfalzbau. Nach der Rückweisung der Ansprüche durch Fachleute erteilte die Stadt zum Januar 1991 die um weitere Sicherheitsauflagen ergänzte Genehmigung der Anlage. Aufgrund einer gewissen Pilotfunktion des recht raschen Genehmigungsverfahrens war das Medieninteresse sehr groß. (Quellen u. a. MM 22./23.3.1991, Rhpf, 10.1.1991)

S. 842 Nach einem mehrtägigen Großbrand bei der BASF im Jahr 1979 leiteten der Beigeordnete Tischbein und die rheinland-pfälzische Landesregierung Verhandlungen mit den Unternehmen der chemischen Industrie zur Erarbeitung einer verläßlichen Notfallplanung ein, die 1980 abgeschlossen wurden. Die Vorreiterrolle von Stadt und BASF bei der Katastrophenplanung für Unfälle in der chemischen Industrie wurde mehrfach gewürdigt – so bei einer 1990 in Ludwigshafen veranstalteten internationalen Konferenz zu diesem Thema; die Vereinbarungen wurden verschiedentlich übernommen.

S. 852 Die Firma Wahgu (Walter Guth KG) stellte nicht Waagen her, sondern war im Stahl- und Metallbau tätig.

S. 897 Abb. 207: Das Gebäude befindet sich am Rudolf-Hoffmann-Platz.

S. 903 Abb. 217: Der volle Name der Straße lautet Ludwig-Reichling-Straße.

S. 906 vierte Zeile von unten: Der betreute Bereich in Mundenheim ist Mundenheim Südost, nicht Südwest.

S. 911 Beigefügt seien hier einige Daten zur Geschichte der Schulen in Ludwigshafen in den 1950er und 1960er Jahren:

Die vier höheren Schulen der Stadt (Mädchenschule, humanist. Gymnasium sowie die Oberrealschulen Jaegerstraße und Leuschnerstraße) erhielten durch einen Beschluß des rheinland-pfälzischen Kultusministeriums 1950 den einheitlichen Status als Gymnasium. Voraus gingen Elternversammlungen, die den Gymnasialtyp wählen konnten.

Das Geschwister-Scholl-Gymnasium führte 1978 die Koedukation ein, womit seine karikierende Bezeichnung als ›Backfisch-Aquarium‹ endgültig der Vergangenheit angehörte.

Im Bereich der Volksschulen erfolgten am Ende der 1960er Jahre durch die rheinland-pfälzische Schulgesetzgebung größere Veränderungen. Von 1968 ab wurden die Volksschulen durch Grund- und Hauptschulen ersetzt.
In den folgenden Jahren verschwanden die – nach ihrer Abschaffung während des Dritten Reiches – 1951 unter heftigen Auseinandersetzungen zwischen der katholischen Kirche und der Sozialdemokratie in der Stadt wieder eingerichteten katholischen Konfessionsschulen – eine evangelische war nie entstanden. Ein Landesgesetz von 1970 erklärte alle Grund- und Hauptschulen generell zu ›christlichen Gemeinschaftsschulen‹.

Die erste Nachkriegs-Realschule in Ludwigshafen hieß Wilhelm-Leuschner-Schule, nicht Ernst-Leuschner-Schule.

S. 933 Hermann Basler, 1896 in Ludwigshafen als Sohn des Chemikers Adolf Basler geboren, war einer der deutschen Filmpioniere. Inspiriert von der Filmindustrie in den USA, die er bei einem längeren Studienaufenthalt kennengelernt hatte, produzierte Basler in den Jahren nach dem Ersten Weltkrieg mit seinen in Heidelberg und Ludwigshafen ansässigen ›Chateau-Kunstfilm-Werken‹ zusammen mit dem ebenfalls aus der Pfalz stammenden Regisseur Phil Jutzi neben Werbefilmen auch eine größere Anzahl beachtlicher deutscher Wild-West-Streifen. Drehorte waren neben anderen Gegenden des Rhein-Neckar-Gebiets auch die Rheinlandschaft bei Ludwigshafen und das Maudacher Bruch. Aus dieser Zeit stammen wohl die Erzählungen von den sogenannten ›Hemshof-Indianern‹. 1924 verlegte Basler seine Firma nach Berlin, wandte sich aber bald ganz von diesem Geschäft ab und wurde Entwicklungsingenieur in der Holzchemie. 1982 starb er in Herrsching am Ammersee. Seine Schwester Lulu heiratete den Schauspieler Curd Jürgens.

S. 948 Jugendfreizeitstätten: Die erste Jugendfreizeitstätte der Stadt wurde 1962 von der katholischen Gemeinde Herz-Jesu errichtet (siehe Ergänzung zu Bd. 2, S. 805).

S. 978 Tabelle Bevölkerungsentwicklung, Spalte F (Edigheim): Die Zahl des Jahres 1919 ist verstümmelt und muß lauten: 2 157.

S. 980 Tabelle Oberbürgermeister: Die kommissarischen Oberbürgermeister der Kriegszeit sind nicht durch eine Kurzbiographie gewürdigt. Biographische Notizen finden sich allerdings im Text auf S. 358f.

S. 981 Der Vorname von Oberbürgermeister Dr. Schulte lautet Wolfgang.

S. 983 Der Ehrenbürger Herbert Müller war Abgeordneter im bayerischen wie im rheinland-pfälzischen Landtag, er war jedoch nie Reichstagsabgeordneter.

S. 984 Sitzverteilung im Stadtrat, Zeitraum 1920—1933: Im Stadtrat 1924 verfügte nur die Wirtschaftliche Bürgervereinigung (WiBv) über sechs Sitze. Die Wirtschaftspartei trat an ihrer Stelle erst 1929 an. Insofern sind die sechs für sie 1924 vermerkten Sitze unzutreffend. Die Summe für die liberalen Gruppierungen (13 Sitze) ist jedoch korrekt angegeben.
Im Stadtrat 1929 verfügte die KPD nur über drei Sitze. Die Summe für die Linksparteien (18) ist jedoch korrekt angegeben.

Hinweise und Anleitung zur Nutzung des Registers

Allgemeines

Das folgende Register ist als *durchgängiges Orts-, Personen- und Sachregister* geführt. Erfaßt wurden:

der Text,
Seitenangaben dazu in der Grundschrift, Beispiel: ›123‹;

die Anmerkungen,
Seitenangaben dazu *kursiv*, Beispiel: ›*123*‹;

die Abbildungen bzw. Bildtexte,
Seitenangaben dazu in der Grundschrift mit einem Asterisk nach der Ziffer, Beispiel: ›123*‹.

Seiten, die Kernaussagen zu den Betreffen enthalten, sind **fett** hervorgehoben, Beispiel: ›**123**‹.

Seiten, zu denen in diesem Band Ergänzungen (**E**) oder Korrekturen (**K**) zu finden sind, wurden im Register entsprechend gekennzeichnet.

Personen

Personen von lediglich lokaler Bedeutung finden sich nur unter den jeweiligen Vorgängergemeinden bzw. Stadtteilen unter dem Stichwort ›Einwohner‹.
Alle anderen Personen finden sich im laufenden Register.
Seiten mit Kurzbiographien bzw. autobiographischen Aufzeichnungen sind **fett** hervorgehoben, Beispiel: ›**123**‹.

Orte

Alle Orte finden sich im laufenden Register. Bei der näheren geographischen Kennzeichnung wurde versucht, vorzugsweise historische bzw. allgemein bekannte Ländernamen und Bezeichnungen von Regionen zu wählen.

Sachen

Um dem Leser Zusammenhänge schon durch das Register zu verdeutlichen, wurden häufig inhaltsbezogene Gruppen gebildet. Meist hilft ein Querverweis bei der einzelnen Ludwigshafener Einrichtung oder Institution etc., die Gruppe zu finden. So wird man z.B. beim Stichwort ›Rhein-Haardt-Bahn‹ auf die Gruppe ›Eisenbahnen‹ verwiesen.

Einrichtungen oder Institutionen, die nicht in Ludwigshafen ansässig sind, erscheinen nicht in diesen Gruppen, sondern nur im laufenden Register.

Bei den Gruppen *Apotheken, Bäder, Banken und Sparkassen, Baugenossenschaften und -gesellschaften, Brücken, Denkmäler und Brunnen, Einzelhandel, Feste, Flurnamen, Gaststätten, Gewerkschaften, Hotels, Kinos, Kirchen, Krankenhäuser, Kriege, Parteien, Presse, Religionsgemeinschaften, Schulen, Sport, Steuern, Straßen und Plätze, Vereine und Verbände, Versicherungen* und *Unternehmen* erfolgt – abgesehen von einer Erwähnung unter dem jeweiligen

Stadtteil bzw. der Vorgängergemeinde (s. u.) – keine Nennung einzelner Institutionen oder Einrichtungen im laufenden Register. Sie sind ausschließlich unter dem jeweiligen Oberbegriff zu finden.

Ausnahmen sind aus Gründen der überragenden Bedeutung im Bereich *Unternehmen* die *BASF*, im Bereich *Kriege* der *Erste* und der *Zweite Weltkrieg*, im Bereich *Sportstätten* das *Südweststadion* sowie im Bereich *Baugesellschaften* die *GAG* und die *Gewoge*.

Bei den Oberbegriffen *Grünflächen, Sozialeinrichtungen* und *Sportstätten* sind alle bedeutenderen Einrichtungen und Institutionen auch im laufenden Register zu finden, weniger bekannte finden sich dagegen lediglich unter dem jeweiligen Oberbegriff.

Seiten, deren Lektüre dem Leser die Entwicklung einer Einrichtung oder Institution vor Augen führen, sind **fett** hervorgehoben, Beispiel: ›**123**‹.

Untergruppen Zusammenfassungen

Untergruppen, die aus in sich alphabetisch geordneten Untergruppen bestehen, sind *kursiv* ausgezeichnet,
Beispiel: Einzelhandel – *Kaufhäuser* – Beer, Emil ... und weitere.

Weiter ist zu beachten:

1.
Die Vorgängergemeinden/Stadtteile

Einrichtungen und Personen, die allein für die Vorgängergemeinden der Stadt Ludwigshafen bzw. den heutigen Stadtteil Bedeutung hatten bzw. haben, finden sich unter dem betreffenden Stadtteil. So werden die Bürgermeister der Vorgängergemeinden nur bei diesen unter dem Stichwort ›Einwohner‹ aufgeführt. Die frühneuzeitliche Edigheimer Elendsherberge findet sich unter Edigheim.

Auf alle wesentlichen Einrichtungen der Stadtteile wird unter dem Namen des jeweiligen Stadtteils verwiesen.
Eine Ausnahme bildet in dieser Hinsicht die Innenstadt.

2.
Stadt- und Gemeindeverwaltung: ein komplexes Gebiet

Informationen zur Entstehung und Funktion der Verfassung und Verwaltung der Vorgängergemeinden und der Stadt finden sich unter den Gruppen *Gemeindeleitung (Oberbürgermeister, Bürgermeister, Schultheißen, Beigeordnete), Gemeindeparlamente, Gemeindeverfassung, Gemeindeverwaltung, Stadtrat* und *Stadtverwaltung*. Ergänzt wird die Übersicht durch zahllose Querverweise, welche die ungeheure Breite der Tätigkeit der Kommunalverwaltungen deutlich machen.

Abkürzungen

E	Ergänzung in diesem Band
IV	Industrieverband
K	Korrektur in diesem Band
komm.	kommissarisch
MdB	Mitglied des Bundestags
MdR	Mitglied des Reichstags
MdLB	Mitglied des bayerischen Landtags
MdLRLP	Mitglied des rheinland-pfälzischen Landtags
OB	Oberbürgermeister
RLP	Rheinland-Pfalz
RP	Regierungspräsident
TH	Technische Hochschule
TU	Technische Universität
TV	Turnverein

WILH: GUT.

XP

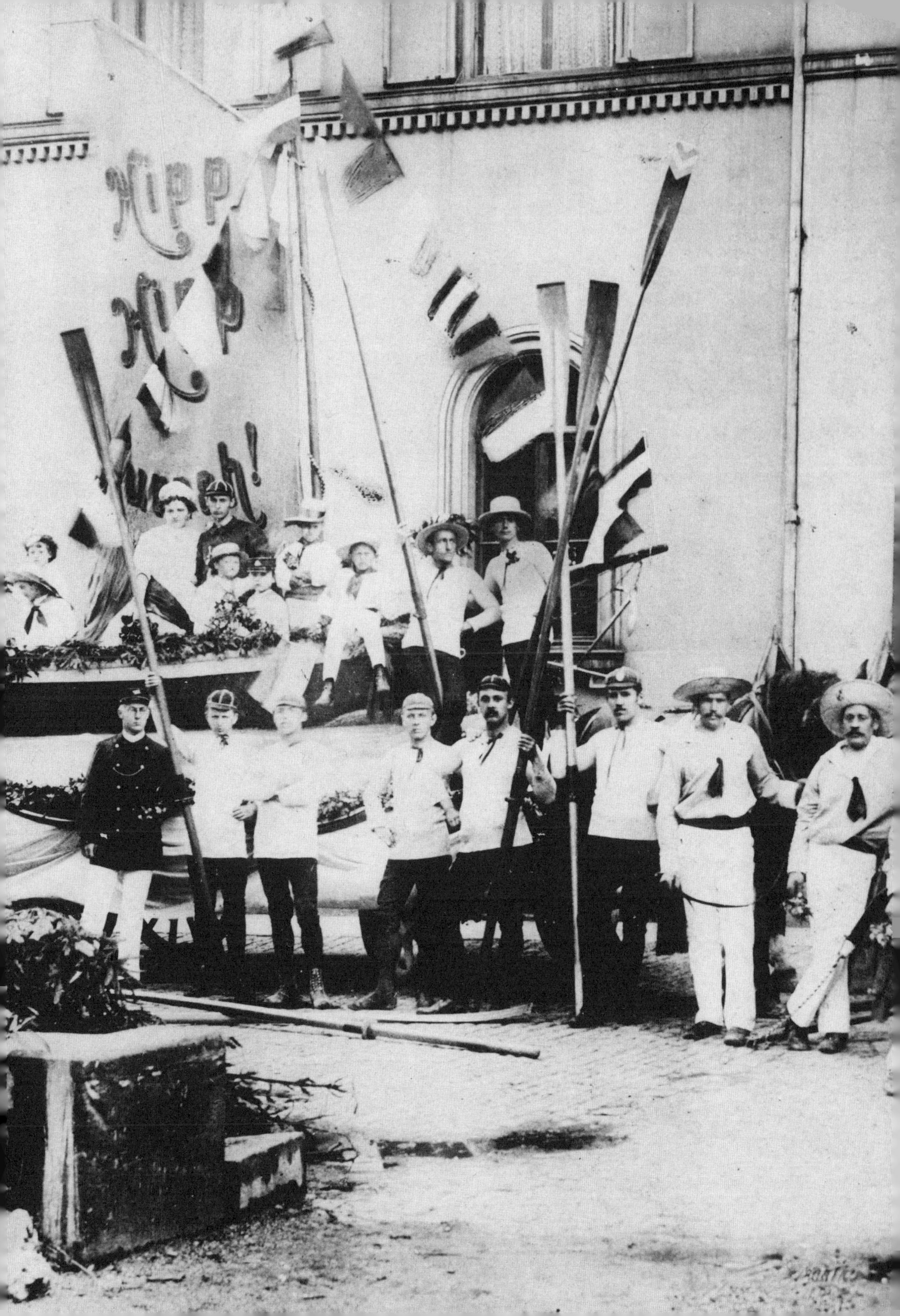
Hipp

Grimmeisen
Wolf
Schüler
Wanner
Geiser
Gut
Bender

XV
11. VI 94. A. BAE
L'hafen

21.

1897
LUDWIGSHAFEN
VOR DEM
GEBRAUCH.
FEUERWEHR
20.XI.

Restauration zum Humbold

Rheingold
Rheingold

H. Fürst
Ernst Schwarz
Friseur
Grünewald

Café Luitpold
CAFÉ LUITPOLD
CAFÉ LUITPOLD
Herrenkleider-Magazin Julius Ziegler
Herrenkleider-Magazin Julius Ziegler

I. Masken
Umzug
1910.

KOMMT, LASST UNS
UNSERN
KINDERN LEBEN!
1871–1911.

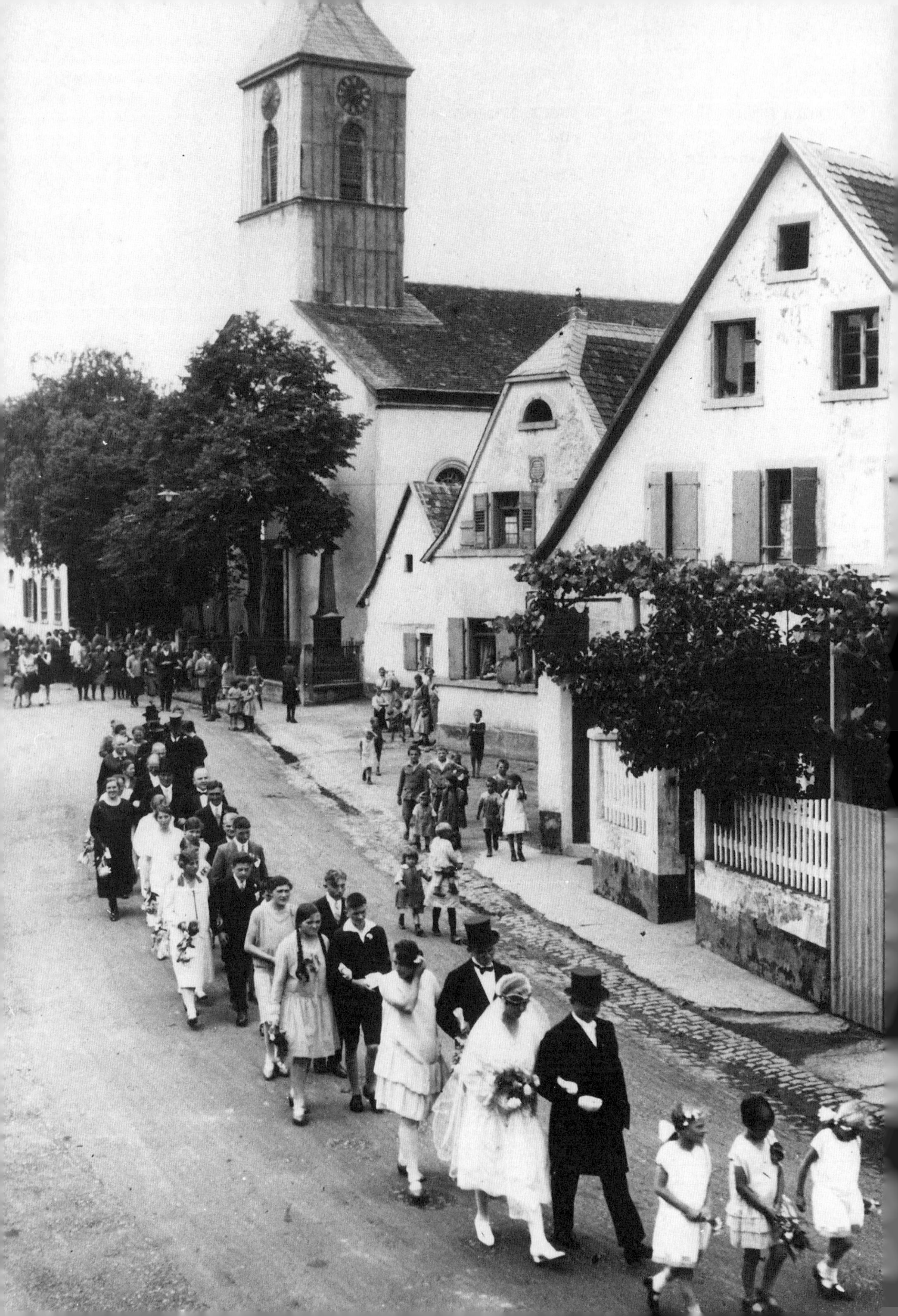

64 040

H
Esso
STATION
TILHA

F.A. FUCHS
DEMUTH

Esso

25

UNION
FELIX
BOWLING
20 BAHNEN

A

yimpas

WARSTE

Abbildungsnachweis